DEPARTMENT OF ECONOMIC AND SOCIAL DEVELOPMENT
STATISTICAL OFFICE

DÉPARTEMENT DU DÉVELOPPEMENT ÉCONOMIQUE ET SOCIAL
BUREAU DE STATISTIQUE

1992
INTERNATIONAL TRADE STATISTICS YEARBOOK
ANNUAIRE STATISTIQUE DU COMMERCE INTERNATIONAL

VOLUME II

TRADE BY COMMODITY
COMMODITY MATRIX TABLES

COMMERCE PAR PRODUIT
TABLEAUX DE LA MATRICE PAR PRODUIT

UNITED NATIONS / NATIONS UNIES

New York, 1993

NOTE

Symbols of United Nations documents are composed of capital letters combined with figures. Mention of such a symbol indicates a reference to a United Nations document.

General disclaimer

The designations employed and the presentation of material in this publication do not imply the expression of any opinion whatsoever on the part of the Secretariat of the United Nations concerning the legal status of any country, territory, city or area, or of its authorities, or concerning the delimitation of its frontiers or boundaries.

Where the designation "country or area" appears in this publication, it covers countries, territories, cities or areas. In previous issues of this publication, where the designation "country" appears in the headings of tables, it should be interpreted to cover countries, territories, cities or areas.

In some tables, the designation "developed" or "developing" economies is intended for statistical convenience and does not, necessarily, express a judgement about the stage reached by a particular country or area in the development process.

NOTE

Les cotes des documents de l'Organisation des Nations Unies se composent de lettres majuscules et de chiffres. La simple mention d'une cote dans un texte signifie qu'il s'agit d'un document de l'Organisation.

Déni de responsabilité

Les appellations employées dans cette publication et la présentation des données qui y figurent n'impliquent de la part du Secrétariat de l'Organisation des Nations Unies aucune prise de position quant au statut juridique des pays, territoires, villes ou zones, ou de leurs autorités, ni quant au tracé de leurs frontières ou limites.

L'appellation "pays ou zone", figurant dans cette publication, désigne des pays, des territoires, des villes ou des zones. L'appellation "pays" figurant dans certaines rubriques des tableaux de numéros antérieurs de cette publication doit être interprétée comme désignant des pays, des territoires, des villes ou des zones.

L'appellation économie "développée" ou économie "en voie de développement" qui figure dans certains tableaux est utilisée pour plus de commodité dans la présentation des statistiques et n'implique pas nécessairement un jugement quant au stade de développement auquel est parvenu un pays ou une zone donné.

ST/ESA/STAT/SER.G/41

UNITED NATIONS PUBLICATION	PUBLICATION DES NATIONS UNIES
Sales No. E/F.94.XVII.3, vol. II	Numéro de vente : E/F.94.XVII.3, vol. II

ISBN 92-1-061154-3

Inquiries should be directed to:
PUBLISHING DIVISION
UNITED NATIONS
NEW YORK, N.Y. 10017

Adresser toutes demandes de renseignements à la :
DIVISION DES PUBLICATIONS
NATIONS UNIES
NEW YORK, N.Y. 10017

Copyright © United Nations 1993 - Copyright © Nations Unies 1993
All rights reserved - Tous droits réservés
Manufactured in United States of America - Imprimé aux Etats-Unis d'Amérique

Oversize
HF
91
.U473
1992
vol.2

TABLE OF CONTENTS

Volume II

ABBREVIATIONS, COUNTRY NOMENCLATURE	PAGE	v
EXPLANATION OF SYMBOLS	PAGE	ix
MAGNETIC TAPES AND DISKETTES	PAGE	x
INTRODUCTION	PAGE	xi

COMMODITY TABLES :

3-DIGIT SITC	PAGE	1
4 and 5-DIGIT SITC	PAGE	241

TABLE DES MATIERES

Volume II

ABREVIATIONS ET CODES DES PAYS	PAGE	vii
EXPLICATION DES SIGNES	PAGE	ix
BANDES MAGNETIQUES ET DISQUES	PAGE	x
INTRODUCTION	PAGE	xxvi

TABLEAUX PAR PRODUITS :

3 CHIFFRES DE LA CTCI	PAGE	1
4 et 5 CHIFFRES DE LA CTCI	PAGE	241

WILLIAM F. MAAG LIBRARY
YOUNGSTOWN STATE UNIVERSITY

ABBREVIATIONS AND COUNTRY NOMENCLATURE

Names of some countries or groups of countries and of some commodities or groups of commodities have been abbreviated. Exact titles will be found in the following publications referred to in the introduction:

(i) United Nations Standard Country Code (Annex II, Country classification for international trade statistics),

(ii) United Nations Standard Country or Area Code for Statistical Use,

(iii) Standard Country or Area Codes for Statistical Use,

(iv) Standard Country or Area Codes for Statistical Use, Interim List

(v) Standard International Trade Classification, Revised (SITC, Revised),

(vi) Standard International Trade Classification, Revision 2, (SITC, Revision 2),

(vii) Classification by Broad Economic Categories (BEC),

(viii) Classification of Commodities by Industrial Origin and

(ix) International Standard Industrial Classification of all Economic Activities (ISIC).

1. Data relating to the People's Republic of China generally include those for Taiwan Province in the field of statistics relating to population, area, natural resources, natural conditions such as climate, etc. In other fields of statistics, they do not include Taiwan Province unless otherwise stated. Therefore, in this publication the data published under the heading China exclude those for Taiwan Province. Figures representing the trade with Taiwan Province which may have been reported by any reporting country or area are included in the grouping Asia.

2. On 22 May 1990 Democratic Yemen and Yemen merged to form a single State. Since that date they have been represented as one Member with the name "Yemen". All data shown in this publication relating to the period prior to 1990 refer to the former Democratic Yemen and the former Yemen.

3. Through accession of the German Democratic Republic to the Federal Republic of Germany with effect from 3 October 1990, the two German States have united to form one sovereign State. As from the date of unification, the Federal Republic of Germany acts in the United Nations under the designation of "Germany". All data shown which pertain to Germany prior to 3 October 1990 are indicated separately for the Federal Republic of Germany and the former German Democratic Republic based on their respective territories at the time indicated. Where data for united Germany (subsequent to 3 October 1990) are not available, they are shown separately and pertain to the territorial boundaries prior to 3 October 1990.

4. Unless otherwise indicated, data provided for Yugoslavia prior to 1 January 1992 refer to the Socialist Federal Republic of Yugoslavia which was composed of six republics, whereas data provided for Yugoslavia after that date refer to the Federal Republic of Yugoslavia which is composed of two republics (Serbia and Montenegro).

5. Data for the Czech Republic and Slovakia, where available, are shown separately under the appropriate country name. For periods prior to 1 January 1993, where no separate data are available for the Czech Republic and Slovakia, unless otherwise indicated, data for the former Czechoslovakia are shown under the country name "former Czechoslovakia".

6. In 1991, the Union of Soviet Socialist Republics formally dissolved into fifteen independent republics (Armenia, Azerbaijan, Belarus, Estonia, Georgia, Kazakhstan, Kyrgyzstan, Latvia, Lithuania, Republic of Moldova, Russian Federation, Tajikistan, Turkmenistan, Ukraine and Uzbekistan). From 1992 onwards data are shown for the individual republics. Prior to 1992 data are shown for the former USSR.

ABREVIATIONS ET CODES PAYS.

Les noms de certains pays ou groupes de pays et de certains produits ou groupes de produits ont dû être abrégés. On trouvera les intitulés exacts de ces noms dans les publications suivantes qui figurent dans l'Introduction:
(i)   United Nations Standard Country Code (Annex V, 'Standardized Abbreviated French Country Names'),
(ii)   United Nations Standard Country or Area Code for Statistical Use,
(iii)   Standard Country or Area Codes for Statistical Use
(iv)   Standard Country or Area Codes for Statistical Use, Interim List
(v)   Classification type pour le commerce international révisée, (CTCI révisée),
(vi)   Classification type pour le commerce international (deuxième version révisée) (CTCI, Révision 2),
(vii)   Classification par grandes catégories economiques (CGCE)
(viii) Classification des marchandises par origine industrielle et
(ix)   Classification international type, par industrie, de toutes les branches d'activités économiques (CITI).

1. Les données relatives à la République populaire de Chine comprennent en général les données relatives à la province de Taïwan lorsqu'il s'agit de statistiques concernant la population, la superficie, les ressources naturelles, les conditions naturelles tel que le climat etc. Dans les statistiques relevant d'autres domaines, la province de Taïwan n'est pas comprise, sauf indication contraire. C'est le cas dans cet Annuaire où les données pour la Chine ne comprennent pas celles de la province de Taïwan. Lorsque des pays partenaires ont déclaré des échanges avec Taïwan ceux-ci sont inclus dans Asie.

2. Le Yémen et le Yémen démocratique ont fusionné le 22 mai 1990 pour ne plus former qu'un seul Etat, qui est depuis lors représenté comme tel à l'Organisation, sous le nom 'Yémen'. Toutes les données présentées dans cet Annuaire qui se rapportent à la période antérieure à l'année 1990 se réfèrent aux anciens Yémen démocratique et Yémen.

3. En vertu de l'adhésion de la République démocratique allemande à la République fédérale d'Allemagne, prenant effet le 3 octobre 1990, les deux Etats allemands se sont unis pour former un seul Etat souverain. A compter de la date de l'unification, la République fédérale d'Allemagne est désignée à l'ONU sous le nom 'Allemagne'. Toutes les données se rapportant à l'Allemagne avant le 3 octobre 1990 figurent dans deux rubriques séparées basées sur les territoires respectifs de la République fédérale d'Allemagne et l'ancienne République démocratique allemande selon

la période indiquée. En l'absence de données pour l'Allemagne unifiée (à compter du 3 octobre 1990), les données sont fournies séparément sous les rubriques Allemagne (République fédérale d') et Allemagne (ancienne République démocratique) et se rapportent aux limites territoriales antérieures au 3 octobre 1990 lorsqu'elles sont disponibles.

4. Sauf indication contraire, les données fournies pour la Yougoslavie avant le 1er janvier 1992 se rapportent à la République fédérative socialiste de Yougoslavie, qui était composée de six républiques; les données fournies pour la Yousgoslavie après cette date se rapportent à la République fédérative de Yougoslavie, qui est composée de deux républiques (Serbie et Monténégro).

5. Les données relatives à la République tchèque, et à la Slovaquie, lorsqu'elles sont disponibles, sont présentées séparément sous le nom de chacun des pays. En ce qui concerne la période précédant le 1er janvier 1993, pour laquelle on ne possède pas de données séparées pour les deux Républiques, les données relatives à l'ancienne Tchécoslovaquie sont, sauf indication contraire, présentées sous le titre 'ancienne Tchécoslovaquie'. Néanmoins, les changements concernant l'ancienne Tchécoslovaquie furent annoncés trop tard pour pouvoir en tenir compte dans cet annuaire. Pour la plupart les références à l'ancienne Tchécoslovaquie apparaissent sans le mot "ancienne".

6. En 1991, l,ex Union Sovietiqye fut scinder officiellement en quinze républiques indépendendantes (Arménie, Azerbaïdjan, Bélarus, Estonie, Fédération de Russie, Géorgie, Kazakhstan, Kirghizistan, Lettonie, Lituanie, Ouzbékistan, République de Moldova, Tadjikistan, Turkménistan and Ukraine). "A partir de 1992 les données sont indiqués oiyr chaque république individuellement. Avant 1992 les données sont indiqués pour l'ancien RUSS."

EXPLANATION OF SYMBOLS
EXPLICATION DES SIGNES

Category not applicable Ne s'applique pas	.or..
Not available Aucune donnée disponible	blank or...
Magnitude of less than half the unit used Grandeur inférieure à la moitié de l'unité utilisée	0 or 0.0
Provisional or estimated figures Donnée provisoire ou estimation	X
Area (1,000 square metres) Superficie (1,000 mètres carrés)	A
1,000 kilowatt-hours 1,000 kilowatts-heures	H
Weight (kilograms) Poids (kilogrammes)	K
Length (1,000 metres) Longeur (1,000 mètres)	L
1,000 times unit shown 1,000 fois l'unité indiquée	M
Number Nombre	N
Other Autres	O
Number of pairs Paires	P
Volume (cubic metres) Volume (mètre cube)	V
Weight (metric tons) Poids (tonnes métriques)	W
1,000,000 times unit shown 1 million de fois l'unité indiquée	Y
Decimal figures are always preceded by a period except for the Country Notes in French where they are preceded by a comma Les décimales sont toujours précédées d'un point, a l'exception des notes de pays en français où elles sont précédées par une virgule.	(.)

MAGNETIC TAPES AND DISKETTES

External trade data, for the majority of countries from 1962 to the latest year, are available in machine readable form. Detailed information on coverage and price is available, on request, from the United Nations Statistical Division, New York, N.Y. 10017, USA. The data cover annual periods but, for certain countries, cumulative quarterly data are available in the SITC Classification supplied by the reporting country.

BANDES MAGNETIQUES ET DISQUES

Les données du commerce extérieur pour la majorité des pays de 1962 à la dernière année écoulée sont disponibles sous forme de supports magnétiques. Les informations détaillées sur la nature, le volume, les dates et les prix de ces supports magnétiques peuvent être obtenues auprès Division de Statistique des Nations Unies, New York, N.Y. 10017, Etats Unis. Les données sont annuelles mais, pour certains pays, seules les données trimestrielles cumulées sont disponibles dans la classification CTCI soumise par le pays concerné.

INTRODUCTION

The forty-first edition of the <u>International Trade Statistics Yearbook</u> provides the basic information for individual countries' external trade performances in terms of the overall trends in current value, as well as in volume and price, the importance of trading partners and the significance of individual commodities imported and exported. This edition shows annual statistics for 159 countries or reporting customs areas. It is published in two volumes.

VOLUME I

Volume I contains detailed data for individual countries and a number of special tables. For each country the following tables usually appear:

(a) Table 1, showing ten series, five for imports and five for exports. The five are: total merchandise trade and trade in gold (generally in national currency, but in US dollars for some countries), conversion factors for converting total merchandise trade from national currency into United States dollars, quantum index numbers and unit value index numbers for total imports and exports.

(b) Table 2, showing for the years 1986 to the latest year available, percentage breakdowns of imports by broad economic categories of end use and of exports by industrial origin. Data for the years 1970 to 1985 were shown in previous issues of this Yearbook. The analysis for imports is based on the <u>Classification by Broad Economic Categories</u> 1/ and for exports on the <u>Classification of Commodities by Industrial Origin</u> 2/. Reclassification of foreign trade according to broad economic categories or industrial origin requires statistical information at the five-digit level of the Standard International Trade Classification, Revised. (For history and background of the SITC, see pages xxi-xxiii). When such details are not available, approximate allocations are made, using the three-digit level of the SITC Revised. In comparing statistics of international trade with statistics of production, problems of limitation exist in addition to those of classification. Exports of products which are obviously not produced in the reporting countries (e.g., exports of tea and cocoa from the Netherlands or the United Kingdom) have been allocated to the industrial origin in which they would have been classified in the producing countries; in the case of tea and cocoa: Agriculture. The industrial origin in the reporting country of these exports is, in fact, the wholesale trade. In the

xi

Classification of Commodities by Industrial Origin, SITC, Revised headings are subdivided to correspond, roughly, to groups of the *International Standard Industrial Classification of All Economic Activities*, (Revision 1) 3/. The breakdown of exports by industrial origin is derived as much as possible from national or special exports.

(c) Table 3, showing up to the most recent five years available, the value in United States dollars of import and export trade analyzed by the principal countries or areas and regions of provenance and destination. The analysis is made according to the United Nations *Standard Country or Area Codes for Statistical Use* 4/. In some instances, owing to the nature of the national country classification, the conversion to the United Nations country classification could not be done precisely. A maximum of 50 trading partners are shown in order of magnitude, based on the sum of the values over the years included in the table, with imports and exports ranked separately. Below the value table is a listing showing the percentage breakdown of trade by regions and the percent of trade accounted for by each of the first ten trading partners for the latest available ten years.

(d) Tables 4 and 5, showing up to the most recent four years available, the quantity and the value in United States dollars of imports and exports analyzed by commodities. Data for a commodity will appear if the value in any year is greater than or equal to 0.3 per cent of the total trade for that year. The commodities are shown in terms of SITC headings (abbreviated). An *asterisk* (*) preceding the description indicates that these are the only codes belonging to the next higher level of the SITC, and the next higher level is therefore not shown.

In some instances the figures shown in United States dollars in the tables indicated under (c) and (d) above may not correspond to those in United States dollars in the table described under (a) above or to those in national currency in that table after the application of the currency conversion factors. These discrepancies arise in large part from revisions to the more recent data at the total level where such revisions were not broken down for the more detailed data by commodity and partner; it was felt that a partial revision of the tables referred to under (c) and (d) above to make the totals consistent with those in (a) should not be made.

For all countries, the analysis of imports and exports by commodity is made according to the Standard International Trade Classification (SITC) 5/ as follows:

i) SITC, Revised for countries reporting according to that revision or according to the original SITC for the latest four years.

ii) SITC, Revised for countries that have begun reporting according to the SITC, Revision 2, but with less than four years of data in that nomenclature.

iii) SITC, Revision 2 for countries reporting according to that revision for the latest four years.

iv) SITC, Revision 2 for countries reporting data according to the SITC, Revision 3 or the Harmonized Commodity Description and Coding System (HS). The data so reported for these countries, in volumes I and II, were converted from SITC, Revision 3 to SITC Revision 2 and are footnoted in the tables. In a few cases because of the difficulties of converting data from SITC, Revision 3 to SITC, Revision 2 this resulted in data which are not comparable with data for earlier years reported in terms of SITC, Revision 2 to a very significant extent.

In a few cases, the conversion to SITC from the national commodity classification system could not be done precisely and, therefore, some of the SITC codes are not exact in their coverage.

When available, more detailed data by commodity and partner country are published according to the SITC, Revised, Revision 2 or Revision 3 in Commodity Trade Statistics 6/ and are also available on microfiches.

Volume I also contains special tables showing, inter alia, (a) the contribution of the trade of each country to the trade of its region and of the world, (b) the flow of trade between countries and regions, (c) the fluctuations of the prices at which goods moved internationally and (d) goods loaded and unloaded in international maritime transport. The special tables are:

(a) Total imports and exports by regions and countries or areas;

(b) World exports by commodity classes and by regions;

(c) Growth of world exports by commodity classes and by regions;

(d) Structure of world exports by commodity classes and by regions;

(e) Total imports and exports: index numbers by countries or areas;

(f) Total exports and imports: index numbers of quantum, unit value and terms of trade by regions;

(g) Manufactured goods exports;

(h) Fuel imports: developed economies;

(i) Some indicators on fuel imports: developed economies;

(j) Export price index of machinery and transport equipment for selected countries;

(k) Export price index numbers of primary commodities and non-ferrous base metals; and

Special Tables

The economic and geographic groupings in all the special tables are in accordance with those of Special Table A in this issue, although Special Table A sometimes includes more detailed geographic sub-groups. (See Special Table A for the details).

(A) Total imports and exports by regions and countries or areas. The regional, economic and world totals have been adjusted: (a) to include estimates for countries or areas for which full data are not available; (b) to include insurance and freight for imports valued f.o.b.; (c) to include countries or areas not listed separately; (d) to approximate special trade; (e) to approximate calendar years; and (f) where possible, to eliminate incomparabilities owing to geographical changes, by adjusting the figures for periods before the change to be comparable to those for periods after the change, for example, the European Community and the European Free Trade Association. The figures shown for individual countries correspond to the national currency figures which appear and are described in table 1 of the country tables. The letters in the first and last columns of the table indicate the system of trade used: G: General trade; S: Special trade. For footnotes see the end of the table.

Monthly and quarterly data appear in the Monthly Bulletin of Statistics.

(B) World exports by commodity classes and by regions. For the general note and footnotes, see the end of the table.

(C) Growth of world exports by commodity classes and by regions.

The annual average rates of change in percentage terms given in this table have been uniformly calculated by the use of the compound interest formula:

$$r = \left(\sqrt[t]{\frac{V_n}{V_o}} - 1\right) 100$$

    r = Annual average rate of change in percentage terms
    Vn = Value of exports during the last year of the period
    Vo = Value of exports during the first year of the period
    t = Number of years in period

For the general note and footnotes, see the end of Special Table D.

(D) <u>Structure of world exports by commodity classes and by regions</u>. The figures shown under the heading 'Origin of Exports' refer to the exports of the region or country appearing in the 'Area' column; those shown under the heading 'Destination of Exports' refer to the exports of the world to the region or country appearing in the 'Area' column. For the general note and footnotes, see the end of the table.

(E) <u>Total imports and exports: index numbers by countries or areas</u>. Unless otherwise stated in the footnotes, the unit value indices are in terms of national currencies. For the general note and footnotes, see the end of the table.

Monthly and quarterly data appear in the <u>Monthly Bulletin of Statistics</u>.

(F) <u>Total exports and imports: index numbers of quantum, unit value and terms of trade by regions</u>. For the footnotes, see the end of the table.

Quarterly data appear in the <u>Monthly Bulletin of Statistics</u>.

(G) <u>Manufactured goods exports.</u> For the general note and footnotes, see the end of the table.

Quarterly data appear in the <u>Monthly Bulletin of Statistics</u>.

(H) <u>Fuel imports: developed economies</u>. For the general note and footnotes, see the end of the table.

Quarterly data appear in the <u>Monthly Bulletin of Statistics</u>.

(I) <u>Some indicators on fuel imports: developed economies</u>. This table shows the share of fuel imports in the total value of imports and in the total value of exports, and the ratio of unit value indices of manufactured goods exports to those of fuel imports. For the general note and footnotes, see the end of the table.

Quarterly data appear in the <u>Monthly Bulletin of Statistics</u>.

(J) <u>Export price index of machinery and transport equipment for selected countries</u>. For general note, see the end of the table.

Quarterly data appear in the <u>Monthly Bulletin of Statistics</u>.

(K) <u>Export price index numbers of primary commodities and non-ferrous base metals.</u> For the general note and footnote, see the end of the table.

Monthly and quarterly data appear in the <u>Monthly Bulletin of Statistics.</u>

VOLUME II

Volume II contains commodity tables showing the total trade of certain commodities analyzed by regions and countries.

<u>Commodity tables</u>. These tables are presented in two parts. The first shows imports and exports of commodities at the group (3-digit) level of the SITC, Revision 2 (all groups except for 351 and 688) and the second shows them at the subgroup (4-digit) and item (5-digit) levels of the SITC, Revision 2, but for selected commodities only. The years covered are the five years 1988 to 1992. The values are in U.S. dollars and both imports and exports are analyzed by regions and principal trading countries. A maximum of 50 countries are shown in order of magnitude, based on the sum of the values over the years 1989, 1990 and 1991 included in the table, with imports and exports ranked separately. The systems of trade applicable to these countries are the same as those indicated under tables 4 and 5 in the country tables section of this publication. No quantity data are shown. In preparing these tables, in many cases estimates were made for countries whose data were not yet available. Notes on these estimates appear on pages 1 and 241 of Volume II.

SOURCES AND PRESENTATION

The figures for Volumes I and II are obtained from national published sources, from data supplied by the Governments for use in this publication and the following United Nations publications: <u>Commodity Trade Statistics</u>, <u>Monthly Bulletin of Statistics</u> and <u>Statistical Yearbook</u>, and from publications specially prepared by other United Nations agencies. Estimates for some missing data are made by the United Nations Statistical Division.

The country and regional names used by various countries are not uniform for their trade statistics. Also, where former geographical entities commonly referred to in national statistics have changed, countries may introduce the corresponding changes in their statistics at different times. Wherever possible, however, parts of the world have been designated by the names they currently bear.

The country aggregates shown throughout this publication are based on those set forth in the United Nations Standard Country or Area Codes for Statistical Use 4/, except where indicated.

NATIONAL INDEX NUMBERS

National index numbers of unit value in national currencies or United States dollars and of quantum are shown in table 1. They are the official indices which show the changes in the volume, (quantum index) and the average price (unit value index) of the aggregate merchandise imports or exports. Each index number represents a change between the period to which the number refers, called the current period, and a fixed period, called the publication base, in which the index is represented by the percentage 100. In order to facilitate comparison, the indices shown have been adjusted, where possible, so that the calendar year 1980 is the publication base. When changes are made in the coverage, formula or base period of an index, the two series are linked together if they have an overlapping period and are sufficiently comparable.

Quarterly and monthly figures in these index series appear in the United Nations Monthly Bulletin of Statistics and a more detailed description of their compilation is given in the 1977 Supplement to the Statistical Yearbook and the Monthly Bulletin of Statistics 7/.

TRANSITION COUNTRIES

For the period covered by this Yearbook, countries formerly classified for statistical purposes as centrally planned economies these countries had systems of official rates between their currencies and other currencies, all consistent with rates of 0.90 new roubles to the United States dollar prior to 24 December 1971 and 0.829 new roubles to the United States dollar until February 1973; since then these rates have been fluctuating. They generally used these rates when it was necessary to convert foreign into domestic currencies for the purpose of compiling external trade statistics. The resulting data are for comparison with the external transactions of the rest of the world rather than with domestic monetary transactions.

The trade statistics of these countries had definitions somewhat different from those which exist in other countries. Differences in definition contribute to the discrepancies which can be observed between statistical records referring to the same flow of goods but kept by two trading partners having different economic systems. The trade among these countries was carried out on a basis not comparable to that governing trade with other countries. The concept of transaction value, for instance, as applied outside those countries is based on the existence of a market between exporters and importers in which the interaction of supply and demand has more effect than it can be assumed to have had in those countries; in the absence of data on the unit values of specific commodities entering the trade of those countries with one another, it is difficult to assess the possible effects on the trade statistics of this kind of incomparability.

GENERAL STATEMENTS 8/

1. *Territory*. The statistics reported by a country refer to the customs area of the country. In most cases this coincides with the geographical area of the country. Where it does not, the fact is indicated in country notes. Changes in customs areas are also noted in country notes. Unless otherwise stated, the combination of two territories, formerly separate, results in the elimination from the statistics of their trade with each other. The separation of two territories, formerly together, results in the appearance of their trade with each other in the statistics for each territory.

2. *System of trade*. Two systems of recording trade are in common use, differing mainly in the way warehoused and re-exported goods are recorded:

(a) *Special trade*: special imports are the combined total of imports for direct domestic consumption (including transformation and repair) and withdrawals from bonded warehouses or free zones for domestic consumption. Special exports comprise exports of national merchandise, namely, goods wholly or partly produced or manufactured in the country, together with exports of nationalized goods (nationalized goods are goods which, having been included in special imports, are then exported without transformation).

(b) *General trade*: general imports are the combined total of imports for direct domestic consumption and imports into bonded warehouses or free zones. General exports are the combined total of national exports and re-exports. Re-exports, in the general trade system, consist of the outward movement of nationalized goods plus goods which, after importation, move outward from bonded warehouses or free zones without having been transformed.

Direct transit trade, i.e., goods merely being trans-shipped or moving through the country for purposes of transport only, is excluded from the statistics of both special and general trade.

Each of the tables indicates in its heading the system of trade to which the figures relate. More details are, where necessary, available in country notes.

3. <u>Valuation</u>. At its fifteenth session, in 1953, the Economic and Social Council, taking the view that trade statistics must reflect economic realities, recommended that the Governments of Member States of the United Nations, wherever possible, use transaction values in the compilation of their national statistics of external trade or, when national practices are based on other values, endeavour to provide supplementary statistical data based on transaction values (Economic and Social Council resolution 469 B (XV)). In the case of imports, the transaction value is the value at which the goods were purchased by the importer plus the cost of transportation and insurance to the frontier of the importing country (a c.i.f. valuation). In the case of exports, the transaction value is the value at which the goods were sold by the exporter, including the cost of transportation and insurance, to bring the goods onto the transporting vehicle at the frontier of the exporting country (a f.o.b. valuation).

4. <u>Currency conversion</u>. For data in this publication, conversion of values from national currencies into United States dollars is done by means of currency conversion factors based on official exchange rates. Values in currencies subject to fluctuation (such currencies increased in number beginning December 1971) are converted into United States dollars using weighted average exchange rates specially calculated for this purpose. The weighted average exchange rate for a given currency for a given year is the component monthly factors, mostly furnished by the International Monetary Fund, weighted by the value of the relevant trade in each month. A monthly factor is the exchange rate (or the simple average rate) in effect during that month. These factors are applicable to total imports and exports respectively, but not necessarily to trade in individual commodities or with individual countries.

5. <u>Merchandise</u>. In order that external trade statistics shall be suited to the measurement of the influence of national economies upon one another, merchandise trade is defined to include, as far as possible, all goods which add to or subtract from the material resources of a country as a result of their movements into or out of the country. Unless, therefore, statements to the contrary are made in country notes or in footnotes to the country tables, the treatment of the classes of goods listed below are as indicated:

(a) <u>Gold</u>. Gold traded internationally is usually defined as encompassing the three following types:

  i) Gold coins (issued and unissued) and bullion, including banking and monetary gold;
  ii) Unrefined gold, including gold ores and concentrates;
  iii) Partly-worked gold in which the value of the gold is 80 per cent or more of the total value, including scrap, jewellers' sweepings, dust, primary shapes (such as rods, wire and gold leaf) and gold alloys (crude or in primary shapes).

Of the types of gold listed above, those belonging to the category of monetary gold are excluded from merchandise trade, and those classified as non-monetary gold are included, except as indicated below. Any gold shipment received by the central monetary authority of a country is treated as monetary gold. All other gold shipments (whether to commercial banks or to individuals), on the other hand, are considered non-monetary. SITC, Revised, treated all types of gold as non-merchandise trade. In compliance with the SITC, Revised, as well as for practical reasons, all types of gold listed above are in general excluded from the merchandise trade statistics compiled under this version of the classification. However, data compiled under SITC, Revision 2 and Revision 3, include non-monetary gold.

(b) <u>Silver ore, concentrates, bullion, unissued coin (see (c) below), scrap and partly-worked and manufactured silver</u> are all included in merchandise trade statistics.

(c) <u>Currency and titles of ownership which have been issued into circulation, e.g., issued silver and base metal coins, bank notes, other paper currency and securities</u>, are excluded from merchandise trade statistics. <u>Unissued currency and titles of ownership</u> are included at their intrinsic value as stamped metal or printed paper rather than at face value.

(d) <u>Trade on government account</u> is included as merchandise trade. Movements under government foreign aid programmes (civil and military), war reparations and restitutions and military goods 9/ moving internationally are therefore included. When goods are destined for use of national agencies (including embassies and military forces) stationed abroad they are, however, not considered to have moved in external trade and are excluded.

(e) <u>Temporary imports and exports</u>. Tourists' and travellers' effects not acquired abroad (including vehicles), goods for exhibitions or study, animals admitted to a country temporarily, merely for racing or breeding, returnable containers, etc., the movements of all of which are expected to be reversed within a limited time, are excluded.

(f) <u>Improvement and repair trade</u>. Countries sending goods abroad for improvement or repair and return are said to be engaging in the passive improvement and repair trade; countries receiving goods from other countries for improvement or repair and eventual return engage in the active improvement and repair trade. Inward and outward movement in this trade are generally excluded from imports and exports.

(g) <u>Postal trade</u> is included in merchandise trade.

(h) <u>Trade in fish, etc</u>. Fish and salvage sold abroad or to foreign vessels off national vessels, and fish and salvage landed from foreign vessels in national ports are excluded from merchandise trade statistics.

(i) <u>Trade in ships and aircraft</u>. New ships and aircraft bought and sold are included. Second-hand ships and aircraft entering or leaving the registers of the reporting country as a result of transfer of ownership are excluded.

(j) <u>Bunkers and stores for ships and aircraft</u>. In general, bunkers and stores should be included in aggregate merchandise exports.

6. <u>Partner country</u>. The following terms describe methods that may be used by reporting countries in determining, for each shipment of goods, the partner country under whose name it should be recorded: (a) for imports: country of origin or production, country of consignment, country of purchase or country of provenance; (b) for exports: country of consumption or consignment, or country of sale.

7. <u>Trade analyzed by commodity</u>. Analysis is according to the Standard International Trade Classification.

THE STANDARD INTERNATIONAL TRADE CLASSIFICATION (SITC)

In July 1950, the United Nations Economic and Social Council, on the advice of its Statistical Commission, recommended that Governments compile trade by commodity statistics according to the original SITC [5]/ in order to have available data in internationally comparable categories suitable for the economic analysis of trade. The original SITC had been prepared by the United Nations Secretariat with the assistance of expert consultants and in co-operation with Member Governments and interested international organizations.

In May 1960, the Statistical Commission approved a revision, similarly prepared, of the original SITC, known as the SITC, Revised, designed to take account of the changes in the pattern of trade since 1950 and to simplify the relation between the SITC and internationally agreed customs tariff nomenclatures 5/. The SITC, Revised, is a rearrangement into statistical order of the items of the 1955 Tariff Nomenclature (CCCN) of the Customs Co-operation Council.

The relation between the original SITC and the SITC, Revised is discussed in the introductions to certain issues of Commodity Trade Statistics, notably those for January-December 1960 and 1961.

The SITC, Revised, is based on 625 subgroups (identified by code numbers of four digits), most of which correspond to items of the original SITC. A number of subgroups are further subdivided either to distinguish commodities of statistical importance or to permit exact correspondence with the CCCN; this results in a basic (5-digit code) level for the SITC, Revised, consisting of 1,312 items. The subgroups are combined, progressively, into 177 groups, 56 divisions and 10 sections.

The headings of the SITC, Revised, are fully determined by their code numbers. The precise composition of each number is defined in the SITC, Revised, itself. In comparing data according to the SITC, Revised, with data according to a national commodity classification it must be remembered that the same brief description may refer to aggregates differing somewhat in composition.

Although the SITC, Revised, of 1960 represented a great improvement on the original SITC, basically the same reasons which led to the creation of the SITC and its first revision were found, in the late nineteen-sixties, to be once more valid. Since 1960 the volume of trade had increased rapidly and its geographic and commodity patterns had changed fundamentally. Consequently, a second revision of the SITC was undertaken. In October 1974 the Statistical Commission approved of this revision, known as SITC, Revision 2 5/, and in May 1975 the Economic and Social Council recommended that Member States of the United Nations should report data on external trade according to the SITC, Revision 2, as far and as soon as possible. Starting with data for 1976, some countries began reporting trade statistics based on the SITC, Revision 2.

The basic headings of the SITC, Revision 2 had a one-to-one correspondence with the subdivisions of the Customs Co-operation Council Nomenclature (CCCN). However, there were a number of users who found the subdivisions of CCCN (and thus SITC, Revision 2) insufficient for their needs 10/. There was also an expressed need for the harmonization of economic classifications 11/. Partly to satisfy these needs, the Customs Co-operation Council in May 1973 undertook responsibility for the development and completion of the Harmonized Commodity Description and Coding System (HS). The work resulted in the revision of CCCN and the expansion of its four-digit categories into HS comprising 5,019 six-digit headings 12/.

At its twenty-first session, in January 1981, the Statistical Commission had taken note of the fact that a third revision of SITC would have to be made available when both the revised CCCN and HS came into force 13/. Accordingly, later that year, the United Nations Secretariat commenced work on the revision of SITC, Revision 2, based on the principle that every effort should be made to maintain its general character and structure but taking into account the need for its harmonization with the revised CCCN, the International Standard Industrial Classification (ISIC) Revision 3 14/ and a Central Product Classification 15/ which was developed jointly by the United Nations Statistical Division and the Statistical Office of the European Communities.

The final draft was revised and approved by the Statistical Commission at its twenty-third session, in February 1985, and a resolution was adopted by the Economic and Social Council on 28 May 1985 (resolution 1985/7) which, inter alia, recommended that Member States should report internationally data on external trade statistics according to the Standard International Trade Classification, Revision 3, as far and as soon as possible, it being understood that Member States may not wish to make the change until they would in any case be reviewing their customs nomenclature.

1/ Classification by Broad Economic Categories (in terms of the SITC Revised), Statistical Papers, Series M No.53, (United Nations publication, Sales No. 71.XVII.12).

2/ Classification of Commodities by Industrial Origin (Relationship of the Standard International Trade Classification Revised to the International Standard Industrial Classification of All Economic Activities, Revision 1), Statistical Papers, Series M No.43, (United Nations publication, Sales No. 66.XVII.7).

3/ International Standard Industrial Classification of All Economic Activities (Revision 1), Statistical Papers, Series M No. 4, Rev. 1, (United Nations publication, Sales No. 58.XVII.7).

4/ United Nations Standard Country Codes, Statistical Papers, Series M No. 49 (United Nations publication, Sales No. E.70.XVII.13).

United Nations Standard Country or Area Codes for Statistical Use Statistical Papers, Series M No. 49, Rev. 1, (United Nations publication, Sales No. E.75.XVII.8).

Standard Country or Area Codes for Statistical Use, Statistical Papers, Series M No. 49, Rev.2, (United Nations publication, Sales No. E.82.XVII.8).

Standard Country or Area Codes for Statistical Use, Interim List (United Nations Statistical Division).

5/ Standard International Trade Classification, Statistical Papers, Series M No.10 Second edition, (United Nations publication, Sales No. 51.XVII.1).

Standard International Trade Classification Revised, Statistical Papers, Series M No. 34, (United Nations publication, Sales No. 61.XVII.6).

Standard International Trade Classification Revision 2, Statistical Papers, Series M No.34/Rev.2, (United Nations publication, Sales No. E.75.XVII.6).

Standard International Trade Classification Revision 3, Statistical Papers, Series M No.34/Rev.3, (United Nations publication, Sales No. E.86.XVII.12).

6/ Commodity Trade Statistics, Statistical Papers, Series D, carries annual figures showing the provenance and destination of trade for a large number of headings of the SITC, Revised, SITC, Revision 2, and SITC, Revision 3. Quarterly and annual figures are available on microfiches.

7/ 1977 Supplement to the Statistical Yearbook and Monthly Bulletin of Statistics, ST/ESA/STAT/SER.S/SUPPL.2, ST/ESA/STAT/SER.Q/SUPPL.2, (United Nations publication, Sales No. E.78.XVII.10).

8/ The treatment of items 1 to 7 is drawn mainly from International Trade Statistics Concepts and Definitions, Statistical Papers, Series M No. 52, Rev.1, (United Nations publication, Sales No. E.82.XVII.14).

9/ Countries excluding military goods from imports or exports use varying definitions of this category of merchandise, but for most countries concerned, weapons and their ammunition constitute a major part of the military goods excluded.

10/ United Nations Statistical Division and Statistical Office of the European Communities Joint Working Group on World Level Classifications, "A Harmonized Commodity Description and Coding System for Use in International Trade" (UNSO/SOEC/1/2).

11/ United Nations Secretariat, "The Harmonization of Statistical Classifications: report of an expert group meeting". (ST/ESA/STAT/78).

12/ Customs Co-operation Council, The Harmonized Commodity Description and Coding System, Brussels, 1985.

13/ Official Records of the Economic and Social Council, 1981, Supplement No. 2 (E/1981/12).

14/ International Standard Industrial Classification of All Economic Activities, Statistical Papers, Series M No.4, Rev.3 (United Nations publication, Sales No.E.90.XVII.11).

15/ Provisional Central Product Classification, Statistical Papers, Series M No.77 (United Nations publication, Sales No.E.91.XVII.7).

INTRODUCTION

La quarante et unième tion de l'annuaire statistique du commerce international présente les informations nécessaires à l'étude des échanges de chaque pays, en termes de valeur courante, de volume et de prix ainsi que l'importance des différents pays partenaires et des principaux produits importés et exportés. Cette édition présente les données pour 159 pays ou zones douanières déclarants. L'annuaire est publié en deux volumes.

Volume I

Le Volume I fournit des tableaux spéciaux et des renseignements détaillés sur chaque pays au sujet duquel on trouvera généralement les tableaux suivants:

a) Tableau 1, donnant 10 séries, 5 à l'importation, 5 à l'exportation. Ces cinq séries sont: échanges de marchandises et échanges portant sur l'or (généralement en monnaie nationale mais pour quelques pays en dollars des Etats-Unis), facteurs pour convertir les monnaies nationales en dollars des Etats-Unis, indices du quantum et de la valeur unitaire pour les importations et exportations totales.

b) Tableau 2, présentant de l'année 1986 jusqu'à la dernière année disponible les pourcentages par rapport au commerce total des importations par grandes catégories économiques et les exportations par branches d'origine. Les pourcentages pour 1970 à 1985 ont été publiés dans les éditions précédentes de cet Annuaire. L'analyse pour les importations est basée sur la Classification par grandes catégories économiques 1/; pour les exportations sur la Classification des marchandises par origine industrielle. 2/ Toute reclassification du commerce extérieur par grandes catégories économiques ou par origine industrielle nécessite le détail au niveau des 5 chiffres de la CTCI, révisée. (Se référer aux pages xxxvi-xxxviii à xl pour l'histoire et le fond de la CTCI). Lorsque les statistiques n'étaient pas disponibles à ce niveau on a utilisé les données au niveau des trois chiffres de la CTCI, révisée. En comparant des statistiques du commerce extérieur avec des statistiques de production on se heurte à certaines incohérences qui s'ajoutent aux problèmes de classification. Les exportations de marchandises qui de toute évidence n'ont pas été produites dans les pays exportateurs (exportation de thé et de cacao des Pays-Bas ou du Royaume-Uni) ont été classées dans la branche où elles auraient été classées dans le pays d'origine; dans le cas du thé et du cacao : l'agriculture. La branche dans le pays déclarant est en fait dans ce cas le commerce de gros.

Pour obtenir la Classification des marchandises par origine industrielle, les postes de la CTCI, révisée sont regroupés afin de correspondre approximativement aux groupes de la

Classification international type, par industrie, de toutes les branches d'activité économique (révisée) (CITI, Révision 1) 3/. Dans toute la mesure du possible les exportations nationales ou spéciales ont été utilisées.

c) Tableau 3, présentant jusqu'au cinq années les plus récentes la valeur en dollars des Etats-Unis des importations et des exportations selon les principaux pays ou zones et régions d'origine et de destination. La distribution géographique est faite selon le United Nations Standard Country or Area Codes for Statistical Use 4/. Parfois, étant donné la nature des codes géographiques nationaux, la conversion des données selon le code des Nations Unies n'a pu être effectuée que moyennant quelques imprécisions. Dans ces tableaux apparaissent les 50 pays partenaires les plus importants classés par ordre d'importance selon la somme des valeurs sur les années inclus dans la table. Une classification différente est effectuée pour les importations et les exportations. La ventilation en pourcentage est également indiquée pour les zones d'origine et de destination et pour les 10 premiers pays partenaires pour dix années les plus récentes.

d) Tableaux 4 et 5, présentant les quantités et les valeurs en dollars des Etats-Unis, des importations et des exportations par marchandises jusqu'aux quatre années les plus récentes. Les données sont imprimées pour une marchandise donnée si sa valeur pour une année donnée est égale ou supérieure à 0,3 pour cent de la valeur totale pour cette année. Les marchandises sont présentées selon les titres de la CTCI (abbreviées); lorsque les descriptions sont précédées d'un astérique (*) cela indique que les chiffres donnés sont égaux à ceux du niveau de la CTCI immédiatement supérieur qui dans ce cas n'est pas imprimé.

Parfois les données en dollars des tableaux décrits en (c) et (d) ci-dessus peuvent ne pas correspondre à celles en dollars des Etats Unis du tableau décrit en (a) ou à celles en monnaies nationales de cet tableau après l'application des facteurs de conversion. Les différences sont dues pour la plupart à des révisions au niveau du total du commerce qui parfois ne sont pas disponibles à un plus grand niveau de détail par produit et partenaire et qui n'ont donc pas été apportées aux tableaux décrits en (c) et (d).

Les importations et les exportations par produits sont présentés pour tous les pays selon la Classification type pour le commerce international (CTCI) 5/ de la façon suivante:

i) En CTCI, révisée pour les pays qui ont utilisé cette révision ou la CTCI originale pour les quatre dernières années;

ii) En CTCI, révisée pour les pays qui ont commencé à utiliser la CTCI, Révision 2 mais pour lesquels les quatre dernières années ne sont pas disponibles en CTCI, Révision 2;

iii) En CTCI, Révision 2 pour les pays qui ont utilisé cette révision pour les quatre dernières années disponibles;

iv) En CTCI, Révision 2 pour les pays qui rapportent les données en Révision 3 ou le système harmonisé de désignation et de codification des marchandises (SH). Dans les Volumes I et II Révision 2 a été calculée par conversion de cette dernière Révision et cela est indiquée par note au bas des tableaux. Dans certains cas à cause des difficultés de conversion des données du CTCI, Révision 3 au CTCI, Révision 2 il en résulte des données non comparables avec celles des années précédantes rapportés sous form de CTCI, Révision 2 de façon très substantielle.

Dans quelques cas la conversion à CTCI à partir des nomenclatures nationales n'a pas été possible avec précision suffisante; certains codes de la CTCI ne couvrant pas exactement les échanges qui devraient leur être attribués.

Lorsqu'elles sont disponibles, les données les plus détaillées par produits et pays partenaire du commerce extérieur en CTCI, révisée, en CTCI, Révision 2 ou en CTCI, Révision 3 sont publiées dans les <u>Commodity Trade Statistics</u> 6/ et sont également disponibles sur microfiches.

Le Volume I aussi fournit des tableaux spéciaux où est indiquée la contribution des échanges de chaque pays et région dans le commerce international. Les titres des tableaux spéciaux sont:

(a) Importations et exportations totales par régions et pays ou zones;
(b) Exportations mondiales par classes de marchandises et par régions;
(c) Croissance des exportations mondiales par catégories de marchandises et par régions;
(d) Structure des exportations mondiales par catégories de marchandises et par régions;
(e) Importations et exportations totales: indices par pays ou zones;
(f) Exportations et importations totales: indices du quantum, de la valeur unitaire et des termes de l'échange par régions;
(g) Exportations des produits manufacturés;
(h) Importations des produits énergétiques: pays à économies développées;
(i) Quelques indicateurs sur les importations des produits énergétiques: pays à économies développées;
(j) Indices des prix des exportations de machines et materiel de transport pour certains pays;
(k) Indices des prix des exportations des matières premières et des métaux non-ferreux;

Tableaux speciaux.

Les groupes économiques et géographiques dans tous les tableaux speciaux sont conformes aux groupes des pays ou zones paraissent dans le Tableau Special A de ce numéro, bien que le Tableau Special A comprend quelquefois plus de details en ce qui concerne les sous-groupes géographiques. (Voir le Tableau Special A pour les detailles).

(A) <u>Importations et exportations totales par régions et pays ou zones</u>. Les totaux régionaux, économiques et mondiaux, ont été ajustés: a) pour y inclure des estimations pour les données non disponibles; b) pour transformer le cas échéant les importations f.o.b. en importations c.a.f.; c) pour y inclure les pays ou zones pour lesquels il n'existe pas de liste séparée; d) pour ramener les données au commerce spécial; e) pour ramener les données à l'année civile; et f) autant que possible, éliminer les incompatibilités dues à des modifications géographiques pour obtenir des séries comparables por example, la Commuraute économique éuropéenne et l'Association européenne de libre-échange. Les données pour chaque pays correspondent aux données en monnaie nationale apparaissant au tableau 1 des tableaux par pays. Les lettres des premières et dernières colonnes de ce tableau indiquent le système du commerce utilisé: G : Commerce général; S: Commerce spécial; Voir la fin du tableau pour les notes.

Le <u>Bulletin Mensuel de Statistique</u> présente des données mensuelles et trimestrielles.

(B) <u>Exportations mondiales par classes de marchandises et par régions</u>. Voir la fin du tableau pour la remarque générale et les notes.

(C) <u>Croissance des exportations mondiales par catégories de marchandises et par régions</u>. Les taux annuels de croissance ont tous été calculés à l'aide de la formule des intérêts composés:

$$r = \left(\sqrt[t]{\frac{V_n}{V_o}} - 1 \right) 100$$

r = Le taux annuel de croissance en pourcentage.
Vn = La valeur des exportations durant la dernière année de la période.
Vo = La valeur des exportations durant la première année de la période.
t = Le nombre d'années.

Voir la fin du Tableau Special D pour la remarque générale et les notes.

(D) <u>Structure des exportations mondiales par catégories de marchandises et par régions</u>. Les chiffres apparaissant sous le titre 'Origine des exportations' se réfèrent aux exportations de la région ou du pays indiqués dans la colonne zone. Il en est de même pour les 'Destinations des exportations'. Voir la fin du tableau pour la remarque générale et les notes.

(E) <u>Importations et exportations totales: indices par pays ou zones</u>. Sauf indication contraire, les indices de la valeur unitaire sont exprimés en monnaie nationale. Voir la fin du tableau pour la remarque générale et les notes.

Le <u>Bulletin Mensuel de Statistique</u> présente des données mensuelles et trimestrielles.

(F) <u>Exportations et importations totales: indices du quantum, de la valeur unitaire et des termes de l'échange par régions</u>. Voir la fin du tableau pour les notes.

Le <u>Bulletin Mensuel de Statistique</u> présente des données trimestrielles.

(G) <u>Exportations des produits manufacturés.</u> Voir la fin du tableau pour la remarque générale et les notes.

Le <u>Bulletin Mensuel de Statistique</u> présente des données trimestrielles.

(H) <u>Importations des produits énergetiques: pays à économies développées</u>. Voir la fin du tableau pour la remarque générale et les notes.

Le <u>Bulletin Mensuel de Statistique</u> présente des données trimestrielles.

(I) <u>Quelques indicateurs sur les importations des produits énergétiques: pays à économies développées</u>. Ce tableau indique la part des importations de combustibles dans la valeur totale des importations et des exportations ainsi que le rapport de l'indice de la valeur unitaire des produits manufacturé qu'ils exportent et de l'indice de la valeur unitaire des combustibles qu'ils importent. Voir la fin du tableau pour la remarque générale et les notes.

(J) <u>Indices des prix des exportations de machines et materiel de transport pour certain pays</u>. Voir la fin du tableau pour la remarque générale.

Le <u>Bulletin Mensuel de Statistique</u> présente des données trimestrielles

(K) <u>Indices des prix des exportations des matières et des métaux non-ferreux: économies de marché.</u> Voir la fin du tableau pour la remarque générale et les notes.

<u>Le Bulletin Mensuel de Statistique</u> présente des données mensuelles et trimestrielles.

Volume II

Le Volume II présente un chapitre sur le commerce de certains produits analysés par pays et par régions ainsi que des matrices des échanges.

<u>Tableaux par produits</u>. Ces tableaux comprennent deux parties. On trouvera dans la première les importations et les exportations au niveau du groupe à 3 chiffres de la CTCI, Révision 2, (tous les groupes à l'exception de 351 et 688) et dans la seconde les importations et exportations au niveau des sous-groupes à 4 chiffres et des positions à 5 chiffres les plus importants 7/. Les années couvert sont les cinq années de 1988 à 1992. Les valeurs sont exprimées en dollars des Etats-Unis et les échanges sont analysés par pays et régions. Dans ces tableaux apparaissent les 50 pays les plus importants classées selon la somme des valeurs sur les années 1989, 1990 et 1991 inclus dans la table. Une classification différente est effectuée pour les importations et les exportations. Le système du commerce appliqué par les pays déclarants est le même que celui indiqué aux tableaux 4 et 5 des chapitres par pays de cet Annuaire. Les quantités ne figurent pas dans ces tableaux. Dans bien des cas des estimations ont été effectuées pour compléter les données non encore disponibles. On trouvera aux pages 1 et 241 du Volume II des notes explicatives sur ces estimations.

SOURCE ET PRESENTATION

Les données pour Volumes 1 et 2 sont obtenues à partir de publications nationales, de soumissions et des états de la part des gouvernements pour cette publication et autres publications des Nations Unies telles que: <u>Commodity Trade Statistics</u>, <u>Bulletin Mensuel de Statistique</u> et parfois des publications préparées par certaines agences spécialisées des Nations Unies. Des estimations pour quelques données qui n'existent pas sont préparées par la Division de Statistique des Nations Unies.

Les noms des pays et régions utilisés par divers pays pour leur statistique commercial ne sont pas uniformes. Aussi, pour les anciens entités geographiques généralement indiqué dans les statistiques national, ont change, les pays peuvent introduire les changements correspondants dans leur statistique a differente époque. Chaque fois que possible les pays ou zones ont été désignés par le nom qui est le leur à présent.

Sauf indications contraires les groupements de pays sont conformes à ceux du United Nations <u>Standard Country or Area Code for Statistical Use</u> 4/.

INDICES NATIONAUX

Les indices nationaux, exprimés en monnaies nationales, ou des dollars des Etat Unis apparaissent au tableau 1. Ils indiquent les modifications dans le quantum et dans les prix (valeur unitaire) des agrégats des importaitons et des exportations. Chaque indice représente une modification entre la période à laquelle l'indice se réfère, la période courante et une période fixe, la base de publication pour laquelle l'indice est représenté par 100. Pour faciliter les comparaisons, chaque fois qu'il était possible de le faire, les indices ont été ramenés à la base de publication 1980. Lorsque des modifications sont faites dans la couverture, la formule ou la période de base d'un indice et si cela est technique possible, les deux séries s'enchaîneraient.

Les indices mensuels et trimestriels sont publiés dans le <u>Bulletin Mensuel de Statistique des Nations Unies</u>. On trouvera également dans le <u>Supplément de 1977 à l'Annuaire Statistique et au Bulletin Mensuel de Statistique</u> 7/ des notes plus détaillées sur les méthodes de calcul des indices nationaux.

PAYS EN TRANSITION

Pour la période couvert par l'Annuaire les pays classifiés antérieurement pour des raisons statistiques à économies planifiées centralement avaient un système de taux de change officiel entre leurs monnaies et celles des pays extérieurs consistant avec le taux de 0,90 nouveau roubles pour 1 dollar des Etats-Unis avant le 24 décembre 1971 et 0,829 jusqu'à février 1973; depuis cette date le taux a fluctué. Les pays d'Europe orientale utilisaient généralement ces taux lorsqu'il était nécéssaire de convertir des devises en monnaie nationale pour préparer les statistiques du commerce extérieur. Les données qui en résultent permettent davantage une comparaison avec les transactions des autres pays qu'une comparaison avec les transactions monétaires intérieures.

Les statistiques du commerce extérieur de ces pays ont des définitions différentes de celles qui peuvent exister dans les autres pays. Les différentes définitions peuvent être la source des divergences observées pour le même flux de marchandise enregistré par deux pays partenaires ayant un système économique différent. Les échanges entre ces pays peuvent être conduits sur une base différente de celle qui régit les échanges entre autres pays. Le concept de la valeur de transaction, par example, est basé sur l'existence d'un prix de marché entre l'importateur et l'exportateur sur lequel les variations de l'offre et de la demande ont plus d'influence qu'ils ne peuvent en avoir dans les échanges de ces pays. Faute de données précises sur les valeurs unitaires des produits de base échangés entre ces pays, il est difficile de connaître les effets possibles de ces différences sur les statistiques du commerce extérieur.

NOTE GENERALE 8/

1. <u>Territoire</u>. Les statistiques rapportées par un pays s'appliquent au territoire douanier de cet état. Généralement territoire douanier et territoire statistique coïncident, le cas contraire est indiqué dans les notes par pays. Les modifications dans le territoire douanier sont également indiquées dans les notes par pays. Sauf information contraire l'unification de deux territoires séparés auparavant donne lieu à l'élimination des échanges entre ces deux territoires. Dans le cas contraire d'une séparation de deux territoires, les échanges entre ces territoires viennent à apparaître.

2. <u>Système du commerce</u>. Deux systèmes sont généralement utilisés ne différant que par la façon dont le commerce d'entrepôt et les réexportations sont enregistrés.

   a) <u>Commerce spécial</u>. Les importations spéciales comprennent les marchandises entrées directement pour la consommation (y compris les transformations et réparations) et les marchandises sorties des entrepôts douaniers ou des zones franches pour être mises à la consommation. Les exportations spéciales comprennent les exportations de produits nationaux, c'est-à-dire les marchandises entièrement ou partiellement produites ou fabriquées dans le pays, ainsi que les exportations nationalisées (ces dernières sont des biens qui ayant été inclus dans les importations spéciales sont réexportés à l'état.)

   b) <u>Commerce général</u>. Les importations générales comprennent les importations pour la consommation et les importations en entrepôt douanier ou en zone franche. Les exportations générales comprennent les exportations de produits nationaux et les réexportations. Ces dernières, dans le système du commerce général, comprennent les exportations nationalisées et les marchandises exportées des entrepôts douaniers et des zones franches sans avoir été transformées depuis leur importation.

Le transit direct, c'est-à-dire les marchandises uniquement transbordées ou traversant le pays pour des raisons de transport, est exclu du commerce général aussi bien que du commerce spécial.

Les titres de chaque tableau indiquent le système du commerce auquel se réfèrent les données. Des notes plus détaillées figurent, si nécessaire dans les notes par pays.

3. <u>Evaluation</u>. Lors de sa quinzième session en 1953, le Conseil Economique et Social, tenant compte du fait que les statistiques du commerce extérieur doivent refléter la réalité économique, a recommandé que les gouvernements des pays membres

des Nations Unies utilisent, dans la mesure du possible, les valeurs de transaction en préparant leurs statistiques du commerce international ou qu'ils fournissent des informations supplémentaires basées sur les valeurs de transaction quand les politiques nationales font état d'autres valeurs (Résolution 469 B (XV) du Conseil Economique et Social). La valeur de transaction à l'importation est la valeur à laquelle les marchandises ont été achetées par l'importateur plus le coût de l'assurance et du frêt jusqu'à la frontière des pays importateurs (valeur c.a.f.). A l'exportation, la valeur de transaction représente la valeur à laquelle les marchandises ont été vendues par l'exportateur y compris le coût de l'assurance du transport pour amener les marchandises à la frontière des pays exportateurs (valeur f.o.b.).

4. <u>Conversion des monnaies</u>. Pour les données dans cet Annuaire la conversion des valeurs nationales en dollar des Etats-Unis est effectuée au moyen de taux de conversion basés sur les taux de change officiels. Pour les monnaies sujettes à de larges marges de fluctuations par rapport au dollar, dont le nombre s'est accru considérablement depuis 1971, on utilise des moyennes pondérées des taux de change calculées spécialement dans ce but. La moyenne pondérée est le résultat des taux de change mensuels, généralement fournis par le Fonds Monétaire, pondérés par les valeurs des importations et des exportations correspondantes. Les facteurs de conversion s'appliquent aux totaux des échanges mais pas nécessairement aux importations ou à l'exportation d'une marchandise donnée.

5. <u>Marchandises</u>. Dans la définition du commerce extérieur on entend par marchandises tous les biens dont l'importation ou l'exportation contribue à l'accroissement ou à la diminution du stock des ressources matérielles dans un pays. Sauf information contraire dans les notes par pays, le traitement des catégories de marchandises suit les règles énoncées ci-dessous :

    a) <u>Or</u>. L'or dans le commerce international se présente sous trois formes:

        i) Pièces d'or et lingots y compris l'or monétaire;
        ii) Or non raffiné y compris les minerais et les concentrés;
        iii) Or semi ouvré dont la valeur de l'or représente au moins 80% de la valeur totale, y compris la limaille et les poussières et les formes primaires telles que feuilles et barres et les alliages d'or.

De ces différents types d'or, l'or monétaire sont exclu du commerce des marchandises tandis que les autres types sont inclus, sauf ceux qui sont indiqués ci-dessous. Tout transfert d'or entre les autorités monétaires doit être traité comme échange d'or monétaire, les autres échanges portant sur l'or sont classés comme non-monétaire. A la différence de la CTCI, révisée, la CTCI, Révision 2 et Révision 3 inclut l'or non-monétaire.

b) <u>Minerai d'argent</u>. Concentrés, lingots, pièces non émises, limailles et argent ouvré ou semi ouvré sont tous inclus dans les échanges de marchandises.

c) <u>Monnaie et titres de propriété</u>. Pièces de monnaie d'argent et de métal, billets de banque et titres en circulation sont exclus du commerce. Les pièces, billets et titres non en circulation sont inclus à la valeur intrinsèque du papier ou du métal frappé.

d) <u>Le commerce pour le compte de l'Etat</u>. Il est inclus dans le commerce des marchandises. Les échanges au titre des programmes d'aide civile et militaire, les réparations de guerre et les équipements militaires 9/ sont donc inclus. Quand les marchandises sont destinées à des institutions nationales (ambassades ou forces armées) stationnées à l'étranger, elles ne sont pas comprises dans les statistiques.

e) <u>Importations et exportations temporaires</u>. Les effets des touristes et des voyageurs (y compris les véhicules) qui n'ont pas été acquis à l'étranger, les objets pour expositions ou études, les animaux pour la course ou la reproduction, les échantillons et les emballages en retour qui sont considérés comme devant être retournés dans un intervalle de temps assez court sont exclus.

f) <u>Trafic de perfectionnement et de réparation</u>. Les pays qui envoient à l'étranger temporairement des marchandises pour réparation ou complément d'ouvraison effectuent un trafic passif de réparation. Les pays recevant des marchandises dans les mêmes conditions effectuent un trafic actif de réparation. Les mouvements d'entrée et de sortie sont généralement exclus de importations et des exportations.

g) <u>Commerce par poste</u>. Il est inclus dans le commerce des marchandises.

h) <u>Poisson</u>. Le poisson et les épaves débarqués dans des ports étrangers par des navires nationaux et ceux débarqués dans des ports du pays par des navires étrangers sont exclus des statistiques.

i) <u>Vente et achat de navires et d'aéronefs</u>. La vente et l'achat de navires et d'aéronefs neufs sont inclus. Les navires et les aéronefs d'occasion inscrits sur le registre d'immatriculation du pays ou radiés de ce registre sont exclus du commerce quand ces mouvements sont dus à un transfert de propriété.

j) <u>Avitaillement des navires et des avions</u>. Ils doivent etre généralement inclus dans les exportations de marchandises.

6. <u>Pays Partenaire</u>. Les pays partenaires peuvent être distinguées a) à l'importation suivant: l'origine ou la production, la consignation ou la provenance ou l'achat; b) à l'exportation suivant: la consommation, la dernière destination connue ou la vente.

7. <u>Echanges par produits</u>. L'analyse est selon la Classification Type pour le Commerce International.

CLASSIFICATION TYPE POUR LE COMMERCE INTERNATIONAL (CTCI)

En juillet 1950, le Conseil Economique et Social des Nations Unies, sur avis de la Commission de Statistique, a recommandé aux pays de rassembler leurs statistiques des échanges par produits selon la CTCI originale 5/ afin de disposer au niveau mondial de données comparables pour l'analyse du commerce extérieur. La CTCI originale a été préparée par le Secrétariat des Nations Unies avec l'aide d'experts et en coopération avec les gouvernements et les organisations internationales concernées.

En mai 1960 la Commission de Statistique a approuvé une révision de la CTCI appelée la CTCI, révisée, qui tenait compte des modifications dans les courants commerciaux intervenus depuis 1950 et qui permettait un passage plus facile entre la CTCI et les nomenclatures internationales. 5/ La CTCI, révisée présentait selon une classification statistique les positions de la nomenclature tarifaire NCCD du Conseil de Coopération Douanière.

La relation entre la CTCI originale et la CTCI, révisée est décrite dans l'introduction de certains fascicules de <u>Commodity Trade Statistics</u> en particulier ceux de janvier - décembre 1960 et 1961.

La CTCI, révisée comprend 625 sous-groupes (identifiés par un code à quatre chiffres) qui correspondent pour l'essentiel aux postes de la CTCI originale. Un certain nombre de sous-groupes ont été subdivisés soit pour obtenir des détails supplémentaires soit pour assurer une concordance exacte avec la NCCD. La CTCI, révisée comporte donc 1312 rubriques de base (niveau des 5 chiffres de la CTCI). Les sous-groupes sont rassemblés en 177 groupes, 56 divisions et 10 sections.

Les positions de la CTCI sont individualisées par leur numéro de code. Le contenu précis de chaque code est défini dans la CTCI, révisée. Si l'on compare les données selon la CTCI, révisée avec des données classées selon une nomenclature nationale, il faut tenir compte de ce que la même description, généralement abrégée, peut s'appliquer à des groupes de marchandises légèrement différents.

La révision de 1960 représentait par rapport à la CTCI initiale une amélioration considérable. Néanmoins vers la fin des années 1960 on a constaté que, pour l'essentiel, les raisons qui avaient conduit à l'établissement de la CTCI puis à sa première révision, se retrouvaient à nouveau valables. Depuis 1960 le volume des échanges commerciaux s'est accru rapidement tandis que leur répartition géographique et leur composition par produits se modifiaient radicalement. Une nouvelle révision de la CTCI fut donc entreprise. En octobre 1974, la Commission Statistique a approuvé cette révision, la désignation de la nouvelle révision est CTCI, Révision 2. 5/ En mai 1975 le Conseil Economique et Social a recommandé aux Etats membres des Nations Unies de communiquer les données sur les statistiques du commerce extérieur en se conformant autant que possible et le plus tôt possible à la CTCI, Révision 2. A partir des données pour 1976, certains pays ont commencé à communiquer leurs données selon la CTCI, Révision 2.

Il y avait entre les titres de base de la Classification type pour le commerce international, Révision 2 et les subdivisions de la Nomenclature du Conseil de Coopération Douanière une correspondance biunivoque. Toutefois, un certain nombre d'utilisateurs ont estimé que les subdivisions des positions de la NCCD (et par conséquent celles de la CTCI, Révision 2) ne suffisaient pas à leurs besoins 10/. La nécessité d'une harmonisation des classifications économiques a également été signalée 11/. En partie pour répondre à ces besoins, le Conseil de coopération douanière a assumé en mai 1973 la responsabilité d'élaborer et de mettre au point un système harmonisé de désignation et de codification des marchandises (SH). Ce travail a abouti à la révision de la NCCD et à l'extension de ses numéros de position (à 4 chiffres) en 5019 codes à 6 chiffres qui constituent le SH 12/.

A sa vingt et unième session, en janvier 1981, la Commission de statistique a pris note du fait qu'une troisième révision de la CTCI devait être disponible lorsque la NCCD révisée et le SH entreraient tous deux en vigueur 13/. En conséquence, dans le courant de la même année, le Secrétariat de l'ONU a commencé à travailler à la révision de la CTCI, Revision 2 en partant du principe que tout le possible devait être fait pour en conserver le caractère général et la structure, tout en tenant compte de la nécessité de son harmonisation avec la NCCD révisée, avec la Classification internationale type, par industrie, de toutes les branches d'activité économique (CITI), Révision 3 14/ et avec une Classification des produits centrale (CPC) 15/ dont l'élaboration était menée conjointement par la Division de statistique des Nations Unies et l'Office statistique des Communautés européennes.

Le projet final a été révisé et approuvé par la Commission de statistique à sa vingt-troisième session, en février 1985, et une résolution a été adoptée par le Conseil économique et social le 28 mai 1985 (résolution 1985/7) qui, *inter-alia*, a recommandé aux Etats Membres de communiquer des données sur les statistiques du commerce extérieur aux institutions internationales en se conformant autant que possible et le plus rapidement possible à la Classification type pour le commerce international (troisième version révisée) étant entendu que les Etats Membres peuvent juger bon de ne faire cette substitution qu'au moment où il leur faudra, de toute façon, réviser leur nomenclature douanière.

---

1) Classification par grandes catégories économiques, (selon les définitions de la CTCI, révisée), Etudes statistiques, série M No. 53, (publication des Nations Unies, numéro de vente 71. XVII.12)

2) Classification des marchandises par origine industrielle (Relation entre la Classification type pour le commerce international et la Classification internationale type, par industrie, de toutes les branches d'activité économique), Etudes statistiques, série M No. 43, (publication des Nations Unies, numéro de vente 66. XVII.7).

3) Classification internationale type, par industrie, de toutes les branches d'activité économique (révisée), Etudes statistiques, série M No. 4, Rév. 1. (publication des Nations Unies, numéro de vente 58.XVII.7).

4) United Nations Standard Country Code, Statistical Papers, Series M No. 49, (United Nations publication, Sales No. E.70.XVII.13).

United Nations Standard Country or Area Code for Statistical Use, Statistical Papers, Series M No. 49, Rev. 1, (United Nations publication, Sales No. E 75.XVII.8).

Standard Country or Area Codes for Statistical Use, Statistical Papers Series M No. 49, Rev.2, (United Nations publication, Sales No. E.82 XVII.8).

Standard Country or Area Codes for Statistical Use, Interim List (United Nations Statistical Division)

5) Classification type pour le commerce international, Etudes statistiques, série M No. 10, 2ème édition, (publication des Nations Unies, numéro de vente 51.XVII.1);

Classification type pour le commerce international révisée, Etudes statistiques, série M. No. 34, (publication des Nations Unies, numéro de vente 61.XVII.6);

Classification type pour le commerce international, (deuxième version revisée), Etudes statistiques, série M No. 34/Rév. 2, (publication des Nations Unies, numéro de vente F.75 XVII.6);

Classification type pour le commerce international (troisième version révisée), Etudes statistiques, serie M No.34/Rév. 3, (publication des Nations Unies, numéro de vente F.86 XVII.12).

6) Commodity Trade Statistics, Statistical papers, Séries D, présentent annuellement les échanges par origine et destination pour un grand nombre de positions de la CTCI, révisée, de la CTCI, Révision 2 et CTCI, Révision 3. Les données trimestrielles et annuelles sont également disponibles sur microfiches.

7) <u>Supplement de 1977 à l'Annuaire Statistique et au Bulletin mensuel de statistique</u>, ST/ESA/STAT/SER.S/SUPPL.2, ST/ESA/STAT/SER.Q/SUPPL.2, (publication des Nations Unies, numéro de vente F.78.XVII.10).

8) Le traitement des articles 1 à 7 est dérivé principalement de Statistiques du commerce international concepts et définitions, Etudes statistiques, série M No. 52 Révision 1, (publication des Nations Unies, numéro de vente F.82 XVII.14).

9) Les pays qui excluent l'équipement militaire utilisent des définitions différentes pour cette catégorie de marchandise, pour la majorité des pays cependant, armes et munitions constituent la plupart de l'équipement militaire exclu des statistiques.

10) Groupe de travail commun Division de statistique de l'ONU - Office statistique des Communautés européennes sur les nomenclatures au niveau mondial, "Système harmonisé de désignation et de codification des marchandises pour les besoins du commerce international" (UNSO/SOEC/1/2).

11) Secrétariat de l'ONU, "L'harmonisation des classifications statistiques : compte rendu d'une réunion d'un groupe d'experts" (ST/ESA/STAT/78).

12) Conseil de coopération douanière, "Système harmonisé de désignation et de codification des marchandises", 1985.

13) <u>Documents officiels du Conseil économique et social, 1981, Supplément No. 2.</u>(E/1981/12).

14) Classification International Type, par industrie, de toutes les branches d'activité économique, Etudes statistiques, série M No. 4, Révision 3 (publication des Nations Unies, numéro de vente F.90.XVII.11).

15) Classification centrale de produits (CPC) provisoire, Etudes statistiques, série M No. 77 (publication des Nations Unies, numéro de vente F.91.XVII.7).

TOTAL TRADE

COMMODITY TABLES

GROUP (3-DIGIT) LEVEL OF THE SITC, REVISION 2

351 and 688 are excluded

NOTES ON ESTIMATES

In preparing these tables, a number of estimates are made for countries whose data are not yet available. At the country level these estimates are shown with a sign 'x' for all years. They are included in the regional and world totals.

COMMERCE TOTAL

TABLEAUX PAR PRODUITS

NIVEAU DES GROUPES (3-CHIFFRES) DE LA CTCI REVISION 2

A l'exclusion des groupes 351 et 688

NOTES SUR LES ESTIMATIONS

Pour la préparation de ces tableaux, un nombre des estimations ont été effectuées pour les pays dont les données n'étaient pas disponibles. Ces estimations au niveau des pays apparaissent avec le signe 'x' pour toutes les années.

001 *LIVE ANIMALS FOR FOOD — ANIMAUX VIVANTS 001

TRADE BY COMMODITY IN THOUSAND U.S. DOLLARS – COMMERCE PAR PRODUIT EN MILLIERS DE DOLLARS E.U

IMPORTS – IMPORTATIONS

COUNTRIES–PAYS	1988	1989	1990	1991	1992
Total	7718923	7899180	8543771	8461147	9448123
Africa	356098	218205	133644	x163460	x150551
Northern Africa	296947	200303	112162	140501	x121744
Americas	1216101	1189356	1474704	1606862	1911932
LAIA	359004	229959	206863	333778	370623
CACM	5810	5340	4954	8806	x16394
Asia	1615465	1510277	x1661880	x1651643	x1744714
Middle East	x874652	x782571	x859303	x768317	x782414
Europe	4313313	4737598	5007168	4850389	5521359
EEC	4158323	4501109	4725920	4744668	5380220
EFTA	98608	98311	101179	78148	57349
Oceania	x155543	x139128	x109812	x66330	x60355
Italy/Italie	1866957	1975140	1962486	1945448	2060031
USA/Etats–Unis d'Amer	758272	846478	1167636	1149644	1413478
France, Monac	467929	485865	544501	611455	582661
United Kingdom	501256	458000	418166	416853	469150
Belgium–Luxembourg	321269	371810	x431908	x347419	x345941
Saudi Arabia	393569	415678	381487	399203	689476
Germany/Allemagne	392505	368739	385946	426171	552572
Netherlands/Pays–Bas	257866	311449	385946	361786	432683
Hong Kong	301196	303733	332255	361786	398338
Spain/Espagne	167299	298783	314395	354118	
Japan/Japon	148875	152241	168611	167469	129303
Singapore/Singapour	119999	121776	160487	192511	213689
Mexico/Mexique	221472	117379	104239	252751	261542
Yugoslavia SFR	49976	132064	173782	x23340	
Ireland/Irlande	114880	114512	90687	106807	120103
Canada	82353	95557	74098	102602	100128
Turkey/Turquie	33593	20759	109138	107986	108976
Australia/Australie	119689	110852	84125	42862	41760
Libyan Arab Jamahiriya	159917	100844	44862	85619	x38675
Greece/Grèce	32496	71701	68455	82411	x82993
Kuwait/Koweït	150642	138892	x64969	x6633	x46132
Brazil/Brésil	21089	73414	73459	38763	29720
Former USSR/Anc. URSS	x33373	x54312	x50458	x76255	
United Arab Emirates	x133909	x56629	x44625	x49203	x53555
Syrian Arab Republic	28251	44521	41656	x54137	x17878
Qatar	38840	21150	48042	61157	x43625
Portugal	28237	39665	45236	43683	51800
Algeria/Algérie	39524	42504	28367	28297	x36286
Sweden/Suède	37791	37363	31499	28657	13553
Thailand/Thaïlande	34483	25698	27683	43439	30656
Switz.Liecht	35561	31625	34196	30105	28028
Jordan/Jordanie	11815	6161	32049	54970	38069
Lebanon/Liban	x29764	x27891	x26004	x27021	x50397
Romania/Roumanie	x190	5135	59096	2757	x21464
Malaysia/Malaisie	21960	18328	23737	24186	x29728
Egypt/Egypte	78795	42307	16944	6358	13821
New Zealand	34119	24322	19346	21176	16089
Macau/Macao	15990	22684	17749	23695	24724
Bahrain/Bahreïn	20508	x16701	x17862	x16526	x19507
Indonesia/Indonésie	27257	25779	16443	8597	18424
Oman	13429	16309	16718	17273	x18494
Bulgaria/Bulgarie	x4452	x13344	x24796	x9176	5627
Philippines	11050	x13582	17324	14087	25409
China/Chine	16519	10942	13619	19685	17978
Finland/Finlande	13686	14998	11884	14992	4784
Korea Republic	4986	9287	2261	18550	12822
Venezuela	76340	14293	3693	10106	16220
Poland/Pologne	15052	17645	3693	10106	x14999
Austria/Autriche	7553	10225	12880	7040	6932
Hungary/Hongrie	x3685	x5019	x8733	15235	x7118

EXPORTS – EXPORTATIONS

COUNTRIES–PAYS	1988	1989	1990	1991	1992
Totale	7662459	7737320	8467329	8678132	9169849
Afrique	x123854	x119019	x96541	x79055	x44326
Afrique du Nord	48456	x60729	x43885	x44573	33884
Amériques	1352550	1224555	1669785	1875388	2079021
ALAI	232839	277045	436104	442361	412839
MCAC	5702	4623	6376	8052	13069
Asie	843903	1012172	1071019	x1001091	x850219
Moyen–Orient	323226	464995	466400	x379273	165871
Europe	4128802	4229827	4483777	4666330	5233782
CEE	3844225	3987985	4231410	4468305	5029216
AELE	114455	118579	118187	96631	126604
Océanie	370001	x309728	x254835	x214674	x259518
France, Monac	1451734	1451248	1543113	1581833	1778297
Netherlands/Pays–Bas	734117	759235	867594	804003	1079524
Canada	493000	470227	733644	762913	1041275
Germany/Allemagne	409478	543237	584627	791312	670470
USA/Etats–Unis d'Amer	607553	468659	486869	661349	611406
United Kingdom	441176	422072	447081	495057	579818
China/Chine	386098	395115	429731	439146	459078
Belgium–Luxembourg	396556	456847	350742	450311	512264
Mexico/Mexique	205936	212129	349821	360355	331713
Poland/Pologne	203443	207375	248017	378672	x284832
Ireland/Irlande	344338	272002	329144	217344	219880
Bulgaria/Bulgarie	x257603	x354552	x295106	x78635	x58162
Turkey/Turquie	248920	251785	201663	201779	125994
Hungary/Hongrie	x114820	x167845	x158611	x228422	x163376
Syrian Arab Republic	27784	161364	230246	x150567	x9993
Australia/Australie	251798	187417	133155	138998	161709
Malaysia/Malaisie	92345	112025	141007	150084	x189764
Yugoslavia SFR	168513	121070	131810	x99477	
New Zealand	118172	121942	121428	75505	97685
Austria/Autriche	84529	86238	78204	63704	90604
Former GDR	x211097	x84080	x83594		
Czechoslovakia	x14792	x14888	x61260	x66864	x144343
Denmark/Danemark	26567	34699	35131	54619	83046
Spain/Espagne	21649	25287	40489	41862	70168
Sudan/Soudan	28843	x44183	x27745	x28694	x71
Romania/Roumanie	x29630	x27549	x27330	x26961	
Former USSR/Anc. URSS	x40755	x32687	x22954	x23098	x1875
Somalia/Somalie	514	6430	49500	17867	18
Bolivia/Bolivie	17953	20999	23440	21229	20322
Uruguay	11015	30486	13847	13980	25984
Iraq	x19242	x27366	x22060	x798	x133
Italy/Italie	14681	14131	17671	17601	21382
Portugal	2712	6638	14861	13880	13727
Indonesia/Indonésie	5115	6552	13561	14820	14414
Colombia/Colombie	387	182	450	29481	21410
Egypt/Egypte	9441	6147	6000	11591	28513
Tunisia/Tunisie	10567	10317	8921	3612	4786
Argentina/Argentine	6344	7209	7768	7696	8200
Sweden/Suède	5978	5960	7366	6980	7771
Venezuela	59		5482	718	1100
Djibouti	5549	13403	7868	2685	
Saudi Arabia	18030	9021	x2314	x986	x1061
Jordan/Jordanie	1546	16176	2973	13740	22452
Burkina Faso	x5753	1956	10006	x1213	x1818
Singapore/Singapour	6279	5218	5931	5069	3450
Chile/Chili	3737	4946	5103	6119	x8662
Pakistan	7750	3566	5013	1990	2597
Brazil/Brésil	4567	5995	3704	5771	13284
Ethiopia/Ethiopie	14409	3428	4826	690	

(VALUE AS % OF TOTAL) (VALEUR EN % DU TOTAL)

	1983	1984	1985	1986	1987	1988	1989	1990	1991	1992		1983	1984	1985	1986	1987	1988	1989	1990	1991	1992
Africa	x7.9	x8.1	7.1	x4.4	5.5	4.6	2.8	1.5	x2.0	x1.6	Afrique	x6.9	x5.1	0.8	x2.3	1.7	1.6	1.5	x1.1	0.9	x0.5
Northern Africa	x6.8	x6.7	6.6	4.0	4.8	3.8	2.5	1.3	1.7	x1.3	Afrique du Nord	x3.2	x3.6	0.3	0.7	0.3	0.6	x0.8	x0.5	0.5	0.4
Americas	13.6	15.7	17.7	14.9	11.6	15.8	15.0	17.2	19.0	20.2	Amériques	14.7	18.3	19.2	15.4	12.8	17.7	15.8	19.7	21.6	22.6
LAIA	1.1	2.1	4.0	2.2	2.1	4.7	2.9	2.4	3.9	3.9	ALAI	0.9	2.9	3.4	4.9	3.1	3.0	3.6	5.2	5.1	4.5
CACM	x0.2	0.4	0.3	0.1	x0.1	0.1	0.1	0.1	0.1	x0.2	MCAC	x0.0	0.3	0.1	0.0	0.0	0.1	0.1	0.1	0.1	0.1
Asia	26.6	27.7	22.2	21.6	21.3	21.0	19.2	x19.4	x19.5	x18.5	Asie	2.4	8.0	11.0	10.9	11.2	11.0	13.1	12.6	x11.5	x9.3
Middle East	x16.9	x18.2	13.4	13.4	12.6	x11.3	9.9	10.1	x9.1	8.3	Moyen–Orient	1.2	6.8	4.9	5.1	4.7	4.2	6.0	5.5	x4.4	1.8
Europe	50.5	43.9	50.8	56.4	56.6	55.9	60.0	58.6	57.3	58.4	Europe	60.9	55.4	57.5	61.7	58.7	53.9	54.5	53.0	53.8	57.1
EEC	49.8	43.1	50.0	55.1	55.2	53.9	57.0	55.3	56.1	56.9	CEE	58.9	51.8	54.3	59.0	54.8	50.2	51.4	50.0	51.5	54.8
EFTA	0.6	0.6	0.6	0.8	1.0	1.3	1.2	1.2	0.9	0.6	AELE	2.0	1.8	1.5	1.5	1.6	1.5	1.5	1.4	1.1	1.4
Oceania	0.9	1.2	1.6	2.0	x2.0	x2.0	1.8	1.3	0.8	x0.6	Océanie	5.8	x5.4	5.1	4.5	x4.3	4.8	x4.0	x3.0	x2.5	x2.8
Italy/Italie	23.1	19.1	22.7	24.7	24.6	24.2	25.0	23.0	23.0	21.8	France, Monac	20.1	17.4	17.8	19.7	19.4	18.9	18.7	18.2	18.2	19.4
USA/Etats–Unis d'Amer	10.3	11.9	12.0	10.8	7.7	9.8	10.7	13.7	13.6	15.0	Netherlands/Pays–Bas	12.1	11.0	11.8	12.3	11.8	9.6	9.8	10.2	9.3	11.8
France, Monac	8.0	6.2	6.2	7.0	7.0	6.1	7.2	6.4	7.2	6.2	Canada	5.9	8.5	7.1	4.0	3.7	6.1	6.1	8.7	8.8	11.4
United Kingdom	4.9	6.4	5.9	4.9	5.5	6.5	5.8	4.9	4.9	5.0	Germany/Allemagne	7.7	6.4	6.4	7.6	6.3	5.3	7.0	6.9	9.1	7.3
Belgium–Luxembourg	4.7	4.3	4.2	4.9	4.9	4.2	4.7	x5.1	x4.1	x3.7	USA/Etats–Unis d'Amer	7.8	6.6	8.5	6.5	7.9	6.0	5.7	7.6	6.7	6.7
Saudi Arabia	9.6	10.0	8.6	6.8	5.8	5.1	5.3	4.7	4.7	7.3	United Kingdom	6.4	5.6	7.3	7.4	7.7	5.8	5.4	5.3	5.7	6.3
Germany/Allemagne	4.2	3.9	4.6	3.8	4.9	5.1	4.7	4.5	4.7	5.8	China/Chine			4.7	4.4	5.0	5.1	5.1	5.1	5.1	5.0
Netherlands/Pays–Bas	1.6	1.1	1.8	3.0	3.6	3.3	3.9	4.5	5.0	5.0	Belgium–Luxembourg	4.8	4.3	4.3	5.0	5.2	5.9	4.1	5.2	5.0	5.6
Hong Kong	5.8	5.9	5.8	4.6	4.1	3.9	3.8	3.9	4.3	4.2	Mexico/Mexique		2.5	3.1	4.4	2.8	2.7	2.7	4.1	4.2	3.6
Spain/Espagne	0.4	0.6	1.1	2.5	2.1	2.2	3.8	3.7	4.3	4.2	Poland/Pologne	2.8	2.7	2.4	2.2	2.5	2.7	2.7	2.9	4.4	x3.1

011 MEAT FRESH, CHILLD, FROZEN

VIANDES FRAICHES, REF, CONGE 011

TRADE BY COMMODITY IN THOUSAND U.S. DOLLARS – COMMERCE PAR PRODUIT EN MILLIERS DE DOLLARS E.U

COUNTRIES–PAYS	1988	1989	1990	1991	1992	COUNTRIES–PAYS	1988	1989	1990	1991	1992
Total	24875560	27033357	31977464	33710923	34644784	Totale	23628966	25160023	28357137	29838230	32784887
Africa	x641687	x511999	x532131	x527201	x573485	Afrique	x84997	x83225	x119227	x148876	x196520
Northern Africa	306883	244737	280223	187445	x204218	Afrique du Nord	x1172	2362	x19484	x12176	27097
Americas	3461703	3733693	x4187877	x4498610	x4583609	Amériques	4469290	4925656	5517982	5785915	6559571
LAIA	400998	738427	709108	899542	1129375	ALAI	1283299	1317391	1531599	1505320	1652688
CACM	1312	1591	2125	10586	x23065	MCAC	116446	143321	170646	157591	x127782
Asia	x6708880	x6961672	x7222598	x7851973	x9044064	Asie	x1538514	1019944	1186748	1376523	x1309453
Middle East	x1697286	x1248333	x1184852	x1031760	x1218038	Moyen–Orient	x84008	x63263	x47943	x58720	x60210
Europe	13205790	14638862	17034801	17371255	20056934	Europe	12993026	14321197	16338211	17287826	19393138
EEC	12500767	13953384	16161290	16715144	19319445	CEE	12601883	13928635	15851108	16942769	19001334
EFTA	501611	489856	552381	541873	572751	AELE	246167	269690	328806	255412	257926
Oceania	x128201	x146011	x155897	x173751	x190803	Océanie	x3204152	x3409314	x3850373	x4084492	x4285439
Japan/Japon	4133615	4671132	4805425	5240363	6158741	Netherlands/Pays–Bas	3324382	3653478	4204290	4301065	4830608
Italy/Italie	3048859	3566058	3957761	4191402	4342549	USA/Etats–Unis d'Amer	2330808	2711109	2989723	3383196	3920593
Germany/Allemagne	2866896	3116270	3807847	4381235	5468537	France, Monac	2085756	2314152	2664604	2866142	3452744
France, Monac	2782455	3063916	3461256	3421801	3712449	Germany/Allemagne	1590938	1894201	2385048	2633007	2146915
USA/Etats–Unis d'Amer	2250931	2118988	2458180	2434266	2379706	Australia/Australie	1846504	1962805	2364422	2543519	2661764
Former USSR/Anc. URSS	x591481	x799115	x2607944	x3077074		Denmark/Danemark	1843016	1918662	2190464	2303952	2770580
United Kingdom	1521275	1458041	1616130	1510586	1772907	Belgium–Luxembourg	1231679	1453294	1637208	1896200	2130339
Greece/Grèce	533498	774547	825197	622898	x967403	New Zealand	1354687	1439493	1478561	1537222	1595727
Belgium–Luxembourg	485357	528859	683353	647459	734716	Ireland/Irlande	1075956	1153782	1225053	1268974	1554053
Spain/Espagne	368397	494632	628889	698188	753287	United Kingdom	992807	1081808	1016593	1091565	1334008
Canada	452280	507641	614675	696477	662639	Canada	727251	749088	817077	720563	848717
Netherlands/Pays–Bas	516796	498554	602229	651396	841149	Hungary/Hongrie	x383690	x505558	x647983	x771139	x625663
Hong Kong	345105	407359	471262	529146	562410	Brazil/Brésil	675174	461748	475432	635823	876967
Mexico/Mexique	328628	356758	360227	678274	763608	Argentina/Argentine	378012	465018	563383	505845	463615
Korea Republic	62432	238415	338890	540908	543950	China/Chine	343879	399983	522655	557706	367057
Saudi Arabia	281042	301642	x417367	x374268	x395300	Thailand/Thaïlande	199410	236806	306334	415661	x503410
Switz.Liecht	279679	269323	312153	290056	296637	Italy/Italie	334113	277635	255543	364612	440160
Brazil/Brésil	20811	348308	307313	132836	132828	Bulgaria/Bulgarie	x312460	x407886	x329847	x52864	x92391
Iran (Islamic Rp. of)	x438447	x330912	x245732	x166253	x282268	Uruguay	153850	221658	264773	171530	183911
Portugal	161087	174135	278008	259044	356215	Spain/Espagne	114588	170599	258791	194436	298467
Denmark/Danemark	142953	176775	229019	236995	274110	Poland/Pologne	178913	209417	208686	149396	x196647
Egypt/Egypte	243999	196925	208064	137169	119978	Austria/Autriche	173716	175827	205470	164343	166158
Yugoslavia SFR	158552	151220	272602	x65507		Yugoslavia SFR	144277	122375	158204	x88922	
Singapore/Singapour	121720	140740	148793	154751	157884	Czechoslovakia	x145253	x110063	x120607	x105122	x80544
United Arab Emirates	x240882	x110453	x139393	x144982	x145191	Paraguay	22795	95668	133369	54283	x33549
Sweden/Suède	106303	92374	107452	130398	158287	So. Africa Customs Un	x40683	x59481	x85607	x130833	x118700
Austria/Autriche	88078	104746	111663	105472	99113	Hong Kong	32600	64823	83439	100777	115332
Cuba	x33531	73980	x99550	105472	99113	India/Inde	64337	x61494	76568	93335	x74105
Iraq	x396568	x177239	x105609	x138838	x97862	Sweden/Suède	51777	71065	81097	43392	31375
Israel/Israël	89087	81604	72580	121833	85874	Romania/Roumanie	x185810	122837	3424	64234	x45080
Ireland/Irlande	73194	101597	71599	94140	96122	Korea Republic	64186	81173	54808	42246	68317
Malaysia/Malaisie	59645	66433	78926	92249	x109145	Costa Rica	51592	52176	49333	60506	x31565
Poland/Pologne	49532	84574	23451	128645	x98477	Nicaragua	22875	44447	68029	38664	41639
Romania/Roumanie	x2891	56619	160930	10271	x36263	Mexico/Mexique	29891	32607	35471	31335	33947
Kuwait/Koweït	x89976	103364	x51855	x41343	x95418	Guatemala	21705	25406	26744	29406	17062
Jordan/Jordanie	84046	49224	53104	81682	73926	Israel/Israël	28440	28787	25093	27028	29101
Oman	52787	57148	54952	62820	x52865	Turkey/Turquie	45876	35184	24691	15833	26230
Reunion/Réunion	42390	49106	59180	51822	61082	Colombia/Colombie	8740	16869	17120	41589	14531
China/Chine	21738	41065	53253	59891	56148	Singapore/Singapour	23655	24781	25029	23074	26495
Martinique	41523	43723	50412	48814	53863	Honduras	17892	18080	24863	28963	37275
Bulgaria/Bulgarie	x21551	x63674	x36709	x39763	3113	Finland/Finlande	4974	8184	18871	38274	40035
Bahamas	78223	40401	x35937	x51233	x29347	Chile/Chili	15306	13488	20326	31463	x28467
French Polynesia	34165	x36480	x45583	x44392	x37761	Indonesia/Indonèsie	18033	19004	16354	24501	31872
Bahrain/Bahreïn	x24861	x44727	x36806	x42803	x44855	Venezuela	69	9395	19013	29818	16447
Guadeloupe	35413	35821	43108	42941	44784	Former GDR	x120618	x34269	x22512		
Cote d'Ivoire	x58794	x39127	x36077	x46455	x57524	United Arab Emirates	x15890	x34269	x22512		
Angola	x23324	x34494	x28234	x57925	x19135	Malaysia/Malaisie	4641	x15421	x14172	x14290	x15606
Papua New Guinea	38536	39299	36447	x42631	x51427	Former USSR/Anc. URSS	x11745	x10430	x11006	x11720	x10347
So. Africa Customs Un	107387	41820	24620	x46353	x74445	Bangladesh	15183	x24855	5624	916	x1008
Qatar	21213	27907	28606	26465	x22702	Norway, SVD, JM	8823	8579	13006	4463	14264

(VALUE AS % OF TOTAL)(VALEUR EN % DU TOTAL)

	1983	1984	1985	1986	1987	1988	1989	1990	1991	1992		1983	1984	1985	1986	1987	1988	1989	1990	1991	1992
Africa	2.8	3.6	3.0	x3.3	x2.6	x2.5	x1.9	x1.7	x1.5	1.6	Afrique	0.8	0.7	0.5	x0.3	0.4	x0.4	x0.3	0.4	0.5	x0.6
Northern Africa	1.8	2.7	2.6	1.9	1.4	1.2	0.9	0.9	0.6	x0.6	Afrique du Nord	0.0	0.0	0.0	0.0	0.0	x0.0	0.0	x0.1	x0.0	0.1
Americas	12.9	14.9	17.1	16.7	14.6	13.9	13.8	x13.1	x13.4	x13.2	Amériques	21.4	21.2	20.5	19.0	16.9	18.9	19.6	19.4	19.4	20.0
LAIA	0.6	1.0	1.5	3.6	1.9	1.6	2.7	2.2	2.7	3.3	ALAI	8.9	7.5	7.2	5.9	4.8	5.1	5.2	5.4	5.0	5.0
CACM	x0.0	0.0	0.0	0.0	0.0	0.0	0.0	0.0	0.0	x0.1	MCAC	x0.5	0.7	0.7	0.6	0.5	0.5	0.6	0.6	0.5	x0.4
Asia	x24.1	x25.2	21.9	x22.5	x23.9	x27.0	x25.8	x22.6	x23.3	x26.1	Asie	1.5	2.8	4.1	4.1	x7.0	x6.5	4.0	4.2	4.6	x4.0
Middle East	x9.1	x8.9	4.8	x5.9	x6.2	x6.8	x4.6	x3.7	x3.1	x3.5	Moyen–Orient	0.2	1.3	x0.7	0.6	x0.4	x0.4	0.3	x0.2	x0.2	x0.2
Europe	51.8	49.0	57.1	56.6	55.3	53.1	54.2	53.3	51.5	57.9	Europe	56.2	57.6	57.4	61.2	56.4	55.0	56.9	57.6	57.9	59.2
EEC	50.1	47.1	55.2	54.4	52.8	50.3	51.6	50.5	49.6	55.8	CEE	53.9	54.1	54.0	59.0	54.5	53.3	55.4	55.9	56.8	58.0
EFTA	1.6	1.6	1.7	1.8	2.0	2.0	1.8	1.7	1.6	1.7	AELE	2.2	2.4	2.3	1.7	1.3	1.0	1.1	1.2	0.9	0.8
Oceania	x0.5	x0.6	0.3	x0.6	x0.6	0.5	x0.6	x0.5	0.5	x0.6	Océanie	18.9	16.2	16.2	x13.9	x13.5	x13.5	13.5	13.6	x13.7	13.1
Japan/Japon	10.7	12.2	13.4	13.8	14.4	16.6	17.3	15.0	15.5	17.8	Netherlands/Pays–Bas	14.4	14.5	14.9	16.1	14.1	14.5	14.8	14.4	14.4	14.7
Italy/Italie	13.9	12.3	15.7	15.0	14.0	12.3	13.2	12.4	12.4	12.5	USA/Etats–Unis d'Amer	8.1	8.7	8.2	8.3	8.0	9.9	10.8	10.5	11.3	12.0
Germany/Allemagne	11.1	11.2	12.6	12.0	11.9	11.5	11.5	11.9	13.0	15.8	France, Monac	8.5	8.8	8.8	8.8	8.3	8.8	9.2	9.4	9.6	10.5
France, Monac	11.6	10.7	12.4	12.4	11.4	11.2	11.3	10.8	10.2	10.7	Germany/Allemagne	7.9	7.8	7.3	8.8	7.3	6.7	7.5	8.4	8.8	6.5
USA/Etats–Unis d'Amer	9.8	10.3	12.4	10.2	9.8	9.0	7.8	7.7	7.2	6.9	Australia/Australie	10.0	8.2	7.7	7.8	7.6	7.8	7.8	8.3	8.5	8.1
Former USSR/Anc. URSS	7.2	5.8			x2.6	x2.4	x3.0	x8.2	x9.1		Denmark/Danemark	8.0	8.1	8.3	9.0	7.8	7.0	7.6	7.7	7.7	8.5
United Kingdom	5.9	5.5	6.0	5.8	5.7	6.1	5.4	5.1	4.5	5.1	Belgium–Luxembourg	4.4	4.8	4.6	5.4	5.2	5.2	5.8	6.4	6.4	6.5
Greece/Grèce	3.1	2.9	3.0	3.0	3.4	2.1	2.9	2.6	1.8	x2.8	New Zealand	8.9	8.8	8.3	6.1	5.9	5.7	5.7	5.2	5.2	4.9
Belgium–Luxembourg	1.9	1.8	2.0	2.0	2.0	2.0	2.0	2.1	1.9	2.1	Ireland/Irlande	4.5	4.1	4.6	5.0	5.0	4.6	4.6	4.3	4.3	4.7
Spain/Espagne	0.4	0.6	0.7	1.4	1.3	1.5	1.8	2.0	2.1	2.2	United Kingdom	5.1	4.7	4.6	4.4	4.6	4.6	4.3	3.6	3.7	4.1

4

012 MEAT DRIED, SALTED, SMOKED / VIANDE, ABATS SALES, SECHES 012

TRADE BY COMMODITY IN THOUSAND U.S. DOLLARS – COMMERCE PAR PRODUIT EN MILLIERS DE DOLLARS E.U

IMPORTS – IMPORTATIONS

COUNTRIES–PAYS	1988	1989	1990	1991	1992
Total	1212165	1297531	1524135	1485359	1527300
Africa	x12153	x22453	x15812	x11853	x5735
Northern Africa	x326	829	x951	x99	x144
Americas	63020	62436	x75689	89065	x94569
LAIA	x4305	6098	x5832	13690	22458
CACM	1642	349	x910	27	x1696
Asia	x73341	56931	47099	42564	32966
Middle East	x10048	x1914	x2689	x1409	x1719
Europe	1042277	1148960	1367014	1327125	1391969
EEC	1019558	1113802	1316473	1294032	1357569
EFTA	19469	19111	24383	24666	26194
Oceania	x17230	5885	5944	x1454	x1224
United Kingdom	756509	829543	960966	901193	899603
France, Monac	129283	136928	163417	167785	191271
Germany/Allemagne	62183	61586	86083	106759	130524
USA/Etats–Unis d'Amer	23705	26242	42156	50500	49465
Ireland/Irlande	21388	29156	32511	29550	32066
Belgium–Luxembourg	21555	21857	27525	32735	38183
Netherlands/Pays–Bas	19656	22126	28036	27934	27904
Hong Kong	21775	22443	20901	20029	11975
Japan/Japon	23543	21549	17411	13910	11009
Yugoslavia SFR	0	12759	21993	x4052	
Switz.Liecht	12052	11199	13275	13670	14338
Italy/Italie	5779	8186	9255	11451	13861
Sweden/Suède	6392	7177	9775	9689	10339
Mexico/Mexique	1340	3475	4091	11639	17444
Spain/Espagne	1158	1427	5175	10329	14334
Angola	x2874	x3969	x3438	x5160	x1016
Canada	4587	4723	4530	2997	2074
Mozambique	x706	x6245	x3502	x2325	x706
Guadeloupe	3037	2752	3729	3851	4233
Netherlands Antilles	2614	2924	3776	3625	x2470
Andorra/Andorre	x2369	x2811	x3629	x3779	x3826
Poland/Pologne	x381	x200	x9076	310	x285
Singapore/Singapour	10679	2924	3743	2819	3513
Papua New Guinea	3221	4758	4501	x10	764
China/Chine	3214	5643	325	1865	2035
Trinidad and Tobago	2310	2979	2154	2565	x662
Bahamas	9348	5453	x1060	x1098	x662
Former USSR/Anc. URSS	x3498	x594	x2188	x4670	
Panama	1547	1568	1937	2128	2142
Martinique	1709	1689	2039	1775	2157
Portugal	352	646	1150	3410	5768
Chad/Tchad	x120	x2614	x2000	x94	x10
Bulgaria/Bulgarie	x7		x24	x4545	50
Barbados/Barbade	1435	1557	1617	1383	x521
Denmark/Danemark	1325	1626	1527	1312	2239
Romania/Roumanie	x49	x12	x512	x3695	x166
Senegal/Sénégal	x50	3849	131	x58	x23
Reunion/Réunion	965	998	1259	1101	1272
Greece/Grèce	369	721	828	1575	x1815
Belize/Bélize	639	744	1033	x801	756
French Guiana	887	710	931	892	1105
Israel/Israël	x26	x28	x1312	x1186	x1712
Greenland/Groenland	759	758	839	748	750
So. Africa Customs Un	814	383	316	x1290	x1391
Austria/Autriche	409	383	825	774	455
Jamaica/Jamaïque	1299	1442	227	218	x60
Brazil/Brésil	27	1296	295	261	88
Philippines	24	x1608	144	5	10
French Polynesia	1038	x453	x573	x614	x612
Argentina/Argentine	8	9	8	1537	4085

EXPORTS – EXPORTATIONS

COUNTRIES–PAYS	1988	1989	1990	1991	1992
Totale	1199223	1294355	1522394	1479001	1538894
Afrique	x475	x401	x202	x129	x107
Afrique du Nord	x36	141	82	44	61
Amériques	84594	70589	71640	78011	96831
ALAI	3722	8999	6955	6955	7018
MCAC	5	0	45	52	x80
Asie	40019	20216	18536	19167	x9330
Moyen–Orient	x473	533	x170	x115	x206
Europe	1061655	1192020	1417687	1367171	1418178
CEE	1049875	1178971	1400003	1351396	1399855
AELE	10779	12049	16442	15453	15832
Océanie	x4236	x3826	5902	6697	7010
Denmark/Danemark	335526	384163	437345	464813	458132
Netherlands/Pays–Bas	327095	364658	460221	382494	389814
Italy/Italie	153139	166148	188081	191194	207800
Belgium–Luxembourg	101157	116418	127798	122975	118510
Germany/Allemagne	60518	66828	74983	69329	73303
France, Monac	24915	28860	47164	53426	58516
USA/Etats–Unis d'Amer	52815	34083	34269	33158	41972
Ireland/Irlande	27202	28481	35443	34105	48247
Canada	27986	27452	30246	37581	47539
United Kingdom	16461	18227	19543	17248	20425
China/Chine	18323	15109	14637	14213	7891
Switz.Liecht	9414	10177	13037	12616	13537
Spain/Espagne	2391	3584	8112	14590	23599
Hungary/Hongrie	x5618	x3525	x5006	x6163	x6531
Brazil/Brésil	2012	3371	4132	4054	3787
New Zealand	924	1869	4345	4528	2761
Poland/Pologne	2426	3432	2956	1622	x650
Uruguay	650	918	2357	2778	3071
Australia/Australie	2533	1943	1522	2148	4180
Hong Kong	1094	1576	1777	1848	452
Sweden/Suède	985	838	2341	1995	971
Chile/Chili	934	4369	1	5	x33
Portugal	1457	1789	1281	1156	1506
Viet Nam	x788	x1483	x1272	x666	x15
Yugoslavia SFR	959	996	1223	x322	
Philippines	20	x912	11	x1490	1
Austria/Autriche	130	332	427	557	891
Finland/Finlande	188	629	527	63	109
Argentina/Argentine	36	321	399	33	25
Former GDR			x214	x428	
Singapore/Singapour	5876	156	209	268	367
Korea Dem People's Rp	x265	x191	x140	x199	
Saudi Arabia	16	445			x57
Norway, SVD, JM	61	72	110	220	323
Martinique			14	45	142
Cyprus/Chypre	40	46	116	94	149
Malaysia/Malaisie	23	10	7	210	
Egypt/Egypte	8	76	73	44	30
Mali		x178			
Israel/Israël	23	44	45	40	28
Greece/Grèce	14	12	28	62	x2
Maldives	x1555	x4	92	1	9
Korea Republic	4	16	48	31	x2
Thailand/Thaïlande	63			62	29
Zimbabwe		3	22	65	29
Venezuela	x3		5.1	8	x67
Romania/Roumanie	x81	x77	12	x29	x37
Senegal/Sénégal	x17	38	12	5	x267
Japan/Japon	43	59			
Former USSR/Anc. URSS		x54	x21		

(VALUE AS % OF TOTAL) (VALEUR EN % DU TOTAL)

	1983	1984	1985	1986	1987	1988	1989	1990	1991	1992
Africa	x1.9	x1.3	0.2	x1.7	x1.8	x1.0	x1.7	x1.0	x0.8	x0.4
Northern Africa	x0.2	x0.1	0.0	x0.0	x0.0	x0.0	0.1	x0.1	x0.0	x0.0
Americas	14.9	6.9	15.7	6.1	6.3	5.2	4.8	x5.0	6.0	x6.2
LAIA	0.1	x0.3	0.1	0.2	0.1	x0.4	0.5	x0.4	0.9	1.5
CACM	x0.0	0.0	0.1	0.0	0.1	0.0	x0.0	x0.0	x0.0	x0.1
Asia	6.1	5.7	4.9	5.0	5.4	x6.0	4.4	3.1	2.8	2.1
Middle East	x1.3	x0.3	0.1	x0.3	x0.4	x0.8	x0.1	x0.2	x0.1	x0.1
Europe	74.8	82.9	77.1	85.6	86.0	86.0	88.5	89.7	89.3	91.1
EEC	73.7	81.5	75.7	83.5	83.7	84.1	85.8	86.4	87.1	88.9
EFTA	1.0	1.2	1.4	1.9	2.0	1.6	1.5	1.6	1.7	1.7
Oceania	1.8	3.0	1.9	1.5	x0.4	x1.4	0.4	0.4	x0.1	x0.1
United Kingdom	58.9	64.5	60.5	63.2	61.1	62.4	63.9	63.0	60.7	58.9
France, Monac	7.5	8.0	8.0	10.6	11.0	10.7	10.6	10.7	11.3	12.5
Germany/Allemagne	3.2	4.1	3.0	4.0	5.1	5.1	4.7	5.6	7.2	8.5
USA/Etats–Unis d'Amer	1.0	1.2	1.9	2.1	2.2	2.0	2.0	2.8	3.4	3.2
Ireland/Irlande	1.2	1.5	1.1	1.3	1.5	1.8	2.2	2.1	2.0	2.1
Belgium–Luxembourg	1.3	1.6	1.3	1.8	2.0	1.8	1.7	1.8	2.2	2.5
Netherlands/Pays–Bas	1.3	1.5	1.4	1.5	1.8	1.6	1.7	1.4	1.9	1.8
Hong Kong	2.6	2.5	2.5	2.1	1.5	1.8	1.7	1.4	1.4	0.8
Japan/Japon	1.3	1.8	1.3	1.6	1.8	1.9	1.7	1.1	0.9	0.7
Yugoslavia SFR		0.0		0.0	x0.0	0.0	1.0	1.4	x0.3	

	1983	1984	1985	1986	1987	1988	1989	1990	1991	1992
Afrique	x0.0	0.2	0.0	x0.1	x0.0	x0.0	0.0	x0.0	x0.0	x0.0
Afrique du Nord	0.0	0.0	0.0	0.0	0.0	0.0	0.0	0.0	0.0	0.0
Amériques	x6.8	5.8	9.9	9.2	x7.7	7.0	5.5	4.7	5.3	6.3
ALAI	x0.3	0.3	5.6	4.5	x1.1	0.3	0.7	0.5	0.5	0.5
MCAC	0.0	0.1	0.0	0.0	0.0	0.0	0.0	0.0	0.0	0.0
Asie	x0.8	x0.8	13.3	13.3	x3.1	3.3	1.6	1.2	1.3	x0.6
Moyen–Orient	0.0	0.0	0.0	0.0	x0.0	x0.0	0.0	x0.0	x0.0	x0.0
Europe	81.1	80.7	66.1	76.7	87.8	88.5	92.1	93.1	92.4	92.2
CEE	80.5	79.8	65.3	75.6	86.5	87.5	91.1	92.0	91.4	91.0
AELE	0.6	0.7	0.7	1.0	1.1	0.9	0.9	1.1	1.0	1.0
Océanie	0.9	x0.7	0.4	x0.5	x0.7	x0.4	x0.3	0.4	0.5	0.5
Denmark/Danemark	43.3	39.2	28.5	28.6	30.5	28.0	29.7	28.7	31.4	29.8
Netherlands/Pays–Bas	12.7	16.2	16.1	19.5	23.6	27.3	28.2	30.2	25.9	25.3
Italy/Italie	8.8	8.8	8.3	11.3	13.1	12.8	12.8	12.4	12.9	13.5
Belgium–Luxembourg	5.9	6.6	5.1	7.0	8.8	8.4	9.0	8.4	8.3	7.7
Germany/Allemagne	3.3	3.2	2.9	3.8	4.3	5.0	5.1	4.9	4.7	4.8
France, Monac	1.3	1.3	1.2	1.8	2.1	2.1	2.2	3.1	3.6	3.8
USA/Etats–Unis d'Amer	5.3	4.2	2.8	2.8	3.6	4.4	2.6	2.3	2.2	2.7
Ireland/Irlande	3.2	2.4	1.8	2.0	2.6	2.3	2.2	2.3	2.3	3.1
Canada	1.1	1.3	1.3	1.8	3.0	2.3	2.1	2.0	2.5	3.1
United Kingdom	1.8	1.9	1.3	1.3	1.3	1.4	1.4	1.3	1.2	1.3

014 MEAT PREPD,PRSVD,NES ETC / CONSERVES DE VIANDES 014

TRADE BY COMMODITY IN THOUSAND U.S. DOLLARS – COMMERCE PAR PRODUIT EN MILLIERS DE DOLLARS E.U

IMPORTS – IMPORTATIONS

COUNTRIES–PAYS	1988	1989	1990	1991	1992
Total	x3769655	3941633	x4835779	x5983490	4872364
Africa	x112406	x90731	x101684	x115617	x104830
Northern Africa	20628	9752	12263	12078	16215
Americas	940109	953215	x1037291	x999575	x861148
LAIA	13633	24779	37274	67091	112404
CACM	3467	4292	4828	5125	x6251
Asia	x419371	x453378	x441893	x518587	x632783
Middle East	x110501	x69263	x76282	x79071	x70404
Europe	1858554	1960900	2468732	2794509	3187316
EEC	1736698	1827101	2291653	2620618	2926363
EFTA	104410	110744	136094	141905	175698
Oceania	x40491	x49101	x49284	x57527	x55626
Former USSR/Anc. URSS	x379898	x390981	x640050	x1451529	
United Kingdom	653462	703094	788698	847837	908131
USA/Etats-Unis d'Amer	729594	641525	697895	644546	501551
Germany/Allemagne	407825	405633	584886	756503	842774
France,Monac	197214	212368	273321	289225	324062
Japan/Japon	157257	208175	190262	228520	295416
Netherlands/Pays-Bas	138716	139292	185142	223121	250961
Belgium-Luxembourg	98584	106182	135375	142538	154164
Italy/Italie	109223	107596	118979	142501	165363
Canada	61954	87407	112929	114453	124182
Hong Kong	77936	89040	91631	98898	123068
Cuba	36479	99541	x82813	x61837	x16842
Spain/Espagne	54654	64673	88464	88637	112868
Switz.Liecht	61025	56959	68201	68847	74533
Singapore/Singapour	40005	47205	46223	52494	61857
Sweden/Suède	33640	38618	49571	52280	71936
Greece/Grèce	26163	36593	44958	45009	x56630
Ireland/Irlande	29797	30326	39996	47653	62281
Mexico/Mexique	10745	21287	34661	59034	93483
Romania/Roumanie	x6007	9708	53973	9658	x5528
Angola	x25784	x28114	x19781	x25311	x7536
Denmark/Danemark	18048	17223	23618	26753	29653
Saudi Arabia	19211	18017	x25111	x20864	x7430
Reunion/Réunion	15175	17019	18676	18552	23208
Martinique	13875	15550	18447	20049	20915
Lebanon/Liban	x20988	x16832	x14821	x21066	x25780
Guadeloupe	11778	13529	16008	17616	15910
Poland/Pologne	2370	6010	18076	20296	x10978
Yugoslavia SFR	1727	6458	24613	x12557	
Austria/Autriche	6688	11192	13876	16307	23786
Korea Republic	4516	9311	12855	17844	19515
Malaysia/Malaisie	15293	12462	13848	11727	x29406
Czechoslovakia	x2223	16079	14985	13516	x5598
Australia/Australie	8762	7788	11473	14002	12559
Jamaica/Jamaïque	12549	13593	9184	8561	x5237
Egypt/Egypte	20255	9411	11800	10117	13410
American Samoa	x4234	x11199	x10699	x8710	x2538
Bahamas	18290	10801	x8242	x9194	x6477
Malta/Malte	6606	7981	6074	x9236	x7912
Portugal	3011	4120	8218	10842	19476
New Caledonia	5239	5346	6444	x11126	x11945
United Arab Emirates	x16285	x5598	x7126	x9481	x7337
Korea Dem People's Rp	x2726	x1074	x595	x18403	x6797
Andorra/Andorre	x4954	x55//	x6927	x7158	x7448
Jordan/Jordanie	7325	6229	6783	6465	9101
Bulgaria/Bulgarie	x5278	x7822	x6434	x4918	1153
French Guiana	4420	5090	6565	6511	5823
Panama	4354	4803	6300	6573	7619
Cote d'Ivoire	x2744	x4405	x4437	x8258	x11655
Greenland/Groenland	6143	5744	5721	5467	5531

EXPORTS – EXPORTATIONS

COUNTRIES–PAYS	1988	1989	1990	1991	1992
Totale	3362455	3417794	4165155	4679569	4928791
Afrique	x31974	x12254	x12338	x17806	x24674
Afrique du Nord	139	177	200	306	713
Amériques	629932	624817	755041	982967	1080496
ALAI	535654	480239	485269	678888	755364
MCAC	903	668	1464	2057	x1908
Asie	333203	347429	347080	441620	x334738
Moyen-Orient	x16110	18208	x11300	x11876	x2283
Europe	1944209	2009964	2614539	2881916	3210785
CEE	1847916	1907134	2457655	2810715	3098100
AELE	46648	43470	75125	37446	48969
Océanie	x58901	x66268	50507	50951	42167
Denmark/Danemark	597796	573956	698007	689787	676872
Netherlands/Pays-Bas	308617	327508	441210	479183	520823
Belgium-Luxembourg	298556	304501	400527	455031	522444
Argentina/Argentine	229135	250984	309440	386231	304026
France,Monac	204849	231511	281429	326253	362603
Germany/Allemagne	170936	188833	254911	394633	365525
China/Chine	222633	241510	254183	334203	202534
Brazil/Brésil	289587	203508	144166	251785	409499
USA/Etats-Unis d'Amer	52105	99618	195329	238855	267302
Italy/Italie	136366	121140	169312	187173	351525
Hungary/Hongrie	x102148	x99867	x151058	x210201	x146495
Ireland/Irlande	60107	77404	105332	129106	146514
Poland/Pologne	130659	125691	118597	62705	x64016
United Kingdom	44136	43766	56443	79498	96987
Yugoslavia SFR	50149	59238	81709	x33705	
Canada	38113	39182	68528	59283	50671
Former USSR/Anc. URSS	53188	x76104	x70390	x995	
Australia/Australie	47390	55928	36462	34729	23401
Uruguay	12499	18812	29609	37924	38178
Finland/Finlande	27634	26751	44680	12928	14944
Hong Kong	28022	24107	20619	22575	21183
Singapore/Singapour	18437	19617	19974	19616	11787
Portugal	14313	18133	19240	20183	17319
Israel/Israël	18637	19404	15858	15773	12684
Greece/Grèce	5869	11131	14132	25273	x1087
Spain/Espagne	6372	8924	16786	24269	36401
Czechoslovakia	x15398	x16511	x15026	x16931	x7982
Romania/Roumanie	x48880	30857	2543	11695	x15157
Thailand/Thaïlande	5157	10792	7791	20094	x66828
Bulgaria/Bulgarie	x8877	x7143	x27996	x1783	x2281
New Zealand	10196	9085	12902	14913	16249
Kuwait/Koweït	x12327	11685	x8505	x8472	x14
Austria/Autriche	7402	4937	10542	11661	15853
Japan/Japon	7204	6974	8438	10174	8715
Sweden/Suède	7852	6111	7766	6859	9926
So. Africa Customs Un	x1585	x4146	x4986	x6765	x6769
Malaysia/Malaisie	4808	4846	6092	4508	4475
Switz.Liecht	1853	3270	9183	2877	3637
Zimbabwe	x28205	x2045	3267	6411	x9657
Norway, SVD, JM	1898		2393	2943	3106	4580
Cyprus/Chypre	2604	4945	1515	711	195
Chile/Chili	3789	5374	64	1069	x1416
Kenya	15		2973	3179	x734
Cote d'Ivoire		x5394	x100	x159	x3415
Trinidad and Tobago	676	1568	1819	1541	1137
Korea Republic	1111	906	1194	1464	1555
Costa Rica	795	600	1011	1631	x1223
Fiji/Fidji	x1206	953	1017	1168	1213
Venezuela	205	951	1388	604	656
Belize/Bélize	1208	1443	1240	x20	1255

(VALUE AS % OF TOTAL)(VALEUR EN % DU TOTAL)

	1983	1984	1985	1986	1987	1988	1989	1990	1991	1992
Africa	x4.0	x4.6	2.2	x3.8	x2.5	x3.0	x2.3	x2.1	x2.0	x2.2
Northern Africa	1.4	1.9	1.2	1.2	0.6	0.5	0.2	0.3	0.2	0.3
Americas	x31.7	31.1	37.1	x32.0	x27.4	24.9	24.2	x21.5	x16.7	x17.6
LAIA	0.2	0.2	0.3	0.2	0.2	0.4	0.6	0.8	1.1	2.3
CACM	x0.4	0.6	0.6	0.2	x0.1	0.1	0.1	0.1	0.1	x0.1
Asia	x12.0	x10.9	9.8	x10.0	x8.7	x11.2	x11.5	x9.1	x8.6	x13.0
Middle East	x4.4	x3.9	2.0	x2.6	x1.9	x2.9	x1.8	x1.6	x1.3	x1.4
Europe	49.3	41.8	48.7	51.3	48.4	49.3	49.7	51.1	46.7	65.4
EEC	46.8	39.3	46.0	48.2	45.4	46.1	46.4	47.4	43.8	60.1
EFTA	2.4	2.0	2.3	2.6	2.6	2.8	2.8	2.8	2.4	3.6
Oceania	x1.8	x1.5	0.8	x1.3	x0.9	x1.1	x1.2	x1.0	x1.0	x1.1
Former USSR/Anc. URSS			8.9		x10.6	x10.1	x9.9	x13.2	x24.3	
United Kingdom	20.7	17.1	19.3	18.2	16.7	17.3	17.8	16.3	14.2	18.6
USA/Etats-Unis d'Amer	28.1	26.3	32.5	27.2	22.7	19.4	16.3	14.4	10.8	10.3
Germany/Allemagne	10.9	8.7	10.4	11.7	10.5	10.8	10.3	12.1	12.6	17.3
France,Monac	4.0	3.5	4.2	5.0	5.0	5.2	5.4	5.7	4.8	6.7
Japan/Japon	2.4	2.8	3.1	3.4	3.3	4.1	5.3	3.9	3.8	6.1
Netherlands/Pays-Bas	2.9	2.6	3.1	3.5	3.3	3.7	3.5	3.8	3.7	5.2
Belgium-Luxembourg	2.5	2.1	2.4	2.7	2.8	2.6	2.7	2.8	2.4	3.2
Italy/Italie	3.2	2.9	3.6	3.4	2.9	2.9	2.7	2.5	2.4	3.4
Canada	1.2	1.5	1.3	1.0	0.9	1.6	2.2	2.3	1.9	2.5

	1983	1984	1985	1986	1987	1988	1989	1990	1991	1992
Afrique	1.3	0.8	1.1	x0.8	x1.8	x0.9	x0.3	x0.3	x0.3	x0.5
Afrique du Nord	0.0	x0.0	0.0	x0.0	0.0	0.0	0.0	0.0	0.0	0.0
Amériques	28.0	27.2	25.2	20.6	17.6	18.8	18.3	18.1	21.0	22.0
ALAI	24.7	22.9	21.8	18.3	16.0	15.9	14.1	11.7	14.5	15.3
MCAC	x0.1	1.3	0.8	0.1	0.1	0.0	0.0	0.0	0.0	x0.0
Asie	2.9	2.5	2.6	2.9	8.8	9.9	10.2	8.3	9.5	x6.8
Moyen-Orient	x0.1	0.2	0.1	x0.2	x0.6	x0.5	0.5	x0.3	x0.3	x0.0
Europe	64.2	66.2	68.2	67.9	58.0	57.8	58.8	62.8	61.6	65.1
CEE	61.8	58.6	60.3	63.8	54.4	55.0	55.8	59.0	60.1	62.9
AELE	2.5	2.2	2.4	1.9	1.6	1.4	1.3	1.8	0.8	1.0
Océanie	x3.1	2.6	2.2	x1.9	x1.6	x1.7	x1.9	1.2	1.1	0.9
Denmark/Danemark	24.0	23.9	25.4	24.2	18.8	17.8	16.8	16.8	14.7	13.7
Netherlands/Pays-Bas	11.4	10.9	10.6	10.9	9.6	9.2	9.6	10.6	10.2	10.6
Belgium-Luxembourg	8.9	8.3	8.1	9.8	8.6	8.9	8.9	9.6	9.7	10.6
Argentina/Argentine	8.3	6.9	7.7	7.4	7.9	6.8	7.3	7.4	8.3	6.2
France,Monac	6.2	5.4	6.7	6.7	6.1	6.1	6.8	6.8	7.0	7.4
Germany/Allemagne	3.8	3.7	3.9	4.9	4.6	5.1	5.5	6.1	8.4	7.4
China/Chine					5.4	6.6	7.1	6.1	7.1	4.1
Brazil/Brésil	16.0	15.6	13.5	10.0	7.5	8.6	6.0	3.5	5.4	8.3
USA/Etats-Unis d'Amer	1.8	2.2	2.5	1.7	1.2	1.5	2.9	4.7	5.1	5.4
Italy/Italie	3.0	2.8	3.4	3.9	3.4	4.1	3.5	4.1	4.0	7.1

022 MILK AND CREAM — LAIT ET CREME 022

TRADE BY COMMODITY IN THOUSAND U.S. DOLLARS – COMMERCE PAR PRODUIT EN MILLIERS DE DOLLARS E.U

IMPORTS – IMPORTATIONS

COUNTRIES–PAYS	1988	1989	1990	1991	1992
Total	8992607	8864657	x9143059	x9661760	x11147059
Africa	x846563	x996792	x992093	x954604	x1230091
Northern Africa	424426	616561	572251	522847	x713209
Americas	878349	1283274	1229220	1037845	x1370024
LAIA	585811	908093	822626	612974	x880325
CACM	49517	69623	53401	59002	x88971
Asia	x2110053	x1966586	x1997493	x1947761	x2265154
Middle East	x690767	x629843	x705432	x525705	x557745
Europe	4744268	4283847	4487610	4843849	6129334
EEC	4640352	4181084	4360047	4751727	5991011
EFTA	60107	61068	61567	67414	87578
Oceania	x42884	x46874	x51247	x65047	x78572
Netherlands/Pays-Bas	1765802	1334609	1230883	1300439	1701597
Italy/Italie	1275390	1180811	1124693	1197633	1378464
Former USSR/Anc. URSS	x195672	x251807	x345326	x745168	
Germany/Allemagne	348313	373767	555633	388969	434386
Mexico/Mexique	267035	510463	388567	570769	681674
Belgium–Luxembourg	258766	303953	392475	379061	x516678
Algeria/Algérie	300770	439105	293801	467573	719823
France, Monac	349491	294772	293801	223847	x288253
Greece/Grèce	228315	253761	277718	x198286	x212669
Saudi Arabia	237209	242030	x245713		
Spain/Espagne	199297	205956	202130	262257	322740
United Kingdom	146147	175924	209902	251803	345718
Philippines	145852	x178246	232535	188614	227056
Japan/Japon	191661	211254	162485	212959	205167
Malaysia/Malaisie	150261	176865	175777	181948	x283566
Brazil/Brésil	6812	219659	105522	150736	59249
Singapore/Singapour	148322	151862	124619	144292	158877
Hong Kong	108875	122007	129824	154914	183623
Thailand/Thaïlande	114818	106388	139083	132221	188012
Cuba	41217	56369	x109746	x133464	x141226
Venezuela	203576	91831	38789	151763	103987
Bangladesh	x91784	x90402	x58558	72210	x73114
Cote d'Ivoire	83301	x65862	x60457	x82182	x118450
United Arab Emirates	x118920	x60834	x71107	x74073	x79993
Sri Lanka	57189	59531	55303	79279	63959
Indonesia/Indonésie	56692	61417	55964	74482	90243
Iraq	x114470	x62450	x116015	x11201	x1517
China/Chine	51173	46072	68262	59981	57018
Libyan Arab Jamahiriya	40277	57975	65752	x49378	x58529
Angola	x33221	x53452	x43973	x48320	x6588
Oman	35550	41580	43631	48057	x52190
Kuwait/Koweït	x57803	67646	x40772	x20834	x34929
Yemen/Yémen			x66850	x46498	x34943
Peru/Pérou	63476	35531	37465	38797	x103566
Nigeria/Nigéria	x35427	x21923	x45342	x37345	x62563
Tunisia/Tunisie	38489	48737	29299	23050	46698
Ireland/Irlande	17322	20350	39088	41019	56156
Egypt/Egypte	21549	36846	29566	33535	48732
Senegal/Sénégal	x30957	35393	38088	x24751	x36754
USA/Etats–Unis d'Amer	26343	34224	33942	28387	34093
Denmark/Danemark	42406	26906	28809	33436	41821
Trinidad and Tobago	22258	29284	27418	26859	25678
Austria/Autriche	33592	33036	27727	21086	28385
Mauritius/Maurice	19006	25330	27925	26679	29557
Lebanon/Liban	x22871	x28016	x24622	x27004	x26746
Martinique	23485	22817	27674	26614	25726
Mali	x16685	x21206	x25987	x26927	x28194
Chile/Chili	23439	27907	20940	24094	x38207
Switz.Liecht	21692	22066	24153	22973	25563
Reunion/Réunion	22401	22987	23864	22052	25620

EXPORTS – EXPORTATIONS

COUNTRIES–PAYS	1988	1989	1990	1991	1992
Totale	8719234	8755338	8727782	9059867	10955523
Afrique	x3978	x6167	x12105	x16696	x15026
Afrique du Nord	100	x957	110	x4197	x6939
Amériques	503358	488348	317979	360637	457296
ALAI	47063	108133	87129	72289	62242
MCAC	1447	3253	4913	3773	x6689
Asie	175866	207311	213844	246468	x262065
Moyen–Orient	x22389	32394	x24221	x22886	x21226
Europe	7126248	6893382	6908930	7087365	8835286
CEE	7013221	6751727	6734162	6967097	8707748
AELE	110867	137511	171910	117003	98031
Océanie	x710999	x858916	x986773	x1023363	x1103613
Germany/Allemagne	2768536	2186389	1890873	2389466	2989854
France, Monac	1200441	1246405	1463926	1361648	1586955
Netherlands/Pays–Bas	1460619	1442617	1410188	1191557	1340373
Belgium–Luxembourg	583611	694513	680048	822270	1000291
New Zealand	496014	568432	658835	691616	701185
United Kingdom	382676	424400	481363	460461	535475
Denmark/Danemark	233184	284910	352762	326613	343361
Ireland/Irlande	268378	383888	302960	275301	751367
Australia/Australie	214087	290149	325707	331163	402123
USA/Etats–Unis d'Amer	325619	262072	95004	187390	298607
Czechoslovakia	x84084	x106662	x98688	x134334	x101471
Canada	123057	107198	122982	88555	82079
Poland/Pologne	57148	80842	70620	123871	x148505
Spain/Espagne	74819	50436	106442	77390	96639
Singapore/Singapour	74366	79776	68467	66673	74588
Former USSR/Anc. URSS	x1482	x77976	x72635	x36317	
Argentina/Argentine	30828	87730	64187	31882	21333
Austria/Autriche	33866	65205	51409	38818	38443
Hong Kong	23381	32277	39564	60032	77367
Sweden/Suède	18100	31116	51877	23330	8283
Finland/Finlande	28074	19544	45773	31762	26851
Malaysia/Malaisie	21508	23328	32526	39844	x39851
Hungary/Hongrie	x11823	x22866	x29508	x30334	x30562
Portugal	16322	13259	18775	32829	28112
Uruguay	10066	15945	16557	29640	26730
Switz.Liecht	24168	18772	21172	21335	21536
Greece/Grèce	14169	14827	16450	15388	x18835
Iraq				x1517	22000
China/Chine	14111	16556	13004	15188	22000
Indonesia/Indonésie	4676	8893	16076	14196	8592
Saudi Arabia	11184	19919	x7639	x7357	x8116
Italy/Italie	10446	9729	10021	13821	16486
Thailand/Thaïlande	10630	9230	11558	12021	x9073
Former GDR	44100	x12671	x16629		
Chile/Chili	2258	1887	5291	6333	x2074
Panama	3382	4384	4701	4021	3725
United Arab Emirates	x2441	x2779	x6059	x3720	x4143
Israel/Israël	832	1120	2878	7545	3404
Yugoslavia SFR	2003	4117	2717	x3259	
Costa Rica	1036	2067	4209	3530	x5471
So. Africa Customs Un	x738	x947	x1192	x7436	x5972
Zimbabwe	x271	x785	4265	2945	x426
Oman	1346	3420	1287	1977	x65
Norway, SVD, JM	6658	2873	1673	1751	2716
India/Inde	700	x1805	559	3645	x649
Syrian Arab Republic	1484	534	5122	x198	x96
Kenya	2235	x1171	4152		
Lebanon/Liban	x59	131	x1098	x3224	x4724
Jordan/Jordanie	745	252	321	3831	2018
Kuwait/Koweït	x4035	2019	x1173	x716	x16
Viet Nam			x2470	x962	

(VALUE AS % OF TOTAL)(VALEUR EN % DU TOTAL)

Imports

	1983	1984	1985	1986	1987	1988	1989	1990	1991	1992
Africa	18.8	x15.9	15.7	x13.2	x11.3	x9.4	x11.3	x10.9	x9.9	x11.0
Northern Africa	9.2	x7.9	9.7	6.9	5.7	4.7	7.0	6.3	5.4	x6.4
Americas	x7.6	10.3	9.8	11.5	10.2	9.8	14.5	13.5	x10.8	x12.3
LAIA	4.0	6.0	5.8	7.3	6.0	6.5	10.2	9.0	6.3	x7.9
CACM	x0.6	0.9	0.9	0.7	0.9	0.6	0.8	0.6	0.6	x0.8
Asia	x28.0	29.2	23.7	x21.3	x22.7	x23.4	22.2	x21.9	x20.2	20.3
Middle East	x11.6	x13.0	8.4	x9.2	x8.7	x7.7	7.1	x7.7	x5.4	5.0
Europe	45.1	42.5	50.3	53.3	52.5	52.8	48.3	49.1	50.1	55.0
EEC	44.4	41.6	49.5	52.1	51.5	51.6	47.2	47.7	49.2	53.7
EFTA	0.6	0.5	0.5	0.7	0.6	0.7	0.7	0.7	0.7	0.8
Oceania	x0.6	x0.6	0.3	x0.5	0.5	x0.5	0.5	x0.6	x0.7	0.7
Netherlands/Pays–Bas	11.2	12.3	13.6	12.7	19.6	19.6	15.1	13.5	13.5	15.3
Italy/Italie	13.9	12.5	18.1	15.0	15.3	14.2	13.3	12.3	12.4	12.4
Former USSR/Anc. URSS			1.3		x2.5	x2.2	x2.8	x3.8	x7.7	
Germany/Allemagne	9.1	6.4	6.4	12.3	4.2	3.9	4.2	6.1	4.0	3.9
Mexico/Mexique			2.2	2.9	2.2	3.0	5.8	6.6	1.7	4.1
Belgium–Luxembourg	3.0	3.0	2.9	2.6	2.7	2.9	3.4	4.3	3.9	x4.6
Algeria/Algérie	5.6	4.2	6.2	4.1	3.5	3.3	5.0	3.2	4.8	6.5
France, Monac	0.9	1.2	1.7	1.6	2.9	3.9	3.3	2.9	2.3	x2.6
Greece/Grèce	3.1	2.9	3.4	3.8	3.4	2.5	2.9	3.0	x2.0	x1.9
Saudi Arabia	4.7	5.2	4.1	3.5	3.1	2.6	2.7	x2.7	x2.1	

Exports

	1983	1984	1985	1986	1987	1988	1989	1990	1991	1992
Afrique	x0.3	x0.1	0.2	x0.1	x0.1	x0.0	x0.1	x0.1	x0.2	x0.2
Afrique du Nord	0.0	x0.0		0.0	0.0	0.0	0.0	0.0	0.0	x0.1
Amériques	9.5	8.7	8.4	7.2	5.3	5.7	5.6	3.6	3.9	4.2
ALAI	0.6	0.2	0.1	0.1	0.2	0.5	1.2	1.0	0.8	0.6
MCAC	x0.0	0.0	0.0	0.0	0.0	0.0	0.0	0.1	0.0	x0.1
Asie	1.5	1.4	1.3	1.5	2.0	2.0	2.3	2.4	2.7	x2.4
Moyen–Orient	x0.2	0.0	0.1	0.1	0.1	x0.3	0.4	x0.3	x0.3	x0.2
Europe	77.8	79.3	79.1	81.8	83.3	81.7	78.7	79.2	78.2	80.6
CEE	75.1	76.6	76.6	79.5	81.4	80.4	77.1	77.2	76.9	79.5
AELE	2.7	2.5	2.4	2.3	1.8	1.3	1.6	2.0	1.3	0.9
Océanie	x9.5	x8.8	9.3	x8.1	x7.6	x8.1	9.8	x11.3	x11.3	x10.1
Germany/Allemagne	20.3	21.7	22.2	21.0	28.7	31.8	25.0	21.7	26.4	27.3
France, Monac	14.4	14.7	16.4	16.9	14.0	13.8	14.2	16.8	15.0	14.5
Netherlands/Pays–Bas	21.9	19.9	19.4	19.5	17.2	16.8	16.5	16.2	13.2	12.2
Belgium–Luxembourg	6.0	6.0	6.3	7.8	8.2	6.7	7.9	7.8	9.1	9.1
New Zealand	6.2	5.9	6.4	5.8	5.1	5.7	6.5	7.5	7.6	6.4
United Kingdom	4.9	4.3	5.0	5.6	4.5	4.4	4.8	5.5	5.1	4.9
Denmark/Danemark	3.9	4.1	4.2	4.1	3.7	2.7	3.3	4.0	3.6	3.1
Ireland/Irlande	3.3	5.4	4.7	5.0	4.1	3.1	4.4	3.5	3.0	6.9
Australia/Australie	3.3	2.9	2.4	2.7	2.5	2.5	3.3	3.7	3.7	3.7
USA/Etats–Unis d'Amer	5.0	4.7	5.3	4.9	3.8	3.7	3.0	1.1	2.1	2.7

023 BUTTER / BEURRE 023

TRADE BY COMMODITY IN THOUSAND U.S. DOLLARS – COMMERCE PAR PRODUIT EN MILLIERS DE DOLLARS E.U

IMPORTS – IMPORTATIONS

COUNTRIES–PAYS	1988	1989	1990	1991	1992
Total	x3833064	x3690264	x3701548	x4072427	3318941
Africa	x283546	239044	331879	x190394	x264048
Northern Africa	228438	195409	287063	151014	x211420
Americas	116086	170692	114041	x171085	x160190
LAIA	52458	96239	74939	103731	120320
CACM	3370	5401	933	2032	x3656
Asia	x384432	x346812	x317917	x340789	x403122
Middle East	x187572	x157577	x174128	x145067	x165107
Europe	2553741	2249622	1974813	2171473	2423476
EEC	2527798	2224101	1943655	2154503	2398857
EFTA	11606	7927	7992	6783	12636
Oceania	x10680	x15992	x19024	x15797	x16631
Former USSR/Anc. URSS	x423538	x617913	x861973	x1116407	
United Kingdom	420791	387307	440787	391152	500545
Germany/Allemagne	460650	410926	399943	392704	472672
Belgium–Luxembourg	428255	440347	328557	423273	402464
Netherlands/Pays-Bas	717232	474821	314543	389104	380684
France, Monac	262504	260312	239767	328801	411841
Italy/Italie	143529	145200	139855	141638	146100
Egypt/Egypte	135612	62125	125772	48985	71878
Algeria/Algérie	49594	76713	94804	54998	x65663
Mexico/Mexique	32061	55929	48617	62645	70747
Saudi Arabia	47679	50278	x54991	x42395	x47518
Denmark/Danemark	48947	51693	28434	44132	30806
Iran (Islamic Rp. of)	x52820	x38451	x45523	x34062	x31720
Morocco/Maroc	26176	40504	36441	36752	56966
Bulgaria/Bulgarie	x15266	x40995	x40481	x19633	2641
Singapore/Singapour	21789	36580	24215	22807	31071
Japan/Japon	39485	23911	13401	38546	5541
Greece/Grèce	17422	22190	25898	24164	x30198
Brazil/Brésil	2080	32407	15612	20726	9565
Cuba	26390	26573	x5624	x33278	x4319
Thailand/Thaïlande	12399	18642	21291	21915	27128
Malaysia/Malaisie	17359	24100	13934	18945	x23486
Philippines	12898	x19695	16620	17673	16083
Poland/Pologne	40167	6903	5896	31959	x35440
Spain/Espagne	12452	14111	16319	14319	16850
Indonesia/Indonésie	13461	13064	8577	17506	17403
Hong Kong	11083	11550	13335	13125	16836
United Arab Emirates	x22447	x11852	x12646	x12597	x13065
China/Chine	17932	21246	9682	6024	2988
Libyan Arab Jamahiriya	7262	11906	18706	x5314	x8429
Oman	10081	12300	9975	11652	x13471
Kuwait/Koweït	x13504	11518	x10182	x4048	x9532
Ireland/Irlande	13528	13635	7061	4024	5794
Yugoslavia SFR	5175	8602	13260	x2155	
Romania/Roumanie		1179	13826	8892	x3023
Lebanon/Liban	x6942	x6488	x7992	x8462	x9756
Andorra/Andorre	x7386	x7583	x8444	x6573	x6970
Reunion/Réunion	6189	7041	6756	6506	9028
Tunisia/Tunisie	8581	3870	11169	4926	8271
Viet Nam	x4043	x4741	x9338	x5874	x4016
Switz.Liecht	10788	6265	7117	5404	8799
USA/Etats-Unis d'Amer	7001	7503	5799	5305	4832
Iraq	x9139	x8687	x6371	x2568	x4536
Pakistan	4521	2247	5603	9568	29357
Jamaica/Jamaïque	4409	6365	3433	6410	x1384
Senegal/Sénégal	x5271	5510	6252	x3901	x6315
Jordan/Jordanie	6914	4324	5010	6274	3635
Peru/Pérou	9183	3350	7971	3343	x10665
French Polynesia	2878	x4641	x5331	x4690	x3939
Cote d'Ivoire	x12030	x4108	x3225	x6463	x6611

EXPORTS – EXPORTATIONS

COUNTRIES–PAYS	1988	1989	1990	1991	1992
Totale	3664804	3609647	3038399	3455927	3417522
Afrique	x555	x1756	x3345	x3834	x1933
Afrique du Nord	71	43	71	x2519	426
Amériques	25586	83615	146221	71871	174820
ALAI	13329	23646	28225	12039	3166
MCAC	197	210	228	348	x194
Asie	22345	29075	22366	27385	33305
Moyen-Orient	x3313	x5336	x3425	x8891	14045
Europe	3036004	2983182	2237438	2778516	2728824
CEE	2994753	2908478	2107334	2704261	2667117
AELE	40936	74366	129759	73769	60464
Océanie	x415635	399544	x481105	x527990	448272
Netherlands/Pays-Bas	781326	767270	541061	623004	702677
Ireland/Irlande	509572	522355	252475	460775	556395
Belgium–Luxembourg	491718	431573	359871	439327	421482
New Zealand	362336	335297	389271	429485	364152
France, Monac	453391	374070	330369	327462	259521
Germany/Allemagne	303403	270713	220729	447971	224041
Denmark/Danemark	186932	186641	186064	184377	191162
United Kingdom	171706	219609	140255	121195	172654
Australia/Australie	53292	64221	81896	98450	84108
USA/Etats-Unis d'Amer	10601	55012	111255	45505	158330
Italy/Italie	46437	44538	45716	54894	71994
Finland/Finlande	21420	32549	57381	31894	26908
Spain/Espagne	35180	83410	12226	22580	51698
Former USSR/Anc. URSS	27688	x57729	x52972	x2333	
Sweden/Suède	9067	29673	47658	28203	23559
Czechoslovakia	x4907	x15372	x23534	x29623	x22285
Former GDR	x107821	x15835	x43972		
Portugal	14920	7916	18186	22410	15058
Singapore/Singapour	13288	15633	12305	12202	13262
Uruguay	12075	11687	19532	7749	2648
Norway, SVD, JM	7616	9317	19792	9257	8516
Poland/Pologne	128	112	20994	8885	x4652
Argentina/Argentine	1162	10708	8581	4154	212
Canada	348	4142	6056	13230	12796
Romania/Roumanie	x16142	23087			x297
Hungary/Hongrie	x3	x159	x6305	32	
Austria/Autriche	2825		2825	x5305	x3045
American Samoa			3984	3523	1458
Hong Kong	1417	1673	2285	3723	4800
Jordan/Jordanie	134		319	257	6069	11058
Israel/Israël	844	3759	1998	455	72
United Arab Emirates	x979	x1621	x1155	x1219	x1337
So. Africa Customs Un	x50	x28	x1493	x1272	x1344
Senegal/Sénégal			1579	834	
Morocco/Maroc				0	
Nepal/Népal				x2262	0
Iceland/Islande	2100	1977	0	x40	x75
India/Inde	x4		x942	x885	8
Oman	955	x138	730	917	x102
Turkey/Turquie	467	907	555	180	
Cyprus/Chypre	747		610	434	498	1354
Mexico/Mexique	30	488	562	410	93
Iraq		1211	4	1	
Malaysia/Malaisie	x311	x723	x339	x61	
Papua New Guinea	134	129	604	376	x440
Yugoslavia SFR	x2	x2	x1049		
Belize/Bélize	305	338	233	x391	
Kenya	399	499	363		319
China/Chine	380	81	599		x140
Costa Rica	x27	x78	161	400	126
	197	193	168	265	x129

(VALUE AS % OF TOTAL) (VALEUR EN % DU TOTAL)

	1983	1984	1985	1986	1987	1988	1989	1990	1991	1992
Africa	x10.9	x10.1	13.8	x11.2	8.1	7.4	6.5	9.0	x4.7	x8.0
Northern Africa	9.2	8.3	12.9	9.6	5.6	6.0	5.3	7.8	3.7	6.4
Americas	3.1	4.9	5.5	5.6	3.7	3.0	4.6	3.1	x4.2	x4.9
LAIA	0.9	2.0	2.0	2.6	1.6	1.4	2.6	2.0	2.5	3.6
CACM	x0.2	0.2	0.3	0.1	0.0	0.1	0.1	0.0	0.0	x0.1
Asia	x13.9	x17.4	13.6	x10.2	x12.2	10.0	x9.4	x8.6	x8.3	x12.1
Middle East	x9.4	x11.3	7.9	x6.6	6.9	x4.9	x4.3	4.7	x3.6	x5.0
Europe	58.0	54.7	66.8	70.4	65.3	66.6	61.0	53.4	53.3	73.0
EEC	56.9	53.6	66.0	69.4	64.4	65.9	60.3	52.5	52.9	72.3
EFTA	0.8	0.6	0.7	0.4	0.5	0.3	0.2	0.2	0.2	0.4
Oceania	x0.4	x0.5	0.3	x0.5	x0.4	0.3	x0.4	x0.6	x0.4	x0.5
Former USSR/Anc. URSS					x9.1	x11.0	x16.7	x23.3	x27.4	
United Kingdom	13.7	12.0								
Germany/Allemagne	17.1	15.5	16.5	16.8	12.4	11.0	10.5	11.9	9.6	15.1
Belgium–Luxembourg	6.3	7.7	12.1	12.4	11.7	12.0	11.1	10.8	9.6	14.2
Netherlands/Pays-Bas	10.0	11.0	14.1	12.3	11.3	11.2	11.9	8.9	10.4	12.1
France, Monac	12.5	9.3	9.8	12.5	15.8	18.7	12.9	8.5	9.6	11.5
Italy/Italie	5.8	4.0	4.9	6.7	5.6	6.8	7.1	6.5	8.1	4.4
Egypt/Egypte	4.0	4.2	6.5	6.1	3.5	3.7	3.9	3.8	3.5	4.4
Algeria/Algérie	2.6	2.9	4.9	4.0	3.5	1.7	3.4	1.2	2.2	2.2
Mexico/Mexique	4.2	3.2	5.0	3.8	1.7	1.3	2.6	1.4	x2.0	
			1.3	1.2	0.6	0.5	0.8	1.5	1.3	1.5

	1983	1984	1985	1986	1987	1988	1989	1990	1991	1992
Afrique	0.2	0.1	0.1	x0.1	x0.1	x0.0	x0.0	0.1	x0.1	x0.0
Afrique du Nord	0.0	0.0	0.0	x0.0	0.0	0.0	0.0	0.0	x0.1	0.0
Amériques	3.5	3.6	4.0	1.9	1.0	0.7	2.3	4.9	2.1	5.1
ALAI	1.4	0.4	0.5	0.5	0.3	0.7	0.7	0.9	0.3	0.1
MCAC	x0.0	0.1	0.0	0.0	0.0	0.0	0.0	0.0	0.0	x0.0
Asie	0.6	0.7	0.6	0.6	0.5	0.6	0.8	0.8	0.8	1.0
Moyen-Orient	x0.0	0.1	0.1	0.1	x0.1	x0.1	x0.1	0.1	x0.3	0.4
Europe	81.0	78.8	76.5	82.3	82.7	82.8	82.6	73.6	80.4	79.8
CEE	77.4	76.0	74.4	80.7	81.2	81.7	80.6	69.4	78.2	78.0
AELE	3.6	2.9	2.1	1.5	1.5	1.1	2.1	4.3	2.1	1.8
Océanie	x14.4	x15.9	18.5	14.5	x11.1	x11.3	11.1	x15.8	x15.3	13.1
Netherlands/Pays-Bas	24.5	22.3	21.0	21.6	18.9	21.3	21.3	17.8	18.0	20.6
Ireland/Irlande	7.9	11.2	10.5	10.2	10.5	13.9	14.5	8.3	13.3	16.3
Belgium–Luxembourg	11.3	13.6	12.7	16.2	15.8	13.4	12.0	11.8	12.7	12.3
Netherlands/Pays-Bas	13.0	13.6	15.7	12.0	9.9	9.9	9.3	12.8	12.4	10.7
France, Monac	9.8	11.6	13.2	8.6	12.0	12.4	10.4	10.9	9.5	7.6
Germany/Allemagne	10.2	8.1	7.2	12.3	9.2	8.3	7.5	7.3	13.0	6.6
Denmark/Danemark	7.8	6.5	6.5	7.8	6.0	5.1	5.2	6.1	5.3	5.6
United Kingdom	5.6	2.4	5.3	3.3	3.3	4.7	6.1	4.6	3.5	5.1
Australia/Australie	1.4	2.3	2.8	2.5	1.4	1.5	1.8	2.7	2.8	2.5
USA/Etats-Unis d'Amer	1.8	3.1	3.4	1.2	0.5	0.3	1.5	3.7	1.3	4.6

024 CHEESE AND CURD — FROMAGE ET CAILLEBOTTE 024

TRADE BY COMMODITY IN THOUSAND U.S. DOLLARS — COMMERCE PAR PRODUIT EN MILLIERS DE DOLLARS E.U

COUNTRIES–PAYS	IMPORTS – IMPORTATIONS					COUNTRIES–PAYS	EXPORTS – EXPORTATIONS				
	1988	1989	1990	1991	1992		1988	1989	1990	1991	1992
Total	6710857	6779427	8196708	8266973	9418877	Totale	6665734	6009559	8113364	8210498	9304556
Africa	x144828	144363	125541	x118902	x127866	Afrique	x2680	x4054	x4506	x5121	x4351
Northern Africa	98231	104415	83417	x72154	x70323	Afrique du Nord	2479	3863	3703	4133	4192
Americas	613635	671078	753832	723830	x800543	Amériques	131239	135815	162476	147866	148108
LAIA	36222	63788	82184	99142	116431	ALAI	42056	62071	74411	54768	38341
CACM	3095	3342	3731	4708	x4962	MCAC	106	176	568	406	x816
Asia	x675429	x650431	x764037	x746117	x806461	Asie	21556	24723	28453	22273	24908
Middle East	x385231	x317033	x403026	x361106	x383575	Moyen-Orient	15146	17200	20514	14845	15425
Europe	5159600	5189623	6377745	6500011	7515111	Europe	5987547	6089622	7335577	7522469	8555147
EEC	4858857	4870454	5904832	6090193	7045507	CEE	5354855	5458809	6627037	6861042	7851563
EFTA	257242	262036	343651	352715	393305	AELE	630836	624140	704649	659814	688480
Oceania	72994	x76710	x91016	x96272	x97764	Océanie	x324785	x348523	x357794	x390294	x457713
Germany/Allemagne	1427454	1441656	1851583	1989863	2297709	Netherlands/Pays-Bas	1516717	1529499	1783179	1930052	2159485
Italy/Italie	1216191	1212807	1322165	1276298	1380754	France, Monac	1241595	1274885	1604032	1645501	1853239
United Kingdom	730243	645242	817773	768909	977148	Germany/Allemagne	1107389	1096716	1243907	1192568	1402196
Belgium–Luxembourg	523073	524732	658357	673422	751316	Denmark/Danemark	536897	550657	690065	700940	742412
France, Monac	440000	439580	501656	518304	602022	Italy/Italie	332508	380071	465757	397240	428513
USA/Etats-Unis d'Amer	390498	407376	477046	431412	471777	Switz.Liecht	375383	367207	407318	397240	428465
Japan/Japon	242045	275037	294302	316496	336633	Belgium–Luxembourg	222271	227092	311154	339042	428465
Netherlands/Pays-Bas	199567	216992	271039	323451	369436	Ireland/Irlande	251362	212534	287756	255955	388961
Greece/Grèce	125861	165184	192880	224649	x273894	New Zealand	187811	192286	209063	222078	251910
Spain/Espagne	124814	148013	192741	200693	258551	Australia/Australie	136782	156236	148705	167983	205760
Switz.Liecht	128153	128722	164488	171161	184775	United Kingdom	94853	123238	152330	166818	178725
Saudi Arabia	115092	118621	x142909	x128522	x123083	Austria/Autriche	114911	109746	125608	104392	101761
Canada	96872	93652	101940	102532	106357	Bulgaria/Bulgarie	x117442	x124391	x125781	x38570	x33091
Iran (Islamic Rp. of)	x102403	x73339	x91835	x98873	x97857	Finland/Finlande	75179	72154	87136	80464	72407
Sweden/Suède	54023	58618	79489	80102	83133	Norway, SVD, JM	55187	64047	73874	66449	76018
Australia/Australie	58309	62159	73267	78984	79952	Greece/Grèce	23390	33816	49217	54678	x64103
Austria/Autriche	55224	52978	70559	71269	90671	Argentina/Argentine	25793	38363	50832	29797	12911
Denmark/Danemark	34537	44438	51673	58390	61994	Hungary/Hongrie	x14767	x21909	x43326	x53444	x41216
Egypt/Egypte	47904	59574	49168	44828	36804	USA/Etats-Unis d'Amer	48153	26756	44258	44509	59697
Brazil/Brésil	14142	38007	47570	46245	8129	Canada	33505	37535	34332	43262	39888
Yugoslavia SFR	8831	19477	81826	x11608	46983	Spain/Espagne	15825	22013	31780	34742	42637
Ireland/Irlande	25195	24114	31626	39970	63084	Uruguay	15563	22452	21836	23315	21915
Mexico/Mexique	17017	22785	29335	37567	67205	Former USSR/Anc. URSS	14294	x26190	x22811	x1401	
Andorra/Andorre	x21400	x23664	x29873	x30452	x31294	Czechoslovakia	x10845	x12920	x15718	x18623	x17124
Libyan Arab Jamahiriya	31998	28917	28194	x23426	x13003	Sweden/Suède	9253	10537	10345	10181	8789
Lebanon/Liban	x13757	x23484	x27126	x28245	x31567	Poland/Pologne	2299	7215	11066	8016	x21324
Kuwait/Koweït	x34773	34887	x26664	x16938	37683	Portugal	11508	8004	7577	8590	9158
Former USSR/Anc. URSS	x7009	x5578	x41516	x29383		Turkey/Turquie	7237	6082	7325	5336	6100
United Arab Emirates	x36707	x20407	x23948	x26966	x26509	Romania/Roumanie	x38214	13922	x2341	2422	x1575
Philippines	12501	x17517	17259	16909	21477	Cyprus/Chypre	3891	5462	5397	6072	6239
Reunion/Réunion	13485	14027	15515	16303	21967	Yugoslavia SFR	1710	6538	3714	x1516	
Hong Kong	10314	13481	14945	15393	17588	Egypt/Egypte	2462	3797	3679	4095	4048
Norway, SVD, JM	11034	11639	15327	16037	17369	Belize/Bélize	5040	6300	4479	x5	4692
Poland/Pologne	19748	4729	642	34406	x45583	Israel/Israël	2584	3634	2961	1999	2791
Bahrain/Bahreïn	x6932	x11730	x14474	x13361	x11171	Singapore/Singapour	1601	1929	2176	2562	3320
Iraq	x43553	x6599	x31217	x1024	x475	Jamaica/Jamaïque	1134	1378	1937	1741	x703
Singapore/Singapour	8858	11051	13138	13988	16998	Hong Kong	1317	1250	1622	1771	2072
Finland/Finlande	8774	10019	13731	14032	17248	Syrian Arab Republic		207	3848	x456	x104
Martinique	9725	11100	12886	13743	15075	Former GDR	x64	x273	x3518		
Bulgaria/Bulgarie	x248	x22462	x13557	x1377	1185	Jordan/Jordanie	1067	1215	1191	1369	1568
Portugal	11921	7696	13337	16244	25702	Panama	400	743	1285	1658	2175
Malta/Malte	9047	10808	14055	x12240	x13535	Saudi Arabia	1129	2118	x1113	x226	x267
Guadeloupe	9821	9655	12498	13672	10345	United Arab Emirates	x475	x887	x1337	x910	x995
Jamaica/Jamaïque	7397	12267	10288	5686	x8465	Martinique	473		508	847	994	817
Cyprus/Chypre	7906	8315	9153	8443	11708	Paraguay		555	1291	224	
Trinidad and Tobago	6156	9957	7765	8131	10635	Iceland/Islande	923	449	368	1089	991
Jordan/Jordanie	9405	5709	8362	11315	12267	Chile/Chili	251	462	104	346	x792
Romania/Roumanie	x75	x114	19425	2836	x9491	Kuwait/Koweït	753	786	x39	x42	
Oman	5537	5359	7007	8238	x9563	Brazil/Brésil	147	26	77	710	1848
Belize/Bélize	6468	7731	6112	x5636	7087	Lebanon/Liban	x535	x367	x139	x250	x145

(VALUE AS % OF TOTAL) (VALEUR EN % DU TOTAL)

	1983	1984	1985	1986	1987	1988	1989	1990	1991	1992		1983	1984	1985	1986	1987	1988	1989	1990	1991	1992
Africa	4.2	x4.1	3.6	x2.1	x2.3	x2.1	2.1	1.5	x1.5	x1.4	Afrique				x0.1	x0.1	x0.1	x0.1	x0.1	x0.1	x0.0
Northern Africa	3.5	x3.4	3.1	1.6	1.5	1.5	1.5	1.0	x0.9	x0.7	Afrique du Nord	0.0	0.0	0.0	0.1	0.1	0.0	0.1	0.0	0.1	0.0
Americas	13.9	15.0	14.4	12.5	10.4	9.2	9.9	9.2	8.8	x8.5	Amériques	1.9	2.0	2.1	2.1	1.6	1.9	2.0	2.0	1.8	1.6
LAIA	0.4	0.7	0.7	1.6	0.5	0.5	0.9	1.0	1.2	1.2	ALAI	0.5	0.5	0.6	0.8	0.5	0.6	0.9	0.9	0.7	0.4
CACM	x0.0	0.1	0.1	0.0	0.0	0.0	0.0	0.0	0.1	x0.1	MCAC	x0.0	0.0	0.0	0.0	0.0	0.0	0.0	0.0	0.0	x0.0
Asia	x11.9	x13.0	7.8	x9.1	x9.4	x10.1	x9.6	x9.3	x9.0	x8.6	Asie	0.3	0.4	0.3	0.3	0.3	0.3	0.4	0.3	0.2	0.2
Middle East	x8.0	x9.2	4.0	x5.9	x6.0	x5.7	x4.7	x4.9	x4.4	x4.1	Moyen-Orient	0.3	0.3	0.3	0.2	0.2	0.2	0.3	0.3	0.2	0.2
Europe	67.9	65.4	72.7	74.8	76.0	76.9	76.5	77.8	78.6	79.8	Europe	90.6	90.5	90.5	92.0	90.6	89.8	89.4	90.4	91.6	91.9
EEC	64.3	61.6	68.8	70.3	71.5	72.4	71.8	72.0	73.7	74.8	CEE	77.8	78.3	78.8	80.7	79.9	80.3	80.2	81.7	83.6	84.4
EFTA	3.4	3.4	3.6	3.8	4.0	3.8	3.9	4.2	4.3	4.2	AELE	12.8	12.1	11.6	11.3	10.7	9.5	9.2	8.7	8.0	7.4
Oceania	1.5	x1.7	1.3	x1.2	x1.1	1.1	x1.2	x1.1	x1.2	x1.1	Océanie	x6.8	x6.7	6.6	x5.2	x4.8	4.9	x5.1	x4.4	x4.8	x4.9
Germany/Allemagne	19.2	18.1	19.7	20.7	21.9	21.3	21.3	22.6	24.1	24.4	Netherlands/Pays-Bas	19.4	19.1	19.6	21.3	22.8	22.5	22.0	21.9	23.5	23.2
Italy/Italie	18.0	17.0	20.1	19.7	18.8	18.1	17.9	16.1	15.4	14.7	France, Monac	20.2	17.4	19.9	19.7	19.0	18.6	18.7	19.8	20.0	19.9
United Kingdom	9.0	9.0	10.2	9.8	8.7	10.9	9.5	10.0	9.3	10.4	Germany/Allemagne	16.9	17.4	16.5	17.3	16.3	16.6	16.1	15.3	14.5	15.1
Belgium–Luxembourg	7.4	7.0	7.1	7.7	8.0	7.8	7.7	8.0	8.1	8.0	Denmark/Danemark	9.0	10.4	9.5	9.0	8.8	8.1	8.4	8.5	8.5	8.0
France, Monac	5.1	4.9	5.4	5.9	6.2	6.6	6.5	6.1	6.1	6.3	Italy/Italie	3.9	4.2	4.6	4.6	4.8	5.0	5.6	5.4	4.8	4.6
USA/Etats-Unis d'Amer	10.3	10.7	10.5	8.0	7.2	5.8	6.0	5.8	5.2	5.0	Switz.Liecht	6.8	6.2	6.1	6.6	6.2	5.6	5.4	5.0	4.8	4.6
Japan/Japon	3.2	3.2	3.2	2.6	2.8	3.6	4.1	3.6	3.8	3.6	Belgium–Luxembourg	2.0	2.4	2.8	3.0	3.2	3.3	3.3	3.8	4.1	4.6
Netherlands/Pays-Bas	2.0	1.9	1.9	2.4	2.7	3.0	3.2	3.3	3.9	3.9	Ireland/Irlande	3.1	3.2	3.1	3.6	2.9	3.8	3.1	3.5	3.1	4.2
Greece/Grèce	1.7	1.7	2.2	2.6	2.4	1.9	2.4	2.4	2.7	x2.9	New Zealand	3.6	3.5	3.4	3.0	2.8	2.8	2.8	2.6	2.7	2.7
Spain/Espagne	1.1	1.2	1.3	1.6	1.8	1.9	2.2	2.4	2.4	2.7	Australia/Australie	3.2	3.3	3.2	2.2	2.2	2.1	2.3	1.8	2.0	2.2

025 EGGS,BIRDS,FRESH,PRSRVD / OEUFS 025

TRADE BY COMMODITY IN THOUSAND U.S. DOLLARS – COMMERCE PAR PRODUIT EN MILLIERS DE DOLLARS E.U

COUNTRIES–PAYS	1988	1989	1990	1991	1992	COUNTRIES–PAYS	1988	1989	1990	1991	1992
	IMPORTS – IMPORTATIONS						EXPORTS – EXPORTATIONS				
Total	1039049	1091635	1255295	1368993	1263202	Totale	1063518	1161516	1281380	1341531	1238420
Africa	29752	41358	25031	x36364	x20670	Afrique	x1772	x2390	x7068	x6146	x5873
Northern Africa	25697	36538	20218	x27817	x12599	Afrique du Nord	46	64	3261	519	606
Americas	77955	101791	97852	107671	x109694	Amériques	116783	109249	117622	159402	x156349
LAIA	13156	15178	16612	30044	33031	ALAI	3001	7248	8847	12507	13256
CACM	3061	2432	2697	4770	x3983	MCAC	1259	804	2204	3032	x2688
Asia	x266801	x234805	x243223	x262579	x248028	Asie	155884	135157	136896	130333	x124367
Middle East	x116014	x83916	x71872	x48602	x57887	Moyen–Orient	50110	38115	x31639	x16600	x15443
Europe	655355	710401	874463	910673	873992	Europe	719446	774205	923242	960109	909443
EEC	603146	660533	797265	834133	790182	CEE	706301	759777	905089	945255	892399
EFTA	48467	44349	67422	72664	74425	AELE	10658	12800	17089	12704	11719
Oceania	x7417	x1525	x1295	x2397	x1935	Océanie	x2993	x1491	1216	1726	x1622
Germany/Allemagne	346870	334156	398248	454837	404810	Netherlands/Pays–Bas	480044	487690	581272	582371	533985
Hong Kong	80923	81356	90230	99511	91023	Belgium–Luxembourg	85438	95452	116032	120118	125887
France,Monac	71664	74076	87558	78834	84872	USA/Etats–Unis d'Amer	96214	76583	83789	119331	117150
Italy/Italie	54592	74196	66976	72110	70831	Germany/Allemagne	53476	60733	78193	88493	77713
Belgium–Luxembourg	55726	56805	69637	70764	75523	France, Monac	39947	57856	76482	84762	94045
United Kingdom	27574	41539	71185	48247	38927	Bulgaria/Bulgarie	x34766	x102454	x42786	x9679	x8546
Switz.Liecht	30440	28387	42417	47843	47035	China/Chine	55747	43529	41675	41856	38249
Singapore/Singapour	32461	29713	35221	48148	46902	United Kingdom	32318	39801	26543	35412	30953
Spain/Espagne	14337	37664	39492	35201	32706	Canada	15991	24330	22636	24266	23036
Netherlands/Pays–Bas	17723	25325	38832	46720	51646	Malaysia/Malaisie	16240	17599	23624	29452	x37275
Japan/Japon	25342	28631	31750	49739	35035	Former USSR/Anc. URSS	x893	x5301	x17640	x30665	
Canada	19328	22235	27824	27298	25425	Hungary/Hongrie	x6296	x15408	x12223	x22280	x16524
USA/Etats–Unis d'Amer	15853	30216	24535	19941	27888	Jordan/Jordanie	14792	16965	13003	9674	10624
Algeria/Algérie	17408	32927	17381	18429	x1835	Czechoslovakia	x9077	x8235	x13712	x17343	x14274
Iraq	x71992	x42147	x22099	x4400	x4010	Denmark/Danemark	5864	8723	14302	14057	15332
Austria/Autriche	14452	12442	18073	16620	19367	Thailand/Thaïlande	4419	6145	13732	13585	x9974
United Arab Emirates	x15658	x7513	x9179	x13796	x13701	Viet Nam	x5983	x12590	x8701	x8935	x9389
Former USSR/Anc. URSS	x251	x224	x326	x28152		Israel/Israël	8143	9374	8919	10534	7196
Kuwait/Koweït	x7778	16639	x6926	x2697	x8598	Finland/Finlande	5912	6671	10535	8031	6256
Oman	8300	8646	7942	8332	x5778	Saudi Arabia	10393	10361	x8006	x1765	x1895
Jamaica/Jamaïque	5472	8074	7738	8506	x4624	Spain/Espagne	4947	2658	3018	9444	4354
Mexico/Mexique	9544	7690	7014	9455	11730	Hong Kong	3866	4539	4419	3068	3213
Denmark/Danemark	6296	4521	9083	9170	10510	Turkey/Turquie	20622	6020	4062	1833	479
Poland/Pologne		x49	3492	19073	x3563	Sweden/Suède	3533	4270	5007	2092	3363
Ireland/Irlande	4880	5644	6433	8050	6822	So. Africa Customs Un	x1598	x2168	x3518	x4866	x5136
Brazil/Brésil	911	5585	6572	7336	2431	Former GDR	x14589	x2969	x6764		
Greece/Grèce	2795	4735	6347	8395	x11813	Brazil/Brésil	1584	2281	2411	4619	6729
Sweden/Suède	3041	3050	5994	7181	7199	Italy/Italie	1218	2020	4015	3153	3475
Yemen/Yémen			x11218	x3841	x6172	Portugal	690	1412	2520	4562	4281
Saudi Arabia	3076	2495	x6490	x4439	x4741	Syrian Arab Republic	500	1952	4444	x535	x385
Korea Republic	8	1609	4527	4915	4406	Ireland/Irlande	2283	2914	2116	1281	1603
Martinique	2127	3092	3151	3228	3072	Romania/Roumanie	x267	1377	851	3765	x1159
Yugoslavia SFR	846	2420	6181	x839		India/Inde	420	x765	1157	3657	x1275
Qatar	4179	3145	3054	3034	x673	Norway, SVD, JM	924	1714	1368	2396	1792
Macau/Macao	2779	2668	2846	3016	2893	Uruguay	349	2367	1763	1054	943
Lebanon/Liban	x1439	x1601	x3316	x3149	x3015	Yugoslavia SFR	2486	1628	1064	x2151	
Libyan Arab Jamahiriya	55	265	828	x6470	x6724	Guatemala	1184	800	1875	2053	1806
Portugal	690	1872	3473	1807	1721	Poland/Pologne	753	3279	1361	83	x264
Romania/Roumanie		x13	7003	28	x168	United Arab Emirates	x2335	x1687	x1063	x1744	x1927
Guadeloupe	2150	2606	2140	1947	2140	Colombia/Colombie	x9	1	886	3448	2100
Barbados/Barbade	2245	2321	2041	1955	x749	Singapore/Singapour	1121	973	1524	1589	1402
Peru/Pérou	494	479	837	4262	x1388	Argentina/Argentine	x4	171	1555	1683	763
Malaysia/Malaisie	1820	1511	2094	1870	x1949	Australia/Australie	2711	1185	864	1307	709
Trinidad and Tobago	2621	1448	2062	1726	1432	Libyan Arab Jamahiriya			3179		
Cayman Is/Is Caimans	3913	4319	278	308		Venezuela		1536	1446	101	713
Suriname/Suriname	x1584	x1733	x1866	x1095	x823	Chile/Chili	1030	860	658	1337	x1585
Venezuela	551	102	806	3733	6511	Greece/Grèce	76	511	590	1596	x771
Costa Rica	2586	1578	1464	1014	x823	Indonesia/Indonésie	373	641	317	337	79
Argentina/Argentine	509	169	227	3486	7169	Oman	150	294	221	636	x26
Malta/Malte	1226	1422	1433	x1018	x1205	Cyprus/Chypre	1093	414	532	173	93

(VALUE AS % OF TOTAL)(VALEUR EN % DU TOTAL)

	1983	1984	1985	1986	1987	1988	1989	1990	1991	1992		1983	1984	1985	1986	1987	1988	1989	1990	1991	1992
Africa	12.2	8.7	11.8	x6.3	4.9	2.9	3.8	2.0	x2.7	x1.6	Afrique	x0.6	1.7	0.6	0.4	0.3	0.2	0.2	0.6	0.5	0.5
Northern Africa	12.0	8.3	11.5	5.8	4.5	2.5	3.3	1.6	x2.0	x1.0	Afrique du Nord	x0.0	1.1	0.1		0.2	0.2		0.3		
Americas	x6.5	8.1	7.9	7.8	6.6	7.5	9.3	7.8	7.9	x8.7	Amériques	8.2	8.3	9.1	9.9	8.0	11.0	9.4	9.2	11.9	x12.6
LAIA	0.4	0.5	0.5	1.2	0.8	1.3	1.4	1.3	2.2	2.6	ALAI	0.2	0.5	1.1	1.0	0.6	0.3	0.6	0.7	0.9	1.1
CACM	x0.3	0.3	0.3	0.2	0.1	0.3	0.2	0.2	0.3	x0.3	MCAC	x0.0	0.1		0.2	0.1		0.1	0.2	0.2	x0.2
Asia	x27.2	x28.4	20.5	x25.6	x24.0	25.7	x21.5	x19.4	x19.2	x19.6	Asie	x5.2	12.3	16.9	13.3	x15.1	14.7	11.6	10.7	9.7	x10.0
Middle East	x15.6	x16.1	6.2	x11.4	x12.5	x11.2	x7.7	x5.7	x3.5	x4.6	Moyen–Orient	x3.6	9.4	8.9	6.1	x6.3	4.7	3.3	x2.5	x1.2	x1.2
Europe	53.8	52.3	59.6	60.1	64.2	63.1	65.1	69.7	66.5	69.2	Europe	83.7	75.0	71.0	74.3	70.9	67.7	66.7	72.1	71.6	73.4
EEC	49.3	47.8	54.5	54.5	59.0	58.0	60.5	63.5	60.9	62.6	CEE	80.6	70.6	67.0	71.1	69.1	66.4	65.4	70.6	70.5	72.1
EFTA	4.4	4.3	5.0	5.2	4.8	4.7	4.1	5.4	5.3	5.9	AELE	3.1	3.1	2.7	2.3	1.3	1.0	1.1	1.3	0.9	0.9
Oceania	x0.2	x0.2	x0.1	x0.1	x0.1	x0.1	x0.1	x0.1	x0.1	x0.1	Océanie	1.5	1.1	0.8	x0.6	0.4	x0.3	x0.1	0.1	0.1	x0.1
Germany/Allemagne	32.2	28.4	32.1	32.6	33.9	33.4	30.6	31.7	33.2	32.0	Netherlands/Pays–Bas	52.4	48.0	47.1	48.8	47.8	45.1	42.0	45.4	43.4	43.1
Hong Kong	7.1	8.1	8.1	7.1	6.3	7.8	7.5	7.2	7.3	7.2	Belgium–Luxembourg	7.4	6.5	6.0	7.5	7.9	8.0	8.2	9.1	9.0	10.2
France, Monac	2.3	3.1	4.0	4.3	6.2	6.9	6.8	7.0	5.8	6.7	USA/Etats–Unis d'Amer	5.6	5.2	5.6	6.7	5.5	9.0	6.6	6.5	8.9	9.5
Italy/Italie	5.9	7.2	6.8	6.8	8.0	5.3	6.8	5.3	5.3	5.6	Germany/Allemagne	5.5	5.4	5.0	5.8	5.8	5.0	5.2	6.1	6.6	6.3
Belgium–Luxembourg	2.4	2.5	3.4	4.3	4.9	5.4	5.2	5.5	5.2	6.0	France, Monac	3.7	3.7	4.7	4.7	3.7	3.8	5.0	6.0	6.3	7.6
United Kingdom	2.7	3.4	3.9	2.9	2.2	2.7	3.8	5.7	3.5	3.1	Bulgaria/Bulgarie			4.5	4.3	5.0	5.2	3.7	3.3	x0.7	
Switz.Liecht	3.0	2.9	3.3	3.2	3.0	2.9	2.6	3.4	3.5	3.7	China/Chine					x1.3	3.3	x3.3	x3.3	x0.7	
Singapore/Singapour	1.3	1.6	2.3	2.1	1.9	3.1	2.7	2.8	3.5	3.7	United Kingdom	3.9	3.0	3.3	2.8	2.4	3.0	3.4	2.1	2.6	2.5
Spain/Espagne	0.1	0.1	0.4	0.5	1.0	1.4	3.5	3.1	2.6	2.6	Canada	2.3	2.3	2.3	1.8	1.7	1.5	2.1	1.8	1.8	1.9
Netherlands/Pays–Bas	2.1	1.3	1.6	1.6	1.2	1.7	2.3	3.1	3.4	4.1	Malaysia/Malaisie	0.1	0.5	0.8	0.7	0.8	1.5	1.5	1.8	2.2	x3.0

034 FISH, FRESH, CHILLED, FROZN — **POISSON FRAIS, REFRIG, CONG 034**

TRADE BY COMMODITY IN THOUSAND U.S. DOLLARS – COMMERCE PAR PRODUIT EN MILLIERS DE DOLLARS E.U

COUNTRIES–PAYS	IMPORTS – IMPORTATIONS 1988	1989	1990	1991	1992	COUNTRIES–PAYS	EXPORTS – EXPORTATIONS 1988	1989	1990	1991	1992
Total	14458942	14605426	16936833	19027705	19370945	Totale	12554059	12078881	14207914	16368601	x15506617
Africa	x273124	x316857	x360646	x431762	x433422	Afrique	x370073	x350794	x537153	x546601	x652113
Northern Africa	55030	66247	71114	52508	63394	Afrique du Nord	117160	141786	219491	193130	128125
Americas	2398461	2673194	2548649	2653319	x2483370	Amériques	3353419	3416349	3966005	4187950	x4369552
LAIA	44553	93768	118593	111052	91085	ALAI	573381	663575	845038	1080351	x1169078
CACM	8181	10602	14471	12037	x6170	MCAC	25679	43415	43944	35010	x26519
Asia	5846274	5714534	6102535	7222089	7944310	Asie	x2942942	2216284	2284956	2665362	x2925958
Middle East	x94587	x81244	x62392	x70629	x103983	Moyen–Orient	66136	x70055	x75082	x73449	x53006
Europe	5335358	5375086	7456197	8212932	8249198	Europe	4658645	4893752	6202118	6662603	6655047
EEC	4889722	4925483	6887979	7471183	7567922	CEE	2909560	3125119	3789646	4069823	4054882
EFTA	413059	411346	523249	592177	630778	AELE	1587354	1591007	2168152	2291566	2288538
Oceania	x315512	x246043	x230526	x205215	x190337	Océanie	x425899	x423009	x436986	x545988	x700112
Japan/Japon	4297448	4103449	4378962	4981330	5655878	USA/Etats-Unis d'Amer	1392690	1438044	1788206	1857197	2123918
USA/Etats-Unis d'Amer	2152462	2322484	2197346	2290329	2111573	Norway, SVD, JM	937385	914640	1291157	1377643	1462709
France, Monac	980934	953572	1335266	1391780	1412299	Canada	1135342	1040622	1153465	1091322	918065
Italy/Italie	811272	837594	1110027	1167296	1130970	Former USSR/Anc. URSS	x618879	x673864	x686730	x1700747	
Spain/Espagne	743565	760691	1076445	1254775	1297074	Denmark/Danemark	832179	761381	1023727	1081921	1056755
Germany/Allemagne	707155	727576	1023559	1157589	1174352	Korea Republic	843694	778525	659355	745957	666311
Thailand/Thaïlande	541611	678698	737824	962013	816503	Iceland/Islande	526203	582628	761766	812264	745629
United Kingdom	611256	601591	851136	815464	820552	Netherlands/Pays-Bas	575954	577608	752657	811711	808102
Denmark/Danemark	423613	399252	591443	663573	669451	France, Monac	431288	479707	590403	594133	606461
Netherlands/Pays-Bas	247422	268561	370157	431855	453354	United Kingdom	322153	355061	432892	509687	533507
Korea Republic	246490	239329	246186	396711	340228	Spain/Espagne	250898	419426	336866	322521	282488
Belgium-Luxembourg	213404	210567	277578	294581	308927	New Zealand	335963	304179	295522	387923	446017
Hong Kong	204948	215350	258227	307394	347712	Chile/Chili	163019	209990	323941	406960	x571576
Former USSR/Anc. URSS	x178683	x191524	x174716	x213987		Japan/Japon	316715	286909	259896	307189	330862
Canada	159731	187081	182937	206602	208744	China/Chine	220339	242590	296118	311291	381884
Switz. Liecht	159620	148563	173291	174942	174681	Argentina/Argentine	161251	164861	230785	302015	279526
Singapore/Singapour	148859	150311	150402	188010	231188	Faeroe Islds/Is Féroé	146569	163661	227958	282304	x264991
Sweden/Suède	153324	138534	154307	154730	175576	Thailand/Thaïlande	131440	154309	184349	325515	x434934
Portugal	89605	89570	146273	197477	208966	Singapore/Singapour	189133	179723	216589	229578	225267
Cote d'Ivoire	x94308	x91411	x100933	x169300	x161955	Germany/Allemagne	134677	165536	200543	245195	223262
Norway, SVD, JM	24570	43858	102699	160020	182476	Hong Kong	161563	195132	193682	180884	186335
Australia/Australie	87787	89119	91199	98175	102929	Indonesia/Indonésie	83929	110519	177369	253548	281892
Brazil/Brésil	28335	78960	100940	87916	53535	Ireland/Irlande	139592	129613	151278	174265	189917
China/Chine	57762	86802	76821	81068	206733	Morocco/Maroc	102894	115362	164500	132870	100102
American Samoa	x179286	x101180	x91000	x49205	x23876	Portugal	70386	84714	120530	124906	104262
Malaysia/Malaisie	62951	72615	78060	88880	x86073	Sweden/Suède	99773	75599	95963	88961	64810
Greece/Grèce	45113	56893	69733	63776	x66687	So. Africa Customs Un	x71346	x57847	x79451	x114012	x127876
Austria/Autriche	43293	46402	57132	62683	62424	Senegal/Sénégal	49751	57468	86928	x101682	x127556
Israel/Israël	40218	45250	51362	65681	69874	Belgium-Luxembourg	73058	69554	81774	88522	79955
Egypt/Egypte	44207	51152	62050	46379	58903	Australia/Australie	33554	67466	81933	74467	93986
Philippines	38770	x30628	50176	67591	63887	Italy/Italie	68793	67858	74395	81242	93137
Andorra/Andorre	x5552	x6817	x7713	x120324	x9024	Uruguay	58318	62382	60865	100048	91175
Nigeria/Nigéria	x37824	x27565	x38955	x57496	x105643	Mexico/Mexique	84139	73250	55362	73394	39928
Cameroon/Cameroun	x16690	41166	x24847	51091	x21888	Greenland/Groenland	50144	67085	73729	47882	51571
Finland/Finlande	32190	33503	35603	38014	32764	Ecuador/Equateur	35086	49262	51986	50835	56413
Senegal/Sénégal	x16024	35261	43202	x8799	x3209	India/Inde	25272	x32691	53310	63506	x92495
Czechoslovakia	x39882	39761	25700	x20458	x13115	Cuba	142517	125217	x5338	x9824	x673
Poland/Pologne	17456	14650	11650	57856	x51979	Bulgaria/Bulgarie	x102775	x69215	x50189	x8045	x10699
Ireland/Irlande	16364	13623	30371	27025	25289	Philippines	34000	x54034	35790	32093	29081
Yugoslavia SFR	18526	27150	30355	x8793		Colombia/Colombie	16693	24985	35020	58155	51383
Guam	x22851	x26893	x19203	x18923	x22205	Mauritania/Mauritanie	x30920	x37392	x37464	x41998	x46980
Saudi Arabia	26764	30184	x14173	x8097	x13191	Costa Rica	24240	41535	41063	30009	x20435
Fiji/Fidji	x14107	15990	17059	17126	3907	Cote d'Ivoire	x28785	x63794	x39956	x35554	
So. Africa Customs Un	10438	9552	18231	x18670	x14115	Venezuela	6497	34591	32603	24637	17660
Mauritius/Maurice	x3539	x6627	17957	19665	19474	Malaysia/Malaisie	18684	22211	32940	35219	x97342
Togo	10644	10445	11456	14646	x3392	Brazil/Brésil	32082	28969	26858	33686	41863
Costa Rica	7927	10227	14171	11929	x5707	Oman	30445	26359	30476	27625	x15220
United Arab Emirates	x23395	x8488	x11106	x16427	x17117	St Pierre & Miquelon	x7698	15753	x31600	x33025	x26895
Bulgaria/Bulgarie	x12883	x19208	x11926	x4225	1764	Korea Dem People's Rp	x70405	x27308	x22700	x30262	x30270
Cuba	x830	25796		x1058	x30482	Guam	x8199	x20011	x34824	x21600	x22809

(VALUE AS % OF TOTAL) (VALEUR EN % DU TOTAL)

	1983	1984	1985	1986	1987	1988	1989	1990	1991	1992		1983	1984	1985	1986	1987	1988	1989	1990	1991	1992
Africa	x2.8	x4.0	3.3	x2.8	x1.9	x1.9	x2.2	x2.1	x2.3	x2.3	Afrique	x7.6	5.3	2.4	x4.0	x3.4	x3.0	x2.9	x3.8	x3.3	x4.2
Northern Africa	0.6	0.8	0.6	0.6	0.4	0.4	0.5	0.3	0.3	0.3	Afrique du Nord	0.6	0.7	0.9	1.3	1.0	0.9	1.2	1.5	1.2	0.8
Americas	24.9	24.6	25.4	22.9	22.4	16.6	18.3	15.1	13.9	x12.8	Amériques	28.5	29.9	32.1	31.2	25.7	26.7	28.3	27.9	25.6	x28.2
LAIA	0.4	0.3	0.5	0.7	0.7	0.3	0.6	0.7	0.6	0.5	ALAI	4.7	4.8	6.6	5.6	4.9	4.6	5.5	5.9	6.6	x7.5
CACM	x0.0	0.1	0.1	0.0	0.1	0.1	0.1	0.1	0.1	x0.0	MCAC	x0.1	0.1	0.1	0.2	0.2	0.2	0.4	0.3	0.2	x0.2
Asia	30.1	32.2	33.5	35.4	33.5	40.4	39.1	36.1	37.9	41.1	Asie	15.8	17.9	19.5	17.3	22.6	x23.5	18.3	16.1	16.3	x18.9
Middle East	x1.2	1.1	0.7	0.6	0.7	0.7	x0.6	x0.4	x0.4	x0.5	Moyen–Orient	x0.4	0.9	0.5	0.6	0.4	0.5	x0.6	0.5	0.4	x0.3
Europe	37.2	34.8	36.0	37.2	38.9	36.9	36.8	44.0	43.2	42.6	Europe	43.4	41.4	41.1	43.6	39.5	37.1	40.5	43.7	40.7	42.9
EEC	33.9	31.4	32.7	33.9	35.7	33.8	33.7	40.7	39.3	39.1	CEE	27.9	26.7	26.5	28.3	25.2	23.2	25.9	26.7	24.9	26.1
EFTA	3.2	3.1	3.0	3.0	3.0	2.9	2.8	3.1	3.1	3.3	AELE	13.5	13.0	12.8	13.5	12.8	12.6	13.2	15.3	14.0	14.8
Oceania	x2.3	x1.7	1.1	x1.1	x1.1	x2.2	x1.7	x1.3	x1.1	x0.9	Océanie	x3.0	3.6	3.3	3.6	x3.1	x3.3	x3.5	x3.1	x3.3	x4.5
Japan/Japon	23.7	24.8	26.0	27.3	25.4	29.7	28.1	25.9	26.2	29.2	USA/Etats-Unis d'Amer	10.3	10.1	11.2	10.8	9.1	11.1	11.9	12.6	11.3	13.7
USA/Etats-Unis d'Amer	22.8	22.4	23.3	20.5	20.1	14.9	15.9	13.0	12.0	10.9	Norway, SVD, JM	6.8	6.7	6.1	7.1	7.2	7.6	7.6	9.1	8.4	9.4
France, Monac	7.4	7.0	6.6	7.0	7.3	6.8	6.5	7.9	7.3	7.3	Canada	12.2	12.4	11.7	12.0	9.5	9.0	8.6	8.1	6.7	5.9
Italy/Italie	5.7	5.5	6.6	5.8	6.4	5.6	5.7	6.6	6.1	5.8	Former USSR/Anc. URSS					x4.2	x4.9	x5.6	x4.8	x10.4	
Spain/Espagne	2.7	2.4	2.6	3.0	4.3	5.1	5.2	6.4	6.6	6.7	Denmark/Danemark	8.7	8.3	7.7	8.8	7.8	6.6	6.3	7.2	6.6	6.8
Germany/Allemagne	6.1	5.5	5.4	5.8	5.2	4.9	5.0	6.0	6.1	6.1	Korea Republic	7.7	8.1	6.7	7.5	6.7	6.4	6.4	4.6	4.6	4.3
Thailand/Thaïlande	0.5	1.0	1.9	2.0	3.7	4.6	4.6	4.4	5.1	4.2	Iceland/Islande	5.6	5.1	5.6	5.7	5.0	4.8	4.8	5.4	5.0	4.8
United Kingdom	5.3	4.8	5.1	5.1	4.7	4.2	4.1	5.0	4.3	4.2	Netherlands/Pays-Bas	6.2	6.2	6.0	6.4	5.4	4.6	4.8	5.3	5.0	5.2
Denmark/Danemark	2.6	2.4	2.5	3.0	3.3	2.9	2.7	3.5	3.5	3.5	France, Monac	3.8	3.5	3.8	3.8	3.5	3.4	4.0	4.2	3.6	3.9
Netherlands/Pays-Bas	1.4	1.4	1.5	1.7	1.8	1.7	1.8	2.2	2.3	2.3	United Kingdom	2.6	2.3	2.5	2.8	2.9	2.6	2.9	3.0	3.1	3.4

035 FISH SALTED, DRIED, SMOKED — POISSON SECHE, SALE, FUME 035

TRADE BY COMMODITY IN THOUSAND U.S. DOLLARS – COMMERCE PAR PRODUIT EN MILLIERS DE DOLLARS E.U

IMPORTS – IMPORTATIONS

COUNTRIES-PAYS	1988	1989	1990	1991	1992
Total	2079650	1992805	2386444	2515321	2555048
Africa	x54301	x51897	50111	x53244	x51389
Northern Africa	x3961	x3020	3310	x2684	x2182
Americas	208769	274336	277657	299237	x295958
LAIA	52545	89220	89414	105877	83076
CACM	324	173	108	220	x1107
Asia	628877	567441	614351	654144	771736
Middle East	x7154	x6506	x4986	x6561	x7263
Europe	1107848	1027427	1362357	1478200	1416051
EEC	1035609	951275	1265946	1384002	1337877
EFTA	69077	71072	91481	91398	74946
Oceania	x16685	x15377	x15391	x14159	x13717
Portugal	333672	254686	378542	416776	381294
Japan/Japon	360569	327153	363088	328736	350267
Italy/Italie	280218	274519	314041	358330	306883
Hong Kong	157593	148961	164982	197909	270764
Spain/Espagne	129846	124450	179779	185785	194239
Germany/Allemagne	101743	96770	143724	162945	182027
USA/Etats-Unis d'Amer	92127	107534	119283	125743	135038
France, Monac	84800	84353	94419	109825	108634
Brazil/Brésil	48345	84933	80306	94193	69401
Denmark/Danemark	33367	38330	52788	45798	48357
Sri Lanka	29610	27639	32728	53085	41823
Former USSR/Anc. URSS	x51585	x42810	x58185	x1161	
Singapore/Singapour	29721	29267	28642	39204	51024
Greece/Grèce	23216	26899	33149	31551	x41484
Sweden/Suède	26108	27313	30130	33186	27556
Belgium–Luxembourg	21055	21355	25814	28139	28178
Norway, SVD, JM	14133	16812	27378	22564	22564
Netherlands/Pays-Bas	15060	14369	21768	25233	7991
Switz. Liecht	17503	15713	19048	19693	18964
Jamaica/Jamaïque	14323	18012	15715	9153	x6073
Australia/Australie	15036	13425	12711	11488	11825
United Kingdom	9528	10024	14221	13094	14634
Canada	8885	11773	10834	9580	14788
Poland/Pologne	7453	10854	5675	14575	x5021
Dominican Republic	x7673	x11452	x9790	x9702	x16457
Martinique	8755	8332	9648	12282	11962
China/Chine	13772	12952	6836	8403	33024
Nigeria/Nigéria	x12779	x6539	x9995	x11643	x16855
Austria/Autriche	5337	6518	9414	9788	12125
Congo	x7537	x6462	x7527	x10680	x9584
Malaysia/Malaisie	5386	5820	5810	10811	x6288
Angola	x3533	x5824	x6177	x9810	x1845
Mexico/Mexique	2941	3259	7869	8549	8970
Guadeloupe	5231	5442	6836	7043	8669
Reunion/Réunion	5606	5134	4893	5569	8491
Finland/Finlande	5686	4711	5354	4975	7626
Ireland/Irlande	3105	3349	5530	4356	3167
Zaire/Zaïre	x2154	x8772	x3111	x902	x999
Cameroon/Cameroun	x2711	3186	x3229	3634	x1431
Haiti/Haïti	x2198	x5444	x2091	x2059	x3701
Yugoslavia SFR	2025	3990	3672	x1358	
Gabon	x3161	x3105	x3332	x2473	x3420
Israel/Israël	1902	2324	2614	2996	2880
Cuba	x867	2588	x88	x3464	x1292
Saudi Arabia	788	2563	x1517	x1664	x1665
Trinidad and Tobago	4169	3531	578	1409	1120
Netherlands Antilles	1019	1507	x1957	1872	x1623
So. Africa Customs Un	2751	1604	1720	x1853	x2458
Barbados/Barbade	1445	1650	1741	1641	x1499
Egypt/Egypte	782	829	2923	1199	801

EXPORTS – EXPORTATIONS

COUNTRIES-PAYS	1988	1989	1990	1991	1992
Totale	1970683	1793814	2212745	2351001	2380014
Afrique	x22353	x20127	x19466	x22391	x35701
Afrique du Nord	5421	5425	4306	6164	2538
Amériques	547548	447563	x505731	x518549	x522320
ALAI	23960	29761	28637	43536	x70156
MCAC	1649	1650	2054	2961	x3706
Asie	x237173	x229594	313157	276717	x369441
Moyen-Orient	x8209	x6548	x6303	x14101	x20207
Europe	1122694	1076475	1353228	1495977	1434331
CEE	449991	446534	591067	611569	589186
AELE	610364	570495	702562	818999	806951
Océanie	x23141	x9727	x8440	x15488	x13654
Norway, SVD, JM	340464	341220	433310	538814	575560
Canada	331151	302843	372850	337795	
Iceland/Islande	261888	224820	264602	275687	319237
Denmark/Danemark	194913	183756	245935	256958	223708
USA/Etats-Unis d'Amer	179655	100300	87286	117291	273827
Spain/Espagne	57721	55406	85506	88026	111885
Netherlands/Pays-Bas	42243	45439	67036	71521	42034
Faeroe Islds/Is Féroé	62271	59304	59462	65079	65064
United Kingdom	48044	48736	59606	63279	x37928
Hong Kong	43619	43992	46710	57956	67797
France, Monac	44687	38041	47755	55851	63359
China/Chine	10210	11339	94406	25917	61123
Indonesia/Indonésie	14038	20313	27764	34380	54213
Korea Republic	34011	30933	29474	21567	44904
Singapore/Singapour	24218	22151	22495	29010	17109
Japan/Japon	23806	22594	21386	22153	44056
Thailand/Thaïlande	17088	16330	20154	26228	24494
Greece/Grèce	13620	22307	18263	13573	x33574
Ireland/Irlande	13349	13115	19609	18238	x13760
Germany/Allemagne	13798	13880	17572	14970	17798
Pakistan	14065	12823	13270	14922	22890
Former USSR/Anc. URSS	x16847	x9284	x12440	x18885	18233
Argentina/Argentine	11161	16144	10140	12084	17618
Belgium–Luxembourg	9923	10984	12412	14616	10935
Portugal	7922	10943	12023	8910	8198
Greenland/Groenland	7604	8933	6836	5660	3345
Mexico/Mexique	4671	5584	5980	6680	3942
Korea Dem People's Rp	x13559	x8705	x5592	x3538	x3132
Bangladesh	6493	x7318	5429	4984	x8145
Colombia/Colombie	487	871	2964	12738	28939
Maldives	x2711	x3762	x4526	x8134	x4176
St Pierre & Miquelon	x833	2875	x5803	x7390	x6696
New Zealand	11746	5092	4215	5635	3947
Italy/Italie	3770	3928	5350	5627	5760
United Arab Emirates	x3961	x4240	x4215	x6203	x14140
Morocco/Maroc	4574	4790	4077	5696	1868
Chile/Chili	3545	3724	6081	4626	x8522
So. Africa Customs Un	x3499	x3892	x4757	x4970	x6309
India/Inde	3165	x8400	2389	2455	x16728
Viet Nam	x4251	x3651	x4813	x2998	x3344
Senegal/Sénégal	x2760	3758	3663	x2201	x6032
Sweden/Suède	6020	3146	2754	2799	5744
Myanmar	x2228	x3018	x3257	x2080	x3350
Malaysia/Malaisie	2214	2456	2471	2287	x4043
Philippines	1602	3615	1267	1729	2306
Peru/Pérou	1079	1148	949	x3374	x4254
Brazil/Brésil	2127	1758	1582	1659	3078
Sri Lanka	1247	1392	1314	2188	3877
Mauritania/Mauritanie	x1000	x1441	x2020	x1215	x1094
Guam	x4181	x1847	x749	x1902	x3244

(VALUE AS % OF TOTAL) (VALEUR EN % DU TOTAL)

	1983	1984	1985	1986	1987	1988	1989	1990	1991	1992		1983	1984	1985	1986	1987	1988	1989	1990	1991	1992
Africa	x10.6	x5.5	1.8	x4.5	x3.4	x2.6	x2.6	x2.1	x2.1	2.0	Afrique	x1.0	x0.9	0.7	1.1	1.3	1.2	1.1	x0.9	0.9	x1.5
Northern Africa	0.4	0.4	0.3	0.3	x0.2	0.2	0.2	0.1	0.1	0.1	Afrique du Nord	x0.1	x0.1	0.1	0.1	0.3	0.3	0.2	0.3	0.1
Americas	12.8	15.7	14.2	15.6	x10.8	10.1	13.8	11.7	11.9	x11.6	Amériques	25.9	25.8	25.9	x19.9	x17.4	27.8	25.0	x22.9	x22.1	x21.9
LAIA	2.6	3.3	3.7	5.8	2.9	2.5	4.5	3.7	4.2	3.3	ALAI	0.7	1.0	1.8	1.2	1.0	1.2	1.7	1.3	1.9	2.9
CACM	x0.0	0.0	0.0	0.0	0.0	0.0	0.0	0.0	0.0	0.0	MCAC	x0.0	0.0	0.0	0.0	0.0	0.1	0.1	0.1	0.1	x0.2
Asia	32.3	32.9	33.3	27.2	27.5	30.2	28.4	25.7	26.0	30.2	Asie	7.9	8.9	12.4	10.0	12.6	12.0	x12.8	14.2	11.7	15.5
Middle East	x0.8	x1.1	0.8	x0.5	x0.2	x0.3	x0.3	x0.2	x0.3	0.3	Moyen-Orient	x0.1	x0.2	0.1	x0.1	x0.5	0.4	x0.4	x0.3	x0.6	x0.8
Europe	41.9	44.5	49.5	51.7	54.9	53.3	51.6	57.1	58.8	55.4	Europe	48.4	47.0	60.8	68.5	66.9	57.0	60.0	61.2	63.6	60.3
EEC	38.8	41.5	46.6	47.5	50.9	49.8	47.7	53.0	55.0	52.4	CEE	14.4	16.1	23.6	24.0	25.4	22.8	24.9	26.7	26.0	24.8
EFTA	3.1	2.8	2.8	4.0	3.3	3.3	3.6	3.8	3.6	2.9	AELE	31.6	28.2	33.5	40.3	37.4	31.8	31.8	31.8	34.8	33.9
Oceania	x1.0	x1.3	1.1	x1.0	x0.8	x0.8	x0.8	x0.6	x0.5	x0.6	Océanie	x0.5	x0.3	0.2	x0.4	x0.8	x1.1	x0.5	x0.4	x0.6	0.6
Portugal	10.1	10.6	14.4	13.2	15.8	16.0	12.8	15.9	16.6	14.9	Norway, SVD, JM	19.2	18.6	20.3	24.6	20.1	17.3	19.0	19.6	22.9	24.2
Japan/Japon	22.4	21.1	22.6	17.3	17.3	17.3	16.4	15.2	13.1	13.7	Canada	7.7	7.8	9.5	9.3	8.7	16.8	16.9	16.9	14.4	13.4
Italy/Italie	10.9	12.6	13.7	12.7	14.3	13.5	13.8	13.2	14.2	12.0	Iceland/Islande	12.1	9.4	12.9	15.3	17.0	13.3	12.5	12.0	11.7	9.4
Hong Kong	5.4	6.3	6.0	5.9	6.4	7.6	7.5	6.9	7.9	10.6	Denmark/Danemark	5.3	5.7	8.7	9.4	10.7	9.9	10.2	11.1	10.9	11.5
Spain/Espagne	3.5	4.3	3.7	5.5	5.5	6.2	6.2	7.5	7.4	7.6	USA/Etats-Unis d'Amer	17.0	16.4	13.9	8.8	8.9	9.1	5.6	3.9	5.0	11.5
Germany/Allemagne	4.4	4.9	4.6	5.1	4.8	4.9	4.9	6.0	6.5	7.1	Spain/Espagne	1.5	2.5	4.5	3.6	3.7	2.9	3.1	3.9	5.0	4.7
USA/Etats-Unis d'Amer	6.4	7.3	6.7	5.9	4.9	4.4	5.4	5.0	5.0	5.3	Netherlands/Pays-Bas	2.7	2.3	2.8	2.6	2.7	2.1	3.1	3.9	3.7	1.8
France, Monac	3.2	3.5	3.8	4.3	4.2	4.1	4.2	4.0	4.4	4.3	Faeroe Islds/Is Féroé	2.4	2.7	3.6	4.2	4.0	3.2	3.3	3.0	3.0	2.7
Brazil/Brésil	2.4	2.6	3.2	5.7	2.8	2.3	4.3	3.4	3.7	2.7	United Kingdom	1.7	1.9	2.6	2.6	2.4	2.7	2.7	2.7	2.8	2.8
Denmark/Danemark	1.9	1.9	2.2	2.2	2.4	1.6	1.9	2.2	1.8	1.9	Hong Kong	1.5	1.9	2.8	2.0	2.1	2.2	2.5	2.1	2.5	2.7

036 SHELL FISH FRESH, FROZEN — CRUSTACES, MOLLUSQUES 036

TRADE BY COMMODITY IN THOUSAND U.S. DOLLARS – COMMERCE PAR PRODUIT EN MILLIERS DE DOLLARS E.U

COUNTRIES-PAYS	IMPORTS – IMPORTATIONS					COUNTRIES-PAYS	EXPORTS – EXPORTATIONS				
	1988	1989	1990	1991	1992		1988	1989	1990	1991	1992
Total	11444143	11423347	12094966	13225517	13541555	Totale	x11029585	x10563054	x11770946	x13035228	x12947926
Africa	x25858	x23571	27428	x22218	x25243	Afrique	x804299	x673498	x657900	x853927	x912577
Northern Africa	1008	1222	1558	x2023	x1464	Afrique du Nord	291993	256396	292645	376766	349052
Americas	x2780672	x2772323	x2670906	x2865047	x3142030	Amériques	2593562	2430616	x2982835	x3455132	x3678335
LAIA	6311	8223	8847	12116	x19337	ALAI	1136213	1049080	932790	1173693	1270157
CACM	1615	838	1002	1553	x3637	MCAC	100823	66563	75527	105475	x99557
Asia	5733632	5455870	5757848	6328084	6360635	Asie	x5033989	x4923473	5279779	5561945	x5910664
Middle East	x22992	x16314	x18195	x24971	x33337	Moyen-Orient	x79998	x73036	x68896	x51121	x48939
Europe	2813614	3056931	3491758	3891540	3887124	Europe	1442506	1466455	1699793	1754484	1710186
EEC	2616535	2861066	3275616	3687443	3672753	CEE	1190937	1255556	1469769	1505603	1478157
EFTA	176061	183876	193203	189999	204554	AELE	200470	151577	176808	210967	211744
Oceania	x86280	x97012	x113923	x109983	x100475	Océanie	554267	528913	528037	x579039	x682700
Japan/Japon	4841019	4651045	4849354	5282904	5189579	Thailand/Thaïlande	641960	923103	1060778	1354737	x1668965
USA/Etats-Unis d'Amer	2528298	2511091	2395055	2562099	2830586	China/Chine	702532	737669	925574	758538	920501
Spain/Espagne	626973	798640	934808	1080326	1154209	USA/Etats-Unis d'Amer	470953	528996	724587	836898	852458
France,Monac	598554	611914	712250	781204	748729	Indonesia/Indonésie	527369	573496	710199	796093	788500
Italy/Italie	544601	581948	639128	723230	701770	Former USSR/Anc. URSS	x383659	x330949	x451185	x693558	
Hong Kong	579877	529285	585419	605006	640764	India/Inde	395952	x457276	468041	513365	x552037
Denmark/Danemark	224729	234675	242283	253920	200800	Canada	494745	427196	496891	468489	586895
Canada	219753	231438	237738	258227	253198	Viet Nam	x406614	x482544	x435508	x304595	x294695
United Kingdom	191694	182697	191654	180881	153722	Korea Republic	537344	423926	366035	410709	372864
Belgium-Luxembourg	154520	158265	190607	206271	219248	Australia/Australie	431350	365232	389382	424783	496985
Germany/Allemagne	122722	125614	151799	169230	178724	Ecuador/Equateur	387835	329121	341227	492554	529194
Singapore/Singapour	129192	132473	136187	176978	196548	Hong Kong	455529	376286	358271	284106	263322
Netherlands/Pays-Bas	80505	76920	85494	128929	134683	Denmark/Danemark	291572	289273	309764	315860	280025
Australia/Australie	75540	86130	99577	92621	79813	United Kingdom	229642	250855	315461	337416	293150
Sweden/Suède	76691	85145	86420	83214	86146	Mexico/Mexique	399847	386208	241065	257514	201563
Korea Republic	44796	49217	85202	116559	105644	Philippines	271324	x272823	256749	319419	258399
Portugal	32021	40212	78927	123630	134345	Morocco/Maroc	196445	184448	213270	313837	292881
Switz.Liecht	40319	41731	47779	48544	48498	France,Monac	179910	186040	216087	197217	193487
Norway,SVD,JM	43583	34880	32363	36414	47116	Spain/Espagne	166183	168124	180478	195045	215189
Greece/Grèce	32555	42374	34860	26137	x34264	Cuba	1882	1141	x304106	x224464	x281153
Malaysia/Malaisie	20218	26387	30222	35710	x31763	Greenland/Groenland	166070	162987	176819	179553	155053
Thailand/Thaïlande	12431	19145	21767	42484	63481	Singapore/Singapour	113065	126890	149451	208027	193354
China/Chine	19545	16978	17834	31093	82720	Netherlands/Pays-Bas	134345	136546	173309	163709	194372
Iceland/Islande	7138	11770	15185	9840	9447	Bahamas	57329	20167	x101512	x312885	x264033
Ireland/Irlande	7662	7797	13797	13675	12259	Bangladesh	119995	x143003	134271	155111	x154168
Poland/Pologne	710	x9618	x23099	1303	x20909	Mauritania/Mauritanie	x160648	x167499	x130007	x134800	x197922
Reunion/Réunion	8288	7750	9769	9436	13121	New Zealand	103872	151582	125305	131856	151456
Macau/Macao	8209	7520	10577	7123	4601	Malaysia/Malaisie	96562	100942	114823	140240	x146308
United Arab Emirates	x11953	x6389	x6375	x12321	x13349	Iceland/Islande	114037	98082	103010	136508	150585
Yugoslavia SFR	9437	6142	14286	x3652		Brazil/Brésil	147154	95291	110737	118862	117518
So. Africa Customs Un	9405	8671	9543	x4198	x3505	Bulgaria/Bulgarie	x103066	x145129	x113874	x35717	x25719
Austria/Autriche	4920	5500	7642	8721	10549	Argentina/Argentine	87761	93677	68882	99961	218711
New Zealand	3096	5823	5607	7464	5770	Japan/Japon	86568	97473	73524	78730	70311
Cyprus/Chypre	3983	5279	6052	7131	8782	Colombia/Colombie	45617	59780	79508	96204	76670
Martinique	3737	4931	5134	6348	7530	Italy/Italie	52213	60099	75915	86095	87336
Faeroe Islds/Is Féroé	9882	4046	6396	4340	x1505	Pakistan	91073	64265	77850	78191	67757
Finland/Finlande	3411	4851	3815	3266	2798	So. Africa Customs Un	x63731	x81136	x62710	x71439	x51947
Guadeloupe	3048	2699	3287	5351	5416	Ireland/Irlande	52110	58389	76677	79515	76131
Former USSR/Anc. URSS	x838	x2962	x4305	x2312		Tunisia/Tunisie	95414	71289	78443	59178	53836
Bulgaria/Bulgarie	x17	x4563	x2879	x1327	400	Poland/Pologne	69496	49636	44706	99575	x26012
Guam	x2898	x2434	x3256	x2863	2699	Senegal/Sénégal	54726	49490	34738	x106218	x92111
Mauritius/Maurice	x1370	x1783	3056	3130	4079	Panama	58577	68451	50048	56178	64095
Argentina/Argentine	2564	1972	1515	3939	6251	Norway,SVD,JM	76196	46606	63768	63785	53096
French Polynesia	2480	x637	x2560	x3857	x2677	Belgium-Luxembourg	34386	40053	48993	48971	51343
Mexico/Mexique	1603	3213	1830	1990	5415	Faeroe Islds/Is Féroé	47286	55165	48331	33272	x12058
Andorra/Andorre	x936	x941	x1109	x4800	x197	Madagascar	32999	x39377	39388	49058	x47589
Bermuda/Bermudes	x3051	x1243	x3746	x1581	x1263	Korea Dem People's Rp	x70430	x36677	x31671	x52403	x43525
Guyana	x2319	x1277	x2720	x1484	x1375	Venezuela	5300	31814	37864	48139	36013
Brazil/Brésil	947	1198	2182	2037	840	French Guiana	29359	29715	38119	33685	38075
Saudi Arabia	1250	847	x2185	x2235	x5917	Honduras	37543	16986	32189	45860	41335

(VALUE AS % OF TOTAL)(VALEUR EN % DU TOTAL)

	1983	1984	1985	1986	1987	1988	1989	1990	1991	1992		1983	1984	1985	1986	1987	1988	1989	1990	1991	1992
Africa	x0.5	x0.4	0.3	x0.2	x0.2	x0.2	x0.2	0.2	x0.1	x0.2	Afrique	7.1	6.1	5.9	x8.5	x7.3	x7.3	x6.4	x5.6	6.5	x7.0
Northern Africa	x0.0	x0.0	0.0	x0.0	x0.0	x0.0	0.0	0.0	x0.0	x0.0	Afrique du Nord	3.2	2.8	2.8	2.6	2.4	2.6	2.4	2.5	2.9	2.7
Americas	36.9	37.2	35.2	x30.5	x27.8	x24.3	x24.3	x22.1	x21.6	x23.2	Amériques	29.5	36.5	33.3	x31.4	25.9	23.1	x25.4	x26.5	x28.4	
LAIA	0.1	0.3	0.2	0.1	0.1	0.1	0.1	0.1	0.1	x0.1	ALAI	10.4	20.6	15.6	x15.0	11.8	10.3	9.9	7.9	9.0	9.8
CACM	x0.0	0.0	0.0	0.0	x0.0	0.0	0.0	0.0	0.0	x0.0	MCAC	x0.9	2.2	2.4	1.5	1.1	0.9	0.6	0.6	0.8	x0.8
Asia	42.2	42.8	44.3	45.6	45.5	50.1	47.7	47.6	47.8	46.9	Asie	38.2	33.4	35.6	37.9	x42.6	x46.6	x45.7	44.8	x42.6	x45.6
Middle East	x0.3	x0.2	0.2	0.2	x0.2	x0.2	x0.2	x0.2	0.2	x0.2	Moyen-Orient	0.7	0.3	x0.4	x0.5	x0.6	x0.7	x0.7	0.6	x0.4	x0.4
Europe	19.4	18.6	19.4	22.8	25.5	24.6	26.8	28.9	29.4	28.7	Europe	15.3	14.2	16.3	15.7	13.6	13.1	13.9	14.4	13.5	13.2
EEC	17.7	17.1	17.8	21.1	23.7	22.9	25.0	27.1	27.9	27.1	CEE	13.2	12.0	13.5	12.7	11.4	10.8	11.9	12.5	11.6	11.4
EFTA	1.6	1.4	1.5	1.6	1.7	1.5	1.6	1.6	1.4	1.5	AELE	1.7	1.7	2.2	2.5	1.8	1.8	1.4	1.5	1.6	1.6
Oceania	x1.0	x1.0	0.8	x0.8	x1.0	x0.8	x0.8	x1.0	0.9	0.7	Océanie	9.9	8.6	8.8	6.0	5.3	5.1	5.0	4.5	x4.5	x5.3
Japan/Japon	36.1	36.8	38.2	39.4	38.8	42.3	40.7	40.1	39.9	38.3	Thailand/Thaïlande	6.4	5.5	6.0	5.9	5.2	5.8	8.7	9.0	10.4	x12.9
USA/Etats-Unis d'Amer	33.5	33.5	32.0	27.7	25.3	22.1	22.0	19.8	19.4	20.9	China/Chine					2.8	4.8	6.4	7.0	7.9	7.1
Spain/Espagne	3.1	3.3	2.7	3.9	5.8	5.5	7.0	7.7	8.2	8.5	USA/Etats-Unis d'Amer	4.7	3.4	3.6	3.7	3.8	4.3	5.0	6.2	6.4	6.6
France,Monac	5.4	4.7	4.8	5.6	5.6	5.2	5.4	5.9	5.9	5.5	Indonesia/Indonésie	5.0	4.3	4.6	4.4	3.8	4.8	5.4	6.0	6.1	6.1
Italy/Italie	3.0	3.0	4.1	4.4	4.6	4.8	5.1	5.3	5.5	5.2	Former USSR/Anc. URSS			1.4		x3.0	x3.1	x3.8	x3.8	x4.3	
Hong Kong	3.9	3.8	4.0	4.2	4.3	5.1	4.6	4.8	4.6	4.7	India/Inde	7.3	6.2	6.8	5.7	3.9	3.6	x4.3	4.0	3.9	x4.3
Denmark/Danemark	1.3	1.4	1.6	1.8	2.0	2.0	2.1	2.0	1.9	1.5	Canada	7.6	6.0	7.6	6.3	5.4	4.5	4.0	4.2	3.6	4.5
Canada	2.8	2.9	2.7	2.4	2.1	1.9	2.0	2.0	2.0	1.9	Viet Nam				x1.6	x3.7	x4.6	x3.7	x2.3	x2.3	
United Kingdom	1.6	1.6	1.5	1.8	1.8	1.7	1.6	1.6	1.4	1.1	Korea Republic	5.4	4.9	4.9	4.9	4.6	4.9	4.0	3.1	3.2	2.9
Belgium-Luxembourg	1.2	1.1	1.0	1.3	1.3	1.4	1.4	1.6	1.6	1.6	Australia/Australie	7.5	6.1	6.4	6.4	3.8	3.9	3.5	3.3	3.3	3.8

037 FISH ETC PREPD,PRSVD NES — POIS,CRUST,MOL PREPARES 037

TRADE BY COMMODITY IN THOUSAND U.S. DOLLARS – COMMERCE PAR PRODUIT EN MILLIERS DE DOLLARS E.U

COUNTRIES–PAYS	1988	1989	1990	1991	1992	COUNTRIES–PAYS	1988	1989	1990	1991	1992
	IMPORTS – IMPORTATIONS						EXPORTS – EXPORTATIONS				
Total	5499089	5585763	6043876	6796021	7158474	Totale	x5957078	5274719	5786644	6366194	x6390782
Africa	x156315	x165528	x167056	x170286	x148078	Afrique	x288590	x330531	x401001	x450098	x531501
Northern Africa	x18647	25433	36598	x60366	x41846	Afrique du Nord	111286	120199	142572	156658	160501
Americas	1121320	1121442	1105219	1273869	x1238113	Amériques	751987	877936	x992295	x1099708	x1169649
LAIA	41595	58488	64835	57930	101654	ALAI	191891	226068	242849	289273	x322293
CACM	5655	11509	7137	6747	x8372	MCAC	3611	10134	9030	14452	x11633
Asia	x1290502	1220754	x1168381	1549237	x1744033	Asie	x2472078	1954257	2029274	2352587	x2429861
Middle East	x63428	x60985	x56210	x83979	x78365	Moyen–Orient	x90647	x54038	x45565	x48816	x50801
Europe	2616013	2772077	3340572	3511448	3742964	Europe	1499638	1605615	1923464	1958578	2053969
EEC	2243778	2396807	2902031	3064612	3265665	CEE	1205372	1283531	1567402	1645216	1696044
EFTA	361473	360702	421439	431093	446329	AELE	258431	287582	314872	284748	313178
Oceania	x229922	x229080	x211046	x228557	x251159	Océanie	484906	x122615	x110327	x146631	x144955
Japan/Japon	961548	951028	915954	1226443	1369902	Thailand/Thaïlande	827904	848157	993146	1188052	x1177492
USA/Etats–Unis d'Amer	832685	769527	810035	972322	897861	Denmark/Danemark	364095	355061	460144	464293	488052
United Kingdom	586606	653695	670374	720076	765044	Former USSR/Anc. URSS	x448805	x369458	x318305	x347699	
France,Monac	540638	535373	656240	624999	625417	USA/Etats–Unis d'Amer	191965	306210	303688	369655	397669
Germany/Allemagne	278934	291023	416423	490714	500405	Japan/Japon	354157	340102	309177	316410	312629
Italy/Italie	220473	232167	304318	370043	426589	Korea Republic	365605	302960	304901	306398	294523
Belgium–Luxembourg	161435	181822	223138	216006	222159	Netherlands/Pays–Bas	173134	195177	269529	274239	298240
Canada	199767	216619	174021	188430	188105	Canada	249001	247651	222314	244108	233017
Denmark/Danemark	154823	176127	205305	165289	205123	Germany/Allemagne	184829	182485	226801	276918	294225
Netherlands/Pays–Bas	128502	145025	177167	183948	168710	Norway,SVD,JM	188321	219447	238823	217604	239516
Spain/Espagne	114803	118169	167592	197495	249246	Morocco/Maroc	110284	118308	141934	154904	159341
Australia/Australie	139444	151634	138480	150345	158687	Cote d'Ivoire	91409	81039	x135375	x183695	x232683
Sweden/Suède	131956	127958	145665	143959	151375	Spain/Espagne	107956	120839	126017	144514	144501
Switz.Liecht	107852	105476	119408	125597	121969	Chile/Chili	109099	112515	117005	138583	x125566
Hong Kong	72115	79727	84136	102208	126831	Philippines	99774	x114988	101480	117040	102385
Austria/Autriche	45226	47907	61908	66248	71895	Portugal	80228	97356	115501	118986	110347
Finland/Finlande	52269	54668	58709	60130	56124	Greenland/Groenland	83117	85806	118352	91212	105038
Singapore/Singapour	43213	40252	39189	48877	59082	United Kingdom	84927	80948	96434	104397	102309
Papua New Guinea	42489	39210	34970	x36154	x37149	France,Monac	80148	89992	92397	90557	93476
Ireland/Irlande	32980	31961	38064	39205	42163	Senegal/Sénégal	49522	97405	90712	x54030	x64139
Greece/Grèce	20526	27889	36311	36863	x38738	Malaysia/Malaisie	71964	81385	75266	81857	x93568
Norway,SVD,JM	23279	23858	34928	34052	43883	Belgium–Luxembourg	56145	62769	80107	74434	72906
Malaysia/Malaisie	34395	39863	21836	28200	x30455	Australia/Australie	65727	75860	56412	71397	75099
So. Africa Customs Un	39112	45266	35678	x7389	x13276	Italy/Italie	47868	65851	66725	62943	58085
Saudi Arabia	23747	29657	x24119	x34025	x32414	Indonesia/Indonésie	26963	48711	55325	89325	54550
Former USSR/Anc. URSS	x35857	x28917	x18430	x30119		China/Chine	35682	47388	53688	85417	202031
New Zealand	24761	25946	24402	22982	23056	Cuba	x29699		x94746	x89050	x98208
Libyan Arab Jamahiriya	6217	13068	12908	x34026	x23210	Sweden/Suède	32562	32525	40051	38986	42837
Colombia/Colombie	24285	16976	21832	19135	27869	Mexico/Mexique	25530	24065	35689	44476	49611
Egypt/Egypte	8782	11269	22893	23612	16057	Hong Kong	32491	32229	23967	45497	42098
Czechoslovakia	x15882	25005	15746	x9089	11588	Greece/Grèce	22847	36558	28411	23092	x18419
Mexico/Mexique	9701	12327	23024	13955	20572	Ecuador/Equateur	26993	27047	30958	28942	44169
Mozambique	x1666	x13384	x12498	x19240	x7165	Iran (Islamic Rp. of)	x40776	x30687	x26998	x28284	x30794
Israel/Israël	13599	13809	15848	14057	13984	Fiji/Fidji	x32451	26642	26602	30923	19167
Angola	x18247	x16122	x10428	x13321	x5874	Peru/Pérou	19215	29767	26624	x22955	x22358
Brazil/Brésil	4156	20175	10536	8102	9235	Iceland/Islande	30901	26122	29332	22989	24321
Jamaica/Jamaïque	11796	12915	12416	13126	x3816	Singapore/Singapour	20846	24608	23945	29438	28823
Poland/Pologne	19531	14570	6961	16727	x17036	New Zealand	18514	14689	17893	32388	44652
Sri Lanka	6092	8467	10554	12288	14310	Viet Nam	x11896	x21593	x20487	x18942	x26689
Portugal	4058	3557	7098	19973	21584	Venezuela	1429	21744	24382	13877	18838
Cote d'Ivoire	x9096	x6566	x6531	x15898	x10398	Faeroe Islds/Is Féroé	17778	18016	22503	17934	x19736
Thailand/Thaïlande	8620	11232	8973	6576	9320	Turkey/Turquie	45292	15650	16662	17018	18268
Malta/Malte	6489	10557	7116	x7964	x8851	Argentina/Argentine	5664	6316	5286	31898	41691
Panama	5305	7811	8289	8841	11439	Yugoslavia SFR	18054	15910	16735	x10480	
Lebanon/Liban	x4090	x5773	x6366	x11573	x9453	So. Africa Customs Un	x8373	x9917	x11564	x19043	x21021
Reunion/Réunion	6828	7097	8285	7565	9288	Mauritius/Maurice	12753	11606	9271	18679	18717
United Arab Emirates	x13888	x5179	x5407	x11545	x11035	Costa Rica	3019	9617	8817	14255	x11299
Zaire/Zaïre	x4980	x12688	x5360	x3524	x3030	Seychelles	10531	8645	10445	12110	x12095
Korea Republic	2222	1825	4012	15080	21298	Korea Dem People's Rp	x14704	x12938	x6311	x8007	x5201
Cuba	x359	16685	x1174	x1626	x2377	Maldives	x4359	x7106	x9712	x10434	x7484

(VALUE AS % OF TOTAL)(VALEUR EN % DU TOTAL)

	1983	1984	1985	1986	1987	1988	1989	1990	1991	1992		1983	1984	1985	1986	1987	1988	1989	1990	1991	1992
Africa	x5.2	x5.5	2.3	x3.6	x2.8	2.8	3.0	2.8	x2.5	x2.1	Afrique	8.0	6.5	6.0	5.9	x5.0	x4.8	x6.3	x6.9	7.1	x8.3
Northern Africa	x1.5	1.1	0.8	0.5	x0.2	x0.3	0.5	0.6	x0.9	x0.6	Afrique du Nord	2.9	2.5	2.6	2.4	1.9	1.9	2.3	2.5	2.5	2.5
Americas	23.0	25.2	27.5	x23.6	x21.2	20.4	20.1	18.3	18.8	x17.3	Amériques	15.9	15.5	23.5	x28.3	x20.1	12.6	16.6	x17.2	x17.2	x18.3
LAIA	0.9	1.2	1.0	0.9	0.9	0.8	1.0	1.1	0.9	1.4	ALAI	2.7	3.6	9.5	10.5	4.1	3.2	4.3	4.2	4.5	x5.0
CACM	x0.0	0.2	0.2	0.2	0.1	0.1	0.2	0.1	0.1	x0.1	MCAC	x0.1	0.1	0.0	0.0	0.0	0.1	0.2	0.2	0.2	0.2
Asia	15.9	16.6	17.4	17.2	x18.6	x23.4	21.9	x19.3	x22.8	24.3	Asie	35.0	38.5	36.1	33.8	x36.8	x41.5	37.1	35.0	37.0	x38.0
Middle East	x3.4	x2.8	2.3	x1.6	x1.0	x1.1	1.1	x0.9	1.1	1.1	Moyen–Orient	x0.5	x1.9	1.6	2.7	x2.1	x1.5	x0.9	x0.8	x0.8	0.8
Europe	49.2	45.0	46.0	49.7	51.3	47.6	49.6	55.3	51.7	52.3	Europe	35.9	32.9	33.3	30.2	28.8	25.2	30.4	33.2	30.8	32.1
EEC	42.0	38.1	39.1	42.1	43.4	40.8	42.9	48.0	45.1	45.6	CEE	25.6	23.3	23.9	22.9	22.2	20.2	24.3	27.1	25.8	26.5
EFTA	7.2	6.8	6.7	7.4	7.6	6.6	6.5	7.0	6.3	6.2	AELE	10.2	8.7	7.9	6.8	5.9	4.3	5.5	5.4	4.5	4.9
Oceania	5.4	x6.1	5.3	x4.6	4.3	x4.2	4.1	x3.5	x3.4	x3.5	Océanie	2.4	2.4	2.0	1.8	x1.8	8.1	x2.4	x1.9	x2.3	x2.3
Japan/Japon	8.0	9.4	10.8	11.7	12.9	17.5	17.0	15.2	18.0	19.1	Thailand/Thaïlande	7.8	10.3	10.1	11.0	10.9	13.9	16.1	17.2	18.7	x18.4
USA/Etats–Unis d'Amer	17.3	17.8	21.5	18.2	15.9	15.1	13.8	13.4	14.3	12.5	Denmark/Danemark	6.9	6.2	6.4	7.0	6.4	6.1	6.7	8.0	7.3	7.6
United Kingdom	13.3	12.0	11.7	12.4	10.5	10.7	11.7	11.1	10.6	10.7	Former USSR/Anc. URSS	2.7	4.3			x7.4	x7.5	x7.0	x5.5	x5.5	
France,Monac	9.9	8.5	8.8	9.1	10.6	9.8	9.6	10.9	9.2	8.7	USA/Etats–Unis d'Amer	1.6	1.4	4.0	3.5	2.7	3.2	5.8	5.2	5.8	6.2
Germany/Allemagne	5.9	5.5	5.7	5.8	5.7	5.1	5.2	6.9	7.2	7.0	Japan/Japon	16.9	17.1	15.2	10.8	7.4	5.9	6.4	5.3	5.0	4.9
Italy/Italie	2.7	2.4	3.3	3.7	4.4	4.0	4.2	5.0	5.4	6.0	Korea Republic	4.0	4.5	4.8	5.6	5.2	6.1	5.7	5.3	4.8	4.6
Belgium–Luxembourg	3.8	3.1	3.1	3.3	3.3	2.9	3.3	3.7	3.2	3.1	Netherlands/Pays–Bas	3.3	3.0	3.1	3.2	3.4	2.9	3.7	4.7	4.3	4.7
Canada	4.0	4.3	3.5	3.0	3.3	3.6	3.9	2.9	2.8	2.6	Canada	10.2	8.6	8.4	7.4	8.2	4.7	4.7	3.8	3.8	3.6
Denmark/Danemark	2.2	2.6	2.3	3.2	3.5	2.8	3.2	3.4	2.4	2.9	Germany/Allemagne	3.3	3.0	3.3	3.3	3.4	3.1	3.5	3.9	4.3	4.6
Netherlands/Pays–Bas	2.3	2.2	2.2	2.3	2.5	2.3	2.6	2.9	2.7	2.4	Norway,SVD,JM	8.5	7.2	6.6	5.5	4.5	3.2	4.2	4.1	3.4	3.7

041 WHEAT ETC UNMILLED — FROMENT, EPEAUTRE 041

TRADE BY COMMODITY IN THOUSAND U.S. DOLLARS – COMMERCE PAR PRODUIT EN MILLIERS DE DOLLARS E.U

IMPORTS – IMPORTATIONS

COUNTRIES–PAYS	1988	1989	1990	1991	1992
Total	x18473024	x19224440	x19365362	x18597433	x14699060
Africa	1619033	2218817	2113683	x1508820	x2045835
Northern Africa	1264859	1863940	1605017	1137861	x1510249
Americas	1151179	1370114	x1572136	x1359661	x1526856
LAIA	761829	738887	x868893	798885	x821034
CACM	88254	102707	86301	123606	x101090
Asia	x6677945	x8173252	x7190403	x5327444	x6752005
Middle East	x1522274	x2163928	x2075843	x734457	x760373
Europe	3430988	3104895	3114164	3912869	4036586
EEC	3313495	2956213	3002906	3831375	3902070
EFTA	109989	137485	101785	74287	108384
Oceania	x49509	76504	56904	x67018	46827
Former USSR/Anc. URSS	x5049460	x4114895	x5261607	x6318310	
China/Chine	1731038	2581207	2156528	1459542	1503726
Italy/Italie	1179710	1424389	1204951	1685759	1647553
Japan/Japon	1033674	1188172	1006263	917767	1175283
Egypt/Egypte	438011	585865	789088	506800	704657
Iran (Islamic Rp. of)	x648367	x704048	x653597	x291990	x445998
Korea Republic	542455	436010	419438	577380	543690
Algeria/Algérie	372365	738190	417250	247525	x281431
Germany/Allemagne	388534	456515	426791	297584	270670
Belgium–Luxembourg	370062	243858	379471	502575	532025
Iraq	x505958	x628528	x386331	x21302	x14827
Netherlands/Pays-Bas	567273	297312	328829	357926	363642
Cuba	108335	315751	x385948	x259655	x264428
Indonesia/Indonésie	225385	286882	281883	366361	403853
Pakistan	160668	457323	320207	150222	455150
Brazil/Brésil	111049	183563	x327440	304804	15221
Turkey/Turquie	2895	373944	386900	22151	13913
Philippines	161203	x202747	260441	218442	271826
Spain/Espagne	150218	36888	167332	460445	348824
Bangladesh	x278445	x325893	x146062	x184144	x252070
United Kingdom	394626	203539	193919	170020	320841
Morocco/Maroc	172513	214293	171110	151289	320483
Venezuela	187231	147167	167629	162609	169381
Malaysia/Malaisie	122354	132164	144387	181860	x63252
Tunisia/Tunisie	200377	215580	140843	69396	90574
Portugal	67485	106043	96015	175315	239888
Syrian Arab Republic	70470	130733	152688	x88308	x25535
Israel/Israël	97055	111725	110624	112804	133067
Colombia/Colombie	91204	114221	118604	71735	140600
Peru/Pérou	123047	125639	102434	71925	x172185
Yemen/Yémen		x201882	x84610	x82660	
Sri Lanka	91621	82102	87933	81059	66090
Jordan/Jordanie	65527	29290	110257	88664	78890
Korea Dem People's Rp	x132452	x21510	x37783	x161899	x52089
Greece/Grèce	67981	56078	85088	79882	x70294
USA/Etats–Unis d'Amer	64247	58780	84123	69619	200107
Ecuador/Equateur	63039	70864	74665	61488	4208
Libyan Arab Jamahiriya	22520	67574	54590	83629	x73286
Cote d'Ivoire	x36309	x74621	x59533	x62671	x96254
Thailand/Thaïlande	39740	58126	57337	72580	91368
Mexico/Mexique	152684	69904	46295	67031	163539
So. Africa Customs Un	9022	3518	88432	x90052	x86608
Saudi Arabia	52907	46918	x77144	x51398	x49122
France, Monac	46372	73834	56691	35876	40009
Ireland/Irlande	67995	49421	57851	52998	36579
Sudan/Soudan	x59072	x42438	x32137	x79221	x39818
Switz.Liecht	39753	51251	51143	46166	49582
Poland/Pologne	209475	132555	10489	2288	x62915
Senegal/Sénégal	15848	39561	75675	x19238	x20697
Ethiopia/Ethiopie	95464	46836	76311	10059	x66670

EXPORTS – EXPORTATIONS

COUNTRIES–PAYS	1988	1989	1990	1991	1992
Totale	14924496	16969676	15581535	13742587	16336869
Afrique	x4807	x134458	x28074	x8770	x81
Afrique du Nord	x2994	x1256	x4124	x4906	x17
Amériques	8912623	8801316	7663112	7156026	9098234
ALAI	379432	708692	912220	491014	722141
MCAC	x2037	22	x53	x15	15
Asie	x433618	x336638	x171996	x419852	x573019
Moyen–Orient	417016	313294	x144723	x354661	x547631
Europe	4336348	5055251	5445611	4910337	5778731
CEE	4135632	4868067	5247025	4806758	5662767
AELE	119279	121595	135624	84150	97892
Océanie	1128067	2070150	1792118	1160748	x1081304
USA/Etats–Unis d'Amer	4888633	5913002	3887012	3350183	4498631
France, Monac	2732009	2795840	3297187	2792977	3290320
Canada	3641385	2179325	2863430	3314752	3875201
Australia/Australie	1127669	2069913	1791942	1160735	1081293
United Kingdom	291440	533359	790314	757282	773230
Argentina/Argentine	355224	657538	870937	478739	715788
Germany/Allemagne	462090	720211	497757	462853	878038
Greece/Grèce	135002	315707	156270	309030	x199186
Former USSR/Anc. URSS	x27039	x368967	x293086	x11832	
Denmark/Danemark	137059	116677	228764	210442	153612
Saudi Arabia	215768	240499	x131004	x139098	x203692
Bulgaria/Bulgarie	x48839	x145865	x161909	x21210	x18048
Belgium–Luxembourg	79585	79694	104952	103744	148523
Turkey/Turquie	196918	67684	4384	204270	340853
Italy/Italie	136391	195526	29793	42338	45352
Spain/Espagne	45946	50428	60618	72878	94511
Sweden/Suède	37381	32312	77188	55862	35341
Austria/Autriche	80183	80790	54564	25031	38166
Yugoslavia SFR	78107	65588	62961	x19429	
Netherlands/Pays-Bas	104914	46769	59776	31284	25083
So. Africa Customs Un	x607	x80101	x13994	x302	x16
India/Inde	2050	x3064	17158	58681	x18346
Romania/Roumanie	x11933	36195	x21609	11820	x1783
Zimbabwe		x52846	x7488	217	
Ireland/Irlande	11196	13856	21594	17839	22545
Uruguay		17377	21469	11461	x5735
Poland/Pologne	319	239	1058	39800	x3437
Mexico/Mexique	18881	32313	329	10	0
Singapore/Singapour	2975	18720	4684	3581	2235
Paraguay		1378	19128	x578	
Finland/Finlande	438	8459	3847	3257	22404
Syrian Arab Republic	2771	4770	4490	x3548	x2927
Hungary/Hongrie	x18817	x6085	x2297	x1924	x2212
Former GDR	x56	x9141	x474		
Oman	344	331	4742	4158	
Egypt/Egypte			x4078	x4077	0
Portugal	1	0	1	6091	6817
Czechoslovakia	x10	x5370	x191	x32	x18
United Arab Emirates		x1	x80	x3577	x151
Japan/Japon	x355	x52	x1975	x1192	x3167
Togo	625	130	353	2237	
Malaysia/Malaisie	301	440	703	979	x103
Kenya	0		2105		
Thailand/Thaïlande	30	1	x2002	1	x619
Morocco/Maroc	1207	x1255	47	630	11
Equatorial Guinea				x1101	
China/Chine	885	239	558	265	296
Bangladesh		x744	6		
Hong Kong	x10		157	463	559
New Zealand	398	237	175	13	9

(VALUE AS % OF TOTAL)(VALEUR EN % DU TOTAL)

	1983	1984	1985	1986	1987	1988	1989	1990	1991	1992		1983	1984	1985	1986	1987	1988	1989	1990	1991	1992
Africa	13.7	13.5	19.1	x17.2	8.8	8.7	11.5	11.0	x8.1	x13.9	Afrique	x0.2	x0.0	0.1	x0.0	x0.0	x0.0	x0.8	x0.2	x0.1	x0.0
Northern Africa	9.3	9.5	13.4	12.0	6.7	6.8	9.7	8.3	6.1	10.3	Afrique du Nord	0.0	0.0	0.0	0.0	0.0	0.0	0.0	0.0	0.0	0.0
Americas	13.6	12.9	16.3	11.4	8.5	8.1	7.1	x8.1	x7.3	x10.4	Amériques	73.5	65.8	58.3	48.7	51.9	59.8	51.9	49.2	52.1	55.0
LAIA	11.0	9.9	11.9	7.4	5.7	4.1	3.8	x4.5	4.3	x5.6	ALAI	9.6	5.8	8.8	3.5	3.1	2.5	4.2	5.9	3.6	4.4
CACM	x0.4	0.7	0.9	0.8	0.5	0.5	0.5	0.4	0.7	0.7	MCAC	x0.0	0.0	0.0	0.0	0.0	0.0	0.0	0.0	0.0	0.0
Asia	x30.7	x27.9	37.8	x39.1	33.6	36.1	x42.6	x37.2	x28.6	45.9	Asie	0.4	0.6	0.9	x0.6	x1.8	x2.9	x2.0	x1.1	x3.0	x3.4
Middle East	x9.6	x11.0	4.2	x8.8	x7.1	x8.2	x11.3	10.7	x3.9	x5.2	Moyen–Orient	x0.0	0.3	0.5	x0.4	x1.6	2.8	1.8	x0.9	x2.6	x3.3
Europe	12.9	13.7	24.0	30.4	22.5	18.6	16.2	16.1	21.0	27.5	Europe	19.2	20.0	26.1	33.6	32.9	29.1	29.8	34.9	35.7	34.9
EEC	12.1	13.0	23.0	28.8	21.4	17.9	15.4	15.5	20.6	26.5	CEE	18.1	18.6	24.8	32.5	32.1	27.7	28.7	33.7	35.0	34.2
EFTA	0.8	0.7	0.9	1.0	0.7	0.6	0.7	0.5	0.4	0.7	AELE	1.1	1.1	1.4	1.0	0.9	0.8	0.7	0.9	0.6	0.6
Oceania	0.2	0.2	0.3	0.2	0.2	x0.2	0.4	0.3	x0.4	0.3	Océanie	6.8	13.5	14.4	17.1	12.7	7.6	12.2	11.5	8.4	x6.5
Former USSR/Anc. URSS	26.4	29.8			x24.0	x27.3	x21.4	x27.2	x34.0		USA/Etats–Unis d'Amer	39.8	38.4	28.0	26.8	27.0	32.8	34.8	24.9	24.4	27.2
China/Chine			7.9	7.7	9.7	9.4	13.4	11.1	7.8	10.2	France, Monac	13.1	12.4	18.3	19.8	19.8	18.3	16.5	21.2	20.3	19.9
Italy/Italie	3.7	4.7	7.6	10.7	7.7	6.4	7.4	6.2	9.1	11.2	Canada	24.1	21.6	21.5	18.2	21.6	24.4	12.8	18.4	24.1	23.4
Japan/Japon	7.7	7.1	9.4	8.5	5.6	5.6	6.2	5.2	4.9	8.0	Australia/Australie	6.8	13.5	14.4	17.1	12.7	7.6	12.2	11.5	8.4	6.5
Egypt/Egypte	3.4	3.4	4.7	4.8	2.7	2.4	4.0	2.7	4.8		United Kingdom	1.7	2.1	2.2	5.9	4.6	2.0	3.1	5.1	5.5	4.7
Iran (Islamic Rp. of)	x2.2	x3.4		x2.2	x3.5	x3.7	x3.4	x1.6	x3.0		Argentina/Argentine	9.4	5.7	8.8	3.1	3.1	2.4	3.9	5.6	3.5	4.4
Korea Republic	2.3	2.7	4.3	4.1	3.1	2.9	2.3	2.2	3.1	3.7	Germany/Allemagne	1.2	1.7	1.2	3.1	3.0	3.1	4.2	3.2	3.4	5.3
Algeria/Algérie	2.6	2.8	5.3	3.7	1.5	2.0	3.8	2.2	1.3	x1.9	Greece/Grèce	0.9	1.1	0.5	1.1	0.3	0.8	1.9	1.0	2.2	x1.2
Germany/Allemagne	1.6	1.8	4.6	4.6	3.0	2.1	2.4	2.2	1.6	1.8	Former USSR/Anc. URSS						x0.4	x0.2	x2.2	x1.9	x0.1
Belgium–Luxembourg	1.4	1.6	2.2	2.2	2.0	2.0	1.3	2.0	2.7	3.6	Denmark/Danemark	0.1	0.4	0.5	0.7	0.8	0.9	0.7	1.5	1.5	0.9

042 RICE — RIZ 042

TRADE BY COMMODITY IN THOUSAND U.S. DOLLARS – COMMERCE PAR PRODUIT EN MILLIERS DE DOLLARS E.U

COUNTRIES–PAYS	IMPORTS – IMPORTATIONS					COUNTRIES–PAYS	EXPORTS – EXPORTATIONS				
	1988	1989	1990	1991	1992		1988	1989	1990	1991	1992
Total	x4150729	x4875243	x4421355	x4656110	x4704437	Totale	3833090	4608800	3903177	4259403	x3929267
Africa	x646366	x771940	x602292	x817179	x783766	Afrique	x13627	x11292	x28452	42489	x69256
Northern Africa	x36312	109582	58829	86506	x82985	Afrique du Nord	10447	8293	20408	38751	57319
Americas	376728	616340	x701681	x959686	x866949	Amériques	973490	1183050	1018286	x984729	x991131
LAIA	86780	229751	316851	538631	x373057	ALAI	109765	143921	156826	179377	176783
CACM	28164	47141	36443	37563	x36650	MCAC	x30	x2374	1058	434	x2520
Asia	x1840817	x2065835	x1575044	x1384388	x1731048	Asie	2162914	2586872	x1982650	2322012	x1875843
Middle East	x1084854	x1010964	x982048	x754441	x937791	Moyen–Orient	x11705	x13705	x12052	x11077	x10310
Europe	962610	998368	1087211	1082480	1195703	Europe	665449	708972	807507	891654	980605
EEC	885977	901187	968940	980016	1079674	CEE	664553	708292	806396	890133	977650
EFTA	74290	84150	99887	93594	107273	AELE	574	635	1090	1312	2165
Oceania	73485	76726	80455	38800	x45992	Océanie	125	x68	2857	x3094	x5187
Former USSR/Anc. URSS	x159341	x273979	x298532	x284127		Thailand/Thaïlande	1370689	1767846	1086122	1195536	x913659
France, Monac	209172	202543	215784	230719	255671	USA/Etats–Unis d'Amer	802353	982545	803776	756272	734983
Saudi Arabia	180545	147239	x263997	x235714	x270210	Italy/Italie	298211	304911	353043	360554	450966
United Kingdom	203263	188493	209630	208403	241772	Pakistan	333067	308326	242389	414020	397978
Brazil/Brésil	35956	61254	144011	372332	154436	India/Inde	227265	x239443	254373	307068	x133117
Iran (Islamic Rp. of)	x136465	x287350	x113266	x136545	x181016	Viet Nam	x10266	x102284	x273927	x198862	x142064
Germany/Allemagne	137281	133375	164684	194907	205720	Belgium–Luxembourg	149842	157621	168075	152813	158088
Hong Kong	139255	160386	150054	160406	169295	Spain/Espagne	64216	89251	108232	171510	159114
United Arab Emirates	x282172	x133828	x131747	x106348	x141712	China/Chine	180976	94465	84135	151834	217854
China/Chine	74923	304027	11594	39842	39053	Uruguay	90683	87196	102258	115813	105652
Malaysia/Malaisie	80995	127000	99769	127216	x144007	Netherlands/Pays–Bas	70121	64085	78921	78422	76915
Cuba	48080	102124	x100148	x120551	x155459	Former USSR/Anc. URSS	x16486	x117739	x62617	x13714	
Belgium–Luxembourg	89969	94410	101124	110444	111041	France, Monac	26170	35821	37082	45486	55245
Iraq	x257951	x143635	x136364	x6022	x4940	Germany/Allemagne	29853	27199	32506	47361	39292
So. Africa Customs Un	77538	88352	86845	x110535	x106607	Argentina/Argentine	11103	30377	27373	36068	53105
Senegal/Sénégal	77087	106942	92384	x74775	x78768	Suriname/Suriname	39832	31744	25412	x22835	x29893
Peru/Pérou	6589	81920	102621	87159	x67791	Egypt/Egypte	10390	8291	20395	38710	57313
Netherlands/Pays–Bas	84787	76494	94846	92297	102149	Colombia/Colombie	13	12400	19141	25044	333
Cote d'Ivoire	x55251	x52720	x59400	x144243	x161534	Hong Kong	4790	12507	9885	21436	24560
Mozambique	13538	x98415	x74604	x76917	x49611	Guyana	13910	13645	12939	x13683	x9711
USA/Etats–Unis d'Amer	67326	71859	83663	93600	106548	Portugal	1379	7139	17815	10226	11205
Singapore/Singapour	74197	78317	81840	80224	91903	Korea Dem People's Rp	x10521	x19913	x6786	x2067	x834
Spain/Espagne	23451	89366	74738	35808	31628	United Kingdom	12126	7642	7611	12972	20237
Turkey/Turquie	26638	82702	66578	41470	100049	Myanmar	x2800	x7933	x9248	x10218	x15496
Canada	58356	56034	62447	68134	74966	Greece/Grèce	12181	14162	1833	9310	x4184
Libyan Arab Jamahiriya	11949	79795	42641	58603	x55864	French Guiana	4204	5444	13666	5575	10144
Philippines	47590	x26586	127667	628	318	United Arab Emirates	x5350	x6518	x8086	x7399	x8380
Mexico/Mexique	417	62240	45706	35950	103105	Indonesia/Indonésie	x128	12401	175	36	8490
Indonesia/Indonésie	8646	75919	14131	53065	172611	Chile/Chili	10	6236	1765	411	x141
Kuwait/Koweït	x54591	83937	x29240	x21266	x39092	Philippines	4	x4522	2	2342	8517
Portugal	64149	41067	50224	41623	67281	Martinique		x38	3148	2760	2537
Oman	54120	34301	47363	41269	x35749	Ecuador/Equateur	x2029	4500	x1093	17	989
Sri Lanka	52729	40576	32320	47287	66112	Afghanistan	x806	x614	x577	x4114	
Syrian Arab Republic	21820	30999	36263	x42840	x58555	Australia/Australie	24	7	2256	2980	5083
Bangladesh	x52791	x97845	x3490	x8171	x8333	Iraq	x1292	x2766	x1630	x573	
Italy/Italie	44414	46604	23176	31010	21467	Brazil/Brésil	5841	2922	778	1087	2379
Jordan/Jordanie	28914	13820	42060	39565	30797	Bolivia/Bolivie		x2	3860	910	0
Israel/Israël	16490	38402	27847	25416	30194	Malawi	2344	1522	1525	877	x1
Benin/Bénin	x58602	x8826	x34592	x47893	x44188	Togo	x2	10	3639	145	
Yemen/Yémen			x52632	x32880	x25576	Korea Republic	561	926	1220	1450	828
India/Inde	158099	x58692	21591	4463	x3130	Singapore/Singapour	1775	1463	1229	745	477
Papua New Guinea	37379	42876	41013	x97	x117	Turkey/Turquie	88	44	798	2104	986
Austria/Autriche	23095	22623	31746	27701	29151	Nicaragua		1920	757	215	35
Switz.Liecht	17463	25083	27276	24690	30205	St Vincent & Grenadines	x845	x1031	x643	x1101	x1191
Nicaragua	16561	29595	29590	17502	16400	Djibouti	551	892	929	322	x163
Czechoslovakia	x23385	22107	28010	x24577	x32147	Cameroon/Cameroun	x24	407	x41	1666	
Mauritius/Maurice	22332	27015	27057	20241	17773	Jordan/Jordanie	2887	1773	5	309	503
Haiti/Haïti	x11292	x31191	x17566	x24832	x55967	Denmark/Danemark	355	264	654	1138	1805
Burkina Faso	x121	37487	26444	x5069	x191	Oman	829	228	952	529	
Cameroon/Cameroun	x25179	11671	x8484	47252	x14309	Kuwait/Koweït		1700		x4	

(VALUE AS % OF TOTAL)(VALEUR EN % DU TOTAL)

	1983	1984	1985	1986	1987	1988	1989	1990	1991	1992		1983	1984	1985	1986	1987	1988	1989	1990	1991	1992
Africa	x22.1	x15.5	16.0	x17.1	x15.5	15.6	15.8	x13.7	x17.6	16.7	Afrique	x0.3	0.7	0.2	x0.5	x0.6	0.4	x0.2	x0.7	1.0	x1.8
Northern Africa	1.4	x1.1	1.6	x1.9	0.8	x0.9	2.2	1.3	1.9	1.8	Afrique du Nord	0.2	0.2	0.2	0.4	0.6	0.3	0.2	0.5	0.9	1.5
Americas	10.1	9.2	14.8	20.4	x8.7	9.0	12.6	x15.9	x20.6	18.5	Amériques	x33.4	x30.2	26.3	26.6	21.7	25.4	25.6	26.1	x23.2	x25.2
LAIA	4.3	2.4	5.0	13.0	2.3	2.1	4.7	7.2	11.6	x7.9	ALAI	3.1	3.3	4.3	3.9	2.2	2.9	3.1	4.0	4.2	4.5
CACM	x0.6	0.3	0.6	0.5	x0.6	0.7	1.0	0.8	0.8	x0.8	MCAC	x0.0	0.4	0.0	0.0	0.0	x0.0	0.1	0.0	0.0	x0.1
Asia	x47.9	x51.3	38.3	33.0	x39.9	x44.3	x42.4	35.6	x29.8	36.8	Asie	50.1	52.3	53.2	51.0	54.5	56.4	56.1	x50.8	54.5	x47.7
Middle East	x23.2	x28.9	16.4	x22.2	x24.9	x26.1	20.7	x22.2	16.2	19.9	Moyen–Orient	0.8	1.1	1.4	1.7	x1.0	x0.3	x0.3	x0.3	0.3	0.3
Europe	17.5	20.9	27.7	26.5	24.0	23.2	20.5	24.6	23.2	25.4	Europe	13.4	13.8	18.2	19.9	20.9	17.4	15.4	20.7	20.9	25.0
EEC	16.0	19.2	25.3	23.4	21.9	21.3	18.5	21.9	21.0	23.0	CEE	13.4	13.8	18.1	19.9	20.8	17.3	15.4	20.7	20.9	24.9
EFTA	1.5	1.7	2.2	2.8	2.0	1.8	1.7	2.3	2.0	2.3	AELE	0.0	0.0	0.0	0.0	0.0	0.0	0.0	0.0	0.0	0.1
Oceania	1.4	x1.6	1.7	1.7	1.8	1.8	1.6	1.8	0.8	x1.0	Océanie	x2.7	2.9	2.1	1.9	x1.1	x0.0	0.1	x0.1	x0.1	x0.1
Former USSR/Anc. URSS					x7.5	x3.8	x5.6	x6.8	x6.1		Thailand/Thaïlande	25.8	31.9	27.4	25.8	27.1	35.8	38.4	27.8	28.1	x23.3
France, Monac	4.5	4.8	5.6	6.1	5.6	5.0	4.2	4.9	5.0	5.4	USA/Etats–Unis d'Amer	27.3	24.6	22.0	20.8	17.7	20.9	21.3	20.6	17.8	18.7
Saudi Arabia	7.2	7.8	8.0	6.3	5.1	4.3	3.0	x6.0	x5.1	x5.7	Italy/Italie	6.6	6.6	10.1	9.4	9.5	7.8	6.6	9.0	8.5	11.5
United Kingdom	2.8	3.4	4.8	5.5	5.0	4.9	3.9	4.7	4.5	5.1	Pakistan	12.3	9.8	9.0	10.1	9.4	8.7	6.7	6.2	9.7	10.1
Brazil/Brésil	3.0	0.0	3.2	11.3	0.8	0.9	1.3	3.3	8.0	3.3	India/Inde	3.2	4.1	5.4	5.2	8.0	5.9	x5.2	6.5	7.2	x3.4
Iran (Islamic Rp. of)	x4.3	x7.3	x2.5	x8.4	x3.3	x5.9	x2.6	x2.9	x3.8		Viet Nam				x0.1	x0.3	x2.2	x7.0	x4.7	x3.6	
Germany/Allemagne	2.4	2.7	3.5	3.8	3.5	3.3	2.7	3.7	4.2	4.4	Belgium–Luxembourg	2.7	3.1	3.8	4.3	4.7	3.9	3.4	4.3	3.6	4.0
Hong Kong	3.6	3.7	4.4	3.8	3.1	3.4	3.3	3.4	3.4	3.6	Spain/Espagne	0.3	0.4	1.1	0.7	1.3	1.7	1.9	2.8	4.0	4.0
United Arab Emirates	1.2	1.4	2.5	2.9	x2.7	x6.8	x2.7	x3.0	x2.3	x3.0	China/Chine			7.1	6.3	5.7	4.7	2.0	2.2	3.6	5.5
China/Chine					2.4	1.8	6.2	0.3	0.9	0.8	Uruguay	2.3	1.7	2.7	2.7	1.6	2.4	1.9	2.6	2.7	2.7

043 BARLEY UNMILLED — **ORGE NON MONDEE 043**

TRADE BY COMMODITY IN THOUSAND U.S. DOLLARS – COMMERCE PAR PRODUIT EN MILLIERS DE DOLLARS E.U

COUNTRIES–PAYS	IMPORTS – IMPORTATIONS					COUNTRIES–PAYS	EXPORTS – EXPORTATIONS				
	1988	1989	1990	1991	1992		1988	1989	1990	1991	1992
Total	x3264223	x3144208	x3639494	x3676950	x2333242	Totale	2708162	3033719	3112938	2932758	3208536
Africa	212095	168140	225073	x128095	x113964	Afrique	x22539	x2654	x4433	x3082	x9293
Northern Africa	211935	154828	222185	113752	x88565	Afrique du Nord	21729	x388	x2604	x1609	x7956
Americas	92126	142308	119515	134909	x156953	Amériques	444748	732083	x706159	563774	490830
LAIA	60994	88387	72695	72486	x104881	ALAI	24835	36136	x19971	15207	24491
CACM	51		119	42	52	MCAC	x6	3	x9	4	x12
Asia	x649644	x890937	x1020331	x892627	x894174	Asie	x78358	x39990	x6283	x74217	x77318
Middle East	x377766	x587734	x676941	x514861	x471917	Moyen-Orient	x77821	37601	5190	73434	76355
Europe	1208188	880254	1039351	1185005	1141289	Europe	1981038	2029123	1989436	1983847	2319733
EEC	1146058	838456	992258	1170359	1113946	CEE	1962674	1989926	1940917	1900498	2178570
EFTA	53726	30411	14299	9019	14800	AELE	18361	39192	48511	83347	x138235
Oceania	x1544	785	x966	x730	x4886	Océanie	175916	198776	353544	256000	277975
Former USSR/Anc. URSS	x551716	x789306	x1164391	x1227544	x363537	France, Monac	759512	681316	759948	708252	926638
Saudi Arabia	239804	301931	x423171	x357654	404408	Canada	232031	484299	433753	393184	269508
Belgium–Luxembourg	278164	250428	355725	468019	404408	United Kingdom	332235	404934	333936	339381	310305
Japan/Japon	177361	196023	184289	210359	225842	Australia/Australie	167037	192639	347410	249623	273048
Italy/Italie	176680	181631	146153	164459	112317	Denmark/Danemark	250709	240874	255473	260679	233843
Germany/Allemagne	279118	133501	168777	186579	200860	Germany/Allemagne	123126	188569	244387	323501	437512
Netherlands/Pays-Bas	208636	148100	138585	117872	126470	USA/Etats-Unis d'Amer	187875	211645	247308	155376	196706
Libyan Arab Jamahiriya	86951	53719	149703	84129	x33197	Spain/Espagne	244162	306720	147864	69545	92210
China/Chine	8639	44154	109091	110236	134258	Belgium–Luxembourg	87485	80478	108169	131721	109797
Former GDR	x463352	x167034	x37599			Ireland/Irlande	86087	69094	70858	49860	48607
United Kingdom	72743	59562	64442	47399	57939	Former USSR/Anc. URSS	x3485	x23515	x34384	x36950	
Iran (Islamic Rp. of)	x30781	x77569	x45549	x26065	x6661	Turkey/Turquie	40710	12199	2556	68977	67850
USA/Etats-Unis d'Amer	25373	45670	36475	57153	48728	Austria/Autriche	10633	31350	31992	6313	28164
France, Monac	33044	22779	43795	69822	48036	Sweden/Suède	7714	844	11339	39182	35698
Israel/Israël	53616	50419	39967	45498	46474	Finland/Finlande	14	6831	5029	37730	28941
Algeria/Algérie	61700	75367	51605	8616	x13522	Netherlands/Pays-Bas	77730	12562	19021	16292	13932
Cyprus/Chypre	22072	36961	40513	33668	24126	Argentina/Argentine	15381	21826	9796	7452	22479
Greece/Grèce	35096	9463	33562	64437	x18762	Uruguay	9441	14282	10070	6090	211
Romania/Roumanie		1478	16010	87566	x14997	Syrian Arab Republic	24225	21448	1243		x23512
Jordan/Jordanie	12860	25375	30360	30673	33076	Poland/Pologne	1139		11567	10793	
Turkey/Turquie	7560	36329	36194	10927	5271	New Zealand	8878	6137	6134	6377	4928
Brazil/Brésil	37660	39626	14846	24453	30670	Cuba		x5157	x2033	x8295	
Bulgaria/Bulgarie	x40887	x67347		x3788	1	Greece/Grèce		x4935	x1081	x1079	x1166
Iraq	x16773	x39271	x31792		x40	Hungary/Hongrie	x671	x4447	x965	x1266	x1144
Kuwait/Koweït	x11784	32639	x21469	x6551	x7772	So. Africa Customs Un	x804	x2074	x1722	x1421	x1160
Mexico/Mexique	1225	25716	22516	10423	17372	Panama			x5118	x1	x3
Portugal	12532	16803	25151	16461	40658	Cyprus/Chypre	x3002	796	938	x3366	x7397
United Arab Emirates	x21744	x22596	x13128	x14154	x12756	Algeria/Algérie			x1549	x1549	x1380
Colombia/Colombie	6115	11432	19866	16323	19150	China/Chine	x84	2228	x270	55	62
Tunisia/Tunisie	62955	25727	19023	688	783	Iraq	x8412	x2259			
Yugoslavia SFR	4938	7812	28448	x3183		Romania/Roumanie			1644	x327	53	x380
Syrian Arab Republic	532	2	18757	x18430	x1372	Chile/Chili	1	16	69	1659	x1793
Hungary/Hongrie	x11680	x6010	x12530	15572	x1087	United Arab Emirates	x690	x687	x257	x758	x838
Peru/Pérou	10036	6334	12780	13065	x13888	Czechoslovakia	x36	x720	x30	x744	x55
Denmark/Danemark	18639	13909	8168	9363	57980	Former GDR	x232	x766	x654		
Spain/Espagne	30699	1686	6505	23056	42934	Morocco/Maroc	21729	165	1047	x5	
Poland/Pologne	30855	30082	107	109	x2170	Italy/Italie	1624	443	179	82	581
Switz.Liecht	21972	14151	5281	7374	5884	Japan/Japon	5	x17	x505	x19	x20
Norway, SVD, JM	13086	13570	8100	8	7	Lebanon/Liban			x191	x189	x262
Cuba	5368	7641	x9041	x4817	x1638	Switz.Liecht	0	104	143	107	x45429
Oman	6904	6327	5641	9469	x9153	Oman	6	188	5	135	
Korea Republic	x1	5430	6229	8683	12489	Hong Kong	389	8	123	178	101
Morocco/Maroc	329	25	1854	17206	41047	Zambia/Zambie		x177	x82	x36	x177
So. Africa Customs Un			7530	x8818	x16061	Mongolia/Mongolie			x15	x242	x485
Qatar	4957	6511	4308	2673	x5243	Egypt/Egypte			141		404
Lebanon/Liban	x1768	x1868	x5905	x4513	x2897	Singapore/Singapour	20	45	47	48	31
Malta/Malte	3377	3539	4313	x2408	x3149	Afghanistan			x17	x115	x47
Ecuador/Equateur	2937	2769	2204	4257	12369	Korea Republic	25	29	69	25	17
Zimbabwe		x2962	2700	2762	x6040	Thailand/Thaïlande	0	2	x26	x78	x145
Thailand/Thaïlande	1575	1691	2192	1398	1829	Norway, SVD, JM		62	9	15	3

(VALUE AS % OF TOTAL)(VALEUR EN % DU TOTAL)

	1983	1984	1985	1986	1987	1988	1989	1990	1991	1992		1983	1984	1985	1986	1987	1988	1989	1990	1991	1992
Africa	3.9	4.8	7.5	x5.1	3.0	6.5	5.3	6.2	x3.4	x4.9	Afrique	x0.0	x0.1	0.2	x0.1	x0.0	0.8	x0.1	0.2	0.1	x0.3
Northern Africa	3.8	4.7	7.5	4.8	2.6	6.5	4.9	6.1	3.1	x3.8	Afrique du Nord	x0.0	x0.0		0.0		0.8	x0.0	x0.1	0.1	x0.2
Americas	4.5	3.7	5.5	3.7	2.5	2.8	4.6	3.3	3.7	x6.7	Amériques	36.3	23.4	12.9	21.0	x26.8	16.4	24.1	x22.7	19.2	15.3
LAIA	3.2	2.7	3.9	2.5	1.7	1.9	2.8	2.0	2.0	x4.5	ALAI	0.5	0.7	0.6	0.3	0.2	0.9	1.2	0.6	0.5	0.8
CACM			0.0			0.0	0.0	0.0	0.0	0.0	MCAC	x0.0	x0.0	x0.0	x0.0		x0.0	x0.0	x0.0	x0.0	x0.0
Asia	x41.2	60.2	43.6	36.6	27.7	x19.9	x28.3	x28.1	x24.3	x38.4	Asie	x2.1	9.7	1.3	0.6	0.3	x2.9	1.3	x0.2	x2.5	x2.4
Middle East	x28.0	44.8	28.1	25.0	18.2	x11.6	x18.7	18.6	14.0	x20.2	Moyen-Orient	0.5	x1.6	0.6	0.0	x0.0	x2.9	1.2	0.2	2.5	2.4
Europe	48.7	26.0	41.2	54.0	45.3	37.0	28.0	28.6	32.2	48.9	Europe	56.6	50.4	61.9	67.1	64.7	73.2	66.9	63.9	67.6	72.3
EEC	46.2	24.5	39.1	51.8	43.4	35.1	26.7	27.3	31.8	47.7	CEE	55.6	48.0	58.3	64.3	63.3	72.5	65.6	62.4	64.8	67.9
EFTA	2.5	1.2	1.7	1.9	1.7	1.6	1.0	0.4	0.2	0.6	AELE	1.0	2.3	3.6	2.8	1.4	0.7	1.3	1.6	2.8	x4.3
Oceania		x0.0		x0.0	0.0	x0.0				x0.2	Océanie	4.9	16.4	7.3	11.2	5.0	6.6	6.6	11.4	8.7	8.7
Former USSR/Anc. URSS		5.1			x17.4	x16.9	x25.1	x32.0	x33.4		France, Monac	23.5	17.0	24.2	20.7	24.7	28.0	22.5	24.4	24.1	28.9
Saudi Arabia	20.7	32.1	21.9	19.2	15.6	7.3	9.6	x11.6	x9.7	x15.6	Canada	27.6	14.8	9.3	15.6	15.3	8.6	16.0	13.9	13.4	8.4
Belgium–Luxembourg	10.1	8.0	12.2	10.6	10.7	8.5	8.0	9.8	12.7	17.3	United Kingdom	18.3	18.0	16.4	23.9	15.3	12.3	13.3	10.7	11.6	9.7
Japan/Japon	9.1	7.1	12.4	10.7	8.5	5.4	6.2	5.1	5.7	9.7	Australia/Australie	4.6	15.8	23.0	10.4	7.5	6.2	6.3	11.2	8.5	8.5
Italy/Italie	10.6	6.0	7.2	9.6	9.7	5.4	5.8	4.0	4.5	4.8	Denmark/Danemark	4.9	3.8	5.6	6.8	9.4	9.3	7.9	8.2	8.9	7.3
Netherlands/Pays-Bas	5.0	2.7	5.4	6.7	6.3	8.6	4.2	4.6	5.1	8.6	Germany/Allemagne	4.3	2.7	3.4	5.0	4.1	4.5	6.2	7.9	11.0	13.6
Germany/Allemagne	7.7	3.9	10.4	10.8	8.8	6.4	4.7	3.8	3.7	x0.2	USA/Etats-Unis d'Amer	8.2	7.9	3.1	5.1	11.2	6.9	7.0	7.9	5.3	6.1
Libyan Arab Jamahiriya	1.5	1.5	3.0	4.2	2.2	2.7	1.7	4.1	2.3	x1.4	Spain/Espagne	0.0	0.0	3.0	3.4	2.4	9.0	10.1	4.7	2.4	2.9
China/Chine			0.2		1.1	0.9	0.3	1.4	3.0	5.8	Belgium–Luxembourg	2.8	4.9	3.7	2.9	3.2	3.2	2.7	3.5	4.5	3.4
Former GDR					x2.2	x14.2	x5.3	x1.0			Ireland/Irlande	0.7	0.9	1.3	1.2	3.2	3.2	2.3	2.3	1.7	1.5

044 MAIZE UNMILLED — MAIS NON MOULU 044

TRADE BY COMMODITY IN THOUSAND U.S. DOLLARS – COMMERCE PAR PRODUIT EN MILLIERS DE DOLLARS E.U

COUNTRIES–PAYS	IMPORTS – IMPORTATIONS					COUNTRIES–PAYS	EXPORTS – EXPORTATIONS				
	1988	1989	1990	1991	1992		1988	1989	1990	1991	1992
Total	x10874255	x13184420	x12271045	x12029377	x10033780	Totale	8430371	10048559	9787093	8728585	9430184
Africa	464698	637102	629509	529017	x204787	Afrique	x131526	x244677	x350067	x132893	x71527
Northern Africa	334878	509689	431611	356944	x388363	Afrique du Nord	x30	x3083	x2271	x2872	718
Americas	820242	1021898	1145822	707068	x973200	Amériques	5597803	6971508	6582717	5670556	5685860
LAIA	541352	520631	710335	450034	x625502	ALAI	392999	266296	348735	430447	681800
CACM	47182	52530	70550	75630	x47492	MCAC	1203	608	513	269	x875
Asia	x3809356	x3949805	x4044422	x3614118	x4243769	Asie	x600149	688450	614397	1061291	x1345915
Middle East	x332606	x410296	x515232	x316366	x428101	Moyen–Orient	x4138	x3471	x7067	x5365	x7811
Europe	2584307	2037738	2749058	2591414	2697789	Europe	1998001	1985828	2120340	1805573	2258654
EEC	2509608	1982993	2544773	2532708	2628184	CEE	1945888	1871387	2061433	1763589	2199902
EFTA	51938	39091	45764	35775	34868	AELE	34625	36607	35849	29710	25668
Oceania	x6347	x8343	x5526	x4234	x4254	Océanie	x2407	4414	2975	x7046	4482
Former USSR/Anc. URSS	x2699422	x4903255	x3508650	x4452334	2248044	USA/Etats–Unis d'Amer	5170684	6691131	6205803	5146694	4951007
Japan/Japon	2093866	2270333	2276640	2234702	2248044	France,Monac	1452687	1592281	1854284	1421220	1907133
Korea Republic	579615	853837	836504	697234	847018	China/Chine	392580	438812	403561	864469	1187200
Netherlands/Pays–Bas	534438	453664	533917	536187	515862	Argentina/Argentine	381506	236235	329098	409614	636604
United Kingdom	318419	313504	395199	397474	423735	So. Africa Customs Un	x37851	x210918	x212663	x72626	x61920
Germany/Allemagne	350783	328220	371498	397019	397178	Thailand/Thaïlande	150599	158943	161973	153311	x113576
Mexico/Mexique	425519	441131	436081	178967	184104	Spain/Espagne	176439	111979	41921	86511	37817
Italy/Italie	389656	214294	359005	290565	279389	Germany/Allemagne	70716	36180	73224	89916	79034
Belgium–Luxembourg	388571	276149	295338	287831	272796	Zimbabwe	62269	x11933	108600	48644	x4382
Spain/Espagne	296368	237323	295875	255840	281152	Greece/Grèce	20285	43396	31564	93720	x90426
Malaysia/Malaisie	135571	182368	178939	174537	x364198	Canada	32355	13425	27568	92909	51541
Bulgaria/Bulgarie	x152680	x462849	x20526	x45328	33	Hungary/Hongrie	x47929	x46897	x31436	x46506	x41631
Egypt/Egypte	140812	189810	190424	134489	177788	Yugoslavia SFR	17488	77833	22769	x12253	
Algeria/Algérie	106902	220767	121684	111538	x125600	Former USSR/Anc. URSS	x52626	x48240	x2811		
Cuba	63413	183563	x157146	x26878	x18412	Austria/Autriche	34366	36465	35549	29486	25474
Portugal	86981	75164	133505	157033	254316	Belgium–Luxembourg	165458	30557	21415	44767	32826
Iran (Islamic Rp. of)	x75576	x76415	x97611	x95743	x182725	Bulgaria/Bulgarie	x869	x40053	x35202	x819	x10025
Saudi Arabia	42969	64146	x103869	x73166	x64284	Italy/Italie	32236	37930	21798	8326	33472
Brazil/Brésil	3326	26205	96141	110371	71391	Viet Nam	x13110	x37886	x9853	x9718	x5310
Canada	66404	108711	80728	38798	93381	Chile/Chili	4065	25482	12701	13901	x37571
France,Monac	58961	38667	71102	108280	78965	Indonesia/Indonésie	4719	28037	16780	3873	19000
Mozambique	57482	x73679	x60679	x45657	x115458	Singapore/Singapour	29329	17884	10843	9825	7077
Peru/Pérou	71970	28866	77407	66930	x129637	Netherlands/Pays–Bas	25807	13275	12116	12929	14103
Yugoslavia SFR	14585	7028	149468	x11463		Kenya	24413	x9929	11156		x14
Jordan/Jordanie	40073	54840	66361	40239	78161	United Kingdom	2116	5445	4571	4355	3662
Israel/Israël	45815	65214	49613	44797	64795	Romania/Roumanie	x48302	13465	121	351	x11088
Libyan Arab Jamahiriya	36372	53918	54495	50697	x6838	Un. Rep. of Tanzania	x1440	x2841	x6674	x1985	x73
Turkey/Turquie	19290	74018	67684	11359	19191	Australia/Australie	2150	x3964	2889	3304	2807
USA/Etats–Unis d'Amer	18772	60589	25138	42359	74925	Madagascar	3715	x3671	4438	2011	x434
Greece/Grèce	54632	13127	50486	63912	x85842	Turkey/Turquie	2700	1182	3104	4498	5632
Malawi	x7100				x73413	India/Inde	2	x463	x429	x7339	x19
Korea Dem People's Rp	x59033	x41798	x85705	x37028	x142644	Sudan/Soudan		x2037	x2160	x2870	
Iraq	x86606	x63756	x30622	x50134		Peru/Pérou	1808	1948	2355	x2607	x2274
Former GDR	x311110	x82184	x37667			Uganda/Ouganda			x2511	x3800	x2986
Venezuela	64	1	73435	44073	97422	Bolivia/Bolivie		1483	3936	671	62
Syrian Arab Republic	11963	24749	60140	x30199	x16190	Philippines	437	x674	927	3409	736
Romania/Roumanie	x5301	2965	73185	34844	x12956	Myanmar	x161	x210	x1769	x2662	x3166
Tunisia/Tunisie	28528	37109	40421	32743	42665	Lebanon/Liban	x915	x2208	x632	x843	x2125
Dominican Republic	x31333	x33992	x34486	x30563	x40281	Mexico/Mexique	4682	641	89	2860	2808
Singapore/Singapour	51552	38745	25727	20705	19938	United Arab Emirates	x24	x26	x3130	x17	x19
Hungary/Hongrie	x3198	x17687	x31503	34477	x1888	Pacific Isld (Tr Terr.)				x3144	
Costa Rica	19250	22907	26473	34001	x22435	Portugal	32	214	203	1560	900
Philippines	3219	x24699	58198	137	250	Czechoslovakia	x3314	x402	x890	x678	x299
Switz.Liecht	32507	22853	21086	20819	14470	Togo		984	744	14	
Chile/Chili	27537	12501	13739	38498	x57338	Mozambique	x179	x1198	x267	x255	x243
Denmark/Danemark	15958	15599	22782	25094	26364	Democratic Kampuchea		x854	x237	x394	x142
Czechoslovakia	x1643	32821	18530	x9820	x7807	Malaysia/Malaisie	469	372	468	514	x710
Jamaica/Jamaïque	21882	24448	25996	8275	x19530	Mali	x137	x65	x664	x553	x568
China/Chine	12060	9273	47577	129	96	New Zealand	251	450	86	595	1674
Indonesia/Indonésie	8399	5681	1701	45951	8324	Egypt/Egypte		1044	73		717

(VALUE AS % OF TOTAL)(VALEUR EN % DU TOTAL)

	1983	1984	1985	1986	1987	1988	1989	1990	1991	1992		1983	1984	1985	1986	1987	1988	1989	1990	1991	1992
Africa	7.2	10.0	8.4	x8.0	5.2	4.2	4.8	x5.1	x4.4	x20.7	Afrique	x3.6	0.5	1.1	x3.2	x3.7	x1.5	x2.4	x3.6	x1.5	x0.8
Northern Africa	3.8	4.1	6.0	x5.9	4.1	3.1	3.9	3.5	3.0	x3.9	Afrique du Nord	x1.1	x0.0		x0.0	x0.1	x0.0	x0.0	x0.0	x0.0	x0.0
Americas	6.5	9.3	10.5	11.8	7.9	7.6	7.8	x9.4	5.9	x9.7	Amériques	77.9	79.7	72.2	52.3	54.6	66.4	69.4	67.3	64.9	60.2
LAIA	3.8	6.2	6.5	7.9	5.7	5.0	3.9	5.8	3.7	x6.2	ALAI	9.2	7.9	9.0	10.0	4.6	4.7	2.7	3.6	4.9	7.2
CACM	x0.4	0.3	0.5	x0.2	0.3	0.4	0.4	0.6	0.6	x0.5	MCAC	x0.0	0.0	0.0	0.1	0.0	0.0	0.0	0.0	0.0	x0.0
Asia	39.3	35.0	43.7	x41.6	x34.8	x35.1	29.9	33.0	x30.0	x42.3	Asie	4.2	4.9	11.8	14.7	7.5	x7.1	6.8	6.3	12.2	x14.3
Middle East	x4.0	x3.0	x5.0	x4.8	x3.3	x3.1	x4.2	x4.3	2.6	x4.3	Moyen–Orient	x0.0	0.0	x0.1	x0.0	x0.1	x0.0	x0.0	x0.1	x0.1	x0.1
Europe	35.6	26.8	36.6	37.6	29.2	23.8	15.5	22.4	21.5	26.9	Europe	14.1	14.9	14.8	29.5	32.4	23.7	19.8	21.7	20.7	24.0
EEC	34.8	26.1	35.3	36.7	28.2	23.1	15.0	20.7	21.1	26.2	CEE	14.0	13.5	12.9	25.7	30.3	23.1	18.6	21.1	20.2	23.3
EFTA	0.8	0.7	1.1	0.8	0.6	0.5	0.3	0.4	0.3	0.3	AELE	0.1	0.1	0.1	0.5	0.5	0.4	0.4	0.4	0.3	0.3
Oceania	0.2	x0.1	0.1	x0.2	x0.1	x0.0	x0.0	x0.0	x0.0	x0.0	Océanie	0.1	0.1	0.2	0.2	x0.1	0.0	0.0	0.0	x0.0	
Former USSR/Anc. URSS	9.7	17.4			x19.5	x24.8	x37.2	x28.6	x37.0		USA/Etats–Unis d'Amer	68.0	71.1	62.5	41.4	49.7	61.3	66.6	63.4	59.0	52.5
Japan/Japon	24.1	22.8	29.1	26.4	18.4	19.3	17.2	18.6	18.6	22.4	France,Monac	9.8	9.9	9.5	20.0	22.8	17.2	15.8	18.9	16.3	20.2
Korea Republic	6.8	4.8	6.4	5.9	5.0	5.3	6.5	6.8	5.8	8.4	China/Chine				8.2	9.2	4.8	4.7	4.4	9.9	12.6
Netherlands/Pays–Bas	5.0	3.9	6.2	7.4	5.9	4.9	3.4	4.4	4.5	5.1	Argentina/Argentine	8.4	7.5	9.0	10.0	4.5	4.5	2.4	3.4	4.7	6.8
United Kingdom	3.8	2.8	4.0	5.1	4.1	2.9	2.4	3.2	3.3	4.2	So. Africa Customs Un	1.7	0.1	0.6	x1.9	0.5	x0.4	x2.1	x2.2	x0.8	0.7
Germany/Allemagne	3.8	3.1	4.9	5.5	4.6	3.2	2.5	3.0	3.3	4.0	Thailand/Thaïlande	3.8	4.3	3.3	5.3	2.3	1.8	1.6	1.7	1.8	x1.2
Mexico/Mexique			4.0	3.6	2.6	3.8	3.9	3.3	3.6	1.5	Spain/Espagne	0.0		0.0	0.2	1.7	2.1	1.1	0.4	1.0	0.4
Italy/Italie	3.5	2.8	3.2	3.4	3.9	3.6	1.6	2.9	2.4	2.8	Germany/Allemagne	0.2	0.5	0.1	0.4	0.8	0.8	0.4	0.7	1.0	0.8
Belgium–Luxembourg	4.7	4.1	4.0	5.2	4.1	3.6	2.1	2.4	2.4	2.7	Zimbabwe	0.4		0.3	0.8	0.7	0.7	x0.1	1.1	0.6	x0.0
Spain/Espagne	7.4	4.0	7.6	3.9	1.8	2.7	1.8	2.4	2.1	2.8	Greece/Grèce			0.1	0.4	2.0	1.7	0.2	0.4	0.3	1.1	x1.0

045 CEREALS NES UNMILLED / AUTRES CEREALES NON MOULUES 045

TRADE BY COMMODITY IN THOUSAND U.S. DOLLARS – COMMERCE PAR PRODUIT EN MILLIERS DE DOLLARS E.U

COUNTRIES–PAYS	IMPORTS – IMPORTATIONS					COUNTRIES–PAYS	EXPORTS – EXPORTATIONS				
	1988	1989	1990	1991	1992		1988	1989	1990	1991	1992
Total	1724244	2264227	1826372	1599080	1776398	Totale	1454450	1949254	1559641	1435897	1761114
Africa	x63792	61854	52713	x67384	x87439	Afrique	x30108	x52187	x25667	x8408	x11174
Northern Africa	x37184	53272	43697	x39733	x21658	Afrique du Nord	26344	x46845	x19699	x1842	x1878
Americas	522085	700629	544613	545995	758815	Amériques	965206	1317377	1085195	932358	1127321
LAIA	380177	484464	374632	399382	594958	ALAI	165852	75214	139567	142078	125779
CACM	4930	4292	3964	3524	x2309	MCAC	1200	552	687	299	418
Asia	x651104	845020	710826	624528	x606359	Asie	76950	143075	67921	x85784	x85048
Middle East	x8925	x14716	x7758	x25877	x26429	Moyen–Orient	4547	6976	x596	x283	x260
Europe	331611	344460	308239	283647	307150	Europe	237853	283280	276024	283900	428466
EEC	275149	285251	285216	267503	261847	282145	CEE	203710	212636	185358	186446	340700
EFTA	49971	52225	34012	20153	20401	AELE	33545	70195	90489	96782	85948
Oceania	x1936	15429	7924	x2604	x5211	Océanie	x98980	76880	44429	46558	63064
Japan/Japon	539112	645184	590402	520877	499680	USA/Etats–Unis d'Amer	707442	1049746	811076	701284	896248
Mexico/Mexique	151134	332886	334567	367810	555941	Canada	90480	191323	133738	88653	104525
Former USSR/Anc. URSS	x87111	x281578	x186330	x48518	140340	Argentina/Argentine	158831	69688	136902	134847	119773
USA/Etats–Unis d'Amer	119654	174398	120202	132444	140578	France, Monac	80203	77156	111088	98768	102223
Korea Republic	24240	109294	53582	14502	37867	China/Chine	58903	122636	55717	58470	79554
Spain/Espagne	38796	65984	58055	45961	54177	Australia/Australie	98494	76822	44327	46337	62960
Belgium–Luxembourg	42281	51909	47708	53161	43609	Finland/Finlande	62	26005	42453	50716	27513
Italy/Italie	43817	50840	38500	42717	44313	Sweden/Suède	23963	32080	39113	39079	45040
Israel/Israël	45964	55772	50505	24319	25562	Germany/Allemagne	36248	28308	12932	36163	122272
Netherlands/Pays–Bas	42400	37848	40716	44635	49687	Spain/Espagne	19813	55976	3849	10873	5755
Germany/Allemagne	56776	43926	44145	32552	52593	Sudan/Soudan	23710	x45238	x18011	x853	x154
Venezuela	178847	110764	1706	1647	2036	Bulgaria/Bulgarie	x953	x32289	x28644	x151	x254
Cuba	x7298	26532	x32865	x1006	x9454	Former USSR/Anc. URSS	x6517	x19782	x10598	x28828	
Algeria/Algérie	x22751	25762	24132	7476	x3462	Hungary/Hongrie	x26719	x14861	x11742	x28441	x24006
Brazil/Brésil	23246	20509	18671	12744	13504	Netherlands/Pays–Bas	16375	16119	15235	16297	18859
Switz.Liecht	26678	20536	14210	12415	14406	Denmark/Danemark	36685	14336	26687	5183	51765
United Kingdom	18525	15146	14913	13543	13504	Thailand/Thaïlande	9062	8942	7572	21295	x198
France, Monac	19130	11212	14532	12329	10053	Poland/Pologne	11047	8160	9160	20323	x18851
Sudan/Soudan	x6952	x2020	x1622	x29358	x16747	Austria/Autriche	7412	11415	8810	6976	8117
Bangladesh		x2	x33		30060	Belgium–Luxembourg	9143	12028	7603	7381	6680
Norway,SVD,JM	4990	16316	11402	2034	2936	Ireland/Irlande	2109	4774	3324	5851	10645
Romania/Roumanie	x58	1461	8892	19378	x1557	United Kingdom	1380	2985	3449	4938	19643
Tunisia/Tunisie	1975	13103	14542	267	314	Zimbabwe	x3300	x3024	972	4405	x3
Ecuador/Equateur	10292	9807	7154	7296	7640	India/Inde	1676	x1887	1527	2851	x1191
Turkey/Turquie	37	3219	3228	16977	17282	Mexico/Mexique	870	303	87	4454	21
Denmark/Danemark	7589	3937	4452	9120	7699	Mali		x566	x2295	3	x1965
Colombia/Colombie	10091	4947	6329	5029	9439	Oman	3231	4478			
Philippines	406	x12826	882	576	7680	Chile/Chili	2689	2580	1168	695	x1014
Sweden/Suède	8649	6198	4207	3442	795	Hong Kong	485	1168	1313	1490	1873
Poland/Pologne	18955	7143	x4	5370	x8936	So. Africa Customs Un	x85	x1400	x1985	x188	x96
Yugoslavia SFR	5645	6008	5319	x811		Turkey/Turquie	641	2172	340	195	181
Portugal	4695	2920	2726	5763	4897	Italy/Italie	1721	941	789	662	945
Canada	3352	3989	3842	3478	3154	Morocco/Maroc	2583	1495	84	306	225
New Zealand	972	8008	2530	503	564	Czechoslovakia	x50	x242	x228	x1123	x2931
Saudi Arabia	1030	2292	x1167	x4984	x4104	Brazil/Brésil	596	730	506	284	467
Finland/Finlande	7545	6851	1328	175	71	Libyan Arab Jamahiriya		x93	1240		x203
Egypt/Egypte	x202	7854	148	299	23	Yugoslavia SFR	588	450	177	x672	
Netherlands Antilles	3190	2308	3205	2735	x46	Paraguay	x238	1127	6	x56	
Senegal/Sénégal	849	2266	4219	x1012	x26	Bolivia/Bolivie	37	237	309	642	586
Papua New Guinea	266	4782	1821	x457	x1445	Uruguay	2581	402	385	260	10
Guatemala	1488	2448	2311	2248	x555	Viet Nam	x943	x348	x526	x169	x161
So. Africa Customs Un	2397	2148	1538	x2952	x38465	Tunisia/Tunisie	1	6	331	681	420
Libyan Arab Jamahiriya	2012	1236	3158	x2103	x719	Guatemala	1142	256	526	214	395
Niger	x3655			x6424	x2594	Former GDR	x60	x955	x21		
Mali	x221			x6274	x579	Singapore/Singapour	237	535	137	193	98
Austria/Autriche	1949	1973	2484	1637	1990	Greece/Grèce	x28	x388	314		x1875
Malaysia/Malaisie	1357	2746	1996	1283	x2819	Kenya	31		630		x7168
Hong Kong	957	2094	2036	1833	2016	Colombia/Colombie		134	18	461	176
Jamaica/Jamaïque	1292	2016	2774	1029	x324	Switz.Liecht	3	490	97	8	89
Iran (Islamic Rp. of)	x3223	x5541		x7	x1	Panama	x131	x521	x23	1	x334

(VALUE AS % OF TOTAL)(VALEUR EN % DU TOTAL)

	1983	1984	1985	1986	1987	1988	1989	1990	1991	1992		1983	1984	1985	1986	1987	1988	1989	1990	1991	1992
Africa	x3.7	x2.1	1.8	x1.6	x1.6	x3.7	2.7	2.9	x4.2	x5.0	Afrique	x0.6	x0.3	0.5	x1.3	x8.4	x2.1	x2.7	x1.6	x0.6	x0.6
Northern Africa	0.8	x0.9	0.4	x0.3	0.2	x2.2	2.4	2.4	x2.5	x1.2	Afrique du Nord	x0.3	x0.1	0.1	0.6	7.9	1.8	x2.4	x1.3	x0.1	x0.1
Americas	13.9	28.1	31.1	21.7	21.4	30.2	31.0	29.8	34.1	42.7	Amériques	82.9	70.6	71.6	62.3	54.1	66.4	67.6	69.6	64.9	64.0
LAIA	9.5	24.4	26.2	16.6	14.3	22.0	21.4	20.5	25.0	33.5	ALAI	34.2	23.6	20.8	16.9	8.2	11.4	3.9	8.9	9.9	7.1
CACM	x0.3	0.2	0.3	0.3	x1.1	0.3	0.2	0.2	0.2	x0.1	MCAC		x0.0	0.0	0.0	0.1	0.1	0.0	0.0	0.0	0.0
Asia	55.5	50.4	51.3	55.9	x43.6	x37.7	37.4	38.9	39.1	x34.2	Asie	2.6	3.1	3.8	3.0	4.8	5.3	7.3	4.3	x5.9	x4.8
Middle East	1.5	x0.7	0.7	1.0	x0.6	x0.5	0.6	0.4	x1.6	x1.5	Moyen–Orient	x0.0	x0.2	0.1	0.1	0.5	0.3	0.4	x0.0	x0.0	x0.0
Europe	25.1	18.5	14.7	19.2	27.3	19.2	15.2	16.9	17.7	17.3	Europe	9.9	11.1	12.3	20.4	22.2	16.4	14.5	17.7	19.8	24.3
EEC	21.5	16.1	11.9	15.8	23.1	16.0	12.6	14.6	16.4	15.9	CEE	7.1	6.3	7.0	14.9	19.3	14.0	10.9	11.9	13.0	19.3
EFTA	3.6	2.2	2.3	3.1	3.5	2.9	2.3	1.9	1.3	1.1	AELE	2.8	4.8	5.3	5.4	2.8	2.3	3.6	5.8	6.7	4.9
Oceania	0.4	0.2	0.3	0.2	0.1	x0.1	0.7	0.4	x0.2	x0.3	Océanie	3.2	12.4	9.5	11.7	x6.1	x6.8	3.9	2.8	3.2	3.6
Japan/Japon	44.5	39.5	42.4	47.3	34.7	31.3	28.5	32.3	32.6	28.1	USA/Etats–Unis d'Amer	43.1	43.0	48.5	41.1	40.2	48.6	53.9	52.0	48.8	50.9
Mexico/Mexique		20.9	18.8	6.8	5.7	8.8	14.7	18.3	23.0	31.3	Canada	5.4	3.7	2.3	4.1	5.5	6.2	9.8	8.6	6.2	5.9
Former USSR/Anc. URSS				x1.9	x5.1	x12.4	x10.2	x3.0		7.9	Argentina/Argentine	33.8	22.9	20.3	16.3	7.8	10.9	3.6	8.8	9.4	6.8
USA/Etats–Unis d'Amer	3.7	3.1	4.2	4.3	4.5	6.9	7.7	6.6	8.3	7.9	France, Monac	4.4	3.7	4.6	7.4	5.8	5.5	4.0	7.1	6.9	5.8
Korea Republic	2.9	4.3	3.2	2.3	0.7	1.4	4.8	2.9	0.9	2.1	China/Chine					2.6	4.0	6.3	3.6	4.1	4.5
Spain/Espagne	4.8	6.1	0.4	0.7	1.5	2.3	2.9	3.2	2.9	3.0	Australia/Australie	3.2	12.1	5.7	11.7	6.1	6.8	3.9	2.8	3.2	3.6
Belgium–Luxembourg	3.8	2.0	2.4	3.3	5.5	2.5	2.3	2.6	3.3	2.5	Finland/Finlande	0.6	2.9	1.1	1.6	0.7	0.0	1.3	2.7	3.5	1.6
Italy/Italie	1.9	1.3	1.6	2.1	3.0	2.5	2.2	2.1	2.7	2.5	Sweden/Suède	1.9	1.6	3.9	3.2	1.9	1.6	1.6	2.5	2.7	2.6
Israel/Israël	5.1	4.9	4.3	3.9	2.2	2.7	2.5	2.8	1.5	1.4	Germany/Allemagne	0.4	0.4	0.1	0.0	2.5	4.1	2.5	1.5	0.8	6.9
Netherlands/Pays–Bas	2.6	1.8	2.2	2.8	4.7	2.5	1.7	2.2	2.8	2.8	Spain/Espagne	0.3	0.1	0.0	0.0	1.1	1.4	2.9	0.2	0.8	0.3

046 WHEAT ETC MEAL OR FLOUR — SEMOULE FARINE, FROMENT 046

TRADE BY COMMODITY IN THOUSAND U.S. DOLLARS — COMMERCE PAR PRODUIT EN MILLIERS DE DOLLARS E.U

IMPORTS — IMPORTATIONS

COUNTRIES–PAYS	1988	1989	1990	1991	1992
Total	x1183249	x1536208	x1763882	x1971846	x1972635
Africa	x567213	x622411	x730714	x650201	x747845
Northern Africa	x331340	473293	491208	x399825	x522171
Americas	x87311	242618	x267269	x165673	x288885
LAIA	11102	91856	82921	55157	x86794
CACM	1988	6743	5069	3017	x4130
Asia	x296137	x447714	x482093	x383691	x554771
Middle East	x69866	x143779	x205784	x188268	x217216
Europe	215818	206252	248929	268138	342548
EEC	208637	199513	240445	259315	312053
EFTA	4890	3608	3655	3490	4306
Oceania	x15181	x11829	x15131	x11954	x16227
Egypt/Egypte	149008	206079	235071	104912	58193
Former USSR/Anc. URSS	x1515	x4185	x17574	x486112	
Libyan Arab Jamahiriya	65337	105403	164964	x141936	x132139
Algeria/Algérie	61383	111204	76180	115902	x307391
Viet Nam	x116861	x118448	x121104	x40498	x34064
Cuba	x26312	83619	x127222	x51296	x99523
Syrian Arab Republic	41038	59973	113948	x68716	x101101
Netherlands/Pays-Bas	61393	57957	67724	76754	97752
Cameroon/Cameroun	x53010	23829	x86940	56368	x41635
Germany/Allemagne	46245	40767	45375	51092	49538
Yemen/Yémen	39491	35555	x63043	x70188	x68008
France, Monac		46003	49671	57827	
Sudan/Soudan	x55557	x49313	x14731	x37075	x24273
Hong Kong	24381	31680	32076	35600	35884
Peru/Pérou	687	12461	60394	24466	x27311
Belgium-Luxembourg	21492	25448	33393	37129	42697
Ireland/Irlande	28080	27350	25846	26188	29712
China/Chine	19691	35126	18668	25030	26588
Singapore/Singapour	14710	19733	25576	27463	30032
Bolivia/Bolivie	8137	25358	17284	19326	25579
Lebanon/Liban	x1991	x34809	x13648	x10346	x8188
Brazil/Brésil	0	52720	7	615	5154
Philippines	16038	x19551	13238	11189	7361
Chad/Tchad	x21345	x4970	x13217	x25449	x19170
Angola	x4942	x11788	x15905	x15202	x5982
Iraq	x58	x17788	x2382	x20049	x26157
Pakistan		x26195	x1061	x12578	x5646
Sri Lanka	9502	4831	34604	42	68
Haiti/Haïti	x5585	x10156	x7605	x16070	x50638
Martinique	12737	12037	10022	10080	10334
Niger	x8248	x5002	x8951	x18022	x20648
India/Inde	x136	x27361	135	x3257	
Guinea/Guinée	x8683	x9766	x10990	x9203	x8353
Thailand/Thaïlande	10536	9871	10595	9416	8799
Un. Rep. of Tanzania	x27005	x9690	x5830	x12374	x7523
USA/Etats-Unis d'Amer	4598	9098	9625	7913	13712
Congo	x8181	x7773	x7954	x9176	x11892
United Kingdom	5971	5640	7843	10397	13177
Mauritania/Mauritanie	x5688	x5128	x8656	x9825	x9866
Ethiopia/Ethiopie	9932	8057	12724	885	x6489
Indonesia/Indonésie	3437	4512	6597	9185	8424
Zaire/Zaïre	x5024	x9897	x5476	x4293	x5352
Benin/Bénin	x13806	x2853	x6374	x9756	x8732
Equatorial Guinea				x18055	x5912
Nigeria/Nigéria	x3059	x6039	x6886	x4858	x6420
Former Democratic Yemen	x9466	x16909			
Gambia/Gambie	2550	7094	3072	6044	x3839
Saudi Arabia	4833	5542	x3141	x6539	x5206
Sierra Leone	x2809	x6393	x4290	x4075	x1988
Central African Rep.	x4903	4498	x5867	x4262	x6123

EXPORTS — EXPORTATIONS

COUNTRIES–PAYS	1988	1989	1990	1991	1992
Totale	1174631	1682821	1715419	1771405	1950852
Afrique	x7295	x10728	x31304	x47644	x9322
Afrique du Nord	x415	x1276	x13517	x15097	x6950
Amériques	x254811	360728	x297124	277273	281263
ALAI	4538	22704	57041	34547	32287
MCAC	x1238	x33	284	x334	184
Asie	x111880	178242	157765	271179	262693
Moyen-Orient	x21331	58670	x35811	127897	107361
Europe	776992	1013897	1144669	1157335	1378261
CEE	769184	986425	1112388	1129589	1364351
AELE	6953	12466	13405	11089	6800
Océanie	x22969	24109	18046	17924	18912
France, Monac	295929	356925	367819	351064	394730
Italy/Italie	185757	264351	300967	336500	381693
USA/Etats-Unis d'Amer	194036	273888	187238	189944	191455
Belgium-Luxembourg	79878	115624	164119	154073	193951
Germany/Allemagne	101708	125932	126990	149028	215332
Japan/Japon	53520	66655	71953	68997	70620
Turkey/Turquie	x14173	47180	27471	116053	106004
Netherlands/Pays-Bas	45253	56609	62897	54033	65133
Former USSR/Anc. URSS	x542	x93479	x66221	x2	
Canada	41899	52197	42346	41128	45311
Spain/Espagne	22622	24881	45936	39367	68237
United Kingdom	34192	34068	34452	34406	38605
Argentina/Argentine	4075	13546	31814	31890	27996
Singapore/Singapour	20131	25354	20967	26759	25993
Australia/Australie	22813	23988	17803	17582	18057
Yugoslavia SFR	849	15001	18876	x16657	
Hong Kong	7237	14218	14562	21736	19627
Malaysia/Malaisie	7393	9735	11956	16969	x10485
Sweden/Suède	6832	11182	11164	9303	4737
Togo	6246	7443	12306	6826	
Chile/Chili	311	8625	16332	1533	x834
Cameroon/Cameroun	x239	1416	x412	23654	
Tunisia/Tunisie	1	0	6530	x14125	5128
Guadeloupe	7673	7031	4732	7053	8778
Greece/Grèce	1630	5251	5331	5976	x1317
Jordan/Jordanie	1359	3758	1614	7805	42
United Arab Emirates	x4354	x4957	x4508	x3551	x780
St Vincent & Grenadines	x3454	x3735	x4069	x2850	x2031
Algeria/Algérie	x404	x1230	x6974	661	x1791
China/Chine	795	622	418	5559	25153
Ecuador/Equateur	56	33	x5292	0	29
Ireland/Irlande	1171	1088	1387	2295	1572
Austria/Autriche	46	1023	1894	1448	1576
Denmark/Danemark	907	1035	1455	1558	1941
Thailand/Thaïlande	725	688	817	1694	x1989
Portugal	138	659	1033	1286	1841
Korea Republic	256	1748	384	764	1083
Cote d'Ivoire			x1294	1263	x99
Iraq	x444	x664	x1583		
Saudi Arabia	339	1815		x17	x19
Netherlands Antilles	1039	604	724	582	
Uruguay	10	97	1044	653	729
Kenya	13		1738		
Grenada/Grenade	x635	x386	x660	x601	x801
Former GDR	x3	x1617			
Colombia/Colombie		x1	x1349	1	x1627
Zimbabwe			570	362	
Paraguay			x866		
Switz.Liecht	49	224	304	304	223
Bahrain/Bahreïn	x107	x187	x215	x163	x188

(VALUE AS % OF TOTAL) (VALEUR EN % DU TOTAL)

	1983	1984	1985	1986	1987	1988	1989	1990	1991	1992		1983	1984	1985	1986	1987	1988	1989	1990	1991	1992
Africa	x52.7	x54.9	65.4	x52.9	x46.0	x48.0	40.5	x41.4	x32.9	37.9	Afrique	x0.5	x0.8	0.6	x0.7	x0.6	x0.6	x0.6	x1.8	x2.7	x0.5
Northern Africa	x40.9	x43.7	51.7	x35.0	30.8	28.0	30.8	27.8	x20.3	26.5	Afrique du Nord	x0.1	x0.1	0.0	x0.3	x0.2	x0.0	x0.1	x0.8	x0.9	x0.4
Americas	5.3	3.8	9.3	x13.2	x11.5	x7.4	15.8	x15.1	x8.4	x14.7	Amériques	x32.8	24.3	20.8	x24.3	x21.7	21.5	x17.3	15.6	14.4	
LAIA	1.0	0.5	4.8	2.2	x2.0	0.9	6.0	4.7	2.8	x4.4	ALAI	0.7	x1.2	1.1	0.7	0.4	0.4	1.3	3.3	2.0	1.7
CACM	x0.3	x0.2	0.1	0.7	0.2	0.2	0.4	0.3	0.2	x0.2	MCAC	x0.0	x0.0	0.0	0.1	x0.0	x0.0	0.0	0.0	x0.0	0.0
Asia	x32.1	x24.9	11.6	x18.8	x23.1	x25.0	29.1	x27.3	x19.5	x28.1	Asie	5.7	13.0	9.7	9.7	x9.6	x10.1	10.6	9.2	15.3	13.4
Middle East	x25.7	x20.9	5.2	x12.5	x10.9	x5.9	x9.4	x11.7	x9.5	x11.0	Moyen-Orient	x1.4	8.5	5.7	4.1	x3.6	x1.8	3.5	4.2	7.2	5.5
Europe	8.8	7.9	13.4	13.9	18.4	18.2	13.4	14.1	13.6	17.4	Europe	59.4	60.8	68.1	64.3	64.5	66.1	60.2	66.7	65.3	70.6
EEC	8.3	7.4	12.7	13.2	17.7	17.6	13.0	13.6	13.2	15.8	CEE	58.0	59.9	67.2	63.7	63.8	65.5	58.6	64.8	63.8	69.9
EFTA	0.4	0.4	0.6	0.5	0.5	0.4	0.2	0.2	0.2	0.2	AELE	1.4	0.7	1.0	0.6	0.7	0.6	0.7	0.8	0.6	0.3
Oceania	x1.2	x1.1	0.3	x1.2	x0.9	x1.2	x0.7	x0.9	x0.6	x0.8	Océanie	1.6	1.1	0.7	x1.1	x1.1	x1.9	1.4	1.0	1.0	1.0
Egypt/Egypte	24.5	30.0	36.5	17.2	14.1	12.6	13.4	13.3	5.3	3.0	France, Monac	18.1	22.5	23.7	24.1	23.2	25.2	21.2	21.4	19.8	20.2
Former USSR/Anc. URSS		7.3		x0.0	x0.1	x0.3	x1.0	x24.7			Italy/Italie	16.9	13.9	19.2	19.2	16.2	15.8	15.7	17.5	19.0	19.6
Libyan Arab Jamahiriya	x6.2	x4.9	8.6	x5.9	6.0	5.5	6.9	9.4	x7.2	x6.7	USA/Etats-Unis d'Amer	25.1	16.1	14.3	18.1	18.0	16.5	16.3	10.7	9.8	
Algeria/Algérie	7.4	5.1	6.5	7.9	7.7	5.2	7.2	4.3	5.9	x15.6	Belgium-Luxembourg	2.9	4.7	4.8	5.0	6.9	6.8	6.9	9.6	8.7	9.9
Viet Nam				x1.1	x9.9	x7.7	x6.9	x2.1	x1.7		Germany/Allemagne	6.2	7.7	7.7	6.6	6.8	7.5	7.4	8.4	11.0	
Cuba			x7.3	x6.2	x2.2	5.4	x7.2	x2.6	x5.0		Japan/Japon	3.2	3.0	2.9	4.3	4.6	4.6	4.0	4.2	3.9	3.6
Syrian Arab Republic	9.4	4.0	0.8	2.0	4.3	3.5	3.9	6.5	x3.5	x5.1	Turkey/Turquie						5.5	3.5	2.4	2.2	
Netherlands/Pays-Bas	2.3	2.2	3.4	3.8	5.3	5.2	3.8	3.8	3.9	5.0	Netherlands/Pays-Bas	4.5	4.4	4.1	3.4	4.7	x1.2	2.8	1.6	6.6	5.4
Cameroon/Cameroun	0.6	0.4		1.7	2.1	x4.5	1.6	x4.9	2.9	x2.1	Former USSR/Anc. URSS					x0.4	x0.0	x5.6	x3.9	x0.0	
Germany/Allemagne	2.0	1.6	2.5	2.8	3.9	3.9	2.7	2.6	2.6	2.5	Canada	6.0	6.5	4.9	4.4	3.6	3.6	3.1	2.5	2.3	2.3

047 OTHER CEREAL MEALS, FLOUR / AUTRES SEMOULES, FARINES 047

TRADE BY COMMODITY IN THOUSAND U.S. DOLLARS – COMMERCE PAR PRODUIT EN MILLIERS DE DOLLARS E.U

COUNTRIES–PAYS	1988	1989	1990	1991	1992	COUNTRIES–PAYS	1988	1989	1990	1991	1992
Total	x294468	338870	357721	x377217	x273697	Totale	230899	243458	245426	288226	291185
Africa	x96971	147132	158172	x137736	x32190	Afrique	x1143	x4419	x6127	x9085	x4165
Northern Africa	64228	125504	125885	82680	x4246	Afrique du Nord	24	258	2150	x1971	x2405
Americas	28597	x52783	x37182	43653	x62458	Amériques	64663	98105	82013	93316	88065
LAIA	1621	2367	4673	10006	x24112	ALAI	11403	24892	23345	15271	15646
CACM	2638	2456	x1118	3818	x2400	MCAC	527	241	x799	859	x908
Asia	x80112	52243	x54463	58735	x59915	Asie	78410	x41235	x42990	x54406	x33923
Middle East	x26508	x18338	x6769	x6532	x6253	Moyen–Orient	x45915	x8228	x6064	x11315	x754
Europe	82572	78432	98370	98863	112600	Europe	84097	96222	111746	128519	162031
EEC	74227	68751	83834	90031	101038	CEE	83246	95066	110742	127888	159530
EFTA	6795	8758	8220	6615	7527	AELE	572	664	635	544	763
Oceania	x2197	2264	x2316	x4018	x2874	Océanie	x2120	x3137	2238	2589	2745
Algeria/Algérie	58085	124447	122959	79253	x610	USA/Etats–Unis d'Amer	45939	69640	55443	74150	65331
Canada	13349	16906	17873	18890	21183	France, Monac	19447	32475	34010	38609	48500
Netherlands/Pays–Bas	17820	14869	19326	17140	19361	Germany/Allemagne	30713	27642	30173	37964	36716
Denmark/Danemark	15591	13103	14328	14718	16569	Thailand/Thaïlande	25494	26251	28341	34865	x25151
USA/Etats–Unis d'Amer	3470	23172	8078	4701	7331	Italy/Italie	15281	18023	26399	26131	42442
United Kingdom	7966	8479	11268	13858	17805	Bolivia/Bolivie	9458	19540	9241	12236	9946
Hong Kong	12557	10022	10580	11968	11474	Netherlands/Pays–Bas	7295	6278	6896	8682	10194
Former USSR/Anc. URSS	x15	x212	x29	x30140		United Kingdom	4681	6426	7047	7672	10315
Germany/Allemagne	8851	8756	11010	9879	10140	Mexico/Mexique	403	3929	11939	624	241
France, Monac	9305	9300	10099	9713	12508	United Arab Emirates	x7280	x6273	x5106	x4976	x11
Israel/Israël	3794	3158	13323	9801	14576	Belgium–Luxembourg	3911	2623	3782	4691	6890
Malaysia/Malaisie	7231	7291	7373	9403	x10329	Canada	5153	2749	2189	2663	5578
Spain/Espagne	4616	6407	5986	7364	8122	China/Chine	2561	2116	2162	2938	3924
Indonesia/Indonésie	9187	4264	7577	7452	4474	Australia/Australie	1879	2756	1850	2172	2347
Belgium–Luxembourg	4312	3185	5550	10468	9761	Zimbabwe		x12	1404	4886	
Singapore/Singapour	3818	5477	5006	6882	6497	So. Africa Customs Un	x740	x1993	x1553	x1975	x944
Cameroon/Cameroun	x1585	9	x2262	14873	x1295	Oman	x3878	0	6	x5182	
Saudi Arabia	11675	13081	x1258	x1147	x1130	Hong Kong	940	1272	1350	1698	1139
Burkina Faso	x7150	x2775	x2394	x5931	x5427	Malaysia/Malaisie	1536	1142	854	1271	x644
Chad/Tchad	x11	x1123	x1636	x7943	x710	Viet Nam	x9	x58	x2558	x9	x24
Former GDR	x3695	x4103	x5522			Greece/Grèce	103	1	749	1343	x10
Sweden/Suède	2855	3319	3352	2922	3535	Singapore/Singapour	818	960	554	513	610
Ethiopia/Ethiopie	778	1186	8290	58		Tunisia/Tunisie	23	30	1970	15	437
Yugoslavia SFR	1378	616	5801	x1923		Morocco/Maroc	1	0	x3	x1946	x1946
Ireland/Irlande	2345	2145	2690	2972	1842	Denmark/Danemark	806	426	476	1045	1000
Lebanon/Liban	x2424	x2190	x3044	x1853	x765	Ireland/Irlande	629	659	583	620	735
Bolivia/Bolivie	357	1343		x4752	x5575	Colombia/Colombie	140	490	907	327	424
Malawi			x1936			Indonesia/Indonésie	228	488	569	594	812
Iceland/Islande	1850	2220	2474	1694	1120	Iraq		x589	x579	x203	
Mexico/Mexique	1217	701	1519	4099	5530	Venezuela	392	36	310	913	2249
Japan/Japon	1852	1850	1716	2095	2211	Spain/Espagne	166	359	364	484	782
Poland/Pologne	x308	x1701	x136	x3782	x3580	Saudi Arabia	257	1116			
Mozambique	x7284	x2203	x1214	x2187	x1522	Cote d'Ivoire		x1099	x9		
So. Africa Customs Un	2317	1069	1514	x2823	x1301	Portugal	214	155	262	647	1946
Angola	x3488	x998	x1417	x2991	x1597	Chile/Chili	1	0	143	887	x977
Cote d'Ivoire	x890	x3317	x853	x1172	x1530	Sweden/Suède	236	400	350	274	567
Italy/Italie	598	771	1893	2443	2824	New Zealand	225	160	383	410	386
Norway, SVD, JM	1330	2440	1210	571	1676	Guatemala	485	216	359	377	469
Australia/Australie	740	748	1077	2357	1274	Korea Republic	291	230	218	485	104
Rwanda	x924	x652	x2695	x794	x1116	Turkey/Turquie	34492	241	366	300	216
Egypt/Egypte	0	8	2597	1320	813	Paraguay		x300	x555		
Philippines	465	x465	469	2955	210	Malta/Malte	202	440	305	x8	x9
Greece/Grèce	1876	1649	1338	846	x862	Zaire/Zaïre		x641			
Trinidad and Tobago	1122	1159	1170	1475	1422	Sri Lanka	64	54	80	391	335
Haiti/Haïti	x681	x1856	x869	x875	x957	Kenya	192	x34	480		
El Salvador	419	845	x376	2179	x245	Uruguay	x7	x373	x46	x33	30
Mali	x18	x209	x617	x2490	x276	Switz.Liecht	268	167	96	168	76
Niger	x107	x982	x735	x1584	x161	Togo	29	195	236	0	
Jordan/Jordanie	x298	679	857	1706	1710	El Salvador	42	7	x142	282	x231
Togo	1580	1390	1275	503	x207	Egypt/Egypte		227	x177	10	8

(VALUE AS % OF TOTAL)(VALEUR EN % DU TOTAL)

	1983	1984	1985	1986	1987	1988	1989	1990	1991	1992		1983	1984	1985	1986	1987	1988	1989	1990	1991	1992
Africa	44.2	36.1	46.3	x44.6	x33.6	32.9	43.4	44.2	x36.5	x11.8	Afrique	0.4	1.7	1.2	x2.8	x4.3	x0.5	x1.8	x2.5	x3.2	x1.4
Northern Africa	33.9	27.5	32.9	24.6	26.3	21.8	37.0	35.2	21.9	x1.6	Afrique du Nord	0.1	0.2	0.1	0.0	0.0	0.0	0.1	0.9	x0.7	x0.8
Americas	x12.7	x9.3	11.2	x18.7	x22.0	9.7	x15.5	x10.4	11.6	x22.8	Amériques	x65.6	58.6	54.9	51.2	51.7	28.0	40.3	33.4	32.4	30.3
LAIA	3.3	x1.4	1.8	1.8	1.9	0.6	0.7	1.3	2.7	x8.8	ALAI	0.9	2.2	2.1	1.8	4.1	4.9	10.2	9.5	5.3	5.4
CACM	x1.2	0.8	0.8	x0.8	x0.7	0.9	0.7	x0.3	1.0	x0.9	MCAC	x0.2	0.3	0.1	x0.1	0.2	0.2	0.1	x0.3	0.3	x0.3
Asia	24.2	16.3	22.2	15.5	x19.6	x27.2	15.4	x15.2	15.6	x21.9	Asie	9.3	9.3	10.1	11.5	10.9	33.9	x16.9	x17.6	x18.9	x11.7
Middle East	x4.7	x5.3	7.3	x3.3	x3.2	x9.0	x5.4	x1.9	x1.7	x2.3	Moyen–Orient	x0.0	0.4	x0.1	x0.6	0.1	x19.9	x3.4	x2.5	x3.9	x0.3
Europe	18.6	14.2	20.0	20.8	24.0	28.0	23.1	27.5	26.2	41.1	Europe	22.7	23.5	28.4	34.0	32.6	36.4	39.5	45.5	44.6	55.6
EEC	15.1	11.2	15.5	17.8	21.6	25.2	20.3	23.4	23.9	36.9	CEE	22.6	23.2	28.1	33.6	32.3	36.1	39.0	45.1	44.4	54.8
EFTA	3.5	3.0	4.4	2.9	2.3	2.3	2.6	2.3	1.8	2.8	AELE	0.1	0.1	0.1	0.2	0.2	0.2	0.3	0.3	0.2	0.3
Oceania	0.4	x0.4	0.4	x0.4	x0.6	x0.7	0.7	x0.6	x1.1	1.1	Océanie	2.1	7.1	5.6	0.4	0.3	x0.9	x1.3	0.9	0.9	0.9
Algeria/Algérie	32.5	26.4	32.4	23.2	25.1	19.7	36.7	34.4	21.0	x0.2	USA/Etats–Unis d'Amer	23.5	21.5	24.8	19.5	14.1	19.9	28.6	22.6	25.7	22.4
Canada	5.2	4.6	4.8	3.7	3.2	4.5	5.0	5.0	5.0	7.7	France, Monac	3.5	3.4	4.3	5.3	6.1	8.4	13.3	13.9	13.4	16.7
Netherlands/Pays–Bas	3.0	2.6	3.3	4.1	5.7	6.1	4.4	5.4	4.5	7.1	Germany/Allemagne	9.9	8.8	9.5	11.5	10.7	13.3	11.4	12.3	13.2	12.6
Denmark/Danemark	4.4	3.0	3.4	3.9	4.4	5.3	3.9	4.0	3.9	6.1	Thailand/Thaïlande	7.0	7.9	9.0	9.7	8.9	11.0	10.8	11.5	12.1	x8.6
USA/Etats–Unis d'Amer	0.7	0.6	2.1	0.8	0.9	1.2	6.8	2.3	1.2	2.7	Italy/Italie	2.6	2.8	4.9	5.5	4.7	6.6	7.4	10.8	9.1	14.6
United Kingdom	0.5	0.4	1.5	1.8	2.3	2.7	2.5	3.2	3.7	6.5	Bolivia/Bolivie	0.5	0.1	0.6	1.1	3.4	4.1	8.0	3.8	4.2	3.4
Hong Kong	4.1	2.9	4.6	4.2	4.4	4.3	3.0	3.0	3.2	4.2	Netherlands/Pays–Bas	2.7	3.8	5.5	5.8	7.2	3.2	2.6	2.8	3.0	3.5
Former USSR/Anc. URSS			23.7		x0.0	x0.0	x0.1	x0.0	x8.0		United Kingdom	0.8	0.8	0.8	0.7	1.2	2.0	2.6	2.9	2.7	3.5
Germany/Allemagne	1.3	0.9	1.9	1.8	2.4	3.0	2.6	3.1	2.6	3.7	Mexico/Mexique		1.6	1.4	0.0	0.0	0.2	1.6	4.9	0.2	0.1
France, Monac	3.4	2.5	3.2	3.4	2.8	3.2	2.7	2.8	2.6	4.6	United Arab Emirates	0.0	0.0	0.0	x3.2	x2.6	x2.1	x1.7	x0.0		

21

048 CEREAL ETC PREPARATIONS / PREPTNS A BASE CEREALES 048

TRADE BY COMMODITY IN THOUSAND U.S. DOLLARS – COMMERCE PAR PRODUIT EN MILLIERS DE DOLLARS E.U

COUNTRIES–PAYS	1988	1989	1990	1991	1992	COUNTRIES–PAYS	1988	1989	1990	1991	1992
	IMPORTS – IMPORTATIONS						EXPORTS – EXPORTATIONS				
Total	7130155	7883728	10282115	11259782	12585911	Totale	6864771	7558058	9536970	10551419	11884970
Africa	x327349	x326345	x365471	x428023	x480091	Afrique	x23204	x22554	x34620	x39141	x33006
Northern Africa	x35692	34256	42806	x75468	x103669	Afrique du Nord	12554	14872	14780	26365	23531
Americas	1019011	1359115	1828195	1979554	x2665683	Amériques	579270	753614	1049728	1317409	x1497131
LAIA	175471	277815	648261	624481	1130869	ALAI	81662	109355	139607	185752	191315
CACM	26793	36820	33147	50153	x50190	MCAC	21872	15929	21050	25791	x31262
Asia	x1515553	x1528458	x1784689	x1813269	x2014855	Asie	602840	686586	768391	880273	x1048723
Middle East	x501798	x352316	x488918	x417795	x429306	Moyen–Orient	x89478	99495	x101400	x115223	91414
Europe	4010823	4190185	5533028	6167022	7102113	Europe	5367974	5768614	7364722	7982567	9022928
EEC	3522298	3675503	4834046	5429059	6264704	CEE	4998496	5360413	6862202	7519312	8520172
EFTA	465739	489285	639132	690254	759488	AELE	361010	395316	492186	452433	472100
Oceania	x120278	x143142	x157227	x185915	x198115	Océanie	x177865	228152	216311	223809	203322
Germany/Allemagne	747683	755568	1100060	1303783	1522373	Germany/Allemagne	924019	992326	1315802	1442181	1574321
France,Monac	800529	843459	1092222	1177401	1306076	France,Monac	813245	885406	1143198	1205791	1390099
USA/Etats–Unis d'Amer	477429	610468	651536	718920	809823	Netherlands/Pays–Bas	802034	789677	988443	1072239	1195280
United Kingdom	443446	514927	656272	747654	862185	Italy/Italie	671554	762762	960918	1115462	1363679
Japan/Japon	423286	539784	570279	567749	635321	United Kingdom	632531	662442	838552	927622	1079977
Former USSR/Anc. URSS	x90766	x293706	x545186	x592610		Belgium–Luxembourg	574562	632904	802877	873914	912576
Belgium–Luxembourg	390962	370246	449691	461931	568993	USA/Etats–Unis d'Amer	240447	377000	580323	761661	882214
Netherlands/Pays–Bas	358901	360763	449691	461931	549471	Denmark/Danemark	278331	305754	385670	438473	492910
Brazil/Brésil	79367	129467	482628	426101	744380	Ireland/Irlande	253929	264362	336981	295603	343283
Italy/Italie	298413	294145	353650	389128	439676	Canada	215770	231248	285962	320215	365367
Canada	191790	247701	316007	384429	452278	Australia/Australie	156027	202463	190871	196759	169366
Ireland/Irlande	175038	178019	220033	254016	290049	Japan/Japon	126356	154361	175810	180528	205526
Spain/Espagne	116817	127222	172819	213747	303626	Sweden/Suède	124030	134649	141242	134123	143112
Switz.Liecht	123686	120894	163852	186504	202996	Austria/Autriche	92626	88767	123286	120943	123505
Sweden/Suède	118232	122051	155650	167822	185937	Switz.Liecht	85761	87304	112831	121145	134315
Hong Kong	91953	119986	142463	167081	199117	Singapore/Singapour	69297	86156	87902	108425	123229
Austria/Autriche	101979	111755	150526	161551	185890	Korea Republic	79072	90983	88523	95518	99686
Denmark/Danemark	102896	112130	145055	152676	169621	Hong Kong	47810	60492	78686	95927	114087
Saudi Arabia	114614	119644	x147815	x134191	x128564	China/Chine	44101	58013	67074	85113	129321
Malaysia/Malaisie	107361	121016	113824	124381	x123806	Finland/Finlande	39758	65679	92782	51425	44282
Greece/Grèce	60203	82022	110193	118949	x148499	Czechoslovakia	x52441	x44932	x69813	x86061	x60378
Norway,SVD,JM	82148	87012	106655	108516	116096	Spain/Espagne	27771	36115	57250	99294	123987
Singapore/Singapour	67579	73678	87638	103723	123002	Malaysia/Malaisie	34102	51505	63275	77159	x68556
Philippines	48782	x83130	83258	80715	89317	Turkey/Turquie	60315	47505	36410	76390	75023
Australia/Australie	50784	65101	76936	81992	98503	Thailand/Thailande	28098	37541	49429	56357	x133126
Iran (Islamic Rp. of)	x129426	x56293	x69685	x73854	x63144	Argentina/Argentine	12103	24740	46706	55738	38623
Mexico/Mexique	4746	51573	54332	83540	194399	Uruguay	20322	22406	26632	38856	30145
Thailand/Thailande	36737	49344	61220	77047	89913	Mexico/Mexique	18564	21530	21257	40322	55858
Portugal	27410	37001	61242	79624	104134	Chile/Chili	14911	20974	24095	27512	x20690
India/Inde	59266	x39218	66582	66163	x81939	Greece/Grèce	12467	19161	22347	28237	x27692
So. Africa Customs Un	41705	46093	49486	x70225	x54694	Australia/Australie	18832	18913	21964	24778	26845
Venezuela	42235	49569	50023	60862	68043	New Zealand	17620	21101	20402	21224	26971
United Arab Emirates	x81170	x42667	x43406	x53286	x51960	Syrian Arab Republic	36	18844	34879	x1137	x1203
Israel/Israël	27892	27542	42639	60216	59346	Indonesia/Indonésie	13055	14483	16828	22181	27384
Cameroon/Cameroun	x34824	32519	x49089	45531	x42518	Portugal	8554	9137	9800	20131	16367
Iraq	x78343	x26767	x83052	x14508	x11737	Israel/Israël	8767	11181	12544	13752	29116
Finland/Finlande	25081	32063	45292	46392	46810	Guatemala	16096	7806	13805	15847	18040
Korea Republic	6511	29327	35577	55221	67308	Former USSR/Anc. URSS	x5978	x18870	x15145	x3376	
New Zealand	24177	32132	34068	39155	39018	Tunisia/Tunisie	9235	11330	10749	15113	16326
Angola	x18870	x35210	x20797	x30123	x7486	Trinidad and Tobago	7624	10552	12503	13236	14566
Lebanon/Liban	x10693	x26817	x25277	x33521	x28627	India/Inde	12143	x8511	12266	14933	x8680
Reunion/Réunion	18558	21789	26391	27523	36340	Hungary/Hongrie	x11115	x10919	x8385	x11210	x10107
Cote d'Ivoire	x11340	x22483	x19108	x32434	x39435	Kuwait/Koweït	x10829	9953	x10076	x9690	x87
Kuwait/Koweït	x36654	17779	x29044	x20954	x48320	Yugoslavia SFR	8181	12468	9299	x7155	
Bahrain/Bahreïn	x10408	x18890	x20153	x17308	x19951	Colombia/Colombie	6629	7989	8068	10791	23606
Yugoslavia SFR	2131	5021	35231	x20757		Poland/Pologne	13873	12725	6907	7074	x9203
Nigeria/Nigéria	x18552	x16278	x22392	x22108	x31739	Philippines	7587	x7887	9249	9508	9562
Viet Nam	x13012	x32121	x14900	x10272	x9635	United Arab Emirates	x4229	x6565	x6104	x5817	x3486
Poland/Pologne	x8225	8229	5069	43857	x50146	Brazil/Brésil	6564	6005	5046	7068	14190
Jamaica/Jamaïque	12834	19267	20953	15018	x11347	Costa Rica	3926	5813	5030	6507	x5629

(VALUE AS % OF TOTAL)(VALEUR EN % DU TOTAL)

	1983	1984	1985	1986	1987	1988	1989	1990	1991	1992		1983	1984	1985	1986	1987	1988	1989	1990	1991	1992
Africa	x6.0	x7.7	9.5	6.7	x4.9	4.6	4.2	3.6	3.8	x3.8	Afrique	1.3	0.5	0.5	0.4	0.4	0.3	0.3	0.4	0.3	x0.3
Northern Africa	x0.9	0.7	4.8	0.7	0.5	0.5	0.4	0.4	x0.7	0.8	Afrique du Nord	x0.1	0.2	0.1	0.2	0.2	0.2	0.2	0.2	0.2	0.2
Americas	18.9	20.3	21.1	18.4	17.4	14.3	17.3	17.8	17.6	x21.2	Amériques	11.9	13.0	14.2	10.1	8.7	8.4	9.9	11.0	12.5	x12.6
LAIA	4.9	3.9	3.4	2.8	2.8	2.5	3.5	6.3	5.5	9.0	ALAI	1.9	2.6	1.9	1.3	1.3	1.2	1.4	1.5	1.8	1.6
CACM	x0.3	1.0	1.1	0.4	x0.7	0.4	0.5	0.3	0.4	x0.4	MCAC	x0.2	0.5	0.4	0.3	0.3	0.3	0.2	0.2	0.2	x0.3
Asia	24.4	23.9	18.6	17.6	x16.6	x21.2	x19.4	x17.4	x16.1	16.0	Asie	6.7	8.3	6.4	5.9	x8.0	8.8	9.1	8.1	8.3	x8.8
Middle East	x7.3	x7.8	5.0	x5.7	x4.5	x7.0	x4.5	4.8	3.7	x3.4	Moyen–Orient	0.6	1.1	1.1	x0.9	x1.9	x1.3	x1.1	x1.1	x1.1	0.8
Europe	46.5	45.1	49.1	55.4	58.2	56.3	53.1	53.8	54.8	56.4	Europe	74.0	72.6	74.3	79.1	77.9	78.2	76.3	77.2	75.7	75.9
EEC	39.4	38.5	42.1	47.4	50.2	49.4	46.6	47.0	48.2	49.8	CEE	69.4	67.3	68.9	73.2	72.0	72.8	70.9	72.0	71.3	71.7
EFTA	7.0	6.4	6.8	7.7	7.7	6.5	6.2	6.2	6.1	6.0	AELE	4.6	4.5	4.5	5.5	5.8	5.3	5.2	5.2	4.3	4.0
Oceania	1.7	x1.9	1.4	x1.7	x1.6	x1.7	x1.8	1.5	x1.7	x1.6	Océanie	4.2	3.9	2.9	2.8	2.7	x2.6	2.3	2.2	2.2	1.8
Germany/Allemagne	9.9	9.0	9.1	10.4	11.1	10.5	9.6	10.7	11.6	12.1	Germany/Allemagne	11.4	10.7	11.1	13.6	14.4	13.5	13.1	13.8	13.7	13.2
France,Monac	8.2	8.4	9.7	12.1	12.6	11.2	10.7	10.6	10.5	10.4	France,Monac	14.6	13.6	13.6	13.1	12.0	11.8	11.7	12.0	11.4	11.7
USA/Etats–Unis d'Amer	7.4	8.6	10.6	9.6	8.9	6.7	7.7	6.3	6.4	6.4	Netherlands/Pays–Bas	8.0	8.2	8.5	9.7	9.4	11.7	10.4	10.4	10.2	10.1
United Kingdom	4.6	4.9	5.1	5.1	4.9	6.2	6.5	6.4	6.6	6.9	Italy/Italie	6.9	8.0	9.2	10.3	10.8	9.8	10.1	10.1	10.6	11.5
Japan/Japon	7.4	6.9	5.4	5.4	5.5	5.9	6.8	5.5	5.0	5.0	United Kingdom	12.5	10.7	10.2	9.1	9.2	9.2	8.8	8.8	8.8	9.1
Former USSR/Anc. URSS	2.2	0.8			x0.7	x1.3	3.7	5.3	x5.3		Belgium–Luxembourg	8.8	9.0	8.6	9.5	9.3	8.4	8.4	8.4	8.3	7.7
Belgium–Luxembourg	4.7	4.9	5.1	5.6	5.9	5.5	4.7	4.6	4.7	4.5	USA/Etats–Unis d'Amer	6.4	6.6	8.1	5.0	3.7	3.5	5.0	6.1	7.2	7.4
Netherlands/Pays–Bas	4.3	4.1	4.4	4.8	5.2	5.0	4.6	4.4	4.1	4.4	Denmark/Danemark	5.2	5.4	5.7	6.0	5.2	4.1	4.0	4.0	4.2	4.1
Brazil/Brésil	1.9	1.6	1.3	1.3	1.2	1.1	1.6	4.7	3.8	5.9	Ireland/Irlande	0.9	0.9	1.0	0.9	0.8	3.7	3.5	3.5	2.8	2.9
Italy/Italie	3.1	2.8	3.9	3.8	4.0	4.2	3.7	3.4	3.5	3.5	Canada	3.0	3.1	3.7	3.4	3.0	3.1	3.1	3.0	3.0	3.1

054 VEG ETC FRSH, SMPLY PRSVD / LEGUMES FRAIS, CONG, SECS 054

TRADE BY COMMODITY IN THOUSAND U.S. DOLLARS – COMMERCE PAR PRODUIT EN MILLIERS DE DOLLARS E.U

COUNTRIES-PAYS	IMPORTS – IMPORTATIONS					COUNTRIES-PAYS	EXPORTS – EXPORTATIONS				
	1988	1989	1990	1991	1992		1988	1989	1990	1991	1992
Total	15390920	16097004	19310330	20922210	20469732	Totale	13816155	14060436	17532838	18551194	x18652555
Africa	x386740	x383756	x443571	x524625	x615160	Afrique	x333751	x316255	x391541	x410772	x470696
Northern Africa	173063	210922	255872	x335872	x367764	Afrique du Nord	207729	188584	246338	313601	294426
Americas	x1907624	2668098	3270379	x2909887	x3000623	Amériques	1965709	2121124	3360701	3303921	x3398513
LAIA	205854	321796	621846	423990	483002	ALAI	751091	762428	1386970	1307296	1328529
CACM	38115	26821	29027	23199	x22704	MCAC	40311	35706	67840	71841	x74596
Asia	x2610491	x2595849	x2817308	x2925536	x3045946	Asie	3029692	2839336	3153525	3257745	x3551718
Middle East	x543444	x543397	x600880	x558036	x506348	Moyen-Orient	656546	717848	856466	804233	656127
Europe	9927015	9809981	12210989	13548007	13511724	Europe	7465043	7783005	9504935	10528872	10270198
EEC	8990672	8875521	11006210	12323545	12285124	CEE	7320612	7642031	9383934	10404991	10150559
EFTA	900023	880016	1093561	1176355	1159189	AELE	59338	59884	64122	70118	58724
Oceania	x89063	x108379	x120293	x112093	x115648	Océanie	x284190	262698	299035	x318690	x376164
Germany/Allemagne	2917137	2793145	3517079	4108014	4201484	Netherlands/Pays-Bas	2508724	2549471	3277428	3632874	3587583
United Kingdom	1474100	1545324	1814033	1833466	1758203	Italy/Italie	1230467	1260030	1405971	1441762	1298318
France, Monac	1340144	1333296	1650307	1712366	1665847	USA/Etats-Unis d'Amer	816903	958814	1488498	1508012	1523003
USA/Etats-Unis d'Amer	832927	1315574	1575651	1438001	1341521	France, Monac	985489	973690	1343083	1449281	1282709
Netherlands/Pays-Bas	1148368	977898	1314050	1479751	1601644	Spain/Espagne	1053096	1033486	1139628	1431830	1598859
Japan/Japon	1004715	1109280	1118758	1261207	1371766	Belgium-Luxembourg	638429	726500	964621	1089825	1084633
Italy/Italie	604334	680593	771809	943084	874807	Thailand/Thaïlande	878731	935802	900329	885549	x1175316
Canada	642952	734692	771460	782963	805032	Mexico/Mexique	588987	541332	1009748	893737	905578
Belgium-Luxembourg	640924	638619	793972	842376	815374	China/Chine	609563	598495	723096	883440	960229
Spain/Espagne	346669	395289	532071	681054	698709	Turkey/Turquie	462736	455008	521204	559823	463974
Former USSR/Anc. URSS	x332406	x373862	x324583	x761570		Germany/Allemagne	304890	315643	398436	515556	454205
Switz. Liecht	314960	306494	371915	393247	376844	Canada	326033	341932	395592	390647	427044
Sweden/Suède	246575	237263	296836	328695	325559	Bulgaria/Bulgarie	x275957	x250287	x385017	x121918	x111198
Hong Kong	208981	217224	214038	233436	281531	Greece/Grèce	133287	235584	280995	235812	x241910
Portugal	207260	173584	216507	264091	236705	United Kingdom	184663	262301	223664	257795	288528
Austria/Autriche	158578	165680	225872	254896	243632	Australia/Australie	173612	162010	169616	185313	226936
Brazil/Brésil	74831	136938	217103	203693	177962	Poland/Pologne	140270	143290	118426	254535	x175897
India/Inde	290056	x99963	299221	122108	x77000	Argentina/Argentine	83131	98108	177998	201820	172594
Mexico/Mexique	32536	114925	300080	87055	98171	Hungary/Hongrie	x118368	x131424	x146610	x169138	x146033
Denmark/Danemark	153755	133215	151495	168517	168548	Denmark/Danemark	124653	110862	169711	165170	117939
Singapore/Singapour	138031	137455	126742	178102	179702	Morocco/Maroc	123599	118955	132554	172317	148451
Ireland/Irlande	114391	124821	147972	158887	169909	Indonesia/Indonésie	140942	94143	164462	134658	147476
Saudi Arabia	109371	132404	x150272	x133124	x141501	Portugal	115792	123421	106877	118733	128590
Algeria/Algérie	88087	135678	135940	133767	x110018	Chile/Chili	52921	67558	139159	130263	x150225
Malaysia/Malaisie	111552	117231	119521	132479	x132862	New Zealand	105377	92359	119109	118795	137631
Cuba	x42780	127294	x115321	x82682	x190089	Israel/Israël	63369	79604	115448	98240	72529
Finland/Finlande	94058	92644	111223	108992	108270	Syrian Arab Republic	26883	82722	121843	x48793	x25243
Greece/Grèce	43591	79737	96915	131939	x93263	India/Inde	66663	x75173	77332	90047	x70774
Lebanon/Liban	x26025	x59189	x104125	x105131	x103191	Czechoslovakia	x72831	x68389	x70230	x101093	x118027
Norway, SVD, JM	79722	71466	79870	82584	97076	Hong Kong	91187	78394	70256	78850	116613
United Arab Emirates	x124403	x63406	x79154	x85546	x88734	Egypt/Egypte	63641	56205	62500	87154	91364
Korea Republic	39301	65114	80153	82824	106231	Former USSR/Anc. URSS	x30461	x72827	x69781	x59776	
Australia/Australie	38517	68103	74213	63077	67142	Korea Republic	59333	72050	60079	69281	93201
Iraq	x71227	x74987	x60422	x41188	x26409	Cyprus/Chypre	46365	52268	75317	71907	57749
Yugoslavia SFR	17822	42751	97451	x33475		Ireland/Irlande	41122	50999	73677	66311	67284
Egypt/Egypte	39257	25120	66479	75508	156062	Yugoslavia SFR	82943	78052	53517	x52438	
Kuwait/Koweït	x112802	114276	x33042	x9950	x26505	Jordan/Jordanie	37039	42630	56798	64304	58720
Pakistan	61038	64477	34643	52244	81340	Singapore/Singapour	61210	55655	44152	52712	47307
Venezuela	50517	32338	42843	68842	86522	Lebanon/Liban	x38527	x49051	x46231	x25569	x6023
Czechoslovakia	x36057	37290	38075	x56987	x55839	Korea Dem People's Rp	31407	x28304	x43288	x32464	x25271
China/Chine	17322	52662	47842	29810	42996	So. Africa Customs Un	x20858	x23302	x36020	x31405	x23708
Indonesia/Indonésie	54294	32786	43953	48977	53496	Sweden/Suède	26495	26486	28512	28694	25007
Bangladesh	x25538	x63079	x23362	31129	x49054	Guatemala	21925	8163	38518	34846	37571
Sri Lanka	17631	7080	29811	69975	49315	Austria/Autriche	25959	25096	25227	30652	25292
Oman	31755	28279	35581	39863	x6749	Malaysia/Malaisie	24210	30052	29102	16864	x40829
Libyan Arab Jamahiriya	9040	9495	6704	x75851	x67878	Costa Rica	14928	19784	24708	29839	x26586
Colombia/Colombie	29842	23785	34385	30512	47219	Romania/Roumanie	x60204	55017	7360	10712	x16001
Cote d'Ivoire	x28696	x27387	x23894	x37312	x55393	United Arab Emirates	x27987	x24109	x23803	x25083	x27690
Trinidad and Tobago	28996	26408	27378	34302	32506	Kenya	36056	x35547	31056		x60003
Israel/Israël	29566	18698	23068	43118	25369	Myanmar	x7587	x12464	x11518	x38468	x70719

(VALUE AS % OF TOTAL)(VALEUR EN % DU TOTAL)

	1983	1984	1985	1986	1987	1988	1989	1990	1991	1992		1983	1984	1985	1986	1987	1988	1989	1990	1991	1992
Africa	x4.0	x3.3	2.5	x3.5	2.2	2.5	2.4	2.3	2.5	3.0	Afrique	3.8	x2.8	2.7	3.1	x2.7	2.5	2.3	2.2	2.2	2.5
Northern Africa	2.6	2.1	1.8	2.4	1.2	1.1	1.3	1.3	x1.6	x1.8	Afrique du Nord	2.7	2.2	1.9	1.9	1.6	1.5	1.3	1.4	1.7	1.6
Americas	16.7	17.7	18.8	x18.0	x14.1	x12.4	16.5	x17.0	x13.9	x14.7	Amériques	16.2	21.1	21.4	20.3	14.9	14.3	15.1	19.1	17.8	x18.3
LAIA	2.4	3.1	2.8	2.9	1.5	1.3	2.0	3.2	2.0	2.4	ALAI	2.1	8.7	8.7	8.9	5.7	5.4	5.4	7.9	7.0	7.1
CACM	x0.3	0.4	0.4	0.2	x0.2	0.2	0.2	0.2	0.2	x0.1	MCAC	x0.1	0.5	1.3	0.4	0.3	0.3	0.3	0.4	0.4	x0.4
Asia	17.3	18.6	17.1	16.2	x14.8	x16.9	16.1	x14.6	x13.9	x14.9	Asie	19.8	21.5	20.6	20.9	x21.8	21.9	20.2	18.0	17.6	x19.0
Middle East	x5.4	x6.1	x3.7	x4.1	x3.5	3.5	x3.4	x3.1	x2.7	x2.5	Moyen-Orient	2.9	6.2	5.2	6.1	x4.4	4.8	5.1	4.9	4.3	3.5
Europe	60.5	57.9	60.3	60.8	66.2	64.5	60.9	63.2	64.8	66.0	Europe	56.6	50.9	52.0	52.8	53.5	54.0	55.4	54.2	56.8	55.1
EEC	54.9	52.7	55.0	55.1	59.9	58.4	55.1	57.0	58.9	60.0	CEE	56.1	49.5	50.7	51.6	52.5	53.0	54.4	53.5	56.1	54.4
EFTA	5.5	5.1	5.3	5.5	6.2	5.8	5.5	5.7	5.6	5.7	AELE	0.5	0.6	0.6	0.5	0.5	0.4	0.4	0.4	0.4	0.3
Oceania	0.6	x0.6	0.5	x0.5	x0.6	0.6	x0.7	x0.6	x0.5	x0.5	Océanie	x1.5	x1.8	1.6	1.7	x2.0	2.0	1.9	1.7	x1.7	x2.1
Germany/Allemagne	19.8	19.2	18.5	18.4	19.8	19.0	17.4	18.2	19.6	20.5	Netherlands/Pays-Bas	25.5	21.0	19.1	20.3	20.7	18.2	18.1	18.7	19.6	19.2
United Kingdom	9.0	8.5	8.6	8.4	8.8	9.6	9.6	9.4	8.8	8.6	Italy/Italie	5.8	5.4	5.5	5.5	5.4	8.9	9.0	8.0	7.8	7.0
France, Monac	8.0	7.9	8.5	8.4	9.7	8.7	8.3	8.5	8.2	8.1	USA/Etats-Unis d'Amer	10.0	8.7	8.1	7.6	6.1	5.9	6.8	8.5	8.1	8.2
USA/Etats-Unis d'Amer	7.9	7.8	9.2	8.5	6.3	5.4	8.2	8.2	6.9	6.6	France, Monac	7.5	6.7	7.4	7.0	7.2	7.1	6.9	7.7	7.8	6.9
Netherlands/Pays-Bas	8.2	7.8	8.7	8.3	8.2	7.5	6.1	6.8	7.1	7.8	Spain/Espagne	5.9	6.0	6.6	6.4	7.4	7.6	7.4	6.5	7.7	8.6
Japan/Japon	5.4	6.2	5.8	5.4	5.5	6.5	6.9	5.8	6.0	6.7	Belgium-Luxembourg	4.7	4.2	4.7	5.2	5.1	4.6	5.2	5.5	5.9	5.8
Italy/Italie	2.9	2.8	3.9	3.8	3.9	3.9	4.2	4.0	4.5	4.3	Thailand/Thaïlande	10.8	9.8	8.5	8.0	6.6	6.4	6.7	5.1	4.8	x6.3
Canada	5.2	5.1	5.2	4.3	4.1	4.2	4.6	4.0	3.7	3.9	Mexico/Mexique		6.7	5.9	6.5	4.4	4.3	3.9	5.8	4.8	4.9
Belgium-Luxembourg	3.9	3.5	3.6	3.7	4.1	4.2	4.0	4.1	4.0	4.0	China/Chine			1.5	1.2	3.7	4.4	4.3	4.1	4.8	5.1
Spain/Espagne	1.0	0.8	0.9	1.4	2.0	2.3	2.5	2.8	3.3	3.4	Turkey/Turquie			3.2	3.8	4.2	2.8	3.3	3.2	3.0	2.5

056 VEGTBLES ETC PRSVD,PREPD / CONSERVES DE LEGUMES 056

TRADE BY COMMODITY IN THOUSAND U.S. DOLLARS – COMMERCE PAR PRODUIT EN MILLIERS DE DOLLARS E.U

COUNTRIES–PAYS	\multicolumn{5}{c	}{IMPORTS – IMPORTATIONS}	COUNTRIES–PAYS	\multicolumn{5}{c	}{EXPORTS – EXPORTATIONS}
	1988	1989	1990	1991	1992		1988	1989	1990	1991	1992
Total	4220830	4240274	4851012	5236923	5501061	Totale	4078944	3989840	4632253	4982860	5175651
Africa	144607	199637	160250	x93036	x60625	Afrique	x111999	x121799	x151195	x155217	x153587
Northern Africa	106325	159163	118400	57579	x20169	Afrique du Nord	92958	103543	132361	137970	129812
Americas	x857547	x815660	x856081	x889352	x972755	Amériques	308459	418048	440769	x532114	x591021
LAIA	14928	27993	43819	49526	88891	ALAI	133678	189754	152886	x180912	x206587
CACM	6478	7881	8484	7753	x8203	MCAC	7671	9622	10623	11693	x6433
Asia	x994439	952153	x968838	x1104485	x1195685	Asie	x1552568	1226525	1366271	1520206	x1428697
Middle East	x135458	x143861	x114520	x126147	x111077	Moyen-Orient	225224	x63468	125203	149227	154350
Europe	1984003	2093962	2664152	2921300	3131565	Europe	1884987	2005322	2439092	2582774	2821581
EEC	1761173	1842889	2383151	2648117	2842027	CEE	1792044	1920225	2370905	2519483	2752250
EFTA	209633	222165	236276	253683	263837	AELE	27141	28231	33896	31439	41452
Oceania	x73578	x83782	85883	x91848	x90827	Océanie	x17117	x16612	20540	x23683	x25434
Germany/Allemagne	746324	726960	1003564	1163592	1206663	Netherlands/Pays-Bas	450457	521153	687467	740310	785976
USA/Etats-Unis d'Amer	678227	606476	618179	627779	659943	China/Chine	545886	564354	591717	612794	603714
Japan/Japon	392470	350331	346070	428329	513500	Spain/Espagne	423488	451316	499347	475488	513129
France, Monac	291479	322864	392732	402510	415688	France, Monac	330843	318292	386678	447279	503510
Hong Kong	256942	280074	285785	322276	287737	USA/Etats-Unis d'Amer	144617	189993	250257	312566	354474
Italy/Italie	207089	233160	269419	302577	302697	Hong Kong	197629	215243	229213	262791	228815
United Kingdom	171183	186958	233167	262922	303870	Germany/Allemagne	181131	192678	227658	256212	256123
Netherlands/Pays-Bas	129616	139097	187024	202386	236684	Belgium-Luxembourg	191077	190085	242721	242062	260631
Belgium-Luxembourg	122280	135608	169126	165795	188020	Thailand/Thaïlande	126379	146554	158823	215212	x150850
Canada	99495	120728	124337	148766	156913	Greece/Grèce	68874	94542	133718	127300	x183812
Singapore/Singapour	88561	80839	100263	105893	112907	Morocco/Maroc	72110	88805	119261	123790	111386
Switz.Liecht	78863	78692	82153	85028	86721	Bulgaria/Bulgarie	x112253	x113544	x138750	x46916	x37794
Sweden/Suède	68345	74094	74636	82776	83711	Spain/Espagne	65079	71529	89287	110617	127555
Australia/Australie	54032	67995	65810	70340	68282	Turkey/Turquie	208710	37048	104796	129458	136903
Former USSR/Anc. URSS	x35847	x37819	x43496	x116517		Japan/Japon	71722	62860	74697	64110	58533
Saudi Arabia	49472	70987	x44370	x49090	x42514	Hungary/Hongrie	x47779	x46847	x53994	x90957	x79252
Algeria/Algérie	50439	71180	37001	42019	x1696	United Kingdom	47222	44589	64028	62962	65087
Libyan Arab Jamahiriya	42638	48932	73760	x7397	x3597	Argentina/Argentine	21794	60488	64054	42043	31750
Spain/Espagne	26748	31987	43297	51589	73148	Korea Republic	46726	54828	55958	54435	52371
Denmark/Danemark	34794	32697	38169	41687	53985	Mexico/Mexique	51105	44200	41773	57863	63668
Austria/Autriche	26416	28238	38790	41906	47434	Yugoslavia SFR	65693	56818	34202	x31713	
Israel/Israël	25070	33625	36603	28706	35250	Peru/Pérou	21526	24999	31448	x58949	x77546
Korea Republic	8686	15718	34585	42445	51170	Indonesia/Indonésie	10253	25523	34328	x47260	48756
Ireland/Irlande	20564	19986	24736	25201	27004	Singapore/Singapour	24804	26227	30304	35617	39721
Yugoslavia SFR	5981	21799	35716	x10456		Chile/Chili	18859	50429	11838	16004	x24390
Norway,SVD,JM	19202	23067	21260	23272	26939	Denmark/Danemark	19546	19768	23788	32560	32079
United Arab Emirates	x33362	x17980	x22878	x26240	x23083	Canada	17354	25479	22749	21910	18587
Mexico/Mexique	4214	11665	21716	26701	45670	India/Inde	11989	x24963	12845	21763	x26515
Bulgaria/Bulgarie	x21995	x29713	x20832	x1615	3967	Switz.Liecht	15005	17019	19735	15838	19936
Egypt/Egypte	9947	36216	6671	7236	12946	Israel/Israël	14218	14108	19077	18430	20714
Finland/Finlande	13880	15166	16095	16860	14933	Malaysia/Malaisie	7623	9913	17247	20160	x14334
Malaysia/Malaisie	13949	14890	15757	16352	x43512	So. Africa Customs Un	x12530	x13371	x13503	x14416	x10828
Kuwait/Koweït	x22210	27430	x8282	x8818	x13382	New Zealand	12753	11583	13004	14176	15684
Czechoslovakia	x13606	15053	14812	x3331	x3954	Ireland/Irlande	6737	8569	9948	15387	13762
Portugal	4833	5922	11997	14925	15750	Egypt/Egypte	9458	8679	11310	12325	16550
Greece/Grèce	6262	7769	9921	14934	x18519	Pakistan	7902	9794	9144	8260	10242
Brazil/Brésil	2029	10667	13545	5715	5038	Former USSR/Anc. URSS	x5121	x7966	x7570	x11095	
Former GDR	x32172	x9335	x20066			Portugal	7591	7522	9683	9125	10586
Philippines	13269	x10458	9198	3204	7907	Romania/Roumanie	x11362	17154	1185	4591	x4851
New Zealand	5604	6944	7348	8505	8763	Poland/Pologne	16152	8343	6441	6016	x24161
Bahamas	8818	3824	x6810	x12134	x9821	Australia/Australie	4196	4715	7315	8077	9341
Bahrain/Bahreïn	x4783	x6848	6260	x8842	x5935	Czechoslovakia	x5600	x5271	x4537	x8210	x6966
Reunion/Réunion	5765	7266	7722	6886	9420	Costa Rica	4245	4481	5721	7029	x1170
Romania/Roumanie	x57077	417	11365	8993	x27625	Lebanon/Liban	x3235	x5588	x5497	x5614	x4139
Oman	2599	5467	7163	7621	4541	United Arab Emirates	x1803	x4324	x5324	x5822	x6381
Guadeloupe	5493	6228	7684	5504	5639	Sweden/Suède	4266	3066	4242	4792	4395
Lebanon/Liban	x2166	x3638	x6765	x8993	x9872	Syrian Arab Republic	2985	2414	6530	x2639	x3234
Martinique	5474	5435	6782	7114	7887	Viet Nam	x1521	x3304	x4774	x3453	x3111
Cuba	x12659	4725	x8451	x5934	x8561	Norway,SVD,JM	2871	2293	4054	4891	9058
Thailand/Thaïlande	2932	3372	5940	7926	7080	Austria/Autriche	2266	2922	3690	4344	5378

(VALUE AS % OF TOTAL)(VALEUR EN % DU TOTAL)

	1983	1984	1985	1986	1987	1988	1989	1990	1991	1992		1983	1984	1985	1986	1987	1988	1989	1990	1991	1992
Africa	x4.2	x3.8	3.7	x4.2	x3.0	3.4	4.7	3.3	x1.8	x1.1	Afrique	3.6	2.6	2.6	x2.5	x2.0	x2.7	3.0	3.3	x3.1	x3.0
Northern Africa	x2.8	x2.5	3.0	x2.3	1.3	2.5	3.8	2.4	1.1	x0.4	Afrique du Nord	2.8	2.3	2.3	2.1	1.7	2.3	2.6	2.9	2.8	2.5
Americas	x17.8	21.2	23.6	x19.7	x17.3	x20.3	x19.2	x17.6	x17.0	x17.6	Amériques	8.1	9.5	8.8	7.3	5.7	7.6	10.5	9.5	x10.7	x11.4
LAIA	0.2	0.4	0.5	0.3	0.4	0.4	0.7	0.9	0.9	1.6	ALAI	1.6	3.3	2.8	2.5	2.4	3.3	4.8	3.3	x3.6	4.0
CACM	x0.1	0.3	0.3	0.1	0.2	0.2	0.2	0.2	0.1	x0.1	MCAC	x0.2	0.3	0.4	0.1	0.1	0.2	0.2	0.2	0.2	x0.1
Asia	20.5	19.6	18.9	19.1	19.0	23.6	22.5	20.0	x21.1	x21.8	Asie	18.4	19.1	22.9	23.5	x32.9	x38.1	30.7	29.5	30.6	x27.6
Middle East	x5.6	x5.6	3.6	x4.3	x4.7	x3.2	x3.4	x2.4	x2.4	x2.0	Moyen-Orient	x0.6	x3.7	2.5	3.1	6.7	5.5	x1.6	2.7	3.0	3.0
Europe	46.3	44.2	49.6	53.1	53.0	47.0	49.4	54.9	55.8	56.9	Europe	68.5	67.0	64.6	65.8	54.5	46.2	50.3	52.7	51.8	54.5
EEC	41.5	39.2	44.1	47.4	47.4	41.7	43.5	49.1	50.6	51.7	CEE	67.9	65.3	62.8	64.2	53.1	43.9	48.1	51.2	50.6	53.2
EFTA	4.7	4.8	5.4	5.5	5.4	5.0	5.2	4.9	4.8	4.8	AELE	0.6	0.6	0.6	0.6	0.6	0.7	0.7	0.7	0.6	0.8
Oceania	1.6	x1.7	2.0	x1.7	x1.4	x1.7	x2.0	x1.8	x1.7	x1.7	Océanie	x0.2	x0.4	0.3	x0.4	x0.3	x0.4	x0.4	0.4	x0.4	x0.5
Germany/Allemagne	18.8	16.4	17.6	19.5	18.8	17.7	17.1	20.7	22.2	21.9	Netherlands/Pays-Bas	10.8	10.4	9.9	11.2	9.6	11.0	13.1	14.8	14.9	15.2
USA/Etats-Unis d'Amer	13.8	16.4	18.5	15.7	13.7	16.1	14.3	12.7	12.0	12.0	China/Chine			7.1	7.5	8.9	13.4	14.1	12.8	12.3	11.7
Japan/Japon	5.8	6.0	6.7	6.9	7.5	9.3	8.3	7.1	8.2	9.3	Spain/Espagne	12.1	13.1	12.3	11.3	9.2	10.4	11.3	10.8	9.5	9.9
France, Monac	5.6	5.8	6.6	6.6	7.0	6.9	7.6	8.1	7.7	7.6	France, Monac	9.8	8.4	8.1	8.6	6.7	8.1	8.0	8.3	9.0	9.7
Hong Kong	4.9	4.2	4.3	4.4	5.4	6.1	6.6	5.9	6.2	5.2	USA/Etats-Unis d'Amer	5.1	4.6	4.3	3.5	2.5	3.5	4.8	5.4	6.3	6.8
Italy/Italie	2.9	2.9	4.4	4.3	4.4	4.9	5.5	5.6	5.8	5.5	Hong Kong	3.9	3.0	3.3	3.2	2.9	4.8	5.4	4.9	5.3	4.4
United Kingdom	6.9	6.8	7.3	7.8	7.5	4.1	4.4	4.8	5.0	5.5	Germany/Allemagne	3.4	3.0	3.1	3.9	3.5	4.4	4.8	4.9	5.1	4.9
Netherlands/Pays-Bas	2.8	2.6	3.4	3.8	3.8	3.1	3.3	3.9	3.9	4.3	Belgium-Luxembourg	4.4	3.9	3.9	4.9	4.1	4.7	4.8	5.2	4.9	5.0
Belgium-Luxembourg	2.9	2.9	3.3	3.6	3.7	2.9	3.2	3.5	3.2	3.4	Thailand/Thaïlande	4.3	3.8	3.3	3.6	2.7	3.1	3.7	3.4	4.3	x2.9
Canada	3.2	3.2	3.4	2.7	2.3	2.4	2.8	2.6	2.8	2.9	Greece/Grèce	7.2	7.0	5.9	5.7	4.6	1.7	2.4	2.9	2.6	x3.6

057 FRUIT, NUTS, FRESH, DRIED — FRUITS FRAIS OU SECS 057

TRADE BY COMMODITY IN THOUSAND U.S. DOLLARS – COMMERCE PAR PRODUIT EN MILLIERS DE DOLLARS E.U

COUNTRIES–PAYS	1988	1989	1990	1991	1992	COUNTRIES–PAYS	1988	1989	1990	1991	1992
Total	19987814	19505515	23770271	25592649	25716687	Totale	15931763	x15831053	19326639	21589871	x22690773
Africa	x74066	x90171	89557	x91358	x102334	Afrique	x1187344	x983800	x1460922	x1645392	x1738159
Northern Africa	25671	34161	32962	x42414	x53407	Afrique du Nord	331732	290364	332564	367972	325029
Americas	3523462	3711861	4221795	4559818	x4668043	Amériques	4982811	5169168	6394372	7298226	x8601519
LAIA	221010	286296	335132	429782	447411	ALAI	1679161	1813319	2223781	2916398	x3614197
CACM	10355	10847	13008	15783	x22120	MCAC	626774	606813	693188	814209	x1065874
Asia	x3504110	3345524	x3283444	x3767878	x3896256	Asie	x3273013	x3091575	x3311710	x3528686	x3429868
Middle East	x701161	x609125	x522972	x458425	x462403	Moyen–Orient	x1467181	x1228475	x1528153	x1394404	x1376650
Europe	11702316	11339550	14735543	16056099	16441311	Europe	5519560	5777649	7161318	8029090	8022740
EEC	9915338	9627172	12513518	13877572	14330041	CEE	5466119	5722056	7109008	7954171	7946075
EFTA	1684557	1577409	1966214	2047957	2032190	AELE	27268	24888	39465	59289	63722
Oceania	x167175	x188065	x188523	x201259	x209513	Océanie	x623595	x557291	x702352	x682438	x707138
Germany/Allemagne	3122729	2992652	4240692	4981625	4951216	USA/Etats–Unis d'Amer	2098792	2149963	2835740	2945759	3097246
USA/Etats–Unis d'Amer	2207220	2302240	2650740	2781206	2940602	Spain/Espagne	1905365	1888517	2195039	2548153	2836696
France, Monac	2001582	1923059	2374805	2558718	2546699	Italy/Italie	1477392	1432795	1878506	2079757	1989355
United Kingdom	1881728	1892687	2293801	2310958	2442756	France, Monac	773276	851953	1087904	1242003	1006639
Japan/Japon	1549960	1602608	1477117	1646113	1754846	Turkey/Turquie	760933	676053	977764	876162	808098
Canada	1016040	1049122	1158234	1267038	1196103	So. Africa Customs Un	x533801	x558667	x765711	x801030	x716359
Netherlands/Pays–Bas	951578	885860	1177736	1248295	1350568	Netherlands/Pays–Bas	533957	496039	748137	834906	833204
Italy/Italie	819742	686755	842103	1076547	1217143	Chile/Chili	549429	549285	684436	720435	x1401702
Belgium–Luxembourg	567211	657972	728281	727328	752747	Ecuador/Equateur	301304	374472	472905	721682	678959
Former USSR/Anc. URSS	x561265	x493137	x927131	x447547		New Zealand	419911	393405	519855	466662	456205
Hong Kong	479223	513542	544276	644779	700908	Greece/Grèce	227853	397724	444870	499905	x507219
Switz.Liecht	508295	457739	573963	608149	590984	Costa Rica	295669	339182	371799	466950	x589232
Sweden/Suède	403525	388682	471267	516054	484938	Philippines	273417	x560772	258189	301848	307813
Austria/Autriche	362932	334358	466066	467681	490067	Colombia/Colombie	255443	264896	327953	444417	423724
Spain/Espagne	183912	198809	346735	400528	504296	Belgium–Luxembourg	237358	340906	344596	266349	299541
Singapore/Singapour	242369	248761	275436	324963	345936	Mexico/Mexique	167861	217050	248257	450108	424719
Finland/Finlande	204881	207877	241745	238047	234203	Iran (Islamic Rp. of)	x445320	x256786	x256365	x338676	x413446
Denmark/Danemark	184888	167805	203274	231668	226191	India/Inde	240186	x229074	284089	324868	x277167
Saudi Arabia	263438	245570	x195798	x157100	x164169	Germany/Allemagne	207042	202618	272353	309402	291862
Norway,SVD,JM	189994	175839	199216	201467	216392	Israel/Israël	246783	207141	281582	282460	211308
Brazil/Brésil	130020	163683	173952	189869	119469	China/Chine	284345	258677	224256	268313	
Yugoslavia SFR	80835	118537	232682	x113211		Argentina/Argentine	173044	167457	222987	283593	308278
Czechoslovakia	x163018	168277	141193	x107252	x102839	Honduras	216585	208647	203456	224365	329871
Ireland/Irlande	105388	111817	129051	136075	140006	Brazil/Brésil	189140	183844	187371	211356	270933
Korea Republic	31940	49927	48436	249687	131044	Australia/Australie	196754	159924	178337	212479	248045
India/Inde	85885	x63228	132292	149536	x84178	Cote d'Ivoire	x167037	x209794	x338966	x498592	
Portugal	63756	70718	115440	142183	146610	Morocco/Maroc	204204	144460	176961	217232	179797
Poland/Pologne	56539	50945	26749	230827	x179858	Hong Kong	107020	122020	108839	156019	173785
Australia/Australie	79515	97727	98456	108501	109455	Bulgaria/Bulgarie	x193362	x124530	x168294	x63641	x35092
United Arab Emirates	x160828	x75994	x77204	x95044	x101920	Korea Republic	107158	104933	118421	122989	127786
Malaysia/Malaisie	80574	77243	80545	80251	x129540	Afghanistan	x111586	x39946	x47364	x231004	x85237
New Zealand	72691	81333	77063	76834	81916	Cuba	x39252	x144934	x75986	x83919	x99000
Kuwait/Koweït	x130820	141631	x59490	x8741	x18429	Martinique	95754	92463	118406	89514	114815
Mexico/Mexique	15610	45856	59002	84499	133198	Panama	93149	87979	92631	92825	222578
Oman	48677	52143	55857	60005	x1341	Hungary/Hongrie	x45887	x52439	x65981	x142874	x81255
Greece/Grèce	32823	39039	61599	63647	x51809	Singapore/Singapour	65647	66807	81706	97360	89106
Hungary/Hongrie	x17461	x19447	x37532	85320	x67966	Guatemala	97560	40211	88026	93034	125228
Israel/Israël	48544	41411	48479	47946	55329	Malaysia/Malaisie	57299	64663	74430	75686	x109585
Argentina/Argentine	23789	24540	32097	62441	77735	United Kingdom	59975	55963	70543	86638	99102
Lebanon/Liban	x11100	x19239	x39192	x43200	x38367	Egypt/Egypte	55575	82104	64393	55650	52025
Former GDR	x171699	x58623	x41476			Saint Lucia/St. Lucie	69566	x55472	74527	60760	x69886
Bulgaria/Bulgarie	x25559	x32296	x52915	x9853	18126	Tunisia/Tunisie	56118	56880	64320	67914	62614
Thailand/Thaïlande	12128	20931	32139	28426	45334	Canada	76288	41916	66133	76472	80309
Philippines	17761	x36959	25943	17903	25031	Cyprus/Chypre	43183	51612	64609	55441	45471
China/Chine	50782	24176	23649	26587	40439	United Arab Emirates	x63528	x62277	x54288	x54416	x57777
Qatar	19012	20292	26457	26583	x6360	Sri Lanka	29699	39817	48913	54324	51883
Pakistan	20111	18837	27660	26353	31128	Japan/Japon	52738	47574	42127	54324	51883
Romania/Roumanie	x20115	7235	27244	35384	x30240	Thailand/Thaïlande	38612	38069	58379	46892	x127488
Colombia/Colombie	19656	21406	21719	17494	25436	Guadeloupe	55595	38817	41145	56733	58408
Venezuela	6443	4819	18357	35205	30589	Lebanon/Liban	x42316	x53610	x47236	x35758	x21751

(VALUE AS % OF TOTAL)(VALEUR EN % DU TOTAL)

	1983	1984	1985	1986	1987	1988	1989	1990	1991	1992		1983	1984	1985	1986	1987	1988	1989	1990	1991	1992
Africa	0.9	x0.7	0.6	x0.5	0.4	x0.4	0.5	0.3	x0.3	x0.4	Afrique	8.7	7.4	6.3	x7.1	6.9	x6.2	x6.2	7.6	x7.6	x7.7
Northern Africa	0.5	0.4	0.3	0.1	0.1	0.1	0.2	0.1	x0.2	x0.2	Afrique du Nord	3.3	2.7	3.1	2.5	2.4	2.1	1.8	1.7	1.7	1.4
Americas	19.6	21.4	23.9	20.6	17.8	17.6	19.0	17.7	17.8	x18.2	Amériques	x33.4	34.7	36.4	33.8	31.1	31.3	32.6	33.1	33.8	x37.9
LAIA	1.3	1.2	1.2	1.4	1.0	1.1	1.5	1.4	1.7	1.7	ALAI	9.6	10.7	13.2	11.3	9.7	10.5	11.5	11.5	13.5	x15.9
CACM	x0.1	0.0	0.0	0.1	0.1	0.1	0.1	0.1	0.1	x0.1	MCAC	x3.7	6.2	5.4	4.9	5.0	3.9	3.8	3.6	3.8	x4.7
Asia	18.1	19.0	17.7	17.6	x15.9	x17.5	17.1	13.8	x14.7	x15.1	Asie	x17.0	20.4	19.3	x19.8	x20.3	20.6	19.5	x17.2	x16.4	15.2
Middle East	6.3	6.6	4.7	x4.0	x3.2	x3.5	3.1	2.2	x1.8	x1.8	Moyen–Orient	x3.9	x9.5	7.3	x8.1	x8.4	x9.2	x7.8	7.9	6.5	x6.1
Europe	53.8	51.1	55.3	59.0	58.8	58.5	58.1	62.0	62.7	63.9	Europe	37.5	34.3	34.3	35.6	34.3	34.6	36.5	37.1	37.2	35.4
EEC	45.5	42.7	46.8	49.6	49.5	49.6	49.4	52.6	54.2	55.7	CEE	37.2	33.7	33.8	35.2	34.3	35.1	36.1	36.8	36.8	35.0
EFTA	8.3	7.8	8.0	8.9	8.8	8.4	8.1	8.3	8.0	7.9	AELE	0.3	0.2	0.1	0.2	0.1	0.2	0.2	0.2	0.3	0.3
Oceania	1.0	x1.3	1.0	x0.9	x0.9	x0.9	x0.9	x0.8	x0.8	x0.8	Océanie	x2.7	x2.6	3.1	x3.3	x3.7	x3.9	x3.5	x3.6	x3.1	x3.1
Germany/Allemagne	15.0	14.5	15.1	16.2	16.8	15.6	15.3	17.8	19.5	19.3	USA/Etats–Unis d'Amer	15.5	14.2	14.7	12.3	11.8	13.2	13.6	14.7	13.6	13.6
USA/Etats–Unis d'Amer	12.0	13.5	16.0	13.2	11.6	11.0	11.8	11.2	10.9	11.4	Spain/Espagne	9.6	10.9	8.8	11.5	11.4	12.0	11.9	11.4	11.8	12.5
France, Monac	10.0	9.1	9.7	10.8	9.9	10.0	9.9	10.0	10.0	9.9	Italy/Italie	13.2	9.7	10.9	9.9	9.4	9.3	9.1	9.7	9.6	8.8
United Kingdom	9.5	8.7	9.4	9.7	9.0	9.4	9.7	9.0	9.0	9.5	France, Monac	5.1	4.5	4.5	4.8	5.4	5.4	5.6	5.8	5.8	4.4
Japan/Japon	6.1	6.6	7.0	8.0	7.0	7.8	8.2	6.2	6.4	6.8	Turkey/Turquie		6.0	5.4	5.4	4.6	4.8	4.3	5.1	4.1	3.6
Canada	5.9	6.3	6.2	5.6	4.8	5.1	5.4	4.9	5.0	4.7	So. Africa Customs Un	3.7	3.8	2.0	2.2	2.1	3.4	3.5	4.0	x3.7	x3.2
Netherlands/Pays–Bas	4.2	3.9	4.4	4.7	4.5	4.8	4.5	5.0	4.9	5.3	Netherlands/Pays–Bas	2.7	2.4	2.6	2.7	2.8	3.4	3.1	3.9	3.9	3.7
Italy/Italie	2.4	2.2	3.3	2.9	3.6	4.1	3.5	3.5	4.2	4.7	Chile/Chili	2.6	3.3	3.8	4.0	3.0	3.4	3.5	3.5	3.3	x6.2
Belgium–Luxembourg	2.7	2.5	2.7	3.0	3.0	3.4	3.1	3.1	2.8	2.9	Ecuador/Equateur	1.7	1.5	2.3	2.5	1.8	1.9	2.4	2.4	3.3	3.0
Former USSR/Anc. URSS	5.5	5.1			x3.7	x2.8	x2.5	x3.9	x1.7		New Zealand	1.4	1.6	1.9	2.1	2.5	2.6	2.5	2.7	2.2	2.0

058 FRUIT PRESERVED, PREPARED — CONSERVES DE FRUITS 058

TRADE BY COMMODITY IN THOUSAND U.S. DOLLARS – COMMERCE PAR PRODUIT EN MILLIERS DE DOLLARS E.U

IMPORTS – IMPORTATIONS

COUNTRIES–PAYS	1988	1989	1990	1991	1992
Total	8243643	8120103	9872368	10353844	11171139
Africa	x43397	x41736	x44917	x61715	x67740
Northern Africa	6262	8751	7076	x13564	x21511
Americas	2091514	1972254	x2423063	x2045279	x2393914
LAIA	30882	43639	61685	91148	158863
CACM	9838	10217	10672	12602	x17152
Asia	x1149550	1186358	x1270696	x1484863	x1715673
Middle East	x195030	x166598	x123184	x139739	x139166
Europe	4604166	4583573	5757773	6334634	6765625
EEC	4027812	4028675	5045968	5614633	5987897
EFTA	560952	540202	648120	687197	737759
Oceania	x121551	x129197	x103554	x136801	x150129
Germany/Allemagne	1338380	1283167	1767714	2036609	2156295
USA/Etats–Unis d'Amer	1573347	1448855	1835146	1391975	1641453
United Kingdom	824236	803624	913014	864880	951293
France, Monac	623886	698334	883367	939944	1053572
Japan/Japon	578355	664705	747785	848379	969992
Netherlands/Pays–Bas	512031	501112	552146	643624	675262
Canada	390755	386199	423938	453042	478782
Belgium–Luxembourg	262350	256858	330915	364848	382678
Italy/Italie	189727	207987	252269	333805	309766
Sweden/Suède	153077	142867	177573	186135	212504
Former USSR/Anc. URSS	x92019	x106188	x173271	x202059	
Austria/Autriche	116954	124178	157262	171953	170472
Switz.Liecht	139153	125865	147847	153124	163298
Spain/Espagne	83263	93367	116041	171451	164931
Singapore/Singapour	103095	95391	117512	132461	136592
Hong Kong	85535	92330	99545	127256	152323
Denmark/Danemark	101278	81991	99795	117194	119567
Korea Republic	29513	65862	95155	130706	166157
Finland/Finlande	75718	81353	89351	93335	99917
Australia/Australie	66436	82529	59391	86682	94884
Saudi Arabia	92570	95139	x53072	x54918	x48025
Norway, SVD, JM	68184	58283	68630	74101	83242
Ireland/Irlande	49471	47313	60464	62783	77090
Greece/Grèce	28291	37204	46737	42633	x52617
Israel/Israël	76191	41530	35357	47429	55266
New Zealand	32265	38036	30417	31368	33331
Mexico/Mexique	5240	17830	32340	36907	64232
Yugoslavia SFR	8145	8095	54024	x24721	
Czechoslovakia	x32257	43208	29667	x8850	x14681
Portugal	14899	17721	23505	36862	44827
Former GDR	x79382	x26337	x34574		
Poland/Pologne	11773	9020	1110	38710	x35818
Malaysia/Malaisie	17360	17767	17672	19893	x41718
United Arab Emirates	x31779	x14315	x16394	x23094	x26585
Hungary/Hongrie	x8806	x10255	x8253	21577	x13377
Bahamas	22349	12973	x11179	x13763	x11401
Kuwait/Koweït	x24008	17785	x9023	x9460	x18477
Panama	8186	9904	12661	12847	13325
Brazil/Brésil	2604	6764	12312	13030	10577
Reunion/Réunion	8814	9294	9897	8844	13408
Philippines	5414	x12622	7160	6850	9926
Romania/Roumanie	x4295	5327	6112	14314	x9248
Guadeloupe	6286	6534	9793	8455	9888
Oman	8114	8623	7933	7621	x4303
China/Chine	5938	9643	7633	6801	12551
Martinique	5226	6029	8446	9200	9299
Iceland/Islande	7867	7656	7457	8549	8325
Lebanon/Liban	x2428	x4655	x7316	x11685	x11377
Libyan Arab Jamahiriya	4223	6197	4007	x11105	x10085
So. Africa Customs Un	8971	3726	5589	x11988	x10839

EXPORTS – EXPORTATIONS

COUNTRIES–PAYS	1988	1989	1990	1991	1992
Totale	7335438	7254372	8938030	9391811	x10135106
Afrique	x285713	x310995	x347582	x332610	x343175
Afrique du Nord	59877	63655	82477	66936	32384
Amériques	2291491	2178691	2989934	2669086	3099791
ALAI	1521657	1401625	1981387	1462056	1727638
MCAC	18195	24159	32618	40688	x44031
Asie	1510686	x1520076	1606102	1798290	x1931618
Moyen–Orient	x225907	211883	x244127	x256273	x235940
Europe	2718394	2751776	3465079	3852909	4102145
CEE	2456952	2490061	3141353	3497754	3770391
AELE	143849	149795	196108	222395	229184
Océanie	133520	113526	125008	x160257	174519
Brazil/Brésil	1210409	1098955	1543191	972189	1148498
USA/Etats–Unis d'Amer	605237	618559	830734	1019529	1149047
Germany/Allemagne	502109	518966	665411	718977	762507
Italy/Italie	476738	454506	595913	668160	717349
Netherlands/Pays–Bas	462299	452104	509793	543506	555546
Thailand/Thaïlande	293429	309253	402986	550619	x624808
Spain/Espagne	276110	270433	356823	424309	447024
Israel/Israël	315416	296966	355679	268834	447024
Greece/Grèce	172680	231434	294713	323925	x384344
France, Monac	192133	194120	259275	294020	327166
Belgium–Luxembourg	192708	201052	242038	277323	311858
So. Africa Customs Un	x180667	x199885	x216047	x245574	x216846
China/Chine	177745	191935	180032	225611	270974
Philippines	138584	x235377	155027	179925	175518
Poland/Pologne	170589	151960	141337	178777	x294626
Turkey/Turquie	152926	125400	132971	183749	161332
Argentina/Argentine	103870	103502	154850	152858	229212
Mexico/Mexique	126471	102169	164096	130629	94143
Yugoslavia SFR	116426	110689	123713	x131270	
Hungary/Hongrie	x60978	x74318	x103119	x171717	x118916
United Kingdom	105975	99703	119326	126582	134264
Austria/Autriche	75684	85716	106533	119482	105143
Australia/Australie	99569	84954	93022	117700	127260
Chile/Chili	43797	54254	65375	120750	x166763
Bulgaria/Bulgarie	x85599	x92042	x89760	x44139	x35289
Canada	74160	66815	75175	78587	85472
Denmark/Danemark	59597	49963	74248	88183	98762
Former USSR/Anc. URSS	x32037	x28266	x44107	x137009	
Singapore/Singapour	52920	55502	64095	72276	72904
Morocco/Maroc	57787	60538	71106	55133	29253
Hong Kong	45298	50032	49931	72509	83668
Malaysia/Malaisie	30902	32671	39952	47922	x75045
Switz.Liecht	31061	31374	42285	44438	48564
Korea Republic	55391	41037	39492	29760	25858
Indonesia/Indonésie	16729	24522	28170	52509	55702
New Zealand	32320	26901	29992	40720	45311
Sweden/Suède	33522	24039	34322	38414	50201
India/Inde	28292	x45616	25378	23733	x19652
Kenya	39055	x43789	36744	x19117	x78839
Czechoslovakia	x20967	x15559	x20107	x41324	x23328
Iran (Islamic Rp. of)	x22392	x18336	x24203	x31361	x42018
Colombia/Colombie	19104	15555	16347	41542	37976
Syrian Arab Republic	6644	22713	38968	x6386	x4451
Cyprus/Chypre	19776	21889	26846	16316	14805
Belize/Bélize	17862	19880	21646	x20671	27673
Costa Rica	6874	10952	18620	27147	x30795
Cuba	x37849	x22193	x14185	x15540	x30050
Ireland/Irlande	10209	11305	16065	23689	20348
Venezuela	3144	8295	17865	13237	9097
Japan/Japon	14504	13766	8578	7445	10971

(VALUE AS % OF TOTAL)(VALEUR EN % DU TOTAL)

	1983	1984	1985	1986	1987	1988	1989	1990	1991	1992
Africa	x1.1	x0.9	0.4	0.6	0.5	0.5	0.5	0.5	0.6	0.6
Northern Africa	x0.5	x0.4	0.2	x0.1	0.1	0.1	0.1	0.1	0.1	0.2
Americas	24.3	34.6	33.8	30.4	26.9	25.3	24.3	x24.6	19.7	x21.4
LAIA	0.4	0.8	0.8	0.4	0.4	0.4	0.5	0.6	0.9	1.4
CACM	x0.1	0.2	0.2	0.1	0.1	0.1	0.1	0.1	0.1	0.2
Asia	15.9	13.6	12.6	12.4	x12.4	x13.9	14.6	x12.8	x14.4	x15.4
Middle East	6.6	5.3	3.6	x3.2	x2.8	x2.4	x2.1	x1.2	x1.3	x1.2
Europe	51.2	44.0	50.7	54.3	55.5	55.9	56.4	58.3	61.2	60.6
EEC	44.7	38.2	44.3	47.5	48.2	48.9	49.6	51.1	54.2	53.6
EFTA	6.5	5.6	6.3	6.6	7.0	6.8	6.7	6.6	6.6	6.6
Oceania	x1.5	x1.8	1.5	x1.3	x1.2	x1.5	x1.6	x1.0	x1.3	x1.3
Germany/Allemagne	14.9	12.6	14.8	16.8	16.7	16.2	15.8	17.9	19.7	19.3
USA/Etats–Unis d'Amer	17.0	26.4	25.0	23.3	20.2	19.1	17.8	18.6	13.4	14.7
United Kingdom	10.3	9.2	10.2	9.6	10.1	10.0	9.9	9.2	8.4	8.5
France, Monac	7.0	6.1	6.5	7.2	7.3	7.6	8.6	8.9	9.1	9.4
Japan/Japon	4.9	4.4	5.2	5.6	5.9	7.0	8.2	7.6	8.2	8.7
Netherlands/Pays–Bas	5.8	4.5	5.6	5.9	5.9	6.2	6.2	5.6	6.2	6.0
Canada	5.9	6.1	6.8	5.5	5.0	4.7	4.8	4.3	4.4	4.3
Belgium–Luxembourg	2.9	2.5	3.0	3.5	3.2	3.2	3.2	3.4	3.5	3.4
Italy/Italie	1.4	1.1	1.8	1.9	2.2	2.3	2.6	2.6	3.2	2.8
Sweden/Suède	1.9	1.6	1.7	1.7	1.8	1.9	1.8	1.8	1.8	1.9

	1983	1984	1985	1986	1987	1988	1989	1990	1991	1992
Afrique	6.2	3.5	4.9	x4.7	x3.9	x3.9	x4.3	x3.9	x3.5	x3.3
Afrique du Nord	0.7	0.6	0.8	0.6	0.4	0.8	0.9	0.9	0.7	0.3
Amériques	33.7	44.8	32.8	29.8	28.1	31.3	30.0	33.4	28.4	30.6
ALAI	19.8	33.8	22.0	18.3	18.2	20.7	19.3	22.2	15.6	17.0
MCAC	x0.2	0.3	0.4	0.4	0.3	0.3	0.3	0.4	0.4	x0.4
Asie	16.5	15.6	19.3	17.2	19.6	20.6	x21.0	18.0	19.1	19.0
Moyen–Orient	x1.3	1.9	2.6	2.6	x2.9	x3.1	2.9	x2.7	x2.7	x2.3
Europe	38.5	32.1	38.3	42.8	40.8	37.1	37.9	38.8	41.0	40.5
CEE	36.0	28.9	34.5	38.6	36.8	33.5	34.3	35.1	37.2	37.2
AELE	2.4	1.9	2.1	2.7	2.3	2.0	2.1	2.2	2.4	2.3
Océanie	2.1	1.5	1.8	x1.9	x1.9	1.8	1.5	1.4	x1.7	1.7
Brazil/Brésil	18.0	30.1	18.6	15.2	14.2	16.5	15.1	17.3	10.4	11.3
USA/Etats–Unis d'Amer	12.4	8.8	8.9	8.6	8.7	8.3	8.5	9.3	10.9	11.3
Germany/Allemagne	6.4	4.7	5.5	7.2	6.6	6.8	7.2	7.7	7.7	7.5
Italy/Italie	8.0	7.0	8.6	8.7	7.5	6.6	6.3	6.7	7.1	7.1
Netherlands/Pays–Bas	7.4	5.0	6.0	6.5	6.3	6.3	6.3	5.7	5.8	5.5
Thailand/Thaïlande	3.0	3.0	3.7	3.5	3.2	4.0	4.3	4.5	5.9	x6.2
Spain/Espagne	3.4	3.8	4.3	3.9	4.1	3.8	3.7	4.0	4.5	4.4
Israel/Israël	4.4	4.2	5.3	3.6	3.9	4.3	4.1	4.0	2.9	2.5
Greece/Grèce	3.0	2.4	3.1	3.7	3.6	2.4	3.2	3.3	3.4	x3.8
France, Monac	2.7	1.9	2.3	2.8	2.9	2.6	2.7	2.9	3.1	3.2

061 SUGAR AND HONEY / SUCRES ET MIEL 061

TRADE BY COMMODITY IN THOUSAND U.S. DOLLARS – COMMERCE PAR PRODUIT EN MILLIERS DE DOLLARS E.U

COUNTRIES–PAYS	IMPORTS – IMPORTATIONS 1988	1989	1990	1991	1992	COUNTRIES–PAYS	EXPORTS – EXPORTATIONS 1988	1989	1990	1991	1992
Total	8557606	9431047	11966731	x10793600	x10576552	Totale	11251365	11922203	13377868	x10590235	x11535337
Africa	x809120	x986115	x1387189	x1111193	x1034860	Afrique	x863241	x895003	x1033988	x908916	x802686
Northern Africa	564884	760795	940802	x697746	x500753	Afrique du Nord	x32469	17783	x33837	x43613	x35225
Americas	1234506	1564991	2447965	1960435	x1844027	Amériques	5922625	5708315	6508729	x4062022	x4263523
LAIA	173219	324720	734278	501760	x375504	ALAI	794796	706931	1018418	821574	949734
CACM	2992	6065	16451	8934	x26908	MCAC	212890	144132	226912	253625	x276406
Asia	x2945398	x3006681	x3920894	2898233	3125927	Asie	885592	1527538	1556353	1347764	x2192796
Middle East	x495075	x506945	x1355916	x769383	x854814	Moyen–Orient	x31884	x19587	x17594	x45535	151885
Europe	2968155	2904383	3506214	3896045	4268504	Europe	2953579	3254602	3817434	3693619	3929402
EEC	2709214	2626877	3175782	3627844	3951304	CEE	2878912	3177423	3706543	3604185	3835077
EFTA	211643	216057	267871	244695	243936	AELE	49778	59065	87146	63155	68328
Oceania	x57949	x76344	x85995	x90884	x83597	Océanie	204428	215886	205738	279239	225598
USA/Etats–Unis d'Amer	729408	889931	1197823	1057077	1036472	Cuba	4124162	3958975	4282000	x2019584	x2206463
United Kingdom	892297	852839	985273	1021643	1128785	France, Monac	1510239	1732405	1730357	1581647	1665337
Japan/Japon	619006	699158	703310	621480	632161	Thailand/Thaïlande	406028	486742	687728	808794	797447
Former USSR/Anc. URSS	x422239	x635608	x284839	x678832		Germany/Allemagne	433378	340274	534517	445781	602320
Germany/Allemagne	403224	435024	526682	586590	614818	Brazil/Brésil	388742	328645	358689	344386	370585
France, Monac	370908	359150	446138	460583	482234	Mauritius/Maurice	336535	328645	352497	352197	287747
Korea Republic	289279	370279	402846	340226	357151	USA/Etats–Unis d'Amer	205311	272388	330626	405162	425381
China/Chine	859923	430595	379974	257401	257507	Belgium–Luxembourg	119385	233983	330626	260181	302324
Mexico/Mexique	3380	180476	565054	274442	55282	Netherlands/Pays–Bas	243453	254611	382374	352197	302324
Canada	257780	255730	411247	308889	287838	So. Africa Customs Un	x241382	x272600	x307948	x285787	x169944
Algeria/Algérie	210640	354861	314808	293097	x171914	China/Chine	103099	224778	305609	185219	709746
Netherlands/Pays–Bas	238635	238747	280943	309075	328202	United Kingdom	139771	163903	186639	176679	237336
Italy/Italie	171574	167830	259150	382874	317673	Fiji/Fidji	146839	160345	156016	197559	155962
Egypt/Egypte	201690	184578	354854	180687	132474	Dominican Republic	144007	174084	158222	157356	x25695
Malaysia/Malaisie	169973	202421	228022	231079	x100055	Denmark/Danemark	123195	125412	150666	129625	118882
Spain/Espagne	121140	143778	218971	254025	378362	Philippines	74556	x135364	133795	135914	109955
Belgium–Luxembourg	105435	83938	170937	252481	349618	Canada	116841	142538	124141	125440	135990
Portugal	138205	150908	136424	197449	151714	Guatemala	162423	90541	130733	149556	169100
Iran (Islamic Rp. of)	x100657	x95653	x203138	x166507	x279415	Reunion/Réunion	120491	121071	138603	100196	145479
Sri Lanka	93450	121674	131593	162601	117786	Argentina/Argentine	84497	71910	165404	100676	98864
Israel/Israël	83429	133668	142502	118453	117869	Korea Republic	76252	110945	128917	94214	100578
Saudi Arabia	62174	57910	x178156	x134557	x123370	Poland/Pologne	22709	103996	116953	103988	x68121
Indonesia/Indonésie	40213	116875	129477	117153	122158	Colombia/Colombie	62454	103916	142983	74231	124804
Syrian Arab Republic	83513	2340	149923	x106646	x117372	Italy/Italie	144108	101612	114123	96825	131260
Turkey/Turquie	2435	54840	159836	73401	51010	Mexico/Mexique	213209	124620	48748	118544	53886
Pakistan	28949	79940	99972	x101694	x34207	Malaysia/Malaisie	34531	76393	89678	72347	x49271
Libyan Arab Jamahiriya	40006	84899	99865	79051	x95202	Guyana	71440	87032	79646	x68887	x112450
Romania/Roumanie	x7302	101308	85969	76255	68210	Jamaica/Jamaïque	93075	64850	74940	87004	x63666
Hong Kong	91612	102648	85969	x94383	x188818	Former USSR/Anc. URSS	x55026	x31657	x55261	x129340	
Nigeria/Nigéria	x88823	x48886	x109458	x94383	x188818	Spain/Espagne	99474	39661	66282	87761	90966
United Arab Emirates	x65688	x54900	x99528	x85898	x87079	Zimbabwe	43936	x49632	61344	34515	x10341
Denmark/Danemark	88365	64499	81686	92922	113758	Ireland/Irlande	61519	35557	50270	46076	52650
Morocco/Maroc	68591	80175	81812	68972	95256	Pakistan	54157	48173	43893	34263	59174
Norway,SVD,JM	53823	63856	81867	76382	76123	Belize/Bélize	35685	34722	46084	45400	40876
Iraq	x78908	x86718	x125387	x6693	83210	India/Inde	6854	x33877	20938	64343	x78536
Singapore/Singapour	68026	66240	79722	71203	78461	Hungary/Hongrie	x32374	x41649	x34056	x38362	x34140
Switz.Liecht	69664	62039	74253	72530	71149	Australia/Australie	37643	36796	29032	29737	39885
Bulgaria/Bulgarie	x69615	x16047	x160711	x23532	70760	Trinidad and Tobago	25432	30759	30537	32365	33013
Tunisia/Tunisie	41668	51850	82902	48350	66023	Guadeloupe	50809	29762	34772	28705	22884
Peru/Pérou	66559	52225	61188	69578	x139335	Barbados/Barbade	31413	25742	33293	30904	x69393
Yemen/Yémen			x86599	x95164	x87884	Nicaragua	4487	14695	40021	34704	30226
Jordan/Jordanie	24136	22658	82969	68358	44135	Austria/Autriche	27337	20473	42037	24711	30856
New Zealand	38420	53158	53159	60163	49980	Peru/Pérou	15890	22240	41237	x19272	x24336
Ireland/Irlande	60068	46604	58133	60075	73771	Bolivia/Bolivie	6371	19318	31613	30747	25360
Czechoslovakia	x5005	83815	43673	x11740	x10637	Malawi	25331	23487	28677	28297	x17558
Chile/Chili	14434	11386	50966	70410	x30460	Indonesia/Indonésie	27605	20049	33793	24688	47974
Viet Nam	x8346	x73771	x47607	x10016	x6455	Panama	6195	10200	36899	24632	21400
Lebanon/Liban	x18588	x31230	x41869	x53677	x31711	Bulgaria/Bulgarie	x46597	x46503	x20493	x3460	x3247
Venezuela	66350	42740	23112	46101	86917	Yugoslavia SFR	24782	18110	23634	x26080	
Greece/Grèce	119363	83560	11446	9127	x12368	Romania/Roumanie	x35374	63416	1699	1522	x2219

(VALUE AS % OF TOTAL)(VALEUR EN % DU TOTAL)

	1983	1984	1985	1986	1987	1988	1989	1990	1991	1992		1983	1984	1985	1986	1987	1988	1989	1990	1991	1992
Africa	7.4	5.8	8.0	x10.3	x9.6	x9.5	x10.5	x11.6	x10.3	x9.8	Afrique	5.7	4.9	5.7	6.6	7.5	7.6	x7.5	x7.7	x8.6	x7.0
Northern Africa	3.8	3.1	4.9	5.8	6.2	6.6	8.1	7.9	x6.5	x4.7	Afrique du Nord	x0.2	x0.2	0.1	x0.3	x0.2	x0.3	0.1	x0.3	x0.4	x0.3
Americas	17.3	18.9	27.2	x21.1	x15.7	14.4	16.5	20.4	18.2	x17.4	Amériques	59.1	62.3	65.9	61.5	51.3	52.7	47.9	48.7	x38.3	x37.0
LAIA	2.7	2.4	1.0	x1.0	1.7	2.0	3.4	6.1	4.6	x3.6	ALAI	8.0	8.4	6.4	6.4	5.8	7.1	5.9	7.6	7.8	8.2
CACM	x0.0	0.0	0.0	0.2	0.0	0.1	0.1	0.1	0.1	x0.3	MCAC	x0.9	1.8	1.3	1.2	1.0	1.9	1.2	1.7	2.4	x2.4
Asia	x18.6	x16.0	30.0	x31.4	x32.8	x34.4	x31.8	x32.8	x26.9	x29.6	Asie	9.1	8.8	8.0	7.0	8.3	7.9	12.9	11.7	12.7	x19.0
Middle East	x6.4	x5.4	3.3	x6.9	x9.6	x5.8	x5.4	x11.3	x7.1	x8.1	Moyen–Orient	0.2	1.5	0.9	x0.3	x0.2	x0.3	x0.2	x0.1	x0.4	1.3
Europe	17.6	18.3	31.8	34.9	34.8	34.7	30.8	29.3	36.1	40.4	Europe	19.1	16.7	16.6	18.3	22.4	26.3	27.3	28.5	34.9	34.1
EEC	15.9	16.3	29.1	31.9	31.8	31.7	27.9	26.5	33.6	37.4	CEE	18.5	16.5	16.2	17.8	22.1	25.6	26.7	27.7	34.0	33.2
EFTA	1.7	1.4	2.4	2.7	2.5	2.5	2.3	2.2	2.3	2.3	AELE	0.6	0.3	0.2	0.3	0.3	0.4	0.5	0.7	0.6	0.6
Oceania	x0.6	x0.6	0.9	x0.6	0.7	x0.6	x0.8	x0.8	x0.9	x0.8	Océanie	6.4	6.4	3.1	5.9	6.1	1.8	1.8	1.5	2.7	2.0
USA/Etats–Unis d'Amer	12.1	14.0	22.7	15.3	9.5	8.5	9.4	10.0	9.8	9.8	Cuba	44.1	44.4	52.2	46.7	37.5	36.7	33.2	32.0	x19.1	x19.1
United Kingdom	5.8	5.9	10.7	10.8	10.3	10.4	9.0	8.2	9.5	10.7	France, Monac	7.9	7.0	6.1	6.0	6.6	13.4	14.5	12.9	14.9	14.4
United Kingdom	5.8	5.9	10.7	10.8	10.3	10.4	9.0	8.2	9.5	10.7	France, Monac	7.9	7.0	6.1	6.0	6.6	13.4	14.5	12.9	14.9	14.4
Japan/Japon	4.9	3.9	5.9	6.6	6.1	7.2	7.4	5.9	5.8	6.0	Thailand/Thaïlande	2.8	2.5	2.8	3.0	3.4	3.6	6.5	5.5	6.0	x7.2
Former USSR/Anc. URSS	3.7	39.5		x2.8	x4.9	x6.7	x2.4	x6.3			Germany/Allemagne	3.7	3.2	3.0	3.8	4.0	3.9	4.1	5.1	7.6	6.9
Germany/Allemagne	2.5	2.1	4.7	5.4	4.9	4.6	4.4	4.4	5.4	5.8	Brazil/Brésil	5.1	5.9	4.2	4.3	3.4	2.9	4.0	4.2	3.3	5.2
France, Monac	1.7	1.6	3.3	4.2	4.5	4.3	3.8	3.7	4.3	4.6	Mauritius/Maurice	2.2	1.7	2.1	2.6	2.3	1.8	2.3	2.6	3.3	3.2
Korea Republic	2.1	2.0	2.9	2.9	3.7	2.4	3.9	3.4	3.2	3.4	USA/Etats–Unis d'Amer	1.1	1.2	1.3	1.6	1.8	1.5	2.5	2.5	3.8	3.7
China/Chine			4.7	3.3	4.0	10.0	4.6	3.2	2.4	2.4	Belgium–Luxembourg	2.2	1.5	2.0	2.4	3.3	2.2	2.1	2.5	2.5	2.6
Mexico/Mexique			0.7	0.1	0.0	0.0	1.9	4.7	2.5	0.5	Netherlands/Pays–Bas	2.4	1.8	2.0	2.4	3.3	2.2	2.1	2.9	2.5	2.6
Canada	1.9	1.7	2.9	3.3	2.6	3.0	2.7	3.4	2.9	2.7	So. Africa Customs Un	1.3	1.3	1.7	1.7	1.9	x2.1	x2.3	x2.3	x2.7	x1.5

27

062 SUGAR CANDY NON-CHOCLATE

TRADE BY COMMODITY IN THOUSAND U.S. DOLLARS – COMMERCE PAR PRODUIT EN MILLIERS DE DOLLARS E.U

SUCRERIES 062

COUNTRIES–PAYS	IMPORTS – IMPORTATIONS 1988	1989	1990	1991	1992	COUNTRIES–PAYS	EXPORTS – EXPORTATIONS 1988	1989	1990	1991	1992
Total	1537246	1629820	2025344	2360083	2585636	Totale	1530079	1591154	2033514	2334782	2689242
Africa	x21735	x18482	x26708	x38353	x38104	Afrique	x18117	x10324	x17053	x22058	x15753
Northern Africa	x1539	x941	1942	x12125	x4687	Afrique du Nord	1964	3236	3980	9209	6793
Americas	306539	x352904	405615	470394	x596523	Amériques	157634	196658	254415	309529	404089
LAIA	9278	24226	41278	63854	96731	ALAI	68385	88721	86372	109594	139164
CACM	11616	10219	9176	12579	x14546	MCAC	16646	11013	11750	16103	x16189
Asia	x244475	x257659	x275608	x341351	x396050	Asie	x143674	166457	201198	276869	346568
Middle East	x83098	x76757	x75629	x91895	x110465	Moyen–Orient	x18397	x23138	x36812	x45874	x47860
Europe	858806	879042	1146279	1270992	1420093	Europe	1132221	1178666	1489043	1665701	1869357
EEC	669537	680544	877689	998528	1141024	CEE	979708	1024591	1315573	1479136	1668397
EFTA	181504	189600	238835	252954	258004	AELE	142587	141634	161358	179028	189279
Oceania	x40043	x46011	x54379	x53126	x61327	Océanie	x44860	20546	21384	23172	26899
USA/Etats–Unis d'Amer	207650	231560	251525	283605	358935	United Kingdom	208120	207566	241845	259066	289096
Germany/Allemagne	150524	150768	234051	248271	261382	Netherlands/Pays–Bas	189725	194902	231780	268607	306109
United Kingdom	93450	97370	113599	139759	168166	Germany/Allemagne	151056	168352	216197	262355	323611
France,Monac	93739	88090	113076	130567	145686	Belgium–Luxembourg	93691	101086	138601	158109	183857
Netherlands/Pays–Bas	81167	82102	108000	107875	153976	France, Monac	93653	98453	133593	138337	146589
Italy/Italie	88276	87731	95968	109472	113356	Denmark/Danemark	75982	85552	113936	120124	131450
Belgium–Luxembourg	64821	67531	72669	84017	88014	USA/Etats–Unis d'Amer	45317	68377	112145	131643	131450
Canada	56616	61623	77648	84732	97824	Spain/Espagne	73549	79210	109158	123071	174386
Hong Kong	49944	66084	65173	89487	116071	Switz.Liecht	65560	63582	77768	80069	128750
Sweden/Suède	52296	56544	73878	75134	78852	Italy/Italie	45673	38569	53544	67430	85005
Former USSR/Anc. URSS	x37039	x46150	x41019	x73929		Ireland/Irlande	41210	38690	57461	60678	72050
Ireland/Irlande	43955	40552	52425	56063	57581	Sweden/Suède	43943	43658	49488	48613	65274
Norway,SVD,JM	38070	39183	45389	54939	54423	Brazil/Brésil	37774	48551	42305	46367	47460
Poland/Pologne	5957	8610	44470	79332	x36130	Hong Kong	24286	33946	40104	54407	61761
Japan/Japon	34249	40970	46521	44412	48562	Canada	24867	24968	35435	48209	75439
Austria/Autriche	33856	34847	49018	47964	51305	Japan/Japon	25090	28961	30384	37947	69045
Spain/Espagne	20056	29444	42540	55449	65257	Korea Republic	17150	17907	30384	37947	43247
Finland/Finlande	23913	28475	34831	35292	31584	Poland/Pologne	9870	9191	24350	38915	54938
Switz.Liecht	30387	27608	32341	35650	38224	Turkey/Turquie	9988	9575	20898	30269	33979
Denmark/Danemark	21944	21886	29020	36493	40399	Finland/Finlande	14559	13702	16771	16523	15993
Australia/Australie	20758	26108	32537	28562	36124	Argentina/Argentine	10990	14055	16326	16380	18321
Saudi Arabia	20053	25611	x25379	x28053	x30786	Greece/Grèce	6093	10704	17309	17750	x18103
Mexico/Mexique	2639	16095	25418	32151	39489	Australia/Australie	11517	15103	12897	16643	21109
Singapore/Singapour	18605	16891	20656	21961	22468	Austria/Autriche	12088	12229	8424	23481	28645
United Arab Emirates	x26139	x12420	x15807	x25777	x33616	Malaysia/Malaisie	7242	9631	13961	19451	x10838
Korea Republic	2773	11739	21318	19601	17929	China/Chine	7786	11948	12506	17070	41532
Israel/Israël	11020	12794	15773	14791	18304	Mexico/Mexique	9981	12161	8339	15377	23652
Czechoslovakia	x12004	14106	14255	x14698	x17473	Thailand/Thaïlande	4587	8486	9368	14963	x19678
New Zealand	10092	13365	12529	13349	12165	Yugoslavia SFR	9879	12280	12004	x7334	
Greece/Grèce	7834	9799	11626	15138	x27116	Indonesia/Indonésie	2049	5196	6506	16688	17949
Yugoslavia SFR	41	1366	21911	x11377		Singapore/Singapour	9137	8510	8497	11170	6722
China/Chine	6134	10900	9501	12235	14928	Philippines	8551	x8376	8471	10491	11824
Afghanistan	x5610	x2241	x5012	x22238	x3419	Norway,SVD,JM	6393	8396	8776	10142	11870
Portugal	3770	5270	8700	15424	20090	Chile/Chili	3609	4345	7701	14971	x13717
Kuwait/Koweït	x15958	16596	x7180	x3703	x12096	Guatemala	12835	5940	8526	10372	10383
Romania/Roumanie	x42	2525	6391	14651	x11099	Colombia/Colombie	4064	5062	6445	9858	14519
Lebanon/Liban	x2820	x4922	x7352	x10654	x8781	New Zealand	4529	4974	7844	5728	4921
Oman	6313	6982	8502	5071	x3314	Hungary/Hongrie	x10184	x4878	x4391	x9047	x7522
Malaysia/Malaisie	3871	5897	4937	5262	x9878	Syrian Arab Republic	109	2765	7583	3332	x3069
Brazil/Brésil	400	1148	5498	7943	3237	So. Africa Customs Un	x3519	x3771	x4918	x4888	x4559
So. Africa Customs Un	3972	2836	5288	x5038	x7108	Czechoslovakia	x2423	x1754	x2887	x8874	x8518
Reunion/Réunion	3796	4029	4508	4459	5006	Lebanon/Liban	x2673	x3002	x3077	x5382	x4964
Bahrain/Bahreïn	x2670	x3872	3835	x5227	x3960	Egypt/Egypte	1559	1836	1780	7105	5111
Libyan Arab Jamahiriya	574	529	1009	x11049	x2442	Israel/Israël	2780	2975	3520	4082	5311
Macau/Macao	2439	2802	3410	4830	4462	Zimbabwe	x10754	x179	5246	3323	x686
Iceland/Islande	2983	2943	3378	3975	3616	Viet Nam	x4996	x3691	x34	x97	
Andorra/Andorre	x2648	x3061	x3650	x3514	x3842	Costa Rica	1728	2764	1903	3455	x2534
Martinique	2921	3023	3662	3513	3419	Venezuela	295	2905	2062	3132	3077
Costa Rica	2457	3005	3494	3568	x3189	Portugal	957	1564	2077	3537	2909
Chile/Chili	1426	2719	2672	3213	x3975	Pakistan	2194	1485	1833	3444	7626

(VALUE AS % OF TOTAL)(VALEUR EN % DU TOTAL)

	1983	1984	1985	1986	1987	1988	1989	1990	1991	1992		1983	1984	1985	1986	1987	1988	1989	1990	1991	1992
Africa	x3.0	x2.1	0.9	x2.2	x1.5	x1.5	x1.2	x1.3	x1.6	x1.5	Afrique	1.6	x1.3	1.3	x1.1	x1.7	x1.2	x0.6	x0.8	x0.9	x0.6
Northern Africa	x0.2	x0.1	0.0	x0.1	x0.0	x0.1	x0.1	0.1	x0.5	x0.2	Afrique du Nord	0.0	0.0	0.0	0.1	0.1	0.1	0.2	0.2	0.4	0.3
Americas	x24.0	28.6	29.9	25.9	x21.7	19.9	x21.7	20.1	19.9	x23.1	Amériques	9.5	11.3	11.3	10.0	10.2	10.3	12.4	12.6	13.3	15.1
LAIA	0.8	0.6	0.6	0.4	0.5	0.6	1.5	2.0	2.7	3.7	ALAI	3.7	4.1	4.0	4.3	4.4	4.5	5.6	4.2	4.7	5.2
CACM	x0.4	0.7	0.7	0.5	0.6	0.8	0.6	0.5	0.5	x0.6	MCAC	x0.3	1.1	0.8	0.5	0.8	1.1	0.7	0.6	0.7	x0.6
Asia	x18.9	x16.3	14.7	x13.8	x12.5	x15.9	x15.8	13.6	x14.5	x15.3	Asie	8.0	8.1	7.3	6.7	x7.8	x9.4	10.5	9.9	11.9	12.9
Middle East	x10.7	x8.8	6.9	x5.8	x4.5	x5.4	x4.7	x3.7	x3.9	x4.3	Moyen–Orient	x1.1	x1.3	0.9	x0.9	x1.0	x1.2	x1.5	x1.8	x2.0	x1.8
Europe	48.8	46.7	51.4	54.6	57.9	55.9	53.9	56.6	53.9	54.9	Europe	79.4	76.0	77.8	80.1	76.6	74.0	74.1	73.2	71.3	69.5
EEC	38.4	36.8	40.6	42.5	45.1	43.6	41.8	43.4	42.3	44.1	CEE	70.8	67.3	68.4	69.0	66.1	64.0	64.4	64.7	63.4	62.0
EFTA	10.2	9.5	10.5	11.6	12.3	11.8	11.6	11.8	10.7	10.0	AELE	8.6	7.9	8.5	10.4	9.4	9.3	8.9	7.9	7.7	7.0
Oceania	x1.8	x2.2	1.8	x2.0	x2.1	x2.6	x2.8	x2.7	x2.3	x2.4	Océanie	0.8	1.0	0.8	0.8	0.8	x2.9	1.3	1.0	1.0	1.0
USA/Etats–Unis d'Amer	17.5	21.3	21.7	19.7	15.5	13.5	14.2	12.4	12.0	13.9	United Kingdom	16.0	14.6	14.8	13.3	13.4	13.6	13.0	11.9	11.1	10.8
Germany/Allemagne	9.4	8.5	8.6	9.4	9.7	9.8	9.3	11.6	10.5	10.1	Netherlands/Pays–Bas	11.7	11.4	11.6	12.6	11.8	12.4	12.2	11.4	11.1	11.4
United Kingdom	5.9	6.0	6.2	6.2	6.2	6.1	6.0	5.6	5.9	6.5	Germany/Allemagne	9.7	9.7	11.2	11.7	10.2	9.9	10.6	10.6	11.2	12.0
France,Monac	5.9	5.5	6.0	6.8	6.9	6.1	5.4	5.5	5.6	5.6	Belgium–Luxembourg	4.9	5.0	5.2	6.0	6.0	6.1	6.4	6.8	6.8	6.8
Netherlands/Pays–Bas	4.9	4.5	4.9	5.1	6.0	5.3	5.0	5.3	4.6	6.0	France,Monac	8.0	7.7	7.9	7.4	6.6	6.1	6.1	6.6	5.9	5.5
Italy/Italie	3.2	3.8	5.6	5.3	6.2	5.7	5.4	4.7	4.6	4.4	Denmark/Danemark	6.7	6.7	5.3	5.9	5.6	5.0	5.4	5.6	5.1	4.9
Belgium–Luxembourg	3.7	3.4	3.8	4.0	4.4	4.2	4.1	3.6	3.6	3.4	USA/Etats–Unis d'Amer	3.5	3.4	4.4	2.5	2.5	3.0	4.3	5.5	5.6	6.5
Canada	3.8	4.3	5.9	4.1	3.9	3.7	3.8	3.8	3.6	3.8	Spain/Espagne	4.2	4.1	4.4	4.4	5.1	4.8	5.0	5.4	5.3	4.8
Hong Kong	2.8	2.6	3.1	2.8	2.7	3.2	4.1	3.8	3.8	3.6	Switz.Liecht	3.4	3.1	3.5	4.3	4.4	4.3	4.0	3.8	3.4	4.8
Sweden/Suède	2.8	2.7	3.1	3.2	3.4	3.4	3.5	3.6	3.2	3.0	Italy/Italie	4.4	4.4	4.2	4.0	3.5	3.0	2.4	2.6	2.9	2.7

071 COFFEE AND SUBSTITUTES / CAFE ET SUCCEDANES 071

TRADE BY COMMODITY IN THOUSAND U.S. DOLLARS – COMMERCE PAR PRODUIT EN MILLIERS DE DOLLARS E.U

IMPORTS – IMPORTATIONS

COUNTRIES-PAYS	1988	1989	1990	1991	1992
Total	13212916	12177965	9937905	9471101	8451605
Africa	226374	x313999	259219	232971	x191836
Northern Africa	165690	236233	141394	195636	x143218
Americas	3057983	2995552	x2414333	2357870	x2186960
LAIA	82297	63277	50233	62031	x73153
CACM	508	306	247	641	x3541
Asia	x1412590	x1251365	x983973	x1089226	x972413
Middle East	x195589	x140417	x107065	x124478	x123623
Europe	7086446	6619732	5415206	5177810	4728007
EEC	5810392	5435976	4439437	4300634	3973602
EFTA	1064712	1027070	851260	818609	703116
Oceania	x154103	x141587	x115864	x112076	x109210
USA/Etats-Unis d'Amer	2602426	2577409	2070907	1998672	1848448
Germany/Allemagne	1958809	1892418	1492477	1540708	1399668
France, Monac	946489	870006	691223	695439	643819
Japan/Japon	889281	892311	643318	694277	573261
Italy/Italie	699690	675125	551068	469804	397567
Netherlands/Pays-Bas	543588	473287	421492	414881	410711
United Kingdom	524241	450861	396818	387071	367675
Former USSR/Anc. URSS	x307175	x467907	x429866	x222520	
Spain/Espagne	385039	358221	298546	293867	263658
Belgium-Luxembourg	383903	352923	288164	240483	249788
Canada	350583	321979	265392	273802	237664
Sweden/Suède	301050	265426	227689	223016	182768
Austria/Autriche	230998	254463	204592	201950	190142
Switz.Liecht	226027	192629	180189	160906	141502
Finland/Finlande	178339	185385	138264	129961	105776
Algeria/Algérie	98652	164799	84691	144214	x94485
Denmark/Danemark	153721	148158	104754	108341	101468
Yugoslavia SFR	156924	149710	115729	x52281	
Norway, SVD, JM	120952	122832	93927	95279	76063
Greece/Grèce	121247	123182	116105	70500	x57913
Australia/Australie	124399	118298	90516	92204	90132
Poland/Pologne	93636	112890	31906	121303	x124485
Korea Republic	67861	77791	81099	89957	89082
Former GDR	x516218	x132571	x82412		
Czechoslovakia	x165671	75326	64694	x60193	x32170
Portugal	66413	69438	57020	57367	58490
Singapore/Singapour	58406	35268	65541	58825	73846
Hungary/Hongrie	x79721	x37609	x44139	48834	x35847
Argentina/Argentine	64624	48922	37631	43554	45119
Saudi Arabia	55753	36536	x42010	x37527	x34612
Israel/Israël	50706	37947	35118	37373	39368
Romania/Roumanie	x45914	19670	44974	30423	x60146
Morocco/Maroc	33397	28097	27066	25400	27092
Bulgaria/Bulgarie	x67085	x9314	x51320	x17594	10351
Hong Kong	43627	21819	24571	28547	29878
Ireland/Irlande	27253	22356	21770	22172	22846
Lebanon/Liban	x22539	x27066	x13515	x20871	x21547
Kenya	500		58382	x260	x217
Malaysia/Malaisie	19826	15815	14014	16163	x13619
So. Africa Customs Un	26150	20295	17700	x6112	x8945
Turkey/Turquie	12510	12199	15192	16559	15135
New Zealand	15638	13990	14223	13830	13082
Cuba	x5603	14941	x12472	x7679	x8511
Sudan/Soudan	5489	x21643	x4632	x7582	x1861
Senegal/Sénégal	1155	18658	13800	x1347	x1331
China/Chine	17683	17968	6335	6889	6853
Chile/Chili	14518	11104	8792	10551	x14132
Egypt/Egypte	11125	8630	7672	7742	8547
Syrian Arab Republic	12698	7727	2047	x13062	x12289
Tunisia/Tunisie	10795	8212	7547	6943	8888

EXPORTS – EXPORTATIONS

COUNTRIES-PAYS	1988	1989	1990	1991	1992
Totale	11416070	10460714	8558029	8639356	x7865493
Afrique	x1989492	x1896768	x1287507	x1362504	x1361047
Afrique du Nord	208	2709	2338	1406	2937
Amériques	6566151	5800965	4802449	4827602	4031459
ALAI	4754021	4348753	3423600	3584004	2942556
MCAC	1356898	1038391	975060	874111	x725012
Asie	1134270	x991230	775510	734874	x635233
Moyen-Orient	x7286	x8189	x3248	x8828	x7998
Europe	1567674	1561042	1556619	1598834	1744677
CEE	1430414	1432169	1417195	1432202	1543409
AELE	136585	127837	138360	166346	194188
Océanie	149706	181858	124479	109308	87644
Brazil/Brésil	2236846	1792565	1282906	1507205	1135503
Colombia/Colombie	1698822	1583294	1472870	1398651	1324495
Germany/Allemagne	669154	663467	614134	589942	625499
Mexico/Mexique	481262	585301	376003	412987	294614
Indonesia/Indonésie	551935	487697	378979	375921	242037
Cote d'Ivoire	492725	313714	x270786	x478999	x641447
Guatemala	420504	238991	323712	286760	249249
France, Monac	254402	262978	256792	279669	291156
Costa Rica	316463	286248	245625	263799	x147496
Kenya	275971	x259654	143555	162599	x181668
USA/Etats-Unis d'Amer	265942	199302	183326	174753	189597
Ethiopia/Ethiopie	272548	293839	131508	116233	x62291
El Salvador	330381	229506	180021	131622	x145192
Belgium-Luxembourg	171676	170629	172231	180986	198258
Honduras	199116	208125	145112	152576	135801
Uganda/Ouganda	x248827	x216939	x108938	x142554	x101158
Cameroon/Cameroun	x107270	214684	x157780	86508	x90232
India/Inde	205717	x168166	148432	135280	x98001
Ecuador/Equateur	169415	160640	129890	109953	71816
Peru/Pérou	124690	142241	98577	x126122	x91655
Netherlands/Pays-Bas	126365	118236	121601	120763	133799
Papua New Guinea	130833	163964	108531	80082	70558
Zaire/Zaïre	x95244	x131126	x96259	x55188	x30932
Italy/Italie	55909	74150	89478	99053	115464
Un. Rep. of Tanzania	84481	x98543	x73839	x85177	x45291
United Kingdom	88066	82229	87436	86491	93994
Rwanda	77685	82043	80780	x64650	x39539
Singapore/Singapour	166295	67284	70362	74980	68105
Cuba	x39548	x48124	x91588	x70981	x76364
Nicaragua	90434	75521	80591	39354	47274
Burundi	110961	60146	56022	74149	49665
Viet Nam	x39915	x72932	x69960	x45159	x58667
Austria/Autriche	47427	48041	56650	82221	101889
Switz.Liecht	64053	57516	59550	54926	57005
Thailand/Thaïlande	48156	74542	50699	29338	x95149
Dominican Republic	66531	63830	46626	43534	x6540
Madagascar	72173	x76518	38896	28339	x37998
Canada	35460	35058	48427	48239	54978
Spain/Espagne	35972	28087	44908	48121	52756
Zimbabwe	22287	x21103	60033	21538	x19849
Philippines	48913	x67912	8915	6076	3150
Paraguay	261	40661	22005	7197	x5191
Venezuela	24494	29320	26065	13761	11591
Sweden/Suède	11637	16585	18563	26160	30826
Central African Rep.	x18972	40204	x15888	x4862	x2027
Haiti/Haïti	x15325	x42998	x7420	x4846	x11489
Denmark/Danemark	15211	21033	16351	13480	17998
Hong Kong	26878	12699	16636	21361	18551
Australia/Australie	17458	15747	15445	18297	15591
Togo	22375	22120	17809	9050	x20210

(VALUE AS % OF TOTAL)(VALEUR EN % DU TOTAL)

	1983	1984	1985	1986	1987	1988	1989	1990	1991	1992		1983	1984	1985	1986	1987	1988	1989	1990	1991	1992
Africa	2.8	1.8	1.6	x1.7	3.1	1.7	x2.6	2.6	x2.5	x2.3	Afrique	20.4	x19.6	15.1	x19.7	18.8	x18.4	x18.1	15.0	x15.7	x17.3
Northern Africa	2.3	1.5	1.5	1.0	2.7	1.3	1.9	1.4	2.1	x1.7	Afrique du Nord	x0.0	0.0	0.0	x0.0	0.0	0.0	0.0	0.0	0.0	0.0
Americas	30.5	32.2	32.3	30.9	x26.2	23.1	24.6	24.3	24.9	25.9	Amériques	59.4	61.9	63.6	59.6	58.8	57.5	55.4	56.1	55.9	51.2
LAIA	0.7	0.6	0.6	0.9	0.7	0.6	0.5	0.5	0.7	x0.9	ALAI	47.4	47.3	48.6	42.6	41.6	41.6	41.6	40.0	41.5	37.4
CACM	x0.0	0.0	0.0	x0.0	0.0	0.0	0.0	0.0	0.0	0.0	MCAC	x7.9	10.9	11.9	11.3	11.6	11.9	9.9	11.4	10.1	x9.2
Asia	9.2	9.7	9.2	10.2	x9.8	10.7	10.2	9.9	x11.5	x11.5	Asie	9.2	9.0	9.8	9.6	9.0	9.9	x9.5	9.0	8.5	x8.0
Middle East	x1.4	x1.1	0.8	x1.1	x1.4	1.5	x1.2	1.1	1.3	1.5	Moyen-Orient	0.1	x0.2	0.1	x0.1	0.2	0.1	x0.1	0.1	0.1	0.1
Europe	54.8	53.4	54.6	54.6	52.9	53.6	54.4	54.5	54.7	55.9	Europe	9.5	8.2	10.1	9.5	11.9	13.7	14.9	18.2	18.5	22.2
EEC	45.8	44.3	45.9	44.3	43.1	44.0	44.6	44.7	45.4	47.0	CEE	8.6	7.5	9.1	8.7	10.8	12.5	13.7	16.6	16.6	19.6
EFTA	9.0	8.7	8.4	8.8	8.2	8.1	8.4	8.6	8.6	8.3	AELE	0.9	0.7	1.0	0.9	1.1	1.2	1.2	1.6	1.9	2.5
Oceania	1.2	x1.2	1.1	x1.2	x1.1	x1.2	x1.2	1.2	x1.2	x1.3	Océanie	1.5	1.3	1.3	1.4	1.4	1.4	1.8	1.5	1.3	1.1
USA/Etats-Unis d'Amer	26.7	28.4	28.7	27.1	22.7	19.7	21.2	20.8	21.1	21.9	Brazil/Brésil	26.3	24.4	23.7	14.4	18.9	19.6	17.1	15.0	17.4	14.4
Germany/Allemagne	14.1	13.5	13.7	14.4	13.8	14.8	15.5	15.0	16.3	16.6	Colombia/Colombie	17.3	15.4	16.1	18.8	14.8	14.9	15.1	17.2	16.2	16.8
France, Monac	8.8	8.3	8.2	7.3	7.2	7.2	7.1	7.0	7.3	7.6	Germany/Allemagne	4.1	3.7	4.3	4.4	5.3	5.9	6.3	7.2	6.8	8.0
Japan/Japon	5.9	6.4	6.1	6.4	6.2	6.7	7.3	6.5	7.3	6.8	Mexico/Mexique			4.5	4.6	5.3	4.5	4.2	5.6	4.4	3.7
Italy/Italie	6.1	5.5	7.0	5.7	5.8	5.5	5.5	5.5	5.0	4.7	Indonesia/Indonésie	4.8	4.8	5.1	5.4	4.7	4.7	4.7	4.4	4.4	3.1
Netherlands/Pays-Bas	4.2	4.2	4.2	4.1	4.0	4.1	3.9	4.2	4.4	4.9	Cote d'Ivoire	5.1	3.9	5.9	4.5	4.0	4.3	3.0	x3.2	x5.5	x8.2
United Kingdom	3.6	4.0	3.8	3.7	3.8	4.0	3.7	4.0	4.1	4.4	Guatemala			3.0	3.5	3.2	3.7	2.3	3.8	3.3	3.2
Former USSR/Anc. URSS	0.9	0.9			x2.2	x2.3	x3.9	x4.3	x2.3		France, Monac	1.2		0.9	1.2	1.1	1.4	2.2	2.5	3.0	3.7
Spain/Espagne	3.3	3.0	3.0	3.3	2.9	2.9	2.9	3.0	3.1	3.1	Costa Rica	x2.0	2.3	2.1	2.4	2.9	2.8	2.7	2.9	3.1	x1.9
Belgium-Luxembourg	3.0	3.0	3.0	3.4	3.0	2.9	2.9	2.9	2.5	3.0	Kenya	2.7	2.4	2.5	2.9	2.1	2.4	x2.5	1.7	1.9	x2.3

072 COCOA / CACAO 072

TRADE BY COMMODITY IN THOUSAND U.S. DOLLARS – COMMERCE PAR PRODUIT EN MILLIERS DE DOLLARS E.U

IMPORTS – IMPORTATIONS

COUNTRIES–PAYS	1988	1989	1990	1991	1992
Total	4658701	3989031	4287222	4117866	3998230
Africa	x44047	33736	32499	x16261	x20570
Northern Africa	11121	10814	9198	10034	x14588
Americas	1005116	920634	1006413	1056653	x1008250
LAIA	35314	31190	44513	59343	x60460
CACM	1511	1579	1348	2474	x2147
Asia	464621	370965	346220	380056	384760
Middle East	x18960	x20956	x24823	x29709	x30610
Europe	2676743	2302545	2544631	2431600	2494301
EEC	2377364	2036706	2276784	2206619	2253329
EFTA	263258	230100	240896	219753	231028
Oceania	x97521	x82365	x71069	x58787	x54348
USA/Etats-Unis d'Amer	864158	793722	863804	902319	844865
Germany/Allemagne	629909	558307	652043	641913	638861
Netherlands/Pays-Bas	545237	436008	494829	481745	498937
United Kingdom	382149	328659	338557	314213	299145
France,Monac	310446	266009	294330	299691	296177
Belgium–Luxembourg	164158	158833	183682	178287	210394
Japan/Japon	163125	147935	143963	147691	139900
Former USSR/Anc. URSS	x224804	x154351	x184351	x94524	
Italy/Italie	158926	135578	144352	136718	149853
Singapore/Singapour	180225	117543	107024	93909	109844
Switz.Liecht	114686	105610	107499	95811	101811
Canada	100518	90413	93030	89303	97590
Spain/Espagne	94105	79698	87460	79623	80148
Australia/Australie	76680	66438	55779	48630	45472
Austria/Autriche	50982	42149	49512	43071	44068
Sweden/Suède	50754	41750	41138	39479	38803
Poland/Pologne	61227	36197	19629	46210	x7638
Ireland/Irlande	36781	27346	32951	33597	35505
Czechoslovakia	x12536	52491	36295	x3257	x6253
China/Chine	48770	38106	12103	35652	33428
Argentina/Argentine	22101	18668	21983	37719	38101
Greece/Grèce	31499	27019	27264	19307	x22127
Yugoslavia SFR	35574	35245	26657	x4961	
Korea Republic	17634	17628	21039	24116	22760
Norway,SVD,JM	23139	19569	20724	22038	21790
Finland/Finlande	21886	19375	20611	17749	22683
Hungary/Hongrie	x18149	x14413	x13351	20313	x8166
So. Africa Customs Un	23841	21114	19807	x2886	x1353
Israel/Israël	15103	14661	12444	16483	17030
Turkey/Turquie	11782	10761	14572	17678	17486
New Zealand	20252	15154	14546	9609	8315
Denmark/Danemark	15470	12027	13638	13590	13886
Philippines	3090	x5431	15315	14989	9090
Romania/Roumanie	x15006	8160	16375	10028	x6818
Bulgaria/Bulgarie	x16447	x8185	x15310	x143	7090
Mexico/Mexique	970	3321	11868	7678	6934
Portugal	8683	7221	7678	7936	8296
Chile/Chili	5867	7139	6605	7941	x11562
Thailand/Thaïlande	2673	3464	5997	7064	7400
Egypt/Egypte	5674	4851	4704	5680	4797
Tunisia/Tunisie	2488	4279	2236	1446	2546
Saudi Arabia	1766	2083	x2732	x3046	x2608
Syrian Arab Republic	1063	1954	2098	x3564	x3229
Korea Dem People's Rp	x809	x463	x1603	x3925	
Former GDR	x22118	x4742	x899		
Peru/Pérou	851	28	2227	3355	x14
Uruguay	1628	1751	1622	1662	1355
Iceland/Islande	1811	1648	1412	1605	1872
Hong Kong	10360	1803	766	1738	630
Malaysia/Malaisie	349	2099	399	1628	x3440

EXPORTS – EXPORTATIONS

COUNTRIES–PAYS	1988	1989	1990	1991	1992
Totale	4462286	4322753	x4163937	x4769907	x5392813
Afrique	x1777168	x2037423	x1778418	x2513207	x2996881
Afrique du Nord	x734	1240	308	x497	x175
Amériques	873579	634589	710532	579184	498481
ALAI	728202	497072	535376	435440	387246
MCAC	10269	8717	8417	6363	x6304
Asie	716897	581431	592573	637019	x751809
Moyen–Orient	x572	149		x94	235
Europe	1004657	992162	1019247	991158	1087377
CEE	1001050	989192	1017041	987888	1080290
AELE	3460	2952	2163	3132	6403
Océanie	60818	59674	42762	43432	x55553
Cote d'Ivoire	827167	1200592	x981221	x1649206	x2331673
Netherlands/Pays-Bas	557011	506821	575793	560051	622021
Ghana	459522	409980	472004	x337220	x414371
Brazil/Brésil	518701	333423	340777	271689	257669
Malaysia/Malaisie	340364	260716	269457	247167	x317731
Germany/Allemagne	255686	241937	259560	237144	262958
Cameroon/Cameroun	x141095	196163	x153208	361272	x98856
Singapore/Singapour	229491	186141	150913	191498	222690
Nigeria/Nigéria	x265396	x166918	x119348	x103354	x122976
Indonesia/Indonésie	81907	81169	119859	143253	152802
Ecuador/Equateur	115393	104531	125278	107070	68741
USA/Etats-Unis d'Amer	46915	60752	88102	64212	72219
France,Monac	62776	62278	67440	79180	67180
Spain/Espagne	29840	94628	29764	32634	35876
Dominican Republic	67906	45810	43717	43717	x8669
United Kingdom	62897	47042	40439	39480	44444
Papua New Guinea	53613	52776	34178	36746	35695
Belgium–Luxembourg	16777	23647	27576	20284	20996
China/Chine	32453	24357	20944	22970	28466
Colombia/Colombie	29693	14731	23064	17318	10833
Philippines	12967	x15508	20289	18796	12844
Peru/Pérou	20110	17686	13048	x15506	x10705
Italy/Italie	14166	11942	15129	15914	25489
Venezuela	13844	10973	12300	16358	12022
Togo	21978	12332	15185	10966	x1640
Mexico/Mexique	29544	14005	16982	6298	26158
Equatorial Guinea	8295	7739	6372	x19244	x3365
Sao Tome and Principe	x8818	x7691	x10830	x10600	x9317
Cuba	x4640	x2780	x13330	x9293	x3606
Sierra Leone	12720	x13177	x4342	x7027	x1766
Poland/Pologne	22489	14012	6182	2333	x1075
Canada	889	7128	6904	7456	6306
Japan/Japon	7037	7188	7040	6585	6724
Trinidad and Tobago	3422	3043	5573	5003	2704
Costa Rica	5778	4694	4526	3875	x3142
Hungary/Hongrie	x3774	x2865	x5704	x3129	x1488
Zaire/Zaïre	x3701	x6473	x2663	x1590	x1293
Solomon Isls	3557	3467	4385	x2805	x2402
Jamaica/Jamaïque	5369	2878	4329	3225	x3616
Madagascar	5372	x3464	2449	3972	x3048
Former USSR/Anc. URSS	x56		x8461	x354	
Grenada/Grenade	x3227	2247	2620	3062	x3424
Honduras	1999	2800	3089	1973	2070
Un. Rep. of Tanzania	3018	x2294	x3180	x2363	x1407
India/Inde	1287	x4590	1488	466	x847
Bolivia/Bolivie	889	1681	3717	1037	653
Thailand/Thaïlande	152	105	1724	4102	x6634
Vanuatu	1121	1473	2125	x2188	x16582
Gabon	x3898	x2511	x2082	x1107	x3000
Haiti/Haïti	x1968	x3430	x956	x760	x2345

(VALUE AS % OF TOTAL)(VALEUR EN % DU TOTAL)

	1983	1984	1985	1986	1987	1988	1989	1990	1991	1992		1983	1984	1985	1986	1987	1988	1989	1990	1991	1992
Africa	1.0	0.9	1.0	x1.1	x1.0	x0.9	0.8	0.8	x0.4	x0.5	Afrique	x57.8	31.3	36.8	x48.1	x43.0	x39.8	x47.1	x42.7	x52.7	x55.6
Northern Africa	0.4	0.3	0.4	0.4	0.3	0.2	0.3	0.2	0.2	0.4	Afrique du Nord	0.0	0.0	0.0	0.0	x0.0	0.0	x0.0	x0.0	x0.0	x0.0
Americas	22.1	22.7	25.8	22.4	23.6	21.6	23.1	23.5	25.7	x25.2	Amériques	17.1	29.7	27.2	19.0	20.0	19.6	14.7	17.1	12.1	9.3
LAIA	0.9	1.2	1.1	1.1	0.9	0.8	0.8	1.0	1.4	x1.5	ALAI	14.3	24.8	24.1	15.9	16.0	16.3	11.5	12.9	9.1	7.2
CACM	x0.1	0.1	0.1	0.0	0.0	0.0	0.0	0.0	0.1	x0.1	MCAC	x0.1	0.4	0.3	0.3	0.2	0.2	0.2	0.2	0.1	x0.1
Asia	8.0	6.6	6.9	8.4	8.0	9.9	9.3	8.0	9.2	9.6	Asie	6.4	10.6	9.9	9.2	12.9	16.1	13.5	14.3	13.3	x14.0
Middle East	x0.2	x0.4	0.3	0.4	x0.4	0.4	0.5	0.6	0.7	x0.8	Moyen–Orient	x0.0	0.0	0.0	0.0	x0.2	x0.0	0.0	0.0	0.0	0.0
Europe	55.1	56.2	62.0	63.7	56.8	57.5	57.7	59.4	59.1	62.4	Europe	17.3	26.0	24.5	22.3	22.1	22.5	23.0	24.5	20.8	20.2
EEC	49.6	50.8	55.5	56.3	50.6	51.0	51.1	53.1	53.6	56.4	CEE	17.2	25.9	24.5	22.3	22.0	22.4	22.9	24.4	20.7	20.0
EFTA	5.5	4.7	5.5	6.3	5.6	5.7	5.8	5.6	5.3	5.8	AELE	0.0	0.1	0.0	0.0	0.1	0.1	0.1	0.1	0.1	0.1
Oceania	1.7	x1.7	1.9	x1.9	x1.9	x2.1	x2.0	x1.6	x1.4	x1.3	Océanie	1.3	2.4	1.6	1.3	1.3	1.4	1.4	1.0	0.9	x1.0
USA/Etats-Unis d'Amer	19.0	18.6	22.3	19.0	20.3	18.5	19.9	20.1	21.9	21.1	Cote d'Ivoire	12.1		19.5	26.4	24.7	18.5	27.8	x23.6	x34.6	x43.2
Germany/Allemagne	13.1	13.4	15.5	15.4	13.7	13.5	14.0	15.2	15.6	16.0	Netherlands/Pays-Bas	10.5	15.3	13.7	12.5	12.5	12.5	11.7	13.8	11.7	11.5
Netherlands/Pays-Bas	13.2	13.0	13.4	12.6	11.3	11.7	10.9	11.5	11.7	12.5	Ghana	x31.8	10.8	9.3	10.0	9.3	10.3	9.5	11.3	x7.1	x7.7
United Kingdom	7.2	8.3	8.7	9.5	8.2	8.2	8.2	7.9	7.6	7.5	Brazil/Brésil	12.9	19.0	17.9	12.6	11.7	11.6	7.7	8.2	5.7	4.8
France,Monac	6.3	6.2	6.6	7.2	6.9	6.7	6.7	6.9	7.3	7.4	Malaysia/Malaisie	2.8	5.0	5.2	5.0	6.8	7.6	6.0	6.5	5.2	x5.9
Belgium–Luxembourg	3.3	3.3	3.9	4.2	3.6	3.5	4.0	4.3	4.3	5.3	Germany/Allemagne	4.2	6.8	6.5	5.9	5.7	5.6	5.6	6.2	5.0	4.9
Japan/Japon	3.9	3.3	3.2	3.5	3.1	3.5	3.7	3.4	3.6	3.5	Cameroon/Cameroun	3.6	7.6		3.5	3.3	x3.2	4.5	x3.7	7.6	x1.8
Former USSR/Anc. URSS	9.5	9.5			x4.4	x4.8	x3.9	x4.3	x2.3		Singapore/Singapour	1.9	3.1	2.8	2.8	3.5	4.1	4.3	3.6	4.0	4.1
Italy/Italie	2.7	2.8	3.4	3.4	3.3	3.4	3.4	3.4	3.3	3.7	Nigeria/Nigéria	8.3	8.6	6.2	5.5	x3.3	x5.9	x3.9	x2.9	x2.2	x2.3
Singapore/Singapour	2.4	2.1	2.4	2.3	2.9	3.9	2.9	2.5	2.3	2.7	Indonesia/Indonésie	1.0	1.5	1.5	1.2	1.3	1.8	1.9	2.9	3.0	2.8

073 CHOCOLATE AND PRODUCTS / CHOCOLAT 073

TRADE BY COMMODITY IN THOUSAND U.S. DOLLARS – COMMERCE PAR PRODUIT EN MILLIERS DE DOLLARS E.U

IMPORTS – IMPORTATIONS

COUNTRIES–PAYS	1988	1989	1990	1991	1992
Total	3307169	3443708	4420067	4592426	5157803
Africa	x22126	x22171	x28464	x25767	x37038
Northern Africa	x2771	x4566	6360	x5264	x8218
Americas	471287	456286	554811	570963	x692371
LAIA	11815	33405	52643	86407	129214
CACM	1692	2085	1972	3969	x5104
Asia	x487845	x529207	x543062	x552577	x639527
Middle East	x132945	x135725	x130341	x149177	x154996
Europe	2159268	2235358	2978969	3108338	3550075
EEC	1863931	1904131	2472957	2703615	3123535
EFTA	281141	293244	351890	342578	366072
Oceania	x53045	x83474	x105239	x75547	x82228
Germany/Allemagne	451452	394218	557471	643999	716849
France, Monac	349099	381679	507035	550980	633469
United Kingdom	345971	363218	440861	448109	506844
USA/Etats–Unis d'Amer	298633	258165	305759	272799	305017
Netherlands/Pays–Bas	157239	179242	259057	276325	374648
Japan/Japon	221241	239687	233908	209125	231258
Belgium–Luxembourg	162442	153166	170054	186493	207021
Canada	126294	130247	157453	172489	211807
Italy/Italie	121638	134376	151749	156942	164433
Spain/Espagne	81260	89196	123934	125063	166713
Former USSR/Anc. URSS	x19791	x58019	x114511	x154253	106788
Austria/Autriche	79968	83617	102622	101111	126974
Denmark/Danemark	74782	74661	88898	98559	104420
Ireland/Irlande	73586	70696	80898	84026	96988
Sweden/Suède	66440	70909	75215	79385	91945
Hong Kong	52576	60243	83183	x42747	
Yugoslavia SFR	1134	22768	138349	55247	60958
Norway, SVD, JM	55177	50186	57360	61621	71127
Portugal	31539	34898	54701	58166	x51207
Saudi Arabia	44084	44680	x48207	x58166	x51207
Finland/Finlande	38493	43696	50838	46616	38932
Switz. Liecht	34884	38775	51653	49151	56120
Mexico/Mexique	6252	28108	41413	58563	68102
Australia/Australie	25177	38875	45578	41969	49253
Greece/Grèce	14924	28783	31137	48989	x51036
Korea Republic	7727	19991	29972	36058	50058
Singapore/Singapour	23266	24045	28915	32033	38582
United Arab Emirates	x45017	x22678	x23739	x31874	x37996
Poland/Pologne	12749	15054	18549	39187	x68755
New Zealand	19267	20905	21949	23449	21652
Bulgaria/Bulgarie	x13504	x12911	x37251	x13066	13061
Kuwait/Koweït	x20169	33472	x16980	x10135	x23760
New Caledonia	x2116	x19855	x30487	x2987	x3856
Romania/Roumanie	x8558	4431	16834	21955	x22649
Lebanon/Liban	x4020	x11406	x12507	x13989	x12832
Israel/Israël	8002	9964	12744	13126	17259
Philippines	2457	x17947	5977	8236	17095
Hungary/Hongrie	x5787	x4840	x9364	16655	x27453
Czechoslovakia	x13802	8058	8428	x13982	x23294
Reunion/Réunion	7851	8431	9107	9132	12318
Andorra/Andorre	x6808	x6822	x8452	x9065	x8379
Thailand/Thaïlande	4331	7011	7759	7493	11072
Malaysia/Malaisie	3202	5770	6923	6714	x11330
Oman	4136	4324	5123	9479	x3226
Iceland/Islande	6179	6061	6233	6426	6286
Former GDR	x39391	x13901	x4570		
Qatar	4051	5003	6122	7179	x2507
Malta/Malte	2333	5765	4439	x7782	x8767
Bahrain/Bahreïn	x2788	x4861	x5767	x5285	x6476
Cyprus/Chypre	4217	4380	5585	5878	8493

EXPORTS – EXPORTATIONS

COUNTRIES–PAYS	1988	1989	1990	1991	1992
Totale	3051426	3265870	4211905	4419982	5106120
Afrique	x6765	x5939	x16660	x25617	x13481
Afrique du Nord	226	1014	2371	5224	1395
Amériques	277370	301884	369155	419796	x503029
ALAI	56602	46737	43909	64562	x74589
MCAC	2505	2371	1934	3544	x3163
Asie	108398	120170	152622	164595	x202438
Moyen–Orient	x19029	x20952	x37074	x27396	x42266
Europe	2589110	2756272	3582386	3706572	4284792
CEE	2188067	2333529	3084617	3204845	3721798
AELE	387554	397362	480198	497595	535829
Océanie	x55186	x68162	x76371	x74802	x77592
Germany/Allemagne	406688	421892	569689	584368	707792
Netherlands/Pays–Bas	452882	458600	548589	547743	638857
Belgium–Luxembourg	373449	416310	525450	588292	675850
United Kingdom	287162	296392	393914	435689	494325
France, Monac	247703	275055	414366	418233	483901
Italy/Italie	197403	220085	285724	301865	342710
Ireland/Irlande	166352	173715	241325	214782	234286
Switz. Liecht	171430	175904	220742	223515	230506
USA/Etats–Unis d'Amer	135722	171732	201333	219868	267900
Sweden/Suède	98166	100376	116364	135716	135066
Canada	76029	73358	114569	125436	151719
Austria/Autriche	53410	56323	68376	62012	73083
Denmark/Danemark	38047	46298	61478	68928	73583
Finland/Finlande	52117	51907	58820	55035	67601
Singapore/Singapour	32449	41958	43865	47671	51808
Australia/Australie	29309	33282	40213	44556	58108
New Zealand	25186	34865	35278	30045	19372
Brazil/Brésil	30216	34675	23239	34642	40239
Spain/Espagne	13311	17964	27060	31898	51420
Norway, SVD, JM	12409	12850	15889	21303	29549
Yugoslavia SFR	12872	24813	16969	x4125	
Hong Kong	9409	10766	14426	18862	29951
Korea Republic	14205	10330	11737	13628	18397
Israel/Israël	7798	8468	12661	13001	19181
Malaysia/Malaisie	6402	7828	10065	14788	x14262
Greece/Grèce	4029	5905	15186	11360	x17363
Syrian Arab Republic	16	5780	22820	x2784	x2733
Hungary/Hongrie	x3181	x5440	x5778	x16347	x14333
Turkey/Turquie	5403	6035	5848	13040	27431
Cote d'Ivoire			x9831	x13500	x5770
Indonesia/Indonésie	448	3531	8224	9462	6031
China/Chine	6603	8599	6150	6067	7673
Japan/Japon	5974	5953	5113	8845	8177
Chile/Chili	1813	2563	4331	12731	x13922
Czechoslovakia	x4449	x3407	x5289	x8849	x8665
So. Africa Customs Un	x3763	x3575	x4104	x5899	x5731
Ecuador/Equateur	3819	3979	x3887	x5049	x5562
United Arab Emirates	16131	3151	4890	5065	5116
Mexico/Mexique	3899	2805	4043	5463	7137
Trinidad and Tobago	1947	3004	2909	2671	2695
Poland/Pologne	2109	3166	2133	2475	x1592
Colombia/Colombie	3049	1745	2738	3022	3784
Cyprus/Chypre	1161	1705	1901	2808	3495
Egypt/Egypte	179	517	1748	4146	705
Jamaica/Jamaïque	1547	1630	2013	2286	x1881
Dominican Republic	2036	2040	2111	1024	x222
Costa Rica	1681	1365	1190	2486	x1334
Lebanon/Liban	x1214	x1439	x1419	x1688	x2080
Argentina/Argentine	618	556	1668	2088	2267
Portugal	1042	1047	1570	1419	1711

(VALUE AS % OF TOTAL)(VALEUR EN % DU TOTAL)

	1983	1984	1985	1986	1987	1988	1989	1990	1991	1992		1983	1984	1985	1986	1987	1988	1989	1990	1991	1992
Africa	x1.1	x1.1	0.5	0.8	0.7	0.7	0.6	0.6	0.5	0.7	Afrique	0.8		0.8	1.9	1.3	0.2	0.2	0.4	0.5	0.3
Northern Africa	x0.1	x0.2	0.1	0.1	0.1	0.1	0.1	0.1	0.1	0.2	Afrique du Nord	0.0	0.0	0.0	0.0	0.0	0.0	0.0	0.1	0.1	0.0
Americas	20.3	15.6	24.2	x19.6	x14.9	14.2	13.2	12.6	12.4	x13.4	Amériques	8.1	11.5	11.5	10.4	8.0	9.1	9.2	8.8	9.5	x9.8
LAIA	0.3	0.3	0.2	0.2	0.2	0.4	1.0	1.2	1.9	2.5	ALAI	2.2	4.1	5.4	4.0	2.1	1.9	1.4	1.0	1.5	x1.5
CACM	x0.0	0.1	0.1	0.0	0.1	0.1	0.0	0.1	0.1	0.1	MCAC	x0.1	0.2	0.2	0.1	0.1	0.1	0.1	0.0	0.1	x0.1
Asia	x12.5	12.9	10.6	x10.4	x11.5	14.7	15.3	x12.3	x12.0	12.4	Asie	2.5	2.2	2.2	2.3	x4.0	3.6	3.6	3.6	3.7	x3.9
Middle East	x4.1	x5.2	3.1	x3.2	x3.5	x4.0	3.9	x2.9	x3.2	3.0	Moyen–Orient	x0.3	0.4	0.3	0.6	x1.4	x0.6	0.6	x0.9	0.6	0.8
Europe	65.0	59.0	63.1	67.2	67.6	65.3	64.9	67.4	67.7	68.8	Europe	86.7	84.6	83.8	84.2	84.8	84.8	84.4	85.1	83.9	83.9
EEC	56.0	50.7	54.4	57.6	58.3	56.4	55.3	55.9	58.9	60.6	CEE	73.8	71.6	71.3	71.5	72.0	71.7	71.5	73.2	72.5	72.9
EFTA	8.7	8.0	8.5	9.2	8.8	8.5	8.5	8.0	7.5	7.1	AELE	12.8	12.3	12.0	12.0	12.3	12.7	12.2	11.4	11.3	10.5
Oceania	1.1	x1.3	1.1	x1.1	x1.3	x1.6	x2.4	x2.4	x1.6	x1.6	Océanie	x1.7	x1.3	1.5	x1.1	x1.5	x1.8	x2.1	x1.8	x1.7	x1.5
Germany/Allemagne	13.4	13.1	13.4	14.1	13.8	13.7	11.4	12.6	14.0	13.9	Germany/Allemagne	12.1	12.3	13.1	13.4	13.4	14.8	12.9	13.5	13.2	12.5
France, Monac	11.1	9.6	10.0	11.3	11.3	10.6	11.1	11.5	12.0	12.3	Netherlands/Pays–Bas	15.7	14.9	14.2	14.9	14.3	14.8	14.0	13.0	12.4	12.5
United Kingdom	11.6	10.1	10.7	9.1	10.7	10.5	10.5	10.0	9.8	9.8	Belgium–Luxembourg	11.1	11.1	11.6	12.4	13.0	12.2	12.7	12.5	13.3	13.2
USA/Etats–Unis d'Amer	15.2	14.9	19.3	15.2	11.2	9.0	7.5	6.9	5.9	5.9	United Kingdom	13.1	11.4	10.4	8.7	9.1	9.4	9.1	9.3	9.9	9.7
Netherlands/Pays–Bas	5.6	4.9	5.1	5.1	5.5	4.8	5.2	5.9	6.0	7.3	France, Monac	8.2	8.1	8.5	8.3	8.4	8.1	8.4	9.8	9.5	9.5
Japan/Japon	5.0	4.6	4.3	4.5	4.9	7.0	5.3	4.6	4.5	4.5	Italy/Italie	5.8	6.1	5.9	6.0	6.6	6.5	6.7	6.7	6.8	6.7
Belgium–Luxembourg	5.0	4.2	4.3	4.4	4.7	4.9	4.4	3.8	4.1	4.0	Ireland/Irlande	5.4	5.3	5.1	5.4	5.5	5.5	5.3	5.7	4.9	4.6
Canada	4.0	4.3	3.8	3.3	2.7	3.8	3.8	3.6	3.6	4.1	Switz. Liecht	5.9	5.7	5.4	5.7	5.7	5.6	5.4	5.2	5.1	5.2
Italy/Italie	3.3	3.6	4.8	3.7	3.9	3.7	3.9	3.4	3.4	3.2	USA/Etats–Unis d'Amer	3.5	3.6	3.6	3.1	2.9	4.4	5.3	4.8	5.0	5.2
Spain/Espagne	0.8	0.6	0.8	1.2	2.1	2.5	2.6	2.8	2.7	3.2	Sweden/Suède	3.0	2.9	2.8	2.8	2.9	3.2	3.1	2.8	3.1	2.6

31

074 TEA AND MATE

TRADE BY COMMODITY IN THOUSAND U.S. DOLLARS – COMMERCE PAR PRODUIT EN MILLIERS DE DOLLARS E.U

COUNTRIES–PAYS	1988	1989	1990	1991	1992	COUNTRIES–PAYS	1988	1989	1990	1991	1992
	IMPORTS – IMPORTATIONS						EXPORTS – EXPORTATIONS				
Total	x2860755	x2765129	x4024703	x3508992	x2420219	Totale	2214182	x2035134	2652708	2595095	x2129334
Africa	384874	x315386	x405987	341617	x416589	Afrique	x323029	x335131	x324785	x399617	x418484
Northern Africa	307404	256581	316215	277568	x327423	Afrique du Nord	x104	724	x168	x742	x368
Americas	284350	256769	261460	262195	x277103	Amériques	115725	98057	103646	101239	110247
LAIA	67325	47764	50785	52946	x59214	ALAI	93316	83485	86970	83238	90145
CACM	1293	1273	1160	1326	x1612	MCAC	126	x239	274	428	469
Asia	x792275	x690709	x888692	x984280	x931643	Asie	1473069	x1301689	1824248	1706966	x1197014
Middle East	x394984	x259098	x421648	x416826	x387851	Moyen–Orient	x3390	41698	45669	x7782	x8458
Europe	674803	624103	757806	702633	713641	Europe	290867	289788	389614	377692	392015
EEC	609274	570835	685097	639786	651018	CEE	279985	280048	378154	366248	378789
EFTA	49893	45564	58313	57346	57654	AELE	10774	9631	11303	11289	12651
Oceania	x29251	x38136	x40993	x36384	x43531	Océanie	9024	8943	8955	6691	9584
Former USSR/Anc. URSS	x592986	x769826	x1628045	x1121452		Sri Lanka	385805	373516	493045	570341	341554
United Kingdom	377478	346983	380801	332495	329864	India/Inde	413297	x217990	584749	486024	x224271
Pakistan	125641	176601	179165	175252	189645	China/Chine	401938	420738	412710	376058	361895
USA/Etats–Unis d'Amer	147364	144277	142205	139784	146619	Kenya	227179	225596	195761	284085	x333350
Egypt/Egypte	151563	104314	153983	155296	168459	United Kingdom	193858	194325	245683	242421	240533
Japan/Japon	113508	118745	131951	138341	160147	Indonesia/Indonésie	125309	159113	181013	143130	140828
Iran (Islamic Rp. of)	x96379	x64495	x114797	x150180	x166888	Argentina/Argentine	32695	41767	49490	42926	46185
Germany/Allemagne	61504	61581	81742	86229	88476	Germany/Allemagne	31785	32750	49929	42561	43846
Afghanistan	x38204	x47368	x32743	x145945	x31847	Malawi	29999	36431	46287	36869	x17866
Morocco/Maroc	71575	73021	70984	60558	73871	Hong Kong	39579	29683	30776	45785	63929
Saudi Arabia	59504	30734	x86637	x72398	x61582	Brazil/Brésil	47108	34456	32820	36180	39908
France, Monac	55380	51143	68036	63286	63718	Bangladesh	37680	x21815	33437	40248	x18415
Canada	60757	56644	58568	60475	62339	Netherlands/Pays–Bas	28456	23712	37331	34355	44125
Hong Kong	56406	46718	57699	60533	73538	Turkey/Turquie	439	38225	43255	3089	6200
United Arab Emirates	x63470	x32131	x49629	x69051	x48888	Singapore/Singapour	20174	19908	27063	24128	20196
Netherlands/Pays–Bas	39292	35027	53440	53355	57879	Un. Rep. of Tanzania	14661	x13750	x18473	x21859	x14160
Poland/Pologne	70384	48292	29944	50958	x32128	So. Africa Customs Un	x14076	x13896	x19958	x16660	x15478
Iraq	x90185	x60903	x65766	x2191	x1288	France, Monac	9126	11269	17921	14340	16548
Libyan Arab Jamahiriya	35475	35696	51421	x36871	x45806	Belgium–Luxembourg	5578	8549	15190	18366	24613
Syrian Arab Republic	33735	22563	35795	x44158	x48613	Zimbabwe	12267	x12708	12962	11562	x7361
Italy/Italie	19380	20913	31242	37013	41250	USA/Etats–Unis d'Amer	17584	10458	12661	13442	14528
Ireland/Irlande	26724	25158	34341	28829	25534	Rwanda	11227	11016	9725	x10204	x8787
Chile/Chili	21333	22093	24161	27308	x26969	Burundi	4437	6281	7810	8328	9400
Uruguay	18949	17432	23240	22224	27181	Viet Nam	x8093	x9689	x7438	x4729	x7789
Australia/Australie	16570	17057	19684	23072	29530	Switz.Liecht	6632	5125	7003	8456	9118
Singapore/Singapour	13312	15803	22291	17261	16497	Papua New Guinea	7414	7091	7022	4407	6755
Sweden/Suède	16069	14566	18952	18740	18157	Mauritius/Maurice	6450	5790	5733	5270	6203
Tunisia/Tunisie	20178	12771	17754	19814	21641	Italy/Italie	3758	3700	4852	5734	3657
Belgium–Luxembourg	11088	12175	14848	15079	17209	Ireland/Irlande	4007	3575	4907	5548	2986
Kuwait/Koweït	x17413	17300	x13933	x7894	x13084	Austria/Autriche	3164	3898	3547	2108	2318
Jordan/Jordanie	11756	7025	15349	14666	11744	Japan/Japon	3317	2850	2991	3664	3883
So. Africa Customs Un	12731	12321	14782	x9884	x9027	Senegal/Sénégal	x11	4557	4555	x8	x4
Senegal/Sénégal	8876	11134	12776	x11611	x17387	Paraguay	11321	5375	2191	1098	x885
Norway, SVD, JM	10286	9941	11254	12320	11669	Canada	3304	2808	1363	1932	2174
Switz.Liecht	9977	8265	11165	11345	12174	Denmark/Danemark	3108	1369	1517	1703	2556
Yemen/Yémen			x12209	x17565	x10855	Australia/Australie	1165	1514	1530	1528	1691
Algeria/Algérie	13370	11819	16454	743	x12338	Ecuador/Equateur	963	1082	1477	1623	1788
Sudan/Soudan	15244	x18959	x5619	x4285	x5307	Malaysia/Malaisie	1371	1529	1526	1080	x1521
New Zealand	8498	9010	10413	9408	9502	Uganda/Ouganda	x1704	x1766	x1058	x1195	x2252
Denmark/Danemark	7952	8183	9563	10612	10338	Jordan/Jordanie			11	490	3037	655
Gambia/Gambie	x3004	x5765	x14667	x6184	x6580	Korea Republic	1064	1586	977	666	917
Malaysia/Malaisie	8086	8711	8194	8383	x10564	Panama	1213	834	1358	852	1095
Lebanon/Liban	x4822	x4106	x6720	x12738	x4107	Zaire/Zaïre	x662	x1771	x713	x457	x318
Finland/Finlande	6985	6828	8643	8051	8033	Myanmar	x3179	x672	x970	x1182	x1420
Oman	7309	7692	7059	8372	x4728	Former USSR/Anc. URSS	x722	x721	x720	x950	
Spain/Espagne	7523	6508	7601	7852	9024	United Arab Emirates	x415	x769	x583	x774	x890
Mauritania/Mauritanie	x9897	x6914	x11470	x2719	x6967	Chile/Chili	148	453	613	1046	x305
Cote d'Ivoire	x3828	x7097	x3997	x9840	x12273	Oman	1040	625	839	381	
Yugoslavia SFR	12699	5931	11233	x3024		Cameroon/Cameroun	x7	132	x637	1071	x2
Israel/Israël	7047	5485	7814	6831	6530	Spain/Espagne	187	599	501	707	558

(VALUE AS % OF TOTAL)(VALEUR EN % DU TOTAL)

	1983	1984	1985	1986	1987	1988	1989	1990	1991	1992		1983	1984	1985	1986	1987	1988	1989	1990	1991	1992
Africa	13.3	10.6	15.5	x15.9	11.3	13.4	x11.4	x10.1	x9.8	17.2	Afrique	18.1	18.3	16.4	x16.5	x14.7	14.6	x16.5	x12.3	15.4	x19.6
Northern Africa	11.1	8.8	13.4	12.5	8.4	10.7	9.3	7.9	7.9	x13.5	Afrique du Nord	x0.0	0.0	0.0	x0.0	x0.0	0.0	x0.0	x0.0	x0.0	x0.0
Americas	12.0	11.7	14.1	12.9	8.1	10.0	9.3	6.5	7.5	x11.4	Amériques	5.7	5.2	4.8	4.9	4.2	5.2	4.9	3.9	3.9	5.2
LAIA	1.8	1.4	1.8	1.8	1.5	2.4	1.7	1.3	1.5	x2.4	ALAI	4.4	4.1	3.4	3.1	2.9	4.2	4.1	3.3	3.9	4.2
CACM	x0.0	0.0	0.1	0.1	0.0	0.0	0.0	0.0	0.0	x0.1	MCAC	x0.0	0.0	0.0	x0.0	x0.0	0.0	x0.0	0.0	3.2	4.2
Asia	x29.9	x29.6	28.0	x31.3	x28.0	x27.7	25.0	22.1	x28.0	x38.5	Asie	63.8	65.2	66.5	65.6	67.1	66.6	x63.9	68.8	65.7	x56.2
Middle East	x15.5	x17.3	10.9	x13.9	x15.2	x13.8	x9.4	x10.5	x11.9	x16.0	Moyen–Orient	x0.7	x0.8	0.6	1.1	x0.2	x0.2	2.0	1.7	x0.3	x0.4
Europe	28.4	31.4	34.9	33.4	22.6	23.6	22.6	18.8	20.0	29.5	Europe	11.5	10.3	11.6	12.6	13.3	13.1	14.2	14.7	14.6	18.4
EEC	26.5	29.6	32.3	30.4	20.2	21.3	20.6	17.0	17.0	26.9	CEE	11.2	10.0	11.2	12.1	12.8	12.6	13.8	14.3	14.1	17.8
EFTA	1.8	1.5	2.2	2.5	2.1	1.7	1.6	1.6	1.4	2.4	AELE	0.4	0.3	0.4	0.5	0.5	0.5	0.5	0.4	0.4	0.6
Oceania	2.9	x2.8	3.1	x2.5	x1.7	x1.0	x1.3	x1.0	x1.0	x1.8	Océanie	0.8	0.8	0.6	0.5	0.4	0.4	0.4	0.4	0.3	0.4
Former USSR/Anc. URSS	10.4	11.6			x23.9	x20.7	x27.8	x40.5	x32.0		Sri Lanka	20.7	24.7	19.2	16.0	16.7	17.4	18.4	18.6	22.0	16.0
United Kingdom	17.6	21.8	21.1	19.4	11.9	13.2	12.5	9.5	9.5	13.6	India/Inde	29.4	25.7	22.9	22.5	21.3	18.7	x10.7	22.0	18.7	x10.5
Pakistan	7.6	7.2	9.3	7.2	4.9	4.4	6.4	4.5	5.0	7.8	China/Chine			12.5	16.4	16.9	18.2	20.7	15.6	14.5	17.0
USA/Etats–Unis d'Amer	7.4	7.5	9.1	7.7	4.5	5.2	5.2	3.5	4.0	6.1	Kenya	11.4	10.5	11.0	11.5	10.1	10.3	x11.1	7.4	10.9	x15.7
Egypt/Egypte	4.6	3.5	6.6	5.7	4.2	5.3	3.8	3.8	4.4	7.0	United Kingdom	8.3	7.3	8.1	6.7	9.4	8.8	9.5	9.3	9.3	11.3
Japan/Japon	2.1	2.0	4.2	5.4	3.8	4.0	4.3	3.3	3.9	6.6	Indonesia/Indonésie	7.1	9.0	6.6	4.9	5.5	5.7	7.8	6.8	5.5	6.6
Iran (Islamic Rp. of)	x1.2	x3.8		x2.3	x5.7	x3.4	x2.3	x2.9	x4.3	x6.9	Argentina/Argentine	2.5	2.5	2.1	1.6	1.4	1.5	2.1	1.9	1.7	2.2
Germany/Allemagne	2.5	2.0	3.2	3.1	2.4	2.1	2.2	2.0	2.5	3.7	Germany/Allemagne	0.5	0.5	1.0	1.0	1.2	1.4	1.6	1.9	1.6	2.1
Afghanistan	x1.6	x0.3		x0.8	x0.6	x1.3	x1.7	x0.8	x4.2	x1.3	Malawi	2.8	3.2	2.4	1.8	1.3	1.4	1.8	1.7	1.4	x0.8
Morocco/Maroc	1.9	1.8	2.7	2.6	2.1	2.5	2.6	1.8	1.7	3.1	Hong Kong	0.6	1.0	1.0	1.5	1.5	1.8	1.5	1.2	1.8	3.0

075 SPICES — EPICES 075

TRADE BY COMMODITY IN THOUSAND U.S. DOLLARS – COMMERCE PAR PRODUIT EN MILLIERS DE DOLLARS E.U

IMPORTS – IMPORTATIONS

COUNTRIES–PAYS	1988	1989	1990	1991	1992
Total	x1772456	1605530	x1533987	x1562920	x1554150
Africa	x85878	61814	x53935	x61421	x47696
Northern Africa	59051	43480	29139	44533	x30845
Americas	398875	406420	364502	401576	x435671
LAIA	50315	50194	52480	64468	84423
CACM	4485	3601	2947	2623	x2919
Asia	x601841	x525947	x479002	x523763	x557666
Middle East	x155681	x107001	x97520	x92514	x89067
Europe	495891	457825	474864	450016	477500
EEC	431660	399139	406664	394758	415848
EFTA	52503	49300	53164	51628	53730
Oceania	x19626	x21301	x18893	x18401	x17202
USA/Etats–Unis d'Amer	291424	305260	256772	285537	298635
Singapore/Singapour	118085	133690	128909	112177	105708
Germany/Allemagne	126367	114555	124493	123147	122336
Japan/Japon	112351	107212	96933	108305	133212
Former USSR/Anc. URSS	x93372	x91899	x116389	x77413	
France,Monac	89479	77760	65955	61755	62438
Netherlands/Pays–Bas	57179	59671	57869	48426	50352
United Kingdom	47455	46606	48168	44375	50193
Hong Kong	54956	50763	37729	49799	52879
Saudi Arabia	57893	40431	x44099	x35299	x32579
Spain/Espagne	23503	25827	36303	46620	57425
Canada	36127	33650	35624	35308	38628
Italy/Italie	34289	28343	28595	24950	24011
Mexico/Mexique	20017	20693	26642	33402	45237
Malaysia/Malaisie	20958	26894	23398	29405	x28613
Belgium–Luxembourg	29823	25731	24343	23927	24112
United Arab Emirates	x48894	x25794	x18890	x26834	x25893
Bangladesh	x13965	x8695	x21189	x34179	x34669
Pakistan	16033	19295	16716	14778	13564
Switz.Liecht	17123	16839	17182	16490	16642
Korea Republic	13934	12430	11570	16409	21076
Sri Lanka	16634	7887	9191	23052	19114
India/Inde	31063	x17031	11226	11229	x16670
Sweden/Suède	13606	12947	12542	12452	13441
Australia/Australie	14053	12941	10986	12925	11860
Morocco/Maroc	9959	10906	10903	12064	13227
Austria/Autriche	10707	9369	11746	11313	11325
Brazil/Brésil	5470	12204	8378	9195	10130
Algeria/Algérie	15869	12523	1812	13132	x2455
Kuwait/Koweït	x17989	18348	x6651	x1877	x5437
Denmark/Danemark	9586	8027	8621	9500	10810
Egypt/Egypte	13675	9329	7108	9546	7102
Yugoslavia SFR	10840	8755	14336	x2805	
Czechoslovakia	x9891	6157	7384	x11447	x6127
Hungary/Hongrie	x9482	8297	8585	7611	x3078
So. Africa Customs Un	13479	9069	11118	3439	x3008
Norway,SVD,JM	5893	5668	6253	6513	7092
Indonesia/Indonésie	6325	6512	5534	6303	7830
Nepal/Népal	6558	8540	5252	x3176	x5158
Argentina/Argentine	7709	5713	4535	6703	8618
Israel/Israël	7072	5135	5137	5158	5514
Libyan Arab Jamahiriya	6594	3654	6435	x4595	x4216
China/Chine	14478	5507	2574	6575	14699
Poland/Pologne	15700	4017	3528	6821	x6261
Greece/Grèce	5400	5308	4091	4876	x5160
Oman	4797	4453	4666	4769	x2283
Colombia/Colombie	4675	4860	5155	3522	6738
Bulgaria/Bulgarie	x10375	x10820	x1575	x852	1265
Former GDR	x31185	x10275	x2959		
Tunisia/Tunisie	9440	5897	2675	4502	3364

EXPORTS – EXPORTATIONS

COUNTRIES–PAYS	1988	1989	1990	1991	1992
Totale	1570708	x1409839	1376013	1362090	x1444035
Afrique	x115664	x135051	x144676	x148229	x118721
Afrique du Nord	22235	26685	28702	32508	26047
Amériques	180754	135880	158517	159286	x155907
ALAI	82805	64369	63254	72540	x64546
MCAC	44060	23070	38858	33858	35538
Asie	988945	x843322	726509	760486	x817536
Moyen–Orient	x77617	x61423	x64237	x69821	x96356
Europe	234057	223238	246694	231977	291874
CEE	224667	213606	235531	221349	276374
AELE	4469	3938	5266	6159	8188
Océanie	7910	8916	11114	11415	x11158
Indonesia/Indonésie	221881	179831	152372	154127	141891
Singapore/Singapour	193163	181195	137698	129479	124815
India/Inde	171614	x95268	109260	121180	x109999
China/Chine	80362	106792	91058	84688	100004
Madagascar	61127	x70330	79887	72943	x60471
Spain/Espagne	62188	53673	67805	68090	115149
Germany/Allemagne	44153	42557	59717	60392	64168
Brazil/Brésil	72417	54461	50688	56305	31624
Malaysia/Malaisie	63763	65579	48503	35888	x39095
Hong Kong	49711	49956	36224	47124	50048
Sri Lanka	41186	35806	39487	55184	41514
Bulgaria/Bulgarie	x14818	x39509	x65458	x20129	x14923
Netherlands/Pays–Bas	39986	43712	43559	34093	39897
USA/Etats–Unis d'Amer	28892	26909	37653	38615	44093
France,Monac	45163	44739	32679	25685	21451
Turkey/Turquie	40328	18639	34947	29742	32477
Guatemala	x11857	x19523	x19352	x25605	x22536
Hungary/Hongrie	x18128	x19523	x19136	x20769	x39004
Iran (Islamic Rp. of)	x27832	x18035	x11622	x10365	x9992
Viet Nam	x13170	x25303			
Pakistan	21173	12681	13056	21543	19404
Comoros/Comores	17295	11648	11642	19922	x9634
Morocco/Maroc	9060	10983	14365	16698	12991
United Kingdom	12009	11757	14288	13836	14929
Un. Rep. of Tanzania	4293	x18240	x13219	x7814	x4895
Thailand/Thaïlande	10182	12596	13786	12765	x53711
Grenada/Grenade	x11857	12347	7859	4522	x4019
Belgium–Luxembourg	10887	7809	7942	7711	7880
Tunisia/Tunisie	4818	7364	6430	9222	6804
Egypt/Egypte	7838	8056	7428	5641	5171
Mexico/Mexique	7756	6544	5350	6771	11673
Syrian Arab Republic	2365	1304	6649	x10285	x11078
Jamaica/Jamaïque	5740	5224	6432	4183	x4098
Yugoslavia SFR	5484	5192	5893	4466	
So. Africa Customs Un	x418	x1364	x4594	x8391	x7612
Korea Republic	3250	7972	2875	2708	4132
United Arab Emirates	x4073	x4123	x4451	x3494	x5908
Italy/Italie	3109	3327	3701	3814	4302
Fiji/Fidji	2252	2866	3985	3822	2866
Australia/Australie	3318	3373	3144	3911	5522
Chile/Chili	590	799	3887	5520	x17883
Costa Rica	2473	3407	3202	3107	x2078
Greece/Grèce	2551	2592	2200	4023	x4488
Denmark/Danemark	3257	2754	2693	3016	3185
Afghanistan	x1444	x915	x1054	x6353	x2514
Canada	3475	1480	1759	3394	2411
Israel/Israël	891	2028	2661	1485	2951
Tonga	1097	1637	2163	2195	x1269
Japan/Japon	1446	1499	1424	2966	2811
Switz.Liecht	1816	1504	1684	1818	2234

(VALUE AS % OF TOTAL) (VALEUR EN % DU TOTAL)

Imports

	1983	1984	1985	1986	1987	1988	1989	1990	1991	1992
Africa	x5.4	x4.5	4.0	x3.7	3.5	4.9	3.9	x3.5	x3.9	x3.1
Northern Africa	x4.0	x3.2	3.0	3.0	2.1	3.3	2.7	1.9	2.8	2.0
Americas	20.6	22.1	23.9	27.4	24.9	22.5	25.3	23.8	25.7	x28.0
LAIA	2.2	2.7	2.5	2.5	2.6	2.8	3.1	3.4	4.1	5.4
CACM	x0.1	0.3	0.3	0.2	0.2	0.3	0.2	0.2	0.2	x0.2
Asia	44.7	45.2	45.1	36.7	27.8	33.9	32.8	x31.3	33.6	x35.9
Middle East	13.1	20.2	13.4	x12.0	x7.5	8.8	6.7	x6.4	5.9	5.7
Europe	23.9	22.8	24.8	29.2	26.9	28.0	28.5	31.0	28.8	30.7
EEC	20.9	19.8	21.4	25.7	23.6	24.4	24.9	26.5	25.3	26.8
EFTA	3.0	2.7	2.9	3.2	2.9	3.0	3.1	3.5	3.3	3.5
Oceania	0.9	x0.9	1.0	x1.1	x0.9	x1.1	1.4	x1.2	x1.2	x1.1
USA/Etats–Unis d'Amer	15.7	16.4	18.5	21.7	19.4	16.4	19.0	16.7	18.3	19.2
Singapore/Singapour	9.5	7.2	10.2	8.0	6.1	6.7	8.3	8.4	7.2	6.8
Germany/Allemagne	6.9	6.1	6.7	7.8	7.3	7.1	7.1	8.1	7.9	7.9
Japan/Japon	6.4	4.8	5.3	5.9	5.6	6.3	6.7	6.3	6.9	8.6
Former USSR/Anc. URSS	3.5	3.3		x10.9	x5.3	x5.7	7.6	x5.0		
France,Monac	4.7	4.0	4.6	5.2	5.0	5.0	4.8	4.3	4.0	4.0
Netherlands/Pays–Bas	2.3	2.6	2.3	3.5	3.2	3.2	3.7	3.8	3.1	3.2
United Kingdom	2.8	2.8	3.0	3.0	2.5	2.7	2.9	3.1	2.8	3.2
Hong Kong	3.9	3.6	4.2	3.4	2.3	3.1	3.2	2.5	3.2	3.4
Saudi Arabia	8.8	11.6	9.9	6.7	4.1	3.3	2.5	x2.9	x2.3	x2.1

Exports

	1983	1984	1985	1986	1987	1988	1989	1990	1991	1992
Afrique	15.8	12.9	12.8	x10.0	x9.7	7.3	x9.6	x10.5	x10.9	x8.2
Afrique du Nord	2.2	1.8	1.2	1.2	1.1	1.4	1.9	2.1	2.4	1.8
Amériques	11.7	13.5	12.1	14.7	14.3	11.5	9.6	11.6	11.7	x10.8
ALAI	6.0	9.1	8.3	7.4	8.1	5.3	4.6	4.6	5.3	4.5
MCAC	x0.2	0.2	0.3	3.3	2.7	2.8	1.6	2.8	2.5	2.5
Asie	57.3	59.3	60.7	60.8	59.2	62.9	x59.9	52.8	55.8	x56.6
Moyen–Orient	x2.2	6.2	2.8	x3.2	x5.1	x4.9	x4.4	x4.7	5.1	x6.7
Europe	14.7	13.6	13.8	14.0	13.5	14.9	15.8	17.9	17.0	20.2
CEE	14.4	13.1	13.2	13.6	13.3	14.3	15.2	17.1	16.3	19.1
AELE	0.3	0.2	0.2	0.2	0.2	0.3	0.3	0.4	0.5	0.6
Océanie	0.5	0.6	0.5	x0.5	0.6	0.6	0.8	0.8	0.8	x0.8
Indonesia/Indonésie	11.2	10.4	13.8	13.7	14.1	12.8	11.1	11.3	9.8	
Singapore/Singapour	13.0	12.5	11.6	13.0	10.4	12.3	12.9	10.0	9.5	8.6
India/Inde	13.4	16.1	19.2	15.4	13.8	10.9	6.8	7.9	8.9	x7.6
China/Chine			2.5	1.6	4.1	5.1	7.6	6.6	6.2	6.9
Japan/Japon	9.9	8.6	7.2	5.5	3.9	4.5	5.8	5.4	x4.2	
Former USSR/Anc. URSS										
Madagascar	4.9	4.0	4.5	3.9	3.6	4.0	3.8	4.9	5.0	8.0
France,Monac	2.8	2.4	2.0	2.2	2.3	2.8	3.0	4.3	4.4	4.4
Spain/Espagne										
Germany/Allemagne										
Netherlands/Pays–Bas	2.3	2.3	2.3	2.3	2.2	2.3	2.3	2.3	2.3	2.3
United Kingdom	5.7	8.2	7.5	6.9	7.5	4.6	3.9	3.7	4.1	2.2
Brazil/Brésil	4.6	3.6	5.2	4.7	3.9	4.6	4.7	3.5	2.6	x2.7
Malaysia/Malaisie	4.8	4.1	4.5	3.6	2.3	3.2	3.5	2.6	3.5	3.5
Hong Kong										

33

081 *FEEDING STUFF FOR ANIML / NOURRITURE POUR ANIMAUX 081

TRADE BY COMMODITY IN THOUSAND U.S. DOLLARS – COMMERCE PAR PRODUIT EN MILLIERS DE DOLLARS E.U

IMPORTS – IMPORTATIONS

COUNTRIES–PAYS	1988	1989	1990	1991	1992
Total	x19931521	x18936832	x18923904	x19313535	19122380
Africa	536091	582359	633392	x575392	x593960
Northern Africa	443641	413791	465821	390753	x387287
Americas	1465618	1376646	x1378774	x1487309	x1771199
LAIA	558168	351766	355913	447154	619853
CACM	44022	47355	30204	51026	x66859
Asia	x3628036	x3472646	x3318831	3884115	x4302993
Middle East	x574606	x504854	x492371	x425984	x594395
Europe	10269447	10101499	10649902	10654088	11761146
EEC	9335968	9146806	9655875	9764972	10754372
EFTA	781101	799094	793430	751500	865706
Oceania	x86526	x126521	x131058	x109905	x110536
Former USSR/Anc. URSS	x2128912	x2058044	x1914992	x2106363	
Germany/Allemagne	1682094	1609086	1651462	1756136	1988812
France,Monac	1382574	1396283	1442097	1476324	1537935
Japan/Japon	1213534	1246349	1286834	1523396	1729190
Netherlands/Pays-Bas	1534969	1352689	1411132	1242741	1366919
Italy/Italie	1061419	1079448	1124577	1166426	1203006
United Kingdom	996470	954875	1116099	1094815	1264222
Belgium–Luxembourg	880016	905360	946856	942847	1002511
Spain/Espagne	600760	608206	668065	757415	835485
Denmark/Danemark	593904	600871	589602	569560	690400
China/Chine	389290	436549	304655	599830	461517
Canada	369925	355447	345030	402527	438601
USA/Etats–Unis d'Amer	281890	350720	354610	376623	408830
Ireland/Irlande	325392	345697	351968	356391	
Korea Republic	227425	319042	286934	286770	344752
Bulgaria/Bulgarie	x341200	x446321	x359930	x21701	29084
Portugal	220760	213525	252194	287085	332766
Indonesia/Indonésie	126715	214830	192365	225565	213757
Switz.Liecht	203683	188839	214768	207249	240174
Thailand/Thaïlande	132823	161355	193109	243733	335726
Austria/Autriche	197280	182146	205800	179101	202760
Sweden/Suède	195115	193487	179979	183384	221299
Philippines	188350	x139596	199949	187255	216158
Mexico/Mexique	164096	178030	150409	195238	291659
Czechoslovakia	x337687	175939	116517	x189613	x151047
Poland/Pologne	383678	273303	77188	107348	x182231
Cuba	96745	176674	x177137	x91945	x112555
Hungary/Hongrie	x143652	x108830	x178352	127452	x141347
Libyan Arab Jamahiriya	93236	74227	188817	148402	x120482
Yugoslavia SFR	123335	127244	167260	x105137	
Hong Kong	117296	130307	128711	132658	112442
Algeria/Algérie	159367	175806	107204	92490	x77253
Norway,SVD,JM	99389	146115	117377	109378	121006
Malaysia/Malaisie	112702	138239	111302	118332	x144104
Egypt/Egypte	148299	117556	129185	112576	119099
So. Africa Customs Un	33524	96420	101445	x125364	x138109
Venezuela	257567	109155	94938	118496	115231
Greece/Grèce	57609	80765	101821	115231	x143701
Iran (Islamic Rp. of)	x104888	x94740	x89696	x66998	x186975
Iraq	x210035	x162144	x69059	x4370	x5626
Romania/Roumanie	x20007	38295	136155	47248	x77293
Finland/Finlande	78396	81011	67866	66614	74694
Saudi Arabia	28202	31778	x91399	x87596	x87883
Former GDR	x584055	x169601	x22562		
Australia/Australie	46474	53069	53100	64949	56912
Turkey/Turquie	13469	40764	52604	75940	105002
Singapore/Singapour	74712	67513	46086	45354	76822
Israel/Israël	47352	51659	45354	32292	34945
Tunisia/Tunisie	38699	39309	33907	30391	35016
Jordan/Jordanie	39670	26384	38728	37951	50651

EXPORTS – EXPORTATIONS

COUNTRIES–PAYS	1988	1989	1990	1991	1992
Totale	16319817	16338998	15662139	16640144	17975171
Afrique	x214264	x230990	x174057	x187974	x180206
Afrique du Nord	32817	x32623	x25552	x18949	x29948
Amériques	8350538	8018313	7114489	7584304	x8354107
ALAI	4591605	4642197	3815669	3875104	x4281992
MCAC	4916	5608	7725	7118	x8570
Asie	2110291	x2080041	1832968	2051248	x1859471
Moyen–Orient	x46521	x38810	x25454	x24137	x24316
Europe	5069175	5194279	5809914	6002137	7068652
CEE	4694976	4849031	5453690	5670824	6655572
AELE	307353	277119	292566	295132	365888
Océanie	x257647	x529757	x488302	x483072	x338479
USA/Etats–Unis d'Amer	3434150	3022830	2923809	3280940	3635326
Brazil/Brésil	2189805	2303086	1774367	1518757	1775401
Netherlands/Pays-Bas	1254912	1290751	1509825	1476985	1735146
Argentina/Argentine	1442693	1335125	1199809	1206368	1459439
Germany/Allemagne	1138095	1112623	1246937	1270119	1448204
France,Monac	847234	901892	1041308	1206368	1448204
China/Chine	917289	863594	758206	1127451	1313926
Belgium–Luxembourg	551289	613467	642879	609070	502788
Chile/Chili	475503	535430	401718	483943	704599
United Kingdom	314352	373993	427603	535228	x438535
Peru/Pérou	373939	384380	372521	x514774	592251
India/Inde	281151	x388005	336007	376495	x502155
Canada	303642	324983	346827	352495	x450930
Denmark/Danemark	249886	282211	259078	336955	410551
American Samoa	x4531	x265340	x250708	x210416	396736
Australia/Australie	206407	213667	195801	228327	x4058
Thailand/Thaïlande	148848	162256	150663	190831	297600
Japan/Japon	205864	185859	149173	144522	x247479
Italy/Italie	132413	98943	146652	173441	106646
Former USSR/Anc. URSS	x95598	x95782	x64035	x151209	238647
Indonesia/Indonésie	89355	99833	93190	116754	115755
Malaysia/Malaisie	85560	106690	103984	98026	x127226
Hong Kong	58762	71186	85484	89759	74972
Norway,SVD,JM	102460	69526	62995	99203	124464
Ireland/Irlande	65390	69813	78459	80980	93936
Switz.Liecht	50904	55357	87772	84663	82561
Bulgaria/Bulgarie	x129396	x94063	x97263	x33794	x32326
So. Africa Customs Un	x76504	x62608	x65649	x72982	x41488
Iceland/Islande	95253	85620	72598	42021	82603
Philippines	65487	x69776	56796	59654	57948
Spain/Espagne	80766	56290	55881	68624	78334
Hungary/Hongrie	x35402	x36812	x42186	x68242	x56444
Singapore/Singapour	56466	56050	42588	46816	83337
Yugoslavia SFR	48796	54094	53612	x29185	
Poland/Pologne	9635	47947	29011	48517	x35177
Austria/Autriche	29133	33365	39974	42249	32586
New Zealand	42714	46295	38944	38605	47779
Senegal/Sénégal	41160	40640	36933	x36044	x30249
Cote d'Ivoire	x17899	x49486	x19120	x30205	x34678
Portugal	36520	25251	24153	34025	19791
Paraguay	27542	24378	21053	32363	x47301
Greece/Grèce	24220	23797	20915	21697	x33978
Sweden/Suède	21021	19990	22704	21369	22959
Korea Republic	7981	12188	16370	26439	30686
Ecuador/Equateur	60136	30087	9994	11995	7926
Bolivia/Bolivie	6169	10320	16082	25170	26099
Cuba	x43				
Sudan/Soudan	22888	x23660	x19031	x46391	x136
Czechoslovakia	x4031	x5877	x8130	x29574	x14301
Trinidad and Tobago	6333	11798	11303	12606	8674

(VALUE AS % OF TOTAL)(VALEUR EN % DU TOTAL)

	1983	1984	1985	1986	1987	1988	1989	1990	1991	1992
Africa	3.6	x4.1	4.0	x4.4	3.0	2.7	3.1	3.3	x2.9	x3.1
Northern Africa	2.5	x3.3	3.1	3.4	2.3	2.2	2.2	2.5	2.0	x2.0
Americas	6.2	7.6	7.8	7.1	6.0	7.4	7.2	x7.3	x7.7	9.2
LAIA	1.7	2.0	1.9	1.8	1.7	2.8	1.9	1.9	2.3	3.2
CACM	x0.2	0.3	0.5	0.3	0.3	0.3	0.2	0.2	0.3	x0.3
Asia	x13.8	x16.7	13.2	x15.4	x15.6	18.2	x18.4	x17.5	20.2	x22.5
Middle East	x3.6	x5.2	2.8	x3.7	x2.9	x2.9	x2.7	x2.6	2.2	x3.1
Europe	71.4	65.8	69.5	68.2	56.1	51.5	51.5	53.3	56.3	61.5
EEC	66.3	59.7	63.3	62.3	51.1	46.8	48.3	51.0	50.6	56.2
EFTA	5.1	5.1	5.3	5.0	4.3	3.9	4.2	4.2	3.9	4.5
Oceania	0.5	0.4	0.5	0.4	x0.4	0.4	0.7	0.7	x0.5	x0.5
Former USSR/Anc. URSS					x8.9	10.7	x10.9	x10.1	x10.9	
Germany/Allemagne	14.7	13.2	12.6	11.6	9.5	8.4	8.5	8.7	9.1	10.4
France,Monac	9.6	8.7	8.8	9.5	7.6	6.9	7.4	7.6	7.6	8.0
Japan/Japon	5.0	5.0	5.2	5.9	5.1	6.1	6.6	6.8	7.9	9.0
Netherlands/Pays-Bas	14.2	13.1	13.1	11.7	8.7	7.7	7.1	7.5	6.4	7.1
Italy/Italie	6.4	6.2	7.1	6.6	6.2	5.7	5.7	5.9	6.0	6.3
United Kingdom	7.2	6.3	6.9	6.8	5.4	5.0	5.9	5.7	5.7	6.6
Belgium–Luxembourg	5.7	5.6	5.9	5.9	4.4	4.8	5.0	4.9	5.7	5.2
Spain/Espagne	1.5	1.8	2.3	2.6	2.3	3.0	3.2	3.5	3.9	4.4
Denmark/Danemark	4.7	4.1	4.1	4.1	3.5	3.0	3.1	2.9	3.6	

	1983	1984	1985	1986	1987	1988	1989	1990	1991	1992
Afrique	x1.3	x1.0	0.7	x1.1	x1.3	x1.3	x1.4	x1.1	x1.1	x1.0
Afrique du Nord	x0.3	0.1	0.1	0.1	0.2	0.2	x0.2	x0.2	x0.1	x0.2
Amériques	54.9	53.0	51.0	52.5	47.8	51.2	49.1	45.4	45.5	x46.5
ALAI	27.2	28.0	26.4	25.7	24.5	28.1	28.4	24.4	23.3	23.8
MCAC	x0.1	0.1	0.1	0.0	0.0	0.0	0.0	0.0	0.0	x0.0
Asie	6.6	6.9	6.9	7.5	11.8	13.0	x12.8	11.7	12.3	x10.3
Moyen–Orient	x0.1	0.9	0.7	0.8	0.6	0.3	x0.2	x0.2	x0.1	x0.1
Europe	34.5	37.1	39.2	37.0	35.4	31.1	31.8	37.1	36.1	39.3
CEE	32.1	34.2	36.4	34.4	33.0	28.8	29.7	34.8	34.1	37.0
AELE	2.3	2.5	2.3	2.2	2.0	1.9	1.7	1.9	1.9	2.0
Océanie	x2.2	x1.5	1.8	x1.6	x1.7	1.6	x3.3	x3.1	x2.9	x1.8
USA/Etats–Unis d'Amer	25.4	22.2	22.2	24.8	21.2	21.0	18.5	18.7	19.7	20.2
Brazil/Brésil	17.8	16.0	15.3	12.8	12.5	13.4	14.1	11.3	9.1	9.9
Netherlands/Pays-Bas	8.5	8.0	8.5	8.2	8.4	7.7	7.9	9.6	8.9	9.7
Argentina/Argentine	5.8	7.3	6.1	7.8	6.9	8.8	8.2	7.7	7.6	8.1
Germany/Allemagne	7.3	6.7	9.1	8.9	9.0	7.0	6.8	8.0	7.2	8.1
France,Monac	5.1	6.0	6.2	6.0	5.9	5.5	5.5	6.6	6.8	7.3
China/Chine					4.6	5.6	5.3	4.8	5.1	2.8
Belgium–Luxembourg	4.5	5.0	5.2	4.9	4.0	3.8	4.1	3.7	3.9	3.9
Chile/Chili	2.9	2.9	3.4	3.2	3.0	3.3	2.6	2.9	x2.4	
United Kingdom	1.1	1.3	1.9	1.9	2.0	1.9	2.3	2.7	3.2	3.3

091 MARGARINE AND SHORTENING / MARGARINE ET GRAISSES 091

TRADE BY COMMODITY IN THOUSAND U.S. DOLLARS – COMMERCE PAR PRODUIT EN MILLIERS DE DOLLARS E.U

IMPORTS – IMPORTATIONS

COUNTRIES–PAYS	1988	1989	1990	1991	1992
Total	x675890	x792422	x825916	x972377	x1052956
Africa	x41967	x39622	x62408	x64608	x83560
Northern Africa	15559	15136	21938	27016	x37767
Americas	x56928	105607	x89736	x90491	x96053
LAIA	21333	20104	15972	25443	28780
CACM	x1310	568	1151	2453	x6341
Asia	x116807	x200363	x156448	x287469	x258115
Middle East	x39001	x77354	x67789	x105669	x128305
Europe	369783	381162	465959	474789	506534
EEC	348277	354600	431191	444190	460551
EFTA	19692	22316	24912	23918	28640
Oceania	11659	x15793	15976	x13419	x33800
United Kingdom	112831	110513	119301	126940	121398
France, Monac	80236	84661	107974	96132	100560
Afghanistan	x20914	x74230	x38732	x115897	x39969
Cuba	x5573	51226	35496	x23523	x12717
Netherlands/Pays–Bas	37251	34200	37195	35494	42983
Germany/Allemagne	18383	22451	31751	41504	46884
Italy/Italie	27370	29139	32780	33330	38970
Belgium–Luxembourg	25675	26975	29400	31201	28057
Spain/Espagne	24608	21754	30447	35137	26889
Syrian Arab Republic	284	14762	27530	x42916	44505
Former USSR/Anc. URSS	x62118	x36422	x18720	x17154	24511
Ireland/Irlande	9230	11054	24733	25450	23692
Algeria/Algérie	15323	14050	21301	22899	x27355
Mexico/Mexique	19287	18591	14985	20104	25007
Hong Kong	13549	17564	17631	x23934	20192
Iran (Islamic Rp. of)	x796	x22046	x3358	15445	x47515
Singapore/Singapour	9097	10398	11999	x8404	15709
Lebanon/Liban	x9732	x13302	x9600	9780	x4251
Denmark/Danemark	9572	9506	10961	9766	17692
China/Chine	10466	9562	8614		14069
United Arab Emirates	x8873	x9262	x6927	x8938	x6882
Sweden/Suède	10169	7963	7763	8886	12565
Saudi Arabia	5310	4016	x10634	x9255	x8929
Canada	4300	5773	6966	10474	12871
Austria/Autriche	4076	6796	9311	6563	6104
Papua New Guinea	7418	7878	6719	x3889	x4761
Czechoslovakia	x140	92	151	x16751	x25861
Angola	x2859	x4677	x5235	x6990	x1890
Switz.Liecht	4376	5700	5532	5355	5880
Greece/Grèce	2374	3239	5292	7944	x10681
Yugoslavia SFR	388	2694	8231	x4886	
USA/Etats–Unis d'Amer	1308	4235	5980	3167	3290
Hungary/Hongrie	x9	x2289	x4475	5508	x10942
Japan/Japon	3353	3564	4013	4659	5690
So. Africa Customs Un	541	1716	5153	x5250	x7214
Romania/Roumanie	x32	2014	7873	1506	x8898
Kuwait/Koweït	x4823	4085	x2508	x2992	2361
Australia/Australie	674	2121	3667	3355	3185
Senegal/Sénégal	x412	1410	4095	x2941	x2366
Korea Republic	1184	794	2493	4980	3818
Poland/Pologne	x5211	x4298	x3502	37	x24132
Congo	x1722	x1941	x2941	x2505	x4832
Cameroon/Cameroun	x3825	1852	x4162	1211	x5775
Belize/Bélize	2770	2209	2857	x1711	2877
Bahamas	5683	2869	x1005	x2778	x2243
Bahrain/Bahreïn	x1697	x2532	x1780	x2096	x1773
Guadeloupe	2040	1880	2266	2133	2414
Martinique	1819	1879	2286	2115	2028
Cyprus/Chypre	1808	1708	1857	2160	2610
Suriname/Suriname	x633	x2211	x2351	x1113	x1382

EXPORTS – EXPORTATIONS

COUNTRIES–PAYS	1988	1989	1990	1991	1992
Totale	665207	x860280	x943335	961189	1079147
Afrique	x1041	x2721	x9278	x13866	x11828
Afrique du Nord	1	1924	4179	8607	9241
Amériques	67416	x78748	74145	104416	x145268
ALAI	4857	2602	738	3852	12741
MCAC	993	170	961	3111	x3789
Asie	108543	145795	137808	203147	214925
Moyen–Orient	45086	55939	61713	80368	89801
Europe	420144	452399	555865	591961	664918
CEE	408272	438387	538189	574184	632992
AELE	9842	13930	17564	17570	26352
Océanie	x21265	x22986	x26453	x26106	29196
Netherlands/Pays–Bas	137927	137202	149931	154152	161415
Belgium–Luxembourg	101955	110658	139525	141216	148214
Germany/Allemagne	92428	78908	95966	123503	128569	177516
USA/Etats–Unis d'Amer	53138	67777	62010	88917	117121
Turkey/Turquie	44839	55564	61051	79910	89146
Singapore/Singapour	34965	58932	38930	70510	84941
Bulgaria/Bulgarie	x14740	x76948	x68647	x1922	x2331
Denmark/Danemark	31129	39939	48155	40291	40130
Former USSR/Anc. URSS	x48	x58135	x51576	x205	
United Kingdom	10164	10100	21038	43213	42597
Australia/Australie	18531	19622	22388	22628	25977
Ireland/Irlande	7638	14237	20079	29833	26600
France, Monac	16125	17683	21000	18704	18238
Malaysia/Malaisie	12029	14086	16096	x15361	x17834
Hungary/Hongrie	x11102	x12286	x9804	x15361	x7180
Hong Kong	7285	9089	9169	10711	11993
Italy/Italie	8330	6547	9843	8378	10282
Sweden/Suède	2499	5489	6898	9064	15142
Portugal	2126	5563	4493	7753	4831
Japan/Japon	5375	4339	5310	6219	6726
Norway,SVD,JM	6069	5266	5647	4791	4301
Former GDR	x20260	x7213	x6507		
Canada	3875	3806	5891	3590	7087
Morocco/Maroc		1817	4028	5093	6830
New Zealand	2498	3183	3928	3322	3209
Czechoslovakia	x363	x2786	x3182	x1983	x465
Indonesia/Indonésie	223	2731	3889	1188	559
Austria/Autriche	659	1935	3660	2208	5752
Barbados/Barbade	1993	2260	1952	2193	x2803
India/Inde	844	x201	1016	4488	x46
Zimbabwe			2193	2605	
Argentina/Argentine	297	124	347	3557	9006
Switz.Liecht	475	1234	1252	1196	681
Egypt/Egypte	1	87	132	3140	2051
Trinidad and Tobago	478	553	1202	1560	1316
Guatemala	951	167	880	2171	3170
China/Chine	94	1	7	3043	967
So. Africa Customs Un	x295	x105	x1455	x1244	x1627
Poland/Pologne	x284	x247	x70	1996	x2428
Philippines	1523	x8	1069	968	471
Saint-Kitts–Nevis	1119	x1023	x364	x439	x235
Spain/Espagne	245	226	262	1182	2754
Cote d'Ivoire	x94	x553	x430	x624	x854
Greece/Grèce	204	260	354	886	x414
Brazil/Brésil	4021	1294	27	84	777
Saint Lucia/St. Lucie	767	x86	630	564	x68
Costa Rica	x6		81	935	x599
Senegal/Sénégal		120	643		
Israel/Israël	189	207	275	252	288
Togo	10	0	4	729	

(VALUE AS % OF TOTAL)(VALEUR EN % DU TOTAL)

	1983	1984	1985	1986	1987	1988	1989	1990	1991	1992
Africa	x8.6	x4.6	10.3	x5.1	5.5	x6.2	x5.0	x7.5	6.6	x8.0
Northern Africa	x3.4	x1.2	9.2	x0.3	1.2	2.3	1.9	2.7	2.8	x3.6
Americas	x7.6	10.5	9.2	x13.7	x10.4	x4.2	13.4	x10.9	x9.3	x9.1
LAIA	3.2	4.9	5.4	5.1	4.5	3.2	2.5	1.9	2.6	2.7
CACM	x0.1	0.2	0.3	0.5	x0.1	x0.2	0.1	0.1	0.3	x0.6
Asia	x22.1	x23.7	8.2	x16.0	x17.9	17.3	x25.3	x19.0	x29.6	x24.6
Middle East	x8.5	x13.1	2.7	x8.1	x5.4	x5.8	x9.8	x8.2	x10.9	x12.2
Europe	58.9	59.1	68.9	63.4	63.6	54.7	48.1	56.4	48.8	48.1
EEC	56.9	57.0	66.8	61.0	60.8	51.5	44.7	52.2	45.7	43.7
EFTA	1.9	1.9	2.0	2.2	2.5	2.9	2.8	2.9	2.5	2.7
Oceania	1.7	x1.8	1.3	x1.7	x2.1	1.7	x2.0	2.0	x1.4	x3.3
United Kingdom	24.8	21.2	24.4	22.5	21.0	16.7	13.9	14.4	13.1	11.5
France, Monac	10.0	10.6	11.6	12.3	14.3	11.9	10.7	13.1	9.9	9.6
Afghanistan	x1.3	x0.2		x2.6	x1.7	x3.1	x9.4	x4.7	x11.9	x3.8
Cuba			x3.7	x4.0	x0.8	6.5	x4.3	x2.4	x1.2	x1.2
Netherlands/Pays–Bas	7.3	8.0	10.7	8.3	6.3	5.5	4.3	4.5	3.7	4.1
Germany/Allemagne	3.6	4.3	3.6	5.0	3.7	2.7	2.8	3.8	4.3	4.5
Italy/Italie	1.8	2.7	3.3	3.3	4.0	3.7	3.7	3.4	3.4	3.7
Belgium–Luxembourg	5.3	4.8	5.7	5.6	4.7	3.8	3.4	3.6	3.2	2.7
Spain/Espagne	0.5	0.5	0.4	0.5	1.9	3.9	3.6	3.7	3.6	2.6
Syrian Arab Republic	0.2	0.3	0.0	0.0	0.3	0.0	1.9	3.3	x4.4	4.2

	1983	1984	1985	1986	1987	1988	1989	1990	1991	1992
Afrique	0.6	0.4	0.3	0.2	0.1	x0.1	x0.3	x1.0	x1.4	x1.1
Afrique du Nord	0.0	0.1		0.0	0.0	0.0	0.2	0.4	0.9	0.9
Amériques	11.4	9.9	9.2	10.7	9.8	10.2	x9.1	7.9	10.8	x13.5
ALAI	1.7	0.7	0.7	0.6	0.6	0.7	0.3	0.1	0.4	1.2
MCAC	x0.1	0.2	0.2	x0.0	0.1	0.1	0.0	0.1	0.3	x0.4
Asie	9.2	17.5	9.8	13.0	15.2	16.3	16.9	14.6	21.2	19.9
Moyen–Orient	0.5	7.6	3.1	4.8	6.0	6.8	6.5	6.5	8.4	8.3
Europe	74.0	68.6	77.2	71.4	63.4	63.2	52.6	58.9	61.6	61.6
CEE	71.4	66.0	74.1	69.3	61.6	61.4	51.0	57.1	59.7	58.7
AELE	2.6	2.4	2.6	2.0	1.7	1.5	1.6	1.9	1.8	2.4
Océanie	4.8	3.6	3.7	4.6	x5.8	x3.2	x2.7	x2.8	x2.7	2.7
Netherlands/Pays–Bas	23.1	22.8	23.5	22.7	18.5	20.7	15.9	15.9	16.0	15.0
Belgium–Luxembourg	14.7	14.5	16.7	16.6	15.5	15.3	12.9	14.8	14.7	13.7
Germany/Allemagne	15.7	14.8	17.8	15.9	15.1	13.9	11.2	13.1	13.4	16.4
USA/Etats–Unis d'Amer	8.8		7.1	2.7	3.5	6.0	6.7	6.5	8.3	8.3
Turkey/Turquie					3.0	5.3	6.9	4.1	7.3	7.9
Singapore/Singapour	2.5	3.1	1.0	1.8		x0.4	x2.2	x7.3	x0.2	x0.2
Bulgaria/Bulgarie							x8.9	x7.3	x0.2	x0.2
Denmark/Danemark	4.7	4.5	5.2	5.0		x0.0	x6.8	x5.5	x0.0	3.7
Former USSR/Anc. URSS	5.2	3.8	5.2	4.2	1.7	1.5	1.2	2.2	4.5	3.9
United Kingdom										

098 EDIBLE PRODCTS, PREPS NES — PREP ALIMENTAIRES NDA 098

TRADE BY COMMODITY IN THOUSAND U.S. DOLLARS — COMMERCE PAR PRODUIT EN MILLIERS DE DOLLARS E.U

COUNTRIES–PAYS	1988	1989	1990	1991	1992	COUNTRIES–PAYS	1988	1989	1990	1991	1992
Total	6091236	6289565	7762033	9030174	10218950	Totale	5575610	5882227	7540605	8727190	10289721
Africa	x436959	x325849	x360409	x375213	x406294	Afrique	x27363	x45914	x38166	x50322	x37964
Northern Africa	141765	105820	115741	x114570	x110829	Afrique du Nord	8341	24594	20742	20268	13411
Americas	x1005922	x920994	x1017570	1248989	x1574358	Amériques	1087309	985767	1250261	1657163	x1968263
LAIA	89265	98419	136529	204627	x356518	ALAI	108599	83339	91917	122323	153989
CACM	88694	93460	87335	111696	x138110	MCAC	43161	33556	42395	52977	x57956
Asia	x1264513	x1221482	x1351021	1538081	x1668635	Asie	x744892	767295	863715	1030447	x1159658
Middle East	x335159	x294158	x275583	x259740	x295797	Moyen-Orient	x43468	x40858	x31689	x33227	x56091
Europe	2937013	3275519	4425609	5035478	5914054	Europe	3604334	3878664	5153487	5790744	6947512
EEC	2415955	2722664	3718698	4310755	5031360	CEE	3243281	3508048	4700794	5316178	6347034
EFTA	486848	516903	642929	675285	777424	AELE	317971	323389	402666	442991	520049
Oceania	x215627	x319595	x289733	x353582	x351687	Océanie	x47963	x53879	67711	x95812	x116628
Germany/Allemagne	541650	569430	821372	1015977	1204870	USA/Etats-Unis d'Amer	814588	740146	989184	1298407	1505491
United Kingdom	482690	565741	689995	783399	898185	Ireland/Irlande	883015	896760	938138	1029062	1251606
France, Monac	374578	414303	500695	542527	604916	France, Monac	288264	426870	904324	1096157	1359573
USA/Etats-Unis d'Amer	460314	342368	381120	458645	521376	Netherlands/Pays-Bas	526190	526045	680011	759510	827138
Netherlands/Pays-Bas	257137	282580	373094	435354	518301	Germany/Allemagne	447371	498059	667588	767663	964367
Belgium-Luxembourg	281378	302334	369957	405456	461453	Belgium-Luxembourg	336423	360306	460613	505088	552619
Japan/Japon	276482	315888	328590	391588	443828	United Kingdom	262256	284552	359038	381787	433330
Spain/Espagne	131757	152215	367592	397693	442078	Italy/Italie	181385	211274	278692	301446	355771
Hong Kong	222324	230013	305100	368060	340105	Denmark/Danemark	226272	193039	252817	287406	334247
Italy/Italie	136732	207012	278154	348343	395024	Switz.Liecht	202470	200414	246085	277513	312747
Canada	173313	206403	253739	315083	353185	Hong Kong	131355	132589	178737	208691	218567
Australia/Australie	135446	176244	208295	249380	243761	Japan/Japon	134759	141197	162748	203094	236838
Former USSR/Anc. URSS	x139945	x154177	x199197	x239461		Spain/Espagne	81824	93748	127405	143265	174645
Sweden/Suède	123181	129239	156330	171268	205530	Canada	92559	100307	124018	158129	220683
Switz.Liecht	117441	122982	161229	169129	181637	China/Chine	83993	103283	106674	138006	132296
Saudi Arabia	146166	130546	x122130	x115524	x121638	Israel/Israël	69946	98552	100455	88018	83972
Austria/Autriche	87770	92677	130358	137478	173975	Singapore/Singapour	58406	58973	75510	104803	118074
Finland/Finlande	73588	85136	106723	107765	112533	Thailand/Thaïlande	45878	58152	72495	98701	x127527
Denmark/Danemark	61922	73988	96967	113947	143854	Sweden/Suède	63400	66266	76412	72784	87677
Ireland/Irlande	71685	63122	92872	101135	135970	Austria/Autriche	31507	33313	48118	57894	76090
Singapore/Singapour	76595	65306	84763	100755	109523	Korea Republic	40632	43456	41984	48888	60938
Mexico/Mexique	24400	43005	74109	108727	185585	Former USSR/Anc. URSS	x968	x50994	x63824	x15928	
Norway, SVD, JM	73496	75917	75232	74506	87481	Malaysia/Malaisie	39576	38692	40525	47123	x52542
Greece/Grèce	40458	52369	73067	90332	x130986	Australia/Australie	30105	31878	38471	54200	61867
Poland/Pologne	22252	22024	34251	140925	x149079	Yugoslavia SFR	32363	38211	43430	x28134	
Malaysia/Malaisie	46419	52186	65651	77689	x85864	Mexico/Mexique	24226	33897	27512	41272	47776
Korea Republic	22847	34717	55332	95267	135223	Hungary/Hongrie	x15706	x23927	x28771	x43995	x45893
Portugal	35968	39569	54934	76592	95723	Poland/Pologne	34334	33069	25232	31646	x2470
New Zealand	38491	47225	49668	58338	64059	Bulgaria/Bulgarie	x5304	x38832	x44621	x6189	x4357
Egypt/Egypte	93424	46624	50257	48167	46060	New Zealand	17608	21300	28640	38671	53816
Viet Nam	x50938	x36337	x58462	x23682	x1651	Guatemala	24259	12628	24044	27926	33278
China/Chine	32620	31938	37560	44496	49868	Norway, SVD, JM	16848	16535	17826	22971	23956
Nigeria/Nigéria	x48072	x31911	x40535	x34088	x48209	Philippines	10159	x19936	15712	15913	18203
Israel/Israël	27135	29277	31716	38390	51015	Argentina/Argentine	10326	9088	17762	24555	31716
Yugoslavia SFR	17923	20694	46204	x31872		Greece/Grèce	4369	9611	17759	23395	x32331
United Arab Emirates	x52814	x26176	x32280	x40020	x40069	Brazil/Brésil	41389	13333	14029	19741	28401
Thailand/Thaïlande	25454	28322	29957	34545	46684	Turkey/Turquie	18149	16152	10176	16095	33676
French Polynesia	10740	x72224	x8413	x9519	x8678	Egypt/Egypte	3774	16354	14778	11248	7330
Bahamas	41470	x39793	x23262	x24773	x41816	Portugal	5914	7538	14164	20555	61408
Kuwait/Koweït	x43865	49942	x17874	x12453	x31138	Costa Rica	10256	12085	12429	16156	x11835
Guatemala	23393	23866	21172	33379	x41775	Indonesia/Indonésie	4700	7608	13000	15114	15378
Honduras	24863	27308	23807	25649	26848	Finland/Finlande	3730	6841	14179	11792	19518
Cote d'Ivoire	x24016	x18912	x17910	x37273	x43536	India/Inde	8133	x9932	8602	10965	x18766
Czechoslovakia	x38239	15694	18528	x35353	x67177	United Arab Emirates	x13960	x11497	x9446	x7354	x6933
Indonesia/Indonésie	18563	18917	22926	25361	37105	Chile/Chili	16598	9294	6287	10782	x18189
Cameroon/Cameroun	x15955	17138	x21159	24318	x22664	El Salvador	8593	8750	5186	8422	x10135
Libyan Arab Jamahiriya	11803	14421	24998	x22996	x19150	Jamaica/Jamaïque	5536	6565	7001	7816	x6134
Hungary/Hongrie	x7077	x7021	x14973	39547	x54376	Venezuela	1491	5927	7531	6080	10352
Algeria/Algérie	17189	24386	15276	21482	x21537	Malta/Malte	10711	8864	6517	x3373	x1093
So. Africa Customs Un	18975	18813	18899	x20114	x23095	Viet Nam	x3355	x5635	x7441	x5676	x6324

(VALUE AS % OF TOTAL) (VALEUR EN % DU TOTAL)

	1983	1984	1985	1986	1987	1988	1989	1990	1991	1992		1983	1984	1985	1986	1987	1988	1989	1990	1991	1992
Africa	x9.5	x6.7	3.8	x8.2	x6.4	x7.2	x5.2	x4.6	x4.1	x3.9	Afrique	1.1	x0.8	0.7	x0.6	x0.3	x0.5	x0.8	x0.5	x0.6	x0.4
Northern Africa	x3.1	x2.6	2.0	x2.3	1.6	2.3	1.7	1.5	x1.3	x1.1	Afrique du Nord	x0.2	x0.2	0.1	0.1	0.1	0.1	0.4	0.3	0.2	0.1
Americas	x17.1	x20.6	21.4	18.2	x14.4	16.5	14.6	13.1	13.9	x15.4	Amériques	x20.2	20.1	19.1	17.7	15.9	19.5	16.8	16.6	19.0	x19.2
LAIA	1.8	2.4	2.5	1.4	1.4	1.5	1.6	1.8	2.3	x3.5	ALAI	1.3	1.6	1.4	1.6	1.5	1.9	1.4	1.2	1.4	1.5
CACM	x0.6	0.9	0.9	1.4	1.1	1.5	1.5	1.1	1.2	x1.4	MCAC	x0.4	0.5	0.4	0.5	0.5	0.8	0.6	0.6	0.6	x0.6
Asia	x28.1	x28.4	24.3	x22.9	x23.0	20.8	x19.4	19.4	17.1	16.3	Asie	11.6	12.8	12.1	11.0	x12.8	x13.4	13.1	11.5	11.8	x11.3
Middle East	x11.9	x13.0	6.5	x7.7	x6.7	5.5	x4.7	3.6	x2.9	x2.9	Moyen-Orient	x0.5	1.1	0.6	0.6	x0.8	x0.7	x0.4	x0.4	x0.4	x0.5
Europe	42.4	41.2	47.4	47.3	48.3	48.2	52.1	57.0	55.8	57.9	Europe	65.8	65.0	66.8	69.3	69.3	64.6	65.9	68.3	66.4	67.5
EEC	34.9	33.5	38.7	38.7	40.3	39.7	43.3	47.9	47.7	49.2	CEE	58.0	57.1	58.6	60.9	62.4	58.2	59.6	62.3	60.9	61.7
EFTA	7.4	7.1	8.0	7.9	7.4	8.0	8.2	8.3	7.5	7.6	AELE	7.8	6.8	7.2	7.2	6.3	5.7	5.5	5.3	5.1	5.1
Oceania	x2.4	x2.5	2.4	x3.0	x2.9	3.6	5.1	x3.7	x3.9	x3.4	Océanie	x0.7	x0.8	0.7	x0.7	x0.7	x0.9	x0.9	0.9	x1.1	x1.1
Germany/Allemagne	7.6	7.0	7.8	7.6	9.7	8.9	9.1	10.6	11.3	11.8	USA/Etats-Unis d'Amer	16.0	15.2	14.9	13.8	12.5	14.6	12.6	13.1	14.9	14.6
United Kingdom	6.8	8.4	8.4	8.1	8.6	7.9	9.0	8.9	8.7	8.8	Ireland/Irlande	9.9	10.5	12.1	12.3	16.1	15.8	15.2	12.4	11.8	12.2
France, Monac	5.3	4.9	5.5	5.8	5.8	6.1	6.6	6.5	6.0	5.9	France, Monac	7.4	7.4	6.9	7.7	7.6	5.2	7.3	12.0	12.6	13.2
USA/Etats-Unis d'Amer	8.1	10.1	12.0	9.7	7.0	7.6	5.4	4.9	5.1	5.1	Netherlands/Pays-Bas	13.5	13.6	13.5	13.5	12.5	9.4	8.9	9.0	8.7	8.0
Netherlands/Pays-Bas	3.8	4.0	4.7	4.5	4.1	4.2	4.5	4.9	5.1	5.1	Germany/Allemagne	8.5	7.8	7.8	8.4	8.3	8.0	8.5	8.9	8.8	9.4
Belgium-Luxembourg	4.5	4.2	4.6	5.1	4.6	4.8	4.8	4.8	4.8	4.5	Belgium-Luxembourg	4.7	4.2	4.5	4.9	4.6	6.0	6.1	6.1	5.8	5.4
Japan/Japon	7.1	6.5	7.3	7.0	6.5	4.5	5.0	4.2	4.3	4.5	United Kingdom	6.0	5.5	5.6	4.8	4.7	4.7	4.8	4.8	4.4	4.2
Spain/Espagne	1.5	1.1	1.3	1.2	1.7	2.2	2.4	4.7	4.4	4.3	Italy/Italie	2.5	2.6	3.1	3.3	3.3	3.3	3.6	3.7	3.5	3.5
Hong Kong	3.5	3.6	4.0	3.3	3.4	3.6	3.7	3.9	4.1	4.3	Denmark/Danemark	3.6	3.8	3.3	3.9	3.6	4.1	3.3	3.4	3.3	3.3
Italy/Italie	2.1	2.0	2.7	2.4	2.4	2.2	3.3	3.6	3.9	3.9	Switz.Liecht	5.5	4.7	4.6	4.4	3.9	3.6	3.4	3.4	3.2	3.0

36

111 NON-ALCOHL BEVERAGES NES / BOISSONS NON ALCOOLIQUES 111

TRADE BY COMMODITY IN THOUSAND U.S. DOLLARS – COMMERCE PAR PRODUIT EN MILLIERS DE DOLLARS E.U

IMPORTS – IMPORTATIONS

COUNTRIES-PAYS	1988	1989	1990	1991	1992
Total	1685456	1993093	2415123	2743975	3103161
Africa	x35173	x39843	x52409	x54778	x58735
Northern Africa	586	x841	x3132	x2272	x7639
Americas	x330521	x380227	x432428	x497962	x580632
LAIA	954	14702	11274	53237	121666
CACM	392	456	597	3023	x6085
Asia	x395583	464681	x467267	x537194	x557044
Middle East	x59780	x71042	x101582	x95994	x75041
Europe	865100	1054076	1371876	1436158	1765764
EEC	760297	945043	1198816	1263851	1596527
EFTA	96384	100949	123474	118976	134042
Oceania	x37448	x33364	x37667	x40882	x39357
USA/Etats-Unis d'Amer	217262	249284	269003	279347	287203
Germany/Allemagne	135139	149400	259103	333157	390994
Belgium-Luxembourg	159394	169369	219601	241204	284520
Hong Kong	111307	148843	169542	220019	245766
Netherlands/Pays-Bas	119329	136929	183694	210080	334276
France, Monac	126386	174253	191940	161120	179913
United Kingdom	113399	159197	165178	129798	163850
Japan/Japon	154324	162748	115160	114232	115295
Switz.Liecht	62473	61489	76814	74664	71534
Canada	32375	41565	70395	77848	67901
Poland/Pologne	x1972	x3201	x25127	x127161	x51090
Italy/Italie	28082	44553	44796	40834	46677
Spain/Espagne	20984	38013	38908	46959	60080
Ireland/Irlande	22459	28547	42391	49962	68802
Saudi Arabia	4093	12831	x44506	x43437	x42806
Yugoslavia SFR	143	979	40545	30770	38730
Singapore/Singapour	24437	25752	28438	16659	x21761
Greece/Grèce	14690	27623	26418	27000	26026
China/Chine	17244	20625	18229	27000	24101
Guadeloupe	13325	16483	22712	21160	
Oman	13004	13593	20777	25484	x4303
Mexico/Mexique	533	14150	10330	35098	70026
Austria/Autriche	10153	12342	18150	17927	21313
Portugal	11952	10359	18320	19341	34265
Former USSR/Anc. URSS	x13580	x12322	x14837	x19820	21698
Sweden/Suède	13606	16254	14973	12091	
Angola	x6413	x10000	x14475	x11564	x6412
Reunion/Réunion	9034	11169	12055	12503	14639
Australia/Australie	4922	7432	11118	14273	8583
Martinique	11244	9331	9903	11172	10465
Denmark/Danemark	8481	6800	8466	14736	11391
Brunei Darussalam	x7517	x11671	x7812	x9423	x7976
New Zealand	11569	11950	9871	6364	5536
Macau/Macao	3173	8107	8799	10271	11985
United Arab Emirates	x18309	x9289	x8602	x8656	x10438
French Guiana	6048	5919	6723	8740	9701
Czechoslovakia	x3573	1210	1547	x18158	x27194
Kuwait/Koweït	x12152	14552	x3284	x2959	x4729
Finland/Finlande	4156	5714	7653	7167	8632
Papua New Guinea	4648	6314	5969	x7422	x8281
Norway, SVD, JM	5315	4977	5728	6947	10753
Andorra/Andorre	x4053	x4666	x6061	x6757	x6693
Qatar	4424	5320	5573	5366	x1401
Argentina/Argentine	60	13	126	15723	42441
Jamaica/Jamaïque	4653	7351	5798	2579	x2816
Bahamas	10733	6380	3490	5297	x7170
Iraq	x1397	x3135	x9812	x775	x624
Korea Republic	167	1229	3687	6506	8507
Cuba	x2878	x3585	x787	x2962	x7441
Antigua and Barbuda	x3378	x3585	x4418	x3166	x3697

EXPORTS – EXPORTATIONS

COUNTRIES-PAYS	1988	1989	1990	1991	1992
Totale	1616261	1901568	2303843	2680410	2966002
Afrique	x4971	x6652	x17633	x12717	x8976
Afrique du Nord	x1589	x2287	6144	7503	6013
Amériques	130873	166823	209221	319161	375576
ALAI	15063	26999	24988	39518	40846
MCAC	x214	256	196	2184	x2456
Asie	329743	408492	395449	450934	528215
Moyen-Orient	x38701	x71507	x41382	x39831	x36028
Europe	1107305	1293163	1652801	1873690	2038641
CEE	1015610	1187095	1499625	1705836	1833617
AELE	86495	101010	146619	162536	180458
Océanie	x41801	x24512	x25888	x19395	x11245
France, Monac	353688	414103	592818	630888	702021
Netherlands/Pays-Bas	177712	203567	236248	348489	343230
Belgium-Luxembourg	207621	235958	208585	219709	232930
Germany/Allemagne	137927	170484	218007	258424	271994
China/Chine	89330	112561	117440	149081	167553
USA/Etats-Unis d'Amer	84748	104479	117581	154262	191771
Singapore/Singapour	80629	89514	92658	92774	117561
Austria/Autriche	48303	63432	97857	113475	124220
United Kingdom	49174	55928	85021	90857	114133
Hong Kong	44674	57508	60929	90825	106076
Italy/Italie	29273	44970	59713	66386	60811
Canada	11267	14944	38728	98598	107719
Switz.Liecht	27883	25653	33890	33838	37031
Korea Republic	31655	33536	27875	27315	32493
Ireland/Irlande	22249	23032	29525	30577	36163
Australia/Australie	38586	22468	23427	16814	9519
Spain/Espagne	16016	12381	31861	15606	27975
Mexico/Mexique	11590	21387	15872	18964	19510
United Arab Emirates	x15796	x16426	x19637	x20079	x21687
Denmark/Danemark	16145	13862	19307	22420	26969
Malaysia/Malaisie	8759	11655	14081	16924	x17497
Portugal	4523	8719	12457	10598	11593
Trinidad and Tobago	8765	10419	9796	7241	9009
Japan/Japon	12493	8186	8999	9868	15415
Sweden/Suède	6921	6893	9710	9015	11418
Israel/Israël	340	7706	13819	2316	1824
Brazil/Brésil	2326	3721	6055	13984	15088
Saudi Arabia	10699	14285	x6314	x1965	x2160
Greece/Grèce	1281	3854	5848	11645	x5798
Indonesia/Indonésie	3576	5142	9301	6450	10111
Martinique	1755	3837	7572	9450	11866
Oman	7087	11814	3373	2960	x313
Iraq	x121	x14484	x772	x33	
Thailand/Thaïlande	1934	3574	4825	6168	x16468
Turkey/Turquie	2125	5977	3525	4447	7135
Macau/Macao	4808	5097	2667	3216	3831
Andorra/Andorre	x2572	x2964	x3715	x2956	x2663
Egypt/Egypte	702	1360	2815	5230	2519
Jordan/Jordanie	280	3416	3660	1292	188
Philippines	690	x1445	1315	5005	2749
Barbados/Barbade	982	1977	3008	2116	x2908
Venezuela	220	715	2429	3525	4239
So. Africa Customs Un	x2145	x1846	x2066	x2675	x1643
New Zealand	628	1782	2082	2541	1703
Yugoslavia SFR	2173	1752	2426	x2199	
Norway, SVD, JM	2286	1684	6056	17	x9
Madagascar					3416
Hungary/Hongrie	x478	x573	x2042	x3362	x2811
Guadeloupe	2182	1865	1793	2263	2250
Iceland/Islande	626	558	2076	3044	3443

(VALUE AS % OF TOTAL)(VALEUR EN % DU TOTAL)

	1983	1984	1985	1986	1987	1988	1989	1990	1991	1992		1983	1984	1985	1986	1987	1988	1989	1990	1991	1992
Africa	x3.0	x3.0	1.1	x3.0	x2.2	x2.0	x2.0	x2.1	x2.0	x1.9	Afrique	x0.6	x0.2	0.2	x0.5	x0.7	x0.3	x0.4	x0.8	x0.5	x0.3
Northern Africa	x0.2	x0.2	0.0	0.0	0.0	0.0	x0.1	x0.1	x0.1	x0.2	Afrique du Nord					x0.1	x0.1	x0.1	0.3	0.3	0.2
Americas	17.7	20.7	28.1	21.1	x19.2	x19.6	x19.1	x18.0	x18.1	x18.7	Amériques	6.3	5.7	5.2	4.6	5.1	8.1	8.8	9.1	11.9	12.7
LAIA	0.4	0.1	0.1	0.1	0.1	0.1	0.7	0.5	1.9	3.9	ALAI	0.1	0.4	0.5	0.7	0.5	0.9	1.4	1.1	1.5	1.4
CACM	x0.0	0.0	0.0	0.0	0.0	0.0	0.0	0.1	0.2	x0.2	MCAC	0.0	0.0	0.0	0.0	0.0	0.0	0.0	0.0	0.0	x0.1
Asia	31.0	30.6	23.0	18.7	x19.6	x23.5	23.3	x19.3	x19.6	x17.9	Asie	25.7	26.2	22.0	17.1	x21.4	20.4	21.4	17.2	16.9	17.8
Middle East	x14.9	x16.8	8.7	x6.5	x3.5	x3.5	x3.6	x4.2	x3.5	x2.4	Moyen-Orient	x4.1	x5.2	4.0	x2.9	x3.4	x2.4	x3.8	x1.8	x1.5	x1.2
Europe	46.6	44.0	46.9	55.3	54.5	51.3	52.9	56.8	52.3	56.9	Europe	66.3	67.1	67.7	72.0	70.6	68.5	68.0	71.7	69.9	68.7
EEC	40.7	38.3	40.5	46.7	47.4	45.1	47.4	49.6	46.1	51.4	CEE	59.0	59.3	63.8	68.2	63.8	62.8	62.4	65.1	63.6	61.8
EFTA	5.6	5.1	6.1	7.9	6.6	5.7	5.1	5.1	4.3	4.3	AELE	7.0	7.3	8.0	7.9	6.4	5.4	5.3	6.4	6.1	6.1
Oceania	x1.6	x1.7	0.9	x1.9	x2.0	x2.2	x1.7	x1.6	x1.5	x1.3	Océanie	x1.2	x0.8	0.7	x1.2	x2.0	x2.6	x1.3	x1.1	x0.7	x0.4
USA/Etats-Unis d'Amer	10.1	12.9	21.4	14.3	12.8	12.9	12.5	11.1	10.2	9.3	France, Monac	15.5	15.4	19.4	21.6	21.6	21.9	21.8	25.7	23.5	23.7
Germany/Allemagne	7.3	6.4	7.4	8.7	8.0	8.0	7.5	10.7	12.1	12.6	Netherlands/Pays-Bas	15.6	17.9	12.7	13.4	13.0	11.0	10.7	10.3	13.0	11.6
Belgium-Luxembourg	7.8	8.9	8.7	10.3	9.9	9.5	8.5	9.1	8.8	9.2	Belgium-Luxembourg	10.0	9.6	11.6	13.1	12.0	12.8	12.4	9.1	8.2	7.9
Hong Kong	7.3	6.9	7.7	6.1	6.6	6.6	7.5	7.0	8.0	7.9	Germany/Allemagne	7.8	7.0	10.1	9.7	8.6	8.5	9.0	9.5	9.6	9.2
Netherlands/Pays-Bas	7.3	7.0	7.4	8.2	7.8	7.1	6.9	7.6	7.7	10.8	China/Chine					5.4	5.5	5.9	5.1	5.6	5.6
France, Monac	6.6	7.7	7.5	8.9	7.8	6.7	8.0	7.9	4.7	5.3	USA/Etats-Unis d'Amer	4.6	3.7	2.9	2.3	2.9	5.2	5.5	5.1	5.8	6.5
United Kingdom	7.3	5.2	5.1	6.1	6.1	8.2	8.2	4.8	4.2	3.7	Singapore/Singapour	4.7	4.5	4.3	3.9	4.5	5.0	4.7	4.0	3.5	4.0
Japan/Japon	1.0	1.0	1.1	1.8	5.3	4.6	3.7	3.1	2.7	2.3	Austria/Autriche	3.0	2.6	2.8	2.8	2.6	3.0	2.3	4.2	4.2	4.2
Switz.Liecht	3.5	3.1	3.5	4.3	4.2	3.7	2.1	2.9	2.9	2.2	United Kingdom	3.3	3.3	3.7	3.5	2.8	3.0	2.9	3.7	3.4	3.8
Canada	2.3	2.4	2.4	2.1	1.9	1.6	2.1	2.9	2.8	2.2	Hong Kong	1.6	2.1	3.4	3.0	2.6	2.8	3.0	2.6	3.4	3.6

112 ALCOHOLIC BEVERAGES / BOISSONS ALCOOLIQUES 112

TRADE BY COMMODITY IN THOUSAND U.S. DOLLARS – COMMERCE PAR PRODUIT EN MILLIERS DE DOLLARS E.U

COUNTRIES–PAYS	IMPORTS – IMPORTATIONS					COUNTRIES–PAYS	EXPORTS – EXPORTATIONS				
	1988	1989	1990	1991	1992		1988	1989	1990	1991	1992
Total	15477503	16385998	19629927	20470612	22056747	Totale	15344224	15941857	19575738	20454789	22062464
Africa	x318829	x329946	x361479	x390333	x439776	Afrique	x65196	x67978	x73955	x92471	x80413
Northern Africa	x9239	14321	16238	12815	x25883	Afrique du Nord	29376	37605	40667	46880	x26315
Americas	4558019	x4692767	x5003558	x4820532	x5544660	Amériques	1241563	1392908	x1753026	x2024404	x2202669
LAIA	216996	227954	311554	419187	593544	ALAI	313776	332466	393541	462537	x519269
CACM	19869	21024	18716	20936	x29149	MCAC	3061	4201	3163	2948	x3096
Asia	x1768085	x2252007	x2905073	3206025	x3437019	Asie	373854	425799	616673	1012813	1109826
Middle East	x236278	x161052	x174752	x183838	x204258	Moyen–Orient	33032	x51004	x55163	59159	x72222
Europe	8004076	8259409	10549444	11133685	12067152	Europe	12526411	13201241	16297280	16527661	18108682
EEC	7001810	7204126	9227872	9816570	10689438	CEE	12348708	13009721	16040128	16262235	17760805
EFTA	937189	987082	1205914	1206703	1213900	AELE	112038	137179	186761	214268	239481
Oceania	x321556	x337640	x363808	x340984	x356698	Océanie	x130279	x127808	x168893	x210224	x259270
USA/Etats–Unis d'Amer	3686219	3641522	3848194	3589774	4056196	France, Monac	5069154	5376990	6482867	6326867	6629215
United Kingdom	2016355	2004783	2562038	2458100	2592269	United Kingdom	2757482	2890348	3696315	3887197	4182544
Germany/Allemagne	1642385	1649050	2184653	2580972	2682588	Italy/Italie	1290301	1417972	1769692	1815886	1883581
Japan/Japon	854910	1313302	1715435	1850898	1851026	Germany/Allemagne	882572	928159	1075719	1037232	1275222
France, Monac	788605	838284	1075898	1083829	1167394	Spain/Espagne	619157	624032	759441	863643	1058172
Belgium–Luxembourg	615308	594987	775818	790012	898751	Netherlands/Pays–Bas	628810	608076	783897	798731	940064
Italy/Italie	526843	562151	684983	712407	719238	USA/Etats–Unis d'Amer	337246	480132	561952	657437	773345
Netherlands/Pays–Bas	573835	556860	668805	730542	828580	Canada	417897	398352	554771	527959	562158
Switz.Liecht	507735	523364	633407	605839	580248	Ireland/Irlande	316212	353845	464252	487428	542044
Spain/Espagne	355591	390945	530759	668309	855891	Portugal	372241	374977	450241	458347	565329
Canada	385592	519744	538643	508816	528262	Bulgaria/Bulgarie	x481262	x311019	x349806	x115554	x110720
Hong Kong	225601	296493	367041	422400	505432	Singapore/Singapour	69704	93268	204450	463939	444826
Sweden/Suède	225298	246012	286009	293768	332070	Mexico/Mexique	246839	232636	249001	274193	280945
Singapore/Singapour	156554	179862	266430	368316	387547	Former USSR/Anc. URSS	x335831	x230222	x185938	x250974	
Denmark/Danemark	224431	208002	269172	280282	332816	Denmark/Danemark	194026	175593	225804	245933	263074
Former USSR/Anc. URSS	x115226	x208144	x132383	x321411		Belgium–Luxembourg	167156	165828	229216	250905	283463
Australia/Australie	201637	224288	222235	208576	215769	Hong Kong	100408	109390	180133	277789	333993
Greece/Grèce	81766	133105	187597	206891	x261125	Bahamas	47672	x58248	x103350	x248959	x203198
Ireland/Irlande	118897	120647	160686	180156	204512	Australia/Australie	98630	95762	130943	175824	212930
Portugal	57796	145312	127463	125070	146273	Greece/Grèce	51587	92650	101430	88813	x138096
Thailand/Thaïlande	64936	86740	147568	153253	131089	Austria/Autriche	31768	37842	63980	88676	88828
Austria/Autriche	80317	87717	117019	128970	114343	Hungary/Hongrie	x58694	x44514	x52331	x86643	x83597
Mexico/Mexique	39593	67272	105887	118319	186984	China/Chine	53234	60381	53966	68547	111227
So. Africa Customs Un	87147	79405	90926	x109609	x116563	Japan/Japon	54471	55840	57592	68663	67581
Norway, SVD, JM	73551	66358	85475	90822	105604	Chile/Chili	25947	36873	52891	86753	x126077
Poland/Pologne	77547	79026	55202	94478	x49440	Yugoslavia SFR	61586	49442	64297	x50784	
New Zealand	60442	63913	79645	75532	72399	Sweden/Suède	33644	41071	50218	51016	62601
Bulgaria/Bulgarie	x49431	x64320	x114580	x26450	30817	Czechoslovakia	x57495	x23051	x29828	x88724	x71878
Venezuela	69192	47028	57176	100419	124716	Brazil/Brésil	20448	29777	43863	51092	49305
Finland/Finlande	37314	52124	69018	71087	64725	New Zealand	31101	31379	37941	33524	45338
Angola	x23491	x48954	x55405	x67392	x38096	Poland/Pologne	33157	39199	32334	28257	x13871
Malaysia/Malaisie	45888	41906	54343	67433	x120355	Finland/Finlande	23538	27241	34833	36898	46807
United Arab Emirates	x117943	x44555	x50838	x67315	x79100	Romania/Roumanie	x21252	71027	11412	15552	x18996
Paraguay	36391	29119	48914	68914	69225	Cyprus/Chypre	23929	23722	34176	29610	36312
Czechoslovakia	x40126	41725	54034	x47404	x50949	Argentina/Argentine	13538	23392	32543	29511	39927
Brazil/Brésil	25203	40024	49242	46036	47111	Jamaica/Jamaïque	26145	28080	29374	25998	x44498
Andorra/Andorre	x37237	x38743	x50211	x45943	x48917	Switz.Liecht	18568	22301	28872	28504	28860
Hungary/Hongrie	x49557	x56077	x26945	42543	x38096	Martinique	22114	21877	25662	22569	20931
Korea Republic	20305	33829	43479	45453	55239	Algeria/Algérie	15765	26436	23136	19676	x5025
Aruba		x57272	x21984	x40186	x40052	So. Africa Customs Un	x11614	x13220	x19200	x30079	x42849
Former GDR	x172180	x62262	x46839			Cuba	12645	17403	x22202	x21806	x20215
Yugoslavia SFR	7678	12616	46871	x46312		Malaysia/Malaisie	16170	16246	13176	14868	x11325
Guadeloupe	28508	27305	37161	33175	34227	Trinidad and Tobago	11245	13333	14249	15441	15304
Lebanon/Liban	x15815	x19052	x22846	x40519	x29722	Korea Republic	9459	12299	14268	16309	23393
Martinique	25976	24516	28982	27297	30448	Thailand/Thaïlande	14155	11094	12646	13697	x8798
Reunion/Réunion	23470	23470	28263	23233	31278	Tunisia/Tunisie	7760	5895	10599	19668	x8798
Philippines	15863	28863	21675	22912	26179	Turkey/Turquie	6876	6929	9540	16526	12994
Bahamas	35230	18803	x25681	x27859	x30089	Guadeloupe	8646	7971	8316	7560	16672
Cote d'Ivoire	x20968	x18179	x16125	x30727	x33755	Philippines	4822	x4196	7512	11613	8498
Iraq	x13340	x25144	x35050	x4568	x3014	Norway, SVD, JM	4350	5706	8287	9042	12290

(VALUE AS % OF TOTAL) (VALEUR EN % DU TOTAL)

	1983	1984	1985	1986	1987	1988	1989	1990	1991	1992		1983	1984	1985	1986	1987	1988	1989	1990	1991	1992
Africa	x2.2	x2.0	1.3	x2.5	x2.1	x2.1	2.0	x1.9	1.9	2.0	Afrique	0.9	0.9	0.9	0.8	x0.7	x0.4	x0.4	x0.4	0.4	0.4
Northern Africa	x0.1	0.0	0.0	0.0	0.0	x0.1	0.1	0.1	0.1	x0.1	Afrique du Nord	0.5	0.7	0.7	0.3	0.2	0.2	0.2	0.2	0.2	x0.1
Americas	36.4	39.7	42.6	36.0	x31.7	29.4	x28.6	25.4	x23.5	25.2	Amériques	8.5	9.6	9.3	8.3	8.1	8.1	8.7	x9.0	x9.9	10.0
LAIA	1.4	2.2	1.9	1.5	1.4	1.4	1.4	1.6	2.0	2.7	ALAI	0.3	1.5	1.7	2.0	2.4	2.0	2.1	2.0	2.3	2.4
CACM	x0.1	0.2	0.1	0.1	0.1	0.1	0.1	0.1	0.1	x0.1	MCAC	x0.0	0.0	0.0	0.0	0.1	0.0	0.0	0.0	0.0	x0.0
Asia	8.2	7.9	7.4	7.8	x9.3	x11.5	13.8	14.8	15.7	x15.5	Asie	1.7	2.0	1.9	1.8	2.0	2.4	2.7	3.1	5.0	5.1
Middle East	x1.6	x1.4	0.8	x1.2	x1.0	1.5	x1.0	x0.9	0.9	0.9	Moyen–Orient	0.4	0.4	0.3	0.3	x0.2	0.2	x0.3	x0.3	0.3	x0.3
Europe	41.6	38.6	45.6	50.3	51.3	51.7	50.4	53.7	54.4	54.7	Europe	86.5	84.2	85.8	87.3	81.5	81.8	82.8	83.3	80.8	82.1
EEC	36.4	33.6	40.1	43.6	44.5	42.4	44.0	47.0	48.0	48.5	CEE	85.5	82.4	84.1	86.0	80.4	80.5	81.6	81.9	79.5	80.5
EFTA	5.1	4.7	5.4	6.2	6.4	6.1	6.0	6.1	5.9	5.5	AELE	1.0	1.0	1.1	0.8	0.7	0.7	0.9	0.9	1.0	1.1
Oceania	x1.6	x1.9	1.8	x2.0	x1.8	x2.1	x2.1	x1.8	x1.7	x1.6	Océanie	x0.6	0.6	0.5	x0.6	x0.9	x0.8	0.8	x0.9	x1.0	x1.2
USA/Etats–Unis d'Amer	30.9	32.6	36.0	30.0	26.0	23.8	22.2	19.6	17.5	18.4	France, Monac	30.7	30.7	32.2	35.2	33.5	33.0	33.7	33.1	30.9	30.0
United Kingdom	9.5	9.5	11.4	12.6	12.5	13.0	12.2	13.1	12.0	11.8	United Kingdom	20.0	18.5	18.1	17.8	16.4	18.0	18.1	18.9	19.0	19.0
Germany/Allemagne	9.5	8.2	9.4	10.4	10.7	10.6	10.1	11.1	12.6	12.2	Italy/Italie	10.9	10.8	11.1	9.0	8.5	8.4	8.9	9.0	8.9	8.5
Japan/Japon	3.3	3.0	3.1	3.3	4.2	5.5	8.0	8.7	9.0	8.4	Germany/Allemagne	7.5	7.2	7.2	7.1	6.1	5.8	5.8	5.5	5.1	5.8
France, Monac	4.9	4.4	5.3	5.0	4.8	5.1	5.1	5.5	5.3	5.3	Spain/Espagne	4.3	4.0	4.4	4.4	4.0	4.0	4.0	3.9	4.2	4.8
Belgium–Luxembourg	3.9	3.4	3.6	4.0	4.3	4.0	3.6	4.0	3.9	4.1	Netherlands/Pays–Bas	4.5	4.2	4.0	4.8	4.4	4.1	3.8	4.0	3.9	4.3
Italy/Italie	2.5	2.4	3.5	3.6	3.6	3.4	3.4	3.5	3.5	3.3	USA/Etats–Unis d'Amer	1.8	1.6	2.0	1.8	2.2	2.2	3.0	2.9	3.2	3.5
Netherlands/Pays–Bas	3.2	3.1	3.3	3.7	3.8	3.7	3.4	3.4	3.6	3.8	Canada	5.1	5.1	4.5	3.5	3.1	2.2	2.5	2.8	2.6	2.5
Switz.Liecht	2.7	2.5	2.9	3.3	3.4	3.3	3.2	3.2	3.0	2.6	Ireland/Irlande	2.2	2.1	2.3	2.2	2.0	2.1	2.2	2.4	2.4	2.5
Spain/Espagne	1.0	0.9	0.9	1.6	2.0	2.3	2.4	2.7	3.3	3.9	Portugal	2.3	2.2	2.1	2.4	2.3	2.4	2.4	2.4	2.2	2.6

121 TOBACCO UNMNFCTRD, REFUSE / TABACS BRUTS, DECHETS 121

TRADE BY COMMODITY IN THOUSAND U.S. DOLLARS – COMMERCE PAR PRODUIT EN MILLIERS DE DOLLARS E.U

COUNTRIES–PAYS	1988	1989	1990	1991	1992	COUNTRIES–PAYS	1988	1989	1990	1991	1992
		IMPORTS – IMPORTATIONS						EXPORTS – EXPORTATIONS				
Total	4642984	4796830	5297245	6313894	6572418	Totale	4072909	x4548194	5206892	5780240	x6060196
Africa	x275765	x275194	x260965	x329837	x358601	Afrique	x458646	x476716	x693813	x857197	x949866
Northern Africa	153178	145099	140457	199296	x213952	Afrique du Nord	1641	x4406	1777	x2776	x2089
Americas	x552363	x788458	x855953	x1227317	x1217085	Amériques	2044869	2137937	x2480762	2620660	2982453
LAIA	25863	27249	54452	120059	124622	ALAI	628754	639241	726315	913623	1026363
CACM	4281	8163	7770	7445	x9701	MCAC	31294	34751	37630	36736	53718
Asia	x936340	x979056	1038707	1202009	1472154	Asie	633096	794105	842887	x1152378	x919940
Middle East	x57809	x148650	x70783	90030	155854	Moyen–Orient	276306	483315	432987	582245	325898
Europe	2414462	2450216	2828933	3207584	3330237	Europe	633496	678786	807583	1005675	x1042978
EEC	2118088	2163380	2478727	2850932	2972351	CEE	526737	565873	710932	869421	x921621
EFTA	268914	254693	307054	335834	324560	AELE	52113	41273	56918	69473	79848
Oceania	76999	61473	68716	x70197	x65829	Océanie	846	x22027	x21983	x3983	x1740
USA/Etats–Unis d'Amer	473054	684438	731389	1033695	1002708	USA/Etats–Unis d'Amer	1260218	1365193	1469802	1439921	1659553
Germany/Allemagne	493169	483248	653283	759063	916511	Brazil/Brésil	523231	524545	565516	680615	803601
Japan/Japon	395206	456587	441237	536891	623624	Turkey/Turquie	266000	479083	418491	563461	309424
United Kingdom	385132	390237	447422	570356	555212	Zimbabwe	274922	x239599	339710	424234	x541047
Netherlands/Pays–Bas	352059	342821	435577	493679	489137	Greece/Grèce	223694	255104	312070	344735	x406421
Spain/Espagne	301973	309598	315196	362023	308422	Malawi	115584	164925	289070	348794	x295725
Italy/Italie	199294	229489	179962	185599	141660	Bulgaria/Bulgarie	x252749	x367693	x306499	x113301	x126637
Belgium–Luxembourg	138506	140252	159441	153752	174049	Italy/Italie	103218	111479	129258	200718	192189
Switz.Liecht	118500	113878	147592	166221	148512	Cuba	37930	34201	x165860	x122780	x110395
Hong Kong	95657	88660	161532	127871	131178	Argentina/Argentine	46495	56429	94950	136569	142686
Egypt/Egypte	93392	80601	100830	119055	134016	India/Inde	68845	x51039	106600	127665	x77257
Former USSR/Anc. URSS	x56758	x52038	x125582	x121238		Netherlands/Pays–Bas	66778	70753	92560	100338	94558
France,Monac	97376	84665	100309	106600	138096	China/Chine	45142	54503	58144	140428	140795
Denmark/Danemark	77086	83963	89881	85470	87854	Thailand/Thaïlande	53392	54167	72033	112209	x167621
Greece/Grèce	30854	53479	51100	77429	x88612	Korea Republic	86894	63688	77289	65227	17947
Canada	74076	x41599	60715	76051	94908	Canada	61619	48964	56594	85237	115072
Philippines	51557	56336	40842	x78105	x76156	Yugoslavia SFR	53041	70430	35815	x62194	
So. Africa Customs Un	94693	53802	40696	55323	87476	Indonesia/Indonésie	42746	46983	58614	57861	80950
China/Chine	31855	43478	56008	49391	51531	Germany/Allemagne	37362	42167	53991	66533	73533
Thailand/Thaïlande	17870	28482	57335	61258	61327	Switz.Liecht	48315	34403	47091	62184	72221
Singapore/Singapour											
Czechoslovakia	x59118	53042	34585	x56931	x43153	France, Monac	33329	32748	37707	43217	48667
Australia/Australie	52280	41311	50038	51609	48612	So. Africa Customs Un	x30770	x38410	x25729	x42369	x34354
Austria/Autriche	36763	36937	41215	58311	55574	Mexico/Mexique	26605	25952	21431	43737	13621
Sweden/Suède	51124	37633	50870	42785	54881	Philippines	19067	x26435	20426	42519	33829
Indonesia/Indonésie	27543	24827	41964	58430	64546	United Kingdom	24937	19745	31719	30106	44223
Finland/Finlande	35321	41236	42262	40999	38039	Spain/Espagne	11084	8697	20898	45145	22231
Korea Republic	27881	25103	36891	55389	68350	Colombia/Colombie	15115	17100	23337	25484	34221
Iraq	x26278	x86862	x28311			Guatemala	22157	19633	23072	20265	38265
Turkey/Turquie	3602	23562	21429	68635	134225	Poland/Pologne	24636	34630	19352	3234	x11155
Mexico/Mexique	8963	9041	39126	65133	57509	Belgium–Luxembourg	14332	15239	20719	20274	23403
Dominican Republic	x32590	x36726	x34552	x38773	x36611	Dominican Republic	21981	12218	19448	16204	x10927
Poland/Pologne	27607	24923	32384	51267	x35298	Albania/Albanie	x16266	x18639	x16525	x12008	x18576
Malaysia/Malaisie	21884	25654	30039	40871	x44516	Tokelau/Tokélaou		x21202	x20586	x1045	
Portugal	23468	26806	27862	33797	39935	Un. Rep. of Tanzania	12908	x9748	x12090	x18681	x13243
Norway,SVD,JM	27125	24875	25041	27419	27456	Honduras	6642	12489	11331	11457	12124
Yugoslavia SFR	19854	23970	34797	x15560		Chile/Chili	7188	9078	10952	14505	x17959
Bulgaria/Bulgarie	x48375	x40545	x13746	x13629	24486	Syrian Arab Republic	76	780	11952	x14370	x11266
Former GDR	x181146	x54306	x11714			Portugal	4353	5361	5221	12632	8515
Morocco/Maroc	11652	18254	13165	31624	16519	Former USSR/Anc. URSS	x175	x10344	x6807	x3633	
Ireland/Irlande	19171	18823	18694	23164	32864	Zambia/Zambie	3524	x8497	x5111	x6620	x40004
Israel/Israël	20233	17945	23144	18292	23227	Hong Kong	5766	5775	7654	5356	12157
Hungary/Hongrie	x3009	x4046	x12217	29828	x24534	Hungary/Hongrie	x2866	x2701	x8073	x7177	x5131
Algeria/Algérie	21254	18096	10597	15750	x29911	Paraguay	5970	2152	5685	7654	x9554
New Zealand	16633	14234	13870	14818	13507	Denmark/Danemark	7362	4323	5238	5451	7529
Libyan Arab Jamahiriya	17073	16335	4956	x17336	x9823	Sri Lanka	2053	2165	3787	8052	39680
Senegal/Sénégal	x2959	14754	20009	x3612	x3766	Austria/Autriche	1943	3711	4527	3013	2669
Tunisia/Tunisie	9526	11438	10853	15532	23683	Panama	1724	2312	3502	5415	5294
Cote d'Ivoire	x8628	x6517	x9480	x15415	x27621	Cameroon/Cameroun	x5223	2109	x5722	3259	x1262
Brazil/Brésil	580	4558	138	22636	35938	Malta/Malte	1605	1210	3870	x4469	x1717
Sri Lanka	2495	4049	3094	18176	27182	Sweden/Suède	1591	2580	2984	3932	4124

(VALUE AS % OF TOTAL)(VALEUR EN % DU TOTAL)

	1983	1984	1985	1986	1987	1988	1989	1990	1991	1992		1983	1984	1985	1986	1987	1988	1989	1990	1991	1992
Africa	7.6	x6.7	7.2	x8.0	x5.7	5.9	5.8	x5.0	x5.2	x5.5	Afrique	11.0	10.9	9.4	x12.0	x12.5	x11.3	10.4	x13.3	x14.8	x15.7
Northern Africa	5.5	5.0	6.0	5.2	3.3	3.3	3.0	3.2	3.2	x3.3	Afrique du Nord	x0.0	0.0	0.0	x0.1	x0.0	0.0	x0.1	0.0	x0.0	x0.0
Americas	13.0	16.4	15.7	x16.8	x14.0	11.9	16.4	16.1	x19.4	x18.5	Amériques	62.2	58.9	59.2	52.5	43.5	50.3	47.0	x47.6	45.4	49.2
LAIA	0.7	0.5	0.6	0.5	0.4	x0.6	0.6	1.0	1.9	1.9	ALAI	15.8	15.0	15.0	14.0	12.5	15.4	14.1	13.9	15.8	16.9
CACM	x0.0	0.1	0.0	0.0	x0.1	0.2	0.2	0.1	0.1	x0.1	MCAC	x0.1	0.8	x0.6	x0.5	0.4	x0.0	0.8	0.7	0.6	0.9
Asia	16.4	17.5	16.8	15.8	x18.7	20.1	20.4	19.6	19.0	22.4	Asie	13.1	16.1	18.8	18.0	16.4	15.6	17.5	16.2	x19.9	x15.2
Middle East	x1.1	x2.0	0.4	x0.9	x1.2	x1.2	x3.1	x1.3	1.4	2.4	Moyen–Orient	x0.6	5.8	8.8	7.8	8.1	6.8	10.6	8.3	10.1	5.4
Europe	53.5	50.8	58.2	57.0	54.0	52.0	51.1	53.4	50.8	50.7	Europe	13.2	13.8	12.2	16.7	18.1	15.6	14.9	15.5	17.4	x17.2
EEC	48.0	45.3	51.6	51.1	48.4	45.6	45.1	46.8	45.2	45.2	CEE	12.5	11.3	9.9	14.4	15.5	12.9	12.4	13.7	15.0	15.2
EFTA	5.5	5.1	5.9	5.3	5.0	5.8	5.3	5.8	5.3	4.9	AELE	0.7	0.8	0.8	1.1	1.2	1.3	0.9	1.1	1.2	1.3
Oceania	1.7	1.8	1.5	x1.7	1.5	1.7	1.3	1.3	x1.2	x1.0	Océanie	0.1					x0.0	x0.5	x0.4	x0.0	x0.0
USA/Etats–Unis d'Amer	11.3	15.1	14.6	14.7	12.8	10.2	14.3	13.8	16.4	15.3	USA/Etats–Unis d'Amer	42.1	39.6	40.1	33.8	27.3	30.9	30.0	28.2	24.9	27.4
Germany/Allemagne	13.1	10.6	13.1	14.8	14.1	10.6	10.1	12.3	12.0	13.9	Brazil/Brésil	13.3	12.0	11.8	11.2	10.3	12.8	11.5	10.9	11.8	13.3
Japan/Japon	10.1	9.7	9.0	8.5	9.8	8.5	9.5	8.3	8.5	9.5	Turkey/Turquie		5.6	8.7	7.5	7.8	6.5	10.5	8.0	9.7	5.1
United Kingdom	9.8	9.7	9.0	7.5	7.2	8.3	8.1	8.4	9.0	8.4	Zimbabwe	6.4	5.8	5.9	7.0	6.3	x5.3	6.5	7.3	x8.9	
Netherlands/Pays–Bas	7.3	6.4	7.6	8.0	8.2	7.6	7.1	8.2	7.8	7.4	Greece/Grèce	5.5	4.8	3.9	5.9	6.8	5.5	5.6	6.0	6.0	x6.7
Spain/Espagne	6.9	7.4	7.7	6.7	5.6	6.5	6.5	6.0	5.7	4.7	Malawi	3.5	4.1	2.9	3.6	4.2	2.8	3.6	5.6	x4.9	
Italy/Italie	3.8	2.7	4.3	3.5	4.1	4.3	3.4	2.9	2.9	2.2	Bulgaria/Bulgarie					x8.3	x6.2	x5.9	x5.9	x2.0	x2.1
Belgium–Luxembourg	2.9	2.8	3.4	4.0	3.3	3.0	2.9	3.0	2.4	2.6	Italy/Italie	2.8	2.7	2.4	3.1	2.5	2.5	2.5	2.5	3.5	3.2
Switz.Liecht	2.2	1.8	2.2	2.2	2.1	2.6	2.3	2.8	2.6	2.3	Cuba	1.1	0.5	1.1	1.1	0.9	0.9	0.8	x3.2	x2.1	x1.8
Hong Kong	0.9	1.4	1.8	1.1	1.2	2.1	1.8	3.0	2.0	2.0	Argentina/Argentine	1.4	1.2	1.5	1.1	0.9	1.1	1.2	1.8	2.4	2.4

122 TOBACCO, MANUFACTURED — TABACS FABRIQUES 122

TRADE BY COMMODITY IN THOUSAND U.S. DOLLARS – COMMERCE PAR PRODUIT EN MILLIERS DE DOLLARS E.U

IMPORTS – IMPORTATIONS

COUNTRIES–PAYS	1988	1989	1990	1991	1992
Total	x6208709	6690613	x8594542	x10100428	x10875350
Africa	x215341	x167087	x202763	x237396	x278865
Northern Africa	x66421	64456	59387	79185	108310
Americas	x184771	x230137	x267890	x423296	x657138
LAIA	21004	26178	30756	57948	x82669
CACM	x813	x1790	x4130	x2419	x2047
Asia	x3051492	x3465076	x4248962	x4924351	x5628893
Middle East	x906052	x900397	x1256973	x1354951	x1444432
Europe	2590811	2620109	3255019	3581393	3978116
EEC	2406609	2420826	2992948	3264369	3649303
EFTA	152273	163434	197540	201487	215909
Oceania	x51648	x39051	x46656	x54109	x63738
Japan/Japon	755018	949539	1051451	1231236	1339788
Hong Kong	547625	727035	1049410	1300931	1598654
France, Monac	767240	769203	925813	1045397	1097567
Italy/Italie	702811	746101	929137	973584	1078901
Singapore/Singapour	164137	285655	436992	440541	
Former USSR/Anc. URSS	x16569	x33281	x414670	x705608	526590
Saudi Arabia	254123	248849	x350971	x287340	x277283
Netherlands/Pays-Bas	249745	258299	313968	308943	396580
Germany/Allemagne	226963	227040	291621	297140	320834
Turkey/Turquie	169680	197459	315766	298414	184718
United Arab Emirates	x257325	x217788	x253774	x224175	x218721
United Kingdom	194027	175253	225476	262139	255679
USA/Etats-Unis d'Amer	104441	114635	124650	225437	366507
Belgium–Luxembourg	132240	127737	149437	156973	187650
Korea Republic	38857	126208	104170	119898	111296
China/Chine	210874	117439	89317	108165	116795
Cyprus/Chypre	20245	30044	76562	142822	203691
Sweden/Suède	60373	65608	78161	81088	93930
Spain/Espagne	68368	50317	54696	100625	93880
Afghanistan	x42816	x30089	x34431	x139445	x34823
Lebanon/Liban	x16901	x37728	x60567	x85413	x206171
Kuwait/Koweït	x63358	70455	x62972	x41097	x70701
Poland/Pologne	28460	53165	36936	74154	x82750
Greece/Grèce	25517	29419	58563	63869	x148645
Oman	20032	24335	21594	94249	x62249
Iran (Islamic Rp. of)	x28136	x19870	x21050	x96303	x142225
Norway, SVD, JM	38771	40491	48676	44777	48358
Anguilla		x25460	x37567	x67194	x245
Democratic Kampuchea	x9206	x66212	x46065	x16977	x9186
Israel/Israël	35901	43302	40128	40757	52229
Morocco/Maroc	27886	36021	30545	45921	49644
Yugoslavia SFR	216	1729	30126	x78682	
Ireland/Irlande	31243	29759	34605	41598	45673
Macau/Macao	30681	35491	41621	26864	29607
India/Inde	1206	x97190	886	596	x29883
Romania/Roumanie	1667	10035	23416	64291	x74355
Switz. Liecht	26334	27124	32780	36910	32361
Paraguay	17231	20026	23712	47786	47604
Bulgaria/Bulgarie	x23341	x39681	x34705	x10912	58909
Australia/Australie	27880	28055	29611	27481	31083
Malaysia/Malaisie	9632	19241	20582	42004	x169529
Bahrain/Bahreïn	x17558	x22952	x27043	x30435	x29494
Andorra/Andorre	x16881	x23969	x24952	x28398	x35721
Yemen/Yémen			x31669	x35107	x25783
Togo	19348	17762	24920	17940	x5825
Canada	18591	18382	16273	20871	27854
Hungary/Hongrie	x6708	x12159	x32284	8861	x18173
Tunisia/Tunisie	6109	11871	18187	18726	29104
Brunei Darussalam	x11527	x17477	x16777	x12847	x9856
Qatar	13843	14349	14146	14054	x17335

EXPORTS – EXPORTATIONS

COUNTRIES–PAYS	1988	1989	1990	1991	1992
Totale	8131424	9029787	12598277	13433904	15041174
Afrique	x15987	x27268	x31400	x36006	x27119
Afrique du Nord	858	7408	17352	24699	22208
Amériques	3071824	x3835617	x5364102	x5176868	x5349186
ALAI	48949	78906	111804	261682	330794
MCAC	x9468	x10838	x14278	x11861	x13317
Asie	933852	1337606	2199945	2648001	3199821
Moyen-Orient	40709	x54313	x136333	x246977	x289206
Europe	3565823	3677127	4941791	5508232	6420017
CEE	3335887	3426222	4600411	5183478	6025548
AELE	216000	227665	311578	322030	362185
Océanie	x19539	15926	x17549	x15040	x16968
USA/Etats-Unis d'Amer	2917593	3645865	5044890	4587670	4517863
Netherlands/Pays-Bas	1130565	1234806	1806291	1923547	2192365
Hong Kong	589113	747873	1229882	1391439	1617034
United Kingdom	865797	837141	1144998	1349124	1658057
Germany/Allemagne	788913	780303	972159	1182391	1376869
Singapore/Singapour	124080	271397	469649	505342	639703
Belgium – Luxembourg	283270	273777	327780	322448	335437
Switz. Liecht	162958	172547	241669	252416	277614
France, Monac	93322	104690	133455	163494	190766
China/Chine	47812	86273	112315	170946	300461
Cuba	59816	x50956	x137748	x160087	x194984
Denmark/Danemark	96086	94715	118850	116529	125445
Japan/Japon	55645	73542	97420	136511	187769
Brazil/Brésil	30511	44787	58090	137748	177989
Cyprus/Chypre	30014	36499	73997	126005	184762
Canada	23021	30051	42526	145619	278197
Indonesia/Indonésie	22502	60389	66187	88073	125468
Bulgaria/Bulgarie	x484511	x130231	x38523	x26343	x23807
Ireland/Irlande	44015	45173	46522	53937	63757
Venezuela	11543	25479	37767	69043	91497
Greece/Grèce	13556	17893	24234	47135	x43594
India/Inde	17510	x17681	38557	25574	x3252
Philippines	7471	10704	28554	27115	9228
Sweden/Suède	18652	19384	22039	20689	20585
United Arab Emirates	x1114	x1003	x5425	x55325	x61940
Spain/Espagne	13361	30073	15555	14521	22293
Austria/Autriche	6109	11094	20166	21218	33464
Finland/Finlande	18680	15100	16934	17936	16091
Tunisia/Tunisie	428	5264	15895	23142	21236
Oman	719	4233	919	36799	
Yugoslavia SFR	5427	15973	23434	x1260	x16
Australia/Australie	16817	12979	14342	12979	14847
Malaysia/Malaisie	5845	1757	8001	29627	x5455
Turkey/Turquie	3247	730	23868	8563	23193
Honduras					
Norway, SVD, JM	x8818	x9758	x11730	x10373	x12163
Argentina/Argentine	9601	9433	10770	9771	14431
Italy/Italie	561	462	3683	21165	5783
Mexico/Mexique	5277	5754	8297	8064	14182
Poland/Pologne	x22	x15	108	19843	x2526
Iraq	x2	x4748	x14612		
Colombia/Colombie	1585	2063	3263	13712	30180
Jamaica/Jamaïque	9289	6257	6503	4971	x4138
Pakistan	13642	6201	5492	5709	7510
Korea Republic	3187	4097	3668	7543	3584
Zimbabwe	1774	x3324	6015	5480	x367
Malta/Malte	8508	7219	6278	x1264	x561
Sri Lanka	1513	1848	2359	10458	3290
Jordan/Jordanie	3892	903	2413	8852	5113
Lebanon/Liban	x4		x3681	x8361	x10909

(VALUE AS % OF TOTAL) (VALEUR EN % DU TOTAL)

	1983	1984	1985	1986	1987	1988	1989	1990	1991	1992		1983	1984	1985	1986	1987	1988	1989	1990	1991	1992
Africa	x6.3	x5.8	4.0	x4.7	x3.6	x3.5	x2.5	x2.4	x2.3	x2.6	Afrique	x0.7	x0.4	0.5	x0.7	x0.6	x0.2	x0.3	x0.2	x0.3	x0.2
Northern Africa	x3.5	x3.5	2.7	x1.4	1.0	x1.1	1.0	0.7	0.8	1.0	Afrique du Nord	x0.0	x0.0	0.2	x0.2	x0.1	0.0	0.1	0.1	0.2	0.1
Americas	x8.7	4.1	4.5	x3.9	x3.3	x3.0	x3.5	x3.1	x4.2	x6.0	Amériques	34.9	35.4	34.9	33.3	35.1	37.8	x42.5	x42.6	x38.5	x35.6
LAIA	0.6	0.4	0.3	0.3	0.3	0.3	0.4	0.4	0.6	x0.8	ALAI	x0.5	0.6	0.9	0.8	0.5	0.6	0.9	0.9	1.9	2.2
CACM	x0.0	0.0	0.0	x0.0	x0.0	x0.0	x0.0	x0.0	x0.0	x0.0	MCAC	x0.1	0.3	0.2	0.2	0.1	x0.1	x0.1	x0.1	x0.1	x0.1
Asia	x28.6	x31.0	31.0	x35.5	x41.7	x49.1	x51.8	x49.4	x48.8	x51.8	Asie	6.7	7.8	9.6	9.2	9.0	11.5	14.8	17.5	19.7	21.3
Middle East	x17.8	x19.3	14.1	x17.2	x14.1	x14.6	x13.5	x14.6	x13.4	x13.3	Moyen-Orient	1.6	1.2	0.8	0.8	1.1	0.5	x0.6	x1.1	x1.8	x1.9
Europe	36.9	39.5	55.7	51.7	46.8	41.7	39.2	37.9	35.5	36.6	Europe	57.1	55.9	54.7	56.6	48.0	43.9	40.7	39.2	41.0	42.7
EEC	34.6	36.6	52.6	47.8	43.4	38.8	36.2	34.8	32.3	33.6	CEE	53.7	51.9	51.6	53.3	45.2	41.0	37.9	36.5	38.6	40.1
EFTA	2.1	2.3	2.8	3.3	2.9	2.5	2.4	2.3	2.0	2.0	AELE	3.4	3.3	2.6	3.0	2.6	2.7	2.5	2.5	2.4	2.4
Oceania	x1.2	x1.0	0.8	x1.1	x0.8	x0.9	x0.5	x0.6	x0.5	x0.6	Océanie	x0.5	0.3	0.2	x0.3	x0.2	x0.2	x0.2	x0.1	x0.1	x0.1
Japan/Japon	2.3	2.8	3.6	4.9	10.1	12.2	14.2	12.2	12.2	12.3	USA/Etats-Unis d'Amer	31.3	32.5	31.6	30.7	33.1	35.9	40.4	40.0	34.1	30.0
Hong Kong	4.0	4.6	8.0	6.4	6.6	8.8	10.9	12.2	12.9	14.7	Netherlands/Pays-Bas	15.2	16.2	16.0	18.4	16.2	13.9	13.7	14.3	14.3	14.6
France, Monac	10.9	12.0	17.6	13.5	13.0	12.4	11.5	10.8	10.4	10.1	Hong Kong	2.4	3.8	5.9	5.4	5.3	7.2	8.3	9.8	10.4	10.8
Italy/Italie	7.7	7.8	13.3	12.8	11.5	11.3	11.2	10.8	9.6	9.9	United Kingdom	17.0	14.9	14.7	11.6	10.2	10.6	9.3	9.1	10.0	11.0
Singapore/Singapour	1.8	2.3	3.6	3.2	2.6	2.6	4.3	5.1	4.4	4.8	Germany/Allemagne	11.6	11.3	11.6	13.5	10.3	9.7	8.6	7.7	8.8	9.2
Former USSR/Anc. URSS	15.2	15.6			x0.3	x0.3	x0.5	x4.8	x7.0		Singapore/Singapour	1.1	1.1	1.4	1.5	1.0	1.5	3.0	3.7	3.8	4.3
Saudi Arabia	8.0	8.6	8.8	5.7	4.7	4.1	3.7	x4.1	x2.8	x2.5	Belgium–Luxembourg	5.4	5.0	5.1	5.2	4.3	3.5	3.0	2.6	2.4	2.2
Netherlands/Pays-Bas	5.1	4.7	6.2	6.2	5.1	4.0	3.9	3.7	3.1	3.6	Switz. Liecht	2.4	2.4	1.7	2.1	1.8	2.0	1.9	1.9	1.9	1.8
Germany/Allemagne	3.7	3.7	4.8	5.3	4.5	3.7	3.4	3.4	2.9	3.0	France, Monac	1.9	1.8	1.6	1.6	1.4	1.1	1.2	1.1	1.2	1.3
Turkey/Turquie	x0.1	0.7	1.8	3.0	3.6	2.7	3.0	3.7	3.0	1.7	China/Chine				0.3	0.6	0.6	1.0	0.9	1.3	2.0

211 HIDES, SKINS, EXC FURS, RAW — CUIRS ET PEAUX 211

TRADE BY COMMODITY IN THOUSAND U.S. DOLLARS – COMMERCE PAR PRODUIT EN MILLIERS DE DOLLARS E.U

COUNTRIES–PAYS	1988	1989	1990	1991	1992	COUNTRIES–PAYS	1988	1989	1990	1991	1992
	IMPORTS – IMPORTATIONS						EXPORTS – EXPORTATIONS				
Total	6201009	5522656	5669526	4235376	4396892	Totale	x6291701	5711237	5936725	x4592983	4370320
Africa	37910	34292	54106	x32300	x16734	Afrique	x302135	x282766	x269575	x186293	x167588
Northern Africa	33884	31887	43234	26995	11915	Afrique du Nord	18694	x30694	x45966	x25953	x34605
Americas	345207	338416	280073	322554	345679	Amériques	x1969104	1865559	1943952	1503944	x1477413
LAIA	166042	163607	115759	161867	164692	ALAI	43004	39592	56288	20497	24408
CACM	6343	9446	7981	10896	x3853	MCAC	10198	15007	16316	14620	x5116
Asia	x2363705	2048525	2354124	1972103	2015606	Asie	x608250	x437885	x577168	x400568	x422512
Middle East	89130	108025	141960	121191	171399	Moyen–Orient	x188008	x144530	x168339	x109013	x131082
Europe	2917239	2688470	2687796	1816618	1940669	Europe	1970741	1927009	2041946	1615568	1767028
EEC	2677631	2480446	2458384	1718793	1817152	CEE	1763903	1716366	1813050	1433406	1568342
EFTA	147122	124824	121907	77826	101788	AELE	204663	201229	214279	163940	179648
Oceania	x18648	17059	23504	x14925	x15835	Océanie	x824797	704889	663076	x439070	x437207
Italy/Italie	1312713	1245266	1295852	941811	952607	USA/Etats–Unis d'Amer	1672750	1594709	1621475	1281121	1275079
Korea Republic	976579	1052988	1192743	1004329	903157	Former USSR/Anc. URSS	x586136	x457669	x385574	x393390	
Japan/Japon	760459	696247	770741	520310	500428	France, Monac	435371	397420	426575	314002	349281
Spain/Espagne	376245	327557	235175	156732	136978	Australia/Australie	476978	387304	395398	225810	239286
France, Monac	277887	271243	220870	129404	147768	United Kingdom	299392	328482	322930	228270	218513
Netherlands/Pays–Bas	176305	166427	197167	156654	194003	Netherlands/Pays–Bas	281821	276936	304587	274758	301716
United Kingdom	163241	159545	149284	97192	109196	Germany/Allemagne	274292	255047	290036	254932	260367
Germany/Allemagne	166270	147394	153046	102986	125354	New Zealand	345775	316164	266450	208867	194137
Thailand/Thaïlande	64753	71001	107460	167311	166748	Canada	220984	214889	248131	182450	167507
Turkey/Turquie	77987	99858	128539	115568	165946	Ireland/Irlande	110714	112214	116750	96384	109707
Mexico/Mexique	117158	95284	95594	136192	139749	Belgium–Luxembourg	105266	100383	103295	77393	95452
USA/Etats–Unis d'Amer	107752	100738	97466	113210	127612	China/Chine	122653	83047	123686	61105	36305
Czechoslovakia	x195883	127012	97374	x39194	x15389	So. Africa Customs Un	x83950	x87450	x88014	x67853	x57765
Yugoslavia SFR	92462	83138	106767	x19427		Italy/Italie	91798	82577	85654	57045	61888
Romania/Roumanie	x102007	99230	86166	9331	x16130	Japan/Japon	61558	72435	80385	61072	62940
Portugal	87874	58788	79864	53050	62422	Iran (Islamic Rp. of)	x104574	x79973	x62063	x51319	x65045
Belgium–Luxembourg	74886	61976	80936	46142	57450	Spain/Espagne	65765	58490	65252	53180	84698
Hong Kong	58144	49069	52285	74678	89904	Switz.Liecht	62998	60069	64295	52139	56062
Canada	62811	62733	53176	34750	41397	Denmark/Danemark	61183	59463	63482	52618	53832
Austria/Autriche	42990	44150	44770	24406	38532	Hong Kong	53274	44825	56812	62750	67975
Sweden/Suède	54964	42470	35583	26332	29322	Sweden/Suède	54936	53441	59707	43832	42727
Bulgaria/Bulgarie	x50591	x51206	x34040	x1390	3126	Ethiopia/Ethiopie	62092	65941	60775	25068	x20341
Poland/Pologne	81329	67743	15235	2543	x20315	Austria/Autriche	41768	39507	37846	25167	35545
Greece/Grèce	31610	28373	34155	21437	x21087	Bangladesh	75478	x2484	68471	26486	x1561
China/Chine	48108	35823	15740	26103	105941	Greece/Grèce	30241	38030	28235	18936	x27666
Brazil/Brésil	10840	53498	13696	10128	9719	Norway,SVD,JM	31541	28565	28040	25260	26244
Algeria/Algérie	23521	19994	33388	15633	x475	Viet Nam	x9491	x29533	x31382	x16166	x6335
India/Inde	19898	x9082	36211	18824	x24464	Lebanon/Liban	x16844	x26029	x27147	x13708	x8698
Hungary/Hongrie	x31106	x19913	x16421	17153	x7255	Sudan/Soudan	15444	x26337	x22067	x18472	x26590
Finland/Finlande	21226	20108	19094	10506	12865	Finland/Finlande	12247	18439	23528	17024	18514
Former GDR	x50086	x21035	x14402			Singapore/Singapour	36156	23064	18591	13549	8209
Pakistan	7895	7396	12163	14413	22105	Bulgaria/Bulgarie	x3059	x21714	x23873	x9294	x22175
New Zealand	9869	9308	13434	8068	13969	Poland/Pologne	3964	8075	18626	21413	x41874
Switz.Liecht	16353	11359	11479	7758	8721	Saudi Arabia	28441	9917	x29787	x6840	x8623
Singapore/Singapour	10290	8616	10388	8991	9762	Afghanistan	x21188	x7203	x4539	x32632	x14681
Denmark/Danemark	5878	9927	7672	10249	8569	Yugoslavia SFR	1444	8525	14097	x17771	
Norway,SVD,JM	11076	6514	10697	8376	11730	Nigeria/Nigéria	x30284	x22150	x11760	x5101	x7060
Australia/Australie	8493	7526	9676	6607	1863	Uganda/Ouganda	x15607	x11401	x11462	x12967	x9659
Former USSR/Anc. URSS	x6892	x9689	x6057	x6984		Syrian Arab Republic	7064	5875	10732	x18036	x29960
Venezuela	28933	9253	1181	8982	4438	Uruguay	12529	17634	10020	5707	6741
Morocco/Maroc	7185	7529	3554	6833	7190	Venezuela	x4467	2403	22052	2725	2409
Costa Rica	3406	5818	6034	3180	x684	Costa Rica	6390	8871	9012	9347	x1022
Ireland/Irlande	4724	3950	4364	3137	1720	Libyan Arab Jamahiriya	300	1289	17197	x6643	x6642
Indonesia/Indonésie	1658	1033	4374	5643	14537	Iraq	x13996	x5375	x18954	x470	x181
Philippines	962	x2147	2163	4897	1038	Mali	x16821	x11850	x7581	x5005	x2330
Egypt/Egypte	2618	3398	4395	1267	2524	United Arab Emirates	4347	x8147	x8391	x3587	x4921
Korea Dem People's Rp	x5389	x3831	x4235	x489	x1657	Portugal	8060	7324	5973	5889	5223
Kenya	225		7376	x330	x125	Korea Republic	1818	4505	8492	5493	7201
Uruguay	3456	3231	2188	2056	2314	Un. Rep. of Tanzania	x3515	x5657	x7334	x4765	x2830
El Salvador	1670	2034	636	4715	x1214	Czechoslovakia	x1053	x1390	x2590	x13200	x15824

(VALUE AS % OF TOTAL) (VALEUR EN % DU TOTAL)

	1983	1984	1985	1986	1987	1988	1989	1990	1991	1992		1983	1984	1985	1986	1987	1988	1989	1990	1991	1992
Africa	0.8	0.6	0.6	x0.7	0.5	0.6	0.6	0.9	x0.7	x0.4	Afrique	x6.2	x6.2	5.0	x6.2	x5.7	x4.8	4.9	x4.6	x4.1	x3.8
Northern Africa	0.6	0.6	0.6	0.6	0.5	0.5	0.6	0.8	0.6	0.3	Afrique du Nord	x0.5	x0.6	0.1	0.3	0.2	0.3	x0.5	x0.8	x0.6	x0.8
Americas	x5.3	7.4	7.6	5.5	5.1	5.6	6.2	5.0	7.6	7.8	Amériques	36.4	38.4	36.9	36.6	x31.1	x31.3	32.7	32.8	32.8	x33.8
LAIA	0.3	3.7	4.4	2.7	2.4	3.0	3.0	2.0	3.8	3.7	ALAI	1.3	0.7	0.7	0.5	0.7	0.7	0.7	0.9	0.4	0.5
CACM	x0.1	0.1	0.0	0.1	0.1	0.1	0.2	0.1	0.3	x0.1	MCAC	x0.0	x0.1	0.0	0.0	0.0	0.2	0.3	0.3	0.3	x0.1
Asia	26.3	24.6	23.8	29.8	x37.7	x38.1	37.1	41.5	46.5	45.8	Asie	x5.8	x6.2	4.7	x8.2	x8.8	x9.7	x7.7	x9.8	x8.7	x9.7
Middle East	x0.7	1.1	1.2	2.1	2.6	1.4	2.0	2.5	2.9	3.9	Moyen–Orient	x2.4	x3.2	x4.0	x3.7	x3.8	x3.0	x2.5	x2.8	x2.4	x3.0
Europe	62.4	60.9	63.3	59.7	49.5	47.0	48.7	47.4	42.9	44.1	Europe	38.7	37.9	40.2	37.4	34.2	31.3	33.7	34.4	35.2	40.4
EEC	58.8	54.8	56.7	53.8	45.4	43.2	44.9	43.4	40.6	41.3	CEE	35.1	34.5	36.4	33.8	30.7	28.0	30.1	30.5	31.2	35.9
EFTA	3.6	3.2	3.1	3.5	2.8	2.4	2.3	2.2	1.8	2.3	AELE	3.6	3.4	3.7	3.6	3.4	3.3	3.5	3.6	3.6	4.1
Oceania	x0.1	0.1	0.2	x0.1	x0.2	x0.3	0.3	0.4	x0.3	0.4	Océanie	12.9	11.0	13.0	x11.5	x14.3	x13.1	12.3	11.1	x9.6	x10.0
Italy/Italie	30.2	29.7	29.6	27.6	20.9	21.2	22.5	22.9	22.2	21.7	USA/Etats–Unis d'Amer	30.8	33.4	32.4	32.1	27.1	26.6	27.9	27.3	27.9	29.2
Korea Republic	8.8	8.5	9.1	13.8	15.0	15.7	19.1	21.0	23.7	20.5	Former USSR/Anc. URSS		0.2		x5.3	x9.3	x8.0	x6.5	x8.6		
Japan/Japon	15.7	14.3	12.4	12.5	10.9	12.3	12.6	13.6	12.3	11.4	France, Monac	9.8	9.2	9.4	8.3	7.7	6.9	7.0	7.2	6.8	8.0
Spain/Espagne	4.7	5.8	6.8	7.0	7.7	6.1	5.9	4.1	3.7	3.1	Australia/Australie	8.1	7.2	7.2	7.1	8.0	7.6	6.8	6.7	4.9	5.5
France, Monac	6.5	4.9	5.0	4.4	4.6	4.5	4.9	3.9	3.1	3.4	United Kingdom	5.5	6.0	6.5	6.5	5.5	4.8	5.8	5.4	5.0	5.0
Netherlands/Pays–Bas	3.9	3.3	3.3	3.2	2.8	2.8	3.0	3.5	3.7	4.4	Netherlands/Pays–Bas	6.1	5.6	6.1	5.6	4.9	4.5	4.5	5.1	6.0	6.9
United Kingdom	3.3	2.9	3.4	3.3	3.4	2.6	2.9	2.6	2.3	2.5	Germany/Allemagne	5.4	5.6	5.6	5.8	4.9	4.4	4.9	5.6	6.0	6.0
Germany/Allemagne	4.8	3.3	3.7	3.7	2.7	2.7	2.7	2.7	2.4	2.9	New Zealand	4.6	3.7	5.7	4.3	6.1	5.5	5.5	4.5	4.5	4.4
Thailand/Thaïlande	0.1	0.0	0.2	0.4	0.9	1.0	1.3	1.9	4.0	3.8	Canada	4.1	4.1	3.6	3.8	3.3	3.5	3.8	4.2	4.0	3.8
Turkey/Turquie		0.8	0.9	1.0	1.8	2.5	1.8	2.3	2.7	3.8	Ireland/Irlande	1.4	1.5	1.7	2.2	2.0	1.8	2.0	2.0	2.1	2.5

212 FURSKINS, RAW — PELLETERIES BRUTES 212

TRADE BY COMMODITY IN THOUSAND U.S. DOLLARS — COMMERCE PAR PRODUIT EN MILLIERS DE DOLLARS E.U

IMPORTS – IMPORTATIONS

COUNTRIES–PAYS	1988	1989	1990	1991	1992
Total	1973127	1397919	966967	863274	902647
Africa	x926	x1032	x427	x472	x567
Northern Africa	x54	212	x254	78	4
Americas	x287010	x216512	x169347	95527	x98927
LAIA	x6969	7029	4475	5454	2711
CACM	x173	76	25	x78	x42
Asia	509318	396429	308211	302574	323898
Middle East	x187	x109	309	x203	449
Europe	1133824	758342	474760	458439	475515
EEC	982763	649318	403843	411745	422041
EFTA	150180	108038	70303	46478	53195
Oceania	1836	708	727	134	x16
Hong Kong	217969	176642	142527	138891	158183
Denmark/Danemark	237348	183292	141731	102650	113917
Italy/Italie	193716	146371	86988	102808	108912
Germany/Allemagne	233129	131844	78114	99696	92856
Korea Republic	165080	128079	89868	89370	61287
USA/Etats–Unis d'Amer	152604	119346	79017	57234	61964
Canada	124812	87368	84154	32092	33477
Japan/Japon	61319	48996	47655	47325	31432
United Kingdom	182572	84760	29893	24319	26056
Sweden/Suède	45755	50830	31663	16632	20497
Macau/Macao	34353	33930	21981	19855	24997
France,Monac	52330	28728	21280	25207	26055
Spain/Espagne	35097	31656	11590	21983	21507
Belgium–Luxembourg	20840	19565	18140	15666	15903
Switz.Liecht	21523	20498	16311	6614	4971
Norway,SVD,JM	54252	20906	9179	10463	14447
Finland/Finlande	22680	13414	12016	11374	12905
Greece/Grèce	13412	10319	6503	12502	x8547
Netherlands/Pays–Bas	13937	12477	9290	6427	7411
China/Chine	22308	8008	5095	6386	45927
Former USSR/Anc. URSS	x8943	x8897	x5013	x2811	
Poland/Pologne	14456	7592	1509	1546	x1378
Czechoslovakia	x4013	4282	4651	x945	x1567
Argentina/Argentine	1507	2682	1860	2481	500
Austria/Autriche	5969	2388	1134	1394	374
Uruguay	1103	1504	1292	1701	44
Dominican Republic	x2346	x2494	x1360	x620	x628
Former GDR	x11969	x2980	x1314		
Brazil/Brésil	1035	1882	1236	1163	1820
Hungary/Hongrie	x748	x1144	x788	350	x482
Yugoslavia SFR	859	898	558	x215	
Australia/Australie	1714	691	699	133	12
Portugal	378	297	311	457	874
Venezuela	x3296	x919	7	x5	x12
Kenya	x206	x729	x162		x120
Romania/Roumanie			219	467	x155
Tunisia/Tunisie	x8	193	202	78	1
Turkey/Turquie	19	17	279	153	422
Singapore/Singapour	1	1	386	22	x596
Mauritius/Maurice	x431		0	x384	x196
India/Inde	554	x111	125	102	x517
Korea Dem People's Rp	x3609	x323			x155
Philippines	2		x73	203	
Trinidad and Tobago			x242		
Panama		x186	x4	x3	x6
Israel/Israël	61	44	137	1	x64
Thailand/Thaïlande	10	2	27	127	169
Mexico/Mexique	3	8	55	79	5
Malta/Malte	x19		82	56	x1
El Salvador			76	23	18	x34

EXPORTS – EXPORTATIONS

COUNTRIES–PAYS	1988	1989	1990	1991	1992
Totale	x2156772	1545770	1039368	x1033858	914600
Afrique	x25236	x9465	x5662	x6993	x4351
Afrique du Nord	x3		18		x2
Amériques	308680	x249896	236204	183661	x161946
ALAI	x983	x761	564	431	x1491
MCAC	x304	75	31	29	x22
Asie	x177264	96379	73668	x69499	x71256
Moyen–Orient	x2960	x441	x169	x125	x406
Europe	1279037	1000419	610784	644329	660113
CEE	791702	574879	367786	438714	477711
AELE	487299	425443	242986	205414	182334
Océanie	x8769	4399	4038	2962	2618
Denmark/Danemark	518349	397952	268093	354231	366122
Finland/Finlande	225069	213954	113533	115691	90073
USA/Etats–Unis d'Amer	189974	156901	147305	107755	97462
Former USSR/Anc. URSS	x307014	x172974	x100661	x118573	
Canada	116863	91924	88273	75140	62663
Sweden/Suède	126286	125499	75537	47260	51633
Norway,SVD,JM	111849	72297	43054	36025	36674
Netherlands/Pays–Bas	66650	50068	53662	41533	54308
United Kingdom	154561	88636	15003	10503	11353
Hong Kong	53907	44234	36740	23429	36790
China/Chine	53760	39122	29671	15400	7492
Germany/Allemagne	21855	14810	9510	14423	18849
Afghanistan	x36499	x3144	x2335	x25183	x9199
France,Monac	13080	10648	7893	5302	9868
Belgium–Luxembourg	9613	8537	6800	6955	10293
So. Africa Customs Un	x17739	x9196	x5168	x6771	x3683
Switz.Liecht	17451	9629	7747	2584	514
Iceland/Islande	4107	3884	2940	3606	3154
Poland/Pologne	14834	2149	3427	3972	x10350
Japan/Japon	3946	5291	1608	2056	3066
Italy/Italie	2408	1473	3682	2684	3187
New Zealand	6670	3276	3092	1278	1070
Ireland/Irlande	3631	3494	2099	1514	2115
Former GDR	x31884	x4260	x2472		
Macau/Macao	855	2910	1847	1735	7361
Czechoslovakia	x1280	x2376	x973	x1790	x1978
Australia/Australie	2087	1123	946	1684	1548
Hungary/Hongrie	x1417	x1657	x1333	x1491	x1383
Spain/Espagne	1518	838	938	1464	716
Mongolia/Mongolie	x4852	x703	x833	x1033	x3021
Bulgaria/Bulgarie	x1315	x1768	x25	x183	x133
Korea Dem People's Rp	x5460	x323	x227	x379	x430
Uruguay	361	275	295	140	550
Austria/Autriche	2537	180	176	248	286
Turkey/Turquie	x296	x385	90	100	270
Greece/Grèce	14	399	101	50	x880
Greenland/Groenland	415	236	17	292	276
Central African Rep.	x38	x86	x346	x103	x77
Romania/Roumanie	x38	x2	x119	395	x472
Argentina/Argentine	132	111	125	208	515
Paraguay	x295	x295			
Yugoslavia SFR	10	50	1	x180	
Thailand/Thaïlande	x8	x82	122	20	x21
Korea Republic	50	51	69	61	30
Un. Rep. of Tanzania	x21	x44	x34	x66	x121
Zimbabwe	x49	x98	2	x2	x212
Costa Rica		75	30	29	x12
Chile/Chili	15	25	61	9	x400
Portugal	x23	x23	x5	55	21
Syrian Arab Republic	2	x39	x23	x22	x134

(VALUE AS % OF TOTAL)(VALEUR EN % DU TOTAL)

	1983	1984	1985	1986	1987	1988	1989	1990	1991	1992		1983	1984	1985	1986	1987	1988	1989	1990	1991	1992
Africa	x0.0	x0.0		x0.0	x0.0	x0.0	0.1		x0.1	0.1	Afrique	x1.3	x1.0	0.9	x0.5	x0.6	x1.1	x0.6	x0.5	x0.7	x0.5
Northern Africa		x0.0	0.0	x0.0	x0.0	0.0	0.0	x0.0	0.0	0.0	Afrique du Nord	x0.0		x0.0	x0.0	x0.0	x0.0		0.0		x0.0
Americas	x17.3	x19.8	21.2	x17.4	x17.1	14.6	15.5	17.5	11.0	x11.0	Amériques	21.4	x23.1	21.7	x17.8	15.3	14.3	16.2	22.8	17.8	x17.7
LAIA	0.2	x0.4	0.1	x0.4	x0.4	0.4	0.5	0.5	0.6	0.3	ALAI	0.1	x0.2	0.1	x0.1	x0.1	x0.1	x0.1	0.1	0.1	x0.2
CACM	x0.0	x0.0		x0.0	0.0	0.0	0.0	0.0	x0.0	x0.0	MCAC				0.0	0.0	0.0	0.0	0.0	0.0	x0.0
Asia	10.7	18.1	17.7	21.7	26.5	25.8	28.4	31.8	35.1	35.9	Asie	x8.5	x4.6	5.1	x12.8	x5.6	x8.2	6.2	7.1	x6.7	x7.7
Middle East	x0.0	x0.0	x0.0	x0.0	x0.0	x0.0	x0.0	x0.0	x0.0	x0.0	Moyen–Orient		x0.0	x0.1		x4.7	x0.1	x0.1	x0.0	x0.0	x0.0
Europe	70.4	60.3	59.5	58.8	54.1	57.5	54.2	49.1	53.1	52.7	Europe	66.7	68.2	69.6	66.3	56.8	59.3	64.7	58.8	62.3	72.2
EEC	66.8	56.3	54.8	54.0	48.1	49.8	46.4	41.8	47.7	46.8	CEE	45.3	40.0	40.4	38.6	34.0	36.7	35.4	42.4	52.2	
EFTA	3.7	3.9	4.6	4.7	6.0	7.6	7.7	7.3	5.4	5.9	AELE	21.5	28.2	29.0	27.7	22.8	27.5	27.5	23.4	19.9	19.9
Oceania	0.2	x0.2	0.1	0.1	0.1	0.1	0.1	0.1		x0.0	Océanie	1.0	x1.0	0.8	x1.0	x0.8	x0.4	0.3	0.4	0.3	0.3
Hong Kong	2.5	5.8	5.8	8.5	10.8	11.0	12.6	14.7	16.1	17.5	Denmark/Danemark	27.7	20.6	22.4	22.9	21.9	24.0	25.7	25.8	34.3	40.0
Denmark/Danemark	16.5	4.7	6.6	8.3	7.8	12.0	13.1	14.7	11.9	12.6	Finland/Finlande	14.0	19.9	18.6	17.9	14.2	10.4	13.8	10.9	11.2	9.8
Italy/Italie	9.0	11.4	10.9	10.9	9.6	9.8	10.5	9.0	11.9	12.1	USA/Etats–Unis d'Amer	15.5	16.7	15.6	13.1	10.2	8.8	10.2	14.2	10.4	10.7
Germany/Allemagne	17.6	17.0	15.8	14.9	12.4	11.8	9.4	8.1	11.5	10.3	Former USSR/Anc. URSS					x17.3	x14.2	x11.2	x9.7	x11.5	
Korea Republic	4.2	5.6	6.3	7.1	8.0	8.4	9.2	9.3	10.4	6.8	Canada	5.7	6.1	5.9	4.5	5.0	5.4	5.9	8.5	7.3	6.9
USA/Etats–Unis d'Amer	9.1	11.1	11.6	8.8	9.1	7.7	8.5	8.2	6.6	6.9	Sweden/Suède	3.2	3.2	4.7	5.3	3.1	5.9	8.1	7.3	4.6	5.6
Canada	7.8	8.3	9.6	8.0	7.6	6.3	6.2	8.7	3.7	3.7	Norway,SVD,JM	4.1	4.5	4.7	3.2	4.6	5.2	4.7	4.1	3.5	4.0
Japan/Japon	3.5	5.7	5.1	5.0	4.8	3.1	3.5	4.9	5.5	3.5	Netherlands/Pays–Bas	2.5	2.9	2.6	3.2	2.0	3.1	3.2	5.2	4.0	5.9
United Kingdom	14.5	14.9	12.6	11.4	10.5	9.3	6.1	3.1	2.8	2.9	United Kingdom	11.9	12.9	11.5	9.0	7.8	7.2	5.6	1.4	1.0	1.2
Sweden/Suède	1.2	1.3	1.4	1.8	1.8	2.3	3.6	3.3	1.9	2.3	Hong Kong	0.6	1.8	1.3	1.6	1.2	2.5	2.9	3.5	2.3	4.0

222 SEEDS FOR 'SOFT' FIXED OIL — GRAINES HUILES FIXES 222

TRADE BY COMMODITY IN THOUSAND U.S. DOLLARS – COMMERCE PAR PRODUIT EN MILLIERS DE DOLLARS E.U

COUNTRIES–PAYS	IMPORTS – IMPORTATIONS					COUNTRIES–PAYS	EXPORTS – EXPORTATIONS				
	1988	1989	1990	1991	1992		1988	1989	1990	1991	1992
Total	11749363	10490614	10787959	10591031	10466279	Totale	10489450	9783076	9948905	9812668	9595239
Africa	x67057	x70526	60936	x64111	x172297	Afrique	x90347	x149597	x127366	x107911	x107456
Northern Africa	49234	52344	43248	x41565	x58454	Afrique du Nord	x44746	x91442	x54600	x34700	x50995
Americas	787385	891343	767532	992885	1194160	Amériques	7373016	6659251	6579494	6596659	7081475
LAIA	572224	506707	366277	641381	880854	ALAI	1558047	1813056	2079407	1770061	1791985
CACM	28397	23326	28144	28350	x26407	MCAC	27227	17418	47993	48768	x39449
Asia	x3663904	3108914	2998563	2986484	x3187394	Asie	869228	x866033	921223	1040636	x678741
Middle East	x132213	136736	x71560	x78979	x100384	Moyen–Orient	9431	7431	x19110	x10624	x13335
Europe	6114621	5714562	6201878	5630876	5788109	Europe	1928111	1745813	1986404	1635653	1522694
EEC	5793760	5414879	5900784	5415823	5566514	CEE	1901387	1711548	1957480	1605281	1498356
EFTA	214695	201475	204362	176708	194655	AELE	22658	32695	26329	23871	21343
Oceania	x34769	27836	x44983	x40740	x44408	Océanie	x43544	x22004	x32035	x37975	x32466
Japan/Japon	2066811	2035494	2010245	1857667	1925027	USA/Etats–Unis d'Amer	5218770	4228837	3867408	4254874	4751288
Germany/Allemagne	1678817	1493546	1459546	1337383	1257956	France, Monac	1450466	1268543	1189951	977325	885376
Netherlands/Pays-Bas	1467085	1261108	1482702	1320944	1431158	Brazil/Brésil	732738	1155423	912351	450353	815604
Spain/Espagne	588823	685998	737275	672304	744520	Argentina/Argentine	627097	205191	821610	1075105	784498
Belgium-Luxembourg	723615	690552	681969	681214	694881	China/Chine	641231	614064	580499	710677	439227
Former USSR/Anc. URSS	x834321	x555644	x513316	x744225		Canada	568148	598563	583561	518672	497885
Mexico/Mexique	409390	434170	320258	518058	687522	Paraguay	156767	386444	270992	160302	x118691
United Kingdom	368123	359311	435288	367904	375032	Germany/Allemagne	86430	143700	195797	198681	272928
Portugal	385418	326204	389372	358982	279109	Denmark/Danemark	120084	114178	218216	113356	60084
Italy/Italie	283762	324740	356523	354285	400610	Poland/Pologne	80138	140888	141791	138317	x59006
Korea Republic	299158	332975	274608	324849	372045	Netherlands/Pays–Bas	122918	95747	136343	171713	159707
France, Monac	175455	148709	222054	199828	237208	Former USSR/Anc. URSS	x8382	x46328	x42831	x165671	
Indonesia/Indonésie	154202	139071	171689	220088	221702	United Kingdom	69220	53557	111366	73237	40745
Israel/Israël	140187	146012	138878	142483	145971	Bulgaria/Bulgarie	x47555	x98548	x69137	x32698	x48886
Canada	85669	122086	156934	140619	116526	India/Inde	23269	x87401	75109	35126	x31726
Malaysia/Malaisie	112874	123644	134709	154240	x176521	Viet Nam	x50261	x46377	x61538	x77968	x31196
USA/Etats–Unis d'Amer	51785	98653	109496	92145	80879	Sudan/Soudan	x42837	x87514	x41993	x21058	x43750
Greece/Grèce	91882	80595	106179	95407	x93848	Hong Kong	36901	37226	52674	49538	31549
Norway, SVD, JM	83531	85832	84817	63772	67451	Hungary/Hongrie	x33229	x39325	x36786	x53579	x46968
Singapore/Singapour	62868	63778	80004	82913	52825	Mexico/Mexique	24945	32693	37635	43885	39221
Yugoslavia SFR	101830	93598	91840	x33261		Singapore/Singapour	32501	31838	35817	42193	27782
Romania/Roumanie	x110332	1692	112322	81091	x50646	Spain/Espagne	26425	9134	66103	22041	44530
Hong Kong	43603	49035	60988	56108	40172	Australia/Australie	39357	21112	29795	37610	32007
Bulgaria/Bulgarie	x78190	x87311	x58818	x2239	480	Myanmar	x367	x5581	x21481	x34240	x16853
Switz./Liecht	40790	43398	51995	47914	42571	Israel/Israël	11457	11633	21615	27568	45457
Finland/Finlande	64232	49024	39280	39637	46560	Bolivia/Bolivie	4152	20453	14976	25045	15875
Bahamas		x50802	x42106	x24274	x23228	Guatemala	19290	8104	28185	23242	19823
Saudi Arabia	95599	88744	x7894	x9452	x8844	So. Africa Customs Un	x10710	x19248	x18673	x19374	x11549
Brazil/Brésil	39811	23736	7038	71255	112786	Austria/Autriche	19485	25464	12730	10645	9848
Trinidad and Tobago	20645	37089	30569	32004	27078	Thailand/Thaïlande	15899	10440	18495	14790	x12441
Australia/Australie	29881	21989	37762	30248	24305	Belgium–Luxembourg	14472	10862	13274	14746	8234
Turkey/Turquie	5592	25116	32569	31976	57323	Italy/Italie	3858	3509	12345	22318	8943
Denmark/Danemark	24232	37614	24112	20680	44952	Pakistan	x12	2829	16031	14771	10896
Philippines	15264	x30313	18244	24587	20082	Sweden/Suède	2435	6692	13030	12576	2795
Egypt/Egypte	19061	25045	23683	19278	14722	Senegal/Sénégal	440	6538	12137	x11463	x11342
Venezuela	45845	27635	15149	23421	24694	Nicaragua	6339	5198	8427	11292	x9496
Korea Dem People's Rp	x47950	x27274	x16718	x18422	x23591	El Salvador	427	2485	10018	11183	7741
Costa Rica	15503	17618	20886	21399	x20174	Venezuela	0	3235	9644	8306	8970
Czechoslovakia	x21453	19748	25520	x11971	x10205	Ireland/Irlande	7170	3433	10392	6552	3047
China/Chine	37606	11916	18475	18636	29902	German GDR	x13936	x11832	x9296		
Colombia/Colombie	63289	14840	15270	18594	35861	Benin/Bénin	x1308	x7085	x3713	x8167	x5233
Jamaica/Jamaïque	10931	17621	15968	14479	x13420	Un. Rep. of Tanzania	x3128	x6160	x5030	x7758	x5918
Austria/Autriche	11026	11525	15289	15784	18676	Zimbabwe	x3483	x3298	10788	4187	x471
Libyan Arab Jamahiriya	22336	15569	12039	x7099	x549	Uganda/Ouganda	x73	x732	x6377	x10477	x8571
Sweden/Suède	14827	11413	12696	9348	19147	Japan/Japon	913	2148	6627	7901	6199
Jordan/Jordanie	6579	4330	15137	11452	10090	Libyan Arab Jamahiriya			6364	x9788	x1764
Poland/Pologne	1461	459	1900	27117	x12479	Greece/Grèce	300	8787	2925	2715	x13385
Bermuda/Bermudes		x14076		x12265	x9944	Gambia/Gambie	7243	2680	6520	4699	x348
So. Africa Customs Un	6507	1858	6504	x13271	x55268	Uruguay	11053	7140	5882	759	4585
New Zealand	4289	5636	6823	8916	8216	Turkey/Turquie	5190	3778	3675	6140	8569

(VALUE AS % OF TOTAL) (VALEUR EN % DU TOTAL)

	1983	1984	1985	1986	1987	1988	1989	1990	1991	1992		1983	1984	1985	1986	1987	1988	1989	1990	1991	1992
Africa	x0.8	0.7	0.5	x0.6	0.5	x0.6	0.7	0.6	x0.6	x1.6	Afrique	x1.4	x0.5	0.3	x0.9	0.8	x0.9	x1.5	x1.3	x1.1	x1.1
Northern Africa	0.5	0.5	0.5	0.4	0.5	0.4	0.5	0.4	x0.4	x0.6	Afrique du Nord	x0.6	0.0	0.0	x0.2	0.3	x0.4	x0.9	x0.5	x0.4	x0.5
Americas	3.5	10.5	9.7	7.3	6.3	6.7	8.5	7.1	9.4	11.4	Amériques	86.1	90.7	79.4	72.1	66.3	70.3	68.0	66.1	67.2	73.8
LAIA	0.9	8.0	7.6	5.2	4.4	4.9	4.8	3.4	6.1	8.4	ALAI	8.7	16.2	20.9	11.8	10.3	14.9	18.5	20.9	18.0	18.7
CACM	x0.1	0.1	0.1	0.1	x0.2	0.2	0.2	0.3	0.3	x0.3	MCAC	x0.1	0.3	0.3	0.3	0.1	0.3	0.2	0.5	0.5	0.4
Asia	29.0	29.4	30.0	29.4	x31.2	26.5	29.6	27.8	28.2	x30.5	Asie	1.6	1.3	6.8	9.8	8.6	8.3	x8.8	9.3	10.6	x7.0
Middle East	x0.7	x0.9	1.0	0.9	x1.0	1.1	1.3	x0.7	0.7	x1.0	Moyen–Orient	x0.0	0.1	0.1	x0.1	0.1	0.1	0.1	0.2	x0.1	0.1
Europe	60.4	55.9	59.5	62.5	53.9	52.0	54.5	57.5	53.2	55.3	Europe	10.9	6.7	12.5	15.9	21.7	18.4	17.8	20.0	16.7	15.9
EEC	58.4	52.7	56.4	59.4	51.6	49.3	51.6	54.7	51.1	53.2	CEE	10.5	6.4	12.1	15.6	21.6	18.1	17.5	19.7	16.4	15.6
EFTA	2.1	1.8	2.0	2.1	1.7	1.8	1.9	1.9	1.7	1.9	AELE	0.4	0.3	0.3	0.2	0.1	0.2	0.3	0.3	0.2	0.2
Oceania	x0.4	x0.2	0.2	0.1	x0.1	x0.3	0.3	x0.4	0.4	x0.4	Océanie	x0.0	0.5	x0.0	x0.3	0.2	x0.4	x0.2	x0.3	x0.4	0.3
Japan/Japon	21.5	21.7	21.8	19.5	14.7	17.6	19.4	18.6	17.5	18.4	USA/Etats–Unis d'Amer	72.9	68.2	52.6	55.8	51.4	49.8	43.2	38.9	43.4	49.5
Germany/Allemagne	15.6	12.2	16.6	18.1	15.1	14.3	14.2	13.5	12.6	12.0	France, Monac	7.5	3.3	7.1	8.2	14.5	13.8	13.0	12.0	10.0	9.2
Netherlands/Pays–Bas	11.3	11.3	12.2	12.1	12.0	12.5	12.0	13.7	12.5	13.7	Brazil/Brésil	3.7	5.1	9.9	3.0	6.3	7.0	11.8	9.2	4.6	8.5
Spain/Espagne	9.1	7.7	5.8	6.8	6.0	5.0	6.5	6.8	6.3	7.1	Argentina/Argentine	4.1	10.5	9.3	7.7	3.6	6.0	2.1	8.3	11.0	8.2
Belgium-Luxembourg	5.6	5.5	6.5	6.1	6.6	6.2	6.6	6.3	6.4	6.6	China/Chine		5.5	8.3	7.0	6.1	6.3	5.8	5.9	7.2	4.6
Former USSR/Anc. URSS	5.2	3.1		x9.6	x7.1	x5.3	x4.8	x7.0			Canada	4.4	6.0	5.5	4.2	4.5	5.4	6.1	5.9	5.3	5.2
Mexico/Mexique		7.1	6.1	3.8	2.6	3.5	4.1	3.0	4.9	6.6	Paraguay	0.9	0.0	1.3	0.5	0.0	1.5	4.0	2.7	1.6	x1.2
United Kingdom	4.0	2.8	3.0	4.7	3.1	3.1	3.4	4.0	3.5	3.6	Germany/Allemagne	0.5	0.6	0.6	1.0	2.5	0.8	1.5	2.0	2.0	2.8
Portugal	3.1	3.9	3.1	2.6	3.1	3.3	3.1	3.6	3.4	2.7	Denmark/Danemark	1.3	1.1	2.2	2.3	1.5	1.1	1.2	2.2	1.2	0.6
Italy/Italie	5.0	5.2	5.5	4.7	2.6	2.4	3.1	3.3	3.3	3.8	Poland/Pologne		0.2	0.8	1.0	0.8	0.8	1.4	1.4	1.4	x0.6

223 SEEDS FOR OTH FIXED OILS / GRAINES AUTRES HUILES FIXES 223

TRADE BY COMMODITY IN THOUSAND U.S. DOLLARS – COMMERCE PAR PRODUIT EN MILLIERS DE DOLLARS E.U

COUNTRIES–PAYS	IMPORTS – IMPORTATIONS					COUNTRIES–PAYS	EXPORTS – EXPORTATIONS				
	1988	1989	1990	1991	1992		1988	1989	1990	1991	1992
Total	653884	630172	620499	561175	568874	Totale	x757460	644215	557389	x507148	x569291
Africa	x6148	x6139	x14549	x7614	x4717	Afrique	x40798	x22502	x37020	x16468	x16259
Northern Africa	1352	2652	7859	x6615	2189	Afrique du Nord	x3604	x1368	x802	x444	615
Americas	175341	x129605	134548	83657	x104484	Amériques	x443187	353492	242646	205234	180720
LAIA	111651	18158	21207	14167	24838	ALAI	2659	7023	3068	3756	11275
CACM	4930	7184	2990	2468	x2495	MCAC	8691	4579	3686	11020	10777
Asia	x178470	x182574	x152227	153049	x165666	Asie	128076	x104991	116661	116414	x129327
Middle East	12688	4242	x1646	x6681	x6980	Moyen–Orient	x7460	x6088	x5628	x5321	x6744
Europe	278027	284816	296938	257077	267579	Europe	72436	80327	82864	89383	110681
EEC	245566	254076	262085	228838	239283	CEE	64339	72342	73286	82335	102359
EFTA	31501	29546	32656	27512	25550	AELE	4217	5194	4842	5289	7139
Oceania	x5599	x8651	x11181	x25721	x23167	Océanie	x52958	51945	31707	x29422	x105025
Germany/Allemagne	98140	114298	104031	96614	103493	Canada	170849	206324	186327	125300	105986
USA/Etats-Unis d'Amer	44670	86920	97423	57887	65032	USA/Etats-Unis d'Amer	20649	134254	49062	64883	52442
Japan/Japon	85703	88920	76742	71301	67160	China/Chine	42303	31192	38270	30398	29498
United Kingdom	36865	31847	51513	27895	27422	Philippines	29699	28990	21676	18730	11296
Belgium–Luxembourg	26075	30303	26233	29652	35119	Netherlands/Pays–Bas	21359	21521	21080	21605	29686
France, Monac	22196	23336	22993	19830	17820	Hungary/Hongrie	x13126	x17066	x16837	x21566	x22020
Netherlands/Pays–Bas	30272	20117	19489	20763	25213	Former USSR/Anc. URSS	x2221	x10145	x17325	x20031	
Korea Republic	18723	24197	17536	16212	19574	Belgium–Luxembourg	13255	17208	15083	13733	15617
Bangladesh	x7532	x11501	x11687	17788	x25307	Malaysia/Malaisie	6751	9466	18511	11337	x17127
Former USSR/Anc. URSS	x6194	x582	x3801	x30493		Papua New Guinea	24176	20740	10351	7438	14542
Pakistan	7116	8698	15107	10440	15451	United Kingdom	4878	7249	9083	19719	23527
Sweden/Suède	13727	10226	13343	8691	9096	Germany/Allemagne	9741	10942	11889	12447	12296
Italy/Italie	12643	11907	10331	5266	5270	Australia/Australie	9424	12489	9726	7988	11597
Spain/Espagne	5711	7962	9832	7553	9005	Cote d'Ivoire	x1750	x4289	x18576	x4246	x5453
Singapore/Singapour	8559	12532	5990	5778	10215	India/Inde	9973	x6406	8284	10459	x20262
Brazil/Brésil	11397	3229	14874	5461	6154	France, Monac	6368	8286	8560	7346	11183
Thailand/Thaïlande	5667	3147	11345	7748	4699	Singapore/Singapour	4997	4784	6652	12099	12650
Austria/Autriche	5666	6163	7235	8343	7745	Vanuatu	x6667	6351	5124	x8226	x71290
New Zealand	1961	6611	5951	8316	8338	Nigeria/Nigéria	x13861	x8101	x6227	x3549	x4988
Australia/Australie	2890	1703	4132	14708	12629	Solomon Isls	7480	9100	4306	x3709	x3749
Denmark/Danemark	3890	3895	5781	10797	4081	Pakistan	2568	7215	6467	2432	1493
Switz.Liecht	6120	6574	7077	6181	6256	Indonesia/Indonésie	1214	1550	3514	10948	9454
Portugal	6043	5271	7270	3868	4462	Austria/Autriche	2858	4341	3923	4562	6323
Canada	5057	7040	4135	4267	4433	Sri Lanka	146	4087	3058	5647	4387
Mexico/Mexique	90266	4431	4804	5887	5735	Turkey/Turquie	5517	3633	3744	3864	4725
India/Inde	5483	x4765	2872	5122	x4009	Guatemala	3854	1439	2156	7321	8462
Malaysia/Malaisie	3801	3199	2902	6590	x4835	Italy/Italie	3763	2762	2949	4202	4416
Norway, SVD, JM	5040	5295	3727	2599	1074	Yugoslavia SFR	3880	2791	4696	x1759	
Indonesia/Indonésie	8078	10027	560	481	1871	Czechoslovakia	x887	x891	x2888	x3879	x2270
Dominican Republic	x7	x6034	x3418	x1609	x794	Bulgaria/Bulgarie	x1201	x1314	x5773	x254	x278
Venezuela	8141	9338	569	593	879	Paraguay	1046	4609	1354	1290	x1382
Czechoslovakia	x1385	9156	598	x126	x759	Poland/Pologne	x171	x259	x3418	x2607	x2204
Egypt/Egypte	619	60	5426	3841	142	Honduras	541	1340	1031	2874	1294
Ireland/Irlande	2474	2599	2975	3685	5891	Hong Kong	1643	1548	1542	1878	1927
Jamaica/Jamaïque	8284	2058	4474	2439		Kiribati	3289	2478	799	1628	3162
Bulgaria/Bulgarie	x613	x2742	x4664	x116	223	Lebanon/Liban	x1546	x1740	x1564	x1388	x1680
Greece/Grèce	1257	2542	1636	2916	x1507	Togo	1624	2214	1801	383	x148
China/Chine	177	2048	2249	1589	1293	Greece/Grèce	1410	1618	1433	1309	x3530
Honduras	1468	3692	573	469	380	Ethiopia/Ethiopie	4659	2834	801	705	x1
So. Africa Customs Un	1832	1488	2835	x326	x1135	Nepal/Népal	10560	781	946	x1968	x3327
Hong Kong	1815	1653	1333	1645	2289	Denmark/Danemark	1823	1368	1244	1017	665
Former GDR	x927	x4304	x26			Spain/Espagne	1620	1274	1565	663	986
Philippines	225	x3858	180	239	218	Myanmar	x6	x616	x759	x1945	x2368
Lebanon/Liban	x62	x134	x44	x3959	x95	Afghanistan	x737	x895	x305	x1972	x479
Finland/Finlande	907	1231	1180	1628	1298	Romania/Roumanie	x1278	979	106	1890	x506
Saudi Arabia	1273	3312	x342	x379	x110	Burkina Faso	243		2306	x526	x569
Hungary/Hongrie	x1130	x939	x784	1927	x874	Benin/Bénin	x859		x917	x1726	x211
El Salvador	2421	1751	1423	290	x1611	Un. Rep. of Tanzania	x268	x491	x1140	x668	x497
Israel/Israël	1509	1364	1298	793	638	Ghana	x4833		x856	x1271	x1635
Yugoslavia SFR	725	926	1665	x598		Cameroon/Cameroun	x479	49	x267	1792	x166

(VALUE AS % OF TOTAL) (VALEUR EN % DU TOTAL)

	1983	1984	1985	1986	1987	1988	1989	1990	1991	1992		1983	1984	1985	1986	1987	1988	1989	1990	1991	1992
Africa	x1.5	x0.4	1.1	x1.3	x1.3	x1.0	x0.9	x2.4	x1.4	0.8	Afrique	12.5	x8.8	9.5	x9.4	x5.8	x5.4	x3.5	x6.6	x3.2	x2.8
Northern Africa	0.5	0.4	0.8	0.7	0.6	0.2	0.4	1.3	x1.2	0.4	Afrique du Nord	x0.2	x0.1	0.0	x0.0	x0.1	x0.5	x0.2	x0.1	x0.1	0.1
Americas	11.3	11.6	15.2	13.5	22.2	26.8	x20.6	21.7	14.9	x18.4	Amériques	45.0	48.6	48.0	x51.3	50.9	x58.5	54.9	43.5	40.5	31.7
LAIA	3.8	2.1	4.8	7.0	17.3	17.1	2.9	3.4	2.5	4.4	ALAI	0.9	17.5	1.0	0.8	21.0	x0.4	1.1	0.6	0.7	2.0
CACM	x0.2	0.2	0.0	0.3	0.2	0.8	1.1	0.5	0.4	x0.4	MCAC	x0.2	x0.3	0.4	1.4	2.8	1.1	0.7	0.7	2.2	1.9
Asia	24.3	27.5	26.7	23.6	23.1	x27.3	28.9	24.6	27.2	x29.1	Asie	16.7	11.6	13.1	15.5	21.0	16.9	x16.3	20.9	22.9	x22.8
Middle East	x0.6	x0.7	1.4	2.1	x2.1	1.9	0.7	x0.3	x1.2	x1.2	Moyen–Orient	x0.4	x0.3	x0.8	x1.1	x1.0	x0.9	x1.0	x1.0	x1.0	x1.2
Europe	46.2	47.8	52.7	57.0	47.7	42.5	45.2	47.9	45.8	47.0	Europe	12.1	8.8	12.8	14.9	10.9	9.6	12.5	14.9	17.6	19.4
EEC	42.2	42.4	47.5	52.6	44.5	37.6	40.3	42.2	40.8	42.1	CEE	11.3	7.9	11.6	14.0	10.3	8.5	11.2	13.1	16.2	18.0
EFTA	4.0	5.3	5.2	4.4	3.2	4.8	4.7	5.3	4.9	4.5	AELE	0.8	0.7	1.2	0.9	0.4	0.0	0.8	0.9	1.0	1.3
Oceania	0.4	0.2	0.3	x0.8	x0.3	x0.8	x1.4	x1.8	x4.6	x4.1	Océanie	13.8	22.1	16.7	x8.9	6.5	x7.0	8.1	5.7	x5.8	x18.4
Germany/Allemagne	15.7	18.7	21.4	24.0	16.9	15.0	18.1	16.8	17.2	18.2	Canada	40.2	26.8	41.7	42.6	23.6	22.6	32.0	33.4	24.7	18.6
USA/Etats-Unis d'Amer	6.1	5.5	7.8	5.2	3.5	6.8	13.8	15.7	10.3	11.4	USA/Etats-Unis d'Amer	3.5	3.9	4.8	6.1	3.2	2.7	20.8	8.8	12.8	9.2
Japan/Japon	14.2	17.4	15.3	12.6	9.8	13.1	14.1	12.4	12.7	11.8	China/Chine					5.6	4.8	6.9	6.0	6.0	5.2
United Kingdom	9.6	6.4	9.3	7.2	6.0	5.6	5.1	8.3	5.0	4.8	Philippines	2.0	1.6	1.4	4.9	5.5	3.9	x4.5	3.9	3.7	2.0
Belgium–Luxembourg	2.2	1.8	2.8	4.2	3.1	4.0	4.8	4.2	5.3	6.2	Netherlands/Pays–Bas	3.3	2.1	2.7	3.6	2.8	2.8	3.3	3.8	4.3	5.2
France, Monac	2.6	2.4	3.6	4.7	5.4	3.4	3.7	3.7	3.5	3.1	Hungary/Hongrie					x3.1	1.7	x2.6	x3.0	x4.3	x3.9
Netherlands/Pays–Bas	2.0	1.5	2.6	3.5	3.1	4.6	3.2	3.1	3.7	4.4	Former USSR/Anc. URSS					x0.4	x0.3	x1.6	x3.1	x3.9	
Korea Republic	0.3	0.9	1.2	1.6	1.8	2.9	3.8	2.8	2.9	3.4	Belgium–Luxembourg	2.7	1.9	2.9	3.4	1.6	1.7	2.7	2.7		2.7
Bangladesh	0.0	0.0	0.0	0.1	1.0	x1.2	x1.8	x1.9	3.2	x4.4	Malaysia/Malaisie	2.0	3.1	4.0	3.8	2.8	0.9	1.5	3.3	2.2	x3.0
Former USSR/Anc. URSS	8.9	7.0			x0.1	0.9	x0.1	x0.6	x5.4		Papua New Guinea	6.8	9.9	8.1	5.0	2.8	3.2	1.9	1.5	1.5	2.6

44

232 NATURAL RUBBER, GUMS — LATEX CAOUTCHOUC NATUREL 232

TRADE BY COMMODITY IN THOUSAND U.S. DOLLARS – COMMERCE PAR PRODUIT EN MILLIERS DE DOLLARS E.U

COUNTRIES–PAYS	IMPORTS – IMPORTATIONS 1988	1989	1990	1991	1992	COUNTRIES–PAYS	EXPORTS – EXPORTATIONS 1988	1989	1990	1991	1992
Total	6614931	5564457	4622585	4246442	4006808	Totale	6125228	5017580	4196674	4103344	x4443866
Africa	x108549	x93765	x96705	x45090	x49815	Afrique	x271367	x193999	x203905	x216726	x317947
Northern Africa	x38917	31266	32640	22256	23295	Afrique du Nord	x452	x342	x1020	x125	x301
Americas	1571796	1483817	1151751	1092374	1197014	Amériques	103496	117533	97413	80386	71922
LAIA	342500	303921	247630	268178	248356	ALAI	x5903	9281	6166	4465	5050
CACM	3977	4186	3716	3204	x3316	MCAC	15330	9618	13253	15324	17528
Asia	x3100623	2271422	1913604	1842133	1738703	Asie	5677473	4639128	3829982	3737049	x3983306
Middle East	x158237	x113486	x107975	x102129	x115855	Moyen–Orient	x1082	x860	x233	x317	x235
Europe	1311283	1156683	1005701	921796	922784	Europe	62812	52215	57012	62593	65771
EEC	1183856	1044934	912966	842262	865785	CEE	57852	49113	54273	60037	62621
EFTA	70744	61562	54379	42851	45644	AELE	4831	2912	2738	2383	2851
Oceania	60720	x48819	x36964	x36867	x41107	Océanie	7614	11144	5072	4623	3885
USA/Etats–Unis d'Amer	1112800	1068364	813648	745603	859681	Malaysia/Malaisie	2010263	1462853	1120399	977866	x1089205
Japan/Japon	805669	683190	591590	606398	593574	Thailand/Thaïlande	1074717	1027827	921971	977609	x1085824
Singapore/Singapour	825463	623868	521460	419157	334144	Indonesia/Indonésie	1245794	1006768	854741	971890	1042185
China/Chine	524010	415478	288721	270972	232749	Singapore/Singapour	1130703	966756	778414	630372	593535
Former USSR/Anc. URSS	x237164	x374000	x331408	x260179		Sri Lanka	116670	86746	76846	81753	68541
Korea Republic	290589	236917	225605	236821	253332	Cote d'Ivoire	67138	60423	x71614	x109198	x164444
Germany/Allemagne	271838	256125	218957	211775	224403	Nigeria/Nigéria	x63152	x75629	x77640	x59726	x99088
France, Monac	243491	210093	186525	169806	180106	USA/Etats–Unis d'Amer	79833	96699	55854	56241	47140
Italy/Italie	199239	177442	145630	133474	127159	Hong Kong	50694	28278	14948	57241	45854
United Kingdom	181552	154082	143733	127036	132110	Cameroon/Cameroun	x21299	22226	x31944	27880	x30889
Spain/Espagne	154921	133615	117065	108158	108268	Viet Nam	x3205	x26712	x36541	x10400	x11149
Brazil/Brésil	134821	124022	97335	97123	87298	United Kingdom	20263	15051	20308	25748	26332
Canada	109753	101973	84471	71325	81856	Liberia/Libéria	110200	x23814	x12108	x11153	x12685
Malaysia/Malaisie	34543	79136	80097	53197	x69447	Guatemala	14649	9396	12819	14813	17391
Mexico/Mexique	83330	75747	62209	73092	62794	Philippines	14837	x10226	11768	13018	9346
Turkey/Turquie	74494	52716	44762	63502	66454	Germany/Allemagne	11327	10437	10632	7624	13054
Belgium–Luxembourg	63080	56605	46840	45960	52407	Canada	2023	1492	21885	3836	785
Iran (Islamic Rp. of)	x69637	x40419	x56454	x33299	x43589	France, Monac	10156	8969	8407	7599	6655
Yugoslavia SFR	56621	50172	38324	x36658		Italy/Italie	3945	4841	6548	8350	6120
Hong Kong	57728	28347	17982	63257	50141	Myanmar	x4481	x6237	x6492	x6102	x12362
Australia/Australie	53716	43495	32551	31815	36047	Democratic Kampuchea	x4987	x4716	x6418	x7009	x2418
Czechoslovakia	x74335	52004	30312	x21252	x19474	Zaire/Zaïre	x6977	x10213	x4631	x2539	x1554
India/Inde	62573	x44118	42708	12098	x24628	Netherlands/Pays–Bas	8482	5961	5318	4876	4471
Argentina/Argentine	40802	27107	29339	30162	28144	Mexico/Mexique	3057	6879	3521	2945	3751
Austria/Autriche	33436	32100	28598	23514	24254	Australia/Australie	2474	7205	3185	2433	1781
So. Africa Customs Un	46713	31900	40056	x2442	x3085	Papua New Guinea	5127	3924	1877	2057	1998
Colombia/Colombie	26952	26841	24113	21165	23855	Spain/Espagne	1594	2014	1512	3326	3266
Venezuela	26826	24711	15188	24365	22091	Sweden/Suède	x336		x2660	x3609	x5617
Pakistan	19310	20713	19157	16697	24202	Sweden/Suède	3673	2199	1837	1886	2166
Netherlands/Pays–Bas	22509	18558	19499	14542	13743	India/Inde	260	x3550	20	1931	x17848
Poland/Pologne	38028	21685	13677	10920	x16843	Korea Dem People's Rp		x4338	x175	x117	x828
Romania/Roumanie	x24680	14247	21001	10836	x13811	Bolivia/Bolivie	1674	1398	1992	1038	327
Bulgaria/Bulgarie	x38170	x27609	x12810	x362	1301	Belgium–Luxembourg	1554	1395	1240	1502	2389
Portugal	19902	14046	12132	8765	8044	China/Chine	23	x2122	259	61	1692
Greece/Grèce	12817	12651	10490	10998	x6942	Former USSR/Anc. URSS	x581	x261	x690	x1419	
Sweden/Suède	16651	12245	11003	9061	10741	Poland/Pologne	x199	x885	x1375	29	x336
Chile/Chili	11068	11498	9353	10633	x13536	Bulgaria/Bulgarie		x850	x727	x278	x496
Ireland/Irlande	11440	9232	9614	9691	9239	Uruguay	x765	450	520	330	544
Egypt/Egypte	10859	8940	11893	7292	9435	Sudan/Soudan	x10	x183	x981	x124	x140
Viet Nam		x1229	x66	x26200	x5795	Austria/Autriche	773	443	534	194	329
Israel/Israël	9023	9692	7633	8105	11125	Korea Republic	133	286	303	563	1379
Zimbabwe	4608	x8138	8216	7690	x10305	Former GDR	x474	x947	x142		
Finland/Finlande	10220	9532	8593	5863	7185	Equatorial Guinea			x930	x148	x47
Hungary/Hongrie	x14593	x10759	x7552	4633	x5956	Japan/Japon	998	408	349	281	409
Bangladesh	x2836	x2822	x1324	18644	x3426	So. Africa Customs Un	x331	x239	x349	x352	x360
Morocco/Maroc	8471	6651	8077	7418	7676	Belize/Bélize	189	358	201	x317	217
Iraq	x11362	x15554	x4075			Israel/Israël	414	285	289	264	228
Korea Dem People's Rp	x54954	x6738	x4945	x5640	x14445	Malawi	x452			x783	x819
Peru/Pérou	12939	7224	5032	4858	x6736	Nicaragua	x606	24	x409	x320	x76
Kenya	6036	x8560	3710	x4452	x4397	Niger	x11	x92	x217	x363	x534

(VALUE AS % OF TOTAL)(VALEUR EN % DU TOTAL)

	1983	1984	1985	1986	1987	1988	1989	1990	1991	1992		1983	1984	1985	1986	1987	1988	1989	1990	1991	1992
Africa	x1.9	1.8	1.6	x1.2	x1.6	1.6	x1.7	x2.1	x1.1	x1.3	Afrique	2.9	3.4	3.7	4.5	x4.5	x4.4	x3.9	x4.9	x5.3	x7.1
Northern Africa	x0.6	0.5	0.5	x0.6	x0.6	x0.6	0.6	0.7	0.5	0.6	Afrique du Nord	x0.0	x0.0	0.0	0.0	x0.0	x0.0	x0.0	x0.0	x0.0	x0.0
Americas	27.2	31.6	31.4	29.9	24.7	23.8	26.6	24.9	25.7	29.9	Amériques	x0.8	x1.7	1.7	1.7	1.6	1.7	2.4	2.4	2.0	1.6
LAIA	3.7	5.7	5.7	6.0	5.3	5.2	5.5	5.4	6.3	6.2	ALAI	x0.1	0.1	0.1	0.1	x0.1	0.1	0.1	0.1	0.1	0.1
CACM	x0.1	0.3	0.3	0.1	0.1	0.1	0.1	0.1	0.1	x0.1	MCAC	x0.0	0.3	0.3	0.2	0.3	0.3	0.2	0.3	0.4	0.4
Asia	43.4	39.0	37.7	40.3	40.2	x46.9	40.9	41.4	43.4	43.4	Asie	95.7	94.1	93.5	x92.8	x93.0	92.7	92.4	91.2	91.1	x89.6
Middle East	x1.4	x2.3	1.4	x2.2	2.4	2.4	x2.0	2.3	2.4	2.9	Moyen–Orient	x0.0	x0.0	0.0	0.0	0.1	x0.0	x0.0	x0.0	x0.0	x0.0
Europe	24.0	23.8	25.8	26.0	21.0	19.8	20.8	21.8	21.7	23.0	Europe	0.5	0.7	0.7	0.7	0.8	1.0	1.0	1.4	1.5	1.5
EEC	22.6	21.3	23.0	23.4	19.0	17.9	18.8	19.8	19.8	21.6	CEE	0.5	0.6	0.6	0.7	0.7	0.9	1.0	1.3	1.5	1.4
EFTA	1.4	1.3	1.5	1.4	1.1	1.1	1.1	1.2	1.0	1.1	AELE	0.0	0.0	0.0	0.0	0.0	0.1	0.1	0.1	0.1	0.1
Oceania	x1.1	x1.1	1.0	x1.1	0.9	0.9	x0.9	0.8	x0.9	x1.0	Océanie	0.1	0.1	0.0	0.2	0.1	0.1	0.2	0.1	0.1	0.2
USA/Etats–Unis d'Amer	20.8	22.8	22.6	21.3	17.3	16.8	19.2	17.6	17.6	21.5	Malaysia/Malaisie	37.0	34.9	34.9	35.2	34.7	32.8	29.2	26.7	23.8	x24.5
Japan/Japon	14.1	13.2	13.0	13.3	11.0	12.2	12.3	12.8	14.3	14.8	Thailand/Thaïlande	12.0	12.2	14.6	16.3	17.8	17.5	20.5	22.0	23.8	x24.4
Singapore/Singapour	21.5	16.7	13.4	12.3	11.0	12.5	11.2	11.3	9.9	8.3	Indonesia/Indonésie	19.9	21.2	21.0	20.4	21.4	20.3	20.1	20.4	23.7	23.5
China/Chine			3.7	5.0	6.9	7.9	7.5	6.2	6.4	5.8	Singapore/Singapour	23.4	22.3	19.9	17.5	16.3	18.5	19.3	18.5	15.4	13.4
Former USSR/Anc. URSS				x7.8	x3.6	x6.7	x7.2	x6.1			Sri Lanka	2.8	2.9	2.7	2.6	2.2	1.9	1.7	1.8	2.0	1.5
Korea Republic	3.8	3.9	3.9	4.6	4.1	4.4	4.3	4.9	5.6	6.3	Cote d'Ivoire	0.7	0.8	0.9	1.1	1.2	1.1	1.2	x1.7	x2.7	x3.7
Germany/Allemagne	5.4	5.3	5.6	5.6	4.4	4.1	4.6	4.7	5.0	5.6	Nigeria/Nigéria		0.1	0.0	0.6	x0.7	x1.5	x1.9	x1.5	x1.4	x2.2
France, Monac	5.0	4.7	4.6	4.7	4.0	3.7	3.8	4.0	4.0	4.5	USA/Etats–Unis d'Amer	0.7	1.1	1.4	1.3	1.1	1.3	1.9	1.3	1.4	1.1
Italy/Italie	3.6	3.5	4.0	4.1	3.2	3.0	3.2	3.2	3.1	3.2	Hong Kong	0.1	0.1	0.1	0.1	0.1	0.8	0.6	0.4	1.4	1.0
United Kingdom	3.5	3.1	3.5	3.4	2.8	2.7	2.8	3.1	3.0	3.3	Cameroon/Cameroun	0.2	0.4	0.4		x0.4	x0.3	0.4	x0.8	0.7	x0.7

233 RUBBER, SYNTHTIC, RECLAIMD — LATEX CAOUTCH SYNTH REGEN 233

TRADE BY COMMODITY IN THOUSAND U.S. DOLLARS – COMMERCE PAR PRODUIT EN MILLIERS DE DOLLARS E.U

COUNTRIES—PAYS	IMPORTS – IMPORTATIONS					COUNTRIES—PAYS	EXPORTS – EXPORTATIONS				
	1988	1989	1990	1991	1992		1988	1989	1990	1991	1992
Total	4836697	4782950	5135031	4858791	5033943	Totale	5034168	4531921	4641910	4499335	4313010
Africa	x96346	x83267	x111408	x79915	x85672	Afrique	x4778	x7931	x4212	x6992	x5792
Northern Africa	38018	30728	38630	31550	x27332	Afrique du Nord	x17	x22	x350	342	x375
Americas	1000469	1028922	1012954	991739	1062735	Amériques	1245144	1131609	1218902	1195581	1335360
LAIA	333221	276611	302623	329535	325385	ALAI	124211	112498	106857	92110	101220
CACM	12362	13550	13611	12064	12703	MCAC	231	x742	313	x226	x258
Asia	x837663	x741289	890203	994976	x1177846	Asie	x599030	557852	640977	676651	x755755
Middle East	x75537	x64046	x77683	x81490	x125786	Moyen-Orient	x5546	8155	x9249	x2411	x4663
Europe	2428968	2352786	2733042	2499423	2595076	Europe	2488338	2272011	2394693	2183062	2127666
EEC	2074039	2037342	2403567	2256868	2350600	CEE	2433691	2213397	2333514	2144692	2095269
EFTA	250180	227307	236100	205851	212696	AELE	50892	48737	52222	32791	30617
Oceania	x47581	x47772	x44779	x40916	x43415	Océanie	x5487	4650	5668	x4585	x6885
Germany/Allemagne	542091	498542	594869	566750	609184	USA/Etats-Unis d'Amer	878768	768965	873792	881184	968592
USA/Etats-Unis d'Amer	436504	508625	487097	456838	513879	France,Monac	691690	634302	695591	636542	621200
France,Monac	317845	332381	407175	381922	417918	Germany/Allemagne	502363	488436	551271	522422	512057
Italy/Italie	312048	302579	340465	318522	330202	Japan/Japon	470648	468757	503857	523118	534650
Belgium-Luxembourg	254360	263839	304950	309859	292435	United Kingdom	323653	330846	376773	324160	340475
United Kingdom	239159	255379	292891	267961	270985	Former USSR/Anc. URSS	x411713	x375708	x235973	x355605	
Former USSR/Anc. URSS	x206309	x251755	x183728	x164831		Belgium-Luxembourg	276568	283362	336833	321891	342495
Korea Republic	177976	179953	202837	198052	212370	Netherlands/Pays-Bas	324498	324497	228971	211170	199935
Canada	210661	200756	194130	185252	204030	Canada	241739	249349	237798	221959	265107
Spain/Espagne	188187	174086	219444	186040	194646	Italy/Italie	250267	89232	67763	63405	63373
Japan/Japon	158925	149992	143967	174500	159825	Korea Republic	24609	39452	72999	75659	93533
Netherlands/Pays-Bas	116026	107823	125266	120351	138111	Spain/Espagne	56696	52470	67288	59284	9032
Czechoslovakia	x64064	170999	79905	x32293	x27835	Mexico/Mexique	55717	56349	57205	48109	56060
China/Chine	65556	64761	76511	140364	179156	Poland/Pologne	33680	33622	49894	36714	x40587
Brazil/Brésil	91358	89217	91038	96016	87672	Bulgaria/Bulgarie	x57046	x66620	x40581	x11889	x15206
Austria/Autriche	72436	69928	87447	82772	75623	Czechoslovakia	x17927	x24217	x22986	x23282	x22317
Indonesia/Indonésie	51519	59342	80806	86380	97873	Brazil/Brésil	31442	16822	22352	25849	28891
Yugoslavia SFR	100086	82645	92081	x35668		Hong Kong	4398	6086	18348	38398	57834
India/Inde	55955	x58242	82025	62083	x105351	Argentina/Argentine	19064	19188	25706	17014	11404
Mexico/Mexique	51728	51829	65720	73239	78767	Sweden/Suède	28926	24747	20388	9462	8749
Thailand/Thaïlande	36828	45626	64065	63847	75629	Former GDR	x132326	x32958	x18787		
Sweden/Suède	66308	59434	56650	49235	51141	Austria/Autriche	13785	14480	20625	13988	11562
Colombia/Colombie	46105	42052	47087	41605	43917	China/Chine	7476	11873	19536	13256	13222
Portugal	40269	36778	46048	42291	40311	Singapore/Singapour	8153	12488	10989	11838	12173
Turkey/Turquie	36933	33344	45887	45521	65044	Romania/Roumanie	x33134	21688	3873	1220	x2104
Venezuela	84582	33264	39206	51869	46853	Yugoslavia SFR	3708	9823	8835	x5166	
Hong Kong	16540	17196	41036	64919	81945	Switz.Liecht	7881	6701	7991	8122	9664
Switz.Liecht	40049	38906	46314	37783	48209	Chile/Chili	17639	18031	0	0	x286
Denmark/Danemark	36081	36834	39233	30986	31521	Denmark/Danemark	6115	8303	6948	1422	2320
Finland/Finlande	58756	47079	32541	23714	28107	So. Africa Customs Un	x4599	x7565	x3515	x4410	x3770
Australia/Australie	30365	30034	28505	27311	29308	Turkey/Turquie	3775	6507	6579	822	2349
Singapore/Singapour	18843	25917	27832	31484	31597	Australia/Australie	4681	4005	4433	3755	6116
So. Africa Customs Un	24065	21509	28024	x28291	x29754	Hungary/Hongrie	x5568	x3055	x5365	x3752	x1337
Malaysia/Malaisie	15650	19243	27447	28129	x35762	Indonesia/Indonésie	168	5271	205	2571	5078
Argentina/Argentine	25266	20464	24784	27551	27982	Malaysia/Malaisie	891	727	2061	3626	x23419
Poland/Pologne	56302	24727	19850	27752	x11789	Finland/Finlande	112	2382	2783	837	403
Philippines	18457	x16533	25193	22328	26155	Ireland/Irlande	1392	1305	1597	2103	3404
Israel/Israël	18259	19780	22083	21102	21860	India/Inde	1118	x1123	1393	2413	x1359
Romania/Roumanie	x18614	27738	30092	4129	x2189	Thailand/Thaïlande	7419	1980	1569	1079	x6647
Greece/Grèce	16537	18954	19731	18971	x11541	Saudi Arabia	785	1032	x1682	x950	x1260
Bulgaria/Bulgarie	x40997	x33240	x16452	x2582	14087	Portugal	388	332	408	1813	656
Chile/Chili	15463	16392	16552	19169	x19676	Venezuela	185	531	1123	832	1681
Iran (Islamic Rp. of)	x18315	x12679	x15611	x20342	x43522	New Zealand	606	631	701	580	648
New Zealand	15453	17436	15604	12862	13616	Korea Dem People's Rp	x352	x454	x299	x931	x534
Hungary/Hongrie	x15970	x14860	x9631	20200	x13291	Cameroon/Cameroun	0	0	x17	1416	
Pakistan	11592	13241	12110	13780	14945	Uruguay	x58	x1378	25	25	x1058
Norway,SVD,JM	12533	11849	13092	12281	9509	United Arab Emirates	x649	x379	x435	x518	x551
Ireland/Irlande	11456	10148	13495	13216	13746	Norway,SVD,JM	130	421	383	374	216
Morocco/Maroc	9731	9599	11451	11337	9363	Greece/Grèce	61	311	273	480	x324
Uruguay	4481	7810	9099	8852	11067	Sri Lanka	90	32	44	856	1229

(VALUE AS % OF TOTAL)(VALEUR EN % DU TOTAL)

	1983	1984	1985	1986	1987	1988	1989	1990	1991	1992		1983	1984	1985	1986	1987	1988	1989	1990	1991	1992
Africa	x2.5	1.9	1.7	x2.3	x1.8	x2.0	x1.7	x2.1	x1.7	x1.7	Afrique	x0.1	x0.1	0.1	0.2	x0.1	x0.1	x0.2	x0.1	x0.2	x0.1
Northern Africa	0.9	0.7	0.6	x0.8	0.6	0.8	0.6	0.8	0.6	x0.5	Afrique du Nord				0.0	0.0	0.0	x0.0	0.0	0.0	x0.0
Americas	22.3	24.1	23.3	21.0	20.0	20.7	21.5	19.8	20.4	21.2	Amériques	31.5	35.1	33.1	30.4	28.7	24.8	25.0	26.2	26.6	31.0
LAIA	7.1	7.8	7.5	7.1	6.4	6.9	5.8	5.9	6.8	6.5	ALAI	1.6	3.0	2.8	1.8	2.4	2.5	2.5	2.3	2.0	2.3
CACM	x0.2	x0.2	0.0	0.2	0.2	0.3	0.3	0.3	0.3	x0.3	MCAC	x0.0	0.0	0.0	0.0	0.0	x0.0	x0.0	0.0	x0.0	x0.0
Asia	14.1	14.4	15.3	15.8	x15.8	x17.4	x15.4	17.3	20.5	x23.4	Asie	10.7	10.5	11.6	11.1	x10.6	x11.9	12.3	13.8	15.0	x17.5
Middle East	x1.3	x2.1	1.1	x1.4	1.6	x1.6	x1.3	x1.5	x1.7	x2.5	Moyen-Orient	x0.0	0.1	x0.1	0.1	x0.1	x0.1	x0.2	x0.2	x0.1	x0.1
Europe	54.9	53.2	53.8	54.9	52.1	50.2	49.2	53.2	51.4	51.6	Europe	56.2	53.1	53.7	56.9	47.1	49.4	50.1	51.6	48.5	49.3
EEC	48.3	43.4	44.9	46.8	44.5	42.9	42.6	46.8	46.4	46.7	CEE	55.0	52.0	52.7	55.8	46.2	48.3	48.8	50.3	47.7	48.6
EFTA	6.6	6.4	5.5	5.7	5.2	5.2	4.8	4.6	4.2	4.2	AELE	1.1	1.1	1.0	1.1	0.9	1.0	1.1	1.1	0.7	0.7
Oceania	x1.1	x1.5	1.3	x1.0	1.0	x1.0	x0.9	x0.9	x0.8	x0.9	Océanie		0.1	0.1	0.1	x0.1	x0.1	0.1	x0.1	x0.1	x0.1
Germany/Allemagne	12.6	11.4	11.3	12.6	11.3	11.2	10.4	11.6	11.7	12.1	USA/Etats-Unis d'Amer	19.5	20.6	18.6	18.6	16.9	17.5	17.0	18.8	19.6	22.5
USA/Etats-Unis d'Amer	9.9	10.7	10.7	8.9	8.7	9.0	10.6	9.5	9.4	10.2	France,Monac	16.6	16.1	15.7	16.4	13.8	13.7	14.0	15.0	14.1	14.4
France,Monac	7.6	6.2	6.4	7.3	7.1	6.6	6.9	7.9	7.9	8.3	Germany/Allemagne	12.5	11.3	11.6	11.5	9.8	10.0	10.8	11.9	11.6	11.9
Italy/Italie	6.6	6.3	6.3	7.0	6.9	6.5	6.6	6.6	6.6	6.6	Japan/Japon	10.1	9.8	10.8	10.3	8.7	9.3	10.3	10.9	11.6	12.4
Belgium-Luxembourg	5.0	4.8	6.1	5.2	5.0	5.3	5.5	5.9	6.4	5.8	United Kingdom	7.5	7.1	6.9	7.5	6.3	6.4	7.3	8.1	7.2	7.9
United Kingdom	6.7	5.9	5.8	5.3	5.4	4.9	5.3	5.7	5.5	5.4	Former USSR/Anc. URSS					x8.6	x8.2	x8.3	x5.1	x7.9	
Former USSR/Anc. URSS					x2.9	x4.3	x5.3	x3.6	x3.4		Belgium-Luxembourg	6.9	6.0	7.2	6.0	6.0	5.5	6.3	7.3	7.2	7.9
Korea Republic	3.2	3.3	2.8	3.1	3.4	3.7	3.8	4.0	4.1	4.2	Netherlands/Pays-Bas	7.6	7.1	7.2	7.4	6.4	7.2	4.9	4.7	4.6	
Canada	4.9	5.3	5.0	4.6	4.4	4.4	4.2	3.8	3.8	4.1	Canada	10.4	11.0	11.7	9.9	9.4	4.8	5.5	5.1	4.9	6.1
Spain/Espagne	4.1	4.0	3.7	4.2	3.9	3.9	3.6	4.3	3.8	3.9	Italy/Italie	3.2	3.7	3.5	5.7	3.3	5.0	2.0	1.5	1.4	1.5

244 CORK, NATURAL, RAW, WASTE / LIEGE BRUT ET DECHETS 244

TRADE BY COMMODITY IN THOUSAND U.S. DOLLARS – COMMERCE PAR PRODUIT EN MILLIERS DE DOLLARS E.U

COUNTRIES–PAYS	IMPORTS – IMPORTATIONS					COUNTRIES–PAYS	EXPORTS – EXPORTATIONS				
	1988	1989	1990	1991	1992		1988	1989	1990	1991	1992
Total	x109904	139094	148453	131883	130965	Totale	79130	119939	122556	119070	117849
Africa	x521	834	x763	x377	x323	Afrique	4378	x9631	x5821	x5948	x7292
Northern Africa	123	100	77	x74	49	Afrique du Nord	4375	9626	5763	5932	7275
Americas	x28821	31624	22693	19826	20497	Amériques	1178	x1424	x1705	x1516	x1345
LAIA	8157	16423	12069	12903	11004	ALAI	20	25	x70	x62	x53
CACM	35	26	76	22	x69	MCAC	1	2	x36	1	24
Asia	12025	x13132	12087	10430	x10303	Asie	x1411	932	908	616	649
Middle East	x672	860	x699	x515	x426	Moyen–Orient	x435	76	0	1	x4
Europe	55293	82402	94041	95637	98384	Europe	71723	107567	113819	110616	108195
EEC	52594	80047	91229	94061	97020	CEE	71639	107526	113726	110509	108081
EFTA	2032	1709	2115	1352	1212	AELE	46	26	70	107	114
Oceania	362	844	393	x482	x323	Océanie	x145	x85	142	87	218
Portugal	26584	40058	45047	52144	51949	Spain/Espagne	36938	53204	59427	63801	63240
Italy/Italie	9092	11423	12891	12647	13307	Portugal	31224	48937	48495	39250	39475
France, Monac	6411	8956	12063	9304	8882	Morocco/Maroc	2662	7682	4772	4083	5120
USA/Etats–Unis d'Amer	9078	13459	9391	6282	8920	France, Monac	1609	2844	2711	4043	3395
Germany/Allemagne	4633	8090	7410	8875	11469	Tunisia/Tunisie	1453	1802	942	1790	2097
Argentina/Argentine	4326	7466	6956	7501	7160	Italy/Italie	504	1387	1116	1864	873
Former USSR/Anc. URSS	x6737	x4411	x13705	x3701		USA/Etats–Unis d'Amer	956	1225	1238	1117	860
Japan/Japon	4510	5620	6033	4932	4193	United Kingdom	662	395	841	471	426
Spain/Espagne	1413	4796	5885	4661	5256	Netherlands/Pays–Bas	325	423	645	368	134
Brazil/Brésil	1661	6244	3261	3107	2061	Germany/Allemagne	292	274	354	426	330
United Kingdom	2454	4254	4057	3368	3741	Canada	201	158	335	336	408
India/Inde	2816	x3705	2357	795	x1411	Korea Republic	464	415	312	75	3
Netherlands/Pays–Bas	1033	1421	1686	1426	1463	Hungary/Hongrie	x133	x296	x158	x183	x151
Romania/Roumanie	x3111	x2601	x1758		x516	Hong Kong	27	116	162	292	285
China/Chine	1310	1095	1109	2107	2440	Australia/Australie	115	75	141	85	199
Czechoslovakia	x1251	1252	1738	x696	x336	Japan/Japon	76	76	95	112	101
Mexico/Mexique	855	1192	846	1183	814	Belgium/Luxembourg	41	25	129	117	62
Hungary/Hongrie	x1344	x1515	x974	472	x30	Singapore/Singapour	177	80	142	40	26
Korea Republic	565	614	814	924	675	Algeria/Algérie	257	142	x50	13	x58
Denmark/Danemark	334	216	1322	766	157	Ireland/Irlande		x8			x139
Canada	521	735	876	560	355	Malaysia/Malaisie	7	9	88	16	
Austria/Autriche	480	647	927	522	605	India/Inde	x54	x71	3	x32	x20
Belgium–Luxembourg	416	495	599	631	510	China/Chine	5	30	47	29	187
Australia/Australie	339	822	362	448	286	Bulgaria/Bulgarie	x8			x100	
Chile/Chili	399	607	396	539	x354	Switz.Liecht	17	11	23	42	26
Yugoslavia SFR	658	622	685	x224		Saudi Arabia	10	76			
Turkey/Turquie	400	386	496	326	287	Thailand/Thaïlande			x49	x18	x21
Switz.Liecht	276	359	494	332	282	Venezuela		15	1	x48	x27
Singapore/Singapour	515	496	389	143	205	Austria/Autriche	14	8	26	21	75
Ethiopia/Ethiopie	2	360	373	112		Sierra Leone			x51		
Colombia/Colombie	179	477	166	178	250	Viet Nam		x48			
Uruguay	150	308	230	201	114	Libyan Arab Jamahiriya				x47	
Poland/Pologne	193	281	105	260	x216	Sweden/Suède	6	5	13	28	9
Sweden/Suède	99	293	182	156	190	Colombia/Colombie			37	9	21
So. Africa Customs Un	182	283	200	x130	x224	Denmark/Danemark	44	9	8	29	37
Finland/Finlande	80	269	204	138	102	Costa Rica		2	x35	1	x2
Greece/Grèce	160	192	222	165	x162	Panama		x6	x27		
Saudi Arabia	x12	451	x54	x56	x16	Yugoslavia SFR	38	6	23		
Norway, SVD, JM	1095	135	211	204	30	Argentina/Argentine	0		x29		1
Venezuela	371	123	202	173	231	So. Africa Customs Un		x1	x7	x16	x17
Cayman Is/Is Caïmans	79	491	x3			Finland/Finlande	5	0	x8	15	5
Thailand/Thaïlande	104	132		133	149	Greece/Grèce		x20			x109
Viet Nam				x381	x2	Indonesia/Indonésie	10	10	5		0
Indonesia/Indonésie	195	144	77	152	97	Poland/Pologne		x4	x4	5	
Malaysia/Malaisie	110	97	188	75	x125	Mexico/Mexique	4	7	2	1	3
Dominican Republic	x2	x210	x131			Malta/Malte		10			
Hong Kong	89	157	95	27	421	Papua New Guinea		x7			
Ireland/Irlande	64	145	46	75	125	St Pierre & Miquelon		x6			
Pakistan	63	115	27	74	31	New Zealand	6	4	1	2	20
Former GDR	x210	x139	x67			Philippines			5		

(VALUE AS % OF TOTAL)(VALEUR EN % DU TOTAL)

	1983	1984	1985	1986	1987	1988	1989	1990	1991	1992		1983	1984	1985	1986	1987	1988	1989	1990	1991	1992
Africa	x0.9	0.7	2.0	x1.0	x1.2	x0.5	0.6	x0.5	0.3	0.3	Afrique	4.4	3.0	4.7	3.6	4.3	5.5	x8.0	x4.7	x5.0	x6.2
Northern Africa	x0.3	0.2	0.3	x0.1	x0.1	0.1	0.1	0.1	x0.1	0.0	Afrique du Nord	4.4	3.0	4.6	3.6	4.2	5.5	8.0	4.7	5.0	6.2
Americas	26.5	24.8	26.4	26.5	18.2	x26.2	22.7	15.3	15.0	15.7	Amériques	x1.0	x2.6	0.1	x1.6	1.7	1.5	x1.2	x1.4	x1.3	x1.2
LAIA	16.2	11.2	12.4	14.1	8.7	7.4	11.8	8.1	9.8	8.4	ALAI	x0.2	0.2	0.1	0.1	0.1	0.1	x0.1	x0.1	x0.1	x0.1
CACM	x0.0	0.0	0.0	0.0	x0.0	0.0	0.0	0.1	0.0	x0.1	MCAC					0.0	x0.0	x0.0	x0.0	0.0	0.0
Asia	13.6	13.4	17.0	10.5	10.1	10.9	x9.5	8.1	7.9	x7.8	Asie	x1.0	1.5	1.2	1.9	x1.2	x1.8	0.8	0.8	0.5	0.6
Middle East	x1.9	x1.1	1.6	x1.0	0.6	x0.6	x0.6	x0.5	x0.4	x0.3	Moyen–Orient	x0.1	x0.0	0.0	x0.1	x0.6	0.1	0.0	0.0	0.0	0.0
Europe	38.9	42.9	52.5	60.8	56.5	50.3	59.2	63.3	72.5	75.1	Europe	93.5	92.8	92.6	92.8	92.6	90.6	89.7	92.9	92.9	91.8
EEC	37.5	40.6	49.9	58.0	54.0	47.9	57.5	61.5	71.3	74.1	CEE	93.1	92.6	92.5	92.6	92.5	90.5	89.7	92.8	92.8	91.7
EFTA	1.4	1.3	1.3	1.1	1.2	1.8	1.2	1.4	1.0	0.9	AELE	0.3	0.1	0.1	0.1	0.1	0.1	0.0	0.1	0.1	0.1
Oceania	0.5	x1.4	0.8	x0.8	0.4	0.3	0.6	0.2	x0.3	x0.2	Océanie			0.1	0.1	x0.2	x0.1	0.1	0.1	0.1	0.2
Portugal	6.3	14.7	13.6	17.8	22.5	24.2	28.8	30.3	39.5	39.7	Spain/Espagne	30.4	34.9	34.6	38.8	46.3	46.7	44.4	48.5	53.6	53.7
Italy/Italie	11.6	9.7	13.8	18.4	13.7	8.3	8.2	8.7	9.6	10.2	Portugal	59.5	53.9	54.1	49.6	41.9	39.5	40.8	39.6	33.0	33.5
France, Monac	5.8	4.4	5.4	5.3	5.7	5.8	6.4	8.1	7.1	6.8	Morocco/Maroc	2.6	2.1	3.3	1.9	2.3	3.4	6.4	3.9	3.4	4.3
USA/Etats–Unis d'Amer	10.2	13.1	13.9	12.0	8.8	8.3	9.7	6.3	4.8	6.8	France, Monac	1.7	1.7	1.4	1.6	1.6	2.0	2.4	2.2	3.4	2.9
Germany/Allemagne	7.4	6.1	7.7	8.1	6.4	4.2	5.8	5.0	6.7	8.8	Tunisia/Tunisie	0.4	0.3	0.1	0.4	0.8	0.6	1.2	0.9	1.6	1.8
Argentina/Argentine	10.3	6.8	5.8	7.7	4.1	3.9	5.4	4.7	5.7	5.5	Italy/Italie	0.4	0.3	0.4	0.4	0.5	1.2	1.1	1.0	1.7	0.7
Former USSR/Anc. URSS	16.7	15.3			x6.3	x6.1	x3.2	x9.2	x2.8		USA/Etats–Unis d'Amer	0.9	2.4	1.4	1.6	1.5	1.2	1.0	1.0	0.9	0.7
Japan/Japon	8.1	8.9	7.4	5.4	4.4	4.1	4.0	4.1	3.7	3.2	United Kingdom	0.6	0.9	0.9	1.3	0.9	0.8	0.3	0.7	0.4	0.4
Spain/Espagne	0.4	0.3	0.4	0.8	0.7	1.3	3.4	4.0	3.5	4.0	Netherlands/Pays–Bas	0.3	0.3	0.6	0.4	0.5	0.4	0.4	0.5	0.3	0.1
Brazil/Brésil	4.5	2.7	3.7	4.9	3.1	1.5	4.5	2.2	2.4	1.6	Germany/Allemagne	0.6	0.6	0.5	0.4	0.5	0.4	0.2	0.3	0.4	0.3

245 FUEL WOOD NES, CHARCOAL / BOIS DE CHAUFFAGE 245

TRADE BY COMMODITY IN THOUSAND U.S. DOLLARS – COMMERCE PAR PRODUIT EN MILLIERS DE DOLLARS E.U

COUNTRIES–PAYS	IMPORTS – IMPORTATIONS					COUNTRIES–PAYS	EXPORTS – EXPORTATIONS				
	1988	1989	1990	1991	1992		1988	1989	1990	1991	1992
Total	152483	184896	197886	199099	235037	Totale	x147188	x176997	x197194	x198439	x214055
Africa	423	x837	x993	x1216	x3685	Afrique	x7895	x9203	x12580	x15216	x15780
Northern Africa	105	x286	x214	32	2408	Afrique du Nord	79	91	323	x2572	x1019
Americas	11419	x15503	x19001	18876	x18487	Amériques	14184	19950	32534	35155	33540
LAIA	403	276	x236	336	641	ALAI	7148	11496	12399	13997	11116
CACM	20	10	x28	12	x14	MCAC	x67	9	96	14	x55
Asia	x34285	48008	x40830	x42508	x59271	Asie	29470	x50365	49080	49290	x68038
Middle East	x9451	x11899	x5667	x5510	x10412	Moyen–Orient	x1310	x623	x474	x456	x257
Europe	106010	119826	136230	134566	153047	Europe	43719	46900	59207	x44496	52533
EEC	79878	91770	103327	101043	115832	CEE	34140	36110	38959	33218	42369
EFTA	24867	26854	30863	32897	35878	AELE	2335	1756	1535	2444	2948
Oceania	x222	x665	x750	x403	x364	Océanie	x79	x151	70	x33	25
Italy/Italie	28113	29183	29732	38539	30753	Hungary/Hongrie	x18907	x19416	x21833	x27344	x17680
Germany/Allemagne	17443	18161	26128	24614	35982	Indonesia/Indonésie	3132	6468	17266	15594	20386
Japan/Japon	12846	21121	19709	20804	28817	Philippines	7965	x17702	10550	9920	10915
United Kingdom	12044	18796	19655	16023	16995	Former USSR/Anc. URSS	x18280	x17483	x8920	x10734	
USA/Etats–Unis d'Amer	8796	12456	14605	13441	14505	Spain/Espagne	11957	14241	14457	8240	7946
Austria/Autriche	10576	9918	10701	12834	13176	Yugoslavia SFR	7236	9024	18768	x8819	
France,Monac	7284	8489	8292	4457	5823	France, Monac	6561	7767	9214	12157	15890
Switz.Liecht	6118	6238	6894	6822	7516	So. Africa Customs Un	x7363	x8709	x9604	x9998	x10670
Norway,SVD,JM	3558	5696	7264	5798	9082	Singapore/Singapour	7286	9909	8021	9811	12237
Belgium–Luxembourg	6421	5991	6433	5669	7184	USA/Etats–Unis d'Amer	4169	7123	8170	12084	12329
Korea Republic	1965	3713	5690	7413	8719	Canada	2793	1313	10490	8975	9999
Netherlands/Pays-Bas	4078	5684	5464	4856	8848	Mexico/Mexique	3176	2801	7734	7631	3186
Sweden/Suède	3256	3448	4010	4789	4292	Czechoslovakia	x3441	x4169	x5084	x8476	x10223
Hong Kong	3372	4531	3695	3704	4232	Argentina/Argentine	1125	3870	3762	4674	5669
Denmark/Danemark	2938	3335	3740	4258	6718	Poland/Pologne	3084	3439	3540	5056	x11672
Canada	1687	2154	3488	4528	2868	Netherlands/Pays-Bas	3293	3765	4705	3490	7386
Saudi Arabia	2256	4329	x1732	x1205	x2458	Germany/Allemagne	4346	3795	3563	3479	4120
Spain/Espagne	1141	1693	2829	1703	2710	Sri Lanka	2930	4641	2416	3429	1929
Finland/Finlande	1127	1399	1649	2284	1499	Thailand/Thaïlande	2462	2541	2774	2921	x4628
Thailand/Thaïlande	1785	2340	1850	1003	1582						
Kuwait/Koweït	x2692	3313	x1367	x1597	x2878	Portugal	5076	2957	2603	2504	2031
Singapore/Singapour	1073	1628	1536	1497	2223	Bulgaria/Bulgarie	x626	x1914	x3107	x1501	x2748
United Arab Emirates	x2735	x1837	1109	x1635	x1829	Viet Nam	x673	x2615	x2327	x903	x2136
Malaysia/Malaisie	1801	1210	1384	1309	x964	Belgium–Luxembourg	1406	1326	1941	1106	1122
Yugoslavia SFR	1037	899	1856	x358		Romania/Roumanie	x6568	2087	1102	1108	x1765
Qatar	596	905	730	721	x810	Brazil/Brésil	1604	1881	823	1321	1477
So. Africa Customs Un	160	410	479	x1038	x1102	Myanmar	x570	x1146	x1159	x769	x1064
Bahrain/Bahreïn	x406	x597	x346	x954	x476	United Kingdom	420	857	1207	928	1118
Australia/Australie	118	571	662	293	153	Chile/Chili	1149	2900	2	2	x564
Romania/Roumanie	x87	x3	x14	1432	x3	Libyan Arab Jamahiriya			265	x2457	x207
Israel/Israël	550	561	438	304	435	Cote d'Ivoire	x292	x944	x1080		x1380
China/Chine	263	282	236	573	1060	Former GDR	x931	x1922	x56		
Ireland/Irlande	215	202	537	275	382	Nigeria/Nigéria	x59	x336	x832	x668	x2078
Greece/Grèce	151	203	246	496	x314	Sweden/Suède	639	575	630	576	639
Iceland/Islande	231	159	345	370	312	Switz.Liecht	113	117	391	1145	1007
Macau/Macao	274	330	238	273	323	Italy/Italie	575	484	546	590	1078
Panama	107	175	377	273	217	China/Chine	102	366	323	875	4652
Mexico/Mexique	397	242	161	270	382	Hong Kong	350	718	510	236	589
Oman	124	180	190	254	x93	Norway,SVD,JM	177	894	278	140	889
Jordan/Jordanie	531	231	58	211	329	Zimbabwe			448	741	x18
Portugal	49	33	272	152	123	Panama			x1053		15
Andorra/Andorre	x118	x132	x135	x188	x213	Greece/Grèce	59	483	283	162	x707
Malta/Malte	104	159	48	x58	x71	Austria/Autriche	141	89	230	546	337
Netherlands Antilles	62	82	61	97	x64	Denmark/Danemark	308	271	242	327	394
India/Inde	94	x198	x39	x1	x5	Oman	297	312	222	261	x21
Iraq	x10	x211	x14	x5	x4	Japan/Japon	198	355	166	115	146
Cyprus/Chypre	52	45	58	117	631	Ireland/Irlande	139	163	197	234	577
Reunion/Réunion	121	70	70	69	155	Ghana	x61		x393	x5	x72
Iran (Islamic Rp. of)	x12	x181	x9	x18	x43	Bolivia/Bolivie		6	3	308	6
Libyan Arab Jamahiriya		x136	x61	x1		Korea Republic	161	218	29	68	297

(VALUE AS % OF TOTAL)(VALEUR EN % DU TOTAL)

	1983	1984	1985	1986	1987	1988	1989	1990	1991	1992		1983	1984	1985	1986	1987	1988	1989	1990	1991	1992
Africa	x0.2	x0.2	0.2	x0.3	x0.2	0.3	x0.4	x0.5	x0.6	x1.6	Afrique	x2.0	x2.5	4.0	x6.7	x3.1	x5.4	x5.2	x6.4	x7.6	x7.4
Northern Africa	0.1	0.1	0.0	0.0	x0.0	0.1	x0.2	x0.1	0.0	1.0	Afrique du Nord	0.0	0.0	0.1	0.1	0.1	0.1	0.1	0.2	x1.3	x0.5
Americas	7.8	x7.9	7.8	6.0	x7.3	7.5	x8.4	x9.6	9.5	x7.9	Amériques	9.5	10.0	11.0	8.3	6.3	9.6	11.3	16.5	17.7	15.6
LAIA	0.4	x0.2	0.2	0.1	x0.2	0.3	0.1	x0.1	0.2	0.3	ALAI	2.0	5.1	6.4	4.2	2.8	4.9	6.5	6.3	7.1	5.2
CACM	0.0	0.0	0.0	0.0	0.0	0.0	0.0	0.0	0.0	0.0	MCAC	x0.0	x0.2		0.1	0.0	0.0	0.0	0.0	0.0	0.0
Asia	25.7	26.8	25.0	23.3	x26.3	x22.5	25.9	x20.7	x21.3	x25.2	Asie	32.4	35.5	37.2	31.8	26.3	20.0	x28.4	24.9	24.9	x31.8
Middle East	6.6	x7.7	4.7	x5.2	x7.5	x6.2	x6.4	x2.9	x2.8	x4.4	Moyen–Orient	x1.6	x1.1	0.7	x0.6	x0.5	0.9	x0.4	x0.2	x0.2	x0.1
Europe	66.2	65.0	66.9	70.4	66.1	69.5	64.8	68.8	67.6	65.1	Europe	55.6	51.5	44.7	49.4	34.4	29.7	26.5	30.1	x22.4	24.5
EEC	56.6	55.9	54.2	54.0	49.1	52.4	49.6	52.2	50.7	49.3	CEE	51.8	42.0	38.3	43.1	30.5	23.2	20.4	19.8	16.7	19.8
EFTA	9.6	8.9	12.0	16.0	16.6	16.3	14.5	15.6	16.5	15.3	AELE	3.8	2.6	1.4	2.0	1.3	1.6	1.0	0.8	1.2	1.4
Oceania	x0.0	x0.0	0.1	0.0	x0.0	0.1	0.3	x0.4	x0.2	x0.2	Océanie			0.1		x0.0	x0.0	x0.1		x0.0	
Italy/Italie	19.8	17.8	17.8	19.0	15.3	18.4	15.8	15.0	19.4	13.1	Hungary/Hongrie				x14.5	x12.8	x11.0	x11.1	x13.8	x8.3	
Germany/Allemagne	11.0	11.0	10.4	12.2	11.2	11.4	9.8	13.2	12.4	15.3	Indonesia/Indonésie	3.4	3.3	3.6	3.8	2.5	2.1	3.7	8.8	7.9	9.5
Japan/Japon	5.7	9.1	10.7	8.0	9.9	8.4	11.4	10.0	10.4	12.3	Philippines	4.1	8.0	12.2	7.5	7.2	5.4	x10.0	5.4	5.0	5.1
United Kingdom	6.2	8.6	8.8	6.3	7.9	7.9	10.2	9.9	8.0	7.2	Former USSR/Anc. URSS					x3.7	x12.4	x9.9	x4.5	x5.4	
USA/Etats–Unis d'Amer	4.1	5.1	5.5	4.2	5.9	5.8	6.7	7.4	6.8	6.2	Spain/Espagne	26.9	21.2	19.6	21.1	13.4	8.1	8.0	7.3	4.2	3.7
Austria/Autriche	2.5	2.8	4.1	6.6	7.9	6.9	5.4	5.4	6.4	5.6	Yugoslavia SFR		6.9	5.0	4.3	2.8	4.9	5.1	9.5	x4.4	
France,Monac	9.3	9.3	10.1	7.5	5.6	4.8	4.6	4.2	2.2	2.5	France,Monac	7.5	4.8	5.1	7.1	4.9	4.5	4.4	4.7	6.1	7.4
Switz.Liecht	3.1	2.6	2.8	4.0	3.8	4.0	3.4	3.5	3.4	3.2	So. Africa Customs Un	1.9	2.2	3.3	5.6	2.9	x5.0	4.9	x4.9	x5.0	x5.0
Norway,SVD,JM	2.0	2.0	3.1	3.0	1.7	2.3	3.1	3.7	2.9	3.9	Singapore/Singapour	7.0	6.7	7.4	7.3	5.4	5.0	5.6	4.1	4.9	5.7
Belgium–Luxembourg	5.3	5.8	3.2	4.2	3.9	4.2	3.3	3.2	2.8	3.1	USA/Etats–Unis d'Amer	6.9	4.2	3.9	3.4	2.3	2.8	4.0	4.1	6.1	5.8

246 PULPWOOD, CHIPS, WOODWASTE / BOIS DE TRITURATION 246

TRADE BY COMMODITY IN THOUSAND U.S. DOLLARS – COMMERCE PAR PRODUIT EN MILLIERS DE DOLLARS E.U

COUNTRIES–PAYS	1988	1989	1990	1991	1992	COUNTRIES–PAYS	1988	1989	1990	1991	1992
Total	1610162	1877885	1941482	2149096	2232404	Totale	x1274893	x1435112	x1479734	x1601442	x1374874
Africa	13763	x11540	8742	x1406	x2097	Afrique	x40695	x42556	x45122	x60568	x63587
Northern Africa	13570	x11165	8093	x1269	x1333	Afrique du Nord	248	261	x86		x4
Americas	x66802	68184	65241	77754	79115	Amériques	464397	630579	703228	782090	x879996
LAIA	2777	7553	5066	3835	3500	ALAI	76192	82618	144736	172673	x290155
CACM	111		85	23	x15	MCAC	41	x126	77	337	46
Asia	x1136228	1394384	1452690	1719323	1679257	Asie	25610	x45531	x65633	79309	x83635
Middle East	7297	935	x250	812	x948	Moyen-Orient	x637	x201	x20	x26	x20
Europe	391854	399659	412001	347031	468048	Europe	192730	189627	224608	244639	278583
EEC	100042	101259	123783	129471	156852	CEE	134695	143300	174648	191052	225413
EFTA	291757	297736	285071	215400	309387	AELE	55578	45973	49595	53527	52459
Oceania	x249	297	x288	x393	x340	Océanie	32063	40946	40571	55814	48175
Japan/Japon	1069189	1357898	1433802	1700411	1638198	USA/Etats-Unis d'Amer	290450	391791	416508	494501	481503
Finland/Finlande	150427	172976	171420	125323	214219	Former USSR/Anc. URSS	x467353	x452802	x372713	x343379	
Sweden/Suède	61804	71142	59615	39710	35073	Canada	96905	156005	141860	113744	108169
USA/Etats-Unis d'Amer	51789	50327	47566	58095	52672	Chile/Chili	43172	39186	110437	153391	x264696
France, Monac	18635	19256	28331	33221	43124	Germany/Allemagne	49554	53178	77914	100210	126828
Belgium-Luxembourg	23450	23811	29179	25201	27005	So. Africa Customs Un	x39564	x42021	x43388	x60466	x63476
Germany/Allemagne	25543	24655	26742	22296	24743	France, Monac	29979	30327	34692	35518	38319
Austria/Autriche	26549	18583	19075	21677	28080	China/Chine	6370	15820	28171	45168	43923
Italy/Italie	12081	13166	15628	25580	31940	New Zealand	20541	25378	22190	37303	26009
Norway, SVD, JM	37642	20449	18766	12859	14504	Poland/Pologne	41488	26501	21106	28215	x12911
Korea Republic	6534	20479	11796	12173	27181	Argentina/Argentine	27108	38315	29717	1	2
Switz.Liecht	14473	12634	14791	14716	16809	Belgium-Luxembourg	12658	15197	18544	18608	18769
Canada	10654	9754	12262	15589	22790	Indonesia/Indonésie	2885	16274	19480	15912	11715
Netherlands/Pays-Bas	10842	9810	12768	13645	15227	Netherlands/Pays-Bas	14150	15166	17270	17149	18077
China/Chine	11593	10854	5367	4058	11024	Sweden/Suède	28495	16420	14271	14229	13953
Egypt/Egypte	11889	7085	7861	x1045	x1193	Austria/Autriche	10026	11454	15432	16269	16507
Mexico/Mexique	2586	7352	4491	3525	3292	Finland/Finlande	12092	12885	14091	14448	13953
Spain/Espagne	2826	3953	2405	3123	6731	Fiji/Fidji	3987	8181	10651	12657	15221
United Kingdom	1769	2495	3958	2659	3008	Denmark/Danemark	9920	10628	11634	6950	7141
Denmark/Danemark	2618	2194	2881	3357	4383	Papua New Guinea	7534	6827	7432	5732	6272
Poland/Pologne	1141	3581	2004	642	x230	Czechoslovakia	x7390	x5707	x5441	x6103	x6875
Yugoslavia SFR	9	623	2947	x2016		Ireland/Irlande	4407	5030	5748	5684	9241
Iceland/Islande	863	1953	1403	1115	702	Thailand/Thaïlande	2430	4915	5815	5333	x12723
Morocco/Maroc	676	x3927	214	199	109	Norway, SVD, JM	4029	4279	4564	6107	4373
Portugal	1990	1750	1241	49	255	Mexico/Mexique	476	390	1098	13436	18085
Hong Kong	814	971	983	1073	784	United Kingdom	5332	5343	4674	4734	3815
India/Inde	x3222	x2590	x13			Uruguay	1943	4535	3460	5838	7346
Czechoslovakia	x84	135	51	x1787	x2513	Malaysia/Malaisie	2714	3547	3889	5007	6671
Ireland/Irlande	272	136	605	231	336	Portugal	4719	4770	2651	1532	2409
Australia/Australie	232	259	271	327	283	Hong Kong	1500	2243	1862	4144	2710
Hungary/Hongrie	x4	x44	x297	410	x724	Singapore/Singapour	250	1904	2203	1378	1015
Saudi Arabia	x41	652	x41	x37	x120	Switz.Liecht	936	935	1237	2474	3673
Israel/Israël	71	227	152	192	103	Spain/Espagne	3682	2920	1130	95	53
Ethiopia/Ethiopie			500	x2		Philippines	7891	x9	3541	513	642
Turkey/Turquie	7059	7	10	460	144	Hungary/Hongrie	x2086	x816	x1260	x1325	x1053
Singapore/Singapour	102	120	120	226	299	Italy/Italie	292	742	382	561	762
Brazil/Brésil	4	x21	274	143	74	Viet Nam		x91		x1073	x3781
Uruguay	187	156	189	93	8	Cameroon/Cameroun	x595	43	x1095	0	x21
Malta/Malte	9	35	194	x135	x28	Australia/Australie	1	561	299	120	673
Cote d'Ivoire	x35	x303	x8		x420	Belize/Bélize	x697			x791	
Trinidad and Tobago	10		61	143	85	Myanmar			x203	x530	x26
Jordan/Jordanie	54	72	53	112	96	Yugoslavia SFR	2345	354	x246	x59	
Former USSR/Anc. URSS	x16	x58	x38	x138		Japan/Japon	173	208	141	98	156
Philippines	1	x34	3	182	15	Honduras	29	19	21	326	35
Macau/Macao	78	70	89	49	56	India/Inde	x90	x143	x159	15	x174
Romania/Roumanie	x3		x114	x83	x11	Algeria/Algérie	230	242	64		
Greece/Grèce	17	34	44	111	x101	Zaire/Zaïre	x91	x103	x73	x53	x40
Panama	x12	x153	x35			Congo	x21		x222		
Oman	35	48	34	96	x16	Cote d'Ivoire			x174	x26	
Tunisia/Tunisie	143	151	6	20	3	Mongolia/Mongolie	x17		x62	x39	x73

(VALUE AS % OF TOTAL) (VALEUR EN % DU TOTAL)

	1983	1984	1985	1986	1987	1988	1989	1990	1991	1992		1983	1984	1985	1986	1987	1988	1989	1990	1991	1992
Africa	0.6	0.4	0.5	x0.5	0.5	0.9	x0.6	0.4	x0.1	x0.1	Afrique	x3.2	x2.2	2.1	x2.7	1.4	x3.2	2.9	3.0	x3.8	x4.6
Northern Africa	0.6	0.4	0.5	0.5	0.5	0.8	x0.6	0.4	x0.1	x0.1	Afrique du Nord	x0.0		0.0	0.0	0.0	0.0	0.0	0.0	0.0	x0.0
Americas	x6.8	x6.2	4.0	x4.9	x2.5	x4.2	3.6	3.4	3.6	3.6	Amériques	x34.9	x24.8	30.3	x25.5	12.2	36.4	44.0	47.5	48.9	x64.0
LAIA	x0.1	x0.0	0.0	x0.0	x0.0	0.2	0.4	0.3	0.2	0.2	ALAI	x0.1	x0.0	0.1	0.5	0.9	6.0	5.8	9.8	10.8	x21.1
CACM		x0.0		0.0	0.0	0.0		0.0	0.0	0.0	MCAC	x0.0		0.0	x0.4	0.0	0.0	0.0	0.0	0.0	0.0
Asia	52.0	50.5	47.8	43.5	x43.3	x70.6	74.2	74.9	80.0	75.2	Asie	3.2	2.4	2.8	2.1	1.0	2.0	x3.2	x4.4	4.9	x6.1
Middle East	0.1	0.4	0.7	0.4	0.2	0.5	0.0	x0.0	0.0	x0.0	Moyen-Orient	x0.0	x0.0	0.0	0.0	0.0	x0.0	x0.0	x0.0	x0.0	x0.0
Europe	40.3	42.8	47.5	51.1	53.6	24.3	21.3	21.2	16.1	21.0	Europe	27.7	24.0	36.9	43.9	21.9	15.1	13.2	15.2	15.3	20.3
EEC	12.4	11.4	13.1	13.2	13.7	6.2	5.4	6.4	6.0	7.0	CEE	22.3	17.9	29.1	33.7	16.1	10.6	10.0	11.8	11.9	16.4
EFTA	27.9	28.7	29.7	35.6	38.0	18.1	15.9	14.7	10.0	13.9	AELE	5.5	5.8	7.7	10.2	5.7	4.4	3.2	3.4	3.3	3.8
Oceania		x0.0		0.0	0.0	0.0	0.0	x0.0	0.0	0.0	Océanie	22.4	19.7	18.8	18.9	10.9	2.5	2.8	2.7	3.4	3.5
Japan/Japon	51.4	49.4	46.4	42.5	41.1	66.4	72.3	73.9	79.1	73.4	USA/Etats-Unis d'Amer	23.3	16.8	21.1	17.2	7.8	22.8	27.3	28.1	30.9	35.0
Finland/Finlande	14.5	13.7	10.2	7.9	8.4	9.3	9.2	8.8	5.8	9.6	Former USSR/Anc. URSS			19.6		x42.4	36.7	x31.6	x25.2	x21.4	
Sweden/Suède	6.9	8.0	10.9	16.3	18.8	3.8	3.8	3.1	1.8	1.6	Canada	11.6	8.0	9.1	7.2	3.4	7.6	10.9	9.6	7.1	7.9
USA/Etats-Unis d'Amer	5.3	4.8	2.3	2.8	1.2	3.2	2.7	2.4	2.7	2.4	Chile/Chili		0.0		0.4	0.0	3.4	2.7	7.5	9.6	x19.3
France, Monac	1.0	0.7	0.9	0.8	1.0	1.2	1.0	1.5	1.5	1.9	Germany/Allemagne	6.8	6.2	8.6	11.6	5.3	3.9	3.7	5.3	6.3	7.2
Belgium-Luxembourg	4.6	3.5	4.0	4.1	4.3	1.5	1.3	1.5	1.2	1.2	So. Africa Customs Un	3.2	2.1	2.1	2.6	1.2	x3.1	2.9	2.9	x3.8	x4.6
Germany/Allemagne	2.1	1.5	1.6	1.8	1.9	1.6	1.3	1.4	1.0	1.1	France, Monac	7.2	5.0	9.0	11.6	5.0	2.4	2.1	2.3	2.2	2.8
Austria/Autriche	2.5	2.5	4.0	4.9	3.4	1.4	1.0	1.0	1.0	1.3	China/Chine					0.0	0.5	1.1	1.9	2.8	3.2
Italy/Italie	3.6	4.2	4.7	4.9	4.5	0.8	0.7	0.8	1.2	1.4	New Zealand	0.1	0.1	0.1	0.2	0.1	1.6	1.8	1.5	2.3	1.9
Norway, SVD, JM	2.8	3.6	3.5	5.1	6.2	2.3	1.1	1.0	0.6	0.6	Poland/Pologne	4.5	5.2	6.1	4.7	1.8	3.2	1.8	1.4	1.8	x0.9

247 OTH WOOD ROUGH, SQUARED / BOIS BRUTS EQUARRIS 247

TRADE BY COMMODITY IN THOUSAND U.S. DOLLARS – COMMERCE PAR PRODUIT EN MILLIERS DE DOLLARS E.U

COUNTRIES–PAYS	1988	1989	1990	1991	1992	COUNTRIES–PAYS	1988	1989	1990	1991	1992
Total	10352945	10197597	10228858	9672103	9846228	Totale	x9696742	x9415208	x9119244	x9039487	x8061969
Africa	132999	117004	151232	x101471	x116424	Afrique	x580875	x603928	x833927	x805148	x835999
Northern Africa	120979	105696	131137	89228	109155	Afrique du Nord	x34	x94	x525	x2150	238
Americas	x251285	x272088	x263754	x276348	x288819	Amériques	2661920	2695162	2769361	2479356	x2661077
LAIA	13616	11078	15169	18117	27121	ALAI	72728	39307	101986	113445	x166034
CACM	1403	498	x660	514	x999	MCAC	22688	15753	11240	11855	14622
Asia	7354114	7089048	6751963	6408287	6693721	Asie	1795450	1909621	1812215	1824952	x2471568
Middle East	123589	89746	145856	153156	170507	Moyen–Orient	7545	5141	2564	3234	5969
Europe	2575129	2663368	2968409	2754176	2708257	Europe	1118934	1229575	1479866	1520385	1428190
EEC	1709177	1831212	2165528	1979137	1900252	CEE	806527	882896	1050804	1168178	1051850
EFTA	825791	772275	719771	758284	796039	AELE	269982	300799	372729	314139	323827
Oceania	x7129	x6524	x4268	x3175	x3533	Océanie	201087	219706	292389	x346174	x424721
Japan/Japon	4543573	5052282	4499206	4132619	4492821	USA/Etats–Unis d'Amer	2269483	2441842	2524539	2232500	2297350
Korea Republic	899959	960230	990474	1040754	918516	Former USSR/Anc. URSS	x3060857	x2590198	x1765002	x1867306	
Italy/Italie	511138	531936	706519	701574	648723	Malaysia/Malaisie	1540533	1621987	1502042	1494446	x2133344
China/Chine	1075847	601901	466354	470222	495071	France, Monac	349341	378925	432073	378555	382088
Germany/Allemagne	308478	329435	344114	288011	318538	Germany/Allemagne	218347	245882	343177	517454	389192
Austria/Autriche	236090	220691	292180	359682	327880	Gabon	x205891	x212194	x272486	x220330	x282695
Spain/Espagne	202756	287550	299906	231310	208293	New Zealand	69775	90036	181425	209331	232969
Sweden/Suède	411750	360673	224468	213034	272144	Cameroon/Cameroun	x79511	107111	x199021	156564	x159103
France, Monac	207840	204185	276294	275932	270877	Canada	289673	196278	129268	118573	179140
Thailand/Thaïlande	80211	160239	220995	267022	285402	Belgium–Luxembourg	104387	118788	139200	129413	111873
Canada	175270	180315	186271	200878	185147	Cote d'Ivoire	58821	58665	x118700	x180386	x181704
India/Inde	226255	x75546	232440	162531	x87435	Congo	x92113	x130572	x130755	x92403	x80396
Belgium–Luxembourg	144921	149068	167378	141248	138254	Myanmar	x40477	x72524	x113314	x153271	x160715
Portugal	138446	125577	146805	123094	147963	Papua New Guinea	105216	105952	80845	93825	146591
Turkey/Turquie	100709	62626	123912	131445	142038	Austria/Autriche	60320	74140	122891	80396	70478
Finland/Finlande	73846	85631	92538	78292	77740	Switz. Liecht	60055	63331	96238	96781	102819
Norway, SVD, JM	65684	66129	74648	76099	82156	Chile/Chili	63779	35333	93758	81568	x105439
Netherlands/Pays–Bas	65679	61700	68442	64587	59135	Viet Nam	x32857	x67821	x91300	x37962	x17782
Hong Kong	64029	59374	60051	67657	68212	Hungary/Hongrie	x55791	x47686	x56923	x86218	x77176
Greece/Grèce	42793	51869	62333	64400	x18370	Sweden/Suède	52620	48687	61867	59038	56408
United Kingdom	58201	60095	60842	56830	56244	China/Chine	69959	50715	40640	61558	56738
Yugoslavia SFR	39521	58897	78636	x14836		Finland/Finlande	62014	57921	52512	39726	52252
USA/Etats–Unis d'Amer	41088	60094	47874	40334	58153	Yugoslavia SFR	42411	45875	56297	x38028	
Morocco/Maroc	56923	45808	57662	43277	67373	Czechoslovakia	x44685	x37645	x38242	x63168	x69149
Israel/Israël	35080	28871	42665	40895	39991	Norway, SVD, JM	34968	56720	39030	38198	41192
Switz. Liecht	37872	38548	35453	30714	35822	Portugal	31270	41205	36647	36204	50778
Philippines	1118	x23467	41409	30087	61409	Bulgaria/Bulgarie	x34006	x43757	x46296	x12737	x14902
Algeria/Algérie	42570	29426	44390	19748	x9248	Denmark/Danemark	26871	27027	24359	26146	23225
Hungary/Hongrie	x2545	x6666	x24646	58419	x3041	Equatorial Guinea	11611	13285	12839	x48993	x17094
Denmark/Danemark	25821	25416	28089	23703	26853	Liberia/Libéria	32000	x27876	x24583	x22228	x30962
Singapore/Singapour	18108	22781	24037	15133	15489	Hong Kong	17013	23737	24794	23765	20109
Czechoslovakia	x2931	12923	12715	x33372	x11073	Solomon Isls	17968	17897	24017	x29203	x35205
Romania/Roumanie	x6779	10779	28780	11840	x13619	Zaire/Zaïre	x18073	x33578	x20105	x17403	x10458
Former USSR/Anc. URSS	x10199	x11633	x15846	x23848		Ghana	x69885		x28319	x42273	x47330
Egypt/Egypte	8217	14414	13783	14230	18048	Netherlands/Pays–Bas	20018	20244	24324	23135	24669
Indonesia/Indonésie	1060	5140	18198	11290	27112	United Kingdom	23472	20922	17853	19936	18148
Tunisia/Tunisie	10773	11205	11357	9287	10477	Former GDR	x131577	x29340	x19745		
Mexico/Mexique	4711	2820	6936	15541	21703	Poland/Pologne	8962	8574	5124	33936	x78485
Saudi Arabia	9064	14375	x3572	x2509	x8341	Lao People's Dem. Rp.	x39729	x25720	x12334	x3852	x9814
Ireland/Irlande	3104	4381	4806	8448	7001	Ireland/Irlande	10487	10979	12224	17442	21949
Brazil/Brésil	6277	6656	6034	733	648	Honduras	20663	15636	11211	11820	14525
So. Africa Customs Un	6434	5722	6096	x1261	x323	Singapore/Singapour	9124	11550	12569	10262	14575
Iran (Islamic Rp of)	x169	x446	x5403	x6997	7655	Central African Rep.	x1974	13094	x13265	x2877	x2888
Libyan Arab Jamahiriya	x2381	4219	3848	x2675	x4007	Argentina/Argentine	932	730	821	24238	42029
Pakistan	2091	2494	3775	4107	6382	Korea Dem People's Rp	x11458	x13137	x3773	x6678	x6617
Oman	13	8	x4896	x4592	x4951	Spain/Espagne	13475	9057	9382	4906	6977
Bahamas						Greece/Grèce	3826	5382	7768	9922	x18984
Senegal/Sénégal	x1252	x3865	x2591	x2575	x3144	Democratic Kampuchea	x1682	x2572	x2496	x14775	x30245
Mauritius/Maurice	x48	2827	4430	x1430	x1238	Australia/Australie	3721	2465	3395	13260	9030
Bangladesh	x1739	x4337	4550	4013	4518	So. Africa Customs Un	x4897	x1898	x4183	x9576	x10494
			x2635	x1155	x17283						

(VALUE AS % OF TOTAL) (VALEUR EN % DU TOTAL)

	1983	1984	1985	1986	1987	1988	1989	1990	1991	1992		1983	1984	1985	1986	1987	1988	1989	1990	1991	1992
Africa	2.1	2.1	2.0	x1.8	1.6	1.3	1.2	1.5	x1.0	x1.2	Afrique	x9.9	x10.0	4.9	x12.3	x7.3	x6.0	x6.4	x9.1	x8.9	x10.3
Northern Africa	1.9	1.9	1.9	1.6	1.3	1.2	1.0	1.3	0.9	1.1	Afrique du Nord	x0.0	0.0	0.0	x0.0	0.0	x0.0	x0.0	x0.0	x0.0	0.0
Americas	2.7	3.2	3.0	2.7	2.3	x2.4	x2.7	x2.6	x2.9	x3.0	Amériques	x30.7	31.9	42.2	36.8	28.0	27.5	28.6	30.4	27.4	x33.0
LAIA	0.2	0.3	0.3	0.2	0.1	0.1	0.1	0.1	0.2	0.3	ALAI	0.9	0.9	1.5	1.7	0.8	0.8	0.4	1.1	1.3	x2.1
CACM	x0.0	x0.0	x0.0	x0.0	x0.0	x0.0	x0.0	x0.0	x0.0	x0.0	MCAC	x0.0	0.0	0.0	0.1	0.1	0.2	0.2	0.1	0.1	0.2
Asia	72.6	72.3	74.5	71.7	76.2	71.0	69.5	66.0	66.3	67.9	Asie	37.4	35.5	35.4	32.4	26.0	18.5	20.3	19.9	20.2	x30.6
Middle East	3.2	x1.8	1.1	1.6	1.8	1.2	0.9	1.4	1.6	1.7	Moyen–Orient	4.0	0.4	0.3	0.2	x0.1	0.1	0.1	0.1	0.1	0.1
Europe	22.0	21.8	20.3	23.5	19.5	24.9	26.1	29.0	28.5	27.5	Europe	9.1	10.1	14.0	15.0	10.3	11.5	13.1	16.2	16.8	17.7
EEC	18.9	18.6	17.0	19.7	15.8	16.5	18.0	21.2	20.5	19.3	CEE	5.3	5.5	8.5	9.4	6.5	8.3	9.4	11.5	12.2	13.0
EFTA	3.1	2.8	3.1	3.6	3.6	8.0	7.6	7.0	7.8	8.1	AELE	3.8	4.0	5.1	5.1	3.3	2.8	3.2	4.1	3.5	4.0
Oceania	x0.0	x0.0		x0.0	x0.0	x0.1	x0.1	x0.0	x0.0	x0.0	Océanie	1.8	2.5	2.8	2.8	2.4	2.1	2.4	3.2	3.9	x5.3
Japan/Japon	55.8	57.1	48.4	48.0	52.5	43.9	49.5	44.0	42.7	45.6	USA/Etats–Unis d'Amer	26.7	26.7	36.9	31.7	23.4	23.4	25.9	27.7	24.7	28.5
Korea Republic	11.0	10.7	8.6	8.2	8.1	8.7	9.4	9.7	10.8	9.3	Former USSR/Anc. URSS	10.1	9.5		x25.0	x31.6	x27.5	x19.4	x20.7		
Italy/Italie	5.4	5.7	5.1	5.4	4.8	4.9	5.2	6.9	7.3	6.6	Malaysia/Malaisie	27.0	26.6	33.1	28.3	23.9	15.9	17.2	16.5	16.5	x26.5
China/Chine			13.5	10.1	6.6	10.4	5.9	4.6	4.9	5.0	France, Monac	2.2	2.5	3.7	4.2	2.9	3.6	4.0	4.7	4.2	4.7
Germany/Allemagne	4.5	4.2	3.5	4.2	3.3	3.0	3.2	3.2	3.0	3.2	Germany/Allemagne	1.4	1.4	2.8	2.9	1.9	2.3	2.6	3.8	5.7	4.8
Austria/Autriche	1.8	1.5	1.6	1.9	2.0	2.3	2.2	2.9	3.7	3.3	Gabon	2.2	3.3		x4.2	x2.6	x2.1	x2.3	x3.0	2.4	x3.5
Spain/Espagne	1.3	1.3	1.4	1.6	1.5	2.0	2.8	2.9	2.4	2.1	New Zealand	0.6	0.4	0.6	0.5	0.5	0.7	1.0	2.0	2.3	2.9
Sweden/Suède	0.3	0.4	0.5	0.6	0.7	4.0	3.5	2.2	2.2	2.8	Cameroon/Cameroun	0.8	0.7		1.4	0.9	x0.8	1.1	x2.2	1.7	2.0
France, Monac	3.6	3.4	3.0	3.4	2.5	2.0	2.0	2.7	2.9	2.8	Canada	2.9	4.2	3.8	3.8	3.7	3.0	2.1	1.4	1.3	2.2
Thailand/Thaïlande	0.6	0.7	0.7	0.7	0.6	0.8	1.6	2.2	2.9	2.9	Belgium–Luxembourg	1.0	1.0	1.1	1.3	1.7	1.2	1.1	1.3	1.4	1.4

248 WOOD SHAPED, SLEEPERS / BOIS SIMPLEMENT TRAVAILLES 248

TRADE BY COMMODITY IN THOUSAND U.S. DOLLARS – COMMERCE PAR PRODUIT EN MILLIERS DE DOLLARS E.U

IMPORTS – IMPORTATIONS

COUNTRIES–PAYS	1988	1989	1990	1991	1992
Total	17707718	19410216	20757382	19103280	20848431
Africa	757156	929817	1077493	x759473	x711680
Northern Africa	629359	810309	930579	673799	x614480
Americas	4048194	4491202	4076057	4018013	x5088909
LAIA	89903	157502	161820	228789	315794
CACM	2225	3121	4480	3861	x5017
Asia	x3751428	x4164656	x4162425	x4302830	x4651035
Middle East	x415484	x344756	x409834	x391454	x396087
Europe	8682704	9234904	10916495	9528991	9932551
EEC	7856692	8449631	9986199	8751540	9108217
EFTA	791703	748310	875508	726773	747546
Oceania	x414030	x461588	x400275	x383949	x429724
USA/Etats–Unis d'Amer	3255730	3596526	3293944	3223613	4156329
Japan/Japon	2496474	3047205	2845185	2860395	2999227
United Kingdom	2339007	2253691	2425179	1764898	1725251
Italy/Italie	1375851	1494681	1811470	1821877	1888345
Germany/Allemagne	1187871	1358146	1743131	1636870	1879931
Netherlands/Pays–Bas	761587	915249	1063363	856427	941809
France, Monac	705967	686697	826732	759370	703966
Belgium–Luxembourg	479188	552540	651662	602210	591215
Spain/Espagne	447907	532050	636500	560446	596146
Canada	491449	518507	477678	426509	469534
Denmark/Danemark	347898	362105	459994	416354	464270
Australia/Australie	377490	437072	353887	338788	378468
Egypt/Egypte	332592	360308	403680	329828	305314
Thailand/Thaïlande	125827	252039	318105	362836	435832
Switz.Liecht	256372	257861	289926	205273	190197
Austria/Autriche	185404	183038	244968	231624	253948
Korea Republic	148962	190550	182092	252305	287861
Algeria/Algérie	132315	230544	245746	83782	x72979
Greece/Grèce	101426	167730	188136	187663	x129305
Norway,SVD,JM	209726	163454	181520	162548	169304
Singapore/Singapour	134986	150259	169327	179697	169402
Mexico/Mexique	42980	109949	108283	165275	228896
Saudi Arabia	103006	82654	x149526	x132297	x133056
Ireland/Irlande	90475	104985	139321	98867	116991
Morocco/Maroc	82644	99713	125585	111640	128135
Israel/Israël	60799	68066	98103	104715	93356
Sweden/Suède	88303	91920	99174	77590	74920
Tunisia/Tunisie	48630	71796	89182	58317	82517
So. Africa Customs Un	75932	75728	78218	x37212	x37887
Hong Kong	49035	54136	58918	71975	104846
Libyan Arab Jamahiriya	20072	36548	58322	x82342	x17267
Former USSR/Anc. URSS	x12276	x63868	x51695	x23502	
United Arab Emirates	x80991	x43055	x43040	x42975	x45822
Iran (Islamic Rp. of)	x33426	x5422	x67817	x54142	x47797
Hungary/Hongrie	x21991	x24009	x24509	68310	x12790
Portugal	19497	21757	40712	46757	70989
Finland/Finlande	31563	36290	40457	29878	39280
Syrian Arab Republic	14159	38380	27919	x30245	x38354
Yugoslavia SFR	13783	20376	37811	x38094	
Cuba	72288	88486	x415	x928	x1197
China/Chine	66381	21674	35467	32540	106214
Iraq	x56393	x69816	x14203	x1116	x746
Reunion/Réunion	24722	21461	26774	27055	26266
Argentina/Argentine	29325	20883	18230	33828	50177
Romania/Roumanie	x251	22576	35064	12771	x4709
New Zealand	13595	18826	25082	18666	17760
Cyprus/Chypre	15300	19441	21596	20629	22055
Lebanon/Liban	x2847	x26797	x13625	x21029	x22112
Brazil/Brésil	6462	16564	25103	17149	15677
Guadeloupe	14868	18134	25176	15422	17613

EXPORTS – EXPORTATIONS

COUNTRIES–PAYS	1988	1989	1990	1991	1992
Totale	x17935118	x19219916	x20119934	x19480377	x19156272
Afrique	x335055	x102182	x560192	x614195	x812003
Afrique du Nord	x532	x3241	645	x1254	715
Amériques	6942865	7497746	7672583	7667410	x8790000
ALAI	400049	438024	504921	529124	x590132
MCAC	18440	13835	13676	12051	14262
Asie	2230106	3045931	2195106	2315410	x2750139
Moyen–Orient	x14815	21386	x22093	x22093	x15572
Europe	5040011	5303532	6476743	5698010	6074333
CEE	1400720	1470145	1811794	1659477	1706557
AELE	3409340	3607729	4363738	3846157	4112956
Océanie	x118589	129342	146763	x174048	x216579
Canada	4681454	4898111	4850946	4725115	5637802
Former USSR/Anc. URSS	x2709289	x2634699	x2560985	x2479943	
USA/Etats–Unis d'Amer	1831953	2139135	2292056	2391295	2538514
Sweden/Suède	1547232	1624020	1867763	1720433	1934021
Malaysia/Malaisie	869810	1276991	1325823	1276268	x1677810
Finland/Finlande	1059667	1005872	1176978	1015629	1031889
Austria/Autriche	713863	819001	1113037	919170	916251
Indonesia/Indonésie	582392	878538	242622	354281	342777
Germany/Allemagne	423474	420893	486410	438716	438010
France, Monac	313632	345116	444522	422764	442446
Singapore/Singapour	263303	338229	249046	238729	225022
Yugoslavia SFR	229823	225525	300848	x191914	
Cote d'Ivoire	x188555		x310548	x394063	x568173
Netherlands/Pays–Bas	185465	193096	228230	236876	243945
Czechoslovakia	x139709	x184299	x216023	x205713	x168554
Belgium–Luxembourg	127510	146896	177033	162749	176863
Norway,SVD,JM	66280	134609	176069	157440	190381
Chile/Chili	114918	113876	174523	179683	x177219
Brazil/Brésil	202429	152422	147527	146629	172314
Portugal	133500	130541	189198	119930	111940
New Zealand	96913	111128	123701	153743	188965
Poland/Pologne	108259	96630	99712	192094	x203879
Italy/Italie	82545	93530	110937	115668	112578
Romania/Roumanie	x214236	163229	97580	55101	x49805
Philippines	156485	x240098	19424	20091	18612
Mexico/Mexique	35744	88366	89786	98713	130747
Cameroon/Cameroun	x25787	34169	x81578	74568	x68765
Denmark/Danemark	52420	56642	69531	61492	72605
Viet Nam	x2896	x8849	x51585	x98716	x62053
Korea Republic	58795	71484	50992	34764	26987
Hong Kong	35023	41652	44780	60337	83094
Thailand/Thaïlande	47548	45423	47473	52447	x46515
Ghana	x71699		x75719	x61474	x103663
China/Chine	29075	41302	42966	49650	103302
Bolivia/Bolivie	19139	40627	42576	42338	46330
Hungary/Hongrie	x30861	x29566	x38116	x57240	x60488
Spain/Espagne	39032	37674	43260	41701	37930
Bulgaria/Bulgarie	x37252	x28954	x54261	x20983	x30129
Lao People's Dem. Rp.	x9364	x20854	x37537	x44335	x33105
Myanmar	x14293	x25673	x30755	x40346	x54352
Paraguay	12439	24196	29411	35441	x48050
So. Africa Customs Un	x12722	x22920	x35023	x29412	x18755
Switz.Liecht	22295	23746	29879	33480	40382
Ireland/Irlande	25016	23621	30462	23884	30957
United Kingdom	16799	17901	25030	23198	28708
Japan/Japon	15091	21355	23038	20070	16264
Turkey/Turquie	8337	14773	16125	13752	10770
Congo	x11595	x13635	x12993	x13018	x11057
Ecuador/Equateur	13437	11758	11381	11938	2819
Zaire/Zaïre	x6987	x13208	x11144	x8313	x6906

(VALUE AS % OF TOTAL) (VALEUR EN % DU TOTAL)

	1983	1984	1985	1986	1987	1988	1989	1990	1991	1992		1983	1984	1985	1986	1987	1988	1989	1990	1991	1992
Africa	6.9	6.8	7.2	x5.2	4.2	4.2	4.8	5.2	x4.0	x3.4	Afrique	1.1	x0.3	1.3	x2.5	1.9	x1.9	x0.5	2.8	x3.2	x4.2
Northern Africa	5.9	6.1	6.7	4.8	3.5	3.6	4.2	4.5	3.5	x2.9	Afrique du Nord	x0.0	x0.0	x0.0	x0.0	x0.0	x0.0	x0.0	0.0	x0.0	0.0
Americas	29.5	31.1	34.8	31.2	26.3	22.9	23.1	19.7	21.0	x24.4	Amériques	45.6	45.0	51.3	49.0	40.4	38.7	39.0	38.1	39.3	x45.9
LAIA	0.6	1.0	0.9	0.8	0.6	0.5	0.8	0.8	1.2	1.5	ALAI	2.6	2.5	2.3	2.4	2.3	2.2	2.3	2.5	2.7	x3.1
CACM	x0.0	0.0	0.0	0.0	0.0	0.0	0.0	0.0	0.0	x0.0	MCAC	0.0	0.3	0.4	0.3	0.2	0.1	0.1	0.1	0.1	0.1
Asia	x14.8	x14.4	13.3	13.6	x18.3	x21.1	21.4	20.1	x22.5	22.3	Asie	10.8	10.9	11.7	11.8	11.2	12.4	15.8	10.9	11.9	x14.4
Middle East	x4.4	x4.5	2.3	x2.2	x1.9	x2.3	x1.8	x2.0	x2.0	x1.9	Moyen–Orient	x0.2	0.3	0.3	0.3	x0.1	x0.1	0.1	0.1	x0.1	0.1
Europe	46.3	44.4	42.2	48.1	49.3	49.0	47.6	52.6	49.9	47.6	Europe	31.4	32.8	34.2	35.3	28.1	28.1	27.6	32.2	29.2	31.7
EEC	42.9	40.7	38.4	43.3	44.6	44.4	43.5	48.1	45.8	43.7	CEE	6.4	6.7	7.7	8.8	7.1	7.8	7.6	9.0	8.5	8.9
EFTA	3.4	3.4	3.5	4.4	4.5	4.5	3.9	4.2	3.8	3.6	AELE	25.0	24.1	24.6	25.1	19.8	19.0	18.8	21.7	19.7	21.5
Oceania	x1.8	x2.5	2.4	x1.8	x1.7	x2.3	x2.3	x1.9	x2.0	x2.1	Océanie	0.8	0.8	0.9	0.7	0.4	x0.7	0.7	0.8	x0.9	x1.2
USA/Etats–Unis d'Amer	24.9	26.1	29.8	26.3	22.1	18.4	18.5	15.9	16.9	19.9	Canada	33.6	33.6	39.8	36.4	29.3	26.1	25.5	24.1	24.3	29.4
Japan/Japon	7.5	7.1	8.6	8.9	12.1	14.1	15.7	13.7	15.0	14.4	Former USSR/Anc. URSS	9.6	9.6		x15.1	15.1	x13.7	x12.7	x12.7		
United Kingdom	12.2	11.6	10.5	11.6	12.3	13.2	11.6	11.7	9.2	8.3	USA/Etats–Unis d'Amer	9.3	8.3	8.8	9.8	8.6	10.2	11.1	11.4	12.3	13.3
Italy/Italie	6.9	7.4	6.7	7.2	7.9	7.8	7.7	8.7	9.5	9.1	Sweden/Suède	12.2	11.7	12.2	12.5	9.4	8.6	8.4	9.3	8.8	10.1
Germany/Allemagne	8.1	7.0	6.0	6.0	7.2	6.7	7.0	8.4	8.6	9.0	Malaysia/Malaisie	5.9	4.9	5.4	4.9	4.4	4.4	6.6	6.6	6.6	x8.8
Netherlands/Pays–Bas	4.6	4.2	4.2	4.8	4.7	4.3	4.7	5.1	4.5	4.5	Finland/Finlande	7.1	7.1	7.4	7.1	6.0	5.9	5.2	5.8	5.2	5.4
France, Monac	4.0	3.3	3.5	3.8	3.9	4.0	3.5	4.0	4.0	3.4	Austria/Autriche	5.0	4.6	4.5	5.0	4.3	4.0	4.3	5.5	4.7	4.8
Belgium–Luxembourg	2.4	2.3	2.3	2.6	2.7	2.7	2.8	3.1	3.2	2.8	Indonesia/Indonésie	0.6	1.9	2.6	2.7	2.6	3.2	4.6	1.2	1.8	1.8
Spain/Espagne	1.6	1.5	1.8	2.1	2.2	2.5	2.7	3.1	2.9	2.9	Germany/Allemagne	1.6	1.8	2.3	2.7	2.4	2.2	2.4	2.3	2.3	2.3
Canada	2.2	2.2	2.1	2.2	2.2	2.8	2.7	2.3	2.2	2.3	France, Monac	1.5	1.6	1.9	2.1	1.8	1.7	1.8	2.2	2.2	2.3

251 *PULP AND WASTE PAPER / PATES A PAPIER, DECHETS 251

TRADE BY COMMODITY IN THOUSAND U.S. DOLLARS – COMMERCE PAR PRODUIT EN MILLIERS DE DOLLARS E.U

IMPORTS – IMPORTATIONS

COUNTRIES–PAYS	1988	1989	1990	1991	1992
Total	18930739	20716775	19404764	15894802	16194475
Africa	173632	x195359	199473	x149949	x137078
Northern Africa	135414	138690	145971	110533	x108072
Americas	3804857	4214469	3991554	3194804	3240150
LAIA	844376	740620	668406	644310	682675
CACM	19300	23795	18100	14042	x14127
Asia	x4954978	5014531	4425254	4111125	4348929
Middle East	x238013	x204394	x179427	x149047	x182396
Europe	8878976	10269827	10032682	8103175	8244112
EEC	7940957	9180726	8928753	7250195	7258039
EFTA	796482	938644	964747	774990	900970
Oceania	x189808	x190504	172215	x107633	x125865
USA/Etats-Unis d'Amer	2665739	3164367	3005532	2301208	2257077
Germany/Allemagne	2437993	2893098	2860010	2384387	2378580
Japan/Japon	2111109	2589099	2048882	1784954	1736116
Italy/Italie	1513408	1722454	1594968	1370481	1366780
France,Monac	1288525	1463014	1446108	1132837	1174266
United Kingdom	1288245	1467930	1385702	1074066	1108710
Korea Republic	845368	977897	1005813	890477	982611
Netherlands/Pays-Bas	505278	571787	563015	427372	437445
Mexico/Mexique	490552	443057	392181	339201	367049
Spain/Espagne	368719	390647	423421	351827	337647
China/Chine	580630	424475	286532	453231	413469
Belgium-Luxembourg	339817	404068	391152	279960	276056
Austria/Autriche	304682	376019	376022	298550	326808
Former USSR/Anc. URSS	x476748	x473656	x381010	x86319	
Indonesia/Indonésie	255925	311293	267455	286078	446363
Switz.Liecht	269586	295697	300047	246931	254521
Canada	248313	254956	288812	223497	274519
India/Inde	177979	x149883	252350	121789	x144802
Thailand/Thaïlande	114874	144474	153898	195181	208336
Australia/Australie	181215	185576	161809	100104	111955
Sweden/Suède	109626	130285	161423	121366	151830
Venezuela	193460	135507	128891	140502	143210
Yugoslavia SFR	140269	148875	135873	x76944	
Greece/Grèce	75671	127096	111369	96675	x61427
Denmark/Danemark	80006	90030	92641	77407	64508
Turkey/Turquie	107832	100709	80166	71994	
Israel/Israël	69083	79598	72844	62183	101813
Finland/Finlande	57187	70435	67317	67679	58918
Brazil/Brésil	45780	73972	66287	67677	136607
Philippines	56079	x43038	61092	63359	64030
Norway,SVD,JM	55401	66205	59933	40392	31186
Hungary/Hongrie	x79056	x61053	x37079	66747	x40338
Former GDR	x145060	x85160	x60287		
Egypt/Egypte	57490	45886	53426	32815	39376
Poland/Pologne	72367	49719	36413	42601	x24504
Colombia/Colombie	39279	41154	38699	39093	48163
Portugal	31537	35890	43832	38998	38473
Algeria/Algérie	33963	38024	44587	28044	x20954
Bulgaria/Bulgarie	x61555	x90780	x10657	x6382	8986
Czechoslovakia	x93330	48113	36262	x14016	x11125
Saudi Arabia	x29196	x29152	x38413	x29491	x24155
Tunisia/Tunisie	22039	30986	24657	22975	28858
Morocco/Maroc	21324	23496	23291	25258	17242
Malaysia/Malaisie	19965	21872	23291	24254	x27310
Hong Kong	21251	15354	23471	28466	22629
Pakistan	18727	24314	18498	23934	27064
So. Africa Customs Un	11608	13429	24538	x22694	x20947
Iraq	x53869	x47977	x11405	x20	
Iran (Islamic Rp. of)	x23027	x4438	x30978	x22169	x36673
Argentina/Argentine	23061	15819	10790	30673	43708

EXPORTS – EXPORTATIONS

COUNTRIES–PAYS	1988	1989	1990	1991	1992
Totale	17993655	19819767	17978808	15065601	14722161
Afrique	x305074	x371573	x356850	x325077	x312708
Afrique du Nord	74422	68926	59970	42242	46986
Amériques	10109347	11394644	10366070	8912168	x9337128
ALAI	1008448	1082122	1003739	933165	x1253524
MCAC	890	1197	1420	1545	1062
Asie	x249098	210335	235311	227050	x213315
Moyen-Orient	x14830	x16772	x20268	x16121	x18180
Europe	5906419	6363932	5885084	4627606	4490977
CEE	2112857	2285111	2209223	1877471	1885280
AELE	3712859	3990303	3604878	2725939	2574366
Océanie	x282267	x255933	x271299	x241686	x200495
Canada	5368744	5943477	5288661	4348837	4206443
USA/Etats-Unis d'Amer	3728324	4365276	4069342	3626701	3873668
Sweden/Suède	1987344	2074768	1956209	1549289	1462634
Finland/Finlande	1105389	1229398	1026385	698589	636377
Former USSR/Anc. URSS	x942683	x923530	x635558	x582518	
Portugal	671106	716008	681800	550287	552161
Brazil/Brésil	629208	687696	599623	586200	746883
Norway,SVD,JM	365061	430316	400597	x307744	x307522
Spain/Espagne	363761	431966	358310	320140	304456
France,Monac	362842	358772	381513	311620	315366
Chile/Chili	308438	322085	322373	309328	x462271
So. Africa Customs Un	x227376	x297797	x292018	x277319	x259572
Germany/Allemagne	267974	285231	285851	278523	328623
New Zealand	247012	228744	253686	225156	194008
Belgium-Luxembourg	185638	207528	199092	148478	144930
Austria/Autriche	194156	195997	162350	114831	107484
Czechoslovakia	x99111	x147115	x123054	x105357	x103570
Netherlands/Pays-Bas	93333	98403	105356	103095	110030
Bulgaria/Bulgarie	x79876	x141734	x86454	x22340	x33051
United Kingdom	82730	84351	94998	68606	68300
Hong Kong	78903	67397	64072	72210	58914
Yugoslavia SFR	80257	87994	69133	x23509	
Indonesia/Indonésie	4709	36604	77707	61632	51538
Switz.Liecht	60782	59734	59235	55376	60101
Denmark/Danemark	41995	43321	49876	49492	48080
Morocco/Maroc	61630	58989	49933	33080	37606
Argentina/Argentine	43156	38692	70397	31111	42305
Italy/Italie	37724	48147	51916	39988	6538
Singapore/Singapour	39129	30683	30767	28717	21121
Philippines	17282	x18703	20937	25218	30916
Australia/Australie	29904	26724	17045	16085	5866
Mexico/Mexique	25900	30277	8096	3632	268
Poland/Pologne	10090	8334	15025	17306	x25830
Thailand/Thaïlande	10977	20098	1863	11459	x13733
Japan/Japon	9989	12003	13027	5911	6103
Tunisia/Tunisie	11183	8916	9256	8673	7625
United Arab Emirates	x8365	x7738	x9163	x8600	x9612
Ireland/Irlande	4908	7170	8324	5840	5417
Saudi Arabia	2810	5236	x8854	x5586	x7205
Hungary/Hongrie	x2185	x1980	x3602	x4458	x5057
Malaysia/Malaisie	3073	2091	2582	3178	x5272
China/Chine	4503	4366	2072	799	2222
Greece/Grèce	845	4214	887	1401	x1379
Bolivia/Bolivie	x1212	x1444	x1778	x1683	x898
Mozambique	x1862	x1500	x1625	x1610	x3324
Un. Rep. of Tanzania	468	x795	x1117	x1717	x990
Uruguay	520	1846	1085	314	545
Cote d'Ivoire	x442	x1068	x717	x1325	x1052
Cyprus/Chypre	1221	928	896	699	443
Costa Rica	246	884	745	604	x31

(VALUE AS % OF TOTAL)(VALEUR EN % DU TOTAL)

	1983	1984	1985	1986	1987	1988	1989	1990	1991	1992		1983	1984	1985	1986	1987	1988	1989	1990	1991	1992
Africa	1.9	1.7	1.5	x1.0	0.8	1.0	x1.0	1.0	x0.9	x0.8	Afrique	2.4	1.9	2.2	2.6	2.1	x1.7	x1.9	2.0	x2.1	x2.2
Northern Africa	0.9	0.9	0.7	0.7	0.5	0.7	0.7	0.8	0.7	x0.7	Afrique du Nord	0.3	0.3	0.2	0.3	0.4	0.4	0.3	0.3	0.3	0.3
Americas	22.3	24.7	23.6	21.2	20.6	20.1	20.3	20.6	20.1	20.0	Amériques	60.1	58.9	58.0	58.2	54.3	56.2	57.5	57.7	59.1	x63.4
LAIA	2.1	4.5	4.8	3.5	5.1	4.5	3.6	3.4	4.1	4.2	ALAI	6.1	6.4	5.6	5.7	4.9	5.6	5.5	5.6	6.2	x8.5
CACM	x0.1	0.1	0.1	0.1	0.1	0.1	0.1	0.1	0.1	0.1	MCAC	x0.0	0.0	0.0	0.0	0.0	0.0	0.0	0.0	0.0	0.0
Asia	19.8	19.3	21.5	22.3	x24.1	x26.2	24.2	22.8	25.8	26.9	Asie	0.9	1.1	1.0	1.1	1.2	1.4	1.1	1.3	1.5	x1.5
Middle East	x0.4	x0.8	0.6	0.7	x0.8	x1.3	1.0	0.9	0.9	x1.1	Moyen-Orient	x0.0	0.0	0.0	0.0	x0.1	x0.1	0.1	0.1	0.1	x0.1
Europe	51.4	50.7	51.0	53.1	48.6	46.9	49.6	51.7	51.0	50.9	Europe	34.3	35.8	36.3	35.4	33.4	32.8	32.1	32.7	30.7	30.5
EEC	46.8	45.2	45.0	47.1	43.3	41.9	44.3	46.0	45.6	44.8	CEE	9.0	10.0	11.4	11.5	11.4	11.7	11.5	12.3	12.5	12.8
EFTA	4.6	4.4	4.8	5.0	4.5	4.2	4.5	5.0	4.9	5.6	AELE	25.3	25.2	24.4	23.5	21.5	20.6	20.1	20.1	18.1	17.5
Oceania	1.0	0.9	0.8	x0.9	x1.0	1.0	0.9	0.9	0.7	x0.8	Océanie	x1.5	1.3	1.4	1.4	1.4	x1.5	1.3	1.5	1.6	x1.4
USA/Etats-Unis d'Amer	18.4	18.2	16.7	15.6	13.8	14.1	15.3	15.5	14.5	13.9	Canada	31.6	31.7	30.7	30.4	29.1	29.8	30.0	29.4	28.9	28.6
Germany/Allemagne	14.6	13.5	13.7	14.3	13.0	12.9	14.0	14.7	15.0	14.7	USA/Etats-Unis d'Amer	22.2	20.8	21.7	22.0	20.2	20.7	22.0	22.6	24.1	26.3
Japan/Japon	11.4	10.1	10.3	10.8	10.3	11.2	12.5	10.6	11.2	10.7	Sweden/Suède	13.9	14.3	13.7	12.6	11.5	11.0	10.5	10.9	10.3	9.9
Italy/Italie	7.7	7.8	8.4	8.5	8.2	8.0	8.3	8.2	8.6	8.4	Finland/Finlande	7.4	7.2	6.7	6.5	6.4	6.2	5.7	6.4	4.6	4.3
France,Monac	8.1	7.7	7.4	7.9	7.1	6.8	7.1	7.5	7.1	7.3	Former USSR/Anc. URSS					x6.6	x5.2	x4.7	x3.5	x3.9	
United Kingdom	8.0	7.9	7.0	7.4	7.1	6.8	7.1	7.1	6.8	6.8	Portugal	2.5	2.8	3.5	3.5	3.8	3.7	3.6	3.8	3.7	3.8
Korea Republic	3.3	3.3	3.6	3.9	4.0	4.5	4.7	5.2	5.6	6.1	Brazil/Brésil	3.9	4.2	3.4	3.4	2.8	3.5	3.5	3.3	3.9	5.1
Netherlands/Pays-Bas	3.1	3.1	3.1	3.1	2.6	2.7	2.8	2.9	2.7	2.7	Norway,SVD,JM	2.4	2.2	2.4	2.4	2.1	2.0	2.2	2.2	x2.0	x2.1
Mexico/Mexique		2.3	2.6	1.6	2.9	2.6	2.1	2.0	2.1	2.3	Spain/Espagne	1.4	1.4	1.4	1.9	2.0	2.0	2.2	2.0	2.1	2.1
Spain/Espagne	1.6	1.8	2.1	2.4	2.1	1.9	1.9	2.2	2.2	2.1	France,Monac	1.6	1.8	2.2	2.2	2.1	2.0	1.8	2.1	2.1	2.1

261 SILK / SOIE 261

TRADE BY COMMODITY IN THOUSAND U.S. DOLLARS – COMMERCE PAR PRODUIT EN MILLIERS DE DOLLARS E.U

COUNTRIES–PAYS	1988	1989	1990	1991	1992	COUNTRIES–PAYS	1988	1989	1990	1991	1992
Total	886980	1240148	996891	840495	x703470	Totale	x909722	1176512	749611	712195	543590
Africa	1088	1992	1237	x1369	x2846	Afrique	x29	x663	x164	x791	x266
Northern Africa	1044	1761	1202	1287	x2760	Afrique du Nord	2	x561	33	55	x3
Americas	8475	x15367	x10064	8518	x7650	Amériques	5928	8411	20139	14696	16067
LAIA	22	204	x116	772	x1011	ALAI	5194	5274	18019	13754	14281
CACM	30	x50	x40	55	x179	MCAC		2	x19	x12	x12
Asia	541691	689734	538560	527835	x481746	Asie	730044	997073	621907	586888	483170
Middle East	x3554	x8107	x4435	x5660	x3050	Moyen–Orient	x3681	x1449	511	x493	x1434
Europe	276311	478898	325702	245216	211052	Europe	24348	78687	51068	43617	42477
EEC	264358	460065	308947	230921	201523	CEE	21240	75949	48256	39746	39736
EFTA	11917	18824	16746	14199	9434	AELE	x3081	2736	2810	3871	2741
Oceania	x10	x17	33	x34	x19	Océanie	x31	x13	23	x19	10
Italy/Italie	214072	312277	211674	160696	133000	China/Chine	410380	672108	452704	419014	324553
Japan/Japon	159377	226727	209477	186792	117626	Hong Kong	244071	261935	126384	124344	115830
Hong Kong	170969	204650	114995	128003	111094	Former USSR/Anc. URSS	x146588	x87463	x52196	x64116	
Korea Republic	133460	151044	116823	113897	105466	Germany/Allemagne	11105	68611	41440	34126	33254
Former USSR/Anc. URSS	x58753	x52597	x120394	x57251		Korea Dem People's Rp	x26572	x24853	x22668	x16910	x9704
Germany/Allemagne	18444	90035	55913	47942	44996	Brazil/Brésil	4667	4607	17578	12606	11981
India/Inde	37684	x61124	56653	60739	x114090	Viet Nam	x4153	x5724	x5603	x8794	x9614
France, Monac	23289	46879	32549	16085	17497	Japan/Japon	8379	8855	4516	5869	5541
Thailand/Thaïlande	17907	24669	25811	14667	16030	Thailand/Thaïlande	166	4030	4955	7666	x6195
Switz.Liecht	11416	17796	16242	13646	8897	India/Inde	3562	x11280	836	849	x3291
USA/Etats–Unis d'Amer	8309	14852	9714	7522	6065	Bulgaria/Bulgarie	x1811	x4094	x4077	x1949	x1561
United Kingdom	6870	9096	5879	4159	4067	Switz.Liecht	2572	2709	2802	3843	2696
Singapore/Singapour	3634	7298	3928	4101	4838	Italy/Italie	4949	4066	2214	1796	2221
Turkey/Turquie	2727	5228	3388	1372	723	USA/Etats–Unis d'Amer	673	2726	2088	844	1702
China/Chine	7720	940	4447	4166	2880	Korea Republic	2088	2838	1359	472	476
United Arab Emirates	x797	x2728	x915	x4177	x2074	United Kingdom	3033	1691	987	1132	1740
Bangladesh	x1757	x358	x48	6191	x2246	Pakistan	442	2644	652	314	287
Macau/Macao	752	2263	430	3034	1759	Singapore/Singapour	1528	574	1036	1879	2890
Belgium–Luxembourg	873	680	672	974	707	France, Monac	586	307	1182	1036	667
Egypt/Egypte	644	881	782	443	1734	Spain/Espagne	375	254	1048	674	920
Austria/Autriche	490	1005	461	487	449	Belgium–Luxembourg	893	775	218	791	546
Tunisia/Tunisie	363	863	366	715	430	Colombia/Colombie	81	185	316	1050	1461
Spain/Espagne	476	143	774	805	726	Netherlands/Pays–Bas	x269	x122	1088	x139	3
Korea Dem People's Rp	x143	x479	x943	x16	x1617	Turkey/Turquie	2027	685	411	213	1076
Czechoslovakia	x651	530	781	x21	x10	Macau/Macao	129	570	453	97	110
Indonesia/Indonésie	312	831	253	181	601	Sudan/Soudan		x561			
Poland/Pologne		x1005	x110		x16	Cameroon/Cameroun	x445	x479	0		
Netherlands/Pays–Bas	44	503	540	10	42	Chile/Chili	x445	x479		518	
Greece/Grèce	237	399	428	224	x204	Canada	54	409	11	6	2
Philippines	5	x838	50	9	239	Iran (Islamic Rp. of)	x1505	x353		x9	
Venezuela	2	x3	8	687	0	Saudi Arabia		x347			
Ireland/Irlande	23	5	x421	3	1	So. Africa Customs Un	x27	x27	x102	x209	x29
Viet Nam		x219	x27	x173		Yemen/Yémen				x271	
Morocco/Maroc	13		54	129	154	Indonesia/Indonésie			55	102	1107
Pakistan	152	93	11	69	36	Philippines		x77	96	25	76
Mexico/Mexique	2	89	65	10	65	Greece/Grèce	27	118	x44		x116
Kenya	12	x138	13	x12		Mexico/Mexique	1	0	x125		
Hungary/Hongrie					160	Syrian Arab Republic			99		
Denmark/Danemark	10	41	92	23	282	Hungary/Hongrie				x93	x30
Canada	49	45	53	46	109	Paraguay				89	x736
Nepal/Népal	x158	x41	x7	x92		Tunisia/Tunisie	2		33	55	
Uruguay		91	x5	29		Belize/Bélize			x1	x80	x32
Jamaica/Jamaïque		x92	x12	8	x37	Romania/Roumanie	x645	76			
Barbados/Barbade		48	35	26		Liberia/Libéria		x75			
Sri Lanka	59	27	60	20	44	Sri Lanka	37	13	32	23	22
Cyprus/Chypre	8	x79	x23			Malaysia/Malaisie	31	6	23	38	x45
Myanmar	x51		x92		x89	Mongolia/Mongolie		x37	x22		
Romania/Roumanie				90		Poland/Pologne	x5	x33	x17		
Costa Rica		x47	x10	29		Oman		x48			
Qatar				x84	x95	Austria/Autriche	28	23	6	12	6

(VALUE AS % OF TOTAL) (VALEUR EN % DU TOTAL)

	1983	1984	1985	1986	1987	1988	1989	1990	1991	1992		1983	1984	1985	1986	1987	1988	1989	1990	1991	1992
Africa	x0.1	0.3	0.1	x0.1	x0.2	0.1	0.2	0.1	x0.2	x0.4	Afrique	x0.4	x0.3		x0.0	x0.0	x0.1	x0.0	x0.1	x0.0	
Northern Africa	0.1	0.3	0.1	x0.1	x0.2	0.1	0.1	0.1	0.2	0.4	Afrique du Nord		0.0		0.0	0.0	0.0	0.0	0.0	0.0	
Americas	2.4	2.7	2.5	1.6	1.6	0.9	x1.2	x1.0	1.0	x1.1	Amériques	3.0	4.0	0.6	0.8	0.4	0.7	0.7	2.7	2.0	2.9
LAIA	0.0	0.0	0.0	0.0	0.0	0.0	x0.0	x0.0	0.1	x0.1	ALAI	2.3	3.1	0.5	0.6	0.3	0.6	0.4	2.4	1.9	2.6
CACM			0.0	x0.0	0.0	0.0	x0.0	x0.0	0.0	x0.0	MCAC				0.0	0.0	0.0	0.0	0.0	0.0	0.0
Asia	58.2	58.0	52.2	52.6	55.6	61.1	55.6	54.0	62.8	x68.5	Asie	81.6	81.3	96.5	96.2	91.3	80.2	84.8	83.0	82.4	88.9
Middle East	x0.1	0.4	0.5	0.2	1.2	x0.4	x0.7	x0.4	x0.7	x0.4	Moyen–Orient	0.1	x0.4	0.1	x0.0	x0.4	x0.1	0.1	0.1	0.1	x0.3
Europe	39.2	39.1	45.1	45.6	35.6	31.2	38.6	32.7	29.2	30.0	Europe	14.8	13.4	2.8	3.0	2.8	2.7	6.7	6.8	6.1	7.8
EEC	36.7	35.5	42.4	43.9	33.8	29.8	37.1	31.0	27.5	28.6	CEE	11.1	10.9	2.1	2.3	2.5	2.3	6.4	6.4	5.6	7.3
EFTA	2.5	3.5	2.6	1.7	1.8	1.3	1.5	1.7	1.7	1.3	AELE	3.7	2.5	0.8	0.7	0.4	0.3	0.2	0.4	0.5	0.5
Oceania					x0.0	x0.0		x0.0	x0.0		Océanie	x0.1	1.1		x0.0		x0.0	x0.0		x0.0	
Italy/Italie	28.7	26.7	33.4	37.4	27.1	24.1	25.2	21.2	19.1	18.9	China/Chine			74.5	71.4	60.1	45.1	57.1	60.4	58.8	59.7
Japan/Japon	30.5	24.3	21.4	20.3	14.1	18.0	18.3	21.0	22.2	16.7	Hong Kong	35.9	54.6	18.2	21.6	23.5	26.8	22.3	16.9	17.5	21.3
Hong Kong	7.7	10.8	11.3	10.3	16.3	19.3	16.5	11.5	15.2	15.8	Former USSR/Anc. URSS					x5.1	x16.1	x7.4	x7.0	x9.0	
Korea Republic	10.4	14.5	9.8	12.4	13.9	15.0	12.2	11.7	13.6	15.0	Korea Dem People's Rp					x1.8	x2.9	x2.1	x3.0	x2.4	x1.8
Former USSR/Anc. URSS				x6.8	x6.6	x4.2	x12.1	x6.8			Brazil/Brésil					0.3	0.5	0.4	2.3	1.8	2.2
Germany/Allemagne	2.0	2.7	2.1	2.0	2.1	2.1	7.3	5.6	5.7	6.4	Viet Nam					x0.1	x0.5	x0.5	x0.7	x1.2	x1.8
India/Inde	6.8	4.9	7.3	6.8	6.7	4.2	x4.9	5.7	7.2	x16.2	Japan/Japon	9.5	15.6	2.6	1.5	1.8	0.9	0.8	0.6	0.8	1.0
France, Monac	4.6	4.4	5.2	3.3	3.2	2.6	3.8	3.3	1.9	2.5	Thailand/Thaïlande	0.0	0.1			0.0	0.0	0.3	0.7	1.1	x1.1
Thailand/Thaïlande	1.1	1.0	1.0	1.2	1.7	2.0	2.0	2.6	1.7	2.3	India/Inde	11.5	5.2	0.2	0.2	0.3	0.4	x1.0	0.1	0.1	x0.6
Switz.Liecht	2.5	3.5	2.6	1.7	1.7	1.3	1.4	1.6	1.6	1.3											

263 COTTON / COTON 263

TRADE BY COMMODITY IN THOUSAND U.S. DOLLARS – COMMERCE PAR PRODUIT EN MILLIERS DE DOLLARS E.U

COUNTRIES–PAYS	IMPORTS – IMPORTATIONS					COUNTRIES–PAYS	EXPORTS – EXPORTATIONS				
	1988	1989	1990	1991	1992		1988	1989	1990	1991	1992
Total	x7744005	8354022	9367693	8666511	7213236	Totale	x8093775	x8850298	x9184680	x9906967	x7599936
Africa	213187	194541	264285	x318599	235038	Afrique	x1145275	x1392409	x1377429	x1398573	x1229368
Northern Africa	160534	165153	197928	273454	x177656	Afrique du Nord	403587	x592430	x480118	x324774	x285024
Americas	357460	531328	459447	511011	x640944	Amériques	2709731	3150468	3762069	3536163	x2608209
LAIA	269760	357179	339101	378744	519548	ALAI	598122	792603	845712	904700	x502780
CACM	4953	5750	14633	24195	x22462	MCAC	100339	52666	73374	70375	42244
Asia	x3804372	4343867	4549376	4963626	4187170	Asie	1930768	1701569	1834415	x1642994	x2703686
Middle East	x118272	x145489	156681	93732	207226	Moyen–Orient	212689	258640	359454	x424239	x276137
Europe	2390841	2444166	2705159	2415882	1986046	Europe	286689	430246	426442	451776	x375141
EEC	2001094	2050133	2289436	2156148	1763396	CEE	267349	410360	405603	425931	x355813
EFTA	210133	205902	239813	224237	197473	AELE	17131	18545	19692	21414	16751
Oceania	x5268	x2462	x3105	3091	x2731	Océanie	x303362	411159	x503005	x679179	x673645
Japan/Japon	1317729	1382054	1204620	1249946	888779	USA/Etats–Unis d'Amer	2008030	2297277	2838939	2554766	2053955
Korea Republic	718898	726531	786962	824121	639575	Former USSR/Anc. URSS	x1671226	x1724606	x1259107	x2187224	
China/Chine	59458	712531	717815	643101	457585	Pakistan	741202	710892	482250	491792	635161
Italy/Italie	575161	609555	687950	678837	524153	Australia/Australie	303118	411131	502489	677457	663747
Thailand/Thaïlande	323453	379969	502302	637411	567640	China/Chine	731996	441795	318296	373724	219951
Indonesia/Indonésie	302145	376694	485048	634349	667626	Paraguay	209635	304756	330392	315233	x253849
Germany/Allemagne	357267	420775	450596	439630	355858	Sudan/Soudan	217411	x293845	x264709	x255462	x228556
Former USSR/Anc. URSS	x364619	x269365	x852788	x60967		India/Inde	14673	x47279	466151	123916	x93993
Hong Kong	315082	376452	330801	338959	274427	Mali	x151391	x190191	x185269	x202607	x218353
Portugal	308441	259463	346406	293156	261156	Egypt/Egypte	169889	274562	208925	60705	52699
France, Monac	246388	247331	260013	242922	212927	Turkey/Turquie	158540	159993	190840	192505	62138
Spain/Espagne	162223	187873	199510	189313	151759	Cote d'Ivoire	141356	116768	x170192	x233046	x231979
Brazil/Brésil	113311	204634	163798	182041	219520	Syrian Arab Republic	48237	96810	162760	x226535	x209564
Czechoslovakia	x162620	181179	173494	x100372	x40406	Greece/Grèce	66806	157765	135763	165140	x107867
Switz.Liecht	132178	131417	154260	135623	117256	Argentina/Argentine	134087	87903	165917	204503	77650
Yugoslavia SFR	179360	188780	175691	x35329		Brazil/Brésil	36624	162295	131255	151470	33121
Bangladesh	x50957	x52141	x75408	230563	x96688	Germany/Allemagne	76340	97206	117435	97980	92470
Romania/Roumanie	x83616	130047	127331	88667	x54810	Chad/Tchad	x114996	x65624	x111239	x124453	x126382
United Kingdom	120712	110308	121046	95155	92484	Mexico/Mexique	116328	116344	93461	79723	32459
Turkey/Turquie	49163	100097	137447	80527	194321	Israel/Israël	83126	103107	86504	72384	43354
Poland/Pologne	182431	127588	72283	104967	x19604	Cameroon/Cameroun	x13672	68686	x70072	109998	x32081
Canada	70296	79669	79046	82683	66162	Zimbabwe	82109	x89544	86292	58278	x34741
Belgium–Luxembourg	69678	80099	76277	81105	66896	Burkina Faso	64257	44934	85699	x99975	x103451
Bulgaria/Bulgarie	x47615	x71957	x127748	x34572	30473	Hong Kong	77300	77657	50213	58933	48958
Philippines	75422	x61224	79635	85986	83376	Peru/Pérou	32315	68964	44495	x65727	x37472
Malaysia/Malaisie	55030	55343	70860	74438	x78650	Spain/Espagne	39509	67137	43913	57245	44263
Morocco/Maroc	34966	50203	67434	77015	63131	Colombia/Colombie	65242	40954	48857	72315	56538
Egypt/Egypte	36364	18773	61808	108835	30801	Un. Rep. of Tanzania	x71098	x54182	x50465	x50046	x38629
Greece/Grèce	94106	60421	69901	54097	x36197	Togo	42039	38664	55586	55447	x54654
Mexico/Mexique	31521	35592	65388	74868	145793	Benin/Bénin	x20446	x57350	x17457	x62542	x23982
Austria/Autriche	50129	49103	52275	63603	58037	Nicaragua	49432	25932	37725	44888	26262
Algeria/Algérie	58623	55481	18580	57477	x43398	United Kingdom	23729	25645	35595	35864	35018
Ireland/Irlande	36355	40668	42143	47690	27346	France, Monac	24126	26868	25848	31528	33259
Chile/Chili	40714	38635	38368	53334	x50311	Guatemala	49519	24689	34395	23688	14636
Tunisia/Tunisie	29291	40550	50020	30123	39701	Singapore/Singapour	19562	18521	23950	34370	27417
Hungary/Hongrie	x24611	x28285	x22838	65009	x12350	So. Africa Customs Un	x9852	x21713	x22486	x11672	x9197
Venezuela	58233	33248	30788	44007	41912	Italy/Italie	15549	14444	21085	16456	21480
Singapore/Singapour	26713	27240	33610	38201	32901	Japan/Japon	10955	13403	16739	16885	16842
Korea Dem People's Rp	x70750	x15072	x23029	x46124	x25012	Korea Republic	5443	13124	14671	16695	15729
Netherlands/Pays–Bas	24251	28174	29281	25786	25012	Switz.Liecht	9890	12678	12776	15528	12433
Cuba	x172	74236	x27	x2	x12380	Belgium–Luxembourg	11383	12086	15432	12529	11577
Israel/Israël	21594	11492	27617	21370	25370	Venezuela	552	10116	26106	3372	3203
So. Africa Customs Un	26417	11592	23764	x22327	x33235	Bulgaria/Bulgarie	x19259	x26170	x10709	x2673	x1836
USA/Etats–Unis d'Amer	10255	11323	23554	19837	15606	Morocco/Maroc	16045	23559	5427	7949	2722
Sri Lanka	14980	10932	13726	28289	22467	Senegal/Sénégal	11528	10718	9533	x13468	x22554
Sweden/Suède	13871	12911	20635	16381	15843	Central African Rep.	x2563	12608	x5493	x4974	x2586
Viet Nam			x34834	x7972	x6748	Uganda/Ouganda	x2763	x2551	x6861	x12906	x13453
Iraq	x59542	x37356	x53	x35		Malawi		5990	3893	11827	x7619
Uruguay	9019	11755	12165	12371	9722	Zambia/Zambie	x2786	x11868	x2776	x4009	x11274
Argentina/Argentine	3839	14244	11768	5679	10128	Thailand/Thaïlande	7589	7012	4082	6960	x9590

(VALUE AS % OF TOTAL)(VALEUR EN % DU TOTAL)

	1983	1984	1985	1986	1987	1988	1989	1990	1991	1992		1983	1984	1985	1986	1987	1988	1989	1990	1991	1992
Africa	3.2	3.7	4.5	x2.8	2.6	2.7	2.3	2.9	x3.7	3.3	Afrique	x23.1	x18.1	14.5	x24.2	x13.7	x14.1	15.7	x15.0	x14.1	x16.2
Northern Africa	1.7	1.7	2.9	1.4	1.8	2.1	2.0	2.1	3.2	x2.5	Afrique du Nord	x13.3	8.6	8.6	11.2	4.7	5.0	x6.7	x5.2	x3.3	x3.8
Americas	3.1	4.3	3.4	5.7	5.1	4.6	6.4	4.9	5.9	x8.9	Amériques	x49.9	56.3	47.4	27.0	30.2	33.5	35.6	40.9	35.7	x34.4
LAIA	1.2	2.3	1.7	3.9	3.8	3.5	4.3	3.6	4.4	7.2	ALAI	7.3	9.1	10.2	5.8	5.8	7.4	9.0	9.2	9.1	x6.6
CACM	x0.0	0.1	0.1	0.1	0.1	0.1	0.1	0.2	0.3	x0.3	MCAC	x3.3	4.0	3.6	0.2	x1.3	1.2	0.6	0.8	0.7	0.6
Asia	46.9	46.4	41.5	42.7	x47.4	x49.1	52.0	48.6	57.3	58.1	Asie	19.4	17.5	28.4	38.0	24.6	23.9	19.2	19.9	16.6	x35.6
Middle East	x0.4	x0.5	0.2	x1.2	2.7	x1.5	1.7	1.7	1.1	2.9	Moyen–Orient	3.8	8.5	6.9	6.4	x2.0	2.6	2.9	3.9	x4.3	3.6
Europe	39.9	39.3	43.2	41.1	33.3	30.9	29.3	28.9	27.9	27.5	Europe	4.6	4.4	5.1	4.5	4.3	3.5	4.9	4.6	4.6	x4.9
EEC	36.2	31.9	34.4	32.7	28.1	25.8	24.5	24.4	24.9	24.4	CEE	4.2	4.0	4.7	4.2	4.1	3.3	4.6	4.4	4.3	x4.7
EFTA	3.8	3.4	3.9	3.7	2.9	2.7	2.5	2.6	2.6	2.7	AELE	0.4	0.3	0.4	0.3	0.2	0.2	0.2	0.2	0.2	0.2
Oceania	0.1	x0.1	0.1	x0.0	x0.1	x0.0	x0.0		x0.0		Océanie	3.1	3.7	4.5	x6.3	3.2	x3.7	4.6	5.5	6.8	x8.8
Japan/Japon	21.7	20.6	18.4	17.8	16.5	17.0	16.5	12.9	14.4	12.3	USA/Etats–Unis d'Amer	39.3	43.2	33.5	19.1	23.0	24.8	26.0	30.9	25.8	27.0
Korea Republic	10.1	9.5	9.3	8.8	7.5	9.3	8.7	8.4	9.5	8.9	Former USSR/Anc. URSS				x23.0	x20.6	19.5	x13.7	x22.1		
China/Chine			0.0	0.0	0.2	0.8	8.5	7.7	7.4	6.3	Pakistan	7.1	2.2	8.6	11.2	6.5	9.2	8.0	5.3	5.0	8.4
Italy/Italie	9.1	8.3	8.8	8.7	7.4	7.4	7.3	7.3	7.8	7.3	Australia/Australie	3.1	3.7	4.5	6.3	3.2	3.7	4.6	5.5	6.8	8.7
Thailand/Thaïlande	3.0	2.9	3.1	3.8	4.0	4.2	4.5	5.4	7.4	7.9	China/Chine				8.2	11.9	10.8	9.0	5.0	3.5	2.9
Indonesia/Indonésie	3.3	3.3	3.2	3.7	3.9	3.9	4.5	5.2	7.3	9.3	Paraguay	1.8	2.3		2.8	1.9	2.6	3.4	3.6	3.2	x3.3
Germany/Allemagne	7.6	6.7	7.2	6.7	6.1	4.6	5.0	4.8	5.1	4.9	Sudan/Soudan	x3.7		3.4	2.1	x3.3	x2.9	x2.6	x0.3		
Former USSR/Anc. URSS					x3.3	x4.7	x3.2	x9.1	0.7		India/Inde	3.4	0.9		1.2	3.8	1.2	0.2	x0.5	5.1	1.3	x1.2
Hong Kong	4.4	4.7	3.8	4.4	4.9	4.1	4.5	3.5	3.9	3.8	Mali	x2.4			x3.1	x1.3	x1.9	x2.1	2.0	2.0	x2.9
Portugal	4.4	4.4	4.8	4.5	3.6	4.0	3.1	3.7	3.4	3.6	Egypt/Egypte	9.6	8.6	8.6	7.8	2.6	2.1	3.1	2.3	0.6	0.7

264 JUTE, OTH TEX BAST FIBRES

TRADE BY COMMODITY IN THOUSAND U.S. DOLLARS – COMMERCE PAR PRODUIT EN MILLIERS DE DOLLARS E.U

IMPORTS – IMPORTATIONS

COUNTRIES–PAYS	1988	1989	1990	1991	1992
Total	x170692	x173589	x214601	x171169	x162563
Africa	x26613	x20374	19045	x19260	x15179
Northern Africa	12800	10484	15727	16345	11772
Americas	16199	10070	x13362	x17478	x18849
LAIA	10225	1181	5140	5668	7761
CACM	650	742	1696	508	525
Asia	39347	x69174	72082	60776	x102909
Middle East	x8170	x8523	x7268	x6351	x9639
Europe	25687	25008	27762	x18762	14408
EEC	20099	20855	22524	14905	14095
EFTA	123	266	175	119	139
Oceania	x1395	x973	x1129	x1095	779
Former USSR/Anc. URSS	x36464	x29875	x55144	x39760	
Pakistan	20552	35140	37147	33114	35194
United Kingdom	10688	11220	12806	7512	6839
Bulgaria/Bulgarie	x5190	x11812	x14347	x2540	1
Indonesia/Indonésie	1554	8361	11644	7594	9250
Egypt/Egypte	6858	3163	9070	7679	6836
India/Inde	4533	x3183	13159	2877	x28515
Cuba	x67	5484	x4431	x7134	x7221
Yugoslavia SFR	5457	3878	5054	x3736	
Morocco/Maroc	3271	2986	4548	4390	2253
Turkey/Turquie	3944	2773	4772	3201	3598
Poland/Pologne	6199	2682	4349	3606	x3071
China/Chine	318	7601	105	2285	1835
Brazil/Brésil	9368	162	4719	5085	7160
Iran (Islamic Rp. of)	x4117	x3750	x2298	x2806	x5826
Czechoslovakia	x8149	2712	1476	x4193	x3324
USA/Etats–Unis d'Amer	4855	2413	1709	3412	3050
Belgium-Luxembourg	2104	2901	2755	1843	1892
Hungary/Hongrie		x4776	x2699	x2692	
Japan/Japon	2804	2869	2310	2105	2268
Algeria/Algérie	1725	3199	1198	2825	x1490
Germany/Allemagne	2049	2607	1976	1496	1512
France, Monac	1855	1792	1852	1893	1607
Korea Dem People's Rp		x1861	x25	x2592	x2660
Thailand/Thaïlande	118	895	32	3231	13082
Portugal	1679	1145	1573	772	707
Tunisia/Tunisie	898	1111	890	1452	1193
Ethiopia/Ethiopie	1449	2415	774	1	
Australia/Australie	1226	862	1099	1061	760
Romania/Roumanie	x5303	815	1129	x1001	x1351
Mozambique	x1680	x1279	x608	x673	x493
Kenya	130	x1584	691		
Cote d'Ivoire	x4356	x1709	x394		x604
Guatemala	520	680	1143	258	
Iraq	x13	x1793			
Netherlands/Pays-Bas	431	422	777	460	377
Ireland/Irlande	661	451	498	283	170
Canada	325	216	324	444	224
Nigeria/Nigéria	x442	x293	x663	x849	
Ghana	x302	x789	x71	x26	x14
Uruguay	92	311	249	286	335
Cameroon/Cameroun	x788	757	x26	5	
Uganda/Ouganda	x68	x20	x361	x369	x459
So. Africa Customs Un		x499		x233	x340
Singapore/Singapour	549	327	80	310	60
Nicaragua	127	56	519	130	480
Un. Rep. of Tanzania	x4284			x687	x420
Italy/Italie	241	77	164	360	462
Peru/Pérou	654	498		0	
Zaire/Zaïre	x246		x142	x181	x151

EXPORTS – EXPORTATIONS

COUNTRIES–PAYS	1988	1989	1990	1991	1992
Totale	114871	x107626	146596	148750	x107191
Afrique	x48	x22	975	142	x122
Afrique du Nord		18		0	
Amériques	x1081	x3463	x1821	x2262	x2693
ALAI	x136	2	36	x105	x1410
MCAC	14	x963	37		
Asie	107304	x93790	133857	x140427	x97699
Moyen-Orient	x25	45	x89	x39	
Europe	5814	5048	5588	5844	6424
CEE	5772	5021	5527	5764	6139
AELE	x39	20	22	51	x116
Océanie	24	2	15	38	204
Bangladesh	83152	x66245	106912	120255	x81473
China/Chine	12477	16033	16537	13680	8649
India/Inde	3575	x1991	6811	1517	x4023
Former USSR/Anc. URSS	x364	x4838	x4283		
Belgium-Luxembourg	3024	3008	2836	2624	3220
USA/Etats–Unis d'Amer	x597	2482	1618	1932	1139
Thailand/Thaïlande	665	1389	1628	1563	x2022
Viet Nam	x486	x1943	x538	x1667	x975
Nepal/Népal	3727	2538	385	x51	x97
Netherlands/Pays-Bas	728	685	621	709	1008
United Kingdom	961	416	913	576	273
Indonesia/Indonésie	44	1722	0		5
France, Monac	143	244	402	715	766
Philippines	x6	x407	x625	x265	x29
Singapore/Singapour	789	841	45	259	78
Italy/Italie	429	269	420	433	401
Democratic Kampuchea			x128	x907	
Nicaragua		x962	37		
Germany/Allemagne	212	242		284	446	248
Kenya	0		620		
Zimbabwe			355	132	
Myanmar		x448	x10		
Bulgaria/Bulgarie		x411			
Hong Kong	308	120	79	153	147
Canada	298	1	80	210	104
Portugal	32	8	2	170	x176
Spain/Espagne	183	90	11	53	26
Turkey/Turquie	10	33	50	1	
Syrian Arab Republic			x39	x38	
Hungary/Hongrie	x217	x44	x2	x31	x49
Ecuador/Equateur				x71	x42
Japan/Japon	10	14	36	x19	35
Ireland/Irlande	3	12	27	22	4
Poland/Pologne		x8	x40	x7	
Yugoslavia SFR	3	7	15	x29	
Panama	9	13	21	15	41
Greece/Grèce	48	30	6	10	x5
Australia/Australie	23	2	7	38	204
Korea Republic	10	27	12	2	x63
Pakistan	x196	17	3	x20	1
Mexico/Mexique	12	0	33	2	0
Sri Lanka	x8	7	18	6	3
Denmark/Danemark	9	x18	6	6	12
Austria/Autriche	x15	3	6	21	30
Haiti/Haïti	x25		x28		
Switz.Liecht	1	12	13	2	9
Finland/Finlande	0	0	1	24	2
Malta/Malte			24		
Bhutan/Bhoutan				x20	
Peru/Pérou	21	0	x1	x17	x764

(VALUE AS % OF TOTAL)(VALEUR EN % DU TOTAL)

	1983	1984	1985	1986	1987	1988	1989	1990	1991	1992		1983	1984	1985	1986	1987	1988	1989	1990	1991	1992
Africa	x30.5	14.2	28.7	x22.2	x12.4	x15.6	x11.7	8.9	x11.2	x9.3	Afrique		x0.1			x27.8	x0.0	x0.0	0.7	0.1	x0.1
Northern Africa	11.0	8.0	13.7	8.5	5.3	7.5	6.0	7.3	9.5	7.2	Afrique du Nord					x27.7		0.0		0.0	
Americas	x6.4	x6.8	4.6	13.1	x13.4	9.5	5.8	x6.2	x10.3	x11.6	Amériques	x0.2	x0.5	0.9	x2.3	x1.0	x3.2	x1.3	1.5	x2.6	
LAIA	x1.2	3.4	0.2	9.2	9.0	6.0	0.7	2.4	3.3	4.8	ALAI	0.0	0.4	0.9	1.5	0.0	x0.1	0.0	0.0	x0.1	x1.3
CACM	x1.9	x1.8	1.0	1.2	0.6	0.4	0.4	0.8	0.3	0.3	MCAC				0.0		0.0	0.0	x0.9	0.0	
Asia	37.0	49.1	39.4	41.2	32.7	23.1	x39.9	33.6	35.5	x63.3	Asie	96.3	x96.7	95.0	x93.4	65.5	93.4	x87.1	91.3	x94.4	x91.1
Middle East	x2.6	x4.1	0.8	x1.9	x4.3	x4.8	4.9	3.4	x3.7	x5.9	Moyen-Orient	x0.0		0.0	0.0	0.0	0.0	0.0	x0.0	x0.1	
Europe	21.1	22.4	19.7	18.7	11.2	15.0	14.4	12.9	x11.0	8.9	Europe	3.4	2.6	3.4	4.3	2.5	5.1	4.7	3.8	3.9	6.0
EEC	20.8	17.5	14.4	13.6	9.4	11.8	12.0	10.5	8.7	8.7	CEE	3.3	2.6	3.3	4.2	2.4	5.0	4.7	3.8	3.9	5.7
EFTA	0.3	0.4	0.2	0.1	0.1	0.1	0.2	0.1	0.1	0.1	AELE	0.1	0.1	0.1	0.1	0.1	x0.0	0.0	0.0	0.0	x0.1
Oceania	x0.8	x0.6	1.1	0.9	0.5	x0.9	x0.6	0.5	x0.6	0.5	Océanie		0.1		0.6		0.0	0.0	0.0	0.0	0.2
Former USSR/Anc. URSS		4.4			x20.1	x21.4	x17.2	25.7	x23.2	21.6	Bangladesh	86.1	81.7	87.8	86.0	52.7	72.4	x61.6	72.9	80.8	x76.0
Pakistan	20.4	23.6	25.0	21.8	18.0	12.0	20.2	17.3	19.3	21.6	China/Chine					7.9	10.9	14.9	11.3	9.2	8.1
United Kingdom	6.4	7.2	6.6	6.4	5.1	6.3	6.5	6.0	4.4	4.2	India/Inde	0.6	0.5	2.6	4.2	2.5	3.1	x1.8	4.6	1.0	x3.8
Bulgaria/Bulgarie					x1.9	x3.0	x6.8	x6.7	x1.5	0.0	Former USSR/Anc. URSS					x1.9	x0.3	x4.5	x2.9		
Indonesia/Indonésie	1.5	1.4	5.0	2.5	2.6	0.9	4.8	5.4	4.4	5.7	Belgium-Luxembourg	1.8	1.2	1.4	2.0	1.5	2.6	2.8	1.9	1.8	3.0
Egypt/Egypte	3.1	3.3	6.7	4.5	1.3	4.0	1.8	4.2	4.5	4.2	USA/Etats–Unis d'Amer	x0.2		0.4	x0.5	0.0	0.5	2.3	1.1	1.3	1.1
India/Inde	5.2	16.2	3.0	1.3	1.7	2.7	x1.8	6.1	1.7	x17.5	Thailand/Thaïlande	0.9	12.0	0.4	0.7	0.5	1.3	1.1	1.1	1.1	1.9
Cuba				x2.2	x0.0	3.2	x2.1	x2.1	x4.2	x4.4	Viet Nam					x1.4	x0.4	x1.8	x0.4	x1.1	x0.9
Yugoslavia SFR		4.5	5.2	4.9	1.8	3.2	2.2	2.4	x2.2		Nepal/Népal	5.2	1.7	1.7	1.6	x1.4	3.2	2.4	0.3	x0.0	0.1
Morocco/Maroc	2.8	2.5	2.0	1.9	1.7	1.9	1.7	2.1	2.6	1.4	Netherlands/Pays-Bas	0.8	0.7	0.5	0.9	0.4	0.6	0.6	0.4	0.5	0.9

265 VEG FIBRE, EXCL COTN, JUTE — FIBRES VEGETALES 265

TRADE BY COMMODITY IN THOUSAND U.S. DOLLARS – COMMERCE PAR PRODUIT EN MILLIERS DE DOLLARS E.U

COUNTRIES–PAYS	1988	1989	1990	1991	1992	COUNTRIES–PAYS	1988	1989	1990	1991	1992
	IMPORTS – IMPORTATIONS						EXPORTS – EXPORTATIONS					
Total	590121	515931	428538	395071	326786	Totale	550494	x482542	382147	337388	294594
Africa	x9612	x13569	x10073	x8869	x8468	Afrique	x27919	x26388	x24978	x23702	x26557
Northern Africa	4523	6758	4771	5118	4633	Afrique du Nord	5057	4562	5008	4402	5496
Americas	67060	69324	59236	58980	63998	Amériques	75725	68904	65705	48716	36978
LAIA	21928	22277	17391	19508	23781	ALAI	49873	51214	45959	31447	20990
CACM	858	1747	400	825	x859	MCAC	x29	71	x18	x88	x40
Asia	148779	101276	75807	68617	62633	Asie	146555	x116071	83628	77962	72172
Middle East	x2809	3122	x3813	x2895	x3823	Moyen–Orient	x166	339	x109	x103	60
Europe	290424	284785	240039	198131	176111	Europe	260387	242436	192277	174549	154554
EEC	269669	256541	221961	189255	166996	CEE	258975	240532	190365	173112	152663
EFTA	13827	11988	10888	6838	6790	AELE	1264	1744	1620	1150	1392
Oceania	x1837	2372	2623	x2031	x2091	Océanie	195	135	237	62	319
Belgium–Luxembourg	77973	71430	55224	43839	36915	Belgium–Luxembourg	119892	111435	94770	78149	74274
United Kingdom	54572	46384	49763	37032	40492	France, Monac	113181	107904	76097	73350	67068
USA/Etats-Unis d'Amer	42864	43627	40667	37748	35473	Brazil/Brésil	41855	41601	37291	21917	12882
Japan/Japon	94989	48629	37231	34310	32120	China/Chine	55334	35429	23838	26072	21571
Italy/Italie	47722	50141	33987	33003	28742	Philippines	40786	x34040	21797	19671	22683
Former USSR/Anc. URSS	x31055	x20459	x19090	x49795		Sri Lanka	16108	20369	17435	18123	16305
France, Monac	34825	33473	30328	22206	19599	Canada	23931	14663	17758	14893	12345
Portugal	16969	20570	18111	16303	9311	Kenya	13449	x14310	12670	13154	x16662
Korea Republic	21365	21054	17333	14110	10339	Hong Kong	17579	17602	10476	8832	6587
Germany/Allemagne	13812	15735	14415	16318	15867	Former USSR/Anc. URSS	x29322	x18088	x11136	x7346	
Spain/Espagne	16545	13307	14825	10450	11109	Ecuador/Equateur	7845	8621	7772	9020	7124
Brazil/Brésil	10049	13836	10788	13773	20120	Netherlands/Pays–Bas	9225	7015	5930	11276	3458
Hong Kong	14483	13566	9246	7394	6057	Egypt/Egypte	5057	4488	4962	4383	5414
Yugoslavia SFR	6911	16240	7126	x1983		Italy/Italie	4813	5665	4561	3063	2479
Austria/Autriche	8163	8634	7927	4948	5079	United Kingdom	8435	4785	4116	3737	2558
Romania/Roumanie	x7540	4300	8136	3531	x4795	Madagascar	x4476	x3401	4720	3147	x3135
Czechoslovakia	x7390	6677	3510	x1230	x3924	Un. Rep. of Tanzania	x4849	x3928	x2493	x2760	x1138
Mexico/Mexique	7696	5758	3112	1331	760	Thailand/Thaïlande	2271	2025	3541	2587	x1891
Poland/Pologne	3483	4918	3691	1511	x1684	Czechoslovakia	x2006	x2466	x1777	x3260	x2641
Netherlands/Pays–Bas	2319	2220	1780	5931	1895	Germany/Allemagne	1499	2141	2755	2345	2030
Morocco/Maroc	2499	2813	2743	2788	1961	USA/Etats-Unis d'Amer	1741	2059	1805	2158	3302
Hungary/Hongrie	x3294	x3041	x3205	2019	x2727	Bulgaria/Bulgarie	x4946	x5097	x836		
China/Chine	1253	4091	1389	2765	4508	Viet Nam	x1301	x2219	x3003	x570	x346
India/Inde	2944	x2826	1909	1821	x2168	Hungary/Hongrie	x675	x1969	x1154	x770	x707
Turkey/Turquie	1779	2001	2538	1377	2359	Bangladesh	19	x958	1248	267	x34
Bulgaria/Bulgarie	x14353	x3190	x2162	x358	356	Indonesia/Indonésie	1118	405	1209	472	276
Egypt/Egypte	629	2589	1164	1491	1802	Switz. Liecht	561	773	729	516	782
Cote d'Ivoire	x826	x1384	x1860	x1990	x1059	Austria/Autriche	287	627	608	528	574
Denmark/Danemark	761	1231	1619	1512	1109	Spain/Espagne	779	481	849	227	71
Ireland/Irlande	3364	1224	1031	1838	1292	India/Inde	35	x1265	96	70	x1330
New Zealand	983	1385	1537	1160	941	Portugal	557	386	513	441	446
So. Africa Customs Un	1083	1931	1307	x754	x872	Venezuela	15	692	529	72	387
Colombia/Colombie	358	917	900	1623	1076	Poland/Pologne	942	40	287	856	x433
Chile/Chili	531	727	1792	917	x163	Japan/Japon	29	997	40	92	70
Finland/Finlande	1842	1160	1402	822	819	Romania/Roumanie	x410	x720	x125	166	x235
Indonesia/Indonésie	857	1674	277	1147	429	Greece/Grèce	83	252	468	243	
Former GDR	x5295	x2019	x965			Haiti/Haïti	x120	x792	x98	x9	x69
Pakistan	898	884	1121	894	1073	Ireland/Irlande	455	362	208	239	254
Malaysia/Malaisie	854	1252	825	695	x719	Mexico/Mexique	132	168	244	347	530
Switz. Liecht	2598	1296	855	589	517	Yugoslavia SFR	148	155	283	x276	
Australia/Australie	670	953	803	859	865	Sweden/Suède	384	339	267	68	30
Greece/Grèce	807	827	879	823	x667	Malaysia/Malaisie	14	120	246	304	x431
Venezuela	2876	696	400	1197	1100	Singapore/Singapour	241	163	313	159	180
Thailand/Thaïlande	537	1319	799	171	210	Korea Republic	375	139	80	200	104
Philippines	15	x1820	127	20	386	Papua New Guinea	103	87	164	29	22
Singapore/Singapour	181	366	1247	342	435	Denmark/Danemark	55	105	99	43	24
Canada	437	443	440	789	1736	Turkey/Turquie	20	220	18	8	13
Kenya	x23	x1181	x428	0	x12	Korea Dem People's Rp		x2		x240	x179
Ethiopia/Ethiopie	2312	923	649	0		Former GDR	x1410	x228	x5		
Algeria/Algérie	734	400	631	541	x491	Macau/Macao			x191		

(VALUE AS % OF TOTAL)(VALEUR EN % DU TOTAL)

	1983	1984	1985	1986	1987	1988	1989	1990	1991	1992		1983	1984	1985	1986	1987	1988	1989	1990	1991	1992
Africa	4.1	2.3	3.3	x1.7	x1.6	x1.6	x2.7	x2.3	x2.3	x2.6	Afrique	x13.0	x8.7	6.0	6.8	5.1	x5.1	5.5	6.5	x7.0	x9.0
Northern Africa	1.5	1.0	1.2	0.9	0.8	0.8	1.3	1.1	1.3	1.4	Afrique du Nord	1.9	1.4	0.6	1.0	0.6	0.9	0.9	1.3	1.3	1.9
Americas	12.4	10.3	11.1	10.4	8.6	11.3	13.4	13.8	15.0	19.6	Amériques	23.3	17.7	19.2	16.1	10.6	13.8	14.3	17.2	14.5	12.5
LAIA	1.4	1.6	2.1	2.0	2.2	3.7	4.3	4.1	4.9	7.3	ALAI	17.5	14.1	14.0	11.4	7.0	9.1	10.6	12.0	9.3	7.1
CACM	x0.1	0.4	0.4	0.5	0.2	0.1	0.3	0.1	0.2	x0.3	MCAC	x0.0	0.0	0.0	0.0	0.0	0.0	0.0	0.0	0.0	x0.0
Asia	21.1	28.7	32.4	39.1	x36.7	25.3	19.6	17.7	17.4	19.2	Asie	15.3	18.5	22.8	24.5	33.6	26.6	x24.0	21.9	23.1	24.5
Middle East	x0.5	x0.3	0.3	x0.4	x0.3	x0.5	0.6	x0.9	x0.7	x1.2	Moyen–Orient	x0.0	x0.0	x0.0	x0.0	x0.0	x0.0	0.1	x0.0	x0.0	0.0
Europe	56.5	54.9	47.7	45.7	42.4	49.2	55.2	56.0	50.2	53.9	Europe	48.0	54.4	51.5	51.8	43.3	47.3	50.2	50.3	51.7	52.5
EEC	54.0	49.6	45.0	42.3	39.6	45.7	49.7	51.8	47.9	51.1	CEE	47.8	54.1	51.1	51.5	43.1	47.0	49.8	49.8	51.3	51.8
EFTA	2.6	2.3	2.1	2.0	1.9	2.3	2.3	2.5	1.7	2.1	AELE	0.2	0.2	0.3	0.3	0.2	0.2	0.4	0.4	0.3	0.5
Oceania	1.0	x1.0	0.6	0.4	0.3	x0.3	0.5	0.6	x0.5	x0.7	Océanie			x0.0							0.1
Belgium–Luxembourg	14.2	14.8	11.7	13.5	12.7	13.2	13.8	12.9	11.1	11.3	Belgium–Luxembourg	24.1	28.2	24.9	24.8	21.2	21.8	23.1	24.8	23.2	25.2
United Kingdom	8.7	8.7	8.2	7.5	7.3	9.2	9.0	11.6	9.4	12.4	France, Monac	20.1	21.7	22.0	22.7	18.6	20.6	22.4	19.9	21.7	22.8
USA/Etats-Unis d'Amer	10.5	8.0	8.3	7.6	6.0	7.3	8.5	9.5	9.6	10.9	Brazil/Brésil	14.7	11.1	11.4	9.2	5.5	7.6	8.6	9.8	6.5	4.4
Japan/Japon	16.0	20.7	18.2	22.8	25.0	16.1	9.4	8.7	8.7	9.8	China/Chine					14.9	10.1	7.3	6.2	7.7	7.3
Italy/Italie	8.7	8.3	8.6	6.1	7.6	8.1	9.7	7.9	8.4	8.8	Philippines	7.9	9.1	9.0	9.3	7.7	x7.1	5.7	5.7	5.8	7.7
Former USSR/Anc. URSS		1.4			x3.9	x5.3	x4.0	x4.5	x12.6		Sri Lanka	5.3	3.8	4.8	4.3	2.6	2.9	4.2	4.6	5.4	5.5
France, Monac	8.5	7.3	5.9	5.5	4.7	5.9	6.5	7.1	5.6	6.0	Canada	5.3	3.0	4.8	4.3	3.4	4.3	3.0	4.6	4.4	4.2
Portugal	4.9	3.5	3.6	2.9	2.3	2.9	4.0	4.2	4.1	2.8	Kenya	5.8	4.3	5.1	3.6	2.0	2.4	x3.0	3.3	3.9	x5.7
Korea Republic	1.6	2.6	5.1	7.0	3.5	3.6	4.1	4.0	3.6	3.2	Hong Kong	1.4	4.9	8.4	10.2	3.3	3.2	3.6	2.7	2.6	2.2
Germany/Allemagne	3.5	3.0	2.9	2.8	1.7	2.3	3.0	3.4	4.1	4.9	Former USSR/Anc. URSS					x5.1	x5.3	x3.7	x2.9	x2.2	

SYNTHETIC FIBRES TO SPIN / FIBRES SYNTHETIQUES

TRADE BY COMMODITY IN THOUSAND U.S. DOLLARS – COMMERCE PAR PRODUIT EN MILLIERS DE DOLLARS E.U

COUNTRIES–PAYS	IMPORTS – IMPORTATIONS					COUNTRIES–PAYS	EXPORTS – EXPORTATIONS				
	1988	1989	1990	1991	1992		1988	1989	1990	1991	1992
Total	4663834	4433907	4544679	4601813	4849925	Totale	4330999	3581589	3522006	3615825	3793099
Africa	205601	x215458	236033	x232091	x250136	Afrique	x2749	x2861	x3761	x6127	x8000
Northern Africa	97068	110096	130279	130909	153478	Afrique du Nord	762	946	661	426	3758
Americas	532148	480305	485301	521679	x608197	Amériques	528707	477123	430093	x508384	x505964
LAIA	182463	183871	200088	213317	x210414	ALAI	124094	131325	107455	x151368	x179840
CACM	18348	18589	20575	19077	x20021	MCAC	149	x124	526	x846	x435
Asia	1674825	1516163	1435968	1731442	x1950224	Asie	x1298121	1073399	1041441	1163353	1314371
Middle East	x171322	x147122	x229909	x191512	x287260	Moyen-Orient	77892	102549	76709	69280	44632
Europe	1786792	1776636	1967840	1880959	1939241	Europe	2168418	1871290	1912721	1826727	1888636
EEC	1601782	1590555	1769689	1724211	1782804	CEE	1975956	1701364	1722032	1671616	1696084
EFTA	151965	146655	154516	134677	134814	AELE	159582	152305	167950	136344	132013
Oceania	x57300	60795	47704	x49989	x56802	Océanie	x338	560	799	x3749	4082
China/Chine	787181	691253	554424	798680	793620	Germany/Allemagne	703204	657833	754543	741345	797032
Italy/Italie	321230	311280	358578	374570	383608	Japan/Japon	543718	487012	483874	521308	581596
Germany/Allemagne	284248	303248	347499	340531	358029	USA/Etats-Unis d'Amer	386407	331360	291556	199624	177453
United Kingdom	261407	245838	263605	242120	259370	Italy/Italie	629153	440206	260294	199624	416764
France,Monac	238620	232792	261651	249845	261026	Korea Republic	183335	252734	285943	353318	416764
Belgium–Luxembourg	212014	210675	229647	210327	202585	Spain/Espagne	181226	134436	181961	144067	79943
USA/Etats-Unis d'Amer	252794	189161	187767	214834	301902	France,Monac	151709	134911	148042	108418	122637
Former USSR/Anc. URSS	x180642	x223870	x247204	x97128		United Kingdom	40058	37299	48550	223696	233188
Hong Kong	117747	133584	116094	153711	163779	Hong Kong	85991	96762	88979	120142	139060
Spain/Espagne	115600	131672	124659	136438	147389	Ireland/Irlande	80118	102947	103235	90181	107329
Korea Republic	82396	92919	102587	94209	85580	Netherlands/Pays-Bas	71158	88099	89065	74425	68182
Indonesia/Indonésie	66499	82731	86853	119763	172346	Turkey/Turquie	76820	99781	76502	68832	43790
Turkey/Turquie	85672	56179	123019	80076	98370	Switz.Liecht	92468	84070	82414	67306	62945
Iran (Islamic Rp. of)	x63412	x60135	x88835	x97452	x176072	Austria/Autriche	65534	67119	84101	67392	67711
Canada	75078	74529	67873	71860	73219	Mexico/Mexique	59305	67279	45222	81266	98496
Pakistan	74317	78068	46956	73611	77898	Belgium–Luxembourg	58200	51328	62055	59060	73726
Netherlands/Pays-Bas	64117	59645	68329	65705	66922	Peru/Pérou	28938	25053	35842	x38600	x34351
Austria/Autriche	60038	61508	69499	61042	65931	Former USSR/Anc. URSS	x52531	x35470	x28127	x35194	
Morocco/Maroc	50377	57098	62405	60494	60489	India/Inde	23628	x49495	30126	16299	x18291
Thailand/Thaïlande	37819	65166	48547	52734	90524	Malaysia/Malaisie	29614	34233	27610	29102	x44121
So. Africa Customs Un	57476	56245	49399	x54934	x46123	Denmark/Danemark	43431	36600	52061	240	994
Philippines	68764	x34101	71425	50904	56581	Thailand/Thaïlande	7833	20647	27348	29397	x24855
Japan/Japon	59700	45918	46696	43687	41824	Romania/Roumanie	x67293	42249	20741	11842	x25514
Australia/Australie	46443	48992	38957	42482	47306	Poland/Pologne	16216	20345	29228	22995	x10889
Poland/Pologne	46960	44230	35711	49355	x11572	Canada	17754	12661	30003	26777	45665
Chile/Chili	37771	41668	36086	42763	x37193	Portugal	8683	13970	20773	30135	34667
Greece/Grèce	40576	36913	46188	36146	x34011	Yugoslavia SFR	32443	17334	22639	x18727	
Mexico/Mexique	30400	27344	50711	39660	53748	Former GDR	x172528	x31749	x22057		
Portugal	35575	28538	37250	39973	42129	Brazil/Brésil	24253	18600	7891	15507	18828
Yugoslavia SFR	32603	38919	43003	x21689		Bulgaria/Bulgarie	x14052	x14795	x13858	x5038	x12362
Egypt/Egypte	20668	23241	36060	40814	51780	Hungary/Hongrie	x4348	x3512	x11013	x19157	x12487
Colombia/Colombie	34141	39909	33377	22615	29114	Czechoslovakia	x5698	x8034	x8167	x13259	x10794
Switz.Liecht	33097	29717	31062	29874	28221	Indonesia/Indonésie	10345	11426	7725	7164	15876
Malaysia/Malaisie	21939	26127	27768	34906	x37289	China/Chine	2743	10340	7452	2725	5716
India/Inde	19944	x38736	28056	17407	x39076	Uruguay	4589	6509	5920	4200	4757
Bulgaria/Bulgarie	x53899	x42451	x32971	x6173	6760	Colombia/Colombie	5119	5467	3374	6617	16595
Israel/Israël	14976	25945	26481	29072	33949	Argentina/Argentine	1544	3561	5297	3895	4786
Czechoslovakia	x21660	29350	35034	x15840	x11423	Singapore/Singapour	4096	2740	2503	6739	5303
Ecuador/Equateur	23197	27873	22077	28192	16602	Venezuela	129	4246	3515	861	1401
Sweden/Suède	28978	27023	25508	20596	19311	Pakistan	5800	1431	2037	4483	5136
Kenya	23474	x25362	24133	x9506	x8607	So. Africa Customs Un	x1430	x1789	x1915	x2066	x3552
Finland/Finlande	23558	21353	20756	15488	13762	Greece/Grèce	9016	3736	1452	424	x935
Hungary/Hongrie	x23774	x21562	x14214	16042	x9783	Korea Dem People's Rp	x1056	x275	x468	x3111	x9803
Brazil/Brésil	7991	10606	20453	20109	16259	Sweden/Suède	1142	723	1207	1351	880
Viet Nam	x13766	x18156	x13360	x19386	x11238	Australia/Australie	219	184	573	2448	3850
Ireland/Irlande	13320	14842	17578	16712	14228	Togo				2963	
Algeria/Algérie	14590	17023	18018	12782	x16734	Jordan/Jordanie	892	2567	53	x13	
Argentina/Argentine	13955	11122	11604	20537	20715	Philippines	1547	x2539	x3	5	2234
Denmark/Danemark	15075	15112	14704	11844	13506	New Zealand	88	376	226	1152	198
Singapore/Singapour	12827	12144	11464	16950	16275	Chile/Chili	219	611	390	414	x625

(VALUE AS % OF TOTAL)(VALEUR EN % DU TOTAL)

	1983	1984	1985	1986	1987	1988	1989	1990	1991	1992		1983	1984	1985	1986	1987	1988	1989	1990	1991	1992
Africa	7.1	6.3	4.7	x5.7	4.6	4.4	x4.9	5.2	x5.0	x5.2	Afrique	0.1	0.2	0.1	0.1	0.1	x0.0	x0.0	x0.2	0.2	x0.2
Northern Africa	3.0	2.1	2.1	2.0	1.8	2.1	2.5	2.9	2.8	3.2	Afrique du Nord										0.1
Americas	x14.8	15.6	12.4	12.8	11.8	11.4	10.8	10.7	11.3	x12.5	Amériques	14.6	18.7	16.0	11.3	11.9	12.2	13.3	12.2	x14.0	x13.4
LAIA	4.2	5.1	4.0	3.6	4.3	3.9	4.1	4.4	4.6	x4.3	ALAI	1.9	4.1	2.6	2.4	2.4	2.9	3.7	3.1	x4.2	x4.7
CACM	x0.8	x0.8		0.5	0.4	0.4	0.4	0.4	0.4	x0.4	MCAC	x0.1	x0.1		0.0	0.0	0.0	0.0	0.0	x0.0	x0.0
Asia	x23.5	21.4	36.1	30.0	x28.7	35.9	34.2	31.6	37.6	x40.2	Asie	18.4	22.1	22.2	20.0	x23.2	x30.0	30.0	29.5	32.2	34.6
Middle East	x6.4	x4.7	1.9	x4.4	x3.0	3.7	x3.3	x5.1	4.2	x5.9	Moyen-Orient	x0.0	2.3	2.5	2.5	2.0	1.8	2.9	2.2	1.9	1.2
Europe	48.4	47.5	41.9	48.0	42.7	38.3	40.1	43.3	40.9	40.0	Europe	63.1	56.0	58.5	66.2	54.5	50.1	52.2	54.3	50.5	49.8
EEC	43.2	41.0	36.7	42.6	38.2	34.3	35.9	38.9	37.5	36.8	CEE	54.4	48.3	50.2	58.0	46.2	45.6	47.5	48.9	46.2	44.7
EFTA	5.2	4.9	4.0	4.5	3.8	3.3	3.3	3.4	2.9	2.8	AELE	8.7	7.0	7.6	7.5	7.4	3.7	4.3	4.8	3.8	3.5
Oceania	x1.6	x1.7	1.3	x1.3	x1.2	1.2	1.4	1.0	x1.1	x1.2	Océanie	x0.0			x0.0	x0.0				x0.1	0.1
China/Chine			21.7	12.3	8.6	16.9	15.6	12.2	17.4	16.4	Germany/Allemagne	19.5	16.7	17.4	17.3	17.5	16.2	18.4	21.4	21.0	21.0
Italy/Italie	8.0	9.1	8.5	9.1	7.7	6.9	7.0	7.9	8.1	7.9	Japan/Japon	15.3	13.8	14.5	13.7	11.6	13.6	13.6	13.7	14.4	15.3
Germany/Allemagne	7.5	7.2	6.8	7.8	6.8	6.8	6.8	7.6	7.4	7.4	USA/Etats-Unis d'Amer	10.3	11.7	10.9	7.0	7.6	8.9	9.3	8.3	9.1	7.4
United Kingdom	6.0	5.3	4.8	5.5	5.8	5.6	5.5	5.8	5.3	5.3	Italy/Italie	13.5	13.2	14.1	23.4	11.9	14.5	12.3	7.4	5.5	4.7
France,Monac	7.1	6.8	6.2	7.2	6.0	5.1	5.3	5.8	5.4	5.4	Korea Republic	1.0	2.6	2.6	1.6	2.3	4.2	7.1	8.1	9.8	11.0
Belgium–Luxembourg	7.9	6.5	5.0	5.0	4.5	4.8	5.1	4.6	4.2	4.2	Spain/Espagne	2.6	2.2	3.1	2.7	3.4	4.2	3.8	5.2	4.0	2.1
USA/Etats-Unis d'Amer	4.9	5.8	5.8	6.3	5.1	5.4	4.3	4.1	4.7	6.2	France,Monac	6.0	5.2	5.2	4.5	3.2	3.5	4.0	4.2	3.0	3.2
Former USSR/Anc. URSS			3.2		x5.0	x3.9	x5.0	x5.4	x2.1		United Kingdom	6.4	5.3	5.2	4.4	3.9	0.9	1.0	1.4	6.2	6.1
Hong Kong	2.2	3.5	1.8	1.8	2.1	2.5	3.0	2.6	3.3	3.4	Hong Kong	0.6	1.9	1.1	0.9	1.3	2.0	2.7	2.5	3.3	3.7
Spain/Espagne	2.0	2.1	1.7	3.2	3.1	2.5	3.0	2.7	3.0	3.0	Ireland/Irlande	2.4	2.3	1.4	1.6	1.6	1.8	2.9	2.9	2.5	2.8

267 OTHER MAN-MADE FIBRES

TRADE BY COMMODITY IN THOUSAND U.S. DOLLARS – COMMERCE PAR PRODUIT EN MILLIERS DE DOLLARS E.U

IMPORTS – IMPORTATIONS

COUNTRIES–PAYS	1988	1989	1990	1991	1992
Total	x1639159	2019332	2203203	2269716	x1938384
Africa	x77789	x107261	x83866	x111426	x122689
Northern Africa	34859	32900	27318	35515	x46737
Americas	114611	166592	241148	235176	x229349
LAIA	65886	69623	81009	104676	x91094
CACM	713	1131	965	1029	x7050
Asia	461609	693863	829870	1034284	x635249
Middle East	x55663	x98618	x137977	x153883	x144088
Europe	766880	842921	906705	785168	843800
EEC	689806	763323	807002	721371	714524
EFTA	47520	48120	61984	56833	53252
Oceania	x20400	x26868	x27703	x25251	x20810
China/Chine	191708	330351	412952	392708	113592
Germany/Allemagne	143259	163835	188800	153317	145324
Italy/Italie	157416	162355	164458	142317	141320
USA/Etats–Unis d'Amer	30127	68408	145806	113172	113449
Korea Republic	76979	103239	103099	76623	65908
Turkey/Turquie	36374	73821	111545	95830	96882
France, Monac	70607	88765	99449	89043	90476
Hong Kong	14109	24761	16814	171854	49587
United Kingdom	66197	66536	70950	69388	72409
Spain/Espagne	73080	79371	62344	64832	60415
Belgium–Luxembourg	63922	66598	72628	64146	62112
Netherlands/Pays–Bas	53708	61513	70322	66518	73010
Bulgaria/Bulgarie	x92215	x104654	x45941	x12931	5289
So. Africa Customs Un	31404	41485	36222	x49978	37945
Pakistan	27041	31658	42113	50900	x35431
Former USSR/Anc. URSS	x21676	x29071	x31517	x35049	60787
Philippines	19100	x26451	14838	43825	50013
Portugal	23437	25901	31137	26174	24455
Switz.Liecht	24511	23802	27947	30098	26080
Mexico/Mexique	9176	20360	30086	25607	16758
Yugoslavia SFR	29445	31467	37477	x6691	
Thailand/Thaïlande	20928	24978	22214	25801	28154
Australia/Australie	17453	22843	24267	22765	18205
Iran (Islamic Rp. of)	x9974	x9536	x14114	x41034	x33107
Greece/Grèce	18512	22074	20206	21261	x22403
Argentina/Argentine	14099	16060	19507	24570	21514
Ireland/Irlande	14780	20882	20338	18397	15996
Indonesia/Indonésie	5463	8828	27178	22288	30716
Morocco/Maroc	14757	14260	14913	16620	16252
Czechoslovakia	x23341	12186	13967	x13243	x12954
Canada	14144	14691	10558	13406	14580
Viet Nam	x82	x942	x3269	x33162	x4308
Chile/Chili	11396	12622	10787	13053	x17557
Brazil/Brésil	329	7833	7848	17968	9063
Malaysia/Malaisie	10776	8794	11791	11591	x16536
Hungary/Hongrie	x6708	x7578	x9190	12359	x10239
Kenya	841	x18979	2538	x5780	x7920
Finland/Finlande	6531	7993	9090	9312	9380
Algeria/Algérie	16136	14095	6301	5759	x15489
Sweden/Suède	8585	8065	9025	7493	9895
Austria/Autriche	4711	5080	12306	6585	4549
Former GDR	x53552	x15177	x4904		
Venezuela	22737	7582	4876	5849	3806
Sri Lanka	420	1040	3635	13458	8441
Denmark/Danemark	4888	5493	6370	5978	6604
Bangladesh	2721	x8618	x5024	x4174	4122
Singapore/Singapour	808	1867	7146	8773	10454
Zimbabwe		x3449	5590	8566	x17715
Japan/Japon	4463	5513	6525	5322	10639
India/Inde	5186	x7631	4533	4485	x14994

EXPORTS – EXPORTATIONS

COUNTRIES–PAYS	1988	1989	1990	1991	1992
Totale	2023554	2147914	2526376	2432718	2139935
Afrique	x945	x3489	x4742	x5050	x2813
Afrique du Nord	415	1403	2175	904	x60
Amériques	565171	599181	716345	750534	644442
ALAI	36276	47889	72701	70368	69500
MCAC	x8	x31	x67	3	x35
Asie	x293227	342940	378165	517005	x415055
Moyen–Orient	401	1894	x2437	x1208	x1308
Europe	968692	1063349	1325760	1054522	964557
CEE	577872	623866	787884	629517	612647
AELE	339515	364708	451588	391928	341928
Océanie	1491	x1120	1384	688	494
USA/Etats–Unis d'Amer	439845	440661	504822	553602	437990
United Kingdom	274487	295165	396981	244203	230456
Germany/Allemagne	196498	224975	277883	276319	270486
Japan/Japon	205445	234127	248740	283665	268789
Austria/Autriche	203912	205699	245450	240051	199909
Finland/Finlande	100542	125743	151792	105291	101696
Canada	88967	110585	138682	126481	136857
Yugoslavia SFR	51169	74613	86075	x32852	
Former USSR/Anc. URSS	x51340	x47242	x56045	x67358	
Hong Kong	10987	26541	16471	122189	44744
Thailand/Thaïlande	7035	40134	43963	56019	x60367
Sweden/Suède	29223	26594	45066	36911	35709
Spain/Espagne	21067	25846	34469	35443	25650
Mexico/Mexique	17157	20586	29403	41744	42855
Korea Republic	1728	13890	38650	21088	10919
Belgium–Luxembourg	21483	23885	20859	22253	23175
Romania/Roumanie	x34976	44614	10437	8758	x16240
Netherlands/Pays–Bas	19247	17354	17562	16629	17303
France, Monac	30877	17042	18477	15534	14551
Italy/Italie	11416	17010	18341	15640	27575
Brazil/Brésil	12065	14066	24606	11967	21202
Czechoslovakia	x4130	x8198	x8909	x20568	x82849
China/Chine	5633	12742	13420	3013	1915
Venezuela	3107	8143	12336	8391	848
Former GDR	x78270	x19213	x7679		
Hungary/Hongrie	x12694	x8949	x9888	x6999	x2427
Indonesia/Indonésie	6117	5298	2463	16857	9666
Switz.Liecht	5126	5926	8580	8729	3587
Colombia/Colombie	1982	4593	5627	6824	3828
Bulgaria/Bulgarie	x12118	x8860	x6143	x576	x807
India/Inde	742	x1681	2658	5189	x9224
So. Africa Customs Un	x426	x1956	x2218	x3466	x2398
Israel/Israël	986	2413	4312	588	676
Singapore/Singapour	825	565	3660	3027	2898
Ireland/Irlande	1663	1813	2532	2643	2104
Tunisia/Tunisie	204	1244	2146	784	8
Australia/Australie	1487	853	1338	670	478
Turkey/Turquie	361	832	1127	659	859
Norway,SVD,JM	711	745	700	946	1001
Sri Lanka	x73	x72	6	2254	950
Poland/Pologne	500	756	879	661	x10177
Pakistan	x528	1806	248	158	242
Philippines	615	x1073	316	256	2115
Chile/Chili	x120	25	412	1131	x73
Iraq					x146
Malaysia/Malaisie		x1242	x147		x492
Viet Nam	171	531	507	125	x1048
Syrian Arab Republic	7	934	21	x88	
Denmark/Danemark	494	225	272	397	479
Portugal	209	254	287	222	469

(VALUE AS % OF TOTAL)(VALEUR EN % DU TOTAL)

	1983	1984	1985	1986	1987	1988	1989	1990	1991	1992		1983	1984	1985	1986	1987	1988	1989	1990	1991	1992
Africa	x6.9	x7.8	4.1	6.7	x3.2	x4.7	5.4	x3.8	4.9	6.3	Afrique	0.1	x0.2	0.2	x0.1	0.1	x0.0	x0.2	0.2	x0.2	x0.1
Northern Africa	x5.2	x6.9	2.9	3.0	2.0	2.1	1.6	1.2	1.6	x2.4	Afrique du Nord	0.0	0.0	0.0	0.0	0.0	0.1	0.1	0.1	0.0	x0.0
Americas	9.9	11.9	11.5	9.0	7.3	7.0	8.2	10.9	10.4	x11.8	Amériques	30.1	33.2	32.8	x33.1	27.8	27.9	27.9	28.4	30.9	30.2
LAIA	5.1	7.3	7.7	5.5	4.3	4.0	3.4	3.7	4.6	4.7	ALAI	0.6	1.9	1.7	x1.2	1.5	1.8	2.2	2.9	2.9	3.2
CACM	x0.5	x0.6	0.1	0.0	0.0	0.1	0.0	0.0	0.0	x0.4	MCAC	x0.0	x0.0		0.0	x0.0	x0.0	x0.0	x0.0	x0.0	x0.0
Asia	x28.2	x21.4	23.1	26.8	32.3	28.2	34.4	37.7	45.6	x32.8	Asie	19.2	x16.9	16.4	13.6	x14.9	x14.5	16.0	15.0	21.3	x19.4
Middle East	x9.3	x7.0	3.1	x3.7	3.4	x3.4	4.9	x6.3	6.8	7.4	Moyen–Orient	x0.0	x0.3	0.2	x0.3	x0.0	0.0	0.1	x0.0	x0.1	x0.1
Europe	49.9	45.7	56.5	53.8	48.7	46.8	41.7	41.2	34.6	43.5	Europe	x50.5	x49.5	49.9	x52.5	x45.0	47.9	49.5	52.5	43.3	45.1
EEC	44.7	40.2	50.5	47.8	43.1	42.1	37.8	36.6	31.8	36.9	CEE	31.7	29.1	35.5	28.9	24.7	28.6	29.0	31.2	25.9	28.6
EFTA	x5.2	x3.7	3.4	x3.9	x4.0	2.9	2.4	2.8	2.5	2.7	AELE	x18.8	x17.8	11.6	x20.4	x17.7	16.8	17.0	17.9	16.1	16.0
Oceania	x2.5	x2.0	2.1	1.6	x1.4	x1.2	1.3	x1.3	x1.1	x1.1	Océanie	0.1					0.1		0.1		
China/Chine			5.5	11.5	14.7	11.7	16.4	18.7	17.3	5.9	USA/Etats–Unis d'Amer	26.9	28.5	31.1	28.5	23.1	21.7	20.5	20.0	22.8	20.5
Germany/Allemagne	8.3	7.1	10.1	9.7	8.8	8.7	8.1	8.6	6.8	7.5	United Kingdom	14.4	12.2	13.0	9.3	7.6	13.6	13.7	15.7	10.0	10.8
Italy/Italie	10.7	11.0	12.8	10.5	9.2	9.6	8.0	7.5	6.3	7.3	Germany/Allemagne	10.2	11.2	14.6	12.3	10.8	9.7	10.5	11.0	11.4	12.6
USA/Etats–Unis d'Amer	3.1	3.2	2.7	2.5	2.1	1.8	3.4	6.6	5.0	5.9	Japan/Japon	18.7	16.0	15.5	12.2	10.3	10.2	10.9	9.8	11.7	12.6
Korea Republic	4.0	3.6	4.0	5.0	4.7	4.7	5.1	4.7	3.4	3.4	Austria/Autriche	x8.2	x8.2		x11.1	x10.2	10.1	9.6	9.7	9.9	9.3
Turkey/Turquie		2.2	2.7	2.8	2.6	2.2	3.7	5.1	4.2	5.0	Finland/Finlande	6.1	6.2	7.2	6.3	5.4	5.0	5.9	6.0	4.3	4.8
France, Monac	3.2	3.1	4.7	4.4	4.1	4.3	4.4	4.5	3.9	4.7	Canada	x2.6	x2.8	x3.5	x3.1	4.4	5.1	5.5	5.2	5.3	6.4
Hong Kong	0.5	0.5	0.6	0.9	2.7	0.9	1.2	0.8	7.6	2.6	Yugoslavia SFR		2.6	3.2	3.2	2.6	2.5	3.5	3.4	x1.4	
United Kingdom	5.3	3.8	4.9	4.9	4.0	3.3	3.3	3.1	3.1	3.7	Former USSR/Anc. URSS	0.0	0.1	0.2	0.6	x2.3	x2.5	x2.2	x2.2	x2.8	
Spain/Espagne	3.3	3.7	3.4	4.0	3.8	4.5	3.9	2.8	2.9	3.1	Hong Kong				1.5	0.5	1.2	0.7	5.0	2.1	

268 WOOL(EXC TOPS), ANML HAIR / LAINES ET POILS 268

TRADE BY COMMODITY IN THOUSAND U.S. DOLLARS – COMMERCE PAR PRODUIT EN MILLIERS DE DOLLARS E.U

COUNTRIES–PAYS	IMPORTS – IMPORTATIONS					COUNTRIES–PAYS	EXPORTS – EXPORTATIONS				
	1988	1989	1990	1991	1992		1988	1989	1990	1991	1992
Total	x9884763	x8991711	6150388	x5452745	5130570	Totale	8989016	7814893	5559651	5554089	5085434
Africa	x86387	48462	61765	x47160	x43190	Afrique	x292431	x329753	x285278	x295275	x171418
Northern Africa	55403	40045	37139	25784	23488	Afrique du Nord	1842	1824	6529	x1439	x1856
Americas	x443533	429102	256432	242803	260628	Amériques	772211	559327	581395	428909	x246673
LAIA	66830	63970	40289	45033	52910	ALAI	690283	480060	519616	393302	x208891
CACM	x183	89	15	29	x57	MCAC	x155	x5	x76	x191	1
Asia	3439696	2855036	1846710	1789837	x2220320	Asie	x883313	x749325	x526867	x837412	x834613
Middle East	x146106	x163889	x146100	x95947	x126234	Moyen–Orient	x58645	x48274	x28765	x23511	x22871
Europe	3616549	3578591	2941764	2510712	2531820	Europe	1225177	1118244	902216	723672	716414
EEC	3496013	3481585	2835897	2440489	2480784	CEE	1187257	1085437	875491	704553	697089
EFTA	62361	58089	53005	49605	43109	AELE	36948	31751	26398	18674	17817
Oceania	x75503	x51390	x45557	x36431	x35266	Océanie	x5623912	x4921486	x3154334	x3191705	x3080781
Former USSR/Anc. URSS	x1728715	x1756388	x821087	x783672	677833	Australia/Australie	4428429	3962968	2476001	2584168	2533270
Japan/Japon	1398112	1355574	926027	716498		New Zealand	1195105	957483	677364	606655	546047
Italy/Italie	1016480	1013009	966620	861258	852169	China/Chine	449264	356965	262383	285805	314000
Germany/Allemagne	620273	619496	574365	550250	541070	So. Africa Customs Un	x287626	x325108	x277598	x292816	x165091
France, Monac	597308	622640	418210	371062	390163	Uruguay	370871	300097	317187	256309	69666
United Kingdom	634683	563349	394530	290484	308967	France, Monac	439668	351468	301050	216179	163278
China/Chine	897389	538782	148223	359829	575622	United Kingdom	297733	308457	258305	186355	196143
Belgium–Luxembourg	386183	412077	302772	211067	208880	Afghanistan	x73874	x66549	x57567	x332091	x73628
Korea Republic	348549	320560	253901	240466	243563	Argentina/Argentine	184305	123935	159414	98627	90411
USA/Etats–Unis d'Amer	342936	351899	206245	187247	198365	Hong Kong	165330	152367	90187	126301	173435
India/Inde	120175	x135402	113215	89772	x170757	Belgium–Luxembourg	148839	146576	107544	85255	72776
Hong Kong	154916	142517	72550	102411	159570	Germany/Allemagne	89088	79529	69635	85655	127976
Turkey/Turquie	107721	90604	99823	71537	90050	Former USSR/Anc. URSS	x114295	x96764	x85742	x46900	
Czechoslovakia	x188161	126271	95714	x22462	x19788	USA/Etats–Unis d'Amer	69431	64728	39600	43283	49691
Spain/Espagne	87451	91645	56159	67616	71719	Spain/Espagne	51694	48648	32924	31710	32200
Malaysia/Malaisie	44750	56804	53513	47229	x78017	Italy/Italie	45439	43236	36872	29823	24578
Yugoslavia SFR	58105	43979	56085	x24921		Netherlands/Pays–Bas	x39312	x49947	x27776	x18945	x177385
Australia/Australie	71258	46285	40574	33192	30739	Mongolia/Mongolie	31579	29921	20861	19949	18876
Netherlands/Pays–Bas	44089	45922	38870	24449	23714	Ireland/Irlande	38013	32540	19048	12007	x16386
Thailand/Thaïlande	13721	36865	38514	30614	25037	Chile/Chili					
Portugal	35251	47067	32219	21772	23570	Israel/Israël	25366	22334	18913	14741	16719
Iran (Islamic Rp. of)	x27899	x49654	x30397	x19110	x32911	Hungary/Hongrie	x11777	x10728	x14574	x25284	x19986
Poland/Pologne	110872	61688	18364	7489	x12194	Pakistan	19361	20182	13979	10786	11758
Macau/Macao	27259	30749	22486	31894	26721	Switz.Liecht	19129	17580	15111	10412	11624
Mexico/Mexique	29669	29162	25212	24347	22785	Peru/Pérou	18684	14272	12152	x14648	x17409
Switz.Liecht	28312	27145	26622	22651	14721	Iran (Islamic Rp. of)	x20702	x19310	x4357	x6523	x5018
Nepal/Népal	25205	13526	28433	x32915	x79885	Malaysia/Malaisie	2023	9540	11019	7861	x6956
Pakistan	30193	25673	22272	18401	15876	Turkey/Turquie	16998	15893	3885	7195	2764
Bulgaria/Bulgarie	x19294	x23678	x38740	x1416	1845	Macau/Macao	3757	9242	7161	7528	10536
Greece/Grèce	33500	25239	20488	17050	x32965	Bulgaria/Bulgarie	x17563	x17178	x3956	x1710	x9928
Ireland/Irlande	25018	23406	19069	15462	15899	Japan/Japon	6157	7506	5381	6656	5938
Israel/Israël	27548	22423	16651	13643	18403	Norway, SVD, JM	9438	8705	6523	3958	2743
Former GDR	x155689	x43102	x8031			Brazil/Brésil	76061	5988	3392	7807	11921
Egypt/Egypte	23081	15788	17782	17123	15523	Greece/Grèce	6600	7623	5537	3230	x8483
Austria/Autriche	19583	15528	13987	12459	12218	Bolivia/Bolivie	1839	4248	6773	2424	703
Denmark/Danemark	15827	17735	12596	10019	11667	Iraq	x9170	x2346	x9849		
Romania/Roumanie	x11994	13725	13658	8023	x4990	Former GDR	x42474	x8444	x2379		
Colombia/Colombie	11903	15962	9529	9647	11750	Saudi Arabia	2155	3567	x3270	x3869	x3411
Iraq	x6994	x20046	x13064	x5		Syrian Arab Republic	4615	1856	2313	x4044	x3675
Canada	14373	12579	9702	10065	8889	Portugal	4749	3434	2121	2336	1993
Mauritius/Maurice	x22028		16651	12588	11903	Czechoslovakia	x2797	x2767	x1869	x2689	x2649
Morocco/Maroc	17744	13264	6727	5916	5183	Libyan Arab Jamahiriya	771	239	x5769	x969	x1529
Algeria/Algérie	13618	10511	12450	2367	x2072	Canada	3295	2496	2233	1842	2667
So. Africa Customs Un	8639	6952	6421	x8097	x7344	Kuwait/Koweït	x2057	2599	x2915	x404	x3924
Uruguay	773	5839	1470	5575	5043	Austria/Autriche	3281	1769	1974	1618	1381
New Zealand	3572	4918	3504	3155	4405	Falkland Isl (Malvinas)	x824	x2029	x2061	x617	x652
Viet Nam		x5884	x258	x4807	x21080	Iceland/Islande	3282	2128	1712	853	1214
Hungary/Hongrie	x8370	x4271	x2564	2634	x468	Sweden/Suède	1554	1390	948	1733	724
Chile/Chili	6235	6703	1508	690	x2556	Korea Republic	5643	1519	1439	1108	3875
Brazil/Brésil	11858	5509	1622	1238	4282	India/Inde	9827	x1630	1569	847	x1102

(VALUE AS % OF TOTAL)(VALEUR EN % DU TOTAL)

	1983	1984	1985	1986	1987	1988	1989	1990	1991	1992		1983	1984	1985	1986	1987	1988	1989	1990	1991	1992
Africa	1.7	1.4	1.4	x1.3	0.7	x0.9	0.6	1.0	x0.8	x0.8	Afrique	7.7	7.8	5.4	x5.8	x5.0	x3.3	4.3	5.1	x5.3	x3.3
Northern Africa	1.4	1.0	0.8	0.7	0.4	0.6	0.4	0.6	0.5	0.5	Afrique du Nord	0.0	0.0	0.0	x0.0	0.0	0.0	0.0	0.1	x0.0	x0.0
Americas	5.7	6.0	4.8	5.5	4.4	x4.5	4.8	4.2	4.4	5.0	Amériques	10.6	10.0	8.5	8.6	6.6	8.6	7.2	10.5	7.7	x4.8
LAIA	0.6	0.6	0.5	0.8	0.5	0.7	0.7	0.7	0.8	1.0	ALAI	8.8	8.4	6.9	6.9	5.4	7.7	6.1	9.3	7.1	4.1
CACM	x0.0	0.0	x0.0	0.0	x0.0	0.0	0.0	0.0	0.0	x0.0	MCAC	x0.0	0.0	0.0	x0.0	0.0	x0.0	x0.0	x0.0	x0.0	0.0
Asia	x27.2	27.8	35.0	37.8	34.6	34.8	31.7	30.0	32.8	x43.3	Asie	x3.3	x4.4	9.8	8.5	x10.7	x9.9	x9.6	x9.4	x15.1	16.4
Middle East	x2.0	x2.0	1.7	x1.9	1.7	x1.5	x1.8	x2.4	x1.8	x2.5	Moyen–Orient	x0.6	x1.4	0.7	x0.8	x1.2	x0.7	x0.6	x0.5	x0.4	x0.4
Europe	46.1	52.6	54.9	51.8	36.4	39.8	47.8	46.0	46.0	49.3	Europe	16.2	18.3	16.3	15.8	15.0	13.6	14.3	16.2	13.0	14.1
EEC	44.3	48.6	51.1	47.9	36.2	35.4	38.7	46.1	44.8	48.4	CEE	15.7	17.7	15.9	15.2	14.6	13.2	13.9	15.7	12.7	13.7
EFTA	1.8	1.8	1.8	1.9	1.3	0.6	0.6	0.8	0.8	0.7	AELE	0.4	0.5	0.4	0.4	0.4	0.4	0.4	0.5	0.3	0.4
Oceania	0.8	x0.9	0.9	x0.9	x0.8	x0.8	x0.6	0.7	0.7	0.7	Océanie	x62.0	x59.0	59.9	x61.3	x59.5	62.6	x63.0	x56.7	x57.4	x60.6
Former USSR/Anc. URSS	14.4	8.1			x17.8	x17.5	19.5	x13.4	x14.4		Australia/Australie	43.1	41.1	44.2	43.9	45.4	49.3	50.7	44.5	46.5	49.8
Japan/Japon	16.0	17.9	17.2	16.1	14.9	14.1	15.1	15.1	13.1	13.2	New Zealand	19.0	17.9	15.7	17.4	14.1	13.3	12.3	12.2	10.9	10.7
Italy/Italie	10.5	13.4	14.9	13.2	10.3	10.3	11.3	15.7	15.8	16.6	China/Chine			5.5	4.4	5.0	4.6	4.5	5.1	5.1	6.2
Germany/Allemagne	7.6	7.8	6.9	6.6	5.4	6.0	6.9	9.3	9.8	10.5	So. Africa Customs Un	7.6	7.8	5.3	5.7	4.9	x3.2	x4.2	x5.0	x5.3	x3.2
France, Monac	8.7	9.3	9.0	8.5	5.9	6.0	6.2	6.3	6.8	7.6	Uruguay	2.9	2.1	1.7	2.1	1.8	4.1	3.8	5.7	4.6	1.4
United Kingdom	9.2	9.4	10.6	9.1	7.2	6.3	6.3	6.4	5.3	6.0	France, Monac	4.9	5.7	4.7	4.3	4.0	4.9	4.5	5.4	3.9	3.2
China/Chine			7.2	11.0	7.5	9.1	6.0	2.4	6.6	11.2	United Kingdom	5.3	5.6	5.0	5.0	4.7	3.3	3.9	4.6	3.4	3.9
Belgium–Luxembourg	3.7	4.6	5.1	5.4	4.3	3.9	4.6	4.9	3.9	4.1	Afghanistan	x0.7	x0.2		x0.6	x0.9	x0.8	x0.9	x1.0	x6.0	x1.4
Korea Republic	3.6	3.3	3.4	3.9	3.5	3.6	4.1	4.4	4.7	Argentina/Argentine	4.9	4.4	3.3	3.0	2.2	2.1	1.6	2.9	1.8	1.8
USA/Etats–Unis d'Amer	4.7	5.0	3.9	4.4	3.6	3.5	3.9	3.4	3.4	3.9	Hong Kong	1.2	1.8	2.5	1.9	2.1	1.8	1.9	1.6	2.3	3.4

WASTE OF TEXTILE FABRICS / FRIPERIE DRILLES, CHIFFONS

TRADE BY COMMODITY IN THOUSAND U.S. DOLLARS – COMMERCE PAR PRODUIT EN MILLIERS DE DOLLARS E.U

COUNTRIES–PAYS	IMPORTS – IMPORTATIONS					COUNTRIES–PAYS	EXPORTS – EXPORTATIONS				
	1988	1989	1990	1991	1992		1988	1989	1990	1991	1992
Total	x610733	x651828	x741675	x893126	x1061733	Totale	633396	661173	781617	822553	1028064
Africa	x169463	x165917	x175717	x218143	x302847	Afrique	x8914	x12646	x25871	x10278	x8349
Northern Africa	16520	16859	28464	28226	35087	Afrique du Nord	5064	5540	9016	6857	7354
Americas	x45575	x63136	55890	74319	x83634	Amériques	x182088	x168621	x190788	x209815	x286779
LAIA	11337	15389	17710	34054	x39854	ALAI	912	812	609	1947	x1631
CACM	7018	14727	10578	11807	x11681	MCAC	x142	113	x228	644	x378
Asia	143020	x158625	185493	x226237	x263898	Asie	99060	109388	101872	114952	123907
Middle East	x17219	x18571	x21777	x18061	x28403	Moyen-Orient	16697	24492	4221	x6420	x6128
Europe	232774	239367	287761	294405	343680	Europe	323434	355844	446031	467468	587947
EEC	217077	224804	269606	276258	323592	CEE	306245	338293	422270	444389	557503
EFTA	15433	14345	17736	16581	17634	AELE	15492	16327	22614	21178	27792
Oceania	x8316	7562	7957	x9806	x13457	Océanie	x8887	x7921	x9311	x12033	14974
France, Monac	43527	44304	55383	51847	61308	USA/Etats-Unis d'Amer	163497	154128	174269	188570	258577
Spain/Espagne	42169	39445	44107	53014	44215	Germany/Allemagne	86107	88793	118495	128041	161848
Italy/Italie	41502	40825	45498	48020	61880	Netherlands/Pays-Bas	70899	76376	91488	94129	102787
Belgium–Luxembourg	28019	32020	43759	38955	54278	Belgium–Luxembourg	55264	67070	84422	85199	105438
Netherlands/Pays–Bas	25255	28198	35972	34522	43715	Japan/Japon	45319	44224	46730	45073	45567
India/Inde	30125	x29906	33500	21343	x45088	Italy/Italie	28171	33031	41148	47005	60696
Pakistan	26177	24472	28885	27867	24626	United Kingdom	26553	29655	34203	38830	63410
Hong Kong	11049	17722	24513	30350	40526	France, Monac	25971	27606	35626	34810	42531
Singapore/Singapour	15064	18853	23103	27330	36380	Singapore/Singapour	9618	12440	16207	21216	25833
Tunisia/Tunisie	13481	12799	21408	22224	28464	Hong Kong	9570	11692	13628	20333	21972
Germany/Allemagne	15174	14485	18636	22365	27246	Canada	14520	13252	12988	18199	23587
United Kingdom	13480	16040	18623	18319	20894	Korea Republic	4795	7411	11667	9459	11739
Benin/Bénin	x18685	x10024	x19084	x21216	x20329	Australia/Australie	7788	7323	8729	11269	14069
Japan/Japon	6055	7516	16155	26244	34244	Switz.Liecht	7628	7828	9533	9139	10104
Zaire/Zaïre	x9174	x18734	x13858	x16838	x15352	Saudi Arabia	12875	19986	x218	x250	x357
Ghana	x14963	x16804	x12160	x16064	x18448	Turkey/Turquie	3365	4401	8454	5257	6152
So. Africa Customs Un	11415	11687	10840	15578	15841	Portugal	4967	5348	5929	5964	8617
Afghanistan	x3462	x2300	x5412	x33836	x3372	Sweden/Suède	2815	3311	5798	6377	10419
Un. Rep. of Tanzania	x15227	x13366	x6275	x20515	x16787	Denmark/Danemark	5165	5703	5395	3901	4579
USA/Etats-Unis d'Amer	9544	14757	12628	12907	12501	Turkey/Turquie	3483	4211	3756	4936	4890
Poland/Pologne	x6321	x7729	x12964	x19116	x29557	Equatorial Guinea	3152	5644	7028		x4
Chile/Chili	6926	9636	11096	17845	x26851	Austria/Autriche	3197	3260	4432	4850	4983
Malaysia/Malaisie	9756	11161	11483	14310	x21644	Greece/Grèce	1759	2681	4041	3873	x2720
Hungary/Hongrie	x4130	x8428	x10626	17552	x13802	Malaysia/Malaisie	1684	2706	3319	3929	x889
Indonesia/Indonésie	7266	9229	9134	14706	15229	Kenya	76	x67	9083		x247
Former USSR/Anc. URSS	x874	x908	x2628	x25282		Pakistan	2299	1796	2079	3495	3662
Canada	9289	9804	8988	9860	11994	Poland/Pologne	x1212	x1278	x1928	x2186	x1813
Nigeria/Nigéria	x6760	x7011	x9998	x8751	x16175	Former USSR/Anc. URSS	x612	x1198	x1093	x2025	
Jordan/Jordanie	7487	7678	9158	8423	11215	Hungary/Hongrie	x1482	x1057	x1214	x1973	x1312
Rwanda	7953	6294	4851	x8478	x8453	Former GDR	x6329	x1945	x1997		
Nicaragua	3757	9266	5060	4825	3493	Spain/Espagne	1118	1678	1025	1198	1621
Mozambique	x5636	x4829	x5891	x6890	x4250	Finland/Finlande	1426	1376	2214	247	1302
Senegal/Sénégal	x5813	5311	6497	x5667	x8874	Egypt/Egypte	1622	1130	531	1572	1170
Sweden/Suède	5419	5147	6070	6242	8138	Yugoslavia SFR	1691	1183	1112	x640	
Djibouti	2960	4047	5406	7787	x5456	China/Chine	4187	408	966	1398	3514
Lebanon/Liban	x3702	x5641	x5807	x4279	x6714	Togo	287	699	66	1964	
Kenya	350	x9791	673	x4891	x11254	Czechoslovakia	x346	x512	x584	x1509	x1914
Korea Republic	8145	7751	4354	2673	2444	Indonesia/Indonésie	1354	1117	574	616	153
Uganda/Ouganda	x6607	x4510	x4555	x4130	x6557	Thailand/Thaïlande	1100	598	661	991	x1011
Papua New Guinea	3683	3795	3654	x4860	x7863	Ireland/Irlande	270	286	432	1373	3254
Haiti/Haïti	x2736	x5694	x2697	x3847	x3977	Bulgaria/Bulgarie	x996	x737	x790	x295	x283
Togo	2825	3638	4997	3233	x11025	Panama	x340	x49	1673	x59	2465
Guinea/Guinée	x3550	x3461	x4449	x3905	x3979	Norway, SVD, JM	342	446	599	558	964
Bangladesh	x4826	x5273	x4205	x2258	x3311	New Zealand	503	428	483	663	816
Morocco/Maroc	2436	3018	3539	4345	5116	India/Inde	287	x562	741	259	x1411
Switz.Liecht	3204	3017	4088	3609	2921	Cuba	x93	x221	x968	x338	x100
Angola	x3809	x2101	x2589	x5629	x8090	Macau/Macao	143	517	342	644	531
Cote d'Ivoire	x3949	x3186	x3229	x3721	x3088	Mexico/Mexique	514	410	270	603	601
Saudi Arabia	973	3151	x4384	x2182	x4608	Malta/Malte	1	6	3	x1244	x1366
Burundi	3423	3299	3208	3089	2744	Chile/Chili	1	12	103	1058	x607

(VALUE AS % OF TOTAL)(VALEUR EN % DU TOTAL)

	1983	1984	1985	1986	1987	1988	1989	1990	1991	1992		1983	1984	1985	1986	1987	1988	1989	1990	1991	1992
Africa	x20.4	x16.2	9.1	x24.3	x23.6	x27.8	x25.5	x23.7	x24.4	x28.5	Afrique	0.8	0.6	0.6	1.1	x1.4	x1.4	x1.9	x3.3	x1.2	x0.8
Northern Africa	2.5	2.3	2.1	2.1	2.6	2.7	2.6	3.8	x3.2	3.3	Afrique du Nord	0.7	0.5	0.6	0.7	x0.9	0.8	0.8	1.2	0.8	0.7
Americas	x6.2	x7.0	7.3	x6.5	x7.3	x7.5	x9.7	7.5	8.3	7.9	Amériques	x33.8	34.0	30.5	x30.8	x30.2	x28.7	x25.5	x24.5	x25.5	x27.8
LAIA	1.4	1.6	1.2	1.4	1.7	1.9	2.4	2.4	3.8	x3.8	ALAI	0.1	0.1	0.2	x0.1	0.2	0.1	0.1	0.1	0.2	x0.2
CACM	x0.1	0.3	0.3	x0.3	x0.7	1.1	2.3	1.4	1.3	x1.1	MCAC	x0.0	x0.0	0.0	x0.0	x0.0	x0.0	0.0	x0.0	0.1	x0.0
Asia	28.4	28.8	30.6	24.3	23.5	23.4	x24.3	25.0	x25.4	24.9	Asie	10.3	12.2	15.0	10.0	10.5	15.6	16.5	13.0	14.0	12.1
Middle East	x4.8	x3.7	3.5	x2.7	x2.7	2.8	x2.8	x2.9	x2.0	x2.7	Moyen-Orient	x0.2	x0.7	3.6	x0.6	0.7	2.6	3.7	0.5	x0.8	0.6
Europe	43.2	46.0	50.9	43.4	42.0	38.1	36.7	38.8	33.0	32.4	Europe	53.0	51.1	51.7	56.2	54.0	51.1	53.8	57.1	56.8	57.2
EEC	40.3	43.2	48.2	40.8	39.0	35.5	34.5	36.4	30.9	30.5	CEE	49.2	47.2	48.1	52.5	50.9	48.3	51.2	54.0	54.0	54.2
EFTA	2.9	2.8	2.7	2.7	3.0	2.5	2.2	2.4	1.9	1.7	AELE	3.8	3.6	3.2	3.4	2.9	2.4	2.5	2.9	2.6	2.7
Oceania	1.0	1.0	1.1	1.0	1.2	x1.3	1.2	1.0	x1.1	1.3	Océanie	x1.6	x1.8	1.8	x1.6	x1.6	x1.4	x1.2	x1.2	x1.5	1.4
France, Monac	7.3	6.4	7.2	7.0	7.8	7.1	6.8	7.5	5.8	5.8	USA/Etats-Unis d'Amer	32.6	32.5	28.6	28.2	27.6	25.8	23.3	22.3	22.9	25.2
Spain/Espagne	7.3	8.4	9.2	7.2	7.6	6.9	6.1	5.9	5.9	4.2	Germany/Allemagne	14.5	13.9	14.3	15.2	14.0	13.6	13.4	15.2	15.6	15.7
Italy/Italie	10.3	13.3	15.2	10.7	8.4	6.8	6.3	6.1	5.4	5.8	Netherlands/Pays-Bas	14.5	14.2	14.3	13.4	13.1	11.2	11.6	11.7	11.4	10.0
Belgium–Luxembourg	5.4	5.3	6.0	5.7	4.7	4.6	4.9	5.9	4.4	5.1	Belgium–Luxembourg	10.4	10.4	10.6	12.3	12.5	8.7	10.1	10.8	10.4	10.3
Netherlands/Pays–Bas	4.0	4.1	5.2	5.0	4.6	4.1	4.3	4.9	3.9	4.1	Japan/Japon	9.4	9.7	9.6	10.8	9.4	8.7	10.1	10.8	10.4	10.3
India/Inde	6.4	5.2	5.6	4.6	3.8	4.9	x4.6	4.5	2.4	x4.2	Italy/Italie	7.1	7.9	7.7	6.3	5.9	7.2	6.7	6.0	5.5	4.4
Pakistan	6.2	6.7	6.2	4.0	4.2	4.3	3.8	3.9	3.1	2.3	United Kingdom	4.0	3.1	3.4	3.6	4.1	4.4	5.0	5.3	5.7	5.9
Hong Kong	0.8	1.9	4.0	1.6	2.7	1.8	2.7	3.3	3.4	3.8	France, Monac	5.1	4.3	4.1	3.8	4.2	4.2	4.5	4.4	4.7	6.2
Singapore/Singapour	1.8	2.0	1.8	1.7	1.8	2.5	2.9	3.1	3.1	3.4	Singapore/Singapour	4.2	3.8	4.1	4.6	4.0	4.1	4.2	4.2	4.2	4.1
Tunisia/Tunisie	1.9	1.7	1.6	1.6	2.0	2.2	2.0	2.9	2.5	2.7	Hong Kong	1.2	1.6	1.2	1.0	1.3	1.5	1.9	2.1	2.6	2.5
											Hong Kong	0.4	0.8	1.5	1.4	1.2	1.5	1.8	1.7	2.5	2.1

271 FERTILIZERS, CRUDE / ENGRAIS BRUTS 271

TRADE BY COMMODITY IN THOUSAND U.S. DOLLARS – COMMERCE PAR PRODUIT EN MILLIERS DE DOLLARS E.U

COUNTRIES–PAYS	IMPORTS – IMPORTATIONS					COUNTRIES–PAYS	EXPORTS – EXPORTATIONS				
	1988	1989	1990	1991	1992		1988	1989	1990	1991	1992
Total	2275891	2329263	2124654	1843040	x1751593	Totale	x2174876	x2158976	x2023192	x1951759	x1675689
Africa	x15184	x23463	x23909	x16681	x19376	Afrique	x820231	x808405	x724470	x669455	x642526
Northern Africa	65	5491	5505	x698	x2533	Afrique du Nord	560889	531425	465343	389236	364169
Americas	225831	232267	226590	199808	204630	Amériques	x425357	x441599	x454120	x372886	x367210
LAIA	88485	94750	111875	99828	59562	ALAI	38597	35396	41384	38158	x64500
CACM	2536	6846	16515	4665	6292	MCAC	x7		37	x285	x34
Asia	582001	x570789	676182	688419	x676050	Asie	524125	525259	466416	x486435	447349
Middle East	x58656	x55872	x56870	x51648	x57223	Moyen–Orient	444977	430004	382203	x385903	348607
Europe	977325	1048526	912805	768292	672701	Europe	89075	76784	83621	88583	100723
EEC	759892	784133	742329	657424	563411	CEE	83210	69260	78689	82493	96776
EFTA	87742	111923	112298	87633	65390	AELE	5719	7485	4928	6043	3576
Oceania	x128848	130592	102490	x60296	x101412	Océanie	x91244	x79489	x87467	x101143	x114889
France, Monac	173162	194101	179223	166310	118296	Morocco/Maroc	506225	489543	437004	346734	306966
India/Inde	130396	x133289	190986	185496	x213180	USA/Etats–Unis d'Amer	x382397	x400762	x404700	x331718	x299980
Japan/Japon	134944	132010	132197	126479	127539	Jordan/Jordanie	391082	377095	342055	322780	307089
Belgium–Luxembourg	127160	129783	131485	127688	119640	Former USSR/Anc. URSS	x186996	x189777	x190960	x230987	
Spain/Espagne	142851	133601	120095	106777	96586	Togo	120375	130425	119145	122790	x131576
Netherlands/Pays–Bas	109708	112789	111854	104528	98229	Nauru	x82933	x75699	x83853	x96503	x108096
Korea Republic	85482	93724	97057	83174	105454	So. Africa Customs Un	x66326	x81835	x81313	x87803	x63645
Indonesia/Indonésie	59147	57070	78961	112117	77347	Israel/Israël	61090	79604	64158	75250	70747
Yugoslavia SFR	129552	152392	57993	x23064		Senegal/Sénégal	72387	63875	56962	x67030	x79697
Mexico/Mexique	52740	53493	85959	72066	27117	Syrian Arab Republic	49029	45239	39021	x58480	x37151
Romania/Roumanie	x117648	93571	60188	27823	x28542	Chile/Chili	37917	34346	39985	37143	x62023
Germany/Allemagne	61413	70583	57834	46610	41678	Tunisia/Tunisie	31380	34221	19676	15150	31510
Canada	79349	69831	50950	48117	52503	Netherlands/Pays–Bas	13917	18953	24268	23892	27942
Australia/Australie	97577	85508	57857	19874	42642	Germany/Allemagne	15654	14457	14587	17992	19849
Poland/Pologne	95474	99414	41820	20581	x40097	Algeria/Algérie	20213	7636	8490	27258	x24671
USA/Etats–Unis d'Amer	54557	58742	46535	45459	84506	Former GDR	x12531	x26116	x13806		
Italy/Italie	59108	61047	49507	35721	34260	Belgium–Luxembourg	10288	10454	13958	15347	18849
New Zealand	31031	44770	44378	40073	58553	China/Chine	4923	6615	11864	17957	18114
Philippines	31903	x35937	41330	47006	35453	France, Monac	11289	9313	9941	9182	10661
Norway, SVD, JM	26633	36372	38518	43376	34147	Italy/Italie	6154	11158	8321	8026	6889
Turkey/Turquie	40057	35792	33188	31897	29333	United Kingdom	11267	3339	4477	4441	7973
Sweden/Suède	35387	38737	36176	19390	7536	Pakistan	4478	4120	3811	3608	4423
Greece/Grèce	16300	21651	37796	34665	x22503	Panama	x4	x3307	x4057	x1316	x2140
United Kingdom	43019	35624	33383	23949	20261	Christmas Island	x5709	x1072	x2893	x3986	x3986
Czechoslovakia	x32425	48759	30614	x2428	x1131	Sweden/Suède	3685	3821	881	2774	302
Bulgaria/Bulgarie	x48263	x49120	x23125	x6406	7310	Romania/Roumanie	x23613	x6680		12	x29
Malaysia/Malaisie	19784	24303	28360	23953	x18855	Canada	1923	1321	3557	1017	534
Austria/Autriche	16111	26323	27355	18926	16992	Saudi Arabia	593	3502	x7	x1680	x1813
Former USSR/Anc. URSS	x3051	x3849	x19340	x48695		Norway, SVD, JM	911	1260	1371	2295	1321
China/Chine	14161	12211	18017	26517	13379	Indonesia/Indonésie	1499	2158	1677	990	2314
Pakistan	12637	12897	18413	18985	17670	Denmark/Danemark	933	1034	1823	1271	867
Brazil/Brésil	9290	12593	12538	13203	16176	Cyprus/Chypre	x4026	x4026	4		1
Portugal	13111	12434	9114	8288	6527	Hungary/Hongrie	x97	x2637	x334	x465	x324
Iran (Islamic Rp. of)	x11	x6356	x13352	x9583	x17325	United Arab Emirates	x55	x51	x406	x2939	x2531
Former GDR	x39703	x17686	x5457			Spain/Espagne	13230	253	1109	1757	2466
Denmark/Danemark	13654	11204	10888	864	884	Austria/Autriche	889	1265	1096	683	1636
Chile/Chili	15325	16708	1070	2239	x485	Singapore/Singapour	979	716	1357	586	859
So. Africa Customs Un	13247	10994	5609	x3245	x3152	New Zealand	1954	2401	102	147	416
Bangladesh	x6249	x10378	x7083	817	x4045	Finland/Finlande	147	963	1270	27	9
Hungary/Hongrie	x9068	x10811	x1762	3439	x343	Mozambique				x2111	x2931
El Salvador	1411	802	15028	20	x4	Poland/Pologne	x587	x958	x1150	3	x984
Finland/Finlande	6452	7073	6020	2657	3582	Peru/Pérou	29	726	782	x561	x2065
United Arab Emirates	x11022	x4499	x4048	x4270	x5872	Malaysia/Malaisie	939	645	332	910	x357
Venezuela	3137	3643	3989	4898	6076	Bulgaria/Bulgarie	x885	x970	x336	x263	x177
Korea Dem People's Rp	x1195	x446	x1488	x9196	x2300	Australia/Australie	647	316	619	506	470
Switz.Liecht	3115	3406	4191	3279	3126	Albania/Albanie			x302	x1114	x985
Lebanon/Liban	x247	x2775	x3898	x3925	x3693	Netherlands Antilles	1078	747	127	537	
Honduras	299	5234	787	4142	6102	Cote d'Ivoire		x9	x758	x362	x475
Uruguay	4325	3899	3504	2426	1913	Philippines	2931	x397	365	229	107
Zimbabwe		x4781	1465	2334	x2844	Japan/Japon	132	406	159	398	565

(VALUE AS % OF TOTAL)(VALEUR EN % DU TOTAL)

	1983	1984	1985	1986	1987	1988	1989	1990	1991	1992		1983	1984	1985	1986	1987	1988	1989	1990	1991	1992
Africa	x0.2	2.0	2.4	x1.4	x0.6	x0.7	1.0	x1.2	0.9	x1.1	Afrique	41.7	44.9	53.3	39.8	33.5	x37.7	x37.5	x35.8	x34.3	x38.3
Northern Africa	x0.0	0.0	0.2	0.0	x0.0	0.0	0.2	0.3	x0.0	x0.1	Afrique du Nord	33.1	34.3	40.1	28.4	23.2	25.8	24.6	23.0	19.9	21.7
Americas	6.7	9.1	9.1	13.2	9.1	9.9	10.0	10.7	10.9	11.7	Amériques	29.2	25.7	17.1	x26.1	22.9	x19.6	x20.4	22.5	x19.1	x21.9
LAIA	0.5	2.4	2.7	3.1	3.0	3.9	4.1	5.3	5.4	3.4	ALAI	1.9	1.7	2.5	2.3	1.9	1.8	1.6	2.0	2.0	x3.8
CACM	x0.0	0.1	0.1	3.0	0.6	0.1	0.3	0.8	0.3	0.4	MCAC				x0.0		x0.0		x0.0	x0.0	x0.0
Asia	24.2	24.5	27.1	25.6	26.7	25.5	x24.5	31.8	37.4	x38.6	Asie	16.7	20.4	27.3	24.9	22.5	24.1	24.3	23.1	x24.9	26.7
Middle East	2.0	2.9	2.6	2.0	x2.6	x2.6	2.4	x2.7	x2.8	3.3	Moyen–Orient	10.6	14.6	20.0	19.1	17.4	20.5	19.9	18.9	x19.8	20.8
Europe	51.9	52.1	49.7	49.3	45.0	42.9	45.0	43.0	41.7	38.4	Europe	1.8	1.7	2.3	2.2	2.6	4.1	3.6	4.1	4.5	6.0
EEC	45.7	42.3	40.7	40.5	36.8	33.4	33.7	34.9	35.7	32.2	CEE	1.4	1.2	1.7	2.0	1.7	3.8	3.2	3.9	4.2	5.8
EFTA	6.2	5.5	5.1	4.5	4.3	3.9	4.8	5.3	4.8	3.7	AELE	0.4	0.5	0.5	0.4	0.4	0.3	0.3	0.3	0.2	0.2
Oceania	9.5	6.2	5.5	4.3	x4.9	x5.7	5.6	4.8	x3.3	x5.8	Océanie	x10.6	x7.3		7.0	6.7	x4.2	x3.7	x4.3	x5.1	x6.9
France, Monac	11.2	10.5	9.5	8.3	8.8	7.6	8.3	8.4	9.0	6.8	Morocco/Maroc	29.2	31.2	36.1	15.0	20.2	23.3	22.7	21.6	17.8	18.3
India/Inde	5.6	5.8	6.8	5.9	5.4	5.7	x5.7	9.0	10.1	x12.2	USA/Etats–Unis d'Amer	26.8	23.5	14.6	x23.1	x20.5	x17.6	x18.6	x20.0	x17.0	x17.9
Japan/Japon	8.3	7.4	7.6	6.7	6.6	5.8	5.7	6.2	6.9	7.3	Jordan/Jordanie	8.9	13.1	18.5	16.7	x10.4	18.0	17.5	16.5	16.5	18.3
Belgium–Luxembourg	6.0	5.7	6.2	6.1	6.1	5.6	5.6	6.2	6.9	6.8	Former USSR/Anc. URSS					x8.6	x8.6	x8.8	x9.4	x11.8	
Spain/Espagne	7.6	6.9	6.6	9.0	6.5	6.3	5.7	5.7	5.7	5.5	Togo	4.3	5.6	7.2	6.0	6.1	5.5	6.0	5.9	6.3	x7.9
Netherlands/Pays–Bas	5.4	5.2	5.3	4.8	4.6	4.8	4.8	5.3	5.7	5.6	Nauru	x7.4	x4.4		x5.2	x4.8	x3.8	x3.5	x4.1	x4.9	x6.5
Korea Republic	4.7	3.9	4.1	3.9	3.7	3.8	4.0	4.6	4.5	6.0	So. Africa Customs Un	1.0	1.5	2.4	2.0	2.2	x3.0	x3.8	x4.0	x4.5	x3.8
Indonesia/Indonésie	1.3	2.1	3.0	2.2	3.3	2.6	2.5	3.7	6.1	4.4	Israel/Israël	5.5	5.3	6.8	5.4	4.3	2.8	3.7	3.2	3.9	4.2
Yugoslavia SFR			4.3	4.5	4.2	5.8	6.5	2.7	x1.3		Senegal/Sénégal	3.0	3.5	3.7	3.2	1.9	3.3	3.3	2.8	x3.4	x4.8
Mexico/Mexique		1.7	1.9	2.0	1.8	2.3	2.3	4.0	3.9	1.5	Syrian Arab Republic	1.7	1.5	1.4	2.3	3.0	2.3	2.1	1.9	x3.0	x2.2

273 STONE, SAND AND GRAVEL / PIERRES, SABLES, GRAVIERS 273

TRADE BY COMMODITY IN THOUSAND U.S. DOLLARS — COMMERCE PAR PRODUIT EN MILLIERS DE DOLLARS E.U

IMPORTS — IMPORTATIONS

COUNTRIES—PAYS	1988	1989	1990	1991	1992
Total	2530574	2762654	3210430	3381166	3575050
Africa	x42853	x29573	x34210	x40685	x41724
Northern Africa	11002	13553	17649	x18231	x17301
Americas	277498	332727	x322387	297306	x327372
LAIA	25607	21695	25667	36106	50622
CACM	2404	2824	2896	3373	x1905
Asia	x628838	687914	748383	831452	x802120
Middle East	x55529	x55238	x39120	x49628	x49646
Europe	1532349	1664536	2057516	2149232	2344341
EEC	1311713	1418232	1763338	1873235	2069974
EFTA	206108	225035	271967	255433	241019
Oceania	x31275	x31479	x28467	x27370	x30769
Japan/Japon	373212	457475	492111	509376	468427
Italy/Italie	351428	394347	465135	491659	473701
Netherlands/Pays-Bas	251889	260172	336543	327709	366098
Germany/Allemagne	237651	245506	286335	327709	369895	505929
USA/Etats-Unis d'Amer	174574	231141	206052	178618	193654
Belgium-Luxembourg	151527	164959	210437	217014	243422
France, Monac	134165	138720	176404	186119	197630
Switz.Liecht	115010	124304	147949	136452	121751
Spain/Espagne	66612	85485	116804	120734	116454
United Kingdom	59699	60748	82084	75436	65022
Canada	63155	66891	70377	62679	65353
Hong Kong	49183	50220	55497	61099	61307
Denmark/Danemark	38604	39805	52382	49093	61308
Korea Republic	21891	31552	39977	59018	57498
Sweden/Suède	25642	28292	36208	41122	37705
Indonesia/Indonésie	13805	19768	28747	40072	34235
Singapore/Singapour	20866	21115	27279	36627	46533
Finland/Finlande	18142	25953	30613	26206	24586
Austria/Autriche	23016	22649	27654	26660	31506
Norway, SVD, JM	23511	22990	28022	23651	24130
Australia/Australie	23898	24830	21227	19675	21325
Ireland/Irlande	10571	12025	15088	13729	14881
Portugal	6879	9726	14680	14939	20488
Saudi Arabia	8842	11016	x9295	x14396	x15545
Macau/Macao	12568	13188	9563	9841	10938
Malaysia/Malaisie	6146	7874	9099	14512	x15272
Israel/Israël	9180	10776	9673	10631	13412
Philippines	9213	x3639	11473	13550	12837
Yugoslavia SFR	5477	10934	10420	x6801	
Mexico/Mexique	6192	6272	8621	12412	18175
Hungary/Hongrie	x4726	x4866	x4989	16340	x9978
Kuwait/Koweït	x18336	18632	x3645	x104	x2886
Greece/Grèce	3193	6739	7446	6907	x5043
India/Inde	6034	x2215	11014	7433	x1525
Cyprus/Chypre	5228	5773	6975	7678	8137
Colombia/Colombie	5578	5596	7007	6792	6552
Tunisia/Tunisie	2866	4800	6304	7173	5598
Former USSR/Anc. URSS	x2362	x4115	x5480	x7418	
Czechoslovakia	x7326	4575	5960	6003	x8329
New Zealand	6335	5885	5953	4384	5572
Libyan Arab Jamahiriya	1725	4619	7019	x4553	x4790
Andorra/Andorre	x3321	x4833	x4895	x6087	x5500
Malta/Malte	4178	4034	4887	x5355	x4192
Lebanon/Liban	x2169	x2694	x3410	x8091	x8100
Korea Dem People's Rp	x6150	x3026	x4254	x8091	x3339
United Arab Emirates	x7542	x3072	x3924	x6094	x5821
Venezuela	3815	2091	2831	6526	9844
Qatar	1663	3287	3912	3255	x1231
Thailand/Thaïlande	1711	2172	2918	4761	9420
So. Africa Customs Un	17579	2742	2529	x4480	x4717

EXPORTS — EXPORTATIONS

COUNTRIES—PAYS	1988	1989	1990	1991	1992
Totale	2073241	x2328768	2646574	2841743	x3130803
Afrique	x122123	x163274	x176147	x180961	x155330
Afrique du Nord	x4932	7684	8325	16135	22568
Amériques	274202	341998	x360920	x407501	x409555
ALAI	73407	74984	80723	84028	69153
MCAC	2279	1074	2515	2292	2524
Asie	357520	x430772	413701	448815	x585852
Moyen-Orient	x54162	x57634	x35674	x22621	x24344
Europe	1232267	1352725	1647397	1701435	1864046
CEE	1013764	1115603	1334322	1392629	1512374
AELE	206569	226128	298521	297731	335568
Océanie	x4480	5565	x7811	x29277	x9483
Germany/Allemagne	212644	238175	296930	290759	320740
Italy/Italie	195763	242622	243251	253933	256861
France, Monac	190987	192107	245701	257507	269258
Belgium-Luxembourg	155408	164503	202485	210977	229639
USA/Etats-Unis d'Amer	100613	161659	165980	198341	211644
So. Africa Customs Un	x108495	x141972	x150968	x153431	x120017
India/Inde	90186	x127068	118710	119851	x155367
Norway, SVD, JM	77213	89906	135907	130050	161089
Spain/Espagne	77624	84738	104532	109062	108436
Netherlands/Pays-Bas	74729	72694	84396	96277	108632
Canada	83230	77327	83211	78345	78865
China/Chine	46433	59626	66867	92655	101700
Sweden/Suède	51278	50309	60555	61418	65570
Thailand/Thaïlande	41990	51326	56644	63816	x114822
Portugal	43161	47229	59720	63369	68173
Korea Republic	44954	65768	54150	50319	43738
Austria/Autriche	42652	45394	55448	57810	65024
Brazil/Brésil	50864	48734	54771	49392	22711
United Kingdom	32126	30480	45026	53789	82298
Finland/Finlande	27184	32572	35882	37267	35574
Japan/Japon	22226	18670	22047	27743	32319
Indonesia/Indonésie	11775	13702	19379	32915	49970
Bahamas	6172	x10285	x16580	x35448	x36079
Mexico/Mexique	14128	16847	17615	26445	35048
Greece/Grèce	7667	19999	18011	22468	x31002
Denmark/Danemark	14094	13161	17531	11590	18794
Malaysia/Malaisie	14304	14455	13700	15210	x34614
Bulgaria/Bulgarie	x19896	x17582	x18380	x6411	x5690
Ireland/Irlande	9562	9896	16739	14898	18574
Australia/Australie	3784	5032	7115	27042	7846
Yugoslavia SFR	11948	10949	14292	x10953	
Zimbabwe	6840	x12243	14683	8964	x10934
United Arab Emirates	x8967	x13750	x14087	x6552	x7393
Saudi Arabia	27704	27663	x4657	x1942	x2014
Poland/Pologne	819	1097	2087	29011	x57404
Turkey/Turquie	10964	11313	10115	10163	10751
Switz.Liecht	8111	7839	10544	11091	12189
Czechoslovakia	x1840	x2882	x4508	x18257	x36545
Former USSR/Anc. URSS	x26770	x4020	x7260	x14171	
Morocco/Maroc	2879	2923	5358	11831	14040
Philippines	4141	x4909	5831	6778	6047
Hong Kong	2976	6880	4921	3522	5667
Pakistan	2402	3318	3553	3537	3918
Uruguay	3230	3833	3205	2748	3109
Former GDR	x29071	x5733	x3932		
Cuba	x3206	x3474	x3299	x2854	x6189
Jamaica/Jamaïque	890	6814	1766	1046	x1256
Singapore/Singapour	2223	3005	2575	3767	5140
Viet Nam		x435	x6599	x1493	x2284
Hungary/Hongrie	x3224	x1813	x2705	x3808	x4762

(VALUE AS % OF TOTAL) (VALEUR EN % DU TOTAL)

	1983	1984	1985	1986	1987	1988	1989	1990	1991	1992		1983	1984	1985	1986	1987	1988	1989	1990	1991	1992
Africa	x3.3	x2.9	2.3	x2.2	x1.7	x1.7	x1.1	x1.1	x1.2	x1.1	Afrique	x3.2	x3.2	3.0	x3.1	x3.4	x5.9	x7.0	x6.7	x6.4	x4.9
Northern Africa	x2.2	x1.7	1.5	1.2	0.7	0.4	0.5	0.5	x0.5	x0.5	Afrique du Nord	0.1	0.1	0.1	0.1	x0.2	0.3	0.3	0.3	0.6	0.7
Americas	x14.9	17.0	24.9	29.3	x12.3	11.0	12.1	x10.0	8.8	x9.1	Amériques	13.6	18.1	17.9	13.5	11.9	13.3	14.7	x13.6	x14.3	x13.1
LAIA	0.8	1.3	1.4	0.8	0.9	1.0	0.8	0.8	1.1	1.4	ALAI	1.7	5.1	6.0	3.2	2.9	3.5	3.2	3.1	3.0	2.2
CACM	x0.1	0.2	0.2	0.1	0.1	0.1	0.1	0.1	0.1	x0.1	MCAC	x0.0	0.1	0.1	0.1	0.1	0.1	0.0	0.1	0.1	0.1
Asia	25.9	26.0	20.6	17.0	x22.4	x24.8	24.9	23.3	24.6	x22.5	Asie	13.1	14.1	13.8	14.0	16.7	17.3	x18.5	15.6	15.8	x18.7
Middle East	x8.0	7.8	3.6	x2.7	x2.3	x2.2	x2.0	x1.2	x1.5	x1.4	Moyen-Orient	x1.1	x1.6	1.3	x1.5	x0.9	x2.6	x2.5	x1.3	x0.8	x0.8
Europe	54.2	51.7	50.0	49.9	61.2	60.6	60.3	64.1	63.6	65.6	Europe	68.0	62.7	63.8	68.0	62.7	59.4	58.1	62.2	59.9	59.5
EEC	46.3	44.0	42.5	42.2	51.4	51.8	51.3	54.9	57.9	57.9	CEE	57.1	51.7	52.5	56.2	51.9	48.9	47.9	50.4	49.0	48.3
EFTA	7.7	7.2	7.2	7.2	9.3	8.1	8.1	8.5	7.6	6.7	AELE	10.9	10.4	10.6	11.3	10.2	10.0	9.7	11.3	10.5	10.7
Oceania	x1.4	x1.9	1.7	x1.2	x1.4	x1.2	x1.1	x0.8	x0.8	x0.9	Océanie	1.8	1.7	1.4	1.3	x0.8	x0.2	0.2	x0.3	1.0	x0.3
Japan/Japon	10.0	10.2	9.9	9.1	12.8	14.7	16.6	15.3	15.1	13.1	Germany/Allemagne	10.7	9.4	9.2	12.1	11.1	10.3	10.2	11.2	10.2	10.2
Italy/Italie	9.4	11.0	11.1	9.7	12.2	13.9	14.3	14.5	14.5	13.3	Italy/Italie	16.9	15.6	14.6	12.1	11.2	9.4	10.4	9.2	8.9	8.2
Netherlands/Pays-Bas	10.9	9.9	8.9	9.5	11.3	10.0	9.4	10.5	9.7	10.2	France, Monac	9.7	8.7	9.2	10.5	9.4	9.2	8.2	9.3	9.1	8.6
Germany/Allemagne	10.1	8.9	8.9	8.5	9.5	9.4	8.9	8.9	10.9	14.2	Belgium-Luxembourg	8.0	7.4	7.9	9.1	8.1	7.5	7.1	7.7	7.4	7.3
USA/Etats-Unis d'Amer	10.4	11.6	19.7	25.6	8.1	6.9	8.4	6.4	5.4	5.4	USA/Etats-Unis d'Amer	7.9	7.8	7.2	5.7	4.7	4.9	6.9	6.3	7.0	6.8
Belgium-Luxembourg	5.2	4.7	4.6	4.7	5.8	6.0	6.0	6.6	6.4	6.8	So. Africa Customs Un	2.9	2.9	2.7	2.6	2.8	x5.2	x6.1	x5.7	x5.4	x3.8
France, Monac	5.7	4.7	4.9	4.6	5.7	5.3	5.0	5.5	5.5	5.5	India/Inde	3.6	4.8	4.3	4.5	5.2	4.4	5.5	4.5	4.2	x5.0
Switz.Liecht	3.8	3.6	3.5	3.9	4.9	4.5	4.5	4.6	4.0	3.4	Norway, SVD, JM	3.5	3.4	3.4	4.0	3.8	3.7	3.9	5.1	4.6	5.1
Spain/Espagne	1.4	1.3	1.5	1.6	2.4	2.6	3.1	3.6	3.6	3.3	Spain/Espagne	2.3	2.6	3.3	3.3	3.3	3.5	3.6	3.9	3.8	3.5
United Kingdom	1.5	1.6	1.7	1.6	2.0	2.4	2.2	2.6	2.2	1.8	Netherlands/Pays-Bas	3.5	3.0	3.2	3.7	3.4	3.6	3.1	3.2	3.4	3.5

274 SULPHUR, UNRSTD IRN PYRTE / SOUFRE ET PYRITES 274

TRADE BY COMMODITY IN THOUSAND U.S. DOLLARS – COMMERCE PAR PRODUIT EN MILLIERS DE DOLLARS E.U

IMPORTS – IMPORTATIONS

COUNTRIES–PAYS	1988	1989	1990	1991	1992
Total	2152945	x1788021	1827485	x1973854	1114000
Africa	603820	363061	506681	x448100	x391043
Northern Africa	515392	307461	442057	400230	344373
Americas	445584	462503	444689	501122	x285687
LAIA	239735	195960	175082	179892	97944
CACM	1653	958	1028	1299	x1526
Asia	408435	x251419	317222	437872	x188682
Middle East	61449	30419	24396	41148	21078
Europe	425874	x363183	x330896	303521	192713
EEC	357402	x300976	x278789	268935	162125
EFTA	32451	38081	30776	22888	17142
Oceania	x66936	55952	x45007	x18693	x20137
USA/Etats–Unis d'Amer	198383	238084	255764	295983	173903
Morocco/Maroc	335218	123436	288239	252349	214443
Former USSR/Anc. URSS	x85880	x205132	x109988	x205029	101415
Tunisia/Tunisie	146569	145666	101663	117109	66359
Brazil/Brésil	141864	136158	153384	125029	x41748
India/Inde	172135	x66893	72301	63569	28456
France, Monac	87028	76514	57693	56515	42493
Belgium–Luxembourg	61726	60525	57780	60022	37420
United Kingdom	91940	x58322	x54714	60022	39945
Korea Republic	62607	63878	51270	48329	
Mexico/Mexique	73419	37833	49874	38363	15577
Bangladesh	x2113	x54	x1369	118284	x389
Romania/Roumanie	x21355	38084	36218	21107	x599
Czechoslovakia	x55678	33333	25830	x30199	22503
Israel/Israël	32600	25167	32310	22940	x24692
So. Africa Customs Un	59845	29438	28853	x19195	6138
Australia/Australie	50328	41791	27841	6876	12430
Italy/Italie	36044	27618	23536	24732	12408
Netherlands/Pays–Bas	24127	26043	24751	15533	
Indonesia/Indonésie	12191	8812	17692	39292	27539
Senegal/Sénégal	x15803	18418	25773	x18495	x18642
Yugoslavia SFR	36021	24079	21279	x11687	x9978
Cuba	x1919	23970	x10038	x21936	19174
Japan/Japon	12634	17500	18126	18841	
Germany/Allemagne	26199	20924	17265	13674	8813
Turkey/Turquie	18148	15429	18209	14805	13259
New Zealand	15986	14154	17162	11406	13986
Greece/Grèce	9248	10996	9754	20023	x7983
Egypt/Egypte	21832	22829	7019	10527	21861
Jordan/Jordanie	35126	9052	4455	24634	4670
Algeria/Algérie	11618	14987	9715	11141	x6627
Thailand/Thaïlande	13389	11107	11369	12356	8894
Argentina/Argentine	7087	9158	9718	12648	5095
Switz.Liecht	8899	9720	9733	8493	4878
Spain/Espagne	9993	8271	9689	8700	7542
Austria/Autriche	11076	10961	7794	6133	5414
Sweden/Suède	5472	7215	9298	6701	5907
China/Chine	2684	18333	72	3286	282
Denmark/Danemark	8357	9089	6654	3412	2666
Chile/Chili	8137	6249	7157	4606	x5686
Bulgaria/Bulgarie	x8534	x4574	x7330	x4784	3291
Hungary/Hongrie	x8225	x5298	x3285	3393	x2786
Niger	x4711	x3360	4599	x3642	x2397
Colombia/Colombie	4455	3749	3684	3599	3035
Finland/Finlande	5006	6647	2541	868	196
Pakistan	5886	5058	3130	1655	3571
Zimbabwe	3016	x22	2165	2313	1133
Portugal	2467	2454	1744	3300	x1147
Malaysia/Malaisie	1156	1573	2615	1897	2278
Canada	3678	1975			

EXPORTS – EXPORTATIONS

COUNTRIES–PAYS	1988	1989	1990	1991	1992
Totale	1768852	1470752	x1717554	1421001	x1049023
Afrique	x312	x1520	x3181	x2517	x2226
Afrique du Nord	x24	x260	x1882	2	30
Amériques	1031521	747788	793518	748182	440669
ALAI	185889	147779	148086	150786	81156
MCAC	23		1	15	76	x8
Asie	x210176	x194808	x401603	x229436	x221172
Moyen–Orient	x177661	x157052	x357406	x184356	x170849
Europe	184618	184789	199126	164757	146905
CEE	168774	167320	177594	145381	132919
AELE	14642	16726	20523	18642	13837
Océanie	605	179	x291	2674	456
Canada	712214	507512	549536	488099	298955
Poland/Pologne	307119	274857	268315	256999	x233755
Mexico/Mexique	184789	146481	146612	149493	80075
Saudi Arabia	40702	72848	x173269	x131254	x114511
USA/Etats–Unis d'Amer	131863	90336	90957	107582	57982
Germany/Allemagne	78980	76507	82340	74842	65161
France, Monac	63881	56232	60974	40104	35470
Iraq	x78006	x27055	x102288	x1712	x1652
Former USSR/Anc. URSS	x17743	x60379	x45956	x13572	
Iran (Islamic Rp. of)	x27358	x40454	x30630	x24928	x24842
Japan/Japon	15854	23081	27884	25238	17262
Netherlands/Pays–Bas	9854	16411	15604	12271	13126
United Arab Emirates	x12289	x8718	x13792	x16093	x17244
Kuwait/Koweït	x651		x30004		
Finland/Finlande	7247	8769	10673	8707	8152
China/Chine	9969	9228	7977	7719	5817
Spain/Espagne	6813	6750	5327	7213	4816
Italy/Italie	2773	3122	5963	5977	7506
Switz.Liecht	3577	3886	4926	5565	1978
Qatar	x5602	5676	4582	2728	x4253
Singapore/Singapour	3336	3014	5648	3463	560
Belgium–Luxembourg	3165	4491	4521	2026	3282
Sweden/Suède	1543	3539	3727	2712	1997
Hungary/Hongrie	x3799	x4873	x2294	x1250	x1201
Jordan/Jordanie	2207	70	x1866	x6279	x6279
United Kingdom	2487	1994	2499	1897	3002
So. Africa Customs Un	x280	x1254	x1271	x2436	x2132
Pakistan			0	1	x4312	x4310
Korea Republic	1244	1312	1509	1358	1274
United States Virg Is		x486	x3443		
Netherlands Antilles	x1530	x1674	1153	x1635	x2567
Norway,SVD,JM	2220	517	1153	1580	x1634
Australia/Australie	604	179	287	2674	452
Czechoslovakia	x19	x305	x1845	x848	x1522
Bahrain/Bahreïn	x9807	x1163	x660	x1044	x1770
Yugoslavia SFR	1097	743	1010	x734	
Egypt/Egypte	x24	1094	x1877		2
Greece/Grèce	140		62	642	x125
Albania/Albanie	x899	x529	x1092	x17	x4
Afghanistan	x167	x66	x53	x1515	x868
Trinidad and Tobago			x1464		
Colombia/Colombie	447	206	602	495	352
Denmark/Danemark	498	689	230	345	341
Bolivia/Bolivie	599	730	178	244	5
Peru/Pérou	347	274	548	x328	x225
Bulgaria/Bulgarie	x1768	x716	x300	x73	x326
Bhutan/Bhoutan				x694	x694
Hong Kong	13	x395	202	89	26
Romania/Roumanie	x8224	35	x6	x677	x788
Thailand/Thaïlande	293	35	446	171	x440

(VALUE AS % OF TOTAL) (VALEUR EN % DU TOTAL)

	1983	1984	1985	1986	1987	1988	1989	1990	1991	1992
Africa	27.8	23.4	21.5	x26.9	23.3	28.1	20.3	27.7	x22.7	x35.1
Northern Africa	22.4	19.4	18.3	22.0	20.1	23.9	17.2	24.2	20.3	30.9
Americas	20.9	24.1	21.4	22.1	22.4	20.7	25.8	24.3	25.4	x25.6
LAIA	10.7	11.2	10.5	12.5	13.4	11.1	11.0	9.6	9.1	8.8
CACM	x0.0	0.1	0.0	0.1	0.1	0.1	0.1	0.1	0.1	x0.1
Asia	15.7	18.1	20.3	17.3	16.9	19.0	x14.1	17.4	22.2	x16.9
Middle East	1.6	1.8	2.7	3.2	2.8	2.9	1.7	1.3	2.1	1.9
Europe	31.4	27.7	30.0	26.9	21.3	19.8	x20.3	x18.1	15.4	17.3
EEC	29.6	24.6	26.3	23.6	18.9	16.6	x16.8	x15.3	13.6	14.6
EFTA	1.9	2.0	1.9	1.6	1.4	1.5	2.1	1.7	1.2	1.5
Oceania	4.1	3.7	4.0	3.2	2.5	x3.1	3.1	x2.5	0.9	x1.8
USA/Etats–Unis d'Amer	10.1	12.7	10.8	7.8	7.9	9.2	13.3	14.0	15.0	15.6
Morocco/Maroc	11.0	10.0	11.6	12.7	12.2	15.6	6.9	15.8	12.8	19.2
Former USSR/Anc. URSS				x6.2	x4.0	x11.5	x6.0	x10.4		
Saudi Arabia	0.5	0.2	0.0	0.0	0.0	x4.7	x2.4	x2.7	5.0	x10.1	x9.2	x10.9
Tunisia/Tunisie	8.1	7.1	4.4	8.0	6.3	6.8	8.1	7.5	6.4	9.1
Brazil/Brésil	8.8	8.8	8.7	9.2	7.5	6.4	7.6	5.6	5.9	6.0
India/Inde	8.1	10.3	9.4	8.0	8.0	8.0	x3.7	5.6	6.3	x3.7
France, Monac	4.8	4.0	4.9	4.2	3.9	4.3	4.7	4.0	3.2	2.6
Belgium–Luxembourg	4.3	4.5	4.3	4.4	3.3	2.9	3.4	3.2	2.9	3.8
United Kingdom	7.9	6.0	6.8	5.9	4.6	4.3	x3.3	x3.0	3.0	3.6
Korea Republic	3.4	3.5	4.0	3.7	2.8	2.9	3.6	2.8	2.4	

	1983	1984	1985	1986	1987	1988	1989	1990	1991	1992
Afrique	x0.2	x0.2	0.4	0.1	0.0	x0.0	x0.1	0.2	0.0	x0.2
Afrique du Nord	x0.0	x0.0	0.1	0.0	0.0	0.0	0.0	0.1	0.0	0.0
Amériques	50.7	59.9	66.7	60.3	60.7	58.3	50.8	46.2	52.6	42.0
ALAI	0.1	6.3	6.1	7.0	10.1	10.5	10.0	8.6	10.6	7.7
MCAC	x0.0		0.0	0.0	0.0		0.0	0.0	0.0	x0.0
Asie	x6.6	x5.3	1.1	x10.2	x6.6	x11.9	x13.3	x23.4	x16.2	x21.1
Moyen–Orient	x4.7	x3.8	0.1	x9.2	x4.9	x10.0	x10.7	x20.8	x13.0	x16.3
Europe	13.7	11.8	11.1	9.9	12.3	10.4	12.6	11.6	11.6	14.0
CEE	13.1	10.9	10.6	9.6	10.9	11.3	11.4	10.3	10.2	12.7
AELE	0.6	0.4	0.3	0.5	0.8	0.8	1.1	1.2	1.3	1.3
Océanie				x0.0	0.1			x0.0	0.2	
Canada	41.0	42.3	50.3	40.3	41.9	40.3	34.5	32.0	34.3	28.5
Poland/Pologne	28.9	22.4	20.8	19.5	19.2	17.4	18.7	15.6	18.1	x22.3
Mexico/Mexique			6.2	6.0	6.8	10.0	10.4	10.0	8.5	10.5	7.6
Saudi Arabia	0.5	0.2	0.0	0.0	0.0	x4.7	x2.4	x2.7	5.0	x10.1	x9.2	x10.9
USA/Etats–Unis d'Amer	9.7	10.4	10.3	13.0	8.6	7.5	6.1	5.3	7.6	5.5
Germany/Allemagne	5.3	4.2	5.5	5.6	6.0	4.5	5.2	4.8	5.3	6.2
France, Monac	6.7	5.8	4.4	2.9	3.6	3.6	3.8	3.6	2.8	3.4
Iraq	0.5			x1.6	x0.0	x4.4	x1.8	x6.0	x0.1	x0.2
Former USSR/Anc. URSS			0.3			x0.5	x1.0	x4.1	x2.7	x1.0
Iran (Islamic Rp. of)	x1.3	x0.1		x0.1	x0.8	x1.5	x2.8	x1.8	x1.8	x2.4

277 NATURAL ABRASIVES NES / ABRASIFS NATURELS NDA 277

TRADE BY COMMODITY IN THOUSAND U.S. DOLLARS – COMMERCE PAR PRODUIT EN MILLIERS DE DOLLARS E.U

IMPORTS – IMPORTATIONS

COUNTRIES–PAYS	1988	1989	1990	1991	1992
Total	1249274	1189166	1210719	1056964	1115148
Africa	x15837	x12403	23801	x13508	x10740
Northern Africa	4478	3873	6149	5423	x5766
Americas	186502	x200378	226276	180680	179175
LAIA	12310	16202	15475	21962	14040
CACM	280	373	422	428	x154
Asia	445107	341582	344044	337464	383213
Middle East	x10775	x8140	x7039	x8893	x13565
Europe	532523	593434	579924	496275	522994
EEC	444490	496707	475687	413288	428912
EFTA	84455	94402	101251	80632	92377
Oceania	x10641	x9489	x8504	x21021	x12202
USA/Etats–Unis d'Amer	154395	164647	193697	144144	151418
Japan/Japon	140323	151008	145936	145100	136409
Belgium–Luxembourg	96784	113850	108618	110090	131038
United Kingdom	145390	134116	106125	57921	46525
Germany/Allemagne	69416	86592	86551	89266	93463
Italy/Italie	59243	76674	87109	77288	77875
Korea Republic	57712	62188	71949	80472	71095
Switz.Liecht	60795	69568	75954	56935	69506
Thailand/Thaïlande	170710	46134	40726	35942	32137
Israel/Israël	26135	28714	28222	20373	15298
Netherlands/Pays–Bas	20559	27053	20263	15531	16189
France, Monac	20538	21722	21214	18352	18141
Spain/Espagne	11541	11438	18438	17897	17551
Hong Kong	11789	14806	14494	15970	26245
Canada	18467	14627	15075	13138	12822
Austria/Autriche	12958	14836	13603	13810	14252
Australia/Australie	9996	8928	7928	20613	11590
Brazil/Brésil	7423	10601	8314	14385	6965
Singapore/Singapour	2435	7407	15372	5775	46983
So. Africa Customs Un	9688	7812	13857	x5294	x3455
Greece/Grèce	5834	8379	8775	9310	x11078
Sweden/Suède	7844	7831	9486	8359	6632
Ireland/Irlande	7547	8313	9884	7201	6784
Portugal	5183	6579	6674	8459	8448
Poland/Pologne	9045	8700	7965	3877	x1261
China/Chine	6475	4294	6204	9389	15051
Bulgaria/Bulgarie	x7130	x7611	x10094	x659	1039
India/Inde	1539	x10649	2284	2386	x15736
Sri Lanka	2494	3505	6006	3509	4043
Turkey/Turquie	2808	3503	3080	3440	3832
Romania/Roumanie	x18513	x4783	x4950	1	x2393
Mexico/Mexique	2961	3268	2668	2869	2798
Iran (Islamic Rp. of)	x2555	x1406	x2874	x3850	x4446
Tunisia/Tunisie	1642	1471	3127	2521	2801
Yugoslavia SFR	2960	2224	2669	x1698	
Former GDR	x19767	x5499	x807		
Denmark/Danemark	2457	1991	2038	1973	1821
Hungary/Hongrie	x1592	x2574	x1510	1497	x1302
Czechoslovakia	x1427	1954	2248	x1372	x831
Suriname/Suriname	x515	x4019	x697	x436	x353
Mauritius/Maurice	x411		3118	2002	823
Malaysia/Malaisie	2054	1320	2065	1696	x2251
Morocco/Maroc	1303	1090	1842	2071	1582
Philippines	443	x695	655	3402	333
Venezuela	297	644	1487	1548	1030
Indonesia/Indonésie	1068	1038	1015	1345	1739
Finland/Finlande	1446	1260	937	795	540
Norway, SVD, JM	1309	817	1195	1389	
Saudi Arabia	1718	2263	x238	x111	x1277
Macau/Macao	1188	806	752	721	490

EXPORTS – EXPORTATIONS

COUNTRIES–PAYS	1988	1989	1990	1991	1992
Totale	809539	738291	953455	845350	684461
Afrique	x44554	x37403	x284169	x198509	x20520
Afrique du Nord	x239	x14	3690	982	972
Amériques	188257	x191946	x181840	199677	206061
ALAI	5999	6599	5400	6289	4298
MCAC	295	243	282	154	x133
Asie	131537	x129730	94680	92787	x128494
Moyen–Orient	x21006	16760	16752	13001	13499
Europe	377817	349212	351352	319516	314045
CEE	322428	283821	279845	258409	238816
AELE	55185	65242	71424	60412	74765
Océanie	x34618	3640	2101	3669	x10541
USA/Etats–Unis d'Amer	173660	179744	169199	189095	198029
Angola	x253		242762	165270	
Belgium–Luxembourg	98719	123621	112453	92402	87951
United Kingdom	43485	66716	69717	72279	55144
Switz.Liecht	51777	62689	69717	58235	72966
Germany/Allemagne	35642	41279	36081	52560	52756
Former USSR/Anc. URSS	x15529	x15347	x27166	x23016	
Netherlands/Pays–Bas	33818	24517	24049	16633	11514
Hong Kong	6719	15655	13861	20441	27963
China/Chine	18263	25666	14316	7606	15709
Turkey/Turquie	17365	15645	15346	12457	12949
Indonesia/Indonésie	9530	13079	12483	15543	8809
Italy/Italie	10971	12599	12826	12610	12299
Japan/Japon	13305	13748	12202	10872	11589
Zaire/Zaïre	x12219	x18876	x10801	x7042	x3326
So. Africa Customs Un	x9671	x9762	x9194	x9541	x4630
Thailand/Thaïlande	40386	9539	8772	9752	x6891
India/Inde	10330	x15602	6224	5661	x10929
Ghana	x15698		x12437	x13988	x10543
Greece/Grèce	6585	7483	8516	5248	x11525
Singapore/Singapour	659	13095	1657	2158	21345
Poland/Pologne	4224	4563	6190	4337	x373
Israel/Israël	4446	5221	5303	3976	2746
France, Monac	4680	4680	4110	4220	4752
Romania/Roumanie	x6871	x4115	x3649	x3185	x3425
Canada	7711	3930	3141	3753	3268
Ecuador/Equateur	2863	3999	2912	2697	2749
Australia/Australie	34458	3558	1994	3642	10484
Sri Lanka	x159	896	2732	3342	6259
Mexico/Mexique	2783	1926	1674	2584	1178
Panama	x333	x1407	x3437	x334	x314
Tunisia/Tunisie			3604	900	966
Sierra Leone	x970	x3961	x73	x288	x72
Ireland/Irlande	71342	1868	966	1129	1775
Iceland/Islande	2380	1745	983	1113	1364
Spain/Espagne	796	917	1257	1233	
Cote d'Ivoire	x2738	x877	x1655	x266	1000
Bulgaria/Bulgarie	x3696	x481	x1762	x226	x515
Central African Rep.	x36	1691	x220	x264	x146
Hungary/Hongrie	x623	x865	x346	x342	x306
Argentina/Argentine	193	367	424	432	302
Austria/Autriche	264	245	389	588	267
Mauritius/Maurice	x20		1197	16	13
Congo	x1036	x382	x796	x12	x27
Sweden/Suède	663	492	284	400	145
Iran (Islamic Rp. of)	x170	x202	x804	x106	x112
Un. Rep. of Tanzania	x774	x962	x131	x8	
Yugoslavia SFR	190	147	83	x686	
United Arab Emirates	x3116	x500	x270	x131	x88
Ethiopia/Ethiopie			x789		

(VALUE AS % OF TOTAL) (VALEUR EN % DU TOTAL)

	1983	1984	1985	1986	1987	1988	1989	1990	1991	1992		1983	1984	1985	1986	1987	1988	1989	1990	1991	1992
Africa	1.7	0.9	1.1	x1.0	0.9	1.3	x1.1	1.9	x1.3	x1.0	Afrique	x15.8	x9.8	4.0	x3.9	x3.5	x5.5	x5.0	x29.8	x23.5	x3.0
Northern Africa	0.6	0.6	0.8	0.5	0.5	0.4	0.3	0.5	0.5	x0.5	Afrique du Nord	0.0	x0.0	0.0	x0.0	x0.0	x0.0	x0.0	0.4	0.1	0.1
Americas	17.8	21.4	22.4	19.3	16.6	14.9	x16.9	18.6	17.1	16.0	Amériques	x29.0	x27.4	29.3	x23.4	23.3	x26.0	x19.1	23.6	30.1	
LAIA	1.1	1.4	1.6	1.4	1.3	1.0	x1.4	1.3	2.1	1.3	ALAI	x0.1	0.1	x0.0	x0.3	0.6	0.7	0.9	x0.6	0.7	0.6
CACM	x0.0	0.0	0.0	0.1	0.1	0.0	0.0	0.0	0.0	x0.0	MCAC	x0.0	0.0	0.0	0.0	0.1	0.0	0.0	0.0	0.0	0.0
Asia	21.3	20.7	21.9	23.9	26.8	35.6	28.7	28.4	32.0	34.4	Asie	x1.4	2.8	3.0	x4.3	9.5	16.3	x17.6	9.9	11.0	x18.8
Middle East	x0.7	x0.7	0.5	x0.7	x0.9	x0.9	x0.7	x0.6	x0.8	x1.2	Moyen–Orient	x0.2	0.2	x0.4	x0.7	3.2	x2.6	2.3	1.8	1.5	2.0
Europe	56.6	55.0	52.6	53.7	50.0	42.6	49.9	47.9	47.0	46.9	Europe	51.6	58.6	62.7	61.1	59.0	46.7	47.3	36.9	37.8	45.9
EEC	46.8	46.3	44.7	45.4	42.5	35.6	41.8	39.3	39.1	38.5	CEE	40.9	48.5	53.1	51.3	51.5	39.8	38.4	29.4	30.6	34.9
EFTA	9.8	8.3	7.3	7.8	7.2	6.8	7.9	8.4	7.6	8.3	AELE	10.7	10.1	9.6	9.8	7.5	6.8	8.8	7.5	7.1	10.9
Oceania	0.8	x0.9	0.9	x0.9	x1.1	0.8	0.8	0.7	2.0	x1.1	Océanie	2.2	1.3	0.9	x1.5	x0.4	x4.3	0.0	0.2	0.4	x1.5
USA/Etats–Unis d'Amer	15.0	18.2	19.2	16.2	13.2	12.4	13.8	16.0	13.6	13.6	USA/Etats–Unis d'Amer	28.6	26.9	29.0	27.9	22.3	21.5	24.3	17.7	22.4	28.9
Japan/Japon	14.2	13.5	13.2	13.4	13.1	11.2	12.7	12.1	13.7	12.2	Angola								25.5	19.6	
Belgium–Luxembourg	18.7	15.7	13.4	11.8	12.9	7.7	9.6	9.0	10.4	11.8	Belgium–Luxembourg	19.1	20.1	19.6	16.2	12.8	12.2	16.7	11.8	10.9	12.8
United Kingdom	7.1	6.9	6.6	7.5	6.6	11.3	8.8	5.5	4.2		United Kingdom	4.3	3.8	5.4	5.2	13.8	12.2	9.0	8.3	8.6	8.1
Germany/Allemagne	7.9	7.2	7.8	7.9	7.5	5.6	7.3	7.1	8.4	8.4	Switz.Liecht	10.3	9.7	9.2	9.4	6.8	6.4	8.5	7.3	6.9	10.7
Italy/Italie	5.2	5.1	4.7	5.3	6.5	4.7	6.4	7.2	7.3	7.0	Germany/Allemagne	4.2	4.1	5.5	5.4	4.7	4.4	5.6	3.8	6.2	7.7
Korea Republic	2.7	2.9	3.0	3.5	4.6	4.6	5.2	5.9	7.6	6.4	Former USSR/Anc. URSS					x1.7	x1.9	x2.1	x2.8	x2.7	
Switz.Liecht	8.0	6.3	5.4	5.8	5.0	4.9	5.9	6.3	5.4	6.2	Netherlands/Pays–Bas	3.2	4.5	4.0	6.1	3.9	4.2	3.3	2.5	2.0	1.7
Thailand/Thaïlande	0.1	0.1	0.1	0.1	0.3	13.7	3.9	3.4	3.4	2.9	Hong Kong	0.0	0.2	0.5	1.0	0.9	0.8	2.1	1.5	2.4	4.1
Israel/Israël	2.3	1.9	2.3	3.1	3.3	2.1	2.4	2.3	1.9	1.4	China/Chine					1.7	2.3	3.5	1.5	0.9	2.3

278 OTHER CRUDE MINERALS / AUTRES MINERAUX BRUTS 278

TRADE BY COMMODITY IN THOUSAND U.S. DOLLARS – COMMERCE PAR PRODUIT EN MILLIERS DE DOLLARS E.U

COUNTRIES–PAYS	IMPORTS – IMPORTATIONS					COUNTRIES–PAYS	EXPORTS – EXPORTATIONS				
	1988	1989	1990	1991	1992		1988	1989	1990	1991	1992
Total	6566272	7323883	7567777	7199589	7128899	Totale	x6024201	x6373963	6305035	6199786	6101764
Africa	x204603	x213507	x222575	x228969	x220258	Afrique	444702	466785	439249	x426417	x379343
Northern Africa	72997	79792	91800	86274	x92501	Afrique du Nord	39408	44130	43908	47306	40473
						Amériques	1644970	1848785	1765942	x1806471	x1798172
Americas	1018968	1240556	1252083	1094324	1083637	ALAI	245622	271244	268734	243329	278607
LAIA	289542	275451	258780	302757	304365	MCAC	1856	1477	1598	1585	x2683
CACM	14762	12995	19483	14591	x13945						
						Asie	1047854	1123613	1024466	1010498	x1048178
Asia	x1645071	x1843527	1922554	2000448	x1973507	Moyen–Orient	271786	267498	227087	216392	206141
Middle East	x111365	x128656	x131898	x109887	x117715						
Europe	3276691	3522538	3785539	3546837	3695885	Europe	2177481	2325617	2507073	2432412	2555648
EEC	2501399	2753783	2978361	2825612	2911311	CEE	1955876	2091930	2222233	2169306	2270050
EFTA	687080	673437	719675	688584	739250	AELE	210936	222430	275914	255463	276814
Oceania	x50452	55837	x47864	x49606	x54267	Océanie	x124909	x137867	x154883	x188063	x205114
Japan/Japon	880781	1055701	1077373	1116675	1016106	USA/Etats–Unis d'Amer	746805	835096	888762	937995	963195
Germany/Allemagne	688962	764357	793177	774058	838572	Canada	610144	692817	548219	519828	451381
USA/Etats–Unis d'Amer	488556	687191	708922	553511	542534	United Kingdom	515175	500604	530568	513306	494879
Italy/Italie	395927	438221	503144	495387	488678	Germany/Allemagne	392652	453799	521154	525263	567142
France,Monac	376155	390714	410985	424957	414056	China/Chine	365992	442582	414749	385579	427972
United Kingdom	289547	372002	392980	287589	295670	France,Monac	270855	259726	309524	296244	306165
Belgium–Luxembourg	248093	253055	274426	261660	285057	So. Africa Customs Un	x229026	x319971	x261080	x265276	x230654
Netherlands/Pays–Bas	221386	226164	252988	251038	263312	Netherlands/Pays–Bas	229387	235181	262511	277632	280911
Canada	202368	215536	229492	195781	197079	Turkey/Turquie	250760	251731	215981	204405	193936
Korea Republic	156715	185467	191564	226691	236488	Former USSR/Anc. URSS	x223011	x256164	x203525	x204157	
Finland/Finlande	194071	195898	209521	196151	204999	Spain/Espagne	142334	231099	151082	150827	169125
Spain/Espagne	143217	171639	184014	170707	166459	Belgium–Luxembourg	144862	156646	181315	175255	177557
Sweden/Suède	178818	169019	173382	168430	171208	Australia/Australie	117515	129588	144787	175115	191294
Former USSR/Anc. URSS	x130166	x190638	x126980	x140082		Mexico/Mexique	112307	123898	107387	123577	125380
Austria/Autriche	126972	133026	152010	146055	179596	Japan/Japon	101092	103360	125422	113389	117500
Mexico/Mexique	114611	103622	102180	118276	118385	Austria/Autriche	108946	106365	114072	104772	105575
Norway,SVD,JM	102982	97669	104106	103962	109228	Italy/Italie	91247	88102	86744	84430	95196
Indonesia/Indonésie	45794	103640	98926	91268	101476	Brazil/Brésil	89762	90238	81379	65121	x106757
Thailand/Thaïlande	62779	79214	85696	107588	109478	Greece/Grèce	x46782	x72139	x71499	x90107	x76729
India/Inde	88161	x66880	99821	86118	x84291	Czechoslovakia					
						Norway,SVD,JM	54698	61802	81023	77483	89570
Yugoslavia SFR	85261	92497	82715	x29906	65951	Zimbabwe	x117913	x65867	72117	54238	x63864
Switz.Liecht	75476	68195	70458	64547	x84175	India/Inde	49486	x34207	x45710	x83986	x59155
Malaysia/Malaisie	47665	63536	65927	69773	x26792	Bahamas	28858	48784	56941	50983	54028
Czechoslovakia	51919	69944	45050	x35033	51919	Denmark/Danemark	53184	46619	48737	45569	40512
Denmark/Danemark	x31466	43419	52042	51166	x46674	Korea Republic	41292	46619	x64338	x8931	x11313
So. Africa Customs Un	23786	41000	50780	x52811	55248	Bulgaria/Bulgarie	x24963	x48695	x34650	x44459	x34134
Venezuela	59986	38161	43340	57144	51239	Korea Dem People's Rp	x68703	x32644	31240	33974	27082
Portugal	35491	38694	48710	46661	x32269	Morocco/Maroc	26615	29973	31240	31482	34170
Poland/Pologne	69810	42172	47788	29873	x11954	Hong Kong	28737	31129	28620	31482	34170
Romania/Roumanie	x47862	46038	42672	28797		Former GDR	x255440	x51877	x33689		
Turkey/Turquie	29505	36744	37811	40974	38800	Finland/Finlande	20803	23564	29916	29724	31863
Brazil/Brésil	29077	41641	36028	32641	37052	Thailand/Thaïlande	26477	26063	29503	27483	x31940
Singapore/Singapour	28661	30908	38394	38822	46516	Israel/Israël	19415	23331	28556	26368	24578
Hong Kong	31164	37009	34853	32573	39352	Singapore/Singapour	16432	19897	21669	27018	26002
Bulgaria/Bulgarie	x20996	x43711	28304	x47567	x9092	Sweden/Suède	19069	20461	22427	19611	20774
Philippines	23973	x22973	28304	24803	36598	Kenya	32079	x4696	24641	28257	x4737
Ireland/Irlande	30132	28123	32237	32596	30438	Romania/Roumanie	x10502	22229	20438	14420	x8647
Greece/Grèce	20510	27396	33655	29793	x25909	Madagascar	10857	x13435	17411	11025	x9434
Australia/Australie	26030	34812	27831	27431	29604	Indonesia/Indonésie	6479	9970	11537	16341	17685
Hungary/Hongrie	x21981	x31151	x22865	35576	x20271						
						Chile/Chili	8374	9208	17444	10667	x20615
Colombia/Colombie	24474	28949	25517	26153	32745	Senegal/Sénégal	x9351	10524	12952	x9842	x14284
Egypt/Egypte	27444	26540	25700	20626	25135	Poland/Pologne	12557	10620	11785	8892	x11024
Israel/Israël	14918	17565	27532	27454	23069	New Zealand	7381	7867	10076	12371	13059
Algeria/Algérie	18148	27101	23747	21034	x19245	Yugoslavia SFR	9351	9305	8507	x5661	
Iran (Islamic Rp. of)	x6205	x20599	x35476	x10595	x26160	Iceland/Islande	8328	6943	8602	7586	7035
Argentina/Argentine	24850	23696	17635	23391	21695	Tunisia/Tunisie	6031	7346	6965	8594	9080
Nigeria/Nigéria	x26180	x28944	x17546	x16279	x16128	Switz.Liecht	6945	6301	8524	7669	10072
Chile/Chili	14686	19054	16173	21054	x18353	Malaysia/Malaisie	5468	6573	7018	8234	x9383
Tunisia/Tunisie	11224	11417	21015	18126	22023	Hungary/Hongrie	x6834	x6697	x6611	x8411	x6097
Saudi Arabia	10613	13871	x16966	x14048	x19439						

(VALUE AS % OF TOTAL)(VALEUR EN % DU TOTAL)

	1983	1984	1985	1986	1987	1988	1989	1990	1991	1992		1983	1984	1985	1986	1987	1988	1989	1990	1991	1992
Africa	x3.3	4.2	4.4	x3.8	x3.4	x3.2	x3.0	x3.0	x3.1	x3.1	Afrique	9.3	7.4	8.9	8.6	x6.8	x7.4	x7.3	6.9	x6.9	x6.2
Northern Africa	1.2	1.1	1.5	1.0	1.0	1.1	1.1	1.2	1.2	1.3	Afrique du Nord	0.7	0.7	0.7	0.6	0.6	0.7	0.7	0.7	0.8	0.7
											Amériques	26.1	28.6	35.8	33.4	27.7	27.3	29.0	28.0	x29.1	x29.5
Americas	14.0	17.5	21.6	17.4	15.7	15.5	16.9	16.5	15.2	15.2	ALAI	1.8	4.6	8.5	6.2	4.2	4.1	4.3	4.3	3.9	4.6
LAIA	2.6	4.2	8.2	5.2	4.7	4.4	3.8	3.4	4.2	4.3	MCAC	x0.0	0.1	0.1	0.1	0.0	0.0	0.0	0.0	0.0	x0.0
CACM	x0.2	0.2	0.3	0.3	0.2	0.2	0.2	0.2	0.2	0.2											
											Asie	5.5	9.4	15.2	14.0	15.4	17.4	17.6	16.3	16.3	x17.2
Asia	24.1	23.0	24.5	23.1	x22.0	x25.0	x25.2	25.4	27.8	x27.7	Moyen–Orient	0.2	x4.3	4.9	4.6	4.1	4.5	4.2	3.6	3.5	3.4
Middle East	x2.3	x2.4	1.5	x1.7	x1.4	x1.7	x1.8	x1.7	x1.5	x1.7											
Europe	45.6	43.7	45.6	52.1	49.7	49.9	48.1	50.0	49.3	51.8	Europe	34.0	30.3	36.3	40.3	37.9	36.1	36.5	39.8	39.2	41.9
EEC	37.3	34.1	34.8	40.4	38.2	38.1	37.6	39.4	39.2	40.8	CEE	31.3	27.5	33.0	36.5	34.2	32.5	32.8	35.2	35.0	37.2
EFTA	8.3	7.9	8.9	10.1	9.9	10.5	9.2	9.5	9.6	10.4	AELE	2.6	2.6	3.1	3.6	3.3	3.5	3.5	4.4	4.1	4.5
Oceania	0.9	x1.0	1.0	x0.9	x0.8	x0.8	0.8	x0.6	x0.7	x0.7	Océanie	x1.9	x1.8	2.2	x2.1	x1.9	x1.7	x2.2	x2.5	x3.0	x3.3
Japan/Japon	13.0	13.2	14.9	13.6	12.1	13.4	14.4	14.2	15.5	14.3	USA/Etats–Unis d'Amer	12.0	11.5	13.4	13.4	12.7	12.4	13.1	14.1	15.1	15.8
Germany/Allemagne	10.2	9.4	10.2	12.6	11.1	10.5	10.4	10.5	10.8	11.8	Canada	12.0	11.9	13.5	12.7	9.9	10.1	10.9	8.7	8.4	7.4
USA/Etats–Unis d'Amer	8.6	10.2	9.9	8.1	6.8	7.4	9.4	9.4	7.7	7.6	United Kingdom	7.1	6.3	8.0	8.4	8.5	8.5	7.9	8.4	8.3	8.1
Italy/Italie	5.2	5.3	5.4	6.2	6.0	6.0	6.0	6.6	6.9	6.9	Germany/Allemagne	5.6	4.7	5.9	7.1	6.9	6.5	7.1	8.3	8.5	9.3
France,Monac	5.4	5.1	5.1	5.7	5.6	5.7	5.3	5.4	5.9	5.8	China/Chine			3.7	3.5	5.6	6.1	6.9	6.6	6.2	7.0
United Kingdom	3.9	3.7	4.1	4.3	4.1	4.4	5.1	5.2	4.0	4.1	France,Monac	3.6	3.3	4.3	4.9	4.5	4.5	4.1	4.9	4.8	5.0
Belgium–Luxembourg	3.2	2.9	2.9	3.5	3.6	3.8	3.5	3.6	3.6	4.0	So. Africa Customs Un	6.1	5.1	5.5	5.2	3.8	x3.8	x5.0	x4.1	x4.3	x3.8
Netherlands/Pays–Bas	4.7	3.9	3.0	3.4	3.4	3.1	3.1	3.3	3.5	3.7	Netherlands/Pays–Bas	3.8	3.7	4.5	4.4	3.7	3.8	3.7	4.2	4.5	4.6
Canada	2.4	2.5	2.9	3.0	3.3	3.1	2.9	3.0	2.7	2.8	Turkey/Turquie			4.1	4.7	4.4	3.7	4.2	3.9	3.4	3.3
Korea Republic	1.6	1.7	1.9	2.2	2.1	2.4	2.5	2.5	3.1	3.3	Former USSR/Anc. URSS	21.8	21.1			x4.1	x3.7	x4.0	x3.2	x3.3	

281 IRON ORE, CONCENTRATES

TRADE BY COMMODITY IN THOUSAND U.S. DOLLARS – COMMERCE PAR PRODUIT EN MILLIERS DE DOLLARS E.U

IMPORTS – IMPORTATIONS

COUNTRIES–PAYS	1988	1989	1990	1991	1992
Total	8600899	9821854	10544956	11174629	10326054
Africa	43292	x39599	63345	x80396	x125857
Northern Africa	42453	28457	57015	74665	x120829
Americas	892453	987905	970440	807614	813718
LAIA	121977	144874	131025	119081	146575
CACM	x4		x2158	x11	x6
Asia	3887453	4406107	4777242	5607396	5309017
Middle East	143401	218015	x205072	x245086	x247708
Europe	3339511	3842064	4221947	4160815	3962200
EEC	3064711	3542760	3925770	3905475	3697010
EFTA	209081	228798	255215	245569	263427
Oceania	5581	30858	47536	43951	51469
Japan/Japon	2852676	3147021	3374087	3640499	3192779
Germany/Allemagne	1169710	1331450	1473773	1455487	1425650
Korea Republic	424635	493530	560385	828420	880078
USA/Etats–Unis d'Amer	567944	608860	645638	492287	449386
United Kingdom	472594	505038	591361	512707	478498
France, Monac	379417	474942	511967	522875	490925
Italy/Italie	350289	461614	466437	502304	433649
Belgium–Luxembourg	391845	409814	484804	499309	473726
China/Chine	259961	329950	394135	565859	766282
Spain/Espagne	140814	193957	206987	233176	204735
Romania/Roumanie	x60898	185071	153060	188481	
Canada	181608	197485	146616	159769	x13601
Netherlands/Pays–Bas	146020	143824	174087	160979	184160
Austria/Autriche	144611	143737	152932	134841	171249
Czechoslovakia	x122887	194727	167243	x34456	147731
Poland/Pologne	157367	78548	96736	196293	x16569
Argentina/Argentine	102351	137010	126487	99730	x14625
Indonesia/Indonésie	31736	85431	109290	102697	138704
Finland/Finlande	51843	73985	89988	102697	119136
Turkey/Turquie	54909	80911	69673	101615	73924
Saudi Arabia	49107	79098	x57963	x47686	x66944
Egypt/Egypte	40383	25520	54529	72106	78099
Malaysia/Malaisie	15314	37272	58689	51934	x26857
Pakistan	46873	46781	36887	53642	48808
Philippines	30	x36044	1201	89468	1959
Australia/Australie	5574	30705	47522	43946	51443
Yugoslavia SFR	65718	70505	40958	x9769	
Trinidad and Tobago	20204	36059	44544	36427	33555
Qatar	20781	28858	36303	32586	x19655
Hungary/Hongrie	x15595	x14412	x24152	53814	x8814
Iran (Islamic Rp. of)	x12	x7925	x14847	x48444	x59891
Former GDR	75158	x41941	x23028		
Portugal	12921	20390	14887	16826	16986
Korea Dem People's Rp	x23276	x9608	x14798	x24064	x24721
Sweden/Suède	5909	9090	10091	15689	13673
Bahrain/Bahreïn	x2206	x8226	x13928	x10774	x18146
United Arab Emirates	x8542	x8006	x10607	x3882	x8339
Nigeria/Nigéria	x47	x9219	x1573	x4442	x4480
Viet Nam			x13244		x124
India/Inde	1393	x1854	6342	4641	x19
Brazil/Brésil	45	26	2342	6912	145
Paraguay	x2430	2880	1460	4681	3588
Mexico/Mexique	16611	4272	157	4105	3829
Tunisia/Tunisie	1397	2630	2205	2275	2153
Kenya	627	x42	4570	x26	x328
Denmark/Danemark	944	1410	1109	1005	1127
Norway, SVD, JM	5267	925	943	1147	3352
So. Africa Customs Un	11	1783	5	x978	x42
Iceland/Islande	1032	834	933	917	790
Venezuela	108	12	65	2217	224

EXPORTS – EXPORTATIONS

COUNTRIES–PAYS	1988	1989	1990	1991	1992
Totale	x7060835	x7957544	x7923241	x9795402	x7880976
Afrique	x602968	x655359	x689635	x689933	x572279
Afrique du Nord	1810	x3962	x4182	x5214	x6827
Amériques	3241512	3729195	3791753	4181866	x3898731
ALAI	2254219	2706917	2923220	3196778	x3043285
MCAC	x2		0		
Asie	518210	983058	624674	722859	x797130
Moyen–Orient	x3177	x1374	x17051	x6896	x6864
Europe	486226	517426	579086	532155	591515
CEE	67408	54530	60113	74805	63114
AELE	418339	462552	515235	454790	527985
Océanie	x665076	x1027705	1457082	x2195711	x2016392
Brazil/Brésil	1889031	2232496	2406931	2599533	2384882
Australia/Australie	651867	1014082	1446593	2154095	1979979
Former USSR/Anc. URSS	x1546839	x1044425	x777151	x1471770	
Canada	793334	797040	722429	777732	665416
India/Inde	461528	x785464	578179	583384	x743965
Sweden/Suède	375211	412319	453137	390571	461036
So. Africa Customs Un	x237332	x374655	x395923	x406078	x321926
Venezuela	x246592	x347750	325714	353061	x329756
Mauritania/Mauritanie	x140495	x219566	x254772	x255940	x216739
USA/Etats–Unis d'Amer	193928	192796	124088	181132	186869
Chile/Chili	112066	125997	138434	158072	x234987
Philippines	708	x177360	956	78491	396
Norway, SVD, JM	42886	50119	62077	63899	66866
Peru/Pérou	5	7	47522	x79600	x88955
Liberia/Libéria	219700	x55589	x28910	x13662	x20279
France, Monac	30027	27126	31076	29626	28791
Cuba		x32362	x21849	x19426	
Spain/Espagne	19738	15596	18724	27810	23565
Korea Dem People's Rp	x46989	x12119	x12941	x29262	x20993
New Zealand	12238	12692	10489	11294	15314
New Caledonia					
Korea Republic	x5392	x6310	x6564	x26355	x20809
Indonesia/Indonésie	312	1		x5448	x5205
Netherlands/Pays–Bas			x8531	x9588	0
Saudi Arabia	7741	6146	5396	4853	2964
Afghanistan	68	58	x11948	x6	x5
Mozambique				x9221	
Bahrain/Bahreïn	x1333	x1288	x3183	x4851	x4168
Trinidad and Tobago		x80	x2994	x2872	x4128
Yugoslavia SFR	479		344	x6589	x1399
			3738	x2560	
Greece/Grèce	5230	1045	37	x5453	x2457
Morocco/Maroc	1400	1615	1431	3386	2999
Lebanon/Liban			x2090	x3812	x617
Belgium–Luxembourg	2142	1469	2471	1613	1397
Bulgaria/Bulgarie			x3861	x1107	x998
Egypt/Egypte		x750	x2503	x1297	x2187
Germany/Allemagne	1363	1012	755	2657	2636
Paraguay		x34	x3745	64	
Italy/Italie	703	1615	987	965	708
Mexico/Mexique	6215	0	85	3035	1441
Rwanda					
Argentina/Argentine	x92		x1516	x1427	x1210
Nauru	x902			x2710	x2630
Zaire/Zaïre			x1142	x2642	
Bolivia/Bolivie	218	577	787	x1051	x752
Gabon		x1		702	634
Central African Rep.		x1587		x1683	
Libyan Arab Jamahiriya		x1345	65		
Samoa				x1326	
Ireland/Irlande				x1212	1

(VALUE AS % OF TOTAL)(VALEUR EN % DU TOTAL)

	1983	1984	1985	1986	1987	1988	1989	1990	1991	1992
Africa		0.1	0.2	x0.1	x0.3	0.5	x0.4	0.6	x0.7	x1.2
Northern Africa	0.0	x0.0	0.0	0.1	0.3	0.5	0.3	0.5	0.7	x1.2
Americas	10.7	11.6	10.7	10.7	9.6	10.4	10.0	9.2	7.2	7.8
LAIA	0.8	0.8	0.9	1.4	1.2	1.4	1.5	1.2	1.1	1.4
CACM	x0.0		x0.0	x0.0		x0.0		x0.0	x0.0	x0.0
Asia	46.8	45.8	45.4	44.6	43.7	45.2	44.8	45.3	50.2	51.4
Middle East	x0.5	x1.4	1.1	x1.8	x1.5	1.7	2.2	1.9	x2.2	2.4
Europe	34.9	35.5	37.3	37.7	36.9	38.8	39.1	40.0	37.2	38.4
EEC	33.4	33.0	34.7	35.5	34.5	35.6	36.1	37.2	34.9	35.8
EFTA	1.5	2.0	1.9	1.8	2.0	2.4	2.3	2.4	2.2	2.6
Oceania					0.1	0.3	0.5	0.4		0.5
Japan/Japon	42.2	39.6	36.2	33.2	31.7	33.2	32.0	32.0	32.6	30.9
Germany/Allemagne	13.0	12.8	13.4	15.3	13.6	13.6	13.6	14.0	13.0	13.8
Korea Republic	3.4	3.5	3.8	3.5	4.8	4.9	5.0	5.3	7.4	8.5
USA/Etats–Unis d'Amer	7.1	7.8	6.6	6.5	5.8	6.6	6.2	6.1	4.4	4.4
United Kingdom	4.8	3.8	4.4	4.4	5.3	5.5	5.1	5.6	4.6	4.6
France, Monac	4.2	4.2	4.3	4.2	3.6	4.4	4.8	4.9	4.7	4.6
Italy/Italie	4.7	5.3	4.9	4.7	4.3	4.1	4.7	4.4	4.5	4.2
Belgium–Luxembourg	3.7	3.8	4.1	4.0	4.1	4.6	4.2	4.6	4.5	4.2
China/Chine			2.9	4.0	3.3	3.0	3.4	3.7	5.1	7.4
Spain/Espagne	1.5	1.3	1.5	1.5	1.2	1.6	2.0	2.0	2.1	2.0

	1983	1984	1985	1986	1987	1988	1989	1990	1991	1992
Afrique	9.1	9.5	8.1	x9.8	7.4	8.6	x8.2	x8.7	7.0	x7.3
Afrique du Nord	0.3	0.2	0.0	x0.1	0.0	0.0	0.0	x0.1	x0.1	x0.1
Amériques	42.6	44.0	50.7	51.0	40.7	45.9	46.8	47.9	42.7	x49.5
ALAI	27.7	28.2	31.5	33.3	27.6	31.9	34.0	36.9	32.6	x38.6
MCAC	0.0	0.0	0.0	0.0	0.0	0.0		0.0		
Asie	6.0	5.6	8.4	8.2	6.4	7.3	x12.4	7.9	7.4	x10.1
Moyen–Orient	x0.0	0.0	0.0	x0.7	0.0	x0.0	x0.0	x0.2	x0.1	0.1
Europe	5.6	6.3	8.0	7.9	6.3	6.9	6.5	7.3	5.4	7.5
CEE	0.7	0.6	0.8	0.9	0.8	1.0	0.7	0.8	0.8	0.8
AELE	4.9	5.7	7.2	7.0	5.5	5.9	5.8	6.5	4.6	6.7
Océanie	22.0	x20.7	24.9	23.0	16.9	x9.4	x12.9	18.4	x22.4	x25.6
Brazil/Brésil	23.1	23.1	28.9	28.1	22.7	26.8	28.1	30.4	26.5	30.3
Australia/Australie	21.6	20.4	24.6	22.6	16.7	9.2	12.7	18.3	22.0	25.1
Former USSR/Anc. URSS	14.6	13.9		x22.3	x21.9	x13.1	x9.8	15.0		
Canada	12.0	12.3	15.0	13.9	10.3	11.2	10.0	9.1	7.9	8.4
India/Inde	5.9	5.6	8.3	7.5	6.0	6.5	x9.9	7.3	6.0	x9.4
Sweden/Suède	3.9	4.7	6.3	6.1	4.7	5.3	5.2	5.7	4.0	5.8
So. Africa Customs Un	2.7	3.1	3.4	2.8	2.0	x3.4	x4.7	x5.0	x4.1	4.1
Venezuela	x2.4	x2.7		x3.5	x2.9	x3.5	x4.4	4.1	3.6	x4.2
Mauritania/Mauritanie	2.0	2.1		x2.5	x2.3	x2.0	x2.8	x3.2	x2.6	x2.8
USA/Etats–Unis d'Amer	2.8	3.4	4.2	3.6	2.8	2.7	2.4	1.6	1.8	2.4

282 IRON AND STEEL SCRAP — FERRAILLES 282

TRADE BY COMMODITY IN THOUSAND U.S. DOLLARS – COMMERCE PAR PRODUIT EN MILLIERS DE DOLLARS E.U

IMPORTS – IMPORTATIONS

COUNTRIES–PAYS	1988	1989	1990	1991	1992
Total	6001452	6442272	6113657	5242142	5088379
Africa	1626	x8414	31086	x18552	x18942
Northern Africa	1265	5157	30396	17040	14759
Americas	450850	516062	400750	321304	388440
LAIA	196354	184346	124964	93014	138822
CACM	1269	2740	5305	2763	x2389
Asia	2665382	2774982	2877033	2435275	x2344077
Middle East	498723	725394	581631	621073	570143
Europe	2805350	3122800	2795241	2452461	2313145
EEC	2416185	2753380	2567087	2277671	2096189
EFTA	314710	310776	170403	171574	205517
Oceania	x1356	831	1313	1063	x1039
Italy/Italie	703798	869924	848180	704874	673875
Korea Republic	580164	711416	639276	617857	457790
Spain/Espagne	700623	707928	654778	551105	540597
Turkey/Turquie	433699	680428	520732	578234	561080
India/Inde	373452	x264237	547169	268065	x437414
Belgium–Luxembourg	314981	377096	369205	294450	338114
Japan/Japon	435581	395008	327318	290595	162405
Thailand/Thaïlande	311603	310593	325746	126635	200169
Germany/Allemagne	261879	296285	203078	167675	151352
Netherlands/Pays–Bas	153263	195275	190546	255907	221878
Sweden/Suède	265424	257811	126255	120312	129393
Indonesia/Indonésie	93005	112673	176969	167884	156164
USA/Etats–Unis d'Amer	134635	144412	169605	136964	126152
France,Monac	132242	140701	151106	122011	114127
Malaysia/Malaisie	66029	116715	117684	153549	x72782
Canada	113603	179476	98997	86234	119654
Greece/Grèce	47434	57118	77491	118590	x18158
Pakistan	70792	60104	68549	86447	83385
Mexico/Mexique	98509	68535	81005	64011	70323
Yugoslavia SFR	74410	58541	57659	x3146	
Saudi Arabia	41808	30907	x44168	x35494	x100
United Kingdom	41392	43482	24985	23246	13865
Brazil/Brésil	12819	56423	17629	10253	22381
China/Chine	24452	19560	29128	33165	142287
Ireland/Irlande	22457	29378	28712	22600	15622
Singapore/Singapour	20704	25218	31219	18865	16920
Switz.Liecht	11401	20753	19484	26248	32892
Hong Kong	12302	14989	15983	27554	32718
Egypt/Egypte	623	4771	29607	16238	14229
Colombia/Colombie	20106	28245	8802	11938	19283
Philippines	13082	x10402	10358	21219	7367
Austria/Autriche	14568	16986	13436	8673	20052
Portugal	22534	20284	9988	10968	2076
Denmark/Danemark	15582	15911	9019	10968	6525
United Arab Emirates	x19904	9956	x11286	x4555	x5376
Peru/Pérou	18877	12245	9002	4437	x13475
Venezuela	45580	17213	6228	256	10567
Finland/Finlande	2726	8382	8589	6204	10888
Norway,SVD,JM	20580	6823	2600	10109	12282
Former GDR	x74537	x14238	x5014		
Bangladesh	x7965	x7298	x5456	x360	x3447
Czechoslovakia	x971	30	764	x9482	x14518
Guatemala	1059	407	4500	2219	x1075
Dominican Republic	x4757	x3358	356	x1130	x63
Argentina/Argentine	244	920	1901	1915	2561
El Salvador	114	2305	776	514	x458
Syrian Arab Republic	844	976	2075	x398	x981
Trinidad and Tobago	2	1520	1293	563	735
So. Africa Customs Un		x1981		x1241	x3398
Qatar	1773	1898	285	791	x14

EXPORTS – EXPORTATIONS

COUNTRIES–PAYS	1988	1989	1990	1991	1992
Totale	x5673979	x6231144	x5631717	x4969864	4337667
Afrique	x32656	x30255	x21765	x16115	x24344
Afrique du Nord	23471	17294	11530	7583	x9247
Amériques	x1572030	x1997839	x1858083	x1434702	x1288686
ALAI	x19505	10213	12877	x24455	25785
MCAC	x676	1604	1994	1562	x845
Asie	x479930	x508072	x440227	x331347	x418903
Moyen–Orient	x68946	x55942	x85545	x46912	x33003
Europe	2420351	2735250	2542683	2415017	2262969
CEE	2317702	2627743	2411285	2280295	2165902
AELE	68490	76764	103491	118466	83111
Océanie	x5669	x17029	x29406	x44284	x47141
USA/Etats–Unis d'Amer	1353267	1745158	1630069	1226337	1101564
Germany/Allemagne	721698	838251	795594	839183	879780
Former USSR/Anc. URSS	x957480	x740516	x549463	x517174	
France,Monac	486134	614906	503235	383318	362422
Netherlands/Pays–Bas	424068	454646	431434	493799	438000
United Kingdom	459801	458533	476228	379048	293455
Canada	172109	165677	188735	133433	122227
Belgium–Luxembourg	116883	150309	120009	113912	116946
Hong Kong	74699	91978	83430	84841	80046
Japan/Japon	82917	110089	74439	62064	190716
Viet Nam	x34432	x131449	x80174	x28565	x8475
Czechoslovakia	x32217	x40081	x69803	x89961	x96194
Poland/Pologne	32534	39876	42635	72570	x114144
Bulgaria/Bulgarie	x48090	x36853	x9904	x24941	
Denmark/Danemark	47790	52179	51682	40310	47218
Cuba	x25442	x71731	x20381	x45005	x27954
Austria/Autriche	8857	13736	50343	56134	39717
Singapore/Singapour	43709	39697	41544	38379	40115
Switz.Liecht	39914	41219	35058	31065	29155
Hungary/Hongrie	x19672	x21045	x33647	x38452	x41664
Yugoslavia SFR	32407	28316	25388	x14965	10784
Italy/Italie	29606	34327	17669	11215	39885
Australia/Australie	3177	9631	21810	29051	13190
United Arab Emirates	x14051	x11254	x23791	x19627	11075
Korea Republic	11571	17856	15970	16082	5557
Sweden/Suède	11203	14507	12746	22357	4715
Saudi Arabia	10655	13129	x21442	x6780	6200
China/Chine	77793	19977	11415	7003	
Thailand/Thaïlande	5537	8795	8393	9311	x9015
Mexico/Mexique	5424	9083	7660	8293	15737
Lebanon/Liban	x6880	x7020	x10521	x5766	x2789
Morocco/Maroc	8742	9632	8551	4608	3272
New Zealand	1568	5948	6124	10709	4880
Kuwait/ Koweït	x4034	x9723	x12124	x521	x1088
Spain/Espagne	18481	10062	5205	6363	4580
Portugal	6997	8184	5112	8190	5556
Lao People's Dem. Rp.	x8260	x8786	x8964	x3217	x2110
Malaysia/Malaisie	8120	6767	6471	6890	x11350
Turkey/Turquie	7712	6100	5628	7519	7846
Sri Lanka	2427	4561	9825	3866	3260
Oman	3472	4140	5433	4189	x547
Norway,SVD,JM	6428	5651	4082	3958	4427
Afghanistan	x100	x142	x856	x12542	x3916
Ireland/Irlande	3685	3859	3374	2711	2661
Former GDR	x12352	x2687	x6963		
Cote d'Ivoire	x1803	x4108	x2433	x2486	x1388
Korea Dem People's Rp	x4194	x2337	x2871	x3256	x3460
Venezuela	x1633	430	2730	4883	6566
Argentina/Argentine	x10509	37	1	x7624	0
Finland/Finlande	1762	1267	820	4908	3663

(VALUE AS % OF TOTAL)(VALEUR EN % DU TOTAL)

Imports

	1983	1984	1985	1986	1987	1988	1989	1990	1991	1992
Africa	x0.1			x0.0			x0.1	0.5	x0.3	x0.4
Northern Africa	0.0	0.0	0.0	0.0	0.0	0.0	0.1	0.5	0.3	0.3
Americas	4.5	7.5	6.9	7.7	7.0	7.5	8.0	6.6	6.2	7.6
LAIA	0.4	3.3	3.8	4.5	3.2	3.3	2.9	2.0	1.8	2.7
CACM	x0.0	0.0	0.0	0.0	0.0	0.0	0.0	0.1	0.1	x0.0
Asia	41.1	33.7	32.8	41.1	45.5	44.5	43.1	47.1	46.4	x46.1
Middle East	x0.3	3.8	3.6	5.6	8.1	8.3	11.3	9.5	11.8	11.2
Europe	54.2	58.8	60.2	51.0	45.4	46.7	48.5	45.7	46.8	45.5
EEC	49.6	52.0	51.8	43.3	39.2	40.3	42.7	42.0	41.0	41.2
EFTA	4.6	6.2	6.2	5.5	4.5	5.2	4.8	2.8	3.3	4.0
Oceania		x0.0		x0.0		x0.0				x0.0
Italy/Italie	17.0	17.5	17.8	15.2	12.8	11.7	13.5	13.9	13.4	13.2
Korea Republic	8.5	7.1	7.5	9.8	9.7	9.7	11.0	10.5	11.8	9.0
Spain/Espagne	16.5	15.8	18.1	12.1	10.6	11.7	11.0	10.7	10.5	10.6
Turkey/Turquie	3.6	3.5	5.5	7.6	7.2	10.6	8.5	11.0	11.0	11.0
India/Inde	5.3	2.8	5.7	8.0	6.9	6.2	x4.1	8.9	5.1	x8.6
Belgium–Luxembourg	4.8	5.4	4.7	4.4	4.5	5.2	5.9	6.0	5.6	6.6
Japan/Japon	19.3	15.2	11.0	11.2	8.2	7.3	6.1	5.4	5.5	3.2
Thailand/Thaïlande	4.9	2.8	3.5	3.2	4.4	5.2	4.8	5.3	2.4	3.9
Germany/Allemagne	5.0	5.6	5.1	4.4	3.5	4.4	4.6	3.3	3.2	3.0
Netherlands/Pays–Bas	1.8	2.2	2.5	3.0	3.1	2.6	3.0	3.1	4.9	4.4

Exports

	1983	1984	1985	1986	1987	1988	1989	1990	1991	1992
Afrique	0.9	x1.1	1.1	x1.1	0.9	0.6	0.5	0.4	0.3	0.6
Afrique du Nord	0.3	0.7	0.5	0.5	0.4	0.4	0.3	0.2	0.2	0.2
Amériques	x31.9	x32.2	35.0	43.7	30.3	27.7	32.1	33.0	28.9	x29.7
ALAI	x0.2	x0.2	0.1	x0.4	x0.3	x0.3	0.2	0.2	x0.5	0.6
MCAC	x0.0	0.0	0.0	0.0	0.0	0.0	0.0	0.0	0.0	x0.0
Asie	6.4	5.1	4.6	6.1	x5.7	x8.5	8.1	x7.9	x6.7	x9.6
Moyen–Orient	x0.5	x1.1	0.8	x1.3	x1.0	x1.2	x0.9	x1.5	x0.9	x0.8
Europe	48.4	50.7	57.3	47.0	36.6	42.7	43.9	45.1	48.6	52.2
CEE	47.1	49.2	55.5	45.8	34.8	40.8	42.2	42.8	45.9	49.9
AELE	1.2	1.0	1.1	0.8	0.9	1.2	1.2	1.2	2.4	1.9
Océanie	x1.6	x1.1	1.5	x1.5	x1.8	x0.1	x0.3	x0.5	x0.9	x1.1
USA/Etats–Unis d'Amer	28.7	29.5	31.8	36.5	23.6	23.9	28.0	28.9	24.7	25.4
Germany/Allemagne	12.5	12.3	14.3	12.6	10.9	12.7	13.5	14.1	16.9	20.3
Former USSR/Anc. URSS	10.1	9.1			x22.4	x16.9	x11.9	x9.8	x10.4	
France,Monac	12.1	13.4	13.9	10.3	7.6	8.6	9.9	8.9	7.7	8.4
Netherlands/Pays–Bas	6.3	6.6	7.9	7.8	6.1	7.5	7.3	7.7	9.9	10.1
United Kingdom	12.5	13.0	15.3	11.8	7.6	8.1	7.4	8.5	7.6	6.8
Canada	3.0	2.4	3.1	2.8	2.8	3.0	2.7	3.4	2.7	2.8
Belgium–Luxembourg	2.5	2.5	2.6	2.2	1.7	2.1	2.4	2.1	2.3	2.7
Hong Kong	1.5	1.2	1.1	1.1	1.0	1.3	1.5	1.5	1.7	1.8
Japan/Japon	1.0	0.8	1.1	2.3	1.5	1.5	1.8	1.3	1.2	4.4

286 URANIUM, THORIUM ORE, CONC — MINERAIS URANIUM, THORIUM 286

TRADE BY COMMODITY IN THOUSAND U.S. DOLLARS – COMMERCE PAR PRODUIT EN MILLIERS DE DOLLARS E.U

IMPORTS – IMPORTATIONS

COUNTRIES–PAYS	1988	1989	1990	1991	1992
Total	x104538	x136539	73780	213019	146975
Africa					
Northern Africa		x59	x1		
		x59			
Americas	x1375	75087	59937	30337	x4489
LAIA	3		21	11	23
CACM				x1	x6
Asia	x2511	x4953	463	x443	x159
Middle East				1	x107
Europe	x71767	x34269	13356	182228	142326
EEC	x71693	x34260	13355	182222	142308
EFTA	x73	x9	1	6	18
Oceania	1	1		1	1
United Kingdom	x35146	x18064	x38	179043	139991
USA/Etats–Unis d'Amer	1348	73089	59576	28312	
France, Monac	7591	12215	13299	3158	2303
Former USSR/Anc. URSS	x28808	x22092			
Korea Republic	x2182	x4558			
Canada	23	1998	340	2014	4460
Germany/Allemagne	x28828	x3894	x2	x12	
Malaysia/Malaisie	93	61	436	331	x64
China/Chine	162	220			
Iran (Islamic Rp. of)				x107	
Czechoslovakia	x77	x78	x22		
Japan/Japon	54	46	20	5	x94
Netherlands/Pays–Bas	11	x69			x3
Indonesia/Indonésie		68			
Tunisia/Tunisie		x59			
Mexico/Mexique	3		21	11	10
Italy/Italie	x26		9		
Belgium–Luxembourg	90	x13		5	
Hungary/Hongrie				10	
Spain/Espagne	1	1	6	3	11
Austria/Autriche		x9			
Singapore/Singapour			6		
Norway, SVD, JM				5	3
Ireland/Irlande		x4			
Switz.Liecht	0		1	1	1
Australia/Australie	1	1	0	1	1
Turkey/Turquie				1	
Cote d'Ivoire			x1		
El Salvador					
Denmark/Danemark			1	x1	x6
Venezuela					
Thailand/Thaïlande					13
Portugal		0	0		1

EXPORTS – EXPORTATIONS

COUNTRIES–PAYS	1988	1989	1990	1991	1992
Totale	327772	187892	x96198	x247358	x65454
Afrique					
Afrique du Nord	x450	x1371	x2502	x91084	x31544
			x2		
Amériques	2419	30145	x354	3	x30000
ALAI			x2	1	7
MCAC					
Asie	x2050	x1597	x3526	x472	x415
Moyen–Orient					
Europe	25267	39185	x27704	x18093	2236
CEE	25267	36078	x27690	x18044	2185
AELE		9	x14	x49	x52
Océanie					
Former USSR/Anc. URSS	297585	115594	7133	2547	1258
Australia/Australie			x54981	x135160	
So. Africa Customs Un	x310	x1079	x523	x87900	x31540
Canada	1258	30115	x21		x29691
Spain/Espagne	16366	14689	0	10578	2181
Portugal	7687	8449	8967		
France, Monac	x2	13	x14060	2231	
United Kingdom	1068	12754	x4600	x5180	
Niger	x9	x3	x11	x3152	3
Yugoslavia SFR	x3098				x4
Benin/Bénin		x1592			
India/Inde			x1338		
Indonesia/Indonésie	x806	x495			
Singapore/Singapour	707	268	x801		
Thailand/Thaïlande	x337		641		
Malaysia/Malaisie	73	x345	x442		
Zaire/Zaïre		398	294	x73	
USA/Etats–Unis d'Amer	x75	x289	x353	x29	
Hong Kong	1161	30	331	2	302
Germany/Allemagne	38	78	22	55	x283
Italy/Italie	13		38		1
China/Chine		96			
Switz.Liecht	x128		10	117	133
Korea Dem People's Rp		9	x14	x49	x49
Sri Lanka		x57			
Mozambique		x35			
Belgium–Luxembourg	2		x21		
Central African Rep.			3	x3	
Morocco/Maroc			x2		
Brazil/Brésil			x2		
Colombia/Colombie				1	7
Finland/Finlande			0		3

(VALUE AS % OF TOTAL)(VALEUR EN % DU TOTAL)

IMPORTS

	1983	1984	1985	1986	1987	1988	1989	1990	1991	1992
Africa	x21.5						x0.0	x0.0		
Northern Africa	x21.5							x0.0		
Americas	24.5	x87.1	86.4	x36.6	27.8	x1.3	55.0	81.2	14.2	x3.0
LAIA	0.0	x0.0		x0.0	0.0		0.0	0.0	0.0	0.0
CACM									x0.0	x0.0
Asia	x6.8	5.2	1.6	x0.3	0.3	x2.5	3.6	0.6	x0.2	x0.1
Middle East	x4.2	x0.1		0.0					0.0	x0.1
Europe	x47.2	7.6	12.0	x63.0	x42.2	x68.7	x25.1	18.1	85.5	96.8
EEC	x47.2	7.6	12.0	x62.7	x42.2	x68.6	x25.1	18.1	85.5	96.8
EFTA	x0.0			x0.0	x0.0	x0.1	x0.0			
Oceania										
United Kingdom	x23.3	0.0		x33.0	x16.6	x33.6	x13.2	x0.1	84.1	95.2
USA/Etats–Unis d'Amer	0.5	3.1	3.9	0.8	0.3	1.3	53.5	80.7	13.3	
France, Monac	1.8	7.0	11.9	4.8	4.3	7.3	8.9	18.0	1.5	1.6
Former USSR/Anc. URSS					x29.5	x27.6	x16.2			
Korea Republic	x0.0			x0.2	0.0	x2.1	x3.3			
Canada	24.0	84.0	82.5	35.8	27.5	0.0	1.5	0.5	0.9	3.0
Germany/Allemagne	x22.1	0.0		x24.0	x21.1	x27.6	x2.9	x0.0		
Malaysia/Malaisie	0.1	1.2	1.3	0.1	0.2	0.1	0.0	0.6	0.2	x0.0
China/Chine						0.1	0.2	0.2		
Iran (Islamic Rp. of)									x0.1	

EXPORTS

	1983	1984	1985	1986	1987	1988	1989	1990	1991	1992
Afrique	x1.8	x0.7		x8.3	x1.6	x0.1	x0.8	x2.6	x36.8	x48.2
Afrique du Nord								x0.0		
Amériques	15.4	x48.5	43.0	x30.3	x42.2	0.7	16.0	x0.4		x45.8
ALAI		x2.1		x1.8	x1.0			x0.0	0.0	0.0
MCAC								x0.0	0.0	0.0
Asie	0.1	x0.3	0.4	x0.4	0.9	0.6	0.9	3.7	x0.2	0.6
Moyen–Orient							0.0			
Europe	x0.0	0.0		0.7	7.3	7.7	20.9	x28.8	x7.3	3.4
CEE	x0.0	0.0		0.7	7.3	7.7	19.2	x28.8	x7.3	3.3
AELE	x0.0				x0.0		0.0	x0.0		x0.1
Océanie	82.7	50.4	56.6	60.3	48.0	90.8	61.5	7.4	1.0	1.9
Former USSR/Anc. URSS								x57.2	x54.6	
Australia/Australie	82.7	50.4	56.6	60.3	48.0	90.8	61.5	7.4	1.0	1.9
So. Africa Customs Un		x0.1			x6.4	x1.3	x0.1	x0.5	x35.5	x48.2
Canada	15.4	46.3	42.8	28.5	41.1	0.4	16.0	x0.0		x45.4
Spain/Espagne	0.0	0.0		0.7	7.3	5.0	7.8	0.0	4.3	3.3
Portugal						2.3	4.5	9.3	0.9	
France, Monac	x0.0	0.0		x0.0	x0.0	0.0	x0.0	x14.6	x2.1	
United Kingdom	0.0	0.0		x0.0	0.3	6.8	4.8		0.0	
Niger	x1.7	x0.6		x0.0	x0.0	x0.0	x0.0	x1.3	x0.0	
Yugoslavia SFR					x1.6					x0.1

287 BASE METAL ORES, CONC NES

MINERAIS METAUX COMMUNS 287

TRADE BY COMMODITY IN THOUSAND U.S. DOLLARS – COMMERCE PAR PRODUIT EN MILLIERS DE DOLLARS E.U

COUNTRIES–PAYS	IMPORTS – IMPORTATIONS 1988	1989	1990	1991	1992	COUNTRIES–PAYS	EXPORTS – EXPORTATIONS 1988	1989	1990	1991	1992
Total	16653961	21293404	20863438	17984968	15620516	Totale	x13607462	x16981433	x16013058	x14086242	x13092038
Africa	x149869	x294284	x229179	x254015	x114709	Afrique	x1348258	x1627646	x1609244	x1353978	x1174363
Northern Africa	23230	63894	42956	28045	x37747	Afrique du Nord	79640	84716	133657	61327	64203
Americas	3270223	4194281	4333201	4062395	3788015	Amériques	6268422	7809268	7568204	x6977323	x6517536
LAIA	722177	870427	799770	786162	695441	ALAI	1990152	2216582	2055975	x2197386	x2163798
CACM	503	389	239	162	x1261	MCAC	644	x566	x1821	2027	17336
Asia	5651081	6742004	6181079	5805001	x5287778	Asie	1956909	x2291288	1683683	1615066	x1917176
Middle East	x44290	x38925	x27087	x23277	x25375	Moyen–Orient	x141613	218625	x137490	x89467	x86416
Europe	6594932	8428690	8241722	6348159	6001044	Europe	1583766	2320766	2412476	1759514	1680322
EEC	4997233	6391333	5985972	4544775	4380604	CEE	1216931	1707542	1742545	1429562	1413014
EFTA	1475238	1844757	2070543	1720056	1554013	AELE	274871	355427	368729	304553	261422
Oceania	x166788	170190	190465	x185108	x170722	Océanie	1812593	2320647	2020252	1743625	x1689863
Japan/Japon	4058326	4634645	4281049	3874249	3513332	Canada	1836506	2222913	2402598	1854072	1778916
USA/Etats–Unis d'Amer	1853233	2420453	2563492	2279241	2064978	USA/Etats–Unis d'Amer	1032116	1621446	1553211	1388731	1244785
Germany/Allemagne	1313560	1761669	1497341	1202306	1159798	Australia/Australie	824505	903378	639477	968437	x1065846
Norway,SVD,JM	840284	1096368	1305356	1110143	974393	Chile/Chili	711121	x910043	x843643	x682971	x461285
United Kingdom	1072060	1236995	1203670	717034	636474	So. Africa Customs Un	x732432	699480	618019	771189	933430
Former USSR/Anc. URSS	x396716	x952314	x1152471	x1042351		Indonesia/Indonésie	634302	886268	582656	595032	541188
Canada	690272	890963	958161	991021	1015869	Papua New Guinea	859792	832656	728267	656030	x430088
France,Monac	676880	859653	880278	690031	713681	Jamaica/Jamaïque	417174	585924	589841	x481554	x532940
Korea Republic	566796	850388	709021	684009	531821	Peru/Pérou	663935	521056	549890	x503830	
Belgium–Luxemburg	599117	744170	696275	550499	446435	Former USSR/Anc. URSS	x427103	x489226	x569602		
Italy/Italie	461245	689721	595896	476910	439696	Ireland/Irlande	313865	412323	351099	329582	295275
Netherlands/Pays–Bas	429354	566124	554606	378576	390548	Suriname/Surinam	299948	402516	349657	x275538	x326828
Brazil/Brésil	405474	503385	475339	473926	425868	Philippines	257040	x417012	251459	221908	175622
China/Chine	238482	413331	453384	421026	494033	Brazil/Brésil	193219	279190	289311	280742	178144
Spain/Espagne	366762	450158	360919	267651	302345	Dominican Republic	310500	372853	249564	221020	
Finland/Finlande	267501	286101	174300	154326	150423	Portugal	21777	224097	308846	253984	244465
Sweden/Suède	172517	224853	174300	130479	115502	Guinea/Guinée	x246338	x251503	x263054	x271287	x267077
Indonesia/Indonésie	73433	243958	160417	204404	186564	Mexico/Mexique	223244	241975	280703	217198	129335
Philippines	91811	x103151	158892	x83304		Cuba	x229302	x280861	x174427	x280232	x471600
Yugoslavia SFR	122335	192446	185175		72441	China/Chine	347439	358816	195072	143069	104579
Bulgaria/Bulgarie	x97462	x181768	x216108	x62530	x121793	Sweden/Suède	168625	221477	239079	203594	176506
Malaysia/Malaisie	135878	180653	125598	146748	61294	Gabon	x161713	x180083	x231455	x199802	x235734
Austria/Autriche	137860	169384	150908	104700	108419	Bolivia/Bolivie	120831	209650	202999	184351	211515
New Zealand	127535	126223	142927	147326	112705	Netherlands/Pays–Bas	186149	209570	204461	172581	149530
Mexico/Mexique	108791	159314	136710	100814	x64387	Yugoslavia SFR	91965	257708	301163	x25380	
Czechoslovakia	x80756	138622	139266	x84139	63627	Germany/Allemagne	180727	191917	190281	168204	166073
Venezuela	135438	88923	88473	89503	59754	New Caledonia	128153	209952	135049	146032	x115606
Argentina/Argentine	61584	107231	88473	76982	x35262	India/Inde	197615	x194345	174855	121118	x121789
Romania/Roumanie	x86215	81019	91166	76982	x35262	Spain/Espagne	111573	135508	160737	90869	80202
Ireland/Irlande	60564	64340	80447	89191	84263	Italy/Italie	100156	129008	140618	112140	113590
Poland/Pologne	71690	84728	76814	59822	x82279	Greece/Grèce	68022	132104	124247	112393	x145126
So. Africa Customs Un	69669	100785	93991	x22221	x20724	Belgium–Luxemburg	96879	126909	113349	81048	86761
India/Inde	71447	x52737	93038	60910	x109155	Turkey/Turquie	105723	158711	99063	61901	55689
Ghana	x45056	x62117	x69131	x56758	x43447	France,Monac	88283	103045	101231	83295	92057
Singapore/Singapour	57018	67009	58781	52369	38120	Norway,SVD,JM	80890	97350	106327	81274	67658
Cameroon/Cameroun	x59	35656	x11531	129719	x1488	Malaysia/Malaisie	99935	109673	90216	82317	x105606
Hong Kong	79395	106965	37150	30306	53907	Sierra Leone	x45578	x108490	x62901	x53748	x41736
Iceland/Islande	28394	35273	42665	50711	42009	Morocco/Maroc	72121	73829	73390	57792	59570
Australia/Australie	39217	43868	47531	31284	57922	Hong Kong	78188	110138	40437	37893	51320
Switz.Liecht	28683	32779	36355	32525	23549	Japan/Japon	52181	66964	66149	54882	51110
Thailand/Thaïlande	11807	17404	18763	22885	29522	Albania/Albanie	x101012	x77011	x52500	x35189	x48936
Korea Dem People's Rp	x120003	x26503	x8730	x21176	x25910	Greenland/Groenland	70043	77261	x49220	x7005	x1857
Algeria/Algérie	10887	34863	12741	3173	x15904	Venezuela	68351	46843	35177	44851	33810
Morocco/Maroc	3300	14154	13426	10691	7502	United Kingdom	49307	43170	47442	25061	39777
Zimbabwe	x119	x16080	6946	13213	x205	Singapore/Singapour	47816	37873	33569	25325	22963
Turkey/Turquie	16212	9315	13833	10358	7377	Guyana	x79311		x25955	x26217	x29526
Greece/Grèce	8975	9582	10900	8462	x7451	Iran (Islamic Rp. of)	x34159	x31042	23862	53840	x31338
Tunisia/Tunisie	4675	10534	9524	8189	6107	Poland/Pologne	x54720		614	x18192	x12171
Former GDR	x83001	x16593	x5778			Hungary/Hongrie	x25160	x32299	x27605	x18192	x12171
Portugal	6594	5460	7760	7821	5811	Ghana	x25551		x30410	x42144	x53344

(VALUE AS % OF TOTAL)(VALEUR EN % DU TOTAL)

	1983	1984	1985	1986	1987	1988	1989	1990	1991	1992		1983	1984	1985	1986	1987	1988	1989	1990	1991	1992
Africa	x2.7	1.0	0.3	1.5	0.8	0.9	1.4	1.1	1.4	x0.7	Afrique	x11.5	x11.2	5.2	9.7	6.9	9.9	9.6	10.1	x9.6	8.9
Northern Africa	0.2	0.1	0.1	0.4	0.3	0.1	0.3	0.2	0.2	x0.2	Afrique du Nord	0.7	0.7	0.6	0.5	0.5	0.6	0.5	0.8	0.4	0.5
Americas	23.2	25.5	23.2	21.6	20.5	19.7	19.7	20.8	22.6	24.2	Amériques	x41.0	x39.8	43.3	42.5	42.9	46.1	45.9	47.3	x49.5	49.8
LAIA	3.0	3.9	4.8	4.1	4.4	4.3	4.1	3.8	4.4	4.5	ALAI	11.8	13.2	7.7	13.9	14.2	13.1	13.1	12.8	x15.6	16.5
CACM	x0.0	0.0	0.0	0.0	0.0	0.0	0.0	0.0	0.0	0.0	MCAC	0.0	0.0	0.3	0.3	0.1	0.1	0.0	x0.0	0.0	0.1
Asia	28.2	26.3	27.8	28.2	29.6	33.9	31.7	29.6	32.3	x33.8	Asie	11.1	9.9	10.9	10.3	10.4	14.4	x13.5	10.5	11.5	x14.7
Middle East	x0.1	0.8	0.8	1.0	x0.4	x0.3	x0.2	x0.1	0.1	x0.2	Moyen–Orient	x0.1	x0.6	0.6	0.6	x0.6	x1.0	1.3	x0.9	x0.6	x0.7
Europe	42.5	44.3	45.7	45.4	40.6	39.6	39.6	39.5	35.3	38.4	Europe	11.0	14.0	14.1	14.1	12.6	11.6	13.7	15.1	12.5	12.8
EEC	33.5	34.2	33.5	35.0	31.8	30.0	30.0	28.7	25.3	28.0	CEE	8.9	10.5	10.8	10.0	9.1	8.9	10.1	10.9	10.1	10.8
EFTA	9.0	9.4	9.4	9.5	8.2	8.9	8.7	9.9	9.6	9.9	AELE	2.1	2.2	2.3	2.5	2.7	2.0	2.1	2.3	2.2	2.0
Oceania	1.1	1.1	1.1	1.0	1.1	x1.0	0.8	0.9	x1.0	x1.1	Océanie	25.3	24.3	25.9	23.3	23.0	13.4	13.6	12.6	12.4	x12.9
Japan/Japon	23.3	21.4	21.4	21.7	20.2	24.4	21.8	20.5	21.5	22.5	Canada	10.9	11.5	12.0	11.6	12.3	13.1	15.0	15.0	13.2	13.6
USA/Etats–Unis d'Amer	16.6	17.7	14.3	12.7	12.7	11.1	11.4	12.3	12.7	13.2	USA/Etats–Unis d'Amer	5.2	5.8	6.0	5.5	6.4	7.6	9.5	9.7	9.9	9.5
Germany/Allemagne	8.8	9.2	9.0	9.7	8.1	7.9	8.3	7.2	6.7	7.4	Australia/Australie	20.1	19.1	20.1	18.5	17.1	6.1	7.5	8.1	6.7	x8.1
Norway,SVD,JM	4.4	5.0	4.8	4.9	4.3	5.0	5.1	6.3	6.2	6.2	Chile/Chili	3.9	3.1	4.5	4.2	1.9	x5.4	x5.4	x5.3	x4.8	x3.5
United Kingdom	7.6	7.3	7.7	7.7	7.0	6.8	6.4	5.8	4.0	4.1	So. Africa Customs Un	3.2	3.7	4.0	2.7	x3.9	x5.4	4.1	3.9	x4.8	7.1
Former USSR/Anc. URSS					x3.9	x2.4	x4.5	x5.5	x6.8		Indonesia/Indonésie	3.1	2.8	3.0	3.2	2.7	6.3	4.9	3.6	4.2	x5.8
Canada	3.6	3.9	4.0	4.3	3.9	4.1	4.0	4.2	3.9	6.5	Papua New Guinea	4.9	3.4	3.5	4.2	5.7	6.3	4.9	4.5	4.7	x3.3
France,Monac	4.2	4.2	4.4	4.3	3.4	4.0	4.2	3.8	3.8	4.6	Jamaica/Jamaïque	4.9	4.9	3.3	3.3	3.2	3.1	3.5	3.7	x3.4	x4.1
Korea Republic	2.3	2.2	2.5	2.8	2.8	3.0	4.1	3.4	3.8	3.4	Peru/Pérou	4.7	4.3	6.6	4.1	4.7	4.9	3.1	3.7	x3.4	x4.1
Belgium–Luxemburg	3.9	3.7	4.0	3.5	3.9	3.6	3.5	3.3	3.1	2.9	Former USSR/Anc. URSS						0.7		x2.4	x3.1	x2.9	x3.6	x3.6

288 NONFERR METAL SCRAP NES / DECHETS NON FERREUX 288

TRADE BY COMMODITY IN THOUSAND U.S. DOLLARS – COMMERCE PAR PRODUIT EN MILLIERS DE DOLLARS E.U

IMPORTS – IMPORTATIONS

COUNTRIES-PAYS	1988	1989	1990	1991	1992
Total	7311694	8205495	7311976	6562964	7121487
Africa	6392	x11965	19161	x17042	x14729
Northern Africa	2353	2046	1719	3409	4622
Americas	1143209	1310456	1095658	937023	1106592
LAIA	122455	125077	104424	68577	58437
CACM	32	x814	x892	x288	x2107
Asia	x1915193	x1799890	1833742	1759792	x1739880
Middle East	x34426	x19418	x18205	x13295	x17549
Europe	4169744	5026041	4333466	3820042	4228008
EEC	3720956	4542329	3913195	3338976	3629763
EFTA	447309	480590	416085	478338	586604
Oceania	x22258	x13417	x19217	x17726	x19959
Germany/Allemagne	1194472	1496643	1241668	1034397	1317519
Japan/Japon	1088054	1096596	1065554	897775	660698
Belgium-Luxembourg	833929	959514	866138	798858	736280
USA/Etats-Unis d'Amer	732375	793904	736118	636171	812516
Italy/Italie	543904	709379	629748	508513	563664
Korea Republic	313291	381729	377257	441222	297119
France, Monac	290573	385748	337242	325785	324690
Netherlands/Pays-Bas	283455	378158	328953	296493	305596
United Kingdom	420265	401895	335749	254775	280993
Canada	285572	377079	248513	226853	229151
Austria/Autriche	166775	202393	131468	173317	175200
India/Inde	99064	x129203	195541	145407	x155193
Sweden/Suède	157400	148289	132989	129969	143021
Spain/Espagne	122825	168194	134647	85789	60985
Norway,SVD,JM	21105	29461	86164	81086	77228
Finland/Finlande	89290	82049	42948	70660	167577
Mexico/Mexique	92458	89948	58218	39089	27528
Hong Kong	24983	42856	54879	80458	205608
China/Chine	9194	24994	30012	80980	281944
Singapore/Singapour	31908	53982	34255	35922	40743
Brazil/Brésil	20951	29519	37102	20542	13607
Switz.Liecht	12739	18398	22516	23304	23569
Denmark/Danemark	18184	19942	16686	16926	24537
Pakistan	8155	12689	14646	20930	30031
Australia/Australie	11884	12357	15282	12489	14529
Indonesia/Indonésie	1202	4703	12794	18488	21388
Malaysia/Malaisie	7423	8009	12856	12488	x11587
Ireland/Irlande	7526	10428	11747	8677	7859
Thailand/Thaïlande	9928	12163	7301	8551	12293
United Arab Emirates	x27600	x10669	x10844	x5087	x5900
So. Africa Customs Un	2586	4361	11130	x10757	x6584
Former GDR	x39540	x19123	x2616		
Philippines	6168	x9895	7106	1173	981
Hungary/Hongrie	x12686	x11024	x2121	4078	
Greece/Grèce	3432	7555	5422	3415	x2748
Portugal	2392	4873	5195	5348	x2669
Uruguay	7025	4487	4587	4026	4971
Poland/Pologne	x1698	x7096	x4247	1597	9
Bahamas	x49	x10162	x269	x1037	x1173
New Zealand	2080	982	3851	4574	x1131
Yugoslavia SFR	257	2975	3897	x2063	5074
Former USSR/Anc. URSS	x113	x5933	x736	x2196	
Kenya	956	x4856	2695	x1282	x2074
Jordan/Jordanie	158	3199	2488	2692	3581
Turkey/Turquie	3858	2453	1313	2907	4602
Argentina/Argentine	93	100	2467	2543	1925
Egypt/Egypte	1854	1289	985	2163	1155
Nepal/Népal	1766	1970	2170	x29	x135
Czechoslovakia	x849	28	966	x2963	x6930
Panama	40	119	1830	1891	1810

EXPORTS – EXPORTATIONS

COUNTRIES-PAYS	1988	1989	1990	1991	1992
Totale	6833925	7547469	6471182	6025200	x5997197
Afrique	x200935	x275251	x221932	x241231	x330358
Afrique du Nord	33912	36620	24610	30098	x41161
Amériques	2483699	2592024	x2082530	x1654399	x1398814
ALAI	371099	419443	76750	101537	x147479
MCAC	x2075	x2830	x2523	x4787	x5324
Asie	x569252	x579268	x596702	x516661	x736134
Moyen-Orient	x124102	x111635	x182392	x123190	x159062
Europe	2907586	3568096	3140031	2952884	3056631
CEE	2555923	3200833	2807570	2661988	2687227
AELE	341643	357510	324519	278017	348983
Océanie	x108891	x136965	x153888	x151625	x125017
USA/Etats-Unis d'Amer	1639170	1597151	1397689	1086745	750837
Germany/Allemagne	519831	693473	686257	760505	808735
United Kingdom	586762	729549	620136	517391	495749
Canada	450298	519945	545425	487144	419449
Netherlands/Pays-Bas	429212	525225	568893	433128	474532
Former USSR/Anc. URSS	x346658	x248200	398858	361490	387261
Belgium-Luxembourg	223707	275748	x145959	x349242	
So. Africa Customs Un	x137542	x198201	x163342	x185211	216978
Hong Kong	134954	154047	155341	136278	x220634
Australia/Australie	88494	119739	135540	133285	206732
Chile/Chili	341791	373956	7040	4516	109942
Singapore/Singapour	104752	123377	111557	109867	x15161
Spain/Espagne	61670	97892	83117	113287	109017
Switz.Liecht	91808	110976	93858	84003	124187
Denmark/Danemark	79298	97911	90129	74758	91649
Italy/Italie	75952	92907	81421	79982	75438
Austria/Autriche	129203	96833	76371	62606	82402
Norway,SVD,JM	71170	77109	77725	52486	67808
Saudi Arabia	31723	32102	x92612	x53864	37686
Sweden/Suède	37272	52852	57410	57226	x63552
Hungary/Hongrie	x37069	x47410	x61429	x57188	102214
Japan/Japon	31189	60381	43108	40009	x56687
Bulgaria/Bulgarie	x101556	x59150	x43228	x39413	50626
United Arab Emirates	x43425	x43634	x42655	x40970	x40368
Mexico/Mexique	54388	40179	39554	44737	x47327
Ireland/Irlande	24988	36356	38963	48365	x53711
Cuba	31279	37515	35235	29009	94031
Czechoslovakia	x12274	x46613	x28884	x19513	28839
Portugal	x9479	x15937	x10796	x47667	x9058
Philippines	21352	18882	24380	28153	x79133
Finland/Finlande	6196	x23916	18434	18765	29777
Venezuela	11767	19134	18157	20739	11532
New Zealand	240	1189	23532	24827	48870
Morocco/Maroc	16043	14081	15687	14728	x2748
Korea Republic	8768	13762	10800	15580	24955
Greece/Grèce	5868	12326	12460	13209	12888
Lebanon/Liban	9058	12138	10685	9882	23825
Nigeria/Nigéria	x10000	x10381	x13616	x6959	x18410
Israel/Israël	x10096	x14283	x9363	x3493	x9323
Tunisia/Tunisie	4235	9596	7838	8534	x8019
Former GDR	14871	14515	6969	4332	6874
Kuwait/Koweit	x49577	x16995	x6990		3801
Zimbabwe	x11064	7277	x14001	x1478	x20632
Yugoslavia SFR	x7922	x11760	7604	2340	x10073
Algeria/Algérie	7055	4487	4385	x11390	
India/Inde	7374	5868	4557	9258	x16116
Romania/Roumanie	160	x12037	7180	464	x2357
Brazil/Brésil	x13941	x4650	x2765	x12257	x5541
	2499	4839	2990	11262	654

(VALUE AS % OF TOTAL) (VALEUR EN % DU TOTAL)

	1983	1984	1985	1986	1987	1988	1989	1990	1991	1992
Africa	0.4	0.2	0.2	x1.9	x0.2	0.1	x0.2	0.3	x0.3	x0.2
Northern Africa	0.1	0.0	0.0	x0.0	x0.0	0.0	0.0	0.0	0.1	0.1
Americas	12.7	15.9	14.0	14.7	15.4	15.6	16.0	15.0	14.2	15.5
LAIA	0.3	1.0	1.3	1.2	1.9	1.7	1.5	1.4	1.0	0.8
CACM	x0.0	x0.0		x0.0	0.0	0.0	x0.0	x0.0	x0.0	x0.0
Asia	18.2	17.8	19.0	19.5	x25.3	x26.2	22.0	25.1	26.8	x24.5
Middle East	x0.2	x0.2	0.1	0.2	x0.7	x0.5	x0.2	x0.2	x0.2	x0.2
Europe	68.6	66.0	66.7	63.7	57.8	57.0	61.3	59.3	58.2	59.4
EEC	63.6	60.4	60.4	57.8	52.2	50.7	55.4	53.5	50.9	51.0
EFTA	5.0	5.6	6.2	5.9	5.6	6.1	5.9	5.7	7.3	8.2
Oceania	x0.2	x0.2	0.2	x0.1	x0.2	x0.3	x0.2	x0.3	x0.3	x0.3
Germany/Allemagne	17.0	19.2	20.3	17.7	15.0	16.3	18.2	17.0	15.8	18.5
Japan/Japon	14.0	14.0	14.9	14.3	15.9	14.9	13.4	14.6	13.7	9.3
Belgium-Luxembourg	19.6	14.1	14.8	15.5	12.4	11.4	11.7	11.8	12.2	10.3
USA/Etats-Unis d'Amer	8.6	10.6	8.5	9.3	10.1	10.0	9.7	10.1	9.7	11.4
Italy/Italie	6.3	8.5	8.3	9.3	9.3	7.4	8.6	8.6	7.7	7.9
Korea Republic	1.9	1.6	1.5	2.2	2.8	4.3	4.7	5.2	6.7	4.2
France, Monac	3.7	4.1	3.4	3.5	3.4	4.0	4.7	4.6	5.0	4.6
Netherlands/Pays-Bas	2.9	4.0	4.5	4.2	3.4	3.9	4.6	4.5	4.5	4.3
United Kingdom	11.6	8.4	7.0	8.5	8.9	5.7	4.9	4.6	3.9	3.9
Canada	3.8	4.3	4.2	4.2	3.4	3.9	4.6	3.4	3.5	3.2

	1983	1984	1985	1986	1987	1988	1989	1990	1991	1992
Afrique	x2.9	x2.0	1.6	x2.0	x1.9	x2.9	x3.6	x3.4	x4.0	x5.5
Afrique du Nord	0.4	0.3	0.3	0.3	0.3	0.5	0.5	0.4	0.5	x0.7
Amériques	x29.0	38.4	41.7	44.2	37.6	36.4	34.4	x32.2	x27.4	x23.3
ALAI	0.6	9.3	8.2	8.6	6.0	5.4	5.6	1.2	1.7	x2.5
MCAC	x0.0	x0.0		x0.0	x0.0	x0.0	x0.0	x0.0	0.1	x0.1
Asie	x7.6	x6.6	5.6	x7.0	x7.4	x8.3	x7.6	x9.2	x8.6	x12.3
Moyen-Orient	x2.7	x2.0	1.1	x2.5	x1.8	x1.8	x1.5	x2.8	x2.0	x2.7
Europe	57.7	51.0	49.4	44.8	42.1	42.5	47.3	48.5	49.0	51.0
CEE	49.5	43.9	43.0	38.6	36.2	37.4	42.4	43.4	44.2	44.8
AELE	8.1	6.9	6.4	6.2	6.1	5.0	4.7	5.0	4.6	5.8
Océanie	x1.7	x1.1	1.1	x1.9	x1.8	x1.6	x1.8	x2.3	x2.6	x2.0
USA/Etats-Unis d'Amer	22.0	22.0	27.3	28.0	24.7	24.0	21.2	21.6	18.0	12.5
Germany/Allemagne	7.9	7.6	7.9	7.2	7.2	7.6	9.2	10.6	12.6	13.5
France, Monac	14.0	12.2	12.8	8.1	8.0	8.6	9.7	9.6	8.6	8.3
United Kingdom	11.1	9.7	9.8	10.1	8.1	7.6	8.2	8.4	8.1	7.0
Canada	6.1	6.9	6.3	7.1	6.7	6.6	6.9	8.8	7.2	7.9
Netherlands/Pays-Bas	6.3	5.9	5.9	5.8	5.5	6.3	7.0	6.2	6.0	6.5
Former USSR/Anc. URSS					0.1	x6.3	x5.1	x2.3	x5.8	
Belgium-Luxembourg	3.7	3.8	3.2	3.3	2.9	3.3	3.7	3.6	3.3	3.6
So. Africa Customs Un	1.2	1.1	1.0	0.6	1.0	x2.0	x2.6	x2.5	x3.1	x3.7
Hong Kong	1.7	1.4	1.2	1.4	1.7	2.0	2.0	2.4	2.3	3.4

289 PREC MTAL ORES, WASTE NES

TRADE BY COMMODITY IN THOUSAND U.S. DOLLARS – COMMERCE PAR PRODUIT EN MILLIERS DE DOLLARS E.U

COUNTRIES–PAYS	IMPORTS – IMPORTATIONS 1988	1989	1990	1991	1992	COUNTRIES–PAYS	EXPORTS – EXPORTATIONS 1988	1989	1990	1991	1992
Total	1193550	1243285	1450256	1698640	1519746	Totale	x1273698	1110951	1431576	x1340994	x1350527
Africa	x265	x435	x359	x1368	x1942	Afrique	x119601	x57130	x72321	x146861	x97083
Northern Africa	x21	x231	x37		x24	Afrique du Nord	x15953	x19898	x20942	x12949	x15159
Americas	x219733	x240884	231960	x348625	x222620	Amériques	684203	x754041	868322	x656348	x592906
LAIA	198	3909	7220	x88	x1336	ALAI	105530	115879	192652	x142059	x127545
CACM	x22		x6	0	x39	MCAC	x1496	x2448	x2168	x2178	x2101
Asia	x77482	82099	91810	99854	x108776	Asie	x212082	x46366	x161670	x116448	200092
Middle East	x578	x55	x40	x42	x134	Moyen–Orient	x20412	x14482	x35774	x25662	x17293
Europe	881142	912160	1119615	1155014	1182583	Europe	219183	222185	299125	359245	390509
EEC	835935	837491	1038368	1094689	1128773	CEE	137852	140115	205826	264669	295939
EFTA	45170	74670	81246	60285	53782	AELE	71189	76308	85739	87971	88858
Oceania	x6132	3948	3706	239	681	Océanie	x18962	x18611	x10506	x10914	x9474
United Kingdom	431283	389676	480901	490767	498982	USA/Etats–Unis d'Amer	270632	308956	374291	273901	315761
Germany/Allemagne	223142	256605	292319	357952	336646	Canada	182939	204514	232689	186749	138817
USA/Etats–Unis d'Amer	108160	161049	142025	269407	134454	So. Africa Customs Un	x100036	x31483	x43239	x130678	x75582
Japan/Japon	68680	76431	87452	94722	91853	Bolivia/Bolivie	59135	68111	61498	39568	x17
Canada	111280	75702	82498	79019	86771	Dominican Republic	98056	69776	57068	66811	129978
France, Monac	44525	74379	92656	69047	52495	Philippines	118059	x1335	89813	56747	x34014
Italy/Italie	41130	41191	48519	87158	166223	Chile/Chili	202	17	83201	83201	40143
Belgium–Luxembourg	32193	34626	43971	27811	21214	Netherlands/Pays–Bas	42734	33370	47377	47120	47855
Sweden/Suède	9049	42796	43971	x8		United Kingdom	26696	25601	58017	38642	74348
Hungary/Hongrie	x79	x13	x4	93209	x8	France, Monac	13381	22497	44083	55547	
Spain/Espagne	57731	35884	18941	23574	15994	Peru/Pérou	43582	44449	44786	x21134	x13403
Switz.Liecht	27412	20782	24200	17892	18721	Sweden/Suède	21812	33357	36393	35732	32837
Norway, SVD, JM	7753	9447	11658	14247	13383	Switz.Liecht	28704	26544	27940	33387	31720
Netherlands/Pays–Bas	3263	2914	7565	2251	2	Germany/Allemagne	12436	14291	17454	51014	70024
Brazil/Brésil	3	2110	7053		1	Cuba	x15138	x52267	x8714	x7231	x8284
Australia/Australie	6059	3937	3692	237	656	Saudi Arabia	x349	4980	x33019	x18486	x10428
Denmark/Danemark	2553	2141	2637	1693	1915	Spain/Espagne	8186	9654	4135	41339	10843
Romania/Roumanie	x5051	x3654	x2801			Belgium–Luxembourg	11102	12729	10908	14331	38070
Hong Kong	4025	3005	1769	220	532	Hong Kong	36355	17198	13795	5347	4046
Korea Republic	2092	1752	723	1680	23	Denmark/Danemark	12141	11480	12390	7712	5907
Pakistan	4	3	1079	1851	33	Australia/Australie	3039	9896	10078	9451	8102
Portugal	2	8	995	1530	46	Bulgaria/Bulgarie	x6395	x3781	x11168	x11988	x31339
Austria/Autriche	35	3	1400	323	370	Austria/Autriche	14253	8898	9108	6735	17976
Finland/Finlande	917	1638	8	9	94	Italy/Italie	7891	7772	7947	7934	3749
So. Africa Customs Un	236	48	310	x1238	x1557	Egypt/Egypte	x4420	x9675	x6130	x7595	x10860
Mexico/Mexique	167	1233	158	5	10	Czechoslovakia	x1012	x2664	x2825	x16120	x18694
Singapore/Singapour	131	352	308	165	104	Korea Republic	3812	4174	6408	10151	18234
Philippines	x27	x1	9	645	x8098	Yugoslavia SFR	x10091	x5726	x7524	x6554	
Venezuela	28	x560	1	1	98	Norway, SVD, JM	5231	4261	8396	4014	1403
China/Chine	105	253	35	176	588	Algeria/Algérie	x7057	x5474	x8469	x935	x1145
Malaysia/Malaisie	53	19	325	95	x133	Former USSR/Anc. URSS	x1682	x1010	x13	x13333	
Indonesia/Indonésie		97	8	230	33	Finland/Finlande	737	3231	3523	7240	4614
Former USSR/Anc. URSS				x318		Hungary/Hongrie	x5126	x3409	x4396	x5931	x5051
Ireland/Irlande	92	54	128	50	102	Turkey/Turquie	x7146	x6069	82	x5823	x5514
Trinidad and Tobago		x6	x185	4	1	Japan/Japon	726	2718	3100	4601	6931
Egypt/Egypte		x194			x13	Tunisia/Tunisie	x1945	x8535	x2783	x3588	x3115	x2782
Dominican Republic		x157	x3			Papua New Guinea	x14971	x8535			
Zaire/Zaïre		x143				Mexico/Mexique	567	402	2475	5638	3594
Central African Rep.				x103		Singapore/Singapour	3332	1495	3886	1960	4243
India/Inde	56	x67	15	15	x636	Pakistan	x3764		931	x5780	57	12
Former GDR	x3100	x93	x3			Mali		x8	x1352	x4480	
Jamaica/Jamaïque				71	42	Morocco/Maroc	x2363	x1781	x2659	x1303	x371
Israel/Israël	119	24	36	7		Poland/Pologne	x880	x1118	x586	x3543	x5038
Morocco/Maroc		x19	x38	x14	x10	Zimbabwe	x2047	x1736	1143	1970	x2700
Saudi Arabia			x30	x11	x9	Panama	x1352	x47	x13	x4375	x16
Argentina/Argentine				x43	52	Colombia/Colombie	636	923	637	1932	2717
Thailand/Thaïlande	3	40		7	46	Costa Rica	x1431	x1318	x141	x77	x23
Panama			x13	19	13	8	United Arab Emirates	x608	x3096	1753	169	x3943
Yugoslavia SFR	37		1	x34		Greece/Grèce	1108	1307	1545	554	1692
Greece/Grèce	x19	x12	x14	5	x17	Honduras	x64	x1118	x1545	554	1692

(VALUE AS % OF TOTAL)(VALEUR EN % DU TOTAL)

	1983	1984	1985	1986	1987	1988	1989	1990	1991	1992		1983	1984	1985	1986	1987	1988	1989	1990	1991	1992
Africa	x4.4	x0.1	6.4	x0.2	x1.0	x0.0	x0.0	x0.0	x0.1	x0.1	Afrique	x1.7	x2.7	0.1	x9.3	x9.2	x9.4	x5.1	x5.0	x10.9	x7.2
Northern Africa	x0.0		x0.0		x0.1	x0.0	x0.0	x0.0	x0.0	x0.0	Afrique du Nord	x1.0	x0.9		x0.7	x1.0	x1.3	x1.8	x1.0	x1.0	x1.1
												64.4	x62.4	59.3	x61.4	57.7	53.7	x67.9	60.7	x49.0	x43.9
Americas	x38.2	x42.4	32.0	x44.8	x32.4	x18.4	x19.3	16.0	x20.5	14.7	Amériques	14.1	9.4	10.8	10.0	5.5	8.3	10.4	13.5	x10.6	x9.4
LAIA	x0.0	x0.2	0.0	x0.1	0.0	0.0	0.3	0.5	x0.0	x0.1	ALAI	x0.1	x1.5	1.1	x0.6	x0.1	x0.2	x0.2	x0.2	x0.2	
CACM	x0.0		0.0		x0.0	x0.0	x0.0		0.0	x0.0	MCAC										
Asia	0.6	x0.8	0.6	2.3	x5.7	x6.5	6.6	6.3	5.9	x7.1	Asie	20.3	19.5	21.9	15.0	x13.2	x16.6	x4.1	x11.3	x8.7	14.9
Middle East	x0.0	x0.0	x0.0	x0.0	x0.0	x0.0	x0.0	x0.0	x0.0	x0.0	Moyen–Orient	x0.4	x0.0	x0.0	x0.6	x0.8	x1.6	x1.3	x2.5	x1.9	x1.3
Europe	56.7	56.6	60.9	52.6	60.6	73.8	73.4	77.2	68.0	77.8	Europe	13.6	14.5	18.1	11.7	15.0	17.2	20.0	20.9	26.8	28.9
EEC	51.2	52.2	56.8	48.2	56.6	70.0	67.4	71.6	64.4	74.3	CEE	9.5	9.4	12.4	7.4	10.4	10.8	12.6	14.4	19.7	21.9
EFTA	5.5	4.4	4.1	4.3	4.0	3.8	6.0	5.6	3.5	3.5	AELE	4.1	5.1	5.7	4.3	3.9	5.6	6.9	6.0	6.6	6.6
Oceania	x0.1	0.1			0.1	x0.5	0.3	0.3			Océanie	0.1	0.8	0.4	x2.8	x3.5	x1.5	x1.7	x0.7	x0.8	x0.7
United Kingdom	32.4	29.4	29.1	24.3	24.2	36.1	31.3	33.2	28.9	32.8	USA/Etats–Unis d'Amer	27.6	22.9	20.5	15.7	16.9	21.2	27.8	26.1	20.4	23.4
Germany/Allemagne	9.6	11.1	14.7	13.4	19.5	18.7	20.6	20.2	21.1	22.2	Canada	21.2	26.9	26.9	21.5	25.2	14.4	18.4	16.3	13.9	10.3
USA/Etats–Unis d'Amer	4.8	6.2	7.1	8.7	11.1	9.1	13.0	9.8	15.9	8.8	So. Africa Customs Un	0.2	0.6	0.1	x8.2	x7.3	x7.9	x2.8	x3.0	x9.7	x5.6
Japan/Japon	0.3	0.6	0.5	2.1	3.9	5.8	6.1	6.0	5.6	6.0	Bolivia/Bolivie	3.9	2.0	1.4	x2.4	3.1	4.6	6.1	4.3	4.1	x0.0
Canada	33.2	35.6	24.8	36.0	21.1	9.3	6.1	5.7	4.7	5.7	Dominican Republic	x0.0	x0.0		9.0	8.9	7.7	6.3	4.0	5.0	9.6
France, Monac	1.3	2.4	2.8	1.9	3.4	3.4	3.7	6.0	4.1	3.5	Philippines	10.3	9.5	12.4	11.2	6.7	9.3	x0.1	6.5	4.2	x2.5
Italy/Italie	0.3	0.6	0.7	1.2	3.4	3.4	3.4	3.4	3.6	10.9	Chile/Chili	9.6	6.4	7.0	6.3	0.0	0.0	0.0	5.8	4.2	2.5
Belgium–Luxembourg	1.0	1.3	3.7	2.8	1.8	2.7	2.8	3.3	5.1	1.4	Netherlands/Pays–Bas	2.5	2.4	3.2	1.1	3.8	3.4	3.0	3.3	3.5	3.5
Sweden/Suède	3.0	3.0	3.2	3.0	1.9	0.8	3.4	3.0	1.6	1.4	United Kingdom	2.3	1.7	3.1	1.1	2.7	2.1	2.3	3.1	2.9	5.5
Hungary/Hongrie					x0.0	x0.0	x0.0	x0.0	5.5	x0.0	France, Monac	2.2	3.5	3.4	1.1	0.9	1.1	2.0	3.1	4.1	5.5

291 CRUDE ANIMAL MTRIALS NES / MATIERES BRUTES ANIMALES 291

TRADE BY COMMODITY IN THOUSAND U.S. DOLLARS – COMMERCE PAR PRODUIT EN MILLIERS DE DOLLARS E.U

COUNTRIES–PAYS	1988	1989	1990	1991	1992	COUNTRIES–PAYS	1988	1989	1990	1991	1992
Total	3095868	3191825	3062691	2993016	3298110	Totale	x2800079	x2821207	2688661	x2798920	x2758072
Africa	x24371	x23056	x28348	x29120	x31628	Afrique	x42581	x49784	x28552	x25596	x30235
Northern Africa	x2295	x1468	2945	2796	x2635	Afrique du Nord	10467	x15136	x14937	x13026	x13163
Americas	x347800	370529	319990	345402	371224	Amériques	368312	x457073	x516260	x495531	x500771
LAIA	63699	62075	68590	86110	83027	ALAI	71872	74899	74576	70421	101551
CACM	1087	1336	2673	3383	x3777	MCAC	835	1872	1379	2469	x1389
Asia	x1025770	1078415	947027	983911	1054369	Asie	x1074566	984791	815851	814412	x881052
Middle East	x16179	x13246	x13945	x16854	x20791	Moyen-Orient	x92971	x76672	x80654	x93453	x104255
Europe	1501916	1554902	1606603	1541042	1738725	Europe	875937	884353	895090	893323	960592
EEC	1300977	1367573	1412062	1360763	1542991	CEE	794392	806307	828475	822898	878544
EFTA	194871	176362	183410	167654	177578	AELE	63063	60573	57015	58678	65543
Oceania	x38018	45263	x42778	x37640	x40666	Océanie	x174136	178284	x191352	x209575	x243805
Japan/Japon	569769	652324	575450	580630	602337	China/Chine	418116	477551	414572	349367	399451
Germany/Allemagne	463616	486552	505025	516088	596774	USA/Etats–Unis d'Amer	224656	270783	345602	339298	312753
France,Monac	236714	259722	276524	252836	286671	Germany/Allemagne	216148	231831	238727	238360	263560
USA/Etats–Unis d'Amer	221249	239859	196352	211264	235858	Hong Kong	169184	189864	116627	149879	144087
Hong Kong	173124	187192	153239	166376	163922	Netherlands/Pays-Bas	141791	142957	151220	153707	162086
Italy/Italie	151108	158854	170266	152713	148346	Former USSR/Anc. URSS	x112547	x135654	x115904	x192197	
United Kingdom	163773	166045	167835	136558	166570	New Zealand	108641	117097	114223	134300	152464
Korea Republic	95254	126774	128038	135423	159085	France,Monac	121180	127169	114105	117044	124940
Netherlands/Pays-Bas	88279	87433	84841	80387		Denmark/Danemark	109308	92604	100243	94690	95496
Spain/Espagne	52749	60214	67347	67472	92725	Hungary/Hongrie	x85080	x87538	x83874	x107809	x69438
Belgium–Luxembourg	54997	64807	63077	55995	69737	Canada	58654	75345	64769	54622	60474
Switz.Liecht	60935	60377	67134	56267	67409	United Kingdom	61576	65952	61557	59235	60677
Denmark/Danemark	64465	56199	45384	58787	56029	Australia/Australie	51719	54004	64842	65482	74103
Austria/Autriche	42859	41866	47921	48536	72328	Belgium–Luxembourg	44922	46165	48637	46919	50932
Former USSR/Anc. URSS	x51122	x53701	x74122	x7940	51855	India/Inde	39686	x51325	40528	36426	
Canada	43939	44099	44686	40145	42182	Italy/Italie	44074	38799	41272	39089	x45603
Sweden/Suède	34937	31214	34896	33363	37739	Turkey/Turquie	42415	35907	40758	37173	41211
Australia/Australie	28861	35954	31468	25930	30370	Singapore/Singapour	40944	39649	32367	32772	37928
Mexico/Mexique	19317	21856	25421	35196	39889	Spain/Espagne	24225	27811	35350	31900	24516
Singapore/Singapour	26511	32896	19916	28043	18333	Brazil/Brésil	33928	33294	24617	26787	36351
Brazil/Brésil	9511	19344	25145	26357	23709	Poland/Pologne	24914	22817	24039	32058	x48277
Finland/Finlande	41620	28673	19820	17221	19023	Iran (Islamic Rp. of)	x32855	x23532	x22652		x48368
China/Chine	32804	31145	18458	14672	36443	Thailand/Thaïlande	24931	25400	18693	x19536	x28210
Portugal	15783	15303	17977	27044	30574	Japan/Japon	21442	20900	21461	21364	x35735
Poland/Pologne	18906	18501	8511	26235	x35276	Afghanistan	x7001	x8893	x5989	18833	19738
So. Africa Customs Un	17787	15639	18385	x17097	x20947	Ireland/Irlande	16158	16164	20616	x42764	x9723
Norway,SVD,JM	14108	13766	13283	11903	12464	Pakistan	17341	17806	19574	20392	20119
Thailand/Thaïlande	6912	11860	13317	13526	15118	Cuba	x5810	x22795	19535	18915	17087
Czechoslovakia	x22647	12683	11478	x10724	x11765	Korea Republic	8657	18053	16784	x11725	x12465
New Zealand	8075	8438	10384	9633	8370	Switz.Liecht	18999	17046	18234	14861	18122
Yugoslavia SFR	5583	6964	9666	x10932		Viet Nam	x20237	x19172	x18957	x8921	x5624
Former GDR	x46918	x18704	x7885			Sweden/Suède	16491	13712	14975	15962	15820
Indonesia/Indonésie	3366	5627	8307	10869	15878	Uruguay	11387	14545	14334	12824	13739
Greece/Grèce	4733	7407	9197	7373	x5791	Indonesia/Indonésie	17076	17021	12718	7522	8457
Cuba	x15808	18684	x4185	x394	x157	Portugal	10471	9082	12014	16057	16419
Hungary/Hongrie	x5991	x6390	x5897	8253	x9806	Austria/Autriche	10795	11258	12943	11206	12487
Turkey/Turquie	8930	7371	5162	6200	8257	Bahamas	3909	8967	7548	x14639	x11011
Peru/Pérou	8813	5090	6568	6161	x1748	So. Africa Customs Un	x9399	x13370	x6711	x8361	x8389
Chile/Chili	3124	4352	4484	6534	x4679	Syrian Arab Republic	2094	2515	1668	x23373	x23524
Ireland/Irlande	4760	5039	4588	5510	6068	Norway,SVD,JM	10116	8642	5505	12916	18391
Bulgaria/Bulgarie	x7975	x6189	x8812	x114	1702	Czechoslovakia	x4948	x8327	x8520	x8922	x8610
Malaysia/Malaisie	3162	3958	4217	5014	x5645	Yugoslavia SFR	10677	10032	6007	x8559	
Israel/Israël	2354	3293	5288	3870	3366	Argentina/Argentine	7811	7353	8347	8527	9242
India/Inde	2381	x3953	2011	3005	x5485	Lebanon/Liban	x5399	x7087	x6768	x9169	x9686
Colombia/Colombie	3352	2662	1893	3683	4445	Bulgaria/Bulgarie	x11705	x8176	x6139	x6938	x5391
Argentina/Argentine	4431	2442	2021	3323	5123	Greece/Grèce	4538	7773	4734	5504	x6753
Romania/Roumanie	2437	3490	1216	2721	x2945	Philippines	4710	x9028	4556	3919	5644
Iran (Islamic Rp. of)	x1291	x2600	x2919	x1744	x3888	Venezuela	1155	5677	8485	3308	4931
Faeroe Islds/Is Féroé	315	3836	1151	1488	x145	Morocco/Maroc	6350	5899	5746	4909	5365
Ecuador/Equateur	1544	1674	1440	2386	631	Romania/Roumanie	x13711	1682	878	12471	x9793

(VALUE AS % OF TOTAL)(VALEUR EN % DU TOTAL)

	1983	1984	1985	1986	1987	1988	1989	1990	1991	1992		1983	1984	1985	1986	1987	1988	1989	1990	1991	1992
Africa	x0.9	1.5	0.9	x1.6	0.9	x0.8	0.7	0.9	x1.0	x0.9	Afrique	x3.9	x3.4	1.2	x2.3	x1.8	1.5	1.8	x1.0	0.9	x1.1
Northern Africa	0.1	0.1	0.3	0.1	0.1	x0.1	0.0	0.1	0.1	x0.1	Afrique du Nord			0.4	0.6	0.7	0.4	x0.5	0.6	0.5	x0.5
Americas	13.7	14.9	14.9	13.8	11.6	x11.3	11.6	10.5	11.5	11.2	Amériques	21.0	21.7	18.0	x18.4	x12.9	13.1	x16.2	x19.2	x17.7	x18.1
LAIA	1.1	1.8	2.2	2.2	1.9	2.1	1.9	2.2	2.9	2.5	ALAI	3.4	3.9	3.9	2.9	2.1	2.6	2.7	2.8	2.5	3.7
CACM	x0.0	0.2	0.0	0.1	0.1	0.0	0.0	0.1	0.1	x0.1	MCAC	x0.0	0.0	0.0	0.0	0.0	0.0	0.1	0.1	0.1	x0.1
Asia	28.2	29.7	27.3	26.0	x31.6	x33.2	33.7	31.0	32.8	32.0	Asie	21.9	19.4	30.0	30.0	x38.2	x38.4	35.0	30.3	29.1	x31.9
Middle East	x0.3	x0.3	0.3	x0.5	x0.7	x0.5	0.4	x0.5	0.6	x0.6	Moyen-Orient	x1.7	x2.9	1.1	x2.9	x3.3	3.3	2.7	x3.0	x3.3	x3.8
Europe	54.2	50.3	54.9	56.3	49.4	48.5	48.7	52.5	51.5	52.7	Europe	44.7	47.3	43.0	42.7	32.2	31.3	31.3	33.3	31.9	34.8
EEC	46.4	42.2	46.1	48.0	42.1	42.0	42.8	46.1	45.5	46.8	CEE	39.6	40.8	37.9	38.6	29.3	28.4	28.6	30.8	31.9	31.9
EFTA	7.7	7.8	8.4	8.0	7.0	6.3	5.5	6.0	5.6	5.4	AELE	4.7	4.2	3.7	3.3	2.3	2.3	2.1	2.1	2.1	2.4
Oceania	1.2	x1.3	1.3	x1.3	x1.2	1.4	1.4	x1.4	x1.3	1.3	Océanie	x7.1	6.8	6.0	x5.2	x4.9	x6.2	6.4	x7.2	x7.4	x8.8
Japan/Japon	17.3	19.9	18.2	16.4	17.0	18.4	20.4	18.8	19.4	18.3	China/Chine			14.6	14.8	16.1	14.9	16.9	15.4	12.5	14.5
Germany/Allemagne	15.5	14.4	15.2	16.8	15.4	15.0	15.2	16.5	17.2	18.1	USA/Etats–Unis d'Amer	13.7	12.3	10.0	10.8	7.2	8.0	9.6	12.9	12.1	11.3
France,Monac	8.4	7.9	8.8	8.0	7.6	8.1	9.0	8.4	8.7	8.7	Germany/Allemagne	10.2	10.8	9.7	10.8	7.7	7.7	8.2	8.9	8.5	9.6
USA/Etats–Unis d'Amer	10.5	10.8	10.6	9.4	7.9	7.1	7.5	6.4	7.1	7.2	Hong Kong	6.2	4.8	4.7	3.0	4.8	6.0	6.7	4.3	5.4	5.2
Hong Kong	5.2	4.2	3.4	4.3	4.9	5.6	5.9	5.0	5.6	5.0	Netherlands/Pays-Bas	6.6	7.0	7.1	6.8	5.1	5.1	5.6	5.6	5.5	5.9
Italy/Italie	4.7	4.3	5.2	5.1	5.2	4.9	5.0	5.6	5.1	4.5	Former USSR/Anc. URSS					x4.6	x4.0	x4.8	x4.3	x6.9	
United Kingdom	6.5	5.5	6.0	6.8	5.0	5.3	5.2	4.6	5.1	5.1	New Zealand	4.6	4.3	4.3	3.4	3.0	3.9	4.2	4.3	4.8	5.5
Korea Republic	3.2	2.3	2.8	3.2	2.9	3.1	4.0	4.2	4.5	5.1	France,Monac	7.4	7.4	6.0	5.6	4.1	4.3	4.5	4.2	4.2	4.5
Netherlands/Pays–Bas	3.1	2.9	3.3	3.4	2.8	2.9	2.7	2.8	2.7	2.8	Denmark/Danemark	6.0	5.7	5.7	5.6	4.1	3.9	3.3	3.7	3.4	3.5
Spain/Espagne	1.3	1.2	1.6	1.6	1.5	1.7	1.9	2.2	2.3	2.1	Hungary/Hongrie					x3.2	x3.0	x3.1	x3.1	x3.9	x2.5

292 CRUDE VEG MATERIALS NES / MAT BRUTES VEGETALES NDA 292

TRADE BY COMMODITY IN THOUSAND U.S. DOLLARS – COMMERCE PAR PRODUIT EN MILLIERS DE DOLLARS E.U

IMPORTS – IMPORTATIONS

COUNTRIES–PAYS	1988	1989	1990	1991	1992
Total	10521699	10330734	12162750	12923796	13746351
Africa	x174245	x164848	x193689	x198021	x191561
Northern Africa	83423	74164	88029	x78464	x84195
Americas	1587768	1615399	1711901	1778774	1967138
LAIA	246456	206982	231160	268366	351477
CACM	10070	11919	11621	15453	x16430
Asia	x2099263	1890136	2047251	2126891	x2401073
Middle East	x160981	x144954	x138963	x119781	x172996
Europe	6316890	6331164	7863952	8471633	8941742
EEC	5354391	5378761	6693081	7287604	7717058
EFTA	930537	926589	1114805	1136433	1188274
Oceania	x71453	x73448	x71541	x78102	x91564
Germany/Allemagne	1943821	1885531	2411742	2773638	3040942
USA/Etats–Unis d'Amer	1082051	1121525	1189165	1227097	1307461
France,Monac	929544	958543	1189891	1219199	1205420
Japan/Japon	695018	788023	840643	918922	977192
United Kingdom	663632	682054	799662	817594	840160
Italy/Italie	568850	565946	677902	748602	736926
Netherlands/Pays-Bas	534970	545049	684877	721924	851895
Hong Kong	463247	432870	505301	506958	543136
Switz.Liecht	331888	317194	383554	391257	408194
Belgium–Luxembourg	250140	262437	325214	355114	364467
Sweden/Suède	242263	241497	284581	302495	320084
Spain/Espagne	184843	197544	252808	278036	292776
Canada	220800	239182	244982	239572	259078
Austria/Autriche	177956	181722	232151	236671	255001
Denmark/Danemark	165731	154488	181054	191559	186799
Former USSR/Anc. URSS	x156826	x179334	x173381	x174245	
Singapore/Singapour	138853	133062	140246	132753	139474
Finland/Finlande	92979	103755	118568	111413	103603
Mexico/Mexique	85946	86925	109177	121749	152720
Korea Republic	70399	80881	99344	128067	155974
Norway,SVD,JM	81305	78670	91955	90474	97390
China/Chine	111403	82012	62172	77616	129482
Ireland/Irlande	49627	49106	61539	62094	61378
Australia/Australie	49869	58762	55935	57383	68880
Malaysia/Malaisie	48770	54042	52861	58759	x64902
Greece/Grèce	33132	42795	57779	64799	x70951
Portugal	30100	35266	50613	55045	65343
So. Africa Customs Un	36694	33196	46890	x46026	x44705
Yugoslavia SFR	28073	21797	51726	x42934	
Thailand/Thaïlande	31226	36189	38351	38517	43836
Brazil/Brésil	26858	34198	33008	40542	36111
Pakistan	33356	31243	38253	34529	32323
Saudi Arabia	39114	40104	x33206	x27627	x34698
Argentina/Argentine	27760	25635	22873	38460	60447
Israel/Israël	14142	25288	35396	25422	26080
India/Inde	21237	x24144	31834	19553	x35360
Turkey/Turquie	18335	16773	26554	25393	35141
Czechoslovakia	x24734	22411	19150	x26614	x46621
Colombia/Colombie	18737	20686	24288	19593	36165
Hungary/Hongrie	x15181	x14687	x20066	29510	x37251
Morocco/Maroc	14479	14286	20975	22572	22397
Poland/Pologne	16496	13139	14386	30263	x56756
Indonesia/Indonésie	12554	12640	19406	20661	22669
Djibouti	16110	19796	17961	13563	x1945
Philippines	19130	x17283	16119	16935	18409
Libyan Arab Jamahiriya	13024	11159	19261	x19079	x14052
Egypt/Egypte	22432	17030	16150	15381	17157
Algeria/Algérie	18417	20946	18046	8809	x17895
Venezuela	59483	16186	12970	17164	22776
United Arab Emirates	x30098	x14901	x12830	x15286	x20678

EXPORTS – EXPORTATIONS

COUNTRIES–PAYS	1988	1989	1990	1991	1992
Totale	9726340	9760334	11421187	12261801	13168943
Afrique	x277079	x321043	x325370	x485467	x492850
Afrique du Nord	126887	136013	x166878	x197279	x208172
Amériques	1086923	1256741	1431001	1592700	x1825615
ALAI	351344	411126	448765	553828	x661409
MCAC	67986	65161	89035	89652	x100201
Asie	2231696	x2064846	2198027	2267822	x2416702
Moyen–Orient	x87781	x78262	x92862	x79671	x65787
Europe	5705755	5782641	7089765	7533992	8152706
CEE	5537157	5609339	6929724	7390059	8011581
AELE	104919	105346	122282	130149	123637
Océanie	x93119	x88148	x108757	x122485	x131861
Netherlands/Pays-Bas	3335178	3361417	4194189	4456204	4863680
USA/Etats–Unis d'Amer	518467	583868	720675	788380	870263
Germany/Allemagne	463992	469098	573317	650107	687816
Denmark/Danemark	429394	427012	531912	580989	597248
Italy/Italie	322303	357554	439526	433148	492110
Hong Kong	394795	368245	383875	446160	457624
France, Monac	332576	337802	414245	443278	490280
China/Chine	306293	366889	394723	350350	391729
Belgium–Luxembourg	273757	276275	358851	371039	378912
Korea Republic	265772	313731	318203	296693	306794
Colombia/Colombie	191594	223073	230410	282888	342925
Spain/Espagne	182844	189305	197454	209319	205167
Israel/Israël	175830	155637	193588	216984	206115
India/Inde	172741	x182226	171175	165604	x194206
Canada	140837	177891	156023	143647	174399
Singapore/Singapour	178691	159622	156653	147236	147682
Japan/Japon	133678	132190	131994	137396	175650
United Kingdom	112319	102604	127935	132624	153945
Sudan/Soudan	62575	x72353	x75815	x114008	x123143
Thailand/Thaïlande	62652	72906	83779	92526	x183566
Chile/Chili	55805	66581	79410	91650	x87331
Kenya	38408	x53316	31116	137587	x96515
Poland/Pologne	62064	58481	75427	81936	x42113
Ireland/Irlande	60976	64287	66675	77249	103136
Mexico/Mexique	45833	58944	62621	78618	113671
Bulgaria/Bulgarie	x84889	x81362	x75493	x33264	x25987
Costa Rica	48227	51536	68118	66601	x71103
Australia/Australie	44110	49576	55584	66151	67799
Switz.Liecht	44205	45467	57981	57615	61559
Indonesia/Indonésie	107089	41452	55359	60385	64488
Philippines	32330	x37185	57618	48193	42170
Morocco/Maroc	38296	41438	50639	48920	52380
New Zealand	46435	36146	50147	53015	60835
Turkey/Turquie	49558	40771	50726	43947	32558
So. Africa Customs Un	x40459	x37448	x44277	x48317	x43013
Afghanistan	x26237	x15105	x19193	x94628	x27207
Hungary/Hongrie	x30175	x37465	x40642	x50813	x43507
Former USSR/Anc. URSS	x34968	x29346	x36558	x60305	
Pakistan	57577	42415	42902	33493	33991
Yugoslavia SFR	62006	66952	36768	x12345	
Sweden/Suède	37963	36210	33011	41192	29829
Viet Nam	x59068	x33882	x38579	x31311	x25528
Brazil/Brésil	27970	27333	32926	38074	40504
Malaysia/Malaisie	28896	28720	21045	24515	x54239
Egypt/Egypte	19391	18024	28124	27223	27844
Ecuador/Equateur	8225	14133	18167	26071	27019
Austria/Autriche	13401	13762	20945	21224	23555
Portugal	12140	11408	16797	25708	26081
Iran (Islamic Rp. of)	x23622	x20856	x19584	x12224	x20178
Peru/Pérou	8508	11264	10321	x23408	x35498

(VALUE AS % OF TOTAL) (VALEUR EN % DU TOTAL)

	1983	1984	1985	1986	1987	1988	1989	1990	1991	1992		1983	1984	1985	1986	1987	1988	1989	1990	1991	1992
Africa	x2.6	x2.5	2.0	x2.3	x1.7	x1.6	x1.6	x1.6	x1.6	x1.4	Afrique	x4.4	x3.6	2.0	x3.6	x3.6	x2.8	x3.3	x2.9	x4.0	x3.7
Northern Africa	x1.1	x1.1	1.2	x1.1	0.8	0.8	0.7	0.7	x0.6	x0.6	Afrique du Nord	x2.2	x2.2	0.8	1.6	1.7	1.3	x1.4	x1.5	1.6	1.6
Americas	16.9	19.7	20.2	17.3	14.9	15.1	15.7	14.1	13.7	14.3	Amériques	14.5	16.6	15.5	12.4	10.6	11.2	12.9	12.6	13.0	x13.8
LAIA	1.7	2.9	3.0	2.6	2.2	2.3	2.0	1.9	2.1	2.6	ALAI	3.9	4.7	4.7	3.9	3.1	3.6	4.2	3.9	4.5	x5.0
CACM	x0.1	0.2	0.2	0.2	0.1	0.1	0.1	0.1	0.1	x0.1	MCAC	x0.4	2.2	1.8	0.6	0.6	0.7	0.7	0.8	0.7	x0.8
Asia	18.2	17.9	17.1	15.7	x17.7	17.9	19.9	18.3	16.8	16.5	x17.5	Asie	20.5	21.6	22.4	20.0	21.1	23.0	x21.1	19.3	18.5	x18.4
Middle East	x2.8	x3.0	1.8	x2.0	x1.7	x1.5	x1.4	x1.1	x0.9	x1.3	Moyen–Orient	x0.8	x1.5	0.8	x1.0	x0.8	x0.9	x0.8	x0.8	x0.6	x0.5
Europe	59.1	56.7	58.9	63.1	62.2	60.0	61.3	64.7	65.6	65.0	Europe	58.7	56.3	58.1	62.4	60.3	58.7	59.2	62.1	61.4	61.9
EEC	50.1	47.8	49.9	53.4	52.6	50.9	52.1	55.0	56.4	56.1	CEE	57.6	54.4	56.2	60.7	58.7	56.9	57.5	60.7	60.3	60.8
EFTA	9.0	8.5	8.6	9.4	9.3	8.8	9.0	9.2	8.8	8.6	AELE	1.1	1.0	1.0	1.1	1.1	1.1	1.1	1.1	1.1	0.9
Oceania	0.9	x0.8	0.8	x0.7	x0.6	x0.7	x0.7	x0.6	x0.6	x0.6	Océanie	x0.9	0.9	0.8	x0.8	x0.8	x0.9	x0.9	x0.9	x1.0	x1.0
Germany/Allemagne	20.5	18.9	18.2	20.0	19.4	18.5	18.3	19.8	21.5	22.1	Netherlands/Pays-Bas	33.0	30.9	31.9	35.1	34.0	34.3	34.4	36.7	36.3	36.9
USA/Etats–Unis d'Amer	11.8	13.7	14.2	12.0	10.3	10.3	10.9	9.8	9.5	9.5	USA/Etats–Unis d'Amer	8.3	7.9	7.1	5.9	4.9	5.3	6.0	6.3	6.4	6.6
France, Monac	8.6	8.0	8.6	9.6	9.4	9.3	9.8	9.8	9.4	8.8	Germany/Allemagne	4.8	4.5	5.0	5.5	4.8	4.8	4.8	5.0	5.3	5.2
Japan/Japon	5.1	5.4	5.7	5.2	4.9	6.6	7.6	6.9	7.1	7.1	Denmark/Danemark	4.6	4.1	4.3	4.5	4.5	4.4	4.4	4.7	4.7	4.5
United Kingdom	5.8	5.9	6.3	6.2	6.2	6.6	6.6	5.6	5.8	5.4	Italy/Italie	4.6	4.2	3.9	4.0	4.5	3.3	3.7	3.8	3.5	3.7
Italy/Italie	4.2	4.0	5.5	5.4	5.5	5.4	5.5	5.6	5.6	5.4	Hong Kong	4.4	4.7	4.5	4.5	3.7	4.1	3.8	3.4	3.6	3.5
Netherlands/Pays-Bas	4.7	5.0	4.9	5.5	5.3	5.1	5.3	5.6	5.6	6.2	France, Monac	4.3	4.0	4.0	4.2	3.8	3.4	3.5	3.6	3.6	3.7
Hong Kong	5.5	5.2	4.6	4.4	4.5	4.4	4.2	4.2	3.9	4.0	China/Chine			2.5	2.5	2.7	3.1	3.8	3.5	2.9	3.0
Switz.Liecht	3.0	2.9	2.9	3.3	3.2	3.2	3.1	3.2	3.0	3.0	Belgium–Luxembourg	2.6	2.6	2.8	3.0	2.8	2.8	2.8	3.1	3.0	2.9
Belgium–Luxembourg	2.4	2.2	2.2	2.2	2.4	2.4	2.5	2.7	2.7	2.7	Korea Republic	2.0	2.1	1.8	1.9	1.7	2.7	3.2	2.8	2.4	2.3

322 COAL, LIGNITE AND PEAT / HOUILLES, LIGNITES, TOURBE 322

TRADE BY COMMODITY IN THOUSAND U.S. DOLLARS – COMMERCE PAR PRODUIT EN MILLIERS DE DOLLARS E.U

COUNTRIES–PAYS	IMPORTS – IMPORTATIONS					COUNTRIES–PAYS	EXPORTS – EXPORTATIONS				
	1988	1989	1990	1991	1992		1988	1989	1990	1991	1992
Total	18170489	18386309	20285059	20739062	19866165	Totale	x16545069	x17508783	x19107263	x20698251	x16968743
Africa	223819	221675	297939	x253488	x229035	Afrique	x1161577	x1445949	x1634799	x1773263	x1664932
Northern Africa	215150	205289	252970	220163	x193724	Afrique du Nord	x1803	x499	910	6	x230
Americas	1453301	1545451	1494395	1462031	1582295	Amériques	6004766	6632952	7043922	7304153	6406985
LAIA	691450	753272	754913	801241	807005	ALAI	321644	507214	606446	713859	630733
CACM	x43	104	88	x89	x111	MCAC	323		47	x2750	x5
Asia	x8417544	8262953	8942564	9623387	x9291348	Asie	x727038	x761154	920566	x1223993	1524838
Middle East	287714	266810	335562	353711	x318689	Moyen–Orient	x294	x404	x1726	x11389	x1593
Europe	6658801	7386930	8867540	8678511	8353192	Europe	1214066	1098028	1310495	1174854	982831
EEC	5655256	6278028	7733758	7803482	7575263	CEE	1188868	1078902	1265486	1134676	940431
EFTA	741973	789195	916091	828657	722217	AELE	22723	17413	x42758	x38432	x37994
Oceania	10347	25699	11116	10284	9463	Océanie	3632838	3823673	4429519	x4919028	x5329836
Japan/Japon	5394734	5881980	6214806	6425084	6110767	USA/Etats–Unis d' Amer	4011228	4290832	4514194	4682750	4242774
Korea Republic	1149798	1287204	1270570	1580804	1596543	Australia/Australie	3613776	3796408	4409652	4884901	5289498
France, Monac	754898	930551	1230450	1310556	1324247	Former USSR/Anc. URSS	x2486086	x2721871	x2662293	x3117846	
Italy/Italie	971050	1115767	1137789	1153406	997355	Canada	1671563	1834900	1919829	1902447	1520811
United Kingdom	783338	803857	1114964	1271789	1275291	So. Africa Customs Un	x1154732	x1439834	x1626678	x1768180	x1659238
Netherlands/Pays–Bas	778130	803932	1024605	941182	887407	Poland/Pologne	1112032	895066	970803	939045	x840267
Belgium–Luxembourg	723656	768405	966345	945223	934286	Germany/Allemagne	711918	700942	760388	637501	488044
Germany/Allemagne	410062	387935	705743	936106	964258	China/Chine	514951	554036	654148	748480	742802
Brazil/Brésil	584054	597973	582433	668544	661832	Colombia/Colombie	297145	447350	536972	624185	545126
Spain/Espagne	403216	545226	564950	710158	739927	Indonesia/Indonésie	41367	77225	165046	263846	600042
Canada	596091	577925	523989	412712	490083	Czechoslovakia	x149552	x116792	x128836	x242118	x209707
Hong Kong	286777	345100	339620	380410	405118	Netherlands/Pays–Bas	116822	86995	170021	168953	175836
Denmark/Danemark	400206	465794	462110	11727	10309	United Kingdom	117308	118873	153441	126898	81218
Turkey/Turquie	261012	250108	309278	333825	248317	France, Monac	127080	68302	69587	78356	79646
Romania/Roumanie	x334966	317178	292009	231738	x136080	Venezuela	23138	57827	68953	88932	85308
Finland/Finlande	198335	258033	310952	259400	188800	Korea Dem People's Rp	x127028	x70951	x57488	x73558	x38027
India/Inde	274357		416822	367240	x456744	Viet Nam	x20880	x52351	x32297	x110909	x92628
Austria/Autriche	253495	235551	269903	278561	274827	Belgium–Luxembourg	61092	60756	62899	67868	54835
Ireland/Irlande	252048	234711	231015	227148	224997	Ireland/Irlande	37683	34822	39115	45128	54179
Portugal	149198	185564	249439	221234	208842	New Zealand	19062	27265	19867	34016	40336
Former USSR/Anc. URSS	x720813	x365031	x240633	x47764		Norway, SVD, JM	2127	380	x23728	x19045	x16825
USA/Etats–Unis d' Amer	152398	186853	206791	238230	275393	Finland/Finlande	7471	7907	9183	8953	10023
Sweden/Suède	181616	194984	203010	185473	170809	Sweden/Suède	10009	7395	8053	9238	9264
Yugoslavia SFR	253439	305354	206401	x46185		Italy/Italie	9984	4006	4863	5646	1449
Czechoslovakia	x35352	118046	96419	x198762	x157948	India/Inde	8144	x3435	4792	6179	x4224
Korea Dem People's Rp	x218105	x70565	x66713	x160764	x130364	Denmark/Danemark	5831	3021	4661	3945	3912
Egypt/Egypte	81527	90113	115902	80325	74725	Former GDR	x41891	x8476	x2184		
Chile/Chili	19695	78356	93950	80279	x45206	Mozambique	417	x2404	x4915	x2130	x2308
Malaysia/Malaisie	32487	68901	78357	93657	x81948	Saudi Arabia	55	44	x341	x8896	x143
China/Chine	61917	90923	74148	47199	43301	Albania/Albanie	x2	x4533	x3296	x1143	x2696
Hungary/Hongrie	x45409	x32970	x4444	174471	x7237	Singapore/Singapour	207	225	720	7820	4404
Morocco/Maroc	47288	67519	68956	74832	54950	Yugoslavia SFR	2476	1709	2244	x1720	
Norway, SVD, JM	67648	63603	74628	63611	57309	Central African Rep.	x947	x3202		x1317	
Philippines	42257	x83407	35267	79462	30103	Malaysia/Malaisie	565	1784	649	1050	x5032
Argentina/Argentine	74770	70113	62880	46560	66541	Austria/Autriche	1635		1405	873	1308
Algeria/Algérie	83932	46508	65169	64524	x62408	Bahamas			x3367		x9069
Pakistan	48700	55793	47080	68324	59719	Hong Kong	12	x9		3	58
Greece/Grèce	29454	36286	46348	74952	x8344	Turkey/Turquie	73	254	777	1769	4
Indonesia/Indonésie	43974	60280	32550	35302	25051	Zimbabwe	2182		1498	1003	x2
Switz.Liecht	36067	31765	52272	36446	26079	Hungary/Hongrie	x212	x281	x623	x1247	x2819
Bulgaria/Bulgarie	6	x17520	x23178	x51561	98524	Spain/Espagne	924	1161	498	186	290
Former GDR	x228965	x66745	x270			Peru/Pérou	420	x1577	2	x52	x10
So. Africa Customs Un	202	5381	27800	x24257	x27340	Bulgaria/Bulgarie	x14997		x15	x1544	x3826
Thailand/Thaïlande	11976	21435	14047	18921	18964	Japan/Japon	645	371	686	444	1059
Bangladesh	x9431	x13879	x10199	x6510	x5981	St Vincent & Grenadines				x1492	x1562
Malta/Malte	8086	14316	11216	x130	x316	Costa Rica				x1432	
Iran (Islamic Rp. of)	x18140	x5022	x14482	x5543	x48202	Switz.Liecht	1177	597	385	323	573
Cuba	7269	24354	x154	x540		Guatemala	276		x4	1257	x2
Poland/Pologne	26919	19042	4736	103	x96	Egypt/Egypte	x670	68	909	1	6
Albania/Albanie	x14247	x7068	x9816	x6963	x944	Mexico/Mexique	506	431	157	182	4

(VALUE AS % OF TOTAL)(VALEUR EN % DU TOTAL)

	1983	1984	1985	1986	1987	1988	1989	1990	1991	1992		1983	1984	1985	1986	1987	1988	1989	1990	1991	1992
Africa	1.3	1.4	1.2	1.3	1.5	1.2	1.2	1.4	x1.2	x1.1	Afrique	x8.8	9.0	9.9	9.9	7.7	x7.0	x8.2	x8.5	8.5	x9.8
Northern Africa	1.3	1.3	1.1	1.2	1.4	1.2	1.1	1.2	1.1	1.0	Afrique du Nord	0.0	0.0	0.0	0.0	0.0	0.0	0.0	0.0	0.0	x0.0
Americas	10.1	10.6	8.9	8.7	8.3	8.0	8.4	7.4	7.0	8.0	Amériques	41.4	41.9	42.5	40.0	33.2	36.2	37.9	36.9	35.3	37.8
LAIA	3.9	4.1	3.9	4.1	4.0	3.8	4.1	3.7	3.9	4.1	ALAI	0.1	0.3	0.9	1.4	1.7	1.9	2.9	3.2	3.4	3.7
CACM	x0.0	0.0	0.0	0.0	x0.0	0.0	0.0	0.0	x0.0	x0.0	MCAC	x0.0									x0.0
Asia	44.1	43.6	42.8	43.1	x42.6	x46.3	44.9	44.0	46.4	x46.8	Asie	0.2	0.3	2.4	3.2	4.0	x4.4	x4.3	4.8	x5.9	9.0
Middle East	x0.2	1.1	0.9	1.3	1.4	1.6	1.5	1.7	1.7	x1.6	Moyen–Orient	x0.0	x0.0	x0.0	x0.0	x0.0	x0.0	x0.0	x0.0	x0.1	x0.0
Europe	43.4	43.6	45.4	46.1	39.7	36.6	40.2	43.7	41.8	42.0	Europe	11.3	9.4	8.4	9.6	8.3	7.3	6.3	6.9	5.7	5.8
EEC	38.2	37.4	38.6	38.9	33.7	31.1	34.1	38.1	37.6	38.1	CEE	11.2	9.2	8.3	9.4	8.1	7.2	6.2	6.6	5.5	5.5
EFTA	5.3	4.6	5.1	5.5	4.7	4.1	4.3	4.5	4.0	3.6	AELE	0.1	0.2	0.2	0.2	0.2	0.1	0.1	x0.2	x0.2	0.2
Oceania	0.1	x0.1	x0.0	x0.0	0.1						Océanie	24.4	x25.6	24.8	x25.8	23.6	22.0	21.8	23.2	x23.8	x31.4
Japan/Japon	37.1	35.6	31.8	31.4	28.1	29.7	32.0	30.6	31.0	30.8	USA/Etats–Unis d' Amer	32.8	30.7	31.1	28.4	22.4	24.2	24.5	23.6	22.6	25.0
Korea Republic	4.8	4.8	6.3	6.4	5.9	6.0	7.0	6.3	7.6	8.0	Australia/Australie	24.3	25.4	24.7	25.7	23.5	21.8	21.7	23.1	23.6	31.2
France, Monac	8.6	7.2	6.2	6.6	4.8	4.2	5.1	6.1	6.3	6.7	Former USSR/Anc. URSS					x14.3	x15.0	x15.5	x13.9	x15.1	
Italy/Italie	7.5	8.0	7.4	7.3	6.8	5.3	6.1	5.6	5.6	5.0	Canada	8.5	10.9	10.6	10.2	8.9	10.1	10.5	10.0	9.2	9.0
United Kingdom	2.6	4.6	5.5	4.3	3.8	4.3	4.4	5.5	6.1	6.4	So. Africa Customs Un	8.7	8.9	9.8	9.8	7.6	x7.0	x8.2	x8.5	8.5	x9.8
Netherlands/Pays–Bas	3.9	4.0	4.2	4.1	4.0	4.3	4.4	5.1	4.5	4.5	Poland/Pologne	11.9	12.4	10.4	9.7	7.3	6.7	5.1	5.1	4.5	5.0
Belgium–Luxembourg	4.4	4.2	3.9	4.3	4.1	4.0	4.2	4.8	4.6	4.7	Germany/Allemagne	7.4	6.6	5.2	6.0	5.3	4.3	4.0	4.0	3.1	2.9
Germany/Allemagne	4.2	3.1	3.4	3.8	2.9	2.3	2.1	3.5	4.5	4.9	China/Chine			2.0	2.9	3.2	3.1	3.2	3.4	3.6	4.4
Brazil/Brésil	3.5	3.5	3.4	3.3	3.4	3.2	3.3	2.9	3.2	3.3	Colombia/Colombie	0.1	0.3	0.9	1.4	1.7	1.8	2.6	2.8	3.0	3.2
Spain/Espagne	2.6	2.5	2.7	2.5	2.2	2.2	3.0	2.8	3.4	3.7	Indonesia/Indonésie	0.1	0.2	0.2	0.2	0.3	0.2	0.4	0.9	1.3	3.5

323 BRIQUETS, COKE, SEMI-COKE — BRIQUETTES 323

TRADE BY COMMODITY IN THOUSAND U.S. DOLLARS – COMMERCE PAR PRODUIT EN MILLIERS DE DOLLARS E.U

COUNTRIES–PAYS	1988	1989	1990	1991	1992	COUNTRIES–PAYS	1988	1989	1990	1991	1992
Total	x2536779	x2509530	1983334	x2204175	1826081	Totale	x2482670	x2371377	x2007470	2045459	x1724927
Africa	x29539	x36919	59515	x36120	x36190	Afrique	x26663	x34828	x36672	x28148	x20450
Northern Africa	18245	22159	40702	23075	x24861	Afrique du Nord	8864	19808	12664	17977	10507
Americas	492320	601900	329331	359158	449673	Amériques	110470	x145691	131405	x121480	x154491
LAIA	166588	226518	136882	190831	193267	ALAI	13822	16939	10430	x11059	15315
CACM	578	731	706	606	x401	MCAC	25	5	5	45	x25
Asia	x144020	x146134	139116	189823	x154101	Asie	324432	408970	291873	344518	384128
Middle East	12061	19461	15043	x6156	x19291	Moyen–Orient	x47	x697	x1800	x2375	x2369
Europe	1183048	1229061	1211277	1288407	1125984	Europe	1194865	1153090	973783	896070	847039
EEC	829860	838086	807191	821140	797623	CEE	1151399	1117115	958042	886528	802813
EFTA	340937	378099	393680	350822	312021	AELE	x20088	6567	5161	4105	2999
Oceania	1382	x2597	x3509	x3870	x17634	Océanie	61987	74642	56025	80872	68116
Belgium–Luxembourg	297720	288481	299861	267497	230171	Germany/Allemagne	755389	754512	585290	552683	457164
USA/Etats–Unis d'Amer	234913	285633	127534	120197	203927	Japan/Japon	235004	273554	177888	241360	276173
France, Monac	205189	217074	178656	124256	123032	Poland/Pologne	137211	152910	157264	316513	x153032
Former USSR/Anc. URSS	x209469	x174789	x119657	x190955		Former USSR/Anc. URSS	x139667	x170038	x192258	x126029	
Austria/Autriche	136846	121953	147581	146130	121363	China/Chine	78837	126338	100837	80898	97171
Germany/Allemagne	95849	94343	108864	173144	225779	USA/Etats–Unis d'Amer	82126	105465	95788	98249	83099
Brazil/Brésil	102654	146013	77989	142115	137139	Belgium–Luxembourg	113153	109287	105573	73425	67461
Romania/Roumanie	x157574	123518	111144	84972	x6715	Netherlands/Pays–Bas	91332	82132	94048	105136	128574
Finland/Finlande	80362	98458	105756	80874	75887	Czechoslovakia	x74069	x71817	x69413	x104751	x81304
Italy/Italie	46984	78685	63266	108221	69357	Australia/Australie	61987	74642	56018	80872	68116
Norway, SVD, JM	61329	79397	78828	67236	60889	France, Monac	86480	69493	69803	69255	71364
United Kingdom	101579	76585	52860	61946	75530	United Kingdom	58920	64051	65451	51168	34715
Canada	80657	78208	61706	43589	43600	Bulgaria/Bulgarie	x767	x63666	x42014	x34	x1920
Sweden/Suède	45861	64056	48037	41612	39960	Former GDR	x393893	x70913	x31115		
Yugoslavia SFR	11979	12852	10379	x116438		Hungary/Hongrie	x18642	x24813	x25650	x26598	x12450
Netherlands/Pays–Bas	44533	42226	45584	41118	39339	Italy/Italie	24169	25426	26669	21661	28825
Japan/Japon	26356	44010	36730	38557	21989	Canada	13099	21046	25133	12086	18990
Mexico/Mexique	32764	38555	22365	27669	36272	Egypt/Egypte	6928	17141	12350	17951	10490
Former GDR	x250457	x78306	x2			Yugoslavia SFR	23377	29408	10580	x5438	
India/Inde	13522		18148	55356	x32598	So. Africa Customs Un	x11255	x15011	x15783	x6214	x9926
Hungary/Hongrie	x33924	x33557	x3108	36287	x6260	Spain/Espagne	21845	11860	9672	9242	10361
Bulgaria/Bulgarie	x35045	x57345	x1336	x10032	26564	Colombia/Colombie	8641	9652	7782	6003	10304
Spain/Espagne	20047	20561	30314	16168	12305	Indonesia/Indonésie	234	3988	3066	10796	2628
Philippines	13051	x22307	10276	25644	6364	Sweden/Suède	8754	5950	3762	3088	2683
Korea Republic	15746	19305	17688	19125	19432	Zimbabwe	6542		8215	3937	
Peru/Pérou	10341	18759	13748	16598	x8522	Singapore/Singapour	2018	1966	3236	5472	3670
Tunisia/Tunisie	11840	14172	17943	11716	11984	Argentina/Argentine	3091	4400	2156	2295	980
Thailand/Thaïlande	8408	12277	11224	12274	11011	Pakistan	50	985	3384	1728	x283
Czechoslovakia	x1	25402	5109	x4528	x2718	Portugal	5		1212	2491	3062
Turkey/Turquie	11224	16951	12645	3329	13319	Korea Republic	781	775	1334	1033	424
Switz.Liecht	13170	10928	9153	10626	11144	Algeria/Algérie	1936	2666	314		
Malaysia/Malaisie	5431	6595	9845	12976	x15864	Mexico/Mexique	2077	1446	323	1081	8
Denmark/Danemark	9363	7059	8759	11299	8738	Panama	x1397	x2235	x3		
Chile/Chili	13786	15126	10746	1191	x31	Iran (Islamic Rp. of)		x451	x1657	x82	x1
Indonesia/Indonésie	5863	11814	6691	5578	4102	Cyprus/Chypre	x3	0	14	x2140	x2140
Greece/Grèce	2736	6646	7880	6115	x4703	Brazil/Brésil		x106	1	x1666	x13
Venezuela	6617	5932	11888	2416	11023	Ireland/Irlande	68	276	126	1011	842
Ireland/Irlande	2872	3198	7675	8812	6481	Switz.Liecht	90	96	651	555	19
Korea Dem People's Rp	x17826	x4027	x5284	x9027	x16526	Venezuela		x805	x163	8	2860
Morocco/Maroc	5476	5627	5504	6554	5812	Norway, SVD, JM	x9926	1	x506	x201	
Algeria/Algérie	710	55	13099	1824	x5315	Malaysia/Malaisie	6	11	26	612	x839
Zaire/Zaïre	x3918	x6895	x4621	x3444	2429	Viet Nam		x645			x90
Zimbabwe			9576	2768		Austria/Autriche	412	303	84	202	278
Singapore/Singapour	2936	3883	5251	3042	3221	Chile/Chili	x10	530	5	6	x1149
Iceland/Islande	3369	3307	4325	4344	2777	Denmark/Danemark	38	77	192	199	167
Cuba	8413	8617	x863	x14	x7420	Finland/Finlande	906	216	158	58	19
Portugal	3087	3227	3472	2563	2189	Turkey/Turquie	23	94	100	120	144
Egypt/Egypte	200	2198	2337	2954	1642	India/Inde	537		170	125	x87
Zambia/Zambie	x5136	x1856	x3506	x1229	x5172	Greece/Grèce	1	1	x6	x256	x278
Australia/Australie	852	1956	2085	2530	2851	Romania/Roumanie				238	x1996

(VALUE AS % OF TOTAL)(VALEUR EN % DU TOTAL)

	1983	1984	1985	1986	1987	1988	1989	1990	1991	1992		1983	1984	1985	1986	1987	1988	1989	1990	1991	1992
Africa	x2.5	x1.6	1.3	x2.4	x1.3	x1.2	x1.5	3.0	x1.7	x2.0	Afrique	1.6	0.6	1.2	1.6	0.9	x1.1	x1.4	x1.8	x1.4	x1.2
Northern Africa	1.5	0.8	0.9	1.1	0.8	0.7	0.9	2.1	1.0	x1.4	Afrique du Nord	0.2	0.1	0.3	0.7	0.4	0.4	0.8	0.6	0.9	0.6
Americas	9.0	10.8	12.3	9.9	10.5	19.4	24.0	16.6	16.3	24.7	Amériques	4.3	x5.7	6.1	x5.6	3.6	4.4	x6.1	6.5	x5.9	x8.9
LAIA	3.5	2.9	3.7	3.0	4.5	6.6	9.0	6.9	8.7	10.6	ALAI	0.1	0.3	0.5	0.8	x0.0	0.6	0.7	0.5	x0.5	0.9
CACM	x0.0	0.0	0.0	0.0	x0.0	0.0	0.0	0.0	0.0	x0.0	MCAC		0.0		x0.0	0.0	0.0	0.0	0.0	x0.0	x0.0
Asia	5.3	6.5	5.7	5.4	x4.8	x5.6	x5.9	7.0	8.6	x8.4	Asie	x12.6	x12.1	13.4	15.3	12.6	13.1	17.2	14.6	16.8	22.3
Middle East	x0.3	x1.1	1.6	0.7	0.5	0.8	0.8	x0.3	x0.1	x1.1	Moyen–Orient	x0.0	0.0	0.0	0.1	x0.0	x0.0	x0.1	x0.1	x0.1	x0.1
Europe	79.9	78.4	78.0	79.3	48.8	46.6	49.0	61.1	58.5	61.7	Europe	64.4	67.9	66.4	63.5	42.1	48.1	48.6	48.5	43.8	49.1
EEC	52.8	56.6	50.4	50.0	31.3	32.7	33.4	40.7	37.3	43.7	CEE	62.7	65.2	63.4	60.2	39.2	46.4	47.1	47.7	43.3	46.5
EFTA	27.1	21.2	27.0	28.2	16.9	13.4	15.1	19.8	15.9	17.1	AELE	1.8	1.7	1.2	1.8	1.4	x0.8	0.3	0.3	0.2	0.2
Oceania	0.3	0.2	0.1	0.2	0.1	x0.1	x0.1	x0.2	x0.2	x0.9	Océanie	0.3	0.4	0.8	1.8	1.4	2.5	3.1	2.8	4.0	3.9
Belgium–Luxembourg	15.8	14.2	15.0	17.1	10.8	11.7	11.5	15.1	12.1	12.6	Germany/Allemagne	40.3	46.4	41.2	38.4	25.4	30.4	31.8	29.2	27.0	26.5
USA/Etats–Unis d'Amer	0.2	3.4	3.4	1.9	3.1	9.3	11.4	6.4	5.5	11.2	Japan/Japon	12.4	11.8	11.1	11.6	9.7	9.5	11.5	8.9	11.8	16.0
France, Monac	14.6	13.1	17.3	13.0	7.7	8.1	8.6	9.0	5.6	6.7	Poland/Pologne	7.4	5.9	5.1	4.8	4.6	5.5	6.4	7.8	15.5	x8.9
Former USSR/Anc. URSS					x6.1	x8.3	x7.0	6.0	x8.7		Former USSR/Anc. URSS					x7.7	x5.6	x7.2	x9.6	x6.2	
Austria/Autriche	10.3	7.9	11.0	11.5	7.2	5.4	4.9	7.4	6.6	6.6	China/Chine			1.9	3.2	2.5	3.2	5.3	5.0	4.0	5.6
Germany/Allemagne	4.9	4.8	5.3	6.6	3.9	3.8	3.8	5.5	7.9	12.4	USA/Etats–Unis d'Amer	4.0	4.9	5.0	4.2	3.3	3.4	4.4	4.8	4.8	4.8
Brazil/Brésil	1.9	0.4	0.7	0.8	2.8	4.0	5.8	3.9	6.4	7.5	Belgium–Luxembourg	3.3	4.1	4.2	4.1	3.6	4.6	4.6	5.3	3.6	3.9
Romania/Roumanie					x11.3	x6.2	4.9	5.6	3.9	x0.4	Netherlands/Pays–Bas	4.3	4.2	4.6	4.6	3.7	3.7	3.5	4.7	5.1	7.5
Finland/Finlande	9.5	7.0	8.0	8.1	4.9	3.2	3.9	5.3	3.7	4.2	Czechoslovakia	9.3	7.4	6.9	7.4	7.2	x3.0	x3.0	x3.5	x5.1	x4.7
Italy/Italie	1.4	1.6	1.8	2.9	2.8	1.9	3.1	3.2	5.1	3.8	Australia/Australie	0.3	0.4	0.8	1.8	1.4	2.5	3.1	2.8	4.0	3.9

333 CRUDE PETROLEUM HUILES BRUTES DE PETROLE 333

TRADE BY COMMODITY IN THOUSAND U.S. DOLLARS – COMMERCE PAR PRODUIT EN MILLIERS DE DOLLARS E.U

COUNTRIES–PAYS	IMPORTS – IMPORTATIONS					COUNTRIES–PAYS	EXPORTS – EXPORTATIONS				
	1988	1989	1990	1991	1992		1988	1989	1990	1991	1992
Total	152456329	161079827	206670462	189963109	182598321	Totale	132461943	x162505335	x200072115	x185464790	x169120824
Africa	1717123	x1860575	1754731	x1405080	x1237145	Afrique	x20264030	x24461101	x34600858	x30991402	x29019054
Northern Africa	631139	913180	x1241675	x920616	x1156480	Afrique du Nord	9634608	12054955	17817439	x16902062	x13739074
Americas	40316929	48925929	x61059519	51403246	x49987673	Amériques	17632638	19871390	32273353	23440895	23710485
LAIA	4377159	4756484	6177258	5089609	4205564	ALAI	12198005	15183767	26254102	17362047	17366704
CACM	271084	x354485	383040	329949	x269904	MCAC	x28038	11875	20839	19593	20139
Asia	37086529	42885593	60697484	59641600	59102758	Asie	x56913321	76130324	x85480219	x85147560	x92460609
Middle East	4111946	4343626	5805931	4607606	4605046	Moyen–Orient	46688241	63987068	x70078949	x70990188	x78720991
Europe	46819840	56543399	75349984	71144978	68797565	Europe	12834941	15835127	22246447	21121777	22055290
EEC	41462923	49998710	66528202	64481548	62841034	CEE	7645426	7121402	10227965	8661137	8695018
EFTA	3795802	4600416	6617766	6128788	5556794	AELE	5181310	8687146	12018427	12446400	13315129
Oceania	941518	1306797	1581668	x1674025	x1830194	Océanie	x621545	533249	1427583	x1399752	x1764160
USA/Etats–Unis d'Amer	27749089	37654058	46578989	39894284	41200411	Saudi Arabia	14700925	18858295	x32732481	x32368376	x35328445
Japan/Japon	18451215	21125009	30995477	29743443	29621069	Former USSR/Anc. URSS	23683205	x24831714	x24035139	x23325072	
Germany/Allemagne	8441883	9077713	12670429	13779514	14227417	Iran (Islamic Rp. of)	8294752	11899022	x13123519	x13096915	x13512231
Italy/Italie	7062571	8753197	12033239	10765333	10208797	United Arab Emirates	6467496	10486116	x11644362	x12175019	x12385403
France,Monac	7254438	8653735	11617236	10624112	9727500	Norway,SVD,JM	5123549	8633335	11962718	12424415	13301512
Netherlands/Pays–Bas	5613717	6736680	8113313	7539308	7687255	Libyan Arab Jamahiriya	5364496	6782556	11431668	x9702530	x8682483
Spain/Espagne	4853802	6054951	7402590	6846669	7198922	Venezuela	4566723	5774400	14377535	7607986	7189504
Korea Republic	3687744	4932555	6385929	8133535	9548437	Nigeria/Nigéria	6262567	x7546174	x9519390	x7129827	x11099487
United Kingdom	3645143	4728950	7190881	6960769	6599255	United Kingdom	7255445	6578490	9414223	7784016	7840701
Singapore/Singapour	4107216	4666136	6922361	6635758	6339384	Mexico/Mexique	5883526	7291370	8918705	7388933	7416003
Brazil/Brésil	3725679	3900406	4839539	3785662	3491956	Indonesia/Indonésie	4234477	5139852	6219911	5695657	5397703
Canada	2310245	3047805	4541352	3919129	3431079	Algeria/Algérie	3484036	4179045	5385389	5060041	x3387291
Belgium–Luxembourg	2562125	3174913	3607438	4162867	3882887	Canada	3309731	3725226	4741352	5274059	5532540
India/Inde	1925137	2270280	3342728	3184589	x387253	Oman	2865279	3496489	4756567	x4304634	x4709359
Turkey/Turquie	2429966	2455617	3494658	2456232	2632090	Iraq	9002973	12061920	x1846	x267050	x307034
Sweden/Suède	1559294	2079276	2868962	2431614	2336386	Malaysia/Malaisie	2342909	2942614	3947158	3712593	x3225235
Romania/Roumanie	5741960	2508714	2288632	1143001	x383498	Angola	2059797	2383983	3598837	3120909	x1012260
Bahrain/Bahreïn	1061446	1241235	1787249	1717834	1511981	China/Chine	2557182	2750059	3401861	2889153	2774490
Bulgaria/Bulgarie	4842890	2931158	x1406863	x377909	573108	Kuwait/ Koweït	2639196	3691693	x3427101	x453807	x4919061
Portugal	931211	1305371	1857553	1404256	1544296	Qatar	1504704	1906876	2782801	2235079	x2567741
Yugoslavia SFR	1530836	1907678	2176122	x447185		Gabon	696450	1189583	x1854601	x1763047	x1851186
Finland/Finlande	963648	1180438	1645880	1548955	1305009	Syrian Arab Republic	325629	814255	1469821	x2334857	x2195129
Philippines	961986	1205425	1650328	1479030	1684001	Colombia/Colombie	724302	1045239	1539689	1137741	1149486
Thailand/Thaïlande	852175	1227712	1523164	1479265	1744977	Ecuador/Equateur	975714	1032715	1258401	1058982	1251002
Netherlands Antilles	882171	962034	1440915	1402558	x112030	Australia/Australie	581102	467431	1291541	1223060	1298404
Poland/Pologne	1047805	699304	1195342	1714926	x657651	Brunei Darussalam	705615	x806813	x983667	x1170253	x1172779
Austria/Autriche	664478	828077	1292760	1146731	1124890	Bahrain/Bahreïn	x22825	x16799	x22690	2725287	2604542
Australia/Australie	649189	920251	1039489	1188794	1379105	Egypt/Egypte	460694	559984	478986	1697931	1157748
Greece/Grèce	462388	782855	997182	1362702	x765331	Cameroon/Cameroun	682292	229587	x968986	1371891	x665200
Cuba	1684770	1728849	x1211424	x60804	x52850	Congo	622175	823941	x641389	x554964	x557566
Israel/Israël	695232	845868	1073664	1045384	1327143	Trinidad and Tobago	420887	501895	757579	609704	441384
Indonesia/Indonésie	468910	576042	1171596	1143524	1037912	Viet Nam	x103094	x393834	x662342	x481878	x744244
Czechoslovakia	5556754	2092279	726220	x1	x1158	Tunisia/Tunisie	325382	533370	521396	441561	511552
Morocco/Maroc	534139	718334	988312	757401	937819	Denmark/Danemark	198154	319682	482787	603969	630391
Chile/Chili	457398	572637	818289	814890	x256405	Yemen/Yémen			x103273	x1008492	x87917
Denmark/Danemark	481846	529849	661958	758893	710188	Turkey/Turquie	x751893	x667973	4542	1148	1169
China/Chine	97206	466736	423806	926381	1724249	Netherlands Antilles	97623	192455	246500	118895	x242233
Hungary/Hongrie	1647000	1027009		775170	x15162	Netherlands/Pays–Bas	95269	125669	202915	164712	133914
Switz.Liecht	482155	427445	568505	761145	641464	New Zealand	37307	65818	136027	168764	147221
Former USSR/Anc. URSS	2650934	x281762	x592709	x662744		Hungary/Hongrie	492790	358977		x32	x26
Pakistan	396371	423800	591134	492876	569058	Former GDR		x349431			
New Zealand	292328	386546	542105	477099	448201	Argentina/Argentine	17428	34548	146792	147617	348815
Jordan/Jordanie	346647	329873	356025	284421	336603	Zaire/Zaïre	155782	115963	x100975	x90319	x49829
Ireland/Irlande	153799	200497	376382	277125	289186	USA/Etats–Unis d'Amer	77624	62063	198611	42299	29936
Kenya	236850	290342	189268	330576		Israel/Israël	49859	55689	75022	62920	69233
Sri Lanka	211163	154417	282273	324840	161470	Greece/Grèce	37896	37299	53453	61339	x49354
Korea Dem People's Rp	x182980	377100	x61310	x284343	x313713	Italy/Italie	44687	55781	66418	26437	13655
Norway,SVD,JM	126226	85179	241659	240343	149045	Cuba	112477	118816	x24042		
Uruguay	112183	112110	201912	206927	147324	Pakistan	1566	28042	48485	54042	65387
Sudan/Soudan	97000	123747	x192890	x146645	x181841	India/Inde	x10381	x26142	x31597	x40585	x27829

(VALUE AS % OF TOTAL)(VALEUR EN % DU TOTAL)

	1983	1984	1985	1986	1987	1988	1989	1990	1991	1992		1983	1984	1985	1986	1987	1988	1989	1990	1991	1992
Africa	x1.3	x1.2	1.0	1.1	1.2	1.1	x1.2	0.8	x0.7	x0.7	Afrique	15.3	x13.5	15.1	x19.1	x15.0	x15.3	x15.0	x17.3	x16.7	x17.2
Northern Africa	x0.6	x0.6	0.5	0.4	0.5	0.4	0.6	x0.6	x0.5	x0.6	Afrique du Nord	12.8	10.4	14.2	9.4	7.9	7.3	7.4	8.9	x9.1	x8.1
Americas	24.8	26.8	24.0	22.6	26.0	26.4	30.4	x29.5	27.1	x27.3	Amériques	9.6	18.9	27.0	13.2	14.4	13.4	12.2	16.2	12.7	14.0
LAIA	4.6	4.0	3.5	2.5	3.0	2.9	3.0	3.0	2.7	2.3	ALAI	6.9	16.1	20.4	8.4	10.2	9.2	9.3	13.1	9.4	10.3
CACM	x0.2	x0.3		0.3	0.2	0.2	x0.2	0.2	0.2	x0.1	MCAC		0.0		0.0	0.0	x0.0	0.0	0.0	0.0	0.0
Asia	31.7	31.1	31.1	22.7	24.2	24.4	26.6	29.4	31.4	32.3	Asie	x60.7	x52.9	35.8	x36.2	41.1	x42.9	46.8	x42.7	x45.9	x54.7
Middle East	x1.9	2.5	3.2	2.3	2.9	2.7	2.7	2.8	2.4	2.5	Moyen–Orient	x49.1	x41.9	19.3	28.0	33.4	35.2	39.4	x35.0	x38.3	x46.5
Europe	40.7	39.6	41.1	30.9	33.4	30.7	35.1	36.5	37.5	37.7	Europe	14.3	14.3	21.0	11.3	11.4	9.7	9.7	11.1	11.4	13.0
EEC	37.0	35.2	36.4	27.1	29.5	27.2	31.0	32.2	33.9	34.4	CEE	10.6	10.3	15.6	8.0	7.7	5.8	4.4	5.1	4.7	5.1
EFTA	3.7	3.4	3.7	2.8	3.2	2.5	2.9	3.2	3.2	3.0	AELE	3.8	4.0	5.5	3.3	3.7	3.9	5.3	6.0	6.7	7.9
Oceania	0.7	x0.6	0.4	x0.3	0.5	0.6	0.8	0.8	x0.9	x1.0	Océanie		0.3	1.1	0.4	x0.5	x0.5	0.3	0.7	x0.8	x1.1
USA/Etats–Unis d'Amer	18.0	17.5	17.2	15.2	18.3	18.2	23.4	22.5	21.0	22.6	Saudi Arabia	27.5	20.0	18.6	13.0	10.2	11.1	11.6	x16.4	x17.5	x20.9
Japan/Japon	18.6	18.0	17.2	12.0	11.9	12.1	13.1	15.0	15.7	16.2	Former USSR/Anc. URSS				19.8	17.4	17.9	x15.3	x12.0	x12.6	
Germany/Allemagne	7.0	6.8	6.8	4.9	5.3	5.5	5.6	6.1	7.3	7.8	Iran (Islamic Rp. of)	x12.7	x9.0		5.2	7.0	6.3	7.3	x6.6	x7.1	x8.0
Italy/Italie	7.5	6.1	6.8	5.3	5.3	4.6	5.4	5.8	5.7	5.6	United Arab Emirates	0.0	0.0	0.0	0.0	5.2	4.9	6.5	x5.8	x6.6	x7.3
France,Monac	7.5	7.2	7.1	4.7	5.0	4.8	5.4	5.6	5.6	5.3	Norway,SVD,JM	3.8	4.0	5.4	3.2	3.7	3.9	5.3	6.0	6.7	7.9
Netherlands/Pays–Bas	4.3	4.4	4.2	3.3	3.8	3.7	4.2	3.9	4.0	4.2	Libyan Arab Jamahiriya	7.6	6.3	9.6	5.7	4.8	4.0	4.2	5.7	x5.2	x5.1
Spain/Espagne	4.3	4.0	4.4	3.1	3.6	3.2	3.8	3.6	3.6	3.9	Venezuela	5.7	5.7	6.6	3.3	3.9	3.4	3.6	7.2	4.1	4.3
Korea Republic	2.6	2.7	2.8	2.1	2.2	2.4	3.1	3.1	4.3	5.2	Nigeria/Nigéria				x7.3	x4.8	4.7	x4.6	x4.8	x3.8	x6.6
United Kingdom	2.4	2.5	2.8	2.3	2.6	2.4	2.9	3.5	3.7	3.6	United Kingdom	10.2	10.1	15.0	7.7	7.3	5.5	4.0	4.7	4.2	4.6
Singapore/Singapour	3.2	3.1	2.9	2.4	2.4	2.7	2.9	3.3	3.5	3.5	Mexico/Mexique		9.2	11.9	4.1	5.2	4.4	4.5	4.5	4.0	4.4

334 PETROLEUM PRODUCTS,REFIN

PRODUITS RAFFINES 334

TRADE BY COMMODITY IN THOUSAND U.S. DOLLARS – COMMERCE PAR PRODUIT EN MILLIERS DE DOLLARS E.U

COUNTRIES–PAYS	IMPORTS – IMPORTATIONS 1988	1989	1990	1991	1992
Total	69077187	71339569	93455965	87403566	80858382
Africa	x1373926	x1749212	x1953434	x1941567	x1787411
Northern Africa	x461520	344134	479377	616233	x729258
Americas	17383023	18798350	x23470399	x19456293	x18838301
LAIA	1335438	1739184	2040285	2506382	2780497
CACM	219276	230670	468095	421735	x440542
Asia	16295607	18481865	26305560	25288201	x24054710
Middle East	x929816	x999699	x1352373	x1788335	x1685420
Europe	25396453	29746727	38440525	37270436	33412766
EEC	21255909	25034628	32320608	31769457	27943593
EFTA	3865093	4348893	5652237	5086718	4880250
Oceania	x1157672	x1594571	x1755568	x1817893	x1654424
USA/Etats–Unis d'Amer	12958439	14357221	17455149	13629390	12369096
Japan/Japon	7103020	8416001	9983337	7785765	6551443
Germany/Allemagne	5701300	6471153	8734415	9627513	8128124
France,Monac	3458505	4053822	5120502	5348434	5145766
Italy/Italie	3162480	4132226	4861873	4271620	4090898
United Kingdom	2446171	2807323	3873027	3235731	2571478
Belgium–Luxembourg	1982191	2234000	3143960	3001875	2802094
Singapore/Singapour	2039924	2186775	2671968	2630839	2827261
Netherlands/Pays–Bas	1927544	2255367	2569970	2052058	1670816
Switz.Liecht	1275908	1570080	2207955	1923161	1771121
Korea Republic	613081	789860	2448334	2053473	2283663
India/Inde	1042603		2594246	2137517	x1065218
Hong Kong	873897	1316924	1587173	1649551	1955768
Thailand/Thaïlande	650194	1015984	1476503	1927601	1536492
Spain/Espagne	1111955	1245398	1567753	1592132	1240292
Sweden/Suède	1150584	1166725	1487245	1386419	1428714
Canada	979486	1175110	1392290	1071533	1069227
Malaysia/Malaisie	635271	825003	1158309	1225717	x1788976
Australia/Australie	600133	993183	981776	933933	903114
Pakistan	488931	728368	892492	954076	932859
Mexico/Mexique	360814	635421	838369	1089138	1135359
China/Chine	498007	968696	610221	901175	1433201
Denmark/Danemark	643095	713629	844475	809596	709442
Indonesia/Indonésie	390673	541142	672304	1066788	977764
Former USSR/Anc. URSS	x159006	x410275	x772623	x753229	
Austria/Autriche	502667	542699	652907	688549	560923
Ireland/Irlande	427609	486143	671584	646118	600572
Finland/Finlande	434022	478624	597185	502608	609621
Portugal	298198	448264	510982	596469	567735
Norway,SVD,JM	412157	479865	556829	453005	380271
Poland/Pologne	290802	278435	420855	578678	x425392
Greece/Grèce	96859	187303	422066	587909	x416376
Bahamas	406126	203459	x473532	x472521	x363166
Turkey/Turquie	129523	214958	332520	396197	254684
Brazil/Brésil	223021	251282	218473	444372	471971
Iran (Islamic Rp. of)	x234226	x353202	x178944	x372747	x560153
Colombia/Colombie	179177	232971	327312	287650	324752
Jamaica/Jamaïque	181876	257262	358958	181577	x172878
Tunisia/Tunisie	163541	206680	290008	280540	271130
Israel/Israël	224936	232344	258796	218425	121528
Yugoslavia SFR	175714	191845	261707	x165636	
Cote d'Ivoire	x19517	x432735	x85134	x100204	x176361
Philippines	100618	x178657	166000	260137	293594
Bangladesh		x62881	x167232	348986	x202227
Guam	x164657	x169722	x202292	x185389	x201313
Zimbabwe		x13343	262085	235567	x4916
Cuba	817038	53840	x331209	x125944	x314575
Lebanon/Liban			x203537	x205627	x213384
Chile/Chili	66326	116921	134155	156903	x130324
Cyprus/Chypre	78685	115911	150161	138624	158431

COUNTRIES–PAYS	EXPORTS – EXPORTATIONS 1988	1989	1990	1991	1992
Totale	x80871048	x78296550	x95257452	x98103393	x77658811
Afrique	x3827122	x3917075	x5142759	x4738598	x5440268
Afrique du Nord	2892601	3191332	4303629	x3973685	x4852300
Amériques	11764994	13440623	13105620	17235855	x16643696
ALAI	5319466	6179980	2987500	6495142	6368410
MCAC	16399	29551	30545	21301	x13848
Asie	x18908234	17153964	x25166637	x22375571	x22591632
Moyen–Orient	x10901461	x6119736	x10489865	x6463496	x7276303
Europe	21023424	24333879	32572245	32800882	31157618
CEE	19078914	22038154	28774080	28991032	26948648
AELE	1819397	2136594	3561991	3675980	3895757
Océanie	x809661	x867412	1139553	1259385	x1095448
Former USSR/Anc. URSS	x19965412	x14811471	x15948636	x18434320	
Singapore/Singapour	4550506	6612547	9244225	9839484	8090707
Netherlands/Pays–Bas	6098794	6904520	8686677	8274081	7399068
USA/Etats–Unis d'Amer	2789111	3506790	5136769	5582994	5104965
Saudi Arabia	4175456	4133032	x5686753	x3949718	x3512378
United Kingdom	2620703	3040863	4033529	4037112	3641461
Belgium–Luxembourg	2663807	2922171	3495599	4083201	3823871
Venezuela	3319608	4094845	19	4535699	4099284
Italy/Italie	1970662	2214249	3178748	3139718	3338903
Spain/Espagne	1626232	2068974	2585913	2523227	1674225
Germany/Allemagne	1579587	1889979	2572610	2647742	3137703
France,Monac	1634862	1767351	2589390	2593002	2279907
Algeria/Algérie	1705967	1872639	2270378	2345792	x3076504
Canada	1415367	1489550	2216380	2245501	1817455
Sweden/Suède	885313	1161835	1425479	1514986	1465577
Netherlands Antilles	932346	1138060	1482586	1350373	x1750565
Libyan Arab Jamahiriya	837187	965492	1546700	x1276808	x1404546
Norway,SVD,JM	449982	643145	1573881	1282660	1462572
Romania/Roumanie	x2188344	1839240	1030929	526881	x248309
Indonesia/Indonésie	673923	912156	1170747	1009833	1210273
United Arab Emirates	x606636	x870513	x962455	x1068616	x977681
Kuwait/ Koweït	x2748222	1930	x2750090	x95189	x1191343
Japan/Japon	283923	626627	1051500	1051478	1313000
Australia/Australie	705948	730751	877141	1104102	993217
Korea Republic	534655	621594	606769	1399192	1629520
China/Chine	681451	757550	877367	822931	867721
Brazil/Brésil	876183	831965	675450	422651	541788
Trinidad and Tobago	428848	456504	630998	657551	701222
Argentina/Argentine	103874	249892	773589	535167	635031
Greece/Grèce	226376	360440	517227	678641	x434504
Bulgaria/Bulgarie	x786286	x962914	x439749	x118157	x75368
Denmark/Danemark	339226	445436	520186	544842	615207
India/Inde	346747	x477990	517024	415809	x543170
Mexico/Mexique	483169	317843	620744	427774	510438
Hong Kong	196583	431349	397671	533623	664625
Bahamas	559310	295569	x327826	x641908	x718167
Finland/Finlande	347076	197110	369149	673960	737454
Portugal	261309	361353	484130	370039	492849
Malaysia/Malaisie	260513	337499	430227	372730	x456887
Colombia/Colombie	262702	354809	410152	322787	263357
Syrian Arab Republic	262956	357333	420459	x265173	x307680
Hungary/Hongrie		x220421	x225088	x331471	x222910
Turkey/Turquie	328274	241962	261996	267730	219807
Iran (Islamic Rp. of)	x1417751	x187255	x237682	x241985	x422418
Peru/Pérou	145716	190228	313558	x113625	x210985
Egypt/Egypte	217427	214744	258668	141786	153337
Qatar	x293630	236872	86982	286658	x282515
Poland/Pologne	85163	141505	191206	176581	x94105
Cote d'Ivoire	x187379	x243347	x106088	x147692	x138251
Former GDR	x1163294	x356458	x139614		

(VALUE AS % OF TOTAL)(VALEUR EN % DU TOTAL)

	1983	1984	1985	1986	1987	1988	1989	1990	1991	1992
Africa	x3.9	x2.8	1.6	x3.2	x1.9	x2.0	x2.4	x2.1	x2.3	x2.2
Northern Africa	x1.7	x1.2	0.7	x0.9	0.5	x0.7	0.5	0.5	0.7	x0.9
Americas	x22.4	26.9	26.1	26.7	21.1	25.2	26.4	x25.1	x22.2	x23.3
LAIA	1.0	0.9	1.3	1.4	1.6	1.9	2.4	2.2	2.9	3.4
CACM	x0.2	0.3	0.5	0.4	0.3	0.3	0.3	0.5	0.5	x0.5
Asia	22.4	18.8	17.9	19.4	20.0	23.6	25.9	28.2	29.0	x29.8
Middle East	x2.5	x2.3	1.3	x2.4	x1.5	x1.3	x1.4	x1.4	x2.0	x2.1
Europe	48.3	44.9	51.5	47.5	37.4	36.8	41.7	41.1	42.6	41.3
EEC	40.5	38.1	43.9	39.6	31.9	30.8	35.1	34.6	36.3	34.6
EFTA	7.7	6.4	7.2	7.4	5.2	5.6	6.1	6.0	5.8	6.0
Oceania	2.4	x2.2	2.1	x2.4	x1.6	x1.7	x2.2	x1.9	x2.1	x2.1
USA/Etats–Unis d'Amer	18.2	21.5	20.2	19.7	15.5	18.8	20.1	18.7	15.6	15.3
Japan/Japon	6.7	6.9	7.4	8.2	8.7	10.3	11.8	10.7	8.9	8.1
Germany/Allemagne	11.2	9.9	12.0	11.9	9.0	8.3	9.1	9.3	11.0	10.1
France,Monac	5.3	4.5	5.4	5.7	5.5	5.0	5.7	5.5	6.1	6.4
Italy/Italie	5.8	5.8	6.8	5.5	5.2	4.6	5.8	5.2	4.9	5.1
United Kingdom	4.1	6.0	6.0	4.7	3.4	3.5	3.9	4.1	3.7	3.2
Belgium–Luxembourg	4.2	4.3	4.1	3.7	2.7	2.9	3.1	3.4	3.4	3.5
Singapore/Singapour	2.3	1.4	2.3	2.1	2.3	3.0	3.1	2.9	3.0	3.5
Netherlands/Pays–Bas	5.3	3.4	5.0	3.5	2.6	2.8	3.2	2.7	2.3	2.1
Switz.Liecht	2.4	2.1	2.4	2.6	1.6	1.8	2.2	2.4	2.2	2.2

	1983	1984	1985	1986	1987	1988	1989	1990	1991	1992
Afrique	7.7	7.4	9.1	x7.2	x5.0	x4.7	x5.0	x5.4	x4.8	x7.0
Afrique du Nord	6.4	6.4	8.3	x6.1	3.7	3.6	4.1	4.5	x4.1	x6.2
Amériques	21.0	27.0	23.6	x20.5	13.2	14.5	17.2	13.7	17.6	x21.4
ALAI	11.9	13.0	14.0	9.8	6.3	6.6	7.9	3.1	6.6	8.2
MCAC	x0.0	0.0	0.0	0.0	0.0	0.0	0.0	0.0	0.0	x0.0
Asie	x20.9	x23.8	20.7	x26.0	x22.1	x23.4	21.9	x26.4	x22.8	x29.1
Moyen–Orient	x7.7	x11.9	6.1	x11.0	x12.5	x13.5	x7.8	x11.0	x6.6	x9.4
Europe	47.8	39.8	44.8	44.7	25.7	26.0	31.1	34.2	33.4	40.1
CEE	43.3	35.6	40.7	41.3	23.1	23.6	28.1	30.2	29.6	34.7
AELE	4.5	3.9	3.8	3.2	2.5	2.2	2.7	3.7	3.7	5.0
Océanie	x1.7	1.5	1.3	1.2	0.8	x1.0	x1.1	1.2	1.3	x1.4
Former USSR/Anc. URSS					x27.3	x24.7	x18.9	x16.7	x18.8	
Singapore/Singapour	9.1	7.8	8.6	8.7	4.9	5.6	8.4	9.7	10.0	10.4
Netherlands/Pays–Bas	15.1	12.4	14.2	14.7	7.8	7.5	8.8	9.1	8.4	9.5
USA/Etats–Unis d'Amer	5.8	4.8	5.5	5.2	3.4	3.4	4.5	5.4	5.7	6.6
Saudi Arabia	2.6	2.3	4.8	x4.0	x5.7	5.2	5.3	x6.0	x4.0	x4.5
United Kingdom	5.3	4.4	5.6	5.0	2.9	3.2	3.9	4.2	4.1	4.7
Belgium–Luxembourg	6.1	4.8	4.4	5.6	2.9	3.3	3.7	3.7	4.2	4.9
Venezuela	8.4	7.1	7.9	6.3	3.7	4.1	5.2	0.0	4.6	5.3
Italy/Italie	5.7	4.1	5.1	5.1	3.0	2.4	2.8	3.3	3.2	4.3
Spain/Espagne	2.4	2.5	2.9	3.1	2.1	2.0	2.6	2.7	2.6	2.2

335 RESIDUAL PETRLM PROD NES — PRODUITS RESIDUELS NDA 335

TRADE BY COMMODITY IN THOUSAND U.S. DOLLARS – COMMERCE PAR PRODUIT EN MILLIERS DE DOLLARS E.U

COUNTRIES–PAYS	1988	1989	1990	1991	1992	COUNTRIES–PAYS	1988	1989	1990	1991	1992
Total	x6273876	5905453	6650910	5998855	5619034	Totale	x4519524	4741639	5504665	4948473	4586291
Africa	x235403	x203394	x227567	x254940	x170678	Afrique	x136821	x122686	x167723	x162154	x266870
Northern Africa	x99007	58055	37377	90640	x42149	Afrique du Nord	x65483	x67607	x99416	x83987	x198621
Americas	711205	871708	911446	879517	1128080	Amériques	1084434	1609445	1777252	1551468	x1365951
LAIA	191555	224075	254575	381533	650443	ALAI	50778	54223	62907	76215	103515
CACM	13093	12688	13011	13846	x15606	MCAC	146	64	x230	77	x93
Asia	x1352761	1627736	1665286	x1440663	x1387229	Asie	1362539	x892991	x1009757	x700054	x825188
Middle East	x103280	x90561	x129813	x135010	x155202	Moyen–Orient	x457849	x270041	x262435	x94971	x169001
Europe	2491021	2842730	3389483	3042407	2776156	Europe	1599431	1746387	2184283	2174010	1969239
EEC	2145504	2457997	2936700	2668373	2418883	CEE	1439155	1583217	1943424	2005081	1795601
EFTA	310660	339162	393606	340982	318297	AELE	129867	132697	180864	160298	148569
Oceania	x141859	x175315	x231936	x156824	x117566	Océanie	x14750	24066	x32112	x33058	x24302
Japan/Japon	845046	1113191	1044904	771885	615962	USA/Etats–Unis d'Amer	898968	1440945	1532514	1320013	1125744
Germany/Allemagne	566596	640647	804192	711793	665881	Germany/Allemagne	420221	459329	531698	508673	491253
Netherlands/Pays–Bas	410267	528099	618434	577301	523190	Netherlands/Pays–Bas	248637	278948	381566	375615	343336
USA/Etats–Unis d'Amer	370296	417930	440822	298550	282069	Spain/Espagne	199725	236508	278616	263918	208388
Italy/Italie	317333	365138	407561	356995	275409	Belgium–Luxembourg	182523	186234	217254	234412	204576
France,Monac	309645	325254	394989	363221	321268	Singapore/Singapour	242199	233090	265386	120149	126096
Spain/Espagne	156621	195202	223175	196489	160017	France, Monac	157772	160259	191411	198240	209094
Canada	117173	191136	181209	153856	141236	China/Chine	111238	125372	192878	195724	200396
United Kingdom	146961	152844	185183	175233	217351	United Kingdom	111004	109164	127469	246545	223812
Former USSR/Anc. URSS	x22945	x107244	x173759	x194876		Former USSR/Anc. URSS	x124502	x130888	x124485	x181127	
Australia/Australie	82136	112582	153467	117285	93075	Japan/Japon	141449	140903	138932	122545	142732
Belgium–Luxembourg	107974	118050	134422	121000	114659	United Arab Emirates	x261120	x137632	x134566	x79380	x62639
Korea Republic	80737	113355	124461	114349	125336	Canada	94429	68401	170795	107281	99180
Norway,SVD,JM	89598	106957	128513	116545	102352	Italy/Italie	34328	56501	78837	113651	61008
Brazil/Brésil	32958	62984	92173	180942	437517	Sweden/Suède	65222	64244	84721	81277	80853
Indonesia/Indonésie	49411	77968	76534	99825	95850	Korea Republic	49251	60765	75585	85428	106719
Austria/Autriche	74756	74691	88788	68300	62910	Libyan Arab Jamahiriya	x48981	x59355	x76392	x75938	x20312
Denmark/Danemark	71535	70740	77720	59505	62139	Portugal	47203	59445	91384	55989	48479
Switz.Liecht	58387	63101	72847	67879	62766	Hungary/Hongrie	x53139	x66487	x69383	x56667	
Sweden/Suède	64324	65992	70964	64857	63886	So. Africa Customs Un	x56779	x53001	x62619	x73048	x56442
Mexico/Mexique	56507	64627	60569	68976	75060	Argentina/Argentine	26811	31429	48137	52887	55093
Venezuela	67661	54138	58328	73952	62156	Saudi Arabia	139757	81902	x40926	x1729	x93384
So. Africa Customs Un	53138	53638	60166	x54542	x42439	Poland/Pologne	20840	33423	47982	27124	x35379
Turkey/Turquie	45026	28055	56126	51378	73926	Bulgaria/Bulgarie	x52823	x53035	x45510	x7917	x6302
Israel/Israël	36386	52928	26797	54287	12232	Norway,SVD,JM	26233	26748	45726	31028	28537
Yugoslavia SFR	30928	39650	57810	x31261		Yugoslavia SFR	30393	30462	59890	x8600	
Algeria/Algérie	59214	36476	16718	68360	x19118	Austria/Autriche	23377	28018	34027	32886	26389
Singapore/Singapour	23886	33323	46050	35958	46251	Kuwait/Koweït		29480	x65293	x64	x1673
India/Inde	20930		55352	54826	x92977	Netherlands Antilles	38002	44582	x9927	38499	x22060
New Zealand	25263	36295	40879	31122	20217	Czechoslovakia	x35178	x24186	x25380	x36689	x31639
Malaysia/Malaisie	28535	29074	37176	33557	x33353	Australia/Australie	13707	23221	30325	32262	23940
Thailand/Thaïlande	20531	23172	32580	41569	56046	Denmark/Danemark	32590	30962	39052	3456	4097
Portugal	28864	26087	26955	39605	34640	Hong Kong	12547	16158	22957	19228	24191
Hong Kong	22786	27861	33625	28912	35629	Romania/Roumanie	x8023	29374	9615	5391	x4562
Ireland/Irlande	15631	21145	30075	34237	29214	Sri Lanka	10384	1	14681	27758	13286
Greece/Grèce	14358	14793	33994	32993	x15116	Brazil/Brésil	14157	16723	6311	13984	33940
Finland/Finlande	20625	25522	28840	20670	23139	Malaysia/Malaisie	4303	3212	9589	17077	x1273
United Arab Emirates	x24120	x25664	x24240	x23805	x23559	Indonesia/Indonésie	280602	7707	13212	8875	10930
China/Chine	42691	29812	19804	18266	41053	Syrian Arab Republic	1625	5413	13069	x9400	x6445
Romania/Roumanie	x46237	34104	23068	2466	x2866	Finland/Finlande	9287	8803	10433	8196	5628
New Caledonia	x30170	x23737	x34391	x1326	x663	Philippines	8514	x27075	51	3	109
Cameroon/Cameroun	x6881	7523	x7405	34540	x7535	Former GDR	x63727	x10808	x8872		
Czechoslovakia	x1924	21274	15700	x11249	x15321	Egypt/Egypte	14425	6312	7152	6202	9139
Philippines	14889	x6811	14009	22359	32464	Algeria/Algérie	1999	1875	15863	1847	x169110
Argentina/Argentine	7748	9336	14824	18079	19075	Turkey/Turquie	6898	6667	7641	3051	2769
Iran (Islamic Rp. of)	x8119	x9040	x19585	x10203	x13953	Switz.Liecht	5094	4884	5726	6138	6106
Ghana			x20621	x16096	x8239	Albania/Albanie	x16454	x11209	x5207	x99	x192
Morocco/Maroc	5286	9339	12177	11479	9076	Mexico/Mexique	7589	4249	6065	5682	5845
Colombia/Colombie	2309	10686	8089	13550	17776	Greece/Grèce	1426	4103	4162	3507	x1080
Cote d'Ivoire	x723	x23529	x2009	x4822	x4254	Trinidad and Tobago	1609	600	837	8954	15157

(VALUE AS % OF TOTAL)(VALEUR EN % DU TOTAL)

	1983	1984	1985	1986	1987	1988	1989	1990	1991	1992		1983	1984	1985	1986	1987	1988	1989	1990	1991	1992
Africa	x6.1	x4.5	3.7	x6.9	x2.5	3.7	3.4	3.4	4.2	x3.1	Afrique	1.5	x0.8	1.2	x1.8	2.2	x3.1	x2.6	3.0	x3.3	x5.8
Northern Africa	x3.0	x1.9	1.7	3.7	0.7	x1.6	1.0	0.6	1.5	x0.8	Afrique du Nord	0.2	0.1	0.2	0.3	x0.8	x1.4	x1.4	x1.8	x1.7	x4.3
Americas	x17.5	x19.5	20.6	17.5	11.0	11.4	14.7	13.8	14.6	20.0	Amériques	34.4	x28.9	29.9	x34.8	x27.7	24.0	33.9	32.2	31.3	x29.8
LAIA	1.8	3.2	3.1	4.1	2.3	3.1	3.8	3.8	6.4	11.6	ALAI	1.6	x4.9	x1.6	x5.7	x4.2	1.1	1.1	1.1	1.5	2.3
CACM	x0.1	0.4	0.4	0.4	0.2	0.2	0.2	0.2	0.2	x0.3	MCAC	x0.0	x0.0	0.0	0.0	0.0	0.0	0.0	x0.0	0.0	x0.0
Asia	x15.7	16.5	14.9	19.7	x16.8	21.5	27.5	25.0	x24.0	x24.7	Asie	x10.4	29.8	21.6	18.4	20.8	x30.2	x18.8	x18.3	x14.1	x18.0
Middle East	x1.7	x2.5	1.5	x2.5	x1.9	x1.6	1.5	x2.0	x2.3	x2.8	Moyen–Orient	x3.1	17.5	0.8	x1.2	x1.5	x10.1	x5.7	x4.8	x1.9	x3.7
Europe	58.1	56.7	58.2	52.9	40.7	39.7	48.1	51.0	50.7	49.4	Europe	50.2	36.8	46.0	43.9	41.0	35.4	36.8	39.7	43.9	42.9
EEC	50.7	48.8	50.4	45.2	35.6	34.2	41.6	44.2	44.5	43.0	CEE	46.7	32.9	40.7	39.6	36.9	31.8	33.4	35.3	40.5	39.2
EFTA	7.4	7.1	7.2	6.9	4.6	5.0	5.7	5.9	5.7	5.7	AELE	3.6	2.7	3.6	3.3	3.1	2.9	2.8	3.3	3.2	3.2
Oceania	2.0	x2.3	2.1	x2.4	x1.7	x2.2	x2.9	3.5	x2.6	x2.1	Océanie	0.3	x0.2	0.0	x0.3	0.3	x0.3	0.5	x0.6	x0.7	x0.5
Japan/Japon	8.5	8.2	7.3	10.6	9.2	13.5	18.9	15.7	12.9	11.0	USA/Etats–Unis d'Amer	20.8	15.7	19.8	25.5	19.0	19.9	30.4	27.8	26.7	24.5
Germany/Allemagne	15.6	13.4	14.1	13.0	8.7	9.0	10.8	12.1	11.9	11.9	Germany/Allemagne	10.7	7.6	10.1	10.5	9.4	9.3	9.7	9.7	10.3	10.7
Netherlands/Pays–Bas	9.0	9.8	9.1	8.3	6.2	6.5	8.9	9.3	9.6	9.3	Netherlands/Pays–Bas	5.5	5.9	8.7	7.8	7.3	5.5	5.9	6.9	7.6	7.5
USA/Etats–Unis d'Amer	11.9	11.6	13.9	9.4	5.8	5.9	7.1	6.6	5.0	5.0	Spain/Espagne	5.7	4.5	6.1	3.0	4.8	4.4	5.0	5.1	5.3	4.5
Italy/Italie	6.8	7.2	9.7	6.5	8.6	5.1	6.2	6.1	5.0	4.9	Belgium–Luxembourg	4.6	2.9	4.0	4.9	3.9	4.0	3.9	3.9	4.7	4.5
France,Monac	7.6	6.8	6.5	6.5	4.5	4.9	5.5	5.9	6.1	5.7	Singapore/Singapour	2.1	2.2	6.1	3.5	3.8	5.4	4.9	4.8	2.4	2.7
Spain/Espagne	3.1	2.5	2.2	2.6	1.9	2.5	3.3	3.4	3.3	2.8	France,Monac	4.2	2.8	4.0	4.6	4.1	3.5	3.4	3.5	4.0	4.6
Canada	2.5	3.0	2.8	2.9	2.8	2.0	3.2	2.7	2.6	2.5	China/Chine			1.2	1.4	2.2	2.5	2.6	3.5	4.0	4.4
United Kingdom	3.2	3.1	3.0	2.5	2.0	2.3	2.6	2.8	2.9	3.9	United Kingdom	6.8	5.3	5.8	6.2	5.2	2.5	2.3	2.3	5.0	4.9
Former USSR/Anc. URSS					x2.9	x0.4	x1.8	x2.6	x3.2		Former USSR/Anc. URSS	2.6	3.1		x3.3	x2.8	x2.8	x2.3	x3.7		

341 *GAS, NATURAL AND MANUFCT — GAZ NATUREL, GAZ MANUFACT 341

TRADE BY COMMODITY IN THOUSAND U.S. DOLLARS – COMMERCE PAR PRODUIT EN MILLIERS DE DOLLARS E.U

COUNTRIES–PAYS	1988	1989	1990	1991	1992	COUNTRIES–PAYS	1988	1989	1990	1991	1992
	IMPORTS – IMPORTATIONS						EXPORTS – EXPORTATIONS				
Total	22221705	23393371	30616250	35762575	33064220	Totale	x27180450	x27677621	x33802370	x47836806	x26593648
Africa	x166487	185057	255867	x271614	x260928	Afrique	x2649220	x2625274	x3096040	x4369699	x2735782
Northern Africa	121563	148184	201505	215416	226857	Afrique du Nord	2620225	2615974	3081406	4308772	x2708774
Americas	3393186	3402624	4443467	4698132	4968566	Amériques	x3848410	x3871829	x4279109	4855318	x5346784
LAIA	574371	554918	721123	818539	936309	ALAI	x466552	x444282	x600443	467252	281961
CACM	20760	22103	42496	44809	x28089	MCAC	x100	32	x39	x29	x45
Asia	8096882	8357022	10913366	12397536	12384445	Asie	x6681370	x6362134	x9159154	x10209976	x10344094
Middle East	295340	341822	484482	621336	642638	Moyen–Orient	x2440199	x1923819	x3397388	x3348024	x3949756
Europe	10213602	10233932	14296821	16983470	15073880	Europe	5466096	5198172	6943082	8350413	8125724
EEC	9036777	8974061	12491680	15587449	13625043	CEE	2917672	3094923	4364798	5557999	5276345
EFTA	852690	898107	1331584	1390496	1368090	AELE	2545291	2098094	2567404	2784168	2819537
Oceania	10142	11710	x19436	x11373	x19811	Océanie	285	x45218	x1864	x4658	x6073
Japan/Japon	7128006	7303929	9226826	10478970	10159008	Former USSR/Anc. URSS	x8468439	x9500557	x10275540	x19995162	
Germany/Allemagne	3304067	3241921	4712305	6361564	5500751	Indonesia/Indonésie	2492617	2618031	3667293	4180495	4051987
France, Monac	2396911	2477641	3446039	4350214	3821729	Netherlands/Pays–Bas	2205218	2344934	3361391	4201309	3932799
USA/Etats–Unis d'Amer	2662051	2652359	3487900	3609318	3761671	Canada	2951669	2939595	3138660	3626200	4228624
Belgium–Luxembourg	831360	921756	1341556	1507923	1395973	Algeria/Algérie	2540387	2499972	2951466	4016794	x2494524
United Kingdom	1402970	1175177	1238176	1119357	966443	Norway, SVD, JM	2524604	2076477	2535326	2751246	2767728
Korea Republic	500640	550126	848997	933929	1158123	Saudi Arabia	1188070	1021190	x2046190	x1955345	x2139494
Spain/Espagne	333078	401745	567208	886145	785597	Malaysia/Malaisie	729870	795830	1010309	1218864	x1258297
Netherlands/Pays–Bas	447268	401486	651024	654624	583245	United Arab Emirates	x929669	x831121	x956861	x1149881	x1160121
Romania/Roumanie	x598	610894	487366	437769	x2460	Brunei Darussalam	830020	x834709	x819125	x1098528	x866181
Austria/Autriche	349387	321778	556563	568789	517644	USA/Etats–Unis d'Amer	414634	473261	524965	692201	742830
Turkey/Turquie	180948	292777	435946	531549	559544	United Kingdom	254693	236120	316094	444782	416505
Italy/Italie	231017	272409	399471	514349	414265	Germany/Allemagne	217913	212348	299170	367008	397075
Poland/Pologne	339724	256550	142301	593947	x2961	France, Monac	121336	185127	203803	325985	355088
Yugoslavia SFR	320317	359129	468002	x705		Bolivia/Bolivie	214948	214221	226701	234406	124668
Switz.Liecht	220017	215547	268565	305094	325717	Mexico/Mexique	117798	97401	255270	198244	103648
Finland/Finlande	143573	208171	274821	277779	271217	Libyan Arab Jamahiriya	72256	102676	119592	156219	x203516
Brazil/Brésil	169698	162036	245902	285255	316865	Thailand/Thaïlande	82780	78855	104293	161571	x6448
Argentina/Argentine	224124	216962	225089	228298	136364	Qatar	x98534	60713	97403	125952	x183405
Mexico/Mexique	112299	147501	183912	194099	378447	Kuwait/Koweït	x152675		x273844	x6379	x261771
Czechoslovakia	x181	334077	42150	x5970	x2984	Singapore/Singapour	66598	54152	72925	90805	83754
Canada	83101	124613	115221	131880	126294	Venezuela	x120943	x108948	x91960	0	0
Hungary/Hongrie	x253	x193	x517	362347	x793	Belgium–Luxembourg	45436	53042	60157	66585	49751
Tunisia/Tunisie	78340	102670	120431	112188	156746	Italy/Italie	35682	36201	60158	78881	67794
Sweden/Suède	58750	73576	130638	128757	138189	Philippines	21549	x35174	49384	57524	76184
Portugal	65148	57478	103428	151258	120393	Egypt/Egypte	4146	8635	3492	128724	5075
Norway, SVD, JM	80539	78617	100372	109324	114661	Bahrain/Bahreïn	x12717			x71722	x123815
Morocco/Maroc	28548	34103	66236	90255	58982	Czechoslovakia	x18429	x32855	x16213	x20132	x13804
Philippines	28116	x3392	70091	80761	117062	Angola	x26209		7412	51102	x6175
Malaysia/Malaisie	32048	36090	52175	65283	x91348	Argentina/Argentine	5269	12967	13950	28695	44300
Hong Kong	35640	38518	48788	52551	62068	Spain/Espagne	15229	8270	22127	24846	17832
Thailand/Thaïlande	22419	57137	55743	19896	587	Sweden/Suède	14975	15780	21996	17298	39973
India/Inde	79		78960	47424	x5285	Greece/Grèce	9058	9424	13092	28527	x22526
Chile/Chili	15374	14148	34989	51647	x36393	Hungary/Hongrie	x20624	x12317	x19454	x17811	x14939
China/Chine	6779	15671	27191	48555	84187	Korea Republic	240	4429	14942	26441	11343
Ireland/Irlande	17734	17984	24224	33286	26141	Australia/Australie	110	44521	180	262	1537
Syrian Arab Republic	26074	14965	22151	x35393	x31585	Turkey/Turquie	x1610	10576	22938	8464	x10987
Guatemala	10819	13394	26942	29144	x18269	Hong Kong	6215	8769	15371	16422	23230
Panama	14840	13520	22008	21167	19326	Bulgaria/Bulgarie	x24058	x25732	x7888	x2850	x2040
Korea Dem People's Rp	x10784	x28	x8102	x33765	x34700						
Peru/Pérou	613	3223	15998	22165	x1084	Trinidad and Tobago	2380	3324	6348	19431	42079
Egypt/Egypte	14651	11366	14653	12009	4497	Denmark/Danemark	7416	5362	10731	12765	10264
Paraguay	8393	9516	11782	14042	16204	Switz.Liecht	5238	5204	7131	12496	6236
Jamaica/Jamaïque	8804	6427	16358	9762	x4149	Yugoslavia SFR	3132	5146	10881	x8243	
Reunion/Réunion	8625	7843	10099	10426	12489	Bahamas	11	x147		x21907	x32244
Australia/Australie	2737	6538	12593	5829	11100	Iran (Islamic Rp. of)				x20725	x66121
Senegal/Sénégal	x2118	7692	9842	x5893	x1508	Tunisia/Tunisie	3437	4272	6856	7035	5660
Jordan/Jordanie	2872	2327	3861	16616	7148	Ecuador/Equateur	x721	x6016	x4542	x5693	x7964
Netherlands Antilles	3857	8290	8540	5330	x13452	Japan/Japon	1481	5656	3955	5072	7065
Kuwait/Koweït	70675	21848	x75	x54	x75	Ireland/Irlande	3839	3391	5183	4948	5147

(VALUE AS % OF TOTAL)(VALEUR EN % DU TOTAL)

	1983	1984	1985	1986	1987	1988	1989	1990	1991	1992		1983	1984	1985	1986	1987	1988	1989	1990	1991	1992
Africa	x0.9	x0.5	0.6	x0.5	0.7	x0.7	0.8	0.8	x0.7	x0.8	Afrique	8.1	9.1	13.4	13.4	9.5	x9.7	x9.5	x9.1	x9.1	x10.3
Northern Africa	0.6	0.6	0.6	0.4	0.6	0.5	0.6	0.7	0.6	0.7	Afrique du Nord	8.0	9.0	13.4	13.2	9.4	9.6	9.5	9.1	9.0	x10.2
Americas	18.7	15.9	13.5	12.3	13.0	15.3	14.6	14.5	13.2	15.1	Amériques	16.0	14.1	17.8	x15.6	12.3	x14.2	x14.0	x12.6	10.1	20.1
LAIA	1.7	2.0	2.2	2.1	2.1	2.6	2.4	2.4	2.3	2.8	ALAI	1.4	2.0	1.9	x2.6	x1.7	x1.7	x1.6	x1.8	1.0	1.1
CACM	x0.0	0.1	0.1	0.1	0.1	0.1	0.1	0.1	0.1	x0.1	MCAC		0.0	0.0	0.0	x0.0	x0.0	x0.0	x0.0	x0.0	x0.0
Asia	x26.3	x28.4	27.6	25.6	30.3	36.5	35.7	35.6	34.7	37.4	Asie	16.1	22.4	28.4	28.4	22.1	24.6	x23.0	x27.1	x21.3	x38.9
Middle East	x0.7	x1.0	0.4	0.4	0.7	1.3	1.5	1.6	1.7	1.9	Moyen–Orient	6.9	6.9	6.9	6.8	x6.6	x9.0	x7.0	x10.1	x7.0	x14.9
Europe	51.9	53.3	52.8	59.0	53.2	46.0	43.7	46.7	47.5	45.6	Europe	33.0	28.5	39.0	41.6	23.8	20.1	18.8	20.5	17.5	30.6
EEC	49.4	48.7	48.1	54.2	48.1	40.7	38.4	40.8	43.6	41.2	CEE	23.3	19.6	27.0	24.7	13.9	10.7	11.2	12.9	11.6	19.8
EFTA	2.4	2.9	2.9	3.2	3.7	3.8	3.8	4.3	3.9	4.1	AELE	9.7	8.9	12.0	16.8	9.8	9.4	7.6	7.6	5.8	10.6
Oceania						x0.0	0.0	0.0	x0.0	x0.0	Océanie	1.2	0.9	1.2	0.9	0.7	x0.2	x0.0	x0.0	x0.0	x0.0
Japan/Japon	24.5	26.4	26.5	24.6	27.5	32.1	31.2	30.1	29.3	30.7	Former USSR/Anc. URSS	25.5	24.8			x31.5	x31.2	x34.3	x30.4	x41.8	
Germany/Allemagne	17.9	16.1	16.2	15.9	15.1	14.9	13.9	15.4	17.8	16.6	Indonesia/Indonésie	7.8	9.6	13.2	13.1	9.1	9.2	9.5	10.8	8.7	15.2
France, Monac	10.5	9.8	9.8	11.2	10.3	10.6	10.6	11.3	12.2	11.6	Netherlands/Pays–Bas	15.6	13.8	19.1	19.5	10.2	8.1	8.5	9.9	8.8	14.8
USA/Etats–Unis d'Amer	16.4	13.3	10.7	9.6	10.1	12.0	11.3	11.4	10.1	11.4	Canada	12.0	10.5	13.3	10.8	9.1	10.9	10.6	9.3	7.6	15.9
Belgium–Luxembourg	4.4	4.3	4.3	4.1	4.5	3.7	3.9	4.4	4.2	4.2	Algeria/Algérie	7.5	8.5	12.8	12.4	9.1	9.3	9.0	8.7	8.4	9.4
United Kingdom	4.7	5.4	5.5	6.3	6.2	6.3	5.0	4.0	3.1	2.9	Norway, SVD, JM	9.5	8.8	11.8	16.7	9.7	9.3	7.5	7.5	5.8	10.4
Korea Republic	0.3	0.4	0.3	0.4	1.6	2.3	2.4	2.8	2.6	3.5	Saudi Arabia	6.1	5.5	6.4	5.4	4.6	4.4	x6.1	4.1	x8.0	
Spain/Espagne	2.2	1.5	1.5	1.3	1.4	1.5	1.7	1.9	2.5	2.4	Malaysia/Malaisie	1.1	2.6	3.1	3.5	2.7	2.9	3.0	2.5	x4.7	
Netherlands/Pays–Bas	2.0	2.5	2.4	1.9	2.0	1.7	1.7	2.1	1.8	1.8	United Arab Emirates	0.2	0.2	0.0	0.0	0.0	x3.4	x3.0	x2.8	x2.4	4.4
Romania/Roumanie					x0.0	x0.0	2.6	1.6	1.2	x0.0	Brunei Darussalam		3.6	4.6	4.5	3.1	3.1	x3.0	x2.4	x2.3	x3.3

411 *ANIMAL OILS AND FATS / HUILES, GRAISSES ANIMALES 411

TRADE BY COMMODITY IN THOUSAND U.S. DOLLARS – COMMERCE PAR PRODUIT EN MILLIERS DE DOLLARS E.U

IMPORTS – IMPORTATIONS

COUNTRIES–PAYS	1988	1989	1990	1991	1992
Total	1544793	1470457	1357905	1234905	1358508
Africa	x189098	x191386	x147240	x103869	x117688
Northern Africa	81277	104869	65426	29492	x39437
Americas	253974	298972	249811	276223	x268973
LAIA	171656	175495	153105	177383	170318
CACM	31308	40408	28606	29035	x35046
Asia	x322651	268243	265568	248145	285856
Middle East	x54203	x45081	x45078	x33273	x42335
Europe	680733	634542	604830	577629	672620
EEC	612583	575869	548894	532532	620836
EFTA	62871	48151	38124	43029	46798
Oceania	5348	6016	4694	x7365	x6819
Netherlands/Pays–Bas	150997	134202	126428	120536	149064
Germany/Allemagne	124222	113214	86079	91011	102382
United Kingdom	102423	79610	85201	83498	92702
Mexico/Mexique	78592	80521	73982	86666	85433
Spain/Espagne	69703	70678	73962	66228	60488
Japan/Japon	65728	64013	65430	75374	88774
Belgium–Luxembourg	71443	71033	64454	63607	84119
France, Monac	45089	51143	57902	53195	61444
Korea Republic	59102	54922	47838	52851	61358
Former USSR/Anc. URSS	x63417	x58021	x66598	x18022	
Pakistan	52527	42575	43788	28686	29331
Egypt/Egypte	36742	60877	33714	11023	9965
Brazil/Brésil	21968	46062	25010	22474	13805
China/Chine	42331	33321	32770	25438	21020
Italy/Italie	19857	27954	32385	29517	39309
Turkey/Turquie	18236	32881	31052	24537	28430
Norway,SVD,JM	43930	32378	23428	28129	30268
USA/Etats–Unis d'Amer	16159	20796	22145	30116	31747
Colombia/Colombie	34029	23880	21376	27441	22936
Algeria/Algérie	27182	31772	24446	12641	x19120
Venezuela	21556	11786	21444	22286	25717
So. Africa Customs Un	27436	23676	21020	x6408	x26671
Cuba	x2245	22657	x12339	x10846	x5572
Guatemala	13901	19246	10759	13177	x12085
Zimbabwe	x4532	x8410	17350	15492	x3824
Denmark/Danemark	16045	13315	12115	14687	18321
Nigeria/Nigéria	x15436	x6997	x13023	x18998	x13176
El Salvador	6274	13989	12607	8696	x12576
Canada	8898	9089	10228	12058	14536
Yugoslavia SFR	4621	9954	17159	x1855	
Ecuador/Equateur	4022	7478	6757	9722	2836
Iran (Islamic Rp. of)	x13588	x7005	x10357	x4707	x10165
Thailand/Thaïlande	5292	5958	7772	7584	7591
Sweden/Suède	4463	4757	5956	7947	7388
Dominican Republic	x6324	x8564	x5095	x3863	x4211
Singapore/Singapour	1440	3439	5055	8330	5236
Portugal	7084	7961	4111	4631	6025
Haiti/Haïti	x4252	x9071	x3257	x4287	x568
Morocco/Maroc	8675	7058	4094	5159	6669
Senegal/Sénégal	x4372	8626	4949	x2117	x4290
Kenya	5165	x11587	3462	x45	x2629
Un. Rep. of Tanzania	26653	x4771	x3351	x5658	x4611
Ireland/Irlande	4918	4631	4614	3842	4251
Nicaragua	6557	5586	3408	3908	5846
Indonesia/Indonésie	3994	3647	4852	4299	4463
Cameroon/Cameroun	x29	2641	x42	9861	x977
Jamaica/Jamaïque	3560	3691	4372	3846	x2631
Bulgaria/Bulgarie	x6554	x4248	x6611	x599	82
Mozambique	x579	x3030	x3754	x3814	x1597
Philippines	4694	x2074	4157	3845	6135

EXPORTS – EXPORTATIONS

COUNTRIES–PAYS	1988	1989	1990	1991	1992
Totale	1429410	1258199	1165370	1126797	1241598
Afrique	x7711	x4173	x8015	x5323	x3520
Afrique du Nord	298	213	1151	1113	751
Amériques	676024	614801	505401	x514496	x558286
ALAI	41806	62252	36224	x54949	x35360
MCAC	9	15	21	178	x89
Asie	130089	64431	80078	68370	x53490
Moyen–Orient	11010	7072	x7982	3106	x4280
Europe	440072	402691	422591	413040	497950
CEE	351058	339073	360813	356840	422271
AELE	81323	59852	57973	53928	68881
Océanie	x106845	83620	x74704	x56651	110856
USA/Etats–Unis d'Amer	558740	482846	400141	396863	449334
Germany/Allemagne	98029	88265	86613	80634	76407
Canada	74408	67465	67655	60753	71006
France, Monac	62272	59546	68256	61486	66683
Former USSR/Anc. URSS	x42725	x71712	x62604	x42132	
Netherlands/Pays–Bas	45531	48105	51930	49797	58183
Japan/Japon	105560	38445	50055	36301	23141
New Zealand	47814	40544	33312	35372	35814
Belgium–Luxembourg	32860	32946	35149	38501	38789
Australia/Australie	58855	43074	41349	20871	74150
Denmark/Danemark	39220	31602	29839	39722	56868
Italy/Italie	28102	33169	33957	30187	42542
United Kingdom	22986	24309	26559	23758	28650
Chile/Chili	23495	22707	14401	26351	x22225
Norway,SVD,JM	25364	18773	17791	25560	27577
Ireland/Irlande	15723	14999	16212	16831	22082
Iceland/Islande	31722	17962	17921	12082	26936
Peru/Pérou	x447	26173	7022	x13816	x75
Austria/Autriche	12374	12308	10965	8008	6629
Hungary/Hongrie	x6916	x9115	x7381	x8668	x9115
Indonesia/Indonésie	2861	3978	7964	12441	8427
Argentina/Argentine	10016	8192	8151	7268	2280
Hong Kong	7001	11004	6996	3951	4283
Sweden/Suède	7694	6984	6598	5640	6559
Poland/Pologne	2923	2463	1467	14358	x4584
Portugal	2458	2465	6634	8514	16894
Spain/Espagne	3876	3660	5642	7396	15154
Uruguay	5907	3139	5568	6159	7171
Turkey/Turquie	8668	4869	6363	2710	2476
Singapore/Singapour	330	1281	3904	7392	6123
So. Africa Customs Un	x6808	x3431	x3573	x2546	x2125
Switz.Liecht	3841	3305	3515	1278	789
Yugoslavia SFR	2413	1810	3103	x1492	
Czechoslovakia	x2972	x1167	x1224	x2698	x2219
Panama	1011	2217	1111	1589	2349
Bulgaria/Bulgarie	x5725	x3140	x1129	x592	x767
Faeroe Islds/Is Féroé	5263	1943	696	780	x2916
Finland/Finlande	328	521	982	1360	392
Philippines	602	x663	653	1499	1721
Kuwait/Koweït	1208	1597	x1024	x15	x36
Mexico/Mexique	569	739	837	1015	1314
Morocco/Maroc	160	157	1130	1073	704
Zimbabwe			1248	1090	
Malaysia/Malaisie	28	181	684	1250	x2923
China/Chine	111	255	519	1075	1094
Kenya	123		1606		
Former GDR	x7320	x744	x692		
Brazil/Brésil	1105	781	155	164	1838
Thailand/Thaïlande	293	378	262	218	x210
Korea Republic	373	196	195	378	438

(VALUE AS % OF TOTAL) (VALEUR EN % DU TOTAL)

	1983	1984	1985	1986	1987	1988	1989	1990	1991	1992		1983	1984	1985	1986	1987	1988	1989	1990	1991	1992
Africa	x7.8	x6.1	7.1	x19.7	x8.8	x12.3	x13.0	x10.8	x8.4	x8.7	Afrique	x0.9	0.5	0.3	x0.6	x1.0	x0.6	x0.4	0.7	x0.4	x0.3
Northern Africa	x2.9	x2.1	3.1	12.8	3.6	5.3	7.1	4.8	2.4	x2.9	Afrique du Nord	0.2	0.1	0.0	0.1	0.0	0.0	0.1	0.1	0.1	0.1
Americas	x15.4	18.7	15.6	16.7	17.6	16.4	20.3	18.4	22.4	x19.8	Amériques	56.1	55.1	52.0	48.4	45.6	47.3	48.8	43.3	x45.6	x45.0
LAIA	9.1	11.9	9.4	9.7	10.7	11.1	11.9	11.3	14.4	12.5	ALAI	2.6	4.4	3.7	4.0	2.6	2.9	4.9	3.1	x4.9	x2.8
CACM	x2.3	2.9	3.5	3.6	2.7	2.0	2.7	2.1	2.4	x2.6	MCAC	x0.0	x0.0	0.0	0.0	0.0	0.0	0.0	0.0	0.0	x0.0
Asia	21.2	21.1	19.6	16.5	x20.9	x20.9	18.2	19.5	20.1	21.1	Asie	7.0	7.2	5.7	6.2	5.2	9.1	5.2	6.9	6.0	x4.3
Middle East	x1.0	x2.8	1.6	x2.0	x4.0	x3.5	x3.1	x3.3	x2.7	x3.1	Moyen–Orient	x0.0	0.3	0.5	0.3	0.7	0.8	0.6	x0.7	0.3	x0.3
Europe	54.3	52.9	56.4	45.9	45.8	44.1	43.2	44.5	46.8	49.5	Europe	26.3	27.3	31.5	34.5	33.9	30.8	32.0	36.3	36.7	40.1
EEC	52.9	50.8	53.7	43.0	43.0	39.7	39.2	40.4	43.1	45.7	CEE	20.4	21.7	23.8	28.1	27.6	24.6	26.9	31.0	31.7	34.0
EFTA	1.5	1.9	2.5	2.7	2.6	4.1	3.3	2.8	3.5	3.4	AELE	5.7	5.2	7.0	6.1	5.9	7.4	4.8	5.0	4.8	5.5
Oceania	0.5	0.4	0.3	0.3	0.3	0.3	0.4	0.3	x0.6	x0.5	Océanie	8.4	9.0	9.5	x9.3	x10.0	x7.5	6.6	x6.4	x5.0	9.0
Netherlands/Pays–Bas	15.1	15.4	14.7	11.1	9.5	9.8	9.1	9.3	9.8	11.0	USA/Etats–Unis d'Amer	48.3	45.4	42.8	38.9	37.9	39.1	38.4	34.3	35.2	36.2
Germany/Allemagne	12.2	12.7	13.9	9.9	8.2	8.0	7.7	6.3	7.4	7.5	Germany/Allemagne	5.6	6.2	6.0	7.3	7.1	6.9	7.0	7.4	7.2	6.2
United Kingdom	11.6	10.2	10.7	6.9	7.9	6.6	5.4	6.3	6.8	6.8	Canada	5.2	5.2	5.0	5.3	4.8	5.2	5.4	5.8	5.4	5.7
Mexico/Mexique		4.4	3.9	2.8	5.0	5.1	5.5	5.4	7.0	6.3	France, Monac	2.6	3.5	4.1	4.3	4.7	4.4	4.7	5.9	5.5	5.4
Spain/Espagne	2.0	1.9	2.8	4.9	6.1	4.5	4.8	5.3	5.4	4.5	Former USSR/Anc. URSS						x2.1	x3.0	x5.7	x5.4	x3.7
Japan/Japon	5.3	4.5	4.8	5.0	4.2	4.3	4.4	4.8	6.1	6.5	Netherlands/Pays–Bas	3.0	3.2	3.0	3.9	3.9	3.2	3.8	4.5	4.4	4.7
Belgium–Luxembourg	4.9	5.2	5.4	4.1	4.8	4.6	4.8	4.7	5.2	6.2	Japan/Japon	6.0	6.4	4.6	4.6	3.6	7.4	3.1	4.3	3.2	1.9
France, Monac	3.9	2.9	3.3	3.2	3.3	2.9	3.5	4.3	4.3	4.5	New Zealand	3.4	3.2	4.0	2.9	3.7	3.3	3.2	2.9	3.1	2.9
Korea Republic	5.6	6.5	4.5	3.0	4.0	3.8	3.7	3.5	4.3	4.5	Belgium–Luxembourg	1.6	1.7	1.8	2.7	2.9	2.3	2.6	3.0	3.4	3.1
Former USSR/Anc. URSS					x3.9	x4.1	x3.9	x4.9	x1.5		Australia/Australie	5.1	5.8	5.5	6.4	6.3	4.1	3.4	3.5	1.9	6.0

423 FIXED VEG OILS, SOFT — HUILES VEGET DOUCES FIXES 423

TRADE BY COMMODITY IN THOUSAND U.S. DOLLARS — COMMERCE PAR PRODUIT EN MILLIERS DE DOLLARS E.U

COUNTRIES-PAYS	IMPORTS - IMPORTATIONS 1988	1989	1990	1991	1992	COUNTRIES-PAYS	EXPORTS - EXPORTATIONS 1988	1989	1990	1991	1992
Total	x5045529	x6097894	x6785895	x6876885	x6553869	Totale	5096352	5529225	6335944	6600696	6404564
Africa	x538558	x612558	x571402	x532495	x850601	Afrique	x200892	x243037	x345829	x457087	x254918
Northern Africa	352536	432852	386285	295741	x517288	Afrique du Nord	x99888	x109692	x193954	315557	178373
Americas	903442	1005733	1154398	1196229	x1384612	Amériques	2082992	1914504	2042783	1977017	2235516
LAIA	379828	441339	457773	519621	x598336	ALAI	1209659	1206410	1443277	1442281	1435547
CACM	41618	41746	44509	36393	x48512	MCAC	x3161	3327	x3950	1595	x4536
Asia	x1542315	x1684774	x1716437	x1439404	x1652262	Asie	231593	371442	392178	350630	x394952
Middle East	x485110	x489147	x477044	x550559	x723253	Moyen-Orient	58082	136123	102699	120434	152123
Europe	1709451	1986256	2571028	3105476	2439319	Europe	2440719	2710899	3330542	3606355	x3440539
EEC	1575802	1804555	2379472	2955125	2262894	CEE	2338008	2652573	3259911	3522891	x3380441
EFTA	122512	130291	145161	124871	131745	AELE	71855	51830	65361	66295	49134
Oceania	x62299	65964	x81453	x89445	x101507	Océanie	x10246	1972	1568	x2979	x3025
Italy/Italie	578180	600642	1029790	1308294	776481	Argentina/Argentine	848057	775192	1024280	1144078	1044191
Former USSR/Anc. URSS	x215968	x657034	x611879	x439149		Spain/Espagne	670837	391184	902293	1136812	570822
China/Chine	94822	498317	528274	289093	194348	USA/Etats-Unis d'Amer	703217	606299	496880	408781	627222
USA/Etats-Unis d'Amer	383455	315782	424624	480479	512668	Italy/Italie	279865	360541	465321	537959	599983
France, Monac	290341	312711	377842	370071	344173	Germany/Allemagne	409265	450404	426764	440583	429030
Germany/Allemagne	204550	236113	262177	273284	275099	Netherlands/Pays-Bas	314573	373672	408887	422590	463271
United Kingdom	165607	165829	197510	238654	237850	Brazil/Brésil	347550	391542	383213	250083	323455
Iran (Islamic Rp. of)	x185709	x177625	x209568	x209077	x360434	France, Monac	249145	317067	323071	318330	350455
Turkey/Turquie	152938	187585	168388	229147	223839	Belgium-Luxembourg	240956	300290	295849	304636	302472
Mexico/Mexique	128143	180507	192893	204930	184397	Greece/Grèce	72246	354203	301367	220876	x543037
Pakistan	248788	221706	208103	91708	113432	Tunisia/Tunisie	82351	85967	121166	290717	158300
Belgium-Luxembourg	110124	136401	169035	184454	152779	Former USSR/Anc. URSS	x25554	x127512	x135258	x114308	
Netherlands/Pays-Bas	112585	131588	135580	145953	152083	Senegal/Sénégal	x80240	102959	130084	x115732	x65451
Egypt/Egypte	80019	148036	134892	64881	115072	Canada	164334	96304	95263	119538	164685
Venezuela	108819	101875	99569	127411	124493	Turkey/Turquie	51802	113415	87509	104051	141502
Hong Kong	75410	98892	112969	111049	96611	China/Chine	17366	39453	95423	76519	45921
Spain/Espagne	23125	91467	64974	161371	168296	Portugal	43341	50823	65933	67371	55987
Bangladesh	x97256	x104626	x100966	x93840	x129867	Singapore/Singapour	73524	71894	60616	49248	51485
Cuba	x2880	99311	x118761	x50815	x95919	Hungary/Hongrie	x49488	x53930	x47199	x62000	x49127
Libyan Arab Jamahiriya	109828	86552	102956	x72396	x77774	Malaysia/Malaisie	24843	56521	55936	39278	x66836
Morocco/Maroc	76388	96741	76117	86781	92165	Hong Kong	22157	36772	45827	35802	38798
Greece/Grèce	25023	11489	41426	148674	x37717	Sweden/Suède	48490	31322	41355	41630	26884
Japan/Japon	65728	56427	73149	70473	70118	United Kingdom	41738	23149	33971	41745	34016
Tunisia/Tunisie	51045	80276	60365	57713	56030	Denmark/Danemark	15344	30252	35944	31529	31068
Brazil/Brésil	45810	68480	43347	72964	82702	Bulgaria/Bulgarie	x273	x76747	x1704	x14	x14843
Singapore/Singapour	73493	54911	50065	58982	58744	Sudan/Soudan	x16329	x22273	x30982	x19772	x10323
Portugal	8876	58052	35870	54384	41532	Mexico/Mexique	6632	23023	9497	19939	23131
Malaysia/Malaisie	27278	58340	53240	33046	x16981	So. Africa Customs Un	x7978	x20342	x11322	x16292	x8321
Sweden/Suède	43201	46694	52597	45002	39541	Morocco/Maroc	358	992	41169	4996	9330
Australia/Australie	30328	39143	49070	55516	65058	Poland/Pologne	8192	6863	24426	13527	x3776
Austria/Autriche	46632	47916	46420	36889	36897	Indonesia/Indonésie	13321	15793	14117	10372	11767
So. Africa Customs Un	37888	50400	40490	x30912	x91422	Japan/Japon	13652	11083	12831	14789	13816
Canada	27806	32868	44157	43427	54995	Switz.Liecht	6659	7616	9956	10948	9565
Poland/Pologne	40280	52661	19504	42956	x61904	Finland/Finlande	12312	8864	9723	9782	8518
Angola	x22284	x41180	x25433	x47723	x15495	Cyprus/Chypre	939	8461	9042	10828	3768
Chile/Chili	17769	26164	44027	37244	x59166	Paraguay	5741	8341	5602	13293	x34752
Denmark/Danemark	29785	29744	35866	38795	45417	Yugoslavia SFR	25209	3819	5139	x17152	
Korea Republic	9620	15645	30618	57196	27051	Czechoslovakia	x8998	x7977	x6472	x10107	x5866
Switz.Liecht	25120	26244	35692	32486	37705	Venezuela	105	1402	13180	6751	4394
Yugoslavia SFR	6360	45299	34344	x13870		Bolivia/Bolivie	291	2662	7279	7735	5140
Ireland/Irlande	27606	30519	29402	31188	31468	Former GDR	x13199	x7272	x5693		
Saudi Arabia	51806	45076	x21620	x17771	x21496	Saudi Arabia	1702	8288	x1535	x1183	x1092
Peru/Pérou	38352	19877	32768	31720	x86646	Gambia/Gambie	3600	4426	4411	2072	x167
India/Inde	235375	x34027	23712	25199	x90260	Romania/Roumanie	x16066	x3653	x93	5059	x1519
Lebanon/Liban	x15417	x19291	x24031	x28175	x22017	Norway, SVD, JM	3922	3309	2129	2379	2072
Dominican Republic	x24736	x26873	x19085	x24429	x27423	Albania/Albanie	x8141	x3418	x2199	x1614	x484
Ecuador/Equateur	10677	17347	16171	24723	23984	Jordan/Jordanie	1721	4242	952	1873	2968
New Zealand	18822	19046	18098	20858	23461	Viet Nam	x740	x380	x3661	x2088	x3101
Guatemala	13874	19535	17609	19756	x14184	Trinidad and Tobago	81	647	2798	2211	2141
Colombia/Colombie	18388	20293	20175	14342	25083	Guatemala	2130	1381	2740	1266	2100

(VALUE AS % OF TOTAL) (VALEUR EN % DU TOTAL)

	1983	1984	1985	1986	1987	1988	1989	1990	1991	1992		1983	1984	1985	1986	1987	1988	1989	1990	1991	1992
Africa	x15.8	x13.5	16.9	x19.9	x11.6	10.7	10.0	8.4	7.7	x13.0	Afrique	x1.9	2.3	2.5	3.7	3.6	4.0	4.4	5.5	x6.9	x4.0
Northern Africa	x10.1	9.3	13.3	x14.8	8.4	7.0	7.1	5.7	x4.3	x7.9	Afrique du Nord	1.1	x1.7	0.9	1.8	1.9	x2.0	2.0	x3.1	4.8	2.8
Americas	13.8	15.2	15.5	x17.0	x12.9	18.0	16.5	x17.0	17.4	x21.2	Amériques	45.1	49.4	47.3	36.1	30.8	40.8	34.6	32.2	29.9	34.9
LAIA	9.3	10.6	9.9	6.8	7.5	7.2	6.0	7.6	6.7	x9.1	ALAI	25.7	28.9	31.4	21.0	19.3	23.7	21.8	22.8	21.9	22.4
CACM	x0.5	0.6	0.8	1.3	x1.0	0.8	0.7	0.7	0.5	x0.7	MCAC	x0.0	0.0	x0.0	0.0	x0.0	x0.1	0.1	x0.1	0.0	x0.1
Asia	29.7	x30.1	23.7	x22.3	x27.9	30.6	x27.6	x25.2	x21.0	x25.2	Asie	2.9	3.0	4.5	5.7	6.2	4.6	6.7	6.2	5.3	x6.2
Middle East	x8.3	x10.4	6.8	x7.9	x8.4	x9.6	x8.0	x7.0	8.0	x11.0	Moyen-Orient	x0.3	0.8	1.0	x1.7	1.8	1.1	2.5	1.6	1.8	2.4
Europe	38.0	35.0	41.5	38.6	37.4	33.9	32.6	37.9	45.2	37.2	Europe	47.3	43.6	45.3	53.6	55.3	47.9	49.0	52.6	54.6	x53.7
EEC	34.8	30.4	36.1	34.6	35.2	31.2	29.6	35.1	43.0	34.5	CEE	45.9	42.1	44.2	52.2	53.7	45.9	48.0	51.5	53.4	x52.8
EFTA	3.2	2.9	3.3	2.9	2.1	2.4	2.1	2.1	1.8	2.0	AELE	1.4	1.2	1.0	1.3	1.3	1.4	0.9	1.0	1.0	0.8
Oceania	1.6	x1.2	1.1	x0.9	0.9	x1.3	1.1	x1.2	x1.3	x1.6	Océanie		0.1	0.1	0.1	0.1	x0.2			x0.0	x0.0
Italy/Italie	10.7	6.1	9.9	12.6	15.4	11.5	9.8	15.2	19.0	11.8	Argentina/Argentine	11.7	14.7	17.0	15.9	11.0	16.6	14.0	16.2	17.3	16.3
Former USSR/Anc. URSS		4.1		x8.2	x4.3	x10.8	x9.0	x6.4			Spain/Espagne	8.1	7.9	8.4	8.8	11.7	13.2	7.1	14.2	17.2	8.9
China/Chine			0.5	2.0	3.7	1.9	8.2	7.8	4.2	3.0	USA/Etats-Unis d'Amer	17.9	17.9	12.6	12.5	9.2	13.8	11.0	7.8	6.2	9.8
USA/Etats-Unis d'Amer	2.4	1.6	2.6	3.2	3.4	7.6	5.2	6.3	7.0	7.8	Italy/Italie	3.0	3.1	4.1	6.8	6.1	5.5	6.5	7.3	8.2	9.4
France, Monac	8.8	7.8	8.5	6.7	4.7	5.8	5.1	5.6	5.4	5.3	Germany/Allemagne	8.0	7.0	8.8	8.8	7.3	8.0	8.1	6.7	6.7	6.7
Germany/Allemagne	5.2	5.3	5.0	4.0	2.9	4.1	3.9	3.9	4.0	4.2	Netherlands/Pays-Bas	7.8	8.7	8.3	8.6	6.6	6.2	6.8	6.5	6.4	7.2
United Kingdom	3.7	4.1	4.2	4.5	6.3	3.3	2.7	2.9	3.5	3.6	Brazil/Brésil	13.9	13.9	14.3	4.9	8.0	6.8	7.1	6.0	3.8	5.1
Iran (Islamic Rp. of)	x3.3	x5.1		x3.5	x4.9	x3.7	x2.9	x3.1	x3.0	x5.5	France, Monac	5.5	5.0	5.2	4.8	4.9	4.9	5.7	5.1	4.8	5.5
Turkey/Turquie			3.4	3.2	1.7	1.5	3.0	3.1	2.5	3.4	Belgium-Luxembourg	4.4	4.7	5.3	5.7	4.5	4.7	5.4	4.7	4.6	4.7
Mexico/Mexique		1.4	0.6	0.6	0.2	2.5	3.0	3.0	3.0	2.8	Greece/Grèce	6.6	3.4	1.8	5.6	4.8	1.4	6.4	4.8	3.3	x8.5

424 FIXED VEG OIL NONSOFT / AUTRES HUILES VEG FIXES 424

TRADE BY COMMODITY IN THOUSAND U.S. DOLLARS – COMMERCE PAR PRODUIT EN MILLIERS DE DOLLARS E.U

IMPORTS – IMPORTATIONS

COUNTRIES–PAYS	1988	1989	1990	1991	1992
Total	4315217	x4622003	4334107	x4579693	4829081
Africa	308673	x482698	360691	x389043	x284991
Northern Africa	151727	290038	192997	x255266	x215431
Americas	661390	526115	494764	505305	x734952
LAIA	91831	60146	76259	117808	133039
CACM	14330	13888	x8084	8233	x13709
Asia	x1721786	x1652685	1596926	x1957149	x2020187
Middle East	x323660	x298590	293213	x365473	x325691
Europe	1325975	1446938	1504795	1459471	1702399
EEC	1254810	1368598	1422240	1375252	1602107
EFTA	64924	67789	75702	79811	95607
Oceania	x55461	55591	50065	x54285	x65812
China/Chine	228364	341123	419045	401144	291796
Germany/Allemagne	296594	356983	379661	356590	419066
USA/Etats–Unis d'Amer	482323	390344	353464	314642	511062
Former USSR/Anc. URSS	x185667	x408586	x285459	x178895	
Pakistan	240444	193180	193920	323820	358461
Netherlands/Pays–Bas	233649	251799	249456	206955	296638
United Kingdom	211956	218787	218181	212347	236671
Singapore/Singapour	101204	166471	173120	211196	166749
Italy/Italie	153096	165148	191370	188059	205734
Japan/Japon	178488	182129	161374	198586	267443
France, Monac	155556	160270	167305	161237	154463
Algeria/Algérie	125607	244073	132027	86742	x5974
India/Inde	267332	x129030	158689	77882	x85141
Turkey/Turquie	47848	81087	90717	132534	113221
Belgium–Luxembourg	77319	83466	82134	92096	105275
Korea Republic	82572	74765	75573	101370	123972
Saudi Arabia	x81236	x81236	x89154	x77673	x65479
Kenya	64023	x81734	40729	x58488	x10590
Indonesia/Indonésie	122132	138643	10262	26910	134621
Malaysia/Malaisie	69036	30858	21948	103067	x106460
Mexico/Mexique	73532	39419	50439	62039	80580
Spain/Espagne	43759	46835	40873	57070	63896
Australia/Australie	44176	43612	37614	41354	48876
Denmark/Danemark	39985	39366	39373	42638	50042
Egypt/Egypte	18834	30394	41214	44034	123515
Libyan Arab Jamahiriya	777	885	1722	x97736	x61363
Canada	46427	33596	30542	35844	41143
Hong Kong	21803	27816	28330	34403	35901
United Arab Emirates	x43949	x28743	x16305	x33290	x25247
Sweden/Suède	19430	22649	22474	31433	33308
Greece/Grèce	12873	19254	24991	27848	x36030
So. Africa Customs Un	33129	33656	35392	x2449	x3079
Yemen/Yémen			x31707	x36161	x31290
Bangladesh	x37294	x22874	x11240	x25334	x27891
Austria/Autriche	16184	16639	20232	18833	22430
Czechoslovakia	x14201	20152	17851	x16989	x11913
Jordan/Jordanie	19886	12075	16318	24610	26599
Poland/Pologne	28456	21272	12539	14091	x6721
Myanmar	x1026	x2191	x12871	x31240	x30905
Ireland/Irlande	15812	14278	13997	16436	17520
Mozambique	x19425	x17698	x18555	x5038	x3110
Portugal	14212	12412	14898	13977	16771
Iran (Islamic Rp. of)	x4339	x31147	x6961	x2809	x5881
Sudan/Soudan	x4253	x9386	x12742	x18264	x16958
Brazil/Brésil	4375	7871	4302	26289	25697
Switz.Liecht	11232	10461	13449	11173	14839
Afghanistan	x4	x12181	x621	x19154	x4322
Kuwait/Koweït	x16499	21175	x6484	x2965	x6340
Sri Lanka	6046	5166	9382	15225	17948
Senegal/Sénégal	x262	7423	20117	x69	x1161

EXPORTS – EXPORTATIONS

COUNTRIES–PAYS	1988	1989	1990	1991	1992
Totale	3826139	3870725	3594212	3999420	x4532507
Afrique	x86505	x89590	x112069	x180122	x256150
Afrique du Nord	44	245	992	x3699	1042
Amériques	335781	339680	358177	311400	x311073
ALAI	131963	171697	172070	108927	90512
MCAC	13970	7269	8005	4084	x10116
Asie	2888469	x2916959	2605106	2979426	x3384100
Moyen–Orient	x17439	x28907	43574	x113636	x92361
Europe	406237	410870	444663	449214	467295
CEE	387094	397670	429366	433343	448794
AELE	14503	12443	13983	13401	17797
Océanie	85554	85691	64869	x75398	106429
Malaysia/Malaisie	1764085	1798361	1611731	1819365	x1826433
Indonesia/Indonésie	446812	392648	316477	457944	657771
Philippines	408157	x368098	362207	300173	482833
USA/Etats–Unis d'Amer	180570	153079	171290	192644	203820
Singapore/Singapour	152675	158773	132781	127430	119418
Netherlands/Pays–Bas	125152	124831	128533	133782	139649
Argentina/Argentine	55832	87067	113605	61764	46463
Cote d'Ivoire	x51378	x57678	x73079	x107090	x207348
Germany/Allemagne	70031	78999	79682	70540	71796
Belgium–Luxembourg	58812	68798	77111	75684	74550
China/Chine	55048	43210	59580	67434	84638
Papua New Guinea	59474	62999	43716	61115	87780
India/Inde	7145	x69130	40136	54419	x62836
Turkey/Turquie	9973	23168	35679	84903	60194
Brazil/Brésil	62977	66055	41446	26887	24381
France, Monac	43390	42556	42620	45065	49389
United Kingdom	47226	37118	40061	45530	41550
Italy/Italie	29253	35045	41472	45158	53943
Cameroon/Cameroun	x8230	10264	x10686	51150	x10330
Hong Kong	13263	17733	18419	24861	30075
Denmark/Danemark	10717	7693	15281	15358	13394
So. Africa Customs Un	x12504	x10521	x12723	x13254	x5139
Sri Lanka	5757	21140	7393	1256	2475
Paraguay	6863	8209	7613	11069	x9956
Solomon Isls	6691	8710	7663	x4983	x6419
Switz.Liecht	5546	6675	7457	6738	7197
Japan/Japon	3949	6842	4996	4586	4173
Thailand/Thaïlande	6074	5082	5345	4742	x4683
Sweden/Suède	7258	4720	5492	4876	8126
Hungary/Hongrie	x4975	x7449	x5199	x2243	x2644
Samoa	5622	7051	4889	x178	x99
Former GDR	x1341	x10106	x1875		
Saudi Arabia	x2916	x3039	x3669	x4724	x5067
Bahrain/Bahreïn	x10			x11303	x24004
Costa Rica	4172	2118	6008	2754	x4326
French Polynesia	2586		x3737	x6081	x5667
Fiji/Fidji	2790	3556	3368	1604	3835
Oman	168	287	2018	6196	x7
Saint Lucia/St. Lucie	2150	x2931	3431	1530	x2280
Canada	4128	3818	1878	1968	4022
Ecuador/Equateur	x968	x1777	2355	2535	1768
Honduras	8529	4401	1336	654	4770
Mexico/Mexique	3948	2812	1626	1793	2354
Peru/Pérou	13	178	3376	x2392	
Romania/Roumanie	x9211	x5456		x1	
Mali		x40	x5009	x381	x332
Zaire/Zaïre	x2222	x3953	x809	x554	x242
Venezuela	398	4104	225	378	181
Spain/Espagne	1449	1307	1377	1639	3195
Yugoslavia SFR	717	661	1011	x2403	

(VALUE AS % OF TOTAL) (VALEUR EN % DU TOTAL)

	1983	1984	1985	1986	1987	1988	1989	1990	1991	1992		1983	1984	1985	1986	1987	1988	1989	1990	1991	1992
Africa	x10.4	x3.4	4.9	x8.3	5.2	7.2	x10.4	8.3	x8.5	x5.9	Afrique	x2.2	x2.6	1.7	x3.2	3.1	x2.2	x2.3	3.2	x4.5	x5.6
Northern Africa	4.9	x1.8	1.7	x3.3	1.9	3.5	6.3	4.5	x5.6	x4.5	Afrique du Nord	x0.1	x0.0	0.0	x0.1	x0.1	0.0	0.0	0.0	x0.1	0.0
Americas	15.0	15.7	18.2	15.9	14.7	15.4	11.4	11.5	11.1	x15.2	Amériques	9.0	9.2	8.1	9.8	9.4	8.7	8.8	9.9	7.8	x6.9
LAIA	0.5	0.5	0.4	0.7	1.4	2.1	1.3	1.8	2.6	2.8	ALAI	4.5	4.2	3.9	4.4	3.4	4.4	4.8	2.7	2.0	
CACM	x0.0	0.1	0.1	0.3	x0.2	0.3	0.3	x0.2	0.2	x0.3	MCAC	x0.0	0.2	0.2	0.3	0.3	0.4	0.2	0.2	0.1	x0.2
Asia	x32.0	34.8	35.1	38.4	40.1	x39.9	x35.7	36.8	x42.7	41.9	Asie	74.0	74.2	76.1	70.3	71.1	75.5	x75.4	72.5	74.5	x74.7
Middle East	x6.4	x6.7	2.9	x8.0	x6.5	x7.5	6.5	6.5	x8.0	x6.7	Moyen–Orient	x0.1	x0.0	0.3	0.8	x0.6	x0.5	x0.7	1.2	x2.8	x2.0
Europe	34.2	35.1	39.7	35.3	31.0	30.7	31.3	34.7	31.9	35.3	Europe	10.1	10.4	11.4	14.3	13.1	10.6	10.6	12.4	11.2	10.3
EEC	32.5	33.5	37.6	33.3	29.4	29.1	29.6	32.8	30.0	33.2	CEE	10.0	10.2	11.2	14.0	12.8	10.1	10.3	11.9	10.8	9.9
EFTA	1.7	1.5	1.9	1.9	1.6	1.5	1.5	1.7	1.7	2.0	AELE	0.1	0.1	0.1	0.3	0.3	0.4	0.3	0.4	0.3	0.4
Oceania	x0.9	x0.9	0.9	x0.8	1.2	1.3	1.2	1.2	x1.2	1.4	Océanie	x4.6	3.6	2.8	2.3	x2.3	2.2	2.2	1.8	x1.9	2.3
China/Chine			1.7	3.2	3.6	5.3	7.4	9.7	8.8	6.0	Malaysia/Malaisie	46.9	48.4	44.9	45.5	43.8	46.1	46.5	44.8	45.5	x40.3
Germany/Allemagne	7.9	8.3	8.5	7.7	6.7	6.9	7.7	8.8	7.8	8.7	Indonesia/Indonésie	3.5	2.1	8.3	4.3	7.6	11.7	10.1	8.8	11.5	14.5
USA/Etats–Unis d'Amer	12.7	13.4	15.7	12.9	11.3	11.2	8.4	8.2	6.9	10.6	Philippines	15.7	11.9	8.2	11.6	12.5	10.7	x9.5	10.1	7.5	10.7
Former USSR/Anc. URSS	6.3	8.8		x6.7	x4.3	x8.8	x6.6	x3.9			USA/Etats–Unis d'Amer	4.0	4.3	3.6	4.7	4.5	4.7	4.0	4.8	4.8	4.5
Pakistan	5.3	6.1	7.5	5.2	4.4	5.6	4.2	4.5	7.1	7.4	Singapore/Singapour	5.5	9.9	11.5	4.7	3.2	4.0	4.1	3.7	3.2	2.6
Netherlands/Pays–Bas	6.7	7.2	7.4	5.8	5.1	5.4	5.4	5.8	4.5	6.1	Netherlands/Pays–Bas	3.9	3.7	3.8	4.4	3.3	3.3	3.2	3.6	3.3	3.1
United Kingdom	5.5	5.3	6.7	5.6	5.2	4.9	4.7	5.0	4.6	4.9	Argentina/Argentine	2.3	2.4	2.3	2.2	1.7	1.5	2.2	3.2	1.5	1.0
Singapore/Singapour	1.9	3.2	3.1	1.7	1.7	2.3	3.6	4.0	4.6	3.5	Cote d'Ivoire	1.4	x1.6	1.5	x1.9	x2.0	x1.3	x1.5	x2.0	x2.7	x4.6
Italy/Italie	3.4	3.1	4.9	4.3	3.7	3.5	3.6	4.4	4.1	4.3	Germany/Allemagne	2.2	2.4	2.7	3.5	2.9	1.8	2.0	2.2	1.8	1.6
Japan/Japon	4.3	4.3	4.4	3.5	3.8	4.1	3.9	3.7	4.3	5.5	Belgium–Luxembourg	1.3	1.3	1.8	2.3	2.1	1.5	1.8	2.1	1.9	1.6

431 *PROCESD ANML VEG OIL,ET — HUILES, GRAISSES PREPAREES 431

TRADE BY COMMODITY IN THOUSAND U.S. DOLLARS – COMMERCE PAR PRODUIT EN MILLIERS DE DOLLARS E.U

IMPORTS – IMPORTATIONS

COUNTRIES–PAYS	1988	1989	1990	1991	1992
Total	x1978145	x1917109	1886692	2052521	x2340712
Africa	x141412	x117696	x117533	x144163	x153702
Northern Africa	84247	x69320	x53592	x63016	x62491
Americas	110099	133350	149072	174677	x206602
LAIA	31750	37255	41331	45610	60898
CACM	4507	5525	4966	4110	x4335
Asia	x628351	x567459	x510082	662870	x712612
Middle East	x108542	x109823	x101493	x73969	x97938
Europe	866491	918301	960373	962102	1214941
EEC	785154	832673	860456	876285	1113687
EFTA	70211	76140	84516	80417	90485
Oceania	x15337	x14644	x12757	x15382	x19395
Germany/Allemagne	193873	209896	212348	241068	309439
Singapore/Singapour	291696	249188	188596	212765	308093
France, Monaco	117661	134642	151752	138836	163673
United Kingdom	126116	119711	125475	109044	132495
Netherlands/Pays-Bas	105629	105832	113448	113793	142664
Former USSR/Anc. URSS	x154421	x134726	x116932	x74006	
Belgium–Luxembourg	74358	77956	77449	92878	106883
USA/Etats-Unis d'Amer	43995	57424	69575	92362	90737
Japan/Japon	51177	60695	62903	78385	70479
Bangladesh	x39644	x25990	x22346	146629	x6704
Denmark/Danemark	59476	60979	58360	47163	60954
Italy/Italie	44782	54432	54279	47555	49585
Spain/Espagne	19412	24169	27674	51950	111826
Korea Republic	22751	24893	29890	32881	55711
Austria/Autriche	23101	24113	28864	26771	29798
Sweden/Suède	20367	22602	21941	23584	26181
India/Inde	20208	x30491	10129	24937	x34214
Mexico/Mexique	13224	19840	23512	22026	32540
Pakistan	10759	12744	25335	23761	20471
Canada	16395	20340	19453	20302	42453
Syrian Arab Republic	22394	20337	24493	x14087	x20134
Iran (Islamic Rp. of)	x14000	x20253	x22543	x9834	x13827
Algeria/Algérie	31576	29802	9145	13225	x12600
Ireland/Irlande	17811	19529	17886	14501	16727
Israel/Israël	14412	11508	15731	20681	26542
Switz. Liecht	13692	13955	15403	15675	17230
Greece/Grèce	19070	18431	13378	11385	x11206
So. Africa Customs Un	22489	11858	16840	x13714	x11777
Saudi Arabia	3388	5880	x18312	x15857	x20126
United Arab Emirates	x28742	x19622	x9299	x10650	x13229
Sudan/Soudan	x7817	x11929	x11791	x14975	x13005
Egypt/Egypte	20419	6511	13966	15987	15837
Australia/Australie	9943	10499	9221	10077	11784
Tunisia/Tunisie	14236	12659	8814	6795	8008
Hong Kong	1862	4627	15763	7722	8047
Yugoslavia SFR	10002	8496	13933	x4544	
Finland/Finlande	8808	9296	10014	7529	9078
Thailand/Thaïlande	6343	7413	9338	9990	15537
Morocco/Maroc	6944	7109	8423	10096	11904
Un. Rep. of Tanzania	3018	x6699	x5573	x13061	x14803
Portugal	6965	7096	8406	8111	8234
Indonesia/Indonésie	7481	7234	8444	7001	7300
Former Democratic Yemen	x1267	x21525			
Turkey/Turquie	8049	5903	7086	6735	9377
Chile/Chili	5582	5766	5919	8034	x5933
Hungary/Hongrie	x7329	x6586	x5915	6766	x5523
Lebanon/Liban	x2039	x8781	x4449	x4667	x4810
Norway, SVD, JM	2999	4771	6894	5518	6919
Malaysia/Malaisie	4637	5183	4526	5949	x28250
Kenya	871	x8085	308	x6876	x12023

EXPORTS – EXPORTATIONS

COUNTRIES–PAYS	1988	1989	1990	1991	1992
Totale	1857093	2001199	2024535	1963631	x2252585
Afrique	x4982	x4848	x10255	x17519	x20237
Afrique du Nord	457	1645	1157	1685	906
Amériques	148540	185905	198705	204279	209965
ALAI	45163	84220	82966	71258	74497
MCAC	1365	1165	798	1124	x743
Asie	773224	831992	808265	776912	x931675
Moyen-Orient	16388	12141	11440	6844	12272
Europe	868816	941838	973868	921930	1036831
CEE	783436	836918	864664	812724	920502
AELE	82584	102323	106778	106748	113292
Océanie	x25883	25068	x22310	x28380	31020
Malaysia/Malaisie	413868	438896	431793	400990	x490975
Germany/Allemagne	294387	319254	328623	298811	348851
Netherlands/Pays-Bas	238090	256296	260402	252896	303762
Singapore/Singapour	213742	289163	224000	233743	281535
USA/Etats-Unis d'Amer	93787	89414	98296	102223	99935
Indonesia/Indonésie	76434	43456	81443	80809	84371
Brazil/Brésil	34600	71929	67744	62681	63996
United Kingdom	45551	51316	55041	57322	46112
Belgium–Luxembourg	51539	53935	57048	50714	55819
Denmark/Danemark	59471	52849	57332	47360	52275
Italy/Italie	46315	51369	52390	53009	59512
Sweden/Suède	28089	44956	53774	49796	41111
France, Monaco	34855	37023	38901	39751	40371
Norway, SVD, JM	38011	39053	34706	37281	46288
New Zealand	21823	21812	19496	25717	26807
Japan/Japon	27755	22382	22877	19128	18481
Canada	7846	10863	16317	29284	34395
Philippines	16628	x14020	12600	9903	10677
Finland/Finlande	11225	12802	11696	9174	10134
Spain/Espagne	9996	10243	10654	9646	9942
Turkey/Turquie	15814	11060	9310	5526	10803
India/Inde	1162	x3811	6366	13109	x5342
Hong Kong	1316	2835	10797	4610	5817
Austria/Autriche	2652	3180	4127	6539	11146
China/Chine	1805	3144	5265	5270	7135
Czechoslovakia	x3433	x2510	x3079	x6880	x7139
Cote d'Ivoire	x258	x464	x59	x11836	x16135
Peru/Pérou	1827	4567	6455	x927	x255
Argentina/Argentine	5130	3240	3595	3791	6001
Poland/Pologne	3055	3094	3500	2826	x10976
Australia/Australie	3399	3253	2811	2441	4172
Mexico/Mexique	2474	2846	3253	2341	2357
Switz. Liecht	2399	2150	2314	3950	4471
Yugoslavia SFR	2760	2575	2387	x2432	
Kenya	287	x137	5645	x6	x158
Former USSR/Anc. URSS	x1864	x1188	x1647	x2021	
Former GDR	x22382	x3173	x1436		
Portugal	872	1063	2011	1081	655
Ireland/Irlande	794	1543	1188	1271	1025
Greece/Grèce	1566	2026	1074	863	x2179
Hungary/Hongrie	x388	x365	x928	x2126	x1634
Cyprus/Chypre	156	372	1960	975	206
Un. Rep. of Tanzania	767	x683	x879	x1713	x1015
Thailand/Thaïlande	1088	711	687	1432	x13312
Egypt/Egypte	6	1235	514	963	548
Korea Republic	1265	1081	703	662	1325
Chile/Chili	651	571	730	941	x1205
So. Africa Customs Un	x932	x474	x567	x925	x687
Bulgaria/Bulgarie	x4329	x1150	x497	x274	x1002
Honduras	844	611	599	526	229

(VALUE AS % OF TOTAL) (VALEUR EN % DU TOTAL)

	1983	1984	1985	1986	1987	1988	1989	1990	1991	1992
Africa	14.2	7.4	7.0	x8.3	x6.2	x7.1	x6.1	6.2	x7.1	x6.6
Northern Africa	11.1	5.3	5.0	4.6	x3.1	4.3	x3.6	x2.8	x3.1	x2.7
Americas	x6.3	5.1	5.4	x7.7	6.9	5.6	7.0	7.9	8.5	x8.8
LAIA	1.1	1.2	1.6	2.0	1.6	1.6	1.9	2.2	2.2	2.6
CACM	x0.2	0.1	0.1	0.3	0.2	0.2	0.3	0.2	x0.2	x0.2
Asia	27.4	32.5	36.4	31.7	28.4	x31.7	x29.6	x27.1	32.3	x30.4
Middle East	x4.7	x2.9	3.0	x5.5	x3.6	x5.5	x5.7	x5.4	x3.6	x4.2
Europe	47.0	40.7	47.4	49.1	46.5	43.8	47.9	50.9	46.9	51.9
EEC	42.2	36.5	42.9	43.8	41.4	39.7	43.4	45.6	42.7	47.6
EFTA	4.7	3.6	4.0	4.7	4.4	3.5	4.0	4.5	3.9	3.9
Oceania	2.8	x2.2	2.4	x1.8	x1.2	x0.7	x0.7	x0.7	x0.7	0.8
Germany/Allemagne	10.1	9.1	11.4	10.9	10.2	9.8	10.9	11.3	11.7	13.2
Singapore/Singapour	14.6	21.8	26.5	16.8	14.1	14.7	13.0	10.0	10.4	13.2
France, Monaco	6.9	5.9	6.0	6.1	5.9	5.9	7.0	8.0	6.8	7.0
United Kingdom	7.1	5.2	5.9	5.7	6.0	6.4	6.2	6.7	5.3	5.7
Netherlands/Pays-Bas	6.1	5.8	6.7	6.6	6.3	5.3	5.5	6.0	5.5	6.1
Former USSR/Anc. URSS		11.1			x7.2	x7.8	x7.0	x6.2	x3.6	
Belgium–Luxembourg	4.6	3.8	4.3	4.2	3.8	3.8	4.1	4.1	4.5	4.6
USA/Etats-Unis d'Amer	1.6	1.4	1.5	2.2	2.2	3.0	3.7	4.3	4.5	3.9
Japan/Japon	1.8	2.4	2.8	2.5	3.0	2.6	3.2	3.3	3.8	3.0
Bangladesh	0.1	0.1	0.1	0.3	0.3	x2.0	x1.4	x1.2	7.1	x0.3

	1983	1984	1985	1986	1987	1988	1989	1990	1991	1992
Afrique	x0.6	x0.5	0.2	x0.2	x0.3	x0.3	x0.2	x0.5	x0.8	x0.9
Afrique du Nord	0.1	0.0	0.0	0.0	0.0	0.0	0.1	0.1	0.1	0.0
Amériques	8.1	7.5	6.4	6.8	7.4	8.0	9.3	9.9	10.4	9.4
ALAI	2.1	2.2	2.3	2.5	2.1	2.4	4.2	4.1	3.6	3.3
MCAC	x0.0	0.0	0.0	0.0	0.0	0.1	0.1	0.0	0.1	x0.0
Asie	22.4	29.2	28.5	31.5	37.5	41.6	41.6	39.9	39.6	x41.3
Moyen Orient	x0.0	0.8	1.2	1.1	0.6	0.9	0.6	0.6	0.3	0.5
Europe	68.2	61.9	63.7	60.5	52.2	46.8	47.1	48.1	47.0	46.0
CEE	60.6	54.9	56.6	53.9	46.8	42.2	41.8	42.7	41.4	40.9
AELE	7.6	6.8	6.8	6.4	5.2	4.4	5.1	5.3	5.4	5.0
Océanie	0.6	x0.5	0.7	x0.7	x0.5	1.4	1.3	x1.1	x1.4	x1.4
Malaysia/Malaisie	8.0	7.6	6.5	5.6	17.0	22.3	21.9	21.3	20.4	x21.8
Germany/Allemagne	22.3	20.6	20.9	20.9	16.2	15.9	16.0	16.2	15.2	15.5
Netherlands/Pays-Bas	20.1	18.1	17.4	15.7	15.0	12.8	12.8	12.9	12.9	13.5
Singapore/Singapour	7.7	12.9	12.9	18.8	13.2	11.5	14.4	11.1	11.9	12.5
USA/Etats-Unis d'Amer	5.4	5.0	3.8	4.0	5.0	5.1	4.5	4.9	5.2	4.4
Indonesia/Indonésie	3.2	4.2	4.2	2.5	3.4	4.1	2.2	4.0	4.1	3.7
Brazil/Brésil	1.5	1.0	1.3	0.8	1.7	1.9	3.6	3.3	3.2	2.8
United Kingdom	3.8	2.9	4.0	3.9	3.6	2.5	2.6	2.7	2.9	2.0
Belgium–Luxembourg	3.1	3.1	3.6	3.1	2.9	2.8	2.7	2.8	2.6	2.5
Denmark/Danemark	4.2	3.7	4.4	4.9	3.7	3.2	2.6	2.8	2.4	2.3

511 HYDROCARBONS NES, DERIVS

HYDROCARBURES NDA 511

TRADE BY COMMODITY IN THOUSAND U.S. DOLLARS – COMMERCE PAR PRODUIT EN MILLIERS DE DOLLARS E.U

COUNTRIES–PAYS	1988	1989	1990	1991	1992	COUNTRIES–PAYS	1988	1989	1990	1991	1992
Total	15578467	14054350	13906037	12581872	11617444	Totale	17077361	16256985	16385960	14814746	13891625
Africa	x218084	x178797	x179376	x165119	x196048	Afrique	x262471	x270703	x382282	x197355	x70317
Northern Africa	46225	52658	43208	39518	x49344	Afrique du Nord	255077	260914	373555	x189942	x64121
Americas	2577800	1950143	1934511	1814428	1828538	Amériques	3794712	3715470	3552639	3337229	3076956
LAIA	835438	672131	477933	654602	640926	ALAI	451155	402834	524299	425197	414498
CACM	18366	18096	18927	20128	x19154	MCAC	73	x492	55	x327	x187
Asia	x4365983	3471969	3397816	3220242	x2765050	Asie	1862652	1876578	x2050917	x1903615	x2184384
Middle East	x225586	237596	x217603	x225668	x254851	Moyen–Orient	680956	510132	x515676	x317117	x274144
Europe	7656270	7893228	8006118	7040186	6610851	Europe	9807051	9465028	9624014	8603542	8309291
EEC	6706375	6982177	7118373	6325157	5968563	CEE	9402139	9127488	9286197	8294839	8083484
EFTA	736297	780079	759756	609501	556573	AELE	345104	272860	278039	256477	208609
Oceania	x55441	x58499	x38611	x36706	x47347	Océanie	x14552	x15570	x17593	x22246	x12497
Belgium–Luxembourg	1686020	1787208	1795360	1683414	1606488	France, Monac	3281054	3234504	3499707	3260814	3241691
Germany/Allemagne	1406946	1585004	1624180	1479244	1260278	Netherlands/Pays–Bas	2719537	2451407	2600953	2014306	1713448
Korea Republic	1194977	1248090	1182671	1081546	602363	USA/Etats–Unis d'Amer	2464874	2480315	2233208	2269576	2130490
USA/Etats–Unis d'Amer	1512564	1063328	1145774	913187	951166	Germany/Allemagne	1421132	1286580	1230719	1115717	1083579
France, Monac	990028	979474	1147872	859124	816394	Japan/Japon	657341	923008	854589	917693	984621
Netherlands/Pays–Bas	851308	910407	854311	776569	746748	United Kingdom	896058	899112	741503	978234	985207
Japan/Japon	828187	718684	636381	538049	402527	Canada	871894	825246	787593	641620	530421
Italy/Italie	645009	714784	661725	514848	540922	Former USSR/Anc. URSS	x457169	x466032	x327375	x451698	
United Kingdom	646202	568093	549256	582927	567305	Italy/Italie	428108	431536	427407	264498	263026
Spain/Espagne	293387	288229	307400	256980	269127	Saudi Arabia	537936	368509	x353631	x221623	x209344
Thailand/Thaïlande	318096	229549	275975	286644	296921	Belgium–Luxembourg	276867	332370	308296	289060	430826
Mexico/Mexique	341171	315872	135301	256611	271442	Libyan Arab Jamahiriya	234469	233481	363335	x175362	x52198
China/Chine	323266	246146	162939	287885	305196	Korea Republic	157382	129621	288934	318889	569283
Canada	194527	177683	264853	203597	186142	Spain/Espagne	247421	249414	252401	217005	213210
Sweden/Suède	213371	250170	208005	186622	158021	Brazil/Brésil	247438	219013	272769	166074	162557
Indonesia/Indonésie	200216	209142	238162	166132	185550	Portugal	113880	205257	205523	123143	120436
Hong Kong	158383	139242	177270	163854	151438	Norway, SVD, JM	190687	151604	168297	145845	124547
Austria/Autriche	154252	170032	174265	115387	97810	Singapore/Singapour	137062	139146	150247	130565	112038
Former USSR/Anc. URSS	x163901	x186167	x160823	x99768		Mexico/Mexique	37612	42528	118515	187313	184086
Switz.Liecht	126153	125005	137805	119691	108368	Hungary/Hongrie	x89522	x105129	x110850	x116777	x87150
India/Inde	142527	x118302	131463	122709	x157374	Bulgaria/Bulgarie	x219911	x140357	x152916	x36211	x42514
Finland/Finlande	135080	136243	141276	87400	84857	Argentina/Argentine	152120	125382	115702	63006	59738
Yugoslavia SFR	211374	128711	125647	x103838		Israel/Israël	87464	93078	96751	87124	91928
Singapore/Singapour	120162	114508	120529	109055	123738	Czechoslovakia	x191641	x76039	x73367	x103473	x68924
Colombia/Colombie	123420	114915	106352	116015	126599	Turkey/Turquie	79140	97582	87990	46715	37980
Brazil/Brésil	142764	90953	87761	125540	108387	China/Chine	28840	35103	79017	64275	68722
Turkey/Turquie	87505	106633	94961	101451	123271	Yugoslavia SFR	59777	64565	58609	x47523	
Norway, SVD, JM	106600	98008	97932	99714	106864	Sweden/Suède	67009	53503	41305	46018	37112
Malaysia/Malaisie	78922	73247	106385	96205	x136129	Poland/Pologne	53821	43328	45463	32431	x15803
So. Africa Customs Un	122311	83035	87997	x74559	x83563	Qatar	x62675	41693	53994	21275	x20577
Greece/Grèce	67103	54818	82940	84263	x69373	Finland/Finlande	47649	35107	26955	28075	13352
Saudi Arabia	75781	85753	x54306	x63611	x44752	Hong Kong	32316	23909	24614	37561	39204
Israel/Israël	70471	68657	65360	60320	67272	Former GDR	x249748	x57844	x26866		
Venezuela	117423	60985	68214	59184	52519	Greece/Grèce	13969	34858	16479	20493	x25715
Portugal	83821	63999	61070	55950	60568	India/Inde	12896	x8670	31634	21807	x16877
Philippines	67554	x52587	66140	53568	51529	Switz.Liecht	16214	15236	18549	22960	21418
Argentina/Argentine	81879	60989	47325	62528	40908	Australia/Australie	14349	15453	17218	22018	12186
Romania/Roumanie	x101247	66852	52921	37955	x35991	Austria/Autriche	23525	17410	22923	12589	12177
Poland/Pologne	53609	45204	38682	56446	x41175	Romania/Roumanie	x71927	23223	20058	7698	x20997
Hungary/Hongrie	x39506	x36788	x22359	66650	x44884	Algeria/Algérie	20202	26229	7896	14012	x9406
Czechoslovakia	x32590	40760	21543	x36003	x34363	Bahrain/Bahreïn		x10	x11922	x24759	x4500
Bulgaria/Bulgarie	x63061	x49855	x35502	x8306	13167	Venezuela	10287	8543	11738	3835	5983
Former GDR	x250584	x75822	x17638			So. Africa Customs Un	x6748	x8399	x7280	x6423	x4863
Australia/Australie	40197	42474	26442	23829	33528	Indonesia/Indonésie	891	9783	5082	1141	10561
Iran (Islamic Rp. of)	x6683	x8424	x24693	x20334	x33698	Ireland/Irlande	1893	468	1046	8943	3813
Ireland/Irlande	16793	14566	17481	16588	14826	Uruguay	2458	3548	3833	1929	1457
Denmark/Danemark	19758	15595	16778	15251	16534	Colombia/Colombie	1084	3664	1570	2445	408
Chile/Chili	12906	14409	15477	15777	x21808	Iraq	x193	x815	x4060	x2149	x52
Morocco/Maroc	11103	12939	16001	13983	12988	Denmark/Danemark	2221	1981	2161	2624	2531
Nigeria/Nigéria	x11200	x12669	x13591	x13285	x19922	Gibraltar	x101	x1147	x4674	x2262	

(VALUE AS % OF TOTAL) (VALEUR EN % DU TOTAL)

	1983	1984	1985	1986	1987	1988	1989	1990	1991	1992		1983	1984	1985	1986	1987	1988	1989	1990	1991	1992
Africa	x1.6	x3.0	1.4	x1.8	x1.4	1.4	x1.3	x1.3	x1.3	x1.7	Afrique	x0.2	0.9	0.6	0.5	1.1	x1.5	1.7	x2.3	x1.3	x0.5
Northern Africa	x0.7	x2.1	0.4	x0.5	0.3	0.3	0.4	0.3	0.3	x0.4	Afrique du Nord	0.2	0.9	0.5	0.4	1.1	1.5	1.6	2.3	x1.3	x0.5
Americas	21.3	24.0	26.8	20.8	16.6	16.6	13.8	13.9	14.4	15.7	Amériques	25.9	25.9	25.8	23.2	20.9	22.2	22.8	21.6	22.6	22.2
LAIA	2.2	5.2	6.2	5.6	4.9	5.4	4.8	3.4	5.2	5.5	ALAI	3.4	3.7	4.1	2.0	2.2	2.6	2.5	3.2	2.9	3.0
CACM	x0.2	0.8	0.6	0.4	x0.1	0.1	0.1	0.1	0.2	x0.2	MCAC	x0.0	x0.0	0.0	0.0	0.0	x0.0	x0.0	0.0	x0.0	x0.0
Asia	15.4	16.3	15.0	18.1	x23.9	x28.1	24.7	24.4	25.6	x23.8	Asie	4.5	5.0	7.5	x8.8	x10.5	10.9	11.6	x12.5	x12.9	x15.7
Middle East	x1.0	x2.8	1.9	x2.0	x1.7	x1.4	1.7	x1.6	x1.8	x2.2	Moyen–Orient	x0.0	0.3	1.4	x2.6	x4.0	4.0	3.1	x3.1	x2.1	x2.0
Europe	59.9	54.1	55.3	57.3	51.7	49.1	56.2	57.6	56.0	56.9	Europe	66.8	66.2	64.1	66.1	58.8	57.4	58.2	58.7	58.1	59.8
EEC	55.4	48.8	49.8	51.8	45.9	43.0	49.7	51.2	50.3	51.4	CEE	64.5	63.1	61.4	63.5	56.3	55.1	56.1	56.7	56.0	58.2
EFTA	4.5	3.7	4.1	4.3	4.4	4.7	5.6	5.5	4.8	4.8	AELE	2.3	2.5	2.2	2.1	2.1	2.1	1.7	1.7	1.7	1.5
Oceania	x0.9	x0.9	0.8	x1.0	x1.0	x0.3	x0.4	x0.3	x0.3	x0.4	Océanie	x0.3	0.2	0.2	0.2	x0.5	x0.1	x0.1	x0.1	x0.1	x0.1
Belgium–Luxembourg	12.9	11.5	10.0	9.9	9.4	10.8	12.7	12.9	13.4	13.8	France, Monac	18.9	18.3	19.8	24.3	21.0	19.2	19.9	21.4	22.0	23.3
Germany/Allemagne	12.2	10.6	11.3	12.4	10.7	9.0	11.3	11.7	11.8	10.8	Netherlands/Pays–Bas	18.7	16.9	15.7	15.8	14.9	15.1	15.1	15.9	13.6	12.3
Korea Republic	2.4	2.8	3.0	4.1	5.0	7.7	8.9	8.5	8.6	8.6	USA/Etats–Unis d'Amer	16.2	16.8	16.7	16.6	14.4	14.4	15.3	13.6	15.3	15.3
USA/Etats–Unis d'Amer	18.1	16.4	18.7	13.2	10.1	9.7	7.6	8.2	7.3	8.2	Germany/Allemagne	12.6	11.5	10.5	9.3	7.6	8.3	7.9	7.5	7.5	7.8
France, Monac	7.5	6.7	6.8	7.0	6.8	6.4	7.0	8.3	6.8	7.0	Japan/Japon	2.8	2.6	3.3	3.7	3.6	3.8	5.7	5.2	6.2	7.1
Netherlands/Pays–Bas	7.5	6.2	8.2	7.8	6.9	5.5	6.5	6.1	6.2	6.4	United Kingdom	6.0	5.7	6.9	6.9	6.2	5.5	5.5	4.5	6.6	7.1
Japan/Japon	4.9	5.0	4.9	5.5	5.0	5.3	5.1	4.6	4.3	3.5	Canada	6.0	5.3	5.0	4.6	4.3	5.1	5.1	4.8	4.3	3.8
Italy/Italie	5.4	4.5	5.7	5.9	4.7	4.1	5.1	4.8	4.1	4.7	Former USSR/Anc. URSS			0.1			x2.9	2.7	x2.9	x2.0	x3.0
United Kingdom	6.8	6.2	5.4	5.3	4.2	4.1	4.0	3.9	4.6	4.9	Italy/Italie	3.3	5.5	2.3	2.0	2.0	2.5	2.7	2.6	1.8	1.9
Spain/Espagne	1.5	2.0	1.3	1.8	2.0	1.9	2.1	2.2	2.0	2.3	Saudi Arabia	x0.0	x0.0	1.4	x2.2	x3.4	3.1	2.3	x2.2	x1.5	x1.5

512 ALCOHOLS, PHENOLS ETC / PHENOLS, PHENOLS–ALCOOLS 512

TRADE BY COMMODITY IN THOUSAND U.S. DOLLARS – COMMERCE PAR PRODUIT EN MILLIERS DE DOLLARS E.U

COUNTRIES–PAYS	IMPORTS – IMPORTATIONS					COUNTRIES–PAYS	EXPORTS – EXPORTATIONS				
	1988	1989	1990	1991	1992		1988	1989	1990	1991	1992
Total	9130268	9295469	8886223	9128906	8343952	Totale	x8831544	8822175	8243766	x9352306	7507640
Africa	x166439	x176377	x141521	x129848	x124536	Afrique	x161429	x159148	x127093	x147178	x134280
Northern Africa	36348	54217	42326	40423	35926	Afrique du Nord	114062	91493	86949	x119732	x103314
Americas	1582907	1491654	1608627	1694967	1473387	Amériques	1800709	2252779	2073685	2206630	x1938459
LAIA	425925	451666	655657	752951	526760	ALAI	271881	364108	327368	368371	x379864
CACM	11354	9933	15505	15193	x20539	MCAC	397	2739	11409	10572	x16061
Asia	x2737359	2704685	2267407	2832211	2425656	Asie	1767905	1807293	x1608752	x1717188	x1826037
Middle East	x134006	x167326	x144993	x134599	x133934	Moyen–Orient	782381	699167	x543011	x470046	x468099
Europe	4170339	4486619	4485392	4176526	4160572	Europe	3723985	3842931	3856276	3417066	3376204
EEC	3578176	3898452	3930357	3699430	3671377	CEE	3399402	3521929	3493217	3071328	3011827
EFTA	494878	513111	500610	449617	459628	AELE	303439	306992	350088	324644	349732
Oceania	61539	64130	59989	x60406	x69879	Océanie	65904	57628	x43786	x107673	x69490
Japan/Japon	904145	941346	799764	1002622	839637	Germany/Allemagne	1547201	1643660	1632978	1536314	1519657
USA/Etats–Unis d'Amer	1007228	875414	794152	791750	805179	USA/Etats–Unis d'Amer	1045814	1393163	1293950	1261683	1094131
Germany/Allemagne	651916	726758	682632	694241	741519	United Kingdom	707921	637391	667129	421634	400869
United Kingdom	603393	633697	663169	531392	529713	Saudi Arabia	651552	615071	x477340	x388629	x415247
France,Monac	552523	586071	605427	585319	577780	Canada	407915	441873	395359	480641	366871
Italy/Italie	550950	585514	554164	567823	535297	Japan/Japon	359585	422527	390707	448736	519288
Netherlands/Pays–Bas	484421	601938	569124	470041	486213	Former USSR/Anc. URSS	x497506	x382141	x317756	x553472	
Korea Republic	445078	575694	430863	521147	396625	France,Monac	298194	319638	372727	366917	402662
Belgium–Luxembourg	350167	370894	445793	417881	416871	Netherlands/Pays–Bas	350679	377741	310769	300204	226695
Brazil/Brésil	97676	149413	372359	418532	197108	Italy/Italie	226789	245101	224263	213937	221532
China/Chine	228177	287033	158970	334669	275403	China/Chine	93963	154459	159962	149180	141245
Spain/Espagne	223213	228449	244038	257869	216413	Sweden/Suède	139010	147543	159203	151666	155241
Switz.Liecht	201404	224891	226435	207242	225735	Belgium–Luxembourg	148522	176485	137342	125311	146898
Indonesia/Indonésie	130297	155323	152535	159419	154540	Singapore/Singapour	133811	141203	131945	158787	133620
Former USSR/Anc. URSS	x148371	x154572	x178910	x130497		Brazil/Brésil	174039	141570	103950	103424	179833
Canada	127014	139674	120130	114753	102398	Spain/Espagne	113295	113320	123370	97849	80784
Singapore/Singapour	111689	103423	115722	150201	130679	Mexico/Mexique	48477	107258	89207	123022	82177
Thailand/Thaïlande	81915	116780	98754	123583	121369	Malaysia/Malaisie	104227	88971	100626	125268	x162124
Mexico/Mexique	115889	122031	97333	118349	115443	Switz.Liecht	83967	80320	101611	96818	109624
Sweden/Suède	99151	98220	106604	99201	103527	Poland/Pologne	86025	78094	84616	101668	x72057
Turkey/Turquie	73429	104911	89722	93676	86224	Libyan Arab Jamahiriya	97013	77853	76441	x106100	x88390
Hong Kong	59281	90834	72131	103474	98028	Bulgaria/Bulgarie	x351618	x154257	x68909	x28693	x19955
India/Inde	156194	x82200	101158	71670	x63961	Israel/Israël	83210	78437	79893	82154	80689
Austria/Autriche	97170	84011	81253	66800	63604	Chile/Chili	20847	66598	71444	80180	x61043
So. Africa Customs Un	103052	97001	64467	x55340	x51506	Hong Kong	50931	71610	63121	82731	74411
Denmark/Danemark	65789	68436	70745	75377	73004	New Zealand	61238	51139	40674	103390	64844
Malaysia/Malaisie	54166	57103	63181	81495	x56890	Finland/Finlande	62111	62366	70560	61956	70026
Finland/Finlande	53902	67415	66847	53866	40852	Philippines	70493	x61142	52958	44348	38558
Czechoslovakia	x43163	82913	50453	x24657	x29990	Trinidad and Tobago	60263	40197	39324	61378	43879
Venezuela	72273	42577	46577	64982	64636	Bahrain/Bahreïn	x84100	x30133	x48532	x52401	x36474
Yugoslavia SFR	96238	74062	53401	x26585		Argentina/Argentine	21707	26858	44476	46215	36112
Argentina/Argentine	53696	47878	46919	53490	50813	Czechoslovakia	x88094	x37721	x29526	x42031	x45787
Australia/Australie	48067	47264	47281	49063	57050	India/Inde	15405	x35635	23953	34405	x34264
Israel/Israël	45343	50283	49039	42134	47190	Turkey/Turquie	42210	49517	16106	17378	8670
Portugal	51818	45513	46872	45764	41481	Korea Republic	11543	13549	21330	46826	71079
Colombia/Colombie	39901	45299	38136	39831	45468	So. Africa Customs Un	x21084	x26256	x30303	x21685	x19442
Philippines	30676	x25738	41163	45296	46462	Thailand/Thaïlande	1551	16551	20586	37032	x41551
Pakistan	23108	41968	26473	34977	34277	Indonesia/Indonésie	10175	14528	12745	32832	54802
Bulgaria/Bulgarie	x30422	x37357	x43762	x13987	17446	Hungary/Hongrie	x39021	x13776	x17031	x16366	x9245
Ireland/Irlande	27621	28197	28027	31600	31655	Yugoslavia SFR	21116	14010	12922	x17476	
Iran (Islamic Rp. of)	x22674	x31272	x32119	x22047	x21950	Cote d'Ivoire	x21328	x35521	x2468	x1052	x1847
Norway,SVD,JM	42076	37149	x18370	x21643	x25164	Former GDR	x179286	x23876	x12057		
Hungary/Hongrie	x33166	x27616	x16251	29953	x14288	Romania/Roumanie	x69293	12312	4225	14205	x15954
Egypt/Egypte	17874	27587	23510	19128	24845	Norway,SVD,JM	7983	7472	9762	10993	x9211
Chile/Chili	20752	22479	20463	26836	x27274	Algeria/Algérie	13776	7756	7315	4383	5553
Poland/Pologne	36605	29791	17333	20555	x19558	Austria/Autriche	10340	9292	8952	4772	x6589
Greece/Grèce	16365	22984	20366	22122	x21432	Paraguay	44	8144	8309	7069	8311
Former GDR	x93861	x31874	x9934			Denmark/Danemark	5253	6504	7405		
New Zealand	11451	14822	11282	10606	11525	Cuba	x8385	x7032	x3419	x9381	x25558
Algeria/Algérie	10081	15574	9499	11450	x1937	Ireland/Irlande	1114	1682	16632	1259	2715

(VALUE AS % OF TOTAL)(VALEUR EN % DU TOTAL)

	1983	1984	1985	1986	1987	1988	1989	1990	1991	1992		1983	1984	1985	1986	1987	1988	1989	1990	1991	1992
Africa	x2.1	x2.0	2.0	x2.3	x1.7	x1.8	x1.9	x1.6	x1.4	x1.5	Afrique	x2.1	x1.7	2.1	x1.9	x1.7	x1.8	x1.7	x1.6	x1.8	x1.8
Northern Africa	0.5	0.6	0.5	0.4	0.4	0.4	0.6	0.5	0.4	0.4	Afrique du Nord	x1.6	x1.1	1.6	x1.6	1.2	1.3	1.0	1.1	x1.4	x1.4
Americas	18.4	22.7	22.9	20.9	16.6	17.3	16.0	18.1	18.5	17.7	Amériques	29.1	31.6	29.3	24.9	20.9	20.4	25.5	25.2	26.5	x25.9
LAIA	4.1	6.2	6.6	5.6	4.9	4.7	4.9	7.4	8.2	6.3	ALAI	4.8	8.0	6.0	4.3	2.8	3.1	4.1	4.0	4.4	x5.1
CACM	x0.1	0.3	0.3	0.2	0.2	0.1	0.1	0.2	0.2	x0.2	MCAC	x0.0	0.0	0.0	0.2	0.2	0.0	0.0	0.1	0.1	x0.2
Asia	24.0	24.3	22.2	23.0	x25.9	x30.0	29.1	25.6	31.0	29.0	Asie	x9.8	x10.5	13.2	x18.0	x16.8	20.0	20.5	x19.5	x20.6	x24.3
Middle East	x0.7	x2.0	1.3	x1.6	x1.7	x1.5	x1.8	x1.6	x1.5	x1.6	Moyen–Orient	x1.0	x2.0	3.6	x7.2	x5.7	8.9	7.9	x6.6	x5.6	x6.2
Europe	52.2	48.4	50.2	51.1	48.6	45.7	48.3	50.5	45.7	49.9	Europe	57.2	51.8	52.8	52.6	49.3	42.3	43.6	46.8	40.9	45.0
EEC	45.0	40.4	42.0	42.8	41.4	39.2	41.9	44.2	40.5	44.0	CEE	52.9	47.9	48.9	48.0	45.1	38.5	39.9	42.4	36.8	40.1
EFTA	7.2	6.3	6.6	6.9	6.2	5.4	5.5	5.6	4.9	5.5	AELE	4.3	3.7	3.7	4.5	4.2	3.4	3.5	4.2	3.9	4.7
Oceania	1.1	x1.0	0.9	0.8	0.7	0.7	0.7	0.7	x0.7	x0.8	Océanie	0.3	x0.1	0.8	x0.8	0.6	0.7	0.6	x0.5	x1.3	x0.9
Japan/Japon	12.4	12.6	11.2	11.3	8.8	9.9	10.1	9.0	11.0	10.1	Germany/Allemagne	23.3	20.9	22.6	23.9	21.0	17.5	18.6	19.8	18.4	20.2
USA/Etats–Unis d'Amer	12.1	14.3	14.2	13.3	9.9	11.0	9.4	8.9	8.7	9.6	USA/Etats–Unis d'Amer	15.3	15.1	13.7	14.0	12.8	11.8	15.8	15.7	15.1	14.6
Germany/Allemagne	11.8	10.7	10.2	10.0	8.7	7.1	7.8	7.7	7.6	8.9	United Kingdom	9.2	8.3	7.0	6.0	5.1	8.0	7.2	8.1	5.0	5.3
United Kingdom	4.9	4.5	4.8	5.2	5.4	6.6	6.8	7.5	5.8	6.3	Saudi Arabia	x1.0	x2.0	3.6	x5.7	x4.9	7.4	7.0	x5.8	x4.7	x5.5
France,Monac	6.2	5.6	6.0	6.3	6.7	6.1	6.3	6.8	6.4	6.9	Canada	8.1	7.5	8.2	5.1	3.9	4.6	5.0	4.8	5.8	4.9
Italy/Italie	6.4	5.9	6.4	6.3	6.4	6.0	6.3	6.2	6.2	6.4	Japan/Japon	5.8	4.8	4.7	5.2	4.8	x4.8	4.7	4.7	5.4	6.9
Netherlands/Pays–Bas	7.4	6.2	6.7	6.3	6.3	5.3	6.5	6.4	5.1	5.8	Former USSR/Anc. URSS		2.7				x5.4	x5.6	x4.3	x3.9	x6.6
Korea Republic	2.9	2.9	2.7	2.9	3.2	4.9	6.2	4.8	5.7	4.8	France,Monac	4.2	3.6	3.8	3.8	3.8	3.4	3.6	4.5	4.4	5.4
Belgium–Luxembourg	3.8	3.3	3.4	3.8	3.5	3.8	4.0	5.0	4.6	5.0	Netherlands/Pays–Bas	10.2	8.6	8.7	7.6	6.3	4.0	4.3	3.6	3.6	3.0
Brazil/Brésil	1.1	1.1	1.1	1.1	1.1	1.1	1.6	4.2	4.6	2.4	Italy/Italie	3.2	3.4	3.2	3.2	5.8	2.6	2.8	2.7	2.6	3.0

513 CARBOXYLIC ACIDS ETC / ACIDES CARBOXYLIQUES 513

TRADE BY COMMODITY IN THOUSAND U.S. DOLLARS – COMMERCE PAR PRODUIT EN MILLIERS DE DOLLARS E.U

IMPORTS – IMPORTATIONS

COUNTRIES–PAYS	1988	1989	1990	1991	1992
Total	9772490	10066253	10888296	11794486	12242792
Africa	x277040	x253318	282845	x280637	x258044
Northern Africa	108249	100869	117220	108996	x95901
Americas	1523718	1898381	1992700	2235052	x2593437
LAIA	528746	528925	545021	644772	669731
CACM	19864	21588	24278	25143	x19373
Asia	x2925286	2494202	2543195	2908606	x2963357
Middle East	x239507	x200550	x256168	x229173	x269460
Europe	4468559	4803987	5582640	5914111	6200955
EEC	3722616	4042794	4783121	5217896	5505532
EFTA	624329	649746	674007	643498	636571
Oceania	x169372	x181642	x138055	x131843	x135655
USA/Etats–Unis d'Amer	704358	1039398	1091136	1227642	1532854
Germany/Allemagne	846335	946372	1126762	1160062	1209508
France,Monac	673834	703427	824939	807906	830781
Italy/Italie	576909	642003	779423	740961	769128
Netherlands/Pays–Bas	507599	560485	647934	606060	634652
Korea Republic	445833	569364	479706	449484	410678
Belgium–Luxembourg	351021	400652	492024	480918	603228
Japan/Japon	433403	427669	430458	481249	424118
Spain/Espagne	322639	358823	416168	407171	402259
China/Chine	384921	337635	336323	499116	387146
United Kingdom	206130	186954	205005	701237	747571
Switz.Liecht	295573	325778	315412	307170	306080
Canada	253137	280265	295890	303779	318109
Thailand/Thaïlande	159037	202794	229981	249583	289331
Former USSR/Anc. URSS	x155104	x217828	x189202	x216528	
Indonesia/Indonésie	120462	137759	179086	222626	282179
Brazil/Brésil	118320	156855	147592	146751	137834
Turkey/Turquie	136103	127081	150147	151560	147635
Hong Kong	111470	117409	116829	181236	168332
Mexico/Mexique	97300	123850	129962	154455	176598
Singapore/Singapour	104890	108576	117845	168064	189049
Sweden/Suède	133747	123748	136077	129488	116502
So. Africa Customs Un	134952	123188	123282	x126801	x122157
Australia/Australie	137257	147223	109278	102844	104947
Pakistan	75567	90663	94479	117274	125508
Ireland/Irlande	55559	65579	93464	130970	120223
Austria/Autriche	94743	91803	105090	90648	103906
Yugoslavia SFR	120405	110407	124302	x51818	
Argentina/Argentine	76397	68091	90699	96755	104461
Malaysia/Malaisie	66527	71367	81307	90959	x100493
Colombia/Colombie	65921	71065	69427	97781	101829
India/Inde	59268	x94593	81038	54267	x130933
Finland/Finlande	60291	71116	74804	70842	64311
Portugal	72377	66114	77355	72251	75982
Philippines	65947	x60710	66483	71677	81115
Denmark/Danemark	60070	57251	62091	59008	64706
Greece/Grèce	50143	55133	57955	51353	x47495
Venezuela	97424	45135	45443	70267	71914
Israel/Israël	49086	51358	54106	53351	57686
Egypt/Egypte	38956	36202	56820	48977	43425
Czechoslovakia	x32067	69338	46555	x22826	x19978
Norway,SVD,JM	38863	36457	x41632	x44592	x44680
Hungary/Hongrie	x37446	x37734	x30559	49100	x28192
Bulgaria/Bulgarie	x58952	x48302	x49963	x11794	13029
Iran (Islamic Rp. of)	x46023	x31865	x46708	x26555	x58484
New Zealand	30701	32967	28045	28396	29925
Chile/Chili	23750	26084	22812	29009	x30589
Algeria/Algérie	39209	32673	22938	19688	x11224
Morocco/Maroc	17976	19176	22620	20974	20552
Poland/Pologne	24719	22972	12838	10982	x17380

EXPORTS – EXPORTATIONS

COUNTRIES–PAYS	1988	1989	1990	1991	1992
Totale	9041107	10243383	10876065	x12055949	x12439296
Afrique	x6443	x5154	x5975	x7855	x9287
Afrique du Nord	x103	1269	679	1142	966
Amériques	2283499	x3317848	x3185090	x4218735	x4160705
ALAI	487449	450169	412943	489853	537053
MCAC	409	1383	1349	1506	x916
Asie	1366456	1486819	1673645	1936968	2293844
Moyen–Orient	39856	41935	39682	19854	23246
Europe	4948887	5170670	5759936	5608411	5824974
CEE	4382571	4584299	5119192	4961433	5097401
AELE	534344	549955	610867	626278	712650
Océanie	x4612	x4561	x7261	x12796	x5832
USA/Etats–Unis d'Amer	1715781	2056094	1842723	1924350	1820582
Germany/Allemagne	1592917	1588628	1783903	1602526	1608632
Japan/Japon	875597	1028954	1137821	1250852	1418944
United Kingdom	975170	1058352	1155057	1170454	1083480
Bahamas	x11043	x726702	x828927	x1680845	x1673877
Belgium–Luxembourg	404713	457283	577174	618612	790458
Netherlands/Pays–Bas	439165	459317	480771	462835	467836
France,Monac	317611	338637	394750	383956	374905
Italy/Italie	316245	319777	357650	330709	340635
Switz.Liecht	251866	247031	306167	316122	348392
Mexico/Mexique	286132	281971	260819	309699	338469
Spain/Espagne	200282	209194	215750	261535	251413
Austria/Autriche	177130	194970	195865	184074	212091
China/Chine	145532	142318	142208	149049	201264
Ireland/Irlande	113587	130159	134959	111255	153238
Korea Republic	56013	65671	123175	186598	245656
Former USSR/Anc. URSS	x111298	x104219	x106232	x124922	
Brazil/Brésil	139160	104277	75491	107502	126474
Canada	59742	70723	97134	108540	127588
Hong Kong	62024	71261	70743	119086	126749
Sweden/Suède	79083	80551	81056	94960	115197
Singapore/Singapour	49313	59202	62832	87809	107340
Czechoslovakia	x69801	x40136	x44141	x76063	x51091
Argentina/Argentine	32383	41619	41314	36576	32929
Israel/Israël	31800	29431	35135	45337	51968
Turkey/Turquie	36121	39326	35739	16779	21993
Hungary/Hongrie	x26977	x21339	x29395	x40725	x34723
Bulgaria/Bulgarie	x34613	x42176	x35836	x10158	x14929
Indonesia/Indonésie	6110	19736	21005	22228	30145
India/Inde	12278	x16617	11637	18869	x31035
Finland/Finlande	16965	16847	14678	14469	11828
Former GDR	x119527	x30187	x10859		
Portugal	13134	11587	13361	15388	11307
Norway,SVD,JM	9196	10536	13023	16649	24627
Colombia/Colombie	14819	7888	13971	16528	18855
Poland/Pologne	13394	8200	14940	12625	x19838
Venezuela	9012	8926	13148	10983	12214
Thailand/Thaïlande	5120	3093	14022	15846	x8684
Malaysia/Malaisie	9256	6841	6758	17074	x41042
Panama	x7421	x11985	12	x10943	30
Romania/Roumanie	x55554	11963	2755	6691	x22680
Denmark/Danemark	9729	11237	5592	3925	15171
Australia/Australie	2324	3223	5149	9808	4137
So. Africa Customs Un	x4666	x3543	x4625	x6385	x6076
Philippines	10182	x1116	8096	2452	4090
Chile/Chili	2897	2821	3901	4029	x3629
Uruguay	999	1378	3394	2454	2456
New Zealand	2095	1255	1994	2616	1618
Iran (Islamic Rp. of)	x2653	x1695	x1677	x2007	x419

(VALUE AS % OF TOTAL)(VALEUR EN % DU TOTAL)

Imports

	1983	1984	1985	1986	1987	1988	1989	1990	1991	1992
Africa	3.1	3.3	3.3	3.4	2.6	2.9	2.5	2.6	2.4	2.1
Northern Africa	1.2	1.3	1.3	1.2	1.0	1.1	1.0	1.1	0.9	0.8
Americas	15.1	17.4	17.8	17.0	14.0	15.6	18.8	18.3	19.0	x21.2
LAIA	5.3	6.2	6.6	6.4	5.4	5.4	5.3	5.0	5.5	5.5
CACM	x0.2	0.3	0.4	0.2	x0.3	0.2	0.2	0.2	0.2	0.2
Asia	x26.7	22.4	22.4	23.0	x28.5	x29.9	24.8	23.4	24.6	x24.2
Middle East	x7.4	x2.5	1.8	x2.9	x3.1	x2.5	x2.0	x2.4	x1.9	x2.2
Europe	51.6	50.5	54.1	54.2	48.3	45.7	47.7	51.3	50.1	50.6
EEC	44.4	41.7	45.4	45.9	41.1	38.1	40.2	43.9	44.2	45.0
EFTA	7.2	6.8	7.0	6.9	6.0	6.4	6.5	6.2	5.5	5.2
Oceania	1.8	x1.8	1.5	x1.3	x1.5	x1.7	x1.8	x1.3	x1.1	x1.1
USA/Etats–Unis d'Amer	4.8	6.0	6.3	6.5	5.5	7.2	10.3	10.0	10.4	12.5
Germany/Allemagne	9.4	8.8	9.5	9.6	8.9	8.7	9.4	10.3	9.8	9.9
France,Monac	7.3	6.3	7.3	7.5	6.5	6.9	7.0	7.6	6.8	6.8
Italy/Italie	5.8	5.9	6.3	6.4	5.6	5.9	6.4	7.2	6.3	6.3
Netherlands/Pays–Bas	6.6	6.0	6.6	6.4	5.4	5.2	5.6	6.0	5.1	5.2
Korea Republic	4.5	5.5	6.8	6.4	5.1	4.6	5.7	4.4	3.8	3.4
Belgium–Luxembourg	3.1	3.1	3.6	3.8	3.2	3.6	4.0	4.5	4.1	4.9
Japan/Japon	4.4	4.6	4.5	4.5	3.9	4.4	4.2	4.0	4.1	3.5
Spain/Espagne	2.3	2.1	2.4	2.9	3.0	3.3	3.6	3.8	3.5	3.3
China/Chine					3.5	3.9	3.4	3.1	4.2	3.2

Exports

	1983	1984	1985	1986	1987	1988	1989	1990	1991	1992
Afrique	x0.1	x0.1	0.1	x0.1	x0.2	x0.1	0.0	0.0	x0.1	x0.0
Afrique du Nord	x0.0	0.0	0.0	0.0	0.0	0.0	0.0	0.0	0.0	0.0
Amériques	19.7	25.9	24.9	24.2	21.9	25.2	x32.4	x29.2	x35.0	x33.5
ALAI	1.7	5.5	5.5	4.2	4.3	5.4	4.4	3.8	4.1	4.3
MCAC	x0.0	0.1	0.0	0.0	0.0	0.0	0.0	0.0	0.0	x0.0
Asie	9.4	10.0	10.1	11.9	x13.6	15.1	14.5	15.4	16.1	18.4
Moyen–Orient	x0.0	0.4	0.4	0.7	0.4	0.4	0.4	0.4	0.2	0.2
Europe	70.3	63.2	64.0	62.9	59.2	54.7	50.5	53.0	46.5	46.8
CEE	64.3	57.2	58.3	56.0	52.7	48.5	44.8	47.1	41.2	41.0
AELE	5.9	5.8	5.5	6.6	6.3	5.9	5.4	5.6	5.2	5.7
Océanie	0.1	0.1	0.1	x0.1	x0.0	0.0	0.0	x0.1	x0.1	x0.0
USA/Etats–Unis d'Amer	17.4	19.3	18.8	19.2	16.8	19.0	20.1	16.9	16.0	14.6
Germany/Allemagne	20.6	21.2	20.5	21.5	18.8	17.6	15.5	16.4	13.3	12.9
Japan/Japon	7.5	7.7	7.9	9.0	8.7	9.7	10.0	10.5	10.4	11.4
United Kingdom	11.4	12.9	14.1	13.0	11.2	10.8	10.3	10.6	9.7	8.7
Bahamas		x0.4		x0.2	x0.1	0.1	x7.1	x7.6	x13.9	x13.5
Belgium–Luxembourg	3.3	3.2	1.6	1.7	1.6	4.5	4.5	5.3	5.1	6.4
Netherlands/Pays–Bas	8.0	7.5	6.7	6.7	7.5	4.9	4.4	4.4	3.8	3.8
France,Monac	4.4	4.3	3.6	4.1	3.6	3.3	3.3	3.6	3.2	3.0
Italy/Italie	12.9	4.4	8.3	4.0	6.0	3.5	3.1	3.3	2.7	2.7
Switz.Liecht	2.7	2.7	2.8	3.4	3.2	2.8	2.4	2.8	2.6	2.8

514 NITROGEN-FNCTN COMPOUNDS / COMPOSES FONCT AZOTEES 514

TRADE BY COMMODITY IN THOUSAND U.S. DOLLARS – COMMERCE PAR PRODUIT EN MILLIERS DE DOLLARS E.U

COUNTRIES–PAYS	IMPORTS – IMPORTATIONS					COUNTRIES–PAYS	EXPORTS – EXPORTATIONS				
	1988	1989	1990	1991	1992		1988	1989	1990	1991	1992
Total	15734879	17222475	18606332	19578262	21079947	Totale	14844892	15892955	17449666	18407282	19962657
Africa	x285839	x301805	x314605	x350143	x386096	Afrique	x4361	x7050	x12365	x19472	x21225
Northern Africa	54267	54053	57956	63668	x59474	Afrique du Nord	x292	2122	x5593	x8603	x5719
Americas	2677432	3795052	4001763	4552906	4983721	Amériques	1826579	2833512	x3041730	x3372597	x3726235
LAIA	837320	1043780	1069674	1244028	1345044	ALAI	212564	239912	257998	282661	328233
CACM	19340	21348	20292	19227	x36240	MCAC	991	1374	284	298	x705
Asia	x2968819	x3249519	3424862	3770365	x4259652	Asie	x1950595	x2291780	2440412	2747193	x3022133
Middle East	x280717	x278079	x361627	x338674	x407327	Moyen–Orient	50281	84383	x54536	x51562	x58229
Europe	8567204	8661495	9794937	9728577	10932472	Europe	10339690	10308371	11601960	11793452	12948275
EEC	7364701	7487304	8384076	8533441	9677248	CEE	8165190	8210987	9063963	9489826	10451931
EFTA	1027714	1031764	1216603	1111551	1166165	AELE	2150887	2070173	2501650	2282176	2484499
Oceania	x292298	x288556	x247653	x270272	x331890	Océanie	x2603	x3005	x3361	x3446	x3635
USA/Etats–Unis d'Amer	1282053	2190938	2346480	2684362	2967842	Germany/Allemagne	3253974	3113026	3273035	3343747	3530433
Germany/Allemagne	1972660	2058557	2055091	2084189	2237716	USA/Etats–Unis d'Amer	1534826	2483807	2634397	2926153	3228016
France,Monac	1196516	1310606	1615577	1605538	1886196	United Kingdom	1757200	1808432	2074732	2059362	2347590
Italy/Italie	1226380	1248324	1475132	1406249	1542885	Switz.Liecht	1661632	1577961	1911421	1763560	1951964
Japan/Japon	825859	1268967	1292504	1426848	1447265	Japan/Japon	1091984	1473981	1554954	1609666	1671652
United Kingdom	1019835	942548	1068758	1220473	1434908	France, Monac	692872	747835	880197	1003244	986034
Switz.Liecht	707021	714866	866807	774152	802524	Netherlands/Pays–Bas	666321	696554	789050	821965	1000490
Former USSR/Anc. URSS	x497928	x560654	x591400	x708470		Italy/Italie	685578	653061	774669	879401	933947
Netherlands/Pays–Bas	534146	572705	611853	612008	833100	Belgium–Luxembourg	546139	516576	596836	561193	585107
Belgium–Luxembourg	475161	524437	578981	583927	622429	Ireland/Irlande	351653	459724	493746	632239	874938
Canada	495601	505686	536770	522153	544634	Korea Republic	202716	200264	197166	233836	272492
Korea Republic	436640	481998	492360	547901	566728	Austria/Autriche	180476	178323	192817	127006	106307
Spain/Espagne	577553	441190	518067	522239	552890	Brazil/Brésil	142261	148908	149846	173760	210240
Brazil/Brésil	237433	432531	428836	471085	451754	Norway,SVD,JM	124102	109703	170710	181629	222746
Mexico/Mexique	257283	324431	295697	333583	366265	Former USSR/Anc. URSS	x185028	x131039	x90480	x220782	
China/Chine	368151	322300	217185	284472	322391	Spain/Espagne	175852	129653	142104	151986	150698
Australia/Australie	267789	255556	217553	241576	298717	Sweden/Suède	125052	120210	135201	129038	141451
Turkey/Turquie	151286	180214	210530	237238	259939	Hong Kong	83382	95145	112395	171808	201500
So. Africa Customs Un	129943	153988	175822	x179400	x190370	Singapore/Singapour	104870	94163	126032	148441	159530
Indonesia/Indonésie	86859	147171	177782	165835	175385	China/Chine	70108	86938	127350	151401	229287
Hong Kong	97172	109563	139360	208057	259596	India/Inde	93823	x111211	96314	132124	x150999
Portugal	140117	130844	152370	165855	177055	Israel/Israël	66474	85639	89582	103494	100750
Singapore/Singapour	140804	109505	155623	173345	179000	Finland/Finlande	59419	83968	91367	80942	62026
Austria/Autriche	114224	122508	149510	150737	156101	Bulgaria/Bulgarie	x131438	x125974	x93716	x25249	x19751
Yugoslavia SFR	173217	140480	191336	x81936		Canada	58493	66699	101476	72313	81956
India/Inde	89064	x178627	131018	102381	x286682	Hungary/Hongrie	x46934	x59401	x63438	x110718	x106918
Ireland/Irlande	81814	101545	140030	155449	203577	Czechoslovakia	x66203	x52525	x56686	x90443	x69595
Thailand/Thaïlande	66122	100140	136018	134616	171757	Mexico/Mexique	34756	48450	59844	50411	60647
Argentina/Argentine	111320	105265	111364	145919	199773	Bahamas	x13865	x34140	x39769	x84330	x84997
Israel/Israël	97806	103504	119250	110510	117603	Indonesia/Indonésie	15659	33582	41964	69272	107317
Hungary/Hongrie	x104639	x128993	x95416	106751	x64025	Argentina/Argentine	28567	34490	36370	41917	45537
Colombia/Colombie	71729	78045	86838	109449	116881	Saudi Arabia	29298	67188	x24431	x17269	x15828
Greece/Grèce	64649	83025	86753	90543	x89310	Thailand/Thaïlande	22584	18561	28531	56227	x49661
Denmark/Danemark	75470	73522	81162	86972	97181	Former GDR	x246240	x57791	x31740		
Sweden/Suède	100216	79849	79872	77770	84293	Denmark/Danemark	24566	26559	31627	30770	31079
Pakistan	34658	46116	89736	94868	114314	Yugoslavia SFR	23308	27070	35982	x21412	
Finland/Finlande	64011	76949	77406	64538	71463	Portugal	11010	59498	7780	5621	9701
Czechoslovakia	x108367	88815	52333	x58194	x36354	Turkey/Turquie	15979	8858	18956	22669	22545
Venezuela	85854	39557	62447	90690	87515	Romania/Roumanie	x35177	13009	9441	15209	x21184
Malaysia/Malaisie	41243	45229	51873	56693	x76207	Poland/Pologne	10024	9540	4302	8721	x23706
Bulgaria/Bulgarie	x74110	x87629	x53284	x11036	22769	Kuwait/Koweït	x868		x10417	x10749	x18395
Iran (Islamic Rp. of)	x51773	x20453	x64898	x46148	x73099	Malaysia/Malaisie	6082	5417	5530	9341	x9951
Philippines	27533	x36825	36455	46587	57769	Colombia/Colombie	4194	4651	6072	9462	3593
Norway,SVD,JM	40263	36111	40889	42296	50101	So. Africa Customs Un	x3573	x3775	x6118	x10286	x11690
Chile/Chili	19425	23813	30358	38496	x37400	Panama	x2497	x6109	x7415	x5549	67
New Zealand	21812	30549	28873	26707	30168	Philippines	5281	x1545	4462	3388	2558
Nigeria/Nigéria	x39185	x29149	x22004	x28278	x46343	Peru/Pérou	2105	1436	3130	x4403	x2917
Bahamas	x26748	x12532	x6240	x50905	x58646	Egypt/Egypte	131	1992	1874	4841	1912
Former GDR	x127503	x47068	x20641			Jordan/Jordanie	3633	7602	x158	13	96
Saudi Arabia	3658	10785	x31216	x25585	x27353	Libyan Arab Jamahiriya			x3697	x3738	x3716

(VALUE AS % OF TOTAL)(VALEUR EN % DU TOTAL)

	1983	1984	1985	1986	1987	1988	1989	1990	1991	1992		1983	1984	1985	1986	1987	1988	1989	1990	1991	1992
Africa	x2.3	x2.0	1.8	x2.6	x2.1	1.8	1.8	1.6	1.8	1.8	Afrique	x0.2	x0.3	0.1	x0.0	x0.0	x0.0	x0.0	0.0	x0.1	x0.1
Northern Africa	0.6	0.5	0.5	0.7	0.4	0.3	0.3	0.3	0.3	x0.3	Afrique du Nord	x0.2	x0.3	0.0	0.0	0.0	0.0	0.0	0.0	0.0	0.0
Americas	23.8	26.0	25.1	22.5	19.4	17.0	22.1	21.5	23.3	23.7	Amériques	16.7	16.2	15.8	14.3	13.6	12.3	17.8	17.5	x18.3	x18.7
LAIA	6.8	7.9	8.2	7.7	6.5	5.3	6.1	5.7	6.4	6.4	ALAI	1.6	2.0	2.0	1.5	1.3	1.4	1.5	1.5	1.5	1.6
CACM	x0.3	0.5	0.6	0.2	0.3	0.1	0.1	0.1	0.1	x0.2	MCAC	x0.0	0.0	0.0	0.0	0.0	0.0	0.0	0.0	0.0	x0.0
Asia	13.3	14.4	14.4	14.7	x18.8	18.9	18.9	18.4	19.3	x20.2	Asie	12.4	12.1	11.5	12.4	x14.3	x13.1	x14.4	14.0	14.9	x15.2
Middle East	x0.9	x2.9	2.0	x2.0	x2.2	x1.8	x1.6	x1.9	1.7	x1.9	Moyen–Orient	x0.2	x0.0	x0.0	x0.1	x0.3	0.3	0.5	x0.3	x0.3	x0.3
Europe	58.2	54.3	56.9	58.2	52.8	54.4	50.3	52.6	49.7	51.9	Europe	70.3	70.6	72.3	72.6	67.1	69.7	64.9	66.5	64.1	64.9
EEC	51.4	46.5	48.7	50.3	45.5	46.8	43.5	45.1	43.6	45.9	CEE	58.4	59.4	59.5	59.2	55.3	55.0	51.7	51.9	51.6	52.4
EFTA	6.7	6.3	6.8	6.8	6.1	6.5	6.0	6.5	5.7	5.5	AELE	11.9	11.1	12.6	13.2	11.6	14.5	13.0	14.3	12.4	12.4
Oceania	x1.8	x2.0	1.7	x1.5	x1.5	1.8	1.7	x1.3	1.4	1.6	Océanie			0.0	x0.0	x0.0	x0.0	x0.0	x0.0	x0.0	x0.0
USA/Etats–Unis d'Amer	11.8	12.3	11.4	10.1	9.2	8.1	12.7	12.6	13.7	14.1	Germany/Allemagne	23.6	23.4	22.2	24.0	23.0	21.9	19.6	18.8	18.2	17.7
Germany/Allemagne	14.0	12.2	13.7	14.0	13.3	12.5	12.0	11.0	10.6	10.6	USA/Etats–Unis d'Amer	14.6	13.6	13.3	12.7	11.8	10.3	15.6	15.1	15.9	16.2
France, Monac	8.4	7.5	7.5	7.6	7.0	7.6	7.6	8.7	8.2	8.9	United Kingdom	15.5	14.3	15.5	13.8	12.9	11.8	11.4	11.9	11.2	11.8
Italy/Italie	8.0	7.2	7.5	7.7	6.4	7.8	7.2	7.9	7.2	7.3	Switz.Liecht	9.0	8.2	9.6	10.1	8.5	11.2	9.9	11.0	9.6	9.8
Japan/Japon	5.5	4.9	5.1	5.5	5.7	5.2	7.4	6.9	7.3	6.9	Japan/Japon	9.8	9.7	8.9	9.4	8.9	7.4	9.3	8.9	8.7	8.4
United Kingdom	8.2	7.8	8.2	7.5	7.1	6.5	5.5	5.7	6.2	6.8	France, Monac	4.4	4.5	4.9	3.9	4.1	4.7	4.7	5.0	5.5	4.9
Switz.Liecht	4.7	4.5	4.8	4.8	4.5	4.2	4.2	4.7	4.0	3.8	Netherlands/Pays–Bas	4.4	4.4	4.5	4.4	4.5	4.5	4.4	4.5	4.5	5.0
Former USSR/Anc. URSS		1.0		x2.9	x3.2	x3.3	x3.2	3.6			Italy/Italie	3.4	5.3	4.8	5.0	4.9	4.6	4.1	4.4	4.8	4.7
Netherlands/Pays–Bas	5.0	4.2	4.4	4.6	3.8	3.4	3.3	3.3	3.1	4.0	Belgium–Luxembourg	3.2	3.1	3.2	3.3	2.6	3.7	3.3	3.4	3.0	2.9
Belgium–Luxembourg	2.4	2.3	2.5	3.1	2.4	3.0	3.0	3.1	3.0	3.0	Ireland/Irlande	0.4	1.8	1.5	1.5	0.6	2.4	2.9	2.8	3.4	4.4

TRADE BY COMMODITY IN THOUSAND U.S. DOLLARS – COMMERCE PAR PRODUIT EN MILLIERS DE DOLLARS E.U

COUNTRIES–PAYS	1988	1989	1990	1991	1992	COUNTRIES–PAYS	1988	1989	1990	1991	1992
	IMPORTS – IMPORTATIONS						EXPORTS – EXPORTATIONS				
Total	12087474	12600562	14739278	15261565	16398220	Totale	9493492	10278701	11871304	13082710	14310027
Africa	x252712	x189221	x231416	x264150	x281275	Afrique	x12211	x18255	x16622	x21639	x21383
Northern Africa	93679	83242	109229	98097	96543	Afrique du Nord	2630	1241	1120	1563	189
Americas	2169844	2694520	2836115	3331983	3689529	Amériques	x602021	x1306872	1406187	x1742641	x1879238
LAIA	1140558	931898	1001626	1130056	1135678	ALAI	144019	151748	126835	159966	151784
CACM	31755	42875	35541	36522	x34626	MCAC	435	252	x98	x1443	x1011
Asia	x3181275	x2555341	2904209	3313811	x3533384	Asie	2152082	2071139	2329505	2914213	3176410
Middle East	x192856	x169682	x230396	x184119	x247277	Moyen-Orient	x24817	38115	x16868	x8195	x5199
Europe	5721288	6491613	8035510	7595146	8500823	Europe	6372883	6644246	7834045	8116916	9031929
EEC	5110085	5837525	7269156	6856951	7606968	CEE	5293656	5451746	6457977	6762379	7585909
EFTA	508680	559575	660675	683825	843882	AELE	1036857	1155971	1328928	1327686	1421265
Oceania	x261814	x249605	x231446	x216962	x278787	Océanie	4158	x4327	x5408	x10367	x7630
USA/Etats-Unis d'Amer	764436	1463389	1505743	1857651	2183306	Germany/Allemagne	1421034	1457219	1650037	1837148	2013815
United Kingdom	1282614	1472622	1657472	1123255	1155592	USA/Etats-Unis d'Amer	399138	1071524	1235727	1497989	1654787
Italy/Italie	936456	1175682	1355993	1265049	1437222	Japan/Japon	1401268	1103968	1188507	1398311	1532711
Germany/Allemagne	750709	837688	1334963	1460701	1605316	Belgium-Luxembourg	987221	1016666	1182560	1174972	1102583
Japan/Japon	1248701	985489	993108	1126782	1217966	Switz.Liecht	905607	1026801	1154009	1101840	1220588
France,Monac	844542	875023	1073192	1002972	1129282	United Kingdom	1024833	888534	1065849	1028590	1087851
Spain/Espagne	394290	596103	733538	810733	918830	Ireland/Irlande	520951	654522	924591	1066121	1338240
Korea Republic	421352	419253	501610	617331	604501	France,Monac	510726	519413	596055	617751	778843
Switz.Liecht	368368	399001	453639	464535	507344	Singapore/Singapour	276317	418500	541741	751668	875738
Belgium-Luxembourg	311206	309461	412856	442674	530772	Italy/Italie	354222	382349	412384	357736	486444
Netherlands/Pays-Bas	303860	285132	361812	393120	442352	Netherlands/Pays-Bas	244404	254580	300850	342550	411002
Brazil/Brésil	386331	295072	315922	322396	358809	Spain/Espagne	197469	250312	296054	310839	330085
Former USSR/Anc. URSS	x206055	x208271	x319204	x384982		China/Chine	182082	196623	249540	299226	270630
Canada	215652	226772	247574	273794	288194	Hong Kong	100806	110055	130460	216079	146694
China/Chine	307459	158272	206985	368036	331342	Israel/Israël	70446	76920	101601	107152	118174
Mexico/Mexique	239104	208855	223933	273061	296284	Austria/Autriche	53098	54455	83749	113094	112182
Australia/Australie	231558	224594	203699	194944	254565	Poland/Pologne	46583	56445	98558	89121	x73040
Argentina/Argentine	145375	135540	137375	212630	181658	Brazil/Brésil	83928	88581	58374	78297	84696
Hong Kong	104241	113887	128758	223184	152297	Sweden/Suède	64711	57888	73487	84434	59014
Ireland/Irlande	100188	121267	146250	169049	156509	Korea Republic	43063	49945	72302	83709	106046
Thailand/Thaïlande	106777	124967	133624	163125	174767	Hungary/Hongrie	x64207	x63014	x65246	x77492	x80650
Singapore/Singapour	63988	102746	162259	156626	157598	India/Inde	15481	x74102	23535	37778	x101929
India/Inde	123146	x169122	170900	73352	x160481	Former USSR/Anc. URSS	x69619	x40021	x28580	x55783	
Turkey/Turquie	114976	110380	137239	127194	135620	Yugoslavia SFR	42304	36349	46927	x26592	
Colombia/Colombie	117619	119722	143389	104690	107811	Bulgaria/Bulgarie	x63457	x40020	x51140	x16108	x9074
Indonesia/Indonésie	111581	102902	128455	126663	135897	Bahamas	x25604	x41890	x20341	x41761	x28382
So. Africa Customs Un	119354	70953	79358	x114135	x116205	Czechoslovakia	x30525	x20479	x20345	x38407	x25792
Portugal	93711	72674	96629	92686	102292	Canada	18502	27160	22629	33199	34639
Yugoslavia SFR	99854	90850	102672	x53602		Denmark/Danemark	23704	25628	28938	25546	36027
Austria/Autriche	55470	52386	79434	99765	81807	Mexico/Mexique	28878	21912	25976	30623	34265
Sweden/Suède	47297	65795	77253	73209	207152	Argentina/Argentine	16971	18932	21944	27056	18311
Venezuela	140182	50809	62025	98656	83667	Finland/Finlande	12121	16119	16083	27444	28318
Malaysia/Malaisie	61535	60710	68755	65363	x109305	So. Africa Customs Un	x9223	x13618	x15198	x19848	x12734
Hungary/Hongrie	x60666	x53530	x49590	87238	x38941	Colombia/Colombie	13438	12757	15698	18742	11547
Egypt/Egypte	57880	44182	66070	59614	57205	Saudi Arabia	11654	20346	x6993	x3778	x42
Bulgaria/Bulgarie	x67546	x76458	x71710	x10379	12306	Turkey/Turquie	8344	15695	6339	3434	4285
Philippines	58456	x33118	69531	54607	57468	Former GDR	x62176	x12937	x10535		
Greece/Grèce	49700	45933	51252	48936	x74030	Panama	x10890	x13233	1	x7892	x4645
Israel/Israël	38646	45710	47650	48823	60802	Australia/Australie	3703	3489	4975	9911	7214
Pakistan	62913	49305	40346	51656	51424	Uruguay	23	2643	1920	2920	1096
Denmark/Danemark	42808	45940	45200	47774	54772	Venezuela	12	5264	1455	593	590
Iran (Islamic Rp. of)	x45222	x33012	x66132	x34983	x80224	Thailand/Thaïlande	150	87	1973	5023	x5805
Chile/Chili	31900	47798	34407	43067	x33281	Indonesia/Indonésie	3171	1931	1337	1846	7723
Peru/Pérou	43936	30325	36257	36438	x30599	Iran (Islamic Rp. of)	x4322	x1624	x3142	x72	x524
Czechoslovakia	x54034	38605	24324	x31247	x28437	Portugal	8996	2418	523	1013	430
Finland/Finlande	23907	27420	30336	29548	30605	Chile/Chili	596	1414	1060	1353	x1033
Uruguay	19974	24306	29543	20731	21222	Afghanistan	x44			x3169	x333
New Zealand	29398	22231	26459	21291	23038	Tunisia/Tunisie	2210	845	999	1337	54
Morocco/Maroc	18386	17509	26474	24337	26836	Norway,SVD,JM	410	707	1184	728	729
Cuba	x11586	14749	x33124	x15094	x19578	Congo	x2432				x7

(VALUE AS % OF TOTAL)(VALEUR EN % DU TOTAL)

	1983	1984	1985	1986	1987	1988	1989	1990	1991	1992		1983	1984	1985	1986	1987	1988	1989	1990	1991	1992
Africa	x2.0	x2.1	1.8	x1.8	x1.8	x2.1	x1.5	x1.5	x1.7	x1.7	Afrique	x0.2	x0.2	0.3	x0.2	x0.2	x0.1	x0.1	x0.1	x0.2	x0.2
Northern Africa	0.7	0.8	0.7	0.6	0.6	0.8	0.7	0.7	0.6	0.6	Afrique du Nord	x0.0	0.0	0.0	0.0	0.0	0.0	0.0	0.0	0.0	0.0
Americas	19.2	20.2	20.6	20.3	17.9	17.9	21.4	19.2	21.9	22.5	Amériques	x5.3	x6.5	5.0	x5.1	x5.1	6.3	x12.7	11.8	x13.3	x13.1
LAIA	9.0	10.1	10.5	10.2	9.1	9.4	7.4	6.8	7.4	6.9	ALAI	0.8	1.2	1.0	1.2	1.1	1.5	1.5	1.1	1.2	1.1
CACM	x0.2	0.0	0.0	0.3	x0.4	0.3	0.3	0.2	0.2	x0.2	MCAC	x0.0	0.0	0.0	0.0	0.0	0.0	0.0	0.0	0.0	0.0
Asia	19.6	20.8	19.2	19.8	x22.1	x26.4	x20.3	19.7	21.7	x21.5	Asie	13.9	15.8	15.4	16.1	18.5	22.7	20.2	19.7	22.3	22.2
Middle East	x0.7	x1.5	0.8	x1.5	x1.6	x1.6	x1.3	x1.6	x1.2	x1.5	Moyen-Orient	x0.1	x0.2	0.1	x0.2	x0.3	x0.3	0.4	x0.1	x0.1	x0.0
Europe	55.8	52.8	55.0	55.4	50.7	47.3	51.5	54.5	49.8	51.8	Europe	79.9	76.3	78.8	78.0	73.2	67.1	64.6	66.0	62.0	63.1
EEC	48.6	46.0	47.7	48.6	44.4	42.3	46.3	49.3	44.9	46.4	CEE	63.5	61.5	63.6	62.2	58.7	55.8	53.0	54.4	51.7	53.0
EFTA	7.2	5.5	5.9	5.9	4.9	4.4	4.4	4.4	4.5	5.1	AELE	16.4	14.1	14.7	15.3	14.1	10.9	11.2	11.2	10.1	9.9
Oceania	3.2	3.7	3.2	x2.5	x2.2	x2.2	x2.0	x1.6	x1.4	x1.7	Océanie	x0.0	x0.0	x0.0			x0.0	x0.0	x0.0	x0.1	x0.1
USA/Etats-Unis d'Amer	6.1	6.8	7.2	6.9	5.5	6.3	11.6	10.2	12.2	13.3	Germany/Allemagne	17.5	16.0	17.0	16.3	16.5	15.0	14.2	13.9	14.0	14.1
United Kingdom	7.7	8.5	7.6	6.7	6.4	10.6	11.7	11.2	7.4	7.0	USA/Etats-Unis d'Amer	3.4	3.5	3.2	2.7	2.8	4.2	10.4	10.4	11.5	11.6
Italy/Italie	8.9	8.7	9.9	10.5	9.4	9.7	9.3	9.2	8.3	8.8	Japan/Japon	10.5	10.3	10.7	11.3	11.6	14.8	10.7	10.0	10.7	10.7
Germany/Allemagne	8.9	7.6	8.6	8.3	7.5	6.2	6.6	9.1	9.6	9.8	Belgium-Luxembourg	7.7	7.8	7.9	7.7	7.6	10.4	9.9	10.0	9.0	7.7
Japan/Japon	8.6	8.1	8.1	8.4	8.5	10.3	7.8	6.7	7.4	7.4	Switz.Liecht	15.0	12.6	12.8	13.4	12.4	9.5	10.0	9.7	8.4	8.5
France,Monac	9.2	8.7	8.6	9.1	8.3	7.0	6.9	7.3	6.6	6.9	United Kingdom	7.5	7.5	8.2	8.4	7.8	10.8	8.6	9.0	7.9	7.6
Spain/Espagne	4.0	3.4	3.6	4.0	3.9	3.3	4.7	5.0	5.3	5.6	Ireland/Irlande	9.6	8.0	9.3	8.0	6.3	5.5	6.4	7.8	8.1	9.4
Korea Republic	3.7	3.7	3.8	3.5	3.4	3.5	3.3	3.4	4.0	3.7	France,Monac	5.4	6.0	5.3	5.6	5.3	5.4	5.1	5.0	4.7	5.4
Switz.Liecht	5.3	4.0	4.1	4.1	3.5	3.0	3.2	3.1	3.0	3.1	Singapore/Singapour	1.5	3.2	2.2	2.3	2.4	2.9	4.1	4.6	5.7	6.1
Belgium-Luxembourg	3.0	3.0	3.0	3.6	3.2	2.6	2.5	2.8	2.9	3.2	Italy/Italie	6.8	7.2	6.2	6.2	4.6	3.7	3.7	3.5	2.7	3.4

516 OTHER ORGANIC CHEMICALS / AUTRES PROD ORGANIQUES 516

TRADE BY COMMODITY IN THOUSAND U.S. DOLLARS – COMMERCE PAR PRODUIT EN MILLIERS DE DOLLARS E.U

COUNTRIES–PAYS	IMPORTS – IMPORTATIONS					COUNTRIES–PAYS	EXPORTS – EXPORTATIONS				
	1988	1989	1990	1991	1992		1988	1989	1990	1991	1992
Total	6575211	7021695	7981112	8383214	8774931	Totale	6638499	6163547	6929758	7257416	7653610
Africa	x127274	x124453	x112748	x132013	x137738	Afrique	x30560	x24070	x39751	x53940	x41610
Northern Africa	45953	37491	36931	40990	x42491	Afrique du Nord	63	176	740	390	x1728
Americas	1071366	1300153	1441428	1631115	x1984293	Amériques	2114220	1449059	1477090	1466392	1682108
LAIA	402274	381809	418354	485289	518035	ALAI	129604	108428	90613	213287	249358
CACM	21884	23256	21166	21185	x42627	MCAC	1981	1570	2080	1740	1909
Asia	x1458354	1247641	1538704	1602069	x1547255	Asie	827584	848675	919805	x1110275	x1118941
Middle East	x90113	x82666	x132390	x108555	x137758	Moyen–Orient	24346	62170	x54399	x84858	x115306
Europe	3554055	3999888	4616445	4728249	4944174	Europe	3477559	3638970	4328824	4514249	4730839
EEC	3005671	3417965	3929012	4053419	4234506	CEE	3115561	3285845	3894313	4131153	4328725
EFTA	508726	544141	640982	651670	686642	AELE	356799	345675	426950	379011	399865
Oceania	x81650	x85247	x83357	x97062	x86943	Océanie	x7690	14505	x15230	x15257	x13240
Germany/Allemagne	651925	857953	1094024	1159103	1224011	Germany/Allemagne	1214461	1290336	1476245	1472945	1504567
USA/Etats–Unis d'Amer	503970	698527	815865	950240	1256849	USA/Etats–Unis d'Amer	1321123	1281986	1298992	1172991	1225828
Belgium–Luxembourg	433931	448910	571440	595437	629214	Netherlands/Pays–Bas	517557	519520	586158	611103	575494
United Kingdom	432332	504134	482199	469247	485145	Japan/Japon	512076	492341	520387	567427	578553
France,Monac	392148	416390	484393	501250	503682	France,Monac	346631	457906	537916	563353	593638
Italy/Italie	378908	392713	445646	476301	481666	United Kingdom	229954	223076	294529	470846	588698
Netherlands/Pays–Bas	357296	420557	427354	406667	430615	Denmark/Danemark	323282	240783	282702	325888	424562
Switz.Liecht	326493	341803	419985	414577	435363	Belgium–Luxembourg	192753	230068	296481	286048	296763
Japan/Japon	360201	376176	353808	413214	404762	Switz.Liecht	216966	193903	230068	221574	246864
Spain/Espagne	211858	226784	258911	269416	278516	Italy/Italie	167264	175637	203681	183859	184412
Korea Republic	216968	233757	262105	246658	231025	Spain/Espagne	88226	113455	167461	164384	110475
Hong Kong	127673	149988	170671	203304	95123	Hong Kong	65603	83119	102248	142119	69632
Mexico/Mexique	144960	131589	181212	210925	234986	Finland/Finlande	60266	75869	109057	75742	71353
Canada	111439	124967	128376	138979	140432	China/Chine	54649	74444	80195	98043	110768
India/Inde	174201	x74561	178997	131258	x86559	Brazil/Brésil	75292	75292	63255	65449	70989
Former USSR/Anc. URSS	x76751	x109190	x108523	x100081		Canada	46797	46303	78031	70295	197919
Brazil/Brésil	98259	114338	99169	102522	97040	Saudi Arabia	18710	58147	x51449	x81576	x113232
Indonesia/Indonésie	52054	68199	94680	105928	107015	Bulgaria/Bulgarie	x37043	x70526	x60374	x8573	x9897
Singapore/Singapour	41458	64166	77846	94455	130963	Israel/Israël	35581	42693	40022	50373	51465
Sweden/Suède	69045	74168	66268	75733	72262	Singapore/Singapour	36590	44278	47634	39874	53211
China/Chine	89537	53586	48454	109797	111434	India/Inde	17515	x24113	44889	60958	x33972
Australia/Australie	67132	67338	64058	78242	70166	Ireland/Irlande	34399	34064	41817	48212	47808
Austria/Autriche	61173	67307	67335	55156	50362	So. Africa Customs Un	x26970	x20714	x37339	x51469	x34694
Ireland/Irlande	43125	52646	54443	60748	74334	Sweden/Suède	34160	32231	43333	32233	28210
Turkey/Turquie	33538	42030	59958	56376	51522	Former USSR/Anc. URSS	x31792	x41996	x20225	x35542	
Finland/Finlande	35696	38690	50650	65633	97730	Korea Republic	18506	19720	22106	53078	88108
So. Africa Customs Un	48404	54700	44272	x52853	x52541	Venezuela	410	751	285	93132	126400
Thailand/Thaïlande	34806	37749	51664	52345	75975	Austria/Autriche	31538	25164	27456	31673	36314
Denmark/Danemark	47319	42165	47683	47632	62241	Mexico/Mexique	42510	24974	19876	33215	32926
Colombia/Colombie	36066	43045	37432	41702	38713	Norway,SVD,JM	13826	18396	17021	17789	17114
Venezuela	63905	30249	38482	50327	48433	Czechoslovakia	x26768	x14392	x15418	x22735	x19651
Portugal	35353	33175	38262	42463	42758	Hungary/Hongrie	x10527	x12872	x12755	x18690	x13994
Argentina/Argentine	31183	33434	32424	43010	55532	Poland/Pologne	10344	11701	21933	7235	x18116
Israel/Israël	30595	33900	37852	37049	44233	Romania/Roumanie	x12847	21915	10355	4433	x5179
Yugoslavia SFR	38631	35915	45362	x22275		Argentina/Argentine	4446	4782	5527	19605	17148
Norway,SVD,JM	15547	21454	36042	39816	30304	Australia/Australie	3283	7208	9259	10081	9530
Hungary/Hongrie	x33573	x31255	x24436	32462	x17511	Former GDR	x51564	x14844	x7976		
Malaysia/Malaisie	18358	25865	29879	31352	x39054	New Zealand	4378	7289	5922	4959	3521
Philippines	22619	x21566	31447	30516	33631	Yugoslavia SFR	5184	7377	6307	x4025	
Czechoslovakia	x27438	40570	20768	x19089	x17657	Netherlands Antilles	x2791	x3257	x6487	x6635	x6845
Bahamas	9802	x39484	x25905	x10821	x3148	Thailand/Thaïlande	2177	2791	3276	4517	x5631
Greece/Grèce	21478	22538	24656	25155	x22325	Greece/Grèce	280	267	6475	3415	x606
New Zealand	12978	15939	16732	16929	14581	Turkey/Turquie	5057	3749	2612	1919	1264
Pakistan	12970	14175	16390	18511	29411	Bahamas	606717	x6128	x311	x733	x13
Sri Lanka	2131	2449	41811	4097	3350	Malaysia/Malaisie	649	1192	1859	1724	x2723
Romania/Roumanie	x23576	7532	10295	30141	x4719	Guatemala	1832	1341	1585	1631	1672
Iran (Islamic Rp. of)	x22240	x8897	x25616	x10096	x36269	Zaire/Zaïre	x2866	x2744	x915	x888	x640
Egypt/Egypte	14289	13138	14396	16595	19573	Indonesia/Indonésie	1874	898	1829	1485	6639
Bulgaria/Bulgarie	x24884	x34415	x6381	x2349	3626	Chile/Chili	1313	1190	1186	1265	x393
Saudi Arabia	15088	14935	x12427	x11103	x8408	Korea Dem People's Rp	x328	x130	x123	x3369	x2123

(VALUE AS % OF TOTAL)(VALEUR EN % DU TOTAL)

	1983	1984	1985	1986	1987	1988	1989	1990	1991	1992		1983	1984	1985	1986	1987	1988	1989	1990	1991	1992
Africa	x2.6	3.1	2.4	x2.4	x1.9	1.9	1.8	1.4	x1.5	x1.6	Afrique	x0.8	x0.6	0.6	0.8	0.6	x0.5	0.4	0.5	0.7	0.6
Northern Africa	1.0	1.3	1.0	0.8	0.7	0.7	0.5	0.5	0.5	x0.5	Afrique du Nord	x0.0	x0.0	0.0	0.0	0.0	0.0	0.0	0.0	0.0	x0.0
Americas	18.0	20.9	21.4	19.5	16.8	16.3	18.5	18.0	19.5	x22.6	Amériques	25.3	29.8	29.2	26.5	26.2	31.8	23.6	21.3	20.2	22.0
LAIA	5.2	6.5	6.2	6.8	6.5	6.1	5.4	5.2	5.8	5.9	ALAI	1.3	1.5	1.5	1.6	1.3	2.0	1.8	1.3	2.9	3.3
CACM	x0.5	0.4	0.1	0.3	x0.5	0.3	0.3	0.3	0.3	x0.5	MCAC	x0.0	0.1	0.0	0.0	0.0	0.0	0.0	0.0	0.0	0.0
Asia	20.9	20.4	19.5	19.3	x20.5	x22.1	17.7	19.3	19.1	x17.6	Asie	8.4	8.1	8.9	9.5	x12.0	x12.4	13.8	13.3	x15.3	x14.6
Middle East	x1.2	x1.6	1.0	x1.8	x1.4	x1.4	x1.2	x1.3	x1.3	x1.6	Moyen–Orient	x0.0	x0.0	0.7	x0.3	x0.3	0.4	1.0	x0.8	x1.2	x1.5
Europe	55.9	53.2	54.4	57.0	53.1	54.1	57.0	57.8	56.4	56.3	Europe	65.0	60.4	60.4	62.0	58.4	52.4	59.0	62.5	62.2	61.8
EEC	46.9	44.1	44.4	47.5	44.8	45.7	48.7	49.2	48.4	48.3	CEE	60.3	55.7	55.9	56.6	53.1	46.9	53.3	56.2	56.9	56.6
EFTA	9.0	8.4	9.1	9.0	7.8	7.7	7.7	8.0	7.8	7.8	AELE	4.6	4.6	4.3	5.3	5.2	5.4	5.6	6.2	5.2	5.2
Oceania	1.8	x2.1	1.7	x1.4	x1.3	x1.2	x1.2	x1.0	x1.2	x1.0	Océanie	0.1	0.2	x0.1	0.1	0.2	x0.1	0.2	x0.2	x0.2	0.2
Germany/Allemagne	10.3	9.6	9.1	9.9	9.9	9.9	12.2	13.7	13.8	13.9	Germany/Allemagne	20.2	18.6	18.4	19.5	17.9	18.3	20.9	21.3	20.3	19.7
USA/Etats–Unis d'Amer	9.9	11.2	13.0	9.5	7.7	7.7	9.9	10.2	11.3	14.3	USA/Etats–Unis d'Amer	21.9	22.8	21.7	18.9	18.7	19.9	20.8	18.7	16.2	16.0
Belgium–Luxembourg	6.7	6.4	7.0	7.7	6.1	6.6	6.4	7.1	7.1	7.2	Netherlands/Pays–Bas	13.9	13.5	12.6	13.5	12.6	7.8	8.4	8.5	8.4	7.5
United Kingdom	6.3	5.9	5.8	6.4	6.3	6.1	7.2	6.0	5.6	5.5	Japan/Japon	6.3	6.2	6.4	7.3	7.7	7.7	8.0	7.5	7.8	7.6
France,Monac	6.3	5.8	5.9	6.1	6.4	6.0	5.9	6.1	6.0	5.7	France,Monac	6.6	5.8	5.5	5.4	4.8	5.2	7.4	7.8	7.8	7.8
Italy/Italie	6.1	5.9	5.9	5.8	5.7	5.8	5.6	5.6	5.7	5.7	United Kingdom	5.3	4.9	4.9	5.0	5.4	3.5	3.6	4.3	6.5	7.7
Netherlands/Pays–Bas	5.9	5.5	5.8	6.2	5.6	5.4	6.0	5.4	4.9	4.9	Denmark/Danemark	6.5	5.4	5.1	5.7	5.2	4.9	3.9	4.1	4.5	5.5
Switz.Liecht	4.9	4.9	5.4	5.4	4.7	5.0	4.9	5.3	4.9	5.0	Belgium–Luxembourg	3.9	3.4	3.3	3.5	2.5	2.9	3.7	4.3	3.9	3.9
Japan/Japon	5.6	5.6	5.5	5.5	5.2	5.5	5.4	4.4	4.9	4.6	Switz.Liecht	3.2	3.2	2.8	3.6	3.5	3.3	3.1	3.3	3.1	3.2
Spain/Espagne	2.7	2.6	2.7	3.1	3.2	3.2	3.2	3.2	3.2	3.2	Italy/Italie	2.9	2.9	4.8	2.9	3.1	2.5	2.8	2.9	2.5	2.4

522 INORG ELEMNTS, OXIDES, ETC — ELEMENTS INORGANIQUES 522

TRADE BY COMMODITY IN THOUSAND U.S. DOLLARS – COMMERCE PAR PRODUIT EN MILLIERS DE DOLLARS E.U

IMPORTS – IMPORTATIONS

COUNTRIES–PAYS	1988	1989	1990	1991	1992
Total	12237909	12383427	12549528	12872794	x12252021
Africa	x452652	x438908	x537142	x502333	x423585
Northern Africa	199318	222027	258591	222566	x158809
Americas	2710508	2657891	2623334	2685876	x2709532
LAIA	616175	569405	589853	625294	643253
CACM	41444	46470	44413	47807	x37814
Asia	x3318559	x3123212	3102553	3711849	x3503388
Middle East	x518741	x492505	x474727	x480839	x416601
Europe	4672141	4987500	5283898	5086827	5345640
EEC	3763576	4037907	4305946	4230413	4532310
EFTA	738138	774536	818891	773400	738730
Oceania	x120409	x134523	x124408	x117853	x135165
USA/Etats–Unis d'Amer	1679123	1624699	1583356	1546466	1530612
Germany/Allemagne	848785	869053	954085	921112	1016789
Japan/Japon	707999	808783	731890	802291	755907
France, Monac	622084	674551	756863	731548	799084
Former USSR/Anc. URSS	x453189	x587447	x545717	x582307	
Italy/Italie	492420	549547	570780	502367	510035
India/Inde	528413	x364194	438086	805301	x747771
United Kingdom	459221	462937	468286	633981	663277
Netherlands/Pays–Bas	428013	459258	484745	439409	472067
Belgium–Luxembourg	343648	437498	432623	390000	438915
Korea Republic	260705	325096	370896	420081	397683
Indonesia/Indonésie	277485	285597	270712	291726	235835
Canada	251508	267670	252622	294717	296717
Spain/Espagne	239930	254824	279980	279717	290125
Turkey/Turquie	313505	258865	247661	220833	181356
Austria/Autriche	205153	201328	202410	183006	193579
Sweden/Suède	160603	158328	193842	216571	195730
Brazil/Brésil	205547	168974	199653	177665	173852
Hong Kong	169134	174034	164435	170427	170292
Finland/Finlande	143569	154253	185866	163460	143566
Malaysia/Malaisie	104367	134675	155209	163653	x174896
Denmark/Danemark	163963	150294	163537	138001	141945
Mexico/Mexique	111036	123814	131645	157854	169402
Yugoslavia SFR	166419	170136	154754	x79846	
Czechoslovakia	x132008	186621	140944	x61391	x52117
Singapore/Singapour	106706	118364	121515	136847	153562
Switz. Liecht	105879	113545	132889	116523	118919
Venezuela	143673	107254	105042	128149	110602
China/Chine	159649	166372	79283	89939	103619
Norway, SVD, JM	118868	143577	99940	89576	82763
Thailand/Thaïlande	68615	92975	98249	99049	107632
Ireland/Irlande	72459	78413	83957	80441	89869
Philippines	65417	x49492	88875	100643	81826
Morocco/Maroc	59016	64148	81996	85134	78329
Australia/Australie	75448	82963	72314	74361	63045
So. Africa Customs Un	84924	64778	82319	x79767	89485
Jamaica/Jamaïque	28501	58845	74806	66331	x74690
Saudi Arabia	30026	40013	x61692	x84035	x49391
Portugal	57784	52925	64219	58205	69265
Tunisia/Tunisie	44027	53044	51228	51327	49389
Iran (Islamic Rp. of)	x32115	x30102	x55275	x69982	x100540
Algeria/Algérie	45482	54831	59383	40369	x23575
Greece/Grèce	35269	48608	46853	55633	x40938
Chile/Chili	34653	50123	47193	49695	x37300
Israel/Israël	39795	45272	46887	48186	53996
Poland/Pologne	65453	64333	33523	34864	x31139
Bulgaria/Bulgarie	x63748	x69400	x54353	x8153	14386
Nigeria/Nigéria	x41147	x43485	x40458	x44523	x53368
Colombia/Colombie	55503	47513	43497	35003	51432
Jordan/Jordanie	32438	27766	38119	56826	28997

EXPORTS – EXPORTATIONS

COUNTRIES–PAYS	1988	1989	1990	1991	1992
Totale	x12666923	13010142	12850298	x13334065	11495815
Afrique	x1020640	x764586	x790501	x908677	x900203
Afrique du Nord	762856	370537	522978	656339	631050
Amériques	2540468	3097957	2904517	2907598	2702818
ALAI	499023	597549	634111	536816	x520033
MCAC	2848	5225	5298	4910	x2757
Asie	x1954828	1927986	x1778542	1900008	x2005665
Moyen–Orient	x502692	x434592	x236830	x184324	x172085
Europe	5429899	5643316	5870409	5531402	5526815
CEE	4868420	5028488	5293097	5069607	5013219
AELE	474461	495346	494036	423606	465481
Océanie	x52555	x63094	x95942	x145856	x122318
Germany/Allemagne	1568510	1570342	1687326	1656502	1657680
USA/Etats–Unis d'Amer	1232495	1650451	1427159	1558520	1399340
France, Monac	1214394	1274855	1349330	1229101	1235553
Former USSR/Anc. URSS	x1127161	x1133171	x1015616	x1703013	
Japan/Japon	637812	671041	711796	764986	782630
Canada	634499	671804	658600	617975	618275
Belgium–Luxembourg	588845	640604	641078	626696	670590
Netherlands/Pays–Bas	490863	491054	549484	560741	489795
United Kingdom	460891	469350	505696	479895	492185
China/Chine	357767	347760	359376	412054	496468
Morocco/Maroc	569918	171778	348333	427390	401239
Italy/Italie	264836	293652	271820	264994	244522
Mexico/Mexique	209935	232465	251015	202645	215309
So. Africa Customs Un	x216826	x325320	x182870	x162810	x137120
Spain/Espagne	212185	221558	218174	180905	139017
Trinidad and Tobago	150501	171220	171687	181360	157491
Brazil/Brésil	121976	150189	185462	169218	155351
Tunisia/Tunisie	165590	168526	140540	170771	164219
Norway, SVD, JM	159618	163728	165902	148981	156892
Austria/Autriche	126017	136476	155913	129055	132032
Hong Kong	117779	128888	115204	112604	121554
Israel/Israël	97462	109451	111157	112327	113424
Saudi Arabia	276380	180885	x80540	x45924	x58828
Australia/Australie	51525	62134	93895	140146	120890
Poland/Pologne	84647	98877	121643	74290	x90348
Bulgaria/Bulgarie	x153353	x122821	x130643	x36080	x32455
Sweden/Suède	116228	113736	86411	54895	49882
Chile/Chili	75574	93460	81456	73988	x70840
Yugoslavia SFR	86974	119428	83022	x35733	
Korea Republic	51251	72045	75230	82448	79003
Senegal/Sénégal	x27195	55527	73405	x77593	x97853
Singapore/Singapour	56362	52428	60711	92342	82073
Argentina/Argentine	54883	71526	67155	47038	33915
Bahrain/Bahreïn	x39125	x38396	x57228	x64360	x29469
Finland/Finlande	36609	47479	43692	56052	90826
Kuwait/Koweït	x68994	121136	x22882	x1456	x5657
Hungary/Hongrie	x37409	x40447	x45064	x45559	x39578
Czechoslovakia	x40152	x29770	x33253	x60298	x65305
Philippines	25782	x35076	37769	40624	18744
Switz. Liecht	35943	33748	42072	34623	35850
Romania/Roumanie	x59355	51118	28982	20557	x9063
Indonesia/Indonésie	32319	34724	27358	30964	37922
Ireland/Irlande	34559	29503	28362	28613	34656
Former GDR	x165746	x36665	x34791		
India/Inde	11895	x22449	20739	26409	x21814
Qatar	x24056	16424	23237	28959	x30269
Algeria/Algérie	15745	15313	16448	31508	x43849
Peru/Pérou	19347	22888	19865	x19101	x13630
Turkey/Turquie	33273	23705	20030	15022	15170
Portugal	12156	14980	19146	23725	25696

(VALUE AS % OF TOTAL)(VALEUR EN % DU TOTAL)

	1983	1984	1985	1986	1987	1988	1989	1990	1991	1992
Africa	x5.3	x4.0	4.1	x3.9	x3.8	x3.7	3.5	x4.3	x3.9	3.4
Northern Africa	1.9	1.6	1.8	1.9	1.6	1.6	1.8	2.1	1.7	x1.3
Americas	25.3	26.7	24.6	23.8	20.5	22.2	21.5	20.9	20.9	x22.1
LAIA	3.4	5.3	4.2	5.2	5.1	5.0	4.6	4.7	4.9	5.3
CACM	x0.2	0.3	0.2	0.3	0.3	0.3	0.4	0.4	0.4	x0.3
Asia	21.4	25.7	24.8	24.7	23.7	x27.1	x25.2	24.7	28.8	x28.6
Middle East	x2.0	6.8	4.4	4.0	x3.6	x4.2	x4.0	x3.8	x3.7	x3.4
Europe	43.4	38.4	42.9	43.7	40.9	38.2	40.3	42.1	39.5	43.6
EEC	36.7	31.1	34.9	36.3	34.1	30.8	32.6	34.3	32.9	37.0
EFTA	6.7	5.8	6.6	6.2	5.7	6.0	6.3	6.5	6.0	6.0
Oceania	2.0	x1.2	1.2	1.2	1.6	x1.0	x1.1	x1.0	x1.0	x1.1
USA/Etats–Unis d'Amer	17.8	17.9	17.4	15.4	12.5	13.7	13.1	12.6	12.0	12.5
Germany/Allemagne	7.2	6.4	7.3	7.9	6.8	6.9	7.0	7.6	7.2	8.3
Japan/Japon	5.2	5.2	6.1	5.8	5.2	5.8	6.5	5.8	6.2	6.2
France, Monac	5.1	4.3	5.3	5.3	5.0	5.1	5.4	6.0	5.7	6.5
Former USSR/Anc. URSS		1.9			x4.6	x3.7	x4.7	4.3	x4.5	
Italy/Italie	5.6	4.1	4.1	4.5	4.2	4.0	4.4	4.5	3.9	4.2
India/Inde	2.9	3.7	4.8	5.2	2.8	4.3	x2.9	3.5	6.3	x6.1
United Kingdom	5.4	4.6	5.3	5.5	6.2	3.8	3.7	3.7	4.9	5.4
Netherlands/Pays–Bas	4.0	3.2	4.2	3.9	3.8	3.5	3.7	3.9	3.4	3.9
Belgium–Luxembourg	3.2	2.6	3.0	3.6	3.2	2.8	3.5	3.4	3.0	3.6

	1983	1984	1985	1986	1987	1988	1989	1990	1991	1992
Afrique	9.0	9.6	8.1	9.8	7.9	x8.0	x5.9	x6.1	x6.8	x7.8
Afrique du Nord	7.2	7.5	6.1	6.2	6.0	6.0	2.8	4.1	4.9	5.5
Amériques	26.6	30.0	26.8	21.7	18.1	20.0	23.8	22.6	21.8	23.6
ALAI	2.1	4.8	5.0	3.5	3.4	3.9	4.6	4.9	4.0	4.5
MCAC	x0.1	0.0	0.0	0.0	x0.0	0.0	0.0	0.0	0.0	x0.0
Asie	x11.2	x11.5	10.9	x11.0	x14.1	15.4	14.8	x13.8	14.3	x17.5
Moyen–Orient	x3.7	x4.4	2.6	x2.3	x3.0	x5.4	x3.3	x1.8	x1.4	x1.5
Europe	52.1	47.9	53.1	56.2	46.5	42.9	43.4	45.7	41.5	48.1
CEE	46.8	41.7	46.6	50.0	41.5	38.4	38.7	41.2	38.0	43.6
AELE	5.2	5.3	5.4	5.4	4.2	3.7	3.8	3.8	3.2	4.0
Océanie	0.5	0.3	0.4	x0.4	x0.3	x0.4	x0.5	x0.7	x1.1	x1.1
Germany/Allemagne	14.8	13.8	14.7	16.5	13.8	12.4	12.1	13.1	12.4	14.4
USA/Etats–Unis d'Amer	15.3	15.8	12.8	9.4	8.5	9.7	12.7	11.1	11.7	12.2
France, Monac	9.5	9.2	10.1	11.7	10.0	9.6	9.8	10.5	9.2	10.7
Former USSR/Anc. URSS					x9.7	x8.9	x8.7	x7.9	x12.8	
Japan/Japon	5.4	4.4	4.9	5.5	5.1	5.0	5.2	5.5	5.7	6.8
Canada	6.7	6.8	6.7	6.4	5.0	5.2	5.2	5.1	4.6	5.4
Belgium–Luxembourg	3.6	3.2	4.5	4.6	3.7	4.6	4.9	5.0	4.7	5.8
Netherlands/Pays–Bas	5.3	5.3	6.5	5.9	5.0	3.9	3.8	4.3	4.2	4.3
United Kingdom	4.1	3.8	4.6	4.2	4.0	3.6	3.6	3.9	3.6	4.3
China/Chine						2.5	2.8	2.7	2.8	3.1	4.3

523 OTHR INORG CHEMICALS ETC / AUT PRODUITS CHIMIQUES INORG 523

TRADE BY COMMODITY IN THOUSAND U.S. DOLLARS – COMMERCE PAR PRODUIT EN MILLIERS DE DOLLARS E.U

COUNTRIES–PAYS	IMPORTS – IMPORTATIONS					COUNTRIES–PAYS	EXPORTS – EXPORTATIONS				
	1988	1989	1990	1991	1992		1988	1989	1990	1991	1992
Total	8702522	9068430	9549325	9380763	9744706	Totale	x8228159	8013418	8370992	8343246	8414072
Africa	x412683	x379295	x470617	x453320	x432751	Afrique	x135507	x175587	x146893	x112269	x161585
Northern Africa	174768	150129	189775	184521	x177428	Afrique du Nord	81650	99574	93394	64825	68542
Americas	1592406	1834169	1834941	1887966	x1952053	Amériques	1958589	1878680	1902710	2011164	x2095466
LAIA	505807	578650	598135	708974	725487	ALAI	213189	249018	267554	284674	x296606
CACM	36748	37538	40018	42032	x38030	MCAC	2987	3176	3772	2735	x2282
Asia	x2213272	2246909	2173549	2196834	x2370241	Asie	1251500	1257749	1277969	1322522	1383461
Middle East	x365912	x375057	x389262	x318639	x379535	Moyen–Orient	144595	113414	119523	117244	135236
Europe	3863043	3902809	4478811	4222048	4631030	Europe	3641750	3793900	4289520	4289629	4488948
EEC	3192684	3218184	3761673	3612960	3960489	CEE	3056913	3177968	3602192	3602521	3755309
EFTA	574435	563461	614983	561274	596928	AELE	536183	563360	631719	x649055	x691582
Oceania	x260507	x295018	x274708	x229012	x201575	Océanie	x22814	29099	x34686	x32981	x26833
USA/Etats–Unis d'Amer	743747	837789	836940	821189	858219	Germany/Allemagne	1284288	1363295	1470979	1493471	1481854
Germany/Allemagne	534899	558747	717116	776975	862740	USA/Etats–Unis d'Amer	1492429	1375864	1317579	1401547	1471933
United Kingdom	658936	653220	705445	428207	422332	United Kingdom	534801	542507	644643	648656	656251
France, Monac	487401	503956	603742	618425	768922	Belgium–Luxembourg	430880	429882	461532	448713	483622
Japan/Japon	398809	458368	436525	489506	436971	Japan/Japon	374366	396934	390283	370245	375110
Netherlands/Pays–Bas	418752	394334	461070	446637	452022	China/Chine	284213	322581	326204	384986	417355
Italy/Italie	394979	403238	418513	401551	433496	Netherlands/Pays–Bas	283850	286279	335779	341958	366912
Belgium–Luxembourg	264086	261294	334815	396998	436268	Canada	246113	243695	306215	309158	315786
Hong Kong	265690	285567	271130	282936	298210	Former USSR/Anc. URSS	x321477	x248859	x220076	x278791	
Canada	253267	288510	284056	240628	248493	Italy/Italie	163479	197238	237082	257461	227228
Korea Republic	188925	218763	221300	258026	268113	Spain/Espagne	156187	175094	236354	203715	262184
Spain/Espagne	155810	168879	196130	225512	260955	Bulgaria/Bulgarie	x184542	x296318	x212166	x57169	x73873
Australia/Australie	187193	221708	190626	152169	128984	Sweden/Suède	173862	161935	184550	175699	175243
China/Chine	286217	300242	133181	116478	124041	Israel/Israël	150185	158635	176924	177093	155097
Indonesia/Indonésie	124595	163623	182140	155860	195578	France, Monac	175523	155273	173090	169493	227372
Brazil/Brésil	113015	148070	147580	163857	133493	Norway, SVD, JM	109257	144255	159635	x174892	x185123
Switz. Liecht	158025	150167	147531	146808	143818	Poland/Pologne	96587	105940	128975	134174	x101965
Former USSR/Anc. URSS	x132878	x161146	x104026	x170897		Switz. Liecht	123904	111277	124906	126338	148354
Sweden/Suède	139911	141737	144717	137675	153077	Mexico/Mexique	91135	102226	107752	115652	119071
Mexico/Mexique	91185	122451	128083	146857	183581	Austria/Autriche	92404	98089	109255	109280	102098
So. Africa Customs Un	126088	118542	135779	x116318	x117493	Hong Kong	94923	118157	96327	92258	91412
Thailand/Thaïlande	93372	94577	121681	121865	142139	Turkey/Turquie	107327	94436	93471	92262	110647
Venezuela	102470	90665	101204	141133	119233	Chile/Chili	48342	69686	66492	71262	x67991
Denmark/Danemark	106565	100196	119078	110023	121902	Tunisia/Tunisie	46479	68691	70170	59275	65836
Austria/Autriche	101695	98275	116802	105920	112808	Korea Republic	50076	64188	62585	65240	72311
Turkey/Turquie	86493	86856	122735	99219	111344	Romania/Roumanie	x134724	86345	49986	38870	x29324
Malaysia/Malaisie	84226	83202	99806	120377	x114270	Finland/Finlande	36606	47804	53364	62470	80447
Singapore/Singapour	75667	86948	101715	101072	111346	Former GDR	x392103	x92409	x56279		
Finland/Finlande	83295	92026	108111	79660	99359	So. Africa Customs Un	x49349	x51945	x49099	x44969	x59923
Yugoslavia SFR	91275	117043	96900	x44496		Yugoslavia SFR	48453	52366	55158	x36423	
Norway, SVD, JM	86632	77632	92912	86786	83971	Singapore/Singapour	34870	35265	46071	56761	53556
Czechoslovakia	x31119	82181	64748	x83936	x72436	Czechoslovakia	x47483	x30375	x30319	x40865	x32811
Portugal	67122	62329	80587	81174	90295	Brazil/Brésil	27193	29429	35687	34837	43875
Iran (Islamic Rp. of)	x70104	x54002	x95122	x68387	x113097	India/Inde	28501	x25666	38650	32545	x26047
Greece/Grèce	55925	66509	74120	76711	x58024	Australia/Australie	17773	26653	33337	30513	21036
Philippines	62005	x55115	79332	80594	95789	Argentina/Argentine	26325	23926	26310	25135	21113
New Zealand	51836	61372	66633	66130	59322	Ireland/Irlande	15873	19108	22867	20093	23315
Argentina/Argentine	52724	55238	58544	79797	90742	Hungary/Hongrie	x16977	x17582	x20699	x23675	x19688
Chile/Chili	44621	63412	57504	77050	x66480	Jordan/Jordanie	19435	8230	21258	19286	20645
Hungary/Hongrie	x40950	x50510	x48601	79615	x37304	Venezuela	7628	12098	15533	20219	23558
Egypt/Egypte	73337	42336	69937	63224	47223	Libyan Arab Jamahiriya	34709	24344	22447	x54	
Ireland/Irlande	48208	45483	51058	50745	53534	Denmark/Danemark	7543	6990	15390	12938	21233
Saudi Arabia	65591	64361	x36863	x39877	x35809	Thailand/Thaïlande	5601	7813	9223	13504	x18927
Algeria/Algérie	55410	50411	40089	48014	x56643	Kenya	1088	x21610	1858		x29589
Israel/Israël	41118	38260	47135	47417	54179	Peru/Pérou	3320	4874	6273	x5702	x4832
Bulgaria/Bulgarie	x54048	x57000	x57576	x9963	11955	Bahamas	811	x3869	x3790	x8138	x5385
Morocco/Maroc	27261	33372	41873	40443	40872	Colombia/Colombie	3927	3771	4233	6402	10180
Colombia/Colombie	37202	35626	40832	37383	59415	Indonesia/Indonésie	5342	4798	5144	4165	3895
Pakistan	33242	37319	30384	34693	35197	Malaysia/Malaisie	3453	3804	5081	4777	x9536
Poland/Pologne	39329	31033	21805	24575	x23222	Uruguay	3981	2947	4769	5032	5306

(VALUE AS % OF TOTAL)(VALEUR EN % DU TOTAL)

	1983	1984	1985	1986	1987	1988	1989	1990	1991	1992		1983	1984	1985	1986	1987	1988	1989	1990	1991	1992
Africa	x7.7	6.2	5.9	x6.6	x5.0	x4.7	4.2	4.9	x4.8	4.4	Afrique	1.4	1.1	1.3	1.3	1.7	x1.6	x2.1	x1.8	x1.3	x1.9
Northern Africa	x3.7	1.8	2.0	2.0	1.9	2.0	1.7	2.0	2.0	x1.8	Afrique du Nord	0.7	0.3	0.6	0.5	0.8	1.0	1.2	1.1	0.8	0.8
Americas	22.1	22.7	22.2	21.1	19.2	18.3	20.2	19.2	20.1	x20.1	Amériques	25.5	29.1	28.4	27.6	23.1	23.8	23.4	22.7	24.1	x24.9
LAIA	7.5	7.5	7.5	6.5	6.3	5.8	6.4	6.3	7.6	7.4	ALAI	0.9	2.4	2.3	2.2	2.3	2.6	3.1	3.2	3.4	x3.5
CACM	x0.3	0.4	0.1	0.7	0.5	0.4	0.4	0.4	0.4	x0.4	MCAC	x0.0	0.0	0.0	0.0	0.0	0.0	0.0	0.0	0.0	0.0
Asia	23.0	23.6	24.0	23.8	x24.7	x25.5	24.8	22.8	23.4	x24.3	Asie	11.5	11.7	11.7	12.4	15.0	15.2	15.7	15.3	15.9	16.4
Middle East	x4.7	x6.4	3.2	x4.3	x4.2	x4.2	4.1	4.1	x3.4	3.9	Moyen–Orient	x0.3	x0.9	0.9	1.2	1.8	1.8	1.4	1.4	1.4	1.6
Europe	42.5	40.7	43.3	44.2	42.1	44.4	43.0	46.9	45.0	47.5	Europe	58.6	53.2	55.7	55.7	45.1	44.3	47.3	51.2	51.4	53.4
EEC	34.3	32.0	34.7	35.8	34.2	36.7	35.5	39.4	38.5	40.6	CEE	51.0	45.0	47.7	46.8	37.9	37.2	39.7	43.0	43.2	44.6
EFTA	8.3	7.1	7.2	7.2	6.8	6.6	6.2	6.4	6.0	6.1	AELE	7.6	7.4	7.3	8.0	6.5	6.5	6.7	7.5	x7.8	x8.2
Oceania	3.0	2.9	2.9	2.9	2.9	x2.9	3.2	2.9	x2.4	2.0	Océanie	x0.3	x0.3	0.2	x0.2	x0.2	x0.3	0.3	x0.4	x0.4	x0.3
USA/Etats–Unis d'Amer	9.6	9.8	10.0	9.4	8.7	8.5	9.2	8.8	8.8	8.8	Germany/Allemagne	18.0	18.1	17.9	20.0	16.5	15.6	17.0	17.6	17.9	17.6
Germany/Allemagne	7.5	6.4	6.8	6.7	6.2	6.1	6.2	7.5	8.3	8.9	USA/Etats–Unis d'Amer	20.7	22.7	22.4	21.3	17.4	18.1	15.7	16.8	17.5	17.5
United Kingdom	4.9	4.7	5.2	5.2	4.7	7.6	7.2	7.4	4.6	4.3	United Kingdom	7.8	7.6	7.3	7.5	6.1	6.5	6.8	7.7	7.8	7.8
France, Monac	5.3	5.0	5.4	5.7	5.5	5.6	5.6	6.3	6.6	7.9	Belgium–Luxembourg	0.0	2.2	2.4	2.5	1.6	5.2	5.4	5.5	5.4	5.7
Japan/Japon	4.1	4.3	4.8	4.4	4.0	4.6	5.1	4.6	5.2	4.5	Japan/Japon	6.6	5.8	5.3	5.6	4.8	4.5	5.0	4.7	4.4	4.5
Netherlands/Pays–Bas	3.9	4.5	4.7	5.6	5.1	4.8	4.3	4.8	4.6	4.6	China/Chine						3.3	3.5	4.0	3.9	5.0
Italy/Italie	4.2	3.9	4.1	4.5	4.6	4.3	4.4	4.4	4.3	4.4	Netherlands/Pays–Bas	6.3	6.6	7.4	7.7	5.9	3.4	3.4	4.0	4.1	4.4
Belgium–Luxembourg	3.2	2.9	2.9	2.9	2.8	3.0	2.9	3.5	4.2	4.5	Canada	3.7	3.9	3.6	4.0		3.0	3.0	3.7	3.7	3.8
Hong Kong	3.1	3.0	3.5	3.3	3.3	3.1	3.1	2.8	3.0	3.1	Former USSR/Anc. URSS			2.0		x4.1	x3.9	x3.1	x2.6	x3.3	
Canada	4.0	4.0	3.8	3.2	2.7	2.9	3.2	3.0	2.6	2.6	Italy/Italie	10.5	4.0	6.6	3.2	3.1	2.0	2.5	2.8	3.1	2.7

524 RADIOACTIVE ETC MATERIAL / MATIERES RADIOACTIVES 524

TRADE BY COMMODITY IN THOUSAND U.S. DOLLARS – COMMERCE PAR PRODUIT EN MILLIERS DE DOLLARS E.U

IMPORTS – IMPORTATIONS

COUNTRIES–PAYS	1988	1989	1990	1991	1992
Total	6566518	5647203	5591472	5627644	5599350
Africa	x6605	x11820	x16935	x14823	x19331
Northern Africa	3118	3269	x7280	x5635	x10750
Americas	1214091	1083001	x1166443	1245308	1246304
LAIA	13265	13751	13709	20404	46800
CACM	418	450	590	392	x411
Asia	x1278884	x1296259	x1353170	1538465	1679520
Middle East	x13950	x12743	x14270	x11130	x19257
Europe	3580020	2987836	2773752	2762923	2612544
EEC	3298375	2676404	2520157	2462612	2365597
EFTA	275418	306909	245890	296762	243261
Oceania	x13789	12207	x12380	x23486	x11427
Japan/Japon	1204240	1223946	1284248	1382234	1497988
USA/Etats–Unis d'Amer	1124675	970702	1044429	1158014	1096045
France,Monac	1192354	861420	774261	738699	662495
Germany/Allemagne	1165036	866542	777217	541315	681091
United Kingdom	503438	529447	609383	763715	587678
Sweden/Suède	218634	257260	187400	247394	193710
Spain/Espagne	216660	186007	146455	187589	159471
Former USSR/Anc. URSS	x454096	x234603	x251343	x33057	
Netherlands/Pays–Bas	138808	142266	114959	120085	155822
Canada	64550	94048	102562	66201	97497
Italy/Italie	48655	57266	60181	66395	68073
Korea Republic	12992	16130	18751	104214	119818
Belgium–Luxembourg	21985	20512	23801	27872	33640
Switz.Liecht	18648	18725	21104	19773	18827
Austria/Autriche	18927	17871	19627	17284	19719
Australia/Australie	12308	10488	10499	21820	10147
Singapore/Singapour	3194	4057	12534	13203	11998
Hong Kong	3014	9658	7652	6662	6067
Finland/Finlande	6253	6043	10426	6279	5419
Brazil/Brésil	6595	7196	7620	6725	11525
So. Africa Customs Un	203	5720	6921	x7747	x6687
Norway,SVD,JM	12410	6508	6777	5500	5317
India/Inde	18	x17022	81	102	x7346
Denmark/Danemark	4834	6076	5468	5556	5951
Israel/Israël	4204	4652	5417	6090	7629
Mexico/Mexique	3150	3249	3358	8980	29886
Yugoslavia SFR	6161	4444	7643	x3336	
Czechoslovakia	x3985	8255	2396	3077	x13608
Romania/Roumanie	x472	5855	6041	652	x115
Turkey/Turquie	3065	2858	4265	4345	5528
Malaysia/Malaisie	3004	2529	3896	4906	x1741
Greece/Grèce	2284	3440	3642	4182	x5444
Hungary/Hongrie	x1740	x1451	x3994	3546	x1897
Iran (Islamic Rp. of)	x3578	x2461	x4519	x1894	x9035
Saudi Arabia	x1700	4524	x2287	x1663	x1633
Portugal	2299	2088	2924	3186	3803
China/Chine	2448	2246	2696	3053	4070
Ireland/Irlande	2022	1340	1866	4018	2130
Cuba	x463	1124	x3722	x2347	x4179
Poland/Pologne	3029	2263	1665	1953	x2093
Sudan/Soudan	x9	x62	x1824	x3638	x7381
New Zealand	1427	1447	1842	1569	1204
Bulgaria/Bulgarie	x1915	x1571	x2829	x347	12511
Argentina/Argentine	861	1024	487	2308	2530
Libyan Arab Jamahiriya	570	1059	2281	x239	x53
Pakistan	6193	1009	1597	899	894
Venezuela	1475	1003	862	965	908
Algeria/Algérie	1277	1224	878	616	x1467
Former GDR	x7828	x2022	x493		
Egypt/Egypte	489	475	1507	399	717

EXPORTS – EXPORTATIONS

COUNTRIES–PAYS	1988	1989	1990	1991	1992
Totale	x7209564	x5708225	x6036991	x6447376	5727690
Afrique	x588482	x386828	x474563	x428515	x526445
Afrique du Nord	x358	x10	1380	9945	8656
Amériques	1453386	1819013	1502070	1535204	1799822
ALAI	4178	3312	2888	3514	2053
MCAC	x7	x1	x7	2	x15
Asie	180190	176308	200979	169624	183749
Moyen–Orient	x262	x221	x178	x63	x517
Europe	3593506	2666608	3078611	3203275	3214142
CEE	3486092	2542705	2998447	3120888	3139423
AELE	107318	123766	79987	81124	74709
Océanie	1324	138	x201	4386	524
France,Monac	1850990	1194283	1589055	1678429	1613009
USA/Etats–Unis d'Amer	883603	1347036	1141479	1175477	1384556
Former USSR/Anc. URSS	x1387274	x653818	x777392	x1103809	
United Kingdom	973879	658120	552721	633140	931096
Germany/Allemagne	278770	396810	448410	475856	226052
Canada	564391	468635	357565	356150	413161
Netherlands/Pays–Bas	339778	247322	354368	265733	307247
Niger	x366721	x198848	x220665	x265421	x378024
So. Africa Customs Un	x141649	x132733	x201423	x127605	x103620
China/Chine	120142	123688	156859	116037	128520
Sweden/Suède	69777	84868	45459	47728	42409
Gabon	x79160	x55004	x39261	x25363	x33336
Japan/Japon	27349	31355	28299	34068	31218
Belgium–Luxembourg	23656	23714	29166	33848	37564
Italy/Italie	11661	16440	16850	27152	19208
Switz.Liecht	20780	16043	17710	20261	18419
Malaysia/Malaisie	10046	9661	9479	10264	x7178
Austria/Autriche	9065	7089	9207	8068	9360
Norway,SVD,JM	4825	12655	3395	1905	1285
Hong Kong	1768	6762	4555	5810	6469
Spain/Espagne	5096	4366	5193	4236	3074
Chad/Tchad			x11627		
Egypt/Egypte	x18	3	1375	9878	8641
Finland/Finlande	2870	3110	4209	3158	3236
Brazil/Brésil	906	2749	1199	1024	505
Denmark/Danemark	1781	1098	1781	1885	1284
Australia/Australie	1268	109	166	4326	472
Argentina/Argentine	2931	484	1604	2401	1487
Singapore/Singapour	1018	1254	871	2170	2632
India/Inde	473	x3171	99	342	x2431
Former GDR	x3099	x2191	x1258		
Hungary/Hongrie	x394	x1054	x765	x844	x859
Czechoslovakia	x909	x1006	x492	x787	x858
Poland/Pologne	1000	881	525	636	x571
Ireland/Irlande	444	504	874	597	873
Yugoslavia SFR	93	111	169	x1251	
Israel/Israël	160	136	344	273	796
Korea Republic	24	50	243	381	451
Romania/Roumanie		235	129	60	x11
Bulgaria/Bulgarie	x136	x4	x237	x709	
Cote d'Ivoire	x321	x235	x83		
Mexico/Mexique	83	55	79	75	44
Korea Dem People's Rp				x181	x188
United Arab Emirates	x78	x56	x78	x21	x42
Zambia/Zambie				x154	
New Zealand	53	21	34	55	52
Turkey/Turquie		0	79	14	1
Mozambique			x92		
Trinidad and Tobago			70	15	6
Kuwait/Koweit	x119	78	x5		x31

(VALUE AS % OF TOTAL)(VALEUR EN % DU TOTAL)

	1983	1984	1985	1986	1987	1988	1989	1990	1991	1992		1983	1984	1985	1986	1987	1988	1989	1990	1991	1992
Africa	0.2	0.2	0.2	x0.2	x0.2	0.1	0.2	0.3	x0.2	x0.3	Afrique	x8.8	6.6		5.2	5.9	8.2	6.8	7.8	6.7	x9.2
Northern Africa	0.0	0.0	0.1	0.0	0.0	0.1	x0.1	x0.1	x0.1	x0.2	Afrique du Nord	0.0	0.0		0.0	0.0	0.0	0.0	0.0	0.2	0.2
Americas	22.2	26.5	26.6	24.0	16.2	18.5	19.2	x20.8	22.1	22.2	Amériques	x41.6	44.6	40.5	33.1	x21.7	20.2	31.9	24.9	23.9	31.4
LAIA	0.1	0.2	0.2	0.2	0.2	0.2	0.2	0.2	0.4	0.8	ALAI	x1.0	0.0	0.0	0.0	0.2	0.1	0.1	0.1	0.1	0.0
CACM	x0.0	x0.0	0.0	0.0	0.0	0.0	0.0	0.0	0.0	x0.0	MCAC				0.0	x0.0	0.0	x0.0	x0.0	0.0	x0.0
Asia	20.9	x24.5	18.8	x16.9	x17.5	x19.5	x23.0	x24.2	27.4	30.0	Asie	0.6	x0.5	0.5	0.2	1.4	2.5	3.1	3.4	2.6	3.2
Middle East	x0.1	x0.1	0.1	x0.1	x0.1	x0.2	x0.2	x0.3	x0.2	x0.3	Moyen–Orient	x0.0	x0.0		0.0	x0.0	x0.0	x0.0	x0.0	0.0	x0.0
Europe	56.3	48.6	54.2	58.6	59.6	54.5	52.9	49.6	49.1	46.7	Europe	49.0	48.2	58.9	61.5	55.1	49.8	46.7	51.0	49.7	56.1
EEC	49.9	45.1	49.4	55.1	55.1	50.2	47.4	45.1	43.8	42.2	CEE	47.7	47.0	57.8	60.2	53.5	48.4	44.5	49.7	48.3	54.8
EFTA	6.4	3.3	4.7	3.4	4.4	4.2	5.4	4.4	5.3	4.3	AELE	1.3	1.2		1.3	1.6	1.5	2.2	1.3	1.3	1.3
Oceania	x0.3	x0.2	0.2	x0.2	0.2	x0.2	0.2	x0.2	x0.4	x0.2	Océanie								x0.0	0.1	
Japan/Japon	20.5	23.3	17.8	15.8	16.7	18.3	21.7	23.0	24.6	26.8	France,Monac	23.2	23.2	33.8	30.6	27.9	25.7	20.9	26.3	26.0	28.2
USA/Etats–Unis d'Amer	21.7	26.0	25.9	23.4	15.6	17.1	17.2	18.7	20.6	19.6	USA/Etats–Unis d'Amer	32.6	34.5	30.5	24.0	15.0	12.3	23.6	18.9	18.2	24.2
France,Monac	17.8	16.7	17.0	19.7	18.3	18.2	15.3	13.8	13.1	11.8	Former USSR/Anc. URSS					x15.8	x19.2	x11.5	x12.9	x17.1	
Germany/Allemagne	18.2	17.7	18.5	17.9	18.1	17.7	15.3	13.9	9.6	12.2	United Kingdom	12.7	11.1	13.5	17.5	13.9	13.5	11.5	9.2	9.8	16.3
United Kingdom	6.5	6.3	8.5	10.4	9.2	7.7	9.4	10.9	13.6	10.5	Germany/Allemagne	5.7	6.2	4.0	5.5	5.6	3.9	7.0	7.4	7.4	3.9
Sweden/Suède	5.9	2.9	4.2	2.7	3.7	3.3	4.6	3.4	4.4	3.5	Canada	8.0	10.1	10.0	8.9	6.7	7.8	8.2	5.9	5.5	7.2
Spain/Espagne	1.4	0.7	1.8	3.7	5.2	3.3	3.3	2.6	3.3	2.2	Netherlands/Pays–Bas	4.5	3.2	4.5	5.9	5.5	4.7	4.3	5.9	4.1	5.4
Former USSR/Anc. URSS				x6.2	x6.9	x4.2	x4.5	x0.6			Niger	x8.3	x4.6		x4.0	x4.9	x5.1	x3.5	x3.7	x4.1	x6.6
Netherlands/Pays–Bas	2.2	2.6	2.2	1.8	2.4	2.1	2.5	2.1	2.1	2.8	So. Africa Customs Un	0.0	0.0		0.0	x2.0	x2.3	x3.3	x2.0	x1.8	
Canada	0.3	0.2	0.4	0.4	0.3	1.0	1.7	1.8	1.1	1.7	China/Chine				0.9	1.7	2.2	2.6	1.8	2.2	

531 SYNT DYE, NAT INDGO, LAKES — MAT COLOR ORGAN, LAQUES 531

TRADE BY COMMODITY IN THOUSAND U.S. DOLLARS – COMMERCE PAR PRODUIT EN MILLIERS DE DOLLARS E.U

COUNTRIES–PAYS	1988	1989	1990	1991	1992	COUNTRIES–PAYS	1988	1989	1990	1991	1992
Total	x7095724	7059122	7883587	8018297	8695572	Totale	6536632	6692058	7786161	7920389	8535863
Africa	x313738	x279524	x320946	x367621	x399693	Afrique	x5436	x7306	x8672	x10957	x10467
Northern Africa	85826	75885	85336	90842	x109380	Afrique du Nord	2450	3251	2520	5299	5421
Americas	1020665	1051799	1201774	1318640	x1508827	Amériques	303895	357357	469118	447039	549252
LAIA	261511	285271	328463	374992	x443884	ALAI	34530	41718	59736	73137	137998
CACM	16843	18665	19078	21364	x25260	MCAC	811	656	867	726	x874
Asia	x1836902	1765439	2060682	2290756	2517107	Asie	1182646	x1254927	1492215	1739890	x1850169
Middle East	x184645	x197596	x291239	x284523	x372435	Moyen–Orient	10613	12552	10239	x6008	x4618
Europe	3112425	3271603	3887529	3688056	4025747	Europe	4848329	4956593	5723525	5615045	6045730
EEC	2362605	2530037	3049311	2939949	3212258	CEE	3514243	3612175	4208535	4219889	4506704
EFTA	668409	674750	760505	687520	755105	AELE	1333544	1343956	1514774	1393802	1536690
Oceania	x89274	x97608	x92532	x102167	x121817	Océanie	x3956	x2595	x5904	x6556	x8600
USA/Etats–Unis d'Amer	587672	574544	682516	758650	857472	Germany/Allemagne	2004837	2038388	2288246	2243579	2402720
Italy/Italie	529036	580071	689023	641354	655415	Switz.Liecht	1312746	1321471	1489010	1368670	1502657
Hong Kong	364335	417409	461644	561753	543226	United Kingdom	648444	661673	808230	812134	833660
France, Monac	420391	432278	524487	482288	531650	Japan/Japon	438793	490485	529504	626253	651833
Germany/Allemagne	373384	385004	497324	489161	541466	France, Monac	373302	376590	419237	422514	457471
Switz.Liecht	445029	438636	483553	439146	470030	USA/Etats–Unis d'Amer	255213	308911	394535	356689	392530
United Kingdom	369526	388616	453341	422738	494453	Hong Kong	263990	284981	337469	431324	443085
Japan/Japon	325189	324959	354996	351206	333142	China/Chine	121310	167983	234762	219247	237332
Korea Republic	218410	253824	295788	338804	309808	Belgium–Luxembourg	141539	157696	189805	197740	202597
Spain/Espagne	165587	186873	227229	224963	227898	India/Inde	123185	x141980	178809	221582	x217864
Former USSR/Anc. URSS	x413547	x335077	x128564	x147604		Italy/Italie	106967	117366	149712	159049	175522
Netherlands/Pays–Bas	163236	176295	200300	225926	249347	Netherlands/Pays–Bas	102003	111921	139855	165445	184117
Belgium–Luxembourg	134765	154074	187003	194079	214834	Spain/Espagne	74250	81740	118336	125136	141767
Turkey/Turquie	125247	137612	200685	181161	236016	Korea Republic	75937	86106	110506	126471	144443
Canada	147605	158629	155578	153203	169271	Denmark/Danemark	53737	55353	72667	73615	90227
Indonesia/Indonésie	93308	125748	152793	168765	185881	Singapore/Singapour	29771	37474	39297	51734	82883
Thailand/Thaïlande	97523	108533	133535	128964	161187	Czechoslovakia	x46274	x26346	x31885	x54494	x49019
Portugal	97940	104535	128014	122001	141116	Indonesia/Indonésie	6514	18732	30624	28954	30537
China/Chine	121043	80909	69049	110510	147810	Poland/Pologne	31709	32539	19534	21583	x20968
So. Africa Customs Un	79313	69295	82866	x104557	x100369	Former USSR/Anc. URSS	x27327	x29445	x19782	x21800	
Austria/Autriche	67666	68714	89664	84824	97907	Argentina/Argentine	10269	13543	26791	29136	27905
Brazil/Brésil	54673	76167	88368	75182	84716	Thailand/Thaïlande	8240	10734	15733	24924	x32454
Australia/Australie	70944	76373	74052	83108	95759	Mexico/Mexique	10368	12629	14927	21053	21206
Mexico/Mexique	42379	62200	75803	87630	105447	Greece/Grèce	7724	8826	19920	17298	x16427
Denmark/Danemark	56113	62198	72444	71815	79197	Brazil/Brésil	9153	10722	12794	15361	81048
Yugoslavia SFR	80464	65554	76349	x58614		Austria/Autriche	9852	10070	13029	13603	17342
Sweden/Suède	61744	60200	71433	61281	64029	Canada	11442	4149	11898	13650	15109
Malaysia/Malaisie	37689	49636	63091	74731	x76690	Former GDR	x76758	x11779	x8555		
Finland/Finlande	57131	61858	63999	56597	64289	Turkey/Turquie	9825	11800	5707	900	3064
Singapore/Singapour	41653	49873	61425	63079	111861	Sweden/Suède	5517	5737	5989	5435	7961
Bulgaria/Bulgarie	x76997	x86003	x66377	x10431	13761	Romania/Roumanie	x6672	6870	3417	1759	x691
Pakistan	40337	46322	55813	60667	74453	Australia/Australie	3278	2021	4433	5129	6503
Greece/Grèce	38162	45365	51712	45488	x51002	Finland/Finlande	3155	3175	3846	4547	7233
Nigeria/Nigéria	x50015	x38420	x45952	x57176	x67283	Egypt/Egypte	2314	2890	2122	4966	4940
Norway, SVD, JM	35075	43571	48887	43141	57428	Uruguay	3810	3557	3446	2866	2042
Iran (Islamic Rp. of)	x30488	x24170	x50480	x57534	x84811	Bulgaria/Bulgarie	x3188	x5885	x3149	x602	x516
Colombia/Colombie	33046	41505	46985	42827	54325	So. Africa Customs Un	x1198	x1356	x2450	x4636	x3038
Czechoslovakia	x54345	55418	35900	x32908	x30904	Norway, SVD, JM	2275	3502	2899	1546	1496
Egypt/Egypte	31498	25180	38083	39600	43177	Malaysia/Malaisie	1727	2479	2522	1543	x1802
Philippines	24962	x33644	31454	33252	41855	Panama	1854	1591	1667	2645	2613
Israel/Israël	25734	26669	33646	36297	41213	Jordan/Jordanie	349	53	3535	1496	450
Chile/Chili	19149	24250	30019	34616	x47212	Senegal/Sénégal		1985	2683		
Hungary/Hongrie	x37516	x32158	x28541	24939	x26004	Ireland/Irlande	1022	836	1246	2515	1303
Argentina/Argentine	17708	17676	23338	43979	49373	Venezuela	736	692	1142	1450	2106
Romania/Roumanie	19930	21867	25168	28713	27695	United Arab Emirates	x16	x36	x43	x2903	x356
Morocco/Maroc	x31757	26889	33692	17300	x19336	Portugal	417	786	1280	864	892
Venezuela	49543	18731	18770	34379	38525	Peru/Pérou	17	39	31	x1992	x2324
Poland/Pologne	32465	32294	15835	17151	x32318	Yugoslavia SFR	530	405	193	x1319	
Cote d'Ivoire	x11467	x12783	x16746	x28061	x33369	New Zealand	658	552	491	699	2050
New Zealand	14957	20247	17804	18462	25203	Colombia/Colombie	133	327	358	957	1064

(VALUE AS % OF TOTAL) (VALEUR EN % DU TOTAL)

	1983	1984	1985	1986	1987	1988	1989	1990	1991	1992		1983	1984	1985	1986	1987	1988	1989	1990	1991	1992
Africa	x5.6	x5.5	4.8	x5.7	x4.3	x4.4	4.0	x4.1	4.6	4.6	Afrique	0.1	x0.1	0.1	0.1	x0.1	x0.1	x0.1	x0.1	x0.2	x0.1
Northern Africa	2.0	1.5	1.6	1.2	1.1	1.2	1.1	1.1	1.1	x1.3	Afrique du Nord	0.0	0.0	0.0	0.0	0.0	0.0	0.0	0.0	0.1	0.1
Americas	18.7	20.0	20.4	18.8	16.1	14.4	14.9	15.2	16.5	x17.3	Amériques	5.6	5.6	4.7	4.6	4.4	4.7	5.4	6.0	5.7	6.5
LAIA	4.5	5.2	5.4	4.5	3.8	3.7	4.0	4.2	4.7	x5.1	ALAI	0.2	0.3	0.3	0.4	0.4	0.5	0.6	0.8	0.9	1.6
CACM	x0.3	0.4	0.4	x0.3	0.3	0.2	0.3	0.3	0.3	x0.3	MCAC	x0.0	0.0	0.0	0.0	0.0	0.0	0.0	0.0	0.0	x0.0
Asia	25.2	22.9	23.5	24.4	x24.2	x25.8	25.0	26.1	28.5	28.9	Asie	13.8	14.2	14.5	15.9	17.0	18.1	x18.7	19.2	22.0	x21.6
Middle East	x2.1	x3.3	2.1	x2.6	x2.8	x2.6	x2.8	x3.7	x3.5	x4.3	Moyen–Orient	x0.0	x0.1	0.3	0.0	0.1	0.2	0.2	0.1	x0.1	x0.1
Europe	47.0	44.4	47.8	48.2	43.4	43.9	46.3	49.3	46.0	46.3	Europe	76.6	75.5	77.6	76.2	73.6	74.2	74.1	73.5	70.9	70.8
EEC	35.8	32.1	35.7	36.6	33.1	33.3	35.8	38.7	36.7	36.9	CEE	54.2	53.6	56.5	53.1	50.8	53.8	54.0	54.1	53.3	52.8
EFTA	11.1	10.2	10.4	10.3	9.1	9.4	9.6	9.6	8.6	8.7	AELE	22.4	21.9	21.1	23.1	22.8	20.4	20.1	19.5	17.6	18.0
Oceania	1.7	x1.9	1.7	x1.4	x1.2	x1.2	x1.4	x1.2	x1.3	x1.4	Océanie	x0.1	x0.1	0.0	x0.0	0.1	x0.1	0.0	x0.1	x0.1	x0.1
USA/Etats–Unis d'Amer	10.3	11.1	11.4	11.0	9.8	8.3	8.1	8.7	9.5	9.9	Germany/Allemagne	33.7	33.6	32.7	35.0	33.4	30.7	30.5	29.4	28.3	28.1
Italy/Italie	7.2	6.7	8.1	8.1	7.5	7.5	8.2	8.7	8.0	7.5	Switz.Liecht	22.1	21.7	20.9	22.8	22.5	20.1	19.7	19.1	17.3	17.6
Hong Kong	5.6	4.5	5.0	5.9	4.7	5.1	5.9	5.9	7.0	6.3	United Kingdom	11.7	11.1	11.0	10.9	10.4	9.9	9.9	10.4	10.3	9.8
France, Monac	6.5	6.5	6.3	6.3	5.7	5.9	6.1	6.7	6.0	6.1	Japan/Japon	7.7	8.1	7.5	7.3	6.9	6.7	7.3	6.8	7.9	7.6
Germany/Allemagne	6.7	5.8	6.0	6.0	6.3	6.2	6.1	6.3	6.1	6.2	France, Monac	1.0	0.9	0.5	0.5	5.7	5.6	5.7	5.4	5.3	5.4
Switz.Liecht	7.3	6.9	7.0	6.9	6.0	6.3	6.2	6.1	5.5	5.4	USA/Etats–Unis d'Amer	5.3	5.2	4.3	4.1	4.0	3.9	4.6	5.1	4.5	4.6
United Kingdom	5.2	4.7	5.6	5.9	5.1	5.2	5.5	5.8	5.3	5.7	Hong Kong	3.5	3.5	3.4	4.0	3.7	4.0	4.3	4.3	5.4	5.2
Japan/Japon	5.5	5.0	5.3	4.8	4.5	4.6	4.6	4.5	4.4	3.8	China/Chine	1.9	1.8	1.9	1.9	2.5	3.0	2.8	2.8
Korea Republic	3.9	3.3	3.4	3.6	3.0	3.1	3.6	3.8	4.2	3.6	Belgium–Luxembourg	1.4	1.5	1.5	1.7	1.7	2.2	2.4	2.4	2.5	2.4
Spain/Espagne	2.4	2.0	2.2	2.8	2.5	2.3	2.6	2.9	2.8	2.6	India/Inde	1.5	1.3	1.0	1.6	1.9	1.9	x2.1	2.3	2.8	x2.6

532 DYES NES, TANNING PROD — EXTRAITS TEINTURE, TANNAGE 532

TRADE BY COMMODITY IN THOUSAND U.S. DOLLARS – COMMERCE PAR PRODUIT EN MILLIERS DE DOLLARS E.U

IMPORTS – IMPORTATIONS

COUNTRIES–PAYS	1988	1989	1990	1991	1992
Total	587140	573252	678585	759405	833477
Africa	x30619	x24111	x33250	x30545	x31334
Northern Africa	13406	11385	12689	12307	12422
Americas	114565	88160	84054	135481	x167349
LAIA	51568	31893	42153	54377	78144
CACM	7039	8385	7529	8154	x6732
Asia	189235	x170878	225184	251006	x295166
Middle East	x7005	x13532	x16990	x15547	x16810
Europe	209382	236951	289794	290134	305739
EEC	183124	213036	260568	264286	278200
EFTA	19495	18045	21106	19517	20150
Oceania	x11918	x12586	x13271	x16527	x22350
Italy/Italie	70337	86197	106093	102428	100839
Korea Republic	42102	46045	47729	53970	57816
Japan/Japon	27169	36725	49139	58599	58531
USA/Etats–Unis d'Amer	47086	36606	26380	62276	73584
Germany/Allemagne	22999	24341	31128	36772	33993
United Kingdom	18366	17592	25706	24489	32676
Spain/Espagne	14116	19645	22190	20862	21732
France, Monac	18913	19755	21614	21131	24774
Hong Kong	16451	16104	17259	22049	54722
Former USSR/Anc. URSS	x12227	x16871	x9769	x27196	
Netherlands/Pays-Bas	9586	16335	17194	19845	19619
Pakistan	13141	14521	17351	18966	17792
India/Inde	14884	x11348	20511	15764	x14058
Bangladesh	22698	x4621	21776	20317	x10189
Portugal	10031	9517	13313	14377	17788
Indonesia/Indonésie	7725	10156	12225	10377	17357
Mexico/Mexique	13388	3690	11042	17532	14697
Australia/Australie	7328	9190	9598	11583	24798
Thailand/Thaïlande	8282	6439	8741	8137	15864
Yugoslavia SFR	6650	5678	7898	x6091	10115
Brazil/Brésil	4356	6649	5997	6807	6346
Belgium-Luxembourg	5930	5939	6385	7047	6839
Ireland/Irlande	4166	5343	6530	6268	7496
Singapore/Singapour	2875	3402	2880	11461	11949
Greece/Grèce	5357	5289	6026	5623	x6414
Canada	6091	4943	5169	6791	6064
Austria/Autriche	5338	4836	6267	5733	7118
Bulgaria/Bulgarie	x6518	x8409	x6982	x1316	2247
Switz.Liecht	6075	5181	6285	5102	4262
Venezuela	16277	5249	2890	7298	6918
Romania/Roumanie	x441	4573	9522	951	x1526
Turkey/Turquie	3000	2230	5688	5887	5979
Ethiopia/Ethiopie	7010	4789	6609	1909	x494
Colombia/Colombie	4745	3371	5880	4041	5532
Denmark/Danemark	3323	3084	4389	5445	6029
Morocco/Maroc	3581	3154	3980	4590	6424
So. Africa Customs Un	2908	2554	3318	x5812	x5158
Czechoslovakia	x3369	6038	2872	x2765	x2209
Iran (Islamic Rp. of)	x493	x3946	x3414	x4293	x3750
Uruguay	2747	3993	3895	3680	3471
Chile/Chili	2954	2841	3617	5014	x5988
New Zealand	3268	3058	3369	4663	6235
Finland/Finlande	3286	3423	3905	3526	3102
Costa Rica	2206	3383	3172	3281	x2743
Philippines	3118	x1898	3154	4089	5052
Egypt/Egypte	3862	2036	2747	3592	3139
Peru/Pérou	4198	1742	2979	3058	x4356
Tunisia/Tunisie	1335	1952	3469	1692	1572
China/Chine	2127	1704	1800	3534	12986
Norway, SVD, JM	2363	2442	2115	2392	2869

EXPORTS – EXPORTATIONS

COUNTRIES–PAYS	1988	1989	1990	1991	1992
Totale	495615	527216	581385	646422	708376
Afrique	x31965	x39325	x45959	x49452	x46984
Afrique du Nord	x940	1370	x577	x488	x537
Amériques	117679	127666	122264	144193	x161682
ALAI	106589	106141	100846	118732	x132743
MCAC	380	335	399	392	x437
Asie	33856	x45769	49473	71701	x95640
Moyen–Orient	x1174	6247	8958	13034	7934
Europe	298739	307869	353570	373735	395901
CEE	284480	295873	338765	360006	384872
AELE	12177	10070	12392	11990	8478
Océanie	x2338	x2416	5390	5017	6512
Germany/Allemagne	132343	134535	142112	146424	153634
Italy/Italie	49028	42254	53653	59437	66359
Spain/Espagne	24870	34886	42508	50121	54820
Argentina/Argentine	40111	41299	40298	43518	41665
United Kingdom	29514	29796	41610	40776	43071
France, Monac	29918	30742	35565	36974	38697
So. Africa Customs Un	x15909	x24776	x28970	x34701	x29239
Mexico/Mexique	24624	23498	15768	28512	29127
Brazil/Brésil	22991	20846	21702	21883	29176
USA/Etats–Unis d'Amer	8999	17176	20096	24401	27302
Hong Kong	14164	14088	15728	21582	37925
Netherlands/Pays-Bas	8541	14035	15499	16462	15866
Peru/Pérou	10384	9071	9978	x12166	x18520
Switz.Liecht	9468	8050	9757	10194	6644
Japan/Japon	5553	7537	9755	12924	17245
Turkey/Turquie	586	5757	8433	11672	7650
Paraguay	4409	6674	5349	4681	x6540
Kenya	5334	x5968	4148	5491	x7427
Indonesia/Indonésie	3023	3927	4195	4828	3567
India/Inde	1939	x4883	4252	3744	x10216
China/Chine	1874	2704	4109	5576	6398
Thailand/Thaïlande	1025	4232	379	7206	x5107
Australia/Australie	2180	2211	5314	3862	5358
Denmark/Danemark	5179	4175	2607	2771	4407
Ireland/Irlande	1286	2544	2703	4173	4086
Zimbabwe	3258	x2221	4283	2799	x5466
Un. Rep. of Tanzania	3307	x2552	x3474	x3064	x1805
Belgium-Luxembourg	3623	2765	2383	2672	3817
Ethiopia/Ethiopie	x2006	x1433	3275	1876	x1642
Ecuador/Equateur	1902	1577	1474	2931	2365
Yugoslavia SFR	1937	1843	2291	x1718	
Bolivia/Bolivie	235	280	3876	1486	0
Canada	1559	3732	898	588	881
Uruguay	1012	684	969	2001	2151
Singapore/Singapour	2215	1019	1026	1578	5406
Austria/Autriche	1668	1320	1100	1066	839
Former GDR	x6230	x1734	x1450		
Chile/Chili	713	871	937	952	x1587
Mozambique	x634	x811	x913	x859	x227
Former USSR/Anc. URSS	x2175	x394	x629	x753	
Czechoslovakia	x1122	x647	x659	x438	x735
Sweden/Suède	558	431	725	555	714
Poland/Pologne	x925	x739	x562	66	x396
Colombia/Colombie	191	363	403	580	1223
New Zealand	128	104	76	1155	1154
Egypt/Egypte	x169	1032	x256	44	16
Hungary/Hongrie	x143	x170	x383	x748	x424
Bulgaria/Bulgarie	x33	x51	x865	x221	x17
Venezuela	18	979	92	23	388
Norway, SVD, JM	466	197	770	87	136

(VALUE AS % OF TOTAL) (VALEUR EN % DU TOTAL)

	1983	1984	1985	1986	1987	1988	1989	1990	1991	1992
Africa	5.1	4.1	5.2	x5.2	4.4	x5.2	x4.2	4.9	x4.1	x3.7
Northern Africa	2.7	2.3	2.1	1.8	2.3	2.3	2.0	1.9	1.6	1.5
Americas	21.1	25.0	25.3	18.8	17.8	19.6	15.3	12.3	17.8	x20.1
LAIA	9.5	12.5	13.3	8.2	7.9	8.8	5.6	6.2	7.2	9.4
CACM	x0.9	2.3	2.1	1.4	1.2	1.2	1.5	1.1	1.1	x0.8
Asia	27.4	24.8	27.8	30.9	31.0	32.2	x29.8	33.2	33.1	x35.4
Middle East	x2.2	x3.1	1.2	x1.5	x1.4	x1.2	x2.4	x2.5	x2.0	x2.0
Europe	41.9	35.8	38.5	42.1	38.1	35.7	41.3	42.7	38.2	36.7
EEC	37.7	30.9	33.3	36.9	33.4	31.2	38.4	38.4	34.8	33.4
EFTA	4.1	3.2	3.6	3.6	3.4	3.3	3.1	3.1	2.6	2.4
Oceania	x2.3	x2.1	1.9	x2.2	1.7	x2.0	x2.2	1.9	x2.1	x2.7
Italy/Italie	15.3	13.0	14.1	15.0	13.0	12.0	15.0	15.6	13.5	12.1
Korea Republic	3.6	3.2	4.3	6.1	6.4	7.2	8.0	7.0	7.1	6.9
Japan/Japon	7.0	5.5	6.3	6.3	5.1	4.6	6.4	7.2	7.7	7.0
USA/Etats–Unis d'Amer	7.4	7.6	7.2	6.5	6.3	8.0	6.4	3.9	8.2	8.8
Germany/Allemagne	3.8	3.0	3.4	4.1	3.9	3.9	4.2	4.6	4.8	4.1
United Kingdom	2.9	2.4	2.7	3.1	3.2	3.1	3.1	3.8	3.2	3.9
Spain/Espagne	3.3	2.3	2.5	3.3	2.9	2.4	3.4	3.3	2.7	2.6
France, Monac	4.5	3.6	3.8	3.4	3.2	3.2	3.4	3.2	2.8	3.0
Hong Kong	1.7	2.3	3.5	4.0	4.9	2.8	2.8	2.5	2.9	6.6
Former USSR/Anc. URSS		6.9			x3.2	x2.1	x2.9	1.4	x3.6	

	1983	1984	1985	1986	1987	1988	1989	1990	1991	1992
Afrique	x12.6	x11.6	10.0	10.2	x10.5	6.4	x7.5	7.9	7.7	x6.6
Afrique du Nord	x0.1	x0.1	0.2	0.6	0.1	x0.2	0.3	x0.1	x0.1	x0.1
Amériques	25.8	27.8	28.2	23.2	21.4	23.7	24.2	21.0	22.3	x22.8
ALAI	23.8	26.0	26.7	21.7	19.8	21.5	20.1	17.3	18.4	x18.7
MCAC	0.1	0.1	0.1	x0.0	0.1	0.1	0.1	0.1	0.1	x0.1
Asie	6.2	6.0	6.3	7.3	x7.8	6.8	x8.6	8.5	11.1	x13.5
Moyen–Orient	x0.0	0.0	0.1	0.0	x0.3	x0.2	1.2	1.5	2.0	1.1
Europe	55.0	54.1	55.1	59.0	57.5	60.3	58.4	60.8	57.8	55.9
CEE	53.4	52.3	53.4	57.5	55.6	57.4	56.1	58.3	55.7	54.3
AELE	1.6	1.4	1.3	1.1	1.6	2.5	1.9	2.1	1.9	1.2
Océanie	0.2	0.3	0.4	x0.4	x0.6	x0.5	x0.4	0.9	0.8	0.9
Germany/Allemagne	25.9	25.4	25.3	29.2	26.1	26.7	25.5	24.4	22.7	21.7
Italy/Italie	8.3	8.6	8.2	8.5	9.5	9.9	8.0	9.2	9.2	9.4
Spain/Espagne	3.7	3.1	4.3	4.1	4.7	5.0	6.6	7.3	7.8	7.7
Argentina/Argentine	15.9	12.9	13.0	10.7	9.0	8.1	7.8	6.9	6.7	5.9
United Kingdom	3.6	3.8	4.5	4.8	5.1	6.0	5.7	7.2	6.3	6.1
France, Monac	7.4	7.4	7.9	7.4	6.3	6.0	5.8	6.1	5.7	5.5
So. Africa Customs Un	9.9	8.3	7.2	6.8	5.9	x3.2	x4.7	x5.0	x5.4	x4.1
Mexico/Mexique		2.6	3.2	2.5	2.5	5.0	4.5	2.7	4.4	4.1
Brazil/Brésil	5.7	6.9	6.8	5.0	4.2	4.6	4.0	3.7	3.4	4.1
USA/Etats–Unis d'Amer	1.6	1.6	1.5	1.2	1.2	1.8	3.3	3.5	3.8	3.9

533 PIGMENTS, PAINTS, ETC / PIGMENTS, PEINTURES, VERNIS 533

TRADE BY COMMODITY IN THOUSAND U.S. DOLLARS – COMMERCE PAR PRODUIT EN MILLIERS DE DOLLARS E.U

COUNTRIES–PAYS	1988	1989	1990	1991	1992	COUNTRIES–PAYS	1988	1989	1990	1991	1992
	IMPORTS – IMPORTATIONS						EXPORTS – EXPORTATIONS				
Total	x10139152	10596056	12167186	12331079	13265653	Totale	9236658	9789751	11636399	11681484	13171607
Africa	x367878	x324236	x393730	x440835	x487506	Afrique	x16371	x37483	x43405	x26646	x23292
Northern Africa	174685	173310	208253	x222822	x228982	Afrique du Nord	5605	22465	31564	16463	7649
Americas	1197751	1396030	1476224	1592261	x1877572	Amériques	700605	1007183	1491028	1584284	1800017
LAIA	332109	378334	357804	389635	501971	ALAI	124620	143206	146634	132528	149355
CACM	26493	31091	31039	34860	x46103	MCAC	6022	6970	9040	11220	x12576
Asia	x1982574	x1941004	x2258263	2365860	x2901177	Asie	x1136296	1137671	1332817	1465079	1711157
Middle East	x384065	x363169	x449901	x392294	x507384	Moyen-Orient	x71142	x64996	x49137	x42298	x34735
Europe	5143500	5551684	6688337	6651465	7428737	Europe	7133691	7332940	8517940	8422463	9376968
EEC	4053011	4428078	5322872	5369259	6028190	CEE	6151595	6385325	7467123	7505872	8366960
EFTA	957483	995971	1208305	1161587	1247378	AELE	904795	873924	982263	905451	956079
Oceania	x130166	x145864	x149149	x145803	x169816	Océanie	x87432	175947	188238	143270	218698
Germany/Allemagne	764587	849714	1033906	1117100	1284747	Germany/Allemagne	2306129	2347868	2736152	2758169	3073147
France, Monac	768820	812907	988990	973321	1053453	United Kingdom	980637	1021722	1241241	1255353	1372895
Former USSR/Anc. URSS	x887848	x885102	x916833	x879756		USA/Etats-Unis d'Amer	473829	748221	1153428	1246505	1430140
Italy/Italie	495828	551199	657941	651988	703711	Netherlands/Pays-Bas	810642	769183	908998	851860	956980
United Kingdom	522451	562654	645069	617341	682763	France, Monac	702542	747560	832659	854976	930832
USA/Etats-Unis d'Amer	439958	535918	581277	631797	730380	Belgium-Luxembourg	629636	669717	797644	770110	843649
Netherlands/Pays-Bas	506151	515865	606053	571200	627275	Japan/Japon	583589	609536	684518	758324	873123
Belgium-Luxembourg	427103	463961	553182	566816	636189	Italy/Italie	343377	406657	467346	483957	548040
Canada	308304	348059	371306	420472	467486	Finland/Finlande	233543	256159	272801	207901	184555
Japan/Japon	292089	318110	296057	300484	298161	Switz.Liecht	281554	200120	244460	246829	282695
Switz.Liecht	295728	281915	327765	304478	328227	Spain/Espagne	147785	177939	203578	249569	330070
Sweden/Suède	237137	262565	310261	290059	295279	Denmark/Danemark	170103	176683	201234	200374	239560
Spain/Espagne	188578	225523	300794	321039	383912	Sweden/Suède	149488	163940	181069	188725	217932
Austria/Autriche	211632	224912	296551	305285	342416	Singapore/Singapour	86096	143185	175030	179691	221855
Korea Republic	216180	228127	249069	273203	277798	Austria/Autriche	152899	150991	175127	163986	169038
Hong Kong	188052	194550	246101	295087	399725	Australia/Australie	80242	168947	178250	131507	204651
Thailand/Thaïlande	112665	157733	191764	202268	258622	Hong Kong	115602	119795	146863	188018	261088
China/Chine	113435	143752	172858	230481	331692	Canada	82844	93563	163168	178052	193456
Singapore/Singapour	141057	155120	195417	192472	194292	China/Chine	105898	117127	126753	110568	109253
Denmark/Danemark	145245	159062	177969	186588	209801	Norway, SVD, JM	87274	102666	108778	97975	101844
Greece/Grèce	98882	129026	151914	146379	x198758	Mexico/Mexique	57565	66900	74890	77233	78689
Norway, SVD, JM	113683	112574	141447	144669	157969	Korea Republic	45095	43385	50151	81077	110688
Portugal	73872	96787	127225	137455	164299	Yugoslavia SFR	76692	77802	67314	x10056	
Turkey/Turquie	86292	95255	136619	122704	164354	India/Inde	46757	x4104	50351	32657	x4684
Yugoslavia SFR	114491	109350	137188	x99200		Portugal	20766	21694	26313	30857	37847
Brazil/Brésil	83347	145755	107408	85843	96125	Greece/Grèce	18941	22100	27761	26931	x7458
Finland/Finlande	90624	105906	122052	104717	111691	Malaysia/Malaisie	9414	15531	26187	33951	x57564
Indonesia/Indonésie	71798	91169	119010	116833	141446	Brazil/Brésil	24913	27894	20760	25646	34862
Saudi Arabia	91609	96530	x111165	x81909	x94053	Ireland/Irlande	21037	23968	23962	23481	26482
Malaysia/Malaisie	52955	70004	91195	116327	x167492	Uruguay	30009	27640	28316	12473	10159
Australia/Australie	77306	90035	90667	89186	103632	Romania/Roumanie	x7593	25488	17349	6531	x188
Czechoslovakia	x82108	87170	64368	x73509	x112995	Thailand/Thaïlande	8615	11181	14150	20800	x9771
Bulgaria/Bulgarie	x95441	x115744	x83811	x22443	26090	Kuwait/Koweït	x16533	15906	x12290	x12525	x9
Ireland/Irlande	61485	61381	79828	80032	83282	Algeria/Algérie	4527	14900	20866	2048	x5
Mexico/Mexique	35296	52460	64934	91004	141951	Poland/Pologne	18359	12232	10286	11162	x17486
Egypt/Egypte	56269	53073	82383	63393	71350	Turkey/Turquie	x17679	x10321	x8538	x12949	x16364
Hungary/Hongrie	x66537	x61751	x63349	71262	x67650	Czechoslovakia	x71663	x20124	x10832		15551
Israel/Israël	47148	51397	65875	70799	89891	Former GDR	x8621	x11573	x10717	x7762	x6521
Philippines	35571	x54092	60148	50003	57330	United Arab Emirates	6039	6068	8311	10488	12689
Libyan Arab Jamahiriya	47331	47657	42555	x70321	x53609	New Zealand					
So. Africa Customs Un	52377	39314	45783	x60657	x70196	Hungary/Hongrie	x8262	x8262	x6590	x8782	x6368
Argentina/Argentine	49118	43855	40355	58951	79450	So. Africa Customs Un	x5966	x10416	x5549	x6881	x13233
India/Inde	35002	x51239	52738	32106	x57054	Venezuela	2303	4930	11866	5761	7527
United Arab Emirates	x61282	x37132	x43821	x47272	x52869	Saudi Arabia	10022	13973	6320	x1123	x5961
Poland/Pologne	35627	29811	24137	72572	x150349	Israel/Israël	3143	4755	6348	8641	7227
Iran (Islamic Rp. of)	x25439	x18950	x46792	x46714	x90737	Former USSR/Anc. URSS	x3957	x4905	x4802	8907	3030
Colombia/Colombie	35735	38126	40446	33735	48247	Egypt/Egypte	99	1181	4802	4344	3406
Venezuela	62183	24214	36300	46248	48569	Tunisia/Tunisie	771	5237	4344	3979	3406
New Zealand	34211	36287	36713	33455	38430	Bulgaria/Bulgarie	x16154	x8644	x4179	x584	x1047
Nigeria/Nigéria	x38497	x24602	x36573	x40047	x59785	Colombia/Colombie	2717	3339	4020	4727	7097

(VALUE AS % OF TOTAL)(VALEUR EN % DU TOTAL)

	1983	1984	1985	1986	1987	1988	1989	1990	1991	1992		1983	1984	1985	1986	1987	1988	1989	1990	1991	1992
Africa	x4.7	x5.2	5.2	x4.6	3.7	x3.6	x3.1	3.3	3.6	x3.6	Afrique	0.3	x0.2	0.2	0.2	x0.2	0.4	x0.4	0.3	x0.3	x0.2
Northern Africa	x2.6	x2.5	3.2	x2.2	1.9	1.7	1.6	1.7	x1.8	x1.7	Afrique du Nord	0.1	0.1	0.1	x0.0	0.0	0.1	0.2	0.3	0.1	0.1
Americas	12.4	14.9	17.0	16.0	13.6	11.8	13.1	12.1	12.9	x14.1	Amériques	9.8	10.3	9.9	7.5	7.6	7.6	10.3	12.8	13.6	13.6
LAIA	3.0	3.1	3.4	3.5	3.4	3.3	3.6	2.9	3.2	3.8	ALAI	0.4	1.1	1.2	0.8	1.3	1.5	1.5	1.3	1.1	1.1
CACM	x0.3	0.3	0.5	0.4	0.4	0.3	0.3	0.3	0.3	x0.3	MCAC	x0.1	0.1	0.1	0.1	0.1	0.1	0.1	0.1	0.1	x0.1
Asia	x21.6	21.2	19.7	18.3	x18.6	x19.5	x18.3	x18.6	19.2	x21.8	Asie	9.1	10.6	10.6	9.5	x10.7	x12.3	11.6	11.4	12.6	13.0
Middle East	x8.7	x7.9	5.5	x5.1	x3.8	x3.8	3.4	3.7	3.2	x3.8	Moyen-Orient	x0.8	1.0	0.8	0.4	x0.8	x0.7	x0.4	0.4	x0.4	0.3
Europe	49.6	48.2	55.0	58.2	50.1	50.7	52.4	55.0	53.9	56.0	Europe	77.9	76.4	76.9	80.8	77.2	74.9	74.9	73.2	72.1	71.2
EEC	38.7	36.6	42.1	45.2	39.0	40.0	41.8	43.7	43.5	45.4	CEE	68.3	66.0	67.7	69.5	67.1	66.6	65.2	64.2	64.3	63.5
EFTA	10.8	9.9	11.0	11.5	9.7	9.4	9.4	9.9	9.4	9.4	AELE	9.6	9.6	8.3	10.4	10.2	9.8	8.9	8.4	7.8	7.3
Oceania	1.6	x1.8	1.8	x1.6	x1.3	1.3	x1.4	1.2	x1.2	x1.3	Océanie	x0.5	0.5	0.5	0.4	0.7	x0.9	1.8	1.6	1.2	1.7
Germany/Allemagne	7.8	7.2	8.4	9.2	7.6	7.5	8.0	8.5	9.1	9.7	Germany/Allemagne	24.5	23.0	24.1	25.9	25.8	25.0	24.0	23.5	23.3	23.3
France, Monac	7.6	6.9	8.1	9.0	7.6	7.6	7.7	8.1	7.9	7.9	United Kingdom	11.5	10.9	11.2	10.0	10.4	10.6	10.4	10.7	10.7	10.4
Former USSR/Anc. URSS	8.8	7.3		x8.7	x8.8	8.4	x7.5	7.1			USA/Etats-Unis d'Amer	8.0	7.6	7.1	5.5	5.2	5.1	7.6	9.9	10.7	10.9
Italy/Italie	4.3	4.5	5.2	5.6	5.0	4.9	5.2	5.4	5.3	5.3	Netherlands/Pays-Bas	9.1	8.4	8.8	9.3	9.1	8.8	7.9	7.8	7.3	7.3
United Kingdom	4.8	4.5	5.1	5.2	4.4	4.5	5.3	5.3	5.0	5.0	France, Monac	8.6	8.1	8.7	8.0	8.0	7.6	7.6	7.2	7.3	7.1
USA/Etats-Unis d'Amer	3.9	5.6	6.8	6.4	5.3	4.5	5.1	4.8	5.1	5.5	Belgium-Luxembourg	6.1	6.2	6.3	6.7	6.8	6.2	6.8	6.9	6.6	6.4
Netherlands/Pays-Bas	5.0	4.9	5.6	5.8	5.1	5.0	4.9	5.0	4.6	4.6	Japan/Japon	6.1	6.7	6.4	6.2	5.8	6.3	6.2	4.2	4.1	4.2
Belgium-Luxembourg	4.0	3.8	4.3	4.5	4.0	4.4	4.4	4.5	4.6	4.8	Italy/Italie	4.2	5.1	4.3	4.8	3.7	3.7	4.2	4.1	4.1	4.2
Canada	4.2	4.5	5.2	4.6	3.5	3.0	3.3	3.1	3.4	3.5	Finland/Finlande	2.2	2.4	2.8	2.7	2.7	2.5	2.6	2.3	1.8	1.4
Japan/Japon	3.0	3.2	3.2	3.1	2.6	2.9	3.0	2.4	2.4	2.2	Switz.Liecht	2.7	2.8	2.9	3.2	3.1	3.0	2.0	2.1	2.1	2.1

541 *MEDICINAL, PHARM PRODUCT / PROD MEDICINAUX PHARMACEUT 541

TRADE BY COMMODITY IN THOUSAND U.S. DOLLARS – COMMERCE PAR PRODUIT EN MILLIERS DE DOLLARS E.U

IMPORTS – IMPORTATIONS

COUNTRIES–PAYS	1988	1989	1990	1991	1992
Total	32262479	33393462	x40214675	x46611140	50589915
Africa	x1837030	x1929792	x2044697	x2133839	x2882807
Northern Africa	737203	881882	784566	711953	x1079313
Americas	5426135	4474469	5258230	6288524	x7542240
LAIA	890884	951686	1146262	1495132	1650584
CACM	236268	260779	223395	266596	x241155
Asia	x7225611	x6664106	x7522411	x8244128	x9866995
Middle East	x1763509	x1443030	x1743003	x1563238	x1969797
Europe	14640211	15769199	20290993	23231793	27991262
EEC	11680248	12769603	16419676	19027912	22873755
EFTA	2772722	2791366	3567592	3957383	4768572
Oceania	774133	x838120	x1010569	x1054425	x1290902
Former USSR/Anc. URSS	x1374178	x2752071	x3438001	x4765553	4697790
Germany/Allemagne	2503870	2650220	3396452	4226912	4787786
Japan/Japon	2658479	2732454	2835796	3114112	3672884
Italy/Italie	2005737	2151993	2817263	3029695	3721776
USA/Etats–Unis d'Amer	3234590	2116658	2539952	3092086	3860723
France, Monac	1683650	1981140	2646049	3084597	3613578
United Kingdom	1561634	1737867	2064220	2422256	2929270
Belgium–Luxembourg	1009467	1159781	1509749	1767455	2112217
Netherlands/Pays–Bas	1113620	1133652	1447321	1540705	2003843
Switz.Liecht	915773	827907	1068564	1228701	1648428
Spain/Espagne	633249	760269	975703	1172603	1572677
Austria/Autriche	660496	685966	940322	1014271	1195460
Canada	688584	698967	860228	1010655	1293107
Sweden/Suède	611339	642748	747577	805130	960166
Australia/Australie	538352	572973	704945	727671	934708
Hong Kong	531516	523867	605585	805582	979020
Denmark/Danemark	433550	403713	493373	551958	661273
Saudi Arabia	542408	365892	x554846	x508529	x610226
Ireland/Irlande	316568	341670	425175	x508529	x610226
China/Chine	397426	324276	417494	503605	538229
Finland/Finlande	281511	322068	416273	445117	453508
Norway, SVD, JM	279038	286287	364480	432658	474217
Brazil/Brésil	180551	258697	366958	425829	372876
Algeria/Algérie	281970	457041	340306	217287	x493380
Greece/Grèce	199894	243330	343420	387016	x588570
Korea Republic	197099	227942	280447	352662	407688
Poland/Pologne	332595	259532	162597	435776	x433563
So. Africa Customs Un	217823	218094	285221	x349651	x412309
Portugal	219008	205968	300950	341109	434508
Mexico/Mexique	164334	223572	270445	346279	410169
Turkey/Turquie	169437	217014	254357	288834	320087
New Zealand	187744	212493	241505	258646	279467
Iran (Islamic Rp. of)	x230399	x152068	x292080	x215672	x322549
India/Inde	162067	167196	258098	227729	x284103
Yugoslavia SFR	150559	170239	262544	x203691	
Thailand/Thaïlande	156296	182227	210285	238667	313814
Singapore/Singapour	182542	196983	199784	219181	270997
Cote d'Ivoire	x117733	x123487	x154090	x290357	x390179
Pakistan	161862	177339	182928	207286	222733
Israel/Israël	137061	153256	179117	201609	273459
Malaysia/Malaisie	145883	158343	167713	193618	x247644
Hungary/Hongrie	x122271	x129584	x128681	227243	x250813
Egypt/Egypte	166527	129146	143386	155494	164897
Philippines	117949	x126429	153407	148048	176406
Bulgaria/Bulgarie	x179263	x215298	x172892	x38820	72421
Iraq	x311368	x214556	x160957	x20098	x27698
Indonesia/Indonésie	102305	109414	137139	138586	181264
Argentina/Argentine	108409	99064	96114	182540	274658
Czechoslovakia	x113907	207452	37332	x132710	x200385
Tunisia/Tunisie	82406	102733	124540	136400	149468

EXPORTS – EXPORTATIONS

COUNTRIES–PAYS	1988	1989	1990	1991	1992
Totale	30063454	30842349	37648016	41608461	49103488
Afrique	x58801	x55948	x71392	x73196	x102255
Afrique du Nord	21374	22948	39014	42914	62142
Amériques	4789342	x4420075	x5273754	x5829099	x6641960
ALAI	188761	240882	243050	342371	404443
MCAC	116425	91537	97959	113882	x98975
Asie	2457974	2582475	3197209	3769252	4058756
Moyen–Orient	138809	284243	217742	x168149	185879
Europe	21150230	22465848	28157232	30882114	37596214
CEE	16099812	16813062	21006718	23348524	28348883
AELE	4806014	5107026	6658306	7444460	9032698
Océanie	x199596	x224362	x257157	x331917	x403383
Germany/Allemagne	4663024	4738352	5861194	6575126	7461155
USA/Etats–Unis d'Amer	4199472	3719256	4176948	4679015	5446222
Switz.Liecht	3280150	3348314	4359698	4658190	5685607
United Kingdom	3089876	3296310	4040354	4515065	5253804
France, Monac	2598308	2916029	3665154	3955696	4828672
Belgium–Luxembourg	1203431	1291525	1632882	1911686	2549663
Italy/Italie	1267074	1239620	1516920	1629241	2472144
Sweden/Suède	879567	1047441	1311681	1724648	2116048
Netherlands/Pays–Bas	1193369	1073827	1377061	1513097	1826222
Denmark/Danemark	855475	900853	1159996	1200325	1475096
Ireland/Irlande	560036	696537	960305	1150583	1531653
Japan/Japon	717051	767546	878501	1089475	1366526
China/Chine	483699	565669	642747	773787	895143
Austria/Autriche	476464	498463	695775	781188	894899
Spain/Espagne	534421	511621	632511	736992	779649
Hong Kong	406685	421195	483312	659800	792151
Yugoslavia SFR	239174	538317	483233	x86209	
India/Inde	254529	x100005	452812	483471	x143596
Bulgaria/Bulgarie	x426182	x453123	x257544	x79318	x66337
Poland/Pologne	282789	231802	163254	322468	x23106
Australia/Australie	168946	189445	221666	287217	352155
Canada	201746	187436	256529	254340	386353
Singapore/Singapour	173613	184768	209422	220652	247473
Cuba	8246	55370	x351672	x94591	x10618
Bahamas	51208	x104184	x76651	x284673	x272896
Hungary/Hongrie	x151313	x153360	x110861	x163486	x136657
Finland/Finlande	84444	108984	155790	139368	146907
Norway, SVD, JM	85112	103704	134746	140873	188787
Korea Republic	85445	95403	115355	139229	171390
Mexico/Mexique	71159	111242	89034	120858	159742
Former USSR/Anc. URSS	x148599	x119837	x77144	x80295	
Portugal	81412	81617	94934	89443	106185
Brazil/Brésil	69689	70354	77989	99710	111127
Turkey/Turquie	51673	119097	74200	53498	48237
Israel/Israël	52790	57663	76164	95745	118994
Greece/Grèce	53387	66164	64800	70663	x64633
Jordan/Jordanie	50694	52791	61962	63470	88422
Guatemala	72340	40999	53482	61857	63388
Czechoslovakia	x54399	x34886	x41211	x64194	x65139
Argentina/Argentine	23770	27299	34300	57299	61093
Malaysia/Malaisie	28584	31931	37343	43779	x36915
New Zealand	30341	34714	34506	43669	49682
Syrian Arab Republic	1430	69648	35592	x26	x82
Costa Rica	25081	27911	28517	35984	x17483
Bermuda/Bermudes	x4288	x366	48774	39652	x442
Former GDR	x327002	x63587	x23931		
Thailand/Thaïlande	22913	20875	27056	35719	x36128
Romania/Roumanie	16552	36460	17273	12927	x9421
Cyprus/Chypre	12997	14891	19357	23993	26702
Indonesia/Indonésie	23227	16696	18457	21638	18654

(VALUE AS % OF TOTAL)(VALEUR EN % DU TOTAL)

	1983	1984	1985	1986	1987	1988	1989	1990	1991	1992		1983	1984	1985	1986	1987	1988	1989	1990	1991	1992
Africa	x9.2	x7.3	6.6	x7.9	x6.4	x5.7	x5.8	x5.1	x4.6	x5.7	Afrique	x0.7	x0.4	0.4	0.4	x0.3	x0.2	x0.1	x0.1	x0.2	x0.2
Northern Africa	x4.0	x3.3	3.1	3.2	2.5	2.3	2.6	2.0	1.5	x2.1	Afrique du Nord	0.1	0.1	0.1	0.1	0.1	0.1	0.1	0.1	0.1	0.1
Americas	x15.4	18.6	20.8	18.2	16.5	16.9	13.4	13.1	13.5	x14.9	Amériques	x19.6	20.9	19.5	17.2	14.8	15.9	x14.4	14.0	x14.1	x13.5
LAIA	3.3	3.6	4.3	3.6	3.4	2.8	2.8	2.9	3.2	3.3	ALAI	0.7	1.1	0.9	0.6	0.7	0.6	0.8	x0.6	0.8	0.8
CACM	x0.7	1.6	1.6	1.3	x1.0	0.7	0.8	0.6	0.6	x0.5	MCAC	x0.2	0.6	0.5	0.4	0.4	0.4	0.3	0.3	0.3	x0.2
Asia	x21.9	x21.3	21.0	x21.6	x20.6	x22.4	x19.9	x18.7	x17.7	x19.5	Asie	6.4	6.4	7.7	7.1	7.5	8.2	8.4	8.5	9.0	8.2
Middle East	x6.9	x6.6	4.8	x5.9	x5.3	x5.5	x4.3	x4.3	x3.4	x3.9	Moyen–Orient	x0.3	x0.4	0.4	0.4	0.4	0.5	0.9	0.6	x0.4	0.4
Europe	40.6	39.8	45.9	47.0	44.8	45.4	47.2	50.5	49.8	55.3	Europe	67.0	66.4	67.4	70.8	69.7	70.4	72.8	74.8	74.2	76.6
EEC	32.5	31.4	36.2	37.1	35.2	36.2	38.2	40.8	40.8	45.2	CEE	52.3	51.4	52.4	53.9	52.9	53.6	54.5	55.8	56.1	57.7
EFTA	8.1	7.7	9.0	9.3	9.0	8.6	8.4	8.9	8.5	9.4	AELE	14.7	13.9	14.0	15.9	16.1	16.0	16.6	17.7	17.9	18.4
Oceania	2.0	2.1	2.4	2.3	x2.2	x2.6	x2.6	x2.6	2.2	x2.6	Océanie	x0.8	x0.8	0.7	0.6	0.6	0.7	x0.7	0.7	x0.8	0.8
Former USSR/Anc. URSS	8.1	8.0		5.5	x4.3	x8.2	x8.5	x10.2			Germany/Allemagne	14.1	13.8	14.0	15.3	15.2	15.5	15.4	15.6	15.8	15.2
Germany/Allemagne	7.3	7.2	8.4	8.6	8.0	7.8	7.9	8.4	9.1	9.3	USA/Etats–Unis d'Amer	17.4	17.7	16.8	15.2	12.7	14.0	12.1	11.1	11.2	11.1
Japan/Japon	7.5	7.4	7.9	7.9	7.5	8.2	8.2	7.1	6.7	7.3	Switz.Liecht	10.5	9.6	9.5	11.0	11.3	10.9	10.9	11.6	11.2	11.6
Italy/Italie	4.6	4.4	5.9	6.1	5.6	6.2	6.4	7.0	6.5	7.4	United Kingdom	10.8	10.5	10.9	10.4	10.0	10.3	10.7	10.7	10.9	10.7
USA/Etats–Unis d'Amer	7.2	8.8	10.6	9.6	8.9	10.0	6.3	6.3	6.6	7.6	France, Monac	9.3	8.9	9.1	9.3	8.9	8.6	9.5	9.7	9.5	9.8
France, Monac	4.4	4.2	4.8	4.9	4.8	5.2	5.9	6.6	6.6	7.1	Belgium–Luxembourg	4.3	4.1	3.9	4.1	4.0	4.0	4.2	4.3	4.6	5.2
United Kingdom	4.4	4.3	4.7	4.6	4.6	4.8	5.2	5.1	5.2	5.8	Italy/Italie	4.7	4.8	5.1	4.8	4.4	4.0	4.0	4.0	3.9	5.0
Belgium–Luxembourg	3.5	3.1	3.4	3.3	3.2	3.1	3.5	3.8	3.8	4.2	Sweden/Suède	2.3	2.4	2.4	2.7	2.4	2.9	3.4	3.5	4.1	4.3
Netherlands/Pays–Bas	3.0	2.9	3.6	3.8	3.6	3.5	3.4	3.6	3.3	4.0	Netherlands/Pays–Bas	3.8	3.7	3.6	3.8	3.9	4.0	3.5	3.7	3.6	3.7
Switz.Liecht	2.7	2.5	3.0	3.2	3.0	2.8	2.5	2.7	2.6	3.3	Denmark/Danemark	2.5	2.5	2.7	2.9	2.9	2.8	2.9	3.1	2.9	3.0

551 ESSENTL OILS, PERFUME, ETC HUILES ESSENTIELLES 551

TRADE BY COMMODITY IN THOUSAND U.S. DOLLARS – COMMERCE PAR PRODUIT EN MILLIERS DE DOLLARS E.U

COUNTRIES–PAYS	IMPORTS – IMPORTATIONS					COUNTRIES–PAYS	EXPORTS – EXPORTATIONS				
	1988	1989	1990	1991	1992		1988	1989	1990	1991	1992
Total	3321446	3302450	3897152	4174644	4356206	Totale	3083667	3098195	3732770	3871336	4116133
Africa	x148956	x137908	x176764	x204542	x229713	Afrique	x63579	x59371	x42673	x45934	x53826
Northern Africa	37449	43945	53872	48551	x46383	Afrique du Nord	19146	23174	22209	22418	30012
Americas	641980	539460	572862	609523	x703434	Amériques	486576	517832	652041	675033	x703660
LAIA	159831	165851	158487	182481	x213787	ALAI	84582	81280	109049	111840	133590
CACM	18363	19074	25879	26491	x32518	MCAC	6563	3108	3377	3102	2889
Asia	x747038	x797254	894703	1026737	x1038969	Asie	459812	447904	504709	558621	x526000
Middle East	x111968	x123643	x126196	x133613	x137489	Moyen–Orient	x15105	14435	x11446	x9433	x9582
Europe	1497281	1568142	1964763	2024659	2255161	Europe	1969000	1988199	2461139	2531304	2790626
EEC	1303185	1380212	1716993	1779951	1980106	CEE	1562507	1600948	1962155	2026922	2238643
EFTA	170259	165766	218102	219937	246456	AELE	401533	381724	493569	499979	545218
Oceania	x39030	x40275	x40491	x47814	x45170	Océanie	x12965	x10108	x15370	x22925	x22994
France, Monac	278014	304889	358195	343322	385775	France, Monac	471243	452659	527386	527294	544932
Germany/Allemagne	264340	259217	336993	366714	342502	USA/Etats–Unis d'Amer	375395	406110	515314	540369	541684
USA/Etats–Unis d'Amer	379135	257373	291958	295451	331466	Switz. Liecht	377269	357341	464379	468619	506624
United Kingdom	218546	239696	298083	295479	271167	Germany/Allemagne	291353	303699	383100	422791	466595
Japan/Japon	153623	219008	239136	282440	230209	United Kingdom	294552	287155	320628	364562	401219
Italy/Italie	136610	137092	166037	191296		Ireland/Irlande	158544	202787	291482	270800	313452
Former USSR/Anc. URSS	x110995	x107309	x164011	x204903		Netherlands/Pays–Bas	221513	217544	254171	250599	289198
Netherlands/Pays–Bas	111195	119688	160038	181669	202417	Hong Kong	110756	113116	122346	125770	135106
Spain/Espagne	97649	101573	127734	140856	162404	Japan/Japon	93816	101312	114608	124263	121825
Hong Kong	108452	113056	109222	128212	146076	China/Chine	102931	108844	99715	88740	91343
Korea Republic	74826	81951	100363	115126	101937	Italy/Italie	54623	55974	69678	69907	75524
Switz. Liecht	96118	87899	105647	96980	107999	Indonesia/Indonésie	33797	31375	60205	100627	28453
Ireland/Irlande	70345	79937	93890	88788	92697	Spain/Espagne	36651	37395	46267	53634	65616
Belgium–Luxembourg	55460	69646	90279	87154	100932	Belgium–Luxembourg	26548	x30537	42294	51274	x48134
Indonesia/Indonésie	49074	58961	77953	94402	82883	India/Inde	35225	35997	43527	44524	54883
Canada	59033	62785	70149	77153	84878	Brazil/Brésil	x58165	x47703	x27588	x11826	x10203
So. Africa Customs Un	46011	40960	53917	x65174	x66275	Bulgaria/Bulgarie	22594	19373	23221	28652	41566
Thailand/Thaïlande	42711	42209	47145	55337	56412	Singapore/Singapour	x24557	x19145	x22615	x19342	
Philippines	32376	x40382	43957	44516	47561	Former USSR/Anc. URSS	17496	9943	22689	25062	29190
Mexico/Mexique	25813	40513	37264	44791	57281	Argentina/Argentine					
Singapore/Singapour	27493	27883	40815	43996	49142	Austria/Autriche	17374	16672	20116	20166	25831
Austria/Autriche	28185	29229	39529	41794	47080	Paraguay	4656	16507	16793	14644	x12367
Venezuela	62510	34302	26652	34508	41541	Australia/Australie	12246	9536	14354	21473	21377
Norway, SVD, JM	13133	15251	34852	43279	49824	Mexico/Mexique	18725	9423	16835	15999	21055
Portugal	27634	25986	35065	31618	33290	Morocco/Maroc	10226	10769	13158	14616	16046
Brazil/Brésil	15107	33255	30533	26247	18371	Thailand/Thaïlande	11091	10448	11018	12213	x22943
Turkey/Turquie	16245	20423	31808	30734	34200	Denmark/Danemark	8027	8305	9011	10140	14285
Malaysia/Malaisie	22333	23397	28468	31016	x45594	Canada	5157	8533	10469		13616
Australia/Australie	26537	26957	25136	29268	25627	Cote d'Ivoire	x19674	x19584	x3627	x5486	x7558
India/Inde	15232	x17947	28962	29833	x24765	Sweden/Suède	6239	6529	7721	8944	10801
Syrian Arab Republic	10985	43689	12100	x20040	x12340	Turkey/Turquie	11665	8667	8000	5864	6411
Denmark/Danemark	24522	21228	25092	28546	32169	Egypt/Egypte	4525	9194	5425	4554	10430
Greece/Grèce	18870	x17190	x24706	x26743	x39291	Peru/Pérou	3854	6641	4627	x5373	x4693
Nigeria/Nigéria	x22804	19908	27011	x21210		Israel/Israël	5822	5319	5935	4976	12788
Yugoslavia SFR	21732	22494	22826		24878	So. Africa Customs Un	x3860	x4707	x5059	x5972	x5163
Sweden/Suède	19117	18891	21369	x18544	x23135	Yugoslavia SFR	4899	5518	4899	3927	
Czechoslovakia	x23518	19990	24143	19497	13581	Haiti/Haïti	x4025	x7201	x2770	x1224	x4802
Egypt/Egypte	10942	16185	20890	22781	26337	Madagascar	3406	3770	3635	3390	x3180
Israel/Israël	18679	15716	20423			Viet Nam	x5411	x3874	x4142	x2762	x5961
Chile/Chili	13938	15894	18590	21028	x30825	Tunisia/Tunisie	4281	3150	3603	3240	3532
Saudi Arabia	8295	9565	x22148	x22180	x26543	Korea Dem People's Rp	x5576	x3757	x3282	x2571	x1106
China/Chine	23267	17443	15247	20760	21970	Jamaica/Jamaïque	2202	3281	3389	2874	x1039
Bulgaria/Bulgarie	x22294	x28656	x18016	x3347	7983	Sri Lanka	3668	2768	3002	3719	2824
Poland/Pologne	20705	22605	8016	17875	x29938	Portugal	3203	3479	3196	1923	2310
Hungary/Hongrie	x16041	x15043	x18798	13774	x18399	Bahamas	2259	x2309	x2256	x3321	x3746
Colombia/Colombie	15108	13425	15728	16667	20477	Guatemala	6222	2905	2227	2726	2414
Finland/Finlande	12910	13758	14936	14018	15746	Ethiopia/Ethiopie	5044	4519	2633	285	x467
New Zealand	9809	11361	11681	11956	13127	Reunion/Réunion	3987	2810	2915	1621	2297
Cote d'Ivoire	x7344	x8817	x8095	x17914	x27944	United States Virg Is	x3197	x3551	x3323		
Morocco/Maroc	8853	8870	12111	12614	12577	Hungary/Hongrie	x1899	x2010	x1635	x2537	x2044

(VALUE AS % OF TOTAL)(VALEUR EN % DU TOTAL)

	1983	1984	1985	1986	1987	1988	1989	1990	1991	1992		1983	1984	1985	1986	1987	1988	1989	1990	1991	1992
Africa	x5.3	x4.7	4.2	x5.5	4.4	x4.5	4.1	4.5	x4.9	x5.3	Afrique	2.5	x2.7	2.4	2.2	2.2	x2.0	2.0	1.1	1.2	x1.3
Northern Africa	x2.0	1.7	1.5	1.5	1.1	1.1	1.3	1.4	1.2	1.1	Afrique du Nord	1.4	1.5	1.5	1.3	0.9	0.6	0.7	0.6	0.6	0.7
Americas	22.0	24.3	24.5	23.1	19.4	19.3	16.3	14.7	14.6	x16.1	Amériques	21.4	22.1	20.3	17.5	15.6	15.7	16.7	17.5	17.4	x17.1
LAIA	6.1	6.8	7.1	6.2	5.3	4.8	5.0	4.1	4.4	x4.9	ALAI	2.7	4.1	3.9	3.0	2.7	2.6	2.9	2.9	2.9	3.2
CACM	x0.5	0.9	0.1	0.6	0.7	0.6	0.6	0.6	0.6	x0.7	MCAC	x0.1	x0.3	0.1	0.1	0.1	0.2	0.1	0.1	0.1	0.1
Asia	x21.3	20.4	19.2	21.0	x21.4	x22.5	24.1	23.0	24.6	x23.8	Asie	8.9	9.7	9.8	10.3	13.8	14.9	14.4	13.5	14.4	x12.8
Middle East	x3.6	x3.6	2.0	x3.6	3.1	3.4	3.7	3.2	3.2	x3.2	Moyen–Orient	x0.2	0.5	0.6	0.7	x0.8	0.5	x0.3	x0.2		
Europe	46.9	45.9	48.2	47.2	44.4	45.1	47.5	50.4	48.5	51.8	Europe	66.5	64.9	67.1	69.6	65.2	63.9	64.2	65.9	65.4	67.8
EEC	41.6	40.0	42.0	41.3	38.8	39.2	41.8	44.1	42.6	45.5	CEE	52.6	51.4	53.4	54.7	51.0	50.7	51.7	52.6	52.4	54.4
EFTA	5.3	4.9	5.3	5.2	4.8	5.1	5.0	5.6	5.3	5.7	AELE	14.0	13.2	13.2	14.6	14.0	13.0	12.3	13.2	12.9	13.2
Oceania	x1.8	x1.9	1.8	x1.9	1.4	x1.2	1.3	1.0	1.2	1.0	Océanie	0.5	x0.4	0.4	0.4	0.5	x0.3	x0.3	0.4	0.6	x0.5
France, Monac	9.0	9.0	9.4	9.2	7.9	8.4	9.2	9.2	8.2	8.9	France, Monac	16.1	16.0	17.1	17.7	16.6	15.3	14.6	14.1	13.6	13.2
Germany/Allemagne	8.3	7.6	7.9	8.0	7.7	8.0	7.8	8.6	8.8	8.7	USA/Etats–Unis d'Amer	17.7	16.9	15.8	13.7	12.2	12.2	13.1	13.8	14.0	13.2
USA/Etats–Unis d'Amer	12.3	13.7	14.8	13.2	11.2	11.4	7.8	7.5	7.1	7.9	Switz. Liecht	13.3	12.5	13.2	13.8	13.2	12.2	11.5	12.4	12.1	12.3
United Kingdom	7.8	7.4	8.2	7.0	6.4	6.6	7.3	7.6	7.1	7.6	Germany/Allemagne	7.5	7.2	7.8	9.0	8.6	9.4	9.8	10.3	10.9	11.3
Japan/Japon	5.9	5.2	5.3	4.9	4.4	4.6	6.6	6.1	6.8	6.2	United Kingdom	11.7	10.9	11.2	10.3	9.7	9.5	9.3	8.6	9.4	9.7
Italy/Italie	3.9	3.8	4.0	4.5	4.1	4.2	4.3	4.6	5.3		Ireland/Irlande	5.1	5.2	5.6	5.5	4.7	5.1	6.5	7.8	7.0	7.6
Former USSR/Anc. URSS	1.4	1.6		x5.0	3.3	3.2	x4.2	4.9			Netherlands/Pays–Bas	8.0	7.4	7.7	8.0	7.4	7.2	7.0	6.8	6.5	7.0
Netherlands/Pays–Bas	3.6	3.4	3.7	3.4	3.3	3.3	3.6	4.1	4.4	4.6	Hong Kong	2.4	2.8	2.9	2.6	3.6	3.7	3.7	3.3	3.3	3.3
Spain/Espagne	3.1	3.0	2.8	3.2	3.0	2.9	3.1	3.3	3.4	3.7	Japan/Japon	2.7	2.6	2.6	2.6	3.0	3.0	3.3	3.1	3.2	3.0
Hong Kong	2.1	2.3	2.8	2.5	3.0	3.3	3.4	2.8	3.1	3.4	China/Chine				3.1	3.3	3.3	3.5	2.7	2.3	2.2

553 PERFUMERY, COSMETICS, ETC — PRODUITS DE PARFUMERIE 553

TRADE BY COMMODITY IN THOUSAND U.S. DOLLARS – COMMERCE PAR PRODUIT EN MILLIERS DE DOLLARS E.U

IMPORTS – IMPORTATIONS

COUNTRIES–PAYS	1988	1989	1990	1991	1992
Total	x7546823	x8357908	x11413372	x12666711	x12279850
Africa	x148207	x147970	x179061	x212069	x284767
Northern Africa	20928	31026	36857	x26856	x46030
Americas	x1090834	1244248	x1432240	x1669341	x2104572
LAIA	42659	77185	127986	215695	x344113
CACM	28398	27145	25467	31511	x45469
Asia	x1435306	x1473462	x1680633	x1884399	x2225267
Middle East	x614543	x559115	x576033	x577570	x723794
Europe	3764412	4033108	5300401	6024691	6979104
EEC	2977432	3206509	4232528	4887496	5703212
EFTA	734906	766638	977809	1034594	1149073
Oceania	x182858	x221540	x239745	x257528	x302085
Former USSR/Anc. URSS	x770899	x1090580	x2405409	x2397579	
Germany/Allemagne	638929	683739	910405	1103080	1240773
USA/Etats-Unis d'Amer	649835	746817	825422	887087	1113498
Italy/Italie	509403	517920	692783	749841	826070
United Kingdom	501871	530272	647700	697549	819350
France, Monac	367604	404548	530358	598486	725245
Netherlands/Pays-Bas	306144	333753	421950	470592	522038
Belgium–Luxembourg	295081	311348	416740	455745	501465
Japan/Japon	237552	288124	356221	429781	436604
Switz.Liecht	260939	271931	326076	362396	396992
Canada	176421	205836	262157	329129	388333
Hong Kong	208670	220655	261567	278694	334779
Spain/Espagne	110793	141627	214288	331736	417326
Singapore/Singapour	154371	192031	216241	264498	351696
Saudi Arabia	208492	215919	x233034	x212332	x230658
Austria/Autriche	148374	154347	219093	236583	273904
Sweden/Suède	152349	157374	196128	202879	226158
Australia/Australie	118472	152359	160451	167954	197993
United Arab Emirates	x221668	x114288	x117377	x161587	x193771
Denmark/Danemark	101576	103793	120316	148039	203903
Norway, SVD, JM	90748	87779	113786	119747	138006
Ireland/Irlande	83469	86226	110196	117798	140508
Finland/Finlande	71544	85273	110612	99117	100310
Malaysia/Malaisie	61101	70314	94695	104723	x127644
Portugal	39304	48258	87795	115127	160915
Mexico/Mexique	13061	37754	74712	123775	196553
Greece/Grèce	23258	45025	79996	99302	x145620
Poland/Pologne	30205	20108	27799	112241	x207249
Kuwait/Koweït	x84630	72928	x55371	x24382	x72354
Andorra/Andorre	x34877	x40009	x53521	x56531	x58334
Bahrain/Bahreïn	x13156	x41766	x53062	x52384	x57170
Korea Republic	14012	28032	47281	64131	71002
New Zealand	29626	39088	47950	51137	58300
Bahamas	61103	32728	x36828	x57489	x54273
Nigeria/Nigéria	x27363	x30759	x41860	x48026	x70176
Czechoslovakia	x28114	31990	36395	x44849	x78284
Bulgaria/Bulgarie	x32075	x48913	x50385	x8889	9947
Hungary/Hongrie	x27412	x28282	x25831	41522	x65721
Israel/Israël	17329	24506	34270	34161	39789
Oman	24427	24836	29445	30770	x32578
Lebanon/Liban	x14594	x19440	x25976	x36555	x41037
Thailand/Thaïlande	14839	17511	25166	29348	38647
Afghanistan	x12196	x5980	x13047	x49518	x9980
Yugoslavia SFR	4226	9028	23448	x27874	
Panama	8778	15504	21906	21667	22474
Cuba	x27014	33183	x15017	x10574	x7010
Martinique	14825	17578	17765	19160	21009
So. Africa Customs Un	15673	11622	13617	x29222	x35546
Reunion/Réunion	15149	16560	18294	19147	24289
Guadeloupe	13486	13091	16430	17516	18305

EXPORTS – EXPORTATIONS

COUNTRIES–PAYS	1988	1989	1990	1991	1992
Totale	7068417	7921316	10229825	10761001	12590721
Afrique	x49530	x59227	x74858	x82182	x43443
Afrique du Nord	41030	41413	63732	64432	31822
Amériques	623922	889687	1092670	1355867	x1592490
ALAI	30393	51747	47037	53968	86541
MCAC	27777	21406	20625	24920	x25523
Asie	x829593	883738	1368808	920131	x988218
Moyen-Orient	204032	306923	542704	x55802	x59363
Europe	5377117	5852332	7505720	8289232	9836902
CEE	4981737	5399269	6981692	7696176	9118001
AELE	355041	372863	489047	578231	687109
Océanie	x57526	x65073	x68640	x80348	x101798
France, Monac	2391115	2645492	3345791	3554169	4243042
United Kingdom	844213	820223	1073933	1236246	1391093
Germany/Allemagne	732910	780568	986251	1125549	1446048
USA/Etats-Unis d'Amer	470426	690179	901098	1133851	1298622
Belgium-Luxembourg	310822	332708	453117	497653	538640
Italy/Italie	246410	311425	406614	417136	501758
Switz.Liecht	237145	242187	328171	394154	458026
Syrian Arab Republic	150679	248833	494744	x3416	x1350
Netherlands/Pays-Bas	166784	168829	227260	256489	295486
Ireland/Irlande	99430	132734	191684	281506	343813
Japan/Japon	153668	152392	183372	211143	255352
Hong Kong	138461	136740	159540	175086	183238
Spain/Espagne	88394	107890	157298	173986	209353
Canada	60155	92049	102822	115936	159834
China/Chine	44890	75551	108279	74470	89400
Singapore/Singapour	61090	74520	148902		
Denmark/Danemark	70426	67153	82348	127858	191953
India/Inde	65432	x20193	95578	101287	122751
Sweden/Suède	52093	56947	112215	94483	x16434
Bulgaria/Bulgarie	x51090	x94867	x64524	x2898	x3086
Austria/Autriche	33404	34972	49518	63931	93632
Indonesia/Indonésie	5390	45949	49380	52264	77067
Australia/Australie	30085	37010	38403	44187	54797
Finland/Finlande	36454	74887	28820	x3789	
Poland/Pologne	25761	33099	37645	28552	26144
Malaysia/Malaisie	49903	44893	32309	17071	x13238
Egypt/Egypte	19312	25404	32196	35582	x39039
New Zealand	23476	14970	40339	34480	10422
Greece/Grèce	26241	26928	28040	34300	44828
	15849	20314	29120	34196	x10609
Thailand/Thaïlande	11054	13233	17781	52308	x25100
Korea Republic	21542	19042	18150	18566	25298
Venezuela	1252	21883	20406	7122	5441
Morocco/Maroc	14161	17480	13009	14683	9436
Portugal	15384	11540	14651	17563	15409
Brazil/Brésil	16455	14066	13076	15684	25844
Guatemala	20110	11689	14093	16524	19161
Cyprus/Chypre	10806	11738	14150	15078	17045
Tunisia/Tunisie	2777	8450	10381	14374	10784
Israel/Israël	6288	8947	13392	9710	12626
United Arab Emirates	x10389	x10690	x9059	x10457	x19512
Former USSR/Anc. URSS	x1667	x15508	x12660	x688	
Chile/Chili	6636	10149	4619	12637	x8183
Bahamas	18951	15606	x3353	x6521	x2194
Norway, SVD, JM	6638	5656	6823	9744	10984
Mexico/Mexique	3562	3292	5284	12516	18287
Jamaica/Jamaïque	5121	6101	6463	6857	x5356
Malta/Malte	2866	3710	4922	x10163	x11843
Hungary/Hongrie	x8215	x5520	x4281	x8285	x7028
Oman	3824	4871	6876	5948	x1133

(VALUE AS % OF TOTAL)(VALEUR EN % DU TOTAL)

	1983	1984	1985	1986	1987	1988	1989	1990	1991	1992		1983	1984	1985	1986	1987	1988	1989	1990	1991	1992
Africa	x2.5	x2.5	1.5	x2.6	x2.0	2.0	1.7	1.5	1.6	x2.3	Afrique	1.2	0.5	0.9	0.5	x0.5	0.7	0.7	0.7	x0.8	x0.4
Northern Africa	x0.7	x0.6	0.5	x0.2	0.2	0.3	0.4	0.3	x0.2	x0.4	Afrique du Nord	0.7	0.3	0.3	0.1	0.2	0.6	0.5	0.6	0.6	0.3
Americas	x12.4	16.5	19.3	17.0	x14.0	x14.4	14.9	x12.5	x13.2	x17.1	Amériques	x12.3	11.6	10.3	8.4	8.0	8.8	11.3	10.7	12.6	x12.7
LAIA	0.8	0.8	0.9	0.7	0.6	0.6	0.9	1.1	1.7	x2.8	ALAI	0.7	0.5	0.5	0.4	0.5	0.4	0.7	0.5	0.5	0.7
CACM	x0.5	0.3	0.7	0.4	0.3	0.4	0.3	0.2	0.2	x0.4	MCAC	x0.2	0.6	0.5	0.3	0.4	0.4	0.3	0.2	0.2	0.2
Asia	22.0	21.0	20.8	x19.5	17.5	19.0	17.6	14.7	14.9	x18.1	Asie	8.2	9.4	8.7	10.3	x10.9	x11.8	11.1	13.4	8.6	x7.8
Middle East	11.9	11.5	9.8	x9.0	x7.5	x8.1	x6.7	5.0	4.6	x5.9	Moyen-Orient	x1.7	2.2	1.7	3.8	x3.1	2.9	3.9	5.3	x0.5	x0.5
Europe	45.3	43.4	54.2	57.1	52.4	49.9	48.3	46.4	47.6	56.8	Europe	76.1	76.3	78.1	79.0	77.5	76.1	73.9	73.4	77.0	78.1
EEC	35.1	33.8	43.0	44.8	41.2	39.5	38.4	37.1	38.6	46.4	CEE	70.8	70.5	72.4	73.1	72.0	70.5	68.2	68.2	71.5	72.4
EFTA	9.9	9.2	11.1	11.6	10.5	9.7	9.2	8.6	8.2	9.4	AELE	5.3	5.0	5.0	5.4	4.9	5.0	4.7	4.8	5.4	5.5
Oceania	x2.1	x2.4	2.8	x2.6	x2.4	x2.5	2.7	x2.1	x2.0	x2.5	Océanie	0.8	0.8	0.8	x0.7	x0.8	x0.8	0.8	0.6	0.7	0.8
Former USSR/Anc. URSS						14.4	13.0	x9.5	x10.2	x13.0	x21.1	x18.9										
Germany/Allemagne	8.5	7.8	9.5	10.1	9.2	8.5	8.2	8.0	8.7	10.1	France, Monac	34.1	34.1	34.8	34.8	34.1	33.8	33.4	32.7	33.0	33.7
USA/Etats-Unis d'Amer	6.8	9.7	12.2	10.7	8.8	8.6	8.9	7.2	7.0	9.1	United Kingdom	13.6	12.6	12.8	12.2	11.8	11.9	10.4	10.5	11.5	11.0
Italy/Italie	5.1	5.0	6.6	7.2	6.8	6.5	6.2	6.1	5.9	6.7	Germany/Allemagne	10.5	10.3	10.0	10.1	10.7	10.4	9.9	9.6	10.5	11.5
United Kingdom	6.3	6.2	8.1	7.9	6.9	6.7	6.3	5.7	5.5	6.7	USA/Etats-Unis d'Amer	10.1	9.2	8.2	6.5	6.1	6.7	8.7	8.8	10.5	10.3
France, Monac	4.3	4.2	5.4	5.5	4.9	4.9	4.8	4.6	4.7	5.9	Belgium-Luxembourg	3.2	3.7	4.8	4.6	5.0	4.4	4.2	4.4	4.6	4.3
Netherlands/Pays-Bas	3.4	3.8	4.4	4.8	4.7	4.1	4.0	3.7	3.7	4.3	Italy/Italie	3.4	3.4	3.7	3.9	3.8	3.5	3.9	4.0	3.9	4.0
Belgium-Luxembourg	3.4	3.9	5.1	4.9	4.4	3.9	3.7	3.3	3.6	4.1	Switz.Liecht	3.4	3.1	3.0	3.4	3.2	3.4	3.1	3.2	3.7	3.6
Japan/Japon	2.5	2.4	2.9	3.0	2.9	3.1	3.4	3.1	3.4	3.6	Syrian Arab Republic	0.6	1.2	0.9	3.1	2.2	2.1	3.1	4.8	x0.0	x0.0
Switz.Liecht	3.3	3.0	3.7	4.0	3.5	3.5	3.3	2.9	2.9	3.3	Netherlands/Pays-Bas	2.7	2.6	2.2	2.5	2.4	2.4	2.1	2.2	2.4	2.3
											Ireland/Irlande	0.9	1.2	1.8	1.8	1.7	1.4	1.7	1.9	2.6	2.7

554 SOAP, CLEANSING ETC PREPS — SAVONS, PRODUITS DETERSIFS 554

TRADE BY COMMODITY IN THOUSAND U.S. DOLLARS – COMMERCE PAR PRODUIT EN MILLIERS DE DOLLARS E.U

COUNTRIES–PAYS	IMPORTS 1988	1989	1990	1991	1992	COUNTRIES–PAYS	EXPORTS 1988	1989	1990	1991	1992
Total	5485099	x6256893	x7659835	x7794052	x8087788	Totale	5135298	5836375	6969280	7137451	8024529
Africa	x248341	x226262	x314996	x273167	x328540	Afrique	x23143	x71776	x32644	x43685	x28880
Northern Africa	65730	54588	121025	x55284	x65104	Afrique du Nord	8981	48250	17740	23156	10712
Americas	670678	651696	x756502	x891956	x1020387	Amériques	572521	610046	851091	1052779	x1205092
LAIA	107856	127619	144582	183718	247885	ALAI	55016	74167	86297	115189	140633
CACM	33794	29771	34018	40206	x46213	MCAC	23839	19293	23329	27882	x35563
Asia	x1014394	x951138	x1101625	x1307296	x1405542	Asie	639308	784022	965319	939238	x937532
Middle East	x246931	x247022	x287226	x271963	x326182	Moyen–Orient	93902	225239	x180804	x112798	151302
Europe	3065352	3125831	4039870	4166316	4883188	Europe	3763040	4235352	5000934	5022258	5780071
EEC	2459925	2478506	3167967	3354855	3937950	CEE	3380159	3518780	4503255	4563636	5256582
EFTA	543452	576054	749614	737441	829736	AELE	366812	393761	459767	446783	487128
Oceania	x100561	x117059	x129355	x128341	x155166	Océanie	x36313	30347	43416	45862	55249
Former USSR/Anc. URSS	x252159	x1081997	x1202918	x828112		Germany/Allemagne	1285170	1250366	1497278	1508784	1595874
France, Monac	509045	527001	650689	652539	740403	France, Monac	417350	496513	669657	745445	914396
Germany/Allemagne	370328	362220	539569	602772	693253	United Kingdom	541573	533068	684912	692803	787023
United Kingdom	374785	346177	402196	416909	506476	USA/Etats–Unis d'Amer	396255	418668	605979	756242	869599
Belgium–Luxembourg	317861	328609	395093	410827	474902	Belgium–Luxembourg	394206	419930	526455	528739	632787
Netherlands/Pays–Bas	284675	278373	336917	335365	409682	Netherlands/Pays–Bas	367173	358904	489188	498404	559760
Italy/Italie	262946	267995	315299	339399	385857	Japan/Japon	221371	237162	281440	302269	330596
USA/Etats–Unis d'Amer	282296	207478	263109	286430	315460	Italy/Italie	151064	211498	299895	280233	385085
Canada	132646	153463	189119	234865	293071	Switz.Liecht	157880	148519	181373	172781	184712
Sweden/Suède	151215	160253	194977	194051	235644	Spain/Espagne	86356	102034	156181	139877	167627
Switz.Liecht	120936	122987	174605	180902	193529	Yugoslavia SFR	15764	322490	36587	x10215	
Austria/Autriche	120493	125265	168911	169333	188304	Sweden/Suède	94410	110784	118060	114651	113139
Japan/Japon	108898	113958	129765	152319	145004	Denmark/Danemark	92945	94037	111646	105576	122029
Hong Kong	100662	100704	132566	154705	178833	Canada	73144	69588	102104	125438	128261
Spain/Espagne	84394	85008	137182	162589	207682	Turkey/Turquie	26599	119828	105328	59962	81402
Denmark/Danemark	84162	92133	120603	117307	129451	Singapore/Singapour	102306	88247	101384	73560	77248
Ireland/Irlande	86895	90194	111208	126908	151262	Hong Kong	59950	58191	80465	90298	107886
Korea Republic	73425	93142	106064	126136	116069	India/Inde	19882	x1239	85312	111242	x5666
Norway,SVD,JM	79350	78149	101687	95086	103971	Austria/Autriche	50712	54166	69094	74108	98553
Finland/Finlande	64140	82674	101558	89172	100444	China/Chine	35197	51051	70640	56591	55982
Singapore/Singapour	114814	100291	85404	82310	95644	Norway,SVD,JM	38320	41768	53420	53733	61115
Yugoslavia SFR	49360	60417	108015	x59806		Mexico/Mexique	20849	29964	35155	64273	70616
Greece/Grèce	41115	48975	77226	99059	x113960	Indonesia/Indonésie	12845	27055	40641	60397	55794
Portugal	43720	51820	81984	91180	125021	Malaysia/Malaisie	25047	29443	42985	54242	x56033
China/Chine	47817	47651	63422	103805	117245	Korea Republic	29231	39784	45875	31946	41612
Australia/Australie	47063	61091	67132	67434	84908	Former USSR/Anc. URSS	x14778	x54910	x44569	x12523	
Thailand/Thaïlande	42154	52682	67229	75432	88963	Finland/Finlande	25476	38496	37811	31503	29576
Saudi Arabia	43698	52940	x64733	x51635	x62151	Ireland/Irlande	29395	24793	35876	37923	45740
Malaysia/Malaisie	43583	42997	52364	64750	x85707	Australia/Australie	24850	22002	29057	30001	34253
Israel/Israël	42498	47635	55939	49158	57003	Saudi Arabia	34132	43487	x27637	x6226	x6735
So. Africa Customs Un	34159	35562	36439	x46278	x57840	Egypt/Egypte	5432	39512	10592	16875	7748
Turkey/Turquie	22129	23520	38151	56418	68758	Portugal	12848	22248	24870	16649	35624
Mexico/Mexique	19422	29554	36741	44577	80582	Jordan/Jordanie	6277	14912	20726	19712	51709
Indonesia/Indonésie	25864	29182	36131	40970	50300	Brazil/Brésil	13840	14280	9235	16948	28160
Bulgaria/Bulgarie	x53327	x39587	x46540	x15189	x55240	Thailand/Thaïlande	9002	11404	14381	14413	x10817
Hungary/Hongrie	x24942	x23711	x27846	46754		Venezuela	3682	12587	19980	7327	8472
Afghanistan	x10518	x8269	x8822	x80944	x8514	Syrian Arab Republic	8972	27753	6844	x921	x1111
United Arab Emirates	x68624	x29024	x30252	x38627	x43748	Bulgaria/Bulgarie	x22224	x20144	x11962	x3047	x2656
Libyan Arab Jamahiriya	32875	19994	62087	x9587	x20523	New Zealand	8391	7046	12843	14459	19723
New Zealand	25354	28112	30633	29015	34250	Guatemala	13954	7379	11243	13092	16328
Czechoslovakia	x28201	24580	26295	x34359	x57541	Philippines	6421	x6277	8877	15789	20092
Brazil/Brésil	15327	23289	27844	33127	34593	Israel/Israël	3273	5836	9180	13633	18711
Poland/Pologne	18750	7222	4635	69323	x156760	Dominica/Dominique	9376	10664	11829	x6146	x6031
Cuba	x11730	30544	x12756	x35460	x14232	Trinidad and Tobago	5794	6839	8002	10221	10588
Nigeria/Nigéria	x25843	x19999	x24837	x25841	x39508	Hungary/Hongrie	x6786	x8868	x6851	x7598	x6053
Argentina/Argentine	18459	18100	22162	28599	45648	Uruguay	5283	6872	7043	9268	7467
Reunion/Réunion	20641	17786	24182	21480	26487	El Salvador	6176	8148	6907	6688	x8614
Kuwait/Koweït	x27740	38799	x12022	x9142	x20964	Greece/Grèce	2121	5086	6995	8900	x10637
India/Inde	14575	x13641	21280	22090	x17144	Cameroon/Cameroun	x570	11465	x947	7869	x8
Iran (Islamic Rp. of)	x20045	x12706	x26398	x16363	x34415	Former GDR	x40842	x13535	x6594		

(VALUE AS % OF TOTAL)(VALEUR EN % DU TOTAL)

	1983	1984	1985	1986	1987	1988	1989	1990	1991	1992		1983	1984	1985	1986	1987	1988	1989	1990	1991	1992
Africa	x8.7	x8.4	5.6	x7.8	7.0	x4.5	3.6	4.1	x3.5	4.0	Afrique	1.1	x0.7	0.6	0.9	1.2	x0.4	x1.2	x0.4	0.6	x0.4
Northern Africa	x4.6	x4.2	3.4	x3.3	3.3	1.2	0.9	1.6	x0.7	x0.8	Afrique du Nord	0.0	0.0	0.0	0.1	0.5	0.8	0.3	0.3	0.3	0.1
Americas	x11.6	13.4	15.6	14.5	11.3	12.3	10.4	x9.9	x11.5	x12.6	Amériques	x13.3	14.0	14.0	12.2	11.1	11.1	10.5	12.2	14.8	x15.0
LAIA	2.4	2.7	2.8	2.5	1.9	2.0	2.0	1.9	2.4	3.1	ALAI	0.6	1.1	1.3	0.9	1.1	1.1	1.3	1.2	1.6	1.8
CACM	x0.8	1.1	1.0	0.7	0.6	0.6	0.5	0.4	0.5	x0.6	MCAC	x0.3	0.7	0.6	0.4	0.4	0.5	0.3	0.3	0.4	x0.4
Asia	x18.8	x20.3	18.1	x17.7	x18.1	x18.5	15.2	14.4	x16.8	x17.4	Asie	x10.3	12.2	11.2	10.8	x11.4	12.5	13.5	13.9	13.1	x11.7
Middle East	x7.8	x8.3	4.7	x5.4	x5.4	4.4	3.9	x3.7	x3.5	x4.0	Moyen–Orient	x1.6	x3.6	2.2	x2.3	x2.5	1.8	3.9	x2.6	x1.6	1.9
Europe	53.0	51.3	57.3	56.6	54.6	55.9	50.0	52.7	53.5	60.4	Europe	74.6	72.2	73.2	75.4	74.4	73.3	72.6	71.8	70.4	72.0
EEC	42.5	40.1	45.0	44.3	43.5	44.8	39.6	41.4	43.0	48.7	CEE	66.7	64.6	65.7	67.2	66.3	65.8	60.3	64.6	63.9	65.5
EFTA	10.4	9.7	10.7	11.1	10.0	9.9	9.2	9.8	9.5	10.3	AELE	7.8	7.0	7.1	7.5	7.5	7.1	6.7	6.6	6.3	6.1
Oceania	2.6	x3.0	2.7	2.7	x2.1	1.8	1.8	x1.7	1.6	1.9	Océanie	0.6	0.7	0.6	0.7	x0.7	x0.7	0.5	0.6	0.6	0.7
Former USSR/Anc. URSS	4.2	3.4			x4.9	x4.6	x17.3	15.7	x10.6		Germany/Allemagne	23.6	21.1	22.1	24.0	24.6	25.0	21.4	21.5	21.1	19.9
France, Monac	9.9	8.9	10.0	9.7	9.3	9.3	8.4	8.5	8.4	9.2	France, Monac	9.1	9.6	9.1	8.8	7.9	8.1	8.5	9.6	10.4	11.4
Germany/Allemagne	7.6	7.0	6.7	6.8	6.8	5.8	7.0	7.7	8.0	8.6	United Kingdom	10.8	11.8	12.1	11.5	10.7	10.5	9.1	9.8	9.7	9.8
United Kingdom	5.2	5.5	6.5	6.0	6.2	6.8	5.5	5.3	5.3	6.3	USA/Etats–Unis d'Amer	10.9	10.4	10.0	8.6	8.0	7.7	7.2	8.7	10.6	10.8
Belgium–Luxembourg	5.2	5.2	6.0	5.9	5.5	5.8	5.3	5.3	5.9	5.9	Belgium–Luxembourg	7.1	7.0	6.8	7.8	7.4	7.1	6.1	7.0	7.0	7.0
Netherlands/Pays–Bas	5.4	4.8	5.8	5.8	5.5	5.2	4.4	4.4	4.3	5.1	Netherlands/Pays–Bas	5.5	4.9	5.1	4.7	4.1	4.3	4.1	4.0	4.2	4.1
Italy/Italie	3.9	3.7	4.5	4.1	4.8	4.3	4.1	4.4	4.8	4.8	Japan/Japon	5.1	4.9	3.6	2.9	2.8	2.9	3.6	4.3	3.9	4.8
USA/Etats–Unis d'Amer	3.6	4.5	6.9	6.6	4.7	5.1	3.4	3.4	3.7	3.9	Italy/Italie	2.8	2.9	3.6	2.9	3.8	3.1	2.5	2.9	2.3	2.3
Canada	2.7	2.8	2.9	2.3	2.1	2.4	2.5	2.5	3.0	3.6	Switz.Liecht	3.9	3.6	3.5	3.9	3.9	1.7	1.7	2.2	2.0	2.1
Sweden/Suède	2.2	2.1	2.5	2.8	2.5	2.8	2.6	2.5	2.5	2.9	Spain/Espagne	2.5	1.9	1.9	1.5	1.9	1.7	1.7	2.2	2.0	2.1

562 *FERTILIZERS, MANUFACTURE — ENGRAIS MANUFACTURES 562

TRADE BY COMMODITY IN THOUSAND U.S. DOLLARS – COMMERCE PAR PRODUIT EN MILLIERS DE DOLLARS E.U

IMPORTS – IMPORTATIONS

COUNTRIES–PAYS	1988	1989	1990	1991	1992
Total	13954618	14068654	14623137	15093078	x14949487
Africa	x453404	x571601	x475591	x599069	x623766
Northern Africa	187971	178253	161374	160197	x133330
Americas	2586709	2586708	2385155	2388827	x2549794
LAIA	918476	893500	830954	883820	1057671
CACM	153075	171502	120645	163801	x103574
Asia	5298197	x5290759	5628092	6556144	x6534576
Middle East	x738031	x642297	x553057	x522640	x609080
Europe	4348802	4593104	5161117	4767566	4852389
EEC	3749629	4028760	4588290	4313093	4381768
EFTA	464204	433560	483571	436378	394758
Oceania	x183965	252949	x266702	x281990	x297059
China/Chine	2335536	2363654	2603133	3229489	2995390
France, Monaco	1029228	1142269	1243038	989927	1045874
USA/Etats–Unis d'Amer	1107803	1133546	1139695	1068356	1092533
Germany/Allemagne	690186	677328	837695	836337	929403
India/Inde	337481	x658474	628775	648652	x814031
Former USSR/Anc. URSS	x715735	x530016	x590682	x410460	
United Kingdom	363379	443931	509240	499845	453366
Italy/Italie	423229	433406	421065	487925	469169
Japan/Japon	409483	411618	394838	431885	404308
Thailand/Thaïlande	301441	395612	430804	404220	494818
Brazil/Brésil	377219	333966	381153	440328	510158
Belgium–Luxembourg	340903	370286	414024	356328	350857
Spain/Espagne	231482	255157	324875	357559	341314
Turkey/Turquie	241010	271426	247850	264828	238437
Ireland/Irlande	208792	229462	266097	236726	228606
Pakistan	198141	163702	241788	279173	242529
Netherlands/Pays–Bas	212321	199953	235986	216267	248678
Malaysia/Malaisie	206318	190343	216647	199162	x144933
Australia/Australie	133081	174720	205270	219792	207484
Denmark/Danemark	167669	173889	235440	176593	200246
Canada	193406	151792	183379	184152	186801
Sweden/Suède	170152	142500	171367	136141	106386
Iran (Islamic Rp. of)	x268125	x200821	x148038	x90842	x226636
Philippines	127517	x90093	152277	163019	170660
Colombia/Colombie	140395	127072	153468	120605	141781
Korea Republic	68262	100515	97475	118447	120929
Chile/Chili	86541	89303	96325	122178	x105842
Norway, SVD, JM	72240	84633	97890	102743	100764
Indonesia/Indonésie	81351	117031	96449	57492	141791
Viet Nam	x204197			x267469	x168662
Saudi Arabia	132976	102535	x76310	x71433	x45544
Venezuela	133627	152725	48616	38995	69837
Yugoslavia SFR	133594	129760	87560	x16608	
Switz.Liecht	71764	69571	80419	75202	71515
Austria/Autriche	87384	72834	74347	71605	67803
Greece/Grèce	40027	58893	45908	99076	x58174
Cuba	120191	151240	x16741	x6016	x25759
Bangladesh	x67858	x48499	x41903	x82114	x40688
Sri Lanka	65569	31489	64704	75987	49232
Guatemala	53440	60667	46095	64369	x38335
Czechoslovakia	x41169	85663	53892	x30215	x36197
Morocco/Maroc	57596	50284	47246	63065	50498
Finland/Finlande	58355	58949	55248	44748	43236
Portugal	42413	44187	54921	56508	56080
Egypt/Egypte	49713	62880	53722	33781	19788
New Zealand	30553	55834	43832	45997	69998
Malawi	x5777		49597	87123	x29267
Kenya	55355	67378	18459	46872	x45483
So. Africa Customs Un	26798	38011	28765	x61155	x61502
Nigeria/Nigéria	x16377	x62289	x35427	x28321	x48179

EXPORTS – EXPORTATIONS

COUNTRIES–PAYS	1988	1989	1990	1991	1992
Totale	x16863542	x15049428	x15336422	x16914222	x11844988
Afrique	x716552	x750538	x809893	x777515	x717413
Afrique du Nord	644288	670532	713737	704405	648003
Amériques	4089685	4286938	4311553	4696845	x3981288
ALAI	111899	140397	225772	255498	x232324
MCAC	7770	9414	8325	10462	x7996
Asie	x1796940	x1593905	x1471175	1591286	x1966155
Moyen–Orient	x799686	x620153	x522723	x440085	x406710
Europe	3903540	3833269	4246969	4275218	4394489
CEE	3192296	3105750	3478046	3453431	3614427
AELE	597866	613794	697628	722265	610041
Océanie	x16789	x16361	20679	x30935	x22638
Former USSR/Anc. URSS	x2566700	x2752747	x2939430	x4773943	
USA/Etats–Unis d'Amer	2508941	2826785	2586174	2993722	2389945
Canada	1376336	1239541	1421248	1358324	1287627
Netherlands/Pays–Bas	840035	846283	984028	936271	926462
Belgium–Luxembourg	635660	658274	758295	671068	653040
Germany/Allemagne	681155	562298	628695	877780	1001207
Bulgaria/Bulgarie	x654264	x804383	x837574	x309557	x187420
Morocco/Maroc	321402	313132	411146	381292	286455
Norway, SVD, JM	279721	328864	385164	370212	323793
France, Monaco	267098	256602	299951	318360	331591
Tunisia/Tunisie	276543	290918	259449	239612	236441
Israel/Israël	228692	253124	253858	253475	296311
Former GDR	x2113973	x426097	x302967		
Romania/Roumanie	x809083	411456	111163	144296	x215063
Indonesia/Indonésie	133579	164106	192819	297174	183730
Spain/Espagne	150126	182147	222603	179012	190486
United Kingdom	160334	173039	197359	182411	194185
Italy/Italie	254916	227131	199952	116851	153447
Korea Republic	235468	182900	188558	167926	183687
Austria/Autriche	158367	121110	129946	130606	119960
Jordan/Jordanie	135362	119748	119474	126997	106747
Japan/Japon	126755	130249	100572	118813	108309
Hungary/Hongrie	x102643	x111318	x119559	x93468	x29354
Sweden/Suède	85000	84614	102295	113196	78406
Yugoslavia SFR	113377	113720	71290	x99513	
Qatar	x71743	72801	88533	105575	x83668
Saudi Arabia	112891	111207	x77855	x76800	x93599
Philippines	69350	x68472	71932	115862	88211
Mexico/Mexique	21995	26116	111399	115906	78604
Finland/Finlande	70290	75532	75565	102273	81874
Poland/Pologne	20844	31219	114029	102908	x198667
Denmark/Danemark	101966	92279	77631	60819	55020
Turkey/Turquie	232083	101358	71167	54621	38158
Malaysia/Malaisie	52409	70074	57212	79816	x92872
Czechoslovakia	x72565	x31010	x51430	x117180	x132441
Trinidad and Tobago	69592	56525	59392	67030	59986
Ireland/Irlande	52091	54110	55387	60540	34976
United Arab Emirates	x54733	x67158	x29753	x57157	x25118
Kuwait/Koweït	104959	100276	x51561		x40337
Venezuela	40950	51496	42938	56127	43946
Libyan Arab Jamahiriya	31001	39795	25383	61904	x73061
Brazil/Brésil	19031	29634	38167	48583	39026
Greece/Grèce	28998	39668	33538	32247	x53974
Iraq	x74251	x30482	x60690	x4290	x355
Bangladesh	15818	x30420	14777	44685	x34274
Singapore/Singapour	51517	28987	28855	27600	34282
Nigeria/Nigéria	x34695	x31100	x28274	x23520	x30516
So. Africa Customs Un	x22233	x21603	x26556	x25786	x20669
China/Chine	18251	17207	25318	24736	27692
Senegal/Sénégal	3998	24215	28646	x11684	x11812

(VALUE AS % OF TOTAL)(VALEUR EN % DU TOTAL)

	1983	1984	1985	1986	1987	1988	1989	1990	1991	1992
Africa	x5.6	x5.2	5.3	x5.2	x3.7	3.3	x4.1	3.3	x4.0	4.2
Northern Africa	x2.1	1.6	1.7	1.9	1.3	1.3	1.1	1.1	1.1	x0.9
Americas	24.2	26.7	21.7	22.7	19.0	18.5	18.4	16.3	15.8	x17.1
LAIA	4.9	7.7	7.0	7.8	7.1	6.6	6.4	5.7	5.9	7.1
CACM	x0.7	1.4	1.2	0.9	1.5	1.1	1.2	0.8	1.1	x0.7
Asia	22.6	27.2	36.8	27.7	29.2	38.0	x37.6	38.5	43.4	x43.7
Middle East	x3.0	x4.1	3.1	x4.8	x5.3	x5.3	x4.6	3.8	x3.5	4.1
Europe	38.9	33.7	30.6	38.4	35.6	31.2	32.6	35.3	31.6	32.5
EEC	34.1	28.0	25.4	32.7	31.0	26.9	28.6	31.4	28.6	29.3
EFTA	4.8	4.1	3.5	4.4	3.7	3.3	3.1	3.3	2.9	2.6
Oceania	2.0	2.2	1.7	1.5	x1.4	x1.3	1.8	x1.8	x1.9	x2.0
China/Chine			13.3	7.6	12.0	16.7	16.8	17.8	21.4	20.0
France, Monaco	8.8	7.2	7.3	8.7	8.5	7.4	8.1	8.5	6.6	7.0
USA/Etats–Unis d'Amer	14.2	13.5	10.1	10.0	7.4	7.9	8.1	7.8	7.1	7.3
Germany/Allemagne	7.4	5.5	4.6	6.1	5.9	4.9	4.8	5.7	5.5	6.2
India/Inde	2.6	9.4	8.4	4.7	1.2	2.4	x4.7	4.3	4.3	x5.4
Former USSR/Anc. URSS	0.3	0.2		x6.9	x5.1	x3.8	x4.0	x4.0	x2.7	
United Kingdom	3.5	3.3	2.7	3.3	3.0	2.6	3.3	3.5	3.3	3.0
Italy/Italie	3.7	3.0	2.5	3.4	3.3	3.0	3.1	2.9	3.3	3.1
Japan/Japon	3.5	2.9	2.5	2.7	2.9	2.9	2.9	2.7	2.9	2.7
Thailand/Thaïlande	2.9	2.2	1.8	2.0	1.5	2.2	2.8	2.9	2.7	3.3

	1983	1984	1985	1986	1987	1988	1989	1990	1991	1992
Afrique	5.1	4.5	5.2	5.3	3.6	x4.2	x4.9	5.3	x4.6	x6.1
Afrique du Nord	4.1	3.4	4.4	4.7	3.1	3.8	4.5	4.7	4.2	5.5
Amériques	31.1	34.1	40.1	36.6	24.1	24.2	28.5	28.1	27.7	x33.6
ALAI	1.2	1.0	1.1	0.8	0.6	0.7	0.9	1.5	1.5	x2.0
MCAC	x0.1	0.1	0.1	0.1	0.0	0.0	0.1	0.1	0.1	x0.1
Asie	x11.1	x13.6	12.8	15.1	x9.1	10.6	10.5	9.6	9.4	x16.6
Moyen–Orient	x2.8	x5.4	3.5	x5.5	x3.5	x4.7	4.1	x3.4	x2.6	x3.4
Europe	38.6	34.8	39.2	41.3	26.5	23.1	25.5	27.7	25.3	37.1
CEE	31.7	27.5	31.3	33.1	21.5	18.9	20.6	22.7	20.4	30.5
AELE	6.9	6.2	6.5	6.9	4.2	3.5	4.1	4.5	4.3	5.2
Océanie	x0.1	x0.1	0.1	x0.1	x0.1	x0.1	0.1	0.1	x0.2	x0.2
Former USSR/Anc. URSS	11.9	10.9		x14.0	x15.2	x18.3	x19.2	x28.2		
USA/Etats–Unis d'Amer	16.7	19.7	26.3	24.4	16.2	14.9	18.8	16.9	17.7	20.2
Canada	12.8	13.0	11.6	10.6	6.9	8.2	8.2	9.3	8.0	10.9
Netherlands/Pays–Bas	8.3	7.8	8.4	9.1	5.7	5.0	5.6	6.4	5.5	7.8
Belgium–Luxembourg	7.1	5.5	6.8	7.8	4.7	3.8	4.4	4.9	4.0	5.5
Germany/Allemagne	6.7	6.3	6.5	7.6	4.9	4.0	3.7	4.1	5.2	8.5
Bulgaria/Bulgarie					x3.4	x5.3	x5.5	x1.8	x1.6	
Morocco/Maroc	1.7	0.9	1.5	1.3	0.8	1.9	2.1	2.7	2.3	2.4
Norway, SVD, JM	3.0	2.8	2.9	3.0	1.9	1.7	2.2	2.5	2.2	2.7
France, Monaco	3.0	2.5	2.8	2.7	1.8	1.6	1.7	2.0	1.9	2.8

572 *EXPLOSIVES, PYROTECH PRO — EXPLOSIFS 572

TRADE BY COMMODITY IN THOUSAND U.S. DOLLARS – COMMERCE PAR PRODUIT EN MILLIERS DE DOLLARS E.U

COUNTRIES–PAYS	IMPORTS – IMPORTATIONS					COUNTRIES–PAYS	EXPORTS – EXPORTATIONS				
	1988	1989	1990	1991	1992		1988	1989	1990	1991	1992
Total	x1098226	x1031714	x1190703	1143442	x1255058	Totale	1382143	1366087	1436984	1035378	1099309
Africa	x69883	x50472	x69960	x64878	x82455	Afrique	x10472	x18681	x20584	x11492	x11324
Northern Africa	11757	11545	8794	9174	x16895	Afrique du Nord	x416	781	2997	1828	3146
Americas	x188124	240992	226457	264635	x328039	Amériques	130316	165202	198585	x244627	x297650
LAIA	24433	38154	28405	32910	x41720	ALAI	10330	11010	9681	x12582	x12987
CACM	2302	3802	1623	1801	x2733	MCAC	222	539	359	506	x727
Asia	x393957	x319406	x404529	x322487	x316656	Asie	419874	x391956	359334	x325033	335459
Middle East	x218878	x103297	x198338	x66607	x66347	Moyen-Orient	x972	x1660	x1243	x962	x1498
Europe	344666	344082	423546	453389	483438	Europe	779993	727185	833281	431378	430721
EEC	223550	228575	285726	343211	363015	CEE	657562	627080	730243	330675	341629
EFTA	115469	111663	134594	107312	114486	AELE	98110	88576	92031	90592	83234
Oceania	30829	x30791	x28434	x30085	x37809	Océanie	2273	2025	1933	2225	8544
USA/Etats-Unis d'Amer	122273	141826	151812	175748	214270	United Kingdom	433073	415118	468734	97419	91146
Germany/Allemagne	67005	72098	104166	121904	142910	China/Chine	297525	243513	211282	156110	148936
Hong Kong	71265	94854	91993	107093	112029	USA/Etats-Unis d'Amer	94855	124615	149123	161495	194532
Japan/Japon	34474	38695	47999	49068	45300	Hong Kong	83043	107628	109148	131722	139214
Italy/Italie	32248	32269	38335	62061	52006	Germany/Allemagne	83834	92492	116437	111809	124138
United Kingdom	36823	37525	42007	47231	45565	France, Monac	43658	49816	68439	58805	62276
Canada	24295	37243	34634	43251	58190	Canada	24715	28849	39223	70066	89221
Iran (Islamic Rp. of)	x102811	x34850	x70705	x1168	x9250	Sweden/Suède	32930	33884	34270	36466	40471
Switz. Liecht	26629	28178	45602	26977	30130	Norway, SVD, JM	34093	28986	28175	30039	17960
France, Monac	20359	30104	34430	34118	37552	Belgium-Luxembourg	25922	21602	28861	24142	19118
Sweden/Suède	36154	32125	33256	27375	28018	Former USSR/Anc. URSS	x2888	x33957	x9840	x6961	
Saudi Arabia	2696	3597	x47961	x25542	x20259	Spain/Espagne	23376	13477	19094	15576	16931
Norway, SVD, JM	28289	25565	22542	23359	25131	Italy/Italie	16156	15445	17507	13062	16743
Singapore/Singapour	25358	19667	23295	22461	21685	So. Africa Customs Un	x9653	x16855	x16854	x9613	x8155
Australia/Australie	18342	21084	19697	23679	28363	Austria/Autriche	12294	12287	15260	14259	15521
Netherlands/Pays-Bas	22312	15347	22745	22526	34785	Yugoslavia SFR	24242	11484	10908	x10111	
Austria/Autriche	16821	17238	22391	18443	20632	Singapore/Singapour	8368	10290	12877	7149	13730
Indonesia/Indonésie	8318	11040	10651	30291	18702	Netherlands/Pays-Bas	25003	15273	9136	5378	8624
Bahrain/Bahreïn	346	x21114	x22994	x2096	x3475	Switz. Liecht	10181	7783	10019	5378	5084
Belgium-Luxembourg	10205	11172	12191	21310	15430	Japan/Japon	6855	7468	6041	5266	5939
Former USSR/Anc. URSS	x8368	x11285	x17535	x1687		Czechoslovakia	x4553	x4350	x4979	x6931	x7827
Nigeria/Nigéria	x7967	x5458	x10285	x14254	x18648	Korea Republic	5910	5093	6433	4602	9793
Mexico/Mexique	6366	7077	10282	11090	13202	Finland/Finlande	8612	5638	4307	4444	4197
Kuwait/Koweït	x24994	x9715	x13679	x3337	x2037	Israel/Israël	19	x8605	6	x5362	9
Malaysia/Malaisie	7852	8421	9007	8336	x14772	Bulgaria/Bulgarie	x1773	x11712	x510	x199	x692
Finland/Finlande	6172	7128	9434	9079	8728	Brazil/Brésil	4197	5433	2472	2707	5689
Zimbabwe	12370	x565	16557	8101	x408	Philippines	2131	x1070	4767	4715	3485
Iraq	x18391	x8255	x15966	x846	x688	Peru/Pérou	2493	2971	3221	x3715	x1846
Denmark/Danemark	5937	5953	7759	8915	8411	Former GDR	x26107	x6725	x2626		
Spain/Espagne	5626	6229	7155	8961	10755	Poland/Pologne	x1805	x2252	x3238	x3665	x3603
United Arab Emirates	x55397	x4831	x5006	x11823	x7026	India/Inde	1846	x2951	2420	3210	x4808
Portugal	6464	6533	6928	6628	7002	Chile/Chili	1860	1378	2163	3379	x3138
Turkey/Turquie	4464	7415	5010	6152	4579	Malaysia/Malaisie	608	1186	2779	2514	x2742
Greece/Grèce	11169	6572	4473	6880	x6301	Macau/Macao	2260	2177	1643	1822	1785
Zambia/Zambie	x8459	x6587	x6394	x4679	x15727	Hungary/Hongrie	x761	x788	x1835	x2780	x3456
Thailand/Thaïlande	3576	4071	3885	9135	4098	Greece/Grèce	1331	1378	558	1725	x265
Bulgaria/Bulgarie	x7185	x6285	x10708	x34	613	Denmark/Danemark	1419	1076	1006	1398	1446
Venezuela	4435	7278	4154	5457	5542	Australia/Australie	1273	616	960	1452	7127
Korea Dem People's Rp	x8325	x3153	x2873	x10693	x959	New Zealand	995	1409	841	751	1389
Philippines	2530	x7531	3879	5227	1791	Argentina/Argentine	1233	562	1141	1198	1340
Korea Republic	1944	8877	3498	2978	12646	Morocco/Maroc	x109	345	1958	440	1499
So. Africa Customs Un	3531	3390	4702	x6129	8391	United Arab Emirates	x744	x739	x926	x733	x826
Argentina/Argentine	1841	9107	1146	3135	6312	Portugal	1112	882	353	1020	894
Ireland/Irlande	5402	4773	5537	2677	2298	Thailand/Thaïlande	13	100	424	1275	x1175
Czechoslovakia	x4048	7920	2769	x2084	x2381	Algeria/Algérie	288	220	34	1224	x5
Former GDR	x37332	x11892	x367	4120	5205	Colombia/Colombie	45	243	382	851	674
New Zealand	7679	4389	3448	10990		Romania/Roumanie	x1262	1076	222	5	x34
Libyan Arab Jamahiriya	6677	4278	2957	4717	x10990	Costa Rica	128	373	298	376	x390
India/Inde	1963	x9417	998	1504	x7153	Venezuela	3		4	179	213
Syrian Arab Republic	3392	3410	2520	x5309	x1821	Cote d'Ivoire		x745	x44		

(VALUE AS % OF TOTAL)(VALEUR EN % DU TOTAL)

	1983	1984	1985	1986	1987	1988	1989	1990	1991	1992		1983	1984	1985	1986	1987	1988	1989	1990	1991	1992
Africa	x8.6	x7.2	6.9	x5.2	x8.1	x6.3	x4.9	x5.9	x5.6	x6.6	Afrique	4.4	2.6	1.8	x1.8	x1.4	x0.8	x1.3	x1.5	x1.1	x1.0
Northern Africa	x3.7	x1.3	1.0	0.6	x1.5	1.1	1.1	0.7	0.8	x1.3	Afrique du Nord	x0.0	x0.0	0.1	0.0	0.0	x0.0	0.1	0.2	0.2	0.3
Americas	15.4	19.6	25.5	19.5	x18.1	x17.1	23.4	19.1	23.2	x26.1	Amériques	x21.6	x23.3	12.7	x12.6	x10.1	9.5	12.1	13.8	x23.7	x27.1
LAIA	3.0	4.5	5.1	3.5	2.5	2.2	3.7	2.4	2.9	x3.3	ALAI	1.3	1.2	1.4	1.0	0.7	0.7	0.8	0.7	x1.2	x1.2
CACM	x0.2	0.3	0.4	0.6	x0.6	0.2	0.4	0.1	0.2	x0.2	MCAC	x0.1	0.1	0.1	0.0	0.0	0.0	0.0	0.0	0.0	x0.1
Asia	x43.9	x36.9	23.7	x33.8	21.0	x35.8	x30.9	x34.0	x28.2	25.2	Asie	14.0	10.4	18.8	19.0	22.7	30.4	x28.7	25.0	x31.4	30.5
Middle East	x28.0	x19.9	2.7	x15.4	x2.8	x19.9	x10.0	x16.7	x5.8	x5.3	Moyen-Orient	x0.4	0.1	0.1	0.2	0.1	x0.1	x0.1	x0.1	x0.1	0.1
Europe	29.1	32.2	38.7	38.8	42.1	31.4	33.4	35.6	39.7	38.5	Europe	54.5	59.8	63.1	63.5	50.4	56.4	53.2	58.0	41.7	39.2
EEC	21.1	25.0	28.1	28.0	24.2	20.4	22.2	24.0	30.0	28.9	CEE	41.3	31.6	31.9	32.5	24.7	47.6	45.9	50.8	31.9	31.1
EFTA	7.9	6.1	8.8	9.5	11.2	10.5	10.8	11.3	9.4	9.1	AELE	13.1	8.3	7.2	7.6	6.6	7.1	6.5	6.4	8.7	7.6
Oceania	2.6	3.3	3.8	1.9	x2.3	2.8	x3.0	x2.3	x2.6	x3.0	Océanie	1.2	0.7	0.5	0.3	0.3	0.2	0.1	0.1	0.2	0.8
USA/Etats-Unis d'Amer	9.8	11.4	16.5	12.8	11.5	11.1	13.7	12.7	15.4	17.1	United Kingdom	11.1	7.6	6.5	6.0	5.7	31.3	30.4	32.6	9.4	8.3
Germany/Allemagne	4.0	5.4	7.1	8.1	7.6	6.1	7.0	8.7	10.7	11.4	China/Chine			8.7	9.4	13.8	21.5	17.8	14.7	15.1	13.5
Hong Kong	6.9	7.6	9.4	8.2	7.9	6.5	9.2	7.7	9.4	8.9	USA/Etats-Unis d'Amer	15.9	17.5	11.2	7.8	6.9	6.9	9.1	10.4	15.6	17.7
Japan/Japon	2.2	3.1	3.4	3.6	4.9	3.5	3.8	4.0	4.3	3.6	Hong Kong	9.0	7.0	7.4	7.4	6.5	6.0	7.9	7.6	12.7	12.7
Italy/Italie	3.7	4.9	3.5	3.8	3.1	2.9	3.1	3.2	5.4	4.1	Germany/Allemagne	10.2	6.6	5.2	6.2	7.0	6.1	6.8	8.1	10.8	11.3
United Kingdom	3.0	3.4	4.0	3.5	3.9	3.4	3.6	3.5	4.1	3.6	France, Monac	7.3	5.3	5.2	6.0	6.4	6.1	6.7	6.8	5.7	5.7
Canada	1.7	2.4	2.9	1.6	2.2	2.2	3.6	2.9	3.8	4.6	Canada	4.3	x4.4		x3.5	x2.4	1.8	2.1	2.7	6.8	8.1
Iran (Islamic Rp. of)	x0.3	x1.6		x0.1	x0.4	x9.4	x3.4	x5.9	x0.1	x0.7	Sweden/Suède	6.1	3.2	2.7	2.7	2.2	2.4	2.5	2.4	3.5	3.7
Switz. Liecht	2.6	1.1	1.1	1.3	2.7	2.4	2.7	3.8	2.4	2.4	Norway, SVD, JM	2.1	1.5	1.8	1.6	1.7	2.5	2.1	2.0	2.9	1.6
France, Monac	2.1	2.4	3.1	2.0	1.9	1.9	2.9	2.9	3.0	3.0	Belgium-Luxembourg	3.6	2.0	3.2	2.8	1.4	1.9	1.6	2.0	2.3	1.7

582 PROD OF CONDENSATION ETC

TRADE BY COMMODITY IN THOUSAND U.S. DOLLARS – COMMERCE PAR PRODUIT EN MILLIERS DE DOLLARS E.U

COUNTRIES–PAYS	IMPORTS – IMPORTATIONS					COUNTRIES–PAYS	EXPORTS – EXPORTATIONS				
	1988	1989	1990	1991	1992		1988	1989	1990	1991	1992
Total	15152027	15643461	17724809	18207354	18720369	Totale	13219159	13924511	16023052	16372741	17436804
Africa	x466716	x444325	x454198	x430676	x430228	Afrique	x16835	x16502	x42408	x30647	x21958
Northern Africa	186817	195764	197024	171422	x175321	Afrique du Nord	994	2461	23341	6048	2313
Americas	1679985	1734757	1900065	2077585	x2315744	Amériques	1635750	2273726	2640231	3040717	3238430
LAIA	439665	449626	474704	598717	660870	ALAI	149751	190527	196783	187913	200937
CACM	28925	34531	34368	36700	x34786	MCAC	1394	1002	2552	2641	x2295
Asia	x3177402	3047192	3212251	3682931	x4023422	Asie	x2074857	1984430	2210711	2442232	2630589
Middle East	x359912	x305159	x404958	x377094	x480140	Moyen–Orient	x84953	112999	x104697	x68134	59679
Europe	8591356	9128744	11054318	10711860	11459308	Europe	9112679	9432976	10944787	10740983	11422973
EEC	7218174	7806009	9465822	9286375	9971809	CEE	8195828	8612507	10015339	9851849	10478531
EFTA	1228560	1194682	1418803	1304136	1375832	AELE	890592	781762	892472	868784	919428
Oceania	x260088	x294145	x273884	x251529	x270189	Océanie	x39381	x48805	x47680	x43683	x53741
Germany/Allemagne	1877150	2033385	2512204	2546108	2765343	Germany/Allemagne	3270582	3282894	3777385	3710481	3970953
France,Monac	1141911	1324750	1595172	1545035	1676393	USA/Etats–Unis d'Amer	1394695	1967791	2310568	2698674	2851538
Italy/Italie	1121080	1185170	1414906	1338618	1408337	Netherlands/Pays–Bas	1837489	1926025	2252180	2204836	2262718
United Kingdom	1079972	1085302	1272737	1173300	1262038	Belgium–Luxembourg	1053352	1212987	1493916	1512097	1677948
Netherlands/Pays–Bas	617396	660259	797586	793493	847967	Japan/Japon	1107677	1129015	1236503	1325378	1453469
Belgium–Luxembourg	569333	630807	781441	803584	859700	United Kingdom	771770	787540	876592	824186	813244
USA/Etats–Unis d'Amer	714448	644141	772841	782113	898127	Italy/Italie	677276	752953	862722	830873	859425
Former USSR/Anc. URSS	x618995	x638250	x562564	x865174		France, Monac	394892	420103	474545	468318	554227
Japan/Japon	529943	577946	604028	694289	660189	Switz.Liecht	476411	349373	442034	440541	465800
Canada	476140	571918	582090	612250	667943	Korea Republic	224435	268935	328179	359417	451126
Spain/Espagne	379589	439619	533605	530508	539765	Hong Kong	183091	234767	215839	296302	297016
Hong Kong	357046	403972	398249	523366	560208	Austria/Autriche	194233	204182	187965	196171	208558
Korea Republic	362732	397105	403338	487865	512001	Singapore/Singapour	101409	125677	195273	243611	224906
China/Chine	422801	488932	351123	410669	453258	Spain/Espagne	117464	149694	182200	198856	222410
Switz.Liecht	387885	340479	414080	386862	411337	Canada	88193	113385	129624	151008	182639
Austria/Autriche	315223	323963	389754	385976	417262	Norway,SVD,JM	105041	112852	131399	119561	126735
Sweden/Suède	287654	278266	319426	290859	293310	Sweden/Suède	90075	83719	95451	89268	95360
Singapore/Singapour	287844	241319	301537	341187	354511	Mexico/Mexique	54804	54445	56172	71053	62961
Denmark/Danemark	203752	200982	250789	246671	267342	Denmark/Danemark	46945	44661	53247	60063	60274
Australia/Australie	207932	232416	212468	191623	201365	Brazil/Brésil	53467	51158	55197	49242	61271
Malaysia/Malaisie	109797	146965	177290	211317	x233881	Israel/Israël	44845	46435	56386	52142	50870
Finland/Finlande	152087	170189	192334	142296	146292	Turkey/Turquie	41291	29818	49307	55403	53010
Indonesia/Indonésie	131292	145490	159261	165038	187165	Former GDR	x259508	x74566	x52313		
Brazil/Brésil	109958	129402	147319	168320	160086	Australia/Australie	31054	38961	33981	33597	43443
Thailand/Thaïlande	89363	111961	149404	175460	225664	Venezuela	14972	39803	42187	15156	10943
So. Africa Customs Un	183288	141499	154287	x126558	x125441	Yugoslavia SFR	26089	38318	36453	x19677	
Mexico/Mexique	103778	116663	123242	162988	181561	Finland/Finlande	24679	31572	35600	23229	22859
Yugoslavia SFR	135302	118534	151965	x110492		Ireland/Irlande	15256	24363	27142	27047	36261
Turkey/Turquie	90456	99652	139599	133747	162641	Colombia/Colombie	12303	14498	18079	31672	41226
Portugal	84296	89495	120614	117621	125431	Qatar	x4452	26462	37637	12	x66
Israel/Israël	76917	87865	115243	114721	132483	Indonesia/Indonésie	21983	18916	20607	22488	20758
Ireland/Irlande	85089	88641	103686	106661	135210	Saudi Arabia	22547	46767	x8657	x4506	x4602
Czechoslovakia	x89413	124918	77146	x69072	x72285	Bulgaria/Bulgarie	x24769	x35503	x18066	x5920	x5462
Norway,SVD,JM	82341	78249	98792	93182	102701	Poland/Pologne	11943	13415	18398	22953	x30881
Iran (Islamic Rp. of)	x59131	x40793	x106030	x93327	x156899	Argentina/Argentine	8189	17492	18524	14351	15013
Greece/Grèce	58605	67601	83083	84777	x96581	Czechoslovakia	x23156	x11122	x14985	x22400	x21237
Bulgaria/Bulgarie	x81146	x90525	x87209	x14228	16136	Former USSR/Anc. URSS	x7484	x21081	x12832	x14425	
Egypt/Egypte	47776	47278	64943	71547	75714	So. Africa Customs Un	x11731	x12545	x14115	x20459	x17236
Saudi Arabia	77240	62139	x55095	x55496	x57331	China/Chine	15597	13343	14940	18653	23403
Argentina/Argentine	38764	38776	44175	80414	97058	Malaysia/Malaisie	6725	12241	12498	15496	x18147
New Zealand	44619	53629	53293	52741	61701	Thailand/Thaïlande	6068	9870	9348	18844	x12691
Philippines	27038	x45641	42872	60601	46452	New Zealand	7561	9843	10111	10050	10142
Poland/Pologne	59482	58937	38573	46904	x74430	India/Inde	4466	x9817	8958	11210	x9948
India/Inde	39050	x49566	50215	40885	x79106	Portugal	8322	7791	10008	9688	12770
Hungary/Hongrie	x53756	x51959	x41423	47077	x45263	Hungary/Hongrie	x4844	x5592	x8592	x8093	x7104
Libyan Arab Jamahiriya	57393	57726	47837	x18845	x12745	Libyan Arab Jamahiriya			21800	x9	x41
Chile/Chili	31538	41561	33137	44145	x57835	Uruguay	4446	11951	5062	4472	6499
Colombia/Colombie	37934	36814	41510	28939	44537	Romania/Roumanie	x7953	6778	12048	688	x4294
Morocco/Maroc	27065	28026	38993	37026	41289	Kuwait/Koweït	x5864	5575	x5107	x4423	x154
Pakistan	16195	27011	37208	38751	49922	Greece/Grèce	2480	3496	5401	5403	x8301

(VALUE AS % OF TOTAL)(VALEUR EN % DU TOTAL)

	1983	1984	1985	1986	1987	1988	1989	1990	1991	1992		1983	1984	1985	1986	1987	1988	1989	1990	1991	1992
Africa	4.3	x3.9	3.2	x3.8	x2.8	x3.1	2.8	x2.6	x2.4	x2.3	Afrique	0.2	x0.2	0.1	x0.1	x0.1	x0.1	0.1	x0.3	x0.2	x0.1
Northern Africa	1.9	1.5	1.5	x1.4	1.1	1.2	1.3	1.1	0.9	x0.9	Afrique du Nord	0.0	0.0	0.0	0.0	0.0	0.0	0.0	0.1	0.0	0.0
Americas	13.3	15.8	16.1	13.8	11.2	11.1	11.1	10.7	11.5	x12.4	Amériques	10.0	12.0	10.8	8.8	8.8	12.4	16.3	16.4	18.6	18.6
LAIA	2.8	3.8	3.8	3.0	2.7	2.9	2.9	2.7	3.3	3.5	ALAI	0.5	1.0	1.0	0.6	0.8	1.1	1.4	1.2	1.1	1.2
CACM	x0.3	x0.7	0.3	0.3	0.2	0.2	0.2	0.2	0.2	x0.2	MCAC	x0.0	x0.1	0.0	0.0	0.0	0.0	0.0	0.0	0.0	x0.0
Asia	x17.2	17.9	14.3	14.4	x17.4	x21.0	19.5	18.2	20.2	x21.5	Asie	9.7	11.4	11.3	11.2	x12.3	x15.7	14.2	13.8	14.9	15.1
Middle East	x4.5	x5.1	3.2	x3.2	x2.4	x2.0	2.0	2.3	x2.1	x2.6	Moyen–Orient	x0.1	0.3	0.5	0.5	x0.6	x0.6	0.8	0.7	x0.4	0.3
Europe	61.8	58.8	62.9	65.3	60.0	56.7	58.4	62.4	58.8	61.2	Europe	79.5	75.9	77.4	79.5	76.2	68.9	67.7	68.3	65.6	65.5
EEC	51.8	48.4	52.4	54.6	50.2	47.6	49.9	53.4	51.0	53.3	CEE	71.8	68.6	70.0	71.9	69.0	62.0	61.9	62.5	60.2	60.1
EFTA	9.9	9.2	9.4	9.7	8.9	8.1	7.6	8.0	7.2	7.3	AELE	7.7	6.9	6.9	7.4	7.0	6.7	5.6	5.6	5.3	5.3
Oceania	x2.4	x2.7	x2.6	x2.1	x2.0	x1.7	x1.9	x1.5	x1.4	x1.4	Océanie	0.3	0.3	0.2	0.2	x0.3	x0.4	0.3	0.3	0.3	x0.3
Germany/Allemagne	13.9	12.6	13.9	14.8	13.1	12.4	13.0	14.2	14.0	14.8	Germany/Allemagne	26.4	25.5	25.5	26.5	25.2	24.7	23.6	23.6	22.7	22.8
France,Monac	8.7	7.9	8.5	9.1	8.3	7.5	8.5	9.0	8.5	9.0	USA/Etats–Unis d'Amer	9.5	10.9	9.7	8.0	7.9	10.6	14.1	14.4	16.5	16.4
Italy/Italie	6.9	6.6	6.9	7.5	7.1	7.4	7.6	8.0	7.4	7.5	Netherlands/Pays–Bas	16.6	14.9	15.1	15.9	14.3	13.9	13.8	14.1	13.5	13.0
United Kingdom	8.2	7.7	8.0	7.6	7.3	7.1	6.9	7.2	6.4	6.7	Belgium–Luxembourg	7.2	6.9	7.6	8.2	7.9	8.0	8.7	9.3	9.2	9.6
Netherlands/Pays–Bas	4.6	4.5	5.1	5.0	4.5	4.1	4.2	4.5	4.4	4.5	Japan/Japon	8.3	9.1	8.3	8.5	7.8	8.4	8.1	7.7	8.1	8.3
Belgium–Luxembourg	4.2	4.2	4.7	4.6	4.1	3.8	4.0	4.4	4.4	4.6	United Kingdom	6.7	6.7	6.9	6.3	6.2	5.8	5.7	5.5	5.0	4.7
USA/Etats–Unis d'Amer	3.9	4.7	5.9	5.1	4.0	4.7	4.1	4.4	4.3	4.8	Italy/Italie	5.5	5.4	5.7	5.8	5.1	5.1	5.4	5.4	5.1	4.9
Former USSR/ANC. URSS					x4.2	x4.1	4.1	x3.2	x4.8		France, Monac	7.9	7.6	7.6	7.5	8.3	3.0	3.0	3.0	2.9	3.2
Japan/Japon	4.2	4.4	3.7	3.3	3.2	3.5	3.7	3.4	3.8	3.5	Switz.Liecht	3.4	3.1	3.2	3.5	3.3	3.6	2.5	2.8	2.7	2.7
Canada	6.1	6.3	6.3	5.0	4.0	3.1	3.7	3.3	3.4	3.6	Korea Republic	0.3	0.7	1.2	1.0	1.0	1.7	1.9	2.0	2.2	2.6

583 POLYMERIZATION ETC PRODS / PROD POLYMERISATION 583

TRADE BY COMMODITY IN THOUSAND U.S. DOLLARS – COMMERCE PAR PRODUIT EN MILLIERS DE DOLLARS E.U

IMPORTS – IMPORTATIONS

COUNTRIES–PAYS	1988	1989	1990	1991	1992
Total	44167167	43386579	49132497	50971953	52078331
Africa	x1384757	x1283001	x1223623	x1535868	x1474118
Northern Africa	615926	610491	570937	708090	x603500
Americas	4479734	5191808	5451010	5878625	x6531187
LAIA	1398547	1330740	1287453	1680727	1847343
CACM	207204	198195	187442	180475	x206353
Asia	11441080	9058984	9760859	11514522	x13907563
Middle East	x970066	x843847	x1197859	x1062048	x1353690
Europe	24077453	24992480	30229228	29135624	28989884
EEC	20308241	21245995	25784585	25188111	25091127
EFTA	3514230	3524559	4140040	3733846	3635756
Oceania	x579887	x620089	x611132	x603603	x623475
Germany/Allemagne	4642186	4763559	5895024	6016003	6049475
France, Monac	3285265	3381892	4268045	4050871	4111915
United Kingdom	3473936	3423331	3937950	3641439	3522542
Italy/Italie	2915171	3123037	3690761	3611218	3560647
USA/Etats-Unis d'Amer	1572763	2251058	2521042	2529031	2869107
Netherlands/Pays-Bas	1871310	1962240	2366941	2320938	2330613
Hong Kong	2173539	1846971	2035345	2698866	3087127
Belgium-Luxembourg	1784512	1937197	2348031	2265744	2237119
Former USSR/Anc. URSS	x1307984	x1534494	x1400589	x1898933	
China/Chine	3103553	1682288	1090414	1896816	3669239
Canada	1148918	1240766	1270595	1285663	1426880
Spain/Espagne	741744	996248	1297601	1338022	1334878
Switz. Liecht	1003513	971314	1165201	1049861	1039951
Sweden/Suède	976400	966779	1084577	977321	892619
Austria/Autriche	713545	723835	935548	905159	929917
Japan/Japon	697532	801526	785049	877272	724758
Denmark/Danemark	774322	717048	840895	805665	789042
Singapore/Singapour	669079	670292	710751	740630	676411
Korea Republic	588703	617650	671995	718591	651536
Indonesia/Indonésie	532269	522054	732892	702962	726307
Mexico/Mexique	451448	549914	513368	619556	663817
Malaysia/Malaisie	380986	430770	566311	677560	x689195
Thailand/Thaïlande	430429	478872	592651	555651	657678
Finland/Finlande	484185	547385	589625	459008	426649
India/Inde	502212	x441989	535434	519017	x550523
Greece/Grèce	279811	355364	413452	427897	x407873
Australia/Australie	325650	367821	379860	389049	385522
Ireland/Irlande	311455	334347	374201	353808	343004
Portugal	228524	251732	351683	356506	404019
Norway, SVD, JM	310718	294789	341362	318831	326857
Philippines	203928	x224974	300546	296077	324749
So. Africa Customs Un	338138	244904	227961	x331665	x301005
Turkey/Turquie	206477	173224	294078	311730	366006
Israel/Israël	196255	195226	251159	276101	300894
Egypt/Egypte	238169	170846	228356	264528	232783
Yugoslavia SFR	223183	192064	270430	x187707	
New Zealand	225158	223676	198004	184550	208314
Iran (Islamic Rp. of)	x139844	x154930	x250730	x173977	x382695
Brazil/Brésil	106663	161823	162924	209652	219492
Saudi Arabia	135240	93313	x230607	x207155	x192506
Algeria/Algérie	189742	215490	89295	159103	x105510
Pakistan	107501	157040	144035	147054	195789
Bulgaria/Bulgarie	x218709	x255876	x154782	x33415	44640
Chile/Chili	127684	136507	134435	162202	x181122
Colombia/Colombie	163023	126019	128984	116149	153347
Morocco/Maroc	95083	98695	124867	120085	120871
Venezuela	195184	106390	72207	160882	154683
Argentina/Argentine	124425	73861	83189	181543	234414
Czechoslovakia	x155664	142200	92552	x102311	x124353
Hungary/Hongrie	x102633	x92015	x92820	146625	x110036

EXPORTS – EXPORTATIONS

COUNTRIES–PAYS	1988	1989	1990	1991	1992
Totale	42739728	42020283	47451200	49686594	50574462
Afrique	x67981	x79803	x86147	x126638	x126244
Afrique du Nord	x29182	x32747	x33385	x44189	x40342
Amériques	6328000	6845838	7582830	8514467	8288233
ALAI	1091716	968404	957470	929795	995095
MCAC	18707	16078	18028	20240	x18868
Asie	x7911340	6723357	x7259771	8477398	x9657927
Moyen-Orient	1349723	1406429	x1127378	x913461	x844997
Europe	26482142	27110002	31380526	31359979	31495576
CEE	23461297	24079829	27827952	27908528	27978307
AELE	2830508	2850758	3347916	3294334	3286720
Océanie	x120841	x102813	x113417	x155574	x149118
Germany/Allemagne	7799001	7825246	9089237	8946841	9110552
USA/Etats-Unis d'Amer	4059235	4845151	5430668	6261173	5885288
France, Monac	3579252	4082517	4728356	4580799	4568344
Belgium-Luxembourg	3451993	3556508	4162425	4135153	4127881
Netherlands/Pays-Bas	3565016	3509515	4151837	3924878	3849672
Japan/Japon	2509784	2417152	2675579	2829888	3155646
Italy/Italie	2235368	2195306	2067010	2414101	2393186
United Kingdom	1698940	1778568	2225058	2532390	2530972
Hong Kong	1308658	1227192	1507144	2198705	2656650
Former USSR/Anc. URSS	1152869	1011713	1172667	1299534	1384341
Austria/Autriche	900607	859575	963092	1001697	946101
Sweden/Suède	798033	786187	911433	882918	869048
Saudi Arabia	978482	1025823	x813439	x644677	x634999
Spain/Espagne	616695	658433	826993	790679	815308
Singapore/Singapour	799122	701266	677199	836070	716877
Korea Republic	429125	525917	623440	995757	1567674
Switz.Liecht	431782	440231	560787	571369	662332
Norway, SVD, JM	411024	397625	472919	433489	407496
Brazil/Brésil	555312	460426	382175	405046	414173
Finland/Finlande	289052	367126	439436	404596	401487
Hungary/Hongrie	x209709	x239424	x278987	x373556	x371951
Denmark/Danemark	277875	258552	290018	290697	299565
Czechoslovakia	x406855	x187443	x221461	x332015	x257040
Mexico/Mexique	263979	208669	265684	254409	303367
Yugoslavia SFR	189100	178162	200244	x152599	
Israel/Israël	153488	159694	184967	183374	171738
Portugal	163854	126107	197303	177598	170780
Former USSR/Anc. URSS	x240360	x212600	x129766	x148445	
Qatar	x132783	174068	156717	128066	x69661
China/Chine	87584	91751	201212	149861	158953
Thailand/Thaïlande	64081	93737	124335	195918	x146395
Argentina/Argentine	155270	132253	132876	104532	104857
Turkey/Turquie	192459	155816	99628	92081	97932
Poland/Pologne	95065	75993	139082	120736	x119634
Australia/Australie	102753	87748	98322	137279	125571
Bulgaria/Bulgarie	x161020	x161621	x103066	x39408	x48602
Romania/Roumanie	x239021	167556	68658	38354	x59949
Colombia/Colombie	77995	56229	68090	102731	102029
Former GDR	x477127	x113046	x87490		
Venezuela	19994	84732	81677	33600	37809
Ireland/Irlande	55052	55070	62196	75272	75930
So. Africa Customs Un	x27234	x40559	x41855	x64814	x65518
Malaysia/Malaisie	36210	34869	45186	59009	x97669
Indonesia/Indonésie	17867	27382	45062	56436	57693
Greece/Grèce	18251	34008	27519	40119	x36117
Jordan/Jordanie	17468	28651	29377	22902	14119
Libyan Arab Jamahiriya	x21984	x23005	x23469	x28586	x22871
Philippines	28821	x20254	20303	24251	32964
New Zealand	17435	14800	14872	17742	23324
United Arab Emirates	x20121	x15082	x15021	x15323	x16748

(VALUE AS % OF TOTAL) (VALEUR EN % DU TOTAL)

	1983	1984	1985	1986	1987	1988	1989	1990	1991	1992		1983	1984	1985	1986	1987	1988	1989	1990	1991	1992
Africa	x3.9	x4.0	3.3	x4.0	x3.2	x3.2	x3.0	x2.5	x3.1	x2.9	Afrique	x0.3	x0.3	0.3	x0.3	x0.2	x0.2	x0.2	x0.2	x0.2	x0.2
Northern Africa	x1.8	2.3	2.1	1.9	1.5	1.4	1.4	1.2	1.4	x1.2	Afrique du Nord	x0.1	x0.0	0.1	x0.1	x0.1	x0.1	x0.1	x0.1	x0.1	x0.1
Americas	x12.5	x13.7	11.5	12.5	10.4	10.2	11.9	11.1	11.5	x12.5	Amériques	15.6	x15.6	14.8	13.9	13.6	14.8	16.3	16.0	17.1	16.4
LAIA	x3.9	x4.3	2.8	4.1	3.3	3.2	3.1	2.6	3.3	3.5	ALAI	2.0	x2.8	2.2	1.8	2.1	2.6	2.3	2.0	1.9	2.0
CACM	x0.5	x0.5		0.4	0.5	0.5	0.5	0.4	0.4	x0.4	MCAC	0.0	x0.0		0.1	0.0	0.0	0.0	0.0	0.0	0.0
Asia	x18.5	x17.4	20.1	19.0	21.0	25.9	20.9	19.9	22.6	x26.7	Asie	10.8	12.0	12.9	x13.4	x16.4	x18.5	16.0	x15.3	17.1	x19.1
Middle East	x4.4	x4.1	2.1	x2.7	2.6	x2.2	1.9	x2.4	2.1	x2.6	Moyen-Orient	x0.3	x0.4	0.8	x1.9	x2.7	3.2	3.3	x2.4	1.8	x1.7
Europe	61.0	59.1	62.1	62.1	58.8	54.5	57.6	61.5	57.2	55.7	Europe	71.3	68.9	70.3	70.9	65.7	62.0	64.5	66.1	63.1	62.3
EEC	50.0	48.7	52.1	51.7	49.2	46.0	49.0	52.5	49.4	48.2	CEE	63.9	61.4	63.1	63.2	58.3	54.9	57.3	58.6	56.2	55.3
EFTA	10.4	9.8	10.1	9.9	9.1	8.0	8.1	8.4	7.3	7.0	AELE	7.2	7.3	7.2	7.2	6.9	6.6	6.8	7.1	6.6	6.5
Oceania	2.0	x2.2	1.7	1.7	1.6	1.5	x1.5	1.3	1.2	x1.2	Océanie	0.6	0.6	0.5	x0.3	x0.3	x0.3	x0.2	x0.2	x0.3	x0.3
Germany/Allemagne	12.3	11.8	12.3	12.1	11.3	10.5	11.0	12.0	11.8	11.6	Germany/Allemagne	19.8	18.9	19.7	20.7	19.2	18.2	18.6	19.2	18.0	18.0
France, Monac	8.3	7.8	8.5	8.6	8.2	7.4	7.8	8.7	7.9	7.9	USA/Etats-Unis d'Amer	11.2	11.2	10.5	9.8	9.3	9.5	11.5	11.4	12.6	11.6
United Kingdom	7.9	7.7	8.2	7.3	8.0	7.9	7.9	8.0	7.1	6.8	France, Monac	10.0	9.4	9.6	9.5	8.4	8.4	9.7	10.0	9.2	9.0
Italy/Italie	7.0	7.2	7.7	7.4	7.2	6.6	7.2	7.5	7.1	6.8	Belgium-Luxembourg	9.9	9.2	9.5	9.1	8.6	8.1	8.5	8.8	8.3	8.2
USA/Etats-Unis d'Amer	4.5	5.6	5.6	4.8	3.8	3.6	5.2	5.1	5.0	5.5	Netherlands/Pays-Bas	10.2	9.7	8.8	9.0	8.8	8.3	8.4	8.7	7.9	7.6
Netherlands/Pays-Bas	4.4	4.3	4.9	4.9	4.6	4.2	4.5	4.8	4.6	4.5	Japan/Japon	7.9	8.2	7.9	7.6	6.7	5.9	5.8	5.6	5.7	6.2
Hong Kong	2.6	2.7	2.6	2.6	3.4	4.9	4.3	4.1	5.3	5.9	Italy/Italie	6.5	6.5	4.6	4.7	4.8	4.0	4.2	4.7	5.1	5.0
Belgium-Luxembourg	4.4	4.4	4.8	4.5	4.2	4.0	4.3	4.3	4.4	4.3	United Kingdom	4.8	4.6	5.0	4.7	3.8	3.4	4.2	4.7	5.1	5.0
Former USSR/Anc. URSS	1.3	2.8		x3.1	x3.0	x3.5	x2.9	x3.7			Hong Kong	0.8	0.8	1.0	1.0	1.7	3.1	2.9	3.2	4.4	5.3
China/Chine			4.8	3.5	7.0	7.0	3.9	2.2	3.7	7.0	Canada	1.4	1.6	2.1	2.3	2.2	2.7	2.4	2.5	2.6	2.7

584 CELLULOSE DERIVATIVS ETC — CEL REGEN NIT ACETATE 584

TRADE BY COMMODITY IN THOUSAND U.S. DOLLARS – COMMERCE PAR PRODUIT EN MILLIERS DE DOLLARS E.U

COUNTRIES–PAYS	1988	1989	1990	1991	1992	COUNTRIES–PAYS	1988	1989	1990	1991	1992
	IMPORTS – IMPORTATIONS						EXPORTS – EXPORTATIONS				
Total	2062236	1871719	2223109	2273345	2273921	Totale	1802773	1600252	1775757	1592505	1651691
Africa	x90960	x66505	83585	x61182	x44027	Afrique	x4851	x3794	x1760	x2000	x1306
Northern Africa	37877	29421	42856	37666	x24928	Afrique du Nord	1582	x596	1008	1054	628
Americas	417947	372685	403097	468858	x445836	Amériques	576532	556411	624363	645061	682388
LAIA	185492	148585	155645	212120	177265	ALAI	74419	54199	53549	61958	70517
CACM	14132	17933	17860	18057	x13220	MCAC	1477	1926	1559	2099	x1534
Asia	x359330	355717	416442	415812	452926	Asie	182989	183983	208202	216657	209907
Middle East	x49998	x59376	x53183	x38866	x49186	Moyen–Orient	x4150	10158	x5610	3197	5647
Europe	992167	921333	1170827	1187051	1266609	Europe	1019615	840655	926700	712319	740205
EEC	855097	796192	1024280	1056243	1125907	CEE	911731	733664	796940	579882	610522
EFTA	117176	111752	131334	124183	130397	AELE	94792	95781	122404	129291	128200
Oceania	x52362	x53130	x52152	x48832	x54138	Océanie	x962	x1037	x1570	x803	x847
Germany/Allemagne	164173	116951	223693	245237	249046	USA/Etats-Unis d'Amer	478975	480973	562518	565823	593447
Italy/Italie	168197	163560	169126	164455	169839	United Kingdom	258868	261934	275809	24201	29607
France, Monac	144743	146328	169542	157634	168377	Japan/Japon	117884	122003	145400	147187	148175
United Kingdom	113465	112268	133146	130366	143800	Germany/Allemagne	308520	128904	141654	128341	145851
USA/Etats-Unis d'Amer	127881	119902	123916	125379	139109	Italy/Italie	117509	102511	112369	138981	114288
Belgium–Luxembourg	83712	84214	105771	135535	143867	Belgium–Luxembourg	94448	110314	115336	110866	133022
Canada	74732	68667	84454	101731	104835	Netherlands/Pays–Bas	54318	55968	57561	60455	58060
Spain/Espagne	59421	67463	96380	84503	88612	Sweden/Suède	46468	47524	56018	64780	68087
Former USSR/Anc. URSS	x104126	x65982	x75558	x72376		Finland/Finlande	33909	37744	52722	51895	45244
Netherlands/Pays–Bas	64637	52516	64811	73667	96978	Ireland/Irlande	36612	40121	46149	54647	65287
Japan/Japon	50685	61227	65958	55856	60521	Spain/Espagne	22707	19884	33596	45609	50134
Korea Republic	40046	54668	60177	67546	71394	Hong Kong	28107	23281	26176	28127	25064
Mexico/Mexique	37042	39215	38587	65291	50281	Mexico/Mexique	29970	24220	23002	22987	29419
China/Chine	27195	28126	49510	58525	61630	Brazil/Brésil	31026	18653	21667	29823	32588
Hong Kong	43291	40322	43534	43864	51257	Singapore/Singapour	12100	12404	16140	22135	19546
Australia/Australie	41092	42155	41169	39881	44614	Canada	21420	19141	6553	15120	16736
Switz.Liecht	40748	35138	45342	43542	38009	France, Monac	15588	11168	11877	14205	12227
Indonesia/Indonésie	23636	24194	36067	38114	38009	China/Chine	6803	11863	5618	10251	6911
Singapore/Singapour	26039	27384	36893	41621	44128	Switz.Liecht	11242	7312	8939	7949	9305
Austria/Autriche	29005	29062	35558	36384	30261	Hungary/Hongrie	x6650	x7997	x8008	x6407	x6350
Argentina/Argentine	23503	20762	26014	39260	34763						
Sweden/Suède	24275	25617	28898	27964	33123	Colombia/Colombie	9351	6623	6718	7768	6708
Colombia/Colombie	27452	24875	30156	23115	29683	Yugoslavia SFR	12998	10973	6825	x3066	
Venezuela	40971	18022	13803	29019	29191	Czechoslovakia	x3382	x1920	x2571	x7794	x8934
So. Africa Customs Un	33162	22889	26962	x10200	21395	Austria/Autriche	2127	2627	4147	4160	5228
Thailand/Thaïlande	14561	17639	20087	21910	x8999	Turkey/Turquie	2648	4334	3246	2782	5162
Algeria/Algérie	19490	14258	21541	18818	26558	Denmark/Danemark	2724	2327	2016	1650	1433
Brazil/Brésil	22216	14928	16896	20040	15598	Korea Republic	986	2294	1489	1983	1613
Denmark/Danemark	15543	13651	17657	18516	21075	Philippines	686	x229	4513	49	27
Portugal	14674	13410	17274	16873	18715	Kuwait/Koweït	x10	4016	x7	x3	
						Argentina/Argentine	2826	2906	504	355	402
Turkey/Turquie	13344	12213	18410	14763	19972	Israel/Israël	1602	916	1401	1394	200
Ireland/Irlande	11742	11392	13079	17281	18657	India/Inde	1895	x197	1297	1947	x764
Greece/Grèce	15092	14438	13800	12175	x6941	El Salvador	947	1370	803	1004	x604
Norway, SVD,JM	10278	9346	11199	14193	17290	Former USSR/Anc. URSS	x669	x1184	x532	x1247	
Finland/Finlande	12384	12134	11640	9068	10353	Cote d'Ivoire	x2572	x2666			
Malaysia/Malaisie	6867	8053	9588	12360	x15395	Uruguay	1139	1548	770	310	180
Philippines	13779	x6106	14726	8895	11610	Australia/Australie	771	735	1273	609	704
Chile/Chili	9918	11433	8106	10024	x10291	Saudi Arabia	399	1049	x1235	x45	x120
Yugoslavia SFR	18152	11607	12865	x4473		Poland/Pologne	1839	1103	915	95	x1373
Uruguay	8215	10084	10937	7246	6654	Tunisia/Tunisie	1494	152	897	1002	404
New Zealand	9130	10375	9469	7770	8420	So. Africa Customs Un	x582	x505	x562	x863	x647
Iran (Islamic Rp. of)	x9992	x13308	x8008	x4203	x8475	Former GDR	x2980	x1063	x657		
Czechoslovakia	x8576	16214	6870	x1914	x1991	Norway, SVD,JM	1046	574	576	492	321
Pakistan	5895	8140	6685	8071	7399	Venezuela	8	220	811	503	1064
Poland/Pologne	10960	9011	5911	6647	x3951	Guatemala	394	270	488	473	532
Israel/Israël	5766	6014	7462	7790	9022	Portugal	148	132	325	668	470
India/Inde	5273	x7015	7299	5896	x7664	Costa Rica	118	236	267	618	x379
Peru/Pérou	11562	4913	7668	6114	x6030	Romania/Roumanie	x2042	649	x232	84	x275
Egypt/Egypte	7873	4405	6705	7060	7753	Greece/Grèce	287	401	248	258	x144
Morocco/Maroc	5108	5097	6101	5986	6388	Malta/Malte	90	232	531	x78	x273

(VALUE AS % OF TOTAL)(VALEUR EN % DU TOTAL)

	1983	1984	1985	1986	1987	1988	1989	1990	1991	1992		1983	1984	1985	1986	1987	1988	1989	1990	1991	1992
Africa	x6.0	x5.4	5.3	x5.9	x3.7	x4.4	3.5	3.7	x2.6	1.9	Afrique	0.2	x0.1	0.1	x0.1	x0.1	x0.2	x0.2	x0.1	x0.2	x0.0
Northern Africa	x2.8	2.5	2.3	2.7	1.3	1.8	1.6	1.9	1.7	x1.1	Afrique du Nord	0.0	0.0	0.0	0.0	0.1	0.1	0.0	0.1	0.1	0.0
Americas	21.1	21.7	23.5	21.1	17.9	20.2	19.9	18.2	20.6	x19.6	Amériques	30.9	33.3	28.4	28.1	28.7	32.0	34.8	35.1	40.5	41.3
LAIA	9.0	9.8	9.7	8.6	7.7	9.0	7.9	7.0	9.3	7.8	ALAI	0.9	2.7	2.1	2.5	3.0	4.1	3.4	3.0	3.9	4.3
CACM	x0.6	0.8	0.8	0.7	0.6	0.7	1.0	0.8	0.8	x0.6	MCAC	x0.1	0.1	0.1	0.1	0.1	0.1	0.1	0.1	0.1	0.1
Asia	x17.5	x17.5	13.9	14.6	x16.8	x17.4	19.0	18.7	18.3	20.0	Asie	10.6	9.5	9.6	9.5	x9.2	10.1	11.5	11.8	13.6	12.7
Middle East	x4.7	x5.0	1.7	x3.0	x2.4	x3.2	2.4	x1.7	x2.2		Moyen–Orient	x0.0	x0.1	0.1	0.2	x0.3	x0.2	0.6	x0.3	0.2	0.3
Europe	50.1	49.3	53.2	55.0	51.6	48.1	49.2	52.7	52.2	55.7	Europe	58.1	56.7	61.8	62.2	60.6	56.6	52.5	52.2	44.7	44.8
EEC	43.3	41.7	45.4	46.6	43.1	41.5	42.5	46.1	46.5	49.5	CEE	52.6	50.4	55.5	54.9	53.4	50.6	45.8	44.9	36.4	37.0
EFTA	6.8	6.2	6.6	7.3	7.2	5.7	6.0	5.9	5.5	5.7	AELE	5.6	5.6	5.6	6.7	6.7	5.3	6.0	6.9	8.1	7.8
Oceania	x3.6	x3.9	3.8	x3.1	x3.0	x2.5	2.8	x2.4	x2.2	x2.3	Océanie	0.1	x0.1	x0.0	x0.1	x0.1	x0.1	x0.1	x0.1	x0.0	x0.1
Germany/Allemagne	8.3	8.1	8.7	8.6	7.9	8.0	6.2	10.1	10.8	11.0	USA/Etats-Unis d'Amer	24.4	24.5	20.0	19.5	19.4	26.6	30.1	31.7	35.5	35.9
Italy/Italie	7.4	8.4	9.3	9.5	8.6	8.2	8.7	7.6	7.2	7.5	United Kingdom	11.8	11.8	12.9	12.9	12.2	14.4	16.4	15.5	1.5	1.8
France, Monac	6.8	6.3	7.7	7.7	7.0	7.0	7.8	7.6	6.9	7.4	Japan/Japon	9.2	8.4	8.2	7.4	6.3	6.5	7.6	8.2	9.2	9.0
United Kingdom	6.1	5.5	5.5	5.7	5.4	5.5	6.0	6.0	5.7	6.3	Germany/Allemagne	18.9	18.6	19.4	20.8	20.5	17.1	8.1	8.0	8.1	8.8
USA/Etats-Unis d'Amer	6.6	6.7	8.3	6.5	5.1	6.2	6.4	5.6	5.5	6.1	Italy/Italie	5.3	5.0	8.9	5.8	5.5	6.5	6.4	6.3	8.7	6.9
Belgium–Luxembourg	4.9	4.4	4.6	4.4	3.8	4.1	4.5	4.8	6.0	6.3	Belgium–Luxembourg	4.9	4.5	4.7	5.6	5.0	5.2	6.9	6.5	7.0	8.1
Canada	4.3	3.4	3.7	3.5	3.2	3.6	3.7	3.8	4.5	4.6	Netherlands/Pays–Bas	5.4	5.5	5.5	5.8	5.9	3.0	3.5	3.2	3.8	3.5
Spain/Espagne	2.2	2.0	2.2	3.0	2.7	2.9	3.6	4.3	3.7		Sweden/Suède	1.8	1.9	1.8	2.5	2.5	2.6	3.0	3.2	4.1	4.1
Former USSR/Anc. URSS	1.4	1.8			x4.6	x5.0	x3.5	x3.4	x3.2		Finland/Finlande	2.2	2.2	2.3	2.6	2.7	1.9	2.4	3.0	3.3	2.7
Netherlands/Pays–Bas	3.5	3.2	3.5	3.8	3.7	3.1	2.8	2.9	3.2	4.3	Ireland/Irlande	0.2	0.1	0.2	0.3	0.3	2.0	2.5	2.6	3.4	4.0

585 PLASTIC MATERIAL NES / RESINES ARTIFICIELLES 585

TRADE BY COMMODITY IN THOUSAND U.S. DOLLARS – COMMERCE PAR PRODUIT EN MILLIERS DE DOLLARS E.U

COUNTRIES–PAYS	IMPORTS – IMPORTATIONS 1988	1989	1990	1991	1992	COUNTRIES–PAYS	EXPORTS – EXPORTATIONS 1988	1989	1990	1991	1992
Total	x612019	547907	541659	516796	523021	Totale	646464	330866	356334	x361180	x425417
Africa	x21016	x16141	x16767	x15677	x13217	Afrique	6072	x4030	5193	x1645	x1966
Northern Africa	6836	7666	7558	6668	6024	Afrique du Nord	5725	997	4702	1567	1492
Americas	103865	129944	152329	134300	151433	Amériques	339835	72591	67710	64561	x94051
LAIA	32824	28387	32449	36359	37165	ALAI	19909	7456	8273	2239	x2195
CACM	11143	10900	10896	13806	10340	MCAC	1589	409	986	1019	x1101
Asia	251805	200355	135302	147405	143943	Asie	x101380	91574	86428	104282	81722
Middle East	78621	78937	x25440	x21629	x17410	Moyen–Orient	x39100	x29975	x4979	x4565	x325
Europe	159877	145004	204626	198110	200348	Europe	181244	158761	193565	x186889	x242899
EEC	133630	117270	173106	170382	177612	CEE	133363	114827	138550	x129178	x156842
EFTA	17159	19818	26972	26636	21402	AELE	47794	43688	55003	57710	85890
Oceania	10192	12818	14355	13855	x12365	Océanie	x833	244	1252	x2848	4157
USA/Etats–Unis d'Amer	18546	45542	64913	69281	89291	United Kingdom	62453	51564	63115	x56847	x64224
Germany/Allemagne	36013	15072	45345	50348	51925	USA/Etats–Unis d'Amer	311606	57579	50541	55419	83721
Japan/Japon	30680	25296	28327	34635	37973	China/Chine	19248	28609	43159	53208	35603
United Kingdom	29354	23188	30041	27282	30643	Sweden/Suède	36348	33984	39572	43445	66153
Korea Republic	13460	20169	24458	30435	30576	France, Monac	26013	30636	38975	37087	45303
Italy/Italie	15707	19776	21925	20101	19004	Japan/Japon	14331	17584	24792	31178	28875
France, Monac	8383	16006	22668	21659	26255	Italy/Italie	16563	15666	12630	13354	11131
Saudi Arabia	53988	51778	x1907	x4271	x1224	Germany/Allemagne	19275	8989	12202	12714	12253
Spain/Espagne	13010	14457	14688	13921	13129	Hong Kong	4951	10106	9827	10091	8020
Indonesia/Indonésie	18486	11010	13171	13501	17748	Austria/Autriche	8931	7046	11397	8892	14951
Former USSR/Anc. URSS	x35993	x27159	x7486	x2681		Saudi Arabia	10666	24339	x111	x34	x182
Netherlands/Pays–Bas	11459	9822	13347	12481	13299	Canada	5678	6474	7053	5661	6710
Pakistan	54197	26688	4212	4265	4709	Belgium–Luxembourg	3489	4438	5015	4573	4335
Denmark/Danemark	9453	9053	12634	12689	11997	Argentina/Argentine	5757	6325	6637	258	37
Australia/Australie	7818	10145	11437	12324	10981	Switz.Liecht	1548	2613	3672	5183	4515
Jamaica/Jamaïque	12865	17908	14286	814	x154	United Arab Emirates	x4008	x4301	x3414	x2224	x25
Canada	8883	8876	11814	10143	12100	Singapore/Singapour	5221	2522	2253	2786	1690
Hong Kong	4665	10809	9254	10312	7973	Egypt/Egypte	5725	964	4660	1563	1491
Turkey/Turquie	8460	4611	12228	11792	8758	Netherlands/Pays–Bas	3710	1472	2921	1812	1777
China/Chine	4481	6156	7469	12027	4986	Australia/Australie	663	195	1230	2812	4139
Mexico/Mexique	5171	7311	9196	8011	11240	Chile/Chili	13	668	1188	1786	x2069
Argentina/Argentine	5115	4996	6039	10177	10409	Korea Republic	1851	1117	852	1297	1694
Switz.Liecht	3607	5403	8312	7326	7764	Cote d'Ivoire	x2	x2884	x1		
Belgium–Luxembourg	6046	5898	6676	6070	6798	Spain/Espagne	503	617	1148	1103	1440
Singapore/Singapour	11268	6020	6302	5835	7043	Kuwait/ Koweït	x1941	782	x914	x933	
Sweden/Suède	5069	5470	6161	6374	3347	Greece/Grèce	x871	x1138	x1369	5	x932
Brazil/Brésil	8325	5078	5592	6609	6020	Former USSR/Anc. URSS	x1447	x202	x1423	x323	
Norway,SVD,JM	4827	4317	6728	4807	3543	Denmark/Danemark	139	109	1066	751	14402
Malaysia/Malaisie	7884	5322	6190	4210	x3579	Hungary/Hongrie	x3028	x1689	x1	x19	x90
Kuwait/ Koweït	x455	14760	x153	x6	x483	India/Inde	63	x580	280	600	x2092
Thailand/Thaïlande	4613	4989	4556	4897	5766	Ireland/Irlande	343	183	74	893	1043
Austria/Autriche	2266	2945	4207	6715	4570	Costa Rica	158	37	322	751	x625
Panama	4344	6645	6012	1079	398	Romania/Roumanie	x5979	x1004	x5	x38	x6
So. Africa Customs Un	8787	4391	4753	x3532	x3053	Jamaica/Jamaïque	592	400	539	x11	
Honduras	4922	4582	4396	3675	4548	Guatemala	331	249	529	156	330
Trinidad and Tobago	7053	5780	6123	591	160	Former GDR	x3915	x457	x398		
Colombia/Colombie	3557	3773	4878	3151	2792	Syrian Arab Republic	219	0	1	x766	x271
Egypt/Egypte	3177	3857	3849	3223	3467	Poland/Pologne	x577	x58	x218	x402	x791
Czechoslovakia	x3624	4765	3993	x527	x205	Malaysia/Malaisie	941	487	32	119	x36
Venezuela	5178	2462	3153	3507	2587	So. Africa Customs Un	x135	x99	x422	x63	x36
Israel/Israël	2907	2592	3214	3152	3654	Lebanon/Liban	x1217	x198	x184	x191	256
Poland/Pologne	x2117	3615	3070	x1757	x907	Norway,SVD,JM	171	24	278	182	16
Yugoslavia SFR	3247	2555	4375	x1067		Venezuela	15	43	324	59	2
Barbados/Barbade	4352	3433	3350	941	x63	Uruguay	377	332	11	x57	x7
Costa Rica	1678	2737	2109	2132	x424	Cyprus/Chypre	x370	2	x183	x198	x7
Nicaragua	1375	414	1473	4926	4627	Bahrain/Bahreïn		x92	x150	x116	
Syrian Arab Republic	5299	2640	2937	x1203	x8	Jordan/Jordanie	23	x260	18	72	100
Portugal	2484	1927	2507	2338	2367	Czechoslovakia	x943	x117	x62	x143	x106
Ireland/Irlande	1181	1493	2505	2622	1401	Sri Lanka	211		290	1	
Former GDR	x18777	x6117	x252			Afghanistan		x4		x282	

(VALUE AS % OF TOTAL)(VALEUR EN % DU TOTAL)

	1983	1984	1985	1986	1987	1988	1989	1990	1991	1992		1983	1984	1985	1986	1987	1988	1989	1990	1991	1992
Africa	x2.9	4.2	3.8	x4.1	x2.6	x3.4	2.9	3.1	3.1	2.5	Afrique	0.4	0.3	0.2	0.4	0.3	0.9	x1.2	1.4	0.4	x0.5
Northern Africa	0.9	0.9	1.1	0.7	0.6	1.1	1.4	1.4	1.3	1.2	Afrique du Nord	0.0	0.0		0.0	0.1	0.9	0.3	1.3	0.4	0.4
Americas	x14.0	24.5	26.0	14.2	13.4	17.0	23.7	28.2	26.0	29.0	Amériques	x25.0	x28.1	31.5	27.9	22.1	52.6	22.0	19.0	17.9	x22.2
LAIA	1.9	2.1	2.1	2.4	2.5	5.4	5.2	6.0	7.0	7.1	ALAI	1.4	2.3	2.1	2.0	1.5	3.1	2.3	2.3	0.6	x0.5
CACM	x1.8	12.1	14.5	0.8	x0.5	1.8	2.0	2.0	2.7	2.0	MCAC	x1.8	x3.0	1.4	0.1	0.0	0.0	0.1	0.3	0.3	x0.3
Asia	31.3	27.8	24.0	27.5	22.9	41.2	36.6	25.0	28.5	27.6	Asie	x5.1	x6.7	4.4	x6.0	x9.3	x15.6	27.6	24.3	28.8	19.2
Middle East	11.4	10.1	8.2	8.0	5.0	12.8	14.4	x4.7	x4.2	x3.3	Moyen–Orient	x0.8	x2.0	0.7	x1.2	x2.8	x6.0	x9.1	x1.4	x1.3	x0.1
Europe	44.1	37.2	39.5	48.3	48.3	26.1	26.5	37.8	38.3	38.3	Europe	65.7	61.2	60.7	62.9	64.5	28.0	48.0	54.3	x51.7	x57.1
EEC	36.9	30.2	32.4	33.9	40.9	21.8	21.4	32.0	33.0	34.0	CEE	56.6	53.9	53.5	54.8	54.2	20.6	34.7	38.9	x35.8	x36.9
EFTA	7.3	5.7	6.0	7.3	6.4	2.8	3.6	5.0	5.2	4.1	AELE	9.1	7.3	7.1	7.8	9.8	7.4	13.2	15.4	16.0	20.2
Oceania	3.1	2.3	2.2	x1.7	x2.2	1.6	2.4	2.7	2.7	x2.4	Océanie	0.3	0.4	0.7	x0.9	1.0	x0.1	0.1	0.4	x0.8	1.0
USA/Etats–Unis d'Amer	1.5	1.5	1.2	1.3	1.3	3.0	8.3	12.0	13.4	17.1	United Kingdom	8.0	7.9	7.8	7.1	6.9	9.7	15.6	17.7	x15.7	x15.1
Germany/Allemagne	10.5	7.7	8.3	10.2	10.3	5.9	2.8	8.4	9.7	9.9	USA/Etats–Unis d'Amer	20.3	21.2	28.0	25.0	19.7	48.2	17.4	14.2	15.3	19.7
Japan/Japon	4.2	3.9	3.6	4.9	5.1	5.0	4.6	5.2	6.7	7.3	China/Chine					1.0	3.0	8.6	12.1	14.7	8.4
United Kingdom	5.2	4.8	5.0	5.6	6.4	4.8	4.2	5.5	5.3	5.9	Sweden/Suède	5.8	5.5	5.5	6.2	5.9	5.6	10.3	10.9	10.3	10.6
Korea Republic	1.9	1.6	1.7	2.4	2.0	2.2	3.7	4.5	5.9	5.8	France, Monac	7.1	7.6	7.8	8.1	7.6	4.0	10.9	7.0	8.6	6.8
Italy/Italie	4.8	4.5	5.4	6.9	6.9	3.6	4.0	3.9	3.6	3.6	Japan/Japon	3.0	3.0	2.8	3.9	3.5	4.7	5.3	3.5	3.7	2.6
France, Monac	5.4	4.5	4.7	5.5	5.4	1.4	2.9	4.2	4.2	5.0	Italy/Italie	3.4	3.1	3.1	2.8	2.7	2.6	4.7	3.5	3.4	2.9
Saudi Arabia	9.5	7.5	5.8	4.4	3.2	8.8	9.5	x0.4	x0.8	x0.2	Germany/Allemagne	13.0	11.4	11.2	12.1	12.6	3.0	2.7	3.4	3.5	2.9
Spain/Espagne	2.2	1.6	1.8	2.5	2.6	2.1	2.6	2.7	2.7	2.5	Hong Kong	0.4	0.4	0.3	0.4	0.3	0.8	3.1	2.8	2.8	1.9
Indonesia/Indonésie	1.4	1.1	1.1	1.4	1.2	3.0	2.0	2.4	2.6	3.4	Austria/Autriche	1.5	0.5	0.3	0.5	0.7	1.4	2.1	3.2	2.5	3.5

591 PESTICIDES, DISINFECTANTS

DESINF, INSECT, FONG, HERB 591

TRADE BY COMMODITY IN THOUSAND U.S. DOLLARS – COMMERCE PAR PRODUIT EN MILLIERS DE DOLLARS E.U

COUNTRIES–PAYS	1988	1989	1990	1991	1992	COUNTRIES–PAYS	1988	1989	1990	1991	1992
Total	x7232271	6693929	x8007109	x8316550	x7594537	Totale	6746995	6392818	7308707	7288398	7225197
Africa	x613658	x474743	x481240	x494087	x507026	Afrique	x23865	x38066	x49903	x87393	x71394
Northern Africa	291745	x179791	x177298	x161437	x192158	Afrique du Nord	380	5398	9530	12631	x8587
Americas	1429499	1142599	x1232476	1211600	x1344463	Amériques	1761071	1377407	1411834	1300613	1371574
LAIA	305432	317459	346461	408026	x456841	ALAI	146998	215206	197872	196900	232462
CACM	135856	125208	128205	138619	x133794	MCAC	23304	14474	18653	20085	x22564
Asia	x1239009	x1129194	x1299116	x1342126	x1423342	Asie	613277	534999	610067	747617	x704771
Middle East	x341158	x320665	x457914	x402351	x365733	Moyen–Orient	14638	7574	x15363	29910	42452
Europe	2904245	3164471	3987702	4010248	3979537	Europe	4097808	4240642	5096115	5051388	4979524
EEC	2593630	2876666	3625612	3658617	3598303	CEE	3497807	3624853	4418703	4315221	4243256
EFTA	276914	275449	326973	318862	326006	AELE	592976	611887	667869	723955	709752
Oceania	x65035	x90011	x90854	x93486	x110119	Océanie	x42913	x32866	25079	x38176	55931
France, Monac	848973	1008608	1285799	1199546	1220365	Germany/Allemagne	1133043	1226835	1530506	1451489	1451712
Former USSR/Anc. URSS	x558862	x350800	x546777	x942162		USA/Etats–Unis d'Amer	1554136	1118175	1157244	1050809	1069838
Germany/Allemagne	364287	393030	580783	700465	645253	France, Monac	678844	769214	1033936	1082093	1094294
United Kingdom	289589	308089	309297	329648	324958	United Kingdom	875032	861894	979703	940201	919786
Canada	207697	280275	292781	275719	300686	Switz.Liecht	524309	523228	571273	593721	567488
Netherlands/Pays–Bas	199834	243173	314324	280813	311504	Netherlands/Pays–Bas	384345	378313	426754	387574	392004
Italy/Italie	236156	248343	290208	275625	318206	Japan/Japon	253435	263657	255347	296072	274610
Belgium–Luxembourg	215788	190926	241099	264933	210986	Italy/Italie	194765	182535	204008	204369	166539
USA/Etats–Unis d'Amer	613752	199972	217929	201230	262794	Belgium–Luxembourg	116334	131908	169313	164219	135510
Spain/Espagne	142658	162716	200281	206470	198231	China/Chine	57555	58118	68452	92171	88998
China/Chine	156541	196432	177775	191490	203651	Hong Kong	82268	62624	65771	81995	96653
Japan/Japon	163687	180710	187674	186336	190919	Brazil/Brésil	56088	84877	61221	63746	68471
Iran (Islamic Rp. of)	x83931	x101319	x203748	x174204	x114843	Austria/Autriche	36900	44267	57955	92537	91056
Denmark/Danemark	116721	130892	177661	168837	147082	Colombia/Colombie	38366	40336	46776	68769	87898
Thailand/Thaïlande	96656	111062	130538	110146	129401	India/Inde	50939	x9909	57619	81813	87896
Cuba	68768	113993	x111748	x75460	x77013	Israel/Israël	40741	44071	44309	47296	x11945
Greece/Grèce	76178	85184	101042	101774	x109269	Spain/Espagne	51659	39557	44827	50932	56155
Saudi Arabia	92362	71310	x98428	x89347	x73758	Former USSR/Anc. URSS	x27396	x70639	x42719	x15814	49639
Sweden/Suède	73604	70999	85434	79185	86207	Singapore/Singapour	37651	34224	33904	52838	67905
Czechoslovakia	x44472	97250	95115	x42361	x36473	Argentina/Argentine	19350	38560	38526	24027	36169
Switz.Liecht	83532	69366	81599	81461	84648	Australia/Australie	36907	27722	21001	33043	51494
Austria/Autriche	50229	57329	76393	82492	76556	Bulgaria/Bulgarie	x41128	x41562	x32561	x6814	x5620
Argentina/Argentine	67374	69152	68051	73573	98419	Malaysia/Malaisie	21625	22572	25835	25698	x36767
Pakistan	75544	63648	61410	85354	71218	Sweden/Suède	20240	21313	21605	23016	34291
Bulgaria/Bulgarie	x85168	x82879	x100036	x21488	41036	Canada	26781	19860	22058	23501	34903
Hong Kong	98425	57777	63588	80801	104663	Hungary/Hongrie	x23077	x13795	x16992	x24805	x22355
Portugal	56916	56886	73255	71951		Denmark/Danemark	50239	21576	15494	17633	13216
Romania/Roumanie	x29647	16819	108605	67534	58790	So. Africa Customs Un	x9944	x11124	x13713	x28748	x34657
Egypt/Egypte	97991	77145	56252	56455	x46982	Indonesia/Indonésie	7141	12529	22520	15100	12167
So. Africa Customs Un	50410	59152	45174	x65182	61783	Cote d'Ivoire	x9645	x16839	x17875	x18229	x25150
Turkey/Turquie	45576	46571	60919	58953	x75227	Mexico/Mexique	16187	15956	14372	19830	18923
Ireland/Irlande	46530	48820	51865	58555	69591	Uruguay	7265	16400	22716	6760	6141
Singapore/Singapour	49508	34717	50980	72458	53659	Former GDR	x106787	x20385	x13589		
Chile/Chili	53433	50767	50700	56237	59699	Finland/Finlande	6306	14182	7605	9877	11401
Finland/Finlande	39997	49329	52958	47140	x63537	Thailand/Thaïlande	6572	4950	8565	15171	x7012
Poland/Pologne	184880	88017	16814	44488	45742	Kenya	3291	x987	3627	23999	x352
Mexico/Mexique	24170	34574	45773	59300	x58843	Venezuela	886	10974	8636	7981	7909
Ecuador/Equateur	25970	41164	38352	55333	72636	Korea Republic	13233	13090	7395	6962	7742
Australia/Australie	29096	42833	43503	46862	39040	Yugoslavia SFR	6165	3901	9488	x12136	
Costa Rica	30947	34546	43508	50307	58850	Poland/Pologne	5148	9789	7062	7948	x6309
Colombia/Colombie	44259	44666	42268	41369	x43859	Norway, SVD, JM	5159	8896	9121	4668	5484
Brazil/Brésil	16850	28774	41606	45237	33600	Ireland/Irlande	6687	6028	6679	7725	8727
Hungary/Hongrie	x23076	x33736	x33564	45381	61001	Barbados/Barbade	6428	5941	6868	6692	x6800
Malaysia/Malaisie	45840	34142	36527	39151	x45261	Turkey/Turquie	6373	2802	4052	12450	20125
Morocco/Maroc	48843	29033	41134	39255	x48361	Guatemala	11470	2612	8704	7862	8782
Sudan/Soudan	x32854	x39156	x43975	x23050	37266	Egypt/Egypte	175	4608	4309	9427	6416
Guatemala	24410	28907	36677	36359	x37807	Costa Rica	5231	5944	5063	6360	x5961
Philippines	25799	x31909	31836	27588	x35333	Jordan/Jordanie	1503	810	3765	12253	17647
New Zealand	19641	28125	30186	32677	27644	El Salvador	4987	4868	3958	4696	x5661
Norway, SVD, JM	28924	27888	29773	27673	36284	New Zealand	5910	4134	3995	4980	4357
					31917						

(VALUE AS % OF TOTAL)(VALEUR EN % DU TOTAL)

	1983	1984	1985	1986	1987	1988	1989	1990	1991	1992		1983	1984	1985	1986	1987	1988	1989	1990	1991	1992
Africa	x10.1	x9.7	7.4	x11.1	x8.1	8.5	x7.1	6.0	6.0	6.7	Afrique	0.6	x0.5	0.8	0.5	x0.6	x0.3	0.6	x0.7	1.2	x1.0
Northern Africa	x4.6	x4.3	3.0	x4.0	3.1	4.0	x2.7	x2.2	x1.9	2.5	Afrique du Nord	x0.0	x0.0	0.0	0.0	0.0	0.1	0.1	0.1	0.2	x0.1
Americas	x22.0	23.9	27.1	22.9	x18.5	19.8	17.1	x15.4	14.5	x17.7	Amériques	29.7	31.9	29.3	27.5	25.4	26.1	21.5	19.3	17.8	19.0
LAIA	4.8	5.4	5.5	5.3	4.4	4.7	4.3	4.9	x6.0	x6.0	ALAI	1.8	2.0	1.7	1.7	2.3	2.2	3.4	2.7	2.7	3.2
CACM	x2.1	2.9	3.0	2.7	x2.3	1.9	1.9	1.6	1.7	x1.8	MCAC	x0.2	0.6	0.4	0.4	0.3	0.2	0.3	0.3	0.3	x0.3
Asia	x14.2	x14.9	17.8	16.2	x16.3	x17.2	x16.9	x16.2	x16.2	x18.8	Asie	8.6	7.7	7.2	6.3	7.6	9.1	8.4	8.3	10.2	x9.8
Middle East	x4.9	x5.8	4.0	x4.8	x5.4	x4.7	x4.8	x5.7	4.8	4.8	Moyen–Orient	x0.2	x0.1	0.0	x0.1	x0.2	0.2	0.1	0.2	0.4	0.6
Europe	38.5	36.4	42.8	44.3	38.7	40.2	47.3	49.8	48.2	52.4	Europe	59.5	58.5	62.0	65.0	62.8	60.7	66.3	69.7	69.3	68.9
EEC	34.6	32.7	38.1	39.2	34.6	35.9	43.0	45.3	44.0	47.4	CEE	50.4	49.5	52.9	56.1	53.1	51.8	56.7	60.5	59.2	58.7
EFTA	3.8	3.1	4.1	4.4	3.8	3.8	4.1	4.1	3.8	4.3	AELE	9.1	8.9	9.0	8.9	9.7	8.8	9.6	9.1	9.9	9.8
Oceania	1.0	x1.2	1.1	x1.1	x0.9	x1.1	x1.4	x1.1	x1.1	x1.5	Océanie	0.2	0.2	0.3	0.4	x0.4	x0.6	x0.5	0.3	x0.5	0.8
France, Monac	9.9	9.3	11.6	12.6	10.8	11.7	15.1	16.1	14.4	16.1	Germany/Allemagne	18.7	17.8	18.3	20.6	17.0	16.8	19.2	20.9	19.9	20.1
Former USSR/Anc. URSS	10.1	10.8			x11.2	x7.7	x5.2	x6.8	x11.3		USA/Etats–Unis d'Amer	27.2	28.9	26.6	24.8	22.1	23.0	17.5	15.8	14.4	14.8
Germany/Allemagne	4.5	4.4	5.6	6.0	5.1	5.0	5.9	7.3	8.4	8.5	France, Monac	9.9	9.8	10.0	10.4	10.0	10.1	12.0	14.1	14.8	15.1
United Kingdom	5.3	4.7	5.4	4.3	3.5	4.0	4.6	3.9	4.0	4.3	United Kingdom	12.0	12.0	13.8	12.3	13.4	13.0	13.5	13.4	12.9	12.7
Canada	5.1	5.0	4.8	3.8	2.5	2.9	4.2	3.7	3.3	4.0	Switz.Liecht	8.3	8.2	8.2	8.0	8.7	7.8	8.2	7.8	8.1	7.9
Netherlands/Pays–Bas	3.4	3.3	3.5	3.3	3.0	2.8	3.6	3.9	3.4	4.1	Netherlands/Pays–Bas	4.7	4.9	5.4	5.9	5.4	5.7	5.9	5.8	5.3	5.4
Italy/Italie	3.0	2.9	3.1	3.6	3.8	3.3	3.7	3.6	3.3	4.2	Japan/Japon	5.8	4.6	3.7	3.0	3.2	3.8	4.1	3.5	4.1	3.8
Belgium–Luxembourg	2.3	2.0	2.3	2.7	2.6	3.0	2.9	3.0	3.2	2.8	Italy/Italie	3.2	2.8	3.2	3.7	3.5	2.9	2.9	2.8	2.8	2.3
USA/Etats–Unis d'Amer	6.7	7.2	10.3	8.2	6.6	8.5	3.0	2.7	2.4	3.5	Belgium–Luxembourg	0.9	0.9	1.3	1.8	1.8	1.7	2.1	2.3	2.3	1.9
Spain/Espagne	1.2	1.2	1.5	1.8	1.7	2.0	2.4	2.5	2.5	2.6	China/Chine		0.2	0.2	0.8	0.9	0.9	0.9	0.9	1.3	1.2

592 STARCH, INULIN, GLUTEN, ETC — AMIDONS, INUL, GLUT FROM 592

TRADE BY COMMODITY IN THOUSAND U.S. DOLLARS – COMMERCE PAR PRODUIT EN MILLIERS DE DOLLARS E.U

COUNTRIES–PAYS	IMPORTS – IMPORTATIONS					COUNTRIES–PAYS	EXPORTS – EXPORTATIONS				
	1988	1989	1990	1991	1992		1988	1989	1990	1991	1992
Total	4271625	4656722	5369820	5843331	6451022	Totale	3876626	4103046	4739052	5120415	5618969
Africa	x94625	x97562	x112513	x112016	x136199	Afrique	x2521	x5543	x8365	x10283	x10816
Northern Africa	25883	31759	39119	x37507	x47205	Afrique du Nord	385	955	1926	4353	5407
Americas	771077	991097	1034506	1024573	x1247171	Amériques	457375	473428	575507	683511	742897
LAIA	108570	113672	134396	173244	232727	ALAI	70683	77270	86792	110426	124968
CACM	9906	10913	11998	12441	x15950	MCAC	6781	4272	4570	4657	5046
Asia	x847764	898957	1025107	1160895	x1346181	Asie	x338817	370411	428150	502435	x592638
Middle East	x88880	x88928	x101708	x96677	x121021	Moyen–Orient	8074	9984	5569	x6846	7019
Europe	2355110	2483904	2987951	3187203	3557295	Europe	2584508	2786984	3240948	3313284	3791963
EEC	2012671	2113088	2545754	2756713	3091949	CEE	2367953	2550970	2966742	3021332	3493831
EFTA	310954	344423	404971	407291	432772	AELE	214676	232363	272124	288845	287517
Oceania	x56988	x65088	x69282	x67797	x80034	Océanie	x275147	x288766	325736	x318728	x328293
USA/Etats–Unis d'Amer	500512	696399	711764	660270	796028	Germany/Allemagne	606549	656165	757999	778890	870164
Germany/Allemagne	425737	443587	605898	689751	793259	Netherlands/Pays–Bas	477482	539129	693919	708820	756627
Japan/Japon	362210	390087	403149	445776	474517	France, Monac	527778	551719	608774	636835	759824
United Kingdom	327973	346236	391126	400576	437311	USA/Etats–Unis d'Amer	339692	346810	423947	501686	531432
France, Monac	282679	324415	390917	382609	433485	New Zealand	234924	251826	295539	293583	288900
Italy/Italie	309314	270426	298962	348235	383759	Ireland/Irlande	206182	208856	229963	205651	286368
Netherlands/Pays–Bas	201764	235339	280728	300822	331827	Belgium–Luxembourg	174696	177157	212362	197051	243349
Belgium–Luxembourg	163987	155301	191189	201595	223679	Japan/Japon	132613	159026	163689	183248	205360
Spain/Espagne	138699	136128	149244	156648	187190	United Kingdom	126951	130079	161993	167369	203052
Canada	126949	133914	142470	148354	172665	Denmark/Danemark	135338	153347	145509	153822	177693
Korea Republic	98970	121112	137116	152268	165820	Switz.Liecht	108466	124509	135536	149233	135971
Sweden/Suède	90074	99034	113423	127361	131647	Italy/Italie	91345	104030	118815	132758	151042
Hong Kong	77687	87680	114819	135890	138979	Thailand/Thaïlande	58194	78860	106620	138977	x158499
Former USSR/Anc. URSS	x77503	x42507	x75612	x215918		Poland/Pologne	85772	77099	65016	140780	x103801
Switz.Liecht	84398	83955	104436	108812	108711	Sweden/Suède	78004	76044	95767	100125	111565
Ireland/Irlande	46292	78376	85890	124354	128624	Hong Kong	57880	64315	81018	93681	99865
Mexico/Mexique	40536	62051	79260	89583	117874	Former USSR/Anc. URSS	x28477	x44907	x46568	x102155	
Finland/Finlande	58733	73960	81702	72331	78026	Canada	38816	41642	57041	61394	76575
Denmark/Danemark	63032	65339	79892	81232	90853	Brazil/Brésil	33689	36583	37759	48928	57981
Austria/Autriche	40655	49904	61407	57056	69281	Spain/Espagne	18274	24537	32029	36895	41947
China/Chine	28899	41913	49719	76640	135547	Australia/Australie	40155	36880	30153	22220	39275
Indonesia/Indonésie	23027	41021	51220	65341	80327	Singapore/Singapour	11367	16797	21885	24550	30878
Australia/Australie	41042	45292	49162	46680	55661	Austria/Autriche	14741	16156	21039	19910	25030
Singapore/Singapour	27065	31898	39918	45714	53797	Argentina/Argentine	14737	14579	18968	23221	24272
Norway, SVD, JM	34502	35109	41188	38908	42364	Hungary/Hongrie	x8949	x11158	x18426	x23405	x25539
So. Africa Customs Un	32522	33006	37707	x36184	x44926	China/Chine	20430	16618	18086	17593	28772
Portugal	26528	27617	37671	36634	42301	Korea Republic	8106	11046	15855	20718	27513
Greece/Grèce	26898	30324	34138	34257	x39660	Czechoslovakia	x15503	x11282	x13231	x21756	x15662
Thailand/Thaïlande	19372	27852	31632	35095	49962	Bulgaria/Bulgarie	x38271	x26121	x12175	x3815	x6202
Malaysia/Malaisie	17356	23867	30615	36698	x43555	Colombia/Colombie	9859	9831	12505	15893	16905
Yugoslavia SFR	24960	22300	32843	x20219		Finland/Finlande	7185	6910	10135	10867	8429
Saudi Arabia	32197	28523	x23750	x21923	x24783	Uruguay	6949	9471	8507	8983	8604
Israel/Israël	16445	18290	25936	27366	34524	Norway, SVD, JM	6211	8644	9514	8515	6498
Hungary/Hongrie	x16449	x18293	x15841	25972	x19463	Mexico/Mexique	4631	4669	5188	8868	11735
Philippines	10353	x13421	23423	22430	21944	Malaysia/Malaisie	4891	4774	5656	7090	x13401
Czechoslovakia	x15461	21066	19125	x17284	x18151	So. Africa Customs Un	x1153	x3742	x4324	x4348	x4852
Turkey/Turquie	8153	12122	22392	22661	24819	Former GDR	x40739	x6583	x4738		
Brazil/Brésil	16347	13699	15119	18187	20974	Jordan/Jordanie	3026	3321	2829	3233	3927
Poland/Pologne	19454	14714	8795	23407	x36733	Portugal	1849	3413	3446	1886	2740
New Zealand	10932	13919	13914	15916	18692	Yugoslavia SFR	1853	3352	2028	x1141	
Chile/Chili	9098	13795	12674	14903	x18352	Guatemala	5108	2036	2173	2188	3223
Bulgaria/Bulgarie	x9697	x15120	x14610	x4763	4638	Pakistan	1611	2120	2088	1929	3562
Venezuela	14756	6395	7513	16370	22230	Indonesia/Indonésie	181	910	2567	2406	7165
Iran (Islamic Rp of)	x2372	x5273	x11913	x10324	x22163	Turkey/Turquie	3560	2990	1741	1111	2085
Panama	5164	7376	11070	8979	9900	Korea Dem People's Rp	x101	x2768	x2765	x214	x220
Egypt/Egypte	6440	6753	10813	9848	10770	Greece/Grèce	1511	2508	1902	1324	x1023
United Arab Emirates	x13684	x6797	x8707	x11834	x14672	India/Inde	842	x1088	1264	3162	x3441
Libyan Arab Jamahiriya	5505	8736	9360	x5522	x5616	Honduras	1029	1696	1835	1780	1151
Argentina/Argentine	11304	5021	4302	12641	24436	Bahamas	6	x1999	x667	x2339	x2115
Morocco/Maroc	4322	5412	6562	7945	9715	Ecuador/Equateur	392	956	1551	1547	1835

(VALUE AS % OF TOTAL)(VALEUR EN % DU TOTAL)

	1983	1984	1985	1986	1987	1988	1989	1990	1991	1992		1983	1984	1985	1986	1987	1988	1989	1990	1991	1992
Africa	x3.6	x3.5	3.0	x3.4	x2.7	x2.3	x2.1	x2.1	x1.9	x2.1	Afrique	0.3	x0.2	0.3	x0.3	x0.2	x0.0	x0.1	x0.2	x0.2	x0.2
Northern Africa	1.5	1.5	1.3	x0.9	0.8	0.6	0.7	0.7	x0.6	0.7	Afrique du Nord	x0.0	x0.0	0.0	0.0	0.0	0.0	0.0	0.0	0.1	0.1
Americas	x22.4	24.3	26.1	22.6	20.4	18.1	21.3	19.3	17.5	x19.3	Amériques	14.5	16.1	14.4	13.8	12.8	11.8	11.6	12.1	13.4	13.2
LAIA	2.3	3.4	3.2	3.1	2.7	2.5	2.4	2.5	3.0	3.6	ALAI	1.8	2.2	2.3	2.3	2.5	1.8	1.9	1.8	2.2	2.2
CACM	x0.4	0.8	0.8	0.3	0.3	0.2	0.2	0.2	0.2	x0.2	MCAC	x0.0	0.3	0.3	0.1	0.1	0.2	0.1	0.1	0.1	0.1
Asia	x21.8	21.1	16.7	17.9	x20.1	x19.9	19.3	19.1	19.9	x20.9	Asie	4.5	5.6	5.7	6.1	x7.8	x8.7	9.0	9.1	9.8	x10.5
Middle East	x5.0	x4.3	2.3	x2.7	x2.2	x2.1	x1.9	x1.9	x1.7	x1.9	Moyen–Orient	x0.1	0.3	0.1	x0.2	x0.3	0.2	0.2	0.1	x0.1	0.1
Europe	47.5	45.9	51.7	53.7	51.5	55.1	53.3	55.6	54.5	55.1	Europe	67.6	65.0	67.4	68.5	66.9	66.7	67.9	68.4	64.7	67.5
EEC	39.9	37.6	43.1	45.2	43.4	47.1	45.4	47.4	47.2	47.9	CEE	62.3	59.8	62.2	62.8	61.0	61.1	62.2	62.6	59.0	62.2
EFTA	7.6	7.2	7.7	7.8	7.3	7.3	7.4	7.5	7.0	6.7	AELE	5.3	5.1	5.2	5.6	5.8	5.5	5.7	5.7	5.6	5.1
Oceania	1.5	x1.6	1.6	x1.4	1.4	x1.3	1.4	x1.3	1.2	x1.3	Océanie	x11.2	x11.1	10.0	x9.1	x7.4	x7.1	x7.0	6.9	x6.3	x5.8
USA/Etats–Unis d'Amer	16.0	15.9	17.5	14.9	13.6	11.7	15.0	13.3	11.3	12.3	Germany/Allemagne	15.2	14.8	14.9	16.1	15.0	15.6	16.0	16.0	15.2	15.5
Germany/Allemagne	8.1	7.4	9.3	9.6	8.7	10.0	9.5	11.3	11.8	12.3	Netherlands/Pays–Bas	13.0	12.9	12.6	13.4	12.7	12.3	13.1	14.6	13.8	13.5
Japan/Japon	8.5	7.7	8.3	7.9	7.5	8.5	8.4	7.5	7.6	7.4	France, Monac	12.7	11.9	12.7	12.4	12.0	13.6	13.4	12.8	12.4	13.5
United Kingdom	7.0	6.9	7.8	7.9	7.8	7.7	7.4	7.3	6.9	6.8	USA/Etats–Unis d'Amer	11.1	11.0	10.6	9.8	8.4	8.8	8.5	8.9	9.8	9.5
France, Monac	5.9	5.5	6.2	6.3	6.2	6.6	7.0	7.3	6.5	6.7	New Zealand	8.0	8.2	7.9	7.2	5.4	6.1	6.1	6.2	5.7	5.1
Italy/Italie	4.8	4.4	5.3	5.4	7.2	5.8	5.6	6.0	5.9	5.9	Ireland/Irlande	4.5	4.4	5.6	4.5	5.0	5.3	5.1	4.9	4.0	5.1
Netherlands/Pays–Bas	4.5	4.1	4.9	5.0	4.6	4.7	5.1	5.2	5.1	5.1	Belgium–Luxembourg	3.7	3.5	3.6	3.8	3.4	3.4	3.9	3.5	3.6	3.7
Belgium–Luxembourg	4.0	4.0	3.6	3.7	3.8	3.3	3.6	3.6	3.5	3.5	Japan/Japon	3.2	3.5	3.6	3.6	3.4	3.4	3.9	3.5	3.6	3.7
Spain/Espagne	1.8	1.9	1.9	2.4	2.6	3.2	2.9	2.8	2.7	2.9	United Kingdom	4.2	3.6	3.4	3.6	3.4	3.3	3.2	3.4	3.3	3.6
Canada	3.0	3.4	3.4	3.0	2.9	3.0	2.9	2.7	2.5	2.7	Denmark/Danemark	2.8	2.8	2.6	2.7	3.3	3.5	3.7	3.1	3.0	3.2

598 MISCEL CHEM PRODUCTS NES / PROD DIV INDUST CHIM NDA 598

TRADE BY COMMODITY IN THOUSAND U.S. DOLLARS – COMMERCE PAR PRODUIT EN MILLIERS DE DOLLARS E.U

COUNTRIES–PAYS	IMPORTS – IMPORTATIONS 1988	1989	1990	1991	1992	COUNTRIES–PAYS	EXPORTS – EXPORTATIONS 1988	1989	1990	1991	1992
Total	19223141	20589800	24268039	25662875	28016663	Totale	16989461	18056337	21395324	22686813	24842971
Africa	x859167	x756510	x898271	x943606	x1140110	Afrique	x25368	x41212	x54410	x66657	x53811
Northern Africa	347986	328467	356787	336747	x424065	Afrique du Nord	3330	13473	20519	20128	13840
Americas	2375278	2620659	2968645	3311425	x3869562	Amériques	3137147	3427817	4206344	4812819	5266415
LAIA	846367	850114	907920	1058102	1277949	ALAI	264049	241465	275823	292766	318518
CACM	39200	41610	44591	45970	x50189	MCAC	6174	6308	6011	7566	8387
Asia	x4493496	5198483	6369697	6819225	x8123574	Asie	2271196	2536208	2751097	2913735	x3671065
Middle East	x791003	x651601	x858247	x824404	x1049346	Moyen–Orient	x58585	x63102	x49385	x36252	x40875
Europe	9823012	10266694	12377732	12910988	13976213	Europe	11227690	11737451	14137998	14721005	15712249
EEC	8151171	8556402	10337400	10947193	11876942	CEE	10222557	10688599	12826758	13377572	14243533
EFTA	1426454	1506566	1787725	1786353	1869010	AELE	958875	982126	1228039	1290134	1398680
Oceania	x398967	x426474	x482633	x444371	x474678	Océanie	40991	x44201	x55828	x65856	x73517
Germany/Allemagne	1717710	1782914	2178049	2396229	2572912	Germany/Allemagne	3910453	3995665	4686656	4623758	4828274
France,Monac	1418360	1505252	1795523	1801566	1979657	USA/Etats–Unis d'Amer	2689146	2967329	3707048	4264463	4623802
Italy/Italie	1316281	1336308	1568387	1785494	1994817	United Kingdom	1466816	1565844	1999057	2343352	2395161
Japan/Japon	1081273	1226098	1366755	1614595	1557527	France,Monac	1491321	1559669	1825503	1899588	2197841
Singapore/Singapour	306224	1109438	1569044	1414563	1790849	Japan/Japon	1161462	1179249	1331879	1488599	1655089
United Kingdom	1096422	1146367	1336319	1380369	1425076	Netherlands/Pays–Bas	1151161	1217857	1370390	1397335	1451914
USA/Etats–Unis d'Amer	706265	819884	1051116	1178131	1459260	Belgium–Luxembourg	951927	1041880	1323864	1429228	1383621
Belgium–Luxembourg	796640	847943	1067466	1111165	1168238	Italy/Italie	719301	786664	959528	997692	1213308
Netherlands/Pays–Bas	787737	810534	961029	970014	1063454	Switz.Liecht	410405	418451	526691	538995	575473
Korea Republic	516742	645312	793371	943585	936667	Singapore/Singapour	250305	439408	476987	440957	518053
Canada	665529	746174	771983	857658	896696	Sweden/Suède	239869	244890	285225	301158	307887
Former USSR/Anc. URSS	x682843	x689114	x644847	x874084		Hong Kong	200586	223562	260039	291191	445243
Spain/Espagne	487310	564257	736670	789792	862573	Israel/Israël	140089	215960	263616	223658	246311
Switz.Liecht	406737	442205	511086	511327	567949	Canada	163042	199872	204419	233019	303950
Austria/Autriche	330174	340993	429920	433883	446330	Spain/Espagne	171159	173329	186409	215126	265850
Sweden/Suède	346989	339365	399502	413585	422770	Austria/Autriche	154594	157637	204223	207574	230128
Australia/Australie	313889	332817	369946	344038	367982	Denmark/Danemark	143366	139702	180509	183415	217731
Hong Kong	255144	262103	293877	346067	532410	China/Chine	155981	163906	153836	173083	240270
Indonesia/Indonésie	255344	259752	279993	332910	348597	Portugal	143044	103051	180882	177703	161654
China/Chine	207151	259260	246101	343058	475819	Norway,SVD,JM	104153	102379	128563	137764	177780
So. Africa Customs Un	247821	219902	243541	x294147	x311741	Brazil/Brésil	143752	99995	105615	97783	102605
Mexico/Mexique	182082	190241	232757	267736	348568	Korea Republic	75470	101335	92706	109221	146338
Finland/Finlande	187588	218508	244769	209842	206581	Mexico/Mexique	71704	84303	102383	109232	108550
Thailand/Thaïlande	173151	190786	214481	243031	310809	Ireland/Irlande	69590	79900	88116	85645	111805
Denmark/Danemark	180269	178056	218490	220764	235566	Finland/Finlande	49853	58642	83331	104383	107041
Yugoslavia SFR	231766	192595	239573	x166566		Former USSR/Anc. URSS	x78174	x89134	x69483	x47832	
Saudi Arabia	160620	142091	x222184	x213098	x201802	Yugoslavia SFR	45868	66285	82864	x52785	
Malaysia/Malaisie	138954	144222	219826	212918	x350812	Malaysia/Malaisie	104527	67730	37963	43231	x201522
Brazil/Brésil	201469	197578	190761	183875	197954	Australia/Australie	30347	32569	42184	53580	61602
Norway,SVD,JM	149405	158846	193724	208067	215406	Venezuela	20174	24876	30014	38490	45441
Turkey/Turquie	172647	160894	195744	199254	210626	Czechoslovakia	x31775	x28161	x28009	x35705	x28479
Portugal	143199	145930	188585	193280	225643	Philippines	21347	x41827	23624	25763	29891
Venezuela	146580	145294	132442	196380	212029	So. Africa Customs Un	x18081	x23571	x27654	x37649	x35730
Israel/Israël	118583	115515	164403	163491	186001	Argentina/Argentine	19931	19935	26951	23407	47641
Greece/Grèce	99171	125695	152268	159128	x189595	Bulgaria/Bulgarie	x18535	x46681	x31659	x1468	x1906
Czechoslovakia	x128127	204495	117030	x106228	x119486	Greece/Grèce	4419	24919	25725	24611	x16374
Ireland/Irlande	108072	113147	134614	139393	159410	Romania/Roumanie	x7553	48791	22638	3718	x7005
Iran (Islamic Rp. of)	x107214	x88570	x136645	x156912	x306507	Thailand/Thaïlande	12690	14946	20224	24876	x50919
India/Inde	102151	x118123	139742	110378	x289476	Former GDR	x138995	x33596	x22145		
Argentina/Argentine	107967	101402	114750	150173	185081	Turkey/Turquie	18602	16559	16906	15416	17594
Bulgaria/Bulgarie	x159941	x167950	x167128	x25903	34486	Sri Lanka	9784	13402	12095	17937	16018
Egypt/Egypte	130104	113321	121324	111050	123658	Egypt/Egypte	2941	11194	17718	14395	11029
Philippines	84956	x114886	112384	108352	109565	India/Inde	8280	x4728	17130	17694	x30912
Hungary/Hongrie	x93293	x90615	x82431	129742	x88288	Hungary/Hongrie	x6678	x18620	x9288	x11558	x13478
Romania/Roumanie	x70755	94260	115995	46405	x48791	New Zealand	10013	10694	10948	11983	11332
New Zealand	67462	71365	87124	84507	84183	Indonesia/Indonésie	4097	6079	10598	16923	18916
Chile/Chili	61714	73864	74052	86290	x94042	Saudi Arabia	6237	22046	x8396	x1563	x2565
Colombia/Colombie	65457	62704	79272	78964	97791	United Arab Emirates	x8520	x9724	x9159	x8063	x9388
Pakistan	52738	64976	70483	83959	102803	Poland/Pologne	4989	4397	6191	6323	x14824
Nigeria/Nigéria	x74166	x51572	x70172	x89867	x119417	Netherlands Antilles	2646	7081	x274	5984	x840

(VALUE AS % OF TOTAL)(VALEUR EN % DU TOTAL)

	1983	1984	1985	1986	1987	1988	1989	1990	1991	1992		1983	1984	1985	1986	1987	1988	1989	1990	1991	1992
Africa	x5.6	x5.0	4.6	x5.3	x4.5	4.5	x3.7	3.7	3.6	4.1	Afrique	x0.3	x0.2	0.2	x0.2	x0.1	0.1	x0.2	0.2	x0.3	x0.2
Northern Africa	x2.5	x2.2	2.1	2.1	1.7	1.8	1.6	1.5	x1.3	x1.5	Afrique du Nord	0.0	0.0	0.0	x0.0	0.0	0.0	0.1	0.1	0.1	0.1
Americas	14.3	15.6	16.5	14.8	12.8	12.3	12.7	12.2	12.9	x13.8	Amériques	23.3	23.4	21.3	18.8	17.6	18.5	18.9	19.7	21.2	21.2
LAIA	6.1	6.7	7.1	5.6	4.6	4.4	4.1	3.7	4.1	4.6	ALAI	1.2	1.8	1.9	1.3	1.3	1.6	1.3	1.3	1.3	1.3
CACM	x0.3	0.3	0.3	0.2	x0.3	0.2	0.2	0.2	0.2	x0.2	MCAC	x0.0	0.1	0.0	0.0	0.0	0.0	0.0	0.0	0.0	0.0
Asia	x22.3	23.9	21.6	21.0	x22.1	x23.3	25.2	26.2	26.5	x29.0	Asie	9.8	10.8	12.2	11.3	12.6	13.4	14.0	12.9	12.8	x14.8
Middle East	x4.6	x5.9	3.8	x4.6	x4.2	x4.1	x3.2	x3.5	x3.2	x3.7	Moyen–Orient	x0.2	0.3	x0.4	0.3	x0.3	x0.3	x0.3	x0.2	x0.1	x0.2
Europe	51.2	49.3	53.4	56.0	52.4	51.1	49.9	51.0	50.3	49.9	Europe	65.5	64.5	65.3	68.7	67.2	66.1	65.0	66.1	64.9	63.2
EEC	43.2	40.5	44.1	46.3	43.3	42.4	41.6	42.6	42.7	42.4	CEE	60.5	59.4	60.0	62.8	61.3	60.2	59.2	60.0	59.0	57.3
EFTA	8.0	7.2	7.8	8.3	7.7	7.4	7.3	7.4	7.0	6.7	AELE	5.1	5.0	5.2	5.8	5.7	5.6	5.4	5.7	5.7	5.6
Oceania	2.6	x2.7	2.7	x2.3	x1.8	x2.1	2.1	x2.0	x1.8	x1.7	Océanie	x0.2	0.2	x0.2	0.2	x0.3	x0.2	x0.2	x0.2	x0.2	x0.3
Germany/Allemagne	9.3	8.9	10.3	10.8	9.8	8.9	8.7	9.0	9.3	9.2	Germany/Allemagne	20.7	20.3	20.7	23.1	23.1	23.0	22.1	21.9	20.4	19.4
France,Monac	6.9	6.5	7.1	7.5	7.1	7.4	7.3	7.4	7.0	7.1	USA/Etats–Unis d'Amer	20.1	19.5	17.6	15.6	14.7	15.8	16.4	17.3	18.8	18.6
Italy/Italie	7.0	6.6	6.8	7.4	7.0	6.8	6.5	6.5	7.0	7.1	United Kingdom	8.8	9.8	10.1	10.3	10.0	8.6	8.7	9.3	10.3	9.6
Japan/Japon	6.1	6.6	6.6	6.5	5.4	5.6	6.0	5.6	6.3	5.6	France,Monac	9.1	8.7	8.7	9.1	8.8	8.8	8.6	8.5	8.4	8.8
Singapore/Singapour	1.9	1.9	1.8	1.5	1.3	1.6	5.4	6.5	5.5	6.4	Japan/Japon	5.2	5.4	5.7	6.0	6.2	6.8	6.5	6.2	6.6	6.7
United Kingdom	5.9	5.7	5.9	5.7	5.6	5.7	5.6	5.5	5.4	5.1	Netherlands/Pays–Bas	6.3	6.2	6.8	7.3	6.6	6.8	6.7	6.4	6.2	5.8
USA/Etats–Unis d'Amer	2.8	3.2	3.8	3.7	3.6	3.7	4.0	4.3	4.6	5.2	Belgium–Luxembourg	5.9	5.6	5.6	6.0	5.7	5.6	5.8	6.2	6.3	5.6
Belgium–Luxembourg	4.2	3.8	4.4	4.8	4.3	4.1	4.1	4.4	4.3	4.2	Italy/Italie	4.1	4.3	4.0	3.7	3.8	4.2	4.4	4.5	4.4	4.9
Netherlands/Pays–Bas	4.8	4.6	4.6	4.4	4.0	4.1	3.9	4.0	3.8	3.8	Switz.Liecht	1.9	1.9	2.0	2.4	2.4	2.4	2.3	2.5	2.4	2.3
Korea Republic	1.7	1.9	2.1	2.4	2.3	2.7	3.1	3.3	3.7	3.3	Singapore/Singapour	1.3	1.5	1.4	1.3	1.3	1.5	2.4	2.2	1.9	2.1

611 LEATHER   CUIRS,PEAUX PREPARES 611

TRADE BY COMMODITY IN THOUSAND U.S. DOLLARS – COMMERCE PAR PRODUIT EN MILLIERS DE DOLLARS E.U

COUNTRIES–PAYS	IMPORTS – IMPORTATIONS					COUNTRIES–PAYS	EXPORTS – EXPORTATIONS				
	1988	1989	1990	1991	1992		1988	1989	1990	1991	1992
Total	8294793	8692705	10015596	9513145	10175727	Totale	7751330	8113836	9393396	8964755	9858742
Africa	x141955	138400	178823	x173424	x192643	Afrique	x165976	x203898	x224476	x192676	x261665
Northern Africa	60346	62776	87117	96088	98563	Afrique du Nord	x5957	x11066	x21281	x19203	x23167
Americas	1312937	1466155	1264497	1137656	x1254563	Amériques	1491976	1522486	1863542	1783348	1880345
LAIA	239418	354760	254119	295245	332169	ALAI	919732	812988	1022816	1031208	1094067
CACM	2309	3101	7085	2579	x9842	MCAC	4825	4726	5860	4279	x7761
Asia	1800336	1979244	2376153	2846123	3930097	Asie	x2024937	x1966381	2232236	2392911	x2902827
Middle East	x89888	97024	149698	144594	x163376	Moyen-Orient	35340	35658	x28624	x33164	x40129
Europe	4138884	4355367	5344919	4380492	4357670	Europe	3753702	4124066	4739870	4187717	4414614
EEC	3646440	3773917	4677090	3836076	3888457	CEE	3405155	3760674	4318552	3853646	4043920
EFTA	360012	365642	419827	312986	307350	AELE	292248	284828	329055	269583	297993
Oceania	x121266	113125	103459	x92629	x95933	Océanie	x216123	x212852	x233420	x235467	x279484
Italy/Italie	1052889	1183172	1429972	1052195	1044011	Italy/Italie	1596237	1837747	2091495	1868626	1986596
Germany/Allemagne	831870	749258	916611	812176	844854	USA/Etats–Unis d'Amer	511419	641679	774073	702839	731901
Hong Kong	478509	584770	683564	895856	1162684	Germany/Allemagne	548210	579427	690979	682917	717275
USA/Etats–Unis d'Amer	787071	789921	720858	603692	667945	Hong Kong	301580	372377	465036	605012	805832
France,Monac	515995	558644	686706	579876	574835	Argentina/Argentine	368159	359997	475203	499674	457408
Korea Republic	553828	612122	599834	548132	481645	France,Monac	395064	416907	443810	383757	356078
Former USSR/Anc. URSS	x438281	x403646	x525345	x652168		India/Inde	465507	x432743	447104	295752	x331663
Spain/Espagne	266168	319417	407437	382498	383841	United Kingdom	347320	363029	423916	343202	350829
Portugal	259673	262775	399683	350876	384282	Korea Republic	117698	194127	304255	502762	760177
United Kingdom	340232	314317	357739	266944	262284	Brazil/Brésil	359169	241262	287561	305613	385837
China/Chine	149359	163972	188439	359749	1081601	Pakistan	267059	257252	300769	252867	238008
Canada	252646	272236	238018	191866	185279	Japan/Japon	286096	275044	255113	228155	219046
Japan/Japon	155784	192927	250275	211534	192090	Netherlands/Pays–Bas	177924	201627	230688	197703	203910
Yugoslavia SFR	116570	200854	229451	x215465		Spain/Espagne	173460	197350	227273	197771	224757
Brazil/Brésil	161646	278167	179379	182538	158026	Austria/Autriche	149303	151697	197611	156556	171874
Netherlands/Pays–Bas	173044	180803	229009	186390	187839	Australia/Australie	121458	104238	129798	130946	169298
Thailand/Thaïlande	47084	93955	158041	180166	239859	Bangladesh	58138	x164388	89401	109516	x108718
Austria/Autriche	103728	110040	147061	123930	128043	Uruguay	96294	111803	120624	112254	107554
Belgium–Luxembourg	110374	107685	138217	113865	114573	New Zealand	93283	108330	103450	104205	109909
Hungary/Hongrie	x84567	x84367	x108632	120908	x119996	China/Chine	51222	57433	128210	109691	119459
Indonesia/Indonésie	9050	33327	95550	184879	261534	Belgium–Luxembourg	90733	84254	107437	81153	77704
Turkey/Turquie	47219	63366	109159	104320	113948	So. Africa Customs Un	x71222	x81737	x95707	x92944	x93409
Switz.Liecht	87104	92030	105500	77731	79179	Thailand/Thaïlande	70260	56353	86922	105465	x141311
Australia/Australie	110000	102772	89039	81168	85371	Yugoslavia SFR	55969	78025	91814	x62716	
Singapore/Singapour	47724	57637	79873	85793	86148	Indonesia/Indonésie	68479	67630	63549	46430	61052
So. Africa Customs Un	58840	71192	75580	x64027	x72485	Sweden/Suède	74308	64856	51963	45414	48417
Finland/Finlande	70800	80477	79035	36454	28443	Former USSR/Anc. URSS	x9721	x26487	x31881	x95484	
Philippines	11846	x62537	31943	79534	61958	Nigeria/Nigéria	x38011	x45500	x66193	x40519	x68596
Sweden/Suède	68916	54842	57649	48446	42591	Canada	46204	49941	49567	34311	35796
India/Inde	10833	x25893	69724	57244	x69496	Singapore/Singapour	23070	28847	33268	35190	38865
Greece/Grèce	37991	47731	53856	39399	x45976	Denmark/Danemark	33314	30506	33513	32992	39327
Denmark/Danemark	46212	39865	46763	42707	39129	Colombia/Colombie	31207	23160	34209	32030	33009
Bulgaria/Bulgarie	x39847	x78159	x32719	x17017	13687	Hungary/Hongrie	x13492	x24580	x30542	x33480	x22756
Tunisia/Tunisie	19781	21839	45417	42887	66249	Mexico/Mexique	33029	26339	28028	29732	33421
Mexico/Mexique	29663	34259	33523	37781	65260	Paraguay	16671	23129	26973	27181	x38573
Dominican Republic	12947	x30719	x35911	x36230	x48934	Switz.Liecht	25088	24707	27874	22457	26709
Czechoslovakia	x51969	26139	19679	x52399	x62396	Greece/Grèce	17216	19949	27159	22611	x29987
Morocco/Maroc	26371	34166	29332	29395	25764	Norway,SVD,JM	22964	20223	25483	23328	28747
Norway,SVD,JM	28712	27434	29697	25613	28497	Finland/Finlande	19484	21914	25343	21222	21798
Cyprus/Chypre	20770	20285	25484	19525	22669	Portugal	14244	16776	23506	26494	38904
Uruguay	14857	10736	21757	31271	29880	Kenya	8677	x43227	20666		x38507
Poland/Pologne	26771	12513	17822	31025	x89422	Saudi Arabia	26727	21268	x16508	x14960	x21378
Malaysia/Malaisie	5977	11312	19183	30804	x30956	Ireland/Irlande	11434	13100	18773	16417	18554
Israel/Israël	21470	17919	21127	20670	25164	Venezuela	4005	10317	27480	9627	8710
Malta/Malte	15127	14543	18310	x15823	x16632	Bolivia/Bolivie	7703	12274	16610	9899	8153
Former GDR	x98177	x32133	x13500			Poland/Pologne	4990	4717	9743	22500	x50943
Chile/Chili	11418	15334	8384	20111	x26046	Former GDR	x57465	x17572	x15988		
Macau/Macao	7572	12727	10777	13893	13632	Sri Lanka	1248	1263	1552	23834	924
Romania/Roumanie	x39282	3072	x27296	4329	x58573	Macau/Macao	6641	6179	9573	10744	11183
Ireland/Irlande	11992	10251	11104	9150	6833	Zimbabwe	4733	x12690	6058	6038	x16139

(VALUE AS % OF TOTAL)(VALEUR EN % DU TOTAL)

	1983	1984	1985	1986	1987	1988	1989	1990	1991	1992		1983	1984	1985	1986	1987	1988	1989	1990	1991	1992
Africa	1.6	1.7	1.6	x1.7	1.3	1.7	1.6	1.8	x1.8	x1.9	Afrique	x1.2	x1.3	1.0	x1.5	x2.0	x2.1	x2.5	x2.4	x2.1	x2.6
Northern Africa	0.8	0.8	1.0	0.9	0.6	0.7	0.7	0.9	1.0	1.0	Afrique du Nord	x0.1	x0.1	0.0	x0.0	x0.1	x0.1	x0.1	x0.2	x0.2	x0.2
Americas	15.3	17.3	16.8	16.4	14.7	15.8	16.8	12.7	12.0	x12.3	Amériques	22.8	22.5	19.7	18.4	16.6	19.2	18.7	19.9	19.9	19.1
LAIA	2.3	3.8	2.9	4.1	3.3	2.9	4.1	2.5	3.1	3.3	ALAI	14.2	13.4	11.8	10.9	9.9	11.9	10.0	10.9	11.5	11.1
CACM	x0.2	0.2	0.2	0.2	x0.1	0.0	0.0	0.0	0.0	x0.1	MCAC	x0.1	0.2	0.0	0.1	0.1	0.1	0.1	0.1	0.0	x0.1
Asia	16.8	15.8	15.7	16.5	20.2	21.7	22.7	23.7	29.9	38.6	Asie	24.4	24.6	23.1	23.1	26.4	x26.1	x24.2	23.7	26.7	x29.4
Middle East	x1.0	x0.9	0.8	x1.1	1.4	1.1	1.1	1.5	1.5	x1.6	Moyen–Orient	x0.1	x0.2	0.1	x0.2	0.1	0.5	0.4	x0.3	x0.4	x0.4
Europe	56.2	55.5	63.7	63.6	53.4	49.9	50.1	53.4	46.0	42.8	Europe	48.7	48.9	53.6	54.2	50.9	48.4	50.8	50.5	46.7	44.8
EEC	49.3	48.1	55.1	54.8	46.9	44.0	43.4	46.7	40.3	38.2	CEE	44.4	43.6	48.4	48.8	46.0	43.9	46.3	46.0	43.0	41.0
EFTA	6.9	6.3	6.8	6.9	5.1	4.3	4.2	4.2	3.3	3.0	AELE	4.3	4.4	4.5	5.0	4.3	3.8	3.5	3.5	3.0	3.0
Oceania	1.2	x1.6	1.7	x1.6	x1.4	1.4	1.3	1.0	x0.9	x0.9	Océanie	x2.9	2.7	2.6	x2.7	x2.9	x2.8	x2.6	x2.5	x2.6	x2.8
Italy/Italie	11.5	12.3	14.3	13.8	12.3	12.7	13.6	14.3	11.1	10.3	Italy/Italie	17.3	18.3	21.7	22.4	21.1	20.6	22.6	22.3	20.8	20.2
Germany/Allemagne	14.6	13.4	14.4	14.5	11.8	10.0	8.6	9.2	8.5	8.3	USA/Etats–Unis d'Amer	7.6	7.8	6.9	6.4	5.9	6.6	7.9	8.2	7.8	7.4
Hong Kong	3.5	3.5	3.6	4.2	4.7	5.8	6.7	6.8	9.4	11.4	Germany/Allemagne	8.1	7.6	7.9	8.4	7.2	7.1	7.1	7.4	7.6	7.3
USA/Etats–Unis d'Amer	9.6	10.3	10.9	9.2	8.4	9.5	9.1	7.2	6.3	6.6	Hong Kong	1.2	1.5	1.8	2.3	3.0	3.9	4.6	5.0	6.7	8.2
France,Monac	8.7	7.9	9.3	9.1	6.9	6.2	6.4	6.9	6.1	5.6	Argentina/Argentine	7.5	7.1	6.6	6.5	5.2	4.7	4.4	5.1	5.6	4.6
Korea Republic	9.2	8.3	7.6	7.5	6.4	6.7	7.0	6.0	5.8	4.7	France,Monac	5.8	5.2	5.1	5.3	5.5	5.1	5.1	4.7	4.3	3.6
Former USSR/Anc. URSS	8.1	7.5		x5.1	x5.3	x4.6	x5.2	x6.9			India/Inde	8.1	8.7	7.9	7.3	6.8	6.0	x5.3	4.8	3.3	x3.4
Spain/Espagne	1.7	2.3	2.5	2.7	2.8	3.2	3.7	4.1	4.0	3.8	United Kingdom	5.0	4.8	4.4	4.9	4.1	4.5	4.5	4.5	3.8	3.6
Portugal	1.1	1.4	2.2	2.7	2.8	3.1	3.0	4.0	3.7	3.8	Korea Republic	0.2	0.2	0.3	0.5	1.1	1.5	2.4	3.2	5.6	7.7
United Kingdom	5.1	4.7	5.8	5.3	4.7	4.1	3.6	3.6	2.8	2.6	Brazil/Brésil	4.1	3.7	3.3	2.2	2.7	4.6	3.0	3.1	3.4	3.9

612 LEATHER ETC MANUFACTURES / OUVRAGES EN CUIRS NDA 612

TRADE BY COMMODITY IN THOUSAND U.S. DOLLARS – COMMERCE PAR PRODUIT EN MILLIERS DE DOLLARS E.U

IMPORTS – IMPORTATIONS

COUNTRIES-PAYS	1988	1989	1990	1991	1992
Total	x2671456	x2898212	3637666	x4026706	4309768
Africa	x72161	x70093	x79927	x100782	x110314
Northern Africa	36710	41686	46803	x66496	66698
Americas	x670563	x668261	x703579	x697596	x788440
LAIA	11323	16724	28880	25780	44802
CACM	2888	2838	3041	3314	x8739
Asia	273389	432657	668756	904320	1159138
Middle East	x22378	x25950	x31001	x33478	x39077
Europe	1138456	1274574	1644494	1793305	2008858
EEC	927692	1033971	1340700	1461965	1557196
EFTA	194660	212472	260086	235755	244635
Oceania	x36420	48805	x45609	x42014	x33506
USA/Etats–Unis d'Amer	562958	557859	598976	596461	661420
Germany/Allemagne	355126	401950	505003	545083	549583
Former USSR/Anc. URSS	x320409	x298909	x391223	x383412	
France, Monac	197429	219755	256296	257221	232470
Italy/Italie	64948	107322	175975	248461	316925
China/Chine	41032	94541	167105	263792	367780
Hong Kong	56172	119463	144886	209846	298447
United Kingdom	99262	99110	137238	134687	141348
Japan/Japon	58166	78195	103742	125639	147772
Austria/Autriche	80385	89327	114026	102292	109298
Portugal	47215	51806	74679	79381	100424
Korea Republic	24646	34745	82181	77025	86300
Switz. Liecht	53580	55714	68768	62255	67686
Indonesia/Indonésie	8398	25112	59918	87552	93638
Netherlands/Pays–Bas	40660	45365	56562	63026	69888
Yugoslavia SFR	12959	23885	39397	x91789	
Denmark/Danemark	46822	36497	49124	51940	57660
Canada	38264	44833	42251	37678	42587
Sweden/Suède	33905	38038	40138	43216	40510
Belgium–Luxembourg	41023	36968	43737	40628	41353
Hungary/Hongrie	x21400	x23509	x37577	57029	x72375
Australia/Australie	23590	31185	29112	30131	23516
Spain/Espagne	21392	20313	25897	25817	27203
Libyan Arab Jamahiriya	14413	19531	17649	x34224	x17745
Thailand/Thaïlande	6625	13196	23012	30973	37486
Finland/Finlande	16519	19834	24712	16031	13680
Czechoslovakia	x10188	9172	11686	x39252	x50268
Dominican Republic	x38601	x24073	x14499	x19502	x18629
Former GDR	x96436	x40136	x14370		
Philippines	3266	x3955	12646	23401	20212
New Zealand	10950	15660	14039	9379	7566
So. Africa Customs Un	7345	11199	13436	x12000	x13953
Israel/Israël	10143	11340	11897	12842	17082
Bulgaria/Bulgarie	x11245	x16713	12052	x7075	19857
India/Inde	8546	x9319	13529	12732	x20699
Brazil/Brésil	4953	6281	17225	9614	8750
Tunisia/Tunisie	5559	7138	11467	14015	19195
Norway, SVD, JM	9577	8982	11690	11127	12616
Singapore/Singapour	7977	8551	10889	11687	12075
Morocco/Maroc	6418	7379	9851	11492	10499
Poland/Pologne	x7338	x9467	x18891	11	x25449
Greece/Grèce	6317	7588	8408	8366	x11840
Turkey/Turquie	1962	4983	8982	9083	11255
Ireland/Irlande	7498	7297	7781	7355	8502
Saudi Arabia	2994	5126	x6945	x8015	x8737
Mexico/Mexique	3287	4690	6786	7192	8259
Panama	4988	5669	5242	7121	7240
Romania/Roumanie	x13012	x5569	x9482	1173	x35868
Cyprus/Chypre	4009	3826	4403	5441	5394
Algeria/Algérie	6200	3765	4806	3580	x14885

EXPORTS – EXPORTATIONS

COUNTRIES-PAYS	1988	1989	1990	1991	1992
Totale	2344730	2196172	2845407	3207366	x3686027
Afrique	x54535	x58435	x78855	x86961	x116816
Afrique du Nord	43911	56335	75102	83403	112548
Amériques	x405891	394457	400730	x464223	x490673
ALAI	164768	177513	192449	202728	205570
MCAC	4162	4297	4783	3034	x3168
Asie	x857079	x642403	963836	1045810	x1133539
Moyen–Orient	8651	8849	8775	x6614	6293
Europe	950689	1025036	1283940	1449660	1602695
CEE	856291	925873	1167857	1222995	1333020
AELE	66170	66993	79705	92634	100915
Océanie	x7033	9628	9346	11990	11931
Italy/Italie	287933	354093	452150	470769	554984
India/Inde	309777	x185359	385238	355139	x247832
Germany/Allemagne	214864	214078	267466	282216	295305
USA/Etats–Unis d'Amer	170525	172053	176695	197338	225057
Hong Kong	64932	124078	151729	209881	314511
Korea Republic	114615	126938	155023	166766	160199
Thailand/Thaïlande	92945	125227	160566	159386	x127829
Portugal	89727	89163	110029	120954	133591
France, Monac	71851	78431	95567	111232	103314
Brazil/Brésil	80750	77733	80741	74894	72775
Spain/Espagne	56160	63618	88841	75320	63745
United Kingdom	64559	63175	74043	79642	90219
Hungary/Hongrie	x28644	x38817	x63954	x103290	x106985
Tunisia/Tunisie	29938	36969	50200	59071	91310
Yugoslavia SFR	10747	13713	14619	x110715	
Austria/Autriche	32111	31024	42208	59139	65871
China/Chine	15021	22714	33055	56425	169427
Colombia/Colombie	16282	26033	36931	48235	54003
Argentina/Argentine	22911	24683	30635	44633	45586
Netherlands/Pays–Bas	25789	25098	32863	34118	38567
Belgium–Luxembourg	22646	25301	30655	32323	31718
Japan/Japon	18954	20521	23946	28603	34983
Canada	20681	30085	21357	20378	20328
Malta/Malte	17476	18247	21641	x23249	x30308
Mexico/Mexique	16306	24429	19806	17704	18977
Uruguay	28258	22942	20619	14046	8775
Morocco/Maroc	12008	15255	18080	18479	14888
Switz. Liecht	16587	16212	17623	16067	17881
Dominican Republic	x41116			x39086	x36018
Pakistan	5437	7505	13002	18107	17674
Finland/Finlande	9118	12452	11807	9259	7647
Poland/Pologne	x8519	x9716	x16820	35	x69365
Romania/Roumanie	x9661	x5434	x12945	8107	x47324
Denmark/Danemark	15323	7908	10371	8154	12487
Indonesia/Indonésie	1030	4365	8504	13229	23786
Czechoslovakia	x7478	x3488	x4461	x14544	x43911
Sweden/Suède	7603	6664	7100	7225	8895
Philippines	2030	x4910	6077	9054	5045
Malaysia/Malaisie	4886	5243	8503	6112	x6017
Haiti/Haïti	x3882	x9740	x5156	x1488	x96
Former USSR/Anc. URSS	x134	x5151	x4734	x6029	
New Zealand	2909	3902	4298	5965	4771
Egypt/Egypte	1965	2824	5947	5311	5837
Albania/Albanie			x3017	x10143	x22725
Ireland/Irlande	5826	3388	4101	5502	5966
Singapore/Singapour	5023	2377	3708	6646	4695
Turkey/Turquie	4337	3655	5560	2989	2658
Australia/Australie	3240	4041	3135	4037	6577
Macau/Macao	1396	2745	3374	5088	5518
Jordan/Jordanie	3207	4271	1801	1870	1619

(VALUE AS % OF TOTAL)(VALEUR EN % DU TOTAL)

Imports

	1983	1984	1985	1986	1987	1988	1989	1990	1991	1992
Africa	x5.6	x4.7	3.6	x3.4	x2.3	2.7	x2.4	2.2	x2.5	2.5
Northern Africa	x3.7	x3.0	2.5	x2.1	1.4	1.4	1.4	1.3	x1.7	x1.5
Americas	x34.4	x39.7	39.1	x34.2	x23.7	25.1	x23.1	x19.3	17.3	x18.3
LAIA	0.5	2.4	2.7	0.4	0.4	0.6	0.6	0.8	0.6	1.0
CACM	x0.9	0.8	0.6	0.3	x0.2	0.1	0.1	0.1	0.1	x0.2
Asia	x8.4	x7.0	6.0	x6.8	x7.8	10.3	14.9	18.4	22.4	26.9
Middle East	x2.4	x1.9	0.9	x1.3	x0.7	x0.8	x0.9	x0.7	x0.8	x0.9
Europe	49.0	45.3	48.3	53.3	42.9	42.6	44.0	45.2	44.5	46.6
EEC	39.1	36.2	39.2	43.5	35.0	34.7	35.7	36.9	36.3	36.1
EFTA	9.8	8.5	8.5	9.1	7.2	7.3	7.3	7.1	5.9	5.7
Oceania	1.9	x2.4	2.2	x1.6	x1.1	x1.4	1.7	x1.3	x1.1	x1.0
USA/Etats–Unis d'Amer	27.9	31.0	32.3	27.5	19.8	21.1	19.2	16.5	14.8	15.3
Germany/Allemagne	14.0	14.3	15.6	18.1	14.5	13.3	13.9	13.9	13.5	12.8
Former USSR/Anc. URSS					x14.8	x12.0	x10.3	x10.8	x9.5	
France, Monac	11.2	8.9	10.0	11.1	8.1	7.4	7.6	7.0	6.4	5.4
Italy/Italie	1.7	1.5	1.5	1.9	1.8	2.4	3.7	4.8	6.2	7.4
China/Chine					1.0	1.5	3.3	4.6	6.6	8.5
Hong Kong	0.8	0.9	0.9	1.1	1.2	2.1	4.1	4.0	5.2	6.9
United Kingdom	3.4	3.3	3.4	3.3	3.0	3.7	3.4	3.8	3.3	3.3
Japan/Japon	2.1	1.8	1.8	1.8	1.7	2.2	2.7	2.9	3.1	3.4
Austria/Autriche	4.1	3.2	3.3	3.5	2.9	3.0	3.1	3.1	2.5	2.5

Exports

	1983	1984	1985	1986	1987	1988	1989	1990	1991	1992
Afrique	3.3	2.2	2.1	2.9	2.1	x2.3	x2.6	x2.7	x2.7	x3.1
Afrique du Nord	3.2	2.2	2.0	2.7	2.0	1.9	2.6	2.6	2.6	3.1
Amériques	x19.0	x22.2	19.9	18.5	x16.9	x17.4	18.0	14.1	x14.5	x13.4
ALAI	5.6	7.7	8.8	7.1	7.1	7.0	8.1	6.8	6.3	5.6
MCAC	x0.2	0.6	0.5	0.3	0.2	0.2	0.2	0.2	0.1	x0.1
Asie	23.0	24.6	28.6	27.0	x32.5	x36.5	x29.3	33.9	32.6	x30.8
Moyen–Orient	x0.1	0.3	0.6	0.1	0.2	0.4	0.4	0.3	x0.2	0.2
Europe	53.6	49.8	48.4	50.5	45.0	40.5	46.7	45.1	45.2	43.5
CEE	49.2	44.1	43.3	44.3	39.9	36.5	42.2	41.0	38.1	36.2
AELE	4.4	3.7	3.5	4.6	3.7	2.8	3.1	2.8	2.9	2.7
Océanie	x0.3	x0.4	x0.3	x0.3	0.4	x0.3	0.4	0.4	0.4	0.3
Italy/Italie	20.4	18.3	17.9	17.3	15.1	12.3	16.1	15.9	14.7	15.1
India/Inde	14.4	15.2	16.4	13.9	12.8	13.2	x8.4	13.5	11.1	x6.7
Germany/Allemagne	9.7	8.6	8.5	9.9	9.2	9.2	9.4	9.4	8.8	8.0
USA/Etats–Unis d'Amer	10.7	9.9	9.8	8.1	6.9	7.3	7.8	6.2	6.2	6.1
Hong Kong	1.2	1.2	1.2	1.5	1.7	2.8	5.6	5.3	6.5	8.5
Korea Republic	4.1	4.8	3.6	4.3	4.0	4.9	5.8	5.4	5.2	4.3
Thailand/Thaïlande	0.6	1.0	2.6	3.4	3.8	4.0	5.7	5.6	5.0	x3.5
Portugal	2.4	2.7	2.7	3.6	3.6	3.8	4.1	3.9	3.8	3.6
France, Monac	5.0	3.8	4.0	3.7	3.4	3.1	3.6	3.4	3.5	2.8
Brazil/Brésil	3.7	4.6	5.3	4.7	3.7	3.4	3.5	2.8	2.3	2.0

613 FUR SKINS TANNED, DRESSED / PELLETERIES 613

TRADE BY COMMODITY IN THOUSAND U.S. DOLLARS – COMMERCE PAR PRODUIT EN MILLIERS DE DOLLARS E.U

IMPORTS – IMPORTATIONS

COUNTRIES–PAYS	1988	1989	1990	1991	1992
Total	1362031	1194502	1013266	1019015	x1115699
Africa	4177	2556	x2045	x1970	x1963
Northern Africa	2913	1948	x1372	1206	1463
Americas	x43386	x55389	x42107	x31939	x37366
LAIA	x1951	2962	2708	1614	2472
CACM	x14	74	x63	0	x33
Asia	287383	288546	295286	299578	404530
Middle East	3302	5548	6644	x5173	x10383
Europe	994268	821731	637657	652216	x645493
EEC	912914	749309	575719	600265	x599923
EFTA	77955	59832	50828	40903	39000
Oceania	x4048	x3937	x4763	5219	x5156
Italy/Italie	316558	266100	197728	192706	195340
Greece/Grèce	269490	257582	192151	206229	x166901
Hong Kong	148877	148092	132756	106312	124118
Korea Republic	39158	64357	87054	131217	127362
Germany/Allemagne	130281	80315	65279	76657	103277
Spain/Espagne	49759	42836	32880	48766	43980
United Kingdom	72295	52701	37005	26900	31225
Japan/Japon	49268	38682	38336	23829	23432
France, Monac	37894	26296	25745	22994	24718
Switz.Liecht	35246	30292	23929	17630	14900
USA/Etats-Unis d'Amer	20436	29197	23150	19049	22454
China/Chine	33306	21774	18196	18879	88910
Canada	18174	18537	13562	10419	11436
Austria/Autriche	18508	10708	10646	9764	13110
Yugoslavia SFR	862	10602	9360	x9764	
Former USSR/Anc. URSS	x2047	x2896	x7964	x17498	
Netherlands/Pays-Bas	8398	7975	9769	10256	10157
Finland/Finlande	9642	9401	6880	5395	4084
Sweden/Suède	11286	7396	7119	6095	5147
Hungary/Hongrie	x5524	x7904	x7519	4009	x4734
Macao/Macao	2794	3895	7469	7357	11678
Portugal	5515	4335	4979	6589	8339
Belgium–Luxembourg	9339	4482	5133	5279	7560
Denmark/Danemark	13310	6418	4558	3747	8374
Czechoslovakia	x14605	4973	5293	x4163	x6294
Turkey/Turquie	2714	4821	6196	3375	8238
Bulgaria/Bulgarie	x1602	x3993	x7031	x1174	817
Australia/Australie	2345	2541	2802	3463	3536
Dominican Republic	x2075	x4242	x2359	x553	x673
Norway, SVD, JM	3224	1943	2183	2110	1732
Thailand/Thaïlande	2508	1960	1600	2101	7224
New Zealand	1667	1334	1873	1716	1273
Malta/Malte	2311	1795	1707	x1170	x1464
Israel/Israël	3011	2228	1499	847	1457
Poland/Pologne	2270	955	1391	962	x5310
Brazil/Brésil	472	923	1723	366	852
Tunisia/Tunisie	2228	1339	798	843	1094
Romania/Roumanie	x1504	x321	x1924	287	x4011
Malaysia/Malaisie	31	46	472	1329	x4203
Uruguay	663	1358	265	173	427
Korea Dem People's Rp	x287	x381	x971	x395	x2061
Former GDR	x1218	x1301	x285		
Mexico/Mexique	303	464	364	329	520
Argentina/Argentine	117	108	309	707	574
Morocco/Maroc	683	443	343	262	257
United Arab Emirates	x172	x137	x124	x751	x1226
So. Africa Customs Un	864	470	259	x221	x237
Ireland/Irlande	73	268	492	142	53
Philippines	16	x441	20	422	359
Singapore/Singapour	208	452	93	258	460

EXPORTS – EXPORTATIONS

COUNTRIES–PAYS	1988	1989	1990	1991	1992
Totale	1521475	1281042	1077401	1061980	1107192
Afrique	x4100	x1103	x1411	x746	x650
Afrique du Nord	x698	x30	x36	x117	x98
Amériques	151934	124033	100029	80492	75425
ALAI	17644	22946	20743	20801	22921
MCAC	x24	x31		x5	0
Asie	156316	179191	178079	185353	264531
Moyen-Orient	x484	160	x168	278	1991
Europe	1123690	924274	749859	741601	723338
CEE	1026890	843008	684495	682010	669294
AELE	87919	74934	59887	54321	51893
Océanie	x16832	x14473	x17009	x22898	x28013
Spain/Espagne	283545	234845	217740	211919	224135
Germany/Allemagne	287234	207433	152287	163664	152395
Hong Kong	93422	105141	114657	117971	144079
United Kingdom	168037	129697	86536	61644	60884
France, Monac	93154	87738	69457	76690	63950
USA/Etats-Unis d'Amer	116895	84523	66077	49823	43100
Greece/Grèce	74756	67748	46351	59314	x61492
Italy/Italie	63425	59905	56217	54530	51897
Macao/Macao	4694	34899	29132	28663	32276
Finland/Finlande	33407	31820	20754	23698	26118
Belgium–Luxembourg	26547	22922	26979	25518	24414
China/Chine	35753	24182	21483	26353	72926
Former USSR/Anc. URSS	x40483	x27491	x24096	x19907	
Iceland/Islande	9989	13953	16501	14280	13794
Canada	17077	16386	12765	9765	9336
Switz.Liecht	22356	15326	11422	7140	3615
New Zealand	10827	6972	10410	12436	15381
Argentina/Argentine	10374	10264	9174	9993	13824
Denmark/Danemark	15225	11151	8229	8776	7924
Australia/Australie	5907	7467	6556	10403	12597
Portugal	5936	7533	8076	8202	10546
Netherlands/Pays-Bas	6794	7693	7493	8024	7672
Japan/Japon	7908	5849	6495	5698	4568
Uruguay	3583	7051	5516	4533	3547
Yugoslavia SFR	8659	6121	5356	x5143	
Korea Republic	8272	6035	4599	5438	6617
Ireland/Irlande	2236	6343	5131	3730	3985
Brazil/Brésil	3203	4853	4572	5245	4966
Austria/Autriche	8049	5551	5156	3568	4132
Hungary/Hongrie	x6122	x4354	x2623	x7210	x6470
Sweden/Suède	10142	5869	3646	3230	2756
Czechoslovakia	x6405	x2704	x2181	x3294	x4932
Norway, SVD, JM	3976	2416	2409	2404	1479
Former GDR	x13396	x1881	x1680		
So. Africa Customs Un	x948	x993	x1050	x530	x411
Colombia/Colombie	2	5	1202	530	79
Israel/Israël	978	604	598	334	237
Bulgaria/Bulgarie	x1132	x1085	x215	x107	x448
Sri Lanka	18	x665	x269		x116
Mexico/Mexique	35	696	58	49	199
Poland/Pologne	513	292	154	257	x3095
Peru/Pérou	300	33	195	x422	x245
Pakistan	x336	x435	x65	x107	x490
Afghanistan	x510	x379	x61	x95	
Malta/Malte	211	198	118	13	x91
India/Inde	790	x234	x185	x126	x35
Mongolia/Mongolie	x1618	x297	x64	x28	x363
Turkey/Turquie	122	41	60	242	1903
Zimbabwe	x2330	x78	224	26	x43
Malaysia/Malaisie	13	23	142	122	x38

(VALUE AS % OF TOTAL) (VALEUR EN % DU TOTAL)

	1983	1984	1985	1986	1987	1988	1989	1990	1991	1992		1983	1984	1985	1986	1987	1988	1989	1990	1991	1992
Africa	0.4	0.2	0.2	x0.2	0.3	0.3	0.2	x0.2	x0.2	x0.2	Afrique	x0.1	0.1	0.1	0.1	x0.2	0.3	x0.1	x0.1	x0.0	x0.0
Northern Africa	0.2	0.1	0.1	0.1	0.1	0.2	0.2	x0.1	0.1	0.1	Afrique du Nord	x0.0	0.0	0.0	0.0	0.0	0.0	x0.0	x0.0	x0.0	x0.0
Americas	x4.9	x5.6	5.9	x4.4	x3.2	3.2	x4.6	4.1	x3.1	3.3	Amériques	12.0	x10.1	10.6	9.5	9.5	10.0	9.7	9.3	7.6	6.8
LAIA	x0.1	x0.3	0.2	0.2	0.2	0.1	0.2	0.3	0.2	0.2	ALAI	2.5	0.7	1.0	1.4	1.3	1.2	1.8	1.9	2.0	2.1
CACM	x0.0	x0.0	0.0	x0.0	x0.0	x0.0	x0.0	x0.0	0.0	x0.0	MCAC	x0.0	0.0	0.0	0.0	0.0	0.0	0.0		x0.0	0.0
Asia	20.3	26.2	21.3	17.3	18.5	21.1	24.1	29.1	29.4	36.2	Asie	3.2	4.3	4.0	x6.0	8.0	10.3	14.0	16.6	17.5	23.9
Middle East	0.2	0.1	0.3	0.2	0.3	0.2	0.5	0.7	x0.5	0.9	Moyen-Orient	0.0	0.0	0.0	0.0	0.0	0.0	0.0	x0.0	0.0	0.2
Europe	72.7	66.8	71.1	77.1	76.8	73.0	68.8	62.9	64.0	x57.9	Europe	83.8	84.7	84.4	83.6	78.5	73.9	72.2	69.6	69.8	65.3
EEC	67.2	61.3	64.3	70.5	70.5	67.0	62.7	56.8	58.9	x53.8	CEE	77.6	77.6	76.1	77.2	72.5	67.5	65.8	63.5	64.2	60.4
EFTA	5.5	4.8	6.3	6.2	5.9	5.7	5.0	5.0	4.0	3.5	AELE	6.1	6.5	7.7	6.1	5.7	5.8	5.8	5.6	5.1	4.7
Oceania	x0.7	x0.6	x0.6	x0.3	x0.2	x0.3	x0.3	x0.5	0.5	x0.4	Océanie	0.8	0.7	0.8	x0.7	0.7	x1.1	x1.1	1.6	x2.2	x2.5
Italy/Italie	10.7	14.5	18.7	20.2	22.8	23.2	22.3	19.5	18.9	17.5	Spain/Espagne	10.4	12.7	15.3	19.1	20.2	18.6	18.3	20.2	20.0	20.2
Greece/Grèce	26.6	19.7	21.3	24.3	23.4	19.8	21.6	19.0	20.2	x15.0	Germany/Allemagne	26.5	23.5	24.4	21.4	19.3	18.9	16.2	14.1	15.4	13.8
Hong Kong	13.5	18.4	13.4	11.3	10.0	10.9	12.4	13.1	10.4	11.1	Hong Kong	1.6	2.5	2.7	3.7	4.0	6.1	8.2	10.6	11.1	13.0
Korea Republic	3.3	3.8	3.9	2.6	2.4	2.9	5.4	8.6	12.9	11.4	United Kingdom	13.5	18.1	13.1	12.9	11.3	11.0	10.1	8.0	5.8	5.5
Germany/Allemagne	13.7	10.4	10.5	11.4	10.3	9.6	6.7	6.4	7.5	9.3	France, Monac	7.4	7.1	6.3	6.5	7.3	6.1	6.8	6.4	7.2	5.8
Spain/Espagne	1.5	1.5	1.5	3.3	2.9	3.7	3.6	3.2	4.8	3.9	USA/Etats-Unis d'Amer	6.8	6.8	7.3	6.0	6.1	7.7	6.6	6.1	4.7	3.9
United Kingdom	7.8	9.2	5.5	4.6	5.3	5.3	4.4	3.7	2.6	2.8	Greece/Grèce	6.8	5.7	5.3	5.7	7.1	4.9	5.3	4.3	5.6	x5.6
Japan/Japon	2.6	3.4	3.0	2.5	2.9	3.6	3.2	3.8	2.3	2.1	Italy/Italie	5.7	5.7	5.8	5.1	4.1	4.2	4.7	5.2	5.1	4.7
France, Monac	4.2	3.4	3.6	3.6	3.2	2.8	2.2	2.5	2.3	2.2	Macao/Macao	0.2	0.2	0.2	x0.9	0.2	0.3	2.7	2.7	2.7	2.9
Switz.Liecht	1.5	1.5	2.2	2.1	2.0	2.6	2.5	2.4	1.7	1.3	Finland/Finlande	2.0	2.3	2.7	1.6	2.0	2.5	1.9	2.2	2.2	2.4

621 MATERIALS OF RUBBER / PRODUITS EN CAOUTCHOUC 621

TRADE BY COMMODITY IN THOUSAND U.S. DOLLARS – COMMERCE PAR PRODUIT EN MILLIERS DE DOLLARS E.U

COUNTRIES–PAYS	IMPORTS – IMPORTATIONS					COUNTRIES–PAYS	EXPORTS – EXPORTATIONS				
	1988	1989	1990	1991	1992		1988	1989	1990	1991	1992
Total	3424354	3725969	4270951	4321338	4715116	Totale	3136955	3377886	4005369	4078785	4493599
Africa	x130434	x123615	x145603	x141492	x158685	Afrique	x3158	x5922	x6699	x6800	x8142
Northern Africa	57012	57414	69389	58828	x71031	Afrique du Nord	634	1492	2976	3621	4003
Americas	471337	718038	765309	801238	x872907	Amériques	351993	463754	582299	595648	667268
LAIA	101109	121485	129741	149058	167600	ALAI	28376	31795	33767	37848	44985
CACM	11514	11961	10700	10211	x12297	MCAC	6359	5615	4795	3262	x3753
Asia	x419245	x441970	x508550	x572279	x714261	Asie	475015	547415	638120	695388	x767175
Middle East	x80225	x78488	x112564	x98766	x133201	Moyen–Orient	9008	9771	11903	10241	17103
Europe	2065831	2114887	2535269	2516276	2800980	Europe	2209727	2284706	2707189	2713960	2987901
EEC	1657266	1703721	2057817	2105505	2338853	CEE	1904373	1991455	2360114	2413516	2647561
EFTA	371369	366649	437522	391150	404007	AELE	256744	250080	301300	286839	296016
Oceania	x90949	x102086	x104603	x90989	x96322	Océanie	x6250	6781	x8842	8054	10258
Germany/Allemagne	413285	418829	552539	589551	686835	Germany/Allemagne	598648	626238	734246	755967	859132
France, Monac	276127	287354	348660	334013	367120	Italy/Italie	400365	411710	468466	447006	482545
USA/Etats–Unis d'Amer	108248	297299	321621	338541	357256	USA/Etats–Unis d'Amer	219896	284042	458001	460358	505684
Canada	230409	263190	271694	278617	306526	Japan/Japon	270947	330003	370191	372736	405359
United Kingdom	272974	238154	255614	242238	263387	France, Monac	263524	267374	313975	316753	345788
Netherlands/Pays–Bas	192821	207855	241071	280346	297206	United Kingdom	238821	224942	285849	290097	296019
Italy/Italie	142200	156789	188014	186618	194188	Belgium–Luxembourg	154517	204663	228776	230736	262620
Belgium–Luxembourg	140281	150144	169329	163405	174481	Malaysia/Malaisie	68659	93962	121972	161706	x150805
Former USSR/Anc. URSS	x159844	x164222	x164392	x148937		Austria/Autriche	113768	106312	135174	132872	138629
Spain/Espagne	74335	99933	133400	143329	171102	Netherlands/Pays–Bas	83794	81782	110281	153106	167189
Sweden/Suède	113468	109191	125055	108894	109082	Sweden/Suède	100458	101290	114152	105329	105444
Austria/Autriche	79857	78236	100346	101697	111434	Canada	96169	140554	85094	92899	112207
Switz.Liecht	77076	75074	93049	85073	85919	Spain/Espagne	56698	71316	99604	100816	107713
Korea Republic	46237	61471	62340	100697	75031	Ireland/Irlande	61695	58794	74911	77552	81702
Australia/Australie	57182	71597	70510	67423	73718	Denmark/Danemark	42181	40586	39597	34952	35961
Singapore/Singapour	45509	60129	72630	70426		Switz.Liecht	29409	30015	37822	37481	39702
Japan/Japon	48359	59472	65345	78050	78920	Yugoslavia SFR	48541	43111	45504	x13155	
Hong Kong	51674	52522	57333	69490	84002	Korea Republic	23599	25233	27193	32667	35246
Finland/Finlande	50670	57110	63078	42238	87180	Hong Kong	16306	21739	22695	34215	47782
Denmark/Danemark	55084	51154	57238	52657	44300	Thailand/Thaïlande	17185	19779	20908	25428	x28996
Norway,SVD,JM	46859	43981	52201	49397	49770	Singapore/Singapour	16282	18539	23099	20929	23518
Portugal	38951	40318	51195	50425	51157	Hungary/Hongrie	x13768	x16738	x11336	x14905	x13661
Mexico/Mexique	27426	37300	40458	56371		Czechoslovakia	x16524	x11329	x11008	x18808	x20371
Ireland/Irlande	28999	26250	32740	39410	63481	Bulgaria/Bulgarie	x12127	x15693	x19036	x6065	x6930
Yugoslavia SFR	35005	40626	35991		44664	Israel/Israël	11857	12585	15389	12600	13698
Saudi Arabia	12887	19657	x39203	x17749		China/Chine	7890	9591	13351	14996	35176
Indonesia/Indonésie	25800	29205	27729	x29898	x30070	Brazil/Brésil	9246	10179	9602	16305	17759
So. Africa Customs Un	26660	23703	24039	26376	35931	Turkey/Turquie	7981	8236	10409	9480	16609
Greece/Grèce	22210	26944	28017	x31875	x31240	Former USSR/Anc. URSS	x6780	x7846	x6211	x7914	
Brazil/Brésil	17968	23454	25593	26336	33022	Argentina/Argentine	8659	9022	7712	4314	5046
Israel/Israël	19792	20083	21675	22885	28655	Uruguay	1808	4540	7569	8295	11801
Thailand/Thaïlande	13445	15153	20840	25592	35221	Poland/Pologne	8399	5150	8028	7213	x9185
Malaysia/Malaisie	12498	15338	21218	22499	x31871	Norway,SVD,JM	6130	6073	8129	5357	5955
Algeria/Algérie	19166	17121	20001	12804	x16482	Finland/Finlande	6815	6233	5862	5665	6116
Chile/Chili	14032	16247	16413	15758	x17039	Romania/Roumanie	x6246	7300	3454	4029	x2710
New Zealand	17509	16247	17566	14628	17064	Mexico/Mexique	7637	4553	4590	4844	5880
Peru/Pérou	14574	18579	14868	13080	x5046	Australia/Australie	3518	4217	5081	4374	6386
Egypt/Egypte	12864	12533	17453	15911	19910	Portugal	2312	2808	3525	5836	6364
Hungary/Hongrie	x21449	x17370	x12996	13678	x9885	India/Inde	2974	x2220	6339	5836	6364
Turkey/Turquie	10694	10235	15489	17122	25142	New Zealand	2687	2519	3652	3538	3795
Bulgaria/Bulgarie	x16388	x17625	x19644	x4315	5855	Former GDR	x26961	x5235	x3146		
Nigeria/Nigéria	x7705	x10826	x15158	x15226	x16383	Guatemala	4579	3376	2824	1623	1503
Czechoslovakia	x13007	11068	6892	x22967	x26324	So. Africa Customs Un	x1711	x2677	x2632	x2345	x1916
Iran (Islamic Rp. of)	x9023	x10100	x14675	x14962	x27225	Tunisia/Tunisie	183	1293	2145	2738	2393
China/Chine	7667	10003	9559	18768	79367	Indonesia/Indonésie	999	1775	1253	2452	3917
Philippines	11791	x14195	12573	10707	12443	Colombia/Colombie	551	1848	2093	1307	1135
Tunisia/Tunisie	8052	8585	13254	13276	11413	Philippines	324	x718	2154	1422	1204
India/Inde	8276	x11950	12456	10072	x16024	Venezuela	133	1135	1523	1139	2118
Venezuela	10134	9712	7675	11435	11610	Sri Lanka	439	1174	1031	1512	744
United Arab Emirates	x17429	x7526	x10695	x9951	x13001	Honduras	1097	1397	898	823	1457

(VALUE AS % OF TOTAL) (VALEUR EN % DU TOTAL)

	1983	1984	1985	1986	1987	1988	1989	1990	1991	1992		1983	1984	1985	1986	1987	1988	1989	1990	1991	1992
Africa	x6.4	x7.0	5.7	x5.4	x4.2	3.8	3.3	3.4	x3.2	3.4	Afrique	0.2	0.1	0.2	0.3	0.1	0.1	0.2	0.2	x0.2	0.1
Northern Africa	x3.4	3.6	3.4	2.7	1.9	1.7	1.5	1.6	1.4	x1.5	Afrique du Nord	x0.0	0.0	0.0	0.0	0.0	0.0	0.0	0.1	0.1	0.1
Americas	11.6	14.8	17.1	x13.0	x10.5	13.8	19.2	17.9	18.6	x18.5	Amériques	x11.2	13.4	13.3	x10.3	10.3	11.2	13.8	14.6	14.6	14.9
LAIA	3.0	4.1	4.8	3.4	3.2	3.0	3.3	3.0	3.4	3.6	ALAI	0.6	0.8	0.8	0.6	0.7	0.9	0.9	0.9	0.9	1.0
CACM	x0.4	1.1	1.0	0.5	x0.4	0.3	0.3	0.3	0.2	x0.3	MCAC	x0.1	0.2	0.2	0.2	0.1	0.2	0.2	0.1	0.1	x0.1
Asia	18.9	15.5	13.0	11.9	x12.5	x12.3	x11.8	x11.9	x13.2	x15.2	Asie	11.2	11.8	11.8	11.2	x11.6	15.1	16.2	15.9	17.0	x17.0
Middle East	x6.0	x4.9	3.1	x3.4	x2.3	x2.3	x2.1	x2.6	x2.3	x2.8	Moyen–Orient	x0.1	0.2	0.3	0.2	x0.3	0.3	0.3	0.3	0.3	0.4
Europe	58.7	57.7	59.8	65.8	62.3	60.3	56.8	59.4	58.2	59.4	Europe	75.7	73.2	73.5	76.9	74.6	70.4	67.6	67.6	66.5	66.5
EEC	47.1	45.2	47.0	51.9	48.8	48.4	45.7	48.2	48.7	49.6	CEE	66.3	62.9	63.4	66.5	64.2	60.7	59.0	58.9	59.2	58.9
EFTA	11.6	11.0	11.4	12.7	12.0	10.8	9.8	10.2	9.1	8.6	AELE	9.3	8.8	8.7	9.2	9.2	8.2	7.4	7.5	7.0	6.6
Oceania	3.3	x3.8	3.4	x3.1	x3.0	2.7	2.8	x2.5	x2.1	x2.0	Océanie	0.3	0.3	0.2	x0.3	x0.3	0.2	0.2	x0.2	0.2	0.2
Germany/Allemagne	12.7	11.9	12.9	15.0	13.5	12.1	11.2	12.9	13.6	14.6	Italy/Italie	20.7	19.3	20.3	19.2	19.1	18.5	18.3	18.5	19.1	
France, Monac	8.3	8.0	8.3	8.5	8.3	8.1	7.7	8.2	7.7	7.8	Italy/Italie	13.3	12.6	13.7	14.3	13.8	12.8	12.2	11.7	11.0	10.7
USA/Etats–Unis d'Amer	3.6	4.3	6.5	4.1	3.9	3.2	8.0	7.5	7.8	7.6	USA/Etats–Unis d'Amer	7.3	7.9	6.4	5.8	6.8	7.0	8.4	11.4	11.3	11.3
Canada	3.8	4.3	3.9	4.3	2.9	6.7	7.1	6.4	6.4	6.5	Japan/Japon	6.9	7.5	7.1	6.5	5.9	6.0	8.4	11.4	11.3	11.3
United Kingdom	7.0	6.3	6.2	6.6	6.5	8.0	6.4	6.0	5.6	5.6	France, Monac	10.2	9.2	8.9	10.9	10.6	8.6	9.8	9.2	9.1	9.0
Netherlands/Pays–Bas	4.8	5.1	5.3	6.0	5.7	5.6	5.6	5.6	6.5	6.3	United Kingdom	9.3	8.9	8.8	7.2	7.0	7.6	6.7	7.1	7.1	6.6
Italy/Italie	3.4	3.4	3.7	4.5	4.5	4.2	4.2	4.4	4.3	4.1	Belgium–Luxembourg	5.3	5.1	5.2	5.5	5.4	4.9	6.1	5.7	5.7	5.8
Belgium–Luxembourg	5.5	5.1	5.0	4.8	3.6	4.1	4.0	4.0	3.8	3.7	Malaysia/Malaisie	1.7	1.7	1.5	1.4	1.7	2.2	2.8	3.0	4.0	x3.4
Former USSR/Anc. URSS				x5.0	x4.7	4.4	x3.8	x3.4			Austria/Autriche	3.9	3.7	3.6	3.8	3.9	3.6	3.1	3.4	3.3	3.1
Spain/Espagne	1.3	1.2	1.4	1.8	2.1	2.2	2.7	3.1	3.3	3.6	Netherlands/Pays–Bas	2.6	2.5	2.4	2.8	2.9	2.7	2.4	2.8	3.8	3.7

625 RUBBER TYRES, TUBES ETC

PNEUS CAOUTCHOUC VULCANISE 625

TRADE BY COMMODITY IN THOUSAND U.S. DOLLARS – COMMERCE PAR PRODUIT EN MILLIERS DE DOLLARS E.U

COUNTRIES–PAYS	IMPORTS – IMPORTATIONS 1988	1989	1990	1991	1992	COUNTRIES–PAYS	EXPORTS – EXPORTATIONS 1988	1989	1990	1991	1992
Total	14381852	14802979	16332539	16742557	18595831	Totale	13558049	13736010	15481806	15831162	17573297
Africa	x655488	x633382	x889456	x677375	x801694	Afrique	x30344	x30154	x50551	x43994	x55578
Northern Africa	260078	290707	491045	x255561	x239993	Afrique du Nord	15657	18313	27855	18104	25738
Americas	3711189	4168613	4153080	3999812	x4374539	Amériques	1458549	1601214	2214606	2420431	2738855
LAIA	223938	261555	360872	543543	x661490	ALAI	371806	387506	372241	376255	478671
CACM	66387	67700	67393	67290	x82679	MCAC	25995	25348	26367	26814	x23809
Asia	x2143796	x2092672	x2181201	x2623095	x2709026	Asie	x3762846	3865399	4010842	4172488	x4683672
Middle East	x1082468	x975589	x895013	x1057365	x1217231	Moyen–Orient	x115484	x142890	x83236	x186114	x238997
Europe	7162568	7148632	8491220	8789789	10108831	Europe	7711421	7777444	8786588	8869654	9768798
EEC	5929621	5937580	7168922	7515526	8678347	CEE	7036418	7119012	8029741	8168027	9021309
EFTA	1168927	1155862	1259315	1224876	1350209	AELE	530271	516231	571527	570007	617543
Oceania	x409562	x445434	x428436	x443885	x448164	Océanie	x58933	x47363	54083	x60543	x67554
USA/Etats–Unis d'Amer	2633837	2910312	2762772	2451998	2659359	Japan/Japon	2218546	2479990	2470741	2449347	2559193
Germany/Allemagne	1630136	1606933	1916787	2174043	2538076	France, Monac	1955873	1946026	2175978	2258532	2470721
United Kingdom	927731	888279	1042740	1027466	1194699	Germany/Allemagne	1627613	1630207	1772392	1771974	1927895
France, Monac	893013	832506	997605	979628	1127994	USA/Etats–Unis d'Amer	785002	873082	1163681	1295235	1430990
Italy/Italie	753265	786282	737899	772913	784654	Korea Republic	780861	760334	872850	897033	1053285
Canada	639311	741797	715336	766839	900558	Italy/Italie	740130	759761	818169	881611	961518
Netherlands/Pays–Bas	550471	554379	622939	632801	716143	Spain/Espagne	732924	727922	832626	804528	911277
Belgium–Luxembourg	510461	516451	543519	586603	596086	Netherlands/Pays–Bas	470136	480656	605078	653262	700597
Japan/Japon	463741	544414	543519	452106	551789	Belgium–Luxembourg	515750	515915	596247	602166	709997
Spain/Espagne	279900	352690	449132	452106	551789						
Sweden/Suède	362961	347644	383429	362470	363102	Canada	268257	308067	643484	712204	797978
Saudi Arabia	364254	359821	x347077	x349255	x318698	Austria/Autriche	268871	269214	308914	315359	366349
Australia/Australie	328257	358139	334700	336543	355573	Brazil/Brésil	256630	240585	239843	278519	376827
Switz.Liecht	312622	299653	306638	314661	355044	Yugoslavia SFR	144578	141610	184599	x130467	
Austria/Autriche	221289	213768	248410	282337	371832	China/Chine	81788	98885	106371	116903	161516
Afghanistan	x88416	x86865	x209644	x397533	x103594	Former USSR/Anc. URSS	x73638	x135489	x123270	x44524	
Algeria/Algérie	112810	129713	308892	89119	x89457	Sweden/Suède	101276	90409	101708	102601	130984
Denmark/Danemark	161593	151974	184120	172261	178214	Turkey/Turquie	43148	67206	89466	104095	x124378
Mexico/Mexique	67364	87039	145079	228435	265218	Thailand/Thaïlande	52654	x44161	104184	88508	x91120
Finland/Finlande	141698	168889	167715	107730	96592	India/Inde					
Iran (Islamic Rp. of)	x94712	x109117	x117396	x217716	x312319	Ireland/Irlande	64013	64554	72501	86060	116613
Norway, SVD, JM	121924	118435	144668	147714	154668	Singapore/Singapour	63235	71140	73559	74444	103077
United Arab Emirates	x210717	x125051	x87333	x150656	x176441	Czechoslovakia	x64392	x65454	x73889	x74573	x63103
Portugal	92364	92891	126880	132835	181133	Hungary/Hongrie	46638	52192	74258	65189	49308
Singapore/Singapour	88865	101252	105910	119583	157024	Portugal	45041	63788	65669	58355	95829
Greece/Grèce	68349	89144	115624	119510	x141027	Indonesia/Indonésie	39348	59297	62046	64630	75179
Former USSR/Anc. URSS	x105868	x136308	x65554	x103626		Israel/Israël	45597	49887	58369	59116	64249
Hong Kong	62338	78765	93711	123971	157804	Finland/Finlande	52695	48264	57487	60208	12948
Egypt/Egypte	83403	80598	91952	79658	66749	Norway, SVD, JM	61823	58452	45048	32401	42982
Cuba	50981	82816	x112190	x45770	x58155	Switz.Liecht					
So. Africa Customs Un	44706	62373	70983	x78969	x93987	Denmark/Danemark	44557	44194	46891	40951	35953
Ireland/Irlande	62338	66052	72777	70514	86439	Hong Kong	29867	34976	36108	51205	74927
Turkey/Turquie	26115	28772	97996	78642	69373	Poland/Pologne	28886	31405	36347	47673	x69559
Nigeria/Nigéria	x52102	x43609	x61666	x62803	x84510	Argentina/Argentine	34818	40473	41829	20848	16718
Chile/Chili	34365	45129	58818	61671	x85977	Australia/Australie	43814	33286	33560	14501	22812
Iraq	x181191	x128626	x28616	x296	x211	Mexico/Mexique	55094	61885	24075		
Kuwait/Koweït	x59193	69556	x54975	x32258	x66962	Romania/Roumanie	x50951	61007	14769	4816	x11165
New Zealand	38879	50447	52779	45898	54924	Chile/Chili	10666	17926	25785	31674	x19845
Libyan Arab Jamahiriya	45675	41783	60694	x46610	x41870	Former GDR	x193360	x43642	x31296		
Israel/Israël	38393	36618	44921	52325	59500	Malaysia/Malaisie	14629	17190	21099	33184	x47970
Yugoslavia SFR	50623	43535	48520	x31949		New Zealand	14591	13873	18461	26399	21874
Oman	29514	30878	32259	46569	x69960	United Arab Emirates	x12325	x17524	x14174	x23253	x34355
Hungary/Hongrie	x34383	x43746	x26404	38061	x32935	Greece/Grèce	21970	24477	16797	11810	x14199
Philippines	26102	x42107	36123	29293	52373	Sri Lanka	12017	13302	14692	14125	20676
Korea Republic	51157	33288	33409	39729	48914	Costa Rica	13824	14574	12492	13627	x9592
Bulgaria/Bulgarie	x29195	x47294	x48173	x10893	22182	Colombia/Colombie	4557	11049	15302	13917	15501
Argentina/Argentine	9239	8192	16920	80846	117900	Uruguay	9883	13674	16057	10334	8755
Pakistan	32108	32155	34707	35800	41341	So. Africa Customs Un	x8686	x8070	x8963	x22429	x24403
Cote d'Ivoire	x28907	x38983	x24229	x37040	x66358	Bulgaria/Bulgarie	x47853	x19415	x15395	x4453	x6386
Lebanon/Liban	x20913	x26238	x31269	x42030	x33180	Guatemala	11798	9913	13860	13174	13715

(VALUE AS % OF TOTAL)(VALEUR EN % DU TOTAL)

	1983	1984	1985	1986	1987	1988	1989	1990	1991	1992		1983	1984	1985	1986	1987	1988	1989	1990	1991	1992
Africa	x7.0	x6.6	5.6	x5.8	x4.5	4.5	x4.3	x5.4	x4.1	x4.3	Afrique	x0.2	0.2	0.2	0.2	0.3	x0.3	x0.3	0.4	x0.2	x0.3
Northern Africa	3.6	3.2	2.8	2.5	1.4	1.8	2.0	3.0	x1.5	x1.3	Afrique du Nord	x0.0	0.0	0.0	0.1	0.1	0.1	0.1	0.2	0.1	0.1
Americas	x28.8	34.9	36.6	28.7	26.8	25.8	28.2	x25.4	23.9	x23.5	Amériques	12.9	16.2	15.0	12.5	11.9	10.8	11.7	14.3	15.3	15.6
LAIA	1.9	2.2	2.2	1.5	1.5	1.6	1.8	2.2	3.2	x3.6	ALAI	1.6	3.2	3.2	2.2	2.4	2.7	2.8	2.4	2.4	2.7
CACM	x0.5	0.8	0.9	0.6	x0.7	0.5	0.5	0.4	0.4	x0.4	MCAC	x0.1	0.3	0.2	0.2	0.2	0.2	0.2	0.2	0.2	x0.1
Asia	x16.7	x15.8	10.2	x14.1	x13.0	14.9	14.1	13.4	x15.7	14.5	Asie	29.2	31.1	29.2	26.7	25.9	x27.8	28.2	25.9	26.4	x26.7
Middle East	x10.7	x11.0	6.0	x7.9	x6.6	x7.5	6.6	5.5	x6.3	6.5	Moyen–Orient	x0.1	1.3	0.6	0.5	x0.8	x0.9	x1.0	x0.9	x1.2	x1.4
Europe	44.0	38.5	43.5	48.0	50.4	49.8	48.3	52.0	52.5	54.4	Europe	56.1	51.4	54.3	59.3	57.4	56.9	56.6	56.8	56.0	55.6
EEC	35.6	30.3	34.6	38.8	41.1	41.2	40.1	43.9	44.9	46.7	CEE	52.4	46.6	49.5	54.0	52.3	51.9	51.8	51.9	51.6	51.3
EFTA	8.4	7.3	8.1	8.8	9.0	8.1	7.8	7.7	7.3	7.3	AELE	3.7	3.5	3.7	4.3	4.0	3.9	3.8	3.7	3.6	3.5
Oceania	2.5	x3.2	3.0	x2.3	x2.4	x2.9	3.0	x2.7	x2.7	2.4	Océanie	0.1	0.1	0.1	x0.3	x0.3	x0.4	x0.3	0.3	x0.4	0.4
USA/Etats–Unis d'Amer	20.9	24.6	27.2	21.7	20.0	18.3	19.7	16.9	14.6	14.3	Japan/Japon	22.3	21.7	20.6	18.0	15.1	16.4	18.1	16.0	15.5	14.6
Germany/Allemagne	10.8	9.0	10.3	11.9	11.2	11.3	10.9	11.7	13.0	13.6	France, Monac	16.0	14.8	14.9	16.3	15.1	14.4	14.2	14.1	14.3	14.1
United Kingdom	5.7	4.8	5.8	5.8	6.0	6.5	6.0	6.4	6.1	6.4	Germany/Allemagne	14.9	14.2	10.6	12.7	6.3	12.0	11.9	11.4	11.2	11.0
France, Monac	5.9	5.0	5.3	6.1	6.7	6.2	5.6	6.1	5.9	5.7	USA/Etats–Unis d'Amer	4.6	5.3	4.6	3.5	4.4	5.8	6.4	7.5	8.2	8.1
Italy/Italie	3.7	3.6	4.3	4.8	5.3	5.2	5.3	4.5	4.6	4.2	United Kingdom	6.1	5.1	5.7	6.4	6.0	6.4	6.6	6.3	6.3	6.4
Canada	4.3	5.6	4.7	3.4	3.7	4.4	5.0	4.5	4.6	4.8	Korea Republic	5.3	6.2	5.9	5.4	5.4	5.8	5.5	5.6	5.7	6.0
Netherlands/Pays–Bas	3.1	2.8	3.2	3.7	3.8	3.8	3.7	4.4	3.8	3.9	Italy/Italie	6.1	5.5	5.7	5.8	5.8	5.5	5.5	5.3	5.6	5.5
Belgium–Luxembourg	3.2	2.6	2.7	3.0	3.2	3.5	3.5	3.8	3.7	3.2	Spain/Espagne	3.9	4.3	4.4	4.7	5.4	5.4	5.3	5.4	5.1	5.2
Japan/Japon	1.7	1.4	1.6	2.4	2.7	3.2	3.7	3.3	3.5	3.2	Netherlands/Pays–Bas	3.2	2.5	2.9	3.3	3.3	3.5	3.5	3.9	4.1	4.0
Spain/Espagne	0.5	0.5	0.6	0.9	1.7	1.9	2.4	2.7	2.7	3.0	Belgium–Luxembourg	4.7	4.0	4.1	4.3	3.6	3.8	3.8	3.9	3.8	4.0

628 RUBBER ARTICLES NES

OUVRAGES CAOUTCHOUC NDA 628

TRADE BY COMMODITY IN THOUSAND U.S. DOLLARS – COMMERCE PAR PRODUIT EN MILLIERS DE DOLLARS E.U

COUNTRIES–PAYS	IMPORTS – IMPORTATIONS					COUNTRIES–PAYS	EXPORTS – EXPORTATIONS				
	1988	1989	1990	1991	1992		1988	1989	1990	1991	1992
Total	4770391	4951586	5598192	5886411	6451639	Totale	4708237	4028969	4921504	5246655	5834129
Africa	x238198	x207797	x253880	x253878	x249844	Afrique	x4504	x6465	x8795	x8933	x7923
Northern Africa	120876	100111	116084	114674	x99201	Afrique du Nord	1567	1520	1524	3250	3432
Americas	1197073	1131421	1265501	1395870	x1639106	Amériques	1128419	511563	734387	833313	932462
LAIA	183318	190667	228293	277733	320303	ALAI	35232	45880	50866	59152	68314
CACM	14247	14405	13464	14290	x13036	MCAC	9223	11328	17604	18680	x6887
Asia	x656204	881508	x825328	938382	x1100366	Asie	x1119592	963595	1105845	1297196	x1427469
Middle East	x115820	x117141	x135754	x139241	x194097	Moyen–Orient	11930	8983	x9873	x12381	x14671
Europe	2190041	2277295	2790420	2812906	3196573	Europe	2366564	2443309	2959273	3015464	3365077
EEC	1738827	1811528	2219761	2287589	2631837	CEE	1960184	2043897	2505205	2598860	2909558
EFTA	412448	429198	522255	503487	537097	AELE	x332146	x332361	x383178	x376255	x401912
Oceania	x142583	x181040	x193890	x179105	x180255	Océanie	x15241	x20174	x18883	x18972	27801
Germany/Allemagne	538122	556591	709603	770593	908210	Germany/Allemagne	727439	747705	888320	937382	1065555
USA/Etats–Unis d'Amer	714169	610329	682413	741095	919413	Japan/Japon	582572	653025	714101	819603	945153
France, Monac	290295	303869	359726	363792	412231	USA/Etats–Unis d'Amer	960367	334471	502600	585991	624668
Canada	249521	277761	290046	313554	332346	France, Monac	370918	377324	463218	445220	499624
United Kingdom	240438	237747	281280	278615	303658	Italy/Italie	293087	330847	394873	398601	443160
Netherlands/Pays–Bas	157544	170527	207087	210633	245286	United Kingdom	222432	216379	261169	292001	297580
Former USSR/Anc. URSS	x222887	x185048	x183765	x219409		Netherlands/Pays–Bas	138563	144310	183252	180945	197732
Singapore/Singapour	84313	296686	110347	134852	149807	Canada	122838	119029	162639	168915	231887
Italy/Italie	157605	164609	182161	177434	211198	Belgium–Luxembourg	117452	126854	152327	147641	176998
Belgium–Luxembourg	131807	135316	174198	163241	182193	Sweden/Suède	x115762	x126794	x141075	x140545	x151574
Sweden/Suède	147053	146880	166406	153463	171706	Switz.Liecht	89778	87236	105775	101539	111628
Spain/Espagne	99876	121350	159161	174670	203912	Austria/Autriche	96694	88994	98532	98664	103453
Australia/Australie	102493	138433	142273	141641	175041	Spain/Espagne	48720	60708	93950	115814	135970
Japan/Japon	89320	105082	135493	143494	144055	Korea Republic	75732	79774	87706	92404	88442
Austria/Autriche	93023	102039	137455	153523	165605	China/Chine	23274	38668	73819	104630	78697
Switz.Liecht	84108	87323	107108	104207	158054	Thailand/Thaïlande	43296	47864	57047	68663	x67096
Korea Republic	68935	76520	97163	104831	106783	Singapore/Singapour	45060	53012	54734	65130	73518
Mexico/Mexique	52636	63203	90519	104831	112972	Malaysia/Malaisie	40073	32262	41284	59358	x70469
Thailand/Thaïlande	33285	52184	71393	96824	115724	Brazil/Brésil	23473	31605	34933	41582	47222
So. Africa Customs Un	55773	57717	62662	78784	107728	Yugoslavia SFR	51629	43212	47072	x15220	
Brazil/Brésil	46516	51308	59085	62701	x64462	x65436	Bulgaria/Bulgarie	x13691	x39640	x52241	x13328	x20333
Denmark/Danemark	53926	47522	57329	58199	62110	Ireland/Irlande	16515	16635	28131	36709	51873
Finland/Finlande	48137	54460	60789	44843	47417	Malta/Malte	22566	23819	23801	x24990	x30744
Malaysia/Malaisie	27476	35466	52109	66887	x83530	Hong Kong	15927	19123	23178	28903	36413
Hong Kong	39488	44680	50192	58853	69843	Denmark/Danemark	16714	16593	23497	25158	25206
Norway, SVD, JM	36071	35026	45957	56176	48282	Finland/Finlande	11963	15120	22491	20089	18795
Turkey/Turquie	25045	30834	36810	45462	55562	India/Inde	13361	x11243	21875	17242	x16529
Indonesia/Indonésie	27151	31120	41974	39872	42878	Czechoslovakia	x16587	x11742	x11276	x25409	x25650
Portugal	27388	28532	37108	40068	47194	Hungary/Hongrie	x8342	x11524	x16212	x20496	x18439
India/Inde	23728	x34418	36781	33492	x30086	Norway, SVD, JM	17938	14192	15273	15391	16419
Egypt/Egypte	34288	29514	32560	36254	33495	Costa Rica	8319	10589	16530	17403	x5853
Yugoslavia SFR	34530	33706	44639	x18943		Australia/Australie	1131	14993	12977	14284	20679
Ireland/Irlande	25079	25714	31354	30609	30942	Greece/Grèce	5428	3745	12438	14869	x11482
Algeria/Algérie	41252	26188	34443	24096	x16076	Mexico/Mexique	7336	9602	9591	8445	9076
Saudi Arabia	15761	26713	x26335	x22151	x27482	Sri Lanka	6494	7156	6436	9908	11063
Venezuela	27532	17778	22311	32116	33202	Turkey/Turquie	10042	6501	7213	8527	10009
New Zealand	19567	21711	24696	23280	28196	Israel/Israël	5988	6067	7514	6831	7336
Israel/Israël	19524	18930	23413	25888	32554	Poland/Pologne	7481	7107	5150	4970	x7411
Hungary/Hongrie	x20319	x18560	x19152	29907	x22906	Former USSR/Anc. URSS	x6959	x5074	x3777	x8163	
Morocco/Maroc	18300	19960	22845	23434	21260	Indonesia/Indonésie	1927	3097	5220	7700	9939
Poland/Pologne	29090	20762	17458	27482	27627	New Zealand	4018	5033	5658	4600	6978
Iran (Islamic Rp. of)	x15881	x10877	x23700	x29172	x53093	Argentina/Argentine	2420	3011	3968	5155	6400
Cuba	x7804	15299	x25711	x22300	x25540	Portugal	2917	2748	3981	4471	4379
Chile/Chili	13873	16692	22683	21214	x22516	So. Africa Customs Un	x3143	x3682	x4122	x3633	
Greece/Grèce	16747	19751	20754	19733	x24902	Romania/Roumanie	x8113	5864	2495	412	x1517
China/Chine	13918	15370	16483	27015	48635	Philippines	2027	2683	2294	2918	3400
Philippines	11557	x14695	19469	21984	25020	Former GDR	x12743	x2853	x3136		
Tunisia/Tunisie	18957	15638	19949	19395	22314	Saudi Arabia	1213	961	x2007	x2145	x3198
Czechoslovakia	x15528	15120	18267	x18822	x23521	Tunisia/Tunisie	1434	1363	1337	2375	2620
Pakistan	15132	12945	14961	23051	8194	Colombia/Colombie	1520	1062	843	1989	2473

(VALUE AS % OF TOTAL) (VALEUR EN % DU TOTAL)

	1983	1984	1985	1986	1987	1988	1989	1990	1991	1992		1983	1984	1985	1986	1987	1988	1989	1990	1991	1992
Africa	x8.1	x7.6	5.5	x6.1	x5.1	5.0	x4.2	x4.5	4.3	x3.9	Afrique	0.2	0.2	0.2	x0.2	x0.3	x0.1	x0.2	x0.2	x0.2	x0.2
Northern Africa	x4.7	4.2	3.1	x3.4	2.3	2.5	2.0	2.1	1.9	x1.5	Afrique du Nord	x0.0	0.0	0.0	0.1	0.1	0.0	0.0	0.0	0.1	0.1
Americas	21.6	25.4	28.7	25.4	23.4	25.1	22.8	22.6	23.7	x25.4	Amériques	27.0	26.4	25.5	21.8	20.7	24.0	12.7	14.9	15.9	16.0
LAIA	3.9	4.5	5.5	4.4	3.9	3.8	3.9	4.1	4.7	5.0	ALAI	0.6	1.0	1.0	0.7	0.7	0.7	1.1	1.0	1.1	1.2
CACM	x0.4	0.4	0.4	0.4	0.4	0.3	0.3	0.2	0.2	x0.2	MCAC	x0.1	0.2	0.3	0.2	0.3	0.2	0.3	0.4	0.4	x0.1
Asia	x17.9	17.3	14.9	15.5	x13.1	x13.8	17.8	14.7	15.9	x17.1	Asie	15.9	16.7	16.3	14.9	x20.2	x23.8	24.0	22.5	24.8	x24.4
Middle East	x5.6	x6.9	4.3	x5.1	x2.7	x2.4	x2.4	x2.4	x2.4	x3.0	Moyen–Orient	x0.1	1.2	0.7	0.7	x0.3	0.3	0.2	x0.2	x0.2	x0.3
Europe	46.9	44.4	45.8	48.5	47.7	45.9	46.0	49.8	47.8	49.5	Europe	55.0	55.0	56.3	61.5	56.1	50.3	60.6	60.1	57.5	57.7
EEC	37.8	34.7	36.1	38.4	37.8	36.5	36.6	39.7	38.9	40.8	CEE	47.2	44.7	46.2	50.7	46.6	41.6	50.7	50.9	49.5	49.9
EFTA	9.1	8.5	8.6	9.2	9.0	8.6	8.7	9.3	8.6	8.3	AELE	7.8	7.8	7.9	8.7	7.9	x7.1	x8.2	x7.8	x7.2	x6.9
Oceania	3.4	x3.5	3.6	x2.9	x3.0	3.0	x3.6	3.5	3.0	x2.8	Océanie	x0.3	x0.3	0.3	x0.2	x0.3	0.3	x0.5	x0.4	0.4	0.5
Germany/Allemagne	11.3	10.4	10.9	12.2	11.9	11.3	11.2	12.7	13.1	14.1	Germany/Allemagne	18.0	17.0	17.5	19.6	18.4	15.5	18.6	18.0	17.9	18.3
USA/Etats–Unis d'Amer	12.0	15.1	17.9	16.7	15.7	15.0	12.3	12.2	12.6	14.3	Japan/Japon	10.1	10.2	10.0	9.0	7.9	12.4	16.2	14.5	15.6	16.2
France, Monac	6.8	6.0	6.2	6.6	6.4	6.1	6.1	6.4	6.9	6.4	USA/Etats–Unis d'Amer	25.6	24.4	23.1	19.8	18.8	20.4	8.3	10.2	11.2	10.7
Canada	4.4	4.5	4.2	3.3	2.8	5.2	5.6	5.2	5.3	5.2	France, Monac	8.8	7.9	8.1	8.9	7.7	7.9	9.4	9.4	8.5	8.6
United Kingdom	5.4	5.1	5.0	4.7	4.9	5.0	4.8	5.0	4.7	4.7	Italy/Italie	6.1	6.3	6.8	7.3	7.1	6.2	8.2	8.0	7.6	7.6
Netherlands/Pays–Bas	3.4	3.0	3.1	3.6	3.4	3.3	3.4	3.7	3.6	3.8	United Kingdom	5.6	5.0	5.7	4.9	4.9	5.4	5.3	5.6	5.1	5.1
Former USSR/Anc. URSS				5.0	x4.7	x3.7	x3.3	x3.7			Netherlands/Pays–Bas	3.0	2.9	2.8	3.4	2.9	2.9	3.6	3.7	3.4	3.4
Singapore/Singapour	1.7	1.5	1.5	1.3	1.4	1.8	6.0	2.0	2.3	2.3	Canada	3.0	0.8	1.1	1.0	0.8	3.0	3.3	3.3	3.2	4.0
Italy/Italie	3.1	3.2	3.6	3.6	3.4	3.3	3.3	3.3	3.0	3.3	Belgium–Luxembourg	2.5	2.6	2.6	2.9	2.9	2.5	3.1	3.1	2.9	3.0
Belgium–Luxembourg	2.7	2.5	2.4	2.4	2.3	2.8	2.7	3.1	2.8	2.8	Sweden/Suède	2.9	2.9	3.1	3.1	2.7	x2.5	x3.1	x2.9	x2.7	x2.6

114

633 CORK MANUFACTURES / OUVRAGES EN LIEGE 633

TRADE BY COMMODITY IN THOUSAND U.S. DOLLARS – COMMERCE PAR PRODUIT EN MILLIERS DE DOLLARS E.U

COUNTRIES–PAYS	1988	1989	1990	1991	1992	COUNTRIES–PAYS	1988	1989	1990	1991	1992
Total	580142	680620	822506	784915	843651	Totale	551218	648929	779572	770923	856175
Africa	x10916	x11794	x13092	x17907	x19774	Afrique	x14190	x20859	x21495	x15673	x15442
Northern Africa	550	1237	888	x934	x778	Afrique du Nord	13891	20810	21402	15514	x15292
Americas	73292	96427	x104171	x117005	x139731	Amériques	12585	17928	26609	27485	32583
LAIA	7987	11015	10226	13744	x23170	ALAI	2169	946	903	1171	1709
CACM	109	113	193	141	x589	MCAC			0	x5	15
Asia	x33752	x40562	41201	36054	x41582	Asie	11445	8699	9585	9284	9181
Middle East	x2643	x2789	x4423	x3261	x5983	Moyen–Orient	x356	117	120	x31	76
Europe	387567	449931	567654	554926	602086	Europe	507830	595787	716359	713051	793222
EEC	325909	382187	488437	484146	529811	CEE	490088	578153	699843	697511	776917
EFTA	57266	62792	72617	66444	68471	AELE	17684	17557	16350	15443	15915
Oceania	x28852	x32524	x25972	x32055	x31764	Océanie	5009	x4470	x5461	5037	5548
France, Monac	127362	148061	202871	195516	200158	Portugal	375246	437424	516689	517665	572175
Germany/Allemagne	69171	90529	103645	108105	134610	Spain/Espagne	56847	68499	86979	84603	97412
USA/Etats–Unis d'Amer	50041	65550	71083	83058	90434	Germany/Allemagne	25451	29216	36419	37369	40769
Italy/Italie	39836	45857	58402	58192	60224	USA/Etats–Unis d'Amer	9042	16163	23350	23993	29972
Spain/Espagne	23754	29777	41450	47427	50094	France, Monac	13537	16837	24233	20820	22108
United Kingdom	29527	29824	32526	25849	25245	Italy/Italie	9089	16098	21927	20313	24478
Switz.Liecht	22274	21593	31685	29363	29084	Morocco/Maroc	9726	14067	14605	10252	9769
Australia/Australie	25546	28083	21569	27606	26175	Switz.Liecht	4005	5954	11057	11831	10999
Japan/Japon	17854	24870	19869	17111	17857	United Kingdom	5314	4628	5970	5827	6784
Former USSR/Anc. URSS	x21283	x22468	x28178	x10159		Sweden/Suède	12685	10636	3750	1999	2577
Austria/Autriche	14051	16928	19827	21193	24068	Netherlands/Pays–Bas	2371	3130	4988	7789	10971
Bulgaria/Bulgarie	x16538	x18238	x26633	x5235	2531	China/Chine	4939	4809	4351	4890	4076
Canada	13083	16119	14675	13014	14693	Algeria/Algérie	2484	4185	5131	3852	x4024
Netherlands/Pays–Bas	12567	12478	13273	11840	14850	New Zealand	4123	3528	4430	3993	3862
So. Africa Customs Un	8845	9408	10821	x14695	x16758	Hong Kong	3014	2489	3617	3130	3076
Portugal	5105	6598	12705	12936	16579	Belgium–Luxembourg	1541	1751	2039	2708	1407
Sweden/Suède	12367	13496	10932	7785	8020	Tunisia/Tunisie	1681	2553	1666	1410	1498
Belgium–Luxembourg	7444	8267	11347	12057	12508	Canada	1359	797	2333	2307	882
Denmark/Danemark	7034	6045	6238	6083	6749	Austria/Autriche	666	842	1399	1410	2101
Chile/Chili	2317	5343	4917	6525	x12729	Australia/Australie	886	847	838	1043	1686
Finland/Finlande	4926	6812	5737	3934	3038	Japan/Japon	480	481	468	719	802
Czechoslovakia	x4021	2149	7761	x6477	x2008	Denmark/Danemark	647	524	493	371	603
Greece/Grèce	3405	4207	4991	5251	x7958	Colombia/Colombie	736	543	178	596	509
Yugoslavia SFR	4013	4583	5980	x3870		Singapore/Singapour	470	433	554	275	656
Hong Kong	3966	4087	5258	4831	3982	Bulgaria/Bulgarie		x1025		x75	
New Zealand	3086	4140	4169	4231	5417	Brazil/Brésil	220	198	309	215	787
Norway,SVD,JM	3288	3485	3998	3775	3920	India/Inde	224	x234	156	137	x199
Hungary/Hongrie	x1724	x2913	x3349	3556	x2489	Finland/Finlande	88	77	103	129	150
Romania/Roumanie	x325	2341	3247	897	x794	Yugoslavia SFR	58		x91	x193	
Cuba	x480	854	x3008	x2576	x251	Guam				x73	
Mexico/Mexique	1492	1813	1622	2341	3127	Venezuela	4	44	213	26	62
Singapore/Singapour	882	897	3247	1276	1503	Malaysia/Malaisie	4	37	195	49	x70
Israel/Israël	1253	1563	1573	1742	1901	So. Africa Customs Un	x218	x48	x69	x158	x146
China/Chine	877	1000	1844	1314	3634	Argentina/Argentine	15	55	64	106	96
Venezuela	2397	1735	697	1276	1340	Mexico/Mexique	1185	96	53	65	88
Korea Republic	916	917	1130	1625	2264	Poland/Pologne	x49	x87	14	103	x117
Brazil/Brésil	720	992	1304	1358	1323	Turkey/Turquie	8	7	50	105	x134
Thailand/Thaïlande	1074	1306	913	1108	1126	Chile/Chili	191	62	119	14	65
Bahamas	135	140	x1198	x1605	x4426	Korea Republic	20	54	73	30	101
Ireland/Irlande	705	543	987	892	835	Former USSR/Anc. URSS	x39	x55	x45	x54	
Cyprus/Chypre	680	646	918	811	1229	Norway,SVD,JM	240	49	31	73	89
Argentina/Argentine	127	239	519	1360	3448	Czechoslovakia	x71	x14	x2	x130	x64
Malaysia/Malaisie	511	433	721	919	x726	Greece/Grèce	15	19	73	21	x185
Turkey/Turquie	471	446	966	652	x179	Ireland/Irlande	30	26		26	24
Antigua and Barbuda	x18	x336	x1253	x338	x179	Paraguay			x3	x41	
Saudi Arabia	x460	171	x779	x756	x1158	Andorra/Andorre		x19		x24	x10
Indonesia/Indonésie	371	396	552	637	488	Indonesia/Indonésie	32	8	x33	x1	46
Philippines	282	x716	502	285	569	Saudi Arabia	93	26		x13	
India/Inde	479	x581	333	508	x693	Peru/Pérou	2	4	12	x17	x33
Poland/Pologne	698	391	333	629	x850	Hungary/Hongrie				x1	x18

(VALUE AS % OF TOTAL)(VALEUR EN % DU TOTAL)

	1983	1984	1985	1986	1987	1988	1989	1990	1991	1992		1983	1984	1985	1986	1987	1988	1989	1990	1991	1992
Africa	x2.5	x1.9	1.9	x2.8	x1.7	x1.9	1.8	1.6	x2.3	x2.4	Afrique	3.3	2.9	2.6	2.9	2.6	x2.5	x3.2	x2.7	x2.0	x1.8
Northern Africa	x0.3	0.3	0.1	x0.1	0.1	0.1	0.2	0.1	x0.1	x0.1	Afrique du Nord	3.2	2.9	2.6	2.9	2.6	2.5	3.2	2.7	2.0	x1.8
Americas	12.9	14.2	16.5	x13.5	x13.0	12.7	14.2	x12.6	14.9	x16.6	Amériques	x2.2	x2.1	2.3	1.8	1.5	2.3	2.7	3.4	3.6	3.8
LAIA	1.7	2.3	2.1	2.0	1.3	1.4	1.6	1.2	1.8	x2.7	ALAI	x0.6	x0.8	0.6	0.4	0.2	0.4	0.1	0.1	x0.2	0.2
CACM	x0.0	0.0	0.1	0.0	0.0	0.0	0.0	0.0	0.0	x0.1	MCAC								0.0	0.0	0.0
Asia	x6.1	6.2	6.2	6.5	x5.1	x5.8	6.0	5.0	4.6	4.9	Asie	0.6	0.9	0.8	0.8	x1.7	2.1	1.4	1.3	1.2	1.1
Middle East	x1.1	x0.9	0.6	x0.8	0.6	0.5	0.4	0.5	x0.4	x0.7	Moyen–Orient	0.0	0.1	0.0	0.0	x0.0	0.1	0.0	0.0	x0.0	0.0
Europe	63.9	63.3	69.0	72.4	69.0	66.8	66.1	69.0	70.7	71.4	Europe	92.6	92.6	93.0	93.3	93.3	92.1	91.8	91.9	92.5	92.6
EEC	53.6	52.9	57.3	60.2	57.2	56.2	56.2	59.4	61.7	62.8	CEE	88.9	89.3	89.2	89.2	89.8	88.9	89.1	89.6	90.5	90.7
EFTA	10.3	9.3	10.8	11.3	11.0	9.9	9.2	8.8	8.5	8.1	AELE	3.8	3.4	3.8	4.0	3.5	3.2	2.7	2.1	2.0	1.9
Oceania	4.0	x4.8	5.6	x4.4	x4.0	4.9	x4.7	x3.1	4.1	x3.7	Océanie	1.2	1.3	1.3	1.2	x0.8	0.9	x0.7	x0.7	0.7	0.6
France, Monac	21.5	21.9	24.6	25.2	23.1	22.0	21.8	24.7	24.9	23.7	Portugal	67.3	68.1	66.4	67.6	68.9	68.1	67.4	66.3	67.1	66.8
Germany/Allemagne	13.4	12.7	11.8	12.4	11.9	11.9	13.3	12.6	13.8	16.0	Spain/Espagne	11.8	11.4	11.8	11.4	11.0	10.3	10.6	11.2	11.0	11.4
USA/Etats–Unis d'Amer	9.0	9.4	11.4	8.9	8.5	8.6	9.6	8.6	10.6	10.7	Germany/Allemagne	2.9	3.3	4.0	4.5	4.1	4.6	4.5	4.7	4.8	4.8
Italy/Italie	6.5	6.4	6.7	6.3	6.7	6.9	6.7	7.1	7.4	7.1	USA/Etats–Unis d'Amer	1.4	1.1	1.7	1.7	1.2	1.6	2.5	3.0	3.1	3.5
Spain/Espagne	0.7	0.9	1.4	2.2	2.8	4.1	4.4	5.0	6.0	5.9	France, Monac	2.9	2.5	2.9	2.4	2.3	2.5	2.6	3.1	2.7	2.6
United Kingdom	5.3	5.6	6.5	6.4	5.6	5.1	4.4	4.0	3.3	3.0	Italy/Italie	1.1	1.3	1.7	1.5	1.8	1.6	2.5	2.8	2.6	2.9
Switz.Liecht	3.7	3.5	4.0	4.2	4.2	3.8	3.2	3.9	3.7	3.4	Morocco/Maroc	2.4	1.6	2.0	2.3	2.0	1.8	2.2	1.9	1.3	1.1
Australia/Australie	3.1	x3.9	4.6	3.5	3.3	4.4	4.1	2.6	3.5	3.1	Switz.Liecht	0.3	0.3	0.4	0.6	0.6	0.7	0.9	1.4	1.5	1.3
Japan/Japon	2.6	2.9	3.2	3.4	2.8	3.1	3.7	2.4	2.2	2.1	United Kingdom	1.9	1.8	1.6	1.1	1.0	1.0	0.7	0.8	0.8	0.8
Former USSR/Anc. URSS	10.0	8.8			x3.9	x3.7	x3.3	x3.4	x1.3		Sweden/Suède	3.3	2.9	3.1	3.2	2.7	2.3	1.6	0.5	0.3	0.3

115

634 VENEERS, PLYWOOD, ETC — PLACAGES, CONTRE-PLAQUES 634

TRADE BY COMMODITY IN THOUSAND U.S. DOLLARS – COMMERCE PAR PRODUIT EN MILLIERS DE DOLLARS E.U

COUNTRIES–PAYS	IMPORTS 1988	1989	1990	1991	1992	COUNTRIES–PAYS	EXPORTS 1988	1989	1990	1991	1992
Total	8823096	8729562	10004228	9664229	10353508	Totale	8731655	8398605	9540902	9491429	10313002
Africa	195045	177936	188358	x169855	x171461	Afrique	x178976	x173147	x199147	x220640	x288162
Northern Africa	150055	134788	133332	127500	x132825	Afrique du Nord	9823	14739	16084	14291	15622
Americas	1505528	1347819	1351445	1244501	x1689901	Amériques	1368040	1344785	1383331	1281556	x1675071
LAIA	46389	44929	66285	105877	190465	ALAI	368909	297795	195738	196659	x271587
CACM	5994	7882	7422	7249	x9354	MCAC	10299	11074	10622	10950	x11301
Asia	x2641061	2735773	3125162	3243924	3363622	Asie	3623435	3348693	3833940	4129788	4711534
Middle East	x453307	x351202	x368324	x336348	x377478	Moyen–Orient	x24063	x26388	x17103	x15881	x17714
Europe	4249500	4242750	5115101	4819533	5014133	Europe	2921911	3025860	3642043	3347808	3427649
EEC	3641145	3581627	4325345	4139334	4356276	CEE	1920907	1995424	2324933	2277157	2352814
EFTA	572105	615192	735712	639545	601504	AELE	935941	972565	1236217	1019766	1008356
Oceania	x76920	x91553	x72535	x69469	x66513	Océanie	31726	33374	35226	40175	x44710
Japan/Japon	711434	1200298	1198872	1192047	1188862	Indonesia/Indonésie	2256867	2398883	2785114	3027404	3499859
Germany/Allemagne	783786	841973	1143913	1261434	1312186	Germany/Allemagne	664660	674583	727964	675810	697487
USA/Etats–Unis d'Amer	1223322	1053686	1055349	915081	1276279	USA/Etats–Unis d'Amer	573316	579811	699433	664683	748960
United Kingdom	1156603	1002945	1018674	798204	826613	Belgium–Luxembourg	419313	438072	516296	535765	541620
Netherlands/Pays–Bas	459073	457341	568023	539849	580716	Finland/Finlande	436413	454005	575513	409837	381706
China/Chine	591616	433267	536672	588784	731080	Canada	411731	452416	474242	406135	639824
France, Monac	415305	410370	516560	473093	471810	Malaysia/Malaisie	293512	316608	393223	494654	x598116
Korea Republic	167930	242277	358238	467091	454392	Austria/Autriche	287854	293000	416431	384804	391156
Hong Kong	254462	275226	377405	342111	304767	France, Monac	258910	302545	374417	383800	418354
Italy/Italie	279966	281772	360722	347352	397795	Former USSR/Anc. URSS	x381208	x338183	x306636	x311655	
Belgium–Luxembourg	217753	219406	269033	273794	271500	Singapore/Singapour	323816	250515	202799	227743	227674
Switz.Liecht	193826	207784	254053	211193	191066	Italy/Italie	191260	193302	224092	201349	215266
Denmark/Danemark	175790	177247	218022	199175	205953	Hong Kong	116717	151901	218495	182133	177664
Sweden/Suède	168414	182171	219158	172779	149566	Brazil/Brésil	254005	135228	135753	142914	193307
Singapore/Singapour	173936	147593	177115	195508	177342	Portugal	109986	105816	135624	123746	109858
Canada	154856	157600	147801	145431	150358	Switz./Liecht	112974	108055	127310	121007	138100
Saudi Arabia	179086	150715	x124538	x118237	x132919	Spain/Espagne	67990	69994	88111	98129	93510
Austria/Autriche	94861	116662	129595	134138	149197	Cote d'Ivoire	x69662	x55263	x76668	x108219	x177534
Spain/Espagne	86563	110351	114966	130437	154080	Netherlands/Pays–Bas	67279	65820	79852	86213	97914
Former USSR/Anc. URSS	x56322	x83103	x118577	x71809		Denmark/Danemark	69120	75124	79544	76164	77767
Egypt/Egypte	93155	68717	75257	91635	75063	Sweden/Suède	79027	85554	75807	64205	57501
Norway, SVD, JM	83555	67812	82935	71121	80115	Philippines	105034	x73351	77243	53295	39905
United Arab Emirates	x91732	x42548	x61291	x64369	x92383	Yugoslavia SFR	65014	57711	80867	x50769	
Ireland/Irlande	41724	45372	58946	53221	55200	Poland/Pologne	44236	38263	54313	78176	x63947
Australia/Australie	55729	58937	47785	48078	50786	United Kingdom	43671	43889	61421	57734	75697
Mexico/Mexique	27644	24424	38513	70216	107898	Chile/Chili	51599	112841	8875	13682	x23154
Yugoslavia SFR	23190	33121	40463	x30728		Norway, SVD, JM	19262	31950	38500	30127	38034
Greece/Grèce	15229	24818	38401	37646	x41530	Korea Republic	32637	31953	41049	39909	39826
Finland/Finlande	18198	26889	31933	29583	20116	Japan/Japon	34075	35841	38500	31892	38034
Korea Dem People's Rp	x14855	x27185	x32526	x22605	x2182	Romania/Roumanie	x102892	52059	25903	19366	x34622
Kuwait/Koweït	x64749	35421	x25953	x11063	x27288	Czechoslovakia	x45565	x25663	x23520	x40981	x43990
Iraq	x31551	x38324	x32978	x51	x42	New Zealand	22726	25992	27820	33631	35335
Algeria/Algérie	10578	26297	28363	14340	x21320	Cameroon/Cameroun	x13043	22309	x25585	30321	x20801
Oman	18456	14319	18601	22382	x3550	Greece/Grèce	19947	18544	26242	29120	x16719
Thailand/Thaïlande	5696	9460	20212	24406	35367	Congo	x19763	x25092	x24925	x19624	x15367
Portugal	9354	10031	18086	25129	38893	Thailand/Thaïlande	36120	28244	18947	14718	x16662
Iceland/Islande	13251	13873	18037	20731	11443	Israel/Israël	12659	14650	21383	15880	15872
Jordan/Jordanie	22130	13753	16710	19638	29269	Gabon	x27848	x19795	x18179	x13671	x14466
Bahrain/Bahreïn	x10427	x15653	x16107	x14177	x13964	So. Africa Customs Un	x17164	x16551	x19068	x11988	x14376
So. Africa Customs Un	11546	14292	18919	x12716	x8832	Bulgaria/Bulgarie	x26698	x11299	x26606	x8641	x9547
Israel/Israël	12402	13644	12241	19225	21916	China/Chine	5984	7977	15031	20793	36652
Lebanon/Liban	x3804	x10683	x12822	x20686	x14635	Ghana	x15335	x12875	x12095	x14099	x23348
Libyan Arab Jamahiriya	23332	17447	13997	x7902	x10560	Mexico/Mexique	43200	16773	10291	9537	8661
Yemen/Yémen			x19665	x18571	x13706	Ecuador/Equateur	8531	8952	10047	11845	15399
Sri Lanka	8506	8347	9364	15261		Morocco/Maroc	7209	8591	12637	8775	13728
Former GDR	x57966	x22304	x8709		11219	Hungary/Hongrie	x5447	x6626	x9473	x12417	x13426
Morocco/Maroc	6532	8985	9609	11982	9366	India/Inde	9772	x9477	9004	9933	x7773
Czechoslovakia	x14406	10368	8204	x11609	x15991	Ireland/Irlande	8770	7696	11330	9286	8623
Reunion/Réunion	9360	9315	10836	8733	10011	United Arab Emirates	x5714	x7385	x8877	x9988	x10227
Brazil/Brésil	3558	8482	11991	6870	11800	Paraguay	3161	6425	7229	7855	x21972

(VALUE AS % OF TOTAL)(VALEUR EN % DU TOTAL)

	1983	1984	1985	1986	1987	1988	1989	1990	1991	1992		1983	1984	1985	1986	1987	1988	1989	1990	1991	1992
Africa	4.1	3.7	3.4	3.2	1.9	2.2	2.1	1.9	x1.7	x1.7	Afrique	x2.8	x2.4	1.1	x2.2	x2.3	x2.1	x2.1	x2.1	x2.3	x2.8
Northern Africa	3.2	2.8	2.8	2.5	1.3	1.7	1.5	1.3	1.3	x1.3	Afrique du Nord	0.1	0.1	0.1	0.1	0.1	0.2	0.2	0.2	0.2	0.2
Americas	23.4	24.9	27.0	23.9	20.0	17.0	15.5	13.5	12.9	x16.3	Amériques	18.4	17.8	17.3	16.9	13.5	15.7	16.0	14.5	13.5	x16.3
LAIA	0.6	0.7	0.8	0.5	0.4	0.5	0.5	0.7	1.1	1.8	ALAI	3.6	3.8	3.7	4.3	3.5	4.2	3.5	2.1	2.1	x2.6
CACM	x0.1	0.1	0.1	0.1	0.1	0.1	0.1	0.1	0.1	x0.1	MCAC	0.2	0.2	0.2	0.1	0.1	0.1	0.1	0.1	0.1	x0.1
Asia	x18.0	16.5	13.2	x13.2	x26.1	29.9	31.3	x31.2	33.5	x32.5	Asie	37.3	34.3	38.9	35.4	40.7	41.5	39.9	40.2	43.5	45.6
Middle East	x10.6	x9.2	5.0	x4.7	x3.4	x5.1	x4.0	x3.7	3.5	x3.6	Moyen–Orient	x0.4	0.4	1.9	0.7	x0.5	x0.3	x0.3	x0.2	x0.2	x0.2
Europe	51.7	51.6	53.8	57.5	48.8	48.2	48.6	51.1	49.9	48.4	Europe	39.3	39.0	40.4	43.4	35.5	33.5	36.0	38.2	35.3	33.2
EEC	45.2	44.0	45.9	49.1	41.3	41.3	41.0	43.2	42.8	42.1	CEE	26.3	25.1	26.7	28.9	23.4	22.0	23.8	24.4	24.0	22.8
EFTA	6.5	7.0	7.4	7.9	7.0	6.5	7.0	7.4	6.6	5.8	AELE	13.0	12.3	12.2	13.3	11.0	10.7	11.6	13.0	10.7	9.8
Oceania	x1.4	x1.7	1.7	x1.4	x1.1	x0.9	x1.0	x0.7	0.7	x0.6	Océanie	1.2	1.3	1.3	1.0	0.8	0.4	0.4	0.3	0.4	x0.5
Japan/Japon	1.2	1.4	2.6	3.5	7.7	8.1	13.7	12.0	12.3	11.5	Indonesia/Indonésie	18.3	18.9	23.1	22.4	24.5	25.8	28.6	29.2	31.9	33.9
Germany/Allemagne	11.6	11.0	10.2	11.9	9.8	8.9	9.6	11.4	13.1	12.7	Germany/Allemagne	7.6	7.5	8.6	9.5	7.7	7.6	8.0	7.6	7.1	6.8
USA/Etats–Unis d'Amer	18.7	20.3	22.2	19.2	15.9	14.9	12.1	10.5	9.5	12.3	USA/Etats–Unis d'Amer	7.5	5.8	5.2	6.4	5.6	6.6	6.9	7.3	7.0	7.3
United Kingdom	14.9	14.1	14.7	14.0	12.1	13.1	11.5	10.2	8.3	8.0	Belgium–Luxembourg	5.3	5.0	5.2	6.1	5.0	4.8	5.2	5.4	5.6	5.3
Netherlands/Pays–Bas	5.7	5.5	5.9	6.6	5.3	5.2	5.2	5.7	5.6	5.6	Finland/Finlande	6.8	6.5	6.0	6.5	5.4	5.4	5.4	6.0	4.3	3.7
China/Chine					6.8	6.7	5.0	5.4	6.1	7.1	Canada	7.0	7.9	8.1	6.4	4.3	4.7	5.4	5.0	4.3	6.2
France, Monac	4.6	4.4	5.2	5.9	5.0	4.7	4.7	5.2	4.9	4.6	Malaysia/Malaisie	4.5	3.5	3.0	3.5	3.9	3.4	3.8	4.1	5.2	x5.8
Korea Republic	0.7	0.8	0.8	0.7	0.5	1.9	2.8	3.6	4.4	4.4	Austria/Autriche	2.8	2.6	2.9	3.0	3.3	3.3	3.5	4.4	4.1	3.8
Hong Kong	1.9	2.2	2.4	2.3	2.9	2.9	3.2	3.8	3.5	2.9	France, Monac	4.3	3.8	3.8	4.0	3.0	3.0	3.6	3.9	4.0	4.1
Italy/Italie	2.5	2.8	3.2	3.3	3.1	3.2	3.3	3.6	3.6	3.8	Former USSR/Anc. URSS		4.1				x4.6	x4.4	x4.0	x3.2	x3.3

635 WOOD MANUFACTURES NES — ART MANUF EN BOIS NDA 635

TRADE BY COMMODITY IN THOUSAND U.S. DOLLARS – COMMERCE PAR PRODUIT EN MILLIERS DE DOLLARS E.U

COUNTRIES–PAYS	IMPORTS 1988	1989	1990	1991	1992	COUNTRIES–PAYS	EXPORTS 1988	1989	1990	1991	1992
Total	5762326	6523819	8190421	9019148	9358401	Totale	x5941143	6038861	7484361	8169428	9064451
Africa	x120914	x119205	x114293	x144077	x168191	Afrique	x31552	x35404	x54966	x52736	x54969
Northern Africa	x31189	x42149	41218	x41478	x64153	Afrique du Nord	3016	4367	9083	7897	7797
Americas	x1373949	x1467319	x1515401	x1539031	x1830329	Amériques	869907	1148039	1219492	1389530	x1529430
LAIA	21547	29749	39929	74940	133896	ALAI	122580	134801	135898	143944	187941
CACM	1926	2606	2630	3728	x5870	MCAC	16572	19074	19612	18591	x22162
Asia	x687536	x849262	x956491	x1311112	x1313555	Asie	x1354776	927400	1224044	1485928	x1791449
Middle East	x121802	x117830	x129605	x132744	x203010	Moyen–Orient	x45474	x28374	x25394	x23997	29322
Europe	3227990	3579292	4802975	5153775	5861751	Europe	3399271	3728104	4718260	4732442	5094511
EEC	2354346	2606119	3571106	4064075	4816203	CEE	2442660	2651430	3292156	3450667	3711904
EFTA	853328	955651	1203825	1061330	1001928	AELE	846434	949560	1244084	1172158	1202871
Oceania	x88815	x110678	x110074	x111592	x108970	Océanie	x28085	x27935	x31655	x35550	x80925
Germany/Allemagne	677903	766153	1192072	1560977	2141689	Germany/Allemagne	548886	641219	756667	760757	787789
USA/Etats–Unis d'Amer	1101872	1106174	1125321	1107555	1324884	USA/Etats–Unis d'Amer	288425	507853	600237	748694	788925
Former USSR/Anc. URSS	x209798	x336296	x644372	x712678		Canada	428649	465382	497304	502270	509338
United Kingdom	461359	492958	596210	559926	530217	Canada	436765	477754	456508	466783	520157
Japan/Japon	387203	494219	523436	599393	589097	Sweden/Suède	411610	401034	441462	414697	421951
France,Monac	399927	401484	500372	512521	517563	France,Monac	298632	326159	429880	471470	508931
Switz.Liecht	334346	379961	455022	390136	347316	Denmark/Danemark	301724	299942	398207	422758	488679
Belgium–Luxembourg	226185	250710	355638	354806	395867	Netherlands/Pays–Bas	234137	275394	374175	421737	499416
Netherlands/Pays–Bas	232731	247793	320388	342763	399104	Belgium–Luxembourg	259331	274862	362284	377743	384760
Austria/Autriche	162795	177378	257424	274408	305281	Austria/Autriche	180518	205339	290343	294565	342365
Italy/Italie	138410	170870	223288	280030	322267	China/Chine	126194	184052	253781	343282	457035
Canada	158692	200866	224691	220707	251166	Indonesia/Indonésie	40528	120764	274084	257016	326056
Sweden/Suède	91652	137190	236588	190347	156762	United Kingdom	169189	164433	221489	238294	225913
Spain/Espagne	80871	115113	174211	226514	198345	Finland/Finlande	152888	174298	229245	183383	175229
Hong Kong	63278	98582	135468	111983	129097	Norway,SVD,JM	47407	111185	205990	196683	166475
Norway,SVD,JM	170872	120103	118830	119483	47473	Yugoslavia SFR	108182	124789	180504	x107667	
Finland/Finlande	78270	130010	127493	76924	41516	Thailand/Thaïlande	99293	124116	130301	145616	x195706
Israel/Israël	12183	9148	21219	219358	41516	Spain/Espagne	116479	115236	138977	136735	190525
Australia/Australie	60855	78167	75047	75012	76691	Hong Kong	59876	87963	129322	159564	217635
Denmark/Danemark	73326	74112	76192	76987	104562	Philippines	77750	x83635	115614	177182	112714
Ireland/Irlande	34910	43472	60456	59065	60817	Malaysia/Malaisie	53672	78278	97138	124073	x184203
Korea Republic	13962	18462	36140	64079	80045	Poland/Pologne	18946	13591	23255	191413	x213580
Greece/Grèce	14616	24964	40172	45227	x43189	Portugal	59859	60722	81993	82457	77978
Saudi Arabia	33411	26273	x32904	x49766	x97321	Switz.Liecht	53880	57622	76985	82735	96833
Mexico/Mexique	10294	20577	23503	53827	85076	Singapore/Singapour	48668	63865	65004	80668	71985
Singapore/Singapour	21154	26813	33483	36290	41739	Japan/Japon	52121	68026	57762	79936	94494
Portugal	14107	18489	32108	45259	65700	Hungary/Hongrie	x40366	x40038	x69622	x94440	x71613
China/Chine	25932	32654	25677	34733	60811	Brazil/Brésil	47088	49235	64634	79720	108235
Libyan Arab Jamahiriya	14198	23235	20605	x27379	x32650	Czechoslovakia	x42100	x27680	x43868	x116641	x195498
Hungary/Hongrie	x18537	x22547	x14629	22038	x20933	Korea Republic	61154	54749	57644	57536	40831
United Arab Emirates	x12378	x11561	x17837	x27478	x11909	Former USSR/Anc. URSS	x70733	x29843	x35848	x39384	
Czechoslovakia	x11089	20851	15534	x19656	x18839	Romania/Roumanie	x32046	40276	34154	18652	x22785
Guadeloupe	9749	11146	16564	21894	13511	Ireland/Irlande	23819	25595	28363	34500	35405
Iraq	x27003	x16555	x24946	x1554	x1622	Mexico/Mexique	42972	38789	22212	25894	43253
Bahamas	18316	8907	x11000	x22925	x12825	Chile/Chili	25515	32003	28202	x26960	x16288
So. Africa Customs Un	10475	8637	13753	x18414	x17942	So. Africa Customs Un	x13287	x19756	x26038	22039	60763
New Zealand	14059	12411	14771	11179	10965	Australia/Australie	15391	13874	20112	20112	x9180
Indonesia/Indonésie	1664	6489	10632	18451	16787	Bulgaria/Bulgarie	x12971	x13349	x24667	x12326	x9180
Malaysia/Malaisie	5387	6758	16181	9734	x17306	Turkey/Turquie	12337	11506	12664	17344	23206
Martinique	9851	8211	10319	13735	13836	Sri Lanka	5588	7539	8727	23267	13943
Reunion/Réunion	7364	8975	10318	12299	19687	New Zealand	10615	12111	9415	12476	19508
Greenland/Groenland	14169	9155	9529	11489	11388	India/Inde	1853	x21111	3465	3510	x33030
Cuba	x973	15122	7361	x7106	x6544	Costa Rica	6941	10153	9388	6287	x5716
Iceland/Islande	15392	11008	8468	10031	15999	Honduras	6081	7446	6603	8867	11458
Andorra/Andorre	x3213	x4659	x12969	x9568	x6179	Argentina/Argentine	1621	7413	9576	3464	3530
Iran (Islamic Rp. of)	x9557	x8599	x10907	x7014	x19834	Cote d'Ivoire	x6148	x4883	x5096	x5290	x10113
Thailand/Thaïlande	3453	3667	4899	17193	7438	Colombia/Colombie	2706	1779	2036	7106	4959
Philippines	2260	x16219	3039	5904	1238	Former GDR	x39480	x6417	x3891		
Lebanon/Liban	x2457	x20087	x1591	x2866	x3734	Trinidad and Tobago	1291	2606	3573	3738	3677
Yugoslavia SFR	2618	4030	8272	x11290		Egypt/Egypte	791	1773	5089	2994	2284

(VALUE AS % OF TOTAL)(VALEUR EN % DU TOTAL)

	1983	1984	1985	1986	1987	1988	1989	1990	1991	1992		1983	1984	1985	1986	1987	1988	1989	1990	1991	1992
Africa	x4.5	x3.5	2.2	x1.8	x1.4	x2.1	x1.8	x1.4	x1.6	x1.8	Afrique	x0.6	x0.4	0.7	0.8	0.8	x0.5	x0.6	x0.7	x0.6	x0.6
Northern Africa	x3.3	x2.1	1.7	x0.8	0.4	x0.5	0.6	0.5	x0.5	0.7	Afrique du Nord	0.0	0.1	0.0	0.0	0.0	0.1	0.1	0.1	0.1	0.1
Americas	x26.1	31.9	35.1	x31.3	x27.6	23.9	22.5	18.5	17.0	19.5	Amériques	19.5	23.8	24.9	20.7	15.6	14.6	19.0	16.3	17.0	x16.8
LAIA	0.7	0.6	0.7	0.3	0.3	0.4	0.5	0.5	0.8	1.4	ALAI	1.3	4.4	4.8	2.1	2.0	2.2	2.2	1.8	1.8	2.1
CACM	0.1	0.0	0.0	0.0	0.0	0.0	0.0	0.0	0.0	x0.1	MCAC	x0.0	0.4	0.4	0.3	0.3	0.3	0.3	0.2	0.2	x0.2
Asia	x18.2	x15.3	11.6	10.9	x10.4	x11.9	13.0	11.6	x14.6	x14.0	Asie	10.9	11.5	11.0	9.0	x22.7	x22.8	15.3	16.4	18.2	x19.8
Middle East	x12.1	x8.9	4.6	4.0	x2.3	x2.1	1.8	x1.4	x1.6	x2.2	Moyen–Orient	x1.1	2.1	2.3	0.6	x0.8	x0.8	x0.5	x0.3	x0.3	0.3
Europe	47.2	45.6	48.6	53.6	53.8	56.0	54.9	58.6	57.1	62.6	Europe	61.8	57.5	57.3	63.3	52.4	57.2	61.7	63.0	57.9	56.2
EEC	35.7	33.6	37.5	38.3	38.2	40.9	39.9	43.6	45.1	51.5	CEE	44.9	40.7	40.3	42.1	34.8	41.1	43.9	44.0	42.2	41.0
EFTA	11.3	11.8	13.3	15.1	15.3	14.8	14.6	14.7	11.8	10.7	AELE	17.0	14.3	15.0	19.5	16.3	14.2	15.7	16.6	14.3	13.3
Oceania	x1.5	x1.7	1.8	x1.5	x1.2	x1.5	x1.7	x1.3	x1.3	1.1	Océanie	0.4	x0.4	0.4	x0.3	0.2	x0.4	x0.4	x0.4	x0.4	x0.9
Germany/Allemagne	13.0	11.8	10.8	11.8	12.0	11.8	11.7	14.6	17.3	22.9	Germany/Allemagne	9.0	8.2	9.7	11.0	9.3	9.2	10.6	10.1	9.3	8.7
USA/Etats–Unis d'Amer	21.0	26.2	29.6	26.1	19.1	17.0	13.7	12.3	14.2	14.2	USA/Etats–Unis d'Amer	7.3	6.9	7.0	6.9	5.1	4.9	8.4	8.0	9.2	8.7
Former USSR/Anc. URSS	1.5	1.1			x4.6	x3.6	x5.2	x7.9	x7.9		Italy/Italie	8.2	6.6	6.6	6.9	5.5	7.2	7.7	6.6	6.1	5.6
United Kingdom	6.7	6.7	6.8	7.0	7.0	8.0	7.6	7.3	6.2	5.7	Canada	10.8	12.0	12.6	11.2	8.1	7.4	7.9	6.1	5.7	5.7
Japan/Japon	3.8	3.8	4.0	4.5	5.4	7.6	7.6	6.4	6.6	6.3	Sweden/Suède	7.2	7.2	8.4	9.1	7.3	6.9	6.6	5.9	5.1	4.7
France,Monac	5.7	5.1	5.8	6.3	6.2	6.9	6.2	6.1	5.7	5.5	France,Monac	6.3	4.5	4.8	4.6	3.9	5.0	5.4	5.8	5.6	5.6
Switz.Liecht	3.7	4.0	4.7	5.5	5.8	5.8	5.8	5.6	4.3	3.7	Denmark/Danemark	7.7	7.4	7.4	5.9	5.2	5.1	5.4	5.3	5.2	5.4
Belgium–Luxembourg	3.3	3.0	3.3	3.9	3.7	3.9	3.8	4.3	3.9	4.3	Netherlands/Pays–Bas	3.3	2.9	3.0	3.6	3.0	3.9	4.6	5.0	5.2	5.5
Netherlands/Pays–Bas	3.0	2.9	3.5	3.9	3.8	4.0	3.8	3.9	3.8	4.3	Belgium–Luxembourg	2.7	2.5	2.8	3.5	3.0	4.4	4.6	4.8	4.6	4.2
Austria/Autriche	2.0	2.1	2.4	2.9	2.9	2.8	2.7	3.1	3.0	3.3	Austria/Autriche	3.9	3.4	3.4	4.1	3.9	3.0	3.4	3.9	3.6	3.8

641 PAPER AND PAPERBOARD

PAPIERS ET CARTONS 641

TRADE BY COMMODITY IN THOUSAND U.S. DOLLARS – COMMERCE PAR PRODUIT EN MILLIERS DE DOLLARS E.U

COUNTRIES–PAYS	1988	1989	1990	1991	1992	COUNTRIES–PAYS	1988	1989	1990	1991	1992
	IMPORTS – IMPORTATIONS						EXPORTS – EXPORTATIONS				
Total	45161054	46999697	54132762	53510934	54131045	Totale	42706520	43734940	50657785	51139140	51229351
Africa	x1213923	x1162928	x1315342	x1424843	x1467729	Afrique	x209775	x215884	x237044	x255709	x221755
Northern Africa	566049	547420	582481	643084	x629620	Afrique du Nord	11362	11813	8596	8457	8309
Americas	10216471	10834454	10980402	10946960	x10985449	Amériques	11039152	11359191	12418464	13188256	13211456
LAIA	923525	944725	989302	1452451	1657450	ALAI	925344	951472	1000896	965829	1045842
CACM	209223	270856	248775	263285	x264799	MCAC	16613	17621	11337	11056	x10661
Asia	x6157688	x5994768	x6830099	7572769	x8523700	Asie	x2562796	2410626	2936600	3322619	3551718
Middle East	x1142930	x960617	x1249900	x1194704	x1366242	Moyen–Orient	x52263	49756	x54977	x55277	x59217
Europe	24626958	25737857	31622858	31217122	31393885	Europe	27300259	28511068	33780463	32970814	33387046
EEC	22280348	23310533	28563913	28320162	28384490	CEE	13274621	14121123	17056950	16927861	17697328
EFTA	2197671	2267778	2816221	2728098	2754421	AELE	13830905	14212917	16505515	15913247	15510423
Oceania	x1036675	x1120517	x1084577	x1024968	x1141115	Océanie	x273669	x301066	x375004	x423932	421234
USA/Etats–Unis d'Amer	7788759	8127152	8282029	7722552	7564532	Canada	7137462	7049161	7541892	7693822	7403947
Germany/Allemagne	5082212	5196652	6907870	7182940	7053269	Finland/Finlande	5656691	5886792	6799861	6283418	6076301
United Kingdom	5693508	5720745	6053310	5711883	5614025	Sweden/Suède	5161764	5167939	5866611	5832301	5714988
France,Monac	3521706	3685952	464254B	4362314	4411948	Germany/Allemagne	4773995	5003700	5739584	5460852	5664736
Netherlands/Pays–Bas	2068886	2134211	2658104	2682263	2661083	USA/Etats–Unis d'Amer	2956159	3332979	3851688	4512921	4745362
Italy/Italie	1772735	2051290	2556585	2448361	2619578	France, Monac	2161340	2399137	2948632	3015371	3250391
Belgium–Luxembourg	1613482	1672609	2075104	2090111	2016111	Netherlands/Pays–Bas	1743056	1763146	2212180	2138632	2172454
Former USSR/Anc. URSS	x1478915	x1676888	x1936225	x902082		United Kingdom	1473447	1566227	2148331	2212347	2325061
Spain/Espagne	933952	1153984	1603319	1731208	1801621	Austria/Autriche	1616289	1665411	2041557	2052151	2068787
Hong Kong	1052630	1090361	1278481	1474305	1624590	Italy/Italie	1260047	1339479	1523843	1577009	1643626
Canada	1039479	1131688	1159623	1230226	1224320	Japan/Japon	1240966	1230896	1539755	1640747	1611385
Japan/Japon	1071523	1174898	1038546	1085830	1093802	Belgium–Luxembourg	1003179	1090677	1352868	1329323	1222023
Switz.Liecht	792039	795114	986337	941082	912933	Norway,SVD,JM	845521	914653	1025297	997213	870704
Denmark/Danemark	785622	789628	946498	942445	953604	Switz. Liecht	550635	578119	772175	748152	779602
Australia/Australie	842434	921570	858182	808542	860632	Brazil/Brésil	595549	653998	670430	699959	779602
China/Chine	517971	528708	592161	804647	1267705	Former USSR/Anc. URSS	x638303	x538323	x519955	x603553	770282
Austria/Autriche	474676	515755	681128	689837	734865	Spain/Espagne	449771	471741	571147	571916	722086
Singapore/Singapour	419698	438172	510850	545490	522786	Hong Kong	233693	257784	419045	612528	754782
Malaysia/Malaisie	341693	389502	481827	585889	x617656	Korea Republic	265239	271458	311121	302443	376190
Sweden/Suède	401473	403578	500062	471212	464955	New Zealand	210298	228442	277591	293848	286595
Ireland/Irlande	346835	354598	423888	420189	428691	Portugal	140489	178205	218633	281884	349456
Korea Republic	242858	328774	352015	460539	485033	So. Africa Customs Un	x179359	x198255	x215224	x238638	x207999
Norway, SVD,JM	320272	314423	382909	391583	406437	Singapore/Singapour	174278	183194	209231	229496	204355
Greece/Grèce	233746	301228	367014	391017	x407347	Denmark/Danemark	167438	168897	213712	207100	200467
Portugal	227662	249627	329674	357431	417214	Yugoslavia SFR	194205	176202	217005	x128434	
So. Africa Customs Un	258695	231889	292790	x339289	x351752	Indonesia/Indonésie	128063	122683	219662	277955	
Mexico/Mexique	170656	213160	267171	373998	495064	China/Chine	138500	144015	143866		
Brazil/Brésil	173633	266104	243009	299752	213434	Czechoslovakia	143693	140662	143866	143099	131685
Thailand/Thaïlande	184262	198978	271788	316677	366909	Australia/Australie	x118808	x87348	x108274	x174465	x190105
Egypt/Egypte	251860	196756	267617	308516	288951	Ireland/Irlande	87612	84229	98816	100235	119679
Israel/Israël	201360	224013	264478	267847	327253	Mexico/Mexique	159436	116676	91158	66162	76904
Saudi Arabia	234248	183231	x295214	x266989	x268940	Chile/Chili	76446	76863	85927	96504	x78559
Iran (Islamic Rp. of)	x204025	x171365	x274908	x245797	x370683	Malaysia/Malaisie	53684	80111	88916	66199	x66828
Finland/Finlande	177431	207281	229913	197558	200535	Poland/Pologne	56397	58288	77974	90381	x142950
Turkey/Turquie	147982	164710	193354	234443	232517	India/Inde	x65216	x66959	x85715	x28823	x32486
India/Inde	200246	x134979	237820	185187	x206710	Argentina/Argentine	51688	61335	79618	32538	20052
New Zealand	143550	154682	180488	164389	225233	Romania/Roumanie	x137478	81858	38846	26128	x22287
Indonesia/Indonésie	113669	137228	147336	168019	158583	Hungary/Hongrie	x27596	x39939	x43665	x54435	x47343
Yugoslavia SFR	114065	122964	199396	x126213		Greece/Grèce	14245	55503	29024	33012	x27348
Philippines	109520	x154889	134298	156577	151474	Venezuela	24010	23965	47235	35882	42056
Hungary/Hongrie	x97839	x115566	x117456	178926	x170016	Former GDR	x277040	x63503	x35750		
Pakistan	124291	126173	129809	145278	152540	Turkey/Turquie	24119	16667	33419	33325	37739
Algeria/Algérie	144734	173806	115656	109200	x111430	Thailand/Thaïlande	35436	28013	19324	16003	x31594
Colombia/Colombie	124316	123746	121274	148590	158588	Colombia/Colombie	6652	9212	13579	14397	29380
Venezuela	193518	102549	100435	148138	154339	Uruguay	11044	6374	8483	16828	16014
Costa Rica	84931	120135	114297	112265	x101328	India/Inde	5125	x4429	10676	14125	x14054
Morocco/Maroc	79588	86409	99143	110566	120139	Israel/Israël	9587	10815	7841	8972	10243
Bulgaria/Bulgarie	x80942	x162456	x92452	x38031	68085	Kuwait/ Koweït	x6461	11904	x6451	x5147	x3043
Nigeria/Nigéria	x89852	x78379	x126108	x80074	x136695	Jordan/Jordanie	7087	7535	6097	8506	9474
Chile/Chili	51733	71485	81232	121322	x145602	Cuba	x903	x5440	x10130	x1458	x125

(VALUE AS % OF TOTAL)(VALEUR EN % DU TOTAL)

	1983	1984	1985	1986	1987	1988	1989	1990	1991	1992		1983	1984	1985	1986	1987	1988	1989	1990	1991	1992
Africa	x3.4	x3.8	3.7	x3.0	x2.5	x2.7	x2.5	x2.4	x2.6	x2.7	Afrique	0.4	0.4	0.6	x0.6	x0.7	x0.5	x0.5	x0.4	x0.5	x0.4
Northern Africa	1.5	1.5	1.7	1.3	1.2	1.3	1.2	1.1	1.1	x1.2	Afrique du Nord	x0.0	x0.0	x0.0	x0.0	x0.0	x0.0	x0.0	x0.0	x0.0	x0.0
Americas	26.0	29.7	30.6	26.4	23.4	22.6	23.1	20.2	20.4	x20.3	Amériques	32.2	32.5	31.7	28.3	25.7	25.8	25.9	24.5	25.8	25.8
LAIA	2.9	2.7	2.9	2.4	2.0	2.0	2.0	1.8	2.7	3.1	ALAI	1.3	2.0	1.7	1.7	1.6	2.2	2.2	2.0	1.9	2.0
CACM	x0.4	0.8	0.6	0.5	0.5	0.5	0.6	0.5	0.5	x0.5	MCAC	x0.0	0.1	0.0	0.0	0.0	0.0	0.0	0.0	0.0	x0.5
Asia	12.9	12.5	12.5	12.9	x13.4	x13.6	x12.8	x12.6	14.1	x15.7	Asie	4.5	4.8	5.4	5.6	5.9	x6.0	5.5	5.8	6.5	7.0
Middle East	x2.9	x2.9	1.6	x2.1	x2.2	x2.5	x2.0	x2.3	x2.2	x2.5	Moyen–Orient	x0.0	0.2	0.1	x0.1	x0.2	x0.1	0.1	x0.1	x0.1	x0.1
Europe	52.1	48.7	49.8	54.9	54.3	54.5	54.8	58.4	58.3	58.0	Europe	59.6	59.4	61.4	64.5	63.6	63.9	65.2	66.7	64.5	65.2
EEC	47.3	43.8	44.8	49.3	48.9	49.3	49.6	52.8	52.9	52.4	CEE	28.0	27.9	28.6	30.9	30.8	31.1	32.3	33.7	33.1	34.5
EFTA	4.8	4.5	4.6	5.2	5.1	4.9	4.8	5.2	5.1	5.1	AELE	31.6	30.9	32.3	33.1	33.2	32.4	32.5	32.6	31.1	30.3
Oceania	2.5	x2.8	2.8	x2.3	x2.2	x2.3	x2.4	x2.0	x1.9	x2.1	Océanie	x0.6	x0.5	0.5	x0.6	x0.6	x0.6	x0.7	x0.7	x0.8	0.8
USA/Etats–Unis d'Amer	19.6	22.9	24.0	20.4	18.0	17.2	17.3	15.3	14.4	14.0	Canada	21.1	21.5	22.0	19.2	16.9	16.7	16.1	14.9	15.0	14.5
Germany/Allemagne	11.1	10.4	10.4	12.0	11.5	11.3	11.1	12.8	13.4	13.0	Finland/Finlande	13.2	13.4	13.9	13.6	13.3	13.5	13.5	13.4	12.3	11.9
United Kingdom	12.3	11.2	11.6	11.3	11.7	12.6	12.2	11.2	10.7	10.4	Sweden/Suède	12.0	11.5	11.9	12.6	12.2	12.1	11.8	11.6	11.4	11.2
France,Monac	7.5	6.8	7.0	7.9	7.7	7.8	7.8	8.6	8.2	8.2	Germany/Allemagne	9.9	9.8	10.4	11.4	11.2	11.2	11.4	11.3	10.7	11.1
Netherlands/Pays–Bas	4.6	4.1	4.4	5.0	4.7	4.6	4.5	4.9	5.0	4.9	USA/Etats–Unis d'Amer	9.7	8.9	7.9	7.5	7.0	6.9	7.6	7.6	8.8	9.3
Italy/Italie	3.5	3.5	3.6	4.0	4.3	3.9	4.4	4.7	4.6	4.8	France, Monac	4.7	4.6	5.1	5.0	5.1	5.5	5.5	5.8	5.9	6.3
Belgium–Luxembourg	3.4	3.3	3.3	3.4	3.5	3.7	3.6	3.8	3.9	3.7	Netherlands/Pays–Bas	3.6	3.3	3.5	4.0	4.1	4.1	4.0	4.4	4.2	4.2
Former USSR/Anc. URSS	2.5	2.0		x3.1	x3.3	x3.6	x3.4	x3.6	x1.7		United Kingdom	2.8	2.9	3.1	3.1	3.2	3.5	3.6	4.2	4.3	4.5
Spain/Espagne	1.1	1.1	1.1	1.6	1.7	2.1	2.5	3.0	3.2	3.3	Austria/Autriche	2.9	2.8	3.1	3.4	3.5	3.8	3.8	4.0	4.0	4.0
Hong Kong	1.8	2.0	1.9	2.0	2.1	2.3	2.3	2.4	2.8	3.0	Italy/Italie	2.7	3.1	3.0	3.0	3.0	3.0	3.0	3.0	3.1	3.2

642 PAPER, ETC, PRECUT, ARTS OF / PAP, CARTONS DECOUPES 642

TRADE BY COMMODITY IN THOUSAND U.S. DOLLARS – COMMERCE PAR PRODUIT EN MILLIERS DE DOLLARS E.U

COUNTRIES–PAYS	IMPORTS – IMPORTATIONS					COUNTRIES–PAYS	EXPORTS – EXPORTATIONS				
	1988	1989	1990	1991	1992		1988	1989	1990	1991	1992
Total	10910231	11435836	13829988	14537222	16008151	Totale	10194841	10614290	13031490	13969967	15554030
Africa	x350292	x336619	x389154	x384537	x457001	Afrique	x28355	x42433	x53592	x57643	x63285
Northern Africa	105375	112952	138756	x133538	x158816	Afrique du Nord	6343	10688	20997	28187	35540
Americas	1764565	1805942	1898475	2130043	x2517531	Amériques	1439613	1453672	1798485	2168852	x2425687
LAIA	193705	246416	347400	492102	638400	ALAI	234900	174998	171981	162010	184970
CACM	65206	48382	52984	60606	x69401	MCAC	34643	37577	38777	50047	x46926
Asia	x1336488	x1389905	x1574250	x1712922	x1997982	Asie	x1410347	1403414	1577079	1764480	x2052330
Middle East	x405654	x375490	x337822	x296392	x302218	Moyen–Orient	x183254	x171274	x149292	x143139	x95663
Europe	6559688	7039668	8983922	9469977	10378819	Europe	7104450	7602657	9480253	9832924	10865696
EEC	5287610	5675362	7261784	7696527	8399238	CEE	5659663	6137316	7761496	8217762	9016290
EFTA	1235952	1317320	1643749	1665630	1799130	AELE	1368084	1391902	1614786	1545061	1704297
Oceania	x175578	x229512	x246156	x294370	x309426	Océanie	x51425	57568	64752	x74557	76374
France, Monac	1011921	1078722	1306643	1345571	1498841	Germany/Allemagne	2102715	2387910	3059994	3181510	3427453
Germany/Allemagne	864809	946387	1258114	1507624	1618208	USA/Etats–Unis d'Amer	965325	1029260	1317081	1653842	1789826
United Kingdom	887243	971583	1231440	1243439	1227974	France, Monac	913749	962839	1165982	1211352	1413172
Netherlands/Pays–Bas	891882	907694	1173410	1224759	1356678	Netherlands/Pays–Bas	672551	657188	866065	934703	1018721
USA/Etats–Unis d'Amer	963253	884078	783008	781952	918517	Belgium–Luxembourg	622207	662485	743894	781791	856318
Belgium–Luxembourg	605865	627808	790469	797615	888771	Italy/Italie	449957	541106	715843	782768	901796
Canada	348683	411108	477361	571879	649630	United Kingdom	488275	482727	622918	675708	729388
Switz. Liecht	380083	391869	483908	489732	522490	Japan/Japon	355809	396709	471060	539591	585392
Former USSR/Anc. URSS	x514768	x446015	x554367	x319518		Sweden/Suède	440553	430735	480165	478503	552971
Italy/Italie	312938	360632	414868	366196	390631	Austria/Autriche	335760	374838	482044	518719	571879
Hong Kong	220926	293188	348793	386894	490587	Hong Kong	289308	343144	398236	415146	498934
Denmark/Danemark	280107	270441	355776	357812	384328	Finland/Finlande	367093	351463	360879	236486	235384
Sweden/Suède	240264	272986	337645	341560	370322	Spain/Espagne	183662	209022	263471	289447	289184
Austria/Autriche	236599	253152	336146	355278	398825	Canada	163289	170721	221007	266239	360532
Norway, SVD, JM	262212	265255	318629	320240	341493	Switz. Liecht	168145	175228	220353	231227	257922
Spain/Espagne	128362	168982	262274	322302	387850	Denmark/Danemark	119586	123893	167228	192027	208964
Ireland/Irlande	186486	192729	247163	275034	322180	China/Chine	132283	149544	149949	178457	304674
Mexico/Mexique	109269	163624	229649	303834	400453	Korea Republic	116262	121027	134686	134119	137400
Singapore/Singapour	144266	163576	197386	223765	247517	Singapore/Singapour	73770	89512	105768	118061	130513
Australia/Australie	113500	136706	148016	161668	186643	Ireland/Irlande	54101	62376	81033	88497	92102
China/Chine	91702	105599	152623	163873	297425	Yugoslavia SFR	73382	68747	98132	x62442	
Finland/Finlande	94754	111784	142141	130627	136993	Norway, SVD, JM	55048	58260	70051	79112	85203
Japan/Japon	98444	111775	119158	141061	143422	Malaysia/Malaisie	36420	48906	65797	90593	x121652
Greece/Grèce	77567	97016	128559	128470	x159946	Mexico/Mexique	96372	86292	60468	47946	61490
Portugal	40430	53369	93069	127706	163832	Saudi Arabia	62899	60605	x53663	x46923	x32280
Saudi Arabia	90353	113511	x81206	x64366	x68757	Portugal	29044	33836	52483	61157	65861
Korea Republic	40948	57151	90691	107194	95654	Australia/Australie	30183	34839	44083	49820	46674
Malaysia/Malaisie	40620	55882	69711	86860	x90319	Indonesia/Indonésie	10558	28571	37581	52950	63632
Libyan Arab Jamahiriya	38071	54772	70281	x57472	x52565	Argentina/Argentine	25987	27635	45772	23476	10775
Bulgaria/Bulgarie	x48773	x69205	x80842	x29575	15363	Thailand/Thaïlande	14855	21371	28727	39583	x46267
Hungary/Hongrie	x40204	x43933	x52061	78393	x92173	Turkey/Turquie	49454	32236	26825	27083	22611
Indonesia/Indonésie	40152	41361	52981	54699	50147	Brazil/Brésil	88587	29518	22656	33692	40476
New Zealand	25909	37748	44439	66684	62308	United Arab Emirates	x26117	x25390	x23050	x24025	x16783
Yugoslavia SFR	10416	21337	46238	x77101		Czechoslovakia	x19175	x12448	x15399	x30999	x33248
Thailand/Thaïlande	27935	34107	43353	58131	77516	New Zealand	18326	19498	17535	19722	26167
United Arab Emirates	x86743	x38908	x43299	x49859	x52490	Israel/Israël	14768	14309	17824	24329	29964
Israel/Israël	34468	36048	41389	44741	47240	El Salvador	17844	20596	17749	16165	x23074
So. Africa Customs Un	38278	30916	39456	x43354	x45999	So. Africa Customs Un	x14216	x16053	x15026	x20294	x20612
Poland/Pologne	20195	21317	20230	69517	x154619	Colombia/Colombie	9654	12061	16883	21639	31675
Chile/Chili	22636	24089	27017	38716	x25997	Costa Rica	11175	14399	13772	19197	x12044
Reunion/Réunion	24457	25738	32195	30654	42353	Kuwait/Koweït	x17637	22066	x13118	x10840	x310
Brazil/Brésil	7117	12120	34713	39950	40466	Chile/Chili	6373	7956	12249	22747	x21330
Czechoslovakia	x35755	25261	16298	x41366	x67142	Philippines	3724	x10981	13251	16478	20624
Kuwait/Koweït	x31873	56942	x16405	x8388	x22740	Poland/Pologne	12717	10902	13034	16170	x20441
Iraq	x78208	x41947	x37189	x155	x155	Tunisia/Tunisie	7942	6194	9146	17276	20431
Oman	21189	23048	27234	28423	47240	Cyprus/Chypre	7579	7941	11245	11739	8967
Turkey/Turquie	15839	17510	21786	38778	34470	Hungary/Hongrie	x4763	x4961	x9973	x14270	x15904
Philippines	15123	x18231	23309	34573	32232	Former GDR	x101533	x16686	x12445		
Iceland/Islande	22040	22274	25280	28194	29008	Jordan/Jordanie	8889	10366	10582	6305	5473
Cote d'Ivoire	x18005	x27589	x17493	x27721	x41067						

(VALUE AS % OF TOTAL)(VALEUR EN % DU TOTAL)

	1983	1984	1985	1986	1987	1988	1989	1990	1991	1992		1983	1984	1985	1986	1987	1988	1989	1990	1991	1992
Africa	x4.7	x4.2	3.5	4.0	x3.4	x3.3	x3.0	x2.8	x2.6	x2.9	Afrique	x0.9	x0.3	0.6	0.4	0.4	x0.2	x0.4	x0.4	x0.4	x0.4
Northern Africa	x1.9	x1.6	1.8	x1.3	1.2	1.0	1.0	1.0	0.9	1.0	Afrique du Nord	0.1	0.1	0.1	0.1	0.1	0.1	0.2	0.2	0.2	0.2
Americas	x15.4	19.3	20.2	16.9	x14.5	16.1	15.8	13.7	14.6	x15.7	Amériques	x17.2	18.4	15.7	12.8	12.3	14.2	13.7	13.8	15.5	x15.6
LAIA	1.4	2.7	2.8	1.2	1.5	1.8	2.2	2.5	3.4	4.0	ALAI	0.9	2.7	2.7	1.7	1.8	2.3	1.6	1.3	1.2	1.2
CACM	x0.6	0.8	0.7	0.6	0.4	0.6	0.4	0.4	0.4	x0.4	MCAC	x0.6	0.6	0.6	0.3	0.3	0.4	0.4	0.3	0.4	x0.3
Asia	14.6	14.5	11.2	x11.1	x10.7	x12.2	x12.2	x11.4	x11.8	x12.5	Asie	7.9	8.9	8.4	8.5	x12.0	x13.8	13.2	12.2	12.6	x13.2
Middle East	x7.7	x7.4	4.1	x4.4	x3.5	x3.7	x3.3	x2.4	x2.0	x1.9	Moyen–Orient	x0.9	x1.2	1.0	x0.9	x1.4	x1.8	x1.6	x1.1	x1.1	x0.6
Europe	57.6	55.3	62.4	65.5	62.1	60.1	61.6	65.0	65.1	64.8	Europe	72.9	71.4	74.3	77.4	73.0	69.7	71.6	72.7	70.4	69.9
EEC	47.9	45.8	51.8	53.9	51.0	48.5	49.6	52.5	52.9	52.5	CEE	55.6	53.8	55.7	58.2	55.7	55.5	57.8	59.6	58.8	58.0
EFTA	9.6	9.1	10.3	11.3	10.8	11.3	11.5	11.9	11.5	11.2	AELE	17.3	16.7	17.7	18.4	16.6	13.4	13.1	12.4	11.1	11.0
Oceania	x2.1	x2.2	2.0	x1.9	1.8	1.6	2.0	1.8	x2.1	x2.0	Océanie	x0.5	0.5	0.5	0.4	0.4	x0.5	0.5	0.5	x0.5	0.5
France, Monac	9.4	8.7	9.8	10.4	9.4	9.3	9.4	9.4	9.3	9.3	Germany/Allemagne	20.1	19.3	19.9	21.3	20.6	20.6	22.5	23.5	22.8	22.0
Germany/Allemagne	8.9	8.3	9.0	9.8	9.2	7.9	8.3	9.1	10.4	10.1	USA/Etats–Unis d'Amer	13.9	12.9	10.4	8.3	7.9	9.5	9.7	10.1	11.8	11.5
United Kingdom	7.8	8.0	9.4	9.0	8.5	8.1	8.5	8.9	8.6	7.7	France, Monac	9.5	9.6	10.1	10.1	9.6	9.0	9.1	8.9	8.7	9.1
Netherlands/Pays–Bas	7.4	7.1	8.5	9.1	8.5	8.2	7.9	8.5	8.4	8.5	Netherlands/Pays–Bas	6.9	6.5	6.6	7.3	6.7	6.6	6.2	6.6	6.7	6.5
USA/Etats–Unis d'Amer	8.4	9.8	11.3	10.0	8.3	8.8	7.7	5.7	5.4	5.7	Belgium–Luxembourg	6.1	5.5	6.1	6.8	6.2	6.1	6.2	5.7	5.6	5.5
Belgium–Luxembourg	5.9	5.6	6.1	6.3	5.9	5.6	5.5	5.7	5.5	5.6	Italy/Italie	3.5	3.5	3.6	4.2	4.1	4.4	5.1	5.5	5.6	5.8
Canada	3.4	3.7	3.6	3.1	2.6	3.2	3.6	3.5	3.9	4.1	United Kingdom	5.5	5.2	5.2	4.8	4.7	4.8	4.5	4.8	4.8	4.7
Switz. Liecht	3.0	2.8	3.1	3.5	3.4	3.5	3.4	3.5	3.4	3.3	Japan/Japon	3.3	3.6	3.3	3.3	2.9	3.5	3.7	3.6	3.9	3.8
Former USSR/Anc. URSS	4.9	4.0			x5.6	x4.7	x3.9	x4.0	x2.2		Sweden/Suède	4.6	4.8	5.2	5.8	5.5	4.3	4.1	3.7	3.4	3.6
Italy/Italie	2.7	2.6	2.7	2.8	3.1	2.9	3.2	3.0	2.5	2.4	Austria/Autriche	4.4	4.5	4.7	4.7	4.5	3.3	3.5	3.7	3.7	3.7

651 TEXTILE YARN / FILS TEXTILES 651

TRADE BY COMMODITY IN THOUSAND U.S. DOLLARS – COMMERCE PAR PRODUIT EN MILLIERS DE DOLLARS E.U

COUNTRIES–PAYS	IMPORTS – IMPORTATIONS					COUNTRIES–PAYS	EXPORTS – EXPORTATIONS				
	1988	1989	1990	1991	1992		1988	1989	1990	1991	1992
Total	24375702	24143896	26040099	26209250	28153333	Totale	22898023	21512026	23181403	23706893	25171726
Africa	x743239	517453	817487	x765811	x777865	Afrique	x626636	x708126	x665874	x572958	x552108
Northern Africa	500671	363888	518446	456140	x469630	Afrique du Nord	426959	517890	464447	375927	322154
Americas	1387540	1646972	1554852	1831023	x2127291	Amériques	1847794	2100996	2355292	2383481	2552061
LAIA	194281	254227	301015	426434	x537902	ALAI	756724	798928	826727	774649	1021056
CACM	52318	51653	45926	46337	x70825	MCAC	24260	29511	37900	33262	x27536
Asia	7333055	7471646	7229312	8701564	x10164705	Asie	x7937340	6978450	7211760	8419639	9062757
Middle East	x652592	x640558	x770365	x934515	x1190899	Moyen–Orient	673909	523294	537167	504057	462969
Europe	12312993	12377903	14376193	13539869	14274611	Europe	11952837	11325359	12560376	11952686	12621925
EEC	10864114	10932771	12715331	12169086	12828637	CEE	10527169	9868161	10985753	10593720	11181660
EFTA	1305806	1275699	1428266	1223897	1259132	AELE	1273437	1244241	1422893	1269796	1323999
Oceania	x489034	x513716	x435033	x487797	x482471	Océanie	x85812	x72457	x64907	x71595	x70733
Germany/Allemagne	2310614	2326173	2691311	2644420	2655052	Germany/Allemagne	3106941	3077544	3379539	3292092	3532768
Hong Kong	1971174	2258155	2165608	2583032	2714603	Italy/Italie	1849314	1845162	2106805	2030787	2167706
Italy/Italie	2172270	2253700	2477358	2207080	2270845	Hong Kong	1301831	1575589	1533587	1745338	1938865
France, Monac	1544204	1661718	2071284	1914372	2112360	France, Monac	1480068	1505667	1543735	1444052	1575407
United Kingdom	1594044	1461295	1595721	1600751	1727238	United Kingdom	1090101	1159900	1365137	1323486	1347910
Japan/Japon	1510417	1366776	1200579	1471684	1298946	USA/Etats–Unis d'Amer	919641	1089945	1292856	1311828	1224738
Belgium–Luxembourg	1174168	1152399	1377043	1329892	1315390	Japan/Japon	1147597	1153395	1161656	1227988	1233950
Former USSR/Anc. URSS	x1123899	x984562	x1135010	x582207		China/Chine	1215469	1209065	1007971	1274326	1345294
Korea Republic	677709	748404	743062	1021365	1029521	Belgium–Luxembourg	1042958	1050662	1151946	1102435	1107775
USA/Etats–Unis d'Amer	622199	782278	731945	870126	1001367	Pakistan	556905	695025	1002891	1169832	1287432
China/Chine	799980	889404	593209	746395	1903669	Korea Republic	844919	903872	867563	976284	1046534
Netherlands/Pays–Bas	722185	672070	775187	742578	770097	Switz./Liecht	764686	739306	847747	749988	772019
Spain/Espagne	335479	421364	492973	548572	619997	Turkey/Turquie	400158	488058	492898	470035	435642
Austria/Autriche	454471	442888	537781	472996	496690	Spain/Espagne	359178	331230	475741	447897	486982
Portugal	382025	367591	508906	506017	585257	Austria/Autriche	401429	390615	452815	407085	443582
Canada	473914	498977	422880	438073	456294	Egypt/Egypte	376343	463210	391648	310430	249293
Switz./Liecht	404001	420091	463979	395769	405485	India/Inde	237476	x255156	360320	541151	x522240
Australia/Australie	413411	421631	357007	409157	402680	Brazil/Brésil	356923	372697	347519	335964	392102
Turkey/Turquie	182775	197283	327843	294818	367345	Greece/Grèce	273081	288916	285103	276398	x263860
Denmark/Danemark	275151	252204	290251	275621	283081	Netherlands/Pays–Bas	881108	220493	241207	223306	216197
Indonesia/Indonésie	134929	216867	328233	268868	310997	Thailand/Thaïlande	180485	159416	215284	264637	x294643
Greece/Grèce	174550	203443	255626	217813	x287913	Italy/Italie	140101	179606	196566	262033	276382
Thailand/Thaïlande	207485	221531	201638	188522	198779	Ireland/Irlande	179816	151843	193707	193814	217507
Singapore/Singapour	144782	177276	189814	206502	184652	Mexico/Mexique	176007	165314	195369	165674	217550
Sweden/Suède	221124	192663	196920	171654	172525	Singapore/Singapour	132861	143477	153984	171704	167733
Israel/Israël	159574	159956	179667	207574	234824	So. Africa Customs Un	x155235	x142108	x144090	x143553	146316
Malaysia/Malaisie	91605	131064	168400	232077	x221352	Yugoslavia SFR	145789	207075	142967	x79494	x147526
Yugoslavia SFR	129064	161091	222632	x139153		Indonesia/Indonésie	109251	111163	109482	203678	344136
Ireland/Irlande	179426	160814	179670	181970	201406	Portugal	139325	122299	131073	141401	143074
Bulgaria/Bulgarie	x74298	x224610	x233506	x42248	26720	Denmark/Danemark	125278	114433	131547	118040	122473
Finland/Finlande	153612	153082	153987	109103	103499	Peru/Pérou	95853	102183	129555	x102105	x98094
Iran (Islamic Rp. of)	x34347	x27601	x89330	x266681	x385336	Argentina/Argentine	92431	103884	121296	107355	94006
Syrian Arab Republic	96519	120145	106423	x153058	x163801	Malaysia/Malaisie	93887	82609	121296	116790	x157268
Brazil/Brésil	36769	97598	120263	153578	128466	Former USSR/Anc. URSS	x93184	x79163	x84240	x91357	
Macau/Macao	104216	129160	122086	115711	147093	Czechoslovakia	x90822	x53098	x63308	x110299	x128246
Pakistan	129845	133751	101264	105336	95791	Israel/Israël	60265	64324	66733	75771	79093
Tunisia/Tunisie	102482	99957	122039	111656	117951	Sweden/Suède	59525	62820	61828	55278	49889
Morocco/Maroc	88067	94543	109477	118745	115761	Morocco/Maroc	43244	49109	66361	58694	62975
Bangladesh	x87146	x92840	x99274	127389	x138718	New Zealand	70750	62500	49925	47553	41426
India/Inde	121436	x111334	146455	60900	x104132	Macau/Macao	45277	44619	41768	67258	75998
Egypt/Egypte	84829	67197	124020	108877	114644	Hungary/Hongrie	x41079	x44554	x51777	x47278	x49525
Algeria/Algérie	183751	68235	131052	81735	x97461	Bangladesh	35854	x41220	41450	34669	x60001
So. Africa Customs Un	81101	83090	96854	x78988	x67968	Romania/Roumanie	54919	47478	31847	18935	x50642
Philippines	48695	x64324	80943	112331	106259	Bulgaria/Bulgarie	x35430	x48068	x33203	x16286	x29119
Hungary/Hongrie	x94618	x85592	x74893	94498		Norway, SVD, JM	28584	29583	33312	32633	34621
Czechoslovakia	x124046	74959	83507	x93828	x61954	Poland/Pologne	32737	28438	42875	22208	x54458
New Zealand	68407	83941	69423	70979	x98077	Colombia/Colombie	17265	20472	27845	24479	23936
Mauritius/Maurice	x76667		100132	111804	70316	Finland/Finlande	16886	20121	25797	23277	22729
Iraq	x155405	x147548	x58813	x4213	x3399	Zimbabwe	12599	x8119	20996	22124	x12361
Norway, SVD, JM	70148	63879	71746	71142	72801	El Salvador	17238	16990	17127	15855	x14365

(VALUE AS % OF TOTAL)(VALEUR EN % DU TOTAL)

	1983	1984	1985	1986	1987	1988	1989	1990	1991	1992		1983	1984	1985	1986	1987	1988	1989	1990	1991	1992
Africa	5.4	5.1	4.6	x4.3	2.8	x3.0	2.1	3.2	x2.9	x2.7	Afrique	3.2	3.1	3.0	2.4	2.7	2.8	3.3	2.9	x2.4	2.2
Northern Africa	3.1	3.0	3.1	2.5	1.8	2.1	1.5	2.0	1.7	x1.7	Afrique du Nord	1.9	2.0	1.8	1.8	2.2	1.9	2.4	2.0	1.6	1.3
Americas	x6.3	7.3	7.8	x7.6	6.3	5.7	6.8	5.9	7.0	x7.6	Amériques	10.1	10.5	9.9	8.0	7.8	8.0	9.8	10.1	10.0	10.2
LAIA	0.8	1.0	1.0	0.8	0.7	0.8	1.1	1.2	1.6	x1.9	ALAI	4.6	5.5	4.5	3.7	4.0	3.3	3.7	3.6	3.3	4.1
CACM	x0.3	0.4	0.5	0.3	x0.3	0.2	0.2	0.2	0.2	x0.3	MCAC	x0.2	0.3	0.2	0.1	0.1	0.1	0.1	0.2	0.1	x0.1
Asia	x25.8	x27.4	25.2	25.5	28.0	30.1	30.9	27.8	33.2	x36.1	Asie	24.1	27.0	28.3	28.8	x34.5	x34.7	32.5	31.1	35.5	36.0
Middle East	x6.4	x5.4	2.1	x3.9	2.3	x2.7	x2.7	x3.0	x3.6	x4.2	Moyen–Orient	0.4	3.7	3.6	3.7	3.2	2.9	2.4	2.3	2.1	1.8
Europe	54.2	53.3	58.8	59.1	51.9	50.5	51.3	55.2	51.7	50.7	Europe	61.4	58.1	57.6	59.7	53.0	52.2	52.6	54.2	50.4	50.1
EEC	47.6	46.4	50.9	51.5	45.6	44.6	45.3	48.8	46.4	46.1	CEE	55.0	51.4	50.8	52.6	47.0	46.0	45.9	47.4	44.7	44.4
EFTA	6.7	6.3	7.1	6.9	5.7	5.4	5.3	5.5	4.7	4.5	AELE	6.4	5.9	6.1	6.5	5.4	5.8	6.1	5.4	5.4	5.3
Oceania	2.7	x2.9	2.7	x2.6	x2.1	x2.0	x2.1	1.6	x1.8	1.7	Océanie	x1.0	x1.0	1.0	0.9	x0.8	x0.4	x0.3	0.3	x0.3	x0.3
Germany/Allemagne	11.8	11.2	12.2	12.2	10.2	9.5	9.6	10.3	10.1	9.4	Germany/Allemagne	14.0	13.5	13.3	14.4	12.9	13.6	14.3	14.6	13.9	14.0
Hong Kong	7.9	9.4	9.8	9.7	9.0	8.1	9.4	8.3	9.9	9.6	Italy/Italie	9.7	8.9	8.8	9.5	9.8	8.1	8.6	9.1	8.6	8.6
Italy/Italie	7.3	8.3	8.9	9.0	8.7	8.9	9.3	9.5	8.4	8.1	Hong Kong	3.3	4.8	5.7	5.6	5.3	5.7	7.3	6.6	7.4	7.7
France, Monac	6.6	6.3	7.1	7.4	6.5	6.3	6.9	8.0	7.3	7.5	France, Monac	9.0	8.4	8.4	8.1	6.8	6.5	7.0	6.7	6.1	6.3
United Kingdom	7.3	6.9	7.8	7.3	6.3	6.5	6.1	6.1	6.1	6.1	United Kingdom	5.6	5.1	5.3	5.0	4.4	4.8	5.4	5.9	5.6	5.4
Japan/Japon	4.4	6.3	6.4	4.6	5.2	6.2	5.7	4.6	6.1	4.6	USA/Etats–Unis d'Amer	4.6	4.2	3.6	3.1	4.0	4.0	5.1	5.6	5.5	4.9
Belgium–Luxembourg	6.3	5.7	5.9	5.9	4.9	4.8	4.8	5.3	5.1	4.7	Japan/Japon	9.9	9.0	7.4	7.3	5.2	5.2	5.5	5.0	5.2	4.9
Former USSR/Anc. URSS	4.4	3.1		x4.8	x4.6	x4.1	x4.4	x2.2			China/Chine			2.2	2.8	6.0	5.3	5.6	4.3	5.4	5.3
Korea Republic	1.5	1.6	1.8	2.2	2.9	2.8	3.1	2.9	3.9	3.7	Belgium–Luxembourg	5.5	4.9	4.9	5.1	4.5	4.6	4.9	5.0	4.7	4.4
USA/Etats–Unis d'Amer	2.7	3.6	3.8	2.8	3.1	2.6	3.2	2.8	3.3	3.6	Pakistan	2.6	1.8	2.0	2.3	2.7	2.4	3.2	4.3	4.9	5.1

652 COTTON FABRICS, WOVEN

TRADE BY COMMODITY IN THOUSAND U.S. DOLLARS – COMMERCE PAR PRODUIT EN MILLIERS DE DOLLARS E.U

COUNTRIES–PAYS	IMPORTS – IMPORTATIONS					COUNTRIES–PAYS	EXPORTS – EXPORTATIONS				
	1988	1989	1990	1991	1992		1988	1989	1990	1991	1992
Total	15000680	15337966	17618007	18545985	x16915109	Totale	13204344	13453922	15621461	16174629	16516758
Africa	x727430	x945150	x971045	x1128703	x1439571	Afrique	x285358	x229143	x303491	x331336	x307921
Northern Africa	259089	293461	459504	489948	568620	Afrique du Nord	157336	144281	172556	164558	133318
Americas	1516435	x1644731	x1690719	1934688	x2353284	Amériques	600969	750178	900643	959161	1052794
LAIA	86943	122205	126036	225523	x335613	ALAI	263805	315193	319922	335331	382025
CACM	30768	27219	28729	34444	x92557	MCAC	11491	12927	16879	21612	20714
Asia	5903033	6269466	6918904	8237843	x6351717	Asie	6288776	6334318	6854730	7784804	8328804
Middle East	x376955	x321546	x414397	x481644	x632574	Moyen–Orient	204338	232208	229709	204116	236414
Europe	5357960	5425854	6893647	6365291	5987254	Europe	5284962	5489907	6966400	6511802	6578412
EEC	4643033	4693147	5984767	5468610	5167515	CEE	4474984	4745111	6028979	5692649	5739179
EFTA	573055	580979	737745	656277	630602	AELE	742631	702527	889193	789781	806454
Oceania	x380299	x366160	x311867	x316251	x341902	Océanie	x11675	17571	18713	x22448	x28865
China/Chine	2319826	2378262	2988909	3716527	1011137	China/Chine	1657446	1821645	1822670	2018633	2064417
Hong Kong	1310039	1473686	1475604	1750240	1958580	Hong Kong	1526813	1744549	1781320	2043409	2320501
USA/Etats–Unis d'Amer	1035336	1119057	1177542	1341779	1562077	Germany/Allemagne	1429535	1440139	1781072	1624695	1577042
Germany/Allemagne	791428	817493	1129754	1126522	1058041	France, Monac	799603	867374	1088937	1011903	1045137
Italy/Italie	850017	883850	1103370	945414	832955	Italy/Italie	726612	785624	1055152	1017455	1096084
United Kingdom	1040417	930802	1071034	926347	910141	Japan/Japon	802640	777679	877956	986848	1036750
France, Monac	793029	809144	1020761	862702	816163	Pakistan	452792	501498	605457	747419	874588
Japan/Japon	496498	588068	496924	497362	439380	India/Inde	468605	x392072	571350	622741	x460970
Netherlands/Pays–Bas	314734	322921	433218	418848	389805	Belgium–Luxembourg	375926	432229	552661	519676	493484
Former USSR/Anc. URSS	x504355	x351758	x487281	x323612		USA/Etats–Unis d'Amer	295095	383830	526627	563791	598621
Belgium–Luxembourg	297203	328423	418017	394268	356937	Netherlands/Pays–Bas	427713	431486	532534	507273	521903
Singapore/Singapour	296762	310933	333519	321894	326770	United Kingdom	300685	323299	454738	438910	440204
Tunisia/Tunisie	161172	196568	328719	341066	420286	Switz.Liecht	378910	346499	437593	364242	356812
Canada	258036	275684	263569	256563	266216	Korea Republic	292988	313182	342048	387885	383505
Portugal	182757	195208	258230	258110	257958	Austria/Autriche	265791	269369	350464	330048	344701
Australia/Australie	281098	265085	207217	208110	222350	Former USSR/Anc. URSS	x231512	x277222	x288557	x319228	
Austria/Autriche	174950	181469	240169	210770	206742	Indonesia/Indonésie	140453	165331	202028	264741	411063
Malaysia/Malaisie	139187	170440	194697	213653	x296895	Spain/Espagne	83006	119781	188811	209805	211966
Korea Republic	132728	163084	162375	238177	310405	Turkey/Turquie	136299	156946	186049	173863	195088
Spain/Espagne	112816	144914	201191	215690	223427	Brazil/Brésil	149230	152682	135809	163894	221256
Philippines	73244	x182287	98200	235064	117026	Thailand/Thaïlande	146073	138795	141600	163708	x189570
Mauritius/Maurice	x92526	328119	86028	85200	87617	Portugal	114630	123413	138552	134484	154329
Macau/Macao	146604	157405	159155	165815	161757	Singapore/Singapour	100926	112200	122862	157229	150863
Switz.Liecht	129338	134653	174776	146462	141217	Czechoslovakia	x167797	x102324	x117555	x162048	x136581
Yugoslavia SFR	98649	111408	133683	x207708		Egypt/Egypte	93595	81680	83492	108761	73261
Sweden/Suède	120279	118909	150333	149077	144255	Ireland/Irlande	86250	84049	90438	82807	70641
Thailand/Thaïlande	95261	107893	131817	172953	190116	Malaysia/Malaisie	68789	73060	84570	94797	x112007
Greece/Grèce	91148	113856	147058	149427	x143768	Greece/Grèce	75299	85764	71699	78592	x59710
Sri Lanka	134821	98342	103145	181915	207089	Denmark/Danemark	55726	51938	74369	67034	68678
United Arab Emirates	x169456	x100709	x104974	x163099	x192955	Bulgaria/Bulgarie	x98025	x98960	x67244	x16688	x16960
Bangladesh	x125350	x136462	x158784	11926	x338814	Sweden/Suède	60558	52322	57697	57504	64518
Denmark/Danemark	103618	87097	104668	101341	99866	Tunisia/Tunisie	43126	39052	53049	40588	48480
Morocco/Maroc	78248	72204	100360	109380	97438	Poland/Pologne	71732	63352	41086	25835	x34333
Finland/Finlande	90673	89481	96354	72689	59701	Mexico/Mexique	14022	28827	51747	48975	40807
Bulgaria/Bulgarie	x64962	x69762	x153110	x24692	26181	Colombia/Colombie	33333	32602	39182	x28093	x21923
Saudi Arabia	9564	26123	x100783	x100741	x139343	Peru/Pérou	31947	52084	47011	x28400	
Indonesia/Indonésie	42196	57281	77731	90673	114532	Yugoslavia SFR	66007	41310	47014	x70894	x78967
Hungary/Hongrie	x48364	x45103	x54696	111882	x83611	Cote d'Ivoire	x51028		x43014	x70894	
Ireland/Irlande	65865	59438	71597	69858	60453	Macau/Macao	26527	31483	37634	36432	36437
So. Africa Customs Un	44928	44286	52595	x100237	x88512	Canada	28154	32633	32591	31949	48092
Norway,SVD,JM	54226	52498	71764	72059	74931	Syrian Arab Republic	60699	61219	26594	x9300	x5972
Poland/Pologne	118655	116720	61238	14546	x202844	Romania/Roumanie	x39834	55496	28067	10989	x9820
Turkey/Turquie	26751	28023	74680	60878	69155	Argentina/Argentine	26901	33578	30482	22426	25191
New Zealand	61127	58230	52259	49246	52850	Hungary/Hongrie	x39883	x25095	x27360	x30038	x21774
Benin/Bénin	x45080	x28983	x57079	x60542	x62418	Israel/Israël	11481	15731	24086	26782	23071
Mexico/Mexique	22813	41553	43193	59762	94745	Finland/Finlande	19722	19165	21249	18456	20068
Togo	52464	53039	49307	23135	x74875	Norway,SVD,JM	17647	15170	22133	19522	20354
Chile/Chili	21478	33406	27668	50565	x74072	Cameroon/Cameroun	x9278	20958	x11298	12930	x6068
Cyprus/Chypre	34514	34766	38018	36657	35385	So. Africa Customs Un	x7273	x10448	x13972	x19642	x18432
Former GDR	x252701	x69577	x39505			Morocco/Maroc	8651	10757	17217	12642	10688

(VALUE AS % OF TOTAL)(VALEUR EN % DU TOTAL)

	1983	1984	1985	1986	1987	1988	1989	1990	1991	1992		1983	1984	1985	1986	1987	1988	1989	1990	1991	1992
Africa	x7.5	x5.7	3.8	x6.5	x5.2	x4.8	x6.2	x5.5	x6.0	x8.5	Afrique	2.7	x2.8	2.4	x2.3	2.4	x2.2	1.7	x2.0	x2.0	x1.9
Northern Africa	1.9	x1.7	1.8	2.1	1.6	1.7	1.9	2.6	2.6	3.4	Afrique du Nord	1.1	1.1	1.3	1.2	1.2	1.2	1.1	1.1	1.0	0.8
Americas	x11.5	15.3	16.7	15.3	12.0	10.1	x10.7	x9.6	10.4	x13.9	Amériques	7.1	7.2	5.8	5.8	4.7	4.5	5.6	5.8	5.9	6.4
LAIA	0.4	0.6	0.6	0.5	0.4	0.6	0.8	0.7	1.2	x2.0	ALAI	3.5	4.1	3.0	2.5	2.3	2.0	2.3	2.0	2.1	2.3
CACM	x0.2	0.2	0.3	0.3	0.2	0.2	0.2	0.2	0.2	x0.5	MCAC	x0.0	0.1	0.1	0.0	0.1	0.1	0.1	0.1	0.1	0.1
Asia	24.3	24.5	23.4	23.1	35.4	39.4	40.9	39.2	44.4	x37.6	Asie	37.2	39.1	45.3	44.8	48.2	47.7	47.1	43.9	48.2	50.4
Middle East	x4.5	x3.3	1.1	x1.8	1.4	x2.5	x2.1	x2.4	x2.6	x3.7	Moyen–Orient	0.8	2.2	2.0	2.1	1.7	1.5	1.7	1.5	1.3	1.4
Europe	45.4	42.0	50.3	50.4	38.0	35.7	35.4	39.1	34.3	35.4	Europe	50.0	48.2	44.0	45.0	39.5	40.0	40.8	44.6	40.3	39.8
EEC	39.4	35.3	42.4	42.9	32.6	31.0	30.6	34.0	29.5	30.5	CEE	41.9	40.0	36.6	37.5	33.2	33.9	35.3	38.6	35.2	34.7
EFTA	6.0	5.4	6.2	6.2	4.3	3.8	3.8	4.2	3.5	3.7	AELE	8.1	7.3	6.6	6.8	5.8	5.6	5.2	5.7	4.9	4.9
Oceania	3.8	x4.6	4.2	x3.4	x2.6	x2.6	x2.4	x1.8	1.7	x2.0	Océanie	0.1	0.1	0.1	0.1	0.1	x0.1	0.1	0.1	x0.1	x0.1
China/Chine					14.3	15.5	15.5	17.0	20.0	6.0	China/Chine				11.8	12.7	12.6	12.6	13.5	11.7	12.5	12.5
Hong Kong	9.2	10.4	10.3	10.5	9.3	8.7	9.6	8.4	9.4	11.6	Hong Kong	9.8	11.0	9.6	10.4	12.0	11.6	13.0	11.4	12.5	14.0
USA/Etats–Unis d'Amer	8.2	11.5	12.3	11.4	9.2	6.9	7.3	6.7	7.2	9.2	Germany/Allemagne	13.4	13.1	12.0	12.2	10.7	10.8	10.7	11.4	10.0	9.5
Germany/Allemagne	7.6	6.8	7.6	8.2	5.8	5.3	5.3	6.4	6.1	6.3	France, Monac	7.6	7.1	6.4	6.5	5.9	6.1	6.4	7.0	6.3	6.3
Italy/Italie	6.6	6.1	8.4	8.8	6.7	5.8	5.8	6.3	5.1	4.9	Italy/Italie	5.7	5.0	5.0	4.8	5.2	5.5	5.8	6.8	6.3	6.6
United Kingdom	8.6	7.5	9.0	7.4	6.6	6.9	6.1	6.1	5.0	5.4	Japan/Japon	10.1	9.9	8.4	7.3	6.2	6.1	5.8	5.6	6.1	6.3
France, Monac	7.4	6.6	7.8	8.1	5.7	5.3	5.8	4.7	4.6	4.8	Pakistan	5.7	4.6	3.8	3.1	3.3	3.4	3.7	3.9	4.6	5.3
Japan/Japon	2.9	3.7	3.8	3.3	2.4	3.3	3.8	2.8	2.7	2.6	India/Inde	4.6	5.4	4.1	3.6	3.5	x2.9	3.7	3.9	3.7	x2.8
Netherlands/Pays–Bas	2.8	2.6	3.4	3.3	2.3	2.1	2.1	2.5	2.3	2.3	Belgium–Luxembourg	4.2	4.1	3.5	3.5	3.1	2.8	3.2	3.5	3.2	3.0
Former USSR/Anc. URSS	6.1	6.7			x3.4	x3.4	x2.3	x2.8	x1.7		USA/Etats–Unis d'Amer	3.2	2.8	2.6	3.0	2.2	2.2	2.9	3.4	3.5	3.6

653 WOVN MAN-MADE FIB FABRIC / TISSUS FIBRES SYNTH, ARTIF 653

TRADE BY COMMODITY IN THOUSAND U.S. DOLLARS – COMMERCE PAR PRODUIT EN MILLIERS DE DOLLARS E.U

COUNTRIES–PAYS	IMPORTS – IMPORTATIONS					COUNTRIES–PAYS	EXPORTS – EXPORTATIONS				
	1988	1989	1990	1991	1992		1988	1989	1990	1991	1992
Total	x17593543	19030648	x22595612	x25595114	x26865187	Totale	17915657	18337704	21894237	23538313	25942698
Africa	x635906	x569410	x756926	x779108	x943868	Afrique	x50251	x60600	x87024	x81254	x96659
Northern Africa	247596	248647	320077	370209	x421556	Afrique du Nord	41510	50981	68502	58058	50029
Americas	1862019	1953836	2054363	2385428	x2644300	Amériques	832132	802693	883583	946478	x1060051
LAIA	272440	321332	401566	638980	x747173	ALAI	79691	85683	76310	90772	x103772
CACM	42088	52697	48556	48738	x82897	MCAC	26790	19614	20648	24081	x28043
Asia	x7422439	x7363599	x8511831	x11143517	x12464344	Asie	x9499882	9210958	10764920	12731404	14402239
Middle East	x2299104	x1701741	x1699375	x1851524	x2243732	Moyen–Orient	342483	655360	556460	x230519	x300926
Europe	6736716	7533003	9372258	9240404	9402754	Europe	7170519	8008776	9904677	9528754	10166581
EEC	5937316	6678148	8350564	8046552	8389249	CEE	6525540	7299890	9046753	8837346	9465697
EFTA	707678	744317	880515	741298	715767	AELE	539638	606697	764988	636503	647847
Oceania	x327494	x374653	x406026	x386455	x419563	Océanie	x18564	x28503	x24835	x29419	x33847
Hong Kong	2132603	2402726	3039402	3630214	3951102	Korea Republic	2270427	2553454	3103623	3728582	4187344
Germany/Allemagne	1242547	1450275	1856449	1838040	1866603	Germany/Allemagne	2172917	2483188	3129667	3082793	3232373
United Kingdom	1529137	1481186	1722991	1599841	1630808	Japan/Japon	2265564	2221062	2347492	2610479	2849368
Former USSR/Anc. URSS	x247287	x972171	x1166864	x1257538		Italy/Italie	1662595	1815036	2094666	2061032	2265625
France,Monac	898465	984905	1207333	1083649	1146269	Hong Kong	1301504	1479428	1854716	2328349	2645402
USA/Etats–Unis d'Amer	1012856	1019144	1028066	1162385	1262457	France,Monac	874332	1064938	1325177	1262539	1375202
China/Chine	642059	698994	833506	1196737	2397358	China/Chine	872108	1009192	1094887	1297617	1355674
Italy/Italie	571602	713182	872280	770327	763795	Belgium–Luxembourg	769999	815228	1057530	1028966	1037357
United Arab Emirates	x1113086	x549116	x565038	x823251	x993681	USA/Etats–Unis d'Amer	651488	604845	701193	743413	825456
Netherlands/Pays-Bas	507364	544139	701650	654651	680694	Indonesia/Indonésie	287561	350788	543493	782312	1366694
Singapore/Singapour	467250	466530	551098	632050	690426	United Kingdom	289441	321039	408574	382512	438370
Saudi Arabia	628384	572652	x557456	x509256	x583485	Netherlands/Pays-Bas	282116	302112	404673	385482	437781
Afghanistan	x201550	x178253	x228100	x1105706	x129281	Singapore/Singapour	268368	294538	348156	421820	457972
Belgium–Luxembourg	346440	384760	484358	475437	487165	Thailand/Thaïlande	227665	284549	334725	420081	x319129
Spain/Espagne	217698	326447	458439	558064	573300	Austria/Autriche	225454	278459	359985	286058	292193
Korea Republic	342212	371687	445939	517658	554042	Pakistan	146363	152543	277898	383971	478706
Canada	406423	449624	442431	420775	418705	Syrian Arab Republic	92449	420013	341419	x6329	x3903
Portugal	246856	309560	440337	456496	518008	Spain/Espagne	190934	205696	259116	275772	288613
Japan/Japon	241655	348219	340443	365314	412128	Switz.Liecht	218085	225040	280934	233254	230157
Greece/Grèce	160093	272523	365038	369022	x435222	Portugal	149485	155775	196977	186968	210973
Australia/Australie	231682	270589	287713	275389	286770	India/Inde	63119	x72744	155792	201801	x127393
Malaysia/Malaisie	158465	244769	251094	277388	x321121	Turkey/Turquie	178486	131639	131006	124163	190847
Austria/Autriche	201251	223783	274157	243779	231667	Malaysia/Malaisie	90117	91098	97407	142320	x126178
Thailand/Thaïlande	120106	207237	236725	285393	375610	Canada	72992	82566	80527	82631	97312
Switz.Liecht	203766	212057	258772	203987	202789	Yugoslavia SFR	104976	100807	90687	x52534	
Mexico/Mexique	115795	159705	213860	298945	331160	Sweden/Suède	72518	74575	82140	80955	90759
Yugoslavia SFR	55741	74959	91798	x421271		Denmark/Danemark	63996	59443	79590	88151	104014
Philippines	77484	x142703	150453	268429	148799	Ireland/Irlande	63275	69136	80283	71332	62759
So. Africa Customs Un	188035	190894	225548	x124523	x191130	Czechoslovakia	x78874	x54456	x62710	x93164	x95466
Tunisia/Tunisie	102314	134016	186876	208132	265867	Former USSR/Anc. URSS	x29592	x43661	x54427	x54930	
Sri Lanka	73908	105754	150541	261498	240591	Korea Dem People's Rp	x9527	x4192	x6224	x119212	x120183
Bangladesh	x98063	x114509	x157577	x175581	x253670	Bulgaria/Bulgarie	x52594	x51513	x43295	x12197	x24536
Denmark/Danemark	121950	121911	144937	157387	189598	United Arab Emirates	x28304	x31158	x28642	x44048	x48331
Sweden/Suède	132268	135994	149258	130572	125527	Cyprus/Chypre	14895	23574	33472	42345	44505
Hungary/Hongrie	x87933	x101972	x128454	171248	x179182	Hungary/Hongrie	x27122	x28309	x32569	x35430	x28130
Indonesia/Indonésie	32432	69690	120835	187155	226384	Morocco/Maroc	27458	26907	32965	35385	29080
Finland/Finlande	113781	122515	132693	101918	95534	Israel/Israël	28465	25423	28074	35782	37028
Kuwait/Koweït	x174819	177144	x111859	x20236	x95152	Brazil/Brésil	39116	31467	18655	24255	32739
Israel/Israël	71376	85211	96357	104115	129070	Finland/Finlande	16179	19122	28954	24735	22167
Cyprus/Chypre	69635	80646	100351	103142	105738	Australia/Australie	16560	21292	21496	25038	27999
Macau/Macao	70903	94132	96919	92483	90508	Former GDR	x91913	x32852	x18961		
Ireland/Irlande	95164	89259	96753	83636	97785	Tunisia/Tunisie	5278	16093	18151	14687	17704
Bulgaria/Bulgarie	x52343	x81896	x141971	x44429	54761	Mexico/Mexique	15852	19830	11922	15094	20757
New Zealand	67620	75910	84846	76164	83239	Poland/Pologne	14726	14512	13846	13352	x25364
Chile/Chili	37352	53972	53026	83183	x104685	Macau/Macao	8800	10713	11497	11967	9486
Morocco/Maroc	38015	43440	72111	72547	67209	Norway,SVD,JM	7401	9395	12850	11425	12598
Turkey/Turquie	12915	23806	65601	82732	123069	Chile/Chili	5284	7574	9559	11967	14098
Venezuela	62634	49687	45814	71506	66903	Argentina/Argentine	6958	9684	13054	15700	6290
Viet Nam	x96247	x56647	x50730	x58763	x78444	Greece/Grèce	6449	8286	10488	8015	x12628
Norway,SVD,JM	52705	46313	61503	56767	56191	Colombia/Colombie	5220	7722	8442	13004	12559

(VALUE AS % OF TOTAL)(VALEUR EN % DU TOTAL)

	1983	1984	1985	1986	1987	1988	1989	1990	1991	1992		1983	1984	1985	1986	1987	1988	1989	1990	1991	1992
Africa	x5.0	x4.7	2.3	x3.8	3.8	3.6	3.0	3.4	3.1	3.5	Afrique	0.3	0.3	0.4	0.3	0.3	x0.3	x0.3	0.4	x0.3	x0.3
Northern Africa	x2.0	x1.7	1.1	1.4	1.1	1.4	1.3	1.4	1.4	x1.6	Afrique du Nord	0.2	0.2	0.3	0.3	0.2	0.2	0.3	0.3	0.2	0.2
Americas	x13.4	15.0	16.1	14.1	11.3	10.6	10.2	9.1	9.3	x9.9	Amériques	x6.1	6.4	5.6	4.8	4.4	4.6	4.3	4.1	4.0	x4.1
LAIA	1.1	1.5	1.5	1.2	1.3	1.5	1.7	1.8	2.5	x2.8	ALAI	0.5	0.7	0.5	0.4	0.4	0.4	0.5	0.3	0.4	x0.4
CACM	x0.3	0.6	0.5	0.3	0.3	0.2	0.3	0.2	0.2	x0.3	MCAC	x0.1	0.1	0.1	0.1	0.1	0.1	0.1	0.1	0.1	x0.1
Asia	42.3	41.4	36.8	x36.9	x39.2	x42.2	38.7	37.6	x43.5	x46.4	Asie	54.1	54.0	52.0	50.3	x54.9	x53.0	50.3	49.2	54.0	55.5
Middle East	x17.8	x16.8	11.5	10.6	x9.8	13.1	x8.9	x7.5	x7.2	x8.4	Moyen–Orient	1.8	2.5	2.1	0.9	x1.5	1.9	3.6	2.5	x1.0	x1.2
Europe	33.9	33.7	41.6	42.7	39.4	38.3	39.6	41.5	36.1	35.0	Europe	39.2	39.0	41.7	44.3	38.5	40.0	43.7	45.2	40.5	39.2
EEC	29.4	28.2	35.5	36.8	34.1	33.7	35.1	37.0	31.4	31.2	CEE	35.8	35.1	37.7	40.2	35.0	36.4	39.8	41.3	37.5	36.5
EFTA	4.5	4.2	4.8	5.1	4.4	4.0	3.9	3.9	2.9	2.7	AELE	3.4	3.2	3.2	3.6	3.0	3.3	3.3	3.5	2.7	2.5
Oceania	3.0	x3.4	3.1	x2.4	x2.0	x1.9	x1.9	1.7	x1.5	x1.6	Océanie	0.1	0.1	0.1	x0.1	0.1	x0.1	x0.1	x0.1	x0.1	x0.1
Hong Kong	9.4	10.9	12.7	12.1	12.4	12.1	12.6	13.5	14.2	14.7	Korea Republic	11.9	12.3	11.4	12.8	12.6	12.7	13.9	14.2	15.8	16.1
Germany/Allemagne	5.6	5.2	7.2	7.6	6.6	7.1	7.6	8.2	7.2	6.9	Germany/Allemagne	10.6	10.0	11.2	12.8	11.3	12.1	13.5	14.3	13.1	12.5
United Kingdom	9.0	8.7	10.1	9.6	9.0	8.7	7.8	7.6	6.3	6.1	Japan/Japon	29.2	26.3	22.5	20.0	14.9	12.6	12.1	10.7	11.1	11.0
Former USSR/Anc. URSS	2.1	1.7		x2.6	x1.4	x5.1	x5.2	x4.9			Italy/Italie	9.5	10.2	11.1	10.9	9.1	9.3	9.9	9.6	8.8	8.7
France,Monac	5.1	4.9	6.0	6.1	5.6	5.1	5.2	5.0	4.2	4.3	Hong Kong	4.4	5.7	6.4	6.7	7.0	7.3	8.1	8.5	9.9	10.2
USA/Etats–Unis d'Amer	6.9	7.8	9.1	8.2	6.1	5.8	5.4	4.5	4.5	4.7	France,Monac	4.4	4.2	4.6	5.1	4.4	4.9	5.8	6.1	5.4	5.3
China/Chine					3.6	3.6	3.7	3.7	4.7	8.9	China/Chine			4.0	4.4	5.3	4.9	5.5	5.0	5.5	5.2
Italy/Italie	2.1	2.2	3.0	2.9	3.1	3.2	3.7	3.9	3.0	3.0	Belgium–Luxembourg	4.8	4.4	4.4	4.5	4.3	4.3	4.4	4.8	4.4	4.0
United Arab Emirates	5.0	3.8	3.8	2.8	x2.7	x6.3	x2.9	x2.5	x3.2	x3.7	USA/Etats–Unis d'Amer	5.0	4.7	4.5	3.9	3.5	3.6	3.3	3.2	3.2	3.2
Netherlands/Pays-Bas	2.6	2.4	3.1	3.3	3.1	2.9	2.9	3.1	2.6	2.5	Indonesia/Indonésie	0.7	1.1	0.9	0.8	0.9	1.6	1.9	2.5	3.3	5.3

654 OTH WOVEN TEXTILE FABRIC — TISSUS AUT COTON SYNT, ARTIF 654

TRADE BY COMMODITY IN THOUSAND U.S. DOLLARS – COMMERCE PAR PRODUIT EN MILLIERS DE DOLLARS E.U

COUNTRIES–PAYS	IMPORTS 1988	1989	1990	1991	1992	COUNTRIES–PAYS	EXPORTS 1988	1989	1990	1991	1992
Total	7262180	7559117	8296639	8278342	8754366	Totale	7357716	7740530	8402610	8509990	8830890
Africa	x112976	x65379	x114214	x138768	x154634	Afrique	x7507	x9180	x21031	x31512	x5464
Northern Africa	29261	25846	37056	x69089	x76605	Afrique du Nord	5202	7441	18658	27981	1172
Americas	x948737	950928	953582	1008352	x1101960	Amériques	249720	283865	279642	x293234	x344504
LAIA	67720	74204	83231	109030	141493	ALAI	96092	114645	113942	x109387	x118086
CACM	2108	5498	4451	4117	x50552	MCAC	281	217	x266	104	x61
Asia	x2623030	2847200	2854348	2885302	x3061386	Asie	2553085	2672024	2692199	2900107	2810350
Middle East	x214514	x181392	x204466	x173709	x251989	Moyen–Orient	22441	22499	17711	x19583	29343
Europe	2972124	3087793	3674975	3719572	3897649	Europe	4184255	4467219	5170316	5065014	5543201
EEC	2532788	2663646	3168810	3068844	3323502	CEE	3877832	4139449	4820122	4754264	5219696
EFTA	376194	367809	435052	384575	386950	AELE	268482	284281	332021	296289	306418
Oceania	x109855	x117843	x108984	x107068	x115522	Océanie	x8976	x9240	x9712	x10304	x9936
Germany/Allemagne	927381	921321	1178370	1157013	1255715	Italy/Italie	1864098	2041864	2406116	2461470	2698890
Hong Kong	905886	954178	950574	994985	906171	China/Chine	953579	981868	997775	896301	836096
Japan/Japon	783925	919995	861165	748431	689796	Germany/Allemagne	655145	682312	862762	900563	1037217
USA/Etats–Unis d'Amer	684699	671882	675912	706136	694799	Hong Kong	560869	673228	671154	770990	771137
France,Monac	349754	397351	482667	455145	474127	United Kingdom	548506	553848	564575	474982	509553
Italy/Italie	362835	442982	424441	388402	414542	France,Monac	432622	463941	516408	455815	509372
Korea Republic	288852	404837	398807	423552	420012	Korea Republic	364861	384905	372866	484733	493259
Former USSR/Anc. URSS	x256405	x324427	x420879	x267503		Japan/Japon	232487	251003	262088	282534	337643
United Kingdom	303626	276494	301033	245425	280970	India/Inde	206033	x183446	195150	208768	x196164
China/Chine	177151	174515	246881	269949	451472	Belgium–Luxembourg	161376	169872	184112	170215	151054
Canada	169885	175355	170670	162743	181279	Switz.Liecht	151246	158317	184475	156865	153186
Belgium–Luxembourg	159956	146025	169127	163235	165940	USA/Etats–Unis d'Amer	127118	141502	132998	144661	181862
Switz.Liecht	133704	146376	175287	148937	154016	Netherlands/Pays–Bas	97147	96203	132299	131575	146284
Spain/Espagne	91919	117318	158753	183424	193422	Bangladesh	86371	x92265	96045	151571	x60832
Netherlands/Pays–Bas	119323	109298	148981	153992	179210	Austria/Autriche	65951	76219	92252	87584	97663
Austria/Autriche	121110	117797	148048	140502	137876	Poland/Pologne	115858	86889	75156	65456	x43524
Portugal	91175	100490	132822	152694	179580	Former USSR/Anc. URSS	x61396	x70317	x61027	x61584	
Yugoslavia SFR	46934	42605	55790	x249161		Spain/Espagne	39055	51059	66719	67474	73466
Greece/Grèce	55717	86721	106321	102561	x121165	Uruguay	32258	43993	46641	50768	52903
Australia/Australie	90739	95545	85448	85268	88325	Sweden/Suède	42838	41624	46208	43138	44264
Hungary/Hongrie	x73976	x75534	x67375	85617	x114296	Czechoslavakia	x65573	x40400	x32746	x51034	x54996
Singapore/Singapour	48859	58827	64978	58714	60895	Ireland/Irlande	35078	33142	35549	38029	29515
Sweden/Suède	58045	52588	58958	50642	49918	Canada	26056	26432	32334	38954	43982
Bulgaria/Bulgarie	x26103	x55518	x85498	x10052	13436	Singapore/Singapour	18721	25751	26939	34398	27604
Saudi Arabia	27157	34747	x60465	x45270	x56840	Romania/Roumanie	4924	47166	19751	10507	x1846
United Arab Emirates	x80173	x45552	x44562	x45634	x59700	Peru/Pérou	17595	25106	31099	x20355	x21412
Denmark/Danemark	36434	36764	37243	42446	41857	Yugoslavia SFR	37545	42885	17986	x14325	
Finland/Finlande	39076	31380	32728	25983	26127	Denmark/Danemark	15888	18182	25927	30734	34882
Ireland/Irlande	34667	28882	29052	24507	16979	Portugal	28146	27300	24135	22353	27060
Mexico/Mexique	21068	23328	25996	32878	37500	Thailand/Thaïlande	21282	25493	23175	20453	x24692
Iran (Islamic Rp. of)	x30128	x26492	x32565	x13154	x25849	Bulgaria/Bulgarie	x36911	x31078	x18580	x4642	x9867
Thailand/Thaïlande	20219	20457	19591	26448	39555	Brazil/Brésil	30096	24340	14180	15399	18398
Philippines	6585	x22013	10564	33183	11854	Turkey/Turquie	x27259	x14465	x16387	x16585	x7202
So. Africa Customs Un	15323	14820	20999	x25526	x23381	Hungary/Hongrie	1670	6510	12365	19418	x20
Brazil/Brésil	6992	14582	24969	21188	19158	Algeria/Algérie	9568	11475	9689	9059	9703
Mauritius/Maurice	x46205		38602	17441	21318	Macau/Macao	1178	7824	9875	8927	7943
New Zealand	16318	18831	18893	17858	23015	Indonesia/Indonésie	6538	7586	8620	5965	8873
Czechoslavakia	x23409	5254	7448	x42671	x54267	Mexico/Mexique	4799	5218	5885	6956	6564
Norway,SVD,JM	23218	18930	19037	17359	17872	Australia/Australie	4075	6147	6042	4714	1878
Malaysia/Malaisie	8949	12334	16465	26426	x33855	Argentina/Argentine					
Turkey/Turquie	8071	11042	22804	21070	30117	Chile/Chili	3229	3948	4320	8019	x7278
Bangladesh	5960	x11490	x9783	32244	x13657	Former GDR	x42253	x8683	x6070		
Tunisia/Tunisie	9874	10692	17109	24444	33151	Finland/Finlande	3916	4512	4618	4333	7823
Korea Dem People's Rp	x20017	x8933	x10361	x28116	x52717	Israel/Israël	1243	3452	5006	3804	6525
Israel/Israël	11660	13065	13657	17495	25601	Norway,SVD,JM	3860	3190	4065	4013	3353
Indonesia/Indonésie	6377	13004	16468	14702	29177	New Zealand	4115	3821	3613	6737	3287
Malta/Malte	15226	13103	14624	x16431	x19415	Egypt/Egypte	29	28	1232	853	720
Morocco/Maroc	9070	9769	12619	15864	12129	Pakistan	2828	4476	1653	1667	762
Kuwait/Koweït	x12054	15305	x10978	x6291	x28435	So. Africa Customs Un	x1994	x1484	x1927	x3307	x3742
Venezuela	10661	6443	5747	17515	27507	Venezuela	1704	1954	1977	1667	3597

(VALUE AS % OF TOTAL)(VALEUR EN % DU TOTAL)

	1983	1984	1985	1986	1987	1988	1989	1990	1991	1992		1983	1984	1985	1986	1987	1988	1989	1990	1991	1992
Africa	x2.1	x1.7	1.6	1.6	2.1	x1.5	x0.9	1.4	x1.7	x1.8	Afrique	0.3	0.2	0.1	x0.1	0.0	x0.1	x0.1	x0.2	x0.3	x0.0
Northern Africa	x1.0	x0.7	0.8	0.7	0.5	0.4	0.3	0.4	x0.8	x0.9	Afrique du Nord	0.1	0.1	0.0	0.0	0.0	0.1	0.1	0.2	0.3	0.0
Americas	17.2	21.9	22.0	18.3	14.9	x13.1	12.6	11.5	12.2	x12.6	Amériques	4.0	4.2	3.5	3.3	3.2	3.4	3.7	3.4	x3.5	x3.9
LAIA	0.9	1.0	1.0	0.8	0.9	0.9	1.0	1.0	1.3	1.6	ALAI	1.3	1.6	1.3	1.3	1.1	1.3	1.5	1.4	x1.3	x1.3
CACM	x0.0	0.0	0.0	0.0	0.0	0.1	0.1	0.1	0.0	x0.6	MCAC	x0.0	0.0	0.0	0.0	0.0	0.0	0.0	x0.0	0.0	x0.0
Asia	x29.0	26.9	28.3	29.9	x31.6	x36.2	37.6	34.4	34.9	x35.0	Asie	28.2	26.3	30.3	28.8	31.8	34.7	34.5	32.0	34.1	31.8
Middle East	x8.2	x5.0	2.7	x3.6	x3.3	x3.0	x2.4	x2.5	x2.1	x2.9	Moyen–Orient	x0.1	0.3	0.9	0.2	0.4	0.3	0.3	0.2	x0.2	0.3
Europe	40.0	39.1	45.4	47.6	42.9	40.9	40.8	44.3	44.9	44.5	Europe	61.6	63.3	60.7	61.9	57.6	56.9	57.7	61.5	59.5	62.8
EEC	34.1	32.8	38.1	39.8	35.8	34.9	35.2	38.2	37.1	38.0	CEE	57.1	58.5	55.7	56.7	53.1	52.7	53.5	57.4	55.9	59.1
EFTA	5.8	5.6	6.5	6.7	5.9	5.2	4.9	5.2	4.6	4.4	AELE	4.5	4.5	4.5	4.9	4.1	3.6	3.7	4.0	3.5	3.5
Oceania	1.4	x1.7	1.7	x1.5	x1.3	x1.5	x1.5	x1.4	x1.2	x1.3	Océanie	x0.2	x0.2	0.3	x0.3	x0.2	x0.1	x0.1	x0.1	x0.1	x0.1
Germany/Allemagne	12.9	12.2	14.1	14.9	13.7	12.8	12.2	14.2	14.0	14.3	Italy/Italie	28.1	29.0	27.1	28.0	25.3	25.3	26.4	28.6	28.9	30.6
Hong Kong	8.2	9.7	11.8	11.6	11.1	12.5	12.6	11.5	12.0	10.4	China/Chine			8.3	9.3	11.0	13.0	12.7	11.9	10.5	9.5
Japan/Japon	9.6	9.3	10.2	10.4	9.6	10.8	12.2	10.4	9.0	7.9	Germany/Allemagne	7.4	7.5	8.0	9.0	8.7	8.9	8.8	10.3	10.6	11.7
USA/Etats–Unis d'Amer	12.5	16.5	16.5	13.5	11.2	9.4	8.9	8.1	8.5	7.9	Hong Kong	2.8	3.7	3.7	4.3	5.4	7.6	7.2	6.7	5.6	5.8
France,Monac	6.1	5.8	6.4	6.6	5.2	4.8	5.3	5.8	5.5	5.4	United Kingdom	9.1	9.1	8.6	7.6	7.1	7.5	7.2	6.7	5.6	5.8
Italy/Italie	3.1	3.2	4.1	4.1	3.9	5.0	5.0	5.1	4.7	4.7	France,Monac	5.9	6.1	6.1	6.4	6.0	5.9	6.0	6.1	5.4	5.8
Korea Republic	1.5	1.7	2.1	2.5	2.6	4.0	5.4	4.8	5.1	4.8	Korea Republic	5.1	4.7	3.9	4.0	4.3	5.0	5.0	4.4	3.3	3.8
Former USSR/Anc. URSS	9.5	7.7			x3.4	x3.5	x4.3	x5.1	x3.2		Japan/Japon	4.5	5.0	4.3	4.2	3.5	3.2	3.2	3.1	3.3	3.8
United Kingdom	4.5	4.7	5.2	4.8	4.3	4.2	3.7	3.6	3.0	3.2	India/Inde	4.1	5.5	4.2	3.3	3.4	2.8	x2.4	2.3	2.5	x2.2
China/Chine					2.0	2.4	2.3	3.0	3.3	5.2	Belgium–Luxembourg	2.7	2.6	2.2	2.0	2.1	2.2	2.2	2.2	2.0	1.7

655 KNITTED, ETC FABRICS / ETOF BONNETERIE PIECES ETC 655

TRADE BY COMMODITY IN THOUSAND U.S. DOLLARS – COMMERCE PAR PRODUIT EN MILLIERS DE DOLLARS E.U

IMPORTS – IMPORTATIONS

COUNTRIES–PAYS	1988	1989	1990	1991	1992
Total	4012838	4702501	6242929	7332224	x7721209
Africa	x137619	x127259	200679	x180174	x187748
Northern Africa	75064	77551	79490	75103	x72918
Americas	x247301	x320067	x358558	x451496	x589706
LAIA	20064	22743	29625	54600	x70570
CACM	8161	7102	9616	10005	x62331
Asia	1754085	2111319	2650032	3406297	4087506
Middle East	x84544	x67618	x119368	x141121	x201410
Europe	1632039	1692405	2336839	2517297	2484121
EEC	1352124	1410162	1996932	2093242	2079997
EFTA	248323	238948	300232	314720	317271
Oceania	x89578	x112283	x104743	x108748	x139113
Hong Kong	618318	822764	1052462	1348465	1574338
Germany/Allemagne	337293	350381	550839	581903	552848
Former USSR/Anc. URSS	x66076	x268688	x511633	x535739	
France, Monac	338643	346250	454636	468724	476593
Singapore/Singapour	251585	306606	309876	328973	336891
Macau/Macao	177566	195779	203932	219554	214577
Malaysia/Malaisie	112148	155125	183462	225480	x191405
United Kingdom	151135	164700	203468	186289	198737
Italy/Italie	116688	128783	196018	225689	208199
USA/Etats–Unis d'Amer	78294	127142	153674	194195	229568
Netherlands/Pays-Bas	113058	110658	155090	162062	155831
Philippines	79508	x59768	139936	220051	159502
Austria/Autriche	102303	105415	144246	156737	155913
Belgium–Luxembourg	109572	107909	142908	152020	147360
China/Chine	83401	108796	114853	172928	598844
Canada	99890	122729	125606	130883	134381
Thailand/Thaïlande	52739	86012	114702	124237	158264
Sri Lanka	51013	52100	71406	141635	130507
Switz.Liecht	68184	69494	85769	94123	94584
Japan/Japon	76176	71528	76121	93890	85684
Spain/Espagne	42531	51109	79214	88007	93439
Indonesia/Indonésie	19455	41976	71048	105106	147409
Portugal	50691	48518	76948	90905	105383
Greece/Grèce	39460	53446	80386	78554	x81208
Australia/Australie	52180	59489	55834	61572	64114
Bangladesh	x24105	x35190	x81577	54479	x111692
Yugoslavia SFR	22467	34263	29152	x100960	
Hungary/Hongrie	x30409	x32912	x36621	76575	x58369
Tunisia/Tunisie	42384	45542	52619	46535	47641
Israel/Israël	28447	39225	46765	52335	65031
Afghanistan	x9669	x10433	x13551	x102328	x16134
United Arab Emirates	x48391	x27601	x44561	x52463	x72892
So. Africa Customs Un	31409	36540	38301	x30961	x25673
Ireland/Irlande	32384	30626	36614	36233	33247
Sweden/Suède	37465	29093	32181	33429	35796
New Zealand	28257	36667	29410	27943	26500
Mauritius/Maurice	x20087		41422	32562	40384
Korea Republic	14482	18456	24831	27777	29185
Finland/Finlande	27245	23995	25096	19760	19495
Saudi Arabia	1594	4042	x26610	x33073	x40607
Denmark/Danemark	20667	17781	20811	22855	27153
Dominican Republic	x8075	x10307	x13804	x31017	x37566
Bulgaria/Bulgarie	x17359	x20949	x19567	x11029	13655
Cyprus/Chypre	13963	11968	16352	16542	22888
Mexico/Mexique	5652	9728	13926	21198	27697
Zimbabwe		x4093	21672	16804	x12366
Morocco/Maroc	7424	9176	15468	15429	11507
Korea Dem People's Rp	x25891	x10274	x5782	x21970	x26783
Libyan Arab Jamahiriya	18695	16300	5940	x9449	x4970
Norway,SVD,JM	11495	9593	11136	9153	10210

EXPORTS – EXPORTATIONS

COUNTRIES–PAYS	1988	1989	1990	1991	1992
Totale	x4294254	4268734	5569077	6317239	7036479
Afrique	x3998	x23212	x28836	x23273	x21632
Afrique du Nord	x472	2447	2358	3919	3770
Amériques	82825	174483	273630	352018	x413813
ALAI	22124	39795	32934	29119	39942
MCAC	4246	3671	3583	4602	x7589
Asie	x2109003	2008804	2504997	3102864	3670766
Moyen–Orient	65031	154807	195369	81230	87780
Europe	1959684	1991448	2701287	2786753	2871364
CEE	1678117	1701318	2311044	2379651	2439147
AELE	261360	269642	369508	395289	415952
Océanie	x14617	x15314	x13201	x16253	x17641
Hong Kong	632419	855219	1020995	1284955	1519501
Germany/Allemagne	611233	641488	847579	889547	930763
Italy/Italie	365343	356559	526432	541468	553391
Korea Republic	131456	212305	336072	520010	681448
China/Chine	199398	291310	318977	418363	499177
Japan/Japon	238685	256178	292253	370399	415212
France, Monac	184503	191471	273516	277844	286277
USA/Etats–Unis d'Amer	48810	121461	221754	296388	330842
United Kingdom	154523	156785	218355	203725	187843
Austria/Autriche	129140	139361	209420	228962	252607
Singapore/Singapour	91568	122283	130928	183347	164908
Belgium–Luxembourg	122160	117191	143707	143186	135138
Switz.Liecht	91091	88181	111424	113465	110623
Spain/Espagne	68152	87986	105622	109413	109697
Netherlands/Pays-Bas	109427	86398	104993	108197	111775
Syrian Arab Republic	24640	105328	141719	x5500	x5854
Malaysia/Malaisie	25695	54702	66258	85742	x100699
Turkey/Turquie	39255	45456	49584	66002	71898
Denmark/Danemark	31069	31178	46177	53042	67664
India/Inde	17814	x3241	71629	54524	x39700
Sweden/Suède	24198	24081	27554	26958	29921
Pakistan	12003	16157	26803	34582	66731
Greece/Grèce	16507	19597	24762	29228	x29850
So. Africa Customs Un	x2299	x20072	x21543	x17564	x14898
Macau/Macao	17134	12519	17021	22853	17963
Indonesia/Indonésie	4778	14576	16247	19612	32090
Portugal	12727	10857	17235	21399	23245
Finland/Finlande	11843	12159	13829	18750	14947
Canada	6978	8167	14807	20962	35485
Czechoslovakia	x13125	x9353	x11719	x19451	x18095
Yugoslavia SFR	16622	16636	14604	x6016	
Argentina/Argentine	9201	12992	15732	7003	5630
Poland/Pologne	17797	18472	13844	2427	x16053
Former GDR	x85769	x21105	x13108		
New Zealand	8796	8273	6623	10882	11316
Israel/Israël	5375	4863	5592	12091	18399
Hungary/Hongrie	x6216	x3693	x6221	x11455	x6508
Norway,SVD,JM	4374	5241	6639	7106	7850
Australia/Australie	5654	6732	6043	4884	5309
Malta/Malte	3583	3840	6056	x5794	x4613
Brazil/Brésil	3837	4034	4961	5889	15160
Philippines	2020	x5929	1541	6192	13950
Mexico/Mexique	2436	4801	2749	5926	7833
Peru/Pérou	4168	5847	3841	x3299	x3859
Cyprus/Chypre	324	928	3510	8354	6899
Venezuela	156	8609	920	1133	1169
Thailand/Thaïlande	3373	3132	2835	4568	x9710
Guatemala	3131	2720	2842	3636	4352
Ireland/Irlande	2473	1808	2664	2601	3505
Uruguay	792	2187	2359	1992	1764

(VALUE AS % OF TOTAL)(VALEUR EN % DU TOTAL)

	1983	1984	1985	1986	1987	1988	1989	1990	1991	1992		1983	1984	1985	1986	1987	1988	1989	1990	1991	1992
Africa	x4.1	x4.0	2.5	x3.2	3.0	x3.4	x2.7	3.2	x2.4	x2.4	Afrique	x0.3	x0.3	0.1	x0.2	x0.2	x0.1	x0.6	x0.5	x0.4	x0.3
Northern Africa	x2.0	1.6	1.5	1.8	1.7	1.9	1.6	1.3	1.0	x0.9	Afrique du Nord	0.0	0.0	0.0	0.0	0.0	x0.0	0.1	0.0	0.1	0.1
Americas	x6.2	7.6	8.3	x8.4	6.7	x6.1	x6.8	5.8	6.1	x7.6	Amériques	3.2	4.4	3.2	2.6	1.8	1.9	4.1	4.9	5.5	x5.9
LAIA	0.5	0.9	0.7	0.4	0.5	0.4	0.5	0.5	0.7	x0.9	ALAI	0.2	0.4	0.5	0.7	0.6	0.5	0.9	0.6	0.5	0.6
CACM	x0.5	0.6	0.5	0.2	0.2	0.2	0.2	0.2	0.1	x0.8	MCAC	x0.1	0.6	0.1	0.1	0.1	0.1	0.1	0.1	0.1	x0.1
Asia	26.0	29.4	29.6	33.1	39.7	43.7	44.9	42.5	46.5	53.0	Asie	23.0	26.4	29.0	29.0	x45.1	x49.1	47.0	44.9	49.2	52.2
Middle East	x2.8	x2.1	0.7	x1.3	1.2	x2.1	1.4	1.9	1.9	x2.6	Moyen–Orient	x0.1	0.7	2.9	x0.3	0.7	1.5	3.6	3.5	1.3	1.2
Europe	60.7	55.3	56.1	52.2	43.9	40.7	36.0	37.4	34.3	32.2	Europe	71.1	66.6	65.3	66.1	49.2	45.6	46.7	48.5	44.1	40.8
EEC	50.1	44.2	45.5	42.8	36.2	33.7	30.0	32.0	28.5	26.9	CEE	63.0	58.0	56.4	57.1	42.6	39.1	39.9	41.5	37.7	34.7
EFTA	10.5	9.7	9.3	8.6	7.1	6.2	5.1	4.8	4.3	4.1	AELE	8.1	8.1	8.3	8.5	6.2	6.1	6.3	6.6	6.3	5.9
Oceania	x2.9	x3.5	3.3	x2.9	x2.1	x2.2	x2.3	x1.7	x1.5	x1.8	Océanie	0.2	x0.2	0.2	x0.2	x0.2	x0.3	x0.4	x0.2	x0.2	x0.2
Hong Kong	6.4	8.5	10.4	12.2	13.7	15.4	17.5	16.9	18.4	20.4	Hong Kong	7.7	9.9	9.9	14.2	14.4	14.7	20.0	18.3	20.3	21.6
Germany/Allemagne	14.2	11.8	11.2	10.9	9.7	8.4	7.5	8.8	7.9	7.2	Germany/Allemagne	21.6	19.6	18.9	20.6	15.5	14.2	15.0	15.2	14.1	13.2
Former USSR/Anc. URSS				x2.3	x1.6	x5.7	x8.2	x7.3			Italy/Italie	16.5	14.5	14.5	14.8	10.3	8.5	8.4	9.5	8.6	7.9
France, Monac	13.3	12.0	12.8	11.8	9.1	8.4	7.4	7.3	6.4	6.2	Korea Republic	0.6	0.7	0.5	1.2	2.1	3.1	5.0	6.0	8.2	9.7
Singapore/Singapour	4.5	5.6	5.2	6.3	6.4	6.3	6.5	5.0	4.5	4.4	China/Chine					2.6	4.6	6.8	5.7	6.6	7.1
Macau/Macao	3.5	3.9	4.7	x1.3	4.0	4.4	4.2	3.3	3.0	2.8	Japan/Japon	11.2	12.9	13.3	10.6	7.1	5.6	6.0	5.2	5.9	5.9
Malaysia/Malaisie	1.8	2.2	2.1	2.6	2.7	2.8	3.3	2.9	3.1	x2.5	France, Monac	6.1	5.9	5.9	5.6	4.6	4.3	4.5	4.9	4.4	4.1
United Kingdom	5.3	5.2	5.3	4.4	3.3	3.8	3.5	3.3	2.5	2.6	USA/Etats–Unis d'Amer	2.7	3.1	2.5	1.6	0.9	1.1	2.8	4.0	4.7	4.7
Italy/Italie	2.1	2.3	2.4	2.4	2.9	2.7	2.7	3.1	3.1	2.7	United Kingdom	5.4	5.1	5.2	4.6	3.5	3.6	3.7	3.9	3.2	2.7
USA/Etats–Unis d'Amer	1.1	1.6	2.0	2.4	2.1	2.0	2.7	2.5	2.6	3.0	Austria/Autriche	3.2	3.2	3.6	3.8	2.8	3.3	3.3	3.8	3.6	3.6

656 LACE, RIBBONS, TULLE, ETC / TULLES, BRODERIE 656

TRADE BY COMMODITY IN THOUSAND U.S. DOLLARS – COMMERCE PAR PRODUIT EN MILLIERS DE DOLLARS E.U

COUNTRIES–PAYS	IMPORTS – IMPORTATIONS 1988	1989	1990	1991	1992	COUNTRIES–PAYS	EXPORTS – EXPORTATIONS 1988	1989	1990	1991	1992
Total	2085676	2299607	2742305	3010144	x3339564	Totale	2195440	2246040	2764057	2988027	3388763
Africa	x90995	x65869	x99848	x123227	x165361	Afrique	x11890	x13010	x20057	x22366	x19226
Northern Africa	30241	29984	43990	50959	64894	Afrique du Nord	9347	10196	16778	18429	12679
Americas	x245109	x294278	312758	352719	x423181	Amériques	176692	169899	212303	258655	x280699
LAIA	21673	33198	43657	65400	90094	ALAI	11445	14295	15098	19125	26496
CACM	4184	5285	5557	6087	x15603	MCAC	1374	1146	1650	1768	x3542
Asia	x575552	x677292	x747340	x920356	x1212072	Asie	x655152	698110	851228	1071797	1400240
Middle East	x118853	x119795	x119266	x109030	x167348	Moyen–Orient	17794	27105	19908	x20685	23415
Europe	1079580	1152788	1447938	1427913	1412990	Europe	1267281	1326059	1650142	1610783	1668213
EEC	901733	978832	1228991	1202253	1183448	CEE	879416	947529	1161421	1159691	1217658
EFTA	163025	159563	195599	191343	201855	AELE	386200	377148	487182	449708	448163
Oceania	x51619	x58321	x60237	x59500	x56525	Océanie	x3693	4595	4486	x4098	x6742
Germany/Allemagne	220533	228335	284299	290835	272108	France, Monac	293043	325352	421757	415467	444955
Italy/Italie	210169	230850	279537	252456	235892	Germany/Allemagne	231163	251313	293407	300602	318485
Hong Kong	154096	194365	239956	307041	355545	Switz.Liecht	187363	183301	238294	214733	204602
USA/Etats–Unis d'Amer	142946	175238	188993	209474	235407	Austria/Autriche	181196	176292	230792	216951	223726
United Kingdom	140497	150695	187940	175317	185452	Hong Kong	135015	171788	194154	236325	323747
France, Monac	125215	136893	164913	148709	152639	Indonesia/Indonésie	28850	81210	201860	278554	395784
Japan/Japon	107688	124230	118627	109002	104849	USA/Etats–Unis d'Amer	156621	142914	183085	225101	233713
Austria/Autriche	65168	64624	86789	86917	92348	Korea Republic	136745	143719	156996	199577	245218
China/Chine	42940	56115	56442	89856	228161	Japan/Japon	101682	106770	119067	158628	202140
Netherlands/Pays–Bas	48636	51783	67829	66903	64849	United Kingdom	85554	86129	108645	111757	110464
Spain/Espagne	28062	36884	60085	73378	79471	Italy/Italie	79996	86353	104954	100681	107104
Saudi Arabia	51061	64804	x61295	x42953	x65317	Netherlands/Pays–Bas	62114	71836	84182	78857	73497
Belgium–Luxembourg	50095	49986	59540	57901	55826	Belgium–Luxembourg	56878	57528	64450	63085	71050
Portugal	28133	36706	53798	61017	69651	China/Chine	42133	53966	45712	60491	108367
Canada	52080	53436	50250	46280	43492	Spain/Espagne	35802	36043	46327	46612	46215
Australia/Australie	42555	46439	47997	46280	52597	Viet Nam	18000	44800	50900	x1876	x3177
Switz.Liecht	41130	40286	49577	48307	—	Thailand/Thaïlande	15874	19584	22871	36008	x23021
Singapore/Singapour	28536	37102	47362	51636	55573	India/Inde	6552	x18784	14455	25442	x26120
Former USSR/Anc. URSS	x5279	x18931	x42608	x57358	—	Ireland/Irlande	18132	17164	17389	19195	17961
United Arab Emirates	x43860	x29800	x32178	x39524	x53265	Turkey/Turquie	9820	13493	11574	16890	21162
Philippines	9552	x26620	17047	57742	26849	Singapore/Singapour	5751	10135	10626	16658	20559
Korea Republic	26709	31264	29651	32181	43930	Philippines	5332	x11118	3293	21348	12762
Sweden/Suède	29499	29078	31654	31730	31967	Portugal	7961	8536	10489	12394	11991
Tunisia/Tunisie	16778	21895	33620	36705	45671	Canada	10632	10214	10086	10263	11096
Greece/Grèce	12911	20568	30007	38997	x30875	Sweden/Suède	10559	11401	9611	7628	x2788
Hungary/Hongrie	x11475	x13021	x16135	51126	x22930	Czechoslovakia	x9178	x6269	x6420	x10229	x9179
Mexico/Mexique	7674	18665	24841	33758	41932	Finland/Finlande	6253	6389	7088	7056	7691
Thailand/Thaïlande	12879	17202	19805	25109	39361	Morocco/Maroc	6680	6640	5546	8154	7833
Indonesia/Indonésie	11731	11785	22782	27294	37259	Former GDR	x51224	x10150	—	x8014	—
Ireland/Irlande	19444	20672	22739	16739	13493	Brazil/Brésil	5409	5951	4925	6884	9663
Malaysia/Malaisie	13361	14946	18739	22059	x29546	Syrian Arab Republic	3858	8060	7319	x2099	x673
Yugoslavia SFR	9738	10027	14735	x30802	—	Denmark/Danemark	6432	3960	5083	5578	5785
Denmark/Danemark	18037	15458	18304	20002	23194	Pakistan	4244	5149	4014	5204	6325
Nigeria/Nigéria	x17766	x12304	x12688	x19832	x42203	Egypt/Egypte	399	796	6735	6053	497
Bangladesh	x6637	x9854	x13161	x19982	x39258	Greece/Grèce	2341	3311	4733	5460	x10153
Israel/Israël	9326	9588	16971	14174	18953	Colombia/Colombie	1269	2838	4874	5664	6693
Sri Lanka	5383	8854	8711	22164	26526	Tunisia/Tunisie	2265	2740	4487	4045	4344
Finland/Finlande	12895	13693	13492	11448	9986	Mexico/Mexique	3095	3575	2604	3367	6460
So. Africa Customs Un	15317	10725	10716	x15961	x12861	Malaysia/Malaisie	881	958	2891	4583	x4685
Norway, SVD, JM	13344	10864	12898	11910	13785						
Mauritius/Maurice	x6271	6885	12840	12892	12795	So. Africa Customs Un	x1999	x2621	x2478	x3330	x5924
Macau/Macao	3574	5980	8450	9962	10364	New Zealand	2451	2994	2285	2237	3646
Bulgaria/Bulgarie	x5894	x13095	x6422	x2739	2501	Macau/Macao	722	1274	2314	2654	1654
New Zealand	5631	6963	6996	7184	7109	Australia/Australie	1184	1472	1984	1658	2847
Morocco/Maroc	4650	4878	6197	7411	7448	Haiti/Haïti	x672	x2601	x1176	x1094	x2861
Colombia/Colombie	5531	6038	5511	4900	6142	Yugoslavia SFR	1571	1268	1307	x1193	—
Dominican Republic	x4255	x5416	x4586	x5727	x10077	Uruguay	1269	1122	1045	1240	1825
Malta/Malte	4701	4088	8234	3197	x3585	Bulgaria/Bulgarie	x8105	x2886	x122	x307	x244
Turkey/Turquie	1411	1793	6180	7190	10971	Guatemala	1015	774	1188	1185	1014
Czechoslovakia	x7346	2910	2717	x9178	x11612	Saudi Arabia	2654	2846	x91	x29	x93

(VALUE AS % OF TOTAL) (VALEUR EN % DU TOTAL)

	1983	1984	1985	1986	1987	1988	1989	1990	1991	1992		1983	1984	1985	1986	1987	1988	1989	1990	1991	1992
Africa	x10.7	x6.9	3.2	x4.1	x4.1	x4.3	x2.9	3.7	x4.1	5.0	Afrique	0.6	0.8	0.6	0.4	x0.4	x0.6	x0.6	0.7	0.7	x0.6
Northern Africa	x2.5	x2.3	1.7	x1.3	1.0	1.4	1.3	1.6	1.7	1.9	Afrique du Nord	0.5	0.5	0.5	0.3	0.2	0.4	0.5	0.6	0.6	0.4
Americas	x12.1	15.2	17.4	x14.0	x14.0	x11.8	12.8	11.4	11.7	x12.7	Amériques	8.1	8.9	7.3	7.2	7.0	8.0	7.5	7.7	8.6	x8.3
LAIA	0.6	2.0	2.7	0.8	0.8	1.1	1.4	1.6	2.2	2.7	ALAI	0.6	0.7	0.7	0.4	0.4	0.5	0.6	0.6	0.6	0.8
CACM	x0.3	0.5	0.6	0.3	0.3	0.2	0.2	0.2	0.2	x0.5	MCAC	x0.1	0.1	0.1	0.0	0.1	0.1	0.1	0.1	0.1	x0.1
Asia	28.3	28.4	27.4	26.0	25.5	x27.6	x29.4	27.2	x30.6	36.3	Asie	24.6	26.6	34.6	33.9	x29.0	x29.9	31.1	30.8	35.8	41.3
Middle East	x12.2	x12.2	10.3	x8.2	x5.2	x5.7	x5.2	4.3	3.6	x5.0	Moyen–Orient	x0.3	0.8	0.6	0.3	0.4	0.8	1.2	0.7	x0.7	0.7
Europe	40.8	40.7	47.8	51.3	51.9	51.8	50.1	52.8	47.4	42.3	Europe	64.6	61.4	55.5	56.7	58.7	57.7	59.0	59.7	53.9	49.2
EEC	33.3	33.0	38.8	41.8	42.6	43.2	42.6	44.8	39.9	35.4	CEE	35.2	37.2	33.7	35.4	37.9	40.1	42.2	42.0	38.8	35.9
EFTA	7.4	6.8	8.1	8.8	8.5	7.8	6.9	7.1	6.4	6.0	AELE	29.4	24.1	21.8	21.3	20.8	17.6	16.8	17.6	15.1	13.2
Oceania	2.5	x3.2	3.0	x2.6	x2.4	x2.5	x2.5	2.2	x2.0	1.7	Océanie	0.1	0.2	0.2	0.2	0.2	x0.2	0.2	0.2	x0.1	x0.2
Germany/Allemagne	8.3	8.6	9.7	11.2	11.2	10.6	9.9	10.4	9.7	8.1	France, Monac	11.0	11.9	11.4	12.1	12.6	13.3	14.5	15.3	13.9	13.1
Italy/Italie	6.5	6.5	7.7	8.4	9.1	10.1	9.9	10.2	8.4	7.1	Germany/Allemagne	8.8	9.3	8.0	8.9	9.9	10.5	11.2	10.6	10.1	9.4
Hong Kong	5.2	6.5	7.2	6.9	7.4	7.4	8.5	8.8	10.2	10.6	Switz.Liecht	12.9	12.2	11.0	10.1	10.7	8.5	8.2	8.6	7.2	6.0
USA/Etats–Unis d'Amer	5.0	6.7	8.2	7.7	7.8	6.9	7.6	6.9	7.0	7.0	Austria/Autriche	15.6	11.1	10.0	9.7	9.9	8.3	7.8	8.3	7.3	6.6
United Kingdom	7.0	6.3	7.7	6.2	6.0	6.0	6.6	6.9	4.9	5.6	Hong Kong	4.2	5.4	4.7	4.8	6.2	6.1	7.6	7.0	7.9	9.6
France, Monac	5.0	5.2	6.3	6.7	6.2	6.0	6.0	4.9	4.6	4.6	Indonesia/Indonésie	0.2	0.4	0.5	1.3	1.1	1.3	3.6	7.3	9.3	11.7
Japan/Japon	3.8	3.8	4.5	4.9	5.2	5.4	4.3	3.6	3.6	3.1	USA/Etats–Unis d'Amer	7.3	7.9	6.3	6.6	6.3	7.1	6.4	6.6	7.5	6.9
Austria/Autriche	3.2	2.7	3.3	3.6	3.6	3.1	2.8	3.2	2.9	2.8	Korea Republic	9.1	8.7	6.9	6.1	6.4	6.2	6.4	5.7	6.7	7.2
China/Chine					2.0	2.1	2.4	2.1	3.0	6.8	Japan/Japon	9.1	8.7	6.0	4.5	4.7	4.6	4.8	4.3	5.3	6.0
Netherlands/Pays–Bas	1.9	1.8	2.3	2.3	2.3	2.3	2.3	2.5	2.2	1.9	United Kingdom	3.9	3.9	3.8	3.7	4.1	3.9	3.8	3.9	3.7	3.3

657 SPECIAL TXTL FABRC, PRODS / TISSUS SPECIAUX 657

TRADE BY COMMODITY IN THOUSAND U.S. DOLLARS – COMMERCE PAR PRODUIT EN MILLIERS DE DOLLARS E.U

COUNTRIES–PAYS	1988	1989	1990	1991	1992	COUNTRIES–PAYS	1988	1989	1990	1991	1992
Total	9131452	9626447	11160716	11757451	13163024	Totale	9155606	9179592	10783643	11321098	12532020
Africa	x373503	x318681	x384857	x413950	x451715	Afrique	x28550	x29885	x45234	x49143	x50472
Northern Africa	173488	144860	168955	194336	207490	Afrique du Nord	9078	8536	16353	19769	24232
Americas	x1381634	1328600	1403898	1510536	x1804500	Amériques	1147403	1167063	1422817	1575959	1756493
LAIA	173348	190359	214060	289792	x428730	ALAI	135962	174852	167220	194447	214682
CACM	22358	25647	25122	24446	x43137	MCAC	9323	7127	9028	10073	x10182
Asia	x2125386	2580092	2846219	3342027	x4217273	Asie	x2349216	2196650	2368125	2767153	3144172
Middle East	x220066	x278856	x315532	x292150	x452837	Moyen–Orient	21081	98576	94724	72679	79994
Europe	4534156	4658919	5676684	5723384	6145007	Europe	5369587	5641190	6796157	6778232	7438050
EEC	3661918	3781631	4635017	4709228	5130092	CEE	4611577	4879211	5891713	5895394	6486296
EFTA	787522	791537	929855	862135	880098	AELE	722800	730359	864399	855785	911274
Oceania	x209367	x217824	x217643	x210714	x215192	Océanie	x33791	34464	47237	x53250	59657
Germany/Allemagne	798787	831185	1060607	1153268	1289758	Germany/Allemagne	1486385	1562358	1923234	1970881	2186125
France, Monac	744185	741147	890171	875860	946347	USA/Etats–Unis d'Amer	815349	819266	1035474	1164718	1310701
Hong Kong	548565	707503	775273	925915	1022134	Italy/Italie	638492	692184	843928	816170	916722
USA/Etats–Unis d'Amer	751053	663143	727959	757077	828409	Belgium–Luxembourg	606682	664470	761572	765395	860360
United Kingdom	560600	574438	644959	611361	660726	Japan/Japon	620925	651169	692706	790052	889242
China/Chine	317638	476913	502866	680810	1099755	France, Monac	525758	565242	719255	709665	773206
Italy/Italie	427277	452535	536968	535374	548825	Hong Kong	459322	554026	634943	638022	838701
Netherlands/Pays–Bas	329019	331231	420953	400933	426582	United Kingdom	515129	548510	672758	643943	676456
Former USSR/Anc. URSS	x222433	x298851	x441956	x371599		Korea Republic	453466	518734	545965	638022	811266
Canada	338507	345680	341034	359610	432077	Netherlands/Pays–Bas	474123	476920	536365	533503	546863
Japan/Japon	296520	329813	340666	346759	349840	Switz.Liecht	260785	245240	289504	277701	295150
Belgium–Luxembourg	274808	272883	327383	344958	404277	Sweden/Suède	182765	190274	225987	227499	251216
Spain/Espagne	199616	231860	315223	337771	360711	Canada	181423	155302	200924	200157	211849
Sweden/Suède	212507	209730	242895	227711	223793	Austria/Autriche	137924	147681	171558	159641	170851
Korea Republic	175043	182974	184117	227776	232856	Portugal	116357	126082	140708	139381	167873
Austria/Autriche	149259	153902	198444	191849	209980	Spain/Espagne	115890	115058	134754	152786	188043
Switz.Liecht	151100	148489	183880	180318	191354	China/Chine	59700	85084	105746	120581	151400
Finland/Finlande	151533	167508	184977	148194	141447	Finland/Finlande	88050	93304	108757	116465	121594
Thailand/Thaïlande	94844	137506	164627	165830	193258	Brazil/Brésil	80133	95657	76008	94358	105155
Portugal	99117	102122	141047	156792	173616	Denmark/Danemark	76522	71333	91129	89436	98428
Australia/Australie	128951	136123	130735	128032	134160	Turkey/Turquie	11353	88312	90461	67961	74396
Indonesia/Indonésie	50469	87498	131056	171311	215027	Indonesia/Indonésie	13822	60180	73361	80275	75543
Denmark/Danemark	108488	105877	131112	132614	136876	Norway,SVD,JM	49535	50636	65196	72519	69956
Norway,SVD,JM	109287	100870	108241	100705	99766	Ireland/Irlande	51499	49986	59715	66636	60632
Singapore/Singapour	90057	91939	104154	110992	125468	Israel/Israël	51056	53005	52134	61541	69889
Yugoslavia SFR	69278	72200	97068	x136375		Thailand/Thaïlande	46718	43707	49169	58658	x71271
Greece/Grèce	69165	88074	105322	100209	x121084	Singapore/Singapour	27593	35211	50467	53426	62615
Iran (Islamic Rp. of)	x17858	x71777	x95231	x85435	x174627	Czechoslovakia	x54704	x34697	x30843	x43838	x42034
Malaysia/Malaisie	37489	61835	77654	92018	x125059	Australia/Australie	22918	25554	37031	44456	50925
So. Africa Customs Un	80065	69363	78167	x81603	x96589	Mexico/Mexique	28478	31296	37580	37816	36783
Philippines	30181	x57535	53627	95064	86472	Yugoslavia SFR	32736	29146	37197	x23314	
Chile/Chili	52776	68706	67088	67963	x81942	Colombia/Colombie	20303	27826	25809	34032	39057
New Zealand	59042	62118	67620	61953	63548	Hungary/Hongrie	x29043	x20890	x24514	x28224	x26755
Ireland/Irlande	50855	50280	61271	60087	61290	Pakistan	6250	11386	26181	29474	29476
Israel/Israël	40081	48283	59123	63604	72993	Philippines	18257	x19898	24509	17763	19317
Mexico/Mexique	31545	40845	49095	80022	118759	India/Inde	8045	x9338	16858	21594	x16086
Bulgaria/Bulgarie	x68467	x83949	x68193	x16213	25126	Former USSR/Anc. URSS	x6110	x13151	x14640	x17720	
Saudi Arabia	51811	58236	x54388	x52549	x70448	Former GDR	x122960	x26162	x16869		
Hungary/Hongrie	x41699	x46049	x46877	71633	x57964	Bangladesh	4621	1403	8796	26308	x5886
Morocco/Maroc	42858	44848	46953	56735	59058	So. Africa Customs Un	x7770	x10999	x9902	x11179	x10149
Turkey/Turquie	20170	28104	56416	60479	79096	Un. Rep. of Tanzania	x9070	x7800	x9651	x12027	x6759
Tunisia/Tunisie	43438	40576	44392	48462	58736	New Zealand	8678	8708	9983	7945	8651
Brazil/Brésil	26792	34477	41666	50349	60797	Malaysia/Malaisie	6426	7531	7947	11007	x11395
Egypt/Egypte	37779	25894	49686	50028	43358	Tunisia/Tunisie	4199	3928	7656	11637	13326
Poland/Pologne	53670	49078	32928	37737	x120464	Bulgaria/Bulgarie	x3855	x10110	x10875	x2040	x2332
Sri Lanka	18498	17563	29345	52496	48414	Argentina/Argentine	2151	4315	8229	10101	11978
Czechoslovakia	x34699	17730	20335	x48718	x76432	Greece/Grèce	4740	6869	8096	7398	x11588
India/Inde	19559	x23716	29520	26596	x46268	Ecuador/Equateur	3133	7138	x7273	x6072	5063
United Arab Emirates	x35157	x20756	x24140	x29751	x47870	Morocco/Maroc	2000	3543	6951	5705	7891
Cuba	x24352	28636	x30914	x13413	x15192	Peru/Pérou	893	4604	5805	x4120	x4337

(VALUE AS % OF TOTAL)(VALEUR EN % DU TOTAL)

	1983	1984	1985	1986	1987	1988	1989	1990	1991	1992		1983	1984	1985	1986	1987	1988	1989	1990	1991	1992
Africa	x5.9	x5.1	3.9	x4.2	x3.9	x4.1	3.3	3.4	3.5	x3.4	Afrique	x0.7	x0.5	0.2	0.4	0.3	x0.3	x0.3	x0.4	x0.4	0.4
Northern Africa	x3.1	x2.6	2.1	1.6	1.6	1.9	1.5	1.5	1.7	x1.6	Afrique du Nord	0.1	x0.0	0.0	0.1	0.1	0.1	0.1	0.2	0.2	0.2
Americas	18.8	21.6	22.2	x19.8	x16.1	x15.1	13.8	12.6	12.8	x13.7	Amériques	15.7	17.4	15.2	13.6	11.4	12.5	12.7	13.2	14.0	14.0
LAIA	2.7	2.8	2.5	2.1	x1.8	1.9	2.0	1.9	2.5	x3.3	ALAI	2.2	3.0	2.3	1.8	1.3	1.5	1.9	1.6	1.7	1.7
CACM	x0.3	0.6	0.5	0.3	x0.2	0.2	0.3	0.2	0.2	x0.3	MCAC	x0.1	0.1	0.1	0.1	0.1	0.1	0.1	0.1	0.1	x0.1
Asia	16.9	16.9	15.7	16.2	19.1	x23.3	26.8	25.5	28.4	x32.0	Asie	15.0	16.6	16.9	15.3	x21.7	x25.6	24.0	22.0	24.4	25.1
Middle East	x3.7	x3.8	2.1	x2.9	x2.1	x2.4	2.9	2.8	2.5	x3.4	Moyen–Orient	0.2	0.5	0.3	0.2	x0.2	0.2	1.1	0.9	0.6	0.6
Europe	53.9	51.2	53.9	55.9	51.7	49.7	48.4	50.9	48.7	46.7	Europe	67.0	63.9	66.3	69.2	63.3	58.6	61.5	63.0	59.9	59.4
EEC	43.6	40.6	42.8	44.6	41.4	40.1	39.3	41.5	40.1	39.0	CEE	57.1	53.9	56.1	58.6	53.7	50.4	53.2	54.6	52.1	51.8
EFTA	10.3	9.6	10.0	10.4	9.5	8.6	8.2	8.3	7.3	6.7	AELE	9.9	9.5	9.7	10.2	9.3	7.9	8.0	8.0	7.6	7.3
Oceania	x3.1	x3.6	3.2	x2.9	x2.4	x2.3	x2.3	2.0	x1.8	x1.6	Océanie	0.5	0.6	0.4	x0.4	0.4	x0.3	0.4	0.4	x0.5	0.5
Germany/Allemagne	11.2	9.9	9.8	10.0	8.9	8.7	8.6	9.5	9.8	9.8	Germany/Allemagne	19.1	18.0	18.9	20.4	18.2	16.2	17.0	17.8	17.4	17.4
France, Monac	9.1	8.2	8.9	9.4	8.4	8.1	7.7	8.0	7.4	7.2	USA/Etats–Unis d'Amer	12.4	13.0	11.5	10.3	8.6	8.9	8.9	9.6	10.3	10.5
Hong Kong	3.3	3.9	4.6	4.2	4.6	6.0	7.3	6.9	7.9	7.8	Italy/Italie	10.0	8.9	8.8	8.7	7.7	7.0	7.5	7.8	7.2	7.3
USA/Etats–Unis d'Amer	8.6	9.9	11.3	9.8	8.4	8.2	6.9	6.5	6.4	6.3	Belgium–Luxembourg	6.7	6.8	7.4	7.7	6.7	6.6	7.2	7.1	6.8	6.9
United Kingdom	6.5	6.6	7.0	6.6	6.1	6.1	6.0	5.8	5.2	5.0	Japan/Japon	6.7	6.8	7.4	7.7	6.7	6.6	7.2	7.1	6.8	6.9
China/Chine					2.9	3.5	5.0	4.5	5.8	8.4	France, Monac	7.7	8.4	7.6	7.0	6.3	6.8	7.1	6.4	7.0	7.1
Italy/Italie	4.5	4.4	4.7	5.1	5.0	4.7	4.7	4.8	4.6	4.2	Hong Kong	5.2	5.6	5.6	6.4	5.9	5.7	6.2	6.7	6.3	6.2
Netherlands/Pays–Bas	4.0	3.8	4.2	4.5	4.1	3.6	3.4	3.8	3.4	3.2	United Kingdom	6.0	5.4	5.9	5.7	5.8	5.6	6.0	6.2	5.7	5.4
Former USSR/Anc. URSS		0.3			x3.7	x2.4	x3.1	x4.0	x3.2		Korea Republic	2.8	2.7	2.8	3.4	3.4	5.0	5.7	5.1	5.6	6.5
Canada	6.5	7.4	7.3	5.7	4.3	3.7	3.6	3.1	3.1	3.3	Netherlands/Pays–Bas	5.8	5.5	5.5	6.0	5.8	5.2	5.2	5.0	4.7	4.4

658 TEXTILE ARTICLES NES / ART FACONNES MAT TEXTILES 658

TRADE BY COMMODITY IN THOUSAND U.S. DOLLARS – COMMERCE PAR PRODUIT EN MILLIERS DE DOLLARS E.U

COUNTRIES–PAYS	IMPORTS – IMPORTATIONS					COUNTRIES–PAYS	EXPORTS – EXPORTATIONS				
	1988	1989	1990	1991	1992		1988	1989	1990	1991	1992
Total	x8033733	x8077704	x9530393	9855166	10277223	Totale	7438234	7114412	8439083	9020595	9769996
Africa	x234258	x184190	x214602	x260808	x298939	Afrique	x54394	x57736	x104426	x114038	x106143
Northern Africa	67254	x51602	x63393	x74285	x85070	Afrique du Nord	35636	41301	63057	77023	73155
Americas	x1640431	1599771	x1821278	x1941683	x2216074	Amériques	650959	602811	689637	806728	864881
LAIA	50900	68653	81715	120898	x202282	ALAI	245077	249938	263272	295168	338239
CACM	9769	11487	11054	11149	x15359	MCAC	19172	16870	15250	13502	x16373
Asia	x1544614	x1613662	x1633682	x1833616	x2145246	Asie	3629062	3340915	3849091	4235666	x4880534
Middle East	x572450	x430083	x487965	x496540	x574767	Moyen–Orient	261273	253547	305844	359221	395151
Europe	3455384	3507715	4532893	4970968	5254918	Europe	2658376	2687645	3370734	3435087	3569465
EEC	2800644	2854026	3679491	4156810	4408901	CEE	2347607	2395396	3006021	3077494	3197215
EFTA	638804	630444	801655	781539	802969	AELE	245586	230935	288925	280636	293886
Oceania	x238027	x246823	x238357	x249973	x258642	Océanie	x29129	35666	37486	x48547	x48008
USA/Etats–Unis d'Amer	1257260	1206247	1405902	1461848	1643767	China/Chine	1183420	1271282	1375655	1421732	1695098
Germany/Allemagne	725360	732077	1041441	1356827	1376427	Portugal	462938	492033	636676	630798	680895
Former USSR/Anc. URSS	x794266	x816176	x953929	x533667		Germany/Allemagne	483010	493974	589907	632767	627717
France, Monac	495370	495507	616901	632557	699455	Pakistan	379867	406614	481211	603816	667569
Japan/Japon	369025	459753	441429	494279	613729	Hong Kong	393274	422665	463078	535221	615101
United Kingdom	421736	407009	467753	479110	531791	USA/Etats–Unis d'Amer	339528	288412	360716	433396	451592
Hong Kong	316828	366309	402068	480850	580654	Belgium–Luxembourg	282575	309410	372874	361818	344493
Netherlands/Pays–Bas	339573	325434	423150	424430	454981	Korea Republic	333515	320687	325746	340802	338370
Italy/Italie	278243	304536	365108	435216	460442	India/Inde	232444	x218846	340669	331463	x393691
Belgium–Luxembourg	225479	236786	306400	320660	323494	Turkey/Turquie	221632	215172	262189	305549	340065
Canada	211822	227631	249082	276148	261917	France, Monac	204960	213599	267047	280802	309619
Saudi Arabia	212852	193256	x253484	x231103	x247734	United Kingdom	217611	212952	273342	273505	303557
Switz.Liecht	175003	179843	223410	228817	232577	Italy/Italie	198441	205554	274501	277943	258962
Spain/Espagne	118768	149313	193914	232112	256082	Netherlands/Pays–Bas	154943	152895	226090	248416	265299
Sweden/Suède	170549	165865	208405	193153	203281	Brazil/Brésil	196901	187715	191769	213715	248299
Australia/Australie	161011	176685	171783	173314	186420	Spain/Espagne	179199	159022	165466	166861	188677
Austria/Autriche	123833	123486	162533	174111	186714	Thailand/Thaïlande	105682	119226	124309	154624	x173565
United Arab Emirates	x181795	x94847	x90560	x125597	x158403	Austria/Autriche	73733	73300	99664	92371	102739
Norway,SVD,JM	99059	83726	106556	103354	113138	Bangladesh	106124	x58771	109970	87830	x97400
Singapore/Singapour	83473	86383	88848	104211	111050	Denmark/Danemark	73284	65005	81691	77616	82633
Denmark/Danemark	92691	79040	96165	93237	107838	Indonesia/Indonésie	24606	33360	78337	104618	184841
Finland/Finlande	61270	70579	93801	74439	60207	Yugoslavia SFR	63823	59488	75448	x76276	
China/Chine	59270	70351	57592	79976	32062	Czechoslovakia	x92129	x53333	x63340	x93887	x97345
Greece/Grèce	38154	55336	74480	73667	x77720	Greece/Grèce	58640	56241	71437	82005	x85665
Ireland/Irlande	49598	52698	69195	76115	77433	Sweden/Suède	70195	64393	74007	70992	71556
New Zealand	48680	44572	38592	47625	45199	Switz.Liecht	61690	56708	72523	74612	75593
Mexico/Mexique	11553	22751	37890	39954	63626	Bulgaria/Bulgarie	x48735	x88746	x87680	x27410	x37513
So. Africa Customs Un	23574	21376	23153	x47422	x50065	Hungary/Hongrie	46151	54107	51839	83436	x67529
Kuwait/Koweït	x45167	39969	x26247	x18772	x49139	Poland/Pologne	x22875	x60445	x59975	x57555	
Viet Nam	x8763	x64139	x11505	x2214	2519	Former USSR/Anc. URSS					x76251
Libyan Arab Jamahiriya	43069	21086	18915	x36164	x42769	Japan/Japon	55260	59067	54356	59473	76057
Malaysia/Malaisie	20120	23990	24707	26358	x40727	Israel/Israël	48226	37365	63825	68293	74550
Bulgaria/Bulgarie	x9084	x17603	x49643	x7499	7643	Romania/Roumanie	x36893	55227	42214	31081	x19855
Korea Republic	7294	14376	23826	36468	35063	Ireland/Irlande	32007	34689	46971	44944	49698
Yugoslavia SFR	3154	12659	39779	x21804		Philippines	26251	x46675	35265	44329	34323
Portugal	15672	16289	24984	32880	43238	Canada	33769	31153	39395	51314	43544
Poland/Pologne	24160	39729	22805	11478	x25567	Singapore/Singapour	25573	34235	37137	30736	30689
Venezuela	21872	22940	16657	19017	34222	Egypt/Egypte	11295	21838	33329	38799	38254
Hungary/Hongrie	x17830	x21490	x15102	20211	x25380	Australia/Australie	19530	26343	26239	35051	31363
Sudan/Soudan	x5531	x15603	x20321	x15663	x17588	Colombia/Colombie	16456	21251	23433	35695	37237
Israel/Israël	17146	14294	19892	16917	21219	Mexico/Mexique	20669	22993	23278	28293	33880
Iran (Islamic Rp. of)	x19566	x8433	x16017	x24837	x24954	Finland/Finlande	25037	22090	25527	21679	23132
Romania/Roumanie	x11024	11559	30598	6402	x24609	Malaysia/Malaisie	10967	13926	21047	26518	x29648
Cuba	x9577	20328	x12694	x13798	x21138	Sri Lanka	19224	17143	13565	28126	34261
Chile/Chili	9603	13579	11814	20511	x40750	Former GDR	x123576	x33722	x20025		
Iraq	x50653	x21419	x19849	x2023	x1068	Macao/Macao	26932	21760	15349	15794	12085
Macau/Macao	21685	17168	12895	13027	11670	Norway,SVD,JM	13639	13557	15925	19448	19877
Philippines	9208	x22053	12409	7901	10148	United Arab Emirates	x6033	x8784	x15669	x17954	x22961
Indonesia/Indonésie	3553	9099	14162	16226	16760	Morocco/Maroc	15340	8926	13912	18886	21154
Czechoslovakia	x16590	7611	12068	x17704	x19355	Tunisia/Tunisie	8971	10117	12900	18202	13617

(VALUE AS % OF TOTAL)(VALEUR EN % DU TOTAL)

	1983	1984	1985	1986	1987	1988	1989	1990	1991	1992		1983	1984	1985	1986	1987	1988	1989	1990	1991	1992
Africa	x5.5	x4.2	2.6	x3.8	x2.7	2.9	x2.3	x2.2	x2.7	2.9	Afrique	1.2	0.9	0.7	0.7	x0.5	x0.7	0.6	x1.3	x1.3	x1.0
Northern Africa	x2.6	x2.1	1.0	x0.7	x0.6	0.8	x0.6	x0.7	0.8	x0.8	Afrique du Nord	0.7	0.5	0.3	0.4	0.3	0.5	0.6	0.7	0.9	0.7
Americas	x18.0	22.5	29.0	x27.7	x22.2	19.9	19.9	x19.1	19.7	x21.5	Amériques	10.3	12.9	12.7	10.4	8.2	8.7	8.5	8.1	9.0	8.9
LAIA	0.8	1.2	1.4	0.9	0.5	0.6	0.8	0.9	1.2	x2.0	ALAI	2.7	6.2	5.7	3.4	2.7	3.3	3.5	3.1	3.3	3.5
CACM	x0.1	0.2	0.2	0.2	x0.2	0.1	0.1	0.1	0.1	x0.1	MCAC	x0.2	0.3	0.3	0.3	0.2	0.3	0.2	0.2	0.1	x0.2
Asia	x26.9	23.1	20.0	17.9	x17.3	x19.2	20.0	x17.1	18.6	20.9	Asie	35.9	38.4	38.0	35.4	46.7	48.8	47.0	45.6	46.9	x49.9
Middle East	x14.7	x11.8	9.2	x7.6	x6.3	x7.1	x5.3	5.1	x5.0	5.6	Moyen–Orient	x1.1	3.5	3.7	3.7	x3.6	3.5	3.6	3.6	4.0	4.0
Europe	45.2	40.2	43.9	46.3	43.6	43.0	43.4	47.6	50.4	51.1	Europe	48.0	43.5	44.4	48.8	37.3	35.7	37.8	39.9	38.1	36.5
EEC	36.5	32.4	35.5	37.3	34.8	34.9	35.3	38.6	42.2	42.9	CEE	43.6	38.5	38.9	43.0	32.9	31.6	33.7	35.6	34.1	32.7
EFTA	8.6	7.6	8.3	9.0	8.6	8.0	7.8	8.4	7.9	7.8	AELE	4.4	3.6	3.8	4.3	3.3	3.3	3.2	3.4	3.1	3.0
Oceania	3.9	x4.1	3.9	x3.0	x2.6	x3.0	3.0	x2.5	x2.5	x2.6	Océanie	0.4	0.6	0.6	x0.8	0.4	x0.4	0.5	0.4	x0.5	x0.5
USA/Etats–Unis d'Amer	12.6	16.2	22.8	21.9	17.3	15.6	14.9	14.8	14.8	16.0	China/Chine			2.0	1.9	13.5	15.9	17.9	16.3	15.8	17.4
Germany/Allemagne	9.7	8.4	8.5	9.4	9.0	9.0	9.1	10.9	13.8	13.4	Portugal	7.6	6.9	7.0	7.5	6.0	6.2	6.9	7.5	7.0	7.0
Former USSR/Anc. URSS			5.3		x9.6	x9.9	x10.1	x10.0	x5.4		Germany/Allemagne	7.0	6.4	6.9	8.5	6.4	6.5	6.9	6.7	7.0	6.4
France, Monac	7.1	6.1	6.8	7.6	6.4	6.2	6.1	6.5	6.4	6.8	Pakistan	7.0	4.8	5.7	6.7	4.9	5.1	5.7	5.7	6.7	6.8
Japan/Japon	2.6	2.4	2.9	3.3	3.5	3.5	5.7	4.6	4.6	6.0	Hong Kong	6.9	6.4	6.1	6.8	5.4	5.3	5.9	5.5	5.9	6.3
United Kingdom	5.8	5.3	6.3	5.7	5.1	5.2	5.0	4.9	4.9	5.2	USA/Etats–Unis d'Amer	6.7	5.7	5.8	6.5	4.3	4.6	4.1	4.3	4.8	4.6
Hong Kong	4.8	4.2	4.3	4.2	4.6	4.2	4.0	4.4	4.3	5.6	Belgium–Luxembourg	4.4	4.1	4.4	4.9	3.7	3.8	4.3	4.4	4.0	3.5
Netherlands/Pays–Bas	4.7	4.1	4.7	4.9	3.9	3.5	3.8	3.8	4.4	4.5	Korea Republic	5.9	6.0	5.0	4.6	4.2	4.5	4.5	3.9	3.8	3.5
Italy/Italie	2.7	2.6	2.9	2.9	3.3	3.5	3.4	3.2	3.2	3.3	India/Inde		6.6	5.5	5.1	3.0	3.1	x3.1	4.0	3.7	x4.0
Belgium–Luxembourg	3.2	3.1	3.1	3.1	2.9	2.8	2.9	3.2	3.3	3.1	Turkey/Turquie		2.7	3.5	3.3	3.0	3.0	3.0	3.1	3.4	3.5

127

659 FLOOR COVERINGS, ETC

TRADE BY COMMODITY IN THOUSAND U.S. DOLLARS – COMMERCE PAR PRODUIT EN MILLIERS DE DOLLARS E.U

COUNTRIES–PAYS	IMPORTS – IMPORTATIONS					COUNTRIES–PAYS	EXPORTS – EXPORTATIONS				
	1988	1989	1990	1991	1992		1988	1989	1990	1991	1992
Total	7631258	7745400	8723889	8909051	9124385	Totale	x7529240	x7465170	8381541	8942576	x9142653
Africa	x43657	x46423	x57971	x54085	x62212	Afrique	x92096	x93192	x108991	x84872	x89774
Northern Africa	7801	15821	12014	x10413	x14165	Afrique du Nord	87066	85139	96598	75243	79519
Americas	956415	x988490	x1019594	1100651	x1250190	Amériques	530206	581147	741512	891127	925410
LAIA	24344	37389	53698	84991	x125323	ALAI	52450	61586	55731	54998	71206
CACM	2083	2454	3000	2339	x4302	MCAC	1415	832	774	982	x844
Asia	x1308532	x1238246	x1192314	x1257476	x1373458	Asie	x2572291	x2374670	x2295039	x2816093	x2994474
Middle East	x549648	x416587	x352517	x416497	x459843	Moyen–Orient	x831363	x687081	x676223	x733147	x854427
Europe	4863836	4943112	5926829	5998229	6229675	Europe	3951418	4134090	4980987	4908953	5009074
EEC	4012684	4108584	4972842	5134291	5373440	CEE	3688319	3875060	4656265	4654038	4729818
EFTA	842155	823970	936130	847205	835937	AELE	223731	215673	263894	249520	274041
Oceania	x128336	x140091	x137003	x118433	x117301	Océanie	x72480	x68216	x76110	x64064	x64369
Germany/Allemagne	1478826	1537001	1917809	2088762	2248451	Belgium–Luxembourg	1687863	1829231	2226941	2278446	2348700
United Kingdom	773317	762935	857163	811159	849166	Germany/Allemagne	561585	593477	678282	649409	612253
France, Monac	607953	627365	739585	682839	685409	Netherlands/Pays–Bas	548147	539705	650498	652168	632571
USA/Etats–Unis d'Amer	697597	676966	660843	644278	780001	USA/Etats–Unis d'Amer	397796	439891	605990	756165	765916
Japan/Japon	485010	526631	503324	506840	533469	India/Inde	411351	x551891	453678	523142	x610616
Netherlands/Pays–Bas	421266	423376	490991	508511	516009	China/Chine	443181	491330	450055	498578	625244
Former USSR/Anc. URSS	x263743	x324152	x330554	x305139		Iran (Islamic Rp. of)	x650292	x464842	x438976	x525975	x572769
Switz.Liecht	322044	300897	344865	301618	303831	United Kingdom	351251	350744	416789	383200	389714
Belgium–Luxembourg	258450	267974	322185	340774	337787	Pakistan	242535	226152	236456	224655	211293
Canada	191021	240673	272838	344677	315175	France, Monac	136675	154840	229432	257548	312623
Italy/Italie	213817	212934	272684	293461	280150	Afghanistan	x106421	x71663	x76458	x447374	x136744
Saudi Arabia	295392	230000	x190600	x222131	x201026	Turkey/Turquie	141332	171808	202416	189032	262442
Sweden/Suède	190503	205579	222952	196004	180842	Denmark/Danemark	167619	158610	173980	144887	150255
Austria/Autriche	165045	166877	208817	214854	224269	Austria/Autriche	81885	83951	107701	112452	114800
Hong Kong	108602	109570	116849	110272	118478	Italy/Italie	79333	87349	101390	100347	107636
Spain/Espagne	73382	72269	103853	124887	126683	Switz.Liecht	88159	85517	106629	96424	115875
Australia/Australie	99111	110304	100387	86861	86680	Hong Kong	84346	91398	90497	87609	84569
Norway, SVD, JM	113083	91718	94473	80314	83281	Canada	77403	77873	78222	78409	86177
Denmark/Danemark	90255	79067	88505	88703	96413	Nepal/Népal	54453	63023	78010	x85081	x199427
Singapore/Singapour	55928	67001	88470	85853	111134	Former USSR/Anc. URSS	x84530	x65289	x56263	x92733	
Ireland/Irlande	58152	62875	87354	83985	91673	Spain/Espagne	54856	55580	62062	56595	57249
United Arab Emirates	x129287	x63143	x58378	x72223	x77949	Morocco/Maroc	68472	61037	55325	43160	36698
Greece/Grèce	20048	42559	60790	70816	x88865	Ireland/Irlande	47358	47738	54811	53794	58463
Finland/Finlande	44529	54134	59823	49038	38956	Mexico/Mexique	44720	51906	44241	39892	49067
Korea Republic	24103	38215	53700	54185	51959	New Zealand	48999	47558	48201	38859	40153
Mexico/Mexique	15274	24635	35261	55351	68363	Japan/Japon	59114	51864	46323	33233	32818
Kuwait/Koweït	x43858	45575	x30702	x38912	x63657	Indonesia/Indonésie	69886	35167	29375	49351	51530
Portugal	17219	20231	31922	40395	52835	Korea Republic	48124	41145	32894	38405	33540
China/Chine	20215	34152	31766	23227	28094	Sweden/Suède	43001	36877	40781	33995	36735
New Zealand	21984	23079	28643	23082	23160	Portugal	32093	32876	39689	37003	36002
Poland/Pologne	7507	15059	4975	45561	x47180	Yugoslavia SFR	39339	43310	60528	x4961	
Malaysia/Malaisie	13466	17212	16808	17713	x23311	Greece/Grèce	21738	24792	22273	40522	x24353
So. Africa Customs Un	17691	13983	15775	x20802	x20128	Australia/Australie	21910	20057	27680	24807	23429
Bulgaria/Bulgarie	x17944	x21916	x25990	x1618	2200	Egypt/Egypte	7470	15714	30819	24954	26831
Bahrain/Bahreïn	x11568	x13983	x12059	x15863	x19489	Czechoslovakia	x27236	x20362	x21789	x25309	x13121
Qatar	12665	11891	14677	14644	x13127	Romania/Roumanie	x35277	29861	23284	13439	x13685
Israel/Israël	4950	8660	10321	16723	19608	Poland/Pologne	33370	36092	17550	12424	x8629
Hungary/Hongrie	x8224	x8630	x9976	14792	x20225	Singapore/Singapour	18041	20218	22103	20661	23356
Yugoslavia SFR	3557	6177	12794	x12314		Israel/Israël	17932	11469	22725	27299	24651
Oman	10276	9679	8796	12547	x9410	Hungary/Hongrie	x12366	x16789	x19685	x23521	x14801
Cyprus/Chypre	8411	9016	10540	9148	12004	Bulgaria/Bulgarie	x34319	x26819	x26517	x5671	x5258
Lebanon/Liban	x8882	x8109	x5710	x14529	x12941	Bangladesh	49786	x3177	47826	2690	x5368
Czechoslovakia	x6445	9352	7300	x10135	x16564	Thailand/Thaïlande	12403	12663	17426	18127	x17044
Libyan Arab Jamahiriya	4380	9112	7196	x8020	x8509	United Arab Emirates	x12900	x16735	x13071	x8709	x9958
Chile/Chili	4024	5219	8137	9766	x18209	Philippines	4681	x11116	8688	9146	8001
Jordan/Jordanie	14668	10429	4713	2936	4857	So. Africa Customs Un	x3465	x7263	x10675	x8621	x8094
Former GDR	x26056	x9088	x8424			Tunisia/Tunisie	11110	8329	10072	6952	15821
Iceland/Islande	6950	4766	5200	5376	4756	Syrian Arab Republic	4648	10079	9676	x1962	x2349
Turkey/Turquie	785	1287	7120	5165	6225	Saudi Arabia	6341	14553	x5500	x901	x961
Bahamas	20699	x6772	x3582	x3112	x2734	Brazil/Brésil	4517	5407	5230	8811	14160

(VALUE AS % OF TOTAL)(VALEUR EN % DU TOTAL)

	1983	1984	1985	1986	1987	1988	1989	1990	1991	1992		1983	1984	1985	1986	1987	1988	1989	1990	1991	1992
Africa	x0.8	0.7	0.3	0.6	0.6	0.5	0.6	0.7	0.6	0.7	Afrique	1.9	1.6	1.4	1.3	1.3	x1.2	x1.3	x1.3	1.0	x1.0
Northern Africa	x0.2	x0.1	0.1	x0.1	0.1	0.1	0.2	0.1	x0.1	0.2	Afrique du Nord	1.7	1.4	1.3	1.2	1.1	1.2	1.1	1.2	0.8	0.9
Americas	11.4	15.4	19.1	x16.5	x14.1	12.5	x12.7	x11.7	x13.7	x13.7	Amériques	x9.7	8.6	7.9	6.3	5.6	7.0	7.7	8.9	9.9	10.1
LAIA	0.2	0.2	0.2	0.1	0.2	0.3	0.5	0.6	1.0	x1.4	ALAI	0.7	0.8	0.7	0.7	0.3	0.7	0.8	0.7	0.6	0.8
CACM	x0.0	0.0	0.1	0.0	0.1	0.0	0.0	0.0	0.0	x0.0	MCAC	x0.0	0.0	0.0	0.0	0.0	0.0	0.0	0.0	0.0	x0.0
Asia	17.0	17.5	16.2	14.7	x13.8	x17.1	x16.0	13.7	x14.1	15.1	Asie	x29.4	x30.2	25.4	x31.6	33.9	x34.1	x31.8	27.4	x31.5	x32.7
Middle East	12.2	12.3	9.8	x8.0	x5.7	x7.2	x5.4	4.0	x4.7	x5.0	Moyen–Orient	x7.0	x12.1	3.8	x10.2	x11.5	x11.0	x9.2	x8.1	x8.2	x9.3
Europe	59.6	54.4	61.2	66.0	65.3	63.7	63.8	67.9	67.3	68.3	Europe	55.3	55.8	60.9	57.3	52.7	52.5	55.4	59.4	54.9	54.8
EEC	49.1	44.3	49.7	53.3	53.0	52.1	53.0	57.0	57.6	58.9	CEE	51.9	51.6	56.6	53.2	49.2	49.0	51.9	55.6	52.0	51.7
EFTA	10.5	10.0	11.3	12.6	12.2	11.0	10.6	10.7	9.5	9.2	AELE	3.3	3.2	3.6	3.4	3.0	2.9	2.9	3.1	2.8	3.0
Oceania	x1.8	x2.1	2.5	x2.0	x1.6	x1.7	x1.8	1.6	x1.3	x1.3	Océanie	x1.4	x1.4	1.7	x1.2	1.0	x0.9	x0.9	x0.9	0.7	x0.7
Germany/Allemagne	21.7	18.0	18.6	20.7	20.3	19.4	19.8	22.0	23.4	24.6	Belgium–Luxembourg	23.7	23.6	25.3	24.1	21.9	22.2	24.5	26.6	25.5	25.7
United Kingdom	8.5	8.2	9.9	9.8	9.6	10.1	9.9	9.8	9.1	9.3	Germany/Allemagne	7.6	7.0	7.7	7.7	7.5	7.5	7.9	8.1	7.3	6.7
France, Monac	6.6	5.9	7.3	8.2	8.1	8.0	8.1	8.5	7.7	7.5	Netherlands/Pays–Bas	7.8	8.3	9.2	8.4	8.1	7.3	7.2	7.8	7.3	6.9
USA/Etats–Unis d'Amer	9.3	12.7	16.2	14.0	11.8	9.1	8.7	7.6	7.2	8.5	USA/Etats–Unis d'Amer	8.3	6.6	5.5	4.4	4.0	5.3	5.9	7.2	8.5	8.4
Japan/Japon	2.3	2.2	3.1	3.7	4.9	6.4	6.8	5.8	5.7	5.8	India/Inde	5.9		6.2	5.4	4.5	5.5	4.7	5.4	5.9	x6.7
Netherlands/Pays–Bas	4.7	4.7	5.4	5.9	5.6	5.5	5.6	5.7	5.7	5.7	China/Chine			5.0	4.3	4.9	5.9	6.6	5.4	5.6	6.8
Former USSR/Anc. URSS	8.8	9.5		x3.6	x3.5	x4.2	x3.8	3.4			Iran (Islamic Rp. of)	x5.4	x5.4		x7.2	x8.4	x8.6	x6.2	x5.2	x5.9	x6.3
Switz.Liecht	4.2	4.0	4.5	5.0	4.7	4.2	3.9	4.0	3.4	3.3	United Kingdom	5.3	5.3	6.2	5.2	4.7	4.7	4.7	5.0	4.3	4.3
Belgium–Luxembourg	2.8	2.7	2.8	2.8	3.1	3.4	3.5	3.7	3.8	3.7	Pakistan	4.3	4.1	3.5	3.7	3.3	3.2	3.0	2.8	2.5	2.3
Canada	1.6	1.8	2.2	1.8	1.6	2.5	3.1	3.1	3.9	3.5	France, Monac	1.8	1.7	1.9	1.6	1.6	1.8	2.1	2.7	2.9	3.4

661 LIME, CEMENT, BLDG PRODS — CHAUX, CIMENTS MAT CONSTR 661

TRADE BY COMMODITY IN THOUSAND U.S. DOLLARS — COMMERCE PAR PRODUIT EN MILLIERS DE DOLLARS E.U

IMPORTS — IMPORTATIONS

COUNTRIES–PAYS	1988	1989	1990	1991	1992
Total	6402938	6831122	8123744	0546767	8805044
Africa	x418476	x383171	x482689	x517347	x538760
Northern Africa	212819	178767	200298	x156355	x158997
Americas	x1593049	x1548753	x1595112	x1302750	x1187204
LAIA	33131	33954	37785	49646	91655
CACM	3259	7434	4344	5007	x7653
Asia	x1726304	x1926066	x2282025	x2888009	x2805706
Middle East	x373647	360542	x308125	x299057	x390796
Europe	2509834	2756568	3580016	3654070	4117843
EEC	2134679	2349447	3071635	3172805	3630570
EFTA	345989	373514	462599	440655	429144
Oceania	x89216	x114001	x106242	x105351	x94181
USA/Etats–Unis d'Amer	1268757	1230372	1280667	996785	824689
Germany/Allemagne	606873	635316	856868	1028189	1378329
Japan/Japon	627460	801617	755926	842834	751279
Netherlands/Pays–Bas	420805	409105	514080	490887	522921
United Kingdom	345249	433795	464406	352976	293082
France, Monac	298382	324994	424809	441908	514856
Korea Republic	42247	50880	258207	518019	387387
Hong Kong	262750	251055	261345	247464	275250
Belgium–Luxembourg	164231	182336	242264	230177	249472
Spain/Espagne	87978	120328	229746	269612	256763
Italy/Italie	128021	147835	209695	231269	274286
Switz.Liecht	154859	170113	207314	195123	175192
Thailand/Thaïlande	3698	19307	152876	375757	175468
Singapore/Singapour	87690	102677	156725	195187	237610
Canada	135266	144793	151048	127155	115361
Saudi Arabia	142189	117771	x125254	x188227	131282
Austria/Autriche	72323	76214	101763	110280	x81433
Algeria/Algérie	49331	107001	81382	97419	74252
Sweden/Suède	60185	71795	91541	81309	128133
Israel/Israël	43363	41799	62629	108336	38543
Australia/Australie	46384	72302	63982	55895	x91307
Bangladesh	x46653	x52166	x57763	x69689	x30328
Kuwait/Koweït	x58543	152016	x23800	x936	65005
Denmark/Danemark	45886	44012	56656	55876	54063
Ireland/Irlande	29692	41235	56092	56048	48030
China/Chine	93989	81034	38112	26131	x27353
Former USSR/Anc. URSS	x27628	x50412	x48237	x37717	53170
Libyan Arab Jamahiriya	27130	32208	71990	x22958	x7158
Sri Lanka	22407	30464	35994	53442	
Viet Nam	x45375	x57782	x55980	x5468	
Nigeria/Nigéria	x21873	x20932	x33095	x53112	x91649
United Arab Emirates	x42345	x22100	x35929	x44284	x54752
Finland/Finlande	21360	32504	37958	31319	23968
Turkey/Turquie	52365	14877	49113	30678	31889
Malaysia/Malaisie	12568	13008	28278	51925	x92437
Philippines	6160	x16348	56417	15990	82452
Cameroon/Cameroun	x15581	28088	x18302	40756	x17272
Mauritius/Maurice	x1167	20287	30725	35596	37469
Cote d'Ivoire	x32968		x30747	x48764	x71246
Reunion/Réunion	20214	23615	24560	26183	30799
Norway,SVD,JM	35258	20816	21930	19671	21482
Macau/Macao	16708	22393	19531	19599	24019
Morocco/Maroc	6806	11151	19320	23525	37619
So. Africa Customs Un	13009	11075	15912	x23867	x25139
Mexico/Mexique	13005	13383	14547	21208	36971
Ghana	x9129	x19974	x15133	x11264	x15474
Martinique	15044	12869	15413	17112	16686
Togo	13750	12821	23854	8688	x7187
Hungary/Hongrie	x16654	x21609	x7640	15764	x15281
Oman	16964	10627	10154	23095	x7054

EXPORTS — EXPORTATIONS

COUNTRIES–PAYS	1988	1989	1990	1991	1992
Totale	x6151688	6224990	7429995	7639895	8210083
Afrique	x71692	x157896	x161437	x142327	x137153
Afrique du Nord	40359	73285	99856	56690	76261
Amériques	570689	572477	657818	655172	687201
ALAI	247127	276115	268365	255507	270202
MCAC	6402	10303	7393	5762	x7311
Asie	x1266647	1331397	1608494	1811267	1918334
Moyen–Orient	x174510	x226845	x359617	x329551	x318835
Europe	3560878	3843415	4671884	4612548	5013704
CEE	3412998	3700081	4486605	4441940	4772516
AELE	101557	100499	129043	131591	165091
Océanie	x23745	23426	21691	28904	x39933
Italy/Italie	1445972	1599181	1885383	1869235	1904848
Spain/Espagne	390909	390180	459220	450940	487943
Belgium–Luxembourg	343225	353371	444142	438164	520975
France, Monac	315494	341936	437673	429301	445150
Germany/Allemagne	339076	352934	409620	388027	436002
China/Chine	70991	114977	375838	596800	477099
Korea Republic	351152	417935	318054	317514	303549
Greece/Grèce	173146	227134	274685	274916	x345182
Japan/Japon	141164	189913	210256	279875	441843
Canada	219105	170565	227042	217569	224397
Portugal	123897	124933	176784	180088	204927
Netherlands/Pays–Bas	104302	108256	157726	146283	158577
United Kingdom	89980	103315	137241	146054	137893
USA/Etats–Unis d'Amer	71696	90833	133161	154409	165362
Mexico/Mexique	156472	158829	114240	149072	184453
Turkey/Turquie	26090	60388	100350	48130	84931
Indonesia/Indonésie	79711	132903	x73225	x81518	114220
Former USSR/Anc. URSS	x130812	x95705	57440	85362	98469
Denmark/Danemark	47183	57394	69499	51157	67057
Tunisia/Tunisie	37455	70217			
Romania/Roumanie	x195154	53594	65628	67862	x64069
Malaysia/Malaisie	56155	70815	63961	48757	x11186
Czechoslovakia	x30937	x18830	x30847	x126088	x192015
Venezuela	26663	42838	72023	59229	40731
United Arab Emirates	x43301	x62279	x56145	x44782	40427
Saudi Arabia	17326	28210	x68206	x64503	x25195
Poland/Pologne	34273	34503	49435	71135	x115422
India/Inde	13088	x41962	42092	65332	x98574
Hong Kong	66781	56381	45390	39946	66331
Austria/Autriche	37923	39915	50773	48010	55793
Yugoslavia SFR	46195	42395	55726	x38291	
Colombia/Colombie	31348	30036	41663	49978	47129
Ireland/Irlande	39815	41320	46562	33441	32549
Bulgaria/Bulgarie	x85017	x41515	x49682	x24918	x26799
Jordan/Jordanie	10276	17351	37767	39488	36281
Singapore/Singapour	16825	23985	36508	31782	38101
Brazil/Brésil	21231	26860	26197	36146	80750
So. Africa Customs Un	x9086	x21204	x24726	x33566	x27975
Korea Dem People's Rp	x46726	x22281	x23272	x23136	x8347
Norway,SVD,JM	14422	15884	24590	24936	25169
Sweden/Suède	21881	17549	21003	23940	35954
Cameroon/Cameroun	x87	36495	x114	25703	x9
Former GDR	x168315	x37621	x21144		
Finland/Finlande	15048	16012	19850	20120	29624
Hungary/Hongrie	x11697	x14292	x17980	x17425	x14261
Iraq	x47828	x19543	x26485	x1077	x192
Cyprus/Chypre	12770	13309	18026	13506	14533
Syrian Arab Republic	2014	11757	26128	x3270	x127
Macau/Macao	17696	14106	12237	12771	15482
Switz.Liecht	12276	11139	12826	14580	18550

(VALUE AS % OF TOTAL) (VALEUR EN % DU TOTAL)

	1983	1984	1985	1986	1987	1988	1989	1990	1991	1992		1983	1984	1985	1986	1987	1988	1989	1990	1991	1992
Africa	x20.2	19.8	18.5	x16.1	x9.9	6.5	5.6	5.9	6.1	6.1	Afrique	2.8	x1.1	1.4	1.4	1.3	x1.1	x2.5	2.1	x1.8	x1.6
Northern Africa	15.4	14.1	14.9	10.8	5.5	3.3	2.6	2.5	x1.8	1.8	Afrique du Nord	0.0	x0.0	0.1	0.3	0.5	0.7	1.2	1.3	0.7	0.9
Americas	11.0	15.8	23.6	24.8	x25.9	24.9	22.6	x19.6	x15.3	x13.5	Amériques	7.1	11.9	15.7	12.8	10.2	9.2	9.2	8.8	8.6	8.3
LAIA	0.5	0.5	0.6	0.6	0.4	0.5	0.5	0.5	0.6	1.0	ALAI	1.2	4.7	8.3	5.3	4.4	4.0	4.4	3.6	3.3	3.3
CACM	x0.0	0.2	0.2	0.1	0.1	0.1	0.1	0.1	0.1	x0.1	MCAC	x0.2	0.2	0.1	0.1	0.1	0.1	0.2	0.1	0.1	x0.1
Asia	47.6	41.0	32.4	x27.0	x25.4	27.0	28.1	28.1	33.8	x31.9	Asie	26.4	22.8	19.8	16.2	x18.9	x20.6	21.4	21.7	23.7	23.4
Middle East	x30.4	25.7	13.0	x9.5	x6.7	x5.8	5.3	x3.8	3.5	x4.4	Moyen–Orient	x4.0	5.2	x4.0	x3.3	x2.6	x2.8	x3.6	x4.8	x4.3	x3.9
Europe	20.0	21.5	24.1	30.5	36.2	39.2	40.4	44.1	42.8	46.8	Europe	62.1	59.9	61.4	67.9	59.0	57.9	61.7	62.9	60.4	61.1
EEC	17.5	18.2	20.4	25.5	30.0	33.3	34.4	37.8	37.1	41.2	CEE	60.4	57.0	58.4	64.7	56.3	55.5	59.4	60.4	58.1	58.1
EFTA	2.4	2.6	3.3	4.6	5.7	5.4	5.5	5.7	5.2	4.9	AELE	1.7	1.8	1.8	2.3	1.9	1.7	1.6	1.7	1.7	2.0
Oceania	0.9	x1.0	0.8	x1.0	x1.1	1.4	x1.6	x1.3	x1.2	x1.1	Océanie	x0.5	0.4	0.3	x0.3	x0.2	x0.4	0.4	0.3	0.4	x0.5
USA/Etats–Unis d'Amer	8.2	12.7	20.3	21.0	21.6	19.8	18.0	15.8	11.7	9.4	Italy/Italie	19.2	19.6	22.1	25.1	22.6	23.5	25.7	25.7	24.5	23.2
Germany/Allemagne	6.0	6.2	6.7	8.2	9.4	9.5	9.3	10.5	12.0	15.7	Spain/Espagne	11.6	9.8	8.0	7.8	6.5	6.4	6.3	6.2	5.9	5.9
Japan/Japon	1.8	2.1	3.9	5.4	7.7	9.8	11.7	9.3	9.9	8.5	Belgium–Luxembourg	5.9	5.7	5.4	6.4	5.8	5.6	5.7	6.0	5.7	6.3
Netherlands/Pays–Bas	4.3	4.3	4.8	6.0	6.7	6.6	6.0	6.3	5.7	5.9	France, Monac	6.3	6.0	6.2	6.6	5.4	5.5	5.5	5.9	5.6	5.4
United Kingdom	1.8	2.1	2.5	3.2	3.9	5.4	6.4	5.7	4.1	3.3	Germany/Allemagne	5.0	4.6	4.8	6.2	5.5	5.7	5.5	5.1	5.1	5.3
France, Monac	2.4	2.5	3.0	3.6	4.4	4.7	4.8	5.2	5.2	5.8	China/Chine			0.2	0.4	1.0	1.1	1.8	5.1	7.8	5.8
Korea Republic	0.4	0.5	0.7	0.8	0.7	0.7	0.7	3.2	6.1	4.4	Korea Republic	6.4	4.1	4.1	5.3	5.1	5.7	6.7	4.3	4.2	x4.2
Hong Kong	2.7	2.6	3.0	3.0	3.6	4.1	3.7	3.2	3.2	3.1	Greece/Grèce	4.9	5.8	5.5	5.3	3.9	2.8	3.6	3.7	3.6	5.4
Belgium–Luxembourg	1.2	1.3	1.7	2.1	2.3	2.6	2.7	3.0	2.7	2.8	Japan/Japon	13.2	9.9	7.7	4.1	2.3	2.3	3.1	2.8	3.7	5.4
Spain/Espagne	0.2	0.2	0.2	0.3	0.8	1.4	1.8	2.8	3.2	2.9	Canada	3.7	4.7	5.2	5.3	3.9	3.6	2.7	3.1	2.8	2.7

TRADE BY COMMODITY IN THOUSAND U.S. DOLLARS – COMMERCE PAR PRODUIT EN MILLIERS DE DOLLARS E.U

IMPORTS – IMPORTATIONS

COUNTRIES–PAYS	1988	1989	1990	1991	1992
Total	x6650963	6933596	7667118	7568810	x8344449
Africa	x309961	x267195	x342668	x371199	x417137
Northern Africa	153062	103320	118126	x138005	x149978
Americas	1124546	1215046	x1216779	1143686	x1244799
LAIA	137399	149071	180853	192372	x235233
CACM	8971	9116	13188	12798	x19873
Asia	x979609	x985609	x1145570	x1114088	x1365586
Middle East	x381936	x341957	x389968	x333005	x472301
Europe	3338081	3559197	4394196	4372641	4907236
EEC	2727133	2912823	3612539	3663115	4173089
EFTA	572350	589688	707637	652984	659150
Oceania	x167674	x224134	x193366	x182753	x210407
Germany/Allemagne	740030	801276	1081551	1223587	1556411
France, Monac	710766	730385	870859	820772	855590
USA/Etats-Unis d'Amer	600470	669199	652379	594201	643806
Belgium–Luxembourg	317630	340089	425914	422127	456682
United Kingdom	298173	317022	324949	293311	298682
Canada	286535	290567	256680	242984	234786
Italy/Italie	204260	207549	264859	274866	290251
Netherlands/Pays-Bas	186005	194619	237437	224762	264560
Austria/Autriche	177896	175497	227912	224859	244620
Former USSR/Anc. URSS	x284703	x304201	x124497	x185758	
Switz.Liecht	171814	176842	202139	177256	174349
Australia/Australie	143424	197245	163847	153638	175314
Singapore/Singapour	123531	118861	141144	153761	169779
Greece/Grèce	70211	111070	149386	143919	x173407
Hong Kong	104896	114776	135332	140197	158935
Sweden/Suède	94120	98520	121213	118178	120513
Korea Republic	53884	79456	104750	105066	88543
Spain/Espagne	65585	76694	98072	98629	103918
Indonesia/Indonésie	47340	77910	86932	97680	94267
So. Africa Customs Un	52272	60974	91760	x94886	x90360
Finland/Finlande	61390	80547	91967	71721	64640
Bulgaria/Bulgarie	x136270	x157942	x70971	x13853	13300
Saudi Arabia	79608	87207	x80548	x63502	x84493
Mexico/Mexique	30800	46920	78753	88125	98865
Portugal	64361	59674	72591	77638	84448
Japan/Japon	45284	55757	72349	71192	64888
Hungary/Hongrie	x74185	x90435	x55526	41818	x43478
Turkey/Turquie	67846	65903	68947	52785	49113
Romania/Roumanie	x97302	66289	66121	41836	x38091
Norway,SVD,JM	63044	55141	60997	56709	51213
Iran (Islamic Rp. of)	x44724	x40292	x66702	x62518	x174270
Yugoslavia SFR	25760	41166	52662	x35903	
Denmark/Danemark	44182	41726	45750	41453	44253
Israel/Israël	25868	30400	37069	51624	67077
Ireland/Irlande	25931	32719	41170	42052	44920
United Arab Emirates	x47495	x25946	x41080	x37860	x38074
China/Chine	32124	37349	29642	37026	52132
Egypt/Egypte	51064	27821	28880	36002	25427
Czechoslovakia	x27804	20970	31714	x37483	x38169
Malaysia/Malaisie	16558	25426	35885	28071	x66809
Algeria/Algérie	55332	24657	33779	29818	x49000
Libyan Arab Jamahiriya	21041	21615	24496	x40873	x36867
Poland/Pologne	10723	10570	9210	61915	x65782
Cuba	x19437	23406	x30026	x20425	x30018
Bahrain/Bahrein	x9323	x12252	x21254	x30765	x17926
Chile/Chili	11769	26297	19048	16522	x27429
India/Inde	12652	x18681	23230	18786	x41522
Iraq	x31787	x27898	x31203	x265	x182
Brazil/Brésil	13513	18349	19367	19810	15477
Thailand/Thaïlande	8359	12507	24443	19076	14000

EXPORTS – EXPORTATIONS

COUNTRIES–PAYS	1988	1989	1990	1991	1992
Totale	5969226	6397998	7389882	7366098	8100733
Afrique	x21933	x38084	x43977	x36056	x28374
Afrique du Nord	11287	19915	26756	21659	17591
Amériques	466691	529824	577264	602532	646989
ALAI	172491	225948	200435	236716	282989
MCAC	3346	2369	2416	3371	4569
Asie	501393	520292	505458	530782	x1365586
Moyen–Orient	x35130	x49132	x51780	75536	78603
Europe	4826289	5155495	6148788	6051076	6670811
CEE	4426994	4747845	5674162	5612329	6237350
AELE	347420	345389	420511	404283	399555
Océanie	x15078	x17345	11994	x18019	x23622
Italy/Italie	1846494	2007655	2378306	2365520	2668171
Germany/Allemagne	989356	1009771	1148461	1064894	1098934
Spain/Espagne	463135	539215	686420	747620	928206
France, Monac	448594	468793	576971	551189	570201
Austria/Autriche	259638	258267	323364	308541	295050
USA/Etats-Unis d'Amer	235642	250215	312646	311763	316746
Netherlands/Pays-Bas	219204	227641	280048	279540	317313
United Kingdom	210039	206823	261753	258279	253928
Japan/Japon	249840	252458	242647	224314	242125
Belgium–Luxembourg	126066	137123	166075	159789	190677
Brazil/Brésil	97991	117718	86331	90838	120248
Portugal	44591	54258	76747	86153	115679
China/Chine	44517	62519	65449	72648	70961
Mexico/Mexique	40070	57516	52187	75492	87172
Canada	52711	48387	56852	46579	40553
Yugoslavia SFR	51592	62065	53916	x34253	
Turkey/Turquie	20670	33935	38753	63317	70191
Thailand/Thaïlande	38652	49360	44352	40642	x58306
Denmark/Danemark	30368	33115	42567	48166	49018
Sweden/Suède	37107	38160	41141	37567	40594
Switz.Liecht	31131	32871	38278	42099	45998
Czechoslovakia	x20603	x25281	x25016	x54800	x82209
Former USSR/Anc. URSS	x25057	x38456	x26112	x28719	
Greece/Grèce	30615	37536	29392	21170	x16980
Ireland/Irlande	18531	25872	27378	29968	28244
Hong Kong	20568	28580	22914	23532	23133
Korea Republic	29265	27674	21052	20568	34888
Hungary/Hongrie	x13537	x16094	x21835	x28741	x26803
Argentina/Argentine	13848	17337	24250	24086	23032
Malaysia/Malaisie	11866	18165	16191	25994	x37695
Singapore/Singapour	13509	18060	18912	22341	23082
Venezuela	7566	15480	18304	21783	23142
Tunisia/Tunisie	9381	14492	19038	15262	10415
Bulgaria/Bulgarie	x34331	x28515	x11787	x6747	x18969
So. Africa Customs Un	x9641	x17935	x15838	x12977	x9810
Australia/Australie	9748	15388	11092	16607	22692
Uruguay					
Finland/Finlande	8122	9173	10549	11225	14203
Romania/Roumanie	12719	10193	11276	9231	9967
Norway,SVD,JM	x7953	18788	7154	2295	x983
	6763	5840	6437	6834	7944
Sri Lanka	5449	4471	5673	7789	6328
Colombia/Colombie	3204	4402	4586	7546	10330
India/Inde	2547	x594	6899	6945	x5027
Former GDR	x32418	x7346	x6809		
Morocco/Maroc	1519	5216	5300	3358	3509
United Arab Emirates	x6231	x5030	x4037	x4511	x4208
Poland/Pologne	3793	2426	3605	6268	x8415
Lebanon/Liban	2977	x3765	x4128	x3946	x1911
Indonesia/Indonésie	2529	5319	3368	2596	11768
Peru/Pérou	615	2491	2745	x4117	x2584

(VALUE AS % OF TOTAL)(VALEUR EN % DU TOTAL)

	1983	1984	1985	1986	1987	1988	1989	1990	1991	1992		1983	1984	1985	1986	1987	1988	1989	1990	1991	1992
Africa	x6.7	x6.6	5.1	x5.8	x4.3	x4.7	3.9	x4.5	x5.0	x5.0	Afrique	0.6	0.4	0.3	0.3	0.3	x0.4	x0.6	x0.6	x0.5	x0.3
Northern Africa	x4.0	x3.1	2.9	2.9	2.2	2.3	1.5	1.5	x1.8	x1.8	Afrique du Nord	0.3	0.1	0.0	0.1	0.1	0.2	0.4	0.4	0.3	0.2
Americas	15.4	18.6	20.6	x20.0	x17.0	16.9	17.5	x15.9	15.1	x14.9	Amériques	6.5	7.9	7.9	6.2	6.6	7.8	8.3	7.8	8.2	8.0
LAIA	2.7	2.3	2.3	2.2	1.4	2.1	2.1	2.4	2.5	x2.8	ALAI	1.2	2.5	2.6	2.2	2.3	2.9	3.5	2.7	3.2	3.5
CACM	x0.1	0.2	0.3	0.1	0.2	0.1	0.1	0.2	0.2	x0.2	MCAC	x0.0	0.0	0.0	0.0	0.0	0.0	0.0	0.0	0.0	0.1
Asia	x23.5	23.7	21.7	15.5	x13.0	14.8	x14.2	14.9	14.7	x16.4	Asie	9.5	9.7	9.2	8.4	x7.8	x8.4	8.2	6.8	7.2	x7.3
Middle East	x12.7	x11.6	8.3	x6.7	x5.1	x5.7	x4.9	5.1	4.4	x5.7	Moyen–Orient	x0.5	0.7	0.5	x0.3	x0.5	x0.6	x0.8	x0.7	1.0	1.0
Europe	50.5	45.9	48.5	55.0	50.5	50.2	51.3	57.3	57.8	58.8	Europe	78.4	76.2	76.7	79.5	78.1	80.9	80.6	83.2	82.1	82.3
EEC	41.7	37.1	39.0	44.4	40.8	41.0	42.0	47.1	48.4	50.0	CEE	72.5	69.6	69.8	72.6	71.4	74.2	74.2	76.8	76.2	77.0
EFTA	8.7	8.1	8.8	10.0	9.0	8.6	8.5	9.2	8.6	7.9	AELE	5.9	5.4	5.9	6.2	6.0	5.8	5.4	5.7	5.5	4.9
Oceania	2.5	x2.6	2.5	x2.5	x2.5	2.5	x3.2	x2.5	x2.4	x2.5	Océanie	x0.1	x0.1	0.1	x0.1	x0.1	x0.3	x0.3	0.2	x0.2	x0.3
Germany/Allemagne	14.5	12.3	11.3	13.2	11.4	11.1	11.6	14.1	16.2	18.7	Italy/Italie	30.8	29.6	28.0	29.1	29.5	30.9	31.4	32.2	32.1	32.9
France, Monac	11.5	10.2	11.0	12.4	11.3	10.7	10.5	11.4	10.8	10.3	Germany/Allemagne	16.8	15.2	16.6	18.1	16.7	16.6	15.8	15.5	14.5	13.6
USA/Etats-Unis d'Amer	7.9	7.0	12.5	11.6	9.9	9.0	9.7	8.5	7.9	7.7	Spain/Espagne	5.9	6.4	5.9	5.6	6.3	7.8	8.4	9.3	10.1	11.5
Belgium–Luxembourg	4.1	3.9	4.5	5.0	4.7	4.8	4.9	5.6	5.6	5.5	France, Monac	7.6	7.3	7.8	7.6	7.6	7.7	7.8	7.5	7.0	7.0
United Kingdom	3.2	3.1	3.4	3.7	3.8	4.5	4.6	4.2	3.9	3.6	Austria/Autriche	4.4	4.0	4.4	4.4	4.5	4.3	4.0	4.4	4.2	3.6
Canada	3.7	4.3	4.6	4.1	3.9	4.3	4.3	3.3	3.2	2.8	USA/Etats-Unis d'Amer	4.6	4.8	4.7	3.4	3.5	3.9	3.9	4.2	4.2	3.9
Italy/Italie	2.8	2.7	3.1	3.4	3.3	3.1	3.0	3.5	3.6	2.8	Netherlands/Pays-Bas	3.8	3.5	3.3	3.7	3.4	3.7	3.6	3.8	3.8	3.9
Netherlands/Pays-Bas	2.5	2.3	2.6	2.9	2.8	2.8	2.8	3.1	3.0	3.2	United Kingdom	3.6	3.7	4.2	4.0	3.7	3.5	3.2	3.5	3.5	3.1
Austria/Autriche	3.0	2.5	2.7	3.1	2.8	2.7	2.5	3.0	3.0	2.9	Japan/Japon	6.8	7.0	7.1	6.6	4.5	4.2	3.9	3.3	3.0	3.0
Former USSR/Anc. URSS		1.2			x4.7	x4.3	x4.4	x1.6	x2.5		Belgium–Luxembourg	1.9	1.9	1.9	2.0	2.0	2.1	2.1	2.2	2.2	2.4

663 MINERAL MANUFCTURES NES

TRADE BY COMMODITY IN THOUSAND U.S. DOLLARS – COMMERCE PAR PRODUIT EN MILLIERS DE DOLLARS E.U

COUNTRIES–PAYS	IMPORTS – IMPORTATIONS 1988	1989	1990	1991	1992	COUNTRIES–PAYS	EXPORTS – EXPORTATIONS 1988	1989	1990	1991	1992
Total	6870066	7047911	8223065	8336248	8906738	Totale	6859272	6891892	8180484	8303773	9021398
Africa	x168811	x159222	x172258	x204282	x224262	Afrique	x13299	x15373	x15475	x18451	x25556
Northern Africa	68579	62935	66985	x75942	x75062	Afrique du Nord	6257	4228	6490	9106	12979
Americas	1171920	1222406	1290033	1312718	x1566318	Amériques	971926	893845	1059865	1117087	1258035
LAIA	184808	219215	210974	231901	316134	ALAI	75732	89520	90964	98740	127395
CACM	12936	14549	14458	14331	x15778	MCAC	1031	1539	1278	1486	x1674
Asia	x1037941	x994361	x1120038	x1249330	x1481084	Asie	x1211169	1193750	1354787	1455130	x1672689
Middle East	x224000	x164779	x210117	x253863	x307111	Moyen–Orient	x27122	x21338	x18695	x12368	x12224
Europe	3898153	4073233	5083764	4948788	5330438	Europe	4524192	4673151	5653310	5598590	5934493
EEC	3048513	3203311	3994348	4019515	4403719	CEE	3788648	3906728	4688978	4715209	4965870
EFTA	783612	810997	1021122	875640	865554	AELE	691155	722049	902918	830631	901382
Oceania	x136414	x149687	x152474	x145099	x157026	Océanie	x21233	x21577	x21404	27685	32511
Germany/Allemagne	750686	777466	1000234	1117922	1330772	Germany/Allemagne	1401433	1438321	1675301	1717889	1749476
USA/Etats–Unis d'Amer	718260	678302	739230	760402	872144	Japan/Japon	905207	911438	1037934	1091305	1249791
France,Monac	615879	634698	754768	723944	757761	USA/Etats–Unis d'Amer	653818	595946	739952	788258	905010
United Kingdom	426289	454234	539650	452724	466339	France,Monac	501670	524032	627814	596142	661043
Italy/Italie	303820	338737	445788	402070	457383	United Kingdom	473155	481310	587128	571844	583973
Netherlands/Pays–Bas	346370	348778	407895	399655	433797	Italy/Italie	427247	450310	522149	531272	540070
Belgium–Luxembourg	293501	302799	387562	259325	444991	Belgium–Luxembourg	349881	364978	463714	458631	480060
Sweden/Suède	191143	240764	328121	260316	231873	Austria/Autriche	322242	320516	411866	390898	428255
Canada	204068	247229	266501	236202	278437	Netherlands/Pays–Bas	298487	281444	343612	347601	380829
Switz.Liecht	207906	217658	275179		236066	Denmark/Danemark	162269	180841	251335	260459	296265
						Canada	240234	205319	226230	226148	222352
Former USSR/Anc. URSS	x196645	x209579	x192278	x321068	232749	Switz.Liecht	137526	143231	184032	178561	194152
Spain/Espagne	146402	170132	225640	237102	209629	Spain/Espagne	111609	125621	153458	158087	182860
Japan/Japon	153227	182364	214794	209388	230480	Sweden/Suède	127260	113617	117683	103651	115313
Austria/Autriche	148455	155245	208253	210623	165905	Norway,SVD,JM	52989	90887	125513	101037	98898
Korea Republic	118872	122707	141700	149012	125501	Korea Republic	54188	59641	61132	57743	61029
Australia/Australie	101761	116116	116282	112280	134650	China/Chine	40982	48010	56480	70824	113493
Singapore/Singapour	77549	82948	117538	120378		Finland/Finlande	50411	52981	62373	55305	63388
Finland/Finlande	80685	103062	115640	85129	84588	Yugoslavia SFR	43238	43398	60242	x51648	
Norway,SVD,JM	151795	91125	90725	80849	79136	Brazil/Brésil	37201	44833	47586	48129	60387
Thailand/Thaïlande	57101	64112	82272	99633	114680						
Denmark/Denemark	66507	61030	78548	83600	89623	Malaysia/Malaisie	11245	20001	44987	66198	x48583
Hong Kong	63738	69457	74178	73044	108445	Ireland/Irlande	44670	36852	35231	37497	38314
Mexico/Mexique	50299	64833	68520	79384	90345	Hong Kong	28656	35639	31240	28356	58848
Malaysia/Malaisie	28412	36740	53930	98734	x124251	Mexico/Mexique	26049	29432	27914	32760	40202
Ireland/Irlande	36488	48524	64621	63887	74933	Thailand/Thaïlande	11341	18517	29619	36006	x36075
Brazil/Brésil	43914	67014	54032	50492	64067	Singapore/Singapour	21005	20412	27371	35419	31306
Portugal	46362	45727	59718	64948	75332	Portugal	15549	19393	24189	26795	29133
Bulgaria/Bulgarie	x60055	x83203	x69176	x9749	6658	Former USSR/Anc. URSS	x18860	x26774	x22561	x18681	
Turkey/Turquie	50587	42020	59005	54953	63384	Czechoslovakia	x24286	x17793	x19310	x30657	x52416
Indonesia/Indonésie	31839	47650	52370	53825	62770	Australia/Australie	19040	18000	19004	24182	29061
Saudi Arabia	36817	35019	x43086	x64640	x51094	Poland/Pologne	20116	15368	13281	18760	x24336
So. Africa Customs Un	43086	39881	45672	x56770	x62601	India/Inde	19661	x12854	15432	15153	x14948
Yugoslavia SFR	52963	44403	53616	x40620		Indonesia/Indonésie	5247	18579	6913	12647	16627
Poland/Pologne	58809	52190	39211	45942	x43072	Hungary/Hongrie	x7403	x13336	x10427	x13745	x17392
Iran (Islamic Rp. of)	x28281	x20470	x44459	x67388	x115346	Israel/Israël	11445	11844	11724	12699	13604
Israel/Israël	30757	31393	40828	57857	58745	Pakistan	7543	9389	8935	11213	10328
Hungary/Hongrie	x37292	x35490	x35185	43408	x30546	United Arab Emirates	x8514	x9040	x7455	x4306	x855
China/Chine	28322	32563	38454	39225	57517	So. Africa Customs Un	x4234	x5883	x6046	x6890	x6942
Philippines	10979	x81515	11973	15070	17856	Turkey/Turquie	8064	5603	5845	5982	8664
Czechoslovakia	x39574	32763	33868	x35317	x49220	Greece/Grèce	2718	3462	4885	8829	x23847
Argentina/Argentine	29460	31415	28751	33256	36616	Venezuela	4141	5992	4253	4235	9851
India/Inde	20399	x29655	31034	26991	x59026	Romania/Roumanie	x857	6557	4459	2980	x1523
Greece/Grèce	16210	21186	29924	30737	x40040	Philippines	2386	x5704	3636	3507	3099
New Zealand	26547	25647	26657	23616	23028	Morocco/Maroc	2733	2514	4669	5309	5716
Romania/Roumanie	x22663	23962	31401	20085	x17909	Former GDR	x44052	x8648	x2610		
Algeria/Algérie	28706	22546	18648	27639	67482	Peru/Pérou	2670	4029	3520	x2988	x4971
Venezuela	23124	17105	16452	x26427	x25473	Bulgaria/Bulgarie	x1874	x5671	x2840	x1801	x2149
United Arab Emirates	x29805	x15047	x16452	20893	19682	Argentina/Argentine	2258	1861	3025	4345	3346
Egypt/Egypte	17851	16267	17772	20893	19682	New Zealand	1993	2778	1998	3427	3277
Chile/Chili	13047	16498	17375	18900	x25752	Colombia/Colombie	2261	1582	2356	4047	4377

(VALUE AS % OF TOTAL)(VALEUR EN % DU TOTAL)

	1983	1984	1985	1986	1987	1988	1989	1990	1991	1992		1983	1984	1985	1986	1987	1988	1989	1990	1991	1992
Africa	16.4	16.5	9.4	x5.1	2.7	2.4	2.3	2.1	x2.5	x2.5	Afrique	0.1	x0.1	0.1	0.2	0.2	x0.2	x0.2	x0.2	x0.2	x0.3
Northern Africa	14.9	15.2	8.1	3.3	1.1	1.0	0.9	0.8	x0.9	x0.8	Afrique du Nord	0.0	x0.0	0.0	0.0	0.0	0.1	0.1	0.1	0.1	0.1
Americas	13.2	16.9	21.0	x20.2	x17.1	17.0	17.3	15.7	15.7	x17.6	Amériques	14.9	17.8	18.7	14.6	13.1	14.1	12.9	12.9	13.4	13.9
LAIA	2.2	2.8	3.9	3.1	3.0	2.7	3.1	2.6	2.8	3.5	ALAI	0.6	1.2	1.4	0.9	1.0	1.1	1.3	1.1	1.2	1.4
CACM	x0.1	0.2	0.3	0.3	0.2	0.2	0.2	0.2	0.2	x0.2	MCAC	x0.0	0.0	0.0	0.0	0.0	0.0	0.0	0.0	0.0	x0.0
Asia	x18.6	15.7	14.1	12.9	x13.3	x15.1	x14.1	x13.6	x15.0	x16.6	Asie	13.3	14.9	13.9	14.2	x15.6	x17.7	17.3	16.5	17.5	x18.5
Middle East	x9.9	x7.3	4.4	x4.1	x3.1	x3.3	x2.3	x2.6	x3.0	x3.4	Moyen–Orient	x0.3	0.7	0.7	x0.2	x0.3	x0.4	x0.3	x0.2	x0.1	x0.1
Europe	47.9	42.6	51.6	58.0	57.4	56.7	57.8	61.8	59.4	59.8	Europe	68.0	64.3	65.3	69.2	68.2	66.0	67.8	69.1	67.4	65.8
EEC	38.3	33.4	40.5	45.7	44.9	44.4	45.5	48.6	48.2	49.4	CEE	57.7	53.4	53.8	56.8	56.5	55.2	56.7	57.3	56.8	55.0
EFTA	9.5	8.2	10.2	11.5	11.4	11.4	11.5	12.4	10.5	9.7	AELE	10.4	10.0	10.6	11.6	11.0	10.1	10.5	11.0	10.0	10.0
Oceania	1.6	x1.8	2.1	x2.1	x1.9	x2.0	x2.1	x1.8	x1.7	x1.8	Océanie	x0.3	x0.3	0.3	x0.3	0.3	x0.3	x0.3	x0.3	0.3	0.4
Germany/Allemagne	11.4	9.5	11.1	12.3	11.8	10.9	11.0	12.2	13.4	14.9	Germany/Allemagne	18.3	17.7	19.5	22.2	22.0	20.4	20.9	20.5	20.7	19.4
USA/Etats–Unis d'Amer	8.1	10.8	13.3	12.8	10.3	10.5	9.0	9.2	9.1	9.8	Japan/Japon	10.5	11.8	10.8	11.7	11.8	13.2	12.7	12.7	13.1	13.9
France,Monac	7.0	5.9	7.5	8.8	8.8	9.0	9.0	8.7	8.5	8.5	USA/Etats–Unis d'Amer	12.0	12.6	13.1	9.9	9.3	9.5	8.6	9.0	9.5	10.0
United Kingdom	4.6	4.3	5.5	5.4	5.4	4.4	4.8	5.4	5.3	5.1	France,Monac	8.4	7.5	7.8	7.7	7.7	7.3	7.0	7.2	6.9	6.5
Italy/Italie	3.8	3.7	4.5	4.6	4.7	4.4	4.7	5.4	4.8	4.9	United Kingdom	6.6	6.4	6.9	6.5	6.6	6.9	6.5	6.5	6.4	6.0
Netherlands/Pays–Bas	3.8	3.5	4.1	5.4	5.2	5.0	4.7	4.9	4.8	5.0	Italy/Italie	9.3	7.9	7.4	6.8	6.5	6.2	6.5	6.3	5.5	5.3
Belgium–Luxembourg	3.8	3.2	3.7	4.5	4.2	4.3	4.3	4.0	3.1	2.6	Belgium–Luxembourg	5.0	5.0	4.8	5.6	5.2	5.1	5.3	5.7	5.5	5.3
Sweden/Suède	2.2	1.9	2.6	2.6	2.5	2.8	3.5	3.2	3.1	3.1	Austria/Autriche	4.8	4.8	5.2	5.5	5.5	4.7	4.7	5.0	4.7	4.7
Canada	2.2	2.4	2.9	2.7	2.7	3.0	3.5	3.2	2.8	3.1	Netherlands/Pays–Bas	3.6	3.3	3.4	4.0	4.3	4.4	4.1	4.2	4.2	4.2
Switz.Liecht	2.4	2.1	2.7	3.1	3.2	3.0	3.1	3.3	2.8	2.7	Denmark/Danemark	3.3	2.7	1.7	1.8	2.0	2.4	2.6	3.1	3.1	3.3

664 GLASS — VERRE 664

TRADE BY COMMODITY IN THOUSAND U.S. DOLLARS – COMMERCE PAR PRODUIT EN MILLIERS DE DOLLARS E.U

IMPORTS – IMPORTATIONS

COUNTRIES–PAYS	1988	1989	1990	1991	1992
Total	8067885	8388173	9424001	9659865	10540622
Africa	x177204	x154146	x175119	x202227	x249316
Northern Africa	92232	92865	84969	101482	x93464
Americas	1556679	x1673617	1702928	1804418	x1984526
LAIA	141758	145435	174738	255566	x332274
CACM	18859	21565	19389	18656	x19205
Asia	x1608175	x1585396	1617146	1894594	2156247
Middle East	x215256	x174880	x213170	x250432	x309237
Europe	4382797	4595828	5625627	5491474	5853317
EEC	3641796	3840611	4719960	4659577	5004752
EFTA	676554	679106	823116	782583	789887
Oceania	x141320	x168877	x156871	x134767	x139567
Germany/Allemagne	742592	786998	1057306	1115674	1319525
USA/Etats–Unis d'Amer	826692	847525	864549	863831	941450
France, Monac	638060	716083	871471	838700	888919
United Kingdom	657959	648728	768867	720964	731961
Canada	522576	575377	588847	621099	643582
Italy/Italie	496786	504843	588847	621099	643582
Netherlands/Pays–Bas	408909	426463	612135	599169	584955
Japan/Japon	309237	388498	501502	459003	490028
Belgium–Luxembourg	285634	291512	448152	464198	429224
Spain/Espagne	177790	218572	272588	290811	287366
Korea Republic	230067	220097	205917	248366	230714
Switz.Liecht	185682	189814	233179	216526	211114
Sweden/Suède	193366	189606	230634	214645	213534
China/Chine	169922	214512	156930	220968	253461
Hong Kong	181884	191066	184371	194515	234198
Austria/Autriche	124910	128823	166476	167727	186251
Singapore/Singapour	124943	113044	105705	127230	141621
Denmark/Danemark	108164	101343	115263	116144	125936
Norway, SVD, JM	101292	95200	105011	105404	102584
Australia/Australie	100938	116723	103781	83764	90437
Former USSR/Anc. URSS	x103810	x105807	x59885	x63201	
Finland/Finlande	65043	69339	81573	70196	66592
Saudi Arabia	51854	53997	x64728	x80625	x60991
Ireland/Irlande	51686	57551	73422	65475	72035
Thailand/Thaïlande	26572	34765	64351	93182	99672
Mexico/Mexique	32984	43509	53911	91406	123098
India/Inde	71974	x100082	50965	34417	x90427
Yugoslavia SFR	57225	68492	71237	x42176	
Portugal	42709	46792	61438	70995	77987
Malaysia/Malaisie	17975	25023	42983	90678	x186961
Greece/Grèce	31526	41725	55533	60103	x70664
Brazil/Brésil	23629	34787	43953	54370	61027
Indonesia/Indonésie	24134	34140	42855	54045	41017
New Zealand	31560	40535	42490	42481	39961
Turkey/Turquie	21993	20705	39896	47722	58078
So. Africa Customs Un	25979	28170	32241	x38582	x77029
Israel/Israël	23200	23455	29969	36600	45811
Egypt/Egypte	33456	27390	25668	33926	30968
Hungary/Hongrie	x28822	x31669	x20750	33159	x36184
United Arab Emirates	x35638	x21424	x25713	x37896	x29249
Iran (Islamic Rp. of)	x11689	x9722	x24004	x27939	x95562
Philippines	14341	x18038	25580	17489	18112
Algeria/Algérie	19931	13111	22856	24910	x17618
Czechoslovakia	x11570	17853	23431	x18001	x31624
Morocco/Maroc	14757	15412	19018	22648	21994
Chile/Chili	13573	14993	18505	22315	x32711
Tunisia/Tunisie	17193	25703	10582	14329	16599
Bulgaria/Bulgarie	x24420	x30269	x16362	x3060	21169
Venezuela	25287	13966	12702	18458	21169
Pakistan	7811	9569	10498	19872	14939

EXPORTS – EXPORTATIONS

COUNTRIES–PAYS	1988	1989	1990	1991	1992
Totale	7899349	8128545	9385547	9679821	10407369
Afrique	x35440	x45928	x50965	x50910	x40966
Afrique du Nord	4944	4533	5268	6373	3696
Amériques	1155693	1273502	1557120	1729110	1884032
ALAI	179405	171726	143022	193743	227738
MCAC	611	467	596	753	x863
Asie	x1584216	1500709	1585940	1819071	1968271
Moyen–Orient	x103833	96517	105159	99678	99003
Europe	4587388	5008517	5880145	5754360	6185315
CEE	4126103	4540929	5307101	5179811	5545542
AELE	423643	433249	529390	552259	625242
Océanie	x42611	x44988	x74456	x73484	x89686
Germany/Allemagne	1239612	1274964	1528900	1490959	1536126
Belgium–Luxembourg	965833	1084131	1263292	1137462	1202344
USA/Etats–Unis d'Amer	723508	868534	1153917	1273757	1369074
Japan/Japon	901314	849234	961388	1110851	1204230
France, Monac	563769	576635	729575	733050	780336
Italy/Italie	493168	535103	649992	651621	688174
United Kingdom	295527	460507	436573	453908	503851
Netherlands/Pays–Bas	275455	313871	346856	351268	374789
Canada	251557	232181	259003	259611	284501
Sweden/Suède	168838	166154	177569	201604	214895
Spain/Espagne	159355	150544	175924	189396	236794
China/Chine	52516	121394	135837	173559	157084
Hong Kong	126213	157639	129967	135143	161602
Finland/Finlande	129441	127663	148134	144721	166189
Korea Republic	85894	109322	92879	97741	95779
Mexico/Mexique	113973	106496	78956	114150	92583
Turkey/Turquie	75994	68120	85788	84616	127700
Czechoslovakia	x80930	x58233	x77869	x98210	85794
Austria/Autriche	43296	55282	88170	85793	x98522
Switz.Liecht	57772	57303	79003	86149	100616
Denmark/Danemark	50383	55045	78412	83703	119539
Ireland/Irlande	47831	58722	64950	64112	79785
Singapore/Singapour	32403	51298	64112	70283	100523
Australia/Australie	31727	33676	58042	61720	77925
Former USSR/Anc. URSS	x86957	x59506	x43807	x42403	
So. Africa Customs Un	x28391	x38978	x41246	x41637	x32797
Indonesia/Indonésie	50736	45875	33776	31734	30656
Hungary/Hongrie	x27316	x24578	x24719	x57287	x59494
Brazil/Brésil	48488	38694	29277	34186	45626
Yugoslavia SFR	37462	34233	43490	x21989	
Norway, SVD, JM	24294	26847	36434	33679	45433
Thailand/Thaïlande	20967	22074	21899	44939	x68028
Poland/Pologne	27431	20526	31889	34598	x56538
Former GDR	x188526	x42755	x28426		
Malaysia/Malaisie	24256	26244	21661	22381	x22808
Portugal	26425	23923	25303	20439	20691
Romania/Roumanie	x69677	31532	17833	15158	x20903
Argentina/Argentine	8191	13839	16598	17841	17732
Philippines	9462	10524	10067	21174	19966
New Zealand	10614	11093	15267	11593	11674
Bulgaria/Bulgarie	x13164	x17719	x12377	x5207	x3590
Colombia/Colombie	5853	6454	8865	9477	11089
Kuwait/Koweït	x11159	13665	x4532	x2019	x347
Venezuela	271	2239	4743	12471	18747
Greece/Grèce	8296	7430	7271	3839	x3114
Saudi Arabia	4658	6404	x5533	x3854	x4978
India/Inde	6138	x5665	4555	4840	x4213
Israel/Israël	4908	4653	4121	5670	5831
Jordan/Jordanie	5766	4326	5173	2758	2295
Tunisia/Tunisie	4163	3123	3493	3371	1581

(VALUE AS % OF TOTAL) (VALEUR EN % DU TOTAL)

Imports

	1983	1984	1985	1986	1987	1988	1989	1990	1991	1992
Africa	x3.6	4.4	3.5	x3.4	x2.2	x2.2	x1.8	x1.8	x2.1	x2.3
Northern Africa	2.2	2.3	2.1	1.7	1.1	1.1	1.1	0.9	1.1	x0.9
Americas	19.3	21.8	25.4	20.7	18.3	19.3	x20.0	18.0	18.7	x18.8
LAIA	2.7	2.6	2.7	2.0	2.0	1.8	1.7	1.9	2.6	x3.2
CACM	x0.1	0.3	0.4	0.3	0.3	0.2	0.3	0.2	0.2	x0.2
Asia	x19.9	21.7	16.8	16.0	x17.6	x19.9	18.9	17.2	19.6	20.4
Middle East	x7.5	x7.2	3.1	x3.7	x3.1	x2.7	x2.1	x2.3	x2.6	x2.9
Europe	54.3	49.1	50.8	56.8	56.7	54.3	54.8	59.7	56.8	55.5
EEC	45.6	40.2	41.3	46.1	46.1	45.1	45.8	50.1	48.2	47.5
EFTA	8.7	8.1	8.6	10.0	9.8	8.4	8.1	8.7	8.1	7.5
Oceania	1.9	x2.3	2.6	x2.3	x1.9	1.7	x2.0	x1.7	x1.4	x1.3
Germany/Allemagne	11.2	9.5	9.3	10.7	10.0	9.2	9.4	11.2	11.5	12.5
USA/Etats–Unis d'Amer	11.0	13.1	15.8	13.2	11.8	10.2	10.1	9.2	8.9	8.9
France, Monac	8.2	7.0	7.9	9.2	8.8	7.9	8.5	9.2	8.7	8.9
United Kingdom	8.1	7.1	7.3	7.1	8.0	8.1	7.7	8.2	7.5	6.9
Canada	4.7	4.8	5.9	4.6	3.7	6.5	6.9	6.2	6.4	6.1
Italy/Italie	5.1	4.8	4.8	5.6	5.6	6.2	6.0	6.5	6.4	6.1
Netherlands/Pays–Bas	5.3	4.8	4.7	5.3	5.3	5.1	5.1	6.5	6.2	5.5
Japan/Japon	2.8	3.3	3.5	3.2	3.0	3.8	4.6	4.8	4.8	4.6
Belgium–Luxembourg	3.0	2.6	2.7	3.1	3.1	3.5	3.5	3.5	3.3	3.4
Spain/Espagne	1.4	1.4	1.4	1.7	2.1	2.2	2.6	2.9	3.0	2.7

Exports

	1983	1984	1985	1986	1987	1988	1989	1990	1991	1992
Afrique	0.5	0.4	0.6	x0.6	0.6	x0.5	0.6	x0.5	0.5	x0.4
Afrique du Nord	0.0	0.0	0.0	0.0	0.1	0.1	0.1	0.1	0.1	0.0
Amériques	x18.9	x21.4	16.6	x16.4	14.7	15.6	16.6	16.6	17.8	18.1
ALAI	0.7	3.0	3.5	2.2	2.4	2.3	2.1	1.5	2.0	2.2
MCAC	x0.0	x0.0	0.0	0.0	0.0	0.0	0.0	0.0	0.0	x0.0
Asie	12.8	16.5	18.5	15.9	x16.5	x20.1	18.5	16.9	18.8	18.9
Moyen–Orient	x0.3	2.0	1.5	1.2	x1.2	x1.3	1.2	1.1	1.0	1.0
Europe	64.5	57.7	61.0	64.0	60.3	58.1	61.6	62.7	59.4	59.4
CEE	58.3	51.8	55.2	58.0	54.0	52.2	55.9	56.5	53.5	53.3
AELE	6.2	5.6	5.6	5.7	5.9	5.4	5.3	5.6	5.7	6.0
Océanie	x0.5	x0.5	0.5	x0.5	x0.4	0.5	0.6	0.8	0.8	x0.9
Germany/Allemagne	16.9	15.0	15.9	17.6	15.7	15.7	15.7	16.3	15.4	14.8
Belgium–Luxembourg	13.1	12.2	13.4	13.5	13.1	12.2	13.3	13.5	11.8	11.6
USA/Etats–Unis d'Amer	14.3	13.6	13.1	9.9	8.7	9.2	10.7	12.3	13.2	13.2
Japan/Japon	9.5	10.7	12.3	10.9	9.4	11.4	10.4	10.2	11.5	11.6
France, Monac	9.6	8.1	7.9	7.5	7.2	7.1	7.1	7.8	7.6	7.5
Italy/Italie	6.5	5.9	6.8	7.1	6.8	6.2	6.6	6.9	6.7	6.6
United Kingdom	5.5	5.0	5.7	5.0	4.3	3.7	5.7	4.7	4.7	4.8
Netherlands/Pays–Bas	3.0	2.6	3.3	4.0	3.7	3.5	3.9	3.7	3.6	3.6
Canada	x3.9	x4.8	x4.3	x3.6	3.2	2.9	2.9	2.8	2.7	2.7
Sweden/Suède	2.8	2.4	2.4	2.3	2.1	2.1	2.0	1.9	2.1	2.1

665 GLASSWARE / OUVRAGES EN VERRE 665

TRADE BY COMMODITY IN THOUSAND U.S. DOLLARS – COMMERCE PAR PRODUIT EN MILLIERS DE DOLLARS E.U

COUNTRIES–PAYS	IMPORTS – IMPORTATIONS					COUNTRIES–PAYS	EXPORTS – EXPORTATIONS				
	1988	1989	1990	1991	1992		1988	1989	1990	1991	1992
Total	5657890	5812343	6861716	7556595	7791953	Totale	5563359	5422363	6658060	7149630	7443104
Africa	x186202	x159386	x223600	x216624	x237700	Afrique	x20790	x29872	x21746	x32389	x32730
Northern Africa	x56503	x55601	77888	60675	x71163	Afrique du Nord	9056	14831	9608	14784	15090
Americas	x1327350	1377628	x1491375	1560916	x1706984	Amériques	452318	548273	716533	776701	851870
LAIA	68559	109122	137903	185792	x237741	ALAI	148126	184406	244833	263697	286786
CACM	32850	28579	35169	41446	x48676	MCAC	21116	14921	16729	21766	x22094
Asia	x949060	x959868	x1047635	x1273146	x1353858	Asie	x670840	537181	657715	793942	923726
Middle East	x284067	x238900	x235790	x249645	x341950	Moyen–Orient	100251	105478	122724	120377	129760
Europe	2841240	2962495	3852070	4087759	4247888	Europe	3796163	3913706	4845993	4917122	5172117
EEC	2384513	2473656	3207850	3475979	3580268	CEE	3307420	3397971	4177432	4268341	4436464
EFTA	440050	461704	592311	579537	604934	AELE	445164	469481	608684	596191	653180
Oceania	x135595	x145314	x141441	x132889	x149673	Océanie	12663	15036	x14501	x14656	x14573
USA/Etats–Unis d'Amer	929155	922829	967181	973811	1058556	France, Monac	1066588	1120987	1384574	1403105	1489811
Germany/Allemagne	490599	506816	729170	913032	877419	Germany/Allemagne	892353	860816	1014263	999635	1058225
France, Monac	472160	523778	703183	696031	711964	Italy/Italie	479771	528721	673838	677494	663735
United Kingdom	355336	344292	379299	369334	388498	USA/Etats–Unis d'Amer	209054	260441	380489	433098	481100
Italy/Italie	284849	301656	373370	396957	418681	Austria/Autriche	259748	271639	287519	329528	399507
Netherlands/Pays–Bas	225162	214828	271991	285701	294675	United Kingdom	251494	232334	287519	231533	296741
Belgium–Luxembourg	204195	205555	269134	293402	333651	Belgium–Luxembourg	200712	203752	259655	231533	277489
Japan/Japon	185234	223126	261677	252931	228447	Czechoslovakia	x244764	x160371	x166439	x256863	x245715
Canada	193426	208572	243071	262323	271837	Netherlands/Pays–Bas	135024	143275	178796	200428	217185
Switz.Liecht	185846	182721	243025	237450	237164	Japan/Japon	136515	135854	145967	182406	194928
Spain/Espagne	153027	170882	214720	243452	261578	Mexico/Mexique	100290	121066	162377	179808	190376
Hong Kong	110305	120561	134918	162550	240302	Switz.Liecht	93353	101503	152316	149298	155982
Sweden/Suède	85652	104854	137103	128781	138731	Spain/Espagne	80072	91985	134472	161376	159647
Austria/Autriche	89513	93642	119607	130113	143364	Poland/Pologne	57612	60108	85135	228418	x105775
Former USSR/Anc. URSS	x119774	x116602	x45004	x178987		Portugal	66673	72937	113012	128356	140912
Singapore/Singapour	85377	94732	111958	122769	142563	Turkey/Turquie	80455	86042	109043	103597	117153
Australia/Australie	101099	108312	104621	99768	112260	Ireland/Irlande	100028	107180	87737	95967	82662
Korea Republic	52874	79994	89700	87521	90956	Sweden/Suède	74601	77041	85775	79394	73533
Afghanistan	x27457	x17370	x30850	x204710	x24388	China/Chine	43368	56296	67336	91740	119798
Denmark/Danemark	64265	63124	78304	81555	79600	Hong Kong	44582	52280	64593	81524	117194
Saudi Arabia	88405	82382	x69664	x65590	x81759	Indonesia/Indonésie	42890	29304	68037	92827	107339
Greece/Grèce	55795	64876	75368	76855	x84849	Singapore/Singapour	35864	44309	64732	77478	102559
Portugal	39865	42244	63260	67263	78901	Canada	60462	76543	59673	46198	48761
Mexico/Mexique	21845	33399	48255	63382	88000	Yugoslavia SFR	43399	46197	59699	x52335	
So. Africa Customs Un	43367	38544	48905	x51455	x48442	Hungary/Hongrie	x32611	x32052	x42224	x64798	x46344
Ireland/Irlande	39261	35605	50051	52397	50453	Korea Republic	49746	45087	37582	44525	50535
Israel/Israël	55344	45364	39434	43506	53430	Romania/Roumanie	x68921	46502	34490	35385	x38022
Finland/Finlande	33766	38334	44037	36788	33951	Denmark/Danemark	31774	32025	39375	36459	45733
Norway, SVD, JM	40452	35635	42828	40250	45589	Thailand/Thaïlande	25047	25931	29885	38717	x35758
Malaysia/Malaisie	28857	29634	38415	39759	x58098	Brazil/Brésil	27137	24865	27924	36226	46769
United Arab Emirates	x58341	x27439	x33065	x43894	x72587	Malaysia/Malaisie	13604	20882	30601	37517	x40455
Poland/Pologne	17907	24477	9878	60810	x39758	Bulgaria/Bulgarie	x45036	x31894	x36603	x12753	x12187
Iran (Islamic Rp. of)	x25434	x20736	x35488	x34246	x68008	Argentina/Argentine	11110	24219	31474	18289	13661
Brazil/Brésil	7649	20241	39038	30930	18918	Former GDR	x150733	x33245	x24070		
Yugoslavia SFR	7783	19196	42496	x23071		India/Inde	11367	x13424	15184	17117	x17675
New Zealand	28733	27678	28414	24767	25754	Former USSR/Anc. URSS	x10901	x14074	x12454	x16518	
Thailand/Thaïlande	13137	21679	26329	29516	44067	Finland/Finlande	10976	12566	12861	10892	9907
Chile/Chili	12127	29533	19170	19427	x26054	Australia/Australie	10104	11500	11360	11700	11405
Cuba	x17091	20983	x19989	x13309	x12960	Costa Rica	6405	9210	12011	11479	x6574
Philippines	13774	x24261	13936	13466	14971	Egypt/Egypte	5771	11287	5192	11594	8345
Bulgaria/Bulgarie	x22550	x27237	x18047	x4977	5680	Norway, SVD, JM	6453	6730	8625	12614	14246
China/Chine	17304	18134	12235	17319	43391	Kuwait/Koweït	x11531	11000	x7706	x5674	x80
Indonesia/Indonésie	9923	17683	14713	14853	14756	Venezuela	3257	3791	9122	9496	10218
Lebanon/Liban	x8839	x12476	x12069	x21647	x22660	Colombia/Colombie	2988	4310	5656	12401	18921
Egypt/Egypte	8790	8794	18559	18667	11502	So. Africa Customs Un	x4243	x6146	x7272	x8179	x8725
Bahamas	21708	17177	17146	15066	x13461	Guatemala	14645	5628	6118	7080	8951
Hungary/Hongrie	x14130	x17395	x12646	14651	x20242	Trinidad and Tobago	2786	4849	5321	3839	2848
Czechoslovakia	x13791	10500	12137	x19890	x22820	Greece/Grèce	2951	3850	4080	4350	x4324
Morocco/Maroc	9927	11632	14142	14780	14451	Cameroon/Cameroun	x169	3540	x913	7209	x673
Turkey/Turquie	7513	5747	14381	20238	20055						

(VALUE AS % OF TOTAL)(VALEUR EN % DU TOTAL)

	1983	1984	1985	1986	1987	1988	1989	1990	1991	1992		1983	1984	1985	1986	1987	1988	1989	1990	1991	1992
Africa	x6.2	x5.4	4.0	x3.8	3.7	x3.3	x2.8	x3.2	x2.9	x3.0	Afrique	0.2	x0.2	0.2	0.4	0.4	x0.4	x0.5	x0.3	x0.4	x0.4
Northern Africa	x2.9	x2.3	1.1	x1.2	1.2	x1.0	1.0	1.1	0.8	x0.9	Afrique du Nord	0.0		0.0	0.1	0.0	0.2	0.3	0.1	0.2	0.2
Americas	x25.7	29.6	30.8	x28.4	24.9	23.4	23.7	21.7	20.7	x21.9	Amériques	x11.3	14.0	11.6	x9.8	9.6	8.1	10.1	10.8	10.9	11.4
LAIA	1.6	1.5	1.5	1.3	1.6	1.2	1.9	2.0	2.5	x3.1	ALAI	0.9	2.7	2.8	2.1	2.8	2.7	3.4	3.7	3.7	3.9
CACM	0.5	1.1	1.1	0.7	0.6	0.6	0.5	0.5	0.5	x0.6	MCAC	x0.2	0.3	0.6	0.5	0.4	0.4	0.3	0.3	0.3	x0.3
Asia	x16.2	x15.1	13.4	x14.4	14.7	16.8	16.5	15.3	16.8	x17.4	Asie	6.9	8.2	8.9	8.9	x11.4	x12.1	9.9	9.8	11.1	12.4
Middle East	x7.4	x7.1	4.9	x5.1	4.4	5.0	x4.1	3.4	3.3	x4.4	Moyen–Orient	x0.5	1.7	1.9	1.9	x1.8	1.8	1.9	1.8	1.9	1.7
Europe	48.2	44.7	47.8	49.9	50.1	50.2	51.0	56.1	54.1	54.5	Europe	76.3	72.7	74.2	76.2	68.7	68.2	72.2	72.8	68.8	69.5
EEC	40.7	37.8	40.2	41.4	41.8	42.1	42.6	46.7	46.0	45.9	CEE	67.7	63.1	64.3	65.3	58.7	59.5	62.7	62.7	59.7	59.6
EFTA	7.4	6.7	7.3	8.1	8.0	7.8	7.9	8.6	7.7	7.8	AELE	8.6	8.1	8.6	9.9	9.1	8.0	8.7	9.1	8.3	8.8
Oceania	3.1	x3.3	3.2	x2.6	x2.1	x2.4	2.5	2.0	x1.7	x1.9	Océanie	0.5	x0.4	0.4	x0.3	0.3	0.2	0.2	x0.2	x0.2	x0.2
USA/Etats–Unis d'Amer	16.9	19.5	21.6	19.9	17.2	16.4	15.9	14.1	12.9	13.6	France, Monac	23.5	21.8	22.4	21.2	19.7	19.2	20.7	20.8	19.6	20.0
Germany/Allemagne	9.0	8.3	8.1	8.5	8.8	8.7	8.7	10.6	12.1	11.3	Germany/Allemagne	15.5	14.3	15.4	17.3	15.4	16.0	15.9	15.2	14.0	14.2
France, Monac	8.2	7.2	7.4	7.9	8.1	8.3	9.0	10.2	9.2	9.1	Italy/Italie	10.4	9.2	9.4	9.9	8.5	8.6	9.8	10.1	9.5	8.9
United Kingdom	7.2	7.1	8.1	6.7	5.7	6.3	5.9	5.5	4.9	5.0	USA/Etats–Unis d'Amer	7.5	7.8	5.7	4.4	3.8	3.8	4.8	5.7	6.1	6.5
Italy/Italie	3.7	3.9	4.5	4.5	5.1	5.0	5.2	5.4	5.3	5.4	Austria/Autriche	5.2	4.9	5.2	5.9	5.5	4.7	5.0	5.2	4.8	5.4
Netherlands/Pays–Bas	4.5	4.0	4.1	4.5	4.4	4.0	3.7	4.0	3.8	3.8	United Kingdom	5.1	4.6	5.0	4.5	4.5	4.3	4.3	4.6	4.6	4.0
Belgium–Luxembourg	3.7	3.1	3.6	3.8	3.7	3.6	3.5	3.9	3.9	4.3	Belgium–Luxembourg	4.7	4.4	3.4	3.5	3.6	3.6	3.8	3.9	3.2	3.7
Japan/Japon	1.7	2.0	2.2	2.3	2.8	3.3	3.8	3.8	3.3	2.9	Czechoslovakia	3.7	3.5	3.5	3.4	3.0	x4.4	x3.0	2.5	x3.6	x3.3
Canada	5.0	5.5	5.3	4.2	3.5	3.4	3.6	3.5	3.5	3.5	Netherlands/Pays–Bas	2.7	2.4	2.3	2.7	2.4	2.4	2.6	2.7	2.8	2.9
Switz.Liecht	2.8	2.5	2.7	3.3	3.3	3.3	3.1	3.5	3.1	3.0	Japan/Japon	2.7	3.0	3.2	3.2	2.7	2.5	2.5	2.2	2.6	2.6

666 POTTERY

TRADE BY COMMODITY IN THOUSAND U.S. DOLLARS – COMMERCE PAR PRODUIT EN MILLIERS DE DOLLARS E.U

POTERIE 666

COUNTRIES–PAYS	IMPORTS – IMPORTATIONS					COUNTRIES–PAYS	EXPORTS – EXPORTATIONS				
	1988	1989	1990	1991	1992		1988	1989	1990	1991	1992
Total	4171538	4170220	4692497	5006739	5355764	Totale	x4155267	3573136	4196044	4522206	4820731
Africa	x38108	x32094	x37955	x47270	x65457	Afrique	x4778	x10062	x7932	x9436	x18222
Northern Africa	x5358	7076	5229	x7415	x12662	Afrique du Nord	3759	8409	6383	8055	9909
Americas	x1658012	1576726	x1556642	x1602250	x1788281	Amériques	127939	140853	159733	204395	208603
LAIA	23743	33105	44038	62287	x85086	ALAI	54817	61887	63432	93200	78278
CACM	3114	2604	2522	3136	x5263	MCAC	226	309	194	171	x261
Asia	x509344	551768	x686120	x762909	x909114	Asie	x1849411	1347509	1509179	1743980	x2025432
Middle East	x99194	x73189	x90963	x88506	x150297	Moyen–Orient	x10257	x11546	x9939	x8848	x10840
Europe	1776056	1807846	2225117	2402283	2456707	Europe	1871615	1914342	2372012	2380567	2429865
EEC	1426588	1458085	1797254	2003863	2070241	CEE	1785909	1834618	2276890	2301536	2346728
EFTA	325422	318986	391505	382738	371005	AELE	70915	65957	76838	68166	69207
Oceania	x102507	x115700	x119977	x119173	x120114	Océanie	x5979	x4038	x4452	x6659	x4284
USA/Etats–Unis d'Amer	1441527	1348600	1318524	1339858	1508909	Germany/Allemagne	481238	470317	556260	578023	573753
Germany/Allemagne	329977	328353	418950	505891	485764	Japan/Japon	537216	522685	529160	525338	503548
Italy/Italie	236368	233238	304015	344887	362909	United Kingdom	404865	416715	516784	527215	525113
France, Monac	237927	237543	290044	295051	310432	China/Chine	240878	286096	406977	523721	594719
Hong Kong	180159	209734	239724	317591	416708	Italy/Italie	289032	294909	348756	318303	327235
United Kingdom	207781	219685	223961	226394	232796	Hong Kong	200415	234168	273752	357710	495157
Japan/Japon	112343	147687	208266	196877	187787	Canada	139895	159748	225129	244848	266481
Canada	157531	161429	155219	166511	154648	France, Monac	131868	144803	184939	185623	206422
Netherlands/Pays–Bas	127309	126267	171456	166717	173547	Spain/Espagne	97148	102237	123888	120288	111516
Belgium–Luxembourg	100713	106200	137953	143925	142349	Belgium–Luxembourg	90306	91302	115009	127462	119903
Spain/Espagne	70782	90596	108357	156959	183872	Korea Republic	137883	123226	102594	79857	55838
Switz./Liecht	90634	92546	110609	111092	111248	Netherlands/Pays–Bas	76930	79511	102328	106741	113156
Sweden/Suède	97444	94695	113415	105142	103039	USA/Etats–Unis d'Amer	66083	71178	86671	101950	118773
Australia/Australie	86324	97807	97018	94378	97853	Thailand/Thaïlande	30713	51472	68124	87565	x148220
Austria/Autriche	64974	65186	87019	86973	85638	Denmark/Danemark	55795	50726	72890	60732	64791
Former USSR/Anc. URSS	x65499	x61614	x43679	x45093		Poland/Pologne	18879	20279	24441	81361	x48802
Norway, SVD, JM	51150	42826	52390	54357	56876	Malaysia/Malaisie	23994	36601	35190	43792	x55462
Singapore/Singapour	42325	43641	54967	49434	51484	Brazil/Brésil	33177	32425	33202	38217	40041
Denmark/Danemark	46626	38324	43868	45875	45751	Philippines	11793	x23035	25676	33118	40107
Portugal	27904	25155	34228	46956	54844	Hungary/Hongrie	x17277	x19005	x23973	x31412	x30837
Ireland/Irlande	25232	31470	33775	37482	38300	Former USSR/Anc. URSS	x15115	x24388	x23661	x20255	
Korea Republic	14460	23718	35967	35125	24700	Czechoslovakia	x29582	x17822	x21048	x29389	
Greece/Grèce	15971	21253	30647	33716	x39677	Former GDR	x163004	x38809	x29038		x33668
Mexico/Mexique	12636	19474	27347	32615	34449	Sweden/Suède	28777	22109	23304	20627	20636
Finland/Finlande	17813	20869	25406	21564	18768	Indonesia/Indonésie	4636	15280	17726	26631	56066
Saudi Arabia	25423	21733	x21666	x17584	x29873	Austria/Autriche	17196	17177	21659	19642	21102
Yugoslavia SFR	16103	23637	28704	x7725		Singapore/Singapour	13888	15702	17217	19630	16130
Israel/Israël	13858	15345	20058	18757	24689	Greece/Grèce	7072	11282	15580	18744	x23780
United Arab Emirates	x26670	x12675	x16740	x24691	x13428	Romania/Roumanie	x37645	19854	12764	12325	x17355
New Zealand	12232	12331	17393	19738	16442	Yugoslavia SFR	14737	13673	18228	x10653	
So. Africa Customs Un	15287	10962	15215	x19861	x26752	Ireland/Irlande	11761	12994	15253	13483	14578
Malaysia/Malaisie	8217	10166	13663	12659	x19936	Colombia/Colombie	890	1950	6643	30543	6193
Afghanistan	x11351	x3157	x5400	x26489	x5744	Sri Lanka	5791	8313	9060	21271	24060
Czechoslovakia	x10898	13750	12339	x4327	x7695	Switz.Liecht	10638	9902	13924	12885	12934
Lebanon/Liban	x6119	x6365	x8501	x10086	x13543	Mexico/Mexique	8045	8002	10073	13668	18937
Poland/Pologne	1910	3032	1988	18440	x2974	Finland/Finlande	8779	11088	11432	9196	8212
Cyprus/Chypre	6130	6826	8100	7650	11454	Bulgaria/Bulgarie	x13905	x16009	x7667	x2347	x3532
Turkey/Turquie	2398	1462	10519	4917	5240	Chile/Chili	8344	13664	7320	2353	x4057
Kuwait/Koweït	x18167	9202	x5199	x2210	x9649	Canada	5169	6220	8599	8139	9528
Venezuela	2991	3967	3996	5992	8234	Macau/Macao	15969	12931	7282	2188	1129
Chile/Chili	2891	3676	4065	6163	x12365	Norway, SVD, JM	5469	5626	6505	5811	6316
Bahrain/Bahreïn	x2886	x4330	x4835	x4690	x4738	Turkey/Turquie	5224	5560	6171	4266	6522
Oman	4608	4574	4220	4886	x4256	Tunisia/Tunisie	2809	5098	4036	3566	6387
Hungary/Hongrie	x3842	x3830	x5898	3240	x2904	Australia/Australie	3831	2177	3309	5352	3465
Bahamas	9245	4082	x4795	x4009	x7953	Viet Nam	x1801			x8599	x13457
Cuba	x2415	4688	x4846	x2229	x3131	Uruguay	2588	2474	2528	3082	3355
Malta/Malte	3961	3879	3915	x3640	x4279	United Arab Emirates	x3286	x2836	x2524	x2499	x3036
Philippines	929	x7675	2269	1487	1773	Bangladesh	x1364	x1605	x2983	3029	x5504
Macau/Macao	3681	4711	4180	2157	1922	Egypt/Egypte	113	2155	1007	2453	1105
Iran (Islamic Rp. of)	x136	x129	x3467	x7149	x28409	Peru/Pérou	824	1370	1707	x2009	x2815

(VALUE AS % OF TOTAL)(VALEUR EN % DU TOTAL)

	1983	1984	1985	1986	1987	1988	1989	1990	1991	1992		1983	1984	1985	1986	1987	1988	1989	1990	1991	1992
Africa	x2.3	x1.9	0.8	x0.7	x0.9	0.9	x0.8	x0.8	x0.9	x1.2	Afrique	x0.0	x0.0	0.1	x0.1	x0.2	x0.1	x0.3	x0.2	x0.2	x0.4
Northern Africa	0.8	x0.4	0.3	x0.1	x0.1	x0.1	0.2	0.1	x0.1	x0.2	Afrique du Nord	x0.0	0.0	0.0	0.0	0.1	0.1	0.2	0.2	0.2	0.2
Americas	43.1	47.9	51.8	x46.1	x42.6	39.7	37.8	x33.2	x32.0	33.4	Amériques	3.3	4.6	3.2	2.8	2.5	3.1	4.0	3.8	4.5	4.4
LAIA	0.4	0.3	0.4	0.3	0.3	0.6	0.8	0.9	1.2	x1.6	ALAI	1.1	1.7	1.6	1.4	1.1	1.3	1.7	1.5	2.1	1.6
CACM	x0.1	0.1	0.1	0.1	0.1	0.1	0.1	0.1	0.1	x0.1	MCAC	x0.0	0.1	0.0	0.0	0.0	0.0	0.0	0.0	0.0	0.0
Asia	x10.5	9.2	8.4	x10.3	x10.2	x12.2	13.2	x14.7	x15.2	x17.0	Asie	37.6	39.6	40.8	38.6	x45.3	x44.6	37.7	35.9	38.5	x42.1
Middle East	x3.4	x3.1	x2.2	x2.5	x2.4	x2.4	x1.8	x1.9	x1.8	x2.8	Moyen–Orient	x0.2	0.5	1.4	0.4	x0.4	x0.2	x0.3	x0.2	x0.2	x0.2
Europe	38.7	35.0	34.8	39.6	41.7	43.4	43.4	47.4	48.0	45.9	Europe	56.6	53.6	53.8	56.4	44.2	45.0	53.6	56.5	52.6	50.4
EEC	30.6	27.1	27.1	30.8	32.6	34.2	35.0	38.3	40.0	38.7	CEE	54.3	50.9	51.2	53.7	42.0	43.0	51.3	54.3	50.9	48.7
EFTA	8.0	7.4	7.3	8.3	8.5	7.8	7.6	8.3	7.6	6.9	AELE	2.3	2.2	2.2	2.3	1.9	1.7	1.8	1.8	1.5	1.4
Oceania	x2.9	x3.7	3.4	x2.5	x2.2	x2.5	x2.7	x2.5	x2.4	2.2	Océanie	x0.2	0.2	0.1	x0.1	0.1	x0.1	x0.1	x0.1	x0.1	0.1
USA/Etats–Unis d'Amer	37.0	41.4	45.3	39.6	37.4	34.6	32.3	28.1	26.8	28.2	Germany/Allemagne	16.0	14.5	14.1	15.7	11.7	11.6	13.2	13.3	12.8	11.9
Germany/Allemagne	8.0	6.7	6.6	7.0	7.8	7.9	7.9	8.9	10.1	9.1	Japan/Japon	28.6	29.9	25.8	22.7	14.6	12.9	14.6	12.6	11.6	10.4
Italy/Italie	4.4	4.3	4.4	4.5	5.2	5.7	5.6	6.5	6.9	6.8	United Kingdom	12.8	11.7	13.1	11.6	8.8	9.7	11.7	12.3	11.7	10.9
France, Monac	5.0	4.5	4.6	5.6	5.5	5.7	5.7	6.2	5.9	5.8	China/Chine			5.1	6.1	5.1	5.8	8.0	9.7	11.6	12.3
Hong Kong	2.9	2.7	2.8	3.3	3.7	4.3	5.0	5.1	6.3	7.8	Italy/Italie	9.4	8.9	8.5	9.4	7.4	7.0	8.3	8.3	7.0	6.8
United Kingdom	3.8	3.9	3.7	4.6	4.5	5.0	5.3	4.8	4.5	4.3	Hong Kong	3.3	3.4	3.5	4.1	4.0	4.8	6.6	6.5	7.9	10.3
Japan/Japon	1.5	1.3	1.5	1.8	2.1	2.7	3.5	4.4	4.3	4.3	Portugal	2.0	2.6	2.7	3.3	3.1	4.1	6.6	5.4	5.4	5.5
Canada	5.2	5.3	5.4	5.2	3.9	3.8	3.9	3.3	3.3	2.9	France, Monac	4.6	4.0	3.9	4.1	3.1	3.2	4.1	4.4	4.1	4.3
Netherlands/Pays–Bas	3.1	2.8	2.6	3.1	3.1	3.1	3.0	3.3	3.3	3.2	Spain/Espagne	1.9	2.4	2.4	2.8	2.2	2.3	2.9	3.0	2.7	2.3
Belgium–Luxembourg	2.4	2.1	2.0	2.3	2.4	2.4	2.5	2.9	2.9	2.7	Belgium–Luxembourg	2.3	2.2	2.0	2.2	2.2	2.6	2.7	2.7	2.8	2.5

PEARL, PREC-, SEMI-P STONE / PERLES, PIERRES GEMMES

TRADE BY COMMODITY IN THOUSAND U.S. DOLLARS – COMMERCE PAR PRODUIT EN MILLIERS DE DOLLARS E.U

COUNTRIES–PAYS	IMPORTS – IMPORTATIONS					COUNTRIES–PAYS	EXPORTS – EXPORTATIONS				
	1988	1989	1990	1991	1992		1988	1989	1990	1991	1992
Total	29093981	32351716	33918268	32505322	32802929	Totale	25651590	x28961934	30201808	29446660	x27869430
Africa	x165809	x176570	x190497	x118275	x224581	Afrique	x1566583	x1872496	x1875589	x1656030	x1689529
Northern Africa	15903	20470	15463	6891	x7266	Afrique du Nord	8072	20039	18284	6732	x6096
Americas	x5199285	x5345329	x4838603	x4847835	x5013955	Amériques	x1785282	x2117344	x2291139	x2187110	x2168608
LAIA	6240	10799	8717	6658	x8763	ALAI	175106	223198	245425	274071	264579
CACM	x1288	894	203	x452	x1449	MCAC	x50	x68	x14	691	x14
Asia	10108585	x11643712	12329695	12250739	x12534277	Asie	7520090	x9145181	9342649	8883509	x9551519
Middle East	x96351	x106656	x170457	x232653	x223490	Moyen–Orient	x55039	x108146	x126940	x127318	x141937
Europe	13499257	15043713	16398058	15146967	14894124	Europe	12752393	14296378	15169557	14486465	14141725
EEC	10874637	12096686	13218650	12342902	12035832	CEE	10418801	11616659	12054279	11767025	11534157
EFTA	2618066	2937689	3170837	2798023	2855209	AELE	2331024	2676917	3110992	2713925	2605753
Oceania	x100372	x125873	x135112	x131843	x120897	Océanie	170937	x239993	x270248	x359450	x311138
Belgium–Luxembourg	5940964	7238893	7894721	7499700	7426616	Belgium–Luxembourg	6190022	7376408	7653433	7646962	7711464
USA/Etats–Unis d'Amer	5002930	5102086	4630832	4639121	4803853	United Kingdom	3588750	3486559	3574261	3378355	3004832
United Kingdom	3729655	3414194	3743991	3484838	3263730	Israel/Israël	2889943	3181051	3573280	3395177	3730032
Japan/Japon	2669343	2913105	3378660	2821075	3124238	India/Inde	2887651	x3687114	2710044	2460479	x2825103
Israel/Israël	2869923	3036482	3096747	2748909	2808160	Switz.Liecht	2262446	2608822	3022946	2628576	2526704
Switz.Liecht	2562830	2876452	3103052	1967199	x3033659	USA/Etats–Unis d'Amer	1431232	1578220	1802031	1740559	1637204
India/Inde	2176794	x2553012	2059442	2026380	2364299	Former USSR/Anc. URSS	x1849422	x1284031	x1233869	x1867782	
Hong Kong	1681217	1876935	1936281	2026380	2364299	Hong Kong	670461	933839	1237993	1157258	1056581
Thailand/Thaïlande	294077	718716	1090685	1826033	622035	Thailand/Thaïlande	530298	652175	879378	940126	x937556
Germany/Allemagne	450329	535974	577361	565160	524396	So. Africa Customs Un	x700513	x886491	x773926	x612076	x351494
France,Monac	336750	402306	477232	363771	394738	Germany/Allemagne	312159	371228	397884	365429	389720
Italy/Italie	174767	213161	239303	220231	214557	Australia/Australie	144120	235564	197958	261018	235603
Canada	174837	225965	191201	173469	171694	Zaire/Zaïre	x176317	x236836	x141161	x218251	x127828
Singapore/Singapour	82022	98910	149436	226542	216729	France,Monac	122808	138580	175473	171972	196254
Netherlands/Pays–Bas	129194	163926	151889	94836	103406	Japan/Japon	116330	149809	162431	170314	161134
China/Chine	86363	133900	175107	99875	217373	Sri Lanka	86050	103244	208289	139031	175668
So. Africa Customs Un	135503	149972	140047	x75745	x104177	China/Chine	x109075	x176356	x175636	x83544	x74987
Australia/Australie	89882	111445	121517	118725	107965	Panama	x90253	x122287	x108855	x189241	x259912
Malaysia/Malaisie	46067	76088	95703	112853	x130722	Cote d'Ivoire	90498	108764	112917	144496	180061
Sri Lanka	47439	79826	74310	81863	78932	Colombia/Colombie					
Portugal	67937	74980	73165	58592	51536	Brazil/Brésil	82965	99687	117250	107111	63163
Spain/Espagne	31020	41731	49364	43316	33521	Netherlands/Pays–Bas	114286	120956	118838	80522	71593
Saudi Arabia	5239	4929	x58145	x70738	x48562	Angola	x191144	x262886	x47824	x51155	
Korea Republic	27981	31095	52967	47129	42514	Congo	x52781	x96133	x93256	x119134	x207783
Lebanon/Liban	x35706	x30161	x35213	x56372	x36751	Ghana	x63783	x102309	x98566	x92396	x126998
Bahrain/Bahreïn	x6236	x31141	x35792	x47484	x67893	Singapore/Singapour	40075	64318	90702	133425	99769
United Arab Emirates	x38290	x33376	x30736	x44918	x48009	Portugal	54532	87984	79390	85996	71257
Brunei Darussalam	x8147	x9558	x35924	x46997	x8247	Liberia/Libéria	x76237	x111607	x65675	x74823	x141768
Austria/Autriche	20794	25535	30346	19862	24997	Sierra Leone	3434	x82684	x53806	x65879	x97382
Sweden/Suède	21175	21685	23325	16974	12936	Malaysia/Malaisie	31024	50820	72637	77840	x79720
Mauritius/Maurice	x9300		24036	24335	22536	Central African Rep.	x31399	58970	x81544	x47677	x58185
Tunisia/Tunisie	15180	20071	14167	6316	4691	Canada	49284	77924	55051	34386	51264
New Zealand	10003	13502	12249	10176	11752	Sweden/Suède	52717	43145	58877	54887	43565
Former USSR/Anc. URSS	x788	x10373	x16751	x4823		French Polynesia	23160		x68528	x85289	x70224
Bermuda/Bermudes	x11564	x3911	x5277	x18094	x16301	Guinea/Guinée	x45129	x37847	x40297	x38368	x49918
Finland/Finlande	7992	9760	9149	7296	4520	Bahrain/Bahreïn	x19963	x29776	x33264	x21151	x58637
Denmark/Danemark	10882	8191	7158	8067	8630	United Arab Emirates	x14265	x37193	x40272	x32682	x14789
Cyprus/Chypre	3815	3646	4285	9400	10034	Nigeria/Nigéria	x30801	x7324	x56948	x37293	x40873
Viet Nam	x606	x1457	x5251	x7085	x7277	Lebanon/Liban	x17439	x38943	x23080	x33750	x22503
Norway,SVD,JM	5187	4122	4780	4857	4392	Myanmar	x14530	x22158	x40663	x32258	x43506
Malta/Malte	2971	4373	5281	x2360	x572	Bermuda/Bermudes	x12749	x43001	x9954	x41404	x70761
Korea Dem People's Rp	x298	x75	x2190	x8968	x23268	Korea Republic	25668	24226	29778	26236	24987
Brazil/Brésil	312	5553	3840	964	472	Mali	x2765	x8357	x17715	x47324	x46421
Mexico/Mexique	3477	2711	3624	3972	5645	Austria/Autriche	12008	20684	23162	29460	30997
Andorra/Andorre	x2967	x3606	x2579	x2843	x2010	Mauritius/Maurice	22317	21310	24913	26490	22476
Cote d'Ivoire	x718		x5149	x1055	291	Saudi Arabia	521	5	x28978	x26460	x30866
Bulgaria/Bulgarie	x4054	x2302	x2699	x6196	x8066	Zambia/Zambie	x12084	x23799	x12209	x12856	x47627
Sierra Leone		x3604	x5149	x84	x3476	Venezuela	0	13383	13102	19720	18883
Turkey/Turquie	642	1302	4575	1340	1999	Tunisia/Tunisie	7604	19211	18266	6591	3850
Greece/Grèce	898	1558	2705	2603	x12073	Indonesia/Indonésie	6832	8347	14083	16065	24208

(VALUE AS % OF TOTAL)(VALEUR EN % DU TOTAL)

	1983	1984	1985	1986	1987	1988	1989	1990	1991	1992		1983	1984	1985	1986	1987	1988	1989	1990	1991	1992
Africa	x0.4	x0.3	0.4	0.4	0.5	x0.6	x0.6	x0.5	x0.3	0.7	Afrique	x12.3	x10.2	8.7	x11.0	x9.9	x6.1	x6.5	x6.2	x5.6	x6.1
Northern Africa	0.0	0.1	0.1	0.1	0.1	0.1	0.1	0.1	0.0	x0.0	Afrique du Nord	0.0	0.0	0.0	0.0	0.0	0.0	0.1	0.1	0.0	x0.0
Americas	21.8	x25.4	26.3	x22.8	18.7	17.9	16.6	x14.2	14.9	15.3	Amériques	x7.3	x7.7	6.4	6.8	8.3	7.0	x7.3	7.5	7.4	x7.8
LAIA	0.1	0.0	0.1	0.0	0.0	0.0	0.0	0.0	0.0	x0.0	ALAI	0.6	0.8	0.5	0.6	0.7	0.7	0.8	0.8	0.9	0.9
CACM	x0.0	0.0	0.0	0.0	0.0	x0.0	0.0	0.0	x0.0	x0.0	MCAC	x0.0	x0.0	x0.0	x0.0	x0.0	x0.0	x0.0	x0.0	0.0	x0.0
Asia	26.6	23.8	26.3	28.9	33.0	34.7	x36.0	36.4	37.7	x38.3	Asie	26.4	24.5	28.4	28.2	26.1	29.3	x31.6	30.9	30.2	x34.3
Middle East	x0.5	x0.4	0.1	x0.2	x0.4	x0.3	x0.3	x0.5	x0.7	x0.7	Moyen–Orient	x0.4	x0.3	0.0	x0.4	0.4	x0.2	x0.4	x0.4	x0.4	x0.5
Europe	50.8	50.2	46.7	47.8	47.5	46.4	46.5	48.3	46.6	45.4	Europe	53.3	57.1	55.9	53.5	46.8	49.7	49.4	50.2	49.2	50.7
EEC	43.0	39.7	37.7	38.2	37.8	37.4	37.4	39.0	38.0	36.7	CEE	45.5	46.3	45.3	43.5	38.1	40.6	40.1	39.9	40.0	41.4
EFTA	7.9	10.4	9.0	9.5	9.7	9.0	9.1	9.3	8.6	8.7	AELE	7.7	10.7	10.5	10.0	8.7	9.1	9.2	10.3	9.2	9.3
Oceania	x0.3	x0.3	0.3	x0.3	x0.3	x0.3	x0.4	x0.4	x0.4	x0.4	Océanie	0.7	x0.8	x0.5	x0.4	x0.6	0.7	x0.8	x0.9	x1.2	x1.2
Belgium–Luxembourg	20.8	20.7	19.7	20.4	21.1	20.4	22.4	23.3	23.1	22.6	Belgium–Luxembourg	25.5	25.5	27.2	24.9	22.3	24.1	25.5	25.3	26.0	27.7
USA/Etats–Unis d'Amer	20.8	24.5	25.3	21.9	17.9	17.2	15.8	13.7	14.3	14.6	United Kingdom	16.4	17.1	14.3	15.4	13.1	14.0	12.0	11.8	11.5	10.8
United Kingdom	16.2	13.7	12.6	13.5	12.2	12.8	10.6	11.0	10.7	9.9	Israel/Israël	10.2	10.2	12.3	11.9	10.7	11.3	11.0	11.8	11.5	13.4
Japan/Japon	5.5	5.3	5.3	6.5	8.2	9.2	9.0	10.0	8.7	7.4	India/Inde	9.5	8.0	9.9	9.8	8.9	11.3	x12.7	9.0	8.4	x10.1
Israel/Israël	6.4	6.7	9.0	9.4	9.5	9.4	9.4	9.1	8.4	9.5	Switz.Liecht	7.5	10.4	10.2	9.7	8.5	8.8	9.0	10.0	8.9	9.1
Switz.Liecht	7.5	10.1	8.7	9.3	9.9	7.5	x7.9	6.1	6.1	x9.2	USA/Etats–Unis d'Amer	5.8	5.5	5.6	5.6	5.0	5.6	5.4	6.0	5.9	5.9
India/Inde	7.8	5.9	6.3	6.2	6.9	7.5	7.9	6.1	6.2	7.2	Former USSR/Anc. URSS						x8.1	x7.2	x4.4	x4.1	x6.3
Hong Kong	4.7	4.1	4.3	5.0	5.5	5.8	5.8	5.7	6.2	7.2	Hong Kong	2.5	2.3	2.5	2.2	2.0	2.6	3.2	4.1	3.9	3.8
Thailand/Thaïlande	1.0	0.7	0.6	0.8	1.2	1.0	2.2	3.2	5.6	1.9	Thailand/Thaïlande	2.2	2.1	2.0	2.0	2.1	2.1	2.3	2.9	3.2	x3.4
Germany/Allemagne	2.2	1.8	1.6	1.7	1.8	1.5	1.7	1.7	1.7	1.6	So. Africa Customs Un	9.5	7.7	8.4	8.2	6.9	x2.7	x3.1	x2.6	x2.1	x1.3

135

671 PIG IRON ETC / FONTE, SPIEGEL, POUDRES 671

TRADE BY COMMODITY IN THOUSAND U.S. DOLLARS – COMMERCE PAR PRODUIT EN MILLIERS DE DOLLARS E.U

COUNTRIES–PAYS	IMPORTS – IMPORTATIONS					COUNTRIES–PAYS	EXPORTS – EXPORTATIONS				
	1988	1989	1990	1991	1992		1988	1989	1990	1991	1992
Total	7785783	9329143	8186975	7620481	6748626	Totale	x8236714	x9149466	x8103278	x8057375	x5647505
Africa	49308	x83944	75039	x146994	x67401	Afrique	x1210063	x1416433	x1043035	x987628	x799926
Northern Africa	43613	58126	69049	120716	x46436	Afrique du Nord	21858	23952	51803	44384	x36404
Americas	1478488	1663160	1458492	1393853	1330683	Amériques	1377439	1547923	1429777	1302894	1265324
LAIA	112956	182186	184386	145684	124303	ALAI	974189	1165080	1120506	970094	937422
CACM	897	1020	921	1629	x698	MCAC	x100	x36	10	39	x25
Asia	x2517498	2773742	2625750	2691423	x2127868	Asie	1087373	x793739	760914	877333	x1018069
Middle East	x127438	x197838	x177813	x173887	x224712	Moyen-Orient	80139	x75001	72535	x87095	x63820
Europe	3493718	4470256	3730046	3252052	3143161	Europe	2481155	2976255	2630877	2236510	2195801
EEC	3013148	3872581	3207479	2883435	2752103	CEE	1260095	1654976	1424685	1193080	1160035
EFTA	452820	552897	477523	359785	375103	AELE	1009659	1148071	1042151	939386	935937
Oceania	39109	x56476	40531	x37367	x43685	Océanie	340033	462515	319217	294409	261653
Japan/Japon	1509038	1650817	1457423	1551642	1054560	Former USSR/Anc. URSS	x1572432	x1799013	x1773296	x2233209	
USA/Etats–Unis d'Amer	1205053	1254425	1127528	1096185	1061559	So. Africa Customs Un	x862456	x1145435	x834073	x829324	x582359
Germany/Allemagne	1055560	1354217	981973	911867	847306	Brazil/Brésil	688108	802004	800160	673339	672011
France, Monac	487803	671362	588033	528830	483746	Norway,SVD,JM	556853	653377	625580	553066	559345
Italy/Italie	520601	666927	586388	514160	537195	France, Monac	374358	507950	480146	425296	370352
Korea Republic	220512	424383	366843	400891	447021	Germany/Allemagne	392577	448059	432254	331861	316891
United Kingdom	358691	423840	336007	276463	280213	China/Chine	621436	246442	342297	440027	413983
Belgium–Luxembourg	261123	348638	294393	271798	285253	New Caledonia	304209	425165	268809	254206	215458
Spain/Espagne	207389	251081	268033	253452	218077	Sweden/Suède	192323	218499	202068	193434	203540
Sweden/Suède	188199	240593	188421	136971	138236	United Kingdom	153474	196367	185225	171748	150630
Canada	153915	192444	135878	143246	136247	Zimbabwe	x320580	x243926	154415	112007	x179667
Finland/Finlande	125903	147121	145538	113950	133784	Belgium–Luxembourg	163461	254716	144064	110082	85254
China/Chine	126552	111655	202197	57743	33853	Colombia/Colombie	164900	187765	160732	143490	126632
Turkey/Turquie	87669	130480	107274	110572	127809	Yugoslavia SFR	211367	173165	164216	x104033	
India/Inde	136006	x98593	121671	93006	x65895	USA/Etats–Unis d'Amer	116004	125584	152764	158619	180482
Austria/Autriche	96880	113816	93234	63343	59174	Canada	146327	174685	131935	87403	82907
Indonesia/Indonésie	42824	69045	81375	76144	88330	Austria/Autriche	138857	154066	119118	100566	90096
Netherlands/Pays–Bas	55315	71316	65171	53325	47673	Italy/Italie	79293	110493	90819	83840	78108
Poland/Pologne	78201	62619	87519	34068	x10472	Malaysia/Malaisie	53947	61787	98675	69879	x55646
Venezuela	40286	82956	69317	26936	8322	India/Inde	90472	x114262	42399	72678	x102733
Romania/Roumanie	x27837	86541	69374	15610	x2893	Venezuela	52488	64814	65055	74020	75335
Hong Kong	97134	52578	51250	65126	37722	Turkey/Turquie	71975	50120	66141	71697	51306
Mexico/Mexique	25412	48654	56828	51978	61029	Spain/Espagne	64407	73950	60564	50408	32409
Malaysia/Malaisie	29401	38023	43800	46074	x46326	Hong Kong	87298	56307	53286	71870	39414
Czechoslovakia	x14050	67979	53246	x6269	x12784	Finland/Finlande	61697	65757	51176	59607	51996
Switz.Liecht	34421	39346	42029	32822	33984	Japan/Japon	52951	57825	49508	52053	82321
Australia/Australie	33960	48932	32638	29476	34285	Poland/Pologne	27530	48425	77869	32077	x28811
Bangladesh	x3482	x7277	x4824	97131	x5440	Mexico/Mexique	31885	61926	50102	45136	36693
Libyan Arab Jamahiriya	541	28368	22890	57396	x2523	Indonesia/Indonésie	3100	63915	48511	38983	39082
Singapore/Singapour	25779	43963	25911	33664	23189	Philippines	46343	x89412	33637	12881	5023
Iran (Islamic Rp. of)	x17951	x28659	x32398	x39796	x67163	Australia/Australie	29150	37331	48064	40021	45697
Egypt/Egypte	19646	13165	34297	50053	30634	Iceland/Islande	31818	52968	41626	30285	28842
Yugoslavia SFR	26985	44196	44563	x8740		Czechoslovakia	x15636	x21189	x20348	x65822	x55762
Thailand/Thaïlande	30405	30062	35291	28573	45391	Chile/Chili	17368	30402	26474	23541	x14458
Denmark/Danemark	28238	33176	29865	28383	23778	Algeria/Algérie	13167	13077	33971	28957	x13268
Brazil/Brésil	4936	13682	30359	36998	25521	Trinidad and Tobago	16835	29584	24154	16438	13724
Greece/Grèce	16881	27200	30022	21783	x4273	Dominica/Dominique	x4899	x47663	x1	x19835	x17114
Pakistan	17198	24619	21405	16750	12383	Greece/Grèce	22397	42980	15927	8578	x120744
Portugal	15990	18750	21985	18918	20925	Albania/Albanie	x67733	x33350	x12973	x11313	x13966
Hungary/Hongrie	x7205	x11135	x17307	28951	x6291	Bulgaria/Bulgarie	x45050	x32413	x19873	x5293	x2796
Korea Dem People's Rp	x32193	x5008	x14546	x33239	x28943	Dominican Republic	x118108				
Bulgaria/Bulgarie	x17413	x24663	x17863	x7073	2895	Argentina/Argentine	18054	17848	17876	x50459	x28893
Philippines	14568	x14234	15048	11817	7190	Egypt/Egypte	8667	10875	17195	10382	7796
Saudi Arabia	834	11465	x18205	x9604	x15212	Iran (Islamic Rp. of)	x4243	x17827	x5750	15376	22574
Former USSR/Anc. URSS	x33407	x22959	x7926	x4974		Netherlands/Pays–Bas	8623	x17827	x5750	x14471	x4033
Colombia/Colombie	11114	14445	10932	10090	10877	Korea Dem People's Rp	x12336	x11086	x6314	7326	3668
Cuba	x1115	28995	x1928	x2947	x3534	Hungary/Hongrie	x7375	x14336	x10534	x17158	x11390
Norway,SVD,JM	7363	11994	8224	12439	9845	Singapore/Singapour	3006	6074	8385	x6840	x4667
So. Africa Customs Un		x19172		x13034	x13985	Korea Republic	1581	7506	3921	1024	1722
Argentina/Argentine	23080	8243	9317	12417	11721	Portugal	496	404	6914	3288	978

(VALUE AS % OF TOTAL)(VALEUR EN % DU TOTAL)

	1983	1984	1985	1986	1987	1988	1989	1990	1991	1992		1983	1984	1985	1986	1987	1988	1989	1990	1991	1992
Africa	1.2	x1.4	1.3	x1.5	x0.9	0.6	x0.9	0.9	x2.0	x1.0	Afrique	14.5	15.0	15.9	17.2	x13.9	x14.7	x15.5	x12.9	x12.3	x14.2
Northern Africa	0.7	0.6	1.0	0.6	0.4	0.6	0.6	0.8	1.6	x0.7	Afrique du Nord	0.6	0.7	0.2	0.2	0.3	0.3	0.3	0.6	0.6	x0.6
Americas	18.4	21.0	17.8	18.6	16.5	19.0	17.8	17.8	18.3	19.7	Amériques	20.6	22.5	27.8	21.7	15.2	16.7	16.9	17.6	16.2	22.4
LAIA	1.7	2.0	1.8	1.3	1.6	1.5	2.0	2.3	1.9	1.8	ALAI	13.5	14.7	18.4	14.8	10.2	11.8	12.7	13.8	12.0	16.6
CACM	x0.0	0.1	0.0	0.0	0.0	0.0	0.0	0.0	0.0	x0.0	MCAC	x0.0	x0.0	0.0	0.0	0.0	0.0	0.0	0.0	0.0	0.0
Asia	23.8	22.8	22.6	23.2	x28.9	32.3	29.8	32.1	35.3	x31.5	Asie	4.7	4.6	8.5	8.2	9.1	13.2	x8.6	9.4	10.8	x18.1
Middle East	x1.6	1.6	2.5	2.0	x2.4	x1.6	x2.1	2.2	x3.3	x3.3	Moyen-Orient	x0.0	1.0	0.9	1.1	0.8	1.0	x0.8	0.9	x1.1	x1.1
Europe	48.0	48.1	52.4	51.1	45.3	44.9	47.9	45.6	42.7	46.6	Europe	38.5	42.1	47.1	48.8	35.0	30.1	32.5	32.5	27.8	38.9
EEC	42.0	40.6	45.3	44.6	38.9	38.7	41.5	39.2	37.8	40.8	CEE	23.1	24.2	28.2	30.1	20.6	15.3	18.1	17.6	14.8	20.5
EFTA	6.0	6.8	6.5	5.9	6.0	5.8	5.9	5.8	4.7	5.6	AELE	15.4	15.6	16.5	16.8	12.7	12.3	12.5	12.9	11.7	16.6
Oceania	0.5	x0.6	0.4	x0.6	0.5	0.5	x0.6	0.5	x0.5	x0.7	Océanie	3.7	x1.3	0.4	x3.8	2.8	4.2	5.0	3.9	3.7	4.6
Japan/Japon	15.7	16.4	15.0	14.9	14.3	19.4	17.7	17.8	20.4	15.6	Former USSR/Anc. URSS	17.6	14.3		x22.3	x19.1	x19.7	x21.9	x27.7		
USA/Etats–Unis d'Amer	14.7	16.6	14.0	15.1	12.8	15.5	13.4	13.8	14.4	15.7	So. Africa Customs Un	10.8	11.4	12.7	13.5	11.0	10.5	x10.3	x10.3	x10.3	
Germany/Allemagne	15.6	14.9	16.8	15.3	12.9	13.6	14.5	12.0	12.0	12.6	Brazil/Brésil	10.8	11.6	13.3	11.8	7.5	8.4	8.8	9.9	8.4	11.9
France, Monac	8.6	8.8	10.3	8.7	7.6	6.3	7.2	7.2	6.9	7.2	Norway,SVD,JM	8.8	9.5	9.4	9.2	7.1	6.8	7.1	7.7	6.9	9.9
Italy/Italie	6.0	6.8	6.7	7.3	6.4	6.7	7.1	7.2	6.8	8.0	France, Monac	7.8	8.1	8.8	11.2	7.5	5.6	5.9	5.9	5.3	6.6
Korea Republic	1.0	1.2	1.0	1.9	2.6	2.8	4.5	4.5	5.3	6.6	Germany/Allemagne	6.6	6.7	7.7	7.4	5.6	4.8	4.9	5.3	4.1	5.6
United Kingdom	5.5	4.3	4.9	5.0	4.8	4.6	4.5	4.1	3.6	4.2	China/Chine					4.1	7.5	2.7	4.2	5.5	7.3
Belgium–Luxembourg	2.8	2.8	3.2	3.3	2.9	3.4	3.7	3.6	3.6	4.2	New Caledonia	2.3	x0.8		x2.9	2.1	3.7	4.6	3.3	3.2	3.8
Spain/Espagne	1.9	1.7	1.9	3.0	2.6	2.7	2.7	3.3	3.3	3.2	Sweden/Suède	3.5	3.1	3.6	3.6	2.7	2.3	2.4	2.5	2.4	3.6
Sweden/Suède	2.6	3.1	2.8	2.5	2.5	2.4	2.6	2.3	1.8	2.0	United Kingdom	1.4	1.4	2.2	2.2	1.7	1.9	2.1	2.3	2.1	2.7

672 IRON, STEEL PRIMARY FORMS — LINGOTS FER, ACIER 672

TRADE BY COMMODITY IN THOUSAND U.S. DOLLARS – COMMERCE PAR PRODUIT EN MILLIERS DE DOLLARS E.U

IMPORTS – IMPORTATIONS

COUNTRIES–PAYS	1988	1989	1990	1991	1992
Total	14444050	17587116	18134764	18428884	17816609
Africa	249836	x363649	418291	x417310	x425583
Northern Africa	169021	219754	301289	259824	x268007
Americas	1827493	2514029	2294828	2352382	2619533
LAIA	458512	475526	353443	638671	697727
CACM	43822	55609	54089	48900	x57693
Asia	x4696434	x5668900	x5984797	7093778	x6643154
Middle East	x629682	x727139	x972874	x877308	x1040003
Europe	7352624	8681534	9243590	8285133	8000861
EEC	6810648	7983697	8343449	7616587	7345569
EFTA	413398	547575	714527	659667	624174
Oceania	x150012	159270	89361	x155969	x77649
Italy/Italie	1683725	2128351	1964746	1638331	1776122
Germany/Allemagne	1332931	1575738	1789700	1911376	1663046
USA/Etats–Unis d'Amer	906629	1628148	1636010	1486925	1669964
Japan/Japon	1366013	1552359	1358230	1781765	1078762
Korea Republic	784656	1258518	1331318	1850655	1170962
France, Monac	1026329	1093447	1283559	1134029	1100247
Belgium–Luxembourg	973713	952950	1206392	1110594	818179
Thailand/Thaïlande	422149	673051	732344	827457	949037
United Kingdom	677725	712954	750527	603025	678014
Greece/Grèce	220772	472866	462086	357025	x341437
Spain/Espagne	438390	477506	394894	404185	477623
Iran (Islamic Rp. of)	x167847	x200930	x551230	x339047	x457400
Indonesia/Indonésie	96377	295157	315290	326800	209000
Malaysia/Malaisie	154052	217191	300174	408777	x372403
Turkey/Turquie	279841	357574	224321	291907	309576
Philippines	190091	x281268	228634	291069	367038
Netherlands/Pays–Bas	226946	265758	227707	220302	203987
Mexico/Mexique	73731	162111	167722	358352	337402
Singapore/Singapour	46162	220395	171191	222231	155637
Canada	402209	238932	221203	138168	155939
India/Inde	210642	x202363	235874	141483	x296701
Portugal	152164	190420	159048	131203	156947
Israel/Israël	122966	112811	136466	174598	119771
Morocco/Maroc	112273	148049	136418	131830	101846
Sweden/Suède	90982	118061	154556	140652	130074
Austria/Autriche	104569	110645	155440	136765	153049
Finland/Finlande	37599	103067	132326	163542	108819
Australia/Australie	112550	141863	75980	149528	72105
Switz.Liecht	106141	124200	130758	104957	116278
Norway, SVD, JM	72528	90124	139803	112528	115119
Yugoslavia SFR	124759	147899	179172	x6494	
Denmark/Danemark	73561	107926	95146	96671	117861
Saudi Arabia	60443	53552	x90753	x147802	x170147
Argentina/Argentine	269967	117629	31824	105350	212330
China/Chine	41102	51044	104181	69497	779436
Ecuador/Equateur	56797	64380	66545	83111	24899
Kenya	46937	x76014	62493	x75425	x68139
Jordan/Jordanie	41374	45370	53546	61697	77265
Egypt/Egypte	19842	32586	59908	59772	54604
Libyan Arab Jamahiriya	11807	29094	78798	x33350	x32660
Romania/Roumanie	x444	51525	54145	18143	x7141
Venezuela	11751	28383	44789	34684	43042
Hong Kong	43874	31864	36932	37837	49319
Chile/Chili	27338	50406	24313	30795	x38887
Bulgaria/Bulgarie	x62425	x77174	x22404	x2443	14085
Former USSR/Anc. URSS	x64353	x44432	x19788	x33217	
Cuba	x289	75836	x2463	x1749	
Costa Rica	23935	28028	27711	18744	x4613
Iraq	x47094	x49659	x23607	x5	x4
Pakistan	11560	20203	33683	16304	16318

EXPORTS – EXPORTATIONS

COUNTRIES–PAYS	1988	1989	1990	1991	1992
Totale	x15703943	18397893	18091712	x19541812	16438956
Afrique	x246274	x206595	x138691	x179471	x375741
Afrique du Nord	46435	13247	12585	x21324	x40130
Amériques	1620189	3616027	2703166	3718611	2961649
ALAI	1276698	2236458	1638806	2107603	2028466
MCAC	510	x299	x197	x3530	92
Asie	x3276207	3295140	2748847	2977268	3203203
Moyen–Orient	323080	383398	389216	303411	476491
Europe	8484870	9184137	9966072	9171217	8655659
CEE	7836328	8465618	9128473	8244074	7806162
AELE	583845	665406	763869	867300	812208
Océanie	80490	x140826	x360656	x407935	418990
Germany/Allemagne	2319044	2535867	2538692	2327505	2225848
Belgium–Luxembourg	1999382	1952603	2498212	2244854	1896286
Brazil/Brésil	1153922	1976080	1302762	1734243	1662429
France, Monac	1353239	1438832	1479478	1386294	1320434
Former USSR/Anc. URSS	x619353	x916835	x1078032	x2089227	
Japan/Japon	1440221	1474963	1087595	1103737	1013556
Korea Republic	1012981	1103047	923612	1097126	1177902
United Kingdom	897164	975295	980682	925089	882984
USA/Etats–Unis d'Amer	35295	860336	571551	949186	431021
Netherlands/Pays–Bas	700665	704328	696753	529510	578563
Canada	298213	504137	482049	654590	489642
Italy/Italie	308038	488767	576105	466540	502936
Bulgaria/Bulgarie	x755603	x609806	x476722	x201963	x168483
Turkey/Turquie	320270	379762	383267	299309	450440
Finland/Finlande	164034	255880	311079	414779	334873
Sweden/Suède	235184	257903	291000	332248	342153
Poland/Pologne	65861	124086	298457	372765	x221671
Australia/Australie	62913	124718	309885	311908	335373
Czechoslovakia	x166758	x130794	x171004	x245821	x283984
Spain/Espagne	201936	147556	167261	222413	246537
Greece/Grèce	51705	217711	183598	128622	x139050
Indonesia/Indonésie	94999	180764	96897	139411	108077
Hungary/Hongrie	x132024	x128057	x134123	x136675	x109499
Austria/Autriche	154872	139038	148112	98295	108266
China/Chine	4555	21287	128849	205226	204472
Mexico/Mexique	33464	83018	133876	124744	167840
Venezuela	34539	68112	120030	99225	143343
So. Africa Customs Un	x134223	x110905	x68046	x101494	x249489
Argentina/Argentine	38216	102720	53048	104644	17929
Yugoslavia SFR	64626	53022	73533	x59765	
Korea Dem People's Rp	x108116	x56358	x59877	x57662	x83587
New Zealand	17572	16067	49716	95593	83458
Zimbabwe	45834	x68074	46776	42274	x76623
India/Inde	7522	x16312	31636	27198	x31277
Singapore/Singapour	1146	16025	16103	28927	39023
Chile/Chili	15195	2755	26694	30157	x26512
Former GDR	x224851	x42239	x15908		
Malaysia/Malaisie	14072	33958	6426	5519	x24345
Romania/Roumanie	x33460	1710	34	40859	x40078
Mozambique	x8578	x11827	x10302	x8032	x3677
Switz.Liecht	8772	4062	7715	13243	13908
Norway, SVD, JM	20960	8524	5953	6833	12889
Algeria/Algérie	32973	8082	7782	4989	x8530
Denmark/Danemark	3375	2056	5146	9563	10073
Libyan Arab Jamahiriya		x75	x1359	x14276	x21645
Colombia/Colombie	1	7	788	12003	5707
Panama	x289	x10984	2	x1483	x47
Egypt/Egypte	13453	4638	2970	1449	9681
Trinidad and Tobago	8764	2732	3890	1969	1990
Ireland/Irlande	1612	2513	1878	3537	2573

(VALUE AS % OF TOTAL) (VALEUR EN % DU TOTAL)

Imports

	1983	1984	1985	1986	1987	1988	1989	1990	1991	1992
Africa	x2.3	x2.7	3.2	x2.3	x1.8	1.7	x2.1	2.3	x2.3	2.4
Northern Africa	x1.3	1.8	2.2	x1.5	1.1	1.2	1.2	1.7	1.4	x1.5
Americas	9.4	13.0	11.4	11.8	11.5	12.7	14.3	12.6	12.8	14.7
LAIA	3.5	4.6	3.1	3.7	3.0	3.2	2.7	1.9	3.5	3.9
CACM	x0.2	x0.3	0.4	0.5	0.3	0.3	0.3	0.3	0.3	x0.3
Asia	x30.8	32.1	30.7	27.1	x29.8	x32.5	32.3	33.0	38.5	x37.3
Middle East	x6.7	x8.8	7.5	x5.4	x6.2	x4.4	4.1	x5.4	x4.8	x5.8
Europe	56.8	51.4	53.8	58.3	54.0	50.9	49.4	51.0	45.0	44.9
EEC	54.2	46.5	48.6	53.6	49.7	45.4	45.4	46.0	41.3	41.2
EFTA	2.7	2.6	2.7	2.6	2.8	2.9	3.1	3.9	3.6	3.5
Oceania	0.2	0.2	0.1	0.1	0.8	x1.0	0.9	0.4	x0.8	x0.4
Italy/Italie	11.4	10.5	10.1	11.9	11.3	11.7	12.1	10.8	8.9	10.0
Germany/Allemagne	10.7	9.2	9.8	10.1	10.2	9.2	9.0	9.9	10.4	9.3
USA/Etats–Unis d'Amer	5.0	7.0	7.3	6.4	6.5	6.3	9.3	9.0	8.1	9.4
Japan/Japon	6.5	8.3	5.4	5.7	7.2	9.5	8.8	7.5	9.7	6.1
Korea Republic	6.5	7.1	5.8	6.2	6.4	7.2	7.3	10.0	6.6	
France, Monac	11.4	10.3	9.5	9.5	8.4	7.1	6.2	7.1	6.2	6.2
Belgium–Luxembourg	6.1	5.0	4.9	5.2	6.0	6.7	5.4	6.7	6.0	4.6
Thailand/Thaïlande	2.5	2.0	2.0	1.3	2.3	2.9	3.8	4.0	4.5	5.3
United Kingdom	5.5	4.6	5.2	5.7	5.5	4.7	4.1	4.1	3.3	3.8
Greece/Grèce	4.0	2.5	2.9	3.2	2.4	1.5	2.7	2.5	1.9	x1.9

Exports

	1983	1984	1985	1986	1987	1988	1989	1990	1991	1992
Afrique	x1.7	1.3	1.7	x2.4	x1.7	x1.6	1.1	x0.8	x0.9	x2.3
Afrique du Nord	x0.2	0.3	0.2	0.2	0.2	0.3	0.1	0.1	x0.1	x0.2
Amériques	5.0	5.8	8.8	7.9	6.8	10.3	19.6	14.9	19.0	18.0
ALAI	2.0	4.6	8.1	6.9	6.2	8.1	12.2	9.1	10.8	12.3
MCAC	x0.0	0.0	0.0	0.0	0.0	0.0	0.0	0.0	0.0	0.0
Asie	25.6	22.9	19.4	18.8	16.6	x20.9	17.9	15.2	15.2	19.5
Moyen–Orient	x0.0	1.2	2.1	2.2	1.6	2.1	2.1	2.2	1.6	2.9
Europe	64.2	67.0	66.2	67.7	58.0	54.0	49.9	55.1	46.9	52.7
CEE	59.7	61.3	60.7	63.0	53.0	49.9	46.0	50.5	42.2	47.5
AELE	4.5	5.4	5.3	4.4	4.1	3.6	3.6	4.2	4.4	4.9
Océanie	2.0	1.2	1.9	1.3	x0.9	0.5	x0.8	x2.0	x2.1	2.5
Germany/Allemagne	15.8	18.2	19.3	19.2	17.2	14.8	13.8	14.0	11.9	13.5
Belgium–Luxembourg	12.9	12.3	10.6	12.0	10.4	12.7	10.6	13.8	11.5	11.5
Brazil/Brésil	1.3	3.8	5.6	5.1	5.3	7.3	10.7	7.2	8.9	10.1
France, Monac	13.1	12.7	12.0	12.6	10.6	8.6	7.8	8.2	7.1	8.0
Former USSR/Anc. URSS						x3.9	x3.9	x5.0	x6.0	x10.7
Japan/Japon	17.1	15.2	12.3	11.2	8.4	9.2	8.0	6.0	5.6	6.2
Korea Republic	8.3	6.2	4.8	4.7	4.5	6.0	5.1	5.6	5.7	7.2
United Kingdom	8.6	3.4	4.3	5.2	5.7	5.7	5.3	5.4	4.7	5.4
USA/Etats–Unis d'Amer	0.6	0.0	0.4	0.2	0.3	0.2	4.7	3.2	4.9	2.6
Netherlands/Pays–Bas	6.7	7.5	6.5	6.8	5.0	4.5	3.8	3.9	2.7	3.5

673 IRON, STEEL SHAPES ETC   BARRES, PROFIL FER, ACIER 673

TRADE BY COMMODITY IN THOUSAND U.S. DOLLARS – COMMERCE PAR PRODUIT EN MILLIERS DE DOLLARS E.U

COUNTRIES–PAYS	IMPORTS – IMPORTATIONS					COUNTRIES–PAYS	EXPORTS – EXPORTATIONS				
	1988	1989	1990	1991	1992		1988	1989	1990	1991	1992
Total	17768718	18900220	19631808	17736515	17857035	Totale	x17674036	18387060	19856784	18073707	17850901
Africa	x748807	992392	884731	x787573	x822187	Afrique	x157357	x155711	x173748	x197921	x302501
Northern Africa	574543	801257	706636	559964	x565945	Afrique du Nord	x9542	18291	28903	x37238	x86747
Americas	x3035941	2874147	2401249	2338807	x2588813	Amériques	1595105	1887814	2058996	1973075	1977843
LAIA	249739	262131	311471	509694	653935	ALAI	815207	895054	907432	731845	743644
CACM	49444	48644	51857	51886	x68249	MCAC	5331	9660	9951	8771	x13692
Asia	x4605981	x4283849	x4525812	x4909256	x4922299	Asie	x3573254	3463456	3516252	3618698	3859669
Middle East	x1030750	x1261247	x1035075	x1044397	x1096847	Moyen–Orient	x737976	700931	989696	936345	820875
Europe	8178510	9591503	11176763	9348107	9242413	Europe	9610225	10803279	12284540	10801507	10674278
EEC	6907739	8041326	9434649	8055337	7999517	CEE	7940935	9072253	10293859	9274800	9170426
EFTA	1190502	1459373	1633913	1236882	1161867	AELE	1439753	1566441	1745298	1441652	1446297
Oceania	x172186	x191582	x157291	x131308	x126046	Océanie	x48126	39588	x59843	x113650	x115749
Germany/Allemagne	2142823	2564557	3041811	2577699	2723721	Germany/Allemagne	1834111	2039154	2272224	2158345	2144575
USA/Etats–Unis d'Amer	2193792	1996719	1536806	1316496	1440029	Italy/Italie	1288195	1660112	1817208	1519918	1589499
France, Monac	1329969	1468658	1728307	1387147	1310466	Japan/Japon	1793812	1727664	1430905	1476733	1498191
Italy/Italie	793582	937181	1094203	883580	897904	France, Monac	1326143	1566579	1635954	1419206	1472459
Netherlands/Pays–Bas	744311	815284	953587	819224	801152	Belgium–Luxembourg	1244646	1354014	1535459	1354123	1232259
United Kingdom	728522	788474	809671	667545	635197	United Kingdom	929517	1041997	1420627	1377928	1332663
Korea Republic	317581	293342	588712	1027424	591381	Spain/Espagne	830581	862939	970417	892266	812703
Belgium–Luxembourg	537145	570871	661551	596097	603515	Sweden/Suède	670899	691972	702069	573976	575385
Thailand/Thaïlande	264568	400158	687267	624288	759173	Turkey/Turquie	509366	451677	739621	732718	730330
Hong Kong	512605	487430	509509	555539	452932	Brazil/Brésil	554094	559614	572521	550495	621066
Switz.Liecht	444916	489625	560503	420457	357892	USA/Etats–Unis d'Amer	199241	382256	551886	682310	549626
Spain/Espagne	214089	328667	452007	447223	377000	Former USSR/Anc. URSS	x563671	x656248	x475323	x274772	
China/Chine	834750	752811	367744	103975	572065	Canada	492234	501738	440373	411622	528105
Canada	390763	380578	393467	349006	306223	Korea Republic	485303	514520	381032	359111	669815
Japan/Japon	399416	299821	356263	443136	257493	Austria/Autriche	335490	375976	496758	359289	351592
Singapore/Singapour	223942	255089	321615	411176	413081	Netherlands/Pays–Bas	303843	348793	385640	345374	343527
Austria/Autriche	210348	303984	367043	302857	285920	Poland/Pologne	249051	251754	359513	448293	360803
Algeria/Algérie	216556	394162	298184	255763	x306089	Czechoslovakia	x385085	x307507	x337379	x406764	x355925
Sweden/Suède	268664	334821	348795	248503	243954	China/Chine	83842	117521	335249	282654	330466
Former USSR/Anc. URSS	x490123	x446786	x243602	x70416		Switz.Liecht	182856	226130	267756	257140	269109
Iran (Islamic Rp. of)	x157073	x92712	x282039	x325101	x337181	Romania/Roumanie	x412679	408704	192496	130038	x128727
Denmark/Danemark	203973	224331	256423	214251	246984	Yugoslavia SFR	229435	164254	245077		
Turkey/Turquie	111604	292632	164325	184297	131326	Qatar	x165415	135032	178426	137721	x21883
Portugal	75270	130067	193187	230337	194130	Norway,SVD,JM	134981	144598	138845	132840	117420
Malaysia/Malaisie	71966	110276	170523	226821	x201623	Finland/Finlande	115521	127664	139756	118365	132469
Mexico/Mexique	63405	93191	141486	260223	336880	Ireland/Irlande	95428	123254	135267	101374	95810
Finland/Finlande	139301	183808	186456	103674	98262	Former GDR	x918002	x218640	x139378		
United Arab Emirates	x138893	x162748	x160195	x150362	x184468	So. Africa Customs Un	x116390	x114056	x117298	x122922	x182715
Egypt/Egypte	187124	196275	173810	91432	54466	Venezuela	55887	123319	139842	80674	67327
Norway,SVD,JM	116002	137956	162139	151043	116820	Singapore/Singapour	107134	119571	124762	93494	133389
Greece/Grèce	63380	112627	135512	147066	x125648	Trinidad and Tobago	75496	93941	113031	110045	130189
Bulgaria/Bulgarie	x231253	x284387	x87874	x10262	41589	Hungary/Hongrie	x78220	x90041	x122115	x81050	x53462
Indonesia/Indonésie	88858	83221	152168	120723	128355	Argentina/Argentine	98118	134431	107763	27683	17664
Saudi Arabia	173145	143869	x99171	x107173	x143625	Bulgaria/Bulgarie	x83031	x104123	x137176	x27915	x21904
Iraq	x238521	x211777	x105719	x785	x636	Denmark/Danemark	74533	66645	87186	75344	88438
Ireland/Irlande	74675	100608	108388	85167	83800	Indonesia/Indonésie	71709	92708	51768	67206	76997
Israel/Israël	54200	60212	78150	117658	133815	Mexico/Mexique	102209	75047	79482	51101	20918
Australia/Australie	100158	117239	68277	60586	57830	Hong Kong	64279	69044	64048	68744	132394
Libyan Arab Jamahiriya	72938	94465	93119	x56380	x28165	India/Inde	18288	x30865	60358	92759	x109315
India/Inde	75392	x98654	71127	58249	x91884	Australia/Australie	37183	34459	53125	96314	107787
Yugoslavia SFR	66143	74435	89532	x42298		Malaysia/Malaisie	84296	65713	64396	33314	x70629
Tunisia/Tunisie	46328	59827	81131	63955	73842	Saudi Arabia	35902	65996	x49390	x40974	x20116
Kuwait/Koweït	x62798	186743	x9698	x2816	x34859	United Arab Emirates	x19792	x21540	x19020	x20712	x22732
Philippines	50236	x61900	74074	58330	61674	Portugal	7763	6118	30605	22385	40559
Morocco/Maroc	37746	46777	53903	85276	96776	Cuba	x3805	x3271	x33688	x20787	x11563
Poland/Pologne	75986	86618	53362	15015	x38764	Mozambique	x7158	x8222	x15797	x25061	x1160
Chile/Chili	26586	36060	39053	61041	x72034	Libyan Arab Jamahiriya		x231	13927	x20789	x19797
Cyprus/Chypre	36502	47149	39444	46015	48612	Egypt/Egypte	5461	12269	7151	10510	57996
Venezuela	50915	21810	28668	78677	67914	Kuwait/Koweït	x4498	22978	x51	x39	x66
Oman	28333	31499	38234	54798	x25832	New Zealand	8615	4756	4783	13396	7392

(VALUE AS % OF TOTAL)(VALEUR EN % DU TOTAL)

	1983	1984	1985	1986	1987	1988	1989	1990	1991	1992		1983	1984	1985	1986	1987	1988	1989	1990	1991	1992
Africa	x9.6	9.1	9.3	x8.2	4.6	x4.2	5.2	4.5	x4.4	x4.6	Afrique	x1.4	1.0	1.4	2.3	x1.9	x0.9	x0.8	x0.9	x1.1	x1.7
Northern Africa	7.5	7.6	8.4	6.7	3.4	3.2	4.2	3.6	3.2	x3.2	Afrique du Nord	x0.0	0.0	0.0	0.0	0.0	x0.1	0.1	0.1	x0.2	x0.5
Americas	17.2	22.6	23.3	x18.2	x16.0	x17.0	15.2	12.2	13.2	x14.5	Amériques	9.0	10.4	11.5	x10.2	x8.6	9.0	10.3	10.4	11.0	11.0
LAIA	1.1	1.9	2.0	1.2	1.3	1.4	1.4	1.6	2.9	3.7	ALAI	3.8	5.6	7.1	4.0	3.2	4.6	4.9	4.6	4.0	4.2
CACM	x0.1	0.2	0.2	0.2	0.2	0.3	0.3	0.3	0.3	x0.4	MCAC	0.0	0.1	0.0	0.0	0.0	0.0	0.1	0.0	0.0	x0.1
Asia	x28.3	25.8	19.9	x20.2	x26.5	x26.0	x22.7	x23.0	x27.7	x27.6	Asie	x26.7	27.8	26.1	24.0	x19.9	x20.3	18.9	17.7	20.0	21.6
Middle East	x15.2	x14.0	6.1	x7.4	x5.2	x5.8	x6.7	x5.3	x5.9	x6.1	Moyen–Orient	x1.0	x3.6	3.3	x3.3	x3.5	x4.2	3.8	5.0	5.2	4.6
Europe	42.7	39.5	45.1	51.4	44.3	46.0	50.7	56.9	52.7	51.8	Europe	57.0	55.7	56.2	58.0	53.7	54.4	58.8	61.9	59.8	59.8
EEC	36.6	32.8	37.4	42.9	36.7	38.9	42.5	48.1	45.4	44.8	CEE	48.6	46.4	47.1	48.0	44.3	44.9	49.3	51.8	51.3	51.4
EFTA	6.0	5.8	6.6	7.6	6.9	6.7	7.7	8.3	7.0	6.5	AELE	8.4	8.2	7.8	8.9	8.3	8.1	8.5	8.8	8.0	8.1
Oceania	x0.9	x1.1	1.2	x1.0	x0.9	x1.0	x1.0	0.8	x0.7	x0.7	Océanie	0.4	0.3	0.4	x0.4	x0.3	x0.3	0.2	x0.3	x0.6	x0.6
Germany/Allemagne	13.9	11.5	12.9	14.5	11.8	12.1	13.6	15.5	14.5	15.3	Germany/Allemagne	9.8	9.2	9.7	10.9	10.2	10.4	11.1	11.4	11.9	12.0
USA/Etats–Unis d'Amer	13.6	17.8	18.3	14.1	12.0	12.3	10.6	7.8	7.4	8.1	Italy/Italie	7.7	6.8	6.6	6.9	6.7	7.3	9.0	9.2	8.4	8.9
France, Monac	7.1	6.2	7.1	8.2	7.1	7.5	7.8	8.8	7.8	7.3	Japan/Japon	22.0	19.5	17.7	15.4	11.1	10.1	9.4	7.2	8.2	8.4
Italy/Italie	2.7	2.9	3.7	4.5	4.4	4.5	5.0	5.6	5.0	5.0	France, Monac	8.2	7.9	7.8	7.8	7.3	7.5	8.5	8.2	7.9	8.2
Netherlands/Pays–Bas	3.5	3.5	4.1	4.9	3.8	4.2	4.3	4.9	4.6	4.5	Belgium–Luxembourg	8.3	7.4	6.9	8.0	7.0	7.0	7.4	7.7	7.5	6.9
United Kingdom	3.0	2.9	3.4	3.4	3.3	4.1	4.2	4.1	3.8	3.6	United Kingdom	4.2	4.1	6.6	5.0	5.1	5.3	5.7	7.2	7.6	7.5
Korea Republic	1.7	2.1	1.8	1.3	1.5	1.8	1.6	3.0	5.8	3.3	Spain/Espagne	7.9	8.6	8.8	4.9	4.7	4.7	4.9	4.9	4.9	4.6
Belgium–Luxembourg	3.3	2.9	3.0	3.3	2.9	3.0	3.0	3.4	3.4	3.4	Sweden/Suède	3.7	3.6	3.6	4.0	3.7	3.8	3.8	3.5	3.2	3.2
Thailand/Thaïlande	1.1	1.0	1.0	0.7	0.8	1.5	2.1	3.5	3.5	4.3	Turkey/Turquie		2.3	3.0	2.4	2.2	2.9	2.5	3.7	4.1	4.1
Hong Kong	2.6	3.0	3.9	3.1	2.3	2.9	2.6	2.6	3.1	2.5	Brazil/Brésil	3.0	3.8	3.6	2.3	1.8	3.1	3.0	2.9	3.0	3.5

674 IRN,STL UNIV,PLATE,SHEET — LARGES PLATS,TOLES 674

TRADE BY COMMODITY IN THOUSAND U.S. DOLLARS – COMMERCE PAR PRODUIT EN MILLIERS DE DOLLARS E.U

COUNTRIES–PAYS	1988	1989	1990	1991	1992	COUNTRIES–PAYS	1988	1989	1990	1991	1992
	IMPORTS – IMPORTATIONS						EXPORTS – EXPORTATIONS					
Total	x38496661	40135001	38218933	37641550	38049621	Totale	36486974	37605550	37470168	36523190	37791387
Africa	x1013923	x1050126	x1009406	x1060201	x1136909	Afrique	x220617	x215455	x302381	x316223	x433396
Northern Africa	502771	460209	570303	468067	x472969	Afrique du Nord	35684	44936	88707	x65264	x90234
Americas	6721611	5991904	5936692	5808785	x6541595	Amériques	3202382	3087893	2884545	3067605	3412266
LAIA	1031971	1112563	1148603	1382255	1596518	ALAI	1882042	1513353	1336009	1336608	1407791
CACM	120408	119528	105848	100645	x132609	MCAC	11235	10799	12937	15264	x16257
Asia	x10914478	x11384780	9147801	9916659	x11332862	Asie	x9735158	9918315	8829270	9480846	10473582
Middle East	x1521268	x1325441	x1694059	x1595847	x1915057	Moyen–Orient	312712	215205	125710	52517	x31583
Europe	15378673	17275948	19110566	17890988	18307257	Europe	19952116	21882297	23140966	22051834	22102297
EEC	12698898	14233819	16059443	15372385	15705651	CEE	16738886	18523148	19566986	18638652	18539596
EFTA	2356352	2582091	2679752	2275116	2331843	AELE	3099858	3257293	3404385	3321347	3464811
Oceania	x305436	x516719	x395606	x383725	x377765	Océanie	x260487	x304928	350627	372910	x389736
Germany/Allemagne	3314647	3568472	4148631	4314588	4440490	Japan/Japon	7495252	7751124	6389336	6833178	7147035
USA/Etats–Unis d'Amer	4613255	3767954	3713908	3382552	3903917	Germany/Allemagne	5294081	5944268	6054291	5612120	5698031
Former USSR/Anc. URSS	x3508220	x3269377	x2133713	x2310511		Belgium–Luxembourg	3746446	4260066	4339011	3817124	3588308
France,Monac	2117682	2414146	2788126	2465087	2597414	France,Monac	3088813	3203364	3399771	3317202	3350147
Italy/Italie	1680162	2132071	2364853	2066615	2160410	United Kingdom	1322746	1425319	1610048	1593288	1703088
China/Chine	2408682	3647860	1444300	1317316	1997306	Korea Republic	953494	1248429	1612547	1713485	2078872
United Kingdom	1687476	1817854	1936020	1854044	1825889	Sweden/Suède	1303336	1409535	1391046	1366288	1374259
Netherlands/Pays–Bas	1197420	1319095	1434962	1373715	1371540	Netherlands/Pays–Bas	1174964	1289806	1467440	1388702	1460618
Japan/Japon	974621	1119351	997057	1272659	1004123	Italy/Italie	1029831	1128295	1252168	1220352	1247475
Thailand/Thaïlande	869895	985008	1074745	1301136	1327496	USA/Etats–Unis d'Amer	846770	1030984	1050528	1195129	1219215
Belgium–Luxembourg	898356	976534	1056801	1015870	1073823	Spain/Espagne	686204	886564	1050301	1221670	1046331
Spain/Espagne	669241	785960	1013038	906232	892294	Austria/Autriche	980967	985781	1116975	967611	1012326
Switz.Liecht	775605	844506	842336	732524	691512	Brazil/Brésil	1330612	817481	653250	864753	928454
Korea Republic	795734	927653	630364	829679	734389	Finland/Finlande	585617	623890	620394	709981	785566
Canada	786490	748958	805483	789216	738959	Canada	457003	522156	474381	516183	728838
Sweden/Suède	706986	713277	750833	597761	635115	Former USSR/Anc. URSS	x537945	x565457	x490454	x419731	
Denmark/Danemark	574872	605810	665243	616097	704975	Romania/Roumanie	x516266	537998	317376	170598	x204835
Hong Kong	549391	597498	528253	757780	1148558	Czechoslovakia	x468253	x308435	x302228	x376098	x438265
Singapore/Singapour	598840	588991	623908	642665	621196	Bulgaria/Bulgarie	x415030	x392216	x479708	x85671	x100968
Malaysia/Malaisie	416613	508456	578176	726227	x710758	Hong Kong	249757	262788	256329	429225	827970
Turkey/Turquie	430906	468531	584314	468871	583811	Australia/Australie	193384	204521	248952	298335	317395
Mexico/Mexique	369891	405929	470898	580386	598793	Argentina/Argentine	239106	339759	276032	83989	61981
India/Inde	597070	x668102	432936	280457	x567927	Denmark/Danemark	210134	207273	207757	211846	223095
Iran (Islamic Rp. of)	x354031	x210498	x559200	x595318	x779584	Mexico/Mexique	192932	180605	208523	185242	250818
Austria/Autriche	358171	428136	471304	442376	488484	So. Africa Customs Un	x154392	x144814	x178780	x223660	x312492
Indonesia/Indonésie	423482	263225	367056	406033	376844	Venezuela	113119	165986	181135	177918	146129
Yugoslavia SFR	310123	447705	362802	x223254		Greece/Grèce	140686	126576	115991	197849	x157524
Norway,SVD,JM	294356	322247	351987	292169	315790	Former GDR	x1014981	x244972	x179091		
Portugal	228198	259207	284227	285989	305905	Switz.Liecht	109150	122485	139839	148765	153559
Saudi Arabia	301341	251997	x217023	x267603	x251162	China/Chine	115984	96177	162796	146112	70231
Greece/Grèce	188916	200136	203149	325900	x202037	Norway,SVD,JM	120678	115588	136041	128691	139090
Australia/Australie	166329	317068	208599	194196	214375	Turkey/Turquie	296575	201788	122649	46309	23511
Finland/Finlande	209437	263392	252408	199162	191603	Singapore/Singapour	106099	115646	110321	139367	134255
Philippines	213972	x210665	250843	208430	254057	Yugoslavia SFR	113137	98987	169217	x91343	
Israel/Israël	150013	171269	185147	201864	196986	New Zealand	66345	99064	98715	73163	68859
Colombia/Colombie	188834	191339	189077	166824	201590	Poland/Pologne	94696	72884	102105	88054	x139283
Bulgaria/Bulgarie	x195094	x288828	x202807	x16828	35872	Hungary/Hongrie	x69043	x74627	x91411	x93620	x96750
Pakistan	119942	164193	148498	178355	210439	India/Inde	15317	x74567	42056	52622	x37606
Ireland/Irlande	141929	154534	164395	148248	130875	Portugal	38276	43448	61950	51234	58568
Brazil/Brésil	67601	178193	158397	110011	110315	Indonesia/Indonésie	90490	59626	30592	27464	34266
Egypt/Egypte	164326	122433	166706	154607	138009	Korea Dem People's Rp	x57755	x32964	x41016	x34983	x33574
Morocco/Maroc	97692	113926	131104	103973	118177	Libyan Arab Jamahiriya		50095	x16149	x32799	
New Zealand	107470	124041	101021	96314	99043	Tunisia/Tunisie	2590	20455	12724	25501	27977
Bangladesh	x163451	135010	x100290	x78402	x94609	Philippines	14569	x20216	21468	16878	9570
Nigeria/Nigéria	x126228	x91683	x99804	x121545	x197497	Malaysia/Malaisie	8086	14585	20429	21828	x24384
Poland/Pologne	138170	130756	94538	77283	x144090	Thailand/Thaïlande	19373	19098	11633	9617	x8304
Venezuela	128783	84698	51695	146258	161195	Mozambique	x14099	x11308	x13198	x14573	x848
Argentina/Argentine	117904	75363	62048	143067	224484	Egypt/Egypte	10639	11355	12406	9627	18046
So. Africa Customs Un		x130679	x134591	x170037		Chile/Chili	1410	446	11932	20028	x16615
Algeria/Algérie	84273	60341	113785	87136	x93250	Algeria/Algérie	22440	12704	10232	5171	x8372

(VALUE AS % OF TOTAL)(VALEUR EN % DU TOTAL)

	1983	1984	1985	1986	1987	1988	1989	1990	1991	1992		1983	1984	1985	1986	1987	1988	1989	1990	1991	1992
Africa	x3.7	x3.8	3.4	x3.5	2.9	x2.6	2.6	2.6	x2.9	2.9	Afrique	x2.0	1.6	1.9	x1.9	1.5	x0.6	0.6	0.8	0.9	x1.1
Northern Africa	1.9	1.7	1.9	1.7	1.3	1.1	1.1	1.5	1.2	x1.2	Afrique du Nord	0.1	0.1	0.0	0.0	0.1	0.1	0.1	0.2	x0.2	x0.2
Americas	25.7	33.0	30.4	24.5	20.5	17.4	15.0	15.5	15.4	x17.2	Amériques	8.4	9.0	8.9	8.2	7.4	8.8	8.2	7.7	8.4	9.1
LAIA	2.5	3.3	2.9	2.5	2.9	2.7	2.8	3.0	3.7	4.2	ALAI	4.6	4.5	4.2	4.0	3.2	5.2	4.0	3.6	3.7	3.7
CACM	x0.3	0.2	0.1	0.3	0.4	0.3	0.3	0.3	0.3	x0.3	MCAC	x0.0	0.0	0.0	0.0	0.0	0.0	0.0	0.0	0.0	x0.0
Asia	x26.0	23.2	26.5	26.8	26.9	x28.3	x28.4	23.9	26.3	x29.8	Asie	33.7	34.1	31.4	29.1	27.4	x26.6	26.4	23.6	25.9	27.7
Middle East	x6.3	x5.3	2.8	x4.1	x3.2	x4.0	3.3	4.4	4.2	x5.0	Moyen–Orient	x0.0	0.2	0.8	0.4	x0.4	0.9	0.6	0.3	0.1	x0.1
Europe	41.5	36.4	36.8	42.8	37.1	39.9	43.0	50.0	47.5	48.1	Europe	52.7	52.1	55.2	58.1	53.0	54.7	58.2	61.8	60.4	58.5
EEC	34.3	28.9	29.7	34.8	30.6	33.0	35.5	42.0	40.8	41.3	CEE	44.4	44.0	46.6	48.9	44.1	45.9	49.3	52.2	51.0	49.1
EFTA	7.2	6.2	6.1	7.0	5.7	6.1	6.4	7.0	6.0	6.1	AELE	8.3	8.0	8.3	9.1	8.4	8.5	8.7	9.1	9.1	9.2
Oceania	1.9	x2.4	1.7	x1.5	x1.2	x0.8	1.3	1.0	x1.0	x1.0	Océanie	1.2	1.0	1.0	x0.9	x0.7	x0.7	x0.8	0.9	1.0	x1.0
Germany/Allemagne	10.0	7.6	8.0	9.6	7.8	8.6	8.9	10.9	11.5	11.7	Japan/Japon	30.0	30.1	27.4	25.1	22.5	20.5	20.6	17.1	18.7	18.9
USA/Etats–Unis d'Amer	20.2	26.6	23.9	19.0	14.8	12.0	9.4	9.7	9.0	10.3	Germany/Allemagne	13.4	12.8	13.6	13.7	12.6	14.5	15.8	16.2	15.4	15.1
Former USSR/Anc. URSS		0.2			x9.7	x9.1	x8.1	x5.6	x6.1		Belgium–Luxembourg	9.4	9.4	9.9	10.8	10.2	10.3	11.3	11.6	10.5	9.5
France,Monac	6.5	5.3	5.0	5.6	5.1	5.5	6.0	7.3	6.5	6.8	France,Monac	7.8	8.0	8.4	9.0	7.8	8.5	8.5	9.1	9.1	8.9
Italy/Italie	4.0	3.9	3.9	4.6	4.4	4.4	5.3	6.2	5.5	5.7	United Kingdom	3.1	2.9	3.3	3.6	3.4	3.6	3.8	4.3	4.4	4.5
China/Chine			8.2	7.9	7.2	6.3	9.1	3.8	3.5	5.2	Korea Republic	3.2	3.4	2.8	2.9	2.6	2.6	3.3	4.3	4.7	5.5
United Kingdom	4.0	3.4	3.8	4.0	3.6	4.4	4.5	5.1	4.9	4.8	Sweden/Suède	2.6	2.9	3.0	3.0	2.9	3.6	3.7	3.7	3.7	3.6
Netherlands/Pays–Bas	2.7	2.5	2.6	3.0	2.7	3.1	3.3	3.8	3.6	3.6	Netherlands/Pays–Bas	3.7	3.5	3.5	4.0	3.5	3.2	3.4	3.9	3.8	3.9
Japan/Japon	2.5	3.0	1.8	2.0	2.1	2.5	2.8	2.6	3.4	2.6	Italy/Italie	4.1	4.0	4.1	3.7	3.4	2.8	3.0	3.3	3.3	3.3
Thailand/Thaïlande	2.0	1.7	1.6	1.7	1.8	2.3	2.5	2.8	3.5	3.5	USA/Etats–Unis d'Amer	1.7	1.5	1.4	1.4	1.4	2.3	2.7	2.8	3.3	3.2

675 IRON, STEEL HOOP, STRIP — FEUILLARDS LAMINES 675

TRADE BY COMMODITY IN THOUSAND U.S. DOLLARS — COMMERCE PAR PRODUIT EN MILLIERS DE DOLLARS E.U

COUNTRIES–PAYS	IMPORTS – IMPORTATIONS					COUNTRIES–PAYS	EXPORTS – EXPORTATIONS				
	1988	1989	1990	1991	1992		1988	1989	1990	1991	1992
Total	x869301	410658	349984	359061	21244	Totale	x939888	x487755	x463988	x490705	x88478
Africa	37807	30974	47716	49378	14149	Afrique	x2266	x1485	x223	x222	x2444
Northern Africa	34509	27806	45727	49227	14123	Afrique du Nord	x306	970	72	35	x2163
Americas	x356270	x39157	x31851	x25084	5769	Amériques	x187499	x34300	x23047	x21744	x6065
LAIA	73350	31688	22419	17654	1779	ALAI	37346	x16328	x12456	x9831	x3149
CACM	4472	5054	4645	4326	989	MCAC	117	78	257	262	x52
Asia	x394780	x283248	x244575	x275841	x246	Asie	x380740	x252850	x265684	x350587	x8271
Middle East	x61102	46778	36202	x1025	x245	Moyen–Orient	11325	x5440	x14354	x5762	x5841
Europe	x32369	x22095	x8805	x1496	x999	Europe	x311992	x140924	x126175	x91137	x50075
EEC	x19370	x6727	x6199	x325	x180	CEE	255922	x124112	x111012	x78650	x47207
EFTA	x4492	x3396	x755	x857	x818	AELE	x54194	x11580	x9205	x8520	x2867
Oceania	x1200	x304	x293	x141		Océanie	x5418	x1051	x1888	x1402	x123
Hong Kong	117853	106954	118889	143028		Japan/Japon	x264660	x152179	x132156	x144149	x1439
China/Chine	109414	118696	75636	84399		Hong Kong	69775	82642	105400	143946	
Syrian Arab Republic	28895	34468	35124		x121	Germany/Allemagne	x114989	x48591	x42946		
Algeria/Algérie	9095	4584	21180	32432		France, Monac	x54848	x28695	x23719	x21383	x13755
Poland/Pologne	21390	23465	16525	7037		China/Chine	4073	4946	8432	46935	x1
Morocco/Maroc	9152	11889	14994	12182	10409	Spain/Espagne	x20992	x8440	x13317	x30932	x22697
Argentina/Argentine	8198	6856	7840	13962	x155	Bulgaria/Bulgarie	x10097	x19694	x24539	x7039	x6345
Japan/Japon	x15897	x173	x469	x26295		United Kingdom	x33540	x15234	x10353	x8750	x795
Colombia/Colombie	7926	6988	8844			USA/Etats–Unis d'Amer	107105	x15559	x7911	x8808	x2344
Yugoslavia SFR	x8298	x11667	x1852	x314		Brazil/Brésil	34099	x12715	x8344	x8489	x2381
Korea Republic	x573	x1	x1045	x12395		Italy/Italie	x11832	x11559	x9532	x7152	x3560
Libyan Arab Jamahiriya	7617	4504	6754			Poland/Pologne	11949	13510	9034	1418	x2722
Chile/Chili	3451	7384	2344			Turkey/Turquie	10687	x3654	x14258	x5642	x5707
Egypt/Egypte	2126	1925	2770	4596	3694	Czechoslovakia	x11861	x10931	x6450	x4908	x4123
Germany/Allemagne	x7074	x4545	x3866	x235	x180	Belgium–Luxembourg	x7114	x6782	x6684	x7064	x4151
Singapore/Singapour	46642	x2698	x2862	x2430	x2	Hungary/Hongrie	x5719	x5032	x3384	x10202	x8296
Philippines	7518	x1050	5519	x548		Sweden/Suède	x41916	x7717	x5163	x3926	x1014
Kuwait/Koweït	x430	6017				Yugoslavia SFR	x1876	x5219	x5958	x3966	
Panama	375	373	2620	2953	2983	Former USSR/Anc. URSS	x8400	x6802	x3541	x2028	
Guatemala	1680	1723	1973	1718	x12	Korea Republic	x15032	x2538	x2474	x6734	x620
Former GDR	x17911	x5028				Austria/Autriche	x8915	x2885	x3169	x3464	x1091
Venezuela	10711	4999				Singapore/Singapour	7998	x3565	x2591	x2275	x13
Tunisia/Tunisie	3633	4895				Greece/Grèce	x10026	x3366	x2125	x2153	x2089
Peru/Pérou	2995	1574	1275	1867		Canada	x42855	x2289	x2388	x2823	x507
Thailand/Thaïlande	x1265	x803	x1556	x2214		Argentina/Argentine	1670	2669	3379	x21	x242
Uruguay	1402	1282	1555	1286	1624	Australia/Australie	x5296	x1045	x1864	x1400	x102
El Salvador	973	1483	1266	1301	x3	Netherlands/Pays–Bas	x2261	x1373	x1500	x987	x160
Saudi Arabia	4063	2925	x170	x648	x123	Switz.Liecht	x1691	x444	x715	x867	x745
Hungary/Hongrie	x3213	x3213		x81	x81	Mexico/Mexique	1278	x551	x286	x526	x258
Pakistan	7127	3058	x92	x48		Denmark/Danemark	x309	x41	x837	x206	
United Kingdom	x7485	x694	x2248	x42		Egypt/Egypte	162	940	54	31	261
Switz.Liecht	x3080	x2869				Former GDR	x3937	x982	x20		
Malaysia/Malaisie	x3101	x717	x1003	x1032		Saudi Arabia	255	765	x91	x74	x80
Costa Rica	1068	1288	718	739		Uruguay	x182	180	310	355	155
Bulgaria/Bulgarie	x2782	x2514				So. Africa Customs Un	x1790	x478	x137	x182	x278
Indonesia/Indonésie	15222	x464	x364	x1581		Finland/Finlande	x1549	x500		x263	x18
Ecuador/Equateur	2599	2321	x68			Thailand/Thaïlande	x226	x393	x120	x220	
Jamaica/Jamaïque	432	840	1139			Indonesia/Indonésie	x251	x646		x4	
Ethiopia/Ethiopie	1445	749	951	32		Cyprus/Chypre		x531			
Norway, SVD, JM	x287		x755	x818	x818	Costa Rica	57	55	203	251	x30
Cameroon/Cameroun		1400				Kuwait/Koweït		452			
Senegal/Sénégal		462	850			Venezuela	1	204	x93	x118	x41
Iraq	x9833	x958	x304			India/Inde	x560	x315	x51	x45	
Honduras	494	401	439	410	476	Philippines			49	x358	
USA/Etats–Unis d'Amer	225409	x407	x703	x119		Chile/Chili	72	x9	x3	x246	x35
Qatar	113	862	322			Malaysia/Malaisie	x650	x69	x53	x117	x1
Lebanon/Liban	x907	x1139				Romania/Roumanie	x11	x194	x3	x19	x15
Italy/Italie	x2298	x1035				Norway, SVD, JM	x124	x34	x159		
Bolivia/Bolivie	225	144	312	533		Korea Dem People's Rp	x200	x114	x5	x3	
Czechoslovakia	x1330	x637	x212			Colombia/Colombie	x10	0	31	x49	x14

(VALUE AS % OF TOTAL)(VALEUR EN % DU TOTAL)

	1983	1984	1985	1986	1987	1988	1989	1990	1991	1992		1983	1984	1985	1986	1987	1988	1989	1990	1991	1992
Africa	x3.0	x2.2	1.4	1.9	1.7	4.3	7.5	13.6	13.8	66.6	Afrique	x0.1	x0.0	0.0	x0.0	0.0	x0.3	x0.3	x0.0	x0.0	x2.7
Northern Africa	x1.1	x0.9	0.8	x0.8	0.7	4.0	6.8	13.1	13.7	66.5	Afrique du Nord	0.0	x0.0	0.0	0.0	0.0	0.0	0.2	0.0	0.0	x2.4
Americas	11.3	16.9	13.9	9.4	8.9	x41.0	x9.5	x9.1	x7.0	27.2	Amériques	x4.2	x5.5	2.7	x3.5	x3.7	x20.0	x7.1	x4.9	x4.5	x6.8
LAIA	1.9	5.0	3.7	2.2	2.0	8.4	7.2	6.4	4.9	8.4	ALAI	0.5	1.7	0.5	0.4	0.5	x4.0	x3.3	x2.7	x2.0	x3.6
CACM	x0.1	0.1	0.1	0.1	0.1	0.5	1.2	1.3	1.2	4.7	MCAC	0.0	0.0	0.0	0.0	0.0	0.0	0.0	0.1	0.1	x0.1
Asia	x12.8	x10.9	39.1	33.8	14.5	x45.4	x68.9	x69.9	x76.8	x1.2	Asie	17.2	19.6	18.0	15.9	16.4	x40.5	x51.8	x57.3	x71.5	x9.3
Middle East	x3.7	x2.9	1.3	x2.3	x2.2	x7.0	11.4	10.3	x0.3	x1.2	Moyen–Orient	x0.0	0.1	0.4	0.2	0.4	1.2	x1.1	x3.1	x1.2	x6.6
Europe	69.9	60.6	43.7	52.9	59.7	x3.7	x5.4	x2.5	x0.4	x4.7	Europe	74.3	71.4	76.2	78.1	75.8	x33.2	x28.9	x27.2	x18.6	x56.6
EEC	56.6	46.3	33.7	41.2	47.0	x2.2	x1.6	x1.8	x0.1	x0.8	CEE	62.8	60.6	64.4	65.6	62.9	x27.2	x25.4	x23.9	x16.0	x53.4
EFTA	13.3	11.5	8.3	10.1	11.0	x0.5	x0.8	x0.2	x0.2	x3.9	AELE	11.5	10.7	11.7	12.4	12.2	x5.8	x2.4	x2.0	x1.7	x3.2
Oceania	1.4	x1.6	1.1	x1.0	x1.1	x0.1	x0.0	x0.1	x0.0		Océanie	0.6	0.3	0.3	0.3	0.3	x0.6	x0.2	x0.4	x0.3	x0.1
Hong Kong	1.7	1.9	1.0	1.3	2.2	13.6	26.0	34.0	39.8		Japan/Japon	16.6	18.7	16.9	14.7	14.5	x28.2	x31.2	x28.5	x29.4	x1.6
China/Chine			32.7	25.8	2.8	12.6	28.9	21.6	23.5		Hong Kong	0.1	0.0	0.0	0.0	0.0	7.4	16.9	22.7	29.3	
Syrian Arab Republic	0.7	0.4	0.7	1.0	0.8	3.3	8.4	10.0		x0.6	Germany/Allemagne	32.3	30.1	32.1	33.2	31.3	x12.2	x10.0	x9.3		
Algeria/Algérie	0.3	0.2	0.2	0.2	0.2	1.0	1.1	6.1	9.0		France, Monac	12.2	12.1	12.1	12.0	11.8	x5.8	x5.9	x5.1	x4.4	x15.5
Poland/Pologne	0.7	0.5	0.5	0.5	0.5	2.5	5.7	4.7	2.0		China/Chine			0.0	0.0	0.0	0.4	1.0	1.8	9.6	x0.0
Morocco/Maroc	0.4	0.5	0.3	0.2	0.5	1.1	2.9	4.3	3.4	49.0	Spain/Espagne	0.7	0.0	1.1	1.2	1.2	x2.2	x1.7	x2.9	x6.3	x25.7
Argentina/Argentine	0.4	0.4	0.2	0.2	0.2	0.9	1.7	2.2	3.9	x0.7	Bulgaria/Bulgarie						x0.6	x1.1	x4.0	x5.3	x7.2
Japan/Japon	0.6	0.6	0.4	0.5	0.7	x1.8	x0.0	x0.1	x7.3		United Kingdom	3.8	4.1	4.4	4.0	4.3	x3.6	x3.1	x2.1	x1.4	x0.9
Colombia/Colombie	0.3	0.2	0.2	0.1	0.0	0.9	1.7	2.5			USA/Etats–Unis d'Amer	2.6	2.4	2.2	1.7	1.9	11.4	x3.2	x1.7	x1.8	x2.6
Yugoslavia SFR		2.7	1.7	1.6	1.7	x1.0	x2.8	x0.5	x0.1		Brazil/Brésil	0.4	1.5	0.4	0.3	0.4	3.6	x2.6	x1.8	x1.7	x2.7

676 RAILWY RAILS ETC IRN,STL — RAILS,ELEMENTS VOIES FERREE 676

TRADE BY COMMODITY IN THOUSAND U.S. DOLLARS – COMMERCE PAR PRODUIT EN MILLIERS DE DOLLARS E.U

IMPORTS – IMPORTATIONS

COUNTRIES–PAYS	1988	1989	1990	1991	1992
Total	x906755	x851596	938530	909081	x971755
Africa	x69409	x94726	x124411	x83017	x110181
Northern Africa	31129	63883	99943	68273	x90715
Americas	251531	245210	277501	232273	240117
LAIA	91364	79804	102566	79885	88450
CACM	117	167	870	262	x629
Asia	231788	x124912	x132854	x191465	x203732
Middle East	x63955	x31277	x53080	x40368	x77959
Europe	229891	256627	325931	371079	405543
EEC	140472	166007	227261	258624	259832
EFTA	85723	83111	93279	109196	142686
Oceania	x2059	4107	9215	x4545	x2485
USA/Etats–Unis d'Amer	110468	103283	115630	115115	120675
Switz.Liecht	54756	45726	51729	45523	46780
Canada	46784	48253	52259	35241	27399
Mexico/Mexique	41549	43002	52220	31139	36691
Germany/Allemagne	11721	19291	23152	75138	86804
India/Inde	73476	x41545	17101	49503	x12184
Netherlands/Pays–Bas	28488	25851	40918	38074	35452
France,Monac	22249	28904	38061	32828	35447
Italy/Italie	29076	31516	37296	25594	21764
Algeria/Algérie	9115	26689	40979	25685	x58182
Spain/Espagne	16716	32880	31554	25540	10274
Egypt/Egypte	8541	14901	36547	30155	18909
Iran (Islamic Rp. of)	x12429	x10080	x41768	x28932	x59143
Romania/Roumanie	x1692	29857	28449	19500	x1075
Former USSR/Anc. URSS	x42561	x48855	x25806	x1542	50741
Sweden/Suède	10595	17531	22061	30613	27716
Brazil/Brésil	33813	15537	17612	31405	18242
United Kingdom	5061	9644	13764	16355	14656
Indonesia/Indonésie	17796	4819	8321	24475	x5291
Malaysia/Malaisie	889	9765	11407	14650	16032
Finland/Finlande	3624	7693	7587	19031	16018
Turkey/Turquie	39159	18315	6831	7137	2451
Bulgaria/Bulgarie	x23823	x23785	x6118	x1193	11360
Morocco/Maroc	10475	10601	9705	9196	11805
Belgium–Luxembourg	6332	5248	9674	14489	16812
Portugal	9104	1572	12404	13497	7151
Korea Republic	3040	13434	5909	7303	9052
Denmark/Danemark	9220	7330	8859	10145	1809
Colombia/Colombie	6533	5980	16566	2430	23561
Norway,SVD,JM	12935	8032	6861	9440	636
Tunisia/Tunisie	2293	11085	8804	1868	42803
China/Chine	22355	2957	7131	7991	6067
Japan/Japon	3776	3769	7165	7106	18631
Venezuela	3800	7389	2694	7899	10806
Former GDR	x45559	x14401	x1626	x1626	3360
Israel/Israël	499	1507	3218	11087	3242
Singapore/Singapour	20407	4015	5531	6185	
Yugoslavia SFR	3562	7196	5183	x3067	
Hong Kong	4086	2111	3951	9273	
Zaire/Zaïre	x7667	x10109	x3953	x439	
Chile/Chili	2530	4545	4322	5187	x2198
Greece/Grèce	940	2840	6500	4386	x7398
Austria/Autriche	3698	4103	4888	4542	5560
Cuba	x1008	11166	x98	x156	x293
Poland/Pologne	6900	5887	3561	1937	x3060
Peru/Pérou	1619	2160	7972	1016	x834
Mauritania/Mauritanie	x272	x2938	x2421	x3332	x1266
Ireland/Irlande	1566	932	5080	2578	6781
New Zealand	536	1413	6456	624	686
Nigeria/Nigéria	x2320	x2026	x5514	x496	x7359

EXPORTS – EXPORTATIONS

COUNTRIES–PAYS	1988	1989	1990	1991	1992
Totale	791603	x848150	961466	944181	924354
Afrique	x17378	x1243	x2438	x3509	x13043
Afrique du Nord	x17	x22	x219	1700	1665
Amériques	94594	84908	133437	109549	116897
ALAI	4617	1553	11199	12797	28644
MCAC	1	x4	0	87	219
Asie	120402	122565	139564	109755	124983
Moyen–Orient	x418	x545	x100	x66	x160
Europe	445899	458288	548854	587553	608432
CEE	343676	367341	408014	410174	389979
AELE	95376	85942	139298	166151	217868
Océanie	2607	2859	5767	x5702	6303
Austria/Autriche	75602	71518	123506	152185	192821
Japan/Japon	91582	90873	111176	84916	90890
United Kingdom	88270	81498	99860	99264	76149
Former USSR/Anc. URSS	x22344	x115200	x102107	x62628	
Germany/Allemagne	88263	85229	91346	91188	85248
France,Monac	57551	77084	87618	78047	94145
Belgium–Luxembourg	60286	69546	78800	80519	81151
Canada	49538	38672	64976	51470	53626
USA/Etats–Unis d'Amer	40172	44666	57036	45192	34351
Poland/Pologne	33335	40747	21991	51737	x46875
Italy/Italie	28495	40483	22331	32226	27712
Korea Republic	23862	21144	18032	15407	17604
Netherlands/Pays–Bas	14758	9164	17883	16153	7903
Sweden/Suède	15647	10336	11157	9519	7165
Argentina/Argentine	3561	810	10328	8199	26392
Spain/Espagne	4791	2571	5655	9700	15320
Yugoslavia SFR	6847	5005	1542	x11173	
Romania/Roumanie	x29661	x10609		4415	
Australia/Australie	2566	2787	5767	5676	6216
China/Chine	1942	2794	5052	4921	10201
Bulgaria/Bulgarie		x5696	x3648	x737	x281
Czechoslovakia	x455	x929	x1634	x7034	x6627
Switz.Liecht	2459	2733	3191	3109	15701
Singapore/Singapour	755	2329	2862	2214	1429
Portugal	109	535	2991	2012	1007
Brazil/Brésil	299	515	741	4155	1731
India/Inde	554	x3553	511	1021	x1984
Former GDR	x24842	x4393	x9		
Hungary/Hongrie	x84	x713	x2018	x1562	x912
Denmark/Danemark	678	909	1295	706	882
Finland/Finlande	943	999	949	945	968
Hong Kong	299	901	1029	805	831
So. Africa Customs Un	x14718	x1105	x766	x770	x733
Zimbabwe	2597		878	983	x10600
Egypt/Egypte		x22	106	1398	1154
Norway,SVD,JM	724	356	496	393	1214
Korea Dem People's Rp	x9	x56	x602	x25	x3
Ireland/Irlande	473	219	150	285	397
Gabon			x510		
Mexico/Mexique	730	199	116	143	376
Saudi Arabia	166	329	x27	x4	x4
Indonesia/Indonésie		206	70	12	8
Malaysia/Malaisie	64	79	49	147	x594
Greece/Grèce		104	83	74	x66
Panama	x172	x13	x209		29
Morocco/Maroc	x12		x105	x105	8
Tunisia/Tunisie	5	8		197	493
Turkey/Turquie	44	111	45	29	94
Colombia/Colombie	0	2	0	x181	x86
Venezuela	x26	20	4	99	9

(VALUE AS % OF TOTAL)(VALEUR EN % DU TOTAL)

	1983	1984	1985	1986	1987	1988	1989	1990	1991	1992		1983	1984	1985	1986	1987	1988	1989	1990	1991	1992
Africa	24.4	15.7	15.1	x14.0	x12.8	x7.6	x11.1	x13.2	x9.2	11.3	Afrique	x0.5	x1.7	1.5	1.0	1.7	x2.2	x0.1	x0.3	x0.4	x1.4
Northern Africa	16.9	11.5	12.5	8.7	7.7	3.4	7.5	10.6	7.5	x9.3	Afrique du Nord	x0.1	x0.0		x0.0	x0.0	x0.0	x0.0	x0.0	0.2	0.2
Americas	25.1	38.0	47.6	35.9	19.9	27.7	28.8	29.6	25.5	24.7	Amériques	6.7	9.9	9.4	x9.6	x12.0	11.9	10.0	13.9	11.6	12.6
LAIA	10.3	10.7	14.7	11.0	7.7	10.1	9.4	10.9	8.8	9.1	ALAI	0.1	0.0	0.1	0.6	x0.1	0.6	0.2	1.2	1.4	3.1
CACM	x0.1	0.2	0.5	0.1	0.0	0.0	0.0	0.1	0.0	x0.1	MCAC				0.0	0.0	0.0	0.0	0.0	0.0	0.0
Asia	x23.1	20.8	10.6	x16.7	30.4	25.6	x14.6	x14.1	x21.1	x20.9	Asie	19.3	28.1	26.5	21.8	17.1	15.2	14.4	14.6	11.6	13.5
Middle East	x11.9	x6.6	1.9	x3.9	x4.7	x7.1	x3.7	x5.7	x4.4	x8.0	Moyen–Orient	x0.0	x0.0		0.0	0.2	x0.1	x0.1	x0.0	x0.0	x0.0
Europe	23.5	21.9	23.8	31.0	20.7	25.4	30.1	34.7	40.8	41.7	Europe	64.7	51.8	56.9	60.8	57.5	56.3	54.0	57.1	62.2	65.8
EEC	16.2	13.8	18.4	19.4	12.4	15.5	19.5	24.2	18.4	26.7	CEE	54.5	39.6	44.1	50.9	42.7	43.4	42.4	43.4	43.4	42.2
EFTA	7.2	6.9	6.2	9.9	7.7	9.5	9.8	9.9	12.0	14.7	AELE	10.2	11.3	11.9	8.7	11.5	12.0	10.1	14.5	17.6	23.6
Oceania	1.6	x1.6	1.1	1.1	0.6	x0.2	0.5	1.0	x0.5	x0.2	Océanie	0.6	0.1	0.6	0.2	1.0	0.3	0.3	0.6	x0.6	0.7
USA/Etats–Unis d'Amer	11.8	22.6	25.6	16.6	8.3	12.2	12.1	12.3	12.7	12.4	Austria/Autriche	7.6	9.6	9.8	7.1	9.2	9.6	8.4	12.8	16.1	20.9
Switz.Liecht	4.2	3.7	3.4	5.8	4.9	6.0	5.4	5.5	5.0	4.8	Japan/Japon	15.2	24.2	23.8	18.0	13.0	11.6	10.7	11.6	9.0	9.8
Canada	2.6	4.3	6.5	7.7	3.8	5.2	5.7	5.4	3.9	2.8	United Kingdom	11.9	6.4	8.3	9.0	11.8	11.2	9.6	10.4	10.5	8.2
Mexico/Mexique		5.2	11.2	6.2	4.9	4.6	5.0	5.6	3.4	3.8	Former USSR/Anc. URSS			x1.5	x2.8	x13.6	x10.6	x6.6			
Germany/Allemagne	0.8	0.6	0.9	1.3	0.8	1.3	2.3	2.5	8.3	8.9	Germany/Allemagne	15.2	10.2	15.6	13.4	9.6	11.1	10.0	9.5	9.7	9.2
India/Inde	1.5	3.6	1.3	3.1	11.0	8.1	x4.9	1.8	5.4	x1.3	France,Monac	16.8	14.8	11.1	5.5	7.9	7.3	9.1	8.3	10.2	
Netherlands/Pays–Bas	4.6	3.9	4.3	4.5	3.5	3.1	3.0	4.4	4.2	3.6	Belgium–Luxembourg	5.2	5.1	6.5	10.4	7.5	7.2	8.2	8.2	8.5	8.8
France,Monac	2.1	2.3	2.5	3.7	1.9	2.5	3.4	4.1	3.6	3.6	Canada	1.8	5.8	4.5	4.7	8.5	6.3	4.6	6.8	5.5	5.8
Italy/Italie	4.6	3.2	2.9	3.4	2.5	3.2	3.7	4.0	2.8	2.2	USA/Etats–Unis d'Amer	4.8	4.1	5.3	3.4	5.1	5.3	5.9	4.8	3.7	
Algeria/Algérie	3.5	6.7	7.7	6.9	5.2	1.0	3.1	4.4	2.8	x6.0	Poland/Pologne	6.4	6.9	3.6	4.1	2.7	4.2	4.8	2.3	5.5	x5.1

677 IRN, STL WIRE (EXCL W ROD) — FILS EN FER, ACIER 677

TRADE BY COMMODITY IN THOUSAND U.S. DOLLARS – COMMERCE PAR PRODUIT EN MILLIERS DE DOLLARS E.U

COUNTRIES–PAYS	1988	1989	1990	1991	1992	COUNTRIES–PAYS	1988	1989	1990	1991	1992
	IMPORTS – IMPORTATIONS						EXPORTS – EXPORTATIONS				
Total	2845240	2947856	3127587	2921124	x3146599	Totale	2748101	2939240	3169939	2877376	2924408
Africa	x138046	x176285	202197	x167754	x204369	Afrique	x26262	x46877	x73417	x52358	x52437
Northern Africa	114041	133095	174762	106965	x149781	Afrique du Nord	7232	19183	44775	15246	23746
Americas	x674317	673269	x592384	539503	x596415	Amériques	261328	261837	262154	268186	294614
LAIA	47643	56756	56025	70707	76180	ALAI	46261	51005	46369	47332	48641
CACM	6462	8101	7472	8964	x9665	MCAC	1706	2886	2557	3196	3253
Asia	x486714	x458649	x492834	x550210	x615505	Asie	537541	570057	558350	586652	594650
Middle East	x112777	x85938	x98585	x118230	x136861	Moyen–Orient	18947	21860	13187	x14008	x15296
Europe	1343082	1432383	1652807	1501060	1595371	Europe	1767063	1893409	2115015	1833137	1883617
EEC	1121801	1188969	1377094	1276329	1346560	CEE	1477399	1580872	1761434	1561093	1603597
EFTA	195055	214450	248595	206139	226346	AELE	269872	290857	299160	265147	274770
Oceania	x39506	x44623	x46365	x44198	x50263	Océanie	x11494	10355	14175	x17456	x21031
USA/Etats–Unis d'Amer	480986	478263	415616	378331	419225	Belgium–Luxembourg	455934	463800	501721	458326	477411
Germany/Allemagne	342126	365057	420744	416825	442721	Germany/Allemagne	339203	364185	392841	331067	342727
France, Monac	247008	256590	319607	285840	290612	Italy/Italie	203748	231916	318909	292668	269850
Netherlands/Pays–Bas	112778	119306	143893	131516	133405	Japan/Japon	271417	297732	265396	246737	277441
Italy/Italie	104080	118858	120252	98058	103279	France, Monac	219032	239909	239966	203585	225188
Libyan Arab Jamahiriya	67193	100219	128416	58037	x83053	United Kingdom	150399	159318	192650	176453	172784
Switz. Liecht	80099	90607	105853	82214	83179	Sweden/Suède	164611	173970	167571	152969	154264
United Kingdom	90062	87265	95599	92499	104287	Korea Republic	111773	124449	130017	140372	131206
Belgium–Luxembourg	74879	73629	85084	75940	81572	Canada	132807	134605	115071	108705	131067
Canada	78986	79162	74298	64842	71786	USA/Etats–Unis d'Amer	79518	73061	97682	108640	111044
Japan/Japon	61638	62624	69454	85315	75113	China/Chine	63700	69018	80650	106792	89424
Spain/Espagne	55241	56758	65769	66733	74012	Austria/Autriche	54022	61999	69128	54983	61198
Hong Kong	59669	67244	56537	64425	69119	Spain/Espagne	46664	59228	65620	57328	66419
Austria/Autriche	40209	45228	55493	50302	58940	Czechoslovakia	x53220	x38122	x39205	x57231	x53327
Former USSR/Anc. URSS	x31963	x58912	x57164	x20326		Switz. Liecht	36573	38285	44877	45143	48436
Singapore/Singapour	35367	38226	43438	44875	47056	Former USSR/Anc. URSS	x18538	x50579	x44951	x30316	
Denmark/Danemark	34323	40934	46178	39068	44839	Netherlands/Pays–Bas	47793	48843	26653	22798	29105
Thailand/Thaïlande	22382	35906	41224	42105	39984	So. Africa Customs Un	x15481	x25667	x26417	x33316	x28159
Sweden/Suède	34907	37270	41894	38652	46136	Hong Kong	20533	27741	24973	29905	33533
Mexico/Mexique	23068	28270	28507	31718	35313	Yugoslavia SFR	19740	18756	54332	x6797	
Korea Republic	29796	28107	26434	33799	30851	Brazil/Brésil	24530	23273	19612	26030	26578
Bulgaria/Bulgarie	x33326	x41923	x40178	x4616	8229	Bulgaria/Bulgarie	x25832	x27583	x30187	x5932	x5193
Portugal	24355	25940	28524	30985	34594	India/Inde	7545	x10928	24524	25654	x11908
China/Chine	19089	29956	28457	23263	73988	Egypt/Egypte	7006	18290	25512	9279	15919
Indonesia/Indonésie	19291	17959	28392	33364	37172	Romania/Roumanie	x12995	20155	12218	9168	x5290
Iran (Islamic Rp. of)	x24776	x12129	x22632	x43776	x54963	Turkey/Turquie	13352	16143	11686	11330	12376
Australia/Australie	22727	24066	25835	27499	29549	Poland/Pologne	13271	12369	10295	9111	x8694
Ireland/Irlande	24370	25798	27794	21957	23624	Australia/Australie	9515	8023	10147	11401	14661
Czechoslovakia	x20392	4930	5557	x61265	x50263	Venezuela	6046	9278	8779	10823	10272
Yugoslavia SFR	24270	26302	25145	x17731		Singapore/Singapour	5875	7331	8721	10391	8597
Finland/Finlande	20163	23732	25210	15493	16337	Argentina/Argentine	3517	9672	12078	2544	2984
Malaysia/Malaisie	8755	10248	21621	31942	x28431	Finland/Finlande	7213	7820	9439	6821	6076
Cuba	x49462	33551	x24068	x4708	x3644	Norway, SVD, JM	7453	8783	8139	5196	4795
Greece/Grèce	12580	18833	23649	16908	x13615	Greece/Grèce	1912	3658	6569	9175	x5928
Israel/Israël	18780	21616	18930	18290	18892	Hungary/Hongrie	x4185	x4499	x6640	x7827	x5554
Norway, SVD, JM	19202	17234	19725	18842	21122	Libyan Arab Jamahiriya		x79	15906	x34	x412
Hungary/Hongrie	x20300	x22702	x17105	15929	x11887	Portugal	4750	3599	7846	4471	7487
India/Inde	13648	x15478	19070	16936	x18364	Malaysia/Malaisie	2923	7076	4286	3950	x7291
Morocco/Maroc	11097	13234	17305	19860	26292	Thailand/Thaïlande	190	2656	5036	7141	x14494
New Zealand	13437	17056	17146	13529	16406	Ireland/Irlande	4793	4288	6895	3622	4536
Poland/Pologne	16818	19698	11934	14950	x12310	New Zealand	1868	2294	4017	6023	6344
Algeria/Algérie	21480	9810	16883	18009	x31426	Mexico/Mexique	8407	3672	3503	4647	4162
Syrian Arab Republic	11965	15753	10447	x18139	x20485	Tunisia/Tunisie	218	1041	2750	5320	4426
So. Africa Customs Un		16312		x24207	x27859	Former GDR	x16370	x3394	x3331		
Philippines	11008	x11624	15275	13580	14942	Nicaragua	960	2559	1797	1772	509
United Arab Emirates	x29549	x13839	x8351	x15584	x16907	Saudi Arabia	4847	4198	x884	x602	x1225
Saudi Arabia	8778	5828	x18998	x12319	x11609	Denmark/Danemark	3171	2127	1762	1601	2162
Turkey/Turquie	10375	11170	13393	10972	9933	Uruguay	1385	2474	680	1601	1512
Brazil/Brésil	5914	9000	8328	11584	8295	Zimbabwe	2321	x1457	983	1306	x230
Egypt/Egypte	9677	6061	8999	7899	5654	Chile/Chili	1063	2169	601	793	x1084

(VALUE AS % OF TOTAL)(VALEUR EN % DU TOTAL)

	1983	1984	1985	1986	1987	1988	1989	1990	1991	1992		1983	1984	1985	1986	1987	1988	1989	1990	1991	1992
Africa	5.9	x4.8	4.5	x6.6	5.1	x4.9	x6.0	6.5	x5.7	x6.5	Afrique	x1.2	1.2	1.2	x1.2	x0.9	x1.0	1.6	x2.3	x1.9	x1.8
Northern Africa	3.8	x2.5	2.7	4.9	3.7	4.0	4.5	5.6	3.7	x4.8	Afrique du Nord	x0.0	0.0	0.0	0.0	0.1	0.3	0.7	1.4	0.5	0.8
Americas	x27.7	34.3	32.2	x27.0	x23.4	x23.7	22.8	x19.0	18.5	x18.9	Amériques	11.7	13.0	11.8	11.2	9.8	9.5	8.9	8.3	9.4	10.1
LAIA	1.3	1.8	2.0	2.1	1.7	1.7	1.9	1.8	2.4	2.4	ALAI	1.4	1.9	1.4	1.9	1.5	1.7	1.7	1.5	1.6	1.7
CACM	x0.4	1.1	1.3	1.0	0.6	0.2	0.3	0.2	0.3	x0.3	MCAC	x0.1	0.2	0.1	0.1	0.1	0.1	0.1	0.1	0.1	0.1
Asia	x17.9	x15.8	15.7	16.7	x18.1	x17.1	15.6	x15.7	x18.8	x19.6	Asie	21.2	22.0	21.8	20.9	20.7	19.6	19.4	17.6	20.4	20.3
Middle East	x7.5	x5.8	3.2	x4.4	x4.7	4.0	2.9	x3.2	x4.0	x4.3	Moyen–Orient	x0.1	x0.4	1.4	x0.3	0.3	0.7	0.7	0.4	x0.5	x0.5
Europe	44.5	39.9	44.3	47.2	47.4	47.2	48.6	52.8	51.4	50.7	Europe	61.0	57.2	61.2	63.5	61.8	64.3	64.4	66.7	63.7	64.4
EEC	37.0	32.3	35.8	38.5	38.8	39.4	40.3	44.0	43.7	42.8	CEE	49.9	46.5	49.3	51.8	50.1	53.8	53.8	55.6	54.3	54.8
EFTA	7.5	6.3	7.0	7.7	7.5	6.9	7.3	7.9	7.1	7.2	AELE	11.1	10.1	10.7	11.1	11.0	9.8	9.9	9.4	9.2	9.4
Oceania	2.2	x2.5	2.3	x1.6	x1.5	1.4	x1.5	1.5	x1.5	x1.6	Océanie	0.8	0.8	0.7	0.4	0.5	x0.4	0.4	0.4	x0.6	x0.7
USA/Etats–Unis d'Amer	22.8	28.0	25.7	20.1	17.5	16.9	16.2	13.3	13.0	13.3	Belgium–Luxembourg	10.3	8.9	8.8	9.6	8.8	16.6	15.8	15.8	15.9	16.3
Germany/Allemagne	12.2	10.0	11.5	12.8	12.8	12.0	12.4	13.5	14.3	14.1	Germany/Allemagne	15.5	13.5	13.8	15.0	13.8	12.3	12.4	12.4	11.5	11.7
France, Monac	7.7	6.8	7.4	8.4	8.8	8.7	8.7	10.2	9.8	9.2	Italy/Italie	4.4	4.7	6.1	6.9	6.8	7.4	7.9	10.1	10.2	9.2
Netherlands/Pays–Bas	4.3	3.8	3.9	4.0	3.8	4.0	4.0	4.6	4.5	4.2	Japan/Japon	17.2	17.3	15.5	14.4	12.1	9.9	10.1	8.4	8.6	9.5
Italy/Italie	2.8	2.8	3.3	3.4	3.4	3.7	4.0	3.9	3.4	3.3	France, Monac	10.2	9.8	10.1	10.1	8.9	8.0	8.2	7.6	7.1	7.7
Libyan Arab Jamahiriya	1.8	x0.6	0.4	2.8	1.8	2.4	3.4	4.1	2.0	x2.6	United Kingdom	5.3	5.1	5.3	4.9	5.4	5.5	5.4	6.1	6.1	5.9
Switz. Liecht	2.6	2.4	2.6	3.2	3.1	2.8	3.1	3.4	2.8	2.6	Sweden/Suède	7.1	6.4	6.6	6.6	6.4	6.0	5.9	5.3	5.3	5.3
United Kingdom	3.1	2.6	2.9	2.8	3.1	3.2	3.0	3.1	3.2	3.3	Korea Republic	3.0	2.8	2.7	3.7	4.0	4.1	4.2	4.1	4.9	4.5
Belgium–Luxembourg	2.4	2.4	2.5	2.5	2.3	2.6	2.5	2.7	2.6	2.6	Canada	6.5	7.2	6.4	6.5	5.6	4.8	4.6	3.6	3.8	4.5
Canada	2.6	2.7	2.7	2.4	2.3	2.8	2.7	2.4	2.2	2.3	USA/Etats–Unis d'Amer	3.7	3.7	2.9	3.0	2.5	2.9	2.5	3.1	3.8	3.8

678 IRON, STL TUBES, PIPES, ETC — TUBES, TUYAUX EN FONTE, FER 678

TRADE BY COMMODITY IN THOUSAND U.S. DOLLARS – COMMERCE PAR PRODUIT EN MILLIERS DE DOLLARS E.U

COUNTRIES–PAYS	IMPORTS – IMPORTATIONS					COUNTRIES–PAYS	EXPORTS – EXPORTATIONS				
	1988	1989	1990	1991	1992		1988	1989	1990	1991	1992
Total	x23701538	x22286620	x22033249	x23032533	x19869226	Totale	18192733	18536073	10913674	20550359	18822566
Africa	x764299	x764407	x834578	x1136689	x1388993	Afrique	x66995	x68109	x90192	x95308	x102819
Northern Africa	333382	347980	360142	x536080	x691852	Afrique du Nord	19227	20531	33076	29428	x40197
Americas	3778126	3489759	3692684	4089996	x3013071	Amériques	1789063	2163076	2215808	2790772	2455899
LAIA	432460	549527	743148	949607	857929	ALAI	731458	865632	847442	975253	763135
CACM	24609	47428	42389	28739	x35560	MCAC	6639	5107	8983	10565	x11295
Asia	x4623337	x4842567	x4733165	x5537012	x6376225	Asie	x5671573	4814966	4549363	5349323	x4565130
Middle East	x1571606	x1386684	x1481477	x1591080	x2251609	Moyen–Orient	169759	267763	182813	163039	132426
Europe	6280622	7071618	8738049	8575863	8635230	Europe	9888179	10771338	11531542	11824729	11260388
EEC	4844651	5503950	6932257	7004905	6861141	CEE	8063795	8798153	9468520	10024297	9439453
EFTA	1348005	1444519	1705167	1511693	1683150	AELE	1697921	1865796	1927908	1723430	1735591
Oceania	228378	255506	x239889	x291926	x218249	Océanie	x23447	x23646	x32945	30795	x42850
Former USSR/Anc. URSS	x7407533	x5362004	x3470303	x3163215		Japan/Japon	4189475	3399996	3184268	3821491	3236328
USA/Etats–Unis d'Amer	2514303	2150433	2135439	2295260	1428218	Germany/Allemagne	3275507	3358201	3344701	3450258	3042603
Germany/Allemagne	1142138	1287875	1634716	1699447	1867312	Italy/Italie	1554752	1648619	1797483	1932498	1989059
Netherlands/Pays–Bas	765309	790196	1200927	1039583	900647	France, Monac	1133859	1480289	1657720	1606101	1708027
France, Monac	778424	867964	1084404	1000653	938881	USA/Etats–Unis d'Amer	659119	874623	1015654	1323549	1333617
China/Chine	1057275	1079158	619300	1027248	972375	United Kingdom	721201	854038	946108	977322	959154
United Kingdom	670523	747564	843141	1119157	885386	Netherlands/Pays–Bas	474241	530478	608159	866533	680810
Italy/Italie	482232	656806	740451	783128	803396	Austria/Autriche	591052	671647	653968	551395	519254
Canada	669304	571140	609505	646300	517671	Sweden/Suède	585128	651806	654771	563942	526434
Singapore/Singapour	306353	405999	505934	621415	581589	Korea Republic	598452	554954	535933	537668	472316
Belgium–Luxembourg	387496	461902	539867	504648	543822	Belgium–Luxembourg	380010	370161	427996	454655	449241
Sweden/Suède	366465	382104	423373	335692	331739	Spain/Espagne	329247	355394	422669	465107	372354
Norway, SVD, JM	281192	275345	392929	377504	519986	Canada	391172	414610	343108	480671	344995
Indonesia/Indonésie	172815	262518	340735	413677	611499	Switz.Liecht	307753	323643	370209	387065	434899
Japan/Japon	292034	352509	312576	328686	278336	Argentina/Argentine	242164	325670	300748	398280	298735
Korea Republic	183728	220404	330703	428680	281155	Mexico/Mexique	225715	262472	243609	277599	190042
Switz.Liecht	270164	294682	326927	320651	331116	Brazil/Brésil	196635	210398	217893	261004	236366
Austria/Autriche	252248	271893	343257	314462	339129	Singapore/Singapour	124352	174944	166359	233961	197726
Spain/Espagne	164185	232550	362069	328384	307140	China/Chine	102322	140220	198369	204506	202831
Malaysia/Malaisie	149261	226928	315245	369395	x413461	Finland/Finlande	152059	161675	172379	146256	172830
Saudi Arabia	413672	231949	x256361	x409350	x379958	Turkey/Turquie	116827	161916	166251	147505	111444
Denmark/Danemark	269642	263117	301070	288881	315527	Former USSR/Anc. URSS	x154272	x228493	x135745	x98854	
Iran (Islamic Rp. of)	x224698	x137471	x287768	x354918	x643692	Denmark/Danemark	128954	116696	149165	188619	194929
India/Inde	214081	x335768	260414	158478	x294806	Thailand/Thaïlande	134822	126594	113834	145932	x102727
Venezuela	51172	88123	176553	429110	206627	Romania/Roumanie	x138350	171271	89582	79972	x52418
Finland/Finlande	165326	211300	208667	152481	149465	Czechoslovakia	x120369	x85962	x84802	x158367	x196660
Mexico/Mexique	129510	139897	166822	249598	326690	Yugoslavia SFR	126384	107333	134785	x76165	
United Arab Emirates	x273295	x145911	x162217	x239362	x368710	Greece/Grèce	45363	64748	88559	56596	x21219
Hong Kong	165084	174233	172413	197830	233824	Norway, SVD, JM	61888	56786	76503	74762	82164
Australia/Australie	167004	171101	167738	168289	151861	Hong Kong	37850	50789	59945	59507	81525
Iraq	x117933	x312513	x149964	x640	x724	Venezuela	55565	59218	79306	31334	28653
So. Africa Customs Un	133402	148275	138281	x131403	x118010	Hungary/Hongrie	x33248	x40395	x56447	x55547	x47484
Libyan Arab Jamahiriya	104249	143080	117416	x156435	x123892	Bulgaria/Bulgarie	x35743	x80193	x56299	x11285	x13726
Turkey/Turquie	103141	123338	141428	126611	119963	Malaysia/Malaisie	27192	28332	25244	84960	x57711
Algeria/Algérie	70701	81113	105053	198919	x214070	India/Inde	34820	x40889	40497	46584	x45199
Nigeria/Nigéria	x68347	x65842	x101823	x214898	x336493	So. Africa Customs Un	x37331	x37998	x40949	x46942	x54594
Bulgaria/Bulgarie	x161688	x184128	x125180	x21637	29160	Poland/Pologne	23708	31922	35877	55331	x83830
Syrian Arab Republic	122327	104897	104230	x119328	x112847	Former GDR	x247744	x52949	x34803		
Thailand/Thaïlande	88520	98773	99201	116421	132525	Saudi Arabia	20626	81735	x3190	x1606	x2499
Colombia/Colombie	63724	105840	127373	68178	90332	Australia/Australie	16313	15363	23221	23300	33315
Oman	112974	64976	93464	114097	x131600	Israel/Israël	17766	18758	16999	9206	13630
Portugal	81833	73982	90133	101378	115249	Portugal	12906	11602	16782	13413	12980
Kuwait/Koweït	x112137	67047	x130763	x67671	x307955	Philippines	2452	x375	14936	24288	7522
Yugoslavia SFR	78298	111390	89817	x47385		Indonesia/Indonésie	11513	8899	7947	13059	9077
Qatar	33486	107073	68493	59649	x32052	Ireland/Irlande	7755	7792	9044	6887	8940
Ireland/Irlande	64723	65136	79220	80666	86956	New Zealand	6761	8177	8523	6887	8940
Egypt/Egypte	114668	72603	62217	83069	81624	United Arab Emirates	x9917	x8279	x6959	x8253	x9374
Poland/Pologne	105982	90653	63007	42249	x78266	Egypt/Egypte	2026	2320	8384	12593	12708
Hungary/Hongrie	x46406	x58265	x41543	87172	x42876	Tunisia/Tunisie	11016	2061	10777	9068	8694
Chile/Chili	32001	57774	78396	43688	x33918	Mozambique	x1847	x4902	x7093	x8628	x552

(VALUE AS % OF TOTAL)(VALEUR EN % DU TOTAL)

	1983	1984	1985	1986	1987	1988	1989	1990	1991	1992		1983	1984	1985	1986	1987	1988	1989	1990	1991	1992
Africa	x5.3	x5.2	4.7	x5.7	x3.6	3.3	3.5	3.8	x5.0	x7.0	Afrique	0.4	0.4	0.5	0.6	x0.4	0.4	0.4	x0.5	x0.4	x0.6
Northern Africa	x3.5	x2.8	2.7	x2.6	1.4	1.4	1.6	1.6	x2.3	x3.5	Afrique du Nord	0.0	0.1	0.0	0.0	0.1	0.1	0.1	0.1	0.1	0.2
Americas	18.5	18.1	31.3	21.0	13.1	15.2	15.6	16.8	17.8	x15.2	Amériques	8.8	10.4	9.2	7.6	8.5	9.9	11.7	11.7	13.6	13.0
LAIA	2.8	3.7	4.2	2.8	1.7	1.8	2.5	3.4	4.1	4.3	ALAI	1.3	3.5	3.3	2.8	3.2	4.0	4.7	4.5	4.7	4.1
CACM	x0.1	0.2	0.2	0.2	x0.1	0.1	0.2	0.2	0.1	x0.2	MCAC	x0.0	0.0	0.0	0.0	0.0	0.1	0.0	0.1	0.1	x0.1
Asia	26.8	21.7	31.0	30.9	x16.2	x19.5	x21.7	x21.4	x24.1	x32.1	Asie	31.7	34.0	34.8	30.8	x27.2	x31.1	25.9	24.0	26.0	x24.3
Middle East	x16.3	x13.0	11.4	x11.7	x5.1	x6.6	x6.2	x6.7	x6.9	x11.3	Moyen–Orient	x0.2	0.9	1.1	0.9	x1.0	0.9	1.4	1.0	0.8	0.7
Europe	24.7	24.4	29.9	38.2	27.4	26.5	31.7	39.7	37.2	43.5	Europe	54.7	51.1	52.8	58.1	57.0	54.4	58.1	61.0	57.5	59.8
EEC	19.0	18.6	22.4	28.6	20.4	20.4	24.7	31.5	30.4	34.5	CEE	48.3	44.0	45.3	49.0	47.1	47.1	47.5	50.1	48.8	50.1
EFTA	5.8	6.4	6.5	8.8	6.4	5.7	6.5	7.7	6.6	8.5	AELE	6.4	6.6	7.0	8.6	9.3	9.3	10.1	10.2	8.4	9.2
Oceania	1.7	x1.3	1.4	x1.4	x0.9	0.9	1.1	x1.1	x1.2	1.1	Océanie	0.2	0.3	0.2	x0.2	0.3	x0.1	x0.1	x0.2	0.1	x0.2
Former USSR/Anc. URSS	21.3	17.1	22.2	14.4	x35.0	x31.3	x24.1	x15.8	x13.7	7.2	Japan/Japon	26.8	27.6	28.6	25.3	19.8	23.0	18.3	16.8	18.6	17.2
USA/Etats–Unis d'Amer	12.2	21.5	6.2	14.4	8.8	10.6	9.6	9.7	10.0	7.2	Germany/Allemagne	17.8	16.3	17.6	20.5	19.0	18.0	18.1	17.7	16.8	16.2
Germany/Allemagne	4.3	4.2	5.1	7.0	5.0	4.8	5.8	7.4	7.4	9.4	Italy/Italie	10.1	9.5	9.0	10.0	10.3	8.5	8.9	9.5	9.4	10.6
Netherlands/Pays–Bas	3.0	3.5	4.4	5.2	3.2	3.2	3.5	5.5	4.5	4.5	France, Monac	8.0	7.1	7.4	7.1	6.4	6.2	8.0	7.8	7.8	9.1
France, Monac	3.1	2.7	3.3	4.1	3.4	3.3	3.9	4.9	4.3	4.7	USA/Etats–Unis d'Amer	6.1	4.7	3.8	3.9	3.1	3.6	4.7	5.4	6.4	7.1
China/Chine			8.8	8.6	3.9	4.5	4.8	2.8	4.5	4.9	United Kingdom	3.9	3.2	3.3	3.5	4.2	4.0	4.6	5.0	4.8	5.1
United Kingdom	2.4	2.7	3.4	3.2	2.3	2.8	3.4	3.9	4.9	4.5	Netherlands/Pays–Bas	2.1	2.0	2.1	2.6	2.5	2.6	2.9	3.2	4.2	3.6
Italy/Italie	1.4	1.6	2.1	2.8	2.1	2.0	2.9	3.4	3.4	4.0	Austria/Autriche	2.1	2.3	2.4	2.7	3.0	3.2	3.6	3.5	2.7	2.8
Canada	2.4	2.6	3.6	2.5	1.9	2.8	2.6	2.8	2.8	2.6	Sweden/Suède	2.3	2.3	2.5	3.1	3.2	3.2	3.5	3.5	2.7	2.8
Singapore/Singapour	1.7	2.0	1.6	1.5	0.9	1.3	1.8	2.3	2.7	2.9	Korea Republic	3.2	3.7	3.1	2.6	3.1	3.3	3.0	2.8	2.6	2.5

679 IRN,STL CASTINGS UNWORKD — OUVRAGES EN FONTE,FER,ACIER 679

TRADE BY COMMODITY IN THOUSAND U.S. DOLLARS – COMMERCE PAR PRODUIT EN MILLIERS DE DOLLARS E.U

IMPORTS – IMPORTATIONS

COUNTRIES–PAYS	1988	1989	1990	1991	1992
Total	x1679873	x1718353	2072167	2010860	2151471
Africa	x110561	x96478	x109661	x79663	x86699
Northern Africa	83220	70050	x69327	x36181	x28445
Americas	x205097	319182	x348510	341644	x364146
LAIA	28101	45435	65860	82398	x105939
CACM	4752	5285	4834	5500	x3998
Asia	x340831	x254310	x304356	x384458	x454822
Middle East	x198414	x84862	x75449	x52192	x80558
Europe	785525	881168	1170177	1112220	1191638
EEC	637636	726271	971719	939222	1023745
EFTA	124532	139711	185977	161000	155108
Oceania	22392	21816	20055	x24624	x33045
Germany/Allemagne	152494	186247	281282	294370	341469
USA/Etats–Unis d'Amer	38624	170203	173932	161092	170753
France,Monac	132830	139581	175408	170402	171887
United Kingdom	97477	117466	134728	108975	117284
Belgium–Luxembourg	86935	90466	108411	99917	101609
Italy/Italie	58952	70299	99086	102909	116229
Canada	117321	83478	82926	69527	61142
Netherlands/Pays-Bas	59915	65353	89540	79341	75735
Japan/Japon	33685	45389	53113	74036	66541
Former USSR/Anc. URSS	x20325	x20511	x84768	x42862	
Singapore/Singapour	21676	25109	49581	56991	57640
Switz.Liecht	30226	35337	47460	38433	30707
Indonesia/Indonésie	16787	8951	36540	74069	63084
Sweden/Suède	29441	34326	45853	34805	33510
Austria/Autriche	27913	33416	40211	40659	42030
Egypt/Egypte	68584	51570	46670	x10509	x7815
Mexico/Mexique	19521	31103	32529	44321	28624
Norway,SVD,JM	24896	23116	31929	29091	26802
Malaysia/Malaisie	7660	13455	25298	36483	x17656
Denmark/Danemark	17770	22197	27204	25686	25262
Korea Republic	20426	16840	19923	36918	34923
Bulgaria/Bulgarie	x66025	x63857	x3299	x984	328
Spain/Espagne	8853	10413	25409	27378	33264
Iraq	x140860	x47937	x10745	x1595	x1296
Finland/Finlande	11834	13284	20203	17791	21828
Thailand/Thaïlande	8639	15298	15575	19346	21107
Ireland/Irlande	12285	14509	17023	16369	20482
India/Inde	6667	x21001	7325	8549	x34844
Yugoslavia SFR	22326	14021	11039	x9911	
Kuwait/Koweit	x1655	x846	x17354	x16523	x18599
Algeria/Algérie	x6211	x9169	x11912	x13603	x10698
Former GDR	x90418	x27252	x5949		
Chile/Chili	3367	4727	13493	13777	x14250
Australia/Australie	9701	9044	10538	8800	10890
Poland/Pologne	27065	14082	8281	4603	x6795
Czechoslovakia	x4464	12326	11194	x3369	x8046
Iran (Islamic Rp. of)	x10774	x4914	x11883	x9348	x19206
Guyana	x10	x4269	x11101	x10651	x11891
Portugal	6491	5471	8391	8271	10763
Syrian Arab Republic	12307	10765	8492	x1635	x3506
Papua New Guinea	7883	8136	4368	x8287	x12292
Hong Kong	5269	5832	6317	8640	11378
Saudi Arabia	x7041	x5445	x7784	x6446	x10100
Hungary/Hongrie	x6896	x7320	x5563	6293	x5244
United Arab Emirates	x14658	x5352	x6827	x6831	x9299
Nigeria/Nigéria	x4212	x2354	x6982	x7738	x11870
Libyan Arab Jamahiriya	1820	5703	5040	6299	x4092
So. Africa Customs Un	1131	2702	2484	x10708	x7451
Brazil/Brésil	741	3009	6206	6197	5107
Greece/Grèce	3633	4270	5237	5603	x9760

EXPORTS - EXPORTATIONS

COUNTRIES–PAYS	1988	1989	1990	1991	1992
Totale	2063360	2182982	2455355	2490704	2495723
Afrique	x3953	x2014	x11979	x4232	x1916
Afrique du Nord	307	971	8465	x977	x309
Amériques	182341	349594	310621	436643	x343110
ALAI	48785	63624	67223	88821	x39927
MCAC	207	137	780	835	x601
Asie	235717	x272264	284065	311171	x368011
Moyen–Orient	x6608	2651	5222	5820	6212
Europe	1359945	1430862	1740970	1611961	1640273
CEE	1053316	1132990	1480979	1433082	1459888
AELE	106122	142109	179351	166053	166055
Océanie	21104	x24521	x28821	x35009	x35158
Germany/Allemagne	282393	304712	383468	321583	307257
France,Monac	218482	257763	353965	353919	354566
USA/Etats–Unis d'Amer	89854	252267	211173	314781	270407
Italy/Italie	119280	132251	168143	190905	220295
United Kingdom	141982	128749	160028	167262	171581
Korea Republic	112550	135607	124236	139884	102302
Belgium–Luxembourg	78021	85315	117618	107534	108052
Netherlands/Pays-Bas	62747	68730	92580	92233	86311
Yugoslavia SFR	199346	155363	80130	x12608	
Spain/Espagne	61845	63268	80709	77550	82207
Denmark/Danemark	56853	59354	79392	70405	64803
Austria/Autriche	32308	47904	64373	62457	65077
Japan/Japon	58255	57125	57398	49823	41787
Mexico/Mexique	33142	33296	37385	60553	16887
Portugal	29126	31126	40814	43133	45413
Norway,SVD,JM	27425	33609	42762	35869	39394
India/Inde	58249	x37790	41506	32673	x49547
Canada	43300	33216	30562	31212	31237
Finland/Finlande	14881	27720	30901	27129	24225
Poland/Pologne	23784	21816	30404	30335	x44133
Australia/Australie	16756	19545	22364	27622	30488
Switz.Liecht	16287	19555	24826	24030	22090
China/Chine	11687	10487	20781	31951	122955
Brazil/Brésil	13295	21764	20226	18069	13528
Bulgaria/Bulgarie	x52287	x44434	x9416	x3746	x7720
Israel/Israël	13564	15044	16350	20686	13263
Former USSR/Anc. URSS	x19006	x6809	x15159	x24002	
Sweden/Suède	14815	13160	16231	16566	15268
Czechoslovakia	x25051	x9665	x7423	x16949	x41270
Singapore/Singapour	2110	4234	6569	14027	10507
Hungary/Hongrie	x8257	x7846	x7358	x9346	x9192
Former GDR	x108037	x12888	x8922		
New Zealand	4235	4946	5663	7059	4660
Malaysia/Malaisie	1087	1857	4377	7104	x8873
Peru/Pérou	1740	4180	4541	x4612	x5385
Turkey/Turquie	x5516	2166	4210	5382	5810
Ireland/Irlande	2135	1060	3214	6303	18639
Egypt/Egypte	282	903	7260	x937	x178
Chile/Chili	236	3927	1664	2122	x610
Romania/Roumanie	x23873	212	216	7252	x4941
Thailand/Thaïlande	1202	1791	2927	2443	x2722
Hong Kong	1022	1256	2135	2482	4823
Philippines	901	x2230	510	2729	2240
So. Africa Customs Un	x1771	x809	x2019	x1818	x1371
Greece/Grèce	454	661	1049	2255	x764
Argentina/Argentine	38	164	1680	1354	1160
Zimbabwe		x38	1154	1305	x212
Colombia/Colombie	296	263	721	1380	1342
Macau/Macao	1574	1278	732	348	546
Indonesia/Indonésie	65	528	752	537	1563

(VALUE AS % OF TOTAL)(VALEUR EN % DU TOTAL)

Imports

	1983	1984	1985	1986	1987	1988	1989	1990	1991	1992
Africa	x12.1	15.2	12.6	x12.1	x7.8	6.6	x5.7	x5.3	x3.9	4.0
Northern Africa	10.6	14.3	12.1	10.4	6.2	5.0	4.1	x3.3	x1.8	x1.3
Americas	17.6	20.9	23.0	19.6	x15.1	x12.2	18.6	x16.8	17.0	x16.9
LAIA	1.9	2.4	1.6	2.3	1.1	1.7	2.6	3.2	4.1	4.9
CACM	x0.1	0.6	0.2	x0.0	x0.2	0.3	0.3	0.2	0.3	x0.2
Asia	x19.1	x17.4	9.1	x10.0	8.3	x20.3	14.8	14.7	x19.1	x21.2
Middle East	x9.4	x6.8	1.9	x3.3	x2.1	x11.8	4.9	x3.6	x2.6	x3.7
Europe	39.1	36.7	45.9	50.4	44.0	46.8	51.3	56.5	55.3	55.4
EEC	32.0	29.4	36.5	40.3	35.3	38.0	42.3	46.9	46.7	47.6
EFTA	7.1	6.1	8.3	9.3	8.0	7.4	8.1	9.0	8.0	7.2
Oceania	1.3	1.7	1.5	1.2	1.0	1.3	1.2	1.0	x1.2	x1.5
Germany/Allemagne	6.0	5.2	7.2	9.2	8.4	9.1	10.8	13.6	14.6	15.9
USA/Etats–Unis d'Amer	4.1	6.7	9.4	5.3	3.0	2.3	9.9	8.4	8.0	7.9
France,Monac	9.1	7.5	8.2	9.0	7.8	7.9	8.1	8.5	8.5	8.0
United Kingdom	3.8	4.1	4.6	4.6	3.9	5.8	6.8	6.5	5.4	5.5
Belgium–Luxembourg	6.2	6.3	7.2	7.6	6.1	5.2	5.3	5.2	5.0	4.7
Italy/Italie	1.5	1.3	2.5	2.7	2.9	3.5	4.1	4.8	5.1	5.4
Canada	11.1	10.7	11.7	11.4	10.4	7.0	4.9	4.0	3.5	2.8
Netherlands/Pays-Bas	3.8	3.6	4.7	5.0	4.2	3.6	3.8	4.3	3.9	3.5
Japan/Japon	0.4	0.3	0.4	0.5	0.4	2.0	2.6	2.6	3.7	3.1
Former USSR/Anc. URSS					x4.1	x1.2	x1.2	x4.1	x2.1	

Exports

	1983	1984	1985	1986	1987	1988	1989	1990	1991	1992
Afrique	1.0	1.1	1.1	0.2	x0.2	x0.2	x0.1	x0.5	x0.2	x0.1
Afrique du Nord	0.0	0.0	0.0	0.0	0.0	0.0	0.0	0.3	x0.0	x0.0
Amériques	28.0	33.1	29.6	21.5	21.6	8.9	16.0	12.6	17.5	x13.8
ALAI	0.8	5.2	5.0	0.7	4.0	2.4	2.9	2.7	3.6	x1.6
MCAC	0.0	0.0	0.0	0.0	0.0	0.0	0.0	0.0	0.0	x0.0
Asie	6.6	8.5	8.9	9.2	7.5	11.4	x12.5	11.6	12.5	x14.7
Moyen–Orient	x0.1	1.1	0.0	0.0	0.0	x0.3	0.1	0.2	0.2	0.2
Europe	55.8	49.8	53.5	60.7	49.4	65.9	65.5	70.9	64.7	65.7
CEE	49.3	43.7	47.0	53.0	42.8	51.0	51.9	60.3	57.5	58.5
AELE	6.6	5.3	5.7	6.7	5.7	5.1	6.5	7.3	6.7	6.7
Océanie	x0.6	0.7	0.6	1.2	1.0	1.0	x1.1	x1.1	x1.4	x1.4
Germany/Allemagne	19.2	17.5	19.1	21.9	17.6	13.7	14.0	15.6	12.9	12.3
France,Monac	8.6	7.2	7.5	9.2	7.8	10.6	11.8	14.4	14.2	14.2
USA/Etats–Unis d'Amer	7.8	7.6	8.0	7.0	6.3	4.4	11.6	8.6	12.6	10.8
Italy/Italie	5.2	4.2	4.6	4.7	3.7	5.8	6.1	6.8	7.7	8.8
United Kingdom	7.0	6.0	5.7	5.5	4.0	6.9	5.9	6.5	6.7	6.9
Korea Republic	2.3	2.1	2.6	2.9	2.9	5.5	6.2	5.1	5.6	4.1
Belgium–Luxembourg	1.3	1.2	1.6	1.8	1.5	3.8	3.9	4.8	4.3	4.3
Netherlands/Pays-Bas	2.3	1.9	2.0	2.6	2.3	3.0	3.1	3.8	3.7	3.5
Yugoslavia SFR		0.7	0.8	0.9	0.8	9.7	7.1	3.3	x0.5	
Spain/Espagne	1.8	1.7	1.8	2.1	1.8	3.0	2.9	3.3	3.1	3.3

681 SILVER, PLATINUM, ETC   ARGENT ET PLATINE 681

TRADE BY COMMODITY IN THOUSAND U.S. DOLLARS – COMMERCE PAR PRODUIT EN MILLIERS DE DOLLARS E.U

COUNTRIES–PAYS	IMPORTS – IMPORTATIONS					COUNTRIES–PAYS	EXPORTS – EXPORTATIONS				
	1988	1989	1990	1991	1992		1988	1989	1990	1991	1992
Total	6860541	7025219	8481948	7860762	6643266	Totale	x8433431	x7799024	x9926714	x11012711	x5806385
Africa	x8690	x16125	x11972	x45486	x15232	Afrique	x1485406	x1549730	x2275212	x2299471	x1536866
Northern Africa	4615	5281	6228	6512	x10375	Afrique du Nord	22574	21889	23579	22723	14147
Americas	2045831	2169706	2523125	2159412	2033817	Amériques	1188935	1207246	1138644	x1163149	x1183368
LAIA	56724	103270	61505	36785	39738	ALAI	480520	504483	454589	x400755	x473520
CACM	112	81	152	102	x123	MCAC	6506	4627	1400	614	x85
Asia	x2075260	x1927137	x2288733	x2088767	x1680828	Asie	x280860	x189976	x183724	x140189	222524
Middle East	x108318	x121174	x209029	x103461	x112611	Moyen-Orient	x8361	x11702	x19320	x3728	x4322
Europe	2616180	2756451	3567209	3495868	2834977	Europe	2939804	2874939	3604133	3327992	2772386
EEC	2229418	2261787	3046639	2750555	2482299	CEE	2008624	2239444	2993508	2688855	2110991
EFTA	382930	492288	517430	739892	348695	AELE	914924	623178	605307	634193	659954
Oceania	x52693	x76342	x46492	x53601	x62675	Océanie	x28835	32743	60024	49308	47456
USA/Etats–Unis d'Amer	1804134	1945760	2326759	2027209	1880917	Former USSR/Anc. URSS	x2200504	x1782532	x2509594	x3902288	
Japan/Japon	1712097	1506298	1735625	1665994	1135749	So. Africa Customs Un	x1459849	x1521005	x2248613	x2271819	x1515281
United Kingdom	659691	648100	1101438	955398	847568	United Kingdom	857245	962369	1558610	1303828	883252
Germany/Allemagne	776146	854033	844305	699022	671273	Germany/Allemagne	482575	543422	598494	555576	487189
Switz.Liecht	263079	383342	420072	658392	267990	Switz.Liecht	791812	504972	498348	546434	558269
France, Monac	284060	292445	371604	339903	286843	USA/Etats–Unis d'Amer	412768	403442	421514	598286	537312
Italy/Italie	191796	170104	289908	335308	341243	Belgium–Luxembourg	322732	361428	337642	316423	331611
Belgium–Luxembourg	164265	131029	181493	156579	165362	Mexico/Mexique	323915	346801	301018	232825	206940
Spain/Espagne	50076	72315	151322	182207	84750	France, Monac	194932	230960	319090	285628	189442
United Arab Emirates	x97269	x109689	x189573	x88399	x97272	Canada	281690	293704	260919	160601	169213
Singapore/Singapour	56429	94055	173848	91757	171693	Poland/Pologne	148211	103782	108332	122730	x36437
Canada	182473	118572	132449	94039	111571	Chile/Chili	83315	90801	91761	59630	x126583
Korea Republic	20445	58467	51104	82661	73030	Italy/Italie	36897	53858	79835	102615	73524
Hong Kong	43810	50835	48322	91009	74594	Japan/Japon	149192	70137	79510	70909	131050
Brazil/Brésil	44699	98819	57892	30782	32718	Spain/Espagne	58905	41376	54820	80402	99409
Australia/Australie	51130	73999	45037	52348	61286	Bolivia/Bolivie	64891	59306	53230	41416	37103
Netherlands/Pays–Bas	52730	44822	47018	39677	41849	Sweden/Suède	45812	35112	54277	27543	5387
Sweden/Suède	56208	51607	41053	32538	33840	Netherlands/Pays–Bas	39692	34976	34746	33648	36677
Austria/Autriche	40361	32135	28463	29195	23851	Australia/Australie	27094	21192	42912	34713	36417
China/Chine	54782	32111	19956	11687	13940	Former GDR	x129746	x52115	x43378		
Czechoslovakia	x18451	30400	16567	x6492	x4394	Norway, SVD, JM	19107	24195	31112	28997	41190
Denmark/Danemark	15430	14299	20035	14257	14164	Peru/Pérou	13033	954	590	x73425	x103666
Portugal	19985	15037	16607	13428	16576	Morocco/Maroc	21970	21889	23289	22681	14145
Norway, SVD, JM	14965	13568	16439	13491	17097	Singapore/Singapour	17472	24258	24112	18535	30105
Thailand/Thaïlande	9023	9349	14328	17786	38357	Hong Kong	23020	16919	18924	27201	23458
So. Africa Customs Un	2147	1829	3288	x36311	x3440	Austria/Autriche	32884	28269	17992	13974	20159
Greece/Grèce	6981	12760	15529	10123	x8825	China/Chine	2845	12349	23510	4705	3172
Israel/Israël	16972	11705	12035	10531	13504	Papua New Guinea	x99	8064	14652	13945	10580
India/Inde	2645	x21281	6495	6237	x37523	Philippines	6203	x24090	4018	x5552	2771
Former USSR/Anc. URSS	x7423	x25773	x4702	x2779		United Arab Emirates	x7369	x10990	x13454	x1212	x3404
Nepal/Népal	4170	16818	11565	x222	x2	Korea Republic	14107	13776	7835	3841	12030
Finland/Finlande	8020	11372	11107	6010	5681	Yugoslavia SFR	16254	12307	5858	x4925	
Bulgaria/Bulgarie	x14146	x13141	x5786	x1911	486	Uruguay		x19990	4	x400	x1605
Ireland/Irlande	8259	6845	7380	4652	3847	Denmark/Danemark	7469	5858	7025	6310	5271
Turkey/Turquie	3206	3721	10746	4189	2619	Korea Dem People's Rp	x33595	x6274	x3643	x3003	x2113
Hungary/Hongrie	x6178	x5206	x3960	5035	x7205	Finland/Finlande	5879	4658	4495	3366	3226
Romania/Roumanie	x12784	x4614	x7594	x1192	x1698	Brazil/Brésil	534	6733	59	3572	3457
Malaysia/Malaisie	4190	3625	4150	4500	x5439	Ireland/Irlande	5737	3443	1842	2859	2526
Yugoslavia SFR	3419	2000	2742	x5007		Colombia/Colombie	10775	62	5003	2479	x24948
Cyprus/Chypre	2553	2623	3472	2124	2499	New Zealand	1623	3247	2246	590	94
Iran (Islamic Rp. of)	x2149	x420	x2689	x4414	x7645	Czechoslovakia	x3655	x1206	x1679	x2938	x1898
Egypt/Egypte	982	1877	3169	1807	3085	India/Inde	1633	x4569	793	336	x2225
Mexico/Mexique	1079	2466	2076	2164	1917	Honduras	5614	4045	1400	189	3
Ghana		x6300	x6			Zambia/Zambie		x2786	x1378	x1103	x5562
Algeria/Algérie	2051	2581	1573	1968	x4496	Hungary/Hongrie	x938	x1029	x786	x3187	x1251
Saudi Arabia	x1168	1427	x1048	x3276	x1408	Bulgaria/Bulgarie	x24094	x3610	x783	x508	x4001
Former GDR	x2485	x15	x4802			Venezuela		40	2616	1502	781	880
New Zealand	1442	2292	1302	1180	1351	Malaysia/Malaisie	3364		3480	734	476	x305
Indonesia/Indonésie	15	291	1562	907	304	Un. Rep. of Tanzania		x744	x902	x2869	x355
Colombia/Colombie	91	69	97	2380	1419	Saudi Arabia	738	0	x2776	x1429	x634

(VALUE AS % OF TOTAL)(VALEUR EN % DU TOTAL)

	1983	1984	1985	1986	1987	1988	1989	1990	1991	1992		1983	1984	1985	1986	1987	1988	1989	1990	1991	1992
Africa	x0.3	x0.3	0.3	x0.2	0.3	x0.1	x0.2	x0.1	x0.6	x0.3	Afrique	x1.1	x1.1	1.0	0.9	0.6	17.6	19.9	23.0	20.9	x26.5
Northern Africa	x0.1	0.1	0.1	0.2	0.2	0.1	0.1	0.1	0.1	x0.2	Afrique du Nord	0.4	0.4	0.4	0.4	0.3	0.3	0.3	0.2	0.2	0.2
Americas	43.3	40.5	45.0	40.5	28.3	29.9	30.9	29.8	27.5	30.6	Amériques	21.9	32.6	34.6	27.9	17.0	14.1	15.4	11.5	x10.6	x20.4
LAIA	0.8	1.5	0.9	1.4	0.9	0.8	1.5	0.7	0.5	0.6	ALAI	7.3	16.9	17.0	14.4	9.1	5.7	6.5	4.6	x3.6	x8.2
CACM	x0.0	0.0	0.0	0.0	x0.0	0.0	0.0	0.0	0.0	x0.0	MCAC	x0.1	x0.3	0.1	0.0	0.0	0.1	0.1	0.0	0.0	x0.0
Asia	13.1	17.6	16.9	17.2	x25.0	x30.2	x27.4	x27.0	x26.5	25.3	Asie	10.6	x2.8	2.1	2.0	x2.5	x3.3	x2.4	x1.8	x1.3	3.9
Middle East	1.5	x0.3	0.4	x0.5	x0.3	x1.6	x1.7	x2.5	x1.3	x1.7	Moyen-Orient	7.3	x0.2	0.0	0.3	x0.2	x0.1	x0.2	x0.2	x0.0	0.1
Europe	43.2	41.5	37.7	41.8	45.2	38.1	39.2	42.1	44.5	42.7	Europe	61.8	58.8	57.5	64.7	41.5	34.9	36.9	36.3	30.2	47.7
EEC	35.5	33.4	30.5	33.7	33.4	32.5	32.2	35.9	35.0	37.4	CEE	55.3	47.1	46.5	54.4	32.0	28.8	28.7	30.2	24.4	36.4
EFTA	7.7	8.0	7.1	8.0	11.7	5.6	7.0	6.1	9.4	5.2	AELE	6.5	11.2	4.0	9.7	9.3	10.8	8.0	6.1	5.8	11.4
Oceania	0.1	x0.2	0.3	x0.3	x0.4	x0.8	x1.1	x0.5	x0.7	0.9	Océanie	1.8	1.6	1.4	x2.6	0.9	x0.3	0.4	0.6	0.4	0.8
USA/Etats–Unis d'Amer	40.5	38.4	41.4	38.1	26.4	26.3	27.7	27.4	25.8	28.3	Former USSR/Anc. URSS					x31.6	x26.1	x22.9	x25.3	x35.4	
Japan/Japon	11.2	16.4	15.6	15.5	22.3	25.0	21.4	20.5	21.2	17.1	So. Africa Customs Un	0.5	0.5	0.6	0.4	0.2	x17.3	x19.5	x22.7	x20.6	x26.1
United Kingdom	15.5	10.2	8.2	9.8	8.4	9.6	9.2	13.0	12.2	12.8	United Kingdom	30.6	23.8	17.5	27.2	14.5	10.2	12.3	15.7	11.8	15.2
Germany/Allemagne	9.5	10.3	10.3	10.7	11.9	11.3	12.2	10.0	8.9	10.1	Germany/Allemagne	8.8	7.9	9.0	8.7	7.6	5.7	7.0	6.0	5.0	8.4
Switz.Liecht	5.7	5.8	4.9	6.2	9.6	3.8	5.5	5.0	8.4	4.0	Switz.Liecht	3.7	8.1	7.7	7.2	6.9	9.4	6.5	5.0	9.6	9.6
France, Monac	3.5	4.0	4.4	4.4	4.5	4.1	4.2	4.4	4.3	4.3	USA/Etats–Unis d'Amer	6.5	7.0	7.6	6.2	5.4	4.9	5.2	4.2	5.4	9.3
Italy/Italie	2.2	2.7	2.1	2.9	3.7	2.8	2.4	3.4	4.3	5.1	Belgium–Luxembourg	8.2		8.9	8.7	8.6	5.7	8.8	4.4	3.0	2.1	3.6
Belgium–Luxembourg	3.4	4.4	3.9	3.1	2.9	2.4	1.9	2.1	2.0	2.5	Mexico/Mexique	3.8	4.5	5.9	5.0	3.6	3.2	3.0	3.0	2.6	3.3
Spain/Espagne	0.2	0.1	0.2	1.0	0.9	0.7	1.0	1.8	2.3	1.3	France, Monac	3.8	4.5	9.9	7.3	3.3	3.8	3.8	2.6	1.5	2.9
United Arab Emirates	1.4	0.1	0.1	0.4	0.3	x0.1	x1.4	x1.6	x2.2	x1.1	Canada	7.9	8.1								

682 COPPER EXC CEMENT COPPER / CUIVRE 682

TRADE BY COMMODITY IN THOUSAND U.S. DOLLARS – COMMERCE PAR PRODUIT EN MILLIERS DE DOLLARS E.U

COUNTRIES–PAYS	IMPORTS – IMPORTATIONS 1988	1989	1990	1991	1992	COUNTRIES–PAYS	EXPORTS – EXPORTATIONS 1988	1989	1990	1991	1992
Total	19716262	22505494	22648729	21213064	21592914	Totale	18907648	x23183260	22907708	x22507306	x22840314
Africa	235390	244802	306391	x287235	x285460	Afrique	x1698912	x2781840	x1366951	x1296534	x3323875
Northern Africa	174486	183600	240952	214529	x204949	Afrique du Nord	1617	11069	14562	6196	8809
Americas	3110885	3194073	2600612	2561069	2783114	Amériques	4859160	5922119	6828532	x6466465	x6086316
LAIA	540318	532560	439189	618126	717520	ALAI	3282297	3951156	4631569	x4102272	x3871109
CACM	18392	25146	20865	24343	x23572	MCAC	2894		2155	1306	1320
Asia	x4892187	4981003	5460202	5725479	x6275583	Asie	x2838816	x2686472	2458508	2601135	x3347476
Middle East	x433900	x415462	x411907	x370209	396833	Moyen–Orient	x246176	x297924	236093	x190575	x229112
Europe	10799908	13500114	13660433	12234393	11920250	Europe	7584494	9328531	9488522	8650656	8499150
EEC	9405206	11830425	12021927	10896063	10623213	CEE	6152437	7673751	7705753	7091902	7027369
EFTA	1294630	1558557	1554266	1299333	1239488	AELE	1247472	1424618	1535159	1378583	1400510
Oceania	x111512	x147231	x139827	x129078	x132110	Océanie	x326127	x458565	x516126	x554527	x610131
Germany/Allemagne	2147123	2707639	2981102	2977743	2921480	Chile/Chili	2565552	3095318	3504603	2901684	x2583769
France,Monac	1819016	2292094	2312194	2030466	2026345	Germany/Allemagne	2176508	2539430	2590428	2397427	2516205
Italy/Italie	1663016	2094588	2078721	1806918	1860424	Belgium–Luxembourg	1481619	2016216	1829408	1532771	1440711
USA/Etats–Unis d'Amer	2231231	2238669	1803387	1612238	1676942	Former USSR/Anc. URSS	x777021	x1336311	x1384341	x2077792	
Japan/Japon	1274432	1697698	1929117	1802257	1105849	France,Monac	943894	1262588	1286702	1213405	1202249
Belgium–Luxembourg	1158395	1599788	1491308	1213512	1083169	Japan/Japon	1082765	1172372	1146144	1194253	1361503
United Kingdom	1342371	1563066	1471555	1231518	1184257	USA/Etats–Unis d'Amer	724603	920465	1225752	1336658	1184320
Korea Republic	578524	565084	626490	710007	691425	Canada	847826	1046848	956398	1022317	1027279
Spain/Espagne	359447	518650	559259	622926	608305	Zambia/Zambie	769370	x1179565	x521002	x643847	x2897292
Hong Kong	452655	443745	481516	629529	808952	Italy/Italie	544038	674381	740188	664093	641368
Netherlands/Pays–Bas	414419	467789	501595	447658	438503	Poland/Pologne	541454	561354	684511	700855	x685006
Singapore/Singapour	417636	450471	443319	485950	673395	United Kingdom	480317	576617	629713	588719	560423
Switz.Liecht	350176	432302	455954	373103	370452	Zaire/Zaïre	x521559	x1046154	x459928	x265252	x117346
Austria/Autriche	312836	356186	403321	374332	382871	Peru/Pérou	354426	344823	684042	x685614	x647289
Sweden/Suède	350430	409594	386763	326936	290033	Sweden/Suède	452682	485739	504707	460279	439649
China/Chine	284563	322125	242297	437056	1275328	Australia/Australie	301976	420004	482096	517825	570706
Thailand/Thaïlande	179309	303647	330118	333935	369027	Finland/Finlande	336133	407145	417925	363034	398727
Malaysia/Malaisie	168029	271517	297286	373901	x346519	So. Africa Customs Un	x364013	x476220	x319745	x344988	x246359
Canada	290714	342447	281115	270880	317833	Mexico/Mexique	279230	330512	256360	288189	379712
India/Inde	253763	x170233	315513	181216	x179579	Austria/Autriche	198372	244508	293530	269447	274390
Brazil/Brésil	148852	217905	183810	222821	234308	Philippines	298596	x279081	283900	227113	222116
Finland/Finlande	181080	260460	203574	134535	112417	Spain/Espagne	179470	206374	225154	340377	309498
Turkey/Turquie	173572	211162	207910	172569	124798	Netherlands/Pays–Bas	214465	248381	271030	231281	237474
Greece/Grèce	151653	192523	202358	168920	x101310	Singapore/Singapour	206979	260119	195952	242120	324926
Indonesia/Indonésie	96343	149107	180262	194587	188722	Yugoslavia SFR	184481	229974	247404	x180125	
Portugal	136202	141895	165384	159919	164456	Hong Kong	202650	157451	177679	292584	471342
Denmark/Danemark	138822	156219	155612	148009	146867	Korea Republic	191224	235225	158788	188906	241370
Former USSR/Anc. URSS	x160136	x115646	x106756	x95051		Switz.Liecht	165506	170893	189243	175331	177449
Mexico/Mexique	113519	118760	90568	147996	164130	Brazil/Brésil	70411	151900	165485	217771	251704
Czechoslovakia	x66402	105265	129731	x95710	x92494	Turkey/Turquie	105075	142216	122965	103535	85134
Israel/Israël	85992	98273	106249	105118	116129	Norway,SVD,JM	94659	116331	129750	110489	110288
Norway,SVD,JM	98190	98582	103378	88477	81854	China/Chine	192066	84120	125620	128279	158873
Ireland/Irlande	74742	96174	102839	88475	88097	Greece/Grèce	72061	88552	73018	69624	x66816
Australia/Australie	49786	75418	80724	82575	83482	Malaysia/Malaisie	46512	83875	63179	54404	x79160
Yugoslavia SFR	96033	106494	78876	x34682		Bulgaria/Bulgarie	x115033	x29605	x96927	x70817	x161179
Algeria/Algérie	66773	56715	82584	76958	x60226	Indonesia/Indonésie	46331	75733	43595	47328	24148
Venezuela	114193	47825	49708	87854	85841	Hungary/Hongrie	x24738	x38039	x46362	x46864	x50967
Colombia/Colombie	55233	66991	57518	49652	64748	Saudi Arabia	54719	42806	48019	x29954	x41054
Saudi Arabia	79544	48651	x63718	x57199	x66595	Iran (Islamic Rp. of)	x38506	x59978	x26338	x27599	x63127
New Zealand	57266	69751	56055	43383	44536	Oman	45263	49777	33445	28180	x36469
Argentina/Argentine	85117	52456	33193	82730	132064	New Zealand	23888	37751	33618	33116	35522
Morocco/Maroc	35979	52823	62441	50099	52246	Denmark/Danemark	17166	27174	27826	26864	29666
Bulgaria/Bulgarie	x61869	x71078	x46258	x8207	35922	Portugal	37790	28096	26264	22474	13021
Egypt/Egypte	40427	30617	45175	49328	40102	Zimbabwe	36691	x29881	28008	15319	x34733
Former GDR	x137279	x63389	x58185			Un. Rep. of Tanzania	x1208	x29051	x14946	x20288	x17911
Philippines	23216	x31465	41612	33499	50702	Former GDR	x126459	x28647	x26383		
Iran (Islamic Rp. of)	x22617	x24847	x31818	x48973	x77587	Czechoslovakia	x631	x3126	x2508	x37775	x60514
Romania/Roumanie	x49892	25538	57177	19333	x25555	Israel/Israël	12505	12659	12098	9429	8179
Tunisia/Tunisie	24248	32681	36885	26134	38915	Venezuela	2236	17853	11293	4610	5443
Pakistan	30018	33110	30060	30135	31720	Thailand/Thaïlande	3457	5108	8727	12042	x26668

(VALUE AS % OF TOTAL)(VALEUR EN % DU TOTAL)

	1983	1984	1985	1986	1987	1988	1989	1990	1991	1992		1983	1984	1985	1986	1987	1988	1989	1990	1991	1992
Africa	1.7	1.8	1.6	x1.4	1.4	1.2	1.1	1.3	x1.3	x1.3	Afrique	x15.4	x12.1	7.9	x12.6	x10.6	x9.0	x12.0	x6.0	x5.7	x14.6
Northern Africa	1.3	1.4	1.2	1.0	1.0	0.9	0.8	1.1	1.0	x0.9	Afrique du Nord	x0.0	x0.0	0.0	x0.0	0.0	0.0	0.0	0.1	0.0	0.0
Americas	19.7	21.2	16.6	18.6	17.2	15.8	14.2	11.5	12.1	12.9	Amériques	27.2	26.8	27.2	22.3	22.7	25.7	25.6	29.8	x28.7	x26.7
LAIA	2.6	3.7	3.1	3.3	3.5	2.7	2.4	1.9	2.9	3.3	ALAI	17.6	15.7	18.0	14.3	15.0	17.4	17.0	20.2	x18.2	x16.9
CACM	x0.1	0.1	0.1	0.1	0.1	0.1	0.1	0.1	0.1	x0.1	MCAC	x0.0	0.0	0.0	0.0	0.0	0.0	0.0	0.0	0.0	0.0
Asia	x15.9	18.4	19.9	17.9	x22.2	x24.8	22.2	24.1	27.0	x29.1	Asie	10.2	9.8	10.8	12.1	x12.9	x15.0	x11.6	10.8	11.5	x14.7
Middle East	x3.1	x2.9	1.6	x3.0	x2.7	x2.2	x1.8	x1.8	x1.7	x1.8	Moyen–Orient	x1.0	0.7	x1.1	x1.1	x1.3	x1.3	x1.3	x1.0	x0.8	x1.0
Europe	61.6	57.5	60.8	61.1	55.7	54.8	60.0	60.3	57.7	55.2	Europe	41.4	45.8	48.5	48.2	44.2	40.1	40.2	41.4	38.4	37.2
EEC	54.3	49.9	52.3	52.6	48.0	47.7	52.6	53.1	51.4	49.2	CEE	34.4	37.7	40.4	39.9	35.7	32.5	33.1	33.6	31.5	30.8
EFTA	7.2	6.6	7.3	7.7	7.0	6.6	6.9	6.9	6.1	5.7	AELE	7.0	7.4	7.4	7.5	7.3	6.6	6.1	6.7	6.1	6.1
Oceania	0.6	x0.7	0.7	x0.6	0.6	x0.5	0.6	0.6	x0.6	0.6	Océanie	x2.0	1.9	1.6	x1.3	1.5	x1.7	2.0	x2.3	x2.4	2.7
Germany/Allemagne	13.7	13.3	13.6	13.2	11.0	10.9	12.0	13.2	14.0	13.5	Chile/Chili	16.3	12.4	13.9	13.0	12.5	13.6	13.4	15.3	12.9	x11.3
France,Monac	10.2	8.8	9.0	8.9	8.9	8.8	9.2	10.2	10.2	9.6	9.4	Germany/Allemagne	12.1	13.7	14.2	14.8	13.6	11.5	11.0	11.3	10.7	11.0
Italy/Italie	8.2	7.8	8.3	8.4	7.8	8.4	9.3	9.2	8.5	8.6	Belgium–Luxembourg	8.3	8.4	9.3	9.2	8.7	8.0	8.7	8.0	6.8	6.3
USA/Etats–Unis d'Amer	15.3	15.9	12.0	13.6	12.0	11.3	9.9	8.5	7.6	7.8	Former USSR/Anc. URSS				x3.6	x4.1	x5.8	x6.0	x9.2		
Japan/Japon	4.6	8.1	5.9	4.4	5.2	6.5	7.5	8.5	8.5	5.1	France,Monac	5.4	5.8	5.9	5.7	5.0	5.0	5.4	5.6	5.4	5.3
Belgium–Luxembourg	8.2	7.3	7.9	7.9	6.4	5.9	7.1	6.6	5.7	5.0	Japan/Japon	8.3	6.6	6.6	7.3	6.8	5.7	5.1	5.0	5.3	6.0
United Kingdom	7.8	7.0	7.3	7.3	6.9	6.8	6.9	6.5	5.8	5.5	USA/Etats–Unis d'Amer	3.9	4.3	3.7	2.6	2.8	3.8	4.0	5.4	5.9	5.2
Korea Republic	1.2	1.3	1.2	2.1	2.3	2.9	2.5	2.8	3.3	3.2	Canada	5.7	6.6	5.5	5.4	4.9	4.5	4.5	4.2	4.5	4.5
Spain/Espagne	1.7	1.5	1.5	2.1	1.7	1.8	2.3	2.5	2.9	2.8	Zambia/Zambie	7.3	6.1	5.1	5.9	5.3	4.1	x5.1	x2.3	x2.9	x12.7
Hong Kong	1.4	1.8	1.4	1.8	2.2	2.3	2.0	2.1	3.0	3.7	Italy/Italie	2.3	2.8	3.2	3.2	2.9	2.9	2.9	3.2	3.0	2.8

683 NICKEL

TRADE BY COMMODITY IN THOUSAND U.S. DOLLARS – COMMERCE PAR PRODUIT EN MILLIERS DE DOLLARS E.U

COUNTRIES–PAYS	IMPORTS – IMPORTATIONS					COUNTRIES–PAYS	EXPORTS – EXPORTATIONS				
	1988	1989	1990	1991	1992		1988	1989	1990	1991	1992
Total	4505753	5760091	4355158	4197719	3290891	Totale	x4279985	x5450872	x4598094	x5144604	2790844
Africa	x25525	x14906	x21321	x13619	x16880	Afrique	x346892	x390771	x262054	x221459	x182678
Northern Africa	4932	5605	7140	3962	6586	Afrique du Nord	30	31	x702	163	94
Americas	1354117	1770972	1295781	1275160	934974	Amériques	293135	350672	980173	886161	1088041
LAIA	75481	129191	79273	85125	71381	ALAI	x9632	8720	16904	22284	26288
CACM	387	422	453	356	x2815	MCAC		x329	x8	x5	x4
Asia	1008826	1081783	797528	963497	x867775	Asie	213693	262434	149305	175167	251139
Middle East	x21768	x39206	x37640	x29745	x54172	Moyen–Orient	691	x935	x2135	x1080	x1300
Europe	2067436	2760033	2132876	1859567	1440634	Europe	1600445	1846742	1600694	1417127	1263684
EEC	1757180	2380056	1851689	1612617	1240668	CEE	861426	960369	890828	818529	747742
EFTA	278214	360633	262930	242966	195375	AELE	738867	886315	709832	596365	510850
Oceania	16486	x23531	x17935	x17404	x16418	Océanie	7477	1640	x3470	x1959	x843
USA/Etats–Unis d'Amer	1226971	1550826	1123471	1070057	805046	Former USSR/Anc. URSS	x1802186	x2566023	x1562482	x2425919	
Germany/Allemagne	676009	878109	659562	553638	402442	Norway,SVD,JM	535729	705490	542345	481724	386472
Japan/Japon	482886	629779	500699	554871	305179	Canada	108319	100712	688922	626359	848527
France,Monac	344352	467570	412843	342341	292647	United Kingdom	395091	390609	365305	348025	293708
United Kingdom	242585	336713	296760	239105	190710	Germany/Allemagne	275539	335861	320119	278897	289481
Italy/Italie	238135	297962	203437	241901	162331	USA/Etats–Unis d'Amer	169758	237266	239791	237021	213180
Sweden/Suède	166215	213596	139999	119566	96986	So. Africa Customs Un	x176395	x210547	x160814	x134666	x66590
Spain/Espagne	91622	169744	120761	99206	63007	France,Monac	131265	135150	143878	120234	118074
Korea Republic	73520	134935	95096	154331	65414	Zimbabwe	170196	x178324	100246	85538	x111951
Belgium–Luxembourg	102344	132980	93101	75979	73283	Finland/Finlande	118154	120425	93687	57516	72194
Canada	48510	89002	89674	118419	53662	Japan/Japon	54895	56506	80420	94883	68438
Hong Kong	83197	89234	43629	78795	242168	Hong Kong	62617	82294	27277	46321	161207
Brazil/Brésil	24090	69088	33948	40767	35442	Singapore/Singapour	67072	95131	21950	21919	11549
Finland/Finlande	30699	54734	31058	49254	27577	Sweden/Suède	53515	31491	42841	32867	27727
Netherlands/Pays–Bas	35013	64155	33951	30581	31769	Italy/Italie	21707	21272	26267	41225	17701
Switz.Liecht	33322	41108	43322	37131	38293	Belgium–Luxembourg	20900	29539	12809	12854	12287
Austria/Autriche	43677	45432	41080	32474	28290	Switz.Liecht	21731	18222	18648	14196	13591
Singapore/Singapour	94984	64275	23760	23334	26976	Brazil/Brésil	7062	7876	16785	22133	25968
Romania/Roumanie	x3571	58719	44270	7023	x3662	Netherlands/Pays–Bas	8238	23811	8917	5697	7917
China/Chine	83043	56999	7511	39122	83591	Cuba	x234	x3441	x34466	x485	x7
India/Inde	80001	x21462	43196	31406	x31833	Albania/Albanie	x17	x16059	x14429	x5461	x2305
Mexico/Mexique	30025	33122	29834	25152	19470	Austria/Autriche	9724	10662	12087	10063	10709
Czechoslovakia	x14585	27560	31482	x7322	x3688	Korea Republic	848	12825	11440	6883	2315
Former USSR/Anc. URSS	x2475	x8816	x2118	x46563		Ireland/Irlande	6393	9631	11158	10180	7059
Australia/Australie	14659	21289	16305	15889	14976	Bulgaria/Bulgarie	x4307	x8287	x13262	x3821	x2100
Ireland/Irlande	14377	16547	18778	17713	14619	Spain/Espagne	2124	14357	2214	1287	1338
Yugoslavia SFR	31770	18929	17869	x3762		Hungary/Hongrie	x4868	x6237	x5996	x3630	x1290
Thailand/Thaïlande	9000	14757	12412	10170	12066	China/Chine	21213	12255	2975	272	2606
Israel/Israël	7600	11744	10822	14069	10079	Poland/Pologne	x3199	x1446	x4178	x1058	x1370
Turkey/Turquie	11637	13066	11630	10088	8151	Australia/Australie	6971	1633	2892	1419	661
Malaysia/Malaisie	4769	7310	10266	12996	x3651	Czechoslovakia	x484	x15	x1076	x2837	x5045
So. Africa Customs Un	9701	6748	9133	x7219	x9175	Israel/Israël	129	1853	1468	212	1002
Argentina/Argentine	6610	8826	5301	7710	7049	Yugoslavia SFR	3	34	11	x1976	
United Arab Emirates	x946	x2830	x8593	x7740	x30959	Korea Dem People's Rp	x1136	x394	x868	x590	x122
Denmark/Danemark	5677	6711	5739	5646	5076	Zambia/Zambie		x1029	x22	x577	x4006
Norway,SVD,JM	4293	5748	7456	4527	4220	India/Inde	7	x117	112	1296	x133
Venezuela	6911	6903	4739	6004	3511	Saudi Arabia	1	24	x583	x914	x465
Bahrain/Bahreïn	x20	x8448	x1604	x4592	x270	Former GDR	x3272	x546	x956		
Portugal	5124	5863	4398	3936	3641	Philippines		x11	480	886	160
Pakistan	4451	4319	4450	5203	3749	Jordan/Jordanie	183	671	390	x1	
Saudi Arabia	457	6169	x2584	x4702	x2809	United Arab Emirates		x44	x867		x43
Hungary/Hongrie	x2240	x2571	x4655	5945	x3937	Central African Rep.	x175	x498	x209		x17
Indonesia/Indonésie	5677	4609	3465	3413	4392	Malaysia/Malaisie	331	84	31	499	x75
Iran (Islamic Rp of)	x2386	x3269	x5914	x2270	x10975	Algeria/Algérie			x505	26	
Iraq	x5775	x4505	x6787	x2		Lebanon/Liban		x191	x137	x136	x187
Colombia/Colombie	1876	5178	2690	2834	2710	Macau/Macao		2	x143	x318	
Bulgaria/Bulgarie	x5117	x4093	x4153	x424	835	Venezuela	14	x431	5	5	47
Greece/Grèce	1942	3702	2360	2570	x1143	Nauru			x125	x286	x31
Chile/Chili	1426	3373	1450	1682	x2254	Reunion/Réunion				x397	
Korea Dem People's Rp	x16925	x1344	x2687	x2202	x1654	Mexico/Mexique	843	120	75	118	23

(VALUE AS % OF TOTAL)(VALEUR EN % DU TOTAL)

	1983	1984	1985	1986	1987	1988	1989	1990	1991	1992		1983	1984	1985	1986	1987	1988	1989	1990	1991	1992
Africa	0.8	0.7	0.6	x0.6	0.6	x0.6	x0.2	x0.5	0.4	0.5	Afrique	9.0	7.5	8.6	10.4	7.0	x8.1	x7.2	x5.7	x4.3	x6.5
Northern Africa	0.3	0.4	0.3	0.2	0.3	0.1	0.1	0.2	0.1	0.2	Afrique du Nord	0.0	x0.0	0.0	0.0	0.0	0.0	0.0	0.0	0.0	0.0
Americas	35.3	34.7	35.2	33.2	30.1	30.0	30.8	29.8	30.4	28.4	Amériques	x37.0	38.9	36.1	x29.3	23.7	x6.9	6.4	x21.3	17.2	38.8
LAIA	1.0	1.5	1.7	2.0	1.6	1.7	2.2	1.8	2.0	2.2	ALAI	x0.4	0.2	0.1	x0.1	x0.1	x0.2	0.2	0.4	0.4	0.9
CACM	x0.0	0.0	0.0	0.0	0.0	0.0	0.0	0.0	0.0	x0.1	MCAC	x0.0		0.0	x0.0	x0.0	x0.0	x0.0	x0.0	x0.0	x0.0
Asia	17.8	16.9	15.2	16.6	x20.3	22.4	18.7	18.3	23.0	x26.4	Asie	6.7	x6.5	7.8	4.7	4.6	5.0	4.8	3.3	3.4	9.0
Middle East	x0.5	x0.3	0.3	0.5	x0.6	x0.5	x0.7	0.9	x0.7	x1.6	Moyen–Orient	x0.0	x0.7	0.0	0.0	x0.1	0.0	0.0	0.0	0.0	0.0
Europe	45.8	47.1	48.5	48.8	47.5	45.9	47.9	49.0	44.3	43.8	Europe	38.8	41.4	41.4	44.6	31.9	37.4	33.9	34.8	27.5	45.2
EEC	38.9	38.9	39.5	41.1	41.5	39.0	41.3	42.5	38.4	37.7	CEE	25.0	24.1	25.1	28.6	19.5	20.1	17.6	19.4	15.9	26.7
EFTA	6.9	7.1	7.9	6.6	5.4	6.2	6.3	6.0	5.8	5.9	AELE	13.8	17.1	17.6	16.1	12.5	17.3	16.3	15.4	11.6	18.3
Oceania	x0.4	x0.7	0.6	x0.7	x0.7	0.4	x0.4	0.4	x0.4	x0.5	Océanie	8.5	x7.5	6.1	x11.1	4.0	0.2	x0.1	x0.0	0.0	x0.0
USA/Etats–Unis d'Amer	31.9	30.7	31.1	28.5	26.2	27.2	26.9	25.8	25.5	24.5	Former USSR/Anc. URSS						x27.8	x42.1	x47.1	x34.0	x47.2
Germany/Allemagne	15.0	14.5	14.1	14.8	15.4	15.0	15.2	15.1	13.2	12.2	Norway,SVD,JM	8.6	11.3	9.8	9.9	7.9	12.5	12.9	11.8	9.4	13.8
Japan/Japon	9.7	9.8	8.8	8.7	11.1	10.7	10.9	11.5	13.2	9.3	Canada	26.1	26.1	25.1	23.8	19.4	2.5	1.8	15.0	12.2	30.3
France,Monac	7.8	7.6	7.6	8.1	8.8	7.6	8.1	9.5	8.2	8.9	United Kingdom	9.7	10.0	9.7	11.1	7.6	9.2	7.2	7.9	6.8	10.5
United Kingdom	5.3	6.3	7.3	6.4	6.6	5.4	5.8	6.8	5.7	5.8	Germany/Allemagne	9.2		4.4	10.9	7.4	6.4	6.2	7.0	5.4	10.3
Italy/Italie	5.1	6.3	6.0	6.4	5.5	5.3	5.2	4.7	5.8	4.9	USA/Etats–Unis d'Amer	10.5	12.6	10.9	5.4	4.8	x4.1	x3.9	x3.5	x2.6	7.6
Sweden/Suède	3.4	3.7	3.7	2.9	2.6	3.7	3.7	3.2	2.8	2.9	So. Africa Customs Un	4.7	4.5	5.5	7.4	3.2	3.1	2.5	3.1	2.3	4.2
Spain/Espagne	1.8	1.5	1.3	1.7	1.5	2.0	2.9	2.8	2.4	1.9	France,Monac	3.6	3.7	4.1	4.9	3.2	4.0	x3.3	2.2	1.7	4.0
Korea Republic	1.1	1.0	1.4	2.0	1.6	1.6	2.3	2.2	3.7	2.0	Zimbabwe	4.3	3.0	3.1	2.2	2.9	4.0	3.3	2.2	1.7	4.0
Belgium–Luxembourg	1.6	1.1	1.5	1.4	1.7	2.3	2.3	2.1	1.8	2.2	Finland/Finlande	3.4	4.0	4.2	3.8	2.4	2.8	2.2	2.0	1.1	2.6

ALUMINIUM 684

TRADE BY COMMODITY IN THOUSAND U.S. DOLLARS – COMMERCE PAR PRODUIT EN MILLIERS DE DOLLARS E.U

COUNTRIES–PAYS	\multicolumn{5}{c}{IMPORTS – IMPORTATIONS}	COUNTRIES–PAYS	\multicolumn{5}{c}{EXPORTS – EXPORTATIONS}
	1988	1989	1990	1991	1992		1988	1989	1990	1991	1992
Total	29066148	29944420	29516273	27744014	27596433	Totale	29144848	30431300	29899721	x29712016	26660655
Africa	x288082	x305395	x326255	x316849	x373654	Afrique	x758670	x834842	x658403	x600161	x631995
Northern Africa	115005	136190	138205	x137240	x167072	Afrique du Nord	270825	260932	216962	158199	193558
Americas	4992023	4968810	4577794	4046168	x4388678	Amériques	7206761	7772305	7701386	7782887	7265850
LAIA	387429	413411	492197	563009	771315	ALAI	2243356	2156599	2206742	2019721	1903157
CACM	46554	43448	42865	39613	x44839	MCAC	15917	24659	22816	19684	x16158
Asia	x9202037	8714046	x8245105	8278883	x7631994	Asie	x3069783	x2604727	x2539485	x2458078	x2712534
Middle East	x749954	x560454	x787896	x613929	x590043	Moyen–Orient	x828284	x859416	x848527	x740624	x801949
Europe	13704943	15143149	15732051	14609750	14795202	Europe	13511737	14459588	15002301	13701108	13910580
EEC	11642532	12889616	13464005	12705136	12782128	CEE	9259819	10045874	10507878	9838323	10223963
EFTA	1971823	2174752	2164243	1832687	1905584	AELE	3688933	3925857	3901485	3516311	3331746
Oceania	x149758	x157769	x167413	x159410	x202249	Océanie	x2257174	x2416400	x2043591	x1871962	x1732849
Japan/Japon	5030117	5079761	4771349	4598399	3607991	Germany/Allemagne	3070829	3265216	3387326	3189100	3385564
Germany/Allemagne	3132946	3761285	3767532	3871474	4019741	USA/Etats–Unis d'Amer	2089969	2737967	2868055	3135148	2675640
USA/Etats–Unis d'Amer	3502935	3240989	2927501	2475662	2607008	Canada	2843238	2790674	2560315	2573992	2628171
France,Monac	2116816	2315268	2532209	2271460	2170121	Former USSR/Anc. URSS	x1480054	x1812358	x1404643	x2841502	
Italy/Italie	1588013	1792980	1799185	1646412	1594809	Norway,SVD,JM	1921026	2085773	1900513	1684170	1545399
United Kingdom	1608374	1740565	1776879	1540945	1694232	Australia/Australie	1778361	1943627	1610288	1484126	1389303
Belgium–Luxembourg	1259586	1310777	1313413	1215411	1123835	France, Monac	1450001	1531524	1688662	1586069	1718102
Netherlands/Pays–Bas	972615	1005675	1134093	1008781	1044797	Netherlands/Pays–Bas	1240901	1370276	1469661	1300530	1270234
Canada	979438	1157430	1045693	901468	905670	Belgium–Luxembourg	1174212	1312955	1272478	1150070	1098848
Korea Republic	834401	931830	902940	976405	968895	Brazil/Brésil	1269429	1045172	1039097	1111935	1113146
Austria/Autriche	463284	538970	606635	557837	643350	United Kingdom	878881	987091	1047195	977274	1068062
Switz.Liecht	497468	592869	597717	479303	493997	Venezuela	747480	895354	909704	728230	655095
Sweden/Suède	469790	485105	481260	424737	392597	Italy/Italie	688071	740370	774538	755369	806327
China/Chine	356753	630608	281685	282310	586314	Japan/Japon	621718	634860	760532	719621	686552
Spain/Espagne	346115	279142	377182	429289	418269	Switz.Liecht	604133	609106	702911	648375	620583
Hong Kong	458580	383801	280823	349361	429145	Austria/Autriche	544689	572498	655084	612904	603387
Thailand/Thaïlande	222330	286143	310104	349054	332235	Yugoslavia SFR	555437	475590	581314	x337042	
Denmark/Danemark	266613	288376	316588	282698	281093	Bahrain/Bahreïn	x373337	x424950	x483885	x389183	x451232
Norway,SVD,JM	353303	349096	278321	235741	241901	New Zealand	478455	471941	432479	387675	342498
Singapore/Singapour	487634	248334	260141	303976	333480	Spain/Espagne	354513	384749	380668	419820	409682
Mexico/Mexique	145036	201222	240370	273717	395884	Sweden/Suède	373894	386415	394527	372410	350711
Saudi Arabia	217961	172035	x262272	x166222	x149068	Greece/Grèce	212830	265505	279243	286706	x272708
Portugal	166197	188995	191472	182404	190011	United Arab Emirates	x328907	x314729	x236941	x260652	x254041
Malaysia/Malaisie	132338	151506	180844	222886	x213909	Indonesia/Indonésie	313490	347435	223738	176114	196554
Finland/Finlande	180528	201174	192420	127286	127194	Ghana	x277667	x284837	x172834	x209618	x252956
Turkey/Turquie	157752	125406	214288	146971	149759	Egypt/Egypte	268377	256038	212170	155064	188146
Ireland/Irlande	142049	133268	169567	160330	160066	Hungary/Hongrie	x142401	x170630	x220577	x209643	x192937
Israel/Israël	110022	119979	139631	138359	135037	Romania/Roumanie	x530045	259526	215212	118686	x79832
Indonesia/Indonésie	88319	72421	111338	199498	161476	Argentina/Argentine	186011	189442	241703	161779	114664
Czechoslovakia	x132667	185526	133580	x54832	x65498	Hong Kong	300776	223049	165200	188715	272602
Poland/Pologne	154329	171615	61740	56027	x74885	Iceland/Islande	154614	180065	164199	138614	140027
Australia/Australie	76549	96297	92934	97567	124659	So. Africa Customs Un	x146872	x141808	x144045	x120447	x116915
Former USSR/Anc. URSS	x67100	x74926	x102875	x99580		Denmark/Danemark	140281	140167	148814	116383	134679
Greece/Grèce	43209	73285	85887	95930	x85153	Singapore/Singapour	273841	193547	82776	110878	122162
Bulgaria/Bulgarie	x119657	x125134	x105484	x14488	28312	Cameroon/Cameroun	x60344	144542	x120210	108673	x64805
Iran (Islamic Rp. of)	x95513	x35072	x107711	x92811	x122062	China/Chine	288443	44524	144605	159606	127146
Philippines	64692	x56600	78989	85421	96868	Korea Republic	100503	94461	94263	109874	140503
India/Inde	52672	x96409	58817	41740	x30999	India/Inde	49807	x64118	85558	122109	x139782
Brazil/Brésil	25732	47836	76752	70874	67891	Turkey/Turquie	106126	97895	106256	55661	58928
Yugoslavia SFR	70942	51457	79924	x50755		Finland/Finlande	90577	92002	84250	59838	71639
New Zealand	59128	52821	66152	53804	68046	Israel/Israël	58281	61005	65982	57311	58921
Venezuela	89858	37320	53653	80589	93731	Malaysia/Malaisie	36633	46729	46155	52688	x62862
Colombia/Colombie	42021	49286	54011	55561	78136	Czechoslovakia	x42459	x32934	x25145	x75230	x64199
So. Africa Customs Un	37630	46396	53776	x47398	x56067	Suriname/Suriname	x2625	x52163	x38938	x29262	x38959
Algeria/Algérie	54219	54707	52514	39353	x56590	Poland/Pologne	7603	6790	53972	48530	x57323
Hungary/Hongrie	x10311	x12509	x12368	104379	x31684	Portugal	30338	28168	33316	22540	21048
Former GDR	x237258	x77193	x42655			Ireland/Irlande	18963	19775	25899	34386	38708
Pakistan	40019	44650	34149	31866	62075	Bulgaria/Bulgarie	x40127	x44282	x25325	x4227	x12529
United Arab Emirates	x49997	x33595	x37191	x38012	x37767	Thailand/Thaïlande	7230	22462	15736	11948	x9578
Kuwait/Koweït	x41823	50257	x48400	x7393	x22074	Mexico/Mexique	37777	23626	10075	8359	8365

(VALUE AS % OF TOTAL)(VALEUR EN % DU TOTAL)

	1983	1984	1985	1986	1987	1988	1989	1990	1991	1992		1983	1984	1985	1986	1987	1988	1989	1990	1991	1992
Africa	x1.6	x1.8	1.4	x1.5	x1.3	x1.0	x1.1	x1.1	x1.2	x1.4	Afrique	x6.8	2.6	2.0	x3.3	x3.0	x2.6	x2.8	x2.2	x2.0	x2.3
Northern Africa	x0.8	x0.8	0.7	0.7	0.6	0.4	0.5	0.5	x0.5	x0.6	Afrique du Nord	0.8	1.0	1.1	1.3	0.9	0.8	0.9	0.7	0.5	0.7
Americas	17.3	23.2	21.1	22.6	19.3	17.2	16.6	15.5	14.6	x15.9	Amériques	23.7	22.6	27.1	22.9	21.7	24.7	25.6	25.8	26.2	27.3
LAIA	1.1	2.1	2.4	1.7	1.7	1.3	1.4	1.7	2.0	2.8	ALAI	5.0	5.4	10.5	6.6	6.5	7.7	7.1	7.4	6.8	7.1
CACM	x0.1	0.2	0.2	0.1	0.2	0.2	0.1	0.1	0.1	x0.2	MCAC	x0.1	0.1	0.1	0.0	0.0	0.1	0.1	0.1	0.1	x0.1
Asia	x29.3	25.3	27.6	21.6	x27.8	x31.7	29.1	x27.9	29.9	x27.7	Asie	x11.1	x12.2	10.5	10.1	x9.7	x10.5	x8.6	x8.5	x8.3	10.2
Middle East	x3.9	x3.9	2.0	x2.3	x2.4	x2.6	x1.9	x2.7	x2.2	x2.1	Moyen–Orient	x4.7	x4.9	1.6	x3.1	x2.7	x2.8	x2.8	x2.8	x2.5	x3.0
Europe	48.9	47.1	47.3	51.7	47.9	47.2	50.6	53.3	52.7	53.6	Europe	53.1	55.6	53.1	57.1	50.6	46.4	47.5	50.2	46.1	52.2
EEC	42.3	39.9	39.9	43.6	40.5	40.1	43.0	45.6	45.8	46.3	CEE	38.6	38.6	37.1	40.7	35.1	31.8	33.0	35.1	30.3	38.3
EFTA	6.5	6.6	6.7	7.6	6.9	6.8	7.3	7.3	6.6	6.9	AELE	14.4	14.4	13.2	14.3	13.3	12.7	12.9	13.0	11.8	12.5
Oceania	0.4	x0.4	0.4	x0.4	x0.5	0.5	0.5	x0.5	0.5	x0.7	Océanie	x5.0	x6.9	7.2	6.7	x7.0	x7.7	x7.9	6.8	x6.3	x6.5
Japan/Japon	17.4	14.2	13.7	10.2	13.0	17.3	17.0	16.2	16.6	13.1	Germany/Allemagne	12.1	12.5	12.1	14.0	11.9	10.5	10.7	11.3	10.7	12.7
Germany/Allemagne	10.8	11.6	11.4	12.4	11.0	10.8	12.6	12.8	14.0	14.6	USA/Etats–Unis d'Amer	7.8	7.1	6.9	5.4	5.8	7.2	9.0	9.6	10.6	10.0
USA/Etats–Unis d'Amer	13.4	17.2	15.2	17.7	14.2	12.1	10.8	9.9	8.9	9.4	Canada	10.5	9.8	9.7	10.6	9.3	9.8	9.2	8.6	8.7	9.9
France,Monac	7.8	7.0	7.3	8.3	7.4	7.3	7.7	8.6	8.2	7.9	Former USSR/Anc. URSS					x5.0	x5.1	x6.0	x4.7	x9.6	
Italy/Italie	4.6	4.8	5.0	5.3	5.3	5.5	6.0	6.1	5.9	6.1	Norway,SVD,JM	7.5	7.8	6.7	6.9	6.7	6.6	6.9	6.4	5.7	5.8
United Kingdom	6.1	5.7	5.5	5.6	5.6	5.5	5.8	6.0	5.6	6.1	Australia/Australie	3.1	4.9	5.2	5.1	5.4	6.1	6.4	5.4	5.0	5.2
Belgium–Luxembourg	4.6	4.5	4.3	4.5	4.1	4.4	4.4	4.4	4.4	4.1	France, Monac	6.5	4.8	5.8	5.6	5.0	5.0	5.0	5.6	5.3	6.4
Netherlands/Pays–Bas	5.0	3.2	3.3	3.7	3.4	3.3	3.4	3.8	3.6	3.8	Netherlands/Pays–Bas	6.6	4.8	4.7	5.5	4.7	4.3	4.5	4.9	4.4	4.8
Canada	2.4	3.3	3.1	2.9	2.8	3.4	3.9	3.5	3.2	3.3	Belgium–Luxembourg	4.0	4.2	4.4	4.6	4.1	4.0	4.3	4.3	3.9	4.1
Korea Republic	2.1	2.0	1.9	2.0	2.2	2.9	3.1	3.1	3.1	3.5	Brazil/Brésil	1.7	2.0	1.8	3.0	3.3	4.4	3.4	3.5	3.7	4.2

685 LEAD / PLOMB 685

TRADE BY COMMODITY IN THOUSAND U.S. DOLLARS – COMMERCE PAR PRODUIT EN MILLIERS DE DOLLARS E.U

IMPORTS – IMPORTATIONS

COUNTRIES–PAYS	1988	1989	1990	1991	1992
Total	1215896	1138929	1381061	1081592	1096050
Africa	36179	25585	30252	x36136	x29441
Northern Africa	29213	21189	26864	32459	x24573
Americas	x154878	122797	x129550	111009	x147790
LAIA	14560	12143	12874	22113	19181
CACM	1852	1305	1071	845	x1212
Asia	x313791	x304496	407132	338126	x350046
Middle East	x56194	x24972	x33945	x25189	x36068
Europe	640368	652818	782153	566789	549128
EEC	571876	585721	698024	510296	497841
EFTA	60731	61652	75173	54459	47738
Oceania	x3867	4021	x4113	x2887	3946
United Kingdom	223621	218012	225083	171972	161245
Germany/Allemagne	86297	108987	135260	113907	100999
Korea Republic	70652	78964	100916	97671	94693
USA/Etats–Unis d'Amer	115991	93591	96281	76450	115466
Italy/Italie	84710	82119	113108	58793	56073
Japan/Japon	56355	67097	90353	80060	53672
France, Monac	46680	46949	60952	34776	34815
Netherlands/Pays–Bas	36693	37125	47484	38361	36414
Belgium–Luxembourg	41410	44624	43367	33138	28418
Malaysia/Malaisie	18218	25555	40669	45152	x48915
Austria/Autriche	27307	29659	39290	31372	28937
India/Inde	26363	x21332	35157	15174	x10813
Singapore/Singapour	23780	15062	41713	14369	28162
Portugal	24247	15997	21746	17204	18461
Czechoslovakia	x19018	26116	13037	x8496	x6897
Indonesia/Indonésie	13083	12429	16354	17323	25151
Thailand/Thaïlande	9782	12646	13995	19446	21927
Spain/Espagne	9337	11931	13747	15468	32837
Turkey/Turquie	11161	7632	12644	12682	11471
Finland/Finlande	9477	10333	13854	8751	5462
Greece/Grèce	5630	7794	16958	7948	x9952
Algeria/Algérie	11183	8978	9367	13981	x6136
China/Chine	3574	26921	2470	1546	5577
Denmark/Danemark	11582	8911	11948	9885	11472
Canada	12771	9863	10966	6473	6118
Egypt/Egypte	12575	5847	10721	10554	11545
Switz.Liecht	9012	7488	9582	8906	6491
Hong Kong	5429	5287	16039	1858	6205
Iraq	x22746	x13111	x8902		
Ireland/Irlande	1668	3272	8372	8845	7154
Norway, SVD, JM	9772	10058	7176	2562	4263
Venezuela	6179	4101	6256	6321	6010
Yugoslavia SFR	7517	5193	8667	x1723	
Philippines	4207	x4545	4446	6551	6626
Iran (Islamic Rp. of)	x16363	x136	x7623	x6044	x16727
Brazil/Brésil	2626	2058	917	9867	5670
Pakistan	2637	4008	4322	4292	4855
Romania/Roumanie	x6	31	10451	1668	x3751
Sweden/Suède	4877	3901	5085	2746	2480
Hungary/Hongrie	x873	x446	x521	9453	x2026
Tunisia/Tunisie	2615	3025	3599	3056	3504
Israel/Israël	1561	2934	3766	2458	2581
Poland/Pologne	x1340	x665	2775	4909	x2361
Cuba	x7316	2561	x3474	x2160	x3632
New Zealand	2782	2773	2299	1585	1568
Libyan Arab Jamahiriya	1171	1943	1210	x2552	x1115
Colombia/Colombie	1866	1979	1931	1742	2720
Korea Dem People's Rp	x6093	x1002	x890	x3617	x722
Chile/Chili	2291	1847	1711	1866	x1887
United Arab Emirates	x2410	x824	x1538	x1858	x1281

EXPORTS – EXPORTATIONS

COUNTRIES–PAYS	1988	1989	1990	1991	1992
Totale	1239143	1105930	1333885	x1122392	1066616
Afrique	x56819	x55892	x63350	x38089	x36396
Afrique du Nord	40870	42134	49964	32639	29690
Amériques	257920	248358	327692	x244796	x259169
ALAI	88333	108050	158064	x88740	x102149
MCAC	6443	4513	1381	134	501
Asie	x85087	x36603	106497	x85696	x129464
Moyen–Orient	x1752	x1965	x3016	x1760	x3441
Europe	468692	458360	506274	409241	369923
CEE	401854	399606	437395	351692	321340
AELE	58393	41611	52417	43553	43920
Océanie	x288019	225600	x246909	237044	247032
Australia/Australie	287809	225527	245726	236337	244767
United Kingdom	99740	100608	133420	96735	89425
Germany/Allemagne	109449	93189	97392	79763	67489
Canada	146402	95457	94228	72001	100899
Mexico/Mexique	62533	61390	98559	51699	58463
Belgium–Luxembourg	68666	73942	75246	59139	62583
USA/Etats–Unis d'Amer	16047	39578	73811	83165	55288
Former USSR/Anc. URSS	x24425	x49140	x52489	x85519	
France, Monac	55872	59659	58466	52355	58684
Sweden/Suède	50380	36071	45311	40324	39496
Morocco/Maroc	38824	41401	48147	31580	28918
Peru/Pérou	21863	38225	48303	x33536	x41083
Netherlands/Pays–Bas	17606	21689	23457	19407	12765
Singapore/Singapour	20546	9030	25258	29854	25045
Italy/Italie	30962	19957	13610	23073	15397
Czechoslovakia	x19018				
Bulgaria/Bulgarie	x44196	x20671	x23669	x9863	x9817
Yugoslavia SFR	8443	17124	16461	x13996	
China/Chine	8365	3144	31925	11644	54114
Ireland/Irlande	7424	10282	16773	15146	10345
Spain/Espagne	9762	13047	17187	4965	2821
So. Africa Customs Un	x13578	x12601	x13258	x4558	x4218
Korea Dem People's Rp	x16996	x5954	x5183	x18076	x8021
Indonesia/Indonésie	1516	3373	13238	11117	12371
Hong Kong	3930	2313	14507	1644	4347
Poland/Pologne	7168	5392	5287	5893	x10530
Japan/Japon	3979	4266	4228	4174	6365
Brazil/Brésil	2975	4289	4532	1471	848
Austria/Autriche	5326	3565	4802	1838	2671
Korea Republic	2637	2588	3280	3708	5086
Argentina/Argentine	602	2984	3387	391	314
Greece/Grèce	682	5979	51	196	x255
Czechoslovakia	x4219	x3135	x913	x2156	x4033
Malaysia/Malaisie	2017	2071	2233	1834	x2853
Honduras	6289	4308	1274	0	275
Venezuela	x16	1098	2376	1240	226
Romania/Roumanie	x24	x13		4040	x5
Switz.Liecht	2412	1608	1549	692	1189
Israel/Israël	603	880	1861	657	836
Former GDR	x2560	x2636	x672		
United Arab Emirates	x470	x892	x1106	x888	x729
Denmark/Danemark	1465	700	1357	630	851
Tunisia/Tunisie	293	670	922	696	0
Myanmar	x1318	x937	x939	x131	x741
New Zealand	192	69	1181	707	2264
Lebanon/Liban	x776	x436	x906	x510	x1538
India/Inde	199	x74	768	934	x653
Zambia/Zambie	2291	x963	x33	x528	x2345
Norway, SVD, JM	131	194	564	641	342
Sudan/Soudan		x63	x891	x362	x772
Portugal	225	556	437	283	725

(VALUE AS % OF TOTAL)(VALEUR EN % DU TOTAL)

	1983	1984	1985	1986	1987	1988	1989	1990	1991	1992		1983	1984	1985	1986	1987	1988	1989	1990	1991	1992
Africa	x3.1	x2.3	3.5	x3.3	2.8	2.9	2.3	2.2	x3.3	x2.6	Afrique	4.7	3.4	4.1	3.8	3.1	x4.6	x5.0	x4.8	x3.4	x3.4
Northern Africa	x2.4	1.5	2.7	2.7	2.4	2.4	1.9	1.9	3.0	x2.2	Afrique du Nord	3.0	2.5	3.1	3.4	2.8	3.3	3.8	3.7	2.9	2.8
Americas	9.4	12.3	11.0	x11.8	x17.2	x12.7	10.8	x9.4	10.3	13.5	Amériques	13.5	19.2	18.8	20.0	15.7	20.8	22.4	24.6	x21.8	x24.3
LAIA	0.9	1.3	2.1	1.4	2.0	1.2	1.1	0.9	2.0	1.8	ALAI	2.8	8.8	9.0	9.2	7.0	7.1	9.8	11.8	x7.9	x9.6
CACM	x0.1	0.1	0.1	0.2	0.1	0.2	0.1	0.1	0.1	x0.1	MCAC	x0.0	x0.0	0.0	0 0	x0.0	0.5	0.4	0.1	0.0	0.0
Asia	24.7	24.6	20.1	20.3	x22.1	x25.8	x26.7	29.5	31.2	x31.9	Asie	x2.6	x3.5	2.7	3.0	x7.5	x6.9	x3.3	8.0	x7.6	x12.2
Middle East	x2.7	x2.6	1.9	x2.7	x2.4	x4.6	x2.2	x2.5	x2.3	3.3	Moyen–Orient	x0.1	x0.0	x0.0	x0.0	x0.2	x0.1	x0.2	0.2	x0.2	x0.3
Europe	62.3	60.1	64.7	64.1	53.7	52.7	57.3	56.6	52.4	50.1	Europe	44.1	44.7	48.1	45.9	40.4	37.8	41.4	38.0	36.5	34.7
EEC	57.3	54.1	57.3	55.9	48.0	47.0	51.4	50.5	47.2	45.4	CEE	39.7	39.5	42.3	40.1	34.9	32.4	36.1	32.8	31.3	30.1
EFTA	5.0	5.3	6.7	7.3	5.0	5.0	5.4	5.4	5.0	4.4	AELE	4.3	4.1	4.6	4.8	4.3	4.7	3.8	3.9	3.9	4.1
Oceania	0.5	x0.4	0.5	x0.4	x0.4	x0.3	0.3	x0.3	x0.3	0.3	Océanie	35.1	x29.2	26.2	26.4	27.8	x23.2	20.4	x18.5	21.1	23.2
United Kingdom	19.4	21.1	21.5	18.3	18.1	18.4	19.1	16.3	15.9	14.7	Australia/Australie	35.0	29.1	26.2	26.4	27.8	23.2	20.4	18.4	21.1	22.9
Germany/Allemagne	9.6	9.6	10.2	10.7	7.1	7.7	9.6	9.8	10.5	9.2	United Kingdom	10.2	11.2	10.8	11.0	9.1	8.8	9.1	10.0	8.6	8.4
Korea Republic	2.7	2.2	3.0	3.6	5.5	5.8	6.9	7.3	9.0	8.6	Germany/Allemagne	12.9	10.6	11.7	11.8	8.9	8.8	8.4	7.3	7.1	6.3
USA/Etats–Unis d'Amer	7.9	10.4	8.3	8.9	13.3	9.5	8.2	7.0	7.1	10.5	Canada	4.9	8.1	8.6	8.6	7.5	11.8	8.6	7.1	6.4	9.5
Italy/Italie	9.6	7.4	7.7	9.5	7.0	7.0	7.2	8.2	5.4	5.1	Mexico/Mexique		6.1	5.6	6.2	4.6	5.0	5.6	7.4	4.6	5.5
Japan/Japon	4.9	8.6	7.3	5.5	3.3	4.6	5.9	6.5	7.4	4.9	Belgium–Luxembourg	8.1	7.6	8.4	7.5	6.2	5.5	6.7	5.6	5.3	5.9
France, Monac	3.7	3.8	3.6	3.5	4.0	3.8	4.1	4.4	3.2	3.2	USA/Etats–Unis d'Amer	2.3	1.8	2.9	2.1	1.1	1.3	3.6	5.5	7.4	5.2
Netherlands/Pays–Bas	3.6	3.6	4.2	3.9	3.4	3.0	3.3	3.4	3.5	3.3	Former USSR/Anc. URSS						x2.8	x2.0	x4.4	x3.9	x7.6
Belgium–Luxembourg	6.8	5.0	4.6	5.2	4.1	3.4	3.9	3.1	3.1	2.6	France, Monac	3.5	3.3	4.1	4.3	5.4	4.5	5.4	4.4	4.7	5.5
Malaysia/Malaisie	1.0	1.3	1.5	1.2	1.2	1.5	2.2	2.9	4.2	x4.5	Sweden/Suède	3.7	3.7	4.2	4.5	4.0	4.1	3.3	3.4	3.6	3.7

TRADE BY COMMODITY IN THOUSAND U.S. DOLLARS – COMMERCE PAR PRODUIT EN MILLIERS DE DOLLARS E.U

COUNTRIES–PAYS	1988	1989	1990	1991	1992	COUNTRIES–PAYS	1988	1989	1990	1991	1992
Total	3230172	4396451	4088281	3007653	3651321	Totale	3224597	4690760	4219795	3224261	3843453
Africa	x63096	x92149	93372	x58424	x59473	Afrique	x96800	x108917	x64288	x36573	x74288
Northern Africa	25061	34568	45327	x28907	26408	Afrique du Nord	26658	34303	28618	14366	x31157
Americas	986532	1366699	1182520	779620	x1005148	Amériques	882105	1344373	1159131	x981929	x1014453
LAIA	83422	94800	87570	82512	92152	ALAI	214779	387016	352009	x293328	x303857
CACM	13046	18713	17017	11586	x14908	MCAC	15034	35288	20047	6447	667
Asia	x782037	x924998	969893	754485	x888283	Asie	x392753	x488240	x389330	x285843	x460639
Middle East	x54536	x71255	x84163	x49988	x79105	Moyen–Orient	4725	x1096	x683	x575	x381
Europe	1086581	1626305	1630101	1281638	1592924	Europe	1426253	2100833	1960914	1510728	1818527
EEC	946096	1427534	1420935	1129592	1409601	CEE	1110350	1626845	1473513	1146902	1470912
EFTA	123214	176183	187968	145111	165723	AELE	285185	445319	432019	319665	326559
Oceania	x26120	47531	x43518	x28812	x37932	Océanie	251260	x331206	295164	x268602	350350
USA/Etats–Unis d'Amer	860254	1227216	1039670	668248	879404	Canada	631136	874687	736666	641596	671543
Germany/Allemagne	299523	441100	493077	433299	502642	Belgium–Luxembourg	276054	421564	373019	308805	325584
Japan/Japon	148204	271192	256961	193655	157058	Australia/Australie	251209	331042	295036	268423	350238
France, Monac	161346	226075	228037	167004	206172	Netherlands/Pays–Bas	228406	309633	283922	197788	213216
United Kingdom	175276	249940	214643	147186	160224	Germany/Allemagne	188319	269028	244184	200073	278600
Italy/Italie	93862	184049	172704	122987	142021	France, Monac	156055	245632	230966	184838	283737
Belgium–Luxembourg	79630	116358	110470	103912	236020	Finland/Finlande	144977	235802	218199	169245	165895
Hong Kong	74643	90878	116832	118759	119106	Spain/Espagne	174382	258937	194861	146166	251185
Czechoslovakia	x76678	176681	88500	x60358	x45167	Norway, SVD, JM	130099	196383	199651	145527	153031
Indonesia/Indonésie	56617	79780	94330	75377	95040	Bulgaria/Bulgarie	x46594	x200543	x221570	x39181	x48537
India/Inde	89488	x61691	120848	43815	x35253	Peru/Pérou	100345	176112	129981	x124895	x141740
Singapore/Singapour	56389	101878	65423	51914	105749	Mexico/Mexique	101345	157022	146224	97490	55958
Sweden/Suède	52335	78296	72465	46374	44268	Korea Dem People's Rp	x162056	x124999	x79951	x93912	x47496
Netherlands/Pays–Bas	55645	82042	64145	46634	54730	Korea Republic	82330	128127	87285	34108	75279
Former USSR/Anc. URSS	x158010	x130807	x36293	x12885		Italy/Italie	61072	81969	94655	51574	58095
Switz.Liecht	35785	52088	63801	46375	45110	Hong Kong	31324	61036	88246	78468	86150
Philippines	29918	x50798	50187	43642	52815	Former USSR/Anc. URSS	x96414	x75078	x75906	x64670	
Austria/Autriche	31239	38634	45599	47282	69051	Brazil/Brésil	8887	36697	53637	55000	94610
Malaysia/Malaisie	28844	41590	44405	43576	x50890	United Kingdom	24209	38160	48916	55455	54417
New Zealand	23499	44515	39099	25702	31343	USA/Etats–Unis d'Amer	20940	47260	50388	40446	38051
Korea Republic	24552	37333	41879	29430	33964	Singapore/Singapour	43649	78723	38544	19867	21779
Denmark/Danemark	27049	34746	38850	29885	35687	Yugoslavia SFR	30689	28663	55319	x44032	
Turkey/Turquie	20543	27955	45836	26526	39913	Poland/Pologne	32103	40754	52337	33664	x74254
Greece/Grèce	19862	35422	40115	23642	x22443	Japan/Japon	32799	42190	45927	37444	56904
Portugal	19480	29856	35201	28717	30669	Algeria/Algérie	26191	33929	27927	13952	x30681
Pakistan	17681	25538	30456	24514	16922	Spain/Espagne	x26849	x46799	x23150	x5650	x4796
Spain/Espagne	11659	23689	19596	23268	16545	China/Chine	12543	23363	30896	15056	98306
Venezuela	35310	19782	23386	22699	27535	Honduras	14741	34867	19662	6237	552
Colombia/Colombie	18785	25474	18979	19510	21687	Argentina/Argentine	4137	16880	21116	15278	9723
Canada	15789	15617	27186	14314	15003	Thailand/Thaïlande	14973	26752	16432	5669	x209
China/Chine	64229	30497	6896	16467	59541	Zambia/Zambie	19496	x16637	x6834	x6622	x31118
Brazil/Brésil	7615	16863	21570	14744	15739	Austria/Autriche	8098	11911	10226	3163	4935
Bangladesh	x16633	x22530	x13552	16069	x26648	So. Africa Customs Un	x2969	x9911	x5007	x8403	x6611
Yugoslavia SFR	16837	22033	20726	x6393		Switz.Liecht	944	600	2198	1017	1128
Israel/Israël	10798	15076	17711	15226	17913	Sweden/Suède	1036	624	1746	713	1533
Iran (Islamic Rp. of)	x5748	x14728	x19263	x8075	x19103	Denmark/Danemark	577	752	1441	710	584
Saudi Arabia	12846	18019	13402	x8758	x11127	Hungary/Hongrie	x28	x325	x37	x1831	x197
Egypt/Egypte	9863	15766	13862	10224	11329	Portugal	673	503	854	820	4345
Hungary/Hongrie	x13139	x11626	x3956	22670	x11884	Czechoslovakia	x105	x391	x473	x1196	x1238
Romania/Roumanie	x1932	5488	26766	5701	x4619	Un. Rep. of Tanzania	x47	x815	x233	x643	x564
Thailand/Thaïlande	5817	6922	11191	18763	21925	Greece/Grèce	269	360	525	554	x385
So. Africa Customs Un	7600	26070	9857	x389	x4248	Venezuela	51	279	534	426	1463
Chile/Chili	10917	18865	8965	7135	x9109	Macau/Macao	237	861	181	12	9
Nigeria/Nigéria	x6093	x10996	x8599	x8291	x11486	Israel/Israël	162	377	328	308	382
Morocco/Maroc	4142	8849	10284	7338	7356	United Arab Emirates	x22	x354	x224	x187	x34
Costa Rica	5310	10157	8070	4728	x4692	Egypt/Egypte	221	314	369	41	135
Former GDR	x34682	x11415	x10752			Saudi Arabia	593	538	x84	x72	x71
Tunisia/Tunisie	3137	8432	7100	6072	6495	Malaysia/Malaisie	95	262	191	194	x162
Cote d'Ivoire	x5894	x11097	x7156	x2562	x3098	Albania/Albanie		x96	x477	x41	x107
Libyan Arab Jamahiriya	6927	218	13808	x4464	x66	Cameroon/Cameroun		17		x590	

(VALUE AS % OF TOTAL)(VALEUR EN % DU TOTAL)

	1983	1984	1985	1986	1987	1988	1989	1990	1991	1992		1983	1984	1985	1986	1987	1988	1989	1990	1991	1992
Africa	x1.8	x2.2	2.7	x2.3	x2.4	1.9	x2.1	2.2	x1.9	x1.6	Afrique	x5.0	x3.5	1.7	x3.0	x1.8	x3.0	x2.3	x1.5	x1.2	x2.0
Northern Africa	0.7	0.9	1.1	1.0	1.2	0.8	0.8	1.1	x1.0	0.7	Afrique du Nord	1.4	1.8	0.8	0.5	1.3	0.1	0.7	0.7	0.4	x0.8
Americas	37.6	37.0	30.7	33.6	31.8	30.5	31.1	28.9	25.9	x27.5	Amériques	30.2	32.5	34.5	27.7	24.9	27.3	28.7	27.5	x30.5	x26.4
LAIA	2.1	3.0	3.2	3.2	4.4	2.6	2.2	2.1	2.7	2.5	ALAI	6.5	9.0	9.6	8.9	7.7	6.7	8.3	8.3	x9.1	x7.9
CACM	x0.3	0.6	0.6	0.6	0.5	0.4	0.4	0.4	0.4	x0.4	MCAC	x0.0	0.0	0.0	0.0	0.0	0.5	0.8	0.5	0.2	0.0
Asia	18.2	18.4	28.9	25.5	x26.5	x24.2	x21.0	23.7	25.0	x24.3	Asie	3.0	2.8	3.2	7.3	x13.2	x12.2	x10.4	x9.2	x8.9	x12.0
Middle East	x2.0	x2.4	2.0	x2.2	x2.4	x1.7	1.6	x2.1	1.7	x2.2	Moyen–Orient	x0.0	x0.0	0.1	0.4	0.1	0.1	x0.0	x0.0	x0.0	x0.0
Europe	41.0	40.8	36.5	37.4	31.4	33.6	37.0	39.9	42.6	43.6	Europe	49.5	50.4	50.3	50.5	47.5	44.2	44.8	46.5	46.9	47.3
EEC	36.7	35.2	31.0	32.1	27.6	29.3	32.5	34.8	37.6	38.6	CEE	39.2	38.6	38.9	38.8	36.1	34.4	34.7	34.9	35.6	38.3
EFTA	4.3	4.1	3.8	4.5	3.6	3.8	4.0	4.6	4.8	4.5	AELE	10.3	10.0	9.8	9.7	8.5	8.8	9.5	10.2	9.9	8.5
Oceania	1.1	1.5	1.1	x1.0	x0.8	0.8	1.1	x1.0	x0.9	x1.0	Océanie	10.5	9.5	8.9	x10.2	x7.8	7.8	x7.1	7.0	x8.3	9.1
USA/Etats–Unis d'Amer	34.3	32.8	26.6	29.0	26.1	26.6	27.9	25.4	22.2	24.1	Canada	23.2	23.0	24.2	18.2	16.6	19.6	18.6	17.5	19.9	17.5
Germany/Allemagne	11.0	10.8	9.1	10.2	8.4	9.3	10.0	12.1	14.4	13.8	Belgium–Luxembourg	10.2	9.8	9.8	10.0	9.7	8.6	9.0	8.8	9.6	8.5
Japan/Japon	2.4	3.1	3.2	4.5	4.3	4.6	6.2	6.3	6.4	4.3	Australia/Australie	10.5	9.5	8.9	10.1	7.8	7.8	7.1	7.0	8.3	9.1
France, Monac	5.1	5.1	4.5	5.3	4.7	5.0	5.1	5.6	5.6	5.6	Netherlands/Pays–Bas	8.9	8.6	8.3	8.4	7.5	7.1	6.6	6.7	6.1	5.5
United Kingdom	6.9	6.3	6.4	5.1	4.7	5.4	5.7	5.3	4.9	4.4	Germany/Allemagne	7.5	6.9	7.1	6.8	6.3	5.8	5.7	5.8	6.2	7.2
Italy/Italie	5.5	5.8	3.9	3.6	3.4	2.9	4.2	4.2	4.1	3.9	France, Monac	6.1	6.1	5.4	5.2	4.8	5.2	5.5	5.7	7.4	
Belgium–Luxembourg	4.0	3.3	3.2	3.2	2.5	2.5	2.6	2.7	3.5	6.5	Finland/Finlande	6.0	5.9	6.0	5.6	4.9	4.5	5.0	5.2	5.2	4.3
Hong Kong	1.9	1.8	1.5	2.3	2.3	2.1	2.9	3.9	3.3	3.3	Spain/Espagne	4.2	4.4	5.3	4.1	3.9	5.4	5.5	4.6	4.5	6.5
Czechoslovakia	0.0			0.1	0.1	x2.4	4.0	2.2	x2.0	x1.2	Norway, SVD, JM	3.9	3.8	3.5	3.7	4.3	4.0	4.2	4.7	4.5	4.0
Indonesia/Indonésie	0.1	0.1	2.5	2.3	2.2	1.8	1.8	2.3	2.5	2.6	Bulgaria/Bulgarie					x1.1	x1.4	x4.3	x5.3	x1.2	x1.3

687 TIN / ETAIN 687

TRADE BY COMMODITY IN THOUSAND U.S. DOLLARS – COMMERCE PAR PRODUIT EN MILLIERS DE DOLLARS E.U

COUNTRIES–PAYS	IMPORTS – IMPORTATIONS 1988	1989	1990	1991	1992	COUNTRIES–PAYS	EXPORTS – EXPORTATIONS 1988	1989	1990	1991	1992
Total	1447760	1558704	1208139	1048025	1174775	Totale	1507369	1859521	1474387	1235173	x1375742
Africa	12842	x24443	x13557	x7175	x10409	Afrique	x11458	x12013	x9225	x8028	x3239
Northern Africa	8718	11241	x7734	3405	4010	Afrique du Nord		x412	480	190	107
Americas	x395580	431422	x324151	261728	x277971	Amériques	324659	447549	363843	284823	323695
LAIA	26494	23507	17585	21556	x22526	ALAI	288516	391240	295195	191632	220555
CACM	589	573	968	426	x701	MCAC	71	26	21	33	x13
Asia	x451453	x493352	397215	401666	x448236	Asie	948837	1176945	911904	826692	x933893
Middle East	x15705	x15294	x17144	x12031	x10355	Moyen–Orient	x725	x537	x192	x633	x680
Europe	413433	502518	431023	356211	415428	Europe	217077	175357	154859	104071	110709
EEC	373275	459353	390191	330325	388685	CEE	208929	161351	148900	100111	104510
EFTA	26715	32040	31469	23782	23875	AELE	7847	13685	5766	3345	5135
Oceania	10418	12569	x8590	x6115	7835	Océanie	x2974	x2976	1903	6294	x3628
USA/Etats–Unis d'Amer	322745	343786	263084	207360	228828	Malaysia/Malaisie	353466	436768	340834	256618	x217113
Japan/Japon	244926	300833	222316	211590	183719	Singapore/Singapour	194382	219120	196412	202166	207987
Germany/Allemagne	152359	174734	151777	126258	144887	Indonesia/Indonésie	181332	250960	173020	149269	163278
France,Monac	62605	75911	62453	53938	57253	Brazil/Brésil	237219	283515	174408	104745	121945
Hong Kong	38008	59387	44561	50653	94995	China/Chine	96205	103158	86113	109135	157989
United Kingdom	30391	60276	46152	45686	66502	Bolivia/Bolivie	44275	83576	83728	80324	87549
Italy/Italie	50675	59490	54067	36223	39947	USA/Etats–Unis d'Amer	30877	53144	64383	88922	98774
Korea Republic	34524	44333	39723	38754	46974	Thailand/Thaïlande	90355	98475	73589	34365	x43593
Singapore/Singapour	38810	25002	32272	36949	41186	United Kingdom	122211	67707	55291	30086	15149
Canada	31557	36845	27986	21210	23666	Hong Kong	21984	58519	34180	43237	99157
Netherlands/Pays–Bas	22810	29598	20015	16428	25810	Germany/Allemagne	24412	28947	30515	25406	29209
Spain/Espagne	18744	21527	22260	21019	22249	Belgium–Luxembourg	37866	31006	24114	20587	37423
Czechoslovakia	x207	47168	14378	x979	x123	Netherlands/Pays–Bas	19207	26474	25961	18226	15163
Belgium–Luxembourg	22090	22297	18755	18358	21114	Former USSR/Anc. URSS	x141	x34207	x29622	x5059	
India/Inde	21320	x26358	13493	8401	x22479	Mexico/Mexique	6723	18020	22296	6095	1454
Malaysia/Malaisie	6324	6629	10739	22989	x18248	Viet Nam	x357			x19444	x23724
Poland/Pologne	25268	23353	7010	4626	x7817	Venezuela	x131	3566	14221	7	1
Turkey/Turquie	6818	9799	10476	7222	5802	Zimbabwe	6684	x4620	4856	5711	x748
Switz.Liecht	8788	10028	10028	7004	6485	Japan/Japon	3146	5199	3717	3406	3776
Cuba	x6689	17423	x3765	x727	x382	Former GDR	x1429	x9683	x2278		
Austria/Autriche	6081	7132	7163	7055	7910	Australia/Australie	2616	2829	1840	6179	3233
Australia/Australie	7327	9649	6288	4205	5846	Canada	5153	2563	3760	4225	4297
Yugoslavia SFR	11488	9652	8243	x1840		Italy/Italie	1882	2031	5947	2536	1777
Philippines	5248	x5850	5918	7511	9361	Norway,SVD,JM	3009	9327	740	76	111
Romania/Roumanie	x50	7864	6689	2886	x950	So. Africa Customs Un	x2405	x5293	x2992	x856	x1266
Portugal	6845	6855	5228	5045	6602	France,Monac	2301	2720	3202	790	1242
Former USSR/Anc. URSS	x110174	x14123	x198	x2592		Spain/Espagne	92	1925	3071		1513
Sweden/Suède	5343	6250	6492	4035	3994	Korea Republic	1790	2098	1173	2101	1723
Greece/Grèce	3055	5037	5714	4403	x1179	Sweden/Suède	1892	2075	1762	1470	2295
Norway,SVD,JM	4305	5587	5439	4072	3901	Switz.Liecht	1720	1849	2103	984	
Jamaica/Jamaïque	5419	2844	6525	5603	x19	Philippines	128	x121	x261	4052	10117
Argentina/Argentine	4284	6225	3178	4582	5748	India/Inde	194	x1090	914	858	x3152
So. Africa Customs Un	2746	10332	703	x2490	x3422	Myanmar	x1030	x510	x1039	x1105	x1000
Mexico/Mexique	1482	3352	3975	6039	4892	Nigeria/Nigéria	x2278	x1090	x779	x273	x237
Venezuela	11512	4383	2463	4213	3044	Austria/Autriche	1185	241	1062	793	953
Colombia/Colombie	3292	4279	3755	2576	2254	Peru/Pérou	141	1467	324	x301	x154
Algeria/Algérie	4538	7869	1369	622	x160	United Arab Emirates	x430	x493	x176	x568	x643
Hungary/Hongrie	x1385	x1032	x4822	3932	x3953	Romania/Roumanie		x532	x555		
Chile/Chili	3015	4010	2038	3216	x3796	Rwanda		339		x748	x389
China/Chine	2267	3008	2463	3691	11861	Colombia/Colombie	15	x1032	40	12	x1
Barbados/Barbade	1705	2870	2727	3174	x10	Panama		x529	x477	x2	x48
Finland/Finlande	2153	3006	2270	1559	1550	Denmark/Danemark	399	258	238	161	172
Denmark/Danemark	2392	2529	2172	1668	1489	Yugoslavia SFR	44	30	14	x544	
United Arab Emirates	x2432	x1303	x2962	x1485	x2141	Portugal	166	86	428	52	1299
Bangladesh	x942	x1612	x2210	1527	x1295	Andorra/Andorre	x257	x261	x156	x68	
Egypt/Egypte	2422	1264	2363	895	1288	Ireland/Irlande	389	193	128	155	346
Pakistan	481	1225	1905	1030	100	Poland/Pologne	x789		x244	8	x361
Israel/Israël	1020	1159	1361	1449	1404	Morocco/Maroc		x412			
Morocco/Maroc	1002	1355	1581	911	1450	Tunisia/Tunisie		0	166	190	100
Ireland/Irlande	1309	1100	1597	897	1652	Finland/Finlande	40	194	99	22	52

(VALUE AS % OF TOTAL)(VALEUR EN % DU TOTAL)

	1983	1984	1985	1986	1987	1988	1989	1990	1991	1992		1983	1984	1985	1986	1987	1988	1989	1990	1991	1992
Africa	0.6	1.0	1.1	x0.9	x0.7	0.9	x1.6	x1.2	x0.6	x0.9	Afrique	1.6	1.9	1.0	1.2	x1.0	x0.8	0.7	0.6	0.7	x0.2
Northern Africa	0.5	0.6	0.9	0.6	0.4	0.6	0.7	x0.6	0.3	0.3	Afrique du Nord	x0.0	0.0		0.0			x0.0	0.0	0.0	0.0
Americas	31.8	33.5	30.8	25.3	24.8	x27.4	27.7	x26.8	25.0	x23.7	Amériques	16.7	21.0	18.4	17.4	14.5	21.5	24.1	24.7	23.0	23.5
LAIA	1.8	1.8	1.8	2.1	1.9	1.8	1.5	1.5	2.1	x1.9	ALAI	14.0	18.6	16.5	14.6	12.3	19.1	21.0	20.0	15.5	16.0
CACM	x0.0	0.0	0.1	0.1	0.1	0.0	0.1	0.0	0.1	x0.1	MCAC	x0.0	0.0	0.0	0.0	0.0	0.0	0.0	0.0	0.0	x0.0
Asia	29.4	29.4	28.6	31.8	x31.4	x31.2	31.7	32.9	38.3	x38.2	Asie	73.5	61.8	69.4	64.5	69.0	62.9	63.3	61.9	67.0	x67.9
Middle East	x0.5	x1.2	1.1	x1.7	x1.1	x1.1	x1.0	x1.4	x1.1	x0.9	Moyen–Orient	x0.0	x0.0	0.1	0.1	0.1	x0.0	0.0	x0.1	x0.1	x0.0
Europe	34.5	33.1	36.9	39.2	27.9	28.6	32.2	35.7	34.0	35.4	Europe	7.8	14.9	11.0	16.7	15.3	14.4	9.4	10.5	8.4	8.0
EEC	32.4	30.0	33.3	35.4	25.2	25.8	29.5	32.3	33.1	33.1	CEE	7.6	14.7	10.7	16.3	15.0	13.9	8.7	10.1	8.1	7.6
EFTA	2.1	2.0	2.4	2.8	2.0	1.8	2.1	2.6	2.3	2.0	AELE	0.3	0.2	0.3	0.3	0.3	0.5	0.3	0.4	0.3	0.4
Oceania	0.5	0.5	0.5	0.8	0.8	0.7	0.8	x0.7	x0.6	0.7	Océanie	0.3	0.3	0.2	x0.2	x0.1	x0.2	x0.2	0.1	0.5	x0.2
USA/Etats–Unis d'Amer	26.6	28.4	25.9	20.3	20.6	22.3	22.1	21.8	19.8	19.5	Malaysia/Malaisie	34.7	24.4	31.0	20.3	25.3	23.4	23.5	23.1	20.8	x15.8
Japan/Japon	22.4	21.5	20.9	16.6	16.6	16.9	19.3	18.4	20.2	15.6	Singapore/Singapour	12.2	11.8	11.1	11.7	14.0	12.9	11.8	13.3	16.4	15.1
Germany/Allemagne	12.1	12.2	13.5	11.4	10.1	10.5	11.2	12.6	12.0	12.3	Indonesia/Indonésie	14.5	13.1	10.8	11.8	11.6	12.0	13.5	11.7	12.1	11.9
France,Monac	6.4	5.7	5.6	9.5	4.2	4.3	4.9	5.2	5.1	4.9	Brazil/Brésil	5.3	8.6	10.3	9.8	10.8	15.7	15.2	11.8	8.5	8.9
Hong Kong	1.2	1.3	2.6	1.9	1.8	2.6	3.8	3.7	4.8	8.1	China/Chine		3.4	3.5	9.2	6.4	5.5	5.8	5.8	8.8	11.5
United Kingdom	4.7	4.1	4.8	4.6	2.6	2.1	3.9	3.8	4.4	5.7	Bolivia/Bolivie	8.3	9.4	6.1	4.5	1.0	2.9	4.5	5.7	6.5	6.4
Italy/Italie	4.4	4.0	4.1	3.5	3.6	3.5	3.8	4.5	3.5	3.4	USA/Etats–Unis d'Amer	2.7	2.4	1.9	2.8	2.0	2.0	2.9	4.4	7.2	7.2
Korea Republic	1.6	1.5	1.1	1.9	2.2	2.4	2.8	3.3	3.7	4.0	Thailand/Thaïlande	11.1	11.2	9.9	9.4	6.8	6.0	5.3	5.0	2.8	x3.2
Singapore/Singapour	1.1	1.4	0.7	6.9	5.0	2.7	1.6	2.7	3.5	3.5	United Kingdom	1.2	7.6	4.9	8.2	9.7	8.1	3.6	3.8	2.4	1.1
Canada	2.8	2.8	2.6	2.2	2.0	2.2	2.4	2.3	2.0	2.0	Hong Kong	0.6	0.7	3.0	1.3	1.3	1.5	3.1	2.3	3.5	7.2

689 NON-FER BASE METALS NES / AUT METAUX NON FERREUX 689

TRADE BY COMMODITY IN THOUSAND U.S. DOLLARS – COMMERCE PAR PRODUIT EN MILLIERS DE DOLLARS E.U

IMPORTS – IMPORTATIONS

COUNTRIES–PAYS	1988	1989	1990	1991	1992
Total	1889463	2001943	1968719	1968982	2326528
Africa	x15332	x11375	x10091	x7271	x15013
Northern Africa	783	1606	1027	888	6225
Americas	519088	531609	530984	589449	613034
LAIA	40150	54152	40150	41324	42146
CACM	434	288	368	359	1722
Asia	x419971	x392541	404039	x560651	x660691
Middle East	x10707	x9832	x18816	x11882	x14509
Europe	854824	975572	953482	764752	988379
EEC	724538	834568	819556	655715	853234
EFTA	126095	137796	127823	107253	133481
Oceania	26487	30114	23020	x22213	x21114
USA/Etats–Unis d'Amer	416603	401632	410254	448356	475293
Japan/Japon	277849	265454	257761	355604	384901
Germany/Allemagne	261670	296668	293558	231365	285799
United Kingdom	179662	207327	222028	184079	255789
France, Monac	108792	133236	119231	103861	134934
Canada	57089	70949	79252	98693	93005
Italy/Italie	47219	54979	55714	48422	67126
Belgium–Luxembourg	60870	62012	47439	34696	39038
Hong Kong	40375	36715	41404	58138	131874
Austria/Autriche	40902	47493	41170	38557	40457
Netherlands/Pays–Bas	39253	51022	48923	23737	34964
Sweden/Suède	37032	42140	40138	32270	45832
Switz.Liecht	32610	32059	31009	26039	29170
Korea Republic	19182	20760	29559	38602	50920
Brazil/Brésil	21719	36723	24822	26039	21649
Australia/Australie	25342	28182	21493	20671	19789
India/Inde	14827	x25349	22040	16988	x19083
Spain/Espagne	18907	19495	21413	19682	21759
China/Chine	28661	12012	15737	23761	22587
Norway,SVD,JM	10833	12939	12801	8626	14728
Romania/Roumanie	x5532	12399	12188	7288	x441
Korea Dem People's Rp	x2498	x831	x431	x29539	x2980
Poland/Pologne	15352	14744	6329	5550	x5011
Bulgaria/Bulgarie	x6999	x13028	x10941	x713	2267
Israel/Israël	7867	7428	4411	10125	6367
Czechoslovakia	x3344	8902	8679	x2446	x18203
Mexico/Mexique	6634	7425	5789	6748	1197
So. Africa Customs Un	11014	6853	7498	x4036	x3690
Singapore/Singapour	1876	5367	3948	7996	9708
Bahrain/Bahrein	x2212	x2587	x5313	x4325	x3131
Greece/Grèce	3262	3787	4064	3727	x5641
Hungary/Hongrie	x3945	x3692	x2706	5156	x2376
Argentina/Argentine	5419	4982	2903	3651	3952
Yugoslavia SFR	4189	3097	6089	x1757	
Venezuela	4958	3553	4830	2502	1858
Malaysia/Malaisie	1300	3563	3397	2617	x4267
Iran (Islamic Rp. of)	x106	x628	x6743	x1818	x3970
Former USSR/Anc. URSS	x5810	x2706	x2899	x3492	
United Arab Emirates	x5497	x3368	x3008	x2500	x3613
Former GDR	x12678	x5199	x3354		
Finland/Finlande	4637	3161	2697	1716	3135
Denmark/Danemark	1558	2363	2927	1967	3557
Ireland/Irlande	1985	1882	2322	2424	2050
Turkey/Turquie	1521	1808	1870	2466	2959
Indonesia/Indonésie	1511	1679	2551	1663	3203
Portugal	1361	1797	1935	1756	2577
Thailand/Thaïlande	885	1260	1563	1802	1765
New Zealand	1080	1831	1440	1235	1289
Cuba	x4599	3402	x394	x26	x217
Chile/Chili	143	222	1063	1404	x1946

EXPORTS – EXPORTATIONS

COUNTRIES–PAYS	1988	1989	1990	1991	1992
Totale	x1767648	x1981655	x1875440	x1970640	x2306424
Afrique	x189929	x232942	x169795	x226675	x631410
Afrique du Nord	288	685	1368	731	146
Amériques	393690	446665	504765	x538035	x484094
ALAI	45238	31399	22147	x32218	x28565
MCAC	519	x1606	599	310	27
Asie	337529	342088	320646	264895	346166
Moyen–Orient	1265	2525	x1545	x1069	x865
Europe	710881	805371	751478	679678	808612
CEE	453647	534730	506754	466279	526907
AELE	242770	253678	230335	205708	277078
Océanie	21390	12355	x6583	x4790	x3331
USA/Etats–Unis d'Amer	265969	330929	344766	302835	272173
France, Monac	151179	176792	195998	185233	196891
Norway,SVD,JM	162695	177952	164046	147391	177375
Former USSR/Anc. URSS	x98687	x126292	x111588	x241408	
China/Chine	187626	170538	151639	131914	128305
Canada	81739	81461	137074	201880	183265
Germany/Allemagne	113816	141871	130747	126429	145905
Japan/Japon	78880	104895	109181	72592	84165
United Kingdom	83258	92455	87566	87806	111994
Zaire/Zaïre	x75902	x107720	x59101	x84554	x60065
So. Africa Customs Un	x61226	x71400	x79596	x73208	x69778
Zambia/Zambie	x43611	x46206	x26799	x59837	x494497
Hong Kong	32997	40896	39013	39822	98954
Netherlands/Pays–Bas	37069	46138	39831	29463	38520
Austria/Autriche	39088	34655	31247	21595	21157
Belgium–Luxembourg	28181	41080	27930	18473	17073
Italy/Italie	29772	29924	21272	14545	12070
Finland/Finlande	20405	18953	15758	20804	45244
Yugoslavia SFR	14451	16950	14361	x7681	
Korea Republic	15101	16195	10759	7744	6202
Mexico/Mexique	30593	18995	9397	4142	3631
Switz.Liecht	10447	11347	10017	7655	8452
Sweden/Suède	9826	10767	9267	8263	24826
Australia/Australie	21313	12260	4956	4759	3223
Peru/Pérou	7588	9375	6881	x5460	x4524
Bulgaria/Bulgarie	x5527	x8879	x2376	x1832	x1840
Poland/Pologne	2384	2743	5586	4129	x5662
Brazil/Brésil	713	962	2300	8284	6667
Chile/Chili	x4855	9	883	8819	x5174
Spain/Espagne	9019	4845	1777	2948	1796
Bolivia/Bolivie	997	1195	2399	5053	8141
Hungary/Hongrie	x1293	x3020	x1759	x2796	x2615
Philippines	1666	x24	1987	5242	1628
Thailand/Thaïlande	475	x3185	1774	2065	x2533
Czechoslovakia	x1415	x384	x308	x6269	x22260
Singapore/Singapour	950	2392	1946	2519	4311
Sierra Leone			4287		
Zimbabwe	x7898	x362	678	3226	x4189
Un. Rep. of Tanzania	x72	x1114	1597	x842	x2521
Kenya	271	x262	269	2772	x27
Turkey/Turquie	1065	1167	661	676	255
Israel/Israël	1179	503	944	656	451
Denmark/Danemark	631	700	864	501	810
Korea Dem People's Rp	x1195	x556	x580	x847	x683
Ireland/Irlande	515	513	482	660	469
Bahamas		x1047		x477	
Egypt/Egypte		95	883	522	139
Honduras	449		786	433	270	7
Nauru			x1266		
Saudi Arabia	19	986	x153	x106	x137

(VALUE AS % OF TOTAL) (VALEUR EN % DU TOTAL)

IMPORTS

	1983	1984	1985	1986	1987	1988	1989	1990	1991	1992
Africa	1.0	1.7	0.8	x1.0	x1.4	x0.8	x0.5	x0.5	x0.4	0.7
Northern Africa	0.2	0.0	0.2	0.2	0.1	0.0	0.1	0.1	0.0	0.3
Americas	32.4	36.5	32.8	26.2	27.4	27.5	26.5	27.0	30.0	26.3
LAIA	3.8	3.5	3.8	3.8	2.8	2.1	2.7	2.0	2.1	1.8
CACM	x0.0	x0.0	0.0	0.1	0.0	0.0	0.0	0.0	0.0	0.1
Asia	15.8	14.7	15.9	16.6	22.2	x22.2	x19.6	20.5	x28.5	x28.4
Middle East	0.5	x0.3	0.3	0.7	x0.3	x0.6	x0.5	x1.0	x0.6	x0.6
Europe	49.1	45.9	49.2	53.2	45.5	45.2	48.7	48.4	38.8	42.5
EEC	43.1	40.4	43.0	46.0	38.9	38.3	41.7	41.6	33.3	36.7
EFTA	6.0	5.2	5.9	6.9	6.3	6.7	6.9	6.5	5.4	5.7
Oceania	1.1	x0.8	0.9	x1.4	x1.0	1.4	1.5	1.2	x1.1	x0.9
USA/Etats–Unis d'Amer	26.5	31.3	26.9	20.6	23.0	22.0	20.1	20.8	22.8	20.4
Japan/Japon	12.3	10.7	11.3	11.2	11.7	14.7	13.3	13.1	18.1	16.5
Germany/Allemagne	18.2	17.6	18.7	20.4	15.9	13.8	14.8	14.9	11.8	12.3
United Kingdom	8.9	7.6	8.4	9.6	8.2	9.5	10.4	11.3	9.3	11.0
France, Monac	6.4	6.7	6.9	5.7	5.6	5.8	6.7	6.1	5.3	5.8
Canada	2.0	1.8	2.0	1.6	1.3	3.0	3.5	4.0	5.0	4.0
Italy/Italie	2.1	2.1	2.5	2.5	2.1	2.5	2.7	2.8	2.5	2.9
Belgium–Luxembourg	2.1	1.9	2.2	2.4	2.6	3.2	3.1	2.4	1.8	1.7
Hong Kong	0.8	1.6	1.4	1.7	2.2	2.1	1.8	2.1	3.0	5.7
Austria/Autriche	1.2	1.2	1.7	1.5	1.4	2.2	2.4	2.1	2.0	1.7

EXPORTS

	1983	1984	1985	1986	1987	1988	1989	1990	1991	1992
Afrique	x18.7	x18.9	10.8	x15.3	x15.6	x10.8	x11.8	x9.0	x11.5	x27.4
Afrique du Nord	x0.0	0.0	0.0	0.0	0.1	0.0	0.0	0.1	0.0	0.0
Amériques	27.1	25.5	24.9	23.7	21.6	22.3	22.5	26.9	x27.3	x20.9
ALAI	0.8	1.7	1.8	1.3	2.2	2.6	1.6	1.2	x1.6	x1.2
MCAC	x0.0	x0.0	0.0	0.0	0.0	0.0	x0.1	0.0	0.0	0.0
Asie	5.8	8.5	11.9	12.1	17.8	19.1	17.2	17.1	13.4	15.0
Moyen–Orient	x0.0	x0.2	0.1	x0.1	x0.2	0.1	0.1	x0.1	x0.1	x0.0
Europe	48.2	46.8	52.2	48.8	41.6	40.2	40.6	40.1	34.5	35.1
CEE	26.9	25.9	27.4	25.2	22.7	25.7	27.0	27.0	23.7	22.8
AELE	21.2	20.0	24.0	22.9	17.8	13.7	12.8	12.3	10.4	12.0
Océanie	0.2	x0.3	0.2	x0.1	x0.4	1.2	0.6	x0.4	x0.2	x0.1
USA/Etats–Unis d'Amer	25.7	23.3	22.8	22.0	19.1	15.0	16.7	18.4	15.4	11.8
France, Monac	6.4	6.3	7.0	6.1	5.5	8.6	8.9	10.5	9.4	8.5
Norway,SVD,JM	14.3	14.0	16.3	16.9	14.0	9.2	9.0	8.7	7.5	7.7
Former USSR/Anc. URSS					x2.0	x5.6	x6.4	x5.9	x12.3	
China/Chine			4.1	5.5	11.6	10.6	8.6	8.1	6.7	5.6
Canada	0.5	0.4	0.3	0.3	0.3	4.6	4.1	7.3	10.2	7.9
Germany/Allemagne	7.5	7.9	8.3	7.8	6.7	6.7	6.4	7.0	6.4	6.3
Japan/Japon	3.7	5.4	4.8	4.3	3.1	4.5	5.3	5.8	3.7	3.6
United Kingdom	4.8	4.8	5.3	4.9	5.3	4.7	4.7	4.7	4.5	4.9
Zaire/Zaïre	x11.2	x10.6		x6.0	x6.7	x4.3	x5.4	x3.2	x4.3	x2.6

152

691 STRUCTURES AND PARTS NES / CONSTRUCT FER, ACIER, ALU 691

TRADE BY COMMODITY IN THOUSAND U.S. DOLLARS – COMMERCE PAR PRODUIT EN MILLIERS DE DOLLARS E.U

IMPORTS – IMPORTATIONS

COUNTRIES-PAYS	1988	1989	1990	1991	1992
Total	x7553403	x7944042	x9134960	x10014392	x10205959
Africa	x496082	x417705	x544024	x585124	x535039
Northern Africa	194742	183169	261140	x223372	x152463
Americas	x611441	x614480	x658353	x652925	x724369
LAIA	63626	50595	83036	122795	219084
CACM	7715	9903	8588	16104	x19691
Asia	x1513472	x1597139	x1443272	x1751723	x2178897
Middle East	x647709	x473595	x438491	x495830	x703450
Europe	3879499	4225282	5578201	6214979	6365316
EEC	2762626	3245462	4330429	4783252	5206535
EFTA	1076773	940628	1209072	1391130	1116564
Oceania	x71754	x108555	x100469	x86147	x196151
Germany/Allemagne	735870	821478	1098106	1422982	1870980
France, Monac	526296	627911	823920	829398	791358
Former USSR/Anc. URSS	x795412	x867565	x692342	x597343	
Netherlands/Pays-Bas	415904	454072	598600	638476	673143
United Kingdom	426015	520241	557092	508919	397229
Belgium–Luxembourg	317481	367624	551919	556339	583338
Switz.Liecht	350724	374068	469103	424015	380332
Norway, SVD, JM	378893	157344	195528	462509	224541
Japan/Japon	119916	192037	276358	306535	278618
Austria/Autriche	166707	184496	257691	270960	312521
USA/Etats-Unis d'Amer	306701	265278	225927	189276	171713
Spain/Espagne	77566	122283	223116	317438	305509
Sweden/Suède	112878	140493	186438	155138	135078
Italy/Italie	95757	113394	156700	182832	215982
Denmark/Danemark	88483	101405	150981	170194	171596
Canada	96572	129347	139707	150950	142592
China/Chine	150522	185098	144310	80590	76345
Indonesia/Indonésie	72539	82887	119639	187932	284913
Hong Kong	132185	125361	126441	137268	130064
Singapore/Singapour	95013	95214	98117	170557	184121
Saudi Arabia	153783	143421	x101194	x103652	x117610
Libyan Arab Jamahiriya	70365	93023	129920	x57876	x63717
Iran (Islamic Rp. of)	x71087	x38226	x72946	x169146	x339349
Finland/Finlande	57619	75507	91385	67664	55418
India/Inde	6782	x216960	3484	3447	x89595
Egypt/Egypte	84519	45943	67660	96750	33478
Ireland/Irlande	40207	49744	72878	66492	63812
Iraq	x84217	x103878	x67053	x7292	x5733
Malaysia/Malaisie	28248	41888	45267	82315	x94160
United Arab Emirates	x149931	x38648	x65165	x55688	x72299
Korea Republic	47073	24699	57869	75710	84753
Turkey/Turquie	62267	48399	29648	64804	55199
Portugal	20765	32301	52330	51960	82685
Cameroon/Cameroun	x14492	25165	x29851	68613	x10358
Greece/Grèce	18283	35010	44785	38221	x51104
Nigeria/Nigéria	x40385	x19983	x35771	x58651	x88030
Thailand/Thaïlande	11753	15338	27973	68743	56724
Algeria/Algérie	17085	26400	40330	37195	x35780
Mexico/Mexique	19339	11198	21075	69035	131146
Poland/Pologne	28129	21569	20226	52925	x83548
French Guiana	8602	19335	39191	30732	25967
Czechoslovakia	x42556	20087	24699	x42608	x63680
Bulgaria/Bulgarie	x21890	x34206	39073	x4566	2891
Martinique	16556	18192	30521	26704	20927
Australia/Australie	11272	27257	24662	22759	95413
Guadeloupe	9414	12583	28744	25792	20031
Yugoslavia SFR	23600	25599	18768	x22707	
Viet Nam	x62713	x55803	x3485	x4138	x9308
Philippines	10744	x15538	16727	30700	39926
Qatar	15108	12511	29963	20428	x6203

EXPORTS – EXPORTATIONS

COUNTRIES-PAYS	1988	1989	1990	1991	1992
Totale	7138903	7564540	9125820	10004506	10625305
Afrique	x16532	x24336	x39634	x47722	x47268
Afrique du Nord	2350	8020	9801	10919	8896
Amériques	653662	572762	620885	629842	685972
ALAI	65631	69215	75537	57482	75426
MCAC	1079	997	944	998	x805
Asie	997260	988925	980732	1181745	x1439758
Moyen–Orient	x99862	x101755	x70544	x52260	x48991
Europe	4983059	5557181	7114971	7648799	7952347
CEE	4106710	4623449	5969250	6570878	6727507
AELE	794062	810374	1029960	1029451	1187531
Océanie	x47825	x59064	x87996	x162571	x163441
Germany/Allemagne	1292134	1435837	1834102	1915364	1894341
Netherlands/Pays-Bas	622716	695242	891159	1403046	1199173
France, Monac	505982	561057	814165	847209	1026521
Italy/Italie	600100	681233	712550	707804	737034
Belgium–Luxembourg	399695	486712	619958	634875	691538
United Kingdom	350785	375750	516034	527149	501153
USA/Etats–Unis d'Amer	344998	319830	384093	441424	471158
Austria/Autriche	224331	250930	365043	426109	469202
Japan/Japon	314263	306463	271789	395660	391860
Denmark/Danemark	199154	229893	320874	358833	408520
Korea Republic	374654	333404	255569	255495	473184
Sweden/Suède	212744	205477	234769	208831	213562
Switz.Liecht	187252	167463	200702	215191	270650
Canada	234443	174168	150215	121306	129216
Poland/Pologne	117671	137507	136583	126741	x167155
Finland/Finlande	129927	134965	153377	95116	133028
Spain/Espagne	74004	80951	176643	109014	202904
Singapore/Singapour	48238	65684	114741	116745	108465
Yugoslavia SFR	82106	122912	114327	x46017	
Australia/Australie	35420	44574	74970	143429	145559
Former USSR/Anc. URSS	x167269	x120364	x51383	x75481	
Thailand/Thaïlande	23651	57222	87079	97277	x95543
China/Chine	30114	39261	60944	115847	162718
Norway, SVD, JM	39594	51424	76022	84115	101085
Ireland/Irlande	36143	44210	55255	41131	37210
Czechoslovakia	x33240	x30361	x22453	x72604	x91682
Hong Kong	33325	32857	35636	34460	42092
Malaysia/Malaisie	13471	18774	34590	47566	x42109
Hungary/Hongrie	x20156	x15698	x29362	x44215	x63909
Indonesia/Indonésie	11759	20337	24224	25935	28692
Mexico/Mexique	18828	25247	21833	18829	8265
Brazil/Brésil	26037	18624	20091	20916	32370
Portugal	16618	16967	20526	20324	24086
So. Africa Customs Un	x7491	x12358	x16905	x22288	x27386
Bulgaria/Bulgarie	x19349	x24514	x18062	x6834	x4899
Turkey/Turquie	9078	13746	12116	19561	20521
Kuwait/Koweït	x28979	23638	x12624	x9158	x1173
Romania/Roumanie	x33126	23686	13692	7943	x8812
Saudi Arabia	20730	29044	x11725	x3961	x6192
New Zealand	12138	13542	11999	18333	17344
India/Inde	11655	x7250	15275	17337	x7796
Venezuela	10017	12619	14356	8920	22022
Argentina/Argentine	10057	7781	13722	6228	2110
Greece/Grèce	9380	14917	7305	5449	x4969
United Arab Emirates	x17883	x9295	x7844	x9252	x9373
Bahrain/Bahreïn	x15142	x11141	x9539	x5653	x992
Jordan/Jordanie	2586	10948	10458	2769	9350
Israel/Israël	5089	2965	5918	14168	30187
Former GDR	x49732	x9894	x10005		
Egypt/Egypte	551	3910	4344	5761	5603

(VALUE AS % OF TOTAL)(VALEUR EN % DU TOTAL)

IMPORTS

	1983	1984	1985	1986	1987	1988	1989	1990	1991	1992
Africa	x17.7	x24.1	19.6	17.3	x8.0	x6.6	x5.3	x5.9	x5.9	x5.3
Northern Africa	x14.8	x19.2	13.9	10.6	3.8	2.6	2.3	2.9	x2.2	x1.5
Americas	6.2	8.5	13.3	x12.8	x8.3	x8.1	x7.8	x7.2	x6.5	x7.1
LAIA	1.8	2.2	1.6	1.3	1.0	0.6	0.9	1.2	2.1	2.1
CACM	x0.1	0.1	0.4	0.1	x0.1	0.1	0.1	0.1	0.2	x0.2
Asia	x48.3	37.7	27.8	x21.4	x18.0	x20.0	x20.1	x15.8	x17.5	x21.4
Middle East	x33.9	x24.3	14.7	x13.5	x7.2	x8.6	x6.0	x4.8	x5.0	x6.9
Europe	25.0	27.8	38.6	46.9	49.2	51.4	53.2	61.1	62.1	62.4
EEC	18.0	20.3	27.9	34.1	34.9	36.6	40.9	47.4	47.8	51.0
EFTA	6.9	7.0	10.2	12.3	13.8	14.3	11.8	13.2	13.9	10.9
Oceania	0.8	0.7	0.6	x1.0	x0.9	x1.0	1.4	1.1	x0.9	x2.0
Germany/Allemagne	4.9	5.6	7.2	9.5	9.5	9.7	10.3	12.0	14.2	18.3
France, Monac	3.1	3.5	5.0	6.6	6.7	7.0	7.9	9.0	8.3	7.8
Former USSR/Anc. URSS	1.8	0.9			x14.0	x10.5	x10.9	x7.6	6.0	
Netherlands/Pays-Bas	2.1	3.2	4.7	5.6	5.7	5.5	5.7	6.6	6.4	6.6
United Kingdom	2.4	3.2	4.3	4.8	5.2	5.6	6.5	6.1	5.1	3.9
Belgium–Luxembourg	2.1	2.5	3.4	3.6	3.7	4.2	4.6	6.0	5.6	5.7
Switz.Liecht	1.7	2.3	3.1	4.0	4.3	4.6	4.7	5.1	4.2	3.7
Norway, SVD, JM	3.0	2.0	3.4	4.1	5.0	5.0	2.0	2.1	4.6	2.2
Japan/Japon	1.0	0.4	0.4	0.5	0.7	1.6	2.4	3.0	3.1	2.7
Austria/Autriche	1.1	1.3	1.7	2.1	2.2	2.2	2.3	2.8	2.7	3.1

EXPORTS

	1983	1984	1985	1986	1987	1988	1989	1990	1991	1992
Afrique	0.4	0.4	0.5	x0.2	x0.2	x0.2	x0.4	x0.4	x0.5	x0.5
Afrique du Nord	0.0	x0.0	x0.0	x0.0	0.0	0.0	0.1	0.1	0.1	0.1
Amériques	10.5	13.8	10.6	8.8	8.9	9.1	7.5	6.8	6.3	6.5
ALAI	0.5	1.1	0.9	0.7	0.9	0.9	0.9	0.8	0.6	0.7
MCAC	x0.0	0.0	0.0	0.0	0.0	0.0	0.0	0.0	0.0	x0.0
Asie	24.8	24.7	23.5	19.9	x13.9	14.0	13.1	10.7	11.8	x13.6
Moyen–Orient	x0.6	3.0	1.3	x0.8	x1.2	x1.3	x0.8	x0.5	x0.5	x0.5
Europe	62.5	59.1	62.6	67.6	69.8	69.8	73.5	78.0	76.5	74.8
CEE	53.1	49.1	51.3	54.5	56.8	57.5	61.1	65.4	65.7	63.3
AELE	9.4	8.3	9.5	10.8	11.8	11.1	10.7	11.3	10.3	11.2
Océanie	0.6	0.4	0.4	x0.5	0.5	x0.7	0.6	x1.0	x1.6	1.5
Germany/Allemagne	15.2	11.8	12.2	15.0	16.1	18.1	19.0	20.1	19.1	17.8
Netherlands/Pays-Bas	5.8	4.9	6.0	7.0	9.4	8.7	9.2	9.8	14.0	11.3
France, Monac	10.2	11.2	8.5	7.2	7.1	7.4	7.4	8.9	8.5	9.7
Italy/Italie	6.8	5.5	8.2	10.0	8.9	8.4	9.0	7.8	7.1	6.9
Belgium–Luxembourg	3.6	4.5	4.5	5.0	5.6	5.6	6.4	6.8	6.3	6.5
United Kingdom	7.0	6.5	7.6	6.0	5.4	4.9	5.0	5.7	5.3	4.7
USA/Etats–Unis d'Amer	7.0	7.8	5.2	3.5	3.6	4.8	4.2	4.2	4.4	4.4
Austria/Autriche	2.6	1.9	2.4	2.9	3.1	3.3	3.3	4.0	4.3	4.4
Japan/Japon	14.6	11.7	8.7	10.2	5.8	4.4	4.1	3.0	4.0	3.7
Denmark/Danemark	1.4	1.5	1.8	2.4	2.5	2.8	3.0	3.5	3.6	3.8

692 METAL TANKS, BOXES, ETC / RECIPIENTS METALLIQUES 692

TRADE BY COMMODITY IN THOUSAND U.S. DOLLARS – COMMERCE PAR PRODUIT EN MILLIERS DE DOLLARS E.U

IMPORTS – IMPORTATIONS

COUNTRIES–PAYS	1988	1989	1990	1991	1992
Total	3704722	4029467	4620028	5155860	x5505776
Africa	x163315	x203670	x227035	x273617	x273624
Northern Africa	76824	120475	135409	x145890	x117149
Americas	526611	x614890	636661	696994	x827899
LAIA	70144	94117	115981	145517	x203561
CACM	16744	20118	20383	21969	x28494
Asia	x605714	x653030	x616946	x761454	x955400
Middle East	x173853	x209931	x164446	x234756	x269740
Europe	2077932	2193777	2851778	3122706	3223937
EEC	1745164	1840186	2399053	2676065	2771863
EFTA	315502	330504	425403	420841	418009
Oceania	x62238	x87326	x90305	x104068	x97119
Netherlands/Pays–Bas	367526	388687	489478	534439	583142
Germany/Allemagne	265434	290603	425279	601805	638839
France,Monac	250357	287888	372561	362083	386267
United Kingdom	284559	272895	279471	313445	324542
Belgium–Luxembourg	203571	219302	319759	305020	297704
USA/Etats–Unis d'Amer	281690	283716	273232	254234	286011
Canada	112396	147993	155290	198728	242306
Former USSR/Anc. URSS	x129254	x149605	x132793	x114464	
Austria/Autriche	84315	96446	133258	144733	152335
Spain/Espagne	79057	90856	125625	135814	142516
Italy/Italie	96973	94065	108337	123385	105369
Switz.Liecht	82649	88626	114685	103977	103338
Denmark/Danemark	78306	75300	98194	126475	117721
Sweden/Suède	66699	68052	79760	78625	73749
Ireland/Irlande	60445	54354	77444	71737	70888
Korea Republic	41462	50141	72517	69199	74729
Singapore/Singapour	23766	44486	60393	73060	76633
Japan/Japon	38402	51843	51388	68187	67769
Libyan Arab Jamahiriya	39189	54488	53275	x63502	x52632
China/Chine	91019	79943	42165	44222	83568
Norway,SVD,JM	46272	42854	57646	58197	56897
Malaysia/Malaisie	26917	39473	48806	61954	x70639
Mexico/Mexique	25105	45056	48539	52839	64600
Greece/Grèce	30840	29227	56300	52713	x47464
Hong Kong	84694	46518	45187	43901	69838
Iran (Islamic Rp. of)	x24949	x44353	x33127	x58005	x85603
Portugal	28096	37010	46605	49150	57309
Indonesia/Indonésie	20491	27398	40895	56533	105658
Bulgaria/Bulgarie	x75050	x69927	x25918	x6831	3391
Australia/Australie	26501	34856	30494	37120	41750
Thailand/Thaïlande	29973	38726	23391	36227	44001
Algeria/Algérie	12012	33738	34872	28222	x20950
Finland/Finlande	25884	27552	34008	28118	26304
Saudi Arabia	15898	21206	x19579	x38345	x40069
Chile/Chili	15560	20730	25044	29621	x26121
Oman	10723	41094	13343	18499	x2730
New Zealand	14136	19411	24497	27901	19180
Hungary/Hongrie	x14919	x17503	x14740	33441	x28065
Egypt/Egypte	12268	12897	18031	29538	14557
Israel/Israël	18547	18988	19915	21426	26621
United Arab Emirates	x20303	x10976	x10271	x37452	33402
Czechoslovakia	x11529	26761	14975	x13321	x38011
Yugoslavia SFR	9765	15142	20433	x16632	
Turkey/Turquie	9270	9234	11603	30648	43331
Philippines	7633	x11618	14547	19745	13881
Morocco/Maroc	6229	7936	19459	17004	19041
Cyprus/Chypre	8929	9664	13962	15327	17006
Argentina/Argentine	8292	8454	12686	16880	44557
Iraq	x33931	x19100	x17802	x450	x317
Syrian Arab Republic	16774	17560	10407	x9078	x8969

EXPORTS – EXPORTATIONS

COUNTRIES–PAYS	1988	1989	1990	1991	1992
Totale	3716431	3972313	4739251	5227814	5517276
Afrique	x10888	x12035	x18065	x32225	x16675
Afrique du Nord	1098	3616	2874	4401	x6609
Amériques	515568	539857	611538	759463	x922808
ALAI	69526	84046	90331	97340	117266
MCAC	9651	8471	10776	11857	x9010
Asie	427556	473435	422469	492368	x530437
Moyen–Orient	x75287	x104847	x53749	x40693	x44393
Europe	2571736	2836406	3555415	3754258	3886389
CEE	2237737	2472333	3120071	3342657	3468870
AELE	306730	333171	410623	391617	392084
Océanie	x42356	x39066	53862	67579	53746
Germany/Allemagne	652311	760919	902755	924212	1024931
United Kingdom	304389	310751	459341	543005	515104
USA/Etats–Unis d'Amer	323829	327728	411877	520509	658563
France,Monac	301890	325520	419793	468226	508381
Belgium–Luxembourg	337267	326068	412323	409992	420663
Italy/Italie	260274	306352	361989	421472	426294
Netherlands/Pays–Bas	176910	186736	243061	270247	267294
Sweden/Suède	92182	101689	128434	136605	116642
Japan/Japon	85696	118235	99593	99498	97596
Austria/Autriche	72356	82802	119080	113393	134177
Canada	105172	110646	86884	113727	119422
Spain/Espagne	61826	90652	109133	107975	113313
Denmark/Danemark	88715	92836	123669	90539	89581
Switz./Liecht	77135	76191	87112	71607	75269
Hong Kong	93890	75494	50539	80077	87541
Korea Republic	49513	49794	50006	69358	110638
Singapore/Singapour	37692	43912	42322	60292	50364
Australia/Australie	31210	29013	42472	55167	40342
Norway,SVD,JM	39989	41583	42968	40573	34989
Portugal	25166	27909	38855	40360	51713
Mexico/Mexique	35424	30036	30374	34277	31692
Thailand/Thaïlande	18443	27156	29829	37006	x33342
Finland/Finlande	24989	30906	33026	29381	30791
Malaysia/Malaisie	18716	24679	29486	32780	x30767
Ireland/Irlande	21737	23587	28481	34299	29083
Hungary/Hongrie	x18560	x20073	x22999	x35448	x33101
Saudi Arabia	34595	52185	x17505	x6526	x8444
Brazil/Brésil	15911	24262	19075	31370	46766
Australia/Australie	27159	30746	24386	x18921	
Yugoslavia SFR	7251	21001	20428	32328	x22514
Greece/Grèce					
United Arab Emirates	x8782	x36053	x11679	x16267	x19248
China/Chine	4598	11091	23067	28635	41903
Poland/Pologne	10114	10366	15318	33058	x39635
Venezuela	6445	15183	22469	10204	15738
Former USSR/Anc. URSS	x16077	x15232	x10640	x21131	
Czechoslovakia	x10813	x8718	x10428	x25962	x31540
India/Inde	7675	1434	19373	14000	x3188
Indonesia/Indonésie	3356	5827	9624	16683	23650
Bulgaria/Bulgarie	x48961	x8986	x14627	x4071	x1447
New Zealand	6588	7525	8137	9730	11680
Turkey/Turquie	14292	6948	9640	8091	11354
Costa Rica	4916	5628	6534	7747	x4334
Argentina/Argentine	6210	3271	5157	8563	6970
Cameroun/Cameroun	x21	308	x43	16115	x14
Israel/Israël	2935	3942	7433	4945	1644
So. Africa Customs Un	x6339	x2486	x4612	x7558	x6343
Ecuador/Equateur	1372	4501	5010	4901	7222
Chile/Chili	1588	4228	4933	4420	x5593
Barbados/Barbade	1661	2959	3808	5229	x9032
Philippines	2816	x4483	3323	2819	657

(VALUE AS % OF TOTAL)(VALEUR EN % DU TOTAL)

	1983	1984	1985	1986	1987	1988	1989	1990	1991	1992		1983	1984	1985	1986	1987	1988	1989	1990	1991	1992
Africa	x10.5	x10.6	7.5	7.5	x5.0	x4.4	x5.1	x4.9	x5.3	x5.0	Afrique	1.1	0.8	0.4	x0.9	0.9	x0.3	x0.3	x0.4	0.6	x0.3
Northern Africa	x7.1	x6.9	4.6	3.7	2.2	2.1	3.0	2.9	x2.8	x2.1	Afrique du Nord	0.8	0.6	0.0	x0.1	0.0	0.0	0.1	0.1	0.1	x0.1
Americas	13.6	19.4	20.5	x17.0	x15.3	14.2	x15.2	13.8	13.5	x15.0	Amériques	x11.3	14.1	15.6	13.1	12.3	13.8	13.6	12.9	14.5	x16.7
LAIA	3.4	3.6	2.1	1.5	2.2	1.9	2.3	2.5	2.8	x3.7	ALAI	0.7	2.4	3.5	1.8	2.2	1.9	2.1	1.9	1.9	2.1
CACM	x0.5	0.4	0.2	0.5	0.7	0.5	0.5	0.4	0.4	x0.5	MCAC	x0.1	x0.1	0.1	0.2	0.3	0.3	0.2	0.2	0.2	x0.2
Asia	x27.6	x22.1	16.6	x14.8	x13.5	x16.3	x16.2	x13.3	x14.7	x17.3	Asie	12.7	11.3	12.7	11.1	x10.0	11.5	11.9	11.9	9.4	x9.6
Middle East	x16.9	x13.4	6.3	x7.0	x4.1	x4.7	x5.2	x3.5	x4.6	4.9	Moyen–Orient	x1.1	x1.5	1.7	1.0	x1.7	x2.0	x2.6	x1.1	x0.8	x0.8
Europe	45.5	45.4	52.6	57.6	57.7	56.1	54.4	61.7	60.6	58.6	Europe	73.8	72.3	70.0	73.7	71.3	69.2	71.4	75.0	71.8	70.4
EEC	38.6	38.2	44.1	48.1	48.1	47.1	45.7	51.9	51.9	50.3	CEE	66.5	63.6	60.7	63.6	61.5	60.2	62.2	65.8	63.9	62.9
EFTA	6.8	6.7	7.9	9.1	9.1	8.5	8.2	9.2	8.2	7.6	AELE	7.3	7.8	8.5	7.8	8.9	8.3	8.4	8.7	7.5	7.1
Oceania	x2.1	x1.5	1.5	x1.5	1.6	1.7	x2.1	x2.0	x2.1	1.8	Océanie	0.4	0.6	0.5	0.5	x1.1	x1.0	1.2	1.3	0.9	
Netherlands/Pays–Bas	9.2	9.6	10.7	11.0	10.9	9.9	9.6	10.6	10.4	10.6	Germany/Allemagne	12.5	12.7	15.6	17.8	17.7	17.6	19.2	19.0	17.7	18.6
Germany/Allemagne	6.9	6.1	7.2	7.5	7.1	7.2	7.2	9.2	11.7	11.6	United Kingdom	6.8	7.7	8.6	8.6	8.2	7.8	9.7	10.4	9.3	
France,Monac	4.8	5.1	6.3	7.0	7.0	6.8	7.1	8.1	7.0	7.0	USA/Etats–Unis d'Amer	9.2	9.9	9.8	8.6	7.5	8.7	8.3	8.7	10.0	11.9
United Kingdom	4.5	5.3	5.9	6.7	7.5	7.7	6.8	6.0	6.1	5.9	France,Monac	7.7	8.3	9.1	9.1	8.0	8.1	8.2	8.9	9.0	9.2
Belgium–Luxembourg	4.3	3.9	4.8	5.3	5.1	5.5	5.4	6.9	5.9	5.4	Belgium–Luxembourg	7.3	7.6	8.9	9.4	9.7	9.1	8.2	8.7	7.8	7.6
USA/Etats–Unis d'Amer	4.2	8.0	10.8	7.9	6.9	7.6	7.0	5.9	4.9	5.2	Italy/Italie	22.6	17.7	7.5	7.8	7.4	7.0	7.7	7.6	8.1	7.7
Canada	3.3	4.7	3.4	4.7	3.6	3.0	3.7	3.4	3.9	4.4	Netherlands/Pays–Bas	4.6	4.6	5.1	5.1	4.9	4.8	4.7	5.1	5.2	4.8
Former USSR/Anc. URSS					x3.0	x3.5	x3.7	x2.9	x2.2		Sweden/Suède	2.0	2.3	2.4	2.8	2.5	2.5	2.6	2.7	2.6	2.1
Austria/Autriche	2.1	1.9	2.1	2.3	2.3	2.3	2.4	2.9	2.8	2.8	Japan/Japon	6.8	6.2	5.7	5.4	3.0	3.0	3.0	2.1	1.9	1.8
Spain/Espagne	0.6	0.8	1.1	1.8	2.3	2.1	2.3	2.7	2.6	2.6	Austria/Autriche	2.0	1.9	2.3	2.4	2.3	1.9	2.1	2.5	2.2	2.4

693 WIRE PRODUCTS NON ELECTR / OUVRAGES FILS METALLIQUES 693

TRADE BY COMMODITY IN THOUSAND U.S. DOLLARS – COMMERCE PAR PRODUIT EN MILLIERS DE DOLLARS E.U

COUNTRIES–PAYS	IMPORTS – IMPORTATIONS 1988	1989	1990	1991	1992	COUNTRIES–PAYS	EXPORTS – EXPORTATIONS 1988	1989	1990	1991	1992
Total	3320249	3576142	3859430	3677309	x3819157	Totale	3025966	3310713	3476647	3390966	3486055
Africa	x162146	x175632	x232981	x235850	x236869	Afrique	x10501	x14983	x26306	x31703	x30231
Northern Africa	53062	58548	80808	x94653	x100929	Afrique du Nord	341	652	6168	6515	14722
Americas	1044842	1115038	x994704	883097	x958175	Amériques	309668	404721	441698	423392	456713
LAIA	105161	88482	104503	158296	x160112	ALAI	120454	185873	167478	133660	133713
CACM	10129	9921	9734	12224	x13643	MCAC	5386	4646	3890	4013	x3527
Asia	x433701	x465785	x508988	x559765	x698773	Asie	651754	740321	720024	726263	805582
Middle East	x102319	x83742	x114106	x153330	x183150	Moyen–Orient	x24938	x48828	x67215	49419	x58622
Europe	1456602	1581865	1900971	1761201	1827323	Europe	1754697	1900423	2135159	2062951	2098157
EEC	1150280	1264114	1528402	1428005	1515194	CEE	1586768	1705003	1903054	1865255	1907148
EFTA	265756	275368	324517	298465	275008	AELE	132505	157390	196020	184855	176402
Oceania	x45315	x67652	x57348	x47995	x53389	Océanie	x13321	13645	x17162	20220	15914
USA/Etats–Unis d'Amer	759676	800802	663058	532493	584936	Germany/Allemagne	478185	512482	570496	531558	556698
France,Monac	249992	258462	325330	289543	289334	Italy/Italie	292731	316928	324987	322009	347975
Germany/Allemagne	214819	235685	302519	321905	387101	Japan/Japon	256339	318538	288594	292494	326702
United Kingdom	206963	237570	234988	211029	209918	Belgium–Luxembourg	242054	233025	269032	271304	255547
Netherlands/Pays–Bas	137832	136426	157791	135671	136828	France,Monac	199091	233467	236722	242108	266749
Canada	120036	144446	134946	125254	138088	Korea Republic	223312	232194	213204	198912	213865
Belgium–Luxembourg	95696	113562	146841	134129	152671	USA/Etats–Unis d'Amer	101310	148679	201292	226957	251794
Italy/Italie	104234	120230	144306	129981	131563	United Kingdom	133375	147671	177896	180093	169071
Austria/Autriche	72624	72523	93800	95329	92316	Spain/Espagne	110110	106460	133399	127880	121831
Former USSR/Anc. URSS	x92919	x77807	x76996	x102129		Netherlands/Pays–Bas	82211	102299	132825	127315	135064
Sweden/Suède	64905	80354	84029	73661	65338	Austria/Autriche	57302	68316	91522	79381	72891
Spain/Espagne	48591	57648	91471	71809	75039	China/Chine	43985	63593	70482	93892	99326
Singapore/Singapour	33456	50243	66217	73216	79580	Poland/Pologne	61076	123231	49792	26899	x18710
China/Chine	93829	87519	62652	23315	42490	Brazil/Brésil	42975	75474	56375	50878	63844
Norway,SVD,JM	45118	37912	47882	56647	51432	Canada	77899	60640	64587	50678	64330
Switz.Liecht	47317	44628	48968	38042	34188	Norway,SVD,JM	19069	32489	40358	43265	38641
Mexico/Mexique	24014	27797	34153	69021	56705	Mexico/Mexique	33399	40066	40810	29587	29982
Hong Kong	32214	36585	46200	39673	44634	Turkey/Turquie	8421	26185	43150	39936	48153
Japan/Japon	21045	32059	40212	47816	48739	Hungary/Hongrie	x42744	x44026	x24099	x28498	x13638
Korea Republic	25324	31781	29399	54915	66928	Ireland/Irlande	25218	22980	27449	34225	25994
Denmark/Danemark	41729	31783	38418	41725	49041	Yugoslavia SFR	34706	37046	35078	x12012	
Poland/Pologne	29069	32263	22462	52709	x18628	Former USSR/Anc. URSS	x77325	x22631	x23808	x36061	
Yugoslavia SFR	36167	38070	41449	x26615		Venezuela	15447	21242	28024	31942	26335
So. Africa Customs Un	30859	33079	42652	x25985	x32939	Switz.Liecht	23996	24042	27743	27247	31598
Finland/Finlande	28259	33360	42119	25467	23265	Sweden/Suède	19963	19033	24616	26962	23339
Turkey/Turquie	15918	11115	22872	62765	52256	Singapore/Singapour	14262	19524	23731	25167	24281
Ireland/Irlande	23386	29884	31165	34109	27947	India/Inde	16676	x18391	16518	18305	x19526
Australia/Australie	19655	35777	29717	23701	26607	Romania/Roumanie	x18175	19634	20893	12602	x10416
Indonesia/Indonésie	18971	32308	24843	24400	43168	Hong Kong	11598	14824	18550	17748	17097
Portugal	13794	19949	27945	31901	29109	Peru/Pérou	13790	23880	19367	x4109	x612
Thailand/Thaïlande	12087	20198	28899	30574	38114	Argentina/Argentine	9221	17504	17488	7849	4030
Algeria/Algérie	21781	17370	29315	31189	x38660	So. Africa Customs Un	x8633	x13050	x12486	x17253	x12972
Greece/Grèce	13243	22914	27628	26202	x26643	Portugal	9198	11823	11326	11023	10881
Bulgaria/Bulgarie	x27290	x34167	x38339	x4092	3030	Denmark/Danemark	10311	11983	13257	12794	15218
Malaysia/Malaisie	12716	15394	28638	28801	x31924	Finland/Finlande	12165	13491	11729	7906	9843
Cuba	x9887	20654	x28623	x8247	x13269	Czechoslovakia	x11663	x7286	x7598	x17728	x31357
Saudi Arabia	20330	16718	x18108	x21659	x29019	Australia/Australie	10027	8816	9366	11244	9504
Israel/Israël	13265	11915	14896	28567	29204	Malaysia/Malaisie	6751	5763	6705	12571	x19702
Morocco/Maroc	6668	11899	13239	27579	26177	New Zealand	3072	4614	6104	8790	6306
Libyan Arab Jamahiriya	10640	14728	15608	x20848	x18010	Thailand/Thaïlande	7612	8202	4603	6332	x8261
Nigeria/Nigéria	x15694	x12322	x19506	x19146	x24233	Bahrain/Bahreïn	x5711	x4182	x11632	x2765	x5309
Philippines	7242	x15491	12568	16110	21821	Former GDR	x70607	x13265	x4257		
United Arab Emirates	x16101	x9239	x16536	x17843	x17703	Greece/Grèce	4284	5737	5516	4798	x2120
Chile/Chili	8783	17722	15422	10456	x13545	Bulgaria/Bulgarie	x4032	x5493	x5851	x4649	x5337
Hungary/Hongrie	x12760	x14393	x14213	14405	x11414	Saudi Arabia	3832	9217	x5163	x611	x675
Iran (Islamic Rp. of)	x3858	x5872	x13680	x21294	x57748	United Arab Emirates	4160	x5826	x4650	x3688	x3554
Brazil/Brésil	19971	12431	10807	12222	11699	Israel/Israël	4302	5629	4530	3994	4894
Colombia/Colombie	14536	6033	8981	19279	8937	Egypt/Egypte	42	25	4842	5053	13592
Venezuela	14655	8801	9761	12905	19705	Colombia/Colombie	562	2031	2235	5645	4136
Cameroon/Cameroun	x2204	3050	x15660	12257	x2276	Trinidad and Tobago	665	1466	1929	6009	1483

(VALUE AS % OF TOTAL)(VALEUR EN % DU TOTAL)

	1983	1984	1985	1986	1987	1988	1989	1990	1991	1992		1983	1984	1985	1986	1987	1988	1989	1990	1991	1992
Africa	x8.7	x7.5	6.5	x6.3	x4.9	x4.9	x4.9	x6.0	x6.4	x6.2	Afrique	x1.2	1.1	1.0	x0.9	x0.8	x0.4	x0.5	x0.8	x0.9	x0.9
Northern Africa	x4.8	x3.3	x4.0	x2.7	1.6	1.6	1.6	2.1	x2.6	2.6	Afrique du Nord	0.0	0.0	0.2	0.0	0.0	0.0	0.0	0.2	0.2	0.4
Americas	30.6	35.0	37.1	x34.2	x28.5	31.5	31.1	25.8	24.0	x25.1	Amériques	14.9	14.3	12.0	12.3	13.6	10.2	12.2	12.7	12.5	13.1
LAIA	3.5	3.2	3.0	x2.9	3.0	3.2	2.5	2.7	4.3	x4.2	ALAI	3.4	3.6	2.7	3.0	3.5	4.0	5.6	4.8	3.9	3.8
CACM	x0.3	0.4	0.4	0.7	x0.4	0.3	0.3	0.3	0.3	x0.4	MCAC	0.1	0.1	0.1	0.1	x0.2	0.2	0.1	0.1	0.1	x0.1
Asia	x23.3	15.4	13.5	x10.7	13.5	x13.0	13.2	x13.2	15.2	x18.3	Asie	26.0	27.5	26.4	22.3	20.1	21.5	22.4	20.7	21.4	23.1
Middle East	x4.9	x7.3	6.5	x4.8	x3.0	x3.1	x2.3	x3.0	x4.2	x4.8	Moyen–Orient	x1.0	x1.4	1.0	x1.2	0.7	0.8	x1.5	x1.9	1.5	x1.7
Europe	34.0	33.3	39.7	45.3	42.2	43.9	44.2	49.3	47.9	47.8	Europe	54.8	53.6	57.4	61.7	56.8	58.0	57.4	61.4	60.8	60.2
EEC	26.6	25.4	30.4	35.3	33.1	34.6	35.3	39.6	38.8	39.7	CEE	49.0	47.4	50.5	55.3	51.5	52.4	51.5	54.7	55.0	54.7
EFTA	7.4	6.8	7.8	8.7	7.9	8.0	7.7	8.4	8.1	7.2	AELE	5.7	5.2	5.4	5.4	4.5	4.4	4.8	5.6	5.5	5.1
Oceania	1.8	x1.9	1.8	x2.0	1.9	1.4	x1.9	1.5	1.3	1.4	Océanie	0.5	0.5	0.4	0.4	0.4	x0.4	0.4	0.5	0.6	0.5
USA/Etats–Unis d'Amer	22.9	27.5	29.4	26.1	20.6	22.9	22.4	17.2	14.5	15.3	Germany/Allemagne	12.0	12.2	13.5	16.5	15.3	15.8	15.5	16.4	15.7	16.0
France,Monac	5.4	5.1	6.4	7.4	6.9	7.5	7.2	8.4	7.9	7.6	Italy/Italie	8.7	7.6	8.2	9.1	8.9	9.7	9.6	9.3	9.5	10.0
Germany/Allemagne	6.0	5.0	6.2	7.5	6.5	6.6	6.6	7.8	8.8	10.1	Japan/Japon	15.2	14.9	15.3	12.8	8.9	8.5	9.6	8.3	8.6	9.4
United Kingdom	4.3	4.3	5.3	6.0	5.5	6.2	6.6	6.1	5.7	5.5	Belgium–Luxembourg	7.9	7.5	8.0	8.9	8.2	8.0	7.0	7.7	8.0	7.3
Netherlands/Pays–Bas	4.0	3.8	4.0	4.6	4.0	3.8	4.2	4.1	3.7	3.6	France,Monac	8.1	7.1	7.1	7.1	6.6	6.6	7.1	6.8	7.1	7.7
Canada	2.2	2.6	3.1	2.8	2.3	3.6	4.0	3.5	3.4	3.4	Korea Republic	7.6	9.3	8.5	6.8	6.4	7.4	7.0	6.1	5.9	6.1
Belgium–Luxembourg	2.1	2.0	2.6	3.0	2.6	2.9	3.2	3.8	3.6	4.0	USA/Etats–Unis d'Amer	5.9	3.5	2.9	2.4	2.7	3.3	4.5	5.8	6.7	7.2
Italy/Italie	2.1	2.5	2.8	3.1	3.4	3.1	3.4	3.7	3.5	3.4	United Kingdom	5.3	4.4	4.9	4.6	4.6	4.4	4.5	5.1	5.3	4.8
Austria/Autriche	1.8	1.6	1.9	2.2	1.9	2.2	2.0	2.4	2.6	2.4	Spain/Espagne	4.5	3.9	4.2	4.1	3.2	3.6	3.2	3.8	3.8	3.5
Former USSR/Anc. URSS		5.9		x5.9	x2.8	x2.2	x2.0	x2.8			Netherlands/Pays–Bas	2.6	2.6	2.8	3.1	3.0	2.7	3.1	3.8	3.8	3.9

694 STL, COPPR NAILS, NUTS, ETC — CLOUS, VIS, ECROUS 694

TRADE BY COMMODITY IN THOUSAND U.S. DOLLARS — COMMERCE PAR PRODUIT EN MILLIERS DE DOLLARS E.U

IMPORTS – IMPORTATIONS

COUNTRIES–PAYS	1988	1989	1990	1991	1992
Total	6202649	6606333	7333651	7042154	7556925
Africa	x178694	x169733	x188262	x175596	x175268
Northern Africa	74374	64526	80032	78484	x69583
Americas	2255830	2284491	2280496	2140675	x2375009
LAIA	148002	157950	185966	229492	268107
CACM	16190	16649	13981	15312	x12707
Asia	x691234	757111	900170	1062128	x1181749
Middle East	x149979	x125350	x158879	x151971	x227673
Europe	2848103	3131216	3717418	3432295	3610560
EEC	2199827	2428703	2877453	2734115	2885168
EFTA	629263	682296	811320	681187	694603
Oceania	x132132	x170754	x166237	x151262	x163618
USA/Etats–Unis d'Amer	1565837	1559784	1555938	1411560	1576568
Germany/Allemagne	533950	630793	796336	822221	894417
France, Monac	427463	461263	541104	488867	500288
Canada	485864	497994	467597	440358	469474
United Kingdom	379458	412101	442905	391034	409285
Netherlands/Pays-Bas	260475	267320	308517	271581	282465
Belgium–Luxembourg	213030	218957	270509	236792	251361
Sweden/Suède	187165	200565	232929	193639	182178
Switz.Liecht	176572	187530	225257	183039	184108
Italy/Italie	145832	170340	190875	184290	175616
Austria/Autriche	121938	134689	174861	170939	198584
Singapore/Singapour	118087	138187	146801	154530	160399
Spain/Espagne	95644	118570	151119	164699	184098
Japan/Japon	90123	103852	134091	163974	155243
Thailand/Thaïlande	57139	90382	135543	159590	181250
Australia/Australie	98783	129925	125711	118676	127466
Korea Republic	57232	72855	66608	104132	89484
Mexico/Mexique	50604	62847	74296	105393	117058
Finland/Finlande	68798	88792	94308	55796	49381
Malaysia/Malaisie	46275	56529	76030	96454	x74998
Denmark/Danemark	72367	68659	78706	74706	82904
Norway, SVD, JM	69062	65674	78260	71351	74610
Hong Kong	52285	54894	59103	68675	78586
Brazil/Brésil	45041	44241	51644	51389	50637
So. Africa Customs Un	51997	50080	46744	x46432	x44593
Former USSR/Anc. URSS	x41286	x44469	x39875	x41584	
Ireland/Irlande	31261	34641	39723	41173	38252
Indonesia/Indonésie	21829	32248	38771	42701	44106
Turkey/Turquie	26430	22267	40306	44682	66217
Portugal	25171	27681	36594	38384	45082
Saudi Arabia	41053	39294	x33471	x29004	x44107
Israel/Israël	20577	20917	26363	36533	38785
Algeria/Algérie	19646	17700	24774	22164	x15708
Greece/Grèce	15177	18378	21065	20367	x21419
Iran (Islamic Rp. of)	x12704	x8328	x21966	x27741	x57436
New Zealand	16202	18608	21295	18056	19998
Egypt/Egypte	26241	17576	17908	18419	17883
Philippines	7899	x14943	12313	26327	14074
Yugoslavia SFR	14213	15078	22551	x13031	
United Arab Emirates	x22134	x12970	x18300	x18727	x19230
Cuba	x7060	17011	x20877	x10090	x16826
Chile/Chili	12076	15843	16783	13887	x9780
Venezuela	10276	7559	12358	21387	20116
Hungary/Hongrie	x10174	x14213	x10440	16584	x13603
China/Chine	7467	12538	11673	13490	72049
Tunisia/Tunisie	8097	8535	13460	14593	14343
Morocco/Maroc	9892	10203	12622	13508	13388
India/Inde	12584	x14734	12502	9070	x18906
Argentina/Argentine	9592	7751	7609	14174	33718
Poland/Pologne	15602	13579	6109	9319	x17047

EXPORTS – EXPORTATIONS

COUNTRIES–PAYS	1988	1989	1990	1991	1992
Totale	5506389	5233099	6042383	5698836	6151433
Afrique	x13652	x12687	x20388	x18113	x15318
Afrique du Nord	5129	2241	5050	6272	2077
Amériques	629251	685272	948444	940860	1032843
ALAI	37354	47686	60594	53785	63910
MCAC	2703	2467	2393	3104	3425
Asie	x1881380	1363751	1426818	1378265	x1502750
Moyen–Orient	x34045	x29338	x30685	x20364	x21110
Europe	2830731	3054301	3519661	3244721	3465068
CEE	2203660	2397584	2762126	2575924	2757697
AELE	587948	614601	723117	652355	688018
Océanie	x23140	x26536	x29207	26717	30585
Germany/Allemagne	881505	957242	1096041	1048369	1142819
Japan/Japon	720181	741838	784824	754088	799143
Italy/Italie	485044	528637	596429	545214	575049
USA/Etats–Unis d'Amer	299834	364673	624865	652522	708829
Switz.Liecht	399445	409950	483607	432356	454572
France, Monac	256540	298934	345692	313380	337825
Canada	286748	267854	258696	229864	255247
United Kingdom	179836	190099	226394	214173	226671
China/Chine	179759	202320	206038	203791	236279
Korea Republic	191681	189876	183064	152762	173665
Netherlands/Pays-Bas	147929	152506	176758	162229	167853
Spain/Espagne	100839	109846	130319	121294	118782
Sweden/Suède	102735	111884	122337	116619	121603
Belgium–Luxembourg	93753	100385	120705	106362	105034
Austria/Autriche	70205	73466	92787	83438	89448
Hong Kong	48711	58082	61743	62357	67425
Singapore/Singapour	50310	55280	62197	64078	59602
Denmark/Danemark	38562	37984	45658	41204	53635
Yugoslavia SFR	39044	42017	34201	x16321	
Poland/Pologne	27754	27035	30220	33335	x43980
Malaysia/Malaisie	8767	14301	30476	37946	x48011
Brazil/Brésil	14643	20261	24018	27440	37182
India/Inde	27909	x23846	19171	22028	x30245
Australia/Australie	17013	19467	22033	20251	23607
Thailand/Thaïlande	9605	16685	19134	24391	x29599
Ireland/Irlande	16187	17428	18828	17801	22166
Mexico/Mexique	14290	15899	21277	12157	10845
Czechoslovakia	x14850	x9960	x11495	x24739	x36886
Turkey/Turquie	18725	13949	18046	11652	13059
Bulgaria/Bulgarie	12174	x15733	x19238	x2882	x4200
Former USSR/Anc. URSS	x14347	x11035	x12200	x13429	
Indonesia/Indonésie	6157	14151	10284	9634	15493
Norway, SVD, JM	7577	10312	11851	11124	12227
Hungary/Hongrie	x5492	x7802	x11881	x12872	x13192
So. Africa Customs Un	x7476	x9464	x12427	x9685	x9259
Sri Lanka	10739	11490	7926	11082	10825
Finland/Finlande	7873	8931	12534	8817	10150
New Zealand	5621	6553	6321	5966	6540
Israel/Israël	4931	5373	6554	6462	7593
Former GDR	x40843	x10086	x7604		
United Arab Emirates	x9773	x7907	x5404	x3876	x4619
Romania/Roumanie	x12775	8896	5219	2853	x6320
Portugal	2898	3515	4429	4977	6840
Colombia/Colombie	1291	2527	3229	6879	7843
Chile/Chili	3147	3056	3819	3277	x4039
Argentina/Argentine	2520	3414	3928	2696	2438
Philippines	70	x183	2448	6271	1044
Saudi Arabia	3556	4350	x3145	x541	x560
Oman	43	974	2782	2844	x1005
Tunisia/Tunisie	377	1383	2550	2067	1075

(VALUE AS % OF TOTAL) (VALEUR EN % DU TOTAL)

Imports

	1983	1984	1985	1986	1987	1988	1989	1990	1991	1992
Africa	x4.5	x4.0	3.4	x3.6	3.0	x2.8	2.6	x2.5	2.5	x2.3
Northern Africa	x2.3	1.8	1.8	1.8	1.3	1.2	1.0	1.1	1.1	x0.9
Americas	36.3	44.3	43.7	x38.0	x36.3	36.4	34.5	31.1	30.4	x31.5
LAIA	2.0	2.9	3.2	2.3	2.3	2.4	2.4	2.5	3.3	3.5
CACM	x0.2	0.4	0.4	0.3	0.3	0.3	0.3	0.2	0.2	x0.2
Asia	15.9	12.6	10.7	9.6	x9.8	x11.2	11.5	12.3	15.0	x15.7
Middle East	x7.0	x4.9	3.3	x3.1	x2.4	x2.4	x1.9	x2.2	x2.2	x3.0
Europe	41.0	36.4	39.7	46.3	47.2	45.9	47.4	50.7	48.7	47.8
EEC	31.7	28.0	30.5	35.3	35.8	35.5	36.8	39.2	38.8	38.2
EFTA	9.3	8.1	8.9	10.6	11.1	10.1	10.3	11.1	9.7	9.2
Oceania	2.1	x2.4	2.4	x2.3	x2.2	x2.2	x2.5	x2.3	x2.1	x2.2
USA/Etats–Unis d'Amer	27.1	33.2	31.8	27.6	27.0	25.2	23.6	21.2	20.0	20.9
Germany/Allemagne	8.2	7.2	7.8	9.5	9.2	8.6	9.5	10.9	11.7	11.8
France, Monac	6.4	5.3	5.8	6.6	7.0	6.9	7.0	7.4	6.9	6.6
Canada	6.5	7.3	7.8	6.6	5.8	7.8	7.5	6.4	6.3	6.2
United Kingdom	5.4	5.0	5.4	6.3	5.8	6.1	6.2	6.0	5.6	5.4
Netherlands/Pays-Bas	3.4	3.2	3.5	4.6	4.4	4.2	4.0	4.2	3.9	3.7
Belgium–Luxembourg	2.9	2.5	2.7	3.1	3.1	3.3	3.3	3.7	3.4	3.3
Sweden/Suède	2.7	2.4	2.6	3.0	3.1	3.0	3.0	3.2	2.7	2.4
Switz.Liecht	2.2	2.2	2.4	2.8	2.9	2.8	2.8	3.1	2.6	2.4
Italy/Italie	1.8	1.7	2.1	2.3	2.4	2.5	2.6	2.6	2.6	2.3

Exports

	1983	1984	1985	1986	1987	1988	1989	1990	1991	1992
Afrique	0.2	x0.2	0.3	0.4	0.3	x0.2	x0.3	x0.3	x0.3	x0.3
Afrique du Nord	x0.0	0.0	0.0	0.0	0.0	0.1	0.0	0.1	0.1	0.0
Amériques	15.8	15.6	15.0	13.3	10.4	11.5	13.1	15.7	16.5	16.8
ALAI	0.6	0.9	0.7	0.6	0.7	0.7	0.9	1.0	0.9	1.0
MCAC	x0.1	0.1	0.0	0.0	x0.1	0.1	0.0	0.0	0.1	0.1
Asie	27.4	29.9	26.5	22.7	x31.3	x34.2	26.1	23.6	24.1	x24.4
Moyen–Orient	x0.1	x0.3	0.8	0.3	x0.5	x0.6	x0.6	x0.5	x0.4	x0.3
Europe	55.0	52.9	56.9	62.4	54.9	51.4	58.4	58.2	56.9	56.3
CEE	43.5	40.4	44.0	48.4	42.6	40.0	45.8	45.7	45.2	44.8
AELE	11.5	11.1	11.3	12.9	11.5	10.7	11.7	12.0	11.4	11.2
Océanie	0.5	0.4	0.4	x0.5	0.4	x0.4	x0.5	x0.5	0.5	0.5
Germany/Allemagne	16.5	15.2	16.6	19.5	17.2	16.0	18.3	18.1	18.4	18.6
Japan/Japon	19.7	21.7	19.2	15.4	11.4	13.1	14.2	13.0	13.2	13.0
Italy/Italie	9.8	9.3	10.3	11.0	9.5	8.8	10.1	9.9	9.6	9.3
USA/Etats–Unis d'Amer	9.0	8.8	7.9	6.9	5.5	5.4	7.0	10.3	11.5	11.5
Switz.Liecht	7.2	7.1	7.4	8.7	7.8	7.3	7.8	8.0	7.6	7.4
France, Monac	5.2	4.7	5.2	5.5	4.9	4.7	5.7	5.7	5.5	5.5
Canada	6.2	5.9	5.6	5.7	4.1	5.2	5.1	4.3	4.0	4.1
United Kingdom	3.6	3.5	3.8	3.7	3.4	3.3	3.6	3.7	3.8	3.7
China/Chine						3.1	3.3	3.9	3.4	3.8
Korea Republic	5.1	5.5	4.1	4.4	4.0	3.5	3.6	3.0	2.7	2.8

TRADE BY COMMODITY IN THOUSAND U.S. DOLLARS – COMMERCE PAR PRODUIT EN MILLIERS DE DOLLARS E.U

COUNTRIES–PAYS	IMPORTS – IMPORTATIONS					COUNTRIES–PAYS	EXPORTS – EXPORTATIONS				
	1988	1989	1990	1991	1992		1988	1989	1990	1991	1992
Total	10939617	11211585	12779900	13063471	13555163	Totale	10434253	10160419	11736790	11919459	12568713
Africa	x468589	x428434	x468632	x452783	x469942	Afrique	x20818	x22089	x30980	x31209	x36469
Northern Africa	158647	168057	182085	x156343	x148166	Afrique du Nord	1881	1948	4367	3913	4809
Americas	2417625	2675573	2682056	3073300	x3023777	Amériques	1063403	1213813	1473520	1556762	1668116
LAIA	364505	397943	428596	612708	656042	ALAI	111234	119965	132309	164143	163484
CACM	32210	39595	31468	28739	x33315	MCAC	4053	3434	3893	3978	x4263
Asia	x1706603	x1680624	x1939115	x2137719	x2426692	Asie	x2651572	2172486	2227382	2654298	2868982
Middle East	x390964	x325579	x330264	x344317	x490081	Moyen–Orient	x26712	x20157	x13192	x14447	x17671
Europe	5343898	5476436	6802868	6694240	7141858	Europe	6159821	6405589	7750998	7476491	7826520
EEC	4261800	4361376	5388259	5465104	5872251	CEE	4532889	4688819	5780314	5612838	5951486
EFTA	1011003	1051214	1324890	1179715	1216476	AELE	1557709	1647408	1893926	1813631	1829380
Oceania	x289594	x325159	x306763	x273867	x289898	Océanie	x43130	44906	48251	x50477	x56839
USA/Etats–Unis d'Amer	1341585	1539711	1552016	1779613	1622628	Germany/Allemagne	2065365	2159440	2635383	2525688	2767924
Germany/Allemagne	1075321	1163487	1552166	1688506	1655196	Japan/Japon	1193389	1261019	1240087	1557468	1624595
France,Monac	750191	719045	854406	813672	918536	USA/Etats–Unis d'Amer	791668	917194	1151320	1194514	1316031
United Kingdom	649186	660210	768044	721114	747681	Sweden/Suède	719063	764695	844767	798953	772433
Italy/Italie	497416	545936	626802	603664	668482	Italy/Italie	528413	536855	635611	638792	672033
Canada	611596	607933	564485	566459	630215	United Kingdom	462781	504546	657286	654005	664681
Netherlands/Pays–Bas	479461	446972	536468	509163	536224	Switz.Liecht	517671	524162	606385	623430	648131
Belgium–Luxembourg	288215	306529	380086	422251	521025	France,Monac	475142	491185	586931	560557	601066
Japan/Japon	259486	305896	365096	381424	346702	Netherlands/Pays–Bas	410071	437908	507941	499504	473337
Switz.Liecht	308094	310470	380569	340015	334281	China/Chine	294364	343919	348501	373371	448406
Sweden/Suède	272265	295051	402158	333583	365807	Austria/Autriche	266279	291496	371666	336155	356783
Spain/Espagne	218846	227896	305474	336304	418962	Spain/Espagne	243940	203292	322829	310755	298824
Former USSR/Anc. URSS	x228009	x268180	x339591	x244820		Belgium–Luxembourg	186120	186358	230651	228289	265235
Austria/Autriche	191598	205134	265753	273773	296342	Canada	151075	167891	175139	198435	240921
Singapore/Singapour	178043	193740	231424	258131	271949	Hong Kong	146112	165284	148362	159227	159445
Australia/Australie	221680	238996	231406	206620	217577	Israel/Israël	105373	123842	145816	139776	148541
Mexico/Mexique	112603	188766	191217	294337	308686	Singapore/Singapour	78282	94671	111613	89699	107934
Korea Republic	141502	170062	226813	253657	263183	Korea Republic	75491	80145	86554	89699	80599
Hong Kong	139572	155193	166237	202829	240916	Ireland/Irlande	61608	67373	75375	71696	80599
Thailand/Thaïlande	113745	132584	164313	167746	188128	India/Inde	57436	x64595	71250	68671	x81240
Denmark/Danemark	130454	114494	142846	137891	151387	Former USSR/Anc. URSS	x71486	x84285	x66529	x48436	
Finland/Finlande	112067	128650	147102	94951	84653	Denmark/Danemark	60982	54662	70345	69786	72587
Norway,SVD,JM	119376	105432	122530	129043	127384	Yugoslavia SFR	66003	67182	74161	x47332	
Malaysia/Malaisie	61875	77679	116318	138856	x208587	Brazil/Brésil	56842	63909	57280	61148	71528
Indonesia/Indonésie	62446	73884	113309	131347	92719	Poland/Pologne	79364	67660	53115	38306	x33918
So. Africa Customs Un	126540	99924	107235	x100029	x113578	Finland/Finlande	34164	44943	47458	33301	28234
Brazil/Brésil	68306	55359	88826	113220	88112	Portugal	28628	30774	38162	37453	44243
Iran (Islamic Rp. of)	x77089	x63797	x93401	x90798	x177857	Mexico/Mexique	27727	25374	28660	47908	32981
Portugal	64776	65429	87707	94275	100763	Czechoslovakia	x50426	x34004	x31263	x29426	x42952
Ireland/Irlande	67206	64833	75666	79658	82031	Argentina/Argentine	17237	21008	33169	36678	32931
Saudi Arabia	51636	66047	x67821	x79502	x94711	Australia/Australie	24422	27288	28695	30665	34307
Czechoslovakia	x83723	68565	70844	x65486	x73234	Bulgaria/Bulgarie	x114449	x52453	x16225	x4974	x6774
China/Chine	56898	60451	54595	72456	82993	Norway,SVD,JM	20469	22111	23642	21791	23753
Hungary/Hongrie	x59213	x66594	x46801	64402	x54237	So. Africa Customs Un	x15822	x15986	x21077	x22413	x23730
Israel/Israël	48417	50600	60576	61820	64340	New Zealand	14955	16395	18108	18045	21483
Yugoslavia SFR	61763	55531	79440	x36676		Greece/Grèce	9840	16195	19568	16080	x10956
Bulgaria/Bulgarie	x75299	x100379	x57033	x10968	6512	Romania/Roumanie	x48352	27796	9086	8674	x11255
Algeria/Algérie	49855	38327	80290	45313	x10981	Hungary/Hongrie	x19711	x12604	x10981	x20296	x16794
Greece/Grèce	40728	46545	58593	58607	x71964	Former GDR	x111628	x22580	x18381		
Venezuela	70017	39445	34925	59551	60787	Thailand/Thaïlande	5169	6010	9626	1741	x14289
New Zealand	40921	42637	45321	41306	44075	Malaysia/Malaisie	. 3560	4933	10579	16405	x12895
Turkey/Turquie	36937	32576	46141	49679	51378	Colombia/Colombie	5813	4733	5585	10783	9765
Chile/Chili	30875	41106	41500	38633	x57145	Turkey/Turquie	13021	6071	5907	6467	9211
India/Inde	35670	x41649	44119	30833	x91688	Venezuela	2866	4057	6129	6302	10161
United Arab Emirates	x60514	x32949	x37940	x49721	x72761	Sri Lanka	406	2029	5797	8302	5788
Libyan Arab Jamahiriya	39573	65360	17257	31615	x24914	Cyprus/Chypre	3051	5974	3406	3014	1742
Cuba	x15685	34508	47018	x26360	x24880	Tunisia/Tunisie	1743	1648	3675	2511	1549
Iraq	x106034	x73727	x31465	x752	x560	United Arab Emirates	x5395	x3178	x2056	x2351	x1970
Poland/Pologne	43238	36756	23003	32610	x55244	El Salvador	3223	2442	2842	2284	x3218
Egypt/Egypte	31387	25150	35169	28950	33581	Barbados/Barbade	1825	2402	2595	2117	x5804

(VALUE AS % OF TOTAL)(VALEUR EN % DU TOTAL)

	1983	1984	1985	1986	1987	1988	1989	1990	1991	1992		1983	1984	1985	1986	1987	1988	1989	1990	1991	1992
Africa	x8.4	x7.4	5.7	x5.9	x4.5	4.3	3.8	3.6	3.5	3.4	Afrique	0.9	x0.4	0.5	x0.4	0.5	x0.2	x0.3	0.3	x0.3	0.3
Northern Africa	x3.3	x2.8	2.4	x2.0	1.4	1.5	1.5	1.4	x1.2	x1.1	Afrique du Nord	0.0	x0.1	0.0	0.0	0.0	0.0	0.0	0.0	0.0	0.0
Americas	22.6	25.0	27.4	x24.3	21.9	22.1	23.9	21.0	23.6	x22.3	Amériques	15.9	16.0	15.0	11.3	9.3	10.2	12.0	12.6	13.0	13.3
LAIA	2.9	3.6	4.1	3.9	3.2	3.3	3.5	3.4	4.7	4.8	ALAI	1.1	1.6	1.4	1.1	0.9	1.1	1.2	1.1	1.4	1.3
CACM	x0.2	0.4	0.4	0.4	x0.5	0.3	0.4	0.2	0.2	x0.2	MCAC	x0.0	0.1	0.1	0.1	0.1	0.0	0.0	0.0	0.0	x0.0
Asia	x19.3	x17.7	14.4	x14.5	x14.0	x15.6	x15.0	15.1	x16.4	x17.9	Asie	16.6	17.8	18.0	18.3	x24.4	x25.4	21.4	18.9	22.3	22.8
Middle East	x8.3	x6.7	3.2	x3.7	3.3	3.6	2.9	2.6	2.6	x3.6	Moyen–Orient	x0.2	0.7	0.4	0.4	0.8	x0.2	x0.1	x0.1	x0.1	0.1
Europe	44.4	44.0	48.0	50.8	49.5	48.8	48.8	53.2	51.2	52.7	Europe	62.6	62.0	64.3	67.8	59.9	59.0	63.0	66.0	62.7	62.3
EEC	35.2	34.3	37.6	39.6	38.7	39.0	38.9	42.2	41.8	43.3	CEE	47.3	45.4	47.0	49.2	43.8	43.4	46.1	49.2	47.1	47.4
EFTA	9.1	8.9	9.5	10.3	10.0	9.2	9.4	10.4	9.0	9.0	AELE	15.3	15.3	16.0	17.5	15.1	14.9	16.2	16.1	15.2	14.6
Oceania	2.9	x3.5	3.2	x2.8	x3.1	x2.6	x2.9	x2.4	x2.1	x2.1	Océanie	0.5	0.5	0.4	0.4	0.4	0.4	0.4	0.4	0.4	0.4
USA/Etats–Unis d'Amer	13.5	14.6	16.2	13.8	12.9	12.3	13.7	12.1	13.6	12.0	Germany/Allemagne	21.0	19.8	20.6	22.6	20.1	19.8	21.3	22.5	21.2	22.0
Germany/Allemagne	9.0	8.7	9.7	10.8	10.4	9.8	10.4	12.1	12.9	12.2	Japan/Japon	11.5	12.1	12.1	13.0	10.3	11.4	12.4	10.6	13.1	12.9
France,Monac	6.3	5.6	6.2	6.7	6.6	6.9	6.4	6.7	6.2	6.8	USA/Etats–Unis d'Amer	13.2	12.7	12.1	8.7	7.2	7.6	9.0	9.8	10.0	10.5
United Kingdom	5.6	6.3	6.5	5.6	5.6	5.9	5.9	6.0	5.5	5.5	Sweden/Suède	7.3	7.5	7.9	8.2	7.1	6.9	7.5	7.2	6.7	6.1
Italy/Italie	3.9	3.7	4.2	4.5	4.6	4.5	4.9	4.9	4.6	4.9	Italy/Italie	4.8	4.8	4.8	5.6	5.2	4.4	5.0	5.6	5.5	5.3
Canada	5.3	5.6	6.0	4.7	4.2	5.6	5.4	4.4	4.3	4.6	United Kingdom	6.3	6.5	6.5	5.4	5.0	5.1	5.5	5.4	5.4	5.3
Netherlands/Pays–Bas	4.0	3.9	4.3	4.6	4.4	4.4	4.0	4.2	3.9	4.0	Switz.Liecht	4.9	4.7	4.9	5.4	4.9	5.0	5.2	5.2	5.2	5.2
Belgium–Luxembourg	2.6	2.4	3.0	3.1	2.7	2.6	2.7	3.0	3.2	3.8	France,Monac	6.4	5.7	5.4	5.6	4.7	4.6	4.8	5.0	4.7	4.8
Japan/Japon	1.8	1.9	2.1	2.0	2.0	2.4	2.7	2.9	2.9	2.6	Netherlands/Pays–Bas	3.4	3.3	3.6	3.9	3.5	3.9	4.3	4.3	4.2	3.8
Switz.Liecht	2.5	2.4	2.6	3.0	2.9	2.8	2.8	3.0	2.6	2.5	China/Chine			0.3	0.3	2.5	2.8	3.4	3.0	3.1	3.6

TRADE BY COMMODITY IN THOUSAND U.S. DOLLARS – COMMERCE PAR PRODUIT EN MILLIERS DE DOLLARS E.U

COUNTRIES–PAYS	IMPORTS – IMPORTATIONS					COUNTRIES–PAYS	EXPORTS – EXPORTATIONS				
	1988	1989	1990	1991	1992		1988	1989	1990	1991	1992
Total	2393139	2438801	2861695	3170527	3378879	Totale	2249016	2237284	2600021	2791688	3030706
Africa	x71480	x65586	x72665	x85774	x92801	Afrique	x6887	x8914	x15603	x7909	x15806
Northern Africa	18169	19781	18768	x19996	x19069	Afrique du Nord	6167	7523	14158	7025	10569
Americas	705913	662429	664017	754550	x867830	Amériques	163092	239805	290190	284624	347769
LAIA	47821	59179	69412	94141	x140801	ALAI	63664	107666	91709	102456	129651
CACM	11687	12091	10008	10969	x12854	MCAC	2211	1449	2598	3290	3001
Asia	x395283	x399982	x473352	x557433	x607461	Asie	x1067016	934597	1020060	1203580	1297149
Middle East	x111542	x80053	x109814	109896	x144383	Moyen–Orient	x5953	x9799	x11515	x5599	x7692
Europe	1075259	1111861	1415633	1590133	1686732	Europe	964931	1007123	1232381	1260302	1347189
EEC	892027	923794	1182024	1371397	1458311	CEE	838269	871172	1065837	1087741	1162099
EFTA	171293	173636	210738	207327	216490	AELE	125220	132380	165190	171578	182614
Oceania	x83619	x96124	x87072	x93942	x101785	Océanie	x14133	x13081	x10828	x8238	x9935
USA/Etats–Unis d'Amer	553684	473153	463452	515052	571842	Germany/Allemagne	392871	401910	489175	519137	568294
Germany/Allemagne	222840	247026	315244	409254	417090	Japan/Japon	307653	300206	302523	335530	347920
France, Monac	153466	159508	200108	217231	242002	Hong Kong	177049	229927	254939	309892	341609
United Kingdom	147912	145276	183073	178275	196390	Korea Republic	253740	241128	241194	264529	255885
Italy/Italie	113918	121364	154322	184135	189182	United Kingdom	120282	137774	176535	178231	185096
Hong Kong	81946	106094	130087	166930	203884	USA/Etats–Unis d'Amer	89282	120465	190318	172337	207954
Japan/Japon	108667	111291	121662	128761	116682	China/Chine	86681	95828	118923	170669	214048
Canada	77420	93823	101873	115557	123201	Italy/Italie	99533	108957	133560	133519	132126
Netherlands/Pays–Bas	76237	74415	88957	94241	97711	France, Monac	120518	112182	127201	110485	113979
Spain/Espagne	47566	57516	79333	112171	121059	Switz.Liecht	87402	89142	118650	130815	136045
Former USSR/Anc. URSS	x17194	x66466	x122001	x49100		Brazil/Brésil	52134	61916	69029	83886	100160
Australia/Australie	63662	74283	67763	75022	81513	Spain/Espagne	35629	32782	40906	41386	41227
Switz.Liecht	55588	56138	66199	65370	66889	Netherlands/Pays–Bas	24749	27649	34852	34764	37358
Belgium–Luxembourg	55955	50032	65606	63482	65173	Singapore/Singapour	12831	20383	35013	34365	35970
Austria/Autriche	35928	39059	53890	52010	57540	Portugal	16400	20397	30707	30351	33512
Sweden/Suède	43601	42583	47562	48258	46965	Finland/Finlande	14216	15840	16393	15643	18386
Singapore/Singapour	23294	30670	34211	43166	44701	Sweden/Suède	15359	16137	16656	14475	16187
United Arab Emirates	x35772	x17504	x34532	x41031	x48648	Greece/Grèce	6657	10468	13667	16637	x26881
Denmark/Danemark	29911	26058	29138	36869	44048	Venezuela	192	31007	4074	2945	4196
Mexico/Mexique	13863	25456	25006	30158	42827	India/Inde	12978	x9767	15912	11447	x10783
Saudi Arabia	21374	20460	x26831	x24522	x30394	Thailand/Thaïlande	7333	8550	10383	15508	x17249
Greece/Grèce	15557	15375	24838	31017	x33281	Belgium–Luxembourg	10856	9496	9830	13350	13685
So. Africa Customs Un	23901	17608	22598	x25208	x29568	Indonesia/Indonésie	404	1215	8707	21314	29821
Norway, SVD, JM	19916	18126	22994	24272	26973	Former USSR/Anc. URSS	x4422	x11673	x11568	x7578	
Portugal	16172	14020	22602	26033	29740	Poland/Pologne	12330	11210	10743	8714	x3015
Korea Republic	11042	14923	18794	22791	23469	Pakistan	6125	6246	8964	14544	14080
Ireland/Irlande	12493	13203	18804	18690	22634	Israel/Israël	8560	8003	8071	11313	11278
Finland/Finlande	14160	15515	17957	14804	15885	Australia/Australie	12033	11192	9242	6665	8150
Israel/Israël	11511	11648	13476	16974	16900	Austria/Autriche	5603	7803	8705	7479	8586
Chile/Chili	10075	13300	11800	14607	x16665	Mexico/Mexique	6430	8552	7693	3987	4564
New Zealand	13066	12880	12716	12483	13457	Czechoslovakia	x7331	x5554	x5008	x8822	x6449
Yugoslavia SFR	6776	9158	16727	x4523		Turkey/Turquie	3500	6875	9271	2658	3023
Malaysia/Malaisie	6846	9266	9676	11400	x12775	Egypt/Egypte	4664	4529	9224	3916	6417
Argentina/Argentine	3724	1876	7169	20843	33964	Ireland/Irlande	5641	5589	5457	5815	5958
China/Chine	5704	6886	9551	12699	12488	Argentina/Argentine	2302	2602	6042	6241	10718
Hungary/Hongrie	x7760	x9298	x3930	14317	x4948	Canada	6880	5984	3569	5019	6363
Bulgaria/Bulgarie	x5548	x9904	x7290	x6941		Colombia/Colombie	2440	3003	4639	4493	7654
Thailand/Thaïlande	6132	6655	7360	8484	10127	Denmark/Danemark	5132	3932	3913	4029	3983
Poland/Pologne	7922	5628	3833	12922	x6909	Norway, SVD, JM	2638	3452	4724	3162	3408
Afghanistan	x5112	x3934	x2965	x15399	x2898	Guatemala	2158	1429	2575	3186	2983
Iraq	x20599	x10807	x8713	x16	x37	Philippines	1087	x1935	1948	2818	2989
Kuwait/Koweït	x9679	8302	x5366	x4506	x7777	Morocco/Maroc	570	778	2705	2231	2548
Turkey/Turquie	3530	2973	7002	8055	10749	Yugoslavia SFR	1424	3402	1337	x813	
Morocco/Maroc	3397	5624	6451	5836	5974	Bulgaria/Bulgarie	x630	x2636	x1383	x631	x1854
Venezuela	7166	4166	4939	8528	13367	New Zealand	2029	1784	1481	1310	1698
Lebanon/Liban	x3194	x3791	x5612	x7250	x7984	Tunisia/Tunisie	932	1942	1756	867	528
Nigeria/Nigéria	x3855	x3416	x5896	x7077	x8817	Jamaica/Jamaïque	871	1339	1757	1393	x316
Libyan Arab Jamahiriya	7573	6138	3824	6295	x3746	Malaysia/Malaisie	379	699	809	2677	x4584
Cote d'Ivoire	x3536	x4973	x2990	x7194	x7075	Former GDR	x7428	x2192	x1829		
Philippines	1755	x7768	2873	3251	3627	United Arab Emirates	x1038	x1034	x755	x1413	x1677

(VALUE AS % OF TOTAL)(VALEUR EN % DU TOTAL)

	1983	1984	1985	1986	1987	1988	1989	1990	1991	1992		1983	1984	1985	1986	1987	1988	1989	1990	1991	1992
Africa	x5.4	x4.1	2.8	x2.9	x2.6	x3.0	x2.7	x2.5	x2.7	2.8	Afrique	x0.1	x0.2	0.1	0.1	0.2	x0.3	x0.4	x0.6	x0.3	x0.5
Northern Africa	x2.5	x1.4	0.9	x0.6	0.6	0.8	0.8	0.7	x0.6	x0.6	Afrique du Nord	0.1	0.1	0.0	0.0	0.1	0.3	0.3	0.5	0.3	0.3
Americas	32.1	36.5	38.3	33.6	29.5	29.5	27.1	23.2	23.8	x25.7	Amériques	7.9	7.7	7.2	7.0	5.4	7.3	10.8	11.2	10.2	11.5
LAIA	2.5	2.4	3.0	2.2	1.9	2.0	2.4	2.4	3.0	x4.2	ALAI	2.4	2.7	2.7	2.6	2.0	2.8	4.8	3.5	3.7	4.3
CACM	x0.1	0.6	0.6	0.5	0.6	0.5	0.5	0.3	0.3	x0.4	MCAC	0.0	0.0	0.0	0.0	0.0	0.1	0.1	0.1	0.1	0.1
Asia	x16.8	15.0	13.7	x15.5	x15.0	x16.5	x16.4	x16.5	x17.6	x18.0	Asie	38.4	42.1	40.2	37.0	x43.3	x47.5	41.8	39.2	43.1	42.8
Middle East	x7.6	x6.6	4.5	x5.0	x4.4	x4.7	3.3	3.8	3.5	x4.3	Moyen–Orient	x0.2	0.4	1.4	0.4	0.4	x0.3	x0.4	x0.4	x0.2	0.3
Europe	41.3	39.5	41.5	43.7	47.1	44.9	45.6	49.5	50.2	49.9	Europe	49.4	47.0	50.5	54.0	48.7	42.9	45.0	47.4	45.1	44.5
EEC	34.0	32.2	32.8	35.4	38.3	37.3	37.9	41.3	43.3	43.2	CEE	43.6	41.0	43.8	46.8	42.2	37.3	38.9	41.0	39.0	38.3
EFTA	7.2	6.9	7.3	7.7	8.0	7.2	7.1	7.4	6.5	6.4	AELE	5.8	5.8	6.5	7.2	6.4	5.6	5.9	6.4	6.1	6.0
Oceania	4.3	x4.7	4.4	x4.0	x3.5	3.5	4.0	x3.0	x3.0	3.0	Océanie	0.7	0.7	0.5	0.4	0.5	x0.6	x0.6	x0.4	x0.3	x0.3
USA/Etats–Unis d'Amer	25.3	29.1	30.5	26.9	23.4	23.1	19.4	16.2	16.2	16.9	Germany/Allemagne	18.8	18.0	19.1	21.4	19.6	17.5	18.0	18.8	18.6	18.8
Germany/Allemagne	9.5	8.7	8.8	9.5	9.7	9.3	10.1	11.0	12.9	12.3	Japan/Japon	22.9	24.1	22.3	19.1	14.0	13.7	13.4	11.6	12.0	11.5
France, Monac	5.7	5.4	5.5	6.3	6.8	6.4	6.5	7.0	6.9	7.2	Hong Kong	4.6	5.1	5.7	5.8	5.5	7.9	10.3	9.8	11.1	11.3
United Kingdom	5.4	5.5	5.4	5.1	5.9	6.2	6.0	6.4	5.6	5.8	Korea Republic	8.2	10.0	8.4	9.5	9.5	11.3	10.8	9.3	9.5	8.4
Italy/Italie	3.9	3.7	3.8	4.1	5.0	4.8	5.0	5.4	5.8	5.6	United Kingdom	6.9	6.4	5.8	6.5	5.1	5.3	6.2	6.8	6.4	6.1
Hong Kong	2.3	2.2	2.4	2.7	2.7	3.4	4.4	4.5	5.3	6.0	USA/Etats–Unis d'Amer	5.2	4.7	4.2	4.0	3.2	4.0	5.4	7.3	6.2	6.9
Japan/Japon	3.0	2.9	3.4	4.1	4.3	4.5	4.6	4.3	4.1	3.5	China/Chine					3.6	3.9	4.3	4.6	6.1	7.1
Canada	3.5	3.6	3.5	3.1	2.9	3.2	3.8	3.6	3.6	3.6	Italy/Italie	4.3	4.1	4.8	5.3	4.4	4.4	4.9	5.1	4.8	4.4
Netherlands/Pays–Bas	3.6	3.4	3.4	3.7	3.6	3.2	3.1	3.1	3.0	2.9	France, Monac	5.7	4.6	5.1	5.2	5.0	5.4	5.0	4.9	4.0	3.8
Spain/Espagne	0.9	1.1	1.0	1.4	1.7	2.0	2.4	2.8	3.5	3.6	Switz.Liecht	3.8	3.7	4.3	4.7	4.4	3.9	4.0	4.6	4.7	4.5

697 BASE MTL HOUSEHOLD EQUIP — ART MENAGE MET COMMUNS 697

TRADE BY COMMODITY IN THOUSAND U.S. DOLLARS — COMMERCE PAR PRODUIT EN MILLIERS DE DOLLARS E.U

COUNTRIES–PAYS	1988 (Imports)	1989	1990	1991	1992	COUNTRIES–PAYS	1988 (Exports)	1989	1990	1991	1992
Total	5820815	5973064	6607834	7522656	8189263	Totale	x5399522	4981672	5622852	6356320	7202253
Africa	x196432	x196254	x206730	x241870	x299837	Afrique	x28149	x37527	x43327	x51417	x41286
Northern Africa	79640	79343	78769	x93228	x122079	Afrique du Nord	19914	28139	26210	32657	25211
Americas	1550389	1582989	x1612492	1778367	x2097677	Amériques	446361	470085	573916	774332	954721
LAIA	50426	78894	77851	124340	x218496	ALAI	80004	101435	114024	229036	339642
CACM	19652	19756	16908	18710	x30932	MCAC	5270	4969	3636	5610	x5677
Asia	x1067356	1078520	x1076844	x1230730	x1369047	Asie	x1885154	1433760	1390924	1656973	x2131996
Middle East	x426015	x388442	x312329	x327200	x390345	Moyen–Orient	85777	59166	53032	66530	116542
Europe	2666718	2731763	3361387	3837182	4174413	Europe	2687857	2821165	3399941	3675705	3895667
EEC	2182775	2233260	2740755	3186073	3539872	CEE	2367349	2511991	3017015	3274031	3434607
EFTA	452388	458946	565849	581044	588652	AELE	271277	264325	324154	343640	389152
Oceania	x142152	x164024	x151646	x147700	x152277	Océanie	x27710	x30775	x30511	x35924	26475
USA/Etats–Unis d'Amer	1201514	1185585	1215701	1295904	1470855	Italy/Italie	811706	873302	1017935	1179363	1217139
Germany/Allemagne	503338	525995	666699	935126	1006378	Germany/Allemagne	521725	544852	643327	662648	662293
France, Monac	416680	401200	477815	481088	517955	Hong Kong	352642	407290	427224	546952	644554
United Kingdom	358663	345350	365988	381525	423543	France, Monac	329445	358778	444567	490227	529905
Italy/Italie	202454	209026	268892	322497	394437	Korea Republic	440488	407231	383849	411137	392534
Hong Kong	194511	203752	256092	316360	363634	USA/Etats–Unis d'Amer	297293	293965	361706	450398	509263
Netherlands/Pays–Bas	211263	210638	258329	263863	297137	Japan/Japon	211788	192358	215839	218032	213794
Japan/Japon	205461	234351	218219	272645	279956	Spain/Espagne	139176	158020	194261	194216	224166
Canada	209674	228374	226679	264960	291117	Netherlands/Pays–Bas	154894	149442	183715	200777	208332
Belgium–Luxembourg	206915	198912	243829	262880	273070	United Kingdom	151071	159308	194281	178987	193471
Spain/Espagne	126185	163934	216465	274170	322847	Belgium–Luxembourg	128675	132023	170003	181917	199858
Switz.Liecht	145211	143500	174851	185343	190602	China/Chine	107228	121407	140262	169095	339232
Saudi Arabia	187795	195578	x134793	x150064	x153015	Switz.Liecht	85375	83565	113556	141292	161475
Austria/Autriche	131595	131142	163081	174976	183038	Sweden/Suède	95205	84493	85959	82032	84469
Former USSR/Anc. URSS	x73332	x109756	x143849	x192468	103376	Canada	59822	63031	87961	84344	93812
Australia/Australie	89494	108746	99406	102552	99241	India/Inde	33023	x134809	37428	48783	x153134
Sweden/Suède	73847	82748	107773	105861	117055	Mexico/Mexique	24185	25324	40635	131552	214254
Singapore/Singapour	58499	57066	81667	69870	74823	Denmark/Danemark	58737	50893	67071	69013	80949
Greece/Grèce	33764	46901	68216	74567	x88039	Austria/Autriche	42319	45083	65617	66546	84225
Denmark/Danemark	52243	52876	66761	69772	74698	Portugal	38243	45583	56409	67392	67625
Korea Republic	34568	52677	66218	67567	69174	Brazil/Brésil	40750	46986	44734	56981	80062
Norway, SVD, JM	60114	53637	62592	63663	70342	Indonesia/Indonésie	11471	33443	43397	69108	89636
Ireland/Irlande	41460	43072	61339	60524	59360	Poland/Pologne	46624	44708	59865	40965	x35374
Portugal	29810	35356	46422	60060	82408	Yugoslavia SFR	42034	38505	51261	x50247	
Finland/Finlande	36421	42947	52129	44895	39773	Thailand/Thaïlande	25722	35249	40446	58812	x97298
Mexico/Mexique	19987	32988	39215	59956	89941	Turkey/Turquie	63995	26366	38156	49549	100974
Yugoslavia SFR	19415	27524	41193	x55683		Former USSR/Anc. URSS	x37949	x37454	x32686	x28985	
United Arab Emirates	x66900	x31043	x34735	x51275	x54403	Singapore/Singapour	30345	28451	34534	32434	36585
China/Chine	33065	39684	35692	36882	47910	Czechoslovakia	x31225	x19079	x21711	x37444	x43276
Libyan Arab Jamahiriya	33856	39004	27747	x35647	x18057						
Hungary/Hongrie	x22473	x30235	x15691	40065	x36658	Hungary/Hongrie	x25343	x15994	x21221	x39547	x52056
Malaysia/Malaisie	24353	22532	26267	34683	x35761	Romania/Roumanie	x38131	38715	25618	12347	x17999
Israel/Israël	27142	23821	28952	30552	37412	Ireland/Irlande	17347	20374	27572	25268	25714
Kuwait/Koweït	x32721	52989	x20125	x8366	x34472	Greece/Grèce	16331	19235	17696	24044	x25155
So. Africa Customs Un	27612	22968	24690	x31617	x35514	Finland/Finlande	16498	19253	19557	16417	16768
New Zealand	21743	23920	28255	24470	24104	Australia/Australie	13921	15527	17856	17746	18144
Poland/Pologne	28746	24358	11381	35145	x28992	Egypt/Egypte	4410	14556	15563	15038	12619
Turkey/Turquie	18250	17020	25800	23989	26155	Former GDR	x135026	x26941	x16425		
Czechoslovakia	x7852	27601	20286	x15874	x23894	Malaysia/Malaisie	5920	8814	12300	17648	x29508
Nigeria/Nigéria	x14362	x13398	x19431	x26557	x39051	New Zealand	13404	14074	12172	8766	7966
Lebanon/Liban	x9535	x13653	x13088	x25144	x27217	Colombia/Colombie	6143	5549	9487	16550	16928
Chile/Chili	11619	24415	12578	13952	x39877	Venezuela	2296	9241	9083	8079	9023
Indonesia/Indonésie	9552	13540	16652	17384	19443	Malta/Malte	7004	6300	7175	x7532	x7931
Cyprus/Chypre	13045	13552	16986	16278	23591	So. Africa Customs Un	x5211	x5393	x6166	x9430	x10290
Iraq	x51380	x21603	x20989	x139	x78	Morocco/Maroc	10119	5696	6319	6428	5110
Algeria/Algérie	10897	11242	13533	15986	x62101	Jordan/Jordanie	7353	7300	5288	5320	5686
Tunisia/Tunisie	11837	11994	13581	14649	15646	Argentina/Argentine	3917	6669	4553	6675	6207
Thailand/Thaïlande	8899	11966	11873	13105	15073	Tunisia/Tunisie	1903	4073	3770	8233	7103
Morocco/Maroc	8629	8465	11693	14911	13300	Iceland/Islande	1534	3479	4931	4920	5631
Reunion/Réunion	11342	11220	11441	10969	12037	Pakistan	5061	3388	3478	5962	4756

(VALUE AS % OF TOTAL) (VALEUR EN % DU TOTAL)

	1983	1984	1985	1986	1987	1988	1989	1990	1991	1992		1983	1984	1985	1986	1987	1988	1989	1990	1991	1992
Africa	x9.1	x6.2	3.7	x4.0	x3.7	x3.4	3.3	x3.2	x3.2	3.6	Afrique	x0.7	0.7	0.7	0.8	0.6	x0.5	x0.7	x0.8	x0.8	x0.5
Northern Africa	4.2	x3.7	2.1	x1.6	1.4	1.4	1.3	1.2	x1.2	x1.5	Afrique du Nord	0.2	0.4	0.4	0.4	0.3	0.4	0.6	0.5	0.5	0.4
Americas	26.4	28.8	31.3	x28.2	27.1	26.6	26.5	24.4	23.6	x25.6	Amériques	x11.9	13.1	10.5	8.8	8.0	8.3	9.5	10.2	12.2	13.3
LAIA	0.8	0.7	0.8	0.5	0.6	0.9	1.3	1.2	1.7	2.7	ALAI	0.9	1.3	1.3	1.3	1.3	1.5	2.0	2.0	3.6	4.7
CACM	x0.2	0.5	0.5	0.4	0.3	0.3	0.3	0.2	0.2	x0.4	MCAC	x0.1	0.2	0.1	0.1	0.1	0.1	0.1	0.1	0.1	x0.1
Asia	x20.5	21.7	17.9	x16.6	x16.3	x18.3	18.0	x16.3	x16.3	16.7	Asie	23.9	24.0	24.2	21.9	x32.1	x34.9	28.8	24.8	26.1	x29.6
Middle East	x12.1	x12.2	8.5	x7.7	x6.5	x7.3	x6.5	x4.7	x4.3	x4.8	Moyen–Orient	x0.6	1.4	1.3	1.3	x1.3	1.6	1.2	0.9	1.0	1.6
Europe	39.9	38.4	41.8	46.7	47.4	45.8	45.7	50.9	51.0	51.0	Europe	59.7	58.2	60.6	65.1	52.0	49.8	56.6	60.5	57.8	54.1
EEC	33.8	31.8	34.9	38.7	38.8	37.5	37.4	41.5	42.4	43.2	CEE	54.2	51.9	58.2	46.1	48.8	50.4	53.7	51.5	47.7	
EFTA	6.0	6.1	6.1	6.6	7.4	7.9	7.8	7.7	8.6	7.7	AELE	5.4	5.3	5.4	5.9	5.0	5.0	5.3	5.8	5.4	5.4
Oceania	2.8	x3.6	3.4	x2.9	x2.3	x2.4	x2.7	x2.3	x2.0	x1.9	Océanie	1.1	1.3	1.4	x1.0	0.7	x0.5	x0.6	x0.5	x0.5	0.4
USA/Etats–Unis d'Amer	20.4	22.6	25.2	22.5	21.0	20.6	19.8	18.4	17.2	18.0	Italy/Italie	16.7	16.7	16.7	17.0	14.6	15.0	17.5	18.1	18.6	16.9
Germany/Allemagne	8.2	7.7	7.6	8.4	8.8	8.6	8.8	10.1	12.4	12.3	Germany/Allemagne	14.4	13.7	15.0	17.9	12.3	10.9	11.4	10.4	9.7	9.2
France, Monac	6.2	6.3	6.9	7.9	8.2	7.2	7.2	6.4	6.4	6.3	Hong Kong	5.0	5.9	5.6	5.3	5.4	6.5	8.2	7.6	8.6	8.9
United Kingdom	6.1	6.1	6.7	6.7	5.9	6.2	5.8	5.5	5.1	5.2	France, Monac	8.6	7.7	7.7	8.0	6.4	6.1	7.2	7.9	7.7	7.4
Italy/Italie	2.8	2.4	2.8	2.7	2.8	3.3	3.5	4.1	4.3	4.8	Korea Republic	6.3	7.0	6.3	6.7	8.0	8.2	8.2	6.8	6.5	5.5
Hong Kong	1.9	2.0	2.7	2.6	2.8	3.3	3.4	3.9	4.2	4.4	USA/Etats–Unis d'Amer	9.8	10.2	7.8	5.9	5.4	5.5	5.9	6.4	7.1	7.1
Netherlands/Pays–Bas	3.5	3.4	3.9	4.7	4.3	3.6	3.5	3.9	3.5	3.6	Japan/Japon	9.8	7.5	8.3	5.9	4.1	3.9	3.8	3.8	3.4	3.0
Japan/Japon	2.8	3.5	2.7	2.3	3.1	3.5	3.9	3.3	3.6	3.4	Spain/Espagne	3.9	3.5	3.5	3.1	2.6	2.6	3.2	3.5	3.1	3.1
Canada	3.9	3.5	3.5	3.6	3.3	3.3	3.4	3.4	3.5	3.6	Netherlands/Pays–Bas	2.7	2.5	2.8	3.7	2.9	2.9	3.0	3.3	3.2	2.9
Belgium–Luxembourg	3.6	3.0	3.3	3.8	4.0	3.6	3.3	3.7	3.5	3.3	United Kingdom	3.6	3.4	3.4	3.0	2.6	2.8	3.2	3.5	2.8	2.7

699 BASE METAL MFRS NES — ART MANUFACTURES MET NDA 699

TRADE BY COMMODITY IN THOUSAND U.S. DOLLARS — COMMERCE PAR PRODUIT EN MILLIERS DE DOLLARS E.U

COUNTRIES–PAYS	IMPORTS – IMPORTATIONS					COUNTRIES–PAYS	EXPORTS – EXPORTATIONS				
	1988	1989	1990	1991	1992		1988	1989	1990	1991	1992
Total	19825278	20574368	24397264	25306769	27763435	Totale	18311273	19034687	22855449	23703539	25879873
Africa	x688401	x626703	x757019	x829857	x896908	Afrique	x45740	x54355	x78760	x102598	x97353
Northern Africa	231492	231441	306406	356172	x364685	Afrique du Nord	15912	26754	40005	52063	47374
Americas	5460262	5217871	5493438	5461656	x6125101	Amériques	2746210	3289811	3670867	3872712	4032437
LAIA	414139	420598	587042	721795	892185	ALAI	272982	400936	316443	357559	337172
CACM	37778	45416	44630	48169	x62102	MCAC	6548	7218	5157	6333	x8288
Asia	x2954264	x3031600	x3652545	x4323838	x5104607	Asie	x3731081	3016011	3542657	3928012	4461101
Middle East	x646595	x530941	x598447	x662789	x929419	Moyen–Orient	55125	x50912	x77172	x55586	x65058
Europe	9657178	10586817	13421279	13615867	14686874	Europe	11406961	12243751	15115119	15246990	16784665
EEC	7628918	8457477	10820462	11175261	12085742	CEE	9503497	10275727	12698458	12897462	14231044
EFTA	1946031	2048374	2487688	2320762	2424269	AELE	1806261	1866109	2299369	2262915	2433673
Oceania	x419697	x537396	x499336	x488779	x527718	Océanie	x118295	x139400	x121242	x146949	137048
USA/Etats–Unis d'Amer	3649633	3301478	3398775	3279325	3652459	Germany/Allemagne	3732230	3853204	4584352	4554871	5052229
Germany/Allemagne	1561067	1760439	2417732	2790049	3108421	USA/Etats–Unis d'Amer	1700984	2048798	2534303	2781351	2931298
France,Monac	1511905	1659857	2118620	2014949	2113920	Italy/Italie	1765439	2025149	2502118	2570049	2903584
United Kingdom	1309533	1386357	1699751	1684381	1748968	France,Monac	1219323	1380794	1700223	1781492	1928433
Canada	1169924	1241195	1230046	1210280	1317321	Japan/Japon	1260388	1408769	1552733	1636066	1786837
Netherlands/Pays–Bas	881350	946670	1192608	1192223	1268410	United Kingdom	905116	973693	1290715	1277961	1302724
Belgium–Luxembourg	780128	868888	1028797	1018094	1094913	Austria/Autriche	689331	708725	901537	928449	1040139
Italy/Italie	713321	830693	986884	982420	1017704	Netherlands/Pays–Bas	651043	701209	875289	891394	999595
Japan/Japon	482781	560125	654345	739069	726972	Canada	760492	828814	810072	720611	747953
Sweden/Suède	551713	568103	653774	590745	589588	Switz.Liecht	513002	527750	657660	643939	653034
Austria/Autriche	441788	478977	656961	675813	739642	Belgium–Luxembourg	466340	519985	632212	645289	658879
Switz.Liecht	497313	516693	634170	588666	591378	Hong Kong	404371	452137	511881	663994	842432
Spain/Espagne	315180	395907	584708	665493	743898	Spain/Espagne	323935	365109	494249	521453	607704
Hong Kong	325529	376336	445358	568117	735379	Denmark/Danemark	258979	332222	469071	548377	756241
Singapore/Singapour	301732	326044	427804	473263	499921	Sweden/Suède	384163	396178	474513	459405	487152
Australia/Australie	300726	385992	356808	356606	387136	Finland/Finlande	224343	231675	300356	308907	328547
Korea Republic	252943	271374	320399	385900	382919	Korea Republic	257364	261966	264545	271316	284733
Former USSR/Anc. URSS	x268999	x257853	x337808	x351560		Singapore/Singapour	159871	198870	249844	272539	269318
Mexico/Mexique	166303	190340	313347	393975	476296	Mexico/Mexique	124218	227173	152910	203098	167329
Denmark/Danemark	257216	252517	305645	309724	333368	Ireland/Irlande	127141	123735	184490	195640	261505
Malaysia/Malaisie	132128	192601	294634	362869	x246333	Norway,SVD,JM	123863	134074	142039	123746	142327
Norway,SVD,JM	236748	231105	275252	259071	300999	India/Inde	71111	x80994	146401	129497	x118754
Thailand/Thaïlande	164409	180230	247038	323349	430910	Portugal	77103	86311	114876	129115	164469
Finland/Finlande	197248	233953	244496	181694	180633	Finland/Finlande	93729	97981	121255	105356	109049
China/Chine	148092	155655	179103	255105	460972	Denmark/Danemark	94263	99892	113268	x80533	
Ireland/Irlande	130924	150604	201077	203195	274015	Australia/Australie	77367	97432	84814	104669	91468
Saudi Arabia	153703	157858	x161612	x180900	x223522	Israel/Israël	90605	92663	89139	94619	102812
So. Africa Customs Un	164162	136326	157788	x163125	x170509	Thailand/Thaïlande	39015	56125	82750	110836	x72773
Portugal	92809	107474	155486	176002	204179	Poland/Pologne	40594	57012	102334	81057	x124416
Israel/Israël	99849	105336	129992	168399	177393	Malaysia/Malaisie	43321	55953	76935	102092	x114722
Greece/Grèce	75487	98070	129155	138731	x177947	Former USSR/Anc. URSS	x39876	x64186	x59569	x107535	
Indonesia/Indonésie	40936	82249	98948	122778	168843	Brazil/Brésil	86431	76255	59009	68250	86212
Brazil/Brésil	54328	71785	104814	100275	89239	Hungary/Hongrie	x35909	x39926	x59725	x98019	x86082
Turkey/Turquie	53348	61747	98202	108852	134113	Czechoslovakia	x29357	x26266	x30892	x90348	x127081
United Arab Emirates	x127674	x65709	x84796	x104710	x130221	New Zealand	39360	39447	35179	39424	40778
New Zealand	71212	85031	88525	81316	83793	Bulgaria/Bulgarie	x20759	x63001	x28387	x15609	x14055
India/Inde	59328	x92270	90256	63293	x109654	Tunisia/Tunisie	11134	17133	29757	39413	30802
Algeria/Algérie	63868	62899	93403	69429	x74205	Saudi Arabia	10238	11543	x41542	x32047	x26325
Yugoslavia SFR	56137	54163	80840	x87437		So. Africa Customs Un	x22971	x22195	x24490	x35115	x31708
Philippines	37878	x68516	60770	72587	72184	Peru/Pérou	12967	30747	32352	x16976	x17090
Iran (Islamic Rp. of)	x53510	x38462	x69962	x91312	x200604	Romania/Roumanie	x25892	25272	34356	13515	x15408
Morocco/Maroc	39604	46471	66389	74310	70958	Venezuela	14799	21315	28092	18630	24433
Hungary/Hongrie	x48831	x53145	x60287	70253	x93356	Argentina/Argentine	14250	18754	20123	19795	16193
Czechoslovakia	x56747	53525	41137	x83507	x130221	Turkey/Turquie	32447	17429	20808	18843	25076
Bulgaria/Bulgarie	x80676	x95783	x67429	x14127	13089	Greece/Grèce	11485	14566	19280	20993	x23373
Egypt/Egypte	41894	36313	43870	89706	88398	Chile/Chili	9559	14897	13538	13965	x6115
Tunisia/Tunisie	36061	41076	55260	50328	66969	Colombia/Colombie	8088	8440	9134	15516	18149
Cuba	x22101	41837	x65316	x37855	x46680	Philippines	2410	x10504	4060	13009	8082
Chile/Chili	32816	51158	45496	44484	x55078	Indonesia/Indonésie	4838	6399	10321	10840	24938
Venezuela	68423	34892	40077	65630	86365	Former GDR	x70449	x15557	x11325		

(VALUE AS % OF TOTAL)(VALEUR EN % DU TOTAL)

	1983	1984	1985	1986	1987	1988	1989	1990	1991	1992		1983	1984	1985	1986	1987	1988	1989	1990	1991	1992
Africa	x5.8	x6.1	3.8	x4.2	3.5	x3.4	x3.1	x3.1	x3.2	x3.2	Afrique	x0.3	x0.3	0.3	x0.5	x0.4	x0.2	x0.3	x0.3	x0.4	x0.4
Northern Africa	x2.9	2.9	1.8	1.6	1.2	1.2	1.1	1.3	x1.4	1.3	Afrique du Nord	0.0	0.0	0.0	0.1	0.1	0.1	0.1	0.2	0.2	0.2
Americas	24.8	30.8	33.9	x29.4	x27.5	27.5	25.4	22.5	21.5	x22.1	Amériques	16.9	19.0	16.3	12.4	11.7	15.0	17.3	16.0	16.4	15.6
LAIA	2.5	3.7	3.8	1.9	2.1	2.1	2.0	2.4	2.9	3.2	ALAI	0.6	2.1	2.0	1.0	1.1	1.5	2.1	1.4	1.5	1.3
CACM	x0.2	0.5	0.5	0.3	x0.3	0.2	0.2	0.2	0.2	x0.2	MCAC	x0.1	0.1	0.1	0.0	0.0	0.0	0.0	0.0	0.0	x0.0
Asia	x20.5	17.8	14.6	x14.1	x13.8	x14.9	14.7	15.0	x17.1	x18.4	Asie	18.4	19.2	18.1	18.3	x22.1	x20.4	15.9	15.5	16.6	17.2
Middle East	x9.1	x7.1	3.8	x4.1	x3.1	x3.3	x2.6	x2.5	x2.6	x3.3	Moyen–Orient	0.3	x0.3	0.6	0.3	x0.3	x0.3	x0.3	x0.3	x0.3	x0.3
Europe	45.4	41.6	44.6	49.7	49.4	48.7	51.5	55.0	53.8	52.9	Europe	62.7	59.9	63.8	67.5	63.2	62.3	64.3	66.1	64.3	64.9
EEC	35.1	31.6	34.1	37.9	38.1	38.5	41.1	44.4	44.2	43.5	CEE	53.1	49.7	53.1	56.2	52.4	51.9	54.0	55.6	54.4	55.0
EFTA	10.2	9.4	10.0	11.3	10.9	9.8	10.0	10.2	9.2	8.7	AELE	9.6	9.3	9.9	9.6	10.3	9.9	9.8	10.1	9.5	9.4
Oceania	2.1	x2.3	2.2	x2.1	x2.1	x2.1	x2.6	2.0	x1.9	1.9	Océanie	x1.0	1.0	0.7	x0.6	0.7	x0.6	x0.7	x0.5	x0.6	0.5
USA/Etats–Unis d'Amer	14.9	18.8	21.5	19.6	18.4	18.4	16.0	13.9	13.0	13.2	Germany/Allemagne	18.0	17.2	18.6	21.1	20.0	20.4	20.2	20.1	19.2	19.5
Germany/Allemagne	7.8	6.9	7.3	8.4	8.2	7.9	8.6	9.9	11.0	11.2	USA/Etats–Unis d'Amer	13.6	13.7	11.0	8.3	8.2	9.3	10.8	11.1	11.7	11.3
France,Monac	7.0	5.9	6.7	7.3	7.6	7.6	8.1	8.7	8.0	7.6	Italy/Italie	9.8	9.0	9.4	10.1	9.6	9.6	10.6	10.9	10.8	11.2
United Kingdom	5.6	5.3	5.6	5.8	5.9	6.6	6.7	7.0	6.7	6.3	France,Monac	8.6	7.7	8.2	8.5	7.3	6.7	7.3	7.4	7.5	7.5
Canada	6.2	6.7	7.2	6.0	5.5	5.9	6.0	5.0	4.8	4.7	Japan/Japon	9.2	8.7	8.1	7.6	6.0	6.9	7.4	6.8	6.9	6.9
Netherlands/Pays–Bas	4.2	3.8	4.1	4.7	4.4	4.4	4.6	4.9	4.7	4.6	United Kingdom	6.5	6.1	6.6	5.5	5.1	4.9	5.1	5.6	5.4	5.0
Belgium–Luxembourg	3.6	3.2	3.5	3.9	3.7	3.9	4.2	4.2	4.0	3.9	Austria/Autriche	3.3	3.2	3.5	3.4	3.7	3.8	3.7	3.9	3.9	4.0
Italy/Italie	3.0	2.8	3.1	3.6	3.5	3.6	4.0	4.0	3.9	3.7	Netherlands/Pays–Bas	3.1	3.0	3.2	3.7	3.5	3.6	3.7	3.8	3.8	3.9
Japan/Japon	2.2	2.3	2.4	2.4	2.4	2.4	2.7	2.7	2.9	2.6	Canada	2.6	3.0	3.1	2.7	2.4	4.2	4.4	3.5	3.0	2.9
Sweden/Suède	2.9	2.5	2.8	3.0	3.0	2.8	2.8	2.7	2.3	2.1	Switz.Liecht	2.5	2.4	2.5	2.9	2.8	2.8	2.8	2.9	2.7	2.5

711 STEAM BOILERS & AUX PLNT — GENERATEURS VAPEUR EAU ETC 711

TRADE BY COMMODITY IN THOUSAND U.S. DOLLARS — COMMERCE PAR PRODUIT EN MILLIERS DE DOLLARS E.U

COUNTRIES–PAYS	IMPORTS 1988	1989	1990	1991	1992	COUNTRIES–PAYS	EXPORTS 1988	1989	1990	1991	1992
Total	x1843459	x1760107	2155600	x1889588	x2296796	Totale	x1904255	x2327286	x2427929	x2427817	2211967
Africa	x193415	215088	207119	x112623	x172956	Afrique	x3012	x5603	x10768	x17364	x18353
Northern Africa	97044	150041	133073	x37438	x114640	Afrique du Nord	296	x139	15	96	x598
Americas	361032	x319598	x322248	x354386	x329804	Amériques	389536	498074	455698	432120	410494
LAIA	195642	x92964	126285	85291	159196	ALAI	21029	37540	49161	35604	26975
CACM	6765	5927	7025	7361	x12955	MCAC	x105	34	x58	x21	x14
Asia	x831236	x730794	x1001236	x846188	x1215197	Asie	x296695	305421	454470	522026	x550267
Middle East	x215428	x151329	x169533	x139875	x315559	Moyen–Orient	2161	2072	x1984	x775	x1596
Europe	250694	336436	421721	397417	502137	Europe	748365	862765	1023866	991366	1180743
EEC	182591	200030	293715	312411	364566	CEE	540264	657463	810689	766357	956274
EFTA	52509	84282	53904	65510	123526	AELE	201721	199412	204925	216409	220460
Oceania	5568	6917	x9902	x9100	x6447	Océanie	2560	1632	x4615	9318	8857
China/Chine	167878	233260	416022	176704	140044	Former USSR/Anc. URSS	x211846	x559826	x400115	x406514	434772
USA/Etats–Unis d'Amer	105012	136918	122314	139129	86268	Japan/Japon	235130	235886	377679	439511	305743
Former USSR/Anc. URSS	x67193	x43726	x92881	x103512	x25012	USA/Etats–Unis d'Amer	264269	334050	277272	298439	226453
Algeria/Algérie	65791	131554	68076	14028	x177806	Germany/Allemagne	187743	241859	169980	255024	98787
Iran (Islamic Rp. of)	x17176	x32388	x65621	x91387	79310	United Kingdom	112653	136845	154125	94881	77532
Thailand/Thaïlande	65041	52568	55944	68654	184374	Canada	102394	126222	129104	96873	204757
Indonesia/Indonésie	61830	46192	46664	80056	183308	France, Monac	62820	100145	106457	134063	79296
Korea Republic	28826	37350	44769	75675	43790	Finland/Finlande	62722	77237	67709	91043	86025
Canada	25941	35477	30674	83497	47465	Italy/Italie	39952	52595	116728	38226	120741
Singapore/Singapour	13604	28258	50044	70752		Belgium–Luxembourg	34273	28010	66520	83504	
Hong Kong	30503	26986	82218	32379	38703	Sweden/Suède	59878	49411	75385	51543	44209
Germany/Allemagne	44445	35015	39326	54996	53571	Netherlands/Pays–Bas	46702	31333	73840	58057	52073
Turkey/Turquie	110803	79711	22836	16041	10693	Spain/Espagne	14130	27392	79999	43619	90624
Yugoslavia SFR	11592	49211	50706	x17261		Austria/Autriche	55621	50443	34428	48778	75058
Chile/Chili	5655	36327	64120	13606	x6108	Denmark/Danemark	41238	38212	41482	53457	73794
India/Inde	11962	x74983	5753	25422	x99041	Switz.Liecht	22360	21347	26553	23134	16148
Czechoslovakia	x52903	31249	37747	x35379	x31282	Poland/Pologne	51089	32035	28542	9089	x24516
United Kingdom	19646	16952	30550	55808	37580	Korea Republic	17446	18899	29003	8668	20732
So. Africa Customs Un	55207	34919	49131	x16710	x7136	Hong Kong	10564	16471	14717	15663	19172
Israel/Israël	11648	3248	34401	55405	29800	Colombia/Colombie	6964	16561	14993	9590	16686
Greece/Grèce	7389	17976	62387	7349	x14571	China/Chine	4665	18255	4659	18163	36036
France, Monac	18124	17806	38144	29874	43451	Czechoslovakia	x113946	x14756	x13498	x12810	x6887
Philippines	11201	x30509	35438	18974	20237	Hungary/Hongrie	x21890	x23720	x7774	x8465	x5352
Netherlands/Pays–Bas	11037	11884	22651	48080	78950	Mexico/Mexique	10572	9199	10985	14837	3481
Belgium–Luxembourg	15892	21267	25829	31909	62058	So. Africa Customs Un	x2686	x1813	x10328	x17165	x13923
Sweden/Suède	13395	48291	13877	27878	12099	India/Inde	8977	x981	11622	14871	x13170
Denmark/Danemark	36068	26335	24377	1012	x9674	Bulgaria/Bulgarie	x46963	x7548	x16150	x3184	x2868
Romania/Roumanie	x3967	41118	35477	55808	92611	Brazil/Brésil	2410	10788	9615	5693	4830
Mexico/Mexique	51584	15077	27772	34618	x36039	Romania/Roumanie	x12706	4793	3003	15562	x3630
Malaysia/Malaisie	11596	7082	5512	61561		Singapore/Singapour	2970	7071	6052	9736	10510
Saudi Arabia	3375	7964	x50960	x9151	x55137	Yugoslavia SFR	6360	5878	8152	x8600	
Pakistan	79637	23959	24904	18515	14039	Former GDR	x5649	x1115	x9428		
Italy/Italie	14524	17547	21327	25604	27114	Malaysia/Malaisie	3682	4988	5495	5166	x7953
Spain/Espagne	7926	26998	12921	14733	21733	Venezuela	x65	x82	11978	3587	317
Brazil/Brésil	110398	18832	21782	9398	10602	Australia/Australie	2049	1364	4029	7404	7131
Finland/Finlande	14419	15644	17613	13672	30621	Philippines	13	x14	316	6445	2770
Switz.Liecht	9337	9235	11813	24011	42779	Portugal	240	335	640	4889	2155
Dominican Republic	x1813	x25397	x11904	x6197	x2674	Indonesia/Indonésie	171	42	2479	1609	771
Morocco/Maroc	1419	3115	32943	5669	72809	Argentina/Argentine	829	781	1589	1690	1177
Poland/Pologne	11304	9889	13507	16724	x20389	Norway,SVD,JM	1139	974	848	1911	5745
Reunion/Réunion	722	325	229	36005	5390	Cote d'Ivoire		x2976			
Cuba	x879	12568	x5187	x15815	x7119	New Zealand	502	214	369	1890	867
Egypt/Egypte	24887	8472	14810	6410	7515	Ireland/Irlande	487	688	724	508	734
Iraq	x5671	x8260	x20078	x154	x125	Thailand/Thaïlande	173	214	343	1216	x2477
Malta/Malte	3562	2698	23143	x1644	x706	Turkey/Turquie	1861	267	780	458	923
Hungary/Hongrie	x9516	x7188	x6709	11402	x6232	Cyprus/Chypre	x2	x106	x1	x1115	408
Ireland/Irlande	4287	5915	6659	11903	7273	Panama	93	1268	91	45	0
Austria/Autriche	10755	9174	5448	6970	8873	United Arab Emirates	x27	x27	x869	x42	x58
Bahrain/Bahrein	x821	x15325	x786	x5152	x12947	Reunion/Réunion	23	497	149	7	646
Japan/Japon	6015	3306	3386	11308	7013	Lebanon/Liban	x98	x194	x201	x129	x111

(VALUE AS % OF TOTAL) (VALEUR EN % DU TOTAL)

	1983	1984	1985	1986	1987	1988	1989	1990	1991	1992		1983	1984	1985	1986	1987	1988	1989	1990	1991	1992
Africa	x11.9	16.0	18.2	x9.5	x8.3	x10.5	12.2	9.6	x6.0	x7.5	Afrique	x0.2	0.2	0.3	x0.2	x0.1	x0.1	x0.3	0.4	0.7	x0.8
Northern Africa	5.4	8.1	5.8	x3.7	2.2	5.3	8.5	6.2	x2.0	5.0	Afrique du Nord	x0.0	0.0	0.0	x0.0	x0.0	x0.0	x0.0	0.0	0.0	x0.0
Americas	10.0	11.1	19.8	13.8	14.8	19.6	18.2	x15.0	x18.8	x14.4	Amériques	x38.2	26.6	17.7	13.7	15.9	20.5	21.4	18.7	17.8	18.5
LAIA	3.8	5.0	9.8	6.3	6.6	10.6	5.3	5.9	4.5	6.9	ALAI	0.4	0.2	0.7	0.3	0.7	1.1	1.6	2.0	1.5	1.2
CACM	x0.2	0.4	0.6	0.4	x0.5	0.4	0.3	0.3	0.4	x0.6	MCAC	x0.0	0.0	0.0	x0.0	0.0	0.0	0.0	x0.0	0.0	0.0
Asia	x54.5	52.3	35.8	x51.5	x38.3	x45.1	41.5	46.5	x44.8	x52.9	Asie	19.7	31.5	39.5	37.6	x28.9	x15.6	13.1	18.8	21.5	x24.9
Middle East	x18.9	x23.1	13.1	x29.4	x6.5	x11.7	x8.6	x7.9	x7.4	13.7	Moyen–Orient	x0.0	x0.0	0.2	x0.1	x0.0	x0.1	x0.1	x0.1	x0.0	x0.1
Europe	17.4	17.3	22.2	19.3	21.7	13.6	19.1	19.6	21.0	21.9	Europe	41.1	38.1	39.7	45.7	46.0	39.3	37.1	42.2	40.8	53.4
EEC	11.6	8.0	7.5	7.3	10.0	9.9	11.4	13.6	16.5	15.9	CEE	35.1	30.8	32.1	37.1	37.1	28.4	28.3	33.4	31.6	43.2
EFTA	5.8	6.0	9.4	10.9	10.6	2.8	4.8	2.5	3.5	5.4	AELE	6.1	6.9	7.1	8.2	8.5	10.6	8.6	8.4	8.9	10.0
Oceania	3.5	x1.2	0.8	x0.7	x0.4	0.3	0.4	x0.5	x0.5	x0.3	Océanie	x0.1	x0.1	0.1	0.2	0.1	0.1	x0.1	0.2	0.4	0.4
China/Chine						12.6	9.1	13.3	19.3	9.4	6.1	Former USSR/Anc. URSS				0.4	x2.1	x11.1	x24.1	x16.5	x16.7	
USA/Etats–Unis d'Amer	2.6	2.9	5.8	4.5	5.9	7.7	7.8	5.7	7.7	3.8	Japan/Japon	18.4	30.0	34.6	34.6	26.3	12.3	10.1	15.6	18.1	19.7
Former USSR/Anc. URSS					x3.2	x3.6	x2.5	x4.3	x5.5		USA/Etats–Unis d'Amer	31.9	24.7	14.3	10.4	10.3	13.9	14.4	11.4	12.3	13.8
Algeria/Algérie	0.6	1.3	4.1	0.8	0.7	3.4	7.5	3.2	0.7	x1.1	Germany/Allemagne	8.5	7.5	9.2	13.3	13.2	9.9	10.4	7.0	10.5	10.2
Iran (Islamic Rp. of)	x1.3	x2.9		x2.7	x1.8	x0.9	x1.8	x3.0	x4.8	x7.7	United Kingdom	6.6	8.1	9.0	9.1	8.2	5.9	5.9	6.3	3.9	4.5
Thailand/Thaïlande	6.7	2.8	1.3	1.2	1.5	3.5	3.0	2.6	3.6	3.5	Canada	5.8	1.7	2.7	3.0	4.9	5.4	5.4	5.3	4.0	3.5
Indonesia/Indonésie	5.9	3.4	4.5	2.3	3.8	3.4	2.6	4.2	4.2	8.0	France, Monac	5.3	5.2	6.2	5.2	4.8	3.3	4.3	4.4	5.5	9.3
Korea Republic	2.5	2.9	3.3	3.1	2.9	1.6	2.1	2.1	4.0	8.0	Finland/Finlande	1.0	2.6	2.5	2.5	2.4	3.3	3.3	2.8	3.7	3.9
Canada	1.4	0.9	1.4	1.7	1.0	1.4	2.0	1.4	4.4	1.9	Italy/Italie	8.3	5.3	2.3	3.5	4.2	2.1	2.3	4.8	1.6	3.9
Singapore/Singapour	0.7	1.0	2.1	0.7	0.5	0.7	1.6	2.3	3.7	2.1	Belgium–Luxembourg	0.9	0.7	1.5	1.5	1.5	1.8	1.2	2.7	3.4	5.5

712 STEAM ENGINES, TURBINES — MACHINES A VAPEUR D'EAU PIEC712

TRADE BY COMMODITY IN THOUSAND U.S. DOLLARS – COMMERCE PAR PRODUIT EN MILLIERS DE DOLLARS E.U

COUNTRIES–PAYS	1988 (Imp)	1989	1990	1991	1992	COUNTRIES–PAYS	1988 (Exp)	1989	1990	1991	1992
Total	x1707103	x1566224	1587031	1923074	x2394272	Totale	1433928	1644458	1819179	2195389	2144973
Africa	x106576	x110349	x69852	x70431	x79562	Afrique	x3691	x2971	x7300	x3608	x8822
Northern Africa	14724	40048	12843	x32771	x17058	Afrique du Nord	x1181	x1777	x1304	x1280	x7181
Americas	x393377	345620	297845	251574	x324967	Amériques	206019	x281196	171133	x407553	x362211
LAIA	124683	56989	74262	67174	141161	ALAI	7011	x3338	2787	3137	x4437
CACM	3386	765	603	881	x19802	MCAC	x34		x13	2	x28
Asia	x600925	x538610	x642370	954582	x1218859	Asie	265441	x269904	402508	450393	x595587
Middle East	x133297	x100939	x242728	x177499	x196902	Moyen–Orient	x739	x7015	x2736	x1398	x1658
Europe	327454	355353	506836	589154	729058	Europe	744956	944859	999362	1072586	1112715
EEC	268290	279674	398836	470984	598107	CEE	556918	743681	817306	864332	895301
EFTA	49752	65297	92120	111555	123505	AELE	185662	198238	180630	204393	209646
Oceania	7017	11593	x14745	x20480	x14259	Océanie	x325	2681	x6863	2060	1092
USA/Etats–Unis d'Amer	131612	148627	183670	133550	109767	Germany/Allemagne	316873	295860	304522	395766	418708
China/Chine	114084	109547	105534	110387	36109	Japan/Japon	252044	225862	366505	377618	553130
Turkey/Turquie	35702	45103	147073	95541	22457	USA/Etats–Unis d'Amer	179818	262789	155858	388915	340438
Germany/Allemagne	65654	60086	103505	113657	137777	United Kingdom	68440	92223	213489	158109	140490
Former USSR/Anc. URSS	x126802	x152599	x41053	x20955		Former USSR/Anc. URSS	x63467	x82678	x165584	x197438	
Pakistan	72293	104323	65666	40003	49608	France,Monac	46546	180093	127576	137479	134801
Korea Republic	11302	21623	55314	116198	211741	Switz.Liecht	140000	138467	107154	131567	128258
United Kingdom	41088	37939	47005	84620	125033	Italy/Italie	49770	103743	92713	84404	91953
Hong Kong	27374	11110	27728	123372	9563	Czechoslovakia	x134393	x31712	x43193	x53928	x16299
Denmark/Danemark	23450	37719	57088	58256	20370	Austria/Autriche	24529	35432	41293	39692	48035
India/Inde	42194	x55741	40413	43308	x159667	Netherlands/Pays–Bas	53239	38845	44612	29781	41017
So. Africa Customs Un	75576	60173	47453	x26455	x29302	Sweden/Suède	18611	22842	30625	32019	31927
Indonesia/Indonésie	75008	25278	21256	84325	366916	Belgium–Luxembourg	16441	20114	18153	43763	47048
Iran (Islamic Rp. of)	x29435	x24329	x59923	x45045	x71546	Malaysia/Malaisie	1196	3841	13830	34519	x1367
Singapore/Singapour	10899	18300	31833	75190	24333	Singapore/Singapour	8375	10070	9435	16189	9284
Italy/Italie	21081	29336	39165	42767	64765	Canada	18681	12564	11897	11062	15454
France,Monac	31632	19774	40739	46684	60029	Korea Republic	958	5420	4617	11803	12852
Netherlands/Pays–Bas	30829	35217	22973	41566	63598	Romania/Roumanie	x949	14717	5633	x864	x45
Canada	39640	38989	23664	34954	28043	China/Chine	64	12696	2357	5612	3594
Switz.Liecht	22961	23097	34245	37665	36040	Spain/Espagne	1986	5693	7980	4448	7618
Cuba	x75743	88669	x455	x4613	x7055	Former GDR	x2628	x8578	x9179		
Spain/Espagne	28067	29351	21287	39802	32298	Portugal	442	4411	3090	4899	5965
Mexico/Mexique	27668	29142	31255	29097	95851	Ireland/Irlande	494	2235	4473	5248	2741
Belgium–Luxembourg	13706	17472	39109	30156	54724	Hungary/Hongrie	x7590	x1716	x4349	x5668	x6047
Malaysia/Malaisie	26611	6288	6393	72757	x30235	Poland/Pologne	3973	3446	4022	1291	x42152
Austria/Autriche	4385	15100	18995	40580	20051	Yugoslavia SFR	2368	2941	1396		
Japan/Japon	34853	25733	5958	33672	16858	Australia/Australie	314	2587	1414	1893	927
Algeria/Algérie	12976	38025	11430	6625	x2757	So. Africa Customs Un	x2420	x244	x4145	x1479	x1315
Israel/Israël	2196	2803	944	48727	35550	Hong Kong	998	2481	2042	1009	1282
Finland/Finlande	13810	14677	20528	16145	53030	New Zealand	4	92	5204	156	87
Saudi Arabia	x18836	811	x25193	x23148	x41292	Iran (Islamic Rp. of)	x13	x5074	x226	x87	x164
Brazil/Brésil	69825	8294	27325	9660	8715	Netherlands Antilles	x388	x1773	x236	x3233	
Philippines	1086	x20923	12231	8241	65863	Mexico/Mexique	6394	828	1492	2359	3250
Australia/Australie	4332	10330	8379	19189	12391	Finland/Finlande	2109	1355	1123	1064	433
Sweden/Suède	7578	10205	12299	14642	8909	United Arab Emirates	x194	x305	x1998	x1101	x1125
Bulgaria/Bulgarie	x21083	x31846	x4664	x189	1053	Egypt/Egypte	x1175	x414	x844	x1279	x136
Venezuela	18997	7482	8244	16216	7753	Venezuela	x236	x1865	91	327	18
Viet Nam	x30948	x27860	x366	x764	x129	Nigeria/Nigéria	x3	x528	x1074	x120	x299
Portugal	9547	4205	12540	10023	17024	India/Inde	22	1219	142	264	x7107
Yugoslavia SFR	9151	10237	10235	x5946		Oman		x1583	6	x1	
Thailand/Thaïlande	5343	6098	11768	7740	12854	Denmark/Danemark	2680	397	626	339	4009
Iraq	x6745	x20422	x2221			Brazil/Brésil	347	593	179	394	251
Greece/Grèce	1337	6313	12052	1075	x21017	Colombia/Colombie	1	15	962	44	8
Sudan/Soudan	x146	x117	x168	x18100	x1076	Israel/Israël	448	744	12	194	39
Bangladesh	x977	x997	x13894	x2704	x1498	Pakistan	156	380	546	15	46
Netherlands Antilles	15249	4388	x9834	3207	x8211	Philippines	x13	x13	x117	788	x5093
United Arab Emirates	x20309	x5128	x3959	x7400	x16369	Senegal/Sénégal			392	x194	x286
Poland/Pologne	4588	6146	3831	5270	x16937	Algeria/Algérie		x773	x92		x85
Colombia/Colombie	2512	3655	3788	5756	16650	Jamaica/Jamaïque	x72		13	841	x734
Argentina/Argentine	4467	4774	1752	4937	6333	Indonesia/Indonésie	143	50	120	575	96

(VALUE AS % OF TOTAL) (VALEUR EN % DU TOTAL)

	1983	1984	1985	1986	1987	1988	1989	1990	1991	1992		1983	1984	1985	1986	1987	1988	1989	1990	1991	1992
Africa	x10.1	x10.0	9.6	x12.2	x3.9	x6.2	x7.0	x4.4	x3.7	x3.3	Afrique	x0.0	x0.2		x0.1	x0.2	x0.3	x0.2	x0.4	x0.2	x0.4
Northern Africa	x2.1	x2.6	2.9	x2.2	0.4	0.9	2.6	0.8	x1.7	x0.7	Afrique du Nord	x0.0	x0.0		x0.1	x0.2	x0.1	x0.1	x0.1	x0.1	x0.3
Americas	21.1	19.7	38.0	x39.0	x29.8	x23.0	22.1	18.8	13.1	x13.6	Amériques	x27.3	x21.8	20.2	12.8	x11.5	14.3	x17.1	9.4	x18.5	x16.9
LAIA	5.3	7.5	16.8	10.8	5.4	7.3	3.6	4.7	3.5	5.9	ALAI	x0.0	x0.1		0.1	0.1	0.5	x0.2	0.2	0.1	x0.2
CACM	x0.1	0.2	0.1	0.1	x0.7	0.2	0.0	0.0	0.0	x0.8	MCAC	x0.0		0.0	0.1	0.1	0.0	0.0	0.0	0.0	0.0
Asia	x33.7	48.4	24.0	x25.8	x33.6	x35.2	34.4	x40.4	49.7	x50.9	Asie	15.9	x23.6	18.2	x22.2	x21.6	18.5	x16.4	22.1	20.5	x27.8
Middle East	x9.0	x12.1	2.1	x12.3	x11.3	x7.8	x6.4	x15.3	x9.2	x8.2	Moyen–Orient	x0.1	x0.3	0.0	x0.3	x0.2	x0.1	x0.4	x0.2	x0.1	x0.1
Europe	25.0	17.6	24.6	18.9	16.3	19.2	22.7	31.9	30.6	30.5	Europe	42.7	38.9	49.1	49.5	45.8	52.0	57.5	54.9	48.9	51.9
EEC	21.6	12.0	17.0	15.3	13.5	15.7	17.9	25.1	24.5	25.0	CEE	34.5	32.8	38.8	40.3	35.3	38.8	45.2	44.9	39.4	41.7
EFTA	3.4	4.6	6.6	2.7	2.0	2.9	4.2	5.8	5.8	5.1	AELE	8.1	6.1	10.1	8.9	8.0	12.9	12.1	9.9	9.3	9.8
Oceania	3.9	x1.8	1.5	0.9		0.4	0.7	x0.9	x1.0	x0.6	Océanie	0.1	x0.0		x0.0	x0.0	x0.0	0.2	x0.4	0.1	
USA/Etats–Unis d'Amer	7.5	8.4	14.2	10.6	6.8	7.7	9.5	11.6	6.9	4.6	Germany/Allemagne	16.1	16.6	20.3	19.5	19.9	22.1	18.0	16.7	18.0	19.5
China/Chine					1.6	6.7	7.0	6.6	5.7	1.5	Japan/Japon	15.4	22.8	17.6	21.3	20.7	17.6	13.7	20.1	17.2	25.8
Turkey/Turquie		7.2	0.5	3.4	4.5	2.1	2.9	9.3	5.0	0.9	USA/Etats–Unis d'Amer	26.3	19.8	18.7	11.7	12.5	12.5	16.0	8.6	17.7	15.9
Germany/Allemagne	3.4	2.2	2.6	3.1	3.7	3.8	3.8	6.5	5.9	5.8	United Kingdom	4.9	3.4	7.6	10.0	4.8	4.5	5.6	11.7	7.2	6.5
Former USSR/Anc. URSS					x7.0	x7.4	x9.7	x2.6	x1.1		Former USSR/Anc. URSS					x1.8	x4.4	5.0	x9.1	x9.0	
Pakistan	1.2	0.6	0.6	0.5	0.3	4.2	6.7	4.1	2.1	2.1	France,Monac	5.5	4.3	4.6	4.0	4.2	3.2	11.0	7.0	6.3	6.3
Korea Republic	2.8	3.5	0.4	0.8	0.5	0.7	1.4	3.5	6.0	8.8	Switz.Liecht	6.2	3.5	8.0	6.0	6.2	9.8	8.4	5.9	6.0	6.0
United Kingdom	1.9	2.2	1.8	1.5	1.4	2.4	2.4	3.0	4.4	5.2	Italy/Italie	4.1	6.1	3.5	3.9	3.2	3.5	6.3	5.1	3.8	4.3
Hong Kong	4.8	6.3	7.4	4.6	4.1	1.6	0.7	1.7	6.4	0.4	Czechoslovakia	13.4	14.9	12.3	15.2	18.2	x9.4	x1.9	x2.4	x2.5	x0.8
Denmark/Danemark	1.4	0.6	1.1	0.7	0.3	1.4	2.4	3.6	3.0	0.9	Austria/Autriche	0.7	1.1	0.9	1.0	2.8	1.7	2.2	2.3	1.8	2.2

713 INTRNL COMBUS PSTN ENGIN — MOTEURS EXPL COMB INT, PIECE 713

TRADE BY COMMODITY IN THOUSAND U.S. DOLLARS – COMMERCE PAR PRODUIT EN MILLIERS DE DOLLARS E.U

IMPORTS – IMPORTATIONS

COUNTRIES–PAYS	1988	1989	1990	1991	1992
Total	31121495	31711087	33650961	33728769	36775920
Africa	x988299	x896893	x1020738	x1157473	x1138856
Northern Africa	376128	360296	468842	339092	x318250
Americas	12955071	12978104	12249767	11531440	x12931714
LAIA	1003734	803675	978823	1161715	1555392
CACM	52492	54163	37618	43110	x57394
Asia	x3692066	x3889628	x4658399	x5221597	x5712706
Middle East	x895170	x726860	x1026461	x1127897	x1426534
Europe	11850746	12400685	14359278	14344779	16148657
EEC	10272743	10794181	12417255	12378941	14103056
EFTA	1379827	1412451	1712469	1710018	1856332
Oceania	x633211	x637064	x629496	x536832	x613334
USA/Etats–Unis d'Amer	7946627	8076305	7285878	6531874	7281400
Canada	3799716	3771840	3701160	3545372	3821269
Germany/Allemagne	2620434	2810952	3434638	3793042	4376827
United Kingdom	1813294	1946116	2107898	1817974	2064338
France,Monac	1466462	1682686	1857924	1889018	2151499
Spain/Espagne	1392217	1296960	1546135	1604477	1778079
Italy/Italie	990532	1028613	1192041	1154561	1167353
Belgium–Luxembourg	981880	880308	939944	842404	1098565
Netherlands/Pays–Bas	506959	568885	705882	678398	704622
Former USSR/Anc. URSS	x632963	x653130	x538719	x745315	
Singapore/Singapour	452084	548976	680554	596910	641527
Austria/Autriche	407349	447902	646213	729305	867734
Thailand/Thaïlande	313356	460760	598684	498484	426182
Australia/Australie	521599	517156	523084	429561	491602
Korea Republic	430312	399970	439817	604538	640623
Sweden/Suède	473249	459089	474598	429780	449238
Indonesia/Indonésie	268706	316830	413369	409061	349245
Malaysia/Malaisie	207217	288368	348757	372627	x292617
So. Africa Customs Un	313804	260953	220751	x472661	x407189
Japan/Japon	188136	270314	316326	287431	372047
Mexico/Mexique	245689	212877	269510	369370	520536
China/Chine	140365	177844	223894	413933	686639
Iran (Islamic Rp. of)	x227420	x127522	x260008	x356383	x433846
Saudi Arabia	130410	196080	x262973	x261219	x327869
Finland/Finlande	209545	229082	249900	195207	191934
Turkey/Turquie	170713	152656	254731	260728	305059
Brazil/Brésil	176836	174377	255337	231800	318294
Yugoslavia SFR	175926	180040	216022	x239019	
Denmark/Danemark	168550	160124	228906	231418	259957
Portugal	182765	191902	200601	200459	275585
Hong Kong	105377	128698	180251	277219	354316
Norway,SVD,JM	137461	133223	175025	188150	189103
Algeria/Algérie	140666	126363	211821	121041	x86455
Switz.Liecht	142411	136720	158242	159051	150942
Venezuela	261842	110452	125732	188163	139699
Greece/Grèce	90554	106432	125442	111012	x153015
Bangladesh	x37789	x67418	x59980	203113	x42845
United Arab Emirates	x198122	x96581	x108746	x122820	x143821
India/Inde	69623	x184431	74971	60424	x203366
Philippines	37050	x117247	87253	90515	124962
Nigeria/Nigéria	x73726	x80948	x93660	x95751	x125161
Pakistan	31170	81825	83597	104211	29764
Cuba	26817	127255	x87085	x52656	x39458
Ireland/Irlande	59097	121203	77944	56177	72896
Argentina/Argentine	69711	52993	58908	116689	256489
Colombia/Colombie	85941	78901	75399	65807	62467
Egypt/Egypte	53373	70009	81750	61487	61728
New Zealand	61587	67176	61361	60569	66498
Ecuador/Equateur	53043	50150	53823	66542	44741
Chile/Chili	49609	59056	59575	50431	x106248

EXPORTS – EXPORTATIONS

COUNTRIES–PAYS	1988	1989	1990	1991	1992
Totale	31562344	32446340	36327062	36825710	39919239
Afrique	x25565	x30103	x45613	x37789	x33530
Afrique du Nord	12122	11888	20131	16756	13284
Amériques	9733213	9374451	9988102	9713248	10412711
ALAI	2363940	2416658	2346923	2260680	2246513
MCAC	x210	x46	x212	x2718	x166
Asie	6626815	7242631	7312593	7737747	8871007
Moyen–Orient	55139	58468	x56987	x47103	x70754
Europe	14547851	15120421	18391567	18703041	20122409
CEE	12064742	12400634	14996782	15474820	16437553
AELE	2362021	2593365	3260493	3152049	3620452
Océanie	248703	218449	x257298	x318423	x303274
Japan/Japon	5823912	6404688	6400016	6707636	7794900
Germany/Allemagne	5154769	4800298	5885461	6357720	6526894
USA/Etats–Unis d'Amer	5293931	4885855	5755107	6020567	6655145
France,Monac	2455682	2667925	3106813	2953382	3533970
United Kingdom	2063628	2217250	2761881	2837672	2910434
Canada	2045299	2055771	1881589	1414841	1503874
Austria/Autriche	1242054	1429048	1876144	1856169	2258692
Mexico/Mexique	1487446	1477508	1394361	1353347	1378924
Italy/Italie	989119	1080763	1268622	1270650	1408241
Brazil/Brésil	833713	891109	890186	810952	759427
Sweden/Suède	782700	788381	874388	801229	826371
Spain/Espagne	532764	682299	837481	925156	937928
Netherlands/Pays–Bas	317296	334144	399667	434895	420071
Singapore/Singapour	221322	334584	314995	350103	393983
Australia/Australie	244030	208069	243519	314059	297515
Denmark/Danemark	170498	201503	265432	275404	293847
Finland/Finlande	135780	167454	241058	227199	242615
Belgium–Luxembourg	182072	173929	227186	221835	226525
Former USSR/Anc. URSS	x69588	x228631	x157354	x175516	
Portugal	165159	197236	178466	124015	144295
Switz.Liecht	132947	130761	170190	154637	182607
Korea Republic	109799	96071	131833	130531	142673
Hong Kong	75881	93257	106056	149596	207754
Malaysia/Malaisie	95221	101706	94369	130234	x9117
Yugoslavia SFR	110852	117364	132408	x75190	
Norway,SVD,JM	68419	77607	98673	112745	110164
Poland/Pologne	117484	112669	84936	87359	x95256
India/Inde	73213	x57194	93000	92986	x74211
China/Chine	37338	65978	69714	69557	113382
Argentina/Argentine	35267	41649	54051	84065	88785
Greece/Grèce	16142	28196	45668	52032	x1460
Turkey/Turquie	37165	38898	42650	34584	56463
Czechoslovakia	x67171	x19376	x19875	x36559	x43488
Thailand/Thaïlande	15849	17282	24601	30423	x41368
Hungary/Hongrie	x11787	x33746	x15572	x10086	x30672
Ireland/Irlande	17611	16538	19351	21505	33887
So. Africa Customs Un	x8714	x14005	x20388	x18568	x16692
Former GDR	x100834	x23914	x24546		
Romania/Roumanie	x7452	28829	15193	3806	x4691
Israel/Israël	8556	7200	10775	12210	9860
Bulgaria/Bulgarie	x5867	x13119	x14412	x2137	x2201
Tunisia/Tunisie	6307	4818	10166	8451	7711
Morocco/Maroc	4120	6102	8105	6381	4576
Indonesia/Indonésie	1638	3629	7707	8793	8964
Papua New Guinea	523	5965	7828	837	93
Saudi Arabia	8423	2860	x5253	x6284	x4953
Colombia/Colombie	4630	3984	4061	4882	4901
United Arab Emirates	x1598	x3488	x6431	x2605	x5622
New Zealand	3708	3783	4137	3129	5288
Malta/Malte	9950	7990	989	x535	x1292

(VALUE AS % OF TOTAL) (VALEUR EN % DU TOTAL)

	1983	1984	1985	1986	1987	1988	1989	1990	1991	1992		1983	1984	1985	1986	1987	1988	1989	1990	1991	1992
Africa	x5.0	x3.8	2.8	x3.7	x2.9	x3.2	x2.8	x3.1	x3.4	3.1	Afrique	x0.2	x0.1	0.1	x0.2	x0.2	x0.1	x0.0	x0.2	x0.2	x0.0
Northern Africa	x2.6	x1.9	1.7	x1.5	1.2	1.2	1.1	1.4	1.0	x0.9	Afrique du Nord	0.0	0.0	0.0	0.0	0.0	0.0	0.0	0.1	0.0	0.0
Americas	42.1	48.3	51.7	45.8	40.8	41.6	41.0	36.4	34.2	35.2	Amériques	34.6	38.6	41.7	32.5	31.2	30.9	28.9	27.5	26.4	26.0
LAIA	2.8	3.6	4.3	3.5	3.4	3.2	2.5	2.9	3.4	4.2	ALAI	2.9	5.9	9.5	5.8	8.1	7.5	7.4	6.5	6.1	5.6
CACM	x0.2	0.3	0.2	0.2	0.2	0.2	0.1	0.1	0.1	x0.2	MCAC	x0.0	0.0	0.0	0.0	x0.0	x0.0	0.0	0.0	x0.0	x0.0
Asia	x15.8	x14.1	10.2	x10.7	x11.3	x11.9	x12.2	x13.8	x15.4	15.5	Asie	16.0	17.2	17.6	20.1	21.6	21.0	22.4	20.1	21.0	22.3
Middle East	x5.8	x5.8	2.8	x3.7	x3.3	x2.9	x2.3	x3.1	x3.3	3.9	Moyen–Orient	x0.1	0.3	0.3	0.2	0.2	0.2	0.2	0.2	x0.1	0.2
Europe	35.2	30.8	32.9	37.3	39.2	38.1	39.1	42.7	42.5	43.9	Europe	43.8	39.1	38.7	45.6	44.5	46.1	46.6	50.6	50.8	50.4
EEC	30.4	26.0	28.1	32.2	34.0	33.0	34.0	36.9	36.7	38.3	CEE	37.2	32.7	32.1	37.2	36.2	38.2	38.2	41.3	42.0	41.2
EFTA	4.8	4.0	4.0	4.4	4.5	4.4	4.5	5.1	5.1	5.0	AELE	6.7	6.0	6.2	7.9	7.8	7.5	8.0	9.0	8.6	9.1
Oceania	1.8	x2.1	2.1	x2.2	x2.2	x2.1	x2.0	x1.8	x1.6	1.7	Océanie	0.8	0.6	0.7	0.6	x0.7	0.8	0.7	x0.7	x0.9	x0.8
USA/Etats–Unis d'Amer	23.1	26.9	29.2	26.2	24.7	25.5	25.5	21.7	19.4	19.8	Japan/Japon	14.2	15.3	15.7	18.5	19.0	18.5	19.7	17.6	18.2	19.5
Canada	15.2	16.9	17.4	15.3	12.0	12.2	11.9	11.0	10.5	10.4	Germany/Allemagne	13.1	13.9	13.6	17.2	16.7	16.3	14.8	16.2	17.3	16.4
Germany/Allemagne	6.7	5.9	6.7	7.9	8.0	8.4	8.9	10.2	11.2	11.9	USA/Etats–Unis d'Amer	23.1	23.2	23.6	19.6	17.0	16.8	15.1	15.8	16.3	16.7
United Kingdom	4.6	4.0	4.2	5.0	5.6	5.8	6.1	6.3	5.4	5.6	France,Monac	7.0	5.6	5.9	6.5	6.3	7.8	8.2	8.6	8.0	8.9
France,Monac	5.6	4.0	3.8	4.2	4.6	4.7	5.3	5.5	5.9	5.9	United Kingdom	6.6	6.2	5.8	5.2	4.9	6.5	6.8	7.6	7.7	7.3
Spain/Espagne	1.8	1.9	2.2	2.9	3.7	4.5	4.1	4.6	4.8	4.8	Canada	8.6	9.5	8.6	6.9	6.1	6.5	6.3	5.2	3.8	3.8
Italy/Italie	3.6	3.0	3.2	3.2	3.2	3.2	3.2	2.8	2.5	3.0	Austria/Autriche	2.6	2.5	2.8	4.0	3.9	4.4	5.2	5.0	5.7	
Belgium–Luxembourg	4.3	4.2	4.8	5.5	5.8	3.2	2.8	2.8	2.1	3.0	Mexico/Mexique		2.8	5.8	3.1	5.6	4.7	4.6	3.8	3.7	3.5
Netherlands/Pays–Bas	2.0	1.5	1.6	1.8	1.8	x2.0	x2.1	x1.6	2.0	1.9	Italy/Italie	3.7	2.9	2.9	3.7	3.7	3.1	3.3	3.5	3.5	3.5
Former USSR/Anc. URSS			0.7		x2.4	x2.0	x2.1	x1.6	x2.2		Brazil/Brésil	2.8	3.0	3.6	2.6	2.4	2.6	2.7	2.5	2.2	1.9

163

714 ENGINES AND MOTORS NES

MOTEURS NON ELECTRIQUES 714

TRADE BY COMMODITY IN THOUSAND U.S. DOLLARS – COMMERCE PAR PRODUIT EN MILLIERS DE DOLLARS E.U

COUNTRIES–PAYS	1988	1989	1990	1991	1992	COUNTRIES–PAYS	1988	1989	1990	1991	1992
	IMPORTS – IMPORTATIONS						EXPORTS – EXPORTATIONS				
Total	15788143	18014536	21687149	22750627	25734570	Totale	16495282	19120008	22556357	23825438	25871817
Africa	x233471	x199742	x240901	x362680	x424533	Afrique	x103704	x56178	x72609	x88602	x88889
Northern Africa	108025	62123	71469	x127354	x198017	Afrique du Nord	x24859	x17972	x20383	x13245	x17824
Americas	x4339738	5540499	6446368	6810358	7856296	Amériques	x7114825	x8733754	9119527	9661951	9731619
LAIA	x520564	398510	402231	485901	582603	ALAI	x59857	x57907	89113	140283	125345
CACM	1125	6724	923	4414	x26521	MCAC	x436	x136	x68	x101	x6
Asia	x2727270	x2739039	x3461665	x3719674	x5072807	Asie	x778874	x938408	x1140852	x1121896	x1829595
Middle East	x471140	x302331	x637033	x844141	x1071571	Moyen–Orient	x189176	x84629	x149102	x187649	x273687
Europe	8038081	9135962	11168613	11471090	12069334	Europe	8346559	9287395	12087908	12683950	14095134
EEC	7554198	8468506	10406344	10760681	11310483	CEE	7749543	8686736	11415476	11934375	13243626
EFTA	439080	603329	727816	680632	743130	AELE	574210	589971	656536	739623	844019
Oceania	224875	x253276	x276169	x301867	x265707	Océanie	46016	x63420	x105055	x104525	85565
USA/Etats–Unis d'Amer	3106387	4047908	5083385	5348326	6178643	USA/Etats–Unis d'Amer	6140281	7482878	7731149	8223226	8373151
United Kingdom	2931298	3039557	3359836	3225717	3189221	United Kingdom	3752913	4474750	5178605	4762661	5364937
France, Monac	1729661	1569668	2640872	3111142	3374107	France, Monac	1366316	899481	2627359	3105648	3401939
Germany/Allemagne	974660	1194613	1561192	1586467	1671068	Germany/Allemagne	1231595	1432238	1716674	1879322	2101128
Netherlands/Pays–Bas	784933	1286813	1120930	1262458	1286988	Canada	907537	1176361	1282559	1291792	1226087
Japan/Japon	998641	1048640	1157492	1053654	1025027	Netherlands/Pays–Bas	459144	615400	1282559	1291792	1226087
Canada	666265	858819	891447	910874	1017065	Italy/Italie	519432	801901	724344	798516	896811
Italy/Italie	428749	487618	550459	609758	701244	Japan/Japon	247917	585559	546300	730224	867187
Singapore/Singapour	290986	283573	471505	668860	731151	Sweden/Suède	277991	343011	322265	437289	635133
Korea Republic	312731	378923	546259	411239	1047133	Korea Republic	175928	269165	380910	145344	342108
Sweden/Suède	195455	289345	363579	341966	374336	Ireland/Irlande	200322	223404	277760	285554	436803
Ireland/Irlande	277740	321810	343173	310012	280728	Switz.Liecht	215940	246322	239949	293487	176319
Spain/Espagne	147591	224294	288551	241502	277768	Belgium–Luxembourg	161016	183459	232398	265605	363188
Belgium–Luxembourg	136672	206941	289488	215947	404042	Singapore/Singapour	52889	64178	116025	186305	309628
Australia/Australie	173192	188658	191385	252044	190469	Norway,SVD,JM	59972	71229	97546	106865	234300
Brazil/Brésil	x326328	202478	216088	174551	121112	Australia/Australie	24064	51597	93658	89285	86983
Saudi Arabia	7719	20908	x233622	x237334	x307083	Mexico/Mexique	19472	28233	75751	125287	74594
United Arab Emirates	x144055	x90977	x153517	x152825	x221496	Israel/Israël	28202	45725	79702	77383	115458
Iran (Islamic Rp. of)	x97686	x42079	x96337	x256915	x277572	Spain/Espagne	32730	59979	59701	66724	67296
Switz.Liecht	100189	122567	128774	142919	129974	Former USSR/Anc. URSS	x63699	x22768	x10240	x151620	61777
Mexico/Mexique	98458	109534	106441	160312	131109	Saudi Arabia	6	300	x71834	x72695	x111022
Norway,SVD,JM	67773	131989	126547	112041	125922	United Arab Emirates	x36045	x52397	x47977	x36295	x56079
Greece/Grèce	74706	55279	158487	110344	x58765	Hong Kong	14618	30049	51326	31769	26991
India/Inde	31857	x164865	64263	77521	x216516	Austria/Autriche	14942	14569	25313	26842	47857
Israel/Israël	72484	96833	106892	88298	120223	India/Inde	627	x58137	585	2038	x38792
China/Chine	61143	51882	77618	111088	154925	So. Africa Customs Un	x13883	x9072	x13127	x35410	x46532
So. Africa Customs Un	46111	57078	88024	x83412	x82530	Portugal	6506	11537	26649	14859	27777
Venezuela	59254	57379	51634	118087	191206	New Zealand	5188	11648	11218	14944	10950
Malaysia/Malaisie	28238	33515	33653	156009	x354934	Kuwait/Koweït	x16152	x12263	x25191	x24416	
Indonesia/Indonésie	78251	38333	58573	124493	158877	Philippines	x36872	x22013	x6511	x7594	x12408
Hong Kong	29675	123868	35871	50868	42857	Greece/Grèce	4803	3960	18068	13178	x20394
Philippines	2636	x138721	52515	11367	37715	Brazil/Brésil	x35136	10860	11118	8925	4622
Cuba	x129	199921	x482	x369	x777	Brunei Darussalam	x5356	x3602	x8870	x17709	x4673
Former USSR/Anc. URSS	x113181	x91850	x28176	x67675		Denmark/Danemark	14766	10467	7618	12083	15730
Bangladesh	92690	x7780	169935	x8872	x6856	Oman	2570	362	10	x27783	x22874
New Zealand	37088	58405	77882	40424	56670	Malaysia/Malaisie	10135	4492	12864	8399	x33282
Denmark/Danemark	38436	46240	56258	57721	35094	Ethiopia/Ethiopie	x3994	x1201	x11601	x9328	x3244
Finland/Finlande	50184	34510	57005	40280	42108	China/Chine	5206	7608	5131	7658	21084
Turkey/Turquie	37078	45852	49800	27432	63352	Cote d'Ivoire	x41345	x14772	x3029	x200	x971
Qatar	8265	9294	15928	81905	x35624	Hungary/Hongrie	x2844	x5205	x5969	x6779	x7067
Pakistan	151131	29782	19896	54766	19067	Algeria/Algérie	x7733	x10444	727	x6639	x3957
Portugal	29751	35673	37100	29613	31459	Bahrain/Bahreïn	x56384	x12854	x2469	x24/9	x5256
Yugoslavia SFR	28714	59427	20424	x17452		Jordan/Jordanie	0	x3890	x8212	x5576	x10461
Austria/Autriche	188/9	45259	42789	34229	66818	Iran (Islamic Rp. of)	x13525	x4033	x3245	x9381	x17307
Algeria/Algérie	77476	30758	17250	24934	x84419	Finland/Finlande	2756	4379	5391	5304	3651
Nigeria/Nigéria	x20029	x28772	x25010	x18779	x60422	Iceland/Islande	x2609	2	x1258	x13532	x232
Tunisia/Tunisie	8030	11620	23497	33468	52917	Malta/Malte	7085	1397	12148	x935	x1520
Former GDR	x38806	x29058	x35685			Nigeria/Nigéria	x1049	1765	x4373	x7779	x3912
Libyan Arab Jamahiriya	15194	10255	18577	x31994	x37592	Jamaica/Jamaïque	4271	2281	11406	121	x112
Iraq	x99461	x29084	x26582	x683	x556	Pakistan	4514	3357	1128	8919	499

(VALUE AS % OF TOTAL)(VALEUR EN % DU TOTAL)

	1983	1984	1985	1986	1987	1988	1989	1990	1991	1992		1983	1984	1985	1986	1987	1988	1989	1990	1991	1992
Africa	x2.0	x2.1	0.8	x2.1	x1.8	x1.5	x1.1	x1.1	x1.6	1.6	Afrique	x0.6	x0.4		x0.6	x0.4	x0.6	x0.2	x0.4	x0.3	x0.4
Northern Africa	x1.0	x1.1	0.7	x1.2	1.0	0.7	0.3	0.3	x0.6	x0.8	Afrique du Nord	x0.3	x0.3		x0.3	x0.2	x0.2	x0.1	x0.1	x0.1	x0.1
Americas	22.1	27.5	33.3	x32.5	x27.0	x27.5	30.7	29.8	29.9	30.6	Amériques	x46.1	x47.9	46.8	x42.6	x40.8	x43.1	x45.7	40.5	40.5	37.6
LAIA	2.0	2.8	2.6	x3.1	x3.3	x3.3	2.2	1.9	2.1	2.3	ALAI	x0.4	x0.4	0.4	x0.3	x0.3	x0.4	x0.3	0.4	0.6	0.5
CACM	x0.1	x0.1	0.0	0.0	0.0	0.0	0.0	0.0	0.0	x0.1	MCAC	x0.0	x0.0		x0.0	x0.0	x0.0	x0.0	x0.0	x0.0	x0.0
Asia	x18.5	x17.3	14.8	x14.4	x18.4	x17.3	15.2	x15.9	x16.3	19.8	Asie	x3.9	x3.9	2.8	x4.9	x4.8	x4.7	x4.9	x5.1	x4.7	x7.1
Middle East	x5.9	x3.9	1.2	x2.5	x5.8	x3.0	x1.7	x2.9	x3.7	x4.2	Moyen–Orient	x1.2	x1.4	0.1	x1.6	x1.3	x1.1	x0.4	x0.7	x0.7	x1.1
Europe	56.3	52.3	50.2	50.0	47.9	50.9	50.7	51.5	50.4	46.9	Europe	48.5	46.6	50.1	51.5	53.0	50.6	48.6	53.6	53.2	54.5
EEC	52.8	49.0	46.6	46.0	44.5	47.8	47.0	48.0	47.3	44.0	CEE	44.8	43.6	46.9	48.6	49.5	47.0	45.4	50.6	50.1	51.2
EFTA	3.5	3.0	3.3	3.5	3.0	2.8	3.3	3.4	3.0	2.9	AELE	3.7	2.9	3.1	2.8	3.4	3.5	3.1	2.9	3.1	3.3
Oceania	1.2	x0.8	1.0	x1.1	1.1	1.4	x1.4	x1.2	x1.3	x1.1	Océanie	x0.0	x0.1		x0.0	x0.1	0.3	x0.5	x0.4	0.3	
USA/Etats–Unis d'Amer	16.2	21.8	28.3	27.7	22.3	19.7	22.5	23.4	23.5	24.0	USA/Etats–Unis d'Amer	39.3	39.3	39.1	35.1	34.1	37.2	39.1	34.3	34.5	32.4
United Kingdom	19.7	17.6	17.3	16.9	15.9	18.6	16.9	15.5	14.2	12.4	United Kingdom	20.3	19.6	22.3	22.4	22.0	22.8	23.4	23.0	20.0	20.7
France, Monac	12.5	12.1	11.2	10.4	10.8	11.0	8.7	12.2	13.7	13.1	France, Monac	7.1	7.7	8.6	9.4	9.5	8.3	4.7	11.6	13.0	13.1
Germany/Allemagne	7.1	7.0	7.5	7.0	7.0	6.2	6.6	7.2	7.0	6.5	Germany/Allemagne	6.3	7.1	7.4	7.0	8.6	7.5	7.5	7.6	7.9	8.1
Netherlands/Pays–Bas	6.1	4.6	4.3	4.8	4.1	5.0	7.1	5.2	5.5	5.0	Canada	6.5	8.0	7.2	7.2	6.3	5.5	6.2	5.7	5.4	4.7
Japan/Japon	6.6	6.0	8.3	6.7	6.7	6.3	5.8	5.3	4.6	4.0	Netherlands/Pays–Bas	2.9	2.7	2.4	2.9	2.3	2.8	4.2	3.2	3.4	3.5
Canada	3.4	2.5	2.0	1.4	4.2	4.8	4.1	4.0	4.0	4.0	Italy/Italie	6.2	4.6	3.4	4.8	4.9	3.1	4.2	3.1	3.1	3.4
Italy/Italie	4.3	4.6	3.6	3.2	2.8	2.7	2.7	2.5	2.7	2.7	Japan/Japon	0.9	1.1	1.1	1.4	1.5	1.7	1.8	1.4	1.8	2.5
Singapore/Singapour	0.8	1.0	0.8	1.5	1.9	1.8	1.6	2.2	2.9	2.8	Sweden/Suède	0.9	1.0	1.0	1.4	1.5	1.7	1.3	1.3	1.2	1.3
Korea Republic	1.3	1.5	1.4	1.2	1.2	2.0	2.1	2.5	1.8	4.1	Korea Republic	0.5	0.6	0.7	0.6	1.1	1.4	1.4	1.7	0.6	1.7

716 ROTATING ELECTRIC PLANT — APP ELECTR ROTATIFS, PIECES 716

TRADE BY COMMODITY IN THOUSAND U.S. DOLLARS – COMMERCE PAR PRODUIT EN MILLIERS DE DOLLARS E.U

COUNTRIES–PAYS	IMPORTS – IMPORTATIONS 1988	1989	1990	1991	1992	COUNTRIES–PAYS	EXPORTS – EXPORTATIONS 1988	1989	1990	1991	1992
Total	12640074	13045323	15136830	16606589	18898314	Totale	x12473050	11944916	13495074	14770546	16677765
Africa	x570984	x412864	x552970	x616625	x745665	Afrique	x8768	x11056	x13194	x17160	x27228
Northern Africa	243857	159203	234616	x223011	x219493	Afrique du Nord	x2519	x2441	4814	6252	x2582
Americas	2827830	3153533	3282316	3480657	x3934917	Amériques	1640386	x1877839	2096658	2592525	2989318
LAIA	512076	505676	535782	558782	864986	ALAI	108998	123305	137990	176595	201591
CACM	40973	49074	52097	73515	x76955	MCAC	1008	x1522	1004	1473	x473
Asia	x3828538	3975787	4707743	5724904	x7198479	Asie	x3498908	3372330	3580313	4204419	x5145573
Middle East	x632099	x438847	x576394	x932868	x985028	Moyen–Orient	x44274	x27901	x36056	x44339	x51925
Europe	4438345	4722403	5830868	5863422	6557152	Europe	5716959	5806507	7266882	7424751	8168716
EEC	3480110	3739199	4679412	4781167	5397803	CEE	4632798	4728563	6011296	6203125	6788732
EFTA	902164	934184	1103460	1043583	1106795	AELE	959133	962621	1105582	1136715	1281787
Oceania	208214	x252191	x345254	x331504	x312270	Océanie	20444	19763	x28781	x38560	x53042
USA/Etats–Unis d'Amer	1667272	1892736	1982418	2109103	2331593	Japan/Japon	1983300	2059164	2157889	2451582	2745021
Germany/Allemagne	938713	1064205	1351433	1428645	1592093	Germany/Allemagne	1841448	1883130	2341784	2429042	2558288
France, Monac	521464	578235	740985	702561	762517	USA/Etats–Unis d'Amer	1313007	1526511	1665610	2091710	2447504
Italy/Italie	511134	552587	642312	674987	710184	France, Monac	799357	705110	931602	969672	1052165
Singapore/Singapour	456684	484490	609487	757491	878278	United Kingdom	541640	638768	763464	768628	872593
Hong Kong	429079	524729	543012	660241	768899	Italy/Italie	430022	524622	507878	623012	737178
United Kingdom	514917	523587	580565	603119	832465	Hong Kong	455030	409647	441451	480331	518596
Canada	431148	537887	552201	585390	546363	Switz.Liecht	276705	348448	344077	414745	465697
China/Chine	545276	778471	396246	490129	1146809	Singapore/Singapour	276705	348448	344077	414745	465697
Thailand/Thaïlande	136361	247757	779406	601494	528933	Canada	204462	201262	286259	318960	334450
Japan/Japon	354925	440570	511552	557611	609136	Sweden/Suède	203793	230807	232759	225747	229449
Korea Republic	425413	387393	431592	507415	620962	Austria/Autriche	176378	183443	236029	217229	260404
Netherlands/Pays–Bas	319751	315598	413556	428897	456533	Denmark/Danemark	146231	173305	200280	244567	307044
Former USSR/Anc. URSS	x330184	x294372	x264814	x488934		China/Chine	137641	141810	185893	255923	558647
Switz.Liecht	306886	307869	382111	334224	354659	Netherlands/Pays–Bas	181381	132382	177089	205474	237097
Belgium–Luxembourg	224321	222872	295389	307032	306741	Spain/Espagne	123226	133066	183304	165278	204209
Spain/Espagne	176710	198603	286278	300999	350077	Korea Republic	111843	141790	170165	161340	164912
Australia/Australie	150030	205327	288617	276245	244479	Belgium–Luxembourg	122055	113820	191634	161629	164685
Sweden/Suède	218111	233767	266448	252122	252447	Finland/Finlande	94751	110519	173853	170569	237217
Indonesia/Indonésie	185887	131155	171667	400133	600496	Former USSR/Anc. URSS	x135810	x126866	x96717	x227521	
Austria/Autriche	175993	171951	237064	240047	245964	Bulgaria/Bulgarie	x73102	x296301	x98851	x25591	x19767
Malaysia/Malaisie	84683	121076	163046	292921	x359549	Czechoslovakia	x908623	x196185	x123275	x98647	x86548
Iran (Islamic Rp. of)	x148356	x47192	x130528	x302384	x518465	Yugoslavia SFR	115109	106025	149174	x84079	
Denmark/Danemark	141162	146902	163760	158835	159623	Brazil/Brésil	66217	92317	95220	121131	127624
Mexico/Mexique	80782	108894	132084	186140	238758	Thailand/Thaïlande	42782	67526	85770	116465	x160640
Saudi Arabia	125447	104045	x148834	x152424	x133938	Poland/Pologne	73111	61846	59312	54272	x54354
Turkey/Turquie	89742	113711	98664	142171	129787	Romania/Roumanie	x65654	65216	46377	28204	x77233
India/Inde	115965	x153758	106290	80174	x175623	Former GDR	x306597	x74751	x56544		
So. Africa Customs Un	104527	89754	95315	x153941	x173503	Malaysia/Malaisie	9627	12497	25902	91307	x195005
Finland/Finlande	91862	134015	110546	81275	124899	Hungary/Hongrie	x24690	x36191	x28170	x58885	x55750
Brazil/Brésil	172746	111367	113526	86427	89677	Israel/Israël	34371	36666	42827	17928	22457
Norway, SVD, JM	104290	82198	101015	127466	122156	Norway, SVD, JM	28976	27938	21486	42839	36118
Pakistan	34370	71149	66162	153357	109106	Mexico/Mexique	28186	17749	26823	41653	59771
Philippines	22101	x65217	107008	95527	147516	Australia/Australie	14856	17416	25664	34950	51033
Chile/Chili	50631	110665	83893	54276	x50477	Ireland/Irlande	20237	20141	19779	27903	41208
Algeria/Algérie	130348	55736	105338	99228	146996	Portugal	14509	11969	16334	16185	16590
Venezuela	97883	52081	45229	99228	146996	India/Inde	7571	x7260	20023	16782	x29369
Portugal	37746	42107	75589	70394	105450	Saudi Arabia	8569	4474	x16122	x15949	x26072
Bangladesh	64447	x9997	100230	67922	x69815	Turkey/Turquie	17821	6968	10095	11465	10834
United Arab Emirates	x89990	x28410	x38328	x98730	x59642	Argentina/Argentine	7547	6588	8112	8133	5646
Greece/Grèce	42192	44098	71419	49526	x71488	Cuba	x4992	x15339	x675	x389	x433
Ireland/Irlande	52000	50405	58124	56172	50633	So. Africa Customs Un	x1873	x4132	x4789	x4393	x18429
Israel/Israël	44120	53008	52812	52538	69992	United Arab Emirates	x7026	x3942	x3864	x3081	x4780
Nigeria/Nigéria	x47749	x33637	x54368	x69321	x139916	Malta/Malte	926	1704	1269	5601	787
Oman	21599	23993	30606	102526	x12632	Jordan/Jordanie	9595	9191	325	x636	x895
Colombia/Colombie	21995	27176	31198	62679	150428	Venezuela	179	1154	6007	1313	3466
Egypt/Egypte	41392	26105	34077	59286	63039	New Zealand	904	1772	2655	3060	890
Yugoslavia SFR	44552	36912	42544	x29560		Indonesia/Indonésie	366	1683	1291	4498	7344
Peru/Pérou	11510	19538	67129	20249	x59444	Cyprus/Chypre	1894	1891	2754	2380	3166
Lebanon/Liban	x23217	x36785	x47903	x19437	x26631	Algeria/Algérie	x556	24	2612	4128	x249

(VALUE AS % OF TOTAL)(VALEUR EN % DU TOTAL)

	1983	1984	1985	1986	1987	1988	1989	1990	1991	1992		1983	1984	1985	1986	1987	1988	1989	1990	1991	1992
Africa	x9.3	x10.9	8.3	x7.8	4.7	4.5	3.2	3.6	x3.7	3.9	Afrique	x0.1	x0.0	0.1	x0.2	0.1	x0.1	x0.1	x0.1	x0.1	x0.2
Northern Africa	x5.0	x3.3	2.5	2.7	1.7	1.9	1.2	1.5	x1.3	1.2	Afrique du Nord	x0.0	x0.0	0.0	x0.0	0.0	x0.0	x0.0	0.0	0.0	x0.0
Americas	20.5	27.1	31.2	25.7	20.8	22.4	24.1	21.6	20.9	x20.8	Amériques	x17.4	21.4	19.2	13.5	11.9	13.2	x15.8	15.6	17.5	17.9
LAIA	4.9	9.7	8.3	5.7	4.0	4.1	3.9	3.5	3.4	4.6	ALAI	0.4	3.9	3.2	0.8	0.9	1.0	1.0	1.0	1.2	1.2
CACM	x0.1	0.5	0.5	0.5	0.4	0.4	0.4	0.3	0.4	0.4	MCAC	x0.0	0.0	0.1	0.0	0.0	0.0	0.0	0.0	0.0	0.0
Asia	x33.5	x29.2	21.9	x23.8	x25.2	30.3	30.5	31.1	34.5	x38.1	Asie	22.8	25.3	24.8	24.9	x26.9	x28.1	28.2	26.5	28.4	x30.9
Middle East	x17.9	x15.0	5.6	x7.4	x5.4	x5.0	x3.4	3.8	x5.6	x5.2	Moyen–Orient	x0.2	0.4	0.3	0.3	0.6	x0.4	x0.2	0.3	x0.3	x0.3
Europe	32.6	29.5	35.3	39.2	39.3	35.1	36.2	38.5	35.3	34.7	Europe	54.2	50.2	52.8	58.5	53.2	45.8	48.6	53.8	50.3	49.0
EEC	25.5	22.4	27.0	29.7	30.4	27.5	28.7	30.9	28.8	28.6	CEE	45.9	40.1	43.0	48.0	42.8	37.1	39.6	44.5	42.0	40.7
EFTA	7.1	6.3	7.5	8.7	8.2	7.1	7.2	7.3	6.3	5.9	AELE	8.3	7.5	7.4	8.1	7.7	8.0	8.1	8.2	7.7	7.7
Oceania	x3.3	x2.6	2.7	x2.8	x2.5	1.6	x1.9	x2.3	x2.0	x1.6	Océanie	x0.1	0.1	0.1	x0.0	0.1	0.2	x0.2	x0.2	x0.3	x0.3
USA/Etats–Unis d'Amer	9.6	11.6	16.4	14.6	12.7	13.2	14.5	13.1	12.7	12.3	Japan/Japon	19.5	20.8	19.2	19.4	16.1	15.9	17.2	16.0	16.6	16.5
Germany/Allemagne	6.7	6.0	7.4	8.4	8.5	7.4	8.2	8.9	8.6	8.4	Germany/Allemagne	15.7	13.8	15.0	17.9	16.4	14.8	15.8	17.4	16.4	15.3
France, Monac	4.3	3.4	4.3	5.0	5.1	4.1	4.4	4.9	4.2	4.0	USA/Etats–Unis d'Amer	15.9	16.0	14.4	11.3	9.7	10.5	12.8	12.3	14.2	14.7
Italy/Italie	3.1	3.1	3.9	4.2	4.2	4.0	4.2	4.2	4.1	3.8	France, Monac	8.7	7.8	8.0	8.8	8.4	6.7	7.7	8.8	8.2	8.0
Singapore/Singapour	2.0	2.1	2.2	2.5	3.1	3.6	3.7	4.0	4.6	4.6	United Kingdom	11.3	7.7	7.7	8.9	7.0	6.4	5.9	6.9	6.6	6.3
Hong Kong	0.8	1.1	1.7	2.2	2.7	3.4	4.0	3.6	4.0	4.1	Italy/Italie	5.2	5.0	4.9	5.4	5.3	4.3	5.5	5.7	5.2	5.2
United Kingdom	3.3	3.3	3.9	3.9	4.0	4.1	4.1	3.8	3.6	4.4	Hong Kong	0.7	1.2	2.1	2.3	2.9	3.4	3.4	3.8	4.2	4.4
Canada	3.8	3.7	4.3	3.7	2.9	3.4	4.1	3.6	3.5	2.9	Switz.Liecht	4.1	3.1	3.3	3.6	4.0	3.6	3.5	3.3	3.3	3.1
China/Chine					1.6	4.3	6.0	2.6	3.0	6.1	Singapore/Singapour	1.4	1.4	1.6	1.7	1.9	2.2	2.9	2.5	2.8	2.8
Thailand/Thaïlande	0.1	0.2	0.2	0.1	0.6	1.1	1.9	5.1	3.6	2.8	Canada	1.0	1.4	1.5	1.4	1.2	1.6	1.7	2.1	2.2	2.0

718 OTH POWER GENERATG MACHY — AUTRES MOTEURS PARTIES 718

TRADE BY COMMODITY IN THOUSAND U.S. DOLLARS – COMMERCE PAR PRODUIT EN MILLIERS DE DOLLARS E.U

COUNTRIES–PAYS	1988	1989	1990	1991	1992	COUNTRIES–PAYS	1988	1989	1990	1991	1992
	IMPORTS – IMPORTATIONS						EXPORTS – EXPORTATIONS				
Total	x3278090	x3476054	3799400	3658608	3574237	Totale	x3626287	x3427921	x3715710	3274300	3002004
Africa	x76056	x45739	x46112	x98273	x89873	Afrique	x4474	x996	x4387	x2415	x2897
Northern Africa	9819	12283	8790	17443	x10408	Afrique du Nord	x2780	x90	664	703	x260
Americas	595300	372755	482908	447753	x458422	Amériques	397080	280049	354094	410078	426756
LAIA	309443	94681	96520	121118	109468	ALAI	23903	11912	11206	20316	30679
CACM	811	3072	37566	3707	x10537	MCAC	x27		x47	x52	x52
Asia	x511519	x402223	890244	759925	x595084	Asie	x235032	283984	288343	360193	x335813
Middle East	x168837	124729	x57793	x57249	x88708	Moyen–Orient	x6434	x788	x3050	x1300	x3431
Europe	1213802	1854210	2117516	2115855	2294927	Europe	1263037	1880987	2298730	1922030	2175809
EEC	655000	1378926	1501261	1617583	1720620	CEE	894280	1523254	1867034	1501305	1691585
EFTA	489679	455621	579904	489515	549402	AELE	332790	345815	415611	416596	480303
Oceania	x38373	x43884	x48171	x41924	x56542	Océanie	x2766	x4126	x4382	x6247	14073
France, Monac	73230	726702	754733	910247	931012	Germany/Allemagne	487117	937877	776804	897585	921887
China/Chine	19743	13972	510395	345767	143050	Former USSR/Anc. URSS	x1043443	x694463	x519664	x347349	
Germany/Allemagne	210795	173199	221501	255686	290909	France, Monac	110160	280377	648125	282242	393213
Former USSR/Anc. URSS	x488337	x425499	x56847	x108431		USA/Etats–Unis d'Amer	328217	215249	300129	345097	332388
USA/Etats–Unis d'Amer	214686	185614	184863	189143	213006	Japan/Japon	179085	244095	264177	332122	276922
Switz.Liecht	174377	119808	192870	139260	196041	Sweden/Suède	159768	140632	210187	199685	263176
Sweden/Suède	135807	144123	151369	140295	143142	Poland/Pologne	193759	186516	156781	154335	x3144
United Kingdom	104324	140935	147010	123195	111877	United Kingdom	123747	121121	157856	139865	150383
Finland/Finlande	100115	107336	128069	111149	96942	Switz.Liecht	98581	113831	93192	117402	92376
Japan/Japon	63836	72614	113593	124010	119303	Austria/Autriche	49885	67684	77799	66229	87512
Spain/Espagne	65192	109842	92731	101253	80347	Italy/Italie	51395	51121	85211	62139	79718
Canada	62916	79591	103528	106171	106624	Netherlands/Pays–Bas	60609	58062	65057	62550	63950
Korea Republic	76450	73158	94307	118899	78199	Czechoslovakia	x66784	x53695	x51284	x53311	x23549
Netherlands/Pays–Bas	94801	92874	95102	85974	94989	Spain/Espagne	20193	37248	76275	23985	28715
Czechoslovakia	x85983	134888	83937	x32978	x61819	Canada	44010	50176	40711	43651	62388
Austria/Autriche	52611	60848	75031	71320	84460	Belgium–Luxembourg	24590	24156	40393	15004	25787
Belgium–Luxembourg	44793	53917	97377	54556	88053	Bulgaria/Bulgarie	9470	13289	18716	17035	x6215
Italy/Italie	40977	58557	62526	51640	58020	Finland/Finlande	x244685	x27301	x22506	x5676	15354
Australia/Australie	30918	35990	42486	34675	42993	Norway,SVD,JM	15030	10314	15690	16193	7433
Poland/Pologne	43764	41822	31655	25604	x6562	Denmark/Danemark	9834	9258	13405	13583	15465
So. Africa Customs Un	32790	14027	19325	x58307	x47519	Yugoslavia SFR	32187	11881	16008	x3982	
India/Inde	9923	x44652	24169	13308	x66129	Israel/Israël	31615	23839	3555	2226	2800
Norway,SVD,JM	25548	22468	28808	25230	27832	Hungary/Hongrie	x10536	x7105	x10160	x12132	x9510
Romania/Roumanie	x19656	52692	19262	2399	x1898	Brazil/Brésil	11307	5398	6191	8936	11104
Kuwait/Koweït	x319	70100	x762	x462	x1002	China/Chine	3109	3713	3594	8223	23010
Brazil/Brésil	253774	21177	22397	24831	15836	Australia/Australie	2240	3878	3947	5305	13223
Yugoslavia SFR	68068	18589	35701	x7648		Korea Republic	2630	4084	4411	4303	5621
Bulgaria/Bulgarie	x66885	x46709	x12664	x1125	2860	Mexico/Mexique	6443	2778	1536	7662	15659
Chile/Chili	8199	21117	26224	9643	x8363	Singapore/Singapour	2091	2569	3961	4692	4720
Turkey/Turquie	39836	9808	21624	23140	17402	Former GDR	x151937	x7497	x3281		
Hungary/Hongrie	x22608	x20200	x8778	23962	x6237	Hong Kong	2589	2627	3442	4071	10205
Indonesia/Indonésie	19295	18741	19938	10534	18266	Ireland/Irlande	6258	3098	2702	2629	9171
Pakistan	619	2838	18107	26447	7744	Argentina/Argentine	5469	2563	2588	2948	3392
Iran (Islamic Rp. of)	x5820	x6529	x18686	x20477	x53530	So. Africa Customs Un	x154	x480	x3196	x806	x2159
Netherlands Antilles	951	878	40535	1648	x358	Malaysia/Malaisie	857	691	1097	2167	x647
Saudi Arabia	33754	28842	x5452	x3950	x6426	Romania/Roumanie	x12754	x1201	x2098	536	x4236
Bolivia/Bolivie	1001	11077	1810	23941	1039	Portugal	375	912	1183	1683	2966
Denmark/Danemark	9302	9217	13767	13703	18731	United Arab Emirates	x1638	x257	x2562	x358	x2906
Former GDR	x115702	x35389	x1024			India/Inde	1414	x1290	848	254	x4158
Mexico/Mexique	15888	7085	7149	18924	19023	Netherlands Antilles	760	955	467	825	x10
Costa Rica	229	1687	28618	1521	x3529	Jamaica/Jamaïque	22	1637	16		42
Malaysia/Malaisie	2443	4025	5377	22236	x13268	French Guiana		6	1384	2	2
Hong Kong	8972	9629	10107	11693	24566	Uruguay	449	893	96	402	267
Uruguay	7404	8307	7960	11359	231	Turkey/Turquie	45	277	240	548	267
Venezuela	5762	2968	7568	11249	28860	Pakistan	1655	126	95	763	124
Singapore/Singapour	7524	4908	13565	16503	9770	Tunisia/Tunisie	152	62	63	588	106
Portugal	6352	6674	6960	8384	22500	New Zealand	414	202	232	260	201
Colombia/Colombie	4950	10130	9516	13147	11943	Algeria/Algérie	x3	x14	550	47	
Viet Nam	x26509	x23831	x191	x67	x1620	Venezuela	x198	0	458	26	40
Cuba	x1240	x1857	x12179	x7567	x5931	Papua New Guinea	10	18	114	334	638

(VALUE AS % OF TOTAL) (VALEUR EN % DU TOTAL)

	1983	1984	1985	1986	1987	1988	1989	1990	1991	1992		1983	1984	1985	1986	1987	1988	1989	1990	1991	1992
Africa	x7.2	x4.0	4.1	x2.8	x2.1	x2.3	x1.3	x1.2	x2.7	x2.5	Afrique	x0.1	x0.0		x0.1	x0.1	x0.1	x0.0	x0.1	x0.0	x0.1
Northern Africa	2.5	x0.9	1.8	1.2	0.5	0.3	0.4	0.2	0.5	x0.3	Afrique du Nord	x0.0	x0.0	0.0	x0.0	x0.0	x0.0	x0.0	0.0	0.0	x0.0
Americas	9.7	13.9	12.6	13.6	9.6	18.2	10.7	12.7	12.3	x12.8	Amériques	5.9	6.3	13.3	14.2	8.1	11.0	8.1	9.6	12.6	14.3
LAIA	3.5	4.8	3.3	7.4	4.9	9.4	2.7	2.5	3.3	3.1	ALAI	0.1	0.2	0.3	0.5	0.5	0.7	0.3	0.3	0.6	1.0
CACM	x0.0	0.3	0.0	0.2	x0.1	0.0	0.0	1.0	0.1	x0.3	MCAC	x0.0			x0.0	x0.0	x0.0	x0.0	0.0	0.0	x0.0
Asia	21.0	17.8	13.6	14.0	x12.5	x15.6	x11.6	23.4	20.7	x16.7	Asie	12.9	12.3	6.3	7.2	5.0	x6.5	8.3	7.8	11.0	x11.2
Middle East	x12.5	x5.2	2.8	x4.8	x2.6	x5.2	3.6	x1.5	x1.6	x2.5	Moyen–Orient	x0.1	0.3	0.0	x0.3	x0.2	x0.2	x0.0	x0.1	x0.0	x0.1
Europe	46.3	48.6	54.2	57.6	47.8	37.0	53.3	55.7	57.8	64.2	Europe	67.7	64.0	66.9	64.3	44.8	34.8	54.9	61.9	58.7	72.5
EEC	33.2	32.6	39.8	41.6	34.6	20.0	39.7	39.5	44.2	48.1	CEE	56.8	50.4	55.2	50.6	36.4	24.7	44.4	50.2	45.9	56.3
EFTA	13.2	15.5	12.9	15.2	12.8	14.9	13.1	15.3	13.4	15.4	AELE	10.8	10.2	8.9	11.1	7.6	9.2	10.1	11.2	12.7	16.0
Oceania	1.8	x2.1	2.2	x2.2	x2.2	x1.2	x1.3	x1.2	x1.1	x1.5	Océanie	0.1	x0.1	0.1	x0.1	x0.1	x0.1	x0.1	x0.1	x0.2	0.4
France, Monac	16.7	17.3	22.6	24.9	21.1	2.2	20.9	19.9	24.9	26.0	Germany/Allemagne	28.2	28.3	23.1	31.3	21.2	13.4	27.4	20.9	27.4	30.7
China/Chine					0.2	0.6	0.4	13.4	9.5	2.0	Former USSR/Anc. URSS		x22.2	x28.8	x20.3	x14.0	x10.6				
Germany/Allemagne	5.6	4.3	3.4	4.0	3.2	6.4	5.0	5.8	7.0	8.1	France, Monac	5.7	4.7	6.4	8.0	6.8	3.0	8.2	17.4	8.6	13.1
Former USSR/Anc. URSS					x11.2	x14.9	x12.2	x1.5	x3.0		USA/Etats–Unis d'Amer	4.4	4.9	12.7	13.3	7.4	9.1	6.3	8.1	10.5	11.1
USA/Etats–Unis d'Amer	3.6	5.9	6.5	4.8	3.8	6.5	5.3	4.9	5.2	6.0	Japan/Japon	8.2	7.5	3.1	4.8	2.3	4.9	7.1	7.1	10.1	9.2
Switz.Liecht	5.6	5.7	4.3	4.8	5.1	5.3	3.4	5.1	3.8	5.5	Sweden/Suède	3.7	5.4	4.8	4.5	2.3	4.4	4.1	5.7	6.1	8.8
Sweden/Suède	3.0	3.6	3.6	3.9	3.5	4.1	4.1	4.0	3.8	4.0	Poland/Pologne	3.7	7.9	5.9	5.3	3.6	5.3	5.4	4.7	4.7	x0.1
United Kingdom	1.3	2.6	2.2	2.2	2.4	3.2	4.1	3.9	3.4	3.1	United Kingdom	3.9	3.6	3.2	3.8	2.6	3.4	3.5	4.2	4.3	5.0
Finland/Finlande	2.6	4.0	3.0	4.4	2.4	3.1	3.1	3.4	3.4	2.7	Switz.Liecht	4.7	2.4	2.5	3.4	2.8	2.7	3.3	2.5	3.6	3.1
Japan/Japon	1.4	1.6	1.3	1.2	1.3	1.9	2.1	3.0	3.4	3.3	Austria/Autriche	1.6	1.9	1.2	2.4	1.4	1.4	2.0	2.1	2.0	2.9

721 AGRIC MACHY, EXC TRACTORS — MACHINES AGRICOLES 721

TRADE BY COMMODITY IN THOUSAND U.S. DOLLARS – COMMERCE PAR PRODUIT EN MILLIERS DE DOLLARS E.U

COUNTRIES–PAYS	IMPORTS – IMPORTATIONS					COUNTRIES–PAYS	EXPORTS – EXPORTATIONS				
	1988	1989	1990	1991	1992		1988	1989	1990	1991	1992
Total	x8201314	8463219	8977047	x9524658	8149791	Totale	x8334276	7777928	8959259	8254729	8359706
Africa	x330940	x305217	x299799	x356243	x347851	Afrique	x9362	x15402	x25622	x22167	x15894
Northern Africa	146699	107884	x146760	x149936	x164775	Afrique du Nord	4845	x4113	2864	5767	x4068
Americas	1818496	1970364	1915644	1607957	x1699021	Amériques	1580571	1990448	2175244	1934747	2093423
LAIA	263886	203343	219335	262619	x296091	ALAI	92664	114636	115219	94822	103886
CACM	26909	23342	19210	23256	x28216	MCAC	1590	1451	2589	2777	x1930
Asia	x628746	x642876	x845466	x754024	x1052213	Asie	x435675	353412	379009	408971	x440387
Middle East	x158122	x179256	x239150	x182152	x317225	Moyen-Orient	17650	11720	x4888	8605	10671
Europe	3938568	4166657	4868347	4448309	4670891	Europe	4475690	4720651	5754525	5503071	5582926
EEC	3260821	3413569	3937095	3705349	3984225	CEE	3873999	4100484	4926705	4840273	4873353
EFTA	652410	714874	884228	709939	653961	AELE	574065	603723	788668	645582	693024
Oceania	x162307	212113	x200680	x122045	x171041	Océanie	x75502	72805	x82518	x65697	x83699
Former USSR/Anc. URSS	x691634	x630971	x443181	x2043917		Germany/Allemagne	1232222	1301587	1493081	1801863	1626022
France, Monac	1014962	1009495	1026882	873639	933113	USA/Etats-Unis d'Amer	1086376	1340775	1569626	1505518	1662295
USA/Etats-Unis d'Amer	903493	907757	930225	670432	674747	Italy/Italie	619451	715861	789304	700041	769423
Germany/Allemagne	435432	500633	711325	890023	969070	France, Monac	479946	531730	671412	596751	642986
Canada	573797	680693	682188	597420	635432	Netherlands/Pays-Bas	393659	402108	513052	459266	513763
United Kingdom	515828	543217	562346	478143	523671	Canada	390399	531681	486460	329227	322454
Netherlands/Pays-Bas	280305	286746	354673	320388	371314	Belgium-Luxembourg	418584	426005	499884	404193	415186
Belgium-Luxembourg	240341	243800	283057	248085	305436	United Kingdom	353784	357147	435564	386861	361682
Italy/Italie	230647	244330	273929	249835	256553	Denmark/Danemark	306848	273862	405907	369958	390028
Spain/Espagne	193016	228550	255243	248622	214680	Japan/Japon	319025	264668	285118	298352	322706
Austria/Autriche	138647	150743	208410	191006	191698	Sweden/Suède	261455	246565	338720	262660	292697
Sweden/Suède	172548	182591	207522	142854	151584	Former USSR/Anc. URSS	x146580	x269289	x247653	x124729	
Korea Republic	82280	125955	206218	188029	218178	Austria/Autriche	114519	126733	173068	166683	179552
Switz.Liecht	154041	171247	185841	154797	144203	Norway, SVD, JM	96234	122111	141840	115635	111621
Denmark/Danemark	138988	135426	202902	156618	152980	Hungary/Hongrie	x127475	x53772	x80247	x102512	x65269
Australia/Australie	136039	173440	156240	90848	129979	Former GDR	x1204212	x127999			
Japan/Japon	98313	114375	140815	154686	157329	Spain/Espagne	46366	62970	76193	80676	101540
Finland/Finlande	86044	121565	169281	109353	54617	Brazil/Brésil	68061	83790	72663	63372	74491
Czechoslovakia	x130785	147306	152049	x57157	x82354	Finland/Finlande	54469	62250	82962	56991	52007
Ireland/Irlande	95135	113540	124426	105731	113602	Poland/Pologne	99718	64074	51321	38201	x35291
Mexico/Mexique	72225	86444	104289	110161	101307	Switz.Liecht	47343	46063	52077	43056	57028
Norway, SVD, JM	95663	82015	106879	104382	105746	Australia/Australie	48366	39216	50565	42781	51783
China/Chine	97112	87133	101756	72109	127981	Czechoslovakia	x113360	x38892	x21657	x31954	x35994
Hungary/Hongrie	x71836	x86021	x69822	51172	x30862	Ireland/Irlande	18430	24397	36532	30108	38332
Portugal	61441	56804	80862	63479	58004	New Zealand	27075	33485	31817	22858	31750
Saudi Arabia	48849	54494	x86492	x57472	x79849	Romania/Roumanie	x11224	38081	20386	17855	x2496
Poland/Pologne	98853	90039	51647	46684	x45676	Israel/Israël	22483	24506	25880	25445	32163
Greece/Grèce	54726	51027	61450	70787	x85800	Yugoslavia SFR	27540	16409	38953	x16938	
Cuba	6448	119536	x28530	x18964	x27329	Bulgaria/Bulgarie	x54907	x32853	x23910	x4809	x4267
Iran (Islamic Rp. of)	x17201	x50241	x54857	x58821	x164434	Mexico/Mexique	10988	17348	15328	20790	16690
Romania/Roumanie	x8934	67427	64252	24317	x30470	China/Chine	14212	14625	15893	16506	19933
So. Africa Customs Un	64936	60014	42610	x51914	x57791	Korea Republic	6646	5795	10405	27261	20211
Bulgaria/Bulgarie	x34197	x56978	x50488	x12193	16817	So. Africa Customs Un	x2553	x9536	x14591	x12064	x11238
Libyan Arab Jamahiriya	79220	45347	37780	x34437	x14811	Hong Kong	7329	12961	8292	6419	11894
Yugoslavia SFR	21006	35234	44378	x29894		Singapore/Singapour	4609	7044	9022	9906	9653
Former GDR	x285223	x86649	x14295			India/Inde	10422	x5256	12910	7447	x2758
Algeria/Algérie	14229	13346	34369	47289	x58610	Argentina/Argentine	9669	9079	7336	6482	8246
New Zealand	17255	25671	36646	24634	32196	Venezuela	56	1665	17050	624	1127
Turkey/Turquie	10004	19891	34879	25997	24097	Turkey/Turquie	14800	7787	3518	7712	7913
Indonesia/Indonésie	12588	17605	31564	22149	22371	Portugal	3835	3595	4711	9157	12597
Morocco/Maroc	19587	21037	24210	23199	20498	Thailand/Thaïlande	2438	3660	4506	5667	x5128
Chile/Chili	19829	20486	21356	26588	x49006	Colombia/Colombie	3406	2530	2500	2920	2428
Argentina/Argentine	9132	14225	16241	29226	51326	Costa Rica	1394	1367	2372	2414	x1710
Thailand/Thaïlande	13428	11182	21885	26116	30198	Zimbabwe	x6	x10	2955	3118	x81
Kenya	8673	26132	5987	25341	x16365	Malaysia/Malaisie	1358	1544	1561	2040	x1595
Malaysia/Malaisie	15277	11374	15157	26708	x30076	Tunisia/Tunisie	755	1767	1153	2008	2851
Sudan/Soudan	x8117	x15553	x25186	x11891	x23301	Algeria/Algérie	4038	662	1233	2358	x829
Israel/Israël	25724	13664	20687	17447	34649	Cuba	x3141	x1229	x960	x1929	x1947
Zimbabwe	x7630	x23812	6910	17862	x14945	Saudi Arabia	1591	2881	x776	x93	x236
Venezuela	118791	23854	9086	15496	20933	Greece/Grèce	873	1210	1051	1387	x1793

(VALUE AS % OF TOTAL) (VALEUR EN % DU TOTAL)

	1983	1984	1985	1986	1987	1988	1989	1990	1991	1992		1983	1984	1985	1986	1987	1988	1989	1990	1991	1992
Africa	x5.3	4.8	6.0	x7.5	x4.4	4.0	3.6	3.3	3.7	x4.3	Afrique	x0.2	0.3	0.3	0.3	0.2	x0.1	0.2	0.3	0.2	x0.2
Northern Africa	x3.1	x2.0	2.9	x3.3	1.8	1.3	1.3	x1.6	x1.6	2.0	Afrique du Nord	0.0	0.1	0.2	0.2	0.0	0.1	x0.1	0.0	0.1	x0.0
Americas	18.4	22.0	31.3	27.3	x23.2	22.2	23.3	21.4	16.9	x20.9	Amériques	24.3	27.0	25.7	21.0	17.3	18.9	25.6	24.2	23.4	25.0
LAIA	1.2	2.8	6.0	3.3	2.4	3.2	2.4	2.4	2.8	x3.6	ALAI	0.6	1.3	1.4	1.2	0.9	1.1	1.5	1.3	1.1	1.2
CACM	x0.2	0.4	0.6	0.4	0.8	0.3	0.3	0.2	0.2	x0.3	MCAC	x0.0	0.0	0.0	0.0	0.0	0.0	0.0	0.0	0.0	x0.0
Asia	x9.2	x7.2	6.2	6.5	x7.1	7.7	7.6	x9.4	7.9	x13.0	Asie	5.0	6.4	6.9	6.6	x6.3	x5.2	4.5	4.3	4.9	x5.2
Middle East	x6.0	x4.7	3.1	x3.3	x1.9	1.9	2.1	x2.7	1.9	x3.9	Moyen-Orient	x0.2	0.2	0.3	0.3	0.2	0.2	x0.1	0.1	0.1	0.1
Europe	33.7	30.4	43.5	48.4	43.2	48.0	49.2	54.2	46.7	57.3	Europe	55.2	53.2	59.1	63.5	50.3	53.7	60.7	64.2	66.7	66.8
EEC	27.5	24.6	35.1	39.5	35.5	39.8	40.3	43.9	38.9	48.9	CEE	48.8	46.6	52.0	55.1	43.6	46.5	52.7	55.0	58.6	58.3
EFTA	6.2	5.4	7.7	8.4	7.4	8.0	8.4	9.8	7.5	8.0	AELE	6.4	6.3	6.7	8.2	6.4	6.9	7.8	8.8	7.8	8.3
Oceania	2.0	x3.3	3.3	x1.6	x1.3	2.0	2.6	x2.2	x1.3	x2.1	Océanie	x1.2	x1.1	1.1	x0.9	x0.8	0.9	0.9	x0.9	x0.8	x1.0
Former USSR/Anc. URSS	25.0	25.7			x8.2	8.4	x7.5	x4.9	x21.5		Germany/Allemagne	17.6	15.9	17.3	19.4	14.5	14.8	16.7	16.7	21.8	19.5
France, Monac	8.2	7.1	9.8	11.1	10.5	12.4	11.9	11.4	9.2	11.4	USA/Etats-Unis d'Amer	17.4	19.2	18.4	14.6	11.6	13.0	17.2	17.5	18.2	19.9
USA/Etats-Unis d'Amer	8.2	9.4	12.8	11.8	10.9	11.0	10.7	10.4	7.0	8.3	Italy/Italie	6.9	6.9	7.9	8.1	6.6	7.4	9.2	8.8	8.5	9.2
Germany/Allemagne	4.4	3.6	4.7	5.6	5.1	5.3	5.9	7.9	9.3	11.9	France, Monac	6.3	6.5	6.8	6.8	5.2	5.8	6.8	7.5	7.2	7.7
Canada	8.4	8.9	11.2	10.5	8.5	7.0	8.0	7.6	6.3	7.8	Netherlands/Pays-Bas	4.6	4.4	5.0	5.4	4.5	4.7	5.2	5.7	5.6	6.1
United Kingdom	5.7	5.1	7.4	7.0	5.5	6.3	6.4	6.3	5.0	6.4	Canada	6.4	6.4	5.9	4.6	4.7	6.8	5.4	4.0	3.9	3.9
Netherlands/Pays-Bas	2.2	2.0	3.0	3.6	3.2	3.4	3.4	4.0	3.4	4.6	Belgium-Luxembourg	4.4	4.2	4.9	5.2	4.0	5.0	5.5	5.6	4.9	5.0
Belgium-Luxembourg	1.6	1.4	2.0	2.5	2.5	2.9	2.9	3.2	2.6	3.7	United Kingdom	3.9	4.2	4.6	4.6	4.1	4.6	4.9	4.9	4.7	4.7
Italy/Italie	1.6	1.6	2.3	2.5	2.5	2.8	2.9	3.1	2.6	3.1	Denmark/Danemark	4.3	3.7	4.5	4.7	3.3	3.7	3.5	4.5	4.5	4.7
Spain/Espagne	0.9	0.9	1.5	2.1	2.2	2.4	2.7	2.8	2.6	2.6	Japan/Japon	4.4	5.5	5.9	5.8	5.0	3.8	3.4	3.2	3.6	3.9

722 TRACTORS NON-ROAD / TRACTEURS 722

TRADE BY COMMODITY IN THOUSAND U.S. DOLLARS – COMMERCE PAR PRODUIT EN MILLIERS DE DOLLARS E.U

IMPORTS – IMPORTATIONS

COUNTRIES–PAYS	1988	1989	1990	1991	1992
Total	6576886	6440725	7145173	6135621	x6241094
Africa	x505847	x316068	x392456	x419222	x391008
Northern Africa	135848	83228	186906	x249092	x185594
Americas	2201488	2153600	2244305	1879276	x1996899
LAIA	310367	254394	223939	241186	x287190
CACM	47378	34593	66942	76630	x35141
Asia	x616122	x601568	x838223	x860894	x1090658
Middle East	x186772	x138380	x217309	x316120	x454414
Europe	2630842	2743354	3137642	2560602	2560275
EEC	1984432	2047355	2405639	2095055	2131853
EFTA	597242	638915	675006	453001	400735
Oceania	174824	x259848	x250044	x107754	x153662
USA/Etats–Unis d'Amer	1301217	1317906	1555167	1171881	1265671
France, Monaco	599953	601968	682360	547067	480814
Canada	379357	430896	367500	345296	369735
Germany/Allemagne	174946	172647	318757	394488	427317
United Kingdom	306082	297933	298811	230525	240738
Former USSR/Anc. URSS	x189001	x211519	x209752	x240133	
Spain/Espagne	202222	231060	193054	212970	177580
Thailand/Thaïlande	117100	158823	245138	149736	140299
Netherlands/Pays–Bas	159170	159131	198698	161237	215064
Australia/Australie	145286	220958	198263	65325	100525
Finland/Finlande	132462	185554	209616	87846	47857
Japan/Japon	125698	131404	163849	122891	114281
Sweden/Suède	140769	168660	133838	72155	68995
Austria/Autriche	110544	101840	133801	129878	142847
Portugal	117915	123408	132996	107697	93031
Belgium–Luxembourg	120180	119107	141977	93629	120847
Denmark/Danemark	97466	105771	138332	97060	78609
Italy/Italie	92775	93719	132204	110121	129782
Switz.Liecht	106869	117533	107425	87530	82310
Greece/Grèce	52039	67419	93875	84752	x105174
Mexico/Mexique	54814	62156	83234	83562	69973
Norway, SVD, JM	101829	61178	85928	68414	53488
Ireland/Irlande	61683	75193	74574	55510	62898
Kuwait/Koweït	x851	3635	x92730	x104045	x118268
So. Africa Customs Un	180680	94313	67660	x35284	x39705
Iran (Islamic Rp. of)	x9076	x42966	x23299	x95324	x226617
Korea Republic	8837	25545	57457	71017	81845
Algeria/Algérie	4675	7944	40957	86828	x11756
Pakistan	64585	54508	30745	40823	61060
Yugoslavia SFR	47659	56174	55568	x11265	
Poland/Pologne	54867	52065	35896	31205	x3644
Saudi Arabia	20899	20527	x50765	x46449	x34733
Venezuela	133903	44243	20234	53118	51791
Morocco/Maroc	23603	26741	29844	54410	19813
Guatemala	15996	9430	38158	49713	x8963
New Zealand	18645	27390	44454	25223	40484
Cuba	117035	80062	x4911	x668	x609
Colombia/Colombie	32872	37072	27984	13189	21310
Tunisia/Tunisie	10218	8666	24849	42781	66568
Libyan Arab Jamahiriya	35020	11877	34969	x28011	x41933
Hungary/Hongrie	x21405	x31372	x15620	25314	x6634
Egypt/Egypte	53194	19886	32018	17580	9565
Malaysia/Malaisie	14890	20188	24388	22776	x36919
United Arab Emirates	x64846	x19224	x13858	x28583	x22326
Chile/Chili	25268	22656	13401	24075	x46292
Nigeria/Nigéria	x18756	x21178	x13192	x20208	x18248
Uruguay	18862	16610	17599	17770	19263
Peru/Pérou	15293	27581	19745	1106	x10340
Israel/Israël	20609	8862	11783	26933	20421
Syrian Arab Republic	29521	11094	16522	x19542	x17048

EXPORTS – EXPORTATIONS

COUNTRIES–PAYS	1988	1989	1990	1991	1992
Totale	6830466	6553275	7105800	5985529	5693799
Afrique	x12818	x8339	x14505	x10190	x28106
Afrique du Nord	11390	x4037	x9926	x3843	x24596
Amériques	1422331	1498346	1227590	1206944	1238149
ALAI	250251	173456	57679	49487	76444
MCAC	x75	x208	x121	x411	x77
Asie	751206	652303	612786	590831	x711938
Moyen–Orient	11500	11547	x1700	x1632	x931
Europe	3614698	3710600	4640307	3666879	3497804
CEE	3305601	3441137	4281691	3422030	3282893
AELE	227932	213516	248022	199772	201402
Océanie	6881	4825	4310	5059	8494
Germany/Allemagne	1051758	1155758	1497309	1247640	1164278
United Kingdom	1028199	1025220	1373184	959119	979565
USA/Etats–Unis d'Amer	922540	1024247	960771	1026096	1018469
Italy/Italie	745807	813760	800642	768348	658622
Japan/Japon	697355	616600	558326	535350	628673
Former USSR/Anc. URSS	x392757	x394482	x389972	x288758	
France, Monaco	302974	286411	349799	271429	282947
Canada	247691	299809	208278	130213	142845
Belgium–Luxembourg	125162	101350	184156	109988	111920
Czechoslovakia	x505241	x123022	x122797	x138646	x124565
Finland/Finlande	100008	98992	112111	86286	83766
Austria/Autriche	80325	82745	96057	79604	75758
Brazil/Brésil	220413	158800	42238	79604	75758
Romania/Roumanie	x62647	116294	58270	46495	73200
Yugoslavia SFR	81161	55920	110320	51460	x32166
Netherlands/Pays–Bas	22032	27220	39638	35945	47245
China/Chine	6668	13400	40083	41529	37017
Poland/Pologne	23304	36004	29911	20852	x47745
Switz.Liecht	19525	16333	18058	15231	15277
Sweden/Suède	24244	12375	19214	16746	22944
Denmark/Danemark	15174	14193	15919	15110	15687
Spain/Espagne	9211	9635	13026	6051	11087
Mexico/Mexique	23361	11677	13922	1491	1537
Ireland/Irlande	5009	6600	6906	6157	6982
Singapore/Singapour	1974	1946	4585	5487	4812
Libyan Arab Jamahiriya		x988	x7822	x1206	x24545
Hungary/Hongrie	x1360	x2403	x2276	x3974	x3646
Korea Republic	24440	4640	1882	1540	1306
Australia/Australie	2858	2328	2637	2884	5958
Algeria/Algérie	11305	2980	2047	2460	x18
Norway, SVD, JM	3760	3072	2527	1764	3561
Bulgaria/Bulgarie	x4148	x3805	x676	x1846	x1185
India/Inde	2219	x1238	2673	1867	x829
Turkey/Turquie	5933	4506	367	553	396
New Zealand	3968	1871	1328	1924	1304
Former GDR	x33074	x2854	x2242		
Argentina/Argentine	5966	2433	728	1174	1230
Portugal	106	924	754	2210	3700
Thailand/Thaïlande	2103	1052	1163	1519	x361
Cameroon/Cameroun	x57		272		3215
Saudi Arabia	3517	3201	x192	x27	x17
Cote d'Ivoire	x738	x3054	x40	x82	
So. Africa Customs Un	x281	x316	x356	x2373	x2106
Malaysia/Malaisie	610	1097	725	635	x798
Jordan/Jordanie	1643	1626	447	160	29
Kuwait/Koweït		1875			
Kenya	228		1605		x23
Mauritius/Maurice			1126	452	541
Hong Kong	9	154	464	784	282
Papua New Guinea	54	621	291	26	1101

(VALUE AS % OF TOTAL) (VALEUR EN % DU TOTAL)

Imports

	1983	1984	1985	1986	1987	1988	1989	1990	1991	1992
Africa	x8.9	x7.3	x8.4	x8.4	x5.1	x7.6	x4.9	x5.4	x6.9	x6.2
Northern Africa	x4.2	x4.1	2.7	x3.5	1.7	2.1	1.3	2.6	x4.1	x3.0
Americas	33.1	38.9	42.0	39.6	36.1	33.5	33.5	31.4	30.6	x32.0
LAIA	2.8	2.5	3.6	5.3	4.4	4.7	3.9	3.1	3.9	x4.6
CACM	x0.1	0.8	0.7	0.6	x0.5	0.7	0.5	0.9	1.2	x0.6
Asia	x19.2	x14.0	7.9	x9.6	x7.8	x9.3	x9.4	x11.8	x14.0	x17.5
Middle East	x12.0	x7.4	2.6	x5.1	x2.6	x2.8	x2.1	x3.0	x5.2	x7.3
Europe	34.3	32.6	37.9	39.6	40.0	40.0	42.6	43.9	41.7	41.0
EEC	26.2	24.1	27.7	29.3	30.7	30.2	31.8	33.7	34.1	34.2
EFTA	8.1	7.7	9.3	9.4	9.3	9.1	9.9	9.4	7.4	6.4
Oceania	3.0	x5.8	6.0	x2.0	1.6	2.7	x4.1	x3.5	x1.8	x2.5
USA/Etats–Unis d'Amer	16.0	20.6	21.0	20.8	20.2	19.8	20.5	21.8	19.1	20.3
France, Monac	8.8	7.8	8.0	8.2	8.8	9.1	9.3	9.5	8.9	7.7
Canada	10.8	10.9	12.0	9.5	8.3	5.8	6.7	5.1	5.6	5.9
Germany/Allemagne	2.4	1.8	2.2	2.7	3.0	2.7	2.7	4.5	6.4	6.8
United Kingdom	4.8	3.8	4.5	3.5	4.0	4.7	4.6	4.2	3.8	3.9
Former USSR/Anc. URSS					x3.6	x2.9	x3.3	x2.9	x3.9	
Spain/Espagne	0.9	0.8	1.2	2.0	2.7	3.1	3.6	2.7	3.5	2.8
Thailand/Thaïlande	1.4	1.4	1.0	0.8	1.1	1.8	2.5	3.4	2.4	2.2
Netherlands/Pays–Bas	2.3	2.1	2.7	3.5	3.0	2.4	2.5	2.8	2.6	3.4
Australia/Australie	2.1	4.6	4.6	1.5	1.2	2.2	3.4	2.8	1.1	1.6

Exports

	1983	1984	1985	1986	1987	1988	1989	1990	1991	1992
Afrique	x0.0		0.2	0.1	x0.2	x0.1	x0.2	x0.1	x0.5	
Afrique du Nord	x0.0	0.0	x0.0	0.0	0.2	x0.1	x0.1	x0.1	x0.4	
Amériques	x20.6	22.6	22.6	18.8	16.5	18.2	22.9	17.3	20.1	21.7
ALAI	1.2	2.0	2.0	2.3	2.6	3.7	2.6	0.8	0.8	1.3
MCAC	x0.0	x0.0	x0.0	x0.0	x0.0	x0.0	x0.0	x0.0	x0.0	x0.0
Asie	x19.1	17.5	17.8	x18.5	17.2	11.0	9.9	8.7	9.8	x12.5
Moyen–Orient	x0.1	0.4	0.8	x0.1	0.2	0.2	0.2	0.0	0.0	x0.0
Europe	50.6	48.4	55.5	57.9	55.7	52.9	56.6	65.3	61.3	61.4
CEE	47.9	44.8	50.6	52.3	50.7	48.4	52.5	60.3	57.2	57.7
AELE	2.7	2.4	3.4	3.7	3.4	3.3	3.3	3.5	3.3	3.5
Océanie		0.1		x0.0	x0.1	0.1	0.1	0.1	0.1	0.1
Germany/Allemagne	16.7	14.3	18.2	18.5	16.4	15.4	17.6	21.1	20.8	20.4
United Kingdom	12.4	13.4	12.9	13.6	14.8	15.1	15.6	19.3	16.0	17.2
USA/Etats–Unis d'Amer	15.9	16.3	17.4	14.3	11.9	13.5	15.6	13.5	17.1	17.9
Italy/Italie	11.6	9.6	11.9	12.4	11.4	10.9	12.4	11.3	12.8	11.6
Japan/Japon	18.9	17.0	16.8	18.2	16.4	10.2	9.4	7.9	8.9	11.0
Former USSR/Anc. URSS	5.5	7.9			x5.2	x5.8	x6.0	x5.5	x4.8	
France, Monac	5.2	5.3	5.6	5.3	5.3	4.4	4.4	4.9	4.5	5.0
Canada	3.3	4.1	3.2	3.3	2.0	3.6	4.6	2.9	2.2	2.5
Belgium–Luxembourg	0.7	0.9	0.9	1.4	1.5	1.8	1.5	2.6	1.8	2.0
Czechoslovakia	3.6	3.1	3.6	4.3	3.6	x7.4	x1.9	x1.7	x2.3	x2.2

723 CIVIL ENGNEERG EQUIP ETC — APPAREILS DE GENIE CIVIL 723

TRADE BY COMMODITY IN THOUSAND U.S. DOLLARS – COMMERCE PAR PRODUIT EN MILLIERS DE DOLLARS E.U

COUNTRIES–PAYS	IMPORTS 1988	1989	1990	1991	1992	COUNTRIES–PAYS	EXPORTS 1988	1989	1990	1991	1992
Total	x17000762	x17640113	x19047241	x17401253	x17675249	Totale	16043444	17118674	18795177	18142405	18497237
Africa	x1008024	x1070409	x1393853	x1305392	x1587529	Afrique	x56291	x59481	x39462	x119674	x26955
Northern Africa	309328	362257	520016	x344194	x424221	Afrique du Nord	27961	22527	14741	8844	x6322
Americas	4420857	3871797	x3672256	2871838	x3280540	Amériques	4243164	4659674	5195386	6183992	6111121
LAIA	548188	555761	695089	892132	x1213359	ALAI	170444	302237	256176	228235	318297
CACM	25007	47343	36951	33599	x53290	MCAC	x579	x293	x421	x311	x1025
Asia	x3237305	x3476033	x4387265	x5220757	x5710322	Asie	3039506	3182440	3418247	3300885	3995722
Middle East	x918170	x805742	x1190555	x1883845	x2064065	Moyen–Orient	x114560	x125173	x72975	x90128	x66023
Europe	5526851	6006268	7158718	5983623	6074727	Europe	7122848	7787778	9017620	7923389	8107664
EEC	4357770	4732735	5789898	4896006	5154757	CEE	5687083	6202658	7207798	6365572	6485384
EFTA	1096243	1177248	1266009	1030503	880201	AELE	1382064	1495477	1756140	1547664	1612197
Oceania	483100	703627	x609812	x440672	x822995	Océanie	62547	74540	88900	122848	156402
Former USSR/Anc. URSS	x1395508	x1824755	x1472197	x1371087		USA/Etats–Unis d'Amer	3575884	3916514	4498278	5582530	5532974
USA/Etats–Unis d'Amer	2541919	1844125	1785975	1018032	1251585	Japan/Japon	2419645	2544908	2694504	2410036	2922609
Germany/Allemagne	585197	663827	1324903	1286059	1777089	Germany/Allemagne	1615132	1783626	1903839	1653499	1611138
Canada	1139605	1083827	935438	697790	617653	United Kingdom	1118716	1267928	1609920	1516798	1564303
France, Monac	867442	905610	901938	677498	643514	France, Monac	1175404	1173342	1395429	1183029	1234527
United Kingdom	898709	897286	775806	623759	644933	Belgium–Luxembourg	847974	991284	1104816	851452	856401
Spain/Espagne	537991	666745	857035	609559	298766	Sweden/Suède	835900	878587	1007936	928083	935565
Singapore/Singapour	351123	454844	634322	709146	667089	Italy/Italie	526036	590801	729992	680531	682193
Italy/Italie	495488	540633	633293	607634	572063	Canada	477527	431335	434582	365539	252529
Australia/Australie	334684	520530	454304	315780	618360	Singapore/Singapour	263778	299952	385777	460205	453982
Indonesia/Indonésie	412670	400035	409718	437063	346190	Former USSR/Anc. URSS	x544773	x577729	x405974	x132074	
Malaysia/Malaisie	224542	361462	399579	396651	x347112	Netherlands/Pays–Bas	289736	284310	314821	324200	356212
China/Chine	330799	374124	416190	364786	528936	Austria/Autriche	211862	218137	291973	281785	307567
Netherlands/Pays–Bas	324690	344143	404617	388833	432670	Poland/Pologne	339060	309060	277342	122465	x26393
Korea Republic	92002	158966	361669	387692	339832	Romania/Roumanie	x142026	306967	222524	175309	x8618
Thailand/Thaïlande	132202	210757	340682	343395	332332	Finland/Finlande	193447	230825	280707	174762	198007
Belgium–Luxembourg	262005	269911	318845	277313	280240	Brazil/Brésil	109686	267249	189115	179672	248439
Norway, SVD, JM	259571	241769	259482	356840	339117	Norway, SVD, JM	87807	111146	104423	94323	90049
Iran (Islamic Rp. of)	x111402	x75230	x171065	x543726	x817351	Korea Republic	63486	68134	78819	101143	135946
Switz. Liecht	261470	275650	292777	197680	150958	Australia/Australie	46585	49770	63121	102076	113406
Mexico/Mexique	96829	106288	239174	406701	491089	Switz. Liecht	53040	56753	70966	68637	80721
Austria/Autriche	205287	188222	260617	235609	260563	Spain/Espagne	46863	44028	58145	70161	81745
Sweden/Suède	219571	263994	263996	155105	93625	Denmark/Danemark	45005	45065	64999	60427	66384
So. Africa Customs Un	150946	190823	178668	x206508	x203856	Hong Kong	48159	41251	48789	72634	236036
United Arab Emirates	x273974	x133331	x161407	x275339	x321567	China/Chine	21741	33149	57744	64972	43156
Portugal	174267	190766	200410	176818	193448	Yugoslavia SFR	53295	88476	53001	x9322	
Japan/Japon	123711	160341	229892	140646	105471	Malaysia/Malaisie	66578	37958	45597	64051	x40169
Oman	81704	150748	138574	205995	x68627	Czechoslovakia	x124488	x49717	x48484	x42808	x44009
Nigeria/Nigéria	x91446	x69487	x139689	x279683	x381818	United Arab Emirates	x34110	x49308	x30703	x40068	x45789
Finland/Finlande	141743	200966	174668	66207	25288	Mexico/Mexique	52160	27460	54881	34462	46147
Saudi Arabia	57738	37084	x138464	x258951	x249579	Cameroon/Cameroun	x108	6246	x919	82191	x305
Denmark/Danemark	115337	109981	204542	107054	133113	Former GDR	x289472	x59809	x23644		
Qatar	75120	72707	248068	85005	x33512	Bulgaria/Bulgarie	x47877	x41969	x23010	x2057	x2820
Turkey/Turquie	152983	103278	129273	152087	130658	Hungary/Hongrie	x27097	x9196	x34024	x16826	x17496
Chile/Chili	94749	129115	144385	103684	x184799	Oman	18967	15163	12366	26029	x58
Algeria/Algérie	67898	107573	165116	76070	x119558	Papua New Guinea	7843	16409	18306	14558	36223
Cuba	47789	182229	x82053	x81384	x31044	Ireland/Irlande	19140	14914	15445	16708	20252
Hong Kong	95336	94157	106196	123778	341261	Pakistan	6965	12935	9815	15884	11367
Venezuela	141665	106008	74076	139259	155766	Algeria/Algérie	24277	19171	10290	4250	x365
Libyan Arab Jamahiriya	105240	88172	146945	x68819	x72663	Jordan/Jordanie	7052	16499	9718	7313	6640
Poland/Pologne	189909	127495	83078	77663	x53656	So. Africa Customs Un	x12522	x9728	x8977	x14608	x15245
Bulgaria/Bulgarie	x166989	x199513	x59835	x13963	7798	Saudi Arabia	46747	24229	x6019	x2670	x5762
India/Inde	100731	x136227	71662	58466	x250725	New Zealand	7634	8132	6450	5418	6058
Israel/Israël	40490	25614	64873	171983	116569	Portugal	1494	4343	8123	6867	8866
Papua New Guinea	93621	120368	74146	x57559	x54713	Cyprus/Chypre	450	5110	8847	4568	1329
Czechoslovakia	x159578	80304	88537	x69168	x93216	Belgium–Luxembourg	10493	x3202	5503	6849	x6719
Ireland/Irlande	50573	80645	93369	57972	60721	Cote d'Ivoire	x4186	x11021	x3131	x1092	x27
Greece/Grèce	46071	63187	75371	83508	x118001	Argentina/Argentine	3869	3547	7075	4343	7649
Yugoslavia SFR	59202	84932	91567	x45038		Sri Lanka	5763	7349	5295	876	646
Kuwait/Koweït	x7659	55311	x23063	x121449	x107125	Turkey/Turquie	4759	3844	2136	4031	1525

(VALUE AS % OF TOTAL) (VALEUR EN % DU TOTAL)

	1983	1984	1985	1986	1987	1988	1989	1990	1991	1992		1983	1984	1985	1986	1987	1988	1989	1990	1991	1992
Africa	x11.3	x8.8	6.5	x8.8	6.7	x5.9	x6.1	x7.3	7.5	x9.0	Afrique	x0.3	x0.3	0.4	x0.4	0.4	x0.4	0.4	x0.2	0.7	x0.2
Northern Africa	x5.9	x3.8	4.3	x4.3	3.1	1.5	1.8	2.1	2.7	2.0	Afrique du Nord	x0.0	x0.0	0.1	0.1	0.1	0.1	0.1	0.1	0.0	x2.4
Americas	15.9	24.2	32.7	29.7	24.3	26.0	22.0	x19.3	16.5	x18.6	Amériques	35.4	33.4	35.1	x29.0	22.6	26.5	27.2	27.6	34.1	33.1
LAIA	3.6	3.5	4.0	3.2	2.5	3.2	3.2	3.6	5.1	x6.9	ALAI	0.4	1.1	0.7	0.5	0.9	1.1	1.8	1.4	1.3	1.7
CACM	x0.1	0.6	0.5	0.2	0.2	0.1	0.3	0.2	0.2	0.2	MCAC	x0.0	0.0	0.0	0.0	0.0	0.0	0.0	0.0	0.0	0.0
Asia	x32.6	x27.4	22.8	x20.4	16.6	19.1	19.8	x23.0	x30.0	x32.4	Asie	x16.4	17.2	19.4	18.6	17.0	19.0	18.6	18.1	18.2	21.6
Middle East	x16.0	x13.0	9.4	x10.1	x5.8	x5.4	x4.6	x6.3	x10.8	x11.7	Moyen–Orient	x1.0	1.2	1.2	0.9	x0.7	x0.7	x0.7	x0.4	x0.5	0.4
Europe	23.9	24.2	29.1	33.5	32.1	32.5	34.0	37.6	34.4	34.4	Europe	35.8	36.4	39.8	46.5	47.6	44.4	45.5	48.0	43.7	43.8
EEC	18.6	17.9	21.6	24.4	24.5	25.6	26.8	30.4	28.1	29.2	CEE	30.3	29.4	31.9	37.2	38.2	35.4	36.2	38.3	35.1	35.1
EFTA	5.3	5.3	6.1	7.9	7.0	6.4	6.7	6.6	5.9	5.0	AELE	5.5	6.2	7.0	8.2	8.6	8.6	8.7	9.3	8.5	8.7
Oceania	2.8	x3.6	4.6	x3.5	2.5	2.9	4.0	x3.2	x2.6	x4.6	Océanie	0.2	0.2	0.2	0.2	0.4	0.4	0.4	0.5	0.7	0.8
Former USSR/Anc. URSS	10.1	8.0			x10.5	x8.2	x10.3	x7.7	7.9		USA/Etats–Unis d'Amer	30.9	28.0	30.2	24.0	18.0	22.3	22.9	23.9	30.8	29.9
USA/Etats–Unis d'Amer	5.2	11.8	17.8	17.6	14.5	15.0	10.5	9.4	5.9	7.1	Japan/Japon	12.7	12.8	14.8	15.3	13.9	15.1	14.9	14.3	15.1	15.8
Germany/Allemagne	3.5	3.5	3.8	4.4	3.9	3.4	3.8	7.0	7.4	10.1	Germany/Allemagne	9.8	9.4	10.4	12.5	12.8	10.1	10.4	10.1	9.1	8.7
Canada	5.7	6.8	9.1	7.6	6.5	6.7	6.1	4.9	4.0	3.5	United Kingdom	6.3	6.4	7.3	7.2	7.6	7.0	7.4	8.6	8.4	8.5
France, Monac	3.1	2.5	3.4	4.4	4.7	5.1	5.1	4.7	3.9	3.6	France, Monac	7.2	5.6	5.8	7.8	7.6	7.3	6.9	7.4	6.5	6.7
United Kingdom	4.5	4.1	4.6	4.4	4.4	5.3	5.1	4.1	3.6	3.6	Belgium–Luxembourg	2.6	3.0	3.4	4.8	5.3	5.8	5.9	4.7	4.7	4.6
Spain/Espagne	1.2	1.2	1.6	2.0	2.4	3.2	3.8	4.5	3.5	1.7	Sweden/Suède	2.9	3.2	3.4	4.0	4.5	5.2	5.1	5.4	5.1	5.1
Singapore/Singapour	3.7	2.7	2.6	1.7	1.3	2.1	2.6	3.3	4.1	3.8	Italy/Italie	2.4	2.9	2.8	3.4	3.2	3.3	3.5	3.9	3.8	3.7
Italy/Italie	2.1	2.1	2.6	3.1	3.7	2.9	3.1	3.3	3.5	3.2	Canada	4.1	4.1	4.0	4.3	3.5	3.0	2.5	2.3	2.0	1.4
Australia/Australie	2.0	2.5	3.8	2.6	1.8	2.0	3.0	2.4	1.8	3.5	Singapore/Singapour	1.9	1.9	1.9	1.3	1.2	1.6	1.8	2.1	2.5	2.5

724 TEXTILE, LEATHER MACHNRY

TRADE BY COMMODITY IN THOUSAND U.S. DOLLARS – COMMERCE PAR PRODUIT EN MILLIERS DE DOLLARS E.U

COUNTRIES–PAYS	1988	1989	1990	1991	1992	COUNTRIES–PAYS	1988	1989	1990	1991	1992
	IMPORTS – IMPORTATIONS						EXPORTS – EXPORTATIONS				
Total	x21958860	x22366701	x24113093	x21995680	x23779586	Totale	19381331	18998828	21219340	19753555	21970588
Africa	x1002962	x932902	x1121012	x1005572	x1147015	Afrique	x6701	x15619	x14976	x13482	x23274
Northern Africa	389369	438621	543334	513642	526782	Afrique du Nord	1362	x10343	4848	3343	9184
Americas	3958600	3739325	3881769	3532446	x4218716	Amériques	1049453	1309504	1294254	1317595	1301315
LAIA	1206109	1146411	1303575	1264903	1460934	ALAI	108492	123901	134081	162144	144769
CACM	47875	55414	52441	51973	x91499	MCAC	x648	1310	x554	924	x851
Asia	x6278445	6808202	8071388	9029144	x12010615	Asie	x5055103	4902349	5494934	6194271	7123728
Middle East	x582010	x585132	x1186562	x1061780	x1992785	Moyen–Orient	90621	x10358	x14154	21731	24531
Europe	6115909	5867191	6805855	5704204	5717231	Europe	11727031	11991701	13868733	11948578	13313872
EEC	5271639	5005647	5805438	4958649	5006467	CEE	9278133	9642585	11150312	9763174	11021999
EFTA	685070	673972	824176	649746	611919	AELE	2419469	2313774	2684380	2167542	2272951
Oceania	x227705	275715	x198157	x179343	x191735	Océanie	x20748	x27176	x18379	x23016	x23595
Former USSR/Anc. URSS	x2641351	x3369470	x3002387	x2008927		Germany/Allemagne	4793406	4821322	5713997	5040611	5847477
USA/Etats–Unis d'Amer	2171539	2131959	2178236	1932969	2387110	Japan/Japon	3162231	3656542	4068699	4563150	5074379
China/Chine	1397411	1903255	1204129	1552378	3280638	Italy/Italie	2212306	2450406	2695815	2323762	2620833
Indonesia/Indonésie	271170	572504	1241105	1654779	913542	Switz.Liecht	2055964	1938090	2221445	1772207	1884629
Italy/Italie	1101032	994570	1182805	977161	943962	USA/Etats–Unis d'Amer	885650	1114333	1107095	1098720	1098630
Korea Republic	729791	849515	1040388	1080922	1056106	France, Monac	712158	739653	875354	745787	863161
Germany/Allemagne	799082	813628	997040	969333	991175	United Kingdom	658099	666017	760185	677329	705321
France, Monac	745861	723097	875985	734371	760663	Hong Kong	625545	661398	643737	796422	1135642
Hong Kong	662266	680043	648284	824159	1086941	Belgium–Luxembourg	271804	282659	319507	302319	327871
Turkey/Turquie	362699	410436	873409	621282	824082	Spain/Espagne	232371	289793	289793	253167	233659
Thailand/Thaïlande	353596	506835	633977	703606	637495	Korea Republic	139642	217901	269789	333126	396661
United Kingdom	696110	603282	645782	588485	643763	Netherlands/Pays–Bas	262162	242898	323731	252167	247042
Japan/Japon	449440	514835	605598	541042	533725	Sweden/Suède	213530	206096	226475	198153	184170
Belgium–Luxembourg	450808	425146	518104	450784	454289	China/Chine	101148	152501	214575	219767	266070
Spain/Espagne	485251	469902	439566	392575	356023	Former USSR/Anc. URSS	x219579	x316951	x186543	x74605	
Mexico/Mexique	313442	409361	458164	404737	496230	Austria/Autriche	128503	142752	199283	162753	174623
Portugal	424622	416598	493806	333116	325094	Czechoslovakia	x648088	x177053	x155622	x121151	x128641
Pakistan	250552	251764	303072	598858	799806	Singapore/Singapour	93159	117319	140277	141138	117795
Brazil/Brésil	235059	305604	434350	377093	279035	Brazil/Brésil	99371	109224	106522	124929	117856
Bulgaria/Bulgarie	x303358	x523942	x419290	x62649	26403	Denmark/Danemark	83707	92662	101951	88741	103083
Switz.Liecht	307613	308687	378081	282932	280975	India/Inde	59880	x58375	99941	75392	x36146
Canada	342999	311846	291067	221290	213430	Poland/Pologne	79032	81832	56505	33441	x32594
Netherlands/Pays–Bas	231419	218802	292768	227220	218409	Canada	49103	56818	51881	51311	52362
India/Inde	177468	x249626	311192	158017	x520393	Former GDR	x528936	x83135	x62732		
So. Africa Customs Un	310683	233022	274194	x211507	x213143	Portugal	34193	33114	44139	51360	52456
Czechoslovakia	x423900	262735	246987	x176265	x186594	Yugoslavia SFR	27821	33395	31133	x16583	
Malaysia/Malaisie	102887	169294	261716	248465	x320227	Hungary/Hongrie	x4142	x32462	x25196	x19002	x16410
Austria/Autriche	173554	178263	240969	205392	189223	Romania/Roumanie	x21817	28723	20473	6156	x2480
Singapore/Singapour	125148	171427	233262	180954	195992	Finland/Finlande	11847	14265	20275	20162	20054
Greece/Grèce	204273	208513	208765	155633	x168689	Bulgaria/Bulgarie	x10767	x31908	x18696	x2240	x4502
Australia/Australie	196774	235969	161330	151083	155305	Ireland/Irlande	14109	16525	16793	16149	12559
Morocco/Maroc	129107	137450	189788	152682	135103	Norway,SVD,JM	9137	12510	15986	13628	9343
Poland/Pologne	207822	221851	119758	128866	x111414	Mexico/Mexique	5271	7414	16498	17331	18293
Iran (Islamic Rp. of)	x59984	x46444	x154558	x251422	x868706	Australia/Australie	8207	8494	11235	17482	12776
Egypt/Egypte	137751	120981	137828	168836	182582	Thailand/Thaïlande	2880	6098	9916	13697	x30380
Yugoslavia SFR	147304	174512	168006	x80432		New Zealand	12256	17502	5863	5409	10187
Tunisia/Tunisie	55055	106454	140628	142176	132699	Greece/Grèce	3817	7498	9009	11744	x8538
Romania/Roumanie	x104551	133293	138604	83161	x107163	Turkey/Turquie	87496	3952	8165	15630	17697
Philippines	94179	x87938	117218	90651	121601	Israel/Israël	29609	8626	11933	4912	7591
Argentina/Argentine	109597	94159	59115	137065	239092	Malaysia/Malaisie	4285	5971	7996	8089	x13351
Colombia/Colombie	90527	102551	95038	80974	120775	Argentina/Argentine	2739	5109	6209	6282	4257
Hungary/Hongrie	x98267	x119310	x75486	82544	x59755	So. Africa Customs Un	x2800	x3916	x5333	x5867	x7990
Sweden/Suède	93920	76681	93841	75348	68540	Korea Dem People's Rp	x1971	x1254	x1791	x9038	x4043
Viet Nam	x147421	x115086	x75894	x42285	x57509	Colombia/Colombie	301	314	1917	9059	1031
Denmark/Danemark	78886	71567	73938	67968	78640	Panama	x4538	x6901	31	x1871	124
Israel/Israël	77158	57616	77109	77397	111849	Sudan/Soudan	x10	x8419		x11	
Venezuela	268085	97491	38632	64422	78576	Macau/Macao	2911	2704	3058	2081	4358
Ireland/Irlande	54297	60542	76881	62004	65761	Indonesia/Indonésie	1103	1343	4132	1876	6174
Nigeria/Nigéria	x68491	x52664	x61569	x81309	x165547	Cyprus/Chypre	381	2343	2281	1746	2135
Finland/Finlande	70183	70101	73923	48547	34778	Cuba	x114	x4860	x10		x71

(VALUE AS % OF TOTAL)(VALEUR EN % DU TOTAL)

	1983	1984	1985	1986	1987	1988	1989	1990	1991	1992		1983	1984	1985	1986	1987	1988	1989	1990	1991	1992
Africa	x7.7	x6.9	6.8	6.5	x3.9	4.6	x4.1	4.6	4.6	x4.8	Afrique	x0.0	0.0	0.1	0.1	0.0	0.0	0.1	0.1	x0.0	0.1
Northern Africa	4.4	3.3	3.8	x2.8	1.6	1.8	2.0	2.3	2.3	2.2	Afrique du Nord	0.0	0.0	0.0	0.0	0.0	0.0	0.1	0.0	0.0	0.0
Americas	21.2	23.3	26.1	25.0	17.4	18.1	16.7	16.1	16.1	x17.7	Amériques	7.5	7.9	7.1	5.7	5.0	5.4	6.9	6.1	6.6	5.9
LAIA	3.2	x4.4	6.6	6.6	4.9	5.5	5.1	5.4	5.8	6.1	ALAI	0.6	0.7	0.7	0.5	0.5	0.6	0.7	0.6	0.8	0.7
CACM	x0.3	0.3	0.4	0.4	0.3	0.2	0.2	0.2	0.2	x0.4	MCAC	x0.0	0.0	0.0	0.0	0.0	0.0	0.0	0.0	0.0	0.0
Asia	18.2	18.9	21.3	22.6	x29.4	x28.6	30.5	33.4	41.0	x50.5	Asie	17.9	19.3	20.9	19.5	x24.4	x26.1	25.8	25.9	31.3	32.4
Middle East	x2.9	x4.9	4.4	x5.8	x2.9	2.7	x2.6	x4.9	x4.8	x8.4	Moyen–Orient	x0.0	0.3	1.0	0.2	2.1	0.5	x0.1	x0.1	0.1	0.1
Europe	31.1	29.6	38.4	40.5	29.0	27.9	26.2	28.2	25.9	24.0	Europe	61.3	60.5	62.3	66.9	60.3	60.5	63.1	65.4	60.5	60.6
EEC	26.4	23.9	31.0	33.7	24.6	24.0	22.4	24.1	22.5	21.1	CEE	46.8	45.9	48.2	52.1	47.4	47.9	50.8	52.5	49.4	50.2
EFTA	4.7	4.1	5.1	5.0	3.4	3.1	3.0	3.4	3.0	2.6	AELE	14.5	14.0	13.7	14.5	12.6	12.5	12.2	12.7	11.0	10.3
Oceania	1.6	x1.8	2.4	x1.9	x1.0	x1.0	1.3	0.8	0.8	0.8	Océanie	x0.1	x0.1	0.1	x0.1	x0.1	x0.1	x0.1	x0.1	x0.1	x0.1
Former USSR/Anc. URSS	17.1	16.2		x11.8	x12.0	x15.1	x12.5	x9.1			Germany/Allemagne	24.6	23.7	24.8	27.2	24.2	24.7	25.4	26.9	25.5	26.6
USA/Etats–Unis d'Amer	14.4	15.6	15.6	14.7	10.2	9.9	9.5	9.0	8.8	10.0	Japan/Japon	15.5	16.1	16.1	16.1	15.2	16.3	19.2	19.2	23.1	23.1
China/Chine					6.7	6.4	8.5	5.0	7.1	13.8	Italy/Italie	14.0	9.7	10.6	11.3	10.9	11.4	12.9	12.7	11.8	11.9
Indonesia/Indonésie	1.6	1.2	1.3	1.5	1.0	1.2	2.6	5.1	7.5	3.8	Switz.Liecht	12.2	11.5	11.1	12.0	10.4	10.6	10.2	10.5	9.0	8.6
Italy/Italie	4.2	4.5	6.1	6.8	5.2	5.0	4.4	4.9	4.4	4.0	USA/Etats–Unis d'Amer	6.0	6.3	5.5	4.6	4.8	4.6	5.9	5.2	5.6	5.0
Korea Republic	2.8	2.9	2.8	2.9	4.0	3.3	3.8	4.3	4.9	4.4	France, Monac	3.3	3.3	3.7	3.7	3.3	3.7	3.9	4.1	3.8	3.9
Germany/Allemagne	4.7	4.2	5.6	5.8	3.9	3.6	3.6	4.1	4.4	4.2	United Kingdom	4.1	3.7	3.7	3.4	3.4	3.4	3.5	3.6	3.4	3.2
France, Monac	4.8	3.9	5.1	5.3	3.6	3.4	3.2	3.6	3.3	3.2	Hong Kong	1.3	1.7	2.4	1.9	2.5	3.2	3.5	3.0	4.0	5.2
Hong Kong	2.1	2.2	3.6	3.5	3.1	3.0	3.0	2.7	3.7	4.6	Belgium–Luxembourg	2.2	2.1	2.3	2.7	2.5	1.4	1.5	1.5	1.5	1.5
Turkey/Turquie			2.7	3.4	3.4	1.9	1.7	1.8	3.6	2.8	3.5	Spain/Espagne	0.7	0.9	1.1	1.3	1.2	1.2	1.5	1.4	1.3	1.1

725 PAPER ETC MILL MACHINERY / MACHINES FABR PATE PAPIER 725

TRADE BY COMMODITY IN THOUSAND U.S. DOLLARS – COMMERCE PAR PRODUIT EN MILLIERS DE DOLLARS E.U

IMPORTS – IMPORTATIONS

COUNTRIES–PAYS	1988	1989	1990	1991	1992
Total	5124926	5750212	7376437	7387271	5823498
Africa	x104710	x126991	x149779	x137161	x147168
Northern Africa	31617	28724	35331	x34676	46914
Americas	x1254258	1628579	1691450	1147542	x1140014
LAIA	161300	201719	458406	264988	x313100
CACM	6077	9140	11802	9458	x16202
Asia	x800816	874309	1161558	1667263	x1412252
Middle East	x55151	x46205	x72577	x116539	x158112
Europe	2340865	2575435	3542415	3517319	2923064
EEC	1767595	1918250	2637369	2886369	2262678
EFTA	537126	637042	867333	609592	636217
Oceania	x125829	136683	x108714	x111362	x73532
USA/Etats-Unis d'Amer	659210	885686	783544	619142	579338
Germany/Allemagne	391306	444397	637832	673937	558428
France, Monac	320565	326453	629590	671050	495816
Former USSR/Anc. URSS	x228020	x169910	x397058	x641187	
Canada	376528	516026	414258	231206	214857
Italy/Italie	195668	234797	367976	333924	265713
United Kingdom	363617	368416	263872	276997	282371
Indonesia/Indonésie	82560	138932	199033	408547	253302
Sweden/Suède	194442	199333	296149	169718	143854
Korea Republic	93573	184593	174462	280503	190922
Japan/Japon	154231	154450	247726	187003	142772
Netherlands/Pays-Bas	139402	163632	164456	253077	176041
Belgium–Luxembourg	109554	111841	157551	292392	170611
Spain/Espagne	116540	130834	176242	186007	153542
Austria/Autriche	83489	148206	186472	131087	124866
Finland/Finlande	103507	141273	175090	108540	92759
Thailand/Thaïlande	24308	58679	138361	187424	122286
Czechoslovakia	x134759	86114	196088	x81246	x57958
Switz.Liecht	94547	94742	125703	122212	136682
China/Chine	73362	76601	77318	172709	230535
Portugal	75113	56982	138377	112589	48513
Malaysia/Malaisie	30141	35127	92138	139657	x87429
Mexico/Mexique	45326	58443	124487	79722	113986
Chile/Chili	18134	41514	164234	51935	x40332
Australia/Australie	93876	94356	64832	85916	52537
Norway, SVD, JM	60232	53215	83664	77546	137520
So. Africa Customs Un	46050	78120	66610	x60340	x51307
Brazil/Brésil	21707	34444	82722	73768	62573
Hong Kong	56437	64223	36011	51579	76035
Singapore/Singapour	14440	47962	44896	55222	48260
Denmark/Danemark	33733	35359	57682	48774	80109
Bulgaria/Bulgarie	x67366	x83556	x47156	x3050	3846
Turkey/Turquie	24331	20560	31798	60130	32364
New Zealand	31477	40861	42427	22534	19504
Poland/Pologne	8756	13640	41052	29250	x34253
Yugoslavia SFR	35163	19237	36820	x20525	
Colombia/Colombie	8644	17043	43572	14623	21445
Venezuela	42533	32210	25836	15942	28272
Hungary/Hongrie	x10772	x15356	x12160	41189	x22422
Greece/Grèce	8958	27931	18797	18947	x17174
Ireland/Irlande	13138	17609	24993	18674	14359
Romania/Roumanie	2409	22070	19520	10653	x8944
India/Inde	11094	x22909	20105	8207	x29720
Israel/Israël	16150	9711	17799	22136	17995
Saudi Arabia	11024	6552	x13726	x23390	x15386
Philippines	8425	x10843	19454	11320	18827
Zimbabwe	x2094	x4415	14262	15896	x11270
Iran (Islamic Rp. of)	x9159	x7551	x9521	x14950	x83204
Cuba	x45375	8333	x8959	x13170	x5636
Morocco/Maroc	2832	8880	8093	13470	13712

EXPORTS – EXPORTATIONS

COUNTRIES–PAYS	1988	1989	1990	1991	1992
Totale	4920761	5571279	6745555	6845635	5604584
Afrique	x1050	x2137	x1782	x3799	x4307
Afrique du Nord	x125	x324	304	467	x447
Amériques	684253	847287	847293	915879	787978
ALAI	105329	177619	73661	89475	64813
MCAC	67	x70	x634	83	x115
Asie	x417262	404518	497150	667915	478571
Moyen–Orient	x842	x879	1377	x947	x1871
Europe	3739479	4186331	5307524	5006336	4300751
CEE	2380600	2548909	3108958	3375559	2806068
AELE	1358318	1636002	2195750	1628623	1492105
Océanie	6862	x21738	x11759	x15486	x11701
Germany/Allemagne	1191292	1291715	1625275	1730268	1465189
Finland/Finlande	457163	648540	834005	361551	358422
USA/Etats-Unis d'Amer	438459	500115	590696	627130	578599
Italy/Italie	407619	450783	523101	551361	464295
Sweden/Suède	333042	399176	513345	500652	407955
Switz.Liecht	370445	381946	508426	487589	467577
Japan/Japon	281087	328885	417104	543514	327622
United Kingdom	281763	313865	341455	458148	321661
France, Monac	261233	238070	300779	276214	245276
Austria/Autriche	151478	145447	281133	217690	208389
Canada	137296	167678	179694	197032	143206
Spain/Espagne	83470	100816	133951	121413	104173
Former USSR/Anc. URSS	x11714	x68827	x52995	x196109	
Brazil/Brésil	99618	170292	65382	75293	51904
Netherlands/Pays-Bas	68806	76408	92615	123806	91378
Norway, SVD, JM	46164	60846	58836	61141	49492
Belgium–Luxembourg	32964	33466	44188	46631	51021
Hong Kong	36454	37091	29125	53259	84711
Denmark/Danemark	39047	26464	28548	50522	43965
Korea Republic	9578	13552	13979	27030	24095
Romania/Roumanie	x225	14160	3780	29651	x66
Singapore/Singapour	5302	8385	15711	19090	15623
Ireland/Irlande	11494	13768	15212	12766	14408
Australia/Australie	3644	8137	9758	11933	8256
China/Chine	3758	4617	9507	11285	14362
Former GDR	x37146	x9606	x11609		
Poland/Pologne	5437	7779	6028	1277	x12554
Czechoslovakia	x12058	x5307	x3304	x6042	x5563
Argentina/Argentine	1451	2898	2753	8375	4225
Mexico/Mexique	3436	3547	2874	3937	4830
New Zealand	2801	5393	1978	2815	3361
Malaysia/Malaisie	1141	2804	3321	3890	x2544
American Samoa		x8205		x592	x12
India/Inde	4935	x891	3812	3704	x2686
Hungary/Hongrie	x1261	x2719	x1913	x3135	x2613
Portugal	1987	2459	2137	2596	4048
Yugoslavia SFR	551	1335	2806	x2002	
Netherlands Antilles	1041	1449	2408	1891	x3
So. Africa Customs Un	x854	x1514	x1195	x2790	x2553
Philippines	145	x3530	948	292	489
Greece/Grèce	925	1094	1698	1835	x654
Pakistan	3	73	638	3265	997
Bulgaria/Bulgarie	x4015	x2860	x377	x9	x479
Venezuela	101	291	2421	250	917
Israel/Israël	2038	1144	1258	289	518
Thailand/Thaïlande	568	1020	315	1118	x1814
Colombia/Colombie	587	463	172	1390	1092
Turkey/Turquie	279	376	1158	293	1520
Korea Dem People's Rp	x1754	x1509	x18	x18	x184
Costa Rica	8	5	x613	3	x37

(VALUE AS % OF TOTAL)(VALEUR EN % DU TOTAL)

	1983	1984	1985	1986	1987	1988	1989	1990	1991	1992		1983	1984	1985	1986	1987	1988	1989	1990	1991	1992
Africa	x7.6	x7.2	2.1	x2.6	x1.9	x2.0	x2.2	x2.0	x1.8	x2.5	Afrique	x0.0	x0.1	0.0	x0.0	x0.0	x0.0	x0.0	x0.0	x0.0	x0.0
Northern Africa	1.5	0.9	0.7	1.0	0.8	0.6	0.5	0.5	x0.5	0.8	Afrique du Nord	x0.0	x0.0	x0.0	0.0	x0.0	x0.0	x0.0	0.0	0.0	x0.0
Americas	19.8	24.8	31.7	x29.0	x19.7	x24.5	28.3	22.9	15.5	x19.5	Amériques	14.9	17.1	18.7	13.2	11.5	13.9	15.2	12.5	13.3	14.1
LAIA	3.8	4.4	4.6	3.0	2.4	3.1	3.5	6.2	3.6	x5.4	ALAI	1.5	1.4	2.6	1.7	1.5	2.1	3.2	1.1	1.3	1.2
CACM	x0.2	x0.1	0.3	0.3	0.2	0.1	0.2	0.2	0.1	x0.3	MCAC	x0.0	x0.0	0.0	0.0	0.0	0.0	x0.0	x0.0	0.0	x0.0
Asia	13.5	14.5	16.7	13.4	x15.6	x15.6	15.2	15.7	22.5	x24.3	Asie	6.5	9.6	8.6	7.9	x8.9	x8.5	7.2	7.4	9.7	8.6
Middle East	x1.6	x2.2	1.4	x1.9	x0.9	x1.1	x0.8	x1.0	x1.6	x2.7	Moyen–Orient	x0.0	x0.0	x0.0	x0.0	x0.0	x0.0	x0.0	x0.0	x0.0	x0.0
Europe	39.2	39.1	44.2	49.1	49.5	45.7	44.8	48.0	47.6	50.2	Europe	76.5	71.2	72.3	78.5	78.2	76.0	75.1	78.7	73.1	76.7
EEC	28.6	27.1	31.3	35.7	34.6	34.5	33.4	35.8	39.1	38.9	CEE	53.7	48.1	49.0	53.6	53.8	48.4	45.8	46.1	49.3	50.1
EFTA	10.6	10.8	12.6	12.6	14.3	10.5	11.1	11.8	8.3	10.9	AELE	22.8	23.0	23.2	25.0	27.4	27.6	29.4	32.6	23.8	26.6
Oceania	2.7	x2.6	2.9	x3.2	x2.2	x2.4	2.4	x1.5	x1.5	x1.2	Océanie		0.3	0.1	0.1	0.1	0.1	x0.3	x0.2	x0.2	x0.2
USA/Etats-Unis d'Amer	10.3	13.6	16.9	16.4	10.8	12.9	15.4	10.6	8.4	9.9	Germany/Allemagne	25.9	26.2	25.6	29.6	27.6	24.2	23.2	24.1	25.3	26.1
Germany/Allemagne	6.7	5.4	8.5	8.5	7.5	7.6	7.7	8.6	9.1	9.6	Finland/Finlande	6.6	6.6	7.0	6.2	9.4	9.3	11.6	12.4	5.3	6.4
France, Monac	4.9	4.6	5.4	6.3	7.3	6.3	5.7	8.5	9.1	8.5	USA/Etats-Unis d'Amer	10.4	12.5	9.8	8.7	8.5	8.9	9.0	8.8	9.2	10.3
Former USSR/Anc. URSS	9.5	9.5			x8.0	x4.4	x3.0	x5.4	x8.7		Italy/Italie	8.3	8.0	8.0	9.4	8.4	8.3	8.1	7.8	8.1	8.3
Canada	5.3	6.3	9.6	7.9	5.6	7.3	9.0	5.6	3.1	3.7	Sweden/Suède	5.6	6.7	5.8	6.4	6.4	6.8	7.2	7.6	7.3	7.3
Italy/Italie	2.5	3.1	3.2	3.9	4.4	3.8	4.1	5.0	4.5	4.6	Switz.Liecht	8.0	7.0	6.9	7.9	8.1	7.5	6.9	7.5	7.1	8.3
United Kingdom	4.7	6.4	6.6	6.6	4.4	7.1	6.4	3.6	3.7	4.8	Japan/Japon	5.2	9.0	7.5	7.0	6.8	5.7	5.9	6.2	7.9	5.8
Indonesia/Indonésie	3.1	3.8	0.7	0.7	4.0	1.6	2.4	2.7	5.5	4.3	United Kingdom	6.7	5.0	6.0	5.1	5.3	5.7	5.6	5.1	6.7	5.7
Sweden/Suède	3.5	3.3	5.8	3.7	3.1	3.5	3.5	4.0	2.3	2.5	France, Monac	7.6	4.6	4.7	5.7	5.1	5.3	4.3	4.5	4.0	4.4
Korea Republic	1.0	1.3	1.7	0.9	1.1	1.8	3.2	2.4	3.8	3.3	Austria/Autriche	3.5	1.8	2.7	3.7	2.5	3.1	2.6	4.2	3.2	3.7

726 PRINTG, BKBINDG MACHY, PTS / MACHINES POUR IMPRIMERIE 726

TRADE BY COMMODITY IN THOUSAND U.S. DOLLARS – COMMERCE PAR PRODUIT EN MILLIERS DE DOLLARS E.U

IMPORTS – IMPORTATIONS

COUNTRIES-PAYS	1988	1989	1990	1991	1992
Total	9328426	9958603	11859574	11097669	10858273
Africa	x169315	x175895	x278173	x240221	x294859
Northern Africa	32817	48244	72876	59559	x85620
Americas	1856241	2075571	2175551	2183453	x2380124
LAIA	270954	281455	505706	557642	719363
CACM	18311	21290	16209	16364	x28620
Asia	x1316738	1364432	1942732	2004110	x2458153
Middle East	x112154	x113982	x166563	x169271	x391455
Europe	5067195	5379755	6100966	5635406	5347136
EEC	4279032	4580970	5119515	4763310	4440139
EFTA	748409	765677	925630	830870	872869
Oceania	x279343	x266702	x189935	x342916	x166973
USA/Etats–Unis d'Amer	1153501	1313707	1229728	1248468	1274297
United Kingdom	1232921	1254317	1076711	830101	778442
France, Monac	657915	899332	1038157	854146	691350
Germany/Allemagne	540714	564701	743853	890419	952425
Former USSR/Anc. URSS	x392234	x529547	x1013109	x539181	
Italy/Italie	547401	530896	642610	601114	554324
Spain/Espagne	306205	391068	435854	434988	346164
Netherlands/Pays–Bas	441726	342208	448634	455736	454932
Canada	386749	422989	379880	324086	326470
Japan/Japon	265200	297503	398886	406288	313284
Korea Republic	225602	299503	392834	383708	320060
Belgium–Luxembourg	230292	290634	365861	298873	294529
Switz.Liecht	234078	218480	292781	280189	248354
Australia/Australie	207897	210773	125278	308178	131628
Sweden/Suède	192529	244967	242532	145214	254748
Austria/Autriche	132888	142079	213762	242162	215810
Brazil/Brésil	74001	83595	228418	215157	167223
Hong Kong	141933	128227	145535	183508	295322
Mexico/Mexique	63222	102949	159981	183893	243689
Indonesia/Indonésie	27906	60400	179546	164606	91848
Denmark/Danemark	133222	118756	127307	146674	119782
Singapore/Singapour	62364	114550	127323	145212	149157
China/Chine	107351	94921	119553	148966	409953
Malaysia/Malaisie	30466	62235	131470	132900	x132794
Portugal	72739	78714	117213	118519	108983
Finland/Finlande	98492	104351	118214	91802	99841
So. Africa Customs Un	67076	74493	115746	x98579	x97415
Thailand/Thaïlande	32398	59391	107330	106924	129137
Ireland/Irlande	78529	74762	73406	78082	77018
Turkey/Turquie	29066	49447	89773	70287	91648
Czechoslovakia	x100871	59128	65800	x58758	x101439
Norway,SVD,JM	84466	50045	55342	67398	50995
New Zealand	67758	52669	59586	31126	30265
Greece/Grèce	37367	35582	49910	54657	x62190
India/Inde	54184	x54568	57950	24953	x48410
Venezuela	63242	40451	53612	32605	59519
Israel/Israël	34036	23947	36813	61710	62511
Yugoslavia SFR	33741	20508	47837	x33963	
Poland/Pologne	32301	31256	14167	52015	x48781
Hungary/Hongrie	x26529	x25793	x26260	26636	x31274
Chile/Chili	10255	17900	17359	42725	x70213
Bulgaria/Bulgarie	x36874	x29800	x36563	x4497	8180
Saudi Arabia	14999	14346	x26213	x20294	x49587
Colombia/Colombie	16858	13964	21055	22613	35166
Nigeria/Nigéria	x15997	x15309	x18974	x23007	x35293
Viet Nam	x5370	x11090	x29018	x11609	x3012
Morocco/Maroc	4922	9310	23816	15139	19082
Argentina/Argentine	18978	9498	7762	28430	98443
Pakistan	8553	11810	15234	17963	25620
Philippines	9719	x16636	15496	12438	21694

EXPORTS – EXPORTATIONS

COUNTRIES-PAYS	1988	1989	1990	1991	1992
Totale	8918673	9612974	11131691	10444848	11416772
Afrique	x6008	x3844	x4311	x3778	x4924
Afrique du Nord	x461	x1340	x183	x123	1481
Amériques	958302	1054645	1323835	1323669	1313690
ALAI	8363	14644	22017	30025	27113
MCAC	x142	x44	x119	100	x75
Asie	x988110	1187695	1317364	1516254	1957564
Moyen–Orient	x1537	x2026	x3065	x4924	x4674
Europe	6321442	7184439	8301098	7501781	8067474
CEE	5253249	6068607	6921940	6254001	6677296
AELE	1065761	1111976	1370688	1244561	1384556
Océanie	x25629	x29849	x33765	38282	40899
Germany/Allemagne	2932622	3611297	4062608	3553881	3887254
USA/Etats–Unis d'Amer	884236	974603	1242040	1235838	1205836
Japan/Japon	836538	1033065	1123354	1291762	1301493
Switz.Liecht	762084	800002	1012651	939014	1036612
United Kingdom	759254	814884	921692	872815	900480
Italy/Italie	409050	521303	580965	543155	580538
France, Monac	396215	472971	522779	494526	495474
Netherlands/Pays–Bas	395421	304242	442658	415752	412198
Sweden/Suède	175582	166076	171978	128121	127375
Austria/Autriche	102559	119375	158970	155857	193260
Belgium–Luxembourg	100146	111679	140109	130158	150754
Denmark/Danemark	107143	112020	136406	120452	124967
Hong Kong	53247	64921	69943	82295	185224
Spain/Espagne	43686	54647	66588	71508	79885
Former GDR	x481212	x90195	x93540		
Canada	64142	63223	59036	56803	78101
Singapore/Singapour	22875	50390	61496	64376	58875
Ireland/Irlande	96662	52952	32104	33623	24222
Czechoslovakia	x123145	x32565	x32762	x33410	x24741
Australia/Australie	16473	20312	26444	29377	34346
India/Inde	15026	x5778	21927	27071	
Former USSR/Anc. URSS	x5831	x20416	x14942	x17120	x5701
Korea Republic	8210	11487	15917	20728	25962
Portugal	12549	11919	15262	16808	18532
Norway,SVD, JM	16874	16139	13481	11752	11576
Finland/Finlande	8431	10292	13567	9637	15697
China/Chine	7373	9516	10968	11170	59201
Brazil/Brésil	2586	6569	9556	13031	14555
New Zealand	8846	9144	7240	8450	6393
Hungary/Hongrie	x2986	x4953	x6198	x7131	x3102
Argentina/Argentine	2239	4380	6971	6914	2350
Malaysia/Malaisie	4125	6948	5546	5667	x7629
Mexico/Mexique	2918	2751	4266	8935	7049
Yugoslavia SFR	2028	2238	4535	x2786	
So. Africa Customs Un	x4373	x2125	x2247	x2556	x1920
Bulgaria/Bulgarie	x3384	x3096	x2537	x258	x912
Israel/Israël	1016	992	2667	2222	304340
Thailand/Thaïlande	1661	1848	1786	2169	x2561
Poland/Pologne	2345	1198	1282	3153	x3346
Malta/Malte	321	1475	3358	x249	x3347
Turkey/Turquie	129	203	694	3340	782
Greece/Grèce	330	604	680	1234	x2991
Afghanistan				x2499	x151
Saudi Arabia	520	397	x851	x403	x293
Western Sahara		x1242			
United Arab Emirates	x282	x392	x530	x296	x898
Venezuela	27	119	569	397	404
Macau/Macao	77	82	413	535	499
Bahamas	42	x916		x104	x305
Colombia/Colombie	295	419	184	304	219

(VALUE AS % OF TOTAL)(VALEUR EN % DU TOTAL)

IMPORTS

	1983	1984	1985	1986	1987	1988	1989	1990	1991	1992
Africa	x4.7	x4.5	3.4	x3.1	1.9	x1.8	x1.7	x2.4	x2.2	x2.7
Northern Africa	2.4	1.9	1.5	1.4	0.6	0.4	0.5	0.6	0.5	0.8
Americas	23.5	29.2	33.0	29.8	23.4	19.9	20.8	18.4	19.7	x21.9
LAIA	3.3	2.6	3.8	3.3	2.9	2.9	2.8	4.3	5.0	6.6
CACM	x0.1	0.3	0.4	0.3	0.3	0.2	0.2	0.1	0.1	x0.3
Asia	15.2	13.7	11.7	11.1	x13.0	x14.1	13.7	16.4	18.0	x22.7
Middle East	x2.7	x1.9	1.4	1.6	x0.9	x1.2	x1.1	x1.4	x1.5	x3.6
Europe	46.0	42.9	46.2	50.7	52.4	54.3	54.0	51.4	50.8	49.2
EEC	37.1	34.7	37.2	41.0	42.9	45.9	46.0	43.2	42.9	40.9
EFTA	9.0	7.7	8.3	9.3	9.1	8.0	7.7	7.8	7.5	8.0
Oceania	3.6	x3.9	4.1	x4.2	2.9	x3.0	x2.6	1.6	x3.1	x1.5
USA/Etats–Unis d'Amer	14.6	18.8	22.1	20.3	15.3	12.4	13.2	10.4	11.2	11.7
United Kingdom	9.8	10.1	10.4	9.5	10.4	13.2	12.6	9.1	7.5	7.2
France, Monac	7.3	5.9	6.1	7.0	7.4	7.1	9.0	8.8	7.7	6.4
Germany/Allemagne	6.2	5.1	5.7	6.2	5.1	5.8	5.7	6.3	8.0	8.8
Former USSR/Anc. URSS	5.4	4.6			x3.3	x4.2	x5.3	x8.5	x4.9	
Italy/Italie	4.0	3.9	4.1	4.4	5.4	5.9	5.3	5.4	5.4	5.1
Spain/Espagne	1.3	1.2	1.8	2.2	3.5	3.3	3.9	3.7	3.9	3.2
Netherlands/Pays–Bas	3.4	3.4	4.2	4.4	5.3	4.7	3.4	3.8	4.1	4.2
Canada	5.1	6.9	6.4	5.5	4.6	4.1	4.2	3.2	2.9	3.0
Japan/Japon	3.0	2.7	2.6	2.8	2.5	2.8	3.0	3.4	3.7	2.9

EXPORTS

	1983	1984	1985	1986	1987	1988	1989	1990	1991	1992
Afrique	x0.1	x0.1	0.1	x0.3	x0.1	x0.0	x0.0	x0.0	x0.0	x0.0
Afrique du Nord	x0.0	x0.0	0.0	0.0	0.0	x0.0	x0.0	x0.0	x0.0	0.0
Amériques	x17.2	16.1	13.5	x10.6	10.0	10.7	11.0	11.9	12.7	11.5
ALAI	0.1	0.1	0.2	0.1	0.0	0.1	0.1	0.2	0.3	0.2
MCAC	x0.0	0.0	0.0	0.0	0.0	0.0	0.0	0.0	0.0	0.0
Asie	8.8	11.5	12.8	12.4	x10.0	x11.1	12.4	11.8	14.5	17.2
Moyen–Orient	x0.1	x0.1	0.1	0.1	0.1	x0.1	x0.0	x0.0	x0.0	x0.0
Europe	70.7	69.0	71.5	74.9	72.7	70.9	74.7	74.6	71.8	70.7
CEE	60.2	58.7	60.7	63.7	62.0	58.9	63.1	62.2	59.9	58.5
AELE	10.5	10.3	10.7	11.2	11.6	11.9	11.6	12.3	11.9	12.1
Océanie	0.2	0.1	0.1	0.1	0.1	0.3	0.3	0.3	0.4	0.4
Germany/Allemagne	36.4	34.0	35.9	39.1	38.7	32.9	37.6	36.5	34.0	34.0
USA/Etats–Unis d'Amer	16.0	14.9	12.2	9.5	9.2	9.9	10.1	11.2	11.8	10.6
Japan/Japon	7.8	10.3	11.2	11.2	8.5	9.4	10.7	10.1	12.4	11.4
Switz.Liecht	7.4	7.7	7.7	8.3	7.7	8.5	8.3	9.1	9.0	9.1
United Kingdom	10.4	11.3	11.0	10.1	9.4	8.5	8.5	8.3	8.4	7.9
Italy/Italie	4.9	4.6	5.0	5.2	4.1	4.6	5.4	5.2	5.2	5.1
France, Monac	3.7	4.0	4.1	4.3	3.7	4.4	4.9	4.7	4.7	4.3
Netherlands/Pays–Bas	2.4	2.2	2.0	2.4	3.0	4.4	3.2	4.0	4.0	3.6
Sweden/Suède	2.2	2.1	2.2	2.0	2.0	2.0	1.7	1.5	1.2	1.1
Austria/Autriche	0.7	0.6	0.6	0.7	0.7	1.1	1.2	1.4	1.5	1.7

727 FOOD MACHRY NON-DOMESTIC — MACH INDUSTRIES ALIMENT 727

TRADE BY COMMODITY IN THOUSAND U.S. DOLLARS – COMMERCE PAR PRODUIT EN MILLIERS DE DOLLARS E.U

COUNTRIES-PAYS	1988	1989	1990	1991	1992	COUNTRIES-PAYS	1988	1989	1990	1991	1992
	IMPORTS – IMPORTATIONS						EXPORTS – EXPORTATIONS				
Total	x4822511	x5173089	x6393551	x6153727	x5538030	Totale	4154307	4289547	5170258	5105664	5469785
Africa	x311102	x255297	x342433	x361932	x399677	Afrique	x3523	x7641	x8597	x7338	x8600
Northern Africa	65397	98605	160807	x129186	x151660	Afrique du Nord	1032	x411	576	1249	x1374
Americas	701133	770860	815333	x863263	x1046643	Amériques	457587	509788	529801	591949	684603
LAIA	174575	149480	202397	257319	x376704	ALAI	23246	27383	38643	36701	64263
CACM	24111	19488	18678	21655	x37197	MCAC	x296	319	437	337	x1004
Asia	x823013	841387	1013418	936398	x1263735	Asie	x241122	253605	270844	287218	x345124
Middle East	x113148	x94328	x126910	x142659	x208151	Moyen-Orient	x4794	x7903	x6632	x16340	x19706
Europe	1690483	1789120	2158256	2272728	2378768	Europe	2900687	3149305	4080793	4097594	4333316
EEC	1349445	1452586	1736424	1872381	2028132	CEE	2429323	2620783	3396910	3463118	3684466
EFTA	313285	309710	382048	351154	313336	AELE	431181	462116	635093	592482	640706
Oceania	x71187	x64024	x91476	x63999	x78479	Océanie	37042	41328	x46404	x50461	59126
Former USSR/Anc. URSS	x786635	x982069	x1520872	x1170398		Germany/Allemagne	788377	800832	890976	1104772	1154458
USA/Etats–Unis d'Amer	335672	319962	387961	382102	426752	Italy/Italie	471657	575281	877048	803332	778132
United Kingdom	296082	293299	328488	307555	336189	Netherlands/Pays-Bas	411479	433793	558399	561875	587081
Germany/Allemagne	187971	225578	293716	384776	433601	USA/Etats–Unis d'Amer	395475	444194	463857	523584	582903
France, Monac	202846	240060	283240	278788	312873	Switz.Liecht	258688	259681	364092	340131	366861
China/Chine	255643	292111	253449	193320	247760	United Kingdom	238657	227719	359708	266360	299724
Poland/Pologne	116116	143413	143772	287918	x139666	Denmark/Danemark	192818	253308	271436	260698	316083
Belgium–Luxembourg	120353	152639	177701	168962	180194	France, Monac	181103	196005	254246	286684	324522
Netherlands/Pays-Bas	130412	128600	152421	164465	182138	Japan/Japon	118237	158655	157622	157852	170095
Spain/Espagne	100443	122722	141879	166721	148101	Austria/Autriche	92491	114296	156723	150582	158548
Italy/Italie	117675	101407	133237	161022	167201	Spain/Espagne	58272	64904	87593	90658	112409
Canada	123357	123674	147220	121725	134666	Former USSR/Anc. URSS	x27012	x116608	x99525	x9242	
Bulgaria/Bulgarie	x94147	x171389	x175580	x21782	21627	Belgium–Luxembourg	73738	53867	79082	71189	84716
Korea Republic	66365	91409	115421	109262	98773	Sweden/Suède	47212	42497	57890	59898	65060
Japan/Japon	77217	90471	111551	98624	128594	Yugoslavia SFR	40051	65964	48291	x39878	
Czechoslovakia	x68879	67060	60186	x115695	x130794	Poland/Pologne	71666	67240	50023	24056	x10628
Switz.Liecht	69262	67245	84462	82254	74166	Australia/Australie	30316	35872	34527	41686	49747
Indonesia/Indonésie	47521	62001	65232	100884	117566	Canada	34844	35056	24589	29658	31838
Mexico/Mexique	31787	54237	74905	97946	109234	Norway, SVD, JM	23819	28772	26027	28616	31545
Austria/Autriche	53904	57228	83840	82922	82691	Former GDR	x221967	x50608	x31915		
Norway, SVD, JM	71745	65592	80340	59744	56142	Singapore/Singapour	13852	21871	24375	31460	26014
Denmark/Danemark	75240	57165	69967	73684	90094	Czechoslovakia	x74767	x26795	x19993	x21584	x19359
Sweden/Suède	57325	57525	71118	67930	63158	Bulgaria/Bulgarie	x89715	x30528	x19327	x2941	x2845
Greece/Grèce	35133	47438	64758	66129	x68953	China/Chine	16861	15397	16705	20431	24391
Thailand/Thaïlande	25186	30840	80999	57665	110402	Finland/Finlande	4420	12962	26748	9778	15722
Cuba	5110	112997	x15410	x38756	x24813	Brazil/Brésil	9277	15731	13816	16931	33066
Finland/Finlande	52925	55586	54992	48538	30631	Hong Kong	14653	12199	13979	14780	40667
Australia/Australie	45788	42933	69899	44640	55472	Malaysia/Malaisie	11248	14777	12583	12981	x24191
Ireland/Irlande	51144	42793	49612	57893	57060	India/Inde	19384	x6049	19866	10649	x4788
Malaysia/Malaisie	21082	28039	52840	52362	x53186	Hungary/Hongrie	x27170	x18299	x10984	x6935	x6055
So. Africa Customs Un	48773	36663	30833	x65542	x61451	Ireland/Irlande	8695	9164	11540	8273	12758
Portugal	32146	40887	41405	42386	51726	Romania/Roumanie	x2048	17367	2034	6339	x129
Hungary/Hongrie	x30621	x37251	x42229	40674	x43681	Mexico/Mexique	6005	5116	11326	9268	15306
Algeria/Algérie	6908	16928	58131	29150	x50573	New Zealand	6679	5387	11467	8592	8107
Turkey/Turquie	25096	19890	40080	38180	42871	Argentina/Argentine	5027	4911	8915	5964	5925
Yugoslavia SFR	20444	19752	34054	x43318		Thailand/Thaïlande	4592	6414	5698	7488	x11477
Singapore/Singapour	29198	24591	28357	43504	50010	Turkey/Turquie	1704	3844	3535	12057	15259
Nigeria/Nigéria	x25794	x28998	x19807	x45988	x48356	Korea Republic	2841	3967	7090	6122	10984
Iran (Islamic Rp. of)	x16000	x8228	x23685	x50274	x76230	Israel/Israël	3011	5105	3253	6936	9410
Brazil/Brésil	16694	17471	30753	32540	54637	Portugal	2908	3529	3742	6285	6653
Philippines	22375	x28451	32212	17836	74966	Iceland/Islande	4550	3909	3613	3477	2970
Morocco/Maroc	11781	25110	27167	25967	21976	Greece/Grèce	1619	2251	3009	2861	x7929
Hong Kong	23399	19057	27598	29035	48098	So. Africa Customs Un	x1020	x1505	x3503	x2612	x4271
Tunisia/Tunisie	4608	14587	26098	33519	26452	Colombia/Colombie	2205	1092	2725	3384	6040
Libyan Arab Jamahiriya	12156	19185	29478	x18689	x15560	Cote d'Ivoire	x360	x4692	x20	x117	x3
Venezuela	64204	20867	19152	26077	37061	Lebanon/Liban	x1597	x1641	x1070	x1310	x1975
Israel/Israël	24585	21443	23275	19172	29019	Indonesia/Indonésie	272	526	2298	1038	2329
Saudi Arabia	26296	21197	x23796	x17627	x24421	Cuba	x2778	x1760	x1279	x716	x1743
Viet Nam	x14217	x7411	x42420	x12258	x4629	Syrian Arab Republic	681	753	1162	x1743	x867
Pakistan	14961	12641	17463	24939	26292	Kenya	456		2402		x5

(VALUE AS % OF TOTAL)(VALEUR EN % DU TOTAL)

	1983	1984	1985	1986	1987	1988	1989	1990	1991	1992		1983	1984	1985	1986	1987	1988	1989	1990	1991	1992
Africa	x9.5	x7.7	8.1	x10.5	x5.6	6.4	4.9	5.4	5.9	x7.2	Afrique	x0.3	x0.2	0.2	0.2	0.2	0.1	0.1	0.2	0.2	0.2
Northern Africa	x5.6	x3.3	3.3	x3.2	1.9	1.4	1.9	2.5	x2.1	x2.7	Afrique du Nord	x0.0	x0.0	0.0	0.0	0.1	0.0	0.0	0.0	0.0	x0.0
Americas	15.3	16.7	27.0	23.3	16.1	14.5	14.9	12.8	x14.0	x18.9	Amériques	16.2	15.1	13.5	x11.0	x9.9	11.1	11.9	10.2	11.6	12.5
LAIA	4.4	4.0	6.3	4.4	3.4	3.6	2.9	3.3	4.2	6.8	ALAI	0.6	0.6	0.7	0.5	0.5	0.6	0.6	0.7	0.7	1.2
CACM	x0.3	0.5	0.9	0.6	x0.5	0.5	0.4	0.3	0.4	x0.7	MCAC	x0.0	0.0	0.0	0.0	0.0	0.0	0.0	0.0	0.0	x0.0
Asia	x17.1	x14.1	15.2	x14.4	17.3	x17.1	16.3	15.8	15.2	x22.8	Asie	5.8	5.7	6.4	5.4	x4.6	5.9	5.2	5.2	5.6	x6.3
Middle East	x5.1	x4.5	4.1	x4.8	x2.0	x2.3	x1.8	x2.1	x2.3	x3.8	Moyen-Orient	x0.2	x0.2	0.1	x0.1	x0.2	x0.1	x0.1	0.1	x0.3	x0.4
Europe	24.4	25.7	39.1	41.1	33.2	35.1	34.6	33.8	36.9	43.0	Europe	59.1	60.7	68.2	72.9	67.9	69.8	73.4	78.9	80.3	79.2
EEC	19.3	19.3	28.9	30.1	24.3	28.0	28.1	27.2	30.4	36.6	CEE	49.9	48.0	51.1	53.4	50.3	58.5	61.1	65.7	67.8	67.4
EFTA	5.0	5.5	8.9	10.1	8.2	6.5	6.0	6.0	5.7	5.7	AELE	9.2	10.8	14.9	17.7	16.2	10.4	10.8	12.3	11.6	11.7
Oceania	1.4	x1.7	2.7	x2.2	x1.6	1.5	1.3	x1.4	x1.0	1.4	Océanie	0.6	0.5	0.7	0.5	0.8	0.9	1.0	x0.9	x1.0	1.1
Former USSR/Anc. URSS	28.5	29.7		x16.0	16.3	x19.0	x23.8	x19.0			Germany/Allemagne	15.5	14.5	14.6	17.4	17.0	19.0	18.7	17.2	21.6	21.1
USA/Etats–Unis d'Amer	5.9	6.9	13.0	11.8	7.3	7.0	6.2	6.1	6.2	7.7	Italy/Italie	10.2	9.6	11.6	11.6	10.2	11.4	13.4	17.0	15.7	14.2
United Kingdom	4.6	4.7	6.3	6.3	4.2	6.1	5.7	5.1	5.0	6.1	Netherlands/Pays-Bas	7.0	7.5	8.1	8.1	7.9	9.9	10.1	10.8	11.0	10.7
Germany/Allemagne	2.6	2.4	3.8	4.0	3.2	3.9	4.4	4.6	6.3	7.8	USA/Etats–Unis d'Amer	13.6	13.3	11.2	9.1	8.5	9.5	10.4	9.0	10.3	10.7
France, Monac	3.1	3.6	4.9	5.3	4.5	4.2	4.6	4.4	4.5	5.6	Switz.Liecht	5.1	4.6	4.5	5.9	4.8	6.2	6.1	7.0	6.7	6.7
China/Chine					7.0	5.3	5.6	4.0	3.1	4.5	United Kingdom	5.7	5.6	6.1	5.2	4.8	5.7	5.3	7.0	5.2	5.5
Poland/Pologne	1.0	1.5	2.1	3.4	2.4	2.4	2.8	2.2	4.7	x2.5	Denmark/Danemark	3.6	3.4	3.9	4.5	3.4	4.6	5.9	5.2	5.1	5.8
Belgium–Luxembourg	1.6	1.5	2.4	2.4	2.3	2.5	3.0	2.8	2.7	3.3	France, Monac	5.1	4.2	4.2	3.9	4.5	4.4	4.6	4.9	5.6	5.9
Netherlands/Pays-Bas	1.9	2.1	3.4	3.4	2.7	2.7	2.5	2.4	2.7	3.3	Japan/Japon	4.1	3.2	4.1	3.6	2.4	2.8	3.7	3.0	3.1	3.1
Spain/Espagne	0.9	0.7	1.5	1.2	1.5	2.0	2.1	2.4	2.2	2.7	Austria/Autriche	2.0	2.4	4.1	8.4	9.6	2.2	2.7	3.0	2.9	2.9

728 OTH MACHY FOR SPCL INDUS / AUT MACH IND PARTICULIERES 728

TRADE BY COMMODITY IN THOUSAND U.S. DOLLARS – COMMERCE PAR PRODUIT EN MILLIERS DE DOLLARS E.U

COUNTRIES–PAYS	IMPORTS – IMPORTATIONS					COUNTRIES–PAYS	EXPORTS – EXPORTATIONS				
	1988	1989	1990	1991	1992		1988	1989	1990	1991	1992
Total	x34352444	x36827569	42436317	x44654977	x42039162	Totale	29566403	31874836	37265218	38844244	39525778
Africa	x1118014	x1012220	x1249128	x1368868	x1800067	Afrique	x53263	x61366	x79633	x85721	x54626
Northern Africa	390700	397619	563642	x606930	x802501	Afrique du Nord	15093	x8559	15271	20693	x4504
Americas	7341630	7119684	6956693	6964656	7802350	Amériques	4717246	4984134	5315162	5713002	5830454
LAIA	1311614	1371920	1490415	1771852	2547929	ALAI	107501	107146	124620	174140	192597
CACM	43662	50466	62877	42921	x83922	MCAC	596	290	387	651	x779
Asia	9637337	10786105	12252461	14735940	x14944072	Asie	x6647794	7179115	7126006	8875497	8128053
Middle East	x836490	x621692	x1045833	x1181866	x2124530	Moyen–Orient	x32114	x29086	x30701	x36157	x70568
Europe	11006107	12379484	15820111	15596658	15786390	Europe	17139096	18947668	24044497	23684976	25129220
EEC	8736106	9910274	12759707	12939568	13215484	CEE	14074436	15608805	19723966	19599664	20923923
EFTA	2086495	2246627	2812656	2444136	2376465	AELE	2995747	3225287	4232206	4047420	4162985
Oceania	x541196	613058	x680803	x535803	x526906	Océanie	x117990	143022	x174018	x200494	189215
Former USSR/Anc. URSS	x2877293	x3446118	x4053073	x4712186		Germany/Allemagne	6439601	6699997	8462630	8072792	8601122
China/Chine	2903217	3625435	3749698	4685596	3358967	Italy/Italie	3597350	4380631	5459011	5612198	5844592
USA/Etats–Unis d'Amer	4531242	4113854	3885536	3722157	3880397	Japan/Japon	4095072	4935120	4619751	5585611	5752080
Germany/Allemagne	1576200	1876208	2552357	3145564	3186095	USA/Etats–Unis d'Amer	4039061	4240749	4588165	4916099	4942250
France,Monac	1570532	1865661	2323295	2315218	2173683	France, Monac	1145216	1334457	1732481	1707906	1931320
Korea Republic	1279772	1874602	1817244	2112234	1889088	United Kingdom	1253984	1362651	1628861	1647219	1812250
United Kingdom	1678544	1838986	2092104	1775722	2005991	Switz.Liecht	1204374	1236662	1681116	1602636	1611203
Canada	1301154	1246853	1274631	1243134	1077026	China/Chine	499179	853114	1114825	1667732	196948
Italy/Italie	863472	924818	1240702	1258887	1324692	Austria/Autriche	743552	813572	1106662	1104639	1225177
Spain/Espagne	882225	949659	1216654	1166859	1127005	Netherlands/Pays–Bas	670146	711720	927041	1027861	1047311
Belgium–Luxembourg	740163	873732	1163054	1221756	1167653	Sweden/Suède	613064	697667	835056	809981	804042
Japan/Japon	687882	856235	1111338	1142602	1130042	Canada	559644	627286	595365	615808	680060
Malaysia/Malaisie	482537	695786	905858	1239260	x1323963	Belgium–Luxembourg	377766	481301	659182	619473	600707
Netherlands/Pays–Bas	726281	786396	1078937	963195	1093069	Hong Kong	443514	504749	419397	530576	825097
Singapore/Singapour	682729	729126	866558	956325	988476	Denmark/Danemark	328226	339410	466752	472991	528888
Thailand/Thaïlande	444528	615233	723674	1101453	953870	Finland/Finlande	349548	371077	490120	403473	390613
Indonesia/Indonésie	434530	557881	734019	855357	898602	Singapore/Singapour	268005	330713	331529	405369	439203
Switz.Liecht	565075	616620	785473	696986	653029	Spain/Espagne	191821	224617	286717	338898	424668
Austria/Autriche	482098	526025	704707	702071	735995	Former USSR/Anc. URSS	x243919	x321102	x258801	x141929	
Mexico/Mexique	286614	525440	617865	702420	1001722	Korea Republic	191628	182541	249600	263685	285338
Sweden/Suède	490619	534373	657342	491372	472562	Israel/Israël	178749	179624	192293	207041	415060
Australia/Australie	428463	515406	553762	416638	407587	Australia/Australie	90346	115029	138885	159617	164327
Hong Kong	361596	409550	375922	467484	770779	Norway,SVD,JM	85007	106145	118903	126407	131738
Czechoslovakia	x499950	338223	383662	x379732	x466397	Yugoslavia SFR	64709	108344	87074	x35826	
Bulgaria/Bulgarie	x318309	x549979	x416450	x64056	32104	Malaysia/Malaisie	47544	65852	54801	66624	x77128
Finland/Finlande	275126	349201	391080	267624	204202	Brazil/Brésil	58789	49818	45246	65420	93762
Turkey/Turquie	282961	183129	390976	431729	407007	Ireland/Irlande	47618	42635	55897	53215	75554
Portugal	227633	261534	356827	358591	383230	So. Africa Customs Un	x32379	x41052	x52828	x50471	x43583
Denmark/Danemark	243577	237617	334043	320407	304159	Former GDR	x326933	x81996	x53035		
Venezuela	466925	361410	186381	341815	594070	Mexico/Mexique	29099	33447	43757	57617	56649
So. Africa Customs Un	342064	263470	237842	x306961	x283245	Hungary/Hongrie	x38208	x32250	x39559	x61758	x53794
Brazil/Brésil	187043	203617	252102	304979	335089	India/Inde	34044	x11530	69380	51039	x13943
Norway,SVD,JM	262833	213771	266463	273532	302658	Poland/Pologne	x116310	x45397	x68769	5378	x48000
India/Inde	161327	x334796	243146	167841	x479663	Czechoslovakia	x80936	x24356	x41060	x50741	x63408
Philippines	163470	x116550	326732	275550	278944	Bulgaria/Bulgarie	x55605	x41041	x56262	x8685	x10992
Iran (Islamic Rp of)	x184380	x76870	x190566	x339063	x1074106	Portugal	19940	25762	33511	35755	45503
Yugoslavia SFR	165193	201100	218223	x182827		New Zealand	25583	26936	29163	24953	19904
Poland/Pologne	x179056	x220154	x291643	86066	x348254	Philippines	10690	x57715	6232	12738	4344
Ireland/Irlande	121472	151104	203390	212959	235251	Thailand/Thaïlande	14408	15277	26446	32407	x26996
Algeria/Algérie	85285	114145	228308	207848	x287750	Argentina/Argentine	13222	15140	23710	21698	18977
Greece/Grèce	106008	144559	198344	200410	x214657	Romania/Roumanie	x29101	13209	8416	15694	x12190
Hungary/Hongrie	x141207	x155109	x188235	133270	x183509	Turkey/Turquie	14318	8451	14210	13505	26584
Israel/Israël	149949	99691	136115	206937	267731	Algeria/Algérie	12925	5085	12092	18335	x299
Saudi Arabia	105454	90734	x173886	x175085	x262928	Greece/Grèce	2768	5551	11809	11281	x12008
Chile/Chili	122975	114983	178677	134222	x166418	Venezuela	1675	3518	6313	18252	8911
Cuba	x40268	236209	x99008	x65946	x76753	Saudi Arabia	5157	6412	x7468	x12415	x28974
Egypt/Egypte	157590	111447	115596	103252	133996	Cameroon/Cameroun	x91	4653	x1397	10710	x120
Pakistan	117913	71820	71791	186558	238010	American Samoa	x1056		x4501	x8244	x11
Colombia/Colombie	76404	81398	151161	84929	105208	Korea Dem People's Rp	x359	x6350	x2470	x3852	x4088
Nigeria/Nigéria	x86093	x78127	x89718	x102617	x255002	United Arab Emirates	x3532	x4844	x3816	x3811	x3175

(VALUE AS % OF TOTAL) (VALEUR EN % DU TOTAL)

	1983	1984	1985	1986	1987	1988	1989	1990	1991	1992		1983	1984	1985	1986	1987	1988	1989	1990	1991	1992
Africa	x8.3	x7.5	6.0	x6.1	x3.2	3.3	2.7	x3.0	x3.1	x4.3	Afrique	x0.1	x0.1	0.1	x0.1	x0.1	0.2	0.2	x0.2	x0.2	x0.1
Northern Africa	x5.4	x3.9	3.6	x3.3	1.3	1.1	1.1	1.3	x1.4	x1.9	Afrique du Nord	x0.0	x0.0	0.0	x0.0	x0.0	0.1	x0.0	0.0	0.1	x0.0
Americas	16.1	22.3	27.9	26.8	21.1	21.4	19.4	16.4	15.6	18.6	Amériques	16.5	19.7	19.2	15.7	14.0	16.0	15.7	14.3	14.7	14.7
LAIA	2.9	3.5	4.7	4.1	3.4	3.8	3.7	3.5	4.0	6.1	ALAI	0.2	0.4	0.4	0.3	0.3	0.4	0.3	0.3	0.4	0.5
CACM	x0.2	0.2	0.3	0.2	x0.2	0.1	0.1	0.1	0.1	x0.2	MCAC	x0.0	0.0	0.0	0.0	0.0	0.0	0.0	0.0	0.0	0.0
Asia	x26.8	26.2	23.9	24.0	25.6	28.0	29.3	28.8	33.0	x35.5	Asie	12.3	13.6	15.7	15.2	x17.5	x22.5	22.5	19.1	22.8	20.6
Middle East	x8.5	x8.8	2.9	x4.2	x2.0	x2.4	1.7	x2.5	x2.6	x5.1	Moyen–Orient	x0.2	x0.2	0.3	x0.2	x0.2	x0.1	x0.1	x0.1	x0.1	x0.2
Europe	27.6	28.8	37.3	38.1	34.1	32.0	33.6	37.3	34.9	37.6	Europe	60.1	57.3	57.8	65.1	62.6	58.0	59.4	64.5	61.0	63.6
EEC	21.6	22.1	28.7	29.6	26.6	25.4	26.9	30.1	29.0	31.4	CEE	49.8	47.0	47.9	54.3	51.9	47.6	49.0	52.9	50.5	52.9
EFTA	6.0	5.8	7.6	7.6	6.9	6.1	6.1	6.6	5.5	5.7	AELE	10.2	9.9	9.6	10.4	10.4	10.1	10.1	11.4	10.4	10.5
Oceania	1.7	x1.9	2.6	x2.4	x1.6	1.6	1.7	x1.6	x1.2	x1.3	Océanie	0.3	0.2	0.2	x0.3	x0.3	x0.4	0.4	x0.5	x0.5	0.5
Former USSR/Anc. URSS	17.1	10.9			x8.4	8.4	x9.4	x9.6	x10.6		Germany/Allemagne	20.7	20.4	20.8	24.8	23.1	21.8	21.0	22.7	20.8	21.8
China/Chine				9.1	8.5	9.8	8.8	9.5	10.5	8.0	Italy/Italie	10.5	10.0	10.5	12.6	12.6	12.2	13.7	14.6	14.4	14.8
USA/Etats–Unis d'Amer	8.9	13.8	16.7	15.6	12.4	13.2	11.2	9.2	8.3	9.2	Japan/Japon	9.4	10.9	12.6	12.6	12.6	13.9	15.5	12.4	14.4	14.6
Germany/Allemagne	4.8	4.7	6.2	6.5	5.3	4.6	5.1	6.0	7.0	7.6	USA/Etats–Unis d'Amer	14.6	17.2	16.9	13.5	11.8	13.7	13.3	12.3	12.7	12.5
France,Monac	3.8	3.7	4.8	5.3	4.5	4.6	5.1	5.5	5.2	5.2	France, Monac	5.8	4.4	4.1	4.4	4.0	3.9	4.2	4.6	4.4	4.9
Korea Republic	2.1	2.8	4.0	4.0	3.4	3.7	5.1	4.3	4.7	4.5	United Kingdom	6.7	6.0	6.4	6.2	5.5	4.2	4.3	4.4	4.2	4.6
United Kingdom	4.3	4.8	6.1	5.3	5.3	4.9	5.0	4.9	4.0	4.8	Switz.Liecht	4.0	3.9	4.1	4.8	5.0	4.1	3.9	4.5	4.1	4.1
Canada	3.7	4.3	5.7	5.7	4.4	3.8	3.4	3.0	2.8	2.6	China/Chine					0.0		0.2	1.7	2.7	3.0	4.3	0.5
Italy/Italie	1.8	1.9	2.6	2.8	2.5	2.5	2.5	2.9	2.8	3.2	Austria/Autriche	2.2	1.8	1.4	1.4	1.5	2.5	2.6	3.0	2.8	3.1
Spain/Espagne	0.9	0.9	1.2	1.7	2.2	2.6	2.6	2.9	2.6	2.7	Netherlands/Pays–Bas	2.6	2.9	2.8	2.9	2.8	2.3	2.2	2.5	2.6	2.6

736 METALWORKING MACH–TOOLS

MACH–OUTILS TRAVAIL METAUX 736

TRADE BY COMMODITY IN THOUSAND U.S. DOLLARS – COMMERCE PAR PRODUIT EN MILLIERS DE DOLLARS E.U

COUNTRIES–PAYS	IMPORTS – IMPORTATIONS					COUNTRIES–PAYS	EXPORTS – EXPORTATIONS				
	1988	1989	1990	1991	1992		1988	1989	1990	1991	1992
Total	x23424356	x23446894	x26757058	x26541887	21633723	Totale	x21276089	21148517	24152516	22595562	20931634
Africa	x346151	x413430	x540264	x446149	x412483	Afrique	x6588	x9562	x14438	x18219	x14732
Northern Africa	146754	177511	273806	195641	x162319	Afrique du Nord	563	x757	x1039	1391	x780
Americas	4259729	4700250	4512406	4419316	4407950	Amériques	1722455	2149806	2234166	2271356	2619183
LAIA	756697	721635	766001	950531	1305310	ALAI	95371	90522	106858	131456	128005
CACM	12308	14806	16533	19054	x19258	MCAC	1028	1371	1420	1079	x716
Asia	x4174942	x4052198	4696551	5285364	x6158745	Asie	x4913762	5041788	5162306	5240186	4799312
Middle East	x863619	x475828	x553260	x649193	x1084132	Moyen–Orient	13026	18434	22449	19651	20234
Europe	8152167	8970309	11998378	10938943	9953982	Europe	11842711	12495907	15514645	14110573	13062034
EEC	6362050	7150042	9792731	9164751	8371056	CEE	8867087	9519975	11622088	11090381	10388077
EFTA	1590766	1666977	2054213	1664914	1496617	AELE	2685335	2648175	3497418	2959739	2628056
Oceania	x242595	x257124	x244537	x184098	x165437	Océanie	x26535	x29962	x42821	x49011	x52643
Former USSR/Anc. URSS	x3754785	x3398038	x3662364	x4758178		Germany/Allemagne	4617227	4871884	5747022	5785854	5431275
USA/Etats–Unis d'Amer	2675997	3206794	3010434	2873292	2552326	Japan/Japon	3750236	4308684	4317206	4363761	3849009
Germany/Allemagne	1672554	1896131	2793597	2957609	2454942	Switz.Liecht	2024367	1942314	2492050	2130935	1832005
France,Monac	1264898	1418063	2049723	1756154	1582654	Italy/Italie	1579394	1832857	2206058	2082467	1966656
United Kingdom	1053794	1186329	1356363	1152585	1008436	USA/Etats–Unis d'Amer	1472280	1802411	1902741	1903980	2260936
Italy/Italie	861882	967403	1222325	1130081	964238	United Kingdom	980397	904840	1181921	1011405	846600
Korea Republic	651295	856961	935444	1045248	1078307	France,Monac	572563	617754	790521	729529	778022
Japan/Japon	475512	612012	793495	788514	670876	Belgium–Luxembourg	390860	513604	650849	545930	488382
Switz.Liecht	522684	583306	805814	613151	488947	Spain/Espagne	308710	374861	542125	456015	399328
Belgium–Luxembourg	450652	539831	711556	689129	711728	Austria/Autriche	280286	321273	477805	410711	417143
Canada	752146	690247	652020	515159	481045	Former USSR/Anc. URSS	x485080	x444655	x347014	x380667	
China/Chine	570737	546461	543973	604321	1004912	Sweden/Suède	312385	326299	425733	345562	316201
Spain/Espagne	367518	413583	649240	524332	683913	Netherlands/Pays–Bas	273230	257777	323451	294898	300247
Austria/Autriche	436782	407894	500991	528586	601658	Yugoslavia SFR	289903	326361	392368	x60092	
Netherlands/Pays–Bas	365043	391335	543285	499156	547945	Canada	152240	252317	222368	233110	228876
Thailand/Thaïlande	196649	340096	393007	521093	435623	China/Chine	152310	210810	250317	230039	226675
Sweden/Suède	415237	441830	443832	328263	261334	Bulgaria/Bulgarie	x318210	x277456	x262233	x79732	x73860
Mexico/Mexique	283191	320740	340391	417791	816470	Czechoslovakia	x720590	x174187	x162392	x230550	x165976
Singapore/Singapour	284006	299890	351843	374765	392149	Singapore/Singapour	90264	168054	163509	190512	181189
Malaysia/Malaisie	88899	172022	329201	468797	x427997	Hong Kong	144793	160482	152913	189298	290946
Bulgaria/Bulgarie	x492358	x529195	x256161	x33386	12199	Denmark/Danemark	102211	95234	117401	124320	113981
Czechoslovakia	x517173	300311	262494	x212846	x267707	Romania/Roumanie	x68084	118902	121424	86916	x32427
Brazil/Brésil	190758	216755	262000	281384	212211	Korea Republic	67895	97177	108767	118068	123285
Iran (Islamic Rp. of)	x377435	x170945	x244508	x313492	x702239	Former GDR	x974946	x188874	x129083		
Poland/Pologne	289010	255676	294165	132708	x111349	Poland/Pologne	140553	139820	96955	53832	x62430
Indonesia/Indonésie	172687	159467	224874	284915	250096	Hungary/Hongrie	x56505	x77583	x64304	x74517	x48972
Australia/Australie	217333	233294	214077	157535	140899	Finland/Finlande	45667	46735	82711	63252	55151
India/Inde	155368	x224982	231191	148345	x274225	Canada	44043	36045	44579	80327	86462
Hong Kong	190426	211960	181660	209821	308957	India/Inde	60157	x21785	52767	40745	x17041
Denmark/Danemark	142962	138582	190287	177785	144010	Israel/Israël	29053	30359	38217	27154	30150
Finland/Finlande	140472	173340	219765	107023	62919	Ireland/Irlande	24733	25281	31324	31411	36722
Turkey/Turquie	96166	103283	131282	223582	177196	Australia/Australie	15166	18352	32466	36312	43503
So. Africa Customs Un	116797	152125	151784	x140228	x115888	Argentina/Argentine	36096	32462	34734	18266	8755
Portugal	103567	92257	152293	148639	146636	Thailand/Thaïlande	12707	9718	30865	38415	x40372
Former GDR	x1015394	x316576	x66704			Mexico/Mexique	14207	19735	22227	28986	27300
Yugoslavia SFR	184150	142634	140655	x98144		Portugal	15921	20652	26192	22458	19065
Algeria/Algérie	66282	107927	175579	97180	x58273	Turkey/Turquie	10343	14586	20005	15163	16286
Romania/Roumanie	x89364	152368	133984	52528	x24793	Norway,SVD,JM	22190	11539	19071	9222	7550
Hungary/Hongrie	x85433	x99490	x80467	77101	x118589	New Zealand	11114	11279	9718	12374	8624
Norway,SVD,JM	73292	59263	82295	85172	79597	Malaysia/Malaisie	5834	7271	11275	14189	x11709
Iraq	x326505	x145107	x70780	x513	x393	So. Africa Customs Un	x3424	x6704	x10972	x12213	x9546
Ireland/Irlande	47284	70465	73375	68891	60539	Greece/Grèce	1841	5186	5181	6050	x7800
Israel/Israël	72193	47277	63264	96445	80764	Korea Dem People's Rp	x10125	x3287	x7767	x2177	x1793
Venezuela	151949	81157	46148	63474	75828	Philippines	571	x768	1815	4284	744
Argentina/Argentine	50956	34211	37687	112163	84705	Venezuela	20	816	4124	1481	2444
Greece/Grèce	31898	36064	50689	60390	x66014	Pakistan	75	3322	345	137	2610
Saudi Arabia	17387	17838	x64081	x50585	x83494	Malta/Malte	140	505	3002	x282	x588
Philippines	18208	x39312	38690	30266	48567	Costa Rica	695	1313	1374	1028	x674
Cuba	9687	42236	x22418	x33309	x19854	Indonesia/Indonésie	199	323	2378	507	1458
Chile/Chili	21259	21949	27317	29535	x56739	Cameroon/Cameroun	x79	85	x12	2769	x3

(VALUE AS % OF TOTAL)(VALEUR EN % DU TOTAL)

	1983	1984	1985	1986	1987	1988	1989	1990	1991	1992		1983	1984	1985	1986	1987	1988	1989	1990	1991	1992
Africa	x4.2	x3.1	2.9	x2.6	x1.6	x1.5	x1.7	x2.1	x1.7	x1.9	Afrique	x0.0	x0.1	0.1	x0.1	x0.0	x0.0	x0.0	x0.0	x0.1	x0.0
Northern Africa	x1.7	x1.4	1.8	x1.5	0.7	0.6	0.8	1.0	0.7	x0.8	Afrique du Nord	0.0	0.0	0.0	0.0	0.0	0.0	0.0	0.0	0.0	x0.0
Americas	19.7	26.1	35.5	30.9	19.9	18.2	20.0	16.9	16.7	20.4	Amériques	11.0	11.8	11.2	9.4	8.0	8.1	10.1	9.3	10.1	12.5
LAIA	2.2	3.8	4.2	2.8	2.6	3.2	3.1	2.9	3.6	6.0	ALAI	0.3	0.4	0.4	0.5	0.3	0.4	0.4	0.4	0.6	0.6
CACM	x0.1	0.0	0.1	0.1	0.1	0.1	0.1	0.1	0.1	x0.1	MCAC	x0.0	0.0	0.0	0.0	0.0	0.0	0.0	0.0	0.0	x0.0
Asia	x16.0	x14.1	16.1	15.6	15.5	x17.8	x17.3	17.6	19.9	x28.5	Asie	17.5	22.2	25.8	24.9	x22.6	x23.1	23.8	21.3	23.2	22.9
Middle East	x4.9	x3.6	1.6	x2.3	x2.4	x3.7	x2.0	x2.1	x2.4	x5.0	Moyen–Orient	x0.0	0.1	0.1	0.1	0.1	0.1	0.1	0.1	0.1	0.1
Europe	31.2	29.4	38.8	44.9	37.0	34.8	38.3	44.8	41.2	46.0	Europe	59.4	55.5	56.9	60.5	55.5	55.7	59.1	64.2	62.4	62.4
EEC	24.4	21.7	29.3	34.3	28.2	27.2	30.5	36.6	34.5	38.7	CEE	46.6	41.4	42.5	45.3	41.5	41.7	45.0	48.1	49.1	49.6
EFTA	6.8	5.9	8.0	9.4	7.6	6.8	7.1	7.7	6.3	6.9	AELE	12.8	12.7	13.2	14.3	12.9	12.6	12.5	14.5	13.1	12.6
Oceania	x1.4	x1.5	2.4	x1.9	1.3	x1.0	x1.1	x0.9	x0.7	x0.7	Océanie	0.1	0.1	0.1	x0.1	x0.1	x0.1	x0.1	x0.2	x0.2	x0.2
Former USSR/Anc. URSS	23.0	22.0		22.3	x14.5	x16.0	x14.5	13.7	x17.9		Germany/Allemagne	25.0	21.7	21.8	24.6	22.6	21.7	23.0	23.8	25.6	25.9
USA/Etats–Unis d'Amer	13.4	17.8	25.0	13.4	13.4	11.4	13.7	11.3	10.8	11.8	Japan/Japon	15.5	19.8	22.5	23.0	18.1	17.6	20.4	17.9	19.3	18.4
Germany/Allemagne	6.4	5.6	8.4	10.3	8.1	7.1	8.1	10.4	11.1	11.3	Switz.Liecht	9.1	9.2	9.9	10.8	9.4	9.5	9.2	10.3	9.4	8.8
France,Monac	5.2	4.0	5.2	6.2	5.2	5.4	6.0	7.7	6.6	7.3	Italy/Italie	7.7	7.0	8.0	8.0	7.4	7.4	8.7	9.1	9.2	9.4
United Kingdom	4.4	4.4	5.6	6.0	3.8	4.5	5.1	5.1	4.3	4.3	USA/Etats–Unis d'Amer	9.3	9.4	9.0	7.5	6.7	6.9	8.5	7.9	8.4	10.8
Italy/Italie	2.6	2.3	2.8	3.3	3.7	3.7	4.1	4.6	4.3	4.5	United Kingdom	5.0	4.7	4.8	4.1	4.0	4.4	4.3	4.9	4.5	4.0
Korea Republic	1.7	1.5	2.7	3.0	2.8	2.8	3.7	3.5	3.9	5.0	France,Monac	4.6	3.6	3.0	3.1	2.8	2.7	2.9	3.3	3.2	3.7
Japan/Japon	2.3	2.2	2.9	2.6	1.7	2.0	2.6	3.0	3.0	3.1	Belgium–Luxembourg	1.5	1.4	1.7	2.2	1.9	1.8	2.4	2.7	2.4	2.3
Switz.Liecht	1.9	1.9	2.6	3.3	2.6	2.2	2.5	3.0	2.3	2.3	Spain/Espagne	1.3	1.1	1.5	1.4	1.4	1.4	1.8	2.2	2.0	1.9
Belgium–Luxembourg	1.7	1.7	2.3	2.7	1.9	2.3	2.7	2.7	2.6	3.3	Austria/Autriche	1.7	1.4	1.7	1.6	1.3	1.3	1.5	2.0	1.8	2.0

175

737 METALWORKING MACHNRY NES

TRADE BY COMMODITY IN THOUSAND U.S. DOLLARS – COMMERCE PAR PRODUIT EN MILLIERS DE DOLLARS E.U

IMPORTS – IMPORTATIONS

COUNTRIES–PAYS	1988	1989	1990	1991	1992
Total	x7548042	x6889125	x7001828	x8021397	x7304208
Africa	x122698	x149346	x208892	x177561	x234106
Northern Africa	47048	55491	62668	60839	x85264
Americas	1416268	1442691	1325677	1348295	1226523
LAIA	324750	381892	317085	341371	354018
CACM	3306	7867	5142	4740	x9012
Asia	1954592	1657370	1411967	2075165	x2528005
Middle East	x151161	x145589	x159088	x306829	x464237
Europe	2062212	2245317	2814002	3060587	3046003
EEC	1676691	1829483	2334781	2593654	2694026
EFTA	323681	355624	425450	438816	326681
Oceania	x81741	78161	x71838	x95862	x99228
Former USSR/Anc. URSS	x1415931	x1004840	x678641	x963219	
USA/Etats-Unis d'Amer	771865	706226	705671	765488	635929
Germany/Allemagne	312888	336187	509821	591748	597516
Korea Republic	330317	518672	335658	576520	483024
United Kingdom	356984	344961	389097	341234	375518
France,Monac	258623	279135	389829	391236	407537
China/Chine	827624	438578	247422	325930	402914
Belgium–Luxembourg	213391	233656	293685	369374	422560
Italy/Italie	161801	192404	251701	402461	262092
Canada	285766	276155	236387	208979	209105
Spain/Espagne	144426	211158	193262	211407	307600
Netherlands/Pays–Bas	136918	133672	172234	151863	166108
Venezuela	116139	215497	92369	71526	44986
Japan/Japon	107272	99908	123963	138325	121543
Sweden/Suède	95886	107002	113715	135279	88428
Bulgaria/Bulgarie	x53795	x102420	x171514	x68467	5493
Malaysia/Malaisie	27766	86055	97972	147934	x175506
Mexico/Mexique	84643	82324	92713	153178	177234
Poland/Pologne	48601	48302	165220	108306	x64347
Switz.Liecht	81295	79596	102361	113221	71189
Austria/Autriche	68125	69517	113517	101425	89919
Indonesia/Indonésie	80264	45866	97216	136283	252523
Singapore/Singapour	58357	67053	96214	112607	99252
Thailand/Thaïlande	53020	67056	69167	125532	132934
Hong Kong	65997	72931	79547	87207	111813
So. Africa Customs Un	33761	63448	100627	x73326	x80114
Iran (Islamic Rp. of)	x43744	x41999	x42391	x146220	x285759
Czechoslovakia	x168001	60842	88146	x76159	x61824
Australia/Australie	58143	63877	59253	84201	86017
Turkey/Turquie	51347	37347	59324	93113	71426
Finland/Finlande	47912	69743	57078	52750	37098
Brazil/Brésil	38581	38447	45930	67985	53734
India/Inde	31166	x60261	44233	27636	x135042
Denmark/Danemark	32822	37390	43286	41961	46989
Yugoslavia SFR	51790	50055	41937	x25613	
Portugal	27548	26835	46314	37389	42233
Cuba	11023	58743	x29184	x11661	x7491
Algeria/Algérie	19949	32199	29822	33990	x45889
Norway,SVD,JM	26534	26933	32901	30059	37398
Greece/Grèce	14392	19873	27818	33467	x40730
Hungary/Hongrie	x24355	x22838	x24271	33874	x23399
Philippines	25795	x22891	25551	28136	24310
Saudi Arabia	11607	22193	x24205	x28998	x57489
Former GDR	x189108	x59369	x8824		
Romania/Roumanie	x10514	16304	32757	13747	x14247
Chile/Chili	6557	8149	33646	12553	x30623
Ireland/Irlande	16897	14212	17735	21514	25142
Israel/Israël	20193	10980	14684	26794	20324
Argentina/Argentine	47424	15591	16960	16140	24912
Colombia/Colombie	10872	12007	26278	7904	10681

EXPORTS – EXPORTATIONS

COUNTRIES–PAYS	1988	1989	1990	1991	1992
Totale	5532704	5719146	6535148	6997797	6734011
Afrique	x3396	x2964	x3311	x4536	x5150
Afrique du Nord	x341	x454	x531	511	x355
Amériques	661193	821095	948588	912837	894576
ALAI	18338	25961	32098	33017	42279
MCAC	61	x176	x794	x1089	x1007
Asie	x1196518	1223862	1028872	1421247	1302073
Moyen–Orient	8048	5934	x1587	x2000	x3097
Europe	3263971	3273035	4226462	4447133	4460362
CEE	2513038	2480955	3232386	3507418	3478583
AELE	724293	772037	946991	915475	966504
Océanie	x9710	x11742	17890	x16103	18767
Germany/Allemagne	959553	1042918	1285732	1468203	1457589
Japan/Japon	978196	1049088	819406	1170458	1012003
USA/Etats–Unis d'Amer	576573	736422	807505	762093	742969
Italy/Italie	495211	516237	685901	760543	709859
Switz.Liecht	318687	341466	409488	413307	421516
United Kingdom	383845	294138	403896	398377	353597
France,Monac	362345	261421	337748	390468	419962
Sweden/Suède	206101	209204	252733	225116	246578
Austria/Autriche	148242	153725	200200	211686	228858
Belgium–Luxembourg	103391	132171	197138	191096	226544
Netherlands/Pays–Bas	95335	118014	154848	148188	141310
Former USSR/Anc. URSS	x143503	x165486	x153685	x80418	
Hong Kong	81336	99108	89919	94638	122710
Canada	64478	57618	107139	114186	107407
Spain/Espagne	56611	54756	101288	84338	103501
Poland/Pologne	112264	95660	55173	41104	x13629
Finland/Finlande	44110	55944	70481	49166	52916
Romania/Roumanie	x25573	84291	47973	32236	x3421
Denmark/Danemark	43137	44931	52593	50267	50753
Korea Republic	40014	27048	51026	55355	68646
Singapore/Singapour	15466	21562	31085	39278	29746
Yugoslavia SFR	22180	17641	44572	x23881	
Brazil/Brésil	11196	15886	17408	19544	30677
China/Chine	12361	7640	11147	32868	33475
Czechoslovakia	x30064	x10353	x19277	x18354	x17613
Norway,SVD,JM	7148	11698	14085	15996	16629
Australia/Australie	8343	10563	16758	13720	12454
Hungary/Hongrie	x7832	x5776	x12237	x20362	x13139
Ireland/Irlande	11565	14301	10190	11562	10625
Bulgaria/Bulgarie	x11599	x15403	x9308	x3453	x5282
Mexico/Mexique	4013	6070	10755	9033	7216
Former GDR	x67080	x9479	x12372		
Malaysia/Malaisie	3619	3731	7914	8774	x12288
Israel/Israël	3880	5150	6392	4279	2936
India/Inde	2982	x2121	5493	6025	x5525
Thailand/Thaïlande	2116	1510	3647	5573	x8355
Argentina/Argentine	2599	2995	3240	2985	2899
So. Africa Customs Un	x2276	x1916	x2203	x3210	x4404
Portugal	1328	1312	2495	3294	3559
Malta/Malte	4423	2361	2483	x333	x1840
New Zealand	1303	999	896	2120	5871
Saudi Arabia	749	3028	x182	x438	x611
Greece/Grèce	716	744	1147	1070	x1284
Turkey/Turquie	6306	1039	691	1040	1815
Costa Rica	38	x141	x775	x1085	x953
Jamaica/Jamaïque	240	618	402	954	x14
Philippines	108	x582	403	334	529
Colombia/Colombie	11	113	115	1057	225
Kuwait/Koweït	x15	1058	x23	x2	
Venezuela	38	577	258	150	652

(VALUE AS % OF TOTAL)(VALEUR EN % DU TOTAL)

	1983	1984	1985	1986	1987	1988	1989	1990	1991	1992
Africa	x8.2	x5.8	3.8	x4.3	x1.9	x1.6	x2.1	x2.9	x2.2	x3.2
Northern Africa	x6.1	x2.9	2.1	x3.0	0.9	0.6	0.8	0.9	0.8	x1.2
Americas	27.3	28.1	34.8	30.0	20.1	18.8	21.0	19.0	16.8	16.8
LAIA	5.2	8.4	6.5	6.7	5.0	4.3	5.5	4.5	4.3	4.8
CACM	x0.1	0.4	0.4	0.1	x0.1	0.0	0.1	0.1	0.1	0.1
Asia	x18.5	x19.7	14.7	17.6	22.3	25.9	24.0	20.2	25.9	x34.6
Middle East	x5.1	x6.5	2.5	x3.4	x2.2	x2.0	x2.1	x2.3	x3.8	x6.4
Europe	37.4	37.7	37.8	40.0	32.1	27.3	32.6	40.2	38.2	41.7
EEC	31.4	29.1	29.7	31.1	24.8	22.2	26.6	33.3	32.3	36.9
EFTA	6.0	5.7	6.4	6.6	5.8	4.3	5.2	6.1	5.5	4.5
Oceania	2.4	x1.9	3.6	x3.9	x2.0	x1.0	1.1	x1.0	x1.2	x1.3
Former USSR/Anc. URSS					x13.6	x18.8	x14.6	x9.7	x12.0	
USA/Etats–Unis d'Amer	14.7	11.6	20.6	13.9	9.5	10.2	10.3	10.1	9.5	8.7
Germany/Allemagne	6.8	5.7	6.5	7.5	5.3	4.1	4.9	7.3	7.4	8.2
Korea Republic	2.5	3.1	3.9	7.4	3.8	4.4	7.5	4.8	7.2	6.6
United Kingdom	5.4	5.0	5.5	4.5	3.5	4.7	5.0	5.6	4.3	5.1
France,Monac	4.5	4.7	4.7	4.7	3.7	3.4	4.1	5.6	4.9	5.6
China/Chine					8.4	11.0	6.4	3.5	4.1	5.5
Belgium–Luxembourg	5.2	4.2	3.9	3.6	3.4	2.8	3.4	4.2	4.6	5.8
Italy/Italie	2.9	2.6	3.1	3.2	2.9	2.1	2.8	3.6	5.0	3.6
Canada	6.6	6.8	6.7	8.7	5.1	3.8	4.0	3.4	2.6	2.9

	1983	1984	1985	1986	1987	1988	1989	1990	1991	1992
Afrique	x0.0	x0.0		x0.0	x0.0	x0.0	x0.0	x0.0	x0.0	x0.1
Afrique du Nord	x0.0	x0.0	0.0	x0.0	x0.0	0.0	0.0	0.0	0.0	x0.0
Amériques	11.9	12.6	14.7	13.0	10.9	12.0	14.4	14.5	13.0	13.3
ALAI	1.3	1.2	0.7	0.4	0.6	0.3	0.5	0.5	0.5	0.6
MCAC	0.0	0.0	0.0	0.0	x0.0	0.0	x0.0	x0.0	x0.0	x0.0
Asie	11.0	14.9	22.9	22.5	x18.6	x21.7	21.4	15.7	20.3	19.4
Moyen–Orient	x0.1	x0.1	0.1	x0.1	x0.1	0.1	0.1	x0.0	x0.0	x0.0
Europe	44.2	44.2	55.6	59.1	58.2	59.0	57.2	64.7	63.6	66.2
CEE	34.4	34.6	42.9	46.5	46.2	45.4	43.4	49.5	50.1	51.7
AELE	9.8	8.9	12.1	12.0	11.5	13.1	13.5	14.5	13.1	14.4
Océanie	0.3	0.3	0.3	x0.2	0.3	x0.2	x0.2	0.3	x0.2	0.3
Germany/Allemagne	14.1	13.3	16.6	19.4	18.5	17.3	18.2	19.7	21.0	21.6
Japan/Japon	9.5	12.9	20.4	20.7	16.0	17.7	18.3	12.5	16.7	15.0
USA/Etats–Unis d'Amer	9.8	10.5	12.9	11.9	9.5	10.4	12.9	12.4	10.9	11.0
Italy/Italie	6.6	6.3	8.2	9.1	10.0	9.0	9.0	10.5	10.9	10.5
Switz.Liecht	4.8	3.7	4.2	4.9	5.2	5.8	6.0	6.3	5.9	6.3
United Kingdom	5.0	6.6	5.5	6.7	7.9	6.9	5.1	6.2	5.9	5.3
France,Monac	3.5	3.3	5.4	4.8	4.0	6.5	4.6	5.2	5.6	6.2
Sweden/Suède	2.3	2.8	3.6	3.4	2.9	3.7	3.7	3.9	3.2	3.7
Austria/Autriche	2.0	1.7	3.4	2.6	2.5	2.7	2.7	3.1	3.0	3.4
Belgium–Luxembourg	2.4	1.9	2.5	2.5	2.1	1.9	2.3	3.0	2.7	3.4

741 HEATING, COOLING EQUIPMNT

TRADE BY COMMODITY IN THOUSAND U.S. DOLLARS – COMMERCE PAR PRODUIT EN MILLIERS DE DOLLARS E.U

COUNTRIES–PAYS	IMPORTS – IMPORTATIONS					COUNTRIES–PAYS	EXPORTS – EXPORTATIONS				
	1988	1989	1990	1991	1992		1988	1989	1990	1991	1992
Total	x19552494	x21015868	x24764155	x26392424	x28377525	Totale	18184947	19823343	23285879	24758831	27378698
Africa	x683743	x948382	x1241491	x1065192	x1091762	Afrique	x9349	x32004	x33998	x35343	x24171
Northern Africa	255622	345426	558026	x442522	x415316	Afrique du Nord	3466	13264	23926	15050	5285
Americas	3621065	4182894	x4428770	4237067	x4794792	Amériques	3067166	3682430	4311837	4463563	4912447
LAIA	690483	726016	907314	924754	1276747	ALAI	176115	244252	275389	254944	233098
CACM	53373	59198	55442	64028	x73519	MCAC	8673	9945	5254	10233	x9988
Asia	x5463626	x5368061	x5934338	x7716143	x10103148	Asie	4168730	4242538	4185024	5553901	x7188514
Middle East	x1206760	x1086293	x1309171	x1386821	x2395264	Moyen–Orient	x67060	x93114	x51316	x55337	x66984
Europe	6993284	7725372	9937957	10355606	11233762	Europe	10113037	11025327	14160095	14389252	15015587
EEC	5578290	6185056	8026531	8610360	9488626	CEE	8392242	9282041	11760339	12258410	12916171
EFTA	1287764	1360574	1732569	1606543	1608000	AELE	1648102	1695011	2321063	2106499	2070678
Oceania	x284308	x324478	x358269	x378291	x366094	Océanie	x75011	x94044	97179	135201	x124904
Former USSR/Anc. URSS	x1222988	x1537074	x1987149	x2075291		USA/Etats–Unis d'Amer	2646995	3185984	3658598	3832205	4244678
USA/Etats–Unis d'Amer	1570067	1865944	1878934	1769521	1965501	Germany/Allemagne	2737641	2831405	3652483	3973539	3982567
Germany/Allemagne	1067553	1159251	1632681	1970328	2245859	Japan/Japon	2748954	2147364	2634597	2731683	2868235
France, Monac	989678	1069010	1348990	1435468	1422235	Italy/Italie	1842741	2147941	1822176	1899475	1976293
Canada	1147162	1319186	1248335	1207928	1238109	France, Monac	1240777	1471940	1165508	1140792	1164446
United Kingdom	936613	999833	1137991	1186310	1216768	United Kingdom	878508	877273	768152	718587	728754
Korea Republic	579442	844181	983246	1120876	1085723	Sweden/Suède	572780	580785	713038	681910	661351
Spain/Espagne	540159	604993	831609	913385	1063858	Switz.Liecht	552381	532428	730265	635695	790916
Italy/Italie	538745	615106	821666	826349	939790	Denmark/Danemark	482270	568259	709338	635695	790916
Belgium–Luxembourg	473792	496709	748150	734048	843302	Netherlands/Pays–Bas	451973	464823	611556	637931	700189
Hong Kong	710376	594418	533245	832641	1433250	Belgium–Luxembourg	345548	419613	462075	532670	669697
Japan/Japon	464985	550612	588601	800314	862998	Austria/Autriche	298043	307458	433432	429667	423619
Netherlands/Pays–Bas	473808	472067	653683	693064	758323	Spain/Espagne	202487	257354	374306	359693	396966
China/Chine	706205	690246	520979	553044	803316	Canada	228457	236135	366148	362477	417503
Singapore/Singapour	341146	401155	430562	597479	764540	Singapore/Singapour	287230	299359	260788	360549	463243
Thailand/Thaïlande	249110	242719	363361	787785	572357	Malaysia/Malaisie	187857	240380	222983	431616	x521466
Indonesia/Indonésie	224045	291597	456762	579218	748886	Hong Kong	357661	293939	212060	369920	800783
Switz.Liecht	362125	365076	471944	457809	466167	Ireland/Irlande	179517	191982	229030	247791	237226
Austria/Autriche	297141	294383	402697	428603	441771	Finland/Finlande	145974	173442	275895	183657	158463
Sweden/Suède	300872	342706	417443	339222	333102	Former USSR/Anc. URSS	x113616	x330478	x167641	x75482	
Mexico/Mexique	221821	255614	318143	399652	544323	Korea Republic	204881	160493	162861	199547	354245
Malaysia/Malaisie	122846	182511	241898	523290	x498866	Brazil/Brésil	107522	138314	116317	92714	83823
Saudi Arabia	196155	231909	x345099	x350030	x579096	Thailand/Thaïlande	35314	38470	88654	214279	x311722
So. Africa Customs Un	169131	267792	389193	x217180	x229726	Norway, SVD, JM	78840	100646	113305	92615	98368
Bulgaria/Bulgarie	x338836	x395669	x386726	x42893	55743	Israel/Israël	66433	107360	108597	82103	87233
Australia/Australie	212105	259223	256657	285350	268660	Australia/Australie	52895	60113	70470	97405	88709
Portugal	151439	193699	271163	300500	351567	Poland/Pologne	102271	98392	85890	39118	x32842
Greece/Grèce	131662	290322	248609	212404	x261393	Portugal	26505	44901	90966	87154	119220
Iran (Islamic Rp. of)	x215455	x139606	x203349	x356829	x828877	Romania/Roumanie	x9165	129867	79415	1736	x1055
Finland/Finlande	151672	189244	224423	183796	164420	Mexico/Mexique	44066	44049	67756	95593	98729
Czechoslovakia	x380588	185167	163380	x238592	x318886	Bulgaria/Bulgarie	x76963	x89858	x80290	x9546	x9006
Turkey/Turquie	108398	150423	207742	209273	255254	Yugoslavia SFR	72335	47202	77285	x24014	
Norway, SVD, JM	163230	159294	206594	188073	189865	Venezuela	3195	43509	56823	20085	3197
Denmark/Danemark	164685	166814	185688	188768	205483	China/Chine	36774	30678	37855	34966	55379
Algeria/Algérie	51466	94921	259560	145756	x127981	New Zealand	21885	33451	26247	37428	35135
United Arab Emirates	x303629	x149338	x156499	x187433	x275718	Former GDR	x326368	x53619	x35185		
Venezuela	158275	134288	181449	127847	192203	Hungary/Hongrie	x48480	x24344	x23886	x35080	x36221
Yugoslavia SFR	109898	162036	156576	x119576		Argentina/Argentine	17835	16293	30154	30218	32778
Ireland/Irlande	110155	117253	146300	149736	180049	Czechoslovakia	x74791	x20355	x25264	x20595	x33828
Poland/Pologne	135917	123377	124085	130695	x226592	Saudi Arabia	15171	29217	x14503	x7403	x14149
Chile/Chili	59293	93176	152577	112951	x132756	India/Inde	10902	x7336	19432	17535	x11507
Cuba	x30150	74199	x150031	x98701	x93542	Algeria/Algérie	1954	11329	18913	7446	x215
Hungary/Hongrie	x81610	x86407	x106960	127023	x130165	United Arab Emirates	x12201	x14698	x12200	x10514	x10998
Brazil/Brésil	78602	100126	111249	95893	120494	Turkey/Turquie	23096	11890	10220	15963	25191
India/Inde	89087	x146860	79664	74364	x273883	Cyprus/Chypre	4625	14980	10220	7333	4871
Libyan Arab Jamahiriya	66376	94716	93236	x109707	x71758	So. Africa Customs Un	x4626	x7448	x7371	x16051	x17181
Israel/Israël	87470	75582	98241	100756	118808	Greece/Grèce	4274	16721	x1818	x294	x522
Kuwait/ Koweït	x37898	110221	x94394	x52682	x162488	Kuwait/Koweït	x1645	x4456	6505	7718	7941
Philippines	35080	x89771	86319	71032	86128	Philippines	1850	14980	6505	7718	7941
Iraq	x156706	x104198	x100119	x2149	x1850	Chile/Chili	1409	445	1754	9860	x2981

(VALUE AS % OF TOTAL)(VALEUR EN % DU TOTAL)

	1983	1984	1985	1986	1987	1988	1989	1990	1991	1992		1983	1984	1985	1986	1987	1988	1989	1990	1991	1992
Africa	x8.3	x9.1	6.6	x6.9	x4.6	x3.5	x4.5	x5.0	x4.0	x3.8	Afrique	x0.1	x0.0	0.1	0.1	0.1	0.1	x0.1	x0.1	x0.2	x0.1
Northern Africa	x4.9	4.9	3.8	3.5	1.7	1.3	1.6	2.3	x1.7	x1.5	Afrique du Nord	x0.0	0.0	0.0	0.0	0.0	0.0	0.1	0.1	0.1	0.0
Americas	15.6	17.6	21.4	x20.1	x16.9	18.5	19.9	x17.9	16.1	x16.9	Amériques	19.5	21.0	19.7	16.4	15.5	16.9	18.6	18.5	18.0	17.9
LAIA	3.7	4.5	4.5	3.5	3.1	3.5	3.5	3.7	3.5	4.5	ALAI	0.4	0.8	1.0	1.0	1.0	1.0	1.2	1.2	1.0	0.9
CACM	x0.2	0.3	0.4	0.3	0.4	0.3	0.3	0.2	0.2	x0.3	MCAC	x0.0	0.0	0.0	0.0	0.0	0.0	0.0	0.0	0.0	0.0
Asia	x36.0	33.1	27.7	x25.3	x25.2	x27.9	25.6	24.0	x29.2	x35.6	Asie	23.9	23.4	21.1	20.4	x20.1	22.9	21.4	18.0	22.4	x26.3
Middle East	x17.7	x14.8	10.0	x9.8	x6.1	x6.2	5.2	5.3	x5.3	x8.4	Moyen–Orient	x0.1	0.3	0.3	0.3	x0.2	0.2	x0.5	x0.2	x0.2	x0.2
Europe	34.4	35.4	39.6	43.2	39.4	35.8	36.8	40.1	39.2	39.6	Europe	54.6	53.0	56.5	61.0	58.8	55.6	55.6	60.8	58.1	54.8
EEC	27.7	27.6	30.9	33.7	30.8	28.5	29.4	32.4	32.6	33.4	CEE	47.1	45.2	47.7	51.1	49.8	46.1	46.8	50.5	49.5	47.2
EFTA	6.7	7.2	7.9	8.7	7.9	6.6	6.5	7.0	6.1	5.7	AELE	7.5	7.2	8.1	9.1	8.5	9.1	8.6	10.0	8.5	7.6
Oceania	3.8	x2.6	1.9	x1.7	x1.4	1.4	x1.5	1.5	1.5	x1.3	Océanie	x0.3	x0.3	0.3	x0.3	x0.3	x0.4	x0.5	0.4	0.5	x0.5
Former USSR/Anc. URSS				x6.6	x6.3	x7.3	x8.0	x7.9			USA/Etats–Unis d'Amer	18.0	19.0	17.4	14.3	13.3	14.6	15.7	15.5	15.5	15.5
USA/Etats–Unis d'Amer	6.4	6.6	10.3	9.9	8.6	8.0	8.9	7.6	6.7	6.9	Germany/Allemagne	13.0	13.5	15.1	17.4	16.3	15.1	14.3	14.3	16.0	14.5
Germany/Allemagne	6.7	6.3	6.9	7.5	6.3	5.5	5.5	6.6	7.5	7.9	Japan/Japon	21.2	19.9	17.7	16.8	14.9	15.1	14.7	12.9	15.2	16.4
France, Monac	5.1	5.0	5.9	6.2	5.7	5.1	5.1	5.4	5.4	5.0	Italy/Italie	12.3	10.6	10.7	11.6	12.1	10.1	10.8	11.3	11.0	10.5
Canada	4.4	5.1	5.4	4.1	3.4	5.9	6.3	5.0	4.6	4.4	France, Monac	7.8	7.6	7.8	7.8	7.4	6.8	7.4	7.8	7.7	7.2
United Kingdom	4.5	5.0	5.7	5.3	4.6	4.8	4.8	4.6	4.5	4.3	United Kingdom	4.9	4.6	4.8	4.3	4.5	4.8	4.4	5.0	4.6	4.3
Korea Republic	1.8	2.5	2.9	3.9	3.5	3.0	4.0	4.0	4.2	3.8	Sweden/Suède	2.7	2.7	2.7	3.0	2.9	3.1	2.9	3.1	2.8	2.4
Spain/Espagne	1.4	1.2	1.4	2.3	2.9	2.8	2.9	3.4	3.5	3.7	Switz.Liecht	2.1	2.2	2.4	3.0	2.8	2.9	2.7	3.0	2.6	2.9
Italy/Italie	2.0	2.0	2.4	2.8	2.8	2.9	2.9	3.3	3.1	3.3	Denmark/Danemark	2.7	2.9	2.8	3.0	3.1	2.8	2.9	3.0	2.5	2.9
Belgium–Luxembourg	2.5	2.5	2.5	2.8	2.6	2.4	2.4	3.0	2.8	3.0	Netherlands/Pays–Bas	2.7	2.2	2.1	2.8	2.7	2.5	2.3	2.6	2.6	2.6

742 PUMPS FOR LIQUIDS ETC

TRADE BY COMMODITY IN THOUSAND U.S. DOLLARS – COMMERCE PAR PRODUIT EN MILLIERS DE DOLLARS E.U

COUNTRIES–PAYS	1988	1989	1990	1991	1992	COUNTRIES–PAYS	1988	1989	1990	1991	1992
	IMPORTS – IMPORTATIONS						EXPORTS – EXPORTATIONS				
Total	x10385271	x10810965	11910069	12551699	x13699038	Totale	8731889	9716910	11390570	11795232	12955388
Africa	x573702	x597630	x618880	696584	x661871	Afrique	x7280	x12082	x13401	x13347	x15519
Northern Africa	242451	250053	308625	x343358	x291362	Afrique du Nord	x1833	x1055	x2149	2696	x4213
Americas	2229651	2375734	2499831	2622755	x2871864	Amériques	1345126	1651924	1850042	2105707	2254977
LAIA	449015	445568	517660	636267	690207	ALAI	94612	103901	121996	140993	174544
CACM	27070	28250	26138	26115	x28167	MCAC	x392	x59	x282	131	x361
Asia	x1846137	x1792050	x2295324	x2602782	x3194975	Asie	x1356176	1576615	1690830	1862614	x2129166
Middle East	x585351	x438558	x630701	x713835	x1056450	Moyen–Orient	x29941	x24837	x29803	x31926	x40162
Europe	4334869	4684924	5790490	5790373	6546079	Europe	5757972	6185599	7629024	7642569	8426835
EEC	3418096	3750575	4633434	4772754	5452745	CEE	4937634	5330513	6555685	6640823	7378449
EFTA	830890	853840	1066274	965101	1034984	AELE	747616	799915	1020608	982988	1023219
Oceania	x191672	219080	x226300	x201158	x221649	Océanie	x34503	x41139	x49079	60157	x60867
USA/Etats–Unis d'Amer	1205967	1246378	1259903	1261146	1433167	Germany/Allemagne	2339133	2586590	3048230	3107949	3541468
Germany/Allemagne	662297	747327	986124	1113235	1337918	USA/Etats–Unis d'Amer	1124700	1396332	1563213	1801027	1889838
France, Monac	727147	821287	988737	999462	1146924	Japan/Japon	1139156	1276170	1435251	1595292	1784757
United Kingdom	523068	569553	658391	668217	737772	Italy/Italie	705158	746564	924127	963251	1017860
Italy/Italie	499428	542261	627954	641901	705993	France, Monac	547048	588196	795274	775910	848193
Canada	479581	556935	572609	590848	610012	United Kingdom	566793	612863	742930	710294	779064
Former USSR/Anc. URSS	x879703	x921501	x311835	x468092		Sweden/Suède	291243	331549	415171	366429	391304
Korea Republic	257267	293690	455756	598547	496362	Netherlands/Pays–Bas	266933	263693	356629	376236	408263
Netherlands/Pays–Bas	279450	307427	395577	398562	437521	Denmark/Danemark	238082	221203	294180	320711	349942
Spain/Espagne	279920	273681	364063	370824	428977	Switz.Liecht	190835	200159	239028	248400	251578
Sweden/Suède	292642	288441	325693	289579	281589	Austria/Autriche	137308	136234	205727	194340	209451
Belgium–Luxembourg	213239	237965	293263	274630	288816	Spain/Espagne	123983	144680	190659	195282	228962
Japan/Japon	165255	192871	269047	239262	225710	Canada	122883	147447	161632	160835	188833
Austria/Autriche	171280	187397	248020	249247	299174	Belgium–Luxembourg	90070	100971	118669	113023	119338
Switz.Liecht	167268	174615	229307	204777	202648	Singapore/Singapour	54504	148024	84229	78462	99209
Singapore/Singapour	122427	165119	211310	226323	268553	Norway, SVD, JM	69740	62900	78885	101746	108176
Australia/Australie	142487	169708	169088	154468	166741	Brazil/Brésil	64783	69607	80308	91948	117581
Saudi Arabia	136913	110838	x168863	x209996	x241040	Finland/Finlande	58468	69032	81792	72066	62709
Mexico/Mexique	108323	131104	153533	191482	257860	Ireland/Irlande	51486	54221	71861	67172	74849
Indonesia/Indonésie	114887	132980	130636	190809	264145	Bulgaria/Bulgarie	x22101	x71615	x58778	x11882	x9541
Thailand/Thaïlande	77888	97369	129810	156182	217625	Former USSR/Anc. URSS	x46503	x58393	x45774	x30858	
Iran (Islamic Rp. of)	x80987	x59341	x135484	x169252	x380156	Australia/Australie	27051	34577	42353	51771	53248
Norway, SVD, JM	101762	93721	134139	121678	146693	Korea Republic	28236	28622	47722	48418	58381
Denmark/Danemark	98273	95534	118210	112750	129978	Yugoslavia SFR	62796	46754	42976	x13507	
So. Africa Customs Un	113531	108061	108608	x104853	x108890	Hong Kong	18204	30500	28827	32103	46248
Finland/Finlande	90787	104153	122057	93345	98439	Romania/Roumanie	x5138	67772	7995	10967	x3916
China/Chine	92392	126300	93902	94311	135789	India/Inde	14284	x28367	25889	23511	x34587
Venezuela	87844	68938	74902	140162	101131	China/Chine	13139	24682	21183	25950	36719
Turkey/Turquie	70087	62584	91427	114356	121740	Czechoslovakia	x74393	x17476	x17293	x23425	x20935
Malaysia/Malaisie	46249	64415	81287	122370	144171	Mexico/Mexique	13623	13404	17378	21028	20897
Brazil/Brésil	90465	77647	93751	93309	82216	Argentina/Argentine	10075	14120	12777	17632	18106
Algeria/Algérie	69003	74952	97107	91067	x66464	Hungary/Hongrie	x6062	x12733	x10709	x17120	x18088
Libyan Arab Jamahiriya	47915	52061	65106	x121166	x85319	Turkey/Turquie	12020	7357	10472	12320	18119
United Arab Emirates	x137756	x62961	x80417	x90950	x116743	Former GDR	x69282	x15591	x14244		
Portugal	62023	64340	81635	85842	100009	Malaysia/Malaisie	5609	8505	8505	10498	x10659
Hong Kong	55543	57471	76207	74723	95044	Poland/Pologne	7352	5886	3399	16586	x15457
India/Inde	58429	x92201	66822	41536	120994	Cyprus/Chypre	7150	6075	8664	8420	8766
Yugoslavia SFR	71317	68698	80515	39498		So. Africa Customs Un	x3926	x8365	x6881	x7874	x7397
Egypt/Egypte	66826	59618	60997	53517	53906	Malta/Malte	9689	8245	9629	x5080	x6117
Hungary/Hongrie	x53804	x59148	x50302	60020	x52523	New Zealand	6909	6108	6118	7112	6827
Greece/Grèce	34781	43982	61859	54223	x78988	Portugal	4946	5466	6729	6586	7613
Ireland/Irlande	38472	47216	57620	53107	59849	Greece/Grèce	4002	6020	6351	4364	x2898
Chile/Chili	34561	43300	62033	48723	x49955	Thailand/Thaïlande	2036	3001	4761	8548	x8026
Nigeria/Nigéria	x56016	x50806	x40790	x47458	x72353	Saudi Arabia	2538	2816	x5208	x5097	x3928
Cuba	3161	38999	x63779	x35690	x33146	Peru/Pérou	4037	2760	3909	x4185	x7104
Czechoslovakia	x81947	31254	43275	x60965	x64240	United Arab Emirates	x3224	x4675	x2421	x3363	x3380
Israel/Israël	31369	37153	47374	50609	62415	Colombia/Colombie	1576	1733	1625	4651	4538
Bulgaria/Bulgarie	x70006	x73303	x41977	x13018	12919	Venezuela	36	1274	5053	461	2049
Argentina/Argentine	45686	36445	29692	54097	93138	Israel/Israël	956	2012	2536	1170	936
Philippines	24270	x38293	34626	35725	35732	Indonesia/Indonésie	187	753	688	3197	6621

(VALUE AS % OF TOTAL)(VALEUR EN % DU TOTAL)

	1983	1984	1985	1986	1987	1988	1989	1990	1991	1992		1983	1984	1985	1986	1987	1988	1989	1990	1991	1992
Africa	x8.9	8.5	8.9	x7.5	x5.3	x5.5	x5.5	x5.2	x5.5	x4.8	Afrique	0.2	x0.3	0.2	x0.1	x0.1	x0.0	x0.1	x0.2	x0.1	x0.2
Northern Africa	5.2	4.9	5.6	3.5	2.2	2.3	2.3	2.6	x2.7	x2.1	Afrique du Nord	0.0	0.0	0.0	x0.0	x0.0	x0.0	x0.0	x0.0	0.0	x0.0
Americas	17.7	23.0	26.5	23.6	19.2	21.4	22.0	21.0	20.9	x20.9	Amériques	21.3	22.1	20.5	16.0	14.5	15.4	17.0	16.2	17.8	17.4
LAIA	4.2	5.3	6.8	5.9	4.5	4.3	4.1	4.3	5.1	5.0	ALAI	0.6	1.0	1.0	1.0	1.0	1.1	1.1	1.1	1.2	1.3
CACM	x0.2	0.5	0.4	x0.3	x0.4	0.3	0.3	0.2	0.2	x0.2	MCAC	x0.0	x0.0	x0.0	0.0	0.0	0.0	0.0	0.0	0.0	0.0
Asia	x30.9	25.8	20.2	x21.1	x18.1	x17.8	16.5	x19.3	x20.7	x23.3	Asie	x13.3	11.9	11.7	11.1	10.9	x15.6	16.3	14.8	15.8	x16.5
Middle East	x15.8	x13.3	7.0	x10.0	x6.2	x5.6	x4.1	x5.3	x5.7	x7.7	Moyen–Orient	x0.5	0.3	0.5	x0.4	x0.5	x0.3	0.3	0.3	x0.3	x0.3
Europe	36.8	36.6	41.5	45.3	42.9	41.7	43.3	48.6	46.1	47.8	Europe	59.9	59.7	62.2	67.1	67.4	65.9	63.7	67.0	64.8	65.0
EEC	29.0	27.9	31.4	34.6	32.8	32.9	34.7	38.9	38.0	39.8	CEE	52.6	51.0	53.5	57.9	57.8	56.5	54.9	57.6	56.3	57.0
EFTA	7.7	7.6	8.7	9.6	9.0	8.0	7.9	9.0	7.7	7.6	AELE	7.3	7.9	7.9	8.4	8.7	8.6	8.7	9.0	8.3	7.9
Oceania	2.1	x2.2	2.4	x2.0	x1.8	x1.9	2.1	x1.9	x1.6	x1.6	Océanie	0.5	0.4	0.3	x0.4	x0.3	x0.4	x0.4	0.4	0.5	x0.5
USA/Etats–Unis d'Amer	8.4	11.3	13.3	12.4	10.6	11.6	11.5	10.6	10.0	10.5	Germany/Allemagne	21.4	21.3	22.7	26.3	27.2	26.8	26.6	26.8	26.3	27.3
Germany/Allemagne	5.9	5.8	6.3	7.2	6.7	6.4	6.9	8.3	8.9	9.8	USA/Etats–Unis d'Amer	19.5	19.8	18.4	14.0	12.7	12.9	14.4	13.7	15.3	14.6
France, Monac	5.8	5.5	6.5	7.1	7.0	7.0	7.6	8.3	8.0	8.4	Japan/Japon	11.2	10.1	9.7	9.1	8.2	13.1	13.1	12.6	13.5	13.8
United Kingdom	4.4	4.6	5.3	5.1	4.6	5.0	5.3	5.5	5.3	5.4	Italy/Italie	8.4	7.9	8.1	8.3	8.7	8.1	7.7	8.1	8.2	7.9
Italy/Italie	4.0	3.8	4.2	5.1	4.9	4.8	5.0	5.3	5.1	5.2	France, Monac	7.1	6.8	7.3	7.0	6.6	6.3	6.1	7.0	6.6	6.5
Canada	4.1	4.9	5.3	4.2	3.1	4.6	5.2	4.8	4.7	4.5	United Kingdom	7.1	6.7	7.4	7.4	6.0	6.5	6.3	6.5	6.0	6.0
Former USSR/Anc. URSS	3.0	3.4			x9.9	x8.5	8.5	x2.6	x3.7		Sweden/Suède	2.7	2.9	3.1	3.4	3.3	3.3	3.4	3.6	3.1	3.0
Korea Republic	2.0	2.3	2.4	2.3	2.5	2.5	2.7	3.8	4.8	3.6	Netherlands/Pays–Bas	3.5	3.0	2.5	3.0	3.3	3.1	2.7	3.1	3.2	3.2
Netherlands/Pays–Bas	2.9	2.6	3.0	3.3	3.1	2.7	2.8	3.3	3.2	3.2	Denmark/Danemark	2.4	2.3	2.4	2.8	2.6	2.6	2.3	2.6	2.7	2.7
Spain/Espagne	1.7	1.5	1.6	2.0	2.4	2.7	2.5	3.1	3.0	3.1	Switz.Liecht	1.7	1.9	1.8	2.2	2.3	2.2	2.1	2.1	2.1	1.9

743 PUMPS NES, CENTRFUGES ETC / POMPES COMPRES, VENT ETC 743

TRADE BY COMMODITY IN THOUSAND U.S. DOLLARS – COMMERCE PAR PRODUIT EN MILLIERS DE DOLLARS E.U

COUNTRIES-PAYS	IMPORTS – IMPORTATIONS					COUNTRIES-PAYS	EXPORTS – EXPORTATIONS				
	1988	1989	1990	1991	1992		1988	1989	1990	1991	1992
Total	17441999	18147469	21078452	22340072	24016136	Totale	16283155	16845233	19718367	20858177	22918901
Africa	x701022	x785611	x846287	x875496	x892258	Afrique	x22305	x29753	x46057	x47207	x78568
Northern Africa	314847	347797	411262	x386604	x330134	Afrique du Nord	10258	15636	15894	9014	x9309
Americas	4288919	4564656	4871613	5052002	x5300441	Amériques	2664053	3194554	3832131	4398058	4680362
LAIA	720019	747307	915973	1096757	1259277	ALAI	293091	322698	329778	370156	398840
CACM	33439	33521	32741	39720	x46352	MCAC	1360	1288	1187	1306	x1204
Asia	x3740271	x3649295	x4010401	x4762141	x6175367	Asie	x4056811	3851193	3749184	4208635	x5079816
Middle East	x707066	x509006	x851633	x861000	x1353371	Moyen-Orient	40795	41806	x38906	x50402	x71026
Europe	7072391	7598212	9613942	9941761	10739293	Europe	9136358	9505065	11861875	12002101	12928121
EEC	5623096	6054292	7788100	8261204	8941588	CEE	7781636	8099108	10085587	10295818	11159952
EFTA	1304052	1375881	1672611	1581183	1699144	AELE	1286593	1361526	1726572	1670003	1731592
Oceania	x426274	x480291	x484785	x588220	x488003	Océanie	x35865	x48038	x51639	x49318	x62335
USA/Etats-Unis d'Amer	2528477	2643287	2725887	2671796	2708734	Germany/Allemagne	2908788	3074678	3869157	3976446	4299681
Germany/Allemagne	1261372	1375221	1888835	2105826	2363341	USA/Etats-Unis d'Amer	2053247	2502597	3131456	3691392	3906735
France, Monac	995094	1056903	1351233	1418539	1509090	Japan/Japon	2782134	2926337	2841579	3048565	3492450
Canada	932019	1034159	1006512	1083481	1145665	Italy/Italie	1320316	1455547	1674354	1771105	1856834
United Kingdom	848560	871064	1096981	1136110	1220783	United Kingdom	1263355	1259377	1570291	1551456	1476220
Italy/Italie	699704	795283	915376	977458	1012594	France, Monac	1016725	1024769	1356903	1321178	1493691
Former USSR/Anc. URSS	x632471	x695264	x898051	x789343		Switz.Liecht	521614	509273	668818	716425	729811
Korea Republic	493803	592323	696355	825565	739890	Netherlands/Pays-Bas	367637	385326	537575	569634	659806
Netherlands/Pays-Bas	499068	521357	645893	716418	734776	Sweden/Suède	397364	452578	500690	437005	444848
Spain/Espagne	442898	500193	637423	686332	743180	Singapore/Singapour	330311	391545	402278	494323	532428
Japan/Japon	373855	440473	551124	646698	658433	Belgium-Luxembourg	303042	332342	396462	405611	591371
Belgium-Luxembourg	396515	416801	614792	579947	594035	Canada	313052	362222	365226	330358	370042
Sweden/Suède	415916	429858	490368	443230	460972	Austria/Autriche	265318	290278	366951	368953	386033
Australia/Australie	350915	404655	395184	495670	404520	Denmark/Danemark	293404	242038	315621	312453	376152
China/Chine	484235	597016	280190	301932	502875	Spain/Espagne	237932	253469	289742	321704	333002
Switz.Liecht	309427	333826	403404	379347	383118	Brazil/Brésil	227635	259087	274180	297134	340534
Singapore/Singapour	300820	342184	358612	410643	483061	Hong Kong	201043	202625	138608	187569	383278
Austria/Autriche	239596	256912	339186	365424	423736	Korea Republic	64651	69383	100118	149670	212394
Mexico/Mexique	203560	250592	287189	367880	454200	Finland/Finlande	57648	65351	123324	75683	93609
Malaysia/Malaisie	166833	185144	232143	378172	x412640	Malaysia/Malaisie	42420	74197	65678	89648	x99510
Thailand/Thaïlande	172503	207763	264874	317132	362926	Former USSR/Anc. URSS	x117211	x85115	x62923	x51243	
Indonesia/Indonésie	150860	189757	231543	340417	423468	Norway, SVD, JM	44554	43941	66788	71843	77288
Denmark/Danemark	200834	212490	263550	258777	301655	Ireland/Irlande	65847	61740	61328	52785	53859
Hong Kong	224400	209717	163589	294622	572479	Thailand/Thaïlande	48094	47144	57393	70940	x99167
Norway, SVD, JM	169367	155608	215377	211624	215658	Yugoslavia SFR	67501	43454	49184	x35302	
Finland/Finlande	162602	192511	216669	172067	208373	Israel/Israël	29422	31347	41441	48667	46109
Saudi Arabia	118514	106780	x245139	x200525	x298615	Australia/Australie	27270	34505	38659	35964	46950
So. Africa Customs Un	182456	171272	178461	x198968	x208102	Mexico/Mexique	44173	33428	28016	45055	31974
Venezuela	172398	111883	152604	278514	210257	Poland/Pologne	27963	29589	26850	36315	x26796
Iran (Islamic Rp. of)	x157509	x88567	x199319	x245786	x488637	China/Chine	18031	29566	26525	28013	94599
Portugal	129563	126628	173046	179802	203597	India/Inde	29649	x26864	28335	23843	x24581
Algeria/Algérie	134675	145847	194808	128899	x95200	Bulgaria/Bulgarie	x12510	x37503	x29058	x8644	x7243
Brazil/Brésil	123865	142548	175852	137890	151259	So. Africa Customs Un	x8666	x9377	x26148	x30975	x64968
Turkey/Turquie	108297	84804	140627	152340	186405	Hungary/Hongrie	x13442	x15909	x16790	x31098	x29328
Yugoslavia SFR	131225	154842	131329	x85461		Argentina/Argentine	19556	26230	20282	17574	16918
Israel/Israël	92854	99265	113740	119473	144678	Turkey/Turquie	29041	28303	17009	18648	15812
Greece/Grèce	77376	101942	111860	114045	x148720	Czechoslovakia	x53201	x17365	x17220	x23277	x23968
Bulgaria/Bulgarie	x166053	x150851	x135187	x21970	27375	Former GDR	x135696	x23485	x19308		
India/Inde	95321	x124682	97002	66278	x231877	Saudi Arabia	1733	3546	x14712	x21680	x34962
Chile/Chili	57862	81805	110464	83796	x100063	New Zealand	8081	10581	11990	12840	13521
Ireland/Irlande	72531	76410	89112	87950	109816	Portugal	3356	7161	11733	10309	13406
Czechoslovakia	x115335	65639	69629	x99859	x128866	Algeria/Algérie	6777	11263	7178	3661	x1705
United Arab Emirates	x132609	x67558	x67475	x98253	x113666	Venezuela	677	2606	5946	5726	5207
Egypt/Egypte	88265	77918	79197	74256	73932	Romania/Roumanie	7717	7632	5273	1172	x2314
Hungary/Hongrie	x58244	x64723	x70444	95781	x78864	Indonesia/Indonésie	1564	3846	4509	5340	11585
Argentina/Argentine	65426	57179	57684	100803	165160	Tunisia/Tunisie	3216	2308	4510	3999	2957
Cuba	11512	34251	x103444	x73157	x50983	Philippines	2067	x3714	2212	4210	3408
Philippines	40442	x67086	62719	58400	72382	United Arab Emirates	x2085	x2189	x2211	x4165	x5958
New Zealand	54581	59302	69709	57706	62418	Greece/Grèce	1232	2581	2339	3054	x5300
Libyan Arab Jamahiriya	34820	45392	48096	x86246	x60432	Cyprus/Chypre	1696	2183	2677	2707	3388

(VALUE AS % OF TOTAL)(VALEUR EN % DU TOTAL)

	1983	1984	1985	1986	1987	1988	1989	1990	1991	1992		1983	1984	1985	1986	1987	1988	1989	1990	1991	1992
Africa	x6.9	x6.7	5.1	x5.4	x4.3	4.0	x4.3	4.0	x3.9	3.7	Afrique	x0.2	x0.1	0.1	x0.2	x0.1	0.1	0.2	x0.2	0.2	x0.4
Northern Africa	x3.6	x3.5	2.9	x2.7	1.6	1.8	1.9	2.0	x1.7	1.4	Afrique du Nord	x0.1	x0.1	0.0	x0.0	x0.0	0.1	0.1	0.1	0.0	0.0
Americas	22.7	28.8	32.5	27.2	24.0	24.5	25.2	23.1	22.6	x22.0	Amériques	21.6	20.1	18.1	14.0	13.6	16.3	19.0	19.4	21.1	20.5
LAIA	4.5	5.0	7.1	5.2	4.8	4.1	4.1	4.3	4.9	5.2	ALAI	0.7	1.3	1.4	1.4	1.5	1.8	1.9	1.7	1.8	1.7
CACM	x0.2	x0.2	0.1	0.2	x0.2	0.2	0.2	0.2	0.2	x0.2	MCAC	0.0	0.0	0.0	0.0	0.0	0.0	0.0	0.0	0.0	0.0
Asia	x26.2	x20.9	16.3	x17.5	x18.3	x21.5	20.1	19.1	x21.3	25.7	Asie	15.5	18.5	18.1	17.1	x19.4	x24.9	22.9	19.0	20.1	x22.1
Middle East	x11.7	x7.8	3.7	x5.7	x3.7	4.1	x2.8	x4.0	x3.9	5.6	Moyen-Orient	x0.2	x0.2	0.5	0.3	x0.4	0.2	0.2	x0.2	x0.2	x0.3
Europe	39.9	38.4	42.2	46.3	43.6	40.5	41.9	45.6	44.5	44.7	Europe	61.1	59.2	62.1	67.6	63.5	56.1	56.4	60.2	57.5	56.4
EEC	31.4	29.2	32.3	35.4	33.6	32.2	33.4	36.9	37.0	37.2	CEE	52.4	50.4	52.9	57.4	54.1	47.8	48.1	51.1	49.4	48.7
EFTA	8.5	8.1	8.7	9.6	9.0	7.5	7.6	7.9	7.1	7.1	AELE	8.6	8.3	8.6	9.6	9.0	7.9	8.1	8.8	8.0	7.6
Oceania	3.7	x3.1	3.2	x2.9	x3.0	x2.4	2.7	x2.3	x2.7	2.0	Océanie	0.2	0.2	0.2	x0.2	x0.2	x0.2	0.3	0.3	x0.2	x0.3
USA/Etats-Unis d'Amer	13.7	19.1	20.7	18.0	15.8	14.5	14.6	12.9	12.0	11.3	Germany/Allemagne	18.4	17.6	19.2	22.5	20.9	17.9	18.3	19.6	19.1	18.8
Germany/Allemagne	6.9	6.3	7.3	8.5	7.9	7.2	7.6	9.0	9.4	9.8	USA/Etats-Unis d'Amer	20.4	18.2	16.0	12.1	12.1	12.6	14.9	15.9	14.6	15.2
France, Monac	6.0	5.1	5.6	6.2	5.9	5.7	5.8	6.4	6.3	6.3	Japan/Japon	12.6	15.1	14.5	13.9	12.4	17.1	17.4	14.4	14.6	15.2
Canada	3.7	3.7	4.0	3.2	2.6	5.3	5.7	4.8	4.8	4.8	Italy/Italie	8.5	8.6	8.2	6.8	8.7	8.1	8.6	8.5	8.5	8.1
United Kingdom	5.1	5.0	5.8	5.3	4.9	4.9	4.8	5.2	5.1	5.1	United Kingdom	8.8	8.7	9.4	8.9	8.2	7.8	7.5	8.0	7.4	6.4
Italy/Italie	3.2	3.2	3.6	4.2	4.0	4.4	4.4	4.3	4.4	4.2	France, Monac	8.8	7.7	8.1	8.2	7.5	6.2	6.1	6.9	6.3	6.5
Former USSR/Anc. URSS		1.5			x4.2	x3.6	x3.8	x4.3	x3.5		Switz.Liecht	3.6	3.3	3.4	3.0	3.4	3.2	3.0	3.4	3.4	3.2
Korea Republic	1.5	2.1	2.2	2.6	2.8	3.3	3.3	3.3	3.7	3.1	Netherlands/Pays-Bas	2.6	2.4	2.4	2.9	2.7	2.3	2.3	2.7	2.7	2.9
Netherlands/Pays-Bas	3.3	3.1	3.0	3.6	3.2	2.9	2.9	3.1	3.1	3.1	Sweden/Suède	2.7	2.9	2.8	2.9	2.8	2.4	2.7	2.5	2.1	1.9
Spain/Espagne	1.9	1.6	1.7	2.2	2.4	2.5	2.8	3.0	3.1	3.1	Singapore/Singapour	1.8	2.0	1.7	1.7	1.7	2.0	2.3	2.0	2.4	2.3

744 MECHANICAL HANDLING EQU / EQUIP MANUTENTION PIECES 744

TRADE BY COMMODITY IN THOUSAND U.S. DOLLARS – COMMERCE PAR PRODUIT EN MILLIERS DE DOLLARS E.U

COUNTRIES–PAYS	IMPORTS – IMPORTATIONS					COUNTRIES–PAYS	EXPORTS – EXPORTATIONS				
	1988	1989	1990	1991	1992		1988	1989	1990	1991	1992
Total	x18737590	21222561	24268573	25087626	x24995758	Totale	19307287	21239837	24433137	23598730	24015076
Africa	x716893	x826824	x887551	x1090737	x1188313	Afrique	x27955	x34684	x36602	x60301	x38423
Northern Africa	220395	261233	371694	x327037	x336530	Afrique du Nord	12136	7185	9721	7460	x8637
Americas	3900655	5077980	x4838541	4314175	x4628725	Amériques	2354231	3265183	3808734	3927484	4140516
LAIA	484854	558181	591336	779831	x1167619	ALAI	130516	224356	216519	210834	234169
CACM	20076	27241	22975	25420	x37063	MCAC	x332	x655	x233	245	x286
Asia	x2786948	x3104482	x4063505	x5255766	x6175815	Asie	x3440917	3814871	3942130	4345574	4460268
Middle East	x554580	x555994	x679929	x979636	x1401814	Moyen–Orient	x42461	59484	x39611	x33575	x37046
Europe	8516654	9599482	11715796	11966687	12129638	Europe	10905230	11928732	15053377	14559294	14802653
EEC	6633758	7619777	9298236	9881226	10191749	CEE	8595472	9449247	11994111	11683936	11816607
EFTA	1784959	1879931	2331443	1983741	1839881	AELE	2117759	2331598	2912730	2817414	2922430
Oceania	x377843	x488768	x479522	x397277	x419302	Océanie	81570	x87797	100055	123956	153776
USA/Etats–Unis d'Amer	2064377	3086468	2877645	2354493	2398075	Germany/Allemagne	3579387	3864736	4787528	4639169	4709621
France, Monac	1404789	1586134	2006487	1809239	1806186	Japan/Japon	2570447	2938924	3034897	3286324	3247147
Germany/Allemagne	1071674	1281087	1557658	2447218	2663208	USA/Etats–Unis d'Amer	1725150	2535190	3089050	3270263	3393168
Former USSR/Anc. URSS	x1594636	x1286089	x1597675	x1722925		France, Monac	1179500	1359997	1849127	1884449	1849867
United Kingdom	1401755	1549094	1634681	1343964	1466588	United Kingdom	1289340	1322930	1642513	1586199	1471636
Canada	1211655	1180864	1123234	967255	848550	Italy/Italie	963452	1118708	1489500	1413380	1459639
Netherlands/Pays–Bas	682723	738058	923681	974331	976972	Sweden/Suède	803489	864868	992769	984203	958247
Belgium–Luxembourg	602860	726686	950655	951535	923291	Bulgaria/Bulgarie	x1408384	x1482740	x1020789	x181031	x138823
Italy/Italie	558624	635506	816740	890414	910240	Netherlands/Pays–Bas	663850	758675	952303	911161	934622
Spain/Espagne	468846	608229	780711	833191	766366	Austria/Autriche	392022	440103	618879	660030	713097
Korea Republic	281244	450697	596964	742329	702773	Finland/Finlande	415719	494056	648142	483306	496797
Switz.Liecht	486868	508798	636638	538470	476108	Canada	494011	491563	497287	438030	503732
Sweden/Suède	467272	532849	615917	461838	417449	Switz.Liecht	374542	373123	474016	496775	554711
Austria/Autriche	337274	346594	474193	502065	507120	Belgium–Luxembourg	348619	396011	483548	453600	497765
Singapore/Singapour	229133	283023	403707	412804	391549	Korea Republic	310060	400260	366536	393388	456745
Hong Kong	305315	324140	391826	596446	577992	Denmark/Danemark	316293	318968	388206	374475	395262
Indonesia/Indonésie	145236	204491	313519	391826	489391	Spain/Espagne	173459	215447	284628	308252	391875
Australia/Australie	285223	384000	374166	532691	459206	Former USSR/Anc. URSS	x156155	x274401	x197367	x119840	
China/Chine	261340	327378	280454	278202	285006	Norway, SVD, JM	131442	158761	178281	192874	199333
Malaysia/Malaisie	122878	217007	300907	402373	x527462	Singapore/Singapour	116316	145464	171533	202700	213721
Japan/Japon	181101	229153	330258	348074	358692	China/Chine	59461	91577	134364	195744	244724
Thailand/Thaïlande	113386	168211	285177	422175	456004	Hong Kong	92000	120958	115553	137714	176357
Finland/Finlande	202945	272738	326968	211310	163767	Mexico/Mexique	59921	131700	122335	99273	101252
Mexico/Mexique	150246	193385	260890	328118	505910	Yugoslavia SFR	191631	147276	145980	x56230	
Norway, SVD, JM	272649	205131	261808	251200	258863	Poland/Pologne	130201	106783	93457	72984	x80994
Denmark/Danemark	194228	180432	215895	223637	230075	Brazil/Brésil	58991	79448	80057	80140	100857
Czechoslovakia	x263875	178301	191689	x164749	x177532	Ireland/Irlande	65293	69457	87869	73551	71755
Portugal	123989	142236	181301	200282	211747	Australia/Australie	58868	57896	64577	94736	124095
Saudi Arabia	64565	100005	x158214	x258812	x269649	Hungary/Hongrie	x32572	x55203	x37864	x92543	x78994
So. Africa Customs Un	176932	121509	129601	x235159	x234158	Czechoslovakia	x171706	x48292	x42941	x78363	x115727
Romania/Roumanie	x31527	216084	213205	28958	x12803	Romania/Roumanie	x37501	76144	49111	37320	x4898
Algeria/Algérie	73465	105273	181795	119043	x141004	Former GDR	x560857	x64675	x50709		
Chile/Chili	92387	163907	137381	96651	x218003	Malaysia/Malaisie	23808	30670	29175	32552	x25389
Turkey/Turquie	127002	108133	137164	148742	174342	New Zealand	22298	27100	31685	26656	24309
Iran (Islamic Rp. of)	x104709	x64133	x119971	x195879	x451215	Portugal	14612	20641	26144	28855	27188
United Arab Emirates	x84823	x105978	x118578	x141429	x212549	So. Africa Customs Un	x9924	x18289	x19558	x22821	x21783
Ireland/Irlande	77656	95890	132111	110154	121115	Turkey/Turquie	4270	14031	14574	21039	
India/Inde	148511	x115347	116635	95436	x174657	India/Inde	9595	16979	14031	14574	21039
Bulgaria/Bulgarie	x162923	x192867	x112518	x19342	16216	Thailand/Thaïlande	7621	9295	22144	13657	x20625
Israel/Israël	71722	67072	102646	150731	149217	Argentina/Argentine	8631	9262	9898	21481	22709
Venezuela	95485	60465	52087	180380	110603	Saudi Arabia	20333	17145	x8617	x3832	x2966
Greece/Grèce	46613	76427	98316	97262	x115963	United Arab Emirates	x6786	x6759	x9088	x9706	x9336
Philippines	36839	x76903	96775	80105	88574	Cameroon/Cameroun	x21	1494	x408	23616	x51
Cuba	x22826	96701	x74258	x59205	x40720	Greece/Grèce	1669	3609	2678	10780	x7376
Kenya	15645	x113590	16781	x97844	x19724	Indonesia/Indonésie	2953	4178	5338	6525	8256
Hungary/Hongrie	x73509	x80572	x77140	67898	x99341	Morocco/Maroc	4243	4198	4760	4646	4903
Yugoslavia SFR	71094	78056	61337	x71849		Kuwait/Koweït	x4779	10013	x3221	x44	x37
New Zealand	60729	68988	71211	60579	75126	Sri Lanka	2210	1001	979	10699	878
Poland/Pologne	107535	86686	54612	56870	x146874	Israel/Israël	3963	2224	2785	5180	2381
Nigeria/Nigéria	x31506	x42009	x45083	x88870	x148201	Panama	x1283	x9846	57	2	112

(VALUE AS % OF TOTAL)(VALEUR EN % DU TOTAL)

	1983	1984	1985	1986	1987	1988	1989	1990	1991	1992		1983	1984	1985	1986	1987	1988	1989	1990	1991	1992
Africa	x7.6	x5.9	5.9	x6.4	x3.7	x3.8	x3.9	x3.6	x4.3	x4.7	Afrique	x0.2	x0.1	0.2	x0.2	x0.2	x0.2	x0.2	x0.2	x0.3	x0.2
Northern Africa	x4.8	x3.3	4.0	x2.9	1.6	1.2	1.2	1.7	x1.3	x1.3	Afrique du Nord	x0.0	x0.0	0.0	x0.0	0.0	0.1	0.0	0.0	0.0	x0.0
Americas	15.3	20.8	28.8	x27.2	x22.1	20.8	23.9	x20.0	17.2	x18.5	Amériques	15.9	18.4	17.9	13.7	11.7	12.2	15.4	15.6	16.6	17.2
LAIA	2.9	3.7	4.1	2.9	2.5	2.6	2.6	2.4	3.1	x4.7	ALAI	0.4	0.8	0.7	0.4	0.5	0.7	1.1	0.9	0.9	1.0
CACM	x0.1	0.1	0.2	0.2	x0.1	0.1	0.1	0.1	0.1	x0.1	MCAC	x0.0	0.0	0.0	0.0	0.0	0.0	0.0	0.0	0.0	0.0
Asia	x22.4	18.4	17.5	14.6	x15.4	x14.8	x14.6	x16.8	x21.0	x24.7	Asie	18.6	20.5	20.8	20.2	x17.0	x17.8	17.9	16.1	18.4	18.5
Middle East	x8.4	x6.5	4.5	x5.0	x3.2	x3.0	x2.6	x2.8	3.9	x5.6	Moyen–Orient	x0.3	0.3	0.6	x0.5	x0.3	x0.2	0.3	x0.2	x0.1	x0.2
Europe	31.8	30.3	41.4	45.7	43.1	45.5	45.2	48.3	47.7	48.5	Europe	61.0	56.9	58.5	63.5	55.2	56.5	56.2	61.6	61.7	61.6
EEC	24.4	22.4	30.5	34.2	31.9	35.4	35.9	38.3	39.4	40.8	CEE	46.8	43.1	43.9	48.0	41.6	44.5	44.5	49.1	49.5	49.2
EFTA	7.3	7.3	9.8	10.7	10.4	9.5	8.9	9.6	7.9	7.4	AELE	14.2	12.9	13.8	14.9	13.2	11.0	11.0	11.9	11.9	12.2
Oceania	2.0	x1.9	2.7	x2.5	x1.8	x2.0	x2.3	x1.9	x1.6	x1.6	Océanie	0.3	0.4	0.3	x0.3	x0.3	0.4	x0.4	0.4	0.5	0.6
USA/Etats–Unis d'Amer	8.1	11.8	17.6	17.0	13.1	11.0	14.5	11.9	9.4	9.6	Germany/Allemagne	17.9	16.2	17.3	19.7	17.3	18.5	18.2	19.6	19.7	19.6
France, Monac	5.4	4.5	6.3	7.2	6.9	7.5	7.5	8.3	7.2	7.2	Japan/Japon	16.5	16.7	17.3	17.3	13.0	13.8	12.4	13.9	13.5
Germany/Allemagne	4.3	3.7	4.9	5.5	5.7	6.0	6.4	9.8	9.7	10.7	USA/Etats–Unis d'Amer	11.0	12.6	13.1	9.9	8.3	8.9	11.9	12.6	13.9	14.1
Former USSR/Anc. URSS	18.3	19.8			x7.9	x8.5	x6.1	x6.6	x6.9		France, Monac	9.1	7.5	7.5	6.9	5.5	6.4	7.6	8.0	7.7	
United Kingdom	5.0	5.0	6.9	7.0	6.0	7.5	7.3	6.7	5.4	5.9	United Kingdom	6.7	7.3	7.3	7.8	6.3	6.7	6.2	6.7	6.7	6.1
Canada	3.6	4.7	6.3	5.9	5.3	6.5	5.6	4.6	3.9	3.4	Italy/Italie	5.5	5.0	4.9	5.5	5.2	5.0	5.3	6.1	6.0	6.1
Netherlands/Pays–Bas	2.3	2.4	3.7	4.1	3.6	3.6	3.5	3.8	3.9	3.9	Sweden/Suède	5.2	5.3	5.3	5.6	5.1	4.2	4.1	4.1	4.2	4.0
Belgium–Luxembourg	2.5	2.6	3.1	3.4	3.0	3.2	3.4	3.9	3.8	3.7	Bulgaria/Bulgarie					x8.2	x7.0	x4.2	x0.8	x0.6	
Italy/Italie	1.6	1.7	2.1	2.6	2.5	3.0	3.0	3.4	3.5	3.6	Netherlands/Pays–Bas	3.1	2.9	2.9	3.0	2.7	3.4	3.6	3.9	3.9	3.9
Spain/Espagne	1.0	0.9	1.2	1.7	2.1	2.5	2.9	3.2	3.3	3.1	Austria/Autriche	2.4	1.9	1.9	2.2	2.0	2.0	2.1	2.5	2.8	3.0

745 NONELEC MACHY, TOOLS NES — AUT MACH NON ELEC, PIECES 745

TRADE BY COMMODITY IN THOUSAND U.S. DOLLARS – COMMERCE PAR PRODUIT EN MILLIERS DE DOLLARS E.U

COUNTRIES–PAYS	IMPORTS 1988	1989	1990	1991	1992	COUNTRIES–PAYS	EXPORTS 1988	1989	1990	1991	1992
Total	12973043	13854734	16373787	16821830	17182103	Totale	12751918	13250316	15654860	15938136	16672850
Africa	x536482	x570722	x572451	x655594	x640350	Afrique	x17635	x16925	x15524	x22915	x13126
Northern Africa	163267	168158	202377	x216508	x192568	Afrique du Nord	3522	3535	x2526	4743	2192
Americas	2854274	3039760	3018250	3204176	x3670505	Amériques	1821134	2091091	2369914	2532173	2635313
LAIA	392355	435222	509622	726117	1075493	ALAI	98668	128794	113377	135235	187089
CACM	39936	35926	45306	42262	x57192	MCAC	926	668	926	955	x1629
Asia	x1942131	x2014329	x2442345	x2546955	x3068314	Asie	x1544268	1429181	1494468	1725957	1870209
Middle East	x387333	x313508	x469416	x517352	x764215	Moyen–Orient	x7290	x11416	x6891	x6743	x10792
Europe	6396616	6873094	8607001	8724249	8778570	Europe	8832817	9361518	11563337	11529585	12034107
EEC	5065404	5470462	6818826	7020422	7136305	CEE	7224122	7678137	9390289	9529412	10025593
EFTA	1233267	1316634	1637863	1572802	1520921	AELE	1568609	1650700	2136159	1987354	1990684
Oceania	x333876	x385169	x362311	x339203	x380615	Océanie	33939	x38863	x49343	x58687	x62648
USA/Etats–Unis d'Amer	1698364	1718959	1691616	1713459	1823551	Germany/Allemagne	3516275	3721937	4501213	4540503	4737349
France, Monac	1182585	1228459	1505008	1478085	1438050	USA/Etats–Unis d'Amer	1551432	1763203	2055078	2202694	2244696
Germany/Allemagne	841557	931420	1297342	1479216	1500350	Italy/Italie	1515832	1647795	2130355	2237254	2328144
United Kingdom	894396	959224	1097487	946416	1009563	Japan/Japon	1054059	1140559	1163488	1347213	1404239
Former USSR/Anc. URSS	x365094	x532667	x910683	x900320		Sweden/Suède	688914	748363	892854	826133	754959
Canada	652277	726690	683143	620385	619488	Switz.Liecht	623053	607609	813330	791535	848594
Spain/Espagne	390168	495354	658610	720663	647660	United Kingdom	684574	691684	752782	765138	790531
Italy/Italie	448204	493388	609709	645158	624792	France, Monac	494623	552464	690252	668139	717558
Netherlands/Pays–Bas	483943	476231	571654	625403	663739	Netherlands/Pays–Bas	391400	391643	501864	509180	528613
Belgium–Luxembourg	382149	418630	493891	548289	610273	Denmark/Danemark	318682	336532	389234	372384	394572
Japan/Japon	308028	425956	541516	443788	437075	Austria/Autriche	171013	193852	275845	259212	259640
Switz.Liecht	353118	354125	445934	428909	422413	Canada	165111	196550	199122	192185	199855
Austria/Autriche	275888	292894	433103	433671	425698	Belgium–Luxembourg	139461	146421	190165	186299	253081
Korea Republic	215704	297039	425014	422505	397783	Spain/Espagne	122019	142087	174263	193366	230374
Sweden/Suède	280883	311200	351713	333088	326059	Hong Kong	95647	105869	110542	131072	192165
Australia/Australie	265200	317815	282342	265016	298746	Singapore/Singapour	49263	63763	77329	97743	80423
Mexico/Mexique	113079	167039	233035	344475	476783	Brazil/Brésil	60663	85873	60752	81129	128285
Finland/Finlande	168819	220888	237356	180080	152102	Finland/Finlande	50599	64845	100724	61288	79736
China/Chine	240513	235205	136010	152992	314202	Bulgaria/Bulgarie	x183568	x154693	x54489	x4323	x2713
Denmark/Danemark	167641	155703	177213	182926	194606	Former USSR/Anc. URSS	x17026	x62852	x48362	x20257	
Portugal	128439	131042	188419	175392	202765	Norway,SVD,JM	31732	32652	49919	44383	42647
Norway,SVD,JM	142225	129360	162176	188582	185748	Israel/Israël	33119	35299	40204	49498	49500
Czechoslovakia	x211682	121678	166116	x180003	x241029	Korea Republic	25774	34196	41717	41204	47913
So. Africa Customs Un	132628	108668	138032	x187111	x171946	Ireland/Irlande	31215	35322	44704	36421	25497
Thailand/Thaïlande	76411	89109	133753	203010	164952	Australia/Australie	24391	29792	38864	41028	44462
Singapore/Singapour	99842	119812	143945	150816	175169	Argentina/Argentine	23105	26438	27812	29104	30597
Saudi Arabia	136479	92261	x157786	x150581	x175361	Yugoslavia SFR	39587	32405	36115	x12216	
Malaysia/Malaisie	68071	98457	126861	156553	x168045	Former GDR	x145336	x42282	x23865		
Hong Kong	92109	103466	125095	136291	207762	Hungary/Hongrie	x17631	x18921	x15811	x23861	x19984
Indonesia/Indonésie	67614	74631	126098	152431	142081	China/Chine	12829	16834	14297		37823
Turkey/Turquie	62204	64008	125017	155360	179109	Mexico/Mexique	10004	11686	16917	16331	17027
Greece/Grèce	72902	98578	122053	119547	x143709	Czechoslovakia	x48995	x11133	x8559	x14691	x19677
Yugoslavia SFR	85617	75465	137551	x119889		Malaysia/Malaisie	5808	8919	9811	13150	x19172
Bulgaria/Bulgarie	x116076	x144688	x148569	x21440	16212	New Zealand	9261	8779	9705	12927	17917
Hungary/Hongrie	x67747	x92668	x87112	104335	x92831	So. Africa Customs Un	6551	x10205	x8952	x11832	x7724
Ireland/Irlande	73420	82435	97441	99327	100799	India/Inde	12429	x7159	12378	10853	x8418
Brazil/Brésil	37633	51408	75762	128440	145574	Portugal	5299	5334	9343	11920	12790
Poland/Pologne	40703	43304	37628	127686	x241510	Romania/Roumanie	x79495	16798	4916	695	x3138
Iran (Islamic Rp. of)	x51687	x32800	x60523	x93698	x233244	Greece/Grèce	4741	6810	6006	8701	x7085
New Zealand	55549	54081	65502	57839	61994	Thailand/Thaïlande	1620	3490	6436	10524	x13086
Kenya	15760	x93067	18550	x63396	x12221	Poland/Pologne	10072	6043	6262	4989	x11857
Israel/Israël	55322	50456	55912	68493	80877	Colombia/Colombie	3983	3731	4458	6638	7607
Philippines	31291	x57356	53707	45505	68456	Iceland/Islande	3299	3378	3486	4804	5109
Chile/Chili	32700	45119	46740	59750	x88457	Korea Dem People's Rp	x153	x296	x9250	x646	x1092
Algeria/Algérie	41165	36263	45238	62440	x44260	Tunisia/Tunisie	2953	2733	1507	3962	1601
India/Inde	31315	x71316	39836	27019	x61562	Turkey/Turquie	1522	3229	2068	2442	5435
Venezuela	96515	47625	32430	56537	83140	Cameroon/Cameroun	x4	235	x40	5175	x10
Morocco/Maroc	24630	33643	47667	43974	39385	Indonesia/Indonésie	359	994	1259	2224	3515
Cuba	x14165	59213	x28398	x31351	x28610	Nauru			x6	x4321	x17
Egypt/Egypte	46859	38973	39349	39275	47423	Cyprus/Chypre	743	1476	1133	1264	1245

(VALUE AS % OF TOTAL)(VALEUR EN % DU TOTAL)

	1983	1984	1985	1986	1987	1988	1989	1990	1991	1992		1983	1984	1985	1986	1987	1988	1989	1990	1991	1992
Africa	x6.2	x5.6	5.5	x7.2	x5.3	4.1	x4.1	x3.5	3.9	x3.7	Afrique	x0.1	x0.2	0.1	x0.1	x0.1	0.1	x0.2	x0.1	x0.2	x0.0
Northern Africa	x2.9	x2.2	1.8	x1.9	1.1	1.3	1.2	1.2	x1.3	x1.1	Afrique du Nord	0.0	0.0	0.0	0.0	0.0	0.0	0.0	0.0	0.0	0.0
Americas	19.6	22.7	25.1	23.3	x19.7	22.0	22.0	18.4	19.1	x21.3	Amériques	17.7	17.5	14.2	11.8	10.8	14.3	15.8	15.1	15.9	15.8
LAIA	2.6	3.1	3.7	3.2	2.5	3.0	3.1	3.1	4.3	6.3	ALAI	0.5	0.6	0.6	0.6	0.5	0.8	1.0	0.7	0.8	1.1
CACM	x0.2	0.3	0.4	0.3	0.3	0.3	0.3	0.3	0.3	x0.3	MCAC	0.0	0.0	0.0	0.0	0.0	0.0	0.0	0.0	0.0	0.0
Asia	x16.8	14.6	10.1	x9.8	x11.9	x15.0	x14.5	x14.9	x15.1	x17.8	Asie	7.8	8.7	9.1	8.7	x8.9	x12.1	10.8	9.6	10.9	11.2
Middle East	x8.7	x7.4	2.7	x3.2	x2.6	x3.0	x2.3	x2.9	x3.1	x4.4	Moyen–Orient	x0.1	x0.1	0.1	x0.0	x0.1	0.1	x0.1	0.0	x0.0	x0.1
Europe	39.4	37.2	40.0	42.1	42.0	49.3	49.6	52.6	51.9	51.1	Europe	56.1	55.0	57.6	62.1	58.9	69.3	70.7	73.9	72.3	72.2
EEC	31.1	28.9	30.9	32.2	32.1	39.0	39.5	41.6	41.7	41.5	CEE	45.5	44.0	46.7	50.8	47.8	57.9	57.9	60.0	59.8	60.1
EFTA	8.2	7.6	8.2	9.1	9.0	9.5	9.5	10.0	9.3	8.9	AELE	10.5	10.7	11.0	11.1	10.8	12.3	12.5	13.6	12.5	11.9
Oceania	2.5	x2.9	3.2	x2.6	x2.1	x2.6	x2.8	x2.2	x2.0	x2.2	Océanie	0.3	x0.2	0.2	x0.2	x0.3	0.3	x0.3	x0.3	x0.3	x0.4
USA/Etats–Unis d'Amer	11.3	13.3	15.2	14.1	12.1	13.1	12.4	10.3	10.2	10.6	Germany/Allemagne	21.6	21.2	22.9	25.7	23.8	27.6	28.1	28.8	28.5	28.4
France, Monac	7.0	6.2	6.9	7.4	7.5	9.1	8.9	9.2	8.8	8.4	USA/Etats–Unis d'Amer	15.5	15.1	12.0	9.5	8.9	12.2	13.3	13.1	13.8	13.5
Germany/Allemagne	5.5	5.2	5.6	5.8	5.6	6.5	6.7	7.9	8.8	8.7	Italy/Italie	9.3	9.3	9.7	10.8	10.3	11.9	12.4	13.6	14.0	14.0
United Kingdom	6.6	6.1	6.4	5.9	5.6	6.9	6.9	6.7	5.6	5.9	Japan/Japon	6.5	7.5	7.8	7.2	6.1	8.3	8.6	7.4	8.5	8.4
Former USSR/Anc. URSS				x2.6	x2.8	x3.8	x5.6	x5.4			Sweden/Suède	5.1	5.3	5.7	4.9	4.7	5.4	5.6	5.7	5.2	4.5
Canada	4.8	5.4	5.5	4.9	3.9	5.0	5.2	4.2	3.7	3.6	Switz.Liecht	4.0	3.9	4.0	4.4	4.9	4.6	5.2	5.0	5.0	5.1
Spain/Espagne	1.6	1.4	1.5	1.7	2.4	3.0	3.6	4.0	4.3	3.8	United Kingdom	5.1	4.4	4.7	4.4	4.1	5.4	5.2	4.8	4.8	4.5
Italy/Italie	2.5	2.5	2.6	2.8	2.3	3.6	3.6	3.7	3.8	3.6	France, Monac	3.4	3.2	3.2	3.1	3.0	3.9	4.2	4.4	4.2	4.3
Netherlands/Pays–Bas	2.9	2.7	3.1	3.3	3.2	3.5	3.4	3.5	3.7	3.9	Netherlands/Pays–Bas	2.5	2.2	2.5	2.5	2.4	3.1	3.0	3.2	3.2	3.2
Belgium–Luxembourg	2.3	2.1	2.1	2.5	2.3	2.9	3.0	3.0	3.3	3.6	Denmark/Danemark	2.0	2.0	2.2	2.4	2.2	2.5	2.5	2.5	2.3	2.4

749 NONELEC MACH PTS, ACC NES — PIECES MACH NON ELEC NDA 749

TRADE BY COMMODITY IN THOUSAND U.S. DOLLARS – COMMERCE PAR PRODUIT EN MILLIERS DE DOLLARS E.U

COUNTRIES–PAYS	1988	1989	1990	1991	1992	COUNTRIES–PAYS	1988	1989	1990	1991	1992
Total	32792023	34635866	40110698	41211623	43370681	Totale	29043383	31122741	36670647	37216347	40374018
Africa	x1506464	x1452485	x1684562	x1548023	x1598650	Afrique	x31006	x32306	x44115	x51967	x62624
Northern Africa	736577	673025	831514	664330	674258	Afrique du Nord	9832	4963	8705	12688	15716
Americas	7030908	8050230	8566815	9201682	9964538	Amériques	3046234	3786075	4622429	4959440	5436625
LAIA	1653813	1708058	1962852	2237516	2380407	ALAI	270228	344537	480700	487975	519288
CACM	67101	70416	64249	64510	x53361	MCAC	2483	2286	1837	2429	x2022
Asia	x6618342	x6392851	x7288777	x8411128	x9980506	Asie	x6649806	6951331	7333304	8034109	x8902042
Middle East	x1776703	x1295386	x1339666	x1556992	x2371231	Moyen–Orient	92540	x49651	x42450	x54217	x65471
Europe	14226836	15432574	19450201	19108508	20412264	Europe	17910546	19245946	23730599	23393822	25409582
EEC	11198404	12246577	15440315	15587652	16760588	CEE	15354571	16539316	20429249	20450136	22398445
EFTA	2758786	2927201	3707871	3346666	3471572	AELE	2318960	2419416	3052986	2837944	2918199
Oceania	699876	810923	x846538	x778135	x791834	Océanie	x89839	x102544	114676	x123520	x151540
USA/Etats–Unis d'Amer	3623960	4367234	4603703	4940261	5452336	Germany/Allemagne	6648766	7139351	8737925	8368843	9404190
Germany/Allemagne	2633530	2975063	3955053	4438861	4748117	Japan/Japon	4420760	4895239	5090409	5696571	6170338
France,Monac	1918481	2062224	2634390	2585424	2679038	Italy/Italie	2661541	2944193	3589171	3989162	4338238
United Kingdom	1876308	2050726	2328471	2285698	2454391	USA/Etats–Unis d'Amer	2014033	2637409	3308748	3502200	3867143
Italy/Italie	1427110	1568537	1931761	1852269	1938875	France,Monac	2034823	2214983	2725833	2670238	2900962
Canada	1560710	1729408	1707635	1729160	1830524	United Kingdom	1832892	1941141	2390591	2336035	2441626
Former USSR/Anc. URSS	x1580439	x1633183	x1626068	x1740671		Switz.Liecht	826514	813934	1049097	1006213	1009370
Netherlands/Pays–Bas	1089861	1139512	1438354	1439427	1595154	Canada	731536	798716	825933	962169	1043823
Belgium–Luxembourg	888808	958635	1276717	1184831	1298786	Netherlands/Pays–Bas	668294	676194	893496	844043	945070
Korea Republic	782150	918433	1057916	1288345	1268682	Sweden/Suède	703637	745789	848118	768689	792284
Japan/Japon	789842	916944	1081635	1170862	1118694	Austria/Autriche	582260	620097	834590	782260	838754
Singapore/Singapour	738101	877148	1020415	1141395	1188696	Belgium–Luxembourg	537100	579105	717991	711747	765685
Austria/Autriche	645456	702896	1018769	1027744	1121125	Singapore/Singapour	525878	596746	598755	659895	727043
Sweden/Suède	824689	869644	993764	861621	844317	Spain/Espagne	394545	475489	628898	745476	687144
Spain/Espagne	666402	743736	957159	939200	971100	Denmark/Danemark	394064	376317	481621	504278	594840
Switz.Liecht	658838	708451	904883	792908	781524	Hong Kong	258533	332745	375134	395949	492928
Mexico/Mexique	495479	576299	659135	833200	1018029	Israel/Israël	304293	347533	340737	266480	273995
Australia/Australie	578225	683912	705262	656951	657570	China/Chine	160489	228798	301745	285451	373412
Brazil/Brésil	411511	471139	543924	488579	471090	Korea Republic	182585	240187	269991	303799	356431
China/Chine	350275	410993	420227	515353	852311	Thailand/Thaïlande	154574	175031	245847	276201	x308100
Thailand/Thaïlande	290971	371089	450862	501634	611687	Finland/Finlande	154061	189489	249952	200450	192462
So. Africa Customs Un	442089	404360	476589	x421991	x435308	Yugoslavia SFR	234028	283892	244300	x99926	
Malaysia/Malaisie	239036	309718	415729	557942	x618364	Brazil/Brésil	131489	169408	201190	217323	212654
Saudi Arabia	800390	595827	x300167	x310597	x464555	Former USSR/Anc. URSS	x194853	x212808	x170260	x196024	
Hong Kong	274326	348471	392137	420749	536876	Mexico/Mexique	96004	121524	211701	190566	232473
Denmark/Danemark	312113	314821	390372	382874	417741	Romania/Roumanie	x156925	266884	142678	93922	x58979
Finland/Finlande	315753	353559	396269	279872	297738	Portugal	122803	129608	182333	189074	216963
Norway,SVD,JM	295990	275205	374735	364072	408544	Poland/Pologne	156576	168726	204375	126829	x120096
India/Inde	325325	x321484	388968	282853	x430071	Hungary/Hongrie	x59572	x73804	x96878	x114433	x97795
Iran (Islamic Rp. of)	x244232	x169790	x314281	x462246	x855065	Czechoslovakia	x346535	x93251	x86029	x103837	x116976
Turkey/Turquie	250531	209796	329660	365818	417303	Australia/Australie	68754	80143	94339	101602	130508
Indonesia/Indonésie	204089	218242	278741	348332	444778	Ireland/Irlande	54504	57443	73208	81782	92243
Venezuela	312622	214062	234451	362117	310790	Norway,SVD,JM	52390	50054	71181	80311	85310
Yugoslavia SFR	254044	241475	281980	x150594		Bulgaria/Bulgarie	x60009	x112141	x64289	x18092	x17449
Bulgaria/Bulgarie	x255793	x363427	x231603	x32221	20398	Former GDR	341449	x76816	x60849		
Algeria/Algérie	188940	172797	244455	183836	x168704	Argentina/Argentine	28925	33553	40272	58160	52966
Portugal	160582	168617	210025	216833	243673	India/Inde	13314	x46867	24102	27925	x63178
Libyan Arab Jamahiriya	239368	212261	214612	x108903	x93032	So. Africa Customs Un	x13844	x22374	x26753	x35008	x39406
Egypt/Egypte	180847	154474	184962	184934	203687	Malaysia/Malaisie	15224	19982	27958	34944	x40792
Greece/Grèce	119844	154374	187041	176502	x241208	New Zealand	20658	21412	18460	20524	20145
Israel/Israël	126473	130618	163603	203876	217538	Saudi Arabia	17371	22446	x15058	x18557	x18765
Czechoslovakia	x247917	134489	147942	x185058	x203145	Turkey/Turquie	61116	16101	18167	18589	26217
Chile/Chili	109578	131829	168063	152733	x113744	Venezuela	1995	8116	17116	5688	7382
United Arab Emirates	x193135	x89168	x128244	x170626	x241520	Indonesia/Indonésie	2006	5476	8228	12158	15015
Ireland/Irlande	105662	110332	130973	139737	172503	Greece/Grèce	5239	5412	8102	9378	x11484
Hungary/Hongrie	x115054	x122578	x117625	126739	x128634	Philippines	1181	x7274	2238	12134	5524
Argentina/Argentine	122085	92789	97687	157838	229859	Colombia/Colombie	3109	4211	3743	9218	5726
Colombia/Colombie	101794	113003	120520	98483	110164	Chile/Chili	3864	3357	4662	5589	x5179
New Zealand	84985	93405	106954	96706	102810	United Arab Emirates	x2876	x3518	x4206	x5620	x8640
Philippines	55788	x102811	88303	97216	98307	Tunisia/Tunisie	2496	2159	4245	6739	9446

(VALUE AS % OF TOTAL)(VALEUR EN % DU TOTAL)

	1983	1984	1985	1986	1987	1988	1989	1990	1991	1992		1983	1984	1985	1986	1987	1988	1989	1990	1991	1992
Africa	x5.9	x5.8	6.1	x5.3	x4.7	x4.5	x4.2	x4.2	x3.7	x3.7	Afrique	x0.2	x0.1	0.1	x0.1	x0.1	x0.1	x0.1	x0.1	x0.1	x0.2
Northern Africa	x2.9	2.5	3.3	2.6	2.3	2.2	1.9	2.1	x1.6	1.6	Afrique du Nord	x0.0	0.0	0.0	0.0	0.0	0.0	0.0	0.0	0.0	0.0
Americas	16.7	22.1	24.7	22.4	19.6	21.4	23.2	21.3	22.3	23.0	Amériques	14.2	15.1	13.7	x10.7	10.1	10.5	12.1	12.6	13.3	13.5
LAIA	4.3	6.2	7.1	6.2	5.4	5.0	4.9	4.9	5.4	5.5	ALAI	0.7	1.2	1.2	0.7	0.9	1.1	1.1	1.3	1.3	1.3
CACM	x0.1	0.2	0.2	0.2	0.2	0.2	0.2	0.2	0.2	x0.1	MCAC	x0.0	0.0	0.0	0.0	0.0	0.0	0.0	0.0	0.0	0.0
Asia	25.3	24.4	20.5	19.5	x18.9	x20.2	x18.4	x18.2	x20.4	x23.0	Asie	17.2	18.7	18.6	17.9	19.0	x22.9	22.3	20.0	21.6	x22.1
Middle East	x11.3	x10.5	6.4	x6.6	x5.2	x5.4	x3.7	x3.3	x3.8	x5.5	Moyen–Orient	x0.2	0.3	1.0	x0.4	0.6	0.3	x0.2	x0.1	x0.1	x0.2
Europe	42.6	40.6	45.0	49.2	46.0	43.4	44.6	48.5	46.4	47.1	Europe	64.2	62.2	65.0	68.9	65.2	61.7	61.8	64.7	62.9	62.9
EEC	33.7	31.0	34.5	37.9	35.5	34.1	35.4	38.5	37.8	38.6	CEE	55.4	51.9	54.7	58.1	55.0	52.9	53.1	55.7	54.9	55.5
EFTA	8.8	8.4	9.2	10.2	9.6	8.4	8.5	9.2	8.1	8.0	AELE	8.7	8.6	8.9	9.6	9.2	8.0	7.8	8.3	7.6	7.2
Oceania	2.6	x2.8	2.7	x2.4	x2.1	2.1	2.3	x2.1	1.9	x1.9	Océanie	x0.3	x0.3	0.3	x0.2	x0.3	x0.3	x0.3	0.3	x0.3	0.4
USA/Etats–Unis d'Amer	8.4	11.1	12.7	12.1	10.7	11.1	12.6	11.5	12.0	12.6	Germany/Allemagne	23.1	21.6	22.5	24.9	24.0	22.9	22.9	23.8	22.5	23.3
Germany/Allemagne	7.7	7.2	8.2	9.5	8.8	8.0	8.6	9.9	10.6	10.9	Japan/Japon	13.9	14.6	13.8	13.9	13.0	15.2	15.7	13.9	15.3	15.3
France,Monac	6.4	5.5	6.0	6.5	6.1	5.9	6.0	6.6	6.3	6.2	Italy/Italie	9.3	8.6	9.5	9.8	9.7	9.2	9.5	9.8	10.7	10.7
United Kingdom	5.4	5.5	6.1	5.9	5.6	5.7	5.9	5.8	5.5	5.7	USA/Etats–Unis d'Amer	11.4	11.4	10.3	8.0	7.4	6.9	8.5	9.0	9.4	9.6
Italy/Italie	3.8	3.6	4.0	4.6	4.5	4.4	4.5	4.8	4.5	4.5	France,Monac	8.2	7.6	8.0	8.4	7.5	7.0	7.1	7.4	7.2	7.2
Canada	3.3	3.9	4.0	3.3	2.8	4.5	5.0	4.3	4.2	4.2	United Kingdom	7.6	6.9	7.1	6.5	6.0	6.3	6.2	6.5	6.3	6.0
Former USSR/Anc. URSS	5.5	3.1			x5.5	x4.8	x4.7	x4.1	x4.2		Switz.Liecht	3.0	2.9	3.1	3.3	3.3	2.8	2.6	2.9	2.7	2.5
Netherlands/Pays–Bas	3.3	3.1	3.6	4.0	3.7	3.3	3.3	3.6	3.5	3.7	Canada	2.1	2.3	2.2	1.9	1.7	2.5	2.6	2.2	2.6	2.6
Belgium–Luxembourg	2.6	2.3	2.6	2.8	2.6	2.7	2.8	3.2	2.9	3.0	Netherlands/Pays–Bas	2.5	2.4	2.4	3.0	2.6	2.3	2.2	2.4	2.3	2.3
Korea Republic	1.9	2.1	2.2	2.3	2.3	2.4	2.7	2.6	3.1	2.9	Sweden/Suède	2.6	2.7	2.8	2.9	2.8	2.4	2.4	2.3	2.1	2.0

751 OFFICE MACHINES — MACH, APPAREILS DE BUREAU 751

TRADE BY COMMODITY IN THOUSAND U.S. DOLLARS – COMMERCE PAR PRODUIT EN MILLIERS DE DOLLARS E.U

COUNTRIES–PAYS	1988	1989	1990	1991	1992	COUNTRIES–PAYS	1988	1989	1990	1991	1992
	IMPORTS – IMPORTATIONS						EXPORTS – EXPORTATIONS				
Total	10546510	11327920	12523219	13056448	13239365	Totale	10624984	10533383	11314749	11809942	12183615
Africa	x243954	x216493	x260994	x268829	x303027	Afrique	x2377	x4661	x6847	x8293	x9086
Northern Africa	51084	54126	74971	x63227	x70502	Afrique du Nord	x129	x946	2719	3889	3612
Americas	3476905	3761358	3558312	3508045	x4097031	Amériques	852305	966163	1112320	1213786	1340514
LAIA	218808	253198	282209	428822	550341	ALAI	129960	125874	137809	174683	218987
CACM	16535	15587	13554	12360	x17530	MCAC	x68	29	x30	x17	x42
Asia	x1202594	1234352	1470165	1767656	x1848514	Asie	x5407384	5172644	5277777	5652213	x5877664
Middle East	x113978	x128528	x220667	x274727	x294218	Moyen–Orient	2962	x6400	x4332	x4596	x5317
Europe	5024108	5383805	6501726	6680575	6539847	Europe	3863278	4154261	4756917	4841379	4894360
EEC	4244889	4580934	5612474	5937626	5807269	CEE	3565506	3876180	4432914	4527668	4591870
EFTA	750634	759470	840558	712734	705143	AELE	284519	264624	309707	301251	296400
Oceania	x326300	x351601	x302699	x266212	x285834	Océanie	x20855	12013	17767	x18370	x17923
USA/Etats–Unis d'Amer	2769974	2976566	2753122	2596841	2994563	Japan/Japon	3859210	3895775	3877496	4015179	3892662
Germany/Allemagne	880021	980357	1277285	1534811	1445763	Germany/Allemagne	1096786	1204608	1338110	1175556	1215263
France, Monac	784886	820701	981225	985700	982758	Netherlands/Pays–Bas	709593	863657	1117536	1157120	1223605
Netherlands/Pays–Bas	421433	596463	825867	948388	905291	United Kingdom	895952	845563	922171	990172	1004576
United Kingdom	780912	750762	813760	728318	775909	USA/Etats–Unis d'Amer	659796	780817	899819	982243	1052082
Italy/Italie	538149	558002	663867	672989	674109	Hong Kong	492108	593996	620379	690012	770058
Spain/Espagne	393890	432430	538713	548344	492302	France, Monac	367564	449909	523444	643102	636075
Canada	439092	460834	458065	424634	491482	Italy/Italie	292618	325670	354100	412744	375180
Hong Kong	265305	283693	341715	439799	580891	Singapore/Singapour	224158	313346	335766	360655	387278
Former USSR/Anc. URSS	x146346	x238641	x241392	x345682		China/Chine	136564	142832	161111	184705	252072
Australia/Australie	259453	282958	236022	210422	222283	Sweden/Suède	142517	136242	149587	131983	130518
Japan/Japon	189293	221191	211798	227109	185192	Korea Republic	133748	147678	131750	123743	133135
Switz.Liecht	232525	218365	220417	190443	209731	Mexico/Mexique	85824	78936	85553	125437	170956
Singapore/Singapour	133749	154998	207067	265380	263222	Switz.Liecht	80402	73948	93890	101151	97820
Sweden/Suède	181988	192501	230365	181681	176964	Malaysia/Malaisie	4312	33868	71793	119331	x152120
Belgium–Luxembourg	163183	153523	180820	199567	204626	Denmark/Danemark	94061	93115	76283	38934	30240
Austria/Autriche	131336	146528	169238	169240	164155	Bulgaria/Bulgarie	x242642	x114774	x71824	x18167	x15374
Mexico/Mexique	76415	114285	141005	202502	240036	Canada	57220	53230	72451	55296	68763
Denmark/Danemark	145642	143681	144397	109228	129636	Thailand/Thaïlande	857	20230	42353	117874	x245291
China/Chine	155647	122972	115162	133395	85341	Spain/Espagne	49359	46107	50538	59022	46998
Korea Republic	75771	104058	117787	128896	120931	Brazil/Brésil	43563	45990	51103	48301	42066
Finland/Finlande	111245	125021	128259	77686	58404	Austria/Autriche	39480	30181	41359	44821	44516
So. Africa Customs Un	121467	92469	90279	x110023	x116247	Belgium–Luxembourg	49279	35868	37052	39557	47308
Portugal	74304	69149	95749	95404	112520	Former USSR/Anc. URSS	x46885	x42943	x33024	x18456	
Norway,SVD,JM	86899	73882	88302	87912	91397	Former GDR	x148010	x33748	x21361		
Czechoslovakia	x37115	69275	102355	x61766	x62203	Norway,SVD,JM	14331	12753	17797	13365	14937
Thailand/Thaïlande	36936	46807	64443	83051	82155	Israel/Israël	10644	14533	15761	11050	5343
Turkey/Turquie	10871	29383	63531	75921	61114	Yugoslavia SFR	12986	13318	13970	x11851	
New Zealand	55262	58454	55135	45448	51630	Australia/Australie	15493	8223	13950	15085	13878
Greece/Grèce	30474	32733	47852	77289	x51948	Finland/Finlande	7786	11500	7671	9891	8597
Indonesia/Indonésie	22338	36998	61324	57033	40048	Hungary/Hongrie	x2485	x11940	x5695	x10955	x9138
Malaysia/Malaisie	36859	39338	51097	56197	x68670	Romania/Roumanie	x903	7508	3176	16420	x144
Brazil/Brésil	9200	34623	40965	52089	53412	India/Inde	16142	x1782	9485	11203	x2241
Saudi Arabia	15762	20193	x45967	x57826	x47990	Ireland/Irlande	5168	5193	8445	7020	6630
Ireland/Irlande	31995	43132	42939	37588	32406	Czechoslovakia	x30943	x4229	x3775	x8334	x9303
Hungary/Hongrie	x14398	x17480	x28032	77506	x42031	Poland/Pologne	6753	8440	4174	3568	x10109
Venezuela	52335	33208	22062	46423	57422	Portugal	4938	5784	4435	3887	3708
Yugoslavia SFR	21610	36756	41745	x22959		New Zealand	3615	3594	3538	2811	3862
United Arab Emirates	x39624	x25682	x33623	x40276	x47444	Macau/Macao	148	316	1000	6790	3001
Iran (Islamic Rp. of)	x3226	x7724	x28821	x48574	x76753	Korea Dem People's Rp	x4361	x436	x5725	x1724	x2678
Poland/Pologne	31238	19536	11317	41938	x35798	So. Africa Customs Un	x397	x1940	x2008	x2343	x1916
Chile/Chili	21810	21691	19278	28856	x44051	Egypt/Egypte	17	x447	1429	3107	2884
Argentina/Argentine	22409	10469	14297	44666	85993	Indonesia/Indonésie	19	15	134	4350	13260
Israel/Israël	21834	19863	23572	25467	33863	Panama	x3132	x4443	17	4	59
Colombia/Colombie	18222	21980	21970	20219	17308	United Arab Emirates	x272	x1674	x816	x1208	x1136
Philippines	11490	x22839	20209	20083	24647	Cyprus/Chypre	1564	662	1310	934	1152
Nigeria/Nigéria	x13071	x16623	x24945	x20847	x32245	Kuwait/Koweït	x94	2665	x164	x3	x199
Egypt/Egypte	24391	14996	22590	24634	24327	Netherlands Antilles	686	1045	869	908	x102
Bulgaria/Bulgarie	x19737	x25819	x25526	x6949	11154	Turkey/Turquie	139	376	764	1439	2234
Romania/Roumanie	x2169	2728	18894	31119	x13773	Tunisia/Tunisie	45	459	1239	702	723

(VALUE AS % OF TOTAL)(VALEUR EN % DU TOTAL)

	1983	1984	1985	1986	1987	1988	1989	1990	1991	1992		1983	1984	1985	1986	1987	1988	1989	1990	1991	1992
Africa	x3.5	x2.9	2.2	x2.5	x2.2	x2.4	x1.9	x2.1	x2.0	x2.3	Afrique	x0.0	x0.0	0.0	x0.0	x0.0	x0.0	x0.0	x0.0	x0.1	x0.1
Northern Africa	1.3	0.8	1.1	0.7	0.5	0.5	0.5	0.6	x0.5	0.5	Afrique du Nord	x0.0	x0.0	x0.0	x0.0	x0.0	x0.0	x0.0	0.0	0.0	0.0
Americas	32.2	35.2	41.0	39.5	33.9	32.9	33.2	28.4	26.8	x30.9	Amériques	12.7	10.6	8.7	6.3	6.6	8.0	9.2	9.8	10.3	11.0
LAIA	1.7	1.5	2.0	2.1	2.2	2.1	2.3	2.3	3.3	4.2	ALAI	0.8	1.1	1.1	0.8	0.8	1.2	1.2	1.2	1.5	1.8
CACM	x0.1	0.5	0.6	0.2	0.2	0.2	0.1	0.1	0.1	x0.1	MCAC	x0.0	0.0	x0.0	x0.0	x0.0	x0.0	x0.0	x0.0	x0.0	x0.0
Asia	9.3	8.1	11.2	7.1	x9.7	x11.4	10.9	11.8	13.5	x14.0	Asie	53.3	58.7	61.4	58.4	x52.7	x50.9	49.1	46.6	47.9	x48.2
Middle East	x2.1	x1.9	1.1	x1.2	x1.0	x1.1	x1.1	x1.8	x2.1	2.2	Moyen–Orient	0.0	0.0	0.0	0.0	0.0	0.0	x0.1	x0.0	x0.0	x0.0
Europe	46.2	40.9	40.2	46.3	48.2	47.6	47.5	51.9	51.2	49.4	Europe	32.7	29.6	29.1	34.6	35.4	36.4	39.4	42.0	41.0	40.2
EEC	39.4	34.9	34.1	39.0	40.7	40.2	40.4	44.8	45.5	43.9	CEE	29.3	26.6	26.3	31.3	32.4	33.6	36.8	39.2	38.3	37.7
EFTA	6.7	5.8	5.9	7.1	7.2	7.1	6.7	6.7	5.5	5.3	AELE	3.3	2.8	2.7	3.2	2.9	2.7	2.5	2.7	2.6	2.4
Oceania	x3.2	x3.7	3.8	x2.9	x3.1	x3.1	x3.1	x2.4	x2.1	x2.2	Océanie	0.1		x0.1	x0.1	x0.2	0.1	0.2	x0.2	x0.1	
USA/Etats–Unis d'Amer	26.2	32.2	34.0	32.6	27.3	26.3	26.3	22.0	19.9	22.6	Japan/Japon	48.8	54.0	55.6	53.0	40.9	36.3	37.0	34.3	34.0	31.9
Germany/Allemagne	9.7	8.3	8.1	8.6	8.3	8.3	8.7	10.2	11.8	10.9	Germany/Allemagne	8.9	7.8	9.6	11.4	11.3	10.3	11.4	11.8	10.0	10.0
France, Monac	8.1	6.5	6.2	7.5	7.9	7.4	7.2	7.8	7.5	7.4	Netherlands/Pays–Bas	7.6	7.6	6.6	6.6	6.9	6.7	8.2	9.9	9.8	10.0
Netherlands/Pays–Bas	3.1	2.8	2.7	3.7	3.6	4.0	5.3	6.6	7.3	6.8	United Kingdom	6.1	4.8	4.7	5.6	6.6	8.4	8.0	8.2	8.4	8.2
United Kingdom	8.9	7.1	7.3	7.7	7.3	7.4	6.6	5.6	5.6	5.9	USA/Etats–Unis d'Amer	10.7	8.8	7.4	5.2	5.6	6.2	7.4	8.0	8.3	8.6
Italy/Italie	3.9	4.8	4.6	5.2	5.9	5.1	4.9	5.3	5.2	5.1	Hong Kong	2.3	2.6	3.4	3.2	3.8	4.6	5.6	5.5	5.8	6.3
Spain/Espagne	1.8	1.6	1.8	2.5	3.2	3.7	3.8	4.3	4.2	3.7	France, Monac	3.7	3.1	2.7	2.7	2.7	2.8	4.3	3.1	5.4	5.2
Canada	3.9	4.3	4.0	3.8	3.7	4.2	4.1	3.7	3.3	3.7	Italy/Italie	1.6	1.6	2.4	2.9	3.3	3.1	3.1	3.1	3.5	3.1
Hong Kong	1.6	1.9	2.8	1.6	2.2	2.5	2.5	2.7	3.4	4.4	Singapore/Singapour	1.5	1.4	1.6	1.3	1.5	2.1	3.0	3.0	3.1	3.2
Former USSR/Anc. URSS	4.1	4.2			x1.3	x1.4	x2.1	x1.9	2.6		China/Chine					1.0	1.3	1.4	1.4	1.6	2.1

183

752 AUTOMTIC DATA PROC EQUIP

TRADE BY COMMODITY IN THOUSAND U.S. DOLLARS – COMMERCE PAR PRODUIT EN MILLIERS DE DOLLARS E.U

COUNTRIES–PAYS	IMPORTS – IMPORTATIONS					COUNTRIES–PAYS	EXPORTS – EXPORTATIONS				
	1988	1989	1990	1991	1992		1988	1989	1990	1991	1992
Total	56415892	66247076	75569680	80803978	88809946	Totale	57513388	59266872	66063937	69359260	78514619
Africa	x880635	x698552	x790524	x780455	x945642	Afrique	x18753	x16269	x20560	x22249	x30134
Northern Africa	125675	183138	197618	x178546	x226635	Afrique du Nord	x1069	2040	x1346	6239	x2211
Americas	12581008	18901242	20263431	23929880	29197745	Amériques	13391963	15509860	17173399	18259131	19505775
LAIA	923725	995313	1105082	1692279	2169541	ALAI	601832	612867	503673	598676	498206
CACM	44117	52306	49640	49678	x62688	MCAC	x486	x743	x387	x272	x476
Asia	x6587179	7391887	8610878	9562381	11025406	Asie	x21531389	19883985	22844966	25474615	x32772204
Middle East	x502056	x686094	x697949	x800396	x1020028	Moyen–Orient	x27484	x30154	x56291	x54695	x75013
Europe	32540006	34919135	41411939	42365138	45079736	Europe	20208577	22835775	25465672	25215355	25912500
EEC	27579615	29673094	35495896	36775870	39456654	CEE	18655135	21157293	23479555	23325760	23942242
EFTA	4798184	5072705	5723755	5463308	5475554	AELE	1535300	1664306	1971341	1881228	1964357
Oceania	x1584231	x1901297	x1851609	x1714817	x1843183	Océanie	x147222	x148341	x179093	x247912	x182072
USA/Etats–Unis d'Amer	8488138	14397711	15757248	18418315	22924675	USA/Etats–Unis d'Amer	11641733	13981213	15681682	16480390	17623624
Germany/Allemagne	6045686	6942268	8919579	10408743	11588867	Japan/Japon	11392502	11242346	12172184	13430956	15849001
United Kingdom	6207290	6846634	7518748	7580478	8242747	United Kingdom	5399445	6543235	6839462	6634956	6693348
France, Monac	4878579	5210104	6087834	5831925	6419542	Singapore/Singapour	3719478	4869199	6828181	7541996	9743098
Netherlands/Pays–Bas	3178328	3071704	3893639	3837111	4218545	Germany/Allemagne	4360333	4722491	5320793	5449056	5195664
Italy/Italie	3185697	3068709	3526319	3570033	3544635	France, Monac	2404508	2525777	2785128	3114144	3682984
Canada	3025482	3288446	3221071	3625411	3889938	Netherlands/Pays–Bas	1664908	1844165	2261778	2582416	2864092
Japan/Japon	2054050	2613578	2949567	3072125	3225788	Ireland/Irlande	1836799	2189678	2505761	1762352	1717060
Spain/Espagne	1661743	1818310	2177889	2117543	1907805	Italy/Italie	1828432	2029391	2196630	1953203	2058154
Switz.Liecht	1609606	1629610	1873281	1771945	1821694	Korea Republic	1864243	2025754	1969685	2090794	2130988
Former USSR/Anc. URSS	x1513603	x1745877	x1976758	x1551068	2185440	Canada	1142470	893138	968584	1149342	1341025
Singapore/Singapour	845638	1159577	1748885	1906978	2029391	Hong Kong	840212	874849	945801	1122478	1259635
Australia/Australie	1290544	1580485	1544284	1413765	1563926	Sweden/Suède	793530	840137	885731	768508	617857
Sweden/Suède	1286136	1408982	1504051	1442049	1424755	Spain/Espagne	488990	638322	710638	912899	826610
Belgium–Luxembourg	1067761	1222447	1514613	1438190	1415986	Belgium–Luxembourg	497155	514338	613007	599473	572985
Korea Republic	787360	932168	1022782	1239912	1044894	Thailand/Thaïlande	106559	446082	357866	515592	x1326315
Austria/Autriche	711079	778296	989675	1081359	1039622	Australia/Australie	132158	121250	151777	192674	161150
Hong Kong	581761	622247	831133	992063	1565294	Mexico/Mexique	338731	380310	351516	384357	335174
Denmark/Danemark	526764	520969	722352	812971	890162	Switz.Liecht	234277	247572	303884	299360	319781
Finland/Finlande	614664	696674	709746	537278	542111	Austria/Autriche	112404	185012	293630	316985	332726
						Israel/Israël	132312	222702	250698	248451	335185
Norway,SVD,JM	547992	542798	620993	603122	618485	Finland/Finlande	141585	182280	239983	266631	480795
Ireland/Irlande	408556	509628	572120	488040	543560	Norway,SVD,JM	253135	209127	248002	229608	213050
Mexico/Mexique	206781	261443	455234	741222	910611	Denmark/Danemark	166170	137367	226011	270434	292455
Portugal	309188	304334	399125	492128	514705	Poland/Pologne	221880	242276	177959	51229	x35155
China/Chine	425620	384113	365536	397273	468885	Australia/Australie	132158	121250	151777	192674	161150
So. Africa Customs Un	577920	372781	368204	x356047	x383256	Bulgaria/Bulgarie	x1061843	x293585	x60400	x5622	x5522
Czechoslovakia	x258579	304022	353099	x295485	x284486	Philippines	19069	x70547	61561	166580	174862
Turkey/Turquie	223828	205568	348264	334721	344751	Argentina/Argentine	88874	97394	95247	103145	67454
Israel/Israël	221016	231182	291556	358705	350760	Former USSR/Anc. URSS	x297725	x208882	x66437	x18610	
New Zealand	266438	296570	279037	268720	251789	China/Chine	34234	49355	96705	142587	301086
Brazil/Brésil	167599	236250	189344	240014	387235	Brazil/Brésil	172176	129354	52800	105562	85746
Saudi Arabia	66397	274352	x112272	x186242	x184867	Hungary/Hongrie	x74046	x49298	x48030	x61450	x61280
Malaysia/Malaisie	105026	150030	181581	230263	x282877	Malaysia/Malaisie	7335	25558	30754	78207	x1400213
Thailand/Thaïlande	102040	135067	167430	230305	337188	India/Inde	65603	x19744	59349	31848	x35176
Greece/Grèce	110023	157986	163778	198708	x170100	New Zealand	13933	25205	25900	44177	18391
Poland/Pologne	73989	85055	76728	337570	x226006	Portugal	7238	10031	17537	40404	33049
Venezuela	230630	156978	129707	187700	176508	Former GDR	x515529	x48265	x17833		
Yugoslavia SFR	140793	147571	162839	x105128		Turkey/Turquie	988	7528	18519	14151	12388
Indonesia/Indonésie	85751	104385	149774	125026	101052	Korea Dem People's Rp	x7126	x3684	x10693	x23692	x30271
Argentina/Argentine	72083	87894	68657	202760	319553	Saudi Arabia	976	1390	x18805	x14839	x24327
Hungary/Hongrie	x48843	x60936	x89903	186735	x128299	Bahamas	533	x13338	x4207	x17409	x27394
Chile/Chili	90069	98110	100334	126661	x146104	So. Africa Customs Un	x9073	x8656	x13088	x10910	x10157
India/Inde	56987	x192157	59920	47925	x155848	Yugoslavia SFR	16300	12801	13339	x5756	
Bulgaria/Bulgarie	x78224	x111188	x122084	x33213	33203	Romania/Roumanie	x27168	25607	5770	19	x447
Colombia/Colombie	74226	79194	84002	84725	89772	Indonesia/Indonésie	800	163	306	21866	104242
United Arab Emirates	x97906	x64013	x61175	x80548	x96767	United Arab Emirates	x3317	x5477	x6204	x9647	x18640
Philippines	31899	x82824	51752	59113	172166	Bahrain/Bahreïn	x16277	x5156	x5701	x8163	x10142
Algeria/Algérie	28348	70870	64521	35774	x62648	Cuba	x6		x8832	x7881	x9196
Morocco/Maroc	43104	44197	54160	49578	60319	Czechoslovakia	x17135	x4622	x3812	x3069	x9524
Iran (Islamic Rp. of)	x14325	x19334	x44884	x65219	x182716	Greece/Grèce	1156	2273	2586	6199	x5842

(VALUE AS % OF TOTAL)(VALEUR EN % DU TOTAL)

	1983	1984	1985	1986	1987	1988	1989	1990	1991	1992		1983	1984	1985	1986	1987	1988	1989	1990	1991	1992
Africa	x2.1	x2.2	1.7	x1.6	x1.4	x1.5	x1.1	x1.1	x0.9	x1.0	Afrique	x0.0	x0.0	0.1	x0.1	x0.0	x0.0	x0.0	x0.0	x0.0	x0.0
Northern Africa	x0.2	0.3	0.3	x0.4	0.2	0.2	0.3	0.3	x0.2	x0.3	Afrique du Nord	x0.0	x0.0	x0.0	x0.0	x0.0	x0.0	x0.0	x0.0	x0.0	x0.0
Americas	20.0	24.4	25.4	24.8	23.3	22.3	28.5	26.8	29.6	32.9	Amériques	38.1	36.8	34.6	28.4	24.4	23.3	26.2	26.0	26.3	24.9
LAIA	1.8	2.1	2.9	1.9	1.7	1.6	1.5	1.5	2.1	2.4	ALAI	1.1	1.2	1.3	0.8	0.8	1.0	1.0	0.8	0.9	0.6
CACM	x0.0	x0.0		x0.1	0.1	0.1	0.1	0.1	0.1	x0.1	MCAC	x0.0	x0.0	x0.0	x0.0	x0.0	x0.0	x0.0	x0.0	x0.0	x0.0
Asia	9.9	9.9	10.1	9.3	x10.0	x11.6	11.2	11.4	11.8	12.4	Asie	18.5	24.3	23.4	29.2	x33.7	x37.4	33.5	34.6	36.7	x41.7
Middle East	x1.8	x1.3	1.0	x1.1	x1.0	x0.9	x1.0	x0.9	x1.0	x1.1	Moyen–Orient	x0.0	x0.1	x0.0	x0.1	x0.0	x0.1	x0.1	x0.1	x0.1	x0.1
Europe	55.5	51.2	57.7	59.5	58.1	57.7	52.7	54.8	52.4	50.8	Europe	41.6	37.6	40.5	41.0	36.6	35.1	38.5	38.5	36.4	33.0
EEC	47.2	43.6	48.9	50.1	49.1	48.9	44.8	47.0	45.5	44.4	CEE	37.5	34.5	36.9	37.4	33.6	32.4	35.7	35.5	33.6	30.5
EFTA	8.3	7.4	8.4	9.0	8.7	8.5	7.7	7.6	6.8	6.2	AELE	4.1	3.1	3.6	3.5	2.9	2.7	2.8	3.0	2.7	2.5
Oceania	3.0	x3.2	3.9	x3.5	x2.9	x2.8	x2.8	x2.4	x2.1	x2.0	Océanie	0.1	0.1	0.1	x0.1	x0.3	x0.3	x0.2	x0.3	x0.3	x0.2
USA/Etats–Unis d'Amer	9.6	13.4	14.8	16.4	15.5	15.0	21.7	20.9	22.8	25.8	USA/Etats–Unis d'Amer	31.3	29.9	28.1	23.5	19.5	20.2	23.6	23.7	23.8	22.4
Germany/Allemagne	10.0	9.2	10.7	11.7	10.9	10.7	10.5	11.8	12.9	13.0	Japan/Japon	15.3	18.9	17.6	21.9	19.7	19.8	19.0	18.4	19.4	20.2
United Kingdom	12.8	11.5	12.2	11.0	11.3	10.7	10.3	9.9	9.4	9.3	United Kingdom	7.8	7.5	6.8	5.7	6.2	9.4	11.0	10.4	9.6	8.5
France, Monac	8.5	7.7	8.6	9.1	8.8	8.6	7.9	8.1	7.2	7.2	Singapore/Singapour	1.6	2.6	3.2	4.1	5.0	6.5	8.2	10.3	10.9	12.4
Netherlands/Pays–Bas	5.5	4.5	4.5	5.0	4.7	5.6	4.6	5.2	4.7	4.8	Germany/Allemagne	10.0	8.2	9.8	10.6	8.9	7.6	8.0	8.1	7.9	6.6
Italy/Italie	4.4	4.7	5.7	5.7	5.7	5.6	4.7	4.7	4.4	4.0	France, Monac	5.8	4.3	4.1	5.5	5.0	4.2	4.3	4.2	4.5	4.7
Canada	8.3	8.6	7.5	6.2	5.8	5.4	5.0	4.3	4.5	4.4	Netherlands/Pays–Bas	3.0	3.1	3.1	3.2	2.7	2.9	3.1	3.4	3.7	3.6
Japan/Japon	3.3	3.4	3.7	3.3	2.9	3.6	3.9	3.9	3.8	3.6	Ireland/Irlande	4.6	4.7	5.2	5.2	4.7	3.2	3.7	3.8	2.5	2.2
Spain/Espagne	2.2	2.0	2.4	2.5	2.6	2.9	2.7	2.9	2.6	2.1	Italy/Italie	4.0	3.4	4.6	4.1	3.2	3.2	3.3	3.3	2.8	2.6
Switz.Liecht	2.2	2.1	2.5	3.0	3.1	2.9	2.5	2.5	2.2	2.1	Korea Republic	0.6	1.1	1.5	2.2	2.4	3.2	3.4	3.0	3.0	2.7

759 OFFICE, ADP MCH PTS, ACCES — PIECES DU 751 ET 752 759

TRADE BY COMMODITY IN THOUSAND U.S. DOLLARS — COMMERCE PAR PRODUIT EN MILLIERS DE DOLLARS E.U

COUNTRIES–PAYS	1988	1989	1990	1991	1992	COUNTRIES–PAYS	1988	1989	1990	1991	1992
Total	41334863	40929556	46885656	50186265	56415659	Totale	42129070	41695246	47699883	52439451	56307297
Africa	x385236	x344207	x401758	x422998	x508285	Afrique	x23011	x20448	x14639	x15334	x19589
Northern Africa	50398	49896	70976	x75803	x99758	Afrique du Nord	x3511	x634	x1159	675	1797
Americas	14008459	10915643	11478893	12422172	14498361	Amériques	14090346	12437377	13069690	14288543	14766248
LAIA	621193	502697	903652	917549	1232331	ALAI	138961	279393	210834	382454	443545
CACM	13938	19358	23440	23050	x31145	MCAC	x990	x402	x423	x85	x797
Asia	6305626	6960533	8629049	10084450	12306370	Asie	x12970369	13201926	15435698	18104104	x21044503
Middle East	x282596	x269925	x239221	x274013	x345765	Moyen–Orient	x17593	x15697	x9753	x13148	x16926
Europe	19326370	21230195	24689772	25440096	27453985	Europe	14483352	15504978	18664251	19514153	19893356
EEC	16991398	18670805	21693682	22442879	24395234	CEE	13557498	14552663	17571822	18342047	18692741
EFTA	2246601	2483909	2909967	2929496	2992567	AELE	920023	946998	1086608	1168053	1193870
Oceania	x842467	x997070	x1048682	x1171860	x1285064	Océanie	x197916	x259490	x347298	x456409	x518706
USA/Etats–Unis d'Amer	11826118	8877441	8988397	9642103	11150248	USA/Etats–Unis d'Amer	12621145	10676614	11184828	11998162	12307501
United Kingdom	4210551	4775392	5422413	5093069	5707534	Japan/Japon	7283320	8281720	8764223	9541682	10826678
Germany/Allemagne	3461222	4152484	4693933	5005580	5262114	United Kingdom	3145564	2609706	3588454	4002154	3917650
Netherlands/Pays–Bas	2312838	2522248	3259613	3221129	3328387	Netherlands/Pays–Bas	2020369	2477975	3296247	3217561	3418775
France,Monac	2524915	2523589	2956977	3020567	3163529	Germany/Allemagne	2446752	2599039	3133275	3180612	3230127
Singapore/Singapour	1370260	1790976	2396028	2535688	3149152	France,Monac	2116151	2208533	2506744	2509442	2450796
Japan/Japon	1083925	1630204	2171211	2415599	2720544	Ireland/Irlande	1603908	1921058	2066027	2241971	2722197
Canada	1487993	1437703	1491465	1761889	1998261	Hong Kong	1310249	1557575	1952271	2548198	3464703
Italy/Italie	1492420	1338200	1552801	1797756	2104217	Singapore/Singapour	1481193	1596663	2041282	2313865	2836695
Ireland/Irlande	1052365	1269886	1335865	1357166	1670577	Italy/Italie	1318815	1752801	1857013	1947437	1678029
Hong Kong	996611	1015120	1104817	1623396	2236469	Canada	1321103	1473270	1667404	1901853	2007258
Spain/Espagne	784646	833516	873753	1281504	1323984	Thailand/Thaïlande	411318	601163	1162178	1320846	x1431298
Australia/Australie	723934	867554	917859	1022569	1109243	Malaysia/Malaisie	488776	588776	600163	678435	x869240
Thailand/Thaïlande	792841	850814	882528	987781	1200459	Korea Republic	575561	588776	584088	573368	566376
Sweden/Suède	823653	853923	938029	894677	908248	Belgium–Luxembourg	445753	471664	423470	434235	458220
Belgium–Luxembourg	576063	629710	832250	836721	973372	Sweden/Suède	438515	441245	423470	428727	488468
Switz.Liecht	558776	591691	729334	717322	731858	Australia/Australie	179544	237961	322433	334707	380641
Korea Republic	594501	569944	672292	593094	569550	Spain/Espagne	294418	292081	262226	334707	346809
Austria/Autriche	366587	460321	605020	715329	701546	Austria/Autriche	123951	149259	267246	332218	346809
Denmark/Danemark	441975	459880	546748	569450	597749	Switz.Liecht	207373	193951	218896	244565	255081
Malaysia/Malaisie	87668	241183	453482	742169	x800249	Denmark/Danemark	110098	129844	198018	280419	282303
Mexico/Mexique	322747	164152	523808	501282	608613	Mexico/Mexique	52342	165065	123309	236016	251740
Former USSR/Anc. URSS	x226298	x252646	x395706	x329863		Israel/Israël	164628	156280	154408	99587	95426
Norway,SVD,JM	262010	281494	337173	343440	391804	China/Chine	42434	64633	117332	196860	579630
China/Chine	203480	215142	290886	437364	694583	Bulgaria/Bulgarie	x176067	x177506	x113102	x5962	x6161
Finland/Finlande	227537	290327	291211	247839	249859	Philippines	1464	x111381	7072	163354	19083
So. Africa Customs Un	264165	224669	243735	x242554	x255684	Brazil/Brésil	68423	94287	67840	117769	148181
Brazil/Brésil	132179	192791	239044	223170	303890	Norway,SVD,JM	94201	88243	84980	85401	x77447
Portugal	104573	119430	147637	171581	181225	Finland/Finlande	55515	73950	91299	71226	56075
India/Inde	166489	x118151	176457	98321	x138054	Portugal	54090	87082	76640	49010	33911
Israel/Israël	69332	87407	121312	147262	171547	India/Inde	28174	x35163	43001	22815	x30025
New Zealand	106032	116372	111390	121996	141307	Former USSR/Anc. URSS	x26498	x42992	x19400	x17694	
Philippines	29131	x120364	59940	161025	181309	New Zealand	17529	20232	23165	25437	27786
Saudi Arabia	130348	129646	x67103	x64855	x66974	Argentina/Argentine	17146	18138	17702	26857	42220
Czechoslovakia	x72234	64299	51914	x105462	x150344	Hungary/Hongrie	x8045	x14707	x14039	x25731	x26758
Greece/Grèce	29829	46468	71691	88355	x82543	So. Africa Customs Un	x12467	x10030	x11586	x11644	x9250
Yugoslavia SFR	81726	67748	76917	x55325		Czechoslovakia	x40285	x13836	x7514	x7285	x20961
Turkey/Turquie	35152	35109	58756	83501	101686	Poland/Pologne	16207	11026	7450	4188	x10606
Hungary/Hongrie	x22520	x28886	x48041	91522	x82388	Macau/Macao	6915	7047	5435	3892	6070
Poland/Pologne	51002	34305	34537	93808	x83439	Former GDR	x92868	x10103	x6152		
Argentina/Argentine	52888	39332	37111	61895	132330	Yugoslavia SFR	5699	5068	5265	x2007	
Venezuela	51565	44149	39599	48878	52984	Greece/Grèce	1579	2819	3029	5305	x12085
Bulgaria/Bulgarie	x24774	x37313	x67208	x9557	24491	United Arab Emirates	x2034	x1736	x3184	x4636	x4765
Romania/Roumanie	x13406	47774	36799	14063	x22622	Sri Lanka	192	373	2036	7001	15347
Indonesia/Indonésie	30088	29461	34880	33393	40192	Cote d'Ivoire	x4021	x6810	x164	x390	x318
Egypt/Egypte	13891	17388	31170	39569	53585	Saudi Arabia	2087	3728	x1769	x1740	x3113
United Arab Emirates	x41906	x20471	x27522	x37978	x45538	Afghanistan	x9	x12	x3	x5765	x17
Chile/Chili	21882	25827	24707	33494	x68219	Korea Dem People's Rp	x9401	x974	x1415	x2253	x3052
Oman	16433	18497	28305	24111	x9538	Cyprus/Chypre	931	1114	988	2491	1012
Kuwait/Koweit	x6565	26231	x9862	x14284	x24524	Bahrain/Bahreïn	x8305	x1781	x1148	x1512	x691

(VALUE AS % OF TOTAL)(VALEUR EN % DU TOTAL)

	1983	1984	1985	1986	1987	1988	1989	1990	1991	1992		1983	1984	1985	1986	1987	1988	1989	1990	1991	1992
Africa	x1.0	x0.8	0.8	1.6	1.0	0.9	x0.8	x0.8	0.9	x0.9	Afrique	x0.1	x0.1	0.1	x0.1	x0.0	x0.0	x0.0	x0.0	x0.0	x0.0
Northern Africa	x0.2	x0.1	0.2	x0.2	0.2	0.1	0.1	0.2	x0.2	x0.2	Afrique du Nord	x0.0	x0.0	0.0	x0.0	x0.0	x0.0	x0.0	x0.0	0.0	0.0
Americas	32.8	37.2	34.2	34.0	34.3	33.9	26.7	24.5	24.7	25.7	Amériques	42.0	41.8	38.4	33.3	30.7	33.5	29.8	27.4	27.2	26.2
LAIA	1.2	2.0	2.3	1.5	1.9	1.5	1.2	1.9	1.8	2.2	ALAI	0.3	1.0	0.9	0.0	0.2	0.3	0.7	0.4	0.7	0.8
CACM	x0.1	x0.0		0.1	0.0	0.0	0.0	0.0	0.0	x0.1	MCAC	x0.0	x0.0	x0.0	x0.0	x0.0	x0.0	x0.0	x0.0	x0.0	x0.0
Asia	10.5	10.6	10.0	10.0	12.7	15.3	17.0	18.4	20.1	21.8	Asie	17.7	19.0	18.0	20.6	x25.8	x30.8	31.6	32.4	34.5	x37.4
Middle East	x1.5	1.3	0.8	x0.8	x0.7	x0.7	x0.7	x0.5	x0.5	x0.6	Moyen–Orient	x0.0	x0.0	x0.1	x0.0	x0.1	x0.1	x0.0	x0.0	x0.0	x0.0
Europe	53.7	49.4	52.9	52.4	49.1	46.8	51.9	52.7	50.7	48.7	Europe	39.7	38.7	43.2	45.7	42.0	34.4	37.2	39.1	37.2	35.3
EEC	47.9	44.4	46.8	45.8	43.2	41.1	45.6	46.3	44.7	43.2	CEE	37.0	36.4	40.7	42.9	39.6	32.2	34.9	36.8	35.0	33.2
EFTA	5.9	4.8	5.8	6.3	5.6	5.4	6.1	6.2	5.8	5.3	AELE	2.7	2.3	2.5	2.7	2.3	2.2	2.2	2.3	2.2	2.1
Oceania	1.6	x1.6	1.8	x1.8	x1.8	x2.0	x2.4	x2.2	x2.4	x2.3	Océanie	0.2	0.2	0.2	0.2	x0.6	x0.5	x0.6	x0.7	x0.9	x0.9
USA/Etats–Unis d'Amer	25.4	29.2	27.0	28.0	28.2	28.6	21.7	19.2	19.2	19.8	USA/Etats–Unis d'Amer	41.7	40.7	37.5	33.0	30.4	30.0	25.6	23.4	22.9	21.9
United Kingdom	10.4	10.6	9.6	9.2	8.9	10.2	11.7	11.6	10.1	10.1	Japan/Japon	9.6	9.6	10.1	13.3	14.5	17.3	19.9	18.4	18.2	19.2
Germany/Allemagne	11.1	9.2	10.4	10.6	9.9	11.7	10.1	10.0	10.0	9.3	United Kingdom	9.5	10.8	13.2	11.8	11.3	7.5	6.3	7.5	7.6	7.0
Netherlands/Pays–Bas	6.2	6.0	6.6	6.2	5.6	5.6	6.2	7.0	6.4	5.9	Netherlands/Pays–Bas	5.4	4.8	5.1	6.0	5.2	4.8	5.9	6.9	6.1	6.1
France,Monac	8.2	5.7	6.4	6.9	6.4	6.1	6.2	6.3	6.0	5.6	Germany/Allemagne	9.1	7.7	8.0	9.3	7.7	5.8	6.2	6.6	6.0	5.7
Singapore/Singapour	2.3	2.6	2.3	2.3	3.0	3.3	4.4	4.6	5.1	5.6	France,Monac	6.0	6.3	6.4	6.4	5.0	5.0	5.3	5.3	4.8	4.4
Japan/Japon	2.4	2.3	2.5	2.1	2.3	2.6	4.0	4.6	4.8	4.8	Ireland/Irlande	3.8	2.8	2.7	3.0	3.4	3.8	4.6	4.3	4.3	4.8
Canada	5.9	5.7	4.7	4.2	4.0	3.6	3.5	3.2	3.5	3.5	Hong Kong	4.5	5.5	4.1	2.9	2.8	3.1	3.7	4.1	4.9	6.2
Italy/Italie	3.6	2.8	3.9	3.7	3.7	3.6	3.3	3.3	3.6	3.7	Singapore/Singapour	2.5	2.2	2.1	2.4	2.5	3.5	3.8	4.3	4.4	5.0
Ireland/Irlande	4.1	4.6	4.1	3.7	3.3	2.5	3.1	2.8	2.7	3.0	Italy/Italie	2.6	2.3	3.3	3.8	3.3	3.1	4.2	3.9	3.7	3.0

761 TELEVISION RECEIVERS / RECEPTEURS DE TELEVISION 761

TRADE BY COMMODITY IN THOUSAND U.S. DOLLARS – COMMERCE PAR PRODUIT EN MILLIERS DE DOLLARS E.U

IMPORTS – IMPORTATIONS

COUNTRIES–PAYS	1988	1989	1990	1991	1992
Total	11843744	13635820	17701478	18678359	15684482
Africa	x140569	x140080	x149846	x169999	x240410
Northern Africa	69519	52996	18224	x29362	x49556
Americas	2186577	3298531	3040801	3078514	x3855895
LAIA	343152	338945	402365	513545	x812074
CACM	7897	9490	12986	13576	x21477
Asia	x2235650	x2126318	x2662096	x3403027	x3947457
Middle East	x404806	x317687	x453171	x626526	x704691
Europe	6930360	7520658	10828533	10709657	7292581
EEC	5809850	6297685	9248399	9392517	6440023
EFTA	1070870	1084335	1306544	1255498	825779
Oceania	x59886	x121405	x138160	x142886	x116206
Germany/Allemagne	1324971	1432263	2846765	3066332	1886248
USA/Etats–Unis d'Amer	1533431	2559541	2293017	2179553	2639577
Italy/Italie	1030111	1090096	1509613	1458331	908921
France,Monac	1035594	967061	1265931	1420444	907602
United Kingdom	835425	963224	1113148	929665	659961
Hong Kong	619926	590594	854438	1109603	1646256
Netherlands/Pays–Bas	754061	628921	911382	839678	577449
Singapore/Singapour	341032	349811	646320	880091	627420
Spain/Espagne	229479	486301	593874	680398	675294
Former USSR/Anc. URSS	x108555	x161997	x509534	x570145	
Switz.Liecht	348109	317932	384175	341672	217549
Sweden/Suède	326224	324588	367068	346707	235305
Belgium–Luxembourg	252764	265284	361260	346588	286343
Canada	262089	313422	277018	324276	332854
Austria/Autriche	240435	238040	299677	313301	313014
Japan/Japon	125983	259379	167115	299576	194227
Mexico/Mexique	208648	212847	225569	261367	392637
Portugal	131896	154830	255414	279299	353479
Poland/Pologne	82700	92548	159502	404551	206165
United Arab Emirates	x128725	x89708	x181894	x272522	x293602
China/Chine	268345	262076	139934	118174	58376
Denmark/Danemark	110277	148560	177914	192258	139848
Yugoslavia SFR	38127	112495	264872	x54207	
Greece/Grèce	60335	120785	153017	113024	x137324
Saudi Arabia	149146	114981	x123355	x146719	x128534
Finland/Finlande	57588	110362	139659	131423	65122
Norway,SVD,JM	95899	87456	108131	112204	103332
Viet Nam	x103492	x99063	x147857	x33996	x104719
Czechoslovakia	x52586	103482	92015	x37356	x31956
Australia/Australie	24823	70054	73900	60427	31394
New Zealand	30747	46135	54919	71867	74233
Thailand/Thailande	22380	38841	64702	66272	93124
Ireland/Irlande	44937	40360	60081	66502	54867
Israel/Israël	39188	35480	58786	69209	80564
Chile/Chili	33641	48743	44401	62904	x114183
Romania/Roumanie	x804	21659	34860	92790	x31758
Paraguay	4076	14146	49660	56901	53171
Hungary/Hongrie	x15349	x27541	x29759	57546	x29280
Nigeria/Nigéria	x16248	x17950	x33946	x39207	x56697
Kuwait/Koweït	x15055	31266	x33504	x23790	x43184
Korea Republic	9962	21971	38473	25960	15070
Bulgaria/Bulgarie	x19846	x19797	x54390	x11370	47607
Venezuela	69088	28323	28320	25822	39215
Cyprus/Chypre	15394	17937	25480	24070	28629
So. Africa Customs Un	1205	17604	22003	x27736	x40473
Iran (Islamic Rp. of)	x3627	x2389	x10315	x54397	x134095
Brazil/Brésil	7079	14139	29474	19996	15161
Lebanon/Liban	x23226	x14627	x20022	x27126	x25910
Malaysia/Malaisie	25571	25243	15830	20110	x69284
Turkey/Turquie	546	5001	24681	28177	15405

EXPORTS – EXPORTATIONS

COUNTRIES–PAYS	1988	1989	1990	1991	1992
Totale	11624439	11747427	15662817	16802421	15258785
Afrique	x10348	x10816	x13122	x12475	x29486
Afrique du Nord	7619	9095	7502	8751	x3921
Amériques	x694812	x706133	685001	x783865	x850790
ALAI	31429	56596	34217	32140	x23797
MCAC	x273	x28	x21	x289	x166
Asie	x5891493	5425177	7140960	8223941	x9130806
Moyen–Orient	71100	96142	224069	291608	227804
Europe	4556548	5218219	7555816	7555226	5210787
CEE	3664276	4271541	6180914	6337867	4594736
AELE	873410	910995	1333678	1172554	569801
Océanie	x4854	x5427	x6376	x8786	x5157
Germany/Allemagne	1432281	1829924	2199246	1988606	1002218
Japan/Japon	1778764	1666153	2071337	2187811	2402216
Korea Republic	1421247	1362044	1506998	1632984	1536527
Singapore/Singapour	895978	984672	1332047	1392047	1310689
United Kingdom	528535	678695	1332047	1389874	1310689
Austria/Autriche	554329	634926	1117305	1463229	997899
France,Monac	291218	415679	1004916	912737	371749
Hong Kong	616675	502278	809449	962806	823777
Belgium–Luxembourg	577152	509583	628238	776014	1088675
USA/Etats–Unis d'Amer	568806	537204	723951	613707	475372
Malaysia/Malaisie	180649	336153	588914	681907	775927
China/Chine	293583	360308	523395	716648	x903490
Italy/Italie	346775	352694	556192	624627	719517
Spain/Espagne	97917	127079	498471	401183	440398
Netherlands/Pays–Bas	246936	210624	305617	428007	448744
Thailand/Thailande	9599	71873	337656	282842	245110
Former USSR/Anc. URSS	x317021	x296775	253803	466220	x685724
Finland/Finlande	194507	170483	x196621	x160321	
Turkey/Turquie	58261	69054	207667	151627	123099
Denmark/Danemark	78701	90781	197473	243679	190778
Sweden/Suède	100376	80687	111301	112243	97812
Portugal	58297	52125	88519	81647	57350
Canada	64374	83780	70525	78592	57640
Hungary/Hongrie	x34289	x34823	56690	29729	46982
Korea Dem People's Rp	x31400	x11229	x44265	x41740	x21555
Brazil/Brésil	25432	33929	x17066	x81688	x101305
Malta/Malte	3820	18465	31998	30112	280
Switz.Liecht	18892	18053	31205	x33770	x38120
Panama	x28941	x26889	26502	20850	12378
Philippines	942	x30519	12	x36419	10
Cyprus/Chypre	6928	10653	7634	15751	16620
Yugoslavia SFR	14994	16678	16944	11950	12859
India/Inde	6364	x1939	9799	x10939	
United Arab Emirates	x2723	x2029	9740	17780	x14779
Former GDR	x68278	x13627	x5396	x21031	x18099
Mexico/Mexique	5784	20391	x9910		
Romania/Roumanie	x20094	19813	1066	1261	2734
Poland/Pologne	5674	7113	453	1733	x3342
Norway,SVD,JM	5296	6827	6177	8707	x1703
Indonesia/Indonésie	1296	728	6073	5687	5210
Ireland/Irlande	6077	3941	6352	11173	115627
Oman	654	1491	7083	6341	4797
Australia/Australie	3764	4628	2372	10016	x571
Macau/Macao	940	823	4827	4401	4211
Tunisia/Tunisie	3720	5131	1136	10339	2220
Kuwait/Koweït	x229	11186	3079	3717	282
Czechoslovakia	x18375	x4112	x21	x162	x131
Bulgaria/Bulgarie	x2579	x5392	x2476	x4492	x3966
Algeria/Algérie	1997	1709	x1639	x1129	x993
New Zealand	1029	549	3045	2899	x2350
			1348	4053	799

(VALUE AS % OF TOTAL)(VALEUR EN % DU TOTAL)

	1983	1984	1985	1986	1987	1988	1989	1990	1991	1992
Africa	x2.1	x1.9	1.2	x1.6	x1.7	x1.2	x1.0	x0.8	x0.9	x1.6
Northern Africa	x1.3	x1.2	0.7	0.4	0.7	0.6	0.4	0.1	x0.2	x0.3
Americas	31.8	38.2	33.4	34.8	26.7	18.5	24.2	17.2	16.5	x24.6
LAIA	1.3	2.0	1.3	1.3	1.6	2.9	2.5	2.3	2.7	x5.2
CACM	x0.0	x0.2		0.2	0.1	0.1	0.1	0.1	0.1	x0.1
Asia	x18.6	16.1	29.7	15.9	x16.2	x18.9	15.6	x15.1	x18.2	x25.2
Middle East	x9.6	x7.3	4.1	x3.7	x3.2	x3.4	x2.3	x2.6	x3.4	x4.5
Europe	44.3	40.0	33.0	44.9	51.1	58.5	55.2	61.2	57.3	46.5
EEC	36.3	32.2	28.1	36.8	41.9	49.1	46.2	52.2	50.3	41.1
EFTA	x8.0	x7.1	4.3	x7.4	x8.2	9.0	8.0	7.4	6.7	5.3
Oceania	x1.6	x1.8	1.3	x1.2	x1.3	x0.5	0.9	x0.8	x0.8	x0.8
Germany/Allemagne	8.4	7.3	5.6	8.0	10.2	11.2	10.5	16.1	16.4	12.0
USA/Etats–Unis d'Amer	24.5	29.6	27.4	28.7	21.3	12.9	18.8	13.0	11.7	16.8
Italy/Italie	7.2	6.5	6.5	7.6	8.2	8.7	8.0	8.5	7.8	5.8
France,Monac	3.3	3.5	3.5	6.1	7.1	8.7	7.1	7.2	7.6	5.8
United Kingdom	8.7	7.0	4.9	5.6	5.3	7.1	7.1	6.3	5.0	4.2
Hong Kong	2.4	2.7	2.7	3.0	4.1	5.2	4.3	4.8	5.9	10.5
Netherlands/Pays–Bas	4.6	4.0	3.6	4.3	5.1	6.4	4.6	5.1	4.5	3.7
Singapore/Singapour	2.7	2.6	2.5	2.6	2.9	2.6	2.6	3.7	4.7	4.0
Spain/Espagne	0.6	0.4	0.3	0.7	1.1	1.9	3.6	3.4	3.6	4.3
Former USSR/Anc. URSS					x0.9	x0.9	x1.2	x2.9	x3.1	

	1983	1984	1985	1986	1987	1988	1989	1990	1991	1992
Afrique	x0.0	x0.0		x0.1	x0.1	x0.1	x0.1	x0.1	x0.1	x0.2
Afrique du Nord	x0.0	x0.0	0.0	0.1	0.1	0.1	0.1	0.1	0.1	x0.0
Amériques	x5.7	6.5	6.2	x5.4	x4.5	x5.9	x6.0	4.4	x4.6	x5.6
ALAI	0.4	1.1	1.4	0.5	0.5	0.3	0.5	0.2	0.2	x0.2
MCAC	x0.0	x0.0		x0.0	x0.0	x0.0	x0.0	x0.0	x0.0	x0.0
Asie		55.6	60.9	65.9	x53.8	x53.6	x50.7	46.2	45.6	x59.9
Moyen–Orient	x0.4	0.7	0.3	x0.3	x0.2	0.6	0.8	1.4	1.7	1.5
Europe	35.1	29.7	27.8	40.4	37.2	39.2	44.4	48.2	45.0	34.1
CEE	28.7	23.8	22.6	32.7	30.1	31.5	36.4	39.5	37.7	30.1
AELE	6.4	5.3	4.6	7.1	6.6	7.5	7.8	8.5	7.0	3.7
Océanie						x0.0	x0.0	x0.0	x0.1	x0.0
Germany/Allemagne	14.8	11.5	10.5	15.2	10.7	12.3	15.6	14.0	11.8	6.6
Japan/Japon	34.9	39.3	46.0	29.9	18.3	15.3	14.2	13.2	13.0	15.7
Korea Republic	11.7	12.8	9.7	12.5	13.4	12.2	11.6	9.6	9.7	10.1
Singapore/Singapour	6.1	4.9	5.0	6.6	6.9	7.7	8.4	8.5	8.3	8.6
United Kingdom	2.0	2.5	2.6	3.4	4.0	4.5	5.8	7.1	8.7	6.5
Austria/Autriche	2.5	1.4	1.3	2.3	2.6	4.5	5.8	7.1	8.7	6.5
France,Monac	0.8	0.8	0.6	1.6	2.4	2.5	5.4	6.4	5.4	2.4
Hong Kong	1.9	2.6	4.0	3.1	4.0	5.3	4.3	5.2	5.7	5.4
Belgium–Luxembourg	4.3	3.6	3.3	4.9	5.9	5.0	4.3	4.0	4.6	7.1
USA/Etats–Unis d'Amer	4.5	4.6	4.0	4.3	3.5	4.9	4.6	3.8	4.1	5.1

762 RADIO BROADCAST RECEIVRS — RECEPTEURS RADIODIFFUSION 762

TRADE BY COMMODITY IN THOUSAND U.S. DOLLARS – COMMERCE PAR PRODUIT EN MILLIERS DE DOLLARS E.U

IMPORTS – IMPORTATIONS

COUNTRIES–PAYS	1988	1989	1990	1991	1992
Total	13584988	13121219	14511544	16065163	16247817
Africa	x166397	x126337	x191918	x229688	x253460
Northern Africa	15176	16872	14917	x10920	x16733
Americas	5893378	4989207	4646224	5454604	x5983788
LAIA	259786	232540	275025	563309	x687736
CACM	22287	29120	25706	23353	x14990
Asia	2980466	3338777	3824980	4370448	x4230729
Middle East	x329726	x252939	x303931	x403316	x450243
Europe	4200242	4248335	5388806	5492857	5435768
EEC	3635871	3690014	4692713	4887789	4890334
EFTA	529989	508178	615354	581273	530935
Oceania	x224718	x231382	x231223	x190719	x280301
USA/Etats–Unis d'Amer	5058203	4171397	3836177	4275366	4681032
Hong Kong	862575	1234873	1640066	2008731	2146581
Germany/Allemagne	943499	1001159	1502357	1543846	1537617
United Kingdom	838819	814160	802721	745250	790041
China/Chine	550963	659388	684381	637388	40351
France, Monac	522550	539891	715173	709901	686483
Singapore/Singapour	527935	523137	627351	715485	836596
Canada	520414	534227	469059	546027	542342
Italy/Italie	371940	364473	461922	533002	527876
Netherlands/Pays–Bas	300765	302457	424363	474804	432547
Spain/Espagne	342522	333610	352912	435997	398419
Japan/Japon	353697	421049	294371	329510	419133
Belgium–Luxembourg	158519	186816	241297	232897	251406
Australia/Australie	178717	188653	184760	144775	226220
Switz.Liecht	153729	145167	168747	191953	158978
Mexico/Mexique	116495	128274	126879	215520	254308
Sweden/Suède	153482	138461	158879	148938	151749
Austria/Autriche	112261	123760	177060	139329	122083
United Arab Emirates	x138424	x82941	x131003	x205134	x229903
Former USSR/Anc. URSS	x51305	x93511	x106860	x200980	
Saudi Arabia	119078	86941	x95567	x112018	x100112
Malaysia/Malaisie	77696	83981	95638	89170	x121754
Portugal	58110	53190	78747	97247	115321
Nigeria/Nigéria	x39181	x41878	x72004	x88787	x99396
Finland/Finlande	59893	67929	65901	52051	43954
Denmark/Danemark	52645	44953	55849	59974	70906
Argentina/Argentine	220	177	3091	144565	204056
Chile/Chili	28801	42359	35170	61406	x99300
Paraguay	6650	16386	63708	57997	29619
Korea Republic	63772	52172	41472	39248	24643
Poland/Pologne	19229	27253	29616	75972	x30250
Thailand/Thaïlande	22648	29480	52668	49935	69887
So. Africa Customs Un	60313	25625	42295	x62471	x63967
Yugoslavia SFR	47638	30533	41887	45412	51224
Norway,SVD,JM	36834	33447	38864	34867	41961
New Zealand	23843	20808	30359	40435	54563
Israel/Israël	25612	17393	25425	44560	45629
Brazil/Brésil	23677	25813	28349	29089	x53511
Greece/Grèce	x28887	x31534	x43947	x4089	2982
Bulgaria/Bulgarie					
Ireland/Irlande	22826	23833	29024	25782	26207
Czechoslovakia	x8513	24761	29995	x7870	x12246
Lebanon/Liban	x6292	12411	x19105	x24433	x15468
Kuwait/Koweït	x15869	28386	x14335	x9855	x21896
Viet Nam	x17994	x12350	x30241	x5658	x4365
Panama	2350	3333	19699	22204	23673
Venezuela	51239	17306	9518	15384	21099
Hungary/Hongrie	x7592	x6784	x10140	24302	x9638
Cyprus/Chypre	8410	11081	10994	11464	11578
Oman	7754	8865	9041	9595	x7110

EXPORTS – EXPORTATIONS

COUNTRIES–PAYS	1988	1989	1990	1991	1992
Totale	11048269	11177753	12858480	14355762	x15250077
Afrique	x2595	x6522	x4271	x2778	x24327
Afrique du Nord	269	x174	x357	x656	x117
Amériques	811019	756910	765385	786023	831763
ALAI	383637	388451	321566	290611	344487
MCAC	x481	x27	x44	x119	x81
Asie	8877421	9084894	10463269	11992177	x12556945
Moyen–Orient	32171	47379	x37867	x26183	x22352
Europe	1265369	1273089	1576190	1554862	1822841
CEE	1157078	1152137	1449063	1435616	1693928
AELE	106920	120258	125368	118733	128634
Océanie	x4703	x4585	x5434	x4840	x5807
Japan/Japon	2211539	2180452	2473742	3117454	2901090
Hong Kong	1264748	1629505	2118982	2518470	2609708
Singapore/Singapour	1279239	1458888	1575854	1708442	1744590
China/Chine	867011	1152299	1428421	1568687	1484204
Korea Republic	1425371	1320720	1377336	1230282	1183969
Malaysia/Malaisie	606215	921413	1099432	1463186	x2163854
Germany/Allemagne	425104	417520	497954	465075	474848
USA/Etats–Unis d'Amer	313420	245283	381224	457251	466890
Brazil/Brésil	380557	375536	313423	274398	317065
Israel/Israël	269931	275080	246242	177620	139112
Netherlands/Pays–Bas	126109	150586	234509	248630	252540
France, Monac	151934	184146	221513	218498	255236
Belgium–Luxembourg	198042	140562	154170	156435	181879
Portugal	77472	88885	157412	151172	295101
United Kingdom	110263	108940	121981	111153	139615
Austria/Autriche	77773	82931	81643	83131	88995
Canada	94936	108632	61890	36560	19151
Indonesia/Indonésie	7178	18577	37357	76583	156867
Denmark/Danemark	28385	33878	31383	53558	52668
Philippines	14735	x41092	28473	43936	53707
Thailand/Thaïlande	1936	24623	30377	25158	x44775
Poland/Pologne	24697	31657	29711	7043	x7259
Turkey/Turquie	21231	26591	21359	12668	4645
Spain/Espagne	21857	15029	18981	15345	14820
Finland/Finlande	8472	15707	14700	13401	10262
Korea Dem People's Rp	x11778	x3788	x4050	x33167	x43043
Sweden/Suède	12314	13480	14569	10607	14054
Italy/Italie	13634	10045	9048	14196	20512
Switz.Liecht	5420	5859	10557	9019	10323
Mexico/Mexique	1718	6494	3635	14993	4525
Former USSR/Anc. URSS	x24757	x9625	x6275	x6796	
Cyprus/Chypre	6471	7069	7803	5468	7256
United Arab Emirates	x2772	x4759	x5986	x4513	x7622
Panama	x17071	x13600	73	488	227
Australia/Australie	4319	3763	4601	4308	4396
Former GDR	x35049	x6970	x5424		
India/Inde	990	x8215	2017	2146	x7268
Venezuela	1222	6391	3664	193	103
Norway,SVD,JM	2941	2280	3217	2146	4691
Macao/Macao	6743	1799	619	286	842
Bulgaria/Bulgarie	x54	x329	x1732	x27	x71
Kuwait/Koweït	x41	6656	x81	x23	x31
Ireland/Irlande	4205	2341	1953	1253	6623
Cote d'Ivoire	x1127	x4811	x4	x152	x242
Oman	1311	1647	2080	870	x58
Hungary/Hongrie	x259	x1989	x332	x875	x598
Yugoslavia SFR	1358	635	1690	x404	
So. Africa Customs Un	x289	x720	x668	x621	x1179
Viet Nam	x89	x30	x1965	x3	x1
New Zealand	201	496	484	411	1266

(VALUE AS % OF TOTAL)(VALEUR EN % DU TOTAL)

	1983	1984	1985	1986	1987	1988	1989	1990	1991	1992
Africa	x1.7	x1.5	0.8	x1.2	x1.1	x1.2	x1.0	x1.3	x1.4	x1.6
Northern Africa	x0.6	x0.3	0.2	0.1	0.1	0.1	0.1	0.1	x0.1	x0.1
Americas	45.8	54.2	56.4	46.2	43.4	38.1	33.9	32.0	33.9	x36.8
LAIA	0.8	3.8	2.5	1.5	x1.2	1.9	1.8	1.9	3.5	x4.2
CACM	x0.0	x0.1		0.1	0.2	0.2	0.2	0.2	0.1	x0.1
Asia	15.8	13.6	11.2	14.5	18.9	22.0	25.5	26.3	27.2	x26.0
Middle East	x5.6	4.6	2.7	x3.2	x1.9	x2.4	x1.9	x2.1	x2.5	x2.8
Europe	34.1	27.9	29.0	36.1	35.1	30.9	32.4	37.1	34.2	33.5
EEC	27.7	22.3	23.6	29.7	29.2	26.8	28.1	32.3	30.4	30.1
EFTA	6.3	5.4	5.3	6.1	5.6	3.9	3.9	4.2	3.6	3.3
Oceania	x1.9	x2.3	2.2	x1.6	x1.7	x1.7	x1.8	x1.6	x1.2	x1.8
USA/Etats–Unis d'Amer	39.9	44.0	48.0	39.8	37.2	37.2	31.8	26.4	26.6	28.8
Hong Kong	3.2	3.4	3.8	4.6	5.7	6.3	9.4	11.3	12.5	13.2
Germany/Allemagne	8.9	7.4	7.0	8.5	8.0	6.9	7.6	10.4	9.6	9.5
United Kingdom	6.2	5.3	6.2	7.0	6.6	6.2	6.1	5.5	4.6	4.9
China/Chine					4.4	4.1	5.0	4.7	4.0	0.2
France, Monac	4.7	3.3	3.2	4.2	4.1	3.8	4.1	4.9	4.4	4.2
Singapore/Singapour	3.5	2.9	2.6	3.2	3.0	3.9	4.0	4.3	4.5	5.1
Canada	4.9	6.0	5.7	4.5	3.3	3.8	4.1	3.2	3.4	3.3
Italy/Italie	2.1	1.9	2.0	2.3	2.9	2.7	2.8	3.2	3.3	3.2
Netherlands/Pays–Bas	2.3	1.6	1.8	2.5	2.6	2.2	2.3	2.9	3.0	2.7

	1983	1984	1985	1986	1987	1988	1989	1990	1991	1992
Afrique	x0.0		0.0	x0.1	x0.0	x0.0	x0.1	x0.0	x0.0	x0.2
Afrique du Nord	x0.0		x0.0	x0.0	x0.0	x0.0	x0.0	x0.0	x0.0	x0.0
Amériques	6.0	11.0	11.6	8.8	7.1	7.3	6.8	5.9	5.4	5.5
ALAI	1.7	6.2	6.3	4.1	3.8	3.5	3.5	2.5	2.0	2.3
MCAC	x0.0	x0.0		0.0	0.0	0.0	x0.0	x0.0	x0.0	x0.0
Asie	80.1	78.0	75.5	73.9	x78.2	80.4	81.3	81.4	83.6	x82.3
Moyen–Orient	x0.1	0.3	0.2	0.3	x0.2	0.3	0.4	x0.3	x0.2	x0.1
Europe	12.8	10.4	12.6	17.0	13.7	11.5	11.4	12.3	10.8	12.0
CEE	10.8	8.7	10.6	15.2	12.5	10.5	10.3	11.3	10.0	11.1
AELE	2.1	1.7	2.1	1.9	1.1	1.0	1.1	1.0	0.8	0.8
Océanie		x0.0		x0.0		x0.0	x0.0	x0.0	x0.0	x0.0
Japan/Japon	48.9	45.8	45.5	40.5	25.4	20.0	19.5	19.2	21.7	19.0
Hong Kong	11.4	11.5	9.2	9.9	11.0	11.4	14.6	16.5	17.5	17.1
Singapore/Singapour	9.1	8.7	8.5	8.5	9.2	11.6	13.1	12.3	11.9	11.4
China/Chine					6.2	7.8	10.3	11.1	10.9	9.7
Korea Republic	7.7	8.8	8.6	10.5	12.4	12.9	11.8	10.7	8.6	7.8
Malaysia/Malaisie	2.0	2.2	3.0	3.7	4.3	5.5	8.2	8.6	10.2	x14.2
Germany/Allemagne	4.0	3.4	3.9	5.0	4.2	3.8	3.7	3.9	3.2	3.1
USA/Etats–Unis d'Amer	2.6	3.1	3.7	3.2	2.6	2.8	2.2	3.0	3.2	3.1
Brazil/Brésil	1.7	2.3	2.6	4.1	3.7	3.4	3.4	2.4	1.9	2.1
Italy/Italie										
Israel/Israël	0.0	0.0	0.0	0.0	2.4	2.5	1.9	1.2	0.9	

187

763 SOUND RECORDRS,PHONOGRPH

TRADE BY COMMODITY IN THOUSAND U.S. DOLLARS – COMMERCE PAR PRODUIT EN MILLIERS DE DOLLARS E.U

COUNTRIES—PAYS	1988	1989	1990	1991	1992	COUNTRIES—PAYS	1988	1989	1990	1991	1992
	IMPORTS – IMPORTATIONS						EXPORTS – EXPORTATIONS				
Total	14693545	14087891	14465092	15186219	18453467	Totale	15375980	14969626	15847977	15907426	18066882
Africa	x138038	x91366	x138697	x174280	x189583	Afrique	x879	x2051	x4969	x2943	x5739
Northern Africa	28301	22610	23779	x30461	x32530	Afrique du Nord	x75	x176	x567	x618	x544
Americas	6188182	6035425	5644048	5939937	x7088464	Amériques	x517251	x573905	578106	x624005	x716075
LAIA	243472	402403	430590	441022	601107	ALAI	3575	7066	4433	3647	x10575
CACM	2667	2692	3354	5083	x10327	MCAC	x102	x476	x50	x79	x41
Asia	x2838583	2781565	3068818	3521735	4157335	Asie	x12983564	12639983	13262014	13442363	x13898685
Middle East	x452303	x329274	x351177	x453396	x367570	Moyen–Orient	x22133	x32840	x23240	x28225	x27852
Europe	4769821	4224185	4515918	4278430	6554327	Europe	1819230	1692128	1953990	1810777	3413707
EEC	4264653	3714064	3961594	3828585	5909950	CEE	1639164	1495400	1700677	1602712	2803256
EFTA	466932	418691	432989	408990	623052	AELE	179913	196307	252852	206132	609849
Oceania	x320712	x382836	x335390	x313539	x322139	Océanie	x12390	x11871	x15725	x9441	x8869
USA/Etats–Unis d'Amer	5498874	5072239	4758086	4954313	5889764	Japan/Japon	9129283	8970340	9139645	8686840	7865429
Hong Kong	960012	1019389	1146081	1297531	1746006	Korea Republic	1765314	1633147	1407974	1544356	1479384
Germany/Allemagne	1140220	998731	1040060	1161092	1657507	Singapore/Singapour	688340	860923	1109322	1135784	1365798
Singapore/Singapour	602588	705139	933000	981417	938126	Hong Kong	465886	625976	753805	764510	892795
United Kingdom	850481	756640	754817	670677	1011977	USA/Etats–Unis d'Amer	473316	514822	543198	602424	682118
France,Monac	631626	488224	580569	529393	955714	Malaysia/Malaisie	139355	272130	422775	735455	x1343439
Canada	421004	526607	418022	502566	542114	United Kingdom	415470	420561	533308	469462	550009
Former USSR/Anc. URSS	x209161	x306547	x429575	x603915		Germany/Allemagne	659543	431294	378314	342274	1086338
Italy/Italie	466599	394820	431374	396472	657749	Thailand/Thaïlande	13290	147378	268787	355427	x433512
Netherlands/Pays–Bas	299422	331919	393350	364203	586054	France,Monac	127921	172153	271466	302711	455819
Spain/Espagne	428315	330615	325064	323543	427253	Belgium–Luxembourg	222222	231421	238456	183170	240376
Australia/Australie	249796	307854	272813	259331	258929	Netherlands/Pays–Bas	110508	148421	159551	177026	288128
Japan/Japon	171305	227494	172918	220065	265828	Austria/Autriche	62452	106043	145752	111975	499446
Korea Republic	241344	213318	188307	179697	194430	China/Chine	29101	77933	116622	116108	326094
Belgium–Luxembourg	177819	193737	208050	175724	258517	Switz.Liecht	78079	71820	83830	69128	74582
United Arab Emirates	x243809	x112957	x178595	x257569	x186665	Portugal	19963	15579	36376	45764	76467
Mexico/Mexique	103628	158399	146466	195164	234582	Denmark/Danemark	33953	35886	31922	25936	36800
Poland/Pologne	90153	83918	122781	221669	x79853	Italy/Italie	32565	30821	29386	24151	51118
Switz.Liecht	141551	131112	152577	134834	195155	Korea Dem People's Rp	x9737	x6201	x7181	x47091	31549
Sweden/Suède	99458	106946	112699	112375	163182	Canada	12975	14731	29221	14152	x52382
Saudi Arabia	123408	127581	x85913	x92981	x80170	Former USSR/Anc. URSS	x5475	x26781	x18307	x6786	18414
Paraguay	11325	67275	137631	91760	24133	Spain/Espagne	13359	5390	16759	27414	59765
Denmark/Danemark	79373	73900	90993	83370	134057	Panama	x26586	x35876	22	130	296
Brazil/Brésil	57249	102774	85185	56804	52365	Norway,SVD,JM	13176	9897	12522	11210	11817
Austria/Autriche	78038	76497	82511	77120	129715	Australia/Australie	9857	10786	12699	7505	5924
Portugal	117544	77893	73192	68312	139826	Cyprus/Chypre	11360	11787	10684	5856	4039
Yugoslavia SFR	24651	75638	104907	x27778		Poland/Pologne	17039	13146	9063	3839	x1012
China/Chine	40783	51456	53336	87553	215045	United Arab Emirates	x4523	x5510	x7122	x13368	x17520
Bulgaria/Bulgarie	x45607	x78350	x86661	x11602	19806	Sweden/Suède	10050	6172	8980	7983	12974
Thailand/Thaïlande	38397	41430	69015	62154	81760	Philippines	560	x2893	124	14533	26456
New Zealand	60534	66953	51214	43263	47644	Czechoslovakia	x4667	x6534	x3164	x3315	x3228
Hungary/Hongrie	x23078	x26895	x49092	83047	x16662	Ireland/Irlande	3631	3571	4620	4562	3117
So. Africa Customs Un	65650	33521	48466	x71716	x64739	Indonesia/Indonésie	127	1440	1951	6112	76879
Finland/Finlande	98951	70468	44457	37634	58350	India/Inde	7544	x731	4889	3595	x1592
Malaysia/Malaisie	26525	31975	45283	60310	x110973	Finland/Finlande	16152	2345	1762	5014	8285
Israel/Israël	31579	27388	50179	43717	44374	Israel/Israël	2410	4121	2766	1542	3648
Ireland/Irlande	35997	41298	41860	35594	43061	Mexico/Mexique	2505	2810	2756	2835	2226
Czechoslovakia	x14416	43279	56226	x16800	x15675	Oman	978	1631	2849	3531	x10
Norway,SVD,JM	44190	31422	38299	43727	72729	Hungary/Hongrie	x2872	x1776	x2150	x3710	x19353
Chile/Chili	25575	45511	31228	33552	x62131	Turkey/Turquie	2890	5073	301	1231	847
Macau/Macao	9425	6784	3906	69762	63621	Kuwait/ Koweït	x109	6215	x130	x25	x96
Bangladesh	x18821	x45035	x19892	x10023	x7585	Saudi Arabia	842	1900	x2019	x1611	x2273
Nigeria/Nigéria	x17067	x11854	x27389	x32564	x43578	Macau/Macao	1348	1689	471	2447	2842
Greece/Grèce	37256	26287	22267	20204	x38235	New Zealand	1882	765	2375	1420	2855
Kuwait/ Koweït	x15518	24731	x19938	x17879	x29587	Brazil/Brésil	118	2212	321	150	135
Romania/Roumanie	x15670	12139	12666	20913	x9367	Antigua and Barbuda				x2657	
Cyprus/Chypre	16280	15938	16106	11303	7756	So. Africa Customs Un	x220	x561	x1001	x726	x1517
Turkey/Turquie	4850	7746	13275	18933	14583	Sri Lanka	114	91	1769	141	11
India/Inde	4214	x36155	1788	1071	x11525	Yugoslavia SFR	29	164	103	x1725	
Venezuela	28850	10760	10617	15532	28298	Venezuela	1	1782	42	155	297

(VALUE AS % OF TOTAL)(VALEUR EN % DU TOTAL)

	1983	1984	1985	1986	1987	1988	1989	1990	1991	1992		1983	1984	1985	1986	1987	1988	1989	1990	1991	1992
Africa	x2.0	1.8	0.6	x0.9	x0.9	x0.9	x0.6	x0.9	x1.2	x1.1	Afrique	x0.0	x0.0	0.1	x0.0	x0.0	x0.0	x0.0	x0.0	x0.0	x0.0
Northern Africa	0.4	0.5	0.3	0.2	0.2	0.2	0.2	0.2	x0.2	x0.2	Afrique du Nord	x0.0	x0.0	0.0	x0.0	x0.0	x0.0	x0.0	x0.0	x0.0	x0.0
Americas	36.9	48.9	56.8	52.4	41.4	42.1	42.8	39.0	39.1	x38.5	Amériques	x2.7	x2.4	3.0	x2.5	x2.7	x3.4	x3.8	3.6	x3.9	4.0
LAIA	0.6	0.5	1.1	1.0	1.0	1.7	2.9	3.0	2.9	3.3	ALAI	x0.0	x0.0	0.0	x0.0	0.0	x0.0	x0.0	0.0	0.0	0.0
CACM	x0.0	0.0	0.0	0.0	0.0	0.0	0.0	0.0	0.0	x0.1	MCAC	x0.0	x0.0	0.0	x0.0	0.0	x0.0	x0.0	0.0	0.0	0.0
Asia	14.4	13.0	10.6	8.6	x11.8	x19.3	19.7	21.2	23.2	22.5	Asie	85.6	86.4	83.8	81.4	x78.7	x84.5	84.5	83.7	84.5	x77.0
Middle East	x5.4	3.4	2.1	x1.7	x1.8	x3.1	x2.3	x2.4	x3.0	x2.0	Moyen–Orient	x0.2	0.2	0.2	0.2	x0.2	x0.1	x0.2	x0.2	x0.2	x0.2
Europe	42.5	32.5	29.6	35.7	41.5	32.5	30.0	31.2	28.2	35.5	Europe	10.9	10.4	12.5	15.6	17.7	11.8	11.3	12.3	11.4	18.9
EEC	38.4	28.2	26.0	31.1	35.7	29.0	26.4	27.4	25.2	32.0	CEE	8.6	8.7	10.7	13.4	14.9	10.7	10.0	10.7	10.1	15.5
EFTA	4.0	4.2	3.6	4.5	5.5	3.2	3.0	3.0	2.7	3.4	AELE	2.3	1.7	1.8	2.2	2.8	1.1	1.3	1.6	1.3	3.4
Oceania	x4.1	x3.6	2.2	x2.1	x2.0	x2.2	x2.8	x2.3	x2.1	x1.8	Océanie	x0.0		0.0	x0.0	x0.1	x0.1	x0.1	x0.1	x0.1	x0.0
USA/Etats–Unis d'Amer	32.4	43.7	52.3	48.2	37.8	37.4	36.0	32.9	32.6	31.9	Japan/Japon	80.3	80.5	76.8	72.0	60.2	59.4	59.9	57.7	54.6	43.5
Hong Kong	2.1	3.8	2.9	2.4	3.1	6.5	7.2	7.9	8.5	9.5	Korea Republic	1.6	1.4	3.0	5.3	8.5	11.5	10.9	8.9	9.7	8.2
Germany/Allemagne	10.4	8.5	7.0	7.6	9.0	7.8	7.1	7.2	7.6	9.0	Singapore/Singapour	1.8	1.9	1.5	5.2	8.5	4.5	5.8	7.0	7.1	7.6
Singapore/Singapour	3.5	2.8	2.1	2.2	2.8	4.1	5.0	6.5	6.5	5.1	Hong Kong	1.6	2.2	2.3	2.2	2.4	3.0	4.2	4.8	4.8	4.9
United Kingdom	12.7	7.0	7.1	6.3	7.1	5.8	5.4	5.2	4.4	5.5	USA/Etats–Unis d'Amer	2.5	2.3	3.0	2.3	2.5	3.1	3.4	3.4	3.8	3.8
France,Monac	4.8	3.9	3.4	4.8	5.5	4.3	3.5	4.0	3.5	5.2	Malaysia/Malaisie	0.1	0.1	0.1	0.0	0.3	0.9	1.8	2.7	4.6	x7.4
Canada	3.6	4.5	3.2	3.0	2.3	2.9	3.7	2.9	3.3	2.9	United Kingdom	1.4	1.8	2.0	2.1	2.7	2.7	2.8	3.4	3.0	3.0
Former USSR/Anc. URSS	0.1	0.2		x1.3	x1.4	x2.1	x2.2	x3.0	x4.0		Germany/Allemagne	3.9	4.3	5.5	7.2	8.0	4.3	2.8	2.4	2.2	6.0
Italy/Italie	1.7	1.6	1.9	3.3	4.5	3.2	2.8	2.9	2.6	3.6	Thailand/Thaïlande	0.0	0.0	0.0	0.0	0.1	1.0	1.7	2.2	2.2	x2.4
Netherlands/Pays–Bas	3.4	2.8	2.8	3.4	3.5	2.0	2.4	2.7	2.4	3.2	France,Monac	0.5	0.4	0.4	0.4	0.5	0.8	1.2	1.7	1.9	2.5

764 TELECOM EQPT,PTS,ACC NES / EQUIP TELECOM,PIECES 764

TRADE BY COMMODITY IN THOUSAND U.S. DOLLARS – COMMERCE PAR PRODUIT EN MILLIERS DE DOLLARS E.U

COUNTRIES–PAYS	IMPORTS – IMPORTATIONS					COUNTRIES–PAYS	EXPORTS – EXPORTATIONS				
	1988	1989	1990	1991	1992		1988	1989	1990	1991	1992
Total	46139349	49897166	57328986	63973950	69888626	Totale	47386036	48467132	56359350	62032256	67878594
Africa	x1228254	x1057625	x1378750	x1644358	x1925207	Afrique	x27369	x33320	x44644	x65273	x85801
Northern Africa	347852	400244	514664	x557727	x684123	Afrique du Nord	7667	10637	21063	24510	24926
Americas	13873504	15530829	16184659	17256341	x18956273	Amériques	x7283941	x8664731	10049203	10840551	12429174
LAIA	1426788	1581945	2134499	2537785	3338004	ALAI	134422	131514	153194	175419	181312
CACM	68688	66913	62656	63836	x113346	MCAC	350	434	791	x647	x2240
Asia	x11936642	12145116	14889887	18399144	x22324843	Asie	x24489832	23175391	25744715	30119906	x32831761
Middle East	x1885823	x1280882	x1773282	x2227735	x2915368	Moyen–Orient	x48609	x39025	x74953	x112872	x188515
Europe	16385050	18216730	21854067	23544067	24330642	Europe	14709861	15848815	19808632	20426510	21991398
EEC	13330939	14903053	17991564	19623958	20381246	CEE	11256374	12031151	15212633	16101594	17256874
EFTA	2896028	3172282	3651574	3663424	3729363	AELE	3336936	3744363	4511555	4288442	4665531
Oceania	x933038	x1100683	x1123521	x1160623	x1236554	Océanie	x114886	x184682	x248019	x253492	x309916
USA/Etats–Unis d'Amer	10606308	11803705	11840095	12482964	13073497	Japan/Japon	15126871	14642818	15161015	17816893	17636892
Germany/Allemagne	3134442	3404229	4376856	5298175	5638934	USA/Etats–Unis d'Amer	5973904	7205673	8387870	9154851	10402377
United Kingdom	3172213	3509873	3545809	3575780	3798070	Germany/Allemagne	3557386	3562894	4195008	4862860	5454665
Hong Kong	1768193	2227963	2702747	3318210	4232676	United Kingdom	2414973	2838055	3305458	3695406	4291380
France,Monac	1666779	1991037	2527911	2577598	2614833	France,Monac	2079415	2425349	3033829	3156150	3328323
Singapore/Singapour	1424312	1779314	2344187	2789499	3004179	Sweden/Suède	1987842	2126480	2765951	2780120	2865004
Japan/Japon	1283204	1700377	1981542	2338148	2272405	Singapore/Singapour	1895646	2109582	2418183	2444002	2582576
Italy/Italie	1443904	1516333	2060501	2289336	2024549	Korea Republic	1588380	1898709	2337521	2593537	2885775
Canada	1574260	1774108	1807407	1882238	2128788	Canada	1597606	1762189	1981036	2072408	2336606
China/Chine	1489126	1417465	1662187	1938016	3083508	Canada	1138836	1264404	1494572	1497616	1823181
Netherlands/Pays–Bas	1333220	1417761	1690588	1816030	1913388	Netherlands/Pays–Bas	1017013	976247	1537510	1408402	1489096
Spain/Espagne	930547	1382341	1638663	1625733	1544920	Italy/Italie	979302	1068910	1383549	1351636	1334315
Former USSR/Anc. URSS	x1359237	x1413327	x1402159	x1182818		Malaysia/Malaisie	446568	779249	1164024	1492840	x2071717
Malaysia/Malaisie	532914	802423	1088828	1883108	x1951448	Belgium–Luxembourg	704977	820534	993714	1057405	1105115
Korea Republic	1065096	1011153	1092765	1245882	1376703	Finland/Finlande	441460	658067	875980	566819	747477
Sweden/Suède	758418	903973	1039541	1019857	1009727	Denmark/Danemark	474734	506573	631055	545725	581462
Switz.Liecht	857592	841471	891787	905778	869967	China/Chine	245721	349280	522096	697064	1350368
Belgium–Luxembourg	680345	690660	907516	976773	1021151	Thailand/Thaïlande	81023	295917	504025	706741	x881588
Mexico/Mexique	398690	506453	884052	1107326	1242779	Switz.Liecht	458014	454507	551173	487393	500180
Australia/Australie	635515	759555	770047	833481	922450	Israel/Israël	297244	337219	413001	444072	550353
Thailand/Thaïlande	421664	602417	807117	886355	1058800	Austria/Autriche	335561	287067	393192	507218	509206
Austria/Autriche	528784	583201	803445	858414	939211	Ireland/Irlande	257332	276914	287256	431377	393077
Saudi Arabia	188245	370383	x546957	x549452	x379911	Spain/Espagne	153561	199556	272215	376332	567387
Finland/Finlande	348645	459681	502359	452144	374999	Norway,SVD,JM	206197	235045	272851	283009	325897
Indonesia/Indonésie	269512	298419	463158	605448	841864	Philippines	51949	x165153	190719	314068	311728
Denmark/Danemark	405641	386034	446141	503443	524369	Former USSR/Anc. URSS	x157139	x254819	x222568	209192	x95981
Brazil/Brésil	177025	309641	414945	421198	440613	Australia/Australie	86532	147994	207733	209192	257188
Norway,SVD,JM	373863	360054	387719	393004	501782	Hungary/Hongrie	x25114	x53635	x57255	x145219	x167769
Turkey/Turquie	460275	303036	357439	409476	309336	Portugal	32975	51540	88645	100615	109556
Portugal	257373	217717	324205	406400	579729	Brazil/Brésil	88749	82092	95763	55935	53779
So. Africa Customs Un	342862	280741	252060	x386893	x446561	Poland/Pologne	109301	107749	62813	40937	x31566
New Zealand	224424	301832	294505	255458	219760	Indonesia/Indonésie	11250	28352	59511	111811	249283
Philippines	108176	x189449	258160	376621	410094	Mexico/Mexique	39347	42474	43756	108962	104281
Ireland/Irlande	162976	196141	279900	335729	325065	Yugoslavia SFR	112537	68446	81040	x32912	
United Arab Emirates	x578129	x231986	x225230	x327917	x330389	Former GDR	x362708	x65786	x49252		
Iran (Islamic Rp of)	x276023	x106128	x198461	x470566	x1265438	New Zealand	25071	34093	36781	37492	45348
India/Inde	283646	x374224	170253	101912	x271633	Bulgaria/Bulgarie	x56123	x50655	x36645	x8148	x6789
Greece/Grèce	143499	190928	173474	218961	x396235	Saudi Arabia	2003	2726	x28895	x51777	x88335
Colombia/Colombie	187380	166784	203296	180889	195135	Czechoslovakia	x43316	x16982	x28542	x29326	x19269
Chile/Chili	97163	176343	192116	174220	x215256	Greece/Grèce	11836	15599	23346	30415	x28875
Israel/Israël	127889	142941	164451	214997	242347	Turkey/Turquie	10918	12654	19297	23262	24792
Argentina/Argentine	212179	112505	117026	271493	647495	Korea Dem People's Rp	x25903	x9376	x7975	x32396	x41520
Poland/Pologne	59342	74000	70486	325460	x391172	India/Inde	7775	x18083	14438	14228	x18343
Hungary/Hongrie	x77333	x86437	x113375	238317	x305955	Tunisia/Tunisie	4819	7778	17781	20744	19071
Pakistan	131072	117857	170824	132847	207059	Panama	x21746	x42395	966	157	2269
Morocco/Maroc	74972	114881	116201	171906	154505	So. Africa Customs Un	x5167	x10075	x7004	x14760	x17615
Venezuela	232566	150992	113914	133962	359327	Cyprus/Chypre	4849	6898	9935	13282	17383
Yugoslavia SFR	122719	91486	136107	x169914		United Arab Emirates	x12162	x6674	x8555	x12269	x20052
Czechoslovakia	x124430	90531	142858	x156425	x290724	Romania/Roumanie	x6378	10024	6871	6906	x1357
Kuwait/Koweït	x49275	58968	x90966	x211271	x219249	Macau/Macao	3601	5613	3689	7217	6916

(VALUE AS % OF TOTAL)(VALEUR EN % DU TOTAL)

	1983	1984	1985	1986	1987	1988	1989	1990	1991	1992		1983	1984	1985	1986	1987	1988	1989	1990	1991	1992
Africa	x5.5	x5.2	3.4	x4.2	x3.0	2.6	2.2	2.4	2.6	x2.7	Afrique	x0.1	x0.0	0.1	x0.1	0.0	0.0	0.0	0.1	0.1	x0.1
Northern Africa	x3.0	x2.7	1.4	x1.3	0.9	0.8	0.8	0.9	0.9	x1.0	Afrique du Nord	x0.0	x0.0	0.0	0.0	0.0	0.0	0.0	0.0	0.0	0.0
Americas	36.6	42.9	45.1	40.1	32.8	30.1	31.1	28.2	27.0	x27.2	Amériques	22.6	22.9	21.8	x18.1	15.2	x15.4	x17.9	17.8	17.5	18.3
LAIA	3.1	2.8	3.2	3.5	3.4	3.1	3.2	3.7	4.0	4.8	ALAI	0.3	0.3	0.3	0.3	0.3	0.3	0.3	0.3	0.3	0.3
CACM	x0.1	0.1	0.1	0.2	0.1	0.1	0.1	0.1	0.1	x0.2	MCAC	x0.0	0.0	0.0	0.0	0.0	0.0	0.0	0.0	0.0	0.0
Asia	x24.9	x22.1	18.2	x19.3	x23.7	25.9	24.3	25.9	28.8	x31.9	Asie	35.1	39.5	40.3	43.2	x48.0	x51.6	47.8	45.6	48.5	x48.4
Middle East	x10.0	x7.3	3.6	x5.4	x3.8	4.1	2.6	3.1	x3.5	x4.2	Moyen–Orient	x0.1	x0.1	0.2	0.1	x0.2	0.1	0.1	0.1	x0.2	x0.3
Europe	29.4	26.3	29.4	32.5	33.6	35.5	36.5	38.1	36.8	34.8	Europe	40.4	36.0	36.4	37.3	34.1	31.0	32.7	35.1	32.9	32.4
EEC	24.5	21.4	23.4	25.6	27.1	28.9	29.9	31.3	30.7	29.2	CEE	32.5	28.6	28.3	29.1	27.0	23.8	24.8	27.0	26.0	25.4
EFTA	4.9	4.8	5.9	6.6	6.4	6.3	6.4	6.4	5.7	5.3	AELE	7.9	7.2	7.7	7.8	6.9	7.0	7.7	8.0	6.9	6.9
Oceania	x2.5	x2.4	3.1	x3.0	x2.3	2.1	2.2	2.0	x1.8	x1.7	Océanie	0.2	0.2	0.2	x0.1	x0.2	x0.2	0.4	0.4	0.4	0.4
USA/Etats–Unis d'Amer	28.5	34.8	36.6	31.5	25.1	23.0	23.7	20.7	19.5	18.7	Japan/Japon	25.9	29.6	30.0	33.3	30.6	31.9	30.2	26.9	28.7	26.0
Germany/Allemagne	5.7	5.1	5.6	6.4	6.8	6.8	6.8	7.6	8.3	8.1	USA/Etats–Unis d'Amer	17.1	16.2	15.9	13.6	11.6	12.6	14.9	14.9	14.8	15.3
United Kingdom	5.6	4.9	5.5	5.8	6.2	6.9	7.0	6.2	5.6	5.4	Germany/Allemagne	9.4	8.2	8.1	8.8	9.0	7.5	7.4	7.4	7.8	8.0
Hong Kong	2.2	2.8	3.1	2.9	3.4	3.8	4.5	4.7	5.2	6.1	Hong Kong	3.2	4.0	4.1	3.9	4.1	5.1	5.9	5.9	6.0	6.3
France,Monac	3.3	2.7	2.8	2.9	3.3	3.6	4.0	4.4	4.0	3.7	United Kingdom	6.2	5.0	5.1	4.8	4.2	4.4	5.0	5.4	5.1	4.9
Singapore/Singapour	2.1	2.2	2.1	2.1	2.4	3.1	3.6	4.1	4.4	4.3	France,Monac	6.0	5.3	5.7	5.3	5.1	4.2	4.4	4.9	4.5	4.2
Japan/Japon	2.1	2.0	2.0	1.8	2.2	2.8	3.4	3.5	3.7	3.3	Sweden/Suède	4.6	4.5	5.0	4.3	3.4	4.0	4.4	4.3	3.9	3.8
Italy/Italie	2.6	2.5	2.7	2.6	2.7	3.1	3.0	3.6	3.6	2.9	Singapore/Singapour	1.9	2.1	1.9	1.6	2.4	3.4	3.6	4.1	4.2	4.3
Canada	4.2	4.5	4.6	4.1	3.4	3.4	3.4	3.2	2.9	3.0	Korea Republic	2.3	2.0	2.7	2.8	3.4	3.4	3.4	3.5	3.3	3.4
China/Chine					3.1	3.0	3.2	2.8	2.9	4.4	Canada	5.1	6.3	5.6	4.0	3.2	2.4	2.6	2.7	2.4	2.7

189

771 ELECTRIC POWER MACHY NES — MACH PROD, TRANS ELECTR 771

TRADE BY COMMODITY IN THOUSAND U.S. DOLLARS — COMMERCE PAR PRODUIT EN MILLIERS DE DOLLARS E.U

COUNTRIES–PAYS	1988	1989	1990	1991	1992	COUNTRIES–PAYS	1988	1989	1990	1991	1992
Total	9423301	9093559	11084647	12174383	13384868	Totale	8140945	8536123	10416788	11225690	12419349
Africa	x335535	x283315	x372082	x314762	x384418	Afrique	x16038	x24793	x33478	x39493	x38583
Northern Africa	139803	125001	185445	x142428	x178507	Afrique du Nord	11557	18670	26500	31975	32144
Americas	2852094	2250263	x2561211	2761934	x3210726	Amériques	x719353	x1171344	1455868	1530999	1749803
LAIA	329355	352478	395537	436662	534384	ALAI	62188	71022	89567	96119	156550
CACM	x18829	x24162	x38490	x26795	x39929	MCAC	x1423	x1741	x2473	x4487	x3955
Asia	x2619293	2690719	3136667	3947856	x4615538	Asie	x3578380	3220318	3510931	4337107	x4921040
Middle East	x348891	x234816	x361180	x374385	x555664	Moyen–Orient	x11073	x24514	x46719	x51509	x67989
Europe	3107410	3500767	4524871	4706461	4868262	Europe	3532561	3814346	5116777	5066910	5557850
EEC	2434902	2750602	3575577	3775845	3906436	CEE	2622039	2898897	3884691	3881163	4289226
EFTA	654495	723103	921961	906445	929122	AELE	845792	849244	1166695	1142147	1217156
Oceania	x136621	x133802	x259574	x179596	x176707	Océanie	x20314	x17954	x34428	x32634	x45617
USA/Etats–Unis d'Amer	2249322	1560095	1701810	1862132	2208994	Japan/Japon	1422117	1468953	1494296	1802652	1822150
Germany/Allemagne	624721	710114	952167	1068201	1104232	Germany/Allemagne	1135810	1237684	1695562	1579911	1649063
Hong Kong	461888	529497	616979	818425	1009602	USA/Etats–Unis d'Amer	471219	907713	1132000	1195581	1288673
United Kingdom	464364	536802	672795	635478	646951	Hong Kong	632860	743415	797900	942680	1159669
France,Monac	432890	482184	634266	683356	681013	France,Monac	358586	402179	587157	691643	767838
Japan/Japon	376093	476856	571437	722514	678310	United Kingdom	292506	313599	412088	392559	480020
Singapore/Singapour	430242	446168	535580	673778	647902	Korea Republic	314000	338049	355762	391785	377670
Canada	214612	255711	352845	375070	366914	Singapore/Singapour	253949	259645	332943	489107	413261
Netherlands/Pays–Bas	255315	250373	331324	319011	327110	Netherlands/Pays–Bas	256123	273878	305995	284185	313156
Italy/Italie	224816	239119	306799	320800	331666	Italy/Italie	182045	220921	300689	335876	355333
Korea Republic	243572	240050	245508	258684	268992	Sweden/Suède	234733	214213	346676	294162	298392
Sweden/Suède	217770	223542	239426	228501	223287	Malaysia/Malaisie	169000	229519	249560	331592	x394711
Austria/Autriche	126651	161410	253060	269261	249348	Austria/Autriche	208191	219606	297489	270906	285130
Switz.Liecht	165600	189190	247258	241932	257442	Switz.Liecht	236619	209048	245339	285899	357577
Spain/Espagne	116907	165208	224952	268915	255292	Belgium–Luxembourg	229135	289828	229135	240043	276942
China/Chine	143674	224929	203843	224175	392799	Canada	162563	189828	229135	240043	276942
Belgium–Luxembourg	153855	173975	226002	235681	256098	Finland/Finlande	170556	168311	218910	227128	290401
Malaysia/Malaisie	102536	143790	183615	300727	x330500	China/Chine	108964	141604	199808	214382	216144
Former USSR/Anc. URSS	x182825	x127762	x140075	x189123		Denmark/Danemark	37561	82630	141631	177819	448100
Thailand/Thaïlande	55925	98019	142417	197661	217502	Former USSR/Anc. URSS	x54576	x95120	x91916	x66941	
Mexico/Mexique	65824	89302	113303	173650	212948	Spain/Espagne	50415	66477	88897	90519	144651
Brazil/Brésil	102324	95628	102450	117708	125044	Norway,SVD,JM	57236	64768	77362	76775	59909
Australia/Australie	95866	101704	109274	104363	115924	Portugal	40736	47247	78504	81903	110561
Finland/Finlande	78109	83145	103272	83020	95085	Poland/Pologne	83925	73719	47161	54344	x14462
Indonesia/Indonésie	62523	56738	76655	128880	175685	Ireland/Irlande	50323	52487	59112	57334	56714
Saudi Arabia	102463	54234	x129296	x72244	x96477	Yugoslavia SFR	62338	63156	62083	x38498	
Denmark/Danemark	75121	77755	90410	80402	101602	Mexico/Mexique	20929	25263	53644	48146	65367
Norway,SVD,JM	63068	61675	74920	77344	98178	Thailand/Thaïlande	4233	14185	32141	78058	x150247
Portugal	39917	49611	70661	85157	112245	Czechoslovakia	x26086	x50739	x24981	x26427	x19321
Iran (Islamic Rp. of)	x54551	x34666	x64973	x89236	x215763	Bulgaria/Bulgarie	x19480	x33576	x51418	x16532	x17469
Turkey/Turquie	11479	43961	69300	73184	52207	Brazil/Brésil	24991	29658	20474	30389	75354
New Zealand	15358	15878	132168	33280	34469	Hungary/Hongrie	x9407	x11550	x20604	x46307	x44741
Venezuela	70634	90252	48537	42428	58645	Australia/Australie	13900	15218	29576	27279	38852
So. Africa Customs Un	70243	55944	66596	x41078	x45090	Turkey/Turquie	683	15359	26339	29633	46990
Philippines	14445	x55706	46795	60646	93941	Tunisia/Tunisie	11063	17019	24397	29599	30915
Algeria/Algérie	35009	42841	72596	44442	x84787	Philippines	382	x22554	22321	21765	17888
Ireland/Irlande	35477	46097	47551	58452	61649	Israel/Israël	17705	17432	19282	21880	20016
Israel/Israël	43195	42485	53076	30116	26065	Romania/Roumanie	x13267	12188	17226	7767	x10336
Egypt/Egypte	50868	38371	47082	54311	62004	Saudi Arabia	681	2650	x14621	x16898	x14323
India/Inde	35738	x64367	34536	21767	x89662	India/Inde	4245	x11874	6012	11764	x21531
Pakistan	28882	22810	29124	64473	21219	Indonesia/Indonésie	1033	3478	7738	12001	21389
United Arab Emirates	x46106	x20443	x28033	x46619	x84930	Argentina/Argentine	5612	7277	6804	8566	8315
Colombia/Colombie	30053	30451	31189	25846	21037	Former GDR	x67559	x10462	x12000		
Czechoslovakia	x46646	20074	23902	x37736	x48305	Greece/Grèce	4730	6293	6781	8020	x8176
Chile/Chili	2578	6467	44361	20911	x21670	Haiti/Haïti	x6369	x13756	x3680	x2019	x1953
Argentina/Argentine	29698	19497	18362	28891	57483	Colombia/Colombie	4699	4505	3997	5367	2000
Libyan Arab Jamahiriya	39372	18323	21404	x26947	x24873	New Zealand	5020	2655	3982	5247	6597
Hungary/Hongrie	x20947	x20433	x21916	20480	x37652	So. Africa Customs Un	x2180	x2795	x4737	x4022	x3475
Greece/Grèce	11518	19404	18650	20392	x28579	Malta/Malte	x2376	x2934	3197	x4904	x5657
Yugoslavia SFR	12758	22097	17357	x18342		Lebanon/Liban	x1439	x3443	x3963	x3498	x3531

(VALUE AS % OF TOTAL) (VALEUR EN % DU TOTAL)

	1983	1984	1985	1986	1987	1988	1989	1990	1991	1992		1983	1984	1985	1986	1987	1988	1989	1990	1991	1992
Africa	x6.0	x4.8	4.2	4.3	x3.6	x3.5	x3.1	x3.4	x2.5	x2.8	Afrique	0.3	0.2	0.2	x0.2	x0.2	x0.2	x0.3	x0.3	x0.3	x0.3
Northern Africa	x3.0	x2.6	2.8	1.9	1.6	1.5	1.4	1.7	x1.2	x1.3	Afrique du Nord	0.2	0.2	0.2	0.2	0.1	0.1	0.2	0.3	0.3	0.3
Americas	x28.1	x33.6	36.5	32.3	28.6	30.2	24.8	x23.1	22.7	x23.9	Amériques	x17.1	x16.8	12.1	10.8	x7.5	x8.9	x13.7	14.0	13.7	14.1
LAIA	x7.0	x6.6	4.0	6.3	3.9	3.5	3.9	3.6	3.6	4.0	ALAI	x5.7	x6.2	0.6	1.6	x0.4	0.8	x0.7	0.9	0.9	1.3
CACM	x0.4	x0.4	x0.2	x0.3	x0.3	x0.2	x0.3	x0.3	x0.2	x0.3	MCAC	x0.0	x0.0	x0.0	x0.0	x0.0	x0.0	x0.0	x0.0	x0.0	x0.0
Asia	x35.8	33.0	24.8	27.2	x28.7	x27.7	29.6	28.3	32.4	34.5	Asie	31.0	36.0	37.1	34.9	x40.8	x44.0	37.7	33.7	38.7	x39.6
Middle East	x15.8	x12.2	4.7	x6.5	x5.7	x3.7	x2.6	x3.3	x3.1	x4.2	Moyen–Orient	x0.3	x0.0	x0.1	x0.1	x0.1	x0.1	x0.3	x0.4	x0.5	x0.5
Europe	28.1	26.8	32.2	34.1	33.3	33.0	38.5	40.8	38.7	36.4	Europe	49.7	43.0	48.7	52.1	46.9	43.4	44.7	49.1	45.1	44.8
EEC	20.8	20.6	26.2	26.3	25.9	25.8	30.2	32.3	31.0	29.2	CEE	37.1	32.2	37.4	38.6	34.1	32.2	34.0	37.3	34.6	34.5
EFTA	x7.1	x6.0	5.9	x7.4	x7.2	6.9	8.0	8.3	7.4	6.9	AELE	11.9	10.1	11.3	12.4	12.2	10.4	9.9	11.2	10.2	9.8
Oceania	x1.6	x1.3	1.9	x1.6	x1.5	x1.5	x1.5	x2.4	x1.4	x1.3	Océanie	0.1	0.2	0.1	x0.1	x0.3	x0.2	x0.2	x0.3	x0.3	x0.4
USA/Etats–Unis d'Amer	16.9	23.2	29.0	22.6	22.2	23.9	17.2	15.4	15.3	16.5	Japan/Japon	18.1	20.2	22.4	20.8	17.7	17.5	17.2	14.3	16.1	14.7
Germany/Allemagne	5.3	5.2	6.9	7.2	7.0	6.6	7.8	8.6	8.8	8.2	Germany/Allemagne	14.3	13.3	16.1	17.2	14.7	14.0	14.5	16.3	14.1	13.3
Hong Kong	3.2	3.4	3.4	3.6	4.0	4.9	5.8	5.6	6.7	7.5	USA/Etats–Unis d'Amer	9.5	8.2	8.6	6.7	5.8	5.8	10.6	10.9	10.7	10.4
United Kingdom	4.1	4.6	5.3	4.8	4.9	5.9	6.1	5.2	4.8	4.8	Hong Kong	6.2	7.5	6.4	6.0	6.5	7.8	8.7	7.7	8.4	9.3
France,Monac	3.0	2.6	3.4	4.1	4.2	4.6	5.3	5.7	5.6	5.1	France,Monac	7.1	5.8	5.8	5.5	5.3	4.4	4.7	5.6	6.2	6.2
Japan/Japon	2.8	2.7	3.6	3.1	4.0	4.0	5.2	5.2	5.9	5.1	United Kingdom	3.3	3.3	4.4	3.8	3.5	3.6	3.7	4.0	3.5	3.9
Singapore/Singapour	2.9	3.4	3.7	3.9	3.9	4.6	4.9	4.8	5.5	4.8	Korea Republic	3.1	3.4	3.7	3.3	3.3	3.9	4.0	3.4	3.5	3.0
Canada	2.7	2.8	3.1	2.1	1.8	2.3	2.8	3.2	3.1	2.7	Singapore/Singapour	1.8	2.7	2.3	2.5	2.6	3.1	3.0	3.2	4.4	3.3
Netherlands/Pays–Bas	2.6	2.9	3.7	3.2	2.9	2.7	2.8	3.0	2.6	2.4	Netherlands/Pays–Bas	2.2	2.4	2.3	3.2	2.7	3.1	3.2	2.9	2.5	2.5
Italy/Italie	1.6	1.7	2.3	2.2	2.3	2.4	2.6	2.8	2.6	2.5	Italy/Italie	3.9	3.0	3.0	2.8	2.6	2.2	2.6	2.9	3.0	2.9

772 SWITCHGEAR ETC, PARTS NES

APP COUPURE, SECT ETC 772

TRADE BY COMMODITY IN THOUSAND U.S. DOLLARS – COMMERCE PAR PRODUIT EN MILLIERS DE DOLLARS E.U

COUNTRIES–PAYS	1988	1989	1990	1991	1992	COUNTRIES–PAYS	1988	1989	1990	1991	1992
	IMPORTS – IMPORTATIONS						EXPORTS – EXPORTATIONS				
Total	30018466	30264698	37246976	39331286	41809673	Totale	28224882	28613562	35049786	37478671	39494876
Africa	x943115	x937147	x1133415	x1098814	x1189483	Afrique	x67498	x78793	x93354	x110871	x103111
Northern Africa	376981	412787	534309	x463306	x490011	Afrique du Nord	56728	61934	71214	88727	76105
Americas	7076631	7753650	9920075	9925135	x9899195	Amériques	x4561830	x5037372	7490459	x7390185	x6657609
LAIA	886548	878864	1019310	1138510	1458818	ALAI	115839	162972	167311	161613	205920
CACM	31409	39057	37088	37767	x57682	MCAC	10383	12582	14768	16634	x22052
Asia	x7522663	6435219	7710263	9358988	x11295798	Asie	x8126335	7512241	8076744	9620017	x10864442
Middle East	x1376597	x850333	x1108260	x1182074	x1890903	Moyen–Orient	x47665	x42451	x43511	x39241	x70933
Europe	12477580	13396801	16716040	17193623	18305872	Europe	14571706	15320366	18852797	19985824	21465058
EEC	10002611	10850282	13620045	14261596	15216372	CEE	12012033	12803189	15770019	16946893	18259600
EFTA	2339509	2425404	2947895	2797260	2941346	AELE	2411991	2384689	2918322	2959153	3082028
Oceania	x503870	x544209	x611933	x554986	x609954	Océanie	x75682	x88599	x116696	x140601	x174604
USA/Etats–Unis d'Amer	4485460	5024721	6099147	6273966	6215359	Germany/Allemagne	5618096	5993676	7223933	8001420	8324717
Germany/Allemagne	2327654	2550914	3329550	3775935	3729676	Japan/Japon	4979301	5200415	5411622	6310751	6820030
United Kingdom	1844840	1969321	2299370	2211032	2468512	USA/Etats–Unis d'Amer	3785853	4227149	5724259	5484711	5394629
Canada	1505357	1581372	2481910	2247544	1930601	France, Monac	1436605	1439866	1754830	1838605	1944588
France, Monac	1604315	1659047	2176632	2404480	2441779	United Kingdom	2284139	2436228	3162510	3265020	3714763
Italy/Italie	1477974	1533480	1949458	1860568	2002616	Switz.Liecht	1008691	1149948	1335818	1398299	1517160
Singapore/Singapour	1350041	1111915	1319837	1528356	1696599	Italy/Italie	1227146	1208597	1490639	1552377	1619511
Hong Kong	734014	829447	938382	1181486	1406432	Canada	577122	578221	1551501	1675902	967351
Japan/Japon	743588	811775	1013349	1124072	1047295	Hong Kong	584769	739729	796606	925844	1105465
Netherlands/Pays–Bas	764056	795931	1027522	1053274	1136698	Singapore/Singapour	903278	717844	773470	895521	989605
Korea Republic	890862	875249	918589	1027666	983988	Netherlands/Pays–Bas	526505	574344	760484	853443	919580
Malaysia/Malaisie	363595	528545	845027	1241344	x1014066	Austria/Autriche	435615	449503	603774	640410	694492
Switz.Liecht	679130	721814	884850	840703	859466	Sweden/Suède	569973	516381	569485	525968	529020
Belgium–Luxembourg	629012	704555	879878	855917	951853	Belgium–Luxembourg	420098	445947	551736	514790	582584
Spain/Espagne	534746	644579	835210	925757	975311	Malaysia/Malaisie	142255	244482	321199	487187	x477941
Former USSR/Anc. URSS	x803025	x619938	x759536	x879861		Spain/Espagne	203184	271535	348370	390297	487972
Sweden/Suède	641676	660724	757871	694860	718212	Korea Republic	218089	276674	307243	364713	399800
Austria/Autriche	462122	505514	669307	691996	737661	Ireland/Irlande	258466	205217	268698	312859	399417
Ireland/Irlande	341861	479981	455366	482768	675195	China/Chine	87410	114068	164456	249876	534668
Thailand/Thaïlande	239679	307623	441801	655756	749948	Denmark/Danemark	139811	149465	191930	177614	182644
Australia/Australie	379010	416143	455504	401506	434232	Finland/Finlande	114921	141857	168092	157128	146879
Mexico/Mexique	223031	264094	338921	438115	675657	Portugal	95832	113296	143648	172658	158790
China/Chine	308328	288016	258854	364209	882387	Israel/Israël	72484	83640	118508	107126	120941
Brazil/Brésil	291940	286938	332679	274654	284766	Yugoslavia SFR	139875	122563	133086	x52501	
Norway,SVD,JM	287637	243884	302159	311823	330006	Thailand/Thaïlande	25865	64177	84600	132242	x209987
Saudi Arabia	365632	258662	x330729	x254496	x343897	Brazil/Brésil	68425	87444	93127	97076	113670
So. Africa Customs Un	277573	255475	269286	x311932	x297890	Australia/Australie	51079	67597	93248	113008	142335
Finland/Finlande	258293	275699	318437	239945	281582	Poland/Pologne	159007	132581	91224	46994	x78728
Denmark/Danemark	251937	242074	288748	272987	294220	Bulgaria/Bulgarie	x240638	x143078	x98965	x28498	x21460
Portugal	168313	193717	278640	311416	348424	Former USSR/Anc. URSS	x78605	x110063	x89640	x49506	
Turkey/Turquie	146420	135109	255348	301963	266478	Norway,SVD,JM	64224	67582	86255	83242	92090
Israel/Israël	164266	196291	212500	273119	312624	Tunisia/Tunisie	54463	57971	60866	71410	64005
Indonesia/Indonésie	127337	135754	229231	283202	550634	Romania/Roumanie	x15422	82213	45177	17348	x6593
Iran (Islamic Rp. of)	x194208	x101609	x193139	x290597	x694334	Mexico/Mexique	31133	54149	31465	33283	62891
Philippines	67988	x135479	119161	223437	190588	Hungary/Hongrie	x23513	x29130	x35469	x50224	x64030
India/Inde	145864	214936	159724	100390	x359997	Former GDR	x259520	x62957	x40489		
Bulgaria/Bulgarie	x194037	x263694	x130436	x40651	16252	India/Inde	20338	17031	31299	43293	x32011
Algeria/Algérie	85350	139906	181782	102744	x103051	Czechoslovakia	x45110	x16124	x18762	x38594	x59143
Czechoslovakia	x111878	103388	93221	x129556	x220874	Greece/Grèce	20360	23308	27700	21528	x27386
Egypt/Egypte	147414	87746	107766	114932	145767	New Zealand	23780	20690	22647	27142	31151
United Arab Emirates	x151997	x84232	x87367	x134905	x318311	Philippines	19087	x7150	15569	45645	43872
Yugoslavia SFR	107827	95786	111038	x95495		Malta/Malte	5667	8966	29841	x25777	x34185
Venezuela	121373	80468	78728	126714	141399	So. Africa Customs Un	x7282	x13307	x17762	x18986	x19474
Greece/Grèce	57904	76681	100471	107462	x192089	Haiti/Haïti	10059	12431	14582	16408	x21702
Hungary/Hongrie	x75321	x76747	x82517	111060	x122300	Costa Rica	8091	9259	15133	17831	12976
Chile/Chili	52178	77711	109117	76426	x72873	Argentina/Argentine	19845	17046	14251	10694	x23651
Libyan Arab Jamahiriya	57566	71448	101889	x87034	x79350	Barbados/Barbade	12415	8388	13816	12883	33381
Tunisia/Tunisie	50100	63655	86281	92838	102715	Turkey/Turquie	10153	10628	9345	8805	10002
New Zealand	74081	77764	83144	78648	81969	Cyprus/Chypre	2127	2980	9624	15184	9533
Cuba	x26833	49330	x93381	x52563	x47561	Morocco/Maroc					

(VALUE AS % OF TOTAL)(VALEUR EN % DU TOTAL)

	1983	1984	1985	1986	1987	1988	1989	1990	1991	1992		1983	1984	1985	1986	1987	1988	1989	1990	1991	1992
Africa	x6.7	x6.5	4.9	x5.0	x3.7	3.1	3.1	3.0	2.8	x2.8	Afrique	0.3	0.2	0.2	0.3	0.3	x0.2	x0.2	x0.3	x0.3	x0.2
Northern Africa	x3.9	x4.0	3.1	x2.2	1.6	1.3	1.4	1.4	x1.2	x1.2	Afrique du Nord	0.2	0.1	0.1	0.1	0.2	0.2	0.2	0.2	0.2	0.2
Americas	19.3	24.1	25.7	21.8	20.1	23.6	25.6	26.6	25.3	x23.7	Amériques	x17.1	20.4	19.3	x14.7	x14.1	x16.2	x17.6	21.4	x19.7	x16.8
LAIA	3.6	5.8	6.2	3.7	3.2	3.0	2.9	2.7	2.9	3.5	ALAI	0.4	2.1	2.2	0.4	0.4	0.4	0.6	0.5	0.4	0.5
CACM	x0.2	0.2	0.2	0.2	x0.2	0.1	0.1	0.1	0.1	x0.1	MCAC	x0.1	0.1	0.1	0.1	0.1	0.0	0.0	0.0	0.0	x0.1
Asia	x30.7	27.4	21.3	x24.7	x26.1	x25.0	21.2	20.7	23.8	x27.1	Asie	23.9	26.6	25.1	26.2	x26.2	x28.4	26.3	23.1	25.6	x27.5
Middle East	x13.2	x9.4	4.7	x7.0	x5.3	x4.6	3.2	3.0	3.0	x4.5	Moyen–Orient	x0.1	0.2	x0.1	x0.1	x0.2	x0.2	x0.1	x0.1	x0.1	x0.2
Europe	40.5	39.4	45.2	45.9	43.4	41.6	44.3	44.9	43.7	43.8	Europe	57.6	51.7	54.6	57.7	55.8	51.6	53.5	53.8	53.3	54.3
EEC	32.5	31.4	35.7	36.3	34.4	33.3	35.9	36.6	36.3	36.4	CEE	48.2	42.6	45.3	47.3	45.6	44.7	45.0	45.0	45.2	46.2
EFTA	8.0	7.4	8.7	9.0	8.4	7.8	8.0	7.9	7.1	7.0	AELE	9.3	8.2	8.5	9.6	9.6	8.5	8.3	8.3	7.9	7.8
Oceania	2.1	x1.9	2.2	x1.8	x1.7	1.7	1.8	1.6	x1.4	1.4	Océanie	x0.2	x0.3	0.2	0.2	x0.2	0.2	0.3	0.3	0.4	x0.4
USA/Etats–Unis d'Amer	12.5	15.0	16.3	14.8	14.4	14.9	16.6	16.4	16.0	14.9	Germany/Allemagne	20.4	18.4	20.1	21.9	21.7	19.9	20.9	20.6	21.3	21.1
Germany/Allemagne	7.7	7.5	8.8	9.1	8.5	7.8	8.4	8.9	9.6	8.9	Japan/Japon	15.0	16.8	15.4	14.8	16.8	16.4	18.2	15.4	16.8	17.3
United Kingdom	5.9	6.3	7.1	6.5	6.4	6.1	6.5	6.2	5.6	5.9	USA/Etats–Unis d'Amer	15.6	16.8	15.5	13.1	12.5	13.4	14.8	16.3	14.6	13.7
Canada	2.4	2.5	2.6	2.2	1.8	5.0	5.2	6.7	5.7	4.6	France, Monac	10.3	9.2	8.9	9.5	8.8	8.1	8.5	9.0	8.7	9.4
France, Monac	5.6	5.5	5.9	6.0	5.8	5.3	5.5	5.8	6.1	5.8	United Kingdom	6.1	5.4	5.4	5.4	5.3	5.1	5.0	5.0	4.9	4.9
Italy/Italie	4.0	3.6	4.3	4.5	4.6	4.9	5.1	5.2	4.7	4.8	Switz.Liecht	5.4	4.3	4.5	3.9	3.7	3.6	4.0	3.8	3.7	3.8
Singapore/Singapour	3.1	3.2	3.1	3.2	3.6	4.5	3.7	3.5	3.9	4.1	Italy/Italie	4.6	3.5	3.9	3.7	0.8	2.0	0.7	4.4	4.5	2.4
Hong Kong	1.8	2.2	2.0	2.0	2.1	2.4	2.7	2.5	3.0	3.4	Canada	1.0	1.1	1.2	0.9	0.8	2.0	0.7	2.6	2.5	2.8
Japan/Japon	2.8	2.9	3.0	2.6	2.3	2.5	2.7	2.7	2.9	2.5	Hong Kong	1.0	1.3	1.3	1.3	1.7	2.1	2.2	2.2	2.5	2.8
Netherlands/Pays–Bas	2.9	2.7	3.2	3.3	2.8	2.5	2.8	2.8	2.7	2.7	Singapore/Singapour	4.3	4.4	4.7	4.3	3.7	3.2	2.5	2.2	2.4	2.5

773 ELECTR DISTRIBUTNG EQUIP / EQUIPMT DISTRIBUTION ELECT 773

TRADE BY COMMODITY IN THOUSAND U.S. DOLLARS – COMMERCE PAR PRODUIT EN MILLIERS DE DOLLARS E.U

IMPORTS – IMPORTATIONS

COUNTRIES–PAYS	1988	1989	1990	1991	1992
Total	12026330	13162966	15318503	16531470	18329803
Africa	x459624	x393955	x540106	x516654	x643694
Northern Africa	220185	198841	269209	x263175	x359090
Americas	3804115	4123062	x4233685	4279219	x4991303
LAIA	273851	279906	313565	385925	564576
CACM	17487	17854	22256	21238	x20605
Asia	x2389480	x2596407	3177858	x3829919	x4488336
Middle East	x657182	x512164	x672223	x726802	x896924
Europe	4419219	5140674	6434264	6801996	7633203
EEC	3563586	4204979	5301610	5677057	6434029
EFTA	797652	870774	1063922	1052173	1086165
Oceania	x187630	x228069	x257147	x342362	x265669
USA/Etats–Unis d'Amer	2734978	2896524	2980432	2944956	3456268
Germany/Allemagne	1017643	1197026	1644259	1983272	2407430
France, Monac	578920	688096	839230	885812	944435
United Kingdom	658354	753112	813735	830124	897822
Canada	685367	799595	754048	785508	843909
Hong Kong	359433	470003	583054	606427	682228
Former USSR/Anc. URSS	x551183	x504356	x528628	x556574	
Singapore/Singapour	305044	351496	417401	519924	581649
Netherlands/Pays–Bas	329496	330782	441364	416387	459018
Belgium–Luxembourg	292634	342620	398571	412882	438235
Japan/Japon	162577	233442	360926	488330	543068
Sweden/Suède	260846	286084	343436	317698	316656
Spain/Espagne	153109	264951	316206	355925	394076
Italy/Italie	209011	254901	316066	350959	300602	336468
Austria/Autriche	185236	215050	281981	315242	346004
Malaysia/Malaisie	85298	138597	225840	320332	x286366
China/Chine	140187	199701	217873	236945	371056
Switz. Liecht	172033	178980	215245	196280	188636
Portugal	84209	128484	214880	212837	235350
Thailand/Thaïlande	103532	144818	177118	206962	256113
Australia/Australie	107453	150966	165131	170710	178609
Saudi Arabia	202076	174573	x168692	x108715	x137333
Korea Republic	119710	129707	119793	178354	141146
Iran (Islamic Rp. of)	x66357	x52557	x129093	x240959	x340858
Mexico/Mexique	99014	112646	124696	183666	245818
Denmark/Danemark	133145	117578	127446	124738	148083
Philippines	45344	x85880	109413	155913	156588
Ireland/Irlande	92332	103217	123614	123383	126771
Finland/Finlande	79953	99732	113144	108194	110493
Indonesia/Indonésie	72311	87233	93037	113974	171008
Norway, SVD, JM	92471	83376	101811	103045	114870
Turkey/Turquie	39683	63437	103762	113031	166336
United Arab Emirates	x94988	x42303	x62880	x111559	x105466
Egypt/Egypte	81966	52108	66962	67191	91839
Brazil/Brésil	58724	52091	64518	64251	59590
New Zealand	25727	37786	32577	103669	34599
Pakistan	53765	36389	42045	85818	111746
Yugoslavia SFR	44259	49173	53832	x56872	
Israel/Israël	39052	38074	50604	71055	72352
Libyan Arab Jamahiriya	48955	46001	68031	x43930	x38567
Hungary/Hongrie	x32644	x30062	x35031	89990	x108666
India/Inde	34119	x87411	41170	25238	x103891
Algeria/Algérie	50181	49818	54267	46199	x89265
So. Africa Customs Un	59765	45006	53525	x49443	x61903
Poland/Pologne	42432	54679	31501	33830	x62514
Tunisia/Tunisie	21479	17711	42849	58694	82190
Iraq	x96543	x61379	x51422	x1898	x1562
Chile/Chili	14971	35277	40450	27568	x32823
Cuba	x9609	23756	x46375	x31862	x12048
Oman	29307	29510	36427	35787	x15308

EXPORTS – EXPORTATIONS

COUNTRIES–PAYS	1988	1989	1990	1991	1992
Totale	10775222	11215780	13210605	14131011	16169261
Afrique	x39071	x55307	x105110	x127277	x187789
Afrique du Nord	28544	40718	84452	110811	172367
Amériques	2256779	2713443	2710947	2982357	3423675
ALAI	290495	446713	310073	281976	306399
MCAC	9531	12175	10829	10484	x7162
Asie	x2965418	2386374	2754272	3211526	x4057942
Moyen–Orient	x187186	x146846	x177560	x198070	x261002
Europe	4913251	5611757	7152201	7259267	7984656
CEE	3911362	4416475	5736826	6005867	6673687
AELE	792052	944361	1158127	1137693	1205220
Océanie	37142	60913	x87955	x96921	x90104
USA/Etats–Unis d'Amer	1660823	1919664	2098033	2449005	2838325
Germany/Allemagne	1302682	1439241	1788046	1863340	2035488
Japan/Japon	1118842	1234968	1294812	1411122	1561324
France, Monac	568899	663721	800633	850151	991702
United Kingdom	487435	530382	816255	700808	647326
Italy/Italie	419549	481912	598317	652973	732528
Belgium–Luxembourg	374072	419333	487887	508411	512150
Austria/Autriche	283051	316321	438831	478927	518889
Spain/Espagne	174554	191092	320157	433902	585520
Hong Kong	187538	238910	291439	356299	467802
Portugal	112393	198295	314864	372366	518248
Canada	288848	322793	280929	233739	263698
Ireland/Irlande	186717	231117	277001	243877	256911
Sweden/Suède	174609	206614	270365	265976	258299
Netherlands/Pays–Bas	203092	159038	207183	267907	259640
Yugoslavia SFR	207735	248729	254798	x113118	
Mexico/Mexique	192219	295295	154192	159666	173787
Korea Republic	218796	164144	160307	281151	355606
Switz. Liecht	150994	162295	212721	223501	240012
Thailand/Thaïlande	76180	145707	190948	203444	x268600
Singapore/Singapour	114723	150748	178825	209497	200402
Philippines	57929	x110656	158255	183295	268070
Poland/Pologne	63657	135030	141923	166810	x122742
Finland/Finlande	140096	155182	157378	98698	120923
Malaysia/Malaisie	44932	82800	113363	150815	x160703
China/Chine	58508	77676	100472	136155	442394
Turkey/Turquie	113713	44555	103378	134392	216355
Brazil/Brésil	59657	90240	93513	71098	99803
Norway, SVD, JM	43242	103925	78812	70538	67026
Former USSR/Anc. URSS	x30321	x74590	x70812	x83343	
Hungary/Hongrie	x10384	x24856	x49945	x134241	x177212
Denmark/Danemark	50236	53187	62720	69571	68451
Greece/Grèce	31734	48940	63546	42343	x65722
Tunisia/Tunisie	13317	21117	21110		
Australia/Australie	13317	19421	58603	65250	117366
Bulgaria/Bulgarie	15399	x56557	x54595	x19162	x12346
India/Inde	43971	x11731	51690	39067	x18293
New Zealand	11894	29163	42680	29642	28525
Czechoslovakia	x95604	x22563	x29250	x47861	x104950
Former GDR	x335414	x53381	x42333		
Morocco/Maroc	12984	19345	23528	36602	48165
Israel/Israël	12298	16429	27431	23887	26455
Venezuela	10072	20101	26700	16815	8630
Bahrain/Bahreïn	x18492	x23148	x13200	x16885	x456
Kuwait/Koweït	x27218	26785	x14847	x11010	x3289
Argentina/Argentine	6356	16704	14283	15707	5798
Saudi Arabia	12758	21240	x10962	x13146	x14733
United Arab Emirates	x10206	x15818	x13485	x11043	x15953
Peru/Pérou	13421	14512	11835	x9177	x5663
So. Africa Customs Un	x6196	x12602	x8832	x9630	x10886

(VALUE AS % OF TOTAL) (VALEUR EN % DU TOTAL)

	1983	1984	1985	1986	1987	1988	1989	1990	1991	1992		1983	1984	1985	1986	1987	1988	1989	1990	1991	1992
Africa	x7.4	x6.3	6.1	x5.5	x4.3	3.8	3.0	3.5	3.1	3.5	Afrique	0.2	x0.4	0.3	0.4	0.5	x0.4	x0.5	x0.8	x0.9	x1.2
Northern Africa	x4.6	x3.4	4.0	x2.9	2.2	1.8	1.5	1.8	x1.6	x2.0	Afrique du Nord	0.1	0.2	0.2	0.3	0.3	0.3	0.4	0.6	0.8	1.1
Americas	19.9	27.3	33.5	x30.5	28.1	31.6	31.3	27.7	25.9	x27.3	Amériques	18.5	23.6	23.5	19.2	18.8	21.0	24.2	20.5	21.1	21.2
LAIA	2.3	4.7	4.6	2.5	2.4	2.3	2.1	2.0	2.3	3.1	ALAI	0.9	4.9	4.6	1.6	2.3	2.7	4.0	2.3	2.0	1.9
CACM	x0.2	0.3	0.3	0.2	0.2	0.1	0.1	0.1	0.1	x0.1	MCAC	x0.1	0.2	0.1	0.1	0.1	0.1	0.1	0.1	0.1	x0.0
Asia	x37.7	30.1	21.5	x22.2	x21.5	19.9	19.8	20.8	x23.2	x24.5	Asie	24.0	22.0	20.5	21.1	x25.4	x27.5	21.3	20.8	22.8	x25.1
Middle East	x22.7	x15.5	8.2	x9.8	x7.0	x5.5	x3.9	x4.4	x4.4	4.9	Moyen–Orient	x0.5	0.4	0.4	x1.6	x2.8	x1.3	x1.3	x1.4	x1.4	x1.6
Europe	27.2	28.7	36.0	39.0	36.7	36.7	39.1	42.0	41.1	41.6	Europe	54.8	51.4	53.9	57.6	49.5	45.6	50.0	54.1	51.4	49.4
EEC	21.9	22.6	28.4	30.6	29.1	29.6	31.9	34.6	34.3	35.1	CEE	45.3	40.3	42.4	45.0	38.4	36.3	39.4	43.4	42.5	41.3
EFTA	5.2	5.3	6.7	7.6	7.0	6.6	6.6	6.9	6.4	5.9	AELE	9.5	7.7	8.1	9.6	8.7	7.4	8.4	8.8	8.1	7.5
Oceania	1.4	x1.5	1.6	x1.8	x1.4	1.6	1.7	1.7	x2.1	1.5	Océanie	x0.4	0.4	0.4	x0.4	0.3	0.5	x0.7	x0.7	x0.7	x0.5
USA/Etats–Unis d'Amer	13.5	18.5	25.5	24.2	22.8	22.7	22.0	19.5	17.8	18.9	USA/Etats–Unis d'Amer	15.3	16.0	16.6	15.4	14.8	15.4	17.1	15.9	17.3	17.6
Germany/Allemagne	5.4	5.6	7.0	7.9	8.4	8.5	9.1	10.7	12.0	13.1	Germany/Allemagne	12.4	11.4	12.6	14.7	12.5	12.1	12.8	13.5	13.2	12.6
France, Monac	4.6	4.3	5.1	5.5	5.0	4.8	5.2	5.5	5.4	5.2	Japan/Japon	19.1	16.3	15.5	14.6	10.4	10.4	11.0	9.8	10.0	9.7
United Kingdom	3.8	4.4	5.5	5.3	5.0	5.5	5.7	5.3	5.0	4.9	France, Monac	8.6	7.5	8.2	7.2	5.9	5.3	5.9	6.1	6.0	6.1
Canada	3.1	2.6	2.3	1.8	1.7	5.7	6.1	4.9	4.8	4.6	United Kingdom	8.1	6.2	7.1	5.6	4.4	4.5	4.7	6.2	5.0	4.0
Hong Kong	2.2	2.3	2.4	2.4	2.4	3.0	3.6	4.3	3.8	3.7	Italy/Italie	6.3	5.9	4.5	5.3	4.5	3.9	4.3	4.5	4.6	4.5
Former USSR/Anc. URSS	5.7	5.2		x5.9	x4.6	x3.8	x3.5	x3.4			Belgium–Luxembourg	2.8	2.4	2.3	3.0	2.7	3.5	3.7	3.7	3.6	3.2
Singapore/Singapour	3.4	2.7	3.0	2.8	2.3	2.7	2.7	2.7	2.6	3.2	Austria/Autriche	1.8	1.9	2.0	2.3	2.5	2.8	3.3	3.4	3.4	3.2
Netherlands/Pays–Bas	2.2	2.7	3.5	3.6	2.9	2.7	2.5	2.9	2.5	2.5	Spain/Espagne	2.1	2.0	1.8	2.0	2.0	1.6	1.7	2.4	3.1	3.6
Belgium–Luxembourg	1.8	1.8	2.2	2.5	2.2	2.4	2.6	2.6	2.5	2.4	Hong Kong	0.6	0.9	0.9	1.0	1.1	1.3	1.7	2.1	2.2	2.5	2.9

774 ELECTRO-MEDCL, XRAY EQUIP — APPAREILS MEDICAUX 774

TRADE BY COMMODITY IN THOUSAND U.S. DOLLARS – COMMERCE PAR PRODUIT EN MILLIERS DE DOLLARS E.U

IMPORTS – IMPORTATIONS

COUNTRIES–PAYS	1988	1989	1990	1991	1992
Total	6394732	6382818	7819158	8398275	8753614
Africa	x141788	x106305	x140151	x154468	x196000
Northern Africa	39431	40844	39806	33038	x63246
Americas	2285284	2061288	x2318045	2559242	x2689787
LAIA	245344	236853	234804	326516	370749
CACM	3663	2277	15189	2781	x12852
Asia	x1117307	x1067037	x1242929	x1394169	x1713229
Middle East	x147086	x142065	x195225	x219451	x316463
Europe	2261904	2501568	3070221	3287259	3800820
EEC	1855034	2076094	2579845	2772625	3231382
EFTA	373571	393859	432357	470294	548308
Oceania	x117806	x143773	x159131	x163721	x167702
USA/Etats-Unis d'Amer	1718708	1487919	1719390	1933327	2009592
Germany/Allemagne	465037	490683	627327	744675	893350
Former USSR/Anc. URSS	x253822	x342683	x731010	x674198	
France, Monac	332114	407839	514434	518964	578498
Japan/Japon	348019	317495	369806	374272	415357
Netherlands/Pays-Bas	242598	269322	363511	354923	438501
Italy/Italie	246856	259664	323303	349345	379541
United Kingdom	248268	273845	315395	330583	381782
Canada	286948	276099	286005	273739	268191
China/Chine	196683	176260	191066	237889	254499
Spain/Espagne	120741	162535	191048	208300	197673
Korea Republic	79430	105702	139770	187832	157546
Belgium-Luxembourg	106826	125132	140822	139417	185807
Australia/Australie	96179	111168	135415	144212	145502
Switz.Liecht	99684	102152	124236	127623	152622
Austria/Autriche	79926	92517	110960	128377	165877
Brazil/Brésil	82149	96508	110156	118955	116786
Hong Kong	51245	67312	91393	143338	212244
Sweden/Suède	104854	103836	95474	102673	132707
Mexico/Mexique	47920	53215	72782	115214	114449
India/Inde	64213	x95446	68659	44360	x118724
So. Africa Customs Un	66319	43937	60956	x83821	x85220
Finland/Finlande	39864	50796	52151	52471	39390
Norway/Norvège	46059	41226	x57479	x62905	x135443
Iran (Islamic Rp. of)	x33808	x22409	57439	47286	44251
Turkey/Turquie	16879	35894	x37353	x69575	x66915
Saudi Arabia	32875	30146	56549	x42827	
Yugoslavia SFR	32194	29606	39111	42739	53261
Denmark/Danemark	33311	37982	23720	59578	x49850
Poland/Pologne	37480	28162			
Czechoslovakia	x79051	36091	8777	x61296	x72742
Thailand/Thaïlande	26721	22971	34954	43529	45527
Singapore/Singapour	28884	31256	33746	36070	38773
Bulgaria/Bulgarie	x28746	x42619	x42075	x8968	18564
Greece/Grèce	17410	18894	27056	38619	x62863
Hungary/Hongrie	x23627	x20688	x26211	31572	x35630
Portugal	28038	19694	25375	33121	37735
Romania/Roumanie	x2717	19118	54651	3271	x9246
Cuba	x13004	26559	x39603	x8974	x4829
Israel/Israël	28676	25860	18396	20627	28059
Malaysia/Malaisie	12148	19495	21770	22520	x24324
Indonesia/Indonésie	14517	11463	23506	23965	40307
Venezuela	53273	29187	8378	13667	17053
Argentina/Argentine	21346	7958	6521	36403	51377
Pakistan	24895	18408	15239	13458	19612
New Zealand	13964	14659	12215	11529	11114
Chile/Chili	9925	9493	10842	16132	x32890
Colombia/Colombie	9592	12152	13990	10088	9050
Ireland/Irlande	13836	10405	12463	11940	22370
Kuwait/Koweït	x15659	19470	x5551	x8572	x13995

EXPORTS – EXPORTATIONS

COUNTRIES–PAYS	1988	1989	1990	1991	1992
Totale	6760052	6541188	7875757	8994908	9719884
Afrique	x2477	x2916	x2110	x2691	x2912
Afrique du Nord	x183	x278	x337	x202	x259
Amériques	2141450	1697432	1999308	2388126	2588608
ALAI	9018	7270	6058	8419	15090
MCAC	x80	x25	x15	x358	x139
Asie	1247506	1385236	1705648	1996385	2083487
Moyen-Orient	x3635	x2307	x1868	x2863	x4844
Europe	3180399	3363253	4105086	4562110	5000591
CEE	2797201	2924791	3544273	3994416	4420498
AELE	375813	430917	557178	564438	579228
Océanie	19065	x14617	x13632	x19234	x25346
USA/Etats-Unis d'Amer	2078132	1638364	1951517	2327606	2512972
Germany/Allemagne	1388213	1482486	1709864	1807067	2149918
Japan/Japon	1059673	470661	546882	719703	629619
Netherlands/Pays-Bas	449107	470661	546882	719703	535195
United Kingdom	301729	310035	436543	491733	538283
France, Monac	302048	286339	401277	498363	197363
Sweden/Suède	134827	152869	185094	175575	220941
Italy/Italie	128461	125098	156145	181184	142910
Finland/Finlande	99805	119690	134448	148229	152313
Denmark/Danemark	117359	108020	134225	135691	136854
Switz.Liecht	84129	79613	139788	143475	117338
Belgium-Luxembourg	71929	100213	103315	105730	161584
Hong Kong	41246	53701	82826	112334	112525
Israel/Israël	80052	74534	80127	94047	65378
Austria/Autriche	27071	43294	61669	62936	59064
Canada	53110	51316	41174	50558	54708
Spain/Espagne	32352	33175	41368	46718	36387
Norway, SVD, JM	29834	35294	36034	34210	27154
Singapore/Singapour	19715	14666	24622	29159	31805
Korea Republic	12293	13926	19699	22186	x3686
Poland/Pologne	19837	24744	18397	5413	10781
China/Chine	3305	5711	18885	20492	23190
Australia/Australie	17541	12538	11745	18027	x12104
Hungary/Hongrie	x24277	x18234	x10797	x8675	15538
Former GDR	x5521	x10453	x7532	x8494	
Ireland/Irlande	3884	6711	11086	4742	
Former USSR/Anc. URSS	x86877	x15727	x6364		x2336
Yugoslavia SFR	7323	7481	3477	x3167	x1922
Czechoslovakia	x28225	x4616	x5004	x3176	3882
India/Inde	17345	x2545	5200	4480	x3197
Mexico/Mexique	1750	3569	3250	3869	1450
Malaysia/Malaisie	1192	1520	3253	3551	4776
Argentina/Argentine	3442	2187	1686	2332	1589
Portugal	1539	1191	1871	2048	x654
So. Africa Customs Un	x821	x2162	x1206	x1671	1984
Bulgaria/Bulgarie	x4362	x3114	x1313	x405	8755
New Zealand	1277	1459	1710	1110	x1869
Brazil/Brésil	3642	1394	763	1392	x1346
Greece/Grèce	581	670	1505	1247	x1407
Saudi Arabia	35	88	x627	x1224	x890
Thailand/Thaïlande	352	499	862	481	x2158
United Arab Emirates	x253	x753	x425	x479	x144
Korea Dem People's Rp	x30	x188	x306	x910	10
Romania/Roumanie	x62	x107	x902	148	688
Philippines	12	0	250	220	547
Turkey/Turquie	0	250	220	547	x717
Cuba	x12		x67	x694	x3
American Samoa		x479	x87		477
Colombia/Colombie	36	18	38	469	247
Reunion/Réunion	105	136	40	275	

(VALUE AS % OF TOTAL) (VALEUR EN % DU TOTAL)

	1983	1984	1985	1986	1987	1988	1989	1990	1991	1992
Africa	x5.1	x3.0	2.4	x2.8	x2.3	x2.2	x1.7	x1.8	x1.8	x2.3
Northern Africa	x3.2	x1.2	0.9	0.8	0.5	0.6	0.6	0.5	0.4	0.7
Americas	34.4	37.7	41.3	x39.2	x33.1	35.8	32.3	x29.6	30.5	x30.7
LAIA	3.5	2.8	2.9	4.0	3.7	3.8	3.7	3.0	3.9	4.2
CACM	x0.2	0.0	0.1	0.0	0.5	0.2	0.1	0.2	0.0	x0.1
Asia	x16.6	16.7	13.9	14.0	x17.8	x17.5	x16.7	x15.9	x16.6	x19.6
Middle East	x4.9	x5.3	2.4	x3.1	x2.7	x2.3	x2.2	x2.5	x2.6	x3.6
Europe	39.3	37.9	37.4	39.9	37.1	35.4	39.2	39.3	39.1	43.4
EEC	32.6	31.1	30.6	32.6	29.7	29.0	32.5	33.0	33.0	36.9
EFTA	6.7	6.0	5.9	6.1	6.1	5.8	6.2	5.5	5.6	6.3
Oceania	2.6	x2.7	2.8	x2.3	x1.8	x1.8	x2.3	x2.0	x2.0	x1.9
USA/Etats-Unis d'Amer	25.3	29.4	33.1	29.0	24.4	26.9	23.3	22.0	23.0	23.0
Germany/Allemagne	9.1	8.6	9.2	9.5	8.2	7.3	7.7	8.0	8.9	10.2
Former USSR/Anc. URSS					x4.5	x4.0	x5.4	x9.3	x8.0	
France, Monac	5.2	5.7	5.1	5.9	5.4	5.2	6.4	6.0	6.2	6.6
Japan/Japon	4.8	4.9	4.7	5.0	5.5	5.4	5.0	4.7	4.5	4.7
Netherlands/Pays-Bas	4.5	4.3	4.3	5.0	4.7	3.8	4.2	4.2	5.0	
Italy/Italie	2.9	2.9	3.2	3.5	3.5	3.9	4.1	4.1	4.2	4.2
United Kingdom	5.8	4.9	4.1	3.8	3.4	3.9	4.3	4.0	3.9	4.4
Canada	5.2	5.0	4.9	4.2	3.5	4.5	4.3	3.7	3.3	3.1
China/Chine					3.4	3.1	2.8	2.4	2.8	2.9

	1983	1984	1985	1986	1987	1988	1989	1990	1991	1992
Afrique	x0.0	x0.1	0.0	x0.0	x0.0	x0.0	x0.0	x0.0	x0.0	x0.0
Afrique du Nord	x0.0	x0.0	0.0	x0.0	x0.0	x0.0	x0.0	x0.0	x0.0	x0.0
Amériques	x34.4	x33.7	31.0	x27.0	x27.0	31.7	25.9	25.4	26.5	26.7
ALAI	0.1	0.1	0.1	0.1	0.1	0.1	0.1	0.1	0.1	0.2
MCAC	x0.0	x0.0	0.0	x0.0	x0.0	x0.0	x0.0	x0.0	x0.0	x0.0
Asie	15.7	18.7	20.6	18.6	17.4	18.5	21.2	21.6	22.2	21.4
Moyen-Orient	x0.0	x0.1	0.0	x0.1	x0.1	x0.1	x0.0	x0.0	x0.0	x0.0
Europe	48.3	45.9	46.8	52.9	52.0	47.0	51.4	52.1	50.7	51.4
CEE	42.9	40.0	40.7	46.6	46.1	41.4	44.7	45.0	44.4	45.5
AELE	5.4	5.6	5.9	5.4	5.8	5.6	6.6	7.1	6.3	6.0
Océanie	0.1	0.1	0.2	x0.2	x0.3	0.3	x0.2	x0.2	x0.2	x0.3
USA/Etats-Unis d'Amer	33.1	32.6	30.2	26.5	25.9	30.7	25.0	24.8	25.9	25.9
Germany/Allemagne	20.5	18.6	18.6	21.5	22.0	20.5	22.7	21.7	20.1	22.1
Japan/Japon	11.5	14.4	16.7	15.7	14.8	15.7	18.6	18.6	19.0	17.8
Netherlands/Pays-Bas	8.3	8.6	8.8	9.2	8.4	6.6	7.2	6.9	8.0	6.5
United Kingdom	5.0	4.4	4.1	3.9	4.3	4.5	4.7	5.5	5.5	5.5
France, Monac	3.9	3.4	4.5	4.5	4.6	4.5	4.4	5.1	5.5	5.5
Sweden/Suède	2.8	2.5	2.8	2.8	2.2	2.0	2.3	2.4	2.0	2.0
Italy/Italie	1.8	1.8	1.8	2.1	2.1	1.9	1.9	2.0	2.0	2.3
Finland/Finlande	0.5	0.8	0.7	0.7	1.0	1.5	1.8	1.7	1.6	1.5
Denmark/Danemark	2.1	2.3	2.4	2.5	2.6	1.7	1.7	1.7	1.5	1.6

775 HOUSEHOLD TYPE EQUIP NES

TRADE BY COMMODITY IN THOUSAND U.S. DOLLARS – COMMERCE PAR PRODUIT EN MILLIERS DE DOLLARS E.U

IMPORTS – IMPORTATIONS

COUNTRIES–PAYS	1988	1989	1990	1991	1992
Total	19033920	19499308	22293566	24701045	26821881
Africa	x478544	x305751	x392030	x425718	x478693
Northern Africa	145677	98155	130837	x116485	x129946
Americas	4161270	4541754	4379933	4882788	x5921791
LAIA	283956	328019	373100	645272	987264
CACM	18728	19006	24903	25627	x74558
Asia	x3020686	2778375	3062505	x3670280	x4562702
Middle East	x846894	x606430	x695214	x812178	x1143299
Europe	10507423	10964967	13342321	14162281	15025278
EEC	8471002	8853530	10829359	11767168	12692949
EFTA	1959984	2020019	2318183	2279147	2212148
Oceania	x388920	x460841	x432338	x434560	x425515
USA/Etats–Unis d'Amer	3074042	3250795	3114466	3232921	3740674
Germany/Allemagne	1706028	1781414	2446728	2895544	3184138
France,Monac	1862664	1900374	2211932	2160542	2258909
United Kingdom	1785034	1601350	1628761	1679834	1694085
Hong Kong	723570	886536	1056977	1354336	1706265
Netherlands/Pays–Bas	812696	868418	1097845	1192165	1233338
Italy/Italie	599016	688794	785771	893724	956588
Spain/Espagne	408269	572930	810655	971515	1162087
Canada	664992	768380	719736	828472	951346
Belgium–Luxembourg	572898	612250	762860	814503	906768
Sweden/Suède	467044	497217	583862	605952	541504
Austria/Autriche	447865	476518	583067	611957	644661
Switz.Liecht	464498	456949	533991	529396	531054
Japan/Japon	334319	435775	449734	533896	541010
Former USSR/Anc. URSS	x146719	x164436	x371794	x754908	
Finland/Finlande	297717	340966	339711	251045	206912
Denmark/Danemark	272488	260030	329142	309966	348834
Australia/Australie	268383	313142	284142	280313	256382
Greece/Grèce	139189	224759	286234	305842	x346475
Saudi Arabia	327999	259688	x265216	x281257	x298972
Norway,SVD,JM	264741	233781	262166	263246	271493
Portugal	144556	161609	246306	286631	353270
Mexico/Mexique	149531	179167	198170	306553	361801
Ireland/Irlande	168166	181603	223125	256902	248457
Singapore/Singapour	192978	191208	215071	235214	263763
Israel/Israël	108837	116972	138344	153020	175561
United Arab Emirates	x198185	x96126	x129445	x172337	x211231
China/Chine	149992	160962	93087	100564	188323
So. Africa Customs Un	199283	91715	116397	x134334	x163783
Korea Republic	64214	93502	101757	121488	116989
Yugoslavia SFR	45759	61346	161478	x81073	
Thailand/Thaïlande	71551	89881	103810	96279	110591
New Zealand	77418	95487	89550	96323	103072
Poland/Pologne	83177	60483	63692	147039	x105749
Czechoslovakia	x94805	82089	86642	x95444	x133240
Hungary/Hongrie	x40304	x76207	x75877	90144	x94840
Turkey/Turquie	19410	25032	80717	97056	104672
Malaysia/Malaisie	43849	48781	58279	73776	x132345
Kuwait/Koweït	x146659	85396	x50687	x41113	x109206
Bulgaria/Bulgarie	x37273	x41098	x75222	x20524	53588
Chile/Chili	25934	43213	42262	50924	x111694
Iran (Islamic Rp. of)	x13599	x12975	x39373	x63654	x211780
Argentina/Argentine	12882	7755	16079	85026	241998
Egypt/Egypte	57167	42053	39539	26597	28582
Libyan Arab Jamahiriya	61093	23199	37563	x45951	x17516
New Caledonia	x24581	x35373	x35456	x33210	x39275
Indonesia/Indonésie	15916	24844	30502	44632	35448
Cyprus/Chypre	25999	31265	33658	34172	52993
Brazil/Brésil	10494	22279	30630	44364	47564
Venezuela	30291	20201	17737	59124	85733

EXPORTS – EXPORTATIONS

COUNTRIES–PAYS	1988	1989	1990	1991	1992
Totale	18769895	17992110	20947815	22987266	25219174
Afrique	x24399	x11166	x28949	x34489	x42567
Afrique du Nord	16554	6671	20908	25304	x22619
Amériques	1431687	1669494	1929149	2274970	2661300
ALAI	135095	164414	200276	273520	384950
MCAC	1519	775	3984	601	x22386
Asie	x5730754	4748542	4631702	5651107	6860177
Moyen–Orient	x73485	x95425	x71750	82405	106943
Europe	10260037	10835841	13674294	14238066	15202319
CEE	8935334	9546035	12013314	12675139	13561613
AELE	1068856	1067850	1297167	1308134	1403232
Océanie	x92074	x82276	x96871	x119149	x133147
Germany/Allemagne	3154151	3405102	4254640	4349574	4586185
Italy/Italie	2587870	2759659	3347448	3609284	3837870
USA/Etats–Unis d'Amer	1158577	1357828	1599505	1873186	2096533
Hong Kong	1317853	1423439	1518788	1873921	2152286
France, Monac	1020222	1148644	1463148	1613578	1824624
Japan/Japon	1600144	1298278	1178103	1310476	1413551
Korea Republic	1292786	1095331	839757	1029709	1096935
United Kingdom	616226	629265	786923	810985	875000
Netherlands/Pays–Bas	502196	500470	649947	697145	672756
Spain/Espagne	338972	363668	517460	587137	676427
Sweden/Suède	480972	439738	460718	464776	523523
Denmark/Danemark	310609	312698	428167	396833	419623
Austria/Autriche	253512	283822	410662	432221	464749
Singapore/Singapour	316152	326024	333985	373510	424310
China/Chine	146015	190573	318434	467488	1030247
Former USSR/Anc. URSS	x346642	x317775	x281557	x363650	
Yugoslavia SFR	254825	220729	361539	x253317	
Thailand/Thaïlande	113804	208385	268524	350543	x391041
Switz.Liecht	209691	211316	274348	267861	274325
Ireland/Irlande	194557	188812	239794	277662	289448
Belgium–Luxembourg	167354	171599	201302	188692	207156
Canada	130224	131288	118220	117802	147559
Brazil/Brésil	88396	88765	96130	103503	141309
Portugal	34136	50696	107997	124359	153453
Mexico/Mexique	38868	61309	83823	136640	188153
Hungary/Hongrie	x52825	x56908	x83538	x107845	x106321
Norway,SVD,JM	71641	72907	77760	67079	71681
Poland/Pologne	65950	59617	69727	82177	x98429
Finland/Finlande	52939	59952	73548	76187	68951
Former GDR	x515272	x112320	x67748		
Malaysia/Malaisie	26210	31395	54042	89625	x143110
New Zealand	57384	44304	56726	61571	78662
Turkey/Turquie	44719	51158	48368	61931	93557
Czechoslovakia	x159005	x27549	x32438	x75927	x80243
Australia/Australie	34536	37771	39584	56419	54224
Bulgaria/Bulgarie	x31898	x43957	x37431	x17063	x20989
Israel/Israël	80700	58225	21461	14526	13241
Romania/Roumanie	x59351	26663	14352	22769	x13631
Greece/Grèce	9040	14954	16022	19423	x19072
Philippines	11704	x11341	13445	16229	26710
Algeria/Algérie	15666	5094	14069	9467	x7621
Korea Dem People's Rp	x7783	x1278	x1468	x23680	x41036
India/Inde	5834	x5711	8621	11179	x6308
Kuwait/Koweït	x8670	20255	x1644	x1534	x38
Colombia/Colombie	1340	1528	5702	13320	19967
United Arab Emirates	x4382	x5892	x6072	x5008	x4110
Argentina/Argentine	2181	3587	5071	8219	5644
Venezuela	495	4014	3358	5272	7315
So. Africa Customs Un	x1622	x2385	x4010	x6241	x6555
Saudi Arabia	8233	7588	x3733	x1181	x1781

(VALUE AS % OF TOTAL)(VALEUR EN % DU TOTAL)

	1983	1984	1985	1986	1987	1988	1989	1990	1991	1992		1983	1984	1985	1986	1987	1988	1989	1990	1991	1992
Africa	x4.0	x4.0	2.4	x2.1	1.9	x2.5	1.6	x1.7	x1.7	1.8	Afrique		x0.1	0.1	x0.0	x0.0	x0.1	x0.0	x0.1	x0.1	x0.1
Northern Africa	x2.0	x2.0	1.3	x0.6	0.7	0.8	0.5	0.6	x0.5	x0.5	Afrique du Nord	0.0	0.0	0.0	0.0	0.0	0.1	0.0	0.1	0.1	x0.1
Americas	23.1	28.1	30.7	27.5	23.4	21.8	23.3	19.6	19.7	x22.1	Amériques	x9.4	8.9	7.9	6.6	6.6	7.7	9.3	9.2	9.9	10.6
LAIA	1.0	1.1	1.1	0.9	1.0	1.5	1.7	1.7	2.6	3.7	ALAI	0.7	1.1	1.1	0.7	0.8	0.7	0.9	1.0	1.2	1.5
CACM	x0.1	0.3	0.2	0.2	0.2	0.1	0.1	0.1	0.1	x0.3	MCAC	x0.1	0.1	0.1	0.1	0.0	0.0	0.0	0.0	0.0	x0.1
Asia	x16.2	16.2	14.4	12.3	x14.0	x15.8	14.2	x13.7	x14.9	17.0	Asie	28.8	34.6	35.4	29.8	x29.3	30.6	26.4	22.1	24.6	27.2
Middle East	x9.1	9.0	4.7	x4.5	3.9	4.4	x3.1	x3.1	x3.3	x4.3	Moyen–Orient	x0.2	0.7	0.3	x0.3	x0.2	x0.4	0.5	x0.3	0.4	0.4
Europe	52.1	46.5	47.5	54.3	56.2	55.2	56.2	59.8	57.3	56.0	Europe	59.8	52.3	54.7	61.7	56.5	54.7	60.2	65.3	61.9	60.3
EEC	41.6	37.3	38.1	43.4	44.9	44.5	45.4	48.6	47.6	47.3	CEE	52.5	44.6	46.9	53.1	48.9	47.6	53.1	57.3	55.1	53.8
EFTA	10.4	8.9	9.1	10.5	10.8	10.3	10.4	10.4	9.2	8.2	AELE	7.3	6.2	6.4	7.5	6.4	5.7	5.9	6.2	5.7	5.6
Oceania	x3.3	3.7	3.4	x2.5	2.2	x2.0	x2.4	2.0	x1.7	x1.5	Océanie	x0.6	x0.6	0.5	x0.5	x0.5	x0.5	x0.5	x0.5	x0.5	x0.5
USA/Etats–Unis d'Amer	16.4	20.5	23.3	20.5	17.4	16.2	16.7	14.0	13.1	13.9	Germany/Allemagne	16.9	14.3	16.1	19.4	17.7	16.8	18.9	20.3	18.9	18.2
Germany/Allemagne	8.4	7.8	7.3	8.2	9.1	9.0	9.1	11.0	11.7	11.9	Italy/Italie	16.6	13.9	14.1	15.3	14.0	13.8	15.3	16.0	15.7	15.2
France,Monac	8.8	7.5	7.7	9.5	10.3	9.8	9.7	9.9	8.7	8.4	USA/Etats–Unis d'Amer	7.7	7.0	6.1	4.8	4.8	6.2	7.6	7.6	8.1	8.3
United Kingdom	10.3	10.2	10.7	10.6	9.5	9.4	8.2	7.3	6.8	6.3	Hong Kong	6.8	8.2	8.3	6.4	6.5	7.0	7.9	7.3	8.2	8.5
Hong Kong	2.1	2.4	3.3	3.2	3.1	3.8	4.5	4.7	5.5	6.4	France, Monac	6.2	5.7	5.9	6.6	5.6	5.4	6.4	7.0	7.0	7.2
Netherlands/Pays–Bas	4.3	3.4	3.5	4.2	4.6	4.3	4.5	4.9	4.8	4.6	Japan/Japon	17.3	19.6	20.7	15.7	10.5	8.5	7.2	5.6	5.7	5.6
Italy/Italie	2.5	2.5	2.5	2.8	2.8	3.1	3.5	3.5	3.6	3.6	Korea Republic	2.2	3.6	3.4	5.1	5.9	6.9	6.1	4.0	4.5	4.3
Spain/Espagne	0.8	0.6	0.7	1.0	1.5	2.1	2.9	3.6	3.9	4.3	United Kingdom	2.8	2.3	2.5	2.4	2.9	3.3	3.5	3.8	3.5	3.5
Canada	5.0	5.3	5.5	5.1	4.2	3.5	3.9	3.2	3.4	3.5	Netherlands/Pays–Bas	3.7	2.7	2.9	3.2	2.8	2.7	2.8	3.1	3.0	2.7
Belgium–Luxembourg	3.3	2.6	2.5	3.0	3.0	3.0	3.1	3.4	3.3	3.4	Spain/Espagne	1.9	1.9	1.8	2.1	2.1	1.8	2.0	2.5	2.6	2.7

776 TRANSISTORS, VALVES, ETC / LAMPES, TUBES, VALVES 776

TRADE BY COMMODITY IN THOUSAND U.S. DOLLARS – COMMERCE PAR PRODUIT EN MILLIERS DE DOLLARS E.U

COUNTRIES–PAYS	1988	1989	1990	1991	1992	COUNTRIES–PAYS	1988	1989	1990	1991	1992
	IMPORTS – IMPORTATIONS						EXPORTS – EXPORTATIONS				
Total	55043144	56834899	60570080	68073861	77272585	Totale	53484072	57100779	61307741	68563459	77151760
Africa	x258338	318411	329274	x311264	x291262	Afrique	x10480	x50986	x114807	x140059	x133304
Northern Africa	68880	150799	182672	181212	x147901	Afrique du Nord	x2747	48413	110886	131494	100557
Americas	14032965	16394765	16284853	17821543	20943381	Amériques	11258989	13672525	15406442	16978775	19035172
LAIA	674873	753312	776762	842860	931502	ALAI	84898	116667	127658	141613	216715
CACM	8427	10482	12417	8838	x8171	MCAC	x470	1191	1559	3497	x1574
Asia	x22657086	21438722	23402182	28750380	x33705417	Asie	28777925	30501616	30908088	36450873	x41777637
Middle East	x234611	238513	x438825	513801	x599878	Moyen–Orient	x7869	x3955	x4271	x7462	x5981
Europe	16801080	17551301	19760285	20265077	21717205	Europe	12423113	12362979	14557617	14834308	16093375
EEC	14600992	15372526	17238355	17915833	19119167	CEE	10945961	11111108	12945895	13289297	14320233
EFTA	1937432	1826053	2029744	1829772	1985853	AELE	1246053	924629	1141541	1024417	948247
Oceania	x276644	x300954	x287719	x292240	x361116	Océanie	x12325	x16341	x21682	x30372	x32801
USA/Etats–Unis d'Amer	11631269	13346270	13139051	14086389	16644248	Japan/Japon	12326898	14123301	13347449	14859971	17479622
Korea Republic	3591009	4073277	4559680	5302160	6011505	USA/Etats–Unis d'Amer	10409134	12397700	13990618	15134034	16781584
Singapore/Singapour	3962587	3894970	4488977	5226969	6221522	Korea Republic	3856112	4702138	5363900	6630536	7762913
Germany/Allemagne	3726798	3899760	4351706	4728158	5107787	Malaysia/Malaisie	3332034	3766660	4321419	4738864	x5330462
United Kingdom	3270584	3589124	4014414	4139572	4556443	Germany/Allemagne	3434599	3540227	3977813	4112482	4034527
Hong Kong	3484700	3487975	3704918	4520222	5633480	Singapore/Singapour	3168614	3311816	3674584	4586711	5447811
Malaysia/Malaisie	2700476	3208660	3812400	4534651	x6257044	United Kingdom	2270521	2582594	3105463	3122178	3742932
Japan/Japon	2283960	2860166	3310374	3911148	3988253	Hong Kong	2479870	2539532	2561546	2598269	3155322
Italy/Italie	2472283	2714414	3103673	3069499	3363684	France, Monac	2216304	1943307	2420096	2470414	2607933
France, Monac	2479083	2333462	2897462	2955583	2926953	Italy/Italie	1360458	1335644	1476145	1610475	1836439
Canada	1697769	2235427	2332830	2859800	3343948	Canada	754663	1135399	1271001	1691118	2012205
Thailand/Thaïlande	948073	1016523	1312645	1588637	1899456	Netherlands/Pays–Bas	1080710	1024385	1192593	1198419	1283944
Philippines	315775	x1049910	399102	1440748	548131	Philippines	464689	x1117744	398738	1375127	593478
China/Chine	1017549	987483	746565	1032367	1733597	Thailand/Thaïlande	746590	725833	900991	1121951	x1260694
Netherlands/Pays–Bas	829497	877174	844913	1024350	1129824	Austria/Autriche	766985	461866	658923	556821	463212
Austria/Autriche	755863	639624	760184	662216	573341	Malta/Malte	204489	306216	438205	x509985	x816477
Spain/Espagne	619853	618533	610185	620312	598626	Ireland/Irlande	205327	255331	263719	259630	290716
Ireland/Irlande	441060	523046	481971	491539	560631	Switz.Liecht	233984	223940	231413	245180	262158
Brazil/Brésil	398377	459821	489773	450032	379683	Sweden/Suède	200660	195932	183611	163772	165206
Sweden/Suède	466498	475972	472999	437969	521277	Portugal	129267	167991	183651	152771	167849
Belgium–Luxembourg	436681	442407	490751	450051	443589	Israel/Israël	102829	92415	143141	242014	335319
Malta/Malte	169971	264246	399974	x473011	x579119	Former USSR/Anc. URSS	x293660	x232073	x162703	x76537	
Switz.Liecht	365915	357768	376675	356394	364468	Belgium–Luxembourg	139283	122433	146749	170985	146022
Turkey/Turquie	161692	187808	360630	434163	412101	China/Chine	38494	77623	127610	184036	310543
Finland/Finlande	238128	267141	308278	260837	391824	Spain/Espagne	77793	93889	132743	131756	147712
Australia/Australie	245725	275528	262813	265590	326329	Morocco/Maroc	15	46657	110134	130271	99059
India/Inde	324286	x330567	251274	201333	x289820	Brazil/Brésil	70173	78438	79234	96640	105555
Former USSR/Anc. URSS	x185361	x180787	x161311	x439920		Denmark/Danemark	28852	41627	44856	58052	60130
Portugal	155817	195186	220318	222080	210996	Finland/Finlande	22059	30172	56476	45957	41384
Israel/Israël	139106	164001	198473	248330	292772	Mexico/Mexique	11828	37389	46658	43702	102903
Mexico/Mexique	107961	170277	167040	197793	226516	Czechoslovakia	x133318	x41039	x35538	x29952	x25185
Denmark/Danemark	142195	153516	165048	150414	190710	Bulgaria/Bulgarie	x60454	x83600	x15882	x3205	x3232
Indonesia/Indonésie	48466	77486	155559	173698	189912	India/Inde	42599	x11164	38865	50354	x11507
So. Africa Customs Un	166242	144405	125041	x103766	x109159	Former GDR	x423167	x55054	x28070		
Bulgaria/Bulgarie	x137499	x195702	x109391	x6003	7556	Poland/Pologne	56842	44130	28553	9261	x37990
Norway, SVD, JM	109587	84071	109691	110571	133255	Indonesia/Indonésie	8693	13238	18315	40592	60935
Morocco/Maroc	8605	89904	109193	97916	64769	Yugoslavia SFR	26432	21007	31739	x10410	
Argentina/Argentine	104683	66959	61989	124209	252994	Australia/Australie	11582	14951	21502	2932	x2232
Yugoslavia SFR	90242	87174	91709	x46220		Romania/Roumanie	x16139	24392	10631	12686	16285
Czechoslovakia	x53938	97081	71334	x43501	x59350	Norway, SVD, JM	22362	12715	10631	12686	16285
Hungary/Hongrie	x82663	x83371	x55060	69755	x64403	Hungary/Hongrie	x17659	x16005	x6856	x7168	x10830
Poland/Pologne	79132	68501	47623	54270	x115875	Panama	x7455	x15231	x11976	x1378	7
Greece/Grèce	27141	25903	57915	64276	x29925	Korea Dem People's Rp	x30764	x11734	x3600	x10977	x18021
Former GDR	x455182	x140085	x4346			Barbados/Barbade	207	3630	215	4173	x7944
Romania/Roumanie	x22561	64457	55716	17238	x5307	Greece/Grèce	2848	3667	2056	2121	x2029
Iran (Islamic Rp. of)	x24138	x15165	x34825	x51522	x139704	So. Africa Customs Un	x3008	x1149	x2576	x2740	x1773
Algeria/Algérie	35986	30310	28640	32827	x14172	Viet Nam	x12729	x3198	x1331	x897	x1891
Tunisia/Tunisie	13183	16419	26858	25542	32327	New Zealand	544	601	1145	3119	2960
New Zealand	23406	22675	20292	19978	26229	El Salvador	8	x70	1425	3134	x368
Venezuela	27774	18468	13720	30558	31536	Oman	2	x1493		x2151	x1342

(VALUE AS % OF TOTAL)(VALEUR EN % DU TOTAL)

	1983	1984	1985	1986	1987	1988	1989	1990	1991	1992		1983	1984	1985	1986	1987	1988	1989	1990	1991	1992
Africa	x0.6	x0.5	0.5	x0.5	x0.5	x0.5	0.6	0.5	x0.5	x0.3	Afrique	x0.0	x0.0		x0.0	x0.0	x0.0	x0.1	x0.2	x0.2	x0.2
Northern Africa	0.2	0.1	0.2	0.2	0.1	0.1	0.3	0.3	0.3	x0.2	Afrique du Nord	x0.0	x0.0	0.0	0.0	0.0	x0.0	0.1	0.2	0.2	0.1
Americas	34.2	37.8	33.7	30.0	25.8	25.5	28.8	26.8	26.2	27.1	Amériques	x30.6	29.6	28.1	25.4	21.9	21.1	23.9	25.1	24.7	24.7
LAIA	1.5	2.8	3.2	2.4	1.6	1.2	1.3	1.3	1.2	1.2	ALAI	0.3	1.4	1.4	0.5	0.2	0.2	0.2	0.2	0.2	0.3
CACM	x0.2	0.0	0.0	0.0	0.0	0.0	0.0	0.0	0.0	0.0	MCAC	x0.3	x0.3	0.0	0.0	0.0	0.0	0.0	0.0	0.0	x0.0
Asia	34.0	31.5	29.5	32.5	x38.8	x41.2	37.7	38.6	42.2	x43.6	Asie	47.0	48.8	45.7	48.1	51.6	53.8	53.4	50.4	53.1	x54.2
Middle East	x0.4	x0.6	0.6	0.7	x0.5	x0.4	0.4	x0.7	0.8	x0.8	Moyen–Orient	x0.0	x0.0	x0.0	x0.0	x0.0	x0.0	x0.0	x0.0	x0.0	x0.0
Europe	30.0	29.1	34.9	35.6	31.8	30.5	30.9	32.6	29.8	28.1	Europe	21.3	20.7	25.1	25.4	23.6	23.2	21.7	23.7	21.6	20.9
EEC	26.6	25.3	30.0	31.0	27.7	26.5	27.0	28.5	26.3	24.7	CEE	20.0	19.2	23.3	23.2	21.2	20.5	19.5	21.1	19.4	18.6
EFTA	3.4	3.6	4.5	4.2	3.7	3.5	3.2	3.4	2.7	2.6	AELE	1.3	1.3	1.6	1.9	2.1	2.3	1.6	1.9	1.5	1.2
Oceania	0.5	x0.6	x0.6	x0.6	x0.5	0.5	0.5	x0.5	x0.4	x0.5	Océanie	x0.0		x0.0	x0.0	x0.0		x0.0	x0.0	x0.0	x0.0
USA/Etats–Unis d'Amer	28.3	30.5	26.2	23.7	20.9	21.1	23.5	21.7	20.7	21.5	Japan/Japon	20.5	22.9	21.0	23.0	21.5	23.0	24.7	21.8	21.7	22.7
Korea Republic	4.8	4.7	4.7	5.9	6.4	6.5	7.2	7.5	7.8	7.8	USA/Etats–Unis d'Amer	28.1	25.3	23.5	22.7	20.0	19.5	21.7	22.8	22.1	21.8
Singapore/Singapour	7.5	6.5	6.4	7.3	7.0	7.2	6.9	7.4	7.7	8.1	Korea Republic	4.8	5.3	5.0	5.8	6.0	7.2	8.2	8.7	9.7	10.1
Germany/Allemagne	7.9	7.4	8.8	9.1	7.5	6.8	6.9	7.2	6.9	6.6	Malaysia/Malaisie	9.2	8.2	8.1	8.2	7.1	6.2	6.6	7.0	6.9	x6.9
United Kingdom	5.9	6.0	7.3	6.6	6.2	5.9	6.3	6.6	6.1	5.9	Germany/Allemagne	6.3	5.9	6.4	6.7	6.0	6.4	6.2	6.5	6.0	5.2
Hong Kong	6.0	5.9	5.0	5.4	5.6	6.3	6.1	6.1	6.6	7.3	Singapore/Singapour	7.5	6.1	6.1	6.1	5.9	5.8	6.0	6.7	6.7	7.1
Malaysia/Malaisie	7.9	6.8	6.5	6.8	5.7	4.9	5.6	6.3	6.7	x8.1	United Kingdom	3.9	4.1	5.7	5.1	4.4	4.2	4.5	5.1	4.6	4.9
Japan/Japon	4.7	4.7	4.2	4.3	3.8	4.1	5.0	5.5	5.7	5.2	Hong Kong	3.5	4.0	4.0	3.6	3.9	4.4	4.4	4.2	3.8	4.1
Italy/Italie	3.1	3.2	3.9	4.3	4.4	4.5	4.8	5.1	4.5	4.4	France, Monac	3.7	3.4	4.4	4.6	4.7	4.1	3.4	3.9	3.6	3.4
France, Monac	4.0	3.7	4.5	4.6	4.5	4.5	4.1	4.8	4.3	3.8	Italy/Italie	2.1	1.9	2.4	2.4	2.5	2.5	2.3	2.4	2.3	2.4

778 ELECTRICAL MACHINERY NES

TRADE BY COMMODITY IN THOUSAND U.S. DOLLARS – COMMERCE PAR PRODUIT EN MILLIERS DE DOLLARS E.U

AUTRES MACH ELECT NDA 778

COUNTRIES–PAYS	IMPORTS – IMPORTATIONS 1988	1989	1990	1991	1992	COUNTRIES–PAYS	EXPORTS – EXPORTATIONS 1988	1989	1990	1991	1992
Total	34180139	34855019	39886772	42793247	46892851	Totale	31855290	31700392	36614771	39325730	43798780
Africa	x903500	x819432	x937608	x955872	x1096834	Afrique	x45657	x54650	x63758	x75118	x85610
Northern Africa	326230	304660	341293	x298760	x324475	Afrique du Nord	19158	23615	29570	33599	43194
Americas	9228422	9138044	9518757	9681608	11801993	Amériques	4743609	5164928	5902629	6832076	7579383
LAIA	1052867	973544	1340084	1545733	2565167	ALAI	248018	330088	386840	419991	566542
CACM	64625	68912	58901	63995	x100322	MCAC	15744	17096	19707	22480	x57509
Asia	x6356452	6237420	7305044	8774368	x10491449	Asie	x10301839	9659212	10608367	12235541	14207672
Middle East	x942323	x732940	x905058	x974307	x1345778	Moyen–Orient	x68685	x43494	x49552	x56875	x61317
Europe	15156955	16154575	19771770	20898631	22044258	Europe	15477974	16047477	19342063	19561377	21343199
EEC	12519958	13367037	16534534	17868286	18895366	CEE	13448507	13967964	16804482	17145953	18795683
EFTA	2466506	2610349	3033665	2883364	3008310	AELE	1812860	1891593	2335235	2318947	2430259
Oceania	x661318	x781733	x770683	x781698	x894086	Océanie	x95613	x93894	x110674	x128076	x149648
USA/Etats–Unis d'Amer	6155193	6010198	6036342	5941482	6853189	Japan/Japon	6323123	6856680	7388587	8187771	9004412
Germany/Allemagne	3074333	3461528	4615191	5405372	5555206	Germany/Allemagne	4924570	5338726	6426859	6607436	7411896
France, Monac	2101042	2194811	2679214	2763512	2903443	USA/Etats–Unis d'Amer	4077519	4342551	5032843	5959443	6418286
United Kingdom	2109156	2226798	2599366	2700702	2986522	United Kingdom	2331104	2306679	2722658	2710010	2825220
Canada	1794077	1863380	1852989	1941041	2081696	France, Monac	1730565	1755975	2240466	2309003	2551577
Italy/Italie	1484473	1548689	1830133	1887540	2006840	Italy/Italie	1234568	1389997	1680221	1722284	1872980
Netherlands/Pays–Bas	1341685	1366068	1609168	1587688	1676382	Netherlands/Pays–Bas	1541169	1386165	1465991	1440906	1577247
Japan/Japon	1001640	1237792	1439914	1550742	1444587	Switz.Liecht	1025583	1034478	1286438	1228876	1273886
Hong Kong	919762	1019485	1199157	1641873	2008423	Belgium–Luxembourg	888706	955694	1213835	1256727	1316872
Spain/Espagne	839043	972642	1233141	1406852	1458217	Hong Kong	668798	855720	951426	1279889	1717410
Former USSR/Anc. URSS	x1109445	x1131118	x1144319	x1273561		Singapore/Singapour	425002	526930	643736	802902	895585
Belgium–Luxembourg	866090	860284	1034721	1074901	1110566	Spain/Espagne	517930	535813	669351	687900	769346
Singapore/Singapour	702027	801053	981915	1117044	1263045	Korea Republic	521123	546582	612397	632494	688388
Sweden/Suède	760037	757023	865483	800173	813487	Austria/Autriche	382266	463155	451284	416312	519835
Switz.Liecht	617082	625251	738522	720145	720943	Sweden/Suède	325948	342361	422003	450167	494218
Korea Republic	536792	585470	663028	773303	806600	China/Chine	320244	347026	415330	446538	462822
Austria/Autriche	462985	577109	655095	664384	725540	Malaysia/Malaisie	199226	271105	347491	442829	837990
Australia/Australie	509224	606406	576147	606400	689289	Mexico/Mexique	89175	130086	181933	258004	x393044
Malaysia/Malaisie	245401	359001	519657	743800	x704379	Thailand/Thaïlande	89573	143363	190299	184523	280239
Mexico/Mexique	275688	338471	543390	641233	741255		403780	156659	127067	190751	x224508
Thailand/Thaïlande	228512	345278	456569	617162	691543	Yugoslavia SFR	207930	178711	201316	x94087	
China/Chine	348632	358232	338728	436044	1062806	Hungary/Hongrie	x133168	x128601	x140695	x200602	x175464
Norway, SVD, JM	338113	325006	405932	392723	414114	Brazil/Brésil	133690	145646	141992	172182	223742
Denmark/Danemark	284322	271466	333259	340531	365563	Canada	x330221	x219957	x166747	x53417	x62151
Finland/Finlande	247165	288818	323109	263025	287363	Denmark/Danemark	137090	128560	145751	156236	164779
Brazil/Brésil	239551	225295	323500	308280	1148411	Finland/Finlande	88374	103901	141507	122240	121440
So. Africa Customs Un	277042	217002	237667	x293306	x295129	Portugal	75220	92918	135074	134675	146920
Saudi Arabia	239982	242767	x253687	x227906	x269818	Israel/Israël	130570	97468	97464	104920	115302
Portugal	174147	184651	248252	276281	328846	Former USSR/Anc. URSS	x92571	x105028	x88627	x99996	
Turkey/Turquie	155421	160813	252886	291428	302745	Poland/Pologne	99605	101070	95292	72760	x102328
Indonesia/Indonésie	129394	201503	215674	256033	343435	Ireland/Irlande	62709	65761	88683	100863	105835
Greece/Grèce	133205	160625	203604	220317	x236114	Australia/Australie	62758	66765	80194	98732	114692
Israel/Israël	142797	143346	165434	195500	236399	Indonesia/Indonésie	30083	52197	64738	123907	181903
Venezuela	278854	156497	145092	183917	144973	India/Inde	83725	x27843	99367	113284	x37990
Ireland/Irlande	112462	119475	148486	204589	267668	Norway, SVD, JM	52549	63439	69310	70721	77443
India/Inde	164218	x163674	190247	118376	x204939	Philippines	14882	x89773	33351	19176	23751
Yugoslavia SFR	152235	156788	182535	x124424		Former GDR	x413726	x77905	x59681		
Czechoslovakia	x224268	138850	138752	x153161	x201030	Czechoslovakia	x99111	x31675	x26447	x58109	x82657
Bulgaria/Bulgarie	x158865	x211175	x118337	x20829	26454	New Zealand	31613	26026	29086	27179	30978
New Zealand	94585	117178	118397	104947	115116	Turkey/Turquie	36304	20212	19911	29586	15937
United Arab Emirates	x164367	x86565	x98952	x140188	x160941	Tunisia/Tunisie	15066	17919	23594	23010	31777
Iran (Islamic Rp. of)	x93772	x47627	x110159	x145240	x353050	So. Africa Customs Un	x15344	x17335	x18142	x25457	x28374
Argentina/Argentine	78848	59330	74286	153962	244832	Argentina/Argentine	14407	15193	18172	20334	19229
Hungary/Hongrie	x79588	x88180	x78496	117014	x116010	Greece/Grèce	4876	11365	15254	19602	x53011
Philippines	37426	x107388	63336	101344	103328	Costa Rica	7767	12752	11687	12200	x11626
Chile/Chili	54527	71225	80788	106193	x114933	Venezuela	1187	13147	13491	8992	12076
Egypt/Egypte	80429	68790	78778	75674	72069	Romania/Roumanie	x22125	15985	9745	8560	x10517
Algeria/Algérie	82545	67778	83076	55087	x71382	Saudi Arabia	6633	6384	9745	8560	x10517
Poland/Pologne	76454	58306	46405	97065	x163113	Colombia/Colombie	2411	5363	x13093	x11744	x20433
Nigeria/Nigéria	x70213	x60023	x63490	x69295	x110014	United Arab Emirates	x2541	x6616	8433	14130	15243

(VALUE AS % OF TOTAL)(VALEUR EN % DU TOTAL)

	1983	1984	1985	1986	1987	1988	1989	1990	1991	1992		1983	1984	1985	1986	1987	1988	1989	1990	1991	1992
Africa	x4.3	x4.2	3.3	x3.1	x2.8	x2.6	x2.3	x2.4	x2.2	x2.3	Afrique	x0.2	x0.2	0.2	0.3	0.2	x0.1	x0.2	x0.1	x0.2	x0.2
Northern Africa	x2.0	x1.6	1.7	1.2	1.0	1.0	0.9	0.9	x0.7	x0.7	Afrique du Nord	0.0	0.0	0.0	0.0	0.0	0.1	0.1	0.1	0.1	0.1
Americas	24.8	30.9	33.1	30.4	26.5	27.0	26.2	23.9	22.6	25.2	Amériques	x19.9	21.8	19.2	14.9	13.4	14.9	16.3	16.1	17.4	17.3
LAIA	3.3	4.9	4.7	3.5	3.0	3.1	2.8	3.4	3.6	5.5	ALAI	0.7	2.2	1.9	0.7	0.8	0.8	1.0	1.1	1.1	1.3
CACM	x0.3	0.3	0.3	0.2	x0.2	0.2	0.2	0.1	0.1	x0.2	MCAC	x0.2	0.1	0.1	0.1	0.1	0.1	0.1	0.1	0.1	x0.1
Asia	x19.3	17.2	14.9	14.8	x16.8	x18.5	17.9	18.3	20.5	x22.4	Asie	25.7	27.1	27.1	27.9	x30.4	x32.4	30.4	28.9	31.1	32.4
Middle East	x6.3	x4.7	2.9	x3.1	x2.7	x2.8	x2.1	x2.3	x2.3	x2.9	Moyen–Orient	x0.2	0.2	0.1	0.2	x0.2	x0.2	x0.1	x0.1	x0.1	x0.1
Europe	45.0	41.3	45.1	48.3	46.0	44.3	46.3	49.6	48.8	47.0	Europe	52.4	48.9	52.1	55.7	51.4	48.6	50.6	52.8	49.7	48.7
EEC	36.4	32.8	35.9	38.8	37.2	36.6	38.4	41.5	41.8	40.3	CEE	45.4	41.4	44.4	47.6	44.3	42.2	44.1	45.9	43.6	42.9
EFTA	8.5	7.7	8.4	8.8	8.3	7.2	7.5	7.6	6.7	6.4	AELE	7.1	6.3	6.4	7.1	6.4	5.7	6.0	6.4	5.9	5.5
Oceania	2.1	x2.3	2.4	x2.2	x1.9	x2.0	2.3	x1.9	x1.9	x1.9	Océanie	x0.3	x0.3	0.3	x0.2	0.4	x0.3	0.3	x0.3	x0.3	x0.3
USA/Etats–Unis d'Amer	15.2	19.2	21.6	20.8	18.6	18.0	17.2	15.1	13.9	14.6	Japan/Japon	20.1	21.7	21.1	21.8	19.5	19.8	21.6	20.2	20.8	20.6
Germany/Allemagne	9.3	8.2	8.9	9.9	9.1	9.0	9.9	11.6	12.6	11.8	Germany/Allemagne	14.0	14.5	15.5	18.1	16.5	15.5	16.8	17.6	16.8	16.9
France, Monac	6.6	5.7	6.1	6.9	6.5	6.1	6.3	6.7	6.5	6.2	USA/Etats–Unis d'Amer	18.2	18.5	16.3	13.3	11.9	12.8	13.7	13.7	15.2	14.7
United Kingdom	6.1	5.6	6.1	5.9	5.8	6.2	6.4	6.5	6.3	6.4	United Kingdom	7.6	7.2	7.7	7.3	7.2	7.3	7.3	7.4	6.9	6.5
Canada	5.5	5.9	6.5	5.0	4.2	5.2	5.3	4.6	4.5	4.4	France, Monac	7.3	6.7	7.1	6.8	6.0	5.4	5.5	6.1	5.9	5.8
Italy/Italie	4.1	3.9	4.1	4.4	4.4	4.3	4.4	4.6	4.4	4.3	Italy/Italie	4.5	3.9	4.1	4.3	4.1	3.9	4.4	4.6	4.4	4.3
Netherlands/Pays–Bas	4.1	3.9	4.2	4.5	4.3	3.9	3.9	4.0	3.7	3.6	Netherlands/Pays–Bas	4.0	3.7	4.2	4.3	4.1	3.9	4.4	4.0	3.7	3.6
Japan/Japon	2.9	3.3	3.5	2.7	2.5	2.9	3.6	3.6	3.6	3.1	Switz.Liecht	4.0	3.4	3.5	4.2	3.8	3.2	3.2	3.5	3.1	2.9
Hong Kong	2.3	2.2	1.9	2.1	2.3	2.7	2.9	3.0	3.8	4.3	Belgium–Luxembourg	3.2	3.0	3.0	3.0	2.7	2.8	3.0	3.3	3.2	3.0
Spain/Espagne	1.6	1.5	1.8	2.3	2.4	2.5	2.8	3.1	3.3	3.1	Hong Kong	1.5	1.4	1.5	1.5	1.6	1.8	2.1	2.7	2.6	3.9

781 PASS MOTOR VEH EXC BUSES — AUTO TRANSPORT PERSONNES 781

TRADE BY COMMODITY IN THOUSAND U.S. DOLLARS – COMMERCE PAR PRODUIT EN MILLIERS DE DOLLARS E.U

IMPORTS – IMPORTATIONS / EXPORTS – EXPORTATIONS

COUNTRIES–PAYS	1988	1989	1990	1991	1992	COUNTRIES–PAYS	1988	1989	1990	1991	1992
Total	139671070	142291930	165786502	173154754	191725139	Totale	140420047	145505897	168436663	173834668	190401962
Africa	x2481034	x2239465	x2540217	x1794075	x2620590	Afrique	x36897	x47600	x61540	x49571	x36285
Northern Africa	567574	406798	546232	484795	x791518	Afrique du Nord	x6682	x3431	x778	x788	x6035
Americas	60454453	57395221	58889486	60552066	x63006824	Amériques	24784674	25807222	27888196	30787271	33969138
LAIA	1100949	893128	1051064	1887184	x4213504	ALAI	1435482	2104396	3062287	4206543	4291679
CACM	x91735	354736	359738	356014	x391034	MCAC	x5067	x1214	x971	x1805	x1697
Asia	x11349220	x10528887	x13857401	x14591857	x19289805	Asie	42551211	41352634	43683414	47650994	52471985
Middle East	x3462443	x3019547	x3817646	x4712711	x6594622	Moyen–Orient	x210770	x240832	x212496	x323419	x364825
Europe	63039607	68381521	86684587	91427876	101943695	Europe	70197485	76022219	94535441	91986944	102767528
EEC	52058059	57179168	73929581	79465661	89814161	CEE	66174419	72159046	89696913	87422936	97242521
EFTA	10619962	10805267	12016861	11155734	11666772	AELE	3769212	3663188	4438237	4220329	5151820
Oceania	x1973639	x2925480	x2668374	x2461192	x2978356	Océanie	x106083	x173655	x346448	x349714	x356007
USA/Etats–Unis d'Amer	48654966	45562558	47616320	47357531	47816703	Japan/Japon	38671379	38804425	41347654	44712595	48572489
Germany/Allemagne	10405401	10853663	17086946	23927697	23776032	Germany/Allemagne	33264483	35433072	41168678	36028957	43053181
Italy/Italie	8259956	9632326	12511456	13478040	16824005	Canada	9777616	10666142	13400099	13357568	14515742
United Kingdom	11897892	12343599	13093715	9723545	11668009	France, Monac	9801596	10214721	13627860	13399313	14149290
France, Monac	8447178	9919766	12539694	11614645	13528025	Belgium–Luxembourg	8489540	10090282	10810813	12123164	14699105
Canada	10073061	10061714	9271480	10297169	9833494	USA/Etats–Unis d'Amer	9125495	10090282	10810813	9586543	10799849
Belgium–Luxembourg	4044974	4463855	5888655	6559782	6260174	Spain/Espagne	4330413	5183875	7454566	7210084	7467969
Japan/Japon	3037881	4009131	6188686	5179673	4996726	United Kingdom	3600037	4288177	5917458	5875047	5007879
Netherlands/Pays–Bas	3172420	3562311	4447160	5073911	5017152	Italy/Italie	4041652	4785746	6042286	5875047	5007879
Spain/Espagne	3296093	3665924	4455403	4553765	6662260	Sweden/Suède	3002233	2859869	3190638	2940872	3429301
Switz.Liecht	3737057	3762969	4512418	4270038	4244616	Mexico/Mexique	518087	1376556	2614144	3784361	3293318
Austria/Autriche	2504022	2670684	3490607	3834615	4297851	Korea Republic	3336160	2048352	1849004	2123890	2534117
Sweden/Suède	2714435	2656106	2137491	1733392	1814788	Former USSR/Anc. URSS	x1824448	x1554656	x1513718	x2454808	
Australia/Australie	1364115	1917476	1706756	1732820	2145143	Netherlands/Pays–Bas	1053782	1206757	1558009	1457551	1529139
Portugal	1121490	994158	1395089	1619500	2409775	Finland/Finlande	477470	470463	509272	590103	716395
Saudi Arabia	x1005657	x1007537	x1379707	x1489005	x1900992	Brazil/Brésil	870849	679430	417303	338394	761477
Greece/Grèce	340652	586521	1065059	1532153	x2063204	Austria/Autriche	219920	211439	583021	500601	793446
Finland/Finlande	1041529	1262010	1177018	739968	536944	Yugoslavia SFR	251540	196620	385131	x340637	
Malaysia/Malaisie	339111	567248	792844	917934	x466776	Australia/Australie	94144	165966	335848	340594	343879
Denmark/Danemark	608465	557944	751508	802653	939185	Portugal	171268	242390	326633	238886	420797
New Zealand	429915	764871	710074	517326	585230	Czechoslovakia	x347373	x107246	x130928	x417395	x467607
So. Africa Customs Un	941500	917327	874428	x127754	x190545	Romania/Roumanie	x214914	247926	140982	89462	x37462
Ireland/Irlande	463538	599101	694896	579970	666340	Hong Kong	133039	114271	121876	238100	748893
United Arab Emirates	x1038489	x514552	x563662	x789602	x1111254	Denmark/Danemark	99463	95636	167807	200671	229937
Kuwait/Koweït	x565769	614195	x270118	x916315	x1019430	Switz.Liecht	49566	93655	150286	180075	197811
Former USSR/Anc. URSS	x37078	x144040	462870	x481906	x1017101	Oman	82287	80401	82684	150139	x71051
Hong Kong	584632	411564	611211	760812	2131138	Poland/Pologne	229341	159708	101077	39847	x263919
Yugoslavia SFR	235051	286341	611211	x682850		Malaysia/Malaisie	6550	66677	76259	83832	x114889
Israel/Israël	640717	391692	497567	682465	1049169	Thailand/Thaïlande	79453	51826	31680	68512	x13269
Norway,SVD,JM	528520	408243	642947	493766	709251	Turkey/Turquie	41961	40739	40392	57105	73036
China/Chine	540126	490075	311147	579861	1392694	Ireland/Irlande	33482	38960	30311	60981	58385
Thailand/Thaïlande	266044	282426	397275	472309	935491	Kuwait/Koweït	x38229	60598	x6350	x43349	x21324
Singapore/Singapour	291094	x345399	x356500	x402407	x504642	Argentina/Argentine	26620	31201	17693	59704	100463
Hungary/Hongrie	x86660	x395747	x234703	397992	x505747	So. Africa Customs Un	x22040	x28810	x32223	x40136	x21107
Turkey/Turquie	83954	85112	567698	258591	364688	United Arab Emirates	x23297	x28871	x35684	x35041	x113904
Oman	213019	216043	289573	378077	x587060	India/Inde	14820	x9603	22648	66023	x56966
Poland/Pologne	113004	123126	93963	620152	x579323	Former GDR	x124739	x26829	x27117		
Chile/Chili	140767	312163	208706	282301	x747139	Cyprus/Chypre	7082	15432	15985	12095	15405
Indonesia/Indonésie	191579	182616	356724	238100	169710	Norway,SVD,JM	19739	27397	4912	8509	14591
Venezuela	455770	101287	179076	453343	1094970	Saudi Arabia	x12292	x8727	x21423	x9917	x37982
Philippines	78368	x267246	182772	232810	292384	Uruguay	14092	9141	7568	10872	22992
Iran (Islamic Rp. of)	x96833	x77508	x171334	x313926	x756428	China/Chine	707	5226	7747	14309	25472
Mexico/Mexique	63668	82752	250926	223960	375042	Jordan/Jordanie	1253	3344	7536	11084	20543
Pakistan	147249	152577	173165	157596	206385	Kenya	1128	58	18543	298	x246
Colombia/Colombie	219247	176540	167108	115171	155158	New Zealand	8887	5253	8045	4941	7375
Cyprus/Chypre	103352	130842	153942	148303	191825	Venezuela	5136	7089	3851	5705	38039
Libyan Arab Jamahiriya	315298	109003	154293	162050	x90793	Gibraltar	x975	x2699	x12338	x1417	x2825
Qatar	143448	128783	135720	143274	x250585	Indonesia/Indonésie	2918	5244	7036	3829	7493
Nigeria/Nigéria	x93022	x76772	x119474	x167555	x344547	Greece/Grèce	626	3116	2751	6882	x10353
Reunion/Réunion	108076	115177	108750	102701	143041	Korea Dem People's Rp	x1304	x1506	x1418	x8582	x10299

(VALUE AS % OF TOTAL)(VALEUR EN % DU TOTAL)

	1983	1984	1985	1986	1987	1988	1989	1990	1991	1992		1983	1984	1985	1986	1987	1988	1989	1990	1991	1992
Africa	x2.9	x2.6	1.1	x1.2	x1.4	x1.8	x1.5	x1.5	x1.1	x1.4	Afrique	x0.0	x0.0	0.0	x0.1	x0.1	x0.0	x0.0	x0.0	x0.0	x0.0
Northern Africa	0.8	0.3	0.3	0.2	0.2	0.4	0.3	0.3	0.3	0.4	Afrique du Nord	0.0	0.0	0.0	0.0	0.0	0.0	0.0	0.0	0.0	0.0
Americas	47.3	54.0	59.4	54.3	48.4	43.2	40.3	35.5	35.0	32.9	Amériques	19.0	22.4	22.5	18.7	15.0	17.6	17.8	16.5	17.7	17.9
LAIA	1.3	1.1	1.0	0.9	0.8	0.8	0.6	0.6	1.1	x2.2	ALAI	0.8	0.8	0.8	0.6	0.8	1.0	1.4	1.8	2.4	2.3
CACM	x0.0	0.0	0.1	0.0	x0.1	0.2	0.2	0.2	0.2	0.2	MCAC	0.0	0.0	0.0	0.0	0.0	0.0	0.0	0.0	0.0	0.0
Asia	x8.7	6.9	4.3	4.2	5.7	8.1	7.4	8.3	x8.4	10.1	Asie	x30.0	30.8	31.7	32.0	30.2	30.3	28.5	25.9	27.4	27.5
Middle East	x5.7	x4.1	1.3	x1.8	1.9	2.5	2.1	2.3	2.7	3.4	Moyen–Orient	x0.5	0.4	0.2	0.1	x0.2	0.2	0.2	0.1	x0.2	0.2
Europe	39.6	34.5	33.5	38.7	42.9	45.1	48.1	52.3	52.8	53.2	Europe	49.7	45.7	45.5	49.0	52.5	50.0	52.2	56.1	52.9	54.0
EEC	33.0	28.9	27.6	31.7	35.3	37.3	40.2	44.6	45.9	46.8	CEE	46.8	42.4	42.4	45.8	49.2	47.1	49.6	53.3	50.3	51.1
EFTA	6.5	5.4	5.7	6.8	7.4	7.6	7.6	7.2	6.4	6.1	AELE	2.9	3.1	3.0	3.0	3.1	2.7	2.5	2.6	2.4	2.7
Oceania	x1.4	x1.8	1.6	x1.4	x1.2	1.4	x2.1	1.7	x1.4	x1.5	Océanie	0.1	0.1	0.1	0.1	x0.2	x0.1	x0.1	x0.2	x0.2	0.2
USA/Etats–Unis d'Amer	37.8	43.6	48.1	44.5	39.6	34.8	32.0	28.7	27.3	24.9	Japan/Japon	29.1	29.9	30.7	30.5	27.8	27.5	26.7	24.5	25.7	25.5
Germany/Allemagne	6.8	6.1	5.3	7.0	7.8	7.4	7.6	10.3	13.8	12.4	Germany/Allemagne	24.2	22.6	23.1	24.7	25.9	23.7	24.4	24.4	20.7	22.6
Italy/Italie	4.4	4.6	4.5	4.7	5.8	5.9	6.8	7.5	7.8	8.8	Canada	11.7	14.7	14.3	11.9	8.4	10.1	9.3	8.3	8.3	7.9
United Kingdom	8.4	6.9	6.6	6.6	6.5	8.5	8.7	7.9	5.6	6.1	France, Monac	7.0	6.3	6.1	6.4	6.6	7.0	7.0	8.1	7.7	7.6
France, Monac	5.8	4.7	4.6	5.1	6.0	6.0	7.0	7.6	6.7	7.1	Belgium–Luxembourg	7.4	5.7	5.9	6.8	7.5	7.0	7.0	7.0	7.0	7.7
Canada	7.7	8.6	9.8	8.3	7.5	7.2	7.1	5.6	5.9	5.1	USA/Etats–Unis d'Amer	6.5	6.9	6.9	7.4	5.8	6.5	6.9	4.4	5.5	5.7
Belgium–Luxembourg	2.7	2.4	2.2	2.6	2.9	2.9	3.1	3.6	3.8	3.3	Spain/Espagne	2.4	2.8	2.6	2.9	3.1	3.6	4.4	4.4	4.1	3.9
Japan/Japon	0.6	0.6	0.7	1.0	1.6	2.2	2.8	3.7	3.0	2.6	United Kingdom	2.3	1.9	2.1	1.8	2.5	2.9	2.9	3.5	3.4	2.6
Netherlands/Pays–Bas	2.6	2.2	2.1	2.9	3.0	2.5	2.5	2.7	2.9	2.6	Italy/Italie	2.5	2.2	2.1	2.5	2.9	2.9	3.3	3.6	3.4	2.6
Spain/Espagne	0.6	0.3	0.5	0.9	1.6	2.4	2.6	2.7	2.6	3.5	Sweden/Suède	2.5	2.8	2.5	2.4	2.1	2.0	1.9	1.7	1.8	1.8

782 LORRIES, SPCL MTR VEH NES — VEHICULES SPECIAUX, MARCH 782

TRADE BY COMMODITY IN THOUSAND U.S. DOLLARS – COMMERCE PAR PRODUIT EN MILLIERS DE DOLLARS E.U

COUNTRIES–PAYS	1988	1989	1990	1991	1992	COUNTRIES–PAYS	1988	1989	1990	1991	1992
	IMPORTS – IMPORTATIONS						EXPORTS – EXPORTATIONS				
Total	33559612	35588877	36717292	37556011	x41640304	Totale	35523588	35514971	37255817	39033239	41358778
Africa	x1967365	x2017226	x1979439	x1807680	x2058582	Afrique	x31860	x27841	x52879	x46516	x26145
Northern Africa	447429	x424249	534086	x457894	x594872	Afrique du Nord	18239	8874	10487	11068	x4088
Americas	11444487	12239620	11921191	12334318	x14154491	Amériques	9880702	9947603	9887027	10988501	12740659
LAIA	711321	620076	667003	1081917	x1887330	ALAI	1510328	816595	497157	612947	1232870
CACM	404565	6293	27478	4875	x99504	MCAC	x416	x220	x759	x556	x170
Asia	x3557854	x3275842	x4130711	x6114352	x7832044	Asie	9443285	9050727	8812213	9194689	10613747
Middle East	x1518250	x1045773	x1455885	x2784558	x3776297	Moyen–Orient	x160921	166437	x45317	x39063	x44926
Europe	13433306	14601324	16597786	15209235	15770359	Europe	14319744	15568194	17690386	18258976	17673011
EEC	10684476	11791174	13426148	13065249	13753181	CEE	11704872	12792686	14862336	14951341	14558954
EFTA	2620152	2709720	3045482	2037168	1876816	AELE	2590625	2749321	2787131	3213469	3061311
Oceania	x1073356	x1459701	x1345126	x1029646	x1214117	Océanie	x35481	34833	41585	53651	43609
USA/Etats–Unis d'Amer	7649371	8970978	8741867	8526190	9878002	Japan/Japon	9062239	8652712	8502105	8733588	9939187
Germany/Allemagne	1306924	1494848	2521452	3911153	3682045	Canada	5447949	5808398	6218810	6175993	7756993
France, Monac	2153189	2374258	2717034	2489625	2256418	Germany/Allemagne	4774742	5191649	5608498	5159095	5151080
Canada	2222765	2129885	2187756	2448569	2015526	USA/Etats–Unis d'Amer	2912372	3317891	3162535	4192232	3743053
Italy/Italie	1668035	1739512	1924635	1807761	1759324	Sweden/Suède	1892272	2022547	1876366	2099260	1782889
United Kingdom	2039042	2178592	1528605	37450	1170612	France, Monac	1411549	1636840	1944934	2029630	1937708
Spain/Espagne	794324	1043801	1066312	1022371	894410	Italy/Italie	1326533	1432141	1858268	2079707	1835930
Netherlands/Pays–Bas	826507	866001	1063049	1179054	1267475	Belgium–Luxembourg	1382325	1490674	1459109	1652075	1507163
Belgium–Luxembourg	779858	878565	983772	1108306	932256	United Kingdom	829731	993504	1365767	1660601	1792502
Australia/Australie	802314	1112200	988036	677946	893714	Netherlands/Pays–Bas	795086	798359	1000468	1035497	835235
Saudi Arabia	612269	459610	x768426	x1255265	x1404596	Spain/Espagne	842221	843493	1094784	764907	917635
Former USSR/Anc. URSS	x1334134	x1268247	x489525	x684979		Austria/Autriche	339114	379907	574607	764075	874969
Austria/Autriche	561544	531056	763151	670150	759222	Brazil/Brésil	734102	768385	455133	414465	609205
Switz.Liecht	670653	654780	744326	495378	406419	Former USSR/Anc. URSS	x557137	x477537	x447721	x293067	
Singapore/Singapour	145917	548615	661203	642301	783305	Portugal	198434	253878	367700	395874	411214
Finland/Finlande	417974	647557	604986	246082	152662	Switz.Liecht	158973	128328	156579	192181	189293
Sweden/Suède	607570	625043	534314	310095	206368	Czechoslovakia	x585898	x143843	x127447	x161284	x168236
Portugal	444194	391828	565939	498259	706851	Denmark/Danemark	87711	93310	131897	137110	128902
Denmark/Danemark	373209	350982	422329	486598	512596	Finland/Finlande	83222	86276	94456	110672	143868
China/Chine	412756	360128	346759	376940	898208	Norway,SVD,JM	117070	132237	85123	47270	70116
So. Africa Customs Un	472624	464870	391416	x224385	x190624	Singapore/Singapour	25219	86600	80697	94972	160173
Greece/Grèce	159138	253443	355523	353330	x407778	Hong Kong	75546	68071	63226	101283	210974
Norway,SVD,JM	345476	239887	368629	277215	328460	Mexico/Mexique	753420	32395	25211	168135	581464
Chile/Chili	186948	312084	184490	225395	x567358	Korea Republic	42230	33597	40227	126736	142055
Iran (Islamic Rp. of)	x132082	x87620	x109640	x510008	x876234	Yugoslavia SFR	21704	23686	37624	x81095	
Malaysia/Malaisie	94090	169441	242596	276928	x254067	Bulgaria/Bulgarie	x4897	x37582	x93835	x3156	x7351
Israel/Israël	206901	117813	181905	375541	351521	Ireland/Irlande	55716	58061	29841	35649	39118
Ireland/Irlande	140059	219345	277498	171342	163314	Former GDR	x466782	x78387	x42343		
Korea Republic	47147	78371	209443	362554	193602	Romania/Roumanie	x112484	83737	20529	11115	x41464
Kuwait/Koweït	x122292	82375	x60942	x397107	x278635	Australia/Australie	29261	29488	28926	39949	36372
Hong Kong	203747	157879	159883	217760	300913	Poland/Pologne	48262	54894	26221	8071	x32836
United Arab Emirates	x261070	x120721	x154682	x240809	x330073	Saudi Arabia	99113	80015	x6332	x2278	x5957
Bulgaria/Bulgarie	x268127	x393331	x88822	x31379	42572	China/Chine	23579	22046	29075	30336	53896
Japan/Japon	107845	124587	179426	197555	149756	India/Inde	17655	x5754	10899	40128	x16117
Thailand/Thaïlande	156238	99666	162070	228703	266572	Kuwait/Koweït	x23357	36806	x446	x1225	x3055
New Zealand	115069	145375	175780	132308	158448	Hungary/Hongrie	x37057	x9794	x13629	x14213	x11719
Pakistan	126472	127150	135896	179111	222826	Turkey/Turquie	859	18060	13480	5991	4926
Kenya	88046	230536	95881	88858	145169	So. Africa Customs Un	x5717	x5252	x9925	x19683	x16399
Venezuela	233248	66123	106623	226681	x67409	Argentina/Argentine	19155	13892	12715	5248	12244
Algeria/Algérie	20839	73959	173309	125390	x178853	Jordan/Jordanie	11886	6282	8029	14696	6176
Indonesia/Indonésie	35223	58729	182128	125118	144707	Israel/Israël	5280	5375	14359	8788	11690
Mexico/Mexique	93451	91871	112802	158081	230206	Cyprus/Chypre	11380	14249	9316	3065	4103
Nigeria/Nigéria	x43709	x63983	x121535	x141336	x153592	Kenya	2692	2065	24080	194	x328
Libyan Arab Jamahiriya	235184	116597	107246	x97141	x89778	Papua New Guinea	380	2817	9612	7978	2706
Zimbabwe	x157118	x105589	62605	147779	x108733	Thailand/Thaïlande	1788	1831	13401	3769	x7714
Morocco/Maroc	64623	76555	108159	118814	133589	Malaysia/Malaisie	8187	5250	4551	7100	x12658
Philippines	15760	x122409	57423	112829	158367	Cameroon/Cameroun	x179	4808	x284	11253	x90
Cuba	184465	231084	x42591	x3793	x16415	United Arab Emirates	x7619	x6105	x3952	x5089	x16469
Poland/Pologne	94369	84864	33445	157970	x187193	Algeria/Algérie	18189	3576	4701	5978	x67
Cyprus/Chypre	61589	79838	94703	91093	104342	Gibraltar	x44	x153	x1387	x12112	x3898

(VALUE AS % OF TOTAL)(VALEUR EN % DU TOTAL)

	1983	1984	1985	1986	1987	1988	1989	1990	1991	1992		1983	1984	1985	1986	1987	1988	1989	1990	1991	1992
Africa	x9.4	x8.8	4.9	x6.1	x5.1	x5.9	x5.7	x5.4	x4.8	x5.0	Afrique	x0.3	x0.1	0.1	x0.1	0.1	x0.1	x0.1	x0.1	x0.2	x0.0
Northern Africa	x5.3	x5.1	3.1	x2.0	x1.2	1.3	x1.2	1.5	x1.2	x1.4	Afrique du Nord	x0.0	x0.0	0.0	x0.0	0.0	x0.0	x0.0	x0.0	x0.0	x0.0
Americas	34.5	43.7	48.5	45.6	40.3	34.1	34.4	32.5	32.8	x34.0	Amériques	26.6	30.2	30.9	25.0	29.6	27.8	28.0	26.6	28.2	30.8
LAIA	1.5	1.8	1.8	1.8	2.0	2.1	1.7	1.8	2.9	x4.5	ALAI	0.8	1.6	1.8	1.3	5.9	4.3	2.3	1.3	1.6	3.0
CACM	x0.2	0.3	0.4	0.4	0.4	1.2	0.0	0.1	0.0	x0.2	MCAC	0.0	0.0	0.0	0.0	0.0	0.0	0.0	0.0	0.0	0.0
Asia	x26.3	x18.0	15.8	x12.0	x9.3	x10.6	x9.2	x11.3	x16.3	18.8	Asie	x31.4	34.1	36.2	x35.5	x27.3	26.6	25.5	23.7	23.6	25.7
Middle East	x19.8	x11.8	5.8	x4.9	x3.7	x4.5	x2.9	x4.0	x7.4	x9.1	Moyen–Orient	x0.7	0.7	0.7	x0.2	x0.2	x0.5	0.5	x0.1	x0.1	0.1
Europe	25.1	22.8	25.0	32.7	36.5	40.0	41.0	45.2	40.5	37.9	Europe	35.7	29.2	29.7	36.1	36.5	40.3	43.8	47.5	46.8	42.7
EEC	19.7	17.5	18.7	24.8	28.2	31.8	33.1	36.6	34.8	33.0	CEE	30.2	23.2	23.9	29.2	29.4	32.9	36.0	39.9	38.3	35.2
EFTA	5.3	5.0	5.8	7.5	7.9	7.8	7.6	8.3	5.4	4.5	AELE	5.5	5.8	5.7	6.9	7.1	7.3	7.7	7.5	8.2	7.4
Oceania	x4.3	x5.8	5.3	x3.1	x2.5	x3.2	x4.1	x3.7	x2.8	x2.9	Océanie	x0.1	0.1	0.0	x0.0	x0.1	x0.1	0.1	0.1	0.1	0.1
USA/Etats–Unis d'Amer	25.8	31.8	35.8	33.4	27.9	22.8	25.2	23.8	22.7	23.7	Japan/Japon	30.1	32.2	34.3	34.9	26.7	25.5	24.4	22.8	22.4	24.0
Germany/Allemagne	2.5	2.0	2.3	3.1	3.5	3.9	4.2	6.9	10.4	8.8	Canada	17.9	20.0	19.4	15.3	15.3	15.3	16.4	16.7	15.8	18.8
France, Monac	4.7	3.8	4.3	5.5	6.3	6.4	6.7	7.4	6.6	5.4	Germany/Allemagne	13.5	9.5	10.2	12.7	13.1	13.4	14.6	15.1	13.2	12.5
Canada	5.7	8.4	9.2	8.8	7.3	6.6	6.0	6.0	6.5	4.8	USA/Etats–Unis d'Amer	7.9	8.5	9.7	8.4	8.5	8.2	9.3	8.5	10.7	9.1
Italy/Italie	2.4	2.4	2.6	3.7	4.5	5.0	4.9	5.2	4.8	4.2	Sweden/Suède	3.9	4.5	4.1	5.0	5.4	5.3	5.7	5.0	5.4	4.3
United Kingdom	3.5	3.2	3.1	3.7	4.1	6.1	6.1	4.2	0.1	2.8	France, Monac	5.0	4.2	3.8	4.3	3.7	4.0	4.6	5.2	5.2	4.7
Spain/Espagne	0.4	0.4	0.4	0.4	0.8	1.7	2.9	2.9	2.7	2.1	Italy/Italie	4.0	3.2	3.3	3.8	3.8	3.7	4.0	5.0	5.3	4.4
Netherlands/Pays–Bas	1.5	1.6	1.8	2.5	2.9	2.5	2.4	2.9	3.1	3.0	Belgium–Luxembourg	2.3	2.1	2.0	3.3	2.8	3.9	4.2	3.9	4.2	3.6
Belgium–Luxembourg	1.7	1.4	1.4	2.1	2.2	2.3	2.5	2.7	3.0	2.2	United Kingdom	2.9	2.0	2.1	1.8	2.0	2.3	3.7	4.3	4.3	4.3
Australia/Australie	3.4	4.8	4.5	2.3	1.8	2.4	3.1	2.7	1.8	2.1	Netherlands/Pays–Bas	1.2	1.2	1.1	1.6	2.0	2.2	2.2	2.7	2.7	2.0

783 ROAD MOTOR VEHICLES NES

VEHICULES ROUTIERS NDA 783

TRADE BY COMMODITY IN THOUSAND U.S. DOLLARS – COMMERCE PAR PRODUIT EN MILLIERS DE DOLLARS E.U

COUNTRIES—PAYS	IMPORTS – IMPORTATIONS 1988	1989	1990	1991	1992	COUNTRIES—PAYS	EXPORTS – EXPORTATIONS 1988	1989	1990	1991	1992
Total	7575375	7841966	7315791	x8074518	x9329069	Totale	6376695	6276777	6723643	7780161	9235729
Africa	x525951	x572347	x701525	x545450	x626613	Afrique	x9923	x24971	x12216	x12606	x4885
Northern Africa	122663	143642	218206	x171955	x188964	Afrique du Nord	7038	21726	x3989	6425	1277
Americas	1587540	1448453	1427049	1364604	x2013718	Amériques	1864947	1477627	1223204	1301221	1885314
LAIA	262238	208847	281358	321371	x731965	ALAI	341397	263326	93253	147810	324476
CACM	x24688	x21459	x23518	x21065	x37686	MCAC	x8	x95	x152	x156	x100
Asia	1942995	1786515	x862170	x1347611	x2026376	Asie	895034	764296	807513	1179624	x1949256
Middle East	1452917	1384470	x348660	x744912	x1270284	Moyen–Orient	90510	86871	x29719	x40217	x74192
Europe	3184236	3509314	3912675	4146568	4228191	Europe	3343695	3770004	4504704	5123562	5302151
EEC	2693405	3043852	3299566	3633255	3631977	CEE	3122830	3570578	4248582	4856114	5056225
EFTA	454949	429728	548117	487243	558448	AELE	169578	151158	218493	249305	235566
Oceania	x84171	x100855	x101820	x83490	x96875	Océanie	x11981	x4134	x4866	2109	6579
France, Monac	795696	923711	989367	1068599	1106021	Germany/Allemagne	1262932	1396702	1393974	1504153	1864489
USA/Etats–Unis d'Amer	667865	653565	655016	598735	637434	Netherlands/Pays–Bas	747972	885298	1071249	1048565	943622
Saudi Arabia	1284645	1267622	x177200	x303659	x344498	Belgium–Luxembourg	457881	569164	767298	972597	847495
Belgium–Luxembourg	263035	401779	452387	583415	342009	Japan/Japon	701837	611018	667792	981566	1570344
Italy/Italie	295325	361168	447233	353600	395051	Canada	1032303	785501	560110	538092	612867
Canada	516201	417675	373185	305573	444499	USA/Etats–Unis d'Amer	490664	427979	568641	613769	945580
Germany/Allemagne	123583	144863	294001	581332	665111	France, Monac	318970	345725	471760	648966	629455
Spain/Espagne	409287	365749	309539	314666	290743	Italy/Italie	205033	226535	324280	330682	426121
Netherlands/Pays–Bas	229701	235832	317765	358914	353409	Brazil/Brésil	135116	97313	75098	133765	297155
Former USSR/Anc. URSS	x126057	x263106	x200552	x286536		United Kingdom	47299	60911	97336	137001	88451
United Kingdom	411342	402005	209264	132225	213746	Hungary/Hongrie	x99314	x110829	x88874	x84816	x65381
Austria/Autriche	119720	123489	173395	157515	220009	Spain/Espagne	36617	36216	71032	142108	184817
So. Africa Customs Un	112651	198124	205272	x35702	x32001	Sweden/Suède	55546	41714	78359	101145	36490
Switz.Liecht	161122	123258	136064	130449	126819	Mexico/Mexique	179953	159644	6792	4047	11252
Sweden/Suède	83017	113962	111832	100482	81155	Austria/Autriche	39588	36523	56788	63373	75020
Hong Kong	122126	81922	81825	140109	245770	Former USSR/Anc. URSS	x70059	x43458	x49060	x58931	
Portugal	76219	76528	97016	89341	108423	Finland/Finlande	42830	45340	47816	56715	66571
Norway,SVD,JM	71942	50224	103449	88223	121064	Yugoslavia SFR	51119	48110	37347	x18012	
Greece/Grèce	18366	52845	88148	82697	x67074	Hong Kong	42982	26982	28766	42330	72496
China/Chine	97237	75085	65218	80536	121696	Portugal	33967	37578	25440	34161	25785
Chile/Chili	66127	65811	59027	79607	x102051	Korea Republic	27179	17382	21545	50891	160836
Australia/Australie	57974	73921	76849	50342	63503	India/Inde	18306	x7926	36928	43011	x36381
Poland/Pologne	34263	62843	25863	81596	x55772	Switz.Liecht	29227	23150	28714	21422	45623
Mexico/Mexique	55739	22775	56084	87909	240503	Saudi Arabia	80584	62966	x4827	x1999	x1918
Czechoslovakia	x8861	36223	16962	x101804	x166155	Denmark/Danemark	9453	9597	22722	32960	39234
Iran (Islamic Rp. of)	x2374	x3976	x6457	x143014	x395767	Turkey/Turquie	x524	17035	20394	26211	49991
Colombia/Colombie	77462	70398	60069	15512	55570	Bulgaria/Bulgarie	x1086	x38618	x15434	x5095	x5354
Ireland/Irlande	28882	47649	60269	33034	40767	Czechoslovakia	x57043	x10894	x9926	x9328	x13974
United Arab Emirates	x84656	x29218	x35193	x73773	x83635	Poland/Pologne	16595	19462	4592	2228	x2719
Turkey/Turquie	x27446	9579	40869	85271	96770	Singapore/Singapour	2400	5528	8263	10231	21948
Algeria/Algérie	7459	16519	69953	46822	x64387	Morocco/Maroc	11	19958	554	613	908
Egypt/Egypte	39297	46490	57942	26479	48546	China/Chine	547	4767	9259	6999	8109
Bulgaria/Bulgarie	x62806	x49696	x33403	x40408	27064	Argentina/Argentine	7126	4905	9494	4163	4304
Viet Nam	x14884	x48683	x58796	x7183	x27924	Norway,SVD,JM	2375	4432	6815	6650	11862
Yugoslavia SFR	31049	29991	60186	x22610		Romania/Roumanie	x5926	11608	2923	641	x73
Kuwait/Koweït	x14505	22441	x17552	x70005	x39139	Australia/Australie	7525	3668	4603	1663	6198
Nigeria/Nigéria	x39260	x15063	x36502	x57314	x78946	Ireland/Irlande	2668	2734	3088	3303	3013
Philippines	4826	x18298	65415	22913	28224	Algeria/Algérie	6800	1104	2051	5563	x13
Denmark/Danemark	41969	31723	34578	35432	49622	Kuwait/Koweït	x4745	4074	x982	x1611	x2506
Pakistan	20207	22082	31902	47349	77608	Oman	1063	667	707	4260	x5202
Singapore/Singapour	19655	28198	40025	32462	45297	Kenya	1501		5453		x78
Peru/Pérou	14297	12707	43030	41365	x154503	So. Africa Customs Un	x462	x792	x1132	x2820	x2454
Libyan Arab Jamahiriya	19211	13767	22840	x57170	x38588	Venezuela	18052	555	531	3134	6552
Malaysia/Malaisie	10267	14596	30429	47129	x34103	United Arab Emirates	x1141	x953	x526	x2542	x4255
Panama	7583	3944	30694	56512	78492	Malaysia/Malaisie	822	2636	255	287	x1674
Israel/Israël	17517	26941	25855	35458	34129	Cyprus/Chypre	43	801	958	927	1049
Sri Lanka	11916	4814	21583	61094	37903	Jordan/Jordanie	166	123	375	2139	3684
Cuba	52811	74328	x7834	x3577	x7154	Cameroon/Cameroun	x27	582	x16	1980	x19
Morocco/Maroc	27434	33528	28223	21872	20843	Israel/Israël	199	73	1176	x892	x130
Thailand/Thaïlande	10452	18030	43291	18924	38198	Greece/Grèce	38	118	402	1619	x3743

(VALUE AS % OF TOTAL)(VALEUR EN % DU TOTAL)

	1983	1984	1985	1986	1987	1988	1989	1990	1991	1992		1983	1984	1985	1986	1987	1988	1989	1990	1991	1992
Africa	x9.8	x15.0	8.5	x9.7	x9.3	x7.0	x7.3	x9.6	x6.7	x6.7	Afrique	x0.1	x0.1	0.1	x0.1	x0.1	x0.1	x0.4	x0.2	x0.1	x0.0
Northern Africa	x5.1	x7.2	3.8	x3.1	1.6	1.6	1.8	3.0	x2.1	2.0	Afrique du Nord	x0.0	x0.1	0.0	0.1	0.1	0.1	0.3	x0.1	0.1	0.0
Americas	11.4	24.5	18.3	21.9	23.0	20.9	18.5	19.6	16.9	x21.6	Amériques	14.6	12.6	10.7	11.2	15.1	29.3	23.5	18.2	16.7	20.4
LAIA	2.1	5.4	4.9	4.5	4.3	3.5	2.7	3.8	4.0	x7.8	ALAI	1.9	2.2	1.8	1.3	1.7	5.4	4.2	1.4	1.9	3.5
CACM	x0.2	1.0	0.4	1.6	x1.7	x0.3	x0.3	x0.3	x0.3	x0.4	MCAC	x0.0	x0.0	x0.0	x0.0	x0.0	x0.0	x0.0	x0.0	x0.0	x0.0
Asia	52.2	x20.0	40.8	x9.9	x9.5	25.7	22.8	x11.8	x16.7	x21.7	Asie	x14.6	23.0	29.7	13.4	x12.1	14.0	12.1	12.0	15.1	x21.1
Middle East	49.0	x14.7	27.6	x4.4	x3.5	19.2	17.7	x4.8	x9.2	x13.6	Moyen–Orient	x0.3	1.3	3.8	x1.1	x0.4	1.4	1.4	x0.4	x0.5	x0.8
Europe	23.0	35.9	28.7	54.3	52.9	42.0	44.8	53.5	51.4	45.3	Europe	69.0	61.7	57.4	72.8	67.3	52.4	60.1	67.0	65.9	57.4
EEC	19.5	29.4	23.4	44.8	44.2	35.6	38.8	45.1	45.0	38.9	CEE	64.1	54.8	53.0	66.8	63.3	49.0	56.9	63.2	62.4	54.7
EFTA	3.5	5.3	4.3	7.8	7.8	6.0	5.5	7.5	6.0	6.0	AELE	4.9	5.6	2.9	3.8	3.4	2.7	2.4	3.2	3.2	2.6
Oceania	1.3	x1.9	2.0	x2.3	x1.4	x1.1	1.3	x1.4	1.0	x1.1	Océanie	x0.0			x0.0	x0.0	x0.1	x0.1	x0.1		0.1
France, Monac	7.5	10.2	7.4	14.9	14.5	10.5	11.8	13.5	13.2	11.9	Germany/Allemagne	32.7	27.4	23.9	27.6	25.4	19.8	22.3	20.7	19.3	20.2
USA/Etats–Unis d'Amer	6.7	13.9	10.7	12.4	14.1	8.8	8.3	9.0	7.4	6.8	Netherlands/Pays–Bas	10.7	9.9	10.2	15.6	15.0	11.7	14.1	15.9	13.5	10.2
Saudi Arabia	40.9	4.5	26.4	1.5	1.6	17.0	16.2	x2.4	x3.8	x3.7	Belgium–Luxembourg	5.1	5.0	4.9	7.9	9.8	7.2	9.1	11.4	12.5	9.2
Belgium–Luxembourg	1.3	2.1	1.6	4.1	5.3	3.5	5.1	6.2	7.2	3.7	Japan/Japon	13.0	19.3	22.7	11.1	10.4	11.0	9.7	9.9	12.6	17.0
Italy/Italie	1.3	2.0	2.1	5.0	4.3	3.9	4.6	6.1	4.4	4.2	Canada	4.1	4.0	3.1	3.0	3.0	16.2	12.5	8.3	6.9	6.6
Canada	0.0	0.0	0.0	0.0	0.1	6.8	5.3	5.1	3.8	4.8	USA/Etats–Unis d'Amer	8.4	6.3	5.8	6.8	7.7	6.8	8.5	7.9	10.2	
Germany/Allemagne	1.0	1.7	1.3	2.4	2.6	1.6	1.8	4.0	7.2	7.1	France, Monac	4.3	4.5	5.2	7.0	5.2	5.0	5.5	7.0	8.3	6.8
Spain/Espagne	0.5	0.9	0.8	2.7	5.1	5.4	4.7	4.2	3.9	3.1	Italy/Italie	6.7	5.2	5.7	6.5	4.9	3.2	3.6	4.8	4.3	4.6
Netherlands/Pays–Bas	1.4	2.2	2.2	4.0	3.9	3.0	3.0	4.3	4.4	3.8	Brazil/Brésil	1.6	1.8	1.6	1.0	1.5	2.1	1.6	1.1	1.7	3.2
Former USSR/Anc. URSS					x1.9	x1.7	x3.4	x2.7	x3.5		United Kingdom	3.4	1.8	2.0	1.6	1.4	0.7	1.0	1.4	1.8	1.0

784 MOTOR VEH PRTS, ACCES NES

PIECES 722,781,782,783 784

TRADE BY COMMODITY IN THOUSAND U.S. DOLLARS – COMMERCE PAR PRODUIT EN MILLIERS DE DOLLARS E.U

IMPORTS – IMPORTATIONS

COUNTRIES–PAYS	1988	1989	1990	1991	1992
Total	70383783	71385792	80618897	84283843	90699248
Africa	x1924537	x1632131	x1908942	x2773925	x3199000
Northern Africa	772265	600880	818888	x530510	x671420
Americas	29982051	28945764	30647349	31958969	36474653
LAIA	2194913	1326954	3986109	6945393	9061874
CACM	77095	79384	64784	64153	x81554
Asia	x8354057	8260517	10272294	11493631	x9102624
Middle East	x2127206	x1642051	x1667510	x1951347	x2802493
Europe	26626121	28754055	34703999	36120293	40331718
EEC	23098616	25118058	30564595	31777618	35782073
EFTA	3209054	3275078	3732034	3719060	4075930
Oceania	758135	1022062	967215	x805417	x895516
USA/Etats–Unis d'Amer	16587101	17020769	16604051	15264501	16729192
Canada	10804656	10167225	9742850	9457764	10363088
Germany/Allemagne	4991867	5546806	7260876	8590591	9776769
United Kingdom	5078104	5637112	6737682	6457130	7499540
France, Monac	3360113	3486823	4223043	4221956	4735608
China/Chine	2496343	2744223	3485268	4686835	908771
Mexico/Mexique	1123532	396393	3029536	5726649	6846406
Belgium–Luxembourg	2567432	2611923	3249492	3175288	3480968
Spain/Espagne	2047114	2363823	2791339	3058565	3638752
Italy/Italie	1979025	2179948	2434816	2545012	2625621
Netherlands/Pays–Bas	1626904	1749592	2055942	1908673	2017194
Sweden/Suède	1355744	1383891	1503967	1429333	1482657
Thailand/Thaïlande	720787	1138790	1567661	1110160	1036454
Former USSR/Anc. URSS	x1296950	x1307019	x1095531	x766803	
Portugal	877253	927171	1025840	1069275	1198116
So. Africa Customs Un	501180	439403	431483	x1617831	x1590129
Austria/Autriche	577650	610403	816032	978710	1177367
Australia/Australie	613003	855654	784348	672783	785352
Japan/Japon	432252	558999	776949	933323	1053957
Indonesia/Indonésie	375410	467911	660730	695707	479814
Finland/Finlande	554585	615659	643898	558470	604337
Korea Republic	538729	473254	484005	625717	674879
Singapore/Singapour	329423	431953	592443	488663	547547
Switz.Liecht	472150	440179	506241	503151	529246
Saudi Arabia	705058	647582	x337568	x339744	x407506
Yugoslavia SFR	290581	332082	383185	x596224	
Iran (Islamic Rp. of)	x394636	x137075	x410396	x685227	x1182927
Brazil/Brésil	320851	355022	387525	421746	539451
Turkey/Turquie	226964	184640	358805	393908	571486
Greece/Grèce	188920	249153	329632	304970	x321420
Romania/Roumanie	x85613	389017	437694	29157	x31164
Denmark/Danemark	260629	222779	280320	297364	330974
Norway,SVD,JM	237328	215118	249408	234721	267839
Hong Kong	134471	167516	219942	310536	523366
Bulgaria/Bulgarie	x333973	x468526	x197909	x18723	36284
Libyan Arab Jamahiriya	279662	191551	227127	x135839	x161852
Argentina/Argentine	180565	144907	145025	259904	720061
India/Inde	167656	x151364	240466	146855	x129381
Algeria/Algérie	161051	133882	233160	121880	x192954
Ireland/Irlande	121256	142928	175612	148795	157111
Poland/Pologne	311835	217650	120122	106148	x285233
Czechoslovakia	x139143	116970	182066	x123314	x189900
Egypt/Egypte	194261	128957	175242	115606	144150
Nigeria/Nigéria	x101264	x96684	x146954	x161616	x227533
Venezuela	253550	120582	93378	189577	454547
Israel/Israël	114319	113658	139860	145114	175851
United Arab Emirates	x260969	x115591	x134872	x145322	x166199
Philippines	126755	x130228	192091	72448	91248
Malaysia/Malaisie	79621	103337	125216	139604	x538569
Colombia/Colombie	144820	123888	124368	83839	76757

EXPORTS – EXPORTATIONS

COUNTRIES–PAYS	1988	1989	1990	1991	1992
Totale	71448421	71342013	83912221	84366842	89589807
Afrique	x83191	x96339	x110776	x147818	x144524
Afrique du Nord	47579	50478	48916	53266	47827
Amériques	20676946	19726729	22422429	21647242	25224340
ALAI	1190224	1229783	1239620	1408539	1944782
MCAC	1349	1409	1271	715	x772
Asie	12592680	13691022	15582038	17027764	14246408
Moyen–Orient	x119190	131813	110063	121096	115851
Europe	34905524	35519191	43471803	44453730	49256683
CEE	31565537	32326608	39793958	40923974	45573463
AELE	3052889	2908945	3358672	3333378	3519452
Océanie	x182340	x187221	x222017	x268634	282346
Germany/Allemagne	13875299	13901236	16822292	17344248	19437731
USA/Etats–Unis d'Amer	13032752	11929363	14981853	14799129	17037526
Japan/Japon	9481224	10299559	11288466	11652923	12900313
France, Monac	5928833	5952039	8023071	8124911	9393866
Canada	6448963	6562832	6194344	5432640	6233863
United Kingdom	4044628	4193239	5160483	5472562	5634587
Italy/Italie	3338638	3600833	4132138	4138261	4463661
China/Chine	2010515	2647041	3432438	4348081	125963
Spain/Espagne	1630877	1827292	2282082	2465060	2808749
Sweden/Suède	2103061	1927462	2132867	2009654	1967275
Belgium–Luxembourg	1584282	1638265	1901752	1857259	2054073
Netherlands/Pays–Bas	750381	780687	937992	952432	1117944
Former USSR/Anc. URSS	x704487	x1075786	x1089233	x365298	
Austria/Autriche	468154	518041	680958	765128	933109
Brazil/Brésil	589760	591082	593900	665709	1018893
Mexico/Mexique	448469	444236	416801	490836	544539
Yugoslavia SFR	286007	280719	318763	x194089	
Korea Republic	188614	224923	246602	x270968	310265
Denmark/Danemark	220218	216521	253339	262941	314397
Switz.Liecht	214157	180471	219788	262127	308435
Portugal	150717	170729	221362	242336	281841
Romania/Roumanie	x155031	354996	240116	33021	x36047
Singapore/Singapour	141862	183941	204473	213805	195609
Norway,SVD,JM	182370	187447	204844	193925	211400
Australia/Australie	146893	155932	186652	238636	243747
Hungary/Hongrie	x214472	x194838	x169044	x181373	x173308
Bulgaria/Bulgarie	x667883	x171134	x238503	x41983	x40169
Poland/Pologne	167527	143667	209319	96506	x83514
Argentina/Argentine	87512	118682	132501	143274	231873
Czechoslovakia	x560982	x118013	x97921	x103346	x102219
Finland/Finlande	85146	95522	120363	102536	99214
India/Inde	86535	x61249	120483	133730	x64727
Hong Kong	81991	55151	82802	129573	339021
Turkey/Turquie	59667	52966	61193	56723	86551
Venezuela	33264	44651	64300	57298	71968
Ireland/Irlande	38428	43011	54488	57055	58916
So. Africa Customs Un	x27655	x32939	x43519	x65300	x91560
Former GDR	x537360	x63071	x58985		
Thailand/Thaïlande	27160	29732	34975	43237	x63489
Oman	3761	25640	32326	41171	x587
New Zealand	34233	30835	33462	29409	38215
Morocco/Maroc	21024	24211	25122	26376	23168
Philippines	13956	x23175	20849	27146	54155
Tunisia/Tunisie	22225	24065	22353	22378	21525
Chile/Chili	15842	15985	15428	23382	x40605
Malaysia/Malaisie	11891	11591	18476	17863	x28835
Israel/Israël	11902	15272	12151	14272	16046
Uruguay	10568	9734	9703	13948	22942
Afghanistan	x163		x21	x29383	x42
Indonesia/Indonésie	2684	5537	6474	13217	22450

(VALUE AS % OF TOTAL)(VALEUR EN % DU TOTAL)

	1983	1984	1985	1986	1987	1988	1989	1990	1991	1992		1983	1984	1985	1986	1987	1988	1989	1990	1991	1992
Africa	x6.4	x4.9	3.5	x4.4	x2.6	x2.7	x2.3	x2.3	x3.3	x3.6	Afrique	0.1	0.1	0.1	0.2	0.1	x0.1	x0.1	x0.2	x0.2	x0.2
Northern Africa	x2.6	x1.8	1.9	x1.2	1.2	1.1	0.8	1.0	x0.6	0.7	Afrique du Nord	0.0	0.0	0.0	0.0	0.1	0.1	0.1	0.1	0.1	0.1
Americas	43.5	52.5	54.6	47.0	40.9	42.6	40.6	38.0	37.9	40.2	Amériques	38.0	42.4	43.0	33.9	28.9	29.0	27.6	26.7	25.7	28.2
LAIA	1.7	3.3	3.4	2.4	3.1	3.1	1.9	4.9	8.2	10.0	ALAI	0.8	1.7	1.7	1.4	1.5	1.7	1.7	1.5	1.7	2.2
CACM	x0.1	0.2	0.2	0.1	x0.1	0.1	0.1	0.1	0.1	x0.1	MCAC	x0.0	0.0	0.0	0.0	0.0	0.0	0.0	0.0	0.0	x0.0
Asia	x9.5	x8.5	6.4	x7.4	10.0	x11.9	11.5	12.7	13.7	x10.1	Asie	11.2	12.6	13.6	17.2	x19.7	17.6	19.2	18.6	20.2	15.9
Middle East	x5.1	x4.7	2.2	x2.9	x2.4	x3.0	x2.3	2.1	x2.3	x3.1	Moyen–Orient	x0.1	0.3	0.2	0.1	x0.2	x0.2	0.2	0.1	0.1	0.1
Europe	37.5	31.2	32.6	38.6	41.0	37.8	40.3	43.0	42.9	44.5	Europe	45.9	40.7	41.3	46.3	46.1	48.9	49.8	51.8	52.7	55.0
EEC	33.2	27.1	28.4	33.8	36.1	32.8	35.2	37.9	37.7	39.5	CEE	42.5	36.9	37.3	42.3	41.8	44.2	45.3	47.4	48.5	50.9
EFTA	4.3	3.7	3.8	4.4	4.5	4.6	4.6	4.6	4.4	4.5	AELE	3.4	3.2	3.5	4.0	4.3	4.3	4.1	4.0	4.0	3.9
Oceania	1.3	x1.3	1.3	x1.1	x0.9	1.1	1.4	1.2	x1.0	0.9	Océanie	0.3	0.3	0.2	x0.2	x0.3	x0.3	x0.3	x0.3	x0.3	0.3
USA/Etats–Unis d'Amer	18.9	23.1	25.1	23.5	21.3	23.6	23.8	20.6	18.1	18.4	Germany/Allemagne	17.2	14.8	15.2	17.7	17.4	19.4	19.5	20.0	20.6	21.7
Canada	22.1	25.3	25.3	20.3	15.9	15.4	14.2	12.1	11.2	11.4	USA/Etats–Unis d'Amer	23.5	25.6	25.5	19.0	16.4	18.2	16.7	17.9	17.5	19.0
Germany/Allemagne	5.9	4.9	5.0	6.0	6.2	7.1	7.8	9.0	10.2	10.8	Japan/Japon	10.3	11.6	12.6	16.4	16.1	13.3	14.4	13.5	13.8	14.4
United Kingdom	5.6	4.6	5.0	5.7	6.4	7.2	7.9	8.4	7.7	8.3	France, Monac	9.5	8.2	7.6	9.1	9.3	8.3	8.3	9.6	9.6	10.5
France, Monac	4.6	3.8	3.7	4.3	4.5	4.8	4.9	5.2	5.0	5.2	Canada	13.7	15.1	15.8	13.5	11.0	9.0	9.2	7.4	6.4	7.0
China/Chine			0.8	0.6	2.8	3.5	3.8	4.3	5.6	1.0	United Kingdom	6.6	5.8	6.1	5.9	5.5	5.7	5.9	6.1	6.5	6.3
Mexico/Mexique		1.4	1.6	0.6	1.5	1.6	0.6	3.8	6.8	7.5	Italy/Italie	4.4	4.0	3.9	4.3	4.2	4.7	4.9	4.9	4.9	5.0
Belgium–Luxembourg	10.0	7.3	7.9	9.2	9.6	3.6	3.7	4.0	3.8	3.8	China/Chine			0.0	0.0	2.1	2.8	3.7	4.1	5.2	0.1
Spain/Espagne	1.5	1.9	1.8	2.3	2.8	2.9	3.3	3.5	3.6	4.0	Spain/Espagne	1.5	1.4	1.6	1.9	1.8	2.3	2.6	2.7	2.9	3.1
Italy/Italie	2.3	2.0	2.1	2.3	2.5	2.8	3.1	3.0	3.0	2.9	Sweden/Suède	2.3	2.2	2.4	2.7	2.6	2.9	2.7	2.5	2.4	2.2

785 CYCLES, ETC MOTRZD OR NOT — MOTOCYCLES SCOOTERS 785

TRADE BY COMMODITY IN THOUSAND U.S. DOLLARS – COMMERCE PAR PRODUIT EN MILLIERS DE DOLLARS E.U

IMPORTS – IMPORTATIONS

COUNTRIES–PAYS	1988	1989	1990	1991	1992
Total	7362441	7880485	9904284	11562456	13399260
Africa	x251559	x180187	x203683	x270445	x339049
Northern Africa	54426	43893	44084	46682	x48168
Americas	1777341	1863131	1864710	x2188780	x2730059
LAIA	160370	151956	175896	332362	622521
CACM	28283	27150	29415	32230	x29368
Asia	x1405904	x1241276	x1714838	2272350	x2863771
Middle East	x97331	x59650	x93495	x165274	x213591
Europe	3306611	3952989	5797507	6519383	7197601
EEC	2715331	3330506	4873175	5572681	6248904
EFTA	570891	607162	881702	910860	918066
Oceania	x214139	x231745	x211671	x217769	x210690
USA/Etats–Unis d'Amer	1337626	1408507	1300112	1456206	1671549
Germany/Allemagne	690334	836999	1230849	1576238	1825056
France, Monac	586531	704331	914845	1042587	1091097
United Kingdom	401993	472516	642291	564163	562427
Italy/Italie	248446	354664	578273	679956	817407
Spain/Espagne	201441	306742	487645	521135	665346
Netherlands/Pays–Bas	248375	279331	463353	547276	575660
Hong Kong	247263	217899	341810	635657	1023632
Switz.Liecht	218385	221562	342659	333223	338624
Japan/Japon	183541	198087	223181	298416	309596
Canada	214665	215579	245543	247385	266121
Belgium–Luxembourg	136485	149553	227864	282351	286548
Austria/Autriche	131691	144997	215960	243058	257732
Indonesia/Indonésie	119185	123141	177567	217284	208094
Australia/Australie	161976	182095	164533	162788	165859
Singapore/Singapour	67650	117069	182178	150831	259171
Sweden/Suède	105418	110736	149234	162974	164339
Thailand/Thaïlande	71343	88623	132242	164635	192339
Former USSR/Anc. URSS	x297422	x276386	x29052	x32604	
China/Chine	79929	98889	64433	163704	169495
Greece/Grèce	54555	80025	114507	107405	x121156
Denmark/Danemark	80440	73375	104442	103707	100622
Viet Nam	x71078	x69716	x158013	x42812	x63653
Mexico/Mexique	68695	70552	75183	99670	155883
Norway,SVD,JM	63783	64609	84825	93641	99697
Portugal	43061	46209	73714	111644	167685
Finland/Finlande	49160	62811	85951	74167	54143
Malaysia/Malaisie	36232	60110	66896	93754	x127823
Sri Lanka	17557	32063	45593	55721	31108
Korea Republic	39604	42114	42296	45790	46988
Pakistan	35688	36855	42386	50787	55700
Cuba	x3135	21285	x27298	x80789	x93812
New Zealand	42650	41366	36960	37817	36776
Argentina/Argentine	1704	3175	10395	99942	269756
Philippines	17593	x26847	45311	36219	35198
Ireland/Irlande	23669	26763	35408	36648	x86203
Iran (Islamic Rp. of)	x33146	x9532	x22729	x63648	x86203
So. Africa Customs Un	45709	29155	24889	x29286	x30622
Turkey/Turquie	5320	4608	28629	47083	50994
Brazil/Brésil	15699	17948	24216	36789	43892
Colombia/Colombie	20412	24964	25366	26654	16564
Hungary/Hongrie	x10985	x26727	x15768	29444	x18924
India/Inde	60623	x12369	31944	24144	x10553
Yugoslavia SFR	13141	8105	32465	x24782	
Bulgaria/Bulgarie	x33957	x48346	x6135	x2856	3746
Israel/Israël	19461	15748	17710	20494	27347
Nigeria/Nigéria	x16933	x15109	x14791	x24015	x47965
Bangladesh	x19116	x17809	x20249	x15753	x14570
Netherlands Antilles	492	365	48200	631	x4396
Poland/Pologne	26324	22882	12055	14256	x8634

EXPORTS – EXPORTATIONS

COUNTRIES–PAYS	1988	1989	1990	1991	1992
Totale	x7180078	6508877	8569532	9997977	11769012
Afrique	x5241	x5334	x10765	x5336	x28432
Afrique du Nord	1602	1735	2173	2040	3495
Amériques	375941	391312	600294	837212	x926605
ALAI	37377	42378	37412	32676	x84579
MCAC	491	x390	x1478	1254	x1220
Asie	x4503115	3678075	4679983	5961543	7355303
Moyen–Orient	x7105	x6900	x6229	x5027	x6762
Europe	1979415	2223593	3101815	3073832	3372273
CEE	1805996	2048102	2847309	2839638	3127078
AELE	153038	156416	227539	209448	219772
Océanie	x19753	x14589	x9250	x9297	x14318
Japan/Japon	2966410	2991701	3612086	4342488	5135602
Italy/Italie	703774	787041	1051435	1008905	1138121
USA/Etats–Unis d'Amer	281126	310127	526159	759804	803419
Germany/Allemagne	357910	429975	568400	545350	507721
France, Monac	339441	387001	545062	522152	544755
Hong Kong	222588	199758	312029	569424	834213
China/Chine	104164	146818	214261	440418	559272
Netherlands/Pays–Bas	120576	152733	237564	283335	329750
Singapore/Singapour	60987	126525	231604	240754	324142
United Kingdom	131343	119647	184634	195382	218632
Belgium–Luxembourg	62957	76523	126223	134540	118662
India/Inde	80146	x51591	114945	145104	x105616
Korea Republic	113052	92356	82099	66269	70504
Spain/Espagne	48893	50899	67494	70356	173126
Austria/Autriche	56167	48724	74229	62746	60757
Switz.Liecht	37906	41457	63274	62612	68479
Sweden/Suède	39571	40226	60019	56919	61716
Former USSR/Anc. URSS	x29740	x63229	x59031	x27914	
Thailand/Thaïlande	23016	38230	49843	56363	x80342
Czechoslovakia	x143531	x31725	x35101	x50787	x45035
Canada	54453	34750	32806	39875	33720
Romania/Roumanie	x692	65364	35134	59	x273
Denmark/Danemark	24307	23232	32264	37792	44643
Indonesia/Indonésie	14676	13044	24560	41067	110136
Portugal	12015	15677	26640	34224	43817
Yugoslavia SFR	20318	18963	26935	x24354	
Brazil/Brésil	18319	22947	23395	20072	58940
Malaysia/Malaisie	2009	6174	21295	36043	x107452
Poland/Pologne	14331	14631	17613	22960	x17870
Finland/Finlande	15280	20383	21436	19259	22608
Former GDR	x107662	x20435	x19063		
Mexico/Mexique	17726	16684	5405	4991	3638
Australia/Australie	18016	12631	6517	6971	10232
Finland/Finlande	4040	5595	8549	7881	6210
Ireland/Irlande	4621	5170	7262	6548	6356
Philippines	102	x88	6268	11417	4896
Hungary/Hongrie	x654	x550	x1413	x8522	x8336
Israel/Israël	1380	2600	2800	2857	3878
United Arab Emirates	x1239	x1542	x2351	x2481	x2637
New Zealand	1627	1864	2498	1959	3867
Argentina/Argentine	970	1397	1907	2845	4520
Netherlands Antilles	996	1745	1736	2643	x903
Kenya	201		5857		x11
Macau/Macao	1209	1299	915	3051	3317
Colombia/Colombie	46	73	3251	1004	787
Turkey/Turquie	2493	1415	1534	1278	2502
Chile/Chili	154	352	1316	2258	x15344
Morocco/Maroc	829	1027	966	977	1428
Tunisia/Tunisie	742	703	1091	996	1752
Saudi Arabia	2481	2032	x213	x77	x40

(VALUE AS % OF TOTAL) (VALEUR EN % DU TOTAL)

Imports

	1983	1984	1985	1986	1987	1988	1989	1990	1991	1992
Africa	x6.7	x5.4	3.6	x4.0	x3.5	x3.4	x2.3	x2.1	x2.4	x2.5
Northern Africa	1.9	2.6	1.6	1.0	0.6	0.7	0.6	0.4	0.4	0.4
Americas	35.5	38.1	44.8	x38.8	x27.4	24.2	23.6	18.8	x18.9	x20.4
LAIA	1.8	1.7	1.3	1.5	1.5	2.2	1.9	1.8	2.9	4.6
CACM	x0.1	0.3	0.4	0.4	0.4	0.3	0.3	0.3	0.3	x0.2
Asia	x13.5	13.5	11.2	11.4	14.5	x19.1	x15.7	x17.3	19.7	x21.4
Middle East	x2.9	x3.4	1.3	x1.6	x1.0	x1.3	x0.8	x0.9	x1.4	x1.6
Europe	40.0	36.2	35.8	42.3	45.8	44.9	50.2	58.5	56.4	53.7
EEC	30.9	28.6	28.1	32.7	35.0	36.9	42.3	49.2	48.2	46.6
EFTA	9.1	7.4	7.6	9.3	10.6	7.8	7.7	8.9	7.9	6.9
Oceania	x3.4	x3.6	3.9	x2.9	x2.6	x2.9	x2.9	x2.1	x1.8	x1.6
USA/Etats–Unis d'Amer	26.1	28.2	37.1	31.7	21.6	18.2	17.9	13.1	12.6	12.5
Germany/Allemagne	9.4	8.0	7.3	8.7	9.3	9.4	10.6	12.4	13.6	13.6
France, Monac	4.9	4.8	5.1	6.6	7.4	8.0	8.9	9.2	9.0	8.1
United Kingdom	5.8	5.1	4.5	4.4	4.6	5.5	6.0	6.5	4.9	4.2
Italy/Italie	3.0	3.0	4.5	4.0	3.7	3.4	4.5	5.8	5.9	6.1
Spain/Espagne	0.7	0.7	0.8	1.3	2.0	2.7	3.9	4.9	4.5	5.0
Netherlands/Pays–Bas	2.9	2.9	3.1	3.2	3.4	3.5	3.5	4.7	4.7	4.3
Hong Kong	2.3	2.5	1.5	1.1	1.5	3.4	2.8	3.5	5.5	7.6
Switz.Liecht	4.4	3.0	3.0	4.2	5.7	2.8	2.8	3.5	2.9	2.5
Japan/Japon	0.7	0.8	0.8	1.1	1.8	2.5	2.5	2.3	2.6	2.3

Exports

	1983	1984	1985	1986	1987	1988	1989	1990	1991	1992
Afrique	x0.2	x0.1	0.1	0.1	0.1	0.1	0.1	0.1	x0.0	x0.2
Afrique du Nord	0.0					0.0	0.0	0.0	0.0	0.0
Amériques	2.5	2.6	2.6	x2.8	3.2	5.3	6.0	7.0	8.4	x7.9
ALAI	0.1	0.2	0.3	0.2	0.2	0.5	0.7	0.4	0.3	x0.7
MCAC	x0.0						x0.0			
Asie	68.5	67.3	67.5	64.1	x64.5	x62.7	56.5	54.6	59.7	62.5
Moyen–Orient	x0.1	0.1	0.2	0.1	x0.1	x0.1	x0.1	x0.1	x0.1	x0.1
Europe	24.8	25.0	25.9	29.2	27.4	27.6	34.2	36.2	30.7	28.7
CEE	22.2	21.9	22.7	25.9	24.2	25.2	31.5	33.2	28.4	26.6
AELE	2.6	2.7	3.0	3.1	2.9	2.1	2.4	2.7	2.1	1.9
Océanie	x0.0		x0.0	0.2	0.3	0.2	0.1	0.1	0.1	0.1
Japan/Japon	64.6	63.3	63.6	60.5	46.0	46.0	46.0	42.2	43.4	43.6
Italy/Italie	8.1	7.3	7.6	9.5	9.0	9.8	12.1	12.3	10.1	9.7
USA/Etats–Unis d'Amer	2.3	2.4	2.1	2.4	2.5	3.9	4.8	6.1	7.6	6.8
Germany/Allemagne	4.7	5.2	5.4	6.3	5.4	5.0	6.6	6.6	5.5	4.3
France, Monac	4.4	4.3	4.3	4.5	4.5	4.7	5.9	6.4	5.2	4.6
Hong Kong	2.1	2.0		1.2	0.9	1.2	1.5	2.3	2.5	4.4
Italy/Italie	3.0	3.0	4.0	4.7	3.7	3.4	4.5	5.8	5.7	7.1
Hong Kong			0.4	1.0	1.2	2.3	2.5	4.4	4.8	
China/Chine	1.5	1.5	1.2	0.9	1.4	1.2	1.6	1.5	2.2	
Netherlands/Pays–Bas	1.5	1.5	1.6	1.6	1.7	2.3	2.8	2.8	2.8	2.8
Singapore/Singapour	0.3	0.3	0.3	0.3	0.5	0.8	1.9	2.4	2.4	2.8
United Kingdom	1.9	1.9	1.7	1.8	1.7	1.8	1.8	2.2	2.0	1.9

786 TRAILERS,NONMOTR VEH,NES

TRADE BY COMMODITY IN THOUSAND U.S. DOLLARS – COMMERCE PAR PRODUIT EN MILLIERS DE DOLLARS E.U

COUNTRIES–PAYS	IMPORTS – IMPORTATIONS					COUNTRIES–PAYS	EXPORTS – EXPORTATIONS				
	1988	1989	1990	1991	1992		1988	1989	1990	1991	1992
Total	x4089606	4436464	5388802	x5990419	x5880696	Totale	4773975	5470824	6511728	6908043	7124340
Africa	x160649	x175430	x167633	x192943	x244606	Afrique	x12108	x11637	x24537	x13903	x6282
Northern Africa	46294	x79412	67580	x79572	x96473	Afrique du Nord	3216	4490	14640	4668	911
Americas	473439	x657845	652946	708748	x904156	Amériques	319397	439210	557164	725005	805116
LAIA	85148	59187	92433	91873	x159088	ALAI	37649	29841	28431	24470	28605
CACM	10102	9389	9640	11258	x10275	MCAC	562	494	247	328	x624
Asia	x342173	390609	x449066	x620462	x749513	Asie	1278257	1542375	1678853	1609732	1936853
Middle East	x84217	x69443	x103957	x240105	x306187	Moyen–Orient	x74138	x13921	x14199	x19852	x30009
Europe	2535280	2801747	3535408	3839768	3686477	Europe	2904404	3264550	3995717	4253714	4124393
EEC	1922195	2148720	2768523	3208377	3101771	CEE	2541431	2888287	3517986	3839753	3739301
EFTA	603988	641499	743081	610613	554663	AELE	295193	311577	380730	357280	339440
Oceania	x34911	x49366	x60462	x58215	x46311	Océanie	x8105	x21158	x12645	x14930	x14251
Germany/Allemagne	312440	365900	595835	1083866	969671	Germany/Allemagne	1142395	1282002	1439587	1437288	1525554
Netherlands/Pays–Bas	406149	421841	546174	545085	562205	Korea Republic	818115	1080851	1103712	975050	1158183
France,Monac	374174	385430	475252	461840	439341	France,Monac	378713	407975	569532	704243	614822
Former USSR/Anc. URSS	x356988	x239639	x422838	x425002		USA/Etats–Unis d'Amer	204056	336796	474225	645149	717149
Belgium–Luxembourg	232876	263343	326820	351021	331518	United Kingdom	241724	269963	333210	645149	717149
Canada	225920	289967	299486	316475	386711	Belgium–Luxembourg	213639	263347	327656	437156	404226
United Kingdom	212429	252580	242343	213153	220655	Netherlands/Pays–Bas	198647	237022	321996	347710	308896
USA/Etats–Unis d'Amer	114308	226209	213332	249917	319478	Italy/Italie	184216	211807	269992	372964	360989
Sweden/Suède	185797	211891	220520	148267	119544	Japan/Japon	231946	274913	213101	137012	314521
Switz.Liecht	144319	146280	182164	156768	137174	China/Chine	27467	64877	121571	245618	253138
Spain/Espagne	111381	153029	172369	155305	162398	Austria/Autriche	86152	98485	138465	160296	388219
Austria/Autriche	117749	120708	158643	183278	189319	Denmark/Danemark	104831	103641	142350	144592	163176
Denmark/Danemark	114811	111450	144021	138041	139312	Thailand/Thaïlande	15285	48464	91604	126125	132254
Italy/Italie	85269	98516	130667	132108	138545	Sweden/Suède	74384	73353	86356	83225	x4257
Hong Kong	62476	99401	100110	122987	123274	Poland/Pologne	64045	36103	83365	111351	68575
Finland/Finlande	63148	90199	94524	42936	26307	Yugoslavia SFR	86157	80454	86528	54335	x74780
Norway,SVD,JM	91023	68600	82814	73177	77731	Spain/Espagne	51532	76642	75442	57113	55064
Japan/Japon	33221	48516	74241	67950	70461	Former USSR/Anc. URSS	x26114	x77224	x73459	x38721	55956
Saudi Arabia	26038	19875	x38950	x111042	x102876	Canada	74969	69752	51250	51083	55015
Mexico/Mexique	62944	37832	68130	54923	89938						
Portugal	27478	35723	58545	60225	70345	Hungary/Hongrie	x8572	x19516	x33631	x66360	x81183
Ireland/Irlande	29268	37264	48507	42218	40915	Norway,SVD,JM	19679	36808	44221	37468	29625
Singapore/Singapour	22426	30810	37566	41162	49355	Czechoslovakia	x36542	x11307	x21369	x57894	x71273
Bulgaria/Bulgarie	x69322	x36542	x37267	x27236	13027	Israel/Israël	9471	26179	32576	22802	9131
Australia/Australie	19839	32646	37694	27537	33641	Switz.Liecht	28819	22362	25158	21956	22995
Israel/Israël	18292	26664	30960	32438	35031	Singapore/Singapour	9935	16640	19853	28779	33975
Libyan Arab Jamahiriya	19777	32420	20851	x33341	x36521	Ireland/Irlande	16784	26324	21881	13036	11416
Czechoslovakia	x33510	24533	23332	x37764	x98055	India/Inde	13975		37787	19868	
Korea Republic	35540	41044	19128	24136	26892	Mexico/Mexique	16797	21573	17822	11537	7912
Poland/Pologne	20984	23118	14874	43982	x40771	Former GDR	x105277	x24922	x18938		
Greece/Grèce	15921	20643	28003	25515	x26866	Philippines	3949	x149	27511	8819	1666
Iran (Islamic Rp. of)	x6045	x6964	x5416	x61763	x76729	Hong Kong	10378	9474	9822	14545	17214
Hungary/Hongrie	x11808	x21139	x17343	35187	x62441	Australia/Australie	5628	6903	8665	10578	10177
Malaysia/Malaisie	12128	20113	19883	27162	x34481	Bulgaria/Bulgarie	x3286	x14950	x8698	x2050	x3406
Algeria/Algérie	8838	18852	20280	19766	x42896	Romania/Roumanie	x8157	7871	3334	14384	x6802
Thailand/Thaïlande	8269	14984	14334	16450	12009	Portugal	3502	5341	8449	8223	8722
Yugoslavia SFR	5885	8339	19266	x17561		New Zealand	2142	13074	3486	3356	3392
United Arab Emirates	x17834	x7816	x13271	x19793	x63942	Malaysia/Malaisie	4831	6113	5814	7553	
Indonesia/Indonésie	10224	9058	13676	16228	27890	Tunisia/Tunisie	1264	2741	11329	1832	553
Chile/Chili	9450	10760	10404	15263	x23702	Brazil/Brésil	14907	5418	4408	5489	14737
So. Africa Customs Un	9220	8999	9168	16619	x58962	Greece/Grèce	5448	4219	8163	2578	x1945
Cuba	10621	23640	x8216	x1915	x1428	So. Africa Customs Un	x1812	x3036	x4951	x3107	x3668
China/Chine	5122	7097	10734	14030	27730	Argentina/Argentine	5445	2174	3333	4377	1710
Kuwait/Koweït	x7799	4838	x4771	x19266	x24963	Kuwait/Koweït	x62650	4006	x2418	x2490	
Togo	12639	9339	9540	8820	x343	Oman	2125	2262	846	5224	
Tunisia/Tunisie	2401	6022	13076	8178	6198	United Arab Emirates	x1670	x1084	x2324	x4809	x5219
Sudan/Soudan	x5733	x12929	x4988	x8412	x2594	Turkey/Turquie	2893	1662	2406	3375	18538
Bermuda/Bermudes		x14633		x10954	x1581	Algeria/Algérie	1696	1434	3258		
Vanuatu	x1041	x2212	x6745	x13856		Saudi Arabia	2166	2403	x3190	x729	x796
Former GDR	x50315	x15777	x6981			Cameroon/Cameroun	x224	933	x404	4045	

(VALUE AS % OF TOTAL)(VALEUR EN % DU TOTAL)

	1983	1984	1985	1986	1987	1988	1989	1990	1991	1992		1983	1984	1985	1986	1987	1988	1989	1990	1991	1992
Africa	x12.4	x9.7	7.2	x8.5	4.1	x3.9	x4.0	x3.1	x3.2	x4.2	Afrique	0.9	0.7	0.7	0.8	0.8	0.2	0.3	0.4	0.2	x0.1
Northern Africa	x8.4	x6.0	4.4	x3.5	1.1	1.1	x1.8	1.3	x1.3	x1.6	Afrique du Nord	0.3	0.1	0.1	0.1	x0.0	0.1	0.1	0.2	0.1	0.0
Americas	x7.9	12.5	16.9	x10.0	x10.3	11.6	x14.8	12.1	11.9	x15.4	Amériques	8.0	5.7	5.8	x5.7	x5.6	6.6	8.0	8.6	10.5	11.3
LAIA	1.0	4.5	7.1	0.7	2.5	2.1	1.3	1.7	1.5	x2.7	ALAI	0.6	0.5	0.8	0.6	0.8	0.5	0.4	0.4	0.4	0.4
CACM	x0.1	0.4	0.5	0.4	x0.2	0.2	0.2	0.2	0.2	x0.2	MCAC	x0.0	0.0	0.0	0.0	0.0	0.0	0.0	0.0	0.0	x0.0
Asia	x23.3	x17.3	10.0	x7.5	x7.3	x8.4	8.8	8.4	x10.4	x12.8	Asie	19.6	26.8	24.7	17.4	x20.5	26.8	28.2	25.8	23.3	27.2
Middle East	x19.2	x13.4	5.7	x4.7	x2.9	x2.1	x1.1	x1.9	x4.0	x5.2	Moyen–Orient	x1.2	1.0	0.7	x0.5	x1.6	x1.6	x0.3	x0.2	x0.3	0.4
Europe	53.9	52.0	62.7	71.4	64.8	62.0	63.2	65.6	64.1	62.7	Europe	67.7	62.3	65.0	71.9	65.9	60.8	59.7	61.4	61.6	57.9
EEC	40.5	38.0	46.0	52.1	48.6	47.0	48.4	51.4	53.6	52.7	CEE	60.5	53.2	55.3	61.6	56.0	53.2	52.8	54.0	55.6	52.5
EFTA	13.3	13.7	16.3	18.8	15.9	14.8	14.5	13.8	10.2	9.4	AELE	7.2	6.4	7.4	8.8	8.2	6.2	5.7	5.8	5.2	4.8
Oceania	1.4	x1.5	1.7	x1.7	x0.9	x0.9	x1.1	x1.1	x1.0	x0.8	Océanie	0.3	x0.3	0.2	x0.2	x0.1	0.2	x0.4	x0.2	x0.2	x0.2
Germany/Allemagne	8.2	7.5	8.8	9.7	8.8	7.6	8.2	11.1	18.1	16.5	Germany/Allemagne	27.1	22.3	22.9	28.6	27.1	23.9	23.4	22.1	20.8	21.4
Netherlands/Pays–Bas	7.3	7.5	9.1	11.0	9.7	9.9	9.5	10.1	9.1	9.6	Korea Republic	7.6	14.2	11.2	9.6	12.6	17.1	19.8	16.9	14.1	16.3
France,Monac	9.5	7.1	8.9	9.8	9.7	8.7	8.8	7.7	7.5	7.5	France,Monac	10.6	9.6	10.9	10.2	8.4	7.9	7.5	8.7	10.2	8.6
Former USSR/Anc. URSS			5.7		x9.2	x8.7	x5.4	x7.8	x7.1		USA/Etats–Unis d'Amer	6.4	4.4	4.1	3.9	3.9	4.3	6.2	7.3	9.3	10.1
Belgium–Luxembourg	4.2	4.1	4.8	5.9	5.6	5.7	5.9	6.1	5.9	5.6	United Kingdom	4.6	3.7	3.9	4.2	4.6	5.1	4.9	5.1	9.3	10.1
Canada	2.3	2.8	3.3	2.8	2.9	5.5	6.5	5.6	5.3	6.6	Belgium–Luxembourg	4.2	3.9	4.6	5.0	4.7	4.5	4.9	5.1	6.3	5.7
United Kingdom	5.2	5.0	6.5	5.4	4.5	5.2	5.7	4.5	3.6	3.8	Netherlands/Pays–Bas	3.6	3.3	3.3	4.4	4.0	4.2	4.3	4.9	5.4	4.3
USA/Etats–Unis d'Amer	3.2	3.7	5.0	3.5	2.9	2.8	5.1	4.0	4.2	5.4	Italy/Italie	5.7	5.8	5.8	3.8	3.4	3.9	3.9	4.1	5.4	5.1
Sweden/Suède	2.5	2.6	3.4	3.5	3.6	4.5	4.8	4.1	2.5	2.0	Japan/Japon	9.9	10.7	12.1	6.5	3.4	4.9	5.0	3.3	2.0	4.4
Switz.Liecht	3.5	3.6	3.9	4.5	3.9	3.5	3.3	3.4	2.6	2.3	China/Chine						0.2	0.6	1.2	1.9	3.6
																				3.6	5.4

791 RAILWAY VEHICLES

TRADE BY COMMODITY IN THOUSAND U.S. DOLLARS – COMMERCE PAR PRODUIT EN MILLIERS DE DOLLARS E.U

IMPORTS – IMPORTATIONS

COUNTRIES–PAYS	1988	1989	1990	1991	1992
Total	x5796402	x5904998	x4933702	x7152830	x4934926
Africa	x277987	x191052	x289020	x283106	x422344
Northern Africa	128287	x69632	126604	138186	x175762
Americas	858622	1106804	1054828	933853	x1002192
LAIA	168864	80691	176806	188296	167258
CACM	6750	1942	3083	1335	x1583
Asia	x1102433	x947761	751172	560283	x1003008
Middle East	x100807	x98380	x83446	x126674	x318699
Europe	888537	881415	1231211	1856845	2370897
EEC	582021	608909	870959	1480751	1910712
EFTA	256452	239065	325341	358862	448943
Oceania	x47835	x46942	x25746	x31685	x34070
Former USSR/Anc. URSS	x2022643	x2377106	x1283830	x3347100	
USA/Etats–Unis d'Amer	450884	742461	644720	562252	647101
China/Chine	513029	469242	321824	75672	59146
Germany/Allemagne	72142	86174	142233	395741	374783
Canada	201044	198409	206138	174679	173296
Netherlands/Pays–Bas	112376	131302	201439	187468	378568
United Kingdom	93346	111046	128150	159847	257404
France, Monac	64203	58847	88192	185948	255317
Spain/Espagne	58870	61759	73862	156008	231510
Mexico/Mexique	117836	42765	117887	129996	75541
Switz.Liecht	66690	63035	109154	114931	136324
Belgium–Luxembourg	46215	53925	94971	132191	142455
Italy/Italie	94543	70351	72918	127515	134568
Iran (Islamic Rp. of)	x76102	x58416	x52067	x111738	x286866
Sweden/Suède	48972	65618	64084	88909	51869
India/Inde	68490	x78631	76087	56943	x78246
Austria/Autriche	69297	45654	65208	91067	203468
Bulgaria/Bulgarie	x29278	x64435	x118701	x13946	6407
Poland/Pologne	141679	69316	39054	75986	x33279
Japan/Japon	25189	48413	43781	61900	92372
Czechoslovakia	x36911	39667	80358	x31125	x26501
Korea Republic	26765	38841	64980	42675	81527
Finland/Finlande	56566	44839	61319	31382	19820
Egypt/Egypte	107811	23778	56569	34961	38253
Cuba	26747	77487	x17076	x3103	x7619
Romania/Roumanie	x52588	49663	36671	6468	x29027
Denmark/Danemark	20746	15090	39675	35067	58057
Australia/Australie	37559	44680	20607	24532	29153
Hong Kong	78076	28721	27382	33162	54276
Singapore/Singapour	115054	64809	5774	15340	14811
Yugoslavia SFR	49922	33417	34852	x17158	
Former GDR	x291198	x75728	x7910		
Zaire/Zaïre	x18288	x11909	x29342	x39274	x5835
Morocco/Maroc	4250	7676	22706	48046	48636
Norway, SVD, JM	14905	19882	25569	22399	37431
Hungary/Hongrie	x42732	x51567	x11335	11142	x7166
Greece/Grèce	5496	4521	5937	63578	x29654
Pakistan	17214	18641	12479	38361	44186
Brazil/Brésil	8706	13713	9512	43272	18097
Indonesia/Indonésie	17993	18898	30030	16446	82679
Sri Lanka	1542	21959	13493	29301	25712
Un. Rep. of Tanzania	x19418	x18400	x29417	x16460	x21295
Turkey/Turquie	15310	34262	19656	7608	23715
Portugal	9322	13044	16418	32021	42028
So. Africa Customs Un	18524	13201	11818	x35763	x42389
Algeria/Algérie	13878	16128	33971	9761	x32792
Thailand/Thaïlande	33958	4372	22648	28397	24261
Malaysia/Malaisie	6709	8387	29655	13547	
Tunisia/Tunisie	1797	4612	6845	32201	49716
Sudan/Soudan	x525	x16919	x6427	x12815	x6148

EXPORTS – EXPORTATIONS

COUNTRIES–PAYS	1988	1989	1990	1991	1992
Totale	x5192405	x4365020	x4615708	5014023	5875654
Afrique	x23614	x20218	x24989	x9547	x7282
Afrique du Nord	8004	16508	3248	155	x686
Amériques	617185	1002746	1172331	1040560	1114774
ALAI	61868	38652	81571	51489	85047
MCAC	x76	x31	x119	177	x34
Asie	457073	210404	272533	157903	261223
Moyen–Orient	567	600	x354	1304	x88
Europe	1893442	1548354	1938782	3133181	4181512
CEE	1351621	1054664	1386244	2713476	3674875
AELE	520198	458669	529396	412704	503914
Océanie	34222	9369	x14487	x16273	x12809
Germany/Allemagne	561817	576150	642421	1702459	1975222
Former USSR/Anc. URSS	x674594	x832499	x636834	x292088	
Canada	235481	543020	592740	458881	476463
USA/Etats–Unis d'Amer	319393	420962	497861	529919	552742
France, Monac	501187	201241	231693	412083	710472
Romania/Roumanie	x173390	391461	197081	152015	x83312
Austria/Autriche	186323	182044	187978	199033	294227
Japan/Japon	380570	149497	185953	105165	162369
United Kingdom	147477	92558	157064	183503	155612
Poland/Pologne	121342	122002	202898	55474	x28144
Italy/Italie	49176	61491	128930	155717	376623
Finland/Finlande	134226	130414	157344	43567	9507
Switz.Liecht	101814	75814	106849	106687	98066
Belgium–Luxembourg	34692	44174	109516	114497	142531
Former GDR	x952904	x129867	x110658		
Sweden/Suède	97275	69355	74554	61412	97455
Czechoslovakia	x215290	x32933	x23515	x122877	x162416
Netherlands/Pays–Bas	32525	44321	62262	53191	62889
Brazil/Brésil	40397	30832	59714	37542	60635
Spain/Espagne	17123	28793	47452	51396	161486
Korea Republic	46727	28697	58914	11878	77336
Bulgaria/Bulgarie	x17246	x54142	x16815	x3653	x2838
Yugoslavia SFR	21578	35036	23143	x6535	
China/Chine	19080	25046	14548	10117	15265
Hungary/Hongrie	x12102	x11025	x4782	x30450	x21344
Australia/Australie	33833	8895	14288	13949	12123
Denmark/Danemark	3445	1293	1490	33007	88311
Mexico/Mexique	18887	6025	19479	9348	15207
Zimbabwe	11335	x7	16234	4307	x105
Algeria/Algérie	4099	14971	3030		x3
India/Inde	5175	x2919	6790	5718	x2576
Indonesia/Indonésie	155	115	8	13058	88
So. Africa Customs Un	x2041	x3323	x4735	x4608	x3292
Portugal	140	1398	3195	5368	807
Singapore/Singapour	682	1377	1809	4134	1424
Argentina/Argentine	2560	1609	2264	2129	8759
Norway, SVD, JM	560	1023	2670	2004	4659
Israel/Israël	126	243	59	x5307	45
Ireland/Irlande	2183	2741	1993	445	849
Korea Dem People's Rp	x189	x1484	x1523		
New Zealand	327	474	197	2269	666
Greece/Grèce	1857	503	228	1810	x72
Colombia/Colombie	6	1	1	2004	0
Turkey/Turquie	203	497	83	1296	18
Hong Kong	236	260	713	501	1168
Malaysia/Malaisie	102	138	1118	180	x574
Tunisia/Tunisie	3813	1235	33	108	507
Bangladesh			645	6	
Kenya	4		627		
Sri Lanka	76	10	73	479	0

(VALUE AS % OF TOTAL)(VALEUR EN % DU TOTAL)

	1983	1984	1985	1986	1987	1988	1989	1990	1991	1992		1983	1984	1985	1986	1987	1988	1989	1990	1991	1992
Africa	x14.2	x7.8	13.3	x13.8	x5.9	x4.8	x3.2	x5.8	x4.0	x8.6	Afrique	0.2	0.2	0.4	0.5	x0.4	x0.4	x0.5	x0.5	x0.2	x0.2
Northern Africa	7.8	4.0	10.1	5.8	1.9	2.2	x1.2	2.6	1.9	x3.6	Afrique du Nord	0.0	0.0	0.1	0.1	0.0	0.2	0.4	0.1	0.0	0.0
Americas	11.5	21.1	37.7	38.2	17.4	14.8	11.7	21.3	13.1	x20.3	Amériques	18.6	21.5	22.9	27.2	14.3	11.9	23.0	25.4	20.7	19.0
LAIA	3.4	8.1	11.3	8.5	1.8	2.9	1.4	3.6	2.6	3.4	ALAI	1.2	0.8	1.1	0.7	0.5	1.2	0.9	1.8	1.0	1.4
CACM	x0.0	0.0	0.1	0.1	0.1	0.0	0.1	0.0	0.0	0.0	MCAC	x0.0	x0.0	x0.0	x0.0	x0.0	x0.0	x0.0	x0.0	x0.0	x0.0
Asia	x17.7	x20.8	15.6	x13.4	16.2	x19.0	x16.0	15.3	x7.8	x20.3	Asie	7.9	15.3	10.4	7.6	11.9	8.8	4.8	5.9	3.1	4.5
Middle East	x6.8	x12.2	4.3	x3.9	x0.6	x1.7	x1.7	x1.7	x1.8	x6.5	Moyen–Orient	x0.0	x0.0	x0.0	x0.0	0.0	x0.0	x0.0	x0.0	0.0	x0.0
Europe	14.8	13.8	21.8	24.0	14.3	15.3	14.9	25.0	26.0	48.0	Europe	43.8	38.5	40.9	40.6	33.3	36.5	35.5	42.0	62.5	71.2
EEC	11.7	9.4	14.4	15.7	9.2	10.0	10.3	17.7	20.7	38.7	CEE	40.2	35.6	37.7	35.1	27.1	26.0	24.2	30.0	54.1	62.5
EFTA	3.2	2.8	4.8	6.2	3.9	4.4	4.0	6.6	5.0	9.1	AELE	3.6	2.5	2.6	4.5	5.6	10.0	10.5	11.5	8.2	8.6
Oceania	0.8	x0.4	0.9	1.0	0.7	x0.8	x0.8	x0.5	x0.4	x0.7	Océanie	0.1	0.1	0.2	0.1	0.2	0.7	x0.3	x0.3	x0.3	x0.2
Former USSR/Anc. URSS	36.3	31.2		x35.5	x34.9	x40.3	x26.0	x46.8		13.1	Germany/Allemagne	14.2	15.0	14.0	11.0	8.7	10.8	13.2	13.9	34.0	33.6
USA/Etats–Unis d'Amer	4.3	8.6	15.3	18.1	10.5	7.8	12.6	13.1	7.9	13.1	Former USSR/Anc. URSS	9.2	7.4		x7.8	x13.0	x19.1	x13.8	x5.8		
China/Chine					6.0	8.9	7.9	6.5	1.1	1.2	Canada	4.5	4.7	5.9	10.9	7.1	4.5	12.4	12.8	9.2	8.1
Germany/Allemagne	2.2	1.7	2.4	2.5	1.7	1.2	1.5	2.9	5.5	7.6	USA/Etats–Unis d'Amer	12.9	16.0	15.9	15.7	6.8	6.2	9.6	10.8	10.6	9.4
Canada	3.0	3.5	9.3	10.2	4.5	3.5	3.4	4.2	2.4	3.5	France, Monac	11.8	8.8	13.3	14.7	11.8	9.7	4.6	5.0	8.2	12.1
Netherlands/Pays–Bas	2.3	2.2	2.9	3.5	1.4	1.9	2.2	4.1	2.6	7.7	Romania/Roumanie					x3.3	x3.3	9.0	4.3	3.0	x1.4
United Kingdom	0.9	0.6	1.1	1.8	1.0	1.6	1.9	2.6	2.2	5.2	Austria/Autriche	0.4	0.3	0.2	0.3	0.3	3.6	4.2	4.1	4.0	5.0
France, Monac	1.0	0.8	1.4	2.0	1.2	1.1	1.0	1.8	2.6	5.2	Japan/Japon	6.4	4.1	9.1	6.0	10.2	7.3	3.4	4.0	2.1	2.8
Spain/Espagne	0.7	0.2	0.5	0.5	0.5	1.0	1.0	1.5	2.2	4.7	United Kingdom	6.6	4.6	4.2	4.1	3.1	2.8	2.1	3.4	3.7	2.6
Mexico/Mexique			3.7	4.2	2.5	0.7	2.0	0.7	2.4	1.5	Poland/Pologne	4.4	3.3	4.2	3.2	2.3	2.3	2.8	4.4	1.1	x0.5

792 AIRCRAFT ETC — APP NAVIGATION AERIENNE 792

TRADE BY COMMODITY IN THOUSAND U.S. DOLLARS – COMMERCE PAR PRODUIT EN MILLIERS DE DOLLARS E.U

IMPORTS – IMPORTATIONS

COUNTRIES–PAYS	1988	1989	1990	1991	1992
Total	35583537	44792232	54630987	68362342	69133796
Africa	x623465	x854579	x1398858	x2204707	x2273749
Northern Africa	74594	x127066	497075	x159637	x262489
Americas	9290038	8829758	9393829	10876380	x11920215
LAIA	572657	599469	829231	795076	x1714308
CACM	3713	9507	4497	4516	x146806
Asia	x7545751	x9848933	x11278257	x14168677	x18388087
Middle East	x1439597	x2694166	x1624132	x3423752	x4304575
Europe	16727052	22547674	29458562	37658783	33733294
EEC	14832563	20362322	26099215	34464514	30917380
EFTA	1790846	2134040	3162532	3120890	2671123
Oceania	x1188611	x2204469	x2514194	x2500365	x2073147
Germany/Allemagne	5868120	8265447	9652548	13737648	12940641
USA/Etats–Unis d'Amer	5536917	5871812	6428417	7463588	7471974
United Kingdom	2573225	3103630	4437560	5439208	5285060
France, Monac	2665975	2650736	3828192	5348294	4727672
Japan/Japon	2036595	1714300	3261322	3286543	3307848
Italy/Italie	1192453	1697167	2440825	3200784	2887508
Canada	3053733	2146360	1957632	2393241	2335684
Spain/Espagne	942997	1603160	2036199	2399234	1503020
Australia/Australie	956930	1568517	1871752	2218406	1422410
Netherlands/Pays–Bas	804246	1391051	1651305	1550445	1849318
Korea Republic	1444480	1225624	1068219	1797645	1964640
Saudi Arabia	464694	1419618	x294414	x1950668	x1436030
Singapore/Singapour	474138	1258269	986795	1377249	1527798
Belgium–Luxembourg	381001	755827	906918	1217987	737498
China/Chine	418886	631599	868547	1221076	2033539
Switz.Liecht	684220	564177	650100	1499850	958297
Malaysia/Malaisie	113885	637609	995345	1042719	x1361489
Sweden/Suède	408407	605360	974401	639771	649113
Denmark/Danemark	279615	562760	620285	847644	325096
Norway, SVD, JM	332126	415196	820510	422092	583002
So. Africa Customs Un	149523	261459	173484	x1160001	x700197
Hong Kong	225454	352813	573256	581227	673133
India/Inde	120921	x769018	289675	64853	x531813
New Zealand	146915	379564	468755	232022	460656
Mexico/Mexique	237603	179599	386503	377483	564173
Indonesia/Indonésie	64104	70385	362311	506879	187550
Brazil/Brésil	188593	298451	320440	310215	346613
Bahrain/Bahreïn	x198297	x292985	x307129	x290865	x297031
United Arab Emirates	x100336	x375861	x309377	x192961	x513864
Turkey/Turquie	238990	261655	271835	301411	674011
Ireland/Irlande	84708	171246	299221	358256	267012
Finland/Finlande	245297	191753	368820	247986	121757
Austria/Autriche	116294	298428	222693	272688	348781
Thailand/Thaïlande	618927	81043	620784	50665	988135
Philippines	113364	x207476	305643	237312	281826
Former USSR/Anc. URSS	x96177	x167887	x171881	x296754	
Kuwait/Koweït	x27352	2161	x87829	x449232	x521047
Bulgaria/Bulgarie	x9887	x28941	x348656	x128469	28769
Greece/Grèce	14848	70836	109906	322991	x239248
Israel/Israël	172628	113364	182353	195493	151037
Jordan/Jordanie	93987	88796	142762	94164	135260
Zimbabwe	12356	x183512	105919	10972	x217205
Algeria/Algérie	4692	13162	279290	3713	x21894
Hungary/Hongrie	x4779	x13243	x3621	272284	x91895
Pakistan	19470	21238	x17342	246890	103183
Nigeria/Nigéria	x68046	x97281	x60877	x109317	x94929
Cote d'Ivoire	2843	2366	x4059	x243367	x593506
Portugal	25374	90461	116256	42024	155307
Yugoslavia SFR	62449	42681	141295	x56734	
Iran (Islamic Rp. of)	x28521	x18024	x113907	x95923	x145168

EXPORTS – EXPORTATIONS

COUNTRIES–PAYS	1988	1989	1990	1991	1992
Totale	41728036	52603353	63739806	80798682	80688583
Afrique	x42172	x94821	x181902	x55829	x112030
Afrique du Nord	x10030	x40091	x146479	x13171	x6645
Amériques	22370692	26890258	34013879	39281275	39530822
ALAI	405138	881710	671810	497439	489696
MCAC	x94	x1487	x26102	47	x775
Asie	1159959	1940418	1897589	2327922	x2485149
Moyen–Orient	x121278	x136401	x254225	x258834	x309354
Europe	17426203	22799752	26611216	37455818	37941352
CEE	16572579	21993579	25379856	36356769	36679669
AELE	829466	786196	1167866	1065009	1245611
Océanie	275561	x361343	436200	582259	563274
USA/Etats–Unis d'Amer	20315746	24048107	30548962	35482816	36594327
Germany/Allemagne	5093110	7243758	7902167	10454544	10657848
France, Monac	4558489	6307399	6864584	10188015	11021228
United Kingdom	3371213	3664366	3600406	8921985	7547155
Canada	1631542	1942386	2719753	3285824	2426414
Italy/Italie	1529760	1793582	2934660	2667939	2922545
Netherlands/Pays–Bas	972963	1343875	1887784	1726860	2240820
Spain/Espagne	641633	850283	1042286	1166901	1058598
Belgium–Luxembourg	260961	520380	576976	783250	692984
Former USSR/Anc. URSS	x367730	x345494	x499430	x995221	
Sweden/Suède	321707	432789	613722	593110	517970
Brazil/Brésil	379730	631389	554106	375770	357783
Japan/Japon	300385	384113	444197	538473	616915
Singapore/Singapour	202139	503494	430769	331975	347228
Israel/Israël	247287	385757	292617	316774	294145
Denmark/Danemark	95017	189988	469219	313457	382992
Malaysia/Malaisie	74623	220038	265497	481135	x54608
Australia/Australie	207985	282718	291617	344229	372966
Switz.Liecht	284770	179510	288212	347386	517279
Korea Republic	114095	190019	188139	248536	269168
Mexico/Mexique	17373	236250	72330	90856	105940
Norway, SVD, JM	127367	74865	169524	53752	134562
New Zealand	44819	27504	103038	135299	132007
Poland/Pologne	76135	99399	66342	64200	x8184
Egypt/Egypte	x3429	x36725	x138403	39	3
Ireland/Irlande	23852	27131	55922	91043	91663
Austria/Autriche	29359	56142	51569	60597	62102
Hong Kong	54781	53403	61554	53157	89467
Jordan/Jordanie	11453	64047	61929	25179	40241
Papua New Guinea	14037	10527	21203	96387	38811
Portugal	17616	50281	37445	33105	50612
Oman	43199	30055	35851	44949	x42603
Romania/Roumanie	x742	55535	28825	16656	x2573
Saudi Arabia	19679	14837	x6864	x76018	x123009
Yugoslavia SFR	24092	11888	54417	x25557	
Finland/Finlande	19195	37005	33840	10151	13673
Kuwait/Koweït	x14179	133	x6800	x63594	x56857
China/Chine	11696	12764	14309	27728	368567
Sri Lanka	3326	2652	25589	23166	717
So. Africa Customs Un	x7513	x33469	x8066	x8950	x12628
India/Inde	9129	x15316	8105	19678	x18246
Bahrain/Bahreïn	x1444	x12297	x12160	x16987	x17795
Indonesia/Indonésie	8535	16834	14384	8527	13573
Chile/Chili	2661	8388	27865	2657	x773
Fiji/Fidji	x182	8492	19929	5645	17852
French Polynesia	6164	x31977	x205	x452	x388
Czechoslovakia	x5045	x10892	x3340	x15782	x37933
Argentina/Argentine	3299	1331	16329	10749	17004
Costa Rica	22	0	x26064	19	x424
Malta/Malte	60	8050	9066	x6172	x7116

(VALUE AS % OF TOTAL)(VALEUR EN % DU TOTAL)

Imports

	1983	1984	1985	1986	1987	1988	1989	1990	1991	1992
Africa	x5.9	x3.0	2.0	x2.6	2.6	x1.7	x1.9	x2.5	x3.2	x3.3
Northern Africa	x2.0	x1.3	0.5	x0.6	0.3	0.2	x0.3	0.9	x0.2	x0.4
Americas	18.6	23.1	26.8	27.6	26.9	26.1	19.7	17.2	15.9	x17.3
LAIA	2.3	1.0	1.6	1.8	3.2	1.6	1.3	1.5	1.2	x2.5
CACM	x0.0	0.0	0.0	0.0	0.0	0.0	0.0	0.0	0.0	x0.2
Asia	21.0	24.6	22.2	22.1	22.3	x21.2	x22.0	x20.6	20.7	x26.6
Middle East	x4.5	9.3	5.5	x6.5	3.4	x4.0	x6.0	x3.0	x5.0	x6.2
Europe	52.0	47.1	47.2	43.5	44.3	47.0	50.3	53.9	55.1	48.8
EEC	44.8	42.1	42.3	37.5	38.4	41.7	45.5	47.8	50.4	44.7
EFTA	7.1	4.7	4.2	5.6	5.3	5.0	4.8	5.8	4.6	3.9
Oceania	2.5	x2.2	1.8	x4.1	3.3	x3.3	x4.9	x4.6	x3.7	x3.0
Germany/Allemagne	22.4	18.9	17.8	15.9	18.1	16.5	18.5	17.7	20.1	18.7
USA/Etats–Unis d'Amer	10.7	15.7	17.7	18.7	17.5	15.6	13.1	11.8	10.9	10.8
United Kingdom	7.4	8.7	10.2	6.8	3.9	7.2	6.9	8.1	8.0	7.6
France, Monac	4.5	3.1	2.8	4.0	4.6	7.5	5.9	7.0	7.8	6.8
Japan/Japon	7.6	4.8	7.4	7.5	6.8	5.7	3.8	6.0	4.8	4.8
Italy/Italie	3.2	4.6	4.8	4.2	4.3	3.4	3.8	4.5	4.7	4.2
Canada	5.5	6.1	7.3	6.6	5.6	8.6	4.8	3.6	3.5	3.4
Spain/Espagne	0.6	0.8	0.8	0.8	1.1	2.7	3.6	3.7	3.5	2.2
Australia/Australie	2.3	1.8	1.1	2.6	2.0	2.7	3.5	3.4	3.2	2.1
Netherlands/Pays–Bas	3.5	3.0	3.0	2.4	2.6	2.3	3.1	3.0	2.3	2.7

Exports

	1983	1984	1985	1986	1987	1988	1989	1990	1991	1992
Afrique	x0.4	x0.4	0.1	x0.2	x0.1	x0.1	x0.2	x0.3	x0.1	x0.1
Afrique du Nord	x0.3	x0.3	0.0	x0.1	0.0	x0.1	x0.2	x0.2	x0.0	x0.0
Amériques	51.9	46.4	55.7	56.7	59.2	53.6	51.1	53.4	48.6	49.0
ALAI	0.4	0.5	0.7	1.0	1.2	1.0	1.7	1.1	0.6	0.6
MCAC	x0.0	0.0	0.0	0.0	0.0	0.0	0.0	0.0	0.0	x0.0
Asie	3.7	3.6	4.7	3.9	3.1	2.8	3.7	3.0	2.9	x3.1
Moyen–Orient	x0.3	x0.6	0.4	x0.6	0.5	x0.3	x0.3	x0.2	x0.3	x0.4
Europe	40.9	45.2	39.1	38.7	35.6	41.8	43.3	41.7	46.4	47.0
CEE	40.1	43.7	37.6	37.0	33.4	39.7	41.8	39.8	45.0	45.5
AELE	0.8	1.2	1.4	1.7	2.1	2.0	1.5	1.8	1.3	1.5
Océanie	0.2	0.3	0.2	0.3	0.7	0.7	0.7	0.7	0.7	0.7
USA/Etats–Unis d'Amer	47.6	42.0	50.4	50.2	53.4	48.7	45.7	47.9	43.9	45.4
Germany/Allemagne	13.1	14.5	11.6	9.3	10.6	12.2	13.8	12.4	12.9	13.2
France, Monac	8.6	10.6	8.5	7.5	9.1	10.9	12.0	10.8	12.6	13.7
United Kingdom	11.2	10.8	10.9	13.3	6.8	8.1	7.0	5.6	11.0	9.4
Canada	3.8	3.8	4.4	5.4	4.6	3.9	3.7	4.3	4.1	3.0
Italy/Italie	3.7	4.1	3.7	3.4	3.5	3.7	3.4	4.6	3.3	3.6
Netherlands/Pays–Bas	2.1	2.0	1.6	2.2	1.7	2.3	2.6	3.0	2.1	2.8
Spain/Espagne	0.5	0.7	0.4	0.5	0.6	1.5	1.6	1.6	1.4	1.3
Belgium–Luxembourg	0.8	0.6	0.8	0.5	0.9	1.0	1.0	0.9	1.0	0.9
Former USSR/Anc. URSS	2.6	3.9		x0.8	x0.9	x0.7	x0.8	x1.2	0.9	

793 SHIPS AND BOATS ETC

TRADE BY COMMODITY IN THOUSAND U.S. DOLLARS – COMMERCE PAR PRODUIT EN MILLIERS DE DOLLARS E.U

COUNTRIES–PAYS	IMPORTS – IMPORTATIONS					COUNTRIES–PAYS	EXPORTS – EXPORTATIONS				
	1988	1989	1990	1991	1992		1988	1989	1990	1991	1992
Total	x16374129	x19740820	x21137602	x19476160	x15963251	Totale	21231328	22465253	27719812	26382540	29176192
Africa	x372364	x718644	x721269	x818138	x746541	Afrique	x180293	x307892	x287267	x291467	x145237
Northern Africa	127889	217595	219226	x143067	x108334	Afrique du Nord	5376	39134	15302	10754	13524
Americas	1621728	1495984	x2706508	x2736613	x3419971	Amériques	x1946648	x2421529	x2557765	x2492600	x2995759
LAIA	290468	252954	371550	272909	x449967	ALAI	93219	126850	205975	307457	242424
CACM	16761	15131	12569	10711	x57790	MCAC	x9171	x16841	x13419	x26929	x1250
Asia	x2827387	x3520496	4977957	x4607687	x5086347	Asie	6934933	7128505	9552364	12397176	13505792
Middle East	x236990	x301377	x806788	x839247	x724751	Moyen–Orient	x23986	x35190	x104000	103917	x200523
Europe	7747707	10125911	9946992	7947339	6032534	Europe	11111075	11463809	14452819	9876999	11974893
EEC	4461389	5020464	6095898	4606856	4019639	CEE	8087551	8554022	10902668	6516621	8330594
EFTA	3143008	5030869	3766087	3265066	1959967	AELE	2488805	2356064	3046135	3183723	3119664
Oceania	x239967	x720334	x404480	x514596	x584549	Océanie	135806	x210151	174061	221945	315623
Norway,SVD,JM	2293371	3868651	2833501	2174242	1111302	Japan/Japon	3946698	4428190	5566130	6722390	7946474
Former USSR/Anc. URSS	x3253173	x3049881	x2246962	x2828054		United Kingdom	3920041	4482827	5076278	559073	516669
United Kingdom	2075802	2359191	2654014	539743	461413	Korea Republic	1759789	1788457	2800572	4129112	4112777
Bahamas	19763	15964	x1258151	x1374001	x1820825	Norway,SVD,JM	970117	1037316	1813510	2258189	2081532
Singapore/Singapour	670617	715451	919850	862187	1236450	Germany/Allemagne	1059848	1021535	1913655	2068200	2605957
Greece/Grèce	696443	806493	527061	882091	x448296	USA/Etats–Unis d'Amer	1061779	1022801	1298944	1174872	1465453
Sweden/Suède	347764	667820	595445	750060	393625	Bahamas	995	x1117529	x888035	x812556	x1057199
Denmark/Danemark	216801	540757	665532	587769	365470	France,Monac	689365	840445	992741	945404	1531204
Germany/Allemagne	260303	277128	513816	841173	632361	Finland/Finlande	1055421	922162	815532	590357	526262
Malaysia/Malaisie	146737	253559	502560	759924	x234706	Spain/Espagne	392701	458537	866202	885474	1078270
Indonesia/Indonésie	196887	433245	481387	558068	486611	Denmark/Danemark	719002	580369	763361	680825	1138198
France,Monac	397104	276778	563748	577705	835517	Netherlands/Pays–Bas	801326	465446	535537	624771	691435
Italy/Italie	196891	306918	504555	576635	485841	Italy/Italie	340311	443477	538319	569907	483097
Korea Republic	219060	405769	747143	211717	840275	Singapore/Singapour	591519	476875	380443	322909	641880
China/Chine	252328	423770	489455	337900	451907	Former USSR/Anc. URSS	x366321	x320553	x181943	x545738	
USA/Etats–Unis d'Amer	742790	603104	342457	256422	327344	Yugoslavia SFR	476921	471350	427834	x110400	
Japan/Japon	256555	270700	398260	445662	267307	Malaysia/Malaisie	87044	119489	319488	556461	
Australia/Australie	135156	521760	250654	334482	33233	Poland/Pologne	344911	414190	217497	352566	x113141
Finland/Finlande	279713	359380	213371	214273	228103	Sweden/Suède	326497	338989	338999	237674	425487
Liberia/Libéria	x74313	x243352	x250428	x262499	x281079	Liberia/Libéria	x158553	x230867	x222192	x224282	x115146
Canada	269436	252550	228160	187231	183152	China/Chine	172255	143926	223251	309447	480532
Spain/Espagne	320234	159589	226262	219770	281165	Australia/Australie	115603	154186	142002	185421	287099
Netherlands/Pays–Bas	176659	166453	218709	217874	313383	Bulgaria/Bulgarie	x61469	x78757	x237609	x82709	x58417
India/Inde	87614	x223150	266317	55354	x288438	Canada	91265	105727	121323	113671	174581
Turkey/Turquie	37919	139458	176032	197193	199527	Brazil/Brésil	41979	59222	73970	178633	202791
Saudi Arabia	11906	33372	x372385	x90058	x104637	Portugal	44270	138644	94267	48717	155159
Morocco/Maroc	86939	198126	187862	108998	32363	Romania/Roumanie	x12720	95668	42411	92085	x57556
Kuwait/ Koweït	x58141	17694	x12139	x401432	x299372	Belgium–Luxembourg	80834	64826	61434	62725	83307
Israel/Israël	24314	44648	115124	179066	126964	Mexico/Mexique	13630	34496	78370	60262	11842
Cuba	78767	42297	x135726	x132702	x1845	Turkey/Turquie	2870	12576	64818	91879	136823
Thailand/Thaïlande	57252	76650	107206	113271	137182	Austria/Autriche	115617	26629	56390	78316	58993
United Arab Emirates	x29647	x29348	x182228	x57640	x45635	Indonesia/Indonésie	15111	8384	57173	95445	54671
Chile/Chili	60957	99979	92300	65150	x55430	Israel/Israël	16171	74119	25410	30263	14026
Guadeloupe	37229	25497	85443	135958	86316	New Zealand	17995	50855	28437	32725	25247
Viet Nam	x50391	x199904	x12945	x28295	x31970	Hong Kong	24348	32591	27341	30279	28982
Mexico/Mexique	85403	31917	112517	91304	35746	Gibraltar	x14267	x32556	x26875	x28393	x12861
New Zealand	55964	58821	79174	95858	103993	Ireland/Irlande	37739	26472	27807	23889	26373
Martinique	23416	25473	137904	70139	61870	Thailand/Thaïlande	5689	4606	6631	64736	x2962
Switz.Liecht	73731	71304	80730	76795	78972	Faeroe Islds/Is Féroé	41562	22553	26898	23420	x21628
Belgium–Luxembourg	56058	60069	80301	82380	88832	Argentina/Argentine	12078	12201	25359	32468	22511
Portugal	36744	48355	118990	52984	77360	Malta/Malte	1963	27185	22407	x14339	x17710
Bermuda/Bermudes		x80830		x135557	x168161	Cameroon/Cameroun		27609		34745	
Nigeria/Nigéria	x32087	x60239	x61319	x92549	x146795	India/Inde	91	x1737	35596	19496	x163
Hong Kong	58904	66147	61070	70187	113854	Greece/Grèce	2116	12172	13796	28365	x20925
Argentina/Argentine	20370	56338	64433	38776	91429	Honduras	x7621	x14543	x11435	x25860	
French Polynesia	4372	x84591	x12382	x20809	x18404	Hungary/Hongrie	x7599	x11635	x6556	x27203	x6192
Bangladesh	x49273	x40712	x35208	38152	x33320	United Arab Emirates	x11471	9911	11475	16173	x57973
Congo	x12558	x48498	x26517	x36548	x2319	Switz.Liecht	11054				18245
Iceland/Islande	128310	51332	25224	30876	118845	Iceland/Islande	10100	21057	10229	3014	9146
Bulgaria/Bulgarie	x46038	x12881	x90951	x2300	484	Chile/Chili	15028	10374	15464	8107	x1074

(VALUE AS % OF TOTAL)(VALEUR EN % DU TOTAL)

	1983	1984	1985	1986	1987	1988	1989	1990	1991	1992		1983	1984	1985	1986	1987	1988	1989	1990	1991	1992
Africa	x1.9	x3.0	2.7	x7.1	x3.4	x2.3	x3.6	x3.4	x4.2	x4.7	Afrique	x1.6	x1.5	0.1	x0.9	x0.8	0.8	x1.4	x1.0	x1.1	x0.5
Northern Africa	x0.8	1.6	0.9	x1.8	0.9	0.8	1.1	1.0	x0.7	x0.7	Afrique du Nord	0.0	x0.2	0.1	x0.2	x0.0	0.0	0.2	0.1	0.0	0.0
Americas	13.9	12.3	11.5	12.3	x12.3	9.9	x7.5	x12.8	x14.1	x21.4	Amériques	x8.2	3.6	4.9	5.7	x7.9	x9.1	x10.8	x9.2	x9.5	x10.2
LAIA	3.7	6.2	4.4	4.2	3.3	1.8	1.3	1.8	1.4	x2.8	ALAI	1.6	1.0	1.7	0.3	1.4	0.4	0.6	0.7	0.5	0.8
CACM	x0.0	0.1	0.1	0.1	x0.1	0.1	0.1	0.1	0.1	x0.4	MCAC	x0.0	x0.0	0.0	0.0	x0.0	x0.0	x0.1	x0.1	x0.1	x0.0
Asia	34.6	40.6	57.6	31.9	x21.1	17.3	x17.8	23.5	x23.7	x31.9	Asie	49.0	58.3	59.1	45.4	32.9	32.7	31.7	34.5	47.0	46.3
Middle East	x4.2	x4.3	3.1	x2.4	x1.0	x1.4	x1.5	x3.8	x4.3	x4.5	Moyen–Orient	x0.1	0.3	0.4	0.2	x0.2	x0.1	x0.2	x0.4	0.4	0.7
Europe	26.5	23.3	25.6	38.4	43.9	47.3	51.3	47.1	40.8	37.8	Europe	37.5	33.4	33.5	44.3	54.3	52.3	51.0	52.1	37.4	41.0
EEC	15.7	14.0	16.5	24.7	30.9	27.2	25.4	28.8	23.7	25.2	CEE	22.6	18.7	15.3	21.2	38.9	38.1	38.1	39.3	24.7	28.6
EFTA	10.3	8.5	8.3	12.5	12.2	19.2	25.5	17.8	16.8	12.3	AELE	14.9	12.4	13.7	19.9	13.5	11.7	10.5	11.0	12.1	10.7
Oceania	2.4	x1.2	1.2	x2.8	x2.1	x1.5	x3.6	x2.0	x2.6	x3.7	Océanie	x0.2	0.1	0.2	x0.2	x0.3	0.6	x0.9	0.6	0.8	1.1
Norway,SVD,JM	7.3	5.5	5.3	7.4	7.3	14.0	19.6	13.4	11.2	7.0	Japan/Japon	28.0	33.7	30.6	30.3	21.9	18.6	19.7	20.1	25.5	27.2
Former USSR/Anc. URSS	20.7	18.5		x15.2	x19.9	15.4	x10.6	x14.5			United Kingdom	2.1	2.1	1.6	1.9	18.6	18.5	20.0	18.3	2.1	1.8
United Kingdom	3.5	2.0	1.0	4.6	14.7	12.7	12.0	12.6	2.8	2.9	Korea Republic	17.4	21.4	26.0	11.3	5.7	8.3	8.0	10.1	15.7	14.1
Bahamas			0.0	0.1	0.2	0.1	0.1	x6.0	x7.1	x11.4	Norway,SVD,JM	5.2	3.7	6.6	9.9	8.1	4.6	4.6	6.5	8.6	7.1
Singapore/Singapour	4.6	3.1	4.0	6.8	4.2	4.1	3.6	4.4	4.4	7.7	Germany/Allemagne	4.9	3.3	2.9	3.6	3.6	5.0	4.5	6.9	7.8	8.9
Greece/Grèce	4.0	5.4	5.4	6.5	4.3	4.1	2.5	4.5	x2.8		USA/Etats–Unis d'Amer	5.0		2.4	2.9	3.6	3.6	x5.0	x3.2	x3.1	x3.6
Sweden/Suède	1.4	1.9	2.2	3.3	2.8	2.1	3.4	2.8	3.9	2.5	Bahamas		0.0	0.0	0.0	0.0	0.0	x5.0	x3.2	x3.1	x3.6
Denmark/Danemark	0.7	0.2	0.6	2.0	0.8	1.3	2.7	3.1	3.0	2.3	France,Monac	5.1	5.3	2.3	4.6	3.3	3.2	3.7	3.6	3.6	5.2
Germany/Allemagne	1.8	2.1	3.2	2.1	2.5	1.6	1.4	2.4	4.3	4.0	Finland/Finlande	5.3	6.1	4.6	5.8	2.8	5.0	4.1	2.9	2.2	1.8
Malaysia/Malaisie	3.1	2.7	3.2	3.0	1.4	0.9	1.3	2.4	3.9	x1.5	Spain/Espagne	2.4	2.8	2.1	1.9	1.4	1.8	2.0	3.1	3.4	3.7

812 *PLUMBG, HEATNG, LGHTNG EQ — APPAR SANITAIRES CHAUFFAGE 812

TRADE BY COMMODITY IN THOUSAND U.S. DOLLARS – COMMERCE PAR PRODUIT EN MILLIERS DE DOLLARS E.U

IMPORTS – IMPORTATIONS

COUNTRIES–PAYS	1988	1989	1990	1991	1992
Total	7423030	8223636	9733202	10759349	12090241
Africa	x181369	x182205	x202996	x224579	x240030
Northern Africa	65802	70842	70498	68730	x69690
Americas	1324060	1653265	x1770595	x1862126	x2214690
LAIA	41249	52875	76540	114999	x169563
CACM	13371	13436	13602	14320	x18798
Asia	x1087580	x1159076	x1400694	x1564494	x1849428
Middle East	x407279	x331683	x375265	x371310	x519474
Europe	4408228	4709330	5941400	6658141	7458550
EEC	3516347	3765261	4730261	5497632	6226090
EFTA	857661	909956	1159394	1116174	1174828
Oceania	x124509	x138144	x141070	x150930	x159260
Germany/Allemagne	888680	990950	1335623	1931222	2218985
USA/Etats-Unis d'Amer	913441	1198030	1268343	1295120	1540654
France, Monac	653429	666257	781798	803120	818341
United Kingdom	537900	546874	621332	599787	651999
Netherlands/Pays-Bas	450016	460429	580344	607353	684227
Hong Kong	199895	278499	385406	534434	589740
Belgium-Luxembourg	283149	298225	381484	423236	507423
Italy/Italie	281879	291417	348726	386554	455442
Canada	281176	305187	321730	356267	411309
Switz.Liecht	248494	260674	329231	317885	329687
Spain/Espagne	172107	230905	303606	349680	431122
Austria/Autriche	207148	221675	302988	321990	372154
Former USSR/Anc. URSS	x230896	x298608	x205846	x198602	
Sweden/Suède	180283	201907	264005	229856	238720
Japan/Japon	141287	165675	216787	192557	184584
Norway, SVD, JM	131763	117096	140678	145625	146624
Saudi Arabia	130631	123007	x146949	x118550	x164953
Denmark/Danemark	110197	101678	120110	122362	143830
Australia/Australie	89904	108815	102061	108591	116357
Finland/Finlande	76808	97724	111430	87009	74565
Singapore/Singapour	56462	76595	102888	109289	135508
Korea Republic	58804	94838	107724	84384	73077
Ireland/Irlande	64640	71068	90480	102201	100578
Greece/Grèce	38560	65658	103814	90628	x115702
China/Chine	68138	75426	58983	67479	107906
United Arab Emirates	x97998	x50989	x64475	x75456	x95131
Portugal	35791	41799	62944	81489	98440
Mexico/Mexique	17854	27657	38012	54899	84414
Czechoslovakia	x9993	30839	33725	x31442	x49164
Turkey/Turquie	6565	9672	35722	39036	42867
Malaysia/Malaisie	17682	19041	25970	36123	x46224
Kuwait/Koweït	43162	40074	x27877	x13168	x48606
Libyan Arab Jamahiriya	27196	34049	25732	21103	x14237
Israel/Israël	26739	24105	27805	28875	37116
Yugoslavia SFR	19310	19156	32800	x26306	
New Zealand	20948	20133	25023	22319	22628
So. Africa Customs Un	22835	18696	19920	x27056	x28731
Nigeria/Nigéria	x20701	x13590	x21348	x28408	x33652
Thailand/Thaïlande	9409	15647	17455	26531	29280
Afghanistan	x3718	x8885	x10662	x37236	x7627
Cyprus/Chypre	14728	15866	20546	20348	30218
Indonesia/Indonésie	12033	14813	22235	19576	26541
Hungary/Hongrie	x12315	x13421	x13953	28772	x44669
Oman	15475	15166	16780	19304	x19900
Cuba	x6369	14302	x18256	x15131	x10488
Iran (Islamic Rp. of)	x8818	x7210	x12454	x25876	x42833
Morocco/Maroc	9492	12258	12771	16374	13511
Iraq	x31839	x29234	x11032	x773	x574
Tunisia/Tunisie	7462	9090	14356	14752	19483
Bulgaria/Bulgarie	x6588	x21787	x13002	x2277	3514

EXPORTS – EXPORTATIONS

COUNTRIES–PAYS	1988	1989	1990	1991	1992
Totale	7262192	7019764	8482495	9342558	10810665
Afrique	x20027	x26216	x28364	x35236	x35367
Afrique du Nord	16141	20674	19279	27350	25380
Amériques	558782	629869	697269	779333	924727
ALAI	108246	122667	105175	82167	112957
MCAC	7714	6430	8630	8518	x11876
Asie	x1413696	941823	1058739	1358938	1802206
Moyen-Orient	x49467	x49753	x61995	x77106	86116
Europe	4970958	5260559	6538726	6967751	7874826
CEE	4218408	4473275	5526771	5921463	6710392
AELE	703684	738724	957548	1008414	1111418
Océanie	x17054	x15970	x18461	x22355	x20675
Germany/Allemagne	1264577	1352151	1653424	1696249	1954305
Italy/Italie	1090628	1197254	1410373	1536030	1705937
France, Monac	605892	618679	768979	841759	956400
Hong Kong	335259	403596	513691	683019	774874
USA/Etats-Unis d'Amer	353048	415561	508422	605269	709757
Belgium-Luxembourg	314126	329230	414178	483161	576052
Netherlands/Pays-Bas	307753	310298	422999	474435	530656
Austria/Autriche	240191	271693	343369	403173	454073
United Kingdom	268784	284456	361604	354081	379373
Spain/Espagne	179561	190855	239282	243045	274785
Sweden/Suède	218510	200309	221596	212782	222189
Switz.Liecht	101819	108280	178502	201473	218630
Japan/Japon	169815	163512	145607	160972	218280
Denmark/Danemark	107183	114051	151832	168555	178691
China/Chine	76497	104528	127527	184962	194303
Finland/Finlande	77670	88926	122608	184962	414963
Norway, SVD, JM	65472	69506	91472	111224	132044
Canada	87030	82658	72903	79751	84449
Korea Republic	82467	79215	80354	81156	86962
Portugal	25599	29883	53726	62478	69409
Mexico/Mexique	50382	54176	48297	41286	65801
Ireland/Irlande	51107	41327	43441	54842	59137
Yugoslavia SFR	48726	47508	53734	x37499	
Hungary/Hongrie	x56581	x30040	x41777	x65514	x60988
Turkey/Turquie	28298	30235	42637	60423	70746
Thailand/Thaïlande	18478	28347	40040	59876	x91784
Czechoslovakia	x67745	x26398	x25433	x58707	x70779
Singapore/Singapour	18974	28590	32998	35838	43342
Romania/Roumanie	x12866	33495	27767	10352	x15459
Indonesia/Indonésie	9405	11287	13181	34223	28198
Brazil/Brésil	19079	22677	21873	9009	12302
India/Inde	8399	x26305	11641	10095	x47262
Malaysia/Malaisie	10330	13645	15023	19324	x43169
Former GDR	x125540	x26460	x19504		
Former USSR/Anc. URSS	x5923	x8697	x4019	x31767	
Australia/Australie	13307	12417	14007	16803	14843
Bulgaria/Bulgarie	x7168	x16068	x17873	x6961	x5600
Philippines	4628	x22136	4917	12037	12952
Chile/Chili	19993	20964	8275	3917	x8443
Morocco/Maroc	7052	9343	8635	10930	11291
Macau/Macao	5264	8150	7964	8526	10246
Argentina/Argentine	5782	7581	8585	7804	4789
Colombia/Colombie	5136	6603	7291	8295	9588
United Arab Emirates	x6759	x7521	x7159	x7063	x6484
Venezuela	4714	7057	6416	8190	7513
Egypt/Egypte	601	4265	4771	9826	8756
Greece/Grèce	3197	5054	6898	6794	x10035
So. Africa Customs Un	2276	x4354	x6254	x7177	x5654
Poland/Pologne	5844	4161	4563	5641	
New Zealand	3658	3346	3921	5174	5418

(VALUE AS % OF TOTAL)(VALEUR EN % DU TOTAL)

	1983	1984	1985	1986	1987	1988	1989	1990	1991	1992		1983	1984	1985	1986	1987	1988	1989	1990	1991	1992
Africa	x4.8	x5.0	3.6	x3.3	2.7	x2.4	2.2	x2.1	x2.1	x1.9	Afrique	0.3	0.1	0.2	0.3	0.2	x0.2	x0.4	x0.4	x0.4	x0.4
Northern Africa	x2.9	x2.3	2.1	1.3	0.9	0.9	0.9	0.7	0.6	x0.6	Afrique du Nord	0.1	0.1	0.1	0.1	0.2	0.2	0.3	0.2	0.3	0.2
Americas	14.6	19.2	21.7	x21.7	x19.6	17.8	20.1	x18.2	x17.3	x18.3	Amériques	x11.9	12.8	12.5	10.0	8.3	7.7	9.0	8.3	8.3	8.6
LAIA	0.7	0.8	0.9	0.6	0.6	0.6	0.6	0.8	1.1	x1.4	ALAI	0.3	1.6	2.6	1.6	1.4	1.5	1.7	1.2	0.9	1.0
CACM	x0.1	0.2	0.3	0.3	x0.3	0.2	0.2	0.1	0.1	x0.2	MCAC	x0.1	0.1	0.2	0.1	0.1	0.1	0.1	0.1	0.1	x0.1
Asia	x25.3	22.8	19.8	15.2	13.0	x14.7	x14.1	14.4	14.6	15.3	Asie	10.1	11.8	11.3	10.4	x18.8	x19.5	13.4	12.4	14.6	16.7
Middle East	x18.0	x15.7	12.7	8.6	5.5	x5.5	x4.0	x3.9	x3.5	x4.3	Moyen-Orient	x0.5	x0.7	0.7	0.7	0.8	x0.7	x0.7	0.7	x0.8	0.8
Europe	49.2	46.8	50.9	56.4	57.3	59.4	57.3	61.0	61.9	61.7	Europe	73.5	71.2	72.2	75.7	67.5	68.4	74.9	77.1	74.6	72.8
EEC	40.3	37.6	41.1	45.5	46.2	47.4	45.8	48.6	51.1	51.5	CEE	62.7	60.2	60.7	63.3	57.1	58.1	63.7	65.2	63.4	62.1
EFTA	8.8	8.6	9.3	10.5	10.6	11.6	11.1	11.9	10.4	9.7	AELE	10.8	9.8	10.5	11.6	9.7	9.7	10.5	11.3	10.8	10.3
Oceania	1.6	1.9	2.0	x1.5	x1.3	x1.7	1.7	x1.4	x1.4	x1.3	Océanie	x0.3	x0.3	0.2	x0.2	x0.2	x0.2	x0.2	x0.2	x0.2	x0.2
Germany/Allemagne	11.5	10.5	10.6	11.6	11.5	12.0	12.1	13.7	17.9	18.4	Germany/Allemagne	14.3	13.8	15.0	16.7	16.6	17.4	19.3	19.5	18.2	18.1
USA/Etats-Unis d'Amer	9.2	12.9	14.9	15.4	14.0	12.3	14.6	13.0	12.0	12.7	Italy/Italie	17.1	16.2	16.1	16.8	14.8	15.0	17.1	16.6	16.4	15.8
France, Monac	7.3	6.3	7.3	8.3	8.2	8.8	8.1	8.0	7.5	6.8	France, Monac	10.0	9.8	9.4	10.1	8.6	8.3	8.8	9.1	9.0	8.8
United Kingdom	6.0	5.9	6.7	7.0	6.9	7.2	6.7	6.4	5.6	5.4	Hong Kong	5.2	5.8	5.4	4.8	4.4	4.6	5.7	6.1	7.3	7.2
Netherlands/Pays-Bas	4.7	4.2	4.7	5.1	5.8	6.1	5.6	6.0	5.6	5.7	USA/Etats-Unis d'Amer	9.4	8.6	6.6	5.4	4.6	4.9	5.9	6.0	6.5	6.6
Hong Kong	1.8	1.9	2.3	2.1	2.3	2.7	3.4	4.0	5.0	4.9	Belgium-Luxembourg	5.9	5.2	4.8	5.3	4.4	4.3	4.7	4.9	5.2	5.3
Belgium-Luxembourg	3.2	3.0	3.2	3.5	3.5	3.8	3.6	3.9	3.9	4.2	Netherlands/Pays-Bas	4.4	3.8	3.8	4.2	4.1	4.4	4.4	5.0	5.1	4.9
Italy/Italie	3.7	3.9	4.5	4.9	5.1	3.8	3.6	3.6	3.6	3.8	Austria/Autriche	3.4	3.1	3.7	4.3	3.5	3.3	3.9	4.0	4.3	4.2
Canada	3.5	4.0	4.7	3.9	3.8	3.8	3.7	3.3	3.3	3.4	United Kingdom	5.6	5.2	5.4	4.5	3.7	3.7	4.1	4.3	3.8	3.5
Switz.Liecht	2.3	2.2	2.4	3.1	2.9	3.3	3.2	3.4	3.0	2.7	Spain/Espagne	2.8	3.4	3.2	2.9	2.4	2.5	2.7	2.8	2.6	2.5

821 *FURNITURE, PARTS THEREOF — MEUBLES ET PIECES 821

TRADE BY COMMODITY IN THOUSAND U.S. DOLLARS – COMMERCE PAR PRODUIT EN MILLIERS DE DOLLARS E.U

COUNTRIES–PAYS	1988	1989	1990	1991	1992	COUNTRIES–PAYS	1988	1989	1990	1991	1992
Total	24839281	26745851	31524128	33579610	35761549	Totale	x24545780	22933616	28390420	29988724	32724054
Africa	x298357	x284525	x360786	x372881	x410160	Afrique	x76222	x91376	x160959	x178133	x178316
Northern Africa	102625	97619	110461	77592	x136135	Afrique du Nord	22784	28443	67890	52035	37461
Americas	6340167	6795690	x7084567	7288733	x8415048	Amériques	2151497	2388052	3415589	3920291	4696043
LAIA	99655	147674	187804	305403	525775	ALAI	116716	140917	139173	198452	289854
CACM	18106	12824	8987	11607	x27832	MCAC	14638	22337	18816	17592	x20812
Asia	x2590586	x2802685	x3260368	x3634174	x4159260	Asie	x3911332	x2320063	2574962	3130797	x3862319
Middle East	x753637	x640000	x673225	x728206	x975301	Moyen–Orient	x70470	x82947	x65477	x63354	x70623
Europe	14298075	15234916	19393408	20530405	22111862	Europe	15964743	16791705	20953845	21240010	22481011
EEC	10917147	11745042	15035167	16161261	17726661	CEE	13446294	14320198	17843884	18248814	19301754
EFTA	3322094	3422021	4235396	4235742	4240628	AELE	2028923	1978023	2490659	2589427	2761188
Oceania	x307937	x358120	x348064	x345799	x367971	Océanie	x62808	x63028	x68639	x69097	x75876
USA/Etats–Unis d'Amer	5202769	5405281	5509280	5443595	6085658	Italy/Italie	4239775	4607339	5592659	5621231	5947289
Germany/Allemagne	2872197	3184115	4323244	5460285	6333110	Germany/Allemagne	3829615	3981810	4856558	4884700	4877598
France,Monac	2655111	2768895	3463245	3289686	3261655	USA/Etats–Unis d'Amer	1136972	1270187	1933290	2515679	2982721
United Kingdom	1801691	1845241	2032458	1829772	1917225	France,Monac	1249021	1362561	1758793	1768618	1935439
Netherlands/Pays–Bas	1411849	1441799	1875125	1967959	2147464	Denmark/Danemark	1041015	1051972	1392246	1539873	1714834
Switz.Liecht	1302238	1327207	1637176	1585190	1560569	Belgium–Luxembourg	1039250	1069061	1368530	1439805	1566300
Japan/Japon	1081587	1288959	1484515	1686029	1740901	Canada	864826	942052	1310016	1172741	1388207
Belgium–Luxembourg	997407	1113838	1499027	1595595	1793787	United Kingdom	716694	801569	1006571	1055190	1152593
Canada	792257	995105	1116036	1287540	1545261	Netherlands/Pays–Bas	722482	776700	1007079	1051005	1124068
Former USSR/Anc. URSS	x840424	x1092748	x911437	x1167420		Sweden/Suède	886072	787292	903457	931327	996981
Austria/Autriche	684053	737577	963292	1030245	1135491	Switz.Liecht	462456	478792	634656	682554	690148
Sweden/Suède	595070	661578	822590	860208	816754	Spain/Espagne	456238	485740	591828	586239	626920
Italy/Italie	402867	470200	590039	650544	705953	Austria/Autriche	370545	394707	578639	619578	708941
Spain/Espagne	291183	394082	560005	609302	714941	Yugoslavia SFR	484782	488760	606200	x379405	
Hong Kong	331842	400870	494708	566976	678160	Japan/Japon	426750	401535	474495	525268	519528
Norway,SVD,JM	526705	431427	506999	493983	514846	Romania/Roumanie	x741737	504898	356016	391350	x401805
Saudi Arabia	295561	289386	x333440	x335013	x397507	China/Chine	234813	272145	321615	464889	825344
Denmark/Danemark	266395	244105	287869	299789	301212	Thailand/Thaïlande	240751	263066	309628	412234	x535168
Australia/Australie	214060	281293	262620	255853	271584	Hong Kong	232643	258360	276694	340690	431872
Finland/Finlande	170854	233337	272423	226471	176512	Indonesia/Indonésie	69731	159865	286269	385019	490503
Mexico/Mexique	76430	120981	150243	236690	380280	Poland/Pologne	183526	154024	199260	351383	x526540
Singapore/Singapour	120327	129909	165904	203326	234964	Korea Republic	257806	253968	227703	218401	169850
Ireland/Irlande	106362	119700	159603	159618	162992	Philippines	183704	x249531	189460	178639	181176
Portugal	68625	84015	126646	168607	226731	Singapore/Singapour	168981	194787	191213	211812	225026
United Arab Emirates	x207027	x109589	x106036	x135460	x179506	Former USSR/Anc. URSS	x135589	x129710	x177190	x289213	
Korea Republic	48847	80868	129278	136832	106766	Malaysia/Malaisie	181115	175157	201285	184679	179427
Greece/Grèce	43459	79053	117907	130106	x161191	Norway,SVD,JM	63708	113704	171520	269308	x322336
Israel/Israël	61517	66662	93109	102592	110059	Portugal	128177	141822	172558	171217	185665
Yugoslavia SFR	22895	35563	80165	x85395		Hungary/Hongrie	73142	93171	151213	179736	214343
Kuwait/Koweït	74399	69449	x51823	x79628	x159713	Czechoslovakia	x94692	x100181	x113581	x185531	x175990
China/Chine	61252	67567	72348	49208	90684	Former GDR	x211389	x86311	x105294	x191364	x283365
Libyan Arab Jamahiriya	76954	71055	72447	43707	x84149	Ireland/Irlande	x876568	x194690	x146577		
Hungary/Hongrie	x38421	x55226	x51871	76851	x134956	Bulgaria/Bulgarie	76347	85394	109348	114088	127788
Reunion/Réunion	47986	50534	63879	60318	64724	So. Africa Customs Un	x133202	x108232	x116780	x40628	x42346
Czechoslovakia	x39961	42449	49310	x79676	x135734	Mexico/Mexique	x39075	x56693	x80103	x112506	x126485
New Zealand	55764	58136	55843	43218	41780	Brazil/Brésil	50162	49696	45204	65365	138525
Guadeloupe	32578	35784	54961	48170	46732	Israel/Israël	45560	50943	48669	41733	45142
Malaysia/Malaisie	19135	26805	43684	57429	x65595	Egypt/Egypte	37590	48801	58728	41156	23221
So. Africa Customs Un	31808	30515	37528	x53835	x61492	Australia/Australie	16387	20419	35630	34205	36678
Martinique	34831	33680	40639	44417	43651		31821	28528			
Poland/Pologne	25380	31772	5200	67741		New Zealand	29717	32545	30155	31901	36346
Iceland/Islande	43174	30894	32915	39646	36455	Turkey/Turquie	16579	20029	21131	20712	31527
Bahamas	54364	33036	x28785	x30864	x26826	Chile/Chili	8520	12313	15959	25074	x24722
Bulgaria/Bulgarie	x23680	x34171	x43167	x12945	12525	United Arab Emirates	x13883	x15480	x14497	x13145	x12808
Oman	30488	28368	30160	29504	x26255	Malta/Malte	4075	3812	12341	x20951	x23669
Qatar	29521	27480	29936	24128	x26857	Costa Rica	7274	15087	11779	9055	x6853
Andorra/Andorre	x15014	x17019	x29233	x34325	x27373	Argentina/Argentine	5963	8338	10481	12466	18499
Turkey/Turquie	10142	8826	29667	32097	46660	Venezuela	1755	12494	12168	3570	2417
Bahrain/Bahreïn	30468	x24345	x19404	x22754	x23777	Kuwait/Koweït	14947	13549	x5858	x5585	x393
Indonesia/Indonésie	8442	11390	33119	20760	15917	Saudi Arabia	9280	15004	x5509	x1686	x1122

(VALUE AS % OF TOTAL)(VALEUR EN % DU TOTAL)

	1983	1984	1985	1986	1987	1988	1989	1990	1991	1992		1983	1984	1985	1986	1987	1988	1989	1990	1991	1992
Africa	x2.2	x1.9	1.3	x1.5	x1.3	x1.2	x1.0	x1.1	x1.2	x1.2	Afrique	x0.3	0.2	0.2	x0.3	x0.3	x0.4	x0.4	x0.6	x0.6	x0.6
Northern Africa	x1.1	x1.0	0.7	0.5	0.4	0.4	0.4	0.4	0.2	x0.4	Afrique du Nord	0.1	0.1	0.1	0.1	0.1	0.1	0.1	0.2	0.2	0.1
Americas	21.6	27.2	33.8	31.1	x27.2	25.5	25.4	x22.5	21.7	x23.5	Amériques	x10.5	11.7	12.3	10.1	7.7	8.8	10.4	12.0	13.1	14.4
LAIA	0.2	0.2	0.2	0.2	0.3	0.4	0.6	0.6	0.9	1.5	ALAI	0.3	0.9	0.9	0.7	0.4	0.5	0.6	0.5	0.7	0.9
CACM	x0.0	0.0	0.0	0.1	0.0	0.1	0.0	0.0	0.0	x0.1	MCAC	x0.0	0.1	0.1	0.1	0.1	0.1	0.1	0.1	0.1	x0.1
Asia	16.3	15.4	13.0	10.2	9.0	10.4	x10.5	x10.3	x10.8	x11.7	Asie	6.9	7.4	7.3	6.4	x15.2	x15.9	x10.2	9.0	10.4	x11.8
Middle East	x11.1	10.1	7.2	4.9	3.1	x3.0	x2.4	x2.1	x2.2	x2.7	Moyen–Orient	x0.3	0.9	0.7	0.6	0.3	0.3	0.4	x0.2	x0.2	x0.2
Europe	51.9	47.5	49.7	55.4	56.8	57.6	57.0	61.5	61.1	61.8	Europe	77.5	76.7	76.3	79.5	65.5	65.0	73.2	73.8	70.8	68.7
EEC	40.4	36.4	37.8	41.9	42.8	44.0	43.9	47.7	48.1	49.6	CEE	67.8	63.2	63.3	66.9	55.1	54.8	62.4	62.9	60.9	59.0
EFTA	11.4	10.9	11.7	13.4	13.8	13.4	12.8	13.4	12.6	11.9	AELE	9.7	9.7	9.7	10.1	8.4	8.4	8.6	8.8	8.6	8.4
Oceania	x1.2	x1.5	1.5	x1.3	x1.2	x1.3	x1.4	x1.1	x1.0	x1.1	Océanie	0.4	x0.4	0.4	x0.4	x0.3	x0.3	x0.3	x0.2	x0.2	x0.2
USA/Etats–Unis d'Amer	18.4	23.8	30.3	27.7	23.8	20.9	20.2	17.5	16.2	17.0	Italy/Italie	21.6	20.0	19.9	20.8	17.1	17.3	20.1	19.7	18.7	18.2
Germany/Allemagne	11.4	10.3	10.1	10.9	11.4	11.6	11.9	13.7	16.3	17.7	Germany/Allemagne	18.3	16.9	17.1	19.5	15.8	16.5	17.4	17.1	16.3	14.9
France,Monac	10.5	9.0	9.3	10.8	10.7	10.7	10.4	11.0	9.8	9.1	USA/Etats–Unis d'Amer	6.6	6.4	6.7	5.0	4.0	4.6	5.5	6.8	8.4	9.1
United Kingdom	6.7	6.5	6.9	7.0	6.8	7.3	6.9	6.4	5.4	5.4	France,Monac	6.4	5.7	5.7	5.9	4.8	5.1	5.9	6.2	5.9	5.9
Netherlands/Pays–Bas	5.4	4.6	5.0	5.6	5.8	5.7	5.7	5.9	5.9	6.0	Denmark/Danemark	5.5	5.8	5.8	5.7	4.5	4.2	4.6	4.9	5.1	5.2
Switz.Liecht	4.2	4.0	4.1	4.8	5.1	5.2	5.0	5.2	4.7	4.4	Belgium–Luxembourg	6.2	5.6	5.2	5.4	4.5	4.2	4.7	4.8	4.8	4.8
Japan/Japon	2.4	2.5	2.6	2.7	3.1	4.4	4.8	4.7	5.0	4.9	Canada	3.4	4.2	4.6	4.2	3.1	3.5	4.1	4.6	3.9	4.2
Belgium–Luxembourg	3.4	3.0	3.2	3.8	4.0	4.2	4.8	4.8	4.8	5.0	United Kingdom	4.3	3.8	4.3	3.7	3.1	3.5	3.5	3.5	3.5	3.5
Canada	2.1	2.3	2.5	2.3	2.1	3.2	3.7	3.5	3.8	4.3	Netherlands/Pays–Bas	3.1	2.9	3.0	3.5	2.9	2.9	3.4	3.5	3.5	3.4
Former USSR/Anc. URSS	5.8	5.6		x3.9	x3.4	x4.1	x2.9	x3.5			Sweden/Suède	4.6	4.9	5.0	4.6	3.9	3.6	3.4	3.2	3.1	3.0

831 *TRAVEL GOODS, HANDBAGS — ARTICLES DE VOYAGE ETC 831

TRADE BY COMMODITY IN THOUSAND U.S. DOLLARS – COMMERCE PAR PRODUIT EN MILLIERS DE DOLLARS E.U

COUNTRIES–PAYS	1988	1989	1990	1991	1992	COUNTRIES–PAYS	1988	1989	1990	1991	1992
	IMPORTS – IMPORTATIONS						EXPORTS – EXPORTATIONS				
Total	7826029	8695246	10018156	11060285	12342540	Totale	x7051360	6568866	7575819	8188299	9999826
Africa	x71240	x67587	x82696	x101074	x148270	Afrique	x30702	x30182	x42744	x41378	x53713
Northern Africa	11410	9929	9622	8507	x15511	Afrique du Nord	20744	25516	31962	31370	35671
Americas	2333749	2532565	2668889	2854596	x3074759	Amériques	180542	236991	287751	342198	365599
LAIA	20505	34958	51262	86362	109741	ALAI	81451	98219	111320	130597	112395
CACM	2297	2255	2942	3438	x4973	MCAC	885	2212	4226	4235	x5093
Asia	2262361	2731068	3329482	3842749	4602825	Asie	x4347927	3757569	4174874	4911043	6445272
Middle East	x158785	x154626	x117760	x136131	x161378	Moyen–Orient	39149	47843	55353	x48010	x49551
Europe	2719242	2905465	3658352	3934553	4203717	Europe	2179452	2403744	2919417	2730485	2987708
EEC	2219261	2388618	3001280	3296742	3546500	CEE	2097400	2323376	2817722	2592574	2833560
EFTA	490909	504549	625140	620232	639464	AELE	73507	73006	93018	123800	140881
Oceania	x197560	x227405	x219429	x224454	x267312	Océanie	x5093	x7016	x9041	x6833	x7449
USA/Etats–Unis d'Amer	2106755	2261721	2362567	2492862	2675120	Hong Kong	1333445	1678662	2090476	2683434	3211050
Hong Kong	1083622	1302136	1627079	1966564	2439800	Korea Republic	1090469	1124754	1096832	1036063	894739
Japan/Japon	777911	1035101	1313368	1487610	1649958	Italy/Italie	897905	978797	1140748	952066	1018547
Germany/Allemagne	677532	708280	945596	1149579	1143184	France, Monac	522203	618755	743049	716209	775199
France, Monac	471823	521781	627772	616867	675095	China/Chine	348381	401297	385120	492366	1476635
United Kingdom	447718	479574	551106	503665	548847	Germany/Allemagne	256348	277752	346456	359824	382651
Switz.Liecht	198025	204237	258625	262787	288208	Thailand/Thaïlande	139968	188649	234111	266552	x320284
Italy/Italie	167997	190698	239460	279522	344498	Belgium–Luxembourg	148395	147524	188029	172261	208576
Canada	178325	201320	217112	240581	248012	India/Inde	88191	x143794	134438	161255	x224341
Singapore/Singapour	161356	182728	212086	183585	221942	USA/Etats–Unis d'Amer	71014	109267	145193	176397	213968
Netherlands/Pays–Bas	150686	156572	197544	215123	236342	Netherlands/Pays–Bas	78001	82703	126931	139707	166026
Belgium–Luxembourg	151055	150673	195174	207875	225683	United Kingdom	78267	92048	125070	127895	132955
Australia/Australie	135837	167307	163566	171788	200318	Spain/Espagne	75019	89913	101049	78996	96579
Austria/Autriche	98459	101393	132175	137166	139469	Colombia/Colombie	39807	57915	65088	92014	65997
Sweden/Suède	107899	113696	127209	118404	114045	Japan/Japon	60448	57748	54531	54800	51607
Spain/Espagne	53105	70451	103343	169550	201156	Switz.Liecht	23906	27304	42365	83659	101784
Former USSR/Anc. URSS	x207272	x199635	x36711	x66206		Philippines	21477	x50831	43176	54743	52754
Saudi Arabia	77665	84595	x57433	x63468	x61458	Bulgaria/Bulgarie	x44044	x38505	x44882	x21590	x26941
Denmark/Danemark	52404	50698	59243	61739	65882	Czechoslovakia	x68256	x25199	x28886	x43026	x46738
Norway, SVD, JM	51913	45674	61930	63860	67061	Turkey/Turquie	19339	28150	35817	30920	32777
Finland/Finlande	29852	35775	41398	33951	26480	Hungary/Hongrie	x20603	x23549	x27259	x39841	x37308
Mexico/Mexique	8942	21059	29651	49333	62738	Singapore/Singapour	50730	21711	25906	30893	38318
United Arab Emirates	x40755	x25846	x27161	x40079	x53880	Poland/Pologne	25665	17847	16053	40698	x23033
Guam	x35259	x33243	x28271	x23856	x32741	Indonesia/Indonésie	3629	10840	20543	36156	62440
Ireland/Irlande	20254	24159	27998	26959	25957	Canada	17312	18946	21897	21464	23274
Greece/Grèce	13745	20701	28174	29921	x32025	Denmark/Danemark	22782	17371	19991	20384	20040
Portugal	12941	15032	25871	35942	47830	Sweden/Suède	23229	19161	19937	17093	15371
So. Africa Customs Un	21658	15279	19462	x33485	x43330	Austria/Autriche	17113	17893	20666	15982	16639
New Zealand	17357	19209	19740	20095	21557	Morocco/Maroc	11901	14194	16932	16955	19321
Kuwait/Koweït	22050	24134	x12395	x5627	x18299	Former GDR	x123463	x25700	x21869		
Korea Republic	5948	9326	14777	15312	16680	Macau/Macao	17515	16061	13437	12511	4978
Malaysia/Malaisie	8569	10843	14372	13989	x23767	Mexico/Mexique	9720	10817	15136	15592	17090
Yugoslavia SFR	1236	4326	22178	x8244		Malaysia/Malaisie	3113	5214	12303	19864	x33157
Czechoslovakia	x6898	14463	9147	x11083	x15563	Tunisia/Tunisie	7497	9711	13092	12220	13162
Nigeria/Nigéria	x5306	x5566	x12372	x14332	x21808	Ireland/Irlande	11685	10344	12205	11494	11082
Israel/Israël	8973	7412	7482	8363	8780	Cyprus/Chypre	11110	10518	11572	8903	8573
Thailand/Thaïlande	2296	9479	5476	7717	10959	Brazil/Brésil	21997	14876	8223	7103	14020
Andorra/Andorre	x5666	x6286	x7993	x7611	x7761	Portugal	4214	5169	10676	10965	16576
Libyan Arab Jamahiriya	9289	8059	6921	6148	x8318	Yugoslavia SFR	8159	6433	6107	x10640	
Poland/Pologne	5072	3163	1989	14685	x15155	Uruguay	6753	8255	7570	4666	4368
China/Chine	8272	5822	6303	7234	46206	Finland/Finlande	6628	6130	6953	4973	5121
Hungary/Hongrie	x6155	x6500	x4268	8024	x12156	Argentina/Argentine	2223	3599	5332	6048	3628
Venezuela	4721	4551	5785	7727	14485	Australia/Australie	3193	3988	4512	3361	4030
Ghana	x6198	x6909	x4795	x4736	x6436	Israel/Israël	3429	3162	3603	3831	2395
Reunion/Réunion	4736	4663	6059	5264	6987	Pakistan	4054	3722	2852	3713	5919
Oman	4023	3976	4444	5981	x3165	United Arab Emirates	x2207	x2714	x3213	x4254	x5087
Argentina/Argentine	420	183	1002	12603	21868	Greece/Grèce	2581	3003	3519	2774	x5329
Brazil/Brésil	1553	3408	5330	4800	3092	Romania/Roumanie	x24309	17	115	8569	x5933
Qatar	2607	5004	3897	4541	x2150	Haiti/Haïti	x3111	x5590	x1588	x782	x406
Chile/Chili	2882	3581	3615	5547		Former USSR/Anc. URSS	x1234	x2479	x2894	x2580	

(VALUE AS % OF TOTAL)(VALEUR EN % DU TOTAL)

	1983	1984	1985	1986	1987	1988	1989	1990	1991	1992		1983	1984	1985	1986	1987	1988	1989	1990	1991	1992
Africa	x1.5	x1.4	0.6	x0.9	x0.9	x0.9	0.8	x0.8	0.9	x1.3	Afrique	0.7	0.5	0.6	0.8	0.4	x0.4	x0.4	x0.5	0.5	x0.5
Northern Africa	x0.3	x0.4	0.2	0.1	0.1	0.1	0.1	0.1	0.1	x0.1	Afrique du Nord	0.5	0.4	0.4	0.5	0.3	0.3	0.4	0.4	0.4	0.4
Americas	35.3	40.7	43.7	x37.7	x32.9	29.8	29.1	26.7	25.8	x24.9	Amériques	7.9	8.0	7.7	6.3	3.1	2.6	3.7	3.8	4.2	3.7
LAIA	0.2	0.3	0.3	0.2	0.2	0.3	0.4	0.5	0.8	0.9	ALAI	4.6	5.2	5.6	4.7	1.9	1.2	1.5	1.5	1.6	1.1
CACM	x0.0	0.0	0.0	0.0	0.1	0.0	0.0	0.0	0.0	0.0	MCAC	x0.0	0.0	0.0	0.0	0.0	0.0	0.0	0.1	0.1	x0.1
Asia	17.7	17.7	19.1	21.4	23.5	29.0	31.4	33.2	34.7	37.3	Asie	42.8	44.6	44.5	43.9	x60.5	x61.7	57.2	55.1	60.0	64.4
Middle East	5.3	4.9	4.1	3.3	2.3	x2.0	x1.8	x1.2	x1.2	x1.3	Moyen–Orient	x0.6	0.7	1.0	x0.9	x0.6	0.6	0.7	0.7	x0.6	x0.5
Europe	34.3	30.7	33.2	36.9	35.5	34.7	33.4	36.5	35.6	34.1	Europe	42.6	41.8	42.2	44.6	30.0	30.9	36.6	38.5	33.3	29.9
EEC	27.2	24.2	26.1	29.2	28.5	28.4	27.5	30.0	29.8	28.7	CEE	40.1	38.9	39.5	42.1	28.5	29.7	35.4	37.2	31.7	28.3
EFTA	7.0	6.4	7.0	7.5	6.8	6.3	5.8	6.2	5.6	5.2	AELE	2.5	2.1	2.2	2.2	1.4	1.0	1.1	1.2	1.5	1.4
Oceania	x2.9	x3.1	3.0	x2.8	x2.7	2.6	2.6	x2.2	2.0	2.2	Océanie	x0.1	x0.2	0.1	x0.1	x0.1	x0.1	x0.1	x0.1	x0.1	0.1
USA/Etats–Unis d'Amer	31.9	36.5	40.2	34.5	30.3	26.9	26.0	23.6	22.5	21.7	Hong Kong	16.3	18.6	18.6	18.3	15.6	18.9	25.6	27.6	32.8	32.1
Hong Kong	4.5	6.0	7.9	9.4	11.2	13.8	15.0	16.2	17.8	19.8	Korea Republic	18.8	18.7	18.2	18.8	15.5	15.5	17.1	14.5	12.7	8.9
Japan/Japon	5.5	4.6	5.1	6.8	7.6	9.9	11.9	13.1	13.5	13.4	Italy/Italie	21.4	21.0	20.2	20.8	13.5	12.7	14.9	15.1	11.6	10.2
Germany/Allemagne	8.9	7.6	8.0	9.0	8.8	8.7	8.1	9.4	10.4	9.3	France, Monac	5.7	5.7	6.5	7.9	6.0	7.4	9.4	9.8	8.7	7.8
France, Monac	6.4	5.5	5.8	6.8	6.6	6.0	6.0	6.3	5.6	5.5	China/Chine			0.1	0.1	4.0	4.9	6.1	5.1	6.0	14.8
United Kingdom	5.8	5.6	6.0	6.1	5.6	5.7	5.5	5.5	4.6	4.4	Germany/Allemagne	6.6	5.8	5.8	6.1	3.9	3.6	4.2	4.6	4.4	3.8
Switz.Liecht	2.7	2.4	2.6	2.8	2.5	2.5	2.3	2.6	2.4	2.3	Thailand/Thaïlande	1.0	0.9	0.6	0.8	1.3	2.0	2.9	3.1	3.3	3.2
Italy/Italie	0.9	0.9	1.1	1.4	1.7	2.1	2.2	2.4	2.5	2.8	Belgium–Luxembourg	1.1	1.3	1.4	1.8	1.2	2.1	2.2	2.5	2.1	2.1
Canada	2.8	2.9	2.8	2.5	2.0	2.3	2.3	2.2	2.2	2.0	India/Inde	1.4	1.5	1.6	1.7	1.4	1.3	x2.2	1.8	2.0	x2.2
Singapore/Singapour	1.8	1.6	1.5	1.5	1.6	2.1	2.1	2.1	1.7	1.8	USA/Etats–Unis d'Amer	2.5	2.0	1.6	1.2	0.9	1.0	1.7	1.9	2.2	2.1

842 MENS OUTERWEAR NOT KNIT / VET DESSUS POUR HOMMES 842

TRADE BY COMMODITY IN THOUSAND U.S. DOLLARS – COMMERCE PAR PRODUIT EN MILLIERS DE DOLLARS E.U

IMPORTS – IMPORTATIONS

COUNTRIES-PAYS	1988	1989	1990	1991	1992
Total	16430106	17928765	21146491	23219836	25247464
Africa	x327817	x203575	x219772	x313610	x343965
Northern Africa	239320	114211	99771	151391	x134787
Americas	x3791357	x4328505	x4736848	x4914036	x5975666
LAIA	79643	114137	157170	228157	365034
CACM	6993	7883	12509	17429	x109973
Asia	x2519616	3069697	x3162686	x3756369	x4672055
Middle East	x706466	x626494	x493254	x541667	x586069
Europe	8250614	8624098	11607795	12937651	13748528
EEC	6893444	7221461	9754745	11086275	11839687
EFTA	1339538	1374409	1771387	1776303	1784333
Oceania	x102557	x119722	x129657	x146146	x162780
USA/Etats–Unis d'Amer	3237617	3714906	4000273	4162867	4920552
Germany/Allemagne	2401238	2516502	3448857	4104171	3953141
France,Monac	1104363	1219084	1716969	1749698	1902962
Japan/Japon	1005945	1391828	1390158	1543783	2028566
United Kingdom	1093328	1057375	1207911	1252241	1391955
Former USSR/Anc. URSS	x1055084	x1360570	x1137278	x993370	
Hong Kong	667593	916658	1113618	1435911	1739087
Netherlands/Pays–Bas	835711	812673	1060456	1163083	1192147
Belgium–Luxembourg	605287	624456	923710	953988	1020745
Italy/Italie	448012	510060	650034	870534	1147165
Switz.Liecht	450550	466767	587896	616213	582396
Sweden/Suède	357594	365852	458933	436449	463587
Canada	304192	330335	374992	331290	347024
Austria/Autriche	243235	262326	367246	376282	393730
Spain/Espagne	93522	154232	311682	471920	642274
Saudi Arabia	351308	336717	x247379	x277643	x240328
Norway,SVD,JM	186617	169913	215642	214261	226714
Denmark/Danemark	156596	140985	177251	214496	217888
United Arab Emirates	x190209	x116219	x114368	x154655	x191249
Ireland/Irlande	97368	96198	121850	137265	151891
Finland/Finlande	86771	98884	130153	118651	104583
Singapore/Singapour	69947	71349	100193	125613	138688
Australia/Australie	73485	88274	98163	108480	122210
Mexico/Mexique	32874	59013	103383	132093	198249
Dominican Republic	x61613	x72849	x64354	x93639	x123334
Greece/Grèce	33185	54471	80740	83855	x100332
Libyan Arab Jamahiriya	203264	70239	40856	82716	x43376
Portugal	24834	35324	55286	85024	119184
Kuwait/Koweït	x84538	93021	x55276	x25237	x52581
Tunisia/Tunisie	33605	42618	54368	65546	82942
Poland/Pologne	33231	46895	18212	59024	x228213
Yugoslavia SFR	2345	11627	57971	x45071	
Former GDR	x270149	x84583	x26777		
Czechoslovakia	x44119	31206	40068	x29721	x37352
Hungary/Hongrie	x20009	x21294	x22339	50126	x49030
Bulgaria/Bulgarie	x14213	x38370	x42474	x11123	8399
Lebanon/Liban	x16629	x21912	x25833	x37228	x45661
Venezuela	28353	29197	21637	30292	46118
Korea Republic	2709	12322	19786	25726	56542
Netherlands Antilles	7456	9417	33772	11043	x23774
So. Africa Customs Un	13429	11271	11742	x27824	x37539
Andorra/Andorre	x11190	x13712	x18652	x15778	x17295
Congo	x6709	x8379	x12200	x23590	x26486
New Zealand	5413	10597	15901	16223	19094
Brazil/Brésil	2861	9915	14627	17706	10201
Reunion/Réunion	9395	11643	15104	15389	18039
Jamaica/Jamaïque	6037	21229	17820	821	x17723
Iceland/Islande	14771	10666	11517	14447	13685
Angola	x10573	x7363	x13306	x14588	x8458
Nigeria/Nigéria	x5097	x11882	x10290	x13018	x17144

EXPORTS – EXPORTATIONS

COUNTRIES-PAYS	1988	1989	1990	1991	1992
Totale	14346971	14534264	17787576	1987/2080	x23796507
Afrique	x566770	x652824	x955104	x1123678	x1279453
Afrique du Nord	477894	568256	836409	963387	1063059
Amériques	x640826	737887	915252	x1246659	x1563213
ALAI	147111	192502	213343	252390	214508
MCAC	9829	17404	21358	26807	x142981
Asie	7059140	6895859	7844984	8888023	11217451
Moyen–Orient	323570	343351	411352	x373835	x459790
Europe	5254156	5448372	7282353	7979603	8486790
CEE	4611303	4882296	6505485	6863673	7422854
AELE	504744	445279	540386	489493	472094
Océanie	x16007	40230	44538	44419	50812
Hong Kong	1790665	2028530	2324822	2739822	2988997
Italy/Italie	1373743	1487671	1919335	1915295	1938087
China/Chine	936426	1091353	1159151	1610554	3621110
Germany/Allemagne	934269	1003680	1287318	1360403	1491606
Korea Republic	1466667	1373008	1142651	1011780	888209
Portugal	532944	594780	813172	855806	935011
Belgium–Luxembourg	496794	546260	807439	880429	1020370
Thailand/Thaïlande	363629	486134	609050	855409	x466910
USA/Etats–Unis d'Amer	317103	425944	577083	743325	921565
Tunisia/Tunisie	289587	356118	516515	584553	706041
United Kingdom	390930	353279	491865	563792	572549
France,Monac	334637	351373	468401	449537	489431
Indonesia/Indonésie	143600	226025	358658	526874	787757
Netherlands/Pays–Bas	267460	276406	370378	423674	480005
Turkey/Turquie	238977	228726	295311	259941	312409
Morocco/Maroc	177488	178711	276383	305546	286700
Bangladesh	407055	x84882	562136	108239	x214580
Yugoslavia SFR	124830	108434	125709	x503185	
Romania/Roumanie	x317255	406363	272816	33868	x255774
Philippines	51535	x233533	118231	275676	99156
Singapore/Singapour	150469	157714	188239	224500	203334
Macau/Macao	154382	174430	188738	168046	166478
Switz.Liecht	113633	118473	176252	183542	175234
Hungary/Hongrie	x106287	x102323	x146226	x218705	x232770
Austria/Autriche	135993	130162	167409	157376	167394
Sri Lanka	89319	105118	128496	191974	194273
Malaysia/Malaisie	71974	103782	149642	171122	x239139
Pakistan	120833	127745	122909	132493	195357
Finland/Finlande	187912	139331	132734	79987	64302
Czechoslovakia	x157870	x62402	x94276	x183907	x214373
Colombia/Colombie	38165	81919	105331	140944	85136
Japan/Japon	100826	97474	109281	110368	101156
Greece/Grèce	67406	84775	94734	117201	x149027
India/Inde	64719	x112240	84983	94044	x154259
Spain/Espagne	88277	77609	97482	110213	150315
Bulgaria/Bulgarie	x76021	x101436	x120581	x52746	x83975
Denmark/Danemark	53087	50680	82695	119170	130520
Malta/Malte	5342	4227	97758	x114524	x112012
Poland/Pologne	x52493	x49720	63935	90463	88404
Mauritius/Maurice					
Viet Nam	x18152	x62869	x65899	x72575	x173198
Ireland/Irlande	71754	55737	72622	68109	65932
Israel/Israël	59733	56599	64130	73441	95204
Canada	30182	35437	57126	99081	146261
Korea Dem People's Rp	x19450	x21377	x40098	x110188	x126154
Sweden/Suède	54138	47024	50566	55352	50933
Egypt/Egypte	10715	32991	43430	73122	70170
So. Africa Customs Un	x23265	x23337	x31087	x44904	x53439
Cyprus/Chypre	35017	29723	29341	32330	29897
Uruguay	24565	30677	23549	30517	38446

(VALUE AS % OF TOTAL)(VALEUR EN % DU TOTAL)

	1983	1984	1985	1986	1987	1988	1989	1990	1991	1992		1983	1984	1985	1986	1987	1988	1989	1990	1991	1992
Africa	2.7	3.3	1.5	x1.3	x1.4	2.0	1.2	1.1	1.3	1.3	Afrique	3.5	3.2	3.3	4.4	3.7	4.0	x4.5	x5.4	x5.6	x5.4
Northern Africa	2.1	2.8	1.2	0.7	0.9	1.5	0.6	0.5	0.7	x0.5	Afrique du Nord	3.0	2.7	2.8	3.6	3.2	3.3	3.9	4.7	4.8	4.5
Americas	x19.7	x24.9	31.2	x25.7	x22.3	x23.1	24.2	22.4	x21.2	23.7	Amériques	4.5	5.9	4.9	4.3	4.4	5.1	5.2	5.2	x6.4	x6.6
LAIA	0.4	1.2	1.5	0.5	0.4	0.5	0.6	0.7	1.0	1.4	ALAI	1.1	1.6	1.6	0.9	1.0	1.0	1.3	1.2	1.3	0.9
CACM	x0.1	0.1	0.1	0.0	0.0	0.0	0.0	0.1	0.1	x0.4	MCAC	x0.2	0.1	0.2	x0.2	x0.1	0.1	0.1	0.1	0.1	x0.6
Asia	x13.2	12.8	14.7	14.1	12.9	x15.3	17.1	15.0	x16.2	18.5	Asie	37.1	40.7	38.9	34.8	43.6	46.2	47.5	44.1	44.7	47.1
Middle East	x7.9	x6.8	6.3	5.3	x3.4	x4.3	3.5	x2.3	x2.3	x2.3	Moyen–Orient	x1.1	2.3	2.1	1.9	1.9	2.3	2.4	2.3	x1.9	x1.9
Europe	45.3	41.6	50.9	57.1	53.5	50.2	48.1	54.9	55.7	54.5	Europe	50.2	45.3	48.3	51.9	41.3	36.6	37.5	40.9	40.2	35.7
EEC	37.9	34.5	42.0	47.0	44.2	42.0	40.3	46.1	47.7	46.9	CEE	44.5	38.3	41.0	44.8	36.2	32.1	33.6	36.6	34.5	31.2
EFTA	7.3	7.0	8.8	9.9	9.2	8.2	7.7	8.4	7.6	7.1	AELE	5.7	4.8	5.2	5.5	4.0	3.5	3.1	3.0	2.5	2.0
Oceania	0.7	x0.7	0.8	0.8	x0.6	0.6	0.7	x0.6	0.6	0.7	Océanie	0.2	x0.1	0.1	0.1	x0.1	x0.1	0.3	0.2	0.2	0.2
USA/Etats–Unis d'Amer	16.7	20.8	26.7	22.0	19.3	19.7	20.7	18.9	17.9	19.5	Hong Kong	14.6	14.7	13.8	12.6	11.6	12.5	14.0	13.1	13.8	12.6
Germany/Allemagne	12.7	12.3	14.5	17.0	15.9	14.6	14.0	16.3	17.7	15.7	Italy/Italie	15.4	13.8	14.6	15.5	11.9	9.6	10.2	10.8	9.6	8.1
France,Monac	5.8	4.7	6.1	7.2	7.0	6.7	6.8	8.1	7.5	7.5	China/Chine				5.8	6.5	7.5	6.5	8.1	15.2	
Japan/Japon	2.4	3.0	4.3	4.6	5.1	6.1	7.8	6.6	6.6	8.0	Germany/Allemagne	6.9	5.6	6.2	7.7	6.4	6.5	6.9	7.2	6.8	6.3
United Kingdom	6.6	6.2	6.7	6.7	5.9	6.7	5.9	5.7	5.4	5.5	Korea Republic	11.6	12.5	12.4	10.5	9.5	10.2	9.4	6.4	5.1	3.7
Former USSR/Anc. URSS	17.6	16.0			x7.0	x6.4	x7.6	x5.4	x4.3		Portugal	2.6	2.7	3.4	4.1	3.7	3.7	4.1	4.6	4.3	3.9
Hong Kong	2.1	2.4	3.3	3.7	3.6	4.1	5.1	5.3	6.2	6.9	Belgium–Luxembourg	5.8	4.5	4.1	4.5	3.9	3.5	3.8	4.5	4.4	4.3
Netherlands/Pays–Bas	5.3	4.6	5.8	6.5	6.0	5.1	4.5	5.0	5.0	4.7	Thailand/Thaïlande	1.0	1.3	1.4	1.6	1.8	2.5	3.3	3.4	x3.7	x2.0
Belgium–Luxembourg	3.9	3.3	4.0	4.5	4.3	3.7	3.5	4.4	4.1	4.0	USA/Etats–Unis d'Amer	1.8	1.8	1.8	1.8	1.6	2.2	2.9	3.2	3.7	3.9
Italy/Italie	1.6	1.6	2.3	2.7	2.7	2.7	2.8	3.1	3.7	4.5	Tunisia/Tunisie	2.1	1.7	1.7	2.3	1.9	2.0	2.5	2.9	2.9	3.0

843 WOMENS OUTERWEAR NONKNIT — VET DESSUS FEMMES MAT TEX 843

TRADE BY COMMODITY IN THOUSAND U.S. DOLLARS – COMMERCE PAR PRODUIT EN MILLIERS DE DOLLARS E.U

IMPORTS – IMPORTATIONS

COUNTRIES–PAYS	1988	1989	1990	1991	1992
Total	23714564	26150204	32640337	35542510	38686709
Africa	x299497	x152214	x201723	x236523	x255749
Northern Africa	194348	42848	60321	88334	x74960
Americas	x7562268	x8207997	x9202972	x9476188	x11326625
LAIA	71138	105739	152465	206381	335902
CACM	5029	6674	9336	13737	x139693
Asia	x3021374	3908184	x4565431	x5274337	x6479364
Middle East	x701109	x642339	x547580	x580844	x740449
Europe	11920996	13033930	17486458	19143387	20067270
EEC	9455927	10439538	14109308	15860331	16689991
EFTA	2440604	2569133	3291320	3206160	3256744
Oceania	x124509	x151478	x171208	x188539	x211555
USA/Etats–Unis d'Amer	6872442	7416468	8221204	8456423	9955237
Germany/Allemagne	4116748	4531687	6170430	7091956	6941348
Japan/Japon	1189611	1728474	1894131	2105092	2554089
United Kingdom	1283500	1461551	1923726	1961798	1963208
Hong Kong	893781	1302633	1804622	2212828	2702562
France, Monac	1158825	1280066	1769375	1928800	2148237
Netherlands/Pays–Bas	1124810	1152547	1489005	1537383	1612655
Switz.Liecht	857468	896781	1106929	1086153	1061509
Belgium–Luxembourg	707159	772834	1004560	1049719	1146065
Former USSR/Anc. URSS	x484363	x517804	x838544	x994066	
Sweden/Suède	567529	603799	781034	753279	778892
Austria/Autriche	528880	560163	757628	736221	773660
Italy/Italie	434316	491707	633656	847821	1075017
Canada	461746	536472	636835	634128	688590
Spain/Espagne	134588	206063	383566	543606	779033
Norway,SVD,JM	322051	314475	395503	382955	407787
Denmark/Danemark	226747	218046	287978	376507	386484
Saudi Arabia	354241	340846	x265925	x275147	x335241
Ireland/Irlande	192580	198913	254851	272432	307044
Finland/Finlande	138261	171690	227018	223083	208207
Singapore/Singapour	151877	156461	217208	230279	251312
Australia/Australie	88802	108043	120191	132223	151635
United Arab Emirates	x147920	x79570	x100619	x144576	x150697
Greece/Grèce	39030	77149	103065	121066	x143258
Mexico/Mexique	34032	64968	90135	116557	186093
Portugal	37624	48976	89096	129245	187642
Kuwait/Koweit	x95938	121255	x70339	x27332	x91682
Poland/Pologne	32950	47158	35056	112644	x227301
Lebanon/Liban	x22543	x29744	x43000	x58896	x70095
Dominican Republic	x29201	x42185	x35774	x42264	x65789
New Zealand	18978	31017	40373	41165	41591
Libyan Arab Jamahiriya	179069	24077	30581	57567	x37375
Czechoslovakia	x37519	26188	44659	x39830	x48223
Korea Republic	7761	18354	41044	44624	59659
Reunion/Réunion	23783	27766	39527	35026	41819
Yugoslavia SFR	460	5581	55933	x40643	
Hungary/Hongrie	x13804	x17514	x28282	53033	x47579
Former GDR	x189406	x60048	x30214		
Venezuela	20449	19924	27010	32160	50351
So. Africa Customs Un	20768	26024	28169	x23071	x29316
Bulgaria/Bulgarie	x22623	x26967	x33912	x15993	6566
Tunisia/Tunisie	13759	17365	28396	29663	33793
Iceland/Islande	26415	22226	23208	24469	26687
Jordan/Jordanie	23889	24982	19012	21748	35969
Netherlands Antilles	11243	12837	x39502	13394	x40175
Andorra/Andorre	x13338	x15608	x21906	x25954	x30927
Malaysia/Malaisie	12499	15787	20431	26474	x48716
Martinique	16560	18455	20728	18530	20022
Panama	3832	4530	21182	18812	22615
Nigeria/Nigéria	x14159	x12792	x16365	x11612	x16319

EXPORTS – EXPORTATIONS

COUNTRIES–PAYS	1988	1989	1990	1991	1992
Totale	21110400	22699153	26896438	30437154	x35233203
Afrique	x297516	x340164	x451282	x474371	x630267
Afrique du Nord	212406	253515	354917	388868	486861
Amériques	x758427	880379	956239	x1099537	x1322872
ALAI	263563	390599	408437	362103	309578
MCAC	41525	41711	36872	35763	x119694
Asie	10597742	x11626429	12614639	14806241	x17779017
Moyen–Orient	673460	744825	891883	896630	x1002023
Europe	8547823	9286987	12145315	12934947	13765711
CEE	7699775	8551848	11344287	11651456	12571692
AELE	629411	570883	678599	598594	583794
Océanie	x11956	x33580	57810	64285	61780
Hong Kong	3231634	3831608	4328225	4840365	5337889
Germany/Allemagne	2073597	2306502	2949209	3043536	3279013
Italy/Italie	1825972	2114011	2817850	2773953	2911976
China/Chine	1277941	1771581	2021349	2787340	4743802
France, Monac	1323142	1490905	2052213	2086100	2282722
Korea Republic	1475916	1440807	1300207	1211850	1104784
India/Inde	663348	x1051943	1022857	1032755	x1456778
Thailand/Thaïlande	623313	739694	813390	1035606	x734477
United Kingdom	656489	610982	802550	886146	973034
Netherlands/Pays–Bas	491810	553174	798627	839575	849825
Turkey/Turquie	499183	556588	683741	677992	715590
Belgium–Luxembourg	396951	430385	561235	573011	586595
Portugal	344422	415087	565803	571110	585621
Indonesia/Indonésie	273580	310973	479112	683466	915881
USA/Etats–Unis d'Amer	270286	333888	404001	524618	688676
Philippines	70799	x390100	130035	523268	156614
Greece/Grèce	236210	280530	336261	366641	x524223
Singapore/Singapour	260171	274999	303601	302027	288918
Sri Lanka	184600	201221	235206	392306	469375
Hungary/Hongrie	x163687	x188958	x241113	x370459	x384328
Yugoslavia SFR	79727	79196	63484	x634441	
Austria/Autriche	240869	222854	276785	264233	271913
Denmark/Danemark	190185	181182	247640	300277	322006
Tunisia/Tunisie	151176	180264	250775	270097	351979
Malaysia/Malaisie	129210	180426	218324	236201	x380854
Colombia/Colombie	83108	150507	221007	247172	175592
Macau/Macao	x173248	x173418	x255555	139739	x325107
Bangladesh	171310	189765	197353	180517	186693
Poland/Pologne	128510	109854	158983	258843	x654350
Pakistan	108342	108009	172285	216916	219996
Bulgaria/Bulgarie	x143851	x166175	x199887	x92126	x168866
Finland/Finlande	199882	160253	163173	112983	94069
Sweden/Suède	92208	87875	114779	113569	105948
Ireland/Irlande	95279	94445	111915	107616	134210
Switz.Liecht	88647	90729	113212	96859	98891
Spain/Espagne	65718	74307	100645	103153	122467
Japan/Japon	128868	91049	91412	90160	102264
Cyprus/Chypre	76726	74833	86645	87513	84483
Morocco/Maroc	55460	61131	85650	96647	112487
Israel/Israël	42723	56617	64962	81424	90736
Malta/Malte	138319	84046	58512	x50002	x60085
Czechoslovakia	x76828	x31135	x40611	x120368	x171910
Brazil/Brésil	73465	80166	56851	38616	50510
Mauritius/Maurice	x66103	x61724	62372	48798	53789
Canada	49740	43506	59590	66187	85518
United Arab Emirates	x31435	x55427	x51984	x55227	x73851
Romania/Roumanie	x340010	18155	5631	136453	x281906
Viet Nam	x2137	x20874	x57028	x68200	x151145
Uruguay	28112	39556	30203	30668	33888
Venezuela	5104	49004	38624	871	2263

(VALUE AS % OF TOTAL) (VALEUR EN % DU TOTAL)

Imports

	1983	1984	1985	1986	1987	1988	1989	1990	1991	1992
Africa	x1.3	1.5	0.6	x0.7	1.1	x1.3	0.6	0.6	0.7	0.7
Northern Africa	0.6	1.0	0.4	0.3	0.6	0.8	0.2	0.2	0.2	x0.2
Americas	x37.0	x41.7	43.6	x38.5	x34.3	31.9	x31.4	28.2	26.7	x29.3
LAIA	0.4	0.7	0.8	0.3	0.2	0.3	0.4	0.5	0.6	0.9
CACM	x0.2	x0.2		0.0	0.0	0.0	0.0	0.0	0.0	x0.4
Asia	x12.0	x10.7	9.5	10.1	10.4	12.8	14.9	13.9	14.9	16.8
Middle East	x6.8	x5.5	4.0	3.7	x3.1	x3.0	x2.5	x1.7	1.6	1.9
Europe	48.7	45.1	45.4	50.1	50.5	50.3	49.8	53.6	53.9	51.9
EEC	37.6	34.7	34.6	38.3	39.4	39.9	39.9	43.2	44.6	43.1
EFTA	11.1	10.3	10.8	11.8	11.0	10.3	9.8	10.1	9.0	8.4
Oceania	0.8	x0.9	0.6	x0.6	x0.5	x0.6	0.5	x0.5	0.5	x0.5
USA/Etats–Unis d'Amer	32.8	37.1	39.7	35.0	31.3	29.0	28.4	25.2	23.8	25.7
Germany/Allemagne	15.6	15.1	14.3	16.1	16.8	17.4	17.3	18.9	20.0	17.9
Japan/Japon	1.9	1.9	2.1	2.3	3.1	5.0	6.6	5.8	5.9	6.6
United Kingdom	5.3	5.2	5.3	5.2	5.2	5.4	5.6	5.9	5.5	5.1
Hong Kong	2.5	2.6	2.6	3.2	3.4	3.8	5.0	5.5	6.2	7.0
France, Monac	4.1	3.6	3.8	4.5	4.8	4.9	4.9	5.4	5.4	5.6
Netherlands/Pays–Bas	5.1	4.5	4.6	5.0	5.0	4.7	4.4	4.6	4.3	4.2
Switz.Liecht	3.8	3.4	3.3	3.6	3.5	3.4	3.4	3.4	3.1	2.7
Belgium–Luxembourg	3.4	2.8	2.8	3.1	3.0	3.0	3.0	3.1	3.0	3.0
Former USSR/Anc. URSS					x2.4	x2.0	x2.0	x2.6	x2.8	

Exports

	1983	1984	1985	1986	1987	1988	1989	1990	1991	1992
Afrique	1.6	1.3	1.4	1.5	1.2	x1.4	x1.5	x1.7	x1.6	x1.8
Afrique du Nord	1.3	1.0	1.0	1.0	0.9	1.0	1.1	1.3	1.3	1.4
Amériques	3.5	4.2	3.0	x3.0	2.8	x3.6	3.9	3.5	x3.6	x3.8
ALAI	0.7	1.4	1.2	0.8	1.0	1.2	1.7	1.5	1.2	0.9
MCAC	x0.3	x0.4		0.1	0.2	0.2	0.2	0.1	0.1	x0.3
Asie	46.5	49.8	46.9	44.1	49.4	50.2	x51.3	46.9	48.7	x50.4
Moyen–Orient	x1.0	5.7	3.2	2.8	3.0	x3.2	3.3	3.3	2.9	x2.8
Europe	47.4	44.0	47.9	50.6	42.4	40.5	40.9	45.2	42.5	39.1
CEE	42.4	37.6	41.4	44.3	37.7	36.5	37.7	42.2	38.3	35.7
AELE	5.0	4.2	4.5	4.5	3.4	4.0	2.5	2.5	2.0	1.7
Océanie				x0.0	x0.1	x0.0	x0.2	0.2	0.2	0.2
Hong Kong	19.2	19.7	19.6	17.9	15.2	15.3	16.9	16.1	15.9	15.2
Germany/Allemagne	10.8	9.8	10.9	12.1	9.6	9.8	10.2	11.0	10.0	9.3
Italy/Italie	10.2	8.7	9.4	10.5	9.0	8.6	9.3	10.5	9.1	8.3
China/Chine					4.9	6.1	7.8	7.5	9.2	13.5
France, Monac	8.1	6.8	7.4	7.3	6.4	6.3	6.6	7.6	6.9	6.5
Korea Republic	8.7	7.9	7.5	7.1	6.3	7.0	6.3	4.8	4.0	3.1
India/Inde	5.2	x4.7	4.7	4.3	3.6	3.1	x4.6	3.8	3.4	x4.1
Thailand/Thaïlande	2.2	2.1	2.0	2.2	3.0	3.0	3.3	3.0	3.4	x2.1
United Kingdom	4.0	3.6	4.1	3.8	3.6	3.1	2.7	3.0	2.9	2.8
Netherlands/Pays–Bas	2.4	2.0	2.2	2.5	2.2	2.3	2.4	3.0	2.8	2.4

844 UNDER GARMENTS NOT KNIT

VETEMENT DESSOUS MAT TEX 844

TRADE BY COMMODITY IN THOUSAND U.S. DOLLARS – COMMERCE PAR PRODUIT EN MILLIERS DE DOLLARS E.U

COUNTRIES—PAYS	IMPORTS – IMPORTATIONS					COUNTRIES—PAYS	EXPORTS – EXPORTATIONS				
	1988	1989	1990	1991	1992		1988	1989	1990	1991	1992
Total	6575118	7408900	8677549	9500891	11033819	Totale	5924977	6491612	7430899	8303093	x10247819
Africa	x128265	x73305	x95089	x111700	x136103	Afrique	x215926	x212638	x273820	x298200	x361440
Northern Africa	x57488	19494	33727	x40761	44143	Afrique du Nord	128166	131066	177371	187139	204956
Americas	x2145258	x2507889	x2569648	x2751121	x3713612	Amériques	x246290	x356890	366911	x462463	x596686
LAIA	43039	63689	68293	100153	173885	ALAI	64539	87364	95241	63698	71820
CACM	5879	16805	17264	19043	x86873	MCAC	8087	19416	13124	15112	x48162
Asia	x1019813	1398463	1563854	x1797749	x2278592	Asie	4117655	x4507866	4967453	5634875	x6887317
Middle East	x264945	x266409	x248252	x241673	x313051	Moyen–Orient	171288	251793	x276899	x278917	x343115
Europe	2608118	2843078	3925570	4398093	4654373	Europe	1141971	1300009	1680737	1849913	2106589
EEC	2279268	2482791	3348440	3852878	4116468	CEE	1009744	1137508	1531838	1623991	1874875
EFTA	323750	346211	507333	505636	502376	AELE	70747	79061	106066	112857	124815
Oceania	x54117	x68471	x77031	x86094	x107986	Océanie	x6444	19846	25730	22835	37712
USA/Etats–Unis d'Amer	1859840	2146110	2172272	2278175	3097906	Hong Kong	1055865	1206200	1502070	1789991	1847902
Germany/Allemagne	802151	871896	1327476	1577250	1466708	China/Chine	521205	655775	784314	1034418	1816158
Japan/Japon	399534	621108	608781	615462	699317	Korea Republic	734406	780434	623077	633540	581729
Hong Kong	267737	407493	592212	793316	883911	India/Inde	228495	243248	309615	352430	x468866
France, Monac	376146	424760	551865	581836	683179	Germany/Allemagne	267188	x376017	424050	435523	437373
United Kingdom	473359	480117	516066	523719	568039	Italy/Italie	188884	225731	317567	332665	356422
Former USSR/Anc. URSS	x465048	x412300	x358070	x277110		Portugal	195854	219005	288625	270558	299383
Netherlands/Pays–Bas	185724	211831	290317	315363	363909	USA/Etats–Unis d'Amer	110998	200270	224453	334436	394905
Italy/Italie	148609	142156	184803	272727	308141	Thailand/Thaïlande	204381	234905	209339	255648	x144805
Canada	145844	159236	185278	191559	229261	Bangladesh	x189204	x218416	x269437	165920	x438154
Belgium–Luxembourg	126221	138732	172795	189700	211470	United Kingdom	124083	128215	209009	245969	254964
Spain/Espagne	63247	86948	144549	221224	297853	Turkey/Turquie	127873	186434	197078	177935	195092
Switz.Liecht	101035	102625	150280	159139	156637	France, Monac	112869	146816	171224	158174	181554
Sweden/Suède	77122	94518	140482	118341	123168	Indonesia/Indonésie	89488	107046	150318	166667	272904
Austria/Autriche	71751	73242	115425	129089	121202	Singapore/Singapour	127360	139314	144192	140971	167872
United Arab Emirates	x109450	x65871	x76511	x113303	x129234	Malaysia/Malaisie	84623	110732	125139	134277	x219876
Saudi Arabia	48706	64236	x91952	x84084	x105685	Macau/Macao	105019	110508	117773	145948	160526
Singapore/Singapour	47060	54753	61421	67391	81342	Pakistan	85262	77271	130732	145948	146950
Australia/Australie	41260	50905	57030	67141	83925	Netherlands/Pays–Bas	75083	80007	102753	116873	146950
Kuwait/Koweït	x71276	104457	x46932	x9625	x27503	Mauritius/Maurice	x75856	x66541	81491	95518	107926
Denmark/Danemark	45475	47529	56863	53246	56467	Tunisia/Tunisie	52676	57720	85183	96638	105941
Ireland/Irlande	37115	43364	53955	53262	62037	Sri Lanka	45899	43987	74624	119321	138700
Norway, SVD, JM	40854	37273	51119	52817	57356	Philippines	19413	x86874	21119	118380	36049
Mexico/Mexique	15809	38966	45745	53748	86745	Morocco/Maroc	64798	61985	79453	79282	85315
Dominican Republic	x18447	x44931	x38908	x52389	x67588	Belgium–Luxembourg	37376	46903	73575	84572	108347
Jamaica/Jamaïque	30994	33431	34601	64012	x10697	Yugoslavia SFR	51287	27322	38782	x109745	
Finland/Finlande	28548	34759	45928	41605	39783	Bulgaria/Bulgarie	x91651	x63106	x77825	x28358	x43853
Hungary/Hongrie	x29201	x27095	x13375	57302	x32982	Austria/Autriche	33554	35871	48219	52471	58209
Yugoslavia SFR	328	3634	49545	x33025		United Arab Emirates	x21393	x24252	x46403	x57457	x63162
Portugal	11989	18319	25751	32342	43969	Switz.Liecht	24146	28175	43478	45276	51944
Greece/Grèce	9253	17141	24000	32209	x54695	Nepal/Népal	40315	43925	47900	x6169	x21515
Tunisia/Tunisie	2984	6935	30380	32546	37930	Colombia/Colombie	39361	35917	42543	18075	20347
Czechoslovakia	x27905	22671	30185	x11832	x21244	Viet Nam	x5141	x36418	x30989	x16524	x23863
Former GDR	x71291	x29290	x14205			Brazil/Brésil	10334	25219	22673	30984	32311
Nigeria/Nigéria	x14970	x12322	x15826	x13926	x18949	Japan/Japon	15398	19115	22665	31826	43238
Venezuela	16623	11491	11698	10576	13825	Spain/Espagne	18952	18135	26300	27581	38717
Honduras	568	10259	11557	12613	17121	Czechoslovakia	x22665	x9296	x15301	x37807	x42522
Poland/Pologne	10553	17055	12284	4563	x50857	Malta/Malte	8607	54871	2059	x2929	x3301
Malaysia/Malaisie	7667	7910	10487	15122	x17578	Denmark/Danemark	9986	10835	14489	17640	18271
New Zealand	3449	6724	10758	11041	14980	Ireland/Irlande	15646	13544	15071	14010	17082
Lebanon/Liban	x6280	x8454	x8631	x11343	x10670	Fiji/Fidji	x2435	13457	16539	10087	17529
Haiti/Haïti	x4496	x15837	x4110	x7561	x3033	Cyprus/Chypre	13453	11799	12309	10360	10935
Netherlands Antilles	x11491	x6424	x9904	x10322	x16546	Egypt/Egypte	10571	11348	11177	11050	13602
Korea Republic	2671	5097	9759	11191	15259	Hungary/Hongrie	x6382	x7790	x9188	x17161	x17326
Bulgaria/Bulgarie	x3982	x7384	x14084	x2772	10737	Sweden/Suède	10459	9668	11546	12137	11480
Malta/Malte	235	6616	14178	x2154	x3031	Haiti/Haïti	x6694	x19986	x5777	x2132	x1054
Libyan Arab Jamahiriya	40030	10804	3199	x7977	x4674	Syrian Arab Republic	1032	9747	11244	x6721	x6264
Reunion/Réunion	4825	6338	8704	6783	8310	So. Africa Customs Un	x8053	x8351	x8057	x9591	x21708
Chile/Chili	5107	6671	5647	8414		Mexico/Mexique	10982	9432	7850	8150	10550
Iraq	x11457	x9864	x8166	x193	x188	Romania/Roumanie	x44702	1448	357	23411	x51465

(VALUE AS % OF TOTAL)(VALEUR EN % DU TOTAL)

	1983	1984	1985	1986	1987	1988	1989	1990	1991	1992		1983	1984	1985	1986	1987	1988	1989	1990	1991	1992
Africa	x1.7	x1.2	0.7	x1.3	1.8	2.0	x1.0	1.1	1.2	x1.3	Afrique	3.3	2.8	3.1	4.0	3.5	x3.6	x3.2	3.7	3.5	x3.5
Northern Africa	x0.6	x0.5	0.5	x0.5	0.7	x0.9	0.3	0.4	x0.4	0.4	Afrique du Nord	2.6	1.9	1.7	2.1	2.0	2.2	2.0	2.4	2.2	2.0
Americas	x40.0	x46.6	50.6	x42.7	35.0	32.6	33.8	29.6	x29.0	x33.7	Amériques	x3.6	3.6	3.2	4.3	3.7	x4.2	x5.5	4.9	x5.5	x5.9
LAIA	0.7	1.7	1.3	0.6	0.5	0.9	0.8	0.8	1.1	1.6	ALAI	0.8	1.3	1.3	0.8	0.7	1.1	1.3	1.3	0.8	0.7
CACM	x0.4	x0.1	0.1	0.1	x0.1	0.1	0.2	0.2	0.2	x0.8	MCAC	x0.3	0.3	0.3	0.2	0.1	0.1	0.3	0.2	0.2	x0.5
Asia	x13.3	x11.6	10.3	11.8	x11.6	15.5	18.9	x18.1	x18.9	x20.7	Asie	67.0	68.7	69.7	66.0	69.2	69.5	x69.5	66.9	x67.2	x67.2
Middle East	x5.4	x4.3	2.1	x2.6	2.5	x4.0	3.6	x2.9	x2.5	x2.8	Moyen–Orient	x1.0	2.9	4.5	2.9	2.6	2.9	3.9	x3.7	x3.3	x3.3
Europe	42.6	38.3	36.3	42.5	40.2	39.7	38.4	45.2	46.3	42.2	Europe	22.1	20.4	20.6	22.0	17.7	19.3	20.0	22.6	22.1	20.6
EEC	36.9	33.2	31.0	35.9	34.6	34.7	33.5	38.6	40.6	37.3	CEE	20.7	17.7	17.6	19.3	15.3	17.0	17.5	20.0	19.4	18.3
EFTA	5.7	5.0	5.3	6.5	5.5	4.9	4.7	5.8	5.3	4.6	AELE	1.5	1.2	1.1	1.4	1.2	1.2	1.2	1.4	1.3	1.2
Oceania	1.0	x1.1	0.9	x0.8	0.7	0.8	0.9	x0.9	0.9	x1.0	Océanie	0.1	0.1	0.1	x0.2	x0.1	x0.1	0.3	0.3	0.2	0.4
USA/Etats–Unis d'Amer	35.4	41.0	45.9	38.2	31.1	28.3	29.0	25.0	24.0	28.1	Hong Kong	23.9	22.5	21.1	20.7	17.5	17.8	18.6	20.2	21.4	18.0
Germany/Allemagne	14.4	12.6	11.1	13.4	13.0	12.2	11.8	15.3	16.6	13.3	China/Chine						8.0	8.8	10.1	12.3	17.7
Japan/Japon	2.6	2.5	3.3	3.7	3.8	6.1	8.4	7.0	6.5	6.3	Korea Republic	20.6	19.8	18.6	16.5	12.8	12.4	12.0	8.4	7.6	5.7
Hong Kong	3.6	3.3	3.7	4.3	4.2	4.1	5.5	6.8	8.3	8.0	India/Inde	5.3	6.2	6.6	6.4	4.6	4.5	x5.8	5.7	5.2	x4.6
France, Monac	5.4	4.3	4.7	5.6	5.5	5.7	5.7	6.4	6.1	6.2	Germany/Allemagne	3.4	2.9	3.2	3.4	3.0	3.2	3.9	3.4	4.2	4.3
United Kingdom	7.4	7.7	6.8	6.8	6.2	7.2	6.5	5.9	5.5	5.1	Italy/Italie	4.1	3.6	4.2	4.6	3.0	3.5	3.5	4.3	4.0	3.5
Former USSR/Anc. URSS				x8.7	x7.1	x5.6	x4.1	x2.9			Portugal	4.2	3.6	3.4	4.0	3.5	3.3	3.4	3.9	3.2	2.9
Netherlands/Pays–Bas	3.8	3.3	3.0	3.4	3.2	2.8	2.9	3.3	2.9	3.3	USA/Etats–Unis d'Amer	1.8	1.5	1.6	2.1	1.8	1.9	3.1	3.0	4.0	3.9
Italy/Italie	1.2	1.3	1.6	2.2	2.4	2.3	1.9	2.1	2.9	2.8	Thailand/Thaïlande	3.0	3.3	3.1	3.5	3.5	x3.2	x3.4	x3.6	3.0	x1.4
Canada	2.3	2.7	2.9	2.8	2.2	2.2	2.1	2.1	2.0	2.1	Bangladesh	0.5	1.7	3.6	3.6	3.3	x3.2	x3.4	x3.6	2.0	x4.3

845 OUTERWEAR KNIT NONELASTC

TRADE BY COMMODITY IN THOUSAND U.S. DOLLARS – COMMERCE PAR PRODUIT EN MILLIERS DE DOLLARS E.U

COUNTRIES–PAYS	IMPORTS – IMPORTATIONS					COUNTRIES–PAYS	EXPORTS – EXPORTATIONS				
	1988	1989	1990	1991	1992		1988	1989	1990	1991	1992
Total	21231984	24337312	27660266	31132693	35072054	Totale	21917091	21911382	25338985	28257239	31325478
Africa	x147725	x97044	x107524	x117009	x168599	Afrique	x402293	x443193	x593761	x615723	x693669
Northern Africa	81193	35316	34883	x45163	x68557	Afrique du Nord	203052	253636	352735	352310	375332
Americas	x4683361	x7822388	x7759438	x7710104	x9074409	Amériques	461874	x598182	625879	x805871	x1232301
LAIA	45821	81993	91908	130401	231629	ALAI	127319	162258	170764	x241928	x274604
CACM	1639	1936	1703	2005	x62138	MCAC	2228	3296	6421	10000	x90273
Asia	3369022	3999327	4141128	5100662	6296610	Asie	11705277	12174904	13315765	15418098	16554486
Middle East	x181848	x162722	x285152	x361024	x457916	Moyen-Orient	643742	849075	1080297	1148543	1641684
Europe	11570011	10635321	13662368	16311126	18943197	Europe	8847498	8271645	10319841	10979634	12250407
EEC	9245244	8585263	11127691	13520672	15864459	CEE	8185323	7689039	9646890	10291703	11541288
EFTA	2297670	2016030	2439535	2706240	2993267	AELE	518087	468814	556897	516268	534631
Oceania	x205377	x216129	x244681	x293752	x314411	Océanie	x28142	x34119	x48379	72025	x74995
USA/Etats–Unis d'Amer	4089140	7142562	7096983	7092499	8202859	Hong Kong	3251556	3953729	4043366	4825305	5861940
Germany/Allemagne	3572155	3158702	4302629	5665028	6750165	Italy/Italie	3529378	3262498	4020736	4069165	4249124
Japan/Japon	1870660	2172380	2002009	2309095	2692882	China/Chine	2197309	2548962	3304512	3983372	2822616
France, Monac	1755268	1710724	2091223	2217965	2471168	Korea Republic	1900463	1949131	1563040	1503618	1438454
United Kingdom	1377826	1376346	1647991	1841239	2047755	Portugal	791779	828176	1075220	1096706	1270700
Hong Kong	1059023	1416109	1507656	1909235	2455971	Germany/Allemagne	919820	834866	1019453	1143400	1388564
Former USSR/Anc. URSS	x987909	x1329678	x1514232	x1411667		United Kingdom	813391	726773	888057	987323	1079058
Netherlands/Pays–Bas	890522	753735	979687	1171496	1412559	Turkey/Turquie	545775	672217	825352	1054300	1505893
Switz.Liecht	739504	694612	859375	985063	1066353	France, Monac	700330	667864	824317	974006	1109879
Belgium–Luxembourg	654124	573628	742943	835153	921549	Singapore/Singapour	471093	553095	631348	682471	732999
Sweden/Suède	590624	477559	522961	559526	653593	Thailand/Thaïlande	377817	479630	542866	703504	x766931
Austria/Autriche	413138	377850	523716	621155	700989	Greece/Grèce	349084	409473	525485	527094	x695801
Canada	469456	483330	481459	403916	452494	Netherlands/Pays–Bas	361442	325286	467061	563866	631988
Italy/Italie	343581	329143	418984	602025	765783	Macau/Macao	418558	411264	424987	439865	513821
Norway, SVD, JM	337629	264905	298199	318913	375576	Indonesia/Indonésie	125390	313875	373886	425287	627892
Spain/Espagne	127914	179768	274964	413818	562959	USA/Etats–Unis d'Amer	231832	306713	348997	415386	597357
Singapore/Singapour	168966	191666	265752	320808	356180	Denmark/Danemark	322062	274870	354840	399212	492427
Denmark/Danemark	244726	196485	227946	271392	317030	Malaysia/Malaisie	189545	246087	316113	370184	x674431
Finland/Finlande	197289	186753	219202	204084	179986	Philippines	167709	x322110	220462	367378	317074
Ireland/Irlande	178673	168004	212288	221782	238212	Belgium–Luxembourg	209043	198637	261569	286247	
Australia/Australie	169371	173986	193584	229216	239472	India/Inde	212308	x164109	293171	236620	x369089
Portugal	61228	76977	134591	180040	231318	Austria/Autriche	181185	168572	227735	241264	284231
Saudi Arabia	310	2027	x135300	x171895	x187707	Mauritius/Maurice	x192587	x169529	203038	206029	225528
Greece/Grèce	39227	61730	94445	100753	x145961	Morocco/Maroc	107492	112754	156272	168320	186632
Poland/Pologne	86812	97661	47702	67006	x148946	Israel/Israël	111563	114177	147094	152493	181238
Mexico/Mexique	22183	59734	62957	70946	114881	Pakistan	62768	94081	147094	152493	181238
United Arab Emirates	x80296	x42828	x56327	x88698	x130857	Spain/Espagne	133656	101994	128877	165611	175994
Czechoslovakia	x58613	53254	75062	x33972	x48221	Yugoslavia SFR	140200	110194	132601	150039	175613
Yugoslavia SFR	533	8624	67246	x54807		Tunisia/Tunisie	69882	92006	112879	x153267	
Hungary/Hongrie	x28176	x30713	x34603	49302	x52824	Romania/Roumanie	x119576	158539	144721	133569	146479
New Zealand	15648	23712	35607	44857	54394	Sri Lanka	53975	70141	114249	53517	x84918
Macau/Macao	9092	2262	10885	82083	94488	Bulgaria/Bulgarie	x96401	x88335	92588	158557	144603
Kuwait/Koweït	x44241	47428	x28760	x15306	x48024	Syrian Arab Republic	39589	110645	x154654	x57475	x75817
Dominican Republic	x26695	x39981	x22490	x26806	x32100	Finland/Finlande	133330	113320	175816	x9528	x9529
Lebanon/Liban	x18458	x24950	x26937	x33307	x43092	Bangladesh	x27168	x40831	x74901	61822	54139
So. Africa Customs Un	29718	27234	31501	x23249	x32836	Switz.Liecht	67502	70286	94712	159433	x146338
Korea Republic	6184	12540	28529	36993	59545	Sweden/Suède	94582	82322	88011	104356	97866
Bulgaria/Bulgarie	x11270	x27545	x37817	x10129	12009	Hungary/Hongrie	x60033	x56186	x73857	x104177	x121598
Tunisia/Tunisie	10422	15673	20278	22823	26311	Ireland/Irlande	55338	58530	77480	94576	131060
Romania/Roumanie	x25740	8421	19432	25224	x12057	Canada	56194	60559	57970	73736	113719
Andorra/Andorre	x13759	x15274	x16443	x16939	x17116	Brazil/Brésil	53437	52061	48076	74343	96704
Iceland/Islande	19486	14352	16082	17497	16770	Poland/Pologne	72496	52765	51026	63636	x143513
Oman	13403	13494	13706	14924		Egypt/Egypte	25678	48870	51740	50398	41910
Venezuela	13724	6858	11391	19757	31842	Czechoslovakia	x63561	x23436	x32536	x74915	x92977
Libyan Arab Jamahiriya	63428	14244	7568	x12698	11968	Peru/Pérou	16006	29689	43394	x54570	x69433
Former GDR	x57888	x18838	x13861			Japan/Japon	51591	42346	43650	40670	48731
Haiti/Haïti	x3293	x16999	x6712	x7193	x8858	United Arab Emirates	x16124	x31761	x32914	x41455	x68720
Israel/Israël	7217	7386	9212	9980	15809	So. Africa Customs Un	x5261	x15426	x25768	x41943	x51619
Chile/Chili	5123	6101	7410	12175		Australia/Australie	14991	14557	26608	37471	39462
Bangladesh	x591	x602	x544	24364	x2287	Uruguay	20418	28487	21561	22351	21459

(VALUE AS % OF TOTAL)(VALEUR EN % DU TOTAL)

	1983	1984	1985	1986	1987	1988	1989	1990	1991	1992		1983	1984	1985	1986	1987	1988	1989	1990	1991	1992
Africa	x1.1	x0.9	0.6	0.4	x0.5	x0.7	0.4	x0.4	0.4	x0.5	Afrique	1.6	1.5	1.7	1.8	1.7	x1.8	x2.1	x2.3	x2.1	x2.2
Northern Africa	x0.5	x0.4	0.3	x0.2	0.3	0.4	0.1	0.1	x0.1	x0.2	Afrique du Nord	0.9	0.7	0.8	0.9	0.9	0.9	1.2	1.4	1.2	1.2
Americas	x22.5	x30.2	33.8	30.7	x24.8	22.1	32.1	x28.1	x24.8	x25.9	Amériques	x2.7	x2.7	1.9	1.7	x1.5	2.1	x2.8	2.5	x2.8	x4.0
LAIA	0.1	0.4	0.3	0.1	0.1	0.2	0.3	0.3	0.4	0.7	ALAI	0.4	0.7	0.7	0.6	x0.4	0.6	0.7	0.7	x0.9	x0.9
CACM	x0.1	0.0	x0.0	0.0	0.0	0.0	0.0	0.0	0.0	x0.2	MCAC	x0.1	0.1	0.0	0.0	0.0	0.0	0.0	0.0	0.0	x0.3
Asia	x12.1	13.2	12.1	13.2	14.0	15.8	16.5	15.0	16.3	17.9	Asie	38.0	43.6	41.5	41.4	x52.5	53.4	55.5	52.6	54.6	52.8
Middle East	x1.3	x0.8	0.1	x0.5	0.6	0.9	0.7	x1.0	x1.2	x1.3	Moyen-Orient	0.5	2.0	1.3	2.0	2.3	2.9	3.9	4.3	4.1	5.2
Europe	57.4	49.3	51.4	53.8	53.7	54.5	43.7	49.4	52.4	54.0	Europe	55.7	50.4	53.3	53.7	41.1	40.4	37.8	40.7	38.9	39.1
EEC	45.2	38.8	40.4	42.8	42.4	43.5	35.3	42.3	43.4	45.2	CEE	50.9	44.6	47.8	48.9	37.8	37.3	35.1	38.1	36.4	36.8
EFTA	12.1	10.4	10.9	10.9	11.1	10.8	8.3	8.8	8.7	8.5	AELE	4.8	3.9	3.8	3.6	2.6	2.4	2.1	2.2	1.8	1.7
Oceania	x1.5	x1.5	1.3	x1.1	x1.0	1.0	0.9	0.9	x1.0	0.9	Océanie	x0.1	x0.2	0.1	x0.2	x0.1	x0.1	x0.2	x0.1	0.3	x0.3
USA/Etats–Unis d'Amer	19.1	26.5	30.6	27.6	22.2	19.3	29.3	25.7	22.8	23.4	Hong Kong	18.8	21.0	20.4	19.9	15.0	14.8	18.0	16.0	17.1	18.7
Germany/Allemagne	19.6	16.7	17.3	18.1	18.2	16.8	13.0	15.6	18.2	19.2	Italy/Italie	23.1	21.0	22.5	23.5	17.2	16.1	14.9	15.9	14.4	13.6
Japan/Japon	5.9	6.8	6.1	6.3	7.7	8.8	8.9	7.2	7.4	7.7	China/Chine					9.3	10.0	11.6	13.0	14.1	9.0
France, Monac	7.3	6.5	7.3	8.0	8.1	8.3	7.0	7.6	7.1	7.0	Korea Republic	8.9	10.2	9.9	9.8	8.2	8.7	8.9	6.2	5.3	4.6
United Kingdom	6.2	5.8	5.3	5.5	5.4	6.5	5.7	6.0	5.9	5.8	Portugal	2.7	2.7	3.3	3.6	3.5	3.8	3.8	4.2	3.9	4.1
Hong Kong	4.0	4.6	5.2	5.6	4.7	5.8	5.5	6.1	7.0		Germany/Allemagne	7.2	5.7	5.4	5.8	4.3	3.8	4.0	4.0	4.0	4.4
Former USSR/Anc. URSS	4.7	4.2			x4.8	x4.7	x5.5	x5.5	x4.5		United Kingdom	5.5	4.6	4.9	4.2	3.2	3.7	3.3	3.5	3.5	3.4
Netherlands/Pays–Bas	5.4	4.3	4.6	5.0	4.6	4.2	3.1	3.5	3.8	4.0	Turkey/Turquie			1.6	1.1	1.6	2.0	2.5	3.1	3.3	4.8
Switz.Liecht	4.5	3.9	3.7	3.7	3.6	3.5	2.9	3.1	3.2	3.0	France, Monac	4.3	3.5	3.7	3.6	2.6	3.2	3.0	3.3	3.4	3.5
Belgium–Luxembourg	3.4	2.7	2.7	2.9	2.7	3.1	2.4	2.7	2.7	2.6	Singapore/Singapour	1.7	2.0	1.9	2.2	2.1	2.1	2.5	2.5	2.4	2.3

846 UNDER GARMENTS KNITTED — SOUS VETS DE BONNETERIE 846

TRADE BY COMMODITY IN THOUSAND U.S. DOLLARS – COMMERCE PAR PRODUIT EN MILLIERS DE DOLLARS E.U

IMPORTS – IMPORTATIONS

COUNTRIES–PAYS	1988	1989	1990	1991	1992
Total	11629243	11381102	13959878	16157346	18170960
Africa	x97283	x87965	x124692	x184278	x214586
Northern Africa	32932	28845	38148	x46657	x58479
Americas	x3809923	x2530540	x2648808	x3012080	x3865005
LAIA	36857	75673	98984	137224	x271631
CACM	6259	21074	10386	8004	x137243
Asia	x1750707	2073205	x2370733	x3012217	x3659566
Middle East	x187642	x146611	x321706	x393928	x437530
Europe	5168762	5846083	7809959	9058540	9873412
EEC	4297529	4883424	6568987	7799224	8552595
EFTA	858928	927934	1138074	1154596	1244883
Oceania	x72551	x100609	x111037	x150905	x186070
Germany/Allemagne	1626999	1799072	2449853	3058660	3157690
USA/Etats–Unis d'Amer	3482261	2063817	2108556	2452805	2926083
France,Monac	788915	882645	1199340	1344735	1490655
Japan/Japon	896627	980892	914206	1108051	1456558
Hong Kong	519066	773114	923687	1225754	1426926
United Kingdom	667976	742215	961969	1040760	1173436
Netherlands/Pays–Bas	400384	434424	557390	637587	717537
Former USSR/Anc. URSS	x252445	x428681	x555809	x446570	494226
Belgium–Luxembourg	283632	305988	394257	448900	482365
Italy/Italie	188222	232788	331974	404344	
Austria/Autriche	209056	227879	302558	319545	346609
Switz.Liecht	256851	244699	283206	290346	290860
Sweden/Suède	204369	240485	285468	284727	326285
Spain/Espagne	100712	186055	254880	355104	463354
Canada	190610	234408	267066	274207	319579
Denmark/Danemark	122094	140735	172233	217364	232666
Singapore/Singapour	87290	110918	154664	187762	220987
Norway,SVD,JM	100360	108200	126714	136561	167652
Finland/Finlande	79409	98551	130004	110053	100404
United Arab Emirates	x96282	x55034	x108924	x171705	x199622
Saudi Arabia	8738	14660	x138350	x149047	x141239
Ireland/Irlande	62170	70731	105767	116779	129644
Hungary/Hongrie	x47146	x58426	x74172	121882	x116863
Australia/Australie	52283	70148	76263	100816	126983
Poland/Pologne	45528	73478	27446	117376	x123716
Yugoslavia SFR	4298	27257	92357	x93984	
Greece/Grèce	29240	51942	74397	81451	x82125
Portugal	27186	36829	66926	93541	128898
Czechoslovakia	x43285	31861	67564	x35776	x53119
Bulgaria/Bulgarie	x15916	x46467	x71485	x9044	12176
Mexico/Mexique	9235	33267	42261	48969	78986
Dominican Republic	x27442	x44032	x37488	x41018	x66182
Former GDR	x265526	x69346	x43993		
Romania/Roumanie	x60142	x33361	x53041	7526	x66083
Tunisia/Tunisie	21121	22686	35641	35244	41852
Kuwait/Koweït	x40268	x39876	x31918	x13617	x34824
Venezuela	16115	20149	23852	29101	57938
New Zealand	7903	19185	24818	26348	31706
Chile/Chili	9445	14888	17879	29933	x59914
Lebanon/Liban	x11731	x11384	x17303	x28765	x23165
So. Africa Customs Un	9830	7890	9734	x32800	x24178
Haiti/Haïti	x8583	x23764	x10911	x11674	x19872
Jamaica/Jamaïque	10875	12392	13536	18513	
Korea Republic	1693	6719	12089	21698	32542
Nigeria/Nigéria	x9508	x8439	x14471	x14553	x18993
Philippines	626	x20542	541	15999	2248
Netherlands Antilles	1684	1950	x31279	1932	x58732
Reunion/Réunion	9861	8110	12031	13022	15650
Iceland/Islande	8883	8120	10124	13364	13073
Israel/Israël	7006	7938	10492	12732	16520

EXPORTS – EXPORTATIONS

COUNTRIES–PAYS	1988	1989	1990	1991	1992
Totale	9741170	10447760	12656156	15055740	x17174282
Afrique	x198195	x230945	x390001	x399690	x479390
Afrique du Nord	101505	125935	187332	190727	232051
Amériques	x591329	x764596	852126	x1164095	x1608856
ALAI	126722	191987	220733	x269524	x333198
MCAC	8428	14052	9887	6152	x153297
Asie	x5201548	5440421	6236252	7782292	x8621872
Moyen–Orient	500015	604315	690867	768624	x1016832
Europe	3368361	3783035	4880065	5371912	6032484
CEE	2883816	3277663	4275648	4591226	5246184
AELE	426324	428193	539035	566510	606184
Océanie	x7812	19175	33260	39803	x38947
Hong Kong	1222832	1530137	1722689	2182895	2339836
China/Chine	607486	762419	859436	1040127	1691012
Italy/Italie	686818	726859	879986	900956	928360
Korea Republic	881198	838487	751464	745856	645640
Germany/Allemagne	525244	544719	657182	733019	814192
USA/Etats–Unis d'Amer	295207	433193	533587	732459	984455
Turkey/Turquie	409132	486037	560645	646130	832654
France,Monac	393534	441147	605800	644395	696201
Portugal	338631	430625	611363	633430	758255
Greece/Grèce	260679	396761	517625	482123	x688215
Thailand/Thaïlande	222368	346951	434339	589627	x395377
Austria/Autriche	242543	248958	324747	355731	393482
Singapore/Singapour	203711	238722	281488	347514	352029
United Kingdom	225704	230415	288005	342985	400638
Philippines	109298	x224546	148242	396341	226417
Indonesia/Indonésie	141369	166653	237258	321464	420796
Netherlands/Pays–Bas	149648	168594	245171	290593	345720
India/Inde	137186	x126538	276959	298228	x266864
Macau/Macao	92079	137991	158693	169272	172562
Malaysia/Malaisie	90162	108343	138755	179355	x244415
Pakistan	72780	108860	142654	172362	200028
Ireland/Irlande	70572	97019	148783	173731	175497
Mauritius/Maurice	x73843	x80293	168530	167548	191672
Switz.Liecht	x65532	x64712	x114289	211891	x205754
Bangladesh	89872	98177	132872	151656	172301
Belgium–Luxembourg	91648	91961	131073	131042	154234
Israel/Israël	x43461	x47962	x82551	x138276	x162747
Denmark/Danemark	77579	79624	109747	140260	159871
Yugoslavia SFR	54328	68727	51697	x202418	
Hungary/Hongrie	x43461	x47962	x82551	x138276	x162747
Tunisia/Tunisie	54395	60827	100397	102901	129282
Brazil/Brésil	57577	73851	81031	102577	124214
Spain/Espagne	65537	63658	79050	98012	107138
Sri Lanka	24298	17895	69753	139394	148653
Morocco/Maroc	34140	46360	72387	76904	93062
Japan/Japon	43152	59588	62381	63963	88146
Colombia/Colombie	26383	38160	57057	84239	98762
Peru/Pérou	28693	46773	53912	x49341	x59456
United Arab Emirates	x20373	x32470	x50114	x66355	x103564
Syrian Arab Republic	54626	66113	53266	x25827	x34209
Sweden/Suède	39698	41612	48351	48110	52894
Jamaica/Jamaïque	-44549	50817	33997	51794	
Romania/Roumanie	x108410	x58029	x59395	18613	x70681
Czechoslovakia	x57250	x18895	x26177	x66706	x77917
Poland/Pologne	34961	29244	29346	48050	x52904
Bulgaria/Bulgarie	x47201	x35431	x52265	x15337	x28232
Haiti/Haïti	x21675	x50208	x21104	x17472	x29613
Mexico/Mexique	6570	22105	15896	21231	29070
Finland/Finlande	21389	21515	19157	13646	16123
So. Africa Customs Un	x16124	x13146	x16549	x22347	x15753

(VALUE AS % OF TOTAL)(VALEUR EN % DU TOTAL)

Imports

	1983	1984	1985	1986	1987	1988	1989	1990	1991	1992
Africa	x1.3	x1.2	0.5	x1.0	x1.0	x0.9	x0.8	x0.9	x1.1	x1.1
Northern Africa	x0.6	x0.6	0.2	x0.5	0.3	0.3	0.3	0.3	x0.3	x0.3
Americas	x36.0	x41.3	44.1	x41.2	x37.7	x32.8	x22.2	x19.0	x18.7	x21.3
LAIA	0.3	0.8	0.8	0.2	0.2	0.3	0.7	0.7	0.8	x1.5
CACM	x0.5	0.2	0.2	0.1	0.0	0.1	0.2	0.1	0.0	x0.8
Asia	x9.3	x8.4	8.4	x8.1	9.7	15.1	18.2	17.0	18.6	20.1
Middle East	x2.3	x1.3	0.5	x1.0	x0.8	x1.6	x1.3	x2.3	x2.4	x2.4
Europe	45.1	40.4	45.5	47.1	44.9	44.4	51.4	55.9	56.1	54.3
EEC	37.7	33.8	37.9	39.1	37.4	37.0	42.9	47.1	48.3	47.1
EFTA	7.3	6.5	7.5	7.9	7.4	7.4	8.2	8.2	7.1	6.9
Oceania	x0.6	x0.8	0.6	x0.6	0.5	x0.6	0.9	x0.8	0.9	x1.1
Germany/Allemagne	14.7	13.0	14.1	15.1	14.4	14.0	15.8	17.5	18.9	17.4
USA/Etats–Unis d'Amer	32.3	36.9	40.2	37.9	34.8	29.9	18.1	15.1	15.2	16.1
France,Monac	6.7	6.2	7.3	7.5	7.2	6.8	7.8	8.6	8.3	8.2
Japan/Japon	2.6	2.9	3.8	3.4	3.9	7.7	8.6	6.5	6.9	8.0
Hong Kong	2.9	3.0	3.2	3.6	4.4	4.5	6.8	6.6	7.6	7.9
United Kingdom	5.7	5.6	5.9	5.4	5.3	5.7	6.5	6.9	6.4	6.5
Netherlands/Pays–Bas	3.9	3.3	3.9	4.1	3.8	3.4	3.8	4.0	3.9	3.9
Former USSR/Anc. URSS	7.3	7.3			x2.4	x2.2	x3.8	x4.0	x2.8	
Belgium–Luxembourg	2.9	2.4	2.6	2.8	2.6	2.4	2.7	2.8	2.5	2.7
Italy/Italie	1.5	1.1	1.6	1.7	1.6	1.6	2.0	2.4	2.5	2.7

Exports

	1983	1984	1985	1986	1987	1988	1989	1990	1991	1992
Afrique	1.7	1.4	1.4	1.9	1.8	x2.1	x2.2	x3.1	x2.6	x2.8
Afrique du Nord	1.4	1.3	1.1	1.3	1.0	1.0	1.2	1.5	1.3	1.4
Amériques	8.4	x9.5	6.7	6.6	x5.0	x6.1	x7.4	6.7	x7.7	x9.4
ALAI	0.8	1.7	1.7	1.3	0.9	1.3	1.8	1.7	x1.8	x1.9
MCAC	x1.0	0.3	0.2	0.1	0.1	0.1	0.1	0.1	0.1	x0.9
Asie	40.3	42.3	43.0	42.4	x51.2	x53.4	52.1	49.2	51.7	x50.2
Moyen–Orient	x0.8	1.2	5.5	4.4	4.4	5.1	5.8	5.5	5.1	x5.9
Europe	48.2	45.5	47.5	48.0	37.3	34.6	36.2	38.6	35.7	35.1
CEE	41.8	38.1	40.0	40.3	31.4	29.6	31.4	33.8	30.5	30.5
AELE	6.4	5.6	6.0	6.3	4.7	4.4	4.1	4.3	3.8	3.5
Océanie	x0.1	0.1	0.1	0.1	0.0	0.1	0.2	0.3	0.2	x0.3
Hong Kong	15.8	17.4	15.6	14.9	12.7	12.6	14.6	13.6	14.5	13.6
China/Chine						5.3	6.2	6.7	6.9	9.8
Italy/Italie	8.7	8.2	8.9	9.2	7.3	7.1	7.0	7.0	6.0	5.4
Korea Republic	11.2	11.1	11.3	10.9	8.8	9.0	8.0	5.9	5.0	3.8
Germany/Allemagne	8.0	7.0	7.4	7.6	5.7	5.4	5.2	5.2	4.9	4.7
USA/Etats–Unis d'Amer	5.6	4.8	4.1	3.4	2.5	3.0	4.1	4.2	4.9	5.7
Turkey/Turquie			0.6	4.3	3.5	3.5	4.2	4.4	4.3	4.8
France,Monac	6.7	6.0	6.3	5.9	4.4	4.0	4.2	4.8	4.3	4.1
Portugal	4.2	3.9	4.1	4.3	3.6	3.5	4.1	4.0	4.2	4.4
Greece/Grèce	3.1	3.1	3.1	3.8	3.3	2.7	3.8	4.1	3.2	x4.0

847 TEXTILE CLTHNG ACCES NES — ACCES VET MAT TEXT NDA 847

TRADE BY COMMODITY IN THOUSAND U.S. DOLLARS – COMMERCE PAR PRODUIT EN MILLIERS DE DOLLARS E.U

IMPORTS – IMPORTATIONS

COUNTRIES–PAYS	1988	1989	1990	1991	1992
Total	4053969	4638660	4922491	5203628	5616710
Africa	x77285	x67742	x67068	x83534	x101827
Northern Africa	41019	34142	19040	x20090	x28837
Americas	x763134	x1002661	x909118	885949	x933825
LAIA	17101	22399	27604	59752	69737
CACM	4448	5445	3701	4489	x9926
Asia	x853912	1105258	x1084423	x1112765	x1332771
Middle East	x181587	x160814	x173316	x156420	x210634
Europe	2015056	2159488	2565626	2817387	3099008
EEC	1645653	1769763	2109161	2324707	2584063
EFTA	352426	371193	431621	431190	461032
Oceania	x52672	x76787	x69444	x58852	x63186
USA/Etats–Unis d'Amer	609014	821876	727087	681689	720251
Germany/Allemagne	523271	554849	718138	887532	968193
Japan/Japon	353974	546117	489711	475157	550218
France, Monac	356665	388561	458489	420523	451141
Hong Kong	212912	276524	282922	313870	336250
United Kingdom	263115	282629	266201	273351	324102
Former USSR/Anc. URSS	x229677	x181828	x186762	x174924	
Netherlands/Pays–Bas	141784	151634	183445	194268	210879
Belgium–Luxembourg	112874	108354	138880	142136	155374
Switz.Liecht	102865	108857	131865	133132	146716
Italy/Italie	92762	89804	111059	127496	139670
Canada	97334	113278	113546	98612	104288
Spain/Espagne	43445	75918	95221	126156	156725
Austria/Autriche	77768	80621	106533	103392	112692
Sweden/Suède	81282	87371	88284	93498	101593
Saudi Arabia	69512	75608	x95158	x73907	x98575
Singapore/Singapour	39937	57605	64763	59163	64835
Australia/Australie	41395	62005	55798	46229	48687
Denmark/Danemark	51033	46607	48059	59241	59862
Finland/Finlande	38199	44560	54188	44262	38161
Norway, SVD, JM	47810	45100	45838	51611	57249
United Arab Emirates	x62851	x39173	x40239	x50042	x65612
Ireland/Irlande	30479	33165	37144	35002	37730
Portugal	20245	24948	34881	41672	50672
Yugoslavia SFR	2552	4153	20298	x56887	
Hungary/Hongrie	x15314	x14190	x15667	30275	x35971
Tunisia/Tunisie	23116	26239	13740	12998	15005
Greece/Grèce	9979	13294	17643	17331	x29714
Mexico/Mexique	4652	10501	13134	20147	31734
Poland/Pologne	8443	9467	4464	26990	x23855
Malaysia/Malaisie	7883	12764	12503	15028	x15456
Kuwait/ Koweït	x21586	22141	x13346	x4406	x15786
So. Africa Customs Un	8848	7800	10605	10569	x19468
Korea Republic	3371	7209	13906	15245	21385
China/Chine	5832	8802	11632	15363	68657
Jamaica/Jamaïque	11683	12049	12124	3855	x4905
Philippines	2495	7325	6144	10961	7793
Benin/Bénin	x7882	x6220	9744	x8451	x8962
Czechoslovakia	x7634	6915	9268	x6834	x9228
New Zealand	4539	6939	7969	7443	8421
Netherlands Antilles	1400	1574	x3178	17073	x3265
Israel/Israël	5166	6059	6686	6178	11228
Bulgaria/Bulgarie	x3414	x6130	x7953	x3640	9543
Dominican Republic	3059	x4591	6104	6532	x5796
Oman	6901	5462	5731	5192	x3583
Afghanistan	x3817	x2873	x1276	x12101	x2104
Argentina/Argentine	503	122	734	15079	21106
Chile/Chili	2694	4371	3907	7107	
Thailand/Thaïlande	2667	3834	5279	6025	6962
Iceland/Islande	4502	4684	4914	5295	4621

EXPORTS – EXPORTATIONS

COUNTRIES–PAYS	1988	1989	1990	1991	1992
Totale	4096649	4493027	4816898	5211395	5232382
Afrique	x59229	x60220	x62154	x36715	x43801
Afrique du Nord	22220	25380	22558	24777	26334
Amériques	x120995	x145249	169544	216476	x259621
ALAI	13514	14764	16843	40797	42192
MCAC	4771	4101	5948	6893	x10965
Asie	1929928	2174220	2112701	2459699	2184010
Moyen–Orient	49510	83870	88979	98855	109762
Europe	1807184	2053278	2411326	2404937	2656623
CEE	1672058	1925276	2247009	2234510	2472762
AELE	127167	118370	146216	149060	162803
Océanie	x3447	4166	5688	x5725	x4731
Italy/Italie	852076	1002013	1137149	1098490	1204918
China/Chine	511853	595597	668153	805263	469931
Korea Republic	402883	510482	423020	470525	521508
Hong Kong	301311	354327	353259	383460	393464
Germany/Allemagne	245595	262818	347254	388159	427389
France, Monac	215531	284464	299179	240619	273419
United Kingdom	144734	153309	174017	175680	273419
Japan/Japon	195173	188479	151653	131923	197801
India/Inde	96563	x155460	109392	131923	135083
USA/Etats–Unis d'Amer	75797	93507	123334	139913	x85932
Portugal	66090	77314	109398	142555	151706
Turkey/Turquie	42137	52234	68527	91482	100983
Pakistan	36044	39333	66298	88297	128752
Netherlands/Pays–Bas	47424	49193	61570	69948	81986
Switz.Liecht	53810	50756	63845	65917	75488
Thailand/Thaïlande	32708	48529	55234	72193	x76131
Israel/Israël	35958	41003	51719	56407	63261
Belgium–Luxembourg	43825	40521	53214	53803	53416
Austria/Autriche	44004	40562	52659	53653	52932
Indonesia/Indonésie	15279	14616	29234	90235	58267
Philippines	5522		9355	48777	7088
Spain/Espagne	31723	x59053	38978	34516	36363
Malaysia/Malaisie	23589	32076	29872	30558	x53065
Sri Lanka	20091	26358	21566	38828	43411
Mauritius/Maurice	x32094	19046	35075	8349	13137
Hungary/Hongrie	x20477	x30267	x18104	x34584	x27179
Czechoslovakia	x32922	x14266	x14803	x22295	x25866
Syrian Arab Republic	2944	x12132	18311	x2877	x2533
Yugoslavia SFR	6071	27158	17899	x21126	
Tunisia/Tunisie	15596	9009	14858	16604	18204
Sweden/Suède	13645	15762	15479	17182	23911
Canada	11633	13272	14337	19418	21188
Ireland/Irlande	12294	11921	14651	18210	23943
Singapore/Singapour	13381	12259	14720	16561	19022
Macau/Macao	20917	13452	15493	11785	8470
Poland/Pologne	12737	15934	7861	14435	x6344
Colombia/Colombie	1830	9405	5160	21920	12779
Denmark/Danemark	10696	3623	9742	10676	14868
Bangladesh	8791	9315	22119	3502	x3018
Finland/Finlande	7428	3175	7669	6481	6248
Morocco/Maroc	5605	7046	7063	7307	7817
Mexico/Mexique	5523	6227	3883	10243	16791
Haiti/Haïti	x2175	3432	x3540	x2211	x4140
Former GDR	x62469	x10590	x6846		
Bulgaria/Bulgarie	x21176	x8719	x3508	x4022	x9118
Norway, SVD, JM	5402	x7250	4545	4762	3655
Former USSR/Anc. URSS	x1604	4066	x4126	x3746	
So. Africa Customs Un	x4064	x4012	x3531	x3182	x2589
Uruguay	2733	x3984	3250	3334	3039
Romania/Roumanie	x24482	2985	224	8759	x15086

(VALUE AS % OF TOTAL)(VALEUR EN % DU TOTAL)

	1983	1984	1985	1986	1987	1988	1989	1990	1991	1992
Africa	x3.5	x2.5	1.5	x2.3	x1.9	x1.9	1.5	x1.3	1.6	x1.9
Northern Africa	1.1	x1.0	0.9	x0.8	0.7	1.0	0.7	x0.4	x0.5	
Americas	x15.6	20.5	23.4	x19.2	x16.3	x18.8	x21.7	18.5	17.0	x16.6
LAIA	0.4	1.0	0.9	0.4	0.3	0.4	0.5	0.6	1.1	1.2
CACM	x0.1	0.2	0.2	0.2	0.1	0.1	0.1	0.1	0.1	x0.2
Asia	x20.8	20.2	18.1	18.9	x18.8	x21.1	23.8	x22.0	x21.3	x23.7
Middle East	x8.3	x7.9	5.2	x4.6	x4.0	x4.5	3.5	x3.5	x3.0	x3.8
Europe	52.0	49.0	53.9	57.1	53.8	49.7	46.6	52.1	54.1	55.2
EEC	42.5	39.2	42.9	45.8	43.6	40.6	38.2	42.8	44.7	46.0
EFTA	9.4	9.3	10.4	10.6	9.7	8.7	8.0	8.8	8.3	8.2
Oceania	x1.6	x1.9	1.7	x1.4	x1.4	x1.3	x1.7	x1.4	x1.1	x1.1
USA/Etats–Unis d'Amer	10.3	14.2	17.5	14.3	12.4	15.0	17.7	14.8	13.1	12.8
Germany/Allemagne	14.3	13.3	14.1	14.3	13.7	12.9	12.0	14.6	17.1	17.2
Japan/Japon	6.5	6.5	6.8	7.7	7.6	8.7	11.8	9.9	9.1	9.8
France, Monac	8.4	8.2	9.4	10.4	9.8	8.8	8.4	9.3	8.1	8.0
Hong Kong	3.2	3.6	4.0	4.6	4.7	5.3	6.0	5.7	6.0	6.0
United Kingdom	5.9	5.7	5.9	6.4	6.1	6.1	6.1	5.4	5.3	5.8
Former USSR/Anc. URSS	5.0	4.7			x5.6	x5.7	x3.9	x3.8	x3.4	
Netherlands/Pays–Bas	4.1	3.5	4.1	4.4	3.8	3.5	3.3	3.7	3.7	3.8
Belgium–Luxembourg	3.3	2.8	3.2	3.3	3.2	2.8	2.3	2.8	2.7	2.8
Switz.Liecht	2.5	2.5	2.8	3.0	2.7	2.5	2.3	2.7	2.6	2.6

	1983	1984	1985	1986	1987	1988	1989	1990	1991	1992
Afrique	1.2	1.1	1.4	1.8	1.5	x1.4	x1.4	x1.3	x0.7	x0.8
Afrique du Nord	0.7	0.6	0.5	0.6	0.6	0.5	0.6	0.5	0.5	0.5
Amériques	x5.1	4.7	4.1	x3.8	x2.9	x2.9	x3.2	3.6	4.2	x5.0
ALAI	0.2	0.5	0.4	0.4	0.3	0.3	0.3	0.3	0.8	0.8
MCAC	x0.1	0.2	0.1	0.1	0.1	0.1	0.1	0.1	0.1	x0.2
Asie	35.9	38.6	35.2	34.2	42.7	47.1	48.4	43.8	47.2	41.7
Moyen–Orient	x1.6	2.1	1.5	2.7	1.0	1.2	1.9	1.8	1.9	2.1
Europe	53.8	52.0	56.6	57.9	46.9	44.1	45.7	50.1	46.1	50.8
CEE	48.7	46.6	51.4	52.9	42.9	40.8	42.9	46.6	42.9	47.3
AELE	5.1	4.8	4.8	4.8	3.7	3.1	2.6	3.0	2.9	3.1
Océanie	x0.2	0.2	0.1	x0.1	x0.1	x0.1	0.1	0.1	x0.1	x0.1
Italy/Italie	23.5	22.7	24.7	25.4	20.2	20.8	22.3	23.6	21.1	23.0
China/Chine					10.4	12.5	13.3	13.9	15.5	9.0
Korea Republic	9.6	9.5	8.7	8.9	8.6	9.8	11.4	8.8	9.0	10.0
Hong Kong	8.1	10.2	9.4	8.8	7.2	7.4	7.9	7.3	7.4	7.5
Germany/Allemagne	7.8	7.4	8.3	9.3	7.7	6.0	5.8	7.2	7.4	8.2
France, Monac	5.5	5.3	6.0	6.0	5.7	5.3	6.3	6.2	4.6	5.2
United Kingdom	5.6	5.3	5.5	4.5	3.6	3.5	3.4	3.6	3.4	3.8
Japan/Japon	8.7	8.2	8.1	6.6	6.5	4.8	4.2	3.1	2.5	2.6
India/Inde	2.1	1.7	1.4	1.3	1.5	2.4	x3.5	2.3	2.5	2.6
USA/Etats–Unis d'Amer	3.3	2.4	2.2	2.2	1.7	1.9	2.1	2.6	2.7	3.3

848 HEADGEAR, NONTXTL CLOTHNG — VET ACCES MAT AUT QUE TEX 848

TRADE BY COMMODITY IN THOUSAND U.S. DOLLARS – COMMERCE PAR PRODUIT EN MILLIERS DE DOLLARS E.U

COUNTRIES–PAYS	1988	1989	1990	1991	1992	COUNTRIES–PAYS	1988	1989	1990	1991	1992
Total	9577223	10262029	11230997	11365064	11489848	Totale	8965843	9287028	9855529	9930020	x10804851
Africa	x54635	x53116	x63165	x79579	x99121	Afrique	x63906	x67573	x73387	x73835	x72400
Northern Africa	13505	16396	17281	x18842	x25014	Afrique du Nord	58034	60789	63414	63815	60369
Americas	x3229666	x3309417	x3292920	x3200370	x3838541	Amériques	717006	711232	668505	781146	811607
LAIA	24858	36997	45152	67461	x97257	ALAI	180412	174824	180933	206998	205577
CACM	3032	4175	4590	3062	x12313	MCAC	3365	2582	3968	4418	x11841
Asia	1735400	2395194	2426144	2284216	2438280	Asie	5515831	5847942	6254050	6379219	x7267715
Middle East	x97901	x94824	x89663	x96774	x97929	Moyen–Orient	498694	564312	704258	581315	523621
Europe	4212874	3883683	4657528	4766302	4870208	Europe	2445934	2461124	2674650	2486767	2457829
EEC	3284240	3041466	3703346	3912610	4079101	CEE	2152074	2174941	2347572	2211280	2211379
EFTA	904473	820376	917948	816102	747685	AELE	226928	211356	251061	214397	200838
Oceania	x101421	x126826	x136412	x141165	x140180	Océanie	x37220	x42322	x41539	x42592	x55857
USA/Etats–Unis d'Amer	2910267	2889924	2845237	2796320	3369754	Korea Republic	1991946	2350557	2216149	1956621	1687651
Germany/Allemagne	1472145	1212646	1579354	1676359	1622480	Hong Kong	931756	1089415	1131878	1197631	1300818
Japan/Japon	1045575	1565368	1485129	1281958	1247321	China/Chine	592520	739719	872272	983617	1570532
Hong Kong	481749	607824	688506	709144	810213	Italy/Italie	615385	625615	749210	663901	659286
Former USSR/Anc. URSS	x167387	x429991	x538545	x823985		Turkey/Turquie	489273	558591	700119	570547	516586
France, Monac	512806	505138	599707	591290	621871	Germany/Allemagne	449884	438075	477655	472202	520442
United Kingdom	388620	406916	446655	412066	427791	USA/Etats–Unis d'Amer	303768	365495	357213	433156	458259
Canada	262679	341003	347327	295047	314945	Malaysia/Malaisie	242275	294260	339254	411550	x611084
Switz.Liecht	319103	287442	318692	276564	258309	India/Inde	129851	x269550	321300	327500	x463912
Italy/Italie	231406	239945	258142	304083	385433	Greece/Grèce	284365	295962	224126	248111	x190105
Sweden/Suède	212117	209137	236369	212739	174516	Pakistan	137054	166943	264123	301441	382765
Netherlands/Pays–Bas	197395	185429	211024	223215	259965	France, Monac	223693	244906	250648	221600	235410
Spain/Espagne	129020	152248	187271	269719	320673	United Kingdom	164828	159937	188952	191113	180871
Belgium–Luxembourg	182907	170082	213690	216986	213981	Thailand/Thaïlande	109525	126011	161129	176580	x235867
Austria/Autriche	180247	147844	175178	171204	176455	Netherlands/Pays–Bas	119038	119425	143807	149621	167391
Australia/Australie	86120	107031	115416	118880	118190	Canada	208463	152040	117967	118892	112669
Denmark/Danemark	93225	83532	99585	99777	84121	Spain/Espagne	101574	110086	123600	88692	80184
Norway, SVD, JM	111505	88625	100334	90212	84837	Belgium–Luxembourg	109432	106073	110494	95825	101738
Finland/Finlande	74299	82317	82078	60320	48309	Japan/Japon	59399	73236	92061	119249	125746
Singapore/Singapour	36450	39261	58041	63900	80050	Philippines	16294	x98852	34022	148907	49720
Saudi Arabia	20359	34693	x43068	x41484	x32855	Uruguay	71557	68042	71959	76485	77583
Ireland/Irlande	35373	35741	40131	38152	34285	Yugoslavia SFR	62510	70602	71366	x57156	
Greece/Grèce	22514	30180	37553	41266	x52692	Austria/Autriche	75686	72800	71469	54771	56150
Czechoslovakia	x25978	18569	53550	x29081	x36474	Sweden/Suède	48336	47243	61125	65172	67493
Portugal	18829	19609	30233	39677	55807	Argentina/Argentine	53377	52784	50052	50882	55216
Korea Republic	11600	20937	26514	29104	26704	Switz.Liecht	42613	40684	54733	47718	35007
Mexico/Mexique	9793	15237	20230	34230	40545	Finland/Finlande	52944	46078	56601	40163	35776
Bulgaria/Bulgarie	7358	x18024	x41494	x6770	5544	Indonesia/Indonésie	7964	14056	37552	82199	135916
United Arab Emirates	x31352	x18867	x17627	x24277	x23231	Morocco/Maroc	44774	41520	45217	40294	34258
Yugoslavia SFR	10484	10041	19918	x21086		Hungary/Hongrie	x39321	x37263	x38071	x49369	x48600
Thailand/Thaïlande	4454	7963	15029	20677	21364	Denmark/Danemark	44895	37006	40051	39637	32795
New Zealand	8375	12718	14367	15577	15747	Poland/Pologne	27829	21149	24208	57954	x32427
So. Africa Customs Un	12077	10995	12673	x18382	x16285	Romania/Roumanie	x20540	50388	35903	11708	x14768
Israel/Israël	10231	11301	13196	12976	18359	New Zealand	24373	28299	28038	25973	30140
Andorra/Andorre	x10987	x9619	x12962	x12400	x12677	Portugal	26888	26322	27147	26602	25720
Hungary/Hongrie	x7106	x9598	x8127	17225	x20677	Czechoslovakia	x57906	x21611	x21631	x31018	x38082
China/Chine	6595	10292	10032	12330	37306	Singapore/Singapour	12542	15427	24441	27160	46259
Kuwait/Koweït	x20547	19377	x5283	x5345	x9122	Sri Lanka	10090	8840	20616	33820	61654
Malaysia/Malaisie	4031	5884	9138	12618	x17964	Colombia/Colombie	12702	13091	13630	34051	18179
Dominican Republic	3989	x7844	x8205	x10250	x14895	Mexico/Mexique	21227	18865	19401	22330	27789
Cuba	x3279	8437	x11396	x5301	x1412	Israel/Israël	29529	20822	17837	9306	6879
Philippines	2498	x8687	4162	11525	4846	Tunisia/Tunisie	11768	13038	13540	16894	19535
Tunisia/Tunisie	3705	5830	7891	9369	12744	Brazil/Brésil	17498	16343	11890	12182	19086
Brazil/Brésil	1768	5725	9985	6983	5266	Australia/Australie	11792	12164	11978	15438	25182
Chile/Chili	6522	7652	6580	8412	x14467	Bulgaria/Bulgarie	x23694	x15933	x16653	x5916	x5260
Indonesia/Indonésie	3409	6037	6534	8615	14243	Ireland/Irlande	12092	11500	11848	13945	17437
Sri Lanka	2156	3537	4913	11242	10440	Mongolia/Mongolie	x7848	x7665	x6643	x7271	x29214
Nigeria/Nigéria	x3088	x2735	x5522	x9653	x9712	Former USSR/Anc. URSS	x2459	x6222	x4786	x10392	
Poland/Pologne	4414	2552	2386	12821	x26593	Macau/Macao	4237	5413	7804	7699	6352
Former GDR	x27074	x11746	x4422			Norway, SVD, JM	7156	4439	7055	6448	6296

(VALUE AS % OF TOTAL)(VALEUR EN % DU TOTAL)

	1983	1984	1985	1986	1987	1988	1989	1990	1991	1992		1983	1984	1985	1986	1987	1988	1989	1990	1991	1992
Africa	1.8	x0.7	0.5	x0.6	x0.5	0.5	0.5	0.5	0.7	x0.8	Afrique	1.1	0.9	0.9	1.0	0.7	x0.7	x0.7	x0.7	x0.7	x0.6
Northern Africa	1.3	x0.3	0.2	x0.2	0.1	0.1	0.2	0.2	x0.2	0.2	Afrique du Nord	0.9	0.7	0.7	0.8	0.6	0.6	0.7	0.6	0.6	0.6
Americas	30.4	38.4	40.1	x32.6	x33.7	32.3	29.3	x28.2	x33.4		Amériques	12.0	10.7	10.1	9.6	7.7	8.0	7.7	6.8	7.9	7.5
LAIA	0.4	0.5	0.5	0.2	0.2	0.3	0.4	0.4	0.6	x0.8	ALAI	3.4	3.0	2.6	2.3	2.2	2.0	1.9	1.8	2.1	1.9
CACM	x0.0	0.1	0.1	0.1	x0.1	0.0	0.0	0.0	0.0	x0.1	MCAC	x0.0	0.0	0.0	0.0	0.0	0.0	0.0	0.0	0.0	x0.1
Asia	x12.0	12.3	11.5	13.0	x14.8	18.1	23.4	21.6	20.1	21.2	Asie	41.8	50.3	49.8	46.5	57.8	61.5	63.0	63.4	64.2	x67.2
Middle East	x1.9	x1.2	0.9	x1.0	x1.2	x1.0	0.9	0.9	x0.9	0.9	Moyen–Orient	x0.1	x0.1	10.7	6.8	8.7	5.6	6.1	7.1	5.9	4.8
Europe	52.6	43.5	46.3	52.4	51.9	44.0	37.8	41.5	41.9	42.4	Europe	43.0	36.4	37.6	41.1	31.2	27.3	26.5	27.1	25.0	22.7
EEC	41.8	33.9	35.8	40.5	39.8	34.3	29.6	33.0	34.4	35.5	CEE	37.3	30.6	31.8	35.8	27.3	23.4	23.6	23.8	22.3	20.5
EFTA	10.7	9.4	10.3	11.7	11.8	9.4	8.0	8.2	7.2	6.5	AELE	5.6	4.1	4.3	4.3	3.1	2.5	2.3	2.5	2.2	1.9
Oceania	x1.3	x1.4	1.3	x1.1	x1.0	1.1	1.3	x1.3	1.3	1.3	Océanie	x0.9	0.7	0.6	x0.5	x0.5	x0.4	x0.4	x0.4	x0.4	0.5
USA/Etats–Unis d'Amer	27.2	34.6	36.3	29.6	26.7	30.4	28.2	25.3	24.6	29.3	Korea Republic	23.6	21.3	19.2	20.3	20.1	22.2	25.3	22.5	19.7	15.6
Germany/Allemagne	22.2	17.4	16.9	19.8	20.1	15.4	11.8	14.1	14.8	14.1	Hong Kong	11.8	12.9	11.5	12.1	10.5	10.4	11.7	11.5	12.1	12.0
Japan/Japon	7.1	7.9	6.7	7.7	9.1	10.9	15.3	13.2	11.3	10.9	China/Chine					5.3	6.6	8.0	8.9	9.9	14.5
Hong Kong	1.8	2.4	3.2	3.4	3.6	5.0	5.9	6.1	6.2	7.1	Italy/Italie	11.3	8.9	9.3	9.6	7.3	6.9	6.7	7.6	6.7	6.1
Former USSR/Anc. URSS			3.1		x1.5	x1.7	x4.2	x4.8	x7.3		Turkey/Turquie			9.9	6.7	8.6	5.5	6.0	7.1	5.7	4.8
France, Monac	5.4	4.6	5.2	6.0	5.6	5.4	4.9	5.3	5.2	5.4	Germany/Allemagne	8.0	6.5	7.2	7.8	5.8	5.0	4.7	4.8	4.8	4.2
United Kingdom	4.8	4.1	4.6	4.4	4.1	4.0	4.0	4.0	3.6	3.7	USA/Etats–Unis d'Amer	5.1	4.1	3.9	3.7	2.8	3.0	3.2	3.4	4.1	x5.7
Canada	2.6	2.9	2.9	2.6	2.2	2.7	3.3	3.1	2.6	2.7	Malaysia/Malaisie	1.6	1.3	1.5	1.5	1.3	2.7	3.2	3.4	4.1	x5.7
Switz.Liecht	4.3	3.9	4.4	4.3	4.3	3.3	2.8	2.8	2.4	2.2	India/Inde	0.5	0.7	0.8	1.2	1.2	1.4	x2.9	3.3	3.3	x4.3
Italy/Italie	2.2	1.9	2.3	2.8	2.8	2.4	2.3	2.3	2.7	3.4	Greece/Grèce	3.6	4.0	3.1	5.8	4.6	3.2	3.2	2.3	2.5	x1.8

851 *FOOTWEAR / CHAUSSURES 851

TRADE BY COMMODITY IN THOUSAND U.S. DOLLARS – COMMERCE PAR PRODUIT EN MILLIERS DE DOLLARS E.U

IMPORTS – IMPORTATIONS

COUNTRIES–PAYS	1988	1989	1990	1991	1992
Total	25604375	26539244	31653325	34788609	34456923
Africa	x296909	x253961	x318037	x334377	x418274
Northern Africa	59183	48023	63260	42546	x37191
Americas	9255927	9357349	10657182	10727100	x11518385
LAIA	66717	137358	156113	304988	487367
CACM	19123	22878	22723	23512	x33245
Asia	x2504386	2866467	x3716025	5057675	6498226
Middle East	x483597	x472402	x444515	x490523	x570511
Europe	10477246	10621225	13533383	14827446	15329695
EEC	8692533	8779664	11188520	12670709	13000577
EFTA	1740923	1740478	2074979	2044563	2080150
Oceania	x270140	x297071	x328626	x358727	x429816
USA/Etats–Unis d'Amer	8435271	8385129	9570294	9550326	10153302
Germany/Allemagne	2917094	3064145	4007981	4740469	4721445
Former USSR/Anc. URSS	x2469727	x2852636	x2845342	x3209375	
France,Monac	1712482	1688139	2058133	2245760	2272009
United Kingdom	1541187	1524080	1981329	1964173	1924504
Hong Kong	667620	1038932	1676617	2672882	3804774
Japan/Japon	1107715	1116480	1283128	1532154	1701164
Netherlands/Pays–Bas	765353	750057	946096	1046438	1074965
Belgium–Luxembourg	644001	606784	759480	810078	839690
Canada	595593	666836	726928	703988	693952
Italy/Italie	477846	478941	572534	828757	1000325
Switz.Liecht	555825	553126	641732	640938	651683
Austria/Autriche	386698	406596	503945	521358	552295
Sweden/Suède	413587	409629	472869	456670	461017
Denmark/Danemark	242595	226724	272917	285173	313352
Australia/Australie	220630	242695	257578	275503	336474
Norway,SVD,JM	220122	200169	242035	240057	251318
Spain/Espagne	130037	126573	195160	313521	387702
Saudi Arabia	207880	230894	x185909	x192931	x184207
Ireland/Irlande	157218	164542	207753	223691	213071
Singapore/Singapour	130220	141390	188912	200223	204653
Finland/Finlande	149146	158271	199699	168311	146754
Yugoslavia SFR	15378	75703	237480	x76788	
Greece/Grèce	67629	109521	114976	119124	x141455
Mexico/Mexique	24447	86964	91113	147804	233919
United Arab Emirates	x137432	x78505	x96430	x133215	x188212
Portugal	37093	40157	72162	93525	112058
Czechoslovakia	x89797	73652	81659	x32357	x50967
Hungary/Hongrie	x44092	x49315	x46615	73716	x66206
Poland/Pologne	27758	34325	22467	108508	x106803
So. Africa Customs Un	61864	43343	55980	x64253	x85048
Bulgaria/Bulgarie	x26237	x75110	x57486	x13720	13490
New Zealand	26892	35660	47300	53917	55319
Kuwait/Koweït	63088	72353	x45629	x13579	x53033
Libyan Arab Jamahiriya	52948	42445	52413	34274	x21611
Lebanon/Liban	x18932	x28252	x35033	x48084	x55859
Israel/Israël	25736	30418	34333	34726	49745
Panama	6604	13114	43135	32999	31280
Former GDR	x136050	x45065	x30727		
Reunion/Réunion	22239	22713	24889	25599	32905
Romania/Roumanie	x5150	12250	15248	42986	x23194
Andorra/Andorre	x19694	x18167	x24096	x24778	x24294
Brazil/Brésil	3812	9410	20765	36777	13284
Martinique	22353	19421	22240	23184	23870
Angola	x17659	x11692	x16577	x34488	x19691
Guadeloupe	19188	16469	22285	22808	22518
Cuba	13192	28161	x26576	x5683	x5775
Nigeria/Nigéria	x13852	x11651	x21398	x25882	x39825
Malaysia/Malaisie	14257	16106	20535	21509	x28011
Korea Republic	8007	11630	20511	25147	31696

EXPORTS – EXPORTATIONS

COUNTRIES–PAYS	1988	1989	1990	1991	1992
Totale	x22977839	20848429	26182161	28218310	31369396
Afrique	x88695	x102383	x144818	x159224	x225290
Afrique du Nord	72855	92782	125525	140779	141681
Amériques	1752034	1788137	1869044	2073976	2374195
ALAI	1345701	1424835	1347937	1470613	1729950
MCAC	22448	23115	25375	22661	x19508
Asie	x9957322	7157920	9956228	12340103	14588213
Moyen–Orient	83820	105446	x91965	x120809	x137614
Europe	10455878	11174891	13549177	12950269	13483154
CEE	9239175	9751971	12109779	12022596	12496463
AELE	719421	660082	791648	639658	689406
Océanie	x14909	x26411	35564	36407	38094
Italy/Italie	5077953	5349984	6579796	6236890	6317174
Korea Republic	3703959	3474244	4164054	3679006	3034392
Hong Kong	746053	1152993	1888290	3104571	4332790
China/Chine	815423	1283106	1888290	3104571	4332790
Spain/Espagne	1103905	1088639	1956620	2875470	4084492
Brazil/Brésil	1202844	1238216	1445184	1293250	1246783
Portugal	790920	900344	1199210	1250357	1479137
Germany/Allemagne	707679	861017	968646	1168678	1104292
France,Monac	713018	693658	800191	847592	948607
Thailand/Thaïlande	362649	494773	743547	881650	x924815
Indonesia/Indonésie	81754	212534	561208	980975	1300263
Yugoslavia SFR	493300	757798	641276	x283350	
United Kingdom	349678	349981	464702	527629	562123
USA/Etats–Unis d'Amer	332146	294072	431751	516732	542550
Austria/Autriche	347318	329269	415331	338703	389384
Netherlands/Pays–Bas	230189	238406	329181	371182	452826
Switz.Liecht	172146	168008	208114	167834	175532
India/Inde	107258	x126416	186503	182826	x192745
Romania/Roumanie	x190057	200486	128389	74846	x85588
Poland/Pologne	157234	110295	168963	107393	x120275
Denmark/Danemark	111322	107182	132650	142808	166986
Czechoslovakia	x202554	x90348	x96352	x188860	x218470
Hungary/Hongrie	x82625	x75143	x113746	x172800	x176043
Philippines	45194	x93717	78001	134425	116688
Belgium–Luxembourg	90322	83839	99820	116940	136618
Malaysia/Malaisie	49703	68472	96770	106077	x129336
Finland/Finlande	136896	102817	98590	60368	54840
Mexico/Mexique	68718	64682	74921	97657	151662
Morocco/Maroc	58217	62931	78644	81633	65816
Singapore/Singapour	50514	54359	70999	86944	87408
Bulgaria/Bulgarie	x29057	x79107	x68902	x31727	x58837
Former USSR/Anc. URSS	x13854	x37583	x45832	x82414	
Colombia/Colombie	30468	39346	48502	73771	72361
Sweden/Suède	52217	50028	56223	55102	51639
Japan/Japon	36954	41736	52089	64684	73507
Canada	45725	39433	59655	55679	64664
Greece/Grèce	43491	55470	59012	32654	x29638
Turkey/Turquie	25045	46635	32863	58295	82458
Chile/Chili	11744	21667	34948	51663	x34729
Cyprus/Chypre	37035	33697	33357	34259	29166
Argentina/Argentine	19275	25168	33073	35811	26271
Ireland/Irlande	20698	23261	31197	34424	52279
Tunisia/Tunisie	8948	14959	23808	36233	45217
Pakistan	21405	16003	22478	27172	33931
Venezuela	2599	20440	22478	13697	11317
Macau/Macao	10507	12062	17883	21174	16130
Australia/Australie	8777	14705	15173	19744	20401
Uruguay	8912	13191	16822	18538	22547
Egypt/Egypte	4821	8328	16719	20247	19936
Korea Dem People's Rp	x4016	x6005	x4032	x31106	x37534

(VALUE AS % OF TOTAL) (VALEUR EN % DU TOTAL)

	1983	1984	1985	1986	1987	1988	1989	1990	1991	1992
Africa	x1.8	x1.7	0.8	x1.2	x1.2	x1.1	x1.0	x1.0	x1.0	x1.2
Northern Africa	0.5	x0.5	0.3	0.2	0.3	0.2	0.2	0.2	0.1	x0.1
Americas	36.4	41.0	48.2	43.5	35.1	36.2	35.3	33.6	30.9	x33.4
LAIA	0.2	0.4	0.2	0.3	0.2	0.2	0.5	0.5	0.9	1.4
CACM	x0.1	0.1	0.1	0.1	0.1	0.1	0.1	0.1	0.1	x0.1
Asia	8.0	7.7	7.7	7.3	7.5	x9.8	10.8	x11.8	14.5	18.9
Middle East	x3.3	x3.1	2.4	2.1	1.7	x1.9	1.8	x1.4	x1.4	x1.7
Europe	40.7	36.9	41.4	46.1	42.2	40.9	40.0	42.8	42.6	44.5
EEC	33.5	30.1	34.0	37.7	34.8	33.9	33.1	35.3	36.4	37.7
EFTA	7.2	6.6	7.4	8.1	7.3	6.8	6.6	6.6	5.9	6.0
Oceania	1.2	1.2	1.2	1.1	x0.9	x1.1	x1.1	x1.1	x1.0	x1.2
USA/Etats–Unis d'Amer	32.9	37.2	44.4	39.8	32.1	32.9	31.6	30.2	27.5	29.5
Germany/Allemagne	12.0	10.8	11.9	13.4	12.4	11.4	11.5	12.7	13.6	13.7
Former USSR/Anc. URSS	10.8	10.7		x11.9	x9.6	x10.7	x9.0	x9.2		
France,Monac	6.0	5.3	6.4	7.5	7.0	6.4	6.4	6.5	6.5	6.6
United Kingdom	6.3	5.9	6.3	6.3	5.5	6.0	5.7	6.3	5.6	5.6
Hong Kong	1.3	1.3	1.6	1.6	1.8	2.6	3.9	5.3	7.7	11.0
Japan/Japon	2.3	2.6	2.8	3.3	2.8	2.5	4.3	4.2	4.1	4.4
Netherlands/Pays–Bas	3.2	2.8	3.1	3.6	3.2	3.0	2.8	3.0	3.0	3.1
Belgium–Luxembourg	2.7	2.4	2.7	3.0	2.6	2.5	2.3	2.4	2.3	2.4
Canada	2.6	2.5	2.7	2.8	2.3	2.3	2.5	2.3	2.0	2.0

	1983	1984	1985	1986	1987	1988	1989	1990	1991	1992
Afrique	0.5	0.4	0.4	0.4	0.3	x0.4	x0.5	0.5	x0.5	x0.7
Afrique du Nord	0.4	0.3	0.3	0.3	0.3	0.3	0.4	0.5	0.5	0.5
Amériques	9.1	11.6	9.6	8.5	7.0	7.6	8.6	7.2	7.3	7.5
ALAI	7.3	9.8	8.0	6.8	5.6	5.9	6.8	5.1	5.2	5.5
MCAC	x0.1	0.3	0.1	0.1	0.1	0.1	0.1	0.1	0.1	x0.1
Asie	18.4	17.7	19.2	20.3	x37.9	x43.3	34.3	38.0	43.7	46.5
Moyen–Orient	x0.5	0.5	0.4	0.4	0.4	0.4	0.4	x0.4	0.4	0.4
Europe	63.9	63.5	64.5	64.9	49.5	45.5	53.6	51.7	45.9	43.0
CEE	58.1	53.2	53.8	55.6	43.4	40.2	46.8	46.3	42.6	39.8
AELE	5.8	5.1	5.4	5.3	3.7	3.1	3.2	3.0	2.3	2.2
Océanie	0.1	0.1	0.1	x0.1	x0.1	x0.1	x0.1	0.1	0.1	0.1
Italy/Italie	35.9	31.7	31.3	32.5	24.2	22.1	25.7	25.1	22.1	20.1
Korea Republic	12.8	12.2	12.8	13.9	12.8	16.1	16.7	15.9	13.0	9.7
Hong Kong	2.0	2.1			1.4	1.6	2.3	3.2	5.5	7.2
China/Chine			2.1	2.1	2.3	3.2	5.5	7.2	11.0	13.8
Spain/Espagne	6.3	7.0	6.6	6.4	5.0	4.8	5.2	6.2	7.5	13.0
Brazil/Brésil	7.1	9.3	7.6	6.4	5.5	5.2	5.9	5.5	4.6	4.0
Portugal	1.7	2.0	2.5	3.4	3.2	5.1	5.2	5.9	4.2	4.5
Germany/Allemagne	4.1	3.5	4.0	3.3	3.2	4.3	4.3	4.6	4.4	4.7
France,Monac	5.1	4.6	4.8	4.7	3.4	3.1	3.3	3.1	3.0	3.0
Thailand/Thaïlande	0.8	0.8	0.8	0.7	0.8	1.0	1.6	2.4	2.8	x2.9

# 871 OPTICAL INSTRUMENTS / APPAR,INSTRUM D'OPTIQUE 871

TRADE BY COMMODITY IN THOUSAND U.S. DOLLARS – COMMERCE PAR PRODUIT EN MILLIERS DE DOLLARS E.U

IMPORTS – IMPORTATIONS

COUNTRIES–PAYS	1988	1989	1990	1991	1992
Total	3022995	3489309	3815795	4137749	4915622
Africa	x32195	x40376	x35033	x37907	x40521
Northern Africa	9250	9741	8371	x6726	x10038
Americas	598057	912572	927029	966039	x1158850
LAIA	40297	49049	59174	67479	x93069
CACM	1029	1807	1270	1459	x2075
Asia	x742483	x765222	815530	1003402	x1428172
Middle East	x89676	x59185	x67022	x110348	x246663
Europe	1451978	1566307	1838705	1964475	2181731
EEC	1166206	1242521	1463293	1578305	1751514
EFTA	276487	310678	360044	373996	418773
Oceania	x46375	x48289	x58860	x61291	x66584
USA/Etats–Unis d'Amer	435324	709796	691509	727118	822315
Germany/Allemagne	364489	375334	430002	499066	560638
United Kingdom	226124	264400	309152	328948	370857
Japan/Japon	194085	217642	238559	269358	257243
France,Monac	183480	179646	209987	223080	253930
Italy/Italie	116319	144126	174332	179230	186400
Hong Kong	145037	164720	158407	168175	255829
Canada	117451	144681	152954	163318	234017
Korea Republic	74310	102152	107375	168332	196603
Netherlands/Pays–Bas	117209	103729	144272	103981	116312
Switz.Liecht	91318	100707	118364	128299	149948
Former USSR/Anc. URSS	x93043	x107871	x109163	x78849	399999
Sweden/Suède	73607	86837	90436	98806	102469
Singapore/Singapour	41157	65777	91129	115932	195115
Spain/Espagne	63753	81078	74044	85223	74827
Belgium–Luxembourg	44338	44730	54370	68471	78408
Austria/Autriche	41700	40632	55013	57056	64656
Finland/Finlande	28281	45855	49993	43899	45000
Australia/Australie	34467	36751	47830	46121	57261
Israel/Israël	33145	37048	39127	49225	50953
Norway,SVD,JM	40004	35480	44293	45203	56025
Malaysia/Malaisie	6836	30961	47270	42533	x59056
Brazil/Brésil	18418	27785	34575	31439	24305
Denmark/Danemark	25614	22623	31946	38351	43394
Saudi Arabia	6476	5408	x15087	x50674	x154686
China/Chine	33239	21767	19201	25796	81993
India/Inde	15744	x24890	19921	17375	x48706
Iran (Islamic Rp. of)	x25249	x26138	x16554	x17817	x41883
Portugal	13703	12643	18454	20175	30658
Turkey/Turquie	8027	11556	18408	20931	21233
So. Africa Customs Un	13465	13236	14880	x20783	x15449
Mexico/Mexique	8787	9707	13923	20037	35004
Czechoslovakia	x11132	21042	10243	x7853	x8549
Thailand/Thaïlande	17466	8346	13096	14781	12098
New Zealand	9820	10327	9956	13835	8067
Yugoslavia SFR	7554	11356	12736	x9375	
Ireland/Irlande	6972	7274	8268	16275	13167
Greece/Grèce	4205	6938	8467	15504	x22923
Poland/Pologne	11647	8573	7534	8373	x11127
Indonesia/Indonésie	3654	10238	4479	9163	6967
Philippines	1856	x13685	1874	5518	5049
Hungary/Hongrie	x2359	x3610	x5097	7214	x7542
United Arab Emirates	x10168	x3935	x4220	x6695	x10491
Netherlands Antilles	64	108	14299	168	x799
Bulgaria/Bulgarie	x4461	x7261	x6056	x531	2124
Venezuela	5663	3374	4453	5542	5059
Iraq	x17852	x5661	x5292	x966	x788
Kenya	1083	x9639	827	x929	x2501
Kuwait/Koweït	x3780	1711	x2695	x5430	x7241
Former GDR	x26388	x7646	x1615		

EXPORTS – EXPORTATIONS

COUNTRIES–PAYS	1988	1989	1990	1991	1992
Totale	3080629	3579208	3860010	4183781	4841926
Afrique	x3969	x1292	x848	x1369	x2084
Afrique du Nord	x2123	x257	34	x433	x58
Amériques	x336055	822540	826263	951788	1072176
ALAI	2187	10359	22177	10027	9096
MCAC	x69	x78	x8	x103	x104
Asie	x1183353	1300952	1340528	1544574	1812588
Moyen–Orient	x1902	x911	x3839	x3495	x5196
Europe	1393688	1357230	1615810	1605456	1899197
CEE	1198111	1168692	1386308	1379267	1627370
AELE	182766	184048	226437	224227	269168
Océanie	x24105	x23841	x28938	x37176	x44963
Japan/Japon	820781	936555	959974	1112067	1131093
USA/Etats–Unis d'Amer	292650	771479	770270	904336	979607
Germany/Allemagne	603923	584741	672192	680726	768270
United Kingdom	229302	243849	288275	317302	434674
France,Monac	198238	145176	177747	154139	145884
Switz.Liecht	121164	119940	145823	144639	174668
Hong Kong	98585	115118	122874	123441	189532
Netherlands/Pays–Bas	77870	100200	127497	113642	110956
Korea Republic	86037	123573	93689	98142	122468
Singapore/Singapour	43450	61197	61667	76033	99903
Italy/Italie	39713	43217	43444	47602	56567
Austria/Autriche	33014	31682	45818	43501	54899
Canada	39645	39064	29543	36180	83149
Former USSR/Anc. URSS	x32756	x37368	x26548	x36078	
Sweden/Suède	25431	28348	28998	28259	25697
Australia/Australie	23225	21788	27921	34488	41834
China/Chine	10646	20450	25174	33698	141168
Malaysia/Malaisie	4481	8403	26968	32229	x37958
Belgium–Luxembourg	15798	16190	28099	19975	28231
Thailand/Thaïlande	9097	13321	18060	32162	x50464
Ireland/Irlande	14443	17311	20172	10985	39592
Former GDR	x97388	x28270	x16239		
Denmark/Danemark	4330	6328	10661	14749	20640
Portugal	6574	6439	11960	11365	13015
Israel/Israël	11200	6983	11369	6316	12702
Mexico/Mexique	807	6071	15508	2260	2155
India/Inde	1539	x2208	8151	9792	x2245
Macau/Macao	5113	6300	7041	6634	6828
Spain/Espagne	6812	5140	6183	8640	8525
Brazil/Brésil	1233	4037	6138	7017	5617
Philippines	8	x4959	1159	9832	11611
Norway,SVD,JM	2433	3242	4355	5551	7101
Poland/Pologne	4541	5029	2948	2761	x2414
Yugoslavia SFR	12808	4465	2982	x1884	
Netherlands Antilles	577	817	3713	879	x7
New Zealand	796	1819	990	2015	3044
Finland/Finlande	654	773	1344	2188	6802
Czechoslovakia	x3478	x713	x803	x2747	x4081
Hungary/Hongrie	x865	x1161	x770	x1607	x2413
United Arab Emirates	x477	x404	x1917	x559	x857
Saudi Arabia	59	199	x1026	x1133	x1290
Indonesia/Indonésie	x29	762	514	450	495
So. Africa Customs Un	x1097	x476	x529	x594	x510
Bulgaria/Bulgarie	x312	x597	x208	x96	x1252
Jordan/Jordanie	10	100	322	463	36
Bahrain/Bahreïn	x69	x9	x58	x650	x72
Guadeloupe	362	325	322	x17	x19
American Samoa				x660	
Cyprus/Chypre	28	70	372	192	101
Venezuela	x12	x96	324	200	527

(VALUE AS % OF TOTAL)(VALEUR EN % DU TOTAL)

	1983	1984	1985	1986	1987	1988	1989	1990	1991	1992		1983	1984	1985	1986	1987	1988	1989	1990	1991	1992
Africa	x3.6	x1.8	1.8	1.9	x1.6	x1.0	x1.2	x0.9	0.9	x0.8	Afrique	x0.0	x0.0		x0.1	x0.1	x0.1	x0.1	x0.0	x0.0	x0.0
Northern Africa	x2.3	0.6	0.8	x0.8	0.3	0.3	0.3	0.2	x0.2	x0.2	Afrique du Nord	x0.0	x0.0	0.0	x0.1	x0.1	x0.1	0.0	0.0	x0.0	x0.0
Americas	25.3	28.6	33.4	x29.0	x21.4	19.8	26.2	24.3	23.3	x23.6	Amériques	15.2	16.2	18.6	19.3	x13.6	x10.9	22.9	21.4	22.8	22.1
LAIA	3.2	2.4	2.9	2.1	1.4	1.3	1.4	1.6	1.6	x1.9	ALAI	0.7	2.1	0.1	0.2	0.1	0.1	0.3	0.6	0.2	0.2
CACM	x0.1	0.1	0.1	0.5	0.0	0.0	0.1	0.0	0.0	x0.0	MCAC	x0.0	x0.0								
Asia	x15.2	x17.6	13.4	16.5	x21.4	x24.5	x21.9	21.4	24.3	x29.1	Asie	32.1	36.1	32.0	32.0	x32.4	x38.4	36.4	34.8	36.9	37.4
Middle East	x4.2	x6.4	1.4	x2.0	x2.5	x3.0	x1.7	x1.8	x2.7	x5.0	Moyen–Orient	x0.0	x0.0							x0.0	x0.1
Europe	53.1	49.4	48.5	49.0	47.9	48.0	44.9	48.2	47.5	44.4	Europe	51.3	46.7	48.6	47.5	47.9	45.2	37.9	41.9	38.4	39.2
EEC	43.2	36.4	38.5	37.3	36.6	38.6	35.6	38.3	38.1	35.6	CEE	40.2	36.8	36.9	36.5	37.2	38.9	32.7	35.9	33.0	33.6
EFTA	9.8	12.2	9.6	11.2	10.8	9.1	8.9	9.4	9.0	8.5	AELE	11.1	9.8	11.7	11.0	10.7	5.9	5.1	5.9	5.4	5.6
Oceania	1.6	x1.6	1.9	x2.7	x1.3	x1.6	x1.3	x1.5	x1.4	x1.3	Océanie						x0.6	x0.7	x0.7	x0.9	x0.9
USA/Etats–Unis d'Amer	18.0	22.0	26.4	22.2	16.6	14.4	20.3	18.1	17.6	16.7	Japan/Japon	28.4	29.7	26.3	25.0	22.0	26.6	26.2	24.9	26.6	23.4
Germany/Allemagne	12.2	11.0	11.5	11.0	10.9	12.1	10.8	11.3	12.1	11.4	USA/Etats–Unis d'Amer	13.9	13.4	17.8	18.7	13.0	9.5	21.6	20.0	21.6	20.2
United Kingdom	8.3	7.8	8.0	7.3	6.2	7.5	7.6	8.1	7.9	7.5	Germany/Allemagne	22.3	21.3	20.2	20.4	20.7	19.6	16.3	17.4	16.3	15.9
Japan/Japon	4.3	4.5	5.3	4.6	4.4	4.6	6.4	6.2	6.3	5.2	United Kingdom	6.4	5.6	7.4	6.5	5.5	7.4	6.8	7.5	7.6	9.0
France,Monac	8.1	6.8	7.1	6.6	7.5	6.1	5.1	5.5	5.4	5.2	France,Monac	2.7	3.2	3.4	3.4	4.3	6.4	4.1	4.6	3.7	3.0
Italy/Italie	2.9	2.8	3.2	2.9	3.6	3.8	4.1	4.6	4.3	3.8	Switz.Liecht	9.2	8.0	9.8	8.7	8.1	3.9	3.4	3.8	3.5	3.6
Hong Kong	0.9	0.8	0.8	4.9	4.8	4.8	4.7	4.2	4.1	5.2	Italy/Italie	1.1	1.5	1.1	2.9	3.1	3.2	3.2	3.2	3.0	3.9
Canada	3.9	3.8	3.9	3.4	2.6	3.9	4.1	4.0	3.9	4.8	Netherlands/Pays–Bas	4.3	3.5	3.4	3.9	4.2	2.5	2.8	3.3	2.7	2.3
Korea Republic	2.0	1.7	2.1	1.7	2.4	2.5	2.9	2.8	4.1	4.0	Korea Republic	1.4	1.7	1.8	2.0	2.3	2.8	3.5	2.4	2.3	2.5
Netherlands/Pays–Bas	5.0	4.0	4.7	4.8	4.3	3.9	3.0	3.8	2.5	2.4	Singapore/Singapour	0.3	0.8	0.8	0.5	0.8	1.4	1.7	1.6	1.8	2.1

217

872 MEDICAL INSTRUMENTS NES

INSTR,APP MEDIC–CHIR NDA 872

TRADE BY COMMODITY IN THOUSAND U.S. DOLLARS – COMMERCE PAR PRODUIT EN MILLIERS DE DOLLARS E.U

COUNTRIES–PAYS	\multicolumn{5}{c}{IMPORTS – IMPORTATIONS}	COUNTRIES–PAYS	\multicolumn{5}{c}{EXPORTS – EXPORTATIONS}
	1988	1989	1990	1991	1992		1988	1989	1990	1991	1992
Total	7829297	8567287	10841269	12148779	13241909	Totale	7162933	8084751	10070865	11144473	12482001
Africa	x275347	x276349	x335324	x336122	x419378	Afrique	x7128	x4116	x8802	x7818	x8586
Northern Africa	111178	109958	135201	x110072	x154372	Afrique du Nord	1053	1479	4210	3940	3739
Americas	1685462	1901283	x2235567	2580865	x2916296	Amériques	x1516068	x2370314	x2750100	x3180828	x3570543
LAIA	194706	219173	282421	399839	482547	ALAI	30394	33208	37758	41253	51898
CACM	22642	27565	31602	28440	x28675	MCAC	x673	x5177	x6763	x427	x7972
Asia	x1343076	x1404403	x1781609	x1952757	x2503757	Asie	1327740	1329452	1579617	1868637	x2175592
Middle East	x383180	x296034	x458583	x457352	x607427	Moyen–Orient	x4915	x10049	x15543	x15472	x15023
Europe	3904379	4263003	5449982	6115194	6915808	Europe	4131013	4258808	5616512	5948058	6597970
EEC	3299841	3627702	4649971	5288140	5967719	CEE	3484582	3607628	4790042	5061583	5637085
EFTA	536839	573011	706662	764930	880633	AELE	612090	618792	793965	865729	927522
Oceania	x153729	x175228	x203424	x241548	x265913	Océanie	x45328	x50472	x61108	x87370	x86658
USA/Etats–Unis d'Amer	1026322	1164390	1389115	1604845	1802964	USA/Etats–Unis d'Amer	1413775	2265777	2650266	3055284	3402905
Germany/Allemagne	725540	783695	994459	1224705	1456592	Germany/Allemagne	1206770	1243746	1641175	1801791	1988368
France,Monac	589012	632575	781774	826590	935763	Japan/Japon	860410	849661	933232	1088895	1210716
Italy/Italie	502859	546500	678066	819310	847092	United Kingdom	585974	571739	757323	795623	827799
Japan/Japon	434665	540594	690257	750581	876594	France,Monac	456085	463578	617831	620455	705442
Former USSR/Anc. URSS	x269019	x354074	x683002	x680044		Netherlands/Pays–Bas	287426	329965	484388	444926	478190
United Kingdom	428249	483940	581785	645371	732863	Ireland/Irlande	320644	331318	407444	451386	562711
Netherlands/Pays–Bas	306817	334576	496468	516755	552011	Italy/Italie	262053	299200	376722	391602	406425
Canada	382854	389242	419141	443795	482475	Sweden/Suède	276695	288993	354932	354830	412424
Spain/Espagne	253613	322655	409038	444619	487913	Switz.Liecht	238882	229494	306441	371808	397047
Belgium–Luxembourg	234821	232759	332350	371413	429553	Belgium–Luxembourg	166215	171545	254711	280943	321206
Switz.Liecht	143271	148415	190264	202941	231526	Singapore/Singapour	98746	110324	178278	212678	280077
Austria/Autriche	127536	138713	178326	202537	250624	Denmark/Danemark	129827	129295	163200	176369	218344
Sweden/Suède	136948	142736	167237	186765	219645	Hong Kong	96741	114678	105710	113245	162926
Australia/Australie	114612	141432	158241	190321	211499	Malaysia/Malaisie	45914	64801	83071	103627	x122973
Ireland/Irlande	89422	97837	137456	148242	192142	Pakistan	63105	60864	76897	91723	94311
Saudi Arabia	111765	84759	x143768	x139349	x118580	Israel/Israël	59514	49672	63200	81824	99283
Brazil/Brésil	35078	83234	122592	152961	133008	Spain/Espagne	58447	54945	67045	72688	94638
Korea Republic	56912	75601	107400	133305	148055	Finland/Finlande	33599	43179	58557	51558	49253
Turkey/Turquie	40890	64942	120327	129015	147030	Canada	51406	56975	48307	47486	73275
Singapore/Singapour	63340	84157	98773	118624	137891	Australia/Australie	32829	38245	46494	64741	59524
Denmark/Danemark	74313	76838	95447	110614	134094	Korea Republic	28557	27921	51407	52744	44067
Hong Kong	74893	81493	91398	107460	159285	Austria/Autriche	40411	35390	42965	47069	46547
So. Africa Customs Un	71296	76324	98835	x103341	x112153	Norway,SVD,JM	22157	21735	30761	40333	30568
Greece/Grèce	53324	75291	88677	104784	x107187	China/Chine	11006	22233	29167	39372	64545
Norway,SVD,JM	64535	65299	85387	94861	100836	Thailand/Thaïlande	11246	13932	25055	47282	x69373
Finland/Finlande	60183	74047	80895	72893	70909	Portugal	10688	11392	18604	24324	31872
Mexico/Mexique	42447	53408	67956	105970	120255	Yugoslavia SFR	27738	24515	19112	x5549	
Iran (Islamic Rp. of)	x59951	x41908	x83251	x80371	x200599	New Zealand	12164	12020	14480	21405	26736
Yugoslavia SFR	60954	55022	86853	x54444		Poland/Pologne	13161	13302	14912	14195	x13053
Israel/Israël	47219	54364	63280	74107	87070	Former USSR/Anc. URSS	x5905	x19209	x12189	x10270	
India/Inde	32239	x92800	52550	36411	x88891	Hungary/Hongrie	x13414	x14101	x9547	x14114	x14997
Poland/Pologne	38055	45924	45131	81363	x73650	Brazil/Brésil	8995	10966	12676	13742	18960
Portugal	41871	41037	54452	75739	92549	Malta/Malte	6443	7844	13130	x14783	x23500
China/Chine	49474	41340	50470	67561	135688	Mexico/Mexique	11320	9418	11160	12459	15355
Bulgaria/Bulgarie	x40263	x56994	x54100	x7301	15507	India/Inde	5728	x4391	15016	12538	x6024
Hungary/Hongrie	x24602	x27726	x31201	59294	x45485	Dominican Republic	x15638			x28889	x23430
Thailand/Thaïlande	26373	30996	37198	44297	59796	Czechoslovakia	x24859	x8854	x6401	x10924	x12598
Dominican Republic	x8243	x26499	x40222	x43397	x52457	Former GDR	x74575	x12629	x7951		
Egypt/Egypte	31130	30449	39513	36105	54919	Turkey/Turquie	291	2252	7802	8707	6592
New Zealand	30411	28923	35480	39028	39175	Argentina/Argentine	3676	6415	5210	5489	6269
Cuba	x21617	42153	x34149	x23107	x25780	Bahamas	499	6341	x4995	5007	x6544
Czechoslovakia	x32252	35820	6921	x53153	x69206	Colombia/Colombie	3398	4293	3753	4887	4198
Algeria/Algérie	27758	35049	29259	21969	x35083	Costa Rica	37	x4793	x6446	10	x7254
Indonesia/Indonésie	16921	16192	27426	40576	26880	Philippines	22	x253	1730	6843	3117
Malaysia/Malaisie	12440	18296	25608	36782	x67513	Bulgaria/Bulgarie	x3669	x3453	x3631	x1071	x1858
Venezuela	45138	15853	18376	35440	42740	Venezuela	2030	1097	3237	2771	3536
Libyan Arab Jamahiriya	33359	19891	31152	x18120	x27454	So. Africa Customs Un	x2557	x1950	x2082	x2853	x3014
Pakistan	20750	18534	19202	27373	27714	Jordan/Jordanie	733	1051	1203	3204	3779
Chile/Chili	15804	18418	18342	26915	x42636	Saudi Arabia	901	3979	x494	x363	x363

(VALUE AS % OF TOTAL)(VALEUR EN % DU TOTAL)

	1983	1984	1985	1986	1987	1988	1989	1990	1991	1992		1983	1984	1985	1986	1987	1988	1989	1990	1991	1992
Africa	x4.3	x4.6	4.0	x4.8	3.7	3.5	3.2	x3.1	2.8	x3.1	Afrique		x0.1	0.1	0.1	x0.1	x0.1	0.0	x0.1	x0.0	x0.0
Northern Africa	x1.9	x2.4	2.0	2.1	1.3	1.4	1.3	1.2	x0.9	x1.2	Afrique du Nord	x0.0	0.0	0.0	0.0	0.0	0.0	0.0	0.0	0.0	0.0
Americas	21.1	23.7	26.2	x24.7	x23.5	21.5	22.2	x20.6	21.3	x22.1	Amériques	x23.9	24.5	22.8	19.5	19.0	x21.2	x29.3	x27.3	x28.5	x28.6
LAIA	2.2	2.5	3.4	2.8	2.5	2.5	2.6	2.6	3.3	3.6	ALAI	0.6	1.7	2.0	0.4	0.5	x0.4	0.4	0.4	0.4	0.4
CACM	x0.3	0.6	0.5	0.1	x0.3	0.3	0.3	0.3	0.2	x0.2	MCAC	x0.1	0.0	0.0	0.0	0.0	0.0	x0.1	x0.1	0.0	0.1
Asia	x17.6	x16.3	18.7	17.2	x13.8	x17.2	x16.3	16.5	x16.1	x18.9	Asie	15.1	16.3	15.7	15.7	15.4	18.5	16.4	15.7	16.8	x17.4
Middle East	x8.0	x7.0	x4.2	x4.6	x4.2	x4.9	3.5	x4.2	x3.8	x4.6	Moyen–Orient	x0.0	x0.0	0.2	x0.1	x0.1	x0.1	x0.1	x0.2	x0.1	x0.1
Europe	44.4	42.9	47.4	48.7	50.9	49.9	49.8	50.3	50.3	52.2	Europe	56.7	55.0	58.6	62.5	61.7	57.7	52.7	55.8	53.4	52.9
EEC	37.6	36.1	39.8	41.1	42.9	42.1	42.3	42.9	43.5	45.1	CEE	48.6	46.0	49.7	53.4	52.2	48.6	44.6	47.6	45.4	45.2
EFTA	6.7	6.3	6.9	7.0	7.2	6.9	6.7	6.5	6.3	6.7	AELE	8.1	8.5	8.3	8.7	9.1	8.5	7.7	7.9	7.8	7.4
Oceania	2.0	x2.2	2.3	x3.5	1.9	x2.0	x2.1	x1.9	x2.0	2.0	Océanie	1.1	x1.4	0.8	x0.4	x0.7	0.6	0.6	x0.6	x0.8	x0.7
USA/Etats–Unis d'Amer	9.4	10.9	12.6	12.5	12.4	13.1	13.6	12.8	13.2	13.6	USA/Etats–Unis d'Amer	21.6	21.3	19.5	17.9	17.3	19.7	28.0	26.3	27.4	27.3
Germany/Allemagne	7.8	7.4	8.2	8.7	9.1	9.3	9.1	9.2	10.1	11.0	Germany/Allemagne	17.4	16.6	20.2	22.3	19.9	16.8	15.4	16.3	16.2	15.9
France,Monac	6.8	6.2	7.0	7.5	8.2	7.5	7.4	7.2	6.8	7.1	Japan/Japon	11.6	11.8	11.6	11.6	10.7	12.0	10.5	9.3	9.8	9.7
Italy/Italie	5.1	5.0	5.8	6.1	6.7	6.4	6.4	6.3	6.7	6.4	United Kingdom	9.5	8.8	9.0	8.6	8.2	8.2	7.1	7.5	7.1	6.6
Japan/Japon	4.3	4.2	4.4	4.0	4.0	5.6	6.3	6.4	6.2	6.6	France,Monac	5.2	4.7	4.7	5.6	6.4	6.4	5.7	6.1	5.6	5.7
Former USSR/Anc. URSS	9.7	9.1			x3.3	x3.4	x4.1	x6.3	x5.6		Netherlands/Pays–Bas	2.3	2.6	2.8	3.1	3.7	4.0	4.1	4.8	4.0	3.8
United Kingdom	6.3	6.2	6.5	5.6	5.4	5.5	5.6	5.4	5.3	5.5	Ireland/Irlande	5.7	5.3	5.0	4.7	4.8	4.5	4.1	4.0	4.1	4.5
Netherlands/Pays–Bas	2.9	3.1	3.5	3.5	3.6	3.9	3.9	4.6	4.3	4.2	Italy/Italie	3.5	3.3	3.4	3.8	4.1	3.7	3.7	3.7	3.5	3.3
Canada	8.8	9.2	9.1	7.4	6.9	4.9	4.5	3.9	3.7	3.6	Sweden/Suède	3.3	3.7	3.4	3.5	3.9	3.9	3.6	3.5	3.2	3.3
Spain/Espagne	2.5	2.3	2.7	2.9	3.0	3.2	3.8	3.8	3.7	3.7	Switz.Liecht	3.7	3.6	3.6	4.0	4.0	3.3	2.8	3.0	3.3	3.2

873 METERS AND COUNTERS NES / COMPTEURS, INST DE MESURE 873

TRADE BY COMMODITY IN THOUSAND U.S. DOLLARS – COMMERCE PAR PRODUIT EN MILLIERS DE DOLLARS E.U

IMPORTS – IMPORTATIONS

COUNTRIES–PAYS	1988	1989	1990	1991	1992
Total	1288855	1223752	1363610	1455249	1685756
Africa	x66540	x71049	x64133	x79502	x85101
Northern Africa	32059	29856	24906	23140	x24683
Americas	292604	227925	275476	309136	x381089
LAIA	42998	54371	68776	97022	87381
CACM	5048	5208	3515	4879	x4507
Asia	x201004	x179325	x198752	x224629	x281910
Middle East	x52699	x28062	x33895	x41686	x59795
Europe	640379	664309	743896	745446	842639
EEC	480360	509586	565021	582749	667591
EFTA	151367	146888	164960	151341	161939
Oceania	x29579	x29974	x32575	x29250	x34776
USA/Etats–Unis d'Amer	199797	113616	143684	148190	224397
Germany/Allemagne	76752	79122	103791	149198	183204
United Kingdom	75534	80167	85320	70967	76080
France,Monac	60050	61099	82592	91582	94206
Sweden/Suède	72707	71894	74268	65602	67969
Italy/Italie	77428	93525	62178	53931	60194
Netherlands/Pays-Bas	61551	65812	71999	66764	80815
Belgium–Luxembourg	54327	54292	60218	56152	58922
Spain/Espagne	39317	38661	58173	46300	64950
Canada	35108	42130	48945	46080	52534
Korea Republic	33140	31926	35332	43732	43792
Austria/Autriche	24213	23558	29539	29876	37993
Mexico/Mexique	11672	15154	20499	43149	31555
Switz.Liecht	22447	20408	26681	26419	25917
Thailand/Thaïlande	13594	19045	25233	21698	23240
Former USSR/Anc. URSS	x16501	x12395	x18879	x33516	
So. Africa Customs Un	17874	18407	17740	x26873	x28801
Australia/Australie	18453	20478	22742	19141	22258
Denmark/Danemark	18464	17562	20557	21900	24853
Japan/Japon	15613	16034	18340	20517	22118
Singapore/Singapour	8408	16326	16416	18033	23477
Hong Kong	12693	13744	16576	17683	24713
Brazil/Brésil	8346	15721	18441	13402	8960
Norway,SVD,JM	14597	12817	16203	17124	17271
Finland/Finlande	15997	17116	16790	10904	11214
Czechoslovakia	x4689	10032	11045	x13057	x32921
Portugal	9378	10609	9509	13528	11909
Malaysia/Malaisie	6077	6973	12134	12773	x21197
Yugoslavia SFR	7627	6886	12956	x10797	
Egypt/Egypte	13394	12152	8539	9247	7470
Colombia/Colombie	5159	8280	7468	14138	13080
Turkey/Turquie	3643	5552	6691	15345	13051
New Zealand	8918	7965	7828	8104	9815
Indonesia/Indonésie	9061	11265	6251	5899	4946
Poland/Pologne	9645	9596	6614	7077	x13759
Hungary/Hongrie	x6182	x6244	x3924	11130	x10665
Saudi Arabia	6728	7616	x7167	x5257	x6821
Greece/Grèce	4248	5320	6131	8422	x9367
Iran (Islamic Rp. of)	x13417	x4010	x8774	x7021	x17663
Israel/Israël	5932	5717	6433	7497	7688
Venezuela	5584	3789	9016	6312	5375
Bulgaria/Bulgarie	x4284	x10004	8194	x756	527
Bangladesh	x5948	x6305	x3345	x8656	x2906
Algeria/Algérie	3231	4709	4630	8138	x7803
Philippines	3458	x4989	5183	6527	7860
Pakistan	7909	5050	3957	6201	9732
Chile/Chili	4890	3745	6135	3987	x5319
Libyan Arab Jamahiriya	2079	6294	5374	x729	x787
Argentina/Argentine	2088	3074	2484	6576	15260
Ireland/Irlande	3312	3416	4553	4004	3090

EXPORTS – EXPORTATIONS

COUNTRIES–PAYS	1988	1989	1990	1991	1992
Totale	1281375	1232318	1373204	1398088	1547299
Afrique	x3621	x1552	x992	x681	x1279
Afrique du Nord	3183	1248	391	39	x307
Amériques	84077	121203	136226	163242	177559
ALAI	16672	15153	12818	16195	23869
MCAC	x37	x4	x3	6	x14
Asie	x317165	312677	303625	294837	337717
Moyen-Orient	x656	x386	x463	x484	x665
Europe	784323	743727	887797	904019	1004735
CEE	652477	610263	716101	741308	816967
AELE	112932	114206	144919	138695	156734
Océanie	x2399	x3335	x2500	2645	2311
Germany/Allemagne	326214	318256	351543	348319	422845
Japan/Japon	252645	272168	250834	232978	238638
United Kingdom	138691	129567	171360	169916	149373
USA/Etats–Unis d'Amer	51594	86377	102460	129811	126231
France,Monac	90993	78258	82411	101465	105803
Switz.Liecht	71102	67593	85639	81184	90160
Austria/Autriche	23401	24845	32312	31533	35801
Italy/Italie	32316	19436	29791	38459	47659
Netherlands/Pays-Bas	26567	21719	25085	26040	29042
Hong Kong	11432	16785	24083	29139	44136
Yugoslavia SFR	18831	19241	26768	x23834	
Canada	15500	19488	20526	17085	27258
Belgium–Luxembourg	13619	16690	18143	19982	24864
Sweden/Suède	13073	16761	14790	15581	16478
Denmark/Danemark	11740	12954	18852	13592	12055
Spain/Espagne	8851	10457	14764	19949	19916
Brazil/Brésil	15001	13146	10748	11452	17891
Hungary/Hongrie	x5744	x8669	x11420	x10706	x11243
Former USSR/Anc. URSS	x7656	x11152	x10076	x3660	
Finland/Finlande	3098	4350	10645	9307	11867
Poland/Pologne	12725	10030	7873	4640	x5684
China/Chine	3784	3177	5158	10870	17618
Romania/Roumanie	x6377	7169	3812	6003	x431
Korea Republic	4532	6166	6876	3359	6740
Israel/Israël	3690	3594	4198	5997	6500
Singapore/Singapour	1861	3906	3514	5156	14065
Bulgaria/Bulgarie	x3590	x5561	x4203	x2761	x1861
Former GDR	x49220	x6258	x3526		
Czechoslovakia	x4201	x983	x1151	x4894	x4480
Indonesia/Indonésie	1321	1292	2714	2264	1684
Australia/Australie	1046	2499	1759	2006	1854
Malaysia/Malaisie	1763	1981	2048	2013	x5527
Thailand/Thaïlande	1381	1221	1502	2196	x1316
Greece/Grèce	139	1290	2123	1432	x2315
Argentina/Argentine	949	1266	1052	2328	3568
Portugal	2083	925	1474	1839	2792
Philippines	x5	x1075	x1980	200	34
Norway,SVD,JM	2190	650	1503	1087	2420
Mexico/Mexique	501	621	787	1208	1468
New Zealand	1274	776	733	612	387
Ireland/Irlande	1262	691	536	295	302
India/Inde	70	x894	22	73	x596
Algeria/Algérie	2545	634	157	4	x85
Tunisia/Tunisie	624	567	206	20	179
Chile/Chili	142	16	37	594	x135
So. Africa Customs Un	x227	x152	x154	x314	x381
Colombia/Colombie	51	53	32	471	392
Turkey/Turquie	117	88	270	148	158
Guadeloupe	8	1	368	16	x10
Venezuela	x25	47	150	137	385

(VALUE AS % OF TOTAL)(VALEUR EN % DU TOTAL)

Imports

	1983	1984	1985	1986	1987	1988	1989	1990	1991	1992
Africa	6.7	x5.9	5.2	x5.2	4.8	x5.2	5.8	4.7	5.4	5.0
Northern Africa	3.2	3.1	2.7	2.3	2.0	2.5	2.4	1.8	1.6	x1.5
Americas	25.4	30.4	31.5	27.6	26.8	22.7	18.6	20.2	21.2	x22.6
LAIA	4.8	4.5	5.7	4.8	3.4	3.3	4.4	5.0	6.7	5.2
CACM	x0.4	0.6	0.4	0.4	0.4	0.4	0.4	0.3	0.3	x0.3
Asia	23.1	20.6	17.0	15.1	14.8	x15.6	x14.7	x14.6	x15.4	x16.8
Middle East	x8.9	x7.5	4.4	x4.8	x2.3	x4.1	x2.3	x2.5	x2.9	x3.5
Europe	39.7	37.9	41.8	46.2	46.5	49.7	54.3	54.6	51.2	50.0
EEC	30.4	27.5	31.3	34.8	37.3	41.6	41.7	41.4	40.0	39.6
EFTA	9.3	9.4	9.5	11.0	10.9	11.7	12.0	12.1	10.4	9.6
Oceania	2.7	x3.4	2.8	x3.4	x1.8	2.3	2.4	2.3	2.0	x2.1
USA/Etats–Unis d'Amer	18.7	23.1	23.5	20.8	21.1	15.5	9.3	10.5	10.2	13.3
Germany/Allemagne	7.4	5.9	6.7	7.1	7.0	6.0	6.5	7.6	10.3	10.9
United Kingdom	3.8	4.1	4.8	4.6	5.0	5.9	6.6	6.3	4.9	4.5
France,Monac	4.1	4.0	4.4	4.2	4.3	4.7	5.0	6.1	6.3	5.6
Sweden/Suède	4.2	4.3	4.6	5.2	5.7	5.6	5.9	5.4	4.5	4.0
Italy/Italie	3.4	2.6	3.5	4.8	4.4	6.0	7.6	4.6	3.7	3.6
Netherlands/Pays-Bas	4.7	3.9	4.1	4.6	5.0	4.8	5.4	5.3	4.6	4.8
Belgium–Luxembourg	2.5	2.4	2.5	3.0	2.9	4.2	4.4	4.4	3.9	3.5
Spain/Espagne	1.9	2.4	3.1	3.7	3.6	3.1	3.2	4.3	3.2	3.9
Canada	0.8	1.0	1.2	0.8	1.0	2.7	3.4	3.6	3.2	3.1

Exports

	1983	1984	1985	1986	1987	1988	1989	1990	1991	1992
Afrique	0.2	0.3	0.1	0.1	0.2	x0.3	0.1	0.1	x0.0	x0.1
Afrique du Nord	0.1	0.1	0.0	0.0	0.2	0.2	0.1	0.0	0.0	0.0
Amériques	12.9	x16.7	12.1	x13.5	x11.6	6.5	9.8	10.0	11.7	11.5
ALAI	1.7	2.4	2.5	2.3	2.0	1.3	1.2	0.9	1.2	1.5
MCAC	x0.0	x0.0	0.0	0.0	0.0	0.0	0.0	0.0	0.0	0.0
Asie	15.6	14.4	13.0	9.1	x13.2	x24.7	25.4	22.1	21.1	21.8
Moyen-Orient	x0.1	x0.0	x0.0	x0.0	x0.1	x0.1	x0.0	x0.0	x0.0	x0.0
Europe	68.5	65.5	72.0	74.7	63.6	61.2	60.4	64.7	64.7	64.9
CEE	51.1	48.0	54.5	56.0	48.7	50.9	49.5	52.1	53.0	52.8
AELE	17.4	15.2	14.6	16.6	12.6	8.8	9.3	10.6	9.9	10.1
Océanie	0.2	0.3	0.2	0.3	x0.2	x0.2	x0.3	x0.2	0.2	0.1
Germany/Allemagne	23.9	22.6	24.5	26.7	23.0	25.5	25.8	25.6	24.9	27.3
Japan/Japon	13.5	12.3	11.2	7.6	6.8	19.7	22.1	18.3	16.7	15.4
United Kingdom	10.2	9.0	9.6	8.0	7.2	10.8	10.5	12.5	12.2	9.7
USA/Etats–Unis d'Amer	9.7	10.9	9.6	6.8	6.0	4.0	7.0	7.5	9.3	8.2
France,Monac	8.7	7.6	9.5	10.9	9.5	7.1	6.4	6.0	7.3	6.8
Switz.Liecht	14.5	11.8	11.3	13.0	8.8	5.5	5.5	6.2	5.8	5.8
Austria/Autriche	2.1	2.1	1.8	2.1	2.3	1.8	2.0	2.4	2.3	2.3
Italy/Italie	2.9	2.6	3.4	3.8	2.9	2.5	1.6	2.2	2.8	3.1
Netherlands/Pays-Bas	2.5	2.5	2.9	2.8	2.6	2.1	1.8	1.8	1.9	1.9
Hong Kong	0.2	0.1	0.2	0.1	0.1	0.9	1.4	1.8	2.1	2.9

874 MEASURNG, CONTROLNG INSTR / INSTRUMENTS DE MESURE 874

TRADE BY COMMODITY IN THOUSAND U.S. DOLLARS – COMMERCE PAR PRODUIT EN MILLIERS DE DOLLARS E.U

IMPORTS – IMPORTATIONS

COUNTRIES–PAYS	1988	1989	1990	1991	1992
Total	33183184	35172854	39843565	40607617	42726418
Africa	x817967	x830157	x909496	x979055	x1056424
Northern Africa	283167	287686	348427	x325856	x346874
Americas	6143733	7077214	7396632	7881547	8782496
LAIA	932120	1020981	1194346	1493120	1819507
CACM	31182	34238	31333	32332	x37432
Asia	x7288718	x7435828	x8415258	9112739	x10146332
Middle East	x1012748	x699001	x1135796	x1139236	x1535566
Europe	15622344	16754287	20129313	19945515	21169614
EEC	12983074	14036664	16916620	16876213	18004082
EFTA	2432349	2522517	2984699	2915444	3034134
Oceania	x765297	828822	x830495	x854546	x930430
USA/Etats–Unis d'Amer	3718616	4038876	4202684	4486718	4992760
Germany/Allemagne	2837493	3075849	3675781	4048214	4387420
United Kingdom	2891968	3092871	3482645	3465012	3493520
France, Monac	2209671	2300023	2748014	2823974	3038049
Italy/Italie	1887293	2077942	2474643	2474643	2397897
Japan/Japon	1813643	2178223	2292660	2393175	2529564
Canada	1351389	1712852	1812849	1704975	2187255
Korea Republic	1106453	1369398	1534885	1694184	1751996
Netherlands/Pays–Bas	1128816	1262220	1451438	1384857	1732131
Former USSR/Anc. URSS	x1418479	x1269195	x1452787	x1294912	1544159
Spain/Espagne	783429	924088	1503475	1157324	1216383
Switz.Liecht	756122	728045	874584	853330	881441
Sweden/Suède	692866	737343	850837	825441	834578
China/Chine	732656	749673	716523	811782	1079195
Belgium–Luxembourg	620018	655518	782598	760876	820778
Singapore/Singapour	559896	606798	719677	803211	871446
Australia/Australie	602002	679211	671362	704296	766257
Austria/Autriche	429477	466910	595374	604918	643971
Mexico/Mexique	296747	361613	433553	630379	858474
Malaysia/Malaisie	201226	261618	379530	511392	x556606
India/Inde	281065	x435895	363775	249701	x491741
Brazil/Brésil	266740	309817	362725	369134	390868
Hong Kong	273980	260502	328829	421283	539770
Finland/Finlande	285099	309709	356343	290600	286255
So. Africa Customs Un	290544	265269	296635	x324097	x314063
Norway,SVD,JM	252537	264652	290893	324383	372629
Indonesia/Indonésie	187783	222693	278533	319392	342967
Thailand/Thaïlande	188481	243057	259732	317652	329490
Denmark/Danemark	245243	235645	269082	273198	293785
Saudi Arabia	110075	111825	x311063	x300273	x270161
Czechoslovakia	x248874	259323	227972	x214684	x266297
Iran (Islamic Rp. of)	x180665	x108727	x203838	x264996	x473000
Turkey/Turquie	148740	124742	222271	226201	239485
Portugal	140240	142731	195991	229516	276738
Israel/Israël	152129	159269	189667	210116	224236
Ireland/Irlande	153008	154972	201912	192791	206804
Yugoslavia SFR	189263	180341	209571	x128689	
Bulgaria/Bulgarie	x233967	x288505	x165628	x27566	25859
United Arab Emirates	x267061	x114459	x180128	x165139	x257157
Venezuela	130154	113348	123979	159315	141221
Greece/Grèce	85896	114805	131039	112554	x196882
New Zealand	111284	121667	128346	116795	122227
Hungary/Hongrie	x81240	x107476	x101970	132873	x125034
Poland/Pologne	127016	115684	91292	112982	x170064
Cuba	x24525	174919	x55192	x46164	x50516
Algeria/Algérie	80722	82189	107117	84237	x98148
Romania/Roumanie	x64440	101180	98545	49836	x53502
Libyan Arab Jamahiriya	64421	75166	81397	x65780	x50485
Pakistan	82378	81381	73737	78916	77268
Argentina/Argentine	85258	64755	58536	110253	144664

EXPORTS – EXPORTATIONS

COUNTRIES–PAYS	1988	1989	1990	1991	1992
Totale	31364611	32715613	37258206	38373417	40889278
Afrique	x36854	x48675	x50232	x65143	x79665
Afrique du Nord	7686	14034	14566	15981	x15642
Amériques	8204281	9152947	9889103	10885797	x11433204
ALAI	76575	102796	148081	167545	183959
MCAC	3311	3518	5037	6362	x466
Asie	x4709893	4972305	5513546	6090643	x6471013
Moyen–Orient	x86470	x49929	x116570	x122361	x186002
Europe	17329112	17639044	21038174	20809110	22514220
CEE	14290450	14517641	17153593	17083449	18633283
AELE	2976156	3070763	3808453	3680000	3823893
Océanie	x151375	x156161	177817	222174	x238538
USA/Etats–Unis d'Amer	7495657	8216661	9032592	9946615	10368932
Germany/Allemagne	5815566	5821537	6677448	6590161	7484608
Japan/Japon	3263487	3708606	3818978	4245706	4476402
United Kingdom	3550794	3626739	4062660	4021518	3993137
France, Monac	1964489	1978952	2516908	2430364	2661090
Switz.Liecht	1675007	1641517	2055194	1947988	1967958
Italy/Italie	954175	1019158	1305294	1331575	1461013
Netherlands/Pays–Bas	849442	875314	1104410	1169041	1327588
Sweden/Suède	650642	739614	837983	850393	887013
Canada	613574	812920	687893	749550	831167
Denmark/Danemark	411091	424828	514982	499376	544205
Singapore/Singapour	337516	347789	394427	482389	487966
Belgium–Luxembourg	345422	352472	428537	438742	478276
Austria/Autriche	334570	316022	438817	409755	451829
Hong Kong	233411	258625	321020	360938	477170
Israel/Israël	141299	174142	330304	382196	152187
Former USSR/Anc. URSS	x91913	x375903	x316424	x102028	
Ireland/Irlande	250051	236639	264895	264504	218255
Finland/Finlande	168123	214885	278584	265037	250766
Spain/Espagne	135144	160315	247708	301048	418457
Korea Republic	181051	221592	261299	193938	281291
Norway,SVD,JM	147608	158584	197641	206694	266011
Australia/Australie	114669	128853	141631	161688	191385
China/Chine	62847	101289	133927	137381	186409
Poland/Pologne	104686	85100	66332	95990	x50577
Malaysia/Malaisie	45059	50748	75903	92616	x118806
Former GDR	x575591	x118748	x77356		
Mexico/Mexique	21552	41328	74927	74615	82665
Brazil/Brésil	43091	47789	58948	67471	69850
Hungary/Hongrie	x44169	x58387	x46202	x50869	x51961
Yugoslavia SFR	58060	46658	70390	x37296	
Saudi Arabia	2430	2628	x66518	x61562	x92304
Czechoslovakia	x65111	x34232	x26595	x36389	x37548
Bulgaria/Bulgarie	x45878	x44144	x33390	x6145	x7987
New Zealand	24070	22677	24713	33950	40217
India/Inde	19463	x31062	24292	21028	x40711
United Arab Emirates	x9588	x23957	x23454	x28031	x24355
Thailand/Thaïlande	13633	12978	20396	34356	x41791
Romania/Roumanie	x5566	29830	22771	8951	x4327
Portugal	7831	13392	19877	19157	26936
So. Africa Customs Un	x14525	x13880	x17103	x20163	x17803
Papua New Guinea	4373	2599	9933	24954	5261
Tunisia/Tunisie	6722	12114	11656	13199	11138
Greece/Grèce	6445	8183	10762	17851	x19718
Bahrain/Bahrein	x41362	x11511	x9396	x15333	x14106
Argentina/Argentine	10139	9934	10764	14057	17738
Ethiopia/Ethiopie	x3857	x5972	5	x10879	x8057
Costa Rica	3174	3427	4742	6190	x251
Malta/Malte	2812	2911	3093	x7660	x11428
Brunei Darussalam	x1609	x4300	x3277	x5328	x5144

(VALUE AS % OF TOTAL)(VALEUR EN % DU TOTAL)

	1983	1984	1985	1986	1987	1988	1989	1990	1991	1992		1983	1984	1985	1986	1987	1988	1989	1990	1991	1992
Africa	x4.1	x3.4	2.7	x3.2	x2.5	2.5	x2.4	x2.4	x2.4	2.4	Afrique	x0.2	x0.2	0.2	x0.2	x0.1	0.1	0.1	0.1	0.2	x0.2
Northern Africa	x1.9	x1.4	1.3	x1.2	0.9	0.9	0.8	0.9	x0.8	0.8	Afrique du Nord	x0.0	x0.1	0.1	x0.0	x0.0	0.0	0.0	0.0	x0.0	x0.0
Americas	17.3	21.1	24.0	x21.0	18.3	18.5	20.2	18.6	19.4	20.6	Amériques	34.7	34.3	32.3	27.4	x24.8	26.2	28.0	26.6	28.4	x28.0
LAIA	2.4	3.3	4.2	2.9	2.8	2.8	2.9	3.0	3.7	4.3	ALAI	0.3	0.6	0.6	0.3	0.3	0.2	0.3	0.4	0.4	0.4
CACM	x0.1	0.1	0.1	0.1	0.1	0.1	0.1	0.1	0.1	0.1	MCAC	0.0	0.0	0.0	0.0	0.0	0.0	0.0	0.0	0.0	0.0
Asia	x21.0	20.2	17.9	16.9	x19.9	x21.9	x21.1	x21.1	22.4	x23.7	Asie	10.0	11.3	11.6	12.5	x13.4	x15.1	15.2	14.8	15.9	x15.8
Middle East	x6.3	x5.3	2.3	x3.1	x2.4	x3.1	x2.0	x2.9	2.8	x3.6	Moyen–Orient	x0.3	x0.2	0.1	x0.3	x0.4	x0.3	x0.2	0.3	x0.3	x0.5
Europe	48.4	46.3	50.7	52.7	49.6	47.1	47.6	50.5	49.1	49.5	Europe	52.5	51.9	54.4	58.6	57.8	55.3	53.9	56.5	54.2	55.1
EEC	40.8	38.3	41.8	42.9	40.6	39.1	39.9	42.5	41.6	42.1	CEE	43.0	42.2	44.9	47.7	47.1	45.6	44.4	46.0	45.6	45.6
EFTA	7.6	7.3	8.1	9.0	8.3	7.3	7.2	7.5	7.2	7.1	AELE	9.5	8.9	9.3	10.6	10.5	9.5	9.4	10.2	9.6	9.4
Oceania	2.9	x3.1	3.1	x4.7	x2.2	x2.3	2.4	x2.1	x2.1	x2.2	Océanie	0.4	0.4	0.3	x0.4	x0.4	x0.5	0.4	0.6	x0.6	
USA/Etats–Unis d'Amer	9.1	11.8	13.6	12.8	11.2	11.2	11.5	10.5	11.0	11.7	USA/Etats–Unis d'Amer	31.5	30.8	29.3	24.7	22.3	23.9	25.1	24.2	25.9	25.4
Germany/Allemagne	8.7	8.3	9.1	10.2	9.2	8.6	8.7	9.2	10.0	10.3	Germany/Allemagne	15.5	15.7	15.7	18.6	18.8	18.5	17.8	17.9	17.2	18.3
United Kingdom	10.6	10.4	10.7	9.6	8.8	8.7	8.8	8.7	8.5	8.2	Japan/Japon	7.6	8.7	9.2	10.0	10.4	10.4	11.3	10.3	11.1	10.9
France, Monac	7.0	6.2	6.8	6.9	6.8	6.7	6.5	6.9	7.0	7.1	United Kingdom	11.0	11.1	11.7	11.9	11.1	11.3	11.1	10.9	10.5	9.8
Italy/Italie	5.0	4.8	5.3	5.6	5.7	5.7	5.9	6.2	5.9	5.9	France, Monac	6.7	6.6	7.5	6.3	6.4	6.3	6.0	6.8	6.3	6.5
Japan/Japon	5.5	5.7	5.9	5.1	4.7	5.5	6.2	5.8	5.9	5.9	Switz.Liecht	5.5	5.0	5.0	6.1	5.9	5.3	5.0	5.5	5.1	4.8
Canada	5.2	5.6	5.8	4.4	3.5	4.1	4.9	4.5	4.2	4.1	Italy/Italie	3.0	3.0	3.0	3.4	3.8	3.0	3.1	3.5	3.5	3.6
Korea Republic	2.0	2.3	2.6	3.0	2.8	3.3	3.9	3.9	4.2	4.1	Netherlands/Pays–Bas	3.2	3.3	3.3	3.5	3.2	2.7	2.7	3.0	3.0	3.2
Netherlands/Pays–Bas	3.5	3.2	3.7	4.1	3.7	3.4	3.6	3.6	3.4	4.1	Sweden/Suède	1.8	1.8	2.1	2.1	2.1	2.1	2.3	2.2	2.2	2.2
Former USSR/Anc. URSS	4.9	4.4		x4.0	x4.3	x3.6		3.6	x3.2		Canada	2.9	2.8	2.5	2.4	2.1	2.0	2.5	1.8	2.0	2.0

881 PHOTO APPARAT, EQUIPT NES / APP, EQUIP PHOTO NDA 881

TRADE BY COMMODITY IN THOUSAND U.S. DOLLARS – COMMERCE PAR PRODUIT EN MILLIERS DE DOLLARS E.U

COUNTRIES–PAYS	IMPORTS – IMPORTATIONS 1988	1989	1990	1991	1992	COUNTRIES–PAYS	EXPORTS – EXPORTATIONS 1988	1989	1990	1991	1992
Total	6785769	7485917	7773214	8503586	0906647	Totale	6780613	6951453	7161718	7884044	8400768
Africa	x108188	x93243	x104554	x82084	x95962	Afrique	x1867	x3583	x3346	x2364	x4459
Northern Africa	31165	35462	48364	x26956	33177	Afrique du Nord	x152	397	x934	x540	219
Americas	1708767	2115577	1973999	2232389	x2266402	Amériques	889997	945049	902606	934663	1101305
LAIA	89281	125599	139138	205885	266998	ALAI	69337	62761	20947	30962	35915
CACM	15161	11561	10424	13998	x11688	MCAC	x844	x19	x1250	x5	x2393
Asia	x1588408	1745275	1794126	2298389	x2837630	Asie	x3794466	3863217	3963710	4614921	x4950684
Middle East	x199174	x175145	x118138	x120314	x190581	Moyen–Orient	x7811	x6663	x8396	x7449	x14962
Europe	3081125	3214053	3586636	3554807	3566038	Europe	1925944	2036161	2218708	2270084	2318123
EEC	2610457	2731466	3047214	3042652	3066903	CEE	1695588	1823331	1981002	2006096	2054670
EFTA	454477	463116	512524	494752	475705	AELE	222223	205567	228400	254238	244999
Oceania	x122934	x153349	x156623	x142573	x149296	Océanie	x12422	x14836	18404	x15287	x15017
USA/Etats–Unis d'Amer	1373812	1738318	1618397	1800347	1782617	Japan/Japon	2748765	3009919	2976713	3268742	2985317
Germany/Allemagne	696159	699406	857524	909037	933004	Germany/Allemagne	806711	841107	895949	861340	880923
United Kingdom	575547	591375	584711	546135	569486	USA/Etats–Unis d'Amer	787830	849586	855450	880290	1029207
Hong Kong	371039	459153	502321	725018	917904	Hong Kong	404708	500806	505674	674382	919160
France,Monac	453408	508609	523953	507486	489391	United Kingdom	224679	271662	285122	377916	384033
Japan/Japon	254607	295062	319569	440732	511030	Netherlands/Pays–Bas	153630	181520	194383	202064	231151
Korea Republic	223087	347360	261893	289966	232498	Italy/Italie	140645	151797	179582	178174	169233
Italy/Italie	252156	258610	321296	309531	295830	Denmark/Danemark	151725	154207	161415	128552	138250
Netherlands/Pays–Bas	230042	222856	250476	253023	256040	Switz.Liecht	149567	129431	143869	163193	148515
Spain/Espagne	160958	203056	216427	239965	224769	Malaysia/Malaisie	44247	77433	112543	210668	x257648
Singapore/Singapour	152929	163667	230837	248264	252330	Singapore/Singapour	68012	93151	123225	122693	143948
Canada	211961	215926	182970	179602	180225	France,Monac	103038	88796	119348	119093	124173
Switz.Liecht	158102	156428	174529	175115	171096	Belgium–Luxembourg	73032	95424	97456	89231	72252
Belgium–Luxembourg	126877	133257	153398	131529	140881	Korea Republic	63616	70015	77818	91950	95960
Malaysia/Malaisie	62073	90442	116586	196583	x178701	China/Chine	24708	50806	66182	83159	338701
Australia/Australie	88836	121110	123157	117450	122023	Sweden/Suède	27638	36527	46903	44951	49616
Austria/Autriche	92942	97925	121737	134782	137002	Thailand/Thaïlande	42409	28215	33784	53334	x82806
Sweden/Suède	108544	111082	109258	97607	90071	Former USSR/Anc. URSS	x31961	x48202	x28634	x37350	…
Former USSR/Anc. URSS	x95885	x92045	x91890	x111120	…	Indonesia/Indonésie	6144	20113	33376	50558	73441
China/Chine	64179	59066	60485	98723	296002	Brazil/Brésil	27922	59087	17629	25092	21880
Mexico/Mexique	38215	59094	65181	84855	109202	Austria/Autriche	24312	26695	31481	40414	40095
Indonesia/Indonésie	16339	38792	61153	60476	59699	Canada	28170	26556	23116	22635	32562
Finland/Finlande	48856	58585	61777	38703	29211	Portugal	21747	21285	23270	24788	25092
Saudi Arabia	93202	87225	x27893	x29586	x44926	Israel/Israël	19112	14163	13807	29000	31835
Denmark/Danemark	49299	46637	47580	45280	52656	Australia/Australie	10997	12776	13233	12470	12637
Portugal	36108	33539	46552	49541	51887	Ireland/Irlande	15225	10729	13937	12597	17107
Norway,SVD,JM	41913	36113	42565	44229	45342	Former GDR	x109730	x18348	x11697	…	…
Thailand/Thaïlande	27925	34443	43276	40126	58569	Spain/Espagne	4927	6622	10155	11339	11817
Brazil/Brésil	10233	32892	37352	45967	36928	Yugoslavia SFR	8061	6799	9215	x9482	…
Israel/Israël	37309	30770	36253	34185	32447	Romania/Roumanie	x5	12810	4679	52	x77
So. Africa Customs Un	51739	29452	32156	x29087	x30238	Philippines	916	x1100	1183	14495	143
Ireland/Irlande	18726	19006	24883	28362	25069	Czechoslovakia	x9928	x4687	x3851	x6246	x7151
United Arab Emirates	x52315	x24112	x24057	x23890	x35576	Macau/Macao	4327	3366	2944	4909	3506
New Zealand	28525	26864	24815	19915	20715	Mexico/Mexique	41037	3140	2368	5350	10687
Czechoslovakia	x19691	22416	26624	x19548	x26088	Norway,SVD,JM	4837	3747	3648	3380	4074
Turkey/Turquie	23527	17079	26408	20612	24118	India/Inde	9881	x1141	7276	1633	x1933
Poland/Pologne	14913	13802	7998	41944	x27241	Poland/Pologne	3897	3033	2951	1257	x2053
Greece/Grèce	11179	15115	20415	22763	x27890	United Arab Emirates	x2586	x2047	x2626	x2471	x2526
Philippines	5304	x12875	9372	19973	25347	New Zealand	1078	1815	2307	2531	1892
Yugoslavia SFR	10316	11576	17410	x9665	…	Finland/Finlande	1075	1936	2437	2194	2356
Hungary/Hongrie	x8715	x9892	x12050	16040	x12809	Saudi Arabia	2204	1075	x2982	x1391	x5771
India/Inde	16509	x18222	12409	5516	x50243	Panama	x3291	x4861	14	16	709
Argentina/Argentine	7164	3966	4566	27169	51099	Cyprus/Chypre	888	1378	1711	1586	1777
Morocco/Maroc	8727	9910	12918	10923	11282	Hungary/Hongrie	x203	x1236	x854	x1693	x1494
Chile/Chili	7135	10397	8240	14263	x23255	So. Africa Customs Un	x972	x793	x1386	751	x857
Libyan Arab Jamahiriya	8220	10331	14825	x4381	x2675	Bulgaria/Bulgarie	x111	x292	x2246	x127	x320
Iran (Islamic Rp. of)	x6170	x3873	x9688	x13759	x43718	Fiji/Fidji	x162	27	2142	14	42
Venezuela	12001	6534	5814	14583	20653	Pakistan	4	441	x565	x815	1
Kuwait/Koweït	…	16179	x4370	x4925	x13723	Jordan/Jordanie	484	574	581	477	693
Egypt/Egypte	8758	8150	10853	4673	7578	Greece/Grèce	233	176	378	994	x638

(VALUE AS % OF TOTAL) (VALEUR EN % DU TOTAL)

	1983	1984	1985	1986	1987	1988	1989	1990	1991	1992		1983	1984	1985	1986	1987	1988	1989	1990	1991	1992
Africa	x2.2	x2.1	1.7	x1.4	x1.3	x1.6	1.3	1.3	x0.9	x1.0	Afrique	x0.1	x0.0	0.0	x0.1	x0.0	x0.0	x0.0	x0.0	x0.0	x0.0
Northern Africa	x0.9	x0.7	0.9	0.6	0.4	0.5	0.5	0.6	x0.3	0.4	Afrique du Nord	x0.0	x0.0	0.0	0.0	x0.0	0.0	x0.0	x0.0	x0.0	0.0
Americas	28.3	32.5	32.4	33.4	27.1	25.2	28.3	25.4	26.3	x25.2	Amériques	x19.3	x17.7	14.7	x16.5	15.1	13.1	13.6	12.6	11.9	13.1
LAIA	0.9	1.0	1.6	1.4	1.3	1.3	1.7	1.8	2.4	3.0	ALAI	0.1	0.2	0.2	0.2	1.1	1.0	0.9	0.3	0.4	0.4
CACM	x0.0	0.0	0.0	0.1	0.2	0.2	0.2	0.1	0.2	x0.1	MCAC	x0.0	x0.0	x0.0	x0.0	x0.0	x0.0	x0.0	x0.0	x0.0	x0.0
Asia	x21.2	21.7	20.9	16.3	19.9	x23.4	23.4	23.1	27.0	x31.5	Asie	48.2	50.7	56.4	52.2	x52.4	x55.9	55.6	55.4	58.5	x58.9
Middle East	x7.1	5.6	3.8	x3.2	x2.5	x2.9	x2.3	x1.5	x1.4	x2.1	Moyen–Orient	x0.1	x0.1	x0.0	x0.0	x0.0	x0.1	x0.1	x0.1	x0.1	x0.2
Europe	41.8	39.4	41.0	45.6	47.0	45.4	42.9	46.1	41.8	39.7	Europe	30.9	29.3	28.4	30.7	29.2	28.4	29.3	31.0	28.8	27.6
EEC	34.4	32.0	33.6	37.6	38.8	38.5	36.5	39.2	35.8	34.1	CEE	27.1	26.1	24.3	26.4	25.4	25.0	26.2	27.7	25.4	24.5
EFTA	7.4	7.2	7.2	7.8	8.0	6.7	6.2	6.6	5.8	5.3	AELE	3.8	3.7	4.0	4.2	3.7	3.3	3.0	3.2	3.2	2.9
Oceania	x2.5	x2.8	3.2	x2.7	x2.4	x1.8	x2.1	x2.0	1.7	x1.7	Océanie	0.1	0.1	x0.1	0.1	x0.1	x0.2	x0.2	0.2	x0.2	x0.2
USA/Etats–Unis d'Amer	22.5	26.3	26.2	27.4	22.1	20.2	23.2	20.8	21.2	19.8	Japan/Japon	40.5	40.8	46.1	44.3	39.3	40.5	43.3	41.6	41.5	35.5
Germany/Allemagne	8.4	7.3	7.8	9.3	10.3	10.3	9.3	11.0	10.7	Germany/Allemagne	12.4	11.5	11.9	12.9	11.9	11.9	12.1	12.5	10.9	10.5
United Kingdom	8.4	8.5	8.5	9.0	8.3	8.5	7.9	7.5	6.4	6.3	USA/Etats–Unis d'Amer	14.5	12.6	11.0	12.5	10.3	11.4	12.2	11.9	11.2	12.3
Hong Kong	3.8	4.3	5.3	3.8	4.8	5.5	6.1	6.5	8.5	10.2	Hong Kong	4.5	5.6	6.0	4.6	5.5	6.0	7.2	7.1	8.6	10.9
France,Monac	6.7	5.9	6.4	6.7	7.3	6.7	6.8	6.7	6.0	5.4	Netherlands/Pays–Bas	2.2	2.0	1.7	1.9	2.1	2.3	2.6	2.7	2.6	2.8
Japan/Japon	4.6	5.9	4.3	3.3	3.4	3.8	3.9	4.1	5.2	5.7	Italy/Italie	2.3	2.1	2.1	2.0	2.1	2.1	2.2	2.5	2.3	2.0
Korea Republic	1.3	1.7	2.4	1.6	2.4	3.3	4.6	3.4	3.4	2.6	Denmark/Danemark	1.6	1.5	1.6	2.1	2.3	2.2	2.2	2.3	1.6	1.6
Italy/Italie	3.2	2.9	3.2	3.5	3.8	3.8	3.5	4.1	3.6	3.3	Switz.Liecht	2.2	2.4	2.5	2.7	2.3	2.2	1.9	2.0	2.1	1.8
Netherlands/Pays–Bas	3.5	3.7	3.6	3.9	3.5	3.4	3.0	3.2	3.0	2.8	Malaysia/Malaisie	0.4	0.4	0.5	0.5	0.4	0.7	1.1	1.6	2.7	x3.1
Spain/Espagne	1.3	1.1	1.3	1.8	2.2	2.4	2.7	2.8	2.8	2.5											

882 PHOTO, CINEMA SUPPLIES / PRODUITS PHOTO, CINEMA 882

TRADE BY COMMODITY IN THOUSAND U.S. DOLLARS – COMMERCE PAR PRODUIT EN MILLIERS DE DOLLARS E.U

IMPORTS – IMPORTATIONS

COUNTRIES–PAYS	1988	1989	1990	1991	1992
Total	11683646	12231483	13649931	14058281	15204316
Africa	x272297	x245521	x257259	x300626	x310050
Northern Africa	92285	83985	75622	86228	x92677
Americas	2304952	2682896	2783223	3040680	x3382877
LAIA	361277	401360	426301	540649	634516
CACM	19010	21156	20926	22890	x24340
Asia	x2318839	x2157180	2345392	2534171	x2955171
Middle East	x328884	x242812	x272687	x273523	x340851
Europe	6213650	6590578	7680688	7577607	8070295
EEC	5318141	5701042	6644285	6603984	7073074
EFTA	859507	859121	986380	936526	957207
Oceania	x304366	x315026	x315835	x325578	x357470
USA/Etats–Unis d'Amer	1488303	1773394	1837727	1938555	2161268
Germany/Allemagne	1283998	1298257	1537963	1547630	1625719
United Kingdom	1097441	1096166	1206316	1221736	1246321
France, Monac	994915	986135	1246786	1179118	1275024
Italy/Italie	653344	690156	809698	813552	840355
Netherlands/Pays–Bas	445442	501542	650916	672773	788289
Japan/Japon	569817	511660	501960	529722	555864
Canada	404678	439486	446822	487911	520853
Spain/Espagne	218727	549836	382857	398325	425019
Belgium–Luxembourg	354988	309295	470456	441855	498150
Hong Kong	297699	315914	352155	427887	490546
Singapore/Singapour	254641	274387	331298	355128	443182
Korea Republic	204382	242856	291546	327696	368170
Switz. Liecht	270253	254665	302410	282170	280766
Australia/Australie	240286	248561	247908	252721	282660
Sweden/Suède	226124	225066	251555	238012	252929
Austria/Autriche	165038	173272	206687	205729	216813
Mexico/Mexique	83277	125889	149489	175532	223097
Former USSR/Anc. URSS	x112967	x101187	x148697	x163636	
Brazil/Brésil	100532	120432	117535	136627	145583
Denmark/Danemark	127772	112834	134609	125303	142249
Finland/Finlande	100296	108882	118072	96535	91585
China/Chine	146309	146740	89468	80045	89620
Norway, SVD, JM	90894	90817	100202	106463	107617
So. Africa Customs Un	106970	88285	96793	x112132	x107971
India/Inde	95705	x79114	106558	86841	x135372
Thailand/Thaïlande	59508	74040	90799	100966	120781
Portugal	63296	66168	88040	88617	103860
Turkey/Turquie	56450	57079	82997	87854	85654
Indonesia/Indonésie	61773	63108	66033	77476	81046
Malaysia/Malaisie	46690	50750	70839	81819	x90654
United Arab Emirates	x143797	x62091	x66585	x58112	x45338
Greece/Grèce	37002	47927	65457	67796	x80604
Israel/Israël	50542	50715	62216	63766	69776
New Zealand	52484	58004	57738	60456	61547
Ireland/Irlande	41217	42725	51188	47277	47483
Philippines	25746	x48848	41951	41389	45954
Venezuela	62489	35964	34546	52735	49892
Saudi Arabia	37155	36769	x39152	x42684	x44702
Argentina/Argentine	29243	27423	28176	56816	78906
Chile/Chili	28145	31048	33604	46802	x61795
Hungary/Hongrie	x26301	x30435	x28753	39726	x32111
Czechoslovakia	x27964	36344	33001	x27861	x35274
Yugoslavia SFR	28377	23370	42250	x31015	
Egypt/Egypte	30227	30625	27986	34452	31974
Iran (Islamic Rp. of)	x36627	x27053	x30335	x35203	x89322
Colombia/Colombie	27120	31079	30278	29473	28090
Bulgaria/Bulgarie	x35740	x38167	x37985	x5272	6687
Nigeria/Nigéria	x18303	x20259	x25588	x28895	x31607
Pakistan	19528	21759	22181	24941	26872

EXPORTS – EXPORTATIONS

COUNTRIES–PAYS	1988	1989	1990	1991	1992
Totale	11140524	11251552	12505808	13007364	13852993
Afrique	x5041	x4285	x4753	x6023	x6016
Afrique du Nord	x82	x636	771	960	800
Amériques	2016972	2147884	2454081	2642022	2669004
ALAI	226684	243299	236465	279331	346661
MCAC	126	x138	97	x130	x564
Asie	3047675	3117128	3330504	3611401	3915720
Moyen–Orient	x15290	x19522	x16834	x18693	x18060
Europe	5650032	5771430	6545700	6589057	7083268
CEE	5345172	5496963	6221734	6300715	6762321
AELE	300661	269361	319000	285303	314231
Océanie	x163246	144879	x124981	x134831	x166022
Japan/Japon	2573561	2614046	2785907	3009030	3201532
USA/Etats–Unis d'Amer	1604365	1763671	2054611	2175994	2087557
Germany/Allemagne	1357961	1393926	1661037	1668217	1835732
United Kingdom	1223143	1222728	1381559	1452706	1570093
Belgium–Luxembourg	1159997	1149976	1313040	1269732	1293590
France, Monac	702806	687424	818551	853219	910012
Netherlands/Pays–Bas	535160	653401	597169	596463	658397
Italy/Italie	257872	281813	308286	317869	342502
Singapore/Singapour	164086	218348	262913	281084	323012
Hong Kong	196233	204725	199206	219704	266022
Switz. Liecht	216250	190637	225404	186879	207241
Canada	181051	140421	161818	184653	233492
Australia/Australie	159191	141600	121576	131576	163380
Brazil/Brésil	118128	110157	107023	119376	168826
Mexico/Mexique	74042	91163	94637	118001	134661
Spain/Espagne	67057	63076	90407	92561	93721
Austria/Autriche	40694	40440	45164	42060	45775
Sweden/Suède	38103	33065	40694	39824	48398
Argentina/Argentine	31712	36475	30818	32404	35938
Korea Republic	27246	19909	31671	30978	43310
Ireland/Irlande	11487	19776	26242	27086	31521
Former GDR	x236298	x42903	x25272		
Denmark/Danemark	27477	22739	23362	19208	21227
China/Chine	27977	18005	13314	22770	35840
Former USSR/Anc. URSS	x3264	x10144	x8098	x10135	
United Arab Emirates	x9368	x11592	x8435	x8164	x9819
Hungary/Hongrie	x9289	x8065	x7897	x10535	x7454
Malaysia/Malaisie	4933	5176	6337	10604	x8123
Norway, SVD, JM	3582	2680	4495	12886	7102
India/Inde	12610	x7762	2376	6249	x6308
Macau/Macao	3228	3799	4218	6387	5038
Yugoslavia SFR	4058	4866	4793	x2838	
Chile/Chili	332	310	1743	7424	x3717
Finland/Finlande	2015	2538	3225	3653	5700
Oman	1184	2083	2418	3632	
Thailand/Thaïlande	3779	1161	3527	3049	x4643
New Zealand	3403	2655	2609	2209	2120
Cyprus/Chypre	2176	1822	2861	2195	2733
Portugal	1922	1854	1573	2750	2818
Indonesia/Indonésie	5093	2462	2098	714	806
So. Africa Customs Un	x1650	x1473	x1114	x1800	x1240
Venezuela	176	3207	377	702	351
Bulgaria/Bulgarie	x1353	x1009	x2351	x804	x990
Uruguay	1719	1380	1630	867	844
Poland/Pologne	2583	1991	760	686	x942
Czechoslovakia	x2814	x1074	x911	x1152	x2346
Saudi Arabia	464	599	x994	x1509	x579
Israel/Israël	1734	952	1001	1014	1980
Mauritius/Maurice	x397		608	2350	838
Kuwait/Koweït		2003	x431	x416	x45

(VALUE AS % OF TOTAL) (VALEUR EN % DU TOTAL)

Imports

	1983	1984	1985	1986	1987	1988	1989	1990	1991	1992
Africa	x2.9	x2.9	2.2	2.7	2.2	2.3	2.0	1.9	x2.1	2.0
Northern Africa	x1.0	1.0	0.9	0.8	0.7	0.8	0.7	0.6	0.6	x0.6
Americas	21.7	24.5	23.8	22.2	19.6	19.7	21.9	20.4	21.7	x22.2
LAIA	3.9	4.6	4.2	4.0	3.5	3.1	3.3	3.1	3.8	4.2
CACM	x0.1	0.2	0.2	0.2	x0.2	0.2	0.2	0.2	0.2	x0.2
Asia	17.3	17.0	16.8	16.7	x18.4	x19.8	x17.6	17.1	18.0	x19.4
Middle East	x3.6	x3.6	2.3	x2.8	x2.5	2.4	x2.0	x1.9	x1.9	x2.2
Europe	54.2	50.2	53.3	54.8	54.7	53.2	53.9	56.3	53.9	53.1
EEC	45.8	42.4	45.3	46.3	46.8	45.5	46.6	48.7	47.0	46.5
EFTA	8.4	7.4	7.6	8.1	7.8	7.4	7.0	7.2	6.7	6.3
Oceania	x3.0	x3.1	3.1	x2.8	x2.6	2.6	x2.6	x2.3	x2.3	2.4
USA/Etats–Unis d'Amer	11.9	13.8	14.5	13.4	11.8	12.7	14.5	13.5	13.8	14.2
Germany/Allemagne	11.3	10.3	11.7	11.2	11.5	11.0	10.6	11.3	11.0	10.7
United Kingdom	9.0	9.3	9.9	9.8	9.4	9.4	9.0	8.8	8.7	8.2
France, Monac	9.0	7.9	7.9	8.5	8.7	8.5	8.1	9.1	8.4	8.4
Italy/Italie	5.6	4.9	5.4	5.3	5.6	5.6	5.6	5.9	5.8	5.5
Netherlands/Pays–Bas	4.4	3.8	4.3	4.4	4.0	3.8	4.1	4.8	4.8	5.2
Japan/Japon	5.4	5.0	4.9	5.1	4.6	4.9	4.2	3.7	3.8	3.7
Canada	5.5	5.6	4.6	4.1	3.7	3.5	3.6	3.3	3.5	3.4
Spain/Espagne	1.5	1.5	1.4	1.9	2.0	1.9	4.5	2.8	2.8	2.8
Belgium–Luxembourg	2.5	2.4	2.6	2.9	3.0	3.0	2.5	3.4	3.1	3.3

Exports

	1983	1984	1985	1986	1987	1988	1989	1990	1991	1992
Afrique	x0.0	x0.0		x0.1	x0.0	x0.0	x0.0	x0.0	x0.0	x0.0
Afrique du Nord	x0.0	x0.0	0.0	0.0	0.0	0.0	0.0	0.0	0.0	0.0
Amériques	x25.5	26.5	25.8	20.2	17.7	18.1	19.1	19.6	20.3	19.3
ALAI	1.0	2.3	2.2	1.5	1.8	2.0	2.2	1.9	2.1	2.5
MCAC	x0.0	0.0	0.0	0.0	0.0	0.0	x0.0	0.0	0.0	x0.0
Asie	23.0	23.6	25.6	26.5	26.3	27.3	27.7	26.6	27.7	28.2
Moyen–Orient	1.1	0.8	0.6	0.5	x0.5	x0.1	x0.2	x0.1	x0.1	0.1
Europe	49.5	47.8	49.6	51.6	51.8	50.7	51.3	52.3	50.7	51.1
CEE	46.9	45.2	47.0	48.8	49.1	48.0	48.9	49.8	48.4	48.8
AELE	2.6	2.5	2.6	2.7	2.7	2.7	2.4	2.6	2.2	2.3
Océanie	x1.5	1.5	1.5	x1.2	x1.3	x1.5	1.3	x1.0	x1.0	x1.2
Japan/Japon	20.1	20.7	21.8	23.4	22.5	23.1	23.2	22.3	23.1	23.1
USA/Etats–Unis d'Amer	22.7	22.6	19.5	17.4	14.6	14.4	15.7	16.4	16.7	15.1
Germany/Allemagne	9.9	10.2	10.7	11.5	11.6	12.2	12.4	13.3	12.8	13.3
United Kingdom	8.7	9.0	10.3	10.0	10.4	11.0	10.9	11.0	11.2	11.3
Belgium–Luxembourg	12.5	11.3	11.1	11.7	11.1	10.4	10.2	10.5	9.8	9.3
France, Monac	7.0	6.4	6.2	5.9	5.9	6.3	6.1	6.5	6.6	6.6
Netherlands/Pays–Bas	5.5	5.0	5.3	6.2	6.9	4.8	5.8	4.8	4.6	4.8
Italy/Italie	2.3	2.2	2.3	2.5	2.2	2.3	2.5	2.5	2.4	2.5
Singapore/Singapour	0.3	0.4	0.6	0.5	0.6	1.5	1.9	2.1	2.2	2.3
Hong Kong	1.3	1.5	2.4	1.7	2.1	1.8	1.8	1.6	1.7	1.9

883 DEVELOPED CINEMA FILM / FILMS CINE IMPRES NEG, POS 883

TRADE BY COMMODITY IN THOUSAND U.S. DOLLARS – COMMERCE PAR PRODUIT EN MILLIERS DE DOLLARS E.U

COUNTRIES–PAYS	IMPORTS – IMPORTATIONS					COUNTRIES–PAYS	EXPORTS – EXPORTATIONS				
	1988	1989	1990	1991	1992		1988	1989	1990	1991	1992
Total	293672	316898	338935	312946	362929	Totale	295224	276703	327906	303787	360310
Africa	x9130	x7079	x7409	x7542	x7716	Afrique	x1228	x1335	x921	x1301	x2836
Northern Africa	2094	1250	1435	1221	868	Afrique du Nord	x598	x455	x130	x126	x174
Americas	45498	95295	x91217	75025	x121760	Amériques	69713	61091	72374	x66904	x113705
LAIA	3616	4124	3727	3512	3444	ALAI	1021	1255	3632	2194	2084
CACM	297	243	207	171	x44	MCAC	x77	x42	x24	x22	x19
Asia	x83932	73320	74969	71873	75181	Asie	75187	70778	96847	109938	118471
Middle East	x9190	x7210	x5654	x4604	x4813	Moyen–Orient	x1601	x2630	x1258	x586	x805
Europe	135034	121911	145569	145057	149409	Europe	134964	131313	145965	120289	120655
EEC	112932	101575	121552	123107	128692	CEE	126591	121450	141000	115307	116221
EFTA	20691	19631	22178	21000	20231	AELE	4681	3844	4711	4491	4295
Oceania	x6233	6928	x8140	x6916	x6089	Océanie	3056	2338	x2394	1032	x1944
USA/Etats–Unis d'Amer	30198	79448	71403	60857	107971	United Kingdom	64258	63375	66313	59746	57573
France, Monac	33487	27254	40290	47566	53432	Korea Republic	18642	24197	38146	57316	61566
Korea Republic	22906	25651	29741	26467	33309	USA/Etats–Unis d'Amer	44147	36131	37141	22660	24472
Germany/Allemagne	23183	19390	25993	25441	28009	France, Monac	26036	25173	24959	28259	74137
United Kingdom	20138	23117	20452	17955	14148	Canada	24036	23294	24549	20264	23098
Thailand/Thaïlande	8436	10528	10743	15518	6112	Israel/Israël	19099	11172	17827	16172	17026
Spain/Espagne	10036	10343	10056	9739	10642	Hong Kong	16126	20872	14419	16695	18090
Canada	9790	8740	11930	8533	8093	Italy/Italie	19483	14377	14419	16695	6170
Japan/Japon	14486	9519	8603	8835	8786	Germany/Allemagne	6140	6465	5886	6319	6170
Switz.Liecht	7098	7198	8580	8341	8812	India/Inde	6809	x1836	7813	6843	x3732
Belgium–Luxembourg	5662	5732	6026	5506	5302	Philippines	2219	x3957	3716	4273	6209
Australia/Australie	4650	5152	6051	5975	5505	Spain/Espagne	3991	4204	3448	4271	3141
Netherlands/Pays–Bas	4638	4718	5490	5925	4692	Former USSR/Anc. URSS	x4593	x4582	x3880	x3099	
Italy/Italie	8058	4424	6849	4805	6520	Ireland/Irlande	1138	1088	8601	422	396
Former USSR/Anc. URSS	x6607	x5381	x6245	x4188		Belgium–Luxembourg	2936	3767	3038	1922	2374
Hong Kong	6831	5903	5407	3838	4423	Sweden/Suède	2406	1989	2688	2459	2620
Sweden/Suède	4211	4062	4599	3996	3370	Japan/Japon	3366	2883	1888	2112	2230
Indonesia/Indonésie	5719	3969	4473	3323	3467	Yugoslavia SFR	3567	6001	203	x185	
Austria/Autriche	4935	3385	3822	3821	3718	Bulgaria/Bulgarie	x1006	x2014	x2194	x256	x268
Israel/Israël	3600	3058	3256	2584	2931	Australia/Australie	2899	2289	1038	953	1802
United Arab Emirates	x6247	x3152	x2922	x2350	x2566	Netherlands/Pays–Bas	1419	1240	1067	1490	2808
So. Africa Customs Un	3574	2536	2924	x2884	x2526	Switz.Liecht	1252	1022	1098	1060	784
Norway,SVD,JM	2430	2627	2654	2861	2354	Mexico/Mexique	737	838	1125	907	882
Ireland/Irlande	2780	2505	2047	2216	1853	Singapore/Singapour	568	684	780	929	816
Romania/Roumanie	x265	3562	2652	235	x242	Hungary/Hongrie	x705	x691	x1184	x439	x1596
Finland/Finlande	1727	2104	2228	1637	1600	China/Chine	2096	1307	250	665	1794
Mexico/Mexique	1691	2214	1784	1447	1602	Venezuela	42	92	2046	8	53
China/Chine	1897	1931	1534	1795	1539	So. Africa Customs Un	x390	x545	x608	x875	x2234
Denmark/Danemark	1895	1443	1606	1488	1551	Czechoslovakia	x1145	x773	x730	x346	x408
Singapore/Singapour	948	904	2207	1082	4103	Denmark/Danemark	640	642	570	629	749
Portugal	1546	1103	1559	1366	1376	Argentina/Argentine	198	182	333	965	535
Greece/Grèce	1510	1545	1182	1102	x1167	Austria/Autriche	676	521	353	571	505
Philippines	557	x1643	672	839	886	Poland/Pologne	1870	527	714	141	x320
Yugoslavia SFR	1158	496	1653	x764		Kuwait/Koweït		1215	x88	x25	x4
Algeria/Algérie	1609	754	1062	705	x78	Romania/Roumanie	x160	785	x1287	x3	x103
New Zealand	1221	1155	1232	67	62	French Polynesia	122		469	37	x3
Czechoslovakia	x2426	775	860	x714	x766	Portugal	260	424	148	533	111
Malaysia/Malaisie	498	740	501	1106	x2936	Greece/Grèce	292	472	147	397	x337
Hungary/Hongrie	x708	x777	x816	680	x630	United Arab Emirates	x372	x332	x300	x237	x186
Venezuela	709	711	620	716	572	Former GDR	x1571	x473	x233		
Anguilla			x2028	x4		Thailand/Thaïlande	108	129	138	417	x418
Turkey/Turquie	506	558	921	535	471	Cuba	x103		x276	x363	x206
Bulgaria/Bulgarie	x952	x1042	x697	x243	191	Oman	146	211	317	102	
India/Inde	1385	x554	1072	284	x426	Norway,SVD,JM	120	94	247	273	259
Kenya	472	x1354	322	x205	x802	Pakistan	292	235	159	123	171
Cuba	x168	1184	x267	x150	x850	French Guiana	91		103	231	164	196
Fiji/Fidji	x72	561	522	509	123	Bahrain/Bahreïn	x281	x227	x236	x7	x133
Netherlands Antilles	226	420	577	545	x73	Morocco/Maroc	x61	x322	x81	x33	0
Saudi Arabia	x576	x774	x487	x205	x170	Malaysia/Malaisie	2	x288	102	22	x336
Chile/Chili	504	531	445	469	x212	Indonesia/Indonésie	x282	x333	8	55	x89

(VALUE AS % OF TOTAL)(VALEUR EN % DU TOTAL)

	1983	1984	1985	1986	1987	1988	1989	1990	1991	1992		1983	1984	1985	1986	1987	1988	1989	1990	1991	1992
Africa	x8.3	x5.6	6.6	x5.7	x4.8	x3.1	x2.2	2.2	x2.4	x2.1	Afrique	x1.1	x0.3	5.7	x2.5	x0.9	x0.4	x0.5	x0.3	x0.4	x0.8
Northern Africa	1.8	x0.8	2.0	1.4	1.2	0.7	0.4	0.4	0.4	0.2	Afrique du Nord	x0.1	x0.0	0.1	x0.1	x0.1	x0.2	x0.2	x0.0	x0.0	x0.0
Americas	12.0	15.5	17.1	20.0	15.8	15.5	30.0	x26.9	24.0	x33.6	Amériques	x30.2	x30.5	25.8	x25.2	22.6	23.6	22.1	22.1	x22.0	x31.5
LAIA	2.9	4.8	5.0	2.6	1.7	1.2	1.3	1.1	1.1	0.9	ALAI	0.3	0.6	0.6	0.3	0.3	0.3	0.5	1.1	0.7	0.6
CACM	x0.1	0.2	0.2	0.3	0.2	0.1	0.1	0.1	0.1	0.0	MCAC	0.0	0.0	0.0	0.0	0.0	0.0	0.0	0.0	0.0	0.0
Asia	25.0	23.7	20.4	20.8	x25.6	x28.6	23.2	22.1	22.9	20.7	Asie	24.4	22.4	19.7	25.2	27.4	25.5	25.6	29.6	36.2	32.9
Middle East	x4.7	x5.2	1.6	x2.0	x2.2	x3.1	x2.3	x1.7	x1.5	x1.3	Moyen–Orient	x1.1	x1.8	0.3	x0.6	x1.2	x0.5	x1.0	x0.4	x0.2	x0.2
Europe	48.9	47.0	51.7	50.0	47.4	46.0	38.5	42.9	46.4	41.2	Europe	43.5	45.7	47.9	46.2	45.7	45.7	47.5	44.5	39.6	33.5
EEC	41.4	39.3	44.1	41.6	39.4	38.5	32.1	35.9	39.3	35.5	CEE	41.2	43.0	45.7	43.3	41.8	42.9	43.9	43.0	38.0	32.3
EFTA	7.4	6.9	6.6	7.5	7.5	7.0	6.2	6.5	6.7	5.6	AELE	2.1	2.3	1.8	2.6	1.9	1.6	1.4	1.4	1.5	1.2
Oceania	5.5	x4.4	3.6	x3.3	x2.8	x2.1	2.2	x2.4	x2.2	x1.6	Océanie	0.5	x0.6	0.5	x0.5	x0.7	1.0	0.8	0.7	0.3	x0.5
USA/Etats–Unis d'Amer	4.3	4.4	7.7	13.4	11.3	10.3	25.1	21.1	19.4	29.7	United Kingdom	19.0	21.1	23.4	21.6	19.5	21.8	22.9	21.1	19.7	16.0
France, Monac	7.1	6.4	8.1	10.0	11.1	11.4	8.6	11.9	15.2	14.7	Korea Republic	2.6	3.0	4.2	6.8	5.4	6.3	8.7	11.6	18.9	17.1
Korea Republic	3.2	3.8	4.7	5.1	7.1	7.8	8.1	8.8	8.5	9.2	USA/Etats–Unis d'Amer	29.2	29.1	23.1	19.0	14.8	15.0	13.1	11.3	7.5	6.8
Germany/Allemagne	8.4	7.6	8.3	7.9	8.6	7.9	6.1	7.7	8.1	7.7	France, Monac	6.9	8.0	8.0	9.0	8.2	9.6	8.8	7.6	9.3	20.6
United Kingdom	11.1	9.9	10.2	9.3	6.8	6.9	7.3	6.0	5.7	3.9	Canada	0.5	0.4	1.9	5.4	7.0	8.1	8.4	7.6	6.7	6.4
Thailand/Thaïlande	4.7	3.0	2.4	3.2	2.7	2.9	3.3	3.2	5.0	1.7	Israel/Israël	5.4	5.1	5.2	7.1	9.6	6.5	4.0	5.4	5.3	4.7
Spain/Espagne	2.5	4.2	7.0	3.9	3.5	3.4	3.3	3.0	3.1	2.9	Hong Kong	6.4	5.7	4.3	4.3	4.3	5.5	7.5	5.4	5.5	5.0
Canada	4.1	3.6	3.2	2.4	1.7	3.3	2.8	3.5	2.7	2.2	Italy/Italie	6.8	7.1	8.6	7.8	8.3	6.6	5.2	4.4	5.5	5.0
Japan/Japon	1.8	2.5	3.0	3.4	4.3	4.9	3.0	2.5	2.8	2.4	Germany/Allemagne	3.4	2.7	2.6	2.6	2.1	2.1	2.3	1.8	2.1	1.7
Switz.Liecht	2.9	2.7	2.6	3.0	2.6	2.4	2.3	2.5	2.7	2.4	India/Inde	4.2	3.0	2.6	2.2	2.3	2.3	x0.7	2.4	2.3	x1.0

884 OPTICAL GOODS NES — ELEMENTS OPTIQ, ART LUNET 884

TRADE BY COMMODITY IN THOUSAND U.S. DOLLARS – COMMERCE PAR PRODUIT EN MILLIERS DE DOLLARS E.U

COUNTRIES–PAYS	IMPORTS – IMPORTATIONS 1988	1989	1990	1991	1992	COUNTRIES–PAYS	EXPORTS – EXPORTATIONS 1988	1989	1990	1991	1992
Total	4332313	4357301	4972584	5281764	5830640	Totale	4252429	3908125	4539548	4996944	5506490
Africa	x58397	x50913	x64443	x73555	x72494	Afrique	x19667	x13331	x29774	x25057	x22725
Northern Africa	13977	16327	19811	17732	x16589	Afrique du Nord	11700	12143	20078	10990	9697
Americas	1598630	1533024	1553217	1571117	x1753827	Amériques	494616	393362	482359	550193	584141
LAIA	48993	47755	60215	79855	x111161	ALAI	13477	17088	14428	12176	13569
CACM	3092	3381	3885	4386	x4155	MCAC	x88	x105	x72	19	x88
Asia	x696496	701708	822775	921622	x1086627	Asie	x1767244	1498811	1628997	1901415	2098020
Middle East	x75973	x80151	x84858	x93334	x127449	Moyen–Orient	6558	5629	7720	6525	x6840
Europe	1848440	1927556	2368391	2536104	2757065	Europe	1906416	1969674	2367900	2494085	2775531
EEC	1480000	1540736	1909889	2093593	2280156	CEE	1596120	1679083	2019633	2163105	2382179
EFTA	338798	359404	419046	413157	446018	AELE	271823	256675	311221	278092	319222
Oceania	x95965	x105198	x110119	x117635	x121675	Océanie	x12253	x12303	x14167	14226	x11262
USA/Etats–Unis d'Amer	1367327	1280759	1288624	1277403	1411124	Japan/Japon	1011952	1026422	1099367	1215478	1295127
Germany/Allemagne	466308	421190	528879	635248	715711	Germany/Allemagne	573980	575656	642620	636825	703142
United Kingdom	256022	280619	291194	306066	291517	Italy/Italie	390077	433431	580269	615714	731728
France,Monac	195058	212268	286585	310034	331212	USA/Etats–Unis d'Amer	449084	347179	439721	505769	529194
Hong Kong	226717	249863	261086	287160	301860	France, Monac	365259	369760	416334	471563	502562
Italy/Italie	162397	176368	218851	236114	253135	Hong Kong	193333	224543	243265	276851	322553
Canada	167212	183928	182504	193006	212108	Austria/Autriche	189949	176278	213532	183746	199044
Japan/Japon	143928	151189	184201	223828	249633	Korea Republic	147969	138626	142677	169371	178153
Netherlands/Pays–Bas	118256	128454	157560	165155	194420	Ireland/Irlande	95549	111637	149564	189232	181603
Spain/Espagne	96435	112870	155454	164573	181571	United Kingdom	89255	94455	116403	122006	115507
Switz.Liecht	113584	120141	145948	143038	158167	Singapore/Singapour	60558	50882	55503	77917	92050
Singapore/Singapour	91467	104049	164052	139549	159841	Sweden/Suède	45169	43180	60533	60819	82231
Sweden/Suède	80493	90813	100550	98306	101584	Netherlands/Pays–Bas	28831	32602	35406	48032	60843
Australia/Australie	78941	87523	90769	99591	102550	China/Chine	7008	10197	21733	74497	89026
Austria/Autriche	84364	83811	95772	95742	108384	Malta/Malte	33229	30266	32059	x41203	x56568
Belgium–Luxembourg	69134	76317	92513	90618	99768	Tunisia/Tunisie	33107	34591	33951	30882	34445
Denmark/Danemark	45851	45288	53027	54632	57922	Canada	29561	27854	27650	31580	40360
Ireland/Irlande	30560	35758	54143	49429	55790	Spain/Espagne	19097	24085	31030	26678	30696
Korea Republic	26465	31839	40792	52602	65239	Belgium–Luxembourg	14622	18087	25433	26895	27121
So. Africa Customs Un	37598	26912	35531	x44053	x42300	Thailand/Thaïlande	13163	16329	18281	23776	x43624
Norway,SVD,JM	28982	28537	36660	39978	43782	Israel/Israël	13426	12964	18157	13870	16551
Portugal	22595	24861	37152	42432	51759	Denmark/Danemark	11544	11839	14583	16903	18889
Finland/Finlande	28641	33681	37253	33168	31210	Tunisia/Tunisie	11683	11900	19974	10964	9470
Malaysia/Malaisie	17942	24975	33856	43944	x66070	Malaysia/Malaisie	1843	1471	8285	32557	x45527
Greece/Grèce	17384	26744	34530	39292	x47353	Australia/Australie	8206	8411	9405	10313	8809
Saudi Arabia	20302	28817	x28745	x32265	x33914	Portugal	7617	7419	7693	8699	9797
Mexico/Mexique	12563	20127	27351	37565	47911	Brazil/Brésil	8931	9032	7237	7195	7414
Former USSR/Anc. URSS	x10420	x11863	x24151	x34758		Yugoslavia SFR	5129	3412	4827	x11547	
Israel/Israël	17696	17151	19515	21209	23533	Mauritius/Maurice	x6825		8352	9215	10884
China/Chine	23383	15570	12066	20618	39703	Philippines	5676	x6511	8216	2741	1937
New Zealand	13354	14891	16345	14626	14953	Former USSR/Anc. URSS	x3999	x7934	x4988	x2598	
United Arab Emirates	x23643	x13069	x14638	x17895	x25924	New Zealand	3919	3712	4089	3866	
Malta/Malte	18385	14689	15393	x11372	x10524	Hungary/Hongrie	x4007	x3364	x3066	x4978	2326
Brazil/Brésil	9965	8861	11359	12748	11428	Cyprus/Chypre	1532	2839	4048	4084	x6952
Yugoslavia SFR	4838	7050	14928	x8907		India/Inde	2360	2502	2788	4344	3573
Cyprus/Chypre	4972	7991	10503	9385	11981	Poland/Pologne	2911	3627	4294	790	x2178
Chile/Chili	6900	7828	8306	10882	x16124	Mexico/Mexique	3090	4554	1296	1236	x3063
Thailand/Thaïlande	4430	8142	7877	9687	18207	Former GDR	x36104	x3789	x1898		1385
Czechoslovakia	x5454	9879	7543	x5700	x13684	Indonesia/Indonésie	1438	1219	2050	2302	2806
Andorra/Andorre	x5721	x5255	x8884	x8850	x8838	Czechoslovakia	x3566	x1063	x1089	x2696	x3387
Bulgaria/Bulgarie		x8419	x13466	x1087	885	Finland/Finlande	2330	1536	2118	1177	1259
Kuwait/Koweït	x10095	9106	x5628	x5311	x13589	Venezuela	393	1703	2449	673	626
Hungary/Hongrie	x2417	x3899	x6966	8767	x9670	Jordan/Jordanie	1970	927	2069	924	690
Venezuela	13499	5649	5408	7054	9781	Cameroon/Cameroun			208	3624	
Turkey/Turquie	3898	3308	6787	7716	7858	Norway,SVD,JM	1214	968	1086	1442	2235
Tunisia/Tunisie	5774	5552	6753	4676	3280	Argentina/Argentine	639	777	1328	1373	2918
India/Inde	2531	x7912	3839	4397	x12279	Turkey/Turquie	2329	1162	884	721	1031
Egypt/Egypte	4650	4725	6320	4877	5710	So. Africa Customs Un	x437	x695	x1064	x833	x838
Iran (Islamic Rp. of)	x8393	x6107	x4709	x4912	x15041	Macau/Macao	1415	1273	306	10	67
Cuba	x1841	6658	x4049	x3490	x1236	Colombia/Colombie	132	320	427	796	268

(VALUE AS % OF TOTAL)(VALEUR EN % DU TOTAL)

	1983	1984	1985	1986	1987	1988	1989	1990	1991	1992		1983	1984	1985	1986	1987	1988	1989	1990	1991	1992
Africa	x1.8	x2.0	1.3	x1.4	x1.2	x1.4	x1.2	x1.3	x1.4	x1.2	Afrique	0.3	0.2	0.2	0.3	0.2	x0.5	x0.3	x0.6	x0.5	x0.4
Northern Africa	x0.6	x0.8	0.4	0.4	0.3	0.3	0.4	0.4	0.3	x0.3	Afrique du Nord	0.0	0.0	0.0	0.0	0.3	0.3	0.3	0.4	0.2	0.2
Americas	37.9	42.7	43.0	x39.7	35.0	36.9	35.2	31.3	29.7	x30.0	Amériques	x10.0	10.6	10.7	x10.0	9.9	11.7	10.1	10.6	11.1	10.6
LAIA	0.8	0.9	1.2	1.5	0.9	1.1	1.1	1.2	1.5	x1.9	ALAI	0.1	0.4	0.5	0.2	0.2	0.3	0.4	0.3	0.2	0.2
CACM	x0.1	0.1	0.1	0.1	x0.1	0.1	0.1	0.1	0.1	x0.1	MCAC	x0.0	0.0	0.0	0.0	x0.0	0.0	0.0	0.0	0.0	x0.0
Asia	14.5	13.1	12.2	11.5	x14.4	x16.0	16.1	16.5	17.4	x18.7	Asie	41.3	41.0	38.9	38.1	x41.1	x41.5	38.4	35.9	38.0	38.1
Middle East	x2.6	x2.6	1.5	x1.8	x1.5	x1.8	x1.8	x1.7	x1.8	x2.2	Moyen–Orient	0.2	x0.1	0.1	0.1	x0.1	x0.2	0.1	0.2	0.1	x0.1
Europe	43.2	39.2	40.4	44.6	46.2	42.7	44.2	47.6	48.0	47.3	Europe	47.8	47.2	49.2	50.8	47.1	44.8	50.4	52.2	49.9	50.4
EEC	34.6	30.9	31.9	35.0	36.6	34.2	35.4	38.4	39.6	39.1	CEE	41.3	40.4	42.0	43.2	40.1	37.5	43.0	44.5	43.3	43.3
EFTA	8.5	7.6	7.9	8.9	8.9	7.8	8.2	8.4	7.8	7.6	AELE	6.5	5.7	6.1	6.7	6.0	6.4	6.6	6.9	5.6	5.8
Oceania	x2.5	x2.6	2.5	x2.5	x2.1	x2.2	x2.5	x2.3	x2.3	x2.1	Océanie	x0.6	0.6	0.5	x0.6	0.4	x0.3	x0.3	x0.3	0.3	x0.2
USA/Etats–Unis d'Amer	31.7	36.5	37.3	33.9	29.9	31.6	29.4	25.9	24.2	24.2	Japan/Japon	32.3	30.6	28.8	28.7	24.8	23.8	26.3	24.2	24.3	23.5
Germany/Allemagne	11.2	10.0	10.6	11.7	12.0	10.8	9.7	10.6	12.0	12.3	Germany/Allemagne	16.7	14.8	15.3	16.2	15.1	13.5	14.7	14.2	12.7	12.8
United Kingdom	6.6	6.0	6.2	5.8	6.1	5.9	6.4	5.9	5.8	5.0	Italy/Italie	7.5	7.8	8.6	8.9	8.9	9.2	11.1	12.8	12.3	13.3
France,Monac	4.8	4.3	4.3	4.8	4.7	4.5	4.9	5.8	5.7	5.7	USA/Etats–Unis d'Amer	8.9	9.2	9.3	8.9	8.8	10.6	8.9	9.7	10.1	9.6
Hong Kong	3.8	3.4	3.6	3.4	4.2	5.2	5.7	5.3	5.9	5.2	France, Monac	8.9	9.7	10.3	10.5	9.7	8.6	9.5	9.2	9.4	9.1
Italy/Italie	3.4	3.2	3.4	3.7	4.1	3.7	4.0	4.4	4.5	4.3	Hong Kong	3.4	4.1	4.1	3.5	3.8	4.5	5.7	5.4	5.5	5.9
Canada	5.0	4.8	4.2	4.1	3.8	3.9	4.2	3.7	3.7	3.6	Austria/Autriche	4.4	3.6	3.9	4.2	3.8	4.5	4.5	4.7	3.7	3.6
Japan/Japon	3.9	3.5	3.7	3.0	3.3	3.3	3.5	3.7	4.2	4.3	Korea Republic	2.6	3.2	2.7	2.9	3.3	3.5	3.5	3.1	3.4	3.2
Netherlands/Pays–Bas	3.3	2.6	2.5	3.0	3.2	2.7	2.9	3.2	3.1	3.3	Ireland/Irlande	2.6	2.6	2.3	1.9	1.7	2.2	2.9	3.3	3.8	3.3
Spain/Espagne	1.4	1.3	1.5	1.9	2.0	2.2	2.6	3.1	3.1	3.1	United Kingdom	2.9	2.9	3.0	2.2	2.2	2.1	2.4	2.6	2.4	2.1

885 WATCHES AND CLOCKS — HORLOGERIE 885

TRADE BY COMMODITY IN THOUSAND U.S. DOLLARS – COMMERCE PAR PRODUIT EN MILLIERS DE DOLLARS E.U

IMPORTS – IMPORTATIONS

COUNTRIES–PAYS	1988	1989	1990	1991	1992
Total	12283401	11672428	14558939	15772555	16983626
Africa	x142928	x99035	x142419	x153286	x164717
Northern Africa	35718	40257	45473	44724	39929
Americas	2349959	1354709	2232469	2793787	x2870890
LAIA	156347	196585	240959	256210	298581
CACM	4126	4159	3755	4502	x6136
Asia	5696280	5985166	7089817	7673658	x8428238
Middle East	x714472	x571007	x627390	x690668	x879580
Europe	3836940	3966769	4847630	4902216	5271879
EEC	3158226	3226737	3906941	4033897	4342431
EFTA	641768	699999	887679	823805	878927
Oceania	x177387	x172009	x165032	x160634	x189655
Hong Kong	2616169	2784238	3344666	3511143	4057616
USA/Etats–Unis d'Amer	1955960	911245	1760044	2286531	2330681
Japan/Japon	623859	888634	1118024	1060719	1120171
Germany/Allemagne	718933	745895	960883	856752	897853
Italy/Italie	603511	623222	752423	861041	892072
China/Chine	617939	627815	716820	594614	650802
France/Monac	543596	560150	649302	637694	627207
United Kingdom	596386	568072	637694	558534	654005
Singapore/Singapour	387391	446007	644186	605437	654400
Switz.Liecht	357976	403708	532840	491399	550755
Spain/Espagne	327331	338324	405204	462867	484631
United Arab Emirates	x392026	x176237	x215502	x277806	x323385
Saudi Arabia	180305	196011	x201511	x198670	x207423
Thailand/Thaïlande	102906	157844	153033	259150	260412
Malaysia/Malaisie	115221	136152	196712	226809	x226851
Korea Republic	210996	183440	173711	197957	182379
Canada	162021	177571	156764	172721	163405
Netherlands/Pays-Bas	130591	127165	160678	163897	174131
Belgium–Luxembourg	115191	123311	150468	141610	144885
Austria/Autriche	103172	109170	148882	149310	158035
Australia/Australie	125492	130070	121961	120039	145921
Sweden/Suède	98464	105196	117345	107698	92940
Brazil/Brésil	49230	91563	93866	63822	46373
Mexico/Mexique	43369	54797	68275	88636	99729
Portugal	39673	43269	68938	75244	89665
Greece/Grèce	21780	40762	56361	54700	x86599
So. Africa Customs Un	47521	36550	43170	x55209	x58959
Turkey/Turquie	25140	27777	51629	53317	64256
Finland/Finlande	44618	46557	48556	35250	32991
Kuwait/Koweït		67457	x36139	x19157	x54544
Denmark/Danemark	41184	36971	41830	42438	45942
Norway,SVD,JM	34792	33129	37743	37487	41861
India/Inde	26197	x58371	28588	17873	x52901
Philippines	4968	x54956	6436	31075	12039
Lebanon/Liban	x27497	x24383	x33289	x32688	x25333
Oman	20251	16406	25861	33092	x68256
Bahrain/Bahreïn	x28442	x19293	x19574	x28604	x35812
Israel/Israël	22732	20707	22374	24345	28069
United States Virg Is	x29263	x22640	x25959	x17939	
Ireland/Irlande	20050	19597	23160	22522	20545
Egypt/Egypte	19558	17590	21418	23328	16557
Yugoslavia SFR	13303	17874	24635	x17640	
Andorra/Andorre	x15001	x16730	x22189	x20256	20633
Former USSR/Anc. URSS	x4678	x8283	x16888	x33676	
Paraguay	1876	8070	19937	x9792	x14827
Czechoslovakia	x4258	27567	11555	33977	68128
Argentina/Argentine	14562	11555	18986	17727	17836
New Zealand	21372	19329	28715	21662	23002
Mauritius/Maurice	x38353		13809	19997	x33999
Chile/Chili	10928	13754			

EXPORTS – EXPORTATIONS

COUNTRIES–PAYS	1988	1989	1990	1991	1992
Totale	12675376	12898643	15314988	16120101	17214914
Afrique	x46612	x16865	x51082	x42405	x43952
Afrique du Nord	12160	15549	16915	15234	14391
Amériques	x235786	x271558	313306	x379483	x419798
ALAI	11716	11185	20219	24833	30779
MCAC	x161	94	x1145	2835	x2913
Asie	6979620	6999643	7891282	8838657	9417007
Moyen-Orient	x39579	x57497	x49398	x60270	x66288
Europe	5165791	5420504	6916392	6694443	7285873
CEE	1714437	1726430	2010458	1896376	2042732
AELE	3444853	3685708	4878428	4779433	5216125
Océanie	x17077	x19263	x21380	x25659	x34775
Switz.Liecht	3407930	3645345	4820864	4714155	5161774
Hong Kong	3021518	3290888	3741375	4029997	4479932
Japan/Japon	2365114	2155623	2292314	2557734	2510090
China/Chine	681290	785937	1047388	1127780	1246717
Germany/Allemagne	768780	770952	874014	821128	853244
France, Monac	487302	463109	544940	508926	528373
Singapore/Singapour	157834	205493	281386	355912	365012
USA/Etats-Unis d'Amer	200555	237760	278583	313827	318364
Korea Republic	284266	235367	191821	215721	205985
Italy/Italie	148958	174112	215116	203466	223516
Thailand/Thaïlande	52377	93729	185306	284566	x353972
United Kingdom	146024	147599	177674	152614	224655
Former USSR/Anc. URSS	x136710	x145804	x102615	x119991	
Malaysia/Malaisie	39101	52563	76060	103079	x117662
Belgium–Luxembourg	45295	53553	62216	58733	50778
Netherlands/Pays-Bas	44664	41899	59835	64944	67433
Spain/Espagne	39727	49948	53722	59721	65350
Philippines	216	x94550	23	62899	364
Austria/Autriche	11779	13557	26514	32351	25066
United Arab Emirates	x20427	x20585	x21051	x23560	x20645
Australia/Australie	15805	16751	19481	24375	32973
Mauritius/Maurice	x33509		32260	26356	26030
Sweden/Suède	14194	15169	17344	18379	17775
Tunisia/Tunisie	11828	15233	16198	13830	12646
Brunei Darussalam	x17035	x16345	x12988	x14758	x31841
Denmark/Danemark	20919	10646	10030	11337	11974
Bahamas	2819	x2234	x1826	x25813	x46581
Oman	124	6645	8906	13888	x15280
Indonesia/Indonésie	1350	4575	7846	16933	29093
Former GDR	x74505	x17997	x11063		
Canada	10737	8326	10188	10465	19408
Malta/Malte	4042	4735	14756	x6414	x7268
Brazil/Brésil	7811	7605	8318	8283	5282
Cyprus/Chypre	9213	6248	8396	9487	14096
Mexico/Mexique	2291	1527	7078	13408	16992
Gibraltar	x972	x1905	x9943	x10048	x11150
Ireland/Irlande	8497	9220	6264	6067	6254
Finland/Finlande	6625	6239	7752	6978	4667
Portugal	4096	4779	5922	8481	10456
Norway,SVD,JM	4324	5397	5948	7459	6758
Lebanon/Liban	x4764	x4796	x6005	x7122	x9112
Kuwait/Koweït		16179	x1019	x118	x1181
Czechoslovakia	x13945	x4064	x4607	x7628	x7228
India/Inde	625	x3995	2384	5832	x4006
Panama	x7866	x10206	72	3	58
Hungary/Hongrie	x2300	x1664	x2037	x5045	x5144
Poland/Pologne	526	498	705	6635	x830
Yugoslavia SFR	1427	1687	2739	x2104	
Argentina/Argentine	982	1017	2263	2094	2099
Saudi Arabia	836	648	x2333	x1561	x2362

(VALUE AS % OF TOTAL)(VALEUR EN % DU TOTAL)

	1983	1984	1985	1986	1987	1988	1989	1990	1991	1992
Africa	x2.2	1.9	1.2	x1.5	1.3	x1.2	0.8	1.0	1.0	0.9
Northern Africa	x1.0	0.9	0.6	0.5	0.4	0.3	0.3	0.3	0.3	x0.2
Americas	22.0	25.4	27.9	24.5	x21.1	19.1	11.6	15.4	17.7	16.9
LAIA	1.5	1.9	2.5	2.3	1.4	1.3	1.7	1.7	1.6	1.8
CACM	x0.0	0.1	0.0	0.0	0.0	0.0	0.0	0.0	0.0	0.0
Asia	41.3	40.3	37.7	37.8	42.4	46.4	51.3	48.7	48.6	x49.7
Middle East	10.9	10.9	6.4	6.6	x5.4	x5.8	x4.9	x4.3	x4.4	x5.2
Europe	32.4	30.3	31.1	34.3	32.9	31.2	34.0	33.3	31.1	31.0
EEC	26.0	24.1	24.8	27.7	26.9	27.2	27.6	26.8	25.6	25.6
EFTA	6.3	6.1	6.2	6.8	6.3	5.6	5.2	6.0	6.1	5.2
Oceania	x1.6	x1.6	1.6	x1.5	x1.3	x1.4	x1.5	x1.2	x1.0	x1.2
Hong Kong	18.6	17.6	19.4	19.8	19.3	21.3	23.9	23.0	22.3	23.9
USA/Etats-Unis d'Amer	18.2	20.7	22.8	19.7	17.8	15.9	7.8	12.1	14.5	13.7
Japan/Japon	3.3	4.4	4.1	4.4	4.2	4.4	5.1	4.6	4.4	6.5
Germany/Allemagne	5.6	5.2	5.6	6.4	6.4	5.9	6.4	6.6	5.4	5.3
Italy/Italie	4.4	4.3	4.2	4.8	4.6	5.0	5.4	4.9	5.5	5.3
China/Chine			0.4	0.0	0.2	4.6	5.0	4.8	4.5	3.8
France, Monac	5.0	4.2	4.4	5.2	4.8	4.7	4.8	4.4	4.0	3.7
United Kingdom	4.6	4.8	4.9	5.0	4.8	4.9	4.9	4.4	4.4	3.8
Singapore/Singapour	4.3	3.6	3.1	2.8	2.9	3.2	3.8	4.4	3.8	3.9
Switz.Liecht	3.4	3.2	3.6	3.5	2.9	2.9	3.5	3.7	3.1	3.2

	1983	1984	1985	1986	1987	1988	1989	1990	1991	1992
Afrique	0.1	0.1	0.2	0.2	0.4	x0.4	0.1	0.3	0.3	0.3
Afrique du Nord	0.0	0.0	0.1	0.1	0.1	0.1	0.1	0.1	0.1	0.1
Amériques	2.8	2.7	2.5	2.1	1.7	1.9	2.1	2.1	x2.3	x2.5
ALAI	0.0	0.1	0.2	0.1	0.1	0.1	0.1	0.1	0.2	0.2
MCAC	0.0	0.0	0.0	0.0	0.0	0.0	0.0	0.0	0.0	0.0
Asie	55.9	55.9	55.4	52.5	53.2	55.1	54.2	51.6	54.9	54.7
Moyen-Orient	0.7	0.7	0.4	0.3	0.7	0.3	0.4	0.3	0.4	0.4
Europe	40.9	39.0	41.8	45.1	42.5	40.8	42.0	45.2	41.5	42.3
CEE	14.3	13.7	14.6	15.5	14.2	13.5	13.4	13.1	11.8	11.9
AELE	26.6	25.3	27.2	29.5	28.3	27.2	28.6	31.9	29.6	30.3
Océanie	x0.0	x0.0		x0.0	x0.1	0.1	0.1	0.1	x0.2	x0.2
Switz.Liecht	26.4	25.1	27.0	29.2	28.0	26.9	28.3	31.5	29.2	30.0
Hong Kong	24.8	23.6	23.7	23.2	22.2	23.8	25.5	24.4	25.0	26.0
Japan/Japon	25.2	26.6	26.3	23.9	19.0	18.7	16.7	15.0	15.9	14.6
China/Chine			0.0	0.7	4.6	5.4	6.1	6.8	7.0	7.2
Germany/Allemagne	6.5	6.3	6.9	7.4	6.7	6.1	6.0	5.7	5.1	5.0
France, Monac	3.6	3.4	3.6	4.1	3.9	3.8	3.6	3.6	3.2	3.1
Singapore/Singapour	1.9	1.6	1.4	1.2	1.2	1.6	1.6	1.8	2.2	2.1
USA/Etats-Unis d'Amer	2.2	2.1	2.1	1.6	1.4	1.6	1.8	1.8	1.9	1.8
Korea Republic	2.6	2.8	2.5	2.5	2.5	2.2	1.8	1.3	1.3	1.2
Italy/Italie	1.5	1.3	1.6	1.6	1.3	1.2	1.3	1.4	1.3	1.3

892 PRINTED MATTER / IMPRIMES 892

TRADE BY COMMODITY IN THOUSAND U.S. DOLLARS – COMMERCE PAR PRODUIT EN MILLIERS DE DOLLARS E.U

COUNTRIES–PAYS	IMPORTS – IMPORTATIONS					COUNTRIES–PAYS	EXPORTS – EXPORTATIONS				
	1988	1989	1990	1991	1992		1988	1989	1990	1991	1992
Total	15428730	16187585	19154459	20321560	21616099	Totale	14344977	15280651	18361891	19272887	20704243
Africa	x537258	x585248	x570212	x642181	x745774	Afrique	x21426	x29681	x34361	x31211	x33420
Northern Africa	149231	117183	146816	x148810	x151250	Afrique du Nord	11271	20716	17360	16069	x19463
Americas	3536065	3818611	4165166	4407536	x4869217	Amériques	2665432	3485001	3948433	4468736	4754379
LAIA	323171	392866	453904	571684	790850	ALAI	208293	195401	235393	318515	332754
CACM	38374	48423	79622	69354	x54782	MCAC	6703	14831	6654	13714	x17107
Asia	x1537157	x1552565	x1894871	x2006638	x2456222	Asie	1371358	1358924	1600756	1783445	2034383
Middle East	x226831	x217652	x289534	x310215	x384133	Moyen–Orient	x58126	x62555	x83752	x71769	x76569
Europe	8660490	9016281	11085450	11487564	12296024	Europe	9803715	10067206	12462722	12691910	13617498
EEC	6491101	6673880	8279906	8661341	9336285	CEE	8666098	8921297	10981291	11283034	12174266
EFTA	2123940	2176768	2738931	2755439	2890057	AELE	1036495	1058048	1317380	1355127	1392793
Oceania	x651761	x750825	x796314	x798505	x829620	Océanie	x121761	x144513	x149829	x138947	x153073
France,Monac	1560246	1584671	2013948	2049467	2068658	USA/Etats–Unis d'Amer	1945881	2783310	3289411	3705036	3899160
USA/Etats–Unis d'Amer	1677838	1698329	1754171	1783668	1965364	Germany/Allemagne	2677597	2774094	3238891	3380707	3692571
Canada	1306723	1492703	1670842	1784805	1855090	United Kingdom	1694488	1723654	2209286	2212676	2357947
United Kingdom	1415823	1431004	1668803	1669303	1778202	France,Monac	1189827	1239816	1616113	1617152	1795722
Germany/Allemagne	972554	1032797	1348201	1593604	1758701	Italy/Italie	815334	874824	1044354	1076466	1068492
Switz.Liecht	816622	806574	1003172	1008873	1049869	Netherlands/Pays–Bas	764347	777336	962018	1034759	1134242
Belgium–Luxembourg	797135	810104	988089	994817	1020685	Belgium–Luxembourg	700691	727890	918337	937173	1000023
Netherlands/Pays–Bas	674859	671789	845237	869025	952216	Hong Kong	373446	431374	497362	592285	697132
Austria/Autriche	537506	561700	738142	735916	802012	Japan/Japon	485257	465026	490560	499287	521979
Australia/Australie	468764	541717	586066	584093	604355	Switz.Liecht	412369	395937	511390	524806	534844
Japan/Japon	441791	490814	605341	588520	633703	Spain/Espagne	429344	361025	459842	490150	579485
Sweden/Suède	386719	410435	536887	545945	566921	Canada	489815	472779	392197	411780	483374
Former USSR/Anc. URSS	x317483	x338838	x504145	x637588		Austria/Autriche	242681	256821	341102	368828	399055
Spain/Espagne	239460	283407	372145	411746	459748	Denmark/Danemark	253878	250420	330483	328186	330777
Italy/Italie	303129	322745	356118	334406	404127	Singapore/Singapour	197949	225191	304021	349063	395312
Norway,SVD,JM	247733	239846	277620	291274	307745	Sweden/Suède	217938	227332	232606	236086	227651
Denmark/Danemark	242870	232933	280378	273833	303770	Finland/Finlande	139113	151910	193367	181956	184607
Ireland/Irlande	176904	187937	227019	240274	285095	Ireland/Irlande	104320	142815	134514	140797	154636
Mexico/Mexique	90517	137787	189713	277988	359041	Australia/Australie	84790	114593	117049	126530	123300
Singapore/Singapour	153498	153098	210822	234080	247593	Colombia/Colombie	95584	82058	92924	139581	
Hong Kong	114635	145195	181246	228186	271897	Korea Republic	70465	69174	78380	94015	99738
New Zealand	141098	152007	164197	164306	169398	Yugoslavia SFR	66527	61747	124133	x42717	
Finland/Finlande	122051	145402	169584	157663	147361	Former USSR/Anc. URSS	x92592	x90273	x67595	x42593	
So. Africa Customs Un	134512	205823	126636	x136623	x158681	Mexico/Mexique	36470	37988	41627	68670	73015
Portugal	74031	73229	114367	143722	175458	Czechoslovakia	x90299	x33306	x39893	x63800	x61570
China/Chine	119902	98410	106776	113350	229527	China/Chine	22400	33764	40978	50689	91954
Brazil/Brésil	72879	94715	102272	108942	80982	Portugal	24917	30846	42136	39374	34571
Malaysia/Malaisie	65725	82034	107752	108239	x166255	Norway,SVD,JM	24428	25803	38378	42914	46118
Korea Republic	74791	79304	95241	111946	117808	Malaysia/Malaisie	17452	18079	33468	42997	x61319
Saudi Arabia	26849	54161	x87066	x93638	x107155	Hungary/Hongrie	x24722	x22530	x27246	x40118	x36114
Yugoslavia SFR	23782	144759	40044	x46267		Argentina/Argentine	22973	27391	27593	30721	58394
India/Inde	91276	x86893	72710	42015	x104654	Israel/Israël	22350	22526	28608	33722	32425
Thailand/Thaïlande	32233	47504	64012	78717	74118	New Zealand	35848	28786	31335	22906	25055
Greece/Grèce	34089	43264	65601	81144	x129624	Chile/Chili	24897	15834	20762	39901	x36054
Poland/Pologne	47459	35650	24498	128161	x189002	Lebanon/Liban	x16344	x25110	x24027	x26819	x38413
Czechoslovakia	x23953	15035	11102	x125442	x129563	Malta/Malte	34153	24823	38809	x8118	x6614
Hungary/Hongrie	x20045	x25937	x43430	67816	x71499	Greece/Grèce	11353	18315	25055	25334	x25801
Israel/Israël	32300	43937	42424	40090	44223	Venezuela	2044	18159	29183	13244	7132
Costa Rica	14313	16430	55421	41601	x14379	Brazil/Brésil	25293	12181	20118	19320	28947
Philippines	25543	x31964	27558	53910	50207	India/Inde	18389	x12477	19626	18276	x15992
Venezuela	35360	29036	36691	46894	60134	Kuwait/Koweït	x16842	4707	x22513	x21413	x881
Morocco/Maroc	27839	26639	37691	41939	47012	Thailand/Thaïlande	14708	10160	13511	18976	x21889
Peru/Pérou	45522	44043	35713	21604	x26042	Turkey/Turquie	x128899	x20459	x14272		
Turkey/Turquie	19656	24505	36958	34457	41940	Egypt/Egypte	5890	13859	9982	7119	7226
Indonesia/Indonésie	23924	23704	34152	35492	47147	Poland/Pologne	12386	9869	6556	9613	x11662
Cote d'Ivoire			x33201	x59601	x95137	Saudi Arabia	1991	12946	x8503	x2762	x3828
Guadeloupe	25904	25396	33569	33720	34573	Bulgaria/Bulgarie	x9741	x12937	x7184	x1489	x1142
United Arab Emirates	x35958	x23433	x33547	x27989	x36865	Costa Rica	3605	12114	3874	5048	x2110
Cameroon/Cameroun	x28511	30096	x27161	25454	x19268	Cuba	x2065	x5394	x11344	x3894	x3012
Bulgaria/Bulgarie	x29994	x29188	x43347	x8793	8638	Trinidad and Tobago	3791	5478	6105	7142	9047

(VALUE AS % OF TOTAL)(VALEUR EN % DU TOTAL)

	1983	1984	1985	1986	1987	1988	1989	1990	1991	1992		1983	1984	1985	1986	1987	1988	1989	1990	1991	1992
Africa	x6.4	x5.0	4.0	x4.4	x3.6	x3.5	x3.6	x3.0	x3.2	x3.4	Afrique	0.3	0.3	0.3	0.2	0.1	x0.1	x0.2	x0.2	x0.1	x0.1
Northern Africa	x2.6	x2.1	1.7	x1.3	0.8	1.0	0.7	0.8	x0.7	0.7	Afrique du Nord	0.2	0.2	0.2	0.2	0.1	0.1	0.1	0.1	0.1	x0.1
Americas	27.3	30.2	31.4	28.0	23.7	22.9	23.6	21.8	21.7	x22.6	Amériques	23.1	23.5	22.5	19.5	17.9	18.6	22.8	21.6	23.2	23.0
LAIA	3.9	3.4	4.4	3.2	2.4	2.1	2.4	2.4	2.8	3.7	ALAI	1.0	1.4	1.8	1.4	1.5	1.5	1.3	1.3	1.7	1.6
CACM	x0.2	0.4	0.4	0.3	x0.3	0.2	0.3	0.4	0.3	x0.3	MCAC	x0.0	0.1	0.1	0.1	0.0	0.0	0.1	0.0	0.1	x0.1
Asia	x10.0	9.5	8.8	8.6	x8.9	x10.0	x9.6	x9.9	x9.9	x11.3	Asie	x8.1	8.9	8.7	8.9	9.2	9.5	8.9	8.7	9.3	9.8
Middle East	x3.1	x2.8	1.4	x1.9	x1.3	x1.5	x1.3	x1.5	x1.5	x1.8	Moyen–Orient	x0.9	x1.0	0.7	x0.5	x0.5	x0.4	x0.4	x0.5	x0.4	x0.4
Europe	49.2	47.7	49.5	53.8	56.1	55.7	57.9	56.5	56.5	56.9	Europe	66.7	64.3	66.8	70.1	69.4	68.3	65.9	67.9	65.9	65.8
EEC	36.5	35.7	36.9	39.3	40.8	42.1	41.2	43.2	42.6	43.2	CEE	59.2	56.2	58.5	61.1	60.8	60.4	58.4	59.8	58.5	58.8
EFTA	12.7	11.7	12.3	14.1	14.7	13.8	13.4	14.3	13.6	13.4	AELE	7.4	6.9	7.4	8.2	7.9	7.2	6.9	7.2	7.0	6.7
Oceania	5.4	x5.9	5.6	x4.7	x4.2	x4.3	x4.7	x4.1	x3.9	x3.9	Océanie	x0.9	x0.9	0.9	x0.6	x0.8	0.8	x0.9	0.8	x0.7	0.7
France,Monac	9.7	9.0	9.2	10.2	10.4	10.1	9.8	10.5	10.1	9.6	USA/Etats–Unis d'Amer	18.4	17.8	15.9	13.3	12.5	13.6	18.2	17.9	19.2	18.8
USA/Etats–Unis d'Amer	10.0	12.7	13.8	13.6	11.7	10.9	10.5	9.2	8.8	9.1	Germany/Allemagne	17.3	15.8	17.1	19.4	19.3	18.7	18.2	17.6	17.5	17.8
Canada	12.3	12.5	11.7	9.6	8.0	8.5	9.2	8.7	8.8	8.6	United Kingdom	12.4	12.4	12.5	11.4	11.6	11.8	11.3	12.0	11.5	11.4
United Kingdom	7.5	7.8	8.1	7.8	8.0	9.2	8.8	8.7	8.2	8.2	France,Monac	8.4	7.9	8.1	8.6	8.3	8.3	8.1	8.8	8.4	8.7
Germany/Allemagne	5.5	5.3	5.5	5.8	6.3	6.3	6.4	7.0	7.8	8.1	Italy/Italie	5.6	5.4	5.6	5.5	5.5	5.7	5.7	5.7	5.6	5.2
Switz.Liecht	5.2	4.6	4.6	5.4	5.6	5.0	5.0	5.2	5.0	4.9	Netherlands/Pays–Bas	4.8	4.5	4.7	5.2	5.0	5.3	5.1	5.7	5.6	5.5
Belgium–Luxembourg	4.7	4.5	4.6	4.9	5.2	5.2	5.0	5.2	4.9	4.9	Belgium–Luxembourg	4.5	4.2	4.2	4.8	4.8	4.9	4.8	5.0	5.4	5.5
Netherlands/Pays–Bas	3.6	3.8	3.8	4.3	4.4	4.4	4.1	4.4	4.4	4.7	Hong Kong	2.1	2.3	2.5	2.4	2.5	2.6	2.8	2.7	3.1	3.4
Austria/Autriche	3.4	3.1	3.1	3.6	3.7	3.5	3.5	3.9	3.6	4.4	Hong Kong	2.1	2.3	2.5	2.4	2.5	2.6	2.8	2.7	3.1	3.4
Australia/Australie	4.0	4.2	4.2	3.3	3.0	3.0	3.3	3.1	2.9	2.8	Japan/Japon	3.3	3.8	4.0	3.4	3.0	3.4	3.0	2.7	2.6	2.5
											Switz.Liecht	3.2	2.9	2.9	3.4	3.1	2.9	2.6	2.8	2.7	2.6

893 ARTICLES OF PLASTIC NES

OUVRAGES EN MAT DIVIS 58 893

TRADE BY COMMODITY IN THOUSAND U.S. DOLLARS – COMMERCE PAR PRODUIT EN MILLIERS DE DOLLARS E.U

IMPORTS – IMPORTATIONS

COUNTRIES–PAYS	1988	1989	1990	1991	1992
Total	22973117	24876524	30095208	32585391	36326456
Africa	x423895	x499586	x558701	x562238	x692768
Northern Africa	184137	215585	215497	x170929	x233093
Americas	5050937	5342364	5779696	6086815	x7088372
LAIA	257923	368217	519060	763846	1095236
CACM	40253	49591	50061	60538	x89440
Asia	x2796588	3215280	x3904036	4686069	x5932788
Middle East	x533888	x492872	x578835	x644269	x821386
Europe	13233170	14279124	18309502	19340757	21252756
EEC	10572694	11489777	14839156	15991231	17735765
EFTA	2554701	2686546	3304405	3202352	3329283
Oceania	x542966	x644437	x634581	x689638	x734756
USA/Etats–Unis d'Amer	3579993	3645848	3849293	3814169	4333418
Germany/Allemagne	2232239	2446250	3357431	4066167	4569573
France, Monac	2089770	2303541	2872520	2921541	3146694
United Kingdom	1924333	2055720	2454354	2411315	2616124
Netherlands/Pays–Bas	1409784	1502850	1927563	1998150	2173959
Belgium–Luxembourg	1022958	1135698	1441850	1502312	1621910
Canada	953974	1040593	1090485	1181299	1294802
Italy/Italie	817378	860548	1095251	1186936	1301622
Switz.Liecht	742438	789471	981550	942078	969380
Hong Kong	454568	628597	817143	1054128	1521487
Japan/Japon	590910	686877	798748	858079	927880
Sweden/Suède	639340	657109	778277	736870	743042
Former USSR/Anc. URSS	x643508	x631809	x682597	x849822	
Austria/Autriche	508934	542934	736241	776055	864848
Australia/Australie	401825	486425	470758	501460	525742
Denmark/Danemark	371967	361174	453677	462358	510371
Spain/Espagne	205254	244047	444266	577028	771869
Singapore/Singapour	243229	352869	418548	474424	515531
Norway, SVD, JM	380399	359922	429249	423237	445328
Ireland/Irlande	287993	315998	413175	436283	508760
Finland/Finlande	245143	302639	342273	285782	268896
Mexico/Mexique	140484	211982	277377	391816	527285
Thailand/Thaïlande	154172	202250	271124	357823	514071
Korea Republic	161837	183867	235126	270110	305312
Malaysia/Malaisie	124604	169135	225978	282692	x233566
China/Chine	153194	182725	188213	268515	561316
Portugal	118568	136819	201459	234916	296211
Saudi Arabia	121548	142588	x187437	x212006	x232574
Greece/Grèce	92450	127133	177610	194227	x218672
Israel/Israël	101875	99692	127922	144267	166705
New Zealand	87080	101608	113445	119019	130636
So. Africa Customs Un	58350	83593	89555	x124154	x133575
Yugoslavia SFR	68021	61528	115840	x110615	
United Arab Emirates	x141677	x75541	x84930	x113734	x129521
Poland/Pologne	73502	64376	44797	160574	x291191
Turkey/Turquie	33925	40034	98116	124406	140478
Brazil/Brésil	25822	54456	85326	95234	98923
Hungary/Hongrie	x57847	x61301	x62317	96702	x130517
Philippines	23396	x61903	42809	84005	74802
Libyan Arab Jamahiriya	92042	71747	76489	x28619	x31106
Indonesia/Indonésie	20312	42720	60197	70380	89417
Czechoslovakia	x37784	49769	38489	x82836	x149395
Chile/Chili	22430	37390	57479	66909	x93592
Bulgaria/Bulgarie	x41909	x65927	x61033	x16199	18538
Morocco/Maroc	25742	14885	23896	72906	181462
Argentina/Argentine	19544	34472	36815	38331	37787
Iceland/Islande	38447	34472	x35126	x20460	x53629
Kuwait/Koweït	x56314	50987	40961	40693	57254
Tunisia/Tunisie	17165	17669	49174	25424	x41894
India/Inde	30109	x31057	39174	25424	x41894

EXPORTS – EXPORTATIONS

COUNTRIES–PAYS	1988	1989	1990	1991	1992
Totale	21373077	22006184	27291602	29139582	33728079
Afrique	x27445	x36204	x52453	x61404	x68400
Afrique du Nord	5427	10006	17599	27350	27481
Amériques	2492467	3201548	3856238	4194601	x5067947
ALAI	117432	227917	172282	234107	280889
MCAC	32370	29938	34028	39136	x41664
Asie	x4628147	3723922	4321839	4974979	6433905
Moyen–Orient	x94058	x132977	x95921	x89374	x73783
Europe	13826009	14749686	18756785	19568405	21783786
CEE	11910910	12764799	16293703	17023712	18931931
AELE	1832835	1898410	2372958	2481498	2724925
Océanie	x128676	137429	x145179	x171980	x190889
Germany/Allemagne	4026812	4272616	5215808	5374227	6003034
USA/Etats–Unis d'Amer	1707320	2276968	2903529	3210186	3936027
Italy/Italie	1791681	1926620	2415379	2524438	2761224
France, Monac	1401497	1522701	2033666	2255464	2578842
Netherlands/Pays–Bas	1261359	1370469	1748608	1786680	1935918
United Kingdom	1239973	1281317	1737593	1851822	2035941
Belgium–Luxembourg	1007801	1138035	1519329	1579120	1795150
Hong Kong	944209	1184504	1357972	1601221	2065991
Japan/Japon	804215	886627	934615	1091630	1186191
Switz.Liecht	592713	615154	801256	825314	928384
Denmark/Danemark	610692	618766	786948	762102	845908
Canada	619945	654010	724935	692573	790932
Sweden/Suède	539904	549322	655468	707038	715095
Austria/Autriche	379217	406081	552218	613628	725631
Korea Republic	425299	443767	588394	481533	515344
Spain/Espagne	256281	291321	366842	402684	406575
China/Chine	147064	261864	319641	443236	1167281
Singapore/Singapour	183789	282233	311207	359159	365226
Ireland/Irlande	221366	231846	309834	312357	331858
Thailand/Thaïlande	146438	190508	220535	284337	x348742
Finland/Finlande	213556	216446	236895	215944	223155
Israel/Israël	129685	144456	180635	189574	240599
Malaysia/Malaisie	70643	113385	168337	226921	x282212
Norway, SVD, JM	104212	108725	124060	116810	129753
Mexico/Mexique	51129	119044	68123	113117	95058
Portugal	59648	69331	101486	117474	152035
Australia/Australie	70191	78955	90801	110954	117914
Yugoslavia SFR	69952	77278	77888	x49296	
New Zealand	57669	57877	53642	59754	71663
Greece/Grèce	33802	41258	57691	56825	x85446
Indonesia/Indonésie	16151	29524	44568	66726	103020
Brazil/Brésil	37150	46872	38485	46465	92579
Bulgaria/Bulgarie	x68147	x54149	x50535	x7937	x11848
India/Inde	23886	x9602	49798	52271	x22903
Hungary/Hongrie	x22754	x26042	x30743	x49633	x54357
Czechoslovakia	x54820	x19608	x23098	x53512	x68408
Philippines	21369	x28123	26197	35031	36330
Venezuela	6488	30809	33233	17736	16786
Poland/Pologne	24097	21392	25739	30206	x39501
Turkey/Turquie	27041	28954	21630	25584	34105
United Arab Emirates	x24664	x27217	x22758	x18716	x10639
So. Africa Customs Un	x14862	x16173	x20617	x22121	x24084
Costa Rica	19159	19476	18423	19974	x17509
Argentina/Argentine	7397	11206	12561	26117	27592
Syrian Arab Republic	711	30159	16574	x799	x521
Former USSR/Anc. URSS	x4699	x9754	x12412	x21210	
Former GDR	x85562	x25364	x15454		
Colombia/Colombie	7837	11177	9348	16410	23767
Sri Lanka	8154	8414	11224	15337	11697
Saudi Arabia	13918	16903	x13365	x3948	x4504

(VALUE AS % OF TOTAL)(VALEUR EN % DU TOTAL)

	1983	1984	1985	1986	1987	1988	1989	1990	1991	1992		1983	1984	1985	1986	1987	1988	1989	1990	1991	1992
Africa	x2.8	x2.7	2.3	x2.8	x2.2	x1.9	x2.0	x1.9	x1.7	x1.9	Afrique	0.2	x0.2	0.2	x0.2	0.2	x0.2	x0.2	x0.2	x0.2	x0.2
Northern Africa	x1.3	x1.3	1.3	x0.9	0.8	0.8	0.9	0.7	x0.5	x0.6	Afrique du Nord	0.1	0.1	0.1	0.0	0.0	0.0	0.0	0.1	0.1	0.1
Americas	x23.0	28.3	30.2	x26.4	x24.4	22.0	21.4	19.2	18.6	x19.5	Amériques	x11.8	13.0	16.1	12.3	10.3	11.7	14.5	14.1	14.4	x15.0
LAIA	1.1	2.2	2.6	1.0	1.1	1.1	1.5	1.7	2.3	3.0	ALAI	0.5	1.6	1.9	0.8	0.6	0.5	1.0	0.6	0.8	0.8
CACM	x0.2	0.5	0.5	0.2	x0.2	0.2	0.2	0.2	0.2	x0.2	MCAC	x0.2	0.4	0.3	0.1	0.1	0.2	0.1	0.1	0.1	x0.1
Asia	x13.5	12.8	10.2	9.9	x10.8	x12.2	13.0	x13.0	14.4	x16.3	Asie	13.1	14.9	13.8	13.6	x21.7	x21.7	16.9	15.8	17.1	19.0
Middle East	x6.2	x5.0	2.8	x2.8	x2.2	x2.3	2.0	x1.9	x2.0	x2.3	Moyen–Orient	x0.5	0.8	0.6	0.4	x0.5	x0.4	x0.6	x0.4	x0.3	x0.2
Europe	57.3	52.7	54.1	57.9	57.1	57.6	57.4	60.8	59.4	58.5	Europe	73.4	70.7	68.9	72.9	65.9	64.7	67.0	68.7	67.2	64.6
EEC	45.9	42.0	43.1	46.1	45.5	46.0	46.2	49.3	49.1	48.8	CEE	63.3	60.9	59.6	63.0	57.2	55.7	58.0	59.7	58.4	56.1
EFTA	11.3	10.4	10.6	11.5	11.2	11.1	10.8	11.0	9.8	9.2	AELE	10.2	9.5	9.0	9.6	8.5	8.6	8.6	8.7	8.5	8.1
Oceania	2.6	2.7	2.5	2.3	x2.0	x2.3	2.6	x2.1	x2.1	x2.0	Océanie	0.6	0.6	0.5	x0.5	x0.5	x0.6	0.6	x0.5	x0.6	x0.6
USA/Etats–Unis d'Amer	15.2	18.5	20.5	19.3	17.9	15.6	14.7	12.8	11.7	11.9	Germany/Allemagne	21.3	20.3	20.3	22.4	20.2	18.8	19.4	19.1	18.4	17.8
Germany/Allemagne	10.5	9.3	9.1	9.7	9.7	9.7	9.8	11.2	12.5	12.6	USA/Etats–Unis d'Amer	10.0	9.8	12.4	10.1	8.6	8.0	10.3	10.6	11.0	11.7
France, Monac	9.4	8.4	8.6	9.4	9.4	9.1	9.3	9.5	9.0	8.7	Italy/Italie	9.5	9.2	8.7	9.0	7.8	8.4	8.8	8.9	8.7	8.2
United Kingdom	7.9	7.5	7.9	7.9	7.6	8.4	8.3	8.2	7.4	7.2	France, Monac	8.0	7.7	7.5	7.6	7.0	6.6	6.9	7.5	7.7	7.6
Netherlands/Pays–Bas	6.4	6.0	6.3	6.8	6.6	6.1	6.0	6.4	6.1	6.0	Netherlands/Pays–Bas	6.3	5.9	5.8	6.4	5.8	5.8	6.2	6.4	6.1	5.7
Belgium–Luxembourg	4.9	4.3	4.3	4.7	4.6	4.5	4.2	4.8	4.6	4.5	United Kingdom	7.1	6.8	6.6	6.2	5.8	5.8	6.4	6.4	6.0	6.0
Canada	5.3	5.5	5.6	5.4	4.1	4.2	4.2	3.6	3.6	3.6	Belgium–Luxembourg	5.4	5.3	5.2	5.6	5.1	4.7	5.2	5.6	5.4	5.3
Italy/Italie	3.0	3.0	3.2	3.5	3.5	3.6	3.5	3.6	3.6	3.6	Hong Kong	3.7	4.8	4.7	4.7	4.4	4.4	5.0	5.5	6.1	
Switz.Liecht	3.3	3.1	3.2	3.6	3.4	3.2	3.2	3.3	2.9	2.7	Japan/Japon	4.3	4.6	4.4	4.1	3.0	3.8	4.0	3.4	3.7	3.5
Hong Kong	1.4	1.6	1.9	1.7	1.9	2.0	2.5	2.7	3.2	4.2	Switz.Liecht	3.3	3.0	2.8	3.2	2.8	2.8	2.8	2.9	2.8	2.8

894 TOYS, SPORTING GOODS, ETC — VOITURES ENFANTS, JOUETS 894

TRADE BY COMMODITY IN THOUSAND U.S. DOLLARS – COMMERCE PAR PRODUIT EN MILLIERS DE DOLLARS E.U

IMPORTS – IMPORTATIONS

COUNTRIES–PAYS	1988	1989	1990	1991	1992
Total	21241757	24434182	28235468	31544934	37365498
Africa	x199398	x182221	x232681	x441415	x269806
Northern Africa	53554	50523	54062	261234	x69462
Americas	8157438	10272154	11032872	11081361	x13598462
LAIA	178858	294536	415304	608338	846707
CACM	20480	23060	24727	28249	x44025
Asia	4366443	4854998	5929109	6836753	8048638
Middle East	x271690	x235038	x304991	x312780	x483958
Europe	7755943	8252577	10155480	12131585	14460764
EEC	6352176	6859688	8445196	10322583	12505209
EFTA	1351938	1321933	1584632	1707206	1811794
Oceania	x423529	x491975	x488761	x533830	x673828
USA/Etats–Unis d'Amer	7039726	8839770	9493327	9251544	11304517
Hong Kong	1323515	1761891	2257950	2884992	4017092
Germany/Allemagne	1434663	1497163	1984626	2667485	2992887
Japan/Japon	1295243	1555521	1819320	1929494	2157223
France, Monac	1346879	1399565	1670347	1974872	2346111
United Kingdom	1257167	1462633	1677134	1835728	2508026
Canada	824678	988968	985837	1093408	1301655
Italy/Italie	694150	734709	872242	1086827	1225771
China/Chine	816352	716000	833029	901735	317824
Netherlands/Pays–Bas	524034	508692	634194	804955	969009
Belgium–Luxembourg	431680	469564	558437	615433	682209
Spain/Espagne	230480	308795	443643	645412	986308
Switz.Liecht	470960	411345	471460	512077	562111
Australia/Australie	305089	376602	376009	413766	534814
Austria/Autriche	247260	265419	383721	431519	447910
Sweden/Suède	295797	299146	338406	365490	415354
Mexico/Mexique	92584	181962	232143	292197	384957
Singapore/Singapour	181360	186529	243341	260564	339360
Denmark/Danemark	209584	205864	232539	247730	271791
Finland/Finlande	147560	168725	195275	181322	158037
Norway, SVD, JM	174586	163760	181160	200142	214560
Korea Republic	107248	127961	184991	221473	324090
Former USSR/Anc. URSS	x105368	x124765	x138347	x184306	
Portugal	97689	92341	130537	161617	195065
Ireland/Irlande	96754	102679	135121	141792	178599
Greece/Grèce	47096	77683	106376	140733	x149434
Saudi Arabia	82137	67750	x133989	x101206	x199162
New Zealand	89281	89380	90831	89658	105907
So. Africa Customs Un	80226	64262	84555	x89885	x96753
Malaysia/Malaisie	47629	55555	77429	91051	x134139
Algeria/Algérie	2897	2206	2410	217157	x3578
Yugoslavia SFR	27673	47533	97149	x72437	
Czechoslovakia	x28312	73543	59497	x82402	x115371
Poland/Pologne	19685	18504	31747	144948	x95169
Thailand/Thailande	33974	53763	70574	63772	79096
Israel/Israël	57942	55038	60208	65991	75757
Hungary/Hongrie	x29276	x38165	x38369	88780	x77229
United Arab Emirates	x83948	x49795	x42217	x70075	x102625
Argentina/Argentine	8150	9538	19429	98204	194292
Bulgaria/Bulgarie	x34178	x56976	x61581	x8227	11739
Chile/Chili	22798	38072	32269	51814	x88137
Romania/Roumanie	x15875	32395	61425	10695	x14157
Paraguay	6790	10938	42548	45656	27635
Brazil/Brésil	6860	18562	38283	34693	27918
Kuwait/Koweit	x34515	39460	x25435	x19814	x42280
Turkey/Turquie	9341	14803	31404	35126	39549
Philippines	8607	x38854	15133	23100	23211
Indonesia/Indonésie	12711	31013	19955	24181	26408
Egypt/Egypte	25738	18710	26715	24302	26238
Venezuela	15382	10721	19849	38419	57396

EXPORTS – EXPORTATIONS

COUNTRIES–PAYS	1988	1989	1990	1991	1992
Totale	x19000607	17341767	20731590	23507551	28435455
Afrique	x17304	x23464	x25424	x24844	x109736
Afrique du Nord	3151	6819	5832	5683	10544
Amériques	x1701563	x2215038	2700922	3069664	3666678
ALAI	135527	148872	234854	241152	322446
MCAC	2067	1496	2087	2191	x14103
Asie	x11300765	9243778	10909212	13107352	16727262
Moyen–Orient	x11008	x18934	x14358	x19155	x22229
Europe	5077539	5362552	6641804	6968351	7648334
CEE	4063178	4362471	5451827	5695820	6300289
AELE	948072	938510	1121835	1183426	1252865
Océanie	x62657	x55090	x66112	x72250	x74625
Hong Kong	3385560	4073741	4870826	5906049	8007234
USA/Etats–Unis d'Amer	1322536	1803712	2208250	2557550	2984222
China/Chine	1259280	1638466	1970640	2454457	3487206
Japan/Japon	1051761	1095780	1516066	1957965	2117678
Germany/Allemagne	982245	1044545	1332836	1413100	1483880
Korea Republic	1496908	1338073	1154470	1092901	923043
Italy/Italie	722658	826180	1070110	1112712	1206668
United Kingdom	735087	749790	872569	868908	918113
France, Monac	642144	693793	850239	885261	1004022
Austria/Autriche	455656	468428	543611	603463	617631
Thailand/Thailande	130490	318200	462405	571780	x829901
Netherlands/Pays–Bas	264978	281368	393520	466632	632310
Spain/Espagne	274462	282709	370156	356290	374367
Belgium–Luxembourg	230532	262186	271918	283970	
Singapore/Singapour	268093	242978	265505	302112	325999
Switz.Liecht	218259	193187	252666	256476	303760
Canada	206761	206465	232528	264957	283155
Malaysia/Malaisie	96474	143595	205540	257417	330310
Macau/Macao	152174	172962	187129	259074	x406676
Sweden/Suède	131754	134409	154361	154401	176032
Ireland/Irlande	95191	107121	133966	132035	163040
Brazil/Brésil	71945	70811	137083	129992	216140
Pakistan	66011	73455	105891	139933	125546
Finland/Finlande	93292	94585	96859	89517	94599
Philippines	32399	x71373	67294	119628	119173
Denmark/Danemark	78684	69719	88279	96166	115424
Former USSR/Anc. URSS	x96167	x83795	x75804	x87824	
Bulgaria/Bulgarie	x85741	x109265	x97920	x9021	x13780
Norway, SVD, JM	49086	47900	74327	79569	81434
Mexico/Mexique	47430	55126	68985	76633	64192
Czechoslovakia	x109055	x40883	x49430	x78165	x92523
Australia/Australie	51144	42456	53442	57056	58450
Indonesia/Indonésie	4986	13233	37405	100461	162871
Former GDR	x472499	x85236	x63288		
Portugal	32736	36980	52263	54460	59167
Yugoslavia SFR	50002	42974	44709	x53765	
Poland/Pologne	30138	28462	29460	50425	x57058
Romania/Roumanie	x13049	60537	42570	3567	x7773
Hungary/Hongrie	x31858	x33420	x29323	x35583	x37260
India/Inde	24669	x26682	33386	28104	x36199
Malta/Malte	15936	18149	23030	x34981	x35491
Haiti/Haïti	x16372	x38784	x15133	x8113	x10216
Greece/Grèce	4461	7877	15767	26083	x17298
Israel/Israël	12219	13077	14293	17215	19999
New Zealand	11037	10257	11810	14527	15680
Colombia/Colombie	4892	5799	5803	15974	9119
Mauritius/Maurice	6302	5967	8438	7328	10733
Argentina/Argentine	2457	5529	8135	5962	6021
So. Africa Customs Un	x4620	x4944	x6123	x7439	x6847
Cyprus/Chypre	2928	3932	6052	8089	7171

(VALUE AS % OF TOTAL) (VALEUR EN % DU TOTAL)

	1983	1984	1985	1986	1987	1988	1989	1990	1991	1992		1983	1984	1985	1986	1987	1988	1989	1990	1991	1992
Africa	x2.0	x2.1	1.2	x1.0	x1.1	1.0	x0.8	x0.8	x1.4	x0.8	Afrique	0.1	0.1	0.2	0.1	x0.1	x0.1	x0.1	0.1	0.1	0.4
Northern Africa	0.8	0.6	0.5	0.3	0.3	0.3	0.2	0.2	0.8	x0.2	Afrique du Nord	0.0	0.0	0.1	0.0	0.0	0.0	0.0	0.0	0.0	0.0
Americas	x37.3	44.6	49.3	x44.1	x39.6	38.4	42.0	39.1	35.1	x36.4	Amériques	16.9	15.1	14.0	x10.0	8.1	x8.9	x12.8	13.1	13.1	12.9
LAIA	0.7	1.3	1.2	0.7	0.6	0.8	1.2	1.5	1.9	2.3	ALAI	0.9	2.8	4.4	1.1	1.6	0.7	0.9	1.1	1.0	1.1
CACM	x0.1	0.2	0.2	0.1	0.1	0.1	0.1	0.1	0.1	x0.1	MCAC	x0.0	0.0	0.0	0.0	0.0	0.0	0.0	0.0	0.0	0.0
Asia	13.1	12.9	12.4	14.0	18.6	20.6	19.9	21.0	21.6	21.6	Asie	41.0	47.2	47.4	48.4	x58.7	x59.5	53.3	52.6	55.8	58.8
Middle East	x3.4	x2.9	1.7	x1.7	x1.2	x1.3	x1.0	1.1	x1.1	x1.3	Moyen–Orient	x0.1	0.1	0.2	0.1	x0.1	x0.1	x0.1	x0.1	x0.1	0.1
Europe	41.7	35.0	33.1	37.2	36.4	36.5	33.8	36.0	38.5	38.7	Europe	38.7	35.0	36.3	39.5	27.6	26.7	30.9	32.0	29.6	26.9
EEC	34.1	28.5	26.7	30.1	29.9	29.9	28.1	29.9	32.7	33.5	CEE	32.2	28.3	28.7	31.2	22.1	21.4	25.2	26.3	24.2	22.2
EFTA	7.5	6.2	6.1	6.8	6.3	6.4	5.4	5.6	5.4	4.8	AELE	6.4	6.2	7.1	7.8	5.3	5.0	5.4	5.4	5.0	4.4
Oceania	3.0	x3.0	2.9	x2.4	x2.0	2.0	2.0	x1.8	1.7	x1.8	Océanie	x0.4	0.4	0.4	0.4	x0.3	x0.3	x0.3	x0.3	x0.3	0.3
USA/Etats–Unis d'Amer	30.5	37.1	42.5	38.3	34.6	33.1	36.2	33.6	29.3	30.3	Hong Kong	18.5	22.0	20.7	21.4	16.1	17.8	23.5	23.5	25.1	28.2
Hong Kong	2.5	3.1	4.0	4.4	5.2	6.2	7.2	8.0	9.1	10.8	USA/Etats–Unis d'Amer	14.3	10.1	7.7	6.9	5.3	7.0	10.4	10.7	10.9	10.5
Germany/Allemagne	7.1	6.3	6.2	7.0	7.0	6.8	6.1	7.0	8.5	8.0	China/Chine			1.0	1.6	5.4	6.6	9.4	9.5	10.4	12.3
Japan/Japon	4.0	3.7	3.8	4.4	5.3	6.1	6.4	6.4	6.1	5.8	Japan/Japon	12.1	11.6	12.4	10.2	6.0	5.5	6.3	7.3	8.3	7.4
France, Monac	8.1	5.9	5.4	6.3	6.5	6.3	5.7	5.9	6.3	6.3	Germany/Allemagne	7.7	6.9	7.3	8.2	5.6	5.2	6.0	6.4	6.0	5.2
United Kingdom	7.4	6.5	5.8	6.0	6.0	5.9	6.0	5.9	5.8	6.7	Korea Republic	6.2	8.7	8.4	10.1	8.4	7.9	7.7	5.6	4.6	3.2
Canada	5.6	5.3	5.0	4.3	3.8	3.9	4.0	3.5	3.5	3.5	Italy/Italie	6.2	5.6	6.1	6.3	4.1	3.8	4.8	5.2	4.7	4.2
Italy/Italie	3.2	3.0	2.6	2.9	3.0	3.3	3.0	3.1	3.4	3.3	United Kingdom	5.2	4.4	4.6	4.8	3.8	3.1	4.3	4.2	3.7	3.2
China/Chine					3.5	3.8	2.9	3.0	2.9	0.9	France, Monac	5.7	4.6	4.5	4.9	3.2	3.4	4.0	4.1	3.8	3.5
Netherlands/Pays–Bas	2.9	2.3	2.2	2.5	2.4	2.5	2.1	2.2	2.6	2.6	Austria/Autriche	3.2	2.9	3.2	3.6	2.6	2.4	2.7	2.6	2.6	2.2

895 OFFICE SUPPLIES NES — ART PAPET NDA 895

TRADE BY COMMODITY IN THOUSAND U.S. DOLLARS – COMMERCE PAR PRODUIT EN MILLIERS DE DOLLARS E.U

IMPORTS – IMPORTATIONS

COUNTRIES–PAYS	1988	1989	1990	1991	1992
Total	3589881	3996415	4611292	4880447	5499080
Africa	x112999	x107753	x121138	x137111	x171036
Northern Africa	31200	32314	34068	x36256	x46918
Americas	716906	1030097	1134870	1243416	x1404591
LAIA	92783	114308	127832	182012	x245002
CACM	15554	17847	15621	16172	x19419
Asia	x647370	x694632	x788945	x864759	x1097220
Middle East	x138529	x136923	x133368	x139269	x197944
Europe	1861335	1907709	2350371	2397962	2617743
EEC	1533448	1570188	1936207	2013193	2190117
EFTA	316421	319429	380030	361909	378960
Oceania	x117299	x128561	x117610	x122268	x130710
USA/Etats–Unis d'Amer	439778	722265	820513	864798	948495
Germany/Allemagne	275532	270175	387867	428449	469810
France,Monac	297676	306738	364319	371326	410333
United Kingdom	310721	328976	362435	350546	359138
Italy/Italie	200291	200163	234694	256880	284785
Hong Kong	120172	159821	190484	174042	295129
Netherlands/Pays-Bas	132698	134677	167344	164092	192668
Spain/Espagne	108759	119479	158789	150709	174987
Canada	135364	141574	137329	150709	166565
Singapore/Singapour	111782	119491	149524	150957	152633
Japan/Japon	100111	109829	124679	144996	163134
Switz.Liecht	107803	107241	137134	130060	132870
Belgium–Luxembourg	85375	84562	107927	109104	115543
Australia/Australie	87916	98698	88889	92531	99131
Sweden/Suède	73721	73884	82378	79753	83760
Austria/Autriche	53415	54593	72619	74357	81908
Mexico/Mexique	35067	52194	62845	86275	103661
Denmark/Danemark	52042	46037	51493	52625	58149
Finland/Finlande	40458	45816	45927	36030	34182
Former USSR/Anc. URSS	x33942	x43801	x46838	x37035	
Portugal	30415	30916	45599	50024	56600
Korea Republic	25985	32046	37997	51740	59047
Malaysia/Malaisie	26541	30476	38528	45659	x53934
Norway,SVD,JM	38393	35480	39300	38369	43256
Saudi Arabia	35007	43568	x35523	x32901	x39667
So. Africa Customs Un	37747	29451	34584	x43431	x50887
Thailand/Thaïlande	21081	21513	29551	32451	41863
United Arab Emirates	x41172	x24263	x24620	x33521	x44144
Ireland/Irlande	22137	26860	29004	25978	27169
Greece/Grèce	17802	21606	26737	30128	x40934
Israel/Israël	19851	19467	25125	27282	30086
Yugoslavia SFR	7537	13901	28682	x17550	
Chile/Chili	13292	17031	19512	22089	x30687
New Zealand	17875	18413	19553	18876	20233
Hungary/Hongrie	x16248	x16789	x16003	23730	x21409
Iran (Islamic Rp. of)	x9006	x16291	x18698	x18617	x47071
Poland/Pologne	9870	11900	2976	33747	x32063
Turkey/Turquie	10361	10722	17086	18506	23091
China/Chine	11659	11745	14263	15282	31111
Czechoslovakia	x7122	18217	10524	x12491	x17437
Brazil/Brésil	6897	12399	12214	13402	16185
Indonesia/Indonésie	6618	13861	9696	13903	15946
Argentina/Argentine	6598	5510	7283	23820	43632
Bulgaria/Bulgarie	x14686	x17875	x14555	x2777	2085
Kuwait/Koweït	x11569	18393	x7841	x5964	x15465
Philippines	5517	14183	7678	9861	11427
India/Inde	7220	x9589	8655	8415	x16928
Algeria/Algérie	10003	10618	8038	6850	x6929
Cuba	x8369	11259	x8151	x5411	x1680
Venezuela	12808	8196	5421	9922	14828

EXPORTS – EXPORTATIONS

COUNTRIES–PAYS	1988	1989	1990	1991	1992
Totale	3710209	3692884	4361977	4505948	5045570
Afrique	x7354	x6794	x9484	x8288	x13319
Afrique du Nord	3748	4803	4203	5291	6947
Amériques	307259	406834	481035	531699	592336
ALAI	34929	40468	45330	55885	71185
MCAC	3417	2716	4040	2533	x3483
Asie	x1279575	1204769	1335667	1464551	x1756652
Moyen–Orient	9550	10522	x8705	x8976	x9551
Europe	1935124	2013639	2479127	2449245	2624512
CEE	1632134	1735796	2130846	2099959	2233402
AELE	291020	268805	332345	336754	343590
Océanie	x11075	11578	x14130	x13924	x14348
Germany/Allemagne	664981	720308	884084	839911	868532
Japan/Japon	696973	705767	790650	849096	981798
USA/Etats–Unis d'Amer	239502	339640	405424	450720	493530
France,Monac	285596	300212	368386	376001	420635
United Kingdom	233984	241018	309568	317772	339260
Italy/Italie	233539	249374	279565	269913	265552
Hong Kong	116674	149898	168486	178727	239338
Switz.Liecht	150291	124993	151626	140763	137463
Netherlands/Pays-Bas	103800	101371	136815	135253	160235
Austria/Autriche	85122	86685	116324	130408	139408
Singapore/Singapour	93031	101472	103929	107579	106238
China/Chine	68288	80886	85450	103579	166627
Korea Republic	77398	83600	76656	83224	88851
Sweden/Suède	48428	48783	55329	58668	60845
Malaysia/Malaisie	24730	38553	53722	64059	x86525
Ireland/Irlande	37389	43957	51310	49827	49840
Spain/Espagne	24971	29596	38616	43276	53855
Belgium–Luxembourg	25409	25753	32216	35890	34675
Thailand/Thaïlande	14854	17464	24963	33709	x35117
Canada	27063	23637	25773	20157	21332
Denmark/Danemark	17501	17490	19534	21185	26514
Brazil/Brésil	15414	18733	17741	20005	29057
Mexico/Mexique	10003	10966	14050	18797	23971
Hungary/Hongrie	x19173	x15666	x11067	x13458	x11245
Bulgaria/Bulgarie	x81286	x16049	x14633	x4537	x5106
Yugoslavia SFR	11925	8960	14270	x11031	
Czechoslovakia	x22532	x8449	x9395	x15840	x17433
Australia/Australie	7591	8047	10795	10507	10610
Portugal	4488	5035	9409	10154	11409
Israel/Israël	6683	6473	9689	8057	8546
Indonesia/Indonésie	6288	3017	4256	12699	22260
India/Inde	5074	x3739	5590	8892	x5754
Turkey/Turquie	4610	5871	5429	6071	6023
Colombia/Colombie	4419	3388	4762	8822	4159
Norway,SVD,JM	4749	5465	5156	3864	3586
Tunisia/Tunisie	3247	4279	3636	4087	5712
Finland/Finlande	2430	2809	3909	3038	2285
Venezuela	1790	1844	3471	3932	4180
New Zealand	3313	3335	2821	2575	3209
Poland/Pologne	2720	2415	1432	3649	x9643
Former USSR/Anc. URSS	x757	x3597	x3034	x716	
Argentina/Argentine	1538	2080	2650	1917	4007
Guatemala	1500	1197	2879	1930	2782
Uruguay	1297	2222	1955	1256	640
Former GDR	x42323	x2771	x2556		
Pakistan	652	1106	1495	1969	1244
Kenya	2442	x728	3034	x43	x792
Greece/Grèce	476	1623	1283	718	x2895
Malta/Malte	9	6	1620	x1427	x7806
So. Africa Customs Un	x963	x902	x1030	x1111	x1143

(VALUE AS % OF TOTAL)(VALEUR EN % DU TOTAL)

	1983	1984	1985	1986	1987	1988	1989	1990	1991	1992
Africa	x4.7	x4.2	3.7	x4.7	x3.5	x3.2	x2.7	x2.6	x2.8	x3.1
Northern Africa	x1.8	x1.5	1.5	x0.9	0.9	0.8	0.8	0.7	x0.7	x0.9
Americas	18.9	23.1	24.5	22.1	20.3	19.9	25.8	24.6	25.5	x25.6
LAIA	2.3	3.5	4.0	2.9	2.7	2.6	2.9	2.8	3.7	x4.5
CACM	x0.4	0.8	0.8	0.5	0.4	0.4	0.4	0.3	0.3	x0.4
Asia	22.7	18.5	16.7	15.5	x16.2	x18.0	x17.3	x17.1	x17.7	x19.9
Middle East	x8.2	x7.3	4.6	4.3	3.6	3.9	3.4	2.9	x2.9	x3.6
Europe	49.0	46.4	50.2	52.8	52.4	51.8	47.7	51.0	49.1	47.6
EEC	39.8	37.9	40.8	42.6	42.6	42.7	39.3	42.0	41.3	39.8
EFTA	9.1	8.1	8.9	9.5	9.3	8.8	8.0	8.2	7.4	6.9
Oceania	3.8	x4.1	4.0	x3.5	x3.3	x3.2	3.2	2.6	x2.5	x2.4
USA/Etats–Unis d'Amer	10.7	12.9	14.3	13.4	12.2	12.3	18.1	17.7	17.7	17.2
Germany/Allemagne	7.5	7.3	7.8	8.1	7.8	7.7	6.8	8.4	8.8	8.5
France,Monac	8.1	7.3	8.0	8.6	8.4	8.3	7.7	7.9	7.6	7.5
United Kingdom	7.9	7.9	8.5	8.1	8.4	8.7	8.2	7.9	7.2	6.5
Italy/Italie	4.7	4.8	5.4	5.4	4.9	5.6	5.0	5.1	5.3	5.2
Hong Kong	3.9	4.0	4.0	2.9	3.0	3.3	4.0	4.1	4.1	5.4
Netherlands/Pays-Bas	3.7	3.5	3.7	4.0	3.7	3.7	3.0	3.4	3.4	3.2
Spain/Espagne	2.3	1.9	1.9	2.5	2.9	3.0	3.5	3.0	3.0	3.0
Canada	4.8	4.9	4.6	4.0	3.6	3.8	3.0	3.2	3.1	2.8
Singapore/Singapour	3.6	2.8	2.5	2.6	2.7	3.1	3.0	3.2	3.1	2.8

	1983	1984	1985	1986	1987	1988	1989	1990	1991	1992
Afrique	0.2	0.1	0.3	0.4	x0.3	x0.2	x0.2	x0.2	x0.2	x0.2
Afrique du Nord	0.0	0.0	0.1	0.1	0.1	0.1	0.1	0.1	0.1	0.1
Amériques	11.7	11.7	9.9	7.8	7.1	8.3	11.0	11.0	11.8	11.7
ALAI	0.9	1.6	1.9	0.7	0.9	0.9	1.1	1.0	1.2	1.4
MCAC	x0.1	0.3	0.3	0.1	0.1	0.1	0.1	0.1	0.1	x0.1
Asie	28.7	29.6	30.4	29.9	x32.4	x34.5	32.6	30.6	32.5	x34.8
Moyen–Orient	0.4	0.5	1.0	0.5	0.8	0.3	0.3	0.2	0.2	0.2
Europe	56.9	56.4	57.5	60.3	54.5	52.2	54.5	56.8	54.4	52.0
CEE	47.8	47.2	48.0	50.2	46.0	44.0	47.0	48.9	46.6	44.3
AELE	9.0	8.9	9.2	9.9	8.2	7.3	7.3	7.6	7.5	6.8
Océanie	0.6	0.6	0.4	x0.3	x0.3	x0.3	0.3	x0.3	x0.3	x0.3
Germany/Allemagne	18.9	17.4	18.3	20.0	18.3	17.9	19.5	20.3	18.6	17.2
Japan/Japon	21.0	22.7	22.3	22.4	18.5	18.8	19.1	18.1	18.8	19.5
USA/Etats–Unis d'Amer	10.4	9.4	7.6	6.6	5.8	6.5	9.2	9.3	10.0	9.8
France,Monac	8.2	8.4	8.4	8.4	8.0	7.7	8.1	8.4	8.3	8.3
United Kingdom	9.2	9.6	8.8	7.9	7.2	6.3	6.5	7.1	7.1	6.7
Italy/Italie	6.5	6.7	7.1	7.6	6.8	6.3	6.8	6.4	6.0	5.3
Hong Kong	4.8	3.6	3.3	2.6	2.4	3.3	4.1	3.9	4.0	4.7
Switz.Liecht	5.4	5.2	5.4	6.0	4.7	4.1	3.4	3.5	3.1	2.7
Netherlands/Pays-Bas	2.1	2.1	2.2	2.6	2.5	2.8	2.7	3.1	3.0	3.2
Austria/Autriche	2.3	2.3	2.3	2.4	2.2	2.3	2.3	2.7	2.9	2.8

896 WORKS OF ART ETC

TRADE BY COMMODITY IN THOUSAND U.S. DOLLARS – COMMERCE PAR PRODUIT EN MILLIERS DE DOLLARS E.U

IMPORTS – IMPORTATIONS

COUNTRIES–PAYS	1988	1989	1990	1991	1992
Total	8461511	11068930	14011021	8235471	7552859
Africa	x34358	x20725	x21342	x22781	x27216
Northern Africa	x12705	x1286	259	x828	x241
Americas	x2197809	2354437	x2622213	x2076246	x2212031
LAIA	12843	11825	8135	17794	27147
CACM	x1000	1141	1058	1855	x1278
Asia	1830896	2734918	x4326517	1195781	x696144
Middle East	x9380	x30174	x17826	x11622	x26653
Europe	4022076	5603005	6764057	4591070	4483588
EEC	3331324	4548214	5574233	3754287	3718336
EFTA	688451	1051888	1185769	827688	759791
Oceania	x265279	x169185	x143769	x84159	x94364
United Kingdom	2082140	2894639	3469584	2126522	2410166
Japan/Japon	1703800	2553228	4174985	1039865	499416
USA/Etats–Unis d'Amer	2037185	2156479	2308116	1967803	2093737
Switz.Liecht	599736	875389	998160	732100	696364
France, Monac	341265	524992	788709	403238	248619
Germany/Allemagne	360923	400021	488734	484105	431976
Italy/Italie	192759	189300	208829	226462	222413
Canada	140858	179705	290392	82537	76484
Netherlands/Pays–Bas	109549	135194	227272	186191	150085
Spain/Espagne	128496	277529	150279	105274	93912
Former USSR/Anc. URSS	x87005	x108174	x115197	x241498	
Belgium–Luxembourg	92452	94913	192216	160690	115547
Australia/Australie	250812	147550	106538	74113	78788
Sweden/Suède	42701	115369	109333	41114	13670
Hong Kong	44519	55414	71255	52515	90886
Korea Republic	43784	43920	13354	50231	30859
Austria/Autriche	23236	28603	35675	29986	28861
Denmark/Danemark	17685	20499	31015	26164	22929
Singapore/Singapour	7952	23823	27723	18389	23125
Bulgaria/Bulgarie	x2418	x57897	x5501	x432	176
Finland/Finlande	13545	22093	25261	11844	5211
New Zealand	10944	10795	33283	8643	9770
Ireland/Irlande	3357	7474	12416	29272	7314
Norway, SVD, JM	7929	9918	17134	12370	15253
So. Africa Customs Un	14536	15793	12091	x10755	x18781
Hungary/Hongrie	x8853	x16845	x8582	x9772	x3437
Israel/Israël	6758	9957	7074	13713	9299
Mexico/Mexique	8015	8504	4389	11011	12860
Syrian Arab Republic	2	20830	x402	x207	x364
Brunei Darussalam	x3930	x8086	x5936	x5547	x4182
Malaysia/Malaisie	787	7454	5692	2398	x4123
French Polynesia	337	x10445	x2959	x467	x4376
Czechoslovakia	x5803	333	918	x11606	x6667
Saudi Arabia	1162	2289	x5490	x4076	x4084
Portugal	1078	1900	2952	3816	4064
Ghana	x67	x872	x656	x5980	x1732
Venezuela	2667	1249	1522	4732	3170
Yugoslavia SFR	91	58	215	x6395	
Greece/Grèce	1619	1754	2228	2553	x11311
Malta/Malte	1276	2240	2773	x1315	x1865
Cayman Is/Is Caïmans			5503	161	x408
Bermuda/Bermudes	x1680	x1195	x3565	x803	x469
Niger	x150	x133	x5230		x406
Kuwait/Koweït	x2250	215	x4123	x606	x2587
Iraq	x129	x2745	x2103		
Cyprus/Chypre	1390	1299	1587	1850	2355
Bahamas	1603	1052	x1813	x1146	x2991
Former GDR	x5672	x1842	x2142		
Cuba	x559	1138	x1269	x1480	x429
Poland/Pologne	1182	981	415	2102	x14440

EXPORTS – EXPORTATIONS

COUNTRIES–PAYS	1988	1989	1990	1991	1992
Totale	8533090	11624441	14707724	9585028	8614829
Afrique	x39419	x20752	x27907	x24884	x21103
Afrique du Nord	x2470	x5242	x679	x1259	x1582
Amériques	x2207949	x3201586	x4318044	x2598390	x2019364
ALAI	x4288	8552	15691	73930	x8862
MCAC	x657	5585	16073	5347	x984
Asie	376898	387336	354598	250460	x263354
Moyen–Orient	x17579	x13544	x25378	x12864	x31645
Europe	5756685	7686271	9746583	6281368	6228078
CEE	5059353	6217289	7868580	5315966	5084330
AELE	694898	1464889	1871829	952408	1132669
Océanie	x29340	x95024	x70289	x36949	x55232
United Kingdom	2177425	3105272			
USA/Etats–Unis d'Amer	2104765	3078012	4033305	2587372	2599502
Germany/Allemagne	1344135	1375124	1540525	914290	1820608
Switz.Liecht	610986	1342683	1614195	811425	749478
France, Monac	698556	801803	1108279	603926	1016211
Italy/Italie	500210	531924	624727	686011	562110
Former USSR/Anc. URSS	x57634	x185278	x149756	x357834	567982
Netherlands/Pays–Bas	133752	179521	221835	178767	205548
Belgium–Luxembourg	76356	72456	162653	166188	201568
Sweden/Suède	45237	76458	172983	86544	73860
Canada	75342	93685	119296	82562	82168
China/Chine	156916	152147	65684	49836	40800
Hong Kong	59351	88915	93253	70211	87283
Denmark/Danemark	75816	80391	88169	78561	72417
Korea Republic	51593	55437	78061	57079	15437
Spain/Espagne	32932	45108	61748	79709	92671
Australia/Australie	22528	87437	45459	31073	46769
Bahamas	240	x6945	x78856	x69427	x96659
Austria/Autriche	21769	26211	43763	29813	26882
Japan/Japon	24653	21867	44322	20791	30528
Norway, SVD, JM	13186	14335	36085	20693	11225
Ireland/Irlande	19828	24963	24893	19050	11779
Israel/Israël	23654	23790	21633	13488	14993
Colombia/Colombie	120		24	57140	231
Hungary/Hongrie	x5926	x10429	x8223	x20588	x7338
Bulgaria/Bulgarie	x11749	x12775	x16963	x2816	x3697
So. Africa Customs Un	x12210	x7666	x12793	x11930	x6513
Mexico/Mexique	2348	6668	8351	14440	5131
Singapore/Singapour	7249	9521	12975	5734	8150
Costa Rica	446	5540	16054	5311	
Czechoslovakia	x14453	x5299	x9349	x9032	x8900
Cuba	x4601	x4074	x8318	x6142	x4432
New Zealand	6212	5556	6252	5176	5425
Iran (Islamic Rp. of)	x11320	x6292	x5486	x4869	x16516
Romania/Roumanie	x2050	x11305	x1067	x624	x1054
Zimbabwe	15632	x1646	5779	4924	x2366
Thailand/Thaïlande	5703	4622	4090	2700	x5231
India/Inde	968	x9631	657	743	x7440
Finland/Finlande	2823	4168	3808	2753	3064
American Samoa	x11		x10143		
French Polynesia	382	x1242	x8002	x294	x423
Former GDR	x27407	x5700	x3818		
Gibraltar	x191	x1590	x2409	x5210	x3891
Lebanon/Liban	x2040	x2663	x4568	x1687	x2640
Malaysia/Malaisie	579	503	4654	2084	x1489
United Arab Emirates	x1124	x1071	x3828	x2329	x2580
Yugoslavia SFR	781	671	1066	x5119	
Greenland/Groenland	5	204	2967	3519	3085
Poland/Pologne	3450	2652	1079	2055	x6411
Brunei Darussalam	x596	x2067	x208	x3276	x3006

(VALUE AS % OF TOTAL)(VALEUR EN % DU TOTAL)

	1983	1984	1985	1986	1987	1988	1989	1990	1991	1992		1983	1984	1985	1986	1987	1988	1989	1990	1991	1992
Africa	x0.6	x0.8	0.4	x0.5	x0.4	x0.4	x0.1	x0.2	x0.2	x0.3	Afrique	x0.3	x0.6	0.3	x0.3	x0.2	x0.4	x0.2	x0.2	x0.2	x0.3
Northern Africa	x0.1	x0.0	0.0	x0.0	x0.0	x0.2	0.0	0.0	x0.0	x0.0	Afrique du Nord	x0.0	x0.1	0.0	x0.0	x0.0	x0.0	x0.0	x0.0	x0.0	x0.0
Americas	56.7	59.8	54.7	x44.1	32.1	x25.9	21.3	18.7	25.2	x29.3	Amériques	x26.4	x27.6	25.3	x27.9	x26.6	x25.8	x27.6	x29.3	x27.1	x23.5
LAIA	1.4	1.5	1.9	0.2	0.1	0.2	0.1	0.1	0.2	0.4	ALAI	x0.1	0.7	0.6	0.1	x0.1	x0.1	0.1	0.1	0.8	0.1
CACM	x0.0	0.0	0.0	0.0	0.0	0.0	0.0	0.0	0.0	0.0	MCAC	x0.0	0.0	0.0	0.0	0.0	0.0	0.1	0.1	0.1	x0.0
Asia	7.2	5.9	8.0	9.9	x16.6	21.6	24.8	30.8	14.5	x9.2	Asie	8.9	8.1	7.5	6.8	5.5	4.5	3.3	2.4	2.7	x3.0
Middle East	x0.7	x0.5	0.8	x0.2	x0.1	x0.1	x0.3	x0.1	x0.1	x0.4	Moyen–Orient	x0.5	x0.4	x0.4	x0.5	x0.4	x0.2	x0.1	x0.2	x0.1	x0.4
Europe	33.8	31.7	34.7	43.6	48.8	47.5	50.6	48.3	55.7	59.4	Europe	63.7	62.8	66.4	64.7	65.3	67.5	66.1	66.3	65.5	72.3
EEC	27.8	25.7	28.8	35.0	40.0	39.4	41.1	39.8	45.6	49.2	CEE	51.9	52.0	55.9	53.5	55.9	59.3	53.5	53.5	55.5	59.0
EFTA	6.0	6.0	5.9	8.6	8.9	8.1	9.5	8.5	10.1	10.1	AELE	11.7	10.6	10.5	11.1	9.4	8.1	12.6	12.7	9.9	13.1
Oceania	x1.7	x1.9	2.1	x1.9	x1.5	x3.1	1.5	x1.0	x1.0	1.3	Océanie	0.8	0.7	0.4	0.4	x0.3	x0.3	0.8	x0.5	x0.4	x0.6
United Kingdom	16.7	15.9	18.5	23.2	25.4	24.6	26.2	24.8	25.8	31.9	United Kingdom	30.3	29.9	32.6	29.9	32.4	25.5	26.7	27.4	27.0	30.2
Japan/Japon	5.5	4.4	5.6	8.2	15.4	20.1	23.1	29.8	12.6	6.6	USA/Etats–Unis d'Amer	24.5	25.4	23.1	25.9	24.9	24.7	26.5	27.7	24.5	21.1
USA/Etats–Unis d'Amer	53.5	56.2	50.6	41.8	30.2	24.1	19.5	16.5	23.9	27.7	Germany/Allemagne	6.9	8.2	8.4	7.7	7.2	15.8	11.5	10.5	9.5	8.7
Switz.Liecht	5.1	5.2	5.1	7.6	7.6	7.1	7.9	7.1	8.9	9.2	Switz.Liecht	10.5	9.3	9.1	9.9	8.4	7.2	11.6	11.0	9.5	11.8
France, Monac	2.6	2.3	2.4	3.1	3.3	4.0	4.7	5.6	4.9	3.3	France, Monac	6.8	7.3	7.7	7.3	8.4	8.2	6.9	7.5	6.3	11.8
Germany/Allemagne	5.0	4.4	4.0	5.0	4.9	4.3	3.6	3.5	5.9	5.7	Italy/Italie	1.5	1.2	0.9	0.8	1.0	5.9	4.6	4.2	7.2	6.5
Italy/Italie	0.3	0.2	0.3	0.2	0.4	2.3	1.7	1.5	2.7	2.9	Former USSR/Anc. URSS						x1.1	x0.7	x1.6	x0.7	6.6
Canada	1.7	2.0	2.2	2.0	1.6	1.7	1.6	2.1	1.0	1.0	Netherlands/Pays–Bas	3.3	2.4	2.1	2.3	1.9	1.6	1.5	1.5	1.9	x3.7
Netherlands/Pays–Bas	2.0	1.7	1.4	1.4	1.5	1.3	1.2	1.6	2.3	2.0	Belgium–Luxembourg	1.2	1.3	1.5	1.5	1.3	0.9	0.6	1.1	1.7	2.4
Spain/Espagne	0.4	0.3	1.4	1.0	3.0	1.5	2.5	1.1	1.3	1.2	Sweden/Suède	0.4	0.7	0.7	0.6	0.5	0.5	0.7	1.2	0.9	0.9

897 GOLD, SILVER WARE, JEWELRY / BIJOUTERIE, ORFEVRERIE 897

TRADE BY COMMODITY IN THOUSAND U.S. DOLLARS – COMMERCE PAR PRODUIT EN MILLIERS DE DOLLARS E.U

IMPORTS – IMPORTATIONS

COUNTRIES–PAYS	1988	1989	1990	1991	1992
Total	10514301	11479433	12698346	12842307	14073526
Africa	x115767	x57507	x72629	x159694	x189813
Northern Africa	50167	3917	7818	x50614	x38343
Americas	x3305874	x3524942	x3482073	x3564626	x3966263
LAIA	20151	36276	45686	71424	x86009
CACM	3437	5421	5744	4364	x5597
Asia	x2739696	x2887829	x3166103	x3257950	x3739021
Middle East	x1097734	x662345	x888512	x951892	x1252581
Europe	4014039	4709457	5704246	5576630	5885452
EEC	2440470	2968803	3561824	3649708	4030392
EFTA	1552650	1720382	2112455	1890649	1796710
Oceania	x195682	x173073	x200916	x200551	x220178
USA/Etats-Unis d'Amer	3008778	3220345	3182869	3199974	3538676
Switz.Liecht	1153062	1303078	1615731	1462385	1385344
United Kingdom	909624	1175626	1273969	1074125	1153165
Japan/Japon	763462	970814	1136432	1148444	1054169
Germany/Allemagne	535079	608816	809718	915179	960527
France, Monac	426349	545102	622712	739915	832161
Hong Kong	458937	558381	588609	591839	766962
United Arab Emirates	x510881	x264154	x301658	x445722	x606113
Brunei Darussalam	x190334	x446211	x259278	x258447	x143157
Saudi Arabia	331759	122490	x351663	x276838	x295709
Austria/Autriche	196086	211045	250763	216475	209707
Italy/Italie	175735	178721	195090	218833	233041
Spain/Espagne	79862	99533	196046	231214	306914
Belgium-Luxembourg	132390	147384	187522	181924	202279
Canada	150784	168625	152442	181742	175719
Australia/Australie	150992	124895	148113	138144	151298
Netherlands/Pays-Bas	92681	99492	126074	124952	145463
Sweden/Suède	108373	108233	128410	107461	106948
Lebanon/Liban	x68433	x71817	x76386	x131034	x117544
Singapore/Singapour	48722	66587	102928	109045	140418
Kuwait/Koweït	x130923	139228	x60977	x14270	x53048
Norway, SVD, JM	56839	47652	57576	52522	58792
Finland/Finlande	35145	47466	56422	47821	31812
Former USSR/Anc. URSS	x87866	x83625	x17927	44854	66657
Thailand/Thaïlande	20292	42474	46171	55294	77708
Portugal	17396	30036	39488	55190	72214
Israel/Israël	38923	36570	41151	43801	43202
Korea Republic	28371	33887	44213	40744	46052
Mexico/Mexique	12258	25322	32793	50168	46052
Ireland/Irlande	24513	30349	37616	36254	30665
Denmark/Danemark	34759	32374	35912	34968	36602
Greece/Grèce	12083	21370	37676	37050	x51868
Oman	19698	23700	41827	28712	x50179
China/Chine	34187	23271	27111	25152	109862
New Zealand	19989	20047	26455	28097	37633
Bahrain/Bahreïn	x12609	x24325	x33059	x16417	x88644
So. Africa Customs Un	16851	9934	12525	x42888	x53992
Bahamas	19490	8421	x13157	x36385	x20204
Malaysia/Malaisie	13900	13002	17674	14262	x30603
Libyan Arab Jamahiriya	45128	4	37	x44353	x24805
Andorra/Andorre	x13706	x13012	x17899	x13144	x11916
Hungary/Hongrie	x5085	x8138	x15376	15465	x15238
Jamaica/Jamaïque	6356	10795	11014	14483	x10750
Benin/Bénin	x14750	x7391	x12257	x14436	x16306
Czechoslovakia	x7422	5178	15271	x10487	x19045
Bulgaria/Bulgarie	x9546	x13098	x13756	x3290	625
Fiji/Fidji	x5489	6801	10791	10670	7723
United States Virg Is	x6830	x10638	x15284	x156	x10825
Guam	x10647	x7869	x6673	x11430	x10825
French Polynesia	4222	x10701	x7482	x7493	x6076

EXPORTS – EXPORTATIONS

COUNTRIES–PAYS	1988	1989	1990	1991	1992
Totale	10874960	12136515	13834433	14183321	15679090
Afrique	x27241	x19258	x47021	x42956	x60281
Afrique du Nord	1716	2441	x1526	1524	2185
Amériques	x816282	x924380	1101870	x1375749	x1430352
ALAI	85770	130442	146073	x200339	x250322
MCAC	12129	23446	7423	2331	x11210
Asie	x3506621	x3752946	4237499	4486909	x5214974
Moyen–Orient	x260729	x165041	x312778	x238266	x271929
Europe	6371383	7329054	8314753	8119606	8845233
CEE	5225840	5955893	6675676	6473566	6965023
AELE	1125376	1353919	1620612	1618409	1822285
Océanie	x47300	x57852	x66591	x85069	x84834
Italy/Italie	3025401	3383580	3650025	3730640	3975411
Switz.Liecht	971769	1202787	1445605	1448084	1622357
Hong Kong	935895	1022965	1118639	1175509	1303132
USA/Etats-Unis d'Amer	599876	675140	865761	959111	1039337
Germany/Allemagne	691804	760695	873956	791762	848131
United Kingdom	649410	768011	845354	767583	948224
France, Monac	491144	630087	782826	692409	739827
Thailand/Thaïlande	421011	517623	565319	561362	x857423
Malaysia/Malaisie	79885	181874	390938	524032	x39101
Japan/Japon	338215	356169	364834	349697	368698
Korea Republic	252465	271163	311536	334896	339080
Israel/Israël	190021	228926	257188	320151	390734
Brunei Darussalam	x230235	x306897	x242263	x232708	x144437
China/Chine	133867	234033	268609	237661	916150
India/Inde	116592	x202783	179181	282635	x284161
Spain/Espagne	162619	178060	194869	172488	182503
Belgium-Luxembourg	81647	96184	155468	145184	99630
Singapore/Singapour	130046	115825	118214	129099	132720
Austria/Autriche	109761	108571	125379	121562	149206
Saudi Arabia	8002	16598	x143258	x103105	x62919
Peru/Pérou	41195	66774	69071	x98789	x99609
United Arab Emirates	x57859	x61914	x78215	x55412	x92454
Indonesia/Indonésie	77611	96929	56705	34636	98996
Canada	70620	51691	61690	68056	76002
Lebanon/Liban	x73115	x53022	x51971	x53496	x60318
Netherlands/Pays-Bas	38186	43382	56570	51387	55961
Bahamas	284	x25963	x13983	x111231	x26911
Ireland/Irlande	26326	32704	42272	45086	47133
Brazil/Brésil	26048	41242	36909	38367	41422
Philippines	20165	x40715	34144	36585	41626
Former USSR/Anc. URSS	x22221	x22745	x36894	x36928	
Australia/Australie	20532	24767	26368	41585	39742
Denmark/Danemark	27881	27858	29619	31918	31979
Finland/Finlande	24682	25317	29981	25579	26748
New Zealand	25814	19067	29112	29474	39974
Mexico/Mexique	11408	15972	20486	38448	27186
Portugal	13643	14967	27941	27159	20166
Czechoslovakia	x65226	x20858	x22718	x25997	x25671
Greece/Grèce	17779	20362	16775	17948	x16058
So. Africa Customs Un	x9414	x13533	x19810	x14030	x18724
Mauritius/Maurice	x10586		21649	23528	29687
Yugoslavia SFR	14850	12014	12341	x12853	
Sweden/Suède	11587	9655	12806	12352	10342
French Polynesia	343	x10872	x10021	x12784	x4480
Costa Rica	11890	23355	7288	2178	x10980
Jordan/Jordanie	7596	14044	10990	7726	7669
Colombia/Colombie	5152	2529	11254	15691	4644
Bahrain/Bahreïn	x106428	x11147	x11318	x5940	x14671
Dominican Republic	x39058			x27741	x22065
Malta/Malte	4951	6996	5981	x14414	x42630

(VALUE AS % OF TOTAL) (VALEUR EN % DU TOTAL)

	1983	1984	1985	1986	1987	1988	1989	1990	1991	1992		1983	1984	1985	1986	1987	1988	1989	1990	1991	1992
Africa	x2.4	x2.1	1.4	x2.2	x2.1	x1.1	x0.5	x0.6	x1.2	x1.4	Afrique	x0.1	x0.1	0.1	0.3	x0.2	x0.3	x0.1	x0.3	x0.3	x0.4
Northern Africa	x1.5	x0.4	1.1	x1.1	1.1	0.5	0.0	0.1	x0.4	x0.3	Afrique du Nord	0.0	0.0	0.0	0.0	0.0	0.0	0.0	0.0	0.0	0.0
Americas	x25.5	31.5	41.8	x39.6	x34.9	x31.5	x30.7	x27.5	x27.7	x28.2	Amériques	x5.9	x5.4	5.5	6.1	x6.5	x7.5	x7.6	8.0	x9.7	x9.1
LAIA	0.1	0.2	0.2	0.1	0.1	0.2	0.3	0.4	0.6	x0.6	ALAI	0.5	0.9	1.0	0.9	1.0	0.8	1.1	1.1	x1.4	x1.6
CACM	x0.1	0.0	0.0	0.0	0.0	0.0	0.0	0.0	0.0	x0.0	MCAC	x0.0	0.0	0.0	0.0	0.1	0.1	0.2	0.1	0.0	x0.1
Asia	31.0	26.2	23.0	19.7	x22.7	x26.0	x25.2	x25.0	x25.4	x26.6	Asie	x23.1	x19.6	20.4	22.6	x29.2	x32.3	x30.9	30.6	31.6	x33.2
Middle East	23.6	19.6	16.0	11.0	x8.6	x10.4	x5.8	x7.0	x7.4	x8.9	Moyen–Orient	x7.1	x2.6	0.5	x2.4	x3.4	x2.4	x1.4	x2.3	x1.7	x1.7
Europe	39.6	38.8	32.7	37.2	37.7	38.2	41.0	44.9	43.4	41.8	Europe	69.1	73.2	72.5	69.3	62.0	58.6	60.4	60.1	57.2	56.4
EEC	22.7	21.7	17.7	21.9	23.1	25.9	28.0	28.4	28.6	CEE	57.4	59.7	59.7	56.5	52.7	48.1	49.1	48.3	45.6	44.4
EFTA	16.8	17.1	14.9	15.0	14.3	14.8	15.0	16.6	14.7	12.8	AELE	11.7	13.3	12.2	12.4	9.0	10.3	11.2	11.7	11.4	11.6
Oceania	x1.4	x1.3	1.2	x1.2	x1.2	x1.8	x1.5	x1.6	x1.6	x1.5	Océanie	0.5	x0.5	0.6	0.3	x0.3	x0.4	x0.5	x0.5	x0.6	x0.5
USA/Etats-Unis d'Amer	23.1	28.5	38.7	36.1	31.7	28.6	28.1	25.1	24.9	25.1	Italy/Italie	32.6	35.0	37.8	33.4	29.7	27.8	27.9	26.4	26.3	25.4
Switz.Liecht	12.6	13.8	11.7	11.3	10.2	11.0	11.4	12.7	11.4	9.8	Switz.Liecht	9.8	11.6	9.6	8.4	7.6	8.9	9.9	10.4	10.2	10.3
United Kingdom	9.7	10.5	6.7	8.3	7.7	8.7	10.2	10.0	8.4	8.2	Hong Kong	4.2	5.1	6.3	6.7	7.8	8.6	8.4	8.1	8.3	8.3
Japan/Japon	3.2	2.7	3.0	4.7	6.3	7.3	8.5	8.9	8.9	7.5	USA/Etats-Unis d'Amer	4.2	3.8	4.1	4.4	4.5	5.5	5.6	6.3	6.8	6.6
Germany/Allemagne	4.5	3.7	3.4	4.3	5.1	5.1	5.3	6.4	7.1	6.8	Germany/Allemagne	7.1	6.4	7.1	7.2	6.7	6.4	6.3	6.1	5.4	5.4
France, Monac	4.1	3.7	3.9	4.4	4.4	4.1	4.7	4.9	5.8	5.9	United Kingdom	7.0	7.8	4.9	6.3	7.6	6.0	5.2	5.7	4.9	4.7
Hong Kong	2.6	2.5	2.9	2.8	3.3	4.4	4.9	4.6	4.6	5.4	France, Monac	4.6	5.0	5.1	5.1	4.7	4.5	5.2	5.7	4.9	4.7
United Arab Emirates	2.3	1.3	1.8	1.3	x2.3	x4.4	x2.3	x2.4	x3.5	x4.3	Thailand/Thaïlande	0.8	0.9	1.3	2.6	3.6	3.9	4.3	4.1	4.0	x5.5
Brunei Darussalam		0.0	0.0	0.1	x2.6	x1.8	x3.9	x2.0	x2.0	x1.0	Malaysia/Malaisie	0.2	0.2	0.2	0.3	0.6	0.7	1.5	2.8	3.7	x0.2
Saudi Arabia	18.5	13.5	12.3	6.6	4.2	3.2	1.1	x2.8	x2.2	x2.1	Japan/Japon	4.5	5.3	4.3	3.2	3.1	2.9	2.6	2.5	2.4

231

898 MUSICAL INSTRUMENTS, PTS / INSTRUMENTS DE MUSIQUE 898

TRADE BY COMMODITY IN THOUSAND U.S. DOLLARS – COMMERCE PAR PRODUIT EN MILLIERS DE DOLLARS E.U

IMPORTS – IMPORTATIONS

COUNTRIES–PAYS	1988	1989	1990	1991	1992
Total	14854830	16213946	20013911	21470562	23252460
Africa	x171528	x165600	x217973	x229005	x294788
Northern Africa	28928	27669	42079	32814	x40498
Americas	3629677	3708233	3916569	4422158	4934980
LAIA	195122	334763	370760	512902	621488
CACM	9324	12982	13122	15011	x15076
Asia	x2428538	2621798	3235838	3542897	x4158670
Middle East	x253091	x232869	x259381	x287315	x366303
Europe	7855242	8823237	11516228	12123325	12995653
EEC	6536896	7347769	9617963	10254829	11037954
EFTA	1271896	1416426	1798246	1805960	1909024
Oceania	x397534	x490595	x554292	x579874	x620094
USA/Etats–Unis d'Amer	2623225	2510612	2605760	2860207	3190921
Germany/Allemagne	1587900	1746039	2284356	2706964	2961987
United Kingdom	1465683	1590758	1862316	1785279	2058624
France, Monac	1079652	1235891	1594890	1659285	1717858
Netherlands/Pays–Bas	745862	846846	1229955	1279493	1325772
Canada	762520	809934	878430	987170	1047217
Italy/Italie	566387	661428	937437	945750	783254
Japan/Japon	612544	718120	765236	782586	831970
Singapore/Singapour	491763	589335	692715	791351	978785
Hong Kong	368703	495605	698586	733580	807463
Spain/Espagne	349237	437818	615153	627719	647441
Switz.Liecht	422004	457606	557559	579351	646048
Belgium–Luxembourg	367415	392901	514465	597355	734621
Australia/Australie	312832	393563	447242	464926	489051
Austria/Autriche	255936	297958	412043	429459	466910
Sweden/Suède	267666	311521	383122	364271	381747
Former USSR/Anc. URSS	x236645	x284626	x402325	x352002	
Korea Republic	140288	176855	216867	295783	347628
Denmark/Danemark	175705	183582	229984	260359	321501
Finland/Finlande	165683	201120	226155	194932	130958
Norway, SVD, JM	150051	138667	207745	221335	266166
Mexico/Mexique	82299	179813	176592	209292	268907
Ireland/Irlande	94318	124283	157453	179452	259066
China/Chine	117120	117070	170035	171587	229217
Thailand/Thaïlande	30101	47632	140006	141196	150951
Portugal	57645	68306	109582	131113	148643
So. Africa Customs Un	90449	81564	106442	x109435	x140371
New Zealand	68455	80054	93662	97108	108297
Malaysia/Malaisie	62599	70582	91876	108107	x184442
Greece/Grèce	47091	59917	82372	82059	x79187
Israel/Israël	51365	52513	76843	92436	103559
Brazil/Brésil	36806	67072	70351	82006	56948
Saudi Arabia	64119	76917	x66505	x63008	x66921
United Arab Emirates	x85220	x48088	x61540	x79916	x98143
Poland/Pologne	37827	33573	37938	90434	x87174
Yugoslavia SFR	27913	38611	75313	x38749	
Turkey/Turquie	23217	32841	55476	61458	70690
Czechoslovakia	x22267	22908	42048	x66991	x88462
Argentina/Argentine	12162	14375	20592	87061	128554
Hungary/Hongrie	x20069	x26193	x38624	46398	x49607
Chile/Chili	23296	28747	28618	42391	x58543
India/Inde	19134	x29962	25145	26106	x42482
Bulgaria/Bulgarie	x25869	x20768	x42906	x6539	5433
Indonesia/Indonésie	15086	19584	23276	22527	25121
Paraguay	2586	8848	28307	25960	20296
Venezuela	19041	12251	17208	28603	37783
Nigeria/Nigéria	x11728	x12849	x17452	x27292	x35004
Kuwait/Koweït	x31698	26696	x15365	x14830	x23849
Viet Nam	x13442	x21449	x23721	x6962	x9905
Andorra/Andorre	x12662	x14043	x18770	x16875	x18191

EXPORTS – EXPORTATIONS

COUNTRIES–PAYS	1988	1989	1990	1991	1992
Totale	14128659	14944189	18926601	20229984	22739621
Afrique	x3951	x7272	x7381	x9334	x9455
Afrique du Nord	964	1242	1922	3490	2061
Amériques	2507201	3043682	4373695	4800937	5533368
ALAI	111396	123990	206287	159456	146730
MCAC	1661	1521	1750	2334	x2213
Asie	x5473727	5251033	6025998	6368922	6953036
Moyen–Orient	x43327	49232	x55541	x54580	x73812
Europe	5624935	6414981	8311038	8850695	10047653
CEE	5237623	5946291	7613823	8093451	9128647
AELE	382444	463964	692004	753458	912558
Océanie	x50532	x58119	x65045	x77445	x100075
USA/Etats–Unis d'Amer	2281826	2804282	4006372	4449343	5112012
Japan/Japon	3380932	3104695	3407572	3496703	3668505
Germany/Allemagne	1653385	1915893	2383581	2499911	2482123
Korea Republic	845200	925832	1345114	1392596	1391808
United Kingdom	986099	1058077	1137527	1184644	1103958
Ireland/Irlande	737106	957915	1118020	1216044	1665414
Netherlands/Pays–Bas	775043	836136	1165737	1247699	1546492
France, Monac	630783	633201	780378	844636	886440
Hong Kong	483812	588988	760242	768999	851050
Italy/Italie	257033	279769	306997	302493	335485
Austria/Autriche	150184	202232	299044	342377	414091
Singapore/Singapour	140034	192087	273574	296930	502103
Belgium–Luxembourg	155062	186505	237849	281228	474548
Switz.Liecht	135140	161325	228190	238504	270007
China/Chine	48997	118225	202437	305634	473514
Denmark/Danemark	139004	159654	199047	221950	231487
Canada	109314	110890	155499	185190	265573
Mexico/Mexique	87425	103338	171192	133908	97617
Sweden/Suède	72223	72120	125211	128644	167368
Australia/Australie	47355	54483	59122	71904	93005
Spain/Espagne	35769	41426	59586	69801	93297
Thailand/Thaïlande	8651	36825	50415	74481	x76313
Malaysia/Malaisie	9970	23655	55788	56048	x54335
Czechoslovakia	x59995	x26108	x34353	x50569	x49606
Indonesia/Indonésie	33330	40350	34005	33242	43846
Turkey/Turquie	23977	31483	39705	32323	57106
Bulgaria/Bulgarie	x170605	x56259	x33662	x12336	x17551
Former USSR/Anc. URSS	x32000	x28619	x26244	x31424	
India/Inde	25682	x13229	26057	34629	x33132
Former GDR	x188637	x40038	x29707		
Norway, SVD, JM	14617	16027	26889	25059	31966
Finland/Finlande	10203	12210	12604	18772	28995
Macau/Macao	889	5331	3354	27844	34326
Venezuela	1029	9780	21879	3565	3436
Hungary/Hongrie	x3497	x7361	x8751	x12083	x10965
Poland/Pologne	7578	6447	7634	13258	x13517
Israel/Israël	5001	7543	8530	9029	12934
Portugal	2599	3645	11235	9795	12784
Philippines	2752	8094	5346	8803	7007
Greece/Grèce	6640	6216	6187	7200	x8768
United Arab Emirates	x3832	x5147	x4845	x6770	x5668
Brazil/Brésil	5824	3700	4836	6365	11833
Korea Dem People's Rp	x2752	x1892	x2492	x10274	x11057
Kuwait/Koweït	x6099	6057	x4334	x2473	x591
New Zealand	3031	3251	4162	4849	6734
Yugoslavia SFR	4691	4212	4865	x2730	
So. Africa Customs Un	x1738	x4427	x3479	x3885	x3050
Colombia/Colombie	13729	2431	2591	6680	17216
Chile/Chili	1357	2292	3315	5929	x9556
Romania/Roumanie	x5977	4263	2957	2845	x4180

(VALUE AS % OF TOTAL) (VALEUR EN % DU TOTAL)

	1983	1984	1985	1986	1987	1988	1989	1990	1991	1992
Africa	x2.3	x1.7	1.2	1.3	1.2	x1.1	x1.0	x1.1	x1.1	x1.3
Northern Africa	x0.7	x0.5	0.4	0.3	0.2	0.2	0.2	0.2	0.2	x0.2
Americas	22.5	26.4	31.8	29.5	24.8	24.4	22.9	19.6	20.6	21.2
LAIA	1.4	1.7	1.9	1.5	1.3	1.3	2.1	1.9	2.4	2.7
CACM	x0.1	0.1	0.1	0.1	0.1	0.1	0.1	0.1	0.1	x0.1
Asia	x15.9	16.1	12.9	13.0	x14.6	x16.4	16.2	16.2	16.5	x17.9
Middle East	x4.6	x3.9	1.8	x2.3	x1.7	x1.7	x1.4	x1.3	x1.3	x1.6
Europe	55.1	51.0	50.5	52.8	54.2	52.9	54.4	57.5	56.5	55.9
EEC	45.9	42.9	41.6	43.4	44.9	44.0	45.3	48.1	47.8	47.5
EFTA	9.1	8.7	8.7	9.1	8.9	8.6	8.7	9.0	8.4	8.2
Oceania	x3.9	x3.6	3.2	x2.9	x2.6	x2.7	3.0	x2.8	x2.7	x2.7
USA/Etats–Unis d'Amer	18.2	22.1	27.6	26.2	21.8	17.7	15.5	13.0	13.3	13.7
Germany/Allemagne	11.6	10.5	10.2	10.4	10.6	10.7	10.8	11.4	12.6	12.7
United Kingdom	11.7	10.5	10.4	9.7	10.0	9.9	9.8	9.3	8.3	8.9
France, Monac	7.1	6.2	6.8	7.4	7.7	7.3	7.6	8.0	7.7	7.4
Netherlands/Pays–Bas	4.9	4.2	4.1	4.6	5.0	5.0	5.2	6.1	6.0	5.7
Canada	2.4	2.0	1.8	1.4	1.3	5.1	5.0	4.4	4.6	4.5
Italy/Italie	3.5	3.4	3.8	4.0	4.0	3.8	4.1	4.7	4.4	3.4
Japan/Japon	3.4	3.5	3.3	3.0	3.4	4.1	4.4	3.8	3.6	3.6
Singapore/Singapour	2.6	2.5	2.1	2.4	2.9	3.3	3.6	3.5	3.7	4.2
Hong Kong	2.3	3.1	2.8	2.8	2.4	2.5	3.1	3.5	3.5	3.4

	1983	1984	1985	1986	1987	1988	1989	1990	1991	1992
Afrique	x0.1	0.0	0.1	0.1	x0.0	x0.0	x0.0	x0.0	x0.0	x0.0
Afrique du Nord	x0.0	0.0	0.0	0.0	0.0	0.0	0.0	0.0	0.0	0.0
Amériques	x16.6	16.9	14.9	13.3	14.1	17.7	20.4	23.1	23.7	24.3
ALAI	0.1	0.7	0.1	0.2	0.6	0.8	0.8	1.1	0.8	0.6
MCAC	x0.0	0.0	0.0	0.0	0.0	0.0	0.0	0.0	0.0	0.0
Asie	44.4	45.4	45.2	44.6	x41.1	x38.8	35.1	31.8	31.5	30.6
Moyen–Orient	x0.2	0.3	0.2	x0.2	x0.3	x0.3	x0.3	x0.3	x0.3	x0.3
Europe	37.7	36.4	38.9	41.1	40.7	39.8	42.9	43.9	43.8	44.2
CEE	34.9	33.6	36.2	38.0	37.9	37.1	39.8	40.2	40.0	40.1
AELE	2.8	2.7	2.6	3.1	2.7	2.7	3.1	3.7	3.7	4.0
Océanie	x0.2	0.2	x0.2	x0.2	x0.5	x0.4	x0.4	x0.4	x0.4	x0.4
USA/Etats–Unis d'Amer	16.1	15.8	13.9	12.8	13.2	16.2	18.8	21.2	22.0	22.5
Japan/Japon	35.2	34.9	34.5	32.6	27.6	23.9	20.8	18.0	17.3	16.1
Germany/Allemagne	12.1	12.2	12.6	13.8	12.8	11.7	12.8	12.6	12.4	10.9
Korea Republic	6.6	6.2	6.6	6.5	6.7	6.0	6.2	7.1	6.9	6.1
Ireland/Irlande	3.2	3.9	4.6	6.3	6.0	7.0	7.1	6.0	5.9	4.9
Netherlands/Pays–Bas	1.5	1.6	2.4	2.7	3.3	5.2	6.4	5.9	6.4	7.3
France, Monac	5.3	4.8	5.3	5.4	5.3	5.5	5.6	6.2	6.2	6.8
Hong Kong	3.5	3.7	4.2	4.6	5.0	4.5	4.2	4.1	4.2	3.9
Hong Kong	3.0	3.3	3.5	3.6	3.1	3.4	3.9	4.0	3.8	3.7
Italy/Italie	3.0	2.7	2.6	2.2	1.8	1.9	1.6	1.5	1.5	1.5

899 OTHER MANUFACTURED GOODS

TRADE BY COMMODITY IN THOUSAND U.S. DOLLARS – COMMERCE PAR PRODUIT EN MILLIERS DE DOLLARS E.U

IMPORTS – IMPORTATIONS

COUNTRIES–PAYS	1988	1989	1990	1991	1992
Total	10035832	10907741	12401444	13956344	15682997
Africa	x184173	x179779	x229999	x267635	x307633
Northern Africa	64398	64405	82854	87648	x105696
Americas	2249424	2536972	2609827	2773866	x3223222
LAIA	136424	162174	194345	259577	357692
CACM	14531	16887	16493	17962	x25642
Asia	2508106	2935358	3224723	3804019	x4620610
Middle East	x292082	x276830	x298820	x298128	x401971
Europe	4515614	4664685	5714978	6486047	7010461
EEC	3671167	3763067	4609993	5359963	5840579
EFTA	798159	849389	1025038	1044819	1094070
Oceania	x215260	x251025	x246642	x265404	x291303
USA/Etats–Unis d'Amer	1725917	1949392	1975581	2045118	2344612
Germany/Allemagne	962549	957697	1233273	1561894	1686780
Hong Kong	797005	1005757	1168694	1356902	1690182
Japan/Japon	788080	946543	951836	1073071	1171096
France, Monac	677209	695642	838534	881159	952789
United Kingdom	501689	491044	524697	550298	604689
Italy/Italie	406379	421694	492840	615470	672783
Netherlands/Pays–Bas	384729	393879	490649	547203	600392
Canada	303741	334251	353769	392390	424617
Spain/Espagne	231773	259075	349126	422499	477639
Switz.Liecht	262954	283532	353341	354000	351185
Belgium–Luxembourg	225338	233845	283106	315865	345658
Sweden/Suède	199754	213914	242595	257328	280721
Former USSR/Anc. URSS	x134194	x173502	x233038	x233744	
Austria/Autriche	159462	166499	212778	221892	243042
Australia/Australie	161034	189106	194517	211769	232142
Korea Republic	111573	138410	159611	190918	208938
Singapore/Singapour	108352	128055	135666	142916	168168
Denmark/Danemark	116734	112332	126563	142245	157013
China/Chine	80471	97926	115777	162646	393203
Greece/Grèce	60554	85898	107935	129639	x127013
Norway, SVD, JM	91350	88851	105032	110735	123253
Portugal	62729	67846	103844	122507	142652
Finland/Finlande	78518	90071	104459	93352	87759
Mexico/Mexique	49297	76591	86969	102280	141502
Saudi Arabia	92392	94196	x81468	x81603	x94146
Malaysia/Malaisie	37300	48840	61563	68836	x71307
Ireland/Irlande	41483	44115	59425	71185	73172
Thailand/Thaïlande	32813	47583	59568	63519	74724
So. Africa Customs Un	49847	48474	55646	x63740	x68869
Yugoslavia SFR	31346	38328	62257	x66747	
United Arab Emirates	x80424	x44681	x51286	x65113	x83760
Turkey/Turquie	24325	30802	56059	61658	77310
Israel/Israël	38059	42658	48505	51134	65495
Philippines	21573	x44504	33503	57434	37592
Indonesia/Indonésie	16016	25964	35438	60817	77401
Bulgaria/Bulgarie	x48678	x47174	x58146	x8693	13873
Hungary/Hongrie	x26589	x24803	x25370	60935	x46416
New Zealand	33337	36461	36374	36804	40492
Sri Lanka	8237	8302	9804	91340	42397
Tunisia/Tunisie	21516	28008	38359	41529	48321
India/Inde	32921	x33824	45590	26659	x48716
Brazil/Brésil	20492	33839	37985	30898	31591
Czechoslovakia	x39832	39398	27304	x31048	x41283
Afghanistan	x15793	x16629	x13295	x64146	x24990
Poland/Pologne	59054	46365	19890	7991	x96658
Argentina/Argentine	11754	9448	14194	45126	81423
Iran (Islamic Rp. of)	x7596	x18130	x27804	x21671	x56234
Pakistan	17274	17600	18551	28786	26762
Chile/Chili	12484	15177	16473	23766	x35836

EXPORTS – EXPORTATIONS

COUNTRIES–PAYS	1988	1989	1990	1991	1992
Totale	x9639482	9459469	10954739	11997611	14087828
Afrique	x24694	x30916	x38567	x41865	x46176
Afrique du Nord	9489	10716	13591	12393	11603
Amériques	839160	1167549	1321013	1559588	1813380
ALAI	86755	94254	90183	120068	124969
MCAC	6036	15533	18720	8707	x7568
Asie	x4453686	3976477	4361379	4937130	6235934
Moyen–Orient	x25131	27608	x22900	x28922	x31823
Europe	3792952	3940893	4957749	5259584	5793311
CEE	2986568	3137270	3924235	4181557	4605818
AELE	774712	775893	995547	1046525	1143364
Océanie	x66394	x62411	x74768	x62534	x73075
Hong Kong	1161354	1462701	1687588	1991804	2437554
Germany/Allemagne	891807	953928	1181695	1259285	1377509
USA/Etats–Unis d'Amer	655305	952280	1110359	1320059	1550503
China/Chine	580313	680920	772825	874624	1603084
Japan/Japon	599212	643069	681410	714171	740808
France, Monac	507856	529406	671291	665859	746238
Switz.Liecht	455106	452005	613723	637903	715339
Korea Republic	445349	496503	529130	574817	588072
Italy/Italie	413333	438395	549368	559344	592362
Netherlands/Pays–Bas	358254	383236	478764	533584	625219
United Kingdom	341450	341809	429770	474771	487288
Sweden/Suède	198045	202356	233852	247464	256173
Thailand/Thaïlande	124681	190514	209094	242569	x265151
Belgium–Luxembourg	171448	168129	208057	236432	261574
Philippines	169678	x215081	191687	205105	204198
Denmark/Danemark	149510	138565	160214	178742	222992
Spain/Espagne	80503	90292	113739	131089	128857
Canada	77090	88186	91144	99536	115545
Poland/Pologne	130193	124784	92510	43244	x41663
Austria/Autriche	73235	67874	88523	91712	95989
Singapore/Singapour	54772	71880	72952	91846	103964
Ireland/Irlande	31467	46759	77415	83629	98560
Australia/Australie	59005	54460	64562	54716	59547
Indonesia/Indonésie	24973	43915	56390	73295	90314
Portugal	38143	42190	49102	52198	48662
Brazil/Brésil	43100	43425	38411	48774	61770
Macao/Macao	53274	52990	35000	6175	4984
Norway, SVD, JM	29263	30295	37189	41495	45001
Yugoslavia SFR	30868	26209	36497	x30260	
Malaysia/Malaisie	19875	22292	26425	39197	x45975
Pakistan	20876	28805	25867	28347	36160
Mexico/Mexique	31168	27049	19675	34424	24771
Bulgaria/Bulgarie	x82778	x48960	x27160	x4029	x3292
Czechoslovakia	x62376	x24967	x22556	x28047	x31721
Finland/Finlande	19017	23243	21845	27063	28587
Former USSR/Anc. URSS	x20433	x25775	x17487	x19211	
India/Inde	12930	x16687	22773	18815	x25555
Hungary/Hongrie	x22823	x15568	x16428	x25342	x24590
Sri Lanka	14879	11840	12664	22726	29791
Romania/Roumanie	x37890	18304	12442	15521	x22989
Colombia/Colombie	5504	10320	11587	22729	14187
Costa Rica	3260	13370	15647	5080	x1233
Former GDR	*x102057	x20693	x10688		
So. Africa Customs Un	x7502	x9454	x9174	x10721	x9909
Turkey/Turquie	8030	6992	10195	12001	16885
Israel/Israël	6142	7464	8314	9648	10042
Morocco/Maroc	6454	7064	8441	7142	7077
Venezuela	802	5750	9740	3549	4507
New Zealand	6387	5443	6026	5534	7033
Greece/Grèce	2796	4483	4742	6546	x16557

(VALUE AS % OF TOTAL)(VALEUR EN % DU TOTAL)

	1983	1984	1985	1986	1987	1988	1989	1990	1991	1992		1983	1984	1985	1986	1987	1988	1989	1990	1991	1992
Africa	x3.4	x3.2	2.1	x2.5	x2.0	x1.8	x1.6	x1.8	x2.0	x1.9	Afrique	0.4	0.3	0.5	0.6	0.4	x0.3	x0.3	x0.4	x0.4	x0.4
Northern Africa	1.7	x1.6	1.0	x1.1	0.7	0.6	0.6	0.7	0.6	x0.7	Afrique du Nord	0.1	0.1	0.1	0.1	0.1	0.1	0.1	0.1	0.1	0.1
Americas	23.7	27.5	29.1	x25.9	x24.1	22.4	23.2	21.1	19.9	x20.6	Amériques	12.7	12.8	12.5	11.0	8.5	8.7	12.3	12.1	13.0	12.8
LAIA	1.4	1.7	1.9	1.4	1.3	1.4	1.5	1.6	1.9	2.3	ALAI	0.8	1.3	1.3	1.1	0.8	0.9	1.0	0.8	1.0	0.9
CACM	x0.2	0.3	0.3	0.2	0.2	0.1	0.2	0.1	0.1	x0.2	MCAC	x0.1	0.1	0.1	0.1	0.1	0.1	0.2	0.2	0.1	x0.1
Asia	24.8	24.2	22.9	24.0	23.9	25.0	26.9	26.0	27.3	x29.5	Asie	37.7	38.4	36.5	35.6	x47.1	x46.2	42.1	39.8	41.1	44.2
Middle East	x5.7	x5.3	4.1	x4.5	x2.5	x2.9	2.5	x2.4	x2.1	2.6	Moyen–Orient	1.3	1.6	1.4	1.5	x0.4	x0.3	0.3	x0.2	x0.2	0.2
Europe	43.6	40.3	42.9	44.9	45.2	45.0	42.8	46.1	46.5	44.7	Europe	47.4	45.7	47.7	50.2	40.5	39.3	41.7	45.3	43.8	41.1
EEC	35.8	32.9	35.0	36.3	36.6	36.6	34.5	37.2	38.4	37.2	CEE	38.0	36.3	38.3	39.7	31.7	31.0	33.2	35.8	34.9	32.7
EFTA	7.7	7.0	7.5	8.1	8.1	8.0	7.8	8.3	7.5	7.0	AELE	9.4	8.8	8.9	10.0	8.4	8.0	8.2	9.1	8.7	8.1
Oceania	x2.3	x2.5	2.5	x2.2	x2.2	x2.1	x2.3	x2.0	x1.9	x1.8	Océanie	x0.4	x0.4	0.6	x0.7	0.5	x0.7	x0.6	x0.6	x0.5	x0.5
USA/Etats–Unis d'Amer	18.2	21.5	22.6	19.9	19.0	17.2	17.9	15.9	14.7	15.0	Hong Kong	12.6	14.5	13.4	13.5	12.3	12.0	15.5	15.4	16.6	17.3
Germany/Allemagne	9.4	8.7	9.0	9.3	9.5	9.6	8.8	9.9	11.2	10.8	Germany/Allemagne	10.7	10.1	10.8	11.9	9.6	9.3	10.1	10.8	10.5	9.8
Hong Kong	6.5	6.9	6.4	7.2	7.8	7.9	9.2	9.4	9.7	10.8	USA/Etats–Unis d'Amer	9.5	9.0	8.9	7.7	5.9	6.8	10.1	10.1	11.0	11.0
Japan/Japon	6.2	6.3	7.0	7.4	7.6	7.9	8.7	7.7	7.7	7.5	China/Chine			0.9	1.0	6.0	6.0	7.2	7.1	7.3	11.4
France, Monac	6.9	6.3	6.3	7.2	6.9	6.7	6.4	6.8	6.3	6.1	Japan/Japon	13.6	12.3	11.2	9.8	6.6	6.2	6.8	6.2	6.0	5.3
United Kingdom	5.9	5.4	5.6	5.0	5.1	5.0	4.5	4.2	3.9	3.9	France, Monac	6.8	6.3	6.8	7.1	5.4	5.3	5.6	6.1	5.5	5.3
Italy/Italie	3.2	3.1	3.6	3.8	4.1	4.0	3.9	4.0	4.4	4.3	Switz.Liecht	5.3	5.0	5.0	5.9	4.8	4.8	4.8	5.2	4.8	4.2
Netherlands/Pays–Bas	3.7	3.4	3.7	3.7	3.8	3.7	3.6	4.0	3.9	3.8	Korea Republic	4.0	4.0	3.9	4.4	4.1	4.6	5.2	4.8	4.7	4.2
Canada	3.3	3.3	3.6	3.3	2.8	3.0	3.1	2.9	2.8	2.7	Italy/Italie	5.4	5.2	5.4	5.4	4.2	4.3	4.6	5.0	4.7	4.2
Spain/Espagne	1.5	1.3	1.5	1.7	2.0	2.3	2.4	2.8	3.0	3.0	Netherlands/Pays–Bas	4.3	4.1	4.5	4.5	3.7	3.7	4.1	4.4	4.4	4.4

911 *MAIL NOT CLASSED BY KIN   COLIS POSTAUX 911

TRADE BY COMMODITY IN THOUSAND U.S. DOLLARS – COMMERCE PAR PRODUIT EN MILLIERS DE DOLLARS E.U

IMPORTS – IMPORTATIONS

COUNTRIES–PAYS	1988	1989	1990	1991	1992
Total	x2125894	x1897628	x2022458	x2029861	x1569241
Africa	x100709	x88755	x78998	x112878	x106961
Northern Africa	x5784	x5140	x4774	x3762	x4391
Americas	x297439	x258972	x295355	x243057	x215120
LAIA	x8638	x6683	x7884	x7438	x15532
CACM	x637	x483	x575	x392	x297
Asia	x232374	x213987	x182901	x162044	x142448
Middle East	x43148	x26143	x27244	x20709	x22368
Europe	x1372618	x1247072	x1348646	x1423908	x1036499
EEC	x1145745	x1038551	x1118679	1217436	x830084
EFTA	x215867	x202274	x218956	x198665	x199706
Oceania	x89249	x75691	x100017	x71449	x59928
United Kingdom	322475	227223	246529	433844	306603
Ireland/Irlande	221006	219899	270516	279957	x66362
Netherlands/Pays-Bas	243044	244038	246054	189067	162054
France, Monac	115294	148996	124449	143984	129530
Germany/Allemagne	x158151	x126413	x151809	x99212	x95938
Sweden/Suède	111785	111586	124586	116544	120870
USA/Etats–Unis d'Amer	x177341	x123764	x131619	x96341	x108433
Australia/Australie	x60922	x55314	x68834	x50939	x42665
Japan/Japon	x57650	x47562	x54505	x44624	x39925
Reunion/Réunion	25305	33404	49251	49394	57081
Switz.Liecht	x46248	x42472	x43192	x38426	x37214
Canada	x41721	x41893	x38937	x26010	x16589
Martinique	21400	26610	36164	38781	49666
Singapore/Singapour	26685	53299	24572	22946	17949
Hong Kong	43885	39346	30183	30974	25664
Italy/Italie	x33563	x29209	x32287	x29147	x29453
Guadeloupe	9134	15884	39589	32623	36489
Denmark/Danemark	x27621	x23147	x24959	x23101	x20753
So. Africa Customs Un	39473	x21911	x29990	x37629	x22017
New Zealand	x23745	x18718	x23990	x16123	x11230
Norway, SVD, JM	x22773	x18135	x20338	x16662	x16324
Barbados/Barbade	16527	17220	14799	15683	x1647
Malaysia/Malaisie	17647	14568	15267	13321	x8608
Finland/Finlande	x15399	x13796	x13743	x11011	x9666
Austria/Autriche	x14370	x12116	x12670	x11918	x11989
Portugal	x12663	x10768	x12192	x10347	x10428
French Guiana	5821	6423	10081	14492	14699
India/Inde	x11404	x8952	x8406	x6344	x7462
Greece/Grèce	x8642	x6816	x7768	x6822	x7454
Former USSR/Anc. URSS	x3611	x3386	x6122	x8288	
Saudi Arabia	x9228	x6496	x6493	x3856	x4426
Zimbabwe	4382	x7382	4475	4846	x3736
Philippines	x6084	x5045	x5612	x5956	x5388
Kenya	x4967	x9271	x3348	x2543	x2503
United Arab Emirates	x13594	x4648	x4424	x3782	x3707
Iceland/Islande	x5292	x4171	x4427	x4104	x3642
Cyprus/Chypre	x5239	x4006	x4838	x3096	x3129
Thailand/Thaïlande	x3423	x3769	x4295	x3447	x3623
Malta/Malte	746	1060	x5854	x4136	x4109
Poland/Pologne	x4826	x3743	x3307	x2772	x2817
Korea Republic	x2803	x2652	x3044	x2730	x2269
Jamaica/Jamaïque	x3208	x2656	x3431	x2144	x1738
Pakistan	x3635	x2942	x2891	x2379	x1943
Turkey/Turquie	x2873	x2257	x3029	x2847	x2258
Brazil/Brésil	x2837	x2192	x2575	x2399	x1972
Brunei Darussalam	x3063	x3447	x1817	x1671	x1191
Zambia/Zambie	x3979	x1545	x2769	x1882	x6000
Cayman Is/Is Caïmans	2004	2199	2386	1579	x150
French Polynesia	x2682	x90	x3171	x2765	x2136
Yugoslavia SFR	x1917	x1419	x2331	x2054	

EXPORTS – EXPORTATIONS

COUNTRIES–PAYS	1988	1989	1990	1991	1992
Totale	x2201587	x1904176	x2047069	x1654690	x1601709
Afrique	x12223	x10469	x9462	x11581	x10193
Afrique du Nord	x6499	x6274	x4057	x2102	x3224
Amériques	x79632	x73416	x73692	x127878	x85994
ALAI	x851	x582	x559	x1113	x915
MCAC	x101	x171	x64	x83	x39
Asie	x202998	x177787	x171017	x220611	x192640
Moyen–Orient	x7061	x3914	x4814	x5949	x4486
Europe	x1834314	x1606873	x1750812	x1229990	x1268876
CEE	x1723126	x1494577	x1638067	1120138	x1166730
AELE	x109892	x111239	x111126	x108329	x100681
Océanie	x56326	x31437	x38486	x59794	x41469
United Kingdom	1068196	838915	993493	804873	627714
Germany/Allemagne	x317773	x325689	x318290		x236702
France, Monac	125537	146234	148444	133179	142229
Hong Kong	109551	104226	97902	132452	113759
USA/Etats–Unis d'Amer	x64335	x61443	x61578	x105439	x70781
Netherlands/Pays-Bas	84703	79410	73998	69782	76377
Switz.Liecht	x62997	x65842	x66668	x62243	x56263
Ireland/Irlande	53941	35303	35875	35144	x9168
Australia/Australie	x37961	x24165	x30396	x50244	x34349
Denmark/Danemark	x31419	x27772	x30711	x39180	x30362
Italy/Italie	x34249	x33043	x28949	x29447	x30334
Japan/Japon	x23246	x27295	x25765	x30448	x27889
Singapore/Singapour	28047	21651	23778	26741	24620
Finland/Finlande	x13145	x13682	x13577	x12059	x12005
Canada	x12998	x9847	x10526	x18530	x10948
Sweden/Suède	x13187	x13621	x10662	x13503	x11356
Austria/Autriche	x11668	x11162	x12149	x11296	x11352
New Zealand	x7241	x6996	x7923	x9403	x6918
Norway, SVD, JM	x8462	x6612	x7597	x8653	x9239
India/Inde	x8673	x6221	x4407	x5829	x3018
So. Africa Customs Un	x3893	x2699	x3098	x7114	x4261
Korea Republic	x4393	x4372	x3306	x5017	x3165
Portugal	x5001	x3866	x3602	x3561	x2929
Tunisia/Tunisie	x5417	x5383	x3433	x1481	x2671
Thailand/Thaïlande	x2937	x2223	x2874	x4344	x5038
Israel/Israël	x1766	x2132	x2444	x3003	x3400
Iran (Islamic Rp. of)	x4168	x1758	x1937	x2817	x2479
Malaysia/Malaisie	2101	1722	1713	2121	x1877
Turkey/Turquie	x904	x1052	x1703	x1276	x610
Greece/Grèce	x1487	x1179	x1477	x1287	x1917
Pakistan	472	417	x1219	x1965	x1786
Former USSR/Anc. URSS	x823	x680	x855	x1792	
Indonesia/Indonésie	x714	x874	x750	x1022	x1089
Former GDR	x7294	x1283	x1218		
Poland/Pologne	x1103	x854	x531	x1048	x690
China/Chine	0	x1257	x1111	53	x1449
Czechoslovakia	x5943	x666	x455	x1289	x1047
Zimbabwe		x190	1162	534	x459
Gibraltar	x463	x493	x414	x792	x929
Jamaica/Jamaïque	x478	x468	x284	x796	x524
Reunion/Réunion	10	426	x45	1075	x391
Yugoslavia SFR	x412	x251	x917	x305	
Bulgaria/Bulgarie	x470	x345	x882	x216	x303
Iceland/Islande	x432	x320	x472	x575	x466
Bahamas	x157	x250	x243	x823	x910
Morocco/Maroc	x597	x599	x410	x243	x314
Brazil/Brésil	x473	x212	x254	x579	x479
Sri Lanka	x1054	x473	x180	x352	x400
Cyprus/Chypre	205	x399	x328	x249	x187
Malta/Malte	x398	x250	x263	x403	x354

(VALUE AS % OF TOTAL)(VALEUR EN % DU TOTAL)

	1983	1984	1985	1986	1987	1988	1989	1990	1991	1992		1983	1984	1985	1986	1987	1988	1989	1990	1991	1992
Africa	x8.5	x7.9	6.0	x2.6	x5.4	x4.8	x4.7	x3.9	x5.6	x6.8	Afrique	x0.8	x0.4	0.3	x0.4	x0.7	x0.6	x0.5	x0.5	x0.7	x0.7
Northern Africa	x0.2	x0.2		x0.1	x0.1	x0.3	x0.3	x0.2	x0.2	x0.3	Afrique du Nord	x0.1	x0.0		x0.0	x0.1	x0.3	x0.2	x0.2	x0.1	x0.2
Americas	x8.0	x10.1	3.5	x9.7	x7.7	x14.0	x13.6	x14.6	x11.9	x13.7	Amériques	x4.6	x4.7		x4.1	x7.5	x3.6	x3.8	x3.6	x7.7	x5.4
LAIA	x0.0	x0.0		x0.0	x0.0	x0.4	x0.4	x0.4	x0.4	x1.0	ALAI	x0.1	x0.0		x0.0	x0.1	x0.0	x0.0	x0.0	x0.1	x0.1
CACM	x0.0	x0.0		x0.0	x0.0	x0.0	x0.0	x0.0	x0.0	x0.0	MCAC	x0.0	x0.0		x0.0	x0.0	x0.0	x0.0	x0.0	x0.0	x0.0
Asia	x12.5	x14.4	13.2	x12.7	x10.2	x10.9	x11.3	x9.0	x7.9	x9.1	Asie	x8.9	x9.2	9.9	x10.2	x21.4	x9.2	x9.3	x8.4	x13.3	x12.1
Middle East	x1.3	x0.5		x0.7	x0.3	x2.0	x1.4	x1.3	x1.0	x1.4	Moyen–Orient	x0.4	x0.4	0.1	x0.4	x0.9	x0.3	x0.2	x0.2	x0.4	x0.3
Europe	69.9	66.8	77.0	73.8	75.8	x64.6	x65.7	x66.7	x70.1	x66.1	Europe	x85.3	x85.2	89.7	x85.0	x68.7	x83.3	x84.4	x85.5	x74.3	x79.2
EEC	61.3	58.6	69.9	62.2	63.2	x53.9	x54.7	x55.3	60.0	x52.9	CEE	81.7	81.7	89.7	81.6	x61.2	x78.3	x78.5	x80.0	67.7	x72.8
EFTA	8.5	x8.1	7.1	11.5	12.5	x10.2	x10.7	x10.8	x9.8	x12.7	AELE	x3.6	x3.4		x3.3	x7.4	x5.0	x5.8	x5.4	x6.5	x6.3
Oceania	x1.2	x0.9	0.2	x1.2	x0.8	x4.2	x4.0	x5.0	x3.5	x3.8	Océanie	x0.4	x0.4		x0.3	x0.7	x2.6	x1.6	x1.9	x3.6	x2.6
United Kingdom	42.6	38.2	42.8	31.4	30.4	15.2	12.0	12.2	21.4	19.5	United Kingdom	64.9	63.8	80.9	63.2	x24.2	48.5	44.1	48.5	48.6	39.2
Ireland/Irlande	10.3	13.6	20.1	21.7	22.0	10.4	11.6	13.4	13.8	x4.2	Germany/Allemagne	x8.1	x8.0		x7.6	x16.7	x14.4	x17.1	x15.5		x14.8
Netherlands/Pays-Bas	x0.3	x0.2		x0.3	x0.8	x11.4	12.9	12.2	9.3	10.3	France, Monac	3.2	3.6	4.3	4.2	8.0	5.7	7.7	7.2	8.0	8.9
France, Monac	3.6	3.1	5.1	5.6	6.8	5.4	7.9	6.2	7.1	8.3	Hong Kong	3.6	4.2	7.0	5.8	12.5	5.0	5.5	4.8	8.0	7.1
Germany/Allemagne	x1.1	x0.8		x1.0	x1.0	x7.4	x6.7	x7.5	x4.9	x6.1	USA/Etats–Unis d'Amer	x3.6	x3.6		x3.4	x6.0	x3.2	x3.2	x3.0	x6.4	x4.4
Sweden/Suède	7.3	6.9	7.1	10.1	11.1	5.3	5.9	6.2	5.7	7.7	Netherlands/Pays-Bas	x1.0	x1.0		x1.1	x2.4	3.8	4.2	3.6	4.2	4.8
USA/Etats–Unis d'Amer	x5.4	x7.0		x6.0	x4.2	x8.3	x6.5	x6.5	x4.7	x5.1	Switz.Liecht	1.6	x1.5		x1.5	x3.3	x2.9	x3.5	x3.3	x3.8	x3.5
Australia/Australie	x0.3	x0.3		x0.2	x0.1	x2.9	x2.9	x3.4	x2.5	x2.7	Ireland/Irlande	2.8	3.6	4.3	3.7	6.6	2.5	1.9	1.8	2.1	x0.6
Japan/Japon	x0.3	x0.3		x0.2	x0.2	x2.7	x2.5	x2.7	x2.2	x2.5	Australia/Australie	0.0	0.0	0.0	0.0	x1.7	x1.3	x1.5	x1.5	x3.0	x2.1
Reunion/Réunion	0.9	0.6	1.3	1.3	1.8	1.2	1.8	2.4	2.4	3.6	Denmark/Danemark	x1.3	x1.2		x1.3	x2.9	x1.4	x1.5	x1.5	x2.4	x1.9

931 *SPECIAL TRANSACTIONS — TRANS.SPECIALES 931

TRADE BY COMMODITY IN THOUSAND U.S. DOLLARS – COMMERCE PAR PRODUIT EN MILLIERS DE DOLLARS E.U

COUNTRIES–PAYS	1988	1989	1990	1991	1992	COUNTRIES–PAYS	1988	1989	1990	1991	1992
Total	50631981	51247398	62101520	60601628	66983577	Totale	59970131	68564928	69298531	69777246	70008307
Africa	x2885502	x2862210	x2856455	x1061222	x1436960	Afrique	x1749675	x1522654	x1625306	x767931	x1555843
Northern Africa	x94379	x288363	x219115	x336057	x551369	Afrique du Nord	x1110487	x1107458	x1232258	x40504	x1179153
Americas	x14832021	x18289372	x20069181	x20460656	x22415492	Amériques	x24670012	x31602473	x21207715	x21926692	x22814405
LAIA	x1888699	x1657515	x671999	x715500	x892437	ALAI	433594	479579	x1987945	x2184741	x2107168
CACM	x40347	x56475	x396294	x468694	x162984	MCAC	x29370	136015	x139727	164915	x39910
Asia	x10828341	x6350401	x10493512	x10499746	x12575903	Asie	11435664	x6301301	10441064	8898575	x11818940
Middle East	x2741950	x1022830	x2155657	x2674341	x2527315	Moyen–Orient	x452079	x373127	x363946	x289512	x407875
Europe	18009432	19881320	23013197	22609138	25659962	Europe	12235633	18362679	22430720	23919010	23930187
EEC	17459007	18698157	21552787	21286103	24339980	CEE	11455588	17271125	21043449	22572692	23298717
EFTA	x439831	x1038111	x1348350	x1171167	x850021	AELE	x765816	x1078278	x1358631	x1225174	x537662
Oceania	x2031725	x2114127	x3272385	x3443527	x4247815	Océanie	x5346036	x6542700	x8969872	x8548065	x9538301
USA/Etats–Unis d'Amer	11063677	12810207	15796442	15390461	17282250	USA/Etats–Unis d'Amer	21868588	28479205	12913146	13591381	14726879
Belgium–Luxembourg	4792958	5576475	7068487	6865761	7440473	Australia/Australie	5098986	6308577	8674107	8262217	9291386
Germany/Allemagne	6072291	6595975	6712779	5371063	7546067	Netherlands/Pays–Bas	3214468	4170310	5009082	4936964	5147717
Italy/Italie	3379821	3421236	4272454	4957950	4576832	Canada	2136755	2274075	5903143	5731102	5655669
Canada	1275193	2548651	2768244	3417684	3464046	Germany/Allemagne	3100921	3391358	4389062	6031529	5725004
Japan/Japon	2033179	2191253	2480154	2651404	3086786	Belgium–Luxembourg	468649	4251470	4631481	4918642	5146906
Australia/Australie	1861742	1691745	2679813	2685946	3436066	Japan/Japon	3442521	3804562	4399750	4873722	5193333
United Kingdom	1780117	1811673	2173635	2114216	2045785	Former USSR/Anc. URSS	x2990855	x2853889	x3455355	x4745640	
Former USSR/Anc. URSS	x930852	x1196894	x1961415	x2164516		United Kingdom	1629188	1777635	1895811	1782005	2171648
So. Africa Customs Un	1978400	1891256	2268290	x358415	x368264	Italy/Italie	929625	1333044	2017914	1653831	1685563
India/Inde	1149188	x423095	1472682	1555460	x279548	Denmark/Danemark	1356231	1424249	1622668	1849212	1996009
Denmark/Danemark	833289	686967	722909	1374020	1375854	Mexico/Mexique	434	1262	x1349573	x1438897	x1531093
Thailand/Thaïlande	808551	950445	685175	830606	956963	Philippines	1908122	x88802	2564613	1126	3098353
Philippines	1817772	x144208	2029473	36914	2515991	Ireland/Irlande	650814	762589	984012	849197	895290
Singapore/Singapour	549798	641964	594288	707994	707703	China/Chine	2193391	495992	1160396	723284	405152
Turkey/Turquie	x431653	x209116	x477971	x1009586	x428122	Algeria/Algérie	x989351	x1054809	x1164113	0	x1104173
Saudi Arabia	1441130	219983	x563927	x775800	x790745	Poland/Pologne	682933	798000	690184	713417	x113831
Austria/Autriche	x219773	x344483	x497073	x401955	206	Singapore/Singapour	1536131	521835	569585	724946	784516
Switz.Liecht	1978	339416	460401	429762	416345	Hong Kong	327766	390107	426374	494363	758391
New Zealand	387	x318600	x454943	x444091	x448312	Austria/Autriche	x426391	x349803	x424344	x443612	4807
United Arab Emirates	x362841	x243857	x572391	x393202	x292872	Switz.Liecht	184	305087	400441	377341	363564
Korea Republic	46839	77510	95805	999028	114113	Brazil/Brésil	269525	304665	379118	342005	297747
Brazil/Brésil	x161258	x450643	x247962	x250209	284	Sweden/Suède	190126	276948	389867	259056	19933
Costa Rica	8597	283219	301930	362627	x56552	Korea Republic	128595	20497	26	840154	299
Hong Kong	230775	295187	317340	333159	501097	Thailand/Thaïlande	110368	x137325	357811	339393	x328118
Ireland/Irlande	263218	271087	311000	296550	627721	India/Inde	290107	199221	272145	288860	x66520
Netherlands/Pays–Bas	185799	323424	250945	252357	312826	So. Africa Customs Un	x168648	x184144	x195383	x226637	x243099
Mexico/Mexique	811764	769388	75	1008	10249	Spain/Espagne	94534	125057	186220	277738	432985
China/Chine	307775	211811	283026	215980	590860	New Zealand	154772	122852	195306	189020	134678
Finland/Finlande	x134143	x193916	x227893	x189297	x252131	Saudi Arabia	x155843	x155090	x174449	x114986	x168969
Israel/Israël	153255	172323	203932	212244	280470	Bulgaria/Bulgarie	x202628	x230256	x171677	x16418	x17310
Czechoslovakia	x575036	x193310	x157194	x209812	x191492	Finland/Finlande	x139993	x136615	x131664	x135626	x139446
Venezuela	x123295	x195372	x164707	x144601	x343085	Greece/Grèce	77	5	182652	193553	x55618
Bahamas	x108408	x179847	x154251	x170523	x153541	Costa Rica	16860	118685	110340	146030	x11452
Sweden/Suède	75031	154342	154689	142538	164102	Kenya	36	x8777	20	331325	x11780
Cuba	x10799	405953	x18623	x11443	x16681	Chile/Chili	47288	73117	113745	147474	x47351
Iran (Islamic Rp of)	x32744	x52174	x171541	x182808	x569642	Romania/Roumanie	x25483	147743	101869	73969	x32455
Malawi	319586	385559	x5995	x9124	x8514	Malaysia/Malaisie	62943	63846	109317	146338	x548876
Oman	142308	76594	173197	96713	x57184	Czechoslovakia	x513850	x102609	x103442	x102284	x123736
Chile/Chili	97758	126412	87967	112413	x185614	Sri Lanka	55010	48929	74901	71718	51309
Bulgaria/Bulgarie	x103716	x122295	x132740	x35169	x25070	Dominican Republic	70509	82088	66519	41668	x22106
Yugoslavia SFR	x81220	x118197	63053	x107148		Colombia/Colombie	61510	28651	44647	x113684	x142150
Egypt/Egypte	x48815	x83955	7	x198923	x300391	France, Monac	3897	23190	105534	57594	24912
Malaysia/Malaisie	23370	25542	35692	161076	x808270	Hungary/Hongrie	x54049	x58241	x61836	x63700	x63201
Hungary/Hongrie	x58929	x65252	x62549	x67743	x86500	Indonesia/Indonésie	539	x71164	x55631	x53130	x66412
New Caledonia	65	48211	73156	71344	x19929	United Arab Emirates	x66320	x65045	x62113	x50473	x58647
Libyan Arab Jamahiriya		x96077	x84864		x72931	Venezuela	x31840	x38996	x67094	x63838	x55498
Papua New Guinea	x109579	11680	8584	x158308	x172597	Panama	71129	x49746	x58420	x64011	x111670
Jordan/Jordanie	103623	129269	28293	14790	20246	Turkey/Turquie	x117616	x59464	x57510	x48686	x58191
Bahrain/Bahreïn	6330	x9035	x66896	x94039	x23875	Bahamas	x6239	x25360	x53465	x76173	x49220

(VALUE AS % OF TOTAL)(VALEUR EN % DU TOTAL)

	1983	1984	1985	1986	1987	1988	1989	1990	1991	1992		1983	1984	1985	1986	1987	1988	1989	1990	1991	1992
Africa	x14.6	x11.7	8.2	2.2	6.6	5.7	5.6	4.6	1.8	2.1	Afrique	x36.8	x30.0	28.6	1.4	7.9	2.9	2.3	2.4	1.1	2.2
Northern Africa	x0.6	x0.6	0.1	1.0	0.5	0.2	0.6	0.4	0.6	0.8	Afrique du Nord	0.1	0.2	0.0	0.6	0.4	1.9	1.6	1.8	x0.1	x1.7
Americas	x30.9	x34.7	42.1	x38.9	33.2	29.3	35.7	32.3	33.7	33.5	Amériques	x10.9	x19.6	24.9	x29.0	35.7	41.1	46.1	30.7	x31.4	x32.6
LAIA	1.0	1.3	0.5	1.0	1.3	3.7	3.2	1.1	1.2	1.3	ALAI	1.4	1.4	1.1	0.8	0.7	0.7	2.9	x3.1	x3.0	
CACM	0.1	0.1	0.1	x0.2	0.2	0.1	0.7	0.6	0.8	0.2	MCAC	x0.0	0.0	0.1	0.1	x0.1	0.0	0.2	0.2	0.2	0.1
Asia	16.8	17.7	18.0	16.5	20.9	x21.4	12.4	16.9	x17.3	x18.7	Asie	17.4	18.0	17.3	20.4	20.5	19.1	x9.2	15.1	12.7	x16.8
Middle East	x2.8	x2.7	1.2	x2.3	4.2	x5.4	x2.0	3.5	x0.4	x3.8	Moyen–Orient	x0.5	x0.6	0.6	x1.2	x0.8	1.3	0.7	0.9	x0.4	x0.6
Europe	x32.5	x29.7	27.6	x38.1	30.9	35.6	38.8	37.1	37.3	38.3	Europe	32.1	29.0	26.2	43.9	30.9	20.4	26.8	32.4	34.3	34.2
EEC	x30.8	x28.7	27.6	x35.9	30.2	34.5	36.5	34.7	35.1	36.3	CEE	29.9	27.2	26.1	41.9	28.8	19.1	25.2	30.4	32.3	33.3
EFTA	x1.6	x0.9	0.0	x2.0	0.7	x0.9	x2.0	x2.2	x1.9	1.3	AELE	x2.2	x1.6	0.0	x1.9	x2.0	2.0	x1.6	x2.0	x1.8	x0.8
Oceania	x2.4	x3.2	3.7	x4.4	4.0	x3.9	x4.0	x4.1	x5.2	x5.7	Océanie	x1.3	x1.9	2.5	x2.3	x2.0	x9.0	x9.6	x12.9	x12.2	x13.7
USA/Etats–Unis d'Amer	25.9	27.7	36.1	31.2	26.2	21.9	25.0	25.4	25.4	25.8	USA/Etats–Unis d'Amer	8.3	16.6	22.8	26.2	33.8	36.5	41.5	18.6	19.5	21.0
Belgium–Luxembourg	3.5	3.3	5.2	4.3	3.1	9.5	10.9	11.4	11.3	11.1	Australia/Australie	0.9	0.9	1.8	1.5	1.5	8.5	9.2	12.5	11.8	13.3
Germany/Allemagne	15.8	14.0	15.4	16.9	15.2	12.0	12.9	10.8	8.9	11.3	Netherlands/Pays–Bas	x1.3	x1.6		x2.1	x4.4	5.4	6.1	7.2	7.1	7.4
Italy/Italie	1.3	1.2	4.1	1.3	1.1	6.7	6.7	6.9	8.2	6.8	Canada	0.6	1.0	1.0	0.9	0.6	3.6	3.3	8.5	8.2	8.1
Canada	3.6	4.9	5.2	4.4	4.0	2.5	5.0	5.6	5.2	5.2	Germany/Allemagne	13.9	11.9	10.9	16.4	12.0	5.2	4.9	6.3	8.6	8.2
Japan/Japon	4.3	4.4	6.9	5.5	4.4	4.3	4.3	4.0	4.4	4.6	Belgium–Luxembourg	10.3	9.1	9.9	15.4	10.2	0.8	6.2	6.7	7.0	7.4
Australia/Australie	2.0	2.8	3.7	3.3	3.7	3.3	4.4	4.4	5.1	5.2	Japan/Japon	4.8	5.0	5.7	7.3	4.5	5.7	5.5	6.3	7.0	7.4
United Kingdom	3.5	3.7	4.2	4.5	2.8	3.5	3.5	3.5	3.5	3.1	Former USSR/Anc. URSS	1.1	1.1		x1.1	x5.0	x4.2	x5.0	x6.8		
Former USSR/Anc. URSS	2.6	2.7		x2.7	x1.8	x2.3	x3.2	x3.6			United Kingdom	1.8	1.8	2.1	3.7	2.3	2.7	2.6	2.7	2.6	3.1
So. Africa Customs Un	12.8	8.9	7.9	x0.5	5.4	3.9	3.7	3.7	x0.6	x0.5	Italy/Italie	0.2	0.1	0.0	0.3	0.2	1.6	1.9	2.9	2.4	2.4

235

941 *ZOO ANIMALS, PETS ETC — ANIMAUX DE ZOO ETC 941

TRADE BY COMMODITY IN THOUSAND U.S. DOLLARS – COMMERCE PAR PRODUIT EN MILLIERS DE DOLLARS E.U

IMPORTS – IMPORTATIONS

COUNTRIES–PAYS	1988	1989	1990	1991	1992
Total	x268561	264658	311281	309026	317960
Africa	x1871	x1436	x1338	x1488	x2498
Northern Africa	x115	x444	x290	278	x1079
Americas	59452	x65125	x68197	x65405	x66857
LAIA	958	x1875	x4597	2119	4445
CACM	x57	87	100	62	x341
Asia	x74733	x61864	x69441	x77836	x75878
Middle East	x32052	x23370	x21805	x22760	x22160
Europe	122178	123399	153903	152108	163295
EEC	109617	111392	137914	136710	145667
EFTA	11940	11515	15051	14834	17059
Oceania	x1628	x7004	x10966	x5214	x2152
USA/Etats–Unis d'Amer	49515	46624	46396	47135	44051
France,Monac	31288	32238	36989	36113	35880
Italy/Italie	27369	22513	30327	29413	27082
Japan/Japon	18050	19192	21354	24856	22636
Germany/Allemagne	14062	15714	17108	17640	18451
United Arab Emirates	x29205	x17934	x14813	x16384	x17432
Belgium–Luxembourg	11752	13075	18631	16898	x17420
Canada	8102	15614	16125	14622	20817
Hong Kong	6322	9556	13662	14583	17344
United Kingdom	9897	11045	10678	9169	11901
Netherlands/Pays–Bas	6214	7520	10960	11213	12559
Spain/Espagne	5599	5946	8982	10104	12614
Australia/Australie	1199	6005	9807	5068	1541
Switz.Liecht	5115	4616	6160	6287	6513
Singapore/Singapour	1829	1986	3472	4538	4320
Former USSR/Anc. URSS	x2415	x3955	x4318	x1520	
Oman	1395	3349	2312	3898	x157
Sweden/Suède	2402	2718	3247	3386	4446
Czechoslovakia	x3956	1247	2273	x4055	x5141
Austria/Autriche	2558	2111	2884	2544	3178
Korea Republic	1953	1645	1990	3219	4914
Finland/Finlande	1291	1352	1875	1512	1622
Macau/Macao	268	1200	1501	2033	3121
Malaysia/Malaisie	761	1584	1274	1749	x1396
Portugal	764	815	1407	2304	3451
Denmark/Danemark	1425	919	1322	1866	2011
Saudi Arabia	x718	598	x2434	x1063	x2009
Israel/Israël	2006	1143	1082	1278	1310
China/Chine	7739	974	1479	1045	2282
Greece/Grèce	670	1046	866	939	x1670
Brazil/Brésil	86	727	1344	572	436
Norway,SVD,JM	571	684	873	1061	1220
Colombia/Colombie	90	23	x2315	71	8
Mexico/Mexique	633	534	797	968	1333
Ireland/Irlande	577	562	643	1053	1065
New Zealand	368	962	1018	53	316
So. Africa Customs Un	1446	641	643	x736	x864
Kuwait/Koweit		1045	x393	x233	511
Thailand/Thaïlande	524	413	516	707	x584
Qatar	137	242	1034	347	
Yugoslavia SFR	323	307	636	x337	702
Indonesia/Indonésie	x152	310	441	423	x82
Bahamas	248	149	x32	x978	x887
Poland/Pologne	x223	x48	x124	x847	x1208
Hungary/Hongrie	x364	x226	x249	498	x61
Netherlands Antilles	269	317	349	82	321
Pakistan	16	35	250	353	x67
India/Inde	905	x32	473	24	180
Reunion/Réunion	178	150	164	169	x221
Former Democratic Yemen		x10	x221	x221	

EXPORTS – EXPORTATIONS

COUNTRIES–PAYS	1988	1989	1990	1991	1992
Totale	x287699	x232908	299012	300109	x296630
Afrique	x6427	x6163	x12587	x13725	x18694
Afrique du Nord	291	1226	1154	422	2717
Amériques	51327	x48698	x68664	x71525	x59699
ALAI	x3413	x3531	x4252	x5537	x5190
MCAC	1645	x4481	x2152	323	x1381
Asie	x54267	62991	66872	69551	61707
Moyen–Orient	14208	x22007	18842	21132	x5512
Europe	81987	80273	105641	108899	126136
CEE	75700	76946	100357	104568	121926
AELE	4626	2024	3748	3326	3407
Océanie	x4576	x12738	x18175	x11509	x9510
USA/Etats–Unis d'Amer	24289	25918	28709	31305	26576
Netherlands/Pays–Bas	21993	22804	30842	31091	35839
Canada	19627	10597	27268	26309	22700
Korea Republic	12656	15269	22424	19414	18484
Belgium–Luxembourg	9588	12726	19383	20031	23200
Oman	11838	16833	14430	15423	x73
United Kingdom	12743	12304	14632	14496	15718
New Zealand	3210	11142	16394	8994	5034
China/Chine	5390	7170	10922	13257	20000
Germany/Allemagne	8563	8107	9559	12426	15656
France,Monac	6626	7888	9922	10888	13201
Czechoslovakia	x55276	x4527	x6544	x8231	x6395
Hungary/Hongrie	x6673	x4969	x6036	x6023	x4655
Denmark/Danemark	5101	4094	5694	6345	7929
Ireland/Irlande	4917	4387	5441	4312	3687
Poland/Pologne	x3234	x2319	x4360	x5629	x4414
Panama	1300	2786	3917	3647	72
Singapore/Singapour	2920	2571	3050	2995	3177
Italy/Italie	4105	2801	2988	2667	3309
Hong Kong	2203	2294	3174	2962	3656
United Arab Emirates	x1465	x3317	x1842	x3056	x3440
Former USSR/Anc. URSS	x949	x1601	x2806	x2200	
Turkey/Turquie	697	1493	2314	2229	1942
Honduras	1535	x4274	x1585	x3	x8
Indonesia/Indonésie	x6763	1865	2041	1921	1277
Former GDR	x12434	x3863	x1932		
Australia/Australie	1262	1547	1546	2176	4233
So. Africa Customs Un	x934	x859	x1755	x2414	x3523
Philippines	997	x2163	659	2132	1842
Un. Rep. of Tanzania		x1486	x1410	x1681	x608
Bulgaria/Bulgarie	x3557	x1406	x2719	x362	x351
Romania/Roumanie	x4274	x2219	836	1274	x3184
Switz.Liecht	1179	920	1671	1656	1604
Senegal/Sénégal	x2199	11	x1834	x2375	x1794
Albania/Albanie	x2716	x1142	x1841	x1182	x1884
Yugoslavia SFR	1654	1298	1533	x1005	
Malaysia/Malaisie	897	906	1419	1431	x1881
Pakistan	985	1300	968	1447	1130
Japan/Japon	738	1669	836	842	1112
Mauritius/Maurice	x450		940	2276	1641
Thailand/Thaïlande	1442	1600	949	467	x996
Portugal	698	695	1088	1200	1495
Chile/Chili	1213	1124	1121	636	x1855
Spain/Espagne	1316	991	562	965	1398
Argentina/Argentine	616	865	729	737	470
Uruguay	x673	x719	x921	x691	148
Egypt/Egypte	179	1006	1071	221	2172
Cuba	x174		x1175	x983	x751
Cameroon/Cameroun	x649	125	x1911	29	x1371
India/Inde	370	x1901	106	13	x437

(VALUE AS % OF TOTAL) (VALEUR EN % DU TOTAL)

	1983	1984	1985	1986	1987	1988	1989	1990	1991	1992		1983	1984	1985	1986	1987	1988	1989	1990	1991	1992
Africa	x0.9	x0.9	0.5	x1.0	x0.3	x0.7	x0.5	x0.4	x0.4	x0.8	Afrique	x10.1	x8.6	3.0	x4.5	x11.6	x2.2	x2.7	x4.2	x4.6	x6.3
Northern Africa	x0.3	x0.1	0.4	0.6	x0.0	x0.2	x0.2	0.1	0.1	x0.3	Afrique du Nord	0.8	1.3	1.2	0.3	x0.2	0.1	0.5	0.4	0.1	0.9
Americas	30.4	30.9	29.5	x27.8	x25.0	22.2	24.6	x21.9	x21.2	x21.0	Amériques	x34.0	x34.7	40.9	x34.7	x24.7	17.9	x20.9	x22.9	x23.8	x20.1
LAIA	0.3	0.1	0.5	x0.8	0.2	0.4	x0.7	x1.5	0.7	1.4	ALAI	x1.1	1.4	1.2	1.4	x1.2	x1.5	x1.5	x1.4	x1.8	x1.7
CACM	x0.0	x0.0	x0.0	0.0	0.0	0.0	0.0	0.0	0.0	x0.1	MCAC	x0.1	0.7	0.8	0.7	0.9	0.6	x1.9	x0.7	0.1	x0.5
Asia	28.5	30.9	28.4	26.2	29.0	x27.9	x23.4	x22.3	x25.2	x23.8	Asie	x22.3	x23.0	23.2	20.1	x22.4	x18.9	27.0	22.3	23.2	20.8
Middle East	x2.8	5.4	1.8	x1.9	x2.1	x11.9	x8.8	x7.0	x7.4	x7.0	Moyen–Orient	x2.6	x1.2	x0.0	x0.5	0.4	x9.4	6.3	7.0	x2.1	x1.9
Europe	38.2	35.3	40.1	42.4	42.3	45.5	46.6	49.4	49.2	51.4	Europe	x32.4	x32.9	31.5	x39.4	x32.0	28.5	34.5	35.3	36.3	42.5
EEC	34.0	29.3	34.3	37.2	36.7	40.8	42.1	44.3	44.2	45.8	CEE	x29.6	x29.7	27.8	x36.7	x29.7	26.3	33.0	33.6	34.8	41.1
EFTA	4.1	5.8	5.3	4.8	5.3	4.4	4.4	4.8	4.8	5.4	AELE	2.8	3.0	3.7	2.6	2.2	1.6	0.9	1.3	1.1	1.1
Oceania	x0.3	x0.2	0.6	x0.8	x1.0	x0.6	x2.6	x3.5	x1.7	x0.7	Océanie	1.0	0.6	0.9	1.0	x1.0	1.6	x5.4	6.1	x3.8	3.2
USA/Etats–Unis d'Amer	21.5	22.2	21.5	21.4	20.0	18.4	17.6	14.9	15.3	13.9	USA/Etats–Unis d'Amer	18.4	19.1	23.7	16.6	9.6	8.4	11.1	9.6	10.4	9.0
France,Monac	9.4	8.0	8.5	8.8	9.0	11.7	12.2	11.9	11.7	11.3	Netherlands/Pays–Bas	x7.0	x8.4		x8.9	x5.7	7.6	9.8	10.3	10.4	12.1
Italy/Italie	7.5	6.5	10.0	9.4	8.6	10.2	8.5	9.7	9.5	8.5	Canada	13.0	11.4	14.5	11.8	12.0	6.8	4.5	9.1	8.8	7.7
Japan/Japon	17.1	17.4	18.2	16.5	15.6	6.7	7.3	6.9	8.0	7.1	Korea Republic	10.1	8.6	9.8	8.7	6.5	4.4	6.6	7.5	6.5	6.2
Germany/Allemagne	7.3	6.2	6.9	7.6	6.5	5.2	5.9	5.5	5.7	5.8	Belgium–Luxembourg	3.5	2.8	3.8	4.0	3.0	3.3	5.5	6.5	6.7	7.8
United Arab Emirates	1.5	0.8	0.7	0.6	1.0	x10.9	x6.8	x4.8	x5.3	x5.5	Oman	0.0	0.0	0.0	0.0	x0.0	4.1	7.2	4.8	5.1	x0.0
Belgium–Luxembourg	2.6	1.9	2.3	2.5	2.5	4.4	4.9	6.0	5.5	6.5	United Kingdom	6.1	6.5	4.9	6.9	6.3	4.4	5.3	4.9	4.8	5.3
Canada	8.1	7.5	7.2	5.3	4.4	3.0	5.9	5.2	4.7	6.5	New Zealand	0.2	0.1	0.2	0.4	0.3	1.1	4.8	5.5	3.0	1.7
Hong Kong	3.8	3.3	4.4	3.5	3.4	2.4	3.6	4.4	4.7	5.5	China/Chine					3.8	1.9	3.1	3.7	4.4	6.7
United Kingdom	3.5	2.7	3.3	3.3	3.3	3.7	4.2	3.4	3.0	3.7	Germany/Allemagne	4.3	4.2	5.4	6.1	3.9	3.0	3.5	3.2	4.1	5.3

951 *WAR FIREARMS, AMMUNITION — VEHIC BLINDES ARMES 951

TRADE BY COMMODITY IN THOUSAND U.S. DOLLARS – COMMERCE PAR PRODUIT EN MILLIERS DE DOLLARS E.U

COUNTRIES–PAYS	IMPORTS – IMPORTATIONS					COUNTRIES–PAYS	EXPORTS – EXPORTATIONS				
	1988	1989	1990	1991	1992		1988	1989	1990	1991	1992
Total	2767681	x3521241	x4013903	4105812	x4793091	Totale	5452039	5251616	5357767	5033090	5711234
Africa	x110763	x48103	x39282	x41596	x118338	Afrique	x329	x10040	x555	x7957	x6146
Northern Africa	4038	12825	x6834	7226	x21412	Afrique du Nord	95	189	244	x649	x1760
Americas	741099	892038	899583	953961	974606	Amériques	x2770080	x2638990	2886550	3131260	x3601242
LAIA	144119	191378	185301	160659	115134	ALAI	x10662	10493	7149	7894	x10577
CACM	4985	8196	9955	2019	x4314	MCAC	x5	x23	x22	379	x55
Asia	x456335	x1011184	x1254071	x1352119	x1480887	Asie	x136166	x86403	x150474	x111480	x155851
Middle East	x132265	x49244	x785400	x559430	x866106	Moyen–Orient	x8510	x15782	x78212	x12955	x60674
Europe	1419268	1503847	1767589	1680462	2147392	Europe	2478158	2489258	2291132	1731851	1918483
EEC	863180	1007207	1216970	1108574	1315443	CEE	1316919	1528051	1685125	1140787	1280069
EFTA	555601	496305	550005	570869	829773	AELE	1157818	960048	604827	587415	637643
Oceania	36059	63872	50749	x68904	x61930	Océanie	19165	x12624	13449	14866	5871
United Kingdom	429497	448513	605067	546652	550793	USA/Etats–Unis d'Amer	2655822	2514122	2806392	3024168	3379994
USA/Etats–Unis d'Amer	382031	437563	418925	477390	456000	United Kingdom	740528	1024342	1097090	542382	698222
Netherlands/Pays–Bas	271540	361815	346401	265082	367003	Sweden/Suède	816975	783631	397218	361904	333175
Saudi Arabia	3856	4263	x676378	x250919	x491813	Netherlands/Pays–Bas	187298	197904	247343	259467	197647
Canada	208588	253358	283396	309869	391613	Italy/Italie	84271	81699	118738	135269	188989
Korea Republic	91371	62783	212881	339633	240370	Canada	103155	110228	72933	98591	210477
Japan/Japon	86629	92832	94206	341876	166684	Norway, SVD, JM	75782	97629	90291	71586	73228
Finland/Finlande	151816	162162	176103	165818	355937	Germany/Allemagne	84137	71265	86720	79327	83809
Sweden/Suède	167021	168144	173699	156431	130868	Switz.Liecht	248264	53914	64061	66734	52045
India/Inde	49	x454336	50	40	x12448	Austria/Autriche	12211	21547	49389	80428	174537
Norway, SVD, JM	109917	126836	136532	168625	227675	Spain/Espagne	52535	33627	41366	44812	34804
Colombia/Colombie	60373	87104	130636	105391	55900	Japan/Japon	31549	34865	39847	37638	44947
Germany/Allemagne	27293	53802	113499	152526	123090	France, Monac	32108	46605	25410	20375	19609
United Arab Emirates	x36615	x35987	x49197	x147684	x177030	Portugal	33661	30548	26912	21753	22816
Thailand/Thaïlande	15547	102615	98120	12749	17479	Korea Republic	13662	15682	14900	41625	27213
Venezuela	72782	91819	47650	23763	9974	Saudi Arabia	224	100	x64131	x3605	x3872
Turkey/Turquie	2540	3297	21102	114231	71582	Denmark/Danemark	13838	9417	12689	24563	24658
Israel/Israël	66	x136503	20	765	7637	Australia/Australie	8761	12326	12569	14722	5739
Indonesia/Indonésie	69033	40941	23031	60095	105429	Greece/Grèce	69880	21221	12500	3705	x806
Australia/Australie	18245	38528	35179	47502	48935	Belgium–Luxembourg	18283	11393	16311	9103	8659
Italy/Italie	42708	28065	47928	40861	23914	China/Chine	x4905	x10683	x11959	x12318	15699
Switz.Liecht	118779	31411	39203	36871	32537	Former USSR/Anc. URSS	x2688	x3332	x2972	x17129	
Denmark/Danemark	9068	14924	18190	43136	53831	Czechoslovakia	x37911	x5917	x6440	x10373	x9924
Austria/Autriche	7871	7581	24307	42950	82630	United Arab Emirates	x556	x11859	x8446	x1876	x1586
New Zealand	17147	23938	13441	19642	10951	Brazil/Brésil	6415	7822	5058	5315	5295
Portugal	21390	18554	24213	14117	20220	So. Africa Customs Un	x127	x9503	x82	x6081	x4033
Kuwait/Koweït		139	x24161	x30004	x40154	Turkey/Turquie	5282	2903	4973	5881	7709
Belgium–Luxembourg	4816	36126	11512	6032	6680	Finland/Finlande	4578	3171	3165	4089	4657
Spain/Espagne	8446	7907	24035	21591	5847	Hungary/Hongrie	x919	x1243	x1842	x5281	x10493
France, Monac	11512	15242	20338	11937	12789	Yugoslavia SFR	3421	1160	1181	x3647	
Singapore/Singapour	x25520	x45337	978	824	2016	Bulgaria/Bulgarie	x995	x2106	x2018	x881	x2580
Greece/Grèce	36641	21881	5436	5920	x150833	Argentina/Argentine	1528	1421	1298	1827	2493
Kenya	x29652	x16675	7226	x5812	x2737	Singapore/Singapour	x1426	x3962	3	2	313
Mexico/Mexique	5584	3593	4178	19494	30644	Iceland/Islande	x6	x157	x703	x2674	
China/Chine	x702	x2134	x19070	x3623	683	Poland/Pologne	x683	x692	x1066	x1521	x369
Brunei Darussalam	x14495	x7490	x7227	x10045	x12591	Israel/Israël	x70677	695	353	1933	35
Bahrain/Bahreïn	630	x210	x10632	x12115	x18679	India/Inde	89	x2748	157	24	x1748
So. Africa Customs Un		x10013		x11204	x8199	Panama	x111	x2492	0	x126	x55
Malaysia/Malaisie	6672	5915	4731	9435	x37730	Thailand/Thaïlande	152	525	841	769	x275
Guatemala	2785	7003	6929	623	x409	Former GDR	x4862	x999	x1125		
Brazil/Brésil	3569	6210	671	4912	1315	Indonesia/Indonésie	x257	x3	x244	1784	1801
Philippines	712	x6055	1786	2820	1154	Mexico/Mexique	672	1108	389	375	790
Un. Rep. of Tanzania	x3	x51	x9944	x31	x128	Malaysia/Malaisie	672	804	713	288	x844
Morocco/Maroc	1404	5822	175	3761	472	Philippines	51	x154	975	564	657
Sri Lanka	3337	2540	2202	3998	590	Pakistan	7	25	x1079	535	x867
Zimbabwe		x2526	4036	1111	x134	Netherlands Antilles	x29	x1581	x47		x68
Cameroon/Cameroun	x146	383	x146	6334	x56	New Zealand	2169	252	879	131	130
Tunisia/Tunisie	310	1539	3011	2146	2276	Syrian Arab Republic	178	307	173	x540	x40
Hungary/Hongrie	x198	x46	x118	5987	x568	Brunei Darussalam	x877	x292	x63	x640	x274
Togo	957	898	1273	3707	x9	Myanmar			x929		

(VALUE AS % OF TOTAL)(VALEUR EN % DU TOTAL)

	1983	1984	1985	1986	1987	1988	1989	1990	1991	1992		1983	1984	1985	1986	1987	1988	1989	1990	1991	1992
Africa	x16.8	x2.0	0.8	x1.4	x2.8	x4.0	x1.4	x1.0	x1.0	x2.5	Afrique	0.1	0.1	0.0	0.4	0.0	0.2	0.0	0.1	0.1
Northern Africa	x1.2	x0.4	0.2	x0.6	x0.3	0.1	0.4	x0.2	0.2	x0.4	Afrique du Nord	x0.1	x0.0	0.0	x0.0	0.0	0.0	0.0	x0.0	x0.0	0.0
Americas	8.9	14.0	20.0	15.7	18.5	26.7	25.3	22.4	23.3	20.3	Amériques	x66.3	64.6	68.6	48.1	x38.1	x50.8	x50.3	53.8	62.2	x63.1
LAIA	3.1	3.6	3.9	2.8	4.5	5.2	5.4	4.6	3.9	2.4	ALAI	x0.4	0.8	0.4	0.4	0.3	x0.2	0.2	0.1	0.2	x0.2
CACM	x0.0	x0.0	0.0	0.0	x0.1	0.2	0.2	0.2	0.0	x0.1	MCAC	x0.0		0.0	0.0	0.0	0.0	0.0	0.0	0.0	0.0
Asia	x19.9	x22.8	9.4	x16.1	x13.8	x16.5	x28.7	x31.2	x32.9	x30.9	Asie	x1.0	x1.5	0.9	x2.8	x2.9	x2.5	x1.7	x2.9	x2.2	x2.7
Middle East	x9.4	x11.8	x0.6	x5.9	x3.5	x4.8	x1.4	x19.6	x18.3	x18.1	Moyen–Orient	x0.1	0.5	0.4	x0.7	x0.5	0.1	0.3	x1.5	0.3	x1.1
Europe	51.9	55.1	66.2	64.0	60.9	51.3	42.7	44.0	40.9	44.8	Europe	32.2	33.8	30.4	x49.0	58.4	45.5	47.4	42.8	34.4	33.6
EEC	43.1	43.9	50.2	54.7	47.7	31.2	28.6	30.3	27.0	27.4	CEE	27.4	28.5	24.1	x40.8	47.9	24.2	29.1	31.5	22.7	22.4
EFTA	8.8	11.2	15.9	9.2	12.9	20.1	14.1	13.7	13.9	17.3	AELE	4.8	5.3	6.3	8.2	10.5	21.2	18.3	11.3	11.7	11.2
Oceania	2.4	x6.1	3.7	x2.8	x3.0	1.3	1.8	1.3	x1.6	x1.2	Océanie	0.0	0.2	0.0	0.0	0.1	0.4	0.2	0.3	0.3	0.1
United Kingdom	10.4	8.7	11.9	12.4	12.6	15.5	12.7	15.1	13.3	11.5	USA/Etats–Unis d'Amer	64.8	61.2	64.5	44.9	36.2	48.7	47.9	52.4	60.1	59.2
USA/Etats–Unis d'Amer	3.5	6.0	9.0	8.1	9.0	13.8	12.4	10.4	11.6	9.5	United Kingdom	14.9	11.5	12.3	13.5	39.4	13.6	19.5	20.5	10.8	12.2
Netherlands/Pays–Bas	x0.4	x0.8		x0.5	x2.3	9.8	10.3	8.6	6.5	7.7	Sweden/Suède	3.3	3.7	4.3	6.4	8.2	15.0	14.9	7.4	7.2	5.8
Saudi Arabia	0.1	0.2	0.2	0.2	0.1	0.1	0.1	x16.9	x6.1	x10.3	Netherlands/Pays–Bas	x0.2	x0.6		x12.1	x0.8	3.4	3.8	4.6	5.2	3.5
Canada	2.2	4.3	6.9	4.4	4.5	7.5	7.2	7.1	7.5	8.2	Italy/Italie	6.1	10.9	4.8	6.3	2.5	1.5	1.6	2.2	2.7	3.3
Korea Republic	0.2	0.2	0.3	0.7	1.0	3.3	1.8	5.3	8.3	5.0	Canada	1.1	2.6	3.8	2.8	1.5	1.9	2.1	1.4	2.0	3.7
Japan/Japon	3.2	4.9	5.6	5.1	4.6	3.1	2.6	2.3	8.3	3.5	Norway, SVD, JM	0.7	0.6	1.0	0.9	1.0	1.4	1.9	1.7	1.4	1.3
Finland/Finlande	2.5	1.2	3.2	2.3	4.1	5.5	4.6	4.4	4.0	7.4	Germany/Allemagne	1.0	1.1	1.1	1.2	1.3	1.5	1.4	1.6	1.6	1.5
Sweden/Suède	3.4	2.1	2.5	2.1	3.6	6.0	4.8	4.3	3.8	2.7	Switz.Liecht	0.6	0.8	0.8	0.7	1.1	4.6	1.0	1.2	1.3	0.9
India/Inde	x0.8	x0.4		x1.4	0.0	0.0	x12.9	0.0	0.0	x0.3	Austria/Autriche	0.0	0.0	0.0	0.1	0.0	0.2	0.4	0.9	1.6	3.1

961 *COIN NONGOLD, NONCURRENT — MONNAIES NON EMISES 961

TRADE BY COMMODITY IN THOUSAND U.S. DOLLARS – COMMERCE PAR PRODUIT EN MILLIERS DE DOLLARS E.U

IMPORTS – IMPORTATIONS

COUNTRIES–PAYS	1988	1989	1990	1991	1992
Total	x206699	268794	242784	209368	x228912
Africa	2199	5372	x12741	x2130	x49652
Northern Africa	752	4967	x9587	260	x456
Americas	x29019	106991	20661	17702	x15626
LAIA	14876	93984	7330	7379	1067
CACM	726	x2408	4151	1710	x1232
Asia	57269	48142	81646	63741	x27898
Middle East	x745	680	190	x674	x2046
Europe	x116413	x105480	120536	124264	133633
EEC	84774	66781	87295	103420	110549
EFTA	x31457	x38139	x32754	x20694	x22716
Oceania	1386	x2715	x7036	x1312	x610
Germany/Allemagne	69638	52604	74193	87618	87233
Mexico/Mexique	16	89156	75	384	565
Switz.Liecht	x23537	x29040	x8884	x11470	x12054
Singapore/Singapour	4234	14270	24093	10205	2758
Indonesia/Indonésie	6198	10120	9829	16711	14071
Philippines	2302		28135	6551	
Hong Kong	22886	13797	7739	8975	3371
Sweden/Suède	7044	5909	18161	4860	10071
Malaysia/Malaisie	463	7236	8129	10683	x531
USA/Etats–Unis d'Amer	x9961	9964	8034	6521	6997
Venezuela	11159	2343	4132	6719	361
Italy/Italie	3623	3290	2863	5875	5281
Austria/Autriche	348	3063	4844	3606	121
United Kingdom	3155	5745	946	4328	12500
Netherlands/Pays-Bas	3447	1832	4985	2496	1589
India/Inde	11736		2337	6006	
Australia/Australie	145	2190	5499	50	23
Algeria/Algérie	583	3313	2152	260	
Costa Rica	438	989	3629	428	x240
Tunisia/Tunisie	48	x1	x4856		
Ecuador/Equateur	3642	2241	2092	x222	0
Morocco/Maroc	122	1653	2580		267
Spain/Espagne	410	1851	1290	931	1724
Belgium–Luxembourg	3114	1220	2369	401	231
Zimbabwe			2405	852	x3805
Israel/Israël	316	726	452	629	118
Martinique				1652	
Sri Lanka			87	1505	1355
New Zealand	618	264	986	181	321
France, Monac	1117	76	428	905	1651
Honduras		247	4	1150	4
El Salvador		x1172	78	132	x971
Japan/Japon	39	39	558	615	531
French Polynesia	583	x4	x297	x902	
Norway, SVD, JM	58	8	479	582	135
Macau/Macao	4511	106	37	893	39
Nepal/Népal	255	891		x19	x26
Paraguay	19	16	893		
Equatorial Guinea	2	166	610		
Netherlands Antilles	x70	x36	x669	x35	x64
Djibouti	6		84	x614	
Denmark/Danemark	104	143	212	336	32
Andorra/Andorre	x89	x285	x293	x95	x226
Jordan/Jordanie	101	567			x201
Malta/Malte	88	275	172	x19	x35
Guatemala	288	0	x440	0	x16
Portugal	x13	x3	0	423	0
Brunei Darussalam	x35	x258	x53	x91	x2881
Iceland/Islande	350	2	266	124	269
Fiji/Fidji			155	190	211

EXPORTS – EXPORTATIONS

COUNTRIES–PAYS	1988	1989	1990	1991	1992
Totale	x107852	x178477	x193125	x155671	x243929
Afrique	x106	x21673	x29962	x1220	x2348
Afrique du Nord	x46	x24	x238	x12	x404
Amériques	42021	39858	x27494	26239	x39379
ALAI	22774	32254	x7234	19886	x21745
MCAC	145		x16	x23	3657
Asie	x12495	x24315	x12433	x18581	x28032
Moyen–Orient	x2917	x529	x981	x1694	x292
Europe	x39983	x80145	98688	89709	170897
CEE	29961	63816	81667	71049	145104
AELE	x9912	x16192	x16878	x17869	x24440
Océanie	x1671	x446	x2149	x633	x1558
Germany/Allemagne	15597	35550	61381	40027	33515
Burkina Faso		21575	29382		
Former USSR/Anc. URSS	x4798	x7921	x14768	x16516	
Switz.Liecht	x8206	x14582	x12792	x7951	x11449
Mexico/Mexique	3314	7976	5880	19336	15877
United Kingdom	5754	9303	5361	11679	92422
Venezuela	19000	24188		x4	x9
Korea Dem People's Rp	x3261	x4483	x6871	x11192	x7105
Italy/Italie	370	13632	535	6430	2791
Belgium–Luxembourg	3807	1179	9487	4637	481
USA/Etats–Unis d'Amer	4020	4992	7299	2913	9376
Austria/Autriche	1126	1338	3885	9523	12569
Hong Kong	2722	7888	2933	1876	1073
Canada	15015	2274	9529	864	409
Singapore/Singapour	2231	3378	1524	3150	12303
Bulgaria/Bulgarie	x3419	x2800	x3565	x1611	x989
China/Chine	2	x6161	0	7	467
Netherlands/Pays-Bas	1033	665	2442	2651	4997
France, Monac	347	330	1302	3975	8165
Cuba	x2	x8	x3346	x1737	x3883
Poland/Pologne	x1385	x407	x3312	x192	x183
Portugal	2733	2846	212	362	1376
Australia/Australie	936	326	1587	484	505
Hungary/Hongrie	x214	x390	x698	x826	x428
Brazil/Brésil	0	0	x1217	x431	x442
Philippines	x13	x1231	20	x2	x9
Saudi Arabia	x2459		x382	x863	x132
Lebanon/Liban		x28	x564	x600	
Ireland/Irlande	52	30	289	828	936
Spain/Espagne	134	16	487	215	167
Malaysia/Malaisie		411	0	217	x23
Gibraltar		x3	x16	x608	x964
Czechoslovakia	x1387	x479	x27	x119	x106
So. Africa Customs Un	x13	x14	x286	x306	x275
Turkey/Turquie	x414	x496	21	0	x84
Netherlands Antilles	x4			x494	x4
New Zealand	x50	41	384	5	x77
Iceland/Islande	x10	x185	4	x184	x5
Nigeria/Nigéria			x1	x369	x1428
Denmark/Danemark	23	127	72	125	40
Sweden/Suède	500	76	119	111	118
Bahamas	x5	x94	x15	x146	x137
Andorra/Andorre	x45	x81	x86	x87	x258
Chile/Chili	20	72	120	60	x5339
Liberia/Libéria				x234	
Cook Islands/Iles Cook	x36	x70	x59	x99	x220
Greece/Grèce	x110	x94	55	x77	x215
Cyprus/Chypre	x16	4	6	x210	x42
Israel/Israël	40	33	67	91	23
Morocco/Maroc		x1	x188		x5

(VALUE AS % OF TOTAL) (VALEUR EN % DU TOTAL)

Imports

	1983	1984	1985	1986	1987	1988	1989	1990	1991	1992
Africa	x0.8	x0.5	21.7	x0.5	x0.3	1.1	2.0	x5.2	x1.0	x21.7
Northern Africa	0.6	x0.1	7.0	x0.0	0.4	1.8	x3.9	0.1	x0.2	
Americas	x12.5	x16.3	2.8	x19.0	x30.0	x14.1	39.8	8.5	8.4	x6.8
LAIA	x0.5	x0.5	0.2	x2.9	2.7	7.2	35.0	3.0	3.5	0.5
CACM	x0.0	x0.0	0.1	0.3	0.3	0.4	x0.9	1.7	0.8	x0.5
Asia	x2.9	x7.5	14.1	13.5	5.5	27.7	17.9	33.6	30.5	x12.2
Middle East	x1.3	x2.1	0.6	x0.5	x0.3	x0.4	0.3	0.1	x0.3	x0.9
Europe	83.7	75.6	61.3	66.7	64.0	x56.3	x39.2	49.6	59.4	58.4
EEC	79.3	71.5	6.2	58.2	55.2	41.0	24.8	36.0	49.4	48.3
EFTA	x4.3	x4.0	0.1	x8.3	x8.7	x15.2	x14.2	x13.5	x9.9	9.9
Oceania	0.1	x0.1	0.1	0.2	0.1	0.7	x1.0	x2.9	x0.6	x0.3
Germany/Allemagne	10.2	10.4	7.9	7.4	10.0	33.7	19.6	30.6	41.8	38.1
Mexico/Mexique	x0.0	x0.0		x1.8		0.0	33.2	0.0	0.2	0.2
Switz.Liecht	x4.2	x3.8		x7.7	x7.3	x11.4	x10.8	x3.7	x5.5	x5.3
Singapore/Singapour	0.0	0.0	0.2	0.4	1.8	2.0	5.3	9.9	4.9	1.2
Indonesia/Indonésie	x0.0	x1.7		0.0	0.7	1.7	3.0	3.8	4.0	8.0
Philippines	0.5	2.3	3.5	1.1	0.4	1.1		11.6	3.1	
Hong Kong	0.1	0.0		0.0	0.1	11.1	5.1	3.2	4.3	1.5
Sweden/Suède	0.0	0.0		0.0	0.4	1.2	3.4	2.2	7.5	2.3
Malaysia/Malaisie	0.3	0.0	0.1	0.0	0.0	0.2	2.7	3.3	5.1	x0.2
USA/Etats–Unis d'Amer	x3.9	x10.4		x9.0	x22.7	x4.8	3.7	3.3	3.1	3.1

Exports

	1983	1984	1985	1986	1987	1988	1989	1990	1991	1992
Afrique	x70.1	x0.1		x2.6	x0.8	x0.1	x12.1	15.5	x0.8	x0.9
Afrique du Nord	0.0	x0.0		x0.0	x0.0	x0.0	x0.0	0.1	0.0	x0.2
Amériques	x0.7	x2.2	1.1	x7.9	x5.3	38.9	22.4	x14.2	16.8	16.1
ALAI	x0.4	x0.4	0.2	x1.4	x0.4	21.1	18.1	x3.7	12.8	8.9
MCAC	x0.0	x0.0	0.0	0.0	0.0	0.1	x0.0	x0.0	0.0	1.5
Asie	1.6	5.5	7.9	8.5	x4.1	x11.6	13.6	x6.4	x11.9	x11.5
Moyen–Orient	x0.0	x0.1	0.0	x0.0	x1.0	x2.7	x0.3	x0.5	x1.1	x0.1
Europe	x27.4	x91.4	89.2	x80.5	x87.5	x37.1	x44.9	51.1	57.6	70.1
CEE	6.1	29.2	73.0	35.3	53.9	27.8	35.8	42.3	45.6	59.5
AELE	x21.4	x62.1	16.2	x45.2	x33.5	x9.2	x9.1	x8.7	x11.5	x10.0
Océanie	x0.0	x0.1		x0.0	x0.9	x1.5	x0.0	x1.1	x0.4	x0.6
Germany/Allemagne	1.0	3.2	10.0	4.7	6.2	14.5	19.9	31.8	25.7	13.7
Burkina Faso								12.1	15.2	
Former USSR/Anc. URSS				x0.1		4.4	x7.6	x10.6		
Switz.Liecht	x20.4	x58.9		x41.9	x32.6	x7.6	x8.2	x6.6	x5.1	x4.7
Mexico/Mexique					x1.3	0.4	4.5	3.0	12.4	6.5
United Kingdom	0.5	1.1	6.9	0.3	x1.1	5.3	5.2	2.8	7.5	37.9
Venezuela	x0.0	x0.0				17.6	13.6		x4	x9
Korea Dem People's Rp				x0.1	x2.5	x3.6	x7.2	x2.9		
Italy/Italie	0.0	0.1	0.1	0.0	0.6	0.3	7.6	0.3	4.1	1.1
Belgium–Luxembourg	4.0	21.7	44.0	27.5	44.4	3.5	0.7	4.9	3.0	0.2

238

971 *GOLD, NON MONETARY NES / OR NON MONETAIRE 971

TRADE BY COMMODITY IN THOUSAND U.S. DOLLARS – COMMERCE PAR PRODUIT EN MILLIERS DE DOLLARS E.U

COUNTRIES–PAYS	IMPORTS – IMPORTATIONS					COUNTRIES–PAYS	EXPORTS – EXPORTATIONS				
	1988	1989	1990	1991	1992		1988	1989	1990	1991	1992
Total	x16961106	15611725	19394779	20006925	19554680	Totale	x17936868	x14891189	x16333301	x19447216	x18689898
Africa	69094	33876	37091	x39470	x25885	Afrique	x2486793	x2403785	x2369854	x2746810	x2747413
Northern Africa	67566	33011	25030	24027	x15817	Afrique du Nord	x541	x10806	x14724	x657	x22732
Americas	x2107450	x2270171	x1735973	x2437146	2539101	Amériques	x7433859	x4910621	x5332141	x5971263	x6904742
LAIA	1509	x21716	16303	28525	36730	ALAI	x447188	x510888	420805	x600622	x322563
CACM	3065	5365	4712	1890	x20	MCAC	17613	17936	15564	9436	x17691
Asia	x7888375	6128425	8560837	8583080	7212966	Asie	x1004230	x834725	x1110776	x916643	x1114907
Middle East	319501	1204533	x234779	x210411	x228845	Moyen–Orient	x171212	x156083	x231682	x233828	x173680
Europe	6794842	6915617	x8666915	x8253784	x8944186	Europe	x3077533	x2990971	x3347091	x3539956	x3866623
EEC	6651193	6753712	x8246327	x7937357	x8741859	CEE	x2806562	x2726845	x3075099	x3314589	x3676363
EFTA	133685	149754	385487	306249	190900	AELE	251923	243329	244320	213553	182793
Oceania	83373	166799	x354346	x677216	x816259	Océanie	2305331	2329664	3014784	3464065	4032134
Italy/Italie	3125239	3518813	3903729	4172940	4196202	USA/Etats–Unis d'Amer	5152429	2427083	3005761	3337011	4092306
Japan/Japon	4101684	3490451	3575161	2633994	2046690	Australia/Australie	2100330	2163523	2687581	2841271	3283509
Hong Kong	43267	37815	2228512	3628104	3913167	So. Africa Customs Un	x1936523	x2104000	x2151417	x2448648	x2563198
USA/Etats–Unis d'Amer	1243047	1494268	1082353	1924449	1905507	Canada	1781208	1937340	1841218	1965334	2394751
United Kingdom	x694680	x982353	x1574711	x1274237	x1668875	Former USSR/Anc. URSS	x1543922	x1397240	x1139060	x2782307	
Malaysia/Malaisie	310391	887083	1406906	1369217	x104565	United Kingdom	x906134	x1053380	x1610408	x1551442	x2138593
Germany/Allemagne	1313494	1079528	1360170	1142208	1282897	Germany/Allemagne	641059	562325	535737	790960	633306
France,Monac	441193	580569	638520	553884	608429	France,Monac	386870	454845	505524	504965	488704
Canada	855827	736214	572019	455686	582353	Belgium–Luxembourg	473888	522869	294022	346316	328278
Australia/Australie	82096	146711	333471	672180	809414	Papua New Guinea	125025	77853	233135	535054	623067
Saudi Arabia	175844	895470	x61599	x71117	x143588	Chile/Chili	159286	184728	229928	408113	x101466
Belgium–Luxembourg	845054	337817	343776	337843	466157	Indonesia/Indonésie	317476	255981	122146	145205	151515
Korea Republic	99636	117310	258782	274069	362701	Ghana	243579	148039	x126582	x204773	x1678
Spain/Espagne	122449	132818	216374	246780	273958	Korea Republic	64444	93823	178629	197872	237296
Switz.Liecht	60569	86111	259559	229518	119493	Japan/Japon	144945	134913	179869	130997	159201
Thailand/Thaïlande	60135	103938	241974	180234	220326	Hong Kong	14727	15566	230504	81309	75156
Israel/Israël	85943	93781	126814	153323	150945	Sweden/Suède	112151	97117	107741	115513	85702
Singapore/Singapour	97039	82770	142943	111539	106392	Saudi Arabia	31815	19427	x157942	x115886	x19389
Viet Nam	x6103	x4104	x281511	x203	x2321	Singapore/Singapour	99715	86598	102788	93167	88675
Oman	52856	79435	73117	80612	x317	Switz.Liecht	101338	108424	98143	60830	62611
Portugal	4246	27150	77998	92239	128051	United Arab Emirates	x85648	x90820	x66790	x96181	x100976
Netherlands/Pays–Bas	58374	49740	71781	68070	94052	Mexico/Mexique	657	71271	97276	17511	41452
Kuwait/Koweït		119927	x17263	x1660	x21565	Peru/Pérou	x5923	x5030	x57307	x103864	x83273
Czechoslovakia	x8866	88039	36803	x9913	x13102	Venezuela	200500	145071	7072	5921	10380
United Arab Emirates	x24084	x63513	x30839	x21199	x25548	New Zealand	21617	36767	42310	55988	101469
China/Chine	x95014	x54656	x52755	22	x49491	Fiji/Fidji	57154	51497	51440	31634	23971
Austria/Autriche	28998	20098	57557	25000	31507	Netherlands/Pays–Bas	353483	73273	28146	27338	15488
Greece/Grèce	25814	24327	33680	27960	x1946	Denmark/Danemark	515	x61867	12731	x51616	x57740
Sweden/Suède	26853	25742	30230	29590	20878	Italy/Italie	27062	34429	31030	32881	52625
Cyprus/Chypre	24550	24606	31045	29529	31329	Zimbabwe	209430	x81966	2864	2623	x61850
Libyan Arab Jamahiriya	67277	28138	19340	19110	x2014	Denmark/Danemark	6476	9516	41871	25651	6838
Norway,SVD,JM	9394	8496	28411	12567	12427	Spain/Espagne	9004	13898	25300	32028	9972
Cuba	x155	x224	x43744	x358	x1715	Finland/Finlande	19948	20827	23812	22524	12248
New Zealand	893	18431	17471	3118	5163	Mali	x29731	x22822	x31693	x11380	x1848
Denmark/Danemark	11097	10877	13665	11371	12421	Korea Dem People's Rp	x154195	x13852	x31426	x16671	x49058
Jordan/Jordanie	39385	16114	14605	5167	5959	Guyana	18400	7172	25048	x22969	x22822
Bolivia/Bolivie		x4	8868	26202	27006	Yugoslavia SFR	17845	19595	26430	x8184	
Malta/Malte	x3696	x2687	27468	x2960	x3820	Thailand/Thaïlande	375	39486	1884	5330	x2042
Macau/Macao	24747	24960	5839	855	1373	Rwanda		8693	26058	x6126	x8539
Ireland/Irlande	10292	9720	11923	9825	8873	Nicaragua	15942	16753	14441	8039	8989
Dominican Republic	x895	x7846	x9491	x11308	x1576	Bolivia/Bolivie	x77893	x38321	25	35	1874
Finland/Finlande	7672	9128	9536	9388	6392	Kuwait/Koweït		32922	x1165		x235
Philippines	2244	x10351	1323	11466	316	China/Chine	x15784	x19238	x12718	231	x15232
Panama	852	645	4743	13658	9773	Jordan/Jordanie	49843	11504	1433	18293	52622
India/Inde	250	x16473	506	319	x8994	Brazil/Brésil	648	4074	14293	11317	19939
Uruguay	x10	x16674	x375	1	11	Norway,SVD,JM	7905	6915	10004	10686	11933
Mauritius/Maurice			9865	6034	9263	Malaysia/Malaisie	15264	8593	8917	9033	x5001
Tunisia/Tunisie	x3	4461	4926	4253	6653	Cuba	x155	x88	x9546	x15085	x21894
Yugoslavia SFR	2068	2706	4154	x4827	x15	Cote d'Ivoire		x1760	x22880	x48053	
Costa Rica	2768	3771	4650	896		Ethiopia/Ethiopie				21348	

(VALUE AS % OF TOTAL)(VALEUR EN % DU TOTAL)

	1983	1984	1985	1986	1987	1988	1989	1990	1991	1992		1983	1984	1985	1986	1987	1988	1989	1990	1991	1992
Africa	0.7	0.3	0.5	x0.2	0.5	0.4	0.2	0.2	x0.2	x0.1	Afrique	x1.5	x2.5	2.0	x2.2	x2.6	x13.9	16.1	14.5	x14.1	x14.7
Northern Africa	0.7	0.3	0.5	0.2	0.4	0.4	0.2	0.1	0.1	x0.1	Afrique du Nord	x0.0	x0.0	x0.0	x0.0	x0.0	x0.1	x0.1	x0.0	x0.1	
Americas	x28.2	x33.0	33.3	34.4	x18.3	x12.5	x14.6	x8.9	x12.2	13.0	Amériques	x56.7	x64.6	59.1	x72.8	40.0	x32.5	33.0	x32.7	x30.7	x36.9
LAIA	x0.5	x0.1	0.0	0.1	0.1	0.0	x0.1	0.1	0.1	0.2	ALAI	x8.0	x2.5	2.5	x5.2	x5.7	x5.6	x3.4	x3.7	2.6	x1.7
CACM	x0.0	x0.0	0.0	0.0	0.0	0.0	0.0	0.0	0.0	x0.0	MCAC	x0.6	x0.2	0.1	x0.1	x0.3	x0.1	0.1	0.1	0.0	x0.1
Asia	x20.1	26.0	24.7	36.7	x36.7	x46.5	39.3	44.2	42.9	36.8	Asie	x8.6	x2.8	1.7	x3.1	x7.8	x5.6	5.6	x6.8	x4.7	x6.0
Middle East	3.6	3.3	3.1	x0.5	1.8	1.9	7.7	x1.2	x1.1	x1.2	Moyen–Orient	x2.5	x0.0	x0.2	x0.6	x0.9	x1.0	x0.9	x1.4	x1.2	x0.9
Europe	50.5	40.1	40.7	28.1	43.8	40.1	44.3	x44.7	x41.3	x45.7	Europe	28.4	23.1	24.9	14.4	x21.3	x17.2	20.1	x20.5	x18.2	x20.7
EEC	47.9	38.4	39.3	27.3	42.8	39.2	43.3	x42.5	x39.7	x44.7	CEE	21.4	17.9	20.4	12.6	x18.0	x15.6	18.3	x18.8	17.0	x19.7
EFTA	2.6	1.7	1.4	0.7	1.0	0.8	1.0	2.0	1.5	1.0	AELE	6.3	4.9	4.6	1.7	3.0	1.4	1.6	1.5	1.1	1.0
Oceania	0.4	0.5	0.4	x0.5	0.6	0.5	1.1	1.8	x3.4	x4.2	Océanie	4.8	7.0	12.2	7.5	13.6	12.8	15.7	18.4	17.8	21.6
Italy/Italie	20.6	20.5	21.7	12.6	21.7	18.4	22.5	20.1	20.9	21.5	USA/Etats–Unis d'Amer	23.1	28.5	24.9	46.0	18.0	28.7	16.3	18.4	17.2	21.9
Japan/Japon	13.9	19.5	18.6	34.2	26.3	24.2	22.4	18.4	13.2	10.5	Australia/Australie	4.3	6.2	8.6	5.2	11.6	11.7	14.5	16.5	14.6	17.6
Hong Kong	0.2	0.2	0.1	0.1	0.3	0.3	0.2	11.5	18.1	20.0	So. Africa Customs Un	0.0	0.0	0.0	x10.8	x14.1	x14.1	x13.2	x12.6	13.7	
USA/Etats–Unis d'Amer	19.0	26.0	24.7	27.9	12.3	7.3	9.6	5.6	9.6	9.7	Canada	22.7	28.6	32.2	20.9	14.7	9.9	13.0	11.3	10.1	12.8
United Kingdom	7.5	2.4	1.3	3.4	x5.0	x4.1	x6.3	x8.1	x6.4	x8.5	Former USSR/Anc. URSS					x14.5	x9.4	x7.0	x13.5	x11.4	
Malaysia/Malaisie	0.4	0.8	0.4	0.0	1.7	1.8	5.7	7.3	6.8	x0.5	United Kingdom	0.9	1.0	1.1	1.1	x6.8	x5.1	x7.1	x9.9	x8.0	x11.4
Germany/Allemagne	7.8	7.4	7.1	5.7	7.3	7.7	6.9	7.0	7.0	6.6	Germany/Allemagne	9.0	8.8	9.2	4.7	4.6	3.6	3.8	3.3	4.1	3.4
France,Monac	1.6	1.1	1.8	1.8	3.0	2.6	3.7	3.3	2.8	3.1	France,Monac	2.1	2.2	3.8	2.3	3.1	2.2	3.1	2.6	2.6	2.6
Canada	8.6	6.7	8.6	6.2	5.8	5.0	4.7	2.9	2.3	3.0	Belgium–Luxembourg	6.0	4.2	5.5	1.9	2.3	2.6	3.5	1.8	1.8	1.8
Australia/Australie	0.3	0.4	0.4	0.5	0.6	0.6	0.9	1.7	3.4	4.1	Papua New Guinea	0.2	0.4	3.2	1.9	1.5	0.7	0.5	1.4	2.8	3.3

239

TOTAL TRADE

COMMODITY TABLES

SUBGROUP (4-DIGIT) AND ITEM (5-DIGIT) LEVELS OF THE SITC, REVISION 2

Only selected commodities are shown

NOTES ON ESTIMATES

In preparing these tables, a number of estimates are made for countries whose data are not yet available. At the country level these estimates are shown with a sign 'x' for all years. They are included in the regional and world totals.

COMMERCE TOTAL

TABLEAUX PAR PRODUITS

NIVEAU DES SOUS-GROUPES (4-CHIFFRES) ET DES POSITIONS (5-CHIFFRES) DE LA CTCI REVISION 2

Seuls les produits les plus importants sont retenus

NOTES SUR LES ESTIMATIONS

Pour la préparation de ces tableaux, un nombre des estimations ont été effectuées pour les pays dont les données n'étaient pas disponibles. Ces estimations au niveau des pays apparaissent avec le signe 'x' pour toutes les années.

0011 BOVINE SPECIES, LIVE

ESPECE BOVINE 0011

TRADE BY COMMODITY IN THOUSAND U.S. DOLLARS – COMMERCE PAR PRODUIT EN MILLIERS DE DOLLARS E.U

COUNTRIES–PAYS	1988	1989	1990	1991	1992	COUNTRIES–PAYS	1988	1989	1990	1991	1992
Total	3722597	3820834	4126838	4127566	4775533	Totale	3582441	3468368	4033344	4141646	4757137
Africa	141951	93339	66069	x74973	x78733	Afrique	x20073	x15695	x24564	x8691	x5727
Northern Africa	129191	81137	59495	x69200	x72054	Afrique du Nord		168	216	502	104
Americas	919932	872835	1141374	1220412	1542818	Amériques	798946	684878	1098779	1216848	1518008
LAIA	285136	158162	124147	217316	249614	ALAI	209714	250251	410039	410677	377948
CACM	1158	x975	273	1935	x10277	MCAC	3876	1117	4315	6151	11034
Asia	x238637	x207579	x283804	288402	x304529	Asie	70296	68875	65295	66412	69183
Middle East	x107517	x78576	x158947	x160651	x173133	Moyen–Orient	x998	x861	x482	x313	x248
Europe	2384729	2585737	2600259	2474711	2822070	Europe	2360743	2392787	2404050	2499192	2725749
EEC	2347241	2516684	2475886	2453473	2752611	CEE	2124593	2192741	2186068	2329009	2558808
EFTA	16058	10538	12794	7416	6039	AELE	98762	101640	96801	78843	104475
Oceania	x2376	x5657	x2985	x2020	x2145	Océanie	x57849	x54264	x50978	59259	x58088
Italy/Italie	1360264	1442997	1339736	1334047	1415159	France, Monac	1251545	1264051	1297959	1326679	1500033
USA/Etats–Unis d'Amer	598853	668703	999524	964808	1258205	Canada	364466	320953	592619	612000	935046
Netherlands/Pays–Bas	217679	262018	303616	301549	410970	Germany/Allemagne	259227	355944	335499	476737	407136
France, Monac	151318	176469	183273	231601	201935	Mexico/Mexique	203354	211524	349045	358307	329120
Spain/Espagne	111496	161468	134560	183793	196235	Belgium–Luxembourg	188022	213419	160755	216889	257913
Germany/Allemagne	174517	152575	169747	118060	203443	Ireland/Irlande	230405	157186	192814	113518	114328
United Kingdom	194967	129756	143050	95956	85454	Poland/Pologne	125612	131588	169458	114390	x133016
Mexico/Mexique	186202	87028	70802	182856	198866	USA/Etats–Unis d'Amer	202586	108939	88639	187770	193842
Belgium–Luxembourg	75679	94266	105692	91849	119957	Yugoslavia SFR	135850	96478	118874	x89466	
Turkey/Turquie	26095	16200	103736	102466	103124	United Kingdom	79166	88638	78139	88710	110512
Greece/Grèce	26396	61556	58874	61353	x69345	Netherlands/Pays–Bas	96950	87226	90315	77818	111920
Yugoslavia SFR	17331	55428	108724	x12364		Austria/Autriche	81056	82184	74944	60717	87171
Libyan Arab Jamahiriya	79775	59880	41003	x44980	x25870	Hungary/Hongrie	x20280	x54245	x63772	x90184	x81102
Japan/Japon	52489	54236	47323	43668	28092	China/Chine	59089	61361	62862	63632	63924
Former USSR/Anc. URSS	x31773	x49094	x12991	x50579		Australia/Australie	44894	41986	44639	54838	54484
Brazil/Brésil	5359	49871	43167	17273	13826	Czechoslovakia	x9556	x14758	x60263	x42039	x130747
Canada	33781	41838	14553	34977	22868	Bulgaria/Bulgarie	x68580	x19597	x60593	x6136	x3891
Portugal	17283	24767	31976	23976	38830	Bolivia/Bolivie	513	6430	49500	17859	x4
Hong Kong	23960	22803	24548	30369	38427	Former GDR	x49160	x30644	x27981		
Thailand/Thaïlande	12922	12504	14615	24976	11380	Switz. Liecht	15403	18086	19504	17666	16878
Jordan/Jordanie	4922	2698	16915	24054	13713	Romania/Roumanie	x1344	185	7537	38287	x31627
Lebanon/Liban	x16244	x14273	x14507	x12134	x21846	Uruguay	2011	28324	6878	1629	22098
Saudi Arabia	34674	26844	x4541	x13718	x13718	Denmark/Danemark	9811	12058	11495	11804	17556
Malaysia/Malaisie	9920	9207	10006	10413	x11525	Colombia/Colombie	107	34	102	28893	20673
Indonesia/Indonésie	20393	15540	7996	3230	13307	Spain/Espagne	5011	8401	11733	8841	26079
Philippines	3875	x8024	10808	14749	18179	New Zealand	12926	12165	6280	4421	3581
Venezuela	69859	10063	242	14749	13168	Djibouti	5535	9004	7867	2680	
Tunisia/Tunisie	10111	5745	8571	3873	7478	Italy/Italie	3616	4344	5585	6227	11750
Morocco/Maroc	4422	1270	5713	10240	16068	Burkina Faso	3857	3574	7115	x972	x932
Peru/Pérou	18443	7588	8723	230	x1079	Ethiopia/Ethiopie	6212	1906	4184	294	
Romania/Roumanie			14768	1193	x15023	Pakistan	5529	3694	1180	1243	1677
Ireland/Irlande	15516	9273	3525	1889	10286	Andorra/Andorre	x1538	x1929	x2307	x1850	x487
Iran (Islamic Rp. of)	x4565	x4727	x5841	x4075	x3504	Brazil/Brésil	3011	1961	1962	2112	992
Switz. Liecht	12239	4716	4869	4310	3891	Madagascar	825		2385	2670	x878
Algeria/Algérie	9149	6326	660	6820	x18032	Argentina/Argentine	364	989	1969	1766	2837
Austria/Autriche	3278	5268	6295	1314	564	Nicaragua		671	2264	1707	4879
United Arab Emirates	x15608	x6231	x3546	x2289	x2355	Portugal	839	939	1470	1772	1553
Yemen/Yémen			x3772	x8129	x7357	Panama	5799	2353	1607	207	114
Egypt/Egypte	25613	6180	2356	2542	4268	Guatemala	164	356	1260	2284	2064
Kuwait/Koweït	x909	5550	x3233	x516	x4332	Finland/Finlande	1949	1357	2183	313	149
Brunei Darussalam	x3048	x1660	x4431	x1728	x2062	Cuba	x7721	x1124	x1270		
Poland/Pologne	874	548	104	6933	x5119	So. Africa Customs Un	x410	x517	x891	x859	x1075
Australia/Australie	1770	3188	2529	1586	1579	Costa Rica	3712	52	757	866	x102
Andorra/Andorre	x3569	x3052	x2345	x1458	x303	Korea Republic	3931	1655	8	0	
Bulgaria/Bulgarie		x1815	x1931	x3012	157	Kenya	811		1390		
Mauritius/Maurice			2948	3441	5277	Malaysia/Malaisie	308	528	251	438	x267
Djibouti	x6132	x6132	68		x175	Former USSR/Anc. URSS		x851	x7	x206	
Hungary/Hongrie	x1167	x547	x822	4204	x536	Chile/Chili	346	x981	x39	38	x306
Czechoslovakia	x1159	2982	1460	x1128	x4364	Honduras			10	x32	933	3677
Syrian Arab Republic	839	800	1260	x2787	x1400	Greece/Grèce		535	304	15	x27

(VALUE AS % OF TOTAL)(VALEUR EN % DU TOTAL)

	1983	1984	1985	1986	1987	1988	1989	1990	1991	1992		1983	1984	1985	1986	1987	1988	1989	1990	1991	1992
Africa	12.1	11.3	5.3	x4.1	x4.0	3.9	2.4	1.6	x1.8	1.6	Afrique	x3.4	x1.0	x1.3	x1.0	x0.5	x0.5	x0.4	x0.6	x0.2	x0.1
Northern Africa	10.7	10.4	5.1	3.9	3.7	3.5	2.1	1.4	x1.7	x1.5	Afrique du Nord	x0.3	x0.2	x0.1	x0.0	0.0					
Americas	x16.6	18.6	22.9	x21.1	x17.6	24.7	22.8	27.7	29.5	32.3	Amériques	x12.3	20.6	24.2	x21.7	x17.6	22.3	19.8	27.3	29.4	31.9
LAIA	1.1	3.3	7.0	x3.3	x2.8	7.7	4.1	3.0	5.3	5.2	ALAI	0.1	6.1	7.6	x11.3	x8.2	5.9	7.2	10.2	9.9	7.9
CACM	x0.3	0.6	0.5	0.0	x0.1	0.0	0.0	0.0	0.0	0.2	MCAC	x0.0	0.0	0.2	x0.1	x0.1	0.1	0.0	0.1	0.1	0.2
Asia	x12.4	x10.9	x8.4	x7.0	x9.2	6.4	5.4	6.9	7.0	x6.4	Asie	0.9	2.0	0.7	0.6	2.0	2.0	2.0	1.6	1.6	1.4
Middle East	x7.1	x5.9	x4.6	x3.4	x5.5	x2.9	x2.1	x3.9	x3.9	x3.6	Moyen–Orient	0.0	1.0	0.0	0.1	0.0	x0.0	x0.0	x0.0	x0.0	0.0
Europe	58.7	59.1	63.2	67.7	64.0	64.1	67.7	63.0	60.0	59.1	Europe	81.2	75.0	72.2	75.1	69.2	65.9	69.0	59.6	60.3	57.3
EEC	58.4	58.7	62.8	67.4	63.7	63.1	65.9	60.0	59.4	57.6	CEE	77.0	68.8	67.1	69.8	62.0	59.3	63.2	54.2	56.2	53.8
EFTA	0.2	0.2	0.2	0.2	0.2	0.4	0.3	0.3	0.2	0.1	AELE	4.1	3.6	2.9	2.8	3.1	2.8	2.9	2.4	1.9	2.2
Oceania		x0.1	x0.1	x0.0	x0.1	0.0	x0.1	x0.1	x0.0	x0.0	Océanie	2.1	1.4	1.6	x1.7	1.4	x1.6	x1.6	x1.3	1.4	x1.2
Italy/Italie	38.6	36.7	39.4	40.7	37.9	36.5	37.8	32.5	32.3	29.6	France, Monac	39.3	34.6	34.9	37.9	36.3	34.9	36.4	32.2	32.0	31.5
USA/Etats–Unis d'Amer	12.7	13.3	13.6	15.2	12.6	16.1	17.5	24.2	23.4	26.3	Canada	9.7	10.8	10.0	5.9	6.2	10.2	9.3	14.7	14.8	19.7
Netherlands/Pays–Bas	2.8	2.0	3.4	5.8	6.6	5.8	6.9	7.4	7.3	8.6	Germany/Allemagne	13.5	10.6	10.3	11.2	8.4	7.2	10.3	8.3	11.5	8.6
France, Monac	3.5	3.9	3.6	5.2	4.4	4.1	4.6	4.4	5.6	4.2	Mexico/Mexique			5.9	7.4	x10.8	x7.9	5.7	6.1	8.7	6.9
Spain/Espagne	0.6	1.1	2.1	2.0	1.5	3.0	4.2	3.3	4.5	4.1	Belgium–Luxembourg	3.9	4.5	5.5	6.3	4.8	5.2	6.2	4.0	5.2	5.4
Germany/Allemagne	3.6	4.0	3.5	3.3	4.2	4.7	4.0	4.1	2.9	4.3	Ireland/Irlande	12.6	11.7	9.9	8.3	5.4	6.4	4.5	4.8	2.7	2.4
United Kingdom	6.1	8.0	7.3	6.7	4.0	5.2	3.4	3.5	2.3	1.8	Poland/Pologne					2.6	3.5	3.8	4.2	2.8	x2.8
Mexico/Mexique		1.8	5.9	4.5	x0.9	5.0	2.3	1.7	4.4	4.2	USA/Etats–Unis d'Amer	2.3	3.0	6.3	4.2	3.5	5.7	3.1	2.2	4.5	4.1
Belgium–Luxembourg	2.2	1.6	1.6	2.0	2.4	2.2	2.5	2.6	2.2	2.5	Yugoslavia SFR			2.6	2.2	x2.4	x4.1	3.8	2.8	2.9	
Turkey/Turquie		0.1	0.0	0.2	2.4	0.7	0.4	2.5	2.5	2.2	United Kingdom	2.4	2.0	1.6	1.7	3.0	2.2	2.6	1.9	2.1	2.3

243

00119 — OTHR THAN FR BREEDING / BOVINS NON REPRODUCTEURS 00119

TRADE BY COMMODITY IN THOUSAND U.S. DOLLARS – COMMERCE PAR PRODUIT EN MILLIERS DE DOLLARS E.U

IMPORTS – IMPORTATIONS

COUNTRIES–PAYS	1988	1989	1990	1991	1992
Total	3286529	3372357	3812382	3849258	4435072
Africa	x103575	x71264	53109	x90135	x42686
Northern Africa	100663	69443	47773	84900	x37660
Americas	806519	814563	1100508	1172785	1490958
LAIA	178642	107746	91923	176242	209595
CACM	23	x672	23	1496	x4251
Asia	x139847	x132660	217933	216811	x229466
Middle East	x59979	x45255	x133296	x126997	x124941
Europe	2236546	2351163	2425819	2346774	2670974
EEC	2202666	2285104	2308560	2335315	2604194
EFTA	14446	9337	10415	5014	3953
Oceania	113	1088	x65	1096	x69
Italy/Italie	1318639	1391872	1293377	1300281	1382472
USA/Etats–Unis d'Amer	594923	665048	995492	962014	1255190
Netherlands/Pays–Bas	215335	249064	294447	296628	401782
France, Monac	147385	172304	179807	229365	199990
Germany/Allemagne	172924	150484	166876	107253	165080
United Kingdom	191443	126339	139449	93489	79916
Mexico/Mexique	165417	71527	57233	153191	171165
Spain/Espagne	44853	45683	78079	147420	168336
Belgium–Luxembourg	71131	84086	95255	88175	114231
Turkey/Turquie	7179	1423	96575	80915	70429
Libyan Arab Jamahiriya	78705	59018	38617	76956	x24358
Greece/Grèce	22949	53978	51956	58843	x63848
Yugoslavia SFR	16097	53945	104695	x5036	
Japan/Japon	39164	38489	34352	35295	20607
Canada	32452	40644	12603	32849	21438
Hong Kong	23960	22803	24548	30369	38427
Brazil/Brésil	x529	35435	27522	7522	6577
Jordan/Jordanie	2944	2302	14233	24054	13713
Lebanon/Liban	x13777	x13704	x12932	x8980	x20906
Saudi Arabia	32957	25147	x3085	x2124	x10426
Philippines	1176	x7874	10646	6652	16614
Malaysia/Malaisie	5595	6544	7410	9473	x10576
Portugal	4196	3355	6510	12525	21285
Tunisia/Tunisie	10062	5745	8496	3873	7478
Former USSR/Anc. URSS		x229	x39	x15104	
Venezuela	9889	16	100	14679	11745
Romania/Roumanie			14768		
Switz.Liecht	12199	4709	4869	4310	3881
Yemen/Yémen			x3629	x7739	x6726
Austria/Autriche	2237	4626	5545	645	3
Indonesia/Indonésie	4245	6526	878	2678	8299
Ireland/Irlande	12555	6997	1590	593	6536
Brunei Darussalam	x2959	x1660	x4431	x1721	x1944
Peru/Pérou	1830	167	6571	230	x1
Mauritius/Maurice			2929	3439	4816
Andorra/Andorre	x3219	x2742	x2150	x1409	x303
Algeria/Algérie	3781	810	660	3163	x1891
Macau/Macao	x1418	1397		1469	2154
Hungary/Hongrie	x47	x338		1626	x93
Egypt/Egypte	8100	3870		4020	2795
Reunion/Réunion	792	1065	1268	866	
Denmark/Danemark	1257	944	1213	744	717
Iran (Islamic Rp. of)		x1355	x1282	x224	
Bahrain/Bahrein	x315	x654	x1145	x702	x635
Syrian Arab Republic				x2117	x1182
Poland/Pologne		x17	x41	x2042	x664
Thailand/Thaïlande	186	645	217	828	724
Singapore/Singapour	1087	772	413	487	885
El Salvador				1454	x3008
Togo	21	26	771	623	

EXPORTS – EXPORTATIONS

COUNTRIES–PAYS	1988	1989	1990	1991	1992
Totale	3140365	3015420	3653581	3811946	4364400
Afrique	x1401	x1200	x5885	x4609	x5166
Afrique du Nord			163		8
Amériques	638031	565797	999735	1104266	1421177
ALAI	204738	247445	405075	406879	375736
MCAC	x256	946	x1491	x4378	x10175
Asie	61831	62930	63778	x65046	65731
Moyen–Orient	x821	x400	x329	x183	x150
Europe	2157115	2115834	2172869	2265978	2466394
CEE	1977332	1982755	2020545	2149025	2377181
AELE	42680	34700	31241	25651	26819
Océanie	37240	41148	39045	42388	48640
France, Monac	1232362	1236779	1278309	1300965	1468436
Canada	321486	279787	563873	597119	913350
Mexico/Mexique	203179	209460	348955	357687	328594
Germany/Allemagne	167410	220373	236795	366879	320700
Belgium–Luxembourg	183447	210926	159473		
Poland/Pologne	x124344	x131588	x168963	x168079	255300
Ireland/Irlande	230146	157005	192667	113355	x132772
Yugoslavia SFR	135565	96451	118850	x89466	113807
United Kingdom	69331	81872	74652	88156	107519
Hungary/Hongrie	x19682	x50396	x57082	x82977	x74589
China/Chine	59089	61361	62811	63460	63924
Netherlands/Pays–Bas	85115	64846	62177	53269	70753
USA/Etats–Unis d'Amer	107378	36506	24381	95616	121821
Czechoslovakia	x9434	x14726	x60036	x40655	x115155
Australia/Australie	32408	34996	37786	39332	46457
Austria/Autriche	42249	34277	31024	25441	26631
Bulgaria/Bulgarie	x68004	x18231	x58260	x6011	x3149
Bolivia/Bolivie	513	6430	49500	17859	x4
Romania/Roumanie	x1082	48	7537	x31731	x31627
Uruguay	x323	x29244	x4619	x1260	22053
Former GDR	x22201	x13393	x20390		
Colombia/Colombie	61	5	45	28808	20628
Spain/Espagne	4812	7879	11286	8670	25857
New Zealand	4832	6153	1258	3056	2183
Andorra/Andorre	x1538	x1929	x2233	x1812	x487
Madagascar			2385	2670	x878
Panama	x1628	x1056	x3362	x235	x71
Italy/Italie	896	374	2293	1604	9568
Portugal	839	933	1469	1772	1514
Guatemala	55	309	1216	1815	1977
Argentina/Argentine	258	839	995	1013	2152
Denmark/Danemark	2972	1232	1119	238	3701
Nicaragua			636	x1607	x4850
So. Africa Customs Un	x410	x502	x876	x850	x958
Burkina Faso	x63	x26	x760	x828	x932
Kenya	517		1374		
Cuba	x2456		x1270		
Malaysia/Malaisie	308	528	251	437	x267
Chile/Chili	189	x981	x39	x39	x243
Brazil/Brésil	x209	482	396	164	209
Greece/Grèce		535	304	15	x27
Switz.Liecht	305	423	217	190	93
Mauritius/Maurice	x163	x167	428	189	19
Honduras			x32	595	3040
Venezuela			1	474	31	x25
Nepal/Népal			x71	x320	x600
El Salvador				x362	x308
Israel/Israël		343		12	
Former USSR/Anc. URSS		x128		x206	
Japan/Japon	37	11	39	x262	84

(VALUE AS % OF TOTAL)(VALEUR EN % DU TOTAL)

	1983	1984	1985	1986	1987	1988	1989	1990	1991	1992
Africa	x8.7	x8.1	4.9	3.3	x3.0	x3.1	2.1	1.4	x2.3	x1.0
Northern Africa	x7.5	x7.2	4.7	3.1	2.8	3.1	2.1	1.3	2.2	x0.8
Americas	x17.3	x17.4	19.5	19.5	18.0	24.6	24.1	28.8	30.4	33.6
LAIA	1.3	x1.4	x2.2	0.9	1.0	5.4	3.2	2.4	4.6	4.7
CACM	x0.0	0.2	x0.0	x0.0	0.0	0.0	0.0	0.0	0.0	x0.1
Asia	x9.3	x7.9	x5.9	x5.2	7.0	x4.3	x3.9	5.7	5.6	x5.2
Middle East	x6.7	x5.0	x3.2	x2.5	4.1	x1.8	x1.2	x3.5	x3.3	x2.8
Europe	61.6	63.8	69.2	72.0	72.0	68.0	69.7	63.6	61.0	60.2
EEC	61.3	63.4	68.9	71.7	71.7	67.0	67.8	60.6	60.7	58.7
EFTA	x0.2	0.2	0.1	0.1	0.4	0.3	0.3	0.1	0.1	0.1
Oceania		x0.0	x0.0			x0.0				
Italy/Italie	40.6	40.2	44.6	44.7	43.5	40.1	41.3	33.9	33.8	31.2
USA/Etats–Unis d'Amer	13.4	14.7	15.7	16.8	14.8	18.1	19.7	26.1	25.0	28.3
Netherlands/Pays–Bas	2.9	2.2	4.0	6.4	7.8	6.6	7.4	7.7	7.7	9.1
France, Monac	3.6	4.1	4.1	5.7	5.5	4.5	5.1	4.7	6.0	4.5
Germany/Allemagne	3.9	4.5	4.0	3.6	5.0	5.3	4.5	4.4	2.8	3.7
United Kingdom	6.6	8.9	8.4	7.4	4.7	5.8	3.7	3.7	2.4	1.8
Mexico/Mexique	x0.1	0.7	x1.4	x0.5	5.0	2.1	1.5	4.0	3.9	
Spain/Espagne	0.2	0.4	0.4	0.5	0.6	1.4	1.4	2.0	3.8	3.8
Belgium–Luxembourg	2.3	1.8	1.9	2.3	2.8	2.2	2.5	2.5	2.3	2.6
Turkey/Turquie			0.0	0.2	2.5	0.2	0.0	2.5	2.1	1.6

	1983	1984	1985	1986	1987	1988	1989	1990	1991	1992
Afrique	x2.5	x0.4	x0.5	x0.7	x0.1	x0.0	x0.0	x0.1	x0.1	x0.1
Afrique du Nord	x0.2	x0.0	x0.1	x0.0	0.0	x0.0	0.0	0.0	0.0	0.0
Amériques	x24.0	x17.7	x20.0	x18.5	x15.9	20.4	18.8	27.4	29.0	32.5
ALAI	x17.0	x6.9	x9.0	x12.1	x9.3	6.5	8.2	11.1	10.7	8.6
MCAC	x0.0	0.0	x0.0	x0.0	0.0	0.0	0.0	x0.0	x0.1	x0.2
Asie	x1.7	x1.3	0.3	0.3	x2.1	2.0	2.1	1.7	x1.7	1.5
Moyen–Orient	x1.4	x1.1	0.2	0.2	0.0	x0.0	0.0	0.0	x0.0	x0.0
Europe	70.8	79.5	78.0	79.4	71.6	68.7	70.2	59.5	59.4	56.5
CEE	67.0	74.8	73.9	75.2	65.6	63.0	65.8	55.3	56.4	54.5
AELE	x1.6	x1.8	x1.5	x1.9	x1.5	1.4	1.2	0.9	0.7	0.6
Océanie	1.0	1.0	1.2	1.1	1.0	1.2	1.4	1.1	1.1	1.1
France, Monac	35.2	39.0	41.4	42.9	40.2	39.2	41.0	35.0	34.1	33.6
Canada	6.5	9.8	9.8	5.4	5.3	10.2	9.3	15.4	15.7	20.9
Mexico/Mexique	x16.0	x6.7	x8.9	x11.5	x9.0	6.5	6.9	9.6	9.4	7.5
Germany/Allemagne	11.2	10.5	8.6	9.8	7.0	5.3	7.3	6.5	9.6	7.3
Belgium–Luxembourg	3.5	5.1	6.5	5.1	5.8	7.0	7.0	4.4	5.6	5.8
Poland/Pologne				x2.9	x4.0	4.4	4.6	4.4	x4.3	
Ireland/Irlande	11.4	13.2	11.9	9.5	6.2	7.3	5.2	5.3	3.0	2.6
Yugoslavia SFR	x2.3	x2.9	x2.5	x2.3	x4.4	4.3	3.2	3.3	x2.3	
United Kingdom	2.1	2.1	1.5	1.5	3.0	2.2	2.7	2.0	2.3	2.5
Hungary/Hongrie				x1.3	x0.6	x1.7	x1.6	x2.2	x1.7	

0013 SWINE, LIVE / ESPECE PORCINE 0013

TRADE BY COMMODITY IN THOUSAND U.S. DOLLARS – COMMERCE PAR PRODUIT EN MILLIERS DE DOLLARS E.U

IMPORTS – IMPORTATIONS

COUNTRIES-PAYS	1988	1989	1990	1991	1992
Total	1143357	1328991	1406316	1478564	1759885
Africa	x162	x126	x194	x190	x389
Northern Africa					
Americas	96772	111839	107830	142254	95884
LAIA	17198	9182	9075	29284	26955
CACM	x195	x157	227	339	x349
Asia	264101	263727	298501	343906	406391
Middle East	136	x311	309	84	x177
Europe	768459	931283	948319	980709	1255460
EEC	740969	858765	893742	972097	1248260
EFTA	368	312	427	418	x378
Oceania	118	x91	x207	x140	x111
Italy/Italie	213218	236781	278683	258183	297311
Hong Kong	188887	185728	204639	236474	286809
Belgium-Luxembourg	147347	177291	195131	211732	224735
Germany/Allemagne	168552	160902	151646	200584	383845
France, Monac	160547	172992	162932	169480	172772
USA/Etats-Unis d'Amer	78942	101500	96963	112063	67476
Spain/Espagne	28667	81368	75596	62359	84079
Singapore/Singapour	54622	56240	74438	84023	100309
Yugoslavia SFR	27107	72189	54109	x8176	
Netherlands/Pays-Bas	9836	8574	13044	36491	41133
Romania/Roumanie		4334	44062	297	
Mexico/Mexique	14352	7840	7694	28536	20112
Macau/Macao	8515	8905	9148	10731	11683
Ireland/Irlande	1516	4119	3673	20452	29604
United Kingdom	5386	7124	6652	9011	12090
Poland/Pologne	13345	16532	3433	2556	x218
Portugal	4293	7641	4626	1836	1108
Japan/Japon	4345	2851	2749	2498	2067
Korea Republic	1696	1708	2304	3250	2306
Thailand/Thaïlande	2264	1361	1164	3920	765
Hungary/Hongrie	x177	x314	x1481	4268	x343
Greece/Grèce	1549	1786	1760	1957	x1567
Philippines	1935	x2049	1722	1327	1682
Indonesia/Indonésie	127	3191	1316		73
Bulgaria/Bulgarie	x79	x182		x2980	8
Czechoslovakia	x144	501	1554	x308	x1081
Malaysia/Malaisie	1217	1037	678	596	x443
Former USSR/Anc. URSS		x62	x587	x957	
Cuba		x429	x802		
Brazil/Brésil	3	445	584	158	78
China/Chine	342	6	2	988	56
Venezuela	2390	556	110	184	x35
Canada	291	157	294	378	768
Switz.Liecht	284	235	268	281	98
Cyprus/Chypre	132	193	309	84	120
Dominican Republic		x350	x70	x70	x192
Chile/Chili	165	184	245	51	x372
India/Inde		x323			
Guatemala	32	60	41	192	x70
Peru/Pérou	240	49	200	22	x79
Costa Rica	x45	x78	132	30	x93
Colombia/Colombie	17	103	103	19	36
Argentina/Argentine		2	5	214	626
Denmark/Danemark	58	186		13	15
French Guiana		39	102	54	44
Austria/Autriche	33	40	31	107	91
Uruguay		2		64	x4
Former GDR			x149		
French Polynesia	53		x81	x53	x55
Honduras	48	6	36	84	144

EXPORTS – EXPORTATIONS

COUNTRIES-PAYS	1988	1989	1990	1991	1992
Totale	1252649	1501230	1459556	1517155	1759378
Afrique		x15	x71	x49	x15
Afrique du Nord				2	
Amériques	97446	131801	109015	136637	x85832
ALAI	x20	11009	1304	250	x6052
MCAC	124	51	15	52	x93
Asie	286666	312561	367250	x375037	x398406
Moyen-Orient	x108				189
Europe	748456	855382	902849	982916	1257463
CEE	746449	852355	901112	981828	1255065
AELE	1983	3026	1737	967	1670
Océanie	104	2126	253	327	830
Netherlands/Pays-Bas	469685	510050	570547	518342	748940
China/Chine	233061	243105	270912	276403	290460
Belgium-Luxembourg	150595	173445	105042	147143	164668
Germany/Allemagne	70537	101387	134304	178695	139645
Canada	81153	106507	97532	109558	63507
Malaysia/Malaisie	50387	63482	83523	84095	x93997
Former GDR	x113576	x155046	x44326		
United Kingdom	15942	26503	34970	52080	71402
France, Monac	31163	28224	32513	33840	51000
Bulgaria/Bulgarie		x18957	x28651	x4486	x8106
USA/Etats-Unis d'Amer	16143	14223	10160	26774	16169
Hungary/Hongrie	x5624	x24402	x1035	x8914	x1397
Indonesia/Indonésie	2014	5770	12604	14206	13588
Spain/Espagne	35	646	12283	19000	25451
Denmark/Danemark	2132	3715	3584	21894	35461
Ireland/Irlande	4797	6360	6303	9290	17397
Czechoslovakia	x488	x938	x4930	x6660	x3154
Venezuela			10972	1202	
Italy/Italie	1563	2022	1565	1545	1101
Australia/Australie	56	2089	172	262	784
Sweden/Suède	676	1394	503	411	641
Poland/Pologne			1175	524	x1928
Romania/Roumanie				1604	x2247
Austria/Autriche	284	802	388	295	342
Finland/Finlande	773	288	608	12	444
Norway, SVD, JM	209	502	215	118	182
Singapore/Singapour	801	154	155	288	169
Brazil/Brésil	x1	14	57	135	190
Switz.Liecht	40	59	23	131	60
New Zealand	48	36	81	63	46
Yugoslavia SFR	24			x121	
Ghana			x37	x36	
Thailand/Thaïlande	95	45	16		
Guatemala	8	5	10	43	13
Nicaragua	102	42	5	8	46
Chile/Chili	16	4		52	x5862
Uruguay				49	
Korea Republic	30			39	
Mexico/Mexique	0	16	9	14	
India/Inde			x38		
So. Africa Customs Un	0	x7	x7	x11	x15
Peru/Pérou		1	23		0
Senegal/Sénégal		0	20		
Argentina/Argentine	x3	2	8		
Belize/Bélize		10			
Reunion/Réunion		8	7		
Zimbabwe		0		x5	
Israel/Israël		2			
Lao People's Dem. Rp.	x35	x3	x2		x4
Barbados/Barbade	7	1	3	2	

(VALUE AS % OF TOTAL)(VALEUR EN % DU TOTAL)

	1983	1984	1985	1986	1987	1988	1989	1990	1991	1992
Africa	x0.1	x0.0	x0.0	x0.0		x0.0	x0.0	x0.0	x0.0	x0.0
Northern Africa					x0.0					
Americas	7.0	17.4	15.0	x6.0	x4.8	8.4	8.4	7.7	9.6	5.5
LAIA	0.1	0.2	0.4	x0.2	x0.3	1.5	0.7	0.6	2.0	1.5
CACM	x0.0	x0.0	x0.0	x0.0	x0.0	x0.0	x0.0	0.0	0.0	x0.0
Asia	29.1	27.5	25.8	20.2	21.0	23.1	19.8	21.2	23.3	23.1
Middle East	0.0		0.0	0.0		x0.0	0.0	0.0	0.0	x0.0
Europe	63.8	55.0	59.0	73.7	72.9	67.2	70.1	67.4	66.3	71.3
EEC	63.5	54.8	58.7	73.6	72.8	64.8	64.6	63.6	65.7	70.9
EFTA	0.4	0.2	0.0	0.0	0.0	0.0	0.0	0.0	x0.0	x0.0
Oceania	x0.0	x0.0	x0.1	x0.0	x0.0		x0.0	x0.0	x0.0	x0.0
Italy/Italie	9.3	7.7	11.6	19.7	18.2	18.6	17.8	19.8	17.5	16.9
Hong Kong	24.9	25.2	23.2	17.4	16.3	16.5	14.0	14.6	16.0	16.3
Belgium-Luxembourg	15.5	15.0	12.9	15.7	15.5	12.9	13.3	13.9	14.3	12.8
Germany/Allemagne	10.5	9.8	14.5	10.6	14.4	14.7	12.1	10.8	13.6	21.8
France, Monac	21.9	18.7	17.0	17.7	17.1	14.0	13.0	11.6	11.5	9.8
USA/Etats-Unis d'Amer	6.6	17.1	14.5	5.8	4.5	6.9	7.6	6.9	7.6	3.8
Spain/Espagne	0.1	0.1	0.1	7.9	6.4	2.5	6.1	5.4	4.2	4.8
Singapore/Singapour	1.7	0.5	0.9	1.9	3.0	4.8	4.2	5.3	5.7	5.7
Yugoslavia SFR		0.0	x0.1	0.0	2.4	5.4	3.8	x0.6		
Netherlands/Pays-Bas	0.3	0.4	0.4	0.6	0.4	0.9	0.6	0.9	2.5	2.3

	1983	1984	1985	1986	1987	1988	1989	1990	1991	1992
Afrique			x0.0		x0.0	x0.0	x0.0	x0.0	x0.0	x0.0
Afrique du Nord									0.0	
Amériques	11.1	25.0	19.8	8.8	5.0	7.8	8.7	7.5	9.0	x4.8
ALAI	0.1	0.0	0.2	0.4	x0.0	x0.0	0.7	0.1	0.0	x0.3
MCAC		0.0	0.0	xC.0	x0.0	0.0	0.0	0.0	0.0	x0.0
Asie	2.4	1.2	2.3	2.6	21.1	22.9	20.8	25.2	x24.7	x22.6
Moyen-Orient						x0.0				0.0
Europe	86.4	73.8	77.8	88.6	71.5	59.7	57.0	61.9	64.8	71.5
CEE	86.2	73.6	77.4	88.5	71.4	59.6	56.8	61.7	64.7	71.3
AELE	0.2	0.2	0.1	0.1	0.1	0.2	0.2	0.1	0.1	0.1
Océanie	0.1							0.1		
Netherlands/Pays-Bas	50.7	46.1	54.2	56.4	46.0	37.5	34.0	39.1	34.2	42.6
China/Chine					18.0	18.6	16.2	18.6	18.2	16.5
Belgium-Luxembourg	16.7	13.0	9.5	10.1	12.4	12.0	11.6	7.2	9.7	9.4
Germany/Allemagne	5.5	5.9	6.0	10.1	7.3	5.6	6.8	9.2	11.8	7.9
Canada	9.3	23.7	18.4	7.2	4.4	6.5	7.1	6.7	7.2	3.6
Malaysia/Malaisie	1.6	0.7	1.3	2.1	2.9	4.0	4.2	5.7	5.5	x5.3
USA/Etats-Unis d'Amer					x2.1	x9.1	x10.3	x3.0		
Former GDR	8.7	4.6	3.5	2.2	1.3	1.3	1.8	2.4	3.4	4.1
United Kingdom	2.7	2.7	2.9	5.4	3.8	2.5	1.9	2.2	2.2	2.9
France, Monac							x1.3	x2.0	x0.3	x0.5
Bulgaria/Bulgarie										

0111 BOVINE MEAT FRESH, FROZEN
VIANDES BOVIN FRAI, REF 0111

TRADE BY COMMODITY IN THOUSAND U.S. DOLLARS – COMMERCE PAR PRODUIT EN MILLIERS DE DOLLARS E.U

COUNTRIES–PAYS	1988	1989	1990	1991	1992	COUNTRIES–PAYS	1988	1989	1990	1991	1992
Total	11599135	12765737	14019128	x15890396	15090408	Totale	11274829	12253657	13565527	14165134	15074269
Africa	x447510	x328368	x368114	x312975	x356064	Afrique	x62873	x68715	x93745	x127963	x179112
Northern Africa	253939	210523	262222	177413	x184482	Afrique du Nord	50	1194	5893	1224	6759
Americas	2221029	2452840	2828842	2989910	3064373	Amériques	2226169	2577881	2882729	2932250	3286622
LAIA	106920	367614	429221	497458	588496	ALAI	850681	815346	929024	803804	816358
CACM	1055	150	x299	985	x5882	MCAC	113821	142550	168776	154937	x142027
Asia	x2338466	x2769595	x2993157	x2987110	x3314755	Asie	186296	x185216	243836	323720	x145897
Middle East	x829699	x622054	x493386	x348734	x330377	Moyen–Orient	14929	x6897	x6234	17391	16070
Europe	6089050	6476823	7232476	7381199	8181768	Europe	6381681	6890961	7491572	7783936	8395175
EEC	5816153	6241131	6944862	7185398	7962025	CEE	6143545	6668692	7191235	7551741	8165167
EFTA	160478	134369	134950	117475	139115	AELE	145347	147569	195596	168419	167467
Oceania	x60691	x75180	x64884	x74439	x67209	Océanie	2196812	2323815	2673071	x2885173	x2931019
Italy/Italie	1711066	1963732	2128774	2296403	2209269	Australia/Australie	1506213	1602871	1957056	2105703	2166039
Japan/Japon	1190376	1645180	1884926	1804734	2087533	Germany/Allemagne	1280511	1539009	1826387	2059715	1661473
USA/Etats–Unis d'Amer	1672645	1612475	1843513	1857181	1889161	USA/Etats–Unis d'Amer	1089962	1392641	1547183	1725688	2000553
France, Monaco	1139531	1290460	1506742	1505391	1623397	Netherlands/Pays–Bas	1204784	1266231	1395211	1523576	1788714
Germany/Allemagne	992184	1012902	1179663	1269629	1630791	France, Monac	1174895	1248339	1305386	1313470	1569706
Former USSR/Anc. URSS	x337044	x452202	x450911	x2052182		Ireland/Irlande	861655	892221	862627	843850	1048549
United Kingdom	859408	696775	601256	654175	677813	New Zealand	688073	718519	712620	773465	738329
Greece/Grèce	365163	515989	558101	416405	x630348	Belgium–Luxembourg	433619	481215	599863	627712	677331
Canada	337582	379309	462695	537170	496670	United Kingdom	442754	496495	416131	411138	466302
Korea Republic	42828	217599	303146	454933	477830	Denmark/Danemark	432596	432655	416505	376205	442532
Netherlands/Pays–Bas	277326	245786	283038	311786	383014	Argentina/Argentine	288648	361129	446649	389445	337948
Brazil/Brésil	19211	248171	286322	115678	120818	Italy/Italie	258166	194704	160607	264150	324695
Spain/Espagne	151082	162129	213411	267496	283072	Canada	143499	198717	205369	201080	305541
Iran (Islamic Rp. of)	x211750	x257963	x241241	x108607	x81229	Uruguay	133326	182701	215263	135188	145826
Mexico/Mexique	65562	98835	126703	338351	386673	China/Chine	107982	105943	158740	203854	38845
Egypt/Egypte	194263	174629	205388	135688	118934	Spain/Espagne	51627	115562	205841	128984	183758
Denmark/Danemark	97033	113929	156150	171656	200640	Austria/Autriche	139997	139572	171919	136070	140905
Portugal	90718	80524	178087	151025	171218	Brazil/Brésil	374303	137703	100253	178439	284835
Hong Kong	98433	93283	104819	109753	111618	Paraguay	22295	94037	130998	51246	x29934
Belgium–Luxembourg	94312	101083	104817	93776	105471	Yugoslavia SFR	92234	74407	104675	x63369	
Iraq	x365681	x180497	x64932	x15752	x7298	So. Africa Customs Un	x32608	x48347	x73984	x117666	x130711
Israel/Israël	76797	70853	66930	114614	80505	India/Inde	50034	x56198	58760	76901	x71425
Yugoslavia SFR	82112	78852	121670	x46274		Poland/Pologne	65307	62859	78322	40685	x54070
Saudi Arabia	87892	69278	x74141	x79559	x88121	Costa Rica	51371	51932	48604	58797	x47674
Malaysia/Malaisie	41772	48166	58409	72441	x80816	Czechoslovakia	x62226	x71122	x55408	x24581	x18706
Switz.Liecht	64362	53475	59333	42940	47531	Nicaragua	21027	44308	67266	38344	41083
Sweden/Suède	60367	45416	45235	53417	70240	Dominican Republic	27155	24551	25208	34169	x17138
Ireland/Irlande	38330	57823	34824	47656	33429	Guatemala	21256	25045	26534	28953	16221
Singapore/Singapour	36352	41697	42838	46284	49151	Bulgaria/Bulgarie	x34483	x32397	x41863	x3325	x5049
Romania/Roumanie	x950	53600	68803	8335	x5531	Colombia/Colombie	7928	15978	16181	40454	13800
Poland/Pologne	42633	78165	1390	29750	x32011	Honduras	17875	18052	24846	28843	37048
United Arab Emirates	x51965	x24079	x30845	x27205	x29794	Romania/Roumanie	x58263	40198	372	9949	x7066
Bulgaria/Bulgarie	x21086	x43058	x4446	x31597	988	Mexico/Mexique	24181	21029	18347		3515
French Polynesia	20174	x21339	x26062	x28269	x21487	Hungary/Hongrie				x32380	x51358
Austria/Autriche	22679	24865	21059	17402	16252	Sweden/Suède	4168	7095	13385	10671	5006
Cote d'Ivoire	x40157	x23445	x16588	x22164	x48774	Zimbabwe	28610	x16810	3615	2638	x38606
Tunisia/Tunisie	18233	17712	25931	18379	21662	Panama	868	3897	6626	12252	4734
Kuwait/Koweït	x23070	35208	x13928	x9397	x18217	Finland/Finlande	42	10	1611	19104	13526
Angola	x13088	x21953	x23348	x9770	x5667	Malaysia/Malaisie	1525	2454	7005	10309	x64
Martinique	16365	16932	19357	18326	20809	Jordan/Jordanie	184	45	1759	14771	12988
Reunion/Réunion	16109	18133	19244	16618	21533	Hong Kong	4388	4919	4988	5804	7636
Jordan/Jordanie	31722	8401	18272	26451	24367	Singapore/Singapour	4768	5414	3791	4623	6827
Papua New Guinea	17512	19075	15042	x17065	x19042	Un. Rep. of Tanzania			x8560	x4765	x5
Turkey/Turquie	10649	5206	13613	31022	30325	Norway, SVD, JM	988	848	8650	2308	7380
Philippines	8581	x12525	19667	17339	23433	Vanuatu	2061	2219	3153	x2886	x26604
Cyprus/Chypre	13008	19074	12330	14360	15493	Egypt/Egypte	33	1132	5866	1186	6565
Malta/Malte	12722	9768	13865	x18343	x12.9	Japan/Japon	1904	2141	2503	2514	3278
Bahamas	20345	x12635	x13792	x14764	x19154	Greece/Grèce	2497	1978	2437	1993	x682
Guadeloupe	12103	12088	13889	13385	14347	El Salvador	2292	3213	1526		
Zaire/Zaïre	x10305	x4126	x11012	x21150	x21178	Former GDR	x335	x420	x4191		

(VALUE AS % OF TOTAL)(VALEUR EN % DU TOTAL)

	1983	1984	1985	1986	1987	1988	1989	1990	1991	1992		1983	1984	1985	1986	1987	1988	1989	1990	1991	1992
Africa	x4.6	x5.6	x4.9	x4.9	x4.1	3.9	2.6	2.6	2.0	2.3	Afrique	1.2	1.1	0.8	0.9	0.8	0.6	0.6	0.6	0.9	x1.2
Northern Africa	3.3	4.4	3.6	3.1	2.3	2.2	1.6	1.9	1.1	x1.2	Afrique du Nord	x0.0	x0.0	0.0	0.0	0.0	0.0	0.0	0.0	0.0	0.0
Americas	22.5	24.1	24.0	24.4	x20.5	19.1	19.2	20.2	18.8	20.3	Amériques	x14.3	19.3	19.4	x18.4	x16.7	19.7	21.1	21.2	20.7	21.8
LAIA	0.8	1.0	1.2	5.6	2.3	0.9	2.9	3.1	3.1	3.9	ALAI	5.6	8.4	8.2	7.4	6.4	7.5	6.7	6.8	5.7	5.4
CACM	x0.0	0.0	x0.0	x0.0	0.0	0.0	0.0	x0.0	0.0	x0.0	MCAC	x1.0	1.3	1.4	1.3	x1.1	1.0	1.2	1.2	1.1	x0.9
Asia	x18.0	x18.5	x17.2	x13.6	x15.3	x20.1	x21.7	x21.3	x18.8	x22.0	Asie	0.1	0.5	0.3	0.5	1.1	1.6	x1.5	1.8	2.3	x0.9
Middle East	x6.2	x6.6	x6.8	x4.4	x5.0	x7.2	x4.9	x3.5	x2.2	x2.2	Moyen–Orient	x0.0	0.4	0.1	x0.1	x0.1	0.1	x0.1	0.0	0.1	0.1
Europe	54.4	51.2	53.5	56.6	56.4	52.5	50.7	51.6	46.5	54.2	Europe	59.2	58.7	58.9	62.5	59.7	56.6	56.2	55.2	55.0	55.7
EEC	53.0	49.4	52.0	54.9	54.3	50.1	48.9	49.5	45.2	52.8	CEE	57.2	55.3	55.2	59.6	57.2	54.5	54.4	53.0	53.3	54.2
EFTA	1.3	1.2	1.0	1.1	1.2	1.4	1.1	1.0	0.7	0.9	AELE	2.0	2.0	2.2	1.9	1.6	1.3	1.2	1.4	1.2	1.1
Oceania	x0.6	x0.6	x0.5	x0.6	x0.5	x0.6	x0.6	x0.5	x0.5	x0.5	Océanie	25.1	20.4	x20.5	x18.1	19.0	19.5	18.9	19.7	x20.3	x19.5
Italy/Italie	19.7	17.5	19.6	18.9	17.5	14.8	15.4	15.2	14.5	14.6	Australia/Australie	17.4	13.7	13.3	12.8	13.1	13.4	13.1	14.4	14.9	14.4
Japan/Japon	6.4	7.3	7.0	6.8	7.8	10.3	12.9	13.4	11.4	13.8	Germany/Allemagne	13.7	13.0	12.2	14.8	12.5	11.4	12.6	13.5	14.5	11.0
USA/Etats–Unis d'Amer	18.7	18.2	18.5	15.6	14.8	14.4	12.6	13.1	11.7	12.5	USA/Etats–Unis d'Amer	5.7	7.1	7.1	7.6	7.5	9.7	11.4	11.4	12.2	13.3
France, Monac	11.0	9.8	10.8	11.7	10.3	9.8	10.1	10.7	9.5	10.8	Netherlands/Pays–Bas	10.5	10.3	10.5	11.1	11.2	10.7	10.3	10.3	10.8	11.9
Germany/Allemagne	7.2	8.1	7.9	8.4	9.2	8.6	7.9	8.4	8.0	10.8	France, Monac	10.3	10.9	9.9	10.3	10.1	10.4	10.2	9.6	9.3	10.4
Former USSR/Anc. URSS					3.0	x2.9	x3.5	x3.2	x12.9		Ireland/Irlande	7.3	6.5	7.4	8.4	8.7	7.6	7.3	6.4	6.0	7.0
United Kingdom	5.9	5.3	5.0	6.2	6.3	7.4	5.5	4.3	4.1	4.5	New Zealand	7.7	6.6	7.2	5.3	5.9	6.1	5.9	5.3	5.5	4.9
Greece/Grèce	4.9	4.6	4.2	4.5	5.0	3.1	4.0	4.0	2.6	x4.2	Belgium–Luxembourg	2.2	2.6	2.9	3.4	3.6	3.8	3.9	4.4	4.4	4.5
Canada	2.2	3.4	2.8	2.3	2.4	2.9	3.0	3.3	3.4	3.3	United Kingdom	6.6	5.7	5.3	4.5	5.2	3.9	4.1	3.1	2.9	3.1
Korea Republic	2.1	1.0	0.1	0.0	0.0	0.4	1.7	2.2	2.9	3.2	Denmark/Danemark	5.2	4.5	4.1	4.2	3.9	3.8	3.5	3.1	2.7	2.9

01111 BOVINE MEAT WITH BONE IN / VIANDES BOVIN NON DESOSS 01111

TRADE BY COMMODITY IN THOUSAND U.S. DOLLARS – COMMERCE PAR PRODUIT EN MILLIERS DE DOLLARS E.U

IMPORTS – IMPORTATIONS

COUNTRIES–PAYS	1988	1989	1990	1991	1992
Total	5161826	6154224	6657351	x7285966	6341728
Africa	268892	232401	275281	x50543	x47712
Northern Africa	246122	207353	254045	34934	x36716
Americas	x229580	365641	473031	403354	415895
LAIA	x85832	208447	288575	235059	204205
CACM	x21	x65	x25	x142	x149
Asia	x386898	x709833	x702899	x667956	x648107
Middle East	x260211	x323068	x259472	x166177	x143672
Europe	4074225	4391310	4891651	4879372	5123338
EEC	3957801	4301767	4794945	4833366	5054871
EFTA	31889	20798	12481	13268	21052
Oceania	22398	x12399	9690	x6750	x5649
Italy/Italie	1624398	1870012	1985237	2133345	1988003
France,Monac	973182	1062056	1226225	1222756	1287741
Former USSR/Anc. URSS	x85404	x238388	x228542	x1179798	
Germany/Allemagne	344857	335104	415098	379811	486982
Greece/Grèce	245765	384419	415025	310622	x478442
Korea Republic	11185	164191	194108	281743	293705
Iran (Islamic Rp. of)	x147566	x240128	x196198	x71405	x61277
United Kingdom	328549	197957	132946	141387	114450
Netherlands/Pays-Bas	136751	114760	131797	146056	166651
Denmark/Danemark	83049	98347	138237	153260	170777
Japan/Japon	94522	154067	160484	75111	56776
Brazil/Brésil	x16092	113274	210870	60222	75020
Egypt/Egypte	194263	174629	205388	x507	x2345
Portugal	75911	66945	161064	125360	153499
Spain/Espagne	80184	79903	120856	145628	145358
Mexico/Mexique	47636	74898	68144	153186	113615
Canada	39375	63145	81655	81351	49492
Israel/Israël	2220	40308	66288	114061	79823
USA/Etats–Unis d'Amer	79936	70360	66984	65113	144324
Yugoslavia SFR	71501	57015	72583	x20548	
Romania/Roumanie	x349	53600	68803	x5538	x4681
Belgium–Luxembourg	46493	43180	43884	36365	38201
Poland/Pologne	x42544	x78116	x453	x38931	x29889
Ireland/Irlande	18663	49084	24575	38777	24766
Bulgaria/Bulgarie	x20385	x42912	x4010	x31404	885
Saudi Arabia	56080	38325	x14442	x9418	x7460
Tunisia/Tunisie	18230	17563	22784	16303	16307
Jordan/Jordanie	x1517	8401	18272	26451	24367
Turkey/Turquie	7887	821	13219	31678	30159
Hong Kong	10252	14148	9450	15222	17754
Iraq	x26740	x18690	x3668	x13756	x5126
Algeria/Algérie	19922	x984	16040	14702	x12925
Andorra/Andorre	x8058	x8048	x9332	x8915	x9338
Albania/Albanie	x1876	x1681	x1010	x22034	x55917
Peru/Pérou	12282	7743	8166	5831	x347
Switz.Liecht	8663	7985	8892	2102	4592
Angola	x3780	x5457	x11217	x2094	x761
Malaysia/Malaisie	2405	3610	6541	7351	x6503
Martinique	5792	5645	5429	5312	5260
United Arab Emirates	x12068	x5660	x5877	x4500	x5147
Kuwait/Koweït	x5990	x8425	x4253	x2987	x4474
Morocco/Maroc	6051	6745	5899	2952	4686
Former GDR	x20932	x14502	x152		
Singapore/Singapour	2893	4840	4336	4781	3790
Hungary/Hongrie	x4032	x11762	x1769	x210	x7288
Cuba			x13074	0	x1746
Austria/Autriche	6964	8106	2532	2222	429
Guadeloupe	3981	2386	4632	5498	3217
Libyan Arab Jamahiriya	x7651	x7431	x3931	x468	x451
Bahamas	x5060	x3674	x4286	x3358	x1218

EXPORTS – EXPORTATIONS

COUNTRIES–PAYS	1988	1989	1990	1991	1992
Totale	4981825	5966005	6539505	6506135	6520177
Afrique	x159	x1233	x15254	x5413	x1065
Afrique du Nord	34	1132	5866		63
Amériques	375350	677477	732826	614378	x487444
ALAI	194746	297519	353981	204706	x30456
MCAC	x1900	x1833	x3614	x17735	x13432
Asie	18108	x8251	15852	33745	x39345
Moyen–Orient	4505	2608	2189	15579	14249
Europe	4438346	4975985	5475917	5552265	5682986
CEE	4217669	4777135	5213080	5354952	5485532
AELE	137640	139931	168658	140711	142492
Océanie	64149	204195	x202317	233874	x223119
Germany/Allemagne	1058643	1339360	1580250	1832821	1431385
Netherlands/Pays-Bas	1028769	1079073	1131593	1186508	1328701
France, Monac	718773	813331	850328	847505	1036831
Belgium–Luxembourg	365551	409918	503546	524848	555646
Ireland/Irlande	369883	378538	331719	232740	268661
USA/Etats–Unis d'Amer	119318	296994	306909	323059	297389
United Kingdom	264337	316298	299381	270720	290380
Denmark/Danemark	272766	298038	282060	220237	245682
Australia/Australie	49494	191691	182670	207333	199106
Uruguay	133326	182701	215263	135188	6780
Austria/Autriche	137426	137083	153936	120430	121948
Spain/Espagne	34187	91308	181061	100962	148526
Italy/Italie	104348	50621	52719	138181	179585
Canada	58528	81041	68332	64931	144781
Yugoslavia SFR	83000	58836	94177	x56482	
Paraguay	22295	77117	99774	31023	x10449
Poland/Pologne	x33334	x24645	x42578	x31128	x30366
Bulgaria/Bulgarie	x34288	x30825	x40203	x3126	x5026
Colombia/Colombie	7078	15111	13008	34813	11233
New Zealand	14655	12504	19630	26541	24009
Romania/Roumanie	x7306	40198	372	x602	x2461
Argentina/Argentine	751	13691	19583	3210	1505
Hungary/Hongrie				x24794	x39923
India/Inde	10970	x1975	10370	11046	x16204
Czechoslovakia	x10196	x2708	x10179	x6810	x8440
Finland/Finlande	36	0	1601	17489	13411
Jordan/Jordanie		45	1759	14771	12988
Un. Rep. of Tanzania			x8560	x4762	x2
Guatemala	x518	x264	x224	x10620	x7236
Norway,SVD,JM	10	9	8219	1651	7014
Sweden/Suède	165	2836	4901	906	26
Nicaragua		x1448	x3268	x3110	x4256
Egypt/Egypte	33	1132	5866		
Mexico/Mexique	4863	5782	980	69	111
China/Chine	1415	1911	885	3856	5162
Brazil/Brésil	x26433	353	5151	14	374
Former GDR	x251	x420	x4007		
Costa Rica	x564	x59	x120	x3986	x1848
Panama				x3925	x1352
Venezuela			2754	217	150
Hong Kong	590	874	713	1321	1928
Pakistan	10	201	1165	424	257
Saudi Arabia	3813	1769			
Greece/Grèce	318	443	388	422	x115
Sri Lanka	18	17	186	641	417
Oman	2	54	42	625	
Turkey/Turquie	567	503	155	63	1183
Singapore/Singapour	271	189	180	230	266
Mauritius/Maurice			255	321	307
United Arab Emirates	x48	x220	x216	x106	x59

(VALUE AS % OF TOTAL)(VALEUR EN % DU TOTAL)

	1983	1984	1985	1986	1987	1988	1989	1990	1991	1992
Africa	x6.4	x9.2	x7.7	x6.0	x4.8	5.2	3.8	4.1	x0.7	x0.8
Northern Africa	5.0	8.6	7.2	5.5	4.4	4.8	3.4	3.8	0.5	x0.6
Americas	x4.1	x4.4	x5.5	x10.4	x5.7	x4.4	6.0	7.1	5.5	6.6
LAIA	x1.7	x1.2	x1.9	x7.6	x3.3	x1.7	3.4	4.3	3.2	3.2
CACM	x0.0	x0.0	x0.0	x0.0	x0.0	x0.0	x0.0	x0.0	x0.0	x0.0
Asia	x11.3	x11.8	x7.4	x5.0	x7.2	x7.5	x11.6	x10.6	x9.2	x10.3
Middle East	x5.8	x7.5	x4.9	x3.4	x4.2	x5.0	x5.2	x3.9	x2.3	x2.3
Europe	78.1	74.5	79.4	78.5	79.5	78.9	71.4	73.5	67.0	80.8
EEC	76.0	73.3	78.4	77.4	78.2	76.7	69.9	72.0	66.3	79.7
EFTA	x0.7	x0.5	x0.5	x0.4	x0.5	0.6	0.3	0.2	0.2	0.3
Oceania	x0.2	x0.1	x0.1	x0.1	x0.1	0.4	x0.2	x0.1	x0.1	x0.1
Italy/Italie	35.3	33.0	37.0	34.5	33.6	31.5	30.4	29.8	29.3	31.3
France,Monac	18.4	17.1	19.1	19.2	17.8	18.9	17.3	18.4	16.8	20.3
Former USSR/Anc. URSS			x2.3	x1.7	x3.9	x3.4	x16.2			
Germany/Allemagne	5.6	7.2	6.7	6.1	6.7	6.7	5.4	6.2	5.2	7.7
Greece/Grèce	7.3	6.9	6.4	6.1	7.6	4.8	6.2	6.1	4.3	x7.5
Korea Republic	3.0	1.2	0.0	0.0	0.0	0.2	2.7	2.9	3.9	4.6
Iran (Islamic Rp. of)	x2.5	x2.2	x1.1	x0.3	x1.9	x2.9	x3.9	x2.9	x1.0	x1.0
United Kingdom	4.9	4.5	4.0	5.5	5.2	6.4	3.2	2.0	1.9	1.8
Netherlands/Pays-Bas	2.1	2.0	2.3	2.1	2.4	2.6	1.9	2.0	2.1	2.6
Denmark/Danemark	0.2	0.4	0.8	1.1	1.3	1.6	1.6	2.1	2.1	2.7

	1983	1984	1985	1986	1987	1988	1989	1990	1991	1992
Afrique	x0.1	x0.0	x0.1	x0.0	x0.1	x0.0	x0.0	x0.2	x0.1	x0.0
Afrique du Nord	0.0	0.0						0.1		
Amériques	x15.0	x8.9	x6.4	x6.4	x5.0	7.6	11.3	11.2	9.5	x7.5
ALAI	x11.7	x4.5	x3.1	x3.4	x1.7	3.9	5.0	5.4	3.1	x0.5
MCAC	x0.0	x0.0	x0.0	x0.0	x0.0	x0.0	x0.0	x0.1	x0.3	x0.2
Asie	x0.1	x0.1	x0.1	x0.2	x0.3	0.4	x0.1	0.2	0.5	x0.6
Moyen–Orient	x0.0	x0.0	x0.0	x0.1	x0.1	0.1	0.0	0.0	0.2	0.2
Europe	82.3	89.3	92.2	92.7	91.3	89.1	83.4	83.7	85.3	87.2
CEE	77.0	83.3	85.7	88.1	86.6	84.7	80.1	79.7	82.3	84.1
AELE	x3.0	x3.6	x4.0	x3.2	x3.2	2.8	2.3	2.6	2.2	2.2
Océanie	x2.7	x1.6	x1.2	x0.7	1.1	1.3	3.4	x3.1	3.6	x3.4
Germany/Allemagne	20.8	22.3	22.2	25.3	22.9	21.3	22.4	24.2	28.2	22.0
Netherlands/Pays-Bas	15.6	17.8	19.2	20.1	20.7	18.1	18.1	17.3	18.2	20.4
France,Monac	12.9	15.6	13.5	13.8	13.3	14.4	13.6	13.0	13.0	15.9
Belgium–Luxembourg	7.4	8.4	5.0	5.7	6.6	7.3	6.9	7.7	8.1	8.5
Ireland/Irlande	8.1	7.1	8.4	9.2	8.5	7.4	6.3	5.1	3.6	4.1
USA/Etats–Unis d'Amer	x2.4	x1.4	1.6	1.7	1.9	2.4	5.0	4.7	5.0	4.6
United Kingdom	8.7	8.0	8.2	6.0	7.5	5.3	5.3	4.6	4.2	4.5
Denmark/Danemark	6.4	6.1	6.1	5.6	5.4	5.5	5.0	4.3	3.4	3.8
Australia/Australie	2.2	0.9	0.5	0.3	0.4	1.0	3.2	2.8	3.2	3.1
Uruguay	x2.3	x2.0	1.1	1.5	0.2	2.7	3.1	3.3	2.1	0.1

# 01112 BOVINE MEAT BONELESS / VIANDES BOVIN DESOSSEES 01112

TRADE BY COMMODITY IN THOUSAND U.S. DOLLARS – COMMERCE PAR PRODUIT EN MILLIERS DE DOLLARS E.U

COUNTRIES–PAYS	1988	1989	1990	1991	1992	COUNTRIES–PAYS	1988	1989	1990	1991	1992
	IMPORTS – IMPORTATIONS						EXPORTS – EXPORTATIONS				
Total	x6530169	6764705	7491305	x8596772	8768050	Totale	6292850	6433722	7149855	7807605	8564096
Africa	x310430	x234975	x194469	x234561	x315414	Afrique	x61396	x66387	x77983	x121210	x171479
Northern Africa	x140449	x141498	x109814	x114610	x154864	Afrique du Nord	16	x65	x27	x35	x128
Americas	x1995478	x2094406	x2368341	2584333	x2641470	Amériques	x1852616	x2029856	x2268529	x2456182	x2816266
LAIA	x30396	164356	141328	268340	x384308	ALAI	633122	x621596	665457	691524	785887
CACM	x461	x177	x377	x324	x430	MCAC	x125342	x157282	x183111	x171068	x146161
Asia	x1908707	x2052958	x2295344	2333310	x2686121	Asie	167700	x175423	226720	289948	x106628
Middle East	x526631	x292182	x238723	x196714	x206177	Moyen–Orient	9936	x2748	x2781	x1784	x1897
Europe	2014824	2085513	2340825	2501827	3058430	Europe	1943335	1914924	2015654	2231671	2712188
EEC	1858352	1939364	2149918	2352032	2907154	CEE	1925876	1891557	1978155	2196789	2679635
EFTA	128589	113571	122469	104206	118063	AELE	7707	7638	26937	27708	24975
Oceania	x38170	x62745	x55342	x67808	x61561	Océanie	x2132517	x2119619	x2470754	x2651299	x2707900
USA/Etats–Unis d'Amer	1592710	1542115	1776529	1792068	1744837	Australia/Australie	1456719	1411179	1774385	1898370	1966933
Japan/Japon	1095854	1491112	1724442	1729622	2030758	USA/Etats–Unis d'Amer	970644	1095647	1240284	1402629	1703164
Germany/Allemagne	647327	677798	764565	889818	1143809	New Zealand	673418	706015	692990	746924	714320
United Kingdom	530859	498818	468310	512789	563502	Ireland/Irlande	491772	513683	530908	611110	779888
Former USSR/Anc. URSS	x251640	x213813	x222368	x872384		France, Monac	456122	435009	455058	465965	532876
Canada	298207	316163	381039	455818	446578	Argentina/Argentine	287897	347438	427065	386235	336443
France, Monac	166348	228404	280516	282634	335657	Netherlands/Pays–Bas	176015	187158	263619	337068	460013
Netherlands/Pays–Bas	140575	131026	151241	165730	216363	Germany/Allemagne	221868	199649	246137	226894	230088
Italy/Italie	86668	93720	143537	163058	221265	China/Chine	106566	104033	157855	199998	33683
Greece/Grèce	119398	131570	143076	105783	x151906	United Kingdom	178417	180198	116751	140417	175921
Korea Republic	31643	53408	109038	173189	184125	Denmark/Danemark	159830	134617	134445	155968	196850
Egypt/Egypte	x121908	x136613	x95831	x97487	x123783	Brazil/Brésil	x240197	137350	95102	178425	284461
Spain/Espagne	70899	82226	92555	121869	137714	Canada	84970	117676	137038	136150	160760
Hong Kong	88181	79135	95369	94531	93864	Italy/Italie	153818	144083	107888	125969	145110
Mexico/Mexique	17926	23937	58559	185165	273058	Uruguay	x79081	x103769	x90415	x92129	139046
Brazil/Brésil	x3035	134897	75452	55456	45798	Belgium–Luxembourg	68068	71297	96317	102864	121685
Iraq	x338941	x161807	x61264	x1995	x2173	So. Africa Customs Un	x32515	x48316	x73575	x117462	x130635
Belgium–Luxembourg	47819	57903	60933	57411	67269	Costa Rica	x60586	x54528	x54192	x69409	x45803
Malaysia/Malaisie	39368	44557	51868	65090	x74313	India/Inde	39064	x54223	48390	65855	x55221
Saudi Arabia	31812	30953	x59614	x69583	x78536	Czechoslovakia	x52030	x68413	x45228	x17504	x9999
Switz.Liecht	55700	45490	50441	40837	42939	Nicaragua	x21027	x42860	x49396	x35233	x36827
Sweden/Suède	49907	44176	44593	44655	54451	Dominican Republic	x37600	x34080	x36917	x46662	x17138
Singapore/Singapour	33458	36857	38503	41504	45362	Guatemala	x18769	x33697	x49214	x32978	x19379
Iran (Islamic Rp. of)	x51657	x17834	x45044	x37201	x19952	Poland/Pologne	x31974	x38214	x35744	x27910	x23679
Yugoslavia SFR	10611	21837	49087	x25727		Honduras	x22368	x22909	x28205	x33448	x44152
French Polynesia	6636	x19647	x24535	x26188	x20266	Spain/Espagne	17440	24254	24780	28022	35232
United Arab Emirates	x39927	x18419	x24967	x22704	x24646	Paraguay	x5779	16920	31224	20223	x19471
Portugal	14808	13578	17022	25665	31284	Mexico/Mexique	19318	15247	17367	8473	3404
Cote d'Ivoire	x31031	x18977	x14945	x18047	x44727	Austria/Autriche	2571	2489	17982	15640	18957
Denmark/Danemark	13985	15581	17913	18396	29862	Yugoslavia SFR	9233	15571	10498	x6887	
Austria/Autriche	15714	16759	18528	15180	15823	Romania/Roumanie	x50956	x19306	x6981	x3224	x4605
Philippines	7551	x12006	19512	17156	23245	Zimbabwe	28610	x16810	3484	2624	x38259
Papua New Guinea	16432	17725	14204	x16334	x18167	Sweden/Suède	4004	4259	8484	9766	4980
Reunion/Réunion	13890	15966	16898	14386	19191	Malaysia/Malaisie	1525	2452	6946	9828	x23
Cyprus/Chypre	12964	19042	12286	14318	15380	Panama	x843	x3482	x5357	x7853	x2929
Martinique	10572	11287	13928	13014	15549	Singapore/Singapour	4497	5226	3611	4393	6562
Angola	x9307	x16497	x12131	x7676	x4907	Hong Kong	3798	4045	4275	4483	5708
Malta/Malte	x8741	x6791	12481	x15663	x17907	Colombia/Colombie	850	867	3173	5642	2567
Israel/Israël	74577	30545	642	553	682	Vanuatu	x2061	x2219	x3153	x2886	x26601
Zaire/Zaïre	x10203	x4048	x8888	x17859	x20448	Hungary/Hongrie				x7286	x11134
Kuwait/Koweït	x15767	x15634	x8728	x6109	x10272	Japan/Japon	1898	2128	2465	2407	3244
Bahamas	x9497	x8961	x9506	x10879	x3994	El Salvador	x2590	x3286	x2104		
Chile/Chili	x2179	x5154	4140	19297	x55430	Greece/Grèce	2179	1535	2049	1571	x566
Jordan/Jordanie	x3256	x4825	x6608	x17282	x25081	Bulgaria/Bulgarie	x194	x1572	x1660	x199	x23
Ireland/Irlande	19667	8739	10249	8879	8663	United Arab Emirates	x522	x1047	x1335	x840	x901
Gabon	x8634	x7079	x6885	x13863	x18986	American Samoa			x61	x2896	
Guadeloupe	8122	9703	9256	7886	11131	Norway, SVD, JM	978	839	431	657	365
So. Africa Customs Un	76244	13002	2626	x10594	x6739	Turkey/Turquie	498	634	1030	221	230
Trinidad and Tobago	x9109	x8039	x8616	9245	7106	Finland/Finlande	7	10	11	1615	115
Australia/Australie	5811	11515	6001	7714	5839	Former USSR/Anc. URSS	x48	x7	x419	x1078	

(VALUE AS % OF TOTAL) (VALEUR EN % DU TOTAL)

	1983	1984	1985	1986	1987	1988	1989	1990	1991	1992		1983	1984	1985	1986	1987	1988	1989	1990	1991	1992
Africa	x2.6	x2.0	x2.2	x7.2	x6.6	x4.8	x3.5	x2.6	x2.7	x3.6	Afrique	x2.3	x3.6	x1.6	x1.6	x1.4	x1.0	x1.1	x1.1	x1.5	x2.0
Northern Africa	1.3	x0.1	x0.1	x4.2	x3.5	x2.2	x2.1	x1.5	x1.3	x1.8	Afrique du Nord	0.0	0.0	x0.0	x0.0	0.0	0.0	x0.0	x0.0	x0.0	x0.0
Americas	x43.9	x43.8	x42.5	x38.5	x33.5	x30.6	x31.0	x31.6	30.0	x30.1	Amériques	x26.1	x29.0	x31.3	x29.8	x26.6	x29.5	x31.6	x31.8	x31.5	x32.9
LAIA	0.4	x0.7	x0.7	x3.2	x1.7	x0.5	2.4	1.9	3.1	x4.4	ALAI	x10.5	x12.2	x12.8	x11.0	x10.6	x10.1	x9.7	9.3	8.9	9.2
CACM	x0.0		x0.0	x0.0	x0.0	x0.0	x0.0	x0.0	x0.0	x0.0	MCAC	x3.6	x2.6	x2.6	x2.3	x1.9	x2.0	x2.4	x2.6	2.2	x1.7
Asia	x24.6	x25.2	x27.0	x22.3	x22.1	x29.2	x30.4	x30.6	x27.1	x30.7	Asie	x1.1	x0.8	0.4	0.2	1.9	2.6	x2.7	3.1	3.7	x1.2
Middle East	x6.5	x5.8	x8.8	x5.3	x5.4	x8.1	x4.3	x3.2	x2.3	x2.4	Moyen–Orient	x0.9	x0.7	0.2	x0.0	0.0	0.2	x0.0	x0.0	x0.0	x0.0
Europe	27.9	27.8	27.5	31.0	33.4	30.9	30.8	31.2	29.1	34.9	Europe	22.3	28.3	28.9	32.3	33.2	30.9	29.8	28.2	28.6	31.7
EEC	25.7	25.5	25.5	29.0	30.7	28.5	28.7	28.7	27.4	33.2	CEE	21.6	27.5	27.8	31.6	32.7	30.6	29.4	27.7	28.1	31.3
EFTA	2.0	1.9	1.5	1.7	2.1	2.0	1.7	1.6	1.2	1.3	AELE	0.4	0.5	0.6	0.5	0.2	0.1	0.4	0.4	0.4	0.3
Oceania	x0.9	x1.1	x0.9	x0.9	x0.9	x0.6	x0.9	x0.7	x0.8	x0.7	Océanie	x48.2	x38.2	x37.9	x36.1	x34.0	x33.9	x32.9	x34.5	x34.0	x31.6
USA/Etats–Unis d'Amer	36.9	34.3	34.4	29.5	26.2	24.4	22.8	23.7	20.8	19.9	Australia/Australie	33.0	25.9	24.8	25.6	23.8	23.1	21.9	24.8	24.3	23.0
Japan/Japon	13.0	14.4	13.7	13.5	13.8	16.8	22.0	23.0	20.1	23.2	USA/Etats–Unis d'Amer	x8.7	x10.6	12.1	13.6	12.1	15.4	17.0	17.3	18.0	19.9
Germany/Allemagne	8.7	9.0	9.0	10.6	11.2	9.9	10.0	10.2	10.4	13.0	New Zealand	15.2	12.3	13.1	10.4	10.2	10.7	11.0	9.7	9.5	8.3
United Kingdom	6.8	6.1	6.0	6.7	7.0	8.1	7.4	6.3	6.0	6.4	Ireland/Irlande	5.0	5.8	6.6	7.8	8.9	7.8	8.0	7.4	7.8	9.1
Former USSR/Anc. URSS					x3.4	x3.9	x3.2	x3.0	x10.1		France, Monac	5.0	6.2	6.7	6.8	7.4	7.2	6.8	6.4	6.0	6.2
Canada	4.3	6.4	5.3	4.3	4.2	4.6	4.7	5.1	5.3	5.1	Argentina/Argentine	0.5	5.0	4.2	4.8	4.5	4.6	5.4	6.0	4.9	3.9
France, Monac	2.4	2.5	2.6	3.2	3.1	2.5	3.4	3.7	3.3	3.8	Netherlands/Pays–Bas	2.1	2.8	2.8	3.7	3.6	2.9	3.7	4.3	5.4	
Netherlands/Pays–Bas	1.6	1.6	1.4	1.9	2.1	2.2	1.9	2.0	1.9	2.5	Germany/Allemagne	2.1	3.7	3.2	4.2	3.7	3.5	3.1	3.4	2.9	2.7
Italy/Italie	2.0	2.0	2.2	1.6	2.3	1.3	1.4	1.9	1.9	2.5	China/Chine					1.0	1.7	1.6	2.2	2.6	0.4
Greece/Grèce	2.1	2.3	2.1	2.7	1.6	1.8	1.9	1.9	1.2	x1.7	United Kingdom	2.7	3.4	2.7	3.0	3.2	2.8	2.8	1.6	1.8	2.1

0112 MUTTON ETC FRSH,CHLD,FRN — VIANDE DE MOUTON 0112

TRADE BY COMMODITY IN THOUSAND U.S. DOLLARS – COMMERCE PAR PRODUIT EN MILLIERS DE DOLLARS E.U

COUNTRIES–PAYS	IMPORTS – IMPORTATIONS					COUNTRIES–PAYS	EXPORTS – EXPORTATIONS				
	1988	1989	1990	1991	1992		1988	1989	1990	1991	1992
Total	x1732227	1737738	1912720	x1978571	2083985	Totale	1659780	1697255	1787630	1759244	1925333
Africa	x34828	x30441	25610	x18572	x35332	Afrique	x457	x415	x948	x1207	x9786
Northern Africa	19769	17505	12805	3565	4834	Afrique du Nord	20	132	x335	921	9557
Americas	123281	126534	137670	131149	x139162	Amériques	28224	51942	65999	49438	x45383
LAIA	22303	14480	22701	22453	27484	ALAI	24657	42002	53610	35678	x32671
CACM	x9	x8	x21	x10	x26	MCAC					
Asia	x527170	x400839	x354473	x408708	x476615	Asie	89921	x64963	x65623	x58000	51434
Middle East	x325666	x202503	x166434	x227055	x276755	Moyen–Orient	47693	33000	20083	18395	19778
Europe	989651	1076237	1316862	1213503	1369452	Europe	537212	565648	647427	647135	714206
EEC	941089	1021101	1248034	1154661	1301918	CEE	518801	550048	626891	632160	701706
EFTA	44306	50694	60704	53346	58811	AELE	5297	7306	6943	3961	4255
Oceania	35642	x36440	x41073	x58348	x63215	Océanie	x824124	x868473	x960345	x980600	x1060251
France, Monac	379255	399408	447616	481757	517403	New Zealand	597984	642126	683314	674793	734196
United Kingdom	243252	246186	336429	234709	266080	United Kingdom	304578	313022	319321	308466	380191
Japan/Japon	152451	149602	133727	132665	136321	Australia/Australie	225902	225609	276651	305348	325802
Germany/Allemagne	74647	96283	119488	116363	140911	Ireland/Irlande	96985	123520	189123	210523	210501
Italy/Italie	90827	95020	105272	102398	100068	Bulgaria/Bulgarie	x147555	x123771	x39214	x5553	x22241
Former USSR/Anc. URSS	x21113	x64043	x35439	x148211		France, Monac	34397	37974	44754	42911	43557
Belgium–Luxembourg	60297	62262	78028	76543	85824	Uruguay	11345	25561	31768	19277	17831
Spain/Espagne	38660	46455	66371	58836	76066	Netherlands/Pays–Bas	20363	21942	25711	22986	25858
USA/Etats–Unis d'Amer	48834	56663	53724	47534	58160	Korea Republic	23018	23731	22875	21169	24936
Saudi Arabia	x42821	1228	x69226	x78969	x99453	Belgium–Luxembourg	17416	19888	21050	18856	20356
Iran (Islamic Rp. of)	x72377	x72589	x945	x71641	x74518	Turkey/Turquie	42404	29689	17132	10478	16894
Switz.Liecht	31139	36011	42727	37974	42446	USA/Etats–Unis d'Amer	3026	x9610	12193	13361	12481
Canada	29695	33250	37950	35795	31682	Germany/Allemagne	6495	7691	10370	16329	7417
United Arab Emirates	x88684	x38694	x39947	x26034	x32702	India/Inde	13752	x2700	17225	13935	x1885
Greece/Grèce	25313	36826	37190	28095	x46644	Yugoslavia SFR	13041	8292	13581	x11014	8567
Portugal	10599	15293	25105	27018	34282	Argentina/Argentine	7376	9549	11109	9863	8897
Jordan/Jordanie	46464	21690	15623	21796	38540	Spain/Espagne	29530	14256	7889	7921	8897
Papua New Guinea	17386	16461	18056	x22031	x28862	Czechoslovakia	x6131	x6148	x7219	x7041	x5680
Korea Republic	19140	17870	18101	16296	24012	Chile/Chili	4462	5121	7969	5573	x4714
Netherlands/Pays–Bas	8821	13143	17559	16115	21091	Italy/Italie	7609	9054	6173	1856	3591
Oman	18579	18107	13827	13755	x8480	Romania/Roumanie	x25764	14900	287	917	x6723
Mexico/Mexique	6099	10079	12292	17329	20772	Iceland/Islande	5009	5240	5221	3822	4063
Singapore/Singapour	12292	12149	13299	11734	13504	China/Chine	4751	4057	4460	3294	2388
Denmark/Danemark	9266	9899	14158	12451	12579	Hungary/Hongrie				x7608	x9430
Malaysia/Malaisie	9976	9670	10867	10514	x13919	United Arab Emirates	x2277	x2168	x1694	x996	x1186
Kuwait/Koweït	x12957	17971	x6797	x2493	x10637	Qatar		68			4575
Fiji/Fidji	6316	6893	9675	10608	10504	Greece/Grèce	824	1570	1189	969	x20
Iraq	x18979	x17547	x8608	x608	x243	Norway/SVD,JM	74	1893	1620	17	63
Austria/Autriche	5642	7443	9734	8529	8516	Poland/Pologne	294	912	569	1744	x200
Hong Kong	5751	6547	8706	7541	7831	Colombia/Colombie	598	728	763	904	568
Mauritius/Maurice	x6240	x4847	4999	6831	7913	Denmark/Danemark	469	661	531	888	1028
Guadeloupe	4368	4482	5835	5914	5313	Singapore/Singapour	492	1014	426	583	1088
Qatar	4264	4323	5155	5534	x3175	Brazil/Brésil	644	330	1637	14	787
Sweden/Suède	5484	4585	5649	4039	5886	Saudi Arabia	1678	135	x832	x937	x1013
Martinique	3681	3999	4730	4546	5435	Portugal	137	469	780	455	289
Barbados/Barbade	3907	4657	4189	4191	x3567	Egypt/Egypte	9	125	170	904	9235
Reunion/Réunion	3010	3222	4117	4032	4807	Oman	1016	447	179	329	
French Polynesia	2789	x3010	x3997	x4285	x2895	Jordan/Jordanie	124	22	x3	913	491
Libyan Arab Jamahiriya	1430	7355	3411	x76	x136	Hong Kong	209	262	310	303	305
New Caledonia				x9728	x11129	Canada	520	283	137	341	121
Algeria/Algérie	x23	141	7634	1907		Mexico/Mexique	127	672	x30		x43
Bahrain/Bahreïn	x2992	x3231	x3023	x2770	x3119	American Samoa		x669	x15		
Peru/Pérou	15707	1944	4607	2092	x1853	Kuwait/Koweït		394	x181		
Egypt/Egypte	17050	8261	344	1	247	Papua New Guinea	x54		x199	x247	
Trinidad and Tobago	2283	2206	2332	3728	2609	Malaysia/Malaisie	3	0	185	215	x63
New Zealand	65	658	3703	3595	4546	Sweden/Suède	182	158	85	108	87
Cyprus/Chypre	2094	3381	1653	2301	4743	So. Africa Customs Un	x75	x82	x133	x134	x155
Samoa	x2076	x2896	x1912	x2395	x1301	Peru/Pérou	x76	x1	x294	x11	x99
Brazil/Brésil	138	1843	3346	1738	1829	Kenya	17		297		
Malta/Malte	1136	1823	2612	x1836	x1692	Ethiopia/Ethiopie	295	91	66	126	

(VALUE AS % OF TOTAL)(VALEUR EN % DU TOTAL)

	1983	1984	1985	1986	1987	1988	1989	1990	1991	1992		1983	1984	1985	1986	1987	1988	1989	1990	1991	1992
Africa	x1.6	x4.2	4.0	x3.4	x1.5	x2.0	x1.8	1.3	x1.0	x1.7	Afrique	0.1	0.2	0.1	x0.2	x0.0	x0.0	x0.0	x0.0	0.1	x0.5
Northern Africa	x0.9	x3.6	3.6	0.9	x0.6	1.1	1.0	0.7	0.2	0.2	Afrique du Nord	0.0	0.0							0.0	0.5
Americas	x6.8	4.4	6.2	9.1	8.5	7.1	7.3	7.2	6.6	6.7	Amériques	x0.3	2.3	2.2	3.0	1.4	1.7	3.1	3.7	2.8	x2.4
LAIA	x1.4	0.2	0.3	2.7	2.5	1.3	0.8	1.2	1.1	1.3	ALAI	x0.0	2.0	2.0	2.8	1.2	1.5	2.5	3.0	2.0	x1.7
CACM		0.0	0.0			x0.0	0.0	0.0	0.0	0.0	MCAC		0.0	0.0							
Asia	x40.9	x44.7	x40.9	x33.3	x28.3	x30.4	x23.1	x18.5	x20.6	x22.8	Asie	3.7	13.6	10.5	8.1	x5.7	x5.4	x3.8	x3.7	x3.3	x2.7
Middle East	x28.8	x32.3	x29.7	x22.8	x17.5	x18.8	x11.7	x8.7	x11.5	x13.3	Moyen–Orient	x0.5	10.4	6.7	5.5	3.2	2.9	1.9	1.1	1.0	1.0
Europe	49.6	45.1	47.2	52.5	57.3	57.1	61.9	68.8	61.3	65.7	Europe	21.2	21.6	23.2	29.4	30.1	32.4	33.3	36.2	36.8	37.1
EEC	48.0	43.1	45.2	50.1	54.7	54.3	58.8	65.2	58.4	62.5	CEE	20.8	19.4	21.4	27.6	28.1	31.3	32.4	35.1	35.9	36.4
EFTA	1.6	1.7	1.8	2.1	2.3	2.6	2.9	3.2	2.7	2.8	AELE	0.4	0.5	0.4	0.5	0.4	0.3	0.4	0.4	0.2	0.2
Oceania	1.2	x1.6	x1.6	x1.7	x1.6	2.1	x2.1	x2.1	x3.0	x3.0	Océanie	x74.7	62.3	63.9	x59.3	x50.8	x49.6	x51.1	x53.7	x55.7	x55.1
France, Monac	13.6	13.2	13.1	18.3	20.7	21.9	23.0	23.4	24.3	24.8	New Zealand	60.0	51.0	52.6	44.6	37.5	36.0	37.8	38.2	38.1	38.1
United Kingdom	21.3	18.4	19.3	15.7	16.0	14.0	14.2	11.9	12.8	12.8	United Kingdom	11.4	10.8	11.1	15.6	16.1	18.4	18.4	17.9	17.5	19.7
Japan/Japon	9.4	9.4	8.5	7.8	8.2	8.8	8.6	7.0	6.7	6.5	Australia/Australie	14.7	11.3	11.3	14.8	13.3	13.6	13.3	15.5	17.4	16.9
Germany/Allemagne	4.4	3.4	3.5	4.3	4.3	4.3	5.5	6.2	5.9	6.8	Ireland/Irlande	4.2	4.0	5.4	5.5	5.8	7.3	10.6	12.0	10.9	10.9
Italy/Italie	3.3	3.2	4.0	4.7	5.3	5.2	5.5	5.5	5.2	4.8	Bulgaria/Bulgarie					x9.3	x8.9	x7.3	x2.2	x0.3	x1.2
Former USSR/Anc. URSS					x2.8	x1.2	x3.7	x1.9	x7.5		France, Monac	1.9	1.8	1.6	1.9	1.9	2.1	2.2	2.5	2.4	2.3
Belgium–Luxembourg	2.5	2.4	2.7	3.3	3.5	3.5	3.6	4.1	3.9	4.1	Uruguay		0.6	0.8	0.5	0.7	1.5	1.8	1.1	0.9	
Spain/Espagne	0.1	0.1	0.1	1.1	1.6	2.2	2.7	3.5	3.0	3.7	Netherlands/Pays–Bas	1.9	1.2	1.6	1.7	1.6	1.2	1.3	1.4	1.3	1.3
USA/Etats–Unis d'Amer	2.1	1.3	3.0	3.2	2.7	2.8	3.3	2.8	2.4	2.7	Korea Republic	1.0	1.1	2.0	1.5	1.0	1.4	1.4	1.3	1.2	1.3
Saudi Arabia	x5.1	x2.8	x3.6	x2.5	x2.5	x2.5	0.1	x3.6	x4.0	x4.8	Belgium–Luxembourg	1.1	1.0	1.2	1.3	0.9	1.0	1.2	1.2	1.1	1.1

0113 PIG MEAT FRESH,CHLD,FRZN / VIANDE DE PORC 0113

TRADE BY COMMODITY IN THOUSAND U.S. DOLLARS – COMMERCE PAR PRODUIT EN MILLIERS DE DOLLARS E.U

IMPORTS – IMPORTATIONS

COUNTRIES–PAYS	1988	1989	1990	1991	1992
Total	6030067	6677763	7709433	8625163	9195981
Africa	x21877	x26852	x27924	x24258	x26154
Northern Africa	x87	3563	x153	218	x334
Americas	626146	629939	637440	634731	567447
LAIA	81815	174367	59146	99379	133419
CACM	x44	x113	x134	584	x304
Asia	1778354	1759781	1817587	2177724	2524446
Middle East	x7524	x5244	x3616	x3019	x3465
Europe	3348919	4075958	4813050	4975604	6027648
EEC	3231422	3954900	4610030	4880890	5920497
EFTA	38762	42338	55280	67819	73470
Oceania	x7166	x9618	x15007	x14950	x15839
Japan/Japon	1652742	1633601	1671010	1988334	2404379
Germany/Allemagne	1053758	1221970	1478849	1761852	2261495
Italy/Italie	1017113	1232327	1432993	1504960	1712547
France,Monac	645521	704460	793932	772791	830140
USA/Etats–Unis d'Amer	488301	403836	526117	475490	380047
Former USSR/Anc. URSS	x225777	x159417	x281222	x718505	
United Kingdom	134617	223027	221075	192085	250467
Spain/Espagne	81854	168089	199379	232849	227424
Greece/Grèce	108501	167105	168827	121506	x223342
Hong Kong	100990	93142	115023	124715	89768
Belgium–Luxembourg	51120	65556	142541	93160	126510
Yugoslavia SFR	74470	66641	140011	x19798	
Mexico/Mexique	80888	86553	54483	80385	79636
Netherlands/Pays–Bas	52459	42743	64041	93249	126402
Portugal	48202	68194	56578	64196	116624
Sweden/Suède	29040	30545	42037	58683	64538
Poland/Pologne	6873	5800	20037	77111	x27707
Romania/Roumanie	x518	1143	90247	89	x44
Denmark/Danemark	20895	32341	33470	24799	24097
Brazil/Brésil	17	87232	2201	760	x80
Canada	25179	22876	25560	28121	25098
Ireland/Irlande	17381	29088	18343	19443	21450
Korea Republic		1971	6279	42095	2592
Reunion/Réunion	10080	13214	18372	15192	17777
Singapore/Singapour	12602	12759	11321	8488	9127
New Zealand	4955	6206	9790	4687	3187
Argentina/Argentine			1893	16982	48610
Korea Dem People's Rp		x6250	x4826	x6498	x2898
Czechoslovakia	x13931	8645	5897	x2145	x1585
Bahamas	9633	x4248	x5879	x4492	x2468
Martinique	3991	3934	4176	4282	4905
Austria/Autriche	3392	4286	4191	3389	3096
Greenland/Groenland	3557	3685	3934	3974	4366
Switz.Liecht	1570	2254	5962	3167	1576
Guadeloupe	2948	3070	3681	4517	4231
Malta/Malte		x7123	2422	x1443	x1273
Andorra/Andorre	x2710	x3447	x3664	x3726	x4086
Netherlands Antilles	4115	5539		5035	
So. Africa Customs Un	5114	3278	3229	x1942	x400
Macau/Macao	2006	2802	2612	2952	2792
Australia/Australie		18	1861	6187	8025
Norway,SVD,JM	2178	2641	2809	2532	4073
French Guiana	1575	1773	2275	2549	2425
Barbados/Barbade	1411	2282	1843	1427	x909
Philippines	1957	x3220	1596	467	437
Gabon	x935	x993	1498	x2286	x3642
Iraq	x3189	x2129	x1102	x1112	x466
Cote d'Ivoire	x2141	x1842	x714	x1265	x645
French Polynesia	777	x766	x1293	x1662	x2384
Faeroe Islds/Is Féroé	1215	1130	1201	1241	x925

EXPORTS – EXPORTATIONS

COUNTRIES–PAYS	1988	1989	1990	1991	1992
Totale	5198434	5813647	6623518	7098495	8080235
Afrique	x1261	x1259	x2617	x1812	x1779
Afrique du Nord	6	4	7	x44	42
Amériques	735875	766814	843372	760351	945852
ALAI	32161	22613	28503	44552	96826
MCAC	7	x95	x123	x161	x77
Asie	157701	222845	254267	x214261	125763
Moyen–Orient	x150	1341	x757	x335	x421
Europe	4062595	4607495	5446438	5840088	6715250
CEE	3995344	4518366	5349785	5786740	6657847
AELE	59744	76984	85081	49203	52343
Océanie	x19468	27338	x20611	x14011	x24437
Netherlands/Pays–Bas	1465629	1692896	1951965	1860044	2003856
Denmark/Danemark	1297440	1362442	1615798	1754870	2117796
Belgium–Luxembourg	606875	745976	781486	988527	1132749
Canada	476413	444061	525108	426204	453497
France,Monac	245139	287844	351800	439204	599696
Germany/Allemagne	207849	218813	405067	439204	599696
USA/Etats–Unis d'Amer	227139	299961	289262	406223	288834
China/Chine	115832	159298	289262	289178	395107
United Kingdom	89541	101147	215477	185657	76423
Ireland/Irlande	59082	76341	93145	122737	181457
Hungary/Hongrie				x203006	x214720
Sweden/Suède	42105	56540	60177	25930	20509
Korea Republic	39835	56300	31190	20507	42843
Romania/Roumanie	x66040	52428	663	44330	x17723
Former GDR	x102428	x72708	x12212		
Italy/Italie	19675	22213	24630	32721	34866
Brazil/Brésil	27222	19131	22133	28331	72314
Czechoslovakia	x28303	x27939	x21907	x13421	x11548
Australia/Australie	19187	26967	20171	13661	23433
Spain/Espagne	3543	9629	16111	25356	66466
Finland/Finlande	4901	8078	16377	17758	23570
Poland/Pologne	7744	13446	19315	6438	x18935
Yugoslavia SFR	7455	11946	11558	x3907	
Bulgaria/Bulgarie	x17012	x21000	x2101	x501	x4230
Austria/Autriche	5064	6693	6238	3720	2100
Chile/Chili	x4		1653	10491	x8597
Norway,SVD,JM	7558	5637	2260	1794	6151
Mexico/Mexique	3536	742	2436	4894	15461
Hong Kong	501	4397	1665	1276	1032
Thailand/Thaïlande	60		306	2783	2589	x787
Argentina/Argentine	1369	2596	2222	672	83
So. Africa Customs Un	x1223	x1099	x2320	x1618	x1536
Singapore/Singapour	738	883	911	915	1452
Philippines	416	x224	857	967	68
Greece/Grèce	475	616	704	676	x145
Cyprus/Chypre	83	853		488	158	219
Viet Nam			x363	x1009	x2035
Portugal	97	450	132	279	543
New Zealand	251	351	276	209	252
Former USSR/Anc. URSS	x7	x375	x15		x275
United Arab Emirates	x40	x166	x242	x170	x184
Trinidad and Tobago	24	29	169	253	205
Sri Lanka	2		96	325	282
Saudi Arabia	1	306			
Korea Dem People's Rp			0	x199	
India/Inde	x142		x59	x134	x134
Gibraltar	x46	x188			x723
Uruguay	x30	x136	x14	x37	x12
Zimbabwe			99	63	x73
Malta/Malte	3	7	14	x139	x2

(VALUE AS % OF TOTAL) (VALEUR EN % DU TOTAL)

	1983	1984	1985	1986	1987	1988	1989	1990	1991	1992		1983	1984	1985	1986	1987	1988	1989	1990	1991	1992
Africa	x0.3	x0.3	x0.4	x0.3	x0.3	x0.4	x0.4	x0.3	x0.3	x0.3	Afrique	x0.1		0.1	x0.0	x0.0	x0.0	x0.0	x0.0	x0.0	x0.0
Northern Africa	x0.0	0.0	x0.0	x0.0	0.0	x0.0	0.1	x0.0	0.0	x0.0	Afrique du Nord	x0.0	0.0	0.0	x0.0	x0.0	x0.0	x0.0	x0.0	x0.0	0.0
Americas	7.5	13.7	15.3	x12.6	x12.1	10.4	9.4	8.3	7.3	6.2	Amériques	19.1	16.0	14.6	14.1	x13.3	14.1	13.2	12.7	10.7	11.7
LAIA	0.0	1.7	2.4	0.9	0.7	1.4	2.6	0.8	1.2	1.5	ALAI	2.0	0.5	0.3	0.4	x0.4	0.6	0.4	0.4	0.6	1.2
CACM	0.0	0.0	0.0	0.0	0.0	0.0	0.0	0.0	0.0	0.0	MCAC	x0.0	0.0	0.0	x0.0	x0.0	0.0	0.0	0.0	0.0	x0.0
Asia	24.1	25.5	22.7	24.9	26.6	29.5	26.4	23.6	25.3	27.4	Asie	0.1	0.1	0.1	0.2	4.0	3.0	3.8	3.8	x3.0	1.6
Middle East	x0.4	x0.4	x0.2	x0.1	x0.1	x0.1	x0.1	x0.0	x0.0	x0.0	Moyen–Orient	x0.0	x0.0	x0.0	x0.0	x0.0	x0.0	x0.0	x0.0	x0.0	x0.0
Europe	67.8	60.3	61.5	62.0	56.1	55.5	61.0	62.4	57.7	65.5	Europe	80.4	83.5	85.0	85.6	77.6	78.2	79.3	82.2	82.3	83.1
EEC	67.1	59.7	60.8	61.5	55.5	53.6	59.2	59.8	56.6	64.4	CEE	75.9	78.3	80.3	83.3	76.1	76.9	77.7	80.8	81.5	82.4
EFTA	0.6	0.5	0.4	0.4	0.6	0.6	0.6	0.7	0.8	0.8	AELE	4.5	4.8	4.4	2.2	1.4	1.1	1.3	1.3	0.7	0.6
Oceania	x0.2	x0.2	x0.1	x0.2	x0.1	x0.1	x0.2	x0.2	x0.1	x0.2	Océanie	0.2	0.3	0.3	x0.2	x0.0	x0.4	0.5	x0.3	x0.2	x0.3
Japan/Japon	20.0	21.6	19.8	22.6	24.7	27.4	24.5	21.7	23.1	26.1	Netherlands/Pays–Bas	30.3	30.9	32.5	31.7	28.6	28.2	29.1	29.5	26.2	24.8
Germany/Allemagne	22.8	20.2	19.6	18.2	16.8	17.5	18.3	19.2	20.4	24.6	Denmark/Danemark	22.1	23.8	25.8	27.0	25.0	25.0	23.4	24.4	24.7	26.2
Italy/Italie	21.0	17.7	19.7	20.5	18.5	16.9	18.5	18.6	19.1	18.6	Belgium–Luxembourg	13.1	13.6	11.8	13.0	12.1	11.7	12.8	11.8	13.9	14.0
France,Monac	15.3	13.6	13.6	13.7	11.9	10.7	10.5	10.3	9.0	9.0	Canada	11.7	12.0	12.1	11.8	10.5	9.2	7.6	7.9	6.0	5.6
USA/Etats–Unis d'Amer	6.1	10.5	11.5	10.7	10.3	8.1	6.0	6.8	5.5	4.1	France,Monac	4.7	4.6	4.7	5.0	4.2	4.0	3.8	6.1	5.7	3.6
Former USSR/Anc. URSS			x3.8	x3.7	x2.4	x4.0	x2.4	x3.6	x8.3		Germany/Allemagne	4.4	4.6	4.7	5.0	4.2	4.0	3.8	6.1	5.7	3.6
United Kingdom	1.9	2.2	1.8	1.5	1.9	2.2	3.3	2.9	2.2	2.7	USA/Etats–Unis d'Amer	5.5	3.5	2.2	1.9		4.4	5.2	4.4	4.1	4.9
Spain/Espagne	0.3	0.5	0.4	2.3	1.4	1.2	2.5	2.6	2.7	2.5	China/Chine				3.6	2.2	2.7	3.3	2.6	0.9	
Greece/Grèce	3.2	3.1	2.7	2.7	2.9	1.8	2.5	2.2	1.4	x2.4	United Kingdom	2.1	1.8	2.0	2.1	1.5	1.7	1.7	1.6	2.2	2.9
Hong Kong	3.3	3.0	2.3	2.0	1.5	1.7	1.4	1.5	1.4	1.0	Ireland/Irlande	2.2	1.6	1.3	1.2	1.1	1.3	1.4	1.7	2.2	

0114 POULTRY FRESH CHLLD, FRZN — VOLAILLES MORTES 0114

TRADE BY COMMODITY IN THOUSAND U.S. DOLLARS – COMMERCE PAR PRODUIT EN MILLIERS DE DOLLARS E.U

COUNTRIES–PAYS	IMPORTS – IMPORTATIONS					COUNTRIES–PAYS	EXPORTS – EXPORTATIONS				
	1988	1989	1990	1991	1992		1988	1989	1990	1991	1992
Total	2831079	3197899	x3976142	x4864314	x5225094	Totale	2584765	3090957	3831720	4494999	x5216442
Africa	x123112	x99694	x96260	x91141	x109229	Afrique	x2175	x2735	x4977	x2673	x1468
Northern Africa	35929	12291	4592	x2547	x2977	Afrique du Nord	328	600	2653	341	788
Americas	x226511	x227253	x269666	x376854	x428815	Amériques	702957	807928	982731	1200137	1335681
LAIA	66722	35091	47099	103256	190414	ALAI	261425	306939	384737	468988	515170
CACM	x53	583	715	8156	x15799	MCAC	x755	494	759	1642	x1484
Asia	x1053950	1269857	x1376632	x1775431	x1836602	Asie	326199	403329	511513	667916	x829544
Middle East	x387879	x427404	x421416	x592542	x498373	Moyen–Orient	x18302	x16171	x14159	x15597	x16258
Europe	1399683	1508050	2083180	2290347	2768336	Europe	1413091	1570178	2045774	2299431	2748471
EEC	1243197	1347489	1899172	2099536	2559990	CEE	1390329	1551349	2025380	2285900	2694322
EFTA	152455	155046	175697	182278	171623	AELE	1179	354	705	380	900
Oceania	x19408	x21442	x25171	x24713	x34362	Océanie	2865	x5133	x2603	3984	4749
Germany/Allemagne	613043	637357	867125	1033182	1180608	France, Monac	571472	674175	895689	1003196	1160948
Japan/Japon	475189	540574	594220	760722	845863	Netherlands/Pays–Bas	481956	489041	638634	704390	791360
United Kingdom	171008	183958	364920	358909	478143	USA/Etats–Unis d'Amer	433391	494937	592285	719054	811494
Saudi Arabia	191082	229196	x237661	x279149	x276735	Brazil/Brésil	252609	285759	338220	406836	474685
Hong Kong	103328	179157	202310	246028	303625	Thailand/Thaïlande	198912	236172	303288	412936	x501766
Former USSR/Anc. URSS	x7436	x68550	x124057	x283763		United Kingdom	106257	119636	119785	166515	192888
Italy/Italie	99200	121723	122879	127325	147885	Bulgaria/Bulgarie	x37037	x186778	x189603	x8582	x9593
Belgium–Luxembourg	94283	91856	127569	147138	180535	Belgium–Luxembourg	73201	81699	114763	126402	160680
Netherlands/Pays–Bas	81933	91328	126956	132093	187575	Denmark/Danemark	72227	81505	111644	112695	142345
Spain/Espagne	77847	95234	122916	119667	144790	China/Chine	50224	64570	84090	111662	165900
Switz.Liecht	105894	98686	109707	114568	109897	Hungary/Hongrie				x226008	x197204
France, Monac	65597	79972	104629	106538	130622	Hong Kong	23170	49744	70661	85592	94522
Singapore/Singapour	55483	69278	75676	81873	79348	Poland/Pologne	52116	75082	62534	58756	x65403
Canada	41663	54870	68623	76992	91198	Germany/Allemagne	30126	46851	60079	68146	112725
United Arab Emirates	x95476	x55164	x68383	x64205	x79404	Italy/Italie	25362	27423	41692	42420	48440
Austria/Autriche	43788	54432	63703	64128	57844	Czechoslovakia	x26909	x28742	x31585	x24326	x22867
Mexico/Mexique	64357	31647	37729	90177	124216	Ireland/Irlande	14316	14769	23740	34697	40567
China/Chine	17298	36792	47810	54882	49874	Venezuela	x58	6488	17670	29562	16138
Cuba	x7845	x24621	x35574	x64413	x21790	Singapore/Singapour	16688	16655	19074	15925	15704
Former Yemen	x5324	x5726	x254	x108379		Yugoslavia SFR	21569	18476	19689	x13148	
Oman	26030	31420	32466	38896	x21817	Spain/Espagne	13804	14239	14706	13559	16536
Kuwait/Koweït	x28887	49636	x20633	x20962	x40840	Israel/Israël	11796	11121	10900	11188	13291
Jordan/Jordanie	4187	17704	18135	32941	9097	United Arab Emirates	x12795	x10064	x10518	x11968	x12972
Denmark/Danemark	10114	14490	20598	23454	31761	Chile/Chili	5941	6296	9305	13600	x12803
Jamaica/Jamaïque	16455	23174	19095	14876	x10500	Mexico/Mexique	9	4803	12056	11855	7918
Greece/Grèce	12302	16413	19042	20720	x35364	Canada	7163	5328	4352	10235	7025
Qatar	13063	19482	18646	15732	x14712	Japan/Japon	3349	4304	5206	6693	6138
So. Africa Customs Un	18558	14714	17182	x19871	x32833	Romania/Roumanie	x20759	11043	57	2793	x1462
Martinique	14602	15208	18564	17799	19371	Malaysia/Malaisie	3089	3886	3331	6642	x10111
Ireland/Irlande	14766	11580	14655	22514	34710	Portugal	101	286	2122	10950	25789
Guadeloupe	14160	14240	17374	16571	18587	Uruguay	2532	2293	3159	2582	1976
Zaire/Zaïre	x15699	x16641	x17212	x8085	x8426	Greece/Grèce	1506	1724	2526	2931	x2044
Reunion/Réunion	10650	11671	14615	12963	14461	Australia/Australie	2363	1849	1827	3443	3984
Angola	x9369	x11554	x12747	x12517	x12959	Peru/Pérou		940	2580	x2907	x248
Bahrain/Bahreïn	x8009	x14009	x10000	x12502	x15831	Saudi Arabia	3210	2556	x1539	x275	x296
French Polynesia	8865	x9869	x12806	x12424	x9709	So. Africa Customs Un	x1733	x1247	x1012	x748	x379
Korea Republic	299	456	9672	23509	36987	Argentina/Argentine			1662	907	660
Brunei Darussalam	x6719	x8330	x16128	x6297	x8554	Egypt/Egypte	278	479	1969	334	736
Yemen/Yémen			x10980	x15071	x16636	American Samoa		x2705	x59		
Congo	x5178	x6301	x6992	x9823	x9648	Turkey/Turquie	1673	1273	873	429	2539
French Guiana	5546	6174	7760	7649	8409	Oman	198	595	277	1201	
Saint Lucia/St. Lucie	5335	x5284	7601	8302	x8713	Gabon		x617	x658	x420	
Antigua and Barbuda	x8263	x6171	x6714	x6866	x7984	Costa Rica	20	50	469	1158	x253
Portugal	3104	3577	7884	7997	7998	Zimbabwe			393	859	
Poland/Pologne		610	319	17922	x26317	Kuwait/Koweït	x59	1108	x141		
New Caledonia	4406	4698	6099	5695	6053	New Zealand	260	385	361	448	705
Egypt/Egypte	31943	10481	3129	1471	797	Jordan/Jordanie	165	109	82	854	148
Gabon	x4518	x3854	x4415	x6608	x7867	Korea Republic	428	359	277	370	269
Netherlands Antilles	5743	6506		7549		Sweden/Suède	542	275	453	273	99
Bermuda/Bermudes	x4143	x4272	x4695	x4478	x4485	Guatemala	445	354	124	384	841

(VALUE AS % OF TOTAL) (VALEUR EN % DU TOTAL)

	1983	1984	1985	1986	1987	1988	1989	1990	1991	1992		1983	1984	1985	1986	1987	1988	1989	1990	1991	1992
Africa	x3.9	x5.8	x7.2	x5.4	x5.5	x4.4	x3.2	x2.4	x1.9	x2.1	Afrique	x0.8	x0.3	0.1	x0.3	x0.1	x0.1	x0.0	x0.1	x0.0	x0.0
Northern Africa	1.6	3.9	4.6	2.6	2.3	1.3	0.4	0.1	x0.1	x0.1	Afrique du Nord	0.0	0.0	0.0	0.0	0.1	0.0	0.0	0.1	0.0	0.0
Americas	5.7	8.7	9.1	8.9	7.7	8.0	7.1	6.8	x7.8	8.2	Amériques	x22.1	36.6	35.8	30.6	27.6	27.2	26.2	25.7	26.7	25.6
LAIA	0.3	0.6	1.0	x2.0	x1.7	2.4	1.1	1.2	2.1	3.6	ALAI	0.0	18.7	19.4	14.0	10.3	10.1	9.9	10.0	10.4	9.9
CACM	x0.0	0.0	0.0	0.0	0.0	0.0	0.0	0.0	0.2	x0.3	MCAC	0.0	0.0	0.0	0.0	0.0	0.0	0.0	0.0	0.0	0.0
Asia	x42.5	x42.3	x39.5	x37.3	x37.8	x37.2	39.7	34.6	x36.5	x35.2	Asie	6.1	7.1	6.7	9.9	11.9	12.6	13.0	13.3	14.9	x15.9
Middle East	x27.5	x24.4	x21.6	x17.3	x16.8	x13.7	13.4	10.6	x12.2	x9.5	Moyen–Orient	x0.3	x0.9	x0.8	x0.9	x0.1	x0.7	x0.5	x0.4	x0.3	x0.3
Europe	34.3	35.4	43.4	47.4	48.1	49.4	47.2	52.4	47.1	53.0	Europe	70.7	55.8	57.0	58.9	55.5	54.7	55.8	53.4	51.2	52.7
EEC	30.1	31.1	38.7	41.6	41.8	43.9	42.1	47.8	43.2	49.0	CEE	70.5	53.8	55.0	57.9	54.0	53.8	50.2	52.9	50.9	51.7
EFTA	4.1	4.4	4.6	5.6	6.2	5.4	4.8	4.4	3.7	3.3	AELE	0.2	0.2	0.1	0.1	0.1	0.0	0.0	0.0	0.0	0.0
Oceania	x0.9	x0.7	x0.7	x1.0	x0.8	x0.7	x0.7	x0.6	x0.5	x0.7	Océanie	0.3	x0.2	0.2	0.2	0.2	0.1	x0.2	x0.1	0.1	0.1
Germany/Allemagne	17.9	18.0	21.2	21.4	21.6	21.7	19.9	21.8	21.2	22.6	France, Monac	33.4	24.5	23.3	25.2	22.3	22.1	21.8	23.4	22.3	22.3
Japan/Japon	8.6	9.9	9.5	13.8	13.7	16.8	16.9	14.9	15.6	16.2	Netherlands/Pays–Bas	23.4	18.3	19.2	20.1	19.0	18.6	15.8	16.7	15.7	15.2
United Kingdom	4.1	4.4	5.1	6.6	6.0	6.0	5.8	9.2	7.4	9.2	USA/Etats–Unis d'Amer	21.8	17.5	16.1	16.4	16.9	16.8	16.0	15.5	16.0	15.6
Saudi Arabia	x13.4	9.5	x9.3	8.2	8.5	6.7	7.2	x6.0	x5.7	x5.3	Brazil/Brésil		18.4	17.7	12.9	10.0	9.8	9.2	8.8	9.2	x9.6
Hong Kong	3.5	4.1	4.7	3.6	3.9	3.6	5.6	5.1	5.1	5.8	Thailand/Thaïlande	3.5	4.2	4.5	7.6	7.9	7.7	7.6	7.9	9.2	9.6
Former USSR/Anc. URSS	12.7	7.1			x0.0	x0.3	x2.1	x3.1	x5.8		United Kingdom	2.4	2.3	3.2	3.3	3.8	4.1	x6.0	4.0	x0.2	x0.2
Italy/Italie	1.4	1.9	3.0	2.8	2.6	3.5	3.8	3.1	2.6	2.8	Bulgaria/Bulgarie						x0.4	x1.4	x6.0	x4.9	x0.2
Belgium–Luxembourg	1.9	1.9	2.4	2.9	3.0	3.3	2.9	3.2	3.0	3.5	Belgium–Luxembourg	1.6	1.5	2.1	2.6	2.6	2.7	2.8	2.6	2.8	3.1
Netherlands/Pays–Bas	1.1	1.2	1.7	2.4	2.2	2.9	2.9	3.0	3.0	3.6	Denmark/Danemark	5.9	4.4	4.5	3.6	3.1	2.8	2.6	2.9	2.5	2.7
Spain/Espagne	0.9	1.4	1.7	1.8	2.5	2.7	3.0	3.1	2.5	2.8	China/Chine					1.4	1.9	2.1	2.2	2.5	3.2

0116 EDIBLE OFFAL FRESH,CH,FR — ABATS COMESTIBLES 0116

TRADE BY COMMODITY IN THOUSAND U.S. DOLLARS – COMMERCE PAR PRODUIT EN MILLIERS DE DOLLARS E.U

IMPORTS – IMPORTATIONS

COUNTRIES–PAYS	1988	1989	1990	1991	1992
Total	1351267	1448866	1300274	1300412	1581806
Africa	x38302	x45205	x44900	x36827	x37006
Northern Africa	x16059	x23234	x28194	x18419	x16097
Americas	149464	178475	188922	224353	224542
LAIA	108887	134943	138283	164504	161247
CACM	209	770	1097	387	x788
Asia	x634608	x666725	x489877	529638	x677809
Middle East	x14399	x11618	x12677	x10807	x15151
Europe	516585	551768	565471	494670	623671
EEC	502624	538277	548559	485013	613142
EFTA	11043	8440	10916	7936	8210
Oceania	4221	x3759	x4335	x6709	x7595
Japan/Japon	565094	600268	420905	454500	588650
France,Monac	235645	240958	238763	209071	246464
Mexico/Mexique	101299	117360	115313	138961	140782
United Kingdom	105923	101590	83814	64547	88410
Germany/Allemagne	44020	54773	72115	88054	115667
Belgium–Luxembourg	37950	42899	45996	42746	46594
Hong Kong	31422	29091	34321	35956	40462
Netherlands/Pays–Bas	24316	27059	29608	20559	30986
Italy/Italie	17258	24993	27946	24146	37046
USA/Etats–Unis d'Amer	13479	18514	20435	30257	35176
Egypt/Egypte	x15676	x22581	x27382	x17950	x15218
Greece/Grèce	15068	20482	22815	16995	x24547
Brazil/Brésil	1444	11061	14970	14486	10179
Spain/Espagne	12322	14347	15544	9046	9978
Canada	12933	10538	14443	13135	12647
Israel/Israël	12289	10689	5649	7219	5369
Switz.Liecht	8378	6446	8054	6034	6592
Portugal	5506	4740	7214	5317	8471
Saudi Arabia	x4939	x4895	x6501	x5857	x8285
Cote d'Ivoire	x7691	x7604	x5781	x3682	x7146
Peru/Pérou	x5028	3755	5562	7072	x5243
Malaysia/Malaisie	4081	5006	5361	5692	x9998
Gabon	x5025	x5566	x3583	x6500	x6794
Singapore/Singapour	4365	4293	4734	5714	5685
Jamaica/Jamaïque	2692	3371	3093	4217	x4339
Yugoslavia SFR	1764	3975	5039	x835	
Martinique	2147	2855	2823	2817	2593
Denmark/Danemark	2202	3748	2065	2229	1351
Indonesia/Indonésie	532	1066	2568	4385	7279
Ireland/Irlande	2415	2686	2880	2302	3628
Former USSR/Anc. URSS	x29	x28	x3768	x3510	
Papua New Guinea	2149	2087	2202	x2427	x3049
Trinidad and Tobago	1470	1745	1745	2117	1625
China/Chine	1446	1712	2081	1581	884
Mauritius/Maurice	x2102	x1854	1813	1653	1650
Oman	1883	1778	2237	1246	x834
Guadeloupe	1416	1515	1706	1867	1687
United Arab Emirates	x3266	x1534	x1675	x1701	x1953
Poland/Pologne	26		1399	3284	x5676
So. Africa Customs Un	3481	2046	487	x1692	x1851
Venezuela	x4	x1383	957	1819	2029
French Polynesia	1155	x1113	x1262	x1549	x1121
Chile/Chili	872	1158	1205	1516	x1221
Zaire/Zaïre	x1123	x1159	x1539	x511	x821
Austria/Autriche	574	398	1624	761	619
Former GDR	x8000	x2539	x122		
Congo	x298	x538	x454	x1380	x974
Sweden/Suède	1330	918	725	709	550
Reunion/Réunion	856	719	904	714	743
Costa Rica	200	752	1088	301	x513

EXPORTS – EXPORTATIONS

COUNTRIES–PAYS	1988	1989	1990	1991	1992
Totale	1022927	1033479	1050500	1175709	1383998
Afrique	x783	x220	x308	x133	x146
Afrique du Nord	5	5		0	0
Amériques	535242	456970	460226	553955	657035
ALAI	41061	54655	59232	48614	64984
MCAC	2191	252	997	761	x1211
Asie	x13040	9445	13514	14881	10785
Moyen–Orient	x570	x614	x429	x449	x558
Europe	334843	400575	422618	445868	520839
CEE	330247	391955	414117	438417	513498
AELE	3583	6417	7441	6940	6191
Océanie	x125971	x144981	x143574	x145624	x180738
USA/Etats–Unis d'Amer	453672	361881	375201	475689	556179
Netherlands/Pays–Bas	114194	138998	149993	146763	175458
Australia/Australie	80884	92367	92680	94926	122955
Germany/Allemagne	47406	61189	62636	63909	55970
Ireland/Irlande	42116	45754	55570	56260	70601
New Zealand	45060	52537	50854	50664	57775
Denmark/Danemark	39396	40432	44687	57638	65212
Belgium–Luxembourg	33346	41511	37031	41011	48738
Argentina/Argentine	21948	31283	42343	27413	32663
Canada	38294	39387	24757	28835	34621
United Kingdom	20281	26811	28203	27759	37434
France, Monac	21915	24198	22516	23433	32006
Brazil/Brésil	13644	12317	7306	12335	21049
Italy/Italie	8201	7966	7381	9967	12444
Uruguay	4378	4842	5720	10584	14459
Spain/Espagne	3326	6814	6811	5390	6822
Czechoslovakia	5657	6573	6327	3745	x2285
Hong Kong	3450	4431	4594	7036	6219
China/Chine	3626	3564	7295	4492	2384
Sweden/Suède	2757	4461	4512	4073	3142
Hungary/Hongrie				x8189	x8149
Poland/Pologne	2270	3580	1965	1659	x2575
Paraguay	501	1631	2372	3037	x3491
Bulgaria/Bulgarie	x2658	x5660	x1026	x123	x193
Austria/Autriche	578	1493	2059	1798	1832
Romania/Roumanie	x1100	x3365	9	882	x1245
Yugoslavia SFR	1013	2200	1058	x501	
India/Inde	526	x273	538	2313	x375
Former GDR	x1206	x2024	x842		
Mexico/Mexique	334	2385	44	58	784
Portugal	30	193	345	1043	1137
Finland/Finlande	30	51	495	627	566
Costa Rica	194	194	260	509	x712
Nicaragua	1848	52	638	220	433
Panama	x20	x794	x7	x29	x29
Former USSR/Anc. URSS	x159	x84	x92	x650	
United Arab Emirates	x176	x287	x196	x236	x269
Chile/Chili	156	199	251	242	x153
Singapore/Singapour	220	144	159	223	305
So. Africa Customs Un	x83	x160	x228	x125	x126
Switz.Liecht	87	232	155	123	183
Norway,SVD,JM	36	82	153	262	453
Sri Lanka	0	0	147	182	215
Qatar	x4	52	118	155	
Thailand/Thaïlande	1	65	178	40	x142
Iceland/Islande	95	97	67	57	15
Japan/Japon	148	106	65	30	6
Colombia/Colombie	87	26	12	110	9
Greece/Grèce	35	60	36	50	x38
Turkey/Turquie	343	109	31		198

(VALUE AS % OF TOTAL)(VALEUR EN % DU TOTAL)

Imports %

	1983	1984	1985	1986	1987	1988	1989	1990	1991	1992
Africa	x1.5	1.6	x1.4	x3.1	x2.8	2.9	x3.1	x3.4	2.8	x2.3
Northern Africa	x0.0	0.0	x0.0	1.6	x1.1	x1.2	x1.6	x2.2	x1.4	x1.0
Americas	4.6	6.1	x5.4	x8.7	x7.8	11.1	12.3	14.5	17.2	14.2
LAIA	1.3	2.7	x2.0	x5.9	x4.2	8.1	9.3	10.6	12.7	10.2
CACM	x0.0		x0.0	x0.0	0.0	0.0	0.1	0.1	0.0	x0.0
Asia	x32.5	35.8	x42.2	x44.4	42.7	46.9	46.0	x37.7	40.7	x42.9
Middle East	x2.3	x1.9	x1.8	x1.0	x0.9	x1.1	x0.8	x1.0	x0.8	x1.0
Europe	61.1	56.2	50.7	43.4	45.3	38.2	38.1	43.5	38.0	39.4
EEC	59.1	53.8	48.9	42.0	44.0	37.2	37.2	42.2	37.3	38.8
EFTA	2.0	2.0	1.6	1.4	2.1	0.8	0.6	0.8	0.6	0.5
Oceania	x0.2	x0.4	x0.2	x0.3	x0.5	0.3	x0.3	x0.3	x0.5	x0.5
Japan/Japon	26.5	29.8	37.5	39.6	38.3	41.8	41.4	32.4	35.0	37.2
France, Monac	21.8	20.4	18.5	16.6	18.4	17.4	16.6	18.4	16.1	15.6
Mexico/Mexique		0.3	0.4	x3.3	x2.7	7.5	8.1	8.9	10.7	8.9
United Kingdom	13.5	12.9	12.4	9.6	9.4	7.8	7.0	6.4	5.0	5.6
Germany/Allemagne	10.8	7.8	6.4	4.8	4.3	3.3	3.8	5.5	6.8	7.3
Belgium–Luxembourg	3.9	4.0	3.6	3.3	3.1	2.8	3.0	3.5	3.3	2.9
Hong Kong	2.2	2.7	1.9	1.8	1.8	2.3	2.0	2.6	2.8	2.6
Netherlands/Pays–Bas	3.9	3.5	3.0	2.3	2.0	1.8	1.9	2.3	1.6	2.0
Italy/Italie	2.6	2.5	2.2	2.5	2.3	1.3	1.7	2.1	1.9	2.3
USA/Etats–Unis d'Amer	0.6	1.0	0.9	0.8	1.3	1.0	1.3	1.6	2.3	2.2

Exports %

	1983	1984	1985	1986	1987	1988	1989	1990	1991	1992
Afrique	0.3		x0.0	x0.0	x0.1	x0.0	x0.0	x0.0	x0.0	x0.0
Afrique du Nord		0.0		0.0	0.0	0.0	0.0	0.0	0.0	0.0
Amériques	51.7	55.8	56.3	x54.8	51.5	52.3	44.2	43.8	47.1	47.5
ALAI	0.0	5.7	5.4	x5.4	5.0	4.0	5.3	5.6	4.1	4.7
MCAC	x0.0			x0.0	0.1	0.2	0.0	0.1	0.1	x0.1
Asie	0.2	0.3	x0.2	x0.3	x1.5	x1.1	0.9	1.3	1.3	0.8
Moyen–Orient	x0.0	0.2	x0.1	x0.1	x0.1	x0.1	x0.1	x0.0	x0.0	x0.0
Europe	32.7	31.0	29.7	32.4	32.3	32.7	38.8	40.2	37.9	37.6
CEE	31.9	30.0	28.8	31.7	31.8	32.3	37.9	39.4	37.3	37.1
AELE	0.8	0.8		0.6	0.6	0.5	0.4	0.6	0.7	0.4
Océanie	15.1	12.8	x13.8	x12.4	x13.6	x12.3	x14.0	x13.7	x12.4	x13.1
USA/Etats–Unis d'Amer	44.8	42.8	44.3	43.1	40.9	44.4	35.0	35.7	40.5	40.2
Netherlands/Pays–Bas	10.2	9.7	8.8	10.5	11.0	11.0	13.4	14.3	12.5	12.7
Australia/Australie	7.8	6.7	7.2	7.2	7.4	7.9	8.9	8.8	8.1	8.9
Germany/Allemagne	3.4	3.5	3.6	4.5	4.8	4.6	5.9	6.0	5.4	4.0
Ireland/Irlande	3.6	3.6	3.9	4.4	4.0	4.1	4.4	5.3	4.8	5.1
New Zealand	7.3	6.1	6.6	5.2	6.3	4.4	5.1	4.8	4.3	4.2
Denmark/Danemark	5.8	5.2	4.8	4.2	3.9	3.9	4.3	4.3	4.9	4.7
Belgium–Luxembourg	3.5	3.0	3.0	3.3	3.1	3.3	4.0	3.5	3.5	3.5
Argentina/Argentine		2.6	2.2	2.9	2.7	2.1	3.0	4.0	2.3	2.4
Canada	6.8	7.3	6.6	6.1	5.5	3.7	3.8	2.4	2.5	2.5

252

0121 PIG MEAT DRIED, SLTD, SMKD — LARD, JAMBONS 0121

TRADE BY COMMODITY IN THOUSAND U.S. DOLLARS – COMMERCE PAR PRODUIT EN MILLIERS DE DOLLARS E.U

COUNTRIES–PAYS	IMPORTS – IMPORTATIONS 1988	1989	1990	1991	1992	COUNTRIES–PAYS	EXPORTS – EXPORTATIONS 1988	1989	1990	1991	1992
Total	1112860	1223022	1450516	1407804	1470218	Totale	1095103	1203967	1429318	1399233	1471917
Africa	x5971	x5484	x4595	x4802	x4033	Afrique	x34	x158	x151	x76	x54
Northern Africa	x64	x51	x64	x52	x30	Afrique du Nord	17	14	47	40	x7
Americas	42320	x45889	x57888	73583	76739	Amériques	50235	48819	56270	65100	80303
LAIA	1203	4944	4424	13510	22303	ALAI	708	1574	3152	3967	1883
CACM	x546	x302	x1299	x1043	x1669	MCAC			x9		0
Asia	x20992	22468	x22996	x22136	21797	Asie	10094	9519	9188	8823	x8420
Middle East	x2619	x1389	x1130	x1069	x1045	Moyen–Orient	x125	44	x163	x119	149
Europe	1023642	1129595	1341142	1300870	1365760	Europe	1021797	1141122	1360030	1318231	1375333
EEC	1004270	1097365	1293701	1270436	1334789	CEE	1017500	1135721	1353117	1312908	1368462
EFTA	16130	16138	20761	21084	22807	AELE	3371	4432	5760	4994	4397
Oceania	x15823	x18735	x22176	x1177	x1171	Océanie	438	220	253	260	428
United Kingdom	755724	828774	959763	899816	898503	Denmark/Danemark	335320	384092	437316	464705	458052
France, Monac	127973	135994	162345	166765	190040	Netherlands/Pays-Bas	319313	356563	447870	370389	376262
Germany/Allemagne	54755	53327	73515	93887	118316	Italy/Italie	132248	134943	160573	172394	194697
USA/Etats-Unis d'Amer	22269	23587	35981	41455	39105	Belgium–Luxembourg	99119	113438	124236	119240	115925
Ireland/Irlande	21287	29068	32483	29539	32052	Germany/Allemagne	60386	66523	74780	68880	73096
Belgium–Luxembourg	19259	19545	25243	30535	35793	France, Monac	23746	28185	44120	50736	57993
Netherlands/Pays-Bas	17931	19560	24827	24781	25602	Ireland/Irlande	27086	28449	35284	33977	47417
Yugoslavia SFR		12759	21993	x4341		Canada	26627	26054	29229	35890	46284
Hong Kong	11931	13865	12291	12267	11753	USA/Etats-Unis d'Amer	22842	21164	23753	24962	31890
New Caledonia	x12310	x14520	x18071	x288	x309	United Kingdom	16420	18147	19517	16786	19997
Switz.Liecht	8869	8402	9808	10216	11019	Spain/Espagne	2391	3582	8112	14584	23515
Sweden/Suède	6279	7054	9661	9603	10302	China/Chine	9184	8560	7784	7373	7179
Italy/Italie	4160	6744	7005	8821	10687	Poland/Pologne	2426	3432	2956	1622	x683
Mexico/Mexique	1085	3468	4074	11611	17333	Switz.Liecht	2015	2585	2455	2210	2192
Spain/Espagne	1143	1386	5022	10102	14178	Uruguay	650	918	2357	2778	
Japan/Japon	2627	3562	3906	3617	2999	Sweden/Suède	984	828	2287	1995	970
Andorra/Andorre	x2363	x2811	x3629	x3775	x3825	Hungary/Hongrie				x5085	x6531
Singapore/Singapour	3030	2924	3743	2819	3513	Portugal	1457	1789	1281	1156	1506
Canada	2688	3100	3679	2340	1516	Yugoslavia SFR	884	963	1135	x328	
Guadeloupe	2523	2290	3172	3243	3682	Hong Kong	356	577	895	743	340
Papua New Guinea	2325	3609	3254	x7		Brazil/Brésil	18	334	385	1099	1729
Former USSR/Anc. URSS	x3495	x604	x713	x4793		Austria/Autriche	129	327	401	528	863
Trinidad and Tobago	1144	1905	1565	2276	1815	Finland/Finlande	188	629	516	63	75
Portugal	347	631	1145	3348	5750	Former GDR			x560	x428	
Martinique	1400	1502	1814	1604	1922	Argentina/Argentine	36	318	357	6	25
Denmark/Danemark	1323	1625	1526	1307	2232	Singapore/Singapour	207	156	209	268	367
Angola	x1286	x2080	x1332	x506	x508	Australia/Australie	383	166	177	186	344
Netherlands Antilles	1435	1647		2000		Norway,SVD,JM	53	64	101	197	297
Reunion/Réunion	964	994	1255	1101	1272	Martinique		3	45	213	142
Greece/Grèce	369	712	826	1533	x1637	Cyprus/Chypre	19	41	116	94	149
Belize/Bélize		715	973	x865	707	Malaysia/Malaisie	22	2	1	205	
Israel/Israël	x26	x13	x1300	x1186	x68	New Zealand	54	52	57	54	22
Greenland/Groenland	746	744	832	743	746	Romania/Roumanie	x80	x137		8	x58
French Guiana	791	622	780	735	947	Mali		x102			x1
Gibraltar	x641	x308	x846	x907	x242	Greece/Grèce	14	12	28	62	x2
Austria/Autriche	409	382	823	745	440	Thailand/Thaïlande	62	16	46	30	x2
Bahamas	3925	x802	x603	x474	x150	Israel/Israël	22	44	33	11	28
Barbados/Barbade	408	490	441	942	x401	Zimbabwe			61	22	
Bermuda/Bermudes	x538	x596	x680	x485	x495	Dominican Republic			x42	x42	x42
Brazil/Brésil	24	1291	250	136	80	Venezuela	x2	1	17	65	29
So. Africa Customs Un	813	355	315	x985	x1067	Egypt/Egypte	8	5	38	40	1
French Polynesia	931	x436	x559	x623	x601	Japan/Japon	40	59	12	5	x266
Argentina/Argentine	8	9	8	1537	4080	Iran (Islamic Rp. of)	x105		x46	x24	
Jamaica/Jamaïque	730	1091	161	212	x42	Senegal/Sénégal	0	0	x35	12	x22
Norway,SVD,JM	527	300	469	519	471	Mexico/Mexique			x18	x26	x35
Ghana	x173	x313	x330	x625	x160	Czechoslovakia	6	7	25	12	11
Saint Lucia/St. Lucie	477	x136	380	662	x195	Trinidad and Tobago				42	2
United Arab Emirates	x1254	x523	x347	x195	x361	Korea Republic	4				
Poland/Pologne	x356	x161	x556	310	x211	So. Africa Customs Un	x3	x3	x20	x12	x9
Iraq	x571	x406	x252	x285	x121	Indonesia/Indonésie				34	41

(VALUE AS % OF TOTAL) (VALEUR EN % DU TOTAL)

	1983	1984	1985	1986	1987	1988	1989	1990	1991	1992		1983	1984	1985	1986	1987	1988	1989	1990	1991	1992
Africa	x0.9	x0.8	x0.3	x0.4	x0.3	x0.6	x0.4	x0.3	x0.4	x0.3	Afrique	x0.0		0.0	0.0	0.0	x0.0	x0.0	x0.0	x0.0	x0.0
Northern Africa	x0.0	x0.0	x0.0	x0.0	x0.0	x0.0	x0.0	x0.0	x0.0	x0.0	Afrique du Nord			0.0	0.0	0.0	0.0	0.0	0.0	0.0	0.0
Americas	3.2	x4.1	x4.5	x4.1	x4.5	3.8	x3.8	x4.0	5.2	5.3	Amériques	x3.7	3.5	3.6	x3.4	x4.4	4.7	4.0	3.9	4.6	5.4
LAIA	0.0	x0.2	0.1	x0.1	x0.1	0.1	0.4	0.3	1.0	1.5	ALAI	0.0	0.0	0.0	0.0	0.1	0.1	0.1	0.2	0.3	0.1
CACM	x0.0	0.1	0.1	x0.1	x0.1	0.1	x0.1	x0.1	x0.1	x0.1	MCAC		0.2	0.1	0.0	x0.0	0.0	0.0	0.0	0.0	0.0
Asia	x3.2	2.5	x2.9	x2.2	1.9	x1.8	1.8	x1.6	x1.5	1.5	Asie	x0.1	x0.1	0.1	0.3	0.5	0.9	0.8	0.6	0.6	x0.6
Middle East	x0.5	x0.3	x0.4	x0.3	x0.2	x0.2	x0.1	x0.1	x0.1	x0.1	Moyen–Orient	0.0	0.0	0.0	0.0	0.0	x0.0	0.0	x0.0	x0.0	0.0
Europe	92.3	92.0	92.1	93.0	92.9	92.0	92.4	92.5	92.4	92.9	Europe	95.8	96.2	96.1	96.4	94.6	94.2	94.8	95.2	94.2	93.4
EEC	91.1	90.7	90.6	91.0	91.0	90.2	90.2	89.7	89.2	90.2	CEE	95.1	95.3	95.0	95.2	93.4	93.8	94.3	94.7	93.8	93.0
EFTA	1.1	1.1	1.3	1.7	1.9	1.4	1.3	1.4	1.5	1.6	AELE	0.7	0.7	1.0	1.1	1.1	0.3	0.4	0.4	0.4	0.3
Oceania	x0.3	x0.5	x0.2	x0.3	x0.3	x1.4	x1.5	x1.5	x0.1	x0.1	Océanie	0.2	0.0	0.0	0.0	0.0	0.0	0.0	0.0		
United Kingdom	74.1	73.3	73.4	70.0	67.6	67.9	67.8	66.2	63.9	61.1	Denmark/Danemark	52.6	48.3	42.5	37.8	34.4	30.9	31.9	30.6	33.2	31.1
France, Monac	9.2	8.9	9.6	11.6	12.1	11.5	11.1	11.2	11.8	12.9	Netherlands/Pays-Bas	15.1	19.5	23.6	25.2	25.9	29.4	29.6	31.3	26.5	25.6
Germany/Allemagne	3.1	3.9	3.1	3.8	4.8	4.9	4.4	5.1	6.7	8.0	Italy/Italie	9.6	9.6	11.3	12.0	12.2	12.2	11.2	11.2	12.3	13.2
USA/Etats-Unis d'Amer	1.1	1.3	2.0	2.2	2.3	2.0	1.9	2.5	2.9	2.7	Belgium–Luxembourg	6.4	7.1	7.3	8.8	9.5	9.1	9.4	8.7	8.5	7.9
Ireland/Irlande	1.5	1.7	1.3	1.5	1.6	1.9	2.4	2.2	2.1	2.2	Germany/Allemagne	4.0	4.0	4.3	5.0	4.8	5.6	5.5	5.2	4.9	5.0
Belgium–Luxembourg	1.4	1.4	1.4	1.8	2.0	1.7	1.6	1.7	2.2	2.4	France, Monac	1.2	1.2	1.3	2.0	2.2	2.2	2.3	3.1	3.6	3.9
Netherlands/Pays-Bas	1.4	1.3	1.4	1.7	1.9	1.6	1.6	1.7	1.8	1.7	Ireland/Irlande	3.8	3.0	2.6	2.6	2.9	2.5	2.4	2.5	2.4	3.2
Yugoslavia SFR		0.0	0.0	x0.0	0.0		1.0	1.5	x0.3		Canada	0.7	0.9	1.4	1.8	2.8	2.5	2.0	2.0	2.6	3.1
Hong Kong	2.2	1.8	1.9	1.5	1.1	1.1	1.1	0.9	0.9	0.8	USA/Etats-Unis d'Amer	3.1	2.4	2.1	1.5	1.5	2.1	1.8	1.7	1.8	2.2
New Caledonia	0.0	x0.0	x0.0	x0.0	x0.0	x1.1	x1.2	x1.2	x0.0	x0.0	United Kingdom	2.2	2.3	1.9	1.7	1.5	1.5	1.5	1.4	1.2	1.4

0224 MILK, CREAM PRESERVED ETC — LAIT, CREME CONS, CONC 0224

TRADE BY COMMODITY IN THOUSAND U.S. DOLLARS – COMMERCE PAR PRODUIT EN MILLIERS DE DOLLARS E.U

IMPORTS – IMPORTATIONS

COUNTRIES–PAYS	1988	1989	1990	1991	1992
Total	x7099163	x7022564	x6655735	x7111538	x7933851
Africa	x813012	x1004021	x986322	x870642	x1042265
Northern Africa	422286	618506	576215	522210	x586767
Americas	794503	1155903	1059813	x860675	x1093790
LAIA	572226	874503	772973	544115	742860
CACM	47494	69612	53272	58321	x90841
Asia	x1906566	x1900945	x1798420	x1801604	x2104409
Middle East	x676753	x622044	x577790	x479865	x514720
Europe	3181283	2630544	2623916	2715729	3602076
EEC	3116087	2572845	2556210	2675727	3549085
EFTA	37163	34519	26960	26084	35084
Oceania	x33976	x37222	x41720	x44320	x63783
Netherlands/Pays–Bas	1537041	1064298	925985	950082	1354507
Italy/Italie	477413	443198	432463	448624	509824
Algeria/Algérie	300669	439105	392475	379061	x398772
Mexico/Mexique	254833	477018	558840	115180	391162
Former USSR/Anc. URSS	x195389	x261698	x117745	x768825	
Germany/Allemagne	249187	283994	454819	274347	289406
Greece/Grèce	206589	225548	244152	205288	x248912
Belgium–Luxembourg	160164	175296	177604	318136	403937
Saudi Arabia	233518	240533	x197204	x197554	x222448
Japan/Japon	191651	211201	162266	211678	202294
Philippines	145327	x169067	231436	172653	201370
France, Monac	250247	161216	123653	248426	408184
Malaysia/Malaisie	149621	173133	171672	177586	x273287
Brazil/Brésil	6812	219607	105267	147794	57905
Singapore/Singapour	144425	141923	113638	132633	142318
Thailand/Thaïlande	113802	104828	136438	129321	183621
Hong Kong	88360	98085	100267	125112	150297
Spain/Espagne	109549	98586	92867	115725	141912
Venezuela	203576	91831	38302	151700	102110
Bangladesh	x91781	x102641	x58558	x73518	x72944
United Kingdom	61803	76060	62637	64440	131590
Sri Lanka	57120	58677	55167	78848	63632
United Arab Emirates	x110279	x61564	x67393	x57494	x75365
Iraq	x110795	x71021	x83242	x21302	x1474
China/Chine	49970	45241	67167	59078	49898
Indonesia/Indonésie	56357	55081	49183	64574	78371
Libyan Arab Jamahiriya	38761	57963	64209	x46347	x51119
Cote d'Ivoire	x81005	x78551	x38231	x46210	x111949
Angola	x32724	x53129	x58860	x18989	x6095
Nigeria/Nigéria	x35790	x25644	x53717	x43435	x55818
Oman	33208	37118	37819	39794	x36044
Cuba	x23747	x12526	x39262	x62266	x44360
Peru/Pérou	63476	35530	37465	38692	x67337
Yemen/Yémen			x60593	x45740	x33680
Kuwait/Koweït	x36194	61075	x29667	x13861	x21482
Tunisia/Tunisie	38489	48736	29191	23016	46660
Egypt/Egypte	21056	36782	29255	33531	48310
Senegal/Sénégal	x29634	34231	36718	x23637	x35627
Dominican Republic	x20671	x26083	x28993	x35165	x40491
Trinidad and Tobago	22245	29226	27188	26451	25117
Mauritius/Maurice	x18650	x26553	26704	26067	28626
Denmark/Danemark	39948	24731	25535	27232	30894
Lebanon/Liban	x22299	x30350	x22906	x23374	x24913
Chile/Chili	23437	27888	19769	23395	x32423
Sudan/Soudan	x15583	x20573	x33597	x16408	x12707
Morocco/Maroc	7728	15347	27488	23848	29794
Korea Republic	13603	14807	13381	37612	31996
USA/Etats–Unis d'Amer	12930	22751	19894	20489	28980
Pakistan	29804	24678	15622	22807	19731
Guatemala	14729	22911	19172	20285	x21041

EXPORTS – EXPORTATIONS

COUNTRIES–PAYS	1988	1989	1990	1991	1992
Totale	6845258	6933355	6617124	6661689	8052417
Afrique	x3903	x6115	x11617	x14721	x13811
Afrique du Nord	19	x921	71	x4039	x6352
Amériques	430493	453447	282936	301313	x386350
ALAI	45311	106629	85459	56151	40560
MCAC	1304	3192	4677	2848	x8047
Asie	141085	158975	168974	201213	x210963
Moyen–Orient	x4479	x6848	x8092	x9684	x7146
Europe	5472564	5158512	4976378	4861630	6163804
CEE	5384026	5039061	4820084	4756744	6076185
AELE	88066	119080	156102	104592	81426
Océanie	x650541	x806334	x904474	x948496	x1010371
Germany/Allemagne	1981767	1389272	1064677	1393823	1803150
Netherlands/Pays–Bas	1381514	1350777	1296788	1071276	1210618
France, Monac	818123	860184	1013377	907990	1036218
New Zealand	456177	537820	613126	654330	659536
Belgium–Luxembourg	320823	388598	334260	424460	510194
United Kingdom	354738	378548	414847	347725	405724
Ireland/Irlande	241713	359297	275056	242870	706648
Australia/Australie	193470	268160	289136	293670	350542
Denmark/Danemark	188353	250460	310071	276216	294976
USA/Etats–Unis d'Amer	260182	234378	67068	150644	250999
Czechoslovakia	x83567	x150493	x104501	x108274	x97456
Canada	118633	102604	119340	85386	81130
Poland/Pologne	57148	80842	70620	123871	x155212
Former USSR/Anc. URSS	x1477	x74237	x69816	x89873	
Singapore/Singapour	74136	77237	67814	64886	72436
Spain/Espagne	72231	45977	91201	63284	79824
Argentina/Argentine	30828	87730	64119	31251	21197
Austria/Autriche	29993	61560	42378	32871	31063
Hong Kong	20632	28018	34144	53134	67895
Sweden/Suède	17441	30353	51303	23026	8220
Finland/Finlande	27981	19442	45271	31106	22581
Malaysia/Malaisie	20626	21969	30577	37855	x36630
Former GDR		x33157	x16509		
Uruguay	8731	15945	16017	17124	6726
Portugal	16042	8375	12527	20675	16094
Switz.Liecht	6060	4865	15522	15874	16675
Hungary/Hongrie	x4336	x11126	x11212	15874	16675
Indonesia/Indonésie	4642	8714	12229	x11938	x13408
Thailand/Thaïlande	8331	8735	11085	12311	7225
Italy/Italie	8578	7290	6897	8148	12091
Panama	3382	4384	4701	4021	3725
Chile/Chili	1910	1664	4532	3924	x1671
China/Chine	4346	4358	2379	2350	6152
Costa Rica	894	2011	4050	2610	x6535
So. Africa Customs Un	x778	x934	x1051	x6097	x5988
Zimbabwe	x196	x777	4074	2425	x351
Norway, SVD, JM	6589	2860	1626	1715	2690
India/Inde	700	x1825	542	3645	x135
Oman	1134	3242	1168	1449	x9
Syrian Arab Republic	217	534	5098		
Kenya	2203	x1331	4040	0	0
Israel/Israël	469	20	82	4254	1465
Jordan/Jordanie	469	0	143	3733	1940
Western Sahara				x3311	x5801
Trinidad and Tobago	1457	649	734	1271	1398
United Arab Emirates	x1175	x929	x791	x638	x761
Belize/Bélize		1344	737		172
Mexico/Mexique	87	3	3	2050	1273
Papua New Guinea	0	1	x1766	27	x93
Saudi Arabia	1160	827	x141	x776	x948

(VALUE AS % OF TOTAL)(VALEUR EN % DU TOTAL)

Imports

	1983	1984	1985	1986	1987	1988	1989	1990	1991	1992
Africa	x22.2	x17.9	x21.4	x15.0	x13.9	x11.5	x14.3	x14.8	x12.2	x13.1
Northern Africa	x11.1	8.6	11.7	7.9	7.1	5.9	8.8	8.7	7.3	7.4
Americas	x7.9	12.4	12.1	x13.5	x11.8	11.1	16.5	15.9	x12.1	13.8
LAIA	3.5	6.8	6.3	x8.8	x7.2	8.1	12.5	11.6	7.7	9.4
CACM	x0.7	1.0	1.0	x1.0	x1.2	0.7	1.0	0.8	0.8	x1.1
Asia	x31.3	x33.5	x30.0	x25.6	x25.9	x26.8	x27.1	x27.0	x25.3	x26.6
Middle East	x12.9	x15.0	x13.0	x11.1	x9.6	x9.5	x8.9	x8.7	x6.7	x6.5
Europe	36.4	34.1	36.0	45.3	44.4	44.8	37.5	39.4	38.2	45.4
EEC	36.0	33.4	35.4	44.5	43.8	43.9	36.6	38.4	37.6	44.7
EFTA	0.4	0.3	0.3	0.6	0.4	0.5	0.5	0.4	0.4	0.4
Oceania	0.5	x0.6	x0.4	x0.5	x0.5	x0.4	x0.5	x0.6	x0.6	x0.8
Netherlands/Pays–Bas	11.9	12.8	13.6	13.6	21.4	15.7	15.2	13.9	13.4	17.1
Italy/Italie	5.2	4.9	5.9	6.1	6.5	6.7	6.3	6.5	6.3	6.4
Algeria/Algérie	6.5	4.9	7.1	5.1	4.4	4.2	6.3	5.9	5.3	x5.0
Mexico/Mexique		2.4		3.2	x2.4	2.2	3.6	6.8	1.6	4.9
Former USSR/Anc. URSS	1.6	1.5			x3.1	2.8	x3.7	x1.8	x10.8	
Germany/Allemagne	9.4	6.4	6.1	14.1	4.1	3.5	4.0	6.8	3.9	3.6
Greece/Grèce	3.4	3.2	3.6	4.5	4.0	3.3	3.2	3.7	2.9	x3.1
Belgium–Luxembourg	2.3	2.2	1.8	1.9	2.1	2.3	2.5	2.7	4.5	5.1
Saudi Arabia	x4.7	5.8	x4.0	4.2	3.9	3.3	3.4	x3.0	x2.8	x2.8
Japan/Japon	2.3	2.1	2.4	1.8	1.7	2.7	3.0	2.4	3.0	2.5

Exports

	1983	1984	1985	1986	1987	1988	1989	1990	1991	1992
Afrique	x0.3	x0.2	x0.2	x0.1	x0.1	x0.0	x0.1	x0.2	x0.2	x0.2
Afrique du Nord	0.0	x0.0	0.0	0.0	0.0	0.0	0.0	0.0	x0.1	0.1
Amériques	10.9	10.2	9.8	8.0	5.8	6.3	6.6	4.3	4.5	4.8
ALAI	0.6	0.2	0.1	0.4	0.1	0.2	0.7	1.3	0.8	0.5
MCAC	x0.0	0.0	0.0	0.0	0.0	0.0	0.0	0.1	0.0	x0.1
Asie	1.8	1.5	1.5	1.7	2.2	2.1	2.3	2.5	3.0	x2.6
Moyen–Orient	x0.2	x0.1	x0.1	x0.1	x0.1	x0.1	x0.1	x0.1	0.1	x0.1
Europe	75.4	77.1	77.2	80.3	81.1	79.9	74.4	75.2	73.0	76.5
CEE	72.2	73.9	73.8	76.9	78.9	78.7	72.7	72.8	71.4	75.5
AELE	3.2	2.9	2.9	2.8	2.2	1.3	1.7	2.4	1.6	1.0
Océanie	x10.9	x10.3	x11.2	x9.9	x9.3	x9.5	x11.6	x13.6	x14.2	x12.5
Germany/Allemagne	14.4	16.2	15.1	14.2	23.1	29.0	20.0	16.1	20.9	22.4
Netherlands/Pays–Bas	25.3	22.9	23.4	23.8	21.0	20.2	19.5	19.6	16.1	15.0
France, Monac	13.2	13.5	13.4	15.6	12.4	12.0	12.4	15.3	13.6	12.9
New Zealand	7.2	6.9	7.8	7.0	6.3	6.7	7.8	9.3	9.8	8.2
Belgium–Luxembourg	5.2	4.8	4.9	6.4	6.5	4.7	5.6	5.1	6.4	6.3
United Kingdom	5.8	5.0	6.2	6.9	5.5	5.2	5.5	6.3	5.2	5.0
Ireland/Irlande	3.7	6.4	5.7	4.9	3.5	3.5	5.2	4.2	3.6	8.8
Australia/Australie	3.7	3.4	3.5	2.9	3.0	2.8	3.9	4.4	4.4	4.4
Denmark/Danemark	4.3	4.6	5.0	4.9	4.4	3.6	4.4	4.7	4.1	3.7
USA/Etats–Unis d'Amer	5.8	5.4	5.8	5.3	4.0	3.8	3.4	1.0	2.3	3.1

02242 MILK DRY, 1.5% FAT OR LES   LAIT POUDRE INF 1.5% 02242

TRADE BY COMMODITY IN THOUSAND U.S. DOLLARS – COMMERCE PAR PRODUIT EN MILLIERS DE DOLLARS E.U

COUNTRIES–PAYS	1988	1989	1990	1991	1992	COUNTRIES–PAYS	1988	1989	1990	1991	1992
Total	3339559	3011222	2606761	x2553947	x3296314	Totale	3111597	2925970	2684225	2488431	3294698
Africa	x239421	x284011	x312248	x227791	x255390	Afrique	x2943	x3923	x2454	x6604	x4817
Northern Africa	x159434	x193200	x218856	x164786	x170016	Afrique du Nord	1	x810	28	x44	x46
Americas	x380424	570501	454245	x269211	x462472	Amériques	x167615	218678	138904	x147045	x175482
LAIA	306394	488245	371295	190592	364741	ALAI	x19359	51614	44114	x24981	6735
CACM	x13698	x13879	x10992	x12041	x30393	MCAC	0	x1	x11	x71	x142
Asia	846229	x899197	608312	667028	x814649	Asie	20162	33421	24838	28251	25870
Middle East	x224907	x226523	x61555	x44925	x53036	Moyen-Orient	754	x572	x440	x403	x1070
Europe	1720911	1249291	1221166	1242337	1748138	Europe	2531310	2025224	1922826	1686826	2504511
EEC	1687857	1221327	1190109	1226073	1730095	CEE	2494759	1967654	1838231	1620115	2448985
EFTA	24656	18534	15141	13132	13892	AELE	36448	57256	84569	66605	54075
Oceania	x7478	x4759	x3461	x4993	x11509	Océanie	x264249	x408628	x417664	x382675	x385404
Netherlands/Pays–Bas	933709	571446	479350	520391	720120	Germany/Allemagne	1474784	800531	572644	837647	1097952
Italy/Italie	367838	335616	309455	313789	354727	New Zealand	184965	276330	252696	221022	196189
Mexico/Mexique	5601	267014	295405	72735	271345	Netherlands/Pays–Bas	374524	331600	227095	140658	195313
Japan/Japon	168063	177361	131283	179670	163411	France, Monac	131915	149252	329398	134754	203283
Germany/Allemagne	43953	78140	226202	44725	59696	Ireland/Irlande	141095	263530	191791	132528	563510
Philippines	73715	x113770	112171	97573	118968	United Kingdom	163627	168826	224949	147280	108630
Algeria/Algérie	x94659	x83585	x94182	x105035	x86552	Belgium–Luxembourg	127598	205751	139533	155300	193504
Malaysia/Malaisie	79933	98280	80367	88256	x138735	Australia/Australie	79242	132266	163130	161634	189120
France, Monac	192035	89750	32567	141515	261518	Czechoslovakia	x64888	x131257	x83949	x87103	x76553
Thailand/Thaïlande	68067	62288	82838	73696	109008	Poland/Pologne	x56430	x78995	x63995	x113692	x116611
Belgium–Luxembourg	53810	43354	61789	108180	171431	Canada	75168	63313	82187	55944	49743
Saudi Arabia	164823	169202	x16809	x20089	x22202	USA/Etats–Unis d'Amer	x73003	102420	11679	65741	118435
Brazil/Brésil	x1215	85628	45384	72812	18231	Spain/Espagne	53993	32867	66433	30717	60333
Indonesia/Indonésie	55450	49778	41702	56526	69446	Denmark/Danemark	8575	9258	76190	24626	15342
Singapore/Singapour	61530	63331	35823	46842	50839	Sweden/Suède	16255	29243	48378	21713	7693
Former USSR/Anc. URSS	x6894	x867	x1723	x112799		Argentina/Argentine	14941	43388	39331	15838	864
Spain/Espagne	21541	27691	34142	40617	44701	Former USSR/Anc. URSS	x409	x16197	x19385	x30562	
Venezuela	200788	90511	847	45	1682	Austria/Autriche	13980	21747	20624	20837	23579
China/Chine	23852	22656	29410	25787	10477	Singapore/Singapour	16109	20049	9163	9112	13691
Egypt/Egypte	21007	36747	29193	x8915	x6300	Indonesia/Indonésie	1278	8692	12229	12251	6946
Senegal/Sénégal	x4592	33158	35625	x2326	x3754	Portugal	12292	4970	9296	15049	9483
United Kingdom	20770	33933	15312	17806	6831	Finland/Finlande	3193	5690	6831	10908	7454
Morocco/Maroc	7728	15302	27481	23691	29119	Hungary/Hongrie	x3589	x9532	x6389	x5550	x4938
Libyan Arab Jamahiriya	14456	26155	30536	x4235	x18282	Switz. Liecht	621	389	7960	12996	12757
Cuba	x19855	x4146	x22654	x30266	x23942	Uruguay	x2079	x6118	x4307	x7898	2711
Tunisia/Tunisie	15824	26073	16784	10633	22718	So. Africa Customs Un	x661	x876	x240	x4583	x3984
Greece/Grèce	15213	18277	16259	16641	x25650	Hong Kong	834	975	1642	2507	981
India/Inde	51632	x45099	1187	523	x54334	Former GDR			3788		
Jamaica/Jamaïque	9419	25638	15615	4093	x6294	Italy/Italie	6349	1055	890	1549	1429
Chile/Chili	23437	27888	6997	6749	x10325	India/Inde	228	x1822	263	1253	x6
Peru/Pérou	63037	5592	19894	14977	x19258	Chile/Chili	1278	1047	461	971	x753
Sudan/Soudan	x5759	x5338	x20681	x12276	x7045	Zimbabwe	x165	x697	446	1164	x351
Austria/Autriche	23862	16027	12899	9234	8072	Kenya	2113	x1258	1031	0	0
Denmark/Danemark	24365	14050	11201	12473	17953	Malaysia/Malaisie	340	429	877	579	x1174
Bangladesh	x1903	x11605	x8734	x12247	x6678	Belize/Bélize	x24	1153	644		47
Qatar	10547	10247	12512	3234	x395	Papua New Guinea			x1766		x93
USA/Etats–Unis d'Amer	x6451	11207	7125	6794	7945	Israel/Israël	60	5	24	1348	79
Sri Lanka	14068	6340	6437	10140	5903	Norway, SVD, JM	2400	188	777	151	2395
Hong Kong	7054	7163	7305	7685	9796	Peru/Pérou		1058		0	x15
Korea Republic	1074	1224	1077	17453	13256	Mozambique			x148	x747	
Bulgaria/Bulgarie	x99972	x662	x31	x17870	503	China/Chine	104	553	140	191	687
Nicaragua	x4622	x9441	x513	x6835	x14276	Algeria/Algérie		x807			
Argentina/Argentine	891	0	437	16330	31308	Cyprus/Chypre	48	309	129	126	35
Lebanon/Liban	x6670	x7248	x6622	x2738	x2886	Trinidad and Tobago	15	81	205	201	91
Nigeria/Nigéria	x7018	x6756	x3977	x5859	x13041	Yugoslavia SFR	47	313	26	x106	
Yugoslavia SFR	3178	3901	11833	x806		Mauritius/Maurice			342	16	392
Ghana	x2374	x8171	x3529	x3909	x4463	Iran (Islamic Rp. of)		x140		x176	x495
Reunion/Réunion	5267	4516	5189	4959	7867	Viet Nam				x311	
Portugal	7284	7166	1522	5019	6417	Cote d'Ivoire		x192	x33	x36	
Trinidad and Tobago	4423	2642	3414	6779	6547	Mexico/Mexique	24	0	0	227	x40

(VALUE AS % OF TOTAL) (VALEUR EN % DU TOTAL)

	1983	1984	1985	1986	1987	1988	1989	1990	1991	1992		1983	1984	1985	1986	1987	1988	1989	1990	1991	1992
Africa	x13.9	x12.5	x13.8	x9.1	x10.9	x7.2	x9.4	x12.0	x8.9	x7.8	Afrique	x0.5	x0.5	x0.7	x0.2	x0.3	x0.1	x0.1	x0.1	x0.3	x0.1
Northern Africa	x8.1	x8.3	x8.1	x5.2	x6.3	x4.8	x6.4	x8.4	x6.5	x5.2	Afrique du Nord	0.0	0.0	0.0	0.0	0.0	0.0	0.0	0.0	0.0	0.0
Americas	x9.2	x10.2	x12.2	x13.0	x14.8	x11.4	18.9	17.5	x10.5	14.0	Amériques	6.3	x4.0	x4.0	6.6	3.9	x5.4	7.5	5.2	x5.9	x5.3
LAIA	x4.0	x4.7	x7.3	x8.4	x10.1	9.2	16.2	14.2	7.5	11.1	ALAI	1.5	x0.1	x0.2	x0.1	x0.2	x0.6	1.8	1.6	x1.0	0.2
CACM	x0.8	x0.9	x0.8	x1.1	1.4	x0.4	x0.5	x0.4	x0.5	x0.9	MCAC	0.0	0.0	0.0	0.0	0.0	x0.0	x0.0	x0.0	x0.0	x0.0
Asia	x25.1	x28.5	x23.9	15.8	x17.9	25.3	x29.9	23.3	26.1	x24.7	Asie	1.2	0.8	x0.6	0.5	0.6	0.6	1.1	0.9	1.2	0.8
Middle East	x4.1	x4.8	x5.2	x3.0	x2.6	x6.7	x7.5	2.4	x1.8	1.6	Moyen-Orient	x0.2	x0.1	x0.1	x0.1	x0.0	0.0	x0.0	x0.0	x0.0	x0.0
Europe	51.5	48.5	49.7	61.9	56.0	51.5	41.5	46.8	48.6	53.0	Europe	79.0	81.8	80.4	83.6	82.8	81.4	69.2	71.6	67.8	76.0
EEC	51.1	48.3	49.4	61.7	55.7	50.5	40.6	45.7	48.0	52.5	CEE	74.8	78.0	76.6	80.2	79.9	80.2	67.2	68.5	65.1	74.3
EFTA	x0.1	x0.1	x0.1	x0.1	x0.1	0.7	0.6	0.6	0.5	0.4	AELE	x4.1	x3.7	x3.7	x3.4	x2.9	1.2	2.0	3.2	2.7	1.6
Oceania	x0.3	x0.3	x0.3	x0.2	x0.3	0.3	x0.1	x0.1	x0.2	0.3	Océanie	x12.9	x12.9	14.4	9.1	x8.4	x8.5	14.0	15.6	x15.4	x11.7
Netherlands/Pays–Bas	17.6	20.6	20.7	19.8	32.2	28.0	19.0	18.4	20.4	21.8	Germany/Allemagne	20.2	25.9	23.2	18.2	39.6	47.4	27.4	21.3	33.7	33.3
Italy/Italie	10.1	9.4	11.4	10.4	11.9	11.0	11.1	11.9	12.3	10.8	New Zealand	9.5	9.2	9.6	6.3	5.6	5.9	9.4	9.4	8.9	6.0
Mexico/Mexique	x1.3	x4.0	x5.0	x2.5	x2.7	0.2	8.9	11.3	2.8	8.2	Netherlands/Pays–Bas	13.1	9.4	9.8	14.2	8.6	12.0	11.3	8.5	5.7	5.9
Japan/Japon	5.0	4.5	5.1	3.3	3.3	5.9	5.0	5.0	7.0	5.0	France, Monac	12.9	11.2	9.7	14.4	5.0	4.2	5.1	12.3	5.4	6.2
Germany/Allemagne	17.1	10.1	9.1	25.1	1.5	1.3	2.6	8.7	1.8	1.8	Ireland/Irlande	7.8	13.5	12.5	8.9	8.2	4.5	9.0	7.1	5.3	17.1
Philippines	3.1	2.4	2.5	1.9	1.5	2.2	3.8	4.3	3.8	3.6	United Kingdom	9.7	8.3	11.0	2.0	7.5	5.3	5.8	8.4	5.9	3.3
Algeria/Algérie	x3.0	x2.6	x2.4	x1.7	x3.1	x2.8	2.8	3.5	x4.1	x2.6	Belgium–Luxembourg	9.7	8.5	9.2	10.8	7.9	4.1	7.0	5.2	6.2	5.9
Malaysia/Malaisie	0.5	1.0	1.5	0.9	1.1	2.4	3.3	3.1	3.5	x4.2	Australia/Australie	3.4	3.7	4.8	2.8	2.8	2.5	4.5	6.1	6.5	5.7
France, Monac	0.8	1.5	2.3	1.4	5.7	5.8	3.0	1.2	5.5	7.9	Czechoslovakia						x2.0	x2.1	x4.5	x3.1	x2.3
Thailand/Thaïlande	x3.0	x2.6	1.3	1.2	1.5	2.0	2.1	3.2	2.9	3.3	Poland/Pologne						x1.5	x1.8	x2.7	x2.4	x4.6	x3.5

02243 MILK DRY, OVER 1.5% FAT — LAIT POUDRE SUP 1.5% 02243

TRADE BY COMMODITY IN THOUSAND U.S. DOLLARS – COMMERCE PAR PRODUIT EN MILLIERS DE DOLLARS E.U

IMPORTS – IMPORTATIONS

COUNTRIES–PAYS	1988	1989	1990	1991	1992
Total	x2401150	x2392421	x2553313	x3010817	x2726137
Africa	x334844	x345268	x484250	x462100	x567376
Northern Africa	x184721	x204283	x298742	x295498	x346445
Americas	x529130	x504464	x531231	x506073	x510124
LAIA	x447034	372434	388956	333575	x332496
CACM	x21338	x40477	x41500	x45324	x53045
Asia	x734027	x726834	x923875	x827345	x963564
Middle East	x279348	x282964	x417747	x305684	x333426
Europe	577135	512107	463028	515941	632561
EEC	558314	500876	449752	506100	611609
EFTA	9092	9550	6528	7982	16093
Oceania	x16600	x19532	x22057	x32473	x33986
Former USSR/Anc. URSS	x188413	x260516	x115756	x653582	
Algeria/Algérie	x117300	x123029	x232595	x261835	x288162
Netherlands/Pays-Bas	313832	208991	161596	138506	211554
Mexico/Mexique	246780	204781	258976	35319	101138
Belgium–Luxembourg	58351	77103	61817	140959	155565
Brazil/Brésil	x1149	133980	59814	74746	38928
Saudi Arabia	851	801	x134096	x120894	x151414
Malaysia/Malaisie	67447	72774	89242	86780	x131964
Italy/Italie	60693	68663	80038	80128	97349
Germany/Allemagne	53474	75390	72631	74016	57976
Philippines	59294	x44122	103499	64332	64341
Hong Kong	50615	57293	57214	76930	98134
Singapore/Singapour	60913	59608	62765	67174	71807
Venezuela	x171002	1	36388	149792	97075
Iraq	x72746	x70860	x83209	x17600	x812
Sri Lanka	42983	52164	48557	68543	56630
Thailand/Thaïlande	43620	39527	47762	49373	68874
Bangladesh	x63634	x64611	x29029	x42184	x54025
United Arab Emirates	x65756	x36011	x39737	x34552	x42238
Yemen/Yémen			x56238	x40707	x28370
Angola	x21359	x35610	x41881	x15372	x4785
Dominican Republic	x13064	x20572	x23457	x30570	x35716
Spain/Espagne	29113	25182	27169	22143	25640
Kuwait/Koweït	x19916	44727	x18969	x9511	x11109
Libyan Arab Jamahiriya	24305	31807	33673	x7266	x11826
Mauritius/Maurice	x16341	x21915	25010	23642	25485
Trinidad and Tobago	13930	25408	23583	18957	18422
Peru/Pérou	x26326	29563	17301	20565	x36085
Cote d'Ivoire	x21912	x18661	x19857	x27511	x67725
Oman	18167	21828	21009	20729	x19521
Nigeria/Nigéria	x9838	x12012	x27892	x22496	x22989
China/Chine	19897	14804	25813	17390	22289
Lebanon/Liban	x15184	x22153	x15347	x19367	x20274
Pakistan	26132	18680	14337	21358	18108
El Salvador	x9060	x16780	x16311	x19066	x27361
Jordan/Jordanie	24297	x10381	x21643	x20058	x23747
France, Monac	12823	13680	14019	23393	23067
Greece/Grèce	18524	17861	18665	12502	x18799
Guatemala	x7193	x15956	x13668	x14303	x17845
Tunisia/Tunisie	20316	20644	9811	10252	21389
Cuba	x1592	x2015	x11174	x26919	x20376
Egypt/Egypte	x13745	x13721	x9751	x12040	x19439
Former Yemen	x21174	x32825			
Sudan/Soudan	x9055	x15082	x12912	x4105	x5629
Qatar		x8681	x12380	6427	x8209
Chile/Chili	0	0	10821	15037	x18613
Argentina/Argentine	1		11	25486	27673
Zaire/Zaïre	x9246	x12360	x7284	x4567	x4781
Former Democratic Yemen	x30469	x24145			
Honduras	x4691	x7731	x8184	x8073	x5290

EXPORTS – EXPORTATIONS

COUNTRIES–PAYS	1988	1989	1990	1991	1992
Totale	2358694	2561884	2423299	2592031	2878717
Afrique	x196	x228	x8521	x1598	x1332
Afrique du Nord		11	x12	62	x500
Amériques	x183583	x147393	x67132	x47103	90935
ALAI	15643	51690	x38930	x28165	29869
MCAC	0		0	x40	x63
Asie	79101	86747	97292	122185	x129493
Moyen–Orient	x2060	x4074	x1146	x2616	x2731
Europe	1714585	1898019	1746811	1842311	2044343
CEE	1678412	1846804	1688442	1818759	2032598
AELE	36050	51167	58301	23399	9104
Océanie	x369902	378236	464491	x540279	x593089
France, Monac	475686	491382	505768	559232	541508
Netherlands/Pays–Bas	509809	544969	521548	427176	476735
New Zealand	264309	252415	350132	425713	455102
Germany/Allemagne	189171	267708	169643	220654	251222
Denmark/Danemark	163204	220425	210971	224893	257331
United Kingdom	122267	142276	127263	136651	219795
Belgium–Luxembourg	131449	111096	92943	150679	177333
Australia/Australie	105567	125816	114356	114366	137797
Ireland/Irlande	71192	63192	45627	75556	90311
Singapore/Singapour	41412	38638	37764	33381	34138
USA/Etats–Unis d'Amer	x149296	70873	12003	9935	45346
Hong Kong	15976	22648	26385	43014	57979
Argentina/Argentine	15535	43850	24540	15310	19734
Malaysia/Malaisie	12756	15925	24576	29981	x24210
Austria/Autriche	11983	35895	16693	8038	2816
Finland/Finlande	20696	9962	35546	13778	4959
Canada	18535	23548	16070	8507	15222
Former GDR		x33157	x12695		
Former USSR/Anc. URSS	x678	x13576	x11572	x13476	
Spain/Espagne	10577	800	10246	17949	11577
Uruguay		x6515	x10821	x8940	4014
Poland/Pologne	x711	x1323	x6472	x14060	x7144
Czechoslovakia	x9159	x2898	x6400	x7419	x6845
Portugal	3291	3220	3005	5339	5782
Thailand/Thaïlande	783	1682	3700	5590	x2691
Switz.Liecht	3210	2630	3975	469	1062
China/Chine	3772	3161	1858	1623	4872
Hungary/Hongrie	x637	x307	x1914	x3404	x5005
Chile/Chili	49	69	3195	1766	x514
Zimbabwe	x32	x80	3524	1259	
Norway/SVD,JM	1	2672	848	1056	6
Oman	654	2905	828	797	
Italy/Italie	1749	1688	1268	548	581
Kenya	75	x73	2869		
Israel/Israël	32	14	45	2846	1384
India/Inde	318		229	2314	x124
Mexico/Mexique	56	1	2	1528	242
Lebanon/Liban	x50	x67		x1342	x1750
Sri Lanka	631	211	1040	146	155
Sweden/Suède	160	7	1237	57	260
United Arab Emirates	x785	x629	x296	x350	x406
Peru/Pérou		x1106			
Djibouti			x1052		
Belize/Bélize		x1037			
So. Africa Customs Un	x76	x2	x562	x112	31
Macau/Macao	168	105	141	411	x589
Japan/Japon	168	187	170	154	536
Colombia/Colombie	x4	x29	x1	456	116
Mauritius/Maurice	x4		375	0	167
Kuwait/Koweït	x5	304	0		109

(VALUE AS % OF TOTAL)(VALEUR EN % DU TOTAL)

	1983	1984	1985	1986	1987	1988	1989	1990	1991	1992
Africa	x15.8	x14.2	x18.7	x21.0	x18.2	x13.9	x14.4	x18.9	x15.3	x20.9
Northern Africa	x7.6	x6.9	x10.0	x12.8	x11.8	x8.5	x7.7	x11.7	x9.8	x12.7
Americas	x17.2	x16.6	x13.6	x15.0	x12.7	x22.0	x21.0	x20.8	x16.8	x18.7
LAIA	x10.6	x10.6	x6.8	x10.9	x7.7	x18.6	15.6	15.2	11.1	x12.2
CACM	x1.6	x1.1	x1.4	x0.3	x1.4	x0.9	x1.7	x1.6	x1.5	x1.9
Asia	x50.2	x51.1	x49.6	x46.7	x37.1	x30.5	x30.3	x36.2	x27.5	x35.3
Middle East	x25.5	x29.5	x25.2	x23.5	x16.7	x11.6	x11.8	x16.4	x10.2	x12.2
Europe	16.4	17.6	17.6	16.6	22.8	24.0	21.4	18.1	17.1	23.2
EEC	15.8	16.6	16.9	15.6	22.3	23.3	20.9	17.6	16.8	22.4
EFTA	x0.3	x0.6	x0.4	x0.4	x0.2	0.4	0.4	0.3	0.3	0.6
Oceania	x0.3	x0.5	x0.4	x0.6	x0.5	x0.7	x0.9	x0.9	x1.1	x1.2
Former USSR/Anc. URSS					x8.3	x7.8	x10.9	x4.5	x21.7	
Algeria/Algérie	x4.9	x4.5	x7.3	x8.7	x8.4	x4.9	x5.1	x9.1	x8.7	x10.6
Netherlands/Pays–Bas	5.5	7.1	6.5	6.0	12.8	13.1	8.7	6.3	4.6	7.8
Mexico/Mexique	x0.8	x0.7	x0.9	x1.1	x0.4	10.3	8.6	10.1	1.2	3.7
Belgium–Luxembourg	1.3	1.3	1.6	1.5	1.8	2.4	3.2	2.4	4.7	5.7
Brazil/Brésil	x0.7	x0.3	x0.2	x4.0	x0.3	x0.0	5.6	2.3	2.5	1.4
Saudi Arabia	x7.9	11.6	x7.3	8.7	6.8	0.0	0.0	x5.3	x4.0	x5.6
Malaysia/Malaisie	8.0	6.8	4.7	4.1	3.4	2.8	3.0	3.5	2.9	x4.8
Italy/Italie	1.8	1.9	2.4	2.6	2.4	2.5	2.9	3.1	2.7	3.6
Germany/Allemagne	2.9	2.9	2.8	2.7	3.1	2.2	3.2	2.8	2.5	2.1

	1983	1984	1985	1986	1987	1988	1989	1990	1991	1992
Afrique	x0.0	0.5	x0.0	x0.1	x0.0	x0.0	x0.0	x0.3	x0.1	x0.0
Afrique du Nord			x0.0		0.0		x0.0	0.0	0.0	
Amériques	2.3	2.0	1.4	x4.5	x4.8	x7.8	x5.8	x2.8	x1.8	3.2
ALAI	x0.0	0.4		0.2	0.0	0.3	0.7	x2.0	x1.6	x1.1
MCAC	x0.0					x0.0			x0.0	x0.0
Asie	2.3		2.6	3.1	3.4	3.3	3.4	4.0	4.7	x4.5
Moyen–Orient	x0.2	x0.1	x0.2	x0.1	x0.1	x0.1	x0.2	x0.0	x0.1	x0.1
Europe	76.4	79.2	77.9	74.3	75.2	72.7	74.1	72.1	71.1	71.0
CEE	71.9	74.9	73.3	70.8	73.2	71.2	72.1	69.7	70.2	70.6
AELE	x4.5	x3.9	x4.1	x3.5	x2.0	1.5	2.0	2.4	0.9	0.3
Océanie	19.0	16.0	x18.0	x18.1	15.9	x15.7	14.8	19.2	x20.8	x20.6
France, Monac	16.2	19.0	19.6	19.6	19.9	20.2	19.2	20.9	21.6	18.8
Netherlands/Pays–Bas	26.6	25.3	24.0	22.0	21.7	21.6	21.3	21.5	16.5	16.6
New Zealand	11.7	10.3	12.9	13.3	11.1	11.2	9.9	14.4	16.4	15.8
Germany/Allemagne	7.8	7.5	5.9	5.9	6.8	8.0	10.4	7.0	8.5	8.7
Denmark/Danemark	10.6	11.8	11.9	11.3	8.4	6.9	8.6	8.7	8.7	8.9
United Kingdom	4.6	4.1	4.6	4.3	5.2	5.2	5.6	5.3	5.3	7.6
Belgium–Luxembourg	3.4	3.5	3.6	4.1	6.8	5.6	4.3	3.8	5.8	6.2
Australia/Australie	7.3	5.6	5.0	4.8	4.8	4.5	4.9	4.7	4.4	4.8
Ireland/Irlande	2.6	3.6	3.6	3.3	3.7	3.0	2.5	1.9	2.9	3.1
Singapore/Singapour	0.9	0.9	1.1	1.3	1.5	1.8	1.5	1.6	1.3	1.2

02249 MILK(EX DRY) PRSVD,SWEET   LAIT CONS,CONC SUCRE 02249

TRADE BY COMMODITY IN THOUSAND U.S. DOLLARS – COMMERCE PAR PRODUIT EN MILLIERS DE DOLLARS E.U

COUNTRIES–PAYS	IMPORTS – IMPORTATIONS					COUNTRIES–PAYS	EXPORTS – EXPORTATIONS				
	1988	1989	1990	1991	1992		1988	1989	1990	1991	1992
Total	x992874	x991660	x1126275	x1074682	x1307849	Totale	936926	1026272	1108447	1093764	1208102
Africa	x187659	x186136	x161130	x150443	x192090	Afrique	x442	x1874	x1460	x1465	x861
Northern Africa	x38537	x33803	x34391	x38268	x48140	Afrique du Nord	13	86	27	0	114
Americas	x51820	x49481	x54399	x60852	x84479	Amériques	27138	x33728	x22880	35086	x34654
LAIA	x2679	x2356	3559	6889	x19922	ALAI	907	x995	x1806	2573	x3455
CACM	x766	x1007	x1037	x873	x1527	MCAC			x371	x73	x29
Asia	x211584	x207716	x253161	x264057	x274995	Asie	34792	34145	33717	45608	x52092
Middle East	x101739	x91405	x135366	x146804	x148125	Moyen–Orient	x1300	x1897	x1294	x5754	x2932
Europe	529845	529204	629095	587102	x738871	Europe	853360	882796	978385	939867	1094519
EEC	516166	511115	608354	575784	x727780	CEE	851094	881862	975833	937452	1090240
EFTA	1745	3532	2881	2472	2312	AELE	2114	935	2453	2381	2291
Oceania	11447	x10253	x13056	x9359	x15353	Océanie	x12175	12589	x17163	16004	13889
Greece/Grèce	171698	188261	207807	174155	x202017	Netherlands/Pays–Bas	413936	398302	468299	414480	441821
Netherlands/Pays–Bas	154066	135292	166643	152614	220735	Germany/Allemagne	231578	266469	275749	271548	359913
Germany/Allemagne	83471	67966	92481	82408	90445	Belgium–Luxembourg	53724	63118	94783	108313	123822
France,Monac	21026	32805	54916	54938	76710	France,Monac	81527	81052	64475	60101	90273
Saudi Arabia	27212	23516	x45860	x56273	x47709	United Kingdom	59269	53251	47230	50147	55341
Hong Kong	27739	32337	33966	36064	39490	Former USSR/Anc. URSS	x334	x44194	x38710	x45807	
Libyan Arab Jamahiriya	x36021	x31535	x31658	x34839	x21011	Singapore/Singapour	16450	18088	20576	22116	24186
Belgium–Luxembourg	20669	28173	28527	35421	36147	USA/Etats–Unis d'Amer	4704	23530	7929	15096	24051
Cote d'Ivoire	x57707	x57758	x16683	x16120	x39935	Spain/Espagne	7108	11597	13910	13399	7488
Spain/Espagne	33519	27564	15847	30636	45231	Czechoslovakia	x8602	x15326	x13508	x8908	x9360
Japan/Japon	12852	23676	23498	24360	26142	Canada	19782	8437	12170	15605	5666
United Arab Emirates	x39029	x23740	x25648	x21539	x30280	New Zealand	6278	9075	10297	6486	4221
Bangladesh	x22385	x26420	x20795	x19087	x12205	Australia/Australie	5075	3511	6860	9515	9660
Jordan/Jordanie	1568	375	26590	29534	31099	Malaysia/Malaisie	7530	5615	5097	7177	x11236
United Kingdom	14897	15927	20133	19377	24302	Ireland/Irlande	1817	3525	7977	4417	4047
Italy/Italie	12374	12403	18067	21915	25519	Hong Kong	2775	3724	4280	4882	6481
Singapore/Singapour	21076	17476	14053	17835	18549	Denmark/Danemark	1394	1066	223	10995	1333
Oman	13247	13702	15828	17400	x15849	Thailand/Thaïlande	5153	3836	1746	4713	x4113
Nigeria/Nigéria	x18311	x6820	x21712	x15004	x19788	Italy/Italie	285	3099	2786	3576	5404
Angola	x9695	x17162	x16299	x3176	x1137	Hungary/Hongrie	x84	x1096	x2460	x881	x2281
Burkina Faso	x13610	x9615	x9108	x16238	x18738	Jordan/Jordanie	33	x4	143	3733	1819
USA/Etats–Unis d'Amer	7125	10420	10920	11409	18138	Austria/Autriche	1286	816	1282	1674	1801
Kuwait/ Koweït	x8528	16348	x6093	x3363	x6688	Chile/Chili	583	549	868	1156	x252
Mali	x3941	x7873	x6877	x8836	x7475	Trinidad and Tobago	1437	534	491	834	1066
Qatar	4272	6893	7185	7980	x6747	China/Chine	469	644	381	537	570
Philippines	8666	x6095	10807	4695	9056	Oman	480		337	341	652	x9
Cameroon/Cameroun	x2976	9852	x4691	6047	x2971	Senegal/Sénégal		852		443	169
Martinique	5502	5567	5496	6170	4159	Switz.Liecht	370	82	1112	77	169
Malta/Malte	x5808	x6243	5511	x4341	x3719	Saudi Arabia	97	458	x13	x701	x701
Romania/Roumanie	x282	1695	14006	x34	x88	United Arab Emirates	x378	x298	x492	x273	x354
Yugoslavia SFR	3433	5188	8494	x1135	x7724	Nigeria/Nigéria	x367	x679	x188	x186	x186
Congo	x4145	x4309	x4902	x5378	x7230	Madagascar			239	693	
Gabon	x3459	x3586	x4504	x5978	7885	Poland/Pologne		x524	x141	x100	x445
Canada	5742	4000	3609	6133	x4807	Jamaica/Jamaïque	2		0	689	x61
Guinea/Guinée	x3162	x4678	x3907	x5151	x4224	Portugal	333	162	194	286	780
Mauritania/Mauritanie	x3087	x4577	x5635	x3511	6026	Greece/Grèce	122	220	206	189	x19
Niger	x3875	x3661	x6489	x3197	x7555	Venezuela	16	40	197	357	162
Haiti/Haïti	x4678	x2218	x3551	x5175	x3740	Syrian Arab Republic	x214	x534	x4		
Bahamas	x2603	x2706	x3734	x3874	x3740	Colombia/Colombie		x187	x288	41	333
Papua New Guinea	4258	3603	4846	x1661	x1197	So. Africa Customs Un	x5	x5	x220	x288	x336
Cyprus/Chypre	3414	2889	3584	3624	4235	Kuwait/Koweït	x18	132	x187	x187	
Guadeloupe	2566	2824	3308	3107	2701	Cameroon/Cameroun		230		248	
Belize/Bélize	x2129	x3008	x3190	x2868	x1774	Macau/Macao	163	157	147	166	369
Zaire/Zaïre	x3783	x4065	x3362	x1147	x10174	Norway,SVD,JM	297		1	454	251
Myanmar	x2002	x1516	x4289	x2744	Nicaragua			x371	x47		
Bahrain/Bahreïn	x2415	x2863	x3054	x2592	x3478	Brazil/Brésil	x28	5	101	308	505
Benin/Bénin	x1780	x2396	x2418	x3193	x2220	Argentina/Argentine	259	184	73	103	599
French Polynesia	2942	x1980	x3030	x2948	x2325	Peru/Pérou	x14	29	0	x312	x574
Gambia/Gambie	x1355	x2238	x2503	x2875	x2621	Cyprus/Chypre	6	17	93	192	25
Bulgaria/Bulgarie	x8	x6653	x792	x27	299	Mexico/Mexique	7	1	1	295	1030

(VALUE AS % OF TOTAL)(VALEUR EN % DU TOTAL)

	1983	1984	1985	1986	1987	1988	1989	1990	1991	1992		1983	1984	1985	1986	1987	1988	1989	1990	1991	1992
Africa	x43.4	x39.1	x40.4	x26.0	x17.8	18.9	x18.7	14.3	x14.0	14.7	Afrique	x0.1	0.0	x0.1		x0.0	0.0	x0.2	x0.1	x0.1	x0.0
Northern Africa	x20.8	x17.4	x22.6	x11.2	2.2	x3.9	x3.4	x3.1	x3.6	3.7	Afrique du Nord		x0.0		x0.0			0.0	0.0	0.0	0.0
Americas	x5.6	x6.4	x6.4	x6.7	x5.8	5.2	x5.0	4.8	5.6x	6.5	Amériques	x10.1	x13.4	x10.1	x5.8	x3.5	2.9	3.3	2.1	3.2	x2.9
LAIA	x0.7	x1.0	x0.5	x0.7	x0.4	x0.4	0.2	0.3	0.6	x1.5	ALAI		x0.0	x0.1		x0.0	0.1		x0.0	0.2	x0.3
CACM	x0.1	x0.1	x0.2	0.4	x0.1	x0.1	0.1	0.1	x0.1	x0.1	MCAC					x0.0		x0.0	x0.0	x0.0	0.0
Asia	x20.8	x25.3	x20.9	x22.4	x25.5	21.4	x20.9	22.5	x24.6	21.0	Asie	x3.0	x2.4	2.2	2.8	4.4	3.7	3.3	3.0	4.2	x4.3
Middle East	x15.3	x17.6	x13.7	x14.5	x14.7	10.2	x9.2	x12.0	x13.7	x11.3	Moyen–Orient	x0.8	x0.2	x0.1	x0.1	x0.1	x0.2	x0.1	x0.1	x0.5	x0.2
Europe	29.4	28.2	31.7	44.2	49.4	53.4	53.4	55.9	54.6	x56.5	Europe	85.8	83.2	87.0	90.7	90.8	91.1	86.0	88.3	85.9	90.6
EEC	28.4	27.4	30.9	43.1	48.4	52.0	51.5	54.0	53.6	x55.6	CEE	85.2	82.6	85.6	90.6	90.4	90.8	85.9	88.0	85.7	90.2
EFTA	x0.4	x0.2	x0.1	x0.2	0.2	0.2	0.4	0.3	0.2	0.2	AELE	x0.6	x0.1	x0.2	x0.1	x0.3	0.2	0.1	0.2	x1.5	1.1
Oceania	x0.9	x1.1	x0.7	x0.9	x1.2	1.2	x1.0	x1.1	x0.8	x1.2	Océanie	1.0	0.9	0.7	0.7	0.7	x1.3	x1.5	x1.5	1.5	1.1
Greece/Grèce	11.5	13.7	14.2	21.9	20.6	17.3	19.0	18.5	15.6	x15.4	Netherlands/Pays–Bas	50.0	50.5	50.2	53.3	51.2	44.2	38.8	42.2	37.9	36.6
Netherlands/Pays–Bas	7.4	5.5	8.3	7.3	10.1	15.5	13.6	14.8	14.2	16.9	Germany/Allemagne	18.4	17.1	20.1	21.4	19.9	24.7	26.0	24.9	24.8	29.8
Germany/Allemagne	3.8	3.9	4.2	6.1	8.9	8.4	6.9	8.2	7.7	5.9	Belgium–Luxembourg	2.8	2.1	2.4	3.1	4.8	5.7	6.2	8.6	9.9	10.2
France,Monac	0.2	0.2	0.3	1.4	1.3	2.1	3.3	4.9	5.1	5.9	France,Monac	7.9	7.4	7.4	7.8	8.1	8.7	7.9	5.8	5.5	7.5
Saudi Arabia	x7.2	8.6	x6.8	7.3	7.4	2.7	2.4	x4.1	x5.2	x3.6	United Kingdom	3.4	2.6	3.4	2.5	2.8	6.3	5.2	4.3	4.6	4.6
Hong Kong	2.2	2.3	2.2	2.3	2.5	2.8	3.3	3.0	3.4	3.0	Former USSR/Anc. URSS					x0.1	x0.0	x4.3	x3.5	x4.2	
Libyan Arab Jamahiriya	x5.9	x5.0	x4.6	x1.4	x3.3	x3.6	x3.2	x2.8	x3.2	x1.6	Singapore/Singapour	0.7	0.6	0.7	0.9	1.4	1.8	1.8	1.9	2.0	2.0
Belgium–Luxembourg	2.5	1.7	1.4	2.3	1.8	2.1	2.8	2.5	3.3	2.8	USA/Etats–Unis d'Amer	0.0	0.1	0.1	0.1	0.3	0.8	1.1	1.3	1.2	0.6
Cote d'Ivoire	3.6	x4.6	4.5	x6.3	x6.5	x5.8	x5.8	x1.5	x1.5	x3.1	Spain/Espagne			0.1	0.1	0.1	x0.4	x0.9	x1.5	x1.2	x0.8
Spain/Espagne	0.5	0.6	0.7	1.6	2.6	3.4	2.8	1.4	2.9	3.5	Czechoslovakia									x0.8	x0.8

0251 — IN SHELL / OEUFS EN COQUILLE 0251

TRADE BY COMMODITY IN THOUSAND U.S. DOLLARS – COMMERCE PAR PRODUIT EN MILLIERS DE DOLLARS E.U

IMPORTS – IMPORTATIONS

COUNTRIES–PAYS	1988	1989	1990	1991	1992
Total	888379	946693	1040213	1095154	994591
Africa	29616	40910	24386	x33732	x18445
Northern Africa	25650	36419	20089	x27605	x11191
Americas	68570	x89741	89681	99109	x98727
LAIA	13051	12898	13314	25222	26210
CACM	2961	2374	x2753	4038	x3918
Asia	x249827	x223257	x192606	x204279	x198931
Middle East	x129043	x105827	x58691	x48093	x50225
Europe	531688	583601	711032	733751	668561
EEC	497427	550778	657045	681030	613717
EFTA	30525	27499	44277	48362	46113
Oceania	x6910	x7481	x9507	x2312	x1717
Germany/Allemagne	315655	305646	360236	404559	347029
Hong Kong	78855	78953	88089	96977	88842
Belgium–Luxembourg	48397	48696	61239	61874	64058
Italy/Italie	36235	53966	47480	54464	43482
France, Monac	44018	46605	52969	45984	50004
United Kingdom	15341	29240	55116	32849	22606
Singapore/Singapour	32166	29337	34868	47057	46368
Spain/Espagne	12939	33944	32615	26258	22876
Switz.Liecht	22793	21099	31882	34902	33439
Netherlands/Pays–Bas	12513	17995	26362	32183	38355
Iraq	x71985	x48129	x15873	x10387	x4010
Canada	17511	20289	26051	25665	23411
Algeria/Algérie	17396	32927	17323	18429	x1414
USA/Etats–Unis d'Amer	13169	27297	22147	19034	26615
United Arab Emirates	x15593	x7984	x8898	x11013	x13587
Oman	8300	8646	7942	8332	x4058
Jamaica/Jamaïque	5450	8023	7689	8489	x4473
Kuwait/Koweït	x5253	16484	x5250	x2138	x6093
Austria/Autriche	6228	5826	9264	8567	9230
Poland/Pologne		x49	3492	19073	x3203
Mexico/Mexique	9533	7087	5409	6455	7168
Ireland/Irlande	4339	5306	5961	7523	6199
Former Yemen	x16892	x17690			
Denmark/Danemark	4881	3357	6150	7031	8517
Greece/Grèce	2432	4176	5655	6646	x9230
Brazil/Brésil	909	4094	4888	5982	1438
New Caledonia	x5933	x6057	x8153	x52	x212
Yemen/Yémen			x10198	x3808	x6170
Saudi Arabia	3076	2325	x5964	x4896	x4516
Qatar	4179	3145	3054	3034	x672
Martinique	1971	2987	3073	3128	2986
Yugoslavia SFR	846	2254	5942	x936	
Macau/Macao	2632	2640	2786	2943	2865
Romania/Roumanie		x28	6891	28	x125
Libyan Arab Jamahiriya	55	136	659	x6098	x5935
Portugal	677	1848	3262	1660	1362
Sweden/Suède	1036	276	2348	4103	2862
Guadeloupe	2146	2601	2140	1947	2140
Japan/Japon	1531	1772	2199	2396	1861
Barbados/Barbade	2245	2321	2041	1955	x749
Dominican Republic	x1274	x2258	x1234	x1737	x943
Peru/Pérou	493	479	836	3847	x878
Venezuela	550	100	806	3733	6451
Suriname/Suriname	x1584	x1484	x1822	x1172	x679
Trinidad and Tobago	2526	1185	1639	1529	1188
Malaysia/Malaisie	1461	1212	1570	1471	x1866
Costa Rica	2572	1550	1446	992	x853
Egypt/Egypte	7384	2279	844	x725	x289
Argentina/Argentine	449	158	226	3459	7036
Malta/Malte	1226	1422	1399	x1000	x1165

EXPORTS – EXPORTATIONS

COUNTRIES–PAYS	1988	1989	1990	1991	1992
Totale	882832	993787	1056878	1070458	986593
Afrique	x196	x256	x3587	x1414	x5041
Afrique du Nord	45	64	3251	228	404
Amériques	95148	88603	95753	125044	x119306
ALAI	2340	4951	5332	7570	x10929
MCAC	1198	800	1992	x2943	x2839
Asie	140353	121492	120240	116282	x112623
Moyen–Orient	49848	37147	x29394	x16676	x15792
Europe	601772	640506	756233	771874	716615
CEE	592113	630053	741620	759817	702838
AELE	7706	9291	13605	9791	9072
Océanie	1262	x1024	767	1230	1255
Netherlands/Pays–Bas	431405	434010	512717	506605	457080
USA/Etats–Unis d'Amer	79248	63431	68333	93085	84630
Belgium–Luxembourg	47142	54286	63664	64918	67267
Germany/Allemagne	47422	50245	62838	66334	65552
France, Monac	29530	40873	60857	63871	65238
Bulgaria/Bulgarie	x24305	x105091	x42096	x3197	x3657
China/Chine	53721	40708	40203	39807	36659
United Kingdom	31433	37516	23539	32945	28576
Malaysia/Malaisie	16234	17599	23624	29446	x37263
Canada	12185	19189	19332	21257	20708
Jordan/Jordanie	14792	16965	13003	9674	10624
Hungary/Hongrie	x3978	x13037	x8633	x15744	x15168
Former USSR/Anc. URSS	x893	x5550	x11007	x20033	
Czechoslovakia	x6662	x6739	x10912	x12692	x12245
Finland/Finlande	5505	6336	9934	7560	5958
Denmark/Danemark	2237	5039	9444	7820	7233
Israel/Israël	7345	8442	7252	6374	3781
Thailand/Thaïlande	4187	4721	6637	7210	x4150
Viet Nam	x2933	x5604	x5059	x7776	x8595
Saudi Arabia	10255	9536	x5746	x2267	x2247
Spain/Espagne	4551	2443	2494	8553	4021
Former GDR	x7383	x6833	x5449		
Turkey/Turquie	20529	6020	4062	1831	479
Hong Kong	3851	4440	4393	3004	3190
Portugal	666	1411	2494	4505	4190
Sweden/Suède	1622	2495	3306	1520	2450
Syrian Arab Republic	500	1952	4444	x86	x385
Ireland/Irlande	2248	2846	2111	1251	1526
India/Inde	4516	x774	1136	3627	x1275
Uruguay	349	2367	1763	1054	943
Romania/Roumanie	x126	1377	842	2865	x439
Poland/Pologne	753	3279	1361	83	x242
Guatemala	1176	791	1842	2051	1802
Yugoslavia SFR	1954	1161	1007	x2266	
United Arab Emirates	x2335	x1545	x1080	x1750	x1927
Colombia/Colombie	x9		870	3444	2100
Singapore/Singapour	1071	955	1500	1549	1326
Italy/Italie	911	899	874	1420	1408
Libyan Arab Jamahiriya				3179	
Venezuela		1536	1446	101	694
Greece/Grèce	76	487	590	1595	x747
Brazil/Brésil	1584	658	624	1098	5143
Chile/Chili	375	244	471	1337	x1625
Australia/Australie	1006	723	449	819	492
Indonesia/Indonésie	373	641	317	325	79
Norway, SVD, JM	363	359	242	586	505
Oman	150	294	221	636	x23
Cyprus/Chypre	1093	414	532	173	93
New Zealand	244	236	267	379	725
Macau/Macao	153	239	361	253	234

(VALUE AS % OF TOTAL)(VALEUR EN % DU TOTAL)

IMPORTS

	1983	1984	1985	1986	1987	1988	1989	1990	1991	1992
Africa	14.3	10.9	12.3	x7.4	6.3	3.3	4.3	2.3	x3.1	x1.9
Northern Africa	14.0	10.3	12.0	6.9	5.8	2.9	3.8	1.9	x2.5	x1.1
Americas	x6.8	x8.4	x7.5	8.5	x7.3	7.8	x9.5	8.6	9.1	x9.9
LAIA	0.3	0.1	0.2	1.4	0.9	1.5	1.4	1.3	2.3	2.6
CACM	x0.1			x0.2	0.3	0.3	x0.3	0.4	0.4	0.4
Asia	x21.3	x21.7	x27.6	x24.6	x21.4	x28.1	x23.5	x18.6	x18.6	x20.0
Middle East	x10.6	x8.5	x15.7	x13.2	x10.1	x14.5	x11.2	x5.6	x4.4	x5.0
Europe	53.8	56.0	52.4	59.3	64.8	59.8	61.6	68.4	67.0	67.2
EEC	50.2	52.1	48.8	55.0	60.5	56.0	58.2	63.2	62.2	61.7
EFTA	3.4	3.8	3.4	3.9	3.8	3.4	2.9	4.3	4.4	4.6
Oceania	x0.3	x0.2	x0.1	x0.1	x0.1	x0.7	x0.7	x0.9	x0.2	x0.1
Germany/Allemagne	34.9	33.3	31.0	35.3	37.9	35.5	32.3	34.6	36.9	34.9
Hong Kong	8.0	10.1	8.4	8.3	7.4	8.9	8.3	8.5	8.9	8.9
Belgium–Luxembourg	2.3	2.6	3.2	4.5	5.2	5.4	5.1	5.9	5.6	6.4
Italy/Italie	5.7	7.5	5.6	6.4	7.5	4.1	5.7	4.6	5.0	4.4
France, Monac	1.3	2.2	2.4	2.8	4.9	5.0	4.9	5.1	4.2	5.0
United Kingdom	2.1	3.2	3.0	2.3	1.4	1.7	3.1	5.3	3.0	2.3
Singapore/Singapour	1.5	2.0	2.5	2.4	2.4	3.6	3.1	3.4	4.3	4.7
Spain/Espagne	0.1	0.1	0.4	0.5	1.1	1.5	3.6	3.1	2.4	2.3
Switz.Liecht	2.6	2.8	2.7	2.7	2.7	2.6	2.2	3.1	3.2	3.4
Netherlands/Pays–Bas	2.1	1.3	1.3	1.5	1.0	1.4	1.9	2.5	2.9	3.9

EXPORTS

	1983	1984	1985	1986	1987	1988	1989	1990	1991	1992
Afrique	x0.4	1.7	x0.2	x0.1	x0.2	x0.0	x0.0	x0.3	x0.1	x0.6
Afrique du Nord	x0.0		1.5	x0.1	0.0	0.0	0.0	0.3	0.0	0.0
Amériques	8.3	8.5	8.8	x8.9	x7.0	10.8	8.9	9.1	11.7	x12.1
ALAI	0.0	0.1		x1.1	x0.4	0.3	0.5	0.5	0.7	x1.1
MCAC				x0.2	x0.1	0.1	0.1	0.2	x0.3	x0.3
Asie	3.2	3.6	13.2	9.8	16.1	15.9	12.2	11.4	10.9	x11.4
Moyen–Orient	x1.8	0.9	10.5	7.3	6.5	5.6	3.7	x2.8	x1.6	x1.6
Europe	87.6	85.6	77.3	81.1	72.2	68.2	64.5	71.6	72.1	72.6
CEE	84.7	82.3	74.7	78.1	70.6	67.1	63.4	70.2	71.0	71.2
AELE	2.9	3.3	2.7	2.1	1.2	0.9	0.9	1.3	0.9	0.9
Océanie	0.6	0.5	0.3	x0.2	x0.1	0.2	x0.1	0.1	0.1	0.1
Netherlands/Pays–Bas	56.2	57.4	54.7	56.4	51.6	48.9	43.7	48.5	47.3	46.3
USA/Etats–Unis d'Amer	6.1	6.2	5.9	6.1	5.4	9.0	6.4	6.5	8.7	8.6
Belgium–Luxembourg	6.7	5.7	4.4	5.4	5.5	5.5	6.0	6.1	6.1	6.8
Germany/Allemagne	5.3	6.2	5.5	6.3	5.7	4.7	5.1	5.9	6.2	6.6
France, Monac	8.5	6.9	4.7	5.1	3.4	3.3	4.1	5.8	6.2	6.6
Bulgaria/Bulgarie						x0.2	x2.8	x10.6	x4.0	x0.4
China/Chine						5.8	6.1	4.1	3.8	3.7
United Kingdom	4.6	3.8	4.2	3.5	2.8	3.6	3.8	2.2	3.1	3.7
Malaysia/Malaisie	0.1	0.6	1.1	1.0	1.1	1.8	1.8	2.2	2.8	x3.8
Canada	2.2	2.1	1.8	1.3	1.1	1.4	1.9	1.8	2.0	2.1

0341 FISH FRSH,CHLLD,EX FILLT

POISSON FRAIS, REFRIGERE 0341

TRADE BY COMMODITY IN THOUSAND U.S. DOLLARS – COMMERCE PAR PRODUIT EN MILLIERS DE DOLLARS E.U

COUNTRIES-PAYS	IMPORTS - IMPORTATIONS					COUNTRIES-PAYS	EXPORTS - EXPORTATIONS				
	1988	1989	1990	1991	1992		1988	1989	1990	1991	1992
Total	4066992	4494975	5313710	5701466	6102859	Totale	3613750	3944012	4657874	4948941	x5204344
Africa	x37401	x63503	x80933	x20688	x47855	Afrique	x158809	x193979	x264084	x201492	x194243
Northern Africa	4576	7548	2859	x703	x1655	Afrique du Nord	94692	118747	166279	141949	108518
Americas	481960	703003	706184	722855	x699896	Amériques	x612908	745387	644448	775176	x749054
LAIA	8321	13046	9518	10230	15006	ALAI	250993	329330	192682	291111	x261025
CACM	8181	10602	14244	12037	x983	MCAC	25679	43415	43947	35010	x27070
Asia	1006717	1090664	1162677	1318049	x1505681	Asie	615526	704038	736691	793717	x942396
Middle East	x13657	19706	x16162	x17496	x21105	Moyen-Orient	x5765	x19934	x30554	x28434	x29423
Europe	2377667	2468765	3277690	3453890	3804801	Europe	2067123	2158289	2782858	2822037	3120161
EEC	2226240	2324772	3100366	3224512	3521318	CEE	1333022	1403326	1777154	1885844	2043950
EFTA	142265	139143	169607	215780	261360	AELE	686696	701262	911936	836851	956343
Oceania	x34878	x39805	x34592	x41680	x37170	Océanie	x52804	x66332	x87501	x76598	x140798
Japan/Japon	761386	813943	859003	983055	1115141	Norway,SVD,JM	487477	502932	660333	611147	777572
USA/Etats-Unis d'Amer	403453	610294	609662	615075	605864	France,Monac	289674	338734	419450	427573	454408
France,Monac	409104	428952	587824	611221	687257	Denmark/Danemark	323249	282925	365313	356572	406430
Spain/Espagne	327051	383800	527632	639192	731105	United Kingdom	223756	271673	325197	378556	386442
Italy/Italie	360567	380727	514908	535868	564028	Netherlands/Pays-Bas	202422	195691	259976	278079	289087
Germany/Allemagne	338523	337419	400313	403273	443066	Canada	172093	187131	220413	262389	259259
Denmark/Danemark	247064	215959	324626	307925	316679	USA/Etats-Unis d'Amer	x148331	171095	182664	181214	192324
Netherlands/Pays-Bas	173620	191765	259658	296997	317868	China/Chine	171060	168086	175467	181146	191196
United Kingdom	202858	206157	252620	197723	195416	Iceland/Islande	133999	141337	184581	160184	131047
Belgium-Luxembourg	133554	140328	178829	180612	199405	Chile/Chili	162994	209986	74843	90976	x165288
Hong Kong	145871	137010	160988	166813	184421	Former USSR/Anc. URSS	x48049	x36925	x98757	x236672	96563
Former USSR/Anc. URSS	x79434	x85795	x31622	x132906	72071	Hong Kong	117181	131467	134956	99645	96563
Switz.Liecht	65269	60571	71731	71103	72071	Indonesia/Indonésie	39225	60341	113609	174008	195154
Canada	53167	59879	65656	77334	68204	Morocco/Maroc	72546	91481	114635	103431	79066
Sweden/Suède	56305	53773	53911	51871	60460	Spain/Espagne	72993	77307	119407	104182	106728
Malaysia/Malaisie	40905	43025	48356	52737	x49466	Korea Republic	140675	115074	89340	90692	85746
Singapore/Singapour	33118	38918	40365	50126	60299	Ireland/Irlande	59982	67433	77922	94920	116921
Norway,SVD,JM	8924	12124	27916	74976	109679	Uruguay	58318	62382	60865	100048	2332
Senegal/Sénégal	x1159	35261	43202	x9	x4	Faeroe Islds/Is Féroé	33872	41468	79651	88044	x86254
Portugal	15451	16662	20686	26214	33107	Senegal/Sénégal	49751	57468	86928	x48582	x69075
Guam	x19826	x23273	x17251	x16623	x19280	Belgium-Luxembourg	49642	51264	57282	63379	53298
Greece/Grèce	11508	17007	21183	17741	x23387	Sweden/Suède	49879	47509	61673	62290	43529
Austria/Autriche	10261	11127	13894	14596	16128	Singapore/Singapour	33293	49953	56628	55166	60623
Thailand/Thaïlande	3752	9842	13135	13365	31679	Japan/Japon	37293	50384	46960	58540	57224
Costa Rica	7927	10227	14171	11929	x913	Portugal	36626	41223	51013	50028	43278
Poland/Pologne	17281	14650	11376	9173	x5550	Italy/Italie	41462	27742	37044	50530	51938
Korea Republic	2442	3827	11830	18309	15282	Germany/Allemagne	24286	27774	41063	30009	x21583
China/Chine	2141	18663	6473	8177	19864	Costa Rica	24420	41535	41063	39908	44332
Australia/Australie	5975	6916	10357	9390	9137	New Zealand	31089	32061	36461	28129	x88886
Ireland/Irlande	6941	5996	12087	7747	9999	Thailand/Thaïlande	26857	28757	28129	28350	x88886
Cote d'Ivoire	x9870	x11635	x5053	x7690	x18524	Mexico/Mexique	17599	17869	14499	43730	25720
Brazil/Brésil	2425	7995	5822	7048	5820	Greece/Grèce	8931	12230	21809	32259	x75028
Former GDR	x22399	x17736	x2275			Guam	x6977	x17692	x31127	x16862	x21147
Solomon Isls	x8070	x6461	x4786	x8604	x4562	Philippines	6855	x36873	7932	18907	17507
Jordan/Jordanie	x419	4571	3917	7881	9288	Poland/Pologne	25059	15640	22990	24518	x33849
Cameroon/Cameroun	x12704	60	x16039	67	x15759	Tunisia/Tunisie	10299	17331	26647	18417	16334
Andorra/Andorre	x3207	x4028	x4721	x5993	x4813	Malaysia/Malaisie	12890	13209	20684	24489	x74579
Martinique	5980	4772	4522	5151	5683	Ecuador/Equateur	15	x16672	16360	23832	37405
Bulgaria/Bulgarie	x7848	x10692	x2214	x1158	131	Turkey/Turquie	984	14474	16992	13503	13588
Kuwait/Koweït	x5838	11564	x1577	x826	x2809	Australia/Australie	7279	9572	15181	16214	19215
Macau/Macao	1827	3100	4536	3450	3897	Egypt/Egypte	x11551	x9659	x13897	x17123	x11284
Libyan Arab Jamahiriya	4296	5912	2442	x68	x96	Yugoslavia SFR	13153	11834	13637	x10177	
Mexico/Mexique	3992	2572	3115	2534	5392	Venezuela	1228	8548	10845	9735	9579
Reunion/Réunion	1937	2099	2528	2850	2738	Czechoslovakia	x7919	x8839	x8085	x11536	x15154
Gabon	x917	x2017	x2182	x2927	x2879	Korea Dem People's Rp	x5933	x5438	x7674	x10820	x15591
Fiji/Fidji	355	2236	1389	3217	2027	Argentina/Argentine	3562	6611	6126	7210	4249
Saudi Arabia	x4266	30	x4701	x1979	x1733	Myanmar	x14	x3660	x7473	x6887	x6724
Malta/Malte	x150	x195	1327	x5165	x9780	Brazil/Brésil	4554	4246	5847	5822	8841
Finland/Finlande	1455	1507	2071	2811	2964	India/Inde	3519	x7715	3573	4192	x6852
Cyprus/Chypre	1013	1188	2110	2711	3186	Israel/Israël	3865	3992	5443	5746	5536

(VALUE AS % OF TOTAL)(VALEUR EN % DU TOTAL)

	1983	1984	1985	1986	1987	1988	1989	1990	1991	1992		1983	1984	1985	1986	1987	1988	1989	1990	1991	1992
Africa	4.3	x1.6	3.4	x1.6	x1.4	x0.9	x1.4	x1.5	x0.4	x0.8	Afrique	x20.7	x10.6	8.9	x5.6	x5.6	x4.4	x4.9	x5.7	x4.1	x3.7
Northern Africa	0.3	x0.0	0.1	x0.0	x0.0	0.1	0.2	0.1	x0.0	x0.0	Afrique du Nord	1.3	1.7	2.5	2.7	3.0	2.6	3.0	3.6	2.9	2.1
Americas	22.7	x26.3	x14.4	13.1	12.0	11.8	15.6	13.3	12.6	x11.4	Amériques	x7.2	x8.5	x9.1	x15.2	x11.2	x17.0	18.9	13.9	15.7	x14.4
LAIA	x0.0	x0.1	x0.2	0.3	0.3	0.2	0.3	0.2	0.2	x0.2	ALAI	x2.4	x2.2	2.0	x2.4	x2.0	6.9	8.4	4.1	5.9	x5.0
CACM	x0.0	x0.0	x0.0	x0.0	0.2	0.2	0.2	0.3	0.2	x0.0	MCAC	x0.2	x0.2	x0.3	x0.4	x0.5	0.7	1.1	0.9	0.7	x0.5
Asia	25.4	27.1	28.0	33.4	25.3	24.7	24.2	21.9	23.2	x24.7	Asie	11.8	13.9	12.8	12.1	16.4	17.0	17.9	15.8	16.0	x18.1
Middle East	x1.1	x0.9	x0.9	x0.5	x0.7	x0.3	0.4	x0.3	x0.3	x0.3	Moyen-Orient	x1.4	x1.0	1.1	1.0	x0.8	x0.2	x0.5	x0.7	x0.6	x0.6
Europe	47.2	44.8	53.8	51.5	56.9	58.5	54.9	61.7	60.6	62.3	Europe	58.5	64.8	67.4	64.9	63.4	57.2	54.7	59.7	57.0	60.0
EEC	44.3	42.3	50.5	48.2	53.2	54.7	51.7	58.3	56.6	57.7	CEE	44.6	47.9	48.9	46.3	43.1	36.9	35.6	38.2	38.1	39.3
EFTA	2.5	2.5	3.3	3.2	3.4	3.5	3.1	3.2	3.8	4.3	AELE	13.1	16.2	17.6	17.8	18.7	19.0	17.8	19.6	16.9	18.4
Oceania	x0.3	x0.3	x0.5	x0.3	x0.3	x0.9	x0.9	x0.6	x0.8	x0.7	Océanie	x1.8	x2.2	x1.7	x2.1	x1.3	x1.5	x1.7	x1.9	x1.5	x2.7
Japan/Japon	15.3	15.5	16.0	19.6	18.4	18.7	18.1	16.2	17.2	18.3	Norway,SVD,JM	7.9	9.9	10.4	11.3	12.7	13.5	12.8	14.2	12.3	14.9
USA/Etats-Unis d'Amer	21.3	24.6	12.1	10.9	9.9	9.9	13.6	11.5	10.8	9.9	France,Monac	10.2	10.0	11.4	11.0	10.3	8.0	8.6	9.0	8.6	8.7
France,Monac	8.9	8.8	9.8	9.3	10.2	10.1	9.5	11.1	10.7	11.3	Denmark/Danemark	12.1	13.0	11.9	11.3	10.2	8.9	7.2	7.8	7.2	7.8
Spain/Espagne	4.3	2.9	4.7	5.3	6.6	8.0	8.5	9.9	11.2	12.0	United Kingdom	6.2	6.6	7.2	7.1	7.4	6.2	6.9	7.0	7.6	7.4
Italy/Italie	5.5	6.0	8.1	6.9	7.7	8.9	8.5	9.7	9.4	9.2	Netherlands/Pays-Bas	9.0	10.2	8.9	7.9	6.4	5.6	5.0	5.6	5.6	5.6
Germany/Allemagne	9.5	9.0	9.8	8.7	8.7	8.3	7.5	7.5	7.1	7.3	Canada	3.9	5.6	6.6	5.0	4.4	4.8	4.7	4.7	5.3	5.0
Denmark/Danemark	5.1	4.9	5.2	5.3	6.4	6.1	4.8	6.1	5.4	5.2	USA/Etats-Unis d'Amer				x0.8	4.1	x4.1	4.3	3.9	3.7	3.7
Netherlands/Pays-Bas	2.8	2.7	3.5	3.7	4.6	4.3	4.3	4.9	5.2	5.2	China/Chine				4.9	4.7	4.3	3.8	3.7	3.7	3.7
United Kingdom	4.5	4.5	5.4	4.9	4.7	5.0	4.6	4.8	3.5	3.3	Iceland/Islande	2.0	2.6	4.0	4.4	4.3	3.7	3.6	4.0	3.2	2.5
Belgium-Luxembourg	2.9	2.8	3.3	3.1	3.3	3.3	3.1	3.4	3.2	3.3	Chile/Chili	x0.3	x0.2	x0.3	x0.5	x0.7	4.5	5.3	1.6	1.8	x3.2

259

0342 FISH FROZEN, EXCL FILLETS / POISSONS CONGELES 0342

TRADE BY COMMODITY IN THOUSAND U.S. DOLLARS – COMMERCE PAR PRODUIT EN MILLIERS DE DOLLARS E.U

COUNTRIES–PAYS	1988	1989	1990	1991	1992	COUNTRIES–PAYS	1988	1989	1990	1991	1992
Total	6527136	6520984	7151206	8422837	8498043	Totale	x6129859	x5204691	5805520	x6712610	x6321753
Africa	x200239	x181372	x207437	x317813	x322147	Afrique	x197913	x197192	x246797	x240348	x354948
Northern Africa	x16671	x26233	x27691	x20815	x15575	Afrique du Nord	23858	22900	51253	x38928	22751
Americas	x230889	x586899	517866	515165	x542814	Amériques	x2850114	x1914302	x2258114	x2304615	x2652151
LAIA	22607	36439	55732	57649	42677	ALAI	217977	x227396	391269	480335	x552239
CACM	x1732	x1144	x3615	x2575	x6158	MCAC	x26388	x49795	x49532	x60535	x70513
Asia	4294115	4106649	4348241	5085286	5465104	Asie	1190516	1149292	1188431	1356035	x1492575
Middle East	x51327	x30785	x40237	x50702	x72082	Moyen–Orient	32526	36214	39265	36577	x13433
Europe	1513296	1433881	1979900	2254036	2064366	Europe	1149907	1280824	1556992	1741858	1536264
EEC	1422947	1328522	1835207	2006813	1921003	CEE	786689	937967	973099	1043909	1007684
EFTA	71442	76233	115130	119294	125827	AELE	322165	314934	551331	648313	488582
Oceania	x228378	x140565	x58158	x109487	x67855	Océanie	x181272	x166142	x144266	x220336	x265262
Japan/Japon	3198588	2914380	3051160	3374482	3779903	USA/Etats–Unis d'Amer	x1969660	1052236	1364330	1350729	1599208
Thailand/Thaïlande	537575	666101	722308	938205	775179	Former USSR/Anc. URSS	x438369	x442085	x381608	x841087	
Spain/Espagne	339681	300519	433749	476597	395948	Korea Republic	471883	454113	393751	434801	427435
USA/Etats–Unis d'Amer	114211	433268	367390	346656	367735	Norway,SVD,JM	189359	202635	438269	519448	347778
Italy/Italie	300417	322597	395404	377095	373603	Canada	512303	442255	306101	252847	240395
France,Monac	285232	223394	306497	291926	283184	Spain/Espagne	173490	333600	306101	252847	240395
Korea Republic	227348	190536	195070	294828	263293	Netherlands/Pays–Bas	176340	194281	204239	198677	160889
Germany/Allemagne	118319	119213	169988	182919	185969	Japan/Japon	223376	189367	239018	253297	279424
Denmark/Danemark	89144	81444	132853	216953	203752	Denmark/Danemark	118210	162255	191881	217961	
United Kingdom	104506	103695	141085	154197	168959	Thailand/Thaïlande	70640	86979	150955	168379	165498
Portugal	71263	67491	118297	160894	165513	Singapore/Singapour	141983	113692	144450	138805	x255980
Singapore/Singapour	106651	101164	102115	124205	156231	France, Monac	118944	120126	142162	133276	129352
Canada	69528	82707	75092	89223	96997	Chile/Chili	25		165617	213434	121346
Cote d'Ivoire	x84436	x76887	x61106	x93244	x143361	New Zealand			165617	213434	x310619
Hong Kong	38297	56817	65321	104147	116832	Panama	138177	117957	105238	150475	168244
China/Chine	55009	67827	70271	73244	175437	Iceland/Islande	x88974	x82228	x105434	x128781	x157243
Netherlands/Pays–Bas	49131	50666	63107	75161	76261	China/Chine	88729	87491	86293	109179	120575
American Samoa	x179240	x94482	x12092	x63010	x23867	Argentina/Argentine	42439	63978	97895	89880	106760
Norway,SVD,JM	11872	27310	63830	69799	65195	So. Africa Customs Un	x59561	x45092	x59781	x86529	x103050
Nigeria/Nigéria	x39512	x32190	x45487	x68719	x98686	Indonesia/Indonésie	44355	48286	59309	68875	73673
Philippines	38757	x30797	50092	65003	63775	Hong Kong	42019	58359	51623	61351	76080
Former USSR/Anc. URSS	x21870	x41865	x8614	x82993		Portugal	31259	36812	62751	70411	51845
Andorra/Andorre	x1617	x2719	x2933	x113217	x4166	United Kingdom	52672	41134	52680	72569	91627
Brazil/Brésil	11241	25699	45316	40032	19785	Honduras	x23516	x43090	x45745	x56542	x67101
Greece/Grèce	28933	34167	40444	35090	x32961	Germany/Allemagne	23827	31099	37478	61071	57275
Malaysia/Malaisie	21269	28760	28591	35382	x32993	Cote d'Ivoire	x22076	x43643	x57834	x24825	x32070
Belgium–Luxembourg	30057	21081	27115	29815	29143	Ireland/Irlande	52515	36932	39729	44877	38024
Australia/Australie	20250	23735	23888	20386	26316	India/Inde	14116	x23743	40473	51869	x83504
Switz. Liecht	27068	19956	21895	20068	21830	Mexico/Mexique	62547	52812	37012	23206	8727
Sweden/Suède	24960	21287	20860	19203	28494	Colombia/Colombie	15111	23000	32005	49803	44455
Cameroon/Cameroun	x1026	4	x2184	51019	x42	Morocco/Maroc	22848	22476	48363	29095	20689
Israel/Israël	14145	14561	17516	20861	20940	Faeroe Islds/Is Féroé	39490	26250	31030	42321	x30867
Czechoslovakia	x22622	24923	21933	x4908	x7816	Uruguay	x21093	x25313	x23748	x43107	37020
Yugoslavia SFR	15732	23393	22571	x4802		Oman	30254	25838	30476	27625	x6066
Egypt/Egypte	x9583	x14235	x19644	x16767	x13925	Italy/Italie	24861	28571	28602	26630	28338
Poland/Pologne	174		38	48683	x25485	Mauritania/Mauritanie	x22889	x26123	x29571	x19748	x44609
Fiji/Fidji	16915	13724	15443	13782	1704	Ecuador/Equateur	31895	x28000	26299	15219	10469
Mauritius/Maurice	x3242	x6398	16160	18698	18146	Bulgaria/Bulgarie	x91129	x40441	x25036	x3858	x4288
Togo	10274	9590	11408	14050	x3218	Venezuela	5243	25856	18826	14866	7581
So. Africa Customs Un	7970	6795	14684	x11519	x9502	Brazil/Brésil	19481	16978	15228	22291	26417
United Arab Emirates	x20939	x7284	x9863	x12502	x15123	Sweden/Suède	38161	18701	21436	13847	14154
Iran (Islamic Rp of)	x6025	x6406	x7971	x10174	x11186	Ghana	x3334	x11057	x22083	x18007	x14066
Ghana	x4576	x9156	x7218	x7026	x9049	Maldives	x17335	x20556	x17668	x10836	x4299
Turkey/Turquie	848	1969	6479	8928	16350	Australia/Australie	8973	12917	14923	16468	16401
Ireland/Irlande	6264	4255	6608	6167	5711	Korea Dem People's Rp	x35010	x19517	x14542	x9132	x12221
Finland/Finlande	5196	5331	5647	5844	4808	Philippines	26021	x9330	23474	9842	8759
Argentina/Argentine	6570	3581	2704	9206	15452	Greenland/Groenland	20076	21146	14561	6587	8308
Panama	x8618	x14375	19	76	175	Belgium–Luxembourg	12988	11453	12808	11842	11474
Seychelles	7312	4567	4217	5021	x4060	Solomon Isls	x27910	x20772	x6670	x5475	x5888
Reunion/Réunion	3689	3898	4243	5370	4804	Malaysia/Malaisie	5666		12085	9836	x17194

(VALUE AS % OF TOTAL)(VALEUR EN % DU TOTAL)

	1983	1984	1985	1986	1987	1988	1989	1990	1991	1992		1983	1984	1985	1986	1987	1988	1989	1990	1991	1992
Africa	x1.9	x7.2	x4.9	x4.6	x2.6	x3.0	x2.8	x2.9	x3.7	x3.8	Afrique	x3.2	x5.2	x2.5	x3.5	x3.4	x3.3	x3.8	x4.2	x3.6	x5.6
Northern Africa	0.1	0.3	0.7	1.1	0.4	0.3	0.4	0.4	0.2	0.2	Afrique du Nord	0.2	0.5	0.5	1.0	0.6	0.4	0.4	0.9	x0.6	0.4
Americas	x2.9	x3.0	x4.9	5.4	x5.0	3.5	x9.0	7.3	6.1	x6.4	Amériques	24.6	x29.8	x35.6	x53.0	x46.0	x46.5	x36.8	x38.9	x34.3	x42.0
LAIA	0.4	x0.5	0.3	1.0	1.1	0.3	0.6	0.8	0.7	0.5	ALAI	x3.7	x8.1	x12.6	x6.5	x5.2	3.6	x4.4	6.7	7.2	x8.7
CACM	x0.1	x0.2	x0.1	x0.1	x0.1	x0.0	x0.0	x0.1	x0.0	x0.1	MCAC	x0.0	x0.0	x0.1	x0.2	x0.3	x0.4	x1.0	0.9	x0.9	x1.1
Asia	x59.2	58.9	60.8	62.1	61.5	65.8	63.0	60.8	60.4	64.3	Asie	35.5	34.0	29.7	21.5	19.4	19.5	22.0	20.5	20.2	x23.7
Middle East	x1.8	x0.7	x1.1	x1.0	x0.9	x0.8	x0.5	x0.6	x0.6	x0.8	Moyen–Orient	x1.0	x1.2	x0.8	1.0	0.7	0.5	0.7	0.7	0.5	x0.2
Europe	32.4	29.2	27.6	26.7	29.2	26.7	22.0	27.7	26.8	24.3	Europe	31.6	26.7	27.7	19.2	17.9	18.8	24.6	26.8	25.9	24.3
EEC	30.3	26.8	25.7	24.7	27.5	21.8	20.4	25.7	23.8	22.6	CEE	24.1	20.1	21.4	14.3	12.9	12.8	16.8	16.8	15.6	15.9
EFTA	1.7	1.7	1.4	1.5	1.4	1.1	1.2	1.6	1.4	1.5	AELE	6.5	5.8	5.3	4.0	4.4	5.3	6.1	9.5	9.7	7.7
Oceania	x3.6	x1.6	x1.6	x1.2	x1.0	x3.5	x2.2	x0.8	x1.3	x0.8	Océanie	x5.2	x4.5	x4.4	x2.7	x2.8	x3.0	x3.2	x2.5	x3.3	x4.2
Japan/Japon	52.3	51.9	52.8	54.1	48.9	49.0	44.7	42.7	40.1	44.5	USA/Etats–Unis d'Amer				x29.9	x28.5	x32.1	20.2	23.5	20.1	25.3
Thailand/Thaïlande	0.0	1.1	1.5	1.0	4.7	8.2	10.2	10.1	11.1	9.1	Former USSR/Anc. URSS				x8.5	x7.2	x8.5	x6.6	x12.5		
Spain/Espagne	2.9	2.8	2.6	2.7	4.8	5.2	4.6	6.1	5.7	4.7	Korea Republic	18.3	16.6	13.9	10.5	8.5	7.7	8.7	6.8	6.5	6.8
USA/Etats–Unis d'Amer			2.5	2.4	2.0	1.7	6.6	5.1	4.1	4.3	Norway,SVD,JM	5.2	4.3	3.8	2.8	2.4	3.1	3.9	7.5	7.7	5.5
Italy/Italie	7.6	6.9	8.6	7.0	7.5	4.6	4.9	5.5	4.5	4.4	Canada	19.4	15.6	15.6	12.1	8.7	8.4	8.4	5.3	3.8	3.8
France, Monac	7.5	6.9	5.3	5.4	5.5	4.4	3.4	4.3	3.5	3.3	Spain/Espagne	3.8	3.7	4.6	1.9	1.7	2.8	6.4	5.3	3.8	3.8
Korea Republic	1.8	1.9	2.2	2.4	4.4	3.4	2.9	2.7	3.5	3.3	Netherlands/Pays–Bas	7.4	6.2	6.2	4.9	4.2	2.9	3.5	3.5	3.0	2.5
Germany/Allemagne	4.3	3.2	2.6	2.6	2.4	1.8	1.8	2.4	2.2	2.2	Japan/Japon	5.4	6.8	4.4	3.2	3.7	3.6	4.1	3.8	3.8	4.4
Denmark/Danemark	1.7	1.3	1.5	1.9	1.9	1.4	1.2	1.9	2.6	2.4	Denmark/Danemark	4.1	2.9	2.9	2.5	3.6	3.6	2.8	2.9	2.9	3.4
United Kingdom	3.1	2.6	2.4	2.1	2.0	1.6	1.6	2.0	1.8	2.0	Thailand/Thaïlande	0.9	1.3	2.3	1.8	1.3	1.7	1.2	1.9	3.2	x4.0

0344 FISH FILLETS, FROZEN FILETS CONGELES 0344

TRADE BY COMMODITY IN THOUSAND U.S. DOLLARS – COMMERCE PAR PRODUIT EN MILLIERS DE DOLLARS E.U

COUNTRIES–PAYS	IMPORTS – IMPORTATIONS					COUNTRIES–PAYS	EXPORTS – EXPORTATIONS				
	1988	1989	1990	1991	1992		1988	1989	1990	1991	1992
Total	2740801	3116044	3696063	4275294	4069499	Totale	2512431	2750476	3495912	x4371684	x3663972
Africa	x2446	x2936	x3427	x3629	x3717	Afrique	x51044	x32663	x44690	x112509	x122225
Northern Africa	x155	x333	x1183	x66	x1479	Afrique du Nord	7461	1398	x2320	x428	x363
Americas	900191	1219905	1175197	1273178	1076824	Amériques	x607840	x806126	x1208514	x1273490	x1082174
LAIA	16581	49248	54104	43640	31494	ALAI	x181603	x234577	x295708	x382456	x348361
CACM	x19	0	x131	x4	x19	MCAC	x399	x2812	x4229	x4384	x3216
Asia	419048	488086	553112	774187	922708	Asie	339832	321130	326152	467569	x438156
Middle East	31507	34714	x4987	x5702	x6957	Moyen–Orient	x6617	x9283	x7254	x8966	x2063
Europe	1258116	1253854	1881463	2128309	1969614	Europe	1251435	1248136	1569508	1756641	1620042
EEC	1104904	1105059	1701029	1930662	1787062	CEE	621824	614765	813130	878527	717924
EFTA	149357	144525	172363	190677	172156	AELE	556626	537956	641446	738729	775815
Oceania	x62133	x60083	x57338	x69528	x81959	Océanie	x174191	x192194	x197649	x226769	x277198
USA/Etats–Unis d'Amer	850053	1130667	1086304	1195945	1006997	Canada	302075	302425	532664	487091	329717
Japan/Japon	320184	347316	434749	585581	727313	Iceland/Islande	294227	333475	458517	515649	469571
United Kingdom	300728	287593	450306	455171	446198	Denmark/Danemark	308623	296268	391631	426457	331264
France, Monac	258065	267942	394464	431813	375837	USA/Etats–Unis d'Amer	x78720	202991	230594	312162	304270
Germany/Allemagne	220798	216409	364661	468028	418904	Former USSR/Anc. URSS	x84288	x147718	x148608	x410588	299402
Italy/Italie	130946	126851	188981	237640	181983	Norway, SVD, JM	253565	198451	171166	215820	299402
Denmark/Danemark	74954	90982	111960	102841	117868	Korea Republic	215505	191215	154279	196319	128377
Spain/Espagne	53090	48216	81107	101965	123629	Netherlands/Pays–Bas	143356	130850	179433	196780	161345
Sweden/Suède	66045	57433	71148	75632	76177	New Zealand	158053	148486	148786	191406	227330
Australia/Australie	60387	57531	55476	67305	65450	Argentina/Argentine	98600	105582	154136	199904	174503
Korea Republic	16650	44966	39286	83544	61596	Faeroe Islds/Is Féroé	72919	95402	114406	138846	x122700
Belgium–Luxembourg	35471	32598	48180	58013	52422	Germany/Allemagne	78611	97770	117849	124748	102912
Brazil/Brésil	14659	45265	49802	40827	27930	Chile/Chili	x32134	x52014	59238	67427	x100399
Switz. Liecht	34388	34751	36841	39999	34994	Uruguay	x31613	x50352	x46604	79624	51801
Israel/Israël	23277	29345	32897	43866	47889	Thailand/Thaïlande	29785	38082	47594	x78389	x89130
Netherlands/Pays–Bas	20847	20839	36154	42895	41742	Japan/Japon	54798	45518	48689	54281	51470
Canada	30527	36569	32396	30650	34719	Greenland/Groenland	29965	45919	59156	41294	42967
Former USSR/Anc. URSS	x76351	x72215	x19625	x6840		Australia/Australie	16024	43445	48596	34263	49737
Austria/Autriche	21583	23251	27523	32264	30932	Poland/Pologne				x123641	x123447
Finland/Finlande	24873	25181	26622	28237	23477	United Kingdom	32601	30438	39653	37602	29922
Hong Kong	16820	17885	28858	31792	40659	St Pierre & Miquelon	x6974	x9666	x63798	x19075	x24596
Saudi Arabia	26764	29990	x997	x2079	x1511	Ireland/Irlande	23561	22351	30360	29506	30340
Singapore/Singapour	8598	10022	7720	13445	14369	Kenya	7087	x17953	18328	x34443	x39364
Czechoslovakia	x15138	14576	3405	x10680	x4089	France, Monac	17618	17435	24152	27070	24628
Norway, SVD, JM	2465	3813	10149	14536	6458	Singapore/Singapour	12470	15419	14918	35173	35022
Greece/Grèce	4670	5699	8097	10885	x9994	China/Chine	3101	6479	18883	36230	77954
Ireland/Irlande	2445	2517	9904	11133	8267	Peru/Pérou	x7562	9465	21557	x23702	x8161
Portugal	2891	5412	7215	10278	10220	So. Africa Customs Un	x15963	x11899	x18436	x20492	x42798
Yugoslavia SFR	2711	3604	6825	x3501		Spain/Espagne	4000	8265	12471	18068	13176
Thailand/Thaïlande	283	2756	2267	8839	8150	Hong Kong	2362	5263	7069	18751	13567
Poland/Pologne				x6060	x9153	Liberia/Libéria	x6566	x35	x1822	x28294	x423
Mexico/Mexique	153	1660	2822	1539	1940	Cayman Is/Is Caïmans		x6418	x9971	x10492	x9449
Cyprus/Chypre	1341	1911	2041	2027	3033	Belgium–Luxembourg	9284	5454	9441	10035	12127
So. Africa Customs Un	1322	1781	981	x2379	x919	Panama	x927	x781	11307	11284	12790
Hungary/Hongrie	x1510	x615	x1185	2877	x1324	Senegal/Sénégal	x18069		7627	x21577	x31834
Colombia/Colombie	1635	1605	1184	992	1279	Brazil/Brésil	7998	7627	5761	5563	6530
Bermuda/Bermudes	106	x1167	x886	x917	x939	India/Inde	7631	x1322	9075	7395	x2052
Bulgaria/Bulgarie	x526	x2861		x6	101	Indonesia/Indonésie	348	1867	4331	10010	12170
Malaysia/Malaisie	600	667	983	711	x3340	Viet Nam	x3906	x3178	x3838	x7753	x12702
United Arab Emirates	x1031	x484	x1075	x800	x1018	Portugal	2387	4440	5895	3994	8446
Kuwait/Koweït	x2038	x1941	x145	x158	x290	Sweden/Suède	6817	4088	4104	4661	2559
Former GDR	x5338	x905	x1312			Oman	x3919	x3446	x3756	x3854	x499
Faeroe Islds/Is Féroé	499	295	391	1426	x4804	Ecuador/Equateur		x3583	2898	4174	3859
Papua New Guinea	488	492	525	x699	x948	Pakistan	1501	1411	4658	5042	4630
American Samoa	x29	x1575	x6	x85	x7	Finland/Finlande	x240	x907	6250	1614	3531
New Zealand	332	126	773	723	435	Honduras			x3314	x4208	x1565
Reunion/Réunion	281	341	380	581	776	Italy/Italie	1707	1141	2159	4201	3733
Andorra/Andorre	x105	x63	x59	x1114	x46	Venezuela	x163	x4139	2763	3	16
Malta/Malte	x332	x236	478	x509	x464	Mexico/Mexique	3501	1776	2368	1870	1196
Egypt/Egypte	0	x6	x1145	x7	x9	Bangladesh	x11	x19	x210	x107	

(VALUE AS % OF TOTAL) (VALEUR EN % DU TOTAL)

	1983	1984	1985	1986	1987	1988	1989	1990	1991	1992		1983	1984	1985	1986	1987	1988	1989	1990	1991	1992
Africa	x0.0	0.1	0.2	x0.1	0.2	x0.0	x0.1	x0.1	x0.1	x0.1	Afrique	x1.2	x1.4	x1.3	x2.3	x2.2	x2.0	x1.2	x1.3	x2.6	x3.4
Northern Africa	x0.0	x0.0	0.0	0.0	0.0	x0.0	x0.0	x0.0	x0.0	x0.0	Afrique du Nord	0.4	0.6	0.4	0.5	0.2	0.3	0.1	x0.1	x0.0	x0.0
Americas	x54.7	x52.1	x52.1	44.5	45.2	32.8	39.2	31.8	29.7	26.5	Amériques	x23.5	x24.9	x23.2	23.8	25.8	x24.2	x29.3	x34.5	x29.1	x29.5
LAIA	0.1	x0.3	x0.3	1.1	0.6	0.6	1.6	1.5	1.0	0.8	ALAI	x2.8	x4.5	6.0	7.2	8.7	x7.2	x8.5	x8.7	x9.0	x9.5
CACM	x0.0	x0.0	x0.0	x0.0	x0.0	x0.0	0.0	x0.0	x0.0	x0.0	MCAC	x0.0	x0.0		0.0	0.0	0.0	x0.1	x0.1	x0.1	x0.1
Asia	x4.9	7.6	x5.2	6.5	5.9	15.3	15.7	15.0	18.1	22.6	Asie	9.1	10.5	10.6	9.9	12.1	13.5	11.7	9.3	10.7	x11.9
Middle East	x0.5	2.6	x0.3	1.2	1.0	1.1	1.1	x0.1	x0.1	x0.2	Moyen–Orient	x0.2	x0.1	x0.1	x0.3	x0.3	x0.3	x0.3	x0.2	x0.2	x0.1
Europe	36.5	35.7	38.8	46.2	43.0	45.9	40.2	50.9	49.8	48.4	Europe	62.8	57.8	59.1	57.4	54.7	49.8	45.4	44.9	40.2	44.2
EEC	31.4	30.8	34.3	40.8	37.7	40.3	35.5	46.0	45.2	43.9	CEE	25.6	25.2	26.1	27.4	27.7	24.7	22.2	23.3	20.1	19.6
EFTA	4.7	4.9	4.3	5.3	5.1	5.4	4.6	4.7	4.5	4.2	AELE	31.0	27.4	27.7	25.5	24.1	22.2	19.6	18.3	16.9	21.2
Oceania		3.8	x4.4	x3.8	x2.7	x2.7	x2.3	x2.0	x1.5	x1.6	x2.0	Océanie	x3.4	x5.4	5.8	x6.5	x5.0	x7.0	x5.6	x7.5	x7.6
USA/Etats–Unis d'Amer	53.7	50.6	50.4	42.3	43.5	31.0	36.3	29.4	28.0	24.7	Canada	18.8	19.4	15.7	13.7	14.1	12.0	11.0	15.2	11.1	9.0
Japan/Japon	2.4	2.8	2.6	2.6	2.7	11.7	11.1	11.8	13.7	17.9	Iceland/Islande	18.9	16.5	17.9	15.6	12.9	11.7	12.1	13.1	11.8	12.8
United Kingdom	11.4	11.0	12.2	13.2	11.1	11.0	9.2	12.2	10.6	11.0	Denmark/Danemark	12.8	13.1	13.1	14.8	15.1	12.3	10.8	11.2	9.8	9.0
France, Monac	6.9	6.1	7.2	8.1	8.5	9.4	8.6	10.7	10.1	9.2	USA/Etats–Unis d'Amer		x1.4	x3.1	7.4	6.6	7.1	8.3
Germany/Allemagne	5.2	5.5	6.2	8.5	6.9	8.1	6.9	9.9	10.9	10.3	Former USSR/Anc. URSS				x0.3	x5.4	x4.3	x9.4
Italy/Italie	3.7	3.6	4.1	4.7	5.1	4.8	4.1	5.6	5.5	4.5	Norway, SVD, JM	11.8	10.7	9.5	9.7	11.0	10.1	7.2	4.9	4.9	8.2
Denmark/Danemark	1.1	1.4	1.9	2.4	2.4	2.7	2.9	3.0	2.4	2.9	Korea Republic	5.0	6.3	6.2	5.9	7.3	8.6	7.0	4.4	4.5	3.5
Spain/Espagne	0.6	0.8	0.5	0.9	1.3	1.9	1.5	2.2	2.4	3.0	Netherlands/Pays–Bas	4.5	4.8	5.8	5.5	5.6	5.7	4.8	5.1	4.5	4.4
Sweden/Suède	2.5	2.4	2.2	2.3	2.1	2.1	1.8	1.9	1.8	1.9	New Zealand	3.4	5.4	5.7	6.3	4.7	6.3	5.4	4.3	4.4	6.2
Australia/Australie	3.7	4.3	3.7	2.6	2.7	2.2	1.8	1.5	1.6	1.6	Argentina/Argentine		1.5	3.4	4.1	4.8	3.9	3.8	4.4	4.6	4.8

261

03503 FISH(EX COD)DRIED,SALTED — POISSONS SECHES,SALES 03503

TRADE BY COMMODITY IN THOUSAND U.S. DOLLARS – COMMERCE PAR PRODUIT EN MILLIERS DE DOLLARS E.U

IMPORTS – IMPORTATIONS

COUNTRIES–PAYS	1988	1989	1990	1991	1992
Total	1509735	1066490	1250174	1410292	1391345
Africa	x28727	x30939	x25909	x25053	x23286
Northern Africa	x2972	x2157	x525	x712	x756
Americas	x151880	x148423	x164698	x190872	x212314
LAIA	x30279	35568	47684	54537	45749
CACM	274	95	30	43	x268
Asia	598698	219703	234447	296598	371160
Middle East	x3162	x2154	x1345	x2628	x1967
Europe	666452	605499	793025	879808	774190
EEC	633825	573668	748510	837313	744762
EFTA	32140	31362	44051	41081	28615
Oceania	x3640	x6211	x4972	x4954	x5410
Portugal	258090	192994	247022	295884	233487
Hong Kong	155929	146760	161755	194691	266430
Italy/Italie	135171	136366	147408	174899	125610
Spain/Espagne	123094	117454	169189	171161	182911
USA/Etats–Unis d'Amer	83145	69882	76347	91431	98043
Germany/Allemagne	30384	34993	59531	61652	62278
Brazil/Brésil	x30116	35137	46601	52850	43928
Denmark/Danemark	32002	34858	48917	43754	44001
Sri Lanka	29555	27534	32224	52979	41651
France,Monac	20991	20378	26976	36764	30367
Greece/Grèce	16865	19591	25984	25238	x34637
Former USSR/Anc. URSS	x51557	x42041	x19768	x467	
Norway,SVD,JM	13416	14026	24089	19451	5922
Netherlands/Pays–Bas	9980	9736	13884	17965	20555
Japan/Japon	356123	14336	14173	12412	13642
Sweden/Suède	11796	11737	13355	14887	13421
Dominican Republic	x7408	x11278	x10139	x11769	x20685
Poland/Pologne	x6948	x10818	x5537	x12351	x4649
Martinique	6073	6770	8618	10752	9886
Singapore/Singapour	27274	6942	7557	10198	12184
Congo	x7283	x6173	x7335	x10619	x9480
China/Chine	12017	10035	6550	7441	23932
Malaysia/Malaisie	5118	5652	5619	10565	x4298
Canada	5013	7376	6300	6217	11419
United Kingdom	4253	4355	6435	6401	7634
Guadeloupe	2103	3951	6371	6616	8100
Zaire/Zaïre	x3403	x8652	x4306	x907	x1134
Finland/Finlande	5546	4390	4862	4551	7285
Australia/Australie	3100	4365	2913	3298	4643
Gabon	x2921	x3222	x2891	x3025	x3154
Belgium–Luxembourg	2691	2459	2571	2732	2766
Nigeria/Nigéria	x4316	x1685	x2490	x2543	x3150
Israel/Israël	1668	1775	2067	2479	2323
Angola	x953	x1840	2292	x1427	x311
Jamaica/Jamaïque	7140	3097	1575	157	x5413
Reunion/Réunion	1234	1099	1521	1517	2866
Switz.Liecht	1084	979	1337	1663	1435
Cameroon/Cameroun	x1048	1074	x1120	1505	x530
New Zealand	88	346	1899	1407	232
Haiti/Haïti	x966	x1130	x1111	x1134	x1924
Former GDR	x1319	x2373	x997		
Antigua and Barbuda	x1227	x760	x962	x1220	x1648
Cuba	x1053	x1214	x31	x1597	x389
Thailand/Thaïlande	3535	1362	924	421	1238
Grenada/Grenade	x769	x693	x653	x1167	x1428
Macau/Macao	611	695	720	960	1277
Panama	x786	x775	x792	x665	x1166
Mexico/Mexique	37	149	890	1180	1340
Bermuda/Bermudes	x572	x586	x1017	x561	x430
Korea Republic	1030	1346	546	212	557

EXPORTS – EXPORTATIONS

COUNTRIES–PAYS	1988	1989	1990	1991	1992
Totale	x1236906	1038189	1306101	1360504	1307592
Afrique	x20732	x21427	x20306	x22940	x31321
Afrique du Nord	4745	5298	4220	5861	x2391
Amériques	x346815	x221663	x280463	x276858	x260173
ALAI	x30217	x30325	24091	28976	34308
MCAC	1647	1483	x2136	2921	x3859
Asie	191751	x167585	252074	203286	x269923
Moyen–Orient	x7994	x4726	x4924	x8324	x16429
Europe	645473	622028	748810	846127	738436
CEE	164721	178606	242423	263672	218859
AELE	420763	386359	449625	519094	484314
Océanie	x15495	x5052	x4337	x9593	x7679
Iceland/Islande	243707	202960	238775	244693	197827
Norway,SVD,JM	176490	183226	210583	273856	283224
Canada	154200	143455	193329	181809	168349
Denmark/Danemark	54498	64468	88782	105483	95134
Faeroe Islds/Is Féroé	59921	56924	56628	63120	x35028
Spain/Espagne	37089	36931	52641	58265	25537
Hong Kong	43012	43464	46204	57320	62516
China/Chine	10210	10995	87066	18551	25865
USA/Etats–Unis d'Amer	x144089	25507	31082	46150	36226
Netherlands/Pays–Bas	22264	22150	37047	41527	36367
Indonesia/Indonésie	13472	14314	21815	27552	40244
Japan/Japon	23585	21069	20022	20533	22903
Greece/Grèce	13470	21995	17603	12369	x11623
Thailand/Thaïlande	12648	13303	16742	18730	x26181
France,Monac	13832	9998	15868	15998	17310
Pakistan	13911	12715	12922	14465	17288
Argentina/Argentine	11094	16135	10140	12037	17618
Korea Republic	14089	10917	12908	8607	7891
Ireland/Irlande	6423	5916	10360	8831	6903
Panama	x6651	x8997	x10447	x5045	x4239
Germany/Allemagne	4547	4711	8313	8221	13510
Greenland/Groenland	7306	8684	6151	5312	3189
St Pierre & Miquelon	x821	x2410	x12256	x4384	x6683
Mexico/Mexique	4587	5551	5951	6584	3908
Singapore/Singapour	23777	5688	6243	5443	9005
United Kingdom	6095	5387	5397	6318	5285
Bangladesh	6493	x7798	5429	3412	x7896
Maldives	x2710	x3650	x4434	x7851	x3881
Morocco/Maroc	4574	4737	4002	5554	1868
So. Africa Customs Un	x3703	x3875	x4656	x4277	x6297
United Arab Emirates	x3945	x2963	x3611	x5974	x13005
India/Inde	3049	x5432	2344	2286	x13699
Italy/Italie	2616	2805	3620	3528	4536
Senegal/Sénégal	x2519	3705	3526	x2222	x5833
Chile/Chili	x4098	x3693	2908	1852	x1728
Myanmar	x2216	x2974	x3269	x2031	x3311
Portugal	2989	4059	2125	1953	2052
Viet Nam	x2076	x1624	x2783	1953	x3035
Malaysia/Malaisie	1791	1927	1981	1895	x3776
Brazil/Brésil	x7945	1733	1582	1659	3073
Philippines	1109	x2620	925	1276	1850
Sri Lanka	1241	1382	1205	2065	3832
Mauritania/Mauritanie	x985	x1400	x2050	x1195	x1038
Guam	4151	x1847	x751	x1907	x3244
Kenya	242	x1473	34	x2725	x4534
Peru/Pérou	1047		1144	924	x2077	x2988
Solomon Isls				1993	x145
Korea Dem People's Rp	x8265	x1046	x788	x1993	x145
Uruguay	x707	x828	x731	x261	x90
Ghana	x848	x1289	x1110	x987	x729

(VALUE AS % OF TOTAL) (VALEUR EN % DU TOTAL)

	1983	1984	1985	1986	1987	1988	1989	1990	1991	1992		1983	1984	1985	1986	1987	1988	1989	1990	1991	1992
Africa	x1.3	x1.5	x1.2	x1.3	x1.1	x1.9	x2.9	x2.1	x1.7	x1.7	Afrique	x1.1	x1.3	x1.1	x1.3	x1.4	x1.7	x2.1	x1.6	x1.7	x2.4
Northern Africa	x0.1	x0.2	x0.1	x0.2	x0.2	x0.2	x0.2	x0.0	x0.1	x0.1	Afrique du Nord	0.1	x0.2	x0.2	0.1	0.2	0.4	0.5	0.3	0.4	x0.2
Americas	x12.6	x13.4	11.4	x11.7	x8.8	x10.0	x13.9	x13.2	x13.5	x15.3	Amériques	x44.2	x42.5	x18.6	x28.4	x23.0	x28.0	x21.4	x21.5	x20.4	x19.9
LAIA	x0.4	x0.8	x0.5	x0.4	x1.0	x2.0	3.3	3.8	3.9	3.3	ALAI	x1.9	x1.8	x2.4	x1.7	x2.2	x2.4	x2.9	1.8	2.1	2.6
CACM	x0.0	x0.0	x0.0	x0.0	0.0	0.0	0.0	0.0	0.0	x0.0	MCAC	x0.1	x0.0	x0.0	x0.0	x0.0	0.1	0.1	x0.2	0.2	x0.3
Asia	47.0	46.5	44.3	38.9	36.2	39.7	20.6	18.8	21.1	26.6	Asie	13.1	14.5	22.3	15.5	x18.1	15.5	x16.1	19.3	14.9	x20.7
Middle East	x1.2	0.8	x0.6	x0.3	x0.1	x0.2	x0.2	x0.1	x0.2	x0.1	Moyen–Orient	x0.3	x0.3	x0.4	x0.3	x0.4	x0.5	x0.6	x0.4	x0.6	x1.3
Europe	38.8	38.2	42.6	47.9	50.0	44.1	56.8	63.4	62.4	55.6	Europe	40.7	41.3	57.5	54.3	55.4	52.2	59.9	57.3	62.2	56.5
EEC	35.7	35.6	40.3	43.7	46.4	42.0	53.8	59.9	59.4	53.5	CEE	13.7	14.9	22.2	19.0	19.5	13.3	17.2	18.6	19.4	16.7
EFTA	3.0	2.6	2.3	4.1	3.6	2.9	2.9	3.5	2.9	2.1	AELE	22.9	21.8	28.9	28.6	30.4	34.0	37.2	34.4	38.2	37.0
Oceania	x0.3	x0.4	x0.4	x0.3	x0.4	x0.2	x0.5	x0.4	x0.3	x0.4	Océanie	x0.8	x0.3	x0.5	x0.5	x1.3	x0.5	x0.3	x0.3	x0.7	x0.6
Portugal	12.3	10.6	17.1	15.3	18.2	17.1	18.1	19.8	21.0	16.8	Iceland/Islande	15.6	15.3	22.2	21.2	21.2	19.7	19.5	18.3	18.0	15.1
Hong Kong	7.9	9.1	8.1	8.7	6.0	10.3	13.8	12.9	13.8	19.1	Norway,SVD,JM	6.9	6.3	6.4	7.1	8.9	14.3	17.6	16.1	20.1	21.7
Italy/Italie	7.6	9.0	8.8	8.9	10.3	8.9	12.8	11.8	12.4	9.0	Canada	12.4	12.1	15.2	13.5	11.1	12.5	13.8	14.8	13.4	12.9
Spain/Espagne	4.9	5.1	4.8	7.8	7.3	8.2	11.0	13.5	12.1	13.1	Denmark/Danemark	4.5	4.6	7.5	6.9	7.7	4.4	6.2	6.8	7.8	7.3
USA/Etats–Unis d'Amer	8.5	9.4	8.0	7.8	6.1	5.5	6.6	6.1	6.5	7.0	Faeroe Islds/Is Féroé	4.1	4.5	6.4	6.6	5.5	4.8	5.5	4.3	4.6	x2.7
Germany/Allemagne	4.0	3.6	2.7	3.2	2.5	2.0	3.3	4.8	4.4	4.5	Spain/Espagne	2.3	3.9	6.2	3.9	4.3	3.0	3.6	4.0	4.3	2.0
Brazil/Brésil	x0.1	x0.1	x0.1	x0.4	x0.2	x2.0	3.3	3.7	3.7	3.2	Hong Kong	2.7	3.3	5.0	3.3	3.0	3.5	4.2	3.5	4.2	4.8
Denmark/Danemark	2.6	2.6	2.7	2.9	3.2	2.1	3.3	3.9	3.1	3.2	China/Chine						1.0	0.8	1.1	6.7	1.4
Sri Lanka	1.2	2.1	1.8	2.3	1.8	2.0	2.6	2.6	3.8	3.0	USA/Etats–Unis d'Amer	x29.2	x27.9		x12.2	x8.7	x11.6	2.5	2.4	3.4	2.0
France,Monac	1.7	1.9	1.7	2.2	2.1	1.4	1.9	2.2	2.6	2.2	Netherlands/Pays–Bas	3.0	2.3	2.9	2.6	2.0	1.8	2.1	2.8	3.1	2.8

0371 FISH PREPARD, PRESRVD NES / CONSERVES DE POISSONS 0371

TRADE BY COMMODITY IN THOUSAND U.S. DOLLARS – COMMERCE PAR PRODUIT EN MILLIERS DE DOLLARS E.U

COUNTRIES–PAYS	IMPORTS – IMPORTATIONS					COUNTRIES–PAYS	EXPORTS – EXPORTATIONS				
	1988	1989	1990	1991	1992		1988	1989	1990	1991	1992
Total	3502997	3719385	3935191	4458009	4642115	Totale	3518466	x3360608	3634741	4008371	x3995013
Africa	x153650	x161087	x154979	x141011	x133307	Afrique	x279616	x307880	x348950	x376772	x520998
Northern Africa	x17597	25424	36695	x48675	38818	Afrique du Nord	111204	120189	142572	156643	160500
Americas	745021	819949	759403	851627	x779973	Amériques	398956	501477	484449	547332	x612698
LAIA	39142	51885	56747	49361	87884	ALAI	96808	115866	106130	132866	x172991
CACM	5567	11400	7028	6542	x8013	MCAC	3078	10118	9030	14450	x17851
Asia	x727037	x738455	x716149	x928795	x1076943	Asie	1253671	1296434	1353622	1552768	x1495182
Middle East	x59267	x63024	x52221	x86268	x79565	Moyen-Orient	x37636	x38844	x37831	x39858	x38076
Europe	1619714	1733333	2097244	2296150	2430081	Europe	910987	965028	1184190	1257131	1300794
EEC	1355844	1463883	1783600	1971379	2085732	CEE	741704	795905	992770	1083078	1097702
EFTA	256070	257380	300311	310838	316223	AELE	147338	147882	168370	160448	173162
Oceania	x173936	x189028	x170697	x172239	x191246	Océanie	410232	x40716	x47130	x55607	x46400
Japan/Japon	581297	579350	572721	744568	878639	Thailand/Thaïlande	595018	619745	691200	828455	x757041
USA/Etats-Unis d'Amer	544925	562064	549288	632108	542850	Denmark/Danemark	178875	183072	255800	260312	272535
United Kingdom	385530	447397	454501	499929	504491	USA/Etats-Unis d'Amer	x254765	x233629	x204662	x205162	301652
France/Monac	361188	365668	451008	428617	441195	Former USSR/Anc. URSS	163225	162742	211899	259595	278676
Germany/Allemagne	182054	195358	284405	349942	342644	Germany/Allemagne	254938	227499	194255	176556	166318
Italy/Italie	152987	166265	215102	271138	322050	Japan/Japon	175292	166057	188412	168722	171621
Canada	119368	149153	105560	116302	103994	Korea Republic	137875	155093	161203	127840	118670
Belgium-Luxembourg	88968	95356	128991	127059	127362	Canada	110217	118299	141934	154890	159329
Australia/Australie	92232	105632	95431	102895	105859	Morocco/Maroc	91409	x114760	x123967	x120846	x232168
Switz.Liecht	83380	80796	90910	94586	91406	Cote d'Ivoire					
Netherlands/Pays-Bas	72527	74015	89650	92116	97989	Portugal	80082	97196	115292	118721	110137
Sweden/Suède	74488	73878	85743	87068	87787	Norway, SVD,JM	98885	96270	110695	108487	115340
Spain/Espagne	36537	38195	65429	86501	118679	Philippines	92552	x99906	97368	111961	97368
Austria/Autriche	40287	42599	55665	59338	64094	Netherlands/Pays-Bas	70682	90449	85578	102560	95777
Finland/Finlande	38290	40460	42869	45206	42912	Spain/Espagne	77089	89449	55778	64639	69918	71497
Papua New Guinea	42410	39120	34891	x36123	x37105	United Kingdom	58347	55778	56389	52063	47376
Ireland/Irlande	31501	30422	36610	37791	41118	Italy/Italie	40789	56928	60046	x53961	x63586
Saudi Arabia	22797	28605	x21837	x39747	x38194	Senegal/Sénégal	49522	51352	66031	77275	135616
Denmark/Danemark	26187	26894	25637	32729	40304	China/Chine	29900	39445	46681	56407	57300
Hong Kong	19988	24099	27047	32047	38641	France,Monac	47176	49542	57176	56407	57300
So. Africa Customs Un	33319	43391	31483	x5498	x8761	Indonesia/Indonésie	20842	39379	43619	78014	32457
Greece/Grèce	15252	21770	27806	28814	x31567	Chile/Chili	32099	42406	41406	36350	x35967
Norway,SVD,JM	18834	18880	24385	23637	29017	Iran (Islamic Rp. of)	x27902	x30687	x31270	x33419	x33085
Former USSR/Anc. URSS	x35237	x29234	x6147	x29231		Sweden/Suède	25981	26558	33743	33838	37517
New Zealand	20289	21123	19418	17528	18815	Belgium-Luxembourg	20240	22936	34773	30895	29972
Colombia/Colombie	24251	16935	21816	19063	27391	Ecuador/Equateur	26993	26904	29195	28223	43636
Egypt/Egypte	8782	11269	22888	23612	16056	Fiji/Fidji	28836	26642	26602	30923	19167
Singapore/Singapour	17745	15657	15504	17989	21704	Malaysia/Malaisie	17558	27586	21234	34365	x46666
Malaysia/Malaisie	18604	20645	12062	14908	x19646	Peru/Pérou	17922	26134	21787	x17613	x14811
Czechoslovakia	x15703	24912	15658	x6666	x10730	Iceland/Islande	16172	15756	17525	13279	14181
Libyan Arab Jamahiriya	5169	13033	12890	x21209	x20421	Yugoslavia SFR	17955	15884	16716	x11147	
Poland/Pologne	x19173	x14072	x6295	x25967	x15030	Argentina/Argentine	5249	5762	4302	31098	40654
Israel/Israël	13598	13803	15841	14020	13972	Mauritius/Maurice	12753	11606	9260	18665	18711
Jamaica/Jamaïque	11785	12889	12402	13104	x3680	Costa Rica	2676	9607	8817	14255	x17422
Brazil/Brésil	4104	19854	10039	7665	9152	Seychelles	10531	8641	10445	12110	x12095
Mozambique	x11164	x10322	x9871	x13950	x6804	Solomon Isls	4289	x6297	x12053	x11457	x5838
Angola	x18243	16157	x11788	x5330	x5782	Maldives	x4359	x7152	x9711	x10422	x7484
Sri Lanka	6028	8446	10506	12284	14293	Singapore/Singapour	7631	8141	7599	9702	9781
Mexico/Mexique	7668	6563	16185	7267	12319	New Zealand	7885	6057	7426	11784	18322
Lebanon/Liban	x3991	x6295	x7694	x12310	x8943	Hong Kong	7103	7487	6787	8636	9828
Zaire/Zaïre	x8202	x12683	x7648	x3745	x3855	Ireland/Irlande	3011	5145	5173	10424	15203
Panama	5033	7543	7958	8457	11296	Venezuela	684	5653	5277	8000	12128
Portugal	3112	2542	4461	16743	18332	Bulgaria/Bulgarie	x6607	x8170	x8703	x1293	x1280
Malta/Malte	5371	9321	5682	x7391	x7755	Korea Dem People's Rp	8012	5049	5238	4006	3888
Reunion/Réunion	6485	6691	7734	7192	8703	Turkey/Turquie	x1938	x979	x496	x11750	x17324
Gabon	x4973	x5676	x6541	x8953	x9514	Poland/Pologne	4468	6943	4031	1971	1958
Cote d'Ivoire	x8996	x6188	x4310	x9439	x10337	Switz.Liecht	x435	x429	x2243	x9494	x12424
United Arab Emirates	x12954	x5164	x5064	x9193	x10539	So. Africa Customs Un	5081	4256	3673	4042	6231
New Caledonia	x5631	x10732	x5523	3098	2922	Pakistan					
Ghana	x5594	x9402	x3367	x5558	x3811	Faeroe Islds/Is Féroé	3988	4781	4401	2405	x4962

(VALUE AS % OF TOTAL)(VALEUR EN % DU TOTAL)

	1983	1984	1985	1986	1987	1988	1989	1990	1991	1992		1983	1984	1985	1986	1987	1988	1989	1990	1991	1992
Africa	x7.4	x7.9	x6.9	x5.5	x4.2	4.4	4.4	3.9	3.1	2.9	Afrique	11.6	9.5	9.3	x8.9	8.1	x7.9	9.1	9.6	x9.4	13.0
Northern Africa	x2.2	1.6	1.2	0.8	0.3	x0.5	0.7	0.9	1.1	0.8	Afrique du Nord	4.3	3.7	3.9	4.1	3.2	3.2	3.6	3.9	3.9	4.0
Americas	x20.7	24.7	26.8	x25.0	x21.8	21.3	22.0	19.3	19.1	x16.8	Amériques	x17.3	17.0	20.9	20.6	x21.6	11.4	14.9	13.3	13.6	x15.3
LAIA	1.0	1.7	1.3	1.4	1.5	1.1	1.4	1.4	1.1	1.9	ALAI	1.8	3.5	3.0	x2.8	x3.7	2.8	3.4	2.9	3.3	x4.3
CACM	x0.1	0.3	0.3	x0.2	x0.1	0.2	0.3	0.2	0.1	x0.2	MCAC	x0.1	0.1	x0.1	x0.1	0.3	0.1	0.3	0.3	0.4	0.4
Asia	x17.6	x15.9	x16.8	15.7	16.1	20.8	19.8	x18.2	x20.8	23.2	Asie	35.3	38.9	37.8	38.3	32.3	35.6	38.6	37.3	38.7	x37.5
Middle East	x4.9	x3.7	x3.5	x2.0	x1.6	x1.7	1.7	1.3	x1.9	x1.7	Moyen-Orient	x0.8	x0.7	x0.5	x0.7	x1.2	x1.1	x1.2	x1.0	x1.0	1.0
Europe	47.7	44.0	43.4	48.2	50.2	46.2	46.6	53.3	51.5	52.3	Europe	31.6	30.7	31.0	31.0	29.4	25.9	28.7	32.6	31.4	32.6
EEC	39.8	36.5	36.1	40.0	41.6	38.7	39.4	45.3	44.2	44.9	CEE	25.5	23.9	24.9	25.1	23.6	21.1	23.7	27.3	27.0	27.5
EFTA	7.8	7.3	7.1	8.0	8.4	7.3	6.9	7.6	7.0	6.8	AELE	6.0	5.7	5.1	5.5	5.3	4.2	4.4	4.6	4.0	4.3
Oceania	6.1	6.7	x6.1	x5.6	x5.1	x5.0	x5.1	x4.3	3.9	x4.1	Océanie	x1.7	1.4	1.0	1.2	1.1	11.7	x1.3	x1.3	x1.4	1.1
Japan/Japon	8.7	8.6	9.8	10.6	11.7	16.6	15.6	14.6	16.7	18.9	Thailand/Thaïlande	5.8	9.2	10.5	13.2	12.8	16.9	18.4	19.0	20.7	x18.9
USA/Etats-Unis d'Amer	14.8	17.0	20.5	19.1	15.6	15.6	15.1	14.0	14.2	11.7	Denmark/Danemark	6.2	5.7	5.9	6.5	5.5	5.4	5.4	7.0	6.5	6.8
United Kingdom	14.0	12.9	11.9	13.2	11.8	11.0	12.0	11.5	11.2	10.9	USA/Etats-Unis d'Amer	1.1	1.0	5.3	5.1	3.7	6.5	5.7	6.8	5.1	7.6
France/Monac	9.0	7.8	7.9	8.3	10.4	10.3	9.8	11.5	9.6	9.5	Former USSR/Anc. URSS	2.4	2.5			x7.3	x7.2	x7.0	x5.6	6.5	7.0
Germany/Allemagne	6.0	5.7	5.5	6.2	6.0	5.2	5.2	7.2	7.8	7.4	Germany/Allemagne	4.2	3.9	4.3	5.1	4.6	4.8	5.8	6.5	4.4	4.2
Italy/Italie	3.5	3.0	3.8	4.3	5.0	4.4	4.5	5.5	6.1	6.9	Japan/Japon	21.2	22.3	19.8	15.6	9.9	7.2	6.8	5.2	4.2	4.3
Canada	3.3	3.4	2.7	2.7	3.1	3.4	4.0	2.7	2.6	2.2	Korea Republic	2.5	2.5	2.9	4.7	5.0	4.9	4.6	4.4	3.2	3.0
Belgium-Luxembourg	3.0	2.7	2.5	2.9	2.9	2.5	2.6	3.3	2.9	2.7	Canada	13.9	12.1	12.4	12.5	14.0	3.9	4.6	3.9	3.9	4.0
Australia/Australie	3.3	3.9	3.6	2.8	2.6	2.6	2.8	2.4	2.3	2.3	Morocco/Maroc	4.3	3.6	3.9	4.1	3.2	3.1	3.5	3.9	3.9	4.0
Switz.Liecht	2.6	2.6	2.5	2.7	2.7	2.4	2.2	2.3	2.1	2.0	Cote d'Ivoire	3.2	2.6	2.2	2.3	2.5	2.6	x3.4	x3.4	x3.0	x5.8

0372 SHELL FISH PREPRD, PRESVD — CRUSTACES, COQUIL PREPARES 0372

TRADE BY COMMODITY IN THOUSAND U.S. DOLLARS – COMMERCE PAR PRODUIT EN MILLIERS DE DOLLARS E.U

IMPORTS – IMPORTATIONS

COUNTRIES–PAYS	1988	1989	1990	1991	1992
Total	1918475	1866758	2093647	2328188	2504119
Africa	x8396	x3403	x5872	x1576	x3812
Northern Africa	1117	x112	x46	x119	x115
Americas	372599	284847	x343629	x425396	454178
LAIA	2473	6603	8088	8568	11835
CACM	93	109	109	205	x626
Asia	486887	485161	449987	623863	671049
Middle East	x3650	x2292	x1556	x2030	x3088
Europe	996300	1038787	1243724	1216310	1312883
EEC	887933	932924	1118431	1093233	1179934
EFTA	105403	103322	121127	120255	130106
Oceania	x52915	x52149	x48993	x57093	x59912
Japan/Japon	380251	371678	343233	481875	491264
USA/Etats-Unis d'Amer	287760	207463	260748	340215	355011
United Kingdom	201076	206298	215874	220148	184223
France, Monac	179450	169705	205232	196382	260553
Denmark/Danemark	128636	149233	179668	132560	164819
Germany/Allemagne	96880	95665	132018	140772	157761
Spain/Espagne	78265	79974	102163	110994	131055
Belgium–Luxembourg	72468	86467	94147	88947	94797
Italy/Italie	67486	65901	89216	98905	104539
Netherlands/Pays-Bas	55974	71010	87518	91832	70720
Canada	80399	67466	68461	72127	84111
Hong Kong	52126	55628	57089	70161	88190
Sweden/Suède	57462	54080	59922	56891	63587
Australia/Australie	47212	46002	43050	47450	52828
Switz.Liecht	24473	24680	28498	31011	30563
Singapore/Singapour	25468	24595	23685	30889	37379
Finland/Finlande	13978	14208	15840	14923	13212
Malaysia/Malaisie	15791	19219	9774	13292	x10810
Norway, SVD, JM	4445	4978	10543	10415	14866
Greece/Grèce	5274	6119	8505	8049	x7171
Korea Republic	1580	1503	3343	14676	19639
Mexico/Mexique	2033	5764	6839	6688	8253
Austria/Autriche	4939	5308	6243	6910	7801
Thailand/Thaïlande	4060	5437	5752	6167	8790
New Zealand	4472	4823	4983	5455	4241
Philippines	1565	x3387	3392	2831	3444
Portugal	946	1014	2636	3230	3252
So. Africa Customs Un	5793	1875	4195	x141	x1425
New Caledonia	x376	x708	x194	x3510	x1691
Ireland/Irlande	1479	1539	1454	1414	1045
Andorra/Andorre	x1163	x1038	x1357	x1174	x1275
British Virgin Islds		x13	x2107	x1368	x10
Malta/Malte	1118	1236	1434	x714	x1096
Former USSR/Anc. URSS	x620	x946	x181	x2142	
Poland/Pologne	x358	x498	x667	x1153	x1161
Saudi Arabia	950	1052	x577	x610	x625
Yugoslavia SFR	193	159	1093	x702	
Brunei Darussalam	x946	x564	x951	x422	x621
Macau/Macao	424	420	583	821	1036
Martinique	325	449	615	550	637
Guadeloupe	182	275	516	601	563
Aruba			x1294	x39	x11
Reunion/Réunion	343	407	551	373	585
Brazil/Brésil	52	321	498	437	83
United Arab Emirates	x934	x471	x413	x325	
Mozambique	x542	x350	x249	x494	x496
China/Chine	219	267	315	427	x486
Panama	272	268	331	384	5835
Guam	x308	x319	x287	x266	143
Argentina/Argentine	15	32	317	474	2118

EXPORTS – EXPORTATIONS

COUNTRIES–PAYS	1988	1989	1990	1991	1992
Totale	1911490	1977256	2086908	2259488	x2340011
Afrique	x9789	x57146	x41862	x9957	x13905
Afrique du Nord	90	x21	x131	15	x23
Amériques	352933	404486	441307	493709	x499502
ALAI	95204	110300	137617	158041	x154513
MCAC	x630	x165	x6	x18	x160
Asie	690598	634970	671577	798793	x934319
Moyen–Orient	40193	15271	12201	13765	14991
Europe	588651	640522	739196	701900	753175
CEE	463668	487559	574565	562071	598341
AELE	111093	139700	146502	124301	140016
Océanie	x74645	x82796	x65863	x90868	x98554
Thailand/Thaïlande	232887	228413	301946	359596	x420450
Denmark/Danemark	185220	171989	204345	203981	215517
Netherlands/Pays-Bas	102452	124958	166883	155557	186985
Former USSR/Anc. URSS	x194040	x154989	x125618	x144360	
Korea Republic	190314	136903	116489	137676	122903
Japan/Japon	99219	112603	114922	139854	146311
Norway, SVD, JM	89436	123177	128128	109118	124176
Greenland/Groenland	83097	85805	118352	91212	105038
USA/Etats-Unis d'Amer	32097	87481	97497	98966	96017
Canada	111126	92558	61112	116267	114347
Chile/Chili	77000	70109	75599	102233	x92865
Australia/Australie	63961	74148	55392	69960	72207
Malaysia/Malaisie	54407	53799	54032	47492	x46902
Belgium–Luxembourg	35905	39833	45334	43540	42934
Spain/Espagne	30866	31390	40439	41955	48724
France, Monac	33043	31412	35221	34150	36176
Mexico/Mexique	15684	19143	34383	41080	43098
United Kingdom	26585	25170	31795	34479	30812
Cuba	x28467	x26775	x26011	x28000	x28144
Hong Kong	25388	24742	17180	36862	32270
Greece/Grèce	20584	33680	25004	19590	x10446
Senegal/Sénégal	x349	46052	30666	x42	x554
Singapore/Singapour	13214	16467	16346	19736	19042
Germany/Allemagne	21604	19743	14902	17323	15549
Faeroe Islds/Is Féroé	13790	13235	18102	17323	15549
Venezuela	745	16091	19105	15528	x14775
New Zealand	10629	8632	10467	5877	6711
Viet Nam	x5570	x9334	x11853	x16113	x21371
Turkey/Turquie	37280	10601	11424	13012	14379
Indonesia/Indonésie	6121	9402	11706	11312	22092
Iceland/Islande	14729	10366	11807	9710	10140
Italy/Italie	7080	8923	10336	10880	10709
So. Africa Customs Un	x8548	x9488	x9212	x8528	x11957
China/Chine	5783	7944	7007	8142	66395
Poland/Pologne	x494	x2185	x1380	x19462	x36425
Sweden/Suède	6580	5967	6308	5148	5320
Peru/Pérou	1293	3633	4836	x6975	x8841
Philippines	7222	x3885	4112	5078	5018
India/Inde	491	x11617	66	481	x9256
Korea Dem People's Rp	x3748	x3101	x1623	x2219	x2540
Saudi Arabia	1882	4188			
Bangladesh	5907	x981	1930	20	x39
Ecuador/Equateur		143	1762	718	x649
Argentina/Argentine	416	554	984	800	533
Cote d'Ivoire		x629	x818	x440	1037
Panama	2013	1109	505	223	x515
Brazil/Brésil	3	8	x898	221	235
United Arab Emirates	x180	x357	x314	x310	494
Ireland/Irlande	184	319	97	352	x84
Madagascar		x292	358	100	279
					x148

(VALUE AS % OF TOTAL) (VALEUR EN % DU TOTAL)

IMPORTS

	1983	1984	1985	1986	1987	1988	1989	1990	1991	1992
Africa	x0.7	x0.7	x0.1	x0.3	x0.2	x0.4	x0.2	x0.3	x0.0	x0.2
Northern Africa	x0.0	x0.0	0.0	x0.0	x0.0	0.1	x0.0	x0.0	x0.0	x0.0
Americas	x28.3	27.1	x27.8	x21.5	x20.7	19.4	15.2	x16.4	x18.3	18.1
LAIA	0.0	0.0	0.0	x0.2	x0.1	0.1	0.4	0.4	0.4	0.5
CACM	x0.0	x0.0	x0.0	x0.0	x0.0	x0.0	x0.0	x0.0	x0.0	x0.0
Asia	13.0	18.5	19.0	20.5	21.0	25.4	26.0	21.5	26.8	26.8
Middle East	x0.6	x0.8	x0.7	x0.8	x0.1	x0.1	x0.1	x0.1	x0.1	x0.1
Europe	53.8	48.8	48.9	54.6	54.6	51.9	55.6	59.4	52.2	52.4
EEC	47.7	42.7	43.4	47.9	47.8	46.3	50.0	53.4	47.0	47.1
EFTA	6.0	5.9	5.4	6.6	6.5	5.5	5.5	5.8	5.2	5.2
Oceania	x4.1	x4.9	x4.4	x3.1	x2.9	x2.8	x2.8	x2.3	x2.5	x2.4
Japan/Japon	6.8	11.3	12.3	14.4	15.3	19.8	19.9	16.4	20.7	19.6
USA/Etats-Unis d'Amer	22.7	20.3	22.5	17.4	16.7	15.0	11.1	12.5	14.6	14.2
United Kingdom	12.3	10.5	10.6	11.4	8.6	10.5	11.1	10.3	9.5	10.4
France, Monac	12.2	10.3	10.2	11.1	11.4	9.4	9.1	9.8	8.4	7.4
Denmark/Danemark	5.4	6.7	5.7	7.9	7.9	6.7	8.0	8.6	5.7	6.6
Germany/Allemagne	5.8	5.4	5.8	5.3	5.4	5.0	5.1	6.3	6.0	6.3
Spain/Espagne	1.7	1.6	2.0	2.4	3.4	4.1	4.3	4.9	4.8	5.2
Belgium–Luxembourg	5.6	4.1	4.1	4.2	4.3	3.8	4.6	4.5	3.8	3.8
Italy/Italie	1.3	1.3	2.0	2.8	3.5	3.5	3.5	4.3	4.2	4.2
Netherlands/Pays-Bas	3.0	2.4	2.7	2.6	3.1	2.9	3.8	4.2	3.9	2.8

EXPORTS

	1983	1984	1985	1986	1987	1988	1989	1990	1991	1992
Afrique	x0.4	x0.3	x0.2	x1.5	x0.9	x0.5	x2.9	x2.0	x0.5	x0.6
Afrique du Nord	0.0	0.0	0.0	0.0	x0.0	x0.0	x0.0	x0.0	x0.0	x0.0
Amériques	x10.5	13.0	27.9	x38.3	x20.3	18.5	20.5	21.1	21.8	x21.4
ALAI	x0.3	4.0	21.7	20.3	x4.0	5.0	5.6	6.6	7.0	x6.6
MCAC	x0.2	x0.0	x0.0	x0.0	x0.0	x0.0	x0.0	x0.0	x0.0	x0.0
Asie	35.3	39.4	32.9	28.1	33.1	36.1	32.1	32.2	35.4	x40.0
Moyen–Orient	x0.0	4.5	4.0	5.5	3.9	2.1	0.8	0.6	0.6	0.6
Europe	46.3	39.2	35.1	29.2	33.4	30.8	32.4	35.4	31.1	32.2
CEE	26.4	23.3	21.9	20.3	24.5	24.3	24.7	27.5	24.9	25.6
AELE	19.5	15.8	13.1	8.7	8.2	5.8	7.1	7.0	5.5	6.0
Océanie	4.1	x4.7	3.8	x2.9	x3.2	x3.9	x4.2	x3.2	x4.0	x4.2
Thailand/Thaïlande	12.4	13.2	9.4	7.2	10.1	12.2	11.6	14.5	15.9	x18.0
Denmark/Danemark	8.6	7.6	7.3	7.8	8.6	9.7	8.7	9.8	9.0	9.2
Netherlands/Pays-Bas	5.7	4.7	4.4	4.1	5.5	5.4	6.3	8.0	6.9	8.0
Former USSR/Anc. URSS	3.4	3.3			x9.0	x10.2	x7.8	x6.0	x6.4	
Korea Republic	7.5	9.0	8.5	7.1	7.6	10.0	6.9	5.6	6.1	5.3
Japan/Japon	8.0	6.6	6.2	4.4	4.8	5.2	5.7	5.5	6.2	6.3
Norway, SVD, JM	17.3	14.0	11.7	7.6	6.9	4.7	6.2	6.1	4.8	5.3
Greenland/Groenland	4.0	4.6	3.6	4.2	4.7	4.3	4.3	5.7	4.0	4.5
USA/Etats-Unis d'Amer	3.0	2.4	1.6	1.3	1.5	1.7	4.4	4.7	4.4	4.1
Canada	2.4	1.4	0.8	0.4	0.3	5.8	4.7	2.9	5.1	4.9

0411 DURUM WHEAT UNMILLED / FROMENT DUR NON MOULU 0411

TRADE BY COMMODITY IN THOUSAND U.S. DOLLARS – COMMERCE PAR PRODUIT EN MILLIERS DE DOLLARS E.U

IMPORTS – IMPORTATIONS

COUNTRIES-PAYS	1988	1989	1990	1991	1992
Total	x2218485	x2704717	2130113	x2725536	2686402
Africa	x159624	x188239	x104765	x120822	x140967
Northern Africa	x120653	x142202	x76657	x63460	x125207
Americas	x404076	666221	559162	708664	372897
LAIA	340334	581874	458870	622510	276533
CACM	x1452	x7512	x13608	x3839	x4642
Asia	398314	755312	712898	396390	1337917
Middle East	x119971	256508	329557	131398	96641
Europe	605306	697403	533175	765724	814776
EEC	579651	669615	500648	735495	771705
EFTA	25339	25273	29513	29829	41858
Oceania	2267	18529	13060	x22	13
Italy/Italie	314374	543364	349406	589960	585611
Former USSR/Anc. URSS	x577144	x331945	x192630	x714795	455150
Pakistan	160668	457323	320207	150118	455150
Brazil/Brésil	x454	175041	x4984	304776	15220
Peru/Pérou	1	125639	102402	71925	x2724
Syrian Arab Republic	x3735	130733	152688	x4251	x4238
Colombia/Colombie	83876	100734	108170	56192	128091
Jordan/Jordanie	65527	29290	110257	86664	78890
Ecuador/Equateur	63039	70864	74665	61488	1756
Venezuela	x29338	x18453	101606	66780	49135
Germany/Allemagne	44489	47466	65458	57141	75772
Tunisia/Tunisie	99055	104912	34059	17012	9174
USA/Etats-Unis d'Amer	x28940	41176	42902	42856	71348
Mexico/Mexique	149556	63515	36765	19491	1282
Libyan Arab Jamahiriya	x20150	x33251	x28676	x28647	x39813
Japan/Japon	28956	29034	24225	24351	26007
Bolivia/Bolivie	91	24987	22401	29631	35698
Israel/Israël	69400	4295	24218	46026	103446
Belgium–Luxembourg	66877	20740	26150	25104	27548
Switz./Liecht	18380	19460	24098	21717	28186
Oman	15906	18112	25972	19297	
Kenya	11255	22142	25591	36447	x14
Turkey/Turquie	1	21766		7289	1527
Jamaica/Jamaïque	23131	20021	15266	17647	
United Kingdom	17898	18211	15218	17098	20334
Portugal	6190	12955	11514	22090	27573
Togo	15230	14878	17660	10340	
Spain/Espagne	100886	7708	18181	11738	26951
Sri Lanka	0				34273
Kuwait/Koweït	x534	31925	x994		x1123
Panama		x2364	15729	13920	15020
Former GDR	x33196	x23599	x6480		
Fiji/Fidji			15218	10574	
Poland/Pologne	x17571	x15928	x789	x8683	x14249
Thailand/Thaïlande	2747	6231	8584	9429	6144
Cuba	x9872	x10531	x5247	x7356	x1744
Cyprus/Chypre	5399	9074	8204	5290	9858
Algeria/Algérie	572	4037	7678	8912	x70284
France, Monac	8931	14619	1482	2481	873
Albania/Albanie		x5839	x5747	x4374	x4212
Chile/Chili	13851	4	7830	7833	x12655
Iraq		x13063	x298	x347	x9
Greece/Grèce	13619	1437	8969	3257	x3242
El Salvador		x168	10723		x312
Netherlands/Pays-Bas	3860	1544	3805	4766	3337
Egypt/Egypte			x3048	x5784	
Norway,SVD,JM	3318	1546	1820	4115	5210
Senegal/Sénégal		3651	3403		
Sweden/Suède	2732	2701	1871	2171	2254
Bahamas			x6638		

EXPORTS – EXPORTATIONS

COUNTRIES-PAYS	1988	1989	1990	1991	1992
Totale	x2003411	x1981860	x1446071	x1576872	x1608630
Afrique	x3620	x1406	x4432	x7596	x4107
Afrique du Nord	x2994	x1256	x4080	x4077	x4089
Amériques	x1213252	x894693	643814	538741	x648958
ALAI	x26872	x329605	46680	12291	x13555
MCAC	x1	0			
Asie	x188602	x43495	x38127	x11202	x57102
Moyen–Orient	x175199	x43446	x35895	x10635	x54100
Europe	574792	787437	518314	755251	x888056
CEE	533539	769750	500554	753552	x884233
AELE	6983	1894	1073	347	2598
Océanie	4	172	32	27	x46
Canada	541509	398982	422140	409950	481923
France, Monac	226342	214352	271728	335115	512053
Greece/Grèce	135002	315104	156270	306429	x197147
Former USSR/Anc. URSS	x1503	x236758	x207720	x241754	
USA/Etats–Unis d'Amer	x642423	166106	174993	116500	152904
Argentina/Argentine	5644	x278522	5348	22	8330
Italy/Italie	134051	193776	27420	39799	40880
Spain/Espagne	6462	22616	28002	55273	88525
Saudi Arabia	x83434	x36219	x26207	x3247	x41250
Bulgaria/Bulgarie	x7	x10199	x33623	x8791	x8791
Uruguay			17377	21469	11461	x4765
Belgium–Luxembourg	21484	20345	13156	7969	8983
Yugoslavia SFR	30939	15793	16687	x1352	
Mexico/Mexique	15910	32313	329	10	0
Paraguay	0	1378	19128	x578	
Syrian Arab Republic	x2771	4770	4490	x3552	x2927
Romania/Roumanie	x4589			11820	
Egypt/Egypte			x4077	x4077	x4077
Former GDR	4080	x7471	x5		
Germany/Allemagne		1404	580	5148	6128
Netherlands/Pays–Bas	3841	1433	3018	2662	2141
Turkey/Turquie	87741	2124	375	3645	9778
Oman	344	331	4742	56	
Austria/Autriche	6704	1864	623	347	1757
Togo	625	130	338	2237	
India/Inde	x3544		1337	528	x2941
Poland/Pologne		x2	x1451	x852	
Morocco/Maroc	1207	x1255	3		11
Ireland/Irlande	60	21	175	1027	2821
Equatorial Guinea				x1096	
Denmark/Danemark	1411	592	204	12	5
Japan/Japon		x768			x25
Sweden/Suède			449	x169	631
Peru/Pérou			x236	x135	
Chile/Chili	x3	x1	x3	1	x2
Hungary/Hongrie	x17043	x229	x3	x3	x716
Albania/Albanie				x235	
Australia/Australie	4	172	32	21	44
United Kingdom	807	105		117	2
United Arab Emirates			x82	x134	x145
So. Africa Customs Un	0			x171	x18
Singapore/Singapour	186	12	75	11	2
Brazil/Brésil	x1	0	0	x83	x455
Thailand/Thaïlande	30	1	x44	1	x10
Malaysia/Malaisie	67	27	8		x9
Norway,SVD,JM	279	29			209
Malawi		x6	x8	x7	
Indonesia/Indonésie				15	
Cameroon/Cameroun	x1	14	x1	x1	
Ecuador/Equateur		x13			

(VALUE AS % OF TOTAL)(VALEUR EN % DU TOTAL)

	1983	1984	1985	1986	1987	1988	1989	1990	1991	1992
Africa	x6.7	x8.0	x5.2	x7.3	x8.5	x7.2	x7.0	x4.9	x4.4	x5.3
Northern Africa	x6.0	x6.1	x4.5	x5.3	x5.3	x5.4	x5.3	x3.6	x2.3	x4.7
Americas	33.3	32.0	22.1	x23.8	x13.8	x18.2	24.6	26.2	26.0	13.9
LAIA	30.2	29.8	19.2	20.0	10.5	15.3	21.5	21.5	22.8	10.3
CACM	x0.2			1.1	0.8	x0.1	x0.3	x0.6	x0.1	x0.2
Asia	x33.6	35.7	45.1	39.4	37.5	17.9	27.9	33.5	14.6	49.8
Middle East	x14.3	x12.6	7.3	15.4	x9.1	x5.4	9.5	15.5	4.8	3.6
Europe	26.4	23.9	27.4	29.4	26.9	27.3	25.8	25.0	28.1	30.3
EEC	21.7	20.1	23.9	25.6	23.2	26.1	24.8	23.5	27.0	28.7
EFTA	4.7	3.8	3.5	3.9	3.7	1.1	0.9	1.4	1.1	1.6
Oceania	x0.0	0.5	0.1	0.1	0.1	0.1	0.7	0.6	x0.0	
Italy/Italie	9.9	11.8	17.4	17.1	14.1	14.2	20.1	16.4	21.6	21.8
Former USSR/Anc. URSS				x11.3	x26.0	12.3	x9.0	x26.2		
Pakistan	4.3	4.0	20.0	14.3	5.3	7.2	16.9	15.0	5.5	16.9
Brazil/Brésil				x0.0	x0.2	0.6	6.5	x0.2	11.2	0.6
Peru/Pérou	10.4	10.7	x0.0	10.1	0.0	0.0	4.6	4.8	2.6	x0.1
Syrian Arab Republic				5.8	x1.3	x0.2	4.8	7.2	x0.2	x0.2
Colombia/Colombie	7.4	7.9	7.0	6.5	5.3	3.8	3.7	5.1	2.1	4.8
Jordan/Jordanie	5.0	6.3	4.9	4.3	5.2	3.0	1.1	5.2	3.2	2.9
Ecuador/Equateur	2.5	3.9	4.3	2.2	4.2	2.8	2.6	3.5	2.3	0.1
Venezuela	9.9	7.3	7.8	x0.2	0.0	x1.3	x0.7	4.8	2.5	1.8

	1983	1984	1985	1986	1987	1988	1989	1990	1991	1992
Afrique				x0.2	x0.4	x0.2	x0.1	x0.3	x0.5	x0.3
Afrique du Nord	0.0	0.0		x0.0	x0.1	x0.1	x0.1	x0.3	x0.3	x0.3
Amériques	90.5	70.3	53.3	x72.3	x63.8	x60.6	x45.1	44.5	34.2	x40.4
ALAI	68.2	6.7	0.4	0.1	0.0	0.0	1.3	16.6	3.2	x0.8
MCAC				x0.0						
Asie	1.8	x6.1	x4.3	x1.0	x9.9	x9.4	2.2	2.7	x0.7	x3.5
Moyen–Orient	0.0	0.3	0.1	0.4	x9.7	x8.7	2.2	2.5	x0.7	x3.4
Europe	7.7	23.0	42.4	26.4	24.4	28.7	39.7	35.8	47.9	x55.2
CEE	7.7	23.0	41.8	26.0	24.3	26.6	38.8	34.6	47.8	x55.0
AELE	0.0	0.0	0.0	x0.4	0.0	0.3	0.1	0.1	0.0	0.2
Océanie			0.7		0.1	0.1				x0.0
Canada	22.1	63.6	52.9	19.7	22.8	27.0	20.1	29.2	26.0	30.0
France, Monac	9.3	3.6	3.3	11.1	10.3	11.3	10.8	18.8	21.3	31.8
Greece/Grèce	5.4	17.2	11.2	10.4	11.7	6.7	15.9	10.8	19.4	x12.3
Former USSR/Anc. URSS						x0.1	x11.9	14.4	x15.3	
USA/Etats-Unis d'Amer				x51.6	x40.8	x32.1	8.4	12.1	7.4	9.5
Argentina/Argentine	68.2	6.7	0.4			x14.1	0.4	0.0	0.0	0.5
Italy/Italie	0.6	1.0	17.9	3.9	x1.2	6.7	9.8	1.9	2.5	2.5
Spain/Espagne	0.0	0.2	0.3	0.4	0.3	0.3	1.1	1.9	3.5	5.5
Saudi Arabia	0.0	0.3		x0.3		x7.4	x4.2	x1.8	x1.8	x2.6
Bulgaria/Bulgarie						x0.0	x0.5	x2.3	x0.6	x0.5

265

0412 OTHER WHEAT ETC UNMILLED   AUTRE FROMENT NON MOULU 0412

TRADE BY COMMODITY IN THOUSAND U.S. DOLLARS – COMMERCE PAR PRODUIT EN MILLIERS DE DOLLARS E.U

COUNTRIES–PAYS	IMPORTS – IMPORTATIONS					COUNTRIES–PAYS	EXPORTS – EXPORTATIONS				
	1988	1989	1990	1991	1992		1988	1989	1990	1991	1992
Total	x11642395	x14670037	x11502278	x14234150	x11373453	Totale	x10889752	15134259	14173785	12467986	14983024
Africa	x1242988	x2308587	x1917716	x1282440	x1603806	Afrique	x8633	x86314	x16213	x1118	x58
Northern Africa	x982151	x1999068	x1451954	x1010581	x1081564	Afrique du Nord			44	630	x9
Americas	x730324	x594581	x818185	x554184	x931295	Amériques	x5677937	8187689	7044441	6618812	8449272
LAIA	451327	198082	x410024	178523	x477841	ALAI	352564	660205	890686	480265	708597
CACM	x9512	x98667	x104828	x105075	x95192	MCAC	x2036		x49	0	
Asia	x3864300	x5194419	x4467327	x3519117	x5311331	Asie	x227671	x206745	x145168	x388977	x553779
Middle East	x1056616	x2236199	x1901931	x730287	x588216	Moyen–Orient	x221819	x184398	x120728	x324605	x531393
Europe	2818547	2399051	2580990	3147414	3221810	Europe	3761556	4267814	4927296	4156699	4890675
EEC	2733845	2286598	2502258	3095879	3130366	CEE	3602092	4098317	4746471	4053207	4778534
EFTA	84651	112212	72271	44457	66526	AELE	112296	119702	134551	83803	95294
Oceania	x45061	x75551	x55538	x66895	x46813	Océanie	1128064	2069978	1792085	1160721	1081258
Former USSR/Anc. URSS	x2671427	x3962783	x1613905	x5576763		USA/Etats–Unis d'Amer	x2222780	5746896	3712019	3233683	4345727
Japan/Japon	1004719	1159138	982037	893416	1149275	France, Monac	2505667	2581488	3025459	2457862	2778267
Italy/Italie	865336	881025	855545	1095799	1061942	Canada	3099876	1780343	2441290	2904802	3393278
Egypt/Egypte	x309391	x876079	x707879	x453631	x474322	Australia/Australie	1127665	2069741	1791910	1160714	1081249
Iran (Islamic Rp of)	x420297	x703441	x643725	x317332	x269620	United Kingdom	290633	533254	790314	757165	773229
Korea Republic	536251	435586	419438	577380	543690	Argentina/Argentine	349580	657538	865589	478716	707458
Algeria/Algérie	371793	734153	409572	238614	x146601	Germany/Allemagne	458010	718807	497177	457705	871910
Belgium–Luxembourg	303185	223118	353321	477471	504477	Denmark/Danemark	135648	116085	228559	210430	153606
Iraq	x370965	x704726	x277217	x40559	x14818	Former USSR/Anc. URSS	x25536	x149033	x118661	x138069	
Germany/Allemagne	344045	409049	361333	240443	194904	Saudi Arabia	x112637	x118833	x108570	x119857	x200304
Netherlands/Pays–Bas	563413	295768	325034	353159	360305	Turkey/Turquie	109177	65560	4009	200624	331075
Indonesia/Indonésie	225385	286881	277285	366361	403853	Belgium–Luxembourg	58101	59349	91796	95775	139541
Bangladesh	x186894	x372372	x146062	x224279	x251507	Bulgaria/Bulgarie	x48393	x101977	x93192	x1881	x2173
Turkey/Turquie	2894	352179	361309	14861	12386	Sweden/Suède	37381	32312	76739	55862	34709
Philippines	160286	x206883	260300	218427	271826	Austria/Autriche	73479	78926	53941	24683	36408
Spain/Espagne	49332	29181	149151	448707	321873	Netherlands/Pays–Bas	101072	45336	56757	28622	22942
Morocco/Maroc	171638	214291	171103	151289	320476	Yugoslavia SFR	47167	49795	46274	x19690	
United Kingdom	376728	185327	178701	152922	300506	So. Africa Customs Un	x651	x80101	x13861	x116	0
Malaysia/Malaisie	119433	132161	144386	181136	x63252	Spain/Espagne	39484	27811	32616	17605	5987
Cuba	x155611	x154950	x132884	x113787	x81351	India/Inde	2050	x3099	15821	58153	x15405
Brazil/Brésil	111049	8522	x322456	28	1	Romania/Roumanie	x7344	36195	x32889	x39	x1534
Portugal	61295	93088	84501	153226	212315	Ireland/Irlande	11136	13835	21419	16811	19724
Venezuela	187231	147167	66023	95829	120247	Singapore/Singapour	2789	18708	4609	3571	2233
Tunisia/Tunisie	101322	110668	106784	52383	81400	Paraguay	0	0	x20611	0	0
Yemen/Yémen		x183912	x82581	x82660		Finland/Finlande	438	8459	3847	3257	22404
Syrian Arab Republic	x66735		x177256	x86897	x21297	Former GDR	x56	x14942	x469		
Israel/Israël	27655	107430	86406	66778	29622	Hungary/Hongrie	x1774	x5813	x2294	x1584	x1497
Jordan/Jordanie	x194	x66936	x90729	x80905	x92808	Syrian Arab Republic			x8141		
Sri Lanka	91621	82102	87933	46786	66081	Czechoslovakia	x10	x7520	x19	x26	x17
Greece/Grèce	54362	54642	76120	76625	67052	Italy/Italie	2340	1749	2373	2539	4472
Former Yemen	x48042	x198078				Zimbabwe	x6115	x6032		217	
Sudan/Soudan	x13844	x47251	x35858	x90237	x33889	Portugal				6091	6817
Saudi Arabia	x4	x43525	x67069	x60912	x58627	Uruguay			x4127	x1530	x970
Thailand/Thaïlande	36992	51894	48753	63152	85224	Oman				4102	
So. Africa Customs Un	8480	3507	88402	x67422	x61978	Greece/Grèce	0	603	0	2601	x2039
Ireland/Irlande	66358	48623	57394	51176	36190	Mexico/Mexique	2971	x2594	x1	x2	x7
France, Monac	37441	59215	55210	33395	39136	Japan/Japon	x355	x52	x1174	x1192	x3142
Korea Dem People's Rp	x54676	x21510	x36446	x79341	x18355	Kenya	0	0	2102		
Cote d'Ivoire	x36301	x57653	x39485	x37364	x96254	Malaysia/Malaisie	234	412	695	979	x94
Ethiopia/Ethiopie	95464	46833	76311	10059	x119650	Thailand/Thaïlande			x1958	1	x610
United Arab Emirates	x68650	x70863	x39589	x21270	x4515	Poland/Pologne	x319	x239	x1057	x60	x2762
Singapore/Singapour	39553	61256	31767	35036	37976	Morocco/Maroc			44	630	
Senegal/Sénégal	x13150	35910	72271	x19189	x20697	Hong Kong	x10		157	463	559
Poland/Pologne	x92917	x116628	x9700	x748	x45548	New Zealand	398	237	175	6	9
New Zealand	23054	42897	29706	34526	32545	Chile/Chili	10	26	356	9	x149
Dominican Republic		x29778	x32033	x31398	x32322	Barbados/Barbade		81	291	5	3
Guatemala		x26329	x28739	x31750	x24316	Malawi	x107	x137	x114		
Norway,SVD,JM	35159	44610	32994	9055	32501	Trinidad and Tobago	582	159	68	0	116
USA/Etats–Unis d'Amer	64247	17604	41221	26763	128759	Israel/Israël	1	76	25	x14	2
Switz.Liecht	21373	31791	27045	24448	21396	Guadeloupe	2	5	38	61	7

(VALUE AS % OF TOTAL)(VALEUR EN % DU TOTAL)

	1983	1984	1985	1986	1987	1988	1989	1990	1991	1992		1983	1984	1985	1986	1987	1988	1989	1990	1991	1992
Africa	x16.4	x17.7	17.1	16.1	x9.1	x10.7	x15.7	x16.7	x9.0	x14.1	Afrique	x0.3	0.1	x0.1	x0.0	x0.0	x0.1	x0.5	x0.1	x0.0	x0.0
Northern Africa	11.9	13.4	13.5	x12.3	x7.1	x8.4	x13.6	x12.6	x7.1	x9.5	Afrique du Nord								0.0	0.0	x0.0
Americas	x5.9	x4.8	x7.0	x10.9	x10.0	x6.3	x4.0	x7.2	x3.9	x8.2	Amériques	45.5	43.1	41.4	x43.5	x45.1	x52.2	54.1	49.7	53.1	56.4
LAIA	x1.9	0.5	2.4	x7.7	7.2	3.9	1.4	x3.6	1.3	x4.2	ALAI	0.0	9.6	13.0	4.1	3.9	3.2	4.4	6.3	3.9	4.7
CACM	x0.1		x0.0		x0.1	x0.1	x0.7	x0.9	x0.7	x0.8	MCAC	x0.0		x0.0			x0.0		x0.0	x0.0	
Asia	x53.4	x49.0	x43.9	x36.5	x25.4	x33.2	x35.4	x38.8	24.7	x46.7	Asie	0.2	x0.2	x1.0	x0.6	x1.2	x2.1	x1.4	x1.0	x3.1	x3.7
Middle East	x9.2	x14.0	x12.9	x9.1	x7.1	x9.1	x15.2	x16.5	x5.1	x5.2	Moyen–Orient	x0.0		0.5	x0.2	x0.9	x2.0	x1.2	x0.9	x2.6	x3.5
Europe	23.7	28.3	31.8	36.3	28.6	24.2	16.4	22.4	22.1	28.3	Europe	39.2	33.0	36.0	36.0	37.9	34.5	28.2	34.8	33.3	32.6
EEC	23.0	27.5	31.1	35.4	28.0	23.5	15.6	21.7	21.7	27.5	CEE	36.9	31.0	34.0	34.8	36.8	33.1	27.1	33.5	32.5	31.9
EFTA	0.7	0.8	0.6	x0.8	x0.6	0.7	0.8	0.6	0.3	0.6	AELE	2.3	2.0	1.7	1.2	1.1	1.0	0.8	0.9	0.7	0.6
Oceania	0.5	x0.4	0.3	0.3	0.3	x0.4	0.5	x0.5	x0.4	x0.4	Océanie	14.8	23.7	21.3	19.9	15.8	10.4	13.7	12.6	9.3	7.2
Former USSR/Anc. URSS					x23.8	22.9	x27.0	x14.0	x39.2		USA/Etats–Unis d'Amer				x20.6	x17.2	x20.4	38.0	26.2	25.9	29.0
Japan/Japon	18.3	17.5	14.7	11.6	8.1	8.6	7.9	8.5	6.3	10.1	France,Monac	28.0	21.5	26.3	21.8	23.1	23.0	17.1	21.3	19.7	18.5
Italy/Italie	6.3	8.9	8.3	11.8	9.1	7.4	6.0	7.4	7.7	9.3	Canada	45.5	33.5	28.4	18.8	23.9	28.5	11.8	17.2	23.3	22.6
Egypt/Egypte			x3.8	x2.4	x2.7	x6.0	x6.2	x3.2	x4.2	Australia/Australie	14.7	23.6	21.3	19.9	15.8	10.4	13.7	12.6	9.3	7.2	
Iran (Islamic Rp. of)	x2.2	x7.6	x4.0	x3.0	x3.5	x3.6	x4.8	x5.6	x2.2	x2.4	United Kingdom	3.7	3.7	3.2	6.9	5.7	2.7	3.5	5.6	6.1	5.2
Korea Republic	5.5	6.7	6.7	5.6	4.5	4.6	3.0	3.6	4.1	4.8	Argentina/Argentine	3.7		9.6	13.0	4.1	3.9	3.2	4.3	6.1	3.8	4.7
Algeria/Algérie	6.2	5.9	8.3	5.0	2.1	3.2	5.0	3.6	1.7	x1.3	Germany/Allemagne	2.6	2.0	1.8	3.6	3.6	4.2	4.7	3.5	3.7	5.8
Belgium–Luxembourg	3.3	3.8	3.3	2.9	2.8	2.6	1.5	3.1	3.4	4.4	Denmark/Danemark	0.3	0.7	0.7	0.8	1.1	1.2	0.8	1.6	1.7	1.0
Iraq	x4.3	x3.9	x3.0	x2.0	x1.6	x3.2	x4.8	x2.4	x0.3	x0.1	Former USSR/Anc. URSS				x0.0	x0.2	x1.0	x0.8	x1.1		
Germany/Allemagne	3.3	4.1	6.9	6.2	4.0	3.0	2.8	3.1	1.7	1.7	Saudi Arabia	x0.0			x0.2	x0.8	x1.0	x0.8	x0.8	x1.0	x1.3

0421 RICE IN HUSK OR HUSKED — RIZ SANS AUTRE PREPARATION 0421

TRADE BY COMMODITY IN THOUSAND U.S. DOLLARS – COMMERCE PAR PRODUIT EN MILLIERS DE DOLLARS E.U

COUNTRIES–PAYS	IMPORTS – IMPORTATIONS					COUNTRIES–PAYS	EXPORTS – EXPORTATIONS				
	1988	1989	1990	1991	1992		1988	1989	1990	1991	1992
Total	878202	942792	777887	751132	740019	Totale	x353400	x576659	462069	x690850	x631237
Africa	64196	152519	114704	x62441	x59194	Afrique	x13355	10991	22969	x40077	x57358
Northern Africa	16404	82660	55588	14492	x20350	Afrique du Nord	10390	8292	20403	36216	56265
Americas	74538	88452	81463	176808	x128293	Amériques	x175268	x227296	x216247	x227065	x179181
LAIA	27382	46162	34366	116165	68515	ALAI	51630	31146	13748	16014	38925
CACM	128	3248	1256	4451	x9059	MCAC	9	x145	x1240	x111	x233
Asia	308828	271838	104427	x69118	x68092	Asie	x35761	x190512	x23018	x232776	x140756
Middle East	253923	217674	95568	x61476	x59520	Moyen–Orient	x5413	x3882	x611	x1805	848
Europe	416612	419963	450282	417482	465939	Europe	128978	147843	197553	186966	243848
EEC	396766	395442	420029	394211	441068	CEE	128832	147643	196904	186756	243440
EFTA	19834	24389	29570	21919	24621	AELE	145	200	649	210	269
Oceania	10667	x8310	x11285	8640	x9947	Océanie	24	8	2257	x3004	x5139
Belgium–Luxembourg	70076	68808	76802	71377	67057	USA/Etats–Unis d'Amer	74049	155711	149626	174815	104662
Germany/Allemagne	48168	50338	61538	91231	95055	India/Inde	12	x175426	8	x164993	x56713
United Kingdom	54998	56281	62118	65860	102583	Spain/Espagne	39212	47692	72469	99457	118874
Netherlands/Pays–Bas	60271	53611	66257	48655	53057	Italy/Italie	50218	50850	78644	41334	64687
Saudi Arabia	180545	147239	x439	x1763	x1761	Suriname/Suriname	x39242	x28304	x30101	x22173	x22333
Brazil/Brésil	14227	18562	27131	100865	34838	Egypt/Egypte	10390	8291	20395	36188	56262
Spain/Espagne	14080	62140	54244	16601	8093	Thailand/Thaïlande	24910	9296	19652	24788	x77746
France, Monac	51084	39399	36998	48757	42595	Belgium–Luxembourg	9722	19523	15815	14141	19692
Libyan Arab Jamahiriya	15152	79795	42641	x289	x15328	Uruguay	46389	17126	11568	11157	18592
Portugal	63803	40867	49950	30897	55968	France, Monac	5327	9193	11327	13236	25612
Jordan/Jordanie	28914	13820	42059	39565	30797	Pakistan				x32672	
Syrian Arab Republic	21820	30999	36263	x11466	x17392	Guyana	x7893	x7008	x7647	x8942	x5764
So. Africa Customs Un	31465	27284	32752	x1257	x1515	French Guiana	402	2921	11650	3580	6315
Jamaica/Jamaïque	12719	16553	17379	11110	x7728	Greece/Grèce	10041	11257	42	6470	x1961
Switz.Liecht	9736	12511	18887	13256	13461	Netherlands/Pays–Bas	9176	3338	5702	6136	6098
Italy/Italie	29253	20292	7416	15026	8661	Portugal	1	2634	9446	708	625
Sri Lanka	49570	36989	25	49	1180	Viet Nam	x2841	x371	x363	x7336	x4022
Canada	13107	9695	10335	10773	12471	Chile/Chili	10	6236	x562		x114
Israel/Israël	2642	15595	7447	6715	3969	Argentina/Argentine	4789	900	797	3550	12484
Romania/Roumanie			15184	11582	x4372	Australia/Australie	24	7	2256	2980	5083
Cote d'Ivoire	x4	x5545	x9224	x11707	x13919	Germany/Allemagne	1583	1509	1983	1733	1530
USA/Etats–Unis d'Amer	8473	5749	8928	11453	12740	United Kingdom	3439	1567	990	2600	2845
Morocco/Maroc	6	20	8890	13968	183	Ecuador/Equateur	x223	4500			
Reunion/Réunion	7102	360	3907	17685	20587	Malawi	2344	1522	1525	877	
Djibouti	7004	6065	8389	7211		Colombia/Colombie	13	1872	263	781	319
Finland/Finlande	6607	8350	7194	5335	7109	Iraq	x1264	x1426	x45	x1095	
Oman	5688	5991	9229	4949	x49	Djibouti	551	892	929	322	x87
Mexico/Mexique	334	4091	4780	11251	23111	Jordan/Jordanie	2887	1773	5	309	503
Ecuador/Equateur	x12	17068				Cameroon/Cameroun	x44	222	x44	1652	
Guadeloupe	4071	3944	4498	4753	5850	Martinique				1766	34
Iraq	x385	x13089	x1	x4	x166	Myanmar	x274	x215	x1196	x217	x10
Cameroon/Cameroun	x2	10963				Afghanistan	x806	x618	x583	x337	
New Caledonia	3457	3434	3781	3379	x1834	Denmark/Danemark	89	75	437	890	1260
Fiji/Fidji	3888	2515	4218	3744	4764	Netherlands Antilles		x1175			
Zaire/Zaïre	x5	x9484	x2	x1		Korea Republic	111	359	383	329	51
El Salvador	34	3211	1180	4348	x95	Nicaragua			x1060		
Turkey/Turquie		3426	4439	542	2914	Kenya	1		4	x960	x954
Denmark/Danemark	2482	1945	2464	2644	2322	Bolivia/Bolivie		x2	487	380	0
Lebanon/Liban	x130	x1758	x2292	x2535	x5256	Guadeloupe		862			
Senegal/Sénégal			4455	1	x20	Former USSR/Anc. URSS	x3			x807	
Barbados/Barbade	82	1	1	6086	x39	Panama	x1		270	494	110
Trinidad and Tobago	3			374	2630	Brazil/Brésil	119	510	70	133	612
Rwanda	x10	2902	2096		x3	Saudi Arabia	1083	560	x86	x50	x39
Uruguay		10	1927	3033	736	Austria/Autriche	58	72	376	80	103
Austria/Autriche	1608	1597	1807	1535	2489	Cuba				x455	
Venezuela	4085	4085	214	374	328	Canada	2036	22	196	187	246
St Vincent & Grenadines	x1066	x1119	x752	x2276	x1040	Switz.Liecht	18	68	214	73	65
Greece/Grèce	2092	1155	1326	1617	x4436	Cyprus/Chypre	2	2	340	1	0
Haiti/Haïti	x1240	x450	x1994	x1287	x4370	Sri Lanka	30	121	50	135	124
Sweden/Suède	1297	1354	1253	1104	1186	St Vincent & Grenadines	x4	x4	x4	x282	x343

(VALUE AS % OF TOTAL)(VALEUR EN % DU TOTAL)

	1983	1984	1985	1986	1987	1988	1989	1990	1991	1992		1983	1984	1985	1986	1987	1988	1989	1990	1991	1992
Africa	14.7	x11.7	x14.7	x9.1	x5.3	7.3	16.2	14.7	x8.3	x8.0	Afrique	x1.9	5.9	2.0	x3.4	x5.6	x3.8	1.9	x5.0	x5.8	x9.1
Northern Africa	1.0	x0.3	1.4	x1.4	0.4	1.9	8.8	7.1	1.9	x2.7	Afrique du Nord	1.5	5.7	2.0	3.2	5.4	2.9	1.4	4.4	5.2	8.9
Americas	x3.1	5.0	6.2	x26.8	x7.5	8.5	9.3	10.5	23.6	x17.3	Amériques	x54.3	x41.1	44.2	44.0	x34.1	x49.6	x39.4	x46.8	x32.8	x28.4
LAIA	0.1	0.2	0.7	12.4	1.7	3.1	4.9	4.4	15.5	9.3	ALAI	2.8	7.2	7.9	7.9	4.5	14.6	5.4	3.0	2.3	6.2
CACM	x0.4	0.0	x0.0	x0.1	x0.0	0.0	0.3	0.2	0.6	x1.2	MCAC	x0.1	0.0	x0.1	x0.0	0.0	0.0	x0.0	x0.3	x0.0	x0.0
Asia	35.0	30.1	18.9	15.2	x26.5	35.2	28.9	13.5	x9.2	x9.2	Asie	x21.4	x26.7	33.6	x25.2	x17.2	x10.1	x33.0	x5.3	x33.7	x22.3
Middle East	19.5	x12.6	10.8	8.1	9.8	28.9	23.1	12.3	x8.2	x8.0	Moyen–Orient	x1.5	x1.0	x0.5	x2.5	0.5	x1.5	x0.7	x0.1	x0.3	0.1
Europe	45.7	51.9	59.0	47.9	59.3	47.4	44.5	57.9	55.6	63.0	Europe	18.5	19.4	19.1	27.4	40.4	36.5	25.6	42.8	27.1	38.6
EEC	43.3	49.5	55.9	45.5	55.9	45.2	41.9	54.0	52.5	59.6	CEE	18.5	19.3	19.1	27.4	40.4	36.5	25.6	42.6	27.0	38.6
EFTA	2.3	2.3	3.0	2.4	3.4	2.3	2.6	3.8	2.9	3.3	AELE	0.0	0.0	x0.0	0.0	x0.0	0.0	0.1	0.0	0.0	0.0
Oceania	1.6	x1.4	x1.3	1.1	x0.9	1.3	0.9	x1.5	1.1	x1.4	Océanie	x4.0	6.9	1.1		x2.7			0.5	x0.4	x0.8
Belgium–Luxembourg	8.7	10.1	12.2	9.4	10.1	8.0	7.3	9.9	9.5	9.1	USA/Etats–Unis d'Amer	36.5	23.3	35.4	28.8	17.3	21.0	27.0	32.4	25.3	16.6
Germany/Allemagne	6.0	6.2	6.1	5.4	7.7	5.5	5.3	7.9	12.1	12.8	India/Inde	x3.9	0.1	x0.0	x5.0	0.3	x0.0	x30.4	x0.0	x23.9	x9.0
United Kingdom	2.2	2.3	3.9	8.9	8.6	6.3	6.0	8.0	8.8	13.9	Spain/Espagne	0.1	0.4	3.7	1.4	11.3	11.1	8.3	15.7	14.4	18.8
Netherlands/Pays–Bas	6.9	6.3	7.3	6.4	7.1	6.9	5.7	8.5	6.5	7.2	Italy/Italie	4.3	x10.1	6.8	5.3	13.4	14.2	8.8	17.0	6.0	10.2
Saudi Arabia	x0.3	0.0	x0.2	0.0	x0.1	20.6	15.6	x0.2	x0.2	x0.2	Suriname/Suriname	14.2	1.9	3.2	x5.9	x9.0	x11.1	4.9	6.5	x3.2	x3.5
Brazil/Brésil		0.0	0.7	12.1	1.6	1.6	2.0	3.5	13.4	4.7	Egypt/Egypte	1.5	5.7	1.9	3.2	5.4	2.9	1.4	4.4	5.2	8.9
Spain/Espagne	1.8	4.0	1.4	1.2	3.4	1.6	6.6	7.0	2.2	1.1	Thailand/Thaïlande	2.2	8.7	5.9	1.6	1.8	7.0	1.6	4.3	3.6	x12.3
France, Monac	9.0	8.2	6.3	6.9	6.6	5.8	4.2	4.8	6.5	5.8	Belgium–Luxembourg	0.7	1.2	2.8	1.9	4.3	2.8	3.4	3.4	2.0	3.1
Libyan Arab Jamahiriya	x0.0	x0.0	x0.0	x0.0	0.0	1.7	8.5	5.5	x0.0	x2.1	Uruguay		3.0	4.2	6.5	3.7	13.1	3.0	2.5	1.6	2.9
Portugal	1.7	4.9	6.0	3.3	6.9	7.3	4.3	6.4	4.1	7.6	France, Monac	8.0	8.3	1.7	7.3	3.5	1.5	1.6	2.5	1.9	4.1

0422 RICE SEMI-MILLED, MILLED

RIZ POLI, GLACE INCL BRISURES 0422

TRADE BY COMMODITY IN THOUSAND U.S. DOLLARS – COMMERCE PAR PRODUIT EN MILLIERS DE DOLLARS E.U

COUNTRIES–PAYS	1988	1989	1990	1991	1992	COUNTRIES–PAYS	1988	1989	1990	1991	1992
	IMPORTS – IMPORTATIONS						EXPORTS – EXPORTATIONS				
Total	x3577795	x4164829	x3344716	x3757915	x3837503	Totale	3471483	3986526	3386436	3852470	x3262675
Africa	x622740	x620535	x495129	x592216	x676604	Afrique	x4433	x3110	x9614	3508	x10263
Northern Africa	x35628	x59275	x24540	x33199	x51953	Afrique du Nord	x4048	x2814	x3862	2563	1054
Americas	x299844	x454343	x563218	x720851	x600757	Amériques	x801574	962338	813667	762964	792344
LAIA	69196	188717	282529	422465	x279490	ALAI	58158	116877	143640	163363	137943
CACM	28036	47972	37453	33112	x28596	MCAC	x21	2230	x1256	x492	x3554
Asia	x1803465	x2084317	x1421827	x1412159	x1724571	Asie	2111432	2333081	1842229	2256349	x1722978
Middle East	x1116259	x1087760	x836296	x840737	x951615	Moyen–Orient	x6217	x6117	x9995	x10023	x9318
Europe	545998	578413	637045	666666	729765	Europe	536471	561124	609948	704728	736757
EEC	489211	505745	548912	585805	638606	CEE	535721	560644	609486	703371	734210
EFTA	54456	59761	70316	71675	82653	AELE	429	435	440	1102	1896
Oceania	58388	68402	66964	x30164	x36046	Océanie	101	32	600	90	47
Saudi Arabia	x270246	x226206	x244905	x277824	x321844	Thailand/Thaïlande	1345779	1758550	1066469	1170747	x835913
Former USSR/Anc. URSS	x159332	x285929	x102473	x275472		USA/Etats–Unis d'Amer	728304	826834	654150	581457	630321
Iran (Islamic Rp. of)	x88200	x286963	x111300	x148478	x109400	Pakistan	333067	308326	242389	414020	397978
France, Monac	158088	163143	178786	181962	213076	Italy/Italie	247993	254061	274399	319220	386279
Hong Kong	139246	160385	150041	160402	169290	India/Inde	227253	x61658	254366	307068	x76404
Brazil/Brésil	21729	42692	116880	271467	119597	Belgium–Luxembourg	140120	138098	152260	138672	138395
United Kingdom	148265	132213	147512	142543	139189	Viet Nam	x2192	x45158	x159263	x165791	x126129
United Arab Emirates	x282025	x145515	x134664	x98699	x140994	Former USSR/Anc. URSS	x16483	x125586	x109501	x124604	
China/Chine	74922	303618	11480	39505	38985	China/Chine	180955	94408	84093	151755	216755
Malaysia/Malaisie	80995	127000	99769	127216	x144007	Uruguay	44294	70071	90690	104656	87060
Germany/Allemagne	89113	83037	103146	103676	110671	Netherlands/Pays–Bas	60945	60746	73218	72286	70817
Senegal/Sénégal	x60027	102488	92383	x76554	x78749	Spain/Espagne	25004	41559	35763	72054	40240
Peru/Pérou	6589	81893	102407	87117	x40626	Germany/Allemagne	28270	25690	30523	45628	37762
Iraq	x257566	x150944	x97953	x10985	x4774	Argentina/Argentine	6314	29477	26576	32518	40622
Singapore/Singapour	73898	77976	81567	79840	91522	France, Monac	20844	26628	25755	32249	29633
USA/Etats–Unis d'Amer	58853	66110	74725	82147	93808	Colombia/Colombie	x2	10528	18878	24263	14
So. Africa Customs Un	46073	61068	54093	x83100	x79865	Hong Kong	4790	12507	9885	21435	24559
Mozambique	x65168	x78467	x60372	x57734	x50471	Korea Dem People's Rp	x5323	x19913	x6786	x1428	x772
Turkey/Turquie	26638	79276	62138	40928	97136	United Kingdom	8687	6076	6621	10373	17392
Canada	45259	46340	52112	57362	62496	Myanmar	x2527	x7581	x6121	x8828	x15485
Philippines	47590	x27285	127667	628	318	Portugal	1379	4505	8369	9518	10580
Indonesia/Indonésie	8646	75360	13195	52970	169776	United Arab Emirates	x5275	x5728	x8154	x7400	x8333
Cuba	x37340	x36739	x35843	x56242	x48017	Guyana	x6017	x6637	x5291	x4508	x3947
Mexico/Mexique	83	58150	40926	24700	79995	Suriname/Suriname	x4600	x5110	x5483	x3736	x6351
Bangladesh	x52791	x111800	x3490	x4834	x8333	Indonesia/Indonésie	x25	12401	170	36	8478
Jordan/Jordanie	x41203	x26921	0	x90353	x123419	Egypt/Egypte	x3992	x2813	x3857	2522	1051
Cote d'Ivoire	x55247	x35187	x30173	x43657	x147615	Greece/Grèce	2140	2904	1790	2840	x2223
Kuwait/Koweït	x51977	x65091	x23282	x16966	x28478	French Guiana	3357	2523	2016	1995	3829
Oman	48432	28309	38135	36320	x25196	Philippines	2	x4059	2	2340	8517
Benin/Bénin	x58602	x16441	x33578	x47905	x44188	Chile/Chili	x3	x4102	1765	411	x31
Netherlands/Pays–Bas	24516	22883	28589	43641	49091	Panama	x86	x432	x85	x3968	x1816
Belgium–Luxembourg	19893	25602	24322	39067	43985	Martinique		x38	1383	2760	2504
Yemen/Yémen		x47490	x40065	x25549		Brazil/Brésil	5722	2412	708	954	1767
India/Inde	155742	x58627	21591	4463	x3107	Bolivia/Bolivie	x2	x1	3373	531	x81
Sri Lanka	3159	3587	32296	47237	64932	Togo			3639	145	
Mauritius/Maurice	x22332	x36391	26231	19908	17743	Singapore/Singapour	1724	1460	1221	745	477
Papua New Guinea	37099	42190	40045	x96	x117	Austria/Autriche		1920	757	215	35
Austria/Autriche	21486	21026	29939	26116	26662	Nicaragua	83	22	745	1927	757
Nicaragua	16561	29560	29578	17407	16001	Korea Republic	450	567	837	1122	777
Syrian Arab Republic		x32755	x42599	x41164		Oman	793	228	952	529	
Libyan Arab Jamahiriya	x12504	x30696	x19125	x22445	x33983	Bulgaria/Bulgarie	x157	x288	x746	x176	x127
Czechoslovakia	x20689	21931	27994	x19036	x31412	St Vincent & Grenadines	x841	x738	x153	x237	x848
Spain/Espagne	9371	27226	20494	19207	23534	Ecuador/Equateur	x1806		x1093	17	989
Israel/Israël	13848	22807	20400	18701	26225	Mauritius/Maurice		x2	995	97	783
Sweden/Suède	17085	17213	21057	22481	25497	Ireland/Irlande	72	189	571	284	344
Ghana	x12619	x33012	15624	x10641	x14425	Romania/Roumanie	x770	x945		x1	x129
Italy/Italie	15161	26312	15760	15984	12806	Austria/Autriche	30	96	183	649	510
Madagascar	x40980	x19757	27969	7641	x6956	Paraguay		287	558	9	x176
Cameroon/Cameroun	x20726	709	x6224	47252	x10334	Sweden/Suède	276	257	182	270	1090
Haiti/Haïti	x10052	x11734	x16807	x24803	x51597	Sri Lanka	92	63	155	436	248

(VALUE AS % OF TOTAL)(VALEUR EN % DU TOTAL)

	1983	1984	1985	1986	1987	1988	1989	1990	1991	1992		1983	1984	1985	1986	1987	1988	1989	1990	1991	1992
Africa	x23.7	x17.1	18.6	x19.7	16.8	x17.4	14.9	14.8	x15.7	17.7	Afrique	x0.1	x0.0		x0.1	x0.2	x0.1	x0.1	x0.3	x0.1	x0.3
Northern Africa	x0.8	1.3	x1.2	x2.1	x1.2	1.0	1.4	x0.7	x0.9	1.4	Afrique du Nord			x0.0	x0.0	x0.1	x0.1	x0.1	x0.1	x0.1	0.0
Americas	x8.1	x10.3	x14.2	18.7	x8.9	8.4	x10.9	x16.8	x19.2	x15.7	Amériques	x28.0	x29.0	26.6	24.9	x20.2	x23.1	24.1	24.0	19.8	24.3
LAIA	1.2	3.0	5.1	13.5	2.4	1.9	4.5	8.4	11.2	x7.3	ALAI	0.5	2.8	4.2	3.5	1.9	1.7	2.9	4.2	4.2	4.2
CACM	x0.6	0.4	0.6	x0.2	x0.8	0.8	1.2	1.1	0.9	0.7	MCAC	x0.0	0.0	0.0			0.0	0.1	x0.0	x0.0	0.1
Asia	x56.1	x58.1	x49.8	39.1	43.5	x50.4	50.1	x42.6	x37.6	x44.9	Asie	56.5	55.3	51.8	52.8	58.7	60.8	58.5	54.4	58.6	x52.8
Middle East	x28.5	x34.3	x29.0	x27.5	26.6	x31.2	26.1	25.0	x22.4	24.8	Moyen–Orient	x0.1	x0.1	x1.5	x1.6	x0.2	x0.2	x0.3	x0.3	x0.3	x0.3
Europe	10.8	12.8	15.6	20.5	17.1	15.3	13.9	19.0	17.7	19.0	Europe	12.9	13.2	19.2	19.9	18.4	15.5	14.1	18.0	18.3	22.6
EEC	10.0	11.9	14.4	17.7	15.6	13.7	12.1	16.4	15.6	16.6	CEE	12.9	13.2	19.2	19.8	18.4	15.4	14.1	18.0	18.3	22.5
EFTA	0.8	0.9	1.0	x2.8	x1.4	1.5	1.4	2.1	1.9	2.2	AELE	0.0	0.0	0.0	0.0	0.0	0.0	0.0	0.0	0.0	0.1
Oceania	x1.3	x1.7	x1.7	x2.0	1.9	1.6	1.6	2.0	x0.8	x0.9	Océanie	x2.5	x2.4	x2.3	2.4	x1.3					
Saudi Arabia	x12.3	9.7	x7.7	8.1	6.0	x7.6	x5.4	x7.3	7.4	x8.4	Thailand/Thaïlande	30.2	35.3	31.5	30.9	30.0	38.8	44.1	31.5	30.4	x25.6
Former USSR/Anc. URSS					x8.7	4.5	6.9	x3.1	x7.3		USA/Etats–Unis d'Amer	26.4	25.0	21.9	20.8	17.7	21.0	20.7	19.3	15.1	19.3
Iran (Islamic Rp. of)	x5.3	x8.8	x5.3	x3.2	x6.5	x2.5	x6.9	x3.3	x4.0	x2.9	Pakistan	14.5	11.2	10.5	12.2	11.0	9.6	7.7	7.2	10.7	12.2
France, Monac	3.5	4.0	4.4	6.0	5.3	4.4	3.9	5.3	4.8	5.6	Italy/Italie	7.2	6.9	11.1	10.6	9.0	7.1	6.4	8.1	8.3	11.8
Hong Kong	4.6	4.7	4.5	5.0	3.6	4.4	3.9	4.4	4.5	4.3	India/Inde	3.8	4.7	6.3	6.3	8.9	6.5	1.5	7.5	8.0	x2.3
Brazil/Brésil			3.1	11.2	0.7	0.6	1.0	3.5	7.2	3.1	Belgium–Luxembourg	3.0	3.3	4.1	4.9	4.4	3.5	4.5	4.5	3.6	4.2
United Kingdom	3.1	3.7	4.2	4.7	4.3	4.1	3.2	4.4	3.8	3.6	Viet Nam					x0.1	x0.1	1.1	x4.7	x4.3	x3.9
United Arab Emirates	x1.8	x2.4	x2.5	x3.8	x3.4	x7.9	x3.5	x4.0	x2.6	x3.7	Former USSR/Anc. URSS					x1.1	x0.5	x3.2	x3.2	x3.2	
China/Chine					2.7	2.1	7.3	0.3	1.1	1.0	China/Chine				6.4	5.2	2.4	2.5	3.9	6.6	
Malaysia/Malaisie	3.4	4.3	4.2	2.0	1.4	2.3	3.0	3.0	3.4	x3.8	Uruguay		1.5	2.6	2.3	1.4	1.3	1.8	2.7	2.7	2.7

04221 RICE MILLED UNBROKEN
RIZ POLI,GLACE EXCL BRISURES 04221

TRADE BY COMMODITY IN THOUSAND U.S. DOLLARS – COMMERCE PAR PRODUIT EN MILLIERS DE DOLLARS E.U

COUNTRIES–PAYS	IMPORTS – IMPORTATIONS					COUNTRIES–PAYS	EXPORTS – EXPORTATIONS				
	1988	1989	1990	1991	1992		1988	1989	1990	1991	1992
Total	x3393891	x3917279	x3100285	x3514641	x3563754	Totale	3270089	3772160	3217821	3583022	x3029887
Africa	x562335	x518638	x394751	x507825	x587621	Afrique	x4387	x2893	x9200	x8227	x18065
Northern Africa	x40804	x57575	x34105	x36992	x51914	Afrique du Nord	x4022	x2814	x3862	x7385	x8956
Americas	x288631	x441232	x526203	x705007	x578683	Amériques	773653	925254	805621	748063	748371
LAIA	x68304	188491	277972	412050	x263015	ALAI	51835	114772	145782	163256	129709
CACM	x21882	x35515	x11766	x34341	x28731	MCAC					
Asia	x1771262	x2035761	x1397292	x1359422	x1655115	Asie	1990818	2225551	1750971	2083481	x1569693
Middle East	x1115159	x1087205	x835983	x840482	x949742	Moyen–Orient	x6214	x6042	x9954	x9923	x9197
Europe	468093	497060	556928	579552	640484	Europe	500823	521359	565954	641793	693583
EEC	418854	437829	480902	508177	564641	CEE	500082	520911	565515	640567	691245
EFTA	46925	46335	59597	62213	67524	AELE	421	403	417	979	1749
Oceania	56220	65780	64791	x27286	x32759	Océanie	83	32	599	81	43
Saudi Arabia	x269837	x226202	x244902	x277824	x321844	Thailand/Thaïlande	1228334	1672864	998457	1048194	x737267
Former USSR/Anc. URSS	x159331	x285927	x102461	x275433		USA/Etats–Unis d'Amer	711830	798709	647916	570444	602488
Iran (Islamic Rp. of)	x88200	x286963	x111300	x148476	x109400	Pakistan	333067	308326	242389	414020	397978
Hong Kong	133081	152577	144740	154980	164669	Italy/Italie	237290	237825	261157	301901	367774
France,Monac	130275	138810	154824	156823	187620	India/Inde	227253	x60809	254365	307068	x68139
Brazil/Brésil	x22400	42609	112995	265104	111848	Belgium–Luxembourg	133369	132204	144137	129800	128876
United Kingdom	135549	125006	139732	136357	129146	China/Chine	180467	94284	83918	151586	216585
United Arab Emirates	x281430	x145172	x134455	x98524	x140775	Viet Nam	x1943	x27433	x142875	x117860	x84000
Malaysia/Malaisie	80987	123504	96278	126070	x142455	Former USSR/Anc. URSS	x316	x97024	x85232	x101180	
China/Chine	74921	289908	11103	39402	38984	Uruguay	44294	70071	90690	104656	82954
Peru/Pérou	6585	81891	102406	84169	x40626	Netherlands/Pays–Bas	58666	57917	70165	69586	68543
Iraq	x257566	x150944	x97953	x10985	x4774	Spain/Espagne	18187	35805	28837	49482	34979
Germany/Allemagne	82479	75272	90992	92160	99405	Germany/Allemagne	27081	24533	28822	44847	37228
Singapore/Singapour	70094	73777	78133	75672	85051	Argentina/Argentine	4864	28478	26379	32434	38491
USA/Etats–Unis d'Amer	58838	66074	74496	82113	93704	France,Monac	19151	24447	23366	29264	27775
So. Africa Customs Un	44568	59593	53738	x82245	x79010	Colombia/Colombie		10528	18878	24263	14
Mozambique	x64527	x78177	x60246	x51725	x50171	Hong Kong	4127	11421	9249	20747	23886
Turkey/Turquie	26638	79273	62124	40928	95532	Korea Dem People's Rp	x5323	x19913	x6786	x1428	x772
Canada	43839	44376	49411	54320	58550	United Arab Emirates	x5273	x5728	x7400	x8154	x8307
Philippines	47590	x14625	127667	628	318	United Kingdom	4214	5232	6062	9908	16801
Indonesia/Indonésie	8646	75360	11826	52513	165595	Egypt/Egypte	x3966	x2813	x3857	x7344	x8953
Cuba	x37340	x36739	x35695	x56242	x48017	Myanmar	x1542	x5902	x325	x7576	x12857
Mexico/Mexique	70	58103	40780	24476	74212	Indonesia/Indonésie	x25	12364			8478
Bangladesh	x52023	x111800	x3490	x4834	x8333	Suriname/Suriname	x3828	x3950	x5068	x3299	x5744
Jordan/Jordanie	x41203	x26727	x30168	x43657	x123419	Guyana	x1782	x4081	x3142	x2882	x1620
Cote d'Ivoire	x54631	x35075	32182	x16966	x147351	Portugal	566	1040	1385	4198	7880
Kuwait/Koweït	x51977	x65091	x23282	x43657	x28478	Philippines	2	x4059	2	2340	8517
Oman	48431	28309	38135	36302	x25195	French Guiana	3333	2230	2016	1611	2766
Benin/Bénin	x58288	x16441	x33578	x47817	x44106	Chile/Chili	0	x4102	1046	411	x31
Yemen/Yémen			x47490	x40065	x25549	Martinique			1383	2760	2504
India/Inde	141260	x58626	21591	4463	x3107	Bolivia/Bolivie		x1	3373	531	x81
Papua New Guinea	37092	42190	40045	x96	x117	Togo			3634	145	
Mauritius/Maurice	x22332	x36391	25912	19672	17656	Greece/Grèce	1230	1529	797	1065	x534
Syrian Arab Republic			x32755	x42599	x41164	Panama	x42	x14	x3351	x1816	
Libyan Arab Jamahiriya	x12497	x30695	x19123	x20730	x33976	Singapore/Singapour	1721	1264	1209	724	470
Czechoslovakia	x20689	21922	27814	19015	x31399	Venezuela			x3061	0	5205
Netherlands/Pays–Bas	15506	13720	20148	33381	39952	Brazil/Brésil	x866	1306	706	951	1762
Cameroon/Cameroun	x20203	x12162	x6219	47252	x10333	Turkey/Turquie	83	22	744	1832	724
Israel/Israël	13846	22806	20392	18701	26225	Korea Republic	372	504	825	1115	777
Spain/Espagne	8757	25451	19658	16332	22132	Oman	793	228	952	529	
Ghana	x12619	x33012	x15612	x10637	x14420	Ecuador/Equateur	x1800		x1093		989
Sweden/Suède	16540	16363	20519	21732	23038	St Vincent & Grenadines	x833	x723	x139	x229	x763
Austria/Autriche	15273	14749	21400	19392	20835	Mauritius/Maurice		x2	990	87	782
Italy/Italie	14550	24911	13857	14981	12469	Ireland/Irlande	62	189	571	267	310
Haiti/Haïti	x9924	x11731	x16807	x24603	x50515	Paraguay		287	558	9	x176
Nicaragua	x16561	x29560	x4426	x17407	x16001	Austria/Autriche	25	70	178	547	380
Liberia/Libéria	x27910	x2599	x15234	x31751	x735	Sweden/Suède	276	252	176	264	1076
Lebanon/Liban	x5388	x17569	x14754	x16950	x8730	Denmark/Danemark	266	189	217	246	544
Madagascar	x17692	x11927	26717	7442	x4360	Sri Lanka	83	52	140	425	242
Denmark/Danemark	12664	13968	16462	14164	15036	Macau/Macao	85	136	175	244	173

(VALUE AS % OF TOTAL)(VALEUR EN % DU TOTAL)

	1983	1984	1985	1986	1987	1988	1989	1990	1991	1992		1983	1984	1985	1986	1987	1988	1989	1990	1991	1992
Africa	x18.2	x15.4	x15.3	x17.8	x16.9	x16.6	x13.2	x12.7	x14.4	x16.5	Afrique		x0.0		x0.0	x0.2	x0.1	x0.1	x0.3	x0.2	x0.6
Northern Africa	x0.8	x1.4	x1.3	x2.2	x1.2	x1.2	x1.5	x1.1	x1.1	x1.5	Afrique du Nord				x0.0	x0.2	x0.1	x0.1	x0.1	x0.2	x0.3
Americas	x12.3	x10.8	x15.0	x19.4	x9.3	x8.5	x11.2	x17.0	x20.1	x16.3	Amériques	30.0	x29.8	27.6	26.4	x20.6	23.7	24.6	25.0	20.9	24.7
LAIA	x5.1	x3.2	x5.4	x14.1	x2.5	x2.0	4.8	9.0	x7.4	x7.4	ALAI	x1.2	1.4	4.3	3.7	2.1	1.6	3.0	4.5	4.6	4.3
CACM	x0.7	x0.4	x0.6	x0.2	x0.8	x0.6	x0.9	x0.4	x1.0	x0.8	MCAC		x0.1	x0.0	x0.0						
Asia	x58.5	x60.3	x53.1	x41.7	x45.0	x52.1	x51.9	x45.0	x38.7	x46.4	Asie	54.4	53.9	50.5	51.1	58.7	60.9	59.0	54.4	58.1	x51.8
Middle East	x30.9	x36.5	x30.1	x30.1	x28.0	x32.9	x27.0	x23.9	x26.7		Moyen–Orient	x0.2	0.0	x1.6	x1.7	x0.2	x0.2	x0.2	x0.3	x0.3	x0.3
Europe	9.6	11.6	14.7	19.1	15.9	13.8	12.7	18.0	16.5	18.0	Europe	12.9	13.7	19.3	19.9	17.9	15.3	13.8	17.6	17.9	22.9
EEC	8.8	10.6	13.3	16.3	14.3	12.3	11.2	15.5	14.5	15.8	CEE	12.9	13.7	19.3	19.9	17.9	15.3	13.8	17.6	17.9	22.8
EFTA	x0.8	x0.9	x1.1	x2.4	x1.4	1.4	1.2	1.9	1.8	1.9	AELE	0.0		0.0			0.0	0.0	0.0	0.0	0.1
Oceania	x1.4	x1.8	x2.1	x2.1	2.0	1.6	1.7	2.1	x0.8	x0.9	Océanie	x2.7	x2.7	2.5	2.5	1.3					
Saudi Arabia	x12.7	10.4	x8.3	8.5	6.3	x8.0	x5.8	x7.9	x7.9	x9.0	Thailand/Thaïlande	28.6	32.3	29.5	28.4	29.0	37.6	44.3	31.0	29.3	x24.3
Former USSR/Anc. URSS					x7.9	x4.7	x7.3	x3.3	x7.8		USA/Etats–Unis d'Amer	27.9	27.5	22.8	22.2	18.1	21.8	21.2	20.1	15.9	19.9
Iran (Islamic Rp. of)	x5.4	x9.4	x3.5	x3.4	x6.9	x2.3	x7.3	x3.6	x4.2	x3.1	Pakistan	15.4	12.5	11.2	13.1	10.9	10.2	8.2	7.5	11.6	13.1
Hong Kong	4.5	4.7	4.6	4.9	3.6	3.9	3.9	4.7	4.4	4.6	Italy/Italie	7.2	7.1	11.1	10.7	8.9	7.3	6.3	8.1	8.4	12.1
France,Monac	3.1	3.5	4.1	5.4	4.7	3.8	3.5	5.0	4.5	5.3	India/Inde	4.1	5.2	6.7	6.7	9.3	6.9	3.5	4.5	3.6	4.3
Brazil/Brésil	x3.5		x3.3	x11.7	x0.7	x0.7	1.1	3.6	7.5	3.1	Belgium–Luxembourg	3.1	3.5	4.2	5.0		4.1	3.5	4.1	4.2	7.1
United Kingdom	3.1	3.8	4.4	4.7	4.0	3.2	4.5	3.9	3.6	3.6	China/Chine	6.7	5.5	2.5	2.6	4.2					
United Arab Emirates	x1.8	x2.5	x2.7	x4.0	x3.6	x8.3	x3.7	x4.3	x2.8	x4.0	Viet Nam						x0.1	x0.1	x0.7	x4.4	x3.3	x2.8
Malaysia/Malaisie	3.1	4.2	4.5	2.1	1.5	2.4	3.2	3.1	3.6	x4.0	Former USSR/Anc. URSS						x1.1	x0.0	x2.6	x2.6	x2.8	
China/Chine				2.6	2.2	7.4	0.4	1.1	1.1		Uruguay	x0.7	x0.1	2.8	2.4	1.4	1.4	1.9	2.8	2.9	2.7

04592 SORGHUM UNMILLED / SORGHO NON MOULU 04592

TRADE BY COMMODITY IN THOUSAND U.S. DOLLARS – COMMERCE PAR PRODUIT EN MILLIERS DE DOLLARS E.U

COUNTRIES–PAYS	1988	1989	1990	1991	1992	COUNTRIES–PAYS	1988	1989	1990	1991	1992
	IMPORTS – IMPORTATIONS						EXPORTS – EXPORTATIONS				
Total	1020762	x1582794	1102682	1033794	1177721	Totale	957088	1265425	1005582	949892	1130960
Africa	x35345	x20928	x24592	x67656	x63709	Afrique	x24026	x48375	x20293	x3949	x517
Northern Africa	x10599	16004	x19154	x45297	x17097	Afrique du Nord	x23682	x45097	x17664	x443	x339
Americas	281661	448170	348443	371537	554041	Amériques	797385	1029529	883846	798570	968361
LAIA	276332	438669	335964	370291	551766	ALAI	112166	39514	104392	120889	106693
CACM	x466	x359	x250	x516	x519	MCAC		x1			
Asia	x527937	x730518	x587536	x491318	x456868	Asie	41098	98114	35407	55066	58531
Middle East	x13758	x33690	x20143	x25548	x9722	Moyen–Orient		10	52	17	9
Europe	90792	136657	111406	100527	99397	Europe	32174	45456	58504	63085	66374
EEC	86317	123073	104663	100164	99096	CEE	32112	45431	58407	63080	66374
EFTA	251	9250	3764	355	291	AELE		2		98	3
Oceania	x331	9060	4839	x1240	x3650	Océanie	54285	39224	4092	25801	33800
Japan/Japon	459930	560562	504027	440702	401318	USA/Etats–Unis d'Amer	685210	989687	779228	677654	861661
Mexico/Mexique	85338	321724	331283	361924	542139	Argentina/Argentine	109493	39490	104286	115828	102853
Former USSR/Anc. URSS	x66000	x237089	x24433	x1279		China/Chine	37708	94261	32693	39125	56341
Spain/Espagne	33944	58352	49446	39571	46405	France, Monac	25812	38960	54947	59873	63027
Israel/Israël	45555	54091	49489	21525	21526	Australia/Australie	54285	39224	4092	25801	33800
Venezuela	175492	108728	195	626	365	Sudan/Soudan	x23681	x45002	x17572	x224	x131
Korea Republic	6214	75450	11824	1089	22163	Thailand/Thaïlande	3021	3303	2358	15331	x70
Belgium–Luxembourg	21079	29471	23478	23465	22430	Hungary/Hongrie	x8120	x4560	x3428	x3418	x3375
Italy/Italie	18501	23164	16781	16507	17536	Belgium–Luxembourg	4328	5493	2355	981	873
Jordan/Jordanie	x127	x24659	x16876	x7649	x6500	Zimbabwe	x3	x2981	700	3295	
Sudan/Soudan	x6940	x2214	x1868	x34661	x16640	Mexico/Mexique	581	9	80	4445	0
Netherlands/Pays–Bas	7957	7301	8646	13422	7179	Netherlands/Pays–Bas	1844	781	933	1952	2197
Tunisia/Tunisie	165	10415	14477	202	279	So. Africa Customs Un	x12	x116	x1432	x24	x6
Turkey/Turquie	x34	3219	3165	13879	18	Israel/Israël	59	52	101	309	104
Cuba	x4018	x7992	11005			Colombia/Colombie			18	436	154
Norway, SVD, JM	17	9050	3483	25	14	Singapore/Singapour	54	337	14	22	22
Egypt/Egypte	x202	x70		x10026		Kenya	20		285	x37	
Ecuador/Equateur	5692	x4485	76	4717	3425	Panama		x300			
Germany/Allemagne	3173	2109	2714	3015	2545	Mali		x16	x136	x136	x136
New Zealand	10	5906	1830		5	Spain/Espagne	12	38	113	130	60
Yugoslavia SFR	4224	4326	2970			Korea Republic	8	57	54	116	64
Niger	x3644			x6450	x2594	Italy/Italie	98	118	37	54	82
Burkina Faso	x3322			x6316	x213	Suriname/Suriname			x206		
Senegal/Sénégal	x453	1919	2869	x1009	x26	Un. Rep. of Tanzania	x291	x160	x44		
Iran (Islamic Rp. of)	x2083	x5333				Romania/Roumanie		165	13	x3	
France, Monac	522	1591	1964	1821	906	Morocco/Maroc	0			179	
Philippines		x5090	35	4	466	Hong Kong	40	1	46	131	213
Fiji/Fidji	x35	1796	2337	600	1976	Libyan Arab Jamahiriya		x93	x57		x202
Saudi Arabia	x11318	x208	x35	x3994	x2964	India/Inde	0	x28	x87	1	x731
Mali	x137			x3919	x370	Germany/Allemagne	17	41	17	50	96
Morocco/Maroc	3121	3293	93	230	174	Uruguay	x2087			x101	
Argentina/Argentine	1675	1585	1711	132	65	Switz.Liecht			89		
Colombia/Colombie	5998	621	1584	1179	3605	Turkey/Turquie		10	52	17	9
Thailand/Thaïlande	567	4	1081	1757	1035	Venezuela			0	62	3560
Algeria/Algérie	x74	x13	x2716		x4	Egypt/Egypte		x1	x32	x29	x5
Uruguay	x455	x954	x898	x629	614	Canada	6	26	6	27	7
Papua New Guinea	259	1355	558	x458	x1445	Indonesia/Indonésie			46		43
United Kingdom	694	644	766	873	1046	Yugoslavia SFR	62	23		x2	
Cote d'Ivoire				x2276		Denmark/Danemark				23	
Nigeria/Nigéria	x11207	x1795	x4			Brazil/Brésil	x2	x3	x4	15	49
Hungary/Hongrie	x226	x327	x1116	236	x40	Niger			x21		
Portugal	328	313	692	596	886	Uganda/Ouganda			x9	x13	x31
Ethiopia/Ethiopie	x1990	x497	x1004	30	x4795	Myanmar	x2	x10		x7	x8
Malaysia/Malaisie	81	980	313	59	x35	Tunisia/Tunisie	1	1	3	12	2
Hong Kong	512	499	361	385	486	Sweden/Suède		2	9	3	
Ghana		x318	x451	x408	x556	Chile/Chili	x2	x10	3		x77
USA/Etats–Unis d'Amer	40	48	812	248	138	Dominican Republic		x13			
Greece/Grèce	64	68	134	808	x95	United Kingdom	1	4		7	16
Chile/Chili	x1435	x33	0	749	x229	Portugal				10	8
Togo	120	11	28	x736	x803	Malaysia/Malaisie		3		6	x76

(VALUE AS % OF TOTAL) (VALEUR EN % DU TOTAL)

	1983	1984	1985	1986	1987	1988	1989	1990	1991	1992		1983	1984	1985	1986	1987	1988	1989	1990	1991	1992
Africa	x1.6	x1.7	x5.3	x1.7	x0.5	x3.5	x1.3	x2.2	x6.5	x5.4	Afrique	x0.9	x0.1	x0.5	x0.9	x8.8	x2.5	x3.8	x2.0	x0.4	x0.0
Northern Africa	x0.1	x0.4	x0.3	x0.1	x0.1	1.0	x1.2	x1.7	x4.4	x1.5	Afrique du Nord	x0.3	x0.0	x0.0	x0.1	x8.6	x2.5	x3.6	x1.8	x0.0	x0.0
Americas	x58.3	x33.0	x34.4	x20.8	x23.4	27.6	28.3	31.6	35.9	47.0	Amériques	x85.9	82.9	84.4	77.8	73.8	83.3	81.3	87.9	84.0	85.6
LAIA	x58.1	x32.7	x34.1	x20.5	x20.5	27.1	27.7	30.5	35.8	46.9	ALAI	x0.1	28.1	23.8	21.9	10.6	11.7	3.1	10.4	12.7	9.4
CACM	x0.2	x0.2	x0.2	x0.2	x1.5	x0.0	x0.0	x0.0	x0.0	x0.0	MCAC					0.3	x0.0				
Asia	x33.4	53.0	56.1	73.0	x55.4	x51.7	x46.1	x53.3	x47.5	x38.8	Asie	x5.0	x2.9	x2.8	x3.6	x4.2	4.3	7.7	3.5	5.8	5.2
Middle East	x6.9	x0.6	x1.1	x0.5	x0.7	x1.3	x2.1	x1.8	x2.5	x0.8	Moyen–Orient	x0.0	x0.0	x0.0	x0.0	x0.0	x0.0	x0.0	x0.0	0.0	0.0
Europe	6.5	12.1	4.1	4.5	x16.9	8.9	8.6	10.1	9.7	8.4	Europe	3.8	1.9	2.5	3.9	7.0	3.4	3.6	5.8	6.6	5.9
EEC	6.4	12.0	3.6	4.5	15.7	8.5	7.8	9.5	9.7	8.4	CEE	3.8	1.8	2.5	3.9	7.0	3.4	3.6	5.8	6.6	5.9
EFTA	0.1	x0.0	x0.0	x0.0	x0.2	x0.0	0.6	0.3	0.0	0.0	AELE	x0.0	x0.0	x0.0	x0.0	x0.0	x0.0	x0.0	x0.0	0.0	0.0
Oceania	x0.1	x0.2	0.1	x0.0	x0.1	x0.0	0.6	0.5	x0.1	x0.3	Océanie	4.5	12.3	9.7	13.8	6.2	5.7	3.1	0.4	2.7	3.0
Japan/Japon	24.8	47.9	50.9	64.5	50.7	45.1	35.4	45.7	42.6	34.1	USA/Etats–Unis d'Amer	85.8	54.7	60.6	55.6	63.2	71.6	78.2	77.5	71.3	76.2
Mexico/Mexique	x53.4	x29.1	x25.6	x10.1	x9.0	8.4	20.3	30.0	35.0	46.0	Argentina/Argentine		28.1	23.4	21.8	10.6	11.4	3.1	10.4	12.2	9.1
Former USSR/Anc. URSS					x2.9	x6.5	x15.0	x2.2	x0.1		China/Chine					2.0	3.9	7.4	3.3	4.1	5.0
Spain/Espagne	2.8	8.2	0.1	0.5	x1.4	3.3	3.7	4.5	3.8	3.9	France, Monac	3.4	1.7	2.4	3.6	3.2	2.7	3.1	5.5	6.3	5.6
Israel/Israël				x4.3	x3.3	4.5	3.4	4.5	2.1	1.8	Australia/Australie	4.5	12.3	9.7	13.8	6.2	5.7	3.1	0.4	2.7	3.0
Venezuela	x2.9	x2.7	x7.1	9.2	10.6	17.2	6.9	0.0	0.1	0.0	Sudan/Soudan	x0.3	x0.0	x0.0	x0.1	x8.6	x2.5	x3.6	x1.7	x0.0	x0.0
Korea Republic	1.3	3.4	3.4	3.0	0.0	0.6	4.8	1.1	0.1	1.9	Thailand/Thaïlande	x4.5	x1.7	x2.6	x3.5	2.1	0.3	0.3	0.2	1.6	x0.0
Belgium–Luxembourg	1.4	1.7	1.8	2.5	6.2	2.1	1.9	2.1	2.3	1.9	Hungary/Hongrie						x0.8	x0.4	x0.3	x0.4	x0.3
Italy/Italie	0.1	0.1	0.2	0.1	3.0	1.8	1.5	1.5	1.6	1.5	Belgium–Luxembourg	0.3	0.1	0.1	0.2	3.7	0.5	0.4	0.2	0.1	0.1
Jordan/Jordanie				x0.0	x0.0	x0.0	x1.6	x1.5	x0.7	0.6	Zimbabwe	0.0	0.0	0.0	0.3			x0.2	0.1	0.3	

270

04601 FLOUR OF WHEAT OR MESLIN — FARINE DE FROMENT 04601

TRADE BY COMMODITY IN THOUSAND U.S. DOLLARS – COMMERCE PAR PRODUIT EN MILLIERS DE DOLLARS E.U

COUNTRIES–PAYS	IMPORTS – IMPORTATIONS 1988	1989	1990	1991	1992	COUNTRIES–PAYS	EXPORTS – EXPORTATIONS 1988	1989	1990	1991	1992
Total	x925538	x1334929	x1423934	x1518310	x1455704	Totale	900587	1414220	1430530	1535301	1595755
Africa	x455429	x525316	x649515	x513368	x448814	Afrique	x7124	x9254	x21644	x45309	x7738
Northern Africa	x265153	375522	415014	315240	x252297	Afrique du Nord	x2	5	5927	x14141	5497
Americas	x76576	x191525	x171222	x129471	x196910	Amériques	x151919	353624	x289230	268601	270958
LAIA	10562	91757	81523	53606	x74397	ALAI	4371	22652	56390	33918	30438
CACM	x1347	x7418	x4260	x2692	x3976	MCAC	x73	0	x400	x5	x7
Asia	x202779	x428693	x374669	x340571	x475094	Asie	94224	162675	145751	256970	245977
Middle East	x75649	x218903	x193501	x164969	x203339	Moyen–Orient	x4244	44139	25669	116418	92988
Europe	174147	171758	203031	221589	291690	Europe	627923	786708	891361	871195	1058272
EEC	168021	166235	196685	214856	264427	CEE	620948	760329	860063	860395	1045989
EFTA	4117	3223	3401	3393	3874	AELE	6925	12004	12422	9849	5310
Oceania	x15021	x11867	x17386	x12630	x10922	Océanie	18720	18742	12103	11847	12411
Egypt/Egypte	143758	198877	230235	99554	52368	France,Monac	278289	340333	347444	329257	370730
Libyan Arab Jamahiriya	63850	105349	164964	169882	x116571	USA/Etats–Unis d'Amer	x94322	269280	183259	185261	184320
Former USSR/Anc. URSS	x1515	x4359	x5974	x294659		Belgium–Luxembourg	75476	109984	154853	143818	183059
Syrian Arab Republic	41038	59973	113948	x67018	x101065	Germany/Allemagne	92641	117673	116554	139484	204218
Netherlands/Pays–Bas	59475	56212	65208	74178	94308	Italy/Italie	84660	92451	123908	149054	172663
Cameroon/Cameroun	x35988	19356	x62349	53216	x28478	Former USSR/Anc. URSS	x540	x80381	x70346	x81338	
Yemen/Yémen			x56413	x65408	x67199	Japan/Japon	53520	66855	71951	68997	70620
Sudan/Soudan	x55485	x54906	x17652	x43458	x24207	Turkey/Turquie	x613	37192	22007	108201	92131
Cuba	x25418	x45606	x42733	x23843	x30803	Netherlands/Pays–Bas	40276	53037	61860	51749	62731
Hong Kong	24263	31671	32046	35600	35839	Canada	41114	51964	42047	40650	44176
Peru/Pérou	687	12461	60394	24459	x18004	United Kingdom	34031	33827	34113	33630	37514
France,Monac	23561	24507	35525	36341	42104	Argentina/Argentine	3948	13509	31726	31698	27480
Former Yemen	x13143	x89496				Singapore/Singapour	19924	25346	20958	26728	25945
Belgium–Luxembourg	18947	23343	31296	34693	40242	Hong Kong	7237	14218	14556	21029	19627
Germany/Allemagne	31407	27397	29394	31567	30665	Australia/Australie	18612	18624	11864	11698	11934
Viet Nam	x26039	x29263	x27706	x29344	x39298	Malaysia/Malaisie	7209	9022	10575	15098	x8318
Ireland/Irlande	27988	27141	25518	25813	29405	Yugoslavia SFR	43	14373	18876	x951	
China/Chine	x19690	x35126	x18668	x24218	25995	Sweden/Suède	6830	11180	11164	9296	4681
Singapore/Singapour	14674	19709	24559	24109	27723	Togo	6246	7443	12306	6826	
Lebanon/Liban	x1969	x36989	x15292	x10970	x6996	Chile/Chili	311	8625	16292	1530	x619
Bolivia/Bolivie	7920	25357	16059	18763	25470	Spain/Espagne	13874	7703	13528	5025	9788
Brazil/Brésil	0	52719	4	529	4818	Cameroon/Cameroun	x436	1398	x436	23550	
Pakistan		x26195	x1061	x15061	x5646	Tunisia/Tunisie	x2		5922	x14125	5128
Philippines	16038	x16249	13238	10796	7361	Guadeloupe	7673	7031	4732	7053	8778
Sri Lanka	9495	4830	34604	42	68	Jordan/Jordanie	1355	3756	1607	7805	38
Angola	x4939	x11827	x21391	x5438	x5810	Greece/Grèce	141	3496	4661	4100	x95
Niger	x8241	x5383	x9065	x18352	x20634	China/Chine	x736	x617	x403	x5559	25151
India/Inde	x136	x27421	135	x3257		Ecuador/Equateur	56	8	x5292	0	29
Iraq	x45	x20283	x1700	x8787	x23416	St Vincent & Grenadines	x3442	x2096	x1887	x964	x2029
Guinea/Guinée	x8683	x9796	x11075	x9203	x8353	Denmark/Danemark	898	880	1440	1545	1941
Martinique	11540	11194	9218	9339	9377	Thailand/Thaïlande	723	663	763	1692	x1989
Thailand/Thaïlande	10536	9549	10047	8990	8248	United Arab Emirates	x1487	x1242	x1605	x126	x758
Haiti/Haïti	x5585	x3730	x7817	x15769	x48309	Ireland/Irlande	526	406	718	1731	1412
Mauritania/Mauritanie	x5269	x3896	x13221	x8843	x8516	Former GDR		x2816			
Congo	x8169	x8439	x7945	x9307	x11880	Korea Republic	231	1681	333	710	991
Un. Rep. of Tanzania	23466	x7665	x7948	x7271	x7507	Portugal	138	538	982	1002	1839
Benin/Bénin	x13425	x4898	x5828	x11502	x8566	Saudi Arabia	276	1807	x175	x22	x23
Zaire/Zaïre	x6871	x9872	x7661	x4564	x6819	Austria/Autriche	34	627	968	255	176
Ethiopia/Ethiopie	9883	8057	12697	665	x11781	Uruguay	10	97	1044	653	729
Nigeria/Nigéria	x1787	x6450	x8231	x5784	x5969	Kenya	13		1723		
Indonesia/Indonésie	676	4368	6401	9087	8390	Grenada/Grenade	x635	x454	x490	x526	x801
Algeria/Algérie	2057	15159	1901	2346	x59068	Zimbabwe			570	349	
Chad/Tchad	x5585	x4970	x4156	x9899	x6243	Colombia/Colombie	0		x916	1	x913
Somalia/Somalie	x9035	x2440	x12663	x2121	x1248	Singapore/Singapour			x866		
Mauritius/Maurice	16247	10609	1616	4844	3390	Paraguay					
USA/Etats–Unis d'Amer	4598	4460	4922	6124	12941	Nigeria/Nigéria	x328	x252	x252	x325	x319
Sierra Leone	x2806	x6115	x4292	x4009	x1985	Switz.Liecht	34	160	249	264	195
Reunion/Réunion	3267	4678	5286	3787	3849	Macau/Macao	368	119	146	231	214
Central African Rep.	x4540	4320	x4963	x4440	x4347	India/Inde	x18	x2	16	403	x41
Djibouti	2568	2216	7311	3879	x5050	Israel/Israël	1	190	158	70	61
Oman						Oman	1	59	178	227	

(VALUE AS % OF TOTAL)(VALEUR EN % DU TOTAL)

	1983	1984	1985	1986	1987	1988	1989	1990	1991	1992		1983	1984	1985	1986	1987	1988	1989	1990	1991	1992
Africa	x43.4	x52.2	x62.6	x53.6	x42.3	x49.2	x39.3	x45.6	x33.8	x30.8	Afrique	0.4	x0.7	x0.9	x0.5	x0.7	x0.8	x0.7	x1.5	x2.9	x0.5
Northern Africa	33.1	41.9	46.7	36.0	27.2	x28.2	28.1	29.1	20.8	17.3	Afrique du Nord	x0.0	x0.0	x0.0	x0.0	x0.0	x0.0	0.0	0.4	x0.9	0.3
Americas	9.6	8.4	x10.2	10.3	8.4	x8.3	x14.4	x12.0	x8.5	x13.5	Amériques	x38.9	x26.8	x23.4	x26.8	x25.7	x16.8	25.0	x20.2	17.5	17.0
LAIA	0.7	0.5	x2.1	x2.8	x2.5	1.1	6.9	5.7	3.5	x5.1	ALAI	0.8	1.3	1.4	0.9	0.5	1.6	3.9	2.2	1.9	
CACM	x0.3	0.2	0.1	x0.0	x0.1	x0.1	x0.6	x0.3	x0.2	x0.3	MCAC	x0.0	x0.0	x0.0	x0.0	x0.1	x0.0	0.0	x0.0	x0.0	x0.0
Asia	x31.2	x24.6	x17.1	x21.7	x31.9	x21.9	x32.1	x26.3	x22.4	x32.6	Asie	x6.6	10.8	x8.3	x9.4	x5.3	10.4	11.5	10.1	16.7	15.4
Middle East	x25.2	x20.9	x11.5	x14.1	x12.0	x8.2	x16.4	x13.6	x10.9	x14.0	Moyen–Orient	x1.3	5.9	x3.3	x2.0	x1.2	x0.5	3.1	1.8	7.6	5.8
Europe	6.6	6.2	9.0	12.9	16.6	18.8	12.9	14.3	14.6	20.0	Europe	52.1	55.6	66.5	62.0	62.4	69.7	55.6	62.3	56.7	66.3
EEC	6.1	5.7	8.4	12.1	15.8	18.2	12.5	13.8	14.2	18.2	CEE	50.7	54.8	65.3	61.2	61.5	68.9	53.8	60.1	56.0	65.5
EFTA	0.4	0.4	0.5	0.6	0.6	0.4	0.2	0.2	0.2	0.3	AELE	x1.4	0.7	1.2	0.8	0.7	0.8	0.8	0.9	0.6	0.3
Oceania	x1.0	x1.1	x1.0	x1.4	x1.0	x1.6	x0.8	x1.2	x0.8	x0.7	Océanie	1.9	1.2	0.9	x1.4	1.3	2.1	1.3	0.8	0.8	0.8
Egypt/Egypte	24.3	31.3	33.1	21.1	16.3	15.5	14.9	16.2	6.6	3.6	France,Monac	19.2	24.5	28.8	30.0	27.8	30.9	24.1	24.3	21.4	23.2
Libyan Arab Jamahiriya	4.5	6.2	7.8	7.9	6.6	6.9	7.9	11.6	11.2	x8.0	USA/Etats–Unis d'Amer	x29.7	x17.6	x15.1	x18.7	x19.1	x10.5	19.0	12.8	12.1	11.6
Former USSR/Anc. URSS	8.0	7.6		x0.0	x0.2	x0.3	x0.4	0.4	x19.4		Belgium–Luxembourg	3.4	5.2	6.0	6.3	8.5	8.4	7.8	10.8	9.4	11.5
Syrian Arab Republic	9.3	3.9	0.6	2.5	5.1	4.4	4.5	8.0	4.4	x6.9	Germany/Allemagne	6.6	8.1	9.0	7.8	7.6	10.3	8.3	8.1	9.1	12.8
Netherlands/Pays–Bas	2.2	2.1	2.9	4.6	6.1	6.4	4.3	4.6	4.9	6.5	Italy/Italie	6.4	5.7	8.7	7.1	6.1	9.4	6.5	8.7	9.7	10.8
Cameroon/Cameroun	0.3	0.3	x1.1	1.7	2.2	x3.9	1.4	x4.4	x0.5	x2.0	Former USSR/Anc. URSS		4.8				x0.5	x5.7	x4.9	x5.3	
Yemen/Yémen								x4.0	x4.3	x4.6	Japan/Japon	3.9	3.4	3.7	5.7	5.9	5.9	4.7	5.0	4.5	4.4
Sudan/Soudan	x1.9	x3.2	x5.2	x4.7	x3.7	6.0	x4.1	x1.2	x2.9	x1.7	Turkey/Turquie		2.8	0.9	0.1	0.1	0.6	x0.1	2.6	1.5	7.0	5.8
Cuba	4.3	4.5	4.1	4.0	2.4	x2.7	x3.4	x3.0	x1.6	x2.1	Netherlands/Pays–Bas	5.3	4.8	4.8	4.0	5.4	4.5	3.8	4.3	3.4	3.9
Hong Kong	1.1	1.4	1.8	2.2	2.2	2.2	2.4	2.3	2.3	2.5	Canada	7.3	7.3	6.2	5.9	4.6	4.6	3.7	2.9	2.6	2.8

271

0482 MALT INCLUDING FLOUR — MALT MEME TORREFIE 0482

TRADE BY COMMODITY IN THOUSAND U.S. DOLLARS – COMMERCE PAR PRODUIT EN MILLIERS DE DOLLARS E.U

IMPORTS – IMPORTATIONS

COUNTRIES–PAYS	1988	1989	1990	1991	1992
Total	1025878	1312309	1467148	1474473	1472625
Africa	x115040	x141144	x128574	x141011	x130114
Northern Africa	2077	3932	1028	5256	3965
Americas	205458	303557	299596	316686	270692
LAIA	155568	238889	242675	260187	225271
CACM	10093	13726	12405	16325	x9869
Asia	296539	x399745	473176	445480	483660
Middle East	x5220	x5098	x6479	x4816	x7476
Europe	399488	402570	526737	554048	581173
EEC	361502	362998	473677	503809	530114
EFTA	34938	34233	42074	49033	43109
Oceania	x4237	x6038	x6622	x5942	x6445
Japan/Japon	218937	287553	331930	307668	334819
Germany/Allemagne	130016	122412	173008	222527	250762
Brazil/Brésil	77915	125984	142900	167505	130872
Netherlands/Pays–Bas	72433	70831	85347	85698	97973
United Kingdom	31670	52977	73249	59669	56457
Venezuela	37629	47573	45791	52434	52372
Philippines	35586	x39060	56561	49061	49685
Belgium–Luxembourg	51115	39323	49336	52132	29519
So. Africa Customs Un	29276	40440	43056	x44283	x31466
Cameroon/Cameroun	x19063	27947	x25833	37295	x20871
Italy/Italie	32570	27719	31380	31046	44179
Former USSR/Anc. URSS	x2555	x57374	x21539	x1749	
Switz.Liecht	21541	16873	22429	28516	23100
Thailand/Thaïlande	7510	14130	23593	28967	27213
Mexico/Mexique	6	27587	8198	16057	17464
Colombia/Colombie	16100	20546	22313	4777	187
Portugal	7672	9373	16993	15966	13989
Korea Republic	505	11297	15556	13988	22099
Norway,SVD,JM	9796	12379	13976	12855	12853
Greece/Grèce	8071	8216	12867	12362	x13768
Peru/Pérou	14847	8037	14221	10210	x13570
Malaysia/Malaisie	6540	9447	10154	9077	x9191
Denmark/Danemark	4996	10335	11308	6877	3684
France,Monac	14366	12356	7946	7311	9125
Singapore/Singapour	5044	7962	8739	6953	9081
Zaire/Zaïre	x10966	x7842	x8822	x6285	x4831
Dominican Republic	x5907	x9482	x7358	x5214	x7431
Panama	4274	7173	6792	7724	6517
Jamaica/Jamaïque	5530	7750	7109	6132	x4136
Cuba	x11100	x10688	x4947	x5132	x4894
Hong Kong	4371	6594	6785	6921	5539
Rwanda	x1026	6485	6030	x7389	x6849
USA/Etats–Unis d'Amer	5270	5458	7154	5529	3556
Zambia/Zambie	x2370	x9596	x4170	x3835	x13719
Burundi	5771	5191	5875	6290	6962
Spain/Espagne	5809	5522	6838	4876	5112
Indonesia/Indonésie	3694	5590	5695	5864	4295
Paraguay	3161	4446	5280	5828	5436
Cote d'Ivoire	x3701	x5792	x3900	x5501	x12835
Ireland/Irlande	2784	3933	5405	5345	5546
Yugoslavia SFR	1911	4176	9713	x345	
Trinidad and Tobago	3259	4672	3834	3751	2316
Viet Nam	x1674	x5507	x1330	x5189	x6669
Bolivia/Bolivie	4526	4716	3900	3374	4183
Guatemala	3181	4019	2487	5320	x1985
Costa Rica	2972	3214	4172	4357	x2366
Gabon	x4125	x3378	x3398	x4195	x3740
Israel/Israël	2452	3099	3598	3286	2894
Honduras	1685	4031	2885	2982	2489
Ghana	x3601	x4748	x2942	x2160	x2568

EXPORTS – EXPORTATIONS

COUNTRIES–PAYS	1988	1989	1990	1991	1992
Totale	942805	1140467	1348079	1331624	1276381
Afrique	x4410	x102	x11331	x4572	x70
Afrique du Nord	503	71	x39	169	x51
Amériques	98679	160516	175488	192594	x172380
ALAI	34144	45180	69350	82819	x66270
MCAC			x21	x25	x187
Asie	16528	16265	x7791	18116	9974
Moyen–Orient	15887	15769	6775	16110	8776
Europe	651195	766498	948583	930061	947799
CEE	642736	750319	930134	907803	930230
AELE	8459	16180	18448	18755	16866
Océanie	x86831	115270	x119200	112626	87382
France,Monac	269696	306024	371708	362425	383242
Belgium–Luxembourg	145673	174303	202883	195198	174258
United Kingdom	97982	100816	132370	138974	141871
Australia/Australie	84920	113176	115589	109452	82918
Germany/Allemagne	69166	88417	110394	96537	108057
Canada	47017	71631	75587	75974	71867
Czechoslovakia	x49550	x62332	x78696	x68995	x56875
Netherlands/Pays–Bas	29101	39892	49236	51263	48425
USA/Etats–Unis d'Amer	17437	40880	30514	33565	34056
Uruguay	19522	20774	23661	35951	26444
Denmark/Danemark	11550	19059	27983	28371	34294
Ireland/Irlande	19524	20352	28938	24849	28601
Argentina/Argentine	1130	6884	24507	31265	18867
Chile/Chili	12062	15763	18419	14139	x10294
Turkey/Turquie	15887	15743	6772	16106	8725
Finland/Finlande	4601	10449	11100	13021	11739
Spain/Espagne	3	1429	6477	9893	11246
Former GDR	x29249	x13022	x1767		
Austria/Autriche	646	2534	4884	2846	2751
Zimbabwe	3448		5508	4257	
New Zealand	1875	2094	3603	3174	4463
Sweden/Suède	3126	3057	2403	2875	2371
Former USSR/Anc. URSS	x3007	x2398	x2974	x2273	
Poland/Pologne	2658	2311	1671	1816	x1142
Kenya	457		5770		
Ecuador/Equateur	1346	1655	2290	220	170
Yugoslavia SFR				x3497	
Netherlands Antilles	x16	x2826	x16		
Hungary/Hongrie	x699	x1754	x565	x456	x716
Brazil/Brésil		x104	387	1107	635
China/Chine	2	167	523	607	949
Hong Kong	16		123	1154	89
Italy/Italie	35	6	132	291	221
Egypt/Egypte	503	71	x33	163	x51
Indonesia/Indonésie	215	247			
India/Inde	232		138	74	0
Greenland/Groenland				x197	
Singapore/Singapour	0	58	10	118	63
Norway,SVD,JM	85	139		8	4
Cameroon/Cameroun			17	126	
Peru/Pérou				x137	
Romania/Roumanie			x12		x8
Korea Republic	28	22	42	115	83
Japan/Japon	19	2	x94	5	11
Malaysia/Malaisie			84	10	x3
Mexico/Mexique	x80		86	0	0
Switz.Liecht	0	1	61	5	0
So. Africa Customs Un	x2	x14	x14	x20	x19
Portugal	6	20	13	0	4
Iraq		x25			x11

(VALUE AS % OF TOTAL)(VALEUR EN % DU TOTAL)

	1983	1984	1985	1986	1987	1988	1989	1990	1991	1992
Africa	x13.2	x18.6	x22.0	x19.9	x14.4	x11.3	x10.8	x8.7	x9.6	x8.8
Northern Africa	0.3	0.2	0.2	0.4	0.2	0.2	0.3	0.1	0.4	0.3
Americas	14.9	19.1	20.2	18.4	17.9	20.1	23.2	20.5	21.4	18.3
LAIA	9.8	14.2	13.9	13.8	14.2	15.2	18.2	16.5	17.6	15.3
CACM	x0.6	1.0	1.6	x0.6	x0.6	1.0	1.0	0.8	1.1	x0.7
Asia	34.4	32.5	26.1	24.2	x26.1	28.9	x30.4	32.3	30.2	32.8
Middle East	x0.7	x0.5	x0.6	x0.7	x0.5	x0.5	x0.4	x0.4	x0.3	x0.5
Europe	28.3	26.0	31.4	37.1	40.4	38.9	30.7	35.9	37.6	39.5
EEC	24.6	22.9	27.4	32.6	36.4	35.2	27.7	32.3	34.2	36.0
EFTA	3.7	3.0	3.6	4.4	3.9	3.4	2.6	2.9	3.3	2.9
Oceania	0.6	0.6	0.4	x0.4	x0.4	0.4	0.4	x0.4	x0.4	x0.4
Japan/Japon	23.9	22.0	18.2	18.5	19.2	21.3	21.9	22.6	20.9	22.7
Germany/Allemagne	9.9	8.8	11.1	13.0	14.5	12.7	9.3	11.8	15.1	17.0
Brazil/Brésil		6.1	6.3	7.2	6.9	7.6	9.6	9.7	11.4	8.9
Netherlands/Pays–Bas	6.2	5.2	6.0	7.0	7.4	7.1	5.4	5.8	5.8	6.7
United Kingdom	1.3	1.6	2.4	2.9	2.2	3.1	4.0	5.0	4.0	3.8
Venezuela	5.6	5.5	4.1	3.7	3.3	3.7	3.6	3.1	3.6	3.6
Philippines	4.8	5.1	3.0	2.1	x2.1	3.5	x3.0	3.9	3.3	3.4
Belgium–Luxembourg	2.2	3.3	2.3	2.8	4.0	5.0	3.0	3.4	3.5	2.0
So. Africa Customs Un	2.5	2.3	1.8	x2.9	x2.3	2.9	3.1	2.9	x3.0	x2.1
Cameroon/Cameroun	2.9	1.3	x2.2	5.5	3.1	x1.9	2.1	x1.8	2.5	x1.4

	1983	1984	1985	1986	1987	1988	1989	1990	1991	1992
Afrique	0.8	0.3	0.6	x0.6	0.4	x0.5	x0.0	x0.8	x0.3	x0.0
Afrique du Nord					0.1	0.1	0.0	x0.0	0.0	0.0
Amériques	2.3	9.3	7.4	x11.1	x11.1	10.4	14.1	13.0	14.4	x13.5
ALAI	0.9	5.5	4.8	x3.1	x3.1	3.6	4.0	5.1	6.2	x5.2
MCAC		x0.2	x0.0	x0.0	x0.0			x0.0	x0.0	x0.0
Asie	0.1	0.6	1.8	x0.4	1.0	1.8	1.4	x0.6	1.4	0.8
Moyen–Orient		0.5	1.7	x0.3	1.0	1.7	1.4	0.5	1.2	0.7
Europe	84.3	77.5	81.4	78.0	70.1	69.1	67.2	70.4	69.8	74.3
CEE	81.7	75.1	79.3	76.1	68.9	68.2	65.8	69.0	68.2	72.9
AELE	2.7	2.4	2.1	1.9	1.2	0.9	1.4	1.4	1.4	1.3
Océanie	12.5	12.3	8.9	9.9	8.4	x9.2	10.1	x8.8	8.5	6.8
France,Monac	35.7	33.7	36.5	34.4	28.8	28.6	26.8	27.6	27.2	30.0
Belgium–Luxembourg	13.9	16.3	15.9	16.3	15.3	15.3	15.0	14.7	13.7	
United Kingdom	18.0	13.2	12.6	10.5	10.8	10.4	8.8	9.8	10.4	11.1
Australia/Australie	11.7	11.8	8.2	9.6	8.2	9.0	9.9	8.6	8.2	6.5
Germany/Allemagne	8.9	7.0	7.3	8.0	7.7	7.3	7.8	8.2	7.2	8.5
Canada				x6.2	x6.1	6.7	6.3	5.6	5.7	5.6
Czechoslovakia					4.4	x5.3	x5.5	x5.8	x5.2	x4.5
Netherlands/Pays–Bas	2.1	1.7	3.0	3.8	3.4	3.1	3.5	3.7	3.8	3.8
USA/Etats–Unis d'Amer	1.4	3.6	2.6	1.8	1.9	1.8	3.6	2.3	2.5	2.7
Uruguay		2.9	2.7	2.0	1.5	2.1	1.8	1.8	2.7	2.1

# 0484 BAKERY PRODUCTS / PRODUITS DE BOULANGERIE 0484

TRADE BY COMMODITY IN THOUSAND U.S. DOLLARS – COMMERCE PAR PRODUIT EN MILLIERS DE DOLLARS E.U

IMPORTS – IMPORTATIONS

COUNTRIES–PAYS	1988	1989	1990	1991	1992
Total	3056403	3238893	3920199	4474082	5217019
Africa	x46808	x52484	x62567	x69468	x77715
Northern Africa	x6099	x4311	x6992	x12891	x8477
Americas	500561	x600526	x666336	x754533	x905222
LAIA	5609	15706	32037	50179	104892
CACM	6227	8424	6537	8972	x11862
Asia	x295573	x314714	x294494	x339890	x406586
Middle East	x152635	x145201	x121931	x139791	x147455
Europe	2081139	2134550	2785216	3124595	3670260
EEC	1811533	1855796	2391217	2707834	3204988
EFTA	257191	266148	355721	385761	420998
Oceania	x64132	x74752	x84585	x91189	x95549
France, Monac	535816	540551	661693	705340	776174
Germany/Allemagne	336529	323375	476016	556971	667974
USA/Etats–Unis d'Amer	329648	373137	379883	417483	462001
United Kingdom	203754	234376	294582	353570	442090
Belgium–Luxembourg	178486	172971	210840	241315	291212
Italy/Italie	146073	161595	197091	230019	251625
Netherlands/Pays–Bas	164746	157805	205299	223789	286811
Canada	112595	139988	172786	200991	241513
Ireland/Irlande	92022	91813	114974	131506	150008
Spain/Espagne	73312	74897	102527	125008	171042
Austria/Autriche	72098	75630	103235	112588	129539
Sweden/Suède	53355	54268	74361	81840	86867
Norway,SVD,JM	54370	54777	68117	71037	74725
Switz.Liecht	50222	49289	66319	76296	86944
Denmark/Danemark	58021	56758	65406	66412	74914
Saudi Arabia	70958	74400	x52882	x60042	x60518
Hong Kong	37317	48666	53103	68842	89482
Japan/Japon	57727	54517	49078	46405	55571
Australia/Australie	30470	38999	48925	47961	60221
Singapore/Singapour	26245	29346	35182	41356	49376
Greece/Grèce	12588	25620	37504	38670	x46069
Finland/Finlande	19977	25526	36219	35544	33785
Former USSR/Anc. URSS	x39766	x37992	x8059	x33495	
Portugal	10186	16034	25340	35234	47067
Mexico/Mexique	1984	10688	21314	31246	57945
United Arab Emirates	x36748	x21007	x18928	x20064	x24710
Bermuda/Bermudes	x2298	x17104	x20721	x18715	x20282
Lebanon/Liban	x4940	x17245	x15401	x20104	x16342
Poland/Pologne	x446	x791	5069	43276	x28410
Reunion/Réunion	13358	14633	16739	17745	23480
Yugoslavia SFR	47	760	21539	x13560	
New Zealand	9456	10571	10161	11750	11289
Guadeloupe	7675	8667	11134	11846	11866
Czechoslovakia	x15990	12223	9939	x9441	x12670
Kuwait/Koweït	x18773	12338	x10765	x8161	x19731
New Caledonia	x7239	x7648	x9909	x12596	x6849
Martinique	7729	7684	9497	10945	13068
French Polynesia	5611	7591	x7193	x9335	x5838
Korea Republic	1423	7905	5579	10074	13385
Iceland/Islande	7170	6659	7470	8456	9138
Andorra/Andorre	x5006	x5110	x6853	x7279	x8010
Angola	x4384	x8049	x6590	x4449	x3326
China/Chine	2796	3811	6514	8032	7831
Oman	4448	5281	5348	6673	x3455
Bahrain/Bahreïn	x5033	x4717	5239	x6589	x5486
Nigeria/Nigéria	x1449	x2179	x6747	x7399	x7279
Libyan Arab Jamahiriya	1269	1464	4344	x10158	x5358
Malaysia/Malaisie	4052	4663	4974	6035	x10847
Cyprus/Chypre	3641	4225	5894	5475	6764
Brazil/Brésil	1056	2454	5123	6325	4960

EXPORTS – EXPORTATIONS

COUNTRIES–PAYS	1988	1989	1990	1991	1992
Totale	2964882	3176790	4031818	4503710	5190428
Afrique	x4312	x4833	x7617	x15232	x13011
Afrique du Nord	2722	3279	4740	12824	7912
Amériques	236799	289208	398310	486897	x628853
ALAI	23826	28919	35753	54837	72242
MCAC	6270	7447	6301	8010	x9758
Asie	200947	265211	304688	329318	x363783
Moyen–Orient	x40981	66722	x78345	x62552	55736
Europe	2468066	2556447	3271459	3616224	4127517
CEE	2222790	2302470	2964958	3317929	3801331
AELE	238629	246143	300000	294105	301890
Océanie	39308	43024	38833	44377	45564
Germany/Allemagne	527436	564463	744746	808583	836734
Netherlands/Pays–Bas	368943	361498	464820	524407	598350
United Kingdom	309418	319930	401005	442015	539408
Belgium–Luxembourg	286797	289769	369654	416324	461091
France, Monac	275681	271157	370811	416816	524979
Italy/Italie	214819	238411	263882	255865	295308
Denmark/Danemark	179230	185566	228891	258926	350646
USA/Etats–Unis d'Amer	68051	125636	208227	280832	x358884
Canada	125398	113580	131624	150368	178007
Sweden/Suède	98598	108169	114904	106973	107178
Austria/Autriche	70643	68493	92011	88306	91303
Japan/Japon	51980	61229	69930	78500	89863
Switz.Liecht	35856	35664	48407	52702	57403
Spain/Espagne	21147	25352	27149	50917	65393
Singapore/Singapour	24132	29481	33487	36496	40870
Hong Kong	22109	27297	31711	39979	46497
Ireland/Irlande	27708	30190	28832	28743	54013
Turkey/Turquie	18310	23757	21848	38264	45792
Malaysia/Malaisie	12122	20147	26900	34619	x32423
Australia/Australie	25986	24859	22311	28138	27214
Finland/Finlande	15398	16359	23250	23079	20050
Norway,SVD,JM	18132	17455	21420	23025	25915
Thailand/Thaïlande	13898	18953	20104	22022	x29914
Syrian Arab Republic	35	18844	34878	x1138	x1200
Mexico/Mexique	12804	13419	12409	26964	37914
New Zealand	12015	16620	15056	15087	17070
Greece/Grèce	6410	9763	12460	20484	x17449
Korea Republic	13402	15142	11853	11618	12222
China/Chine	5219	6634	10323	17336	23125
Israel/Israël	7545	9714	10697	10409	14640
Argentina/Argentine	3275	5719	10764	10483	10737
Kuwait/Koweït	x7515	8578	x8973	x8464	x7
Trinidad and Tobago	4888	7160	8354	8141	8778
Poland/Pologne	11215	10414	5237	5259	x5025
Portugal	5200	6370	5918	8510	9854
Indonesia/Indonésie	2559	4593	4752	7272	8661
Yugoslavia SFR	6454	7476	5609	x3382	
Colombia/Colombie	2379	3717	4990	6369	7308
Costa Rica	3609	5364	4264	5157	x4590
Egypt/Egypte	1951	2013	2838	8434	2545
United Arab Emirates	x2977	x3963	x4062	x3754	x2186
Philippines	4031	x2344	4096	4769	4735
Oman	4544	3808	3051	3924	x119
Hungary/Hongrie	x1033	x3641	x2686	x3602	x5118
Saudi Arabia	3653	5042	3249	x1364	x1358
Chile/Chili	1602	1566	2117	5548	x6066
Tunisia/Tunisie	538	1039	1546	4032	3158
Brazil/Brésil	2981	2516	1492	2561	4998
Czechoslovakia	x2130	x2215	x1833	x2320	x1534
Barbados/Barbade	1030	1767	2143	2099	x3707

(VALUE AS % OF TOTAL) (VALEUR EN % DU TOTAL)

	1983	1984	1985	1986	1987	1988	1989	1990	1991	1992		1983	1984	1985	1986	1987	1988	1989	1990	1991	1992
Africa	x2.7	x2.2	x2.2	x1.8	x1.6	x1.5	x1.7	x1.5	x1.6	x1.5	Afrique	0.4	x0.3	0.3	x0.2	x0.1	x0.1	x0.1	x0.1	x0.3	x0.3
Northern Africa	x0.3	x0.1	x0.3	x0.1	x0.1	x0.2	x0.1	x0.2	x0.3	x0.2	Afrique du Nord	0.0	0.0	0.0	0.0	0.1	0.1	0.1	0.1	0.3	0.2
Americas	x18.1	20.9	x23.0	x19.6	x17.5	16.4	x18.5	x17.0	x16.8	x17.4	Amériques	x10.0	10.2	10.7	x8.2	x8.0	8.0	9.1	9.8	10.8	x12.1
LAIA	0.1	0.2	0.2	0.4	0.5	0.2	0.5	0.8	1.1	2.0	ALAI	0.3	0.8	0.8	x0.7	x0.6	0.8	0.9	0.9	1.2	1.4
CACM	x0.1	0.4	0.2	x0.1	0.2	0.2	0.3	0.2	0.2	x0.2	MCAC	x0.4	0.4	x0.4	x0.1	0.2	0.2	0.2	0.2	0.2	x0.2
Asia	x17.6	x16.4	x12.8	x10.8	x9.4	x9.7	x9.7	x7.5	x7.6	x7.8	Asie	6.9	7.6	7.3	5.9	5.5	6.8	8.3	7.6	7.3	x7.0
Middle East	x12.7	x11.5	x7.9	x6.3	x4.8	x4.5	x3.1	x3.1	x3.1	x2.8	Moyen–Orient	x1.3	1.8	x2.2	x1.2	x0.9	1.4	2.1	x1.9	x1.4	1.1
Europe	59.1	57.8	59.5	65.7	67.7	68.1	65.9	71.0	69.8	70.4	Europe	81.2	80.3	80.2	84.4	84.3	83.2	80.5	81.1	80.3	79.5
EEC	50.5	49.4	51.0	56.5	58.5	59.3	57.3	61.0	60.5	61.4	CEE	74.3	73.1	73.1	76.4	75.9	75.0	72.5	73.5	73.7	73.2
EFTA	8.4	8.0	8.2	8.8	8.8	8.4	8.2	9.1	8.6	8.1	AELE	6.9	6.7	6.5	7.7	8.3	7.7	7.7	7.4	6.5	5.8
Oceania	x2.5	x2.8	x2.5	x2.0	x1.8	x2.1	x2.3	x2.2	x2.0	x1.9	Océanie	1.5	1.6	1.5	1.3	1.4	1.3	1.3	0.9	1.0	0.9
France, Monac	13.5	14.3	15.3	18.4	18.7	17.5	16.7	16.9	15.8	14.9	Germany/Allemagne	13.2	12.9	13.4	16.1	17.6	17.8	17.8	18.5	18.0	16.1
Germany/Allemagne	11.1	10.4	9.6	10.6	10.9	11.0	10.0	12.1	12.4	12.8	Netherlands/Pays–Bas	12.6	12.2	11.8	12.3	13.1	12.4	11.4	11.5	11.6	11.5
USA/Etats–Unis d'Amer	11.7	13.7	16.4	14.1	12.4	10.8	11.5	9.7	9.3	8.9	United Kingdom	12.5	11.5	10.9	9.2	9.2	10.4	10.1	9.9	9.8	10.4
United Kingdom	6.3	6.0	5.6	5.4	5.2	6.7	7.2	7.5	7.9	8.5	Belgium–Luxembourg	10.9	10.5	10.0	10.9	10.4	9.7	9.1	9.2	9.3	10.1
Belgium–Luxembourg	5.9	5.7	5.8	6.5	6.4	5.8	5.3	5.4	5.4	5.6	France, Monac	9.2	9.2	6.2	6.6	9.7	7.2	7.2	7.5	7.7	7.7
Italy/Italie	3.6	3.3	4.7	4.4	4.5	4.5	5.0	5.0	5.1	4.8	Italy/Italie	4.6	4.5	6.2	6.6	7.2	7.2	5.9	5.7	5.7	5.7
Netherlands/Pays–Bas	4.6	4.6	4.7	5.2	5.6	5.4	4.9	5.2	5.0	5.5	Denmark/Danemark	6.0	9.2	9.4	9.0	7.5	6.0	5.8	5.7	5.7	6.8
Canada	4.4	4.5	4.3	3.6	3.2	3.7	4.3	4.4	4.5	4.6	USA/Etats–Unis d'Amer	3.4	3.2	2.8	2.0	1.9	2.3	4.0	5.2	5.7	6.8
Ireland/Irlande	3.1	2.7	2.7	2.7	2.9	3.0	2.8	2.9	2.9	2.9	Canada	5.2	5.5	6.4	5.2	5.1	4.2	3.6	3.3	3.3	3.4
Spain/Espagne	0.3	0.4	0.4	1.1	1.8	2.4	2.3	2.6	2.8	3.3	Sweden/Suède	2.3	2.6	2.7	2.9	3.3	3.3	3.4	2.8	2.4	2.1

04842 PASTRY, CAKES ETC — PATISSERIE ETC. 04842

TRADE BY COMMODITY IN THOUSAND U.S. DOLLARS – COMMERCE PAR PRODUIT EN MILLIERS DE DOLLARS E.U

IMPORTS – IMPORTATIONS

COUNTRIES–PAYS	1988	1989	1990	1991	1992
Total	1801152	1584074	1886426	2084152	2317519
Africa	x29502	x34132	x39895	x43838	x44179
Northern Africa	x4155	x3558	x6263	x10847	x6487
Americas	370552	x181402	x213767	238969	x298339
LAIA	5046	11736	19747	29165	56965
CACM	5926	8132	6330	8757	x10570
Asia	x218770	x208759	x190142	x214598	x189466
Middle East	x136574	x119901	x90437	x100192	x106348
Europe	1094548	1078083	1386745	1487670	1714728
EEC	965800	948242	1203565	1291243	1504297
EFTA	121313	122423	165060	178063	184239
Oceania	x38138	x39343	x40707	x40499	x36551
France,Monac	321837	317231	387062	396709	429962
Germany/Allemagne	184737	164958	242375	266832	322457
United Kingdom	96707	108764	131694	137033	167407
Italy/Italie	82767	79060	90163	103373	113831
USA/Etats–Unis d' Amer	288152	71479	89695	100554	115502
Belgium–Luxembourg	82879	76942	88464	93755	118422
Ireland/Irlande	64012	61985	73903	82666	92136
Netherlands/Pays–Bas	55958	53415	77146	83547	113498
Canada	49528	63209	68259	80318	88830
Austria/Autriche	46448	46669	65656	70591	76750
Hong Kong	36287	48666	53103	68842	26943
Saudi Arabia	70958	72529	x38057	x42301	x42101
Spain/Espagne	34711	33448	48294	51950	64291
Switz.Liecht	24516	23426	30468	34065	36466
Sweden/Suède	21535	21651	28750	32222	31713
Denmark/Danemark	25345	23727	27597	27059	31230
Singapore/Singapour	25320	17366	21120	22779	26649
Greece/Grèce	8785	15975	19786	24924	x25269
Australia/Australie	15272	18949	22305	18597	20011
Former USSR/Anc. URSS	x28194	x27325	x6087	x24705	
Norway,SVD,JM	13152	14084	19245	20040	19691
Portugal	8062	12737	17080	23395	25794
Lebanon/Liban	x4522	x15775	x13857	x17233	x13765
Finland/Finlande	11134	12562	17214	16227	14396
United Arab Emirates	x32059	x15288	x13517	x13799	x17206
Mexico/Mexique	1692	8273	11660	13491	23705
Poland/Pologne	x337	x453	x1920	x24076	x13483
Reunion/Réunion	6297	8256	8084	9952	9642
Yugoslavia SFR	9	79	8439	x9344	
China/Chine	2682	3633	6340	7783	3758
New Caledonia	x3951	x4190	x5359	x7584	x3616
Czechoslovakia	x10053	6236	4812	x5368	x6881
Kuwait/Koweït	x13625	2794	x7865	x5346	x15242
Libyan Arab Jamahiriya	1218	1324	4242	x8720	x4610
Guatemala	3290	4506	3953	4989	4680
Iceland/Islande	4528	4030	4267	4916	5223
Cyprus/Chypre	3272	3774	4846	4474	4599
Japan/Japon	7213	5772	4651	2462	2283
New Zealand	4205	4975	3225	4219	3315
French Polynesia	5206	x3567	x3462	x4137	x2990
Nigeria/Nigéria	x784	x1402	x5004	x4749	x5661
Martinique	3287	3070	3580	4007	4007
Guadeloupe	3064	2815	3442	4033	3952
Bahrain/Bahreïn	x3032	x2796	x3164	x4004	x3312
Malta/Malte	2685	2989	3251	x3649	x4733
Angola	2940	x3744	x3946	x1765	x2205
Brazil/Brésil	1003	1390	3555	4457	4224
Malaysia/Malaisie	1614	2834	2958	3445	x5299
Papua New Guinea	4333	4080	3056	x1642	x1735
Andorra/Andorre	x2572	x2455	x3239	x3023	x3640

EXPORTS – EXPORTATIONS

COUNTRIES–PAYS	1988	1989	1990	1991	1992
Totale	1660463	1673301	2037828	2156610	2410437
Afrique	x4089	x4522	x5954	x11798	x9973
Afrique du Nord	2695	3240	4359	10683	6715
Amériques	x115142	100784	103246	109967	x155350
ALAI	22579	26113	30147	27135	x33294
MCAC	6141	7360	6279	7994	x9093
Asie	105614	132106	162359	172131	134534
Moyen–Orient	x35649	56483	x69377	x51838	44882
Europe	1407464	1402844	1739610	1832811	2084456
CEE	1297487	1293142	1604737	1705283	1942828
AELE	104697	103114	129009	123799	124700
Océanie	18892	23112	19631	21960	19166
Belgium–Luxembourg	249976	229440	290452	323189	352221
Netherlands/Pays–Bas	231424	219151	272896	289250	312413
Germany/Allemagne	218153	225914	273290	275055	283886
France,Monac	155502	126190	177428	180407	214841
United Kingdom	200550	202839	250917	267999	328655
Denmark/Danemark	127083	135663	158313	166266	192896
Italy/Italie	110202	124688	148436	154670	190523
Austria/Autriche	59057	56381	71227	65927	65807
USA/Etats–Unis d' Amer	x31347	30451	50044	67256	93291
Hong Kong	21669	27297	31711	39979	15126
Switz.Liecht	28709	28202	33779	34789	37181
Turkey/Turquie	18256	21895	18941	34291	39982
Syrian Arab Republic	35	18843	34878	x919	x1045
Singapore/Singapour	21539	15926	17736	20544	21780
Malaysia/Malaisie	5622	9091	12392	17936	x12503
Ireland/Irlande	9098	9660	13306	14380	32717
Spain/Espagne	9150	9801	9799	15481	20572
Sweden/Suède	10926	10744	12311	11941	12021
Japan/Japon	8198	9774	11147	13960	11597
China/Chine	5099	6547	10223	17238	15583
Australia/Australie	10856	11197	9294	13482	11393
Canada	45009	24596	2177	6133	13718
Greece/Grèce	4179	7103	8269	15061	x11019
Mexico/Mexique	11658	11008	9275	10083	13041
New Zealand	6745	10455	9008	7442	6671
Kuwait/Koweït	x7235	5885	x8463	x8304	
Argentina/Argentine	3254	5701	10742	5882	6277
Finland/Finlande	4755	4315	7738	7462	5018
Trinidad and Tobago	4881	7155	8346		x4217
Costa Rica	3605	5362	4262	5151	x4081
Yugoslavia SFR	5103	6243	5060	x3093	
Indonesia/Indonésie	2398	3400	3761	6146	7717
Egypt/Egypte	1949	1980	2833	8430	2531
Poland/Pologne	x6547	x5819	x2944	x4131	x4270
Norway,SVD,JM	1248	3468	3947	3661	4638
Colombia/Colombie	2356	3717	4978	x1710	x1093
Chile/Chili	1597	1561	2068	5215	x4823
Portugal	2517	2693	1631	3526	3085
United Arab Emirates	x2891	x2593	x2328	x2201	x90
Brazil/Brésil	2970	2173	1465	2488	4723
Czechoslovakia	x2128	x2196	x1816	x1862	x833
Saudi Arabia	2640	3972	x1418	x234	x259
Jordan/Jordanie	640	512	780	3328	2441
Hungary/Hongrie	x220	x1049	x1721	x1572	x1851
Oman	x1326	x1505	x1508	x1326	x20
Barbados/Barbade	1030	1767	2143	x301	x215
Tunisia/Tunisie	514	1032	1170	1896	1975
Fiji/Fidji	1253	1392	1324	1024	1102
Philippines	2314	x387	2558	444	342
Jamaica/Jamaïque	1422	1499	1553	x253	x505

(VALUE AS % OF TOTAL)(VALEUR EN % DU TOTAL)

Imports

	1983	1984	1985	1986	1987	1988	1989	1990	1991	1992
Africa	x2.7	x2.2	x1.9	x1.8	x1.7	1.7	2.1	2.1	x2.1	x1.9
Northern Africa	x0.2	x0.1	x0.3	x0.1	x0.2	x0.2	x0.2	x0.3	x0.5	x0.3
Americas	x17.2	x19.7	x22.4	x19.0	x17.1	20.5	x11.4	x11.4	11.5	x12.9
LAIA	0.1	0.2	x0.1	x0.2	x0.2	0.3	0.7	1.0	1.4	2.5
CACM	0.1	0.4	0.4	0.4	0.3	0.5	0.3	0.4	x0.5	
Asia	x19.5	x18.0	x13.4	x11.8	x10.3	12.1	13.2	10.1	x10.3	x8.2
Middle East	x14.0	x12.6	x8.1	x7.0	x5.3	x7.6	x7.6	x4.8	x4.8	x4.6
Europe	58.1	57.3	59.3	65.2	67.0	60.8	68.1	73.5	71.4	74.0
EEC	50.2	49.4	51.4	56.6	58.3	53.6	59.9	63.8	62.0	64.9
EFTA	7.7	7.5	7.6	8.2	8.3	6.7	7.7	8.8	8.5	7.9
Oceania	x2.5	x2.9	x2.7	x2.1	x1.9	x2.1	x2.5	x2.2	x1.9	x1.6
France,Monac	14.5	15.3	16.5	19.7	20.0	17.9	20.0	20.5	19.0	18.6
Germany/Allemagne	11.0	10.1	9.4	10.9	10.6	10.3	10.4	12.8	12.8	13.9
United Kingdom	6.3	6.1	5.6	5.4	5.1	5.4	6.9	7.0	6.6	7.2
Italy/Italie	3.7	3.4	4.8	4.4	4.5	4.4	5.0	4.8	5.0	4.9
USA/Etats–Unis d' Amer	11.1	13.3	16.4	14.0	12.3	16.0	4.5	4.8	4.8	5.0
Belgium–Luxembourg	5.7	5.4	5.7	6.3	6.2	4.6	4.9	4.7	4.5	5.1
Ireland/Irlande	3.2	2.8	2.8	2.7	2.8	3.6	3.9	3.9	4.0	4.0
Netherlands/Pays–Bas	4.0	4.1	4.2	4.6	5.0	3.1	3.4	4.1	4.0	4.9
Canada	3.9	3.9	3.8	3.3	2.8	2.7	4.0	3.6	3.9	3.8
Austria/Autriche	2.1	2.0	2.0	2.2	2.4	2.6	2.9	3.5	3.4	3.3

Exports

	1983	1984	1985	1986	1987	1988	1989	1990	1991	1992
Afrique	0.4	x0.2	0.4	x0.2	x0.1	x0.2	x0.3	x0.2	x0.5	x0.4
Afrique du Nord	0.0	0.0	0.0	0.1	0.0	0.2	0.2	0.2	0.5	0.3
Amériques	x6.8	x7.3	x7.8	x6.0	x5.6	x6.9	6.0	5.1	5.1	x6.4
ALAI	x0.3	x0.9	x0.9	x0.8	x0.7	1.4	1.6	1.5	1.3	x1.4
MCAC	x0.4	x0.5	x0.3	x0.1	x0.2	0.4	0.4	0.3	0.4	0.4
Asie	6.9	7.6	6.8	5.9	5.6	6.4	7.9	8.0	8.0	5.6
Moyen–Orient	x1.2	1.8	x1.8	x1.3	x1.0	x2.1	3.4	x3.4	x2.4	1.9
Europe	84.1	83.0	83.4	86.5	86.7	84.8	83.8	85.4	85.0	86.5
CEE	78.0	76.4	76.6	78.9	78.6	78.1	77.3	78.7	79.1	80.6
AELE	6.1	6.1	6.1	7.3	8.0	6.3	6.2	6.3	5.7	5.2
Océanie	1.7	1.8	1.7	1.4	1.6	1.2	1.4	1.0	1.0	0.7
Belgium–Luxembourg	12.4	11.9	11.4	12.2	11.5	15.1	13.7	14.3	15.0	14.6
Netherlands/Pays–Bas	13.6	13.1	12.8	14.1	14.0	13.9	13.1	13.4	13.4	13.0
Germany/Allemagne	12.3	11.9	12.5	15.1	17.2	13.1	13.5	13.4	12.8	11.8
United Kingdom	13.1	11.8	11.2	9.2	9.2	12.1	12.1	12.3	12.4	13.6
Denmark/Danemark	10.1	10.4	10.5	10.0	8.3	7.7	8.1	7.8	7.7	8.0
France,Monac	9.2	9.2	9.0	8.9	8.6	8.1	7.5	8.7	8.4	8.9
Italy/Italie	4.8	5.7	6.7	6.9	7.7	6.6	7.5	7.3	7.2	7.9
Austria/Autriche	2.8	2.6	2.3	3.0	3.0	3.6	3.4	3.5	3.1	2.7
USA/Etats–Unis d' Amer	x2.7	x2.5	x2.1	x1.6	x1.9	x1.9	1.8	2.5	3.1	3.9
Hong Kong	x0.7	0.7	x0.8	x0.7	x0.7	1.3	1.6	1.6	1.9	0.6

0541 POTATOES FRSH EXCL SWEET — POMMES DE TERRE 0541

TRADE BY COMMODITY IN THOUSAND U.S. DOLLARS – COMMERCE PAR PRODUIT EN MILLIERS DE DOLLARS E.U

COUNTRIES–PAYS	1988	1989	1990	1991	1992	COUNTRIES–PAYS	1988	1989	1990	1991	1992
	IMPORTS – IMPORTATIONS						EXPORTS – EXPORTATIONS				
Total	1164804	1361566	1591794	x2367883	x1499379	Totale	994848	1214077	1540668	1805495	1392862
Africa	88330	90196	128880	x103854	x59486	Afrique	x45670	x50153	x60308	x92410	x79308
Northern Africa	74364	76818	111670	89909	x42659	Afrique du Nord	44783	49006	59178	90704	78698
Americas	x116757	x181262	x204831	177760	x158735	Amériques	90493	165180	181534	167083	150621
LAIA	19846	10887	25892	26294	35805	ALAI	16180	16435	3723	8020	14649
CACM	1426	2095	6681	3724	3427	MCAC	1562	1971	2843	2703	2961
Asia	x108923	x99707	x76114	x121652	x148987	Asie	x100396	x130623	x200649	x187205	151198
Middle East	x74902	x72874	x50076	x58348	x106940	Moyen–Orient	x71805	x97843	x154585	x140804	111185
Europe	789918	873760	1111190	1308168	1081040	Europe	747238	841739	1074761	1334183	989725
EEC	735447	844402	1072454	1249476	1021332	CEE	741881	832285	1065329	1324715	981104
EFTA	46703	23476	29803	50207	50459	AELE	3969	5990	6025	7167	4649
Oceania	x6786	5572	x6251	x5616	x5381	Océanie	4118	4531	6152	x7669	7459
Germany/Allemagne	183558	190975	243924	316097	263816	Netherlands/Pays–Bas	328732	371509	477195	528096	468364
Former USSR/Anc. URSS	x34053	x65798	x20866	x628240	112438	Italy/Italie	100778	106556	138400	166107	89025
France,Monac	75494	110427	153923	158329	112438	France,Monac	119619	106541	119711	159938	117547
United Kingdom	105773	118517	142462	128018	124273	Belgium–Luxembourg	60220	92399	121333	137215	94342
Italy/Italie	87852	95070	116944	144112	100200	Germany/Allemagne	55045	56502	85305	168105	90425
Spain/Espagne	78492	84762	102517	116864	85549	Canada	57265	101459	113150	86849	63829
Belgium–Luxembourg	54532	76399	105339	107832	94011	USA/Etats–Unis d'Amer	14875	44894	61448	68795	68748
Netherlands/Pays–Bas	67527	72102	95914	108210	114727	Cyprus/Chypre	34651	41743	63195	60944	48183
Portugal	50841	49871	65589	91845	68821	United Kingdom	32178	40398	51894	61336	45165
USA/Etats–Unis d'Amer	31985	69617	82354	54567	31902	Spain/Espagne	30070	29508	31248	49753	42105
Algeria/Algérie	44351	51284	72111	55084	x17787	Egypt/Egypte	31505	26884	25158	47818	42649
Canada	33731	64956	56346	56397	54500	Lebanon/Liban	x22072	x30120	x28759	x24855	x1773
Greece/Grèce	11908	17926	17055	43775	x24600	Morocco/Maroc	11997	20816	18996	40622	30979
Romania/Roumanie	x12	33402	25009	3902	x33389	Syrian Arab Republic	3604	16246	52462	x6940	x5166
Saudi Arabia	19180	24291	x12912	x20224	x19697	Turkey/Turquie	5721	5568	4618	42900	51047
Ireland/Irlande	6937	17070	15722	16312	19020	Greece/Grèce	2950	10639	16633	22607	x9643
Denmark/Danemark	12534	11283	13066	18084	13877	Denmark/Danemark	6606	12420	14481	20661	15059
Sweden/Suède	16637	6998	7829	24423	17008	China/Chine	8987	11449	14410	14185	7110
Morocco/Maroc	9226	9017	18001	11459	7318	Israel/Israël	8586	8794	15822	12372	9450
Bangladesh	x2140	x2946	x627	31129	x532	Indonesia/Indonésie	6225	8530	10266	13932	15566
Austria/Autriche	4442	4389	12543	16703	12011	Poland/Pologne	x1386	x2471	x4239	x10667	x9463
Czechoslovakia	x13095	7191	14504	x11612	x5999	Chile/Chili	15578	15374	355	258	x151
Tunisia/Tunisie	14544	9324	9562	11621	5901	Ireland/Irlande	4686	3813	5125	6564	6084
Malaysia/Malaisie	8097	8160	8941	9057	x17704	Bulgaria/Bulgarie	x27	x7756	x6893	x834	x273
Trinidad and Tobago	5959	7159	7439	7616	10018	United Arab Emirates	x4095	x3377	x4036	x3912	x4192
Cuba	x6985	x8011	x8479	x5298	x8580	New Zealand	2629	3488	3419	4167	3812
Egypt/Egypte	5838	6115	10267	5388	9559	Libyan Arab Jamahiriya	x4		10394	x515	x288
Venezuela	13817	3742	8343	9576	20294	Former GDR	x10	x7167	x3236		
Lebanon/Liban	x11529	x6755	x3057	x10193	x43231	Portugal	998	1998	4004	4334	3346
Kuwait/Koweït	x4261	13467	x2116	x1540	x2014	Hungary/Hongrie	x4501	x3845	x2115	x3880	x3941
Switz.Liecht	3404	5468	5520	5577	5634	Switz.Liecht	1782	3143	3056	3321	1527
Hong Kong	4966	5007	5085	5809	5912	Singapore/Singapour	3324	2480	2815	3933	3387
Cyprus/Chypre	5968	4264	6039	5487	4584	Colombia/Colombie	219	195	2471	5458	12071
Mexico/Mexique	1690	2201	3451	10003	7754	Australia/Australie	1466	1033	2713	3474	3633
Jordan/Jordanie	3982	4536	5520	5468	4492	Tunisia/Tunisie	1186	1297	4438	1385	3499
Oman	4181	4164	5542	5322	x887	Austria/Autriche	1582	2117	2254	2707	1719
Israel/Israël	5243	2769	5281	6254	5694	Malta/Malte	1043	2564	3052	x1093	x2390
Singapore/Singapour	8507	4868	4374	4984	4141	Honduras	x5	1509	1017	1700	1602
Yugoslavia SFR	4780	2943	5876	x5056		Guatemala	1538	393	1806	767	1051
Brazil/Brésil	2837	2241	6963	3985	4133	Jordan/Jordanie	1201	436	1147	904	659
Fiji/Fidji	3563	4210	3888	3881	3658	Yugoslavia SFR	345	897	335	x1200	
Iraq	x13187	x8945	x1359	x1414	x14620	Hong Kong	792	566	847	623	380
Senegal/Sénégal	x3593	4145	4687	x2673	x2719	Sweden/Suède	562	713	463	520	1100
Barbados/Barbade	3149	4172	3598	3501	x3316	Pakistan		134	1288	226	450
Uruguay	1260	2371	6511	2325	2900	Ethiopia/Ethiopie	377		569	353	
Hungary/Hongrie	x4364	x2993	x3280	4877	x4044	So. Africa Customs Un	x231	x239	x282	x870	x277
Norway,SVD,JM	12518	4974	2403	3118	11452	Argentina/Argentine	10	171	115	959	941
Turkey/Turquie	2946	1721	5148	3246	2031	Romania/Roumanie	x16	547	70	627	
Netherlands Antilles	2706	2965			5820	Venezuela	62	358	386	407	389
Cote d'Ivoire	x3624	x3631	x1895	x2297	x5878	Cuba	x110	x7	x269	x661	x287

(VALUE AS % OF TOTAL)(VALEUR EN % DU TOTAL)

	1983	1984	1985	1986	1987	1988	1989	1990	1991	1992		1983	1984	1985	1986	1987	1988	1989	1990	1991	1992
Africa	11.2	8.2	11.7	x9.8	x6.8	7.6	6.6	8.1	x4.4	x4.0	Afrique	6.5	5.6	7.4	x5.1	x4.8	x4.6	4.1	3.9	5.1	x5.7
Northern Africa	9.7	7.6	10.7	8.6	6.4	5.6	5.6	7.0	3.8	2.8	Afrique du Nord	6.3	5.4	7.4	5.0	4.7	4.5	4.0	3.8	5.0	5.7
Americas	11.0	11.0	14.3	x13.4	x11.4	x10.0	x13.3	x12.9	7.5	x10.6	Amériques	10.1	9.2	13.7	x11.8	x9.9	9.1	13.7	11.8	9.2	10.8
LAIA	1.8	1.6	1.4	1.4	3.6	1.5	1.7	0.9	1.6	1.1	2.4	ALAI	0.1	0.3	1.4	x0.9	x0.9	1.6	1.4	0.2	0.4	1.1
CACM	x0.4	0.5	0.5	x1.2	0.4	0.1	0.2	0.4	0.2	0.2	MCAC	x0.0	0.3	x0.6	x1.4	x1.3	0.2	0.2	0.2	0.1	0.2
Asia	x11.5	x10.6	12.3	x11.0	x7.5	x9.3	7.4	4.7	x5.2	x10.0	Asie	x9.6	x11.9	x9.1	x10.1	x8.6	x10.1	10.8	13.0	x10.4	10.9
Middle East	x7.7	x7.5	x8.7	x7.8	x5.4	6.4	5.4	3.1	x2.5	x7.1	Moyen–Orient	x7.8	x9.5	x7.0	x8.1	x6.6	x7.2	x8.1	x10.0	x7.8	8.0
Europe	65.6	69.6	61.1	65.2	70.7	67.8	64.2	69.8	55.2	72.1	Europe	73.1	72.8	69.2	72.5	75.4	75.1	69.3	69.8	73.9	71.1
EEC	62.8	65.2	59.6	62.1	65.7	63.1	62.0	67.4	52.8	68.1	CEE	72.6	71.3	68.5	71.5	74.2	74.6	68.6	69.1	73.4	70.4
EFTA	2.7	4.1	1.1	2.8	4.9	4.0	1.7	1.9	2.1	3.4	AELE	0.5	0.8	0.6	0.5	0.4	0.4	0.5	0.4	0.4	0.3
Oceania	0.6	x0.5	0.6	x0.5	x0.4	x0.6	0.4	x0.4	x0.2	x0.4	Océanie	0.6	x0.5	0.6	x0.5	0.4	0.4	0.4	0.4	x0.4	0.5
Germany/Allemagne	22.2	21.6	18.1	17.0	15.8	15.8	14.0	15.3	13.3	17.6	Netherlands/Pays–Bas	35.9	34.9	32.8	33.2	34.9	33.0	30.6	31.0	29.2	33.6
Former USSR/Anc. URSS			x2.5	x2.9	x1.3	x26.5					Italy/Italie	9.6	11.2	9.3	10.5	8.0	10.1	8.8	9.0	9.2	6.4
France,Monac	8.0	10.2	8.3	7.4	7.8	6.5	8.1	9.7	6.7	7.5	France,Monac	9.8	7.5	7.4	7.3	10.2	12.0	8.8	7.8	7.6	8.4
United Kingdom	9.7	9.5	8.4	10.3	10.6	9.1	8.7	8.9	5.4	8.3	Belgium–Luxembourg	5.3	4.6	3.5	5.4	4.9	6.1	7.6	7.9	7.6	6.5
Italy/Italie	9.2	8.1	9.7	6.9	7.2	7.5	7.0	7.3	6.1	6.7	Germany/Allemagne	2.1	2.5	5.9	6.1	5.8	5.5	5.5	5.5	9.3	6.5
Spain/Espagne	2.7	2.3	1.8	3.8	6.7	6.7	6.2	6.4	4.9	5.7	Canada	6.4	5.5	7.5	6.0	1.8	1.5	3.7	4.0	3.8	4.9
Belgium–Luxembourg	4.2	5.0	4.0	4.6	4.4	4.7	5.6	6.6	4.6	6.3	USA/Etats–Unis d'Amer	2.9	2.0	2.1	1.6	1.8	1.5	3.7	4.0	3.8	4.9
Netherlands/Pays–Bas	2.9	3.2	5.4	6.8	5.8	5.8	5.3	6.0	4.6	7.7	Cyprus/Chypre	3.1	5.3	2.8	4.9	4.6	3.4	3.4	4.1	3.4	3.5
Portugal	1.7	2.6	2.3	2.2	4.1	4.4	3.7	4.1	3.9	4.6	United Kingdom	4.1	4.0	4.1	4.9	4.5	3.2	3.3	3.4	3.4	3.2
USA/Etats–Unis d'Amer	2.7	2.6	3.8	2.5	3.2	2.7	5.1	5.2	2.3	2.1	Spain/Espagne	1.8	3.4	3.0	2.2	3.3	3.0	2.4	2.0	2.8	3.0

0542 LEGUMINOUS VEGETBLES DRY / LEGUMES A COSSE SECS 0542

TRADE BY COMMODITY IN THOUSAND U.S. DOLLARS – COMMERCE PAR PRODUIT EN MILLIERS DE DOLLARS E.U

IMPORTS – IMPORTATIONS

COUNTRIES–PAYS	1988	1989	1990	1991	1992
Total	2274636	x2264981	2835898	2670971	x2478110
Africa	x161416	x183254	x193444	x226930	x264460
Northern Africa	87220	122513	131455	x190962	x185165
Americas	x251988	x352259	527465	x309843	x320462
LAIA	116386	199009	376577	166108	166338
CACM	29923	19617	19121	8817	x9234
Asia	x723697	x558363	x712800	x651105	x549063
Middle East	x121869	x121005	x138458	x134650	x91989
Europe	1083043	1110569	1361360	1379717	1320244
EEC	1054738	1084420	1316933	1351249	1291691
EFTA	25352	23191	29724	22752	24161
Oceania	x14653	16127	x20713	x19678	x17212
Netherlands/Pays-Bas	239183	233300	321079	294242	291478
Germany/Allemagne	235690	214345	239744	253848	224315
India/Inde	282466	x96443	295209	121371	x70592
Italy/Italie	129263	147788	159574	188012	144922
Belgium–Luxembourg	132024	121584	170132	159422	151075
Spain/Espagne	73194	99502	125997	174753	220357
Mexico/Mexique	22137	95232	259400	26633	8856
United Kingdom	109489	133367	128117	109752	96816
Japan/Japon	101434	111439	100745	105354	120157
France,Monac	83474	81453	101661	92582	94253
Algeria/Algérie	42944	82881	63685	78608	x23841
Brazil/Brésil	25853	50401	51316	52022	44110
USA/Etats–Unis d'Amer	25581	45259	43153	47466	43763
Pakistan	52657	58922	29229	45866	74291
Egypt/Egypte	25214	12335	47076	68007	142043
Iraq	x45276	x42900	x35572	x25294	x2508
Former USSR/Anc. URSS	x18610	x18444	x10106	x71834	
Venezuela	34080	26686	26380	44490	47156
Cuba	x31865	x26401	x31151	x32217	x47549
Bangladesh	x11277	x46144	x12979	x27955	x16674
Greece/Grèce	12747	19800	30841	31268	x16752
Hong Kong	37827	27123	26114	27609	25833
Sri Lanka	14655	4815	21566	48404	39216
Portugal	24424	18459	23407	31655	31675
Colombia/Colombie	25217	19839	26416	22200	39503
Singapore/Singapour	26961	22522	13072	27431	22223
Saudi Arabia	11702	17477	x20306	x19078	x27019
Canada	14008	18208	19021	18997	18770
Malaysia/Malaisie	15853	18626	18061	19326	x16851
Sudan/Soudan	x4825	x12754	x13226	x25254	x7040
Angola	x10570	x22354	x21877	x6638	x4570
Iran (Islamic Rp. of)	x4552	x666	x20666	x29160	x104
Indonesia/Indonésie	19946	8860	19021	19963	13420
Israel/Israël	16632	7884	10317	28854	10525
United Arab Emirates	x24655	x13916	x15777	x16953	x19826
Philippines	3790	x15595	11889	16685	10685
Australia/Australie	9526	10720	15053	12649	
Lebanon/Liban	x7956	x10699	x13148	x12241	x14225
Jordan/Jordanie	5325	10829	8734	15563	14170
Dominican Republic	x10232	x18106	x7484	x7550	x3543
Ireland/Irlande	8346	9005	12337	11300	15686
China/Chine	11983	16485	8718	6747	18254
Libyan Arab Jamahiriya	8138	8819	4720	x14344	x6948
Trinidad and Tobago	6429	7993	10006	7489	8093
Korea Republic	4695	347	5277	18798	15220
Mozambique	x19292	x9501	x9658	x4326	x16905
Peru/Pérou	6800	4839	6963	11267	x17800
Switz.Liecht	7045	6742	7603	7543	7514
Bulgaria/Bulgarie	x6192	x20706	x298	x178	150
Yugoslavia SFR	1921	2225	13699	x5062	

EXPORTS – EXPORTATIONS

COUNTRIES–PAYS	1988	1989	1990	1991	1992
Totale	2163902	2102564	2603055	2442872	x2280682
Afrique	x78693	x46548	x85011	x44258	x27637
Afrique du Nord	24938	20576	17504	19905	7066
Amériques	539612	620923	770060	677958	x620025
ALAI	130210	155309	218615	201230	x181838
MCAC	1728	3635	2596	2949	x6897
Asie	739978	555543	702159	677579	x706634
Moyen-Orient	410130	256458	328600	x289593	226369
Europe	587124	604331	782352	750431	647453
CEE	575873	600210	778950	746550	644891
AELE	1767	1543	1587	1736	1784
Océanie	132343	x116364	x111405	x112026	x142378
France,Monac	302613	294421	498707	450021	372870
USA/Etats–Unis d'Amer	276313	330605	393207	312679	231794
Turkey/Turquie	389655	209933	291738	242303	199459
China/Chine	170493	164917	244274	235639	289549
Canada	127836	128216	148467	156401	197961
Argentina/Argentine	67616	68703	124864	110623	97010
United Kingdom	62169	68703	124864	110623	97010
Australia/Australie	106868	137154	66935	87923	116947
Denmark/Danemark	75268	54890	96663	88158	50262
Netherlands/Pays-Bas	78521	60912	67066	67349	62475
Thailand/Thaïlande	81706	58367	67911	55244	x44138
Poland/Pologne	x25267	x34611	x29632	x79634	x49409
Hungary/Hongrie	x36846	x42937	x48253	x37792	x41148
Chile/Chili	32732	43348	45707	34094	x27286
Syrian Arab Republic	15652	40442	31876	x42750	x17868
Former USSR/Anc. URSS	x783	x36717	x33037	x41426	
Mexico/Mexique	25307	37964	34767	32841	42897
Bulgaria/Bulgarie	x11342	x30960	x32571	x3398	x5567
Belgium–Luxembourg	29173	23153	20126	18493	14373
New Zealand	25326	16038	20855	21952	23752
Myanmar	x7485	x12207	x10878	x35106	x69349
Hong Kong	29826	18485	18696	20280	19047
Germany/Allemagne	12473	12437	13542	18809	11426
Morocco/Maroc	20622	18265	13290	13203	3757
Singapore/Singapour	19859	20100	7348	10734	11138
India/Inde	7925	x11629	10125	15907	x10434
Czechoslovakia	x8045	x7470	x7728	x17637	x39240
Un. Rep. of Tanzania	x10210	x5787	x18680	x7045	x8914
Ethiopia/Ethiopie	10252	6177	21121	1756	x2845
So. Africa Customs Un	x1957	x5643	x11907	x3014	x784
Colombia/Colombie	464	1586	6727	9857	6701
Italy/Italie	x104				
Indonesia/Indonésie	7818	3910	4512	5886	3998
Ireland/Irlande	4086	4746	4394	3887	5940
Madagascar	344	x3008	4723	4945	x3028
Kenya	13541	x2018	5948	x3443	x2543
Pakistan	3471	5431	4330	1190	642
Nepal/Népal	182	x2054	x2048	x6025	x27483
Peru/Pérou	3276	2915	3436	x3774	x3614
Bolivia/Bolivie	95	246	1799	7853	1354
Portugal	1575	3208	3116	3335	3757
Spain/Espagne	1822	4201	3163	2115	2216
Egypt/Egypte	3827	1984	2274	4774	
Viet Nam	x2733	x2712	x1006	x4195	1907
Cayman Is/Is Caïmans	x1		x4533	x2810	x1
United Arab Emirates	x2053	x1708	x2431	x2763	x3296
Malawi	3089	2248	2059	2482	x1102
Yugoslavia SFR	9449	2549	1870	2026	
Honduras	3	2195	267	2510	1559
Former GDR	x2691	x4054	x498		
Belize/Bélize		1870	1616	x979	388

(VALUE AS % OF TOTAL) (VALEUR EN % DU TOTAL)

	1983	1984	1985	1986	1987	1988	1989	1990	1991	1992		1983	1984	1985	1986	1987	1988	1989	1990	1991	1992
Africa	x14.4	x11.7	x8.0	x11.1	7.8	7.1	8.1	6.8	8.5	10.7	Afrique	6.5	3.0	2.3	x3.8	4.1	x3.6	2.2	x3.3	x1.8	x1.2
Northern Africa	x9.2	6.0	4.4	8.6	4.4	3.8	5.4	4.6	x7.1	x7.5	Afrique du Nord	1.3	0.6	0.9	0.9	x0.5	1.2	1.0	0.7	0.8	0.3
Americas	13.7	22.1	18.2	x15.0	10.6	11.1	x15.6	18.6	11.6	x12.9	Amériques	41.4	37.4	35.7	x35.5	x26.4	25.0	29.5	29.6	27.8	x27.1
LAIA	7.0	13.8	10.2	x9.7	4.7	5.1	8.8	13.3	6.2	6.7	ALAI	6.8	12.6	12.1	x11.5	x6.4	6.0	7.4	8.4	8.2	x8.0
CACM	x0.5	0.9	0.5	x0.2	x0.4	1.3	0.9	0.7	0.3	x0.4	MCAC	x0.2	0.3	0.1	x0.3	x0.0	0.1	0.2	0.1	0.1	x0.3
Asia	x30.6	x27.9	28.9	x28.9	25.2	x31.8	x24.7	25.1	24.4	x22.2	Asie	x18.1	31.0	28.8	27.5	26.9	34.2	26.4	27.0	27.7	x31.0
Middle East	x9.3	x7.3	x7.4	x6.2	x4.5	x5.4	x5.3	x5.4	5.0	x3.7	Moyen–Orient	x1.7	18.1	14.3	15.8	13.2	19.0	12.2	12.6	x11.9	9.9
Europe	40.1	37.4	44.1	44.4	54.2	47.6	49.0	48.0	51.7	53.3	Europe	29.4	24.4	30.2	29.5	32.6	27.1	28.7	30.1	30.7	28.4
EEC	38.8	36.2	43.0	43.2	52.7	46.4	47.9	46.4	50.6	52.1	CEE	29.3	23.4	29.8	29.3	32.0	26.6	28.5	29.9	30.6	28.3
EFTA	1.2	1.1	1.1	1.1	1.3	1.1	1.0	1.0	0.9	1.0	AELE	0.1	0.1	0.1	0.1	0.1	0.1	0.1	0.1	0.1	0.1
Oceania	1.2	x1.0	x0.8	0.7	x0.3	x0.7	0.7	x0.7	x0.8	x0.7	Océanie	3.1	2.7	3.1	3.7	x5.7	6.1	x5.5	x4.3	x4.6	x6.2
Netherlands/Pays–Bas	9.6	9.5	9.5	10.1	12.7	10.5	10.3	11.3	11.0	11.8	France,Monac	14.2	14.0	14.1	11.8	13.4	14.0	14.0	19.2	18.4	16.3
Germany/Allemagne	4.5	4.8	8.1	9.4	12.0	10.4	9.5	8.5	9.5	9.1	USA/Etats–Unis d'Amer	25.0	18.7	17.6	17.6	13.4	12.8	15.7	15.1	12.8	10.2
India/Inde	6.3	6.0	10.0	9.3	10.3	12.4	x4.3	10.4	4.5	x2.8	Turkey/Turquie		15.3	13.7	14.9	12.7	18.0	10.0	11.2	9.9	8.7
Italy/Italie	5.2	4.2	6.2	5.0	5.7	6.5	5.6	7.0	5.8		China/Chine					5.6	7.9	7.8	9.4	9.6	12.7
Belgium–Luxembourg	3.3	3.0	4.0	3.8	5.3	5.8	5.4	6.0	6.0	6.1	Canada	8.9	5.6	5.9	5.9	6.3	5.9	6.1	5.7	6.4	8.7
Spain/Espagne	3.1	2.2	3.0	3.3	4.2	3.2	4.4	4.4	6.5	8.9	Argentina/Argentine	6.7	6.2	5.9	6.2	3.5	3.1	3.3	4.8	4.5	4.3
Mexico/Mexique			6.3	4.9	x4.3	x0.9	1.0	4.2	9.1	1.0	United Kingdom	2.7	2.0	3.3	6.1	8.2	2.9	6.5	4.8	4.5	4.3
United Kingdom	6.5	7.1	6.6	5.4	7.2	4.8	5.9	4.5	4.1	3.9	Australia/Australie	0.7	1.2	1.6	2.6	4.3	4.9	4.8	3.5	3.7	5.1
Japan/Japon	7.6	6.6	4.1	4.2	3.2	4.5	4.9	3.6	3.9	4.8	Denmark/Danemark	1.5	2.8	5.0	3.8	2.8	3.5	2.6	3.7	3.6	2.2
France,Monac	4.9	4.1	4.2	4.4	5.5	3.7	3.6	3.6	3.4	3.8	Netherlands/Pays–Bas	5.3	4.0	3.9	4.5	4.9	3.6	2.9	2.6	2.8	2.7

0544 TOMATOES FRESH / TOMATES FRAICHES 0544

TRADE BY COMMODITY IN THOUSAND U.S. DOLLARS – COMMERCE PAR PRODUIT EN MILLIERS DE DOLLARS E.U

IMPORTS – IMPORTATIONS

COUNTRIES–PAYS	1988	1989	1990	1991	1992
Total	1626867	1646480	2174650	2223643	2105920
Africa	x871	2682	x1057	x1043	x474
Northern Africa	116	1426	x76	x328	x71
Americas	261217	344731	x524183	409622	317529
LAIA	3270	2847	5010	12031	21840
CACM	1904	838	x5291	2806	x1513
Asia	x53301	x75275	x67006	x78973	x69337
Middle East	x43334	x66653	x58197	x69482	x59043
Europe	1307799	1211728	1563073	1705380	1687241
EEC	1145867	1046874	1338267	1488971	1473099
EFTA	161080	163969	201687	209499	209222
Oceania	x2705	x1744	x3468	x4105	x3903
Germany/Allemagne	443306	396661	509955	614133	617546
France, Monac	285467	280649	327319	326680	322602
USA/Etats–Unis d'Amer	163322	236680	402192	289045	167133
United Kingdom	279384	253072	307478	295567	268694
Canada	90103	102643	110086	103752	125820
Netherlands/Pays–Bas	69947	50696	95135	129417	136385
Sweden/Suède	53197	53497	65224	66032	65561
Switz.Liecht	46006	43965	50032	52688	51493
Austria/Autriche	30126	32207	40760	47730	48838
Italy/Italie	20733	17851	32855	49990	60483
Saudi Arabia	20162	23506	x27715	x30471	x32746
Finland/Finlande	19020	21686	30049	27342	26896
Denmark/Danemark	18003	14360	17813	17568	15452
Ireland/Irlande	15104	13569	17256	17180	14903
Spain/Espagne	2469	7919	13802	21211	15610
Belgium–Luxembourg	11351	11935	15641	15346	18439
Norway, SVD, JM	12214	12169	14998	14913	15770
Kuwait/Koweït	x3829	26960	x3782	x311	x1487
Yugoslavia SFR			21791	x5781	
United Arab Emirates	x10197	x6006	x9096	x9249	x10443
Poland/Pologne	x50	x33	x239	x20031	21638
Czechoslovakia	x477	9638	5774	x2510	x4032
Hong Kong	6393	5600	5638	5613	6588
Oman	4514	3944	6159	6732	x49
Iraq	x100	x90	x49	x12321	x62
Mexico/Mexique	368	629	2738	6605	14007
Lebanon/Liban	x922	x1141	x5603	x2915	x9030
Former GDR	x27	x107	x9049		
Argentina/Argentine	2827	1077	1804	4293	5771
El Salvador	1871	782	x5181	1008	x360
Singapore/Singapour	2544	1864	1857	2897	2959
Qatar	3145	1718	2208	2347	x2208
Jordan/Jordanie	x71	x2477	x2041	x1627	7
Bahrain/Bahreïn	x382	x809	x1385	x3490	x3001
New Zealand	1178	156	1567	2648	2919
Portugal	11	116	868	1702	2541
Malaysia/Malaisie	886	800	997	826	x428
Andorra/Andorre	x462	x590	x831	x608	x217
Paraguay		1033	420	545	833
Solomon Isls	x223	x426	x1083	x432	x242
Iceland/Islande	516	444	625	794	663
Nicaragua	4		72	1756	1143
Netherlands Antilles	722	703		723	
Algeria/Algérie			1410	x6	
New Caledonia	555	583	405	284	302
Former USSR/Anc. URSS	x314	x147	x209	x860	
Hungary/Hongrie	x38	x3	x243	788	x1539
Gibraltar	x206	x163	x341	x309	x78
Seychelles	208	191	333	278	x97
Anguilla	x9	x270	x9	x422	

EXPORTS – EXPORTATIONS

COUNTRIES–PAYS	1988	1989	1990	1991	1992
Totale	1534946	1513861	2072206	2008449	1965944
Afrique	x52209	x39659	x55543	x62175	x74125
Afrique du Nord	51078	38187	54219	60425	72324
Amériques	304574	257150	557029	396287	364227
ALAI	246509	201333	433361	268362	210760
MCAC	3549	722	5316	2178	x1149
Asie	x39327	67453	85189	86881	x68728
Moyen–Orient	x25671	53375	62829	69309	50597
Europe	1085695	1059905	1273852	1432938	1431486
CEE	1084491	1058537	1272304	1430573	1427061
AELE	928	1063	1463	2294	2256
Océanie	3467	1843	x2754	4450	4700
Netherlands/Pays–Bas	640805	611981	747546	800142	711546
Mexico/Mexique	243052	198892	428402	261739	202091
Spain/Espagne	271582	253713	259519	298493	374093
Belgium–Luxembourg	114123	135116	177966	222206	210704
USA/Etats–Unis d'Amer	48373	52116	112914	119952	144926
Morocco/Maroc	47657	33794	47331	53771	60357
France, Monac	23914	24627	45911	59380	66546
Bulgaria/Bulgarie	x22819	x28915	x61490	x10515	x9451
Jordan/Jordanie	15254	19874	33584	32190	31396
Italy/Italie	17789	18014	18470	28074	33479
Albania/Albanie	x11895	x17638	x30694	x8960	x7336
Turkey/Turquie	113	12702	12557	29279	12429
Romania/Roumanie	x13536	39775	4269	3893	x4535
Israel/Israël	9920	9673	18231	14214	11453
United Kingdom	10506	7163	8629	10905	13131
Syrian Arab Republic	3008	14411	8853	x648	x152
Egypt/Egypte	2927	4227	5300	6267	11184
United Arab Emirates	4852	3679	x5155	x5489	x5893
Canada	5213	2365	4578	5383	5678
Denmark/Danemark	965	2043	3874	3901	5323
Germany/Allemagne	2219	2240	3024	2902	3147
Australia/Australie	3375	1637	2533	3952	4094
Guatemala	3498	680	5134	1793	352
Portugal	905	1524	2647	2382	4588
China/Chine	1552	2589	2236	1538	2476
Greece/Grèce	188	1016	3551	1399	x3871
Venezuela	285	1059	2639	1711	1881
Oman	1423	2012	638	786	x7
Ireland/Irlande	1495	1101	1107	791	634
Malaysia/Malaisie	1045	1076	1066	843	x1113
Paraguay	1514	1029	842	966	x850
Brazil/Brésil	1355	165	99	2500	3748
Poland/Pologne	x1270	x1162	x494	x898	x838
Chile/Chili	x239	x181	1224	850	x953
Finland/Finlande	343	595	728	551	493
Saudi Arabia	651	265	x1284	x194	x143
So. Africa Customs Un	x126	x554	x584	x539	x377
Dominican Republic	860	560	736	354	x1315
Hungary/Hongrie	x122	x233	x637	x673	x502
Libyan Arab Jamahiriya			1349	x82	x71
Cyprus/Chypre	326	288	612	500	470
Switz.Liecht	424	371	394	624	671
Austria/Autriche	17	23	260	979	1036
Former USSR/Anc. URSS	x31	x129	x255	x747	
Indonesia/Indonésie	300	244	259	437	712
New Zealand	60	169	207	492	604
Tunisia/Tunisie	455	164	224	303	660
Thailand/Thaïlande	413	264	231	130	x1818
Senegal/Sénégal	x332	168		x458	x535
Singapore/Singapour	196	166	171	179	294

(VALUE AS % OF TOTAL)(VALEUR EN % DU TOTAL)

	1983	1984	1985	1986	1987	1988	1989	1990	1991	1992		1983	1984	1985	1986	1987	1988	1989	1990	1991	1992
Africa	x0.1	x0.1	x0.1	x0.1	x0.1	x0.1	0.2	x0.0	x0.0	x0.0	Afrique	5.9	3.9	4.0	x3.8	x4.4	x3.4	x2.6	x2.7	x3.1	x3.8
Northern Africa	x0.0	x0.0	x0.0	x0.0	x0.0	0.0	0.1	x0.0	x0.0	x0.0	Afrique du Nord	5.8	3.9	4.0	3.7	4.3	3.3	2.5	2.6	3.0	3.7
Americas	x27.2	24.3	x26.6	x29.0	16.2	16.1	20.9	24.1	18.5	15.1	Amériques	7.6	30.4	27.9	x30.5	x15.9	19.9	17.0	26.9	19.7	18.6
LAIA	0.2	0.6	0.4	0.4	0.3	0.2	0.2	0.2	0.5	1.0	ALAI	0.2	25.3	23.2	x26.9	x12.3	16.1	13.3	20.9	13.4	10.7
CACM	x0.2			x0.0	0.0	0.1	0.0	x0.1	0.1	x0.1	MCAC	x0.0	0.0	0.0	x0.0	x0.0	0.2	0.0	0.3	0.1	x0.1
Asia	x4.0	6.7	x5.4	x6.1	5.0	3.3	x4.6	3.1	3.6	3.3	Asie	3.4	5.6	5.6	4.5	4.2	x2.5	4.4	4.1	4.3	x3.5
Middle East	x3.2	5.9	x4.5	x5.5	4.4	2.7	x4.0	2.7	3.1	2.8	Moyen–Orient	x3.0	5.2	5.3	4.0	3.5	x1.7	3.5	3.0	3.5	2.6
Europe	65.6	65.3	67.8	64.8	75.8	80.4	73.6	71.9	76.7	80.1	Europe	82.9	59.9	62.3	61.1	71.8	70.7	70.0	61.5	71.3	72.8
EEC	57.3	57.2	59.3	56.8	65.8	70.4	63.6	61.5	67.0	70.0	CEE	82.8	59.8	62.2	61.1	71.8	70.7	69.9	61.4	71.2	72.6
EFTA	8.3	8.0	8.5	7.9	10.0	9.9	10.0	9.3	9.4	9.9	AELE	0.1	0.1	0.0	0.1	x0.0	0.1	0.1	0.1	0.1	0.1
Oceania	0.1	x0.1	x0.0	x0.0	x0.0	x0.2	x0.1	x0.2	x0.2	x0.1	Océanie	x0.2	0.1	x0.1	x0.1	x0.1	0.1	0.1	x0.1	0.2	0.2
Germany/Allemagne	23.8	22.9	21.9	22.2	26.1	27.2	24.1	23.4	27.6	29.3	Netherlands/Pays–Bas	51.0	36.3	37.6	37.9	43.2	41.7	40.4	36.1	39.8	36.2
France, Monac	13.7	14.5	15.6	15.4	18.0	17.5	17.0	15.1	14.7	15.3	Mexico/Mexique		23.6	21.9	x26.5	x12.0	15.8	13.1	20.7	13.0	10.3
USA/Etats–Unis d'Amer	20.0	16.3	17.6	22.9	10.8	10.4	14.4	18.5	13.0	7.9	Spain/Espagne	21.9	16.3	17.3	14.2	17.0	17.7	16.8	12.5	14.9	19.0
United Kingdom	14.2	14.3	15.0	13.2	15.0	17.2	15.4	14.1	13.3	12.8	Belgium–Luxembourg	6.0	4.7	4.8	6.1	7.8	7.4	8.9	8.6	11.1	10.7
Canada	6.8	7.1	7.9	5.7	5.1	5.5	6.2	5.1	4.7	6.0	USA/Etats–Unis d'Amer	7.0	4.6	4.3	3.9	3.1	3.2	3.5	5.4	6.0	7.4
Netherlands/Pays–Bas	3.0	3.2	3.7	3.3	3.3	4.3	3.1	4.4	5.8	6.5	Morocco/Maroc	4.8	3.6	3.4	3.9	3.1	2.2	2.3	2.2	3.0	3.1
Sweden/Suède	2.8	2.7	2.8	2.4	3.3	3.2	3.2	3.0	3.0	3.1	France, Monac	1.2	0.7	0.8	0.8	1.5	1.6	1.6	2.2	3.0	3.4
Switz.Liecht	2.6	2.4	2.5	2.4	2.8	2.8	2.7	2.3	2.4	2.4	Bulgaria/Bulgarie				x1.9	x1.5	x1.9	x3.0	x0.5	x0.5	
Austria/Autriche	1.5	1.5	1.6	1.5	1.9	1.9	2.0	1.9	2.1	2.3	Jordan/Jordanie	2.4	1.7	1.5	1.0	1.0	1.3	1.6	1.6	1.6	1.6
Italy/Italie	0.4	0.2	0.5	0.3	0.7	1.3	1.1	1.5	2.2	2.9	Italy/Italie	1.0	0.8	0.7	0.9	1.0	1.2	1.2	0.9	1.4	1.7

05481 ROOTS, TUBERS FRESH, DRY — RACINES DE MANIOC ETC 05481

TRADE BY COMMODITY IN THOUSAND U.S. DOLLARS — COMMERCE PAR PRODUIT EN MILLIERS DE DOLLARS E.U

IMPORTS — IMPORTATIONS

COUNTRIES—PAYS	1988	1989	1990	1991	1992
Total	x1559964	1290053	1181940	1360494	1488958
Africa	x2398	x6392	x204	x336	x4662
Northern Africa	71	x6080	57	169	4491
Americas	46645	46793	47267	55321	58591
LAIA	615	624	1451	4484	4360
CACM	26	24	31	83	x88
Asia	x91094	114985	135691	93731	136655
Middle East	x23833	5373	18211	16061	x25232
Europe	1192849	940516	936729	1205481	1282712
EEC	1187091	931715	934714	1205077	1282184
EFTA	700	1979	398	397	490
Oceania	x4031	4851	4434	x5498	x4046
Netherlands/Pays-Bas	451535	293812	343721	437271	527286
Germany/Allemagne	168607	150134	117414	140903	154900
Belgium-Luxembourg	141569	135164	128577	144317	154649
Spain/Espagne	109049	103231	125302	177393	180215
France, Monac	127065	87787	82480	116151	106361
Portugal	110810	84915	88148	95284	78993
Former USSR/Anc. URSS	x187006	x144790	x54290	x115	
Italy/Italie	47268	45842	27188	52260	36745
Korea Republic	22601	42432	49035	30509	55398
USA/Etats–Unis d'Amer	28063	34229	35842	38706	40440
China/Chine		21	31240	34078	15552
Japan/Japon	13439	21498	19255	14836	17277
United Kingdom	11598	11542	12169	30709	15594
Turkey/Turquie		4035	17211	14403	25924
Former GDR	x25425	x29586	x2947		20340
Canada	8715	9532	8485	10061	11682
Ireland/Irlande	10119	10740	9590	7704	9687
Singapore/Singapour	5223	5936	7341	8522	8971
Hong Kong	4683	4946	5169	6489	5694
New Zealand	3456	4038	3270	3494	2568
Denmark/Danemark	9445	8534	105	1530	7402
Yugoslavia SFR	5055	6811	1600	x3	
Malaysia/Malaisie	1676	3076	2216	1388	x3102
Egypt/Egypte		x6033	4	145	53
Trinidad and Tobago	8443	1922	883	894	1368
Australia/Australie	520	781	1123	1187	1025
Venezuela	0		14	2813	3043
Poland/Pologne	x3360	x2139	x368	x1	x2177
Switz.Liecht	540	1794	183	193	264
Mexico/Mexique	519	520	606	531	689
Greece/Grèce	25	15	20	1556	x21
Saudi Arabia	x1443	480	x359	x662	x3328
Brazil/Brésil	x37		115	822	333
United Arab Emirates	x433	x195	x154	x493	x751
Samoa				x815	x420
Korea Dem People's Rp	x206	x373	x257	x173	x173
Oman	70	75	331	265	x25
Kuwait/ Koweït	x14323	523	x58	x9	x182
Colombia/Colombie	41	80	231	222	162
Panama	1	x3	8	x462	104
Guadeloupe	4	61	136	175	194
Peru/Pérou	x10		344	8	
Sweden/Suède	99	108	120	111	123
Cayman Is/Is Caïmans	x88	x98	x89	x82	x82
Antigua and Barbuda	x55	x93	x80	x59	x15
Argentina/Argentine	0	12	136	75	118
Qatar	x226	x16	x25	136	x103
Anguilla	x3	x54	x2	x110	
United States Virg Is	x80	x47	x47	x47	
Reunion/Réunion	297	50	9	74	

EXPORTS — EXPORTATIONS

COUNTRIES—PAYS	1988	1989	1990	1991	1992
Totale	1170328	1095701	1138933	1172234	x1406277
Afrique	x5189	x4030	x11712	x11514	x13522
Afrique du Nord	740	636	870	1229	4382
Amériques	x46505	46727	54341	55415	x67278
ALAI	7464	8628	8479	9374	10963
MCAC	8871	12670	16746	20464	x24543
Asie	1070651	1006890	1030735	1071262	x1282950
Moyen–Orient	26446	x845	x474	x434	x1283
Europe	44055	34991	40359	30710	41991
CEE	44050	34977	40353	30698	41948
AELE	5	14	6	12	9
Océanie	3745	3042	1771	x3333	x482
Thailand/Thaïlande	778450	844658	792621	778320	x1006382
Indonesia/Indonésie	126189	77409	141867	105174	110681
China/Chine	124463	66682	82097	172245	143902
Costa Rica	8814	12569	16600	20258	x24399
Netherlands/Pays–Bas	19515	16370	11198	9470	10539
Jamaica/Jamaïque	9997	11195	10751	10579	x12571
Belgium–Luxembourg	10953	9211	12119	9252	12729
Dominican Republic	9725	9572	8875	6444	x8014
Germany/Allemagne	8546	4541	9896	2105	11529
USA/Etats–Unis d'Amer	2200	1971	6482	7090	7923
Italy/Italie	3580	2789	4438	7666	4288
Hong Kong	4419	4591	4112	4472	4162
Colombia/Colombie	3554	4296	4707	2892	1077
Un. Rep. of Tanzania	x1004	x452	x5705	x3651	x2194
Viet Nam	x2979	x5384	x3165	x683	x5274
Philippines	2718	x2589	1635	4571	875
Brazil/Brésil	3178	2844	2260	3132	4751
Samoa	2502	2556	1514	x2016	x302
So. Africa Customs Un	x1905	x1625	x1927	x2516	x3133
Ghana	x427	x906	x1576	x2700	x2622
Mexico/Mexique	625	1119	751	2532	4291
Israel/Israël	1089	1150	1281	1166	940
St Vincent & Grenadines	x6906	x1662	x873	x820	x1082
Malaysia/Malaisie	1283	1407	1341	522	x2802
France, Monac	444	986	1219	1001	882
Egypt/Egypte	734	629	865	1188	4352
Japan/Japon	640	887	974	784	1111
United Kingdom	384	578	894	519	1236
Barbados/Barbade	681	481	1048	282	x1050
Venezuela	51		285	560	759	573
Korea Republic	565	536	230	753	775
Madagascar	x26		945	479	
Singapore/Singapour	1210	419	480	481	592
Dominica/Dominique	291	418	735	x172	x121
Sri Lanka	23	122	159	773	459
Spain/Espagne	458	271	394	374	450
American Samoa		x205			
Myanmar	x13	x40		x790	x3
Cyprus/Chypre	297	277	x219	x617	x257
Fiji/Fidji	671	241	268	241	282
Cameroon/Cameroun	x53	143	209	182	140
Portugal	121	180	x97	343	x43
India/Inde	99	x118	183	174	115
Cote d'Ivoire	x63	x71	74	187	x3453
Honduras	39		x210	x83	x394
Mali		86	103	162	132
Malawi	18	x1	x115	x192	x150
Lebanon/Liban	x77	85	x173	x29	x8
Paraguay		x87	x83	x76	x63
Tonga	x454	10	175	39	x82
			x212		

(VALUE AS % OF TOTAL)(VALEUR EN % DU TOTAL)

	1983	1984	1985	1986	1987	1988	1989	1990	1991	1992
Africa	x0.1	x0.1	x0.2	x0.2	x0.0	x0.1	x0.5	x0.0	x0.0	x0.3
Northern Africa	x0.0	x0.0	x0.0	0.0	x0.0	0.0	x0.5	0.0	x0.0	0.3
Americas	2.7	3.2	x6.6	4.4	x3.0	3.0	3.6	4.0	4.1	3.9
LAIA	0.0	0.0	0.0	x0.0	0.0	0.0	0.1	0.3	0.3	0.3
CACM	x0.0	0.0	x0.0	0.0	0.0	0.0	0.0	0.0	0.0	x0.0
Asia	x4.6	4.4	6.5	4.7	2.6	x5.9	8.9	11.5	6.9	9.2
Middle East	x1.6	x0.5	x0.1	x0.4	x1.5	0.4	1.5	1.5	1.2	x1.7
Europe	92.4	91.9	86.2	90.4	93.9	76.5	72.9	79.3	88.6	86.1
EEC	92.4	91.9	86.2	90.2	93.9	76.1	72.2	79.1	88.6	86.1
EFTA	0.0	0.0	0.0	0.2	0.0	0.0	0.1	0.0	0.0	0.0
Oceania	x0.2	x0.3	x0.4	x0.3	x0.3	x0.3	0.4	0.3	x0.4	x0.2
Netherlands/Pays–Bas	39.8	43.1	41.7	40.4	35.7	28.9	22.8	29.1	32.1	35.4
Germany/Allemagne	28.1	28.8	21.4	16.6	14.3	10.8	11.6	9.9	10.4	10.4
Belgium-Luxembourg	12.5	10.2	10.1	12.8	11.9	9.1	10.5	10.9	10.6	10.4
Spain/Espagne	0.0	0.0	0.0	2.5	7.9	7.0	8.0	10.6	13.0	12.1
France, Monac	3.8	3.8	4.0	6.5	9.5	8.1	6.8	7.0	8.5	7.1
Portugal	0.0	0.3	3.4	6.7	7.0	7.1	6.6	7.5	7.0	5.3
Former USSR/Anc. URSS					x0.0	x12.0	x11.2	x4.6	x0.0	
Italy/Italie	1.6	2.4	2.8	2.7	4.5	3.0	3.6	2.3	3.8	2.5
Korea Republic	2.1	2.6	2.0	2.6	1.0	1.4	3.3	4.1	2.2	3.7
USA/Etats–Unis d'Amer	0.9	1.2	2.9	2.5	2.1	1.8	2.7	3.0	2.8	2.7

	1983	1984	1985	1986	1987	1988	1989	1990	1991	1992
Afrique	0.2	0.3	0.2	x1.0	x0.5	0.5	x0.3	x1.1	x1.0	x0.9
Afrique du Nord	0.2	0.2	0.2	0.2	0.1	0.1	0.1	0.1	0.1	0.3
Amériques	x3.6	x5.3	x8.3	6.7	x3.8	x4.0	4.3	4.8	4.7	x4.8
ALAI	0.4	1.0	1.7	x1.2	x0.9	0.6	0.8	0.7	0.8	0.8
MCAC	x0.1	0.5	0.6	x0.2	x0.2	0.8	1.2	1.5	1.7	1.7
Asie	68.1	83.9	84.0	87.0	88.7	91.4	91.9	90.5	91.4	x91.2
Moyen–Orient	x0.1	x0.1	x0.1	x0.1	x0.0	2.3	x0.1	x0.0	x0.0	x0.1
Europe	27.9	10.1	7.1	4.0	6.0	3.8	3.2	3.5	2.6	3.0
CEE	27.9	10.1	7.1	4.0	6.0	3.8	3.2	3.5	2.6	3.0
AELE	0.0	0.0	0.0	0.0	0.0	0.0	0.0	0.0	0.0	0.0
Océanie	x0.3	x0.4	x0.4	x1.3	x0.9	0.3	0.3	0.2	x0.3	x0.0
Thailand/Thaïlande	64.4	79.1	75.7	79.8	68.4	66.5	77.1	69.6	66.4	x71.6
Indonesia/Indonésie	3.1	4.1	7.2	6.3	8.5	10.8	7.1	12.5	9.0	7.9
China/Chine					9.7	10.6	6.1	7.2	14.7	10.2
Costa Rica	x0.1	0.5	0.6	x0.2	0.8	0.8	1.1	1.5	1.7	x1.7
Netherlands/Pays–Bas	26.1	8.7	4.9	1.7	2.1	1.7	1.5	1.0	0.8	0.7
Jamaica/Jamaïque	0.9	0.7	0.9	1.0	0.9	0.9	1.0	0.9	0.9	0.9
Belgium-Luxembourg	1.3	0.9	1.4	1.8	2.5	0.9	0.8	1.1	0.8	0.9
Dominican Republic	0.8	1.2	1.5	2.3	1.0	0.8	0.9	0.8	0.5	x0.6
Germany/Allemagne	0.3	0.3	0.3	0.3	1.0	0.7	0.4	0.9	0.2	0.8
USA/Etats–Unis d'Amer	0.3	0.4	0.4	0.0	0.1	0.2	0.2	0.6	0.6	0.6

0571 ORANGES, MANDARINS ETC / ORANGES, MAND, CLEMENTINES 0571

TRADE BY COMMODITY IN THOUSAND U.S. DOLLARS – COMMERCE PAR PRODUIT EN MILLIERS DE DOLLARS E.U

IMPORTS – IMPORTATIONS

COUNTRIES–PAYS	1988	1989	1990	1991	1992
Total	2772836	2806893	3189901	3501963	3238208
Africa	x6633	x7629	x13318	x20019	x8292
Northern Africa	x278	x584	x5172	x12685	x2026
Americas	178792	175821	201511	268433	x220877
LAIA	x964	1229	x1562	1257	950
CACM	x1	x427	x547	x147	x121
Asia	458680	470951	x434899	408732	x469982
Middle East	x120694	122581	x77146	x56524	x43470
Europe	1861805	1844778	2380131	2506364	2385494
EEC	1521743	1496679	1956962	2092496	1985382
EFTA	315977	297521	357165	362551	380687
Oceania	x17454	x16656	x15861	x10491	x15313
Germany/Allemagne	410758	433442	597924	691849	614434
France, Monac	479090	463757	570457	592104	580253
United Kingdom	255254	254134	312454	317105	310246
Netherlands/Pays–Bas	214031	199224	274016	283500	283560
Canada	162071	155814	173016	190243	191415
Japan/Japon	128275	134549	139831	133067	156182
Belgium–Luxembourg	101469	96092	128239	135515	129838
Former USSR/Anc. URSS	x102805	x161876	x54335	x138889	139846
Hong Kong	116120	116404	120527	117775	105222
Switz.Liecht	89491	80456	103690	100143	105222
Sweden/Suède	76006	75133	80848	91859	93424
Austria/Autriche	56486	51383	69949	72289	72718
Finland/Finlande	52894	53336	56399	56641	60462
Singapore/Singapour	50317	49679	51716	59405	66088
Yugoslavia SFR	18014	46450	61105	x49147	x42825
Czechoslovakia	x51686	48361	41629	x36863	46088
Norway, SVD, JM	38121	34711	43549	38332	44150
Saudi Arabia	74203	67499	x26547	x20825	x22047
USA/Etats–Unis d'Amer	10967	13418	20687	69730	23003
Malaysia/Malaisie	27133	28946	28440	26801	x40767
Denmark/Danemark	24614	22310	28768	32542	28745
Poland/Pologne	14691	13882	5030	63925	x63277
Ireland/Irlande	20923	20256	23176	23358	24035
Former GDR	x64401	x47489	x14296		
Oman	14334	14745	16654	17555	x9
Kuwait/Koweït	x11924	27898	x13910	x499	x749
Qatar	4547	4159	5274	6170	x924
Algeria/Algérie	x1	x7	3164	10656	0
Australia/Australie	5973	5552	5217	1538	3965
Italy/Italie	4459	2668	4628	4202	3038
Jordan/Jordanie	4313	3463	5531	2323	9897
Philippines	1895	x3812	4245	2203	5804
Reunion/Réunion	2202	3180	2838	2552	2017
Iceland/Islande	2979	2503	2730	3287	2773
Macau/Macao	2020	2513	2817	2703	3002
China/Chine	1421	3005	3178	1679	65
Malta/Malte	4815	3017	3638	x829	x3122
Bangladesh	x2701	x2986	x1221	x1673	x1793
Guadeloupe	1239	1263	2469	2034	2096
Brunei Darussalam	x1632	x1604	x2521	x1013	x1610
Korea Republic	3938	3334	959	665	822
Korea Dem People's Rp	x782	x1042	x1452	x2398	x2288
Tunisia/Tunisie	x266	x6	x2001	x2001	x2001
Barbados/Barbade	1046	1175	1207	1550	x1051
United Arab Emirates	x9470	x3907	x8548	x7554	8053
Bulgaria/Bulgarie	x6881	x9837	x4650	x4372	6000

EXPORTS – EXPORTATIONS

COUNTRIES–PAYS	1988	1989	1990	1991	1992
Totale	2255903	2219453	2689603	2916154	3002198
Afrique	x406963	x371636	x408654	x439257	x364851
Afrique du Nord	261331	224622	239546	264691	217577
Amériques	x306434	x320372	x397156	x349811	x415783
ALAI	x86359	62680	80710	111945	88735
MCAC	x60	3503	x856	x452	x488
Asie	x274225	x268138	x329057	x278929	240167
Moyen–Orient	x71344	x108899	x131207	x116697	x86446
Europe	1241611	1239903	1531674	1790790	1936477
CEE	1238738	1237291	1527850	1783920	1928108
AELE	2540	1610	3813	5917	6418
Océanie	23178	x18722	x22472	x54831	x44646
Spain/Espagne	1015727	979625	1195720	1410863	1589171
USA/Etats–Unis d'Amer	201901	234645	292855	214354	301568
Morocco/Maroc	195805	137587	169269	208631	171059
So. Africa Customs Un	x136987	x133597	x153997	x154861	x129626
Israel/Israël	120985	82932	124485	87726	66406
Netherlands/Pays–Bas	67490	70254	92474	114536	99320
Greece/Grèce	29532	54931	84116	90943	x93834
Italy/Italie	56354	63618	73561	79223	66684
Turkey/Turquie	21472	61933	79002	68581	50626
Egypt/Egypte	49283	72992	55083	44481	32543
France, Monac	28106	31818	33808	40018	35903
Argentina/Argentine	23355	23827	31141	39911	32894
Australia/Australie	21168	18256	22223	53693	44246
China/Chine	38301	34614	31077	22597	28663
Uruguay	24593	14609	22607	30318	28359
Brazil/Brésil	x32455	19282	19668	23930	19566
Japan/Japon	20155	18812	16700	19678	17276
Belgium–Luxembourg	14150	13358	16336	17540	16053
Lebanon/Liban	x16163	x17008	x16212	x13644	x2243
Cuba	x11724	x13512	x13970	x15286	x14459
United Arab Emirates	x15321	x13454	x13767	x14211	x15524
Germany/Allemagne	11140	12178	14512	13294	10746
Mozambique	x4790	x7949	x13630	x18388	x12047
United Kingdom	13174	9541	13928	14496	14745
Tunisia/Tunisie	15459	14034	11047	11341	9116
Hong Kong	6628	9235	10714	14988	24308
Cyprus/Chypre	9138	8426	13920	11463	8860
Singapore/Singapour	10094	9504	9790	9905	11175
Mexico/Mexique	4909	3186	5600	15473	5362
Jordan/Jordanie	6760	4340	5397	8075	8531
Dominican Republic	x1600	x2918	x3664	x4442	x4268
Jamaica/Jamaïque	4224	2445	4443	3143	x5515
Pakistan	2855	2696	2241	3760	3791
Austria/Autriche	51	410	2522	5199	5506
Zimbabwe	x3485	x5036	1269	1823	x4841
Ireland/Irlande	1931	1308	1458	1823	708
Libyan Arab Jamahiriya			4095	x239	x199
Honduras	x24	3402	416	360	276
Syrian Arab Republic	98	745	2800	x478	x350
Venezuela	447	1141	1135	1296	1713
Saudi Arabia	2379	2792	x55	x51	x196
India/Inde	2420	x43	1318	1445	x55
Thailand/Thaïlande	1044	1112	977	684	x424
Former USSR/Anc. URSS	417	x276	x178	x2171	
Portugal	448	279	1516	639	506
Sweden/Suède	2163	1009	931	467	210
Yugoslavia SFR	333	980	11	x936	
Korea Republic	76	96	174	1136	1272
New Zealand	143	348	226	807	375
Denmark/Danemark	685	380	419	544	438

(VALUE AS % OF TOTAL)(VALEUR EN % DU TOTAL)

	1983	1984	1985	1986	1987	1988	1989	1990	1991	1992		1983	1984	1985	1986	1987	1988	1989	1990	1991	1992
Africa	x0.3	x0.2	x0.2	x0.3	x0.3	x0.2	x0.3	x0.4	x0.6	x0.2	Afrique	21.8	20.9	18.1	x14.8	x18.0	x18.1	16.7	x15.2	15.1	x12.1
Northern Africa	x0.0	x0.0	x0.0	x0.0	x0.0	x0.0	x0.0	x0.2	x0.4	x0.1	Afrique du Nord	15.0	11.9	11.6	12.9	11.6	10.1	8.9	9.1	7.2	
Americas	x8.3	8.2	x8.7	x7.3	x6.0	6.4	6.2	6.3	7.6	x6.8	Amériques	25.6	22.6	27.6	22.3	x19.9	x13.6	x14.5	14.8	x12.0	x13.9
LAIA	x1.8	0.0	0.0	0.0	0.0	0.0	0.0	0.0	0.0	0.0	ALAI	1.5	2.2	3.8	3.3	3.1	2.8	3.0	3.8	3.0	
CACM	x0.0	0.0	0.0	0.0	0.0	0.0	0.0	0.0	0.0	0.0	MCAC	x0.0	0.0	0.0	0.0	0.0	0.0	0.2	0.0	0.0	0.0
Asia	x22.1	24.2	x23.1	18.5	14.4	16.5	16.8	x13.7	11.7	x14.5	Asie	x13.4	x11.2	x14.4	x10.5	x11.3	x12.2	x12.1	x12.2	x9.6	8.0
Middle East	x8.5	8.9	x8.0	x4.8	2.8	x4.4	4.4	x2.4	x1.6	x1.3	Moyen–Orient	x4.2	x4.7	5.6	x4.0	x3.0	x3.2	x4.9	4.9	x4.0	x2.9
Europe	68.5	66.6	67.1	73.3	64.2	67.1	65.7	74.6	71.6	73.7	Europe	38.4	44.4	39.1	51.5	49.7	55.0	55.9	56.9	61.4	64.5
EEC	56.7	54.3	54.8	59.6	52.1	54.9	53.3	61.3	59.8	61.3	CEE	38.3	44.3	39.0	51.4	49.6	54.9	55.7	56.8	61.2	64.2
EFTA	11.8	11.3	11.4	12.9	11.5	11.4	10.6	11.2	10.4	11.8	AELE	0.1	0.1	0.1	0.0	0.0	0.1	0.1	0.1	0.2	0.2
Oceania	0.8	x0.8	x0.8	x0.7	0.5	x0.7	0.6	x0.5	x0.3	x0.5	Océanie	0.7	x0.8	x0.8	x0.9	1.0	1.0	x0.8	x0.8	x1.9	x1.5
Germany/Allemagne	15.7	15.1	14.1	16.5	15.0	14.8	15.4	18.7	19.8	19.0	Spain/Espagne	27.7	36.7	26.4	40.2	39.5	45.0	44.1	44.5	48.4	52.9
France, Monac	19.0	17.8	17.9	19.6	16.4	17.3	16.5	17.9	16.9	17.9	USA/Etats–Unis d'Amer	15.1	12.5	14.4	10.8	9.6	8.9	10.9	7.4	10.0	
United Kingdom	9.0	8.7	8.9	9.6	8.2	9.2	9.1	9.7	9.1	9.6	Morocco/Maroc	9.9	7.0	8.8	8.6	7.4	8.7	6.2	6.3	7.2	5.7
Netherlands/Pays–Bas	7.2	7.2	8.1	7.8	6.9	7.7	7.1	8.6	8.1	8.8	So. Africa Customs Un	6.6	8.9	2.9	x3.9	x4.7	x6.1	x5.7	x5.3	x4.3	
Canada	5.6	5.7	6.6	6.1	5.1	5.8	5.6	5.4	5.4	5.9	Israel/Israël	6.8	4.1	6.6	4.8	5.1	5.4	3.7	4.6	3.0	2.2
Japan/Japon	3.6	5.0	5.2	4.9	4.4	4.6	4.8	4.4	3.8	4.8	Netherlands/Pays–Bas	1.7	1.9	2.5	2.0	2.1	3.0	3.4	3.9	3.3	
Belgium–Luxembourg	4.1	3.9	4.2	4.3	3.7	3.7	3.4	4.0	3.9	4.0	Greece/Grèce	3.0	1.5	3.8	3.0	2.6	1.3	2.5	3.1	3.1	x3.1
Former USSR/Anc. URSS					x10.2	x3.7	x5.8	x1.7	x4.0		Italy/Italie	3.0	2.1	3.5	3.4	2.7	2.5	2.9	2.7	2.7	2.2
Hong Kong	5.5	5.3	5.4	5.0	3.8	4.2	4.1	3.8	3.4	4.3	Turkey/Turquie		1.2	1.6	1.2	1.2	1.0	2.8	2.9	2.4	1.7
Switz.Liecht	3.2	3.1	3.1	3.6	3.2	3.2	2.9	3.3	2.9	3.2	Egypt/Egypte	4.7	4.5	5.1	1.5	4.5	2.2	3.3	2.0	1.5	1.1

05711 ORANGES, FRESH OR DRIED — ORANGES FRAICHES, SECHEES 05711

TRADE BY COMMODITY IN THOUSAND U.S. DOLLARS – COMMERCE PAR PRODUIT EN MILLIERS DE DOLLARS E.U

COUNTRIES–PAYS	IMPORTS – IMPORTATIONS					COUNTRIES–PAYS	EXPORTS – EXPORTATIONS				
	1988	1989	1990	1991	1992		1988	1989	1990	1991	1992
Total	1937197	1851384	2054457	2180600	1904373	Totale	1484363	1430316	1728672	1766162	x1747443
Africa	x5557	x6939	x12658	x19407	x7610	Afrique	x295825	x296597	x324858	x343413	x284597
Northern Africa	x277	x580	x5172	x12685	x2020	Afrique du Nord	192166	184932	192920	205230	148879
Americas	112506	x108753	113383	171604	x101460	Amériques	x268718	x287182	x355091	x295160	x351548
LAIA	810	1144	1247	1239	687	ALAI	x71152	47433	61020	83737	59511
CACM	x1	x5	x101	x13	x3	MCAC	x60	x107	x244	x135	x290
Asia	x359351	x368628	x375891	346956	x390686	Asie	x190123	x165387	x206156	x156300	x120794
Middle East	x63333	x59106	x55233	x41193	x31581	Moyen–Orient	x58804	x69590	x78137	x64617	x43644
Europe	1216553	1099581	1421507	1379445	1297445	Europe	710012	664191	823043	920290	950883
EEC	1004000	889033	1156832	1141350	1070801	CEE	709017	663277	820463	915881	946337
EFTA	191320	162908	214703	203753	211568	AELE	996	891	2569	3686	4262
Oceania	x16683	x15763	x14589	x9747	x13994	Océanie	x19235	x16524	x19262	x50683	39489
France, Monac	299744	264072	313121	312534	291259	Spain/Espagne	528863	457552	558172	635414	703247
Germany/Allemagne	249020	224430	307597	318002	293079	USA/Etats–Unis d'Amer	183279	221971	272900	189575	269740
United Kingdom	179219	158254	205858	193368	180494	Morocco/Maroc	127283	99598	122747	149322	102572
Netherlands/Pays–Bas	160939	145006	194791	186076	180602	So. Africa Customs Un	x95159	x98469	x116953	x121117	x120687
Japan/Japon	127894	134047	139405	132406	180602	Israel/Israël	101259	69722	102857	68148	53797
Former USSR/Anc. URSS	x86743	x140181	x47841	x136175	154766	Greece/Grèce	29260	54737	81870	83626	x85254
Canada	102218	98038	100946	111775	90885	Italy/Italie	51911	56531	67637	71479	57705
Hong Kong	99276	101153	106756	98735	113189	Netherlands/Pays–Bas	51462	50962	61693	73304	56853
Belgium–Luxembourg	72760	65604	85348	84582	81819	Egypt/Egypte	49174	71379	55067	44462	32476
Switz.Liecht	52482	44904	61209	55866	60394	Australia/Australie	19189	16392	19193	50196	39246
Sweden/Suède	46453	40447	49346	51169	48406	Turkey/Turquie	21394	32008	29240	22490	12677
Yugoslavia SFR	17863	44969	46041	x32787		Argentina/Argentine	19030	17606	23219	26448	20413
Singapore/Singapour	37883	38072	38790	43112	45616	Brazil/Brésil	x30018	17807	18251	21602	17570
Austria/Autriche	36009	30294	44206	41635	44530	Uruguay	20009	10549	17527	22337	18586
Finland/Finlande	31768	27343	33783	29652	31280	France, Monac	15313	15757	15486	18003	13915
Czechoslovakia	x47226	36432	25486	x23048	x19487	Lebanon/Liban	x11299	x15173	x15556	x13008	x1691
Norway, SVD, JM	22667	18372	24491	23666	25442	Cuba	x10207	x12861	x13886	x15286	x14454
Poland/Pologne	x12635	x11942	x3807	x49788	x46458	Mozambique	x4770	x7856	x13569	x15803	x9497
USA/Etats–Unis d'Amer	5336	4938	5842	53004	5130	Tunisia/Tunisie	15034	13946	10961	11338	9106
Malaysia/Malaisie	21238	21932	21223	19662	x27642	United Arab Emirates	x13198	x10840	x12515	x12521	x13681
Former GDR	x64401	x47287	x13779			Cyprus/Chypre	7888	8195	13819	11283	8223
Ireland/Irlande	16981	15157	17762	17846	17578	United Kingdom	10457	7863	11985	12171	12510
Saudi Arabia	x24977	x20697	x18299	x11435	x12652	Belgium–Luxembourg	10325	9041	11429	10452	8602
Denmark/Danemark	15391	13123	16424	17553	16011	China/Chine	16298	13277	10703	5758	2937
Oman	12334	11869	15133	15466	x9	Germany/Allemagne	8630	9014	9237	8840	6978
Romania/Roumanie	x6195	2063	12733	21994	x9828	Singapore/Singapour	7297	6529	7038	6869	8237
Hungary/Hongrie	x2522	x5316	x8148	18293	x11670	Hong Kong	3056	4935	5240	8668	11442
Kuwait/Koweit	x11173	x20442	x9639	x421	x468	Mexico/Mexique	1630	253	849	11928	1286
Portugal	6446	2079	15199	9975	9547	Jordan/Jordanie	4968	2898	4752	4981	6852
New Zealand	9509	9559	8596	6232	8381	Dominican Republic	x1587	x2904	x3648	x4365	x4252
Bulgaria/Bulgarie	x6792	x8497	x4635	x4141	5716	Zimbabwe	x3482	x5035	1268	658	x4840
Algeria/Algérie	x1	x7	3164	10656	0	Jamaica/Jamaïque	1897	1355	2847	1971	x3105
United Arab Emirates	x4785	x1348	x5718	x5253	x6208	Austria/Autriche	16	216	1736	3172	3688
Australia/Australie	5927	5471	5051	1506	3783	Ireland/Irlande	1889	1268	1387	1766	668
Jordan/Jordanie	4313	3463	5531	2323	9897	Libyan Arab Jamahiriya			4095	x108	x68
Philippines	1748	x3756	3475	1513	3696	Venezuela	392	909	888	1028	1301
Reunion/Réunion	2163	3073	2708	2481	1886	India/Inde	2420	x26	1318	1441	x36
China/Chine	1414	2994	3177	1678	47	Syrian Arab Republic	14	259	2182	x225	x259
Macau/Macao	1846	2338	2736	2647	2903	Portugal	414	255	1434	527	353
Qatar	x4032	x568	x563	5119	x773	Thailand/Thaïlande	716	943	750	477	x398
Bangladesh	x2701	x2979	x1221	x1668	x1782	Sweden/Suède	726	618	607	341	141
Guadeloupe	1228	1220	2317	1876	1995	Yugoslavia SFR			11	x723	
Malta/Malte	x2397	x1788	2932	x515	x2834	Denmark/Danemark	493	297	132	299	253
Iceland/Islande	1942	1548	1668	1766	1516	Chile/Chili	36	216	224	248	x114
Brunei Darussalam	x1361	x1276	x2136	x811	x1247	New Zealand	44	27	57	457	233
Tunisia/Tunisie	x266	x6	x2001	x2001	x2001	Albania/Albanie		x389	x62	x19	x19
Barbados/Barbade	975	1064	1104	1314	x814	Nigeria/Nigéria		x15	x15	x394	x397
Greece/Grèce	3463	1275	675	1287	x78	Dominica/Dominique	143	119	284	x9	x8
Mauritius/Maurice	x317	x283	1265	1613	1814	Malaysia/Malaisie	64	68	87	229	x110
Martinique	728	813	1013	1308	1400	Antigua and Barbuda		x155	x147		x18

(VALUE AS % OF TOTAL) (VALEUR EN % DU TOTAL)

	1983	1984	1985	1986	1987	1988	1989	1990	1991	1992		1983	1984	1985	1986	1987	1988	1989	1990	1991	1992
Africa	x0.3	x0.2	x0.3	x0.4	x0.3	x0.3	x0.4	x0.6	x0.9	x0.4	Afrique	23.7	25.1	19.9	x17.2	x19.8	x19.9	x20.8	x18.8	x19.5	x16.3
Northern Africa	x0.0	x0.0	x0.0	x0.1	x0.0	x0.0	x0.0	x0.3	x0.6	x0.1	Afrique du Nord	14.9	12.9	15.1	11.4	12.6	12.9	12.9	11.2	11.6	8.5
Americas	x9.5	x9.8	x11.4	x9.7	x8.2	5.9	x5.9	5.5	7.9	x5.3	Amériques	x32.0	x29.2	x35.5	x30.5	x27.0	x18.1	x20.0	x20.6	x16.7	x20.1
LAIA	x2.2	x2.2	x0.0	x0.0	0.0	0.0	0.1	0.1	0.1	0.0	ALAI	x2.5	x2.7	x4.5	x3.9	x3.7	x4.8	3.3	3.5	4.7	3.4
CACM	x0.0	x0.0	x0.0	x0.0	x0.0	x0.0	x0.0	x0.0	x0.0	x0.0	MCAC	x0.0	x0.0	x0.0	x0.0	x0.0	x0.0	x0.0	x0.0	x0.0	x0.0
Asia	x23.5	x25.6	x25.7	21.4	17.7	x18.5	x19.9	x18.3	15.9	20.5	Asie	x15.1	x11.1	x13.9	x11.3	x12.0	x12.8	x11.6	x12.0	x8.9	6.9
Middle East	x9.6	x9.1	x7.0	x3.8	x3.1	x3.3	x3.2	x2.7	x1.9	x1.7	Moyen–Orient	x5.6	x4.8	x4.1	x2.8	x3.0	x4.0	x4.9	x4.5	x3.7	x2.5
Europe	54.7	52.8	61.5	67.6	58.4	62.8	59.4	69.2	63.3	68.1	Europe	28.5	33.5	29.8	39.8	39.9	47.8	46.4	47.6	52.1	54.4
EEC	44.1	43.3	50.6	55.5	47.7	51.8	48.0	56.3	52.3	56.2	CEE	28.4	33.4	29.7	39.8	39.9	47.8	46.4	47.5	51.9	54.2
EFTA	x8.8	x8.3	x9.7	x10.9	x9.6	9.9	8.8	10.5	9.3	11.1	AELE	0.1	0.1	x0.1	0.0	0.0	0.1	0.1	0.1	0.2	0.2
Oceania	x0.9	x0.9	x0.7	x0.7	x0.9	x0.9	x0.9	x0.7	x0.5	0.7	Océanie	x0.7	x1.0	x1.0	x1.1	1.1	x1.3	x1.1	x1.1	x2.9	2.3
France, Monac	13.7	13.2	15.5	17.2	13.9	15.5	14.3	15.2	14.3	15.3	Spain/Espagne	17.0	24.5	14.5	26.2	27.8	35.6	32.0	32.3	36.0	40.2
Germany/Allemagne	11.4	11.1	11.7	14.3	12.6	12.9	12.1	15.0	14.6	15.4	USA/Etats–Unis d'Amer	18.1	16.0	18.8	15.0	13.0	12.3	15.5	15.8	10.7	15.4
United Kingdom	7.7	7.4	9.0	9.4	7.9	9.3	8.5	10.0	8.9	9.5	Morocco/Maroc	8.5	6.3	7.0	8.2	6.9	8.6	6.9	7.1	8.5	5.9
Netherlands/Pays–Bas	6.4	6.8	8.6	8.4	7.3	8.5	7.8	9.5	8.5	9.5	So. Africa Customs Un	8.5	12.0	4.0	x5.7	x6.4	x6.9	x6.8	x6.9	x6.9	x6.9
Japan/Japon	4.2	6.2	7.1	6.9	6.3	6.6	7.2	6.8	6.1	8.1	Israel/Israël	8.5	5.6	9.1	7.1	7.5	6.8	4.9	6.0	3.9	3.1
Former USSR/Anc. URSS	11.0	10.7			x9.6	x4.5	x7.6	x2.3	x6.2		Greece/Grèce	8.7	5.6	5.2	4.4	3.2	2.0	3.8	4.7	4.7	x4.9
Canada	6.6	8.7	9.0	8.7	7.3	5.3	5.4	4.9	5.1	4.8	Italy/Italie	3.6	2.6	4.4	4.4	3.7	3.5	4.0	3.9	4.0	3.3
Hong Kong	5.8	5.8	6.6	6.3	4.8	5.1	5.5	5.2	4.5	5.9	Netherlands/Pays–Bas	1.5	2.2	2.8	2.2	2.3	3.5	3.6	3.6	4.2	3.3
Belgium–Luxembourg	3.6	3.4	4.3	4.3	3.7	3.8	3.5	4.2	3.9	4.3	Egypt/Egypte	5.9	6.0	7.1	2.2	4.3	3.3	5.0	3.2	2.5	1.9
Switz.Liecht	x2.6	x2.2	x2.7	x2.8	x2.7	2.7	2.4	3.0	2.6	3.2	Australia/Australie	0.7	1.0	1.0	1.1	1.1	1.3	1.1	1.1	2.8	2.2

0572 LEMONS, GRAPEFRUIT ETC / AUTRES AGRUMES FRAIS, SECS 0572

TRADE BY COMMODITY IN THOUSAND U.S. DOLLARS – COMMERCE PAR PRODUIT EN MILLIERS DE DOLLARS E.U

IMPORTS – IMPORTATIONS

COUNTRIES–PAYS	1988	1989	1990	1991	1992
Total	1181768	1205839	1135813	1360826	1239890
Africa	x1094	x1137	x2453	x2592	x2723
Northern Africa	18	46	x1059	x1035	x1214
Americas	x67594	67979	x70913	x91980	83000
LAIA	301	642	598	x282	1648
CACM	508	537	x124	693	1221
Asia	x376271	429481	x323450	x446309	x413816
Middle East	x44814	32425	x16720	x12550	x17727
Europe	571466	587130	671977	713364	674645
EEC	486268	493419	572604	619697	584176
EFTA	66158	66072	75949	78645	79738
Oceania	3354	x3174	x2897	x3532	x2429
Japan/Japon	309124	366032	281291	401058	360106
France, Monac	172821	173397	198503	213380	197618
Germany/Allemagne	110215	114083	128702	145237	138702
United Kingdom	77727	83895	95854	102631	90080
Netherlands/Pays-Bas	50737	52811	65881	71323	77354
Canada	53990	56536	54800	65952	54598
Belgium-Luxembourg	31904	34472	33791	39011	36539
Former USSR/Anc. URSS	x48838	x45345	x12016	x43510	
Switz.Liecht	26504	26066	30510	31913	32229
Italy/Italie	26634	20197	32039	27953	27041
Czechoslovakia	x42948	29059	21546	x15511	x15112
Yugoslavia SFR	18663	27279	23112	x14806	
Austria/Autriche	17201	16601	21630	22482	23742
Poland/Pologne	21104	18414	7525	30019	x31683
Hong Kong	12332	14411	14652	19004	20816
USA/Etats–Unis d'Amer	11789	9040	14012	23179	24335
Sweden/Suède	13367	14021	13995	14231	14672
Saudi Arabia	13090	14476	x6439	x8223	x12355
Denmark/Danemark	8458	7829	8572	9122	8644
Korea Republic	5657	12247	5794	7147	7414
Kuwait/Koweït	x13845	13253	x6231	x396	x1288
Finland/Finlande	5915	5945	6589	6711	5528
Ireland/Irlande	4975	4731	6129	7772	4272
Hungary/Hongrie	x6621	x3518	x7522	6767	x3549
Romania/Roumanie	x10339	4832	7085	5285	x10027
Former GDR	x17869	9846	x3998		
Bulgaria/Bulgarie	x14271	x5924	x4426	x1955	2796
Singapore/Singapour	3490	3554	3619	5023	5366
Norway,SVD,JM	2743	3030	2818	2891	3167
Australia/Australie	2246	2159	1793	2352	1318
United Arab Emirates	x7097	x1555	x1804	x1298	x1583
Portugal	66	434	1395	2391	1823
Greece/Grèce	2686	1530	1722	830	x2020
Qatar	689	980	1168	1259	x504
New Zealand	942	969	1039	1029	974
Bahrain/Bahreïn	x557	x530	x624	x1067	x970
Tunisia/Tunisie		x2	x1016	x1016	x1016
Guadeloupe	214	433	874	630	586
Reunion/Réunion	339	518	671	418	670
Iceland/Islande	429	408	407	418	400
Malaysia/Malaisie	393	344	380	278	x520
Korea Dem People's Rp	x25	x24	x481	x331	x195
Jordan/Jordanie	x3104	x763	29	20	x821
Macau/Macao	177	204	223	241	257
Brazil/Brésil	144	319	266	62	43
Martinique	90	58	140	447	163
El Salvador	428	494	x33	106	x15
Oman	395	339	216	40	x2
Djibouti	246	136	194	253	x9
Lebanon/Liban	x676	x427	x92	x51	x107

EXPORTS – EXPORTATIONS

COUNTRIES–PAYS	1988	1989	1990	1991	1992
Totale	927918	863865	884570	1075451	984286
Afrique	x48889	x54231	x77649	x74956	x68614
Afrique du Nord	1575	x4307	4167	x4229	x6471
Amériques	x400579	x401872	x346030	x494499	x446404
ALAI	53009	30417	x45497	x68438	79639
MCAC	4523	x13597	3676	2532	x4899
Asie	163990	131825	166269	194298	153654
Moyen-Orient	101835	77233	103835	100672	90815
Europe	311674	274614	293558	308989	313129
CEE	310668	274094	292299	307345	311448
AELE	984	520	1259	1616	1355
Océanie	1100	x1074	1052	2305	x2292
USA/Etats-Unis d'Amer	333615	345214	285741	408761	344189
Spain/Espagne	217779	180877	185357	187274	207534
Israel/Israël	57331	48711	56042	84746	50244
So. Africa Customs Un	x44682	x47288	x68857	x66706	x58758
Turkey/Turquie	68540	43423	63758	62501	61425
Netherlands/Pays-Bas	32486	34993	45066	47425	50438
Cyprus/Chypre	20528	25912	33793	30627	26782
Argentina/Argentine	20879	15629	23695	33987	41668
Italy/Italie	29553	23121	25332	23576	14309
Greece/Grèce	3037	6252	11596	18040	x9454
Mexico/Mexique	8096	7614	11084	16227	23340
Cuba	x7003	x10113	x7906	x11815	x15003
Germany/Allemagne	10333	11775	6590	6053	5279
Uruguay	x4059	x4252	x7223	x12526	8839
Belgium-Luxembourg	7736	8015	7932	6366	6310
France, Monac	4407	3918	3679	10891	10528
United Kingdom	4736	4486	6306	6842	6889
Honduras	3392	x12991	2467	1880	3172
Lebanon/Liban	x4856	x3277	x3117	x2749	x285
Mozambique	1893	x1884	x3704	x3342	x2083
China/Chine	1427	1437	2502	4230	3764
Thailand/Thaïlande	2063	2615	2035	2677	x6140
Egypt/Egypte	1070	1198	2063	2556	5206
Oman	4900	1843	1899	1505	x128
Brazil/Brésil	19251	1303	1490	2346	2383
Jordan/Jordanie	1726	1227	784	2220	1879
Bahamas	x1039	x962	x1314	x1546	x1446
Algeria/Algérie	42	x2695	1	x1124	x1125
Singapore/Singapour	5366	982	557	2035	x1433
Chile/Chili	515	557	777	1576	1979
Australia/Australie	811	781	777	1576	1979
Venezuela	60	553	1129	957	1333
Austria/Autriche	135	56	684	1380	1017
Libyan Arab Jamahiriya	x38		1821	x1	x1
Malaysia/Malaisie	554	571	629	442	x1261
Ireland/Irlande	437	516	289	614	473
Dominica/Dominique	490	480	696	x136	x176
New Zealand	289	288	274	709	308
Iran (Islamic Rp. of)	x217	x193	x200	x864	x177
Singapore/Singapour	447	369	401	458	544
Dominican Republic	x45	x390	x219	x511	x150
Morocco/Maroc	355	294	252	523	108
Saudi Arabia	620	862	x12	x50	x77
Guatemala	888	288	384	233	432
Hong Kong	52	218	195	489	435
Sweden/Suède	456	263	441	119	97
French Guiana	105	62	388	223	158
Somalia/Somalie		x58	x453	x152	x7
Canada	180	287	168	204	x23
Costa Rica	220	218	251	182	x270
Zimbabwe	x150	x354	274	22	x652

(VALUE AS % OF TOTAL)(VALEUR EN % DU TOTAL)

	1983	1984	1985	1986	1987	1988	1989	1990	1991	1992		1983	1984	1985	1986	1987	1988	1989	1990	1991	1992
Africa	0.1	x0.1	x0.1	x0.1	x0.1	x0.1	x0.1	0.2	0.2	0.2	Afrique	x6.0	x7.2	x4.0	x4.9	x5.1	x5.3	x6.3	x8.8	x7.0	x7.0
Northern Africa	x0.0	0.0	0.0	0.0	0.0	0.0	x0.0	x0.1	x0.1	x0.1	Afrique du Nord	x0.4	x0.4	x0.4	x0.4	0.2	0.2	x0.5	0.5	x0.4	0.7
Americas	7.7	9.8	x10.1	x8.4	7.9	x5.8	5.6	6.3	6.7	6.7	Amériques	39.8	38.5	37.5	x42.3	x45.6	x43.2	x46.5	x39.1	x46.0	x45.4
LAIA	0.1	0.1	0.2	0.0	0.0	0.0	0.1	0.1	x0.0	0.1	ALAI	0.2	3.2	6.8	x7.1	6.2	5.7	3.5	x5.1	x6.4	8.1
CACM	x0.0	0.0	x0.0	x0.0	0.0	0.0	0.0	x0.0	0.1	0.1	MCAC	x0.0	0.6	0.5	0.4	x0.6	0.5	x1.6	0.4	0.2	x0.5
Asia	x32.7	37.3	x30.7	x33.8	29.5	x31.9	35.7	x28.5	x32.8	33.3	Asie	x17.5	21.7	20.3	17.8	18.1	17.7	15.2	18.8	18.1	15.6
Middle East	x3.9	7.1	x4.9	x5.9	x2.1	3.8	2.7	x1.5	x0.9	1.4	Moyen-Orient	x6.1	12.9	10.2	8.5	7.6	11.0	8.9	11.7	9.4	9.2
Europe	58.9	52.2	58.7	57.3	52.1	48.4	48.7	59.2	52.4	54.4	Europe	36.4	32.5	37.7	34.2	30.5	33.6	33.5	33.2	28.7	31.8
EEC	51.6	43.0	49.7	49.4	44.9	41.1	40.9	50.4	45.5	47.1	CEE	36.3	32.4	37.6	34.2	30.5	33.6	31.7	33.0	28.6	31.6
EFTA	7.4	6.5	6.7	6.7	6.4	5.6	5.5	6.7	5.8	6.4	AELE	0.1	0.1	0.0	x0.1	0.1	0.1	0.1	0.1	0.2	0.1
Oceania	0.5	x0.5	x0.4	x0.4	x0.2	0.3	x0.3	x0.2	x0.2	x0.2	Océanie	0.2	x0.1	x0.4	x0.8	x0.3	0.1	x0.1	0.1	0.2	x0.2
Japan/Japon	27.4	28.8	24.2	26.3	25.9	26.2	30.4	24.8	29.5	29.0	USA/Etats-Unis d'Amer	39.3	34.4	29.5	29.8	31.6	36.0	40.0	32.3	38.0	35.0
France, Monac	17.4	14.8	17.6	17.5	16.4	14.6	14.4	17.5	15.7	15.9	Spain/Espagne	16.1	18.8	15.6	17.3	18.8	23.5	20.9	21.0	17.4	21.1
Germany/Allemagne	13.5	10.9	12.1	12.1	10.5	9.3	9.5	11.3	10.7	11.2	Israel/Israël	11.0	8.4	9.6	8.8	9.8	6.2	5.6	6.3	7.9	5.1
United Kingdom	7.9	7.1	7.8	7.8	6.7	6.6	7.0	8.4	7.5	7.3	So. Africa Customs Un	5.4	6.5	2.7	x4.3	x4.7	x4.8	x5.5	x7.8	x6.2	x6.0
Netherlands/Pays-Bas	6.2	4.8	5.4	5.3	4.2	4.4	4.4	5.8	5.2	6.2	Turkey/Turquie		7.4	4.9	3.9	4.0	7.4	5.0	7.2	5.8	6.2
Canada	6.9	8.0	7.7	7.2	6.8	4.7	4.8	4.8	4.4	4.4	Netherlands/Pays-Bas	6.3	4.0	4.6	4.1	3.4	3.5	4.1	5.1	4.4	5.1
Belgium-Luxembourg	2.9	2.4	3.2	3.0	2.7	2.7	2.9	3.0	2.9	2.9	Cyprus/Chypre	3.2	3.1	2.6	2.3	2.6	2.2	3.0	3.8	2.9	2.7
Former USSR/Anc. URSS					x4.6	x4.1	x3.8	x1.1	x3.2		Argentina/Argentine		1.8	3.4	2.1	2.3	1.8	2.7	3.2	4.2
Switz.Liecht	3.0	2.8	2.6	2.7	2.6	2.2	2.2	2.7	2.3	2.6	Italy/Italie	8.0	4.4	11.0	6.4	2.8	3.2	2.7	2.9	2.2	1.5
Italy/Italie	2.6	2.0	2.5	2.5	2.6	2.3	1.7	2.8	2.1	2.2	Greece/Grèce	2.6	2.7	3.4	3.5	1.5	0.3	0.7	1.3	1.7	x1.0

281

0573 BANANA,PLANTAIN,FRSH,DRY / BANANES FRAICHES,SECHEES 0573

TRADE BY COMMODITY IN THOUSAND U.S. DOLLARS – COMMERCE PAR PRODUIT EN MILLIERS DE DOLLARS E.U

IMPORTS – IMPORTATIONS

COUNTRIES–PAYS	1988	1989	1990	1991	1992
Total	3712179	3611601	4395782	5096672	5234036
Africa	x402	7474	2811	x3831	x5737
Northern Africa	x309	4805	1246	x3783	x5452
Americas	1203639	1265116	1365386	1493439	x1598117
LAIA	34030	37758	40671	57822	x74048
CACM	2148	2098	x3806	6174	x6342
Asia	x530419	541909	x522275	x774434	x753522
Middle East	x61538	62455	x68947	x79108	x117324
Europe	1901861	1694640	2422854	2637901	2752882
EEC	1593201	1403681	1963824	2259672	2403509
EFTA	280297	265687	371163	354144	337571
Oceania	x22153	x24960	x27798	x32546	x31810
USA/Etats–Unis d'Amer	1041527	1093550	1165927	1236011	1342057
Germany/Allemagne	455225	419620	725662	845111	783017
Japan/Japon	434795	443742	414360	462350	523395
France,Monac	340039	297269	390771	412399	399893
United Kingdom	313714	304329	370437	384271	416047
Italy/Italie	309364	199935	255131	369936	529311
Canada	121393	128472	151796	179352	168559
Sweden/Suède	81592	77687	109260	108227	98275
Austria/Autriche	62803	59917	99378	86550	78993
Korea Republic	8279	15487	17266	203512	80811
Netherlands/Pays–Bas	69109	58682	73438	76905	108898
Switz.Liecht	57802	54327	68835	67411	65870
Finland/Finlande	41031	41862	55814	52312	52463
Belgium–Luxembourg	46448	37585	51318	58060	79205
Yugoslavia SFR	26047	23321	84425	x23305	
Saudi Arabia	40599	31392	x38073	x42930	x54937
Norway,SVD,JM	34121	29450	35009	36548	38895
Poland/Pologne	5018	2927	4011	82803	x35565
New Zealand	22124	24949	27351	32352	31514
Portugal	12389	20071	22629	35274	25613
Greece/Grèce	9131	23623	29050	23579	x4151
Denmark/Danemark	23076	19928	24521	29972	x28794
Ireland/Irlande	14571	22581	20697	23860	28118
Hungary/Hongrie	x3424	x5152	x13354	47855	x40182
Argentina/Argentine	14387	16706	18292	30690	37823
Czechoslovakia	x4240	27709	21970	x4028	x7896
Former USSR/Anc. URSS	x16291	x29864	x7825	x15951	
Chile/Chili	14247	15467	16146	18979	x28212
Hong Kong	10666	11656	11914	16676	16838
Turkey/Turquie	1854	3505	12766	16557	27726
United Arab Emirates	x9980	x5772	x4628	x9107	x12172
Uruguay	5279	5005	5910	7812	7043
Singapore/Singapour	3706	4284	5207	8582	8151
Kuwait/Koweït	x3215	13080	x2370	x662	x780
Former GDR	x22728	x9793	x4004		
Qatar	3573	3779	3970	3321	x6
China/Chine	7757	3502	3757	3200	5301
Bermuda/Bermudes			x15	x10158	x4425
Libyan Arab Jamahiriya	5	4569	1237	x3605	x1991
Iceland/Islande	2948	2442	2868	3097	2974
Romania/Roumanie	x2	x50	2323	3538	x754
Nicaragua	144	198	799	4673	4843
Iran (Islamic Rp. of)	x12	0	x1930	x3180	x19626
Oman	1504	1760	2339	501	0
El Salvador	1506	1444	2016	931	x1261
Malta/Malte	1424	1154	2390		x23
Lebanon/Liban	x42	x1092	x1215	x1102	x35
Senegal/Sénégal	x1	2174	1138		
Bahrain/Bahreïn	x659	x658	x702	x1187	x1296
Bulgaria/Bulgarie	x1016	x1380	x534	x343	7570

EXPORTS – EXPORTATIONS

COUNTRIES–PAYS	1988	1989	1990	1991	1992
Totale	1965645	x2393989	x2850740	x3383091	x3904586
Afrique	x78256	x62508	x175655	x153890	x317009
Afrique du Nord	x11	167	x142	375	x26
Amériques	1681113	x1906949	x2383687	x2892886	x3241619
ALAI	580698	672683	853412	1237521	1209450
MCAC	600732	x761499	x921783	x1039806	x1216118
Asie	158426	x362597	x162908	x194250	x178065
Moyen–Orient	x4497	x4924	x4559	x1669	x1123
Europe	46530	61426	127395	140829	167099
CEE	45504	58597	113451	120737	146639
AELE	1019	2672	12962	20084	19448
Océanie	1217	x510	x889	x786	x309
Costa Rica	290018	x526466	x644133	x742533	x803841
Ecuador/Equateur	300108	373108	471078	719630	675917
Colombia/Colombie	252399	260374	317976	404873	407237
Philippines	146274	x352237	149350	173056	157776
Honduras	207369	182811	179454	193350	292828
USA/Etats–Unis d'Amer	79358	99336	157000	198252	189603
Martinique	94206	88939	111494	84040	108323
Panama	85320	82486	89826	86486	212778
Cote d'Ivoire	21082	21543	x77895	x102427	x227958
Saint Lucia/St. Lucie	68849	x55275	74038	60070	x68737
Guatemala	88822	35552	70697	76478	105117
Mexico/Mexique	13242	15901	40227	80827	83885
St Vincent & Grenadines	x43813	x40580	x46522	x34351	x34290
Guadeloupe	53606	35456	35659	49165	52547
Cameroon/Cameroun	x22966	2509	x60383	36966	x80686
Germany/Allemagne	19999	20317	39314	38845	39000
Jamaica/Jamaïque	15987	19345	35552	39979	61197
Dominica/Dominique	38885	25590	31531	x27027	x24689
Somalia/Somalie	x31932	x35562	x34485	x3713	x3467
Netherlands/Pays–Bas	11219	10777	32332	30489	25232
Nicaragua	14268	16516	27410	27318	14098
France,Monac	2333	5176	18303	24021	30928
Ireland/Irlande	5607	18359	13203	12485	14005
Brazil/Brésil	11954	12385	8897	18592	16877
Venezuela	2907	10620	15034	13023	23958
Suriname/Suriname	11316	10196	10308	x17309	x20046
Austria/Autriche	838		2165	12582	15638
Belize/Bélize		9036	9868	7336	10264
Belgium–Luxembourg	4252	2857	6965	12314	30620
Grenada/Grenade	x7762	4486	4254	4014	x5658
Malaysia/Malaisie	2765	2795	4476	4830	x8397
Cape Verde/Cap–Vert	1175	1726	1894	x3097	x1600
Dominican Republic	380	830	2203	3245	x23846
Viet Nam	x26	x15	x9	x4991	x824
Equatorial Guinea	x24		x8	x4981	x1508
Spain/Espagne	1216	815	2184	1302	1027
China/Chine	705	836	995	2347	571
United Arab Emirates	x1615	x1612	x1931	x408	x441
Bermuda/Bermudes	x66			x3867	x3360
Singapore/Singapour	42	6	760	2126	951
Oman	212	279	2129	264	x1
Saudi Arabia	2552	2571			
Thailand/Thaïlande	402	936	732	667	x5788
Israel/Israël	1584	360	476	1089	521
United Kingdom	349	156	597	984	3313
Japan/Japon	x200	x45	x1080	x575	x651
Hong Kong	98	140	78	1471	647
Kenya	289	x211	148	x1144	x213
Malta/Malte	0	129	975		x658
Sweden/Suède	101	440	168	328	104

(VALUE AS % OF TOTAL)(VALEUR EN % DU TOTAL)

Imports

	1983	1984	1985	1986	1987	1988	1989	1990	1991	1992
Africa	x0.3	0.3		x0.1	x0.1	x0.0	0.2	0.1	x0.1	x0.1
Northern Africa	0.3	0.2	0.0	x0.0	x0.0	x0.0	0.1	0.0	x0.1	x0.1
Americas	x40.6	41.8	44.1	37.7	x35.1	32.4	35.0	31.1	29.3	x30.6
LAIA	x0.9	1.4	1.1	1.1	x1.1	0.9	1.0	0.9	1.1	x1.4
CACM	x0.3	x0.0	x0.1	x0.1	0.1	0.1	x0.1	x0.1	0.1	x0.1
Asia	x14.3	14.8	x14.0	x15.2	12.9	x14.3	15.0	x11.9	x15.2	14.4
Middle East	x3.4	3.0	x1.9	x1.7	x1.2	x1.7	1.7	x1.6	x1.6	x2.2
Europe	43.4	41.8	41.2	46.5	49.6	51.2	46.9	55.1	51.8	52.6
EEC	36.9	34.9	34.8	39.4	41.6	42.9	38.9	44.7	44.3	45.9
EFTA	6.5	6.2	5.9	7.1	7.9	7.6	7.4	8.4	6.9	6.4
Oceania	0.6	x0.7	x0.7	0.5	x0.6	x0.6	0.7	x0.6	x0.6	x0.6
USA/Etats–Unis d'Amer	35.0	36.3	38.2	32.7	30.5	28.1	30.3	26.5	24.3	25.6
Germany/Allemagne	9.8	10.2	10.0	11.6	12.7	12.3	11.6	16.5	16.6	15.0
Japan/Japon	10.3	11.0	11.4	12.8	10.7	11.7	12.3	9.4	9.1	10.0
France,Monac	9.4	8.6	7.8	9.7	9.6	9.2	8.2	8.9	8.1	7.6
United Kingdom	7.5	6.9	7.2	8.1	8.1	8.5	8.4	8.4	7.5	7.9
Italy/Italie	6.1	5.2	5.8	5.8	6.1	8.3	5.5	5.8	7.3	10.1
Canada	4.4	4.0	3.8	3.7	3.2	3.3	3.6	3.5	3.5	3.2
Sweden/Suède	1.7	1.6	1.6	1.9	2.2	2.2	2.2	2.5	2.1	1.9
Austria/Autriche	1.6	1.5	1.4	1.6	1.7	1.7	1.7	2.3	1.7	1.5
Korea Republic	0.0	0.2	0.0	0.1	0.2	0.2	0.4	0.4	4.0	1.5

Exports

	1983	1984	1985	1986	1987	1988	1989	1990	1991	1992
Afrique	x4.6	x3.0	x3.2	x2.3	x2.3	x4.0	x2.6	x6.2	x4.5	x8.1
Afrique du Nord	0.0	0.0	0.0	0.0	0.0	x0.0	0.0	x0.0	0.0	x0.0
Amériques	x82.3	85.7	x89.0	x88.5	x88.1	85.5	x79.6	x83.6	x85.5	x83.1
ALAI	27.9	25.0	x42.3	x35.8	20.1	29.5	28.1	29.9	36.6	31.0
MCAC	x29.9	38.1	30.4	x34.9	36.6	30.6	x31.8	32.3	x30.7	x31.1
Asie	11.3	9.6	6.8	6.8	6.5	8.1	15.1	5.8	x5.7	4.5
Moyen–Orient	x0.5	x0.3	x0.3	x0.2	x0.1	x0.2	x0.2	x0.2	0.1	0.1
Europe	1.7	1.7	1.0	2.3	2.9	2.4	2.6	4.5	4.2	4.3
CEE	1.7	1.7	1.0	2.3	2.9	2.3	2.4	4.0	3.6	3.8
AELE	0.0	0.0	0.0	0.0	0.0	0.1	0.1	0.5	0.6	0.5
Océanie	x0.1	x0.1	x0.1	x0.1	x0.1		x0.0	0.0	x0.0	x0.0
Costa Rica	x27.0	17.4	11.7	x18.8	x17.0	14.8	x22.0	x22.6	x21.9	x20.6
Ecuador/Equateur	13.7	9.4	x31.0	x24.3	10.6	15.3	15.6	16.5	21.3	17.3
Colombia/Colombie	13.9	13.6	8.4	9.5	8.3	12.8	10.9	11.2	12.0	10.4
Philippines	10.0	8.5	6.2	6.2	x6.6	7.4	x14.7	5.2	5.1	4.0
Honduras		16.2	14.4	12.4	13.1	10.5	7.6	6.3	5.7	7.5
USA/Etats–Unis d'Amer	6.8	4.9	4.0	3.3	4.0	4.0	4.1	5.5	5.9	4.9
Martinique	6.4	4.0	3.7	4.9	3.7	4.8	3.8	3.9	2.5	2.8
Panama		5.2	2.5	x15.5	4.3	3.4	3.2	2.6	5.4	
Cote d'Ivoire	1.4	1.1	1.7	1.4	1.1	1.1	0.9	x2.7	x3.0	x5.8
Saint Lucia/St. Lucie	1.8	1.6	1.6	2.7	x2.7	3.5	x2.3	2.6	1.8	x1.8

0574 APPLES FRESH / POMMES FRAICHES 0574

TRADE BY COMMODITY IN THOUSAND U.S. DOLLARS – COMMERCE PAR PRODUIT EN MILLIERS DE DOLLARS E.U

COUNTRIES–PAYS	1988	1989	1990	1991	1992	COUNTRIES–PAYS	1988	1989	1990	1991	1992
Total	1858448	1717500	2260043	2628166	2672285	Totale	1616652	1485309	2092991	2504769	x2635899
Africa	x25684	28200	x26583	x19751	x23969	Afrique	x148172	x131567	x207470	x208607	x249218
Northern Africa	13933	16583	13276	x7495	x10155	Afrique du Nord	x3	116	255	14	x172
Americas	215158	217520	227459	252646	288079	Amériques	359153	330434	446519	571383	x864404
LAIA	57321	69925	85490	101353	100547	ALAI	181474	165483	186595	250484	x484679
CACM	3138	3199	3962	3716	x5246	MCAC	1051	x324	266	x421	x444
Asia	x236885	x232107	x243618	x257881	x285542	Asie	x120562	108848	115724	x112076	x129292
Middle East	x112579	100409	x89990	x84577	x60760	Moyen–Orient	x35003	x40372	x47719	x53772	x46129
Europe	1277477	1159407	1714995	2025358	2062014	Europe	812272	755736	1116905	1317357	1142792
EEC	1122631	1022683	1518616	1799151	1844434	CEE	809296	747987	1113977	1307027	1126533
EFTA	150750	133434	191067	221089	210780	AELE	1087	2429	2310	7003	12046
Oceania	7404	6649	x5993	x6079	x7301	Océanie	x116353	x108718	x143431	x192105	x201724
Germany/Allemagne	369984	304549	438633	655678	621176	France, Monac	372460	370588	502719	595164	421747
United Kingdom	302709	275784	389142	388714	399941	USA/Etats–Unis d'Amer	148340	138825	228909	280328	339186
Netherlands/Pays–Bas	139753	115880	169568	197308	211624	Italy/Italie	167957	131819	204131	302564	331415
Belgium–Luxembourg	113020	103779	155285	120446	115316	Netherlands/Pays–Bas	132994	109845	203837	233399	238332
Spain/Espagne	19708	34373	114030	142882	194237	So. Africa Customs Un	x145359	x128556	x207065	x208121	x247311
France, Monac	64272	67575	101086	116856	131483	New Zealand	101480	94764	126887	175120	174382
Sweden/Suède	52072	49284	74114	88063	72477	Chile/Chili	124071	108421	107474	153770	x356338
Canada	66638	62061	68439	73977	71600	Belgium–Luxembourg	93078	89759	137741	77521	68109
USA/Etats–Unis d'Amer	75835	70182	53266	58383	96398	Argentina/Argentine	56466	54714	74778	93700	106470
Brazil/Brésil	39080	51609	58137	64439	31732	Germany/Allemagne	18003	20404	36985	48608	28510
Hong Kong	45821	45474	50321	68079	76900	Canada	28267	25630	30356	39910	40026
Saudi Arabia	62243	52055	x52361	x55911	x41705	Hungary/Hongrie	x21946	x18378	x21849	x55101	x31073
Italy/Italie	36766	46872	47829	61707	57746	Turkey/Turquie	16301	23047	33031	35685	15759
Former USSR/Anc. URSS	x91005	x61965	x28673	x60453		China/Chine	39408	27104	25590	9793	20365
Finland/Finlande	35906	38507	51011	50033	47442	Korea Republic	16856	20893	21287	20085	25206
Singapore/Singapour	32057	32128	36441	40329	48534	Bulgaria/Bulgarie	x18565	x20024	x30621	x2362	x898
Ireland/Irlande	28762	27817	34906	36561	36542	Australia/Australie	14807	13367	16422	16899	27239
Norway, SVD, JM	32408	28619	33955	35080	37289	United Kingdom	9802	10221	11298	19409	17777
Denmark/Danemark	29262	25721	33887	37613	33280	Poland/Pologne	14118	3752	4880	21336	x7265
Portugal	18353	20295	33540	36870	32764	Spain/Espagne	9016	9339	7783	12268	6065
Thailand/Thaïlande	6577	16035	26823	21914	36124	United Arab Emirates	x9394	x8483	x8941	x9295	x10151
Austria/Autriche	20079	13278	20579	27810	26903	Singapore/Singapour	7671	8038	8224	9278	11095
Malaysia/Malaisie	20267	15219	17723	18776	x28270	Czechoslovakia	x2989	x5906	x4313	x14236	x5674
Colombia/Colombie	15709	16632	15809	10086	12915	Hong Kong	9432	6435	6860	9297	14636
Philippines	10760	x15607	14107	8529	9039	Japan/Japon	2410	5541	4376	5147	7518
Libyan Arab Jamahiriya	10055	14774	12923	x4859	x2794	Portugal	2023	1648	1580	10351	10411
Oman	8762	9279	10820	11510		Lebanon/Liban	x3904	x4456	x3839	x3425	x10760
United Arab Emirates	x18629	x10427	x11639	x9480	x11976	Greece/Grèce	909	1648	4735	5257	x1701
Kuwait/Koweït	x13107	19948	x7912	x692	24219	Romania/Roumanie	x2405	x995	x132	9297	x3529
Switz.Liecht	7307	1162	9021	16906		Yugoslavia SFR	1889	5238	539	x3326	
Czechoslovakia	x2238	11590	11552	x412	x1847	Austria/Autriche	213	1485	322	4937	11312
Venezuela	x14	145	7577	13700	9901	Iran (Islamic Rp. of)	x800	x705	x1001	x4307	x7503
Mexico/Mexique	1098	279	2992	9509	41667	Denmark/Danemark	1559	1403	2380	1675	1665
Reunion/Réunion	4944	4410	3821	3477	3787	Brazil/Brésil	224	1124	2522	1679	21051
Panama	3052	3009	4574	3984	4194	India/Inde	2223	x18	1014	3495	x59
Qatar	1822	3293	3950	4254	x46	Uruguay	673	1182	1236	1048	52
Malta/Malte	3036	2513	3173	x3557	x2442	Syrian Arab Republic	2605	1205	777	x979	x1478
Jordan/Jordanie	5400	4224	2773	2197	2108	Ireland/Irlande	1495	1314	787	811	801
Guadeloupe	2025	2305	3759	2748	2619	Sweden/Suède	740	771	855	861	319
Iceland/Islande	2978	2585	2387	3196	2450	Saudi Arabia	1953	2128		x1	x365
Bangladesh	x2561	x2842	x1028	x4250	x4640	Former GDR		x764	x1097		
Martinique	1272	1923	2465	2358	2508	Switz.Liecht	43	137	401	943	181
Indonesia/Indonésie	16	267	1490	4932	13231	Zambia/Zambie	x1921	x1386	x16		x3
Macau/Macao	981	1067	1431	2796	2975	Zimbabwe	x112	x1340	7	27	x1108
Greece/Grèce	43	38	710	4513	x10325	Malaysia/Malaisie	585	307	304	494	x2
Senegal/Sénégal	x1379	1762	2176	x1172	x1304	Former USSR/Anc. URSS	x86	x69		x885	
New Caledonia	1619	1809	1469	1727	1851	Guatemala	1042	264	253	352	356
Costa Rica	1209	1395	1919	1598	x2445	Finland/Finlande	3	19	653	75	207
Poland/Pologne				4767	x1953	American Samoa		x525	x12		
Mauritius/Maurice	x254	x183	1840	2580	2628	Afghanistan	x6854	x38	x307	x177	x1269

(VALUE AS % OF TOTAL)(VALEUR EN % DU TOTAL)

	1983	1984	1985	1986	1987	1988	1989	1990	1991	1992		1983	1984	1985	1986	1987	1988	1989	1990	1991	1992
Africa	1.8	x0.6	x0.6	0.7	x0.6	1.4	1.6	x1.2	x0.7	0.9	Afrique	x6.3	x8.6	5.1	x8.8	x8.6	x9.2	8.9	x9.9	x8.3	x9.5
Northern Africa	1.1	0.2	0.1	0.0	0.0	0.7	1.0	0.6	x0.3	0.4	Afrique du Nord	0.0	0.0	0.0	0.0	0.0	0.0	0.0	0.0	0.0	0.0
Americas	9.6	12.8	15.3	16.3	13.1	11.6	12.7	10.1	9.6	10.8	Amériques	26.2	28.0	27.2	29.7	x25.9	22.2	22.3	21.3	22.8	x32.8
LAIA	1.6	3.0	2.8	4.7	3.5	3.1	4.1	3.8	3.9	3.8	ALAI	7.7	13.2	14.0	x9.1	x17.5	11.2	11.1	8.9	10.0	x18.4
CACM	x0.1	0.0	0.0	0.0	0.2	0.2	0.2	0.2	0.1	0.2	MCAC	0.0	0.0	0.0	0.0	0.0	0.0	0.0	0.0	0.0	0.0
Asia	x18.9	16.5	19.7	x11.7	x11.0	12.7	x13.5	10.8	x9.8	10.7	Asie	x6.8	x5.8	x7.4	4.8	5.5	7.5	7.4	5.5	x4.5	x4.9
Middle East	x12.8	x9.9	x13.2	x6.7	4.5	x6.1	5.8	x4.0	x3.2	x2.3	Moyen–Orient	x4.8	x4.1	x5.6	x3.3	x2.0	x2.2	x2.7	x2.3	x2.1	x1.8
Europe	54.2	56.2	64.1	70.9	69.2	68.7	67.5	75.9	77.1	77.2	Europe	54.9	51.5	52.7	50.9	49.8	50.9	50.9	53.4	52.6	43.4
EEC	46.8	47.7	55.9	61.7	60.5	60.4	59.5	67.2	68.5	69.0	CEE	54.4	50.7	52.7	50.3	49.5	50.1	50.4	53.2	52.2	42.7
EFTA	7.4	8.4	8.1	9.0	8.6	8.1	7.8	8.5	8.4	7.9	AELE	0.5	0.2	0.1	0.2	0.1	0.1	0.2	0.1	0.3	0.5
Oceania	0.4	0.7	x0.3	x0.4	x0.3	0.4	0.4	x0.2	x0.2	x0.2	Océanie	x5.8	x6.0	x6.9	x5.7	x5.8	x7.2	x7.3	x6.8	x7.7	x7.6
Germany/Allemagne	15.4	17.7	18.2	20.3	22.0	19.9	17.7	19.4	24.9	23.2	France, Monac	24.1	21.1	24.4	23.7	24.0	23.0	25.0	24.0	23.8	16.0
United Kingdom	14.3	12.9	16.0	17.1	16.3	16.3	16.1	17.2	14.8	15.0	USA/Etats–Unis d'Amer	14.5	12.2	10.8	8.2	6.6	9.3	9.3	10.9	11.2	12.9
Netherlands/Pays–Bas	5.5	5.3	7.0	7.7	7.1	7.5	7.5	7.5	7.5	7.9	Italy/Italie	14.7	13.5	11.9	11.6	10.2	10.4	8.9	9.8	12.1	12.6
Belgium–Luxembourg	4.2	4.4	5.7	5.9	6.2	6.1	6.0	6.9	4.6	4.3	Netherlands/Pays–Bas	7.6	7.4	7.6	7.5	7.4	8.2	7.4	9.7	9.3	9.0
Spain/Espagne	0.2	0.0	0.1	0.3	1.1	1.1	2.0	5.0	5.4	7.3	So. Africa Customs Un	6.3	8.6	5.1	x8.8	8.3	x9.0	8.7	x9.9	x8.3	x9.4
France, Monac	3.5	3.9	3.7	4.3	3.1	3.5	3.9	4.5	4.4	4.9	New Zealand	4.1	5.2	5.7	4.8	6.6	6.4	6.1	7.0	6.6	6.6
Sweden/Suède	2.4	2.3	2.8	2.6	3.0	2.8	2.8	3.3	3.4	2.7	Chile/Chili		7.6	7.9	14.0	x13.4	7.7	7.3	5.1	6.1	x13.5
Canada	3.2	3.8	4.3	4.5	4.2	3.6	3.6	3.0	2.8	2.7	Belgium–Luxembourg	3.6	4.2	5.2	4.5	5.3	5.8	6.0	6.6	3.1	2.6
USA/Etats–Unis d'Amer	4.2	5.1	6.6	6.3	4.6	4.1	4.1	2.4	2.2	3.6	Argentina/Argentine	7.6	5.6	6.1	5.0	4.1	3.5	3.7	3.7	3.7	4.0
Brazil/Brésil		2.2	2.2	3.7	2.7	2.1	3.0	2.6	2.5	1.2	Germany/Allemagne	2.1	1.3	1.4	1.2	1.1	1.1	1.4	1.8	1.9	1.1

0575 GRAPES FRESH OR DRIED — RAISINS FRAIS OU SECS 0575

TRADE BY COMMODITY IN THOUSAND U.S. DOLLARS – COMMERCE PAR PRODUIT EN MILLIERS DE DOLLARS E.U

COUNTRIES–PAYS	IMPORTS – IMPORTATIONS					COUNTRIES–PAYS	EXPORTS – EXPORTATIONS				
	1988	1989	1990	1991	1992		1988	1989	1990	1991	1992
Total	2073392	2008902	2523078	2602293	2612789	Totale	x1884740	1748394	2328736	2303144	x2673290
Africa	x5139	x4495	x5708	x5718	x8040	Afrique	x105119	x93754	x132124	x130300	x164135
Northern Africa	x641	453	x882	x1322	x3247	Afrique du Nord	179	88	288	629	894
Americas	577143	563137	689392	655986	x637281	Amériques	617704	612609	869236	868214	x1110893
LAIA	21434	32711	36788	38365	45887	ALAI	311971	310761	409701	385306	x649957
CACM	2143	2499	3523	3891	x6556	MCAC	x86	x19	x64	x16	x96
Asia	x219233	x215990	x221933	228892	x253261	Asie	x279276	x222679	x271915	x277317	x291563
Middle East	x63314	x49478	x36273	x34628	x25592	Moyen-Orient	x187535	x172958	x207396	x219972	x188548
Europe	1215083	1136378	1551540	1652233	1668172	Europe	667553	688429	923884	928593	x1000657
EEC	1040215	969080	1343242	1449867	1465077	CEE	663128	684702	921230	924805	x997171
EFTA	169401	161973	194929	197387	197261	AELE	735	808	1630	2347	2408
Oceania	27483	29800	x29098	x31383	x30827	Océanie	x99500	x78110	x70284	x82481	x93415
Germany/Allemagne	291837	287768	467086	523162	530824	Italy/Italie	369574	340444	474068	471645	486469
USA/Etats–Unis d'Amer	335493	316073	406697	358714	365034	USA/Etats–Unis d'Amer	302236	301350	458052	481575	459627
United Kingdom	305257	301527	362621	366233	383762	Chile/Chili	285956	281529	378550	331152	x593623
Canada	205763	200459	230734	242411	207754	Greece/Grèce	109779	173993	200128	193745	x233924
France, Monac	176955	146258	189807	214412	193240	Turkey/Turquie	145680	129000	158768	151152	135951
Netherlands/Pays–Bas	126955	107725	160510	166869	168003	So. Africa Customs Un	x102010	x91794	x131278	x128921	x162338
Belgium–Luxembourg	54720	51509	67925	72779	78103	Spain/Espagne	63091	51754	92665	106543	122175
Japan/Japon	59490	60778	66081	59909	62922	Australia/Australie	98712	77273	69551	81875	92516
Switz.Liecht	47633	44507	56608	54500	49550	Netherlands/Pays–Bas	64872	50941	82469	89781	86666
Hong Kong	35930	45959	51854	57058	67168	Bulgaria/Bulgarie	x95666	x40422	x54203	x8287	x7875
Austria/Autriche	38174	37932	50200	50694	56196	France, Monac	26572	33820	36423	20614	19715
Sweden/Suède	37860	35979	40822	42969	42404	Iran (Islamic Rp. of)	x14025	x14802	x17463	x38864	x31692
Italy/Italie	36511	30664	39859	42868	44968	Afghanistan	x70992	x24303	x32412	x13819	x60075
Singapore/Singapour	21071	23362	27675	35886	37369	Mexico/Mexique	16339	15889	14644	34562	37521
Norway, SVD, JM	25258	23703	26977	27532	30126	Belgium–Luxembourg	10756	11668	13006	18414	25150
Brazil/Brésil	15222	26620	24153	25070	14913	Israel/Israël	5007	9273	14169	16208	14327
Denmark/Danemark	20428	18324	22199	24459	23522	Cyprus/Chypre	10537	13835	13940	10375	7847
New Zealand	20295	21670	21257	20505	20198	Argentina/Argentine	6084	9790	13123	12401	10105
Finland/Finlande	18381	17076	18200	19163	16420	Germany/Allemagne	10813	9219	11685	13985	10157
Ireland/Irlande	15066	14389	15845	16008	15611	United Kingdom	4673	10325	8923	8554	11459
Saudi Arabia	24102	21863	x12530	x11544	x12261	United Arab Emirates	x8318	x7602	x8258	x9056	x10139
Former USSR/Anc. URSS	x7758	x28492	x5064	x6979		Hong Kong	2878	7300	4813	8365	13913
Czechoslovakia	x7773	16833	14321	x2057	x3421	Singapore/Singapour	5355	4916	5208	7957	7912
Spain/Espagne	5966	6182	9793	13506	13608	Lebanon/Liban	x5437	x5029	x5141	x4207	x1013
Oman	7774	8331	9244	10156	x69	India/Inde	4396	x733	4712	7569	x1525
Malaysia/Malaisie	7311	7424	8021	9400	x19531	Brazil/Brésil	3367	1821	2243	6063	7663
Poland/Pologne	4317	6608	2042	15641	x10134	Romania/Roumanie	x17163	9687	185	21	x110
Philippines	3211	x12911	4632	5013	8233	Hungary/Hongrie	x132	x151	x4227	x3850	x3768
United Arab Emirates	x15873	x6440	x7604	x8050	x10511	Former Yemen	x1623	x160	x1464	x5161	
Portugal	6392	4727	7298	8701	12911	Former USSR/Anc. URSS	x1987	x2026	x1268	x3194	
Australia/Australie	4163	6589	5526	8284	8219	Yugoslavia SFR	3662	2899	954	x1422	
Korea Republic	6531	6481	7674	5995	5607	Pakistan	1789	944	1572	1136	1910
Yugoslavia SFR	3803	4113	11194	x3121		China/Chine	883	1516	712	1379	2888
India/Inde	7126	x1422	6124	6297	x5861	Syrian Arab Republic	935	847	1768	x573	x445
Panama	3526	3823	4285	4255	4390	Portugal	1464	1403	985	669	596
Kuwait/Koweït	5630	7667	x2990	x480	x890	Austria/Autriche	73	139	731	1793	1644
Venezuela	1201	787	3111	4744	5748	Canada	3312	340	1159	588	865
Former GDR	x7954	x6072	x2351			New Zealand	665	834	587	534	639
Mexico/Mexique	595	805	3517	2584	14900	Peru/Pérou	101	641	479	417	204
Peru/Pérou	1536	1402	2686	2787	x2566	Albania/Albanie	x536	x332	x782	x397	x384
Colombia/Colombie	1723	2157	2516	1872	3569	Mozambique	x661	x659	x359	x486	x206
China/Chine	3347	2073	3300	1095	1701	Ireland/Irlande	1046	614	410	445	261
Iceland/Islande	2095	1777	2122	2529	2565	Denmark/Danemark	486	521	468	409	600
Indonesia/Indonésie	689	620	1057	4360	8196	Sweden/Suède	440	447	523	420	412
Iraq	x7001	x3116	x919	x1048	x2	Malaysia/Malaisie	242	248	439	544	x108
Qatar	1281	1301	1606	1734	x345	Jordan/Jordanie	209	320	354	488	893
Pakistan	4731	816	2578	1035	1917	Saudi Arabia	554	921	x189	x43	x565
Bangladesh	x2175	x1000	1404	x1839	x562	Uruguay	61	1017	11	15	27
Macau/Macao	496	773	1236	2046	2376	Colombia/Colombie	1	2	374	633	637
Malta/Malte	1154	827	1712	x1434	x1529	Zambia/Zambie	x1877	x922	x15		x50

(VALUE AS % OF TOTAL)(VALEUR EN % DU TOTAL)

	1983	1984	1985	1986	1987	1988	1989	1990	1991	1992		1983	1984	1985	1986	1987	1988	1989	1990	1991	1992
Africa	0.8	x0.7	0.5	0.3	0.2	x0.2	x0.2	x0.2	x0.2	x0.3	Afrique	x6.9	5.1	x3.4	4.0	x4.7	x5.6	x5.4	x5.6	x5.7	x6.2
Northern Africa	0.6	0.5	0.4	x0.1	0.0	x0.0	0.0	0.0	x0.1	0.1	Afrique du Nord	0.0	0.0	0.0	0.0	0.0	0.0	0.0	0.0	0.0	0.0
Americas	26.4	30.3	30.2	26.5	x26.0	27.8	28.0	27.4	25.2	x24.4	Amériques	19.2	35.1	33.2	x34.0	x34.2	32.8	35.1	37.3	37.7	x41.5
LAIA	0.5	1.0	1.0	1.3	1.0	1.0	1.6	1.5	1.5	1.8	ALAI	0.5	17.9	19.1	x19.9	x20.7	16.6	17.8	17.6	16.7	x24.3
CACM	x0.0	x0.0	x0.0	x0.1	0.1	0.1	0.1	0.1	0.1	x0.3	MCAC	x0.0	x0.0	x0.0	x0.0	x0.0	x0.0	x0.0	x0.0	x0.0	x0.0
Asia	x12.4	12.7	x13.0	x10.6	9.2	x10.5	x10.8	8.8	8.8	x9.7	Asie	x19.4	x12.7	x18.8	x17.8	x13.8	x14.9	x12.7	x11.7	x12.0	x10.9
Middle East	x4.3	x4.9	x5.2	x2.8	x1.8	x3.1	x2.5	x1.4	x1.3	x1.0	Moyen-Orient	x2.8	x9.0	x8.9	x9.1	x8.5	x10.0	x9.9	x8.9	x9.6	x7.1
Europe	59.3	55.1	55.2	61.3	60.8	58.6	56.6	61.6	63.5	63.8	Europe	48.4	42.6	39.7	39.9	37.1	35.4	39.4	39.7	40.3	37.4
EEC	50.6	46.7	47.4	52.7	51.7	50.2	48.2	53.2	55.7	56.1	CEE	48.3	42.3	39.5	39.6	36.8	35.2	39.2	39.6	40.2	x37.3
EFTA	8.7	8.2	7.6	8.4	9.0	8.2	8.1	7.7	7.6	7.5	AELE	0.1	0.1	0.1	0.1	0.1	0.0	0.1	0.1	0.1	0.1
Oceania	1.1	1.4	x1.1	x1.3	x1.5	1.3	1.5	x1.2	x1.2	x1.2	Océanie	x6.2	4.5	4.8	x4.4	x4.3	x5.3	4.5	3.0	x3.6	x3.5
Germany/Allemagne	16.5	14.8	15.7	17.2	16.3	14.1	14.3	18.5	20.1	20.3	Italy/Italie	24.5	16.6	18.9	19.1	18.6	19.6	19.5	20.4	20.5	18.2
USA/Etats–Unis d'Amer	11.9	13.5	16.8	13.9	14.6	16.2	15.7	16.1	13.8	14.0	USA/Etats–Unis d'Amer	18.6	17.1	14.1	13.9	13.4	16.0	17.2	19.7	20.9	17.2
United Kingdom	14.5	14.4	13.8	14.9	14.8	14.7	15.0	14.4	14.1	14.7	Chile/Chili		16.9	17.7	x17.4	x17.8	15.2	16.1	16.3	14.4	x22.2
Canada	13.4	14.9	11.6	10.7	9.9	9.9	10.0	9.1	9.3	8.0	Greece/Grèce	15.2	16.9	12.7	11.3	9.3	5.8	10.0	8.6	8.4	x8.8
France, Monac	8.2	6.9	7.2	8.4	7.9	8.5	7.3	7.5	8.2	7.4	Turkey/Turquie		6.6	6.4	6.9	6.1	7.7	7.4	6.8	6.6	5.1
Netherlands/Pays–Bas	5.2	5.0	4.7	5.7	5.9	6.1	5.4	6.4	6.4	6.4	So. Africa Customs Un	6.9	5.1	3.4	x4.0	x4.6	x5.4	x5.6	x5.6	x5.6	x6.1
Belgium–Luxembourg	2.6	2.3	2.3	2.8	2.8	2.6	2.6	2.7	2.8	3.0	Spain/Espagne	3.2	4.1	3.3	4.2	3.7	3.3	3.0	4.0	4.6	4.6
Japan/Japon	2.7	2.2	2.2	2.4	2.7	2.9	3.0	2.6	2.3	2.4	Australia/Australie	6.2	4.4	4.7	4.3	4.3	5.2	4.4	3.0	3.6	3.5
Switz.Liecht	2.5	2.3	2.1	2.3	2.5	2.3	2.3	2.2	2.1	1.9	Netherlands/Pays–Bas	2.3	1.7	1.8	2.0	2.4	3.4	2.9	3.5	3.9	3.2
Hong Kong	1.5	1.8	2.0	1.7	1.4	1.7	2.3	2.1	2.2	2.6	Bulgaria/Bulgarie			x5.0	x5.1	x2.3	x2.3	x0.4	x0.3		

05751 GRAPES FRESH / RAISINS FRAIS 05751

TRADE BY COMMODITY IN THOUSAND U.S. DOLLARS – COMMERCE PAR PRODUIT EN MILLIERS DE DOLLARS E.U

IMPORTS – IMPORTATIONS

COUNTRIES–PAYS	1988	1989	1990	1991	1992
Total	1463625	1396730	1858848	1922822	1945115
Africa	x2225	x2419	x2917	x2811	x3576
Northern Africa	x33	30	25	x99	x397
Americas	x508240	x484262	x611134	x572045	x564469
LAIA	x5742	13235	17465	17444	25610
CACM	x2431	x2438	x3445	x7090	x6362
Asia	x129905	x134187	x137663	148762	x166416
Middle East	x49755	x38492	x28698	x28503	x22313
Europe	812027	753613	1084084	1181406	1188889
EEC	675984	626200	916802	1019567	1024247
EFTA	134820	126512	158551	158953	160433
Oceania	2522	9865	x10201	x8711	x9024
USA/Etats–Unis d'Amer	327406	305513	397237	347448	358888
Germany/Allemagne	220119	215042	372067	423423	441609
United Kingdom	158231	158650	185368	193560	197422
Canada	164719	156523	185744	192263	165749
France, Monac	148474	120263	159279	185767	162109
Netherlands/Pays–Bas	71637	62218	102324	109378	104140
Belgium–Luxembourg	41099	39312	54353	56963	62276
Hong Kong	32976	43010	47845	51992	58643
Switz.Liecht	42297	39981	50288	47223	43324
Austria/Autriche	32101	31438	42679	43747	48552
Sweden/Suède	27471	25255	29757	31346	32576
Singapore/Singapour	16428	17978	21762	29660	28808
Norway,SVD,JM	18898	17796	20833	21556	23524
Japan/Japon	16082	15223	23171	18642	20932
Italy/Italie	14823	10883	16476	17794	18876
Brazil/Brésil	4475	12654	15236	12717	4787
Finland/Finlande	12492	10823	13534	13219	10634
Denmark/Danemark	10631	9685	12622	14647	13752
Saudi Arabia	20148	16825	x9064	x9680	x10223
Oman	7724	8281	9184	10052	x60
Czechoslovakia	x5531	11095	10724	x1764	x3201
New Zealand		8478	8135	6608	7060
United Arab Emirates	x14350	x6140	x6943	x7606	x10069
Philippines	2507	x11059	3836	4235	7474
Malaysia/Malaisie	5350	5438	5913	7468	x12748
Ireland/Irlande	5682	5055	6155	6550	6693
Portugal	3270	2725	4372	6173	10243
Spain/Espagne	1902	2359	3548	4855	6606
Kuwait/Koweït	x5324	6277	x2777	x327	x729
Yugoslavia SFR			7131	x1611	
Panama	2787	2416	2989	x2599	3122
Poland/Pologne	x12	x144	x830	x6742	x8760
Iceland/Islande	1561	1220	1461	1860	1823
Guatemala	x1275	x922	x947	x2433	x1489
Indonesia/Indonésie	6	37	427	3644	7684
Pakistan	4665	674	2409	641	1346
El Salvador	x356	x522	x1129	x2016	x1609
Venezuela	x14	1	1226	2334	3497
Guadeloupe	1053	922	1068	1209	1142
Costa Rica	x421	x582	x914	x1675	x1859
Reunion/Réunion	653	1038	1350	716	1197
Macau/Macao	390	619	921	1516	2034
Martinique	499	866	983	1086	1155
New Caledonia	885	992	967	962	853
Malta/Malte	864		1258	x979	x1280
Thailand/Thaïlande		489	899	1283	2565
Mauritius/Maurice	x398	x421	797	1152	1389
Mexico/Mexique	790	678	210	694	1155
Former GDR	x3075	x917	x902		14067
Bangladesh	x635	x662	x445	x472	x496

EXPORTS – EXPORTATIONS

COUNTRIES–PAYS	1988	1989	1990	1991	1992
Totale	x1324799	1182363	1667687	1645603	x1960231
Afrique	x79737	x73955	x107408	x104592	x130815
Afrique du Nord	156	68	197	328	x1434
Amériques	478472	434177	655651	641864	x896363
ALAI	328104	283058	374118	344057	x618289
MCAC	x59	x8	x62	x51	x104
Asie	x64619	x53966	x64029	x67059	x61677
Moyen–Orient	x29990	x32611	x34497	x30284	x26418
Europe	566144	550306	763785	801405	833361
CEE	562067	546971	761829	798307	831002
AELE	424	446	1009	1736	1486
Océanie	x30330	17691	x17036	x17293	x26827
Italy/Italie	369468	340183	473909	471440	485480
Chile/Chili	274816	263605	352770	301026	x572254
USA/Etats–Unis d'Amer	147270	150802	280235	296632	277097
So. Africa Customs Un	x77289	x72819	x107130	x104031	x128958
Spain/Espagne	61838	51087	91603	104989	120578
Greece/Grèce	37821	66191	69809	97531	x100429
Netherlands/Pays–Bas	50840	41671	71993	78616	75863
Bulgaria/Bulgarie	x95439	x40422	x54203	x7309	x6970
France, Monac	24826	32119	34967	19329	18083
Mexico/Mexique	x46211	10155	10432	29589	33390
Australia/Australie	30328	16894	16418	16742	26370
Israel/Israël	5006	9273	14169	16206	14327
Cyprus/Chypre	8160	10517	11513	9652	7652
Belgium–Luxembourg	6410	6338	8723	13284	18622
United Arab Emirates	x8254	x7506	x7564	x8083	x8809
Turkey/Turquie	6128	7711	8083	6976	7442
Germany/Allemagne	8185	6450	6509	9000	6010
Argentina/Argentine	3486	5656	7607	6289	3982
Lebanon/Liban	x5435	x4877	x4974	x4083	x983
Hong Kong	1126	5893	2747	5273	7831
India/Inde	4392	x418	4710	7558	x1426
Singapore/Singapour	3684	3084	3150	4860	4864
Brazil/Brésil	3360	170	1796	2242	6063	7662
Romania/Roumanie	x9947	9687	185	x113	x110
United Kingdom	2177	2423	3671	3286	5316
Afghanistan	x19988	x2142	x4059	x2274	x6360
Hungary/Hongrie	x101	x119	x4063	x3783	x3699
Yugoslavia SFR	3652	2889	945	x1361	
Former USSR/Anc. URSS	x11	x1682	x542	x1780	
Syrian Arab Republic	818	842	1742	x534	x344
Austria/Autriche	46	16	531	1522	1128
New Zealand		797	581	517	430
Canada	3011		183	997	419	536
Albania/Albanie		x332	x782	x397	x384
Peru/Pérou	101		641	479	x369	x202
Uruguay	x87	x1131	x25	x31	26
Portugal	2		202	360	592	501
Jordan/Jordanie	208	319	350	425	821
Colombia/Colombie	1	2		374	626	633
Zambia/Zambie	x1877	x922	x15		x50
China/Chine	352	177	232	359	326
Sweden/Suède	324	353	282	109	118
Saudi Arabia	425	535	x111	x12	x324
Former Yemen	x503	x15	x140	x493	
Saint Lucia/St. Lucie	1		2	x573	x82
Ireland/Irlande	341	231	138	172	31
Egypt/Egypte	34	12	74	312	828
Thailand/Thaïlande			226	103	61	x56
Denmark/Danemark	159		76	147	69	89
Malaysia/Malaisie	61		33	145	110	x36

(VALUE AS % OF TOTAL)(VALEUR EN % DU TOTAL)

	1983	1984	1985	1986	1987	1988	1989	1990	1991	1992		1983	1984	1985	1986	1987	1988	1989	1990	1991	1992
Africa	x0.2	x0.2	x0.1	x0.2	x0.2	x0.2	x0.2	x0.2	x0.1	x0.2	Afrique	x8.7	5.3	3.3	x4.4	x4.9	x6.0	x6.3	x6.4	x6.3	x6.7
Northern Africa	x0.0	x0.1	x0.0	x0.0	x0.0	x0.0	x0.0	x0.0	x0.0	x0.0	Afrique du Nord	0.0	0.0	0.0	0.0	0.0	0.0	0.0	0.0	0.0	x0.1
Americas	x32.4	36.9	x38.2	x33.7	x33.3	x34.7	x34.7	x32.9	x29.8	x29.0	Amériques	16.7	41.5	40.0	40.5	x38.1	36.1	36.8	39.4	39.1	x45.8
LAIA	0.1	0.2	x0.2	x0.3	x0.3	x0.4	0.9	0.9	0.9	1.3	ALAI	0.6	27.1	29.2	x29.4	x28.5	24.8	23.9	22.4	20.9	x31.5
CACM	x0.0	x0.0	x0.0	x0.1	x0.3	x0.2	x0.2	x0.2	x0.4	x0.3	MCAC	x0.0	0.0	0.0	x0.0	x0.0	0.0	0.0	x0.0	x0.0	x0.0
Asia	x10.3	11.9	x11.3	x8.1	x6.9	x8.9	x9.6	x7.4	7.8	x8.6	Asie	x10.8	x5.9	x8.1	x6.6	x4.7	x4.9	x4.6	x3.9	x4.1	x3.1
Middle East	x5.1	x5.8	x5.1	x2.6	x2.1	x3.4	x2.8	x1.5	x1.5	x1.1	Moyen–Orient	x3.3	x2.9	x2.1	x2.5	x1.9	x2.3	x2.8	x2.1	x1.8	x1.3
Europe	55.9	49.7	50.1	57.4	57.5	55.5	54.0	58.3	61.4	61.1	Europe	62.9	46.5	47.7	47.3	42.2	42.7	46.5	45.8	48.7	42.5
EEC	46.4	40.7	41.7	47.3	46.8	46.2	44.8	49.3	53.0	52.7	CEE	62.9	46.3	47.3	47.2	42.0	42.4	46.3	45.7	48.5	42.4
EFTA	9.5	8.9	8.4	9.6	10.7	9.2	9.1	8.5	8.3	8.2	AELE	0.1	0.0	0.0	0.1	0.0	0.0	0.1	0.1	0.1	0.1
Oceania	0.2	x0.2	x0.2	x0.6	x0.7	0.2	x0.7	x0.5	x0.4	x0.5	Océanie	0.8	0.8	0.9	x1.2	x1.5	x2.3	1.5	x1.0	x1.0	x1.4
USA/Etats–Unis d'Amer	17.2	19.5	23.9	20.2	21.1	22.4	21.9	21.4	18.1	18.5	Italy/Italie	41.7	25.8	30.1	30.0	27.0	27.9	28.8	28.4	28.6	24.8
Germany/Allemagne	18.6	16.1	17.0	19.1	18.0	15.0	15.4	20.0	22.0	22.7	Chile/Chili		25.9	27.6	x26.4	x25.3	20.7	22.3	21.2	18.3	x29.2
United Kingdom	9.5	9.6	9.0	10.1	10.1	10.8	11.4	10.0	10.1	10.1	USA/Etats–Unis d'Amer	15.8	14.3	10.7	10.9	9.4	11.1	12.8	16.8	16.0	14.1
Canada	14.7	16.4	13.3	12.5	11.2	11.3	11.2	10.0	10.0	8.5	So. Africa Customs Un	8.7	5.3	x4.4	x4.4	x4.8	x5.8	x6.2	x6.4	x6.3	x6.6
France, Monac	10.0	7.6	8.2	9.6	9.3	10.1	8.6	8.6	9.7	8.3	Spain/Espagne	5.2	6.3	5.2	6.5	5.3	4.7	4.3	5.5	6.4	6.2
Netherlands/Pays–Bas	3.7	3.1	3.3	3.9	4.2	4.9	4.5	5.5	5.7	5.4	Greece/Grèce	9.3	8.9	6.6	5.0	4.3	2.9	5.6	4.2	5.9	x5.1
Belgium–Luxembourg	3.0	2.6	2.4	3.0	3.1	2.8	2.9	3.0	3.2	3.2	Netherlands/Pays–Bas	2.4	1.5	1.9	2.1	2.5	3.8	3.5	4.3	4.8	3.9
Hong Kong	1.9	2.3	2.6	2.2	2.4	2.3	3.1	2.6	2.7	3.0	Bulgaria/Bulgarie					x7.3	x7.2	x3.4	x3.3	x0.4	x0.4
Switz.Liecht	3.1	2.9	2.6	2.9	3.2	2.9	2.9	2.7	2.5	2.2	France, Monac	2.2	2.0	2.2	2.0	1.7	1.9	2.7	2.1	1.2	0.9
Austria/Autriche	2.2	1.9	2.0	2.2	2.7	2.2	2.3	2.3	2.3	2.5	Mexico/Mexique			0.9	1.5	x2.6	x3.0	x3.5	0.9	0.6	1.8	1.7

0577 NUTS EDIBLE, FRESH, DRIED

TRADE BY COMMODITY IN THOUSAND U.S. DOLLARS – COMMERCE PAR PRODUIT EN MILLIERS DE DOLLARS E.U

FRUITS A COQUES 0577

COUNTRIES-PAYS	IMPORTS - IMPORTATIONS					COUNTRIES-PAYS	EXPORTS - EXPORTATIONS				
	1988	1989	1990	1991	1992		1988	1989	1990	1991	1992
Total	3108944	2841297	3230250	3537681	3498832	Totale	2617313	x2675461	3171850	x3183295	x3413537
Africa	x21040	25416	29887	x23940	x30185	Afrique	x103952	x83806	x85374	x92252	x122563
Northern Africa	7743	8930	12652	x15204	x22039	Afrique du Nord	x7758	7707	8379	6568	6639
Americas	454043	476189	571262	613647	671232	Amériques	x676253	772913	920547	837580	967517
LAIA	22892	46689	45726	75179	75069	ALAI	52193	169686	197180	197757	265194
CACM	283	315	238	332	x903	MCAC	1202	12492	15813	15857	23944
Asia	x649722	x609214	657493	788857	x731638	Asie	x1302551	x1234962	x1554500	x1646956	x1695154
Middle East	x97747	x85875	x66473	x77116	x93553	Moyen-Orient	x604151	x538008	x762323	x733715	x759906
Europe	1565402	1467816	1719027	1790954	1975089	Europe	500901	550643	560833	552335	596365
EEC	1334305	1258151	1476251	1566618	1734458	CEE	495200	547300	556879	547845	590062
EFTA	216877	194701	215621	209732	229758	AELE	3877	2826	2894	3636	5777
Oceania	46238	x56913	x56892	x58517	x61954	Océanie	x11606	x18196	x24140	x18982	x23196
Germany/Allemagne	557614	523812	629113	659879	719519	USA/Etats-Unis d'Amer	609224	577919	689136	607428	664943
USA/Etats-Unis d'Amer	325801	312384	410193	408392	465660	Turkey/Turquie	388967	298625	482307	387668	369204
Japan/Japon	251085	235788	234880	261123	264372	Iran (Islamic Rp. of)	x198437	x223952	x258986	x335918	x382933
France, Monac	178917	172332	185029	208955	234993	India/Inde	197939	x212971	253977	289622	x268574
Former USSR/Anc. URSS	x256369	x142949	x163431	x230683		Italy/Italie	179164	190712	166924	167860	144730
United Kingdom	158728	152783	159946	155224	169644	Spain/Espagne	101099	135360	142237	122419	148179
Italy/Italie	132496	115256	150017	171862	161014	Brazil/Brésil	25932	129185	133937	128650	169255
Hong Kong	102560	109893	105417	141763	124853	China/Chine	134291	133040	129777	119128	136005
Canada	99744	111923	110617	125369	125392	Germany/Allemagne	93757	80585	89052	113210	130243
Netherlands/Pays-Bas	96562	105908	121355	109079	131415	Korea Republic	81388	74863	89593	95105	96517
Spain/Espagne	92820	78964	95434	115436	140555	Hong Kong	68462	80618	67588	96967	89540
India/Inde	57395	x48357	102761	129580	x57646	Philippines	82312	x66891	65060	70799	x92395
Switz. Liecht	97865	84114	95495	92425	98374	Sri Lanka	28792	38056	47654	68084	66197
Belgium-Luxembourg	66008	62604	67856	72476	88357	Australia/Australie	42728	46819	53826	50523	53944
Austria/Autriche	54230	48985	58991	55359	69252	Singapore/Singapour	29201	30832	40883	49622	34263
Singapore/Singapour	45517	45673	52376	58068	45661	Netherlands/Pays-Bas	27289	29650	37041	30841	33227
Australia/Australie	39073	46872	49291	51590	52397	Viet Nam	x6382	x7899	x30456	x38151	x34113
Israel/Israël	40245	35873	40826	40518	45184	Mozambique	16279	16717	26961	27856	28687
Sweden/Suède	38516	36411	34260	35869	36182	Indonesia/Indonésie	17169	8781	17541	44269	47100
Denmark/Danemark	25382	24423	28228	32454	36064	Cote d'Ivoire	x23113	x20005	x18857	x26248	x57149
Mexico/Mexique	5346	18802	19783	26374	29030	Chile/Chili	10182	18169	18161	23824	x20698
United Arab Emirates	x43720	x24096	x17421	x22112	x28079	Mexico/Mexique	7600	6658	24233	28312	59514
Norway, SVD, JM	20041	18555	20428	20039	19550	Australia/Australie	10993	17246	23281	18268	21608
Brazil/Brésil	7333	18910	14924	22940	18154	Malaysia/Malaisie	22659	17756	19243	17653	x25730
Yugoslavia SFR	12093	13026	24123	x12717		United Kingdom	14503	12104	14736	18779	24448
Pakistan	5747	10491	16030	22683	25088	Un. Rep. of Tanzania	x17408	x14073	x15682	x15225	x15316
Greece/Grèce	10558	7272	20978	20530	x25458	Romania/Roumanie	26478	x13635	x14476	x15992	x15269
Saudi Arabia	14139	17384	x14545	x16380	x16919	Greece/Grèce	7018	21685	15708	5461	x9758
Czechoslovakia	x45528	16704	17070	x14051	x15710	Former USSR/Anc. URSS	x2607	x1856	x10789	x25837	
Korea Republic	6995	11320	13254	20811	26375	Honduras	14	11088	13633	13533	20769
Portugal	11065	10519	13644	16281	23255	Bolivia/Bolivie	5504	10310	15558	11499	11162
Former GDR	x53285	x31381	x6092			Belgium-Luxembourg	12188	13032	9507	9508	14489
China/Chine	31749	9942	8306	17947	26047	Afghanistan	x19512	x12570	x11838	x7012	x16982
Lebanon/Liban	x5227	x9850	x8379	x12748	x20794	Dominican Republic	x9890	x9147	x11996	x10202	x9832
Poland/Pologne	8417	7883	5849	11740	x8589	Thailand/Thaïlande	6468	7926	13334	9059	x17038
Argentina/Argentine	4659	4188	5745	15465	15498	Nigeria/Nigéria	x6095	x3925	x14607	x7175	x6980
New Zealand	6626	9631	7152	6279	8549	Kenya	10990	x8882	3193	x8881	x7587
So. Africa Customs Un	10152	8726	8439	x5679		United Arab Emirates	x11040	x7304	x6667	x5899	x4059
Jordan/Jordanie	13116	7001	6522	5087	x5408	Bulgaria/Bulgarie	x11996	x7196	x10411	x1610	x1944
Finland/Finlande	5693	6177	6009	5529	7660	Syrian Arab Republic	465	3578	11270	x161	x128
Egypt/Egypte	4460	4300	6393	6576	5766	Hungary/Hongrie	x3978	x4614	x4903	x5226	x4595
Malaysia/Malaisie	4080	5307	5025	6296	11275	Morocco/Maroc	5055	4324	5038	4255	3365
Kuwait/Koweït	x6624	11510	x3074	x1723	x8116	Canada	3073	2005	5652	5136	2695
Ireland/Irlande	4154	4277	4652	4443	x2875	Peru/Pérou	2601	4865	4239	3975	3091
Cyprus/Chypre	3363	4011	4151	4929	4183	Malawi	x1740	x4557	x3571	x1332	x583
Bangladesh	x1285	x912	6115	x5905	6848	Pakistan	1208	1587	3804	2330	2395
Venezuela	3514	2524	2292	6048	x4078	Guinea-Bissau	x2743	x1711	x1651	x4076	x3542
Senegal/Sénégal	x101	4384	5452	x76	6041	Korea Dem People's Rp	x1427	x2217	x456	x4012	x6126
Syrian Arab Republic	1904	1777	3331	x3416	x110	Tunisia/Tunisie	567	1771	1728	2122	2639
Hungary/Hongrie	x3163	x1440	x2667	3689	x4174	Madagascar	x2904	982	1591		x1601

(VALUE AS % OF TOTAL)(VALEUR EN % DU TOTAL)

	1983	1984	1985	1986	1987	1988	1989	1990	1991	1992		1983	1984	1985	1986	1987	1988	1989	1990	1991	1992
Africa	x2.7	x2.5	1.8	x1.3	x0.9	x0.7	0.9	1.0	x0.7	x0.9	Afrique	x5.3	2.8	3.2	x4.7	4.8	x3.9	3.1	x2.7	2.9	x3.6
Northern Africa	1.6	1.4	1.3	0.5	0.2	0.2	0.3	0.4	x0.4	0.6	Afrique du Nord	0.7	0.4	0.2	1.0	0.4	x0.3	0.3	0.3	0.2	0.2
Americas	21.1	24.1	26.5	x22.3	x16.8	14.6	16.7	17.7	17.4	19.2	Amériques	x22.3	26.5	32.1	x24.4	x22.7	x25.8	28.9	29.0	26.3	28.4
LAIA	0.4	1.2	2.0	x1.8	x0.9	0.7	1.6	1.4	2.1	2.1	ALAI	0.5	6.4	8.6	x3.1	x2.6	2.0	6.3	6.2	6.2	7.8
CACM	x0.0	x0.0	0.0	x0.0	0.0	0.0	0.0	0.0	0.0	x0.0	MCAC	x0.1	0.1	0.1	x0.2	x0.2	0.0	0.5	0.5	0.5	0.7
Asia	x19.3	18.6	x18.6	x22.4	17.2	x20.9	x21.5	20.3	22.3	20.9	Asie	36.9	49.8	44.2	48.7	x49.5	x49.7	46.1	x49.0	x51.7	x49.6
Middle East	x4.7	x4.2	x4.6	x4.3	x2.0	x3.1	x3.0	2.1	x2.2	x2.7	Moyen-Orient	x3.2	x23.6	x19.2	x23.9	x22.1	x23.1	20.1	x24.0	x23.0	x22.3
Europe	48.2	45.4	50.5	51.9	50.3	50.4	51.7	53.2	50.6	56.4	Europe	35.3	20.6	20.0	21.7	21.7	19.1	20.6	17.7	17.4	17.5
EEC	40.2	37.6	42.4	42.8	42.7	42.9	44.3	45.7	44.3	49.6	CEE	35.1	20.5	19.9	21.5	21.5	18.9	20.5	17.6	17.2	17.3
EFTA	8.1	7.4	7.5	8.6	7.1	7.0	6.9	6.7	5.9	6.6	AELE	0.2	0.1	0.1	0.1	0.1	0.1	0.1	0.1	0.1	0.2
Oceania	x2.5	x3.3	x2.5	x2.0	x1.6	1.5	x2.0	x1.7	x1.6	x1.7	Océanie	x0.2	x0.3	0.4	x0.5	0.5	x0.4	x0.6	x0.7	x0.6	x0.6
Germany/Allemagne	18.4	16.7	18.9	19.7	18.8	17.9	18.4	19.5	18.7	20.6	USA/Etats-Unis d'Amer	21.4	19.5	22.9	20.6	19.5	23.3	21.6	21.7	19.1	19.5
USA/Etats-Unis d'Amer	15.4	17.4	19.7	15.8	12.2	10.5	11.0	12.7	11.5	13.3	Turkey/Turquie		19.1	15.6	19.8	16.1	14.9	11.2	15.2	12.2	10.8
Japan/Japon	6.4	6.6	5.9	8.9	6.9	8.1	8.3	7.3	7.4	7.6	Iran (Islamic Rp. of)	x2.7	x3.9	x3.3	x3.8	x5.6	x7.6	x8.4	x8.2	x10.6	x11.2
France, Monac	6.4	6.0	6.3	6.7	5.9	5.8	6.1	5.7	5.9	6.7	India/Inde	8.2	9.3	10.4	12.7	9.7	7.6	x8.0	8.0	9.1	x7.9
Former USSR/Anc. URSS					x7.3	x8.2	x5.0	x5.1	x6.5		Italy/Italie	13.5	7.4	8.0	7.1	5.8	6.8	7.1	5.3	5.3	4.2
United Kingdom	6.8	6.1	5.7	5.0	5.0	5.1	5.4	5.0	4.4	4.8	Spain/Espagne	12.8	6.5	5.0	6.9	7.2	3.9	5.1	4.5	3.8	4.3
Italy/Italie	1.2	1.4	3.1	2.1	4.2	4.3	4.1	4.6	4.9	4.6	Brazil/Brésil		5.3	6.9	1.0	1.1	1.0	4.8	4.2	4.0	5.0
Hong Kong	2.7	2.5	2.8	2.9	3.3	3.9	3.3	4.0	3.6		China/Chine					4.9	5.1	5.0	4.1	3.7	4.0
Canada	5.1	5.2	4.6	4.5	3.5	3.2	3.9	3.4	3.5	3.8	Germany/Allemagne	2.8	2.1	2.5	2.6	3.6	3.6	3.0	2.8	3.8	3.8
Netherlands/Pays-Bas	3.4	3.2	3.3	3.3	2.9	3.1	3.7	3.8	3.1	3.8	Korea Republic	3.0	2.5	1.8	2.2	2.8	3.1	2.8	2.8	3.0	2.8

05793 STONE FRUIT FRESH NES / FRUITS A NOYAU NDA FRAIS 05793

TRADE BY COMMODITY IN THOUSAND U.S. DOLLARS – COMMERCE PAR PRODUIT EN MILLIERS DE DOLLARS E.U

IMPORTS – IMPORTATIONS

COUNTRIES–PAYS	1988	1989	1990	1991	1992
Total	1064537	1117310	1400720	1644224	1671221
Africa	x765	x907	x1316	x1532	x1399
Northern Africa	x58	60	x55	x138	x304
Americas	162249	181765	202607	214886	206521
LAIA	10612	21562	26986	40813	33205
CACM	214	196	518	277	x165
Asia	x96767	108571	x95183	x99659	x150306
Middle East	x20075	22665	x15473	x11709	x17376
Europe	792947	809560	1084354	1307388	1291066
EEC	665679	694306	936859	1133909	1144270
EFTA	125847	114787	142805	170378	143416
Oceania	4988	4968	x6306	x7023	x6164
Germany/Allemagne	267537	276159	421303	539055	560764
United Kingdom	144759	171381	180410	173066	197100
France,Monac	87705	80314	98081	142705	129179
Canada	87398	90723	96648	96297	90790
Netherlands/Pays-Bas	56743	56404	80696	92479	91283
Belgium–Luxembourg	50606	60939	77011	86238	75730
USA/Etats-Unis d'Amer	61711	67946	76846	75756	80908
Switz.Liecht	53040	49732	60835	78002	55766
Japan/Japon	49328	53021	46318	45165	83446
Italy/Italie	38077	26884	33614	60665	48658
Austria/Autriche	35964	30059	42162	46792	47417
Hong Kong	18828	25081	23054	31071	35680
Sweden/Suède	18122	17659	21525	25879	21869
Spain/Espagne	4221	6134	25116	15622	15116
Brazil/Brésil	7107	12042	12337	14455	10555
Mexico/Mexique	2547	8632	9150	17263	13394
Denmark/Danemark	10374	10171	11352	13464	14842
Finland/Finlande	11231	9986	10897	11371	9220
Saudi Arabia	8980	13550	x6638	x7004	x9157
Norway,SVD,JM	7223	7112	7115	8025	8841
Singapore/Singapour	5214	5019	6626	8384	8849
Ireland/Irlande	3775	4351	5622	5423	5919
Czechoslovakia	x5777	8628	3236	x2362	x4421
Australia/Australie	2797	3798	4543	5770	5181
Poland/Pologne	x231	x755	x898	x9820	x10718
Kuwait/Koweït	x5785	5514	x4393	x355	x1013
Portugal	1771	1486	3345	4157	5253
Former GDR	x16		x6119		
Yugoslavia SFR	88	31	3646	x2434	
Argentina/Argentine	8	14	2431	3581	3527
Malaysia/Malaisie	1450	1594	1573	1514	x2734
Qatar	1698	1332	1536	1324	x396
Colombia/Colombie	710	858	1171	2029	2272
Venezuela	x48	8	1433	2400	1763
Oman	1146	1238	1121	843	0
Bulgaria/Bulgarie	x631	x1749	x420	x883	57
United Arab Emirates	x1493	x571	x1115	x1181	x2477
New Caledonia	750	647	938	769	458
Reunion/Réunion	280	351	629	739	576
Panama	504	411	562	587	723
Greece/Grèce	110	84	269	1034	x426
Jordan/Jordanie	252	239	294	613	2856
Peru/Pérou	x134		340	804	x1020
Thailand/Thaïlande	510	160	285	661	566
Korea Republic	210	454	412	218	481
New Zealand	488	459	406	182	142
Macau/Macao	292	207	293	488	589
Malta/Malte	1037	144	548	x166	x90
Iceland/Islande	267	239	270	309	303
Philippines	371	x101	660	37	120

EXPORTS – EXPORTATIONS

COUNTRIES–PAYS	1988	1989	1990	1991	1992
Totale	933516	1027023	1360237	1575156	x1468440
Afrique	x16237	x16344	x25471	x28754	x33570
Afrique du Nord	3002	2214	1500	1901	2925
Amériques	190778	209835	300708	303524	x404612
ALAI	61673	71635	84422	95698	x171384
MCAC	331	103	243	39	96
Asie	x21230	x21397	x29230	x28291	x23967
Moyen-Orient	x17859	x18828	x25426	x24458	x18857
Europe	646630	710605	915696	1127762	953194
CEE	641545	706297	911137	1121634	950360
AELE	1593	1178	2507	2682	1976
Océanie	x9839	8680	x11699	x13941	15126
Italy/Italie	362162	343367	522298	555718	465600
USA/Etats-Unis d'Amer	127967	137812	213456	207251	232291
France,Monac	83358	121807	152667	177527	139956
Spain/Espagne	94520	113945	89562	200166	200904
Greece/Grèce	58961	86640	80038	111073	x77741
Chile/Chili	57015	67486	78900	89600	x165572
Bulgaria/Bulgarie	x27322	x35888	x59372	x16045	x5988
Netherlands/Pays-Bas	19022	18587	32391	43182	35769
So. Africa Customs Un	x11928	x13743	x23827	x26708	x30286
Hungary/Hongrie	x6345	x12255	x16948	x33201	x22729
Germany/Allemagne	13344	13310	22237	19750	15042
Turkey/Turquie	7829	7679	12275	15230	12993
Lebanon/Liban	x6600	x8528	x8123	x7307	x4567
Belgium–Luxembourg	8386	7242	7918	8473	11616
Romania/Roumanie	x16353	x11109	27	7556	x4238
New Zealand	3911	4377	5669	7473	7834
Australia/Australie	5925	4303	6027	6459	7292
Argentina/Argentine	3873	2764	3915	4199	4275
Poland/Pologne	x16	x7	x109	x10531	x3932
Yugoslavia SFR	3491	3130	2053	3410	
Czechoslovakia	x605	x387	x561	x5367	x915
Denmark/Danemark	807	458	2833	2814	329
Syrian Arab Republic	1428	364	3506	x384	x31
Israel/Israël	82	347	1792	1896	1400
United Kingdom	644	751	1017	2080	2374
Venezuela	15	952	1515	1328	1032
Canada	792	274	2562	492	767
Switz.Liecht	1027	639	1793	480	1297
United Arab Emirates	x1218	x1164	x924	x683	x756
Austria/Autriche	378	225	596	1593	543
Morocco/Maroc	2000	1010	740	657	838
Tunisia/Tunisie	555	675	371	743	565
China/Chine	777	501	440	802	437
Egypt/Egypte	441	528	387	501	1501
Singapore/Singapour	537	380	450	478	522
Albania/Albanie	x125	x425	x302	x180	x168
Afghanistan	x1223	x258	x495	x147	x772
Iran (Islamic Rp. of)	x201	x229	x318	x330	x323
Portugal	-185	107	93	660	845
Hong Kong	194	172	406	214	589
Norway,SVD,JM	78	94	25	483	47
Saudi Arabia	353	550	x16	0	x21
Mexico/Mexique	441	132	11	399	261
Sweden/Suède	110	220	82	109	51
Jordan/Jordanie	176	172	159	75	143
Uruguay	75	208	55	140	54
Japan/Japon	x31	216	39	108	98
Ireland/Irlande	157	83	82	191	184
India/Inde	14	x279	15	11	x9
Iraq	x5	x81		x206	

(VALUE AS % OF TOTAL)(VALEUR EN % DU TOTAL)

	1983	1984	1985	1986	1987	1988	1989	1990	1991	1992
Africa	0.2	x0.1	x0.1	x0.1	x0.1	x0.1	x0.1	x0.1	x0.1	x0.1
Northern Africa	0.1	x0.0	0.0	0.0	0.0	0.0	0.0	0.0	0.0	0.0
Americas	12.3	14.7	x18.1	15.0	x12.4	15.2	16.3	14.5	13.1	12.4
LAIA	0.4	0.7	0.5	0.7	x0.8	1.0	1.9	1.9	2.5	2.0
CACM	x0.0	0.0	0.0	0.0	0.0	x0.1	0.0	0.0	0.0	0.0
Asia	x7.9	9.2	x9.8	8.6	x8.6	x9.1	9.7	6.8	6.0	x9.0
Middle East	x3.8	3.6	x4.1	x2.3	x1.2	x1.9	2.0	1.1	0.7	x1.0
Europe	79.5	75.5	71.5	76.0	77.2	74.5	72.5	77.4	79.5	77.3
EEC	68.0	64.7	60.3	64.4	65.0	62.5	62.1	66.9	69.0	68.5
EFTA	11.5	10.8	11.2	11.6	12.2	11.8	10.3	10.2	10.4	8.6
Oceania	x0.3	x0.4	0.4	x0.3	x0.5	0.5	0.5	x0.5	x0.5	x0.4
Germany/Allemagne	30.5	31.2	25.6	26.9	29.0	25.1	24.7	30.1	32.8	33.6
United Kingdom	15.3	15.0	15.5	14.8	13.3	13.6	15.3	12.9	10.5	11.8
France,Monac	8.7	6.1	6.3	8.6	7.5	8.2	7.2	7.0	8.7	7.7
Canada	8.8	10.0	10.0	8.6	6.3	8.2	8.1	6.9	5.9	5.4
Netherlands/Pays-Bas	4.8	4.8	4.6	5.4	4.9	5.3	5.0	5.8	5.6	5.5
Belgium–Luxembourg	5.8	5.4	5.3	5.4	4.8	5.5	5.5	5.2	4.5	4.5
USA/Etats-Unis d'Amer	2.9	3.9	7.3	5.5	5.1	5.8	6.1	5.5	4.6	4.8
Switz.Liecht	5.2	5.1	5.0	5.5	5.3	5.0	4.5	4.3	4.7	3.3
Japan/Japon	0.8	1.1	1.1	1.9	3.8	4.6	4.7	3.3	2.7	2.9
Italy/Italie	1.6	0.9	1.6	1.5	3.2	3.6	2.4	2.4	3.7	2.9

	1983	1984	1985	1986	1987	1988	1989	1990	1991	1992
Afrique	2.2	1.3	1.0	x2.1	1.4	x2.1	1.6	1.9	1.8	x2.3
Afrique du Nord	0.3	0.2	0.1	0.3	0.2	0.3	0.2	0.1	0.1	0.2
Amériques	8.8	16.4	16.1	x17.9	x18.1	20.4	20.4	22.1	19.3	x27.6
ALAI	0.4	6.8	7.4	x9.1	x7.8	6.6	7.0	6.2	6.1	x11.7
MCAC					x0.0	0.0	0.0	0.0	0.0	0.0
Asie	x2.1	x3.1	x3.1	x2.2	x1.8	x2.3	2.1	2.1	x1.8	x1.6
Moyen-Orient	x1.5	x2.4	x2.3	x1.6	x1.1	x1.9	1.8	1.9	1.6	x1.3
Europe	85.9	77.7	78.5	76.6	70.2	69.1	69.2	67.3	71.6	64.9
CEE	85.7	76.9	77.9	76.1	69.6	68.6	68.8	67.0	71.2	64.7
AELE	0.2	0.2	0.2	0.2	0.1	0.2	0.1	0.2	0.2	0.1
Océanie	1.1	x1.4	1.4	x1.1	x1.3	x1.1	0.8	x0.9	x0.9	1.0
Italy/Italie	57.9	49.3	47.1	46.1	41.5	38.7	33.4	38.4	35.3	31.7
USA/Etats-Unis d'Amer	8.4	9.6	8.7	8.8	10.1	13.7	13.4	15.7	13.2	15.8
France,Monac	7.0	8.2	9.1	9.3	9.6	8.9	11.9	11.2	11.3	9.5
Spain/Espagne	7.1	6.0	8.9	6.0	8.2	10.1	11.1	6.6	12.7	13.7
Greece/Grèce	9.0		8.9	8.9	9.1	6.7	6.3	8.4	5.9	x5.3
Chile/Chili		6.4	7.0	x8.6	6.6	6.6	6.6	5.8	x1.0	x0.4
Bulgaria/Bulgarie					x4.4	x2.9	3.5	4.4	x1.0	x0.4
Netherlands/Pays-Bas	0.5	0.7	0.8	1.2	1.1	2.0	1.8	2.4	2.7	2.4
So. Africa Customs Un	1.7	0.9	0.7	x1.7	x1.1	x1.3	x1.8	x1.8	x1.7	x2.1
Hungary/Hongrie					x0.7	x0.7	x1.2	x1.2	x2.1	x1.5

287

0585 FRUIT OR VEGETABLE JUICE
JUS DE FRUITS 0585

TRADE BY COMMODITY IN THOUSAND U.S. DOLLARS – COMMERCE PAR PRODUIT EN MILLIERS DE DOLLARS E.U

COUNTRIES-PAYS	1988	1989	1990	1991	1992	COUNTRIES-PAYS	1988	1989	1990	1991	1992
	IMPORTS - IMPORTATIONS						EXPORTS - EXPORTATIONS				
Total	4204262	4014408	4924780	4643492	5125007	Totale	3512690	3451558	4523071	4224326	4509445
Africa	x17407	x17706	x17953	x21227	x24368	Afrique	x91168	x101842	x107063	x121294	x108252
Northern Africa	4161	5319	3656	x4711	x6243	Afrique du Nord	46169	48929	54435	37783	14446
Americas	1434440	x1221097	x1659652	x1193263	x1350192	Amériques	1747282	1640249	2358584	1793976	2135677
LAIA	10225	15994	13019	19148	29909	ALAI	1407351	1263683	1803254	1252309	1471396
CACM	6853	6641	6604	8664	x10278	MCAC	4795	5703	12897	15256	x17790
Asia	x349751	398698	x433186	468755	x584412	Asie	367260	x390023	456317	452658	x406207
Middle East	x112176	104641	x36460	x38504	x35566	Moyen-Orient	x44023	62741	x76068	x74028	x58558
Europe	2268202	2253010	2734283	2854122	3089792	Europe	1114994	1102541	1382345	1500622	1605651
EEC	1996286	1986496	2384085	2529748	2734973	CEE	1009221	987568	1237612	1335867	1451803
EFTA	263746	259722	311978	307320	333949	AELE	84560	95308	123726	139471	131472
Oceania	x54772	x67534	x36404	x49639	x51719	Océanie	x32431	x29961	x33757	x50567	x54079
USA/Etats-Unis d'Amer	1119360	899857	1311150	821124	948373	Brazil/Brésil	1195332	1061586	1502645	928422	1100060
Germany/Allemagne	667235	636987	800106	867962	965542	USA/Etats-Unis d'Amer	298274	318594	479793	472757	571706
United Kingdom	413007	385550	448210	389477	410498	Germany/Allemagne	288098	291222	372292	380332	390881
France,Monac	246475	293121	373249	379253	451956	Netherlands/Pays-Bas	261104	247144	252048	380332	390881
Netherlands/Pays-Bas	316521	304543	299057	364744	375138	Italy/Italie	180981	166940	224938	291277	294650
Canada	249195	250264	276074	283617	307348	Israel/Israël	243429	210338	224938	241870	277739
Japan/Japon	114370	163897	256040	259845	330864	Belgium-Luxembourg	108630	116389	245935	176357	154647
Belgium-Luxembourg	123937	120302	149597	150303	160659	Argentina/Argentine	82772	87187	119766	115271	129422
Italy/Italie	85790	95466	115727	148335	128510	Austria/Autriche	71501	79421	126855	136029	197841
Sweden/Suède	76718	70032	87166	84640	109543	Mexico/Mexique	85030	64832	97109	108948	85846
Austria/Autriche	56534	68298	80165	84597	77193	Poland/Pologne	49598	69118	63243	101126	x123045
Spain/Espagne	40248	51345	68362	98044	87040	Spain/Espagne	52450	42958	87289	100216	133137
Korea Republic	22860	49807	61582	79457	107424	France,Monac	53621	55316	80375	89839	99179
Switz.Liecht	65129	57556	69206	63578	64826	Thailand/Thaïlande	33185	40149	70922	113829	x100562
Denmark/Danemark	58733	48567	60760	63766	62427	Hungary/Hongrie	x24524	x30048	x48729	x73374	x56328
Finland/Finlande	31726	32592	38362	35739	40626	So. Africa Customs Un	x31907	x39352	x40240	x58236	x72149
Norway,SVD,JM	29754	27681	33594	35064	38244	Former USSR/Anc. URSS	x23669	x10792	x25811	x98376	
Saudi Arabia	71604	70566	x11049	x14654	x14404	Morocco/Maroc	44835	47331	50109	32718	13020
Australia/Australie	29862	38178	11727	29523	30614	Philippines	25647	x42628	38258	47773	39996
Israel/Israël	56931	28254	21702	29327	32979	Denmark/Danemark	31290	27285	41525	44779	45574
Ireland/Irlande	18912	17831	28972	25594	43131	Chile/Chili	17044	18946	26220	62061	x80764
Greece/Grèce	17901	23087	28636	21606	x33831	Bulgaria/Bulgarie	x41949	x56622	x36834	x9580	x6407
Singapore/Singapour	14435	17440	21706	22361	26446	Turkey/Turquie	13816	14123	25633	51536	35903
Hong Kong	14240	17057	17026	20250	21819	United Kingdom	15966	16853	26910	30834	35549
Yugoslavia SFR	4576	4601	33905	x13506		Australia/Australie	16542	17110	18735	25639	28923
Former USSR/Anc. URSS	x28894	x25818	x10432	x11320		Yugoslavia SFR	20182	18476	18958	x23984	
New Zealand	14837	19046	13282	11254		Greece/Grèce	10602	16154	22436	21825	x22719
Portugal	7526	9696	11409	16665	11630	Canada	23628	18124	18238	21234	20192
Czechoslovakia	x5717	13455	12072	x2260	16240	Colombia/Colombie	14091	12655	11708	31823	31195
Poland/Pologne	7070	4169	6997	15618	x3000	Switz.Liecht	6517	12815	20694	22066	17823
Panama	5974	7191	8648	9689	x11669	New Zealand	15712	12516	14775	24672	24965
Bahamas	8646	x6350	x7280	x7203	9352	Belize/Bélize		19465	21597	10824	27566
Mexico/Mexique	1908	4198	6010	10469	x6508	Cyprus/Chypre	12460	14154	18224	8354	7572
Romania/Roumanie	x780	3086	4991	11970	12320	Czechoslovakia	x6186	x9912	x8742	x19282	x8227
Hungary/Hongrie	x3970	x2695	x1735	12748	x2252	Syrian Arab Republic	3230	17753	17304	x457	x642
Kuwait/Koweït	x4649	9802	x2647	x1375	x3235	Kenya	10535	x10224	7116	x17924	x13928
Malaysia/Malaisie	3722	3889	4360	5341	x3539	Venezuela	2731	6685	14175	5143	5088
China/Chine	3608	6451	4003	2264	x7613	Singapore/Singapour	6403	7633	7927	9253	9368
Barbados/Barbade	5029	4181	3684	4575	7166	Ireland/Irlande	1674	2648	5416	14969	15008
Guadeloupe	3218	3170	5160	4101	x2617	Peru/Pérou	7438	6681	6515	x8644	x4424
Trinidad and Tobago	4523	2653	4508	5268	4892	Costa Rica	542	1950	7884	10393	x11687
Martinique	2132	2927	4262	5003	5823	China/Chine	1927	2188	5282	9436	7835
New Caledonia	x3780	x4473	x4990	x2564	4812	Saudi Arabia	6232	7474	6853	x2473	x2767
Libyan Arab Jamahiriya	3376	4715	3060	x4213	x3027	India/Inde	1887	x12413	1894	1162	x2165
Oman	3902	4437	3943	3334	x1768	Uruguay	2267	3691	4800	5585	4923
Former GDR	x30089	x5464	x6003		x583	Portugal	4806	4658	4617	4655	7944
Reunion/Réunion	3733	3715	3543	3663	4886	Hong Kong	2818	5491	2825	4897	7944
Qatar	2782	3515	2890	4349	x219	Sweden/Suède	5598	2482	4585	5002	5070
Iceland/Islande	3885	3563	3484	3702	3517	Cuba	x4705	x3244	x3894	x4715	19527
Cyprus/Chypre	4599	2388	3538	4757	4048	Dominican Republic	x658	x1591	x3884	x6156	x6616

(VALUE AS % OF TOTAL)(VALEUR EN % DU TOTAL)

	1983	1984	1985	1986	1987	1988	1989	1990	1991	1992		1983	1984	1985	1986	1987	1988	1989	1990	1991	1992
Africa	x0.8	x0.4	x0.4	x0.5	x0.4	x0.4	x0.4	x0.4	x0.4	x0.4	Afrique	4.1	1.7	2.5	x2.5	x1.7	x2.6	x2.9	x2.4	x2.9	x2.4
Northern Africa	x0.2	x0.1	0.1	x0.0	x0.1	0.1	0.1	0.1	x0.1	x0.1	Afrique du Nord	1.3	0.8	1.2	0.7	0.4	1.3	1.4	1.2	0.9	0.3
Americas	x34.4	46.9	43.8	x41.0	x37.4	34.2	x30.4	x33.7	x25.7	x26.3	Amériques	26.9	66.7	52.4	49.0	46.6	49.8	47.6	52.1	42.5	47.3
LAIA	0.2	0.8	0.1	x0.3	x0.4	0.2	0.4	0.3	0.4	0.6	ALAI	3.8	57.3	41.2	37.5	36.7	40.1	36.6	39.9	29.6	32.6
CACM	x0.2	0.2	0.2	x0.2	x0.2	0.2	0.2	0.1	0.2	x0.2	MCAC	x0.0	0.1	0.2	x0.5	x0.3	0.1	0.2	0.3	0.4	x0.4
Asia	x8.5	10.6	x7.4	8.4	7.7	8.3	9.9	8.8	10.1	x11.4	Asie	x16.0	8.6	12.5	10.4	x10.5	10.5	x11.3	10.1	10.7	x9.0
Middle East	x4.2	6.9	x2.2	4.2	x3.1	2.7	2.6	0.7	x0.8	x0.7	Moyen-Orient	x1.1	x0.5	x0.8	x1.2	x1.2	1.3	1.8	x1.7	x1.8	x1.3
Europe	50.6	37.5	47.1	49.2	52.0	54.0	56.1	55.5	61.5	60.3	Europe	52.2	22.8	32.1	37.2	34.2	31.7	31.9	30.6	35.5	35.6
EEC	43.4	32.2	40.8	42.4	47.5	47.5	49.5	48.4	54.5	53.4	CEE	47.7	19.9	28.4	32.6	30.3	28.7	28.6	27.4	31.6	32.2
EFTA	7.1	5.1	6.1	6.3	6.7	6.3	6.5	6.3	6.6	6.5	AELE	4.5	2.1	2.8	4.0	3.3	2.4	2.8	2.7	3.3	2.9
Oceania	x1.6	1.7	x1.3	x0.8	x0.8	1.3	x1.7	x0.7	x1.1	x1.0	Océanie	x0.8	x0.3	x0.5	x0.8	x0.8	x0.9	x0.9	x0.7	x1.2	x1.2
USA/Etats-Unis d'Amer	23.8	36.8	31.7	31.9	28.6	26.6	22.4	26.6	17.7	18.5	Brazil/Brésil		53.0	36.9	32.8	30.8	34.0	30.8	33.2	22.0	24.4
Germany/Allemagne	14.3	10.5	13.9	15.3	15.6	15.9	15.9	16.2	18.7	18.8	USA/Etats-Unis d'Amer	21.2	8.3	9.3	7.6	7.1	8.5	9.2	10.6	11.2	12.7
United Kingdom	9.3	7.6	9.4	8.3	9.5	9.8	9.6	9.1	8.4	8.0	Germany/Allemagne	12.3	5.0	6.4	9.1	8.1	8.2	8.4	8.2	9.0	8.7
France,Monac	5.5	4.2	5.1	5.1	5.3	5.9	7.3	7.6	8.2	8.8	Netherlands/Pays-Bas	12.4	4.2	6.4	6.4	7.2	7.4	7.2	5.6	6.9	6.5
Netherlands/Pays-Bas	8.1	4.9	6.4	6.5	7.2	7.5	7.6	6.1	7.9	7.3	Italy/Italie	9.3	4.7	6.9	6.4	6.5	5.2	4.8	5.0	6.9	6.5
Canada	9.2	7.8	9.3	7.6	7.0	5.9	6.2	5.6	6.1	6.0	Israel/Israël	11.3	6.2	9.0	6.3	7.1	6.9	6.1	5.4	5.7	6.2
Japan/Japon	1.4	1.2	3.1	2.3	2.3	2.7	4.1	5.2	5.6	6.5	Belgium-Luxembourg	3.6	1.7	3.0	4.2	3.3	3.1	3.4	5.4	4.2	3.4
Belgium-Luxembourg	2.6	2.2	2.7	3.2	2.9	2.9	3.0	3.0	3.2	3.1	Argentina/Argentine	3.2	1.4	1.8	2.0	2.6	2.4	2.5	2.6	2.7	2.9
Italy/Italie	1.1	0.8	1.3	1.6	2.0	2.0	2.4	2.3	3.2	2.5	Austria/Autriche	3.2	1.6	2.3	3.0	2.6	2.0	2.3	2.8	3.2	4.4
Sweden/Suède	2.2	1.6	1.7	1.7	1.7	1.8	1.7	1.8	1.8	2.1	Mexico/Mexique		2.3	1.7	x1.5	x2.0	2.4	1.9	2.4	1.7	0.8

05851 ORANGE JUICE / JUS D'ORANGE 05851

TRADE BY COMMODITY IN THOUSAND U.S. DOLLARS – COMMERCE PAR PRODUIT EN MILLIERS DE DOLLARS E.U

IMPORTS – IMPORTATIONS

COUNTRIES–PAYS	1988	1989	1990	1991	1992
Total	2496550	2249332	2851232	2054851	2369310
Africa	x2659	x3851	x3701	x4433	x9037
Northern Africa	x138	544	321	x381	3761
Americas	x977603	x750463	x1109447	x479960	x561252
LAIA	x2173	1630	2535	3028	x6864
CACM	x2092	x6714	x955	x1113	x1962
Asia	x123854	x160901	x168814	178977	266532
Middle East	x20465	x22245	x12741	x12562	x10973
Europe	1348561	1287215	1542868	1345718	1502354
EEC	1190485	1148308	1352419	1185645	1322690
EFTA	152843	135332	172429	149872	172685
Oceania	x28621	x37824	x13732	x23747	x23382
USA/Etats–Unis d'Amer	802614	569529	914830	294658	364710
Germany/Allemagne	393723	371328	466175	374807	433349
United Kingdom	277929	253628	292579	229752	234453
Netherlands/Pays–Bas	206666	198586	168911	199368	205365
France, Monac	140695	158396	211368	191096	237278
Canada	158867	160324	177218	167600	173921
Belgium–Luxembourg	68401	64124	85263	69822	74701
Japan/Japon	32146	44975	71784	67247	122648
Korea Republic	20484	46650	46713	61494	84719
Sweden/Suède	39955	33731	42080	37732	51507
Switz.Liecht	41302	35723	42606	34612	36133
Austria/Autriche	29733	27533	37722	32524	33162
Denmark/Danemark	31206	25341	32940	26688	29345
Italy/Italie	23350	20005	25027	32545	31979
Spain/Espagne	18242	20552	25465	24515	30300
Finland/Finlande	21414	19492	26052	21425	26227
Norway/Norvège	17645	16338	21382	21303	23337
Ireland/Irlande	14778	14278	21848	19198	33101
Greece/Grèce	13100	18362	18932	12816	x8834
Israel/Israël	32460	17891	11630	12872	17368
Australia/Australie	17732	23799	2322	14126	12652
Singapore/Singapour	7171	9293	11334	9980	11548
Yugoslavia SFR	4124	2776	16606	x9061	
New Zealand	8699	11987	8215	7052	7872
Hong Kong	x4811	x9330	x6903	x6635	7706
Saudi Arabia	x2290	x10600	x2513	x3836	x3888
Poland/Pologne	x4628	x1810	x4477	x7363	x2551
Portugal	2395	3706	3912	5040	3986
Czechoslovakia	x1716	4733	4799	x1047	x1336
Trinidad and Tobago	2823	1986	3405	3314	3759
Cyprus/Chypre	4153	1923	2956	3813	2467
China/Chine	2305	4917	2607	729	380
Iceland/Islande	2794	2515	2587	2276	2319
Costa Rica	x2	x5119	x268	x617	x944
Barbados/Barbade	2838	1932	1944	2063	x1252
Malaysia/Malaisie	1453	2007	1866	1977	x3755
Oman	2029	2127	2044	1529	x171
Former USSR/Anc. URSS	x396	x217	x675	x4447	
Romania/Roumanie	x338	x7	x472	4093	x679
Hungary/Hongrie	x615	x218	x147	4182	x951
United Arab Emirates	x3964	x1954	x1516	x953	x1341
Saint Lucia/St. Lucie	1341	x362	1903	1626	x967
New Caledonia	x1013	x1386	x1668	x827	x761
Iraq	x4434	x2225	x1301	x165	x43
Indonesia/Indonésie	920	916	1266	1421	1486
Philippines	270	x1231	291	1855	2550
Chile/Chili	1071	912	1424	946	x1134
Reunion/Réunion	827	839	1018	1181	1480
Bahamas	x333	x681	x1181	x1164	x334
Former GDR	x6630	x1193	x1654		

EXPORTS – EXPORTATIONS

COUNTRIES–PAYS	1988	1989	1990	1991	1992
Totale	x2340127	1836903	2550270	1778086	1955332
Afrique	x55774	x55086	x58753	x38960	x15177
Afrique du Nord	44050	45963	48028	31219	11706
Amériques	x1748273	1268394	1865780	1222832	1408987
ALAI	x1585455	1100665	1578877	955628	1074421
MCAC	x54	x3395	x6963	x2793	x6050
Asie	x180742	x151409	x182315	x116737	x102195
Moyen–Orient	x4842	x6435	x6576	x3779	x4084
Europe	352010	354358	435625	391540	421188
CEE	344356	348702	425431	380662	406908
AELE	7464	5448	9972	10393	10916
Océanie	x6132	x6925	6650	6433	x6438
Brazil/Brésil	x1487718	1019055	1468568	900521	1053629
USA/Etats–Unis d'Amer	137983	157019	269914	248982	293753
Israel/Israël	169762	138613	169130	105267	89637
Netherlands/Pays–Bas	150889	133559	121347	112273	116021
Germany/Allemagne	80815	90658	130847	90601	93249
Mexico/Mexique	71542	55289	82170	43741	9601
Belgium–Luxembourg	43535	47881	54777	48258	52158
Italy/Italie	28640	35048	55629	53091	49081
Morocco/Maroc	43976	45909	47729	30827	11582
Spain/Espagne	14983	12365	17212	18709	28445
United Kingdom	7151	8482	11746	13215	11658
Argentina/Argentine	x10104	7876	14365	7854	6156
Denmark/Danemark	5696	6186	11576	12125	16899
France, Monac	5223	6763	9202	11069	14725
So. Africa Customs Un	x11321	x8564	7916	x7255	x3320
Greece/Grèce	5592	4996	4773	12648	x9889
Ireland/Irlande	1590	2426	4773	6637	13156
Austria/Autriche	3915	3908	7791	6637	3772
Australia/Australie	5722	6390	6206	5615	6004
Chile/Chili	15624	15398	49	494	x317
Venezuela	406	192	9891	1223	1791
Costa Rica	x14	x787	x5443	x1916	x4053
Belize/Bélize	x14048			8008	20645
Singapore/Singapour	2071	2445	2459	2672	3262
Cuba	x3984	x2091	x2124	x2492	x3698
Uruguay	x40	x1645	x3517	x1353	2753
Turkey/Turquie	1025	3107	2785	321	701
Canada	3513	877	1496	1658	3359
Trinidad and Tobago	546	987	1286	1609	1705
United Arab Emirates	x2633	x1259	x1574	x965	x1237
Bahamas	x460	x2278	x1039	x400	x1050
Malaysia/Malaisie	830	873	1378	1373	x1194
Sweden/Suède	3041	1262	1276	1057	508
Honduras		x747	x1519	x807	x1997
Hong Kong				x439	936
Jamaica/Jamaïque	1111	x1692	2151	367	x1970
Cyprus/Chypre	1648	159	694	x904	1187
Saudi Arabia	542	584	933	1258	x590
Zimbabwe	x440	x1036	1507	x557	x37
Hungary/Hongrie	x274	x351	x1001	352	x1230
Philippines		x101		x1075	
Guatemala	800	x278	1444	354	198
New Zealand		x12	x1817		
Switz.Liecht	400	525	442	818	420
Portugal	269	155	192	1102	2744
Norway, SVD, JM	243	337	404	547	1627
Indonesia/Indonésie	172	105	331	798	1322
Thailand/Thaïlande	307	458	324	436	416
Finland/Finlande	317	249	364	507	x126
Yugoslavia SFR	67	17	379	648	2540
	176	209	195	x485	

(VALUE AS % OF TOTAL) (VALEUR EN % DU TOTAL)

IMPORTS

	1983	1984	1985	1986	1987	1988	1989	1990	1991	1992
Africa	x0.5	x0.2	x0.2	x0.2	x0.1	x0.1	x0.2	x0.1	x0.2	x0.4
Northern Africa	x0.1	0.0	0.0	0.0	0.0	0.0	0.0	0.0	0.0	0.2
Americas	x40.7	x57.2	x47.9	x46.6	x43.7	x39.1	x33.3	x38.9	x23.4	x23.7
LAIA	x0.2	x0.9	x1.3	x0.1	x0.1	x0.1	0.1	0.1	0.1	x0.3
CACM	x0.1	x0.1	x0.2	x0.2	x0.1	x0.1	x0.3	x0.0	x0.1	x0.1
Asia	x4.4	x5.7	x4.9	x5.7	x4.5	x5.0	x7.2	x5.9	8.7	11.2
Middle East	x2.3	x4.3	x1.1	x3.0	x2.0	x0.8	x1.0	x0.4	x0.6	x0.5
Europe	52.2	34.9	45.9	46.8	50.5	54.0	57.2	54.1	65.5	63.4
EEC	45.3	30.3	40.1	41.1	44.3	47.7	51.1	47.4	57.7	55.8
EFTA	x6.7	x4.5	x5.6	x5.6	x6.0	6.1	6.0	6.0	7.3	7.3
Oceania	x2.0	x1.9	x1.3	x0.6	x0.6	x1.2	x1.7	x0.5	x1.1	x1.0
USA/Etats–Unis d'Amer	27.7	47.0	36.4	38.2	36.2	32.1	25.3	32.1	14.3	15.4
Germany/Allemagne	14.4	10.1	13.6	14.6	14.3	15.8	16.5	16.3	18.2	18.3
United Kingdom	9.5	7.5	10.0	9.2	11.0	11.1	11.3	10.3	11.2	9.9
Netherlands/Pays–Bas	9.8	4.5	6.6	6.7	8.0	8.3	8.8	5.9	9.7	8.7
France, Monac	5.4	3.7	4.5	4.6	5.0	5.6	7.0	7.4	9.3	10.0
Canada	11.5	8.4	9.2	7.7	6.7	6.4	7.1	6.2	8.2	7.3
Belgium–Luxembourg	2.8	2.2	2.5	2.7	2.6	2.7	2.9	3.0	3.4	3.2
Japan/Japon	0.7	0.4	2.5	1.4	1.0	1.3	2.0	2.5	3.3	5.2
Korea Republic	0.3	0.5	0.5	0.3	0.5	0.8	2.1	1.6	3.0	3.6
Sweden/Suède	2.3	1.6	1.8	1.7	1.8	1.6	1.5	1.5	1.8	2.2

EXPORTS

	1983	1984	1985	1986	1987	1988	1989	1990	1991	1992
Afrique	0.8	0.9	2.0	x1.4	x0.9	x2.4	x3.0	x2.3	x2.2	x0.8
Afrique du Nord	0.6	0.8	1.9	1.3	0.7	1.9	2.5	1.9	1.8	0.6
Amériques	x74.1	x82.9	x69.3	x72.7	x69.0	x74.6	69.1	73.1	68.8	72.1
ALAI	x61.2	x75.2	x60.3	x64.0	x60.5	x67.7	59.9	61.9	53.7	54.9
MCAC	x0.0	x0.1	x0.4	x0.0	x0.1	x0.0	x0.2	x0.3	x0.2	x0.3
Asie	x8.9	x7.4	x12.5	x9.4	x10.7	x7.8	x8.3	x7.1	x6.5	x5.2
Moyen–Orient	x0.2	x0.2	x0.4	x0.2	x0.2	x0.4	x0.4	x0.3	x0.2	x0.2
Europe	16.0	8.8	16.2	16.4	19.2	15.0	19.3	17.1	22.0	21.5
CEE	15.8	8.7	15.9	15.9	18.8	14.7	19.0	16.7	21.4	20.8
AELE	x0.2	x0.1	x0.3	x0.5	x0.4	0.3	0.3	0.4	0.6	0.6
Océanie	x0.1	x0.1	x0.1	x0.1	x0.2	x0.3	x0.4	x0.3	x0.4	x0.3
Brazil/Brésil	x57.1	x73.3	x58.8	x62.2	x57.4	x63.5	55.5	57.6	50.6	53.9
USA/Etats–Unis d'Amer	12.2	6.9	7.8	6.6	6.4	5.9	8.5	10.6	14.0	15.0
Israel/Israël	8.4	6.9	11.6	8.5	10.0	7.2	7.5	6.6	5.9	4.6
Netherlands/Pays–Bas	7.7	2.9	5.8	5.7	7.9	6.4	7.3	4.8	6.3	5.9
Germany/Allemagne	2.8	1.7	2.4	3.5	4.3	4.9	5.1	5.1	5.1	4.8
Mexico/Mexique	3.9	1.7	1.4	1.5	x3.0	3.1	3.0	3.2	2.5	0.5
Belgium–Luxembourg	1.2	1.0	2.0	2.3	2.2	2.6	2.6	2.1	2.7	2.7
Italy/Italie	1.2	1.6	3.3	2.0	2.2	1.3	1.9	2.2	3.0	2.5
Morocco/Maroc	0.6	0.8	1.9	1.3	0.7	1.9	2.5	1.9	1.7	0.6
Spain/Espagne	0.5	0.5	0.8	0.8	0.8	0.6	0.7	0.7	1.1	1.5

0611 RAW BEET AND CANE SUGAR

TRADE BY COMMODITY IN THOUSAND U.S. DOLLARS – COMMERCE PAR PRODUIT EN MILLIERS DE DOLLARS E.U

IMPORTS – IMPORTATIONS

COUNTRIES–PAYS	1988	1989	1990	1991	1992
Total	x3936897	4574918	4835014	4197575	4077252
Africa	99884	168589	264012	x154612	x211997
Northern Africa	80846	139959	207338	x116908	131523
Americas	x582991	x913467	x1420296	1111592	x1069985
LAIA	x21896	41355	134565	114286	95266
CACM	92	2262	12156	4233	22157
Asia	1769888	1703028	1784647	1526539	x1447770
Middle East	x1977	x40838	x67692	x73731	x85840
Europe	1042195	1011627	1103039	1200433	1242705
EEC	995725	971849	1053878	1166637	1213133
EFTA	39129	36315	48455	33714	25616
Oceania	x31677	x46159	x49109	x52420	42227
USA/Etats–Unis d'Amer	x375077	674817	941042	784068	736839
United Kingdom	657570	631437	695163	746666	829220
Japan/Japon	455323	515669	517905	454015	443742
Korea Republic	262548	343475	367184	299119	312010
China/Chine	757601	397483	316333	241338	249292
Former USSR/Anc. URSS	x358172	x559340	x90969	x73707	
Malaysia/Malaisie	158385	196840	222708	224160	x91263
Canada	172758	172173	291218	179574	188027
France, Monac	194524	181068	216069	210772	225098
Portugal	123082	137543	110095	165204	126085
Sri Lanka	62771	42903	109633	157184	111271
Romania/Roumanie		99811	97156	72124	x9146
Indonesia/Indonésie	3346	107638	110739	26677	98953
Morocco/Maroc	51495	79280	80894	68234	86029
Mexico/Mexique	349	621	115751	69332	15449
Egypt/Egypte	11857	39543	109944	12901	15312
New Zealand	26925	41454	41297	48760	35830
Singapore/Singapour	36739	37125	44766	35063	35170
Venezuela	15289	33150	17503	34751	32833
Czechoslovakia	x2	55011	20347	x255	x306
Syrian Arab Republic		15937	38826	x12111	x18862
Finland/Finlande	18562	22566	18375	21905	17501
Iran (Islamic Rp. of)	0	x11438	x17357	x26046	x28994
Tunisia/Tunisie	12427	14962	16469	14001	17728
Sweden/Suède	17426	10486	25835	8776	4690
Guyana		x4389	x16945	x9078	x1759
Kenya		0	25278	0	x10159
Jamaica/Jamaïque	0	3580	x14061	x4554	x6349
So. Africa Customs Un	11417	11830	10164	x111	x16696
Italy/Italie	5870	5542	7882	8126	11000
Germany/Allemagne	6023	5555	6891	7690	6482
Nicaragua	50	2231	12125	4018	20018
Libyan Arab Jamahiriya	235	0	18	x18347	x7964
Hong Kong	8833	12418		1121	4449	3792
Yemen/Yémen					
Mozambique	x10	x5609	x5609	x17769	x18950
Netherlands/Pays–Bas	3938	4565	5610	6423	6530
Lebanon/Liban	x1341	x5377	x4270	x6416	x7452
Israel/Israël	4915	3721	8608	3726	2158
Poland/Pologne		15756		106	x3
Spain/Espagne	337	1846	6758	6191	1424
Chad/Tchad	x31	x7	x7	x13562	x13562
Trinidad and Tobago	7120	6507	1917	5102	2240
Pakistan		2577	9410	581	34
Rwanda	0	4588	5878	x1356	x1356
Belgium–Luxembourg	3014	3245	4224	4276	5433
Uruguay	2479	1513	689	9483	14222
Denmark/Danemark	321	307	338	10519	663
Jordan/Jordanie	0		x2	x11150	x7711
Nigeria/Nigéria	x4032	x3615	x1667	x5281	x19266

EXPORTS – EXPORTATIONS

COUNTRIES–PAYS	1988	1989	1990	1991	1992
Totale	x2849741	x3372822	x3571679	x3244050	x3549981
Afrique	x764396	x804555	x916360	x775182	x748325
Afrique du Nord		116	323	130	x1422
Amériques	x1467136	x1557366	x1837267	x1600968	x1707310
ALAI	436203	401611	561647	443335	440801
MCAC	196405	129916	211191	234942	x270856
Asie	410269	750301	612764	x516954	x840727
Moyen–Orient	x477	41	x193	x147	2032
Europe	65268	36455	47796	155623	98355
CEE	54225	36354	46593	136837	84073
AELE	37	54	88	176	423
Océanie	139906	153022	155786	185279	148070
Cuba	x427075	x569246	x573029	x463987	x487252
Thailand/Thaïlande	337295	635867	486607	368408	x673087
Mauritius/Maurice	329862	324313	351785	338257	364708
So. Africa Customs Un	x225327	x245809	x260101	x238115	x173198
Brazil/Brésil	183881	147125	325700	256132	330060
Fiji/Fidji	138874	148124	149222	180595	144728
Dominican Republic	123198	157090	142677	132276	x109405
Reunion/Réunion	119246	119798	137220	98886	143701
Guatemala	149211	79521	120391	138140	158058
Philippines	60317	x93175	110865	115132	88047
Colombia/Colombie	55838	93119	126586	44515	34583
Jamaica/Jamaïque	91854	64839	73666	87002	x83788
Guyana	71220	86980	79418	x58276	x112183
Argentina/Argentine	54646	45158	51084	44362	37962
Mexico/Mexique	119839	79202	2166	49494	3094
Germany/Allemagne	4686	7581	11969	108565	55492
Belize/Bélize		34064	42764	41660	37629
Zimbabwe	43138	x44347	49876	17870	x8219
Guadeloupe	50650	29673	34746	28692	22843
Trinidad and Tobago	23601	29823	30439	31091	32914
Barbados/Barbade	28683	23980	31749	28299	x66428
Nicaragua	4468	13902	38526	31336	25515
Peru/Pérou	15857	21078	40647	x20651	x25528
Malawi	x20357	x19835	x32213	x23808	x14535
Panama	6195	10200	36836	24406	21283
Romania/Roumanie		61772	1512	239	
Costa Rica	10005	15353	25071	21372	x29278
France, Monac	32908	16689	21639	15284	14625
El Salvador	18277	12940	14678	20099	x52635
Mozambique	x10574	x18354	x17824	x10646	x7988
Honduras	14444	8201	12526	23995	5371
India/Inde	1261	x2937	11595	27348	x52019
Madagascar		x10196	20367	10442	x6561
Cote d'Ivoire	x6131	x13351	x14496	x11568	x16520
Saint–Kitts–Nevis	8651	x10333	x9203	x13356	x14253
Congo	x4917	x5019	x9292	x9589	x4412
USA/Etats–Unis d'Amer	x2232	2780	8240	12166	5620
United Kingdom	8628	7918	7200	6616	7079
Ecuador/Equateur	3220	3179	7332	9309	3303
Yugoslavia SFR	11006	48	1115	x18609	
Paraguay	2861	6865	3640	5628	x3392
Un. Rep. of Tanzania	x4546	x2926	x12428		x3978
Poland/Pologne		8994		5720	x3823
Hong Kong	7850	12903	274	694	360
Cameroon/Cameroun			9	13562	
Belgium–Luxembourg	5326	3318	4941	5286	5846
Bolivia/Bolivie	16	x1718	x3106	x7025	678
Papua New Guinea	74	3166	4814	3031	3087
Gabon		x165	x6700	x2275	x3050
China/Chine	1371	1806	2324	2849	23236

(VALUE AS % OF TOTAL) (VALEUR EN % DU TOTAL)

	1983	1984	1985	1986	1987	1988	1989	1990	1991	1992
Africa	5.3	1.5	4.2	x4.5	x3.9	2.5	3.7	5.5	x3.7	x5.2
Northern Africa	4.4	1.1	3.3	x3.7	x2.9	2.1	3.1	4.3	x2.8	3.2
Americas	5.3	5.6	10.6	x27.0	x18.0	14.8	x20.0	x29.4	26.5	x26.3
LAIA	2.0	2.6	2.0	x0.1	x0.7	x0.6	0.9	2.8	2.7	2.3
CACM	x0.0	0.0	0.0	x0.0	0.0	0.0	0.0	0.3	0.1	0.5
Asia	14.6	12.1	38.3	32.3	36.2	45.0	37.3	36.9	36.4	x35.5
Middle East	1.1	x0.6	x1.0	x1.1	x0.8	x0.1	x0.9	x1.4	x1.8	x2.1
Europe	11.0	11.3	44.2	34.9	32.0	26.5	22.1	22.8	28.6	30.5
EEC	10.3	10.9	42.7	34.1	30.8	25.3	21.2	21.8	27.8	29.8
EFTA	0.6	0.3	1.5	0.9	1.2	1.0	0.8	1.0	0.8	0.6
Oceania	x0.8	x0.7	x2.8	x1.2	x1.0	x0.8	x1.0	x1.0	x1.3	1.0
USA/Etats–Unis d'Amer				x17.2	x10.8	x9.5	14.8	19.5	18.7	18.1
United Kingdom	7.2	8.0	31.0	24.2	19.9	16.7	13.8	14.4	17.8	20.3
Japan/Japon	6.6	4.8	14.5	12.9	10.1	11.6	11.3	10.7	10.8	10.9
Korea Republic	3.4	3.1	10.0	7.9	6.5	6.7	7.5	7.6	7.1	7.7
China/Chine					10.0	19.2	8.7	6.5	5.7	6.1
Former USSR/Anc. URSS	63.2	68.6		x6.7	x9.1	x12.2	x1.9	x1.7	x1.8	
Malaysia/Malaisie	2.7	2.6	9.0	6.2	4.6	4.0	4.3	4.6	5.3	x2.2
Canada	2.8	2.4	7.8	7.3	4.4	4.4	3.8	6.0	4.3	4.6
France, Monac	1.9	1.8	7.5	7.0	7.0	4.9	4.0	4.5	5.0	5.5
Portugal	0.8	0.9	2.7	1.9	3.2	3.1	3.0	2.3	3.9	3.1

	1983	1984	1985	1986	1987	1988	1989	1990	1991	1992
Afrique	7.0	x5.6	6.6	x7.4	x11.0	x26.8	x23.9	x25.7	x23.9	x21.1
Afrique du Nord		x0.0		x0.0			0.0	0.0	0.0	x0.0
Amériques	75.6	78.5	83.6	x79.2	x72.9	x51.5	x46.1	x51.4	x49.4	x48.1
ALAI	2.9	7.2	4.6	4.0	4.3	15.3	11.9	15.7	13.7	12.4
MCAC	x0.2	1.9	1.2	x0.7	x0.6	6.9	3.9	5.9	7.2	x7.6
Asie	7.1	6.8	5.6	x4.8	x5.8	14.4	22.2	17.2	x15.9	x23.7
Moyen–Orient	x0.1	x0.0	x0.2	x0.2	x0.1	0.0	0.0	x0.0	x0.0	0.1
Europe	1.1	0.6	0.7	0.7	0.9	2.3	1.1	1.3	4.8	2.8
CEE	1.1	0.6	0.5	0.7	0.8	1.9	1.1	1.3	4.2	2.4
AELE	0.0	0.0	0.0	x0.1	x0.1	0.0	0.0	0.0	0.0	0.0
Océanie	9.1	8.5	3.8	7.8	9.3	4.9	4.6	4.3	5.8	4.2
Cuba	66.2	62.7	72.4	69.0	61.6	x15.0	x16.9	x16.0	x14.3	x13.7
Thailand/Thaïlande	3.3	2.8	3.2	3.3	4.7	11.8	18.9	13.6	11.4	x19.0
Mauritius/Maurice	3.1	2.2	2.8	x3.6	5.2	11.6	9.6	9.8	10.4	10.3
So. Africa Customs Un	1.7	1.6	1.7	x1.7	x3.0	x7.9	x7.3	x7.3	x7.3	x4.9
Brazil/Brésil		5.1	3.0	2.7	2.5	6.5	4.4	9.1	7.9	9.3
Fiji/Fidji	1.5	1.4	1.5	1.7	2.3	4.9	4.4	4.2	5.6	4.1
Dominican Republic	3.7	3.7	2.4	1.9	2.0	4.3	4.7	4.0	4.1	x3.1
Reunion/Réunion	0.9	0.8	1.0	1.4	1.7	4.2	3.6	3.8	3.0	4.0
Guatemala		0.8	0.4	x0.2	x0.1	5.2	2.4	3.4	4.3	4.5
Philippines	3.7	3.8	2.2	1.2	0.9	2.1	x2.8	3.1	3.5	2.5

0612 REFINED SUGAR ETC — SUCRES RAFFINES 0612

TRADE BY COMMODITY IN THOUSAND U.S. DOLLARS – COMMERCE PAR PRODUIT EN MILLIERS DE DOLLARS E.U

IMPORTS – IMPORTATIONS

COUNTRIES–PAYS	1988	1989	1990	1991	1992
Total	x2933797	x3136683	x4563868	x4369063	x3656592
Africa	x648787	x779624	x1096527	x912582	x683540
Northern Africa	451468	576376	727598	606482	x317456
Americas	699682	349996	694140	487599	x350550
LAIA	140121	264458	570294	353744	x183290
CACM	x279	x401	x2739	x434	x274
Asia	x797265	x1013125	x1715380	x1094201	x1148664
Middle East	x396402	x495602	x1186725	x689225	x635305
Europe	694305	730864	970474	1161812	1332545
EEC	584151	593835	807265	1028444	1166390
EFTA	78303	88730	115429	111279	111490
Oceania	x15863	x18655	x22607	x25908	x24233
Algeria/Algérie	204596	345612	313139	291581	x125430
Former USSR/Anc. URSS	x59635	x174271	x1200	x643529	
Mexico/Mexique	10	174553	441219	192984	22500
Egypt/Egypte	188440	143600	243611	165758	115691
Italy/Italie	83088	75821	149454	263692	188472
Germany/Allemagne	101933	149829	165303	168824	172019
Spain/Espagne	87778	111690	170157	194855	309393
Iran (Islamic Rp. of)	x64723	x83445	x181582	x153199	x137610
Israel/Israël	75189	125974	129762	110873	109456
Saudi Arabia	45162	39012	x152055	x141976	x123944
United Kingdom	94223	86040	125908	109866	119931
Turkey/Turquie	149	1	296302	4676	3968
Libyan Arab Jamahiriya	39554	82602	99124	111182	x21356
Nigeria/Nigéria	x86154	x51471	x125100	x103236	x153712
Syrian Arab Republic	80950	75601	106055	167970	263037
Belgium–Luxembourg	30361	14107	91431	167970	46570
Pakistan	21298	48262	147204	69612	x81632
United Arab Emirates	x57519	x55477	x96691	x66839	51498
Hong Kong	66534	74962	74889	61302	51525
Norway, SVD, JM	42782	53044	69747	66127	62832
Netherlands/Pays–Bas	44173	54987	56339	74541	64760
Peru/Pérou	65924	51532	60458	68378	x88259
Iraq	x40725	x93555	x80195	x1285	x21258
Jordan/Jordanie	22501	20866	81483	67449	42389
Yemen/Yémen			x77710	x75218	x65846
Chile/Chili	12802	8701	48396	67957	x19681
Lebanon/Liban	x16467	x27621	x44621	x51525	x22947
Canada	38444	30329	41490	46491	38948
China/Chine	100636	32304	62471	14930	6012
Indonesia/Indonésie	31797	4481	12611	84093	12423
Switz.Liecht	29936	28038	36397	34598	39280
Sri Lanka	29246	76970	19426	2336	4183
Tunisia/Tunisie	1	67	64029	32516	45843
USA/Etats–Unis d'Amer	485608	13604	28922	39887	57325
Greece/Grèce	113276	75703	3738	838	x4572
India/Inde	86	x64227	5118	x10757	x13457
France, Monac	18798	19492	29105	28956	32441
Singapore/Singapour	23985	21110	25266	25209	36529
Yugoslavia SFR	18790	30418	27479	x8736	
Bangladesh	x27077	x38232	x19301	x755	x747
Ecuador/Equateur	10590	17832	20186	15039	2957
Former Yemen	x31427	x52910			
Ghana	x11355	x12641	x22129	x17270	x25624
Czechoslovakia	x256	24944	20828	x5728	x4616
Mali	x8156	x10727	x18859	x21335	x16726
Kuwait/Koweït	x13261	20575	x22052	x7301	x20716
Senegal/Sénégal	628	7528	33895	x7558	x16757
Mauritania/Mauritanie	x5357	x7104	x21366	x19691	x8346
Kenya	2822	x19398	11052	x11143	x7698
Albania/Albanie	x2170	x7522	x14796	x18734	x14715

EXPORTS – EXPORTATIONS

COUNTRIES–PAYS	1988	1989	1990	1991	1992
Totale	3291804	3952819	4834287	4163074	4685111
Afrique	x49827	x51059	x75780	x51971	x21040
Afrique du Nord	799	3613	2514	10053	115
Amériques	x451317	x555720	x856449	x636460	x705283
ALAI	243828	200498	369882	260972	393194
MCAC	x58310	x41681	x31161	x21399	x17185
Asie	268762	533794	674129	555199	970199
Moyen–Orient	x14012	x7626	x4951	x27684	128519
Europe	2263747	2604939	3052457	2765202	2935836
CEE	2229330	2554465	2970550	2718159	2892932
AELE	25511	35793	63142	37325	34325
Océanie	7194	10846	8755	12308	16068
France, Monac	1267696	1516127	1473635	1303938	1372800
Germany/Allemagne	299653	339681	516673	551795	567241
Belgium–Luxembourg	96181	218557	309048	374120	388722
Brazil/Brésil	163101	159074	200160	185479	269180
Cuba	x73927	x130538	x251859	x147443	x136205
USA/Etats–Unis d'Amer	x50724	154741	186042	188141	138669
Thailand/Thaïlande	44705	112447	205436	210688	x78152
China/Chine	60672	159601	227583	117798	596818
Netherlands/Pays–Bas	108857	133607	242513	123709	123471
United Kingdom	98583	125236	139295	104317	155275
Denmark/Danemark	105482	110238	135644	113192	99959
Korea Republic	72830	105067	122445	87262	92843
Poland/Pologne	22709	95002	116953	98268	x23534
Malaysia/Malaisie	30217	71984	84133	66907	x43668
Spain/Espagne	92460	30494	52011	71600	73773
Italy/Italie	106934	50462	57093	32093	58528
Ireland/Irlande	52707	29598	43997	36279	44851
Argentina/Argentine	1040	3162	82978	12834	8466
Guatemala	x32174	x41669	x30988	x21347	x11675
Bolivia/Bolivie	6311	19318	31613	30747	24682
So. Africa Customs Un	x15621	x20866	x35800	x15190	x10440
Sweden/Suède	10269	25552	18598	13825	6093
Former USSR/Anc. URSS	x12062	x170	x22382	x31499	
Colombia/Colombie	17036	15965	15661	18126	19882
Canada	1777	9451	14683	28548	87088
Hong Kong	25142	24357	10043	10855	9121
Former GDR	x157227	x31688	x12310		
Yugoslavia SFR	8821	14741	18764	x9695	
Austria/Autriche	12953	5950	26959	9238	13104
Singapore/Singapour	8559	15615	16537	9731	8053
Finland/Finlande	2012	4095	17181	13740	14215
Romania/Roumanie	x27216	x32384	x2570		x4
Zimbabwe	798	1983	4240	11455	16643
India/Inde	999	x7630	502	22680	x10940
Czechoslovakia	x22496	x17607	x7082	x6025	x1643
Venezuela	x76	x37	30299	0	0
Ethiopia/Ethiopie	7275	7291	16773	1419	x4013
Hungary/Hongrie	x8996	x14018	x5257	x6108	x11470
Turkey/Turquie	10349	739	190	22032	122840
Pakistan	9557	12996	11		
Uruguay	4686	3601	5761	3248	3748
United Arab Emirates	x2982	x5162	x4144	x2880	x3344
Fiji/Fidji	6	5668	2428	2842	2508
New Zealand	2985	1983	4114	4560	5663
Australia/Australie	1232	1394	2213	4906	7897
Malawi	x5976	x1645	x2192	x4553	x2682
Sri Lanka	8	7922	174	84	84
Egypt/Egypte	39	3611	556	3687	22
Paraguay	x5928	x3706	x4077		
Philippines		x6440	849		210

(VALUE AS % OF TOTAL) (VALEUR EN % DU TOTAL)

	1983	1984	1985	1986	1987	1988	1989	1990	1991	1992
Africa	x12.6	x14.7	x14.5	x20.8	x21.5	x22.1	x24.9	x24.0	x20.9	x18.7
Northern Africa	3.4	7.2	7.5	11.0	13.4	15.4	18.4	15.9	13.9	x8.7
Americas	x40.1	41.4	38.8	28.7	x23.5	23.9	11.2	15.2	11.2	x9.6
LAIA	x7.8	2.3	0.4	1.7	3.3	4.8	8.4	12.5	8.1	x5.0
CACM	0.0	0.0	0.0	x0.0	x0.0	x0.0	x0.0	x0.0	x0.0	x0.0
Asia	x24.9	x22.0	x31.6	x32.5	x34.4	x27.2	x32.3	x37.6	x25.1	x31.4
Middle East	x16.1	x14.6	x12.7	x13.8	x16.7	x13.5	x15.8	x26.0	x15.8	x17.4
Europe	14.5	17.5	14.9	17.5	19.3	23.7	23.3	21.3	26.6	36.4
EEC	11.8	13.7	12.2	14.5	16.2	19.9	18.9	17.7	23.5	31.9
EFTA	2.6	2.2	2.4	2.7	2.3	2.7	2.8	2.5	2.5	3.0
Oceania	0.3	x0.3	x0.2	x0.4	x0.6	0.5	x0.6	x0.5	x0.6	x0.7
Algeria/Algérie		4.6	4.0	5.3	7.1	7.0	11.0	6.9	6.7	x3.4
Former USSR/Anc. URSS	7.5	4.2		x0.5	x2.0	x5.6	x0.0	x0.0	x14.7	
Mexico/Mexique	x4.7			x0.0	0.0	5.6	9.7	4.4	4.4	0.6
Egypt/Egypte	2.2	2.3	2.3	4.5	4.4	6.4	4.6	5.3	3.8	3.2
Italy/Italie	5.7	4.7	4.0	5.4	3.1	3.5	4.8	4.6	3.9	5.2
Germany/Allemagne	1.7	1.6	2.4	3.3	3.1	3.5	4.8	3.6	3.7	4.7
Spain/Espagne	0.4	0.3	0.3	0.6	2.8	3.0	3.6	3.7	4.5	8.5
Iran (Islamic Rp. of)	x2.7	x3.5	x3.7	x4.6	x3.9	x2.2	x2.7	x4.0	x3.5	x3.8
Israel/Israël	1.8	1.8	1.3	2.2	2.2	2.6	4.0	2.8	x2.5	3.0
Saudi Arabia	x3.5	3.6	x1.8	1.4	1.7	1.5	1.3	x3.3	x3.2	x3.4

	1983	1984	1985	1986	1987	1988	1989	1990	1991	1992
Afrique	2.9	x2.7	x2.5	3.5	2.3	1.5	1.3	1.5	x1.3	x0.4
Afrique du Nord	0.4	0.0	0.1	0.0	0.1	0.0	0.1	0.1	0.2	0.0
Amériques	x8.0	15.9	15.6	x23.4	14.9	x13.8	x14.0	17.7	x15.3	x15.1
ALAI	2.7	11.6	10.6	x11.8	x7.8	7.4	5.1	7.7	6.3	8.4
MCAC	x3.3	1.3	1.6	x1.4	x2.0	x1.8	x1.1	x0.6	x0.5	x0.4
Asie	14.5	12.1	11.2	x9.9	10.7	8.1	13.5	13.9	13.3	20.7
Moyen–Orient	x0.2	5.9	3.2	x0.1	0.7	x0.4	x0.2	0.1	0.7	2.7
Europe	72.2	66.1	70.5	62.9	62.5	68.8	65.9	63.1	66.4	62.7
CEE	71.1	65.5	69.2	61.5	61.6	67.7	64.6	61.4	65.3	61.7
AELE	1.1	0.5	0.2	x0.9	x0.8	0.8	0.9	1.3	0.9	0.7
Océanie	0.3	0.4	0.2	0.3	0.3	0.3	0.3	0.2	0.3	0.4
France, Monac	34.0	32.2	30.7	25.1	21.5	38.5	38.4	30.5	31.3	29.3
Germany/Allemagne	14.5	12.4	12.1	12.7	10.4	9.1	8.6	10.7	13.3	12.1
Belgium–Luxembourg	8.7	10.1	9.8	11.1	10.9	2.9	5.5	6.4	9.0	8.3
Brazil/Brésil		10.1	10.1	8.4	5.3	5.0	4.0	4.1	4.5	5.7
Cuba	x0.0			x2.1	x1.3	x2.2	x3.3	x5.2	x3.5	x2.9
USA/Etats–Unis d'Amer				x2.7	x1.5	x1.5	3.9	3.8	4.5	3.0
Thailand/Thaïlande	1.7	0.6	1.3	2.0	0.9	1.4	2.8	4.2	5.1	1.7
China/Chine						3.0	1.8	4.0	2.8	12.7
Netherlands/Pays–Bas	5.6	2.8	2.6	3.0	4.6	3.3	3.4	5.0	3.0	2.6
United Kingdom	2.9	3.4	7.4	2.5	4.6	3.0	3.2	2.9	2.5	3.3

291

0711 COFFEE GREEN, ROASTED, SUB — CAFE TORREFIE OU DECAFEINE 0711

TRADE BY COMMODITY IN THOUSAND U.S. DOLLARS – COMMERCE PAR PRODUIT EN MILLIERS DE DOLLARS E.U

IMPORTS – IMPORTATIONS

COUNTRIES–PAYS	1988	1989	1990	1991	1992
Total	12000286	11308412	8563890	8393725	7273754
Africa	197701	276453	224253	x210167	x96686
Northern Africa	162562	232618	135685	184956	x83297
Americas	2883347	2829067	2252127	2228253	x2028391
LAIA	81482	62453	48510	56306	x59760
CACM	372	111	117	397	x2828
Asia	x1123350	x1059247	x801577	x882611	x765516
Middle East	x143000	x106065	x78359	x110151	x88465
Europe	6513674	6060110	4822846	4588755	4118624
EEC	5301768	4944906	3920107	3775954	3440534
EFTA	1004054	963776	785061	752653	631182
Oceania	x113127	x96285	x68736	x74575	x66609
USA/Etats–Unis d'Amer	2476284	2466371	1956309	1915942	1746732
Germany/Allemagne	1878048	1816619	1414031	1451135	1302885
France, Monac	862033	783115	602415	601084	541362
Japan/Japon	754099	785352	543901	587859	484510
Italy/Italie	676704	652836	529096	449179	375462
Netherlands/Pays–Bas	518229	446736	391313	383231	376835
Spain/Espagne	371215	342308	273959	269644	231469
Belgium–Luxembourg	355144	325016	256174	209030	204646
United Kingdom	352953	305447	243379	225202	203741
Canada	314098	286540	238040	245734	207805
Former USSR/Anc. URSS	x272556	x415935	x89145	x179270	
Sweden/Suède	277885	239859	200535	197122	154830
Austria/Autriche	216090	238872	187750	185237	168256
Switz.Liecht	218122	184955	173245	153124	134724
Finland/Finlande	175261	181944	134564	126799	102207
Former GDR	x495244	x305412	x118060		
Algeria/Algérie	98652	164799	84690	144214	x45213
Denmark/Danemark	147901	141514	98217	100529	91402
Yugoslavia SFR	156777	148560	114181	x56465	
Norway, SVD,JM	109706	112249	82819	83407	64897
Poland/Pologne	x91126	x111798	x31059	x107166	x104242
Korea Republic	67488	72407	73970	78866	73478
Australia/Australie	91691	83435	55157	60805	55212
Czechoslovakia	x157988	72304	60785	x44740	x27676
Portugal	65648	68802	54879	52765	52797
Hungary/Hongrie	x78831	x52576	x47693	41874	x29118
Greece/Grèce	66849	55629	49714	23699	x47081
Singapore/Singapour	48061	24626	54601	48881	61612
Argentina/Argentine	64094	48421	36756	42061	41629
Israel/Israël	47259	34535	30498	31001	28443
Romania/Roumanie	x10104	19670	39979	23667	x27060
Saudi Arabia	39936	21926	x28095	x31218	x28775
Morocco/Maroc	30488	24923	22708	21074	22093
Lebanon/Liban	x21824	x28188	x17188	x21690	x19501
Kenya	72	x169	57989	x33	x3
So. Africa Customs Un	25892	20029	17356	x4117	x5354
Malaysia/Malaisie	16327	12893	11052	13233	x7975
Turkey/Turquie	9395	10812	11940	12759	10248
New Zealand	13857	12043	11645	11519	9151
Sudan/Soudan	5489	x22128	x3884	x4466	x673
Chile/Chili	14178	10810	8414	9786	x11458
Bulgaria/Bulgarie	x63236	x8950	x7630	x12372	9530
Ireland/Irlande	7046	6883	6929	10455	12854
Egypt/Egypte	11125	8524	7473	7549	7605
Syrian Arab Republic	12065	7702	2047	x12463	x10932
Tunisia/Tunisie	10792	7990	7528	6546	7341
Hong Kong	28226	7662	5990	5983	6364
Iceland/Islande	6990	5896	6148	6965	6268
Oman	10322	7490	3268	4984	x1399
Libyan Arab Jamahiriya	6015	4255	9402	x1107	x370

EXPORTS – EXPORTATIONS

COUNTRIES–PAYS	1988	1989	1990	1991	1992
Totale	10569676	9303497	7462992	7456209	x6776899
Afrique	x2066540	x1826754	x1311661	x1226761	x1356143
Afrique du Nord	x144	2616	2311	508	x295
Amériques	6315442	5398336	4423705	4518177	x3799524
ALAI	4551456	4043551	3173035	3388431	2691288
MCAC	1353102	1027759	970219	870647	x848962
Asie	1076311	x908792	703029	704229	x561928
Moyen–Orient	x16639	x10681	x17828	x51648	x5067
Europe	971948	979857	910870	912179	981227
CEE	885184	902338	829341	799998	845489
AELE	86108	76498	81042	111891	129386
Océanie	133985	167048	110426	92967	75657
Colombia/Colombie	1640657	1523992	1414719	1336506	1261277
Brazil/Brésil	2008095	1560083	1106490	1383187	974459
Mexico/Mexique	480408	584025	373192	407825	282087
Indonesia/Indonésie	550237	486977	377202	372430	236776
Germany/Allemagne	446408	458946	396574	359094	378206
Guatemala	419640	238490	323426	286553	249107
Costa Rica	316463	286248	245625	263799	x227305
Cote d'Ivoire	390645	240713	x167452	x249303	x500257
Kenya	275964	x292956	143551	162599	x177679
Ethiopia/Ethiopie	272548	293839	131508	116233	x86785
El Salvador	330381	229506	180021	131622	x191020
Honduras	199116	208125	145112	152572	135801
Uganda/Ouganda	x248827	x217405	x118745	x149824	x101158
Cameroon/Cameroun	x195131	214684	x165941	86508	x101158
USA/Etats–Unis d'Amer	232295	166623	150069	139408	143911
Zaire/Zaïre	x174879	x131126	x187737	x116491	x91202
India/Inde	191390	x166110	131706	129887	x95780
Belgium–Luxembourg	139145	139300	136243	144622	153719
Peru/Pérou	124690	142241	98577	x134908	x96760
Ecuador/Equateur	152384	149190	118529	98449	53912
Papua New Guinea	130832	163960	108530	80082	70558
France, Monac	114875	117577	100597	91092	83555
Rwanda	77685	86213	80780	x106157	x76184
Italy/Italie	53326	71841	83878	92171	111506
Un. Rep. of Tanzania	84481	x65861	x94764	x52033	x44746
Singapore/Singapour	163098	65289	68171	71536	64304
Burundi	110961	60146	56022	74149	49665
Austria/Autriche	46007	46430	55534	80404	95571
Nicaragua	87502	65390	76036	36101	45730
Dominican Republic	66531	63830	46626	43534	x32079
Thailand/Thaïlande	47900	73553	49709	28029	x92393
Madagascar	72173	x75504	38896	28339	x37998
Netherlands/Pays–Bas	64050	50956	40910	40559	43426
Viet Nam	x19026	x27998	x40543	x37186	x51611
Zimbabwe	22287	x20901	60023	21537	x16341
Cuba	x39388	x39895	x26393	x22976	x22743
Philippines	48392	x60786	8007	4707	1429
Venezuela	24494	29320	26063	13761	11591
Paraguay	x102058	40345	20520	6171	x3971
Spain/Espagne	19768	12095	26726	28134	27495
United Kingdom	26194	25289	19556	21714	21420
Canada	23128	18773	23697	21867	20598
Central African Rep.	x29805	40204	x14646	x8023	x2666
Former Yemen	x10675	x1657	x13127	x46271	
Sweden/Suède	9745	13755	16206	23691	24538
Togo	22375	22115	17809	9050	x20210
Denmark/Danemark	13862	19487	13707	10551	13678
Panama	20899	10795	13958	13190	10904
Bolivia/Bolivie	17051	12708	14132	7058	6883
Jamaica/Jamaïque	10298	9943	9247	11982	x16156

(VALUE AS % OF TOTAL)(VALEUR EN % DU TOTAL)

	1983	1984	1985	1986	1987	1988	1989	1990	1991	1992
Africa	2.8	1.9	1.8	x1.7	x3.2	1.6	2.5	2.6	x2.5	1.4
Northern Africa	2.5	1.7	1.7	1.1	2.9	1.4	2.1	1.6	2.2	x1.1
Americas	31.2	33.1	33.3	32.3	x27.4	24.1	25.0	26.3	26.6	x27.9
LAIA	0.6	0.6	0.7	1.0	x0.8	0.7	0.6	0.6	0.7	x0.8
CACM	x0.0	0.0	0.0	x0.0	0.0	0.0	0.0	0.0	0.0	x0.0
Asia	x8.4	9.0	x8.8	9.8	9.0	x9.4	x9.4	9.4	10.5	x10.6
Middle East	x1.2	x0.9	x0.8	x0.9	x1.2	x1.2	x0.9	x0.9	1.3	x1.2
Europe	55.7	54.2	55.2	55.2	53.1	54.3	53.6	56.3	54.7	56.6
EEC	46.4	44.8	46.2	45.3	43.6	44.2	43.7	45.8	45.0	47.3
EFTA	9.3	9.0	8.6	9.2	8.6	8.4	8.5	9.2	9.0	8.7
Oceania	x1.0	x0.9	x0.9	x0.9	x1.0	1.0	x0.8	x0.8	x0.9	0.9
USA/Etats–Unis d'Amer	27.6	29.4	29.7	28.7	23.9	20.6	21.8	22.8	22.8	24.0
Germany/Allemagne	14.7	14.1	14.2	15.3	14.7	15.7	16.1	16.5	17.3	17.9
France, Monac	8.8	8.3	8.2	7.5	7.2	7.2	6.9	7.0	7.2	7.4
Japan/Japon	5.7	6.2	6.0	6.5	6.0	6.3	6.9	6.4	7.0	6.7
Italy/Italie	6.5	5.9	7.4	6.1	7.2	5.6	5.8	6.2	5.4	5.2
Netherlands/Pays–Bas	4.4	4.4	4.3	4.3	4.2	4.3	4.0	4.6	4.6	5.2
Spain/Espagne	3.6	3.3	3.2	3.6	3.1	3.1	3.0	3.2	3.2	3.2
Belgium–Luxembourg	3.0	3.0	3.4	3.1	2.9	3.0	2.9	3.0	2.5	2.8
United Kingdom	2.8	3.3	3.0	2.8	2.8	2.9	2.7	2.8	2.7	2.8
Canada	2.8	2.9	2.7	2.6	2.5	2.6	2.5	2.8	2.9	2.9

	1983	1984	1985	1986	1987	1988	1989	1990	1991	1992
Afrique	29.5	x20.8	x20.4	x20.6	x18.6	19.5	19.6	x17.6	x16.4	x20.0
Afrique du Nord	x0.0	0.0	x0.0	x0.0	x0.0	x0.0	0.0	x0.0	x0.0	x0.0
Amériques	x46.9	62.9	61.4	x61.2	x62.2	59.7	58.0	59.2	60.6	x56.0
ALAI	30.3	47.7	46.0	x42.8	43.1	43.1	43.5	42.5	45.4	39.7
MCAC	x11.5	11.6	12.4	12.8	13.8	12.8	11.0	13.0	11.7	12.5
Moyen–Orient	13.2	9.5	10.1	10.1	9.5	10.1	x9.7	9.4	9.4	x8.3
	x0.1	x0.2	x0.1	x0.1	x0.1	x0.2	x0.1	x0.2	0.7	x0.1
CEE	8.4	5.7	6.9	6.7	8.1	9.2	10.5	12.2	12.2	14.5
AELE	7.8	5.3	6.3	6.1	7.5	8.4	9.7	11.1	10.7	12.5
Océanie	0.7	0.4	0.6	0.6	0.7	0.8	0.8	1.1	1.5	1.9
Colombia/Colombie	1.9	1.2	1.1	1.4	1.4	1.2	1.8	1.5	1.2	1.2
Brazil/Brésil	25.0	16.2	16.4	19.6	15.3	15.5	16.4	19.0	17.9	18.6
Mexico/Mexique		23.6	22.3	13.2	18.2	19.0	16.8	14.8	18.5	14.4
Indonesia/Indonésie	7.1	4.8	5.1	x5.2	x5.5	4.5	5.3	5.0	5.5	4.2
Germany/Allemagne	3.8	5.2	5.3	5.4	5.0	5.2	5.2	5.1	5.0	3.5
Guatemala		2.7	3.0	3.1	3.7	4.2	4.9	5.3	4.8	5.6
Costa Rica	x2.9	3.3	3.7	x4.6	x4.2	4.0	4.6	4.3	3.8	3.7
Cote d'Ivoire	6.9	2.5	3.0	x3.2	3.1	3.3	3.3	3.5	x3.4	
Kenya	4.0	3.8	5.7	4.4	3.7	3.7	2.6	x2.2	x3.3	x7.4
Ethiopia/Ethiopie	4.2	2.6	2.6	3.1	2.2	2.6	x3.1	1.9	2.2	x2.6
		2.4	2.0	2.3	1.9	2.6	3.2	1.8	1.6	x1.3

292

07111 COFFEE GREEN, HUSKS, SKINS
CAFE NON TORREFIE 07111

TRADE BY COMMODITY IN THOUSAND U.S. DOLLARS – COMMERCE PAR PRODUIT EN MILLIERS DE DOLLARS E.U

IMPORTS – IMPORTATIONS

COUNTRIES–PAYS	1988	1989	1990	1991	1992
Total	11259967	10661729	7911383	7571170	6395007
Africa	191952	271945	218247	x202853	x89872
Northern Africa	159828	230475	133244	181443	x82082
Americas	2770119	2724758	2174796	2134075	x1920193
LAIA	81349	62384	48467	55581	x58681
CACM	x491	x151	x79	x311	x1650
Asia	x1037295	x988752	x720825	x781946	x646030
Middle East	x78890	x84335	x45405	x82021	x64771
Europe	6054894	5638466	4381764	4121836	3598205
EEC	4907523	4557278	3521785	3359800	2981510
EFTA	976604	933132	747888	714083	585498
Oceania	100443	89091	x61494	x67263	x57682
USA/Etats-Unis d'Amer	2404141	2400651	1911268	1865360	1698523
Germany/Allemagne	1858746	1796075	1385205	1420484	1270534
Japan/Japon	742698	769790	521869	573187	470657
Italy/Italie	674774	650303	526791	445914	371778
France, Monac	738285	658684	485859	471639	406057
Netherlands/Pays-Bas	445939	372691	303448	294145	268631
Spain/Espagne	366436	334974	265741	259193	219984
Canada	280603	252046	204595	207063	152802
United Kingdom	305207	264200	202992	190043	165550
Former USSR/Anc. URSS	x270071	x413590	x80779	x129607	
Sweden/Suède	271739	232155	194946	191218	146770
Austria/Autriche	210453	233050	177622	173600	156098
Belgium-Luxembourg	262154	237901	171656	125192	112416
Switz.Liecht	211070	178684	164937	144627	124528
Finland/Finlande	175047	181324	132639	122631	96002
Former GDR	x472495	x305131	x117331		
Algeria/Algérie	98652	164799	84159	144028	x45141
Yugoslavia SFR	156052	147923	111489	x47447	
Denmark/Danemark	127136	124456	85692	88240	79637
Norway, SVD, JM	104483	105444	75326	79755	60426
Korea Republic	67368	71383	72191	77451	71798
Australia/Australie	85959	77098	49743	55392	47894
Czechoslovakia	x155737	71725	60138	x41457	x21979
Portugal	61949	64234	48842	46467	46271
Poland/Pologne	x67524	x80740	x13292	x40583	x39662
Hungary/Hongrie	x76556	x51533	x41139	35763	x14171
Argentina/Argentine	64094	48421	36756	42031	41563
Greece/Grèce	63222	50159	42402	12967	x34018
Israel/Israël	45562	32782	28491	29620	26467
Romania/Roumanie	x5399	19670	39979	15200	x3532
Morocco/Maroc	30367	24793	22514	20890	21802
Lebanon/Liban	x21067	x27107	x12332	x19373	x18349
Kenya		x114	57988		0
Korea Dem People's Rp	x11217	x5594	x38371	x826	x160
So. Africa Customs Un	25751	19845	17221	x2541	x4029
Malaysia/Malaisie	15501	12052	10093	12485	x2404
New Zealand	13395	11741	10971	10812	8402
Turkey/Turquie	9142	10204	10140	11772	8735
Sudan/Soudan	x5489	x22063	x3855	x3109	x668
Chile/Chili	14058	10810	8401	9774	x11194
Saudi Arabia	x10970	x12449	x5111	x10667	x11181
Tunisia/Tunisie	10692	7899	7366	6532	7322
Syrian Arab Republic	11811	7692	2007	x11586	x10744
Egypt/Egypte	8785	6872	6136	6883	7120
Libyan Arab Jamahiriya	5843	4048	9214	x2	x30
Jordan/Jordanie	8630	4265	3691	4543	7258
Hong Kong	24837	5086	3484	3835	3097
Ireland/Irlande	3675	3600	3157	5516	6634
Former Yemen			x198	x11381	x27
Senegal/Sénégal		733	888	x9610	x12

EXPORTS – EXPORTATIONS

COUNTRIES–PAYS	1988	1989	1990	1991	1992
Totale	x10172227	x9026408	x6956461	x6035831	x5985637
Afrique	x2045109	x1953146	x1362358	x1220932	x1343779
Afrique du Nord	x91	2361	1934	x85	x171
Amériques	x6439572	x5581014	x4498388	x4628856	x3793052
ALAI	x4749319	4023592	3144577	3343465	2664438
MCAC	x1324826	x1285455	x1132894	x1088133	x950993
Asie	1065841	827485	608323	x568054	x478843
Moyen-Orient	x13952	x6421	x4298	x4018	x2456
Europe	484943	477701	375544	325588	296857
CEE	432632	447771	366325	316272	286799
AELE	52186	29503	9214	9188	9894
Océanie	132428	165486	109144	91247	72778
Colombia/Colombie	1640657	1523992	1414719	1336430	1260070
Brazil/Brésil	x2386764	1560083	1106307	1382331	970566
Mexico/Mexique	453859	567281	359577	378269	265564
Indonesia/Indonésie	549639	484865	376774	371347	236224
Guatemala	x358805	x427990	x379523	x339488	x320822
Costa Rica	x305227	x312041	x263918	x299358	x225357
Côte d'Ivoire	390645	x396266	x167096	x246170	x490088
El Salvador	x410037	x280402	x245209	x253077	x190762
Germany/Allemagne	241783	266274	208641	171117	158012
Kenya	275526	x289820	143529	162599	x176976
Ethiopia/Ethiopie	x215437	x286264	x149457	x115025	x86274
Honduras	x163430	x199775	x188101	x160024	x168448
Uganda/Ouganda	x248713	x217232	x118745	x149791	x101069
Cameroon/Cameroun	x194787	214072	x165700	86485	x115996
Zaire/Zaïre	x174841	x131057	x187345	x116237	x91097
India/Inde	190628	x165278	123861	115817	x95137
Peru/Pérou	124690	142241	98577	x134864	x96647
Papua New Guinea	130785	163407	108467	79971	70337
Ecuador/Equateur	28	x146269	104152	84557	51049
USA/Etats-Unis d'Amer	196574	114107	101765	82043	69675
Rwanda	x120932	x74417	x115244	x105862	x76134
France, Monac	102891	105070	83806	72581	58613
Un. Rep. of Tanzania	x84434	x65854	x94695	x51970	x44658
Burundi	x110961	x60145	x56001	x74059	x49659
Nicaragua	x87327	x65248	x56143	x36006	x45605
Dominican Republic	66494	63776	46512	43323	x31184
Thailand/Thaïlande	47877	73535	49680	28004	x86520
Madagascar	72173	x71939	38896	28338	x37946
Viet Nam	x16914	x27952	x38887	x36576	x51267
Zimbabwe	22287	x20901	60012	21527	x16339
Cuba	x38998	x39884	x26389	x22611	x22740
Venezuela	24494	29065	25970	13723	10152
Philippines	48308	x55262	8007	4699	1427
Paraguay	x100160	40307	20520	6171	x3903
Central African Rep.	x29657	40200	x14642	x7998	x2635
Spain/Espagne	18735	10024	23063	24899	22495
Netherlands/Pays-Bas	27389	24649	15327	14592	14059
Togo	22375	22115	17809	9050	x20183
Belgium-Luxembourg	16063	17626	14235	16178	16651
Canada	15590	16748	14522	15196	14212
United Kingdom	21151	19499	12453	14319	13533
Panama	20583	10795	x13193	x16379	x12053
Bolivia/Bolivie	17051	12708	14132	7058	6280
Jamaica/Jamaïque	9223	9608	9104	11817	x15317
Malawi	9283	6125	11420	9135	x11403
Haiti/Haïti	x15323	x13388	x7414	x4835	x11489
Angola	x31080	x16099	4663	3595	x1648
Liberia/Libéria	x5600	x1465	x1779	x20512	x69
Austria/Autriche	24657	16284	3383	4053	6411
Poland/Pologne	x1549	x20429	x2440	x114	

(VALUE AS % OF TOTAL)(VALEUR EN % DU TOTAL)

	1983	1984	1985	1986	1987	1988	1989	1990	1991	1992
Africa	2.8	1.9	1.8	x1.4	x3.3	1.7	2.6	2.7	x2.6	x1.4
Northern Africa	2.5	1.6	1.7	1.2	3.1	1.4	2.2	1.7	2.4	x1.3
Americas	31.8	x34.0	x34.2	33.2	x28.1	24.6	25.6	27.4	28.2	30.0
LAIA	0.7	x0.7	x0.7	1.1	x0.8	0.7	0.6	0.6	0.7	0.9
CACM				x0.0	0.0	0.0	0.0	0.0	0.0	0.0
Asia	x7.8	8.9	x8.4	x9.5	8.9	x9.2	9.2	9.2	10.4	10.1
Middle East	x0.8	x0.8	x0.7	x0.9	1.1	x0.7	x0.8	0.6	1.1	1.0
Europe	56.4	54.3	54.7	55.0	52.8	53.8	52.9	55.4	54.4	56.3
EEC	46.1	44.5	45.5	44.2	42.5	43.6	42.7	44.5	44.4	46.6
EFTA	9.6	9.3	8.9	9.4	8.8	8.7	8.8	9.5	9.4	9.2
Oceania	x1.0	x0.9	x0.9	x0.9	x0.9	0.9	0.8	x0.8	x0.9	x0.9
USA/Etats-Unis d'Amer	28.6	30.6	31.0	29.7	24.7	21.4	22.5	24.2	24.6	26.6
Germany/Allemagne	15.3	14.9	14.9	16.0	16.5	16.5	16.8	17.5	18.8	19.9
Japan/Japon	5.9	6.6	6.3	6.8	6.8	7.2	6.6	7.2	7.6	7.4
Italy/Italie	6.8	6.2	7.7	6.4	6.5	6.0	6.1	6.7	5.9	5.8
France, Monac	8.6	7.7	7.3	6.9	6.6	6.6	6.2	6.1	6.2	6.3
Netherlands/Pays-Bas	4.0	4.1	4.0	3.9	3.7	4.0	3.5	3.8	3.9	4.2
Spain/Espagne	3.8	3.5	3.4	3.1	3.2	3.3	3.1	3.4	3.4	3.4
Canada	2.5	2.7	2.4	2.4	2.4	2.5	2.4	2.6	2.7	2.4
United Kingdom	2.7	3.2	2.9	2.7	2.6	2.7	2.5	2.5	2.5	2.6
Former USSR/Anc. URSS					x2.4	x2.4	x3.9	x1.0	x1.7	

	1983	1984	1985	1986	1987	1988	1989	1990	1991	1992
Afrique	x20.6	x22.9	x23.2	x21.9	x19.3	x20.1	x21.6	19.6	x17.8	x22.4
Afrique du Nord	x0.0	x0.0	x0.0	x0.0	x0.0	x0.0	x0.0	0.0	x0.0	x0.0
Amériques	71.4	x68.5	x64.9	63.6	65.5	63.3	61.8	64.7	67.7	63.4
ALAI	x54.4	x52.2	x49.4	45.3	44.5	44.5	44.6	45.2	48.9	44.5
MCAC	x13.9	x12.8	x12.9	12.9	x16.0	x13.0	x14.2	16.3	15.9	15.9
Asie	4.2	4.6	x9.6	10.0	9.9	10.4	x9.2	8.7	x8.3	x8.0
Moyen-Orient	x0.1	x0.1	x0.0	x0.0	x0.1	x0.1	x0.1	0.1	x0.1	x0.0
Europe	2.4	2.7	3.1	2.9	3.9	4.8	5.3	5.4	4.8	5.0
CEE	2.1	2.4	2.6	2.6	3.5	4.3	5.0	5.3	4.6	4.8
AELE	0.3	0.3	0.5	0.4	0.4	0.5	0.3	0.1	0.1	0.2
Océanie	1.3	1.3	1.2	1.5	x1.4	1.3	1.8	1.6	1.3	1.2
Colombia/Colombie	17.5	18.0	17.2	20.9	15.9	16.1	16.9	20.3	19.6	21.1
Brazil/Brésil	x24.2	x26.0	x23.2	13.9	18.9	x23.5	17.3	15.9	20.2	16.2
Mexico/Mexique	x9.1	x4.9	x4.9	5.4	5.4	4.5	6.3	5.2	5.5	4.4
Indonesia/Indonésie			x5.0	5.2	5.4	5.4	5.4	5.4	5.4	3.9
Guatemala	x4.1	x3.6	x3.8	3.7	6.0	x3.5	x4.7	5.5	x5.0	x5.4
Costa Rica	x2.0	x2.7	x4.1	3.7	x3.2	x3.0	x3.5	3.8	x4.4	x3.8
Côte d'Ivoire	4.8	x4.3	6.0	4.7	3.8	3.8	4.4	x2.4	x3.6	x8.2
El Salvador	x4.5	x3.6	x3.4	x3.6	x3.6	x4.0	x3.1	x3.5	x3.7	x3.2
Germany/Allemagne	1.0	1.2	1.3	1.4	1.9	2.4	2.9	3.0	2.5	2.6
Kenya	2.8	2.9	2.8	3.4	2.3	2.7	x3.2	2.1	2.4	x3.0

293

0712 COFFEE EXTRACTS, ESSENCES / EXTRAITS DE CAFE 0712

TRADE BY COMMODITY IN THOUSAND U.S. DOLLARS – COMMERCE PAR PRODUIT EN MILLIERS DE DOLLARS E.U

IMPORTS – IMPORTATIONS

COUNTRIES–PAYS	1988	1989	1990	1991	1992
Total	1159775	1067319	1088418	1081448	1114836
Africa	x34641	x46865	x35620	x48784	x67430
Northern Africa	x5941	x10405	x6777	x27454	x37976
Americas	x171666	x161182	x152805	x126079	x149708
LAIA	938	952	1723	5728	x11198
CACM	192	195	129	244	x780
Asia	x233429	x201275	x183684	x202283	x203204
Middle East	x47957	x43875	x29838	x32712	x38716
Europe	572756	559814	592716	594899	609384
EEC	508624	491069	519330	524680	533068
EFTA	60659	63294	66199	65796	71934
Oceania	40950	x40008	x41583	x37085	x42598
United Kingdom	171288	145414	153439	161869	163934
Japan/Japon	135182	106959	99417	106417	88751
USA/Etats–Unis d'Amer	126142	111038	114508	82730	101716
France, Monac	84456	86891	88808	94355	102456
Germany/Allemagne	80761	75799	78446	89573	96783
Greece/Grèce	54398	67553	66391	46801	x10833
Former USSR/Anc. URSS	x34619	x42262	x62291	x48026	
Australia/Australie	32708	34863	35359	31400	34920
Belgium–Luxembourg	28759	27906	31990	31453	45142
Canada	36485	35439	27353	28068	29859
Netherlands/Pays–Bas	25359	26551	30179	31650	33876
Sweden/Suède	23145	25567	27154	25894	27938
Italy/Italie	22986	22289	21972	20625	22105
Spain/Espagne	13824	15913	24587	24223	32189
Hong Kong	15401	14157	18581	22564	23514
Austria/Autriche	14908	15591	16842	16713	21886
Ireland/Irlande	20207	15474	14841	11717	9992
Saudi Arabia	15817	14610	x10947	x13293	x12676
Norway, SVD, JM	11246	10583	11108	11872	11166
Senegal/Sénégal	x4701	17681	12685	x1232	x1239
Singapore/Singapour	10345	10642	10940	9944	12233
Korea Republic	373	5385	7129	11090	15604
Switz. Liecht	7905	7674	6944	7781	6778
Denmark/Danemark	5821	6644	6536	7812	10066
China/Chine	13464	9923	4612	4431	1087
Algeria/Algérie	x2093	x4335	1	x14017	x27602
Cuba	x2901	x9028	x4439	x2709	x927
Iraq	x13447	x12247	x3311	x117	
Hungary/Hongrie	x889	x1390	x7183	6960	x6279
Israel/Israël	3446	3412	4620	6372	10925
Romania/Roumanie	x35810	x289	4995	6756	x17647
Morocco/Maroc	2908	3175	4358	4326	4999
Cote d'Ivoire	x4701	x4337	x2863	x4615	x9888
Finland/Finlande	3078	x4337	3442	3700	3162	3570
Malta/Malte	2337	3338	4614	x1763	x1648
Cyprus/Chypre	2534	2875	3468	3080	4186
Lebanon/Liban	x716	x4945	x2067	x2214	2046
Former GDR	x20974	x8189	x956		
Czechoslovakia	x7684	3022	3909	x2016	x3677
Poland/Pologne	x2509	x1092	x847	x6886	x14073
Malaysia/Malaisie	3500	2922	2961	2930	x5644
Turkey/Turquie	3115	1387	3252	3800	4887
Sudan/Soudan		x1970	x1816	x4496	x1188
United Arab Emirates	x6621	x2980	x2237	x2849	x6753
Portugal	765	636	2142	4602	5693
New Zealand	1781	1946	2578	2310	3932
Bulgaria/Bulgarie	x3849	x1932	x1829	x1666	821
Libyan Arab Jamahiriya	217	597	384	x4025	x1699
Congo	x1218	x1340	x1180	x2406	x2009
Macau/Macao	380	529	2121	2190	1838

EXPORTS – EXPORTATIONS

COUNTRIES–PAYS	1988	1989	1990	1991	1992
Totale	1119250	1075835	1125104	1114156	1328539
Afrique	x102307	x73676	x83634	x70715	x145870
Afrique du Nord	64	93	27	x1199	2652
Amériques	359049	368089	315710	272450	340874
ALAI	305486	305221	250595	204362	256490
MCAC	x6312	12488	x6258	x5532	x3608
Asie	43121	31041	57849	66045	x63710
Moyen–Orient	109	427	x784	x1152	x958
Europe	595726	581044	645397	686523	763450
CEE	545230	529695	587719	632069	697920
AELE	50477	51332	57303	54455	64802
Océanie	15723	14527	14054	x16213	x11973
Germany/Allemagne	222746	204521	217560	230848	247293
Brazil/Brésil	228752	232482	176416	124017	161044
France, Monac	139527	145401	156195	188577	207601
Netherlands/Pays–Bas	62315	67280	80691	88204	90364
Cote d'Ivoire	102080	73001	x82025	x67856	x141190
United Kingdom	61872	56939	67881	64777	72574
Colombia/Colombie	58166	59302	58152	62145	63218
Switz. Liecht	47105	46884	53699	50075	52127
Belgium–Luxembourg	32530	31329	35988	36359	44539
USA/Etats–Unis d'Amer	33648	32679	33257	35345	45686
Canada	12332	16285	24730	26372	34380
Spain/Espagne	16204	15992	18182	19988	25261
Australia/Australie	15561	14409	13960	16034	11719
Hong Kong	8915	8830	14679	19323	16723
Ecuador/Equateur	17031	11450	11362	11505	17904
Japan/Japon	2297	7921	9055	17151	14373
India/Inde	14327	x165	16726	5393	x2221
Korea Republic	6712	5561	6674	8281	7352
Nicaragua	2932	10131	4554	3253	1544
Poland/Pologne	x1457	x6226	x8089	x1646	x2214
Italy/Italie	2583	2308	5600	6882	3959
Malaysia/Malaisie	1345	3396	2941	3714	x1005
Mexico/Mexique	854	1276	2811	5162	12527
Sweden/Suède	1892	2831	2357	2468	6288
Singapore/Singapour	3198	1995	2191	3443	3801
Denmark/Danemark	1349	1546	2644	2929	4320
Indonesia/Indonésie	1698	720	1778	3490	5262
Ireland/Irlande	5665	3928	1018	394	1170
El Salvador	x2516	x1856	x1401	x2068	x1807
Austria/Autriche	1420	1611	1115	1816	6318
Thailand/Thaïlande	256	988	990	1309	x2757
Philippines	521	x577	908	1369	1721
Paraguay	261	316	1485	1026	x1220
Portugal	351	285	1760	766	670
So. Africa Customs Un	x18	x5	x893	x854	x1161
Un. Rep. of Tanzania		x379	x567	x624	x545
Trinidad and Tobago	346	460	490	490	372
Hungary/Hongrie	x240	x1017	x252	x166	x409
Cyprus/Chypre	56	224	576	627	401
Israel/Israël	3660	100	166	1031	6430
China/Chine	52	313	667	52	503
Guatemala	864	501	286	207	142
Chile/Chili	17	115	312	432	x416
Tunisia/Tunisie			0	21	835	2451
Jamaica/Jamaïque	401	223	283	239	x325
Greece/Grèce	88	166	200	344	x169
Macau/Macao	10	23	272	334	464
Cuba	x406	x562			
Former USSR/Anc. URSS	x5	x64	x3	x381	
Egypt/Egypte	64	93	7	x301	10

(VALUE AS % OF TOTAL)(VALEUR EN % DU TOTAL)

	1983	1984	1985	1986	1987	1988	1989	1990	1991	1992		1983	1984	1985	1986	1987	1988	1989	1990	1991	1992
Africa	x2.0	x1.3	x1.0	x2.8	2.6	x3.0	x4.4	x3.2	x4.6	6.0	Afrique	7.6	4.5	4.4	x4.1	x6.5	x9.1	6.8	x7.5	x6.4	x11.0
Northern Africa	0.1	x0.1	x0.2	x0.7	x0.2	x0.5	0.1	x0.6	x2.5	3.4	Afrique du Nord	x0.0		0.0	x0.0	0.0	0.0	0.0	0.0	x0.1	0.2
Americas	x24.8	x25.3	x24.0	x24.5	21.1	x14.8	15.1	x14.0	x11.6	x13.4	Amériques	21.9	49.0	54.3	55.7	37.8	32.1	34.3	28.1	24.4	25.6
LAIA	0.1	0.1	0.1	2.0	1.8	0.1	0.1	0.2	0.5	x1.0	ALAI	9.9	42.1	49.2	50.6	30.1	27.3	28.4	22.3	18.3	19.3
CACM	x0.0	0.0	0.0	0.0	0.0	0.0	0.0	0.0	0.0	x0.1	MCAC	x1.4	0.9	0.9	x0.4	x0.4	x0.6	x0.2	x0.6	x0.5	x0.3
Asia	x19.0	18.6	x17.6	x16.6	x17.4	x20.2	x18.8	16.9	x18.7	18.2	Asie	4.5	2.9	2.2	1.8	3.5	3.8	2.8	5.1	5.9	x4.8
Middle East	x3.4	x4.1	x3.4	x4.0	x3.3	x4.1	4.1	x2.7	x3.0	x3.5	Moyen–Orient	0.2	0.3	x0.1	x0.0	0.0	0.0	0.0	x0.1	x0.1	x0.1
Europe	50.5	49.8	53.2	52.2	50.4	49.4	52.5	54.5	55.0	54.7	Europe	63.0	41.4	37.5	36.8	50.5	53.2	54.0	57.4	61.6	57.5
EEC	44.2	43.5	46.7	45.9	44.4	43.9	46.0	47.7	48.5	47.8	CEE	56.0	36.9	33.6	33.0	45.0	48.7	49.2	52.2	56.7	52.5
EFTA	6.2	6.0	6.1	6.2	5.6	5.4	5.9	6.1	6.1	6.5	AELE	7.0	4.5	3.9	3.8	5.5	4.5	4.8	5.1	4.9	4.9
Oceania	3.7	x5.0	x4.2	x3.9	x2.7	3.6	3.7	x3.8	x3.4	3.8	Océanie	3.0	2.1	1.6	x1.5	1.5	1.4	1.3	x1.2	x1.5	0.9
United Kingdom	13.1	13.9	14.5	15.8	14.5	14.8	13.6	14.1	15.0	14.7	Germany/Allemagne	26.1	17.1	14.9	16.1	21.6	19.9	19.0	19.3	20.7	18.6
Japan/Japon	9.7	9.3	8.6	8.9	9.8	11.7	10.0	9.1	9.8	8.0	Brazil/Brésil		35.2	25.0	23.1	23.0	20.4	21.6	15.7	11.1	12.1
USA/Etats–Unis d'Amer	18.9	19.6	18.1	16.2	14.0	10.9	10.4	10.5	7.6	9.1	France, Monac	9.3	5.9	5.5	4.7	5.0	12.5	13.5	13.9	16.9	15.6
France, Monac	9.8	9.4	8.3	7.7	7.3	7.3	8.1	8.2	8.7	9.2	Netherlands/Pays–Bas	7.4	5.6	4.7	5.0	5.3	5.6	6.3	7.2	7.2	6.8
Germany/Allemagne	9.0	7.9	9.1	7.7	7.2	7.0	7.1	7.2	8.3	8.7	Cote d'Ivoire	7.1	4.2	4.3	4.0	6.2	9.1	6.8	x7.3	x6.1	x10.6
Greece/Grèce	2.7	3.0	3.9	4.6	5.0	4.7	6.3	6.1	4.3	x1.0	United Kingdom	6.0	3.6	4.1	4.1	6.1	5.5	5.3	6.0	5.8	5.5
Former USSR/Anc. URSS						x1.0	x3.0	4.0	x5.7	x4.4	Colombia/Colombie	6.4	4.6	4.4	4.9	5.2	5.2	5.5	5.2	5.6	4.8
Australia/Australie	3.1	4.1	3.5	3.5	2.2	2.8	3.3	3.2	2.9	3.1	Switz. Liecht	6.7	4.3	3.7	3.6	5.2	4.2	4.4	4.8	4.5	3.9
Belgium–Luxembourg	2.7	2.7	3.0	2.7	3.0	2.5	2.6	2.9	2.9	4.0	Belgium–Luxembourg	3.7	2.1	2.3	2.1	3.6	2.9	2.9	3.2	3.3	3.4
Canada	5.3	4.8	5.2	5.1	3.8	3.1	3.3	2.5	2.6	2.7	USA/Etats–Unis d'Amer	10.2	5.7	3.5	2.4	4.3	3.0	3.0	3.0	3.2	3.4

0721 COCOA BEANS, RAW, ROASTED
CACAO EN FEVES 0721

TRADE BY COMMODITY IN THOUSAND U.S. DOLLARS – COMMERCE PAR PRODUIT EN MILLIERS DE DOLLARS E.U

COUNTRIES–PAYS	IMPORTS – IMPORTATIONS					COUNTRIES–PAYS	EXPORTS – EXPORTATIONS				
	1988	1989	1990	1991	1992		1988	1989	1990	1991	1992
Total	2664029	2194870	2196822	2224194	2117503	Totale	x2754025	2651843	x2236701	x2471133	x3384559
Africa	x16161	11173	x9454	x2529	x4198	Afrique	x1707814	x1882389	x1509881	x1799452	x2587592
Northern Africa	4121	6232	x2317	2165	3552	Afrique du Nord	x471	x96			x120
Americas	492744	460819	460649	521616	x476392	Amériques	442007	305381	316009	235250	x234639
LAIA	7510	4914	10075	10515	4485	ALAI	330566	209760	225925	164341	154594
CACM	543	576	441	1534	x1109	MCAC	6016	4894	4807	2898	x4185
Asia	309855	238823	216261	235971	236734	Asie	x474599	355564	x330163	369730	x475673
Middle East	8629	6341	7184	10009	10626	Moyen–Orient		0	x1	x79	x1
Europe	1613588	1337106	1421208	1358719	1386392	Europe	72986	48613	30228	24184	31537
EEC	1502709	1237928	1336050	1300255	1322664	CEE	72845	48190	29750	23973	31120
EFTA	88989	72541	67128	56933	57957	AELE	x97	423	478	211	409
Oceania	1260	264	179	238	x368	Océanie	56414	59175	41720	42104	x55037
USA/Etats–Unis d'Amer	439522	421448	415392	467020	432553	Cote d'Ivoire	700557	1064353	x738680	x923241	x1962387
Germany/Allemagne	447190	373341	426013	402863	429385	Ghana	422847	386276	437378	x305172	x374645
Netherlands/Pays–Bas	435677	334398	350000	356906	369306	Cameroon/Cameroun	x216540	168739	x130483	327200	x113422
United Kingdom	222192	198870	209909	218962	204852	Nigeria/Nigéria	x284277	x207893	x144728	x161068	x106900
Singapore/Singapour	171454	110282	99563	85645	98074	Malaysia/Malaisie	270761	192557	165847	148144	x211072
France, Monac	90625	83269	93127	97099	91213	Brazil/Brésil	215460	134224	127816	88534	83513
Italy/Italie	108692	85288	91849	83917	90622	Indonesia/Indonésie	75039	69218	99202	119413	127995
Japan/Japon	84861	71540	72993	74831	71017	Singapore/Singapour	118936	86413	63187	101240	135994
Belgium–Luxembourg	78655	70363	71671	59721	62875	Ecuador/Equateur	77636	55620	74617	53861	35361
Spain/Espagne	79960	61772	60268	59577	57111	Papua New Guinea	53613	52776	34178	36740	35695
Former USSR/Anc. URSS	x166702	x64659	x29411	x84072		Dominican Republic	64036	42962	41257	31275	x39898
Canada	45159	33864	34583	42430	38045	USA/Etats–Unis d'Amer	28389	38836	30460	24761	23260
Switz.Liecht	46974	38996	38577	30965	33403	Netherlands/Pays–Bas	36786	25117	15095	9424	18730
China/Chine	34875	35495	11902	34845	32855	Togo	21978	12332	15185	10966	1640
Czechoslovakia	x2266	37209	26758	x400	x109	Venezuela	11413	8607	10160	14680	10132
Austria/Autriche	27210	21246	20280	19528	18757	Equatorial Guinea	8295	7739	6372	x19169	x3365
Ireland/Irlande	22521	17504	19015	12565	11173	Sao Tome and Principe	x8818	x7691	x11107	x10616	x9317
Yugoslavia SFR	21891	26636	18030	x1532		Liberia/Libéria	x6300	x711	x5157	x22897	x234
Poland/Pologne	x23659	x23952	x15510	x967	x171	Colombia/Colombie	20860	10345	11498	6921	4380
Philippines	2087	x4703	13696	14487	7714	France, Monac	12816	11345	7601	4916	3792
Turkey/Turquie	8513	6265	7154	9955	9393	United Kingdom	18155	9965	4366	6500	2215
Hungary/Hongrie	x12152	x4738	x4954	13494	x3469	Sierra Leone	12720	x6943	x3947	x6902	x1746
Greece/Grèce	12000	9121	9376	4274	x1907	Zaire/Zaïre	x6795	x6473	x5144	x3343	x3831
Romania/Roumanie	x9262	5065	10302	6164	x3420	Trinidad and Tobago	3422	2991	5569	4999	2700
Korea Republic	4450	5619	6575	5676	4275	Solomon Isls		3467	4385	x2778	x2402
Norway, SVD, JM	6238	4138	4037	5317	5062	Madagascar	5372	x3418	2449	3972	x3048
Sweden/Suède	8162	7911	3978	901	569	Former USSR/Anc. URSS			x8700		
Denmark/Danemark	5004	3748	4620	4096	3804	Grenada/Grenade	x3227	2247	2620	3062	x3424
So. Africa Customs Un	6631	4649	6457	x1		Honduras	1966	2800	3089	1970	2069
Argentina/Argentine	3140	2078	3688	4841	2144	Jamaica/Jamaïque	4001	1904	3348	2234	x3455
Israel/Israël	3029	3326	2310	3279	3256	Un. Rep. of Tanzania	3018	x1542	x4114	x1464	x1407
Bulgaria/Bulgarie	x12341	x5339	x2102		6235	China/Chine	7471	5033	939		2
Mexico/Mexique	47	1836	3654	1316	102	Vanuatu	1121	1473	2125	x2201	x16582
Thailand/Thaïlande			1985	4285	4362	Gabon	x3898	x2324	x2089	x775	x3000
Former GDR	x4001	x5692				Guinea/Guinée	x2904	x2795	x1138	x1186	x1291
Tunisia/Tunisie	1629	3570	1439	572	1400	Germany/Allemagne	3625	923	1666	1093	5556
Peru/Pérou	772		2028	3298		Bolivia/Bolivie	179	923	1666	342	180
Egypt/Egypte	2217	2259	x92	1343	1903	Haiti/Haïti	x1969	x1069	x985	x782	x2345
Malaysia/Malaisie	175	1504	46	1031	x2108	Congo	x1587	x1662	x812	x278	x402
Costa Rica	412	417	83	1202	x776	Philippines	1665	x1524	529	173	239
Uruguay	374	454	321	591	287	Costa Rica	1663	882	917	423	x1034
Kenya	880	x291	510	x246	x478	Nicaragua	517	834	777	400	356
India/Inde				943	x1813	Belgium–Luxembourg	425	761	781	410	429
Chile/Chili	633	366	203	261	x415	Uganda/Ouganda	x328	x636	x333	x923	x468
Morocco/Maroc	262	402	107	248	249	Fiji/Fidji	235	472	594	382	356
Portugal	194	253	203	275	416	Ireland/Irlande	4	17	3	1201	77
Finland/Finlande	404	251	256	221	165	Samoa	606	925	216	x3	
Algeria/Algérie	x12	x1	x680	x1		Switz.Liecht	76	243	451	146	349
El Salvador	123	151	321	147	x279	Panama	32	134	214	296	168
New Zealand	279	191	136	179	283	Belize/Bélize		199	246	x168	147

(VALUE AS % OF TOTAL)(VALEUR EN % DU TOTAL)

	1983	1984	1985	1986	1987	1988	1989	1990	1991	1992		1983	1984	1985	1986	1987	1988	1989	1990	1991	1992
Africa	0.6	0.6	0.5	x0.7	x0.4	x0.6	0.5	x0.4	x0.1	x0.2	Afrique	72.2	66.9	55.7	x66.2	x61.8	x62.0	x71.0	x67.5	x72.8	x76.5
Northern Africa	0.3	0.3	0.3	0.4	0.2	0.2	0.3	x0.1	0.1	0.2	Afrique du Nord	x0.0	x0.0	x0.0	x0.0	x0.0	x0.0	x0.0			x0.0
Americas	x20.1	19.1	24.8	x20.0	x20.4	18.5	21.0	21.0	23.4	x22.5	Amériques	8.6	17.9	26.2	16.8	17.8	16.0	11.5	14.2	9.5	x6.9
LAIA	0.2	0.4	0.7	0.8	x0.5	0.3	0.2	0.5	0.5	0.2	ALAI	1.9	13.3	21.8	12.7	13.3	12.0	7.9	10.1	6.7	4.6
CACM	x0.1	0.1	0.1	x0.0	x0.0	0.0	0.0	0.1	0.1	x0.1	MCAC	x0.1	0.0	0.3	0.4	0.0	0.2	0.2	0.2	0.1	x0.1
Asia	8.5	7.4	8.0	7.3	9.6	11.6	10.9	9.8	10.6	11.2	Asie	9.7	9.4	11.6	x11.0	x15.0	x17.2	x13.4	x14.8	15.0	x14.1
Middle East	0.0	0.2	0.2	0.3	0.3	0.3	0.3	0.3	0.5	0.5	Moyen–Orient		x0.0	x0.0	x0.0	x0.0	x0.0	x0.0	x0.0	x0.0	x0.0
Europe	54.8	58.3	66.1	70.4	59.6	60.6	60.9	64.7	61.1	65.5	Europe	5.8	3.0	3.8	3.7	2.8	1.8	1.4	1.0	0.9	0.9
EEC	51.3	54.6	60.9	65.9	55.9	56.4	56.4	60.8	58.5	62.5	CEE	5.8	2.9	3.8	3.6	2.6	1.8	1.3	1.0	0.9	0.9
EFTA	3.5	3.0	3.8	4.0	3.3	3.3	3.3	3.1	2.6	2.7	AELE	0.0	0.0	0.0	0.0	0.0	0.0	0.0	0.0	0.0	0.0
Oceania	0.9	0.8	0.6	0.5	0.1					x0.0	Océanie	3.6	2.9	2.7	x2.3	2.5	2.0	2.2	1.9	1.7	x1.6
USA/Etats–Unis d'Amer	18.3	16.4	22.0	17.4	18.4	16.5	19.2	18.9	21.0	20.4	Cote d'Ivoire	26.5	32.2	25.9	39.2	36.5	25.4	40.1	x33.0	x37.4	x58.0
Germany/Allemagne	14.6	15.6	18.9	20.8	17.3	16.8	17.0	19.4	18.1	20.3	Ghana	12.3	12.3	14.7	x13.0	x12.3	15.4	14.6	19.6	x12.3	x11.1
Netherlands/Pays–Bas	16.1	15.8	17.0	18.1	15.7	16.4	15.2	15.9	16.0	17.4	Cameroon/Cameroun	8.2	8.3	x2.6	5.0	x4.7	x10.3	x7.8	x6.4	x5.8	x3.4
United Kingdom	5.5	8.2	8.6	9.8	8.6	8.3	9.1	9.6	9.8	9.7	Nigeria/Nigéria	20.2	9.0	8.1	x4.6	4.4	x7.9	6.4	x6.5	x6.5	x6.2
Singapore/Singapour	3.6	3.4	4.0	4.4	4.7	6.4	5.0	4.5	3.9	4.6	Malaysia/Malaisie	6.2	5.1	6.7	6.6	9.5	9.8	7.3	7.4	6.0	x6.2
France, Monac	4.9	4.3	4.5	4.2	3.4	3.4	3.8	4.2	4.4	4.3	Brazil/Brésil			8.9	14.3	9.5	7.8	5.1	5.7	3.6	2.5
Italy/Italie	3.2	3.4	4.3	4.8	4.0	4.1	3.9	4.2	3.8	4.3	Indonesia/Indonésie	1.7	1.8	2.3	2.0	2.1	2.7	2.6	4.4	4.8	3.8
Japan/Japon	3.4	3.2	3.3	3.6	3.0	3.2	3.3	3.3	3.4	3.4	Singapore/Singapour	1.6	2.3	2.2	2.8	4.3	4.3	3.3	2.8	4.1	4.0
Belgium–Luxembourg	2.7	2.8	3.3	3.4	2.9	3.0	3.2	3.3	2.7	3.0	Ecuador/Equateur	0.7	3.4	5.5	2.9	2.8	2.8	2.1	3.3	2.2	1.0
Spain/Espagne	3.2	3.1	3.3	3.4	2.7	3.0	2.8	2.7	2.7	2.7	Papua New Guinea	3.1	2.7	2.5	2.0	2.2	1.9	2.4	1.5	1.5	1.1

0722 COCOA POWDER, UNSWEETENED — CACAO EN POUDRE 0722

TRADE BY COMMODITY IN THOUSAND U.S. DOLLARS – COMMERCE PAR PRODUIT EN MILLIERS DE DOLLARS E.U

IMPORTS – IMPORTATIONS

COUNTRIES–PAYS	1988	1989	1990	1991	1992
Total	x364276	265531	276026	272763	292245
Africa	7879	x5627	6569	x5223	x7676
Northern Africa	4869	3192	x5049	3986	x6146
Americas	120876	82211	90907	85877	x87406
LAIA	2483	3168	9168	8953	9200
CACM	751	695	680	851	x732
Asia	59373	41730	x38835	x40589	x43273
Middle East	x8285	x12222	x12284	x13498	x13267
Europe	112748	104364	121665	123761	137873
EEC	94012	88431	102345	106998	120863
EFTA	16440	14491	17676	15752	15753
Oceania	x11919	x10884	x9305	x7519	x7500
USA/Etats–Unis d'Amer	110495	71265	74518	70119	70054
Germany/Allemagne	26382	24315	30036	34947	37218
France, Monac	16543	15985	19194	18434	22250
Italy/Italie	17250	15650	17792	17444	19633
Japan/Japon	12148	10704	10538	11697	11069
Belgium–Luxembourg	9131	8547	8895	8461	8592
Netherlands/Pays–Bas	4937	6877	7548	7831	11153
Australia/Australie	9585	8570	7492	6059	5836
Sweden/Suède	7812	6217	6908	6619	5450
Poland/Pologne	x34157	x11072	x2116	x1631	x2524
Greece/Grèce	4863	4426	5205	4857	x6111
United Kingdom	5840	4443	4658	4543	5093
Denmark/Danemark	5469	4031	4597	4903	4922
Korea Republic	5528	4834	3990	4653	4244
Turkey/Turquie	2151	3291	5025	4824	5195
Mexico/Mexique	27	399	6622	5616	6634
Canada	5235	4781	4050	3686	5238
Thailand/Thaïlande	2592	3321	3849	2522	2760
Israel/Israël	2698	2887	3094	3052	3868
Austria/Autriche	2495	2461	3814	2756	3279
Romania/Roumanie	x5715	2140	2991	3268	x1225
Czechoslovakia	x8049	3613	1540	x1839	x2020
Chile/Chili	2121	2559	2006	2264	x1339
Finland/Finlande	2559	2214	2286	2247	2398
Syrian Arab Republic	1024	1870	1569	x3067	x2376
Singapore/Singapour	2544	2008	1848	2494	3433
Egypt/Egypte	2383	1614	2647	2041	1669
Norway, SVD, JM	1519	1877	2204	2030	2117
Portugal	1096	1381	1948	2659	2986
Switz.Liecht	1815	1520	2183	1834	2228
Hungary/Hongrie	x1541	x1714	x1333	2322	x2334
Spain/Espagne	1788	1867	1482	1962	1646
Saudi Arabia	1766	1939	x1392	x1966	x1328
New Zealand	1823	1923	1265	948	1167
Yugoslavia SFR	2106	1206	1368	x744	
So. Africa Customs Un	1788	1429	913	x731	x816
Ireland/Irlande	714	910	989	956	1258
Lebanon/Liban	x562	x769	x759	x1256	x562
Philippines	984	x802	1601	366	1021
China/Chine	13817	2456	95	176	391
Iran (Islamic Rp. of)	x131	x658	x1434	x544	x1814
Morocco/Maroc	707	808	898	855	1085
Hong Kong	10085	1215	644	694	554
Trinidad and Tobago	673	951	772	755	887
Jordan/Jordanie	409	620	650	749	388
Former GDR		x1707	x16		
Tunisia/Tunisie	170	512	498	646	759
Kuwait/Koweït	x500	1011	x288	x243	x442
Argentina/Argentine	26	133	429	861	817
Cyprus/Chypre	352	361	409	381	342

EXPORTS – EXPORTATIONS

COUNTRIES–PAYS	1988	1989	1990	1991	1992
Totale	278901	310979	266426	261791	304402
Afrique	x2278	x2055	x388	x2110	x867
Afrique du Nord	69	31	30	x164	2
Amériques	18782	9417	15811	16786	22518
ALAI	7338	5759	6839	7136	11550
MCAC	520	414	271	358	x287
Asie	44325	32423	28519	30231	x34069
Moyen–Orient	x164	148	63	x18	132
Europe	213079	266585	220632	211641	246279
CEE	210812	265059	219402	210675	244643
AELE	2211	1508	1188	966	969
Océanie	x303	499	1038	x915	334
Netherlands/Pays–Bas	138621	128997	136436	134284	141992
Germany/Allemagne	52368	49018	56135	46406	60000
Spain/Espagne	1164	69192	2128	3028	6710
Singapore/Singapour	17358	15720	15377	16031	16010
France, Monac	7914	7831	12909	15547	14341
Malaysia/Malaisie	9958	7102	8329	7781	x8572
United Kingdom	6583	5702	7128	6238	7028
USA/Etats–Unis d'Amer	9411	2176	7769	8149	9017
Brazil/Brésil	5246	3952	5155	5512	9415
China/Chine	6039	7397	2059	4132	2528
Italy/Italie	1699	1860	1945	3205	13216
Belgium–Luxembourg	1294	1800	1951	1060	484
Ecuador/Equateur	1283	1045	1112	1032	1008
Philippines	646	x293	1900	346	824
Jamaica/Jamaïque	595	729	764	759	x840
Austria/Autriche	1294	897	728	557	527
Denmark/Danemark	1118	596	737	841	787
Australia/Australie	25	412	897	807	202
Cote d'Ivoire		x1028	x120	x359	x534
Hong Kong	9275	695	304	450	429
Indonesia/Indonésie	317	488	268	658	1862
Cameroon/Cameroun	x1533	0	x2	1169	
Costa Rica	456	393	266	351	x275
Japan/Japon	520	385	162	417	384
Ghana	x395	x645		x218	x48
Switz.Liecht	568	400	259	195	280
Peru/Pérou	640	493	178	x138	x176
India/Inde	37	x187		319	x451
Norway, SVD, JM	243	142	179	161	129
Canada	300	75	99	298	730
Bolivia/Bolivie	13	51	224	191	199
Colombia/Colombie	80	87	103	210	182
Nigeria/Nigéria	x93	x118	x152	x89	x125
New Zealand	247	86	140	95	127
Dominican Republic	x498	x176		x66	x28
Niger	x97	x193			x67
Venezuela	65	124	62	0	39
So. Africa Customs Un	x56	x3	x83	x85	x88
Sweden/Suède	107	69	18	53	23
Portugal	33	58	12	43	27
Thailand/Thaïlande	5	5	40	63	x624
Hungary/Hongrie			x37	x59	x49
Sudan/Soudan	x6			x90	
Egypt/Egypte			5	11	56	1
Jordan/Jordanie	2	65		2	74
Saudi Arabia	0	65			
Tunisia/Tunisie	62	25	19	19	1
Trinidad and Tobago	0	52	3	4	5
Cyprus/Chypre	9	0	46	5	1
Greece/Grèce	18	5	20	21	x57

(VALUE AS % OF TOTAL) (VALEUR EN % DU TOTAL)

	1983	1984	1985	1986	1987	1988	1989	1990	1991	1992		1983	1984	1985	1986	1987	1988	1989	1990	1991	1992
Africa	2.0	1.7	2.2	x2.6	x1.8	2.2	x2.1	2.3	x1.9	x2.6	Afrique	x6.5	2.6	3.2	x8.4	x6.5	x0.8	x0.7	x0.1	x0.8	x0.3
Northern Africa	1.4	1.2	1.7	1.5	1.3	1.3	1.2	x1.8	1.5	x2.1	Afrique du Nord	0.0	0.1	0.0	0.0	0.0	0.0	0.0	0.0	0.0	0.0
Americas	x47.1	53.8	47.7	x44.6	x40.9	33.2	30.9	33.0	31.5	x29.9	Amériques	x3.6	7.0	4.5	x5.1	x6.7	6.8	3.0	6.0	6.4	7.4
LAIA	0.2	0.9	0.8	x0.8	x0.4	0.7	1.2	3.3	3.3	3.1	ALAI	x0.3	2.6	1.8	2.8	x2.6	2.6	1.9	2.6	2.7	3.8
CACM	x0.1	0.4	0.4	0.3	x0.2	0.2	0.3	0.2	0.3	x0.3	MCAC	x0.3	0.2	0.1	x0.4	x0.6	0.2	0.1	0.1	0.1	x0.1
Asia	x10.2	x8.2	x8.8	x9.7	x9.1	16.3	15.7	x14.0	14.9	x14.8	Asie	7.6	4.4	x5.8	7.4	10.1	15.9	10.4	10.7	11.6	x11.1
Middle East	x2.8	x2.4	x2.6	x2.4	x2.0	x2.3	x4.6	x4.5	x4.9	x4.5	Moyen–Orient	x0.1	x0.0	0.1	0.0	x0.1	0.0	x0.1	0.0	x0.0	0.0
Europe	38.1	33.5	38.3	39.9	32.9	31.0	39.3	44.1	45.4	47.2	Europe	82.1	85.3	86.5	79.0	76.6	76.4	85.7	82.8	80.8	80.9
EEC	32.3	28.7	32.6	33.8	27.7	25.8	33.3	37.1	39.2	41.4	CEE	81.6	84.9	85.8	78.4	76.1	75.6	85.2	82.4	80.5	80.4
EFTA	5.8	5.5	5.5	6.1	5.0	4.5	5.5	6.4	5.8	5.4	AELE	0.5	0.4	0.6	0.7	0.5	0.8	0.5	0.4	0.4	0.3
Oceania	2.6	x2.9	x3.0	x3.2	x3.0	3.2	x4.1	x3.4	x2.8	x2.6	Océanie	0.1	0.7	x0.0	x0.0	x0.1	x0.1	0.2	0.4	x0.3	0.1
USA/Etats–Unis d'Amer	41.0	46.5	41.1	38.3	36.2	30.3	26.8	27.0	25.7	24.0	Netherlands/Pays–Bas	55.3	57.3	55.8	51.9	50.2	49.7	41.5	51.2	51.3	46.6
Germany/Allemagne	9.1	7.0	9.3	9.8	8.2	7.2	9.2	10.9	12.8	12.7	Germany/Allemagne	19.9	21.2	22.1	19.8	18.8	18.8	15.8	21.1	17.7	19.7
France, Monac	6.7	5.6	5.3	5.8	5.0	4.5	6.0	7.0	6.8	7.6	Spain/Espagne	0.2	0.1	0.1	0.2	0.4	0.4	22.2	0.8	1.2	2.2
Italy/Italie	5.9	4.9	5.5	6.4	5.0	4.7	5.9	6.4	6.4	6.7	Singapore/Singapour	2.8	2.6	3.6	4.2	4.8	6.2	5.1	5.8	6.1	5.3
Japan/Japon	3.1	2.4	2.9	3.4	3.0	3.3	4.0	3.8	4.3	3.8	France, Monac	2.2	2.2	3.4	3.2	2.8	2.8	2.5	4.8	5.9	4.7
Belgium–Luxembourg	2.5	2.2	2.6	3.0	2.5	2.5	3.2	3.2	3.1	3.0	Malaysia/Malaisie	0.7	1.0	2.6	2.9	2.6	3.6	2.3	3.1	3.0	x2.8
Netherlands/Pays–Bas	1.9	1.6	2.6	2.4	1.6	1.4	2.6	2.7	2.9	3.8	United Kingdom	2.9	2.5	3.2	2.4	2.7	2.4	1.8	2.7	2.4	2.3
Australia/Australie	2.2	2.6	2.8	2.9	2.5	2.6	3.2	2.7	2.2	2.0	USA/Etats–Unis d'Amer	2.7	3.6	2.1	1.7	2.9	3.4	0.7	2.9	3.1	3.0
Sweden/Suède	2.7	1.9	2.4	2.7	2.2	2.1	2.3	2.5	2.4	1.9	Brazil/Brésil		2.2	1.3	2.0		0.9	1.9	1.3	1.9	3.1
Poland/Pologne					x1.5	x9.4	x4.2	x0.8	x0.6	x0.9	China/Chine						2.6	2.2	2.4	0.8	1.6	0.8

0723 COCOA BUTTER AND PASTE — BEURRE ET PATE DE CACAO 0723

TRADE BY COMMODITY IN THOUSAND U.S. DOLLARS – COMMERCE PAR PRODUIT EN MILLIERS DE DOLLARS E.U

IMPORTS – IMPORTATIONS

COUNTRIES–PAYS	1988	1989	1990	1991	1992
Total	1626880	1537948	1681769	1587559	1578815
Africa	x19779	x17836	17899	x7640	x5845
Northern Africa	2167	1394	3364	3995	x3573
Americas	391553	377675	454772	449244	x443161
LAIA	25402	23377	25272	39967	x45392
CACM	x372	308	227	266	x397
Asia	92086	90623	90751	x101786	x101456
Middle East	x2208	x2465	x5108	x6980	x6923
Europe	950407	861075	1001763	949478	970036
EEC	780643	710346	838389	799367	809803
EFTA	157830	143068	156092	147068	157318
Oceania	84302	70873	x61441	x51111	x46480
USA/Etats–Unis d'Amer	314141	301009	373894	365180	342258
Germany/Allemagne	156337	160651	195994	204103	172258
France, Monac	203279	166755	182009	184158	182714
Netherlands/Pays-Bas	104623	94732	137281	117007	118478
United Kingdom	154117	125346	123989	90709	89201
Belgium–Luxembourg	76372	79923	103116	110105	138927
Switz.Liecht	65897	65095	66739	63011	66180
Japan/Japon	66116	65691	60432	61163	57814
Former USSR/Anc. URSS	x58062	x96299	x33877	x20494	
Canada	50124	51768	54397	43188	54307
Australia/Australie	66114	57796	48244	42514	39572
Italy/Italie	32985	34640	34711	35357	39598
Sweden/Suède	34780	27622	30252	31959	32785
Argentina/Argentine	18934	16457	17866	32017	35140
Austria/Autriche	21276	18441	25710	18083	21391
Spain/Espagne	12357	16059	18069	15281	20120
Finland/Finlande	18924	16911	17243	14691	14611
Norway, SVD, JM	15382	13554	14484	20075	23073
Ireland/Irlande	13546	8932	12947	12947	
Greece/Grèce	14636	13473	12683	10177	x14110
New Zealand	18151	13040	13145	8482	6865
Korea Republic	7655	7175	10474	13788	14240
So. Africa Customs Un	15421	15036	12437	x1471	x223
Israel/Israël	9376	8448	7040	10152	9906
Czechoslovakia	x2221	11670	7998	x295	x3997
Hungary/Hongrie	x4456	x7961	x7063	4497	x2363
Yugoslavia SFR	11577	7402	7260	x3040	
Singapore/Singapour	6228	5252	5612	5770	8336
Portugal	7394	5587	5528	5002	4894
Chile/Chili	3113	4214	4395	5417	x8419
Denmark/Danemark	4997	4248	4421	4591	5160
Turkey/Turquie	1119	1205	2393	2898	2898
Poland/Pologne	x3411	x1172	2003	2407	x4564
Egypt/Egypte	1073	978	2058	2296	1225
Romania/Roumanie	x29	955	3082	596	x428
Iceland/Islande	1571	1446	1131	1338	1591
Uruguay	1248	1294	1300	1070	1062
Kenya	1255	x1350	1198	x965	x674
Mexico/Mexique	897	1086	1592	747	198
Korea Dem People's Rp	x95	x211	x1438	x1672	x2381
Saudi Arabia	x400	112	x1147	x1647	x1795
Former GDR	x18117	x1266	x883		
Algeria/Algérie	197	29	873	1130	x1865
Jamaica/Jamaïque	560	558	516	236	x386
Hong Kong	48	589	123	597	76
Cyprus/Chypre	307	309	356	587	492
Syrian Arab Republic	38	84	529	x612	x853
Mozambique	x147		x458	x751	x715
Trinidad and Tobago	424	534	318	326	254
Lebanon/Liban	x104	x270	x219	x596	x389

EXPORTS – EXPORTATIONS

COUNTRIES–PAYS	1988	1989	1990	1991	1992
Totale	1586786	1407292	1634321	x1550101	x1768341
Afrique	x228745	x206023	x250089	x241063	x439294
Afrique du Nord	194	1113	278	326	65
Amériques	413203	317699	369401	312217	274815
ALAI	390297	281938	302668	265111	221748
MCAC	3733	3441	3357	3107	x3563
Asie	196875	189740	234332	237071	x242208
Moyen–Orient	x8		x214		100
Europe	718592	676963	768385	755326	809561
CEE	717393	675942	767887	753237	804528
AELE	1152	1021	497	1955	5026
Océanie	x545		x34	x399	182
Netherlands/Pays-Bas	381604	352707	424262	416344	461300
Germany/Allemagne	199693	191996	201759	189645	197402
Brazil/Brésil	297995	195247	207806	177643	164741
Cote d'Ivoire	126611	136239	x165209	x161285	x368752
Malaysia/Malaisie	59645	61056	95282	91242	x98087
Singapore/Singapour	93197	84008	72349	74227	70687
Ecuador/Equateur	36473	47867	49550	52177	32372
France, Monac	42046	43102	46930	58717	49046
USA/Etats–Unis d'Amer	9115	19740	49874	31302	39943
Cameroon/Cameroun	x38640	27423	x31563	32903	x14869
Ghana	x36281	x23058	34626	x30116	x39678
United Kingdom	38159	31376	28946	26742	35201
Spain/Espagne	28650	25435	27569	29532	29006
Belgium–Luxembourg	15058	21087	24844	18814	20084
Indonesia/Indonésie	6551	11463	20389	23182	22946
Nigeria/Nigéria	x26789	x17306	x16721	x15071	x14926
China/Chine	18943	11927	17945	18838	25936
Philippines	10655	x12181	17861	18277	11780
Peru/Pérou	19471	17193	12869	x16478	x10711
Mexico/Mexique	24526	14003	16982	6264	5086
Italy/Italie	11486	10020	13028	12367	12115
Colombia/Colombie	8753	4300	11464	10188	6271
Poland/Pologne	x22387	x14012	x6182	x4231	x924
Canada	389	6937	6662	7064	5491
Japan/Japon	6517	6803	6877	6168	6340
Hungary/Hongrie	x3774	x2865	x5667	x2483	x1358
Costa Rica	3659	3419	3343	3101	x3536
Cuba	x4640	x2296	x3738	x2941	x1004
Dominican Republic	3870	2848	2460	2460	x2599
Venezuela	2366	2242	2078	1678	1851
Thailand/Thaïlande	1		1651	3922	x5809
India/Inde	1251	x1687	1488	147	x396
Bolivia/Bolivie	697	707	1828	504	275
Switz.Liecht	456	661	464	1659	1289
So. Africa Customs Un		x5	x1109	x1061	x778
Ireland/Irlande	226	93	363	982	97
Tunisia/Tunisie	194		971	278	131	65
Hong Kong	28	463	143	605	28
Sierra Leone	x14	x223	x400	x128	x20
Jamaica/Jamaïque	772	245	217	232	x467
Rwanda		x624			
Panama	380	237	372	x182	
Former USSR/Anc. URSS	145	0		x313	
Australia/Australie			4	391	182
Portugal	399	124	175	85	2
Chile/Chili	16	x380		1	x109
Korea Republic			67	54	37
Israel/Israël	1	x6	1	270	2
Sweden/Suède	6	251	3	22	3209
Austria/Autriche	5	87	25	136	310

(VALUE AS % OF TOTAL)(VALEUR EN % DU TOTAL)

	1983	1984	1985	1986	1987	1988	1989	1990	1991	1992
Africa	x1.5	1.5	1.5	x1.6	x1.2	x1.2	x1.2	1.0	x0.5	x0.4
Northern Africa	0.4	0.3	0.4	0.2	0.1	0.1	0.1	0.2	0.3	x0.2
Americas	23.5	25.1	25.7	26.1	25.8	24.1	24.5	27.1	28.3	x28.1
LAIA	2.0	3.0	1.8	2.4	1.9	1.6	1.5	1.5	2.5	x2.9
CACM	x0.0	0.0	0.0	x0.0	x0.0	0.0	0.0	0.0	0.0	x0.0
Asia	x7.3	x5.4	x4.6	x4.8	5.0	5.6	5.9	5.4	x6.4	x6.4
Middle East	x0.3	x0.2	x0.2	x0.2	x0.1	x0.1	x0.2	x0.3	x0.4	x0.4
Europe	64.1	64.4	64.1	63.2	56.9	58.4	56.0	59.6	59.8	61.4
EEC	54.2	55.0	54.5	52.1	46.9	48.0	46.2	49.9	50.4	51.3
EFTA	9.9	9.0	8.9	10.9	9.6	9.7	9.3	9.3	9.3	10.0
Oceania	3.5	x3.6	4.0	x4.3	x4.6	5.2	4.6	x3.7	x3.2	x2.9
USA/Etats–Unis d'Amer	18.4	18.8	21.3	20.6	20.4	19.3	19.6	22.2	23.0	21.7
Germany/Allemagne	12.0	12.3	12.1	9.8	8.9	9.6	10.4	11.7	12.9	10.9
France, Monac	9.6	10.9	11.6	13.2	13.3	12.5	10.8	10.8	11.6	11.6
Netherlands/Pays-Bas	10.9	11.7	10.3	7.3	6.0	6.4	6.2	8.2	7.4	7.5
United Kingdom	12.3	10.9	10.9	11.5	9.1	9.5	8.2	7.4	5.7	5.6
Belgium–Luxembourg	5.0	4.9	5.4	5.8	5.2	4.7	5.2	6.1	6.9	8.8
Switz.Liecht	4.1	3.2	3.9	4.4	4.0	4.1	4.3	4.0	4.0	4.2
Japan/Japon	5.2	4.0	3.4	3.3	3.1	4.3	3.6	3.9	3.7	3.7
Former USSR/Anc. URSS					x3.9	x3.6	x6.3	x2.0	x1.3	
Canada	2.9	3.1	2.5	3.1	3.4	3.1	3.4	3.2	2.7	3.4

	1983	1984	1985	1986	1987	1988	1989	1990	1991	1992
Afrique	x29.5	18.0	17.4	x19.2	x16.3	x14.4	14.6	x15.3	15.6	x24.8
Afrique du Nord	0.0	0.0	0.0	0.0	0.1	0.0	0.1	0.0	0.0	0.0
Amériques	4.5	34.3	x30.2	26.6	x26.9	26.0	22.6	22.6	20.1	15.6
ALAI	3.1	32.3	28.7	24.8	23.2	24.6	20.0	18.5	17.1	12.5
MCAC	x0.1	0.3	0.3	x0.3	x0.2	0.2	0.2	0.2	0.2	x0.2
Asie	11.8	6.4	7.1	7.3	10.0	12.4	13.5	14.3	15.2	x13.7
Moyen–Orient	x0.0		0.0		x0.0	x0.0	0.0	0.0	0.0	0.0
Europe	54.2	41.2	45.3	46.7	45.0	45.2	48.1	47.0	48.6	45.8
CEE	54.1	41.2	45.3	46.7	45.0	45.2	48.0	47.0	48.5	45.5
AELE	0.0		0.0	0.0	0.0	0.1	0.1	0.0	0.1	0.3
Océanie				x0.0		x0.0	0.0	x0.0	0.0	
Netherlands/Pays-Bas	31.2	23.1	24.2	24.5	24.6	24.0	25.1	26.0	26.8	26.1
Germany/Allemagne	15.4	10.8	13.5	14.1	11.5	12.6	13.6	12.3	12.2	11.2
Brazil/Brésil		27.2	24.2	20.3	17.9	18.8	13.9	12.7	11.4	9.3
Cote d'Ivoire	10.8	10.8	11.3	10.8	10.3	8.0	9.7	x10.1	x10.4	x20.9
Malaysia/Malaisie	2.4	3.2	3.0	2.8	3.5	3.8	4.3	5.8	5.9	x5.5
Singapore/Singapour	5.6	2.5	3.2	3.7	4.3	5.9	6.0	4.4	4.8	4.0
Ecuador/Equateur	0.8	1.3	0.6	0.6	1.4	2.3	3.4	3.0	3.4	1.8
France, Monac	0.9	0.9	1.9	2.3	3.0	2.6	3.1	2.9	3.8	2.8
USA/Etats–Unis d'Amer	0.8	0.9	0.5	0.3	0.5	0.6	1.4	3.1	2.0	2.3
Cameroon/Cameroun	2.4	2.2	x0.5	1.8	2.1	x2.4	1.9	x1.9	2.1	x0.8

07232 COCOA BUTTER / BEURRE DE CACAO 07232

TRADE BY COMMODITY IN THOUSAND U.S. DOLLARS – COMMERCE PAR PRODUIT EN MILLIERS DE DOLLARS E.U

COUNTRIES–PAYS	IMPORTS – IMPORTATIONS					COUNTRIES–PAYS	EXPORTS – EXPORTATIONS				
	1988	1989	1990	1991	1992		1988	1989	1990	1991	1992
Total	1267952	1094709	1281719	1232190	1221526	Totale	1202728	x1063913	1252449	1196112	x1318721
Africa	x10577	x8981	x9579	x4322	x3227	Afrique	x163390	x175572	x169563	x156091	x276778
Northern Africa	560	x215	1631	2192	x1732	Afrique du Nord	165	x467	244	118	62
Americas	361801	253093	325882	342819	x343929	Amériques	256803	175365	239370	214161	188694
LAIA	10071	9152	9751	19081	x24767	ALAI	236439	149344	198366	186347	156675
CACM	x172	151	0	6	x34	MCAC	3274	2914	2876	2670	x2916
Asia	72473	70763	x72777	x83265	x78924	Asie	168674	152043	205366	211626	x213501
Middle East	x1809	x1712	x3723	x4960	x5027	Moyen–Orient	0	x1			9
Europe	754660	691750	809124	759698	757059	Europe	584813	544056	626217	606825	637285
EEC	605028	558288	664073	628028	616507	CEE	584473	543683	626048	606488	633647
EFTA	140535	128421	138910	128783	137851	AELE	293	373	169	229	3634
Oceania	52183	x41312	x37410	x36607	x31323	Océanie	x223		x34	383	182
USA/Etats–Unis d'Amer	314141	210923	282301	291744	280325	Netherlands/Pays–Bas	356804	333312	396590	377662	414626
Germany/Allemagne	149172	153801	186917	195687	165347	Germany/Allemagne	129967	124560	130053	118781	119945
United Kingdom	147293	119724	120503	86468	81479	Brazil/Brésil	171222	100600	135785	126966	118857
France, Monac	111217	93378	100046	98728	88533	Cote d'Ivoire	x90147	x125351	x112768	x107627	x225334
Netherlands/Pays–Bas	78435	72746	115038	98484	101074	Malaysia/Malaisie	57888	57062	89240	88548	x93045
Belgium–Luxembourg	64043	66021	83713	90172	113762	Singapore/Singapour	73051	58109	56834	58275	54853
Switz.Liecht	65721	64843	66356	62565	65736	France, Monac	38125	38454	40241	51954	37625
Japan/Japon	56980	57834	53919	56857	53392	Spain/Espagne	27166	23908	25694	27424	26592
Australia/Australie	43499	35549	33971	31290	27405	Ecuador/Equateur	18018	17153	22883	28461	26592
Canada	36180	32383	33396	31601	38442	USA/Etats–Unis d'Amer	7321	16102	30035	21238	16160
Sweden/Suède	29715	24539	24969	24112	25170	Ghana	22806	15621	24516	x23402	x29796
Italy/Italie	21238	22314	23388	27376	28584	Indonesia/Indonésie	6551	11073	20038	22883	22533
Austria/Autriche	19425	16563	23333	18593	19359	United Kingdom	23431	15160	20180	14485	19142
Norway/Norvège,SVD,JM	13279	11459	12548	12254	12561	China/Chine	18943	11859	17945	18789	25341
Greece/Grèce	12837	11456	11641	8947	x12816	Philippines	10655	x11683	17861	18274	11754
Finland/Finlande	11241	9985	10871	10271	13855	Nigeria/Nigéria	x25081	x16080	x15288	x14429	x14259
Ireland/Irlande	13233	8736	12007	10340	12136	Cameroon/Cameroun	x24997	17190	x15085	9341	x6607
Former USSR/Anc. URSS	x35	x15384	x12315	x1145		Mexico/Mexique	24435	14002	16982	6264	5083
Argentina/Argentine	7052	4632	6318	14474	17636	Peru/Pérou	11282	10168	8373	x12710	x8329
Israel/Israël	6958	6146	5811	8836	8015	Colombia/Colombie	8753	4282	11143	9966	5831
So. Africa Customs Un	9819	8728	7247	x1006	x220	Poland/Pologne	x22387	x14012	x6182	x4231	x924
New Zealand	8684	5761	5429	5288	3875	Italy/Italie	7537	5513	6501	10958	11134
Korea Republic	3316	3467	5631	7088	6693	Belgium–Luxembourg	747	2685	6370	4237	4524
Spain/Espagne	1470	4805	5067	5674	5982	Hungary/Hongrie	x3774	x2865	x5667	x2483	x1358
Czechoslovakia	x2221	7913	6655	x283	x3657	Cuba	x4640	x2296	x3738	x2941	x1004
Yugoslavia SFR	8871	4842	6126	x2885		Costa Rica	3214	2910	2876	2665	x2910
Denmark/Danemark	4165	3478	3947	4114	4617	Thailand/Thaïlande			1651	3817	x5681
Hungary/Hongrie	x815	x2781	x3877	3583	x1340	Venezuela	2186	2193	1670	1495	1851
Chile/Chili	2141	2948	3028	3771	x6339	Dominican Republic	3694	2703	2379	48	x2504
Portugal	1924	1830	1806	2038	2179	Canada	348	1581	1370	686	139
Singapore/Singapour	3056	428	2447	2695	2940	India/Inde	1251	x1581	1488	147	x218
Turkey/Turquie	1036	824	1466	1464	1509	Bolivia/Bolivie	530	598	1530	485	275
Romania/Roumanie	x29	955	2176	167	x304	So. Africa Customs Un		x3	x1109	x883	x495
Iceland/Islande	1153	1032	833	987	1170	Hong Kong	28	463	143	593	28
Saudi Arabia	x278	112	x1131	x1592	x1687	Ireland/Irlande	226		236	893	19
Former GDR	x11966	x1235	x883			Sierra Leone	x14	x213	x371	x118	x20
Korea Dem People's Rp	x95	x108	x850	x1157	x1949	Tunisia/Tunisie	165	324	244	118	62
Algeria/Algérie	146	29	795	1130	x1206	Jamaica/Jamaïque	772	222	217	232	x467
Egypt/Egypte	53	36	674	757	413	Rwanda		x624			
Uruguay	515	487	402	445	556	Panama	309	196	336		
Poland/Pologne	x112		x1037	x289	x1582	Switz.Liecht	168	206	160	71	122
Hong Kong	48	589	123	597	76	Australia/Australie	126		4	377	182
Mozambique	x55		x447	x751	x715	Portugal	399	92	173	85	2
Mexico/Mexique	2	1085	2	1	3	Chile/Chili	13	x348		1	x21
Syrian Arab Republic	38	64	411	x566	x836	Former USSR/Anc. URSS				x313	
Lebanon/Liban	x81	x173	x179	x527	x286	Israel/Israël				242	
Cyprus/Chypre	219	224	228	402	350	Japan/Japon	228	135	34	57	40
Trinidad and Tobago	220	296	220	157	219	Austria/Autriche	1	87	1	136	304
China/Chine	75	108	87	457	150	East Timor/ Timor Ort	x78				
Bulgaria/Bulgarie	x1042	x503			156	Yugoslavia SFR	2	x78	x78	x107	

(VALUE AS % OF TOTAL)(VALEUR EN % DU TOTAL)

	1983	1984	1985	1986	1987	1988	1989	1990	1991	1992		1983	1984	1985	1986	1987	1988	1989	1990	1991	1992
Africa	1.1	x1.2	1.2	x1.2	x0.8	x0.9	x0.8	x0.8	x0.4	x0.2	Afrique	15.9	x17.9	x15.1	x17.6	x15.7	13.6	x16.5	x13.5	x13.1	x21.0
Northern Africa	0.4	0.3	0.4	0.2	0.3	0.0		0.1	0.2	0.1	Afrique du Nord	0.0	x0.0	0.0	0.0	0.1	0.0	x0.0	0.0	0.0	0.0
Americas	25.8	27.2	28.9	29.4	29.8	28.5	23.1	25.4	27.8	x28.2	Amériques	5.1	x23.6	x23.4	21.9	21.3	21.3	16.5	19.1	17.9	14.3
LAIA	0.7	1.1	0.8	1.3	1.0	0.8	0.8	0.8	1.5	x2.0	ALAI	2.8	21.0	21.4	20.3	19.4	19.7	14.0	15.8	15.6	11.9
CACM	x0.0	0.0	x0.0	0.0	x0.0	x0.0	0.0	0.0	0.0	0.0	MCAC	x0.2	0.4	0.4	0.4	0.3	0.3	0.2	0.2	0.2	x0.2
Asia	x6.5	x5.1	x4.5	x4.8	4.9	5.7	6.4	x5.7	x6.7	x6.4	Asie	12.9	7.8	8.6	x8.7	11.4	14.0	14.3	16.4	17.7	x16.2
Middle East	x0.3	x0.3	x0.3	x0.3	x0.1	x0.1	x0.2	x0.3	x0.4	x0.4	Moyen–Orient	x0.0									0.0
Europe	63.4	63.3	62.1	61.0	57.9	59.5	63.2	63.1	61.7	62.0	Europe	66.1	50.6	52.9	51.7	49.4	48.6	51.1	50.0	50.7	48.3
EEC	52.7	53.7	51.8	48.7	46.3	47.7	51.0	51.8	51.0	50.5	CEE	66.1	50.6	52.9	51.7	49.3	48.6	51.1	50.0	50.7	48.1
EFTA	10.7	9.4	9.8	12.0	11.3	11.1	11.7	10.8	10.5	11.3	AELE	0.0	0.0	0.0	0.0	0.0	0.0	0.0	0.0	0.0	0.3
Oceania	3.2	x3.3	3.3	x3.7	x3.7	4.1	x3.8	x2.9	x3.0	x2.6	Océanie			x0.0		x0.0	x0.0		x0.0		
USA/Etats–Unis d'Amer	22.3	23.4	25.9	25.6	26.5	24.8	19.3	22.0	23.7	22.9	Netherlands/Pays–Bas	40.8	32.1	32.1	32.1	31.7	29.7	31.3	31.7	31.6	31.4
Germany/Allemagne	13.6	14.1	13.7	11.1	10.7	11.8	14.0	14.6	15.9	13.5	Germany/Allemagne	17.9	11.7	13.5	13.0	9.6	10.8	11.7	10.4	9.9	9.1
United Kingdom	13.9	12.7	12.0	12.7	11.2	11.6	10.9	9.4	7.0	6.7	Brazil/Brésil		16.3	16.4	15.5	14.0	14.2	9.5	10.8	10.6	9.0
France, Monac	6.9	7.4	7.8	6.5	9.1	8.8	8.5	7.8	8.0	7.2	Cote d'Ivoire	6.9	x10.0	7.9	x10.1	x9.4	x7.5	x11.8	x9.0	x9.0	x17.1
Netherlands/Pays–Bas	9.6	10.6	9.1	6.2	5.6	6.2	6.6	9.0	8.0	8.3	Malaysia/Malaisie	3.0	4.1	3.9	3.8	4.5	4.8	5.4	7.1	7.4	x7.1
Belgium–Luxembourg	5.6	5.7	6.0	6.6	6.0	5.1	6.0	6.5	7.3	9.3	Singapore/Singapour	4.2	2.8	3.6	4.0	4.4	6.1	5.5	4.5	4.9	4.2
Switz.Liecht	4.9	3.8	4.6	5.4	5.1	5.2	5.9	5.2	5.1	5.4	France, Monac	1.2	1.1	2.2	2.3	3.3	3.2	3.6	3.2	4.3	2.9
Japan/Japon	4.9	3.9	3.4	3.4	3.5	4.5	5.3	4.2	4.6	4.4	Spain/Espagne	2.3	2.7	2.6	1.8	2.0	2.3	2.2	2.1	2.3	2.0
Australia/Australie	2.7	2.7	2.9	3.2	3.1	3.4	3.2	2.5	2.5	2.2	Ecuador/Equateur	0.7	0.7	0.6	0.6	1.1	1.5	1.6	1.8	2.4	1.2
Canada	2.7	2.6	2.2	2.3	2.2	2.9	3.0	2.6	2.6	3.1	USA/Etats–Unis d'Amer	0.8	0.9	0.5	0.3	0.6	0.6	1.5	2.4	1.8	1.9

0741 TEA

TRADE BY COMMODITY IN THOUSAND U.S. DOLLARS – COMMERCE PAR PRODUIT EN MILLIERS DE DOLLARS E.U

COUNTRIES–PAYS	IMPORTS – IMPORTATIONS					COUNTRIES–PAYS	EXPORTS – EXPORTATIONS				
	1988	1989	1990	1991	1992		1988	1989	1990	1991	1992
Total	x2757072	x2756720	x2865654	x3542468	x2271634	Totale	2124292	x2022042	2617276	2547046	x2079000
Africa	x377641	x307662	x396537	x356339	x401449	Afrique	x324607	x362347	x331483	x397400	x422007
Northern Africa	303400	x247190	x307433	x292270	x319220	Afrique du Nord	x149	724	x168	x379	x368
Americas	227881	222396	226261	228843	x235166	Amériques	x56924	63664	64958	58227	60904
LAIA	13503	15020	17861	20335	x18976	ALAI	38163	46749	48610	40264	41112
CACM	1293	1273	1159	1326	x1698	MCAC	82	x239	274	x510	x474
Asia	x753896	x702452	x852596	x856427	x844178	Asie	1440579	x1295795	1821033	1705032	x1193104
Middle East	x360728	x274440	x385906	x423000	x314870	Moyen–Orient	x2912	41543	45582	7458	x8335
Europe	673450	623222	756531	701277	711665	Europe	290685	289555	389386	377273	391636
EEC	608083	570002	683495	637650	649204	CEE	279840	279829	377959	365905	378439
EFTA	49735	45453	58177	57191	57492	AELE	10740	9618	11282	11203	12622
Oceania	x29030	x30002	x34475	x36251	x43395	Océanie	9029	8927	8915	6768	9584
Former USSR/Anc. URSS	x592985	x794796	x558000	x1304405		Sri Lanka	385805	373516	493045	570341	341551
United Kingdom	377445	346969	380799	332491	329828	India/Inde	413297	x215977	584749	486024	x221250
Pakistan	125641	176601	179138	175252	189645	China/Chine	401938	420738	412710	376058	361893
USA/Etats–Unis d'Amer	146653	143532	141624	139005	146069	Kenya	227179	x256456	195761	284085	x326100
Egypt/Egypte	151561	104095	153983	155296	168459	United Kingdom	193854	194325	245683	242396	240454
Japan/Japon	113485	118737	131934	138288	160138	Indonesia/Indonésie	125308	159113	181013	143130	140823
Iran (Islamic Rp. of)	x62477	x64495	x113197	x163463	x100976	Germany/Allemagne	31689	32576	49756	42295	43632
Germany/Allemagne	60988	61102	80816	84898	87368	Malawi	29999	36431	46287	36869	x17866
Morocco/Maroc	71575	73021	70984	60558	73871	Hong Kong	39579	29683	30776	45785	63929
Saudi Arabia	59504	30654	x80471	x85873	x73737	Bangladesh	37680	x23483	33437	40248	x18415
France,Monac	55230	51080	67933	63194	63639	Argentina/Argentine	23518	32660	35726	27661	28531
Canada	60648	56609	58432	60285	62178	Netherlands/Pays–Bas	28424	23707	37331	34355	44119
Hong Kong	56406	46718	57699	60533	73538	Turkey/Turquie	439	38225	43255	3089	6200
United Arab Emirates	x63406	x34814	x50692	x56932	x48859	Singapore/Singapour	20173	19907	27057	24124	20195
Netherlands/Pays–Bas	39229	35023	53435	53310	57874	So. Africa Customs Un	x15098	x13896	x19769	x15767	x17952
Poland/Pologne	70384	48292	29944	50958	x30490	Un. Rep. of Tanzania	14661	x9243	x23872	x13125	x14160
Iraq	x90183	x67889	x47199	x5800	x1287	France,Monac	9117	11269	17917	14305	16535
Libyan Arab Jamahiriya	x31473	x24374	x40883	x50407	x40433	Belgium–Luxembourg	5578	8549	15190	18365	24594
Afghanistan	x38204	x44200	x32718	x13250	x31847	Rwanda	11227	11016	9725	x16754	x17017
Italy/Italie	19298	20842	31108	36713	41112	Zimbabwe	12267	x12586	12962	11562	x6065
Ireland/Irlande	26667	25153	34337	28808	25403	USA/Etats–Unis d'Amer	x12276	10323	12558	13288	13808
Syrian Arab Republic	27567	13414	30096	x35768	x37480	Brazil/Brésil	12514	12163	10476	9657	9736
Australia/Australie	16453	16894	19607	22899	29395	Burundi	4437	6281	7810	x8328	9400
Singapore/Singapour	13312	15775	22291	17170	16497	Switz./Liecht	6623	5125	7003	8456	9118
Sweden/Suède	16016	14523	18914	18693	18115	Papua New Guinea	7414	7091	7022	4407	6755
Tunisia/Tunisie	20178	12771	17754	19814	21641	Mauritius/Maurice	6450	5790	5733	5270	6203
Chile/Chili	11687	12698	14363	16129	x14054	Italy/Italie	3758	3674	4849	5734	3643
Belgium–Luxembourg	11078	12169	14755	15076	17194	Ireland/Irlande	4007	3575	4907	5548	2986
Jordan/Jordanie	11756	7025	15349	14666	11744	Viet Nam	x3855	x4313	x4334	x4117	x7136
Senegal/Sénégal	8876	11134	12776	x11581	x17338	Austria/Autriche	3143	3893	3533	2092	2301
Kuwait/Koweït	x13835	17189	x11211	x6368	x9616	Japan/Japon	3317	2850	2991	3664	3883
So. Africa Customs Un	12696	12282	14712	x7510	x6907	Senegal/Sénégal	x11	4557	4555	x4	x4
Sudan/Soudan	15244	x21110	x7375	x5452	x5307	Canada	3304	2808	1356	1919	2556
Norway,SVD,JM	10265	9939	11237	12319	11669	Denmark/Danemark	3105	1369	1517	1703	1689
Switz./Liecht	9913	8215	11111	11267	12114	Australia/Australie	1158	1503	1529	1519	1788
Mauritania/Mauritanie	x9897	x6930	x20247	x2702	x6967	Mozambique	6	x1315	x1644	x1365	x1177
Yemen/Yémen			x11454	x17897	x10855	Zaire/Zaïre	x1207	x1762	x1391	x968	x942
Algeria/Algérie	13370	11819	16454	743	x9508	Malaysia/Malaisie	1368	1528	1519	1072	x1521
New Zealand	8498	9009	10413	9407	9501	Ecuador/Equateur	963	1082	1383	1623	1605
Denmark/Danemark	7937	8183	9563	10602	10327	Jordan/Jordanie	0	11	490	3037	655
Malaysia/Malaisie	8085	8704	8159	8331	x10450	Uganda/Ouganda	x1704	x1769	x659	x836	x2252
Lebanon/Liban	x4191	x3823	x7273	x13369	x3278	Korea Republic	1064	1586	977	666	917
Finland/Finlande	6985	6828	8642	8051	8032	Panama	1213	834	1358	852	1095
Oman	7308	7692	7014	8292	x3339	Myanmar	x3179	x665	x981	x1198	x1420
Spain/Espagne	7303	6333	7312	7566	8746	Cayman Is/Is Caïmans	x1692	x2077	x243	x64	x385
Yugoslavia SFR	12694	5931	11180	x3240		Former USSR/Anc. URSS	x722	x769	x756	x841	
Israel/Israël	6844	5358	7664	6718	6368	United Arab Emirates	x414	x704	613	977	x887
Gambia/Gambie	x3004	x5663	x8019	x5667	x6580	Chile/Chili	148	451	x591	x771	x296
Former Yemen	x11545	x18113	x1067		x186	Cameroon/Cameroun	x13	132	x674	1071	x3
Austria/Autriche	5936	5398	7620	6033	6998	Spain/Espagne	186	598	499	703	556

(VALUE AS % OF TOTAL)(VALEUR EN % DU TOTAL)

	1983	1984	1985	1986	1987	1988	1989	1990	1991	1992		1983	1984	1985	1986	1987	1988	1989	1990	1991	1992
Africa	x13.3	x10.8	x15.0	x16.2	x11.6	13.7	x11.1	13.8	x10.0	x17.7	Afrique	18.3	18.3	19.6	x20.9	x15.1	15.3	x17.9	x12.7	15.6	x20.3
Northern Africa	x10.9	x9.2	x12.8	12.7	8.5	11.0	x9.0	10.7	x8.3	14.1	Afrique du Nord	x0.0	0.0	x0.0	x0.1	x0.0	x0.0	0.0	x0.0	x0.0	x0.0
Americas	x11.0	11.7	12.6	12.4	x7.2	8.2	8.1	7.9	6.4	x10.4	Amériques	2.9	3.8	3.8	x4.0	x2.5	x2.6	3.1	2.5	2.3	2.9
LAIA	0.0	0.9	0.9	x0.6	x0.4	0.5	0.5	0.6	0.6	x0.8	ALAI	2.3	3.2	2.9	2.1	1.4	1.8	2.3	1.9	1.6	2.0
CACM	x0.0	0.0	0.0	x0.1	0.0	0.0	0.0	0.0	0.0	x0.1	MCAC	x0.0	0.0	x0.0	x0.1	x0.0	x0.0	x0.0	x0.0	x0.0	x0.0
Asia	x32.1	x31.0	x36.7	x33.2	x27.5	x27.4	x25.5	x29.8	x24.2	37.1	Asie	64.3	65.1	62.4	59.4	67.8	67.9	x64.0	69.6	66.9	x57.4
Middle East	x16.7	x18.0	x18.8	x14.6	x12.5	x13.1	x10.2	13.5	x11.9	13.9	Moyen–Orient	x0.2	x0.4	x0.7	x1.3	x0.1	x0.1	2.1	1.7	0.3	x0.4
Europe	30.3	33.1	32.9	35.6	23.1	24.4	22.6	26.4	19.8	31.3	Europe	11.7	10.3	13.4	15.3	13.8	13.7	14.3	14.9	14.8	18.8
EEC	28.4	31.2	30.3	32.6	20.7	22.1	20.7	23.9	18.0	28.6	CEE	11.3	10.0	12.9	14.6	13.3	13.2	13.8	14.4	14.4	18.2
EFTA	2.0	1.6	2.1	2.6	2.2	1.8	1.6	2.0	1.6	2.5	AELE	0.4	0.3	0.5	0.6	0.5	0.5	0.5	0.4	0.4	0.6
Oceania	x3.0	x2.9	x2.9	x2.6	x1.8	x1.0	x1.0	x1.2	x1.0	x1.9	Océanie	0.7	0.8	0.7	0.4	0.5	0.5	0.5	0.4	0.3	0.4
Former USSR/Anc. URSS	10.3	10.6			x24.5	x21.5	x28.8	x19.5	x36.8		Sri Lanka	21.0	24.8	22.3	19.4	17.3	18.2	18.5	18.8	22.4	16.4
United Kingdom	18.8	23.0	19.9	20.8	12.2	13.7	12.6	13.3	9.4	14.5	India/Inde	29.8	25.7	26.5	27.2	22.1	19.5	10.7	22.3	19.1	x10.6
Pakistan	8.1	7.6	8.8	7.8	5.0	4.6	6.4	6.3	4.9	8.3	China/Chine					17.4	18.9	20.8	15.8	14.8	17.4
USA/Etats–Unis d'Amer	7.9	7.9	8.5	8.3	4.6	5.3	5.2	4.9	3.9	6.4	Kenya	11.5	10.6	12.8	13.9	10.4	10.7	x12.7	7.5	11.2	x15.7
Egypt/Egypte	4.9	3.7	6.2	6.1	4.3	5.5	3.8	5.4	4.4	7.4	United Kingdom	8.5	7.1	9.4	10.5	9.1	9.1	9.6	9.4	9.5	11.6
Japan/Japon	2.2	2.1	4.0	5.8	3.9	4.1	4.4	4.6	3.9	7.0	Indonesia/Indonésie	7.2	9.0	7.6	6.0	5.7	5.9	7.9	6.9	5.6	6.8
Iran (Islamic Rp. of)	x1.3	x4.0	x3.7	x2.4	x4.0	x2.3	x2.3	x4.0	x4.6	x4.4	Germany/Allemagne	0.5	0.5	1.1	1.2	1.0	1.6	1.8	1.8	1.6	x0.9
Germany/Allemagne	2.7	2.1	3.0	3.3	2.5	2.2	2.2	2.8	2.4	3.8	Malawi	2.8	3.2	2.8	x3.0	x1.8	1.4	1.8	1.8	1.5	x0.9
Morocco/Maroc	2.0	1.9	2.5	2.8	2.1	2.6	2.6	2.5	1.7	3.3	Hong Kong	0.6	0.5	1.1	1.8	1.5	1.8	1.5	1.2	1.3	x0.9
Saudi Arabia	x4.2	3.4	x4.9	3.6	2.4	2.2	1.1	x2.4	x2.4	x3.2	Bangladesh	3.5	2.5	2.2	2.0	1.5	x1.2	1.3	1.6	x0.9	x0.9

0813 OILCAKE AND OTH RESIDUES — TOURTEAUX 0813

TRADE BY COMMODITY IN THOUSAND U.S. DOLLARS – COMMERCE PAR PRODUIT EN MILLIERS DE DOLLARS E.U

IMPORTS – IMPORTATIONS

COUNTRIES–PAYS	1988	1989	1990	1991	1992
Total	x10908472	x9921232	x7572542	x8899238	7340735
Africa	282923	313484	263193	x224055	x197935
Northern Africa	240701	237824	209993	191908	x159756
Americas	x854326	x591273	x510212	x593438	x678799
LAIA	446919	232353	210342	252423	x327946
CACM	32699	33174	19470	37232	x42832
Asia	x1032269	x1017472	994417	x1101406	x1383444
Middle East	x323293	x251884	x251858	x255959	x348716
Europe	5188876	4895303	4691979	4445104	4701823
EEC	4884024	4618001	4402526	4208455	4462984
EFTA	254003	223822	200287	164596	179177
Oceania	x14858	x6049	7562	x17005	15842
Former USSR/Anc. URSS	x2106595	x2114678	x635971	x2160402	
France,Monac	992407	973833	908355	887214	921449
Germany/Allemagne	895353	843569	781904	743394	766006
Netherlands/Pays–Bas	729232	625204	594419	441919	494583
United Kingdom	492877	457998	469318	471337	527437
Denmark/Danemark	462165	470627	440297	413136	451827
Italy/Italie	397056	385411	387203	377076	383717
Spain/Espagne	433679	373698	344828	399882	403732
Belgium–Luxembourg	327278	332146	318190	278243	268244
Korea Republic	146238	219209	178671	171815	226442
Japan/Japon	199420	159461	165340	201507	246850
Canada	182592	153577	123807	143660	129341
Poland/Pologne	354213	246097	71611	97440	x106948
Austria/Autriche	142619	132333	143634	119966	131069
Philippines	127587	x97663	147761	140339	150963
Thailand/Thaïlande	94321	93132	126913	149660	210086
Bulgaria/Bulgarie	x293620	x281330	x60607	x11384	23885
Algeria/Algérie	115309	140906	99869	85405	x54243
Czechoslovakia	x260942	126411	81256	x116719	x94234
Hungary/Hongrie	x91972	x69875	x149591	97458	x99076
Venezuela	252678	105443	91427	112762	129383
Ireland/Irlande	107623	102851	90624	88357	
Former GDR	x405580	x235220	x18048		103485
Mexico/Mexique	110439	101657	66924	80416	116546
Yugoslavia SFR	48669	49737	81813	x65912	
Indonesia/Indonésie	34806	70359	40015	84392	85650
Egypt/Egypte	84447	61129	73148	84392	63840
Iran (Islamic Rp. of)	x54511	x62907	x71851	x54856	x97238
USA/Etats–Unis d'Amer	50269	57733	48864	69873	84743
Cuba	x78735	x77047	x58536	x39194	x31409
Portugal	40578	36036	47133	83686	111342
Malaysia/Malaisie	38899	52800	41283	46227	x64210
Romania/Roumanie	x18805	17773	83525	33856	x38313
Sweden/Suède	71347	59711	33654	28171	27523
Saudi Arabia	x74692	557	x50541	x63500	x73486
Turkey/Turquie	8296	27634	25871	51018	71871
Iraq	x89243	x81155	x15670		x385
Tunisia/Tunisie	32899	34923	30129	28176	31862
So. Africa Customs Un	21490	39530	33861	x14188	x19655
Dominican Republic	x28550	x18485	x27945	x31109	x33683
Peru/Pérou	60982	11346	32840	27101	x21675
Singapore/Singapour	36741	31800	15226	18040	11844
Greece/Grèce	5943	16628	20254	24211	x31163
Cyprus/Chypre	16848	19405	18186	18487	15372
Jordan/Jordanie	18864	14844	21016	19613	30670
Chile/Chili	19050	12878	17464	24028	x27799
Syrian Arab Republic	10989	12610	20323	x17030	x23381
Lebanon/Liban	x28452	x14213	x14132	x16079	x19527
Norway,SVD,JM	21802	19091	12158	8338	9886
El Salvador	16002	16664	7340	11037	x18745

EXPORTS – EXPORTATIONS

COUNTRIES–PAYS	1988	1989	1990	1991	1992
Totale	8015930	7575590	6559018	6560923	7210295
Afrique	x168506	x171963	x146054	x136200	x140379
Afrique du Nord	26121	x24011	x19043	x3224	x15190
Amériques	5243137	4772969	3933992	4011985	4603568
ALAI	3520368	3521712	2838934	2686484	3138100
MCAC	x267	223	x1199	505	x532
Asie	1241463	x1250943	1062008	1144209	x1064081
Moyen–Orient	x11283	5092	4601	x3870	x2657
Europe	1329622	1303129	1382759	1203050	1347345
CEE	1281426	1256552	1345222	1166793	1305176
AELE	38239	36071	30093	31917	29837
Océanie	2263	3332	2068	x4642	3370
Brazil/Brésil	2081734	2201666	1654674	1408156	1648498
Argentina/Argentine	1398707	1279641	1142577	1219546	1409756
USA/Etats–Unis d'Amer	1619471	1155976	1015318	1222263	1345140
China/Chine	738423	620714	534053	555600	356796
Netherlands/Pays–Bas	498982	512792	621648	485578	520673
India/Inde	256446	x379769	302006	351538	x445107
Germany/Allemagne	367734	317356	340075	326545	401594
Belgium–Luxembourg	275162	317058	285983	217871	267133
Malaysia/Malaisie	78646	97212	94089	86362	x116912
Canada	95349	80228	63794	86417	106713
Indonesia/Indonésie	65318	61465	60717	77532	69832
Philippines	63450	x59957	54122	55154	52718
So. Africa Customs Un	x60483	x55552	x53126	x56508	x40546
Senegal/Sénégal	41160	39112	35366	x34371	x28304
Poland/Pologne	9279	46017	19173	33339	x19758
Norway,SVD,JM	37742	34844	29256	31051	28528
France,Monac	20424	21525	29025	36544	30029
Paraguay	27532	23687	20491	31473	x47296
Portugal	34120	23041	21951	30282	12435
Italy/Italie	36366	21930	19191	27504	26325
United Kingdom	23839	16849	16356	29668	29955
Bolivia/Bolivie	6169	10320	16036	25167	26099
Nigeria/Nigéria	x12611	x16027	x14456	x19808	x18897
Cote d'Ivoire	x12454	x20275	x12916	x12585	x23028
Sudan/Soudan	22888	x23484	x18954	x2807	x14155
Former USSR/Anc. URSS		x11384	x10080		x12596
Trinidad and Tobago	5787	10808	10661	12229	8236
Singapore/Singapour	15162	13743	5954	7102	4714
Greece/Grèce	10602	11708	5384	6791	x5516
Yugoslavia SFR	9866	10073	7444	x4340	
Czechoslovakia		x2418	x808	x9617	x23244
Spain/Espagne	7049	5981	3422	2857	7181
Turkey/Turquie	5675	4582	4351	2098	1322
Cayman Is/Is Caïmans	x169	x3214	x3347	x3214	x2213
Denmark/Danemark	4569	6067	1030	1144	2052
Former GDR	x19397	x7582			
Hungary/Hongrie	x493	x994	x1940	x4543	x5855
Togo	1378	2576	2487	1740	x4644
Thailand/Thaïlande	3995	3470	1036	1518	x2115
Uruguay	2997	4878	849	246	561
Bulgaria/Bulgarie	x1771	x4733	x137	x682	x2634
Ireland/Irlande	2580	2246	1158	2009	2284
Papua New Guinea	1490	2107	1293	1935	2786
Myanmar	x1395	x2808	x1355	x1103	x2546
Un. Rep. of Tanzania	687	x2130	x1685	x1247	x2466
Hong Kong	2361	1484	1153	2185	1647
Cameroon/Cameroun	x3095	2324	x1595	811	x1700
Kenya	230	x1601	49	x1836	x1946
Burkina Faso	1088	x2237	x694	x169	x1293
Israel/Israël	1195	1422	679	842	168

(VALUE AS % OF TOTAL)(VALEUR EN % DU TOTAL)

	1983	1984	1985	1986	1987	1988	1989	1990	1991	1992		1983	1984	1985	1986	1987	1988	1989	1990	1991	1992
Africa	x3.2	x4.1	4.0	x4.7	x3.1	2.6	3.2	3.4	x2.6	x2.7	Afrique	x2.5	x1.7	x1.2	x1.7	x2.0	x2.1	x2.2	x2.2	x2.1	x2.0
Northern Africa	x2.1	x3.5	3.4	x4.1	2.5	2.2	2.4	2.8	2.2	x2.2	Afrique du Nord	x0.6	x0.2	x0.1	x0.1	0.3	0.3	0.3	0.3	x0.0	x0.2
Americas	5.3	6.3	6.3	x7.2	x5.8	x7.8	x5.9	x6.8	6.7	x9.2	Amériques	52.6	66.8	65.6	68.3	61.8	65.4	63.0	60.0	61.1	63.8
LAIA	2.4	2.4	2.3	x2.8	2.5	4.1	2.3	2.8	2.8	x4.5	ALAI	13.4	44.2	42.5	42.0	39.7	43.9	46.5	43.3	40.9	43.5
CACM	x0.3	0.7	0.6	x0.4	0.4	0.3	0.3	0.3	0.4	x0.6	MCAC	x0.1	0.2	0.1	x0.0	0.0	0.0	0.0	0.0	0.0	x0.0
Asia	x10.4	x12.2	x9.8	x11.1	x7.6	x9.5	x10.3	x13.2	x12.3	x18.8	Asie	9.2	5.7	6.8	8.1	13.7	15.5	16.5	16.2	17.4	x14.7
Middle East	x3.1	x3.4	x4.3	x3.2	x1.9	x3.0	x2.5	x3.3	x2.9	x4.8	Moyen–Orient	x0.1	x0.0	x0.1	x0.1	0.1	0.1	0.1	0.1	x0.1	x0.0
Europe	80.8	77.1	79.7	76.8	52.7	47.6	49.3	62.0	49.9	64.1	Europe	35.5	25.9	26.4	21.7	22.0	16.6	17.2	21.1	18.3	18.7
EEC	77.3	72.6	75.5	72.8	49.9	44.8	46.5	58.1	47.3	60.8	CEE	34.4	25.1	25.7	21.0	21.3	16.0	16.6	20.5	17.8	18.1
EFTA	3.5	3.8	3.5	3.2	2.2	2.3	2.3	2.6	1.8	2.4	AELE	1.0	0.7	0.6	0.6	0.6	0.5	0.5	0.5	0.5	0.4
Oceania	0.3	x0.1	x0.2	x0.2	x0.2	x0.1	x0.1	0.1	x0.2	0.2	Océanie	x0.1	0.1	x0.0	x0.0					x0.1	
Former USSR/Anc. URSS					x16.5	x19.3	x21.3	x8.4	x24.3		Brazil/Brésil		30.8	30.4	26.2	25.2	26.0	29.1	25.2	21.5	22.9
France,Monac	15.8	15.4	15.3	15.9	10.3	9.1	9.8	12.0	10.0	12.6	Argentina/Argentine	13.3	13.1	11.7	15.4	14.1	17.4	16.9	17.4	18.6	19.6
Germany/Allemagne	17.7	16.8	16.2	14.3	10.1	8.2	8.5	10.3	8.4	10.4	USA/Etats–Unis d'Amer	38.3	21.4	22.3	25.3	20.9	20.2	15.3	15.5	18.6	18.7
Netherlands/Pays–Bas	12.5	10.4	12.2	11.1	7.4	6.7	6.3	7.8	5.0	6.7	China/Chine					7.6	9.2	8.2	8.1	8.5	4.9
United Kingdom	7.4	6.8	7.4	7.5	5.2	4.5	4.6	6.2	5.3	7.2	Netherlands/Pays–Bas	12.9	8.3	8.3	7.1	7.6	6.2	6.8	9.5	7.4	7.2
Denmark/Danemark	8.0	7.1	7.2	7.2	5.1	4.2	4.7	5.8	4.6	6.2	India/Inde	3.6	2.3	2.8	3.0	2.4	3.2	x5.0	4.6	5.4	x6.2
Italy/Italie	6.3	6.1	6.3	5.6	4.7	3.9	3.9	5.1	4.2	5.2	Germany/Allemagne	8.5	5.2	7.0	5.9	7.2	4.6	4.2	5.2	5.0	5.6
Spain/Espagne	2.6	3.2	4.3	4.3	2.6	4.0	3.8	4.4	4.5	5.5	Belgium–Luxembourg	7.1	5.7	6.2	5.3	4.4	3.4	4.2	4.4	3.3	3.7
Belgium–Luxembourg	4.8	4.8	4.9	4.9	3.1	3.0	3.3	4.2	3.1	3.7	Malaysia/Malaisie	1.4	1.0	1.4	1.4	1.1	1.0	1.3	1.4	1.3	x1.6
Korea Republic	1.3	0.9	0.5	0.8	0.9	1.3	2.2	2.4	1.9	3.1	Canada	0.8	1.0	0.7	0.9	1.1	1.2	1.1	1.0	1.3	1.5

08131 — OF SOYA BEANS
TOURTEAUX DE SOJA 08131

TRADE BY COMMODITY IN THOUSAND U.S. DOLLARS – COMMERCE PAR PRODUIT EN MILLIERS DE DOLLARS E.U

COUNTRIES–PAYS	IMPORTS – IMPORTATIONS					COUNTRIES–PAYS	EXPORTS – EXPORTATIONS				
	1988	1989	1990	1991	1992		1988	1989	1990	1991	1992
Total	x8681920	x7971094	x5718658	x7141847	x5500036	Totale	x5612213	5982477	5299157	5202835	5608745
Africa	x255787	x315031	x247329	x206042	x168300	Afrique	x4622	x576	x880	x3134	x3323
Northern Africa	x231378	x251390	x206107	x177042	x137337	Afrique du Nord	x3323		x127	x7	x55
Americas	698635	x495678	x432862	x505976	x575718	Amériques	x3824637	4381521	3560898	3585631	4134541
LAIA	413589	215667	200716	239940	x305500	ALAI	x2235415	3230786	2566322	2432084	2873371
CACM	x34692	31390	x21131	34505	x42739	MCAC	x157	78	x1122	x788	x492
Asia	x783169	x816960	x742512	x861823	x1127319	Asie	735977	x587766	640641	673840	x425910
Middle East	x260897	x291164	x225406	x244136	x322146	Moyen–Orient	5683	x1063	3277	x1601	x1510
Europe	3640105	3295367	3236112	3096430	3270181	Europe	1043907	988843	1084486	923299	1037483
EEC	3357538	3059580	2972012	2879882	3048414	CEE	1005684	952744	1052563	891631	998344
EFTA	232393	184846	177208	146803	164224	AELE	37348	34282	28662	30817	28753
Oceania	x13532	x5222	5824	x15000	x13378	Océanie	426	54	125	x1494	1
Former USSR/Anc. URSS	x2055823	x2098342	x593201	x2159148		Brazil/Brésil	x1694239	2147261	1610450	1369433	1596099
France,Monac	862966	808507	754779	744954	777897	USA/Etats–Unis d'Amer	1580755	1135784	978838	1135098	1241393
Germany/Allemagne	494108	482875	478962	446090	477681	Argentina/Argentine	x507399	1049531	920031	1008549	1208951
Spain/Espagne	391051	320932	298836	350744	336452	Netherlands/Pays–Bas	436479	446593	565792	448142	484246
Denmark/Danemark	331750	315918	315339	279362	293627	China/Chine	523430	432693	391633	399465	171785
United Kingdom	356214	297357	302918	306516	344954	Germany/Allemagne	270960	216178	241699	230151	273766
Italy/Italie	333802	292290	299596	305879	301246	India/Inde	194343	x141038	240405	266235	x248607
Netherlands/Pays–Bas	304362	261460	232689	161625	182112	Belgium–Luxembourg	214591	231859	197001	140783	189132
Belgium–Luxembourg	198846	189378	186795	155624	163926	Norway,SVD,JM	37309	34279	28656	30798	28528
Japan/Japon	147895	119695	141439	178101	215572	Portugal	34062	23034	21800	30229	12225
Canada	180929	152734	123277	142406	127510	Italy/Italie	29009	17385	13547	24344	23184
Philippines	125958	x93857	146365	139030	150336	Paraguay	23446	14307	13272	25285	x36844
Austria/Autriche	133135	123797	137109	114994	125786	Bolivia/Bolivie	6127	10320	16036	25118	25968
Bulgaria/Bulgarie	x293178	x280601	x60540	x11211	23858	Former USSR/Anc. URSS		x11384	x10080	x12477	
Poland/Pologne	x257236	x230470	x66442	x45624	x103166	Trinidad and Tobago	5783	10808	10661	11145	8236
Korea Republic	101094	134959	97468	97300	141901	Singapore/Singapour	10228	10185	3306	4687	2745
Algeria/Algérie	115309	140906	99869	82108	x54243	Greece/Grèce	6366	7370	3413	5340	x2494
Hungary/Hongrie	x91768	x69394	x147812	97401	x97427	Uruguay	x2713	x8222	x4612	x2161	x113
Czechoslovakia	x218655	124821	80961	x108376	x84724	United Kingdom	3939	1875	3397	7403	4486
Venezuela	252678	100786	91343	111057	126629	Cayman Is/Is Caïmans	x169	x3214	x3347	x3214	x2213
Former GDR	x354016	x215175	x16990			France,Monac	1678	3063	3473	3065	2401
Mexico/Mexique	93117	98618	60628	70850	98721	Former GDR		x7582			
Thailand/Thaïlande	59181	54265	75990	90129	160344	Spain/Espagne	5225	3596	1620	846	4795
Yugoslavia SFR	48667	47807	81478	x65794	x96660	Bulgaria/Bulgarie	x1771	x4733	x137	x673	x897
Iran (Islamic Rp. of)	x7788	x62903	x71851	x54856		Yugoslavia SFR	875	1383	3262	x851	
Saudi Arabia	x69269	x56661	x50194	x62906	x72600	Turkey/Turquie	5675	652	3277	365	93
Ireland/Irlande	51603	50587	49000	46523	52385	Canada	995	640	195	3303	6567
Egypt/Egypte	x58373	x47367	x43957	x47739	x44363	Hungary/Hongrie	x3		x1813	x1860	x2008
Romania/Roumanie	x16795	17773	83525	33844	x35528	Malaysia/Malaisie	1222	1280	1131	722	x747
Cuba	x8407	x57404	x41136	x35734	x30985	Ireland/Irlande	1802	1184	602	1131	518
Portugal	27160	23689	33510	62738	87343	Peru/Pérou	x1412	x6	x1872	x402	x363
Malaysia/Malaisie	31576	39515	29219	36211	x58734	Kenya			x146	x1509	x1509
Sweden/Suède	61086	47852	30793	24714	22575	Jordan/Jordanie		x387		x1206	x1348
Iraq	x89243	x81155	x15670			Pacific Isld (Tr Terr.)				x1445	
Tunisia/Tunisie	32886	34864	30129	28176	31861	Chile/Chili	x76	x930	50	x435	x461
Turkey/Turquie	8219	26551	15297	44265	54506	Guatemala			919	322	254
Libyan Arab Jamahiriya	x24810	x28241	x32152	x18117	x6719	Denmark/Danemark	1572	608	219	197	1098
Indonesia/Indonésie	18036	33004	1508	42421	42700	Indonesia/Indonésie	10	268	164	544	
Dominican Republic	x25694	x17074	x26463	x29814	x32968	Senegal/Sénégal	x207			x959	x845
Peru/Pérou	60982	11346	32840	25720	x21389	Israel/Israël	226	512	119	137	129
So. Africa Customs Un	13631	27984	24618	x12852	x14511	Zimbabwe	x234	x234	275	224	x6
Greece/Grèce	5676	16587	19588	19828	x30791	Venezuela		116		606	4564
Cyprus/Chypre	16718	19368	18150	17674	14827	Japan/Japon	198	208	215	196	140
Singapore/Singapour	27764	26797	11557	15738	10235	Poland/Pologne	x870		x96	x381	x4554
Lebanon/Liban	x28452	x14213	x13814	x16047	x19523	Malta/Malte		x433			
Syrian Arab Republic	x10888	x12337	x14449	x17030	x23316	Korea Republic	136	103	118	159	53
Chile/Chili	x3181	x4683	15008	22639	x25581	Honduras				x288	
El Salvador	15250	15868	x10618	10042	x18743	Niger	x170			x285	
Jordan/Jordanie	x11346	x5700	x13326	x16347	x25400	Costa Rica	26		78	31	x237
Switz.Liecht	14841	10096	7908	5521	6742	Nepal/Népal	x149	x149	x37	x78	x138

(VALUE AS % OF TOTAL)(VALEUR EN % DU TOTAL)

	1983	1984	1985	1986	1987	1988	1989	1990	1991	1992		1983	1984	1985	1986	1987	1988	1989	1990	1991	1992
Africa	x2.2	x3.0	x3.0	x5.3	x3.4	x3.0	x4.0	x4.3	x2.9	x3.1	Afrique	x0.0	x0.1	x0.2	x0.1	x0.2	x0.1	x0.0	x0.0	x0.1	x0.0
Northern Africa	x1.8	x2.5	x2.7	x4.8	x2.9	x2.7	x3.2	x3.6	x2.5	x2.5	Afrique du Nord	x0.0		x0.0		x0.0	x0.1	x0.0	x0.0	x0.0	x0.0
Americas	x7.9	x7.6	x7.5	x8.3	x5.9	8.1	x6.2	x7.6	x7.0	x10.5	Amériques	x72.3	x70.9	x70.4	x75.1	x67.3	x68.2	73.2	67.2	68.9	73.8
LAIA	x4.3	x2.7	2.8	x3.8	3.0	4.8	2.7	3.5	3.4	x5.6	ALAI	x40.9	x45.7	x44.3	x44.2	x41.6	x39.5	54.0	48.4	46.7	51.2
CACM	x0.7	x0.9	x1.1	x0.5	x0.5	x0.4	0.4	x0.4	0.5	x0.8	MCAC	x0.0	x0.0		x0.0	x0.0	0.0	x0.0	x0.0	x0.0	x0.0
Asia	x11.8	x14.0	x10.1	x11.0	x9.0	x9.0	x10.2	x13.0	x12.0	20.5	Asie	1.4	1.7	2.4	2.5	9.0	13.1	x9.8	12.1	12.9	x7.6
Middle East	x3.8	x4.4	x4.3	x3.0	x3.1	x3.0	x3.7	x3.9	x3.4	x5.9	Moyen–Orient	x0.0	x0.0	x0.0	x0.1	x0.0	0.1	x0.0	x0.1	x0.0	x0.0
Europe	77.8	75.2	79.1	75.3	46.2	41.9	41.3	56.6	43.4	59.5	Europe	26.3	27.3	27.0	22.2	23.1	18.6	16.5	20.5	17.7	18.5
EEC	72.6	70.2	74.4	70.7	43.2	38.7	38.4	52.0	40.3	55.4	CEE	25.5	26.4	26.3	21.4	22.4	17.9	15.9	19.9	17.1	17.8
EFTA	3.9	4.0	3.9	3.8	2.4	2.7	2.3	3.1	2.1	3.0	AELE	0.8	0.8	0.7	0.8	0.7	0.7	0.6	0.5	0.6	0.5
Oceania	x0.3	x0.2	x0.2	x0.2	x0.2	x0.2	x0.1	0.1	0.1	x0.2	Océanie				x0.1	x0.0			x0.0		
Former USSR/Anc. URSS					x20.4	x23.7	x26.3	x10.4	x30.2		Brazil/Brésil	x35.8	x35.7	x34.7	x30.9	x29.6	x30.2	35.9	30.4	26.3	28.5
France,Monac	20.0	19.0	18.7	19.9	11.5	9.9	10.1	13.2	10.4	14.1	USA/Etats–Unis d'Amer	31.3	25.2	26.1	30.9	25.5	28.2	19.0	18.5	21.8	22.1
Germany/Allemagne	13.7	13.6	14.5	12.0	7.6	5.7	6.1	8.4	6.2	8.7	Argentina/Argentine	x5.0	x9.9	x9.3	x12.9	x11.7	x9.0	17.5	17.4	19.4	21.6
Spain/Espagne	3.3	4.0	5.6	5.6	3.0	4.5	4.0	5.2	4.9	6.1	Netherlands/Pays–Bas	9.6	8.9	9.0	7.7	8.5	7.8	7.5	10.7	8.6	8.6
Denmark/Danemark	7.0	6.7	6.7	7.3	4.5	3.8	4.0	5.5	3.9	5.3	China/Chine					7.3	9.3	7.2	7.4	7.7	3.1
United Kingdom	7.3	6.8	7.2	6.6	4.8	4.1	3.7	5.3	4.3	6.3	Germany/Allemagne	6.3	5.4	6.9	5.8	7.6	4.8	3.6	4.6	4.4	4.9
Italy/Italie	8.0	7.3	7.5	7.0	5.1	3.8	3.7	5.2	4.3	5.5	India/Inde	1.0	1.3	2.2	2.2	1.5	3.5	x2.4	4.5	5.1	x4.4
Netherlands/Pays–Bas	8.3	7.2	8.2	6.5	3.3	3.5	3.3	4.1	2.3	3.3	Belgium–Luxembourg	5.6	6.4	6.6	5.6	4.7	3.8	3.9	3.7	2.7	3.4
Belgium–Luxembourg	3.8	4.4	4.7	4.4	2.3	2.3	2.4	3.3	2.2	3.0	Norway,SVD,JM	0.8	0.8	0.7	0.8	0.7	0.7	0.6	0.5	0.6	0.5
Japan/Japon	1.5	0.8	0.7	1.2	0.7	1.7	1.5	2.5	2.5	3.9	Portugal	0.5	0.4	0.4	0.7	0.8	0.6	0.4	0.4	0.6	0.2

0814 MEAT OR FISH MEAL FODDER — FARINES DE VIANDES, POISSONS 0814

TRADE BY COMMODITY IN THOUSAND U.S. DOLLARS – COMMERCE PAR PRODUIT EN MILLIERS DE DOLLARS E.U

COUNTRIES–PAYS	1988	1989	1990	1991	1992	COUNTRIES–PAYS	1988	1989	1990	1991	1992
	IMPORTS – IMPORTATIONS						EXPORTS – EXPORTATIONS				
Total	x2058911	1984036	1651362	1820386	2075129	Totale	1947875	2118997	1597046	x2132870	x1955644
Africa	65716	x96444	x87211	x105966	x104534	Afrique	x24333	x3937	x3816	x9045	x7668
Northern Africa	54122	35246	15748	x20519	x20521	Afrique du Nord	4212	1020	x341	2572	1980
Americas	x137331	126710	127498	120126	146307	Amériques	960324	1023010	884526	x1163830	x1124812
LAIA	46608	46440	50020	52430	64641	ALAI	900326	950639	793643	x1050091	x980004
CACM	5224	7790	4783	5660	x7600	MCAC	134	627	446	388	301
Asia	692869	675506	552431	848621	956099	Asie	223656	195214	149381	142226	x86220
Middle East	x30750	x45165	x48862	x48368	x56588	Moyen–Orient	1	x723	x249	x932	x1031
Europe	829787	877344	788379	672461	761697	Europe	603929	594218	487575	507621	671515
EEC	612234	646514	595384	525138	618753	CEE	447802	472223	378555	400302	489181
EFTA	152304	166708	131431	114033	125679	AELE	137838	107379	98091	100358	172014
Oceania	x13956	x20182	x20889	x14990	x13158	Océanie	x67452	x282664	x53299	x265309	x62276
China/Chine	250561	247778	108466	321952	356685	Chile/Chili	458967	515245	384854	466869	x421566
Japan/Japon	230058	181836	193150	246977	296300	Peru/Pérou	366174	374236	364646	x544887	x524700
Germany/Allemagne	166366	197611	142954	100761	126563	Denmark/Danemark	160664	155309	120960	163817	191114
United Kingdom	161619	142129	142442	134624	135599	American Samoa		x227717	x3961	x207901	x4058
Netherlands/Pays–Bas	105387	111191	110067	87823	105840	Germany/Allemagne	125844	152696	114482	86911	106614
So. Africa Customs Un	4054	51235	59607	x72439	x73777	Japan/Japon	153042	141671	98239	82966	34155
Italy/Italie	50369	51963	57914	60615	64720	USA/Etats–Unis d'Amer	41944	52502	64945	86688	110389
Indonesia/Indonésie	33212	44570	56678	68887	74345	Iceland/Islande	86042	71574	58411		
Yugoslavia SFR	63663	62389	59527	x32050		Netherlands/Pays–Bas	24516	37827	40402	32767	80551
France,Monac	49606	54359	48311	49629	57482	Norway,SVD,JM	39878	23642	25778	54936	75898
USA/Etats–Unis d'Amer	59790	50963	50757	41533	46871	Italy/Italie	37449	30400	25752	32262	40019
Finland/Finlande	51690	57890	35652	24399	25540	Australia/Australie	34458	24939	26611	33263	48845
Belgium–Luxembourg	41120	41096	36322	38841	45385	Hong Kong	21775	19519	29290	33523	24000
Philippines	39141	x30632	36352	30724	49542	France,Monac	35079	32018	22970	27207	41525
Switz.Liecht	35856	34455	30023	23069	24229	New Zealand	32824	29982	22663	23737	8991
Mexico/Mexique	25569	35011	26175	23205	37561	Argentina/Argentine	16966	22175	24202	20900	19709
Sweden/Suède	33106	28654	29820	23423	23284	Canada	13955	13295	21878	22205	30662
Thailand/Thaïlande	4596	16911	21566	41740	52551	Belgium–Luxembourg	27444	21260	21084	13043	14748
Norway,SVD,JM	11925	29852	19343	29234	37674	Former USSR/Anc. URSS	x62781	x17328	x8472	x28076	
Hong Kong	20393	17927	22168	27341	18896	Ecuador/Equateur	48491	29531	8769	10039	6289
Former GDR	x158608	x62717	x2414			Ireland/Irlande	13359	17320	11995	12606	17267
Hungary/Hongrie	x40535	x30665	x18190	16233	x26297	Spain/Espagne	16127	11940	11882	15812	17662
Korea Republic	16924	19159	18489	25682	19624	United Kingdom	7276	13452	9020	13722	17667
Czechoslovakia	x54244	25669	16152	x20671		Thailand/Thaïlande	34534	17446	7194	6694	x7791
Malaysia/Malaisie	27785	29057	17306	12807	x19340	Faeroe Islds/Is Féroé	17839	13419	9917	6578	x9089
Greece/Grèce	16434	20177	19449	18094	x25698	Poland/Pologne	356	1930	9838	15178	x2052
Colombia/Colombie	19834	10252	20666	24758	23842	Austria/Autriche	8196	7950	7147	7924	10856
Israel/Israël	23853	23665	18033	11640	10356	Uruguay	4961	5687	5047	3708	3938
Austria/Autriche	19726	15857	16005	13769	14871	Singapore/Singapour	4311	6707	3749	3660	3175
Canada	10294	13718	15568	14062	21849	Panama	3911	5867	3092	4432	3320
Poland/Pologne	29465	27206	5577	9909	x36861	Sweden/Suède	2460	3067	5469	3196	3452
Egypt/Egypte	20129	15616	13282	13452	14768	Korea Republic	3302	2018	3617	5775	7874
Iran (Islamic Rp of)	x9832	x17813	x12058	x10878	x11637	Malaysia/Malaisie	1957	3749	3771	3775	x4055
Romania/Roumanie		4702		28568	7294	x6542	Venezuela	1291	2165	5259	2605	3553
Turkey/Turquie	465	7945	18469	14029	16574	Senegal/Sénégal	x2683	1147	1200	x3101	x1821
Spain/Espagne	7826	11526	12145	15825	17787	So. Africa Customs Un	x17389	x1657	x1855	x1892	x1909
Australia/Australie	9016	14730	14402	9930	8100	China/Chine	729	997	1697	1903	1564
Singapore/Singapour	12726	14969	8255	6783	6117	Morocco/Maroc	3428	1011	271	2572	1980
Ireland/Irlande	6881	7843	10543	10954	8813	Switz.Liecht	1001	1143	1209	1426	1015
Denmark/Danemark	5202	7493	13720	6533	28492	Yugoslavia SFR	329	1105	769	x312	
Bulgaria/Bulgarie	x32763	x19485	x1144	x326	3768	Brazil/Brésil	2776	1148	356	603	114
Libyan Arab Jamahiriya	6992	12520	2299	x5253	x4258	Hungary/Hongrie	x238	x345	x264	x1468	x961
Former USSR/Anc. URSS	x1254	x14942	x75	x3111		Maldives	x506	x637	x546	x820	x606
Cyprus/Chypre	4245	4455	4651	4579	5777	Viet Nam	x65	x58	x534	x872	x636
Lebanon/Liban	x2502	x5496	x2996	x5077	x5437	Nicaragua	104	597	428	366	279
Syrian Arab Republic	2780	2168	3702	x7086	x7761	Cote d'Ivoire			x13	x1223	x1500
Cuba	x11738	x5789	x3209	x3209	x3209	Indonesia/Indonésie	753	131	183	594	399
Saudi Arabia	4797	5036	x2533	x3944	x6426	Myanmar	x261	x382	x66	x228	x250
Sri Lanka	1635	3086	2098	4122	2595	Korea Dem People's Rp	x1719	x580			
Algeria/Algérie	26924	6976	x29	1795	x574	Bolivia/Bolivie		x302		x273	x99

(VALUE AS % OF TOTAL)(VALEUR EN % DU TOTAL)

	1983	1984	1985	1986	1987	1988	1989	1990	1991	1992		1983	1984	1985	1986	1987	1988	1989	1990	1991	1992
Africa	x7.5	x7.4	6.3	x7.8	x5.9	3.2	x4.9	x5.3	x5.8	x5.1	Afrique	2.3	1.0	0.1	x0.2	x0.6	x1.3	x0.2	x0.2	x0.4	x0.4
Northern Africa	x4.2	4.8	3.4	x3.2	x4.3	2.6	1.8	1.0	x1.1	x1.0	Afrique du Nord	0.3	0.2	0.0	0.0	0.0	0.2	x0.0	0.0	0.1	0.1
Americas	6.2	9.6	11.5	8.5	x6.7	x6.7	6.4	7.7	6.6	7.0	Amériques	13.1	41.0	47.9	x42.4	x42.9	49.3	48.3	55.3	x54.6	x57.5
LAIA	2.0	4.1	1.7	1.5	0.7	2.3	2.3	3.0	2.9	3.1	ALAI	6.0	36.3	44.2	x38.7	x39.9	46.2	44.9	49.7	x49.2	x50.1
CACM	x0.3	0.8	0.9	x0.2	0.3	0.4	0.4	0.3	0.3	x0.4	MCAC	x0.0	0.0	0.0	0.0	0.0	0.0	0.0	0.0	0.0	0.0
Asia	28.8	23.9	22.9	24.9	x30.4	33.6	34.1	33.5	46.6	46.1	Asie	13.5	11.9	12.2	15.4	16.2	11.5	9.2	9.4	6.7	x4.4
Middle East	x7.6	x4.3	x4.7	x2.1	x3.8	1.5	x2.3	x3.0	x2.7	x2.7	Moyen–Orient	x0.0	0.0	0.0	x0.0	0.0	0.1	0.0	0.0	x0.0	0.1
Europe	56.7	58.3	58.6	58.1	43.8	40.3	44.2	47.7	36.9	36.7	Europe	57.0	44.0	37.1	38.8	32.0	31.0	28.0	30.5	23.8	34.3
EEC	40.0	38.7	40.6	42.2	33.2	29.7	32.6	36.1	28.8	29.8	CEE	39.5	30.2	25.6	27.8	23.4	23.0	22.3	23.7	18.8	25.0
EFTA	16.7	15.1	13.6	12.6	8.9	7.4	8.4	8.0	6.3	6.1	AELE	16.2	12.9	10.6	9.9	7.8	7.1	5.1	6.1	4.7	8.8
Oceania	0.6	0.9	0.6	x0.5	x0.4	0.7	1.0	1.3	x0.9	x0.6	Océanie	x14.0	x2.1	x2.6	x3.3	x3.6	x3.5	x13.3	x3.4	x12.5	x3.2
China/Chine					6.0	12.2	12.5	6.6	17.7	17.2	Chile/Chili		22.5	25.0	x22.2	x21.9	23.6	24.3	24.1	21.9	x21.6
Japan/Japon	10.6	8.7	7.8	11.5	11.4	11.2	9.2	11.7	13.6	14.3	Peru/Pérou	3.3	9.2	12.0	9.7	14.8	18.8	17.7	22.8	x25.5	x26.8
Germany/Allemagne	14.5	12.0	11.9	13.6	9.6	8.1	10.0	8.7	5.5	6.1	Denmark/Danemark	14.6	10.3	8.2	9.5	7.5	8.2	7.3	7.6	7.7	9.8
United Kingdom	8.2	7.8	8.9	8.5	7.5	7.8	7.2	8.6	7.4	6.5	American Samoa	x9.5	x0.1	x0.0	x0.1	x0.2		x10.7	x0.2	x9.7	x0.2
Netherlands/Pays–Bas	4.5	5.0	5.8	6.7	5.8	5.1	5.6	6.7	4.8	5.1	Germany/Allemagne	10.3	8.5	8.0	8.5	7.4	6.5	7.2	7.2	4.1	5.5
So. Africa Customs Un	2.8	2.2	2.6	x3.1	x1.3	0.2	2.6	3.6	x4.0	x3.6	Japan/Japon	5.3	5.5	5.8	7.2	8.1	7.9	6.7	6.2	3.9	1.7
Italy/Italie	3.5	2.8	4.1	3.5	2.8	2.4	2.6	3.5	3.3	3.1	USA/Etats–Unis d'Amer	5.7	3.3	2.2	1.7	1.6	2.2	2.5	4.1	4.1	5.6
Indonesia/Indonésie	3.1	2.8	3.2	3.4	2.8	1.6	2.2	3.4	3.8	3.6	Iceland/Islande	1.9	4.1	4.5	5.8	4.1	4.4	3.4	3.7	4.1	5.6
Yugoslavia SFR		4.4	4.2	x3.3	x1.7	3.1	3.1	3.6	x1.8		Netherlands/Pays–Bas	1.6	1.5	1.5	1.7	1.5	1.3	1.8	2.5	1.6	2.1
France,Monac	2.9	2.8	2.8	2.8	2.5	2.4	2.7	2.9	2.7	2.8	Norway,SVD,JM	13.8	8.3	5.6	3.4	2.8	2.0	1.1	1.6	2.6	3.9

08142 FISH MEAL FODDER / FARINES DE POISSONS 08142

TRADE BY COMMODITY IN THOUSAND U.S. DOLLARS – COMMERCE PAR PRODUIT EN MILLIERS DE DOLLARS E.U

COUNTRIES–PAYS	1988	1989	1990	1991	1992	COUNTRIES–PAYS	1988	1989	1990	1991	1992
Total	x1729185	1640871	1360951	1533266	1706457	Totale	1676795	x1835609	1351743	x1858256	x1628050
Africa	x51269	x71978	x70788	x88708	x86868	Afrique	x24259	x2284	x2063	x7795	x6412
Northern Africa	x41714	x12868	x2559	x7197	x4571	Afrique du Nord	4212	1019	278	2572	1980
Americas	x117832	x91033	98476	89695	x107040	Amériques	919028	962051	819122	x1105290	x1046752
LAIA	36793	29447	34661	34881	40181	ALAI	879439	921289	760817	x1026120	x955074
CACM	3330	6313	3647	3943	x5149	MCAC	7		7	2	
Asia	528550	520420	415090	692618	782232	Asie	214448	186248	143137	133343	x76321
Middle East	x17106	x35791	x39581	x35201	x41687	Moyen-Orient	x9	x217	x190	x678	x653
Europe	708554	759112	690649	591596	656079	Europe	451259	437527	363497	371082	484895
EEC	510485	545442	512865	454334	526276	CEE	307192	327857	265575	274561	316114
EFTA	133473	149915	116513	104060	112830	AELE	126228	96251	88004	89922	158938
Oceania	x10795	x17319	x17597	x12401	x11557	Océanie	x1674	x228229	x5797	x212020	x11591
China/Chine	240796	241039	103477	314325	349817	Chile/Chili	458699	514502	384854	466869	x421359
Germany/Allemagne	163430	193328	139841	98243	122761	Peru/Pérou	366174	373894	364646	x544391	x523725
United Kingdom	148726	133439	134115	128802	126950	American Samoa		x227717	x3961	x207901	x4058
Japan/Japon	142546	100634	118897	170030	209902	Denmark/Danemark	149939	143658	109652	147134	172491
Netherlands/Pays-Bas	57775	67048	68876	51513	62210	Japan/Japon	153042	141671	98238	82966	34148
So. Africa Customs Un	4040	51235	59607	x72439	x73689	Germany/Allemagne	103678	127369	89322	60373	69013
Italy/Italie	49844	50629	56538	60122	62703	Iceland/Islande	86042	71574	58411	32767	80551
Yugoslavia SFR	63167	62350	59401	x32034		USA/Etats-Unis d'Amer	23959	25256	39350	59679	67217
France, Monac	40571	36807	39616	44171	50919	Norway, SVD, JM	39848	23642	25733	54936	75898
USA/Etats-Unis d'Amer	55704	37392	42844	36024	38280	Netherlands/Pays-Bas	13862	27484	31726	27555	30610
Indonesia/Indonésie	11742	22709	32894	40103	39037	Hong Kong	15560	14059	25206	27738	18128
Finland/Finlande	41378	47176	27673	20599	18666	Former USSR/Anc. URSS	x62739	x17328	x8437	x28035	
Switz.Liecht	34051	31973	27593	21971	23237	Ecuador/Equateur	48491	x29190	8769	10039	6289
Philippines	30201	x23203	29739	24516	41239	Canada	11662	9554	15691	16698	22036
Sweden/Suède	28845	26747	27579	21355	20071	Spain/Espagne	14380	9131	10887	15338	14591
Norway, SVD, JM	11677	29461	18426	27100	36619	Faeroe Islds/Is Féroé	17839	13419	9917	6578	x9089
Belgium-Luxembourg	18747	24947	24290	23659	25779	Italy/Italie	15336	6684	11229	10834	10794
Thailand/Thaïlande	4116	13671	20551	38228	49153	Thailand/Thaïlande	33006	16151	6539	5825	x5846
Former GDR	x158608	x62717	x2414			France, Monac	3166	3935	3473	6295	9219
Hungary/Hongrie	x40516	x30561	x17491	14672	x24696	Singapore/Singapour	3430	5582	3241	3373	2900
Korea Republic	15712	18144	17193	24393	18267	Poland/Pologne	x355	x1930	x9652	x589	x2042
Czechoslovakia	x52621	24415	13373	x20086	x15518	Korea Republic	3302	2018	3617	5775	7874
Hong Kong	16001	14256	19829	22551	14040	Malaysia/Malaisie	1939	3726	3770	3759	x3858
Colombia/Colombie	19830	10249	20646	22524	21373	Panama	3911	5867	x2523	x2792	x2340
Greece/Grèce	13242	15269	14803	14536	x20515	Ireland/Irlande	2971	3430	2643	3840	5401
Austria/Autriche	17521	14558	14654	12896	14156	United Kingdom	2917	3442	2907	1878	2848
Mexico/Mexique	14973	18282	12872	9619	17902	Belgium-Luxembourg	901	2722	3729	1292	1040
Iran (Islamic Rp. of)	x9832	x17813	x12058	x10876	x11637	Sweden/Suède	231	1032	3768	2107	2261
Turkey/Turquie	73	7945	18254	14029	16569	New Zealand	861	483	1745	3628	7096
Romania/Roumanie		4702	27348	7294	x6459	Senegal/Sénégal	x2681	x1147	x1200	x3101	x1821
Poland/Pologne	x24040	x21724	x4631	x12648	x12344	Argentina/Argentine	908	1237	808	1977	1373
Australia/Australie	8663	14730	14375	9019	7478	Morocco/Maroc	3428	1011	271	2572	1980
Malaysia/Malaisie	20379	20589	10361	6590	x5374	Uruguay	x618	x974	x493	x1227	1336
Canada	7433	11183	13010	10526	18987	China/Chine	288	531	996	783	604
Spain/Espagne	5845	8331	9416	14541	15813	Brazil/Brésil	x3835	1148	356	603	114
Israel/Israël	16128	14302	12588	5275	3984	Maldives	x500	x637	x546	x820	x606
Ireland/Irlande	6318	7611	10491	10845	8613	Venezuela	145	195	691	640	861
Denmark/Danemark	4823	7205	13715	6472	27675	Cote d'Ivoire	x65	x25	x516	x1223	x1500
Singapore/Singapour	11457	13231	7349	6497	5839	Viet Nam			x13	x493	x636
Bulgaria/Bulgarie	x32763	x19485	x1144	x326	3646	So. Africa Customs Un	x17318	x5	x208	x647	x659
Former USSR/Anc. URSS	x1254	x14942	x75	x3054		Indonesia/Indonésie	713	128	65	514	279
Cuba	x11738	x5789	x3209	x3209	x3209	Myanmar	x261	x382	x66	x228	x250
Cyprus/Chypre	3336	3599	4259	4101	5289	Korea Dem People's Rp	x1719	x580			x99
Algeria/Algérie	26924	6976	x1	1475	x574	Saint Lucia/St. Lucie			x530		
Egypt/Egypte	x10719	x2368	x2275	x3235	x2584	Lebanon/Liban				x511	x325
Sri Lanka	1253	2155	1661	3312	2134	Seychelles		65	187	206	x153
Saudi Arabia	x1252	x2239	x1750	x2726	x4294	Israel/Israël	190	228	115	67	9
Libyan Arab Jamahiriya	x4004	x3396	x147	x2472	x530	Mexico/Mexique	238		150	174	0
New Zealand	1480	1633	2059	2182	2935	Oman			x137	x137	x137
Ghana	x1082	x3215	x874	x1339	x1664	Philippines	199	x223	22	29	104

(VALUE AS % OF TOTAL)(VALEUR EN % DU TOTAL)

	1983	1984	1985	1986	1987	1988	1989	1990	1991	1992		1983	1984	1985	1986	1987	1988	1989	1990	1991	1992
Africa	x5.3	x8.6	x7.1	x7.8	x5.7	2.9	x4.4	x5.2	x5.8	x5.1	Afrique	0.7	x1.3	0.2	x0.1	x0.7	x1.4	x0.1	x0.1	x0.4	x0.4
Northern Africa	x4.7	x5.7	x3.3	x3.6	x3.8	2.4	x0.8	x0.2	x0.5	x0.3	Afrique du Nord	0.3	0.2		0.0	0.1	0.3	0.1	0.0	0.1	0.1
Americas	x6.9	x9.5	11.5	x9.1	x7.5	6.9	x5.6	7.2	5.8	x6.3	Amériques	x39.4	x44.7	x54.3	x53.2	x47.8	54.8	52.4	60.6	x59.5	x64.3
LAIA	x2.7	x2.1	1.8	1.5	1.7	2.1	1.8	2.5	2.3	2.4	ALAI	x35.4	x42.9	x52.1	x51.2	x45.3	52.4	50.2	56.3	x55.2	x58.7
CACM	x0.1	x0.5	x0.0	x0.2	x1.1	0.2	0.4	x0.3	0.3	x0.3	MCAC					0.0	0.0	0.0	0.0	0.0	
Asia	x18.7	x19.3	15.9	19.4	x26.5	30.6	31.7	30.5	45.1	45.8	Asie	9.2	11.2	10.3	12.1	18.5	10.1	10.1	10.6	7.2	x4.7
Middle East	x2.5	x3.3	x1.3	x1.1	x3.6	1.0	x2.2	x2.3	x2.3	x2.4	Moyen-Orient	x0.0	x0.0		x0.0	x0.0	x0.0	x0.0	x0.0	x0.0	x0.0
Europe	x68.6	62.0	65.0	63.2	45.1	41.0	46.3	50.7	38.6	38.4	Europe	41.7	42.5	35.1	34.4	27.5	26.9	23.8	26.9	20.0	29.8
EEC	41.4	38.9	43.5	43.7	32.3	29.5	33.2	37.7	29.6	30.8	CEE	26.2	25.8	21.7	22.2	18.0	18.3	17.9	19.6	14.8	19.4
EFTA	x18.9	x17.8	x16.2	x14.2	x9.2	7.7	9.1	8.6	6.8	6.6	AELE	14.3	15.6	12.3	11.0	8.5	7.5	5.2	6.5	4.8	9.8
Oceania	0.5	0.7	0.6	0.4	x0.4	x0.6	x1.1	x1.1	x0.8	x0.7	Océanie	x8.7	x0.2	x0.1	x0.1	x0.4	x0.1	x12.4	x0.4	x11.4	x0.7
China/Chine					6.8	13.9	14.7	7.6	20.5	20.5	Chile/Chili	x31.1	x27.6	x30.0	x33.4	x25.1	27.4	28.0	28.5	25.1	x25.9
Germany/Allemagne	17.8	15.0	15.0	16.6	11.0	9.5	11.8	10.3	6.4	7.2	Peru/Pérou	3.0	11.4	14.6	11.5	17.6	21.8	20.4	27.0	x29.3	x32.2
United Kingdom	9.2	9.0	10.6	9.6	8.1	8.6	8.1	9.9	8.4	7.4	American Samoa	x8.6	x0.1	x0.1	x0.1	x0.3	x0.0	x12.4	x0.3	x11.2	x0.2
Japan/Japon	6.1	4.4	4.6	8.7	8.4	8.2	6.1	8.7	11.1	12.3	Denmark/Danemark	12.8	12.1	9.4	10.5	8.1	8.9	7.8	8.1	7.9	10.6
Netherlands/Pays-Bas	2.6	2.6	3.8	4.7	3.3	4.1	5.1	3.4	3.3	3.6	Japan/Japon	4.8	6.8	7.0	8.4	9.7	9.1	7.7	7.3	4.5	2.1
So. Africa Customs Un		2.6	3.4	x3.8	x1.5	0.2	3.1	4.4	x4.7	x4.3	Germany/Allemagne	8.7	9.3	8.2	8.1	6.9	6.2	6.9	6.6	3.2	4.2
Italy/Italie	4.3	3.5	5.2	4.2	3.3	2.9	3.1	4.2	3.9	3.7	Iceland/Islande	1.7	5.1	5.4	6.8	4.9	5.1	3.9	4.3	1.8	4.9
Yugoslavia SFR	x8.3	x5.2	x5.2	x5.2	x3.6	3.7	3.8	4.4	x2.1		USA/Etats-Unis d'Amer	2.3	0.5	0.8	1.1	1.4	1.4	1.4	2.9	3.2	4.1
France, Monac	3.2	3.0	3.2	3.0	2.4	2.3	2.2	2.9	2.9	3.0	Norway, SVD, JM	12.5	10.4	6.8	4.0	3.3	2.4	1.3	1.9	3.0	4.7
USA/Etats-Unis d'Amer	2.9	3.6	9.4	6.1	4.7	3.2	2.3	3.1	2.3	2.2	Netherlands/Pays-Bas	0.6	0.6	0.9	1.2	1.3	0.8	1.5	2.3	1.5	1.9

08193 BEET-PULP, BAGASSE, ETC — PULPES, AUTRES DECHETS 08193

TRADE BY COMMODITY IN THOUSAND U.S. DOLLARS – COMMERCE PAR PRODUIT EN MILLIERS DE DOLLARS E.U

COUNTRIES–PAYS	1988	1989	1990	1991	1992	COUNTRIES–PAYS	1988	1989	1990	1991	1992
Total	1557909	1530723	1716939	1725246	1866031	Totale	1184070	1308412	1300672	1427065	1554301
Africa	x1354	x1425	x2895	x1088	x7012	Afrique	x4343	x3856	x3499	x6713	x6237
Northern Africa	x1180	x997	x2620	x201	7002	Afrique du Nord	3390	2810	2888	5580	5053
Americas	x31622	64032	70683	79640	88512	Amériques	834871	954178	943962	1022336	x1118136
LAIA	10664	19151	27666	35040	45169	ALAI	25396	27823	23313	24804	x37701
CACM	x877	x89	x401	1090	x1936	MCAC	x9	x11	181	x2	x6
Asia	177942	188852	204926	183900	x217680	Asie	30260	43474	41629	67422	80044
Middle East	x498	1115	x878	x1602	x2274	Moyen-Orient		27		x2	x16
Europe	1345908	1269292	1432974	1456811	1551942	Europe	293514	269853	279344	273132	305725
EEC	1309634	1229503	1389573	1412231	1488366	CEE	254429	224274	231615	244096	288513
EFTA	35792	34016	42905	44402	62234	AELE	5229	7360	10032	8700	5119
Oceania	222	608	x763	x849	x107	Océanie	12	64	x283	x63	x9
Netherlands/Pays-Bas	285297	230154	236246	197079	236009	USA/Etats-Unis d'Amer	781133	896061	892209	970565	1055090
Germany/Allemagne	197222	148180	166268	194446	225519	Netherlands/Pays-Bas	84103	78535	77022	70984	72566
Japan/Japon	152432	165295	165557	148641	176624	France, Monac	76807	71853	69426	78272	98143
Italy/Italie	130860	150035	147368	154137	98599	China/Chine	26963	39468	37347	61668	69910
France, Monac	120079	118090	140910	150763	107286	Germany/Allemagne	29645	26873	40945	34396	37026
Spain/Espagne	65850	97031	147359	157205	193715	Yugoslavia SFR	33857	38130	37697	x20336	
United Kingdom	124950	96045	152364	142544	174700	Canada	28334	30282	27311	26945	25183
Belgium–Luxembourg	123249	128832	125388	129182	132198	Hungary/Hongrie	x17122	x21812	x25235	x32234	x26062
Ireland/Irlande	106079	115950	124405	129681	130360	United Kingdom	15557	15506	18292	23584	28720
Portugal	117951	108629	118160	117309	114386	Belgium–Luxembourg	19108	18752	17615	19974	22046
Denmark/Danemark	37757	36475	31071	39715	75539	Chile/Chili	12987	16147	12067	13620	x23519
Mexico/Mexique	9266	18822	27552	34821	45019	Argentina/Argentine	11065	10309	9411	10443	9248
USA/Etats–Unis d'Amer	7783	27400	25860	25361	24125	Austria/Autriche	4231	5940	8481	7473	3161
Switz. Liecht	17442	17574	25231	18950	22991	Former USSR/Anc. URSS	x102	x12451	x1576	x5052	
Canada	11889	17235	14616	15099	13395	Spain/Espagne	24709	6956	2736	5328	4202
Korea Republic	3408	8707	15719	13427	7186	Czechoslovakia	x505	x1871	x4942	x7418	x11457
Sweden/Suède	6263	8504	9797	17447	29317	Poland/Pologne				x12696	x6629
Indonesia/Indonésie	9477	3392	12400	10518	14668	Egypt/Egypte	3389	2810	2875	5580	4993
Malaysia/Malaisie	5477	8082	7226	7795	x14423	Denmark/Danemark	1076	1064	1620	5943	9114
Czechoslovakia	x180	5628	4178	x55	x83	Ireland/Irlande	1313	2988	929	2735	2349
Austria/Autriche	2571	3141	3418	2521	3322	Italy/Italie	1680	1309	2101	2080	1367
Norway, SVD, JM	2684	2413	2315	2866	3935	Indonesia/Indonésie		457	1530	3024	843
Finland/Finlande	6833	2383	2144	2617	2669	Sweden/Suède	954	1095	1364	1099	1777
Yugoslavia SFR	452	5679	468	x69		Uruguay	895	942	1526	557	651
Panama	x224	4	x1823	x2932	x3683	Japan/Japon	1042	795	762	1380	800
Thailand/Thaïlande	267	1296	1375	1474	1762	Thailand/Thaïlande	1469	1386	817	384	x5910
Egypt/Egypte	x822	x794	x2316		x798	So. Africa Customs Un	x225	x260	x507	x1072	x1145
Romania/Roumanie				2349	x22	Greece/Grèce		437	676	437	x11110
Saudi Arabia	305	474	x574	x922	x2039	Singapore/Singapour	514	513	546	447	1166
Bulgaria/Bulgarie	x603	x879	x489	x168	109	Hong Kong	103	718	231	53	
El Salvador	x858	75	x394	1023	x1889	St Pierre & Miquelon			x818		
Israel/Israël	x4810	216	797	129	476	Former GDR	x2088	x596	x201		
Australia/Australie	17	366	464	40	24	Mauritius/Maurice	x693	x778	0		
China/Chine	7	58	543	138	32	Portugal	430	1	252	364	1870
Hong Kong	17	420	233	40		Philippines	1		127	432	364
Tonga	205	240	235	196		Switz. Liecht	3	288	53	31	46
So. Africa Customs Un	2	0	13	x600	x4	Brazil/Brésil	204	183	73	73	x4225
Kuwait/Koweït	x105	601				Mexico/Mexique	245	237	3	30	27
New Caledonia			x42	x558	x79	Finland/Finlande	40	37	134	96	134
Libyan Arab Jamahiriya	x188	x122	x256	x201	x213	New Zealand	0		251	12	0
United Arab Emirates	x54		x255	x302	x65	Bulgaria/Bulgarie	x1241	x245			
Zimbabwe			212	238		Malaysia/Malaisie	4	3	214	8	x13
Chile/Chili	0	216	114	100	x52	Peru/Pérou		x4	x219		
Philippines		x120	122	85	84	El Salvador			179		0
Poland/Pologne				x323	x478	India/Inde	x91	x100	x51	x7	x76
Ghana		x288			x4	Bahamas			x115	x19	x115
Greece/Grèce	339	82	34	170	x55	Australia/Australie	12	54	6	33	7
Qatar				273		Malta/Malte		x87			
Bahamas	x2	x82	x101	x41	x44	Liberia/Libéria	x11	x5	x19	x61	x35
Algeria/Algérie	170	82	48			Venezuela				82	x31

(VALUE AS % OF TOTAL)(VALEUR EN % DU TOTAL)

	1983	1984	1985	1986	1987	1988	1989	1990	1991	1992		1983	1984	1985	1986	1987	1988	1989	1990	1991	1992
Africa	0.1		x0.0	x0.0	x0.1	x0.1	x0.1	x0.2	x0.0	x0.4	Afrique	0.3	x0.3	x0.1	x0.4	x0.5	x0.3	x0.3	x0.2	x0.5	x0.4
Northern Africa		0.0	x0.0	x0.3	x0.1	x0.1	x0.1	x0.2	x0.0	0.4	Afrique du Nord	0.1	0.1		0.3	0.4	0.3	0.2	0.2	0.4	0.3
Americas	x1.7	x2.2	x2.2	x1.8	x1.0	x2.1	4.2	4.2	4.6	4.7	Amériques	74.9	75.4	74.4	x77.5	x71.1	70.5	72.9	72.6	71.6	x71.9
LAIA	0.0	0.0	0.3	x0.7	x0.3	0.7	1.3	1.6	2.0	2.4	ALAI	1.0	2.4	1.9	x2.8	x2.5	2.1	2.1	1.8	1.7	x2.4
CACM	x0.1	x0.1	x0.2	x0.0	x0.0	x0.0	x0.0	x0.0	0.1	x0.1	MCAC				x0.0	x0.0	0.0	0.0	0.0	0.0	0.0
Asia	x9.2	x12.5	x13.1	11.8	x10.9	11.4	12.3	11.9	10.6	x11.7	Asie	0.2	0.2	0.3	0.4	x3.2	2.6	3.4	3.2	4.7	5.2
Middle East	x0.0	x0.0	x0.0	x0.0	x0.1	0.0	0.1	0.1	0.1	x0.1	Moyen-Orient				0.0			0.0		0.0	0.0
Europe	89.0	85.4	84.6	86.1	87.6	86.4	82.9	83.5	84.4	83.2	Europe	24.7	24.1	25.2	21.9	23.7	24.8	20.6	21.5	19.1	19.7
EEC	86.5	82.5	81.3	83.6	85.3	84.1	80.3	80.9	81.9	79.8	CEE	24.2	21.8	22.4	19.0	20.8	21.5	17.1	17.8	17.1	18.6
EFTA	2.5	2.8	3.3	2.4	2.3	2.3	2.2	2.5	2.6	3.3	AELE	0.5	0.2	0.3	0.4	0.4	0.4	0.6	0.8	0.6	0.3
Oceania		x0.0			x0.0		x0.0	x0.0	x0.0	x0.0	Océanie				x0.0	x0.0			x0.0	x0.0	x0.0
Netherlands/Pays-Bas	35.5	32.1	31.1	24.4	18.4	18.3	15.0	13.8	11.4	12.6	USA/Etats-Unis d'Amer	72.1	71.3	71.4	73.8	68.0	66.0	68.5	68.6	68.0	67.9
Germany/Allemagne	25.0	22.5	16.2	14.2	12.0	12.7	9.7	9.7	11.3	12.1	Netherlands/Pays-Bas	6.2	3.6	4.4	5.4	8.0	7.1	6.0	5.9	5.0	4.7
Japan/Japon	9.2	12.4	13.0	11.1	10.0	9.8	10.8	9.6	8.6	9.5	France, Monac	9.9	10.7	9.6	6.7	6.4	6.5	5.5	5.3	5.5	6.3
Italy/Italie	2.4	3.2	4.3	5.1	7.7	8.4	9.8	8.6	8.9	5.3	China/Chine					1.8	2.3	3.0	2.9	4.3	4.5
France, Monac	2.8	2.8	3.5	5.6	8.0	7.7	7.7	8.2	8.7	5.7	Germany/Allemagne	2.1	1.8	2.3	2.4	2.7	2.5	2.1	3.1	2.4	2.4
Spain/Espagne	0.0	0.0	0.0	1.8	4.7	4.2	6.3	8.6	9.1	10.4	Yugoslavia SFR		2.1	2.2	x2.4	x2.5	2.9	2.9	2.9	x1.4	
United Kingdom	11.7	9.6	9.3	9.9	9.1	8.0	6.3	8.9	8.3	9.4	Canada	1.8	1.7	1.1	0.8	0.6	2.4	2.3	2.1	1.9	1.6
Belgium–Luxembourg	7.1	8.4	8.8	8.6	8.4	7.9	8.4	7.3	7.5	7.1	Hungary/Hongrie			x1.1	x1.4	x1.7	x1.9	x2.3	x1.7		
Ireland/Irlande	0.6	1.5	5.1	8.0	8.2	6.8	7.6	7.2	7.5	7.0	United Kingdom	0.6	0.6	1.1	1.1	1.3	1.3	1.2	1.4	1.7	1.8
Portugal	0.2	0.6	1.6	4.4	6.2	7.6	7.1	6.9	6.8	6.1	Belgium–Luxembourg	0.8	0.7	1.0	1.1	1.0	1.6	1.4	1.4	1.4	1.4

1121 WINE OF FRESH GRAPES ETC / VINS DE RAISINS FRAIS 1121

TRADE BY COMMODITY IN THOUSAND U.S. DOLLARS – COMMERCE PAR PRODUIT EN MILLIERS DE DOLLARS E.U

IMPORTS – IMPORTATIONS

COUNTRIES–PAYS	1988	1989	1990	1991	1992
Total	6893734	7168201	8543551	8553352	9093534
Africa	x98529	x111985	x122433	x108930	x138651
Northern Africa	x2648	3448	3062	x3749	x3505
Americas	1389948	1447628	1477420	1471396	x1679795
LAIA	47050	53236	66005	83068	102383
CACM	3165	3463	3753	4138	x5356
Asia	x307498	x404388	511585	451299	x466012
Middle East	x18592	x15351	x12942	x12693	x17542
Europe	4849649	4936705	6203406	6299601	6676805
EEC	4162035	4220836	5314169	5467007	5837932
EFTA	673278	699991	851713	810586	805921
Oceania	78111	x95856	x102338	x88623	x91203
United Kingdom	1405893	1395240	1770980	1654220	1756442
Germany/Allemagne	1146091	1118518	1501102	1682375	1725513
USA/Etats-Unis d'Amer	1046819	1029689	1011565	1005492	1182942
Belgium–Luxembourg	463742	457562	607124	619460	710830
Switz.Liecht	427114	445739	537759	494393	464318
Netherlands/Pays-Bas	399816	392863	477104	505709	564185
France, Monac	345846	354033	400967	427123	454762
Japan/Japon	231681	326370	423523	349385	342763
Canada	215401	286688	305683	291205	303869
Italy/Italie	150315	183041	222272	232149	217781
Denmark/Danemark	181977	167079	219483	229923	275359
Sweden/Suède	131909	143389	161232	153290	175278
Austria/Autriche	41765	45561	61819	61682	62044
Ireland/Irlande	37807	40664	54392	57442	62256
Norway, SVD, JM	46532	38378	50899	53508	57622
Australia/Australie	35789	45344	44192	37160	36326
Former USSR/Anc. URSS	x3622	x37753	x15594	x68536	
Poland/Pologne	50882	42035	32713	42711	x20370
Portugal	2737	78450	14873	9218	11777
Finland/Finlande	20314	23002	34817	42027	40671
Spain/Espagne	24312	26174	33581	32942	41434
New Zealand	23665	28919	34754	28388	28088
Former GDR	x89141	x57029	x25828		
Hong Kong	21355	24857	27512	27511	31563
Singapore/Singapour	13852	15480	21944	35847	39720
Guadeloupe	20796	19978	26995	23353	24350
Mexico/Mexique	11325	16656	23538	26302	33641
Czechoslovakia	x16383	24396	32897	x8242	x5320
Angola	x9685	x18576	x26676	x12832	x18786
Brazil/Brésil	11112	17593	19135	17757	12370
Reunion/Réunion	15947	15523	18700	14976	20881
Martinique	14897	13176	17072	16807	17848
Greece/Grèce	3498	7211	12291	16447	x17594
Venezuela	14190	9263	10053	15878	18822
Cote d'Ivoire	x14914	x14961	x6973	x12959	x21651
Andorra/Andorre	x8604	x9503	x11381	x11823	x10924
Yugoslavia SFR	2120	3003	20716	x5741	
New Caledonia	7431	8251	8959	9947	10598
French Polynesia	5679	x7694	x7446	x8754	x6569
Hungary/Hongrie	x4281	x5589	x9878	5103	6331
Nigeria/Nigéria	x3429	x5235	x7256	x7997	x11648
Gabon	x6030	x5614	x5988	x8207	x8044
French Guiana	5464	5741	6560	6338	7546
Cameroon/Cameroun	x7073	4817	x6228	7046	x9727
Thailand/Thaïlande	4726	4640	6205	5614	6510
Romania/Roumanie	x224	x589	7423	7302	x5092
Iceland/Islande	5644	3922	5186	5686	5987
Paraguay	2762	2876	4533	7384	9115
Malaysia/Malaisie	3450	2966	4507	5768	x6061
United Arab Emirates	x9780	x4481	x4572	x4054	x7067

EXPORTS – EXPORTATIONS

COUNTRIES–PAYS	1988	1989	1990	1991	1992
Totale	7132730	7299772	8593610	8288676	8954430
Afrique	x48054	x48107	x51061	x54431	x56479
Afrique du Nord	29200	35579	33510	33272	x19111
Amériques	127090	164391	215731	264193	x345693
ALAI	38606	58717	80023	113339	x170512
MCAC	403	152	135	120	152
Asie	35139	27683	40466	53802	65547
Moyen–Orient	14246	13700	23380	22023	x24164
Europe	6178821	6430974	7663350	7548434	8112440
CEE	6108974	6370636	7576568	7464929	8022327
AELE	17598	20839	31132	35838	40172
Océanie	x96847	x93921	x129970	x176082	x219416
France, Monac	3504774	3611956	4281095	4120822	4264968
Italy/Italie	1140077	1255345	1561937	1574267	1610869
Spain/Espagne	544017	544705	613448	727090	900179
Germany/Allemagne	430390	437433	500737	442040	526953
Portugal	358213	352811	420115	425346	509021
Bulgaria/Bulgarie	x468347	x345925	x382794	x62545	x66245
USA/Etats-Unis d'Amer	84539	102861	130480	146210	171071
Australia/Australie	88313	83980	116607	160872	193442
United Kingdom	52901	55345	71423	60395	65929
Former USSR/Anc. URSS	x112693	x76865	x50560	x54956	
Greece/Grèce	30036	60945	67274	53772	x79364
Chile/Chili	23062	35668	51613	84367	x127409
Hungary/Hongrie	x43280	x38298	x47479	x57162	x69477
Yugoslavia SFR	51973	38839	55027	x47583	
Belgium–Luxembourg	28337	31237	37451	37098	34039
Romania/Roumanie	x20908	70738	11048	15152	x16185
Algeria/Algérie	15765	26436	23136	19676	x5620
Argentina/Argentine	12849	17125	23072	22548	33553
Austria/Autriche	8976	10044	18646	21113	24054
So. Africa Customs Un	x10510	x10767	x15567	x20935	x36788
Cyprus/Chypre	10764	10231	18095	15975	16257
Netherlands/Pays-Bas	11191	12030	12815	15450	21986
New Zealand	8524	9897	13327	15135	25603
Switz.Liecht	7620	10128	11469	12856	13398
Singapore/Singapour	2550	2841	5226	19853	23107
Denmark/Danemark	8543	8326	9658	8283	8092
Morocco/Maroc	5767	4961	5517	7002	7459
Tunisia/Tunisie	7654	4179	4855	6585	6030
Brazil/Brésil	1771	4943	3632	4328	7674
Israel/Israël	4492	4121	4637	4089	5845
Hong Kong	3831	3826	3842	4174	4540
Turkey/Turquie	2551	1932	2766	3257	4022
Lebanon/Liban	x781	x1332	x2163	x2491	x3573
China/Chine	2376	1607	1757	2206	6569
Czechoslovakia	x595	x2458	x1119	x1651	x2778
Canada	1996	878	1407	2619	1538
Mexico/Mexique	637	780	1139	1585	1426
Norway, SVD, JM	59	268	722	1452	2029
Panama	x151	x211	x994	x1023	x1298
Jamaica/Jamaïque	931	690	787	651	x514
Senegal/Sénégal		1458	654		
Japan/Japon	488	545	777	738	609
Ireland/Irlande	496	492	615	366	929
Barbados/Barbade	126	346	1006	0	x166
India/Inde	199	x556	395	251	x170
Malta/Malte	213	451	609	x31	x55
Sweden/Suède	871	282	191	285	577
Peru/Pérou	79	146	305	x297	x74
Cuba	x1		x602	x1	
Thailand/Thaïlande	6161	101	123	236	x21

(VALUE AS % OF TOTAL)(VALEUR EN % DU TOTAL)

	1983	1984	1985	1986	1987	1988	1989	1990	1991	1992
Africa	x1.9	x1.6	x1.8	x1.9	x1.5	x1.4	x1.5	x1.4	x1.2	x1.5
Northern Africa	x0.0	0.0	0.0	0.0	0.0	0.0	0.0	x0.0	0.0	0.0
Americas	30.6	34.8	32.8	x27.3	x22.6	20.2	20.2	17.3	17.2	x18.5
LAIA	0.5	1.0	0.9	x0.8	x0.7	0.7	0.7	0.8	1.0	1.1
CACM	x0.0	0.1	0.1	x0.0	0.0	0.0	0.0	0.0	0.0	x0.1
Asia	x3.0	x2.9	x2.9	x2.5	x3.3	x4.5	x5.7	6.0	5.3	x5.1
Middle East	x0.4	x0.3	x0.3	x0.2	x0.2	x0.3	x0.2	x0.2	x0.1	x0.2
Europe	63.2	59.2	61.3	67.0	68.8	70.3	68.9	72.6	73.7	73.4
EEC	54.8	51.0	53.1	57.3	58.7	60.4	58.9	62.2	63.9	64.2
EFTA	8.4	7.9	8.0	9.4	9.9	9.8	9.8	10.0	9.5	8.9
Oceania	1.1	x1.4	x1.3	x1.2	x0.9	1.2	x1.3	x1.2	x1.1	x1.0
United Kingdom	15.9	16.1	17.4	19.4	19.2	20.4	19.5	20.7	19.3	19.3
Germany/Allemagne	16.5	14.1	14.1	15.5	16.3	16.6	15.6	17.6	19.7	19.0
USA/Etats-Unis d'Amer	25.4	28.0	27.0	21.7	17.1	15.2	14.4	11.8	11.8	13.0
Belgium–Luxembourg	6.8	5.9	5.7	6.3	7.0	6.7	6.4	7.1	7.2	7.8
Switz.Liecht	5.4	5.2	5.2	6.0	6.3	6.6	6.2	6.3	5.8	5.1
Netherlands/Pays-Bas	5.8	5.6	5.3	6.1	6.0	5.8	5.5	5.6	5.9	6.2
France, Monac	5.8	5.3	5.8	4.6	4.5	5.0	4.9	4.7	5.0	5.0
Japan/Japon	1.9	1.9	1.9	1.6	2.3	3.4	4.6	5.0	4.1	3.8
Canada	3.5	4.5	3.6	3.6	4.4	4.2	4.0	3.6	3.4	3.3
Italy/Italie	1.1	1.2	1.8	2.0	2.2	2.2	2.6	2.6	2.7	2.4

	1983	1984	1985	1986	1987	1988	1989	1990	1991	1992
Afrique	1.5	1.5	1.5	0.7	x0.6	0.6	0.6	0.6	0.7	x0.6
Afrique du Nord	1.2	1.3	1.4	0.6	0.5	0.4	0.5	0.4	0.4	x0.2
Amériques	1.2	1.5	1.2	x1.3	x2.9	1.8	2.2	2.5	3.2	x3.8
ALAI	0.2	0.5	0.4	x0.4	x0.4	0.5	0.8	0.9	1.4	x1.9
MCAC	x0.0	0.0	0.0	0.0	x0.0	0.0	0.0	0.0	0.0	0.0
Asie	0.7	0.5	0.6	0.4	0.4	0.5	0.4	0.5	0.7	0.8
Moyen Orient	0.5	0.5	0.4	0.2	0.2	0.2	0.2	0.3	0.3	x0.3
Europe	96.2	96.0	96.4	97.2	86.0	86.6	88.1	89.2	91.1	90.6
CEE	95.3	93.6	94.4	96.1	85.1	85.6	87.3	88.2	90.1	89.6
AELE	0.9	0.8	0.8	0.7	0.3	0.2	0.3	0.4	0.4	0.4
Océanie	x0.4	x0.5	x0.3	x0.4	x0.9	x1.4	x1.3	x1.5	x2.1	x2.4
France, Monac	45.2	46.2	48.0	54.3	48.9	49.1	49.5	49.8	49.7	47.6
Italy/Italie	22.8	22.0	21.7	17.2	15.3	16.0	17.2	18.2	19.0	18.0
Spain/Espagne	8.8	8.1	8.2	8.5	7.6	7.6	7.5	7.1	8.8	10.1
Germany/Allemagne	10.0	9.5	8.9	8.2	6.2	6.0	6.0	5.8	5.3	5.9
Portugal	5.1	4.8	4.5	4.4	4.7	5.0	4.8	4.9	5.1	5.7
Bulgaria/Bulgarie						x6.6	x4.7	x4.5	x0.8	x0.7
USA/Etats-Unis d'Amer	0.9	0.7	0.7	0.7	0.9	1.2	1.4	1.5	1.8	1.9
Australia/Australie	0.4	0.4	0.3	0.4	0.8	1.2	1.2	1.4	1.9	2.2
United Kingdom	1.5	1.4	1.3	0.9	0.7	0.7	0.8	0.8	0.7	0.7
Former USSR/Anc. URSS						x1.8	x1.6	x1.1	x0.6	x0.7

11212 WINE OF FRESH GRAPES / VINS DE MOUTS DE RAISINS 11212

TRADE BY COMMODITY IN THOUSAND U.S. DOLLARS – COMMERCE PAR PRODUIT EN MILLIERS DE DOLLARS E.U

COUNTRIES–PAYS	IMPORTS – IMPORTATIONS					COUNTRIES–PAYS	EXPORTS – EXPORTATIONS				
	1988	1989	1990	1991	1992		1988	1989	1990	1991	1992
Total	6656412	6929156	8265275	8254784	8798252	Totale	6941586	7052195	8325296	8024150	8688965
Africa	x93221	x106016	x114507	x99515	x129971	Afrique	x43822	x43879	x47578	x51397	x53179
Northern Africa	x2593	x5005	3049	x3600	x3311	Afrique du Nord	25696	33262	32064	31055	x16656
Americas	1356164	x1408882	1435897	1432976	x1641220	Amériques	124239	159901	209106	255313	x339911
LAIA	46636	52658	64686	81505	99829	ALAI	36487	56157	76364	110330	x169202
CACM	3027	3204	3544	4012	x5148	MCAC	x194	115	58	64	x115
Asia	x289195	x383523	492723	435132	x450128	Asie	27528	26749	38068	51285	60505
Middle East	x17910	x11616	x12140	x12003	x16682	Moyen–Orient	13532	13467	22551	21895	x23962
Europe	4704169	4785766	6022176	6093711	6456874	Europe	6002720	6224807	7429433	7325309	7872997
EEC	4034603	4089248	5153212	5281927	5639149	CEE	5934471	6167347	7346735	7243400	7786316
EFTA	656863	683995	833352	791515	786634	AELE	17440	20529	30677	34765	39449
Oceania	x76731	x94761	x101359	x87440	x90243	Océanie	x96673	x93427	x129673	x175440	x219064
United Kingdom	1358715	1352307	1715118	1590878	1690597	France,Monac	3469060	3574987	4241991	4085754	4227396
Germany/Allemagne	1124420	1099324	1470107	1635070	1675119	Italy/Italie	1037190	1133577	1418282	1436533	1465698
USA/Etats–Unis d'Amer	1026679	1006409	988054	984666	1160212	Spain/Espagne	522076	525324	585880	694943	863630
Belgium–Luxembourg	439263	432305	575307	589877	678850	Germany/Allemagne	427654	431634	494615	438553	521987
Switz.Liecht	425903	444206	535454	491823	462663	Portugal	357179	351189	417928	424129	506689
Netherlands/Pays–Bas	386243	379462	462747	490279	547618	Bulgaria/Bulgarie	x468336	x321011	x365097	x57082	x60747
France,Monac	337047	345529	390013	415374	438673	USA/Etats–Unis d'Amer	84539	101036	127995	141086	167314
Japan/Japon	216350	311322	408562	337123	331851	Australia/Australie	88159	83625	116351	160234	193098
Canada	206638	276087	295445	280809	294962	Chile/Chili	23053	35651	51579	84268	x126782
Italy/Italie	147958	170484	217513	227900	215048	United Kingdom	46605	49889	66144	53933	63113
Denmark/Danemark	174664	159842	211049	221321	264454	Former USSR/Anc. URSS	x112667	x71837	x47136	x50863	
Sweden/Suède	125727	136737	154941	146323	168490	Greece/Grèce	29930	52018	64829	52229	x78597
Austria/Autriche	38108	41789	56958	57462	57180	Hungary/Hongrie	x43251	x37348	x47056	x52846	x65127
Ireland/Irlande	36975	39819	53410	56641	61351	Yugoslavia SFR	50582	36722	51455	x47061	
Norway,SVD,JM	42175	35189	47456	49366	52807	Belgium–Luxembourg	24771	28509	34879	34441	31395
Australia/Australie	35121	44843	43839	36627	35897	Romania/Roumanie	x20908	70738	11048	3899	x15689
Former USSR/Anc. URSS	x3387	x37237	x15464	x66665		Algeria/Algérie	15765	26436	23136	19676	x5620
Portugal	2553	77667	14708	8963	11592	Argentina/Argentine	10869	14707	19594	19936	33044
Finland/Finlande	19808	22535	34121	41454	40127	Austria/Autriche	8852	9792	18323	20211	
New Zealand	23400	28734	34439	28010	27840	Cyprus/Chypre	10057	10065	17323	15877	16113
Spain/Espagne	23403	25468	32644	32122	40679	So. Africa Customs Un	x10072	x8905	x13605	x20168	x35996
Hong Kong	21256	24795	27491	27468	31526	New Zealand	8504	9772	13286	15132	25595
Former GDR	x82005	x53663	x23890			Netherlands/Pays–Bas	11109	11536	11984	14388	19187
Poland/Pologne	x31482	x30182	x16716	x24150	x13424	Switz.Liecht	7608	10118	11445	12846	13367
Singapore/Singapour	13192	14860	21057	35120	38529	Singapore/Singapour	2304	2464	11984	19533	22698
Guadeloupe	19924	19281	26143	22672	23619	Denmark/Danemark	8421	8210	4685	19533	22698
Mexico/Mexique	11268	16386	23216	26000	33245	Tunisia/Tunisie	6539	3984	9602	8145	7805
Angola	x9136	x17507	x24753	x12345	x18554	Brazil/Brésil	1731	4864	4855	6584	5963
Brazil/Brésil	11040	17513	19097	17707	12329	Morocco/Maroc	3379	2840	3611	4301	7596
Czechoslovakia	x10373	19448	23656	x6079	x2965	Hong Kong	3742	3743	3752	4068	4421
Reunion/Réunion	15249	15078	18147	14355	20195	Israel/Israël	4395	4100	4096	2726	4163
Martinique	12922	11448	15075	14652	15562	Turkey/Turquie	2551	1864	2709	3230	3970
Cote d'Ivoire	x14704	x14667	x6780	x12581	x21026	Lebanon/Liban	x775	x1332	x2163	x2491	x3573
Venezuela	14015	9202	9204	14895	17505	Canada	1609	843	1350	2595	1527
Greece/Grèce	3362	7043	10595	13500	x15168	China/Chine	2066	1422	1428	1642	4074
Yugoslavia SFR	2114	3001	20702	x5622		Czechoslovakia	x491	x2184	x1067	x483	x1609
Andorra/Andorre	x7503	x8339	x9882	x10556	x9561	Mexico/Mexique	563	753	1097	1376	1336
New Caledonia	x7227	x8205	x8895	x9849	x10441	Norway,SVD,JM	42	262	637	1328	1672
French Polynesia	5612	x7597	x7317	x8692	x6483	Jamaica/Jamaïque	878	677	767	649	x489
Hungary/Hongrie	x4206	x5458	x9704	4883	x6129	Senegal/Sénégal			1425	640	
Gabon	x5741	x5421	x5741	x7898	x7735	Japan/Japon	396	539	772	735	609
French Guiana	5235	5483	6271	5981	7116	Ireland/Irlande	476	472	602	351	818
Nigeria/Nigéria	x3273	x4723	x5903	x5659	x8597	Barbados/Barbade	120	339	989	0	x166
Thailand/Thaïlande	4512	4478	6043	5436	6276	Panama	x151	x199	x685	x362	x655
Cameroon/Cameroun	x6130	2861	x6087	5964	x9347	India/Inde	199	x556	395	251	x170
Paraguay	2734	2874	4527	7384	8895	Peru/Pérou	79	146	305	x281	x74
Iceland/Islande	5142	3539	4423	5086	5368	Sweden/Suède	865	246	172	261	541
Bermuda/Bermudes	x3705	x4102	x5032	x3620	x3971	Cuba	x1		x602	x1	
United Arab Emirates	x9557	x4320	x4416	x3921	x6862	Malta/Malte	164		551	x31	x55
Malaysia/Malaisie	3272	2665	4132	5465	x5648	Thailand/Thaïlande	100	87	123	236	x7

(VALUE AS % OF TOTAL)(VALEUR EN % DU TOTAL)

	1983	1984	1985	1986	1987	1988	1989	1990	1991	1992		1983	1984	1985	1986	1987	1988	1989	1990	1991	1992
Africa	x1.7	x1.4	x1.8	x1.8	x1.5	x1.4	x1.5	x1.3	x1.2	x1.4	Afrique	1.5	1.5	1.5	0.6	0.6	0.6	0.6	0.6	0.7	x0.6
Northern Africa	x0.0	0.0	0.0	x0.0	x0.0	x0.0	0.1	0.0	x0.0	x0.0	Afrique du Nord	1.1	1.3	1.4	0.5	0.5	0.4	0.5	0.4	0.4	x0.2
Americas	x26.2	x29.6	x32.9	x27.4	x22.8	20.3	x20.3	17.3	17.3	x18.6	Amériques	1.2	1.3	1.3	x1.3	3.0	1.7	2.2	2.6	3.2	x3.9
LAIA	0.5	0.9	0.9	0.9	0.8	0.7	0.8	0.8	1.0	1.1	ALAI	0.2	0.5	0.5	x0.4	0.4	0.5	0.8	0.9	1.4	x1.9
CACM	x0.0	0.1	0.1	0.0	0.1	0.0	0.0	0.0	0.0	x0.1	MCAC	x0.0	0.0	0.0	0.0	x0.0	0.0	0.0	0.0	0.0	x0.0
Asia	x2.4	x2.3	x2.7	x2.4	x3.2	4.4	x5.5	5.9	5.3	x5.1	Asie	0.6	0.6	0.5	0.4	0.4	0.4	0.4	0.5	0.6	0.7
Middle East	x0.3	x0.2	0.3	x0.2	x0.2	x0.3	x0.2	x0.1	x0.1	x0.2	Moyen–Orient	0.4	0.4	0.3	0.2	0.2	0.2	0.2	0.3	0.3	x0.3
Europe	53.7	50.0	61.4	67.1	69.2	70.7	69.1	72.9	73.8	73.4	Europe	95.2	95.3	96.4	97.2	85.7	86.5	88.3	89.2	91.3	90.6
EEC	46.5	43.1	53.2	57.4	59.1	60.6	59.0	62.3	64.0	64.1	CEE	94.3	92.9	94.5	96.2	84.8	85.5	87.5	88.2	90.3	89.6
EFTA	7.1	6.7	8.0	9.4	10.0	9.9	9.9	10.1	9.6	8.9	AELE	0.9	0.8	0.7	0.3	0.3	0.3	0.3	0.4	0.4	0.5
Oceania	1.0	x1.2	x1.3	x1.2	x1.0	x1.2	x1.4	x1.2	x1.1	x1.0	Océanie	x0.4	x0.5	x0.3	x0.5	x0.9	x1.4	x1.3	x1.6	x2.2	x2.5
United Kingdom	13.1	13.3	17.2	19.2	19.0	20.4	19.5	20.8	19.3	19.2	France,Monac	45.6	46.9	48.9	55.4	49.5	50.0	50.7	51.0	50.9	48.7
Germany/Allemagne	14.3	12.2	14.4	15.9	16.7	16.9	15.9	17.8	19.8	19.3	Italy/Italie	21.3	20.5	20.5	15.9	14.2	14.9	16.1	17.0	17.9	16.9
USA/Etats–Unis d'Amer	21.8	23.8	27.1	21.8	17.3	15.4	14.5	12.0	11.9	13.2	Spain/Espagne	8.5	7.9	8.1	8.4	7.5	7.5	7.4	7.0	8.7	9.9
Belgium–Luxembourg	5.9	5.1	5.9	6.5	7.2	6.6	6.2	7.0	7.1	7.7	Germany/Allemagne	10.3	9.8	9.2	8.5	6.4	6.2	6.1	5.9	5.5	6.0
Switz.Liecht	4.7	4.5	5.3	6.2	6.6	6.4	6.4	6.5	6.0	5.3	Portugal	5.3	4.9	4.6	5.2	4.8	5.1	5.0	5.0	5.3	5.8
Netherlands/Pays–Bas	4.8	4.7	5.2	6.0	5.9	5.8	5.5	5.6	5.9	6.2	Bulgaria/Bulgarie					x6.6	x6.7	x4.6	x4.4	x0.7	x0.7
France,Monac	4.9	4.5	5.7	4.5	4.5	5.8	5.5	5.5	5.5	5.0	USA/Etats–Unis d'Amer	1.0	0.7	0.7	0.7	0.9	1.2	1.4	1.5	1.8	1.9
Japan/Japon	1.4	1.5	1.8	1.5	2.2	3.3	4.5	4.9	4.1	3.8	Australia/Australie	0.4	0.4	0.3	0.4	0.8	1.3	1.2	1.4	2.0	2.2
Canada	2.9	3.7	3.6	3.6	3.4	3.1	4.0	3.6	3.4	3.4	Chile/Chili		0.3	0.3	x0.3	0.3	0.3	0.5	0.6	1.1	1.5
Italy/Italie	1.0	1.0	1.8	2.0	2.2	2.2	2.5	2.6	2.8	2.4	United Kingdom	1.5	1.4	1.3	0.9	0.8	0.7	0.7	0.8	0.7	0.7

1123 BEER, ALE, STOUT, PORTER

TRADE BY COMMODITY IN THOUSAND U.S. DOLLARS – COMMERCE PAR PRODUIT EN MILLIERS DE DOLLARS E.U

IMPORTS – IMPORTATIONS

COUNTRIES–PAYS	1988	1989	1990	1991	1992
Total	2391914	2392510	2781093	3026011	3227519
Africa	x35770	x42428	x63461	x37620	x53691
Northern Africa	741	x1241	x2389	x2850	x7067
Americas	x1141202	x1070203	x1170604	x1078963	x1163832
LAIA	5298	12539	25024	47983	85160
CACM	1173	899	1029	3168	x6712
Asia	x180539	x214996	x251487	x259134	x325337
Middle East	x65560	x47285	x38912	x36402	x43167
Europe	852821	888580	1225892	1413015	1597345
EEC	751330	782404	1088960	1249461	1417171
EFTA	95186	100273	122083	142511	155753
Oceania	x32571	x34014	x36121	x33330	x35445
USA/Etats–Unis d'Amer	1027161	933232	1017109	910893	950239
United Kingdom	223910	222896	302185	344167	381703
Italy/Italie	162130	157862	219269	229860	267370
France, Monac	120555	127210	178747	166757	175693
Germany/Allemagne	77306	86931	119543	202752	204385
Spain/Espagne	58710	68118	103889	116957	157680
Japan/Japon	56241	69988	97788	109527	127885
Former USSR/Anc. URSS	x91483	x88499	x10092	x126764	
Switz.Liecht	49598	46109	57245	68173	76872
Canada	33832	56182	52116	47827	47517
Netherlands/Pays–Bas	28668	31698	48646	63196	77542
Ireland/Irlande	35084	31846	44355	61710	76686
Sweden/Suède	26915	27830	36803	44375	46653
Hong Kong	18536	27774	31744	49184	57285
Belgium–Luxembourg	29292	32120	36145	29883	32710
Singapore/Singapour	14306	34046	37224	26784	37805
Angola	x6914	x20535	x38324	x10057	x14112
Hungary/Hongrie	x35137	x37513	x8250	17725	x16137
Greece/Grèce	9724	14884	25528	22390	x30883
Poland/Pologne	5251	5379	6386	44617	x16811
Austria/Autriche	14796	14266	17011	19150	20958
United Arab Emirates	x27603	x15027	x17265	x13852	x21998
Australia/Australie	12257	14514	13266	10704	12511
New Zealand	9406	9101	11903	12558	10427
Mexico/Mexique	2542	9309	11698	12305	15594
Argentina/Argentine	1288	1439	4030	21507	49001
Portugal	4062	6734	7667	9531	9924
Greenland/Groenland	19297	9158	7172	6577	7511
French Guiana	5541	5949	7322	8567	9282
Macau/Macao	3660	4563	6201	10203	10456
Bahamas	9502	x8378	x6620	x4344	x4125
Yugoslavia SFR	82	171	6496	x12337	
Martinique	5250	5648	6618	6687	8151
Finland/Finlande	1217	7765	5740	5435	5925
Saudi Arabia	24921	16198	x680	x711	x623
Guadeloupe	4793	4594	6447	5999	6131
Lebanon/Liban	x616	x2017	x6915	x7338	x5559
Brunei Darussalam	x4961	x5526	x9496	x491	x933
Bermuda/Bermudes	x4599	x4844	x5102	x4783	x5204
Bahrain/Bahreïn	x4049	x4776	x4432	x5297	x6060
Viet Nam	x232	x5576	x7280	x1113	x2779
Democratic Kampuchea		x274	x7257	x6368	x956
Gabon	x5392	x3780	x3730	x6088	x7239
Romania/Roumanie	x372	x519	1900	10864	x13493
Iceland/Islande	1985	3639	4678	4684	4339
Brazil/Brésil	466	186	5901	6779	5449
Oman	3227	3728	4003	4633	x1840
Andorra/Andorre	x2848	x3043	x4243	x4636	x4841
Cayman Is/Is Caïmans	2976	3959	4074	3781	x2431
Aruba			x6506	x5255	x5528

EXPORTS – EXPORTATIONS

COUNTRIES–PAYS	1988	1989	1990	1991	1992
Totale	2000136	2078635	2615858	2806876	3205445
Afrique	x4129	x6740	x4783	x13462	x13091
Afrique du Nord	23	117	747	356	489
Amériques	435037	451455	495805	545156	589906
ALAI	186552	159398	174809	200913	224718
MCAC	319	283	357	510	x490
Asie	106519	136162	152199	172904	194044
Moyen–Orient	2167	2980	3557	10883	8820
Europe	1442455	1414428	1897672	1996678	2326859
CEE	1415016	1385227	1851899	1940007	2254350
AELE	22747	25144	41126	54809	56409
Océanie	x8131	x9562	13364	x11499	x12380
Netherlands/Pays–Bas	509886	500467	651741	650133	748528
Germany/Allemagne	378105	371287	464118	480349	560367
Denmark/Danemark	163796	142905	191613	210182	222162
Canada	164350	167723	162957	151540	148690
Mexico/Mexique	180631	152764	158226	165893	186906
Belgium–Luxembourg	121699	113757	162873	177555	203311
USA/Etats–Unis d'Amer	67035	108352	140114	169063	194821
United Kingdom	94274	100100	144709	169063	203714
France, Monac	72420	70787	105814	105773	116483
Ireland/Irlande	49802	52594	72810	86791	117735
Czechoslovakia	x55351	x46529	x46684	x63196	x66176
Singapore/Singapour	20514	35823	47442	36971	54931
Hong Kong	18293	23679	30068	39798	33717
Austria/Autriche	14026	16321	28883	42389	41076
Japan/Japon	22482	23178	23602	24201	27736
China/Chine	20636	25176	19573	25916	31098
Portugal	8193	13545	21211	22283	38192
Spain/Espagne	9600	11556	18986	20069	27115
Brazil/Brésil	3227	2836	9385	25356	29274
Italy/Italie	6302	6864	16228	13974	13059
New Zealand	7733	9191	12300	10346	11081
Malaysia/Malaisie	9305	11604	8419	9270	x9338
Korea Republic	4506	5518	7257	9467	13867
Philippines	4480	x3139	5511	10144	5248
Jamaica/Jamaïque	6382	5672	5952	4836	x7056
Trinidad and Tobago	4663	5978	4374	5948	4543
Switz.Liecht	3317	2992	5077	3872	3573
Saint Lucia/St. Lucie	3279	x1457	4970	5292	x4284
Turkey/Turquie	985	1051	2012	8554	6474
Cameroon/Cameroun	x49	4014	x49	6874	0
Thailand/Thaïlande	2470	2784	3732	4205	x4736
Former GDR	x15944	x8673	x1637		
Finland/Finlande	1527	2289	2993	4431	7335
Yugoslavia SFR	4448	3788	4305	x1604	
Venezuela	1307	2316	2165	3535	4773
Greece/Grèce	939	1365	1796	3836	x3683
Norway, SVD, JM	1530	2089	2096	1827	1864
Sweden/Suède	2345	1451	2070	2285	2555
Poland/Pologne	7198	3499	1121	1122	x1013
Bolivia/Bolivie	530	492	1566	2218	840
Dominican Republic	x649	x1037	x880	x2252	x2117
Cyprus/Chypre	875	1256	1420	1486	1289
So. Africa Customs Un	x46	x355	x672	x2958	x9602
Uruguay	452	366	2023	1383	1787
Bulgaria/Bulgarie	x5090	x1369	x1830	x320	x340
India/Inde	333	897	1936	607	x1430
Israel/Israël	1176	1096	822	533	2162
Australia/Australie		190	939	980	1055
Kenya	1371	x110	1442	x334	x336
Chile/Chili	95	148	243	1402	x269

(VALUE AS % OF TOTAL) (VALEUR EN % DU TOTAL)

	1983	1984	1985	1986	1987	1988	1989	1990	1991	1992		1983	1984	1985	1986	1987	1988	1989	1990	1991	1992
Africa	x2.2	x2.1	x2.4	x2.5	x2.4	x1.5	x1.8	x2.3	x1.2	x1.7	Afrique	0.6	x0.6	0.5	x1.2	x0.6	x0.2	x0.3	x0.2	x0.5	x0.4
Northern Africa	x0.3	x0.0	x0.0	x0.0	x0.1	0.0	x0.1	x0.1	x0.1	x0.2	Afrique du Nord	0.0	0.0	0.0	0.0	0.0	0.0	0.0	0.0	0.0	0.0
Americas	x54.1	x57.3	x59.9	x56.5	x48.6	x47.8	x44.8	x42.0	x35.7	x36.0	Amériques	15.8	18.5	21.5	x19.8	x20.6	20.9	21.7	19.0	19.4	18.4
LAIA	0.2	0.5	0.2	0.5	x0.5	0.2	0.5	0.9	1.6	2.6	ALAI	0.1	3.7	5.8	x8.1	x10.6	9.0	7.7	6.7	7.2	7.0
CACM	x0.0	0.0	0.0	0.0	0.0	0.0	0.0	0.0	0.1	x0.2	MCAC	x0.0	0.0	0.0	0.0	0.0	0.0	0.0	0.0	0.0	x0.0
Asia	x5.7	x6.9	x5.9	x5.7	x6.2	x7.5	x9.0	x9.0	x8.6	x10.1	Asie	3.0	3.4	4.2	3.6	3.9	5.1	6.6	5.8	6.2	6.0
Middle East	x2.4	x4.2	x2.2	x2.6	x2.4	x2.7	x2.0	x1.4	x1.2	x1.3	Moyen–Orient	x0.1	0.2	x0.2	x0.2	0.1	0.1	0.1	0.1	0.4	0.3
Europe	34.0	29.3	30.5	33.9	33.5	35.7	37.1	44.1	46.7	49.5	Europe	77.9	74.7	71.5	73.5	67.5	69.3	68.0	72.5	71.1	72.6
EEC	29.6	25.4	26.8	29.3	29.3	31.4	32.7	39.2	41.3	43.9	CEE	76.1	72.3	69.6	71.9	66.2	68.0	66.6	70.8	69.1	70.3
EFTA	4.2	3.7	3.5	4.3	4.0	4.0	4.4	4.4	4.7	4.8	AELE	1.8	1.7	1.7	1.5	1.2	1.1	1.2	1.6	2.0	1.8
Oceania	x1.2	x1.4	x1.3	x1.2	x1.1	x1.4	x1.4	x1.3	x1.1	x1.1	Océanie	x2.8	2.9	2.3	2.0	x2.3	x0.4	x0.5	0.5	x0.4	x0.4
USA/Etats–Unis d'Amer	50.0	52.0	53.3	51.4	43.3	42.9	39.0	36.6	30.1	29.4	Netherlands/Pays–Bas	29.0	27.2	25.5	28.3	24.4	24.5	24.1	24.9	23.2	23.4
United Kingdom	8.5	7.5	7.9	8.4	8.1	9.4	9.3	10.9	11.4	11.8	Germany/Allemagne	20.9	20.4	20.2	19.8	18.2	18.2	17.9	17.7	17.1	17.5
Italy/Italie	7.2	5.9	6.8	7.5	7.1	6.8	6.6	7.9	7.6	8.3	Denmark/Danemark	7.6	6.8	5.9	6.9	7.4	7.9	6.9	7.3	7.5	6.9
France, Monac	6.6	5.6	5.2	5.4	4.9	5.0	5.3	6.4	5.5	5.4	Canada	11.2	11.6	11.1	8.7	x10.1	8.7	7.3	6.0	5.4	5.8
Germany/Allemagne	2.6	2.2	2.4	2.9	3.3	3.2	3.6	4.3	6.7	6.3	Mexico/Mexique		3.5	5.6	x7.5	x10.1	8.7	7.3	6.0	6.3	6.3
Spain/Espagne	1.0	1.0	1.1	1.8	2.3	2.5	2.8	3.7	3.9	4.9	Belgium–Luxembourg	6.6	6.4	6.3	5.8	5.6	5.9	5.5	6.2	6.1	6.1
Japan/Japon	1.5	0.7	0.6	0.7	1.0	2.4	2.9	3.5	3.6	4.0	USA/Etats–Unis d'Amer	3.8	2.4	3.9	2.5	2.7	3.2	5.2	5.4	6.0	6.4
Former USSR/Anc. URSS	2.6	2.9		x3.7	x3.8	x3.7	x0.4	x4.2			United Kingdom	4.2	4.5	4.7	4.3	4.3	4.5	4.8	5.5	6.0	6.3
Switz.Liecht	2.1	1.9	1.8	2.1	2.0	2.1	1.9	2.1	2.3	2.4	France, Monac	3.7	3.6	3.4	3.2	3.5	3.4	4.0	4.0	3.8	3.6
Canada	1.3	1.0	2.9	0.8	0.9	1.4	2.3	1.9	1.6	1.5	Ireland/Irlande	3.2	2.5	2.8	2.6	2.3	2.4	2.5	2.8	3.1	3.7

1124 DISTILLED ALCOHOLIC BEVS / ALCOOLS, EAUX–DE–VIE 1124

TRADE BY COMMODITY IN THOUSAND U.S. DOLLARS – COMMERCE PAR PRODUIT EN MILLIERS DE DOLLARS E.U

IMPORTS – IMPORTATIONS

COUNTRIES–PAYS	1988	1989	1990	1991	1992
Total	5981842	6626445	7953976	8662452	9402205
Africa	x182430	x170892	x185091	x170543	x204650
Northern Africa	x13389	9818	10836	8819	14894
Americas	1961873	x2084877	x2313712	x2237170	x2598829
LAIA	164094	160442	219060	286178	391939
CACM	15367	16453	13591	13354	17293
Asia	x1184339	x1581331	2072355	2448940	x2584547
Middle East	x149030	x91186	x99044	x120854	x128025
Europe	2257594	2384106	3050957	3345674	3681529
EEC	2048960	2155432	2756721	3020105	3330185
EFTA	164650	182156	226532	248327	245418
Oceania	x208908	x218396	x224114	x219398	x228125
USA/Etats–Unis d'Amer	1582035	1660217	1801333	1657890	1906796
Japan/Japon	550945	900013	1175450	1374156	1360873
Germany/Allemagne	412288	435900	549847	681086	733534
France, Monac	321118	355803	495038	488216	535079
United Kingdom	370747	367070	457232	417197	394987
Spain/Espagne	271382	295187	391888	516636	654659
Hong Kong	184817	242852	306503	344425	404965
Italy/Italie	212189	218508	240519	248761	232626
Singapore/Singapour	127639	129458	206363	304285	308583
Canada	133839	174103	178514	167439	174298
Australia/Australie	152433	162857	161361	159708	166001
Greece/Grèce	68462	110549	148351	166362	x210560
Netherlands/Pays–Bas	141833	128307	137967	156034	180802
Belgium–Luxembourg	119341	102617	129494	137607	151511
Thailand/Thaïlande	59599	81227	140385	146682	123458
Portugal	50930	60068	104855	106138	124405
Sweden/Suède	64208	72645	85352	93670	106533
So. Africa Customs Un	81878	75910	87218	x79706	x84426
Former USSR/Anc. URSS	x20112	x31761	x18846	x141189	
Mexico/Mexique	25423	40179	70125	79511	137534
Venezuela	54774	37606	46686	82435	101482
Ireland/Irlande	41337	43640	55744	54626	57744
Malaysia/Malaisie	41247	37892	48497	57523	x96329
Denmark/Danemark	39333	37783	45786	47442	54278
Paraguay	33198	25369	42605	57021	54742
Switz. Liecht	30455	30997	37667	42536	37847
Austria/Autriche	23023	26994	36920	46843	29680
Korea Republic	15310	29140	37378	41751	49102
United Arab Emirates	x80230	x28713	x29831	x37683	x49783
Norway, SVD, JM	25936	26355	33178	36027	46729
New Zealand	26797	25502	32772	34352	33417
Andorra/Andorre	x25753	x26162	x34540	x29453	x33102
Former GDR	x74767	x54609	x19016		
Finland/Finlande	15704	21242	28309	23438	18073
Lebanon/Liban	x13554	x17365	x19332	x34502	x21867
Bulgaria/Bulgarie	x35311	x37480	x16676	x16990	23927
Philippines	12984	x26043	19679	21236	24082
Brazil/Brésil	13612	21733	23622	21456	29142
Czechoslovakia	x22762	15804	20888	x27257	x42636
Yugoslavia SFR	5476	9441	19575	x31386	
Aruba			x20131	x36291	x32351
Poland/Pologne	21413	31612	16103	7150	x9386
Guam	x20494	x17944	x17850	x14483	x9761
Hungary/Hongrie	x10129	x12974	x8795	19688	x15621
Cyprus/Chypre	12635	10427	14346	13003	21842
Romania/Roumanie	x1972	2596	6677	26479	x12013
Chile/Chili	10033	12406	10751	11638	x26732
Uruguay	10525	10655	11988	11579	12746
Iraq	x10681	x15179	x10138	x4268	x1346
Nigeria/Nigéria	x6640	x5485	x9464	x10669	x9923

EXPORTS – EXPORTATIONS

COUNTRIES–PAYS	1988	1989	1990	1991	1992
Totale	5981210	6490818	8231924	8881108	9529799
Afrique	x8613	x10402	x16683	x23102	x17804
Afrique du Nord	157	1910	6427	13267	7328
Amériques	626114	x729408	x962445	x985021	x1104783
ALAI	88292	113283	137672	144460	123274
MCAC	2261	3633	2477	2097	x2597
Asie	194078	209501	381360	739568	797534
Moyen–Orient	16568	17971	22395	23686	x35741
Europe	4852194	5297211	6655231	6890461	7553007
CEE	4774550	5197845	6533700	6764029	7370027
AELE	68924	88592	111548	121382	140649
Océanie	x23986	21632	x23786	x21312	x26239
United Kingdom	2598468	2722913	3463539	3639393	3891628
France, Monac	1486780	1687105	2084225	2086408	2231991
Ireland/Irlande	264401	298398	386836	396785	417120
Canada	249923	229336	389829	373538	411500
USA/Etats–Unis d'Amer	178817	262891	284311	331673	397745
Singapore/Singapour	46482	53836	151546	406796	366460
Italy/Italie	137051	151801	187190	223257	253683
Former USSR/Anc. URSS	x222926	x168125	x143561	x170823	
Hong Kong	78249	81867	146143	233779	293946
Netherlands/Pays–Bas	105124	93424	114611	126879	160955
Germany/Allemagne	68344	110735	98730	98423	165493
Spain/Espagne	61727	64538	123931	112981	126919
Mexico/Mexique	65213	79007	89460	106433	92440
Sweden/Suède	29670	38682	47391	48099	59441
Bahamas	23817	x23309	x41226	x47902	x46730
Greece/Grèce	20603	30335	32358	31204	x54962
Poland/Pologne	25959	35700	32114	26905	x13396
Finland/Finlande	20233	23195	29920	30700	37872
Brazil/Brésil	15446	21995	30835	21335	12258
Martinique	21773	21572	25439	22330	20721
China/Chine	19914	21522	21166	24873	53886
Jamaica/Jamaïque	18445	21347	22256	20108	x50879
Denmark/Danemark	15684	18615	18339	19944	25819
Austria/Autriche	8503	11217	15985	24952	23043
Belgium–Luxembourg	10577	11624	15274	18180	23374
Japan/Japon	13378	12106	11802	19144	14168
Cyprus/Chypre	12278	12229	14644	12129	18727
Australia/Australie	10108	10715	12328	13673	18180
Switz. Liecht	7621	9173	12314	11762	11873
New Zealand	13697	10598	11022	7130	7689
Portugal	5791	8356	8665	10576	18083
Trinidad and Tobago	6568	7353	9872	9492	10760
Hungary/Hongrie	x15308	x7101	x4475	x12643	x12472
Guadeloupe	8111	7450	7965	6842	7481
Thailand/Thaïlande	4936	7120	7191	7384	x3753
Tunisia/Tunisie	106	1692	5623	12857	6707
Barbados/Barbade	6542	5806	9414	4443	x9946
Guyana	x6536	x7115	x6760	x5068	x5651
United States Virg Is	x3122	x9570	x9235	x68	
Cuba	x3783	x5647	x5767	x7067	x6011
Argentina/Argentine	546	5322	8588	4415	2460
Korea Republic	4125	5823	5991	5817	8376
Yugoslavia SFR	5161	6806	4933	x4971	
Bulgaria/Bulgarie	x7824	x7008	x8154	x416	x675
Malaysia/Malaisie	6092	4531	4586	5522	x1790
Norway, SVD, JM	2729	3316	5374	5742	8331
Reunion/Réunion	3674	4597	4245	4715	6493
Turkey/Turquie	3340	3946	4754	4715	6175
Czechoslovakia	x1549	x1791	x1246	x8983	x2238
Colombia/Colombie	2749	1474	4111	5807	4788

(VALUE AS % OF TOTAL)(VALEUR EN % DU TOTAL)

	1983	1984	1985	1986	1987	1988	1989	1990	1991	1992
Africa	x3.6	x3.1	x3.0	x3.5	x3.3	x3.1	x2.5	x2.3	x1.9	x2.2
Northern Africa	x0.2	0.0	0.1	x0.1	x0.2	x0.2	0.1	0.1	0.1	0.2
Americas	45.9	49.6	47.6	x40.4	x36.0	32.8	x31.5	x29.1	x25.9	x27.6
LAIA	2.1	4.7	3.7	x3.6	x3.2	2.7	2.4	2.8	3.3	4.2
CACM	x0.2	0.4	x0.2	x0.2	x0.2	0.3	0.2	0.2	0.2	x0.2
Asia	x15.4	14.8	x14.0	15.0	x16.9	19.8	x23.8	26.0	28.3	x27.5
Middle East	x2.0	x1.6	x1.8	x1.9	x1.5	2.5	x1.4	x1.2	x1.4	x1.4
Europe	32.3	29.6	32.2	37.8	38.0	37.7	36.0	38.4	38.6	39.2
EEC	28.8	26.3	28.7	33.8	33.9	34.3	32.5	34.7	34.9	35.4
EFTA	3.2	2.7	2.8	3.1	2.8	2.7	2.8	2.9	2.6	2.6
Oceania	x2.7	x2.9	x3.1	x3.4	x3.0	x3.5	x3.3	x2.8	x2.5	x2.4
USA/Etats–Unis d'Amer	39.1	39.5	38.9	31.9	28.1	26.4	25.1	22.6	19.1	20.3
Japan/Japon	6.3	5.8	5.4	6.5	7.8	9.2	13.6	14.8	15.9	14.5
Germany/Allemagne	6.8	6.0	6.4	7.4	7.3	6.9	6.6	6.9	7.9	7.8
France, Monac	4.6	4.1	4.6	5.5	5.1	5.4	5.4	6.2	5.6	5.7
United Kingdom	5.5	5.2	5.5	6.3	6.1	6.2	5.5	5.7	4.8	4.2
Spain/Espagne	2.2	1.9	1.9	3.4	3.9	4.5	4.5	4.9	6.0	7.0
Hong Kong	2.7	3.0	2.6	2.7	3.2	3.1	3.7	3.9	4.0	4.3
Italy/Italie	3.1	3.1	4.2	4.1	4.0	3.5	3.3	3.0	2.9	2.5
Singapore/Singapour	1.8	1.8	1.7	1.9	1.9	2.1	2.0	2.6	3.5	3.3
Canada	3.3	3.7	3.2	3.1	2.4	2.2	2.6	2.2	1.9	1.9

	1983	1984	1985	1986	1987	1988	1989	1990	1991	1992
Afrique	0.5	0.4	0.4	x0.2	x0.3	x0.1	x0.1	x0.2	x0.2	x0.2
Afrique du Nord	0.1	0.2	0.2	x0.1	x0.1	0.0	0.0	0.1	0.1	0.1
Amériques	13.9	16.8	15.3	x13.4	x11.9	10.5	x11.3	x11.7	x11.1	x11.6
ALAI	0.1	2.0	1.9	x1.9	x1.7	1.5	1.7	1.7	1.6	1.3
MCAC	x0.2	0.1	0.0	x0.0	x0.0	0.0	0.1	0.0	0.0	x0.0
Asie	1.9	2.4	2.2	2.3	2.8	3.2	3.2	4.7	8.3	8.4
Moyen–Orient	0.2	0.3	0.3	0.3	0.3	0.3	0.3	0.3	0.3	x0.4
Europe	83.4	80.1	81.8	83.8	80.3	81.1	81.6	80.8	77.6	79.3
CEE	82.7	79.0	80.6	82.6	79.1	79.8	80.1	79.4	76.2	77.3
AELE	0.7	0.9	1.0	1.2	1.1	1.2	1.4	1.4	1.4	1.5
Océanie	x0.3	x0.3	x0.3	x0.3	x0.4	x0.4	0.3	x0.3	x0.2	x0.3
United Kingdom	46.1	43.1	43.6	44.5	41.1	43.4	43.4	42.0	42.1	40.8
France, Monac	25.5	24.6	25.1	26.0	26.2	24.9	26.0	25.3	23.5	23.4
Ireland/Irlande	4.4	4.4	4.8	4.9	4.5	4.4	4.6	4.7	4.5	4.4
Canada	9.0	9.1	7.8	6.0	5.4	4.2	3.5	4.7	4.2	4.3
USA/Etats–Unis d'Amer	2.1	2.5	2.8	2.8	3.0	3.0	4.1	3.5	3.7	4.2
Singapore/Singapour	0.3	0.3	0.3	0.6	0.6	0.8	0.8	1.8	4.6	3.8
Italy/Italie	2.1	2.5	2.7	2.6	2.5	2.3	2.3	2.3	2.5	2.7
Former USSR/Anc. URSS						x3.3	x3.7	x1.7	x1.9	
Hong Kong	1.0	1.3	1.2	1.0	1.0	1.3	1.3	1.8	2.6	3.1
Netherlands/Pays–Bas	1.5	1.4	1.4	1.6	1.8	1.8	1.4	1.4	1.4	1.7

11241 WHISKY

TRADE BY COMMODITY IN THOUSAND U.S. DOLLARS – COMMERCE PAR PRODUIT EN MILLIERS DE DOLLARS E.U

COUNTRIES–PAYS	IMPORTS – IMPORTATIONS					COUNTRIES–PAYS	EXPORTS – EXPORTATIONS				
	1988	1989	1990	1991	1992		1988	1989	1990	1991	1992
Total	2827219	3075128	3580132	3780994	4257567	Totale	2787537	2967183	3825510	4043031	4346856
Africa	x128522	x122129	x146219	x126193	x151622	Afrique	x1916	x2119	x4334	x5803	x4866
Northern Africa	x9384	x12057	x17928	x13279	x21894	Afrique du Nord	14	1199	3107	5194	4054
Americas	x1034312	x1040945	x1125309	x1147956	x1249221	Amériques	x365724	x425946	589301	x606055	673334
LAIA	x140462	x113459	150155	195350	238767	ALAI	395	6173	4510	6096	6389
CACM	x8331	x9625	x11791	x8700	x10990	MCAC	x5			x399	0
Asia	x548766	x722356	x876640	x881480	x969996	Asie	42885	31237	35154	50951	61618
Middle East	x114237	x69009	x76927	x94984	x99125	Moyen–Orient	7020	6917	8180	8243	x17182
Europe	938735	1024656	1290067	1460754	1722900	Europe	2369507	2500562	3186021	3369936	3592379
EEC	868386	945234	1191240	1341146	1612135	CEE	2369273	2496950	3182399	3368035	3589909
EFTA	54401	62640	71325	73287	76065	AELE	21	828	1278	1761	2348
Oceania	x102177	x106044	x109170	x115054	x121702	Océanie	6632	6667	7711	8883	x13803
USA/Etats–Unis d'Amer	785640	806692	841448	807229	864925	United Kingdom	2311608	2418808	3091321	3274529	3477607
Japan/Japon	286802	479317	566960	532665	584242	Canada	223960	206166	368269	353545	390957
France, Monac	256514	285496	348040	359946	397950	USA/Etats–Unis d'Amer	139781	210609	215060	244467	272653
Spain/Espagne	188953	203722	271873	347249	457028	Ireland/Irlande	28703	34312	44080	44673	50518
Italy/Italie	134263	124570	137885	144323	135609	France, Monac	12205	21010	22627	23247	24330
Germany/Allemagne	72011	80537	99886	124051	156940	Germany/Allemagne	8561	11784	13512	11472	10800
Greece/Grèce	48281	78074	102855	117272	x164967	Hong Kong	12300	7264	8372	17051	20886
Thailand/Thaïlande	40636	54813	99701	112671	94504	Singapore/Singapour	16930	10983	9726	9892	14295
Australia/Australie	80675	82497	81814	87122	91522	Cyprus/Chypre	6852	6505	7139	6310	11107
So. Africa Customs Un	66308	64898	76185	x67585	x72895	Australia/Australie	5913	5500	6401	7120	11611
Portugal	37600	40402	59983	76400	97627	Netherlands/Pays–Bas	4666	5200	4029	6429	20076
Canada	38057	51581	51728	47759	48137	Japan/Japon	1427	1409	2047	5911	2703
Netherlands/Pays–Bas	40635	38519	49755	50864	64407	Tunisia/Tunisie	1	1114	3107	5143	3805
Venezuela	43970	26842	38535	62876	77303	Mexico/Mexique	27	79	2475	5105	3953
Belgium–Luxembourg	38775	33289	42076	45985	47446	Belgium–Luxembourg	1878	2104	2077	3360	1474
Paraguay	31270	23681	39698	53587	50862	India/Inde	155	x64	2351	4749	x141
United Kingdom	22629	30014	41444	39690	53198	Italy/Italie	241	1247	1920	1998	2868
Sweden/Suède	29536	34557	36469	37308	42928	Malta/Malte		x2587	2076		x4
Korea Republic	14554	27143	34438	39033	42041	Brazil/Brésil	187	4415	38	66	71
Hong Kong	27048	25836	32228	34740	38092	New Zealand	691	1130	1280	1702	1906
Singapore/Singapour	36034	27465	31007	30090	41009	Malaysia/Malaisie	862	1034	1175	1122	x205
United Arab Emirates	x62589	x21142	x22224	x30324	x39839	Panama	x1082	x748	x649	x1469	x952
Mexico/Mexique	8856	12911	25275	28261	42356	Korea Republic	257	1208	1373	124	841
Lebanon/Liban	x11652	x14674	x17428	x31183	x19807	Greece/Grèce	594	686	1177	792	x211
Ireland/Irlande	14351	17308	21990	19589	21547	Thailand/Thaïlande	579	622	321	1574	x171
Panama	x17548	x18374	x17705	x22333	x21957	Norway, SVD, JM	7	278	819	1339	1987
Uruguay	x14561	x14825	x20241	x20562	12327	Philippines	211	x30	1218	972	1807
Bulgaria/Bulgarie	x29754	x26959	x12265	x12747	18509	China/Chine	2248	1027	129	883	2866
Aruba			x17822	x32885	x29455	Portugal	64	585	985	468	821
Denmark/Danemark	14374	13302	15453	15780	15417	Spain/Espagne	218	839	386	795	857
New Zealand	10274	10480	14129	14570	15530	Poland/Pologne	x18	x237	x1068	x674	x650
Philippines	7991	12523	11453	14063	14822	Paraguay		836	862	1	0
Former USSR/Anc. URSS	x9673	x11303	x6705	x19525		Former USSR/Anc. URSS	x530	x386	x713	x458	
Switz.Liecht	8744	10309	12398	14287	11931	United States Virg Is		x1495			
Yugoslavia SFR	894	1629	8754	x24108		Argentina/Argentine	67	417	486	382	319
Andorra/Andorre	x9021	x10003	x12459	x12008	x12696	Jordan/Jordanie	10	81	384	757	555
Chile/Chili	x18164	x16892	8405	8237	x21161	Bulgaria/Bulgarie			x1194	x6	x144
Brazil/Brésil	12570	8629	10043	8585	16815	Venezuela	73	47	603	502	1617
Cyprus/Chypre	8021	6717	9214	8398	14545	United Arab Emirates	x77	x178	x627	x207	x772
Iraq	x9078	x13525	x9395	x749	x230	Lebanon/Liban		x27	x2	x947	x4685
Malaysia/Malaisie	4881	4893	7948	9863	x19858	Denmark/Danemark	533	374	286	272	347
Norway, SVD, JM	7338	6773	8577	6754	9566	Senegal/Sénégal	x47	707	201		
Turkey/Turquie	10050	2216	6283	12454	8251	Barbados/Barbade	391	264	639		
Egypt/Egypte	x4058	x4774	x9669	x6480	x10713	Sri Lanka	754	527	65	232	68
Guam	x6808	x7023	x6650	x6424	x95	Austria/Autriche	1	497	20	161	271
Finland/Finlande	3743	5595	7188	6139	4481	Finland/Finlande	6	3	267	205	52
Austria/Autriche	3851	4602	5546	7546	5934	Yugoslavia SFR	213	197	190	x62	
Reunion/Réunion	4282	4567	5452	4773	6339	Mauritius/Maurice		x10	150	247	352
India/Inde	2665	x10728	2916	1141	x19532	So. Africa Customs Un	x180	x74	x131	x196	x338
Dominican Republic	x2578	x3750	x6635	x3689	x6104	Kenya	274		398	0	0

(VALUE AS % OF TOTAL)(VALEUR EN % DU TOTAL)

	1983	1984	1985	1986	1987	1988	1989	1990	1991	1992		1983	1984	1985	1986	1987	1988	1989	1990	1991	1992
Africa	x4.6	x4.3	x4.2	x5.1	x4.8	x4.5	x4.0	x4.1	x3.4	x3.5	Afrique	x0.2	x0.1	x0.2	x0.3	x0.0	x0.1	x0.1	x0.1	x0.1	x0.1
Northern Africa	x0.2	0.1	0.1	0.1	x0.4	x0.3	0.4	0.5	0.4	0.5	Afrique du Nord	0.0	x0.0	0.0	0.1	0.0	0.0	0.0	0.1	0.1	0.1
Americas	x52.6	x56.0	x53.5	x44.2	x39.7	x36.5	x33.8	x31.4	x30.3	x29.3	Amériques	x19.2	x21.4	x19.5	x15.8	x15.2	x13.1	x14.3	15.4	x15.0	15.5
LAIA	x5.0	x8.2	x6.6	x5.4	x5.6	x5.0	3.7	4.2	5.2	5.6	ALAI	x0.1	x0.0	x0.0	x0.1	0.0	0.0	0.2	0.1	0.2	0.1
CACM	x0.4	x0.7	0.4	0.4	x0.5	x0.2	0.3	0.3	0.2	0.3	MCAC	x0.0		x0.0		x0.0	x0.0			x0.0	x0.0
Asia	x14.4	x12.9	x12.1	x14.5	x16.5	x19.4	x23.5	x24.5	x23.4	x22.8	Asie	x0.6	0.6	0.9	.4	1.4	1.6	1.1	1.0	1.3	1.5
Middle East	x3.3	x2.5	x2.8	x3.1	x2.6	x4.0	x2.2	x2.1	x2.5	x2.3	Moyen–Orient	0.2	0.2	0.3	0.3	0.2	0.2	0.2	0.2	0.2	x0.4
Europe	25.9	24.0	27.3	33.0	33.7	33.2	33.3	36.0	38.6	40.5	Europe	80.0	77.9	79.5	82.5	83.0	85.0	84.3	83.3	83.4	82.6
EEC	23.0	21.4	24.4	29.8	30.6	30.7	30.7	33.3	35.5	37.9	CEE	80.0	77.9	79.5	82.5	82.9	85.0	84.2	83.2	83.3	82.6
EFTA	x2.5	x2.1	x2.3	x2.5	x2.4	1.9	2.0	2.0	1.9	1.8	AELE	x0.0	x0.0	x0.0	x0.0	x0.0	0.0	0.0	0.0	0.0	0.1
Oceania	x2.5	x2.8	x3.0	x3.2	x3.1	x3.6	x3.4	x3.1	x3.1	x2.8	Océanie	x0.0		x0.0	x0.0	0.2	0.2	0.2	0.2	0.2	x0.3
USA/Etats–Unis d'Amer	43.2	43.5	42.8	34.6	29.8	27.8	26.2	23.5	21.3	20.3	United Kingdom	77.4	75.3	77.6	80.3	86.0	82.9	81.5	80.8	81.0	80.0
Japan/Japon	7.9	7.2	5.9	7.6	9.3	10.1	15.6	15.8	14.1	13.7	Canada	16.3	16.8	15.5	11.8	11.0	8.0	6.9	9.6	8.7	9.0
France, Monac	6.9	6.3	7.0	8.3	8.4	9.1	9.3	9.7	9.5	9.3	USA/Etats–Unis d'Amer	2.7	3.5	3.8	3.8	4.2	5.0	7.1	5.6	6.0	6.3
Spain/Espagne	3.4	3.0	3.0	5.5	6.1	6.7	6.6	7.6	9.2	10.7	Ireland/Irlande	1.2	1.1	1.1	1.2	1.3	1.0	1.2	1.2	1.1	1.2
Italy/Italie	4.2	4.5	6.0	5.9	5.7	4.7	4.1	3.9	3.8	3.2	France, Monac	0.3	0.2	0.3	0.3	0.3	0.7	0.6	0.6	0.6	0.6
Germany/Allemagne	2.8	2.6	2.8	3.1	3.0	2.5	2.6	2.8	3.3	3.7	Germany/Allemagne	0.2	0.2	0.3	0.3	0.3	0.3	0.4	0.4	0.3	0.5
Greece/Grèce	0.8	0.8	1.1	1.3	1.4	1.7	2.5	2.9	3.1	x3.9	Hong Kong	0.1	0.1	0.3	0.6	0.3	0.4	0.2	0.2	0.4	0.5
Thailand/Thaïlande	0.5	0.6	0.7	0.7	0.9	1.4	1.8	2.8	3.0	2.2	Singapore/Singapour	x0.2	x0.0	0.3	0.7	0.6	0.6	0.4	0.3	0.2	0.3
Australia/Australie	1.9	2.0	2.4	2.4	2.4	2.9	2.7	2.3	2.3	2.1	Cyprus/Chypre	0.2	0.2	0.2	0.3	0.2	0.2	0.2	0.2	0.2	0.3
So. Africa Customs Un	3.0	2.9	2.7	3.3	x2.6	2.3	2.1	2.1	x1.8	x1.7	Australia/Australie	0.0	0.0	0.0	0.0	0.0	0.2	0.2	0.2	0.2	0.3

11242 DISTILLD WINE, GRAPE MARC

EAUX-DE-VIE NATURELLES 11242

TRADE BY COMMODITY IN THOUSAND U.S. DOLLARS – COMMERCE PAR PRODUIT EN MILLIERS DE DOLLARS E.U

COUNTRIES–PAYS	IMPORTS – IMPORTATIONS					COUNTRIES–PAYS	EXPORTS – EXPORTATIONS				
	1988	1989	1990	1991	1992		1988	1989	1990	1991	1992
Total	1421804	1447578	1947479	2384755	2483342	Totale	1455296	1696681	2265809	2598704	2769867
Africa	x10172	x15114	x14607	x13720	x18069	Afrique	x1479	x583	x1610	x3772	x2345
Northern Africa	x1496	x929	x1484	x520	x1363	Afrique du Nord	x210		x4	205	175
Americas	x341944	x122778	x166668	x237586	361244	Amériques	x21270	20021	x25017	20583	17657
LAIA	25095	34873	35397	41554	71904	ALAI	x8980	10669	12076	9935	8084
CACM	x425	x694	x495	x1248	x1609	MCAC	x19		x19		
Asia	489703	710121	1017280	1389636	1427914	Asie	98131	121363	285193	621128	630935
Middle East	x14970	x9321	x8974	x9538	x8550	Moyen–Orient	2696	4065	5102	3316	x3362
Europe	499168	512883	688515	675629	631406	Europe	1321146	1544151	1945023	1945453	2114642
EEC	447141	457849	627605	615141	550133	CEE	1319942	1541724	1941853	1943170	2081235
EFTA	45298	47745	50787	53302	43478	AELE	212	1257	1011	1099	1721
Oceania	x34285	x30591	x33880	x30184	x33080	Océanie	x2389	2627	3529	x3101	2573
Japan/Japon	181380	334162	495352	734295	683035	France, Monac	1199320	1389202	1740968	1745885	1857008
Hong Kong	141685	200721	257267	291063	343470	Singapore/Singapour	24191	38114	136549	392346	346740
Germany/Allemagne	144453	149874	183572	230513	196317	Hong Kong	63912	71822	134838	211454	267491
United Kingdom	173058	170279	207699	183243	166258	Spain/Espagne	44355	44826	102792	85960	98756
Singapore/Singapour	80644	90552	163248	262919	252371	Italy/Italie	17536	17940	26338	42387	43450
USA/Etats–Unis d'Amer	281961	44305	91137	161327	254729	Germany/Allemagne	18716	34912	15579	18692	16438
France, Monac	3054	8682	67925	50304	44938	Greece/Grèce	12116	19548	16581	15478	x32194
Malaysia/Malaisie	31431	25050	34003	38861	x67863	Netherlands/Pays–Bas	17084	16637	16935	11070	3720
Italy/Italie	24590	29117	32306	30587	27746	United Kingdom	4486	8872	12675	12036	11861
Mexico/Mexique	10106	21044	32256	37570	68199	USA/Etats–Unis d'Amer	8311	8231	7766	10045	8717
Netherlands/Pays–Bas	36745	29541	28569	30813	27682	Portugal	4527	6456	6312	8626	15673
Thailand/Thaïlande	15460	21757	35931	30443	25500	Mexico/Mexique	705	5112	6003	7658	7462
Canada	21757	28419	27842	23368	23984	Malaysia/Malaisie	4940	3137	3065	3801	x1190
Belgium–Luxembourg	23758	21190	25932	24706	27171	Former USSR/Anc. URSS	x5171	x4953	x1916	x2664	
Portugal	9369	14425	21998	18746	12552	China/Chine	1144	2861	2335	3677	2962
Ireland/Irlande	18386	18336	36246	24710	23679	Cyprus/Chypre	2568	3075	4180	1316	1647
Australia/Australie	17747	16684	18052	17016	19084	Australia/Australie	1923	2473	2697	2913	2265
Former USSR/Anc. URSS	x6434	x9902	x3268	x26325		Albania/Albanie	x1873	x1845	x2882	x1428	x1469
Former GDR	x25003	x27848	x10529			Belgium–Luxembourg	620	1213	2187	2297	1439
Norway, SVD, JM	14511	15750	9310	10826	12640	So. Africa Customs Un	x720	x509	x1348	x3491	x2110
Sweden/Suède	9622	9383	11093	11060	10151	Colombia/Colombie	2681	1212	3878	x38	18
Denmark/Danemark	8556	9233	10211	11458	12733	Japan/Japon	9	34	57	3830	182
Austria/Autriche	7084	7783	9145	12243	5383	Yugoslavia SFR	990	1171	1191	x1183	
Switz. Liecht	8534	8382	10055	9266	7593	Venezuela	975	2911	96	210	42
Guam	x12793	x9916	x10373	x7409	x8859	Argentina/Argentine	x1712	312	1337	1021	68
Philippines	4596	x12477	7972	6680	8817	Panama	x2907	x291	x2147	x182	x24
Finland/Finlande	4436	5655	9972	8583	6106	Ireland/Irlande	936	1029	945	531	232
Spain/Espagne	3973	5012	6524	8031	8769	India/Inde	471		x29	1117	
Andorra/Andorre	x3961	x4521	x6491	x4365	x5762	Guyana			x2004	x10	x2
Macau/Macao	2761	2957	4921	6172	14879	Chile/Chili	2652	702	613	612	x244
United Arab Emirates	x10461	x4443	x5092	x4144	x4417	Denmark/Danemark	245	1090	541	209	464
Bulgaria/Bulgarie	x3632	x8476	x3372	x1620	1200	Austria/Autriche	135	1064	313	388	770
Poland/Pologne	x4530	x4815	x3505	x5020	x3308	Jordan/Jordanie			291	1247	553
New Zealand	3293	2948	4697	4869	4072	Turkey/Turquie			551	622	363
China/Chine	10900	2490	3908	4946	3783	Thailand/Thaïlande	2	218	243	446	x5
Angola	x2179	x3759	x4028	x2458	x2758	Norway, SVD, JM	15	122	598	774	854
Greece/Grèce	1475	2159	5363	2030	x2287	Philippines	58	x344	622	492	152
Chile/Chili	8800	9015	192	219	x570	New Zealand	398	154	832	133	308
Czechoslovakia	x4687	1605	3108	x3374	x3335	Malta/Malte			968		
Nigeria/Nigéria	x564	x1597	x2148	x3566	x4270	Viet Nam			x751	x22	x3
Hungary/Hongrie	x2075	x3344	x1715	1188	2758	Macau/Macao	548	106	267	369	8583
Yugoslavia SFR	1020	1412	2284	x1564		Hungary/Hongrie	x95	x152	x207	x317	x206
Brunei Darussalam	x2579	x2694	x2436	x27	x72	Bulgaria/Bulgarie	x3293	x292	x317	x32	x24
India/Inde	141	x4277	123	66		Poland/Pologne	x5433	x528	x77	x6	x2
Cuba	x979	x2318	x1394	x651	x306	Cuba		x15	x94	x442	
So. Africa Customs Un	826	1073	1082	x2115	x2663	Barbados/Barbade	228	159	365	6	x17
Zambia/Zambie	x1441	x1941	x1518	x800	x2372	Lebanon/Liban	x102	x113	x192	x223	x335
United States Virg Is	x1715	x1761	x2177			Korea Dem People's Rp	x7	x507			0
Panama	x1001	x1379	x1032	x1477	x1200	Israel/Israël	69	94	167	189	167
Venezuela		1902	1765	616	1438	1070	Brazil/Brésil	65	63	108	220	150

(VALUE AS % OF TOTAL)(VALEUR EN % DU TOTAL)

	1983	1984	1985	1986	1987	1988	1989	1990	1991	1992		1983	1984	1985	1986	1987	1988	1989	1990	1991	1992
Africa	x1.1	x0.6	x0.6	x0.9	x0.7	x0.8	x1.1	x0.8	x0.6	x0.7	Afrique	x0.1	x0.0		x0.1	x0.3	x0.1	x0.0	x0.1	x0.1	x0.1
Northern Africa	x0.2	0.0	0.0	x0.1	x0.1	x0.1	x0.1	x0.1	x0.0	x0.1	Afrique du Nord						x0.0		0.0	0.0	0.0
Americas	x27.8	x30.5	x32.8	x27.9	x25.6	x24.1	8.5	8.5	x9.9	14.5	Amériques	x1.7	x1.4	x1.8	x1.4	x5.6	x1.5	1.2	x1.1	0.8	0.6
LAIA	0.6	0.8	x0.5	0.1	x1.1	1.8	2.4	1.8	1.7	2.9	ALAI	x1.2	x0.9	x1.1	x0.9	x5.1	x0.6	0.6	0.5	0.4	0.3
CACM	x0.0	x0.1	x0.0	x0.1	x0.1	x0.0	x0.0	x0.0	x0.1	x0.1	MCAC		x0.0		x0.0						
Asia	29.4	x30.8	30.3	30.3	31.9	34.5	49.1	52.2	58.3	57.5	Asie	4.5	7.0	5.8	4.7	4.8	6.7	7.1	12.6	23.9	22.8
Middle East	x0.7	x0.6	x0.6	x0.9	x0.7	x1.1	x0.6	x0.5	x0.4	x0.3	Moyen–Orient	x0.2	0.5	0.3	x0.2	x0.1	0.2	0.2	0.2	0.1	x0.1
Europe	33.6	30.3	34.6	39.1	36.1	35.1	35.4	35.4	28.3	25.4	Europe	92.9	90.8	92.3	93.6	88.5	90.8	91.0	85.8	74.9	76.3
EEC	30.3	27.6	31.2	35.2	32.5	31.5	31.6	32.2	25.8	22.2	CEE	92.8	90.7	92.1	93.4	88.3	90.7	90.9	85.7	74.8	75.1
EFTA	x3.0	x2.4	x2.9	x3.3	x3.1	3.2	3.3	2.6	2.2	1.8	AELE	x0.0	x0.0	x0.0	x0.1	x0.1	0.0	0.0	0.0	0.1	0.1
Oceania	x1.6	x1.7	x1.7	x2.0	x1.9	x2.4	x2.2	x1.8	x1.2	x1.3	Océanie	x0.1	0.1	x0.1	x0.0	x0.1	x0.2	0.2	0.2	x0.1	0.1
Japan/Japon	8.2	8.1	9.1	10.7	11.5	12.8	23.1	25.4	30.8	27.5	France, Monac	87.7	86.1	86.7	87.2	81.5	82.4	81.9	76.8	67.2	67.0
Hong Kong	8.9	10.1	8.8	9.4	10.2	10.0	13.9	13.2	12.2	13.8	Singapore/Singapour	x0.3	x0.9	0.6	0.9	1.1	1.7	2.2	6.0	15.1	12.5
Germany/Allemagne	10.4	9.2	10.3	11.7	9.9	10.2	10.4	9.4	9.7	7.9	Hong Kong	3.9	5.5	4.8	3.5	3.1	4.4	4.2	6.0	8.1	9.7
United Kingdom	12.4	10.9	12.3	13.6	12.4	12.2	11.8	10.7	7.7	6.7	Spain/Espagne	2.6	2.4	2.6	2.6	2.3	3.0	2.6	4.5	3.3	3.6
Singapore/Singapour	x5.2	x5.4	5.3	5.2	4.9	5.7	6.3	8.4	11.0	10.2	Italy/Italie	0.6	0.8	0.8	0.8	0.8	1.2	1.1	1.2	1.6	1.6
USA/Etats–Unis d'Amer	24.0	26.3	29.0	23.8	21.8	19.8	3.1	4.7	6.8	10.3	Germany/Allemagne	0.7	0.8	0.7	0.8	1.2	1.3	2.1	0.7	0.7	0.6
France, Monac	0.1	0.1	0.1	0.2	0.2	0.2	0.6	3.5	2.1	1.8	Greece/Grèce	0.1	0.1	0.1	1.5	1.2	0.8	1.2	0.7	0.6	x1.2
Malaysia/Malaisie	3.2	3.7	3.5	2.3	2.2	2.2	1.7	1.7	1.6	x2.7	Netherlands/Pays–Bas	0.5	0.1	0.3	0.1	1.2	1.2	1.0	0.7	0.4	0.1
Italy/Italie	1.3	1.2	1.9	2.1	2.0	1.7	2.0	1.7	1.3	1.1	United Kingdom	0.2	0.1	0.2	0.2	0.3	0.3	0.5	0.6	0.5	0.4
Mexico/Mexique	x0.0	x0.0	x0.1	x0.1	x0.6	0.7	1.5	1.7	1.6	2.7	USA/Etats–Unis d'Amer	0.3	0.4	0.6	0.4	0.6	0.6	0.5	0.3	0.4	0.3

1211 TOBACCO, NOT STRIPPED / TABACS NON ECOTES 1211

TRADE BY COMMODITY IN THOUSAND U.S. DOLLARS – COMMERCE PAR PRODUIT EN MILLIERS DE DOLLARS E.U

IMPORTS – IMPORTATIONS

COUNTRIES–PAYS	1988	1989	1990	1991	1992
Total	1367011	1681281	1648781	2078230	2002745
Africa	x111669	x150630	x104026	x231590	x240833
Northern Africa	x73581	x79017	x52228	185183	191373
Americas	241269	x512164	x506498	x675298	x526357
LAIA	9170	14833	7620	x18290	x20345
CACM	2620	6051	7352	5625	7029
Asia	190575	x225842	252283	248066	363473
Middle East	x16502	x45943	x30019	x14952	x10879
Europe	710730	678385	736934	821609	791938
EEC	648350	602476	644014	727492	701595
EFTA	57299	61308	78282	85177	80036
Oceania	2618	x2529	3551	x4467	x5592
USA/Etats–Unis d'Amer	225709	439230	432996	582206	434523
Netherlands/Pays–Bas	146235	147093	178961	193172	203108
Germany/Allemagne	133935	96568	120017	154856	183413
Spain/Espagne	106231	92432	107415	115060	103572
Italy/Italie	108707	122570	83507	104770	70506
Japan/Japon	35218	67417	57237	74372	148876
Dominican Republic	x333	x46193	x52879	x62751	x55538
Egypt/Egypte	x14207	x15210	x17312	118925	133778
Hong Kong	36703	32680	58919	22294	29406
Belgium–Luxembourg	41086	34995	39879	38544	46190
France, Monac	42132	33329	35054	37326	47918
United Kingdom	33635	37448	34791	31016	19122
Switz.Liecht	22386	27873	31937	42033	34669
China/Chine	53615	26691	21749	30406	76008
So. Africa Customs Un	18899	31892	22421	x24450	x26440
Czechoslovakia	x13477	36922	14973	x22293	x15067
Indonesia/Indonésie	12873	14126	13165	31624	16519
Morocco/Maroc	11652	18254	13165	16138	12738
Denmark/Danemark	18393	18936	24713		
Korea Republic	9836	9211	20510	30025	32422
Greece/Grèce	12129	12346	14355	27736	x6455
Norway, SVD,JM	15178	16791	17006	19369	20190
Algeria/Algérie	21254	18096	10597	15750	x17377
Former USSR/Anc. URSS	x3019	x2643	x1102	x39977	
Bulgaria/Bulgarie	x26944	x27552	x1468	x9107	20211
Former GDR	x54932	x29096	x7354		
Malaysia/Malaisie	8743	11754	15251	8886	x985
Yugoslavia SFR	4636	14331	13799	x6129	
Tunisia/Tunisie	9116	10704	6131	13557	21348
Singapore/Singapour	2350	4704	13458	10462	3283
Hungary/Hongrie	x941	x2214	x4920	21065	x14911
Austria/Autriche	8021	6867	12177	8961	9648
Libyan Arab Jamahiriya	17074	16335	4956	x5328	x2352
Sri Lanka	2439	3455	3094	18174	26890
Sweden/Suède	6784	5063	10464	8451	10844
Nigeria/Nigéria	x6	x8145	x9607	x4273	x8942
Jordan/Jordanie	x19	6992	7747	6676	5972
Portugal	4643	5923	4381	7861	7341
Albania/Albanie	x1621	x5705	x9573	x2670	x642
Finland/Finlande	4850	4582	6622	6264	4686
United Arab Emirates	x1136	x15710	x619	x753	x546
Malawi	x3066	x5236	x5156	x5129	x4409
Uruguay	5034	4807	5042	5151	4280
Former Yemen	x4318	x7357	x7044		
Romania/Roumanie	x9214	7598	6016	85	x215
Saudi Arabia	x3881	x4990	x5323	x2646	x2649
Honduras	34	2813	5947	3960	3417
Cameroon/Cameroun	x407	10288	x170	1498	
Cyprus/Chypre	4649	4306	3509	3879	534
Nepal/Népal	x4061	x4060	x4602	x2648	x5192

EXPORTS – EXPORTATIONS

COUNTRIES–PAYS	1988	1989	1990	1991	1992
Totale	x1227109	x1931918	x1940733	1978209	x1725962
Afrique	x166809	x87869	x170608	x226346	x185967
Afrique du Nord	938	x4262	x1620	x2204	x1834
Amériques	x336450	x427567	x362282	x363733	x412529
ALAI	173582	142176	86421	105643	124632
MCAC	24249	22012	24918	20574	37500
Asie	x113728	x582598	563764	x791788	479649
Moyen–Orient	x7000	477163	419317	563703	306480
Europe	359338	377917	442035	517145	x551946
CEE	301540	304729	398292	448298	x508954
AELE	6444	6550	9188	9986	14932
Océanie	54	x21141	x20673	x2508	1547
Turkey/Turquie		475399	415270	555277	295283
Greece/Grèce	206842	208113	273671	299217	x347776
Bulgaria/Bulgarie	x233459	x371655	x340433	x59340	x76135
USA/Etats–Unis d'Amer	68477	207234	179553	171373	180441
Zimbabwe	117139	x50019	124759	164017	x116339
Brazil/Brésil	133717	100302	68484	60943	77904
China/Chine	31693	33952	36266	96776	35756
Yugoslavia SFR	51353	66638	34536	x58555	
Italy/Italie	37249	39986	47348	61126	68136
Indonesia/Indonésie	40646	42094	52910	53071	71899
Cuba	x27254	x36787	x43285	x35861	x25958
Malawi	x22697	x22057	x25135	x42339	x36208
France, Monac	23923	22913	27095	30848	32169
India/Inde	14240	x8090	26117	46362	x16499
Netherlands/Pays–Bas	18294	14390	21985	23854	30524
Guatemala	19450	17276	20998	15885	30512
Poland/Pologne	12663	29226	19352	3234	x6402
Albania/Albanie	x1420	x18408	x15373	x11189	x10815
Tokelau/Tokélaou		x21092	x20586	x629	
Dominican Republic	18330	10563	16163	13712	x23219
Thailand/Thaïlande	8349	10179	12135	14557	x31344
Colombia/Colombie	x14430	x16336	111	18169	24292
Germany/Allemagne	7688	9899	9512	14109	10245
Mexico/Mexique	2424	8478	7446	13482	6522
Canada	23803	8615	7276	11115	14602
Spain/Espagne	2998	4421	10149	8900	5159
Argentina/Argentine	7048	5256	6123	9219	10639
Philippines	5617	x3981	4223	8967	3755
Switz.Liecht	4898	4479	5215	7275	12691
Belgium–Luxembourg	3090	3094	5261	6834	8768
So. Africa Customs Un	x9941	x3611	x4729	x4738	x7296
Former GDR	x844	x11404	x1125		
Former USSR/Anc. URSS	x93	x3752	x3327	x3187	x68
Chile/Chili	7188	9078		9	x68
Panama	x13		3502	5415	5294
Hong Kong	1629	2361	4841	1553	4649
Cameroon/Cameroun	x6056	2109	x2758	3259	x1159
Honduras	3088	3180	2558	2111	4045
Syrian Arab Republic	x46		x1900	x5883	x7182
Austria/Autriche	1095	1603	3604	2061	1585
Un. Rep. of Tanzania	x1296	x801	x3960	x2268	x3354
Sri Lanka	2	227	3288	3057	6528
Ecuador/Equateur	1454	1551	2237	1701	1770
Korea Republic	2590	2013	2318	735	
Nicaragua	1533	1503	1346	1975	1320
Mozambique	x4804	x1702	x3015	x100	x746
United Kingdom	895	965	2060	935	1386
Denmark/Danemark	493	939	1157	1791	2677
Tunisia/Tunisie	921	708	1359	1598	588
Western Sahara		x3212		x387	x678

(VALUE AS % OF TOTAL) (VALEUR EN % DU TOTAL)

	1983	1984	1985	1986	1987	1988	1989	1990	1991	1992		1983	1984	1985	1986	1987	1988	1989	1990	1991	1992
Africa	x8.3	x6.9	7.2	x10.0	x8.5	8.2	x9.0	x6.3	x11.2	x12.0	Afrique	x4.2	x3.9	17.0	x11.7	x7.6	x13.6	x4.6	x8.7	x11.4	x10.8
Northern Africa	4.9	3.4	4.9	6.4	4.8	x5.4	x4.7	x3.2	8.9	9.6	Afrique du Nord	0.0	0.1		x0.2	x0.1	0.1	0.2	x0.1	0.1	0.1
Americas	x27.5	x29.6	26.7	x27.5	x25.1	17.6	30.5	30.7	x32.5	26.3	Amériques	x72.4	x74.6	x29.8	x27.5	18.2	x27.4	22.2	18.6	x18.4	x23.9
LAIA	x0.4	0.1	0.5	x0.3	0.2	0.7	0.9	0.5	x0.9	x1.0	ALAI	2.7	0.6	2.2	12.4	x9.9	14.1	7.4	4.5	5.3	7.2
CACM	x0.0		x0.1	0.2	0.4	0.4	0.3	0.4		MCAC	x0.5		0.2		1.1	1.3	1.0	0.2
Asia	10.4	x13.8	10.2	8.6	x10.8	14.0	x13.4	15.3	12.0	18.1	Asie	8.2	7.7	18.2	x32.7	x28.4	x9.2	x30.1	29.0	x40.0	27.8
Middle East	x1.8	x3.0	x0.8	x1.6	x1.3	x1.2	x2.7	x1.8	x0.7	x0.5	Moyen–Orient	x0.6	x0.1	x0.9	22.3	19.1	x0.6	24.7	21.6	28.5	17.8
Europe	53.3	49.2	55.4	53.3	48.1	52.0	40.3	44.7	39.5	39.5	Europe	15.0	13.8	35.0	28.0	25.7	29.3	19.6	22.8	26.1	x32.0
EEC	49.9	45.2	51.4	47.6	43.5	47.4	35.8	39.1	35.0	35.0	CEE	14.8	13.6	34.6	25.0	23.0	24.6	15.8	20.5	22.7	x29.5
EFTA	3.4	4.0	4.0	4.7	x4.0	4.2	3.6	4.7	4.1	4.0	AELE	0.1		x0.4	0.3	0.3	0.3	0.5	0.5	0.5	0.9
Oceania	x0.4	x0.5	x0.4	x0.5	x0.5	0.2	x0.2	0.2	x0.2	x0.2	Océanie	x0.1		x0.0	x0.0	x0.0		x1.1	x1.1	x0.1	0.1
USA/Etats–Unis d'Amer	26.3	28.7	26.1	26.5	24.6	16.5	26.1	26.3	28.0	21.7	Turkey/Turquie					21.4	18.6		24.6	21.4	28.1	17.1
Netherlands/Pays–Bas	11.6	11.3	10.9	9.7	9.2	10.7	8.7	10.9	9.3	10.1	Greece/Grèce	8.8	8.6	21.4		16.2	10.8	14.1	15.1	x20.1
Germany/Allemagne	12.7	11.2	11.8	13.0	12.3	9.8	5.7	7.3	7.5	9.2	Bulgaria/Bulgarie				x18.7	x19.0	x19.2	x17.5	3.0	x4.4
Spain/Espagne	6.8	6.0	6.7	5.6	6.4	4.2	7.8	5.5	6.5	5.2	USA/Etats–Unis d'Amer	67.0	71.3	17.5	8.6	4.1	5.6	10.7	9.3	8.7	10.5
Italy/Italie	9.0	5.5	10.0	6.9	6.8	8.0	7.3	5.1	5.0	3.5	Zimbabwe	0.6	0.3	9.1	8.2	x4.4	x2.6	6.4	8.3	x6.7
Japan/Japon	3.3	3.9	1.7	1.8	2.5	2.6	4.0	3.5	3.6	7.4	Brazil/Brésil			10.3	7.6	10.9	5.2	3.5	3.1	4.5
Dominican Republic			x0.1	x0.0	x0.0	x2.7	x3.2	x3.0	x2.8	China/Chine	1.6	1.8	1.8	1.9	4.9	2.1
Egypt/Egypte			x0.8	x1.2	x0.1	x0.9	x1.1	5.7	6.7	Yugoslavia SFR	x2.7	x2.4	4.2	3.4	1.8	x3.0
Hong Kong	1.3	1.9	1.7	1.1	1.2	2.7	1.9	3.6	1.1	1.5	Italy/Italie	3.4	2.5	6.3	4.3	2.5	2.1	2.4	3.1	3.9
Belgium–Luxembourg	3.3	3.6	4.0	4.6	4.0	3.0	2.1	2.4	1.9	2.3	Indonesia/Indonésie	1.6	1.5	6.0	4.9	3.3	3.3	2.2	2.7	2.7	4.2

12111 — VIRGI TYPE, FLUE-CURED / VIRGINIE SECHES AIR CHAUD 12111

TRADE BY COMMODITY IN THOUSAND U.S. DOLLARS – COMMERCE PAR PRODUIT EN MILLIERS DE DOLLARS E.U

COUNTRIES-PAYS	IMPORTS – IMPORTATIONS					COUNTRIES-PAYS	EXPORTS – EXPORTATIONS				
	1988	1989	1990	1991	1992		1988	1989	1990	1991	1992
Total	x790252	x488943	x522871	x436892	2271	Totale	x309545	x546328	x574405	x539151	x156370
Africa	x37366	21839	5959	x13253		Afrique	128145	x40746	x40416	x19928	x36416
Northern Africa	24541	19933	4956	x11735		Afrique du Nord		921	708		
Americas	x12976	x6156	x5401	x8833	2271	Amériques	x88360	x35007	x35474	x5373	x1801
LAIA	x6808	5178	5063	x6975	2271	ALAI	x23978	x20266	x10819	x2147	x644
CACM	x189					MCAC				x1975	
Asia	x124227	x66056	x107299	x88322		Asie	64880	x388764	x377374	x314609	x88398
Middle East	x8968					Moyen-Orient		x351265	x335042	x207904	
Europe	x509188	x296483	x382709	x279817		Europe	x25633	x76538	x100048	x199242	x29755
EEC	x455681	x264687	x350771	x218415		CEE	x25633	x76538	x100048	x199242	x29755
EFTA	x53507	x31796	x31937	x61402		AELE					
Oceania	x1928	x79		x1122		Océanie	x15				
Netherlands/Pays-Bas	x133534	x126970	x176369	x104788		Turkey/Turquie		x351265	x335042	x207904	
Germany/Allemagne	x110022	x83282	x109673	x6876		Greece/Grèce	x6042	x56125	x50583	x112461	
Switz.Liecht	x22193	x27873	x31937	x42033		China/Chine	28906	29264	30396	83492	
Hong Kong	31326	26809	53803	20408		Italy/Italie	x2365	x7839	x23843	x61126	x25358
United Kingdom	x33133	x23594	x34490	x31016		Zimbabwe	117139	x18370	x15138	x18720	x207
Belgium-Luxembourg	x38178	x19922	x27088	x35599		Malawi	x6318	x21235	x24188	x747	x36208
Indonesia/Indonésie	10435	x14126	x19227	x26875		USA/Etats-Unis d'Amer	62710	x13776	x23861	x276	x174
China/Chine	46740	22066	16146	19597		Brazil/Brésil	x20862	x16006	x8456	x1334	x644
Czechoslovakia	x13477			1934		Spain/Espagne		x4421	x10149	x8900	x4394
Former USSR/Anc. URSS		x36922	x11006	x37117		Netherlands/Pays-Bas	x14048	x4285	x5421	x9836	
Former GDR	x54932	x29096	x7354			Poland/Pologne	x305		x19352		
Bulgaria/Bulgarie	x26944	x27552		x5737		Thailand/Thaïlande	x2635	x4590	x4144	x7061	
France, Monac	x13482	x4996	x3150	x15122		Belgium-Luxembourg	x2583	x3094	x5261	x6834	
Libyan Arab Jamahiriya	17074	16335	4956	x1782		Philippines			458	x8967	
Singapore/Singapour	311	x2232	x12399	x7967		Hong Kong	1629	2361	4497	269	
Norway, SVD, JM	x15133			x19369		Argentina/Argentine	1811	2312	2289	x769	
Denmark/Danemark	x17474			x16138		India/Inde	x5234			x5016	x16499
Uruguay	5034	4807	5042	5151	2271	Former USSR/Anc. URSS		x3752			
Portugal	x4200	x5923		x7861		Romania/Roumanie	x2208	x1520	x1741		
Egypt/Egypte	x863			x9954		France, Monac			x203	x2730	
Malaysia/Malaisie	x7281			x8886		Bangladesh	795	x1244	1604		
Romania/Roumanie	x9214	x4760	x3144			United Kingdom	x594	x570	x2060		
Nepal/Népal			x4602	x2648		Canada	x1564	x897	x741	x940	x741
Austria/Autriche	x8021	x3923				Nicaragua				x1975	
Tunisia/Tunisie	4499	3239				Ghana	x215	x11	x1058	x449	
USA/Etats-Unis d'Amer	x5072	x978	x338	x1254		Ecuador/Equateur					
Japan/Japon	x986	x819	x788	x769		Indonesia/Indonésie	24324	1502	x1234		x71899
Equatorial Guinea		x1484	x506	x2		Singapore/Singapour	178			x1068	
Mexico/Mexique				x1615		Tunisia/Tunisie	921	708			
Philippines	5471		334	x1052		Korea Republic	x1026			x579	
New Zealand	x600			x1122		Uruguay	1277	424	64	10	
Ireland/Irlande	x702			x1015		Cameroon/Cameroun		385			
Seychelles	220	282	353	271		Myanmar	x30			x254	
Poland/Pologne				x758		Cuba	x108	x67	x54	x33	x243
Jamaica/Jamaïque	x488			x604		Germany/Allemagne				x87	x3
Madagascar				x586		Paraguay	x28	x22	x9	x35	
Senegal/Sénégal				x504		Benin/Bénin			x33	x12	
Brazil/Brésil		x370				Pakistan	120	41			
Algeria/Algérie	x1826	x358				Zaire/Zaïre	x36	x36			
Mali	x108	x140	x94	x82							
Paraguay			x16	x199							
Togo	40	0	50	x73							
India/Inde	x25			x121							
Australia/Australie	x704	x79									
Venezuela				x10							
Argentina/Argentine			x5								
Pakistan		2									

(VALUE AS % OF TOTAL)(VALEUR EN % DU TOTAL)

	1983	1984	1985	1986	1987	1988	1989	1990	1991	1992		1983	1984	1985	1986	1987	1988	1989	1990	1991	1992
Africa	1.2	x15.7	x11.2	x11.7	7.6	x4.8	4.5	1.1	x3.0		Afrique	x6.2	x3.6	x32.0	x31.1	x22.8	x41.4	x7.5	x7.0	x3.7	x23.3
Northern Africa	1.2	x2.6	x5.2	x5.4	x2.5	3.1	4.1	0.9	x2.7		Afrique du Nord	0.0	0.2	0.2	0.5	0.2	0.3	0.1			
Americas	x5.8	x7.3	x0.3	x7.0	x5.6	x1.7	x1.3	x1.1	x2.0	100.0	Amériques	x82.5	x88.6	x44.9	x45.8	x40.9	x28.6	6.4	x6.2	x1.0	x1.2
LAIA			x0.2	x0.2	x0.3	x0.9	1.1	1.0	x1.6	100.0	ALAI	0.1	0.4	2.6	x20.1	x20.9	7.7	x3.7	x1.9	x0.4	x0.4
CACM			x0.2	x0.2	x0.0						MCAC				x0.1	x0.0				x0.4	
Asia	17.4	x20.0	15.9	15.3	21.5	x15.7	x13.5	20.6	x20.2		Asie	x7.8	x5.8	x17.3	x17.8	x25.0	21.0	x71.2	x65.7	x58.4	x56.5
Middle East	x2.0	x5.9	0.6	x1.7	x1.7	x1.1					Moyen-Orient				0.0	0.9	0.5	x64.3	x58.3	x38.6	
Europe	74.8	56.2	72.1	65.1	47.0	x64.4	x60.6	x73.2	x64.0		Europe	3.1	2.0	5.8	5.3	10.2	x8.3	x14.0	x17.4	x37.0	x19.0
EEC	71.0	51.7	68.9	62.9	44.3	x57.7	x54.1	x67.1	x50.0		CEE	3.0	2.0	5.8	4.8	9.8	x8.3	x14.0	x17.4	x37.0	x19.0
EFTA	3.8	4.5	3.2	2.3	2.7	x6.8	x6.5	x6.1	x14.1		AELE	0.1	0.0	0.0	0.0	x0.1	0.0				
Oceania	x0.0	x0.8	0.5	x0.9	x0.7	x0.3	x0.0		0.3		Océanie	x0.3	x0.0		x0.0	x0.0					
Netherlands/Pays-Bas	21.5	x14.5	16.6	17.4	13.2	x16.9	x26.0	x33.7	x24.0		Turkey/Turquie				x0.9	x0.2	x64.3	x58.3	x38.6		
Germany/Allemagne	17.2	10.1	15.5	19.9	12.9	x13.9	x17.0	x21.0	x1.6		Greece/Grèce				x0.1		x2.0	x10.3	x8.8	x25.7	
Switz.Liecht	0.3	0.3	0.5	0.3	0.2	x2.8	x5.7	x6.1	x9.6		China/Chine					6.1	9.3	5.4	5.3	15.5	
Hong Kong	4.3	5.3	5.1	3.7	4.4	4.0	5.5	10.3	4.7		Italy/Italie	1.0	0.6	1.2	1.0	1.1	x0.8	x1.4	x4.2	x11.3	x16.2
United Kingdom	5.6	3.8	4.5	3.2	3.6	x4.2	x4.8	x6.6	x7.1		Zimbabwe	1.2	0.5	24.2	26.3	x17.2	37.8	x3.4	x2.6	x3.5	x0.1
Belgium-Luxembourg	2.9	3.0	3.6	3.6	6.1	x4.8	x4.1	x5.2	x8.1		Malawi	x2.0	x1.8	x5.8	x1.6	x2.0	x3.9	x4.2	x0.1	x23.2	
Indonesia/Indonésie	3.2	4.5	1.9	3.1	2.1	1.3	x2.9	x3.7	x6.2		USA/Etats-Unis d'Amer	x81.2	x86.7	35.4	20.4	15.2	20.3	x2.5	x4.2	x0.1	x0.1
China/Chine					11.4	5.9	4.5	3.1	4.5		Brazil/Brésil				x18.8	x20.3	x6.7	x2.9	x1.5	x0.2	x0.4
Czechoslovakia					x0.1	x1.7	x7.6	x2.1	0.4		Spain/Espagne	0.1	0.1	0.5	0.4	0.4		x0.8	x1.8	x1.7	x2.8
Former USSR/Anc. URSS									x8.5		Netherlands/Pays-Bas	0.9	0.3	0.2	0.1	0.1	x4.5	x0.8	x0.9	x1.8	

312

1212 TOBACCO STRIPPED OR PART / TABACS PART ECOTES 1212

TRADE BY COMMODITY IN THOUSAND U.S. DOLLARS – COMMERCE PAR PRODUIT EN MILLIERS DE DOLLARS E.U

COUNTRIES–PAYS	1988	1989	1990	1991	1992	COUNTRIES–PAYS	1988	1989	1990	1991	1992
Total	3058969	3047971	3427420	4143422	4422189	Totale	2464087	x2548808	3064460	3576112	x4022864
Africa	x118121	x77613	x103919	x108923	x119814	Afrique	x337674	x344258	x462936	x612849	x657887
Northern Africa	x40697	x10427	x46028	x44610	x46605	Afrique du Nord	x79	x140	221	x453	234
Americas	x282378	x293526	359402	566145	648979	Amériques	1600659	1700645	1970476	2125877	2469004
LAIA	x21255	x19652	49203	109530	105037	ALAI	481471	510173	623006	779189	852646
CACM	1661	2112	x1854	1820	x2941	MCAC	7045	12739	12763	16162	16881
Asia	675623	x731283	767110	940101	1083126	Asie	225993	x194075	270860	x345004	x415640
Middle East	x35235	x90011	x29493	75456	143532	Moyen–Orient	x775	x3771	x7567	x8798	x11530
Europe	1647088	1718539	2030067	2316931	2460979	Europe	261762	290792	347850	474412	469431
EEC	1423739	1516769	1779851	2057309	2202400	CEE	214953	252502	296507	407562	391849
EFTA	206890	187695	223845	244255	235835	AELE	45339	34529	47374	59156	64367
Oceania	74015	59437	64940	x64868	x59971	Océanie	789	776	1311	x1454	x188
Germany/Allemagne	352280	378970	521991	591080	715915	USA/Etats–Unis d'Amer	1067685	1132199	1277414	1250893	1461694
United Kingdom	332838	335138	390792	517357	513523	Brazil/Brésil	389514	412185	482793	593434	681761
Japan/Japon	357155	384134	379594	451932	462253	Malawi	x143267	x129323	x242583	x304999	x253838
USA/Etats–Unis d'Amer	230742	237648	289737	435192	516424	Zimbabwe	149366	x163072	171090	243910	x315479
Netherlands/Pays–Bas	201465	191383	252063	295916	281143	Italy/Italie	64276	70097	79213	135949	118883
Spain/Espagne	194647	216169	205745	244496	202408	Argentina/Argentine	37972	49871	86012	124940	127025
Belgium–Luxembourg	95530	103263	117339	113191	125199	Netherlands/Pays–Bas	47907	55986	70001	76148	63391
Switz.Liecht	95234	84780	114422	121988	109921	India/Inde	54231	x39108	80202	81252	x57773
Italy/Italie	88729	104321	95335	79004	69869	Korea Republic	83787	61280	74573	63812	17941
Hong Kong	58119	54782	100615	103577	101001	Thailand/Thaïlande	44207	43025	58920	96039	x130349
Denmark/Danemark	56086	63054	62646	67587	72678	Canada	36425	38073	46400	69080	94439
Philippines	65985	x39362	58254	74742	94830	Greece/Grèce	15938	46287	37815	44081	x54919
France, Monac	48374	46124	57349	53678	80040	Switz.Liecht	43127	29773	41674	54611	59001
Former USSR/Anc. URSS	x53738	x51669	x35672	x64914		Germany/Allemagne	27487	30953	38737	50950	61785
Thailand/Thaïlande	31855	43478	56008	49391	51348	So. Africa Customs Un	x22722	x34109	x20009	x34568	x30420
Australia/Australie	51461	41164	49099	51236	47065	China/Chine	13439	20551	21865	43463	102299
Greece/Grèce	18141	40528	36465	48317	x79274	United Kingdom	21720	16509	26331	25822	38584
Singapore/Singapour	15520	23772	43860	50794	58045	Mexico/Mexique	24181	17293	13984	29874	7033
Mexico/Mexique	8918	9040	38876	64594	56640	Philippines	13062	x11966	15492	31374	28083
Turkey/Turquie		22642	20937	67611	132527	Spain/Espagne	8040	3998	10693	35791	16394
Poland/Pologne	27607	24923	32300	49263	x9717	Colombia/Colombie	15115	17100	23152	7091	9364
Finland/Finlande	29646	35857	35043	34305	32707	Chile/Chili	x7691	x9902	10952	14496	x18382
Austria/Autriche	27846	29233	27833	48119	44206	Belgium–Luxembourg	9253	10295	13077	11835	12888
Sweden/Suède	42600	30136	38895	32285	42109	France, Monac	9204	9664	10471	12150	14542
Egypt/Egypte	x33044	x5993	x37435	x34038	x32328	Honduras	3554	9309	8774	9346	8079
So. Africa Customs Un	32618	24434	18392	x34418	x31098	Un. Rep. of Tanzania	x9798	x5378	x10652	x8751	x9216
Former GDR	x123251	x69163	x4740			Portugal	4319	5360	4920	11303	5838
China/Chine	41079	27111	18948	24917	11469	Hungary/Hongrie	x2806	x2527	x8037	x5536	x4997
Portugal	18312	20360	22971	25168	31744	Indonesia/Indonésie	2027	4878	5695	4745	8859
Iraq	x22813	x55929	x5835	x2325		Zambia/Zambie	x1830	x3573	x4054	x5204	x28741
Malaysia/Malaisie	13069	13710	14684	31952	x43531	Paraguay	x5309	1715	4598	6152	x7033
Indonesia/Indonésie	14633	10665	21460	27839	46380	Poland/Pologne	11973	5404		x6725	x4173
Israel/Israël	20183	17945	23144	18292	23227	Syrian Arab Republic	x20		x6172	x5205	x4084
Ireland/Irlande	17358	17459	17156	21516	30607	Cuba	x2798	x2996	x3942	x3919	x6963
Czechoslovakia	x34433	16043	19532	x20472	x25582	Denmark/Danemark	6750	3298	3989	3472	4420
Korea Republic	18045	15892	13940	23620	34311	Cameroon/Cameroun	x3429	x3880	x3249	x2906	x478
Yugoslavia SFR	15168	9597	20292	x12915		Hong Kong	3984	3210	2535	3381	7211
New Zealand	15628	13032	12456	13271	12079	Panama	x1827	x2358	x3380	x3215	x6175
Senegal/Sénégal	x2167	14650	19956	x2989	x2722	Guatemala	2707	2356	2074	4380	7753
Norway,SVD,JM	11564	7688	7653	7557	6793	Sweden/Suède	1244	2171	2978	3447	4081
Brazil/Brésil	x110	1474	41	20414	28153	Yugoslavia SFR	1469	3761	1210	x3184	
Cote d'Ivoire	x5756	x6155	x4707	x7915	x25519	Kenya	1549	x1364	x1363	x813	x533
Hungary/Hongrie	x1338	x1809	x7280	8746	x9482	Albania/Albanie	x4032	x5001	x1691	4995	33063
St Vincent & Grenadines	x355	x14695	x101	x71	x156	Sri Lanka	1972	1898	498	4995	x29243
Canada	4056	3166	6009	5428	15818	Dominican Republic	3025	1635	3249	2427	x29243
Jamaica/Jamaïque	3624	5045	4555	4966	x678	Bulgaria/Bulgarie	x16223	x3724	x771	x2704	x411
Libyan Arab Jamahiriya	x6989	x3701	x2181	x8292	x6319	Malta/Malte			2714	x4392	x1696
Chile/Chili	x1536	x3624	4245	5942	x4906	Mozambique	x3592	x1318	x3566	x2096	x4297
Bangladesh	x2891	x4792	x3365	x3993	x7550	Venezuela	1273	1762	1349	2686	1181
Andorra/Andorre	x1264	x4478	x3513	x2293	x3220	Central African Rep.	x925	x1305	x2018	x1598	x1113

(VALUE AS % OF TOTAL)(VALEUR EN % DU TOTAL)

	1983	1984	1985	1986	1987	1988	1989	1990	1991	1992		1983	1984	1985	1986	1987	1988	1989	1990	1991	1992
Africa	x1.0	x0.9	x1.6	x5.9	x3.7	x3.9	x2.5	x3.0	x2.6	x2.7	Afrique	37.8	35.7	9.0	x12.6	x15.2	x13.7	x13.5	x15.2	x17.2	x16.4
Northern Africa	x0.1	x0.2	x0.0	x3.5	x1.5	x1.3	x0.3	x1.3	x1.1	x1.1	Afrique du Nord	x0.0	x0.0	x0.0	x0.0	x0.0	x0.0	x0.0	x0.0	x0.0	x0.0
Americas	3.5	11.2	x9.0	x9.7	x7.6	x9.3	x9.6	10.5	13.6	14.6	Amériques	x12.7	15.4	60.3	65.7	61.6	65.0	66.7	64.3	59.4	61.4
LAIA	0.5	0.4	0.3	0.5	0.6	0.7	0.6	1.4	2.6	2.4	ALAI	x4.4	6.6	2.8	16.7	16.5	19.5	20.0	20.3	21.8	21.2
CACM			x0.0	0.0	0.1	0.1	x0.1	0.0	x0.1	MCAC				x0.7	x0.7	0.3	0.5	0.4	0.5	0.4
Asia	24.3	21.9	22.9	20.6	x22.6	22.1	x24.0	22.4	22.6	24.5	Asie	32.7	27.9	24.0	10.7	x8.5	9.1	x7.6	8.8	x9.6	x10.4
Middle East	x0.4	x0.8	x1.0	x0.8	x0.8	x1.2	x3.0	x0.9	1.8	3.2	Moyen–Orient	x0.2	x0.4	14.1	x1.1	x0.9	x0.0	x0.1	x0.2	x0.2	x0.3
Europe	68.2	63.0	64.0	61.3	58.4	53.8	56.4	59.2	55.9	55.7	Europe	16.7	20.8	6.8	11.0	13.1	10.6	11.4	11.4	13.3	11.7
EEC	61.1	57.3	57.8	55.5	52.8	46.5	49.8	51.9	49.7	49.8	CEE	14.1	17.7	5.7	9.0	10.5	8.7	9.9	9.7	11.4	9.7
EFTA	7.1	5.7	6.2	5.4	5.3	6.8	6.2	6.5	5.9	5.3	AELE	2.5	3.1	1.1	1.5	1.9	1.8	1.4	1.5	1.7	1.6
Oceania	3.1	3.0	2.5	2.6	2.2	2.4	2.0	1.9	x1.6	1.3	Océanie	0.2	0.1		x0.2					x0.0	x0.0
Germany/Allemagne	17.3	13.1	15.7	16.2	15.8	11.5	12.4	15.2	14.3	16.2	USA/Etats–Unis d'Amer			55.0	41.4	43.3	44.4	41.7	35.0	36.3
United Kingdom	18.5	16.8	13.4	10.8	9.6	10.9	11.0	11.4	12.5	11.6	Brazil/Brésil				12.5	12.9	15.8	16.2	15.8	16.6	16.9
Japan/Japon	18.1	15.6	14.8	12.9	14.5	11.7	12.6	11.1	10.9	10.5	Malawi	10.0	8.2	1.8	x4.9	x6.7	x5.8	x5.1	x7.9	x8.5	x6.3
USA/Etats–Unis d'Amer	1.8	10.3	8.0	7.8	6.2	7.5	7.8	8.5	10.5	11.7	Zimbabwe	25.5	25.9	6.8	x7.4	6.1	x6.4	5.6	6.8	x7.8
Netherlands/Pays–Bas	6.1	5.2	6.5	7.3	7.9	6.6	6.3	7.4	7.1	6.4	Italy/Italie	3.0	6.3	2.0	2.6	2.6	2.6	2.6	2.6	3.8	3.0
Spain/Espagne	9.2	9.9	9.0	7.4	6.8	6.4	7.1	6.0	5.9	4.6	Argentina/Argentine			4.1	1.7	1.3	1.4	1.5	2.0	2.8	3.5	3.2
Belgium–Luxembourg	3.4	3.0	3.5	3.8	3.1	3.1	3.4	3.4	2.7	2.8	Netherlands/Pays–Bas	5.4	5.1	1.4	2.6	2.7	1.9	2.2	2.3	2.1	1.6
Switz.Liecht	3.4	2.4	2.7	2.4	2.5	3.1	2.8	3.3	2.9	2.5	India/Inde	16.6	13.5	4.3	4.4	2.8	2.2	x1.5	2.6	2.3	x1.4
Italy/Italie	1.0	1.9	1.4	1.8	2.8	2.9	3.4	2.7	1.9	1.6	Korea Republic	10.3	9.2	3.0	2.4	1.7	3.4	2.4	2.4	1.8	0.4
Hong Kong	0.9	1.5	2.2	1.2	1.3	1.9	1.8	2.9	2.5	2.3	Thailand/Thaïlande	0.2	0.2		1.5	1.1	1.8	1.7	1.9	2.7	x3.2

12121 — VIRGI TYPE, FLUE–CURED

TRADE BY COMMODITY IN THOUSAND U.S. DOLLARS – COMMERCE PAR PRODUIT EN MILLIERS DE DOLLARS E.U

COUNTRIES–PAYS	1988	1989	1990	1991	1992	COUNTRIES–PAYS	1988	1989	1990	1991	1992
Total	x1824117	x1444370	x1779186	x1048816	x3106	Totale	1005036	x252700	x288295	x360927	x2393
Africa	x55850	x1759	x9219	x2663		Afrique	151086	x15014	x24024	x4857	
Northern Africa	x25413	x1061	x6785	x2586		Afrique du Nord					
Americas	x12817	x8872	x17619	x4078	1854	Amériques	x759933	x100113	x164335	x61787	x2393
LAIA	x2864	x2631	x9767	x3912	1854	ALAI	x59223	57654	96803	x7027	x2316
CACM	x44					MCAC			x307		
Asia	x342453	x121631	x186668	x232328		Asie	x68064	x54813	x61358	x136678	
Middle East	x30805		x5835			Moyen–Orient			x868		
Europe	x1150571	x1197896	x1492011	x713397	x1252	Europe	x25926	x82747	x38532	x157604	
EEC	x1009193	x1125244	x1384992	x657720	x1252	CEE	x24394	x67838	x38532	x157604	
EFTA	x126211	x72652	x107019	x55676		AELE		x122	x14909		
Oceania	x62141	x29006	x17643	x30811		Océanie	x26		x13	x45	
United Kingdom	x306152	x314499	x382443	x311383		USA/Etats–Unis d'Amer	694768	x37840	x59306	x48220	
Germany/Allemagne	x235191	x293030	x445417	x4035	x1252	Netherlands/Pays–Bas	x2452	x36968		x76148	x77
Spain/Espagne	x130571	x205682	x194820			Argentina/Argentine	29617	37069	65441	x256	
Netherlands/Pays–Bas	x98446	x135574	x169394	x57300		Korea Republic	x4626	x4147	x6135	x63812	x734
Belgium–Luxembourg	x66085	x82544	x95151	x102465		China/Chine	12578	18402	18966	34551	
Hong Kong	46044	38051	69194	79487		United Kingdom	x21389	x16292	x25460	x25039	
France, Monac	x28373	x36337	x53293	x53678		Thailand/Thaïlande	x25556	x15300	x22057	x20292	
Philippines	41196	x23500	35328	x70336		Zimbabwe	148676	x14989	x23078	x2879	
Greece/Grèce	x15422	x40528	x36465	x48317		Spain/Espagne					x35791
Singapore/Singapour	13915	x23170	x41921	x44334		Colombia/Colombie	12095	15572	19280		
Austria/Autriche	x24899	x27816	x27833	x48119		Belgium–Luxembourg			x13072	x11834	
Switz. Liecht	x51297	x34770	x67697			Philippines	9316		11324	x12340	
Italy/Italie	x64694			x79004		Brazil/Brésil	x17511	x4975	x12022	x6593	x1582
Former GDR	x123251	x69161	x4194			Greece/Grèce	x70	x14577		x8788	
Former USSR/Anc. URSS				x64914		Canada	x5942	x4619	x7919	x6540	
Australia/Australie	x46416	x15974	x5188	x30811		Switz. Liecht	x122	x14909			
Malaysia/Malaisie	x11825	x13710		x31952		Hong Kong	3941	3093	2383	3381	
Czechoslovakia	x31785	x16043	x19532			India/Inde	x2208	x8058			
Poland/Pologne	x26485		x32300	x625		Japan/Japon	x5120	x4907	x19		
Indonesia/Indonésie	7049	x10665	x21460			Singapore/Singapour	202	x37	x475	x2302	
China/Chine	19457	11110	11141	3775		So. Africa Customs Un			x3	x1936	
New Zealand	x15471	x13032	x12456			Mozambique	x25	x25	x918		
Norway, SVD, JM	x8294	x6254	x7653	x7557		United Arab Emirates		x868			
Portugal	x9696	x7304	x8007	x1538		Honduras			x307		
USA/Etats–Unis d'Amer	x5802	x6241	x7852	x166		Uruguay				x179	
Egypt/Egypte	x23073	x1061	x6785	x2586		Peru/Pérou		38	60		
Mexico/Mexique	x699	x647	x6353	x716		Ghana			x26	x42	
Sweden/Suède	x24868	x3812	x3837			Australia/Australie	x26	x13	x45		
Ireland/Irlande	x16456	x6918				Germany/Allemagne				x3	
Iraq	x22813		x5835			Seychelles		0			
Argentina/Argentine		20	1114	2733							
Denmark/Danemark	x38107	x2828	x2								
Pakistan	89	39		x2443							
Brazil/Brésil	x72	x1192	x938								
Japan/Japon	x139412	x828	x901								
Zambia/Zambie			x1438								
So. Africa Customs Un	x17305	x603	x652								
Uruguay	x1091	x628	x558		1854						
Israel/Israël	x6129	x558	x469								
Peru/Pérou		105	246	463							
Bolivia/Bolivie	x167		x407								
Nigeria/Nigéria			x223								
Lao People's Dem. Rp.			x180								
Seychelles		3	89	77							
Viet Nam	x29		x167								
Venezuela	x71	x40	x80								
Cameroon/Cameroun	x334	x61	x30								
India/Inde	x126		x72								
Paraguay	x764		x66								
Mali		x32									

(VALUE AS % OF TOTAL) (VALEUR EN % DU TOTAL)

	1983	1984	1985	1986	1987	1988	1989	1990	1991	1992		1983	1984	1985	1986	1987	1988	1989	1990	1991	1992
Africa	x0.9	x1.1	x1.9	x7.0	x4.2	x3.0	x0.1	x0.5	x0.3		Afrique	x42.8	x42.2	10.4	x14.6	x16.4	15.0	x5.9	x8.3	x1.3	
Northern Africa	x0.2	x0.2	x0.0	x4.6	x2.0	x1.4	x0.1	x0.4	x0.2		Afrique du Nord										
Americas	x0.8	x0.4	x0.6	x1.7	x2.6	x0.7	x0.6	x0.9	x0.4	59.7	Amériques	13.9	18.7	56.9	x67.3	x66.2	x75.6	x39.6	x57.0	x17.x	100.0
LAIA	0.0	x0.1	x0.0	x0.1	x0.4	x0.2	x0.2	x0.5	x0.4	59.7	ALAI	3.2	7.5	3.1	x15.1	x17.0	x5.9	22.8	33.6	x1.9	x96.8
CACM											MCAC			x0.0	x0.0				x0.1		
Asia	21.1	23.8	x23.8	x20.3	x22.1	x18.8	x8.4	x10.5	x22.2		Asie	33.2	27.6	29.8	x12.7	x9.0	x6.8	x21.6	x21.3	x37.9	
Middle East	x0.3	x0.9	x1.4	x1.1	x1.1	x1.7		x0.3			Moyen–Orient			18.9	x0.3	x0.2		x0.3			
Europe	73.3	70.7	70.4	67.4	63.5	x63.1	x82.9	x83.9	x68.0	x40.3	Europe	10.0	11.5	3.0	5.3	7.5	x2.6	x32.7	x13.4	x43.7	
EEC	67.7	65.0	65.1	62.2	58.6	x55.3	x77.9	x77.8	x62.7	x40.3	CEE	9.1	10.0	2.6	4.2	5.8	x2.4	x26.8	x13.4	x43.7	
EFTA	5.6	5.7	5.2	4.8	4.7	x6.9	x5.0	x6.0	x5.3		AELE	0.8	1.6	0.4	1.1	1.6	x0.0	x5.9			
Oceania	3.8	3.9	x3.4	3.6	x3.1	x3.4	x2.0	x1.0	x2.9		Océanie	x0.0		x0.0	x0.1	x0.0	x0.0	x0.0			
United Kingdom	26.0	24.1	20.1	16.3	14.5	x16.8	x21.8	x21.5	x29.7		USA/Etats–Unis d'Amer			50.8	47.7	44.9	69.1	x15.0	x20.6	x13.4	x3.2
Germany/Allemagne	14.6	12.4	15.8	17.2	15.8	x20.3	x25.0	x0.4	x40.3		Netherlands/Pays–Bas	4.8	4.6	0.6	0.6	0.3	x0.2	x14.6		x21.1	
Spain/Espagne	13.2	13.6	12.2	11.1	10.5	x7.2	x14.2	x10.9			Argentina/Argentine		4.3	1.9	2.0	1.8	2.9	14.7	22.7	x0.1	x30.7
Netherlands/Pays–Bas	5.4	5.1	5.9	6.8	6.6	x5.4	x9.4	x9.5	x5.5		Korea Republic	6.7	4.6	2.5	2.3	1.5	x0.5	x1.6	x2.1	17.7	
Belgium–Luxembourg	3.2	2.6	3.0	3.2	2.3	x3.6	x5.7	x5.3	x9.8		China/Chine						1.8	1.3	7.3	6.6	9.6
Hong Kong	1.1	2.1	2.9	1.7	2.0	2.5	2.6	3.9	7.6		United Kingdom	1.6	1.9	0.5	1.1	1.5	x2.1	x6.4	x8.8	6.9	
France, Monac	0.6	1.2	1.5	1.3	1.1	x1.6	x2.5	x3.0	x5.1		Thailand/Thaïlande	x0.2	x0.2	x1.1	x1.7	1.8	x2.5	x6.1	x7.7	x5.6	
Philippines	0.9	0.3	0.9	1.1	x1.9	2.3	x1.6	2.0	x6.7		Zimbabwe	34.0	35.6	9.1	10.6	x11.1	14.8	x5.9	x8.0	x0.8	
Greece/Grèce	1.7	1.4	0.9	0.9	1.0	x0.8	x2.8	x2.0	x4.6		Spain/Espagne	0.2	0.1	0.0	0.1	0.3					x9.9
Singapore/Singapour	0.9	0.8	0.6	0.3	0.3	x0.8	x1.6	x2.4	x4.2		Colombia/Colombie	3.2	3.1	1.2	1.6	1.1	1.2	6.2	6.7		

VIRGINIE SECHES AIR CHAUD 12121

TRADE BY COMMODITY IN THOUSAND U.S. DOLLARS – COMMERCE PAR PRODUIT EN MILLIERS DE DOLLARS E.U

COUNTRIES–PAYS	IMPORTS – IMPORTATIONS					COUNTRIES–PAYS	EXPORTS – EXPORTATIONS				
	1988	1989	1990	1991	1992		1988	1989	1990	1991	1992
Total	4965299	5827170	x7193024	x8824940	x9370682	Totale	6762024	7893714	11229075	11932098	13390669
Africa	x161582	x137521	x156432	x172747	x188276	Afrique	x14552	x17389	x22524	x28267	x21233
Northern Africa	x62169	52829	52714	69165	80785	Afrique du Nord	x4377	4420	13793	18024	17691
Americas	x95953	x150343	x166625	x302147	x465333	Amériques	2700759	3494942	4912957	4615645	4756573
LAIA	19481	23866	25924	49420	x71584	ALAI	14530	73304	107514	252708	313512
CACM	x580	x1372	x2718	x2128	x1194	MCAC	x317	x1263	x741	x842	x696
Asia	x2693964	x3405649	x4114409	x4678492	x5425676	Asie	908571	1298955	2144935	2612717	3150236
Middle East	x863754	x878346	x1154532	x1287560	x1303635	Moyen–Orient	x43940	44240	120618	x265268	x280112
Europe	1887148	1954855	2470562	2723354	3048380	Europe	2829104	2972944	4096491	4628967	5432470
EEC	1777488	1835417	2297160	2507949	2835684	CEE	2635190	2755711	3791137	4335329	5075418
EFTA	94588	103941	125758	125268	135059	AELE	183800	196751	276954	291198	324800
Oceania	x29080	x29336	x29613	x29282	x34452	Océanie	9230	x8864	10590	9888	x11565
Japan/Japon	751044	944160	1035887	1221889	1335426	USA/Etats–Unis d'Amer	2661868	3382583	4766546	4245321	4199804
Hong Kong	538240	719486	1040064	1288482	1583564	Netherlands/Pays–Bas	832290	947049	1461040	1581694	1790348
Italy/Italie	681861	728185	907729	953320	1057510	Hong Kong	588492	747344	1229374	1389987	1615717
France,Monac	672469	678975	809113	929537	973913	United Kingdom	792492	772711	1048191	1233533	1521417
Singapore/Singapour	160642	283654	434410	438081	520041	Germany/Allemagne	693114	695366	885158	1104936	1284891
Former USSR/Anc. URSS	x16397	x34464	x135617	x762138		Singapore/Singapour	121703	267338	458413	489190	628487
Saudi Arabia	243200	234330	x316877	x329769	x321004	Switz.Liecht	158462	168848	237375	247839	271878
Turkey/Turquie	168896	196788	312810	289613	172215	Belgium–Luxembourg	167309	160032	187083	173268	193311
United Arab Emirates	x250833	x233503	x255386	x177533	x206910	China/Chine	47720	86163	108832	167285	292315
Netherlands/Pays–Bas	135550	148809	184345	169958	243519	Japan/Japon	49490	71293	96803	133779	179169
United Kingdom	123879	105229	138150	173938	161366	France,Monac	52483	64051	79693	92337	114463
Korea Republic	38833	124742	103970	119710	110993	Brazil/Brésil	140	43615	57262	133190	165212
Germany/Allemagne	77464	83496	126991	124815	126258	Cyprus/Chypre	27947	34428	71613	124141	181835
China/Chine	209663	114999	89200	108132	116786	Denmark/Danemark	61438	61194	78440	76428	78916
USA/Etats–Unis d'Amer	37753	50731	55200	132491	269295	Indonesia/Indonésie	22111	60098	65952	87872	123085
Cyprus/Chypre	11675	21788	66870	126010	178657	Canada	22094	28276	35971	112355	239529
Lebanon/Liban	x15767	x39677	x72453	x94214	x204604	Bulgaria/Bulgarie	x280279	x96508	x38989	x14416	x14453
Sweden/Suède	45664	51376	62658	65884	75257	Venezuela	11543	25475	37707	67847	90332
Poland/Pologne	28218	52985	36556	69743	x57718	Greece/Grèce	13495	17840	24146	47011	x43420
Belgium–Luxembourg	37269	39767	54054	58015	85411	United Arab Emirates	x1107	x906	x5490	x55910	x61534
Kuwait/Koweït	x63968	68298	x50079	x32795	x51578	Philippines	6530	x8373	27553	26027	8202
Iran (Islamic Rp. of)	x18193	x19856	x20691	x104815	x86054	Finland/Finlande	18548	14995	16789	17839	16013
Oman	19773	24079	21254	93381	x43012	Spain/Espagne	10012	26095	12233	11283	16868
Greece/Grèce	22914	25085	51979	55386	x132581	Austria/Autriche	4969	10123	18630	20007	31762
Democratic Kampuchea	x9206	x66212	x48021	x17146	x9186	Oman	719	4233	919	36799	x14
Israel/Israël	35366	42463	39469	39959	51236	Yugoslavia SFR	5421	15956	22875	x1342	
Morocco/Maroc	27442	35311	29938	44813	47676	Malaysia/Malaisie	5642	1357	6010	25606	x4779
Norway,SVD,JM	30680	33034	39000	33554	35249	Turkey/Turquie	1776	503	23601	8281	22978
Yugoslavia SFR	2	0	30023	x73629		Tunisia/Tunisie	146	2762	12464	16651	17129
Macau/Macao		35395	41514	26702	29431	Former Yemen	x7156	x697	x6386	x22509	
India/Inde	1162	x97377	837	517	x29874	India/Inde	3768	x1093	21841	6472	x756
Romania/Roumanie	x1667	10035	20921	62145	x55261	Australia/Australie	7924	7610	8785	8815	10101
Anguilla		x25459		x67194	x245	Argentina/Argentine	40	74	3188	20988	5527
Paraguay	17211	19916	23448	47276	47532	Poland/Pologne	x20	x15		19767	x2641
Afghanistan	x42540	x29257	x34134	x12864	x34495	Colombia/Colombie	1292	1958	3231	13356	30175
Malaysia/Malaisie	8046	17208	17989	40416	x158921	Italy/Italie	3877	4387	6945	6462	12714
Togo	19250	17727	24713	17719	x5821	Ireland/Irlande	7249	5437	6135	6206	16354
Spain/Espagne	18502	18188	14281	27204	28465	Korea Republic	3078	4044	3564	7380	3540
Bahrain/Bahreïn	x14037	x14821	x16840	x18311	x16883	Sri Lanka	1513	1842	2359	10457	2887
Aruba			x43933	x5010	x75645	Jordan/Jordanie	3888	903	2413	8849	2632
Tunisia/Tunisie	6008	11642	17002	17688	27857	Mexico/Mexique	1113	1788	3316	6779	14344
Brunei Darussalam	x11411	x11433	x25360	x7758	x9523	Syrian Arab Republic	569	1459	9943	x82	x199
Hungary/Hongrie	x4642	x8120	x27611	8605	x11730	Malta/Malte	4693	4475	5437	x981	x547
Qatar	13415	13846	13194	13986	x16973	Ecuador/Equateur			2027	8293	4758
Niger	x6085	x3909	x13606	x17394	x1530	Pakistan	13461	5159	3293	1843	4563
Myanmar	x2774	x8253	x8875	x17508	x31715	Aruba	x3	x7571	x219	x8520	x10898
Andorra/Andorre	x8999	x11673	x11774	x10724	x7007	Lebanon/Liban				3622	2802
Guinea/Guinée	x6934	x5924	x9687	x18100	x9695	Sweden/Suède	1582	2155	2521	3622	2802
Australia/Australie	11885	12754	11276	9349	13178	Zimbabwe	x3282	x3282	1577	3421	x217
Former GDR	x22124	x19001	x13763			Senegal/Sénégal	185	4975	1008	x1680	x511

(VALUE AS % OF TOTAL)(VALEUR EN % DU TOTAL)

	1983	1984	1985	1986	1987	1988	1989	1990	1991	1992		1983	1984	1985	1986	1987	1988	1989	1990	1991	1992
Africa	x7.0	6.5	4.9	x4.7	x4.0	3.3	2.3	2.2	x1.9	2.0	Afrique	0.7	0.3	0.5	0.3	x0.2	x0.2	x0.2	x0.2	x0.2	x0.2
Northern Africa	x3.6	x4.2	2.8	1.2	x1.1	1.3	0.9	0.7	0.8	0.9	Afrique du Nord	0.2	0.1	0.2	0.1	x0.1	0.1	0.1	0.1	0.2	0.1
Americas	x2.2	x1.9	3.7	x3.2	3.8	x1.9	2.6	2.3	3.5	4.9	Amériques	37.6	38.4	37.2	34.3	37.8	39.9	44.3	43.8	38.7	35.6
LAIA	0.5	0.1	0.1	x0.6	0.5	0.4	0.4	0.4	0.6	x0.8	ALAI	0.3	0.4	0.8	0.5	0.2	0.2	0.9	1.0	2.1	2.3
CACM	x0.0	0.0	0.0	0.0	0.0	0.0	0.0	0.0	0.0	0.0	MCAC	x0.0	0.0	0.0	0.0	0.0	0.0	0.0	0.0	0.0	0.0
Asia	x36.0	x37.0	42.7	x43.9	x47.7	54.2	58.4	57.2	53.0	57.9	Asie	7.5	8.7	11.2	11.0	10.2	13.4	16.5	19.1	21.9	23.6
Middle East	x23.1	x23.2	22.1	21.1	x16.9	17.4	15.1	16.1	14.6	x13.9	Moyen–Orient	1.7	1.4	0.9	1.0	0.6	x0.6	0.6	1.1	x2.2	2.1
Europe	34.0	34.0	47.9	47.3	41.6	38.0	33.5	34.3	30.9	32.5	Europe	53.6	52.2	51.0	54.3	46.7	41.8	37.7	36.5	38.8	40.6
EEC	32.1	31.8	45.6	43.9	38.4	35.8	31.5	31.9	28.4	30.3	CEE	50.3	48.3	48.2	51.2	43.9	39.0	34.9	33.8	36.3	37.9
EFTA	1.8	1.9	2.1	2.8	2.3	1.9	1.8	1.7	1.4	1.4	AELE	3.3	3.2	2.4	3.0	2.6	2.7	2.5	2.5	2.4	2.4
Oceania	x0.7	0.7	x0.7	0.8	0.6	0.5	0.5	0.4	0.3	0.4	Océanie	x0.5	0.2	0.1	x0.1	0.1	0.1	0.1	0.1	0.1	0.1
Japan/Japon	3.0	3.5	4.2	6.3	12.6	15.1	16.2	14.4	13.8	14.3	USA/Etats–Unis d'Amer	36.4	37.6	35.9	33.1	37.0	39.4	42.4	42.9	35.6	31.4
Hong Kong	5.2	5.7	9.4	8.2	8.1	10.8	12.3	14.5	14.6	16.9	Netherlands/Pays–Bas	11.4	12.8	13.0	15.8	14.7	12.3	12.0	13.0	13.3	13.4
Italy/Italie	9.9	9.6	15.5	16.2	14.1	13.7	12.5	12.6	10.8	11.3	Hong Kong	3.0	4.6	7.3	6.8	6.6	8.7	9.5	10.9	11.6	12.1
France,Monac	13.0	13.2	18.4	14.8	13.8	13.5	11.7	11.2	10.5	10.4	United Kingdom	19.5	16.9	16.4	13.3	11.8	11.7	9.8	9.3	10.3	11.4
Singapore/Singapour	2.3	2.8	4.1	4.0	3.2	3.2	4.9	6.0	5.0	5.5	Germany/Allemagne	13.3	12.8	12.9	15.4	11.5	10.3	8.8	7.9	9.3	9.6
Former USSR/Anc. URSS	20.1	19.9		x0.3	x0.3	0.6	x1.9	x8.6			Singapore/Singapour	1.3	1.4	1.7	1.9	1.3	1.8	3.4	4.1	4.1	4.7
Saudi Arabia	x10.2	10.4	x9.8	6.9	5.6	4.9	4.0	4.4	x3.7	x3.4	Switz.Liecht	2.9	2.8	2.0	2.6	2.2	2.0	2.1	2.1	1.5	1.4
Turkey/Turquie	x0.2	0.9	2.2	3.9	4.5	3.4	3.4	4.3	3.3	1.8	Belgium–Luxembourg	3.7	3.3	3.4	3.8	3.3	2.5	2.0	1.7	1.4	2.2
United Arab Emirates	x2.4	x1.6	x2.0	x1.7	x2.3	x5.1	x4.0	x3.6	x2.0	x2.2	China/Chine					0.4	0.7	1.1	1.0	1.4	2.2
Netherlands/Pays–Bas	3.9	3.3	3.9	4.4	3.5	2.7	2.6	2.6	1.9	2.6	Japan/Japon	0.1	0.1	0.2	0.2	0.4	0.7	0.9	0.9	1.1	1.3

315

2111 BOVINE, EQUINE HIDES, RAW — PEAUX DE BOVINS 2111

TRADE BY COMMODITY IN THOUSAND U.S. DOLLARS – COMMERCE PAR PRODUIT EN MILLIERS DE DOLLARS E.U

COUNTRIES–PAYS	IMPORTS – IMPORTATIONS 1988	1989	1990	1991	1992	COUNTRIES–PAYS	EXPORTS – EXPORTATIONS 1988	1989	1990	1991	1992
Total	3765578	3483656	3761747	2910295	2978966	Totale	4139701	3660317	3958468	3063354	2873843
Africa	28950	24390	39838	x22413	x10280	Afrique	x69576	x55971	x78827	x45522	x37498
Northern Africa	26304	22561	37375	19402	8319	Afrique du Nord	x4875	x5422	x23556	x7264	x10147
Americas	211872	221162	186221	259467	267392	Amériques	1776923	1645056	1666173	x1351571	x1328631
LAIA	125489	120311	85410	132465	133712	ALAI	25724	24196	27113	x10484	11986
CACM	3864	4966	6358	8994	x2127	MCAC	7255	10827	10608	11825	x3534
Asia	1664690	1584032	1841745	1551693	1495254	Asie	189311	x98343	194848	144353	x117694
Middle East	x14750	x14347	x25073	15870	25299	Moyen–Orient	x4576	x2964	x5363	x3484	x1704
Europe	1431770	1336596	1496738	1027859	1168736	Europe	1304501	1253825	1401470	1099760	1180686
EEC	1268736	1198071	1346737	954646	1068229	CEE	1156622	1101146	1228922	957685	1028668
EFTA	115512	102884	103756	69941	92256	AELE	147390	145962	164182	126088	136747
Oceania	x7221	4937	x7599	4596	790	Océanie	x308865	x266243	x324489	x178833	x153949
Korea Republic	911221	945567	1059736	892711	801301	USA/Etats–Unis d'Amer	1546567	1417423	1403287	1160026	
Italy/Italie	717584	692230	771371	559208	593120	Former USSR/Anc. URSS	x468169	x332986	x271169	x218328	1152732
Japan/Japon	585363	499227	595385	403674	368050	France, Monac	297459	276506	302832	215096	250556
Netherlands/Pays–Bas	135523	119469	156949	119619	143228	Germany/Allemagne	218815	215018	254701	221345	221382
Thailand/Thaïlande	56311	62167	90906	156691	160257	Netherlands/Pays–Bas	217661	210539	245614	223844	241952
Mexico/Mexique	102626	79267	79735	124571	125840	Australia/Australie	242528	212131	266864	136755	121962
Germany/Allemagne	108232	98139	94941	60835	84542	Canada	197012	191814	222902	165888	159344
Czechoslovakia	x180264	108255	81703	x27213	x10578	United Kingdom	126884	126975	138016	90413	78035
Spain/Espagne	74730	73178	68974	52704	48810	Ireland/Irlande	78098	78035	83488	69490	73847
United Kingdom	60172	65450	74443	46249	58695	Belgium–Luxembourg	75181	65158	71013	46887	59036
USA/Etats–Unis d'Amer	31070	43833	46388	82315	91158	China/Chine	66088	42412	69269	46579	23303
Portugal	72843	53352	70680	47375	55703	Denmark/Danemark	56528	53250	57450	45165	47691
Romania/Roumanie	x93530	85067	68410	3313	x8773	New Zealand	65499	53496	55948	41429	30305
Canada	49944	50823	45250	29285	37087	Sweden/Suède	47931	43898	50830	37872	38101
Hong Kong	38846	30582	35026	51162	61364	Hong Kong	43531	34365	44178	50457	53050
Belgium–Luxembourg	42209	35765	45938	24291	31663	Switz.Liecht	43042	40191	46725	37518	38953
Sweden/Suède	46633	40942	33051	25340	28139	Italy/Italie	43336	43061	39386	18113	18414
France, Monac	32621	35647	36797	22022	27764	Spain/Espagne	40331	29095	32823	25540	18543
Austria/Autriche	32907	32783	37972	23323	36956	Austria/Autriche	26370	28758	28367	18546	34589
Yugoslavia SFR	47502	35628	45738	x3210		Bangladesh	56287	x303	53133	22051	26963
Poland/Pologne	77872	66042	15223	1029	x10733	So. Africa Customs Un	x16673	x14251	x24900	x13637	x1366
China/Chine	42606	26430	12754	20275	54556	Norway, SVD, JM	18887	16821	18500	17416	x12760
Algeria/Algérie	21262	17617	30069	11743	x349	Finland/Finlande	10265	15538	19004	14274	17477
Turkey/Turquie	9633	11247	17097	13212	22641	Viet Nam	x3781	x11688	15928	x13166	14787
Greece/Grèce	15939	13780	16720	10663	x15478	Yugoslavia SFR	218	6435	8119	x15850	x5544
Hungary/Hongrie	x20467	x15228	x12981	11194	x5187	Costa Rica	6252	8773	8769	9316	x1532
Brazil/Brésil	5671	34252	376	1140	876	Ethiopia/Ethiopie	6471	10129	8492	3748	x29
Finland/Finlande	14361	14457	13471	7778	9635	Poland/Pologne	1601	1724	8322	9213	x26973
Switz.Liecht	11811	9071	10036	7014	8182	Libyan Arab Jamahiriya	37	996	17197	x985	x1299
Denmark/Danemark	5119	8878	7243	9710	8161	Sudan/Soudan	x2597	x3541	x4395	x5146	x7363
Bulgaria/Bulgarie	x34046	x19666	x3500	x98	1242	Bolivia/Bolivie	7522	4109	6783	2155	869
Former GDR	x13939	x15497	x7108			Uruguay	6321	7668	2968	2347	3056
India/Inde	11640	x919	16413	4204	x3132	Uganda/Ouganda	x5886	x4063	x4032	x4657	x4208
Norway, SVD, JM	9460	5463	9052	6339	9229	Venezuela		2395	7970	1031	1693
Australia/Australie	6949	4926	6888	4520	685	Chile/Chili	7509	7552	2906	x235	
Costa Rica	1164	2019	4531	2742	x178	Zimbabwe	5868	x141	5502	4682	x723
Morocco/Maroc	1481	1247	2470	5032	4665	Czechoslovakia	x299	x234	x752	x8724	x12568
Egypt/Egypte	2561	3188	4194	1249	2252	Kenya	14972	x7799	58	x1827	x2780
Cuba	x392	x818	x1424	x5503	x2093	Hungary/Hongrie	x1078	x886	x2908	x5153	x12906
Uruguay	3454	3231	2188	2056	422	Bulgaria/Bulgarie	x2	x3450	x4897	x289	x1500
Korea Dem People's Rp	x1672	x3464	x3190	x219	x342	Greece/Grèce	2174	3217	3180	1374	x2645
Ireland/Irlande	3762	2181	2681	1990	1063	Cameroon/Cameroun	x1673	3027	x1618	2254	x218
El Salvador	1577	1790	604	3639	x376	Senegal/Sénégal	x1270	2118	2412	x1724	x926
Iran (Islamic Rp. of)	x731		x4743	x926	x942	Un. Rep. of Tanzania	2052	x1423	x3320	x775	x1458
Guatemala	1116	1142	1205	2510	x1492	Former GDR	x19375	x1601	x3887		
Former USSR/Anc. URSS	x891	x2786	x653	x1403		Chile/Chili	1251	1406	426	2642	x3418	Mexico/Mexique	x337	x923	x3032	x1476	x426
Iraq	x2838	x2174	x2235		11414	Argentina/Argentine	1352	143	3800	1009	4543
Indonesia/Indonésie	113	19	385	3252		Mongolia/Mongolie	x959	x1318	x2568	x442	x970
Pakistan	812	161	1536	1707	6533	Japan/Japon	696	769	968	2214	7942

(VALUE AS % OF TOTAL) (VALEUR EN % DU TOTAL)

	1983	1984	1985	1986	1987	1988	1989	1990	1991	1992		1983	1984	1985	1986	1987	1988	1989	1990	1991	1992
Africa	1.0	0.9	1.0	x1.1	0.8	0.7	0.7	1.0	x0.7	0.3	Afrique	x4.0	x4.1	x3.9	x2.2	x1.9	x1.7	x1.5	x2.0	x1.4	x1.3
Northern Africa	0.8	0.9	1.0	1.0	0.6	0.7	0.6	1.0	0.7	0.3	Afrique du Nord	x0.2	x0.2	x0.3	x0.1	x0.1	x0.1	x0.1	x0.6	x0.2	x0.4
Americas	x4.8	8.4	9.2	x5.9	x5.5	5.7	6.3	4.9	8.9	9.0	Amériques	49.1	51.7	51.0	x52.2	x45.2	42.9	45.0	42.1	x44.1	x46.3
LAIA	0.0	4.9	5.9	x3.4	x3.3	3.3	3.5	2.3	4.6	4.5	ALAI	0.2	0.7	0.8	x0.7	x0.4	0.6	0.7	0.7	x0.3	0.4
CACM	x0.1	0.1	0.1	x0.0	x0.0	0.1	0.1	0.2	0.3	x0.1	MCAC		0.1	x0.0	x0.1	x0.1	0.2	0.3	0.3	0.4	x0.1
Asia	37.5	34.6	34.9	41.2	44.5	44.3	45.4	48.9	53.3	50.2	Asie	x1.6	1.4	x1.1	x1.3	x3.3	4.6	x2.7	4.9	4.7	x4.1
Middle East	x0.6	x0.4	x0.7	0.5	0.7	x0.4	x0.4	0.7	0.5	0.8	Moyen–Orient	x0.2	x0.1	x0.1	x0.1	x0.1	x0.1	x0.1	x0.1	x0.1	x0.1
Europe	52.5	53.4	54.9	51.7	40.0	38.0	38.4	39.8	35.3	39.2	Europe	36.4	35.4	37.7	37.9	34.6	31.5	34.3	35.4	35.9	41.1
EEC	47.8	46.4	46.6	43.9	34.9	33.7	34.4	35.8	32.8	35.9	CEE	33.6	32.9	33.7	33.5	30.5	27.9	30.1	31.0	31.3	35.8
EFTA	4.7	4.2	4.3	5.2	4.2	3.1	3.0	2.8	2.4	3.1	AELE	2.8	2.5	3.0	x4.2	x4.1	3.6	4.0	4.1	4.1	4.8
Oceania		x0.0	x0.0	x0.2	0.1	x0.2	0.2				Océanie	8.8	x7.3	x6.3	x6.3	x7.2	x7.4	x7.3	x8.2	x5.8	x5.4
Korea Republic	14.6	13.9	16.0	22.4	24.9	24.2	27.1	28.2	30.7	26.9	USA/Etats–Unis d'Amer	43.1	45.3	45.2	46.1	39.9	37.4	38.7	35.5	37.9	40.1
Italy/Italie	25.1	26.6	25.5	24.2	18.2	19.1	19.9	20.5	19.2	19.9	Former USSR/Anc. URSS	0.0	0.1			x7.1	x11.3	x9.1	x6.9	x7.1	
Japan/Japon	21.4	19.9	17.3	16.9	14.9	15.5	14.3	15.8	13.9	12.4	France, Monac	9.1	8.7	8.7	7.9	7.7	7.2	7.7	7.7	7.0	8.7
Netherlands/Pays–Bas	4.5	3.7	4.0	3.3	3.1	3.6	3.4	4.2	4.1	4.8	Germany/Allemagne	6.9	6.9	6.9	7.5	6.4	5.3	5.9	6.4	7.2	7.7
Thailand/Thaïlande	0.2	0.0	0.3	0.6	1.4	1.5	1.8	2.4	5.4	5.4	Netherlands/Pays–Bas	5.2	4.6	5.1	4.5	4.4	5.8	5.8	6.2	7.3	8.4
Mexico/Mexique		4.6	5.4	x2.1	x2.4	2.7	2.3	2.1	4.3	4.2	Australia/Australie	7.5	6.4	5.1	5.2	5.6	5.9	5.8	6.7	4.5	4.2
Germany/Allemagne	4.9	3.4	4.2	4.1	3.1	2.9	2.8	2.5	2.1	2.8	Canada	5.7	5.6	5.0	5.3	4.7	4.8	5.2	5.6	5.4	5.5
Czechoslovakia			x3.5	x4.8	3.1	5.2	3.1	2.2	x0.9	x0.4	United Kingdom	4.7	5.2	5.8	5.1	4.4	3.1	3.5	3.5	3.0	2.7
Spain/Espagne	2.5	3.0	3.1	3.0	2.8	2.0	2.1	1.8	1.8	1.6	Ireland/Irlande	1.8	1.9	2.1	2.8	2.6	1.9	2.1	2.1	2.3	2.6
United Kingdom	2.2	2.1	2.1	2.4	2.2	1.6	1.9	2.0	1.6	2.0	Belgium–Luxembourg	2.5	2.6	2.2	2.1	1.8	1.8	1.8	1.8	1.5	2.1

316

21201 MINK SKINS, RAW / PEAUX DE VISON BRUTES 21201

TRADE BY COMMODITY IN THOUSAND U.S. DOLLARS – COMMERCE PAR PRODUIT EN MILLIERS DE DOLLARS E.U

COUNTRIES–PAYS	IMPORTS – IMPORTATIONS 1988	1989	1990	1991	1992	COUNTRIES–PAYS	EXPORTS – EXPORTATIONS 1988	1989	1990	1991	1992
Total	1197072	927181	701002	612670	618670	Totale	x1300618	1037081	740223	718453	642775
Africa	x114	x383	x280	89	x123	Afrique		x5		x1	x4
Northern Africa	x26	193	178	78	x16	Afrique du Nord					
Americas	x136410	x128848	x117657	x60904	x60790	Amériques	x133712	141992	x165874	x124470	96457
LAIA	x358	442	x445	x1079	x132	ALAI	x507			x186	518
CACM			23		x8	MCAC			x23		
Asia	324635	257265	225346	225095	249547	Asie	85540	80113	59326	34657	44957
Middle East	0	x28	x8	x57	x16	Moyen–Orient	x131	x133	x1	x261	x15
Europe	723874	531257	355517	326238	307930	Europe	882598	706493	459982	481301	500261
EEC	616460	450572	300215	290070	266936	CEE	626800	485503	322932	385513	414306
EFTA	107307	80543	55294	36168	40994	AELE	255780	220942	137039	95767	85953
Oceania	947	429	636	5	5	Océanie			20		35
Hong Kong	198104	158769	134417	130466	145817	Denmark/Danemark	450106	352999	242817	317066	327382
Denmark/Danemark	175186	139002	111608	71936	76754	USA/Etats–Unis d'Amer	89529	97807	105479	73615	56736
Germany/Allemagne	156342	99810	59063	70952	50784	Sweden/Suède	120888	121348	72862	45909	49776
Italy/Italie	95224	80724	55263	63965	65495	Former USSR/Anc. URSS	x172901	x98258	x52972	x77229	
Korea Republic	95607	72708	56402	57729	33184	Finland/Finlande	78024	73533	45936	39146	23396
USA/Etats–Unis d'Amer	85313	76792	54219	37673	40000	Canada	43619	44185	60281	50526	39201
Canada	47825	48734	61004	21671	20635	Netherlands/Pays–Bas	62618	48172	52463	40312	52840
United Kingdom	92344	57940	21656	18513	17881	Hong Kong	4419B	38903	32141	19700	30819
Sweden/Suède	44361	49992	31313	16428	20276	United Kingdom	85974	61662	10896	7273	5869
Macau/Macao		12946	21755	19713	24397	China/Chine	37985	33989	24151	11045	4365
France, Monac	38805	19821	14792	18963	16797	Norway, SVD, JM	41257	15030	8701	7630	10221
Belgium–Luxembourg	15711	16124	15226	12552	12442	Germany/Allemagne	16495	11574	6436	11242	14018
Spain/Espagne	17735	17829	8273	15770	14254	Switz.Liecht	13918	8541	7070	2034	255
Switz.Liecht	16981	16662	13976	5370	4609	Belgium–Luxembourg	5160	4752	4254	4742	6360
Japan/Japon	18606	10899	9401	12807	5691	Japan/Japon	2883	4614	1493	1948	2837
Finland/Finlande	12259	10796	8441	8611	8808	Former GDR	x23123	x6888	x1045	1283	4065
Netherlands/Pays–Bas	13498	12173	8903	5979	6543	France, Monac	3271	2431	2860	1187	1814
Greece/Grèce	11602	7142	5428	11431	x5963	Ireland/Irlande	2625	3253	1940	882	2181
China/Chine	11822	1831	3351	4276	40368	Iceland/Islande	1479	2454	2441	1667	6817
Norway, SVD, JM	29682	1410	738	4875	7242	Macau/Macao		2375	1487		
Dominican Republic	x2901	x2797	x1808	x467		Czechoslovakia	x701	x1519	x615	x584	x266
Former USSR/Anc. URSS	x1221	x4652	x19	x312		Spain/Espagne	19	81	553	1346	361
Former GDR	x9751	x4099	x608			Italy/Italie	522	243	617	1051	1498
Austria/Autriche	4024	1683	826	884	59	Bulgaria/Bulgarie	x309	x1256	x28	x66	x77
Poland/Pologne		x201	x939	x17	x247	Poland/Pologne	x1568	x338	x163	x80	x5
Australia/Australie	947	427	634	5	5	Hungary/Hongrie	x167	x218	x156	13	x98
Argentina/Argentine	x358	428	212	310	95	Greece/Grèce	10	336	96		13
Uruguay		x13	x229	x648	x17	Turkey/Turquie	x131	x133		x259	13
Tunisia/Tunisie		193	161	78	x16	Austria/Autriche	214	37	29	166	125
Kenya	x14	x173	x99			Greenland/Groenland				138	
Yugoslavia SFR	86	136	8			Argentina/Argentine	x457			122	493
Trinidad and Tobago			x134			Korea Republic		30	41	35	6
Brazil/Brésil				x105		Dominican Republic	x54		x91	x6	x2
Nepal/Népal		x85				Faeroe Islds/Is Féroé	x18	x48			
Panama		x76	x4	x3	x6	Uruguay			x42	x47	12
Hungary/Hongrie	x121	x43	x6			Romania/Roumanie					x255
Saudi Arabia		x22	x25	x10		India/Inde	x142	x40			
Malaysia/Malaisie	0	2	6	34		Mongolia/Mongolie	x49	x25	x5		5
Turkey/Turquie				x25		Costa Rica			x23		
El Salvador			23			Yugoslavia SFR				x21	
Algeria/Algérie			x17			Australia/Australie			20		35
Mexico/Mexique	0	1	x5	x11	3	Mexico/Mexique	49		11	16	
So. Africa Customs Un	4	x14			x4	Malta/Malte			11		
Antigua and Barbuda			x13		x3	Korea Dem People's Rp	x136	x3	x7	x1	
Ireland/Irlande	3	7	4			So. Africa Customs Un		x2			
India/Inde				9		Cameroon/Cameroun		3			
Nigeria/Nigéria		x3	x3	x3		United Arab Emirates				x2	x2
Philippines			x7	2		Iran (Islamic Rp of)				x1	
Portugal	12			8	21	Brazil/Brésil				x1	x1
Bermuda/Bermudes		x7									

(VALUE AS % OF TOTAL)(VALEUR EN % DU TOTAL)

	1983	1984	1985	1986	1987	1988	1989	1990	1991	1992		1983	1984	1985	1986	1987	1988	1989	1990	1991	1992
Africa		x0.0	x0.1	x0.0		x0.0	x0.0	x0.0		x0.0	Afrique			x0.0		x0.0		x0.0		x0.0	x0.0
Northern Africa		x0.0				x0.0	x0.0	x0.0	0.0	x0.0	Afrique du Nord										
Americas	x16.3	x18.7	x19.2	x13.3	x14.5	x11.4	x13.9	x16.7	x10.0	x9.8	Amériques	x13.7	x15.4	x13.2	x11.3	x10.0	x10.2	13.7	x22.4	x17.3	15.0
LAIA	x0.0		0.0	0.0	0.0	0.0	0.0	0.1	0.2	x0.0	ALAI	x0.1		x0.1	x0.0	x0.0	x0.0		x0.0	x0.0	0.1
CACM		x0.0						0.0		0.0	MCAC								x0.0		
Asia	8.6	16.7	17.4	23.6	30.2	27.2	27.8	32.1	36.7	40.3	Asie	x2.3	3.3	2.0	2.5	x4.9	6.6	7.7	8.0	4.9	7.0
Middle East	x0.0	x0.0	x0.0	x0.0	x0.0	0.0	x0.0	x0.0	x0.0	x0.0	Moyen–Orient	x0.0								x0.0	x0.0
Europe	74.8	64.4	63.1	62.9	55.0	60.5	57.3	50.7	53.2	49.8	Europe	84.0	81.3	84.8	86.1	62.9	67.9	68.1	62.1	67.0	77.8
EEC	71.1	60.6	58.5	57.9	48.1	51.5	48.6	42.8	47.3	43.1	CEE	61.8	56.7	57.7	59.9	45.0	48.2	46.8	43.6	53.7	64.5
EFTA	x3.7	x3.8	x4.5	x5.0	x7.0	9.0	8.7	7.9	5.9	6.6	AELE	22.1	24.6	27.0	26.2	17.9	19.7	21.3	18.5	13.3	13.4
Oceania			0.3	0.2	0.2	0.1	0.1	0.1		0.1	Océanie					x0.0					
Hong Kong	4.2	10.0	9.6	13.5	18.0	16.5	17.1	19.2	21.3	23.6	Denmark/Danemark	42.7	36.5	39.0	41.2	32.8	34.6	34.0	32.8	44.1	50.9
Denmark/Danemark	18.3	6.6	10.0	12.4	8.4	14.6	15.0	15.9	11.7	12.4	USA/Etats–Unis d'Amer	9.7	10.8	9.2	8.5	6.8	6.9	9.4	14.2	10.2	8.8
Germany/Allemagne	19.3	18.2	17.6	15.8	13.3	13.1	10.8	8.4	11.6	8.2	Sweden/Suède	6.1	6.0	8.5	10.1	5.2	8.3	11.7	9.8	6.4	7.7
Italy/Italie	7.8	10.6	10.3	9.4	7.5	8.0	8.7	7.9	10.4	10.6	Former USSR/Anc. URSS					x18.9	x13.3	x9.5	x7.2	x10.7	
Korea Republic	3.0	4.8	5.6	6.0	7.9	8.0	7.8	8.0	9.4	5.4	Finland/Finlande	12.8	16.1	15.1	13.0	9.2	6.0	7.1	6.2	5.4	3.6
USA/Etats–Unis d'Amer	10.8	13.0	12.8	8.7	10.0	7.1	8.3	8.7	6.1	6.5	Canada	3.9	4.5	4.0	3.0	3.2	3.4	4.3	8.1	7.0	6.1
Canada	5.4	5.7	6.2	4.3	4.0	4.0	5.3	8.7	3.5	3.3	Netherlands/Pays–Bas	4.2	5.3	4.3	5.0	3.2	4.8	4.6	7.1	5.6	8.2
United Kingdom	15.0	15.3	11.6	11.1	10.2	7.7	6.2	3.1	3.0	2.9	Hong Kong	1.0	3.2	1.8	2.3	1.5	3.4	3.8	4.3	2.7	4.8
Sweden/Suède	1.7	2.2	2.2	3.0	3.1	3.7	5.4	4.5	2.7	3.3	United Kingdom	12.3	12.6	11.7	9.8	7.4	6.6	5.9	1.5	1.0	0.9
Macau/Macao				x1.7	x1.2		1.4	3.1	3.2	3.9	China/Chine				2.3	2.9	3.3	3.3	1.5	0.7	

2221 GROUNDNUTS, GREEN — ARACHIDES NON GRILLEES 2221

TRADE BY COMMODITY IN THOUSAND U.S. DOLLARS – COMMERCE PAR PRODUIT EN MILLIERS DE DOLLARS E.U

COUNTRIES–PAYS	1988	1989	1990	1991	1992	COUNTRIES–PAYS	1988	1989	1990	1991	1992
Total	x717682	x743870	849919	x1170985	803978	Totale	559852	586977	756381	843347	653549
Africa	x7966	x3504	x14557	x19911	x19244	Afrique	x53633	x50071	x61089	x43174	x31830
Northern Africa	358	359	x5270	x6003	x12133	Afrique du Nord	20018	x14046	x13023	x5808	x6689
Americas	70136	73220	90898	124750	97681	Amériques	210213	225683	250938	241539	276451
LAIA	21112	x13985	12239	29804	25079	ALAI	75320	63613	71383	86092	67820
CACM	613	824	597	794	x995	MCAC	1076	478	1566	3734	1665
Asia	154167	x160439	189325	208355	x175891	Asie	246170	266632	389089	458676	260926
Middle East	x6037	x7945	x8840	x12014	x13281	Moyen–Orient	2854	2372	4247	x2664	x1600
Europe	363294	396724	478945	573637	480747	Europe	46942	43005	49977	93676	78297
EEC	328437	358554	429415	536199	452112	CEE	46373	42756	49538	93139	77087
EFTA	26338	27396	33315	32946	25470	AELE	501	248	388	523	1088
Oceania	x6564	14778	x20304	x19610	x13600	Océanie	2817	1261	307	x571	1694
Netherlands/Pays–Bas	76851	86618	116935	162592	135772	China/Chine	170219	189960	271118	360275	190318
Former USSR/Anc. URSS	x99791	x81193	x45029	x193134		USA/Etats–Unis d'Amer	133021	161007	177109	149737	206226
United Kingdom	82149	84688	108065	113940	95810	Argentina/Argentine	56643	50275	58825	79544	62753
Germany/Allemagne	57011	74375	92620	131995	94890	Netherlands/Pays–Bas	32627	31151	36354	74637	54824
Canada	42805	51794	72670	81697	67556	Hong Kong	19241	20989	33088	33771	18064
Japan/Japon	52068	50684	49719	52334	46348	Viet Nam	x8508	x7122	x19225	x30647	x20178
Singapore/Singapour	39469	34925	44210	41660	31302	So. Africa Customs Un	x11292	x18962	x18245	x18074	x13012
France, Monac	34380	32943	33797	34465	53651	Singapore/Singapour	19701	17631	19947	15238	15611
Spain/Espagne	27893	34122	27788	32119	25445	India/Inde	14358	x17924	30896	2982	x2961
Italy/Italie	24373	27194	29214	36259	23164	Israel/Israël	9429	8594	9409	10726	9665
Hong Kong	22001	24312	34016	32176	19423	Germany/Allemagne	6080	5887	9581	10592	6345
Indonesia/Indonésie	13621	8057	22680	31976	32183	Senegal/Sénégal	440	6115	10679	x8276	x10405
Switz.Liecht	13104	15297	18626	15336	9213	Sudan/Soudan	19221	x11686	x3308	x4004	x1846
Philippines	9332	x21167	10912	6919	7230	Zimbabwe	3091	x3213	10587	2396	x280
Mexico/Mexique	4823	8150	6546	23905	19671	Gambia/Gambie	7243	2680	6520	4699	x286
Australia/Australie	3047	10724	14782	11780	6936	Uruguay	11053	7140	5882	759	x308
Portugal	15550	11086	9526	9134	7905	United Kingdom	4024	4230	2102	4817	2771
Korea Republic	2569	2763	8011	18970	11144	Paraguay	2951	3400	3564	3143	x1468
Yugoslavia SFR	7907	10081	15412	x4073		Bulgaria/Bulgarie	x226	x4631	x4127	x4043	
Malaysia/Malaisie	8233	8640	9467	10509	x13691	Egypt/Egypte	797	2360	3189	1670	3143
Czechoslovakia	x12164	11472	8306	x6870	x7249	Brazil/Brésil	4660	2227	2333	2170	3179
New Zealand	2818	3844	5190	7439	6408	Libyan Arab Jamahiriya			6364	x98	x1658
Greece/Grèce	6177	3071	5036	7142	x8043	Nicaragua	427	439	1487	3556	1609
So. Africa Customs Un	6033	1270	5280	x8344	x2514	Syrian Arab Republic	2625	584	3042	x249	x243
Poland/Pologne			372	14455	x5956	Ethiopia/Ethiopie	557	3046	294	36	
Austria/Autriche	4244	3451	5183	5857	5811	France, Monac	2562	904	677	1760	11340
Norway,SVD,JM	2943	3215	4976	4984	5073	Turkey/Turquie		1376	467	642	336
Belgium–Luxembourg	1908	2239	3801	4786		Un. Rep. of Tanzania			x41	x2117	x934
Tunisia/Tunisie	67	172	x4920	x5010	139	Australia/Australie	2809	1246	234	566	1691
Sweden/Suède	4258	3390	3244	3436	3918	Thailand/Thaïlande	630	598	389	1035	x1496
Trinidad and Tobago	2514	3427	2840	3195	2232	Former USSR/Anc. URSS	x43		x392	x1388	
Hungary/Hongrie	x2294	x762	x847	7164	x2900	Myanmar	x11	x600	x299	x742	x180
USA/Etats–Unis d'Amer	1150	1198	343	7225	248	Canada	549	27	16	1304	179
Lebanon/Liban	x1017	x1878	x1681	x4828	x3118	Italy/Italie	703	340	342	603	1383
Finland/Finlande	1731	2006	1255	3300	1423	Lebanon/Liban	x17	x70	x111	x1069	x512
Mozambique	x472	x182	x2155	x3760	x3110	Indonesia/Indonésie	804	734	181	99	462
Denmark/Danemark	1366	1510	1843	2579	1946	Malawi	8853	364	25	619	x3
Jordan/Jordanie	1390	1429	2005	2380	3455	Ecuador/Equateur	x225	x382	x382	15	
Chile/Chili	x1038	x1586	1755	2392	x1910	Jordan/Jordanie	107	165	466	338	336
Brazil/Brésil	1941	1784	2232	1423	216	Burkina Faso	1413	545	329	x51	
United Arab Emirates	x2399	x1490	x1598	x1900	x3042	Panama	x108	x314	x87	x433	x145
Uruguay	6240	1468	1227	1410	628	Denmark/Danemark	228	135	308	307	72
Saudi Arabia	272	863	x1556	x1504	x1971	Antigua and Barbuda		x29	x685	x33	x322
Romania/Roumanie	x27	37	531	3097	x680	Guinea–Bissau	x13	x461	x188	x41	x16
Ireland/Irlande	781	708	789	1186	766	Austria/Autriche	142	91	228	291	739
Former GDR	x1280	x1521	x677			Madagascar		x128	191	274	x47
Malta/Malte	611	691	775	x419	x566	Belgium–Luxembourg	107	80	146	323	236
China/Chine	71	1252	308	309	244	Chad/Tchad	x170	x156	x156	x156	
Reunion/Réunion	429	662	560	585	601	Colombia/Colombie			225	129	0
Iraq		x948	x405	x455	x117	Nigeria/Nigéria	x7	x14	x45	x287	x5

(VALUE AS % OF TOTAL) (VALEUR EN % DU TOTAL)

	1983	1984	1985	1986	1987	1988	1989	1990	1991	1992		1983	1984	1985	1986	1987	1988	1989	1990	1991	1992
Africa	x4.9	x2.8	x4.4	x2.4	x1.0	x1.1	x0.5	x1.7	1.7	x2.4	Afrique	x16.2	x14.1	x10.3	x10.5	7.7	x9.6	x8.5	8.1	x5.1	x4.9
Northern Africa	0.9	0.2	0.1	0.1	x0.1	0.0	0.0	x0.6	0.5	1.5	Afrique du Nord	x3.7	x5.5	x0.8	x1.3	x0.7	3.6	x2.4	1.7	x0.7	1.0
Americas	x10.3	14.3	11.4	x11.0	x25.8	9.7	9.8	10.7	10.7	12.1	Amériques	57.7	62.9	71.4	66.1	39.4	37.6	38.4	33.2	28.6	42.3
LAIA	0.0	4.5	2.3	x0.6	x18.6	2.9	x1.9	1.4	2.5	3.1	ALAI	9.8	13.3	16.8	16.3	8.2	13.5	10.8	9.4	10.2	10.4
CACM	x0.1	0.1	0.1	x0.0	x0.0	0.1	0.1	0.1	0.1	x0.1	MCAC	x0.1	0.1	x0.3	x0.0	0.0	0.2	0.1	0.2	0.4	0.3
Asia	25.7	19.8	x25.1	26.1	19.3	21.5	x21.6	22.3	17.8	x21.9	Asie	21.6	16.7	11.7	16.1	44.3	43.9	45.5	51.4	54.4	39.9
Middle East	x2.9	x1.9	x4.6	x1.6	x1.2	x0.8	x1.1	x1.0	x1.0	x1.7	Moyen–Orient	x0.8	x2.1	x1.6	x1.1	x0.9	0.5	0.4	0.6	x0.3	x0.2
Europe	50.5	53.7	57.8	59.3	43.8	50.6	53.3	56.4	49.0	59.8	Europe	4.0	5.5	5.3	6.7	6.0	8.4	7.3	6.6	11.1	12.0
EEC	47.1	48.3	52.9	54.5	40.0	45.8	48.2	50.5	45.8	56.2	CEE	3.9	5.4	5.3	6.6	5.7	8.3	7.3	6.5	11.0	11.8
EFTA	3.5	4.2	4.2	4.5	3.4	3.7	3.7	3.9	2.8	3.2	AELE	x0.1	0.1	0.1	0.1	x0.3	0.1	0.1	0.1	0.1	0.2
Oceania	x2.2	x1.3	1.3	x1.1	x0.9	0.9	2.0	x2.3	1.6	x1.7	Océanie	x0.5	0.8	x1.1	0.6	0.5	0.5	0.2		x0.1	0.3
Netherlands/Pays–Bas	9.8	11.4	12.7	12.9	10.6	10.7	11.6	13.8	13.9	16.9	China/Chine					30.6	30.4	32.4	35.8	42.7	29.1
Former USSR/Anc. URSS	6.4	8.1		x8.0	x13.9	x10.9	x5.3	x16.5			USA/Etats–Unis d'Amer	47.8	49.4	54.3	44.7	29.1	23.8	27.4	23.4	17.8	31.6
United Kingdom	13.1	11.4	12.1	15.1	9.5	11.4	11.4	12.7	9.7	11.9	Argentina/Argentine	9.8	10.9	12.7	13.6	8.2	10.1	8.6	7.8	9.4	9.6
Germany/Allemagne	8.0	8.2	9.9	10.2	7.3	7.9	10.0	10.9	11.3	11.8	Netherlands/Pays–Bas	2.0	3.0	3.2	4.1	3.8	5.8	5.3	4.8	8.9	8.4
Canada	9.0	8.4	8.1	9.3	6.6	6.0	7.0	8.6	7.0	8.4	Hong Kong	7.7	3.0	3.5	5.1	4.1	3.4	3.6	4.4	4.0	
Japan/Japon	9.9	11.3	9.7	9.1	7.1	7.3	6.8	5.8	4.5	5.8	Viet Nam					x3.7	x1.5	x1.2	x2.5	x3.6	x3.1
Singapore/Singapour	3.6	2.6	3.6	4.6	1.9	5.5	4.7	5.2	3.6	3.9	So. Africa Customs Un	2.3	0.5	2.6	x5.1	x2.8	x2.0	x3.2	x2.4	x2.1	x2.0
France, Monac	5.2	9.0	7.4	6.3	3.4	4.8	4.4	4.0	2.9	6.7	Singapore/Singapour	3.4	1.6	2.7	2.8	2.2	3.5	3.0	2.6	1.8	2.4
Spain/Espagne	3.2	3.0	3.9	4.3	3.3	3.9	4.6	3.3	2.7	3.2	India/Inde	5.8	6.3	1.4	4.3	0.7	x3.1	4.1	4.1	0.4	x0.5
Italy/Italie	4.6	3.8	5.8	4.1	3.4	3.4	3.7	3.4	3.1	2.9	Israel/Israël	3.5	2.9	2.4	2.2	1.6	1.7	1.5	1.2	1.3	1.5

2222 SOYA BEANS / FEVES DE SOJA 2222

TRADE BY COMMODITY IN THOUSAND U.S. DOLLARS – COMMERCE PAR PRODUIT EN MILLIERS DE DOLLARS E.U

COUNTRIES–PAYS	IMPORTS – IMPORTATIONS 1988	1989	1990	1991	1992	COUNTRIES–PAYS	EXPORTS – EXPORTATIONS 1988	1989	1990	1991	1992
Total	7704266	6855849	6291047	6558803	6797895	Totale	7055730	6292847	5948557	6103217	6450051
Africa	x39142	x52731	12595	x5232	x49336	Afrique	x1374	x2460	x1116	x2223	x840
Northern Africa	32472	36399	11101	4175	x446	Afrique du Nord				2	341
Americas	648688	x652262	x491094	634732	828247	Amériques	6532330	5776114	5565303	5656741	6137321
LAIA	498978	384017	254444	460273	681363	ALAI	1452761	1696543	1883478	1557811	1632565
CACM	26758	18187	20973	23622	x26109	MCAC	24923	15480	36603	41735	26245
Asia	2290117	2206371	1937536	1917499	x2188945	Asie	421788	x429329	258138	311581	180288
Middle East	102460	93991	x3909	x7351	x18174	Moyen–Orient	4691	x1	x7	13	19
Europe	3824597	3415233	3596145	3341125	3678857	Europe	93421	73683	109077	121247	121145
EEC	3566582	3211096	3392399	3175328	3534204	CEE	92140	72931	107978	119554	107159
EFTA	164944	148389	142600	119666	125413	AELE	432	742	897	1013	12685
Oceania	22608	x5914	x15694	x12414	x11656	Océanie	67	175	156	323	858
Japan/Japon	1425584	1352293	1258523	1145856	1235872	USA/Etats–Unis d'Amer	4989867	3997512	3595242	3994934	4416996
Netherlands/Pays–Bas	1019144	831351	1013504	867202	1028354	Brazil/Brésil	728078	1153165	910016	448168	812425
Germany/Allemagne	784661	716504	673333	695757	765199	Argentina/Argentine	549585	120574	687986	917509	654647
Spain/Espagne	545228	588200	635812	589511	608315	China/Chine	380966	365605	228301	262208	159625
Former USSR/Anc. URSS	x709072	x488431	x108234	x566388		Paraguay	153816	382973	267429	157125	x117042
Mexico/Mexique	356138	326523	217479	348514	512133	Netherlands/Pays–Bas	66006	49846	81748	82573	85567
Korea Republic	292640	329840	252367	279112	330479	Canada	64777	66519	49954	61737	61191
Belgium–Luxembourg	371643	309279	259457	283198	318130	Bolivia/Bolivie	4152	20453	14901	24998	15773
Portugal	246194	201295	221017	215206	147847	Guatemala	18588	8015	27929	22475	19732
Italy/Italie	207423	224683	196788	213670	273874	Viet Nam	x13080	x10553	x12441	x33064	x5768
United Kingdom	194559	175342	188815	152107	158824	India/Inde	1060	x33658	72	22	x402
Indonesia/Indonésie	138045	128222	146476	183974	186259	Uruguay	x16639	x18982	x2995	x9672	x26804
Malaysia/Malaisie	102221	111928	122083	141039	x160664	Italy/Italie	1413	2017	9973	19228	1599
Israel/Israël	122031	121010	102532	107293	122977	Belgium–Luxembourg	11020	7548	7814	7230	6635
France, Monac	117297	75941	102949	86531	132567	Hungary/Hongrie	x3297	x2896	x9215	x8605	x8854
Norway, SVD, JM	77512	78620	75582	55502	x75363	France, Monac	11050	10542	3192	4580	4767
Greece/Grèce	56880	64733	82951	58757		Nicaragua		2046	8531	7606	6121
Romania/Roumanie	x110305	1655	111791	71264	x36956	Singapore/Singapour	8887	8371	5623	3791	2594
Canada	25479	51895	63252	34198	17797	El Salvador	6334	5193	x141	11285	x59
Yugoslavia SFR	89463	51312	50799	x30892		Hong Kong	4030	5728	5131	4068	4357
Finland/Finlande	60339	43916	35933	33440	39874	Bulgaria/Bulgarie	x3425	x6894	x3423	x460	x515
Panama	x21040	x55036	x35852	x2297	x2023	Democratic Kampuchea	x3123	x3843	x1153	x3331	x1261
Brazil/Brésil	37221	20858	3268	67481	110462	Germany/Allemagne	1827	2070	3657	2185	5367
Trinidad and Tobago	18083	33613	27691	28775	24799	Malaysia/Malaisie	1193	1210	2389	4195	x2841
Saudi Arabia	88146	79769	x83	x2687	x1059	Former USSR/Anc. URSS		1291	x1823	x2116	
Switz.Liecht	22337	21929	27029	26105	23501	Portugal	1	0	650	2028	1046
Bahamas		x25323	x30556	x14251	x14251	Nigeria/Nigéria	x332	x2057		x7	
USA/Etats–Unis d'Amer	16965	24041	15621	27754	16085	Zimbabwe			193	1772	x106
Bermuda/Bermudes	x13303	x21263	x15885	x22201	x20341	United Kingdom	582	554	649	652	932
Costa Rica	14888	17166	20423	20915	x20775	Sri Lanka	36	6	1418	0	27
Venezuela	37298	22103	13673	21993	21404	Austria/Autriche	61	196	510	617	4167
Korea Dem People's Rp	x19794	x27273	x16715	x9014	x11110	Spain/Espagne	2	9	97	1014	634
Jamaica/Jamaïque	10835	17517	15823	14261	x12933	Switz.Liecht	246	325	363	304	289
Singapore/Singapour	16468	18313	16009	11864	10383	Yugoslavia SFR	4	9	196	x681	
Colombia/Colombie	62040	13721	14515	16461	34759	Korea Dem People's Rp	x4365		x772		
Denmark/Danemark	19310	20536	14056	8042	19952	Mauritania/Mauritanie			x337	x312	x353
Hong Kong	9618	13243	10777	11854	11892	Australia/Australie	66	175	156	317	858
Philippines	5835	x9698	7131	17528	12609	Indonesia/Indonésie	13	115	235	220	1339
Australia/Australie	22240	5673	15540	12292	11409	Honduras		x226		x322	x322
Bulgaria/Bulgarie	x38983	x26775	x5219	x3	5	Japan/Japon	38	29	364	130	117
Gibraltar	x3568	x4379	x10336	x15198		Uganda/Ouganda	x65	x164	x352	33	x36
Dominican Republic	x9167	x13446	x5225	x6789	x8655	Chile/Chili	466	392	28	x127	x35
Libyan Arab Jamahiriya	21900	14683	10579	x69	x369	Un. Rep. of Tanzania	x894	x84	x218	x169	x169
Czechoslovakia	x5610	3546	12613	x127	x110	Romania/Roumanie			x257	x124	x205
Egypt/Egypte	7704	14758	149	0	x77	Myanmar	x203	x121	x145	13	43
Ireland/Irlande	4243	3232	3718	5348	5779	Denmark/Danemark	108	236	59	238	x1388
Turkey/Turquie	5574	8568	1817	1612	12350	Thailand/Thaïlande	7	5	50	22	22
Morocco/Maroc	2844	6929	371	4098		Ireland/Irlande	131	110	141	169	306
Poland/Pologne			70	9999	x3622	Korea Republic	47	57	37	23	19
Cote d'Ivoire		x7956				Sweden/Suède	17	199	23		

(VALUE AS % OF TOTAL)(VALEUR EN % DU TOTAL)

	1983	1984	1985	1986	1987	1988	1989	1990	1991	1992		1983	1984	1985	1986	1987	1988	1989	1990	1991	1992
Africa	0.2	0.1	0.2	x0.3	0.3	x0.5	0.8	0.2	x0.1	x0.7	Afrique	x0.0	x0.0	x0.0	x0.0	x0.0	x0.0	x0.0	x0.0	x0.0	x0.0
Northern Africa	0.2	0.1	0.2	0.3	0.3	0.4	0.5	0.2	0.1	x0.0	Afrique du Nord	x0.0	x0.0	x0.0	x0.0	x0.0				0.0	0.0
Americas	2.7	9.2	8.8	x7.3	x7.6	8.5	x9.5	7.9	9.6	12.2	Amériques	99.2	99.4	99.3	99.0	x92.0	92.5	91.8	93.6	92.7	95.1
LAIA	1.0	7.6	7.3	x6.0	x6.1	6.5	5.6	4.0	7.0	10.0	ALAI	5.1	19.1	27.5	15.6	x17.4	20.6	27.0	31.7	25.5	25.3
CACM	x0.1	0.1	0.1	x0.1	0.3	0.3	0.3	0.3	0.4	x0.4	MCAC	x0.0	x0.0	x0.0	x0.0	x0.0	0.4	0.2	0.6	0.7	0.4
Asia	29.6	29.9	31.3	32.4	31.3	29.7	32.2	30.8	29.2	x32.2	Asie	0.2	0.0	0.0	0.2	0.0	6.5	6.0	x6.8	4.3	2.8
Middle East	x0.2	x0.6	x0.5	0.7	0.8	1.3	1.4	x0.1	x0.1	x0.3	Moyen–Orient						0.1	x0.0	x0.0	0.0	0.0
Europe	61.6	58.1	59.5	60.0	49.0	49.6	49.8	57.2	50.9	54.1	Europe	0.6	0.4	0.5	0.7	1.3	1.3	1.2	1.8	2.0	1.9
EEC	59.2	54.6	56.1	56.6	46.6	46.3	46.8	53.9	48.4	52.0	CEE	0.6	0.4	0.5	0.7	1.2	1.3	1.2	1.8	2.0	1.7
EFTA	2.4	1.9	2.3	2.4	2.0	2.1	2.2	2.3	1.8	1.8	AELE	0.0	0.0	0.0	0.0	0.0	0.0	0.0	0.0	0.0	0.0
Oceania	x0.2	x0.0	x0.1		0.3	0.1	x0.2	0.2	0.2	0.2	Océanie					x0.0					
Japan/Japon	21.9	21.1	22.0	21.8	16.3	18.5	19.7	20.0	17.5	18.2	USA/Etats–Unis d'Amer	93.8	79.8	71.3	82.6	74.0	70.7	63.5	60.4	65.5	68.5
Netherlands/Pays–Bas	11.2	11.8	12.7	11.7	11.3	13.2	12.1	16.1	13.2	15.1	Brazil/Brésil	6.7	14.5	4.6	9.5	10.3	18.3	15.3	7.3	12.6
Germany/Allemagne	12.3	10.5	12.3	13.3	10.5	10.2	10.5	10.7	10.6	11.3	Argentina/Argentine		5.1	12.5	11.1	9.3	4.4	7.8	1.9	11.6	15.0	10.1
Spain/Espagne	12.1	10.4	8.2	10.0	8.9	7.1	8.6	10.1	9.0	8.9	China/Chine					6.2	5.4	5.8	3.8	4.3	2.5
Former USSR/Anc. URSS	5.7	2.5		x3.9	x12.3	x9.2	x7.1	x1.7	x8.6		Paraguay		1.9	x1.5	x3.2	2.2	6.1	4.5	2.6	x1.8
Mexico/Mexique		6.3	5.4	5.0	4.8	4.3	3.5	5.3	7.5	Netherlands/Pays–Bas	0.5	0.3	0.4	0.8	0.9	0.8	1.4	1.4	1.3
Korea Republic	2.9	3.3	4.0	4.5	3.7	3.8	3.8	4.4	4.3	4.9	Canada	0.3	0.4	0.5	0.8	0.9	0.9	1.1	0.8	1.0	0.9
Belgium–Luxembourg	6.5	6.0	6.2	6.0	4.8	4.8	4.5	4.1	4.3	4.7	Bolivia/Bolivie	x0.0		0.1	0.1	0.1	0.3	0.3	0.4	0.2
Portugal	2.9	3.8	3.6	3.3	2.9	3.2	2.9	3.5	3.3	2.2	Guatemala		x0.0	0.0	0.1	0.2	0.3	0.1	0.5	0.4	0.3
Italy/Italie	6.0	6.5	6.9	5.9	3.5	2.7	3.3	3.1	3.3	4.0	Viet Nam					x0.2	x0.2	x0.2	x0.2	x0.5	x0.1

2231 COPRA / COPRAH 2231

TRADE BY COMMODITY IN THOUSAND U.S. DOLLARS – COMMERCE PAR PRODUIT EN MILLIERS DE DOLLARS E.U

IMPORTS – IMPORTATIONS

COUNTRIES–PAYS	1988	1989	1990	1991	1992
Total	104977	110219	86187	x67521	x108054
Africa	x1588	x1283	x5672	x537	7
Northern Africa	5	x13	x1750	x537	
Americas	372	239	x331	x232	x145
LAIA	32	21	51	x23	x33
CACM	x1				
Asia	64370	x70386	x42167	x47704	x65658
Middle East	x1312	x5448	12	x35	x116
Europe	38528	37915	37892	18630	x42125
EEC	24419	24989	27897	16124	x36580
EFTA	14109	12927	9995	2506	5545
Oceania	119	x268	x124	x418	118
Germany/Allemagne	20753	22094	20824	12275	18516
Korea Republic	15122	19711	12668	12531	14235
Japan/Japon	30011	17485	8877	7645	10747
Bangladesh	x2113	x5289	x9522	x16229	x21549
Pakistan	6531	7133	6203	6276	8531
Singapore/Singapour	7740	9036	3442	3371	7429
Sweden/Suède	9330	7011	5523	822	5517
Portugal	3447	2156	5140	2559	2962
Norway,SVD,JM	3746	3988	2762	1227	
Indonesia/Indonésie		5103			
Jordan/Jordanie	x1312	x5001	12	x28	x36
Switz.Liecht	1034	1927	1664	457	3
So. Africa Customs Un	1578	1270	2537	0	0
China/Chine	131	709	1166	1448	585
Ireland/Irlande		377	1463	1216	766
Nigeria/Nigéria			x1384		
Sudan/Soudan			x729	x537	
Egypt/Egypte			1013		
United Kingdom	64	268	406	4	x14217
USA/Etats–Unis d'Amer	219	175	221	209	111
Saudi Arabia		445			x17
India/Inde	667	x138	x247	43	x2357
New Zealand		98	55	96	83
Samoa				x228	
Malaysia/Malaisie	256	86	24	114	x44
Hong Kong	429	168			
Fiji/Fidji		65	28	61	35
Pacific Isld (Tr Terr.)		x75	x41	x33	
Czechoslovakia		126			x1
Nepal/Népal	x54	x80		x12	x64
France,Monac	72	3	10	67	36
Belgium–Luxembourg	4	41	9	3	59
Ecuador/Equateur			50		
Austria/Autriche			46		25
Denmark/Danemark	61	39	6		3
Dominica/Dominique	24	23	x16		
Netherlands/Pays–Bas	18	10	28		
Saint Lucia/St. Lucie	84		34		
Australia/Australie	7		30		
Brazil/Brésil		x3		x22	
Canada	x8	x19			
Chile/Chili	32	17			
Algeria/Algérie		x13			
Italy/Italie			10		
Libyan Arab Jamahiriya	5		7		
Maldives			x6		
Antigua and Barbuda	x3	x2	x2		
United Arab Emirates				x4	x40
Israel/Israël	x3	x1	2		
Aruba			x3		

EXPORTS – EXPORTATIONS

COUNTRIES–PAYS	1988	1989	1990	1991	1992
Totale	90261	x84724	58714	x56864	x136965
Afrique	5705	x2552	x1178	x1495	x3613
Afrique du Nord			436	0	76
Amériques	x227	x136	x311	x151	x77
ALAI	x64	x46	x1	23	x2
MCAC			x26		
Asie	x40134	x42355	36426	x35919	x42682
Moyen–Orient	2	x20		x8	x9
Europe	90	863	130	x449	x103
CEE	88	863	128	119	x101
AELE	2	0	2	29	2
Océanie	44101	38787	20606	x18844	x90477
Philippines	27992	x24833	20455	18552	11182
Papua New Guinea	22483	19019	9377	5624	12270
Malaysia/Malaisie	6159	9250	10435	7710	x9155
Vanuatu	9134	6351	5124	x8275	x71290
Solomon Isls	7480	9100	4306	x3126	x3492
Sri Lanka	48	4071	2991	5563	4353
Singapore/Singapour	3522	3001	2508	3847	8308
Kiribati	3289	2478	799	1628	3162
Samoa	1394	x1390	x887		
Mozambique	4526	x1178		x944	x2851
Sao Tome and Principe	x366	x837	x392	x287	
Seychelles	530	442	309	178	x215
Pacific Isld (Tr Terr.)	x311	x448	x111	x44	
Indonesia/Indonésie	18	524	4	50	3500
United Kingdom		479	35		
Egypt/Egypte			436	0	76
Dominican Republic	x23	x61	x206	x49	x17
Yugoslavia SFR				x301	
France,Monac	37	222	45	12	6
Bangladesh	x2	x148		53	
Viet Nam	x435	x169			x5960
Hong Kong	340	151			
Japan/Japon	x27	x63	x13	x55	x96
French Polynesia	x4			x129	x54
USA/Etats–Unis d'Amer	x54	8	52	50	58
Italy/Italie	18	9	4	67	35
Un. Rep. of Tanzania				x77	x5
Denmark/Danemark	0	61		13	
Saint-Kitts-Nevis	19	x21	x26	x27	
Belgium–Luxembourg	20	30	28	10	16
India/Inde		x35	0	x31	x11
Israel/Israël	6	63			
Guinea/Guinée	x267	x52			
Bulgaria/Bulgarie			x52		
Hungary/Hongrie		x32	x11	x6	
Pakistan				x44	
Netherlands/Pays–Bas	13	28	8	5	2
Germany/Allemagne		33	5	3	x30
Sweden/Suède		0	2	29	
Chile/Chili	41	31			0
Comoros/Comores	12	26			
Zimbabwe			16	8	
Argentina/Argentine	x14		x1	22	
Costa Rica			x18		
Tonga				18	
Thailand/Thaïlande	2	15	0	3	x86
Cote d'Ivoire		x18			x452
Jordan/Jordanie		x9		x8	x9
Korea Republic			16		4
Ireland/Irlande			4	8	11

(VALUE AS % OF TOTAL)(VALEUR EN % DU TOTAL)

	1983	1984	1985	1986	1987	1988	1989	1990	1991	1992
Africa	3.2	x0.2	0.8		x2.1	1.5	x1.2	x6.5	x0.8	x0.0
Northern Africa	3.0	0.0	0.2		0.0	x0.0	x0.0	x2.0	x0.8	
Americas	x0.1	x1.8	0.2	x0.5	x0.3	0.3	0.2	x0.4	x0.3	x0.1
LAIA	0.0	0.4	0.2	0.5		0.0	0.0	0.1	x0.0	x0.0
CACM						0.0				
Asia	48.0	49.2	56.2	49.2	56.1	61.3	x63.9	x48.9	x70.6	x60.7
Middle East	x0.0	0.1	x0.1	0.5	0.2	x1.2	x4.9	0.0	x0.1	x0.1
Europe	44.5	48.4	42.1	x47.2	41.4	36.7	34.4	44.0	27.6	x39.0
EEC	32.0	34.3	30.0	x37.3	x31.4	23.3	22.7	32.4	23.9	x33.9
EFTA	12.5	14.1	12.2	10.0	10.0	13.4	11.7	11.6	3.7	5.1
Oceania	1.1	0.3	x0.5	x3.1	x0.1	0.1	x0.2	x0.2	x0.6	0.1
Germany/Allemagne	18.8	23.5	21.6	17.7	18.6	19.8	20.0	24.2	18.2	17.1
Korea Republic	0.9	2.6	4.2	6.0	10.2	14.4	17.9	14.7	18.6	13.2
Japan/Japon	26.7	25.4	24.2	17.3	24.3	28.6	15.9	10.3	11.3	9.9
Bangladesh				x0.4	x2.0	x4.8	x11.0	x24.0	x19.9	
Pakistan	9.8	6.5	7.1	6.2	5.4	6.2	6.5	7.2	9.3	7.9
Singapore/Singapour	7.6	8.9	12.4	6.9	7.4	8.2	4.0	5.0	5.0	6.9
Sweden/Suède	7.9	9.3	6.5	5.5	5.0	8.9	6.4	6.4	1.2	5.1
Portugal	4.1	4.0	4.7	6.0	5.6	3.3	2.0	6.0	3.8	2.7
Norway,SVD,JM	3.2	2.6	3.6	2.7	3.5	3.6	3.6	3.2	1.8	
Indonesia/Indonésie		0.0		7.2	8.9		4.6			

	1983	1984	1985	1986	1987	1988	1989	1990	1991	1992
Afrique	x7.8	x2.7	x6.3	x7.0	x5.4	6.3	x3.0	x2.0	x2.6	x2.6
Afrique du Nord	x0.2		0.0	x0.0	x0.1			0.7	0.0	0.1
Amériques	x0.1	39.2	x0.4	x0.1	x0.1	x0.2	x0.1	x0.5	x0.3	x0.0
ALAI		39.0	0.2	0.2	x0.0	x0.0	x0.1	x0.1	x0.0	x0.0
MCAC			0.0					x0.0		
Asie	27.6	12.8	30.1	x47.4	x53.2	x44.4	x49.9	x62.0	x63.2	x31.2
Moyen–Orient	x0.0	0.0	0.0	x0.1	0.0	0.0	0.0		x0.0	x0.0
Europe	x0.2	x0.0	0.0	x0.4	x0.6	0.1	1.0	0.2	x0.8	x0.1
CEE	0.0	0.0	0.0	x0.3	x0.6	0.1	1.0	0.2	0.2	x0.1
AELE	x0.2	0.0	0.0	x0.1		0.0	0.0	0.0	0.1	0.0
Océanie	64.3	x45.3	63.1	x44.3	x40.6	48.9	45.8	35.1	x33.1	x66.1
Philippines	5.3			30.1	x44.0	31.0	x29.3	34.8	32.6	8.2
Papua New Guinea	34.1	21.1	31.4	17.9	22.7	24.9	22.4	16.0	9.9	9.0
Malaysia/Malaisie	9.7	7.2	16.9	11.5	5.6	6.8	10.9	17.8	13.6	6.7
Vanuatu	15.7	x10.9	12.2	x17.3	8.9	10.1	7.5	8.7	x14.6	x52.0
Solomon Isls	8.6	9.7	14.6	5.9	7.0	8.3	10.7	7.3	x5.5	x2.5
Sri Lanka	3.7	1.1	0.1	0.1	0.0	0.1	4.8	5.1	9.8	3.2
Singapore/Singapour	7.1	4.4	11.5	3.7	0.9	3.9	3.5	4.3	6.8	6.1
Kiribati	2.3	2.4	3.0	0.5	1.1	3.6	3.5	1.4	2.9	2.3
Samoa	1.1	x0.1		x1.5	x0.2	1.5	x1.6	x1.5		
Mozambique	2.6	0.7	x1.2	0.9	x3.7	5.0	x1.4		x1.7	x2.1

23201 NATURAL RUBBER LATEX / LATEX NATUREL 23201

TRADE BY COMMODITY IN THOUSAND U.S. DOLLARS – COMMERCE PAR PRODUIT EN MILLIERS DE DOLLARS E.U

IMPORTS – IMPORTATIONS

COUNTRIES–PAYS	1988	1989	1990	1991	1992
Total	x1125074	x1061142	x533676	x684468	407294
Africa	x21768	x25656	x20772	x12396	x7592
Northern Africa	x8085	x14970	x5904	x4975	x4059
Americas	x197689	285705	138572	140559	123582
LAIA	x39431	38842	28160	36415	31923
CACM	x226	x308	x985	x366	x67
Asia	423395	231996	142750	159217	150748
Middle East	x11095	x13654	x18008	x13915	x13452
Europe	224575	212845	143276	135520	117191
EEC	204130	192780	129788	126039	108807
EFTA	13803	14668	9548	7337	7765
Oceania	x7293	x5430	2509	3208	x3850
Former USSR/Anc. URSS	x210158	x274636	x77259	x229338	
USA/Etats–Unis d'Amer	145587	232705	98942	92233	84518
Singapore/Singapour	161235	87435	46535	40580	22662
Germany/Allemagne	41509	40410	34244	37483	33955
Korea Republic	55365	42295	32907	31032	28672
Italy/Italie	49803	45033	24295	18957	15612
United Kingdom	35496	40186	18220	25610	11335
Japan/Japon	37041	22809	18317	18809	17552
China/Chine	94681	37984	3159	8132	30311
Spain/Espagne	21998	20141	15502	11830	10509
Mexico/Mexique	14331	16362	12041	15426	13179
Hong Kong	44836	13952	7803	15028	16014
Belgium–Luxembourg	11171	12013	9369	10099	12882
France, Monac	17700	14385	9002	8038	8396
Canada	10293	12510	9951	8488	6455
Pakistan	6210	8816	9043	7145	10852
Brazil/Brésil	4673	9591	5336	7836	6757
Turkey/Turquie	7188	7127	6663	7473	8363
Ireland/Irlande	8856	7360	8128	4271	5250
Bangladesh	x239	x565	x193	18644	x492
Iran (Islamic Rp. of)	x2371	x4198	x9397	x4422	x2880
Netherlands/Pays–Bas	8242	4944	5799	5711	5508
Austria/Autriche	5807	8675	4328	2679	2682
Czechoslovakia	x7910	9101	3356	x499	x900
Zimbabwe	x298	x308	6784	5615	x191
Argentina/Argentine	x10856	4306	3601	4387	2439
Colombia/Colombie	3526	4639	3737	3471	4006
Yugoslavia SFR	6604	5303	3913	x2124	
Egypt/Egypte	x4147	x4734	x2135	x3641	x3407
Portugal	6163	5246	3230	2024	2261
So. Africa Customs Un	7862	4968	4265	x139	x264
India/Inde	8646	x1180	4940	2782	x3946
Libyan Arab Jamahiriya	1436	7280	1437		
Poland/Pologne	x8813	x5252	x1891	x1336	x1731
Australia/Australie	5657	3899	1563	1645	2150
Bulgaria/Bulgarie	x6529	x6651	x29	x271	551
Ethiopia/Ethiopie	1583	2998	2230	417	
Finland/Finlande	2055	1975	1912	1710	1647
Sweden/Suède	3083	1878	1672	1515	1930
Venezuela	2178	1260	1000	2656	1866
Romania/Roumanie	x7858	x1439	x2263	1057	x616
Algeria/Algérie	1627	1727	1955	915	x225
Hungary/Hongrie	x6448	x2346	x957	1067	x534
Chile/Chili	1437	1437	1460	1114	x2741
Greece/Grèce	1805	1959	1060	899	x917
New Zealand	1526	1513	832	1563	1697
Switz.Liecht	1551	1357	1349	1179	1281
Denmark/Danemark	1386	1103	939	1116	2182
Indonesia/Indonésie	639	1064	632	995	1762
Uruguay	x1718	x901	x578	x857	512

EXPORTS – EXPORTATIONS

COUNTRIES–PAYS	1988	1989	1990	1991	1992
Totale	1043848	682184	464288	474852	x416874
Afrique	x53184	x19517	x34822	x16311	x15827
Afrique du Nord	x326	x99			x140
Amériques	x31706	x66457	x61122	x39291	x34500
ALAI	x165	x620	x178	x49	x124
MCAC	x11862	x10576	x9709	x11009	x9617
Asie	937387	569666	346331	393892	x337798
Moyen–Orient	20	x324	x32	x101	x73
Europe	17914	17264	18019	22564	26747
CEE	15673	15402	16524	20843	24670
AELE	2242	1750	1495	1720	1987
Océanie	2671	6792	3021	2517	1614
Malaysia/Malaisie	542314	355350	207488	214170	x189568
Singapore/Singapour	147493	104875	52325	42517	27338
Thailand/Thaïlande	128764	45965	48890	64550	x57802
Indonesia/Indonésie	75102	45385	29764	58510	37283
USA/Etats–Unis d'Amer	18773	54606	29810	25263	24369
Korea Republic	x49994	x10106	x24400	x6042	x634
Liberia/Libéria	42354	15037	6330	10978	12722
Hong Kong	x11807	x10576	x9687	x10655	x9595
Guatemala	849	655	21425	2927	390
Canada	2862	4583	5179	9883	11147
United Kingdom		x2949	x5560	x6799	x12713
Cote d'Ivoire	2426	6788	3015	2400	1542
Australia/Australie	3700	2654	3198	2865	2741
France, Monac	3960	2779	2820	2828	4584
Germany/Allemagne	x1555	x3583	x2790	x1790	x1609
Nigeria/Nigéria	2372	2170	2638	2719	2735
Netherlands/Pays–Bas	1548	2214	1987	1724	1569
Italy/Italie	1951	1606	1417	1551	1816
Sweden/Suède	x58	x731	x917	x760	x104
Malawi	167	x326	17	1909	x8952
India/Inde					
China/Chine	3	x1652	121	12	70
Former GDR	x474	x1750			
Belgium–Luxembourg	701	726	421	572	1588
Cameroon/Cameroun	x952	x1402		x247	x305
Poland/Pologne		x428	x681	x150	
Equatorial Guinea			x930	x148	x47
Korea Republic	42	251	246	399	819
Sri Lanka	38		530	343	2514
Israel/Israël	402	257	170	140	86
Former USSR/Anc. URSS	x96	x233	x276	x44	
Senegal/Sénégal		x367		x19	
Zimbabwe			65	295	
Nicaragua			x15	x328	x22
Ireland/Irlande	119	120	138	64	129
Japan/Japon	160	82	117	94	61
Seychelles		x73	x73	x73	
Uruguay		x211			
Peru/Pérou		x205		x4	
Spain/Espagne	0	21	82	78	161
Argentina/Argentine	315	74	x105	1	4
Guinea/Guinée	x67	x162	x9		
Denmark/Danemark	82	31	40	90	16
Pakistan			x131	x24	
So. Africa Customs Un	x205	x46	x34	x74	x77
Switz.Liecht	46	108	12	32	75
Philippines	328	x47	58	30	71
Portugal	12	87	20	23	
Kuwait/Koweït		x121			
Myanmar	x166	x17	x69	x29	x330
Yugoslavia SFR		x111			

(VALUE AS % OF TOTAL) (VALEUR EN % DU TOTAL)

IMPORTS

	1983	1984	1985	1986	1987	1988	1989	1990	1991	1992
Africa	x2.6	x2.5	x2.8	x1.3	x0.8	x1.9	x2.4	x3.9	x1.8	x1.9
Northern Africa	x1.3	x0.9	x1.3	x0.4	x0.4	x0.7	x1.4	x1.1	x0.7	x1.0
Americas	x27.7	x30.9	x27.3	x28.0	x19.9	x17.6	26.9	26.0	20.5	30.3
LAIA	x5.1	x5.7	x5.0	x6.5	x3.9	x3.5	3.7	5.3	5.3	7.8
CACM	x0.8	x1.3	x0.0	x0.6	x0.0	x0.0	x0.1	x0.0	x0.0	x0.1
Asia	37.0	35.4	33.6	x35.3	25.0	37.6	21.9	26.8	23.3	37.0
Middle East	x4.5	x3.9	x2.8	x2.3	x1.6	x1.0	x1.3	x3.4	x2.0	x3.3
Europe	31.4	29.7	x35.1	x34.2	20.3	20.0	20.1	26.8	19.8	28.8
EEC	27.6	26.3	27.3	27.1	18.8	18.1	18.2	24.3	18.4	26.7
EFTA	x2.3	x1.3	x5.0	x5.0	x1.2	1.2	1.4	1.8	1.1	1.9
Oceania	x1.2	x1.5	1.2	x1.2	x0.8	x0.6	x0.5	0.4	0.5	x0.9
Former USSR/Anc. URSS					x30.6	x18.7	x25.9	x14.5	x33.5	
USA/Etats–Unis d'Amer	20.5	22.9	21.0	20.1	15.0	12.9	21.9	18.5	13.5	20.8
Singapore/Singapour	19.8	18.4	18.5	16.9	12.5	14.3	8.2	8.7	5.9	5.6
Germany/Allemagne	5.0	4.7	5.1	4.8	3.4	3.7	3.8	6.4	5.5	8.3
Korea Republic	5.0	5.6	5.6	6.1	4.5	4.9	4.0	6.2	4.5	7.0
Italy/Italie	7.1	6.9	7.8	7.7	5.1	4.4	4.2	4.6	2.8	3.8
United Kingdom	4.4	4.1	4.1	3.5	2.7	3.2	3.8	3.4	3.7	2.8
Japan/Japon	5.8	5.7	4.8	4.2	3.3	2.1	3.4	2.7	4.3	
China/Chine					1.1	8.4	3.6	0.6	1.2	7.4
Spain/Espagne	3.4	3.8	3.4	3.8	2.6	2.0	1.9	2.9	1.7	2.6

EXPORTS

	1983	1984	1985	1986	1987	1988	1989	1990	1991	1992
Afrique	3.2	x4.2	x2.3	x1.9	x3.5	x5.1	2.9	x7.5	x3.4	x3.8
Afrique du Nord	x0.0				x0.0	x0.0	x0.0	x0.0		x0.0
Amériques	1.4	x1.2	x1.5	x1.6	x4.9	x3.1	x9.7	x13.1	x8.2	x8.2
ALAI	x0.0	x0.0	x0.0	x0.0	x0.1	x0.0	x0.1	x0.0	x0.0	x0.0
MCAC	x0.0	x0.1	x0.3	x0.4	x1.8	x1.1	x1.6	x2.1	x2.3	x2.3
Asie	94.1	94.2	95.7	95.8	90.0	89.8	83.5	74.6	82.9	x81.0
Moyen–Orient	x0.0	x0.0	x0.0	x0.0	x0.0	0.0	x0.0	x0.0	x0.0	x0.0
Europe	1.2	0.3	0.3	0.5	0.5	1.4	1.7	2.5	3.9	4.8	6.4
CEE	0.5	0.3	0.3	0.4	0.4	1.2	1.5	2.3	3.6	4.4	5.9
AELE	x0.1	x0.1	x0.1	x0.0	x0.0	x0.0	0.0	1.0	0.7	0.5	0.4
Océanie											
Malaysia/Malaisie	26.2	26.6	26.6	25.3	59.5	52.0	52.1	44.7	45.1	x45.5
Singapore/Singapour	8.4	8.4	8.7	7.8	17.7	14.1	15.4	11.3	9.0	6.6
Thailand/Thaïlande	54.6	54.1	55.9	58.1	2.3	12.3	6.7	10.5	13.6	x13.9
Indonesia/Indonésie	4.3	4.1	3.7	4.2	10.3	7.2	6.7	6.4	12.3	8.9
USA/Etats–Unis d'Amer	1.3	1.0	1.0	1.0	2.9	1.8	8.0	6.4	5.3	5.8
Liberia/Libéria	3.2	4.1	x2.3	x1.8	x3.4	x4.8	x1.5	x5.3	x1.3	x0.2
Hong Kong	0.1	0.2	0.1	0.4	0.1	1.1	1.6	2.1	2.2	x2.3
Guatemala	x0.1	x0.0	x0.0	x0.1	0.1	0.1	0.1	4.6	0.6	0.1
Canada	0.1	0.1	0.1	0.2	0.3	0.7	1.1	2.1	2.7	
United Kingdom										

321

2331 SYNTHETIC RUBBER ETC — LATEX CAOUTCH SYNTHETIQUE 2331

TRADE BY COMMODITY IN THOUSAND U.S. DOLLARS – COMMERCE PAR PRODUIT EN MILLIERS DE DOLLARS E.U

COUNTRIES–PAYS	1988	1989	1990	1991	1992	COUNTRIES–PAYS	1988	1989	1990	1991	1992
	IMPORTS – IMPORTATIONS						EXPORTS – EXPORTATIONS				
Total	4606741	4629873	4871888	4691341	4826765	Totale	4634578	4235078	4253337	3823910	3594840
Africa	x90061	x67363	x100665	x60329	x60472	Afrique	x4718	x7750	x4041	x6003	x5384
Northern Africa	37116	29600	37464	30047	x23839	Afrique du Nord			x22	x307	x394
Americas	986608	986287	993165	976761	1034145	Amériques	1224052	1088164	1191184	1175414	1315631
LAIA	331126	275470	301440	328338	319539	ALAI	106217	92433	106519	91756	100993
CACM	12253	13267	13291	11711	x12848	MCAC	46	x324	x145	x185	x276
Asia	710489	x716155	872817	976782	x1113275	Asie	522692	550767	630254	665450	741250
Middle East	x69845	x62810	x74612	x78461	x95426	Moyen–Orient	3597	6463	6525	735	2453
Europe	2371109	2297488	2660927	2433808	2524732	Europe	2207759	1985748	2070153	1566839	1453568
EEC	2023835	1990090	2340707	2200333	2290997	CEE	2161562	1935645	2018353	1536869	1431785
EFTA	242668	220075	227916	198901	204469	AELE	42577	40437	43097	23703	20511
Oceania	x47138	x47347	x44222	x40399	x42381	Océanie	x5138	4297	5352	x4187	6388
Germany/Allemagne	530480	486885	579324	551852	592680	USA/Etats–Unis d'Amer	877634	750512	849260	864296	952612
USA/Etats–Unis d'Amer	430225	490529	475620	447089	498906	France, Monac	684024	627235	687356	629923	615041
France, Monac	312376	326052	396760	374800	411981	Germany/Allemagne	485985	477663	536499	509624	500542
Italy/Italie	305603	298199	336594	314585	325317	Japan/Japon	469013	467531	502634	521810	533681
Belgium–Luxembourg	248289	256475	296371	302115	284112	Former USSR/Anc. URSS	x406140	x370077	x222728	x339456	
United Kingdom	235109	251794	288286	260309	265088	Netherlands/Pays–Bas	307140	307842	209140	192052	177849
Korea Republic	176175	178593	200745	197248	211105	United Kingdom	320354	326556	372358	4609	4043
Spain/Espagne	183281	169680	213157	181272	189217	Canada	238923	244539	234926	219089	261532
Canada	201556	193904	187166	180961	197784	Belgium–Luxembourg	55259	55395	76329	77263	60749
Former USSR/Anc. URSS	x201300	x249233	x57153	x154296		Italy/Italie	247123	80981	63934	60214	60101
Japan/Japon	155568	146503	140255	169724	155063	Korea Republic	23182	38235	71302	74043	91140
Netherlands/Pays–Bas	106019	99809	114232	112635	128713	Spain/Espagne	54596	50589	64476	58234	7786
China/Chine	65402	64694	76369	139567	175882	Mexico/Mexique	55514	56170	57055	47934	55952
Brazil/Brésil	91358	89217	91038	95990	87660	Poland/Pologne	x32435	x32373	x47990	x39919	x41502
Czechoslovakia	x54521	170883	79868	x18161	x17603	Bulgaria/Bulgarie	x56438	x70258	x40899	x6067	x9175
Austria/Autriche	69326	66841	83980	79643	71739	Former GDR	x123393	x82188	x17564		
Indonesia/Indonésie	51375	59116	80568	86177	97367	Brazil/Brésil	31425	15177	22350	25832	28850
Yugoslavia SFR	100011	81830	90998	x33521		Argentina/Argentine	19062	19174	25696	17000	11399
India/Inde	55826	x48811	81986	62072	x92639	Hong Kong	4210	5720	17160	36861	56394
Mexico/Mexique	51038	50909	64901	72426	78255	Sweden/Suède	28100	24174	19732	8740	8035
Thailand/Thaïlande	36538	45376	64001	63761	75560	Czechoslovakia	x16342	x20419	x14797	x17196	x19744
Sweden/Suède	64679	58158	55456	48138	49863	China/Chine	6795	11509	19290	12903	12338
Colombia/Colombie	46065	42052	47009	41598	43915	Austria/Autriche	12085	12235	18629	12076	9738
Turkey/Turquie	36902	33280	45508	45411	64863	Singapore/Singapour	8011	12338	10846	11748	12047
Venezuela	83736	33200	39139	51789	46557	Romania/Roumanie	x30912	20968	3613	1066	x1215
Portugal	39587	36426	45584	41601		Yugoslavia SFR	3573	9612	8608	x5865	
Switz.Liecht	39268	38128	45435	37029	39724	Denmark/Danemark	5627	7938	6557	1193	2037
Hong Kong	16252	16769	39496	63831	47260	So. Africa Customs Un	x4610	x7407	x3319	x3410	x3505
Denmark/Danemark	35614	36492	37950	29911	30788	Turkey/Turquie	3462	6397	6460	646	2112
Finland/Finlande	57375	45375	30501	22125	26417	Australia/Australie	4342	3689	4171	3576	5857
Australia/Australie	30090	29666	28143	27010	28744	Hungary/Hongrie	x4560	x2069	x4764	x2312	x984
Singapore/Singapour	18507	25581	27297	31289	31356	Indonesia/Indonésie	125	5270	201	2533	5071
Malaysia/Malaisie	15478	19004	27250	27930	x34152	Finland/Finlande	73	2342	2697	755	378
Argentina/Argentine	25261	20460	24778	27530	27482	Switz.Liecht	2150	1280	1643	1779	2201
So. Africa Customs Un	23898	21399	27978	x16540	x18358	Ireland/Irlande	1220	1042	1361	1788	3063
Philippines	18011	x16519	25020	22236	26009	India/Inde	664	x759	293	1918	x367
Romania/Roumanie	x17772	27738	30092	4002	x1533	Venezuela	135	477	1057	765	1658
Israel/Israël	17722	19237	19480	19248	18830	Malaysia/Malaisie	736	328	707	1110	x19866
Greece/Grèce	16230	18486	19508	18408	x10048	New Zealand	598	608	656	559	531
Chile/Chili	15290	16314	16434	19029	x17091	Thailand/Thaïlande	5828	841	718	135	x5534
Poland/Pologne	x52371	x23630	x18886	x5526	x10177	Portugal	174	91	68	1490	272
New Zealand	15336	17297	15506	12768	13431	Cameroon/Cameroun			x6	1416	
Iran (Islamic Rp. of)	x11544	x11298	x14271	x18263	x17368	Uruguay	x58	x1377	23	4	x1058
Hungary/Hongrie	x12803	x12893	x8757	19679	x8688	Korea Dem People's Rp	x214	x454	x271	x644	x495
Norway,SVD,JM	11972	11496	12496	11926	9155	Norway,SVD,JM	111	399	345	345	137
Ireland/Irlande	11246	9791	12939	12845	13328	Greece/Grèce	61		345	480	x302
Morocco/Maroc	9595	9488	11245	11161	9241	Sri Lanka	59	311	273		
Pakistan	8866	10680	9573	10515	11566	Brunei Darussalam	x188	x803	x4	844	1228
Bulgaria/Bulgarie	x40958	x21732	x2967	x1566	13752	Nigeria/Nigéria	x64	x149	x115	x353	x416
Uruguay	4481	7810	9099	8845	11061	Papua New Guinea	46		x30	524	

(VALUE AS % OF TOTAL)(VALEUR EN % DU TOTAL)

	1983	1984	1985	1986	1987	1988	1989	1990	1991	1992		1983	1984	1985	1986	1987	1988	1989	1990	1991	1992
Africa	x2.7	2.1	x2.0	x2.4	x1.8	x1.9	1.5	x2.1	x1.3	x1.3	Afrique	x0.1	x0.1	0.1	x0.0	x0.1	0.2	x0.1	x0.2	x0.2	
Northern Africa	1.0	0.8	0.7	x0.8	0.7	0.8	0.6	0.8	0.6	x0.5	Afrique du Nord			0.0	x0.0	0.0	0.0	0.0	x0.0	0.0	
Americas	21.0	25.3	25.0	x23.3	x21.0	21.4	21.3	20.4	20.8	21.4	Amériques	31.6	36.1	34.2	x31.8	x29.4	26.4	25.7	28.0	30.7	36.6
LAIA	4.5	8.3	8.1	x8.0	6.8	7.2	6.5	6.2	7.0	6.6	ALAI	0.5	3.1	2.9	x2.4	x2.0	2.3	2.2	2.5	2.4	2.8
CACM	x0.2	x0.2	x0.1	x0.2	x0.2	0.3	0.3	0.3	0.2	0.3	MCAC		x0.0		x0.0	x0.0	0.0	x0.0	x0.0	0.0	0.0
Asia	15.3	15.1	14.2	14.6	13.8	15.5	x15.5	17.9	20.8	x23.1	Asie	11.1	10.6	11.8	11.2	9.7	11.3	13.0	14.8	17.4	20.6
Middle East	x1.4	x2.2	x1.7	x1.5	x1.4	x1.5	x1.4	x1.5	x1.7	x2.0	Moyen–Orient	x0.0	0.1		x0.0		0.2	0.2	0.2	0.0	0.1
Europe	59.8	55.9	57.3	58.5	52.6	51.5	49.6	54.6	51.9	52.3	Europe	57.1	53.2	53.8	56.9	47.8	47.6	46.9	48.7	41.0	40.4
EEC	52.7	45.5	47.7	50.9	46.2	43.9	43.0	48.0	46.9	47.5	CEE	56.3	52.4	53.0	56.0	47.0	46.6	45.7	47.5	40.2	39.8
EFTA	7.1	6.3	5.9	6.2	5.3	5.3	4.8	4.7	4.2	4.2	AELE	0.8		0.8	0.9	0.8	0.9	1.0	1.0	0.6	0.6
Oceania	x1.2	x1.6	x1.4	x1.2	x1.1	x1.0	x1.0	x0.9	x0.8	x0.9	Océanie	0.1	0.1	x0.1	0.1	x0.1	0.1	0.1	0.1	x0.1	0.2
Germany/Allemagne	13.8	12.0	12.0	13.8	11.7	11.5	10.5	11.9	11.8	12.3	USA/Etats–Unis d'Amer	20.3	21.1	19.1	19.1	17.6	18.9	17.7	20.0	22.6	26.5
USA/Etats–Unis d'Amer	10.9	11.3	11.5	9.8	9.1	9.3	10.6	9.9	9.5	10.3	France, Monac	17.2	16.5	16.0	16.7	14.3	14.8	14.8	16.2	16.5	17.1
France, Monac	8.4	6.6	6.9	8.0	7.4	6.8	7.0	8.1	8.0	8.5	Germany/Allemagne	12.7	11.3	11.5	11.3	14.8	10.5	11.3	12.6	13.3	13.9
Italy/Italie	7.2	6.6	6.8	7.7	7.2	6.6	6.4	6.9	6.7	6.7	Japan/Japon	10.5	10.0	11.1	10.5	9.8	10.5	11.3	12.5	13.6	14.8
Belgium–Luxembourg	5.4	5.0	5.6	5.6	5.1	5.4	5.5	6.1	6.4	5.9	Former USSR/Anc. URSS		x8.8	x8.8	x8.7	9.0	10.1	11.0	11.8	13.6	14.8
United Kingdom	7.3	6.2	6.2	5.7	5.6	5.1	5.4	5.9	5.5	5.5	Netherlands/Pays–Bas	7.6	7.0	7.0	7.2	6.3	6.6	7.3	4.9	5.0	4.9
Korea Republic	3.6	3.5	3.1	3.4	3.6	3.8	3.9	4.1	4.2	4.4	United Kingdom	7.7	7.2	7.1	7.6	6.5	6.9	7.7	8.8	0.1	0.1
Spain/Espagne	4.5	4.2	3.9	4.6	4.1	4.0	3.7	4.4	3.9	3.9	Canada	10.8	11.3	12.0	10.0	9.8	5.2	5.8	5.5	5.7	7.3
Canada	5.3	5.4	5.2	5.0	4.6	4.4	4.2	3.8	3.9	4.1	Belgium–Luxembourg	7.1	6.1	7.3	7.0	6.2	1.2	1.3	1.8	2.0	1.7
Former USSR/Anc. URSS						x3.0	x4.4	x5.4	x1.2	x3.3	Italy/Italie	3.2	3.8	3.6	5.8	3.4	5.3	1.9	1.5	1.6	1.7

24601 PULPWOOD ROUGH OR SPLIT — EN RONDINS REFENDUS 24601

TRADE BY COMMODITY IN THOUSAND U.S. DOLLARS – COMMERCE PAR PRODUIT EN MILLIERS DE DOLLARS E.U

COUNTRIES–PAYS	IMPORTS – IMPORTATIONS					COUNTRIES–PAYS	EXPORTS – EXPORTATIONS				
	1988	1989	1990	1991	1992		1988	1989	1990	1991	1992
Total	178017	203965	173481	117092	169578	Totale	x466071	x469370	x356704	x252121	x51038
Africa	356	x4072	783	199	x256	Afrique	264	310	73	x11	
Northern Africa	356	x4072	x275	199	x256	Afrique du Nord	248	244	64		
Americas	x7206	x7380	x6509	x4478		Amériques	x85257	x82430	x33544	x20292	x37136
LAIA	x1139	x1381	x2396	x191		ALAI	75719	82225	33175	x20070	x36162
CACM		x5	0			MCAC				0	
Asia	x30841	x26530	x7599	x661		Asie	8002	3752	7271	x244	x3
Middle East	7038	205				Moyen–Orient	118	1			
Europe	139614	165983	158585	111753	169322	Europe	1831	1186	1836	2612	x4666
EEC				x2225	x2280	CEE				x265	x1459
EFTA	139614	165983	158585	109528	167042	AELE	1831	1186	1836	2347	3207
Oceania						Océanie	356				
Finland/Finlande	139614	165983	158585	109528	167042	Former USSR/Anc. URSS	x360658	x372649	x309632	x225320	
Japan/Japon	x11717	x16552	x3456	x49		Argentina/Argentine	27108	38309	29708	x14212	x21699
China/Chine	8865	7141	4143	594		Chile/Chili	43172	39186		x3	
Morocco/Maroc	180	x3923	211	199	109	Poland/Pologne	x9702	x9042	x4349	x3640	x9232
Antigua and Barbuda		x1205	x1176	x1393		Uruguay	1943	4535	3460	5838	7346
Saint Lucia/St. Lucie		x1143	x1375	x1108		China/Chine	110	3689	4460	171	
India/Inde	x3182	x2581				Finland/Finlande	1831	1186	1836	2347	3207
Germany/Allemagne				x2225	x2280	Philippines	7262		2766		
Brazil/Brésil	4	x13	x2106	x96		USA/Etats–Unis d'Amer	931	x204	x364	x204	x6
Martinique		x1725				Algeria/Algérie	230	242	64		
St Vincent & Grenadines		x459	x501	x483		Germany/Allemagne				x265	x1459
Montserrat		x424	x465	x430		Mongolia/Mongolie	x17	x62	x39	x73	
Colombia/Colombie		x1198	99			Ecuador/Equateur		122			
Grenada/Grenade		x327	x305	x295		Colombia/Colombie		44	1		
Panama		x406	x83	x406		Cameroon/Cameroun		43			
Ethiopia/Ethiopie			500			Paraguay	x21	x13	x6	x18	
Uruguay	187	156	189	92		Cote d'Ivoire		x23			
Saint–Kitts–Nevis		x102	x88	x116		Canada	x8607	0	x4	x19	x969
Tunisia/Tunisie	142	149	x64			Ghana			13	x9	x8
Saudi Arabia		205				Bolivia/Bolivie				x5	
Dominica/Dominique		77	x57	x52		India/Inde					x7117
USA/Etats–Unis d'Amer	5182	x126	x28			Brazil/Brésil	3472	x3		x2	
Pakistan	33	51				Zambia/Zambie					
Trinidad and Tobago	10		31			Libyan Arab Jamahiriya		x2			
Bangladesh				x18		Hungary/Hongrie		x2			
Bolivia/Bolivie	0	14				Zimbabwe				x1	
Togo	0	1	9	1		Saudi Arabia	118	1		0	
Cayman Is/Is Caïmans			x3	x3		Guatemala		0			
Costa Rica		x5				Kenya					
Former USSR/Anc. URSS			x5								
Argentina/Argentine				3							
Peru/Pérou			2								
Hungary/Hongrie		x1									
El Salvador			0								

(VALUE AS % OF TOTAL)(VALEUR EN % DU TOTAL)

	1983	1984	1985	1986	1987	1988	1989	1990	1991	1992		1983	1984	1985	1986	1987	1988	1989	1990	1991	1992
Africa		0.1	0.2	0.1	x0.1	0.2	x2.0	0.5	0.2	x0.2	Afrique		x0.0		x1.2	x0.7	0.1	0.1		x0.0	
Northern Africa		0.0	0.1	0.1	0.0	0.2	x2.0	x0.2	0.2	x0.2	Afrique du Nord			0.0	0.0	0.0	0.1	0.1	0.0		
Americas	4.4	x3.9	x2.5	x3.9	x2.2	4.0	x3.7	3.7		x3.8	Amériques	x8.6	7.7	4.1	x4.9	x3.5	x18.2	x17.5	x9.4	x8.1	x72.8
LAIA	0.1	0.0	x0.0	x0.1	x0.0	0.6	0.7	1.4	x0.2		ALAI	x0.1	0.0	0.2	x1.7	x2.4	16.2	17.5	9.3	x8.0	x70.9
CACM			x0.0	x0.0	x0.0						MCAC	x0.0	0.0	0.1	x0.1	x0.1				x0.0	
Asia	9.2	9.8	8.7	6.8	5.9	x17.3	x13.0	x4.4	x0.5		Asie	7.4	6.4	5.4	3.5	0.5	x1.7	0.8	2.0	x0.1	x0.0
Middle East	x0.0	0.8	1.4	0.0	0.3	4.0	0.1				Moyen–Orient		0.0	0.1							
Europe	86.4	86.2	88.6	89.2	91.7	78.4	81.4	91.4	95.4	99.8	Europe	83.7	85.9	90.4	90.2	22.9	0.4	0.3	0.5	1.0	x9.1
EEC	26.6	21.4	23.2	22.9	22.1				x1.9	x1.3	CEE	73.2	68.0	75.8	69.0	16.6				x0.1	x2.9
EFTA	59.8	57.7	54.6	65.9	69.6	78.4	81.4	91.4	93.5	98.5	AELE	10.5	16.3	14.3	20.2	5.8	0.4	0.3	0.5	0.9	6.3
Oceania		x0.0		x0.0	x0.0						Océanie	0.3			x0.0	0.1					
Finland/Finlande	32.6	29.9	20.8	17.3	17.9	78.4	81.4	91.4	93.5	98.5	Former USSR/Anc. URSS					0.1	x58.1	x77.4	x79.4	x86.8	x89.4
Japan/Japon	9.0	8.9	7.3	6.6	4.3	5.8	8.1	x0.0			Argentina/Argentine				0.2	x1.4	x2.0	9.3	8.3	x5.6	x42.5
China/Chine					1.2	5.0	3.5	2.4	0.5		Chile/Chili		0.0	0.2	x1.4		x2.0	9.3	8.3	x0.0	
Morocco/Maroc				0.0		0.1	x1.9	0.1	0.2	0.1	Poland/Pologne				x2.4	x2.1	x1.9	x1.2	1.4	x18.1	
Antigua and Barbuda						x0.6	0.7	x1.2			Uruguay					0.4	1.0	1.0	2.3	14.4	
Saint Lucia/St. Lucie						x0.6	x0.8	x0.9			China/Chine					0.0	0.8	0.5	1.3	0.1	
India/Inde	3.7	2.0	x0.0	x0.0	x1.8	x1.3					Finland/Finlande	1.3	4.3	4.1	10.0	2.7	0.4	0.3	0.5	0.9	6.3
Germany/Allemagne			2.1	2.0	1.7				x1.9	x1.3	Philippines	3.0	3.2	2.8	1.3		1.6		0.8		
Brazil/Brésil			0.0	0.0	0.0	0.0	x0.0	x1.2	x0.1		USA/Etats–Unis d'Amer	2.7	3.1	1.3	0.7	0.1	0.2	x0.0	x0.1	x0.1	x0.0
Martinique							x0.8				Algeria/Algérie				0.0	0.0	0.0	0.1	0.0		

24602 PULPWOOD CHIPS, PARTICLES — EN FORME DE PLAQUETTES 24602

TRADE BY COMMODITY IN THOUSAND U.S. DOLLARS – COMMERCE PAR PRODUIT EN MILLIERS DE DOLLARS E.U

IMPORTS – IMPORTATIONS

COUNTRIES-PAYS	1988	1989	1990	1991	1992
Total	1276960	1559857	1627949	1879612	1879816
Africa	3335	1479	1084	x77	x49
Northern Africa	3315	1462	1017	x26	0
Americas	46906	43006	37488	40477	38330
LAIA	2068	7270	4225	3450	3110
CACM			0	x7	
Asia	1075028	1378104	1444863	1712368	1667756
Middle East	x108	515	x84	591	x501
Europe	150393	135025	144231	126294	173456
EEC	30257	31241	43850	46405	60575
EFTA	120095	103134	97424	78904	112245
Oceania	105	62	72	x200	168
Japan/Japon	1068633	1357150	1432782	1699200	1636779
Sweden/Suède	59605	69088	57325	37065	32450
USA/Etats-Unis d'Amer	37886	28920	24096	24379	17983
France,Monac	14498	14869	20258	23018	32067
Korea Republic	6171	20247	11748	12170	27154
Norway,SVD,JM	33925	16754	14258	10448	17262
Austria/Autriche	15374	9387	10134	12318	46702
Finland/Finlande	6885	4304	11203	14409	17202
Canada	6930	6750	9124	12582	7188
Belgium–Luxembourg	5341	6790	8753	6822	9746
Italy/Italie	2177	2092	5622	8826	3085
Mexico/Mexique	2067	7267	3965	3280	4884
Switz.Liecht	4306	3598	4503	4663	3389
Netherlands/Pays-Bas	2187	1390	2803	3200	2652
Germany/Allemagne	2185	1549	2302	1961	x985
Yugoslavia SFR	1	614	2824	x985	1724
Denmark/Danemark	719	588	1075	1456	109
Portugal	1973	1734	1205	2	3079
Spain/Espagne	784	1732	535	451	
Egypt/Egypte	2819	1428	1006		
Poland/Pologne	x1110	x2172	x210	x2	x6
United Kingdom	352	482	1052	596	573
Singapore/Singapour	31	120	120	226	299
Turkey/Turquie	20	5		454	48
Saudi Arabia	x2	447		x3	x116
Brazil/Brésil	x1		256	118	x4
Ireland/Irlande	40	4	244	48	30
Australia/Australie	104	38	69	145	158
Malta/Malte	9	35	132		
Oman	30	45	34	83	
Philippines		x26		94	
Bulgaria/Bulgarie				x99	x32
United Arab Emirates	x7		x37	x43	x83
Former USSR/Anc. URSS	x9			x71	
Israel/Israël	22	13	25	26	66
Un. Rep. of Tanzania			x35	x25	x26
New Zealand		15		43	9
Malaysia/Malaisie	7	2	29	26	x57
So. Africa Customs Un	19	17	21	x12	x23
Thailand/Thaïlande	0	0	49	1	1
Libyan Arab Jamahiriya	0	x34	x8		
Barbados/Barbade		5	22	11	
Greece/Grèce			10	2	x18
Dominican Republic		x35		24	
China/Chine	2		5	28	2877
Trinidad and Tobago				31	3
Peru/Pérou		4	0	26	
Cyprus/Chypre		3	13	8	
Papua New Guinea			10	3	6
India/Inde	x40	x14	x11	x12	

EXPORTS – EXPORTATIONS

COUNTRIES-PAYS	1988	1989	1990	1991	1992
Totale	x718713	x977457	969450	1112681	x1157626
Afrique	x42432	x41969	x42810	x57134	x73481
Afrique du Nord			15	x3	
Amériques	x415408	x648715	638969	740423	x840113
ALAI	x51324	x119967	106577	152579	x271929
MCAC			x5	x308	
Asie	x10366	33750	x51881	68695	x73562
Moyen-Orient	386	149	x10	x11	
Europe	102635	96932	102560	108658	115811
CEE	54763	60954	65899	70587	81451
AELE	46163	35812	36658	37948	33989
Océanie	27629	40233	40346	55569	46759
USA/Etats-Unis d'Amer	286201	389144	412018	489654	474453
Chile/Chili	x51289	x119922	106371	152222	x271834
Canada	77824	139565	120321	97856	93656
Former USSR/Anc. URSS	x87297	x98176	x76636	x74735	
So. Africa Customs Un	x42431	x41954	x42748	x57108	x73443
New Zealand	20422	25225	21998	37092	25650
China/Chine	6238	12104	23576	44968	43355
Germany/Allemagne	15059	17982	24594	34179	41848
Indonesia/Indonésie	1893	14936	18646	14855	10988
Sweden/Suède	27763	15769	13394	13575	13187
Finland/Finlande	10124	11433	11945	11945	10687
France,Monac	10275	10445	10713	11770	13615
Poland/Pologne	x26274	x14929	x13625	x3798	x2766
Fiji/Fidji			8181	10651	12657
Belgium–Luxembourg	4907	6781	10101	10953	15221
Denmark/Danemark	8166	9403	10443	5657	10909
Papua New Guinea	7207	6827	7432	5732	5883
Austria/Autriche	5215	4969	7459	6994	5226
Thailand/Thaïlande	199	2447	5789	6994	6056
Norway,SVD,JM	2864	3387	3653	5314	x12719
				5209	3773
Ireland/Irlande	3659	3497	3418	2730	3757
United Kingdom	4290	4654	2050	1782	1912
Portugal	4360	4353	2590	1499	2152
Czechoslovakia	x4396	x2549	x2062	x3339	x5007
Singapore/Singapour			1904	1378	1015
Malaysia/Malaisie	1621	2130	2203	1112	x1943
Netherlands/Pays-Bas	330	974	1094	1931	1222
Spain/Espagne	3638	2861	857	29	7
Hungary/Hongrie	x1213	x155	x544	x331	x97
Viet Nam				x934	x3464
Switz.Liecht	196	254	207	225	285
Australia/Australie			267	87	662
Brazil/Brésil	x2	0	x157	x190	x28
Honduras			x5	x308	
Yugoslavia SFR	1709	166	4	x123	
India/Inde	x21	x24	x117	x96	x19
Saudi Arabia	343	149			
Mexico/Mexique	33	45	40	48	63
Uruguay				x118	
Jamaica/Jamaïque	x58	x39	x42	x9	x75
Italy/Italie	79	4	32	53	146
Lao People's Dem. Rp.			x49		
Kenya	1		40		
Sri Lanka		x34			
Japan/Japon	x3	13	1	12	11
Former GDR	x1064	x22			
Haiti/Haïti			x5	x17	
Un. Rep. of Tanzania			x12	x7	x7
Cote d'Ivoire				x17	
Bulgaria/Bulgarie			x16		x27

(VALUE AS % OF TOTAL)(VALEUR EN % DU TOTAL)

Imports

	1983	1984	1985	1986	1987	1988	1989	1990	1991	1992
Africa	0.1		0.2	x0.3	x0.3	0.3	0.1	0.1	x0.0	x0.0
Northern Africa	0.1	0.0	0.2	0.3	0.2	0.3	0.1	0.1	0.0	0.0
Americas	x7.8	x7.1	x4.2	x4.5	x2.1	3.7	2.8	2.3	2.2	2.1
LAIA	x0.0	x0.0	x0.0	x0.0	x0.0	0.2	0.5	0.3	0.2	0.2
CACM								0.0	x0.0	
Asia	81.9	82.8	85.2	x80.1	x82.0	84.2	88.3	88.7	91.1	88.7
Middle East	x0.0	x0.1	x0.1	x0.3	x0.1					
Europe	10.2	10.1	10.4	15.1	15.5	11.8	8.7	8.9	6.7	9.2
EEC	1.1	1.3	1.2	1.6	2.1	2.4	2.0	2.7	2.5	3.2
EFTA	9.1	8.8	9.1	13.5	13.4	9.4	6.6	6.0	4.2	6.0
Oceania				x0.0	x0.0			x0.0		
Japan/Japon	81.4	81.6	84.1	79.2	81.8	83.7	87.0	88.0	90.4	87.1
Sweden/Suède	1.9	2.2	3.9	6.4	6.3	4.7	4.4	3.5	2.0	1.7
USA/Etats-Unis d'Amer	7.0	6.2	3.3	2.5	1.7	3.0	1.9	1.5	1.3	1.0
France,Monac	0.6	0.6	0.7	0.9	1.2	1.1	1.0	1.2	1.2	1.7
Korea Republic	0.4	1.1	1.1	0.6	0.2	0.5	1.3	0.7	0.6	1.4
Norway,SVD,JM	1.5	2.3	2.1	3.8	4.1	2.7	1.1	0.9	0.6	0.9
Austria/Autriche	0.8	0.7	1.1	2.0	1.5	1.2	0.6	0.6	0.7	0.6
Finland/Finlande	4.6	3.4	1.7	0.8	1.0	0.5	0.3	0.7	0.8	2.5
Canada	0.7	0.9	0.9	2.0	0.5	0.4	0.4	0.6	0.7	0.9
Belgium–Luxembourg	0.4	0.3	0.2	0.3	0.6	0.4	0.4	0.5	0.4	

Exports

	1983	1984	1985	1986	1987	1988	1989	1990	1991	1992
Afrique	5.1	4.2	3.9	x6.5	x5.9	x5.9	x4.3	x4.4	x5.1	x6.3
Afrique du Nord								0.0	x0.0	
Amériques	50.2	x45.4	x51.1	x44.0	x35.7	57.7	x66.4	65.9	66.5	x72.6
ALAI	x0.0	x0.0	x0.0	1.3	x2.9	x7.1	x12.3	11.0	13.7	x23.5
MCAC			0.0	0.1	0.3	x0.0			x0.0	
Asie	2.3	2.3	1.9	x1.3	0.5	x1.4	3.5	x5.4	6.2	x6.4
Moyen-Orient						0.0		0.1	x0.0	
Europe	7.2	8.2	8.6	12.0	11.0	14.3	9.9	10.6	9.8	10.0
CEE	2.9	3.7	3.5	6.0	5.3	7.6	6.2	6.8	6.3	7.0
AELE	4.4	4.6	5.1	5.9	5.7	6.4	3.7	3.8	3.4	2.9
Océanie	35.3	39.8	34.4	36.3	x35.5	3.8	4.1	4.2	5.0	4.1
USA/Etats-Unis d'Amer	35.2	32.4	37.4	31.9	25.2	39.8	39.8	42.5	44.0	41.0
Chile/Chili			x1.3	x2.9	x7.1	x12.3	11.0	13.7	x23.5	
Canada	14.9	13.0	13.5	10.5	7.5	10.8	14.3	12.4	8.8	8.1
Former USSR/Anc. URSS					x10.0	x12.1	x10.0	x7.9	x6.7	
So. Africa Customs Un	5.1	4.2	3.9	x6.5	x5.9	x4.3	x4.4	x5.1	x6.3	
New Zealand		0.1	0.2	0.2		2.8	2.6	2.3	3.3	2.2
China/Chine					0.1	0.9	1.2	2.4	4.0	3.7
Germany/Allemagne	0.1	0.2	0.2	0.3	0.2	2.1	1.8	2.5	3.1	3.6
Indonesia/Indonésie		0.1	0.2	0.3	0.2	0.3	1.5	1.9	1.3	0.9
Sweden/Suède	2.4	2.8	3.3	3.5	3.4	3.9	1.6	1.4	1.2	1.1

324

2471 SAW-, VENEER-LOGS CONIFER / CONIFERES POUR SCIAGE, PLACAG 2471

TRADE BY COMMODITY IN THOUSAND U.S. DOLLARS – COMMERCE PAR PRODUIT EN MILLIERS DE DOLLARS E.U

IMPORTS – IMPORTATIONS

COUNTRIES–PAYS	1988	1989	1990	1991	1992
Total	5023758	5156210	5095463	4769739	4762852
Africa	x15193	19523	x28049	x18230	x26111
Northern Africa	10621	16681	x20655	x12351	x23026
Americas	x132077	x166910	x177142	x199314	x197181
LAIA	461	1967	5230	13766	21145
CACM	x17	x123	x474	x348	x375
Asia	3843440	3911257	3735380	3325406	3464774
Middle East	x7375	44741	x82711	114497	x111932
Europe	1026924	1047165	1124023	1151532	1055084
EEC	359066	396299	505400	540615	485873
EFTA	641721	607444	554199	595542	563748
Oceania	x2823	x3825	x2204	x1977	x2377
Japan/Japon	2511191	2856944	2733463	2384014	2646959
Korea Republic	394906	454587	528028	537714	468499
China/Chine	915550	537981	366678	266768	199221
Italy/Italie	160198	178784	249894	272532	237692
Austria/Autriche	167298	163557	223214	285237	260291
Sweden/Suède	329099	285992	170167	165118	168547
Canada	108981	118693	129620	140638	116291
Finland/Finlande	73846	85605	92533	78292	77740
Germany/Allemagne	76795	88950	91045	69089	87341
Turkey/Turquie	1	36817	66105	96578	88795
Norway, SVD, JM	55865	56192	56723	56333	44419
Yugoslavia SFR	25634	42643	63738	x14228	49711
USA/Etats–Unis d'Amer	15111	36707	34553	32461	30886
Spain/Espagne	15149	29203	32692	36785	x1847
Hungary/Hongrie	x1707	x5813	x23170	52021	x1847
France, Monac	14441	8595	22213	49198	37478
Netherlands/Pays–Bas	22766	18765	26004	24220	18850
United Kingdom	19490	21626	21817	24372	22718
Belgium–Luxembourg	16425	15387	22457	27578	28650
Greece/Grèce	12295	15590	19490	18797	x5347
Denmark/Danemark	17776	13174	14685	9908	12026
Switz.Liecht	15219	15587	11158	10110	12505
Egypt/Egypte	8217	14414	13783	6288	11804
Czechoslovakia		581	458	x19217	x7185
Mexico/Mexique	329	1357	4316	12876	19797
Ireland/Irlande	2911	4112	4671	8087	4669
Indonesia/Indonésie	158	3375	9489	1014	106
Philippines	323	x1678	1365	8691	11730
Iran (Islamic Rp. of)	x11	x412	x5072	x4976	x4178
Oman	x2508	8	x4896	x4588	x3467
Bangladesh	x1434	x4598	x2129	x1376	x16860
Algeria/Algérie	827	x317	x3948	x3663	x5844
Saudi Arabia	2018	1708	x3172	x2767	x9886
India/Inde	6344	x1452	5190	698	x2846
Bahamas	x8	x1821	x1678	x1450	x1932
Former GDR	x26		x4621		
Panama	1310	1117	843	2418	1020
Sri Lanka	5	424	390	3397	1256
Israel/Israël	2464	865	1219	1951	1123
Singapore/Singapour	1373	1739	1229	914	45
Guadeloupe	818	1852	947	906	1079
Cyprus/Chypre	656	336	1239	1924	468
Hong Kong	1563	279	1583	1517	1758
Tunisia/Tunisie	89	605	1290	1474	2025
Mauritius/Maurice			2414	799	981
Thailand/Thaïlande	650	2183	174	790	366
So. Africa Customs Un	1318	1352	835	x808	x161
Iraq	x1316	x2715	x111	x96	x47
Libyan Arab Jamahiriya	x1395	687	1280	x912	x3351
New Zealand	2069	1147	878	772	696

EXPORTS – EXPORTATIONS

COUNTRIES–PAYS	1988	1989	1990	1991	1992
Totale	x5978828	x5758555	x5237983	x4843050	3600051
Afrique	x2504	x1911	x6563	x13150	x5203
Afrique du Nord	3	59	x274	17	x8
Amériques	x2457102	2427632	2461073	2165806	x2326556
ALAI	x85096	38856	81293	71427	x111718
MCAC	6269	2790	3478	x1349	x41
Asie	x40527	x51878	x46822	x52100	x68909
Moyen–Orient	331	4110	1457	1878	5496
Europe	591621	672531	842021	939339	814085
CEE	370727	418573	524745	670719	534593
AELE	219492	252730	315551	267124	270147
Océanie	75680	95575	190636	228577	255714
USA/Etats–Unis d'Amer	2096734	2209211	2260966	1983877	2044904
Former USSR/Anc. URSS	x2627428	x2377041	x1606109	x1347276	
Germany/Allemagne	181805	209120	295172	458818	335545
New Zealand	69766	89983	181401	209218	232842
Canada	268924	176324	115100	108507	167974
Belgium–Luxembourg	73937	84046	93135	81318	70207
Austria/Autriche	42335	56723	101168	64658	51101
France, Monac	52743	67535	78055	67010	56176
Switz.Liecht	38951	41134	69226	72750	74974
Chile/Chili	62133	35159	79809	67560	x97327
Finland/Finlande	62014	57921	52452	39726	52252
Sweden/Suède	41921	40878	54391	52669	51761
Norway, SVD, JM	34268	56074	38314	37321	40059
Former GDR	x105063	x61448	x15990		
Czechoslovakia	x28150	x19432	x15167	x38484	x52041
Bulgaria/Bulgarie	x21886	x31140	x36363	x4314	x5978
Malaysia/Malaisie	21116	23280	23007	16424	x23013
Denmark/Danemark	23140	21511	16501	17742	17108
Poland/Pologne	12819	11785	15107	16294	15624
Netherlands/Pays–Bas	x7254	x6526	x3710	x41132	x59761
Hungary/Hongrie	x20950	x13376	x13526	x12835	x11803
Ireland/Irlande	7205	7537	8588	13412	14623
United Kingdom	12945	8828	5025	6064	5299
China/Chine	2222	1825	3356	14494	14036
Portugal	4331	4953	6905	7649	15305
Korea Dem People's Rp	x2100	x10663	x3566	x3624	x3340
Papua New Guinea	695	1697	4836	7585	15818
Australia/Australie	1414	826	1853	11381	6481
Viet Nam	x2400	x2539	x4622	x5068	x2313
Japan/Japon	5501	5046	3757	2403	1415
Myanmar	x620	x2015	x1831	x3822	x5069
Honduras	6265	2786	3399	x1338	16
Congo			x3145	x4095	x510
So. Africa Customs Un	x720	x488	x1310	x4939	x3857
Turkey/Turquie		7	3508	1406	1479	5449
Lao People's Dem. Rp.	x5078	x1307	x2789	x2139	x7419
Spain/Espagne	1223	1469	1523	2784	2586
Greece/Grèce	305	743	3637	107	x1260
Yugoslavia SFR	1398	1225	1715	x1483	
Cameroon/Cameroun	x865	32	x466	3231	x56
Italy/Italie	273	1045	1096	1522	860
Hong Kong	511	110	1692	936	1515
Fiji/Fidji	2203	749	1532	302	572
Vanuatu	1016	1727	780		
Mexico/Mexique	2216	1132	886	274	267
Uruguay				x2281	x38
Colombia/Colombie	x1	x1858	0	x1	7
Cote d'Ivoire		x436	x362	x346	x184
Gabon	x249	x234	x452	x243	x467
Pacific Isld (Tr Terr.)		x562	x234	x76	

(VALUE AS % OF TOTAL) (VALEUR EN % DU TOTAL)

	1983	1984	1985	1986	1987	1988	1989	1990	1991	1992		1983	1984	1985	1986	1987	1988	1989	1990	1991	1992
Africa	3.6	2.0	2.7	x1.0	x1.0	x0.3	0.4	x0.5	x0.4	x0.5	Afrique	x0.0	x0.4	x0.6	x1.1	x0.3	x0.0	x0.0	x0.1	x0.3	x0.1
Northern Africa	3.6	2.0	2.7	1.0	1.0	0.2	0.3	x0.4	x0.3	x0.5	Afrique du Nord						0.0	0.0	0.0	0.0	0.0
Americas	4.2	4.5	4.9	x4.0	2.9	2.7	3.2	x3.5	4.1	4.2	Amériques	x59.9	64.3	85.3	x83.4	x46.4	41.1	42.1	47.0	44.7	x64.7
LAIA	0.1	0.1	0.1	x0.1	x0.1	0.0	0.0	0.1	0.3	0.4	ALAI	x0.0	1.8	3.1	x2.9	x1.0	x1.4	0.7	1.6	1.5	x3.1
CACM	x0.0	0.0	0.0	x0.0	x0.0	x0.0	x0.0	x0.0	x0.0	x0.0	MCAC	x0.0	0.0	0.1	0.1	0.0	0.1	0.0	0.1	x0.0	x0.0
Asia	81.1	82.3	81.3	82.5	84.8	76.5	75.8	73.3	69.7	72.7	Asie	12.0	6.5	1.4	x1.3	x1.0	x0.7	0.9	0.9	x1.0	x1.9
Middle East	x0.2	x0.9	x0.2	0.5	x1.3	x0.1	0.9	x1.6	2.4	x2.4	Moyen–Orient	x0.0	0.2	0.1	0.1	0.0	0.1	0.0	0.0	0.0	0.2
Europe	11.1	11.0	11.1	12.5	11.1	20.4	20.3	22.1	24.1	22.2	Europe	7.8	8.3	11.3	12.9	7.0	9.9	11.7	16.1	19.4	22.6
EEC	5.4	5.6	5.0	6.0	4.8	7.1	7.7	9.9	11.3	10.2	CEE	3.4	3.2	5.3	6.6	3.4	6.2	7.3	10.0	13.8	14.8
EFTA	5.6	5.3	6.0	6.4	6.3	12.8	11.8	10.9	12.5	11.8	AELE	4.4	5.1	6.0	6.3	3.6	3.7	4.4	6.0	5.5	7.5
Oceania	x0.0	x0.0	x0.0	x0.0	x0.0	x0.0	0.1	x0.0	x0.0	x0.0	Océanie	1.3	1.0	1.5	x1.3	1.0	1.3	1.7	3.6	4.8	7.1
Japan/Japon	71.0	71.1	71.0	71.2	62.4	50.0	55.4	53.6	50.0	55.6	USA/Etats–Unis d'Amer	54.4	54.1	74.8	72.2	39.4	35.1	38.4	43.2	41.0	56.8
Korea Republic	8.6	9.0	9.0	8.4	7.1	7.9	8.8	10.4	11.3	9.8	Former USSR/Anc. URSS	19.0	19.6			x43.7	x43.9	x41.3	x30.7	x27.8	
China/Chine					12.8	18.2	10.4	7.2	5.6	4.2	Germany/Allemagne	1.4	1.5	3.5	4.0	2.0	3.0	3.6	5.6	9.4	9.3
Italy/Italie	2.7	3.1	2.9	3.2	2.4	3.2	3.5	4.9	5.7	5.0	New Zealand	1.3	0.9	1.4	1.3	0.8	1.2	1.6	3.5	4.3	6.5
Austria/Autriche	3.4	2.7	3.1	3.2	3.4	3.3	3.2	4.4	6.0	5.5	Canada	5.4	8.2	7.4	8.2	5.9	4.5	3.1	2.2	2.2	4.7
Sweden/Suède	0.7	0.8	1.2	1.5	1.7	6.6	5.5	3.3	3.5	3.5	Belgium–Luxembourg	1.2	1.0	1.2	1.7	0.9	1.2	1.5	1.8	1.7	2.0
Canada	2.8	3.4	3.6	3.5	2.2	2.2	2.3	2.5	2.9	2.4	Austria/Autriche	1.1	1.3	1.5	2.1	1.0	0.7	1.0	1.9	1.3	1.4
Finland/Finlande	1.0	1.3	1.4	1.0	0.8	1.5	1.7	1.8	1.6	1.6	France, Monac	0.4	0.4	0.4	0.7	0.3	0.9	1.2	1.5	1.4	1.6
Germany/Allemagne	2.0	1.7	1.3	1.6	1.3	1.7	1.7	1.8	1.4	1.9	Switz.Liecht	1.0		1.3	1.7	1.0	0.7	0.7	1.3	1.5	2.1
Turkey/Turquie			0.0	0.0	0.0	x1.3	0.0	0.7	1.3	2.0	1.9	Chile/Chili		1.8	3.1	x2.8	x1.0	1.0	0.6	1.5	1.4	x2.7

24711 — IN THE ROUGH / ECORCES OU DEGROSSIS 24711

TRADE BY COMMODITY IN THOUSAND U.S. DOLLARS – COMMERCE PAR PRODUIT EN MILLIERS DE DOLLARS E.U

COUNTRIES–PAYS	1988	1989	1990	1991	1992	COUNTRIES–PAYS	1988	1989	1990	1991	1992
	IMPORTS – IMPORTATIONS						EXPORTS – EXPORTATIONS				
Total	4998623	5141661	5093626	4756216	4752236	Totale	x6584587	x5754591	x5234633	x4839680	3600487
Africa	x12623	x14894	x22122	x14514	x16480	Afrique	x2414	x1550	x5959	x12869	x4923
Northern Africa	x9452	x12115	x15687	x8986	x13396	Afrique du Nord		x75	x257	16	x8
Americas	127287	x166038	x182156	x197523	x196196	Amériques	x3071266	2426895	2460009	2165595	x2327611
LAIA	333	1822	5148	13538	21145	ALAI	x85096	38922	81293	71427	x111627
CACM	x4	x521	x494	x661	x410	MCAC	x1667	x1987	x2414	x1137	x1188
Asia	3825679	3902255	3734456	3317390	3464774	Asie	x39469	x50617	x45873	x50626	x68842
Middle East	x5894	43040	x82792	114462	x111932	Moyen–Orient	292	4021	1457	1878	5496
Europe	1026910	1047118	1124023	1151532	1055084	Europe	591621	672531	842021	939339	813990
EEC	359066	396299	505400	540615	485873	CEE	370727	418573	524745	670719	534593
EFTA	641721	607444	554199	595542	563748	AELE	219492	252730	315551	267124	270147
Oceania	x2823	x3825	x2204	x1977	x2377	Océanie	75641	95010	190401	228472	255714
Japan/Japon	2511191	2856944	2733463	2384014	2646959	USA/Etats-Unis d'Amer	x2715501	2209211	2260966	1983877	2044904
Korea Republic	394906	454587	528028	537714	468499	Former USSR/Anc. URSS	x2620212	x2376000	x1605609	x1345977	
China/Chine	899761	530555	366057	258837	199221	Germany/Allemagne	181805	209120	295172	456818	335545
Italy/Italie	160198	178784	249894	272532	237692	New Zealand	69766	89983	181401	209218	232842
Austria/Autriche	167259	163557	223214	285237	260291	Canada	268924	176324	115100	108507	167974
Sweden/Suède	329099	285992	170167	165118	168547	Belgium–Luxembourg	73937	84046	93135	81318	70207
Canada	108981	118693	129620	140638	116291	Austria/Autriche	42335	56723	101168	64658	51101
Finland/Finlande	73846	85605	92533	78292	77740	France, Monac	52743	67535	78055	67010	56176
Germany/Allemagne	76795	88950	91045	69089	87431	Switz.Liecht	38951	41134	69226	72750	74974
Turkey/Turquie		36817	66105	96578	88795	Chile/Chili	62133	35159	79809	67560	x97236
Norway, SVD, JM	55865	56192	56723	56333	44419	Finland/Finlande	62014	57921	52452	39726	52252
Yugoslavia SFR	25674	x42643	63738	x14228		Sweden/Suède	41921	40878	54391	52669	51761
USA/Etats–Unis d'Amer	15111	36707	34553	32461	49711	Norway, SVD, JM	34268	56074	38314	37321	40059
Spain/Espagne	15149	29203	32692	36785	30886	Former GDR	x105063	x61448	x15990		
Hungary/Hongrie	x1707	x5813	x23170	52021	x1847	Czechoslovakia	x28150	x19432	x15167	x38484	x52041
France, Monac	14441	8595	22213	49198	37478	Bulgaria/Bulgarie	x21886	x31140	x36363	x4314	x5978
Netherlands/Pays–Bas	22766	18765	26004	24220	18850	Malaysia/Malaisie	21116	23280	23007	16424	x22946
United Kingdom	19490	21626	21817	24372	22718	Denmark/Danemark	23140	21511	16501	17742	17108
Belgium–Luxembourg	16425	15387	22457	27578	28650	Poland/Pologne	x7254	x6526	x3710	x41132	x59583
Greece/Grèce	12295	15590	19490	18797	x5347	Netherlands/Pays–Bas	12819	11785	15107	16294	15624
Denmark/Danemark	17776	13174	14685	9908	12026	Hungary/Hongrie	x20950	x13376	x13526	x12835	x11803
Switz.Liecht	15219	15587	11158	10110	12505	Ireland/Irlande	7205	7537	8588	13412	14623
Egypt/Egypte	x5522	x9635	x8630	x2935	x2173	United Kingdom	12945	8828	5025	6064	5299
Czechoslovakia		581	458	x19217	x7185	Portugal	4331	4953	6905	7649	15305
Mexico/Mexique	329	1357	4316	12876	19797	Korea Dem People's Rp	x1253	x10497	x3566	x3624	x3340
Ireland/Irlande	2911	4112	4671	8087	4669	China/Chine	2124	999	2846	13490	14036
Indonesia/Indonésie	155	x1678	3375	9489	1014	106	Papua New Guinea	656	1695	4836	7556	15818
Philippines	323	x412	1035	8691	11730	Australia/Australie	1414	826	1853	11381	6481
Iran (Islamic Rp. of)	x11	8	x5072	x4976	x4178	Viet Nam	x2400	x2539	x4619	x5068	x2313
Oman	x2508		x4896	x4588	x3467	Japan/Japon	5501	5046	3757	2403	1415
Bangladesh	x1434	x4598	x2129	x1376	x16860	Congo			x3145	x4095	x510
Algeria/Algérie	827	x317	x3948	x3663	x5844	Myanmar	x601	x1937	x1731	x3364	x5069
India/Inde	6344	x1452	5190	698	x2846	Turkey/Turquie		3508	1406	1479	5449
Jamaica/Jamaïque	1	1	x5923	1337	x112	Lao People's Dem. Rp.	x5078	x1307	x2789	x2139	x7419
Saudi Arabia	538	49	x3172	2767	x9886	So. Africa Customs Un	x638	x488	x723	x4659	x3577
Bahamas		x1821	x1678	x1450	x1932	Spain/Espagne	1223	1469	1523	2784	2586
Former GDR	x26		x4621			Honduras	x1667	x1958	x2345	x1130	x1162
Sri Lanka		424	390	3397	1256	Greece/Grèce	305	743	3637	107	x1260
Libyan Arab Jamahiriya	x1395	x1502	x1715	x912	x3351	Yugoslavia SFR	1398	1225	1715	x1483	
Israel/Israël	2464	865	1219	1951	1123	Cameroon/Cameroun	x865	32	x466	3231	x56
Singapore/Singapour	1118	1739	1229	914	45	Italy/Italie	273	1045	1096	1522	860
Guadeloupe	818	1852	947	906	1079	Fiji/Fidji	2203	749	1532	302	572
Cyprus/Chypre	656	336	1239	1924	468	Vanuatu	1016	1727	780		
Hong Kong	x1353	x240	x1527	x1468	1758	Hong Kong	x511	x110	x1358	x929	1515
Mauritius/Maurice			2414	799	981	Mexico/Mexique	2215	1132	886	274	267
Thailand/Thaïlande	650	2183	174	790	366	Uruguay				x2281	x38
So. Africa Customs Un	95	1352	835	x808	x161	Colombia/Colombie	x1	x1858	0	x1	7
Iraq	x1316	x2715	x111	x96	x47	Gabon	x249	x234	x452	x243	x467
New Zealand	2069	1147	878	772	696	Jordan/Jordanie	278	422	51	371	x3
Tunisia/Tunisie	x1615	2	1290	1474	2025	Venezuela	x7	424	409	6	22

(VALUE AS % OF TOTAL)(VALEUR EN % DU TOTAL)

	1983	1984	1985	1986	1987	1988	1989	1990	1991	1992		1983	1984	1985	1986	1987	1988	1989	1990	1991	1992
Africa	1.7			x0.1	x0.1	0.3	0.3	0.4	0.3	0.3	Afrique	x0.0	0.4	0.5	1.0	0.3	0.0	x0.0	0.1	0.3	0.1
Northern Africa	1.7		x0.1	x0.1	x0.1	x0.2	0.2	x0.3	0.2	x0.3	Afrique du Nord							x0.0	0.0	x0.0	
Americas	4.1	4.6	4.8	x4.0	x2.9	2.6	x3.2	3.6	x4.1	4.1	Amériques	x75.8	x82.1	x87.7	x84.8	x46.8	x46.6	42.2	47.0	44.7	x64.7
LAIA	0.0	0.0	0.0	x0.0	x0.0	x0.0	0.0	0.1	0.3	0.4	ALAI	x0.0	1.9	2.6	x2.9	x1.0	x1.3	0.7	1.6	1.5	x3.1
CACM	x0.0	x0.0	x0.0	x0.0	x0.0	x0.0	x0.0	x0.0	x0.0	x0.0	MCAC	x0.0	0.0	0.0	0.0	x0.0	0.0	x0.0	x0.0	x0.0	x0.0
Asia	83.5	84.9	84.4	83.8	86.4	76.5	75.9	73.3	69.8	72.9	Asie	15.0	8.0	1.1	x0.9	x0.8	0.6	x0.9	0.9	x1.0	x1.9
Middle East	x0.1	x0.3	x0.1	x0.2	x0.8	0.1	0.8	x1.6	2.4	x2.4	Moyen–Orient	x0.0	0.2	0.0		0.0	0.0	0.0	0.0	0.0	0.2
Europe	10.6	10.5	10.7	12.0	10.6	20.5	20.4	22.1	24.2	22.2	Europe	7.6	8.2	9.3	11.8	6.1	9.0	11.7	16.1	19.4	22.6
EEC	4.9	5.0	4.4	5.3	4.1	7.2	7.7	9.9	11.4	10.2	CEE	4.1	3.8	5.1	6.2	3.2	5.6	7.3	10.0	13.9	14.8
EFTA	5.8	5.5	6.3	6.6	6.5	12.8	11.8	10.9	12.5	11.9	AELE	3.5	4.4	4.2	5.5	2.9	3.3	4.4	6.0	5.5	7.5
Oceania				x0.0	x0.0	0.0	0.0	x0.0	0.0	0.0	Océanie	1.6	1.3	1.4	1.3	1.0	1.2	1.7	3.6	4.8	7.1
Japan/Japon	73.3	74.0	73.9	73.7	64.2	50.2	55.6	53.7	50.1	55.7	USA/Etats–Unis d'Amer	x69.2	x69.6	x77.5	x73.6	x39.9	x41.2	38.4	43.2	41.0	56.8
Korea Republic	8.8	9.2	9.2	8.5	7.1	7.9	8.8	10.4	11.3	9.9	Former USSR/Anc. URSS				x44.3	x39.8	x41.3	x30.7	x27.8		
China/Chine					13.0	18.0	10.3	7.2	5.4	4.2	Germany/Allemagne										
Italy/Italie	2.5	3.0	2.7	3.0	2.3	3.2	3.5	4.9	5.7	5.0	New Zealand	1.6	1.7	3.4	3.8	1.9	2.8	3.6	5.6	9.4	9.3
Austria/Autriche	3.5	2.8	3.2	3.3	3.5	3.3	3.2	4.4	6.0	5.5	Canada	x6.6	x10.6	x7.6	x8.4	x5.9	4.1	3.1	2.2	2.2	4.7
Sweden/Suède	0.7	0.9	1.3	1.6	1.7	6.6	5.6	3.3	3.5	3.5	Belgium–Luxembourg	1.5	1.3	1.2	1.7	1.0	1.1	1.5	1.8	1.7	1.9
Canada	2.9	3.5	3.7	3.6	2.3	2.2	2.3	2.5	3.0	2.4	Austria/Autriche	1.0	1.3	1.1	1.6	0.7	0.6	1.0	1.9	1.3	1.4
Finland/Finlande	1.1	1.4	1.4	1.1	0.8	1.5	1.5	1.8	1.6	1.6	France, Monac	0.5	0.6	0.4	0.7	0.3	0.8	1.2	1.5	1.4	1.6
Germany/Allemagne	2.0	1.6	1.2	1.7	1.4	1.5	1.7	1.8	1.5	1.8	Switz.Liecht	1.3	1.6	1.4	1.7	1.0	0.6	0.7	1.3	1.5	2.1
Turkey/Turquie			x0.2	x0.8		0.7	1.3	2.0	1.9		Chile/Chili	1.9	x2.6	x2.9	x1.0	0.9	0.6	1.5	1.4	x2.7	

NON CONIFERES SCIAGE, PLAC 2472

TRADE BY COMMODITY IN THOUSAND U.S. DOLLARS – COMMERCE PAR PRODUIT EN MILLIERS DE DOLLARS E.U

COUNTRIES–PAYS	1988	1989	1990	1991	1992	COUNTRIES–PAYS	1988	1989	1990	1991	1992
Total	4852656	4988650	5082561	4864160	5041167	Totale	x3710568	x3764459	x4031260	x4480691	x4455613
Africa	49823	65396	98901	x59898	x62089	Afrique	x628779	x583221	x976854	x1366257	x894639
Northern Africa	44582	57587	87171	54184	57968	Afrique du Nord	x61	x50	x251	x63	53
Americas	82918	96276	82135	74973	x86669	Amériques	x196474	x259456	x302596	302676	x334206
LAIA	9101	8307	9654	4304	x6953	ALAI	x8378	x3088	x22630	40508	x68385
CACM	x102	x24		x284	x188	MCAC	x436	x1056	x787	x1569	x308
Asia	3139290	3165766	3006714	3084284	3225717	Asie	1716131	1794627	1722049	1767308	x2399826
Middle East	x25023	32512	63181	39989	55968	Moyen–Orient	3972	473	945	952	x485
Europe	1548187	1616169	1844398	1603104	1653174	Europe	527313	557044	637840	583289	614105
EEC	1350111	1434913	1660128	1438522	1414379	CEE	435799	464323	526059	497459	517257
EFTA	184070	164831	165572	162742	232290	AELE	50489	48069	57178	47015	53680
Oceania	3535	x2860	x1968	x1367	x1154	Océanie	122532	x108278	x70087	x78787	x104923
Japan/Japon	2032382	2195338	1765744	1748605	1845861	Malaysia/Malaisie	1519418	1598707	1479036	1478022	x2110331
Korea Republic	505053	505643	462447	503040	450017	France, Monac	296598	311390	354018	311545	325913
Italy/Italie	350941	353152	456626	429041	411031	Former USSR/Anc. URSS	x427199	x376796	x245751	x297161	
Spain/Espagne	187606	258347	267215	194525	177407	Liberia/Libéria	x31505	x24854	x148135	x701650	x30962
Germany/Allemagne	231683	240485	253069	218922	231197	USA/Etats–Unis d'Amer	160843	232631	263573	248623	252445
France, Monac	193400	195590	254081	226735	233400	Gabon	x188404	x193230	x271506	x153314	x281587
Thailand/Thaïlande	79560	158056	220821	266232	285036	Cameroon/Cameroun	x141000	107080	x210038	153333	x206422
India/Inde	219911	x73587	227249	161833	x84447	Myanmar	x38235	x67484	x109525	x151371	x155645
Portugal	137626	123466	146373	123046	147748	Congo	x83504	x93247	x121821	x89664	x73848
Belgium–Luxembourg	128496	133680	144921	113669	109604	Cote d'Ivoire	58821	58665	x108978	x118567	x181519
China/Chine	159551	63877	99608	203264	295850	Papua New Guinea	102095	88484	44330	47717	66690
Austria/Autriche	68832	57134	68966	74445	67589	Germany/Allemagne	36542	36762	48005	60636	53647
Hong Kong	62467	59095	58469	66140	66454	Yugoslavia SFR	41014	44650	54583	x38803	
Canada	66289	61622	56651	60240	68856	Hungary/Hongrie	x34841	x34310	x43396	x58302	x65373
Sweden/Suède	82651	74680	54301	47916	103597	China/Chine	67037	48535	37215	47059	42701
Netherlands/Pays–Bas	42913	42935	42438	40366	40284	Belgium–Luxembourg	30449	34742	46065	48095	41665
Greece/Grèce	30497	36280	42843	45603	x13024	Ghana	x67946	x38930	x37620	x42341	x47327
Turkey/Turquie	17205	25809	57807	34868	53243	Zaire/Zaïre	x33025	x33578	x39199	x36818	x30961
United Kingdom	38711	38469	39025	32458	33526	Viet Nam	x13708	x27650	x48581	x27981	x13978
Israel/Israël	32616	28005	41446	38944	38868	Portugal	26939	36251	29742	28555	35473
Morocco/Maroc		24441	32317	29937	44832	Equatorial Guinea	11611	13285	12839	x48796	x17094
Algeria/Algérie	41743	29426	40399	12261	x1283	Switz.Liecht	21104	22197	27012	24031	27845
Philippines	130	x22414	30166	21396	49679	Solomon Isls	x17381	x17867	x24017	x28923	x35205
Switz.Liecht	22653	22961	24296	20604	23317	Hong Kong	16502	23627	23102	22829	18595
Singapore/Singapour	16535	21042	22808	10479	x5592	Austria/Autriche	17986	17417	21723	15739	19378
Romania/Roumanie	x6777	10765	28728	10479	37737	Canada	20749	19954	14168	10066	11167
Norway, SVD, JM	9820	9937	17925	19766	8442	Czechoslovakia	x16535	x14923	x12048	x14062	x16438
USA/Etats–Unis d'Amer	3709	23386	13321	7873	14827	United Kingdom	10527	12094	12828	13872	12848
Denmark/Danemark	8045	12241	13403	13795		Bulgaria/Bulgarie	x11327	x18733	x15754	x2416	x3075
Former USSR	x9861	x11711	x5149	x17055		Singapore/Singapour	8686		11550	12532	10050	14234
Yugoslavia SFR	13887	16254	14898	x1667		Central African Rep.	x3098	12712	x12229	x4748	x3798
Czechoslovakia	x2931	12343	12258	x5379	x2242	Chile/Chili	1633	171	13948	14008	x10684
Indonesia/Indonésie	38	1766	8709	10276	27006	Argentina/Argentine	442	598	557	23931	41762
Tunisia/Tunisie	7	55	10066	7814	8452	Netherlands/Pays–Bas	7199	8459	9217	6842	9046
Brazil/Brésil	6267	6393	5987	620	614	Denmark/Danemark	3731	5516	7857	8404	6117
Egypt/Egypte	x2407	x3496	x4098	x4123	x3215	Sweden/Suède	10699	7809	7476	6369	4647
So. Africa Customs Un	3856	4370	5261	x155	x86	Democratic Kampuchea	x1682	x2225	x2320	x14858	x29911
Pakistan	2059	2053	3254	3685	5677	Former GDR	x26514	x15443	x3755		
Hungary/Hongrie	x838	x850	x1451	6398	x639	Greece/Grèce	3521	4639	4131	9816	x17725
Malaysia/Malaisie	517	853	1549	4700	x3553	Spain/Espagne	12252	7588	7859	2122	4391
Poland/Pologne	x7547	x5390	x404	x1210	x1724	Poland/Pologne	x1423	x1609	x1301	x10360	x22447
Mexico/Mexique	1558	1463	2620	2665	1906	Lao People's Dem. Rp.	x34651	x1818	x2184	x7603	x7565
Mauritius/Maurice		x197	2136	3214	3538	Nigeria/Nigéria	x2114	x1818	3636	4029	7326
Saudi Arabia	2811	4747	x148	x209	x103	Ireland/Irlande	3281	3442	3636	3543	3107
Senegal/Sénégal			2082	2884		Italy/Italie	4760	3440	2701		
New Zealand	3370	2099	1659	975	635	Indonesia/Indonésie	67			x8796	
Guadeloupe	1861	1537	1677	1174	1493	Un. Rep. of Tanzania	x2244	x1698	x5523	x1236	x1322
Iraq	x3757	x227	x3376	x402		So. Africa Customs Un	x2791	x1358	2811	x4076	x8267
Malta/Malte		19	3534	x47	x631	Uruguay	x9	x44	x4886	x1648	x11607
Iran (Islamic Rp. of)		x33	x255	x2640	x454	Philippines	710	x5553	88	143	0

(VALUE AS % OF TOTAL)(VALEUR EN % DU TOTAL)

	1983	1984	1985	1986	1987	1988	1989	1990	1991	1992		1983	1984	1985	1986	1987	1988	1989	1990	1991	1992
Africa	x0.3	0.9	0.8	x2.0	x0.8	1.0	1.3	1.9	x1.2	x1.2	Afrique	x20.2	x19.6	x17.7	x21.2	x17.5	x17.0	x15.5	x24.3	x30.5	x20.1
Northern Africa	0.1	0.7	x1.7	x1.9	0.7	0.9	1.2	1.7	1.1	1.1	Afrique du Nord	x0.0	x0.0	x0.0	x0.0	x0.0	x0.0	x0.0	x0.0	x0.0	x0.0
Americas	0.9	1.5	1.6	x1.6	1.3	1.7	1.9	1.6	1.5	x1.7	Amériques	x5.5	x5.2	x5.0	x5.2	x4.6	x5.3	x6.9	x7.5	6.8	x7.5
LAIA	0.1	0.4	0.4	x0.4	x0.2	0.2	0.2	0.2	0.1	x0.1	ALAI	x0.0	0.1	0.2	x0.2	x0.2	x0.1	x0.6	0.9	x1.5	
CACM	0.0	0.0	0.0	0.0	x0.0	x0.0		x0.0	x0.0	x0.0	MCAC	x0.0	x0.0	x0.0	x0.0	x0.0	x0.0	x0.0	x0.0	x0.0	x0.0
Asia	69.5	69.9	65.6	60.4	70.9	64.7	63.5	59.2	63.4	64.0	Asie	64.4	63.6	63.4	57.2	59.0	46.2	47.6	42.7	39.4	x53.9
Middle East	x0.2	x1.0	x0.2	0.4	0.7	x0.5	0.7	1.2	0.8	1.1	Moyen–Orient	x0.0	0.6	0.1	x0.1	0.1	0.0	0.0	0.0	0.0	x0.0
Europe	29.2	27.6	31.8	35.9	26.2	31.9	32.4	36.3	33.0	32.8	Europe	7.4	9.0	10.5	12.6	11.0	14.2	14.8	15.8	13.0	13.8
EEC	27.8	25.9	29.5	33.5	24.4	27.8	28.8	32.7	29.6	28.1	CEE	5.9	6.4	8.2	9.9	8.5	11.7	12.3	13.0	11.1	11.6
EFTA	1.5	1.4	1.9	2.3	1.8	3.8	3.3	3.3	3.3	4.6	AELE	1.6	1.5	1.5	1.7	1.5	1.4	1.3	1.4	1.0	1.2
Oceania		x0.0	x0.0	x0.0	0.1	0.1	x0.0	x0.0	x0.0		Océanie	2.5	2.6	x3.3	x3.7	4.3	3.3	x2.8	x1.7	x1.7	x2.4
Japan/Japon	52.5	53.4	49.9	45.2	51.4	41.9	44.0	34.7	35.9	36.6	Malaysia/Malaisie	56.8	54.1	56.8	50.5	54.8	40.9	42.5	36.7	33.0	x47.4
Korea Republic	13.9	12.5	11.6	10.4	9.7	10.4	10.1	9.1	10.3	8.9	France, Monac	3.8	4.3	5.8	6.8	6.0	8.0	8.3	8.8	7.0	7.3
Italy/Italie	7.0	6.8	7.7	7.8	6.4	7.1	7.1	9.0	8.8	8.2	Former USSR/Anc. URSS				x1.1	x2.3	x11.5	x10.0	x6.1	x6.6	x0.7
Spain/Espagne	2.4	2.2	3.0	3.5	2.7	3.9	5.2	5.3	4.0	3.5	Liberia/Libéria	1.0	1.0	x1.1	x1.5	x1.3	x0.8	x0.7	x3.7	x15.7	x0.7
Germany/Allemagne	6.5	5.8	6.1	7.0	4.9	4.8	4.8	5.0	4.5	4.6	USA/Etats–Unis d'Amer	4.6	4.6	x4.5	x5.0	3.9	4.6	6.2	6.5	5.5	5.7
France, Monac	6.3	5.7	6.2	6.9	4.6	4.0	3.9	5.0	4.7	4.6	Gabon	x6.1	x6.1	x5.7	x6.6	x5.6	x5.1	x6.7	x3.4	x6.3	
Thailand/Thaïlande	0.1	0.4	1.0	0.9	1.2	1.6	3.2	4.3	5.5	5.7	Cameroon/Cameroun	1.6	1.5	1.4	2.4	2.1	x3.8	2.8	x5.2	3.4	x4.6
India/Inde	0.0	0.1	0.5	0.9	3.6	4.5	x1.5	4.5	3.3	x1.7	Myanmar	x2.5	x3.8	x3.4	x4.2	x1.7	x1.0	x1.8	x2.7	x3.4	x3.5
Portugal	1.3	1.3	1.9	2.7	1.9	2.8	2.5	2.9	2.5	2.9	Congo	0.5	1.4	0.6	1.5	x2.5	x2.3	x2.5	x3.0	x2.0	1.7
Belgium–Luxembourg	1.6	1.7	1.8	1.9	1.4	2.6	2.7	2.9	2.3	2.2	Cote d'Ivoire	9.3	8.2	6.4	5.5	2.7	1.6	1.6	x2.7	x2.6	x4.1

24721 — IN THE ROUGH
BRUTS ECORCES DEGROSSIS 24721

TRADE BY COMMODITY IN THOUSAND U.S. DOLLARS – COMMERCE PAR PRODUIT EN MILLIERS DE DOLLARS E.U

COUNTRIES–PAYS	1988	1989	1990	1991	1992	COUNTRIES–PAYS	1988	1989	1990	1991	1992
Total	4836324	4976189	5076769	4856380	5038780	Totale	x3789419	x3751159	x4020920	x4472593	x4455312
Africa	50577	64758	98068	x59776	x59666	Afrique	x628427	x582783	x976076	x1366237	x894602
Northern Africa	46074	57531	87171	54148	55545	Afrique du Nord	x51	x39	x251	x63	53
Americas	82027	96171	82750	x75712	x86704	Amériques	x288119	x259155	x302221	302676	x334180
LAIA	8740	8305	9548	4271	x6953	ALAI	x8095	x2810	x22574	40508	x68359
CACM	x85	x24		x284	x188	MCAC	x422	x1056	x787	x1569	x308
Asia	3123146	x3154066	3001158	3075906	3225717	Asie	1707448	1784688	1712750	1759348	x2399826
Middle East	18299	27621	63152	39989	55968	Moyen–Orient	325	431	936	952	x485
Europe	1548187	1616150	1844398	1603104	1653174	Europe	527313	557044	637840	583289	614105
EEC	1350111	1434913	1660128	1438522	1414379	CEE	435799	464323	526059	497459	517257
EFTA	184070	164831	165572	162742	232290	AELE	50489	48069	57178	47015	53680
Oceania	3486	x2860	x1952	x1347	x1154	Océanie	x119533	x105946	x69886	x78684	x104880
Japan/Japon	2032382	2195338	1765744	1748605	1845861	Malaysia/Malaisie	1519418	1598707	1479036	1478022	x2110331
Korea Republic	505053	505643	462447	503040	450017	France, Monac	296598	311390	354018	311545	325913
Italy/Italie	350941	353152	456626	429041	411031	Former USSR/Anc. URSS	x426520	x376505	x245751	x297148	
Spain/Espagne	187606	258347	267215	194525	177407	Liberia/Libéria	x31505	x24854	x148135	x701650	x30962
Germany/Allemagne	231683	240485	253069	218922	231197	USA/Etats–Unis d'Amer	x252788	232631	263573	248623	252445
France, Monac	193400	195590	254081	226735	233400	Gabon	x188404	x193230	x271506	x153314	x281587
Thailand/Thaïlande	79560	158056	220821	266232	285036	Cameroon/Cameroun	x141000	107079	x210038	153333	x206385
India/Inde	219911	x73525	227249	161833	x84447	Myanmar	x37882	x67098	x109046	x150919	x155645
Portugal	137626	123466	146373	123046	147748	Congo	x83504	x93247	x121821	x89664	x73848
Belgium–Luxembourg	128496	133680	144921	113669	109604	Cote d'Ivoire	58821	58665	x108978	x118567	x181519
China/Chine	153162	59010	94505	195469	295850	Papua New Guinea	99096	86229	44185	47707	66648
Austria/Autriche	68832	57134	68966	74445	67589	Germany/Allemagne	36542	36762	48005	60636	53647
Hong Kong	x62419	x58895	x58069	x65558	66454	Yugoslavia SFR	41014	44650	54583	x38803	
Canada	66289	61622	56651	60240	68856	Hungary/Hongrie	x34841	x34310	x43396	x58302	x65373
Sweden/Suède	82651	74680	54301	47916	103597	China/Chine	65916	47523	36722	46651	42701
Netherlands/Pays–Bas	42913	42935	42438	40366	40284	Belgium–Luxembourg	30449	34742	46065	48095	41665
Greece/Grèce	30497	36280	42843	45603	x13024	Ghana	x67942	x38929	x37606	x42328	x47327
Turkey/Turquie	17065	25809	57807	34868	53243	Zaire/Zaïre	x33025	x33578	x39199	x36818	x30961
United Kingdom	38711	38469	39025	32458	33526	Portugal	26939	36251	29742	28555	35473
Israel/Israël	32616	28005	41446	38944	38868	Viet Nam	x12358	x21456	x43441	x25381	x13978
Morocco/Maroc		24441	32317	29001	42410	Equatorial Guinea	11611	13285	12839		
Algeria/Algérie	41743	29426	40399	12261	x1283	Switz.Liecht	21104	22197	27012	x48796	x17094
Philippines		x22414	30141	21396	49679	Solomon Isls	x17381	x17867		24031	27845
Switz.Liecht	22653	22961	24296	20604	23317	Hong Kong	x14520	x21426	x24017	x28923	x35205
Singapore/Singapour	16535	21042	22808	14218	15444	Austria/Autriche	17986	x21426	x19950	x19530	18595
Romania/Roumanie	x6777	10765	28728	10479	x5592	Canada	20749	17417	21723	15739	19378
Norway,SVD,JM	9820	9937	17925	19766	37737	Czechoslovakia	x16535	19954	14168	10066	11167
USA/Etats–Unis d'Amer	3709	23386	13321	7873	8442	United Kingdom	10527	x14923	x12048	x14062	x16438
Denmark/Danemark	8045	12241	13403	13795	14827	Bulgaria/Bulgarie	12094	12828	13872	12848	
Former USSR/Anc. URSS	x9861	x11711	x5149	x17055		Singapore/Singapour	x11327	x18733	x15754	x2416	x3075
Yugoslavia SFR	13887	16254	14898	x1667		Central African Rep.	8686	11550	12532	10050	14234
Czechoslovakia	x2931	12343	12258	x5379	x2242	Chile/Chili	x3098	12712	x12229	x4748	x3798
Indonesia/Indonésie	10	1766	8709	10276	27006	Argentina/Argentine	1512	152	13948	14008	x10658
Tunisia/Tunisie	x1748	9	10066	7814	8452	Netherlands/Pays–Bas	442	251	546	23931	41762
Brazil/Brésil	6267	6393	5987	620	614	Denmark/Danemark	7199	8459	9217	6842	9046
Egypt/Egypte	x2375	x3496	x4098	x4123	x3215	Sweden/Suède	3731	5516	7857	8404	6117
So. Africa Customs Un	3856	4370	5261	x155	x86	Democratic Kampuchea	10699	7809	7476	6369	4647
Hungary/Hongrie	x838	x850	x1451	6398	x639	Former GDR	x1682	x2225	x2320	x14858	x29911
Pakistan	667	515	3254	3685	5677	Greece/Grèce	x26514	x15443	x3755		
Malaysia/Malaisie	517	853	1549	4700	x3553	Spain/Espagne	3521	4639	4131	9816	x17725
Poland/Pologne	x7547	x5390	x404	x1210	x1724	Poland/Pologne	12252	7588	7859	2122	4391
Mexico/Mexique	1204	1463	2620	2665	1906	Lao People's Dem. Rp.	x1423	x1609	x1301	x10360	x22447
Mauritius/Maurice		x197	2136	3214	3538	Nigeria/Nigéria	x34651	x3738	x6478	x1719	x2395
Senegal/Sénégal		2082	2884			Ireland/Irlande	x2114	x1818	x2184	x7603	x7565
New Zealand	3370	2099	1659	975	635	Italy/Italie	3281	3442	3636	4029	7326
Guadeloupe	1861	1537	1677	1174	1493	Un. Rep. of Tanzania	4760	3440	2701	3543	3107
Iraq	x143	x227	x3376	x402		Indonesia/Indonésie	x2207	x1698	x5523	x1236	x1322
Malta/Malte			3534	x47	x631	So. Africa Customs Un				x7594	
Iran (Islamic Rp. of)		x33	x255	x2640	x454	Uruguay	x2497	x956	x2067	x4076	x8267
Panama	x792	x820	x811	x788	x39	Philippines	x9	x44	x4886	x1648	x11607
							710	x5553	88	143	0

(VALUE AS % OF TOTAL)(VALEUR EN % DU TOTAL)

	1983	1984	1985	1986	1987	1988	1989	1990	1991	1992		1983	1984	1985	1986	1987	1988	1989	1990	1991	1992
Africa	x0.2	0.9	0.8	x2.1	x0.9	1.1	1.3	1.9	x1.2	x1.2	Afrique	x20.2	x19.6	x17.9	x21.4	x17.7	x16.6	15.5	x24.3	x30.6	x20.1
Northern Africa	0.1	0.7	0.7	x2.0	x0.9	1.0	1.2	1.7	1.1	1.1	Afrique du Nord	x0.0	x0.1	x0.1	x0.0	x0.0	x0.0	x0.0	x0.0	x0.0	x0.0
Americas	0.9	1.5	1.5	1.6	1.3	1.6	1.9	1.7	x1.6	x1.7	Amériques	x4.9	x5.0	x4.8	x5.1	x4.5	x7.6	x6.9	x7.5	6.8	x7.5
LAIA	0.1	0.4	0.4	0.3	0.2	0.2	0.2	0.2	0.1	x0.1	ALAI	x0.2	x0.1	x0.6	x0.5	x0.1	x0.2	x0.1	x0.6	0.9	x1.5
CACM	x0.0	x0.0	x0.0	x0.0	x0.0	x0.0	x0.0	x0.0	x0.0	x0.0	MCAC	x0.0	x0.1	x0.1	x0.2	x0.2	x0.0	x0.1	x0.0	x0.0	x0.0
Asia	70.0	70.2	66.1	60.6	71.2	64.6	x63.4	59.1	63.3	64.0	Asie	64.2	63.7	63.8	57.6	59.4	45.0	47.5	42.6	39.3	x53.9
Middle East	x0.2	x0.5	x0.1	0.3	0.7	0.4	0.6	1.2	0.8	1.1	Moyen–Orient	x0.0	0.6	x0.0	x0.0	x0.0	x0.0	x0.0	x0.0	x0.0	x0.0
Europe	28.9	27.5	31.6	35.7	25.8	32.0	32.5	36.3	33.0	32.8	Europe	7.2	8.9	10.3	12.3	10.9	13.9	14.8	15.9	13.0	13.8
EEC	27.5	25.7	29.4	33.3	24.0	27.9	28.8	32.7	29.6	28.1	CEE	5.7	6.3	8.0	9.6	8.4	11.5	12.4	13.1	11.1	11.6
EFTA	1.4	1.3	1.8	2.2	1.7	3.8	3.3	3.3	3.4	4.6	AELE	1.6	1.6	1.5	1.8	1.5	1.1	1.3	1.4	1.1	1.2
Oceania		x0.0				x0.0	0.1	x0.1	x0.0	x0.0	Océanie	1.5	2.3	x3.1	x3.6	4.1	x3.2	x2.8	x1.7	x1.7	x2.4
Japan/Japon	53.0	54.1	50.5	46.0	51.8	44.1	44.1	34.8	36.0	36.6	Malaysia/Malaisie	57.0	54.8	57.6	51.0	55.6	40.1	42.6	36.8	33.0	x47.4
Korea Republic	14.0	12.6	11.7	10.6	9.7	10.4	10.2	9.1	10.4	8.9	France, Monac	3.9	4.3	5.8	6.8	6.0	7.8	8.3	8.8	7.0	7.3
Italy/Italie	7.0	6.9	7.8	7.9	6.5	7.3	7.1	9.0	8.8	8.2	Former USSR/Anc. URSS	2.0	0.4			x2.2	x11.3	x10.0	x6.1	6.6	
Spain/Espagne	2.4	2.3	3.0	3.6	2.8	3.9	5.2	5.3	4.0	3.5	Liberia/Libéria	1.1	1.0	x1.1	x1.5	x1.3	x0.7	x0.7	x3.7	x15.7	x0.7
Germany/Allemagne	6.4	5.7	6.1	6.8	4.8	4.8	4.8	5.0	4.0	4.5	USA/Etats–Unis d'Amer	x4.5	x4.5	x4.5	x4.4	x3.8	x6.7	6.2	6.6	5.6	5.7
France, Monac	6.3	5.7	6.3	7.0	4.6	4.0	3.9	5.0	4.7	4.6	Gabon	4.6	x6.1	x4.8	x6.7	x5.7	x5.0	x5.2	x6.8	x3.4	x6.3
Thailand/Thaïlande	0.1	0.4	1.0	0.9	1.2	1.6	3.2	4.3	5.5	5.7	Cameroon/Cameroun	1.6	1.5	x1.4	x2.4	2.1	x3.7	2.9	x5.2	3.4	x4.6
India/Inde	0.0	0.1	0.1	0.4	3.7	4.5	x1.5	4.5	3.3	x1.7	Myanmar	x2.4	x3.7	x3.3	x4.1	x1.7	x1.0	x1.8	x2.7	x3.4	x3.5
Portugal	1.3	1.3	1.9	2.7	2.0	2.8	2.5	2.9	2.5	2.9	Congo	0.5	1.4	0.6	1.5	x2.5	x2.2	x2.5	x3.0	x2.0	1.7
Belgium–Luxembourg	1.6	1.7	1.8	2.0	1.4	2.7	2.7	2.9	2.3	2.2	Cote d'Ivoire	9.3	8.3	6.4	5.6	2.7	1.6	1.6	x2.7	x2.7	x4.1

2482 LUMBER SHAPED CONIFER / CONIFERES SCIES, RABOTES 2482

TRADE BY COMMODITY IN THOUSAND U.S. DOLLARS – COMMERCE PAR PRODUIT EN MILLIERS DE DOLLARS E.U

COUNTRIES–PAYS	IMPORTS – IMPORTATIONS 1988	1989	1990	1991	1992	COUNTRIES–PAYS	EXPORTS – EXPORTATIONS 1988	1989	1990	1991	1992
Total	12125739	13327821	14469546	13257742	14299602	Totale	x13010667	x13921233	x14693779	x13753049	12697735
Africa	593865	771187	909832	x656038	x558272	Afrique	x33601	x26569	x39367	x34423	x27851
Northern Africa	580522	758294	894477	641094	542716	Afrique du Nord	x260	x1235	271	x239	289
Americas	x3342795	x3746285	x3449995	x3458759	x4404917	Amériques	5779673	6366714	6338113	6235648	x7205831
LAIA	44871	108383	101652	148882	209345	ALAI	153003	200058	275399	251311	x288868
CACM	2225	3109	2680	2775	x3696	MCAC	18431	13835	13676	12055	13651
Asia	x1970996	x2308659	x2384917	x2462915	x2580505	Asie	108300	151698	109857	97861	x116688
Middle East	x181282	x150843	x263762	x253963	x257911	Moyen–Orient	9525	8089	11584	10472	5320
Europe	5881286	6141105	7406877	6334734	6442940	Europe	4020364	4242599	5148817	4557515	4827478
EEC	5314370	5606072	6768467	5810990	5921013	CEE	645609	677179	840052	713477	739511
EFTA	543609	504848	599034	482620	490375	AELE	3343299	3536182	4277655	3768806	4029476
Oceania	x295483	x298170	x275851	x278054	x292218	Océanie	98639	113291	125609	x153963	x190184
USA/Etats–Unis d'Amer	3009853	3307212	3028051	2990996	3868343	Canada	4467860	4703456	4640202	4526641	5424928
Japan/Japon	1693386	2056855	1999975	2062522	2164231	Former USSR/Anc. URSS	x2541751	x2648467	x2584414	x2378372	
United Kingdom	1857434	1766634	1932484	1378224	1341720	Sweden/Suède	1537041	1613476	1858667	1713235	1925067
Germany/Allemagne	815745	940618	1267515	1171152	1337236	USA/Etats–Unis d'Amer	1137320	1447575	1406650	1444285	1477352
Italy/Italie	839303	939164	1174010	1128060	1165140	Finland/Finlande	1052758	997386	1168107	1010425	1026592
Netherlands/Pays–Bas	448565	491087	637991	519516	540105	Austria/Autriche	679243	781722	1060723	871650	866407
France, Monac	453381	410544	500692	470037	386019	Germany/Allemagne	258983	257163	297248	274162	274512
Denmark/Danemark	312346	323734	411530	379086	420235	Norway, SVD, JM	64717	133805	174893	155768	187916
Egypt/Egypte	322052	353375	400481	325762	305013	Czechoslovakia	x123146	x147776	x137042	x145184	x130735
Belgium–Luxembourg	229321	252957	306997	284422	266717	Portugal	128103	124049	178477	112064	106906
Spain/Espagne	217261	272829	299968	260076	279152	Chile/Chili	82126	72932	163086	168556	x165132
Australia/Australie	269956	281144	238405	243841	253675	New Zealand	94218	108197	118586	150896	185609
Canada	202359	246932	222314	212900	209389	Poland/Pologne	96884	87076	90081	106122	x152676
Switz.Liecht	192102	195503	221076	148155	137183	France, Monac	56847	68969	94790	80117	91684
Algeria/Algérie	115373	219853	240595	80479	x51709	Mexico/Mexique	34595	86822	89720	62689	99298
Greece/Grèce	88089	141528	157100	154978	x107373	Belgium–Luxembourg	55966	69174	81824	63526	74096
Austria/Autriche	113582	114898	168661	153079	170563	Netherlands/Pays–Bas	42831	53159	70049	74619	76832
Norway, SVD, JM	185231	139409	150665	133325	135495	Romania/Roumanie	x142708	94280	58832	29497	x25339
Mexico/Mexique	24188	95827	90532	131280	183321	Korea Republic	57028	70345	49607	33450	26759
Morocco/Maroc	67409	75679	99339	88678	97084	Yugoslavia SFR	31356	29159	30852	x74898	
Saudi Arabia	7923	4255	x108487	x112190	x120510	Denmark/Danemark	25254	30106	33236	30372	37610
Israel/Israël	44291	51972	75907	90301	82896	Italy/Italie	27045	28655	32975	31569	28767
Tunisia/Tunisie	43046	61037	86800	55750	66419	Bulgaria/Bulgarie	x30597	x29060	x52908	x9518	x12529
Ireland/Irlande	50217	63323	75569	60981	69267	Spain/Espagne	30180	26865	27031	25715	15930
Libyan Arab Jamahiriya	20072	36468	58322	81804	x14244	So. Africa Customs Un	x11584	x21784	x32151	x25123	x18758
Iran (Islamic Rp. of)	x20419	x5274	x63358	x53482	x27266	Indonesia/Indonésie	26809	39070	16442	17094	10134
Sweden/Suède	33206	38072	37868	28091	22248	Brazil/Brésil	33117	25255	19073	15599	18695
Hungary/Hongrie	x19140	x20949	x20345	54703	x10744	Malaysia/Malaisie	4929	11046	16764	18489	x32312
Korea Republic	14274	25374	22935	35536	38320	Switz.Liecht	9539	9596	15255	17727	23487
Iraq	x50385	x64514	x14197	x1658	x706	Ireland/Irlande	13379	11212	15399	11835	15141
Yugoslavia SFR	10723	17527	27007	x31732		Turkey/Turquie	8085	6040	10348	9834	4904
United Arab Emirates	x42488	x27741	x23554	x18055	x22304	United Kingdom	6709	7439	8762	8886	10551
Dominican Republic	x20569	x20857	x16524	x19790	x31216	Guatemala	13014	6998	7673	9303	10408
Iceland/Islande	17906	13839	16749	16500	17161	Hungary/Hongrie	x8469	x7112	x7564	x4931	x8412
Guadeloupe	11047	13672	17975	9801	12060	China/Chine	3157	3945	5629	4328	10002
Romania/Roumanie	x150	22569	11813	3508	x6	Philippines	12	x9930		1921	2952
Cyprus/Chypre	10808	12671	12422	12104	13025	Ecuador/Equateur	26	11758		41	2782
New Zealand	6390	9560	13976	9750	9919	Honduras	5254	5614	4531	997	1881
China/Chine	29542	11192	12797	9038	19373	Fiji/Fidji	2810	4427	4982	547	257
Jordan/Jordanie	17072	x12987	x8152	x11052	x12337	Mongolia/Mongolie	x2665	x2984	x2987	x2777	x4541
Syrian Arab Republic			x11750	x19773	x26895	Paraguay	x2643	x3005	x2585	x2836	x70
Jamaica/Jamaïque	13052	4865	6687	18456	x16134	Zimbabwe	x22	x6	3878	3924	0
Sudan/Soudan	x12569	x11882	x8939	x8540	x7846	Viet Nam	x1040	x1433	x1212	x4194	x2921
French Polynesia	8745	x394	x10604	x13753	x10751	Former GDR	x26415	x5981	x360		
Trinidad and Tobago	6102	5455	6557	11562	7862	Cote d'Ivoire	x18055	x2240	x1343	x1816	x6209
Martinique	5649	5599	11081	6025	6628	Japan/Japon	1282	1517	1828	1056	851
Bahamas	x5105	x6803	x7320	x6571	x8874	Australia/Australie	760	373	1948	2077	3274
Barbados/Barbade	3814	3965	4473	8983	x7980	Nicaragua	113	1110	1434	1732	1246
Reunion/Réunion	4923	5818	5928	5007	6718	French Guiana	2520	1533	1668	458	153
Uruguay	5652	4974	5088	6025	2621	Thailand/Thaïlande	611	1041	1259	1017	x1962

(VALUE AS % OF TOTAL)(VALEUR EN % DU TOTAL)

	1983	1984	1985	1986	1987	1988	1989	1990	1991	1992		1983	1984	1985	1986	1987	1988	1989	1990	1991	1992
Africa	5.6	8.0	8.8	x6.3	x4.8	4.9	5.8	6.3	x4.9	x3.9	Afrique	x0.2	x0.0	x0.2	x0.4	x0.4	x0.3	x0.2	x0.2	x0.3	x0.2
Northern Africa	5.6	7.9	8.7	6.1	4.7	4.8	5.7	6.2	4.8	3.8	Afrique du Nord										
Americas	x36.1	x37.6	x41.1	x37.1	x31.9	x27.6	28.1	x23.9	26.1	30.8	Amériques	x57.9	58.5	61.2	x58.8	x46.3	44.4	45.7	43.2	45.3	x56.8
LAIA	0.4	0.9	0.9	x0.7	x0.6	0.4	0.8	0.7	1.1	1.5	ALAI	0.0	1.3	1.1	x1.6	x1.1	1.2	1.4	1.9	1.8	x2.3
CACM	x0.0	0.0	0.0	0.0	x0.1	0.0	0.0	0.0	0.0	x0.0	MCAC	0.0	0.5	0.5	0.5	0.3	0.1	0.1	0.1	0.1	0.1
Asia	x13.2	x9.8	x10.4	x10.2	x14.0	16.2	17.3	16.4	x18.5	x18.0	Asie	x0.1	0.2	x0.5	x0.5	x1.0	0.8	1.1	0.7	0.7	x0.9
Middle East	x4.6	x2.1	x2.0	x0.7	x1.0	x1.5	x1.1	x1.8	x1.9	x1.8	Moyen–Orient	x0.0	0.2	x0.3	x0.1	x0.0	0.1	0.1	0.1	0.1	0.0
Europe	43.4	42.2	37.4	44.6	47.4	48.5	46.1	51.2	47.8	45.1	Europe	41.0	40.3	37.2	39.6	30.5	30.9	30.5	35.0	33.1	38.0
EEC	40.2	38.6	33.9	40.3	43.7	43.8	42.1	46.8	43.8	41.4	CEE	4.1	4.4	4.5	5.3	4.2	5.0	4.9	5.7	5.2	5.8
EFTA	3.2	3.2	3.2	4.2	4.6	4.5	3.8	4.1	3.6	3.4	AELE	36.8	35.4	32.4	33.6	25.9	25.7	25.4	29.1	27.4	31.7
Oceania	x1.7	x2.4	x2.3	x1.9	x1.7	x2.5	x2.3	x1.9	x2.1	x2.0	Océanie	0.8	0.9	0.9	0.7	0.5	0.7	0.8	0.8	x1.1	x1.5
USA/Etats–Unis d'Amer	32.5	33.8	37.3	33.9	29.1	24.8	24.8	20.9	22.6	27.1	Canada	48.8	48.8	52.0	48.1	37.6	34.3	33.8	31.6	32.9	42.7
Japan/Japon	7.9	8.1	7.9	9.0	12.3	14.0	15.4	13.8	15.6	15.1	Former USSR/Anc. URSS					x18.8	x19.5	x19.0	x17.6	x17.3	
United Kingdom	13.2	12.5	10.8	12.5	14.0	15.3	13.3	13.4	10.4	9.4	Sweden/Suède	18.1	17.4	16.3	16.9	12.5	11.8	11.6	12.6	12.5	15.2
Germany/Allemagne	7.4	6.5	5.3	6.8	6.9	6.7	7.1	8.8	8.9	9.4	USA/Etats–Unis d'Amer	9.1	7.4	8.7	8.6	7.2	8.7	10.4	9.6	10.5	11.6
Italy/Italie	6.6	6.9	5.7	6.4	6.9	7.0	7.0	8.1	8.5	8.1	Finland/Finlande	10.5	10.5	9.9	9.7	7.9	8.1	7.2	7.9	7.3	8.1
Netherlands/Pays–Bas	3.3	3.2	3.0	3.7	3.7	3.7	3.7	4.4	3.9	3.8	Austria/Autriche	7.3	6.5	5.7	6.4	5.0	5.6	5.6	7.2	6.3	6.8
France, Monac	3.7	3.0	2.9	3.5	3.7	3.7	3.1	3.5	3.5	2.7	Germany/Allemagne	1.3	1.6	1.8	2.2	1.8	2.0	1.8	2.0	2.0	2.2
Denmark/Danemark	2.2	2.6	2.4	3.1	2.8	2.6	2.4	2.8	2.9	2.9	Norway, SVD, JM	0.8	0.8	0.5	0.5	x0.1	x0.9	1.0	1.2	1.1	1.5
Egypt/Egypte	3.8	4.2	5.6	3.5	2.5	2.7	2.7	2.8	2.5	2.1	Czechoslovakia					x0.9	x1.1	x0.9	x1.1	x1.1	x1.0
Belgium–Luxembourg	1.4	1.5	1.4	1.7	1.8	1.9	1.9	2.1	2.1	1.9	Portugal	0.9	1.1	1.0	1.3	1.0	1.0	0.9	1.2	0.8	0.8

24821 LUMBER SAWN ETC CONIFER / CONIFERES SCIES LONGITUD 24821

TRADE BY COMMODITY IN THOUSAND U.S. DOLLARS – COMMERCE PAR PRODUIT EN MILLIERS DE DOLLARS E.U

IMPORTS – IMPORTATIONS

COUNTRIES–PAYS	1988	1989	1990	1991	1992
Total	8929780	12677897	13741514	12527877	13529829
Africa	582801	752278	876443	x598751	x553260
Northern Africa	570800	740726	862383	585086	539041
Americas	x430558	x3404671	x3117678	x3133933	x4027951
LAIA	41140	101250	96282	142263	200845
CACM	2123	2901	2568	2699	x1310
Asia	x1944771	x2285641	x2358368	x2425268	x2542746
Middle East	x166524	x148872	x262433	x252176	x255143
Europe	5663837	5899840	7090921	6048229	6118366
EEC	5180117	5448684	6547584	5595341	5670472
EFTA	461705	423202	509467	413483	418703
Oceania	x269103	x278216	x256931	x257514	x269905
USA/Etats–Unis d'Amer	184091	3043214	2777394	2753359	3585494
Japan/Japon	1683012	2037565	1976499	2029246	2133265
United Kingdom	1829664	1735443	1892082	1347109	1309563
Italy/Italie	830492	926398	1153869	1100888	1130100
Germany/Allemagne	782223	888855	1182257	1085087	1225708
Netherlands/Pays-Bas	444104	486177	631661	513120	533662
France, Monac	425419	387144	470663	441963	359943
Denmark/Danemark	308841	321135	407493	377015	417377
Egypt/Egypte	319537	350416	397957	324017	301414
Spain/Espagne	213660	268956	295499	254442	271373
Belgium–Luxembourg	211355	233641	285552	264435	245916
Australia/Australie	256297	262068	221204	224707	232685
Algeria/Algérie	115373	219853	240595	80479	x51709
Canada	158733	186590	165422	150455	131332
Switz.Liecht	149386	151861	177284	117215	104133
Greece/Grèce	84367	136109	151250	148606	x103174
Norway, SVD, JM	168137	126207	137241	123428	125638
Austria/Autriche	95581	94727	140865	129124	146480
Mexico/Mexique	21015	89215	85608	125589	176395
Morocco/Maroc	67289	75652	99339	88667	97070
Saudi Arabia	7521	4004	x108393	x112023	x120106
Israel/Israël	44278	51918	75857	90190	82238
Tunisia/Tunisie	43046	61036	86773	55738	66401
Ireland/Irlande	48103	61762	74068	59827	68200
Iran (Islamic Rp. of)	x20419	x5274	x63358	x53482	x27263
Sweden/Suède	30917	35212	35263	25408	19097
Hungary/Hongrie	x19030	x20919	x20233	53481	x8842
Korea Republic	14007	24787	22029	34838	37286
Iraq	x40069	x64451	x14148	1658	x706
Libyan Arab Jamahiriya	x12988	x21894	x28780	x27570	x14201
Yugoslavia SFR	10601	16539	23046	x30925	
United Arab Emirates	x39140	x27699	x23554	x17956	x22147
Dominican Republic	x13873	x20554	x16391	x19745	x31208
Iceland/Islande	17046	13262	16228	15700	16253
Romania/Roumanie	x129	22569	11813	3496	x6
Guadeloupe	9903	11604	15291	8482	10775
Cyprus/Chypre	10323	11971	11742	11130	11337
New Zealand	6274	9508	13830	9660	9875
Syrian Arab Republic			x11750	x19773	x26895
China/Chine	28936	10360	12522	8059	17886
Jordan/Jordanie	17072	x12369	x7998	x10767	x12052
Sudan/Soudan	x12568	x11874	x8939	x8534	x7846
French Polynesia	668	x377	x9983	x13177	x10472
Jamaica/Jamaïque	814	158	5433	17007	x16068
Bahamas	x674	x6460	x6961	x5960	x8247
Martinique	4640	4396	8898	4376	4793
Uruguay	5635	4951	5064	5899	2574
Argentina/Argentine	11573	4417	3488	7470	9314
Trinidad and Tobago	2060	1345	2155	11321	7791
Reunion/Réunion	4119	5152	5293	4325	5930

EXPORTS – EXPORTATIONS

COUNTRIES–PAYS	1988	1989	1990	1991	1992
Totale	x12024167	x13355569	x14068054	x13175045	12006364
Afrique	x19703	x23601	x36470	x31413	x26100
Afrique du Nord	x247	x1185	241	x216	285
Amériques	5066442	6077782	6016375	5942187	x6843700
ALAI	107654	106816	175291	184111	x186428
MCAC	17535	13122	6174	3175	2767
Asie	102707	123930	97987	83923	x101582
Moyen–Orient	9053	6344	11497	10367	4943
Europe	3787917	4015071	4875832	4306432	4543999
CEE	530572	561929	699606	584622	600685
AELE	3227012	3424569	4146107	3648456	3887681
Océanie	85374	100088	118410	x141565	x168999
Canada	4291873	4547271	4490396	4387677	5280147
Former USSR/Anc. URSS	x2538824	x2645868	x2578947	x2374025	
Sweden/Suède	1477012	1564346	1809362	1666457	1881061
USA/Etats–Unis d'Amer	646452	1408854	1342699	1366292	1373611
Finland/Finlande	1019976	969976	1143437	989027	995263
Austria/Autriche	661824	757876	1019070	832455	812527
Germany/Allemagne	200132	198097	231776	216014	218848
Norway, SVD, JM	60555	124251	161509	144282	176338
Czechoslovakia	x121850	x147094	x136532	x143662	x128425
Portugal	127848	123897	177990	111298	106145
Chile/Chili	82089	72896	147407	154211	x152732
New Zealand	81533	95133	111662	139464	166494
Poland/Pologne	x96540	x86484	x88987	x108743	x150100
Belgium–Luxembourg	51661	64770	76781	60403	70431
France, Monac	42917	54552	74852	63254	72994
Romania/Roumanie	x139980	94280	58832	29486	x24932
Netherlands/Pays-Bas	35544	45419	58881	64530	63505
Korea Republic	55050	67560	47416	31738	22898
Yugoslavia SFR	30234	28494	29861	x73020	
Bulgaria/Bulgarie	x30597	x28843	x52721	x9479	x12397
So. Africa Customs Un	x10775	x19129	x29773	x22571	x17444
Spain/Espagne	28355	24696	23180	21104	11513
Denmark/Danemark	18318	22124	21686	17654	20247
Brazil/Brésil	16353	24308	18326	15359	17980
Malaysia/Malaisie	3914	10693	16049	18173	x28381
Indonesia/Indonésie	26011	19522	11394	8057	6503
Ireland/Irlande	13254	11101	14554	11315	14844
Switz.Liecht	7644	7924	12719	16234	22491
Italy/Italie	7167	11413	12456	11737	7484
Turkey/Turquie	8085	5775	10260	9788	4807
Mexico/Mexique	6270	6402	6438	10542	12761
United Kingdom	5072	5478	7191	7018	7350
Hungary/Hongrie	x7781	6087	x5843	x4130	x6120
China/Chine	2958	3283	4951	3946	9527
Philippines		x9591		1871	2944
Fiji/Fidji	2388	4329	4934	518	250
Guatemala	12212	6913	1138	1214	438
Honduras	5171	5089	3610	217	1072
Mongolia/Mongolie	x2659	x2984	x2987	x2777	x4541
Paraguay	x2627	x2995	x2511	x2787	x51
Zimbabwe	x22	x6	3591	3609	
Viet Nam	x1040	x1422	x1173	x4170	x2608
Former GDR	x26389	x5973	x360		
Cote d'Ivoire	x6704	x2044	x1236	x1697	x5848
Nicaragua	113	1009	1408	1723	1245
Japan/Japon	1195	1385	1682	1024	784
French Guiana	2520	1533	1668	458	153
Australia/Australie	609	331	1722	1154	1217
Ghana	x750	x556	x514	x498	x787
Democratic Kampuchea		x216	x260	x959	x549

(VALUE AS % OF TOTAL)(VALEUR EN % DU TOTAL)

	1983	1984	1985	1986	1987	1988	1989	1990	1991	1992
Africa	8.5	13.1	15.4	x10.6	x7.8	6.5	5.9	6.4	x4.7	4.0
Northern Africa	8.4	13.0	15.3	10.4	7.7	6.4	5.8	6.3	4.7	4.0
Americas	7.4	x8.9	8.6	x7.2	5.2	4.8	26.9	22.7	25.0	29.8
LAIA	0.6	1.3	1.4	0.6	x0.5	0.5	0.8	0.7	1.1	1.5
CACM	x0.0	x0.0	0.0	0.0	x0.1	0.0	0.0	0.0	0.0	0.0
Asia	x18.1	x12.8	x14.2	x12.2	15.2	21.7	18.0	17.1	19.3	18.8
Middle East	x7.4	x3.4	x3.5	x1.2	1.6	1.9	x1.2	1.9	x2.0	x1.9
Europe	64.0	62.3	58.9	67.6	69.3	63.4	46.5	51.6	48.3	45.2
EEC	60.0	57.7	54.1	62.2	63.7	58.0	43.0	47.6	44.7	41.9
EFTA	4.0	4.1	4.3	5.3	5.4	5.2	3.3	3.7	3.3	3.1
Oceania	x2.0	x2.8	x2.9	x2.3	x2.2	x3.0	x2.2	1.9	x2.1	2.0
USA/Etats–Unis d'Amer	5.0	4.8	5.6	4.2	3.0	2.1	24.0	20.2	22.0	26.5
Japan/Japon	9.6	8.5	9.8	10.1	12.6	18.8	16.1	14.4	16.2	15.8
United Kingdom	19.4	18.4	16.8	18.7	20.1	20.5	13.7	13.8	10.8	9.7
Italy/Italie	10.6	11.1	9.9	10.7	11.1	9.3	7.3	8.4	8.8	8.4
Germany/Allemagne	10.5	9.3	8.2	10.2	10.1	8.8	7.0	8.6	8.7	9.1
Netherlands/Pays-Bas	5.0	4.8	4.8	5.8	5.6	5.0	3.8	4.6	4.1	3.9
France, Monac	5.4	4.4	4.5	5.4	5.5	4.8	3.1	3.4	3.5	2.7
Denmark/Danemark	3.1	3.6	3.5	4.4	3.9	3.5	2.5	3.0	3.0	3.1
Egypt/Egypte	6.1	6.9	9.9	5.9	4.1	2.6	2.8	2.9	2.6	2.2
Spain/Espagne	1.8	1.9	2.1	2.3	2.5	2.4	2.1	2.2	2.0	2.0

	1983	1984	1985	1986	1987	1988	1989	1990	1991	1992
Afrique	x0.2	x0.1	x0.2	x0.6	x0.5	x0.2	x0.1	x0.2	x0.3	x0.2
Afrique du Nord	0.0	0.0	0.0	0.0	0.0	0.0	0.0	0.0	0.0	0.0
Amériques	x26.8	x27.0	33.6	33.1	x24.5	42.2	45.5	42.8	45.1	x57.0
ALAI	0.0	1.6	1.6	x2.1	x1.2	0.9	0.8	1.2	1.4	x1.6
MCAC	0.4	0.5	0.7	0.9	0.5	0.1	0.1	0.0	0.0	0.0
Asie	x0.1	0.2	0.9	x0.9	x1.5	0.8	0.9	0.7	0.6	x0.8
Moyen–Orient	x0.0	0.2	x0.5	x0.2	0.0	0.1	0.0	0.1	0.1	0.0
Europe	52.2	51.6	64.5	64.7	40.3	31.5	30.1	34.7	32.7	37.8
CEE	4.9	5.2	7.2	8.1	5.4	4.4	4.2	5.0	4.4	5.0
AELE	47.2	45.6	56.6	55.2	34.4	26.8	25.6	29.5	27.7	32.4
Océanie	0.8	0.8	1.0	0.8	0.4	0.7	0.7	0.8	x1.1	x1.4
Canada	x17.8	x17.5	x22.3	x20.7	16.4	35.7	34.0	31.9	33.3	44.0
Former USSR/Anc. URSS	19.9	20.3			x29.0	x21.1	x19.8	x18.3	x18.0	
Sweden/Suède	22.1	21.2	26.8	25.8	15.2	12.3	11.7	12.9	12.6	15.7
USA/Etats–Unis d'Amer	8.6	7.5	8.9	9.4	6.4	10.5	9.5	10.4	11.4	11.4
Finland/Finlande	13.9	14.2	18.0	16.7	11.1	8.5	7.3	8.1	7.5	8.3
Austria/Autriche	10.2	9.2	10.9	11.9	7.5	5.5	5.7	7.2	6.3	6.8
Germany/Allemagne	1.3	1.6	2.4	2.9	1.9	1.7	1.5	1.6	1.6	1.8
Norway, SVD, JM	0.9	0.9	0.8	0.8	0.5	0.5	0.9	1.1	1.1	1.5
Czechoslovakia					x0.1	x1.0	x1.1	x1.0	x1.1	x1.1
Portugal	1.3	1.5	2.0	2.4	1.5	1.1	0.9	1.3	x0.8	0.9

24822 LUMBER PLANED ETC CONIFR

CONIFER RABOTES, RAINES 24822

TRADE BY COMMODITY IN THOUSAND U.S. DOLLARS – COMMERCE PAR PRODUIT EN MILLIERS DE DOLLARS E.U

COUNTRIES–PAYS	1988	1989	1990	1991	1992	COUNTRIES–PAYS	1988	1989	1990	1991	1992
Total	3194548	643110	698358	676919	769476	Totale	990855	568375	627051	582376	691302
Africa	4006	4490	4008	x3118	x5009	Afrique	x18266	x2977	x2891	x2972	x1751
Northern Africa	2644	3064	2651	1840	3675	Afrique du Nord	13		50	30	x23	x4
Americas	x2917636	349492	332316	324600	x377275	Amériques	713212	288866	321737	293296	362574
LAIA	3772	7217	5371	6627	8810	ALAI	45249	93172	100108	67200	103048
CACM	109	208	111	76	x2386	MCAC	896	713	7503	8880	10883
Asia	x26335	x22714	x26255	x37596	37472	Asie	5599	27516	x11898	13937	x14832
Middle East	x14868	x1667	x1027	x1517	x2481	Moyen–Orient	472	1745	87	x105	97
Europe	217450	241266	315957	286505	324575	Europe	232447	227528	272985	251083	283480
EEC	134253	157387	220883	215649	250541	CEE	115037	115250	140446	128855	138826
EFTA	81905	81647	89567	69138	71671	AELE	116288	111612	131548	120350	141796
Oceania	x26519	x19982	x18921	x20540	x22314	Océanie	13266	13203	7199	x12398	x21186
USA/Etats–Unis d'Amer	2825762	263998	250657	237637	282849	Canada	175987	156185	149806	138964	144781
Germany/Allemagne	33522	51763	85258	86065	111528	Mexico/Mexique	28325	80420	83282	52147	86536
Canada	43626	60342	56892	62445	78057	Germany/Allemagne	58851	59066	65472	58148	55664
Switz.Liecht	42716	43642	43792	30940	33050	USA/Etats–Unis d'Amer	490868	38721	63951	77993	103741
United Kingdom	27771	31190	40403	31116	32157	Sweden/Suède	60029	49130	49305	46778	44006
France,Monac	27962	23400	30029	28074	26076	Austria/Autriche	17419	23846	41653	39195	53880
Japan/Japon	10374	19290	23476	33276	30967	Finland/Finlande	32782	27410	24670	21398	31329
Austria/Autriche	18001	20171	27796	23955	24083	Italy/Italie	19878	17242	20519	19832	21283
Belgium–Luxembourg	17966	19316	21444	19987	20801	France,Monac	13930	14417	19939	16863	18690
Italy/Italie	8810	12766	20140	27111	35040	Norway,SVD,JM	4162	9554	13385	11486	11578
Australia/Australie	13702	19075	17201	19134	20990	Indonesia/Indonésie	799	19548	5048	9037	3631
Norway,SVD,JM	17094	13202	13424	9896	9857	Denmark/Danemark	6936	7982	11550	12718	17363
Greece/Grèce	3722	5419	5850	6372	x4199	New Zealand	12686	13064	6924	11432	19115
Netherlands/Pays–Bas	4461	4909	6330	6395	6443	Chile/Chili	37	35	15679	14345	x12400
Mexico/Mexique	3173	6612	4924	5691	6926	Netherlands/Pays–Bas	7287	7740	11168	10089	13326
Barbados/Barbade	3660	3771	4372	8669	x124	Guatemala	802	85	6535	8088	9971
Spain/Espagne	3601	3873	4469	5634	7779	Belgium–Luxembourg	4305	4404	5043	3123	3665
Trinidad and Tobago	4041	4111	4402	241	71	Former USSR/Anc. URSS	x2927	x2598	x5466	x4347	
Denmark/Danemark	3506	2599	4037	2072	2858	Ecuador/Equateur	21	11667			1560
Sweden/Suède	2289	2859	2606	2684	3151	Spain/Espagne	1825	2169	3851	4611	4417
Jamaica/Jamaïque	12237	4708	1254	1449	x67	So. Africa Customs Un	x809	x2645	x2372	x2514	x1314
Egypt/Egypte	2515	2959	2525	1745	3599	Korea Republic	1978	2786	2190	1713	3861
Guadeloupe	1144	2068	2684	1318	1285	Switz.Liecht	1895	1672	2536	1493	996
Yugoslavia SFR	123	988	3961	x807		United Kingdom	1637	1961	1571	1868	3201
Saint Lucia/St. Lucie	1559	x2	2625	2705	x2	Romania/Roumanie	x2727	x3080	x1304	11	x405
Martinique	1009	1203	2184	1649	1836	Poland/Pologne	x344	x592	x1094	x1974	x2359
Poland/Pologne	x225	x2796	x238	x1597	x754	Hungary/Hongrie	x688	x1025	x1720	x801	x2292
Ireland/Irlande	2115	1562	1501	1155	1067	Yugoslavia SFR	1122	665	991	x1878	
Former USSR/Anc. URSS	x1954	x2122	x304	x1561		Thailand/Thaïlande	610	1041	1224	1015	x1669
Portugal	817	590	1422	1608	2592	Czechoslovakia	x1296	x682	x510	x1513	x2301
Finland/Finlande	944	1195	1428	863	622	Honduras	83	525	921	780	808
Cyprus/Chypre	485	700	680	974	1688	Brazil/Brésil	16764	947	746	240	714
Korea Republic	267	587	907	698	1035	China/Chine	199	661	678	382	475
Faeroe Islds/Is Féroé	920	900	761	428	x440	Saudi Arabia	472	1477			
China/Chine	606	832	274	979	1497	Ireland/Irlande	126	111	846	520	297
Reunion/Réunion	805	667	634	683	788	Portugal	255	152	487	766	761
Iceland/Islande	860	576	521	799	909	Malaysia/Malaisie	1014	354	714	316	x3932
Hungary/Hongrie	x110	x30	x112	1222	x1587	Hong Kong	x276	x114	x699	x569	39
Bahamas	x4430	x343	x359	x611	x627	Singapore/Singapour	41	735	429	186	638
Andorra/Andorre	x207	x307	x521	x390	x374	Australia/Australie	151	41	227	923	2058
French Polynesia	8077	x17	x622	x576	x279	India/Inde	97	x60	422	290	x4
Colombia/Colombie	334	x268	89	607	710	Zimbabwe	3883		287	315	0
So. Africa Customs Un	104	258	414	x247	x236	Bulgaria/Bulgarie		x217	x187	x30	x124
Greenland/Groenland	777	340	208	258	387	Cote d'Ivoire	x11350	x196	x107	x120	x360
Hong Kong	x106	x85	x220	x431	425	Turkey/Turquie		265	87	45	97
Peru/Pérou	96	247	279	52		Philippines	12	x339		49	8
New Caledonia	x246	x100	x257	x185	x412	Greece/Grèce	8	6	0	316	x158
Cook Islands/Iles Cook	x352	x253	x44	x218	x42	Japan/Japon	88	132	146	32	66
Saudi Arabia	401	251	x94	x167	x404	Venezuela	1	22	161	125	31
Panama	25	15	206	289	345	Bermuda/Bermudes	x76	x61	x184		

(VALUE AS % OF TOTAL)(VALEUR EN % DU TOTAL)

	1983	1984	1985	1986	1987	1988	1989	1990	1991	1992		1983	1984	1985	1986	1987	1988	1989	1990	1991	1992
Africa	0.1	x0.1	x0.1	x0.1	0.1	0.1	0.7	0.6	x0.4	x0.6	Afrique	x0.1	x0.0	0.1	x0.1	x0.1	x1.9	0.6	x0.5	x0.5	x0.3
Northern Africa	0.1	0.1	x0.1	0.0	0.1	0.1	0.5	0.4	0.3	0.5	Afrique du Nord						x0.0	0.0	x0.0	x0.0	x0.0
Americas	81.5	x82.7	x83.4	x79.5	x73.2	x91.3	54.3	47.5	47.9	x49.0	Amériques	x88.9	x88.8	x89.8	x87.3	x86.2	72.0	50.8	51.3	50.4	52.4
LAIA	0.0	0.2	0.2	x0.6	x0.8	0.1	1.1	0.8	1.0	1.1	ALAI	0.0	0.5	0.6	x1.1	x0.9	4.6	16.4	16.0	11.5	14.9
CACM	x0.0	x0.0	x0.0	x0.0	x0.0	0.0	0.0	0.0	0.0	x0.3	MCAC	0.5	0.4	0.4	x0.0	0.1	0.1	0.1	1.2	1.5	1.6
Asia	x5.5	x5.0	x5.7	x7.4	x12.2	x0.8	3.5	3.8	x5.5	4.9	Asie	x0.2		x0.1	x0.1	0.3	0.6	4.8	x1.9	2.4	x2.1
Middle East	x0.2	x0.1	x0.1	x0.2	x0.1	x0.5	x0.3	x0.1	x0.2	x0.3	Moyen–Orient	x0.1	0.0			x0.0	x0.0	0.3	x0.0	x0.0	x0.0
Europe	11.6	10.7	9.4	12.0	13.3	6.8	37.5	45.2	42.3	42.2	Europe	9.9	10.0	9.2	11.8	12.7	23.5	40.0	43.5	43.1	41.0
EEC	9.5	8.8	7.6	9.2	10.1	4.2	24.5	31.6	31.9	32.6	CEE	1.5	1.7	1.7	2.2	2.5	11.6	20.3	22.4	22.1	20.1
EFTA	2.0	1.9	1.8	2.8	3.3	2.6	12.7	12.8	10.2	9.3	AELE	8.5	8.3	7.5	9.6	10.2	11.7	19.6	21.0	20.7	20.5
Oceania	x1.3	x1.5	x1.5	x1.0	0.9	x0.8	3.1	2.7	3.0	x2.9	Océanie	0.6		0.9	0.9	0.7	1.3	2.3	1.1	x2.1	x3.1
USA/Etats–Unis d'Amer	77.7	79.2	80.9	76.2	69.6	88.5	41.1	35.9	35.1	36.8	Canada	x81.5	x81.8	x82.6	x78.4	x76.5	17.8	27.5	23.9	23.9	20.9
Germany/Allemagne	2.6	2.1	1.6	1.9	2.0	1.0	8.0	12.2	12.7	14.5	Mexico/Mexique		0.1	0.0	x0.2	x0.3	2.9	14.1	13.3	9.0	12.5
Canada	1.9	1.4	1.4	1.6	1.3	1.4	9.4	8.1	9.2	10.1	Germany/Allemagne	0.8	1.1	1.1	1.4	1.6	5.9	10.4	10.4	10.0	8.1
Switz.Liecht	0.7	0.7	0.7	0.9	1.1	1.3	6.8	6.3	4.6	4.3	USA/Etats–Unis d'Amer	6.9	6.0	6.2	7.8	8.6	49.5	6.8	10.2	13.4	15.0
United Kingdom	3.6	3.3	3.0	3.7	4.5	0.9	4.8	5.8	4.6	4.2	Sweden/Suède	5.9	5.9	5.4	7.0	7.4	6.1	8.6	7.9	8.0	6.4
France,Monac	0.9	0.9	0.8	0.8	0.7	0.9	3.6	4.3	4.1	3.4	Austria/Autriche	0.3	0.3	0.3	0.4	0.5	1.8	4.2	6.6	6.7	7.8
Japan/Japon	5.3	4.9	5.6	7.3	11.9	0.3	3.0	3.4	4.9	4.0	Finland/Finlande	1.7	1.6	1.5	1.9	2.0	3.3	4.8	3.9	3.7	4.5
Austria/Autriche	0.4	0.3	0.3	0.3	0.4	0.6	3.1	4.0	3.5	3.1	Italy/Italie	0.1		0.1	0.1	0.1	2.0	3.0	3.3	3.4	3.1
Belgium–Luxembourg	0.3	0.3	0.3	0.4	0.4	0.6	3.0	3.1	3.0	2.7	France,Monac	0.0	0.0	0.0	0.1	0.1	1.4	2.5	3.2	2.9	2.7
Italy/Italie	0.3	x0.2	0.2	0.2	0.3	0.3	2.0	2.9	4.0	4.6	Norway,SVD,JM	0.4	0.5	0.3	0.2	0.2	0.4	1.7	2.1	2.0	1.7

331

2483 LUMBER SHAPED NON-CONIFR / NON CONIFERES SCIES, RABOTES 2483

TRADE BY COMMODITY IN THOUSAND U.S. DOLLARS – COMMERCE PAR PRODUIT EN MILLIERS DE DOLLARS E.U

COUNTRIES–PAYS	IMPORTS – IMPORTATIONS						COUNTRIES–PAYS	EXPORTS - EXPORTATIONS				
	1988	1989	1990	1991	1992		1988	1989	1990	1991	1992
Total	5213571	5964994	6206362	5790644	6478557	Totale	4710296	5427630	5323016	x5426536	x6360020
Africa	x177569	x245355	x249866	x174782	x204580	Afrique	x287028	x269786	x534652	x474301	x812892
Northern Africa	x65813	x128240	x124095	x113610	x135967	Afrique du Nord	291	1986	381	x894	x434
Americas	619463	641011	606682	544819	659335	Amériques	1167133	1131019	1322237	1421079	x1576661
LAIA	44738	49053	60093	80205	102947	ALAI	246956	233611	225031	279096	x301316
CACM	x571	x655	x715	x352	x784	MCAC	x18276	x15517	x11874	x11125	x13008
Asia	1534511	1856118	1751905	1814290	2046694	Asie	1978279	2834701	2038610	2173888	x2590184
Middle East	x229350	x209760	x140918	x146148	x137358	Moyen–Orient	x5474	x12092	x10579	x8115	x10265
Europe	2751136	3044913	3436964	3109894	3418279	Europe	969333	1017053	1274311	1088544	1188023
EEC	2502369	2802643	3154691	2864640	3124548	CEE	706593	750973	921083	882645	909516
EFTA	237765	235471	267368	232252	248659	AELE	64395	70001	83370	74629	82373
Oceania	x118251	x166554	x128774	x106813	x137477	Océanie	17186	15134	17955	x18671	x22392
Japan/Japon	788257	977014	833814	775665	823007	Malaysia/Malaisie	858383	1261536	1303029	1248388	x1635193
Italy/Italie	530723	552792	636104	692443	721631	USA/Etats–Unis d'Amer	682935	681153	871205	929727	1047715
United Kingdom	475366	480794	482858	379618	377133	Indonesia/Indonésie	550560	835651	220864	324744	329090
Germany/Allemagne	366732	409655	463353	441933	518613	France, Monac	222642	245570	311332	297213	305159
Netherlands/Pays–Bas	304145	415917	416301	325889	389343	Singapore/Singapour	259620	332948	245967	233891	220869
Belgium–Luxembourg	245802	292838	334844	308016	317005	Cote d'Ivoire	126982	134272	x276420	x249591	x554312
Thailand/Thaïlande	121853	244698	316805	354494	426451	Yugoslavia SFR	198316	196026	269789	x131131	
Spain/Espagne	227855	255473	331079	292523	313609	Canada	209148	192135	205127	192963	206612
France, Monac	247737	271851	312374	276712	312148	Germany/Allemagne	157339	157473	185293	159840	157634
USA/Etats–Unis d'Amer	239388	285725	260610	226669	281755	Netherlands/Pays–Bas	139882	138583	155695	158639	165219
Canada	283602	264123	248181	205005	251076	Brazil/Brésil	169265	127167	128353	130996	153545
Korea Republic	134688	164967	159156	216769	249511	Belgium–Luxembourg	70827	76920	92353	91989	100235
Singapore/Singapour	133563	149202	168303	178097	166835	Philippines	156473	x206787	19424	18170	15660
Australia/Australie	107370	155475	115175	94947	124792	Ghana	x70503	x61407	x100380	x61398	x102823
Egypt/Egypte	x35413	x80955	x88205	x83415	x85853	Italy/Italie	52399	62266	75720	82185	82563
Austria/Autriche	70601	67440	74503	76161	83014	Cameroon/Cameroun	x45364	32800	x80106	73981	x85879
Switz.Liecht	58460	57360	64458	52678	49421	Hong Kong	34448	41387	43962	59574	77072
Hong Kong	46823	52255	50456	52678	98748	Thailand/Thaïlande	46937	44380	46214	51430	x44553
So. Africa Customs Un	71931	72796	74035	x23365	x22451	Romania/Roumanie	x71529	68924	38748	25591	x17492
Sweden/Suède	52462	52946	59187	47870	52249	Former USSR/Anc. URSS	x161011	x33298	x29960	x69244	
Saudi Arabia	95084	78399	x30454	x44684	x38787	Austria/Autriche	34183	36363	50151	45148	48960
Ireland/Irlande	39734	41008	63348	36775	47218	China/Chine	25894	37357	37337	45307	93299
Denmark/Danemark	34166	38011	47300	36058	43519	Bolivia/Bolivie	16884	33618	36446	42209	41713
Portugal	16760	18102	36100	41989	62440	Viet Nam	x379	x2506	x27723	x78949	x53679
Finland/Finlande	29924	32609	36334	25961	30806	Poland/Pologne	11375	9555	9631	85511	x58681
Greece/Grèce	13347	26202	31030	32685	x21890	Hungary/Hongrie	x22392	x22454	x30545	x42268	x52057
Norway, SVD, JM	23952	23208	30172	26222	30434	Myanmar	x13955	x24515	x29720	x39504	x52272
Syrian Arab Republic	13744	38354	27892	x11851	x11459	Denmark/Danemark	26912	26478	36150	31073	34964
Morocco/Maroc	15179	23406	25925	22584	28914	Paraguay	12437	24156	29335	35416	x47952
Mexico/Mexique	18276	14025	17171	31992	44832	Lao People's Dem. Rp.	x9364	x4028	x28217	x43153	x31671
Reunion/Réunion	19799	15643	20846	22047	19548	Chile/Chili	32343	40771	11427	10888	x15151
Argentina/Argentine	17642	16466	14732	26315	39953	Czechoslovakia	x16224	x20057	x16372	x25258	x35652
United Arab Emirates	x38553	x19037	x20441	x16794	x23478	Japan/Japon	13752	19818	21181	19002	15404
Brazil/Brésil	5934	16304	23822	15811	12160	Zaire/Zaïre	x12599	x13099	x21614	x17212	x20447
Israel/Israël	16236	15677	21576	14008	10041	Switz.Liecht	12737	14130	14619	15744	16893
China/Chine	26540	9650	18920	22655	85204	Spain/Espagne	8808	10792	15968	15797	21756
Yemen/Yémen		x18977	x22490	x20982		Liberia/Libéria	x4309	x1418	x13921	x25223	x548
Oman	17305	8953	14238	15390	x3678	United Kingdom	9748	10193	15975	14138	18086
Malaysia/Malaisie	4624	10847	10819	13875	x13311	Ireland/Irlande	11629	12364	14966	12018	15783
Romania/Roumanie	x101	7	23251	9263	x3497	Mexico/Mexique	1149	1497	51	36024	31450
New Zealand	7182	9242	11057	8735	7821	Congo	x11486	x10117	x12965	x12800	x11041
Mauritius/Maurice	x5744	x9135	7742	7889	10150	Sweden/Suède	9704	10332	8942	7069	8828
Barbados/Barbade	8998	11102	9493	4099	x563	Portugal	5391	6488	10712	7863	5022
Cyprus/Chypre	4491	6770	9174	8525	9030	Guatemala	x10544	x9132	x7281	x8004	x9406
Former Yemen	x22724	x22578				Central African Rep.	x4733	5102	x9966	x9166	x11315
Martinique	6889	7146	5902	8825	8077	Ecuador/Equateur	13411		11388	11897	37
Yugoslavia SFR	3060	2849	10065	x8557		Greece/Grèce	1016	3847	6919	11888	x3094
Former USSR/Anc. URSS	x4779	x3421	x2292	x14906		Finland/Finlande	6728	8388	8731	5173	5294
India/Inde	17300	x3290	11606	4278	x1939	Nigeria/Nigéria	x3729	x3344	x8096	x9198	
Hungary/Hongrie	x2608	x2309	x2661	13341	x2018	Australia/Australie	9866	6872	7328	6317	6876

(VALUE AS % OF TOTAL)(VALEUR EN % DU TOTAL)

	1983	1984	1985	1986	1987	1988	1989	1990	1991	1992		1983	1984	1985	1986	1987	1988	1989	1990	1991	1992
Africa	10.7	x3.3	x2.4	x3.0	x2.5	x3.4	x4.1	x4.0	x3.0	x3.1	Afrique	x8.1	4.3	x5.4	x7.0	x6.3	x6.1	x4.9	x10.0	x8.7	x12.7
Northern Africa	7.8	0.8	x0.8	x1.6	x1.3	x1.3	x2.1	x2.0	x2.0	x2.1	Afrique du Nord	x0.6	x0.0	x0.0	x0.0	x0.0	0.0	0.0	0.0	x0.0	x0.0
Americas	11.6	14.1	x15.1	x15.5	x14.7	11.9	10.7	9.8	9.5	10.2	Amériques	x20.6	24.5	22.3	x24.2	x24.1	24.7	20.8	24.8	26.2	x24.8
LAIA	0.8	1.2	0.9	x1.5	x1.1	0.9	0.8	1.0	1.4	1.6	ALAI	0.7	7.1	5.9	x5.9	x6.4	5.2	4.3	4.2	5.1	x4.7
CACM	x0.0	x0.0	x0.0	x0.0	x0.0	x0.0	x0.0	x0.0	x0.0	x0.0	MCAC	0.6	x0.0	x0.0	x0.4	x0.4	x0.4	0.3	0.2	0.2	0.2
Asia	x21.5	x26.8	x25.3	x23.0	24.5	29.4	31.1	28.2	31.3	31.6	Asie	52.2	46.0	46.9	44.1	40.8	42.0	52.3	38.3	40.1	x40.7
Middle East	x6.4	x10.7	x7.4	x6.3	x3.7	x4.4	x3.5	x2.3	x2.5	x2.1	Moyen–Orient	x0.8	x0.4	x0.6	0.9	x0.1	x0.1	x0.2	x0.2	x0.2	x0.4
Europe	54.3	52.8	54.5	56.5	56.3	52.8	51.0	55.4	53.7	52.8	Europe	18.3	24.6	25.0	x24.2	x20.6	20.6	18.7	23.9	20.1	18.7
EEC	50.5	48.6	49.9	51.1	51.8	48.0	47.0	50.8	49.5	48.2	CEE	16.7	15.6	16.7	18.2	15.1	15.0	13.8	17.3	16.3	14.3
EFTA	3.7	4.0	4.4	4.8	4.3	4.6	3.9	4.3	4.0	3.8	AELE	1.6	1.6	1.7	1.8	1.4	1.4	1.3	1.6	1.4	1.3
Oceania	x2.0	x3.1	x2.9	x2.0	x1.8	x2.3	x2.8	x2.0	x1.9	x2.1	Océanie	0.7	0.6	0.5	x0.4	0.3	0.4	0.3	0.3	x0.4	x0.4
Japan/Japon	6.2	7.3	10.0	8.9	12.2	15.1	16.4	13.4	13.4	12.7	Malaysia/Malaisie	28.8	21.7	21.6	19.2	18.2	18.2	23.2	24.5	23.0	x25.7
Italy/Italie	7.8	9.3	9.5	9.5	10.9	10.2	9.3	10.2	12.0	11.1	USA/Etats–Unis d'Amer	15.2	12.9	12.1	13.5	13.0	14.5	12.5	16.4	17.1	16.5
United Kingdom	9.8	9.8	9.1	9.1	9.1	9.1	8.1	7.8	6.6	5.8	Indonesia/Indonésie	2.6	8.3	10.2	9.7	9.9	11.7	15.4	4.1	6.0	5.2
Germany/Allemagne	10.1	8.9	7.8	8.4	8.2	7.0	6.9	7.5	7.6	8.0	France, Monac	5.7	5.6	6.2	6.6	5.7	4.7	4.5	5.8	5.5	4.8
Netherlands/Pays–Bas	8.1	6.9	7.6	8.0	7.4	5.8	7.0	6.7	5.6	6.0	Singapore/Singapour	8.5	6.9	6.3	6.1	4.5	5.5	6.1	4.6	4.3	3.5
Belgium–Luxembourg	5.0	4.7	4.9	5.1	4.9	4.7	4.9	5.4	5.3	4.9	Cote d'Ivoire	3.3	3.0	3.5	3.9	3.4	2.7	2.5	x5.2	x4.6	x8.7
Thailand/Thaïlande	2.3	2.1	1.4	1.2	2.0	2.3	4.1	5.1	6.1	6.6	Yugoslavia SFR		7.4	6.5	x4.3	x4.0	4.2	3.6	5.1	x2.4	
Spain/Espagne	2.9	2.5	3.6	4.0	4.1	4.4	4.3	5.3	5.1	4.8	Canada	4.5	4.3	3.9	4.2	4.1	4.4	3.5	3.9	3.6	3.2
France, Monac	4.9	4.1	4.9	4.8	5.1	4.4	4.6	5.0	4.8	4.8	Germany/Allemagne	3.6	3.2	3.8	4.2	3.3	3.3	2.9	3.5	2.9	2.5
USA/Etats–Unis d'Amer	5.0	6.5	7.2	5.5	6.4	4.6	4.8	4.2	3.9	4.3	Netherlands/Pays–Bas	3.1	2.9	2.9	3.5	3.0	3.0	2.6	2.9	2.9	2.6

24831 LUMBER SAWN ETC NON-CON — SCIES LONGITUDINALEMENT 24831

TRADE BY COMMODITY IN THOUSAND U.S. DOLLARS – COMMERCE PAR PRODUIT EN MILLIERS DE DOLLARS E.U

COUNTRIES–PAYS	1988	1989	1990	1991	1992	COUNTRIES–PAYS	1988	1989	1990	1991	1992
	IMPORTS – IMPORTATIONS						EXPORTS – EXPORTATIONS				
Total	4719727	5353225	5513471	5045621	5565614	Totale	4036525	4635878	x4502504	x4395931	x5434895
Africa	x174131	x241073	x246424	x171057	x200085	Afrique	x284201	x268373	x514611	x452047	x766273
Northern Africa	x64612	x125612	x122293	x111803	x133799	Afrique du Nord	291	1949	377	x269	390
Americas	468252	462929	438267	418189	498045	Amériques	876055	1021325	1200678	1262710	x1414202
LAIA	41076	47256	56633	75048	91865	ALAI	161810	188216	200253	209089	x232788
CACM	x546	x609	x648	x273	x758	MCAC	x12763	x11528	x8451	x9669	x10912
Asia	x1455664	x1747016	x1630703	x1642298	1829533	Asie	1772638	2347598	1602483	1621838	x2132744
Middle East	x227387	x208044	x137070	x141714	x131430	Moyen-Orient	x4992	x10640	x7267	x6402	x8141
Europe	2524861	2775544	3072610	2707678	2939309	Europe	807833	844093	1049907	869136	950697
EEC	2312619	2568857	2837063	2506711	2701655	CEE	563173	599715	720899	682403	703317
EFTA	202280	200540	222290	189995	200112	AELE	53009	54856	69026	60340	65585
Oceania	x85537	x118126	x94932	x72190	x89874	Océanie	x13917	13981	16979	x14104	x17038
Japan/Japon	737894	910045	759962	679569	711699	Malaysia/Malaisie	704805	1066517	1118389	1074847	x1529201
Italy/Italie	501991	504648	562963	590870	593297	USA/Etats-Unis d'Amer	508275	645125	808458	867835	981002
United Kingdom	430864	439846	439544	344369	333420	Indonesia/Indonésie	549697	640015	88745	74164	91665
Germany/Allemagne	333394	367377	408771	373965	442834	France, Monac	191857	210712	264656	251938	253789
Netherlands/Pays-Bas	285397	395375	385363	292041	342125	Singapore/Singapour	248546	287829	185556	166673	154265
Thailand/Thaïlande	121786	244395	316218	352971	424787	Cote d'Ivoire	126982	134272	x260313	x232411	x516410
Spain/Espagne	219238	241850	311223	273604	292306	Yugoslavia SFR	191622	189468	259916	x126254	
Belgium-Luxembourg	223205	262504	296079	265376	272143	Canada	184566	168829	176149	170219	182067
France, Monac	222975	245790	276796	243755	278646	Germany/Allemagne	128100	130061	149117	126779	128014
Canada	250223	221411	203046	164132	193073	Brazil/Brésil	113270	123837	123152	123786	143579
USA/Etats-Unis d'Amer	153870	169600	156330	157437	194175	Netherlands/Pays-Bas	113907	113200	127220	130063	134027
Korea Republic	116752	144789	144632	193387	212865	Belgium-Luxembourg	62531	68942	79965	78666	85391
Singapore/Singapour	132471	144741	159930	166606	156436	Philippines	146433	x201036	7923	14764	11598
Australia/Australie	77019	109676	83704	63692	82748	Ghana	x69425	x60417	x97734	x58887	x98766
Egypt/Egypte	x34406	x78446	x87121	x82368	x84304	Cameroon/Cameroun	x45018	32759	x80019	73981	x85720
So. Africa Customs Un	70948	72085	73715	x22739	x22085	Romania/Roumanie	x70429	62265	37014	23237	x16968
Austria/Autriche	58276	53775	56247	57133	60300	Bolivia/Bolivie	16821	33612	36385	42032	41348
Switz.Liecht	50607	50203	55244	44647	40234	Austria/Autriche	29432	31125	42513	36322	38252
Saudi Arabia	95084	78270	x28353	x41969	x34834	China/Chine	24524	35626	34188	37478	88112
Sweden/Suède	49875	49887	54178	42867	45647	Viet Nam	x379	x2414	x26988	x77286	x52941
Ireland/Irlande	37764	38856	59654	33535	43728	Hong Kong	x31266	x31713	x31354	x43401	68202
Hong Kong	x42352	x43412	x36816	x42500	66848	Former USSR/Anc. URSS	x155209	x23947	x18706	x55058	
Denmark/Danemark	31007	33327	40577	27310	34782	Myanmar	x13703	x24050	x28265	x37506	x50356
Portugal	14907	15439	29425	33847	49756	Hungary/Hongrie	x21020	x20976	x28070	x38192	x46511
Greece/Grèce	11939	23846	27892	28038	x18619	Italy/Italie	20059	24885	27805	27602	32444
Syrian Arab Republic	13744	37909	29582	x11818	x11459	Denmark/Danemark	22515	21757	26878	23803	26799
Finland/Finlande	21448	25935	29582	21407	26450	Lao People's Dem. Rp.	x9358	x4003	x27485	x40677	x29292
Morocco/Maroc	15179	23406	25292	22070	28422	Paraguay	11206	19964	23784	22932	x25419
Norway, SVD, JM	20306	19363	25304	22103	25711	Thailand/Thaïlande	24249	19802	20796	26006	x23523
Mexico/Mexique	15636	13542	15950	29908	41720	Czechoslovakia	x15494	x19115	x15291	x23293	x31408
Reunion/Réunion	19419	15070	19994	21426	18615	Poland/Pologne	x11239	x9382	x9197	x34403	x53460
United Arab Emirates	x38012	x18904	x20287	x16734	x23234	Zaire/Zaïre	x12593	x13099	x21424	x16577	x19572
Brazil/Brésil	5914	16202	23257	15802	12153	Japan/Japon	13308	16022	16805	16137	15113
Argentina/Argentine	16727	15264	13192	23294	32177	Liberia/Libéria	x4309	x1418	x13881	x25223	x548
Israel/Israël	16121	15348	21234	13568	9307	Switz.Liecht	11951	11793	13525	14648	15656
Yemen/Yémen		x18977	x22485	x20978	Ireland/Irlande	10958	11884	14535	11246	13996
China/Chine	24589	6537	16036	18564	73021	Congo	x11471	x10114	x12949	x12800	x11041
Oman	17289	8874	14217	15342	x3654	United Kingdom	5240	6437	11780	11065	14846
Romania/Roumanie	x81	7	23251	9263	x3480	Chile/Chili	5647	5313	10125	10439	x13927
Malaysia/Malaisie	4362	9449	9516	11398	x9327	Central African Rep.	x4733	5102	x9966	x9118	x11315
Mauritius/Maurice	x5735	x9077	7736	7875	10129	Guatemala	x9964	x8537	x6440	x7907	x9313
Cyprus/Chypre	4276	6437	8806	8213	8638	Greece/Grèce	994	3751	6711	11477	x2816
New Zealand	5915	7297	9506	6123	4786	Portugal	5179	5612	8684	6295	3419
Former Yemen	x22724	x22578				Nigeria/Nigéria	x3688	x3285	x7769	x8913	x10309
Yugoslavia SFR	2601	2435	9028	x7845		Australia/Australie	9638	6514	7071	6104	6537
India/Inde	17237	x3220	11606	4181	x1753	Sweden/Suède	6585	6681	6074	4945	6518
Algeria/Algérie	8187	9691	4925	2927	x4268	Finland/Finlande	4690	4778	6494	4113	4657
Hungary/Hongrie	x2547	x2199	x2423	12747	x1238	India/Inde	131	x5695	x5019	x3405	x2614
Martinique	5552	5777	4217	6751	5560	Bulgaria/Bulgarie	x6631	x3621	x8031	x1783	x5468
Guadeloupe	3287	4124	6754	5247	5038	Turkey/Turquie	158	7320	2437	2208	3717

(VALUE AS % OF TOTAL)(VALEUR EN % DU TOTAL)

	1983	1984	1985	1986	1987	1988	1989	1990	1991	1992		1983	1984	1985	1986	1987	1988	1989	1990	1991	1992
Africa	11.1	x3.4	x2.6	x3.1	x2.6	3.7	x4.5	4.4	x3.4	3.6	Afrique	x8.4	x4.7	x5.8	x7.1	x6.9	x7.0	x5.8	x11.5	x10.2	x14.1
Northern Africa	8.2	0.9	x0.8	x1.8	x1.5	x1.4	x2.3	x2.2	x2.2	x2.4	Afrique du Nord	x0.0	x0.0	x0.0	x0.0	x0.0	0.0	0.0	0.0	x0.0	0.0
Americas	x9.6	x11.7	x12.8	x13.6	x13.0	10.0	8.6	7.9	8.3	9.0	Amériques	x19.0	x19.3	x17.7	x20.7	x20.4	22.1	26.7	28.7	x26.0	
LAIA	0.8	1.3	1.0	1.1	0.9	0.9	1.0	1.0	1.5	1.7	ALAI	0.8	3.1	2.8	x4.7	x5.2	4.0	4.1	4.4	4.8	x4.3
CACM		x0.0	x0.0	x0.0	x0.0	x0.0	x0.0	x0.0	x0.0	x0.0	MCAC	x0.0	x0.0	x0.0	x0.2	x0.3	x0.3	x0.2	x0.2	x0.2	x0.2
Asia	x20.6	x25.9	x24.7	x21.5	23.3	30.9	x32.6	29.6	32.5	32.9	Asie	53.7	48.7	49.3	46.6	43.0	43.9	50.6	35.6	36.9	x39.3
Middle East	x6.6	x11.4	x8.0	x6.3	4.0	x4.8	x3.9	x2.5	x2.8	x2.4	Moyen-Orient	x0.9	x0.1	x0.1	x0.1	x0.1	x0.1	x0.2	x0.2	x0.1	x0.1
Europe	55.0	54.4	57.8	60.2	59.4	53.5	51.8	55.7	53.7	52.8	Europe	18.2	26.4	26.5	x25.1	x20.8	20.0	18.2	23.3	19.8	17.5
EEC	51.3	50.1	53.1	55.1	54.9	49.0	48.0	51.5	49.7	48.5	CEE	16.6	16.4	17.3	18.6	15.0	14.0	12.9	16.0	15.5	12.9
EFTA	3.7	4.0	4.5	5.0	4.4	4.3	3.7	4.0	3.8	3.6	AELE	1.6	1.7	1.8	1.8	1.5	1.3	1.2	1.5	1.4	1.2
Oceania	1.6	2.4	x2.2	x1.6	x1.4	x1.4	x2.2	1.7	x1.4	1.6	Océanie	x0.7	x0.6	x0.7	x0.4	x0.4	0.3	0.3	0.4	x0.3	0.3
Japan/Japon	5.2	6.0	8.9	7.3	10.3	15.6	17.0	13.8	13.5	12.8	Malaysia/Malaisie	29.1	21.6	21.6	20.2	19.0	17.5	23.0	24.8	24.5	x28.1
Italy/Italie	7.9	9.6	10.0	10.0	11.4	10.6	9.4	10.2	11.7	10.7	USA/Etats-Unis d'Amer	13.6	12.0	11.0	12.0	11.1	12.6	13.9	18.0	19.7	18.1
United Kingdom	10.0	10.1	9.6	9.7	9.1	8.2	8.0	8.0	6.8	6.0	Indonesia/Indonésie	2.8	9.4	11.5	10.8	10.7	13.6	13.8	2.0	1.7	1.7
Germany/Allemagne	10.2	9.2	8.3	9.0	8.7	7.1	6.9	7.4	7.4	8.0	France, Monac	5.2	5.6	6.0	6.3	5.3	4.8	4.5	5.9	5.7	4.7
Netherlands/Pays-Bas	8.2	7.1	8.1	8.6	8.0	6.0	7.4	7.0	5.8	6.1	Singapore/Singapour	9.1	7.9	7.1	6.7	6.5	6.2	6.2	4.1	3.8	2.8
Thailand/Thaïlande	2.4	2.2	1.5	1.3	2.2	2.6	4.6	5.7	7.0	7.6	Cote d'Ivoire	3.5	x3.2	3.8	4.4	3.8	3.1	2.9	x5.8	x5.3	x9.5
Spain/Espagne	3.0	2.6	3.9	4.4	4.4	4.6	4.5	5.6	5.4	5.3	Yugoslavia SFR			8.5	7.4	x4.3	4.1	5.8	x2.9		
Belgium-Luxembourg	5.0	4.7	5.1	5.4	5.1	4.7	4.9	5.4	5.3	4.9	Canada	x4.4	x4.0	x3.7	x3.7	3.6	3.6	3.9	3.9	3.3	
France, Monac	4.9	4.3	5.3	5.2	5.5	4.7	4.6	5.0	4.8	5.0	Germany/Allemagne	3.8	3.6	4.2	4.6	3.5	3.2	2.8	3.3	2.9	2.4
Canada	4.5	4.9	5.0	5.3	5.3	5.2	4.1	3.7	3.3	3.5	Brazil/Brésil			1.3	2.0	2.5	3.0	2.7	2.7	2.8	2.6

2516 CHEM WOOD PULP DISSOLVNG — PATES CHIMIQUES DE BOIS 2516

TRADE BY COMMODITY IN THOUSAND U.S. DOLLARS – COMMERCE PAR PRODUIT EN MILLIERS DE DOLLARS E.U

IMPORTS – IMPORTATIONS

COUNTRIES–PAYS	1988	1989	1990	1991	1992
Total	x1413630	x1563453	1094377	1042769	949876
Africa	x8014	x14000	x10149	x8053	x5649
Northern Africa	x6959	x12150	x8325	x7149	x5341
Americas	x252840	281996	210651	164074	135635
LAIA	x105489	70378	57394	59009	53073
CACM	x567	x652	x532	x217	x51
Asia	319280	x413945	394358	368481	x387658
Middle East	x6883	x7095	x2141	x823	x300
Europe	311964	370562	351619	394231	411040
EEC	238506	290548	272202	336159	344560
EFTA	58641	69836	65586	46797	63918
Oceania	1652	2811	739	2039	317
Former USSR/Anc. URSS	x428316	x441012	x120705	x89667	
Japan/Japon	184301	210744	192878	202769	179584
Germany/Allemagne	136244	173726	171018	158977	159083
USA/Etats–Unis d'Amer	137271	192668	140053	94904	75316
Indonesia/Indonésie	34676	67425	61240	64976	85917
Thailand/Thaïlande	26081	48904	51218	52073	49865
United Kingdom				104000	110735
India/Inde	31722	x29714	54358	17577	x39394
Mexico/Mexique	66755	38262	32151	28949	31589
Netherlands/Pays–Bas	31165	35763	36259	25739	26477
Finland/Finlande	24709	32746	25225	18522	35509
Sweden/Suède	18842	22768	27221	18459	19868
China/Chine	14561	26445	15914	21999	28764
Greece/Grèce	18440	26939	12591	10895	x2379
Brazil/Brésil	5089	10136	16414	21987	17275
Belgium–Luxembourg	16796	21577	15441	7597	7556
France, Monac	15942	16042	14471	11761	12446
Canada	9403	18179	12594	9764	7154
Korea Republic	13543	16098	13219	7164	2521
Austria/Autriche	14456	13830	12576	9376	8293
Yugoslavia SFR	14817	10178	13832	x11275	
Poland/Pologne	x18919	x13939	x4679	x8252	x1270
Egypt/Egypte	x6937	x12085	x8321	x6420	x5295
Former GDR	x24705	x24592	x171		
Italy/Italie	10127	8758	10059	5930	11620
Spain/Espagne	8499	6083	9847	6031	8363
Uruguay	4483	3346	3453	3171	x84
Peru/Pérou	x19294	x9357	x8	6	x10
Iraq	x5633	x6591	x1792		
Ireland/Irlande	325	197	2089	5128	5357
Bangladesh	x2602	x5771	x619	x712	x702
Colombia/Colombie	2515	2898	2812	1309	1221
Chile/Chili	309	2325	1594	1828	
Australia/Australie	1604	2811	739	2039	317
Czechoslovakia	x46083	316	261	x3851	x1085
So. Africa Customs Un	1055	1842	1731	x758	x207
Hungary/Hongrie	x1182	x12	x147	4079	x895
Venezuela	4037	1345	698	1534	2743
Argentina/Argentine	3007	2649	69	224	150
Israel/Israël		451	1776	220	x207
Pakistan	4013	894	792	7	10
Switz.Liecht	593	468	497	413	201
Portugal	954	803	381	85	526
Romania/Roumanie			x901	42	x6208
Algeria/Algérie				x728	
Denmark/Danemark	15	659	45	16	17
Costa Rica	x96	x211	x192	x177	x22
Philippines	399	x184	160	107	37
Iran (Islamic Rp. of)	x750	x223	x210		x194
Oman		4	96	335	

EXPORTS – EXPORTATIONS

COUNTRIES–PAYS	1988	1989	1990	1991	1992
Totale	1436206	1577472	x1112121	x940678	x861055
Afrique	x121360	x130944	x142979	x130121	x144632
Afrique du Nord	x290	x182	x145	x80	x143
Amériques	965706	1080557	x691871	x615986	x617078
ALAI	312069	326824	x7779	x295	x2205
MCAC			x121		
Asie	x1276	x533	3191	1825	x490
Moyen–Orient	x4		x9	x6	x44
Europe	307147	328946	239421	144261	89425
CEE	61755	62726	46171	19402	7771
AELE	233364	251250	185766	124015	81430
Océanie	398	44	11	283	x79
USA/Etats–Unis d'Amer	503703	571846	504110	485193	489378
Canada	149928	181843	179553	130429	125495
So. Africa Customs Un	x118943	x129948	x142834	x130041	x144489
Norway,SVD,JM	134525	146766	98340	89322	66539
Chile/Chili	308342	321778	1171	10	x2097
Finland/Finlande	97427	104372	86063	24167	5441
Germany/Allemagne	38608	44845	39563	13784	1421
Former USSR/Anc. URSS	x10923	x13087	x14958	x33542	
Spain/Espagne	19765	15858	5117	4958	5071
Bulgaria/Bulgarie	x24770	x16041	x7053	x1682	x1682
Yugoslavia SFR	12028	14970	7485	x844	
Poland/Pologne	x449	x1522	x9043	x9722	x4359
Austria/Autriche	1029	68	1357	10492	9189
Hungary/Hongrie	x1194	x1397	x2900	x2726	x2768
Czechoslovakia	x2671	x4343	x647	x532	x542
Brazil/Brésil	1109	2	x4840	43	84
Argentina/Argentine	x2611	x2667	x1767	9	x13
Indonesia/Indonésie			2403	525	81
Japan/Japon	1264	204	665	1156	344
Uruguay	x1407				x6
Mexico/Mexique	6	x939	0	x233	6
Greece/Grèce	609	957	84		x72
United Kingdom	1177	548	163	219	519
Zimbabwe	x814				
Ireland/Irlande			659	1	9
Netherlands/Pays–Bas	308	360	188	102	90
Tunisia/Tunisie	x290	x182	x145	x80	x143
Australia/Australie	41	43	11	283	71
Belgium–Luxembourg	141	40	68	223	131
Hong Kong		255	24		15
Italy/Italie	377	50	188	30	51
France, Monac	764	33	140	79	401
Cuba	x6	x45	x177		
Saint Lucia/St. Lucie			x131	x69	
India/Inde			32	114	
Costa Rica			x121		
Former GDR		x58	x45		
Switz.Liecht	338	44	5	34	1
Philippines		x62		0	
Denmark/Danemark	7	35		8	7
Bolivia/Bolivie		x31			
Pakistan			30		
Singapore/Singapour		12	7	9	10
Malaysia/Malaisie	1		18		
Qatar			x9		
United Arab Emirates	x4			x6	x6
Bangladesh	6		3		
Fiji/Fidji		1			

(VALUE AS % OF TOTAL)(VALEUR EN % DU TOTAL)

	1983	1984	1985	1986	1987	1988	1989	1990	1991	1992		1983	1984	1985	1986	1987	1988	1989	1990	1991	1992
Africa	x0.1		x0.0	0.9	0.6	0.6	0.9	1.0	0.8	0.6	Afrique	16.8	12.0	15.4	x13.0	x9.9	8.5	8.3	x12.8	x13.8	x16.8
Northern Africa		0.0		0.8	0.5	0.5	0.8	0.8	0.7	0.6	Afrique du Nord				x0.1	x0.1	x0.0	x0.0	x0.0	x0.0	x0.0
Americas	x38.4	x23.8	x20.5	x24.4	x16.4	17.9	18.1	19.2	15.7	14.3	Amériques	x55.6	64.4	63.4	x60.7	x56.5	67.2	68.5	x62.2	x65.4	x71.7
LAIA	x24.7	x9.1	x7.9	x8.4	x7.2	7.5	4.5	5.2	5.7	5.6	ALAI	x0.0	20.8	17.6	x0.5	x0.1	21.7	20.7	x0.7	x0.0	x0.3
CACM	x0.0			x0.0	x0.1	0.0	0.0	0.0	0.0	0.0	MCAC								x0.0		
Asia	22.7	29.8	31.3	27.1	21.9	22.5	26.5	36.0	35.4	x40.8	Asie	0.1	0.4	0.3	0.1	x0.2	x0.1	0.0	0.3	0.2	0.0
Middle East		x1.4	x1.2	x0.1	0.5	0.5	x0.5	x0.2	x0.1	x0.0	Moyen–Orient										
Europe	38.8	46.3	48.2	47.4	x30.2	22.1	23.7	32.1	37.8	43.3	Europe	27.5	22.9	20.3	25.2	27.8	21.4	20.9	21.5	15.3	10.4
EEC	36.4	40.4	42.0	40.0	x25.2	16.9	18.6	24.9	32.2	36.3	CEE	2.8	3.8	2.7	4.9	5.4	4.3	4.0	4.2	2.1	0.9
EFTA	2.4	3.3	x4.5	x6.6	x4.6	4.1	4.5	6.0	4.5	6.7	AELE	24.7	18.1	17.0	20.1	21.9	16.2	15.9	16.7	13.2	9.5
Oceania				x0.2		0.1	0.2	0.1	0.2		Océanie	0.3	0.5	1.0	1.7						
Former USSR/Anc. URSS					x25.3	x30.3	x28.2	x11.0	x8.6		USA/Etats–Unis d'Amer	44.1	33.6	35.6	46.1	43.1	35.1	36.3	45.3	51.6	56.8
Japan/Japon	18.6	24.1	21.7	21.4	13.2	13.0	13.5	17.6	19.4	18.9	Canada	11.4	10.0	10.1	14.1	13.3	10.4	11.5	16.1	13.9	14.6
Germany/Allemagne	11.0	12.4	14.7	14.1	9.3	9.6	11.1	15.6	15.2	16.7	So. Africa Customs Un	16.8	12.0	15.4	x12.7	x9.7	x8.3	x8.2	x12.8	x13.8	x16.8
USA/Etats–Unis d'Amer	10.6	10.7	9.5	13.1	7.4	9.7	12.3	12.8	9.1	7.9	Norway,SVD,JM	9.5	6.4	7.6	10.8	12.1	9.4	9.3	8.8	9.5	7.7
Indonesia/Indonésie			2.8	2.6	1.5	2.5	4.3	5.6	6.2	9.0	Chile/Chili		20.8	17.4	x0.1	0.1	21.5	20.4	0.1	0.0	x0.2
Thailand/Thaïlande				x0.6	x1.5	1.8	3.1	4.7	5.0	5.2	Finland/Finlande	10.9	9.0	7.4	7.8	8.4	6.8	6.6	7.7	2.6	0.6
United Kingdom	13.8	14.8	11.7	10.9	x3.9				10.0	11.7	Germany/Allemagne	2.0	3.0	2.0	3.2	4.4	2.7	2.8	3.6	1.5	0.2
India/Inde	2.8	1.6	3.7	0.9	3.1	2.2	x1.9	5.0	1.7	x4.1	Former USSR/Anc. URSS		x0.7	x0.8	x0.8	x1.3	x3.6				
Mexico/Mexique	x23.3	x6.7	x5.9	x5.7	x3.5	4.7	2.4	2.9	2.8	3.3	Spain/Espagne	0.7	0.7	0.4	0.9	0.8	1.4	1.0	0.5	0.5	0.6
Netherlands/Pays–Bas	3.2	3.3	4.2	3.0	2.2	2.2	2.3	3.3	2.5	2.8	Bulgaria/Bulgarie		x2.5	x1.7	x1.0	x0.6	x0.2	x0.2			

334

2517 SODA, SULPHATE WOOD PULP / PATES CHIMIQUES AU SULFATE 2517

TRADE BY COMMODITY IN THOUSAND U.S. DOLLARS – COMMERCE PAR PRODUIT EN MILLIERS DE DOLLARS E.U

COUNTRIES–PAYS	IMPORTS – IMPORTATIONS					COUNTRIES–PAYS	EXPORTS – EXPORTATIONS				
	1988	1989	1990	1991	1992		1988	1989	1990	1991	1992
Total	12805960	14487639	13448934	10875729	11325397	Totale	12857591	14338027	12670728	10466186	10455376
Africa	x94447	x120285	x117335	x96029	x78484	Afrique	x139957	x142391	x120838	x103898	x141804
Northern Africa	x69839	x86673	76429	x68154	x61619	Afrique du Nord	63537	62623	50994	33843	39800
Americas	2775234	3055363	2960779	2309456	2395589	Amériques	x7789175	x8739037	7806078	6655104	x7088487
LAIA	511062	410750	362431	340023	384337	ALAI	x971460	x1026894	988306	921298	x1233883
CACM	5681	5325	990	3363	x1886	MCAC	12		161		x173	x11
Asia	2917276	3229478	2699316	2429249	2713215	Asie	48035	74772	89996	90021	x75140
Middle East	x171843	x144609	x131583	x120747	x124505	Moyen–Orient	x719	x171	x33	x256	x486
Europe	6607573	7650895	7385199	5875806	5988253	Europe	3957238	4353582	3902510	2988798	2971940
EEC	6069659	7021750	6717477	5371477	5415208	CEE	1232858	1370154	1246969	1009721	991875
EFTA	485089	570189	610723	466658	534115	AELE	2687791	2945505	2624168	1967843	1976791
Oceania	x157797	x159534	x142392	x89833	110916	Océanie	x162903	x158057	x161736	135526	x112801
USA/Etats–Unis d'Amer	2170296	2538880	2492255	1893490	1910802	Canada	4618059	5012915	4372878	3596373	3458944
Germany/Allemagne	1965146	2348180	2211772	1815391	1792949	USA/Etats–Unis d'Amer	2198411	2697079	2442518	2136977	2394808
Japan/Japon	1507559	1952819	1441976	1172813	1254450	Sweden/Suède	1533694	1641824	1521749	1222732	1193771
Italy/Italie	1153218	1306980	1215751	1036240	1035313	Finland/Finlande	922392	1034326	834102	569886	580144
France,Monac	1069646	1225913	1216898	942173	983362	Brazil/Brésil	616346	676020	592052	579860	740030
United Kingdom	976094	1085150	1000638	766816	804355	Portugal	605189	644252	608561	494210	500850
Korea Republic	511414	612260	638696	584012	691282	Former USSR/Anc. URSS	x665130	x720265	x485966	x434816	
Netherlands/Pays–Bas	326563	371749	362146	254072	273883	Spain/Espagne	329250	397711	333905	281009	267383
Spain/Espagne	241288	262603	271235	234035	227696	Chile/Chili	x303070	x281107	320407	309290	x450945
Belgium–Luxembourg	223320	264652	275845	181437	177051	France, Monac	167108	169002	159776	125214	124401
Switz.Liecht	231749	253433	252641	199037	205255	New Zealand	139929	141576	156353	127741	112724
China/Chine	405346	228839	188818	259172	212708	Norway,SVD,JM	116718	154613	151402	x99812	x128240
Austria/Autriche	169163	225488	233313	177056	190786	Belgium–Luxembourg	123305	143178	130697	100606	86217
Mexico/Mexique	209577	189346	175039	139003	172559	Austria/Autriche	114806	114313	116881	74777	74382
Australia/Australie	149937	154872	132778	82768	97699	So. Africa Customs Un	x70523	x74054	x63954	x64143	x96594
Venezuela	173798	102287	93671	102465	96888	Bulgaria/Bulgarie	x43087	x88492	x60301	x8509	x14268
Canada	83048	96199	102234	70129	95452	Indonesia/Indonésie	1610	36710	62237	51700	47203
Indonesia/Indonésie	87402	114297	67046	79010	161066	Morocco/Maroc	61630	58987	49933	33080	37606
Denmark/Danemark	63380	67971	73330	49514	41221	Argentina/Argentine	42829	38106	67289	31064	42234
Turkey/Turquie	81628	71176	57540	53071	73137	Czechoslovakia	x42805	x56757	x39225	x33515	x28388
Greece/Grèce	27427	60405	60769	59226	x45076	Yugoslavia SFR	36589	37922	30449	x11150	42
India/Inde	59423	x51890	84936	39967	x57086	Mexico/Mexique	8877	29090	7472	201	
Former GDR	x84660	x104806	x52939			Singapore/Singapour	18884	8863	10464	13430	8436
Sweden/Suède	32794	37978	72481	42409	47455	Thailand/Thaïlande	8161	19699	1756	11236	x11986
Yugoslavia SFR	51785	57583	54490	x37109		Australia/Australie	20858	16406	5041	7785	39
Thailand/Thaïlande	38177	40355	42702	60831	75970	Poland/Pologne	x7646	x4384	x4043	x15983	x22468
Brazil/Brésil	35559	56016	41809	30791	30268	Hong Kong	12241	4727	6173	9300	4876
Algeria/Algérie	30798	37782	41847	25827	x13865	Germany/Allemagne	4506	9626	5876	3317	4170
Norway,SVD,JM	34915	42361	38889	22613	16408	Japan/Japon	3454	4033	8522	3901	1658
Saudi Arabia	x28303	x27875	x34624	x33564	x25358	Mozambique	x5825	x5362	x5468	x3997	x5403
Hungary/Hongrie	x36942	x28795	x16216	41801	x17564	Netherlands/Pays–Bas	1017	2271	2210	1948	2278
Colombia/Colombie	31367	30129	26583	28536	36877	United Kingdom	805	952	3676	1252	4972
Portugal	20283	20959	22370	25426	29208	Tunisia/Tunisie	x537	2692	x1061	x755	x755
Poland/Pologne	x41443	x27163	x27718	x13652	x9847	Italy/Italie	1412	1041	1627	1682	1573
Philippines	28854	x14292	23683	21465	19362	Uruguay	338	1791	1004	143	520
Israel/Israël	46826	16928	19790	21552	41380	Panama	x1189	x811	x1508		x439
Czechoslovakia	x38434	29989	20490	x5514	x6354	Greece/Grèce		1222	420	261	x29
Tunisia/Tunisie	16988	22386	16147	15264	21920	Kenya		x352		x897	
Malaysia/Malaisie	15106	13555	17900	18515	x23158	Greenland/Groenland		x1121			
Finland/Finlande	16469	14069	13401	25522	74011	Switz.Liecht	181	429	34	636	254
Pakistan	5481	16977	13113	19263	22286	Paraguay		x780		x266	
Bulgaria/Bulgarie	x25942	x40602	x1726	x4311	5010	Denmark/Danemark	109	900	125	21	2
So. Africa Customs Un	7804	9777	20317	x15491	x13374	Algeria/Algérie	x700	x944			x214
Iran (Islamic Rp. of)	x9470	x3529	x20298	x19439	x14804	Gibraltar			x901	x15	
Former USSR/Anc. URSS	x25882	–x35290	x7218	x170		China/Chine	2268	806		0	72
Peru/Pérou	34858	11781	14642	13479	x7040	Rwanda			x276	x408	
Egypt/Egypte	x12672	x16456	x7486	x14232	x18647	British Virgin Islds			x332	x283	x403
Argentina/Argentine	16143	10437	4328	19105	36659	Myanmar	x111		x508	x83	
Morocco/Maroc	9136	10049	10929	12816	6376	India/Inde	x9	x171	x270	70	x14
Iraq	x41314	x25992	x7525			Ecuador/Equateur			x422		x104

(VALUE AS % OF TOTAL)(VALEUR EN % DU TOTAL)

	1983	1984	1985	1986	1987	1988	1989	1990	1991	1992		1983	1984	1985	1986	1987	1988	1989	1990	1991	1992
Africa	2.1	1.8	1.5	x0.9	x0.8	0.8	0.9	0.9	0.8	0.7	Afrique	1.2	0.9	0.9	x1.2	x1.0	x1.0	1.0	0.9	1.0	x1.3
Northern Africa	0.7	0.6	0.8	0.6	x0.5	0.5	0.6	0.6	x0.6	0.5	Afrique du Nord	0.4	0.4	0.3	0.4	0.4	0.5	0.4	0.4	0.3	0.4
Americas	25.6	26.7	26.2	x24.0	x21.8	21.7	21.1	22.0	21.3	21.1	Amériques	x62.5	63.7	62.9	x63.4	x63.7	x60.6	x61.0	61.6	63.6	x67.8
LAIA	2.2	3.5	3.6	x3.8	x3.9	4.0	2.8	2.9	3.1	3.4	ALAI	x0.0	6.4	5.5	x7.7	x6.7	x7.6	x7.2	7.8	8.8	x11.8
CACM	x0.1			x0.1	x0.0	0.0	0.0	0.0	0.0	x0.0	MCAC	x0.0			x0.0	x0.0	x0.0		x0.0		x0.0
Asia	16.7	16.1	17.1	17.8	20.4	22.7	22.3	20.1	22.4	23.9	Asie	x0.3	0.3	0.2	0.5	x0.3	0.3	0.5	0.7	0.8	x0.7
Middle East	x0.4	x0.7	x0.9	x0.9	x1.3	1.0	1.0	1.1	x1.1	1.1	Moyen–Orient	x0.0	x0.0		x0.0		x0.0	x0.0	x0.0	x0.0	x0.0
Europe	54.3	54.3	54.2	56.1	53.5	51.6	52.8	54.9	54.0	52.9	Europe	34.6	34.1	35.1	34.0	32.0	30.8	30.4	30.8	28.6	28.4
EEC	49.9	49.5	49.3	51.4	49.0	47.1	48.5	49.9	49.4	47.8	CEE	7.4	7.6	9.1	9.8	10.0	9.6	9.6	9.8	9.6	9.5
EFTA	4.4	4.2	4.2	4.4	4.3	3.8	3.9	4.5	4.3	4.7	AELE	27.2	26.2	25.7	24.0	21.8	20.9	20.5	20.7	18.8	18.9
Oceania	1.2	1.2	x1.1	x1.1	x1.4	1.2	x1.1	x1.1	x0.8	1.0	Océanie	1.3	1.0	1.0	1.0	x1.3	x1.1	x1.1	x1.3	1.3	x1.1
USA/Etats–Unis d'Amer	22.6	22.3	21.5	19.3	17.1	16.9	17.5	18.5	17.4	16.9	Canada	43.9	40.6	39.6	37.6	35.1	35.9	35.0	34.5	34.4	33.1
Germany/Allemagne	17.2	16.5	16.7	17.1	15.8	15.3	16.2	16.4	17.0	15.8	USA/Etats–Unis d'Amer	18.7	16.7	17.8	18.1	16.5	17.1	18.8	19.3	20.4	22.9
Japan/Japon	10.5	10.1	10.5	10.7	10.7	11.8	13.5	10.7	10.8	11.1	Sweden/Suède	17.3	16.7	16.1	14.3	12.5	11.9	11.5	12.0	11.7	11.4
Italy/Italie	7.4	8.0	8.5	8.5	8.7	9.0	9.0	9.0	9.5	9.1	Finland/Finlande	8.4	8.1	7.7	8.5	7.7	7.2	7.2	6.6	5.4	5.5
France, Monac	9.5	9.2	9.2	9.4	8.5	8.4	8.5	9.0	8.7	8.7	Brazil/Brésil		6.1	5.1	4.8	3.8	4.8	4.7	4.7	5.5	7.1
United Kingdom	7.9	7.9	7.2	7.8	8.1	7.6	7.5	7.4	7.1	7.1	Portugal	3.4	3.7	4.7	4.5	4.8	4.7	4.5	4.8	4.7	4.8
Korea Republic	2.7	3.1	3.6	3.4	3.6	4.0	4.2	4.7	5.4	6.1	Former USSR/Anc. URSS					x6.2	x5.2	x5.0	x3.8	x4.2	
Netherlands/Pays–Bas	3.1	3.1	2.9	3.0	2.7	2.6	2.6	2.7	2.3	2.4	Spain/Espagne	2.0	1.8	1.9	2.6	2.6	2.8	2.6	2.7	2.7	2.6
Spain/Espagne	1.6	1.7	1.9	2.5	2.2	1.9	1.8	2.0	2.2	2.0	Chile/Chili			x2.6	x2.5	x2.4	x2.0	2.5	3.0	x4.3	
Belgium–Luxembourg	2.4	2.2	2.0	2.0	2.1	1.7	1.8	2.1	1.7	1.6	France, Monac	1.0	1.0	1.4	1.6	1.5	1.3	1.3	1.3	1.2	1.2

25171 — UNBLEACHED / PATES ECRUES 25171

TRADE BY COMMODITY IN THOUSAND U.S. DOLLARS – COMMERCE PAR PRODUIT EN MILLIERS DE DOLLARS E.U

IMPORTS – IMPORTATIONS

COUNTRIES–PAYS	1988	1989	1990	1991	1992
Total	768807	x548024	529936	510463	459765
Africa	x24265	x27481	25317	x24749	x13300
Northern Africa	17171	18987	17791	18316	x13126
Americas	169378	x70378	73927	83329	57284
LAIA	111115	x22146	25536	33706	23736
CACM		x46			
Asia	303720	x204895	212304	227010	234541
Middle East	x32588	x21333	x7780	x10020	x13003
Europe	189076	154555	171121	138839	131361
EEC	155543	122961	137089	115617	107007
EFTA	23408	22868	29617	22188	21833
Oceania	23101	28551	23048	x20661	21594
Korea Republic	102848	92062	88992	90430	94054
Germany/Allemagne	30728	42176	55976	52347	48541
USA/Etats-Unis d'Amer	54610	47284	46929	47548	30523
Japan/Japon	26091	24050	52840	52341	53083
China/Chine	83821	25581	17984	30518	21429
Australia/Australie	23101	27730	22987	18795	21590
Italy/Italie	60495	26205	20569	17329	18890
United Kingdom	22285	23460	22392	14651	9805
Thailand/Thaïlande	16223	14853	15724	23320	26854
France, Monac	21029	13530	16654	11195	10700
Venezuela	x12775	x5087	14568	20152	16738
Switz.Liecht	15297	11237	11587	14180	13061
Former USSR/Anc. URSS	x25094	x30774	x5271	x19	
Algeria/Algérie	10507	10966	9256	10586	x2528
Belgium–Luxembourg	5367	7475	8194	11453	11654
India/Inde	9123	x7122	12345	2520	x8312
Former GDR	x14648	x13462	x7952		
Philippines	10676	x5864	5687	8171	3295
Tunisia/Tunisie	2580	6286	6749	5853	9320
Hungary/Hongrie	x4217	x1535	x1002	12836	x1484
Finland/Finlande	3677	5995	5400	3814	6496
Indonesia/Indonésie	13422	8334	3985	2419	10024
Spain/Espagne	8683	5432	5258	3572	3204
Yugoslavia SFR	10125	8726	4415	x1033	
Iran (Islamic Rp. of)	x5522	x2659	x4082	x7307	x9314
Denmark/Danemark	6282	2604	7093	3072	2835
Mexico/Mexique	93470	5643	3445	3433	3493
Turkey/Turquie	28	5773	3488	2592	3543
Norway, SVD, JM	3142	3773	4690	2797	1918
Czechoslovakia	x9826	6496	2621	x2104	x104
Malaysia/Malaisie	2421	2678	4329	3648	x3029
Romania/Roumanie		5438	5176	4196	
Zimbabwe			6382		
Brazil/Brésil	1428	4972	2396	2605	1416
Iraq	x26874	x9731			
Sweden/Suède	250	101	7166	1000	200
Poland/Pologne	x5483	x4664	x2196	x915	x99
So. Africa Customs Un	x251	4117	618	x2234	x132
Colombia/Colombie	2454	2079	1876	1742	887
Peru/Pérou	x8	3689	1115	683	x278
Morocco/Maroc	1792	1735	1786	1821	1191
Nigeria/Nigéria	x4154	x4272	x496		x42
Ecuador/Equateur			1616	2441	18
Canada	3593	672	1456	1569	2700
Pakistan	2251	1595	806	1186	1190
Kuwait/Koweït	x144	x3170			x106
Netherlands/Pays–Bas	653	737	937	1264	1074
Austria/Autriche	1043	1762	774	397	157
Argentina/Argentine	48	85	21	2362	618
Singapore/Singapour	239	318	1458	464	

EXPORTS – EXPORTATIONS

COUNTRIES–PAYS	1988	1989	1990	1991	1992
Totale	x684933	x569572	x590436	x535855	x416411
Afrique	x22880	x24402	x17241	x13191	x26737
Afrique du Nord					
Amériques	x218442	x178215	238002	222924	x187370
ALAI	x74816	x59425	102185	99238	x87249
MCAC					
Asie	3596	5710	9359	2693	7464
Moyen–Orient					x215
Europe	209782	166929	174487	148248	150727
CEE	39587	37504	43970	39857	49033
AELE	170195	129425	130503	108371	101695
Océanie	103021	x89492	66411	65731	40906
Former USSR/Anc. URSS	x121244	x93357	x82864	x81308	
Chile/Chili	x65940	x56571	95621	97410	x83782
Sweden/Suède	87507	70669	85498	69434	49629
USA/Etats–Unis d'Amer	82136	64963	67415	61307	50739
New Zealand	82163	73011	61417	57947	40904
Canada	61370	53828	68036	62379	49382
Portugal	38548	35804	42492	38610	47247
Finland/Finlande	59977	37893	28599	25275	38061
Austria/Autriche	22624	20820	16375	13453	13902
So. Africa Customs Un	x19562	x22310	x15917	x11338	x23442
Australia/Australie	20858	16406	4993	7784	2
Bulgaria/Bulgarie	x5535	x11357	x1958	x273	x343
Indonesia/Indonésie	1610	1756	6029	253	5938
Brazil/Brésil	6095	2070	4488	1378	3404
Japan/Japon	1730	2906	2378	1854	1257
Mozambique	x3318	x2092	x1048	x1445	x3295
Singapore/Singapour	188	607	947	516	30
Argentina/Argentine	851	542	808	449	54
France, Monac	513	820	632	37	437
Mexico/Mexique	1930	243	1231		1
Poland/Pologne	x92	x84	x87	x1254	x2449
Germany/Allemagne	275	369	579	104	144
Rwanda			x276	x408	
Netherlands/Pays–Bas	51	312	34	222	16
United Kingdom	33	81	20	405	46
Belgium–Luxembourg	3	9	143	263	103
St Pierre & Miquelon			x366		
Czechoslovakia	x333	x26	x27	x233	x380
India/Inde		x171	x5	70	
Switz.Liecht	75	44	31	152	1
Italy/Italie	163	105	69	41	100
China/Chine		194			
Ireland/Irlande				164	
Philippines		x76			24
Papua New Guinea		x75			
Norway, SVD, JM	12			57	x102
Colombia/Colombie			x24		
Yugoslavia SFR		0		x20	
Peru/Pérou			x14		
Gibraltar			x14		
Denmark/Danemark	0	3		10	2

(VALUE AS % OF TOTAL)(VALEUR EN % DU TOTAL)

	1983	1984	1985	1986	1987	1988	1989	1990	1991	1992		1983	1984	1985	1986	1987	1988	1989	1990	1991	1992
Africa	9.2	5.5	x11.9	x5.9	x3.0	x3.1	x5.1	4.8	x4.8	x2.9	Afrique	13.4	9.4	x9.8	x9.4	x5.3	x3.4	x4.3	x2.9	x2.4	x6.4
Northern Africa	8.4	4.8	5.9	4.0	x2.3	2.2	3.5	3.4	3.6	x2.9	Afrique du Nord	0.0		x0.0							
Americas	19.1	20.6	18.9	x16.0	x10.8	22.1	x12.9	13.9	16.3	12.4	Amériques	25.2	29.7	28.9	x40.2	33.1	x31.9	x31.3	40.3	41.6	x45.0
LAIA	8.2	9.2	7.4	x5.7	x3.9	14.5	x4.0	4.8	6.6	5.2	ALAI		1.8	0.2	x15.8	x14.6	x10.9	x10.4	17.3	18.5	x21.0
CACM				x0.0			x0.0				MCAC										
Asia	32.4	37.4	32.0	39.8	42.7	39.5	x37.4	40.0	44.4	51.1	Asie	x0.1	0.3	0.6	0.5	x0.1	0.6	1.0	1.6	0.5	1.8
Middle East	x1.5	x8.4	x1.3	x1.9	x2.5	x4.2	x3.9	x1.5	x2.0	x2.8	Moyen–Orient	x0.0									x0.1
Europe	33.1	31.0	32.7	33.9	30.3	24.6	28.2	32.3	27.2	28.6	Europe	48.5	47.7	49.3	39.2	32.3	30.6	29.3	29.6	27.7	36.2
EEC	26.8	22.9	22.2	26.7	24.0	20.2	22.4	25.9	22.6	23.3	CEE	7.9	6.8	8.4	8.1	7.0	5.8	6.6	7.4	7.4	11.8
EFTA	x6.3	x5.6	x6.5	x6.7	x6.2	3.0	4.2	5.6	4.3	4.7	AELE	40.6	40.9	40.9	31.1	25.3	24.8	22.7	22.1	20.2	24.4
Oceania	6.3	5.5	4.4	4.5	2.9	3.0	5.2	4.3	x4.1	4.7	Océanie	12.8	12.8	11.5	10.8	12.5	15.0	x15.7	11.2	12.3	9.8
Korea Republic	10.8	13.1	15.7	16.4	14.6	13.4	16.8	16.8	17.7	20.5	Former USSR/Anc. URSS				x15.6	x17.7	x16.4	x14.0	x15.2		
Germany/Allemagne	5.4	5.0	5.2	6.5	5.1	4.0	7.7	10.6	10.3	10.6	Chile/Chili			x15.2	x13.6	x9.6	x9.9	16.2	18.2	x20.1	
USA/Etats–Unis d'Amer	10.7	11.4	11.5	10.2	6.9	7.1	8.6	8.9	9.3	6.6	Sweden/Suède	24.8	22.0	21.3	13.3	11.3	12.8	12.4	14.5	13.0	11.9
Japan/Japon	5.8	5.4	4.2	7.1	5.0	3.4	4.4	10.0	10.3	11.5	USA/Etats–Unis d'Amer	8.0	8.9	9.4	11.7	10.1	12.0	11.4	11.4	11.4	12.2
China/Chine					9.1	10.9	4.7	3.4	6.0	4.7	New Zealand	12.8	12.8	11.5	9.8	11.4	12.0	12.8	10.4	10.8	9.8
Australia/Australie	6.2	5.5	4.4	4.5	2.8	3.0	5.1	4.3	3.7	4.7	Canada	17.2	19.1	19.3	12.7	8.4	9.0	9.5	11.5	11.6	11.9
Italy/Italie	8.7	7.5	8.5	10.2	9.7	7.9	4.8	3.9	3.4	4.1	Portugal	6.6	5.8	7.6	7.0	6.5	5.6	6.3	7.2	7.2	11.3
United Kingdom	5.4	3.7	3.6	3.5	3.3	2.9	4.3	4.2	2.9	2.1	Finland/Finlande	11.7	14.7	14.8	13.2	10.4	8.8	6.7	4.8	4.7	9.1
Thailand/Thaïlande	9.1	3.3	6.7	6.8	2.9	2.1	2.7	3.0	4.6	5.8	Austria/Autriche	4.0	4.2	4.7	3.8	2.9	3.3	3.7	2.8	2.5	3.3
France, Monac	3.8	3.8	3.1	3.5	2.7	2.7	2.5	3.1	2.2	2.3	So. Africa Customs Un	13.4	9.4	9.8	x9.1	x5.0	x2.9	x3.9	x2.7	x2.1	x5.6

25172 — BLEACHED, NONDISSOLVNG / PATES BLANCHIES 25172

TRADE BY COMMODITY IN THOUSAND U.S. DOLLARS – COMMERCE PAR PRODUIT EN MILLIERS DE DOLLARS E.U

IMPORTS – IMPORTATIONS

COUNTRIES–PAYS	1988	1989	1990	1991	1992
Total	12049458	13945343	12921618	10365134	10865622
Africa	x70433	x92804	x92019	x71281	x65184
Northern Africa	x52668	x67686	58639	x49838	x48492
Americas	2617911	2990161	2889472	2225995	2338294
LAIA	413580	394282	337380	306490	360601
CACM	x4111	x4141	x3126	x3052	x1875
Asia	2613557	3024583	2487011	2202239	2478674
Middle East	x139255	x123276	x123802	x110727	x111502
Europe	6418497	7496340	7214078	5736967	5856893
EEC	5914116	6898789	6580361	5255860	5308201
EFTA	461681	547321	581106	444470	512283
Oceania	x134696	x130988	x119344	x69171	89323
USA/Etats-Unis d'Amer	2115686	2491596	2445325	1845943	1880279
Germany/Allemagne	1934418	2306004	2155801	1763044	1744408
Japan/Japon	1481468	1928769	1389136	1120472	1201367
Italy/Italie	1092723	1280775	1200244	930977	972662
France, Monac	1048617	1212383	1200246	752165	794549
United Kingdom	953810	1061690	978246	493582	597228
Korea Republic	408567	520198	549704	252808	272810
Netherlands/Pays-Bas	325910	371012	361209	230463	224492
Spain/Espagne	232605	257170	265976	169984	165396
Belgium-Luxembourg	217952	257177	267651		
Switz.Liecht	216452	242197	241054	184858	192194
Austria/Autriche	168121	223726	232538	176659	190629
China/Chine	321525	203258	170834	228654	191279
Mexico/Mexique	116107	183703	171595	135570	169065
Australia/Australie	126835	127142	109791	63973	76109
Canada	79455	95526	100778	68560	92752
Venezuela	173798	102287	79103	82313	80150
Indonesia/Indonésie	73980	105963	63061	76591	151062
Greece/Grèce	27406	59063	60769	58601	x44971
Denmark/Danemark	57098	65367	66237	46442	38387
Turkey/Turquie	81600	65403	54052	50479	69594
India/Inde	50299	x44768	72591	37448	x48774
Sweden/Suède	32543	37877	65315	41409	47255
Former GDR	x70013	x91344	x44987		
Yugoslavia SFR	41660	48857	50075	x36077	
Brazil/Brésil	34130	51044	39412	28186	28852
Saudi Arabia	x28303	x27875	x34414	x33555	x25341
Norway, SVD, JM	31773	38588	34198	19815	14490
Thailand/Thaïlande	21954	25502	26978	37511	49116
Colombia/Colombie	28912	28049	24707	26794	35990
Algeria/Algérie	20291	26815	32591	15240	x11337
Hungary/Hongrie	x32725	x27260	x15214	28965	x16080
Portugal	20283	20959	22354	25328	29010
Poland/Pologne	x35960	x22499	x25522	x12738	x9748
Israel/Israël	44342	16210	19420	21128	41336
Bulgaria/Bulgarie	x25942	x40602	x1726	x4311	5010
Pakistan	3230	15382	12307	18077	21096
Czechoslovakia	x28608	23493	17869	x3410	x6250
Philippines	18178	14849	17996	13294	16067
Malaysia/Malaisie	12685	10878	13571	14867	x20130
So. Africa Customs Un	7804	5660	19699	x13258	x13242
Egypt/Egypte	x10390	x16456	x7486	x14176	x18560
Tunisia/Tunisie	14408	16100	9398	9411	12600
Finland/Finlande	12792	4933	8001	21708	67715
Peru/Pérou	34858	8092	13527	12796	x6762
Hong Kong	15012	8753	10156	12988	9257
Argentina/Argentine	16095	10352	4306	16742	36041
Singapore/Singapour	8012	7643	11656	11550	11496
Iran (Islamic Rp. of)	x3948	x870	x16216	x12132	x5490
Morocco/Maroc	7344	8314	9144	10994	5185

EXPORTS – EXPORTATIONS

COUNTRIES–PAYS	1988	1989	1990	1991	1992
Totale	12172646	13768294	12080306	9930350	10038939
Afrique	x117077	x117989	x103598	x90706	x115068
Afrique du Nord	63537	62623	50994	33843	39800
Amériques	x7570721	x8560660	7568091	6432172	x6901112
ALAI	x896644	x967469	886135	822060	x1146634
MCAC				x165	x6
Asie	44439	69062	80636	87355	x67676
Moyen-Orient	x719	x171	x33	x256	x271
Europe	3747456	4186653	3728023	2840550	2821213
CEE	1193271	1332651	1202999	969864	942842
AELE	2517596	2816080	2493665	1859472	1875096
Océanie	x59882	68565	x95325	69795	x71895
Canada	4556690	4959087	4304842	3533995	3409562
USA/Etats-Unis d'Amer	2116275	2632116	2375103	2075670	2344068
Sweden/Suède	1446187	1571156	1436251	1153298	1144143
Finland/Finlande	862415	996433	805504	544611	542082
Brazil/Brésil	610251	673950	587564	578482	736626
Portugal	566640	608447	566068	455599	453603
Former USSR/Anc. URSS	x543886	x626908	x403102	x353508	
Spain/Espagne	329250	397711	333905	281009	266446
Chile/Chili	x237129	x224536	224786	211880	x367163
France, Monac	166595	168182	159144	125177	123963
Norway, SVD, JM	116706	154613	151402	x99755	x128137
Belgium-Luxembourg	123302	143169	130554	100343	86114
Austria/Autriche	92181	93493	100506	61324	60481
New Zealand	57765	68565	94936	69795	71820
So. Africa Customs Un	x50961	x51744	x48037	x52805	x73153
Bulgaria/Bulgarie	x37553	x77135	x58343	x8236	x13925
Indonesia/Indonésie		34414	56208	51447	41265
Morocco/Maroc	61630	58987	49933	33080	37606
Argentina/Argentine	41978	37564	66481	30615	42180
Czechoslovakia	x42472	x56731	x39198	x33282	x28008
Yugoslavia SFR	36589	37922	30449	x11130	
Mexico/Mexique	28847	6242	201		41
Thailand/Thaïlande	8147	19699	1756	11236	x11986
Singapore/Singapour	18696	8256	9517	12914	8407
Poland/Pologne	x7555	x4300	x3956	x14730	x20019
Hong Kong	12187	4727	6173	9300	4876
Germany/Allemagne	4231	9257	5297	3213	4026
Mozambique	x2507	x3270	x4420	x2553	x2108
Japan/Japon	1724	1127	6143	2047	401
Netherlands/Pays-Bas	967	1959	2176	1726	2261
United Kingdom	771	871	3656	848	4927
Tunisia/Tunisie	x537	2692	x1061	x755	x755
Italy/Italie	1249	936	1558	1640	1473
Uruguay	338	1791	1004	143	520
Panama	x1069	x811	x1508		x439
Greece/Grèce		1222	420	261	x29
Kenya		352		x897	
Greenland/Groenland		x1121			
Paraguay		x780		x266	
Denmark/Danemark	108	897	125	11	
Algeria/Algérie	x700	x944		x15	x214
Gibraltar			x887		
Switz.Liecht	106	384	3	485	253
British Virgin Islds			x332	x283	x403
China/Chine	2268	612		0	72
Myanmar	x111		x508	x83	
Ecuador/Equateur				x422	x104
Saudi Arabia	x213	x101		x228	
Hungary/Hongrie	x66	x291	x14	x7	x44
India/Inde	x9		x265	x27	x14

(VALUE AS % OF TOTAL)(VALEUR EN % DU TOTAL)

	1983	1984	1985	1986	1987	1988	1989	1990	1991	1992		1983	1984	1985	1986	1987	1988	1989	1990	1991	1992
Africa	x1.7	1.5	x0.8	x0.6	x0.6	x0.6	x0.6	x0.8	x0.7	x0.6	Afrique	0.4	0.4	0.4	0.8	0.8	0.9	0.9	0.9	0.9	x1.1
Northern Africa	0.1	0.3	0.4	0.4	0.4	0.4	0.5	0.5	0.5	0.4	Afrique du Nord	0.4	0.4	0.3	0.4	0.5	0.5	0.5	0.4	0.3	0.4
Americas	x26.7	x27.1	x26.7	x23.8	x22.5	21.7	21.5	22.4	21.5	21.6	Amériques	x61.1	62.4	64.6	x64.7	x59.8	x62.2	62.1	62.7	64.8	x68.7
LAIA	x2.6	x3.1	x3.4	x2.8	4.0	3.4	2.8	2.6	3.0	3.3	ALAI	x0.0	6.3	5.8	x7.3	x6.2	x7.4	x7.0	7.3	8.3	x11.4
CACM	x0.1			x0.1	x0.0	x0.0	x0.0	x0.0	x0.0	x0.0	MCAC				x0.0	x0.0				x0.0	x0.0
Asia	15.3	14.6	16.2	16.7	19.1	21.7	21.6	19.2	21.2	22.8	Asie	x0.3		0.3	0.2	0.5	0.3	0.5	0.7	0.9	x0.7
Middle East	x0.3	x0.2	x0.9	x0.9	x1.2	x1.1	x0.9	x1.0	x1.1	x1.0	Moyen-Orient	x0.0	x0.0								x0.0
Europe	55.3	55.8	55.5	57.8	54.7	53.3	53.8	55.8	55.3	53.9	Europe	31.7	31.8	34.4	33.7	32.0	30.8	30.4	30.9	28.6	28.1
EEC	51.2	51.3	51.0	53.2	50.4	49.1	49.5	50.9	50.7	48.9	CEE	7.0	7.3	9.1	9.9	10.2	9.8	9.7	10.0	9.8	9.4
EFTA	x4.2	x4.1	x4.1	x4.3	4.1	3.8	3.9	4.5	4.3	4.7	AELE	24.7	24.2	24.9	23.6	21.6	20.7	20.5	20.6	18.7	18.7
Oceania	0.9	0.9	x0.9	x0.9	x1.3	x1.1	x0.9	x0.9	x0.7	0.8	Océanie	0.5	0.3	0.4	0.5	0.4	x0.5	0.5	x0.8	0.7	x0.7
USA/Etats-Unis d'Amer	23.2	23.0	22.1	19.9	17.7	17.6	17.9	18.9	17.8	17.3	Canada	42.9	39.8	40.6	38.9	36.7	37.4	36.0	35.6	35.6	34.0
Germany/Allemagne	18.0	17.3	17.4	17.8	16.4	16.1	16.5	16.7	17.0	16.1	USA/Etats-Unis d'Amer	18.2	16.3	18.2	18.4	16.9	17.2	19.1	19.7	20.9	23.3
Japan/Japon	10.8	10.4	10.9	11.0	11.0	12.3	13.8	10.8	10.8	11.1	Sweden/Suède	15.8	15.7	15.9	14.3	12.6	11.9	11.4	11.9	11.6	11.4
Italy/Italie	7.2	8.0	8.5	8.5	8.6	9.1	9.2	9.3	9.8	9.0	Finland/Finlande	7.7	7.4	7.4	7.4	7.2	7.1	7.2	6.7	5.5	5.4
France, Monac	9.9	9.6	9.6	9.9	8.9	8.7	8.7	9.3	7.3	7.3	Brazil/Brésil			6.1	5.3	5.0	5.0	4.9	4.9	5.8	7.3
United Kingdom	8.0	8.2	7.4	8.1	8.3	7.9	7.6	7.6	7.3	4.8	Portugal	3.0	3.4	4.6	4.4	4.7	4.4	4.4	4.7	4.6	4.5
Korea Republic	2.0	2.4	2.8	2.7	3.0	3.4	3.7	4.3	4.8		Former USSR/Anc. URSS	5.9	4.8			x5.7	x4.5	x4.6	x3.3	x3.6	
Netherlands/Pays-Bas	3.2	3.3	3.0	3.2	2.8	2.7	2.7	2.8	2.4	2.5	Spain/Espagne	1.9	1.7	2.0	2.7	2.8	2.9	2.8	2.8	2.7	2.7
Spain/Espagne	1.6	1.7	1.9	2.6	2.2	1.9	1.8	2.1	1.6	1.5	Chile/Chili				x1.9	x1.8	x1.9	1.6	1.9	2.1	x3.7
Belgium-Luxembourg	2.4	2.3	2.1	2.1	2.2	1.8	1.8	2.1	2.1		France, Monac	1.0	1.0	1.4	1.7	1.6	1.4	1.2	1.3	1.3	1.2

2518 SULPHITE WOOD PULP / PATES AU BISULFITE 2518

TRADE BY COMMODITY IN THOUSAND U.S. DOLLARS – COMMERCE PAR PRODUIT EN MILLIERS DE DOLLARS E.U

IMPORTS – IMPORTATIONS

COUNTRIES–PAYS	1988	1989	1990	1991	1992
Total	1568224	1706266	1485615	1198277	1132549
Africa	x13844	x16955	x15997	x18571	x15886
Northern Africa	x11198	x14086	13947	x16753	x13631
Americas	x240181	x282280	x256411	x207218	x177236
LAIA	10875	x10312	10417	7222	x8591
CACM	x589	x374	x133	x170	x507
Asia	264127	256691	176896	198114	x147659
Middle East	x30289	x26988	x31779	x24682	x24705
Europe	891995	1014215	968689	743344	761671
EEC	745075	848391	848612	639049	648540
EFTA	92604	107702	83163	89305	93835
Oceania	x21339	22953	21006	10323	7669
USA/Etats-Unis d'Amer	198565	250392	195742	158083	124609
Germany/Allemagne	144141	163117	225880	199930	214325
United Kingdom	173837	218260	214998	72238	75236
Italy/Italie	158459	174994	143754	134863	146225
Belgium-Luxembourg	68459	85305	67711	59227	55329
France, Monac	78691	78257	70911	60178	69789
China/Chine	86032	89832	22545	64705	33386
Japan/Japon	64042	67192	50555	47578	36617
Austria/Autriche	45547	52716	46270	40996	46702
Netherlands/Pays-Bas	49601	47147	40412	35892	36028
Yugoslavia SFR	54118	58122	36752	x14592	
Canada	29997	20384	49009	39825	42438
Spain/Espagne	32278	32075	35517	29523	25350
Greece/Grèce	23572	30210	29471	22078	x7992
Korea Republic	19969	27133	32380	19488	16560
Sweden/Suède	26274	29675	16639	18861	18953
Hungary/Hongrie	x32752	x29153	x16285	12397	x14456
Australia/Australie	20863	22866	20170	10271	7074
Turkey/Turquie	17195	20911	17947	12202	11734
Indonesia/Indonésie	22279	12972	11883	18450	21611
Denmark/Danemark	8447	10132	8627	18474	13043
Czechoslovakia	x6920	17775	15387	x627	x1313
Former GDR	x33223	x25762	x6725		
Switz.Liecht	7619	9293	8330	13700	16517
Norway, SVD, JM	11828	13940	8216	7639	5079
Bulgaria/Bulgarie	x33997	x23455	x67		3708
Israel/Israël	6697	11291	8615	2782	2584
India/Inde	13106	x3405	7893	6679	x2531
Tunisia/Tunisie	2495	5531	6061	6359	5244
Iran (Islamic Rp. of)	x4624	x455	x8486	x6978	x6151
Ireland/Irlande	7157	6454	5925	1980	1695
Malaysia/Malaisie	1290	6599	3568	4021	x869
Finland/Finlande	1335	2077	3705	8108	6584
Colombia/Colombie	3689	5082	4727	4022	3652
Portugal	432	2439	5406	4667	3528
Poland/Pologne	x10074	x5167	x1493	x5657	x2664
Romania/Roumanie	x12	5672	4273	1908	x287
Morocco/Maroc	2773	3222	3763	2206	1787
Egypt/Egypte	x5296	x4821	x943	x3214	x4110
Former USSR/Anc. URSS	x19732	x5853	x2386	x43	
Thailand/Thaïlande	1569	3221	2260	2344	3116
Libyan Arab Jamahiriya	x170	x388	x917	x4837	x589
Pakistan	2496	2312	1821	1972	1458
Philippines	1217	x1688	1253	2746	2113
Venezuela	181	1635	3005	167	451
Kuwait/Koweït	x2664	x2572	x1396		x81
Jordan/Jordanie	x607	x1484	x1504	x786	x1744
Singapore/Singapour	7484	1742	967	978	789
Uruguay	x1279	x2235	x758	x602	291
Mexico/Mexique	4003	857	1314	1386	1519

EXPORTS – EXPORTATIONS

COUNTRIES–PAYS	1988	1989	1990	1991	1992
Totale	x1421387	x1477452	1391916	1119362	1017663
Afrique	x50032	x87073	x78286	x4464	x8217
Afrique du Nord				x54	x6
Amériques	x480742	513030	x518728	x426027	x430608
ALAI	x11617	8602	x10432	x16046	x19445
MCAC					
Asie	9464	2701	2532	x3155	x800
Moyen–Orient	x93		x40	x224	
Europe	697552	688542	689351	596505	514337
CEE	285271	286278	306431	285806	268225
AELE	383752	371843	360599	305809	237492
Océanie	38	200	35	245	4
Canada	271743	272717	297339	237121	192862
USA/Etats-Unis d'Amer	197147	231711	210936	172855	218301
Sweden/Suède	215105	202264	191417	153748	139607
France, Monac	94268	96627	102531	88210	96731
Germany/Allemagne	93191	81524	89192	107429	119945
Former USSR/Anc. URSS	x133095	x97415	x52385	x42253	
Portugal	63022	63906	65261	49322	48489
So. Africa Customs Un	x50032	x86789	x77739	x4344	x4941
Czechoslovakia	x46451	x63274	x41626	x45203	x62449
Finland/Finlande	31030	30919	49081	53930	5109
Norway, SVD, JM	28509	32276	55286	44358	38706
Italy/Italie	31556	41087	44221	35184	215
Switz.Liecht	44009	40094	39720	37325	43102
Austria/Autriche	65099	66290	25095	16448	10967
Yugoslavia SFR	28529	30420	22321	x4891	
Bulgaria/Bulgarie	x104	x23104	x7281	x518	x1010
Chile/Chili	x3089	x1195	x5565	x13246	x13822
Brazil/Brésil	6675	7337	2958	2744	4458
Spain/Espagne	2122	140	641	3892	1225
Poland/Pologne	x671	x2099	x1600	x962	x223
Netherlands/Pays-Bas	304	462	3054	566	832
Hong Kong	2771	1446	704	821	195
Singapore/Singapour	78	236	11	2003	88
United Kingdom	101	560	734	723	177
Argentina/Argentine	120	66	1908	x26	x1165
Belgium-Luxembourg	700	775	774	410	578
Indonesia/Indonésie	2648		1451		
Japan/Japon	3650	809	325	14	138
Greece/Grèce			880	64	x13
Equatorial Guinea			x415	x66	
New Zealand	38	200		245	
Denmark/Danemark	6	316	3	6	20
Mozambique		x247			x3187
Turkey/Turquie				x224	
Zimbabwe			x132		
Philippines		x120			
Hungary/Hongrie	x243	x14	x78	x18	x14
Malaysia/Malaisie	13	77		1	x1
Thailand/Thaïlande				67	x199
Tunisia/Tunisie				x54	
United Arab Emirates			x40		
Australia/Australie			35		
Mexico/Mexique				x30	4
Gabon	x1731	4	1		0
Romania/Roumanie	x84	x35	x15	x11	
Ireland/Irlande			21		
Israel/Israël				x19	
Turks and Caicos Isls			x13		
Panama	x235	x8	x4		
India/Inde		x6			x11

(VALUE AS % OF TOTAL)(VALEUR EN % DU TOTAL)

Imports

	1983	1984	1985	1986	1987	1988	1989	1990	1991	1992
Africa	0.5	0.6	x0.9	x1.0	x1.1	x0.8	x0.9	x1.1	x1.6	x1.4
Northern Africa	0.3	x0.1	x0.4	x0.4	x0.7	x0.8	x0.8	0.9	x1.4	x1.2
Americas	x18.5	25.0	25.6	x20.6	x17.2	15.3	16.6	x17.3	x17.3	15.6
LAIA	0.5	4.3	6.2	x2.3	x2.7	0.7	x0.6	0.7	0.6	x0.8
CACM	x0.1		x0.1	x0.0	x0.0	x0.0	x0.0	x0.0	x0.0	x0.0
Asia	14.9	12.3	10.1	12.2	15.6	16.8	15.0	11.9	16.5	x13.1
Middle East	x0.7	x0.8	x1.1	x1.0	x1.4	x1.9	x1.6	x2.1	x2.1	x2.2
Europe	64.7	61.1	62.8	65.1	55.4	56.9	59.4	65.2	62.0	67.3
EEC	57.8	50.4	51.2	53.1	46.3	47.5	49.7	57.1	53.3	57.3
EFTA	6.8	5.9	x7.1	x7.7	x6.2	5.9	6.3	5.6	7.5	8.3
Oceania	1.4	x1.1	0.8	x1.0	0.8	x1.4	1.3	1.4	0.9	0.7
USA/Etats-Unis d'Amer	17.8	20.5	18.6	17.5	14.0	12.7	14.7	13.2	13.2	11.0
Germany/Allemagne	10.5	7.9	9.2	10.3	8.2	9.2	9.6	15.2	16.7	18.9
United Kingdom	9.4	9.5	7.8	7.8	11.0	11.1	12.8	14.5	6.0	6.6
Italy/Italie	17.2	15.2	16.3	16.2	12.5	10.1	10.3	9.7	11.3	12.9
Belgium-Luxembourg	2.3	2.2	2.6	2.6	1.6	4.4	5.0	4.6	4.9	4.9
France, Monac	8.3	6.9	6.1	6.8	5.5	5.0	4.6	4.8	5.0	6.2
China/Chine					4.4	5.5	5.3	1.5	5.4	2.9
Japan/Japon	7.6	5.1	4.3	5.0	3.5	4.1	3.9	3.4	4.0	3.2
Austria/Autriche	2.8	2.5	3.4	3.5	3.4	2.9	3.1	3.1	3.4	4.1
Netherlands/Pays-Bas	3.7	2.8	3.5	3.4	2.6	3.2	2.8	2.7	3.0	3.2

Exports

	1983	1984	1985	1986	1987	1988	1989	1990	1991	1992
Afrique			x0.0	0.8	x3.6	x3.5	x5.9	x5.6	x0.4	x0.8
Afrique du Nord					x0.1	x0.0			x0.0	x0.0
Amériques	38.3	34.8	35.5	37.3	x31.8	x33.8	34.7	x37.3	x38.0	x42.3
ALAI	1.7	0.2	0.4	0.5	x0.6	x0.8	0.6	x0.7	x1.4	x1.9
MCAC										
Asie	0.1	0.9		x0.6	0.4	0.7	0.3	0.2	x0.3	x0.1
Moyen–Orient					x0.0	0.0		x0.0	x0.0	
Europe	61.5	64.2	63.6	60.9	45.6	49.1	46.6	49.5	53.3	50.5
CEE	16.4	16.5	19.9	21.0	16.1	20.1	19.4	22.0	25.5	26.4
AELE	45.1	45.0	41.3	39.6	29.3	27.0	25.2	25.9	27.3	23.3
Océanie	0.1			x0.5	x0.0					
Canada	19.9	20.0	20.5	22.6	17.9	19.1	18.5	21.4	21.2	19.0
USA/Etats-Unis d'Amer	16.6	14.6	14.6	14.2	13.2	13.5	15.7	15.2	15.4	21.5
Sweden/Suède	16.6	18.4	17.6	17.8	14.7	15.1	13.7	13.8	13.7	13.7
France, Monac	4.3	5.0	6.2	6.4	5.6	6.6	6.5	7.4	7.9	9.5
Germany/Allemagne	5.4	4.8	6.5	6.2	4.6	6.6	5.5	6.4	9.6	11.8
Former USSR/Anc. URSS					x16.9	x9.4	x6.6	x3.8	x3.8	
Portugal	4.3	4.0	4.4	4.9	4.1	4.3	4.7	4.4	4.8	
So. Africa Customs Un				0.0	0.0	x0.7	x3.6	x3.5	x5.9	x5.6	x0.4	0.5
Czechoslovakia					1.0	x3.3	x4.3	x3.0	x4.0	x6.1
Finland/Finlande	12.0	9.4	9.3	5.2	3.3	2.2	2.1	3.5	4.8	0.5

25182 — BLEACHED, NONDISSOLVNG / PATES BLANCHES 25182

TRADE BY COMMODITY IN THOUSAND U.S. DOLLARS — COMMERCE PAR PRODUIT EN MILLIERS DE DOLLARS E.U

IMPORTS – IMPORTATIONS

COUNTRIES–PAYS	1988	1989	1990	1991	1992
Total	1455037	1584818	1399061	1124497	1065508
Africa	x11298	x14124	x10623	x14103	x12911
Northern Africa	x8820	x11258	x7924	x12319	x10775
Americas	x216684	x257837	x241184	x195990	x171262
LAIA	x8554	x8646	10163	6754	x8474
CACM	x587	x181	x133	x156	x507
Asia	246308	237420	158906	174135	x123640
Middle East	x28182	x26382	x31318	x24590	x24642
Europe	830221	943717	926751	713704	729284
EEC	701930	807204	818098	617235	622204
EFTA	81253	91048	71957	81480	87845
Oceania	x21233	21562	19005	9496	7206
Germany/Allemagne	136603	155580	220052	193275	205783
USA/Etats–Unis d'Amer	177532	228277	181025	147937	118812
United Kingdom	164721	209077	208907	70713	71651
Italy/Italie	148232	166074	141127	132956	145456
France, Monac	76288	77059	68274	56438	66907
Belgium–Luxembourg	61829	77961	62848	55828	48488
Japan/Japon	63310	66318	49810	47077	36255
China/Chine	77462	76513	17309	52044	24739
Austria/Autriche	42935	49296	43397	39302	45522
Netherlands/Pays–Bas	47130	44562	38861	32214	33373
Canada	29876	20085	49009	39491	42379
Yugoslavia SFR	46840	45465	36535	x14592	
Spain/Espagne	31720	31720	34738	29034	24984
Korea Republic	19745	27008	32338	19416	16506
Greece/Grèce	22222	29307	26562	21666	x7349
Sweden/Suède	25831	29036	15645	18218	17512
Hungary/Hongrie	x27766	x26301	x15314	9602	x14263
Turkey/Turquie	16459	20536	17947	12202	11734
Australia/Australie	20757	21476	18176	9445	6611
Denmark/Danemark	8428	10132	8625	18466	12991
Czechoslovakia	x4803	17694	14966	x587	x1299
Former GDR	x33223	x25762	x4321		
Switz.Liecht	7054	8509	7839	13606	16457
Bulgaria/Bulgarie	x33653	x23455	x67		2823
Indonesia/Indonésie	21280	9501	4277	9563	6915
Israel/Israël	6022	11191	7388	2782	2556
Iran (Islamic Rp. of)	x4401	x455	x8486	x6978	x6151
Malaysia/Malaisie	1239	6541	3498	4020	x869
Colombia/Colombie	3689	5082	4727	3704	3652
India/Inde	8847	x3181	5327	4915	x2508
Portugal	432	2439	5406	4666	3528
Tunisia/Tunisie	2445	5531	3277	3438	3659
Romania/Roumanie	x12	5672	4273	1908	x287
Poland/Pologne	x10074	x5087	x1280	x4854	x2532
Finland/Finlande	1198	1314	2402	7453	6260
Egypt/Egypte	x5296	x4821	x943	x3210	x4110
Norway,SVD,JM	4236	2891	2671	2899	2093
Former USSR/Anc. URSS	x19732	x5853	x2371	x43	
Ireland/Irlande	4323	3292	2697	1980	1695
Thailand/Thaïlande	1450	3221	2260	2344	3111
Libyan Arab Jamahiriya	x170	x388	x917	x4837	x589
Philippines	1217	x1688	1253	2746	2026
Pakistan	2448	1858	1786	1969	1458
Venezuela	181	x821	3005	167	412
Kuwait/Koweït	x2664	x2572	x1396		x81
Jordan/Jordanie	x607	x1484	x1504	x786	x1744
Singapore/Singapour	7482	1742	967	978	789
Mexico/Mexique	1992	771	1257	1380	1514
Hong Kong	2980	1699	1092	309	236
Uruguay	x1003	x1470	x562	x558	231

EXPORTS – EXPORTATIONS

COUNTRIES–PAYS	1988	1989	1990	1991	1992
Totale	1286091	x1358135	1304014	1055655	970799
Afrique	x50032	x84029	x75139	x2121	x4397
Afrique du Nord				x29	x6
Amériques	x437364	481510	486834	x405105	x414565
ALAI	x6620	6930	4990	x7784	x11432
MCAC					
Asie	9237	2653	2404	x3501	x726
Moyen–Orient	x93			x224	
Europe	653075	648759	654916	567393	488389
CEE	283284	285520	305863	285115	267918
AELE	341263	332819	326732	277388	211883
Océanie	38		35		4
Canada	247831	251134	276887	229488	188067
USA/Etats–Unis d'Amer	182913	223446	204940	167830	215066
Sweden/Suède	175987	166604	161184	128079	117265
France, Monac	94115	96531	102466	88197	96693
Germany/Allemagne	93137	81497	89021	106811	119743
Portugal	62613	63906	65261	49309	48489
So. Africa Customs Un	x50032	x83993	x74724	x2026	x4391
Czechoslovakia	x45437	x63184	x41375	x44469	x61481
Finland/Finlande	30291	29906	48272	53027	3874
Norway,SVD,JM	28213	31971	54955	44010	38306
Italy/Italie	30285	41038	44215	35184	215
Former USSR/Anc. URSS	x86992	x52941	x34337	x32327	
Switz.Liecht	42197	38266	37984	35847	41514
Austria/Autriche	64575	66072	24336	16425	10923
Yugoslavia SFR	28529	30420	22321	x4891	
Bulgaria/Bulgarie	x104	x23104	x7281	x518	x1010
Brazil/Brésil	4529	6572	2762	2686	4315
Chile/Chili	x238	x288	x318	x5053	x5963
Spain/Espagne	2116	140	641	3892	1225
Netherlands/Pays–Bas	217	358	3005	527	796
Poland/Pologne	x657	x1959	x1600	x194	x212
Hong Kong	2771	1446	704	821	195
Singapore/Singapour	64	236	11	2003	88
Argentina/Argentine	120	66	1908	x14	x1154
Belgium–Luxembourg	698	771	774	410	547
Japan/Japon	3437	761	286	x427	105
Indonesia/Indonésie	2648		1402		
United Kingdom	98		456	715	177
Greece/Grèce		102	880	64	x13
Equatorial Guinea			x415	x66	
Denmark/Danemark	5	296	3	6	20
Turkey/Turquie		x120		x224	
Philippines					
Hungary/Hongrie	x243	x14	x78	x14	x14
Malaysia/Malaisie	13	77		1	x1
Australia/Australie		x35	35		4
Gabon				x30	
Mexico/Mexique	x1731	4	1	x29	0
Tunisia/Tunisie				x15	x11
Romania/Roumanie					
Ireland/Irlande		21		x19	
Israel/Israël			x13		
Turks and Caicos Isls			x5	x4	
Panama					x7
India/Inde			x6		
Pakistan			x6		
Thailand/Thaïlande				5	x183
Former GDR	x2912	x2			
Kenya		x1			
Korea Republic				0	

(VALUE AS % OF TOTAL)(VALEUR EN % DU TOTAL)

	1983	1984	1985	1986	1987	1988	1989	1990	1991	1992		1983	1984	1985	1986	1987	1988	1989	1990	1991	1992
Africa	x0.3	x0.5	x0.8	x1.0	x0.9	x0.7	x0.9	x0.8	x1.3	x1.2	Afrique			x0.0	x0.9	x4.0	x3.9	x6.2	x5.7	x0.2	x0.5
Northern Africa	0.1	0.1	0.4	0.6	0.6	0.6	0.7	0.6	1.1	1.0	Afrique du Nord				x0.1						
Americas	x20.0	x25.9	x24.2	x18.7	x15.9	x14.9	x16.3	x17.2	x17.5	x16.0	Amériques	x33.6	32.1	36.1	38.2	x34.0	x34.0	35.4	37.3	x38.3	x42.7
LAIA	x2.2	x4.9	x5.7	x1.9	x2.7	x0.6	x0.5	0.7	0.6	x0.8	ALAI	x0.0	0.2	0.2	0.3	x0.5	x0.5	0.5	0.4	x0.7	x1.2
CACM	x0.1					x0.0	x0.0	x0.0			MCAC										
Asia	16.7	13.1	11.3	13.6	16.2	17.0	15.0	11.4	15.5	x11.6	Asie		0.9	1.0	x0.5	0.5	0.8	0.2	0.2	x0.3	x0.1
Middle East	x0.8	x0.4	x1.2	x1.1	x1.5	x1.9	x1.7	x2.2	x2.2	x2.3	Moyen–Orient			x0.0		0.0	x0.0			x0.0	
Europe	62.0	59.5	62.9	65.6	56.8	57.1	59.5	66.2	63.5	68.4	Europe	53.7	56.5	62.9	60.1	46.6	50.8	47.8	50.2	53.7	50.3
EEC	55.8	49.2	50.9	53.2	47.1	48.2	50.9	58.5	54.9	58.4	CEE	14.2	14.3	19.2	20.2	16.6	22.0	21.0	23.5	27.0	27.6
EFTA	6.3	5.6	x7.4	x7.9	x6.5	5.6	5.7	5.1	7.2	8.2	AELE	39.5	39.4	40.9	39.6	29.8	26.5	24.5	25.1	26.3	21.8
Oceania	1.0	x1.1	0.8	x1.2	0.8	x1.5	1.4	1.4	0.8	0.7	Océanie	0.1		x0.2	x0.0						
Germany/Allemagne	10.3	8.0	9.7	11.0	8.8	9.4	9.8	15.7	17.2	19.3	Canada	17.4	17.4	20.0	22.9	18.9	19.3	18.5	21.2	21.7	19.4
USA/Etats–Unis d'Amer	17.6	20.8	17.6	15.8	12.6	12.2	14.4	12.9	13.2	11.2	USA/Etats–Unis d'Amer	16.2	14.5	15.9	15.1	14.5	14.2	16.5	15.7	15.9	22.2
United Kingdom	9.2	9.3	8.0	8.1	11.8	11.3	13.2	14.9	6.3	6.7	Sweden/Suède	14.8	16.9	17.7	17.3	14.6	13.7	12.3	12.4	12.1	12.1
Italy/Italie	15.0	13.1	14.6	13.8	10.6	10.2	10.5	10.1	11.8	13.7	France, Monac	4.3	5.1	7.1	7.2	6.3	7.3	7.1	7.9	8.4	10.0
France, Monac	8.7	7.7	6.7	7.8	6.2	5.2	4.9	4.9	5.0	6.3	Germany/Allemagne	5.4	4.9	6.6	6.5	5.3	7.2	6.0	6.8	10.1	12.3
Belgium–Luxembourg	2.4	2.1	2.6	2.5	1.7	4.2	4.9	4.5	5.0	4.6	Portugal	4.3	4.1	5.5	4.7	4.9	4.7	5.0	5.0	4.7	5.0
Japan/Japon	8.7	5.8	5.1	5.7	4.0	4.4	4.2	3.6	4.2	3.4	So. Africa Customs Un			0.0	0.0	x0.8	x4.0	x3.9	x6.2	x0.2	x0.5
China/Chine					4.6	5.3	4.8	1.2	4.6	2.3	Czechoslovakia				0.5	x3.5	x4.7	x3.2	x4.2	x6.3	
Austria/Autriche	2.8	2.6	3.9	3.9	3.8	3.0	3.1	3.1	3.5	4.3	Finland/Finlande	8.7	6.1	7.8	4.8	3.0	2.4	2.2	3.7	5.0	0.4
Netherlands/Pays–Bas	3.9	3.1	3.8	3.6	2.6	3.2	2.8	2.8	2.9	3.1	Norway,SVD,JM	2.9	3.4	3.8	3.5	2.5	2.2	2.4	4.2	4.2	3.9

2631 RAW COTTON, EXCL LINTERS / COTON EN MASSE 2631

TRADE BY COMMODITY IN THOUSAND U.S. DOLLARS – COMMERCE PAR PRODUIT EN MILLIERS DE DOLLARS E.U

COUNTRIES–PAYS	IMPORTS – IMPORTATIONS					COUNTRIES–PAYS	EXPORTS – EXPORTATIONS				
	1988	1989	1990	1991	1992		1988	1989	1990	1991	1992
Total	7125380	7887674	8183413	8100369	6686272	Totale	x7667573	x8343153	x8607918	x9048184	x7082465
Africa	200157	189189	258217	x311872	x216057	Afrique	x1012007	x1251097	x1317973	x1173418	x1122991
Northern Africa	156496	161201	194349	270543	x164377	Afrique du Nord	402751	x589531	x476534	x300949	x279529
Americas	331609	432335	415019	472310	x581324	Amériques	2663071	3081995	3688627	3470971	x2542147
LAIA	261425	350471	328901	369843	491396	ALAI	585480	775199	831144	893602	x495795
CACM	4297	5303	14381	23283	x23235	MCAC	97756	50420	70216	67899	41535
Asia	3454329	4293708	4432313	4670494	4059392	Asie	1822695	1594282	1654918	x1461021	x2528893
Middle East	x118431	x144332	147896	90720	200045	Moyen–Orient	188368	223927	316369	x389913	x248658
Europe	2170337	2197490	2380419	2105515	1683344	Europe	169385	303777	256648	290125	x219489
EEC	1805243	1825659	1998811	1866965	1487011	CEE	163254	296078	252330	280499	x216867
EFTA	190349	186308	213708	200735	175582	AELE	6050	7586	4318	5626	2237
Oceania	x2706	x95	x623	1380	x353	Océanie	x301699	410694	x501475	x675027	x664617
Japan/Japon	1288423	1349251	1175647	1215708	869415	USA/Etats–Unis d'Amer	1975582	2250447	2783229	2503158	1998880
Korea Republic	718101	725392	786368	822073	633636	Former USSR/Anc. URSS	x1661755	x1677224	x1181522	x1976214	
China/Chine	58847	708703	710790	630655	429785	Australia/Australie	301461	410679	501128	673809	654971
Italy/Italie	545197	576180	633441	627484	479191	Pakistan	731271	690318	439936	428743	578747
Indonesia/Indonésie	301107	373761	483132	632736	666796	China/Chine	718849	431155	300536	360957	210586
Thailand/Thaïlande	320948	375678	486726	608354	542833	Paraguay	209537	303504	328925	313926	210586
Germany/Allemagne	306014	358947	375173	363671	284757	Sudan/Soudan	217411	x292197	x263316	x233132	x252166
Hong Kong	309935	370906	319538	323305	263090	India/Inde	5153	x46028	446806	121260	x85611
Portugal	307947	258923	345701	292568	260257	Egypt/Egypte	169117	274335	208757	60687	52546
Former USSR/Anc. URSS	x363914	x221975	x270977	x182595		Turkey/Turquie	141199	133508	161052	168837	45897
France, Monac	213953	208651	212089	192859	167330	Syrian Arab Republic	44801	89657	152900	x219076	x201277
Brazil/Brésil	113301	204384	159484	180265	218124	Argentina/Argentine	132865	86289	164139	202751	76578
Spain/Espagne	147925	170401	179594	165000	131031	Brazil/Brésil	31303	156085	127938	147724	28981
Czechoslovakia	x161249	180541	172872	x76925	x38785	Cote d'Ivoire	141356	116768	x156804	x153827	x231741
Switz.Liecht	126713	125110	145692	127546	111233	Greece/Grèce	57369	144548	116221	146391	x88026
Yugoslavia SFR	174717	185498	167869	x37787		Mali	x71595	x109225	x119571	x157038	x164547
Romania/Roumanie	x83564	129841	127331	86481	x40729	Mexico/Mexique	112585	112178	91779	76693	31179
Turkey/Turquie	49156	99710	136090	79172	192901	Israel/Israël	82524	102620	86395	71396	43318
Poland/Pologne	182284	127511	72258	102594	x17268	Cameroon/Cameroun	x22236	68596	x74116	109998	x41634
Philippines	75108	x62147	78038	83328	81574	Burkina Faso	64257	44934	85699	x108638	x103350
Canada	62765	71571	69306	73233	57137	Chad/Tchad	x53338	x65608	x82295	x89700	x63794
Bangladesh	x50940	x59506	x75100	x78203	x95714	Zimbabwe	81105	x87957	86146	58208	x28577
Belgium–Luxembourg	59519	69563	63847	69894	55730	Peru/Pérou	32299	68192	43371	x69832	x39412
Malaysia/Malaisie	50948	53780	69430	72966	x76109	Hong Kong	71687	71498	41198	48749	39010
Egypt/Egypte	36346	18753	61616	108786	30556	Spain/Espagne	37893	64081	40611	54273	42427
Morocco/Maroc	32452	47902	64466	74839	61598	Colombia/Colombie	64032	39507	46616	69845	56381
Greece/Grèce	93741	59834	68859	53249	x34580	Germany/Allemagne	31049	49845	56828	44688	43630
United Kingdom	81624	69386	65437	44553	37554	Togo	42039	38643	55582	55216	x54566
Mexico/Mexique	25086	30242	60534	69948	138586	Un. Rep. of Tanzania	71991	x36398	x64701	x33865	x38619
Austria/Autriche	48120	47837	49167	61208	55084	Nicaragua	48580	24884	37084	44372	26218
Chile/Chili	40575	38529	38303	53294	x43886	Benin/Bénin	x20306	x22929	x46978	x23429	x23916
Algeria/Algérie	57500	54027	18326	56919	x32268	Guatemala	47833	23875	32511	21869	13656
Tunisia/Tunisie	29206	40519	49940	29998	39508	Singapore/Singapour	17835	16479	21192	32343	25379
Ireland/Irlande	32468	37246	38733	43329	23245	So. Africa Customs Un	x9726	x20627	x20478	x10057	x9711
Hungary/Hongrie	x24148	x25225	x22660	63219	x12248	France, Monac	15654	17898	12873	17260	21967
Venezuela	58231	33200	30718	43549	39184	Venezuela	x151	9042	24940	2432	2947
Bulgaria/Bulgarie	x47210	x51512	x19235	x25238	30295	Morocco/Maroc	16042	22738	4424	7056	1606
Singapore/Singapour	24271	25345	26228	35541	29288	Senegal/Sénégal	11528	10646	9524	x13486	x22554
Korea Dem People's Rp	x28963	x14602	x22379	x22186	x10731	Italy/Italie	11376	9242	14394	7512	11090
So. Africa Customs Un	25904	11443	25333	x16260	x24465	Mozambique	4886	x8092	x10397	x9734	x19304
Sri Lanka	14383	10645	13185	26461	19851	Central African Rep.	x4027	12606	x5064	x8209	x3395
Israel/Israël	20294	9696	23639	16091	22520	Malawi	x4027	x2561	x4078	x12309	x7619
Iraq	x58897	x40642	x51	x65		Former GDR	x21582	x16777	x1387		
Uruguay	8659	11316	11770	11987	9349	Belgium–Luxembourg	4299	5090	6127	4370	3708
Former GDR	x95421	x28244	x4593			Uganda/Ouganda	x2763	x2557	x3988	x8576	x13041
Argentina/Argentine	2563	13841	11662	5280	8987	Bolivia/Bolivie		x310	3264	9923	6615
Netherlands/Pays–Bas	12114	12195	10818	6626	5606	Zambia/Zambie	x2726	x5863	x2779	x3427	x11174
El Salvador	319	1194	10827	15021	x16052	Bulgaria/Bulgarie	x13581	x5803	x4218	x471	x608
Ecuador/Equateur	7920	17650	5470	3688	31	United Kingdom	2780	3818	3115	3368	2616
Sweden/Suède	5851	5300	10436	7354	6828	Switz.Liecht	1785	4546	1185	4414	1802

(VALUE AS % OF TOTAL)(VALEUR EN % DU TOTAL)

	1983	1984	1985	1986	1987	1988	1989	1990	1991	1992		1983	1984	1985	1986	1987	1988	1989	1990	1991	1992
Africa	3.3	x3.8	x4.9	4.0	x3.2	2.8	2.4	3.2	x3.8	x3.3	Afrique	x19.3	x19.4	x21.7	x28.4	x14.4	x13.2	x14.9	x15.3	x13.0	x15.8
Northern Africa	1.8	1.8	2.7	x2.5	x2.3	2.2	2.0	2.4	3.3	x2.5	Afrique du Nord	x11.5	x11.1	x11.7	x13.0	x5.6	5.3	x7.1	x5.5	x3.3	3.9
Americas	2.3	4.1	3.4	x6.0	x4.8	4.7	5.5	5.1	5.9	x8.7	Amériques	x37.9	47.3	49.6	x31.4	x30.7	34.8	37.0	42.8	38.4	x35.9
LAIA	0.4	2.3	1.8	x4.2	3.5	3.7	4.4	4.0	4.6	7.3	ALAI	1.2	7.6	10.7	x8.2	x5.9	7.6	9.3	9.7	9.9	x7.0
CACM	x0.0	0.1	0.1	x0.2	x0.2	0.1	0.1	0.2	0.3	x0.3	MCAC	x2.8	3.3	3.7	x1.2	x1.1	1.3	0.6	0.8	0.8	0.6
Asia	49.5	49.0	46.9	49.7	48.5	48.5	54.4	54.2	57.7	60.7	Asie	15.8	13.5	20.8	30.0	23.8	23.8	19.2	19.2	x16.2	x35.7
Middle East	x0.3	x0.4	x0.4	x1.3	3.0	x1.7	1.8	1.8	1.1	3.0	Moyen–Orient	3.3	6.8	6.7	7.2	x1.7	2.5	2.7	3.7	x4.3	x3.5
Europe	38.3	37.8	44.7	40.3	32.5	30.5	27.9	29.1	26.0	25.2	Europe	2.1	1.8	3.0	2.6	2.8	2.2	3.6	3.0	3.2	x3.1
EEC	34.6	30.2	35.1	34.8	28.9	25.3	23.1	24.4	23.0	22.2	CEE	2.0	1.7	2.5	2.5	2.8	2.1	3.5	2.9	3.1	x3.1
EFTA	3.7	3.3	4.1	3.9	2.9	2.7	2.4	2.6	2.5	2.6	AELE	0.1	0.1	0.1	0.1	0.0	0.1	0.1	0.1	0.1	0.0
Oceania	0.1	x0.1								x0.0	Océanie	2.7	3.1	x4.8	x7.5	3.3	x3.9	4.9	x5.8	x7.4	x9.3
Japan/Japon	22.9	21.6	20.4	20.6	18.2	18.1	17.1	14.4	15.0	13.0	USA/Etats–Unis d'Amer	33.9	36.4	35.2	22.0	23.7	25.8	27.0	32.3	27.7	28.2
Korea Republic	10.9	10.2	10.6	10.4	8.4	10.1	9.2	9.6	10.1	9.5	Former USSR/Anc. URSS	22.2	14.9		x23.9	x21.7	x25.3	x13.7	x21.8		
China/Chine				0.2	0.8	9.0	8.7	8.7	7.8	6.4	Australia/Australie	2.7	3.1	4.8	x7.5	3.3	3.9	4.9	5.8	7.4	9.2
Italy/Italie	9.1	8.1	9.3	9.7	7.9	7.7	7.3	7.7	7.7	7.2	Pakistan	6.0	1.7	9.1	13.3	6.7	8.3	8.3	5.1	4.7	8.2
Indonesia/Indonésie	3.6	3.5	3.6	4.4	4.2	4.7	5.9	7.8	10.0	China/Chine				11.0	9.4	5.2	3.8	4.0	3.0	
Thailand/Thaïlande	3.2	3.0	3.5	4.4	4.4	4.5	4.8	5.9	7.5	8.1	Paraguay		1.9	3.0	x3.6	x1.7	2.7	3.6	3.8	3.5	3.2
Germany/Allemagne	7.2	6.2	7.2	6.9	6.3	4.3	4.4	4.6	4.5	4.3	Sudan/Soudan	x3.3	x3.8	x2.5	x3.7	x2.9	2.8	x3.5	x3.1	x2.6	x3.6
Hong Kong	4.7	5.0	4.3	5.1	5.4	4.3	4.7	3.9	4.0	3.9	India/Inde	2.8	0.7	1.2	x4.6	x1.1	x0.6	5.2	1.3	x1.2	
Portugal	4.7	4.7	5.4	5.3	4.1	4.3	3.3	4.2	3.6	3.9	Egypt/Egypte	8.2	7.2	9.2	9.3	2.6	2.2	3.3	2.4	0.7	0.7
Former USSR/Anc. URSS	6.6	5.3			x3.8	x5.1	x2.8	3.3	x2.3		Turkey/Turquie			2.5	3.7	3.9	0.3	1.8	1.6	1.9	0.6

2665 DISCN SYNTH FIBRE UNCMBD — DISCONTINUES EN MASSE 2665

TRADE BY COMMODITY IN THOUSAND U.S. DOLLARS – COMMERCE PAR PRODUIT EN MILLIERS DE DOLLARS E.U

COUNTRIES–PAYS	IMPORTS 1988	1989	1990	1991	1992	COUNTRIES–PAYS	EXPORTS 1988	1989	1990	1991	1992
Total	3063716	3209633	3070096	3308513	3486075	Totale	2868008	2661489	2518905	2469552	2686414
Africa	118340	x112081	133878	x102307	x99064	Afrique	x7854	x2129	x1598	x1819	x6861
Northern Africa	52671	63234	77497	70570	x72497	Afrique du Nord	x6132	657	196	176	3058
Americas	294723	330107	338844	362724	x458794	Amériques	382056	335492	284529	x315330	336049
LAIA	104770	107012	115905	116510	x126537	ALAI	58949	55800	46463	x56424	77655
CACM	10723	11902	13250	11921	x15276	MCAC	78	x17	498	x861	x417
Asia	1036116	1138298	958649	1272533	1372570	Asie	782104	860953	823896	927850	x1054738
Middle East	x97285	x93442	x121817	x133252	x148589	Moyen–Orient	66722	38154	29625	25500	15560
Europe	1319692	1359811	1521491	1442189	1495420	Europe	1440560	1309698	1317128	1174557	1242416
EEC	1185891	1222965	1368300	1318960	1376159	CEE	1288711	1173489	1164659	1046491	1073287
EFTA	111359	108320	124039	109734	110423	AELE	131371	126243	143536	118585	114828
Oceania	x43733	45103	x36321	x36897	40590	Océanie	x144	x345	122	1184	640
China/Chine	477765	505084	331783	559885	534138	Germany/Allemagne	508802	474006	538696	529082	569910
Germany/Allemagne	252422	272493	314234	311156	320111	Japan/Japon	399750	374222	363865	396025	447384
United Kingdom	206934	207113	218977	193576	212938	Korea Republic	170975	244549	263944	314365	356175
Italy/Italie	167386	176111	213453	220755	241448	USA/Etats–Unis d'Amer	307732	267394	208276	232168	212145
France, Monac	185101	187922	208280	191551	199799	Italy/Italie	368695	264578	130833	113162	107420
Belgium–Luxembourg	167662	163148	173892	165935	159318	Spain/Espagne	97608	91266	103969	101636	63757
USA/Etats–Unis d'Amer	123388	150534	150385	172879	253757	Ireland/Irlande	79682	102477	102393	88815	105150
Hong Kong	98770	117690	98973	136713	145743	Hong Kong	69963	81555	71749	110482	123887
Spain/Espagne	83146	98945	100811	108038	117749	Netherlands/Pays–Bas	69956	87500	88088	74100	68043
Korea Republic	61671	73840	87087	78313	68566	Switz.Liecht	81016	74746	78407	65484	61428
Former USSR/Anc. URSS	x145357	x125900	x39310	x71849		France, Monac	62110	59552	69608	58884	62908
Indonesia/Indonésie	53329	62956	68501	93521	122622	Austria/Autriche	49072	50666	63907	51716	52389
Netherlands/Pays–Bas	61505	57360	66039	64895	65693	Belgium–Luxembourg	36570	31394	41705	43786	57019
Canada	55090	56722	55400	60380	62235	Turkey/Turquie	66633	37929	29426	25204	14659
Thailand/Thaïlande	37060	65018	47154	47755	81373	Malaysia/Malaisie	29527	34233	27606	29042	x43788
Turkey/Turquie	50242	40290	67289	52100	67205	India/Inde	21954	x48737	28235	12655	x16464
Iran (Islamic Rp. of)	x30669	x31708	x41820	x69934	x73317	Denmark/Danemark	43343	36543	52001	185	356
Pakistan	46409	50718	28226	50357	51500	Thailand/Thaïlande	5310	20409	27301	x29367	x22911
Austria/Autriche	33865	34868	49070	45279	49837	Romania/Roumanie	x53504	42448	20680	8900	x15242
Japan/Japon	57701	44305	41669	37050	35943	Former GDR	x129142	x55625	x14517		
Philippines	40105	x25546	44241	39856	46611	United Kingdom	16840	19555	27484	22141	22856
Australia/Australie	36927	36220	30106	30861	32684	Canada	15149	11962	28984	25733	45516
Mexico/Mexique	26010	22344	35271	33069	45717	Mexico/Mexique	24267	21294	18651	23907	30290
India/Inde	18872	x37225	26622	15291	x37412	Poland/Pologne	x16163	x19705	x25301	x9195	x11053
Morocco/Maroc	21707	27400	27155	24566	21448	India/Inde	x41617	x10545	x7964	x14692	
So. Africa Customs Un	30239	32129	25217	x17308	x18360	Brazil/Brésil	22097	14832	4189	12526	12867
Sweden/Suède	28374	26635	25217	20242	18747	Bulgaria/Bulgarie	x7690	x15362	x12785	x2331	x7001
Yugoslavia SFR	22027	28088	28777	x13443		Portugal	2153	5208	9447	14569	15458
Greece/Grèce	20721	19979	27776	20683	x14563	Yugoslavia SFR	20453	9679	8933	x9441	
Egypt/Egypte	9448	16395	25767	25345	26937	Peru/Pérou	7986	6349	9195	x9679	x10705
Switz.Liecht	22687	21316	22951	22672	21909	Czechoslovakia	x5204	x7155	x4899	x7464	x7715
Chile/Chili	24741	27813	19330	19703	x15937	China/Chine	2619	10103	5702	2139	2826
Malaysia/Malaisie	14749	18257	18409	23264	x32387	Uruguay	3859	5850	5295	3434	4209
Portugal	17720	16212	21455	20703	22625	Hungary/Hongrie	x1970	x2032	x5486	x6230	x4700
Israel/Israël	9359	16315	18760	20842	24420	Indonesia/Indonésie	8708	3698	3391	3580	10063
Finland/Finlande	20833	19504	20390	14847	12938	Venezuela	129	4246	3491	583	1266
Colombia/Colombie	17271	20862	17272	7399	11262	Argentina/Argentine	270	2141	3621	1479	2734
Poland/Pologne	x34888	x36241	x7297	x1929	x3563	Colombia/Colombie	x122	478	1627	4403	15410
Brazil/Brésil	2805	7644	17983	17418	15371	Singapore/Singapour	2928	2480	1596	2341	3490
Algeria/Algérie	10930	13499	16719	11940	x12728	So. Africa Customs Un	x1440	x1471	x965	x1166	x3593
Ecuador/Equateur	10862	14092	11038	14017	11235	Sweden/Suède	958	493	1050	1186	834
Czechoslovakia	x7584	12076	20842	x5784	x5695	Korea Dem People's Rp	x643	x275	x451	x1982	x8630
Denmark/Danemark	13909	13677	12743	10629	12498	Greece/Grèce	2952	1411	436	130	x409
Hungary/Hongrie	x14171	x13427	x10232	11130	x5925	Philippines	1547	x1527			2234
Ireland/Irlande	9384	10004	10639	11039	9416	Chile/Chili	219	611	390	413	x72
Former GDR	x28789	x25134	x1939			Australia/Australie	105	82	32	1044	583
Iraq	x9332	x16471	x5610	x3051		Israel/Israël	1309	563	186	x103	43
Kenya	19526	x4639	16448	x3950	x3079	Egypt/Egypte	472	562	147	82	2667
Bangladesh	x5577	x6312	x7589	x7655	x12706	El Salvador			209	485	0
Korea Dem People's Rp	x5176	x7739	x8025	x5117	x2497	Macau/Macao	17	274	200	150	125

(VALUE AS % OF TOTAL)(VALEUR EN % DU TOTAL)

	1983	1984	1985	1986	1987	1988	1989	1990	1991	1992		1983	1984	1985	1986	1987	1988	1989	1990	1991	1992
Africa	4.9	4.8	5.2	x4.9	x3.5	3.9	x3.5	4.4	x3.1	x2.8	Afrique	0.2	0.4	0.1	x0.1	x0.1	x0.3	x0.1	x0.0	x0.0	x0.2
Northern Africa	1.7	1.4	2.0	1.6	1.3	1.7	2.0	2.5	2.1	2.1	Afrique du Nord	0.1	0.0	0.0	x0.0	x0.2	x0.0	0.0	0.0	0.0	0.1
Americas	x13.3	15.2	15.5	x12.9	x11.1	9.6	10.3	11.0	11.0	x13.2	Amériques	13.7	19.3	16.4	x10.2	x12.5	13.4	12.6	11.3	x12.7	12.5
LAIA	2.6	4.6	4.2	x3.5	x3.5	3.4	3.3	3.8	3.5	x3.6	ALAI	0.7	3.9	2.2	x1.4	x1.6	2.1	2.1	1.8	x2.3	2.9
CACM	x1.0	x0.1	x0.5	x0.4	0.3	0.4	0.4	0.4	0.4	x0.4	MCAC		x0.0					0.0	0.0	x0.0	0.0
Asia	x25.3	25.3	x24.0	23.5	28.2	33.8	35.5	31.3	38.4	39.3	Asie	23.2	28.1	28.2	24.0	24.3	27.3	32.4	32.8	37.5	x39.3
Middle East	x6.2	x5.1	x6.4	x5.4	x2.5	x3.2	x2.9	4.0	4.0	x4.3	Moyen–Orient	x0.0	3.5	3.8	3.4	2.9	2.3	1.4	1.2	1.0	0.6
Europe	47.3	47.5	53.3	57.0	48.0	43.1	42.4	49.6	43.6	42.9	Europe	63.0	52.3	55.3	65.7	55.4	50.2	49.2	52.3	47.6	46.2
EEC	43.7	42.3	48.0	48.7	43.2	38.7	38.1	44.6	39.9	39.5	CEE	60.1	49.5	52.0	61.1	49.8	44.9	44.1	46.2	42.4	40.0
EFTA	3.6	3.8	3.9	x5.3	x4.4	3.6	3.4	4.0	3.3	3.2	AELE	2.9	2.1	2.7	x3.7	x4.4	4.6	4.7	5.7	4.8	4.3
Oceania	x2.0	x2.3	x2.1	x1.8	x1.5	x1.4	1.4	x1.2	x1.1	1.2	Océanie					x0.0	x0.0	x0.0			
China/Chine					7.8	15.6	15.7	10.8	16.9	15.3	Germany/Allemagne	24.3	19.8	20.3	18.3	20.9	17.7	17.8	21.4	21.4	21.2
Germany/Allemagne	9.2	9.4	11.0	11.5	9.5	8.2	8.5	10.2	9.4	9.2	Japan/Japon	18.5	15.7	16.7	15.5	14.1	13.9	14.1	14.4	16.0	16.7
United Kingdom	6.5	5.9	6.9	7.0	7.3	6.8	6.5	7.1	5.9	6.1	Korea Republic	1.6	4.0	4.1	2.4	3.8	6.0	9.2	10.5	12.7	13.3
Italy/Italie	4.9	6.2	7.1	6.5	5.6	5.5	5.5	7.0	6.7	6.9	USA/Etats–Unis d'Amer	12.9	15.4	14.2	8.2	10.2	10.7	10.0	8.3	9.4	7.9
France, Monac	7.6	7.5	9.0	8.8	7.2	6.0	5.9	6.8	5.8	5.7	Italy/Italie	16.3	14.2	14.8	27.8	12.0	12.9	9.9	5.2	4.6	4.0
Belgium–Luxembourg	4.6	4.6	6.9	6.7	6.5	5.1	5.5	5.7	5.0	4.6	Spain/Espagne	2.3	2.4	2.3	2.5	2.6	2.8	3.4	4.1	3.6	3.9
USA/Etats–Unis d'Amer	3.9	4.9	6.4	5.4	4.5	4.0	4.7	4.9	5.2	7.3	Ireland/Irlande	2.8	2.7	2.8	2.8	1.8	2.4	3.1	2.8	4.5	4.6
Hong Kong	3.1	5.2	3.3	2.8	2.9	3.2	3.7	3.2	4.1	4.2	Hong Kong	0.9	2.9	1.6	1.2	1.5	2.0	3.1	2.8	4.5	4.6
Spain/Espagne	1.8	2.0	2.1	3.2	3.0	2.7	3.1	3.3	3.3	3.4	Netherlands/Pays–Bas	2.3	1.7	2.2	2.5	2.6	2.4	3.3	3.5	3.0	2.5
Korea Republic	1.7	1.6	2.4	3.0	3.2	2.2	2.3	2.8	2.4	2.0	Switz.Liecht	2.9	2.1	2.6	2.7	2.8	2.8	2.8	3.1	2.7	2.3

2671 REGENERATD FIBRE TO SPIN

TRADE BY COMMODITY IN THOUSAND U.S. DOLLARS – COMMERCE PAR PRODUIT EN MILLIERS DE DOLLARS E.U

COUNTRIES–PAYS	IMPORTS – IMPORTATIONS					COUNTRIES–PAYS	EXPORTS – EXPORTATIONS				
	1988	1989	1990	1991	1992		1988	1989	1990	1991	1992
Total	x1480828	1829066	2001077	2052479	1684377	Totale	1729944	1957894	2297365	x2203583	1913896
Africa	x88092	x102401	x92196	x51856	x74568	Afrique	x1247	x1362	2091	x1656	x83
Northern Africa	x53404	x51356	x50232	31086	x37173	Afrique du Nord	x1199	1269	1960	800	37
Americas	x97421	x138019	x229853	217832	x192934	Amériques	489352	529619	647161	673498	575744
LAIA	67600	72690	90480	104553	x79415	ALAI	33815	45560	69269	66780	65182
CACM	x4865	x4240	x5416	x5084	x3720	MCAC				x56	x35
Asia	425109	673090	813442	1010304	588023	Asie	233445	329999	364623	504540	x397133
Middle East	x48617	x96494	x134151	x153735	x127801	Moyen–Orient	182	1260	x113	x603	x163
Europe	652569	728006	782918	670186	727485	Europe	857229	951679	1200890	x936890	836711
EEC	579333	651615	685878	608640	600419	CEE	476881	522525	677566	x520141	498234
EFTA	44154	45092	59688	54626	51841	AELE	330919	356213	438988	379980	329453
Oceania	19894	x26693	x27684	x25679	x20724	Océanie	88	x277	53	78	60
China/Chine	191660	330283	411858	392645	112407	USA/Etats–Unis d'Amer	371982	378640	444240	483838	376230
Germany/Allemagne	117795	138111	158098	126095	118586	United Kingdom	256101	279973	377466	x221242	208217
Italy/Italie	125995	131376	134508	111383	113599	Japan/Japon	202191	230630	245907	280807	264941
Korea Republic	76169	102521	102825	76443	65775	Austria/Autriche	202954	204855	244450	238283	198130
USA/Etats–Unis d'Amer	17596	52361	127681	100178	101768	Germany/Allemagne	166734	193715	241736	239099	230822
Turkey/Turquie	33487	72156	108759	93754	94478	Finland/Finlande	96523	122067	144547	98836	94422
France,Monac	63859	81882	92708	82595	83647	Canada	83514	105414	133652	122808	134247
Hong Kong	12745	23515	15532	170309	48018	Yugoslavia SFR	49429	72940	84336	x36770	
Spain/Espagne	67492	74170	57766	59421	56468	Hong Kong	10574	25885	15976	121696	43711
Belgium–Luxembourg	55820	59226	64280	57399	56739	Former USSR/Anc. URSS	x37115	x44546	x53152	x53139	
Netherlands/Pays–Bas	43764	51973	60164	56027	59301	Thailand/Thaïlande	6994	39842	43902	55875	x59853
United Kingdom	53072	53025	53870	56258	57275	Sweden/Suède	29068	26400	44795	36803	35561
Pakistan	27034	31656	42113	50834	60787	Spain/Espagne	19587	24046	31745	33684	23123
Bulgaria/Bulgarie	x92215	x72078	x8136	x7979	37930	Mexico/Mexique	15026	17421	26288	38480	39262
Philippines	18998	x21560	14684	x7979	37930	Korea Republic	213	11829	36670	17700	5648
Switz.Liecht	23925	23048	27220	43750	49612	Romania/Roumanie	x31221	42478	9895	8338	x13235
Portugal	21676	24953	30062	29500	25396	Former GDR	x67052	x45473	x6620		
So. Africa Customs Un	26239	35517	30535	24709	22705	Brazil/Brésil	12046	14060	24509	11859	21202
Yugoslavia SFR	28951	31289	37157	x12518	x20229	Italy/Italie	5635	10181	12535	12326	21822
Former USSR/Anc. URSS	x21667	x28575	x10741	x35608		Venezuela	3107	8115	12325	8360	803
Mexico/Mexique	8604	19435	29870	24427	16086	China/Chine	5502	11843	13163	2686	1768
Thailand/Thaïlande	20039	24276	22002	25582	28005	Czechoslovakia	x2248	x6030	x5391	x16065	x81196
Australia/Australie	17181	22739	24219	22722	18160	Indonesia/Indonésie	5857	4973	2252	16451	9172
Iran (Islamic Rp. of)	x6425	x9495	x13393	x43624	x19910	France,Monac	19611	6551	8170	7258	7629
Greece/Grèce	17931	21664	19678	20838	x21394	Colombia/Colombie	1982	4593	5622	6742	3827
Argentina/Argentine	14063	15995	19215	23838	21253	Belgium–Luxembourg	5099	5930	3793	4597	5190
Indonesia/Indonésie	5346	8010	27105	22343	30478	Switz.Liecht	1681	2180	4523		
Egypt/Egypte	x22232	x21632	x28276	7320	10188	Hungary/Hongrie	x8328	x4578	x5034	5128	317
Czechoslovakia	x23315	11990	13700	x8936	x11483	Poland/Pologne				x1074	x657
Morocco/Maroc	11856	11445	10523	12504	11055	India/Inde	703	x124	2213	x8152	x8788
Chile/Chili	10642	11620	9964	11935	x10266	Singapore/Singapour	747	520	3553	4616	x7994
Former GDR	x53552	x27540	x4904			Netherlands/Pays–Bas	3189	1847	1554	2688	2316
Brazil/Brésil	105	7398	7099	17380	8463	Bulgaria/Bulgarie	x2620	x1854	x2456	1669	1128
Malaysia/Malaisie	10239	8346	11299	11455	x15979	Tunisia/Tunisie			1092	x152	x243
Hungary/Hongrie	x6696	x7497	x9066	10734	x10129	Norway,SVD,JM			1913	784	
Ireland/Irlande	7199	10057	8576	8268	4373	Chile/Chili	691	712	674	929	997
Algeria/Algérie	16043	13989	6002	5758	x11586	Pakistan	x120	x640	378	1113	x56
Viet Nam	x18	x190	x748	x24029	x4970	Syrian Arab Republic	x19	1722	248	158	232
Finland/Finlande	5608	6957	8688	8662	9189	Viet Nam	7	934		x7	
Sweden/Suède	8157	7773	8732	7272	9585	Philippines		x886		x913	1
Austria/Autriche	3508	4260	11498	5886	4389	Malaysia/Malaisie	71	411	413	16	x337
Bangladesh	x2681	x9404	x4919	x5046	x4003	Ireland/Irlande	226	210	507	61	189
Poland/Pologne		x9961		x9166	x14819	Argentina/Argentine	173	x518		117	22
Colombia/Colombie	160	101	x8186	9812	11835	So. Africa Customs Un		x51		x583	x46
Sri Lanka	418	1032	3586	13458	8303	Iraq		x1	x28	x449	x146
Venezuela	22737	7578	4692	5699	3791	Turkey/Turquie	156	285	62	13	4
Singapore/Singapour	788	1783	7036	8700	10355	Bhutan/Bhoutan			x122	x122	x296
Denmark/Danemark	4731	5177	6168	5649	6332	Portugal	159	29	31	179	21
Romania/Roumanie	x214	2932	7992	4200	x6281	Egypt/Egypte	x356	x131	x41	10	36
Israel/Israël	3161	3918	4569	5777	6638	New Zealand	5	128	47	7	14

(VALUE AS % OF TOTAL)(VALEUR EN % DU TOTAL)

	1983	1984	1985	1986	1987	1988	1989	1990	1991	1992		1983	1984	1985	1986	1987	1988	1989	1990	1991	1992
Africa	x7.2	x9.4	x4.7	x7.2	x4.8	x6.0	x5.6	x4.6	x2.5	x4.4	Afrique										
Northern Africa	x6.1	x8.9	3.2	x3.9	x3.1	x3.6	x2.8	x2.5	1.5	x2.2	Afrique du Nord			x0.1	x0.1	x0.1	x0.1	0.1	x0.0	x0.0	
Americas	7.7	12.9	12.6	x9.8	x7.2	x6.5	7.6	x11.4	10.6	x11.4	Amériques	x30.2	33.6	x32.9	x34.0	x29.5	28.3	27.0	28.2	30.5	30.1
LAIA	4.7	9.7	9.7	x6.7	x5.1	4.6	4.0	4.5	5.1	x4.7	ALAI	x0.0	1.8	x2.0	x1.8	x1.5	2.0	2.3	3.0	3.0	3.4
CACM	x0.6	x0.7	x0.4	x0.4	x0.2	x0.3	x0.2	x0.3	x0.2	x0.2	MCAC									x0.0	x0.0
Asia	x34.2	x28.1	22.2	20.2	34.8	28.7	36.8	40.6	49.2	34.9	Asie	21.4	x18.9	16.0	15.4	15.0	13.5	16.9	15.9	22.9	x20.7
Middle East	x11.5	x4.2	x4.4	x4.8	x3.4	x3.3	x5.3	x6.7	x7.5	x7.6	Moyen–Orient	x0.0	x0.3	0.1	x0.2	0.0	0.1	x0.0	x0.0	x0.0	
Europe	47.8	46.9	57.6	60.5	45.2	44.1	39.8	39.1	32.7	43.2	Europe	x48.3	x47.4	x51.2	x50.6	46.3	49.6	48.6	52.3	x42.5	43.7
EEC	41.5	39.8	49.2	54.1	40.5	39.1	35.6	34.3	29.7	35.6	CEE	28.0	25.1	26.2	25.3	23.1	27.6	26.7	29.5	x23.6	26.0
EFTA	x6.3	x4.7	x5.0	x5.3	x4.4	3.0	2.5	3.0	2.7	3.1	AELE	x20.3	x19.5	x22.0	x23.1	x21.2	19.1	18.2	19.1	17.2	17.2
Oceania	x3.1	x2.7	x2.7	2.2	x1.5	1.3	x1.4	x1.4	x1.2	x1.2	Océanie						x0.0				
China/Chine					16.9	12.9	18.1	20.6	19.1	6.7	USA/Etats–Unis d'Amer	27.7	29.1	28.1	28.6	24.6	21.5	19.3	19.3	22.0	19.7
Germany/Allemagne	7.1	6.4	9.6	10.4	7.3	8.0	7.6	7.9	6.1	7.0	United Kingdom	14.7	12.4	11.0	8.9	7.7	14.8	14.3	16.4	x10.0	10.9
Italy/Italie	9.3	9.6	11.3	10.8	8.1	8.5	7.2	6.7	5.4	6.7	Japan/Japon	21.2	18.3	15.5	14.2	12.6	11.7	11.8	10.7	12.7	13.8
Korea Republic	4.9	4.8	6.4	7.0	5.3	5.1	5.6	5.1	3.7	3.9	Austria/Autriche	x9.1	x9.1	x11.0	x12.9	x12.5	11.7	10.5	10.6	10.8	10.4
USA/Etats–Unis d'Amer	1.4	1.7	1.3	1.8	1.2	1.2	2.9	6.4	4.9	6.0	Germany/Allemagne	9.2	9.7	11.6	11.7	11.2	9.6	9.9	10.5	10.9	12.1
Turkey/Turquie		3.0	3.6	3.7	2.8	2.3	3.9	5.4	4.6	5.6	Finland/Finlande	6.4	6.7	6.8	7.1	6.3	5.6	6.2	6.3	4.5	4.9
France,Monac	3.1	3.6	5.1	5.6	4.2	4.3	4.5	4.6	4.0	5.0	Canada	x2.6	x2.7	x2.8	x3.6	x3.4	4.8	5.4	5.8	5.6	7.0
Hong Kong	0.5	0.5	0.7	1.3	3.1	0.9	1.3	0.8	8.3	2.9	Yugoslavia SFR		2.8	3.1	x2.0	x2.1	2.9	3.7	3.7	x1.7	
Spain/Espagne	3.7	4.5	4.1	5.1	3.8	4.6	4.1	2.9	2.9	3.4	Hong Kong	0.0	0.1	0.2	0.7	1.8	0.6	1.3	0.7	5.5	2.3
Belgium–Luxembourg	4.0	3.8	4.8	5.1	3.9	3.8	3.2	3.2	2.8	3.4	Former USSR/Anc. URSS					x0.0	x2.1	x2.3	x2.3	x2.4	

26711 DISCN REGEN FIBRE UNCMBD — FIBRES TEX ARTIF DISCONT 26711

TRADE BY COMMODITY IN THOUSAND U.S. DOLLARS – COMMERCE PAR PRODUIT EN MILLIERS DE DOLLARS E.U

IMPORTS – IMPORTATIONS

COUNTRIES–PAYS	1988	1989	1990	1991	1992
Total	869216	1024469	1126291	1009749	1019802
Africa	46901	49800	31748	x34130	x25744
Northern Africa	29200	25777	16838	23344	x17450
Americas	64487	93792	x179270	165680	x146842
LAIA	46658	39281	56519	62973	x43772
CACM	x1619	x1347	x1181	x2141	x1357
Asia	226961	319515	394653	365357	372404
Middle East	37826	69022	117179	x102807	x73904
Europe	424541	456048	479196	384561	439431
EEC	401301	434581	450311	368731	359652
EFTA	19300	18684	20182	14037	16432
Oceania	12006	17757	x14667	x12738	10633
Germany/Allemagne	92163	109287	123343	87709	80587
China/Chine	70113	107429	97404	87809	105075
USA/Etats–Unis d'Amer	15491	51162	120535	98711	99917
Italy/Italie	91853	89875	88568	75017	71836
Turkey/Turquie	32994	62989	105864	63225	59804
France/Monac	52412	67487	76596	67385	69980
Korea Republic	35472	52814	59726	47466	52432
Belgium–Luxembourg	47091	49044	53715	44231	45346
Pakistan	26960	31045	40237	46964	55885
Netherlands/Pays–Bas	23841	27104	29736	23502	22235
Mexico/Mexique	8579	19371	29780	24161	15942
Spain/Espagne	28523	28017	21865	22889	26911
United Kingdom	33010	27917	21522	18546	15956
Portugal	18255	21113	23168	18905	18718
Iran (Islamic Rp. of)	x4650	x5730	x10539	x39200	x12374
Indonesia/Indonésie	5295	7294	26550	20722	29521
Bulgaria/Bulgarie	x45018	x43097	x3044	x3494	2201
Hong Kong	12439	23380	15428	4665	3240
Australia/Australie	10409	15857	13205	11458	9405
So. Africa Customs Un	13490	20138	11597	x7622	x6357
Philippines	18998	x3534	14684	17509	18891
Morocco/Maroc	11658	11039	10158	12359	9787
Malaysia/Malaisie	10177	8320	11255	11448	x5054
Former GDR	x33056	x23169	x4273		
Algeria/Algérie	16043	13966	6002	5638	x3168
Former USSR/Anc. URSS	x851	x622	x557	x20574	
Ireland/Irlande	5929	8179	6694	6731	2636
Argentina/Argentine	5657	6214	5352	7710	5526
Czechoslovakia	x12823	5829	7736	x5301	x5443
Sri Lanka	418	885	3565	13458	8080
Poland/Pologne		x9489		x8300	x8019
Venezuela	22720	7572	4621	4313	3678
Colombia/Colombie	x2679	101	x5671	9712	8342
Romania/Roumanie	x4	2932	7992	4181	x5872
Greece/Grèce	7745	6340	4895	3657	x5195
Yugoslavia SFR	3851	2783	8669	x1515	
Sweden/Suède	4780	4387	4623	3470	5303
Chile/Chili	334	372	4932	6969	x5291
Finland/Finlande	2694	2965	4624	4485	5460
Bangladesh	x1670	x7095	x1422	x2829	x2152
Hungary/Hongrie	x2485	x2420	x2711	5434	x3214
Switz.Liecht	5780	4245	4022	2278	2495
Norway,SVD,JM	2952	3037	3519	3207	3081
Uruguay	x2312	x3297	x2710	x2415	1849
Austria/Autriche	3093	4048	3394	596	92
Thailand/Thaïlande	3059	2865	766	2511	2990
Kenya	124	x2337	1749	x1984	x1373
Peru/Pérou	2801	479	1648	3483	x1378
Brazil/Brésil	100	544	1121	3733	976
Israel/Israël	944	1252	1625	2467	2550

EXPORTS – EXPORTATIONS

COUNTRIES–PAYS	1988	1989	1990	1991	1992
Totale	x830496	935472	987046	x986370	x926270
Afrique	x386	x131	x135	x255	x61
Afrique du Nord	x356	x131	x41	x16	36
Amériques	71801	x83674	99432	80684	91855
ALAI	12204	x16751	20933	12729	20895
MCAC				x56	x35
Asie	130115	178115	171871	188886	x183805
Moyen–Orient	x224	x68	x28	x1025	x151
Europe	482204	531250	633215	x630566	x546714
CEE	103921	104787	120852	x225691	x216864
AELE	328931	353522	428674	368793	322506
Océanie	3	x267	41	50	3
Austria/Autriche	202527	204575	244209	237744	197637
Finland/Finlande	96511	122062	144520	98824	94351
Japan/Japon	100625	91970	95838	102702	103976
Germany/Allemagne	56191	64822	73323	90161	77826
Yugoslavia SFR	49353	72940	83690	x36082	
Canada	38833	48100	64076	52847	53769
Former USSR/Anc. URSS	x35111	x41877	x53152	x52953	
Thailand/Thaïlande	6994	39811	43607	55815	x58908
Sweden/Suède	29068	26400	39703	32099	30418
Spain/Espagne	19282	23534	30884	33083	21513
United Kingdom				x84218	x86385
Romania/Roumanie	x30689	42478	9895	8153	x13235
Former GDR	x67052	x45295	x6620		
USA/Etats–Unis d'Amer	20750	18824	14424	15048	17152
Hong Kong	9714	25778	15862	5832	4391
Brazil/Brésil	11759	13044	20019	11409	20823
Italy/Italie	3728	6909	10137	9839	20909
Czechoslovakia	x2208	x6030	x5236	x15618	x81130
China/Chine	5501	10706	9993	2103	710
Indonesia/Indonésie	5791	4549	1183	14996	3395
Belgium–Luxembourg	4610	4994	3228	4241	4885
Hungary/Hongrie	x8313	x4501	x4993	x1041	x655
Poland/Pologne			x8022	x8525	
France, Monac	16770	2915	2052	2933	4305
India/Inde	379	x124	1249	3464	x7563
Bulgaria/Bulgarie	x2612	x1854	x2456	x152	x243
Korea Republic	96	1914	1587	807	2138
Singapore/Singapour	532	508	2049	1666	1036
Netherlands/Pays–Bas	2565	1496	1177	1017	791
Mexico/Mexique	325	x2854	23	11	0
Chile/Chili	x120	x640	378	1113	x51
Pakistan	x19	1722	248	158	232
Philippines		x886			
Norway,SVD,JM	327	391	204	87	24
Venezuela		175	x349	0	
Iraq		x1	x28	x449	x146
Turkey/Turquie	156	10		x465	
Bhutan/Bhoutan			x122	x122	x296
Portugal	158	5	0	179	12
Egypt/Egypte	x356	x131	x41	10	36
Bolivia/Bolivie			x91	x91	
Zimbabwe				x172	
Switz.Liecht	498	95	38	39	50
New Zealand	3	128	41	1	3
Ireland/Irlande	90	85	46	13	182
Papua New Guinea		x139			
Democratic Kampuchea		x54	x25	x56	
Bangladesh	35	x20	65	x47	
Zaire/Zaïre			x87	x41	
Argentina/Argentine	0	x5		105	22

(VALUE AS % OF TOTAL)(VALEUR EN % DU TOTAL)

	1983	1984	1985	1986	1987	1988	1989	1990	1991	1992
Africa	4.4	6.7	7.0	x5.7	x4.3	5.4	4.9	2.8	x3.4	x2.5
Northern Africa	3.5	6.1	5.2	4.6	3.3	3.4	2.5	1.5	2.3	x1.7
Americas	5.7	10.2	11.9	x10.6	x8.5	7.5	9.2	x15.9	16.4	x14.4
LAIA	3.7	8.0	9.8	x7.4	x6.4	5.4	3.8	5.0	6.2	x4.3
CACM	x0.3	x0.2	x0.1	x0.2	x0.1	x0.2	x0.1	x0.1	x0.2	x0.1
Asia	x38.5	x28.6	23.4	20.5	29.6	26.1	31.1	35.1	36.2	36.5
Middle East	x13.7	x9.7	3.6	x4.3	3.5	4.4	6.7	10.4	x10.2	x7.2
Europe	35.3	36.6	55.5	61.3	49.2	48.8	44.5	42.5	38.1	43.1
EEC	32.7	33.5	51.9	58.0	46.4	42.4	40.0	40.0	36.5	35.3
EFTA	2.7	2.1	2.8	3.2	2.7	2.2	1.8	1.8	1.4	1.6
Oceania	1.6	1.7	2.2	1.9	x1.6	1.4	1.7	x1.3	x1.2	1.0
Germany/Allemagne	6.6	6.2	10.8	11.4	8.6	10.6	10.7	11.0	8.7	7.9
China/Chine				15.2	8.1	10.5	8.6	8.7	14.6	10.3
USA/Etats–Unis d'Amer	1.6	1.8	1.7	2.7	1.8	1.8	5.0	10.7	9.8	9.8
Italy/Italie	7.7	8.5	12.1	11.4	9.4	10.6	8.8	7.9	7.4	7.0
Turkey/Turquie			2.1	2.8	3.5	3.1	6.1	9.4	6.3	5.9
France,Monac	3.4	3.7	6.5	7.2	5.7	6.0	6.6	6.8	6.7	6.9
Korea Republic	4.4	3.9	5.2	5.6	4.8	4.1	5.2	5.3	4.7	5.1
Belgium–Luxembourg	3.9	4.0	6.1	6.9	5.5	5.4	4.8	4.8	4.4	4.4
Pakistan	2.7	3.3	3.1	2.1	2.1	3.1	3.0	3.6	4.7	5.5
Netherlands/Pays–Bas	3.5	3.6	4.3	5.1	3.6	2.7	2.6	2.6	2.3	2.2

	1983	1984	1985	1986	1987	1988	1989	1990	1991	1992
Afrique				x0.1	x0.2	x0.0	x0.0	x0.0	x0.0	x0.0
Afrique du Nord				x0.1	x0.0	x0.0	x0.0	x0.0	x0.0	x0.0
Amériques	x10.0	x14.3	x11.6	x11.6	x9.0	8.7	x9.0	10.1	8.2	10.0
ALAI	0.0	2.4	1.1	1.7	1.0	1.5	x1.8	2.1	1.3	2.3
MCAC									x0.0	x0.0
Asie	35.1	x28.9	21.7	x19.6	14.7	15.6	19.0	17.4	19.1	x19.8
Moyen–Orient	x0.0	x0.0	0.6	0.1	x0.4	0.1	x0.0	x0.0	x0.1	x0.0
Europe	x54.9	x56.8	x66.7	x68.7	x59.4	58.1	56.8	64.2	x63.9	x59.0
CEE	13.1	11.8	13.8	x18.5	x16.5	12.5	11.2	12.2	x22.9	x23.4
AELE	x41.9	x39.3	x46.4	x45.9	x39.1	39.6	37.8	43.4	37.4	34.8
Océanie							x0.0			
Austria/Autriche	x18.4	x18.1	x22.9	x25.5	x22.9	24.4	21.9	24.7	24.1	21.3
Finland/Finlande			13.5	13.7	14.5	14.2	11.8	13.0	10.0	10.2
Japan/Japon				34.7	27.7	21.1	17.8	13.7	12.1	9.8	9.7	10.4	11.2
Germany/Allemagne	6.6	7.1	7.6	7.1	6.9	6.8	6.9	7.4	9.1	8.4
Yugoslavia SFR			5.8	6.5	4.0	x3.8	5.9	7.8	8.5	x3.7
Canada	x3.3	x3.8	x3.8	x5.0	x4.1	4.7	6.1	6.5	5.4	5.8
Former USSR/Anc. URSS					x0.1	x4.2	x4.5	x5.4	x5.4	
Thailand/Thaïlande			0.1	0.5	0.8	0.8	4.3	4.4	5.7	x6.4
Sweden/Suède	9.2	7.4	8.8	6.2	4.3	3.5	2.8	4.0	3.3	3.3
Spain/Espagne	0.2	0.1	1.4	3.0	1.7	2.3	2.5	3.1	3.4	2.3

2681 WOOL GREASY, FLEECE-WSHED — LAINE EN SUINT 2681

TRADE BY COMMODITY IN THOUSAND U.S. DOLLARS – COMMERCE PAR PRODUIT EN MILLIERS DE DOLLARS E.U

IMPORTS – IMPORTATIONS

COUNTRIES–PAYS	1988	1989	1990	1991	1992
Total	x5904087	x5519134	2938918	x3021747	2530929
Africa	15045	13320	12324	x17239	x19509
Northern Africa	13832	12254	9509	x13888	x14687
Americas	256694	272050	160000	147444	153555
LAIA	21545	47435	26627	29509	36368
CACM	0	0	0	0	x44
Asia	1523582	x1162573	782184	766653	x937079
Middle East	96992	80269	75523	53353	63122
Europe	2038086	2076854	1616979	1354637	1398965
EEC	1993756	2041234	1571403	1335033	1393690
EFTA	5179	3303	3567	3389	3774
Oceania	x6755	x3680	x3940	x3012	x1853
Former USSR/Anc. URSS	x1713291	x1760778	x247045	x710078	
Italy/Italie	509954	524518	479240	381270	350182
Japan/Japon	676135	579165	420929	308729	242117
Germany/Allemagne	418477	414619	387931	401714	411554
France, Monac	487073	524073	335863	297232	311025
United Kingdom	263221	234697	167943	113691	136188
Belgium-Luxembourg	223830	243173	146629	87725	113758
USA/Etats-Unis d'Amer	231380	223690	131864	117598	116498
China/Chine	364467	195725	36097	202661	342877
Korea Republic	182159	121192	93950	78253	70813
India/Inde	92033	x88219	69959	48461	x93901
Turkey/Turquie	95056	79174	74240	51209	61421
Czechoslovakia	x155736	101398	79027	x13611	x13799
Malaysia/Malaisie	43249	56734	50824	47167	x38916
Spain/Espagne	61604	60731	33538	42173	42487
Yugoslavia SFR	39139	32316	41856	x16173	
Poland/Pologne	102771	56244	17124	6965	x4914
Portugal	23900	32966	16541	9392	9623
Mexico/Mexique	6933	21259	17773	16897	16353
Israel/Israël	27057	22087	15729	12958	17870
Former GDR	x63335	x42186	x193		
Romania/Roumanie	x8810	13057	12947	1215	x13
Colombia/Colombie	10064	13653	6276	5819	9859
Bulgaria/Bulgarie	x18689	x15991	x6752	x659	1124
Pakistan	6631	6022	7829	7175	5041
Algeria/Algérie	10965	10292	8450	2092	x563
Nepal/Népal	x5373	x5158	x7076	x4129	x15251
Egypt/Egypte	907	1233	487	x11112	x13256
Uruguay	722	5687	1132	4559	4634
Australia/Australie	6321	2982	1901	2290	1513
Brazil/Brésil	344	4764	788	560	3483
Norway, SVD, JM	2699	1912	2046	2034	2440
Korea Dem People's Rp	x109	x2415	x2915		
Mauritius/Maurice	x538	x925	2400	1800	2751
Hong Kong	1629	1739	892	1431	32973
Greece/Grèce	950	1816	1462	558	x16948
Netherlands/Pays-Bas	2083	1853	888	800	544
Macau/Macao	16607	3167	243	126	60
Austria/Autriche	1116	714	942	905	1045
Jordan/Jordanie	427	314	648	1468	305
Ireland/Irlande	2356	1381	714	331	1171
Viet Nam		x59	x2162	x13820	
Denmark/Danemark	307	1407	655	149	209
Argentina/Argentine	1287	x1468	28	597	793
So. Africa Customs Un	675	141	389	x1549	x1851
Canada	1627	803	757	281	601
New Zealand	195	509	482	693	327
Morocco/Maroc	1411	651	433	557	588
Hungary/Hongrie	x1293	x1024	x401	130	x12
Norfolk Island			x1412	x29	

EXPORTS - EXPORTATIONS

COUNTRIES–PAYS	1988	1989	1990	1991	1992
Totale	4880930	4334519	2820793	2677510	2377984
Afrique	x201590	x221740	x208609	x191052	x112254
Afrique du Nord	1047	1044	6165	x649	x351
Amériques	x258032	205999	231459	139476	101769
ALAI	250817	198480	224666	133788	96850
MCAC			0		
Asie	x34068	x24686	x18404	x24510	x63526
Moyen-Orient	x14672	x12665	x5984	x8780	x6649
Europe	239349	196620	137818	112427	139380
CEE	227992	185372	129726	107709	135390
AELE	11082	10638	7981	4511	3755
Océanie	x4118823	x3655957	2184427	x2183073	x1948425
Australia/Australie	3646691	3305747	1958012	1992465	1805891
New Zealand	472111	349361	226414	190408	141693
So. Africa Customs Un	x198359	x217733	x200915	x189806	x109836
Uruguay	138967	113306	117806	64464	33884
Argentina/Argentine	90257	65941	93636	54819	41155
France, Monac	82500	71368	49670	43916	35989
United Kingdom	33664	30312	19881	13900	18982
Former USSR/Anc. URSS	x13601	x15030	x30968	x17997	
Ireland/Irlande	27312	24755	17668	16135	
Chile/Chili	19704	14457	10856	7412	x11197
Italy/Italie	18675	14052	7652	6937	6328
Belgium-Luxembourg	21127	12352	7450	6628	6045
Germany/Allemagne	9535	6964	8125	7152	6027
Netherlands/Pays-Bas	9530	9644	10078	6506	38822
Hungary/Hongrie	x3651	x2237	5988	4668	3979
China/Chine	6038	5393	x7118	x8613	x10318
Norway, SVD, JM	6276	6542	7934	4608	9666
Brazil/Brésil	17	3644	5218	2900	2051
USA/Etats-Unis d'Amer	x4710	3114	1877	6783	10211
Greece/Grèce	3362	3512	3517	4069	2891
Iraq	x4240	x3588	2760	1015	x5441
Former GDR	x6687	x6834	x188	x3403	
Saudi Arabia	1403	2403	x319		
Bulgaria/Bulgarie	x3782	x5161	x1741	x2629	x2381
Libyan Arab Jamahiriya	771	239	x1505	x78	x1185
Kuwait/Koweït	x2668	x3204	5769	x250	x329
Mongolia/Mongolie	x394	x1263	x2016	x332	x146
Hong Kong	1732	1793	x2485	x1400	x3461
Pakistan			220	3082	30884
					x4748
Falkland Isl (Malvinas)	x817	x1992	x2032	x611	x649
Canada	1648	2101	1243	868	1299
Kenya	2167	x2724	x1037	x361	x1997
Macau/Macao	1115	2689	317	598	62
Jordan/Jordanie	281	895	1465	716	1464
Switz.Liecht	1289	1170	1114	650	788
Iceland/Islande	1332	1228	933	429	528
Afghanistan		x1063	x640	x2936	
Syrian Arab Republic	2991	122	44	x1498	x1473
Sweden/Suède	1232	999	421	178	104
Portugal	1472	903	159	495	168
Tunisia/Tunisie	245	798	273	359	22
Denmark/Danemark	393	708	296	358	444
Peru/Pérou	1443	1068	151	x54	x120
Lebanon/Liban	x1507	x774	x331	x42	x358
Austria/Autriche	694	520	209	260	220
Turkey/Turquie	820	700	50	108	120
Cyprus/Chypre	585	517	145	37	26
Papua New Guinea	11	x579		x39	x174
Yugoslavia SFR	272	430	77	x85	

(VALUE AS % OF TOTAL)(VALEUR EN % DU TOTAL)

	1983	1984	1985	1986	1987	1988	1989	1990	1991	1992
Africa	0.5	0.4	0.5	x0.6	x0.1	0.2	0.2	0.4	x0.6	x0.8
Northern Africa	0.5	0.4	0.5	0.6	0.1	0.2	0.2	0.3	x0.5	x0.6
Americas	5.2	5.2	4.3	x6.3	x4.2	4.3	5.0	5.4	4.9	6.0
LAIA	0.5	0.4	0.6	x0.9	x0.5	0.4	0.9	0.9	1.0	1.4
CACM	x0.0	0.0	0.0	0.0	0.0	0.0	0.0	0.0	0.0	0.0
Asia	23.8	24.9	30.2	29.6	26.3	25.8	x21.1	26.7	25.3	x37.1
Middle East	x1.0	3.0	3.7	3.4	2.0	1.6	1.5	2.6	1.8	2.5
Europe	41.3	52.4	64.9	63.4	34.3	34.5	37.6	55.0	44.8	55.3
EEC	40.7	48.4	60.4	59.7	33.1	33.8	37.0	53.5	44.2	55.1
EFTA	0.6	0.5	0.7	0.8	0.4	0.1	0.1	0.1	0.1	0.1
Oceania	0.1	x0.0		x0.0		x0.1	x0.1	x0.2	x0.1	x0.1
Former USSR/Anc. URSS	29.2	16.9			x30.8	x29.0	x31.9	8.4	x23.5	
Italy/Italie	6.5	10.3	14.5	14.0	7.3	8.6	9.5	16.3	12.6	13.8
Japan/Japon	14.4	14.9	16.2	16.2	10.9	11.5	10.5	14.3	10.2	9.6
Germany/Allemagne	7.1	8.8	9.4	9.5	6.0	7.1	7.5	13.2	13.3	16.3
France, Monac	12.2	14.0	16.5	16.4	8.1	8.2	9.5	11.4	9.8	12.3
United Kingdom	9.3	8.8	10.9	9.2	5.6	4.5	4.3	5.7	3.8	5.4
Belgium-Luxembourg	1.9	3.6	5.3	6.2	3.9	3.8	4.4	5.0	2.9	4.5
USA/Etats-Unis d'Amer	4.7	4.7	3.7	5.3	3.7	3.9	4.1	4.5	3.9	4.6
China/Chine					6.0	6.2	3.5	1.2	6.7	13.5
Korea Republic	3.0	2.6	3.8	4.4	2.8	3.1	2.2	3.2	2.6	2.8

	1983	1984	1985	1986	1987	1988	1989	1990	1991	1992
Afrique	7.4	7.7	x4.9	x3.8	x3.4	x4.2	x5.1	x7.4	x7.1	x4.7
Afrique du Nord	x0.0	x0.0	0.1	x0.1	x0.1	0.0	0.0	0.2	x0.0	x0.0
Amériques	4.4	8.9	6.0	6.6	x5.1	x5.3	4.7	8.2	5.2	4.3
ALAI	3.9	8.5	5.7	6.2	4.8	5.1	4.6	8.0	5.0	4.1
MCAC	x0.0		x0.0					x0.0		
Asie	x0.6	x0.5	x1.1	x1.2	x1.2	x0.7	x0.6	x0.6	x0.9	x2.6
Moyen-Orient	x0.6	x0.5	x0.8	x0.3	x0.5	x0.3	x0.3	x0.2	x0.3	x0.3
Europe	6.6	6.3	5.9	5.8	6.0	4.9	4.5	4.9	4.2	5.9
CEE	6.4	6.0	5.6	5.5	5.6	4.7	4.3	4.6	4.0	5.7
AELE	0.3	0.2	0.2	0.3	0.3	0.2	0.3	0.3	0.2	0.2
Océanie	x80.7	76.1	x82.2	x82.5	x83.8	x84.4	x84.3	77.4	x81.5	x81.9
Australia/Australie	64.5	61.3	70.2	70.0	73.2	74.7	76.3	69.4	74.4	75.9
New Zealand	16.2	14.8	12.0	12.3	10.3	9.7	8.1	8.0	7.1	6.0
So. Africa Customs Un	7.3	7.6	4.8	3.7	3.3	x4.1	x5.0	x7.1	x7.1	x4.6
Uruguay		3.4	2.3	2.6	2.3	2.8	2.6	4.2	2.4	1.4
Argentina/Argentine	3.7	4.2	2.9	2.4	1.9	1.8	1.5	3.3	2.0	1.7
France, Monac	2.9	2.9	2.0	2.2	2.4	1.7	1.6	1.8	1.6	1.5
United Kingdom	1.2	1.1	1.0	1.3	1.1	0.7	0.7	0.7	0.5	0.8
Former USSR/Anc. URSS	0.3	0.5			x0.3	x0.3	x0.3	x1.1	x0.7	
Ireland/Irlande	0.7	0.7	0.6	0.7	0.8	0.6	0.6	0.6	0.6	
Chile/Chili		0.7	0.5	x0.7	x0.5	0.4	0.3	0.4	0.3	x0.5

2682 WOOL DEGREASED, UNCOMBED — LAINE DEGRAISSEE 2682

TRADE BY COMMODITY IN THOUSAND U.S. DOLLARS – COMMERCE PAR PRODUIT EN MILLIERS DE DOLLARS E.U

COUNTRIES–PAYS	1988	1989	1990	1991	1992	COUNTRIES–PAYS	1988	1989	1990	1991	1992
	IMPORTS – IMPORTATIONS						EXPORTS – EXPORTATIONS					
Total	2156581	2065604	1521022	1380759	1538285	Totale	2119595	1767882	1336725	1302184	1467956
Africa	x68422	x58868	43277	x33342	x31374	Afrique	x34197	x34329	x27634	x34174	x37823
Northern Africa	40872	26886	26645	21976	20489	Afrique du Nord	x434	x518	x571	x275	x1350
Americas	x118295	96260	61714	56131	x64593	Amériques	x89974	46838	53667	39545	70371
LAIA	25977	7012	8434	8411	5506	ALAI	83619	45807	51904	37787	66870
CACM	x117	81	x3	17	0	MCAC	x5		x74	x126	1
Asia	1216787	1198541	792074	745221	x961233	Asie	72384	x79302	55747	53970	x84609
Middle East	x10257	x36139	x24365	x22476	x29831	Moyen–Orient	x8763	x9947	x6004	x5508	x7217
Europe	635780	571761	546222	451541	445296	Europe	332068	304074	218094	178786	173216
EEC	599219	539991	512483	427156	426568	CEE	324797	299897	213856	174850	170005
EFTA	29269	25381	27160	21395	16297	AELE	6869	4809	4179	3816	3090
Oceania	x60931	x41121	x34410	x29041	x28438	Océanie	x1487857	x1240175	x950233	x984456	x1096708
Japan/Japon	501346	530241	400765	324256	340563	Australia/Australie	770859	644983	505120	576301	700608
China/Chine	484858	321146	102276	135850	186909	New Zealand	716640	594961	444185	407621	395797
Italy/Italie	181137	153648	177049	166613	180742	United Kingdom	120310	113873	98662	72424	73555
Korea Republic	113959	146468	119778	109611	121961	France, Monac	69311	67437	37726	39508	38555
United Kingdom	157079	130914	101933	70453	80377	Argentina/Argentine	76118	42116	49311	35148	39134
Germany/Allemagne	86083	76671	66229	56757	47152	So. Africa Customs Un	x33590	x33393	x26754	x33224	x35921
Belgium–Luxembourg	54498	62204	66994	50287	38323	Belgium–Luxembourg	43113	38702	28988	17622	14508
USA/Etats–Unis d'Amer	71934	82378	48047	43966	55306	Former USSR/Anc. URSS	x63468	x47459	x26272	x6896	
Former USSR/Anc. URSS	x10736	x67356	x25952	x59162		Hong Kong	37017	34049	18968	23463	47312
Thailand/Thaïlande	2366	36672	38244	30242	24967	Germany/Allemagne	32502	24188	19670	19801	21922
Australia/Australie	58481	38846	33498	27926	26438	Spain/Espagne	29151	30296	13732	11282	9859
India/Inde	15922	x29510	30491	32321	x64644	Pakistan	17783	18762	12483	9329	7742
France, Monac	38279	35039	27145	21601	21566	Malaysia/Malaisie	1151	8915	9637	6568	x4712
Hong Kong	47284	34113	20928	27495	51514	Netherlands/Pays–Bas	11802	9491	7292	5039	1440
Nepal/Népal	x16214	x18517	x22633	x29256	x64252	Macau/Macao	2625	6349	6739	6489	9856
Iran (Islamic Rp. of)	x8082	x29965	x15020	x12270	x19063	Former GDR	x32357	x13196	x1972		
Macau/Macao	724	21878	14341	20153	19821	Italy/Italie	9352	6437	2100	3460	3136
Egypt/Egypte	21405	14240	16684	16446	15252	Ireland/Irlande	3761	4502	2906	3353	4271
Pakistan	23562	19651	14441	11186	10824	Greece/Grèce	2718	3607	2159	1717	x2087
Mauritius/Maurice	x20371	x25572	10874	7891	7788	Hungary/Hongrie	x1001	x1281	x1639	x3718	x2437
Greece/Grèce	16804	13501	14779	14841	x12795	Syrian Arab Republic	1612	1457	2210	x1831	x2185
Netherlands/Pays–Bas	19541	16683	14958	11372	7113	Saudi Arabia	411	895	x1620	x2300	x1642
Ireland/Irlande	16685	17598	14048	10656	9204	Norway, SVD, JM	3062	2068	1280	1038	654
Czechoslovakia	x23142	20835	13497	x2140	x3433	Chile/Chili	1211	2154	1776	390	x314
Denmark/Danemark	14007	15353	11133	9086	10610	Iraq	x4930	x3811	x35	x306	
Switz.Liecht	8537	9140	13260	9371	5854	USA/Etats–Unis d'Amer	x5813	730	1365	1224	2844
Austria/Autriche	13700	10602	9171	7807	7276	Turkey/Turquie	1084	2357	167	326	672
Spain/Espagne	9483	10108	8930	8274	10163	Switz.Liecht	460	433	1093	788	807
Portugal	5623	8271	9285	7217	8523	Austria/Autriche	1465	625	915	770	690
Morocco/Maroc	15960	12097	5929	5143	4216	Japan/Japon	294	108	458	1560	1843
Turkey/Turquie	1379	3685	8174	8189	10179	Portugal	1790	1009	399	601	613
Mexico/Mexique	19933	5026	5462	5445	3722	Iceland/Islande	1818	751	734	403	687
Yugoslavia SFR	7253	6372	6563	x2907		Mongolia/Mongolie	x235	x286	x1188	x367	x2176
Canada	7479	6751	4999	3614	3281	Kuwait/Koweït	x133	x522	x1013	x72	x2147
So. Africa Customs Un	7040	5991	5716	x3392	x3058	Jordan/Jordanie	x144	x264	x791	x489	x36
Former GDR	x20859	x10098	x2895			Brazil/Brésil	5104	234	421	x876	178
Colombia/Colombie	1480	1816	2626	2063	719	Uruguay	984	1074	265	115	25652
Iceland/Islande	3580	2633	1968	1243	957	Bulgaria/Bulgarie	x4581	x259	x947	x186	x1901
Finland/Finlande	1770	1966	1763	2004	1345	Papua New Guinea		x195	x745	x100	x9
Algeria/Algérie	2614	150	3996	274	x981	Peru/Pérou	201	62	64	x879	x1472
New Zealand	2177	2260	889	1093	1950	Albania/Albanie	x255	x566	x289	x143	x143
Poland/Pologne				x3094	x3423	Sweden/Suède	64	32	132	816	252
Syrian Arab Republic		1045	479	x1508	x184	Czechoslovakia	x889	x398	x231	x232	x403
Viet Nam		x1454		x1321	x10196	Libyan Arab Jamahiriya	x82	x78	x450	x117	x1192
Sweden/Suède	1314	976	968	820	467	Denmark/Danemark	986	354	222	43	59
Malaysia/Malaisie	150	21	2643		x35431	Kenya	17	x116	x159	x329	x268
Hungary/Hongrie	x1590	x639	x832	952	x246	Korea Republic	3685	301	129	173	1229
Korea Dem People's Rp	x20	x1409	x57	x230		Canada	388	61	203	336	617
United Arab Emirates	x513	x1188	x412	x58	x294	Lebanon/Liban	x194	x280	x104	x168	x448
Israel/Israël	120	109	816	477		Tunisia/Tunisie	69	296	37	x157	x157

(VALUE AS % OF TOTAL)(VALEUR EN % DU TOTAL)

	1983	1984	1985	1986	1987	1988	1989	1990	1991	1992		1983	1984	1985	1986	1987	1988	1989	1990	1991	1992
Africa	6.1	x4.9	4.2	x3.3	x2.5	x3.1	x2.9	2.9	x2.4	x2.0	Afrique	3.3	3.7	2.6	1.6	x1.5	x1.6	x2.0	x2.1	x2.7	x2.5
Northern Africa	4.8	3.3	2.5	1.7	1.4	1.9	1.3	1.8	1.6	1.3	Afrique du Nord	0.1	0.1	0.0	x0.0	x0.0	x0.0	x0.0	x0.0	x0.0	x0.1
Americas	8.3	9.3	8.1	7.8	x4.8	x5.5	4.6	4.1	4.0	x4.2	Amériques	7.5	7.3	7.8	x7.3	x6.0	x4.3	2.6	4.0	3.0	4.8
LAIA	0.4	0.8	0.6	x0.7	x0.4	1.2	0.3	0.6	0.6	x0.4	ALAI	7.3	7.2	7.7	7.0	5.7	3.9	2.6	3.9	2.9	4.6
CACM			x0.0	x0.0	x0.0	x0.0	x0.0	x0.0	0.0	0.0	MCAC			x0.0			x0.0		x0.0	x0.0	0.0
Asia	x43.3	39.4	36.2	x39.0	52.7	56.5	58.0	52.1	54.0	x62.4	Asie	3.6	3.5	3.6	4.5	4.5	3.4	x4.5	4.1	4.1	x5.8
Middle East	x6.4	x2.3	0.5	x1.5	x0.8	x0.5	1.7	1.6	x1.6	x1.9	Moyen–Orient	x0.3	x0.2	x0.2	x0.2	x0.4	x0.4	x0.6	x0.4	x0.4	x0.5
Europe	39.4	43.3	48.2	46.8	34.9	29.5	27.7	35.9	32.7	28.9	Europe	16.9	18.0	17.2	16.1	17.9	15.7	17.2	16.3	13.7	11.8
EEC	37.0	40.5	45.2	43.9	33.0	27.8	26.1	33.7	30.9	27.7	CEE	16.6	17.6	16.9	15.7	17.3	15.3	17.0	16.0	13.4	11.6
EFTA	2.5	2.2	2.2	x2.7	x1.7	1.4	1.2	1.8	1.5	1.1	AELE	0.3	0.4	0.3	x0.4	x0.5	0.3	0.2	0.3	0.3	0.2
Oceania	2.9	3.2	3.3	3.1	2.8	2.8	x2.0	x2.3	x2.1	x1.8	Océanie	x68.7	x67.5	x68.8	x70.5	x63.2	x70.2	x70.1	x71.1	x75.6	x74.7
Japan/Japon	24.0	26.8	25.2	23.2	22.9	23.2	25.7	26.3	23.5	22.1	Australia/Australie	27.6	28.4	30.0	30.9	30.3	36.4	36.5	37.8	44.3	47.7
China/Chine			17.0	22.5	15.5	6.7	9.8	12.2	New Zealand	41.1	39.1	38.8	39.6	32.9	33.8	33.7	33.2	31.3	27.0
Italy/Italie	9.0	12.2	13.6	12.8	10.4	8.4	7.4	11.6	12.1	11.7	United Kingdom	6.6	7.1	7.3	6.3	6.2	5.7	6.4	7.4	5.6	5.0
Korea Republic	7.5	7.0	6.1	7.0	6.1	5.3	7.1	7.9	7.9	7.9	France, Monac	3.8	4.4	3.5	3.7	4.1	3.3	3.8	2.8	3.0	2.6
United Kingdom	7.3	8.2	9.8	9.4	8.1	7.3	6.3	6.7	5.1	5.2	Argentina/Argentine	7.2	6.9	5.9	4.5	3.6	3.6	2.4	3.7	2.7	2.7
Germany/Allemagne	6.9	6.3	6.9	6.1	4.8	4.0	3.7	4.4	4.1	3.1	So. Africa Customs Un	3.2	3.6	2.5	x1.6	x1.5	x1.6	x1.9	x2.0	x2.6	x2.4
Belgium–Luxembourg	5.0	4.8	5.0	4.8	3.0	2.5	3.0	4.4	3.6	2.5	Belgium–Luxembourg	1.9	1.9	2.0	2.2	2.5	2.0	2.2	2.2	1.4	1.0
USA/Etats–Unis d'Amer	6.6	7.5	6.5	6.1	3.9	3.3	4.0	3.2	3.2	3.6	Former USSR/Anc. URSS					x4.9	x3.0	x2.7	x2.0	x0.5	
Former USSR/Anc. URSS					x0.7	x0.5	x3.3	x1.7	x4.3		Hong Kong	1.6	1.3	1.4	2.8	2.3	1.7	1.9	1.4	1.8	3.2
Thailand/Thaïlande	0.1	0.1	0.1	0.1	0.0	0.1	1.8	2.5	2.2	1.6	Germany/Allemagne	1.5	1.5	1.4	1.2	1.5	1.5	1.4	1.5	1.5	1.5

2713 NAT CALCM PHOSPHATES ETC / PHOSPHATES DE CALCIUM 2713

TRADE BY COMMODITY IN THOUSAND U.S. DOLLARS – COMMERCE PAR PRODUIT EN MILLIERS DE DOLLARS E.U

COUNTRIES–PAYS	1988	1989	1990	1991	1992	COUNTRIES–PAYS	1988	1989	1990	1991	1992
	IMPORTS – IMPORTATIONS						EXPORTS – EXPORTATIONS				
Total	2080211	2041207	1860577	1667866	x1471226	Totale	x1803158	x1822379	x1673736	x1597510	x1378492
Africa	x14052	x12156	x8274	x8505	x10375	Afrique	x823693	x807191	x721952	x664897	x656958
Northern Africa	21	862	x452	x346	x725	Afrique du Nord	560889	531425	465344	389442	364644
Americas	170683	169964	174990	162419	155162	Amériques	x365419	x391691	x385137	x316641	x289818
LAIA	69925	70844	105018	92053	51474	ALAI	64	x973	853	x941	x2267
CACM	1384	2078	1343	686	x106	MCAC	5	3	43	x8	x2
Asia	522738	x487327	620214	650389	x562723	Asie	328719	391282	321265	x325340	x304281
Middle East	39815	x42840	x46774	x42076	x42150	Moyen–Orient	261833	305575	248207	x242348	x222034
Europe	900084	956961	824525	681202	575271	Europe	14432	18420	19458	13658	15189
EEC	704247	725372	669948	578618	474091	CEE	10793	13874	16786	12381	13644
EFTA	66604	79612	x96920	x79395	x57783	AELE	3638	4546	x2672	x1252	x1395
Oceania	127433	129300	x100995	59043	99914	Océanie	x88667	x76806	x88565	x100389	x112086
France,Monac	160277	177355	159315	148210	101713	Morocco/Maroc	506225	489543	437004	346734	306966
India/Inde	130363	x86202	190882	185351	x157869	USA/Etats–Unis d'Amer	x364186	x386059	x379789	x313718	x285388
Japan/Japon	127064	122144	122193	116347	116369	Jordan/Jordanie	208213	253662	208774	180716	180212
Belgium–Luxembourg	114760	116836	114947	110837	102575	Former USSR/Anc. URSS	x176549	x133263	x137088	180716	180212
Spain/Espagne	137261	128118	112558	100367	88627	Togo	120375	130425	119145	x176505	
Netherlands/Pays–Bas	100068	103912	100944	91515	83043	Nauru	x82933	x75713	x84015	122790	x131576
Korea Republic	82483	89838	93824	79525	101694	So. Africa Customs Un	x70025	x80284	x78797	x96393	x108096
Yugoslavia SFR	129232	151978	57658	x22037		Israel/Israël	59776	77867	60172	x81791	x72648
Indonesia/Indonésie	58559	52972	56520	102473	73034	Senegal/Sénégal	72387	63875	56962	x65228	x79697
Mexico/Mexique	51821	51141	82670	68171	23478	Syrian Arab Republic	49029	45239	39021	x57150	x37151
Romania/Roumanie	x117648	93571	60188	27814	x21226	Tunisia/Tunisie	31380	34221	19676	15146	31510
Poland/Pologne	95474	99414	41820	20581	x38030	Algeria/Algérie	20213	7636	8490	27258	x25504
Australia/Australie	96601	84650	56771	19084	41695	China/Chine	4843	6483	11372	17761	16132
Canada	72754	65223	46189	41462	46721	Netherlands/Pays–Bas	6535	9737	11490	8889	9804
Germany/Allemagne	54694	63686	49708	36962	30031	Panama		x3307	x4054	x1316	x2140
Italy/Italie	55451	57482	44812	30295	27039	Christmas Island	x5709	x1072	x2893	x3986	x3986
New Zealand	30758	44634	44216	39908	58219	Mozambique				x5419	x7910
Philippines	31864	x36021	41292	46698	34322	Saudi Arabia	458	2587		x2141	x2141
Norway,SVD,JM	26437	35361	37487	42333	33165	Sweden/Suède	3467	3652	611	69	15
Turkey/Turquie	38763	35601	32875	31394	28015	Cyprus/Chypre	x4026	x4026	0		
Greece/Grèce	16194	21552	37663	34453	x20865	Former GDR	x5460	x3709	x155		
Sweden/Suède	33613	37161	34140	17359	5581	Denmark/Danemark	892	930	1340	616	214
United Kingdom	39533	33099	30354	18230	13027	Belgium–Luxembourg	1817	1166	1038	655	1491
USA/Etats–Unis d'Amer	26310	30132	22310	28003	56169	United Arab Emirates	x51	x44	x412	x2335	x2530
Malaysia/Malaisie	18477	23160	27095	22907	x10904	Italy/Italie	316	875	1015	569	435
Former USSR/Anc. URSS	x3039	x1953	x5697	x47629		Finland/Finlande	136	893	1231		
China/Chine	13706	11750	15113	26017	5066	Peru/Pérou	x5	726	761	x587	x2185
Pakistan	12635	12766	18226	18801	17245	Indonesia/Indonésie	936	902	326	581	90
Bulgaria/Bulgarie	x48263	x35425	x3846	x5121	7288	Germany/Allemagne	527	503	672	504	71
Czechoslovakia	x31009	25467	15167	x1789	x936	Vanuatu			x1642		
Austria/Autriche			x19383	x17137	x15636	France,Monac	252	548	646	334	489
Brazil/Brésil	7574	8412	11085	11248	14522	United Kingdom	157	109	548	797	1132
Iran (Islamic Rp. of)	x3	x6354	x13162	x10366	x10379	Austria/Autriche			x815	x544	x1278
Portugal	12387	11806	8377	7329	4994	Netherlands Antilles	1078	747		537	
Denmark/Danemark	13421	10737	10700	15		Somalia/Somalie			x1067		
Former GDR	x39703	x18392	x2593			Canada	85	543	248	121	9
Bangladesh	x6243	x8412	x4130	x5157	x2227	Niger		x901			
Hungary/Hongrie	x9015	x10702	x1760	3203	x300	Cote d'Ivoire			x628	x227	x475
Finland/Finlande	6308	6770	5638	2403	3293	Singapore/Singapour	223	24	727	79	191
So. Africa Customs Un	13238	9937	4087		x11	Norway,SVD,JM	33	1		631	
Venezuela	3137	3643	3967	4621	5933	Malaysia/Malaisie	872	285	199	104	x172
Uruguay	4325	3899	3503	2416	1896	Sudan/Soudan			x171	x210	
Colombia/Colombie	2128	2098	2746	3298	4951	Cameroon/Cameroun		x278			
Korea Dem People's Rp	x493	x446	x1488	x4507	x1094	Brazil/Brésil	12	4	1	227	1
Br. Indian Ocean Terr			x3207	x3207	x4591	Uruguay		x212			
Chile/Chili	883	1579	990	2171	x406	Dominican Republic		x59	x150		
Nigeria/Nigéria		x21	0	x4197	x4197	Hong Kong			167		
Sri Lanka	617	641	1473	404	550	Hungary/Hongrie			x90	x69	x92
Costa Rica	697	732	610	421	x42	India/Inde	0	x99	x11	x47	x47
Ireland/Irlande	202	787	569	405	1875	Venezuela		x3	35	86	40

(VALUE AS % OF TOTAL)(VALEUR EN % DU TOTAL)

	1983	1984	1985	1986	1987	1988	1989	1990	1991	1992		1983	1984	1985	1986	1987	1988	1989	1990	1991	1992
Africa	0.2	x0.5	0.2	x1.5	x0.1	0.6	0.6	0.4	0.5	0.7	Afrique	43.5	47.9	54.2	x45.7	x39.4	x45.7	x44.3	x43.1	x41.6	x47.7
Northern Africa	x0.0	x0.0	0.0	x0.0	x0.0	0.0	0.0	x0.0	x0.0	0.0	Afrique du Nord	34.7	36.6	40.4	32.4	26.8	31.1	29.2	27.8	24.4	26.5
Americas	5.5	8.1	7.4	x8.8	x6.9	8.2	8.4	9.4	9.8	10.6	Amériques	27.9	25.0	x15.0	x23.7	x21.9	x20.3	x21.5	x23.0	x19.8	x21.0
LAIA	0.3	2.3	2.2	x2.5	x2.4	3.4	3.5	5.6	5.5	3.5	ALAI	0.0	0.0	0.0	0.0	0.1	0.0	x0.1	0.1	x0.1	0.2
CACM	x0.0	0.1	0.0	0.0	0.1	0.1	0.1	0.1	x0.0	x0.0	MCAC		x0.0	0.0	0.0	0.0	0.0	0.0	0.0	x0.0	0.0
Asia	25.7	26.4	29.9	29.9	28.1	25.1	x23.9	33.4	39.0	x38.2	Asie	16.9	18.8	21.2	21.8	20.1	18.2	21.5	19.2	x20.3	x22.0
Middle East	x0.1	1.7	1.6	1.9	1.6	1.9	x2.1	x2.5	x2.5	x2.9	Moyen–Orient	11.1	13.1	14.3	15.5	14.9	14.5	16.8	14.8	x15.2	x16.1
Europe	57.5	57.9	56.0	54.5	44.7	43.3	46.9	44.3	40.8	39.1	Europe	0.5	0.5	0.8	x0.9	x1.2	0.8	1.0	1.2	0.9	1.1
EEC	52.2	48.1	46.7	47.1	38.4	33.9	35.5	36.0	34.7	32.2	CEE	0.3	0.2	0.4	x0.3	0.6	0.6	0.8	1.0	0.8	1.0
EFTA	5.3	4.8	4.6	4.2	4.1	3.9	3.9	x5.2	x4.8	x3.9	AELE	0.2	0.3	0.4	x0.6	x0.6	0.2	0.2	x0.2	x0.1	0.1
Oceania	11.1	x7.2	x6.6	x5.2	x5.4	6.1	6.3	x5.4	3.5	6.8	Océanie	x11.1	x7.8	x8.8	x7.9	x6.2	4.9	4.2	x5.3	x6.3	x8.1
France,Monac	13.0	12.1	11.2	9.8	8.6	7.7	8.7	8.6	8.9	6.9	Morocco/Maroc	30.7	33.3	36.4	28.5	23.4	28.1	26.9	26.1	21.7	22.3
India/Inde	6.6	6.7	7.7	7.7	6.1	6.1	x4.2	10.3	11.1	x10.7	USA/Etats–Unis d'Amer	27.8	24.9	14.8	x23.6	x21.8	x20.2	x21.2	x22.7	x19.6	x20.7
Japan/Japon	9.7	8.6	9.0	8.2	7.4	6.1	6.0	6.6	7.0	7.9	Jordan/Jordanie	9.3	11.5	12.7	12.8	11.4	11.5	13.9	12.5	11.3	13.1
Belgium–Luxembourg	6.6	6.2	6.9	6.8	6.3	5.5	5.7	6.2	6.6	7.0	Former USSR/Anc. URSS					x11.0	x9.8	x7.3	x8.2	x11.0	
Spain/Espagne	8.8	8.0	7.7	10.9	7.2	6.6	6.3	6.0	6.0	6.0	Togo	4.5	5.9	7.2	6.8	7.1	6.7	7.2	7.1	7.7	x9.5
Netherlands/Pays–Bas	6.0	5.8	6.0	5.4	4.7	4.8	5.1	5.4	5.5	5.6	Nauru	x7.8	x4.7	x5.5	x5.9	x4.1	x4.6	x4.5	x5.0	x6.0	x7.8
Korea Republic	5.4	4.5	4.8	4.7	4.1	4.4	4.4	5.0	4.8	6.9	So. Africa Customs Un	1.0	1.6	2.4	x2.6	x3.3	x3.9	x4.4	x4.7	x5.1	x5.3
Yugoslavia SFR		5.0	4.7	x3.2	x2.1	6.2	7.4	3.1	x1.3		Israel/Israël	5.7	5.6	6.9	6.1	4.9	3.3	3.6	4.0	4.7	
Indonesia/Indonésie	1.4	2.3	3.4	2.7	3.8	2.8	2.6	3.0	6.1	5.0	Senegal/Sénégal	3.2	3.7	3.7	3.6	2.2	4.0	3.5	3.4	x4.1	x5.8
Mexico/Mexique		1.9	1.7	x1.7	x1.6	2.5	2.5	4.4	4.1	1.6	Syrian Arab Republic	1.8	1.6	1.5	2.1	2.6	2.7	2.5	2.3	x3.6	x2.7

346

27131 — UNGROUND
PHOSPHATES NON MOULUS 27131

TRADE BY COMMODITY IN THOUSAND U.S. DOLLARS – COMMERCE PAR PRODUIT EN MILLIERS DE DOLLARS E.U

COUNTRIES–PAYS	IMPORTS – IMPORTATIONS					COUNTRIES–PAYS	EXPORTS – EXPORTATIONS				
	1988	1989	1990	1991	1992		1988	1989	1990	1991	1992
Total	1262432	x1460330	1150824	1019856	x1033023	Totale	x1025775	x1065441	x970022	x872476	x823509
Africa	x4552	x9533	7420	7527	8981	Afrique	x283181	x293250	x267145	x231652	x241685
Northern Africa	x3	x3	0	x3	0	Afrique du Nord	x44955	x47386	x42025	x38011	x55376
Americas	x57904	105515	100673	94823	117034	Amériques	x246649	x273719	x243380	x204514	x183591
LAIA	x6790	21551	38119	32444	19986	ALAI	x18	x216	x1	315	x2012
CACM	x1					MCAC					
Asia	276245	x319939	x318055	282056	x341563	Asie	x286008	375324	x339277	x304726	x286242
Middle East	35420	35520	x43242	x41760	x38357	Moyen–Orient	x225124	296430	x277583	x234584	x215843
Europe	727958	771883	623572	510229	444686	Europe	7668	10725	13041	9768	12638
EEC	562056	575777	529340	481160	405483	CEE	7501	10649	12903	9571	11905
EFTA	40129	44129	36575	17534	5976	AELE	168	77	138	x197	x733
Oceania	118005	109627	84847	x47286	94135	Océanie	x75697	x54239	x61433	x51858	x99219
France, Monac	133881	152490	131349	128670	86345	USA/Etats–Unis d'Amer	x246614	x272875	x243366	x204077	x180449
Spain/Espagne	136923	127905	112343	100147	88570	Jordan/Jordanie	x180344	253662	208774	180716	180212
Netherlands/Pays–Bas	97841	103822	100791	91175	82731	Togo	120375	130425	119145	122790	x118516
Korea Republic	82443	89810	93703	79485	101576	Israel/Israël	59765	77867	60172	64369	64833
Yugoslavia SFR	125772	151978	57657	x10382		Former USSR/Anc. URSS	x124362	x57284	x53655	x69888	
India/Inde	61957	x76015	78214	60974	x144002	Nauru	x72029	x53934	x59792	x51856	x99219
Belgium–Luxembourg	38683	39197	57382	68593	65963	Syrian Arab Republic	x42465	x40491	x68809	x51622	x33276
Australia/Australie	96583	84644	55638	18669	41347	So. Africa Customs Un	x45464	x51621	x48090	x50091	x47795
Germany/Allemagne	54655	63521	49532	34910	28615	Senegal/Sénégal	72387	63536	56818	x20760	x19991
Canada	51087	54044	40614	34716	40403	Tunisia/Tunisie	31380	34221	19676	15146	31510
Indonesia/Indonésie	58549	36582	34695	57242	35469	Algeria/Algérie	x12216	x11296	x19196	x19633	x20455
Italy/Italie	47261	49347	40873	28291	23587	Netherlands/Pays–Bas	6430	9540	11252	8613	9610
Turkey/Turquie	35395	35520	32874	31394	27991	Egypt/Egypte	x1359	x1869	x2981	x3023	x3411
Poland/Pologne	x26264	x74618	x5394	x14113	x21383	China/Chine	x30	x907	x1142	x5647	5261
Sweden/Suède	33606	37160	34132	17350	5577	Saudi Arabia	x2261	x2261		x924	x924
Romania/Roumanie	x26319	x52250	x7197	27814	x5238	Vanuatu			x1642		
New Zealand	21421	24983	29208	28610	52788	Belgium–Luxembourg	634	732	433	390	1253
USA/Etats–Unis d'Amer	x17	29878	21907	27659	55995	United Arab Emirates				x1321	x1431
United Kingdom	31954	26237	25826	17010	11135	Somalia/Somalie			x1067		
Japan/Japon	27255	28975	20544	18615	8360	Former GDR	x1990	x899			
Philippines		x30036	x31514		2843	Denmark/Danemark	1	32	482	282	171
Mexico/Mexique		8423	22272	19181		Canada	17	519	5	121	9
Former USSR/Anc. URSS			x2892	x34377		Italy/Italie	208	218	107	176	147
Greece/Grèce	8158	11737	11149	12174	x18272	France, Monac	217	91	333	10	24
Brazil/Brésil	x1163	8412	11085	11165	14521	Sudan/Soudan			x171	x210	
Malaysia/Malaisie	5743	8699	9755	8005	x6603	United Kingdom		25	276		681
Iran (Islamic Rp. of)		x10366	x10366	x10366	x10366	Christmas Island	x3659	x296			
Bangladesh		x8412	x4088	5157	x2194	Cameroon/Cameroun		x278			
Pakistan	4853	5852	759	x8024		Brazil/Brésil		4	1	227	1
Bulgaria/Bulgarie	x16381	x13201		x1186	2	Singapore/Singapour	1		232	0	13
So. Africa Customs Un	4319	8767	4087		x11	Uruguay		x212			
Finland/Finlande	6285	6671	1999	13	13	Malaysia/Malaisie	2	52	118	40	x9
Br. Indian Ocean Terr			x3207	x3207	x4591	Austria/Autriche			x14	x195	x632
Uruguay	x3478	x2618	x2185	x1569	1896	Finland/Finlande	136	67	119		
Colombia/Colombie	2128	2098	2365	526	708	Hungary/Hongrie			x90	x69	x92
Nigeria/Nigéria		x21		x4197	x4197	Germany/Allemagne	5	4	20	100	13
China/Chine				x2718	4982	Venezuela				85	40
Czechoslovakia	x7401	1515	366	x445		Netherlands Antilles		x78			
Denmark/Danemark	12592	1516	73	15		Indonesia/Indonésie	35	20	17	36	13
Former GDR	x1404	x1181	x408			India/Inde	0	x49	x11		
Singapore/Singapour	18	36	1135	77	20	Pakistan				x42	
Malta/Malte				x1153		Dominican Republic		x32	x8	0	0
Hungary/Hongrie		x1067		0		Sweden/Suède		9	2		
Switz.Liecht		231	296	262	152	96	Australia/Australie	9	9		2	
Cote d'Ivoire	x211	x470	x50	x75	x160	Iraq		x11			
Sri Lanka			0	298		Korea Republic	139			6	
Togo		10	212		5	Spain/Espagne		6		0	6
Venezuela				212	0	x11	Turkey/Turquie	54	5			
Ireland/Irlande		108	4	22	176	256	Switz.Liecht	2		2	2	
Austria/Autriche			x141	x17	x287	Un. Rep. of Tanzania		x3			

(VALUE AS % OF TOTAL)(VALEUR EN % DU TOTAL)

	1983	1984	1985	1986	1987	1988	1989	1990	1991	1992		1983	1984	1985	1986	1987	1988	1989	1990	1991	1992
Africa		x0.1	x0.0	x1.8	x0.0	x0.3	x0.7	x0.7	x0.7	x0.9	Afrique	x48.9	x53.4	x59.5	x51.3	x44.5	x27.6	x27.5	x27.3	x26.5	x29.3
Northern Africa		x0.0	x0.0	x0.0	x0.0	x0.0	0.0	0.0	0.0	0.0	Afrique du Nord	38.9	39.8	44.3	36.5	30.3	x4.4	x4.4	x4.3	x4.4	x6.7
Americas	x7.5	x9.7	x9.0	x10.7	x10.9	x4.5	7.2	8.7	9.3	11.3	Amériques	x28.2	x24.1	x15.0	x22.8	x20.6	x24.0	x25.7	x24.9	x23.4	x22.3
LAIA	x1.8	x2.8	x2.7	x3.1	x5.8	x0.5	1.5	3.3	3.2	1.9	ALAI	0.0			0.0	0.0	x0.0	x0.0	x0.0	0.0	x0.2
CACM					x0.0	x0.0					MCAC										
Asia	x21.8	23.1	24.7	22.7	x21.9	21.9	x21.9	x27.6	27.6	x33.1	Asie	x13.5	x16.5	x19.0	x20.2	x18.2	x27.9	35.2	x34.7	x34.9	x34.8
Middle East	x3.1	x2.0	1.9	1.9	1.9	2.8	2.4	x3.8	x4.1	x3.7	Moyen–Orient	x7.6	x10.6	x11.3	x13.3	x12.5	x21.9	27.8	x28.4	x26.9	x26.2
Europe	61.6	60.7	60.2	59.2	46.0	57.7	52.9	54.2	50.0	43.0	Europe	0.2	0.1	0.3	0.1	0.5	0.7	1.0	1.3	1.1	1.5
EEC	50.6	52.0	51.5	50.0	38.2	44.5	39.4	46.0	47.2	39.3	CEE	0.2		0.1	0.0	0.5	0.7	1.0	1.3	1.1	1.4
EFTA	2.1	2.7	3.9	3.4	3.0	3.2	3.0	3.2	1.7	0.6	AELE		x0.0		x0.0	x0.0	0.0	0.0	0.0	0.0	x0.1
Oceania	9.1	6.4	x6.1	5.6	5.6	9.3	7.5	7.4	x4.6	9.1	Océanie	x9.3	x5.9	x6.2	x5.5	x5.7	x7.4	x5.1	x6.3	x5.9	x12.0
France, Monac	13.3	14.2	13.5	11.2	9.3	10.6	10.4	11.4	12.6	8.4	USA/Etats–Unis d'Amer	x28.2	x24.0	x14.6	x22.7	x20.5	x24.0	x25.6	x24.9	x23.4	x21.9
Spain/Espagne	9.8	10.1	9.7	13.4	8.4	10.8	8.8	9.8	9.8	8.6	Jordan/Jordanie	x5.5	x8.8	x9.6	x10.3	x8.7	17.6	23.8	21.3	20.7	21.9
Netherlands/Pays–Bas	6.7	7.3	7.6	6.7	5.5	7.8	7.1	8.8	8.9	8.0	Togo	5.2	6.6	8.2	7.9	8.2	11.7	12.2	12.2	14.1	x14.4
Korea Republic	6.0	5.7	6.1	5.8	4.8	6.5	6.1	8.1	7.8	9.8	Israel/Israël	x5.8	x5.9	x7.7	x6.8	x5.4	5.8	7.3	6.2	7.4	7.9
Yugoslavia SFR	x8.8	x6.0	x4.8	x5.9	x4.8	10.0	10.4	5.0	x1.0		Former USSR/Anc. URSS					x10.6	x12.1	x5.4	x5.5	x8.0	
India/Inde		x6.4	6.9	6.9	6.4	4.2	4.9	5.2	6.8	6.0	x13.9	Nauru	x6.9	x3.9	x4.1	x4.0	x4.0	x7.0	x5.1	x6.1	x5.9	x12.0
Belgium–Luxembourg	2.3	2.4	3.9	3.8	3.5	3.1	2.7	5.0	6.7	6.4	Syrian Arab Republic	x2.1	x1.8	x1.7	x3.0	x3.7	x4.1	x3.8	x7.0	x5.9	4.0
Australia/Australie	7.2	5.3	5.0	5.2	4.7	7.7	5.8	4.8	1.8	4.0	So. Africa Customs Un	x1.0	x2.7	x2.4	x2.5	x3.4	x4.4	x4.8	x4.9	x5.7	x5.8
Germany/Allemagne	6.4	6.4	6.8	5.7	4.1	4.3	4.3	4.3	3.4	2.8	Senegal/Sénégal	3.7	4.1	4.7	4.2	4.2	7.1	6.0	5.8	x2.4	x2.4
Canada	5.7	6.9	6.3	5.6	3.6	4.0	3.7	3.5	3.4	3.9	Tunisia/Tunisie	2.9	2.5	2.6	2.6	2.3	3.1	3.2	2.0	1.7	3.8

347

27821 CLAY ETC / ARGILES 27821

TRADE BY COMMODITY IN THOUSAND U.S. DOLLARS – COMMERCE PAR PRODUIT EN MILLIERS DE DOLLARS E.U

COUNTRIES–PAYS	1988	1989	1990	1991	1992	COUNTRIES–PAYS	1988	1989	1990	1991	1992
	IMPORTS – IMPORTATIONS						**EXPORTS – EXPORTATIONS**				
Total	1669564	1773533	1937708	1914109	2025709	Totale	1521341	1528887	1652324	1620150	1759877
Africa	x44942	x33623	36996	x34828	x36978	Afrique	x39266	x44474	x45725	x39501	x44650
Northern Africa	19961	18817	25248	22530	x25658	Afrique du Nord	3323	3224	5321	4406	x2453
Americas	168755	167049	175587	175181	192575	Amériques	555186	556149	x603609	x619926	x674969
LAIA	71977	60077	59021	65223	73831	ALAI	34726	34288	32823	39800	37481
CACM	3586	3043	2969	3018	x3327	MCAC	319	281	455	211	x441
Asia	362279	442034	480870	510431	x522389	Asie	75954	97263	94501	111368	123719
Middle East	x19766	x24153	x22782	x22885	x27533	Moyen–Orient	4197	6631	6537	5884	6830
Europe	1035512	1071678	1204375	1161280	1243708	Europe	739259	732308	821806	764804	830826
EEC	719038	760431	865723	840764	907742	CEE	728045	719726	808057	754442	819984
EFTA	293124	282949	318174	313635	326066	AELE	10701	10917	11884	8849	8498
Oceania	13767	16596	x13090	x14181	x13768	Océanie	14929	x20996	x27002	x29677	x30241
Japan/Japon	233270	267225	304393	328571	308758	USA/Etats–Unis d'Amer	516868	518353	560972	565671	627275
Italy/Italie	198489	214316	248027	245904	262077	United Kingdom	443295	425989	451289	400794	384962
Germany/Allemagne	183840	196840	208129	195202	218222	Germany/Allemagne	121313	137329	161540	165335	197160
Finland/Finlande	145804	139444	149059	147574	155825	France, Monac	76642	80672	96421	87057	93326
Canada	85233	94082	99277	96770	104306	Czechoslovakia	x37210	x44475	x35586	x46040	x48149
France, Monac	82920	85627	99356	102933	106062	Netherlands/Pays–Bas	32922	29672	37645	35141	40018
Netherlands/Pays–Bas	78076	76832	94537	94818	107686	Brazil/Brésil	32307	32210	30639	36988	33604
Belgium–Luxembourg	76708	72704	82466	76780	82931	So. Africa Customs Un	x27615	x36718	x34665	x26158	x28974
Sweden/Suède	69872	65397	73583	77650	72143	Belgium–Luxembourg	14275	17838	26787	28455	31853
Spain/Espagne	36167	41424	51537	49880	52754	China/Chine	13235	21051	22252	25017	32929
Korea Republic	35556	39536	47754	52327	58854	Spain/Espagne	19748	17884	23273	24199	28791
United Kingdom	37275	44678	47500	43272	45173	Japan/Japon	19548	18320	18563	22668	26649
Austria/Autriche	33147	32929	46670	43205	52763	Australia/Australie	8192	13706	18248	19167	18829
Mexico/Mexique	43125	34619	33627	33822	38578	Hong Kong	10485	13080	12051	16091	15654
Indonesia/Indonésie	13324	41842	27185	25271	30370	Bulgaria/Bulgarie	x22221	x13076	x17383	x2990	x4920
Switz.Liecht	27899	28578	29858	27042	27163	Indonesia/Indonésie	5969	8931	9913	13534	14145
Yugoslavia SFR	23070	28111	20172	x6697		New Zealand	6737	7287	8730	10423	11398
Norway, SVD, JM	16199	16431	18800	17982	17975	Singapore/Singapour	7674	8608	8004	8683	10423
Malaysia/Malaisie	9845	13673	15969	15028	x15307	Austria/Autriche	8685	9062	9295	6727	6034
Thailand/Thaïlande	8011	9980	14096	15828	19939	Italy/Italie	6001	6071	7570	9518	6121
Poland/Pologne	x16488	x17015	x12951	x5935	x9461	Guyana	x3	x21	x7500	x11321	x7724
Singapore/Singapour	10404	9079	12586	10358	12108	Korea Republic	6178	5998	5920	6501	6521
Hong Kong	7596	10613	9630	10602	13488	Senegal/Sénégal	x8098	4194	5132	x8742	x12891
Australia/Australie	9255	11722	8344	10222	8879	Malaysia/Malaisie	3995		5070	5792	7015	x6941
Portugal	7571	7701	11210	11259	13342	Former GDR	x26190	x14856	x3003		
Denmark/Danemark	8674	8971	10387	9968	10023	Turkey/Turquie	3520	5738	5102	4661	5304
Philippines	8254	x7746	8951	10291	11599	India/Inde	3026	x7868	2937	3242	x4456
Greece/Grèce	6859	8848	9283	7327	x6210	Former USSR/Anc. URSS	x9640	x4014	x1903	x2758	
Hungary/Hongrie	x12794	x11801	x4974	6919	x3074	Greece/Grèce	12410	3089	2358	2275	x33972
USA/Etats–Unis d'Amer	4787	6722	9817	7005	8017	Canada	3261	3186	1723	2802	1761
Egypt/Egypte	6884	6543	7347	7173	7630	Morocco/Maroc	1288	1612	3006	1980	1420
So. Africa Customs Un	8397	6984	6354	x7316	x7711	Argentina/Argentine	1442	1345	1585	2030	2552
Tunisia/Tunisie	5455	5287	7069	6730	7819	Algeria/Algérie	1893	1544	1940	1412	x446
Turkey/Turquie	3792	4495	6627	7664	10487	Sweden/Suède	1466	1278	1631	1309	1024
Romania/Roumanie	x5077	6868	6912	3888	x2585	Yugoslavia SFR	353	1517	1558	1099	
Israel/Israël	4348	6608	5666	4991	5423	Hungary/Hongrie	x1292	x1021	x1516	x1166	x1158
Venezuela	7584	3479	4743	7844	11928	Denmark/Danemark	903	855	986	1473	1551
Brazil/Brésil	3901	5624	5378	4853	3691	Israel/Israël	590	861	1139	1076	1589
Colombia/Colombie	4869	4247	4571	5957	5510	Thailand/Thaïlande	406	556	1012	1279	x1277
Morocco/Maroc	3275	3828	5283	4841	5799	Poland/Pologne	x194	x236	x258	x1868	x1009
Argentina/Argentine	6345	4506	3739	4889	6288	Switz.Liecht	422	389	639	520	959
New Zealand	4200	4463	4249	3526	4195	Cyprus/Chypre	20	205	492	549	726
Chile/Chili	2295	3753	3883	4307	x4222	United Arab Emirates	x535	x329	x611	x277	x307
Pakistan	4826	3398	3896	4482	3448	Mexico/Mexique	676	482	233	401	530
China/Chine	2299	3338	3256	4074	7887	Tunisia/Tunisie	1	1	247	804	393
Ireland/Irlande	2458	2491	3290	3401	3264	Andorra/Andorre	x159	x134	x302	x413	x312
Algeria/Algérie	2271	2208	3974	2719	x3503	Korea Dem People's Rp	x528	x175	x286	x318	x412
Saudi Arabia	1804	1598	3984	2462	x4795	Ireland/Irlande	27	300	113	145	238
Iraq	x3722	x4178	x3042	x425	x5	Guatemala	242	153	315	74	138
Iran (Islamic Rp. of)	x1143	x2054	x1623	x3533	x5327	Kuwait/Koweït	x22	212	x165	x165	x165

(VALUE AS % OF TOTAL)(VALEUR EN % DU TOTAL)

	1983	1984	1985	1986	1987	1988	1989	1990	1991	1992		1983	1984	1985	1986	1987	1988	1989	1990	1991	1992
Africa	x2.8	x2.3	2.8	x2.5	x2.4	x2.7	x1.9	1.9	x1.8	x1.8	Afrique	3.2	2.9	2.8	x2.2	x2.1	x2.6	2.9	x2.8	x2.4	x2.5
Northern Africa	1.5	1.4	2.0	1.4	1.3	1.2	1.1	1.3	1.2	1.3	Afrique du Nord	0.1	0.2	0.1	0.1	0.2	0.2	0.2	0.3	0.3	x0.1
Americas	7.1	11.0	12.0	x11.5	x11.7	10.1	9.5	9.0	9.1	9.5	Amériques	x56.4	59.6	60.3	38.7	37.9	36.5	36.4	36.6	x38.3	x38.3
LAIA	1.9	5.1	5.5	x5.3	3.9	4.3	3.4	3.0	3.4	3.6	ALAI	0.2	4.0	3.9	2.4	1.9	2.3	2.2	2.0	2.5	2.1
CACM	x0.2	0.4	0.3	x0.2	x0.1	0.2	0.2	0.2	0.2	0.2	MCAC	x0.0	0.0	0.1	x0.1	0.0	0.0	0.0	0.0	0.0	x0.0
Asia	x25.5	25.2	24.6	22.7	19.9	21.7	24.9	24.8	26.6	x25.8	Asie	8.1	8.1	7.6	4.7	4.7	5.0	6.4	5.7	6.9	7.0
Middle East	x1.6	x2.0	x1.6	x1.7	x1.1	x1.2	x1.4	x1.2	x1.2	x1.4	Moyen–Orient	x0.0	0.8	0.6	0.5	0.4	0.3	0.4	0.4	0.4	0.4
Europe	63.5	60.1	59.4	62.2	62.7	62.0	60.4	62.2	60.7	61.4	Europe	31.5	28.5	28.5	x53.8	x48.9	48.6	47.9	49.7	47.2	47.2
EEC	48.2	44.0	42.7	45.8	44.9	43.1	42.9	44.7	43.9	44.8	CEE	30.6	27.2	27.4	x52.8	x48.0	47.9	47.1	48.9	46.6	46.6
EFTA	15.3	14.3	14.8	16.3	17.6	17.6	16.0	16.4	16.4	16.1	AELE	1.0	1.2	1.1	1.0	0.7	0.7	0.7	0.7	0.6	0.5
Oceania	0.9	x1.3	1.2	x1.0	x1.0	0.8	0.9	x0.6	x0.7	x0.6	Océanie	0.8	0.9	0.8	x0.5	x0.7	1.0	x1.4	x1.6	1.8	1.7
Japan/Japon	16.3	16.5	16.4	14.2	13.1	14.0	15.1	15.7	17.2	15.2	USA/Etats–Unis d'Amer	56.1	55.4	56.0	36.2	35.9	34.0	33.9	34.0	34.9	35.6
Italy/Italie	13.3	12.3	12.2	12.7	13.0	11.9	12.1	12.8	12.8	12.9	United Kingdom				x32.0	x29.0	29.1	27.9	27.3	24.7	21.9
Germany/Allemagne	12.1	10.7	10.9	11.8	11.0	11.0	11.1	10.7	10.2	10.8	Germany/Allemagne	12.1	10.5	10.0	8.3	7.8	8.0	9.0	9.8	10.2	11.2
Finland/Finlande	5.6	5.5	5.8	6.8	8.1	8.7	7.9	7.7	7.7	7.7	France, Monac	9.6	8.6	8.5	5.8	5.0	5.3	5.8	5.4	5.3	5.3
Canada	4.7	5.0	5.6	5.4	5.4	5.1	5.3	5.1	5.1	5.1	Czechoslovakia					1.3	x2.4	x2.9	x2.2	x2.8	x2.7
France, Monac	6.1	5.5	4.9	5.4	5.0	4.8	5.1	5.4	5.2	5.2	Netherlands/Pays–Bas	3.5	2.9	3.1	2.3	2.2	2.2	1.9	2.3	2.2	2.3
Netherlands/Pays–Bas	5.6	5.1	5.0	5.6	5.1	4.7	4.3	4.9	5.0	5.3	Brazil/Brésil		3.7	3.4	2.1	1.6	2.1	2.1	1.9	2.3	1.9
Belgium–Luxembourg	4.1	3.7	3.5	3.8	4.0	4.6	4.1	4.3	4.0	4.1	So. Africa Customs Un	3.0	2.6	2.7	x1.7	x1.6	x1.8	x2.4	x2.1	x1.6	x1.6
Sweden/Suède	4.4	4.2	4.6	4.4	4.8	4.2	3.7	3.8	4.1	3.6	Belgium–Luxembourg	1.0	0.8	0.9	0.6	0.6	0.9	1.2	1.6	1.8	1.8
Spain/Espagne	2.4	2.3	2.2	2.2	2.4	2.2	2.3	2.7	2.6	2.6	China/Chine					0.7	0.9	1.4	1.3	1.5	1.9

2784 ASBESTOS CRDE, SMPLY WRKD / AMIANTE (ASBESTE) 2784

TRADE BY COMMODITY IN THOUSAND U.S. DOLLARS – COMMERCE PAR PRODUIT EN MILLIERS DE DOLLARS E.U

IMPORTS – IMPORTATIONS

COUNTRIES–PAYS	1988	1989	1990	1991	1992
Total	598970	650943	637697	612716	x540271
Africa	x39753	x59695	x49251	x52039	x50914
Northern Africa	24117	36020	30162	30723	x29358
Americas	86979	68958	70095	74834	70620
LAIA	58343	48309	50362	64547	60147
CACM	4071	2704	5774	97	x1006
Asia	278742	x309734	334628	336182	x320629
Middle East	x26039	x42157	x46763	x28587	19510
Europe	157485	166636	150583	133455	93568
EEC	128850	139878	131577	125582	86358
EFTA	10924	10672	4794	1634	3428
Oceania	835	x902	710	674	x1334
Japan/Japon	108043	111521	117120	118239	108930
Thailand/Thaïlande	41713	52379	54409	73057	66138
India/Inde	44674	x37063	47146	40175	x36568
Italy/Italie	24064	30415	32965	31591	19876
France, Monac	27713	27795	29720	32964	20250
Korea Republic	27183	26781	26860	33093	37834
Spain/Espagne	21717	24306	21894	23252	15442
Mexico/Mexique	20422	17716	21160	28772	21174
Romania/Roumanie	x2336	22051	18408	8978	x280
Malaysia/Malaisie	10429	15532	16506	16467	x17703
Turkey/Turquie	17194	16930	12711	16168	10879
Iran (Islamic Rp. of)	x1478	x14526	x27134	x3476	x1813
Algeria/Algérie	9875	19321	11394	13387	x8920
Belgium-Luxembourg	10026	13145	13769	13976	7590
Indonesia/Indonésie	7618	9092	13572	16437	15896
Yugoslavia SFR	17711	16085	14211	x6239	
USA/Etats–Unis d'Amer	22134	14709	11528	9423	7724
Colombia/Colombie	9871	10184	10031	10649	14086
Germany/Allemagne	19026	17194	7755	2428	1725
Portugal	9769	9882	8772	8157	8681
Nigeria/Nigéria	x6655	x10593	x6293	x8862	x5945
Egypt/Egypte	6856	10099	9293	6082	10506
United Kingdom	9645	9425	9267	5780	6333
Brazil/Brésil	5049	6282	7780	8302	10395
Czechoslovakia	x7663	12190	8143	x1690	x1020
So. Africa Customs Un	5473	5657	6426	x7670	x7667
Chile/Chili	6408	5573	4558	6522	x5839
Poland/Pologne	10010	5828	5152	2939	x742
Morocco/Maroc	3376	2660	5190	5891	4377
Austria/Autriche	7170	8444	3570	928	2556
Tunisia/Tunisie	3204	3527	4277	4398	5521
Argentina/Argentine	4110	3281	2994	4842	4775
Sri Lanka	5428	5482	4173	624	4295
Netherlands/Pays-Bas	3150	4064	2869	3297	1401
United Arab Emirates	x2950	x4190	x3087	x2771	x2722
Pakistan	3333	5075	1586	1976	4922
Ireland/Irlande	2503	2340	2871	2479	2516
Zambia/Zambie		x2516	x2627	x2239	x4507
Israel/Israël	1386	2084	2050	2625	2865
Oman	743	762	1744	3086	x15
Nicaragua	719	545	4933	2	258
Peru/Pérou	2816	1111	799	2491	x1311
Former GDR	x12909	x3609	x207		
Singapore/Singapour	573	679	1954	992	737
Greece/Grèce	844	865	1346	1306	x2226
Ecuador/Equateur	5020	2054	806	543	476
Saudi Arabia	906	1634	x901	x737	x1219
Switz.Liecht	2836	1786	940	477	587
Ghana	x196	x1369	x960	x870	x1359
China/Chine	348	449	853	1688	2906

EXPORTS – EXPORTATIONS

COUNTRIES–PAYS	1988	1989	1990	1991	1992
Totale	x677349	x722566	x674843	x700309	x470965
Afrique	x121793	x125651	x126543	x119918	x123943
Afrique du Nord	254	x360	1236	1087	x445
Amériques	342650	404953	386591	401165	326340
ALAI	13974	21569	19278	23779	26522
MCAC	127	35	x299	4	2
Asie	x6714	x2053	x4203	x2907	x6369
Moyen–Orient	6152	x783	x886	x1666	x3235
Europe	26025	24682	20041	8098	x14185
CEE	25897	24256	19549	8066	x14104
AELE	55	180	456	31	34
Océanie	3		x217	x660	x7
Canada	319479	375570	358842	369928	292986
Former USSR/Anc. URSS	x179644	x163034	x134568	x166195	
So. Africa Customs Un	x58754	x60757	x57667	x64849	x67909
Zimbabwe	57450	x54974	59289	46064	x41328
Brazil/Brésil	13476	21525	18598	23747	26372
Greece/Grèce	14772	15627	16575	6252	x12440
USA/Etats–Unis d'Amer	8468	7728	8153	7436	6729
Mozambique	x3989	x7618	x6888	x5238	x4674
Italy/Italie	9568	7866	1686	503	786
Zambia/Zambie	x1264	x1606	x870	x1515	x9571
China/Chine	79	985	2149	183	900
United Arab Emirates	x721	x509	x804	x1364	x1478
Morocco/Maroc	254	305	1053	1087	369
Hungary/Hongrie	x507	x736	x671	x870	
Former GDR		x1310	x517		
Poland/Pologne			1530	88	x117
Germany/Allemagne	663	168	487	871	306
Singapore/Singapour	122	139	894	331	216
Central African Rep.				x995	
Papua New Guinea			x217	x660	
Japan/Japon	122	123	240	249	253
Saudi Arabia	1293	217	x73	x297	x189
Austria/Autriche	27	143	404	19	12
Venezuela	5		550	1	
United Kingdom	176		158	296	78	112
Czechoslovakia	x2	x137		x383	
France, Monac	214	199	97	163	274
Belgium-Luxembourg	291	108	233	83	36
Costa Rica			x291		
Djibouti			x283		
Brunei Darussalam				x241	
Algeria/Algérie		x54	x182		
Cameroon/Cameroun			x124	x109	
Spain/Espagne	61	42	115	65	137
Yugoslavia SFR	73	174	36	x1	
Zaire/Zaïre	x83	x121	x34	x34	x15
Korea Republic			4	165	23
Netherlands/Pays-Bas	39	33	54	46	12
Uruguay		x1		x26	x22
Mauritania/Mauritanie		x113			
Malawi			x89	x16	
Switz.Liecht	29	35	52	13	22
Ethiopia/Ethiopie		x96			
Chile/Chili		37	x27		
Burkina Faso			x64		
Thailand/Thaïlande				62	x11
Cuba		x46			
Oman		x44			
Malta/Malte		x40			
Gibraltar		x33			

(VALUE AS % OF TOTAL)(VALEUR EN % DU TOTAL)

Imports

	1983	1984	1985	1986	1987	1988	1989	1990	1991	1992
Africa	5.5	7.0	7.7	x5.1	x5.6	x6.6	x9.2	7.7	x8.5	x9.4
Northern Africa	3.9	4.1	5.5	3.0	3.6	4.0	5.5	4.7	5.0	x5.4
Americas	14.2	21.8	20.3	x19.6	x15.8	14.5	10.6	11.0	12.2	13.1
LAIA	4.8	11.7	11.7	x11.3	x10.0	9.7	7.4	7.9	10.5	11.1
CACM	x0.6	0.6	1.0	x0.6	x0.4	0.7	0.4	0.9	0.0	x0.2
Asia	39.8	36.6	x39.9	42.7	41.4	46.6	x47.6	52.5	54.8	x59.4
Middle East	x3.2	x5.8	x6.6	x5.2	x4.4	4.3	x6.5	x7.3	4.7	x3.6
Europe	38.9	32.8	30.7	31.4	27.3	26.3	25.6	23.6	21.8	17.3
EEC	35.0	26.4	23.0	27.9	24.2	21.5	21.5	20.6	20.5	16.0
EFTA	3.9	2.7	2.7	2.4	2.5	1.8	1.6	0.8	0.3	0.6
Oceania	1.5	1.8	1.5	1.2	x0.3	0.1	x0.1	0.1	0.1	x0.2
Japan/Japon	13.4	12.5	14.1	17.3	16.4	18.0	17.1	18.4	19.3	20.2
Thailand/Thaïlande	5.0	4.9	5.7	4.6	5.2	7.0	8.0	8.5	11.9	12.2
India/Inde	7.7	4.8	5.7	6.2	6.1	7.5	x5.7	7.4	6.6	x6.8
Italy/Italie	4.4	3.8	3.7	4.7	4.1	4.0	4.7	5.2	5.2	3.7
France, Monac	5.8	4.6	4.5	5.3	4.9	4.6	4.3	4.7	5.4	3.7
Korea Republic	3.3	3.1	3.0	4.2	4.3	4.5	4.1	4.2	5.4	7.0
Spain/Espagne	4.8	3.6	2.8	4.0	3.8	3.6	3.7	3.4	3.8	2.9
Mexico/Mexique		5.9	6.6	x3.2	x3.0	3.4	2.7	3.3	4.7	3.9
Romania/Roumanie					x0.5	x0.4	3.4	2.9	1.5	x0.1
Malaysia/Malaisie	3.0	2.4	1.9	2.0	1.8	1.7	2.4	2.6	2.7	x3.3

Exports

	1983	1984	1985	1986	1987	1988	1989	1990	1991	1992
Afrique	30.3	23.0	23.2	x24.2	x19.8	x18.0	x17.4	x18.7	x17.2	x26.3
Afrique du Nord	0.0	0.0	0.0	0.0	0.1	x0.0	x0.0	0.2	0.2	x0.1
Amériques	60.3	69.4	70.0	69.5	48.5	50.6	56.0	57.3	57.3	69.3
ALAI	0.0	1.9	2.1	2.4	2.0	2.1	3.0	2.9	3.4	5.6
MCAC				x0.1	0.0	0.0	0.0	0.0	0.0	0.0
Asie	2.5	1.7	2.1	x1.6	x1.2	0.9	0.3	0.6	0.4	x1.4
Moyen–Orient	1.0	0.6	1.0	0.8	1.0	0.9	x0.1	x0.1	x0.2	x0.7
Europe	6.7	6.0	4.7	4.8	2.8	3.8	3.4	3.0	1.2	x3.0
CEE	6.6	5.8	4.6	4.8	2.8	3.8	3.4	2.9	1.2	x3.0
AELE	0.1	0.0	0.0	0.0	0.0	0.0	0.0	0.1	0.0	0.0
Océanie	0.3		x0.0	x0.0				x0.0	0.1	0.0
Canada	57.2	64.3	64.6	63.8	43.9	47.2	52.0	53.2	52.8	62.2
Former USSR/Anc. URSS					x27.7	x26.5	22.6	x19.9	x23.7	
So. Africa Customs Un	19.7	12.9	11.6	x12.3	x10.5	x8.7	x8.4	x8.5	x9.3	x14.4
Zimbabwe	10.4	9.8	10.1	11.0	8.8	8.5	7.6	8.8	6.6	x8.8
Italy/Italie		1.9	2.1	2.4	2.0	3.0	2.8	3.4	3.3	5.6
Brazil/Brésil					0.8	2.2	2.2	2.5	0.9	x2.6
Greece/Grèce	0.6	2.0	1.5	2.4	4.3	4.2	5.4	7.0		
USA/Etats–Unis d'Amer	3.1	3.1	3.3	3.2	2.6	1.3	1.1	1.2	1.1	1.4
Mozambique				x1.1	x0.8	x1.1	x1.0	x0.6	x0.7	x1.0
Romania/Roumanie						x0.4	0.4	0.5	0.0	0.2
Italy/Italie	1.9	1.8	2.3	1.9	1.7	1.4	1.1	0.2	0.1	0.2
Zambia/Zambie	x0.1	x0.0	x0.3	x0.1	x0.1	x0.2	x0.2	x0.1	x0.2	x2.0

2815 IRON ORE, CONC, NOT AGGLOM — MINERAIS NON AGGLOMERES 2815

TRADE BY COMMODITY IN THOUSAND U.S. DOLLARS – COMMERCE PAR PRODUIT EN MILLIERS DE DOLLARS E.U

COUNTRIES–PAYS	1988	1989	1990	1991	1992	COUNTRIES–PAYS	1988	1989	1990	1991	1992
Total	5943225	7348929	7751925	8416403	7666817	Totale	x3999008	x5174492	x5591728	x7285583	x5942279
Africa	42492	x43354	58742	x5674	x3738	Afrique	x531580	x620349	x755933	x1008253	x609212
Northern Africa	42319	32141	56712	2344	1975	Afrique du Nord	1965	x4264	x4117	x5163	x6216
Americas	x103129	456539	347945	171110	165979	Amériques	x1095903	2146569	2318078	2509128	x2309531
LAIA	58617	68995	68768	52834	61581	ALAI	x886219	1845432	2025247	2221704	x2091263
CACM	x4	x4	x9	x11	x6	MCAC					
Asia	3190795	3660863	3880906	4741881	4475213	Asie	458613	x731994	577413	577043	x728808
Middle East	x115507	x157466	x101003	x121683	x124122	Moyen–Orient	1487	x3579	x17781	x7062	x696
Europe	2360298	2788537	3150389	3139880	2969451	Europe	285327	269010	289138	275873	309493
EEC	2173156	2562961	2920237	2960549	2797012	CEE	63844	51065	56801	71741	59951
EFTA	136396	162522	193025	176665	170685	AELE	221481	217943	229064	202349	249540
Oceania	1736	x17600	8663	7	2305	Océanie	x664519	x1005212	1408341	x2147020	1984007
Japan/Japon	2407945	2689320	2855363	3136524	2777306	Brazil/Brésil	563976	1470838	1651264	1757578	1692880
Germany/Allemagne	630330	749066	803709	831715	845277	Australia/Australie	651309	991513	1397852	2131462	1968694
Korea Republic	399769	458902	520327	786393	835380	India/Inde	423282	x707477	538538	541204	x696724
France, Monac	374256	473275	492138	483130	451003	Former USSR/Anc. URSS	x963066	x401301	x238479	x767658	
Belgium–Luxembourg	380394	402672	475276	485409	451770	So. Africa Customs Un	x251268	x366587	x387163	x355173	x363633
United Kingdom	333079	372247	495465	426853	417685	Venezuela	x141590	x248545	325714	353061	x239773
China/Chine	256933	300845	383296	540939	704693	Canada	202554	206039	285462	279382	215495
Italy/Italie	227026	309670	357677	423268	324691	Mauritania/Mauritanie	x129026	x215492	x267825	x260472	x207826
USA/Etats–Unis d'Amer	x43399	376955	268869	113978	103489	Sweden/Suède	181664	199845	211922	186302	210526
Romania/Roumanie	x38914	185071	153060	188481	x10120	Liberia/Libéria	x145031	x30568	x85987	x373791	x20278
Netherlands/Pays–Bas	145916	143714	172700	160229	171123	Chile/Chili	112066	125997	44536	48731	x94575
Spain/Espagne	74507	101917	114920	141587	123237	USA/Etats–Unis d'Amer	x7131	88802	906	1509	794
Austria/Autriche	85515	89369	108348	88328	77684	France, Monac	29946	27104	31064	29624	28775
Poland/Pologne	83585	49372	62480	121922	x9593	Spain/Espagne	19491	15277	17963	27626	23079
Finland/Finlande	42758	63172	73795	71940	78763	Peru/Pérou	x62018	2	0	x59480	x60771
Argentina/Argentine	51769	67356	66344	42593	61077	Norway, SVD, JM	39657	17991	17121	15859	38970
Czechoslovakia	x76636	84516	62713	x20000	x14689	Korea Dem People's Rp	x28388	x12119	x12941	x19970	x19013
Turkey/Turquie	40223	50023	45842	50143	42440	New Zealand	12238	12692	10489	11291	15314
Philippines	21	x36070		89468	5	Mozambique		x10709	x12450	x11249	
Saudi Arabia	49107	78550	x18542	x19219	x24578	Cuba		x6296	x6296	x6296	
Yugoslavia SFR	50747	63054	37126	x2664		Korea Republic	x5392	x6305	x6564	x5010	x5205
Egypt/Egypte	40376	25517	54511	0	x1	Netherlands/Pays–Bas	7554	5697	5090	4804	2951
Former GDR	x43129	x60380	x18433			Saudi Arabia	68	58	x12486		
Iran (Islamic Rp. of)	x8	x7925	x14640	x44163	x34376	Bahrain/Bahreïn		x3521	x2932	x2932	
Pakistan	2			x38304		Greece/Grèce	5228	1045	1431	x5453	x1552
Hungary/Hongrie	x1807	x1844	x8302	25981	x5492	Morocco/Maroc	1400	1615	1431	3335	2999
Korea Dem People's Rp	x9608	x9608	x14397	x11793	x11793	Lebanon/Liban			x2362	x3923	x617
Sweden/Suède	3046	9075	10066	15580	13562	Yugoslavia SFR	1	2	3273	x1783	
Australia/Australie	1733	17593	8656	3	2279	Bulgaria/Bulgarie		x4346	x606	x606	
Portugal	6942	9289	7589	7681	11535	Egypt/Egypte		x750	x2503	x1297	x2187
United Arab Emirates	x2193	x8717	x10855	x3212	x8339	Paraguay			x3725	64	
Trinidad and Tobago	0	9453	9361	3809		Indonesia/Indonésie			x1205	x2565	
Bahrain/Bahreïn	x1898	x6244	x10457	x4849	x14359	Belgium–Luxembourg	508	724	1346	966	1179
Indonesia/Indonésie	43	8132	116	12014	14712	Germany/Allemagne	673	800	656	1568	1797
Nigeria/Nigéria	x1	x11110	x1881	x3143	x1386	Argentina/Argentine	x88			x2665	x2629
Brazil/Brésil	30	26	2292	6892	96	Nauru	x902			x2663	
Tunisia/Tunisie	1397	2630	2200	2274	1865	Philippines		x2126			
Malaysia/Malaisie	6	44	1711	4228	x7071	Mauritius/Maurice		x1851			
Libyan Arab Jamahiriya		x3748	0	x20	x4	Samoa				x1604	
Viet Nam			x3030			Central African Rep.		x1587			
Denmark/Danemark	692	1081	726	667	641	Libyan Arab Jamahiriya		x1345			
Cyprus/Chypre	x2179	x2179	x5	x96	6	Ireland/Irlande				x1212	1
Venezuela	x47	x18	34	2209	110	Gabon				x1178	
Norway, SVD, JM	4990	832	751	618	413	United Kingdom	260	212	507	401	479
Qatar	x16365	x1880				Tunisia/Tunisie	x277	x554	130	264	292
Canada	497	523	723	445	889	Norfolk Island		x939			
Paraguay		x1225	32	201	214	Afghanistan				x797	
Former USSR/Anc. URSS		x8	x8	x1344		Malaysia/Malaisie	47	94	259	137	x6207
Albania/Albanie	x704	x843	x285	x123	x123	China/Chine	1	119	76	163	725
Kuwait/Koweït	x710	x710	x503		x11	Algeria/Algérie	288		53	267	x737

(VALUE AS % OF TOTAL) (VALEUR EN % DU TOTAL)

	1983	1984	1985	1986	1987	1988	1989	1990	1991	1992		1983	1984	1985	1986	1987	1988	1989	1990	1991	1992
Africa		x0.1	x0.2	x0.2	x0.5	0.7	x0.6	0.8	x0.1	x0.0	Afrique	6.6	6.8	x10.4	x13.7	x10.9	x13.3	x12.0	x13.5	x13.9	x10.2
Northern Africa	0.0	x0.0	0.0	0.1	0.5	0.7	0.4	0.7	0.0	0.0	Afrique du Nord	0.5	0.3	x0.0	0.0	0.0	x0.1	x0.1	x0.1	x0.1	x0.1
Americas	0.8	0.8	0.9	x2.8	x1.7	x1.7	6.2	4.5	2.1	2.2	Amériques	x11.8	x13.7	x15.7	x29.2	x20.4	x27.4	41.5	41.4	34.5	x38.8
LAIA	0.8	0.8	0.8	1.1	0.9	1.0	0.9	0.9	0.6	0.8	ALAI	x3.6	x5.5	x7.0	x22.3	x15.7	x22.2	35.7	36.2	30.5	x35.2
CACM	x0.0	x0.0									MCAC										
Asia	56.6	55.8	55.5	52.0	51.6	53.7	49.8	50.0	56.4	58.3	Asie	12.1	11.4	16.7	12.6	11.1	11.5	x14.1	10.3	7.9	x12.3
Middle East	x0.2	x0.8	x1.3	x2.4	1.5	x1.9	x2.1	x1.3	x1.4	x1.6	Moyen–Orient	0.1		x0.0	x0.1	x0.0	0.0	x0.1	x0.3	x0.1	x0.0
Europe	42.5	43.2	43.4	45.0	38.5	39.7	37.9	40.6	37.3	38.7	Europe	6.8	8.1	9.6	7.2	5.7	7.1	5.2	5.2	3.8	5.2
EEC	40.5	40.8	41.2	42.4	36.3	36.6	34.9	37.7	35.2	36.5	CEE	1.3	1.2	1.5	1.4	1.2	1.6	1.0	1.0	1.0	1.0
EFTA	2.0	2.4	2.2	2.2	2.2	2.3	2.2	2.5	2.1	2.2	AELE	5.4	6.9	8.0	5.9	4.5	5.5	4.2	4.1	2.8	4.2
Oceania				x0.0			x0.2	0.1			Océanie	42.0	x40.7	47.5	37.3	28.1	x16.6	x19.4	25.2	x29.5	33.4
Japan/Japon	51.1	48.8	48.1	44.0	38.6	40.5	36.6	36.8	37.3	36.2	Brazil/Brésil				15.1	11.4	14.1	28.4	29.5	24.1	28.5
Germany/Allemagne	15.4	14.7	14.0	16.5	12.3	10.6	10.2	10.4	9.9	11.0	Australia/Australie	41.2	40.1	46.8	36.7	27.7	16.3	19.2	25.0	29.3	33.1
Korea Republic	5.0	5.1	5.9	5.3	6.7	6.7	6.2	6.7	9.3	10.9	India/Inde	11.9	11.3	16.6	12.5	10.0	10.6	x13.7	9.6	7.4	x11.7
France, Monac	5.4	5.7	6.1	6.0	5.1	6.3	6.3	6.3	5.7	5.9	Former USSR/Anc. URSS	20.8	19.4		x24.0	x24.1	x24.1	x7.8	x4.3	x10.5	
Belgium–Luxembourg	5.5	5.6	6.4	6.4	6.0	6.4	5.5	6.1	5.8	5.9	So. Africa Customs Un			x6.0	x5.3	x6.3	x7.1	x6.9	x4.9	x6.1	
United Kingdom	4.2	4.0	4.9	4.4	5.1	5.6	5.1	6.4	5.1	5.4	Venezuela	x2.9	x3.9	x5.2	x4.1	x3.3	x3.5	x4.8	5.8	4.8	x4.0
China/Chine					4.6	4.3	4.1	4.9	6.4	9.2	Canada	7.9	8.2	8.7	6.8	4.4	5.1	4.6	5.1	3.8	3.6
Italy/Italie	6.4	7.2	5.6	5.1	4.0	3.8	4.2	4.6	5.0	4.2	Mauritania/Mauritanie			x6.8	x4.2	x3.2	x4.2	x4.8	3.6	3.5	
USA/Etats–Unis d'Amer				x1.7	x0.7	x0.7	5.1	3.5	1.4	1.3	Sweden/Suède	5.1	6.5	7.5	5.5	4.0	4.5	3.9	3.8	2.6	3.5
Romania/Roumanie				x0.8	x0.7	2.5	2.0	2.2		x0.1	Liberia/Libéria	6.0	6.3	x3.6	x3.3	x1.9	x3.6	x0.6	x1.5	x5.1	x0.3

2816 IRON ORE AGGLOMERATES / MINERAIS AGGLOMERES 2816

TRADE BY COMMODITY IN THOUSAND U.S. DOLLARS – COMMERCE PAR PRODUIT EN MILLIERS DE DOLLARS E.U

IMPORTS – IMPORTATIONS

COUNTRIES–PAYS	1988	1989	1990	1991	1992
Total	x2285514	2484442	2654756	2690512	2456809
Africa	x7980	x43443	x65416	x93002	x78721
Northern Africa	x7977	x41663	x65225	x90030	x75871
Americas	x624190	526902	618064	631278	644072
LAIA	60499	73952	60264	61283	81594
CACM	x1		x2142		
Asia	569622	x694855	x770000	x792086	x695730
Middle East	x33283	x94287	x91401	x118161	x107575
Europe	970637	1040017	1061623	1010830	980160
EEC	883470	966574	996076	937528	888218
EFTA	72195	65992	61713	68414	91939
Oceania	3429	13033	38791	43919	49155
Germany/Allemagne	537899	580746	667097	621041	577065
Japan/Japon	444731	457701	518724	503975	415473
USA/Etats-Unis d'Amer	x364333	229574	376748	378083	345683
Canada	179154	196761	145757	159294	183240
Italy/Italie	122564	146499	108754	79033	103282
United Kingdom	136958	130156	92925	84306	60101
Spain/Espagne	64757	90954	91352	91280	81498
Argentina/Argentine	50581	69655	60144	57135	77619
Czechoslovakia	x3190	108352	52595	x6870	x1555
Austria/Autriche	58941	54234	44380	46406	69620
Malaysia/Malaisie	15295	37025	56868	47622	x19786
Poland/Pologne	73782	29176	34257	74371	x4307
Pakistan	46867	46781	36887	53642	48808
Korea Republic	24865	34627	38594	41521	44441
Egypt/Egypte	x7977	x31281	x43460	x37442	x40076
Turkey/Turquie	14687	30888	23794	51144	29688
Saudi Arabia	x12983	x29632	x35325	x37343	x55595
Australia/Australie	3425	13033	38784	43919	49155
Trinidad and Tobago	20204	26606	33154	32619	33555
Qatar	x4416	x32786	x32262	x21109	x19655
Libyan Arab Jamahiriya		x10376	x21766	x52588	35518
France, Monac	3944	86	18018	38252	39056
China/Chine	3028	20170	10839	22490	59573
Hungary/Hongrie	x13445	x12403	x9415	27548	x3107
Finland/Finlande	9084	10813	16192	20465	18655
Belgium–Luxembourg	11298	6994	9292	13775	21748
Portugal	5979	11101	7298	9145	5451
Former GDR	x19240	x16261	x4595		
Yugoslavia SFR	14971	7451	3833	x4888	
India/Inde	1393	x1795	6342	4641	
Indonesia/Indonésie	20	2465	8783	26	44
Romania/Roumanie				x10608	
Iran (Islamic Rp. of)				x8565	x1861
Mexico/Mexique	9904	4145	105	4072	3788
Iceland/Islande	1032	834	933	917	790
So. Africa Customs Un	3	1780	1	x731	
Nigeria/Nigéria				x2241	x2851
Honduras	x1		x2142		
Netherlands/Pays-Bas	64	16	1277	653	12
Hong Kong	x18		x1044		x3
Norway,SVD,JM	277	93	192	518	2763
Iraq	x756	x749			
Korea Dem People's Rp			x401		
Oman	441	233			
Paraguay		137		60	72
Kenya			189		
Sweden/Suède	2861	16	16	109	111
Denmark/Danemark	7	21	63	43	5
Singapore/Singapour	2	2	99		1
Venezuela		2	11	x12	111

EXPORTS – EXPORTATIONS

COUNTRIES–PAYS	1988	1989	1990	1991	1992
Totale	x2481880	x2630522	x2140330	x2623205	x1994452
Afrique	x79771	x31184	x89165	x33350	x19436
Afrique du Nord	122	252			x776
Amériques	x1582639	x1708605	1426954	1752885	x1593194
ALAI	x817599	x1013727	861611	1070019	x956971
MCAC					
Asie	x38517	x206617	x51826	x133936	x67669
Moyen-Orient		30	x4793	x5673	x7541
Europe	197177	245030	286284	252953	279626
CEE	764	575	343	919	x1705
AELE	196412	244455	285941	252034	277918
Océanie	6	19390	46780	x47877	x31221
Brazil/Brésil	x697072	761657	755667	841956	692002
Canada	590781	591001	436967	498350	449922
Former USSR/Anc. URSS	x583771	x419696	x239322	x402206	
Sweden/Suède	193547	212472	241215	204231	250485
USA/Etats-Unis d'Amer	x174259	103877	122343	179578	186025
Chile/Chili	x108813	x105329	93898	109341	x144000
Philippines		x157963		78368	
Venezuela	x11710	x99205	0	x89948	x86183
India/Inde	38246	x48593	39642	42180	x47241
Norway,SVD,JM	2858	31976	44726	47803	27395
Liberia/Libéria	x72505	x17321	x79539		x1
Australia/Australie	6	19390	46780	21296	10121
Peru/Pérou	4	x47536	11968	x25721	x33346
So. Africa Customs Un	x2640	x7999	x4810	x28879	x9556
New Caledonia				x26581	x20809
Mauritania/Mauritanie	x4504	x5612	x4627	x4281	x8913
Indonesia/Indonésie			x7326	x7023	0
Guyana			x6034	x4936	
Bahrain/Bahreïn			x4774	x5665	x5347
Mexico/Mexique			76	3035	1440
Germany/Allemagne	561	23	3	782	721
Netherlands/Pays-Bas	120	377	211		0
Korea Republic		x4		x438	
Zaire/Zaïre			x189	x189	x189
Tunisia/Tunisie	122	252			
Korea Dem People's Rp	x232	0	41	x248	x415
Belgium–Luxembourg	72	79	50	76	29
Italy/Italie	2	28	50	54	
Turkey/Turquie			19		
Japan/Japon	x14	x18	18	x5	3
China/Chine	18	8	31		2
United Kingdom		23	9	5	2
France, Monac	1	13	12	2	2
Spain/Espagne	8	10	17		46
Argentina/Argentine				x19	x1
Malaysia/Malaisie			17	1	x2821
Saudi Arabia				x8	x6
Switz.Liecht		7			
Qatar		x2			
Uruguay				x1	
Singapore/Singapour	8	0		0	x292
Fiji/Fidji					

(VALUE AS % OF TOTAL)(VALEUR EN % DU TOTAL)

	1983	1984	1985	1986	1987	1988	1989	1990	1991	1992		1983	1984	1985	1986	1987	1988	1989	1990	1991	1992
Africa					x0.1	x0.3	x1.8	x2.5	x3.4	x3.2	Afrique	6.4	5.4	x5.3	x2.4	x1.8	x3.2	x1.2	x4.1	x1.3	x1.0
Northern Africa					x0.1	x0.3	x1.7	x2.5	x3.3	x3.1	Afrique du Nord	0.0	0.0	0.0	0.0	0.0	0.0	0.0	0.0	0.0	x0.0
Americas	16.7	19.8	17.8	x30.9	x25.5	x27.3	21.2	23.3	23.5	26.2	Amériques	x47.7	x50.3	67.5	x75.1	x62.8	x63.7	x64.9	66.6	66.8	x79.9
LAIA	1.5	1.9	1.9	2.3	2.2	2.6	3.0	2.3	2.3	3.3	ALAI	x0.7	x0.0	4.9	x35.0	x31.8	x32.9	x38.5	40.3	40.8	x48.0
CACM					x0.0		x0.1				MCAC										
Asia	x48.0	x44.5	x35.8	29.9	x25.9	25.0	x27.9	x29.0	x29.4	x28.3	Asie	x0.4	x0.1	x2.7	x9.7	x0.9	x1.6	x7.9	x2.4	x5.1	x3.4
Middle East	x0.9	x0.7	x1.3	x1.7	x1.7	x1.5	x3.8	x3.4	x4.4	x4.4	Moyen-Orient			x2.2	x1.9			0.0	x0.2	x0.2	x0.4
Europe	35.3	35.7	46.4	39.3	37.8	42.5	41.9	40.0	37.6	39.9	Europe	13.3	13.8	18.6	10.7	8.7	7.9	9.3	13.4	9.6	14.0
EEC	34.5	33.0	44.1	37.2	35.9	38.7	38.9	37.5	34.8	36.2	CEE	0.0	0.0	0.1	0.0	0.1	0.0	0.0	0.0	0.0	x0.1
EFTA	0.8	2.7	2.3	1.8	1.8	3.2	2.7	2.3	2.5	3.7	AELE	13.3	13.8	18.5	10.7	8.6	7.9	9.3	13.4	9.6	13.9
Oceania						0.2	0.5	1.5	1.6	2.0	Océanie	6.5	x4.0	5.8	2.1	1.8		0.7	2.2	x1.8	1.6
Germany/Allemagne	14.5	17.2	23.1	20.7	19.2	23.3	23.4	25.1	23.1	23.5	Brazil/Brésil				x29.6	x27.2	x28.1	29.0	35.3	32.1	34.7
Japan/Japon	44.1	40.4	30.5	23.4	20.3	19.5	18.4	19.5	18.7	16.9	Canada	47.0	50.3	62.6	29.8	23.1	22.5	20.4	19.7		22.6
USA/Etats-Unis d'Amer			x17.1	x13.8	15.9	9.2	14.2	14.1	14.1	Former USSR/Anc. URSS	25.7	26.3		x24.0	x23.5	x16.0	x11.2	x15.3		
Canada	14.4	16.7	15.2	10.8	8.6	7.8	7.9	5.5	5.9	7.5	Sweden/Suède	7.9	9.1	14.7	8.4	7.7	7.8	8.1	11.3	7.8	12.6
Italy/Italie	2.2	3.1	6.6	6.2	5.7	5.4	5.9	4.1	2.9	4.2	USA/Etats-Unis d'Amer				x10.3	x7.9	x7.0	3.9	5.7	6.8	9.3
United Kingdom	10.7	6.4	6.8	5.7	6.6	6.0	5.2	3.5	3.1	2.4	Chile/Chili			x4.9	x4.4	x4.4	x4.0	4.4	4.4	4.2	x7.2
Spain/Espagne	3.4	3.8	4.3	2.4	2.9	3.4	3.4	3.4	3.4	3.3	Philippines				x7.3	x0.0		6.0		3.0	
Argentina/Argentine	1.5	1.9	1.9	2.3	2.2	2.2	2.8	2.3	2.1	3.2	Venezuela	x0.6	x0.0	x0.0		x0.1	x0.5	x3.8	0.0	x3.4	x4.3
Czechoslovakia					6.8	x0.1	4.4	2.0	x0.3	x0.1	India/Inde	x0.3	0.0	x0.5	0.1	0.7	x1.5	x1.8	1.9	1.6	x2.4
Austria/Autriche	0.5	2.2	1.8	1.4	1.4	2.6	2.2	1.7	1.7	2.8	Norway,SVD,JM	5.4	4.7	3.8	2.2	1.5	0.1	x1.2	2.1	1.8	1.4

28201 — OF PIG OR CAST IRON

FERRAILLES DE FONTE 28201

TRADE BY COMMODITY IN THOUSAND U.S. DOLLARS – COMMERCE PAR PRODUIT EN MILLIERS DE DOLLARS E.U

COUNTRIES–PAYS	IMPORTS – IMPORTATIONS					COUNTRIES–PAYS	EXPORTS – EXPORTATIONS				
	1988	1989	1990	1991	1992		1988	1989	1990	1991	1992
Total	300841	243400	282833	177816	x220517	Totale	x312511	313765	x357112	320508	277049
Africa	x11	x24	x690	x320	x507	Afrique	x3463	x2273	x2013	x690	x1126
Northern Africa	x5	x6	666	x211	x490	Afrique du Nord	x3320	x123	x342	x493	x533
Americas	x59168	59434	72202	53518	59387	Amériques	x156468	x153414	x173573	x186457	x122866
LAIA	31575	28089	40038	29178	33009	ALAI	x8582	x5322	2412	1635	4658
CACM				x77	x4	MCAC					x46
Asia	153262	x75381	109548	45639	x84003	Asie	x19068	53401	x61214	49478	x60723
Middle East	119501	5339	2553	x951	x1829	Moyen–Orient	x2138	x3450	x6939	x1543	x2000
Europe	86940	108085	99757	77727	76384	Europe	86277	83735	80378	67391	63082
EEC	82618	104615	95080	74362	72138	CEE	83781	73753	71570	61027	61474
EFTA	4321	3461	4634	2971	3975	AELE	1813	9274	8393	6168	1265
Oceania	136	x172	104	x96	x125	Océanie	48	x602	x593	x689	x22817
Italy/Italie	49175	68945	53737	39867	40370	USA/Etats–Unis d'Amer	x135959	137750	156359	169580	110035
Mexico/Mexique	31575	26441	35533	24313	22338	Singapore/Singapour	941	39697	41544	38379	40115
Singapore/Singapour	1095	25218	31219	18865	16920	United Kingdom	28599	25488	26531	13734	13080
Indonesia/Indonésie	8218	6349	37220	17528	5527	Germany/Allemagne	13706	14616	13824	23577	29046
USA/Etats–Unis d'Amer	x9660	13893	20086	12690	8652	Former USSR/Anc. URSS	x43712	x11488	x31515	x8961	
Canada	17928	17435	11978	11084	17696	France, Monac	25703	16944	13795	8304	6725
Germany/Allemagne	13423	12424	14459	9332	8654	Canada	9822	9522	13771	13400	7159
France, Monac	3811	6709	11108	10769	10008	Belgium–Luxembourg	6040	6478	9011	7092	6722
India/Inde	2725	x6929	12684	827	x21366	Sweden/Suède	922	7123	5253	3603	73
Belgium–Luxembourg	7513	7733	5587	7089	6391	Japan/Japon	2046	4188	4239	5015	3604
Korea Republic	2199	9330	6129	2143	3849	Poland/Pologne	x2720	x6232	x1788	x4511	x4160
Thailand/Thaïlande	3805	7499	5497	2478	1848	Netherlands/Pays–Bas	2639	4036	4436	2258	2546
China/Chine	8795	4012	8808	269	14992	Lao People's Dem. Rp.	x5742	x1443	x5449	x2640	x1606
Netherlands/Pays–Bas	4791	5011	3033	2712	2430	Austria/Autriche	679	1926	3018	2042	825
Japan/Japon	5225	6600	1179	1094	6	Denmark/Danemark	1772	2073	1759	2610	1720
Spain/Espagne	2856	2348	4210	1563	1979	Hungary/Hongrie	x416	x1335	x2540	x1006	x485
Colombia/Colombie		x1090	x2571	4386	8268	Spain/Espagne	3678	3004	943	852	154
Turkey/Turquie	116932	4890	821	131	778	Saudi Arabia	x126	x1966	x2264	x318	x31
Sweden/Suède	2142	1355	2919	1512	2217	Brazil/Brésil	x8558	x4090	x29	x4	0
Pakistan	1532	273	3323	176	69	Italy/Italie	1346	962	1115	1349	734
Switz.Liecht	1086	1593	1083	689	480	Iran (Islamic Rp. of)		x206	x2476	x345	
United Kingdom		552	1350	941	25	Cuba	x2068	x755	x958	x1169	x164
Greece/Grèce	879	663	812	1270	x1510	Bulgaria/Bulgarie	x5	x777	x1981		x92
Philippines		x2450		12	11	Venezuela			1240	1265	2610
Bangladesh	x35	x1289	x747	x366	x2705	Czechoslovakia	x318	x508	x603	x1247	x1154
Jordan/Jordanie		243	1422	597	710	Mozambique		x1788	x495		
Venezuela		x25	1356	119	2196	Lebanon/Liban	x82	x215	x1266	x586	x729
Austria/Autriche	734	318	154	733	863	Malaysia/Malaisie	1239	1202	565	274	x7439
Denmark/Danemark	69	129	565	233	376	Korea Dem People's Rp	x2181	x1257	x311		x443
Morocco/Maroc			586	112	255	Yugoslavia SFR	683	706	407	x197	
Uruguay		x281	x207	x141	x137	Portugal	4	65	44	1194	343
Korea Dem People's Rp	x17		x51	x575		Mexico/Mexique	24	937	113	157	801
Poland/Pologne		x175	x343	x98	x62	Brunei Darussalam		x310	x654	x215	x26
Finland/Finlande	339	167	332	18	368	Kuwait/Koweït	x18	x459	x619		
Dominican Republic		x10		x486		Viet Nam		x308	x757	x9	x8
Ireland/Irlande	64	76	187	226	62	Romania/Roumanie		x889		77	x543
Portugal	37	25	31	360	334	China/Chine	3273	573	331		758
Yugoslavia SFR		9	43	x352		Pakistan		203	243	387	190
United Arab Emirates	x2357	x56	x183	x96	x98	Paraguay		295	325	137	0
Syrian Arab Republic	x8	x117	x92	x92	x49	Tunisia/Tunisie	x186	x123	159	x421	x470
Czechoslovakia	x79		186	x115	x46	Fiji/Fidji		317	284	x40	
Hungary/Hongrie		x6	x4	276	x2	Chile/Chili			612	27	
Peru/Pérou			x97	x186	x25	United Arab Emirates	x102	x240	x209	x155	x53
Malaysia/Malaisie	115	18	81	120	x13943	So. Africa Customs Un	x2	x18	x18	x14	x532
Argentina/Argentine		14	177	27	20	Norway,SVD,JM	135	172	x505	288	146
Papua New Guinea		x143	65			Guam			x226		x3
Norway,SVD,JM	21	21	145	18	47	New Zealand	32	58	x274	x8	x3
Australia/Australie	94	29	39	94	35	India/Inde	52	x1	19	360	699
Brazil/Brésil			84	59	3	Dominican Republic				386	x9
Paraguay		117	27		7	Cameroon/Cameroun	x99	x63	x286	x362	x285

(VALUE AS % OF TOTAL)(VALEUR EN % DU TOTAL)

	1983	1984	1985	1986	1987	1988	1989	1990	1991	1992		1983	1984	1985	1986	1987	1988	1989	1990	1991	1992
Africa	x0.0	x0.1	x0.1	x0.1	x0.2	x0.0	x0.0	x0.2	x0.1	x0.2	Afrique		x0.0	x0.8	x0.4	x3.4	x1.1	x0.7	x0.5	x0.2	x0.4
Northern Africa		x0.1	x0.1	x0.1	0.2	x0.0	x0.0	x0.2	x0.1	x0.2	Afrique du Nord			0.0	x0.0	x1.5	x1.1	x0.0	x0.1	x0.2	x0.2
Americas	x36.6	x43.9	3.5	4.3	x7.2	x19.7	24.4	25.5	30.1	26.9	Amériques	93.2	x92.2	x4.3	x55.0	x48.8	50.0	x48.9	x48.6	x58.2	x44.3
LAIA	x34.1	x38.2	0.0	0.0	x0.5	10.5	11.5	14.2	16.4	15.0	ALAI										
CACM	x0.1	x0.4							x0.0	x0.0	MCAC				x0.0	x2.7	x1.7	0.7	0.5	1.7	x0.0
Asia	x45.7	x36.5	49.4	51.1	61.8	50.9	x30.9	38.7	25.6	x38.1	Asie	0.3	x0.2	x5.0	x1.9	x5.0	x6.1	17.1	x17.2	15.5	x21.9
Middle East	x38.0	x32.8	38.3	42.0	39.7	39.7	2.2	0.9	x0.5	x0.8	Moyen–Orient	x0.0	x0.0	x2.0	x1.1	1.8	x0.7	x1.1	x1.9	x0.7	x0.7
Europe	17.7	19.6	47.0	44.5	28.6	28.9	44.4	35.3	43.7	34.6	Europe	6.2	7.5	88.6	42.2	28.9	27.6	26.7	22.5	21.0	22.8
EEC	17.2	19.0	45.5	42.5	27.1	27.5	43.0	33.6	41.8	32.7	CEE	6.0	7.3	87.6	41.6	24.8	26.8	23.5	20.0	19.0	22.2
EFTA	0.4	x0.6	1.5	2.0	1.5	1.4	1.4	1.6	1.7	1.8	AELE	x0.2	x0.1	x1.0	x0.6	x1.1	0.6	3.0	2.4	1.9	0.5
Oceania		x0.0		x0.0		x0.1		x0.1	x0.0	x0.0	Océanie	0.3	0.1	1.4	0.5	x1.1		x0.2	x0.2	x0.2	x8.2
Italy/Italie	7.4	9.0	24.7	24.9	14.3	16.3	28.3	19.0	22.4	18.3	USA/Etats–Unis d'Amer	92.6	91.8	x51.5	x35.9	x43.5	43.9	43.8	52.9	39.7	
Mexico/Mexique	x30.1	x17.5			10.5	10.9	12.6	13.7	10.1		Singapore/Singapour	0.1	0.0	0.2	0.0	0.0	x0.3	12.7	11.6	12.0	14.5
Singapore/Singapour	1.5	0.0	2.4	1.7	0.2	0.4	10.4	11.0	10.6	7.7	United Kingdom	2.5	3.2	45.6	23.4	12.8	9.2	8.1	7.4	4.3	4.7
Indonesia/Indonésie	3.5	0.8	2.9	1.4	1.1	2.7	2.6	13.2	9.9	2.5	Germany/Allemagne	1.5	1.3	16.6	7.3	4.9	4.4	4.7	3.9	7.4	10.5
USA/Etats–Unis d'Amer	x1.3	x0.8		x1.9	x4.0	3.2	5.7	7.1	7.1	3.9	Former USSR/Anc. URSS				x12.5	x14.0	x3.7	x8.8	x2.8		
Canada	1.1	2.4	3.5	2.4	2.7	6.0	7.2	4.2	6.2	8.0	France, Monac	1.3	2.1	18.2	7.8	4.9	8.2	5.4	3.9	2.6	2.4
Germany/Allemagne	5.1	5.5	12.2	8.3	4.0	4.5	5.1	5.1	5.2	3.9	Canada	0.3	0.3	4.0	3.6	6.3	3.1	3.0	3.9	4.2	2.4
France, Monac	1.3	0.8	1.9	1.6	0.9	1.3	2.8	3.9	6.1	4.5	Belgium–Luxembourg	0.6	0.3	3.6	1.3	0.7	1.9	2.1	2.5	2.2	2.4
India/Inde	0.9	1.5	5.0	1.2	11.8	0.9	x2.8	4.5	0.5	x9.7	Sweden/Suède	0.0	0.0	0.1	0.4	0.9	0.3	2.3	1.5	1.1	0.0
Belgium–Luxembourg	1.7	2.5	3.1	2.2	1.9	2.5	3.2	2.0	4.0	2.9	Japan/Japon	0.0	0.1	1.1	0.1	0.3	0.7	1.3	1.2	1.6	1.3

2871 CPR ORE ETC, CEMENT COPPR / MINERAIS DE CUIVRE, MATTES 2871

TRADE BY COMMODITY IN THOUSAND U.S. DOLLARS – COMMERCE PAR PRODUIT EN MILLIERS DE DOLLARS E.U

COUNTRIES–PAYS	IMPORTS – IMPORTATIONS					COUNTRIES–PAYS	EXPORTS – EXPORTATIONS				
	1988	1989	1990	1991	1992		1988	1989	1990	1991	1992
Total	4270265	4740622	4354405	4179415	4123111	Totale	3783765	4549688	4298132	4140138	x4139909
Africa	10617	x19596	15384	x3769	x9226	Afrique	x67599	x61085	x64818	x46060	x42270
Northern Africa	2916		537	1141	211	635	Afrique du Nord	35637	35145	32031	28106	31155
Americas	345708	454613	509305	454799	567665	Amériques	2018498	2463179	2152982	2192926	x2078065
LAIA	243907	290253	268173	260739	249600	ALAI	853018	919395	795483	1093950	x1103385
CACM	x4	x23	x13	x52	x56	MCAC	0	x102	0	0	0
Asia	3040372	3258630	3052675	2925138	2652844	Asie	x545449	x705732	x694884	x761734	x1014349
Middle East	4682	2650	x824	917	x7887	Moyen–Orient	14845	12749	9942	1788	10808
Europe	823963	946511	746154	713651	792363	Europe	110848	332172	448645	345752	310674
EEC	631084	773801	556873	553343	602593	CEE	41013	242442	327804	240234	240688
EFTA	192879	172711	189281	157877	188053	AELE	59719	86688	103306	105518	69455
Oceania	98	6229	1692	x3514	22842	Océanie	989870	978091	804024	711498	686814
Japan/Japon	2472271	2582717	2446296	2249243	2127714	Canada	752938	929456	895192	716887	629009
Germany/Allemagne	415370	557819	355526	331929	354669	Chile/Chili	495264	698971	523372	865898	x981772
Korea Republic	350887	465686	267996	258308	216632	Papua New Guinea	859792	832644	582656	595032	541188
Brazil/Brésil	235056	289345	180548	209273	238721	USA/Etats–Unis d'Amer	402343	606675	457433	377198	341249
Spain/Espagne	193505	203437	155669	197285	182586	Indonesia/Indonésie	231151	305760	374449	498488	731057
Philippines	83835	x93014	155669	132958	148665	Portugal	8659	211255	292281	225066	222447
Finland/Finlande	143734	135422	159373	159492	153272	Philippines	216160	x298082	206618	174346	142433
China/Chine	107286	105923	124936	118820	198890	Australia/Australie	129935	145365	220945	116462	145573
Canada	81664	104684	76513	74263	119070	Mexico/Mexique	146410	147829	179311	141774	39879
USA/Etats–Unis d'Amer	19756	59559	164570	74263	119070	Peru/Pérou	211198	72396	83011	x74919	x78042
Sweden/Suède	48925	37006	29747	24726	39201	Former USSR/Anc. URSS		x9428	x121943	x77230	
Bulgaria/Bulgarie		x36800	x13223	x39228	39477	Malaysia/Malaisie	65826	71037	68492	58222	x68645
Poland/Pologne				x37594	x33250	Norway,SVD,JM	33567	47937	48194	39115	25650
Belgium–Luxembourg	1290	10362	17494	8941	984	Sweden/Suède	22577	29121	44586	53175	39355
So. Africa Customs Un	7577	11913	10219	x878	x2781	Morocco/Maroc	35628	35064	32031	28106	30873
Czechoslovakia		9616	6252			So. Africa Customs Un	x23648	x14336	x30414	x17232	x11089
Zimbabwe		x7140	3828	2339		Spain/Espagne	18558	22577	28519	8708	8640
Australia/Australie	96	6197	1659	3512	22842	Mongolia/Mongolie	x4323	x12325	x9292	x20073	x30664
Romania/Roumanie			9023	1510	x5422	Finland/Finlande	3306	9436	10403	13187	4449
Former GDR	x49446	x8380	x697			Korea Republic			15813	5081	7892
Korea Dem People's Rp	x20712	x8213			x7500	Yugoslavia SFR	10117	3042	17536	1396	10505
France,Monac	15056	470	567	1446	1897	Turkey/Turquie	13609	8228	9290	7286	46
Netherlands/Pays–Bas	1121	895	1085	502	198	Brazil/Brésil	x320		x10770	x4510	x7126
Yugoslavia SFR				x2430		Bulgaria/Bulgarie		x6915	x3996	x3996	x3996
Saudi Arabia	x5	2325	x5		x5	Cuba	x9638	x11432	x123	x29	
Italy/Italie	3339	443	818	848	5197	Mozambique	9240	x2132	7597	17	x69
Venezuela	3	0	17	1599	2054	India/Inde	x2889	x2671	x2542	x3351	x3152
United Kingdom	236	188	720	321	432	Myanmar	2800	684	2908	1124	441
Jordan/Jordanie		68	235	866		Germany/Allemagne	5527	1177	1275	2159	5264
Malaysia/Malaisie	262	97	375	664	x26						
Thailand/Thaïlande	307	29	345	633	806	Colombia/Colombie		x3	75	3994	3396
Chile/Chili	627	901	32	23	x26	Ireland/Irlande		2969	423	392	635
Tunisia/Tunisie	300	373	350	210	417	Saudi Arabia	595	3378			x103
Libyan Arab Jamahiriya		114	791	x1		Zimbabwe		x155	1970	679	
Jamaica/Jamaïque				x900		Italy/Italie	806	1018	752	570	1160
Mexico/Mexique	8215	2	1	732	27436	Netherlands/Pays–Bas	407	970	387	863	692
Turkey/Turquie	4661	257	250	32	217	France,Monac	3571	1143	666	357	313
Central African Rep.			x187	x187	x187	Belgium–Luxembourg	668	435	561	944	982
Iran (Islamic Rp. of)			x334	x13	x1	Cyprus/Chypre	639	1068	625	232	175
Norway,SVD,JM	34	195	5	107	147	Panama			858	867	427
Former USSR/Anc. URSS	x61	x243		x5	18	Bolivia/Bolivie	145	0	1190	59	213
Iceland/Islande	17	85	78	66	x22	Singapore/Singapour	704	303	123	285	319
Hungary/Hongrie				207	195	Japan/Japon	x222	x599	x15	x84	x31
Ireland/Irlande	16	88	43	72	80	Guyana	x551	x637			52
Israel/Israël	56	61	87	51	24	Fiji/Fidji	x33		x423	x420	x422
Singapore/Singapour	3	51	13	45	93	Poland/Pologne	x51182		119	42	7
Indonesia/Indonésie	11	92		15	1	Austria/Autriche	29	194	239	18	7
Ecuador/Equateur	0		113		x5614	Venezuela			257	0	
Un. Rep. of Tanzania		3		x106	17	Angola					x55
Austria/Autriche	52	3	77	16	17	Greece/Grèce		170	31	15	x55

(VALUE AS % OF TOTAL)(VALEUR EN % DU TOTAL)

	1983	1984	1985	1986	1987	1988	1989	1990	1991	1992		1983	1984	1985	1986	1987	1988	1989	1990	1991	1992
Africa			0.5	x0.1	x0.0	0.3	x0.5	0.3	x0.1	x0.3	Afrique	x5.3	x5.4	x3.3	x2.3	x1.9	x1.8	x1.3	x1.5	x1.1	x1.1
Northern Africa	0.0	0.0	0.0	0.1	0.0	0.1	0.0	0.0	0.0	0.0	Afrique du Nord	1.5	1.5	1.2	1.1	1.0	0.9	0.8	0.7	0.7	0.8
Americas	x8.6	x5.9	x6.1	7.2	7.2	8.1	9.6	11.7	10.9	13.8	Amériques	x43.7	x49.1	x55.7	x53.2	x50.1	53.3	54.2	50.1	52.9	x50.2
LAIA	x0.5	x2.2	x3.6	4.7	4.8	5.7	6.1	6.2	6.2	6.2	ALAI	x22.7	x22.1	x29.7	x24.5	x23.5	22.5	20.2	18.5	26.4	x26.7
CACM	x0.0			x0.0	x0.0	x0.0	x0.0	x0.0	x0.0	x0.0	MCAC		x0.0		0.0	0.0	0.0	0.0	0.0	0.0	
Asia	71.5	74.5	74.3	70.5	73.6	71.2	68.8	70.1	70.0	64.3	Asie	18.2	13.0	15.1	17.0	x17.3	x14.4	x15.5	x16.2	x18.4	x24.5
Middle East	x0.2	x0.4	0.7	0.9	0.1	0.1	0.1	0.0	0.0	0.2	Moyen–Orient	x0.4	x0.7	0.0	x0.1	0.4	0.4	0.3	0.2	0.0	0.3
Europe	19.9	19.5	19.1	22.3	18.2	19.3	20.0	17.1	17.1	19.2	Europe	3.7	4.7	4.7	4.7	4.2	2.9	7.3	10.4	8.4	7.5
EEC	15.5	16.0	14.9	18.3	13.7	14.8	16.3	12.8	13.2	14.6	CEE	1.3	2.1	1.2	1.2	0.9	1.1	5.3	7.6	5.8	5.8
EFTA	4.4	3.5	4.2	4.0	4.4	4.5	3.6	4.3	3.8	4.6	AELE	2.3	2.6	2.3	3.1	3.0	1.6	1.9	2.4	2.5	1.7
Oceania				x0.0			0.1		x0.1	0.6	Océanie	29.2	27.7	21.2	22.8	25.5	26.1	21.5	18.7	17.2	16.6
Japan/Japon	63.4	64.5	64.7	60.1	55.8	57.9	54.5	56.2	53.8	51.6	Canada	17.9	21.8	18.1	18.6	18.2	19.9	20.4	20.8	17.3	15.2
Germany/Allemagne	10.9	12.0	11.4	12.7	8.7	9.7	11.8	8.2	7.9	8.6	Chile/Chili	x0.3	x11.2	x14.3	x12.9	x14.4	13.1	15.4	12.2	20.9	x23.7
Korea Republic	7.9	8.6	8.7	9.5	8.2	7.4	6.1	6.2	6.2	5.3	Papua New Guinea	23.8	22.5	16.3	19.3	23.6	22.7	18.3	13.6	14.4	13.1
Brazil/Brésil		x1.6	x3.5	4.5	4.4	4.5	4.3	4.1	5.0	5.8	USA/Etats–Unis d'Amer	2.6	4.8	7.5	9.8	6.3	10.6	13.3	10.6	9.1	8.2
Spain/Espagne	2.4	2.4	2.1	4.0	x0.2	2.0	x2.0	3.6	4.7	4.4	Indonesia/Indonésie			6.1	8.9	6.3	6.1	6.7	8.7	12.0	17.7
Philippines					3.4	3.4	2.9	3.7	3.2	3.6	Portugal	0.0	0.0	0.0	0.0	0.2	0.2	4.6	6.8	5.4	5.4
Finland/Finlande	1.4	2.1	2.0	2.4	3.6	2.5	2.4	2.9	3.8	3.8	Philippines	13.7	7.7	4.5	4.7	x4.4	5.7	x6.6	4.8	4.2	3.5
China/Chine					2.2	2.2	1.9	2.2	2.8	4.8	Australia/Australie	5.4	5.2	4.9	3.5	1.9	3.4	5.7	5.1	2.8	3.5
Canada	1.4	1.2	2.4	2.3	2.2	1.9	2.2	1.8	2.8	4.8	Mexico/Mexique	x21.0	x8.4	x6.2	x7.8	x4.7	3.9	3.2	4.2	3.4	1.0
USA/Etats–Unis d'Amer	6.8	2.5	0.2	0.2	0.2	0.5	1.3	3.8	1.8	2.9	Peru/Pérou	1.3	1.9	9.1	3.7	4.3	5.6	1.6	1.9	x1.8	x1.9

28711 COPPER ORES, EXCL MATTE — MINERAIS DE CUIVRE 28711

TRADE BY COMMODITY IN THOUSAND U.S. DOLLARS – COMMERCE PAR PRODUIT EN MILLIERS DE DOLLARS E.U

IMPORTS – IMPORTATIONS

COUNTRIES–PAYS	1988	1989	1990	1991	1992
Total	4168931	4675478	4268182	4147976	4083988
Africa	x2849	x12627	x4893	x8076	x7792
Northern Africa	0	0	x9	0	0
Americas	340667	444467	483334	450235	558100
LAIA	240246	290251	268045	260634	247449
CACM		x23	x6	x52	x32
Asia	2993452	x3236043	3031399	2915967	2650135
Middle East	1576	2236	x341	903	x7705
Europe	782516	922372	718310	691852	768072
EEC	594013	752509	529134	533069	578472
EFTA	188503	169862	189176	156352	187883
Oceania	2	5599	1051	x3514	22842
Japan/Japon	2472215	2582503	2441306	2248523	2127676
Germany/Allemagne	392348	540146	330467	313368	338728
Korea Republic	307768	437906	309015	314378	314378
Brazil/Brésil	235056	289345	267996	258308	170497
Spain/Espagne	193462	202384	179930	209105	216632
Philippines	83835	x93014	155669	197285	238218
Finland/Finlande	143687	135220	159373	132958	182586
China/Chine	107286	105923	124936	154629	148665
Canada	81553	100153	70397	118804	152909
USA/Etats-Unis d'Amer	18839	53951	144888	70745	198882
Bulgaria/Bulgarie		x36371	x13223	x39228	111733
Sweden/Suède	44748	34536	29696	23243	38393
Poland/Pologne				x37594	39200
Belgium-Luxembourg	1290	8576	17003	8803	x33234
So. Africa Customs Un	2733	5487	4011	x7321	621
Czechoslovakia		9616	6252		x1985
Romania/Roumanie			9023	1510	
Australia/Australie	0	5568	1018	3512	x5422
Former GDR	x49446	x8380	x697		22842
Zimbabwe		x7140	685	567	
Korea Dem People's Rp	x20699	x8213			x7500
Israel/Israël		x6090	12	x60	x10
Yugoslavia SFR				x2430	
Netherlands/Pays-Bas	1115	877	1056	382	33
Saudi Arabia		2167			0
Venezuela	x2	0	2	1599	7
Jordan/Jordanie		68	235	866	
France, Monac	3358	75	91	955	37
Chile/Chili	614	901	32	23	x21
United Kingdom	185	164	397	240	248
Mexico/Mexique	4574	1	1	662	27436
Italy/Italie	2193	275	178	198	309
Central African Rep.			x187	x187	x187
Iceland/Islande	17	85	78	66	18
Malaysia/Malaisie	59	41	62	48	x4
Indonesia/Indonésie	7	92	13	1	35
Norway, SVD, JM	33	20		85	0
Thailand/Thaïlande	3	0		103	1
Dominican Republic		x89			x4
Iran (Islamic Rp. of)			x72		
India/Inde		x19	x22	x29	x23
Turkey/Turquie	1568	2	34	32	42
New Zealand			31	32	
Honduras		x23	x6	x20	x32
Colombia/Colombie			x6		4
Costa Rica				36	
Austria/Autriche	19	1	27	x32	
Sri Lanka		0			44
Denmark/Danemark	46	12	24	4	191
Argentina/Argentine			x7	x6	8

EXPORTS – EXPORTATIONS

COUNTRIES–PAYS	1988	1989	1990	1991	1992
Totale	3623647	4449831	4179804	4058378	x4070445
Afrique	x56583	x54188	x56949	x41832	x38966
Afrique du Nord	34989	33611	30849	26983	30078
Amériques	1888131	2389132	2086535	2132190	x2033251
ALAI	749900	921499	773406	1087429	x1099919
MCAC		x102			
Asie	x543571	x702767	x678360	x756050	x1003083
Moyen-Orient	13816	10871	9351	1555	10555
Europe	95479	316410	430429	338269	304753
CEE	29256	227938	316706	233190	235355
AELE	59398	86422	102032	105079	69394
Océanie	988701	977905	795179	709965	683148
Canada	735337	888999	862659	666341	588909
Chile/Chili	495264	698970	522123	865898	x980437
Papua New Guinea	859792	832644	582653	595032	541188
USA/Etats-Unis d'Amer	402343	570981	446454	374412	340427
Indonesia/Indonésie	231151	305760	374449	498488	731056
Portugal	8614	210028	292186	225028	221419
Philippines	216160	x298082	206580	174346	139810
Australia/Australie	128909	145261	212526	114933	141960
Mexico/Mexique	143238	138167	159133	135581	31605
Peru/Pérou	93119	72396	83011	x74919	x77773
Former USSR/Anc. URSS		x9428	x121581	x76539	
Malaysia/Malaisie	65792	71037	68489	58142	x68624
Norway, SVD, JM	33549	47937	47724	39115	25650
Sweden/Suède	22576	29115	44505	53168	39331
Morocco/Maroc	34989	33604	30849	26983	30078
So. Africa Customs Un	x21588	x9150	x25959	x14811	x8861
Mongolia/Mongolie	x4323	x12325	x9292	x20073	x30664
Spain/Espagne	9114	12862	20666	6444	8161
Finland/Finlande	3267	9370	9802	12790	4413
Brazil/Brésil	x18134	x11963	7875	6960	x6486
Turkey/Turquie	13606	8228	9290	1396	10505
Cuba		x6915	x3996	x3996	
Bulgaria/Bulgarie			x10770	x3527	x7126
Yugoslavia SFR	6826	2050	11691		
Mozambique					0
India/Inde	9240	x11410	x123	x29	
Myanmar	x2889	x2132	7597	17	x69
United Kingdom	2795	x2522	x2542	x3351	x3152
Colombia/Colombie		637	2903	1108	118
Ireland/Irlande		x3	75	3994	3396
		2855			3
Saudi Arabia	0	2153			
France, Monac	2398	609	471	220	150
Bolivia/Bolivie	145	0	1190	59	213
Italy/Italie	334	553	90	82	31
Guyana	x551	x637			
Belgium-Luxembourg	420	187	198	210	163
Cyprus/Chypre	208	415	34		51
Germany/Allemagne	5492	104	116	64	5215
Jordan/Jordanie			19	160	
Netherlands/Pays-Bas	88	46	46	17	36
Greece/Grèce		57	31	15	
Nicaragua			x102		
Singapore/Singapour	154		5	49	36	14
Iraq		x75	x8		
Japan/Japon	x15	x3	x11	x42	x6
Zaire/Zaïre	x6	x17	x18	x8	x27
Aruba			x20	x12	
Israel/Israël	28	31			
Venezuela				18	7
Tunisia/Tunisie		x7			

(VALUE AS % OF TOTAL) (VALEUR EN % DU TOTAL)

IMPORTS

	1983	1984	1985	1986	1987	1988	1989	1990	1991	1992
Africa				x0.0	x0.0	x0.1	x0.3	x0.1	x0.2	x0.1
Northern Africa		0.0		0.0	0.0	0.0	0.0	0.0	0.0	0.0
Americas	x8.9	x6.1	6.4	7.3	7.2	8.2	9.5	11.3	10.9	13.7
LAIA	x0.5	x2.3	3.7	4.8	4.8	5.8	6.2	6.3	6.3	6.1
CACM	x0.0	0.1	0.1	0.0			x0.0	x0.0	x0.0	x0.0
Asia	73.4	76.3	75.6	71.7	75.1	71.8	x69.2	71.0	70.3	64.9
Middle East		0.5		0.0	0.9	0.0	0.0	x0.0	0.0	x0.2
Europe	17.6	17.5	18.0	21.0	17.1	18.8	19.7	16.8	16.7	18.8
EEC	14.2	14.9	14.2	17.2	12.6	14.2	16.1	12.4	12.9	14.2
EFTA	3.5	2.6	3.8	3.9	4.3	4.5	3.6	4.4	3.8	4.6
Oceania				x0.0			0.1		x0.1	0.6
Japan/Japon	65.7	67.7	67.0	61.8	57.2	59.3	55.2	57.2	54.2	52.1
Germany/Allemagne	10.8	12.2	11.4	12.5	7.9	9.4	11.6	7.7	7.6	8.3
Korea Republic	7.7	8.1	8.0	9.0	12.7	9.4	9.4	7.2	7.6	7.6
Brazil/Brésil		3.1	3.6	4.6	4.8	5.6	6.2	6.3	6.2	4.2
Spain/Espagne	2.2	2.2	2.1	4.1	4.5	4.6	4.3	4.2	5.0	5.8
Philippines					x0.2	x2.0	3.6	3.6	4.8	4.5
Finland/Finlande	1.4	1.8	2.1	2.4	3.4	3.4	2.9	3.7	3.2	3.6
China/Chine					3.6	2.6	2.3	2.9	3.7	3.7
Canada	1.4	1.3	2.4	2.3	2.2	2.0	2.1	1.6	2.9	4.9
USA/Etats-Unis d'Amer	7.0	2.5	0.2	0.2	0.2	0.5	1.2	3.4	1.7	2.7

EXPORTS

	1983	1984	1985	1986	1987	1988	1989	1990	1991	1992
Afrique	x6.4	x4.7	3.0	x1.9	x1.9	x1.6	x1.2	x1.3	x1.1	x0.9
Afrique du Nord	1.8	1.5	1.2	1.1	1.0	1.0	0.8	0.7	0.7	0.7
Amériques	x29.2	x50.9	x54.1	x53.5	x49.5	52.1	53.7	49.9	52.5	x49.9
ALAI	x2.2	22.2	25.3	x24.7	x23.9	20.7	20.7	18.5	26.8	x27.0
MCAC					1.7	1.3		x0.0		
Asie	23.0	12.7	15.9	17.0	x17.8	x15.0	x15.8	x16.2	x18.6	x24.6
Moyen-Orient	x0.4	0.6			x0.0	0.4	0.2	0.2	0.0	0.3
Europe	4.2	4.2	4.8	x4.6	3.9	2.6	7.1	10.3	8.3	7.5
CEE	1.2	1.6	1.1	0.9	0.9	0.8	5.1	7.6	5.7	5.8
AELE	3.0	2.6	2.9	3.3	3.0	1.6	1.9	2.4	2.6	1.7
Océanie	37.3	27.5	22.3	22.9	26.2	27.3	22.0	19.0	17.5	16.8
Canada	x23.1	x21.8	x19.2	18.6	18.7	20.3	20.0	20.6	16.4	14.5
Chile/Chili	x0.4	11.3	16.0	x17.2	x14.7	13.7	15.7	12.5	21.3	x24.1
Papua New Guinea	30.6	22.5	17.3	19.4	24.2	23.7	18.7	13.9	14.7	13.3
USA/Etats-Unis d'Amer	3.4	4.8	7.9	9.9	6.4	11.1	12.8	10.7	9.2	8.4
Indonesia/Indonésie			6.5	9.0	6.5	6.4	6.9	9.0	12.3	18.0
Portugal	0.0	0.0		0.0	0.0	0.0	0.2	6.7	5.5	5.4
Philippines	17.6	7.7	4.8	4.7	x4.6	6.0	x6.7	4.9	4.3	3.4
Australia/Australie	6.7	5.0	5.0	3.5	2.0	3.6	3.3	5.1	2.8	3.5
Mexico/Mexique		8.4	6.6	x4.2	x4.9	4.0	3.1	3.8	3.3	0.8
Peru/Pérou	1.6	1.9	2.6	3.2	4.4	2.6	1.6	2.0	x1.8	x1.9

2872 NICKEL ORES, CONCENTRATES — MINERAIS DE NICKEL 2872

TRADE BY COMMODITY IN THOUSAND U.S. DOLLARS – COMMERCE PAR PRODUIT EN MILLIERS DE DOLLARS E.U

IMPORTS – IMPORTATIONS

COUNTRIES–PAYS	1988	1989	1990	1991	1992
Total	1929100	2392631	2020103	2024146	1762110
Africa	400	1659	x2354	x10711	x1288
Northern Africa	365	752	667	1092	1264
Americas	78812	x26918	55395	121862	x173101
LAIA	12295	5695	592	893	x519
CACM			x2		
Asia	649377	x868189	617790	686389	559175
Middle East	181		62	x134	x248
Europe	1200056	1458996	1316341	1204861	1028155
EEC	665063	789852	639389	566088	497324
EFTA	534963	667618	673664	638772	530793
Oceania	456	904	641	6	283
Japan/Japon	616152	781061	510698	545629	456017
Norway,SVD,JM	477581	598203	605012	583634	477336
United Kingdom	317204	325351	294859	258757	203687
Germany/Allemagne	136338	127658	91130	82582	101320
Italy/Italie	65319	138666	88377	66857	59259
Belgium–Luxembourg	63770	93249	90536	90108	76153
France, Monac	75241	97939	70166	64217	54192
Korea Republic	10	50179	60290	95020	77756
Canada	31246	15483	46271	80462	138041
Finland/Finlande	36677	40888	44167	34628	32383
India/Inde	30720	x23640	35629	34681	x14109
Czechoslovakia		30939	21892		x8
Sweden/Suède	12867	18801	17737	15860	19277
USA/Etats–Unis d'Amer	35271	3176	8532	40576	34518
Singapore/Singapour	1545	11759	9899	8644	5379
Austria/Autriche	7771	9724	6746	4439	1794
Zimbabwe			1573	9530	
Former USSR/Anc. URSS		x5027	x5659		
Spain/Espagne	6280	5548	2833	2198	2480
Yugoslavia SFR	29	1525	3288	x1	
Denmark/Danemark	845	1440	1449	693	189
Mexico/Mexique	9605	2459	312	6	99
Bermuda/Bermudes		x2562			
Brazil/Brésil	2328	2479	1	66	x102
Egypt/Egypte	196	607	586	1082	1169
Malaysia/Malaisie	461	654	804	403	x237
Australia/Australie	455	904	641	6	283
Philippines		x114	5	1219	
Korea Dem People's Rp		x636		x485	x152
So. Africa Customs Un	30	902	x86	x13	x3
Argentina/Argentine	230	345	162	17	204
Venezuela	9	x235	50	166	17
Ireland/Irlande	17	1	19	398	16
Indonesia/Indonésie	45	27	255	119	166
Uruguay	38	152	56	101	
Greece/Grèce	16		20	263	246
Ecuador/Equateur					2
Switz.Liecht	66	1	1	209	
Colombia/Colombie	84	3		206	5
Morocco/Maroc	93	126	67	5	75
Hungary/Hongrie				190	x15
Jordan/Jordanie	0	3	123	35	60
Romania/Roumanie			x30	128	x1
Chile/Chili		22		x84	x89
Pakistan	195	38	43	21	22
Cote d'Ivoire			x26	x71	
United Arab Emirates				x90	x4
Israel/Israël	14	8	16	29	39
Turkey/Turquie	157	42	7	x3	95
Cyprus/Chypre	10	17	17	4	17

EXPORTS – EXPORTATIONS

COUNTRIES–PAYS	1988	1989	1990	1991	1992
Totale	x1938339	x2421518	x1930762	x1891546	x1395175
Afrique	x188351	x151117	x106899	x104064	x99168
Afrique du Nord			x366		
Amériques	826087	969489	838163	x912293	x666961
ALAI	x4338	x1597	x849	x760	x743
MCAC					
Asie	423950	440161	271833	x295468	223500
Moyen–Orient	x3	x1	780	x1	x1
Europe	7201	17381	21546	22184	31549
CEE	5594	4806	6496	12454	18534
AELE	1607	12575	15031	9711	12996
Océanie	252912	524147	326821	361954	x359977
Canada	434200	547167	525886	588214	520273
Indonesia/Indonésie	391291	377096	228251	256574	192170
Dominican Republic	308836	371946	249050	220812	
Former USSR/Anc. URSS	x222405	x301202	x340558	x181271	244357
Australia/Australie	132704	322434	193613	215901	
New Caledonia	120208	201713	133208	146032	x115606
So. Africa Customs Un	x185975	x149291	x106447	x103524	x92171
Cuba	x47659	x44737	x44067	x84202	x134962
Philippines	26341	x50345	25613	29972	18077
Albania/Albanie	x17434	x18019	x24941	x13110	x12417
USA/Etats–Unis d'Amer	x30842	3678	18311	18305	10983
Singapore/Singapour	2694	11854	16717	8893	6162
Norway,SVD,JM	1225	4149	8765	9344	12298
Finland/Finlande	101	8426	6150	365	547
United Kingdom	4548	3622	1968	4035	11287
France, Monac	610	888	3036	2260	1869
Belgium–Luxembourg	97	131	2	6009	5141
Zimbabwe	x2376	x1651	86	0	x5514
Germany/Allemagne	75	68	1325	18	28
Brazil/Brésil	x1400	x1001	x389		x396
Turkey/Turquie			777		
Japan/Japon	3358	291	460	2	6948
Zaire/Zaïre		x175		x537	x1483
Poland/Pologne				x655	x1363
Czechoslovakia				x546	x151
India/Inde	7	x462		1	
Ecuador/Equateur				x450	
Peru/Pérou	85	204	154	x67	
Chile/Chili	1090	370		x51	x309
Egypt/Egypte			x366		
Panama	x212	x365	124	127	105
Italy/Italie	219	86		69	16
Venezuela			x110	x6	x22
Argentina/Argentine	x17	x22	x126	1	
Colombia/Colombie			x12	x3	x3
Israel/Israël	211	107	98	2	80
Sweden/Suède	3	0	x19	x19	x19
Andorra/Andorre				0	21
Spain/Espagne	12	1	35	21	125
China/Chine		2		x21	x14
Nauru				5	6
Denmark/Danemark	33	10	1	15	25
Switz.Liecht	57			6	x13
Greece/Grèce			x1	x3	
Iran (Islamic Rp. of)		3	0		
Korea Republic			3		46
Austria/Autriche	221			3	
Djibouti					x1
United Arab Emirates	x3	1		x1	
Cameroon/Cameroun					

(VALUE AS % OF TOTAL) (VALEUR EN % DU TOTAL)

	1983	1984	1985	1986	1987	1988	1989	1990	1991	1992		1983	1984	1985	1986	1987	1988	1989	1990	1991	1992
Africa	1.9	0.3	0.5	x2.7	x2.8	0.0		x0.1	0.5	0.1	Afrique	x4.9	5.3	3.9	4.1	5.9	9.7	6.3	x5.5	x5.5	x7.1
Northern Africa	0.0					0.0	0.0	0.0	0.1	0.1	Afrique du Nord								x0.0		
Americas	13.2	14.7	14.1	5.6	3.7	4.0	x1.1	2.7	6.0	x9.8	Amériques	57.6	x40.0	51.6	61.3	x59.4	42.6	40.0	x43.4	x48.3	x47.8
LAIA	0.1	1.2	2.0	0.0	0.0	0.6	0.2	0.0	0.0	x0.0	ALAI	0.1	x0.0	0.0	x0.1	0.1	x0.2	x0.1	x0.0	x0.0	0.1
CACM							x0.0				MCAC										
Asia	32.4	28.8	28.3	30.1	30.4	33.6	x36.2	30.6	34.0	31.8	Asie	15.8	15.6	11.8	11.8	12.4	21.9	18.2	14.1	x15.6	16.0
Middle East	0.0	0.5	0.0	x0.1		x0.0		0.0	x0.0		Moyen–Orient		x0.0	x0.0	x0.0	x0.0	x0.0	x0.0	x0.0	x0.0	x0.0
Europe	52.7	56.1	57.0	61.4	59.0	62.2	61.0	65.2	59.5	58.3	Europe	3.6	1.9	1.2	1.5	1.8	0.4	0.7	1.1	1.2	2.3
EEC	27.6	27.2	26.8	28.9	32.5	34.5	33.0	31.7	28.0	28.2	CEE	3.3	1.8	1.1	1.1	1.7	0.3	0.3	0.7	0.7	1.3
EFTA	25.1	28.9	30.0	32.4	26.5	27.7	27.9	33.3	31.6	30.1	AELE	0.2	0.1	0.1	0.1	x0.1	0.1	0.5	0.8	0.5	0.9
Oceania			0.1	0.2	0.1						Océanie	18.1	37.1	31.6	x21.3	16.3	13.0	21.6	16.9	19.1	x25.8
Japan/Japon	31.1	27.6	27.5	29.4	28.1	31.9	32.6	25.3	27.0	25.9	Canada	24.8	40.0	28.8	25.9	31.0	22.4	22.6	27.2	31.1	37.3
Norway,SVD,JM	17.5	23.5	24.4	26.6	23.1	24.8	25.0	29.9	28.8	27.1	Indonesia/Indonésie	14.0	13.6	9.5		6.2	11.5	20.2	15.6	13.6	13.8
United Kingdom	13.5	14.5	12.4	11.2	11.4	16.4	13.6	14.6	12.8	11.6	Dominican Republic					9.9	15.5	15.4	12.9	11.7	
Germany/Allemagne	5.4	5.5	5.4	5.2	6.3	7.1	5.3	4.5	4.1	5.7	Former USSR/Anc. URSS					x1.2	x11.5	x12.4	x17.6	x9.6	
Italy/Italie	1.2	1.9	1.8	2.4	3.2	5.8	4.4	3.3	3.4		Australia/Australie	15.8	20.5	17.1	16.9	14.5	6.8	13.3	10.0	11.4	17.5
Belgium–Luxembourg	0.3	1.0	0.8	1.2	3.9	3.3	4.5	4.5	4.3		New Caledonia	2.3	16.6	14.5	x4.3	1.8	6.2	8.3	6.9	7.7	x8.3
France, Monac	3.4	3.0	4.9	5.1	3.5	3.9	4.1	3.5	3.2	3.1	So. Africa Customs Un	4.9	5.3	3.9	x4.1	x5.7	x9.6	x6.2	x1.8	x2.3	x9.7
Korea Republic	0.0		0.0	0.0	0.0	0.0	2.1	3.0	4.7	4.4	Cuba	32.7		22.7	28.4	x15.6	x2.5	x2.1	1.3	1.6	1.3
Canada	2.1	1.2	2.1	3.6	1.4	1.6	0.6	2.3	4.0	7.8	Philippines	1.7	1.5	2.3	1.6	x0.8	1.4	x2.1	1.3	1.6	1.3
Finland/Finlande	4.9	3.5	3.7	3.5	1.5	1.9	1.7	2.2	1.7	1.8	Albania/Albanie					x1.5	x0.9	x0.7	x1.3	x0.7	x0.9

28722 NICKEL MATTE, SINTERS, ETC — MATTES, SINTERS 28722

TRADE BY COMMODITY IN THOUSAND U.S. DOLLARS – COMMERCE PAR PRODUIT EN MILLIERS DE DOLLARS E.U

IMPORTS – IMPORTATIONS

COUNTRIES–PAYS	1988	1989	1990	1991	1992
Total	1837062	2055952	1800693	1813359	1595065
Africa	396	1658	2267	10688	1283
Northern Africa	361	752	667	1088	1262
Americas	x160029	17399	54633	x120678	x168957
LAIA	12009	5453	579	x920	x493
CACM					
Asia	502316	x606031	454578	491611	410090
Middle East	173	62	145	x132	x248
Europe	1173871	1427717	1288245	1190063	1014345
EEC	640995	763115	622532	559887	496968
EFTA	532847	663076	662625	630176	517339
Oceania	451	903	641	1	283
Norway, SVD, JM	477558	598130	604911	583567	477231
Japan/Japon	469200	519689	347523	351368	307006
United Kingdom	317025	325348	294847	258459	203500
Germany/Allemagne	136175	127599	91094	82562	101251
Italy/Italie	65318	138642	87967	66857	59244
France, Monac					
Belgium–Luxembourg	75239	97913	70145	63980	54163
Korea Republic	40069	66830	74391	84770	76120
Canada	10	50179	60290	95020	77756
Finland/Finlande	21735	8771	45685	80419	136701
India/Inde	34964	36670	33140	26107	19044
Sweden/Suède	30720	x23624	35629	34681	x14109
USA/Etats–Unis d'Amer	12497	18559	17668	15860	19268
Singapore/Singapour	x126284	3174	8368	39338	31740
Austria/Autriche	1545	11727	9898	8644	5378
Zimbabwe	7764	9717	6705	4431	1794
Spain/Espagne			1573	9526	
Yugoslavia SFR	6279	5543	2826	2187	2472
Denmark/Danemark	29	1525	3288		
Brazil/Brésil	836	1440	1224	693	189
	2328	2479		x93	x102
Czechoslovakia		2242	298		x8
Mexico/Mexique	9413	2070	312	6	99
Egypt/Egypte	196	607	586	1082	1169
Malaysia/Malaisie	410	635	774	372	x213
Australia/Australie	450	903	641	1	283
Philippines		x59	5	1219	
So. Africa Customs Un	30	902		0	0
Argentina/Argentine	230	345	162	17	204
Colombia/Colombie		x207		206	
Ireland/Irlande	17	1	17	377	9
Indonesia/Indonésie	45		254	119	166
Venezuela		x142	50	166	13
Uruguay	38	152	56	101	
Ecuador/Equateur				246	
Switz. Liecht	63	1	1	209	2
Morocco/Maroc	93	126	67	5	75
Hungary/Hongrie				190	x15
Jordan/Jordanie	0	3	123	35	60
Romania/Roumanie			x30	128	x1
Chile/Chili		x58		x84	x73
Pakistan	195	38	43	21	22
Cote d'Ivoire			x26	x71	
United Arab Emirates				x90	x4
Israel/Israël	14	8	16	29	39
Turkey/Turquie	157	42	4	x3	95
Cyprus/Chypre	9	17	17	4	17
Greece/Grèce	16		20		
Algeria/Algérie	66	19			x13
Libyan Arab Jamahiriya			x15		
Thailand/Thaïlande		5	2		97

EXPORTS – EXPORTATIONS

COUNTRIES–PAYS	1988	1989	1990	1991	1992
Totale	x1689711	x2146013	x1749276	x1686804	x1235395
Afrique	x167851	x151116	x109809	x103976	x99143
Afrique du Nord			x366		
Amériques	729662	949590	830337	x903281	x656222
ALAI	x3163	x1056	x695	x754	x721
MCAC					
Asie	358251	327006	206416	x223938	169137
Moyen–Orient	x3	x1	780		
Europe	5866	4482	6337	12232	18469
CEE	5384	4457	6216	12232	18327
AELE	483	25	121		142
Océanie	205683	412635	261490	267452	290624
Canada	390213	547029	525886	588205	520182
Dominican Republic	308836	371946	249050	220812	
Former USSR/Anc. URSS	x222398	x301183	x334165	x173833	
Australia/Australie	132684	320928	193613	215624	244357
Indonesia/Indonésie	352018	314342	188491	215045	156047
So. Africa Customs Un	x165475	x149290	x106418	x103436	x92146
New Caledonia	72999	91707	67877	51807	46253
Cuba	x25090	x26008	x37311	x77446	x128206
Singapore/Singapour	2651	11798	16676	8865	6139
USA/Etats–Unis d'Amer	x2149	3186	17395	16064	7113
United Kingdom	4442	3589	1861	3921	11223
Belgium–Luxembourg	85	128	2	6009	5124
France, Monac	610	639	2955	2172	1821
Zimbabwe	x2376	x1651	x3025	0	x5514
Albania/Albanie			x722	x889	x196
Germany/Allemagne	17	25	1280	9	14
Brazil/Brésil	x1400	x852	x389		x396
Turkey/Turquie			777		
Japan/Japon	3358	291	456	2	6948
Zaire/Zaïre		x175		x537	x1483
Poland/Pologne				x655	x1363
Czechoslovakia				x546	x151
India/Inde	7	x462		1	
Ecuador/Equateur				x450	
Egypt/Egypte			x366		
Panama	x212	x365			
Italy/Italie	215	75	116	120	105
Peru/Pérou		204		x67	
Venezuela			69	x185	16
Colombia/Colombie			x126		
Israel/Israël	211	107	x12	x3	x3
Argentina/Argentine	x17		x110		
Sweden/Suède			0		80
Chile/Chili				x51	x309
Finland/Finlande		25			
China/Chine		2		21	
Nauru				x21	x14
Switz. Liecht	57		15		25
Norway, SVD, JM	205		5		
Spain/Espagne	12	1	3		21
Iran (Islamic Rp. of)		x1	x3		
Korea Republic		3	0		
Austria/Autriche	221		3		37
Djibouti				3	
Denmark/Danemark	4			2	6
Cameroon/Cameroun		1			
Malaysia/Malaisie	2		0		
Thailand/Thaïlande		0			

(VALUE AS % OF TOTAL) (VALEUR EN % DU TOTAL)

	1983	1984	1985	1986	1987	1988	1989	1990	1991	1992
Africa	2.4	0.4	0.6	x0.0		0.0	0.1	x0.6	x0.1	
Northern Africa	0.0	0.0	0.0	0.0	0.0	0.0	0.0	0.0	0.1	0.1
Americas	2.7	3.0	5.1	4.2	1.3	x8.8	0.9	3.0	x6.7	10.6
LAIA		1.6	2.5	0.0	0.0	0.7	0.3	0.0	x0.1	x0.0
CACM										
Asia	28.0	24.8	22.6	23.4	27.0	27.3	x29.5	25.2	27.1	25.7
Middle East	0.0	0.6	0.0	x0.1	x0.1	0.0	0.0	0.0	x0.0	x0.0
Europe	66.9	71.8	71.5	72.2	71.6	63.9	69.4	71.5	65.6	63.6
EEC	35.1	34.8	34.2	33.9	37.7	34.9	37.1	34.6	30.9	31.2
EFTA	31.7	37.0	37.0	38.2	33.9	29.0	32.3	36.8	34.8	32.4
Oceania			0.1	0.2						
Norway, SVD, JM	22.3	30.1	31.6	31.6	29.7	26.0	29.1	33.6	32.2	29.9
Japan/Japon	26.8	23.4	21.7	22.6	24.2	25.5	25.3	19.3	19.4	19.2
United Kingdom	17.3	18.7	15.4	13.3	14.6	17.3	15.8	16.4	14.3	12.8
Germany/Allemagne	6.9	7.0	7.3	6.1	8.0	7.4	6.2	5.1	4.6	6.3
Italy/Italie	1.6	2.5	2.2	2.8	4.1	3.6	6.7	4.9	3.7	3.7
France, Monac	4.3	3.8	6.1	6.0	4.6	4.1	4.8	3.9	3.5	3.4
Belgium–Luxembourg	0.3	1.3								
Korea Republic			0.9	1.1	1.1	2.2	3.2	4.1	4.7	4.8
Canada	0.0		0.0	0.0	0.0	0.0	2.4	3.3	5.2	4.9
Finland/Finlande	2.7	1.4	2.6	4.2	1.3	1.2	0.4	2.5	4.4	8.6
	6.1	4.4	4.4	4.0	1.8	1.9	1.8	1.8	1.4	1.2

	1983	1984	1985	1986	1987	1988	1989	1990	1991	1992
Afrique	x8.3	6.2	6.8	x4.4	4.6	x9.9	7.1	x6.3	x6.1	x8.1
Afrique du Nord								x0.0		
Amériques	x40.8	x54.0	x47.7	x49.7	61.7	43.2	44.2	47.5	x53.5	x53.1
ALAI	x0.0	x0.0	x0.0	x0.1	x0.1	x0.2	x0.0	x0.0	x0.1	x0.1
MCAC										
Asie	21.4	14.8	14.6	13.7	11.5	21.2	15.2	11.8	x13.3	13.7
Moyen–Orient		x0.0	x0.0	x0.0	x0.0	x0.0	x0.0			
Europe	5.9	2.1	x2.0	x2.2	x1.9	0.3	0.2	0.4	0.7	1.5
CEE	5.5	2.1	x2.0	x1.8	x1.8	0.3	0.2	0.4	0.7	1.5
AELE	0.2	x0.0	x0.0	x0.3	x0.0					0.0
Océanie	23.6	22.9	x28.9	x30.0	18.2	12.2	19.3	15.0	15.9	23.5
Canada	x40.8	x45.6	x47.7	x38.2	x32.5	23.1	25.5	30.1	34.9	42.1
Dominican Republic					9.6	11.1	18.3	17.3	14.2	13.1
Former USSR/Anc. URSS					x1.4	x13.2	x14.0	x19.1	x10.3	
Australia/Australie	23.6	22.9	28.9	26.3	16.2	7.9	5.0	11.1	12.8	19.8
Indonesia/Indonésie	21.4	14.3	14.6	12.3	11.4	20.8	14.6	10.8	12.7	12.6
So. Africa Customs Un	8.3	6.2	6.8	x4.3	x4.4	x9.8	x6.1	x6.1	x6.1	x7.5
New Caledonia				x3.7	2.0	4.3	4.3	3.9	3.1	3.7
Cuba		8.4		x0.5	x17.5	x1.5	x1.2	x2.1	x4.6	x10.4
Singapore/Singapour	0.0	0.5	0.0	0.2	0.0	0.2	0.1	1.0	0.5	0.5
USA/Etats–Unis d'Amer				x1.2	x0.4	x0.1	0.1	0.1	1.0	0.6

2873 ALUMINIUM ORES, ALUMINA — MINERAIS D'ALUMINIUM 2873

TRADE BY COMMODITY IN THOUSAND U.S. DOLLARS – COMMERCE PAR PRODUIT EN MILLIERS DE DOLLARS E.U

IMPORTS – IMPORTATIONS

COUNTRIES–PAYS	1988	1989	1990	1991	1992
Total	4333783	6036788	5993190	x6370667	4381569
Africa	x107082	x174290	x111091	x208361	x63183
Northern Africa	5625	12526	11829	12566	x8387
Americas	2023943	2671355	2694412	2632442	2163037
LAIA	312745	333308	331824	363996	258909
CACM	x175	x152	x418	x317	x710
Asia	265798	558292	500844	427272	399029
Middle East	x25368	x24503	x15878	x14538	x9550
Europe	1472334	1858370	2113702	1809231	1577266
EEC	973355	1162140	1267669	1181757	1082326
EFTA	438030	610824	750838	571121	463146
Oceania	x136425	x135800	x151907	x161190	x125240
USA/Etats–Unis d'Amer	1247379	1708535	1809628	1635397	1356567
Former USSR/Anc. URSS	x226118	x530815	x322642	x1035599	546415
Canada	454248	625231	551812	632202	283310
Germany/Allemagne	282643	448697	482053	364042	283310
Norway, SVD, JM	272590	374670	510342	370694	327438
France, Monac	104467	202839	212730	164335	191937
Indonesia/Indonésie	71813	241630	156473	126722	111811
China/Chine	45935	148287	200249	165292	148973
Italy/Italie	121140	149812	182996	155842	144820
Netherlands/Pays–Bas	153679	179638	160616	103484	125749
New Zealand	127198	125752	142413	146931	107962
Brazil/Brésil	85887	95621	111800	145718	133754
Spain/Espagne	68557	86778	105579	104961	88730
Venezuela	129694	79234	82752	99297	51995
Japan/Japon	82899	86933	88484	81791	69427
Argentina/Argentine	51326	97356	73880	78062	50760
Yugoslavia SFR	60828	85256	95157	x56330	
Ireland/Irlande	58327	61108	78256	86153	81146
Austria/Autriche	67439	82401	81770	59218	30448
Sweden/Suède	40660	85781	77989	57412	38267
United Kingdom	167583	16940	22114	181228	145742
Cameroon/Cameroun	x37	34686	x8367	128269	x1072
Mexico/Mexique	42491	57397	58813	35651	17098
So. Africa Customs Un	47790	77694	63078	x9214	x8527
Iceland/Islande	28377	35188	42587	50645	41991
Ghana	x45056	x37815	x26817	x57606	x43444
Romania/Roumanie	x39586	39651	31101	51146	x14114
Poland/Pologne	33665	42566	43441	25086	x19580
Switz.Liecht	27390	31302	35100	31412	22952
Czechoslovakia	x25607	21504	22837	x19269	x18195
Korea Republic	13279	28357	14716	14485	20856
Belgium–Luxembourg	14012	12405	18387	17502	17442
Australia/Australie	9211	10014	9485	9755	12920
Tunisia/Tunisie	4219	10002	8962	7877	5435
Thailand/Thaïlande	5476	7967	7846	8657	8668
Turkey/Turquie	7744	7012	6994	5531	4704
Korea Dem People's Rp	x10372	x9955	x4039	x3467	x451
India/Inde	3657	x3323	6409	4129	x9475
Iran (Islamic Rp. of)	x5201	x5046	x3650	x3924	x473
Guinea/Guinée	x8117	x10327			
Saudi Arabia	3928	5940	x1721	x1573	x2477
Portugal	1993	2315	2797	2466	1979
Finland/Finlande	1574	1483	3051	1741	2050
Israel/Israël	1364	1697	1902	2242	2099
Singapore/Singapour	2254	2109	1691	1660	1560
Colombia/Colombie	1521	1611	1441	1517	1721
Norfolk Island				x4465	x4357
Bahrain/Bahreïn	x4131	x4130	x7	x2	x28
Former GDR	x2368	x3387	x659		
Malaysia/Malaisie	870	902	1144	1747	x1905

EXPORTS – EXPORTATIONS

COUNTRIES–PAYS	1988	1989	1990	1991	1992
Totale	x2592417	3393019	3524088	x3042839	x2623675
Afrique	x290964	x298968	x304109	x306268	x303132
Afrique du Nord	0	x7		x1	x2
Amériques	1303341	1810522	1846769	x1752129	x1430395
ALAI	208803	247217	226704	226506	173014
MCAC					
Asie	264210	x282258	302788	209436	x173978
Moyen–Orient	13656	28941	x29217	8996	9526
Europe	706711	968912	1038747	756314	x699771
CEE	622138	721432	767849	733637	x696473
AELE	4097	1179	2196	1449	1521
Océanie	1	12			x11
Jamaica/Jamaïque	417174	585924	728267	656013	x520206
USA/Etats–Unis d'Amer	219592	410281	409012	437125	294309
Suriname/Suriname	x246338	x243870	x253985	x267089	x267077
Guinea/Guinée	195151	242378	195349	204669	162114
Ireland/Irlande	140355	200270	191678	181544	138985
Brazil/Brésil	80476	246301	268695	x21228	
Yugoslavia SFR	132955	126791	145735	137399	129117
Germany/Allemagne	78442	96344	113626	104319	104227
Italy/Italie	117844	x78984	112406	59652	x48922
India/Inde					
Greece/Grèce	37574	70187	82473	90944	x112768
China/Chine	74344	91886	79167	66012	50518
Guyana	x78551	x72924	x73751	x79347	x80266
Netherlands/Pays–Bas	54364	64257	77736	70772	71852
France, Monac	59423	66524	75025	64452	69785
Japan/Japon	47908	65309	64944	53549	37212
Canada	60282	65498	58863	36681	37910
Spain/Espagne	55556	44664	61320	47623	32610
Venezuela	68351	46802	34800	44829	33730
Sierra Leone	23248	x28927	x31095	x24219	x12064
Hungary/Hongrie	x24360	x30192	x26685	x14885	x11881
Turkey/Turquie	12989	28563	18471	8319	8845
Ghana	x16577	x23230	x17658	x12578	x15554
Indonesia/Indonésie	5647	10744	11268	14887	8464
United Kingdom	6164	7291	12606	10583	10996
Netherlands Antilles	x15086	x16685			
Malaysia/Malaisie	3088	4547	4021	4657	x7462
Kuwait/Koweït			x10436		
Belgium–Luxembourg	2466	2952	3798	2586	2909
Trinidad and Tobago		x8458	0		x367
Czechoslovakia	x102	x2075	x2719	x2925	x3775
So. Africa Customs Un	x3796	x2651	x1022	x92	x390
Hong Kong	1373	1416	1196	966	10949
Austria/Autriche	275	592	1363	900	518
United States Virg Is				x2678	
Albania/Albanie	x171		x1404	x693	x693
Dominican Republic	1664	907	514	208	
Switz.Liecht	356	516	502	485	570
Singapore/Singapour	312	360	424	657	668
Zimbabwe	x999	x27	0	x1311	x1167
United Arab Emirates	x382	x335	x270	x604	x655
British Virgin Islds				x941	
Equatorial Guinea				x881	x1627
Romania/Roumanie		x255	792	16	x22
Israel/Israël			x263	x94	x94
Mozambique	43	42	178	289	78
Denmark/Danemark	68	126	213	52	52
Mexico/Mexique	92	44	292	34	98
Sweden/Suède	x1239	x68	x12	x164	
Former USSR/Anc. URSS	0	66	44	6	15
Israel/Israël					

(VALUE AS % OF TOTAL) (VALEUR EN % DU TOTAL)

	1983	1984	1985	1986	1987	1988	1989	1990	1991	1992
Africa	x6.6	1.1	x1.1	x2.3	2.3	2.5	x2.9	x1.9	x3.2	x1.4
Northern Africa	0.2	0.1	0.2	0.2	0.1	0.1	0.2	0.2	0.2	0.2
Americas	49.4	54.7	50.6	48.6	43.7	46.7	44.3	45.0	41.3	49.3
LAIA	5.3	6.6	6.7	7.0	6.6	7.2	5.5	5.5	5.7	5.9
CACM	x0.0	x0.0	x0.0	x0.0	x0.0	x0.0	x0.0	x0.0	x0.0	x0.0
Asia	x3.9	4.4	x6.2	x5.9	5.6	6.1	9.3	8.3	6.7	9.1
Middle East	x0.2	x0.2	x1.8	x1.1	x0.5	x0.6	x0.4	x0.3	x0.2	x0.2
Europe	36.6	36.6	38.9	40.2	35.8	34.0	30.8	35.3	28.4	36.0
EEC	24.1	24.3	26.7	28.4	24.3	22.5	19.3	21.2	18.5	24.7
EFTA	12.4	11.4	11.3	11.3	10.9	10.1	10.1	12.5	9.0	10.6
Oceania	3.4	3.1	3.2	2.9	3.1	x3.1	x2.2	x2.5	x2.6	x2.9
USA/Etats–Unis d'Amer	35.3	38.3	33.7	30.0	26.4	28.8	28.3	30.2	25.7	31.0
Former USSR/Anc. URSS				x6.9	x5.2	x8.8	x5.4	x5.4	x16.3	12.5
Canada	8.8	9.9	10.2	11.6	10.6	10.5	10.4	9.2	9.9	12.5
Germany/Allemagne	7.4	8.3	8.7	9.7	7.5	6.5	7.4	8.0	5.7	6.5
Norway, SVD, JM	7.8	7.1	6.2	6.5	6.9	6.2	6.2	8.5	5.8	7.5
France, Monac	2.3	1.7	2.1	2.2	1.7	2.4	3.4	3.5	2.6	4.4
Indonesia/Indonésie	0.0	0.0	0.7	1.3	1.1	1.7	4.0	2.6	2.0	2.6
China/Chine					1.3	1.1	2.5	3.3	2.6	3.4
Italy/Italie	3.3	2.7	3.1	4.0	3.4	2.8	2.5	3.1	2.4	3.3
Netherlands/Pays–Bas	3.9	3.6	3.7	3.6	3.1	3.5	3.0	2.7	1.6	2.9

	1983	1984	1985	1986	1987	1988	1989	1990	1991	1992
Afrique	x12.6	x13.9	x16.9	15.5	14.4	x11.2	x8.8	x8.6	x10.1	x11.5
Afrique du Nord			x0.0		x0.0	0.0	x0.0	x0.0	x0.0	x0.0
Amériques	x29.6	x34.6	25.4	x30.8	x31.3	50.3	53.3	52.4	x57.6	x54.6
ALAI	0.5	4.7	8.0	5.5	4.5	8.1	7.3	6.4	7.4	6.6
MCAC			0.0		x0.1	0.0				
Asie	3.9	4.0	3.6	3.6	3.6	10.1	x8.3	8.5	6.9	x6.6
Moyen–Orient	0.0	0.1	0.1	0.1	0.1	0.5	0.9	x0.8	0.3	0.4
Europe	8.1	15.5	18.2	13.9	15.7	27.3	28.6	29.5	24.9	x26.7
CEE	8.1	12.2	14.0	13.7	15.5	24.0	21.3	21.8	24.1	x26.5
AELE	0.0	0.0	0.0	0.1	0.1	0.2	0.0	0.1	0.0	0.1
Océanie	x45.7	31.9	35.9	36.1	x34.0					x0.0
Jamaica/Jamaïque	13.2	13.8	10.3	11.2	10.6	16.1	17.3	20.7	21.6	x19.8
USA/Etats–Unis d'Amer	5.2	5.7	3.5	4.9	6.7	8.5	12.1	11.6	14.4	11.2
Suriname/Suriname	x6.7	x6.4		x5.2	x6.2	11.0	11.9	9.9	x10.3	x12.0
Guinea/Guinée	x12.3	x13.3	x16.4	x15.1	x13.2	x9.5	x7.2	x7.2	x8.8	10.2
Ireland/Irlande	0.2	3.2	3.0	3.3	3.8	7.1	5.5	5.4	6.0	6.2
Brazil/Brésil		3.7	3.7	3.3	2.4	5.4	5.9	5.4	6.0	5.3
Yugoslavia SFR		3.3	4.1	x0.1	x0.0	3.1	7.3	7.6	x0.7	
Germany/Allemagne	2.1	2.6	3.3	3.3	3.5	5.1	3.7	4.1	4.5	4.9
Italy/Italie	1.0	1.7	1.7	1.9	2.2	3.0	2.8	3.2	3.4	4.0
India/Inde	0.2	0.2	0.3	0.3	0.1	4.5	x2.3	3.2	2.0	x1.9

28731 ALUMINIUM ORE, CONCNTRATE

MINERAIS D'ALUMINIUM 28731

TRADE BY COMMODITY IN THOUSAND U.S. DOLLARS – COMMERCE PAR PRODUIT EN MILLIERS DE DOLLARS E.U

IMPORTS – IMPORTATIONS

COUNTRIES–PAYS	1988	1989	1990	1991	1992
Total	1202167	1342332	1407187	1407080	1133725
Africa	1657	x3828	4129	x2923	x4576
Northern Africa	869	x3324	2869	x2694	x3961
Americas	586729	633318	682160	716465	596959
LAIA	137626	91200	95327	116662	62496
CACM				x1	x7
Asia	x84422	84715	86962	77140	70784
Middle East	x11122	x8038	x8018	x7837	x4246
Europe	386647	462876	541242	468623	427704
EEC	358207	412655	508456	458660	419588
EFTA	6098	5396	x8607	9121	6512
Oceania	2901	3250	3082	3200	2794
USA/Etats–Unis d'Amer	358979	444889	506952	504737	450316
Germany/Allemagne	101099	119500	145890	114583	107485
Canada	90028	93600	79785	95017	84119
Spain/Espagne	57446	73911	88194	89571	71623
Venezuela	123353	73128	77156	92397	47252
Ireland/Irlande	57797	60346	77725	85303	78614
Italy/Italie	57961	64296	80451	72616	72156
Former USSR/Anc. URSS	x93807	x92437	x36789	x83752	
France, Monac	46741	62952	73061	61922	57541
Japan/Japon	65556	67409	69561	59890	52141
Romania/Roumanie	x24204	39651	31101	35745	x11446
Yugoslavia SFR	22342	44825	24179	x896	
Czechoslovakia	x21011	20130	21074	x17987	x17256
United Kingdom	19752	16940	22114	17795	18131
Netherlands/Pays–Bas	10069	9600	13420	9326	7573
Brazil/Brésil	492	4654	8379	13975	5843
Belgium–Luxembourg	6288	3786	6210	6332	5782
Turkey/Turquie	7026	6254	5617	4374	3468
Mexico/Mexique	7662	5808	5122	4061	4459
Korea Republic	3423		5151	5014	6474
Sweden/Suède	4040	4143	3648	6141	3649
Argentina/Argentine	2936	4105	2983	3480	3322
Thailand/Thaïlande	2156	2480	1673	2480	2255
Australia/Australie	1884	2657	2085	1591	2474
Norway, SVD, JM	945	1073	1774	1214	1662
United Arab Emirates	x1942	x954	x1728	x842	x593
Morocco/Maroc	529	1176	1216	1030	851
Austria/Autriche			x2234	x1025	x579
New Zealand	1017	593	997	1602	320
United States Virg Is		x2931			
Hong Kong	1131	1165	752	569	417
Uruguay	x2494	x1845	x230	x294	419
Tunisia/Tunisie	336	505	990	612	411
Jordan/Jordanie	x1798	37	341	1496	10
Colombia/Colombie	x43	x1120	x9	728	940
Algeria/Algérie		x1460	252	0	x1478
Egypt/Egypte	4	x183	412	x1051	x1221
Denmark/Danemark	268	362	723	484	462
Chile/Chili		x11	x115	713	721	x145
Finland/Finlande	361	57	887	575	473
Portugal	597	500	576	429	129
So. Africa Customs Un	727	471	957	x71	x509
Oman	355	339	333	788	x34
Poland/Pologne		x585	x432	x335	x1071
Hungary/Hongrie	x177	x223	x216	893	x736
Former GDR	x613	x1318			
Philippines	597	x341	259	706	798
Peru/Pérou	334	425	507	360	x82
Malaysia/Malaisie	251	264	343	335	x220
Ecuador/Equateur			220	621	22

EXPORTS – EXPORTATIONS

COUNTRIES–PAYS	1988	1989	1990	1991	1992
Totale	x672775	x712568	x765294	x737101	x707308
Afrique	x240563	x245156	x268349	x250106	x219383
Afrique du Nord			x7		x2
Amériques	345032	351355	352413	x369303	x363092
ALAI					
MCAC	127243	130185	153186	161220	112658
Asie	x33670	54679	66314	55013	64322
Moyen–Orient	x3091	2560	2508	x2214	x2532
Europe	53188	57687	63759	x58233	x56099
CEE	30461	37751	38068	40452	x55721
AELE	118	6	x728	x341	x305
Océanie	1				x7
Guinea/Guinée	x200928	x204139	x218258	x210965	x188798
Brazil/Brésil	127243	130178	148671	161081	112506
Jamaica/Jamaïque	104850	111028	102973	113054	x151741
Guyana	82050	75076	80999	x79204	x80266
China/Chine	17224	34942	44153	30084	44104
Sierra Leone	23248	x28927	x31095	x24219	x12064
Yugoslavia SFR	22609	19930	24956	x17440	
Greece/Grèce	10280	14036	10871	22256	x38545
USA/Etats–Unis d'Amer	11157	12758	14597	15373	11191
Ghana	11592	9189	x17658	x12578	x15554
Indonesia/Indonésie	5647	10744	11268	14855	8461
Germany/Allemagne	8001	8035	12299	9383	6450
Netherlands/Pays–Bas	5589	6054	8176	5609	6440
Hungary/Hongrie	x73	x3691	x12258	x3702	x3712
Netherlands Antilles	x15086	x16685			
Malaysia/Malaisie	3069	4545	4009	4657	x7428
Italy/Italie	4179	6596	5245	1150	2101
Turkey/Turquie	2425	2181	2198	1543	1851
Venezuela			x4458	x50	x1
India/Inde	2696		2611	1628	x726
So. Africa Customs Un	x3794	x2611	x990	x54	x337
Hong Kong	1334	1324	1196	966	465
Canada	1247	2824	145	166	57
Albania/Albanie			x1404	x693	x693
France, Monac	469	1231	382	465	587
United Kingdom	570	733	237	961	704
Trinidad and Tobago			x1782		
Dominican Republic	1664	907	514	208	
Japan/Japon	393	492	369	537	484
Zimbabwe	x999	x27		x1311	x907
Spain/Espagne	622	669	451	215	272
United Arab Emirates	x382	x335	x270	x604	x655
Belgium–Luxembourg	728	396	393	404	609
Equatorial Guinea				x881	x1627
Austria/Autriche			x515	x330	x202
Romania/Roumanie			792		
Mozambique		x255	x263	x94	x94
Singapore/Singapour	116	7	154	66	102
Sweden/Suède	7	1	203	9	14
Israel/Israël	x77	66	44	6	15
Cuba		x111			
Guinea–Bissau			x84		
Suriname/Suriname	280			x78	
Mexico/Mexique		7	49	20	21
Saudi Arabia			x27	x32	x26
Former USSR/Anc. URSS			x5	x51	
Iraq		x41	x12		
Colombia/Colombie				46	
Argentina/Argentine			x8	23	130
Jordan/Jordanie				27	

(VALUE AS % OF TOTAL)(VALEUR EN % DU TOTAL)

	1983	1984	1985	1986	1987	1988	1989	1990	1991	1992
Africa	x0.2	0.2	0.6	x0.1	x0.1	0.2	x0.3	0.3	x0.2	x0.4
Northern Africa	x0.1	0.1	0.5	0.1	x0.1	0.1	x0.2	0.2	x0.2	0.3
Americas	50.0	51.9	45.1	47.3	44.6	48.8	47.2	48.5	50.9	52.6
LAIA	7.3	7.9	9.4	9.7	8.3	11.4	6.8	6.8	8.3	5.5
CACM			x0.0	x0.0	x0.0				x0.0	x0.0
Asia	x10.7	9.6	x13.0	8.5	6.6	x7.1	6.3	6.1	5.5	6.2
Middle East	x0.1	0.6	x4.4	1.0	x1.0	x0.9	0.6	0.6	0.6	x0.4
Europe	39.0	38.2	41.2	43.9	44.3	32.2	34.5	38.5	33.3	37.7
EEC	37.0	36.5	39.5	42.7	33.6	29.8	30.7	36.1	32.6	37.0
EFTA	x1.9	x0.7	x0.7	x0.7	x0.5	0.5	0.4	x0.6	0.6	0.6
Oceania	0.1	0.1	0.1	0.1	0.1	0.2	0.2	0.2	0.2	0.2
USA/Etats–Unis d'Amer	34.7	36.4	28.3	29.7	30.0	29.9	33.1	36.0	35.9	39.7
Germany/Allemagne	13.0	13.2	14.3	16.0	10.5	8.4	8.9	10.4	8.1	9.5
Canada	8.0	7.6	7.4	7.8	5.8	7.5	7.0	5.7	6.8	7.4
Spain/Espagne	7.6	7.5	7.8	7.4	7.0	4.8	5.5	6.3	6.4	6.3
Venezuela	6.8	6.5	8.2	8.7	7.6	10.3	5.4	5.5	6.6	4.2
Ireland/Irlande	2.6	4.4	5.7	5.2	5.0	4.8	4.5	5.5	6.1	6.9
Italy/Italie	6.0	5.3	6.6	6.4	5.1	4.8	4.8	5.7	5.2	6.0
Former USSR/Anc. URSS					x10.8	x7.8	x6.9	x2.6	x6.0	
France, Monac	5.5	4.3	4.3	4.4	3.1	3.9	4.7	5.2	4.4	5.1
Japan/Japon	10.3	8.7	8.3	6.9	4.8	5.5	5.0	4.9	4.3	4.6

	1983	1984	1985	1986	1987	1988	1989	1990	1991	1992
Afrique	x51.2	x43.0	x51.4	40.9	x41.8	35.8	34.4	x35.0	33.9	x31.0
Afrique du Nord							x0.0			x0.0
Amériques	x37.1	x46.5	x35.7	37.5	35.1	51.2	49.3	46.0	x50.1	x51.3
ALAI	1.9	13.0	12.0	9.9	7.8	18.9	18.3	20.0	21.9	15.9
MCAC			x0.0							
Asie	3.4	2.6	2.2	1.9	5.1	x5.0	7.7	8.7	7.5	9.1
Moyen–Orient		0.1	0.0	0.2	x0.3	x0.5	0.4	0.3	x0.3	x0.4
Europe	8.2	7.8	10.7	5.7	6.4	7.9	8.1	8.3	x7.9	x7.9
CEE	8.2	5.5	7.2	5.5	6.3	4.5	5.3	5.0	5.5	x7.9
AELE	0.0	x0.0	x0.0	x0.0	x0.0	0.0	0.0	x0.1	x0.0	x0.0
Océanie				x14.0	x11.5					x0.0
Guinea/Guinée	x49.7	x40.9	x49.5	x39.5	x37.4	29.9	x28.6	x28.5	x28.6	x26.7
Brazil/Brésil				13.0	12.0	9.9	7.7	18.9	18.3	19.4	21.9	15.9
Jamaica/Jamaïque	17.4	18.6	9.9	10.9	12.3	15.6	15.6	13.5	15.3	x21.5
Guyana	x8.5	x7.1	10.4	9.9	9.5	12.2	10.5	10.6	x10.7	x11.3
China/Chine						3.3	2.6	4.9	5.8	4.1	6.2
Sierra Leone	1.2	2.0	1.5		2.8	x2.5	x4.1	x4.1	x3.3	x1.7
Yugoslavia SFR		2.2	3.5	x0.2	x0.0	3.4	2.8	3.3	x2.4	
Greece/Grèce	6.2	3.8	5.0	3.9	4.0	1.5	2.0	1.4	3.0	x5.4
USA/Etats–Unis d'Amer	1.7	1.5	0.9	1.7	1.7	1.7	1.8	1.9	2.1	1.6
Ghana	0.3	0.1	0.4	x1.0	x1.0	1.7	1.3	x2.3	x1.7	x2.2

28732 ALUMINA (ALUMINIUM OXIDE) / ALUMINE (OXYDE ALUMINIUM) 28732

TRADE BY COMMODITY IN THOUSAND U.S. DOLLARS – COMMERCE PAR PRODUIT EN MILLIERS DE DOLLARS E.U

IMPORTS – IMPORTATIONS

COUNTRIES–PAYS	1988	1989	1990	1991	1992
Total	3069855	4636992	4594582	x4961033	3249046
Africa	x105423	x172105	x106943	x206400	x59809
Northern Africa	4756	10845	8941	10898	5647
Americas	1438888	2039858	2011801	1916278	1566077
LAIA	176793	243930	236047	247636	196413
CACM	x175	x152	x418	x316	x703
Asia	x185381	475430	413497	350042	328251
Middle East	x18250	x18318	x7477	x6611	x5311
Europe	1018248	1313093	1572460	1340608	1149562
EEC	615147	749485	759213	723151	662738
EFTA	364493	523027	742232	562001	456634
Oceania	x133523	x132551	x148825	x157990	x122445
USA/Etats–Unis d'Amer	888400	1263646	1302676	1130661	906252
Former USSR/Anc. URSS	x132311	x438378	x285852	x951847	
Canada	364220	531632	472027	537184	462297
Norway, SVD, JM	271644	373597	508568	369480	325776
Germany/Allemagne	181544	329197	336163	249459	175825
Indonesia/Indonésie	71813	241619	156453	126567	111715
China/Chine	45927	148285	200242	165292	145069
New Zealand	126181	125160	141416	145329	107641
Netherlands/Pays–Bas	143610	170038	147196	94158	118176
France, Monac	57726	139887	139669	102413	134396
Brazil/Brésil	85394	90967	103421	131743	127912
Italy/Italie	63179	85517	102545	83226	72665
Argentina/Argentine	48391	93252	70897	74582	47439
Sweden/Suède	36620	81638	74341	51270	34618
Cameroon/Cameroun	x37	34686	x8367	128269	x1072
Yugoslavia SFR	38486	40431	70979	x55433	
United Kingdom	147831			163252	127612
So. Africa Customs Un	47063	77223	62121	x9079	x8017
Austria/Autriche			x79535	x58193	x29870
Mexico/Mexique	34829	51589	53690	31590	12639
Iceland/Islande	28377	35188	42587	50645	41991
Ghana	x45056	x37815	x26817	x57606	x43444
Poland/Pologne	x33665	x41981	x43009	x21023	x18509
Switz./Liecht	26639	31178	35036	31247	22802
Japan/Japon	17342	19523	18923	21901	17287
Spain/Espagne	11111	12868	17385	15370	17107
Romania/Roumanie	x15382	x19666	x9431	15401	x2668
Korea Republic	9856	23754	9565	9472	14382
Belgium–Luxembourg	7724	8619	12177	11170	11660
Tunisia/Tunisie	3883	9497	7973	7265	5024
Australia/Australie	7326	7357	7400	8164	10446
Venezuela	6341	6105	5596	6900	4743
Thailand/Thaïlande	3320	5486	6173	6177	6413
Korea Dem People's Rp	x10372	x9655	x3658	x3467	x451
India/Inde	3637	x3309	6110	4094	x9448
Iran (Islamic Rp. of)	x5201	x4629	x3251	x3492	x335
Saudi Arabia	x7932	x7757	x1721	x1570	x2473
	x8117	x10327			
Guinea/Guinée	1396	1815	2220	2037	1850
Portugal	1355	1670	1902	2222	2077
Israel/Israël					
Singapore/Singapour	2162	2073	1565	1631	1511
Finland/Finlande	1213	1426	2164	1166	1577
Norfolk Island				x4465	x4357
Czechoslovakia	x4597	1374	1763	x1282	x939
Bahrain/Bahreïn	x4131	x4130	x7	x2	x28
Turkey/Turquie	718	183	758	1376	1157	1236
Algeria/Algérie	78		47	3051	x58
Malaysia/Malaisie	619	638	800	1412	x1684
Former GDR	x1756	x2055	x659		
Denmark/Danemark	526	472	959	787	607

EXPORTS – EXPORTATIONS

COUNTRIES–PAYS	1988	1989	1990	1991	1992
Totale	1895436	2649354	2770513	x2296216	x1908742
Afrique	x44223	x38892	35760	x56161	x83748
Afrique du Nord	0		x1		
Amériques	961796	1461326	1506069	x1382876	x1067018
ALAI	81560	117037	77984	65335	60357
MCAC					
Asie	230617	x227580	236480	154441	x109698
Moyen–Orient	10566	26382	x26710	6782	6994
Europe	653248	910633	974988	698081	643672
CEE	591678	683681	729761	693185	640752
AELE	3704	582	x1468	x1108	x1216
Océanie			12		4
Jamaica/Jamaïque	312324	474896	625294	542959	x368178
USA/Etats–Unis d'Amer	208194	397523	394415	421752	283118
Suriname/Suriname	299718	402516	349657	x312551	x313613
Ireland/Irlande	195151	242378	195349	204669	162111
Yugoslavia SFR	57867	226371	243739	x3788	
Germany/Allemagne	124954	118756	133436	128016	122667
Italy/Italie	74263	89748	108381	103169	102126
India/Inde	115148	x78984	109795	58024	x48197
France, Monac	58954	65293	74643	63987	69198
Greece/Grèce	27295	56151	71602	68688	x74223
Netherlands/Pays–Bas	48776	58203	69560	65164	65412
Japan/Japon	47515	64818	64575	53012	36728
Canada	59035	62674	58718	36515	37852
Spain/Espagne	54934	43995	60870	47408	32338
Brazil/Brésil	13112	70092	43007	20463	26479
Guinea/Guinée	x44220	x38860	x35727	x56124	x78279
China/Chine	57120	56944	35015	35929	6415
Venezuela	68351	46802	34800	44829	33730
Turkey/Turquie	10564	26382	16273	6776	6994
United Kingdom	5594	6558	12370	9622	10292
Hungary/Hongrie	x3194	x8795	x14427	x4302	x3503
Kuwait/Koweït			x10436		
Belgium–Luxembourg	1737	2556	3405	2182	2300
Trinidad and Tobago		x6677	0		x367
Czechoslovakia	x99	x2037	x2719	x215	x1061
United States Virg Is				x2678	
Switz./Liecht	347	515	492	485	570
Austria/Autriche			x848	x570	x315
Singapore/Singapour	196	353	270	592	566
British Virgin Islds				x941	
Denmark/Danemark	20	42	163	280	67
Mexico/Mexique	68	119	163	32	31
Former USSR/Anc. URSS	x1189	x68	x7	x113	
Sweden/Suède	85	43	89	25	85
Guyana				x143	
So. Africa Customs Un	x2	x32	x32	x37	x52
Afghanistan			x61	x35	x167
Hong Kong					10485
Norway, SVD, JM	39	93			
Former GDR	3272	24	37	27	27
	x558	x12	x63		
Korea Republic	1	1	35	14	47
Indonesia/Indonésie				32	4
Israel/Israël	0		x7	x18	x42
Uruguay	11	7	4	6	x86
Romania/Roumanie				16	x22
Argentina/Argentine	4	5	4	6	26
Malaysia/Malaisie	19	2	12		x34
Papua New Guinea		12			
Colombia/Colombie		x12			6
Poland/Pologne	x511			x9	x16

(VALUE AS % OF TOTAL) (VALEUR EN % DU TOTAL)

	1983	1984	1985	1986	1987	1988	1989	1990	1991	1992
Africa	x9.4	1.6	x1.3	x3.3	x3.4	x3.4	x3.7	x2.4	x4.2	x1.8
Northern Africa	0.2	0.1	0.2	0.2	0.1	0.2	0.2	0.2	0.2	0.2
Americas	49.1	56.0	53.4	x49.2	x43.2	46.9	44.0	43.8	38.6	48.2
LAIA	4.4	5.9	5.4	x5.8	x5.7	5.8	5.3	5.1	5.0	6.0
CACM	x0.0		x0.0	x0.0	x0.0	x0.0	x0.0	x0.0	x0.0	x0.0
Asia	x1.0	1.9	x2.7	x5.0	5.2	x6.0	10.3	9.0	7.1	10.1
Middle East	x0.2	x0.1	x0.4	x1.4	x0.2	x0.6	0.4	x0.2	x0.1	x0.2
Europe	35.6	35.8	37.7	38.4	36.4	33.2	28.3	34.2	27.0	35.4
EEC	18.7	18.4	20.3	22.0	20.3	20.0	16.2	16.5	14.6	20.4
EFTA	x16.8	x16.7	x16.6	x16.0	x15.4	11.9	11.3	16.2	11.3	14.1
Oceania	4.8	4.6	4.8	4.2	4.4	x4.3	x2.9	x3.2	x3.2	x3.7
USA/Etats–Unis d'Amer	35.6	39.2	36.3	30.1	24.8	28.9	27.3	28.4	22.8	27.9
Former USSR/Anc. URSS				x5.2	x4.3	x9.5	10.3	10.8	x19.2	
Canada	9.1	11.0	11.6	13.3	12.7	11.9	11.5	10.3	10.8	14.2
Norway, SVD, JM	11.1	10.5	9.2	9.4	9.9	8.8	8.1	11.1	7.4	10.0
Germany/Allemagne	5.0	5.5	5.9	6.8	6.2	5.9	7.1	7.3	5.0	5.4
Indonesia/Indonésie		1.0	1.8	1.6	2.3	5.2	3.4	3.4	3.4	
China/Chine					1.9	1.5	3.2	4.4	3.3	4.5
New Zealand	4.7	4.5	4.7	4.1	4.2	4.1	2.7	3.1	2.9	3.3
Netherlands/Pays–Bas	5.2	5.0	5.2	4.8	4.1	4.7	3.7	3.2	1.9	3.6
France, Monac	1.0	0.5	1.0	1.1	1.2	1.9	3.0	3.0	2.1	4.1

	1983	1984	1985	1986	1987	1988	1989	1990	1991	1992
Afrique	x3.0	x3.0	3.7	x3.5	x3.2	x2.3	x1.5	x1.3	x2.4	x4.4
Afrique du Nord						x0.0		x0.0		
Amériques	x27.7	x30.3	21.4	x27.1	x29.6	50.7	55.2	54.4	x60.3	x55.9
ALAI	0.2	1.6	6.5	3.2	3.0	4.3	4.4	2.8	2.8	3.2
MCAC			0.0		x0.1	0.0				
Asie	4.1	4.5	4.2	4.1	2.7	12.2	x8.5	8.5	6.7	x5.7
Moyen–Orient		0.1		0.1	0.1	0.6	1.0	1.0	0.3	0.4
Europe	8.1	18.4	21.1	16.4	18.3	34.5	34.4	35.2	30.4	33.7
CEE	8.1	14.7	16.7	16.2	18.1	31.2	25.8	26.3	30.2	33.6
AELE	x0.0	x0.0	0.0	0.0	0.2	0.2	0.0	x0.1	x0.1	x0.1
Océanie	x57.1	43.8	49.6	49.0	x44.9					
Jamaica/Jamaïque	12.2	12.0	10.4	10.6	9.3	16.5	17.9	22.6	23.6	x19.3
USA/Etats–Unis d'Amer	6.1	7.3	4.5	5.9	8.2	11.0	15.0	14.2	18.4	14.8
Suriname/Suriname	x7.1	x7.2		x6.1	x7.9	15.8	15.2	12.6	x13.6	16.4
Ireland/Irlande	0.2	4.4	4.2	4.5	5.0	10.3	9.1	7.1	8.9	8.5
Yugoslavia SFR		3.7	4.4	x0.0	x0.0	3.1	8.5	8.8	x0.2	
Germany/Allemagne	2.4	3.4	4.2	4.1	4.3	6.6	4.5	4.8	5.6	6.4
Italy/Italie	1.2	2.3	2.3	2.5	2.8	3.9	3.4	3.9	4.5	5.4
India/Inde	0.2	0.3	0.3	0.3	0.1	6.1	x3.0	4.0	2.5	x2.5
France, Monac	2.1	1.9	2.7	2.2	1.9	3.1	2.5	2.7	2.8	3.6
Greece/Grèce	0.9	1.3	1.5	0.9	1.9	1.4	2.1	2.6	3.0	x3.9

359

2875 ZINC ORES, CONCENTRATES — MINERAIS DE ZINC 2875

TRADE BY COMMODITY IN THOUSAND U.S. DOLLARS – COMMERCE PAR PRODUIT EN MILLIERS DE DOLLARS E.U

COUNTRIES-PAYS	IMPORTS – IMPORTATIONS 1988	1989	1990	1991	1992	COUNTRIES-PAYS	EXPORTS – EXPORTATIONS 1988	1989	1990	1991	1992
Total	1777036	2578264	2779987	1949447	2212862	Totale	1541954	2234815	2703404	x1934405	x2277086
Africa	10693	34445	15107	x14963	x10383	Afrique	x13682	x29669	x28267	x14600	x11201
Northern Africa	10686	34433	12170	x12516	x10317	Afrique du Nord	8805	21148	20116	12423	10448
Americas	154071	185372	336451	242855	280389	Amériques	841037	1222112	1575895	x1100021	x1377937
LAIA	37051	61332	49988	45259	47453	ALAI	298605	531146	578853	x470477	x582496
CACM					x2	MCAC	x13971	x28120	x32378	x22618	x24397
Asia	451647	667495	763054	490525	x610507	Asie	x118378	x66369	x44813	x36732	x36788
Middle East	972	142	2666	1529	359	Moyen-Orient	73993	x18557	x19541	x17632	x14707
Europe	1025803	1497388	1603659	1133843	1259560	Europe	308590	486313	430865	306423	334725
EEC	909889	1334479	1355900	975560	1100058	CEE	197512	334710	282098	183348	213817
EFTA	103487	138095	216190	137556	159494	AELE	110778	149528	143323	121206	119330
Oceania	3053	15103	13701	x9018	8909	Océanie	258537	428489	584872	443709	x495221
Japan/Japon	293175	445992	516624	324447	386116	Australia/Australie	258537	428462	584872	443709	485378
Belgium-Luxembourg	224787	312194	284769	220259	154847	Canada	393626	464721	610472	325164	456308
Germany/Allemagne	179939	273006	254098	192165	214274	Peru/Pérou	181108	289225	325093	x254060	x307556
France, Monac	174838	254647	259613	193248	213685	USA/Etats-Unis d'Amer	76822	132332	310109	276680	314737
Korea Republic	136767	216342	218004	151197	165636	Bolivia/Bolivie	60149	132186	146759	140312	172450
Netherlands/Pays-Bas	129308	192729	207548	138036	162769	Ireland/Irlande	107496	154468	138438	113376	123549
Italy/Italie	137712	190602	183972	134007	146961	Sweden/Suède	108358	144560	140891	118241	108029
Canada	25580	37629	191398	116787	109904	Mexico/Mexique	32952	58324	79834	60293	74805
Finland/Finlande	65032	79886	125302	76916	91478	Spain/Espagne	19062	51222	52810	24906	29063
USA/Etats-Unis d'Amer	91119	85516	89454	78874	118038	Greenland/Groenland	58013	65793	x43119	x4784	
United Kingdom	52246	87045	102296	59098	82039	Honduras	x13971	x28120	x32378	x22618	x24397
Norway,SVD,JM	33630	45952	81979	57052	66185	China/Chine	42458	42203	23235	15884	13307
Brazil/Brésil	33675	51436	46897	43173	47312	Chile/Chili	x22508	x47756	18383	13690	x25994
Former USSR/Anc. URSS	x35832	x77146	x14350	x42357		Belgium-Luxembourg	19434	41577	22681	12826	21006
Spain/Espagne	10928	24169	63604	38345	119277	Germany/Allemagne	19696	36699	13722	10943	16604
Bulgaria/Bulgarie	x62582	x67450	x22197	x9152	28637	Greece/Grèce	11264	20233	21098	16002	x17302
Yugoslavia SFR	12426	24815	31569	x20727		Iran (Islamic Rp. of)	x9197	x14591	x16157	x13129	x11529
Algeria/Algérie	10686	34433	12170	x12516	x10316	Poland/Pologne	x1094	458	23862	12293	x19112
Romania/Roumanie	x21337	x27795	x11467			Morocco/Maroc	5487	12684	12610	9729	9135
Australia/Australie	3027	15102	13686	9008	8903	France, Monac	10179	14319	12490	4164	3716
India/Inde	12417	x418	22680	6700	x44941	Italy/Italie	7458	10919	10981	367	2335
Austria/Autriche	4807	12227	8870	3538	1763	Tunisia/Tunisie	3318	8464	7506	2693	1313
Mexico/Mexique	3191	9686	3088	1996	2	Former USSR/Anc. URSS		x526	x2088	x15458	
Poland/Pologne		1579		6711	x14478	So. Africa Customs Un	x4817	x8357	x8080	x1574	x753
Korea Dem People's Rp	x8119	x2669	x2429	x2391	x1553	United Kingdom	2666	5234	9844	697	211
So. Africa Customs Un	7	10	2900	x2431	x49	Turkey/Turquie	64784	3802	3384	4503	3178
Panama	x312	x896	x1789	x1789	x1789	Former GDR			x11135		
Former GDR	x7319	x4474				Argentina/Argentine	1830	3489	5006	2116	1688
Turkey/Turquie	965		2666	1528	345	Yugoslavia SFR	301	2074	5434	x1869	
Thailand/Thaïlande	0	0	49	4052	3376	Norway,SVD,JM	1544	3482	2430	1757	1549
Trinidad and Tobago			3777			Czechoslovakia	x635	x879	x1607	x2526	x1594
Hong Kong	38	1557	394	9	13	Venezuela			x3777		
Singapore/Singapour	115	287	102	185	45	Romania/Roumanie				x2644	x507
Portugal			1	402	177	Myanmar	x563	x1175	x534	x730	x719
Colombia/Colombie		x172		0		Philippines	631	x1748	335		
Haiti/Haïti			x12	x126	x57	Hong Kong		1954			
Saudi Arabia		132				Viet Nam			x49	x1862	x3376
Venezuela		36	0	85	27	Finland/Finlande	867	1486	2		
Malaysia/Malaisie	36	14	81	10	x1	Austria/Autriche	9			1202	9753
Switz.Liecht	18	23	36	42	45	Singapore/Singapour	28	335	444	187	1
Ireland/Irlande	131	85			60	Bahamas			x965		
Jamaica/Jamaïque			30	x19		Nigeria/Nigéria	x60	x164	x68	x603	
Philippines		x38				Korea Republic			576	23	
Israel/Israël	7	20	16	1		Thailand/Thaïlande				398	x4613
Czechoslovakia	x4186	17		x16		Lao People's Dem. Rp.			x367		
China/Chine		16	10	4	2346	Cuba				x297	
New Zealand	25	1	15	7	5	Colombia/Colombie		x164		6	
Sweden/Suède		8	3	7	22	Lebanon/Liban		x163			
Madagascar			x14	0	x15	Netherlands/Pays-Bas	251	41	34	10	19
Nigeria/Nigéria		x2	x7	x5		Indonesia/Indonésie			76		

(VALUE AS % OF TOTAL)(VALEUR EN % DU TOTAL)

	1983	1984	1985	1986	1987	1988	1989	1990	1991	1992		1983	1984	1985	1986	1987	1988	1989	1990	1991	1992
Africa	1.2	x0.0	x0.1	3.2	2.2	0.6	1.3	0.5	x0.7	x0.5	Afrique	1.3	3.1	2.2	x1.5	x2.2	x0.9	1.4	1.0	x0.8	x0.5
Northern Africa	1.2	0.0	0.0	3.2	2.2	0.6	1.3	0.4	x0.6	x0.5	Afrique du Nord	0.7	0.7	0.7	0.6	0.5	0.6	0.9	0.7	0.6	0.5
Americas	x6.9	x9.1	6.2	6.8	8.7	8.7	7.2	12.1	12.4	12.7	Amériques	54.2	49.9	48.2	x52.1	x55.4	54.5	54.7	58.3	x56.9	x60.6
LAIA	x1.8	x4.3	2.0	2.1	2.1	2.1	2.4	1.8	2.3	2.1	ALAI	22.4	24.6	x27.5	x24.9	19.4	23.8	21.4	x24.3	x25.6	
CACM	x0.0									x0.0	MCAC		1.4	x1.5	0.7	0.4	x0.9	x1.3	x1.2	x1.2	1.1
Asia	18.8	22.4	21.9	22.4	22.9	25.4	25.9	27.5	25.1	x27.5	Asie	x0.6	x0.7	x1.0	x0.5	x1.8	x7.7	x3.0	x1.7	x1.9	x1.6
Middle East	x0.0	0.0	x0.5	0.3	x0.0	0.1	0.0	0.1	0.1	0.0	Moyen-Orient	4.8	0.8	x0.7	x0.4	0.7	4.8	x0.8	0.7	x0.9	0.6
Europe	73.2	68.5	71.7	67.1	58.9	57.7	58.1	57.7	58.2	56.9	Europe	27.6	30.0	30.7	28.9	23.9	20.0	21.8	15.9	15.8	14.7
EEC	64.8	60.7	63.5	58.7	50.7	51.2	51.8	48.8	50.0	49.7	CEE	18.1	19.4	19.7	17.5	13.6	12.8	15.0	10.4	9.5	9.4
EFTA	8.4	7.2	6.9	7.8	7.2	5.8	5.4	7.8	7.1	7.2	AELE	9.5	10.5	10.8	11.1	10.3	7.2	6.7	5.3	6.3	5.2
Oceania			0.1	0.5	0.5	0.2	0.6	0.5	x0.5	0	Océanie	16.3	16.3	17.9	17.1	14.9	16.8	19.2	21.6	22.9	x21.7
Japan/Japon	16.2	20.0	17.7	17.6	15.2	16.5	17.3	18.6	16.6	17.4	Australia/Australie	16.3	16.3	17.9	17.1	14.9	16.8	19.2	21.6	22.9	21.3
Belgium-Luxembourg	14.5	13.3	12.9	10.7	10.4	12.6	12.1	10.2	11.3	7.0	Canada	24.5	19.3	16.8	20.0	21.4	25.5	20.8	22.6	16.8	20.0
Germany/Allemagne	14.0	13.2	13.6	13.7	11.6	10.1	10.6	9.1	9.9	9.7	Peru/Pérou	18.4	17.1	17.7	18.7	16.3	11.7	12.9	12.0	x13.1	20.0
France, Monac	15.9	13.8	13.0	11.6	9.7	9.8	9.9	9.3	9.9	9.7	USA/Etats-Unis d'Amer	2.9	1.2	0.9	0.4	5.9	5.0	5.9	11.5	14.3	13.8
Korea Republic	2.3	2.3	3.5	3.7	6.7	7.7	8.4	7.8	7.8	7.5	Bolivia/Bolivie	3.7	3.3	3.2	3.4	3.2	3.9	5.9	5.4	7.3	7.6
Netherlands/Pays-Bas	8.4	8.9	9.8	8.2	7.1	7.3	7.5	7.5	7.1	7.4	Ireland/Irlande	8.9	9.9	9.2	8.8	7.1	7.0	6.9	5.1	5.9	5.4
Italy/Italie	5.6	5.5	9.9	10.0	8.4	7.7	7.4	6.6	6.9	6.6	Sweden/Suède	8.3	11.0	10.6	10.9	10.1	7.0	6.5	5.2	6.1	4.7
Canada	3.0	1.4	0.4	0.1	0.9	1.4	1.5	6.9	6.0	5.0	Mexico/Mexique		3.4	4.2	x4.1	x3.9	2.1	2.6	3.0	3.1	3.3
Finland/Finlande	5.7	4.2	4.2	4.7	3.7	3.7	3.1	4.5	3.9	4.1	Spain/Espagne	0.2	1.3	2.2	1.9	1.1	1.2	2.3	2.0	1.3	1.3
USA/Etats-Unis d'Amer	2.0	3.3	3.8	3.7	5.7	5.1	3.3	3.2	4.0	5.3	Greenland/Groenland	4.4	3.5	3.0	3.5	2.9	3.8	2.9	x1.6	x0.2	

2877 MANGANESE ORE, CONCENTRTE / MINERAIS DE MANGANESE 2877

TRADE BY COMMODITY IN THOUSAND U.S. DOLLARS – COMMERCE PAR PRODUIT EN MILLIERS DE DOLLARS E.U

COUNTRIES–PAYS	IMPORTS – IMPORTATIONS					COUNTRIES–PAYS	EXPORTS – EXPORTATIONS				
	1988	1989	1990	1991	1992		1988	1989	1990	1991	1992
Total	612269	836009	967258	961338	732118	Totale	x499122	x617658	x690785	x669665	x589240
Africa	x4825	x6428	x7075	x8073	x8149	Afrique	x363204	x445332	x505004	x456944	x477981
Northern Africa	x337	x965	562	947	2632	Afrique du Nord	8210	8585	9920	9865	9406
Americas	86273	112933	100932	x79974	65787	Amériques	63016	x82764	102059	124735	50293
LAIA	32779	35842	36775	36024	29618	ALAI	55898	75803	91330	96413	47384
CACM	x1023	x967	x784	x740	x500	MCAC					
Asia	201989	285607	332663	456178	281425	Asie	19384	x23452	32467	21397	x20429
Middle East	10002	6461	605	489	x929	Moyen–Orient	107	x812	x764	x149	312
Europe	285453	370129	433966	374044	368632	Europe	25420	33289	33099	36775	35461
EEC	219336	291893	327518	298323	271217	CEE	24808	31926	27503	31313	35346
EFTA	57528	69837	93951	75412	85511	AELE	612	1244	5408	5388	49
Oceania	x1840	581	318	145	80	Océanie					
Japan/Japon	127630	175503	204898	252304	147678	So. Africa Customs Un	x157451	x229034	x234741	x268439	x198330
France, Monac	108865	93524	121076	124333	123595	Gabon	x161489	x161901	x223188	x136509	x228118
Norway, SVD, JM	56120	66635	91487	71186	81752	Brazil/Brésil	43815	63668	82962	85575	38270
China/Chine	22030	46709	54661	117671	65942	Former USSR/Anc. URSS	x26940	x26444	x7834	x28133	
Korea Republic	23716	43745	48996	61945	54938	Ghana	8567	10472	x20601	x29349	x37790
Germany/Allemagne	35889	57841	51234	37607	48510	India/Inde	10199	x15079	24352	15241	x12225
USA/Etats–Unis d'Amer	35050	56367	47905	41358	33779	Netherlands/Pays–Bas	17953	18308	17053	16476	16517
United Kingdom	15108	22479	36547	56477	39479	USA/Etats–Unis d'Amer	6774	5038	10439	27940	2873
Italy/Italie	15071	35921	33554	25617	12485	Congo	x21606	x18828	x9668	x5404	x2691
Belgium–Luxembourg	17322	35051	27305	25056	23748	Mozambique	x5873	x16494	x6244	x6449	x1457
Czechoslovakia	x3831	27137	52693	x3772	x803	Morocco/Maroc	8210	8576	9920	9865	9379
Spain/Espagne	14398	33426	37048	9821	9374	Mexico/Mexique	10783	11344	7973	5359	6037
Romania/Roumanie	x8151	14494	23770	15884	x2199	France, Monac	5256	8546	4742	8333	11940
Mexico/Mexique	14976	17204	18178	14328	12630	Bulgaria/Bulgarie	x199	x6377	x10322	x1675	x648
Poland/Pologne	11031	12216	13414	18272	x4629	Norway, SVD, JM	588	1179	5364	5366	
Netherlands/Pays–Bas	9653	10274	14318	11844	10495	Singapore/Singapour	6034	3349	3650	3931	3406
Singapore/Singapour	10442	6455	17826	11603	4007	Germany/Allemagne	1034	2087	3805	2678	3522
Canada	15413	16394	15238	1672	1721	Uruguay	x866			x5360	x3058
Argentina/Argentine	5954	5377	11573	7913	5225	China/Chine	2246	1627	1829	1452	708
Yugoslavia SFR	8589	8399	12494	x310		Belgium–Luxembourg	211	1788	56	2348	2633
Venezuela	4512	6353	3941	5942	8401	Portugal		833	1250	1168	
Former USSR/Anc. URSS	x3931	x3354	x1295	x4754		Indonesia/Indonésie	229	749	1594	93	312
So. Africa Customs Un	2133	2665	3489	x3071	x3118	Canada	154	x946	x289	x334	x2
Ireland/Irlande	1774	2819	1856	2545	2794	Turkey/Turquie		664	607		312
Philippines	1315	x1020	1961	4045	1966	Netherlands Antilles		x976		3	
Greece/Grèce	838	114	3389	3394	x111	Thailand/Thaïlande	102	879	84		
Korea Dem People's Rp	x3005	x2650	x821	x2825	x2396	Philippines		x868			10
Colombia/Colombie	1974	1250	1921	2403	3006	Venezuela	x409	x763	69		
Saudi Arabia	8814	5522	x10	x28	x52	Madagascar				x822	
Uruguay			x421	x5034		Central African Rep.	x8		x573		
Finland/Finlande	243	1496	1920	1070	2507	Spain/Espagne	2	8	430	129	26
Sweden/Suède	1009	1441	92	2905	1114	United Kingdom	271	256	151	155	75
Chile/Chili	1785	4091	0	0		Qatar		x148	x157	x145	
Kenya	1632	x1163	1287	x1423	x1346	Myanmar			x15	x406	x3278
Former GDR	x4559	x2913	x804			Bolivia/Bolivie		14	315	54	4
India/Inde	832	x1074	1368	1270	x1392	Yugoslavia SFR		120	188	x74	
Pakistan	1057	731	66	2168	12	Hong Kong	124	72	150	105	172
Portugal	290	310	1114	1515	533	Italy/Italie	57	76	15	21	12
Trinidad and Tobago	1601	2925	4			Zaire/Zaïre	0		x52	x52	x52
Cameroon/Cameroun			957	x93	1103	Switz.Liecht	24	48	22	22	2
Indonesia/Indonésie	536	449	809	735	1057	Japan/Japon	343	18	30	20	6
Zimbabwe	102	x66	858	700	x39	Chile/Chili	x25		5	x54	x3
Brazil/Brésil	3078	1498	1	116	59	Zambia/Zambie		x18	x17	x22	x59
Egypt/Egypte	158	244	379	814	2409	Guyana				x48	x35
Turkey/Turquie	443	346	565	462	195	Zimbabwe			0	32	x77
Malaysia/Malaisie	486	461	346	413	x649	Denmark/Danemark	24	23			
Guatemala	x470	x575	x322	x229	x115	Peru/Pérou		3	6	x11	x11
Australia/Australie	1758	535	274	111	31	Sweden/Suède		16	3	0	38
Costa Rica	x311	x215	x290	x350	x384	Austria/Autriche			18		
Peru/Pérou	248	39	703	102	x146	Sudan/Soudan		x8			

(VALUE AS % OF TOTAL)(VALEUR EN % DU TOTAL)

	1983	1984	1985	1986	1987	1988	1989	1990	1991	1992		1983	1984	1985	1986	1987	1988	1989	1990	1991	1992
Africa	x1.9	x1.3	x1.0	x1.8	x1.0	0.7	x0.8	x0.8	x0.8	1.1	Afrique	74.5	63.0	71.0	60.7	50.5	72.7	72.1	73.1	68.2	81.2
Northern Africa	x0.5	x0.1	x0.0	x0.1	x0.1	0.1	x0.1	0.1	0.1	0.4	Afrique du Nord	2.4	2.1	1.8	2.3	1.6	1.6	1.4	1.4	1.5	1.6
Americas	x10.6	11.2	13.4	x15.5	x9.9	14.0	13.5	10.4	x8.3	8.9	Amériques	0.8	16.8	15.8	x13.3	x9.9	12.6	x13.4	14.8	18.6	8.5
LAIA	1.8	3.2	4.4	x3.9	x3.2	5.4	4.3	3.8	3.7	4.0	ALAI	0.0	12.5	13.9	x11.4	x8.7	11.2	12.3	13.2	14.4	8.0
CACM	x0.5	x0.2	x0.2	x0.1	x0.1	0.1	x0.1	x0.1	x0.1	x0.1	MCAC										
Asia	33.3	34.9	33.9	33.1	29.4	33.0	34.2	34.4	47.5	38.5	Asie	8.6	8.1	8.0	6.0	4.0	3.9	x3.8	4.7	3.2	x3.5
Middle East	x0.2	2.4	x0.1	3.2	2.4	1.6	0.8	0.1	0.1	x0.1	Moyen–Orient	x0.0		0.0	0.0	x0.8	0.0	x0.1	x0.1	x0.0	0.1
Europe	54.1	52.6	51.5	49.3	32.0	46.6	44.3	44.9	38.9	50.4	Europe	5.5	4.7	5.3	5.5	6.0	5.1	5.4	4.8	5.5	6.0
EEC	42.3	39.6	38.7	35.8	24.6	35.8	34.9	33.9	31.0	37.0	CEE	5.4	4.7	5.2	5.2	5.4	5.0	5.2	4.0	4.7	6.0
EFTA	11.8	10.7	10.6	13.5	7.3	9.4	8.4	9.7	7.8	11.7	AELE	0.1	0.0	0.0	x0.2	x0.5	0.1	0.0	0.8	0.8	0.0
Oceania	0.2	0.1	0.2	0.3	0.2	x0.3	0.1				Océanie				x14.5	x17.3					
Japan/Japon	25.3	25.8	27.0	23.7	16.7	20.8	21.0	21.2	26.2	20.2	So. Africa Customs Un	28.1	31.9	36.9	x28.1	18.2	x31.5	x37.1	x34.0	x40.1	x33.7
France, Monac	13.2	13.1	14.4	12.2	9.2	17.8	11.2	12.5	12.9	16.9	Gabon	35.4	x26.4	x29.3	x27.3	x26.0	x32.4	x26.2	x32.3	x20.4	x38.7
Norway, SVD, JM	11.3	10.6	10.4	13.0	7.0	9.2	8.0	9.5	7.4	11.2	Brazil/Brésil		9.7	10.9	8.5	6.2	8.8	10.3	12.0	12.8	6.5
China/Chine					3.0	3.6	5.6	5.7	12.2	9.0	Former USSR/Anc. URSS	10.6	7.5			x12.3	x5.4	x4.3	x1.1	x4.2	
Korea Republic	3.1	3.2	3.7	3.3	3.7	3.9	5.2	5.1	6.4	7.5	Ghana	2.2	2.4	2.7	x3.0	x2.2	1.7	1.7	x3.0	x4.4	x6.4
Germany/Allemagne	4.9	4.8	2.9	5.3	4.4	5.9	6.9	5.3	3.9	6.6	India/Inde	4.5	5.2	5.0	2.1	1.4	3.6	x2.4	3.5	2.3	x2.1
USA/Etats–Unis d'Amer	6.6	5.7	5.9	7.7	3.8	5.7	6.7	5.0	4.3	4.6	Netherlands/Pays–Bas	3.8	2.9	3.7	3.6	3.8	3.6	3.0	2.5	2.5	2.8
United Kingdom	4.9	3.1	4.6	3.1	2.7	2.5	2.7	3.8	5.9	5.4	USA/Etats–Unis d'Amer	0.8	4.3	1.7	1.1		1.2	0.8	1.5	4.2	0.5
Italy/Italie	9.5	5.5	5.1	5.6	4.4	2.5	4.3	3.5	2.7	1.7	Congo	x5.9			x2.2	x4.3	x3.0	x1.4	x0.8	x0.5	
Belgium–Luxembourg	2.7	2.9	3.1	3.1	1.0	2.8	4.2	2.8	2.6	3.2	Mozambique			x0.0		x0.0	x1.2	x2.7	x0.9	x1.0	x0.2

28791 CHROMIUM ORE, CONCENTRATE — MINERAIS DE CHROME 28791

TRADE BY COMMODITY IN THOUSAND U.S. DOLLARS – COMMERCE PAR PRODUIT EN MILLIERS DE DOLLARS E.U

IMPORTS – IMPORTATIONS

COUNTRIES–PAYS	1988	1989	1990	1991	1992
Total	355925	561803	412418	302858	293732
Africa	x61	x44	x163	x387	x70
Northern Africa	x21	x40	x130	x57	x36
Americas	x73301	x76259	40581	29176	27501
LAIA	x15778	x16254	9628	8226	6999
CACM		x16	x16		x13
Asia	141329	246236	184774	145739	172119
Middle East	x11	x196	x395	x102	x359
Europe	130363	196627	147629	120378	88024
EEC	95569	131723	89265	73725	62209
EFTA	8628	20574	24152	34932	5683
Oceania	725	1129	804	1001	1101
Japan/Japon	80195	123444	83317	70258	66668
China/Chine	49428	105088	98311	71704	103480
USA/Etats–Unis d'Amer	52792	55608	28320	18155	18687
Germany/Allemagne	24225	37933	27509	29502	24650
Yugoslavia SFR	26166	44330	34207	x11720	
Italy/Italie	22744	40634	15025	12884	12446
Norway,SVD,JM	125	10711	16214	27119	
Romania/Roumanie		19779	17209	4888	x45
United Kingdom	16794	14853	15885	8082	x2234
France,Monac	9918	12650	9787	8808	11174
					5832
Czechoslovakia	x2270	14387	12710	x463	x1527
Austria/Autriche	8187	9396	7259	7383	5396
Spain/Espagne	10109	12237	4813	3631	2002
Greece/Grèce	7318	7669	5916	3637	x260
Netherlands/Pays–Bas	3239	4160	6025	3271	2750
Poland/Pologne	x4595	x5046	x6012	x707	x536
Philippines	5293	x9987	8	7	
Canada	4720	4306	2600	2790	1788
Mexico/Mexique	8689	4258	3025	2345	1561
Brazil/Brésil	1482	3618	2709	368	2995
Argentina/Argentine	1668	2364	1505	2294	1708
Belgium–Luxembourg	821	701	2368	3045	2403
Chile/Chili	x543	x347	1806	2085	x440
Thailand/Thaïlande	912	1536	1293	667	1112
Uruguay	x1945	x3394			
Venezuela	757	1710	482	924	267
India/Inde	3532	x2742	78	15	x42
Hungary/Hongrie	x18	x864	x1901	31	x612
Australia/Australie	658	1039	676	892	971
Denmark/Danemark	134	620	1513	372	261
Viet Nam				x2191	
Singapore/Singapour	390	1270	191	125	162
Switz.Liecht	311	456	669	368	219
Portugal	259	260	413	485	430
Malaysia/Malaisie	65	215	658	260	x142
Former GDR	x2427	x618	x504		
Korea Dem People's Rp		x1116			
Korea Republic	1395	588	143	169	144
Peru/Pérou	618	537	99	x121	
Bulgaria/Bulgarie	x838	x626	x124	x4	9
Indonesia/Indonésie		11	30	183	165	178
New Zealand	65	90	128	109	130
Cameroon/Cameroun	x11			296	x2
Iraq		x89	x200		
Former USSR/Anc. URSS		x186	x7	x82	
Iran (Islamic Rp of)	x92		x115	x15	x92
Hong Kong			187		
Turkey/Turquie			5	73	79	253
Egypt/Egypte	x5	x22	x103	x24	x13
Bahamas	x11	x71	x11		

EXPORTS – EXPORTATIONS

COUNTRIES–PAYS	1988	1989	1990	1991	1992
Totale	x477414	x668803	x434524	x374501	x305815
Afrique	x136309	x163795	x146038	x116970	x122811
Afrique du Nord	x1586	182	x3342	292	x2873
Amériques	x6989	x12783	x6707	x8343	x3641
ALAI	1992	4564	2288	4250	x98
MCAC					
Asie	82404	x213700	117168	118527	x145675
Moyen–Orient	x18517	120801	68938	x56980	x48163
Europe	23492	26818	19532	16919	16618
CEE	11264	14891	16671	16447	16250
AELE	11424	11858	2862	471	340
Océanie	7952	30	43	1	136
So. Africa Customs Un	x121298	x139186	x124548	x101086	x101640
Former USSR/Anc. URSS	x141057	x152105	x74053	x92808	
Turkey/Turquie	12067	112767	63889	46359	32563
Albania/Albanie	x78616	x98806	x70235	x20721	x15968
India/Inde	46340	x63347	22993	38031	x43509
Philippines	13908	x23572	18882	17590	15102
Madagascar	7965	x21008	4942	9439	x4187
Iran (Islamic Rp of)	x5963	x7970	x5049	x10618	x15593
Netherlands/Pays–Bas	5790	7066	8009	7123	6665
Mozambique	x3877	x3411	x6910	x3978	x8900
Finland/Finlande	11358	11699	1213	401	301
Brazil/Brésil	1989	4548	2275	4234	2
Pakistan	2631	2305	3709	4882	4894
USA/Etats–Unis d'Amer	1751	5365	2001	2058	1616
Germany/Allemagne	2472	3092	3090	3002	3407
Cuba	x2927	x2805	x2200	x1298	x1670
Belgium–Luxembourg	20	99	2413	3106	3201
Greece/Grèce	949	2591	1324	1399	x972
Gabon	x223	x2338	x1493	x2470	
Zimbabwe	x1360	x8	x2936	x683	x2736
France,Monac	753	1269	776	1261	585
Sudan/Soudan	x1239		x3002		x2711
Italy/Italie	1140	679	1004	501	870
Sweden/Suède	4	92	1584	11	17
Hungary/Hongrie	x497	x763	x747	x107	x116
Indonesia/Indonésie	6	1292	112	168	123
China/Chine	514		599	255	1006
Viet Nam			x796	x294	x349
Central African Rep.			x1021		x2
Canada	110	49	218	737	143
Myanmar		x937			x582
Japan/Japon	91	595	171	148	88
Singapore/Singapour	396	151	587	166	486
Morocco/Maroc	347	182	340	292	161
Hong Kong			378		
Austria/Autriche	59	34	36	56	21
Spain/Espagne	64	69	35	8	327
Poland/Pologne				x105	x840
United Kingdom	69	26	19	31	214
Yugoslavia SFR	804	69			
Australia/Australie	8	22	41	1	1
Oman	x483	59			
Switz.Liecht		31	27		
Argentina/Argentine		x10	x2	x9	x16
Chile/Chili		x5	11	2	x4
Denmark/Danemark	6	0		17	
Thailand/Thaïlande				13	
New Caledonia	7944	8	2	2	135
Norway,SVD,JM	2	2	2	3	
Saudi Arabia	x4	x5			

(VALUE AS % OF TOTAL)(VALEUR EN % DU TOTAL)

Imports

	1983	1984	1985	1986	1987	1988	1989	1990	1991	1992
Africa	x0.1	x0.0	x0.1	x0.0	x0.3	x0.0	x0.0	x0.0	x0.1	x0.0
Northern Africa	0.0	0.0	x0.0	x0.0	x0.0	x0.0	x0.0	x0.0	x0.0	x0.0
Americas	13.7	17.1	17.0	x19.5	x19.6	x20.6	13.6	9.8	9.6	9.4
LAIA	1.8	6.4	5.9	x3.3	x4.4	x4.4	x2.9	2.3	2.7	2.4
CACM	x0.0					x0.0	x0.0		x0.0	
Asia	x36.3	x27.7	x33.5	29.1	33.1	39.8	43.9	44.8	48.1	58.6
Middle East	x0.0	x0.0	0.3	0.3	x0.0	x0.0	x0.0	x0.1	x0.0	x0.1
Europe	x49.5	x54.8	x49.2	x50.7	x34.3	36.6	35.0	35.8	39.7	30.0
EEC	37.4	27.8	28.1	33.2	26.7	26.9	23.4	21.6	24.3	21.2
EFTA	x12.1	x17.5	x10.5	x15.3	x6.7	2.4	3.7	5.9	11.5	1.9
Oceania	0.5	0.4	x0.2	0.6	x0.2	0.2	0.2	0.2	0.3	0.4
Japan/Japon	34.7	26.0	31.2	27.3	20.5	22.5	22.0	20.2	23.2	22.6
China/Chine					11.6	13.9	18.7	23.8	23.7	35.2
USA/Etats–Unis d'Amer	10.4	9.1	10.0	14.2	13.5	14.8	9.9	6.9	6.0	6.4
Germany/Allemagne	13.5	10.5	12.0	11.4	8.8	6.8	6.8	6.7	9.7	8.4
Yugoslavia SFR		9.5	10.7	x2.2	x0.9	7.4	7.9	8.3	3.9	
Italy/Italie	8.4	5.9	6.0	6.6	6.1	6.4	7.2	3.6	4.3	4.2
Norway,SVD,JM	0.4	0.0	0.0	0.1	0.1	0.0	1.9	3.9	9.0	x0.0
Romania/Roumanie				x6.7		3.5	4.2	1.6	0.9	x0.8
United Kingdom	5.9	4.3	4.1	4.8	6.2	4.7	2.6	3.9	2.7	3.8
France,Monac	3.5	2.1	1.1	1.7	1.4	2.8	2.3	2.4	2.9	2.0

Exports

	1983	1984	1985	1986	1987	1988	1989	1990	1991	1992
Afrique	35.1	x26.3	30.3	x56.2	x34.9	28.5	24.5	33.6	x31.2	40.1
Afrique du Nord		x0.7	0.7	x0.9	x0.5	x0.3	0.0	x0.8	0.1	x0.9
Amériques	3.9	3.7	4.9	3.7	x6.7	x1.5	x1.9	x1.5	x2.2	x1.2
ALAI	0.1	0.1	0.0	x0.2	x2.7	0.4	0.7	0.5	1.1	x0.0
MCAC										
Asie	16.5	39.5	53.3	31.8	11.1	17.2	x32.0	26.9	31.6	x47.6
Moyen–Orient	x0.9	17.7	26.8	16.1	7.4	x3.9	18.1	15.9	x15.2	15.7
Europe	8.3	9.6	11.5	6.9	3.2	4.9	4.0	4.5	4.5	5.4
CEE	4.0	2.2	3.1	3.4	1.5	2.4	2.2	3.8	4.4	5.3
AELE	4.2	5.4	6.5	3.5	1.7	2.4	1.8	0.7	0.1	0.1
Océanie				x1.4	x1.6	1.7				
So. Africa Customs Un	33.6	24.9	28.7	x54.5	x33.2	x25.4	x20.8	x28.7	x27.0	33.2
Former USSR/Anc. URSS	36.1	21.0		x29.6	x29.5	x22.7	x17.0	x24.8		
Turkey/Turquie		16.9	26.2	15.9	6.9	2.5	16.9	14.7	12.4	10.6
Albania/Albanie				x12.8	x16.5	x14.8	x16.2	x16.2	x5.5	x5.2
India/Inde	5.6	11.1	17.8	10.8	2.4	9.7	x9.5	5.3	10.2	x14.2
Philippines	9.8	9.9	8.2	4.5	x1.1	2.9	x3.5	4.3	4.7	4.9
Madagascar	1.5	0.7	0.9	0.7	x1.2	1.7	x3.1	1.1	2.5	x1.4
Iran (Islamic Rp of)	x0.1		x0.1		x0.4	x1.2	x1.2	x1.2	x2.8	x5.1
Netherlands/Pays–Bas	1.7	1.1	1.8	1.7	0.8	1.2	1.1	1.8	1.9	2.2
Mozambique			x0.0			x0.8	x0.5	x1.6	x1.1	x2.9

28792 TUNGSTEN ORE, CONCENTRATE — MINERAIS DE TUNGSTENE 28792

TRADE BY COMMODITY IN THOUSAND U.S. DOLLARS – COMMERCE PAR PRODUIT EN MILLIERS DE DOLLARS E.U

COUNTRIES–PAYS	1988	1989	1990	1991	1992	COUNTRIES–PAYS	1988	1989	1990	1991	1992
Total	x213479	x215461	x92038	66110	32664	Totale	258965	269940	87503	x62785	x33641
Africa	x1973	1353	x2565	x40	x68	Afrique	x1463	x188	x1132	x982	x431
Northern Africa	16	15	25	31	x67	Afrique du Nord					
Americas	49097	47277	30265	x44841	16517	Amériques	119994	126486	11523	x15517	x11396
LAIA	565	859	648	x154	97	ALAI	118129	124533	10602	x15249	x10655
CACM						MCAC					
Asia	20816	x24787	20829	17018	x14139	Asie	x110924	x121191	56092	28202	x13798
Middle East	x2	0	x127	10	0	Moyen–Orient			113	10	737
Europe	23649	25903	9769	4143	1940	Europe	16369	12724	11270	13100	7157
EEC	19119	22349	7446	2430	1463	CEE	13074	10019	10797	12322	6935
EFTA	4530	3551	2323	1713	477	AELE	3295	2705	474	778	222
Oceania	4	2	3			Océanie	9998	9268	7306	4947	860
Former USSR/Anc. URSS	x82938	x99272	x22304			China/Chine	96814	105366	46353	14202	5514
USA/Etats–Unis d'Amer	48530	46415	29617	44687	16420	Chile/Chili	108647	111565	x336		
Germany/Allemagne	15150	20394	4401	1789	983	Portugal	9760	8651	8674	11626	6511
Japan/Japon	12229	10379	10741	4963	3230	Australia/Australie	9998	9268	7306	4947	860
Czechoslovakia	x22790	12011	5884			Bolivia/Bolivie	5264	6914	4617	7704	5762
Korea Republic		2518	3069	5447	5378	Hong Kong	6154	8911	4252	3887	3942
Hong Kong	4164	5827	2780	1292	1276	Peru/Pérou	3286	5352	5084	x6490	x4364
Singapore/Singapour	2206	2314	1688	3433	728	Singapore/Singapour	2354	2197	2102	4725	2209
Austria/Autriche	4448	3309	2211	1468	393	Thailand/Thaïlande	3534	2791	1581	2464	x768
India/Inde	1774	x2691	1279	1632	x2500	Sweden/Suède	3129	2705	415	720	222
Former GDR	x6273	x4857	x421			Myanmar	x621	x597	x842	x1778	x966
Netherlands/Pays–Bas	1976	1455	2301	15		USA/Etats–Unis d'Amer	1815	1940	804	165	284
Korea Dem People's Rp	x438	x1052	x1087	x238	x308	Rwanda	44	x85	x1104	x879	x229
So. Africa Customs Un	1942	1338	959		x1	Mexico/Mexique	810	627	563	609	320
Mauritania/Mauritanie			x1581			Belgium–Luxembourg	16	10	1586	72	66
Brazil/Brésil	57	488	393	x82	5	Viet Nam		x680	x709	x102	x300
United Kingdom	80	354	359	178	163	Spain/Espagne	351	486		391	
Spain/Espagne		1	289	393		Turkey/Turquie			113	10	737
Switz.Liecht	82	242	110	244		Netherlands/Pays–Bas	566	497	320		234
Argentina/Argentine	419	240	175	54	15	Brazil/Brésil	x122	x75	x2	446	x210
Italy/Italie	136	110	49	3		Mongolia/Mongolie		x233	x237		
Peru/Pérou	x56	x91	x57			Germany/Allemagne	281	123	101	151	38
United Arab Emirates	x2		x90			Korea Republic	965	152		162	
France, Monac	323	16	26	47	304	United Kingdom	1785	192	53	15	35
Hungary/Hongrie				66		Canada	50	12	117	x103	137
Morocco/Maroc	16	10	25	31	55	Former GDR			x181		
Mexico/Mexique	6	17	23	11	77	Japan/Japon	x482	x150	6	2	49
Belgium–Luxembourg	1451	19	14	2	3	Italy/Italie	35	59	37		
Israel/Israël			x33		x13	France, Monac	280	1	25	67	51
Iran (Islamic Rp. of)			x31			Hungary/Hongrie	x218	x83			
Malaysia/Malaisie	3	4	24	3	x242	Malaysia/Malaisie				72	x50
Colombia/Colombie	x19	x23		6		Korea Dem People's Rp				x70	
Turkey/Turquie		0	6	10	0	Zaire/Zaïre	x170	x68			x32
Nigeria/Nigéria				x8		Austria/Autriche	166		59		
Denmark/Danemark			5		10	Norway, SVD, JM				58	
Portugal	3		3	3	0	Kenya				x52	x51
Fiji/Fidji		2	3			Uganda/Ouganda				x51	x108
Algeria/Algérie		5				Former USSR/Anc. URSS				x38	
Canada	3		3			Zimbabwe	x19	x35			
Gibraltar		x3				So. Africa Customs Un	x100		x28		x11
Indonesia/Indonésie			3								
Norway, SVD, JM			2								
Togo				1							
Chile/Chili				x1							
Finland/Finlande			0	0	84						
New Zealand											
Australia/Australie	4		0		0						
Papua New Guinea		0									

(VALUE AS % OF TOTAL) (VALEUR EN % DU TOTAL)

	1983	1984	1985	1986	1987	1988	1989	1990	1991	1992		1983	1984	1985	1986	1987	1988	1989	1990	1991	1992
Africa	3.2	1.3	2.2	x1.2	x0.2	x0.9	0.6	x2.7	x0.1	x0.2	Afrique	x1.0	x0.5	1.4	x0.8	x0.2	x0.5	x0.1	x1.3	1.6	x1.2
Northern Africa				0.0	0.0	0.0	0.0	0.0	0.0	x0.2	Afrique du Nord			0.0							
Americas	30.9	40.9	37.0	x26.1	x12.4	23.0	21.9	32.9	x67.8	50.6	Amériques	x36.8	x41.7	x34.5	x31.7	x8.3	46.3	46.8	13.2	x24.7	x33.8
LAIA		9.2	10.6	x0.2	x0.8	0.3	0.4	0.7	x0.2	0.3	ALAI	23.4	21.7	15.6	x19.2	5.9	45.6	46.1	12.1	x24.3	x31.7
CACM											MCAC			x0.1							
Asia	23.9	17.5	27.9	36.4	x11.2	9.7	x11.5	22.6	25.7	x43.3	Asie	x19.0	x26.5	x27.7	x32.8	x76.0	x42.8	x44.9	64.1	44.9	x41.0
Middle East				0.0	x0.0	0.0	0.0	x0.1	0.0	0.0	Moyen–Orient					1.1	1.1	1.7	0.9	0.0	1.2
Europe	41.9	40.3	x32.9	x36.2	x10.5	11.1	12.0	10.6	6.3	5.9	Europe	27.2	19.7	22.3	20.8	10.1	6.3	4.7	12.9	20.9	21.3
EEC	36.0	34.9	24.7	28.3	8.2	9.0	10.4	8.1	3.7	4.5	CEE	23.0	17.7	21.6	17.8	9.3	5.0	3.7	12.3	19.6	20.6
EFTA	x5.9	x5.4	x8.2	x7.9	x2.2	2.1	1.6	2.5	2.6	1.5	AELE	4.1	2.1	0.6	x3.0	0.8	1.3	1.0	0.5	1.2	0.7
Oceania	0.1				x0.1						Océanie	16.0	11.5	14.2	13.8	5.4	3.9	3.4	8.3	7.9	2.6
Former USSR/Anc. URSS					x50.7	x38.9	x46.1	x24.2			China/Chine				x1.6	60.1	37.4	39.0	53.0	22.6	16.4
USA/Etats–Unis d'Amer	30.8	31.7	26.3	25.8	11.6	22.7	21.5	32.2	67.6	50.3	Chile/Chili				x1.6	x0.2	42.0	41.3	x0.4		
Germany/Allemagne	21.6	25.1	14.3	20.2	6.4	7.1	9.5	4.8	2.7	3.0	Portugal	9.5	9.9	10.9	9.4	5.6	3.8	3.2	9.9	18.5	19.4
Japan/Japon	16.1	10.7	11.1	11.6	x3.6	5.7	4.8	11.7	7.5	9.9	Australia/Australie	16.0	11.5	14.2	13.8	5.4	3.9	3.4	8.3	7.9	2.6
Czechoslovakia					x3.6	x10.7	5.6	6.4			Bolivia/Bolivie	18.0	12.9	8.2	10.3	3.7	2.0	2.6	5.3	12.3	17.1
Korea Republic							1.2	3.3	8.2	16.5	Hong Kong			5.6	12.1	7.8	2.4	3.3	4.9	6.2	11.7
Hong Kong		0.0	10.0	18.0	1.7	2.0	2.7	3.0	2.0	3.9	Peru/Pérou	5.4	4.5	4.8	4.3	1.3	1.3	2.0	5.8	x10.3	x13.0
Singapore/Singapour	4.5	6.0	5.2	4.3	1.3	1.0	1.1	1.8	5.2	2.2	Singapore/Singapour	3.2	5.2	5.2	4.1	2.4	0.9	0.8	2.4	7.5	6.6
Austria/Autriche	x3.0	x3.3	x5.8	x3.6	x0.1	2.1	1.5	2.4	2.2	1.2	Thailand/Thaïlande	x3.4	x5.7	x6.0	x4.0	2.3	1.4	1.0	1.8	3.9	x2.3
India/Inde	3.2	0.7	1.6	2.4	0.7	0.8	x1.2	1.4	2.5	x7.7	Sweden/Suède	4.0	1.9	0.6	2.5	0.7	1.2	1.0	0.5	1.1	0.7

28793 MOLYBD, NIOBIUM ETC ORES

MINERAIS DE MOLYBDENE, TITANE 28793

TRADE BY COMMODITY IN THOUSAND U.S. DOLLARS – COMMERCE PAR PRODUIT EN MILLIERS DE DOLLARS E.U

COUNTRIES-PAYS	IMPORTS – IMPORTATIONS					COUNTRIES-PAYS	EXPORTS – EXPORTATIONS				
	1988	1989	1990	1991	1992		1988	1989	1990	1991	1992
Total	1510784	1954829	1646628	1344191	1181784	Totale	x1118078	x1469978	x1154494	x923920	x776926
Africa	x2029	x2396	x5658	x2995	x2807	Afrique	x132885	x172104	x178102	x170770	x148005
Northern Africa	x636	x1827	x1928	x787	x1512	Afrique du Nord		x209	x1326	x703	x1807
Americas	x240102	x373084	295198	263937	x273882	Amériques	x402388	x607065	430894	340819	x304441
LAIA	x37194	x63154	38792	24989	x37213	ALAI	x128088	x152174	123267	104927	x92153
CACM	x59	x93	x68	x54	x61	MCAC					
Asia	316528	392958	386375	360676	277697	Asie	106344	x120751	62552	59759	x91112
Middle East	5657	x2378	x4580	x4063	x3396	Moyen-Orient	x2037	x124	x3200	x3486	x763
Europe	870665	1068447	909137	701715	620955	Europe	281001	309062	277372	188538	159072
EEC	770258	939806	810981	626329	555387	CEE	227592	256564	225875	149333	121621
EFTA	92179	104271	92820	72909	64819	AELE	53409	52498	51498	39123	37428
Oceania	3252	x3014	1177	332	x696	Océanie	164130	256670	196716	158054	x74021
Japan/Japon	257771	304688	294226	257427	177533	USA/Etats-Unis d'Amer	165638	315638	207741	146004	152889
USA/Etats-Unis d'Amer	183467	273964	229033	212066	225825	Australia/Australie	164130	256670	196586	157376	72631
United Kingdom	176816	202129	165971	137441	133511	So. Africa Customs Un	x81346	x135306	x131997	x124861	x100525
Germany/Allemagne	140095	163015	152957	117584	89807	Canada	108673	138491	99804	89876	59384
Belgium-Luxembourg	134824	164939	143976	104979	108842	Chile/Chili	x103585	x114109	97383	88846	x79042
Netherlands/Pays-Bas	113156	141063	133236	107360	88571	Netherlands/Pays-Bas	105842	117251	98109	75533	52414
France, Monac	97791	114052	115641	75125	77764	Belgium-Luxembourg	73862	79621	81845	52858	49229
Italy/Italie	59940	95201	60327	48511	30233	Norway, SVD, JM	39315	38797	39436	24145	27333
Spain/Espagne	43704	55656	34167	31444	22868	Sierra Leone	46468	x30080	x31725	x29790	x29672
Austria/Autriche	40551	44916	35892	25067	19085	Malaysia/Malaisie	31019	34088	17584	19363	x29134
Sweden/Suède	30711	32259	29237	27117	18243	Germany/Allemagne	17589	21072	21197	11284	7957
Canada	18612	34815	26906	26643	10351	India/Inde	13952	x23423	7508	8103	x17052
Korea Republic	18270	23605	26541	28401	19658	Mexico/Mexique	16548	18357	11009	8419	6414
Finland/Finlande	20236	26409	27081	20333	25009	Sweden/Suède	7555	11641	11147	13341	9930
Singapore/Singapour	5275	25718	20739	23272	24739	United Kingdom	12869	15669	13963	4167	4344
Brazil/Brésil	26422	32943	15274	11519	11949	Thailand/Thailande	21504	15979	6195	7775	x3679
Former USSR/Anc. URSS	x16699	x39001	x8318	x5503		Peru/Pérou	x7117	9627	11916	x5719	x5739
China/Chine	10188	5822	15628	22826	26488	China/Chine	13205	15458	5076	5506	3993
Czechoslovakia	x22046	21706	16430	x2197	x1230	Hong Kong	4448	12764	2553	3051	11914
Mexico/Mexique	2593	9886	19870	9497	6805	Sri Lanka	10797	8748	8308	1100	2510
Poland/Pologne	x16460	x23315	x13948	x1314	x987	Italy/Italie	8373	9383	5509	3067	4788
Yugoslavia SFR	8229	24370	5290	x2477		France, Monac	7972	10257	4347	2344	2720
India/Inde	8798	x7005	8773	5434	x3448	Former USSR/Anc. URSS	x7071	x2544	x8242	x5922	
Chile/Chili	x5259	x17931	462	1119	x16003	Korea Republic	3935	5351	5356	4751	3865
Hong Kong	3961	11335	3174	3245	11407	Zaire/Zaïre	x2737	x4549	x5906	x4562	x6907
Thailand/Thailande	1293	4763	5536	7006	5303	Brazil/Brésil	838	9814	2903	1229	837
Romania/Roumanie	x4817	x10853	x2793	1884	x989	Mozambique		x221	x4703	x8872	x3486
Hungary/Hongrie	x3782	x7352	x3563	2693	x1700	Singapore/Singapour	4963	2948	4413	3010	6115
Malaysia/Malaisie	2575	3915	1966	4252	x1478	Iran (Islamic Rp. of)	x2027		x3200	x3413	x763
Bulgaria/Bulgarie	x5291	x6921	x1297	x946	840	Austria/Autriche	6431	1768	826	1611	141
Former GDR	x9068	x5694	x2693			Spain/Espagne	998	3276	852	50	169
Portugal	3115	2503	2808	2922	2661	Viet Nam		x279	x732	x2476	x3732
Turkey/Turquie	2240	1652	3263	2716	1568	Nigeria/Nigéria	x722	x936	x1222	x920	x2005
Indonesia/Indonésie	1016	1702	2385	2226	1892	Japan/Japon	464	748	533	1136	6749
So. Africa Customs Un	1207	340	3145	x1275	x719	Egypt/Egypte	x209	x1268	x703	x1807	
Australia/Australie	3175	2728	1041	198	520	Indonesia/Indonésie		823	1097		
Israel/Israël	777	967	1515	990	1125	Rwanda	x465	x442	x299	x264	x2136
Venezuela	x989	x913	1285	911	833	Zimbabwe	x459	x177	3	x718	x855
Argentina/Argentine	1017	976	1008	984	1141	Hungary/Hongrie	x2	x885	x8	0	x59
Egypt/Egypte	x423	x1156	x1276	x427	x889	Burundi			x877		
Greece/Grèce	501	974	1116	695	x649	New Zealand			130	677	1328
Iran (Islamic Rp. of)	x333	x460	x606	x1327	x1750	Former GDR	x24259	x704			
Philippines	628	x626	893	514	727	St Pierre & Miquelon		x701			
Colombia/Colombie	434	198	648	525	326	Bulgaria/Bulgarie		x39	x575	x27	x144
Switz.Liecht	614	685	368	156	230	Switz.Liecht	60	293	89	26	24
Pakistan	247	342	321	455	360	Ecuador/Equateur				x348	
Morocco/Maroc	147	378	293	271	238	Bolivia/Bolivie		103	38	191	119
Denmark/Danemark	25	41	550	258	454	Argentina/Argentine		0		x161	x1
Netherlands Antilles		x679				Niger		x106		x54	
Zimbabwe	x2		280	390		French Guiana	x14		61	83	13	14

(VALUE AS % OF TOTAL)(VALEUR EN % DU TOTAL)

	1983	1984	1985	1986	1987	1988	1989	1990	1991	1992		1983	1984	1985	1986	1987	1988	1989	1990	1991	1992
Africa	x0.2	x0.1	x0.3	x0.4	x0.3	x0.2	x0.1	x0.4	x0.2	x0.3	Afrique	5.5	5.9	6.5	x11.3	x14.0	x11.9	x11.7	x15.4	x18.5	x19.0
Northern Africa	x0.1	x0.0	x0.1	x0.1	x0.1	x0.0	x0.1	x0.1	x0.1	x0.1	Afrique du Nord							x0.0	x0.1	x0.1	x0.2
Americas	7.2	11.6	9.9	x15.1	x14.9	x15.9	x19.1	17.9	19.7	x23.2	Amériques	x44.8	x53.6	x51.6	x40.8	x33.7	x36.0	x41.3	37.3	36.9	x39.2
LAIA	0.2	0.9	0.7	x2.4	x2.3	x2.5	x3.2	2.4	1.9	x3.1	ALAI	0.6	16.1	14.5	10.4	x9.8	x11.5	x10.4	10.7	11.4	x11.9
CACM	x0.0	x0.0	x0.0	x0.0	x0.0	x0.0	x0.0	x0.0	x0.0	x0.0	MCAC										
Asia	21.0	19.1	x20.1	x18.4	17.3	20.9	20.1	23.5	26.8	23.5	Asie	x3.0	x1.8	2.2	3.5	6.4	9.5	x8.3	5.4	6.4	x11.8
Middle East	x0.1	x0.4	x0.3	x1.4	x0.5	0.4	x0.1	x0.3	x0.3	x0.3	Moyen-Orient	x0.0	0.0	x0.1		x0.3	x0.2	x0.0	x0.3	x0.4	x0.1
Europe	71.6	69.0	69.6	66.1	63.0	57.5	54.7	55.2	52.2	52.5	Europe	29.3	24.1	25.0	25.1	21.8	25.1	21.0	24.0	20.4	20.5
EEC	61.0	58.6	60.4	56.8	55.3	51.0	48.1	49.3	46.6	47.0	CEE	25.5	21.8	22.5	20.8	16.7	20.4	17.5	19.6	16.2	15.7
EFTA	x10.6	x9.8	x8.7	8.9	x7.4	6.1	5.3	5.6	5.4	5.5	AELE	3.8	2.3	2.5	4.3	5.1	4.8	3.6	4.5	4.2	4.8
Oceania	0.1	0.2	0.1	0.1	0.1	0.2	x0.1	0.1		x0.1	Océanie	17.3	x14.6	14.7	x19.3	23.1	14.7	17.5	17.0	17.1	x9.5
Japan/Japon	19.1	17.4	18.3	15.2	13.9	17.1	15.6	17.9	19.2	15.0	USA/Etats-Unis d'Amer	28.3	26.3	26.8	16.3	10.7	14.8	21.5	18.0	15.8	19.7
USA/Etats-Unis d'Amer	6.5	10.2	8.6	11.8	11.8	12.1	14.0	13.9	15.8	19.1	Australia/Australie	17.3	14.6	14.7	19.2	23.1	14.7	17.5	17.0	17.0	9.3
United Kingdom	11.3	11.3	12.1	12.1	12.6	11.7	10.3	10.1	10.2	11.3	So. Africa Customs Un	3.2	3.1	4.0	10.7	x11.8	x7.3	x9.2	x11.4	x13.5	x12.9
Germany/Allemagne	14.0	11.8	10.9	11.5	10.5	9.3	8.3	9.3	8.7	7.6	Canada	x15.8	x11.2	x10.3	x14.1	x13.1	9.7	7.7	8.6	9.7	7.6
Belgium-Luxembourg	15.2	11.8	11.9	10.4	10.5	8.9	8.4	8.7	7.8	9.2	Chile/Chili		12.6	11.3	x9.4	x8.5	x9.3	x7.8	8.4	9.6	x10.2
Netherlands/Pays-Bas	9.3	11.4	11.9	10.5	7.6	7.5	7.2	8.1	8.0	7.5	Netherlands/Pays-Bas	8.8	10.2	10.9	8.8	7.4	9.5	8.0	8.5	8.2	6.7
France, Monac	5.8	5.6	6.0	6.4	7.0	6.5	5.8	7.0	5.6	6.6	Belgium-Luxembourg	7.1	5.5	5.6	5.5	5.4	6.6	5.4	7.1	5.7	6.3
Italy/Italie	2.7	3.6	4.2	2.6	3.5	4.0	4.9	3.7	3.6	2.6	Norway, SVD, JM	2.0	1.6	1.8	3.3	3.7	3.5	2.6	3.4	2.6	3.5
Spain/Espagne	2.7	3.0	3.3	3.2	3.3	2.9	2.8	2.1	2.3	1.9	Sierra Leone	1.9	2.5	2.3		x2.2	4.2	x2.0	x2.7	x3.2	x3.8
Austria/Autriche	x7.0	x6.1	x5.1	x4.7	x3.7	2.7	2.3	2.2	1.9	1.6	Malaysia/Malaisie	1.3	1.0	1.1	1.8	1.7	2.8	2.3	1.5	2.1	x3.7

2881 METALIFEROUS NONFER WSTE / CENDRES ET RESIDUS 2881

TRADE BY COMMODITY IN THOUSAND U.S. DOLLARS – COMMERCE PAR PRODUIT EN MILLIERS DE DOLLARS E.U

COUNTRIES–PAYS	IMPORTS – IMPORTATIONS 1988	1989	1990	1991	1992	COUNTRIES–PAYS	EXPORTS – EXPORTATIONS 1988	1989	1990	1991	1992
Total	1710982	1994635	1914771	1549042	1599946	Totale	x1178622	x1360695	x1203516	x1007093	x1044844
Africa	x799	3390	7089	x1934	x1674	Afrique	x150034	x182431	x144075	x170186	x260503
Northern Africa	x120	564	367	x83	x93	Afrique du Nord	x2041	1450	1070	1565	x8205
Americas	238353	288746	220467	241250	324013	Amériques	x304584	x254410	x243482	183449	x208069
LAIA	9534	12584	14170	5757	9506	ALAI	6491	19651	7283	14066	x17146
CACM	32	x12	35	47		MCAC	x1716	x655	x169	x71	x1365
Asia	202352	x265752	342753	250789	x269148	Asie	x41957	x75192	x48020	x39924	x49388
Middle East	x6286	x1089	x1371	x1178	x2535	Moyen–Orient	x9995	x17947	x14483	x9693	x11191
Europe	1264000	1423558	1335932	1050136	1000838	Europe	533374	704408	655794	512927	444250
EEC	1109524	1232644	1175481	910762	842985	CEE	447921	613398	539546	431881	390849
EFTA	154419	190460	160011	138702	156193	AELE	84856	90514	115878	75303	51228
Oceania	x4029	x5925	x4933	x2572	x3929	Océanie	x16150	29124	31023	31084	x39109
Belgium–Luxembourg	310234	379164	425224	311307	242074	USA/Etats–Unis d'Amer	276753	195315	179356	126280	136792
Germany/Allemagne	265971	317274	297553	259422	271481	United Kingdom	116994	193607	167623	103510	84639
United Kingdom	324989	295966	257924	183181	189510	So. Africa Customs Un	x133285	x166619	x131410	x154123	x207206
Japan/Japon	153132	182899	252285	188723	185203	Germany/Allemagne	90790	139144	130538	117423	92359
USA/Etats–Unis d'Amer	178573	174436	146878	152766	221881	France, Monac	78023	104182	92615	75032	75192
Italy/Italie	85291	99647	81206	64672	59999	Former USSR/Anc. URSS	x69046	x58876	x54993	x40610	
Canada	50012	101597	59266	82442	92605	Spain/Espagne	40866	56382	40905	38613	30942
Austria/Autriche	53761	94566	46773	33553	18567	Canada	18053	37170	54535	42079	49326
France, Monac	45358	52879	45296	37442	39255	Belgium–Luxembourg	47193	45203	40376	39954	48987
Sweden/Suède	45243	44049	45149	32362	36320	Netherlands/Pays–Bas	38250	47616	36240	26393	26190
Spain/Espagne	36885	42784	40103	30223	18707	Sweden/Suède	25188	30243	35275	30022	22633
Norway, SVD, JM	15644	21951	44467	33138	25057	Australia/Australie	15530	28296	30236	30333	38695
India/Inde	18915	x15593	48227	28747	x34334	Austria/Autriche	36386	31246	21897	13053	9748
Finland/Finlande	39089	29091	22519	37907	75244	Italy/Italie	28618	20857	23561	21576	24898
Netherlands/Pays–Bas	39638	41867	25795	21366	16912	Norway, SVD, JM	7439	9238	37275	18468	6626
Korea Republic	9236	34039	24153	13818	9874	Switz.Liecht	11353	12374	16508	10263	8311
Singapore/Singapour	6703	27087	8433	8064	8820	Japan/Japon	9881	13239	8786	13523	10926
Brazil/Brésil	3207	8707	10884	2914	4777	Bulgaria/Bulgarie	x24190	x24713	x2517	x6930	x2545
Australia/Australie	3987	5890	4914	2506	3839	Saudi Arabia	4525	x15216	x8869	x7903	x5295
So. Africa Customs Un	556	2733	6167	x1850	x1422	Hungary/Hongrie	x10451	x11985	x13262	x4592	x5459
Mexico/Mexique	5515	3110	2933	2617	3962	Singapore/Singapour	8331	6392	7461	7392	10278
Malaysia/Malaisie	2146	1563	3460	3148	x5513	Philippines	1744	x12963	5012	2636	2491
Former USSR/Anc. URSS	x32	x5896	x225	x1439		Brazil/Brésil	2499	4838	2990	10062	551
Portugal	646	2193	1232	2183	3338	Zimbabwe	10556	x10401	6105	41	x3726
China/Chine	2216	384	580	4314	18906	Mexico/Mexique	2194	11495	2438	2530	7880
Hong Kong	666	2043	1534	981	2203	Finland/Finlande	4491	7413	4923	3496	3910
Switz.Liecht	681	802	1102	1741	1005	Czechoslovakia	x4449	x9855	x2397	x3536	x6175
Poland/Pologne	x2		x2302	x587	x50	Zaire/Zaïre	x619	x1100	x2586	x8897	x7151
Denmark/Danemark	492	734	1079	855	1454	India/Inde	143	x11757	86	19	x1903
Philippines	2597	x459	1559	477	78	Romania/Roumanie	x13011	x5		x11386	x4395
United Arab Emirates	x5250	x668	x604	x232	x794	Greece/Grèce	1131	3077	3463	4186	x3351
Former GDR	x1203	x1138	x103			Former GDR	x10079	x8559	x1875		
Czechoslovakia	x199	26	954	x138	x276	Denmark/Danemark	2233	2714	2960	2418	2164
Yugoslavia SFR	57	321	426	x259		Korea Republic	981	2728	2906	1718	2701
Brunei Darussalam	x218	x286	x490	x226	x363	Hong Kong	1256	2732	3053	1307	1765
Indonesia/Indonésie	208	167	439	391	464	Yugoslavia SFR	596	484	370	x5683	
Libyan Arab Jamahiriya	81	559	367	x67	x61	Albania/Albanie	x313	x382	x4910	x778	x659
Bahrain/Bahreïn	x382	x234	x378	x155	x117	Thailand/Thaïlande	3863	2176	2764	1124	x3295
Uruguay	617	332	188	101	8	Malaysia/Malaisie	4341	2920	1338	975	x1478
Turkey/Turquie	26	56	199	357	1130	Poland/Pologne	986	756	1168	1691	x24291
Malta/Malte		x131		x413	x267	Portugal	3382	430	594	2309	1622
Zimbabwe			525			Cuba	x520	x1092	x1456	x745	x460
Lao People's Dem. Rp.				x428		Turkey/Turquie	729	929	1802	454	2070
Saudi Arabia	x99	122	x169	x138	x145	Mozambique	x27		x44	x2409	x11887
Ecuador/Equateur	136	373	42	1		New Zealand	616	828	788	751	409
Thailand/Thaïlande			87	177	243	Kenya	99	x662	x626	x1025	x1041
Ireland/Irlande	19	123	53	81	85	United Arab Emirates	x363	x671	x1189	x397	x794
Bulgaria/Bulgarie		x203	x6	x40	15	Korea Dem People's Rp	x753	x1143	x893	x195	x553
Korea Dem People's Rp		x31	x69	x96	x541	Jordan/Jordanie	x251	x325	x1240	x619	x301
Iran (Islamic Rp. of)	x372		x19	x172		Cameroon/Cameroun	x1142	x384	x1030	x672	

(VALUE AS % OF TOTAL) (VALEUR EN % DU TOTAL)

	1983	1984	1985	1986	1987	1988	1989	1990	1991	1992		1983	1984	1985	1986	1987	1988	1989	1990	1991	1992
Africa	x0.4	x0.1	x0.1	x5.3	x0.5	x0.0	0.1	0.3	x0.1	x0.1	Afrique	x3.3	x2.9	x2.8	x13.2	x12.9	x12.7	x13.4	x12.0	x16.9	x24.9
Northern Africa	x0.0	x0.0	x0.0	x0.0	0.0	0.0	x0.0	0.0	0.0	0.0	Afrique du Nord	0.1	0.1	0.1	0.1	0.1	x0.2	0.1	0.1	0.2	x0.8
Americas	x7.8	10.9	11.3	x10.1	x12.0	14.0	14.4	11.5	15.6	20.3	Amériques	x20.2	25.5	27.3	x31.8	x33.1	x25.8	x18.7	x20.2	18.2	x19.9
LAIA	0.0	0.0	1.0	0.5	0.4	0.6	0.6	0.7	0.4	0.6	ALAI	0.3	2.3	2.3	x4.1	x3.3	0.6	1.4	0.6	1.4	x1.6
CACM	x0.0	x0.0	x0.0	x0.0	x0.0	x0.0	0.0	x0.0	x0.0		MCAC	x0.0	x0.1	x0.0	x0.0	x0.1	x0.1	x0.0	x0.0	x0.0	x0.1
Asia	6.5	8.9	10.0	10.0	8.6	11.9	x13.4	17.9	16.2	x16.8	Asie	x4.3	x4.3	x6.8	x2.3	x3.2	x3.6	x5.5	x4.0	x4.0	x4.7
Middle East	x0.1	x0.2	x0.1	x0.1	x0.2	x0.4	x0.1	x0.1	x0.1	x0.2	Moyen–Orient	x0.8	x0.5	x1.0	x0.7	x0.5	x0.8	x1.3	x1.2	x1.0	x1.1
Europe	85.1	80.0	78.5	74.5	78.6	73.9	71.4	69.8	67.8	62.6	Europe	69.9	64.8	60.9	50.3	41.5	45.3	51.8	54.5	50.9	42.5
EEC	80.2	73.9	72.3	68.3	72.2	64.8	61.8	61.4	58.8	52.7	CEE	54.8	48.4	45.1	38.1	33.5	38.0	45.1	44.8	42.9	37.4
EFTA	4.9	6.1	6.2	6.2	8.4	9.0	9.5	8.4	9.0	9.8	AELE	15.1	16.4	15.7	12.0	7.5	7.2	6.7	9.6	7.5	4.9
Oceania	x0.1	x0.2	x0.1	0.1	x0.3	x0.2	x0.3	0.3	x0.2	0.2	Océanie	1.9	1.9	x2.2	2.4	1.7	x1.4	2.1	2.6	3.1	x3.7
Belgium–Luxembourg	31.5	24.4	22.7	20.2	22.2	18.1	19.0	22.2	20.1	15.1	USA/Etats–Unis d'Amer	16.9	20.6	22.3	24.9	26.0	23.5	14.4	14.9	12.5	13.1
Germany/Allemagne	13.0	16.8	19.5	15.1	13.4	15.5	15.9	14.9	16.7	17.0	United Kingdom	12.0	11.6	11.5	8.3	9.9	14.2	13.9	10.3	8.1	
United Kingdom	24.4	20.1	17.3	22.1	26.2	19.0	14.8	13.5	11.8	11.8	So. Africa Customs Un	1.9	2.3	1.9	x11.6	x11.5	x11.3	x12.2	x10.9	x15.3	x19.8
Japan/Japon	5.3	6.8	7.9	7.3	6.2	8.9	9.2	13.2	12.2	11.6	Germany/Allemagne	8.2	7.5	8.1	7.3	6.0	7.7	10.2	10.8	11.7	8.8
USA/Etats–Unis d'Amer	7.6	9.6	9.5	8.3	10.3	10.4	8.7	7.7	9.9	13.9	France, Monac	15.4	13.0	7.9	6.3	7.0	6.6	7.7	7.7	7.5	7.2
Italy/Italie	5.0	5.1	5.4	4.6	4.7	5.0	5.0	4.2	4.2	3.8	Former USSR/Anc. URSS	0.5	0.4			x3.6	x5.9	x4.3	x4.6	x4.0	
Canada	0.2	0.5	0.8	1.3	1.3	2.9	5.1	3.1	5.3	5.8	Spain/Espagne	6.3	5.4	3.0	2.8	4.3	3.5	4.1	3.4	3.8	3.0
Austria/Autriche	1.5	2.6	2.6	3.2	2.2	3.1	4.7	2.4	2.2	1.2	Canada	2.5	2.6	2.6	2.4	3.4	1.5	2.7	4.5	4.2	4.7
France, Monac	2.8	3.1	2.6	2.2	2.0	2.7	2.7	2.4	2.4	2.5	Belgium–Luxembourg	3.9	4.4	4.6	4.2	2.9	4.0	3.3	3.4	4.0	4.7
Sweden/Suède	2.2	2.1	2.1	1.6	1.9	2.6	2.2	2.4	2.1	2.3	Netherlands/Pays–Bas	3.4	2.8	4.2	3.2	2.4	3.2	3.5	3.0	2.6	2.5

28821 COPPER WASTE AND SCRAP — DECHETS DE CUIVRE 28821

TRADE BY COMMODITY IN THOUSAND U.S. DOLLARS – COMMERCE PAR PRODUIT EN MILLIERS DE DOLLARS E.U

COUNTRIES–PAYS	1988	1989	1990	1991	1992	COUNTRIES–PAYS	1988	1989	1990	1991	1992
	IMPORTS – IMPORTATIONS						EXPORTS – EXPORTATIONS				
Total	2411386	3106376	2968977	2999692	3362873	Totale	2475984	3105609	2682238	x2840204	x2865592
Africa	x879	x905	x1674	x3678	x4936	Afrique	x50869	x79756	x71091	x76584	x115323
Northern Africa	x149	142	x804	1344	2931	Afrique du Nord	26238	29459	x26847	x35735	x44190
Americas	336870	452674	415604	300794	342129	Amériques	957657	1115424	x806521	x673666	x547197
LAIA	53242	59820	46544	26881	12540	ALAI	365022	405437	47038	58764	75974
CACM	x2	x3	x52		x36	MCAC	x2196	x2789	x3446	x3877	x3149
Asia	593782	x681141	845735	994310	1030132	Asie	x271947	x341278	x374484	x343079	x483932
Middle East	x14249	x9830	x8472	x8046	6911	Moyen–Orient	x58884	x60616	x99355	x81095	x90589
Europe	1429032	1922782	1692953	1688882	1974603	Europe	1096379	1464344	1310697	1408316	1485225
EEC	1325698	1831924	1590951	1510676	1753739	CEE	995318	1353909	1223883	1305608	1306987
EFTA	103262	88604	100142	177073	214561	AELE	95036	106110	81666	96879	163397
Oceania	3707	x3494	8863	x7965	x6538	Océanie	x3745	x4953	x32441	x31381	x29033
Germany/Allemagne	499903	732877	621680	551618	738715	USA/Etats–Unis d'Amer	447905	563562	523081	442388	282278
Belgium–Luxembourg	367763	416723	297402	354234	330789	France, Monac	294847	392353	324775	298359	281409
Korea Republic	242450	281593	294731	356183	245460	Germany/Allemagne	168222	258075	278966	330386	347418
Italy/Italie	195836	302768	338349	287719	342694	United Kingdom	204650	235149	211086	232964	205766
Japan/Japon	217939	207444	307724	341099	201392	Netherlands/Pays–Bas	163337	206747	166113	182297	200965
USA/Etats–Unis d'Amer	164853	239444	273777	214455	283926	Canada	129811	132674	216019	156315	174410
Netherlands/Pays–Bas	73897	112021	119063	135683	147516	Chile/Chili	341192	372788	6107	3788	x6895
India/Inde	72411	x100409	135342	114031	x108027	Hong Kong	83679	102653	110470	101319	163147
France, Monac	84261	124518	111773	111237	117269	Belgium–Luxembourg	60798	102653	89461	80631	71704
Canada	116508	149997	93976	57318	44772	Former USSR/Anc. URSS	x65941	x65833	x46368	x134324	
Austria/Autriche	50194	47402	39026	93588	108214	Singapore/Singapour	64793	85070	78836	x80748	77447
Spain/Espagne	59998	80882	55836	34292	27740	Switz. Liecht	39973	54778	38757	44445	43090
Hong Kong	18319	33226	45485	70625	182230	Spain/Espagne	15782	34821	35753	65250	68862
Sweden/Suède	42161	28917	42130	52793	39179	Italy/Italie	29818	48444	40561	40410	40991
China/Chine	4620	17704	22781	71078	242256	Denmark/Danemark	33803	47494	42753	37872	45607
Mexico/Mexique	45602	49277	34928	18398	6420	Poland/Pologne				x110620	x99018
United Kingdom	36032	43035	32669	23745	34110	Malaysia/Malaisie	31971	29329	32189	37428	x44267
Singapore/Singapour	18539	20187	20499	21387	26323	Saudi Arabia	8736	7618	x42807	x31519	x34511
Switz. Liecht	5022	7114	14986	14632	16751	United Arab Emirates	x22393	x21694	x26472	x27954	x33333
Denmark/Danemark	6700	12904	10042	9858	13391	Austria/Autriche	36948	24167	23432	23505	26978
Former GDR	x33947	x29569	x1700			Mexico/Mexique	13790	13418	19781	29327	49514
Brazil/Brésil	5887	10105	10604	6654	4765	So. Africa Customs Un	x8716	x24798	x21464	x13740	x42283
United Arab Emirates	x12920	x6634	x6812	x6538	x3239	Japan/Japon	9875	32019	16895	10304	25612
Australia/Australie	3683	3410	7374	7448	5136	Hungary/Hongrie	x4067	x11004	x21761	x25266	x31839
Hungary/Hongrie	x12619	x10626	x1511	2521	x2274	Australia/Australie	1104	2898	26907	24807	25302
Finland/Finlande	4697	3406	1201	8859	44448	Venezuela	x2432	x18227	18672	16519	12557
Norway, SVD, JM	1188	1766	2800	7202	5968	Ireland/Irlande	14040	17874	17269	16665	15071
Thailand/Thaïlande	2346	4650	2803	2380	8094	Norway, SVD, JM	12049	15560	13161	13614	14409
Malaysia/Malaisie	706	2110	3080	4315	x2361	Bulgaria/Bulgarie	x15659	x14673	x14962	x10597	x16476
Greece/Grèce	816	3920	1650	1011	x733	Portugal	6969	7426	12850	17458	18923
Poland/Pologne	x519	x4867	x915	x218	x122	Morocco/Maroc	5167	10843	9552	14669	17892
Yugoslavia SFR	2	2127	1513	x1065		Philippines	3329	x7212	12076	13910	8628
Portugal	315	2178	1721	502	215	Nigeria/Nigéria	x9376	x15452	x10934	x5356	x5399
Pakistan	12	915	1587	1575	2250	Czechoslovakia	x3441	x2203	x1960	x26073	x57266
Nepal/Népal	1766	1912	2126	x29		Kuwait/Koweït	x15423	x14262	x8105	x1264	x5840
Indonesia/Indonésie	47	266	991	2639	3091	Tunisia/Tunisie	12844	12101	5163	3518	2328
So. Africa Customs Un	625	724	647	x2235	x1237	Lebanon/Liban	x4623	x5974	x10934	x3807	x6604
Bahamas	x36	x3202	x35	x80	x3	Algeria/Algérie	6714	5727	4059	8124	x9504
Turkey/Turquie	1045	1513	585	1238	2352	Israel/Israël	2844	7339	5601	4827	3413
Trinidad and Tobago	1969	191	1183	937	286	Finland/Finlande	3606	5581	3715	7967	31902
New Zealand	17	65	1480	513	1236	Sweden/Suède	2173	5808	2324	7069	46703
Jordan/Jordanie	71	1074	280	388	630	Egypt/Egypte	832	145	x6555	x8140	x12399
Ireland/Irlande	177	100	767	777	567	Korea Republic	2327	4345	4068	5867	12506
Argentina/Argentine		16	590	1004	843	Cuba	x6845	x3728	x5902	x4494	x1788
Morocco/Maroc	43	119	246	1161	2059	Dominican Republic	x2786	x4084	x4203	x3213	x3796
Venezuela	x1702	x149	395	520	372	Yugoslavia SFR	4879	2918	3434	x4815	
Korea Dem People's Rp	x63	x312	x43	x704	x770	Greece/Grèce	3052	2874	4297	3316	x10271
Jamaica/Jamaïque		1	1	x1003	x363	Jordan/Jordanie	1172	2832	1728	5513	3470
Former USSR/Anc. URSS		x143	x9	x807		New Zealand	1180	927	4198	4202	2438
Iran (Islamic Rp. of)	x16	x324	x69	x502	x67	India/Inde	15	x185	7010	287	x371

(VALUE AS % OF TOTAL) (VALEUR EN % DU TOTAL)

	1983	1984	1985	1986	1987	1988	1989	1990	1991	1992		1983	1984	1985	1986	1987	1988	1989	1990	1991	1992
Africa	x0.0	x0.0	x0.1	x0.1	x0.1	x0.0	x0.0	x0.0	x0.1	x0.1	Afrique	x4.3	2.7	x2.7	x3.6	x2.2	x2.1	x2.6	x2.7	x2.7	x4.0
Northern Africa	0.0	0.0	0.0	0.0	0.0	0.0	0.0	0.0	0.0	0.1	Afrique du Nord	0.8	0.4	0.5	0.7	0.7	1.1	0.9	x1.0	x1.3	x1.5
Americas	x14.5	15.3	12.6	x13.5	x15.0	14.0	14.5	14.0	10.1	10.2	Amériques	x24.5	43.2	42.4	36.8	x31.9	38.6	35.9	x30.1	x23.7	x19.1
LAIA		0.6	1.3	x1.9	x3.6	2.2	1.9	1.6	0.9	0.4	ALAI	0.0	21.5	17.0	x2.0	x2.4	14.7	13.1	1.8	2.1	2.7
CACM			x0.0						x0.0		MCAC	0.0	0.0	0.0	x0.1	x0.1	0.1	0.1	0.1	0.1	0.1
Asia	16.6	18.8	15.1	17.9	19.9	24.6	x21.9	28.5	33.2	30.6	Asie	x11.1	x8.3	x7.9	x11.1	11.5	x11.0	x11.0	13.9	x12.0	x16.9
Middle East	x0.1	x0.2	x0.1	x0.0	x0.2	x0.6	x0.3	x0.3	x0.3	x0.2	Moyen–Orient	x4.4	x2.8	x2.9	x3.6	x3.3	x2.4	x2.0	x3.7	x2.9	x3.2
Europe	68.8	65.8	72.1	68.4	62.0	59.3	61.9	57.0	56.3	58.7	Europe	59.8	45.7	47.0	48.4	49.9	44.3	47.2	48.8	49.6	51.8
EEC	62.9	60.2	65.6	60.9	54.5	55.0	59.0	53.6	50.4	52.2	CEE	55.6	42.4	44.1	44.6	45.2	40.2	43.6	45.0	46.0	45.6
EFTA	x5.9	x5.6	x6.4	x6.0	x6.9	4.3	2.9	3.4	5.9	6.4	AELE	x4.3	x3.0	x2.7	x4.0	3.8	3.4	3.4	3.0	3.4	5.7
Oceania	0.1	x0.1	x0.1	x0.1	x0.1	0.2	x0.1	0.3	x0.3	x0.2	Océanie	x0.2	x0.1	x0.0	x0.2	x0.2	x0.1	x1.2	x1.1	x1.0	
Germany/Allemagne	25.1	24.4	26.3	23.9	21.7	20.7	23.6	20.9	18.4	22.0	USA/Etats–Unis d'Amer	18.2	17.1	20.7	27.5	22.8	18.1	18.1	19.5	15.6	9.9
Belgium–Luxembourg	18.5	13.4	16.6	11.9	12.4	15.3	13.4	10.0	11.8	9.8	France, Monac	20.3	16.7	19.8	12.6	12.7	11.9	12.6	12.1	10.5	9.8
Korea Republic	5.7	4.1	3.1	5.5	6.8	10.1	9.1	9.9	11.9	7.3	Germany/Allemagne	7.1	6.0	5.4	6.7	7.4	6.8	8.3	10.4	11.6	12.1
Italy/Italie	7.5	11.6	10.5	13.0	9.8	8.1	9.7	11.4	9.6	10.2	United Kingdom	12.6	8.5	8.2	13.0	11.1	8.3	7.6	7.9	8.2	7.2
Japan/Japon	7.1	11.8	8.3	8.3	9.4	9.0	6.7	10.4	11.4	6.0	Netherlands/Pays–Bas	7.3	5.4	5.8	6.4	7.5	6.6	6.7	6.2	6.4	7.0
USA/Etats–Unis d'Amer	8.4	7.8	5.1	6.2	6.6	6.8	7.7	9.2	7.1	8.4	Canada	6.0	4.5	4.4	6.9	6.2	5.2	4.3	8.1	5.5	6.1
Netherlands/Pays–Bas	3.5	3.9	4.9	4.7	3.4	3.1	3.6	4.0	4.5	4.4	Chile/Chili					x0.7	13.8	12.0	0.2	0.1	x0.2
India/Inde	2.8	1.6	2.7	3.1	2.1	3.0	x3.2	4.6	3.8	x3.2	Hong Kong	2.6	2.0	1.6	2.4	3.1	3.3	3.3	4.1	3.6	5.7
France, Monac	3.3	3.3	3.3	4.0	3.8	3.5	4.0	3.8	3.7	3.5	Belgium–Luxembourg	3.0	2.5	2.0	2.6	2.4	2.5	3.3	3.3	2.8	2.5
Canada	6.1	6.8	6.2	5.4	4.7	4.8	4.8	3.2	1.9	1.3	Former USSR/Anc. URSS						x2.9	x2.7	x2.1	x1.7	x4.7

29193 GUT, BLADDERS, ETC NONFISH

TRADE BY COMMODITY IN THOUSAND U.S. DOLLARS – COMMERCE PAR PRODUIT EN MILLIERS DE DOLLARS E.U

COUNTRIES–PAYS	IMPORTS – IMPORTATIONS					COUNTRIES–PAYS	EXPORTS – EXPORTATIONS				
	1988	1989	1990	1991	1992		1988	1989	1990	1991	1992
Total	939130	970779	987566	1054099	1225609	Totale	844279	835717	884015	934185	1049613
Africa	x15333	x12918	x15053	x11745	x14780	Afrique	x7088	x6371	x5880	x5438	x6105
Northern Africa	x300	x307	367	514	313	Afrique du Nord	6181	5873	5454	4625	5172
Americas	122284	121966	116285	131667	130780	Amériques	71931	84879	89429	x111823	115204
LAIA	28545	34192	41891	47464	48029	ALAI	34687	36304	32611	x49589	50562
CACM	192	234	175	242	x168	MCAC	269	422	523	851	x986
Asia	140573	150220	139758	x160443	224746	Asie	x212456	x214129	x218920	x217509	x300538
Middle East	10636	7618	x6519	x10464	x11499	Moyen–Orient	x68337	x75214	x76744	x92851	x100271
Europe	611535	635931	685396	702633	800131	Europe	390042	379426	413333	430355	466788
EEC	528661	556161	582689	604181	688561	CEE	373056	361781	391302	406825	439312
EFTA	x79487	x77143	x96317	x86843	x94360	AELE	15031	15843	20987	17238	17552
Oceania	x11447	11281	x10801	x9842	x9788	Océanie	x126321	x123473	x121127	x128829	x131618
Germany/Allemagne	222282	235383	267087	285802	343176	Germany/Allemagne	128760	123725	138768	144609	161709
Japan/Japon	123441	136576	127819	141167	180011	China/Chine	116312	108775	114729	101551	167389
France, Monac	99338	104409	103756	105455	115210	New Zealand	81835	78334	69671	75609	76089
Italy/Italie	76665	83508	81388	75916	81672	Netherlands/Pays–Bas	65430	66067	74189	77155	81411
USA/Etats–Unis d'Amer	82476	76623	63683	73346	72515	Denmark/Danemark	67177	59446	67937	66779	65321
Spain/Espagne	37455	41225	42611	44993	46868	Australia/Australie	44473	45065	51396	53024	55435
Netherlands/Pays–Bas	46270	45362	40456	42873	51409	USA/Etats–Unis d'Amer	30325	42520	50955	55788	58928
Switz.Liecht	22052	21874	29738	25944	28061	France, Monac	34789	36906	32780	38900	42940
Austria/Autriche	23326	22832	28220	26344	27470	Turkey/Turquie	31620	32973	36076	33269	32606
Mexico/Mexique	14058	16075	18524	26078	30768	Iran (Islamic Rp. of)	x21472	x23113	x25919	x22733	x30106
Sweden/Suède	x16277	x14940	x19115	x16404	x18620	Belgium–Luxembourg	18585	19499	22208	22189	22777
Portugal	12163	12318	15096	21766	22782	United Kingdom	22053	24303	19972	19221	20646
United Kingdom	18979	17912	14804	10401	10887	Brazil/Brésil	20917	19737	15683	18039	33455
Brazil/Brésil	4968	11781	15609	13232	12766	Former USSR/Anc. URSS	x11754	x12717	x12524	x16219	
Poland/Pologne	x11795	x11993	x7907	x18654	x29257	Italy/Italie	16532	13208	13909	12907	14311
Belgium–Luxembourg	12111	11867	13251	11998	13846	Pakistan	12734	11230	14757	13077	11350
Finland/Finlande	10511	10506	11205	10607	11412	Hungary/Hongrie	x8922	x8730	x12175	x12253	x14103
So. Africa Customs Un	11998	10113	11261	x8559	x11888	Portugal	10174	8713	10671	13771	16224
Canada	9797	9793	9440	8924	8849	Uruguay	8556	11536	11558	9840	10634
Norway, SVD, JM	7277	6986	8039	7533	8687	Syrian Arab Republic	2090	2505	1655	x22533	x23184
Australia/Australie	8054	8295	7273	5903	7305	Lebanon/Liban	x5395	x7847	x7515	x9069	x9544
Yugoslavia SFR	3261	2509	6114	x11446		Switz.Liecht	6333	6249	9319	6250	6601
Peru/Pérou	8169	4876	6241	5934	x999	Sweden/Suède	5616	5932	7150	7460	6343
Former GDR	x15074	x14213	x1750			Afghanistan	x7000	x8979	x6044	x3669	x9715
Turkey/Turquie	8473	6385	3917	5042	6527	Spain/Espagne	6631	5644	5557	5883	7681
Hungary/Hongrie	x3166	x4038	x4210	6506	x5815	Mexico/Mexique	415	79	71	x15756	88
Czechoslovakia	x6791	4185	2965	x6048	x7217	Canada	6497	5356	5009	5316	4519
Former USSR/Anc. URSS	x301	x3755	x3316	x4545		Ireland/Irlande	2750	4161	5260	5367	6224
Greece/Grèce	2381	3392	3429	3672	x1793	Morocco/Maroc	5643	5571	4394	3594	3936
New Zealand	2633	2162	2841	3142	2104	India/Inde	4558	x5914	3959	2803	x3516
Malaysia/Malaisie	2038	2276	2290	2244	x1364	Romania/Roumanie	x9293	904	x5936	5381	x5601
Singapore/Singapour	2569	1746	1851	1545	1706	Poland/Pologne	x3614	x2881	x2936	x5089	x7516
Jordan/Jordanie	858	699	1219	1464	458	Yugoslavia SFR	1948	1797	1025	x6290	
China/Chine	1310	973	437	1903	17751	Argentina/Argentine	2898	2523	3145	3280	3360
Ireland/Irlande	1016	784	809	1305	912	Austria/Autriche	1969	2503	3563	2821	3428
Zaire/Zaïre	x1486	x946	x1064	x552	x652	Mongolia/Mongolie	x1398	x1829	x1829	x3082	x3353
Lebanon/Liban	x743	x304	x664	x1361	x1037	Saudi Arabia	1150	1503	x2263	x2241	x2528
Korea Republic	94	81	150	2046	9721	United Arab Emirates	x1682	x1572	x1557	x1119	x939
Romania/Roumanie	x772	87	82	2013	x1568	Iraq	x3416	x3507	x65	x281	
Syrian Arab Republic			0	x2096	x2845	Kuwait/Koweït	x508	1784	x864	x586	x271
Colombia/Colombie	355	633	689	636	971	Chile/Chili	926	1062	992	1168	x1151
Congo	x451	x312	x530	x817	x628	Czechoslovakia	x261	x589	x1043	x1201	2100
Thailand/Thaïlande	220	371	433	749	1124	Peru/Pérou	x902	x951	x598	x937	x731
Uruguay	883	328	504	574	327	Bulgaria/Bulgarie	x1676	x1340	x456	x88	x37
Martinique	391	437	453	502	556	Norway, SVD, JM	362	734	528	409	810
Papua New Guinea	465	638	410	x238	x92	Jordan/Jordanie	240	133	640	807	749
Gabon	x309	x485	x258	x431	x399	Costa Rica	196	282	352	795	x947
Guadeloupe	291	273	316	315	233	Japan/Japon	524	826	313	194	305
Reunion/Réunion	245	321	289	252	365	So. Africa Customs Un	x291	x331	x273	x722	x600
Chile/Chili	69	187	151	515	x805	Korea Republic	1192	1038	88	90	237

(VALUE AS % OF TOTAL) (VALEUR EN % DU TOTAL)

	1983	1984	1985	1986	1987	1988	1989	1990	1991	1992		1983	1984	1985	1986	1987	1988	1989	1990	1991	1992
Africa	x2.0	x2.1	x1.8	x2.9	x1.6	x1.7	x1.3	x1.5	x1.1	x1.2	Afrique	1.1	0.8	0.9	x0.7	x0.6	x0.8	x0.7	x0.6	x0.6	x0.6
Northern Africa	0.1	0.1	0.1	0.1	0.0	x0.0	x0.0	0.0	0.0	0.0	Afrique du Nord	0.9	0.6	0.6	0.5	0.5	0.7	0.7	0.6	0.5	0.5
Americas	14.5	16.8	17.9	14.3	12.5	13.0	12.6	11.8	12.5	10.6	Amériques	10.2	14.2	12.3	x11.8	x9.0	8.6	10.1	10.1	x11.9	10.9
LAIA	0.9	4.1	4.3	x3.5	x2.9	3.0	3.5	4.2	4.5	3.9	ALAI	0.5	5.7	5.6	x5.1	x3.5	4.1	4.3	3.7	x5.3	4.8
CACM	x0.0	0.0	0.0	0.0	x0.0	0.0	0.0	0.0	0.0	x0.0	MCAC	x0.0	0.0	0.0	x0.1	x0.0	0.0	0.1	0.1	0.1	x0.1
Asia	x9.2	12.4	12.3	x12.6	x13.2	15.0	15.5	14.1	x15.2	18.3	Asie	x11.8	x10.9	x11.6	x12.9	x27.7	x25.2	25.6	x24.7	x23.3	x28.6
Middle East	x0.2	x0.3	x0.3	x1.0	x1.3	1.1	0.8	x0.7	x1.0	x0.9	Moyen–Orient	x5.3	x7.8	x7.2	x8.4	x8.3	x8.1	x9.0	x8.7	x9.9	x9.6
Europe	72.1	67.0	66.4	68.9	68.1	65.1	65.5	69.4	66.7	65.3	Europe	57.8	57.1	58.6	61.6	47.5	46.2	45.4	46.8	46.1	44.5
EEC	61.8	57.2	57.4	59.1	58.1	56.3	57.3	59.0	57.3	56.2	CEE	54.7	53.3	55.1	57.7	44.8	44.2	43.3	44.3	43.5	41.9
EFTA	x10.2	x9.3	x8.6	x9.1	x9.1	8.5	7.9	x9.8	x8.2	7.7	AELE	3.0	3.1	2.8	2.5	1.7	1.8	1.9	2.4	1.8	1.7
Oceania	1.5	1.6	x1.6	x1.4	x1.1	x1.2	1.2	x1.1	x1.0	x0.8	Océanie	18.3	16.5	16.6	x13.0	x11.4	x15.0	x14.8	x13.7	x13.8	x12.5
Germany/Allemagne	25.2	24.5	22.3	26.0	25.0	23.7	24.2	27.0	27.1	28.0	Germany/Allemagne	17.1	16.7	17.4	19.5	15.7	15.3	14.8	15.7	15.5	15.4
Japan/Japon	8.3	11.4	11.4	11.1	10.9	13.1	14.1	12.9	13.4	14.7	China/Chine					12.5	13.8	13.0	13.0	10.9	15.9
France, Monac	11.1	9.9	9.9	10.3	9.9	10.6	10.8	10.5	10.0	9.4	New Zealand	12.2	10.7	12.2	8.8	7.5	9.7	9.4	7.9	8.1	7.2
Italy/Italie	9.2	8.1	9.1	8.1	8.8	8.2	8.6	8.2	7.2	6.7	Netherlands/Pays–Bas	10.6	10.2	11.0	11.0	7.9	7.7	7.9	8.4	8.3	7.8
USA/Etats–Unis d'Amer	11.6	10.8	11.8	9.4	8.8	8.8	7.9	6.4	7.0	5.9	Denmark/Danemark	11.1	10.7	11.0	11.1	7.8	8.0	7.1	7.7	7.1	6.2
Spain/Espagne	3.6	3.1	4.0	3.2	3.4	4.0	4.2	4.3	4.3	3.8	Australia/Australie	6.1	5.7	4.4	4.2	4.0	5.3	5.4	5.8	5.7	5.3
Netherlands/Pays–Bas	5.1	5.0	5.7	5.2	4.5	4.9	4.7	4.1	4.1	4.2	USA/Etats–Unis d'Amer	5.8	6.1	6.1	6.1	4.3	4.1	4.4	3.7	4.2	5.6
Switz.Liecht	2.7	2.8	2.4	2.5	2.5	2.3	2.3	3.0	2.5	2.3	France, Monac	4.2	4.9	5.5	6.1	3.3	3.7	3.9	4.1	3.6	3.1
Austria/Autriche	3.0	2.5	2.4	2.6	2.5	2.5	2.4	2.9	2.5	2.2	Turkey/Turquie		2.9	2.9	3.4	3.3	3.7	3.9	4.1	3.6	3.1
Mexico/Mexique		2.4	3.0	x1.0	x0.9	1.5	1.7	1.9	2.5	2.5	Iran (Islamic Rp. of)	x3.7	x3.3	x2.7	x2.9	x2.9	x2.5	x2.8	x2.9	x2.4	x2.9

2925 SEEDS, ETC FOR PLANTING — SEMENCES NDA 2925

TRADE BY COMMODITY IN THOUSAND U.S. DOLLARS – COMMERCE PAR PRODUIT EN MILLIERS DE DOLLARS E.U

COUNTRIES-PAYS	1988	1989	1990	1991	1992	COUNTRIES-PAYS	1988	1989	1990	1991	1992
		IMPORTS – IMPORTATIONS						EXPORTS – EXPORTATIONS				
Total	1481420	1470173	1655776	1774531	1886340	Totale	1426606	1354428	1575038	1678111	1755747
Africa	x65393	x63965	80137	x60987	x75935	Afrique	x26887	x14935	x22227	x24860	x22757
Northern Africa	45198	44017	56541	x39746	x43134	Afrique du Nord	8944	8804	15436	13295	x14908
Americas	306782	272427	272203	306564	361823	Amériques	340508	308146	325999	359109	x404020
LAIA	112395	81261	92860	113353	134334	ALAI	27053	23222	23859	37267	x49613
CACM	3716	5485	4345	6293	x7214	MCAC	7069	6082	9163	8902	x7768
Asia	x228642	x244802	x272461	x283116	x338613	Asie	x134294	x154072	195345	210066	x231145
Middle East	x65965	x66610	x71037	x62869	x83931	Moyen-Orient	22043	x17066	20027	25693	x13720
Europe	772560	800912	950122	979829	1027843	Europe	726308	721911	863982	906421	996281
EEC	674529	713471	850129	885061	925341	CEE	699013	698461	839077	885936	972411
EFTA	80033	76419	87316	85475	94583	AELE	18612	17078	17038	17070	20347
Oceania	x24889	x23771	x27429	x27806	x31322	Océanie	42458	x40455	x49724	x50090	x56316
France, Monac	113106	125667	160116	169257	163180	Netherlands/Pays-Bas	275721	276815	314698	312322	337820
Netherlands/Pays-Bas	130049	140661	155771	150348	172773	USA/Etats-Unis d'Amer	256558	226636	249470	278761	303331
USA/Etats-Unis d'Amer	137624	130050	125687	137478	157840	Germany/Allemagne	104757	105862	134266	180278	186390
Italy/Italie	110576	118632	125687	137478	130692	France, Monac	100362	96275	124911	136047	158904
Germany/Allemagne	100704	104217	131953	139855	171016	Denmark/Danemark	101755	94044	102964	98132	111987
Japan/Japon	85620	90204	93027	100002	109427	Italy/Italie	64582	73217	84748	79595	98235
United Kingdom	69608	67624	73537	78090	79468	Poland/Pologne	45649	46927	66683	66889	x18918
Spain/Espagne	47017	54601	65674	71874	73694	Japan/Japon	46730	51344	54197	62742	70186
Belgium-Luxembourg	44209	43926	57653	56264	61799	Canada	49445	51687	43269	33483	43008
Mexico/Mexique	41421	38119	53302	65766	70271	Belgium-Luxembourg	25666	23005	41291	40422	42074
Canada	45621	46567	40910	41851	53169	Hong Kong	16452	21371	26858	33174	30658
Former USSR/Anc. URSS	x35727	x30424	x13051	x83183		Australia/Australie	17459	24006	26852	26277	28495
Denmark/Danemark	31537	29590	29625	39134	32552	New Zealand	24338	16058	22397	23471	27584
China/Chine	15893	23047	21771	24324	34871	United Kingdom	18686	17046	21270	22528	21983
Switz.Liecht	22554	20015	24508	22644	27711	Thailand/Thaïlande	5309	11195	21242	24962	x34033
Sweden/Suède	16194	16607	18654	22318	22616	China/Chine	5838	12076	21694	21117	17120
Australia/Australie	18088	17473	19262	18849	21628	Chile/Chili	12251	15449	15756	22954	x31188
Hong Kong	13455	11592	20022	23751	25611	Former USSR/Anc. URSS	x6939	x8939	x13157	x31316	
Austria/Autriche	17678	16271	19451	16490	20784	Turkey/Turquie	19731	11765	16665	16290	9866
Finland/Finlande	14929	15874	15542	17190	15537	Former GDR	x79994	x34372	x9496		
Greece/Grèce	10708	12447	17116	17043	x15836	Hungary/Hongrie	x12533	x14403	x14659	x14784	x16926
Korea Republic	8119	9157	17788	18831	27754	Israel/Israël	8792	8141	10910	15035	27460
Argentina/Argentine	13683	11009	13881	16110	29468	Spain/Espagne	5487	6891	11603	14327	11911
Morocco/Maroc	8622	9054	13932	14785	13601	Korea Republic	8613	8819	12697	10694	14792
Saudi Arabia	12508	10283	x12990	x14014	x16682	Egypt/Egypte	6675	6147	14260	10629	9750
Turkey/Turquie	11170	9578	12846	13990	20604	Sweden/Suède	9017	11107	8309	9590	11051
So. Africa Customs Un	10227	10655	14247	x10730	x11566	India/Inde	3170	x7559	5327	6540	x9135
Portugal	7548	7942	11936	14555	14075	Yugoslavia SFR	8441	6169	7632	x2940	
Algeria/Algérie	10392	14130	12886	5729	x8055	Romania/Roumanie	x2849	2743	3565	9593	x1437
Brazil/Brésil	11251	10306	10768	11609	8734	Costa Rica	2859	4018	5965	5426	x1345
Yugoslavia SFR	17563	10683	12336	x8610		Afghanistan	x10917	x6687	x6224	x2337	x4457
Libyan Arab Jamahiriya	11294	7426	16755	x6755	x9244	Mexico/Mexique	3956	4299	3988	5760	7767
Pakistan	11039	8682	10898	11356	8849	Bulgaria/Bulgarie	x5571	x3781	x7749	x1097	x1242
Ireland/Irlande	9467	8163	11140	10389	10256	Austria/Autriche	4226	2853	4733	3563	3502
Hungary/Hongrie	x9038	x8249	x10919	9365	x12614	So. Africa Customs Un	x4627	x3099	x3352	x4006	x4945
Iran (Islamic Rp. of)	x3056	x13636	x11718	x2373	x7705	Nepal/Népal	1	2102	7201	x125	x147
Iraq	x13680	x8609	x8288	x10236	x2567	Indonesia/Indonésie	1646	2255	3171	3866	3687
Jordan/Jordanie	9498	8021	9464	7987	10609	Jordan/Jordanie	239	251	1329	7677	1228
Czechoslovakia	x7269	7150	7691	x8333	x16740	Czechoslovakia	x2131	x2887	x2251	x3800	x6688
Norway, SVD, JM	8000	6975	8442	6257	7262	Brazil/Brésil	4585	1890	1782	5152	5665
Romania/Roumanie	x2411	4089	11215	5354	x4085	Switz.Liecht	3856	2409	3265	3121	5272
Thailand/Thaïlande	5089	7789	6437	6012	7297	Guatemala	3863	1738	3092	3455	6275
Egypt/Egypte	9405	8388	6264	5343	6381	Zimbabwe	5255	x1302	1669	4427	x1251
Singapore/Singapour	4565	4079	6449	7697	7096	Greece/Grèce	169	4100	2060	610	x1457
Poland/Pologne	8383	5186	4079	8630	x15937	Singapore/Singapour	2179	1530	2408	2115	2522
Syrian Arab Republic	5025	5324	6979	x5504	x11852	Morocco/Maroc	2220	2384	955	1547	1124
New Zealand	5450	5386	5341	6935	7365	Iran (Islamic Rp. of)	x1025	x2411	x1523	x872	x1970
Venezuela	33259	7919	2395	5529	7146	Pakistan	1500	2497	1827	404	958
Israel/Israël	3731	4415	5267	6079	7204	Uruguay	4128	1010	984	2137	3744
Chile/Chili	3665	4883	5002	5062	x7267	Kenya	1503	x1213	939	x1480	x1274

(VALUE AS % OF TOTAL)(VALEUR EN % DU TOTAL)

	1983	1984	1985	1986	1987	1988	1989	1990	1991	1992		1983	1984	1985	1986	1987	1988	1989	1990	1991	1992
Africa	x6.0	x4.5	5.6	5.5	x3.6	x4.4	x4.3	4.9	x3.4	x4.0	Afrique	1.6	1.8	1.2	x1.3	x1.5	x1.9	x1.1	x1.4	x1.4	x1.3
Northern Africa	x3.4	x3.0	4.2	3.6	x2.5	3.1	3.0	3.4	x2.2	x2.3	Afrique du Nord	x0.7	0.8	0.5	0.4	0.7	0.6	0.7	1.0	0.8	x0.8
Americas	16.1	20.8	20.6	x19.3	x19.1	20.7	18.5	16.5	17.3	19.2	Amériques	x30.0	31.1	28.4	x26.3	x22.7	23.8	22.7	20.7	21.4	x23.0
LAIA	2.2	8.2	7.6	x6.2	x5.1	7.6	5.5	5.6	6.4	7.1	ALAI	0.1	1.4	1.7	x2.0	x1.6	1.9	1.7	1.5	2.2	x2.8
CACM	x0.2	0.4	0.7	x0.2	0.3	0.3	0.4	0.3	0.4	x0.4	MCAC	x0.3	1.9	0.8	x0.9	x0.8	0.5	0.4	0.6	0.5	0.4
Asia	x18.7	x17.6	x15.8	x15.3	x14.8	x15.4	x16.6	x16.4	16.0	x18.0	Asie	x8.5	x8.5	15.3	x10.4	x7.9	x9.4	x11.4	12.4	12.5	x13.2
Middle East	x8.1	x8.0	x5.7	x5.8	x4.9	x4.5	x4.5	x4.3	x3.5	x4.4	Moyen-Orient	x0.5	x1.9	x2.0	x1.2	x1.1	1.5	x1.3	1.3	1.5	x0.8
Europe	57.2	55.4	56.3	58.2	55.5	52.1	54.5	57.4	55.2	54.5	Europe	56.7	56.0	52.8	59.3	53.5	50.9	53.3	54.9	54.0	56.7
EEC	50.9	48.1	49.2	51.9	49.5	45.5	48.5	51.3	49.9	49.1	CEE	54.4	53.5	50.3	56.9	51.5	49.0	51.6	53.3	52.8	55.4
EFTA	6.2	6.2	6.1	5.6	5.2	5.4	5.2	5.3	4.8	5.0	AELE	2.3	1.8	1.6	1.8	1.5	1.3	1.3	1.1	1.0	1.2
Oceania	1.9	x1.6	x1.7	x1.6	x1.6	x1.7	x1.7	x1.7	x1.6	x1.6	Océanie	3.2	x2.6	x2.4	x2.6	x2.7	2.9	x3.0	x3.1	x3.0	x3.2
France, Monac	11.2	9.9	9.4	9.7	9.1	7.6	8.5	9.7	9.5	8.7	Netherlands/Pays-Bas	19.5	18.8	18.1	20.5	19.6	19.3	20.4	20.0	18.6	19.2
Netherlands/Pays-Bas	9.8	10.3	10.3	11.2	10.9	8.8	9.6	9.4	8.5	9.2	USA/Etats-Unis d'Amer	24.4	25.0	21.2	19.4	15.9	18.0	16.7	15.8	16.6	17.3
USA/Etats-Unis d'Amer	9.8	8.2	8.3	9.3	10.0	9.3	8.8	7.6	7.7	8.4	Germany/Allemagne	6.7	6.3	6.5	8.2	6.8	7.3	7.8	8.5	10.7	10.6
Italy/Italie	5.7	6.0	7.1	7.2	7.5	7.5	8.1	8.2	7.8	6.9	France, Monac	9.4	9.8	8.4	10.2	7.9	7.0	7.1	7.9	8.1	9.1
Germany/Allemagne	8.9	7.5	8.1	8.6	7.9	6.8	7.1	8.0	7.9	9.1	Denmark/Danemark	8.1	6.8	6.7	7.5	7.4	7.1	6.9	6.5	5.8	6.4
Japan/Japon	7.3	6.4	6.6	6.1	5.8	5.8	6.1	5.6	5.6	5.8	Italy/Italie	6.3	7.4	6.3	6.6	4.5	4.5	5.4	5.4	4.7	5.6
United Kingdom	5.9	5.1	5.3	5.4	5.2	4.7	4.6	4.4	4.4	4.2	Poland/Pologne						3.0	3.2	3.5	4.2	x1.1
Spain/Espagne	2.4	2.3	2.1	2.5	2.5	3.2	3.7	4.0	4.1	3.9	Japan/Japon	3.5	3.5	3.2	3.4	3.1	3.3	3.8	3.4	3.7	4.0
Belgium-Luxembourg	3.1	3.0	2.9	3.1	2.9	3.0	3.0	3.5	3.2	3.3	Canada	5.2	2.8	2.7	3.9	4.3	3.5	3.8	2.7	2.0	2.4
Mexico/Mexique		4.4	4.4	x2.3	x2.1	2.8	2.6	3.2	3.7	3.7	Belgium-Luxembourg	1.7	1.8	1.9	1.8	1.6	1.8	1.7	2.6	2.4	2.4

2926 LIVE PLANTS, BULBS, ETC — BULBES, TUBERCULES 2926

TRADE BY COMMODITY IN THOUSAND U.S. DOLLARS – COMMERCE PAR PRODUIT EN MILLIERS DE DOLLARS E.U

COUNTRIES–PAYS	IMPORTS – IMPORTATIONS					COUNTRIES–PAYS	EXPORTS – EXPORTATIONS				
	1988	1989	1990	1991	1992		1988	1989	1990	1991	1992
Total	2766236	2823213	3427755	3728901	3913535	Totale	2597077	2653396	3303158	3664455	3830855
Africa	18384	x16091	22153	x25150	x21898	Afrique	x18047	x18977	x20350	x159406	x27696
Northern Africa	11396	9110	10420	x11419	x9192	Afrique du Nord	2763	3773	6168	6098	5513
Americas	277317	289507	321089	338993	373386	Amériques	115783	165184	204628	214403	x247207
LAIA	24139	21312	25922	30623	43279	ALAI	6629	7946	10647	12758	18528
CACM	2623	2232	2972	4497	x5236	MCAC	27536	28349	35102	33196	x51944
Asia	x81454	101792	x124251	157719	x197122	Asie	67501	67373	74042	89977	x111482
Middle East	x19215	x21721	x21069	x19468	x27403	Moyen–Orient	x7567	x7088	x6344	x5277	x4775
Europe	2297793	2303676	2924974	3105774	3271027	Europe	2362559	2373805	2970650	3169969	3415146
EEC	1887449	1890135	2399114	2571716	2718713	CEE	2324666	2323150	2947427	3162009	3406343
EFTA	405135	408132	509090	514812	540853	AELE	4879	5306	5656	6556	7025
Oceania	x1956	x2420	x3632	x4994	x6562	Océanie	x5707	x4084	x5363	x6843	x7046
Germany/Allemagne	629164	615694	824640	924767	1026407	Netherlands/Pays–Bas	1484854	1481767	1872587	2003283	2204291
France,Monac	358953	364343	456003	462851	447795	Denmark/Danemark	273721	269354	343015	372630	383932
Italy/Italie	260823	263003	319717	341102	340384	Belgium–Luxembourg	223674	226422	278689	293854	299447
United Kingdom	219548	215380	260101	266196	275590	Germany/Allemagne	126516	130358	165209	176489	178665
Netherlands/Pays–Bas	163300	161885	207171	219413	248079	France,Monac	82832	78387	104474	114468	122425
USA/Etats–Unis d'Amer	160249	161110	178598	194176	218598	Italy/Italie	69797	77133	104163	114368	121498
Sweden/Suède	138864	136333	163520	167141	177683	USA/Etats–Unis d'Amer	44581	53246	110216	113434	112486
Switz.Liecht	116292	114327	144508	150583	159316	Canada	32109	70935	43496	50023	58506
Belgium–Luxembourg	108945	112178	137979	148856	159188	Kenya	2283	x3363	1643	137587	x4395
Canada	84887	99371	108131	105369	102885	Spain/Espagne	37310	35932	46961	48574	49265
Austria/Autriche	65901	69217	91654	94640	102729	Israel/Israël	25204	25411	27275	32375	32868
Spain/Espagne	60800	68238	80046	87600	86567	Costa Rica	20219	21712	27362	25121	x42569
Japan/Japon	40619	51307	68862	96722	113126	United Kingdom	21212	18469	25044	29965	36822
Finland/Finlande	51375	57442	71377	64264	60105	Yugoslavia SFR	31952	44697	17098	x874	
Former USSR/Anc. URSS	x71337	x99272	x18172	x60150		Japan/Japon	10960	8903	9369	10070	11044
Denmark/Danemark	51384	46847	57917	59460	62762	Singapore/Singapour	5673	5807	7186	8412	9924
Norway,SVD,JM	31375	29569	36837	36800	39769	Bulgaria/Bulgarie	x11608	x8955	x8842	x1519	x1533
Greece/Grèce	11354	14564	20905	25555	x29228	So. Africa Customs Un	x6147	x5431	x6346	x7157	x7932
Portugal	12221	15693	19532	20272	28342	China/Chine	4550	5160	5898	6994	9831
Ireland/Irlande	10957	12310	15102	15644	14371	Hungary/Hongrie	x4831	x5100	x5879	x6872	x7235
Yugoslavia SFR	3120	3125	14159	x16717		Guatemala	4972	4225	5741	6170	6566
Colombia/Colombie	8158	9515	11176	11235	14716	Cote d'Ivoire	x4384	x5065	x4545	x4495	x6850
Korea Republic	6052	7415	10408	11893	14373	Brazil/Brésil	3446	3554	4988	5123	11268
Singapore/Singapour	4539	9219	8409	9040	15036	Romania/Roumanie	x1293	2738	9482	575	x460
Mexico/Mexique	8524	6060	7856	11006	15380	Malaysia/Malaisie	1804	2310	3471	5356	x12603
Poland/Pologne				x24379	x22777	Thailand/Thaïlande	2157	2698	3482	4800	x13093
Hong Kong	5045	5245	5578	7809	8276	New Zealand	3292	2781	3276	4301	4765
Turkey/Turquie	3426	3965	7838	6795	7442	Ireland/Irlande	3204	3269	3581	3341	4427
Hungary/Hongrie	x1490	x2298	x3515	9207	x14442	Poland/Pologne				x9988	x10501
Ecuador/Equateur	2548	2199	3537	4234	6336	Turkey/Turquie	4242	3180	3480	3258	3056
Morocco/Maroc	3272	2108	3521	3811	4505	Sri Lanka	2507	2097	2489	4898	3560
Czechoslovakia	x3459	3839	3328	x2060	x5533	Hong Kong	1576	1715	2460	3823	4531
Cyprus/Chypre	2939	2782	2873	2929	3732	Portugal	1642	1228	2621	4024	4577
So. Africa Customs Un	2723	2114	3489	x2862	x3018	Mexico/Mexique	1698	1735	2521	3300	3998
Israel/Israël	2671	2438	3333	2551	3755	Tunisia/Tunisie	1334	1840	2081	3460	1647
Algeria/Algérie	5209	4605	2770	907	x447	Dominican Republic	x2185	x2006	x2360	x2304	x2667
Costa Rica	1682	1731	2623	3796	x2966	Former GDR	x8398	x5170	x1244		
United Arab Emirates	x5025	x3646	x2508	x1889	x3489	Indonesia/Indonésie	834	3045	1226	1709	2378
Saudi Arabia	806	2734	x2885	x2148	x4543	Switz.Liecht	1224	1258	1979	2344	2740
Former GDR	x10034	x3196	x3736			Morocco/Maroc	816	1150	2348	1764	2229
Australia/Australie	691	1420	2377	2865	3756	Australia/Australie	2364	1036	2057	2156	2251
Zimbabwe	x362	x170	2326	4084	x1140	Czechoslovakia	x947	x1234	x1280	x2718	x2547
Kuwait/Koweït	x1390	4153	x798	x1361	x2225	Honduras	1954	1961	1635	1605	1546
Libyan Arab Jamahiriya	873	677	1650	x3770	x1555	Korea Republic	704	1215	1501	2376	2569
Tunisia/Tunisie	968	1115	1807	2527	1920	India/Inde	1776	x435	1977	2122	x2168
Reunion/Réunion	1428	1741	2098	1566	1526	Cuba	x763	x1353	x1556	x1306	x1585
China/Chine	979	994	878	3348	5479	Former USSR/Anc. URSS	x399	x776	x1218	x2092	1400
Malta/Malte	1296	1601	1840	x1472	x1811	Colombia/Colombie	833	1196	1305	1581	1400
Kenya	1063	x1099	988	x2579	x3201	Egypt/Egypte	613	780	1682	824	1555
Indonesia/Indonésie	440	859	1132	2070	1898	Austria/Autriche	709	857	757	1620	2178

(VALUE AS % OF TOTAL)(VALEUR EN % DU TOTAL)

	1983	1984	1985	1986	1987	1988	1989	1990	1991	1992		1983	1984	1985	1986	1987	1988	1989	1990	1991	1992
Africa	x1.1	x1.6	0.9	x1.0	x0.7	0.7	0.6	0.6	x0.7	x0.6	Afrique	1.2	x1.1	0.9	0.9	x0.7	0.7	0.7	0.6	x4.4	x0.7
Northern Africa	x0.8	x1.3	0.6	x0.6	0.4	0.4	0.3	0.3	x0.3	x0.2	Afrique du Nord	0.4	0.3	0.2	0.1	0.1	0.1	0.1	0.2	0.2	0.1
Americas	11.4	13.7	13.8	11.6	x9.8	10.1	10.2	9.4	9.1	9.5	Amériques	x6.2	6.3	x5.2	x6.7	x5.8	4.5	6.2	6.2	5.9	x6.5
LAIA	0.4	0.8	1.1	1.3	x0.8	0.9	0.8	0.8	0.8	1.1	ALAI	0.1	0.4	0.3	x0.3	x0.3	0.3	0.3	0.3	0.3	0.5
CACM		x0.0	0.1		x0.1	x0.1	0.1	0.1	0.1	x0.1	MCAC	x0.7	0.8		x1.8	x2.0	1.1	1.1	1.1	0.9	x1.4
Asia	x4.6	x3.9	x3.9	x4.2	x2.6	3.0	3.6	x3.6	4.3	x5.1	Asie	x2.4	x2.9	3.0	3.1	2.5	2.6	2.5	2.2	2.5	x2.9
Middle East	x2.6	x2.4	x2.0	x2.1	x1.1	x0.7	0.7	x0.6	x0.5	x0.7	Moyen–Orient	x0.4	0.6	x0.5	0.4	x0.2	0.3	0.3	0.2	x0.1	x0.1
Europe	82.9	80.6	81.3	84.5	84.2	83.1	81.6	85.3	83.3	83.6	Europe	89.9	89.3	90.5	89.6	89.0	91.0	89.5	89.9	86.5	89.1
EEC	66.2	64.7	66.2	68.9	68.7	68.2	66.9	70.0	69.0	69.5	CEE	89.5	87.0	88.5	89.2	88.7	89.5	87.6	89.2	86.3	88.9
EFTA	16.6	15.7	14.9	15.4	15.2	14.6	14.5	14.9	13.8	13.8	AELE	0.3	0.4	0.4	0.2	0.2	0.2	0.2	0.2	0.2	0.2
Oceania	0.1	x0.1	x0.1	x0.1	x0.1	x0.1	x0.1	x0.1	0.1	x0.2	Océanie	x0.3	x0.3	x0.3	x0.3	x0.3	x0.2	x0.1	x0.2	x0.2	x0.2
Germany/Allemagne	24.6	23.2	21.6	23.6	23.0	22.7	21.8	24.1	24.8	26.2	Netherlands/Pays–Bas	57.4	55.3	56.1	57.1	57.0	57.2	55.8	56.7	54.7	57.5
France,Monac	12.5	12.1	12.9	13.8	13.7	13.0	12.9	13.3	12.4	11.4	Denmark/Danemark	10.9	10.4	10.5	10.3	10.4	10.5	10.2	10.4	10.2	10.0
Italy/Italie	7.5	7.3	9.8	9.2	9.5	9.4	9.3	9.3	9.1	8.7	Belgium–Luxembourg	8.4	8.3	8.9	8.6	8.5	8.6	8.5	8.4	8.0	7.8
United Kingdom	8.8	9.1	8.3	7.8	7.7	7.9	7.6	7.6	7.1	7.0	Germany/Allemagne	5.0	4.9	4.9	4.9	4.9	4.9	4.9	5.0	4.8	4.7
Netherlands/Pays–Bas	4.9	5.3	5.5	5.9	5.8	5.9	5.7	6.0	5.9	6.3	France,Monac	3.4	3.2	3.3	3.3	3.1	3.1	3.0	3.2	3.1	3.2
USA/Etats–Unis d'Amer	6.7	8.5	8.4	6.9	5.9	5.8	5.7	5.2	5.2	5.6	Italy/Italie	2.3	2.6	2.3	2.6	2.7	2.9	3.2	3.1	3.2	3.2
Sweden/Suède	6.3	5.8	5.3	5.3	5.2	5.0	4.8	4.8	4.5	4.5	USA/Etats–Unis d'Amer	3.6	2.9	2.5	2.0	1.6	1.7	2.0	3.3	3.1	2.9
Switz.Liecht	4.3	4.2	4.2	4.3	4.2	4.2	4.0	4.2	4.0	4.1	Canada	1.7	2.0	2.2	1.9	1.6	1.2	2.7	1.3	1.4	1.5
Belgium–Luxembourg	3.8	3.5	3.6	3.7	4.0	3.9	4.0	4.0	4.0	4.1	Kenya	0.0			0.0	0.0	0.1	x0.1		3.8	x0.1
Canada	4.1	4.2	4.1	3.1	2.8	3.1	3.5	3.2	2.8	2.6	Spain/Espagne	1.2	1.4	1.4	1.4	1.4	1.3	1.4	1.4	1.3	1.3

2927 CUT FLOWERS AND FOLIAGE

FLEURS, FEUILLAGES COUPES 2927

TRADE BY COMMODITY IN THOUSAND U.S. DOLLARS – COMMERCE PAR PRODUIT EN MILLIERS DE DOLLARS E.U

COUNTRIES–PAYS	1988	1989	1990	1991	1992	COUNTRIES–PAYS	1988	1989	1990	1991	1992
Total	2840182	2893241	3477952	3863422	4095254	Totale	2522241	2636571	3187519	3505645	3900336
Africa	x1617	x1942	x2473	x2768	x2465	Afrique	x58814	x84889	x73549	x114043	x160417
Northern Africa	84	99	605	x239	x219	Afrique du Nord	7556	10772	16561	14862	15549
Americas	463894	501665	518444	509596	553398	Amériques	326103	382575	448497	534282	x654787
LAIA	x1014	1274	2942	5865	9122	ALAI	216143	258186	275111	348156	428613
CACM	111	55	82	79	x262	MCAC	21654	23879	36880	40336	x72640
Asia	142217	155487	169583	202300	x200773	Asie	191588	184440	226183	250199	x285747
Middle East	x10786	x10842	x8348	x7081	x11506	Moyen–Orient	4593	8310	13560	x15839	12929
Europe	2208993	2213331	2771851	3131303	3312141	Europe	1901674	1947762	2392752	2553387	2745794
EEC	1867646	1877189	2359531	2704466	2885946	CEE	1893181	1939769	2384427	2546093	2737707
EFTA	340808	334951	401213	414270	418625	AELE	7564	7256	7680	6763	6818
Oceania	x6073	x8552	x9356	x7300	x5911	Océanie	x26323	x25712	x36555	x42477	x43770
Germany/Allemagne	982884	951655	1186839	1415602	1503873	Netherlands/Pays-Bas	1536826	1567409	1964672	2099357	2273692
USA/Etats–Unis d'Amer	414470	447511	459726	450856	488345	Colombia/Colombie	190374	221340	228914	280428	341014
United Kingdom	244169	274150	324035	331376	342384	Italy/Italie	144013	156304	181582	166407	179785
France, Monac	248530	249534	324792	350902	335423	Israel/Israël	135015	114291	141581	155714	130521
Netherlands/Pays-Bas	182219	185792	244053	275017	349247	USA/Etats–Unis d'Amer	45703	57786	90705	103624	110517
Switz.Liecht	147733	140052	167728	168652	168043	Denmark/Danemark	51340	54162	76412	101193	93339
Japan/Japon	108433	117792	126972	155537	140168	Spain/Espagne	80298	80628	69249	65777	62692
Italy/Italie	86590	88636	114763	143844	143454	Canada	36946	36690	38215	34008	34422
Austria/Autriche	76986	77370	97795	101543	103386	France, Monac	28866	29822	33602	39648	43329
Sweden/Suède	68804	68894	80891	90100	94392	Kenya	18227	x34454	12789	x53785	x62704
Belgium–Luxembourg	57942	63075	74944	80592	85344	Germany/Allemagne	27282	26631	29737	36849	44459
Canada	43359	48077	51892	47195	50986	Costa Rica	17520	21550	31100	33555	x64790
Denmark/Danemark	42483	33069	36858	39104	40873	So. Africa Customs Un	x23777	x22112	x27889	x29410	x28634
Norway, SVD, JM	32672	31831	35636	35814	37352	Thailand/Thaïlande	21502	22048	23827	28654	x79916
Spain/Espagne	9039	13632	26747	37774	45569	New Zealand	16558	16109	22932	23332	26395
Hong Kong	13036	15722	19200	20097	22975	Mexico/Mexique	11532	14952	18693	22517	37048
Finland/Finlande	13189	15854	17918	16833	14197	Singapore/Singapour	7719	12344	19669	19611	21078
Ireland/Irlande	10000	10970	16010	17216	18859	United Kingdom	11614	12483	15584	20266	22529
Singapore/Singapour	7305	8512	11515	13949	19209	Ecuador/Equateur	4102	9225	13598	19293	26176
Greece/Grèce	3193	5809	8873	10315	x16101	Australia/Australie	9684	9540	13496	19037	17294
Yugoslavia SFR	27	549	10182	x11492		Morocco/Maroc	6858	9085	13312	13243	14214
Australia/Australie	3890	7056	7562	5539	5054	Belgium–Luxembourg	10140	9793	10952	13603	15218
Czechoslovakia	x3105	4087	2463	x4604	x13565	Turkey/Turquie	3468	7524	12046	12342	12131
Former USSR/Anc. URSS	x12780	x5384	x1266	x1636		Malaysia/Malaisie	7075	9267	9073	9870	x17617
Mexico/Mexique	482	1037	2489	4074	6516	Peru/Pérou	4297	5989	5422	x15863	x14455
Saudi Arabia	4068	3616	x1523	x1361	x2919	Zimbabwe	2860	x7487	5174	5449	x29309
Kuwait/Koweït	x1776	3822	x1227	x574	x2202	China/Chine	6498	4376	6682	5751	5507
Oman	1425	768	2201	2244	x1828	Brazil/Brésil	3396	3950	5012	6258	5426
Portugal	598	866	1617	2725	4819	Mauritius/Maurice	x2847	x4227	4816	5532	5975
United Arab Emirates	x2406	x1409	x1618	x1055	x1668	Guatemala	3959	1800	5586	6523	7495
Martinique	844	1260	871	1452	1682	Poland/Pologne	7915	4329	2321	6034	x5097
Iceland/Islande	1424	949	1245	1327	1254	India/Inde	1427	x5373	2358	3894	x7864
Thailand/Thaïlande	838	874	1317	1305	1728	Hungary/Hongrie	x1840	x2632	x2426	x2971	x2155
Hungary/Hongrie	x923	x799	x607	1794	x3131	Sri Lanka	1845	1913	2296	3494	3094
Guadeloupe	803	960	1047	1184	858	Cote d'Ivoire	x1429	x1840	x2280	x2694	x6241
Reunion/Réunion	516	923	795	993	991	Indonesia/Indonésie	550	1383	3064	2210	3030
Korea Republic	207	282	666	1681	2112	Jamaica/Jamaïque	2444	2049	2482	2096	x1359
New Zealand	631	859	933	776	538	Sweden/Suède	3118	2584	2303	1653	2058
Malaysia/Malaisie	426	358	433	1495	x976	Finland/Finlande	2092	1833	2480	1992	2270
Former GDR	x181	x316	x1725			Chile/Chili	1718	1801	1966	2269	x2856
Poland/Pologne				1735	x3799	Hong Kong	1395	1196	1929	2211	2101
Netherlands Antilles	783	848		883		Dominican Republic	x972	x1251	x1603	x2330	x2647
New Caledonia	x430	x424	x576	x501		Norway, SVD, JM	1173	1659	1578	1907	1512
Argentina/Argentine	51	30	171	1276	1744	Tunisia/Tunisie	580	1169	2427	1254	781
Qatar	544	78	682	518	x330	Bulgaria/Bulgarie	x4064	x1137	x3141	x450	x455
Bulgaria/Bulgarie	x25	x700	x148	x365	7	Ethiopia/Ethiopie	867	2040	2020	400	x1767
Bahrain/Bahreïn	x399	x360	x493	x357	x935	Romania/Roumanie	x2396	1776	1510	807	x1497
French Guiana	264	301	352	488	563	Former Yemen	x601	x81	x743	x2618	
Andorra/Andorre	x88	x224	x359	x475	x480	Portugal	1311	1198	1288	896	982
Romania/Roumanie	x375	x977	x38	16	x52	Philippines	491	x1583	849	867	1088

(VALUE AS % OF TOTAL) (VALEUR EN % DU TOTAL)

	1983	1984	1985	1986	1987	1988	1989	1990	1991	1992		1983	1984	1985	1986	1987	1988	1989	1990	1991	1992
Africa	0.1	x0.1	x0.1	x0.1	x0.1	x0.0	0.1	0.1	x0.1	0.1	Afrique	1.7	x1.1	1.9	2.4	2.8	2.3	3.2	x2.3	3.2	x4.1
Northern Africa	x0.0	0.0	0.0	x0.0	x0.1	0.0	0.0	0.0	x0.0	x0.0	Afrique du Nord	0.2	0.1	0.2	0.2	0.2	0.3	0.4	0.5	0.4	0.4
Americas	18.3	23.3	x24.3	x19.3	x16.3	16.3	17.3	14.9	13.2	13.5	Amériques	15.4	17.0	16.9	x14.7	x12.2	13.0	14.5	14.0	15.2	x16.8
LAIA	0.0	0.0	0.0	x0.0	x0.0	0.0	0.0	0.1	0.2	0.2	ALAI	10.3	11.6	11.7	9.8	7.5	8.6	9.8	8.6	9.9	11.0
CACM	x0.0	0.0	0.0	0.0	0.0	0.0	0.0	0.0	0.0	x0.0	MCAC	x0.4	0.6	0.8	x1.3	x1.2	0.9	0.9	1.2	1.2	x1.9
Asia	x2.8	3.1	x3.3	x3.4	x3.6	5.0	5.4	4.9	5.2	x4.9	Asie	8.5	8.0	7.7	7.3	7.6	7.0	7.1	7.2	x7.4	
Middle East	x0.6	x0.8	x0.6	x0.5	x0.4	0.4	0.4	x0.2	x0.2	0.3	Moyen–Orient	x0.1	x0.1	x0.1	x0.1	x0.1	0.2	0.3	0.4	x0.5	0.3
Europe	78.4	73.2	72.1	77.0	79.2	77.8	76.5	79.7	81.0	80.9	Europe	73.9	73.3	72.8	74.8	76.1	75.4	73.9	75.1	72.8	70.4
EEC	65.7	61.5	60.3	64.4	66.4	65.8	64.9	67.8	70.0	70.5	CEE	73.4	72.8	72.4	74.4	75.8	75.1	73.6	74.8	72.6	70.2
EFTA	12.7	11.6	11.8	12.6	12.9	12.0	11.6	11.5	10.7	10.2	AELE	0.4	0.4	0.4	0.4	0.3	0.3	0.3	0.2	0.2	0.2
Oceania	0.2	x0.3	x0.3	x0.2	x0.1	x0.3	0.3	x0.2	x0.2	x0.1	Océanie	x0.5	0.7	x0.7	x0.8	x0.9	x1.0	x1.0	x1.1	x1.2	x1.1
Germany/Allemagne	43.5	39.4	35.7	37.2	37.0	34.6	32.9	34.1	36.6	36.7	Netherlands/Pays-Bas	58.4	57.9	59.4	61.2	61.5	60.9	59.4	61.6	59.9	58.3
USA/Etats–Unis d'Amer	15.9	20.4	21.7	17.3	14.6	14.6	15.5	13.2	11.7	11.9	Colombia/Colombie	10.0	10.6	10.5	8.7	6.5	7.5	8.4	7.2	8.0	8.7
United Kingdom	5.3	5.5	6.6	6.7	7.5	8.6	9.5	9.3	8.6	8.4	Italy/Italie	8.9	8.2	6.6	6.1	6.1	5.7	5.9	5.7	4.7	4.6
France, Monac	6.4	5.9	6.7	7.9	8.7	8.8	8.6	9.3	9.1	8.2	Israel/Israël	6.1	5.3	5.2	5.6	5.5	5.4	4.3	4.4	4.4	3.3
Netherlands/Pays-Bas	5.3	5.7	5.0	6.0	6.1	6.4	6.4	7.0	7.1	8.5	USA/Etats–Unis d'Amer	1.8	1.5	1.5	1.6	1.8	1.8	2.2	2.8	3.0	2.8
Switz.Liecht	5.3	4.9	4.9	5.4	5.5	5.2	4.8	4.8	4.4	4.1	Denmark/Danemark	1.5	1.5	1.5	1.7	1.8	2.0	2.1	2.4	2.9	2.4
Japan/Japon	1.3	1.4	1.7	2.1	2.5	3.8	4.1	3.7	4.0	3.4	Spain/Espagne	1.6	1.9	1.9	2.2	3.1	3.2	3.1	2.2	1.9	1.6
Italy/Italie	1.8	1.8	2.8	2.6	2.9	3.0	3.1	3.3	3.7	3.5	Canada	1.4	1.8	2.0	1.5	1.5	1.5	1.4	1.2	1.0	0.9
Austria/Autriche	3.3	2.9	2.9	3.0	3.1	2.7	2.7	2.8	2.6	2.5	France, Monac	1.4	1.5	1.2	1.1	1.1	1.1	1.1	1.1	1.1	1.1
Sweden/Suède	2.4	2.3	2.4	2.4	2.4	2.4	2.4	2.3	2.3	2.3	Kenya	0.7		0.6	0.7	0.8	0.7	x1.3	0.4	x1.5	x1.6

29271 CUT FLOWERS / FLEURS ET BOUTONS 29271

TRADE BY COMMODITY IN THOUSAND U.S. DOLLARS – COMMERCE PAR PRODUIT EN MILLIERS DE DOLLARS E.U

IMPORTS – IMPORTATIONS

COUNTRIES–PAYS	1988	1989	1990	1991	1992
Total	2529155	2556333	3060045	3393328	3589486
Africa	x1468	x1853	x2306	x2207	x2340
Northern Africa	77	96	592	x127	x201
Americas	x407020	x437678	452838	445904	484359
LAIA	x523	x338	534	1990	3434
CACM	85	21	24	x18	x227
Asia	x133279	143717	156868	186025	x183471
Middle East	x9658	x8396	x7651	x6600	x10638
Europe	1973736	1955846	2434037	2743369	2894628
EEC	1682704	1673284	2086670	2385017	2538277
EFTA	290633	281507	336607	346236	349246
Oceania	x5741	x7916	x8752	x6841	x5580
Germany/Allemagne	881161	842411	1043571	1245328	1321717
USA/Etats–Unis d'Amer	367361	395622	407936	403497	436840
France, Monac	242704	242403	315094	337754	319842
United Kingdom	229349	256661	301757	305608	319368
Netherlands/Pays–Bas	130720	128572	165520	185303	244254
Switz.Liecht	127392	118024	141285	141243	139608
Japan/Japon	102078	110298	117987	143794	127566
Italy/Italie	81248	82394	106209	133994	133695
Austria/Autriche	65156	64045	80807	82901	84562
Belgium–Luxembourg	56593	61591	72617	77326	81722
Sweden/Suède	59799	60154	70306	79214	83383
Canada	35035	38036	41603	36788	40258
Denmark/Danemark	40194	31078	34724	37010	38509
Norway, SVD, JM	27074	26600	29961	29530	30634
Spain/Espagne	7678	11641	17767	18732	21753
Hong Kong	12549	14715	14715	15979	17844
Ireland/Irlande	9690	10474	13777	12897	10646
Finland/Finlande	10501	12365	13777	13203	17897
Singapore/Singapour	7098	8247	11058	13203	17897
Greece/Grèce	2883	5348	7628	9175	x14744
Yugoslavia SFR	27	548	10006	x11226	
Australia/Australie	3665	6678	7167	5137	4783
Czechoslovakia	x3024	4026	2419	x4440	x13142
Former USSR/Anc. URSS	x3839	x4490	x772	x1108	
Saudi Arabia	3301	3353	x1367	x1112	x2578
Oman	1417	767	2189	2233	x1809
Portugal	483	711	1371	2459	4348
United Arab Emirates	x2273	x1355	x1451	x947	x1593
Martinique	816	1215	809	1335	1570
Kuwait/Koweït	x1648	x1589	x1192	x566	x2058
Guadeloupe	788	918	999	1125	788
Thailand/Thaïlande	829	830	901	1242	1598
Reunion/Réunion	516	923	788	989	983
Hungary/Hongrie	x829	x444	x314	1522	x2985
New Zealand	536	626	822	746	512
Former GDR	x124	x242	x1699		
Poland/Pologne				x1892	x2954
New Caledonia	x430	x414	x574	x501	
Malaysia/Malaisie	268	241	276	849	x697
Qatar	x536	x319	x524	518	x326
Argentina/Argentine	44	13	48	1204	1624
Iceland/Islande	711	320	472	460	412
Korea Republic	46	124	351	732	1579
Bahrain/Bahreïn	x373	x351	x480	x350	x900
French Guiana	255	294	332	469	543
Mexico/Mexique	57	139	289	542	1347
Andorra/Andorre	x66	x193	x331	x421	x444
Brunei Darussalam	x153	x167	x335	x212	x430
So. Africa Customs Un	208	161	223	x270	x200
Malta/Malte	159	181	223	x249	x304

EXPORTS – EXPORTATIONS

COUNTRIES–PAYS	1988	1989	1990	1991	1992
Totale	2202966	2378035	2853142	3130117	3473669
Afrique	x54219	x74709	x60977	x99656	x145410
Afrique du Nord	7513	10640	16519	14694	15450
Amériques	252600	292604	332592	410263	480863
ALAI	213797	255701	272078	342585	408213
MCAC	10752	11360	15742	17609	x21685
Asie	174586	164692	203470	228757	x260918
Moyen–Orient	x4503	7899	13119	x14958	11870
Europe	1772629	1817856	2223384	2352738	2546752
CEE	1770689	1816408	2222069	2351524	2545037
AELE	1557	1260	1053	826	704
Océanie	x19692	x19032	x26484	x33011	x34163
Netherlands/Pays–Bas	1527677	1557339	1950364	2086167	2259971
Colombia/Colombie	190370	221340	228887	280320	340896
Italy/Italie	107974	123618	142722	125495	140656
Israel/Israël	127799	107313	133091	146880	123108
Spain/Espagne	76289	76284	64499	61357	57896
Kenya	18187	x34120	12761	x53283	x62346
USA/Etats–Unis d'Amer	12053	11867	34260	38625	39158
France, Monac	22155	23265	24942	28479	29494
Thailand/Thaïlande	21387	21895	23482	28113	x78934
Germany/Allemagne	16787	15542	15621	19894	23556
Singapore/Singapour	7471	11867	19177	19022	20555
Mexico/Mexique	10433	13626	17037	18544	18589
So. Africa Customs Un	x15971	x14150	x16488	x16397	x15885
Ecuador/Equateur	4102	9225	13598	19247	26108
United Kingdom	10496	10697	13086	16666	18862
New Zealand	10795	9984	14392	15299	17481
Australia/Australie	8869	9007	11986	17610	16650
Morocco/Maroc	6847	9077	13289	13095	14145
Costa Rica	8558	10332	11865	12973	x16641
Turkey/Turquie	3414	7163	11634	11537	11113
Malaysia/Malaisie	6938	9128	8801	9678	x16986
Peru/Pérou	4296	5985	5417	x15761	x14308
Zimbabwe	x6490	x7456	5168	5447	x29211
Canada	11665	8559	4188	4303	4370
Belgium–Luxembourg	3182	4271	5077	6795	8038
Mauritius/Maurice	x2818	x4211	4810	5532	5975
Brazil/Brésil	2618	3220	4151	5320	4838
Denmark/Danemark	3841	3439	3654	4288	4647
Guatemala	2178	1002	3863	4622	5042
Poland/Pologne	x6572	x3962	x1881	x3285	x3707
China/Chine	1984	2055	2021	2732	2073
Jamaica/Jamaïque	2067	1900	2294	1898	x1117
Chile/Chili	1712	1801	1917	2110	x1925
India/Inde	634	x1338	1434	2777	x2245
Cote d'Ivoire	x1164	x1442	x1778	x2082	x4870
Dominican Republic	x799	x1176	x1538	x2251	x2528
Tunisia/Tunisie	562	1155	2421	1239	762
Ethiopia/Ethiopie	867	2040	2020	400	x1767
Hungary/Hongrie	x929	x1753	x1036	x1222	x1000
Romania/Roumanie	x169	1776	1510	585	x476
Former Yemen	x601	x81	x743	x2618	
Martinique	611	719	1166	1116	857
Portugal	1130	1010	1143	689	714
Bulgaria/Bulgarie	x653	x966	x1471	x301	x305
Sri Lanka	922	877	786	1050	581
Panama	459	802	742	997	1603
Pakistan	1575	942	199	1346	152
Hong Kong	643	789	515	1040	1229
Greece/Grèce	1013	674	365	826	x295
Ireland/Irlande	145	271	595	870	909

(VALUE AS % OF TOTAL)(VALEUR EN % DU TOTAL)

	1983	1984	1985	1986	1987	1988	1989	1990	1991	1992		1983	1984	1985	1986	1987	1988	1989	1990	1991	1992
Africa	0.1	x0.1	x0.1	x0.1	x0.1	x0.0	x0.1	x0.1	x0.1	x0.1	Afrique	1.8	x1.0	2.0	x2.2	x2.7	2.4	3.1	x2.2	x3.2	x4.2
Northern Africa	x0.0	x0.0	x0.0	x0.0	x0.0	0.0	x0.0	0.0	x0.0	x0.0	Afrique du Nord	0.2	0.1	0.2	0.2	0.3	0.3	0.4	0.6	0.5	0.4
Americas	x18.3	x23.3	x24.0	x19.1	x15.9	16.1	17.2	14.8	13.2	13.5	Amériques	x13.0	x14.5	x14.2	12.1	x9.6	11.0	12.3	11.6	13.1	13.9
LAIA	0.0	0.0	0.0	x0.0	x0.0	0.0	0.0	0.0	0.1	0.1	ALAI	11.3	12.6	12.7	10.7	8.1	9.4	10.8	9.5	10.9	11.8
CACM	x0.0	x0.0	x0.0	x0.0	x0.0	0.0	0.0	0.0	x0.0	x0.0	MCAC	x0.1	x0.3	x0.2	x0.4	x0.5	0.5	0.5	0.6	0.6	x0.6
Asia	x3.1	x3.2	x3.4	x3.6	x3.7	x5.2	5.6	5.2	5.4	5.2	Asie	9.0	8.4	8.2	7.9	7.8	7.6	6.9	7.2	7.3	x7.6
Middle East	x0.8	x0.7	x0.6	x0.5	x0.4	x0.4	x0.3	x0.3	x0.2	x0.3	Moyen–Orient	x0.1	0.1	x0.0	0.1	0.1	0.2	0.3	0.5	x0.5	0.3
Europe	78.2	73.2	72.1	77.0	79.5	78.0	76.5	79.5	80.8	80.6	Europe	75.7	75.5	75.1	77.1	79.0	77.6	76.4	77.9	75.2	73.3
EEC	65.7	61.8	60.7	64.8	67.1	66.5	65.5	68.2	70.3	70.7	CEE	75.7	75.3	74.9	77.0	78.9	77.6	76.4	77.9	75.1	73.3
EFTA	12.5	11.4	11.4	12.2	12.4	11.5	11.0	11.0	10.2	9.7	AELE	0.1	0.1	0.1	0.1	0.1	0.1	0.1	0.0	0.0	0.0
Oceania	0.2	x0.3	x0.3	x0.2	x0.1	x0.3	0.3	0.3	x0.2	0.1	Océanie	x0.5	0.6	x0.7	x0.7	x0.7	x0.9	x0.8	x0.9	x1.1	x1.0
Germany/Allemagne	43.9	39.8	35.9	37.5	37.2	34.8	33.0	34.1	36.7	36.8	Netherlands/Pays–Bas	63.7	63.3	65.3	67.5	68.0	66.9	65.5	68.4	66.6	65.1
USA/Etats–Unis d'Amer	15.9	20.6	21.8	17.3	14.3	14.5	15.5	13.3	11.9	12.2	Colombia/Colombie	11.0	11.7	11.6	9.7	7.3	8.3	9.3	8.0	9.0	9.8
France, Monac	6.8	6.4	7.3	8.6	9.4	9.6	9.5	10.0	10.0	8.9	Italy/Italie	7.8	7.0	5.1	4.6	4.8	4.7	5.2	5.0	4.0	4.0
United Kingdom	5.5	5.7	7.0	7.0	7.9	9.1	10.0	9.9	9.0	8.9	Israel/Israël	6.7	5.9	5.7	6.2	6.1	5.6	4.5	4.7	4.7	3.5
Netherlands/Pays–Bas	4.2	4.8	4.0	4.9	5.2	5.0	5.0	5.4	5.5	6.8	Spain/Espagne	1.7	2.0	1.9	2.3	3.3	3.3	3.2	2.3	2.0	1.7
Switz.Liecht	5.3	4.9	4.9	5.3	5.4	5.0	4.6	4.6	4.2	3.9	Kenya	0.8		0.7	0.8	0.9	x1.4	0.4	x1.7	x1.3	x1.8
Japan/Japon	1.3	1.4	1.7	2.1	2.6	4.0	3.9	3.9	4.2	3.6	USA/Etats–Unis d'Amer	1.2	1.2		0.7	0.5	0.5	0.5	1.2	1.2	1.1
Italy/Italie	1.9	1.8	2.9	2.7	3.0	3.2	3.2	3.5	3.9	3.7	France, Monac	1.3	1.4	1.1	1.0	0.9	1.0	1.0	0.9	0.9	0.8
Austria/Autriche	3.2	2.8	2.8	2.8	2.9	2.6	2.5	2.6	2.4	2.4	Thailand/Thaïlande	1.4	1.5	1.6	1.0	0.8	0.9	0.9	0.8	0.9	x2.3
Belgium–Luxembourg	2.3	2.1	2.0	2.0	2.1	2.2	2.4	2.4	2.3	2.3	Germany/Allemagne	0.5	0.6	0.6	0.6	0.7	0.7	0.7	0.5	0.6	0.7

3221 ANTHRACITE, NOT AGGLOMRTD / ANTHRACITE 3221

TRADE BY COMMODITY IN THOUSAND U.S. DOLLARS – COMMERCE PAR PRODUIT EN MILLIERS DE DOLLARS E.U

COUNTRIES–PAYS	1988	1989	1990	1991	1992	COUNTRIES–PAYS	1988	1989	1990	1991	1992
Total	1460569	1198843	1117343	1176876	1092422	Totale	x1073168	x1115282	x1074516	x1322714	x823019
Africa	86296	93334	x127646	x12263	x4980	Afrique	x192704	x228180	x241979	x257258	x221849
Northern Africa	83726	91598	124344	10045	3596	Afrique du Nord	x1803	298	748	x4	x87
Americas	119851	151831	58802	49828	68202	Amériques	77210	x115680	45570	37054	31518
LAIA	42294	99584	21652	23114	37539	ALAI	25545	59471	x500	x402	265
CACM	x28	104	88	27	x21	MCAC	323		47	1266	x3
Asia	305164	x282899	218724	268256	191987	Asie	x193374	x189166	x172754	x264864	x256738
Middle East	6090	7642	x8119	x6422	6091	Moyen-Orient	32	233	x1705	x7472	x169
Europe	942614	651125	694111	832404	775553	Europe	292737	276795	346999	354652	287080
EEC	890782	599970	654010	807056	752622	CEE	292509	276780	338149	347322	281948
EFTA	29336	28104	30187	25348	20931	AELE	228	15	x8849	x7317	x4890
Oceania	6093	9752	8746	6566	5979	Océanie	11997	7909	11655	x12562	9765
France, Monac	152957	143580	177888	231396	197496	Former USSR/Anc. URSS	x299922	x297271	x255544	x386635	
Belgium–Luxembourg	157042	137299	141564	164764	154706	So. Africa Customs Un	x188513	x227680	x239412	x255942	x221756
Italy/Italie	130978	132052	144521	151935	145026	Germany/Allemagne	218908	212366	249862	238680	199251
Japan/Japon	109298	111654	102651	118528	114616	China/Chine	95571	67845	69618	87996	96917
United Kingdom	96955	95746	80299	117860	103858	Korea Dem People's Rp	x77369	x70951	x57488	x50822	x34619
Egypt/Egypte	81502	90111	115676	x66	x238	Viet Nam	x8941	x23303	x18820	x95208	x80515
Korea Republic	128563	74983	52058	65604	42393	USA/Etats–Unis d'Amer	51095	43810	44708	35211	31247
China/Chine	57083	51767	34667	27193	18620	United Kingdom	26692	27291	40387	55604	36092
Canada	31475	32750	35608	24890	22380	Netherlands/Pays–Bas	30252	20815	31370	26165	24720
Netherlands/Pays–Bas	254873	30205	28126	25621	37992	Indonesia/Indonésie	6072	25944	23072	21630	34489
Chile/Chili	19650	78175	186	59	x24	Venezuela	23138	57821	x163	x120	18
Spain/Espagne	1103	7388	20198	44307	37834	Belgium–Luxembourg	9990	7103	10026	21708	17040
Portugal	29124	20713	26159	24867	28076	Australia/Australie	11997	7907	11655	12450	9763
Philippines	7	x24043	2008	42522	708	France, Monac	4365	6986	5118	4146	1873
Ireland/Irlande	11417	13188	17179	22957	21806	Norway, SVD, JM			x8812	x7317	x4741
Brazil/Brésil	11583	15441	15628	18607	26140	Canada	247	x12399	312	162	3
Norway, SVD, JM	16402	16056	16487	15226	9487	Poland/Pologne				x9313	x15539
Germany/Allemagne	8325	8360	10950	16933	21154	Saudi Arabia	32	11	x356	x4520	x169
Malaysia/Malaisie	965	9539	14294	1820	x7053	Turkey/Turquie	0	216	716	1674	
Denmark/Danemark	47990	11430	7102	6414	4653	Zimbabwe	2182		1491	1003	
New Caledonia	5289	8058	6572	5550	4753	Ireland/Irlande	810	451	804	754	1420
USA/Etats–Unis d'Amer	46054	19261	23	30	5777	Spain/Espagne	882	1119	477	133	189
Yugoslavia SFR	14411	8879	9914			Peru/Pérou	420	x1577	2	x56	x6
Morocco/Maroc		407	7630	9753	2260	Guatemala	276		x4	1257	
Czechoslovakia		8787	8465			Hong Kong		x5	x1226	3	15
Malta/Malte	8086	14170				Lebanon/Liban			x631	x570	
Iceland/Islande	3509	4157	4458	3773	3423	Japan/Japon	386	145	588	224	522
Cyprus/Chypre	3578	4755	2939	3320	3711	Egypt/Egypte	x670		748		
Sweden/Suède	2455	2143	4172	2881	4463	Singapore/Singapour	6	7	13	718	10
Venezuela	4637	3311	3305	2344	912	Neutral Zone/Zone Neutre				x707	
Hungary/Hongrie	x345	x20		6065	x129	Denmark/Danemark	502	581	8	8	206
Mexico/Mexique	1364	2113	1905	1757	10170	Philippines				x491	
Switz.Liecht	1659	1940	1657	1450	1357	Brazil/Brésil	387	3	279	173	103
Austria/Autriche	2055	1951	1818	1095	1044	Malaysia/Malaisie	514	429		7	
Turkey/Turquie	829		3311	1325	1703	Mozambique	x161	x201	x201		
Finland/Finlande	3257	1857	1595	924	1156	India/Inde	x4362	x159		x229	x584
Saudi Arabia	1025	2084	x672	x995	x644	Hungary/Hongrie	x87			x372	x453
Thailand/Thaïlande	665	949	1115	1267	156	Nigeria/Nigéria				x306	x5
Korea Dem People's Rp	x604		x779	x2135		Morocco/Maroc	1133	298			
Zaire/Zaïre	x1651	x1102	x1102	x648	x648	Italy/Italie	107	65	95	124	163
India/Inde	1181	x420	1524	873	x250	Former GDR	x5138	x272	x3		
Panama			1325	1414	1856	Sri Lanka		x264			x856
Malawi	x409	x206	1515	910	x38	Thailand/Thaïlande	47	42	29	58	x13
Fiji/Fidji			916	1214	x1	Niger			x126		
Tunisia/Tunisie	2164	1067	1032		920	Pitcairn				x111	
Romania/Roumanie		682	700	483		Colombia/Colombie	1463	52	20	28	134
Bangladesh	x39	x916	x361	x558	x589	Argentina/Argentine	x49	x16	x35	x25	
Iraq	x85	x274	x615	x716		Honduras			42	0	
New Zealand	580	477	512	582	607	Switz.Liecht	215		37		1
Indonesia/Indonésie	116	208	437	538	391	Lao People's Dem. Rp.			x27		

(VALUE AS % OF TOTAL)(VALEUR EN % DU TOTAL)

	1983	1984	1985	1986	1987	1988	1989	1990	1991	1992		1983	1984	1985	1986	1987	1988	1989	1990	1991	1992
Africa	15.7	7.1	5.6	x7.6	x8.0	5.9	7.8	x11.4	x1.0	x0.4	Afrique	x1.9	2.2	3.1	x2.3	x1.8	x18.0	x20.4	x22.5	x19.4	x26.9
Northern Africa	15.3	6.6	5.3	7.4	7.9	5.7	7.6	11.1	0.9	0.3	Afrique du Nord	0.1	0.1	0.1	0.1	0.0	x0.2	0.0	0.0	x0.0	x0.0
Americas	x24.8	x25.7	x20.3	x6.2	x5.3	8.2	12.6	5.3	4.2	6.3	Amériques	x23.4	x27.3	27.4	25.4	x22.6	7.2	x10.3	x4.3	2.8	3.8
LAIA	x22.1	22.1	x17.4	x2.8	2.2	2.9	8.3	1.9	2.0	3.4	ALAI	x0.0	0.0	0.0	0.0	x0.1	2.4	5.3	x0.0	x0.0	0.0
CACM	x0.0	x0.0	x0.0	x0.0	0.0	x0.0	0.0	0.0	0.0	x0.0	MCAC	x0.0	x0.0	0.0	0.0	x0.0	0.0		0.0	0.1	0.0
Asia	x12.0	x17.2	x26.8	x29.5	x27.8	20.9	x23.6	19.6	22.8	17.6	Asie	x0.2	0.1	x0.2	x0.1	x4.2	x18.0	x16.9	x16.1	x20.0	x31.2
Middle East	x1.4	x4.7	x1.1	x1.9	x1.8	0.4	x0.7	x0.7	x0.5	0.6	Moyen-Orient	x0.0	x0.0	x0.0	x0.0	x0.0	0.0	x0.0	x0.2	x0.6	x0.0
Europe	46.7	x49.2	46.1	56.4	44.9	64.5	54.3	62.1	70.7	71.0	Europe	7.1	5.9	5.6	7.5	6.4	27.3	24.8	32.3	26.8	34.9
EEC	40.1	39.6	38.8	50.0	38.7	61.0	50.0	58.5	68.6	68.9	CEE	7.1	5.9	5.6	7.4	6.2	27.3	24.8	31.5	26.3	34.3
EFTA	2.3	1.9	1.9	2.5	x3.1	2.0	2.3	2.7	2.2	1.9	AELE	x0.0	x0.0	x0.0	x0.1	0.2	0.0	x0.8	x0.0	x0.6	x0.6
Oceania	0.9	x0.9	x1.2	x0.4	x0.4	0.5	0.8	0.8	0.6	0.5	Océanie	67.3	64.5	63.7	64.7	60.1	1.1	0.7	1.1	x0.9	1.2
France, Monac	11.7	8.8	8.9	13.7	9.2	10.5	12.0	15.9	19.7	18.1	Former USSR/Anc. URSS					x4.8	x27.9	x26.7	x23.8	x29.2	
Belgium–Luxembourg	15.1	11.9	12.0	20.4	16.8	10.8	11.5	12.7	14.0	14.2	So. Africa Customs Un	1.7	1.9	2.9	x2.1	x1.7	x17.6	x20.4	x22.3	x19.3	x26.9
Italy/Italie	1.0	2.7	2.8	3.7	1.0	9.0	11.0	12.9	12.9	13.3	Germany/Allemagne	5.6	4.7	4.4	5.9	4.9	20.4	19.0	23.3	18.0	24.2
Japan/Japon	5.3	6.6	7.4	7.9	6.4	7.5	9.3	9.2	10.1	10.5	China/Chine					1.5	8.9	6.1	6.5	6.7	11.8
United Kingdom	8.9	13.7	11.3	6.9	6.3	8.0	7.2	10.0	9.5		Korea Dem People's Rp					x2.2	x7.2	x6.4	x5.4	x3.8	x4.2
Egypt/Egypte	5.9	6.4	5.2	7.2	7.7	5.6	7.5	10.4	x0.0	x0.0	Viet Nam					x0.4	x0.8	x2.1	x1.8	x7.2	x9.8
Korea Republic	5.0	3.8	10.0	17.5	11.9	8.6	6.3	4.7	5.6	3.9	USA/Etats–Unis d'Amer	1.0	0.8	1.2	0.1	1.0	4.8	3.9	4.2	2.7	3.8
China/Chine				4.7	3.9	4.3	3.1	2.3	1.7		United Kingdom	0.6	0.2	0.3	0.7	0.4	2.5	2.4	3.8	4.2	4.4
Canada	2.1	1.9	1.5	2.2	1.9	2.2	2.7	3.2	2.1	2.0	Netherlands/Pays–Bas	0.3	0.3	0.6	0.5	0.6	2.8	1.9	2.9	2.0	3.0
Netherlands/Pays–Bas	2.1	1.7	2.5	2.9	2.7	17.5	2.5	2.5	2.2	3.5	Indonesia/Indonésie		0.1	0.1	0.0	0.0	0.6	2.3	2.1	1.6	4.2

3232 COKE, SEMI-COKE, RTRT CRBN — COKES ET SEMI-COKES 3232

TRADE BY COMMODITY IN THOUSAND U.S. DOLLARS – COMMERCE PAR PRODUIT EN MILLIERS DE DOLLARS E.U

IMPORTS – IMPORTATIONS

COUNTRIES–PAYS	1988	1989	1990	1991	1992
Total	x2350793	x2405326	1734543	x1999202	1619295
Africa	x31732	x32250	x57540	x34169	x33495
Northern Africa	17905	20807	36791	20545	x22008
Americas	472655	576752	316021	331529	422342
LAIA	159217	220202	133183	169650	172690
CACM	420	731	702	583	x408
Asia	110996	x158790	136370	182129	x140407
Middle East	11877	18647	14798	x5146	x16139
Europe	1047194	1112194	1068756	1128003	970249
EEC	736987	760399	709818	695930	684858
EFTA	299987	343945	353461	307417	273331
Oceania	1748	x2579	x3450	x3835	x17400
Belgium–Luxembourg	284357	279095	289923	255043	221123
USA/Etats–Unis d'Amer	230644	277847	119883	113841	202394
France, Monac	180839	192666	148790	88069	83004
Former USSR/Anc. URSS	x209469	x182428	x40659	x198613	
Brazil/Brésil	102654	146013	77989	142115	137139
Germany/Allemagne	93744	92856	106619	153707	209320
Romania/Roumanie	x157574	122203	108146	84635	x4995
Austria/Autriche	101353	91928	111556	108259	86737
Finland/Finlande	80164	98458	105756	80622	75885
Norway, SVD, JM	61120	78482	77114	66695	60581
Italy/Italie	31844	68084	50481	89096	58514
Canada	80384	77335	61539	43437	43410
Sweden/Suède	45127	63677	47725	39952	39397
Former GDR	x250457	x143095			
Yugoslavia SFR	10215	7832	5455	x124650	
Netherlands/Pays–Bas	42790	40966	44960	40414	38628
Japan/Japon	25968	43617	36381	38543	21604
United Kingdom	70529	52789	27822	31831	44168
India/Inde	13257	x16233	18148	55356	x32598
Mexico/Mexique	25393	37928	21705	17568	18628
Hungary/Hongrie	x33924	x33556	x3108	25602	x1540
Philippines	13051	x22874	10276	25664	6364
Korea Republic	14441	16890	16190	17527	18159
Spain/Espagne	17182	15750	18048	15931	12259
Bulgaria/Bulgarie	x35045	x41357	x250	x8022	25781
Tunisia/Tunisie	11840	14171	11212	12096	11005
Thailand/Thaïlande	8405	12260	11212	12601	13312
Turkey/Turquie	11224	16951	12601	3329	13312
Peru/Pérou	10341	15082	10752	5551	x5704
Malaysia/Malaisie	5430	6585	9818	12973	x15864
Chile/Chili	13786	15126	10746	1191	x27
Denmark/Danemark	9029	6997	8294	10761	8377
Indonesia/Indonésie	5809	11775	6657	5424	4097
Switz. Liecht	8864	8103	7005	7545	7954
Greece/Grèce	2736	6646	7880	6115	x4681
Venezuela	6617	5929	11845	2383	10890
Morocco/Maroc	5368	5627	5379	6554	5809
Zaire/Zaïre	x6462	x6891	x6600	x3662	x3095
Algeria/Algérie	691	x18	13018	1824	x4096
Korea Dem People's Rp	x7358	x4027	x5284	x4424	x7884
Zimbabwe			9576	2749	
Singapore/Singapour	2931	3863	5246	3005	3070
Iceland/Islande	3360	3297	4325	4344	2777
Zambia/Zambie	x5136	x3461	x3507	x3079	x5172
Portugal	3087	3226	3461	2563	2189
Ireland/Irlande	851	1323	3540	2399	2596
Australia/Australie	829	1948	2077	2526	2847
Jamaica/Jamaïque	31	76	14	3506	x10
New Zealand	491	624	1371	1307	1224
So. Africa Customs Un	26	58	13	x3130	x1277

EXPORTS – EXPORTATIONS

COUNTRIES–PAYS	1988	1989	1990	1991	1992
Totale	x2090485	x2184340	x1792309	1815357	x1519491
Afrique	x27444	x34770	x36283	x28090	x22009
Afrique du Nord	8864	19807	12662	18354	10490
Amériques	105104	132628	121187	112593	x115277
ALAI	12774	14931	10029	9264	15312
MCAC	5	5	45	x6	x26
Asie	317664	404624	288714	332790	381217
Moyen–Orient	x44	x619	x2058	x2378	x2327
Europe	1080277	1049045	848415	721468	696205
CEE	1036889	1013118	832773	711854	653914
AELE	x20010	6548	5114	3863	2333
Océanie	60748	72878	54008	75209	63844
Germany/Allemagne	658258	672924	489213	404792	331858
Japan/Japon	235004	273514	177841	241344	276173
Poland/Pologne	137211	152910	157264	316513	x158174
Former USSR/Anc. URSS	x139042	x175823	x168163	x128365	
China/Chine	78814	126000	100423	80534	96963
USA/Etats–Unis d'Amer	80034	104886	93235	96710	80824
Belgium–Luxembourg	109989	107481	103112	71560	65444
Netherlands/Pays–Bas	90884	81956	93966	105094	126330
Czechoslovakia	x71999	x81583	x71559	x77921	x67633
Australia/Australie	60748	72878	54008	75209	63844
France, Monac	84492	67567	65391	60985	62896
United Kingdom	47248	45894	43658	35876	24814
Italy/Italie	24159	25421	26520	21275	28748
Former GDR	x131585	x57754	x11402		
Hungary/Hongrie	x18647	x21202	x23321	x21943	x12450
Egypt/Egypte	6928	17141	12348	17951	10490
Yugoslavia SFR	23377	29378	10527	x5751	
So. Africa Customs Un	x11895	x14930	x15373	x5752	x11473
Canada	11171	10705	17576	5490	10220
Spain/Espagne	21840	11840	9665	9234	10342
Colombia/Colombie	8641	9652	7782	6003	10304
Bulgaria/Bulgarie	x767	x1124	x12000	x19	x1163
Sweden/Suède	8754	5950	3751	3084	2049
Zimbabwe	6542		8215	3937	
Singapore/Singapour	2018	1966	3202	4983	3650
Argentina/Argentine	3091	4400	2156	2295	980
Pakistan	50	985	3384	1728	x283
Portugal	5		1212	2448	3062
Korea Republic	781	775	1334	1033	424
Algeria/Algérie	1936		2666	314	
Iran (Islamic Rp of)		x451	x1915	x96	
Cyprus/Chypre			14	x2140	x2140
Panama	x1118	x1967	0	0	0
Bermuda/Bermudes			x296	x1121	x257
Mexico/Mexique	1032	242	84	951	8
Switz. Liecht	78	96	645	364	19
Indonesia/Indonésie	234	464	233		
Norway, SVD, JM	x9884		x503	x185	
Malaysia/Malaisie	6	3	26	612	x837
Chile/Chili	x10	530	5	6	x1160
Austria/Autriche	389	286	58	172	246
Finland/Finlande	906	216	158	58	19
Tunisia/Tunisie				x403	
Turkey/Turquie	23	94	100	120	144
India/Inde	534		170	125	x87
Viet Nam		x287			x83
Ireland/Irlande		8	7	242	6
Greece/Grèce	0			x255	x276
Romania/Roumanie				238	x1717
Albania/Albanie				x207	

(VALUE AS % OF TOTAL) (VALEUR EN % DU TOTAL)

Imports

	1983	1984	1985	1986	1987	1988	1989	1990	1991	1992
Africa	x2.7	x1.8	x2.1	x2.8	x1.4	1.3	1.3	3.3	x1.8	2.1
Northern Africa	1.8	0.9	1.1	1.2	0.9	0.8	0.9	2.1	1.0	1.4
Americas	7.9	11.8	13.5	x11.4	x11.4	20.1	24.0	18.3	16.6	26.1
LAIA	1.8	3.2	4.1	x3.4	x4.7	6.8	9.2	7.7	8.5	10.7
CACM	x0.0	0.0	0.0	x0.0	x0.0	0.0	0.0	0.0	0.0	0.0
Asia	5.7	6.6	6.0	6.0	x4.4	4.7	x6.6	7.8	9.2	x8.7
Middle East	x0.2	1.6	1.8	0.7	0.3	0.5	0.8	0.9	x0.3	x1.0
Europe	83.5	79.6	78.4	79.8	46.8	44.5	46.2	61.6	56.4	59.9
EEC	55.2	57.7	50.5	50.5	30.3	31.4	31.6	40.9	34.8	42.3
EFTA	28.3	21.7	28.0	29.1	16.5	12.8	14.3	20.4	15.4	16.9
Oceania	0.2	x0.1	x0.1	x0.0		0.1	x0.1	0.2	x0.2	1.1
Belgium–Luxembourg	17.0	15.1	15.5	18.5	11.3	12.1	11.6	16.7	12.8	13.7
USA/Etats–Unis d'Amer	0.2	3.8	3.6	2.1	3.2	9.8	11.6	6.9	5.7	12.5
France, Monac	15.0	13.5	18.1	13.0	7.4	7.7	8.0	8.6	4.4	5.1
Former USSR/Anc. URSS				x6.9	x8.9	x7.6	x2.3	x9.9		
Brazil/Brésil		0.4	0.8	1.0	3.1	4.4	6.1	4.5	7.1	8.5
Germany/Allemagne	5.7	4.3	6.0	7.7	4.4	4.0	3.9	6.1	7.7	12.9
Romania/Roumanie					x12.8	x6.7	5.1	6.2	4.2	x0.3
Austria/Autriche	9.0	6.9	10.1	9.9	5.7	4.3	3.8	6.4	5.4	5.4
Finland/Finlande	11.2	8.0	9.2	9.6	5.6	3.4	4.1	6.1	4.0	4.7
Norway, SVD, JM	4.5	3.7	4.6	5.2	2.9	2.6	3.3	4.4	3.3	3.7

Exports

	1983	1984	1985	1986	1987	1988	1989	1990	1991	1992
Afrique	2.2	0.8	1.6	0.9	x1.1	x1.3	x1.6	2.0	x1.5	x1.5
Afrique du Nord	0.2	0.1	0.4	0.9	0.5	0.4	0.9	0.7	1.0	0.7
Amériques	5.4	x6.8	7.7	x7.4	x4.3	5.1	6.1	6.8	6.2	x7.6
ALAI	0.2	0.3	0.7	x1.2	x0.5	0.6	0.7	0.6	0.5	1.0
MCAC					xC.0	0.0	0.0	0.0	x0.0	x0.0
Asie	16.5	15.2	15.0	16.3	15.6	15.1	18.5	16.1	18.3	25.1
Moyen–Orient	x0.0	0.0	0.0	0.2	0.0	x0.0	x0.0	x0.1	x0.1	x0.2
Europe	75.6	76.7	74.7	71.5	44.8	51.7	48.0	47.3	39.7	45.8
CEE	73.3	73.7	71.9	69.0	42.1	49.6	46.4	46.5	39.2	43.0
AELE	2.3	2.2	1.5	2.3	1.7	x1.0	0.3	0.3	0.2	0.2
Océanie	0.4	0.5	1.0	2.4	1.7	2.9	3.3	3.0	4.1	4.2
Germany/Allemagne	45.3	51.2	44.7	41.6	26.2	31.5	30.8	27.3	22.3	21.8
Japan/Japon	16.3	15.0	14.4	15.4	5.8	6.6	7.0	8.8	17.4	x10.4
Poland/Pologne					6.6	6.7	x8.0	x9.4	x7.1	
Former USSR/Anc. URSS					x9.7	3.1	3.8	5.8	5.6	6.4
China/Chine	4.9	5.8	6.2	5.4	3.1	3.6	5.6	5.2	5.3	5.3
USA/Etats–Unis d'Amer					4.4	4.8	4.9	5.8	3.9	4.3
Belgium–Luxembourg	4.2	4.8	5.2	5.2	5.2	4.9	5.2	5.8	3.9	8.3
Netherlands/Pays–Bas	5.7	5.3	5.9	6.1	x8.7	x3.4	x3.7	4.0	x4.3	x4.5
Czechoslovakia										
Australia/Australie	0.4	0.5	1.0	2.4	1.7	2.9	3.3	3.0	4.1	4.2

32321 COKE OF COAL, RETORT CRBN — COKES, SEMI-COKES HOUILLE 32321

TRADE BY COMMODITY IN THOUSAND U.S. DOLLARS – COMMERCE PAR PRODUIT EN MILLIERS DE DOLLARS E.U

COUNTRIES–PAYS	IMPORTS – IMPORTATIONS					COUNTRIES–PAYS	EXPORTS – EXPORTATIONS				
	1988	1989	1990	1991	1992		1988	1989	1990	1991	1992
Total	x1828137	x1051773	x845742	x368656	x250116	Totale	x1755912	x787703	x640967	x296713	x342507
Africa	x33393	19843	8331	x14143	x12200	Afrique	x24206	x9366		18354	10490
Northern Africa	17899	19800	8317	x14057	x12200	Afrique du Nord	x7788	x9366		18354	10490
Americas	400080	x56383	x33892	x11703	262	Amériques	x126762	x16362	x16198	x3385	x3236
LAIA	133822	x49372	x32511	x11167	28	ALAI	11763	14562	10033	x23	x52
CACM	420	547	528	527	233	MCAC	5		5	40	x6	x25
Asia	x90567	x110369	x96632	x90783	x14201	Asie	x232634	x150644	x112590	x78375	x97305
Middle East	11530	1116	614	x97	x14197	Moyen–Orient	x44	x7	x25	x20	x164
Europe	x935804	x633157	x658821	x229808	x222525	Europe	x1042821	x538629	x494152	x196588	x167620
EEC	x730314	x633157	x658821	x163112	x222525	CEE	x1019377	x538533	x494152	x196588	x167620
EFTA	x195275			x66695		AELE	x67	x96			
Oceania	x1250	x1948		x2526		Océanie	x60692	x72702	x18027		x63844
Belgium–Luxembourg	x284357	x279095	x289923		x221123	Germany/Allemagne	x658054	x198485	x380952	0	x190
France, Monac	x180839	x192666	x148790	x88069		China/Chine	78414	125988	99776	77106	x96963
Romania/Roumanie	x157574	x230074	x48067	x12438		France, Monac	x84492	x67567	x65391	x60985	x62896
Germany/Allemagne	x93744	x92856	x106619	x2797	x1402	Netherlands/Pays–Bas	x90884	x81956	x2039	x105094	
Netherlands/Pays–Bas	x42790		x44960	x40414		Belgium–Luxembourg	x92784	x107481			x65444
United Kingdom	x70529	x52789		x31831		Australia/Australie	x60692	x72702	x18027		x63844
Norway, SVD, JM	x61120			x66695		Italy/Italie	x24159	x25421	x26520	x21275	x28748
India/Inde	x9864	16233	x20714	x16515		United Kingdom	x47217	x45783	x19250		
Italy/Italie	x31844		x50481			Japan/Japon	x151800	x20912	x8211	x162	
Korea Republic	x14441	x16890	x15533	x17543		Egypt/Egypte	x5968	x6624		17951	10490
Japan/Japon	x16313	x15484	x10829	x12775		Spain/Espagne	x21787	x11840		x9234	x10342
Philippines	13051	x22874	10276	x5492		Colombia/Colombie	8641	9592	7782	x3	x3
Thailand/Thaïlande	x8405	x12260	x11212	x12048		USA/Etats–Unis d'Amer	80034	x1795	x6124	x3355	x3159
Spain/Espagne	x17182	x15750	x18048			Argentina/Argentine	3091	4400	2156		x28
Peru/Pérou	10341	15082	10752	5551		Singapore/Singapour	2018	x1966	x3202		
Malaysia/Malaisie	x5430	x6585	x9818	x12973		Korea Republic		x775	x1334	x1033	
Brazil/Brésil	102654	x7901	x15113	x4863		Algeria/Algérie	x1819	x2742			
Indonesia/Indonésie	5788	x11775	x6657	x5424		Pakistan	50	985			
Tunisia/Tunisie	11840	14171		x7072	x6297	Chile/Chili	x10	530	x1	x2	
Morocco/Maroc	5368	5627	5379	6554	5809	Tunisia/Tunisie				x403	
Chile/Chili	13786	15126	x1029			Mexico/Mexique	x21	x39	x95	x18	x20
Singapore/Singapour	2931	x3795	x5246	x2982		Hong Kong	64	10	43	53	x91
Venezuela	6612	5929	x5482			Switz.Liecht	x67	x96			
Korea Dem People's Rp	x907	x2595	x4347	x4424		Honduras			40	1	
Bulgaria/Bulgarie				x7255	x928	Kuwait/Koweit			x20	x20	x20
USA/Etats–Unis d'Amer	230644	x6096	x426	x6		Poland/Pologne	x137211			x11	x11
Mexico/Mexique	3	x5314				Jordan/Jordanie	x18	x7			
Australia/Australie	x829	x1948		x2526		Syrian Arab Republic					
Algeria/Algérie	691	x1	2938			Guatemala	3	5	5	0	x25
Bangladesh	x541	x674	x1023	x370		Costa Rica	2		x5		
Syrian Arab Republic	146	864	567			Panama					
Argentina/Argentine	35	1		751		El Salvador		0		0	0
Honduras	150	210	138	223	183						
Hong Kong	337	87	321	99							
Cuba	x1687	x182	x309								
Guatemala	76	190	127	160							
El Salvador	79	102	259	107							
Egypt/Egypte				415	38						
Saudi Arabia	x6	201		x6	x36						
Jordan/Jordanie	x34	x49	x27	x77	x21						
Trinidad and Tobago	95	36	67								
Dominican Republic	x135	x53	x38								
Ecuador/Equateur	46	0	x80								
Nicaragua	34	40	0	37	50						
Jamaica/Jamaïque	10	69	8	x53							
Kenya	128			34							
China/Chine	190	0	17								
Uruguay	x1	x19	x32		28						
Nigeria/Nigéria	x7	x10	x13	x17							
Panama	x19	x25	5	3	1						

(VALUE AS % OF TOTAL) (VALEUR EN % DU TOTAL)

	1983	1984	1985	1986	1987	1988	1989	1990	1991	1992		1983	1984	1985	1986	1987	1988	1989	1990	1991	1992
Africa	x2.1	1.3	x2.1	x2.8	x1.4	x1.8	1.9	1.0	x3.8	x4.9	Afrique	x0.8	x0.0	x1.5	x2.5	x1.2	x1.4	x1.2		6.2	3.1
Northern Africa	1.7	1.0	1.1	1.2	0.9	1.0	1.9	1.0	x3.8	x4.9	Afrique du Nord		x0.0	x0.3	x0.7	x0.6	x0.4	x1.2		6.2	3.1
Americas	x10.7	x12.1	x13.9	x11.7	x11.4	21.8	x5.4	x4.1	x3.2	0.1	Amériques	5.4	6.8	x7.6	x7.1	x4.5	x7.2	x2.0	x2.6	x1.1	x0.9
LAIA	x4.7	x3.3	x4.3	x3.5	x5.0	7.3	x4.7	x3.8	x3.0	0.0	ALAI	0.2	0.3	x0.5	x1.1	x0.6	0.7	1.8	1.6	x0.0	x0.0
CACM	x0.1	x0.1	x0.1	x0.0	0.0	0.0	0.1	0.1	0.1	0.1	MCAC							0.0	0.0	0.0	x0.0
Asia	x5.4	x6.2	x5.2	5.3	x4.3	x5.0	x10.5	x11.4	x24.7	x5.7	Asie	16.7	15.5	14.7	16.0	16.6	x13.2	x19.2	x17.6	x26.5	x28.4
Middle East	x1.1	x1.8	1.9	0.7	x0.3	0.6	0.1	0.1	x0.1	x5.7	Moyen–Orient	x0.0	0.0	0.0	0.1					x0.0	x0.0
Europe	81.6	80.3	78.8	80.2	47.0	x51.2	x60.2	x77.9	x62.3	x89.0	Europe	77.0	77.4	75.6	72.9	47.8	x59.4	x68.4	x77.1	x66.3	x48.9
EEC	53.4	57.9	50.3	50.4	30.0	x39.9	x60.2	x77.9	x62.3	x89.0	CEE	72.7	74.5	71.9	69.0	44.2	x58.1	x68.4	x77.1	x66.3	x48.9
EFTA	x27.2	x21.7	x28.1	x28.6	16.3	10.7			x18.1		AELE	x2.2	x2.1	x1.3	x2.0	x1.7	x0.0				
Oceania	x0.2	x0.1	x0.1		x0.1	x0.0	x0.2		0.7		Océanie	x0.1	x0.2	x0.7	x1.6	x1.5	x3.5	x9.2	x2.8		x18.6
Belgium–Luxembourg	16.6	15.4	15.8	18.8	11.4	x15.6	x26.5	x34.3		x88.4	Germany/Allemagne	45.6	51.9	44.7	41.6	27.4	x37.5	x25.2	x59.4	x0.0	x0.1
France, Monac	14.6	13.7	18.5	13.1	7.4	x9.9	x18.3	x17.6	x23.9		China/Chine					3.3	4.5	16.0	15.6	26.0	x28.3
Romania/Roumanie					x13.1	x8.6	x21.9	x5.7	3.4		France, Monac	8.5	7.7	5.4	5.9	3.7	x4.8	x8.6	x10.2	x20.6	x18.4
Germany/Allemagne	5.5	4.4	6.1	7.8	4.4	x5.1	x8.8	x12.6	x0.8	x0.6	Netherlands/Pays–Bas	5.8	5.4	6.0	6.1	4.9	x5.2	x10.4	x0.3	x35.4	
Netherlands/Pays–Bas	5.9	6.2	3.7	4.8	2.0	x2.3		x5.3	x11.0		Belgium–Luxembourg	3.2	4.7	5.1	5.2	4.7	x5.3	x13.6			x19.1
United Kingdom	6.4	14.1	1.9	0.5	0.7	x3.9	x5.0		x8.6		Australia/Australie	x0.1	x0.2	x0.7	x1.6	x1.5	x3.5	x9.2	x2.8		x18.6
Norway, SVD, JM	4.0	3.5	4.2	4.6	2.6	x3.3			x18.1		Italy/Italie	3.6	3.8	3.8	1.8	1.0	x1.4	x2.7	x4.1	x7.2	x8.4
India/Inde	0.0	0.1	0.4	1.2	x0.5	x0.5	x1.5	x2.4	x4.5		United Kingdom	5.6	1.1	6.9	8.1	2.1	x2.7	x5.8	x3.0		
Italy/Italie	1.2	1.4	1.3	1.9	2.4	x1.7		x6.0			Japan/Japon	16.5	15.3	14.5	15.5	12.9	x8.6	x2.7	x1.3	x0.1	
Korea Republic	1.5	1.0	0.7	0.9	0.6	x0.8	x1.6	x1.8	x4.8		Egypt/Egypte		x0.0	x0.3	x0.6	x0.3	x0.3	x0.8		6.0	3.1

3341 GASOLINE, OTH LIGHT OILS — ESSENCES POUR MOTEURS 3341

TRADE BY COMMODITY IN THOUSAND U.S. DOLLARS – COMMERCE PAR PRODUIT EN MILLIERS DE DOLLARS E.U

COUNTRIES-PAYS	1988	1989	1990	1991	1992	COUNTRIES-PAYS	1988	1989	1990	1991	1992
Total	17453200	x25296897	x33032570	x30094216	27363601	Totale	x24355648	x31234672	x34642814	x34371491	x29691736
Africa	x267869	x249143	x993851	x981601	x673383	Afrique	x793533	x939287	x1306210	x1445366	x1701677
Northern Africa	x71562	3413	x425887	x453780	x424509	Afrique du Nord	731111	808480	x1170831	x1335828	x1582703
Americas	x5945014	x7874743	9648682	x7791651	x7746429	Amériques	6298817	7996532	x7753741	x7916077	x6651862
LAIA	273269	x624689	1061872	1291331	1072706	ALAI	4033111	4895846	x3610515	x2718088	x2453856
CACM	51698	60236	202168	124775	x188922	MCAC	1259	4619	14922	7825	6038
Asia	x3118116	x5920282	x10217970	x9780160	x10004202	Asie	x6423739	x10789340	x12795268	x12376327	x12308278
Middle East	x92136	x361374	x547212	x452382	x462640	Moyen-Orient	x3292179	x4942532	x3608137	x2303389	x4237054
Europe	7549440	8602156	11332497	10423764	8328381	Europe	6512872	7171248	9770100	9810106	8718317
EEC	6232603	7036751	9221023	8450057	6462184	CEE	5965229	6576973	8455351	8475793	7148548
EFTA	1228333	1476494	1919913	1788718	1709683	AELE	490292	546856	1212030	1280415	1465975
Oceania	x377347	x470727	x445877	x331552	x256300	Océanie	x89507	x61189	x62491	x137468	x163926
USA/Etats-Unis d'Amer	4425764	5641958	6683492	4846639	4760995	Singapore/Singapour	1788680	4285483	6175107	6487160	5270179
Germany/Allemagne	2095617	2646459	3756927	3643848	3131722	Venezuela	3319600	4094354	x2587499	x1896745	x1900458
Japan/Japon	x1591622	x2311500	x3495038	x2968262	3550586	Former USSR/Anc. URSS	x2927434	x3007475	x2152039	x2529981	
Singapore/Singapour	457931	1748972	2282964	2309244	2217989	Netherlands/Pays-Bas	1831866	2069696	2792061	2696880	2297544
Korea Republic	551639	724585	2375537	1966145	1142259	Canada	1413434	1485863	2212662	2241494	1812698
Canada	937604	1139870	1356549	1036922	1030342	Saudi Arabia	2190787	2812148	x1629227	x1430694	x2305860
United Kingdom	1012957	951346	1376843	955869	586941	USA/Etats-Unis d'Amer	336308	953682	1708921	2174941	2122007
Netherlands/Pays-Bas	706960	737800	916337	804127	787575	United Kingdom	969581	1224712	1543621	1535944	1344124
Switz.Liecht	502441	656554	904570	796286	736469	Belgium-Luxembourg	809980	916860	1107010	1328909	1301715
Italy/Italie	527122	539109	760666	715595	520965	Korea Republic	533951	620604	605110	1395681	127651
Belgium-Luxembourg	454541	534727	724948	703420	721010	Italy/Italie	1072552	769560	1073603	774695	771179
Indonesia/Indonésie	10645	136134	649836	1038676	937830	Indonesia/Indonésie		252886	1170708	1009791	1210137
Sweden/Suède	461395	488238	628363	614073	572958	Algeria/Algérie	x507618	x1009437	x857605	x23636	x426186
Spain/Espagne	499311	562188	653468	465923	296043	Kuwait/Koweit	545993	614255	556382	515818	448495
Mexico/Mexique	44919	x183559	390906	734515	689530	Spain/Espagne	268497	368332	563570	710670	782940
Malaysia/Malaisie	234725	313336	396554	421300	x977686	Germany/Allemagne	633725	703721	189072	186400	Norway, SVD, JM	125565	92817	517116	678546	x123371
Denmark/Danemark	633575	703721	189072	186400		Norway,SVD,JM	125565	92817	517116	678546	x123371
Greece/Grèce	1403	9766	410082	576130	x67808	Greece/Grèce	59016	92817			
Former USSR/Anc. URSS	x3551	x489393	x96833	x391343		Romania/Roumanie	x854627	x646857	x475054	x88156	x96216
Former GDR	x146748	x871572	x3158			Brazil/Brésil	594616	519412	404805	235168	318112
Colombia/Colombie	153976	204444	276125	283573	275654	China/Chine	281653	309755	395378	403422	470200
Poland/Pologne	x7203	x194127	x263726	x297329	x226661	Netherlands Antilles	370271	507901		595631	
Portugal	189032	218706	274120	249914	204242	Japan/Japon	x86303	x189225	x475918	x394365	41260
Bulgaria/Bulgarie	x25248	x599368	x9649	x24099	x20750	Sweden/Suède	164738	206075	266942	389809	393941
Turkey/Turquie	16239	203570	313455	x75049	x104763	Bahrain/Bahreïn	x68462	x227065	x319983	x286959	x537644
Australia/Australie	153103	300043	215566	73137	57310	Denmark/Danemark	332655	439557	184506	172744	
Tunisia/Tunisie	7	12	288275	278509	268679	Libyan Arab Jamahiriya	142335	150412	x263440	x333743	x365676
Liberia/Libéria	x1019	x17701	x240715	x231494	x9858	Argentina/Argentine	43655	130756	357357	x209608	x229383
Norway, SVD, JM	137325	175457	184859	127675	98262	Finland/Finlande	159088	87205	208836	357336	430428
Austria/Autriche	123103	133829	157430	161210	151579	Turkey/Turquie	59174	240867	260347	x46777	x26667
Ireland/Irlande	112087	132929	158561	148831	145878	Iran (Islamic Rp. of)	x22	x65154	x199361	x219622	x258080
Guam	x99502	x112952	x146985	x136890	x93906	Bulgaria/Bulgarie	x113523	x241161	x204126	x18546	x14892
Bahamas	x14759	x116848	x111805	x160755	x138956	Iraq	x165831	x411789	x4834	x41408	x17536
Thailand/Thaïlande	42845	85311	111585	143958	188668	Colombia/Colombie	x3985	x21531	x38810	322602	0
Libyan Arab Jamahiriya	x64146	24	x133347	x170860	x144948	India/Inde	x272022	x50007	x92725	x195623	x323416
Chile/Chili	5624	6247	131609	153578	x15521	Former GDR	x235402	x293322	x20200		
India/Inde	x1578	x8590	x70253	x205513	x128363	Syrian Arab Republic	46211	122993	139773	x48616	x32103
Hong Kong	47190	72162	98825	84297	112997	Trinidad and Tobago	64763	63389	109124	107819	99342
Yugoslavia SFR	53348	48764	95166	x67931		Morocco/Maroc	44043	61828	125537	90536	91645
Venezuela	4649	6906	140194	53251	503	Australia/Australie	52261	56156	59244	134174	143792
Oman	28226	42160	103513	52654	x708	United Arab Emirates	x201345		x144467	x103714	x515154
Dominican Republic	x75579	x69243	x40447	x69373	x69196	Malaysia/Malaisie	52792	76189	85388	66036	x279815
China/Chine	35234	93882	36440	28127	80423	Portugal	68087	72426	100589	47901	68232
Finland/Finlande	4069	22417	44692	89473	118147	Yugoslavia SFR	57352	47408	89868	x49633	
Saudi Arabia	847	14409	x13172	x115764	x22402	Ecuador/Equateur	x3862	x22210	150232	7343	
Uruguay	47690	63062	50008	29577	4878	Tunisia/Tunisie	9372	14782	76129	81090	92765
Greenland/Groenland	36870	36481	51106	47447	43930	Austria/Autriche	40568	49342	81792	35515	54823
Costa Rica	17084	24556	50773	56097	x43028	Philippines	57602	x5242	112178		110479
Iran (Islamic Rp. of)	x18224	x47189	x10904	x73286	x35890	Cuba	x51590	x44360	x42063	x17384	
Guatemala	19269	17499	55402	58280	x107585	Chile/Chili	353	16732	43137	42688	x1880

(VALUE AS % OF TOTAL)(VALEUR EN % DU TOTAL)

	1983	1984	1985	1986	1987	1988	1989	1990	1991	1992		1983	1984	1985	1986	1987	1988	1989	1990	1991	1992
Africa	x2.9	x2.2	x1.7	x2.5	x2.4	x1.5	x1.0	x3.0	x3.2	x2.5	Afrique	12.4	9.6	8.7	x7.8	x4.7	x3.2	x3.0	x3.7	x4.2	x5.8
Northern Africa	x0.9	x0.7	x0.7	x0.6	x0.5	x0.4	0.0	x1.3	x1.5	x1.6	Afrique du Nord	11.7	9.0	8.0	x6.6	x4.1	x3.0	2.6	x3.4	x3.9	x5.3
Americas	x22.2	x30.7	x30.9	x28.9	x26.1	x34.0	x31.1	29.2	x25.9	x28.3	Amériques	x17.5	x17.7	x12.5	x18.1	x14.2	25.9	25.6	x22.4	x23.0	x22.5
LAIA	x1.3	x1.3	x1.7	x1.2	x1.1	1.6	x2.5	3.2	4.3	3.9	ALAI	x4.8	x9.0	x6.6	x10.1	x8.4	16.6	15.7	x10.4	x7.9	x8.3
CACM	x0.1	x0.4	x0.4	x0.3	x0.4	0.3	0.2	0.6	0.4	x0.7	MCAC				x0.0	0.0	0.0	0.0	0.0	0.0	0.0
Asia	21.1	x18.4	18.2	19.4	25.3	x17.8	x23.4	31.7	x32.5	x36.6	Asie	x26.3	x28.4	x34.2	31.7	x27.1	x26.4	x34.5	36.9	x36.0	x41.5
Middle East	x0.9	x0.7	x0.3	x0.8	x0.6	x0.5	x1.4	x1.7	x1.5	x1.7	Moyen-Orient	x13.3	x14.5	x20.2	x14.8	x12.2	x13.5	15.8	x10.4	x6.7	x14.3
Europe	51.7	47.0	47.5	46.6	43.8	43.3	34.0	34.3	34.6	30.4	Europe	42.9	43.4	44.1	41.8	28.0	26.7	23.0	28.2	28.5	29.4
EEC	43.6	39.6	40.1	39.1	37.5	35.7	27.8	27.9	28.1	23.6	CEE	38.9	38.6	39.8	38.7	24.9	24.8	21.1	24.4	24.2	24.1
EFTA	7.9	7.3	7.3	7.3	6.1	7.0	5.8	5.8	5.9	6.2	AELE	3.5	3.8	3.5	2.7	2.8	2.0	1.8	3.5	3.7	4.9
Oceania	2.1	x1.8	x1.8	x2.5	x2.0	x2.2	x1.9	x1.4	x1.1	x0.9	Océanie	x0.9	0.8	0.5	0.4	x0.5	x0.3	x0.2	x0.2	x0.4	x0.6
USA/Etats-Unis d'Amer	18.8	27.0	26.7	25.1	22.0	25.4	22.3	20.2	16.1	17.4	Singapore/Singapour	9.7	10.7	9.4	10.9	7.5	7.3	13.7	17.8	18.9	17.7
Germany/Allemagne	14.5	13.6	13.3	12.4	12.2	12.0	10.5	11.4	12.1	11.4	Venezuela			x6.6		x13.6	13.1	x7.5	x6.2	x6.4	
Japan/Japon	13.8	14.0	13.8	13.7	15.1	x9.1	x9.1	x10.6	x9.9	13.0	Former USSR/Anc. URSS				x18.1	x12.0	x9.6	x6.2	x7.4		
Singapore/Singapour	1.0	0.8	1.4	1.6	1.9	2.6	6.9	6.9	7.7	8.1	Netherlands/Pays-Bas	14.5	14.0	13.1	13.0	8.5	7.5	6.6	8.1	7.8	7.7
Korea Republic	0.8	0.7	0.7	0.9	1.0	3.2	2.9	7.2	6.5	4.2	Canada	1.4	1.8	2.5	1.9	1.2	5.8	4.8	6.4	6.5	6.1
Canada	0.4	0.6	0.9	1.1	1.2	5.4	4.5	4.1	3.4	3.8	Saudi Arabia	x4.7	x5.2	x4.7	x6.0	x6.2	9.0	9.0	x4.7	x4.3	x7.8
United Kingdom	3.3	2.7	4.0	5.7	4.5	5.8	3.8	4.2	3.2	2.1	USA/Etats-Unis d'Amer	1.2	1.1	1.5	2.3	1.8	1.4	3.1	4.9	6.3	7.1
Netherlands/Pays-Bas	6.7	5.9	6.4	4.8	2.6	4.1	2.9	2.8	2.7	2.7	United Kingdom	5.6	6.4	6.7	5.8	3.6	4.0	3.9	4.5	4.5	4.5
Switz.Liecht	2.8	2.9	2.9	3.0	2.6	2.9	2.6	2.7	2.6	2.7	Belgium-Luxembourg	5.7	5.1	4.7	5.8	3.3	3.3	2.9	3.2	3.9	4.4
Italy/Italie	3.5	3.1	3.3	2.5	3.2	3.0	2.1	2.3	2.4	1.9	Korea Republic	0.9	1.4	1.6	1.3	0.9	2.2	2.0	1.7	4.1	0.4

375

33411 MOTOR, AVIATION SPIRIT — ESSENCES MOTEURS D'AVIONS 33411

TRADE BY COMMODITY IN THOUSAND U.S. DOLLARS – COMMERCE PAR PRODUIT EN MILLIERS DE DOLLARS E.U

COUNTRIES–PAYS	1988	1989	1990	1991	1992	COUNTRIES–PAYS	1988	1989	1990	1991	1992
Total	8594642	10348806	12551758	10652532	x9993616	Totale	x11876038	13073160	x13288285	x12421214	x11018418
Africa	x230720	x151031	x407670	x374806	x256731	Afrique	x600264	x621869	x777837	x867529	x13004
Northern Africa	x61732	568	x128217	x173476	x152392	Afrique du Nord	544747	593497	705761	805254	x613
Americas	x4377324	x4832372	x4673312	x3285918	x3249914	Amériques	x5143412	x6020256	x3377382	x2926457	x2520654
LAIA	x355822	x623095	338523	x218066	334562	ALAI	x4072164	4793641	x1784473	x741543	x920059
CACM	x49762	47074	120713	108382	x99156	MCAC	x129	x108	x1111	x790	x1085
Asia	x845018	x1254560	x1449545	x1420685	x1694140	Asie	x1171743	x1351075	x2510128	x2220143	x2118869
Middle East	8780	x35044	x16290	x66433	x179312	Moyen–Orient	x412742	x296220	x932086	x607985	x439879
Europe	2857235	3691134	5489589	5070485	4387295	Europe	3806415	4499270	6319413	6244130	6202729
EEC	1930335	2550048	3888366	3546413	2871881	CEE	3496088	4171956	5360119	5209934	4899430
EFTA	887723	1105214	1506197	1456299	1406333	AELE	307959	324287	941738	1025949	1231593
Oceania	x272424	x350336	x286617	x180295	x129937	Océanie	85277	x55003	x54353	x127610	x123918
USA/Etats-Unis d'Amer	3561391	3600528	4018481	2686227	2538221	Venezuela	3319600	4094354	x918715	x467091	x550122
Germany/Allemagne	1140507	1565893	2276599	2190452	1805312	Netherlands/Pays-Bas	1193719	1343422	1886035	1688019	1419868
Switz.Liecht	471076	631132	870834	761667	702229	Singapore/Singapour	539483	793898	1236695	1257059	1130376
Singapore/Singapour	324477	514576	597764	550115	489708	United Kingdom	731688	812760	1002371	1072211	933064
Sweden/Suède	319450	340146	399902	429768	383379	Belgium–Luxembourg	500588	642067	754070	885106	985165
Malaysia/Malaisie	200289	268370	378290	409651	x555258	Italy/Italie	512914	609877	842006	647179	653418
Belgium–Luxembourg	178893	286524	414758	284587	273185	Algeria/Algérie	527076	577407	704577	804785	
United Kingdom	239525	216594	478104	284975	183085	Canada	x481735	x431127	x705321	x789431	x618769
Colombia/Colombie	153641	204307	275868	x119796	275591	USA/Etats–Unis d'Amer	247075	357404	747973	815378	835731
Poland/Pologne	x15	x65361	x227557	x276435	x219249	Germany/Allemagne	169427	254236	419720	500999	560743
Canada	x232345	x350070	x74140	x91068	x49852	Saudi Arabia	204046	13212	x632733	x523232	x375884
Australia/Australie	134553	268322	185132	48626	33909	Brazil/Brésil	x640656	516603	403364	233699	241297
Japan/Japon	x176311	x193055	x171406	x117250	x79088	Spain/Espagne	344665	425737	342184	283375	191982
Italy/Italie	44876	115350	110322	243231	229501	China/Chine	155463	199774	299217	335406	408901
Netherlands/Pays–Bas	132524	134253	171952	118768	70599	Denmark/Danemark	12423	68774			
Ireland/Irlande	105396	117559	154666	142306	134896	Norway,SVD,JM	266951	368415	439446	312221	392978
Norway,SVD,JM	95956	132474	140050	113375	88581	Sweden/Suède	141328	175407	239815	344449	368050
Spain/Espagne	87886	111492	128473	128725	144721	Finland/Finlande	154155	80103	180733	334231	416622
Thailand/Thaïlande	42845	85142	110691	140303	180627	Romania/Roumanie	x683913	x335556	x181105		x32056
Denmark/Danemark			152208	146090		Argentina/Argentine	40655	117660	318247	x30353	x126405
Libyan Arab Jamahiriya	x59380	14	x127652	x165529	x142287	Trinidad and Tobago	62977	61895	106278	100860	99342
Hong Kong	47190	72151	98576	83729	107203	Syrian Arab Republic	46134	122765	123509	x2007	x4887
Austria/Autriche			93626	118275	118877	Australia/Australie	48738	54537	53160	126807	113319
Mexico/Mexique	6935	x171412	57	2792	4730	Denmark/Danemark			103356	91550	
Brazil/Brésil	x140737	x141693	x3842	3710	6	Kuwait/Koweït	x77955	x83252	x93147	0	
Dominican Republic	x74216	x58463	x23021	x48284	x54488	Former USSR/Anc. URSS	x325008	x100266	x27907	x30023	
China/Chine	26378	64892	33884	26803	73706	Bahrain/Bahreïn	x39806	x32470	x61709	x37455	x11391
Yugoslavia SFR	34436	32449	58475	x34642		Austria/Autriche			81680	35035	53916
Zimbabwe	26944		65413	59800	x5	Mexico/Mexique	67041	x27413	x60423	x9063	x203
Guatemala	17536	15140	52369	55425	x49023	Greece/Grèce	39993	76442			x100060
Costa Rica	15898	22701	48973	46068	x32418	Bulgaria/Bulgarie		x38072	x36777		
Bahamas	x14744	x41433	x19461	x44176	x40889	Kenya	28710	8825	33841	21454	x4
Guam	x35336	x31144	x33557	x35554	x34761	Hong Kong	7994	22989	20705	13614	22629
Ecuador/Equateur		x74885	x14058	0		Ecuador/Equateur	x3862	x13219	x42737		
Jamaica/Jamaïque	17038	20457	27065	x30975	x26421	Portugal	2278	7401	10344	37134	51198
Nigeria/Nigéria	x42102	x29584	x18587	x30138	x29836	Former GDR	x47531	x46591	x1866		
Kenya	6671	2951	64870	6803	x1222	Japan/Japon	x15000	x29131	x17640	x1558	x527
Venezuela	x907	x11454	x6629	53082	9	Iraq	x40627	x260	x7249	x4	
Malawi	15984	19047	21428	22081		Chile/Chili	351	512	x38402	x1303	x1870
Paraguay	3626	x16811	22927	21237	22059	Cote d'Ivoire	x21512	x3554	x14651	x19815	
Papua New Guinea	17381	12721	14439	x24060	x19978	So. Africa Customs Un	x2030	x10875	x10616	x15525	x12387
Mauritius/Maurice	x5		16425	31195		United Arab Emirates	x9351		x20723	x10698	x45228
Fiji/Fidji	11258	x9645	x15482	x19672	x16533	Qatar	x10349	x3894		27343	
Gibraltar	x3489	x1788	x25122	x16505	x3753	Yugoslavia SFR	2368	3027	17556	x8246	
New Caledonia	9493	12153	16229	13962	12490	Aruba		x15515	x12256		x19726
Kuwait/Koweït	x4	x7519	x7512	x26619	x7512	Peru/Pérou	x7600	x1378	x13221	x12815	86
Iran (Islamic Rp. of)	x248	x7015	x7	x34267	x28772	Tunisia/Tunisie		23880	2586		
Rwanda	x7244	19118	18748	x2034	x2034	Senegal/Sénégal		4853	5619		
French Polynesia	3647	x6060	x14696	x19061	x9485	Thailand/Thaïlande	9614	983	2232	4271	x10808
Uganda/Ouganda	x21698	x24271	x10863	x4119	x5197						

(VALUE AS % OF TOTAL)(VALEUR EN % DU TOTAL)

	1983	1984	1985	1986	1987	1988	1989	1990	1991	1992		1983	1984	1985	1986	1987	1988	1989	1990	1991	1992
Africa	x3.9	x3.0	x2.3	x3.4	x3.2	x2.7	x1.5	x3.2	x3.5	x2.5	Afrique	13.3	x1.8	1.3	x8.6	x6.4	x5.0	x4.8	x5.9	x7.0	x0.1
Northern Africa	x0.0	x0.2	x0.1	x0.2	x0.0	x0.7	x0.0	x1.0	x1.6	x1.5	Afrique du Nord	12.0	0.7	0.4	7.6	5.8	4.6	4.5	5.3	6.5	x0.0
Americas	x34.5	x43.2	x50.0	x43.4	x44.9	x50.9	x46.7	x37.2	x30.9	x32.5	Amériques	x20.0	x25.0	x20.4	x25.8	x24.3	x43.3	x46.0	x25.4	x23.5	x22.9
LAIA	x2.6	x2.7	3.6	x2.2	x3.3	x4.1	x6.0	2.7	x2.0	3.3	ALAI	x8.2	x15.4	14.0	x13.9	x14.8	x34.3	36.7	x13.4	x6.0	x8.4
CACM	x0.3	x0.1	x0.4	x1.8	x1.7	x0.6	0.5	1.0	1.0	x1.0	MCAC				x0.0	x0.1	x0.0	x0.0	x0.0	x0.0	x0.0
Asia	12.8	x6.6	5.7	9.8	10.6	x9.9	x12.1	x11.5	x13.3	x16.9	Asie	x10.0	x11.7	x21.5	x16.7	x15.6	x9.9	x10.3	x18.9	x17.9	x19.2
Middle East	x1.7	x1.5	x0.5	x1.5	x0.9	0.1	x0.3	x0.1	x0.6	x1.8	Moyen–Orient	x3.4	x4.2	12.2	x8.5	x7.1	x3.5	x2.3	x7.0	x4.9	x4.0
Europe	44.5	43.1	38.3	39.2	37.7	33.2	35.7	43.7	47.6	43.9	Europe	54.8	59.4	55.5	47.9	38.9	32.1	34.4	47.6	50.3	56.3
EEC	31.6	30.4	25.5	27.4	27.9	22.5	24.6	31.0	33.3	28.7	CEE	49.1	52.2	49.7	44.1	34.3	29.4	31.9	40.3	41.9	44.5
EFTA	12.6	12.5	12.6	11.6	9.7	10.3	10.7	12.0	13.7	14.1	AELE	5.4	6.8	5.7	3.7	4.6	2.6	2.5	7.1	8.3	11.2
Oceania	4.3	x4.0	x3.6	x4.2	x3.4	x3.1	x3.4	x2.3	x1.7	x1.3	Océanie	1.9	2.1	1.3	0.9	1.1	0.8	x0.4	x0.4	x1.0	x1.1
USA/Etats–Unis d'Amer	27.4	36.1	41.8	35.2	35.0	41.4	34.8	32.0	25.2	25.4	Venezuela				x8.2	x6.0	28.0	31.3	x6.9	x3.8	x5.0
Germany/Allemagne	12.4	12.4	11.2	10.7	12.5	13.3	15.1	18.1	20.6	18.1	Netherlands/Pays–Bas	18.6	19.1	15.6	14.4	12.9	10.1	10.3	14.2	13.6	12.9
Switz.Liecht	5.9	6.5	6.0	5.6	4.9	5.5	6.1	6.9	7.2	7.0	Singapore/Singapour	5.7	6.3	6.7	6.9	4.5	4.5	6.1	9.3	10.1	10.3
Singapore/Singapour	1.0	0.8	1.3	1.8	2.7	3.8	5.0	4.8	5.2	4.9	United Kingdom	8.6	11.6	11.4	7.7	6.6	6.2	6.2	7.5	8.6	8.5
Sweden/Suède	3.8	3.4	4.1	3.1	2.8	3.7	3.3	3.2	4.0	3.8	Belgium–Luxembourg	9.1	8.7	7.2	8.1	4.2	4.2	4.9	5.7	7.1	8.9
Malaysia/Malaisie	2.3	2.3	2.8	2.6	2.3	2.3	2.6	3.0	3.8	x5.6	Italy/Italie	3.9	3.3	4.2	3.0	2.6	4.3	4.7	6.3	5.2	5.9
Belgium–Luxembourg	3.7	3.8	3.3	2.1	2.0	2.1	2.8	3.3	2.7	2.7	Algeria/Algérie	11.5	0.0		7.4	5.6	4.4	5.3	6.5	6.5	
United Kingdom	2.0	1.0	1.6	3.6	2.1	2.8	2.1	3.8	2.7	1.8	Canada				x4.1	x2.9	x4.1	x3.3	x5.3	x6.4	x5.6
Colombia/Colombie	2.1	1.8	2.8	1.6	1.0	1.8	2.0	2.2	x1.1	2.8	USA/Etats–Unis d'Amer	2.1	1.7	2.8	4.1	3.6	2.1	2.7	5.6	6.6	7.6
Poland/Pologne					x0.1	x0.0	x0.6	x1.8	x2.6	x2.2	Germany/Allemagne	3.7	3.1	3.8	2.0	1.3	1.4	1.9	3.2	4.0	5.1

3342 KEROSENE, OTH MEDIUM OILS / PETR LAMPANTS, AUT HUIL 3342

TRADE BY COMMODITY IN THOUSAND U.S. DOLLARS – COMMERCE PAR PRODUIT EN MILLIERS DE DOLLARS E.U

COUNTRIES–PAYS	1988	1989	1990	1991	1992	COUNTRIES–PAYS	1988	1989	1990	1991	1992
	IMPORTS – IMPORTATIONS						EXPORTS – EXPORTATIONS				
Total	x4397780	x5574234	x7737293	x6699613	7138077	Totale	6468627	x8012211	x9230561	x8429941	x7420340
Africa	x181414	x159034	x230951	x167511	x61599	Afrique	x255548	x198302	x545606	x106992	x375220
Northern Africa	53199	47842	x41555	x49524	x37240	Afrique du Nord	x193411	172378	462818	x82196	x370225
Americas	x969682	x2907227	x3707374	x2971861	x2793716	Amériques	x791016	x1908124	x2739562	x2987732	x2355831
LAIA	93288	112050	x45042	x46000	x70274	ALAI	x385569	x1106432	x1394009	x1594949	x1202862
CACM	15831	20211	22053	25098	x43083	MCAC	1672		x15	5	x1939	x192
Asia	x1062316	x1207473	x1765454	x1587551	x2317542	Asie	x2780572	x2344330	x1314294	x1189387	x1401414
Middle East	x74368	x48540	x119115	x214722	x66498	Moyen–Orient	2328563	1437379	x440213	x344741	x672260
Europe	952014	1154932	1928307	1865705	1874233	Europe	2256419	2730363	3769463	3412383	2883361
EEC	791547	933875	1565045	1554196	1364569	CEE	2183135	2648337	3628159	3289705	2718730
EFTA	139431	189173	306080	289364	413689	AELE	65405	74299	131292	115765	94705
Oceania	x68266	x85195	x91785	x94158	x73012	Océanie	242802	x247397	x339976	x366476	x387168
USA/Etats–Unis d'Amer	656320	2497095	3282817	2636173	2419933	Venezuela	x248679	x928304	x1167525	x1283166	x1060362
Germany/Allemagne	447224	542108	735036	691309	717827	Netherlands/Pays–Bas	640056	840704	1018723	927997	806444
Hong Kong	239512	324786	481556	432277	468253	USA/Etats–Unis d'Amer	216432	441688	964626	1055074	911971
Japan/Japon	x436299	x480602	x474893	x249945	1112953	Spain/Espagne	270818	403738	782828	725947	232990
United Kingdom	138535	139265	268550	220070	178411	Saudi Arabia	1974008	1312061	x181992	x101292	x317341
Sweden/Suède	77356	116568	233224	210370	341009	Germany/Allemagne	343707	382027	489216	481510	440584
India/Inde	x25895	x14868	x221088	x322217	x163791	Former USSR/Anc. URSS	x113129	x475010	x449785	x342653	
Canada	x121386	x164875	x248398	x137429	x134537	Belgium–Luxembourg	333005	379203	380169	423803	448195
Pakistan	92310	122094	174576	79465	16218	Italy/Italie	325189	331474	478003	346309	369819
Belgium–Luxembourg	47796	74517	133599	111499	103704	Singapore/Singapour	252181	260556	311157	396154	166910
Denmark/Danemark			178332	141037		Australia/Australie	217083	246872	339493	366069	374536
Ireland/Irlande	75784	86414	119869	111666	109629	India/Inde		x384900	x274923	x170614	x150307
Thailand/Thaïlande	64742	72208	88870	118590	107076	United Kingdom	157169	204318	348228	262455	292656
Iran (Islamic Rp. of)	x43055	x45254	x102043	x118395	x39750	Canada	x57047	x176893	x249093	x191823	x120458
Spain/Espagne	32419	29362	36784	179862	111846	Mexico/Mexique	65938	x102236	166045	172106	120690
Netherlands/Pays–Bas	23585	52175	85609	94946	111074	Egypt/Egypte	103243	132652	184315	x30647	x53266
Malaysia/Malaisie	40595	36585	80821	73105	x12358	Portugal	69524	73365	123110	117366	116540
Norway,SVD,JM	38661	50409	28490	35509	27358	Malaysia/Malaisie	75617	84854	101718	94196	x63246
Tunisia/Tunisie	25890	39989	x37463	x30153	x36670	Libyan Arab Jamahiriya	x45690	9866	219218	x35737	x92898
Singapore/Singapour	28477	43657	23028	39350	44665	Trinidad and Tobago	58684	59293	83693	109425	74265
Chile/Chili	27613	77101	x6182	x14611	x6210	Kuwait/Koweït	x111534	33	x147565	x78202	x10771
Australia/Australie	27526	39970	34661	18236	8730	China/Chine	72354	74882	84543	61403	32457
Barbados/Barbade	23278	24247	35303	28289	x16699	Thailand/Thaïlande	26414	51822	67295	93481	x133
Mauritius/Maurice	x4695	x3	44668	38868		Norway, SVD, JM	22422	38187	84638	75280	69733
Panama	3199	9167	17945	54399	30170	Qatar	x2627	53801	19499	59880	x35771
Israel/Israël	x9769	x24762	x30510	x24338	x932	Bahrain/Bahreïn	x11800	x11387	x26638	x69085	x25638
Nigeria/Nigéria	x46980	x46814	x23330	x234	x277	Bulgaria/Bulgarie	x15725	x81922	x17016	x1030	x1030
Zimbabwe	15330	x124	36632	31455	x35	Netherlands Antilles	x40954	x91182			
Yugoslavia SFR	15354	24399	35762	x5561		Ecuador/Equateur	x787	x1391		85263	
Saudi Arabia	276	921	x330	x61805	x285	Syrian Arab Republic	23008	26861	52863	x563	x22825
Austria/Autriche	18433	13775	22284	24681	11152	Argentina/Argentine	7230	5980	22817	x45426	x19295
Bangladesh			x35815	x22681	x17122	Colombia/Colombie	33529	45149	27270		34
French Polynesia	398	x13757	x24062	x16314	x11256	Algeria/Algérie	13857	17072	37280	8774	x205333
Kenya	1989	x6401	36299	x7099	x360	Sweden/Suède	23515	15387	28508	15372	7581
Fiji/Fidji	19970	x15177	x16523	x17234	x17333	Barbados/Barbade	25957	25614	31743		
Honduras	13581	16594	14816	17460	21401	Japan/Japon	x3715	x32087	x11213	x10621	138256
Bahamas	x6739	x16691	x17626	x13385	x6994	Kenya	48386		51076	x7	x7
Peru/Pérou	23328	17074	19520	6077	x32194	Finland/Finlande	17341	18452	11089	20638	12424
Jamaica/Jamaïque	32430	21400	16692	x4083	x1176	Oman			x8060	x35206	x73269
Papua New Guinea	4705	5111	11625	x19510	x11928	Czechoslovakia	x10419	x18420	x16288	x6804	x5013
Finland/Finlande	1063	2764	15847	11130	11949	Aruba			x931	x32575	x27981
Oman	x59	x15	x6687	x21734	x12	Greece/Grèce	43274	33376			x11457
Brazil/Brésil	x12	4616	9361	12514	11657	Iraq	x1182	x32889	x143	x7	x991
Malta/Malte			x11305	x14519	x32308	Romania/Roumanie	x2739	x8054	x22961	x482	x441
Former USSR/Anc. URSS	x1842	x15092	x3086	x6909		Hungary/Hongrie			x14930	x16001	x10729
Nepal/Népal		x6080	17689			Israel/Israël	x1765	x628	x16422	x13730	x28556
Poland/Pologne	x10195	x16572	x5453	x1156	x9846	Morocco/Maroc	12321	12519	14177	2586	18728
Uganda/Ouganda	x12104	x13538	x6678	x2611	x3234	Cape Verde/Cap–Vert		13431	13943		
Indonesia/Indonésie	40637	22606				Peru/Pérou		x12784	6686	x5771	
Former GDR	x1134651	x22160	x57			Panama	x1540	x4128	x12565	x1933	x2399

(VALUE AS % OF TOTAL) (VALEUR EN % DU TOTAL)

	1983	1984	1985	1986	1987	1988	1989	1990	1991	1992		1983	1984	1985	1986	1987	1988	1989	1990	1991	1992
Africa	x5.8	x4.5	x4.3	x4.3	x4.0	x4.1	x2.8	x3.0	x2.5	x0.9	Afrique	6.2	8.2	7.5	4.7	4.7	3.9	2.4	5.9	x1.2	x5.0
Northern Africa	x1.4	x1.6	1.2	1.2	x0.8	1.2	0.9	0.5	0.7	0.5	Afrique du Nord	4.9	7.8	6.8	3.1	3.6	3.0	2.2	5.0	x1.0	x5.0
Americas	x15.3	x22.4	x22.0	x19.4	x18.2	x22.1	x52.2	x47.9	x44.4	x39.2	Amériques	x22.2	x14.8	x12.1	x16.3	x17.9	x12.2	x23.8	x29.6	x35.5	x31.7
LAIA	x1.5	x0.9	x0.5	x0.6	x1.3	2.1	2.0	x0.6	x0.7	x1.0	ALAI	x8.8	x3.7	x4.2	x8.5	x8.2	x6.0	x13.8	x15.1	x18.9	x16.2
CACM	x0.2	x0.2	x0.2	x0.3	x0.4	0.4	0.4	0.3	0.4	x0.6	MCAC						0.0	x0.0	0.0	x0.0	x0.0
Asia	48.0	x44.1	x39.2	x45.7	41.2	x24.1	21.7	x22.8	x23.7	x32.5	Asie	x16.2	x20.8	x23.5	24.1	x25.4	x43.0	x29.3	x14.2	x14.1	x18.8
Middle East	x7.6	x10.3	x11.3	x6.5	x2.3	1.7	0.9	1.5	3.2	x0.9	Moyen–Orient	x4.3	x5.1	x9.0	x10.8	x14.9	36.0	17.9	x4.8	x4.1	x9.1
Europe	27.7	24.9	29.9	27.0	22.2	21.6	20.7	24.9	27.8	26.3	Europe	50.8	50.9	52.5	50.6	44.3	34.1	40.8	40.5	38.9
EEC	24.2	20.7	25.7	23.2	18.3	18.0	16.8	20.2	23.2	19.1	CEE	49.4	49.3	50.8	49.2	43.0	33.7	33.1	39.3	39.0	36.6
EFTA	3.3	4.2	3.5	3.1	2.9	3.2	3.4	4.0	4.3	5.8	AELE	1.4	1.6	1.8	1.4	1.3	1.0	0.9	1.4	1.4	1.3
Oceania	3.3	x4.0	x4.4	x3.5	x1.9	x1.5	x1.5	x1.1	x1.4	x1.0	Océanie	4.6	5.3	4.3	4.5	3.8	3.7	3.1	x3.7	x4.3	x5.2
USA/Etats–Unis d'Amer	7.8	11.0	9.9	9.5	9.3	14.9	44.8	42.4	39.3	33.9	Venezuela			x5.6	x4.8	x3.8	x11.6	x12.6	x15.2	x14.3
Germany/Allemagne	10.7	9.9	11.5	7.8	7.4	10.2	9.7	9.5	10.3	10.1	Netherlands/Pays–Bas	15.3	14.6	14.1	12.7	10.6	9.9	10.5	11.0	11.0	10.9
Hong Kong	5.6	6.5	6.7	4.6	4.2	5.4	5.8	6.2	6.5	6.6	USA/Etats–Unis d'Amer	1.9	1.6	3.0	3.7	4.3	3.3	5.5	10.5	12.5	12.3
Japan/Japon	4.9	12.2	10.7	17.5	25.0	x9.9	x8.6	x6.1	x3.7	15.6	Spain/Espagne	1.8	2.4	3.4	4.4	4.7	4.2	5.0	8.5	8.6	3.1
United Kingdom	3.5	1.7	2.3	2.6	3.1	3.2	2.5	3.5	3.3	2.5	Saudi Arabia	x0.8	x0.0	x0.7	x3.2	x8.4	30.5	16.4	x2.0	x1.2	x4.3
Sweden/Suède	2.0	1.6	1.6	1.3	1.4	1.8	2.1	3.0	3.1	4.8	Germany/Allemagne	6.6	6.6	7.5	7.4	6.3	5.3	4.8	5.3	5.7	5.9
India/Inde	0.0	0.2	0.0	9.2	x0.2	x0.6	x0.3	x2.9	x4.8	x2.3	Former USSR/Anc. URSS						x2.2	x1.7	x5.9	x4.9	x4.1
Canada	2.0	6.6	5.7	5.0	4.6	x2.8	x3.0	x3.2	x2.1	x1.9	Belgium–Luxembourg	7.6	5.3	5.6	7.4	5.4	5.1	4.7	4.1	5.0	6.0
Pakistan	2.1	2.6	3.0	1.7	1.9	2.1	2.2	2.3	1.2	0.2	Italy/Italie	6.2	7.7	8.2	6.2	6.9	4.2	4.1	5.2	4.1	5.0
Belgium–Luxembourg	0.8	1.1	1.5	1.0	0.9	1.1	1.3	1.7	1.7	1.5	Singapore/Singapour	8.0	10.7	8.5	8.1	4.1	3.9	3.3	3.4	4.7	2.2

33421 KEROSENE INCL JET FUEL / PETROLES LAMPANTS 33421

TRADE BY COMMODITY IN THOUSAND U.S. DOLLARS – COMMERCE PAR PRODUIT EN MILLIERS DE DOLLARS E.U

COUNTRIES–PAYS	IMPORTS – IMPORTATIONS					COUNTRIES–PAYS	EXPORTS – EXPORTATIONS				
	1988	1989	1990	1991	1992		1988	1989	1990	1991	1992
Total	x3091483	x3292359	x4772096	x3858750	x3891464	Totale	x5073467	x4914448	x6343137	x5474611	x4570801
Africa	x171407	x133397	x191050	x127139	x29453	Afrique	x132581	x56863	x353256	x70859	x101515
Northern Africa	42248	45682	x13683	x17184	x14286	Afrique du Nord	x75719	39944	272677	x48938	x96539
Americas	x905186	x956050	x1269747	x818672	x849060	Amériques	x739662	x843523	x1444938	x1057420	x947033
LAIA	x72105	105956	30039	29810	x31425	ALAI	x337716	x403191	x533952	x409607	x456303
CACM	x2493	x4176	x7630	x15028	x23457	MCAC			x24	x62	x52
Asia	x971245	x1082709	x1541680	x1314671	x1341929	Asie	x1969180	x1357564	x866662	x813641	x713620
Middle East	x63111	x40179	x81694	x174267	x55071	Moyen–Orient	x1533864	x912760	x362974	x259784	x217741
Europe	790026	998049	1675387	1508724	1601814	Europe	1851619	2311418	3214758	3059305	2406988
EEC	654345	801456	1354800	1257406	1187116	CEE	1788958	2235087	3078746	2941469	2306315
EFTA	118685	170614	279375	249122	393226	AELE	54782	68615	126012	111035	90525
Oceania	x66295	x83430	x89458	x79883	x54163	Océanie	242205	x247253	x339647	x364726	x386548
USA/Etats–Unis d'Amer	656320	649971	912562	595673	634136	Netherlands/Pays–Bas	587026	777581	931029	895675	771031
Germany/Allemagne	413367	507852	689217	657139	662651	Spain/Espagne	255880	402376	752248	704241	224364
Hong Kong	234124	320372	475407	425505	462742	USA/Etats–Unis d'Amer	216432	238126	648149	468002	375379
Japan/Japon	x398606	x413622	x386498	x188019	x290204	Germany/Allemagne	333496	372159	480332	469752	430669
Sweden/Suède	74658	114557	232116	209475	340750	Belgium–Luxembourg	305038	341839	354514	386563	408227
United Kingdom	120137	127591	218956	193914	170787	Venezuela	x241678	x300483	x408276	x336651	x398415
India/Inde	x9659	x10055	x186061	x277883	x128052	Australia/Australie	216670	246728	339164	364319	373916
Canada	x101287	x115209	x220324	x101930	x116157	Singapore/Singapour	239550	241749	297603	379139	149628
Pakistan	92310	122094	174576	79465	16218	Saudi Arabia	1196304	695131	x125327	x77064	x135854
Denmark/Danemark			175088	138021		United Kingdom	144748	188913	336465	250470	253237
Belgium–Luxembourg	40738	64464	118702	105976	96144	Kuwait/Koweït	x111534	x180634	x147565	x78202	x2046
Netherlands/Pays–Bas	17678	46348	77364	87673	101030	Portugal	69496	73359	123093	117366	116539
Iran (Islamic Rp. of)	x37296	x38551	x74231	x88887	x39700	Canada	x56802	x77235	x138348	x67464	x32605
Malaysia/Malaisie	40205	36159	80292	72583	x5182	Malaysia/Malaisie	75617	84847	101714	94188	x63246
Ireland/Irlande	27716	30528	49458	49626	109346	Mexico/Mexique	65938	x90639	x122013	x67522	x49247
Thailand/Thaïlande	64742	x45809	x59225	x5838	x46240	Libyan Arab Jamahiriya	x31241	9866	219218	x34268	x77471
Norway,SVD,JM	34602	45558	26124	32643	24527	Italy/Italie	50000	45486	93908	113332	100730
Singapore/Singapour	24712	41066	17743	33905	36662	Trinidad and Tobago	58642	57779	83429	109287	74022
Barbados/Barbade	23278	24247	35303	28275	x16544	Former USSR/Anc. URSS	x112913	x65417	x94987	x87355	
Australia/Australie	26700	38288	32707	16458	6911	China/Chine	72354	74882	83833	61403	32413
Mauritius/Maurice	x4695		44570	38711		Norway,SVD,JM	15603	37157	84543	75136	69726
Chile/Chili	27613	77101	x6		x5798	Syrian Arab Republic	23008	26861	52863	x563	x4770
Spain/Espagne	27036	23655	22448	24800	24506	Qatar	x2627		x10029	59880	x35771
Israel/Israël	x9338	x20547	x26884	x23815	x96	Bahrain/Bahreïn	x9913	x9386	x26638	x33201	x14277
Tunisia/Tunisie	25890	39989	x12698	x16548	x13795	Barbados/Barbade	25957	25614	31743		
Zimbabwe	15330	x30	36632	31436	x26	Algeria/Algérie	13857	17071	31454	7632	x339
Nigeria/Nigéria	x45229	x38142	x23223	0	x6	Sweden/Suède	21552	12423	28412	15248	7397
Yugoslavia SFR	14999	24056	35491	x122		Kenya	48386		51075	x7	x7
Bangladesh			x35815	x22674	x17122	Finland/Finlande	17337	18357	11053	20634	12419
Saudi Arabia	276	879	x1	x56108	x92	Japan/Japon	x132	x29296	x5020	x8674	x104139
French Polynesia	398	x13757	x24053	x16314	x11256	Netherlands Antilles	x40954	x41062			
Fiji/Fidji	19519	x15177	x16523	x16493	x17331	Greece/Grèce	43274	33376			x1476
Peru/Pérou	x13525	16918	19520	6072		Morocco/Maroc	12321	12519	14177	2586	18728
Jamaica/Jamaïque	32015	20797	15839	x257	x6	Czechoslovakia	x9416	x13084	x9647	x6090	x4190
Kenya	1989	x4	36291	x2	x5	Cape Verde/Cap–Vert		13430	13943		
Papua New Guinea	4670	5058	11414	x19030	x11902	Hungary/Hongrie		x11821	x14186	x9876	
Cayman Is/Is Caïmans		x169	17524	17221	x431	Bulgaria/Bulgarie	x15404	x17346	x7422	x1030	x1030
Oman	x54	x9	x6662	x21724	x9	Yugoslavia SFR	7879	7716	9993		
Brazil/Brésil	x3	4616	9361	11370	9677	So. Africa Customs Un	x1574	x993	x2984	x11629	x2252
Bahamas	x6739	x7171	x10245	x6769	x4231	Israel/Israël	x1765	x628	x8887	x6060	x16901
Uganda/Ouganda	x12102	x13537	x6676	x2611	x3233	Hong Kong	1369	8974	1569	4392	10179
Former GDR	173927	x22101	x40			Brazil/Brésil	27806	8543	3369	2759	2379
Former USSR/Anc. URSS	x1606	x13741	x1883	x6389		Tunisia/Tunisie	18300	269	x7827	x4452	
Panama	x1659	x940	1937	16435	6064	Denmark/Danemark			7157	4072	
Finland/Finlande	330	1839	15037	290	6722	Oman			x37	x10361	
Indonesia/Indonésie	28711	16362				Cote d'Ivoire	x5545	x1146	x3926	x4374	
Seychelles	3739	4486	5237	5936		Seychelles			0	3402	5145
Rwanda	x3360	6171	6354	x2700	x2700	Panama	x1	x470	x6396	x1481	
Guatemala	x1887	x3311	x4718	6438	x5731	Philippines	15880	x1927	5061		x1481
Nepal/Népal		x6080	x6554			Malta/Malte				x6796	x8158

(VALUE AS % OF TOTAL)(VALEUR EN % DU TOTAL)

	1983	1984	1985	1986	1987	1988	1989	1990	1991	1992		1983	1984	1985	1986	1987	1988	1989	1990	1991	1992
Africa	x7.9	x4.5	x4.5	x4.9	x5.1	x5.5	x4.1	x4.0	x3.3	x0.8	Afrique	x4.0	6.5	x4.1	x3.9	x3.1	x2.6	x1.1	x5.5	x1.3	x2.2
Northern Africa	x1.8	x1.7	x1.6	1.0	x0.9	1.4	1.4	x0.3	x0.4	x0.4	Afrique du Nord	2.5	6.0	x3.4	x2.4	x2.0	x1.5	0.8	4.3	x0.9	x2.1
Americas	x17.1	x18.9	x18.2	x19.9	x19.1	x29.3	29.0	x26.6	x21.2	21.8	Amériques	x19.5	13.6	x11.9	x16.6	x17.4	x14.6	x17.1	x22.8	x19.3	20.7
LAIA	x1.5	x1.0	x0.5	x0.8	x1.9	x2.3	3.2	0.6	0.8	x0.8	ALAI	x4.6	2.8	x3.6	x8.7	x7.4	x6.7	x8.2	x8.4	x7.5	10.0
CACM	x0.2	x0.2	x0.1	x0.2	x0.5	x0.1	x0.1	x0.2	x0.4	x0.6	MCAC								x0.0	x0.0	x0.0
Asia	x36.9	x47.3	x44.0	x45.9	47.7	x31.4	32.9	x32.3	x34.1	34.5	Asie	x17.1	x21.5	x24.9	x23.5	x27.0	x38.8	x27.6	x13.6	x14.9	15.6
Middle East	x10.2	x10.6	x11.1	x7.7	x2.6	x2.0	x1.2	x1.7	x4.5	x1.4	Moyen–Orient	x4.6	x5.3	x9.8	x9.8	x15.9	x30.2	x18.6	x5.7	x4.7	x4.8
Europe	33.8	25.0	28.5	25.5	24.0	25.6	30.3	35.1	39.1	41.2	Europe	54.4	52.6	54.3	51.2	45.6	36.5	47.0	50.7	55.9	52.7
EEC	30.5	21.0	24.5	21.3	19.6	21.2	24.3	28.4	32.6	30.5	CEE	52.9	50.9	52.4	49.7	44.3	35.3	45.5	48.5	53.7	50.5
EFTA	x2.9	x3.0	x3.2	3.5	3.2	3.8	5.2	5.9	6.5	10.1	AELE	1.5	1.7	1.9	1.4	1.3	1.1	1.4	2.0	2.0	2.0
Oceania	4.4	x4.4	x4.5	x4.2	x2.1	x2.1	x2.6	x1.9	x2.0	x1.4	Océanie	5.0	5.8	4.8	4.8	4.0	4.8	x5.0	x5.3	x6.7	x8.5
USA/Etats–Unis d'Amer	10.7	12.2	10.2	11.7	11.0	21.2	19.7	19.1	15.4	16.3	Netherlands/Pays–Bas	16.4	15.2	14.4	13.0	11.2	11.6	15.8	14.7	16.4	16.9
Germany/Allemagne	13.3	10.2	11.3	8.9	8.1	13.4	15.4	14.4	17.0	17.0	Spain/Espagne	1.8	2.2	3.7	4.4	5.1	5.0	8.2	11.9	12.9	4.9
Hong Kong	7.6	7.0	6.7	5.5	4.8	7.6	9.7	10.0	11.0	11.9	USA/Etats–Unis d'Amer	2.1	1.7	3.3	4.0	4.7	4.3	4.9	10.2	8.5	8.2
Japan/Japon	6.7	13.6	11.1	21.5	29.6	x12.9	x12.6	x8.1	x4.9	x7.5	Germany/Allemagne	7.1	6.9	8.0	7.7	6.6	6.6	7.6	7.6	8.6	9.4
Sweden/Suède	1.3	1.5	1.7	1.5	1.6	2.4	3.5	4.9	5.4	8.8	Belgium–Luxembourg	8.2	5.5	5.7	7.5	5.3	6.0	7.0	5.6	7.1	8.9
United Kingdom	4.8	1.8	2.3	2.9	3.4	3.9	3.9	4.6	5.0	4.4	Venezuela						x5.8	x6.1	x6.4	x6.1	x8.7
India/Inde	x3.1	x8.5	x4.5	x1.7	x0.2	x0.3	x0.3	x3.9	x7.2	x3.3	Australia/Australie	4.5	5.1	4.2	4.2	3.6	4.3	5.0	5.3	6.7	8.2
Canada	0.9	2.9	3.3	3.3	2.9	x3.3	x3.5	x4.6	x3.0	x3.0	Singapore/Singapour	8.7	11.4	9.0	8.5	4.2	4.7	4.9	4.7	6.9	3.3
Pakistan	2.8	2.9	3.1	2.1	2.2	3.0	3.7	3.7	2.1	0.4	Saudi Arabia	x0.7	x0.0	x0.8	x3.4	x9.0	23.6	14.1	x2.0	x1.4	x3.0
Denmark/Danemark	4.9	3.6	3.4	2.5	2.2	3.0		3.7	3.6		United Kingdom	3.2	4.8	5.3	4.4	4.0	2.9	3.8	x5.3	x4.6	5.5

# GAS OILS 3343

TRADE BY COMMODITY IN THOUSAND U.S. DOLLARS – COMMERCE PAR PRODUIT EN MILLIERS DE DOLLARS E.U

COUNTRIES–PAYS	IMPORTS – IMPORTATIONS					COUNTRIES–PAYS	EXPORTS – EXPORTATIONS				
	1988	1989	1990	1991	1992		1988	1989	1990	1991	1992
Total	13177926	12023104	15553700	17197101	x16246985	Totale	x21732717	x19284042	x21016847	x21726038	14926038
Africa	x417475	x335478	x634036	x578415	x185157	Afrique	x951045	x964096	x1214414	x1263425	x755695
Northern Africa	153499	133329	x158189	x277520	x96280	Afrique du Nord	812730	888815	x1059270	x1113365	x722817
Americas	2425150	x753727	x742912	x988943	x964115	Amériques	x2065118	x742654	x1128453	x1411856	x1019337
LAIA	222302	x319277	x327318	521503	503388	ALAI	x919198	x255586	x732215	x599424	x635823
CACM	96871	95639	192241	190449	x107446	MCAC	1800	1654	2610	x4168	282
Asia	x2907555	x3432416	x3586571	x4484639	x6120910	Asie	x3324862	x3719951	x4354121	x3888571	x4654019
Middle East	x295180	x44891	x51945	x228315	x287879	Moyen–Orient	x1507943	x1385990	x1285612	x621780	x582257
Europe	6723174	7620862	10169364	10666634	8582179	Europe	5530678	6146973	8650659	8769031	8087972
EEC	5153799	5885019	7837773	8611867	6660297	CEE	4832649	5301840	7240979	7244749	6549880
EFTA	1542766	1683567	2261266	2011194	1806206	AELE	692015	822262	1368884	1497189	1482713
Oceania	x289757	x359909	x325386	x318312	x315519	Océanie	x220740	x196049	x179574	x240726	x179452
Germany/Allemagne	2418013	2507786	3354669	4373743	3540190	Former USSR/Anc. URSS	7591391	x5788094	x4656156	x5729291	
Italy/Italie	828291	1058218	1098362	978636	707752	Netherlands/Pays-Bas	2290409	2380044	2985160	2817058	2534701
Switz.Liecht	684472	828014	1202639	1035888	928949	Singapore/Singapour	1401915	1754176	2408976	2613092	2288774
Belgium–Luxembourg	578227	727605	1114686	1221262	1013186	United Kingdom	1169116	1295397	1714991	1319086	1012459
Thailand/Thaïlande	406694	647865	849876	1095673	695768	Italy/Italie	414186	507774	850097	1070592	1199655
Netherlands/Pays-Bas	718771	851184	934705	595292	350750	Algeria/Algérie	624634	677250	802711	882295	x547536
Hong Kong	331920	539480	644836	796457	920044	Belgium–Luxembourg	476433	449941	638888	895913	690875
China/Chine	366841	707448	426144	644463	962084	Sweden/Suède	353566	488217	623637	654929	619528
Pakistan	332858	460841	556364	705608	682222	Kuwait/Koweït	x709934	x916690	x774019	x56715	x157500
Spain/Espagne	284011	283694	406590	466853	505886	Germany/Allemagne	269974	416082	640265	588370	717753
Sweden/Suède	363171	325515	367135	347353	250502	Norway,SVD,JM	205421	272231	641190	583156	586430
United Kingdom	109853	225739	351432	309544	229337	Romania/Roumanie	x687934	x649261	x326010	x130252	x4465
Malaysia/Malaisie	145772	189574	269139	326860	x673161	China/Chine	208811	252928	261644	215741	251274
Austria/Autriche	153131	181752	265779	323049	243030	Libyan Arab Jamahiriya	167455	198373	x249014	x218635	x159157
Singapore/Singapour	269388	301440	255101	142974	444416	Hong Kong	68293	221931	166996	271021	334602
Ireland/Irlande	150387	180536	253800	252601	225869	Bulgaria/Bulgarie	x468657	x460476	x151878	x7530	x6244
Denmark/Danemark			318884	329617		Netherlands Antilles	241035	257418	x2089	321465	
Finland/Finlande	210413	189282	240986	156947	233562	Australia/Australie	156740	156974	174461	236587	160508
Brazil/Brésil	51332	123169	63595	344342	351306	Spain/Espagne	146821	124146	147022	277111	294069
Japan/Japon	x404137	x212690	x173598	x114715	365444	Mexico/Mexique	31318	x24773	308820	204288	304289
Norway,SVD,JM	131580	159004	184727	147957	92674	Venezuela	x721065	x109303	x134326	x245624	x194769
Australia/Australie	94873	161138	109894	66977	91152	Czechoslovakia	x191783	x261259	x123267	x54459	x70095
India/Inde	x19324	x9357	x88739	x218019	x512411	Trinidad and Tobago	84215	112319	162906	146676	182851
Tunisia/Tunisie	59186	93706	x78223	x91457	x53180	Argentina/Argentine	17964	47678	244763	x118669	x93354
Indonesia/Indonésie	213492	255404				Denmark/Danemark			182786	222734	
Zimbabwe	71988	x25	133880	111805	x50	Finland/Finlande	129529	57459	95623	244281	258920
Bangladesh			x81610	x148961	x136453	Former GDR	x688585	x324211	x67479		
Peru/Pérou	47823	50113	115895	55677	x94	USA/Etats–Unis d'Amer	355906	74924	105848	147141	85366
Poland/Pologne	x43650	x20917	x69930	x130125	x41633	Hungary/Hongrie			x126062	x199223	x144588
Guatemala	23049	20078	75103	85991	x7731	Iraq	x227989	x316403		x624	
Iran (Islamic Rp. of)	x53290	x10023	x20746	x148488	x179137	Saudi Arabia	8315	8164	x111391	x196556	x135007
Paraguay	42952	x49916	68380	56268	76786	Bahrain/Bahreïn	x47182	x22636	x41311	x206510	x79088
Egypt/Egypte	81948	38581	75069	50290	12201	Canada	x430078	x26997	x70401	x158125	x102796
Costa Rica	27834	31904	62720	67761	x37761	Japan/Japon	x568	x44024	x112493	x85306	387128
Guam	x51317	x50459	x62416	x44090	x77437	Syrian Arab Republic	5570	5930	226904		x9647
Papua New Guinea	48084	35443	45848	x63896	x79427	Qatar	x5324	82187	29887	101830	x125788
Philippines	85452		141346		171818	Portugal	38583	74354	80737	44628	70235
Former USSR/Anc. URSS	x14112	x95536	x23538	x13415		Malaysia/Malaisie	33727	28238	32487	54674	x80837
Jamaica/Jamaïque	22248	36573	65469	x28666	x32864	Israel/Israël	x34800	x19810	x66734	x22373	x8690
Honduras	27876	35809	40956	35300	47996	Poland/Pologne	x12514	x31017	x38561	x31675	x4171
American Samoa	x28963	x52062	x8336	x42716	x2617	United Arab Emirates	x488221		x64574	x27215	x67070
USA/Etats–Unis d'Amer	1921596	53989	21374	27283	21976	Brazil/Brésil	98629	60291	14910	13577	23836
Fiji/Fidji	23876	x23411	x37130	x40977	x25641	Yugoslavia SFR	6013	22842	39346	x25132	
Portugal	51910	12048	4645	84318	48349	Nigeria/Nigéria	x10646	x10702	x31206	x37499	x27370
Romania/Roumanie	x280524	x96142	x218	x351	x13866	Seychelles	13713	16477	24637	23866	
Mauritius/Maurice	x426	x236	34856	55650		Senegal/Sénégal			33279	30655	
Senegal/Sénégal	17221	35899	52331	x381	x5938	Greece/Grèce	26290	52031			x6871
Dominican Republic	x10634	x40310	x19821	x27985	x33072	Colombia/Colombie	x17465	4169	27772	x16284	18618
Yugoslavia SFR	13484	41145	37271	x7053		Liberia/Libéria	x9		x8610	x37066	x617
Malawi	22600	24596	27379	30925	x18	Oman		x3055	x14779	x17388	x4448

(VALUE AS % OF TOTAL)(VALEUR EN % DU TOTAL)

	1983	1984	1985	1986	1987	1988	1989	1990	1991	1992		1983	1984	1985	1986	1987	1988	1989	1990	1991	1992
Africa	x5.7	x5.4	3.9	3.4	2.8	x3.2	2.6	x4.1	3.3	x1.2	Afrique	x1.5	6.0	9.6	6.4	x3.8	x4.4	x5.0	x5.8	x5.8	x5.1
Northern Africa	x2.8	x2.6	1.5	1.0	0.7	1.2	1.0	x1.0	x1.6	x0.6	Afrique du Nord	0.4	5.8	8.9	x5.5	x3.4	3.7	4.6	x5.0	x5.1	x4.8
Americas	x9.7	17.6	14.3	x16.4	x13.3	18.4	5.9	4.7	x5.8	x6.0	Amériques	9.8	34.1	33.9	30.4	17.2	x9.5	3.8	5.3	x6.5	x6.9
LAIA	0.2	0.6	0.7	1.4	1.3	1.7	x2.5	x2.1	3.0	3.1	ALAI	0.2	25.0	26.2	22.0	12.3	x4.2	x1.3	x3.5	x2.8	x4.3
CACM	x0.3	x0.6	1.0	x0.7	0.5	0.7	0.7	1.2	1.1	x0.7	MCAC	x0.0	0.1	0.1	0.0	x0.0	0.0	0.0	0.0	0.0	0.0
Asia	x20.5	x16.5	11.8	12.6	15.6	22.1	26.8	23.1	26.1	37.6	Asie	x30.0	x24.1	x17.7	x16.7	x11.4	15.3	19.3	x20.8	x17.9	x31.2
Middle East	x3.9	x3.0	x2.0	x1.9	x1.2	x2.2	x0.4	x0.3	x1.3	1.8	Moyen–Orient	x6.8	x9.5	8.9	x6.6	x4.9	x6.9	x7.2	x6.1	x2.9	x3.9
Europe	62.4	58.8	68.1	65.5	55.2	51.0	59.4	65.4	62.0	52.8	Europe	56.7	34.6	38.2	45.9	22.2	25.4	31.9	41.2	40.4	54.2
EEC	49.3	47.1	56.1	53.5	46.5	39.1	45.9	50.4	50.1	41.0	CEE	49.2	29.5	33.8	41.8	18.9	22.2	27.5	34.5	33.3	43.9
EFTA	12.9	11.5	11.8	11.7	8.4	11.7	13.1	14.5	11.7	11.1	AELE	7.6	4.9	4.3	3.8	3.1	3.2	4.3	6.5	6.9	9.9
Oceania	1.8	x1.6	x1.8	x2.0	x1.4	x2.2	x2.9	x2.1	1.9	x2.0	Océanie	2.0	1.1	x0.7	x0.6	0.5	x1.0	x1.0	x0.8	x1.1	x1.2
Germany/Allemagne	17.8	17.2	21.3	22.3	17.4	18.3	19.6	21.6	25.4	21.8	Former USSR/Anc. URSS					x35.9	x34.9	x30.0	x22.2	x26.4	
Italy/Italie	5.1	6.0	7.5	5.1	5.2	6.3	8.3	7.1	5.7	4.4	Netherlands/Pays-Bas	19.0	12.6	16.3	21.6	9.9	10.5	12.3	14.2	13.0	17.0
Switz.Liecht	5.8	5.2	5.6	5.9	3.8	5.2	6.5	7.7	6.0	5.7	Singapore/Singapour	21.3	13.4	7.6	7.9	4.5	5.3	9.1	11.5	12.0	15.3
Belgium–Luxembourg	5.3	5.1	5.0	4.4	3.5	4.4	5.7	7.2	7.1	6.2	United Kingdom	8.4	5.2	5.5	5.8	2.6	5.4	6.7	8.2	6.1	6.8
Thailand/Thaïlande	1.2	2.5	2.0	1.5	2.1	3.1	5.1	5.5	6.4	4.3	Italy/Italie	5.5	2.0	2.4	3.8	1.3	2.6	4.0	4.9	8.0	
Netherlands/Pays-Bas	6.9	3.8	7.2	5.5	5.1	5.5	6.6	6.0	3.5	2.2	Algeria/Algérie		5.5	5.6	4.3	2.2	2.9	3.5	3.8	4.1	x3.7
Hong Kong	1.8	1.8	1.4	1.7	1.6	2.5	4.2	4.1	4.6	5.7	Belgium–Luxembourg	7.0	4.0	3.0	3.7	1.6	2.2	2.3	4.0	4.1	4.6
China/Chine					1.4	2.8	5.5	2.7	3.7	5.9	Sweden/Suède	4.4	2.7	2.4	2.2	1.6	1.6	2.5	3.0	3.0	4.2
Pakistan	1.5	1.5	1.5	1.0	1.7	2.5	3.6	3.6	4.1	4.2	Kuwait/Koweït		4.9	x5.7	x2.4	x0.3	x3.3	x4.8	x3.7	x0.3	x1.1
Spain/Espagne	2.0	1.9	1.1	1.5	1.4	2.2	2.2	2.6	2.7	3.1	Germany/Allemagne	1.8	1.2	1.2	1.1	0.6	1.2	2.2	3.0	2.7	4.8

3344 FUEL OILS, NES

TRADE BY COMMODITY IN THOUSAND U.S. DOLLARS – COMMERCE PAR PRODUIT EN MILLIERS DE DOLLARS E.U

COUNTRIES–PAYS	1988	1989	1990	1991	1992	COUNTRIES–PAYS	1988	1989	1990	1991	1992
	IMPORTS – IMPORTATIONS						EXPORTS – EXPORTATIONS				
Total	x16193424	x14721188	15963036	13935798	15471161	Totale	x20136855	x19493492	x19502519	x18215833	x13782521
Africa	x178854	x121654	236708	241007	x289171	Afrique	x1853336	x1897270	2646497	x1514769	x1516471
Northern Africa	81430	67683	x103216	x145816	x130093	Afrique du Nord	1189861	1312326	2160584	x1171157	x1246009
Americas	6509039	x5503828	x6314349	x4761952	x4673516	Amériques	3586295	3904986	3950830	3643087	x2934991
LAIA	417113	x504905	431069	290340	531961	ALAI	x1667080	x1860013	x1840318	x1540950	x1326844
CACM	12388	5836	18281	16504	x26816	MCAC	7839	16321	12524	5966	x409
Asia	x2730353	x1661117	x1347759	x1833324	3397679	Asie	3579824	x2524757	x2001054	x1988700	x3463424
Middle East	x155082	x80916	x89313	x107729	x251953	Moyen–Orient	x1808592	x1525804	x1530400	x1352784	x2042665
Europe	4935736	6252020	7692653	6582234	6432469	Europe	3233104	4219357	5000275	5398716	5614876
EEC	4455809	5813059	7086574	6157518	5942889	CEE	2841663	3715044	4351531	4849825	4976166
EFTA	417738	378492	448006	314159	380405	AELE	378505	491041	617702	529906	592290
Oceania	x181200	x312115	x357564	x490717	x619700	Océanie	x172186	193264	199972	230072	x190427
USA/Etats–Unis d'Amer	5660010	4382553	5113813	3988241	3680265	Former USSR/Anc. URSS	x7092863	x6134093	x5529500	x5360241	
Italy/Italie	1626352	2367034	2815568	2366330	2661918	Netherlands/Pays–Bas	986123	1259598	1448859	1347205	1309856
United Kingdom	944032	1150446	1584553	1402980	1277029	USA/Etats–Unis d'Amer	920153	1109305	1345065	1194807	923271
Belgium–Luxembourg	681086	672240	890692	665136	672160	Belgium–Luxembourg	764108	884715	1011492	1065566	959426
Germany/Allemagne	514795	543521	591276	580336	420568	Venezuela	x1005281	x897242	x830675	x911375	x569792
Netherlands/Pays–Bas	333938	470288	448314	370003	232784	Libyan Arab Jamahiriya	527398	606841	1327481	x360844	x495986
Japan/Japon	x870846	x706216	x186484	x265644	1345322	Spain/Espagne	435667	697657	791937	756710	608644
Australia/Australie	133909	284975	348129	459830	568236	Algeria/Algérie	540183	600066	722414	638683	x569519
Spain/Espagne	237507	298244	376499	383163	210218	Saudi Arabia	2326	646	x866848	x782691	x1144124
Malaysia/Malaisie	151632	217533	320357	296113	x213	Italy/Italie	273348	368552	477784	599891	637208
Mexico/Mexique	106827	x278049	323295	188010	300423	Sweden/Suède	256039	351402	381126	334072	319712
Hong Kong	188739	278950	254232	225151	312565	Colombia/Colombie	227940	304866	354577	x272452	197184
Thailand/Thaïlande	12552	94386	260784	395187	360763	Canada	x293248	x254579	x332326	x204282	x221959
Bulgaria/Bulgarie	x751749	x655705	0	x75	x6947	Trinidad and Tobago	219261	218400	271870	282832	322532
Portugal	18685	179577	180815	204567	254100	Iraq	x356398	x685622	x4151	x37740	x26597
Canada	x62991	x147362	x240097	x139766	x183799	Kuwait/Koweït	x715738	x449880	x262481	x8671	x92472
Jamaica/Jamaïque	105604	173505	244525	x80936	x84908	Germany/Allemagne	194887	199001	270859	226779	493772
Finland/Finlande	155811	153777	151226	89603	81791	Indonesia/Indonésie	641219	655890			
Sweden/Suède	139146	125306	132582	98815	151502	Australia/Australie	166179	193264	199972	230057	190354
Pakistan	30521	108046	108029	122171	204189	Brazil/Brésil	122567	222223	233848	141979	166595
Bahamas	144064	x95393	x149606	x61086	x46585	Netherlands Antilles	233228	292162	x5559	275853	
China/Chine	34830	83844	64905	123966	172014	United Kingdom				538771	616948
Ireland/Irlande	57136	55901	101168	97568	82462	Malaysia/Malaisie	96678	146291	208634	155788	x30991
Philippines	731		4692	247886		Peru/Pérou	140054	161644	207840	x108314	x165737
Tunisia/Tunisie	73883	64732	x85631	x77300	x70962	Syrian Arab Republic	188167	201549	x184821	x88196	x111670
Gibraltar	x20612	x25322	x85271	x89277	x30788	Nigeria/Nigéria	x67816	x104376	x210907	x148871	x109702
Austria/Autriche	71275	55467	73773	60718	54731	Romania/Roumanie	x366212	x423232	x13402		
Brazil/Brésil	117825	79673	78980	26547	61695	Norway, SVD, JM	93179	125306	186694	118746	211289
Denmark/Danemark			97689	87435		Angola	x393320	x311998	42057	44967	x17865
Norway, SVD, JM	40263	34126	80286	59770	74712	Portugal	60857	114374	145760	128325	204217
Netherlands Antilles	15865	80969	x1575	80914		Bahamas	230983	x135871	x116802	x100013	x128009
Jordan/Jordanie	64248	42508	61573	44139	51318	Hong Kong	50991	89694	x116424	138940	156223
Barbados/Barbade	22724	34207	47132	46267	x15664	Egypt/Egypte	93419	72083	68678	128565	133669
Former GDR	x826390	x115744	x11			Mexico/Mexique	65134	x150780	63572	40370	72990
Former USSR/Anc. URSS	x13661	x86517	x118	x1395		Argentina/Argentine	28033	57987	141202	x54670	x63091
Argentina/Argentine	78380	29049	x73	54943	x44951	Denmark/Danemark			121013	118943	
Venezuela	62375	58147	x7867	17006	7	Poland/Pologne	x13168	x36355	x100670	x66573	x43898
Yugoslavia SFR	41577	35142	45971	x425		Ireland/Irlande	43293	45308	83826	67633	67524
Greece/Grèce	42278	75806			x131650	Philippines	11007		13175	174155	6202
Macau/Macao	20900	19756	24898	23083	23242	Qatar			69951	22391	79841	x18537
Cote d'Ivoire	x6818		x29276	x34386	x126421	Iran (Islamic Rp. of)	x4954	x73116	x60258	x36272	x137311
Suriname/Suriname	x16937	x17596	x22754	x17676	x20802	Bahrain/Bahreïn	x174182	x13068	x57449	x85540	x54490
Mauritius/Maurice		x1542	17032	31124		Turkey/Turquie	217222			x145930	x123143
Indonesia/Indonésie	55172		48134			Greece/Grèce	83380	145838			x78572
Malta/Malte			x26832	x20855	x37151	Cote d'Ivoire	x73929	x57671	x52021	x35552	x70771
Senegal/Sénégal	34141	15009	26647	x414	x14323	China/Chine	53384	50123	52838	40650	38728
Cuba	x9522	x18696	x22617	x62	x17724	Former GDR	x173389	x104665	x25135		
Morocco/Maroc			11	14340	22783	Tunisia/Tunisie	28706	33084	x41689	x42377	x46786
Yemen/Yémen			x18539	x18548	x15881	Cameroon/Cameroun	x31072	x46866	x51493	x11715	x17603
Algeria/Algérie	1513	1897	1	30507	x46686	Czechoslovakia	x45216	x55163	x23251	x8531	x6813

(VALUE AS % OF TOTAL)(VALEUR EN % DU TOTAL)

	1983	1984	1985	1986	1987	1988	1989	1990	1991	1992		1983	1984	1985	1986	1987	1988	1989	1990	1991	1992
Africa	x1.8	x0.8	x0.9	1.4	x1.2	x1.1	0.8	x1.5	1.7	x1.9	Afrique	x8.5	x7.4	9.4	x9.5	x5.7	x9.2	x9.8	13.6	x8.3	x11.0
Northern Africa	x1.0	x0.4	x0.4	x0.6	0.5	0.5	0.5	x0.6	x1.0	x0.8	Afrique du Nord	x6.4	x6.2	7.7	x7.7	x4.4	5.9	6.7	11.1	x6.4	x9.0
Americas	x36.3	36.2	x32.6	38.1	x31.6	40.2	x37.4	x39.5	x34.1	30.2	Amériques	39.4	30.2	x24.0	x28.2	x15.2	x17.8	x20.3	x20.3	x20.0	x21.3
LAIA	x0.0	0.3	0.7	x0.9	x2.0	2.6	x3.4	2.7	2.1	3.4	ALAI	28.0	7.1	7.3	x15.4	x7.5	x8.3	x9.5	x9.4	x8.5	x9.6
CACM	x0.3	0.1	x0.1	0.0	0.0	0.1	0.1	0.1	0.1	x0.2	MCAC	x0.0	0.0	0.0	0.0	0.0	0.0	0.1	x0.1	x0.1	x0.0
Asia	16.2	14.4	17.7	19.6	17.6	x16.9	x11.3	x8.4	x13.1	22.0	Asie	x13.6	x24.9	x33.0	x29.8	x19.3	x17.8	x12.9	x10.3	x10.9	x25.1
Middle East	x1.0	x0.8	x1.2	x1.6	x0.7	x1.0	x0.5	x0.6	x0.8	x1.6	Moyen–Orient	x7.0	x17.3	x21.1	x15.2	x9.9	x9.0	x7.8	x7.8	x7.4	x14.8
Europe	42.7	45.7	46.1	38.3	29.9	30.5	42.5	48.2	47.2	41.6	Europe	37.3	36.3	32.5	31.4	19.4	16.1	21.6	25.6	29.6	40.7
EEC	38.0	41.3	41.4	33.8	27.2	27.5	39.5	44.4	44.2	38.4	CEE	33.5	32.4	29.5	28.4	17.5	14.1	19.1	22.3	26.6	36.1
EFTA	4.5	3.6	3.7	4.0	2.5	2.6	2.6	2.8	2.3	2.5	AELE	3.8	3.8	3.0	2.7	1.7	1.9	2.5	3.2	2.9	4.3
Oceania	3.1	x2.9	x2.8	x2.6	x1.9	x1.1	x2.1	x2.3	x3.5	4.0	Océanie	x1.3	1.4	1.2	1.2	0.7	x0.8	1.0	1.0	1.3	x1.4
USA/Etats–Unis d'Amer	31.4	30.6	25.6	29.7	23.4	35.0	29.8	32.0	28.6	23.8	Former USSR/Anc. URSS				x36.3	x35.2	x31.5	x28.4	x29.4		
Italy/Italie	10.0	10.0	10.4	9.8	9.7	10.0	16.1	17.6	17.0	17.2	Netherlands/Pays–Bas		12.6	11.7	10.3	8.5	5.1	4.9	6.5	7.4	9.5
United Kingdom	5.7	12.0	10.7	6.7	4.3	5.8	7.8	9.9	10.1	8.3	USA/Etats–Unis d'Amer	7.9	8.6	8.3	5.6	4.2	5.6	6.9	6.9	6.6	6.7
Belgium–Luxembourg	4.6	5.4	4.3	4.6	3.2	4.2	4.6	5.6	4.8	4.3	Belgium–Luxembourg	4.9	5.3	3.8	5.6	3.1	3.8	4.5	5.2	5.8	7.0
Germany/Allemagne	5.5	5.2	5.3	4.3	3.2	3.2	3.7	3.7	4.2	2.7	Venezuela	24.8		x9.6	x3.8	x5.0	x4.6	x4.3	x5.0	x4.1	
Netherlands/Pays–Bas	4.0	2.3	2.8	2.0	1.5	2.1	3.2	2.8	2.7	1.5	Libyan Arab Jamahiriya	x0.9	x0.9	1.7	x2.4	x1.6	2.6	3.1	6.8	x2.0	x3.6
Japan/Japon	7.6	7.7	8.2	9.3	8.0	x5.4	x4.8	x1.2	x1.9	8.7	Spain/Espagne	3.9	5.0	4.6	4.5	2.9	2.2	3.6	4.1	4.2	4.4
Australia/Australie	2.4	2.3	2.3	2.3	1.5	0.8	1.9	2.2	3.3	3.7	Algeria/Algérie	4.3	4.5	4.7	3.8	2.3	2.7	3.1	3.7	3.5	x4.1
Spain/Espagne	1.0	0.8	1.2	1.3	0.8	1.5	2.0	2.4	2.7	1.4	Saudi Arabia	x2.0	x2.4	x6.5	x5.4	4.4	0.0	0.0	x4.4	x4.3	x8.3
Malaysia/Malaisie	1.1	0.9	0.9	0.9	0.8	0.9	1.5	2.0	2.1	x0.0	Italy/Italie	2.2	1.6	2.2	2.5	1.2	1.4	1.9	2.4	3.3	4.6

3345 LUBS, PETROLEUM OILS NES / HUILES LUBRIFIANTES 3345

TRADE BY COMMODITY IN THOUSAND U.S. DOLLARS – COMMERCE PAR PRODUIT EN MILLIERS DE DOLLARS E.U

COUNTRIES–PAYS	IMPORTS – IMPORTATIONS					COUNTRIES–PAYS	EXPORTS – EXPORTATIONS				
	1988	1989	1990	1991	1992		1988	1989	1990	1991	1992
Total	x7647559	x8096868	6693758	7228590	x6738108	Totale	4413922	4444470	5130025	5513308	x6475315
Africa	x384392	x296788	x281139	x366521	x288020	Afrique	x47071	x203687	x39342	x65532	x1096270
Northern Africa	x164529	92508	78795	x151597	x104741	Afrique du Nord	11177	x25063	12158	x33635	x1071528
Americas	604115	x2070913	2776696	2715041	x2065762	Amériques	1099575	1067397	1211658	1237841	1202285
LAIA	164138	123841	275808	381151	x395303	ALAI	62388	35767	179031	45289	101733
CACM	45408	50618	39907	66306	x69606	MCAC	4940	7863	3415	6132	x8018
Asia	x881728	x840166	x960439	x1110908	x1672512	Asie	x824664	647253	x899482	x952084	x1139824
Middle East	x256145	x139774	x174854	x226729	x279690	Moyen–Orient	x301262	x35862	x199706	x253281	x128468
Europe	1723252	1930853	2184394	2312506	2329843	Europe	2137105	2161964	2625817	2724136	2859574
EEC	1217467	1371991	1561503	1717701	1691414	CEE	1903021	1922901	2357545	2452590	2566264
EFTA	447646	510869	567658	551130	570267	AELE	193151	202128	232067	252704	260074
Oceania	243216	x234275	x308720	x350443	x234881	Océanie	x115358	x78375	x105747	x137403	x124228
USA/Etats–Unis d'Amer	294750	1781625	2353653	2130854	1485927	USA/Etats–Unis d'Amer	931216	927191	1012309	1011032	1062349
Bulgaria/Bulgarie	x1807655	x1187684	x3869	x4270	1642	Germany/Allemagne	502522	524537	608700	640413	702654
Former USSR/Anc. URSS	x108608	x858951	x73582	x261081		Netherlands/Pays–Bas	350341	354477	441874	484940	450524
United Kingdom	240794	340527	291649	347268	299760	United Kingdom	325037	316436	426689	380856	375274
Germany/Allemagne	225651	231279	296507	338277	317817	Belgium–Luxembourg	280172	291433	357908	368781	422135
Belgium–Luxembourg	220542	224911	280036	300558	292035	Singapore/Singapour	291653	302801	345165	340920	360399
Australia/Australie	190721	207056	273526	315753	177686	Italy/Italie	258502	236890	299260	348232	361042
Former GDR	x1650849	x631108	x2524			Former USSR/Anc. URSS	x64951	x135572	x170778	x336245	
Italy/Italie	155368	159255	180677	207887	193565	Sweden/Suède	87455	100754	125266	120805	124816
Netherlands/Pays–Bas	144290	143920	185006	187689	188634	Australia/Australie	113685	77485	103972	137215	124027
Thailand/Thaïlande	123561	116275	165389	174193	184218	Japan/Japon	84553	91783	98881	119104	359281
Austria/Autriche	136726	157874	133641	118891	100432	Hong Kong	67238	86756	90898	104558	137164
Finland/Finlande	62666	110385	144434	155455	164171	China/Chine	65250	69862	82965	101715	75063
Sweden/Suède	109516	111099	125941	115808	112742	France,Monac	66061	71325	86874	89771	106293
Singapore/Singapour	84024	83209	108558	137565	115802	Netherlands Antilles	87811	80579		157424	
Hong Kong	66537	101546	107724	111369	141908	Saudi Arabia	21	12	x58287	x141766	x61631
Mexico/Mexique	7656	7408	121439	166503	144977	Spain/Espagne	75105	52511	70379	73306	78975
Malaysia/Malaisie	62547	67974	91439	108340	x124790	United Arab Emirates	x120146		x87867	x78942	x41259
China/Chine	56028	81597	82515	99075	183027	Angola		x162093			
Spain/Espagne	56481	71909	94411	96332	116298	Switz.Liecht	42674	41856	42989	42681	47023
Switz.Liecht	73834	70039	84373	78060	96287	Austria/Autriche	36137	35077	35619	41022	57320
Korea Republic	61442	65274	72797	87327	128929	Brunei Darussalam	x5	x27230	x67720	x14250	x1
Norway,SVD,JM	64329	60868	78468	82093	87266	Portugal	24062	26531	33477	31289	32979
France,Monac	56048	59890	71813	70317	85651	Yugoslavia SFR	40206	36098	36178	x18820	
Poland/Pologne	x161237	x40753	x72676	x77859	x82409	Mexico/Mexique	20725	1070	74431	10972	12468
Brazil/Brésil	52135	42857	64521	54891	46115	Poland/Pologne	x12956	x16144	x33760	x35895	x30734
Portugal	38232	37669	50738	57036	60387	Finland/Finlande	23490	21039	19827	39955	22414
Japan/Japon	35056	39519	49045	54610	177139	Peru/Pérou	211	351	77477	x1090	x47
Denmark/Danemark	9520	9908	60498	65107	14487	Czechoslovakia	x42114	x56478	x18105	x2052	x1491
Indonesia/Indonésie	70727	78864	22467	28112	39933	Brazil/Brésil	32565	21497	18517	29168	30865
Algeria/Algérie	22492	42589	14239	68465	x7263	Denmark/Danemark	6571	5879	24696	26153	9467
Yugoslavia SFR	51951	42397	47537	x34579		Kuwait/Koweït	x54966	1897	x44613	0	x196
Nigeria/Nigéria	x20178	x25797	x26172	x65992	x42933	Bulgaria/Bulgarie	x22635	x41476	x2110	x276	x540
United Arab Emirates	x81301	x22509	x41122	x44109	x62222	So. Africa Customs Un	x12831	x4777	x8313	x27053	x23277
Canada	41882	35239	35741	34610	38885	Romania/Roumanie	x23959	x25913	x9307	x4216	x3102
Ireland/Irlande	32215	30362	38185	35451	36734	Greece/Grèce	14415	36378	110	96	x17750
Iran (Islamic Rp. of)	x36896	x28298	x26544	x41080	x50432	Libyan Arab Jamahiriya		x15710	x2	x15560	x1972
Greece/Grèce	38327	62361	11984	11779	x86046	Hungary/Hongrie			x12721	x17627	x17270
Egypt/Egypte	23281	20901	32191	26281	20028	Morocco/Maroc	10790	8094	8569	13594	14347
Venezuela	17661	8176	1312	59394	42942	Bahrain/Bahreïn	x12249	x2278	x5243	x16651	x1
Senegal/Sénégal		52957	12771	x1937	x1369	Thailand/Thaïlande	3172	5245	7269	10329	x32649
Colombia/Colombie	23035	27435	33093	4077	37200	Ireland/Irlande	5633	6503	7578	8754	9172
Peru/Pérou	20328	16254	20829	26639	x28663	Norway,SVD,JM	3395	3402	8366	8241	8500
Turkey/Turquie	23927	11388	19065	x29676	x60115	Argentina/Argentine	6992	7492	7450	2700	4817
Zimbabwe	11544	x2809	24209	30967	x1412	Jamaica/Jamaïque	8973	8566	6041	x2894	x2507
Saudi Arabia	x25303	689	x26441	x30015	x24057	Trinidad and Tobago	1924	3102	3405	10798	22233
Libyan Arab Jamahiriya	13537	12375	11206	x32171	x59541	Syrian Arab Republic			919	x13179	x17614
Argentina/Argentine	22852	11653	15031	25723	10679	Iraq	x9563	x12880	x186	x511	x3297
Costa Rica	13600	15390	17770	16683	x19949	Qatar	x101141	x13461	1	1	x11
India/Inde	7367	x24903	11004	9656	x205812	India/Inde	468	x12230	200	327	x4249

(VALUE AS % OF TOTAL) (VALEUR EN % DU TOTAL)

	1983	1984	1985	1986	1987	1988	1989	1990	1991	1992		1983	1984	1985	1986	1987	1988	1989	1990	1991	1992
Africa	x10.6	x8.7	x7.2	x10.1	x3.5	5.0	x3.7	4.2	x5.1	x4.2	Afrique	x1.4	x1.4	1.1	x1.2	x1.1	x1.1	x4.6	x0.8	x1.2	x17.0
Northern Africa	x5.1	x3.9	2.4	x3.2	x1.1	2.2	1.1	1.2	x2.1	1.6	Afrique du Nord	0.0	0.0	0.3	0.2	0.2	0.3	x0.6	0.2	x0.6	16.5
Americas	x14.5	25.4	29.9	x26.3	x7.7	7.9	x25.5	41.5	37.6	x30.6	Amériques	x21.9	31.5	x32.7	x22.9	x21.5	24.9	24.0	23.6	22.4	18.6
LAIA	1.7	5.8	6.6	x5.5	x1.9	2.1	1.5	4.1	5.3	x5.9	ALAI	0.0	10.8	12.7	x1.6	x1.4	1.4	0.8	3.5	0.8	1.6
CACM	x0.9	0.9	0.9	x0.9	x0.3	0.6	0.6	0.6	0.9	x1.0	MCAC	x0.1	0.2	0.2	x0.1	x0.1	0.2	0.1	0.1	0.1	x0.1
Asia	x32.2	x25.0	x20.6	x19.2	x8.1	x11.5	10.4	14.4	x15.4	x24.9	Asie	x14.9	x13.7	10.7	13.5	13.4	x18.7	14.6	x17.6	x17.3	x17.6
Middle East	x8.8	x10.9	x10.9	x8.6	x2.4	x3.3	x1.7	x2.6	x3.1	x4.2	Moyen–Orient	x1.7	x2.6	x0.7	x0.4	x0.9	x6.8	x0.8	x3.9	x4.6	x2.0
Europe	40.9	39.2	40.6	42.6	18.5	22.5	23.8	32.6	32.0	34.6	Europe	59.3	50.9	53.3	60.5	53.0	48.4	48.6	51.2	49.4	44.2
EEC	31.0	29.5	29.7	31.6	13.3	15.9	16.9	23.3	23.8	25.1	CEE	55.2	47.0	49.1	55.6	48.4	43.1	43.3	46.0	44.5	39.6
EFTA	9.8	8.8	9.8	10.1	4.8	5.9	6.3	8.5	7.6	8.5	AELE	4.1	3.0	3.5	4.6	3.9	4.4	4.5	4.5	4.6	4.0
Oceania	1.7	x1.6	x1.7	x1.7	x0.8	3.2	x2.9	x4.7	x4.8	x3.5	Océanie	2.5	2.5	2.2	x1.9	x1.8	2.6	x1.7	x2.0	x2.5	x1.9
USA/Etats–Unis d'Amer	6.4	12.9	16.3	14.1	2.6	3.9	22.0	35.2	29.5	22.1	USA/Etats–Unis d'Amer	20.5	16.2	15.8	19.5	18.6	21.1	20.9	19.7	18.3	16.4
Bulgaria/Bulgarie					x10.4	x23.6	x14.7	x0.1	x0.1	0.0	Germany/Allemagne	9.2	7.6	8.3	10.7	10.2	11.4	11.8	11.9	11.6	10.9
Former USSR/Anc. URSS				x6.1	x1.4	x10.6	x1.1	x3.6			Netherlands/Pays–Bas	9.8	8.2	7.9	8.8	7.3	7.9	8.0	8.6	8.8	7.0
United Kingdom	10.5	8.4	8.3	7.4	3.3	3.1	4.2	4.4	4.8	4.4	United Kingdom	7.6	8.1	9.0	9.0	6.7	7.4	7.1	8.3	6.9	5.8
Germany/Allemagne	3.8	3.7	4.0	5.3	2.0	2.9	4.4	4.4	4.7	4.5	Belgium–Luxembourg	6.7	5.6	5.7	7.3	6.5	6.3	6.6	7.0	6.7	6.5
Belgium–Luxembourg	5.0	4.9	5.2	4.8	1.8	2.9	2.8	4.2	4.2	4.3	Singapore/Singapour	7.5	6.0	5.0	6.1	5.4	6.6	6.8	6.7	6.2	5.6
Australia/Australie	0.6	0.6	0.6	0.7	0.4	2.5	2.6	4.1	4.4		Italy/Italie	7.5	5.8	4.8	5.3	5.3	5.9	5.3	5.8	6.3	5.6
Former GDR				x10.0	x21.6	x7.8	x0.0				Former USSR/Anc. URSS					x5.8	x1.5	x3.1	x3.3	x6.1	
Italy/Italie	1.9	1.5	1.9	2.6	1.1	2.0	2.0	2.7	2.9	2.9	Sweden/Suède	1.7	1.4	1.6	2.1	1.7	2.0	2.3	2.4	2.2	1.9
Netherlands/Pays–Bas	3.5	4.1	3.5	3.3	1.2	1.9	1.8	2.8	2.6	2.8	Australia/Australie	2.5	2.5	2.2	1.9	1.8	2.6	1.7	2.0	2.5	1.9

33451 LUBS(HIGH PETR CONT) ETC — HUILES LUBRIF,H LOURDES 33451

TRADE BY COMMODITY IN THOUSAND U.S. DOLLARS – COMMERCE PAR PRODUIT EN MILLIERS DE DOLLARS E.U

COUNTRIES–PAYS	1988	1989	1990	1991	1992	COUNTRIES–PAYS	1988	1989	1990	1991	1992
Total	x5452460	x6494233	6017754	x6541409	x5699642	Totale	x3752249	x3766541	x4334416	x4704369	x5400642
Africa	x351198	x270843	x267246	x361406	x269674	Afrique	x41795	x202883	x38437	x64586	x1094928
Northern Africa	x154090	81923	x79122	x159048	x108726	Afrique du Nord	11165	x25035	12391	x34257	x1072023
Americas	x643855	x2141064	x2844975	x2785566	x2135287	Amériques	x1064574	x1030044	x1199050	x1239368	x1144709
LAIA	x133316	x170354	x253643	385020	x362482	ALAI	x89030	x63419	x213972	x110994	x107671
CACM	44498	37547	44416	48525	x66737	MCAC	4672	x2046	x5412	4136	x7778
Asia	x812937	x773978	x838783	x993123	x1261568	Asie	x799144	x623550	x850521	x878907	x960167
Middle East	x217097	x137984	x134054	x189969	x229939	Moyen–Orient	x320989	x63810	x204996	x253925	x125830
Europe	1301103	1485918	1641978	1748461	1707454	Europe	1554673	1553471	1896621	1991495	2026180
EEC	891892	1026800	1134184	1263133	1184884	CEE	1374653	1365861	1683858	1774784	1790220
EFTA	365863	424552	469621	458557	469456	AELE	141429	151245	177103	198355	204204
Oceania	x222751	x211225	x280965	x321444	x200917	Océanie	x113127	x76512	x104135	x135736	x121782
USA/Etats–Unis d'Amer	294750	1763402	2334941	2110070	1465706	USA/Etats–Unis d'Amer	808260	775873	839776	835676	867407
Former USSR/Anc. URSS	x93258	x665863	x62152	x224251		Netherlands/Pays–Bas	271551	277088	336181	380218	336668
United Kingdom	207560	303367	248136	299237	250105	Singapore/Singapour	285156	296492	337697	330927	348979
Australia/Australie	174846	188516	251775	292106	152180	Belgium–Luxembourg	260410	268174	328621	336847	378925
Belgium–Luxembourg	186042	190100	234913	253074	242026	United Kingdom	271447	263773	354470	313867	300549
Germany/Allemagne	170363	174826	221098	247824	216563	Germany/Allemagne	233250	241808	292847	320830	341360
Bulgaria/Bulgarie	x719394	x517817	x1800	x2451	x6557	Italy/Italie	233136	210063	266787	314262	322085
Netherlands/Pays–Bas	122202	119109	155091	157190	155151	Former USSR/Anc. URSS	x64728	x134714	x169846	x335016	
Former GDR	x1168798	x382127	x844			Canada	x63545	x95907	x127286	x117327	x136635
Canada	x115441	x92661	x143221	x143349	x168845	Sweden/Suède	81738	95677	119927	114362	118168
Thailand/Thaïlande	106785	95762	136156	145315	146556	Australia/Australie	111612	75778	102428	135723	121714
Finland/Finlande	48453	90237	127714	143570	152046	Hong Kong	60435	79783	83376	96166	128095
Japan/Japon	x87488	x127687	x114246	x109527	124744	China/Chine	64859	69275	81161	98968	72641
Mexico/Mexique	2232	x83495	112594	152053	122538	Netherlands Antilles	87811	80579		157424	
Austria/Autriche	116790	138831	108692	93696	70459	Saudi Arabia	x16855	x29147	x58160	x141461	x61438
Italy/Italie	85275	87028	93663	116847	97395	Japan/Japon	x55057	x56431	x56727	x67081	214010
Sweden/Suède	88784	91222	103436	94422	89986	United Arab Emirates	x118171		x86349	x77401	x39269
Singapore/Singapour	71495	67539	91990	118835	96115	Angola		x162093			
Hong Kong	54175	89940	93742	91193	128870	Spain/Espagne	65378	42182	55724	58534	58829
Malaysia/Malaisie	58277	63103	82828	93007	x114726	Venezuela	x29055	x30864	x34577	x48518	70
China/Chine	45795	71142	69522	80334	143764	Brunei Darussalam		x27230	x67720	x14250	
Norway,SVD,JM	57888	53964	69855	72974	77595	Yugoslavia SFR	37864	35537	35640	x18344	
Spain/Espagne	39661	53747	69218	71165	87459	Portugal	23873	25718	32131	30832	32213
India/Inde	x64407	x21988	x58929	x107815	x177009	Poland/Pologne	x12903	x16055	x33696	x35838	x30681
Switz.Liecht	53949	50297	59924	53895	70852	Mexico/Mexique	20141	x318	73780	10105	11623
Poland/Pologne	x85210	x26213	x64106	x70988	x74410	Austria/Autriche	26572	25872	23937	30037	43141
Brazil/Brésil	43498	33146	53376	43950	33905	Peru/Pérou	202	348	77477	0	x36
Algeria/Algérie	20361	39792	11725	66817	x3056	Finland/Finlande	22394	19910	18543	38962	21800
Nigeria/Nigéria	x19337	x24348	x24182	x63714	x40291	Czechoslovakia	x42082	x56302	x18013	x1445	x1445
Denmark/Danemark			49772	52158		Brazil/Brésil	31872	20562	17823	28032	29774
United Arab Emirates	x77349	x20048	x37389	x40782	x57444	Kuwait/Koweït	x54897	1897	x44582	0	x196
Portugal	25253	23502	32507	38363	38411	Bulgaria/Bulgarie	x22541	x41231	x2045	x276	x540
Iran (Islamic Rp. of)	x34143	x25321	x19915	x35538	x44798	Romania/Roumanie	x23959	x25880	x9307	x4209	x3102
Ireland/Irlande	25898	23094	29785	27276	25682	So. Africa Customs Un	x12390	x4061	x7253	x25493	x21457
Yugoslavia SFR	37722	29553	31125	x18495		Greece/Grèce	14330		36217		x17501
Egypt/Egypte	22130	19892	30007	24396	18284	Denmark/Danemark			15530	17966	
Venezuela	12988	5634	x8382	56872	38271	Libyan Arab Jamahiriya		x15710	x2	x15560	x1972
Saudi Arabia	x21737	x20128	x21490	x24954	x19460	Morocco/Maroc	10790	8094	8553	13589	14320
Senegal/Sénégal		52450	11998	x1263	x1063	Hungary/Hongrie			x12596	x17493	x17108
Indonesia/Indonésie	60289	64136				Argentina/Argentine	6669	7262	7104	x14548	x13736
Peru/Pérou	19166	15290	19616	25580	x26954	India/Inde	x146	x12026	x8053	x4754	x4016
Zimbabwe	11544	x2335	23396	29102	x1007	Bahrain/Bahreïn	x12248	x2242	x5240	x16651	x1
Chile/Chili	700	1538	x20333	x31101	x33882	Switz.Liecht	7670	6895	7341	7728	13818
Greece/Grèce	29636	52025			x72092	Thailand/Thaïlande	2797	4562	6363	9442	x30874
Libyan Arab Jamahiriya	12088	10315	9976	x30957	x57599	Norway,SVD,JM	3056	2892	7356	7265	7278
Costa Rica	13203	14776	17026	15880	x18460	Jamaica/Jamaïque	8955	8548	6039	x2790	x2412
Cuba	x13499	x14809	x9482	x19163	x9650	Trinidad and Tobago	1924	3101	3402	10794	22228
Dominican Republic	x7522	x12556	x11825	x17790	x15171	Syrian Arab Republic			918	x13179	x17614
Kuwait/Koweït	x9871	24446	x7362	x10499	x5393	Iraq	x9558	x12878	x186	x511	x3297
Argentina/Argentine	19188	8524	11182	20518	x32196	Qatar	x101122	x13461	1	1	

(VALUE AS % OF TOTAL)(VALEUR EN % DU TOTAL)

	1983	1984	1985	1986	1987	1988	1989	1990	1991	1992		1983	1984	1985	1986	1987	1988	1989	1990	1991	1992
Africa	x10.7	x7.9	x7.6	x10.7	x4.7	x6.4	x4.2	x4.4	x5.5	x4.8	Afrique	x1.3	x1.5	1.2	x1.4	x1.1	x1.1	x5.4	x0.9	x1.3	x20.3
Northern Africa	x5.2	x4.2	x2.8	x3.4	x1.5	x2.4	x1.3	x1.3	x2.4	x1.9	Afrique du Nord	0.0	0.3	0.4	0.2	0.3	0.3	x0.7	0.3	x0.7	x19.8
Americas	x15.5	x26.9	x31.9	x28.4	x10.9	x11.8	x33.0	x47.3	x42.5	x37.5	Amériques	x25.5	x32.3	x34.3	x25.5	x24.4	x28.3	x27.7	x27.6	x26.4	x21.2
LAIA	x1.7	x6.0	6.8	x5.2	x2.5	x2.4	x2.6	x4.2	5.9	x6.4	ALAI	0.0	11.9	14.0	x3.4	x3.6	x2.4	x1.7	x4.9	x2.4	x2.0
CACM	x1.1	x0.7	x1.0	x0.9	0.5	0.8	0.6	0.7	0.7	x1.2	MCAC	x0.0	0.0	0.0	0.0	0.1	x0.1	x0.1	x0.1	0.1	x0.1
Asia	x33.4	x25.4	x20.1	x18.9	x10.8	x14.9	x11.9	x13.9	x15.2	x22.1	Asie	x14.8	x13.9	10.6	13.6	13.9	x21.3	x16.5	x19.7	x18.6	x17.8
Middle East	x9.7	x11.5	x11.5	x9.5	x3.5	x4.0	x2.1	x2.2	x2.9	x4.0	Moyen–Orient	x1.9	x2.8	x0.7	x0.4	x1.0	x8.6	x1.7	x4.7	x5.4	x2.3
Europe	39.0	38.2	38.7	40.4	22.4	23.9	22.9	27.3	26.7	30.0	Europe	55.8	49.5	51.6	57.3	48.2	41.4	41.2	43.8	42.3	37.5
EEC	29.6	28.8	28.3	30.1	16.1	16.4	15.8	18.8	19.3	20.8	CEE	52.2	45.8	47.6	52.9	44.7	36.6	36.3	38.8	37.7	33.1
EFTA	x9.3	x8.6	x9.5	x9.6	x6.0	6.7	6.5	7.8	7.0	8.2	AELE	x3.6	x2.8	x3.2	x4.3	x3.4	3.8	4.0	4.1	4.3	3.8
Oceania	1.6	x1.6	x1.6	x1.7	x1.0	x4.1	x3.2	x4.7	x4.9	x3.6	Océanie	2.6	2.7	2.4	x2.2	2.1	x3.0	x2.0	x2.4	x2.9	x2.3
USA/Etats–Unis d'Amer	6.9	14.2	17.8	16.1	3.9	5.4	27.2	38.8	32.3	25.7	USA/Etats–Unis d'Amer	19.9	16.1	15.7	20.0	19.1	21.5	20.6	19.4	17.8	16.1
Former USSR/Anc. URSS					x8.3	x1.7	x10.3	x1.0	x3.4		Netherlands/Pays–Bas	9.4	8.1	7.7	8.3	6.6	7.2	7.4	7.8	8.1	6.2
United Kingdom	10.8	8.8	8.6	7.8	4.6	3.8	4.7	4.1	4.6	4.4	Singapore/Singapour	x8.0	x6.5	5.5	6.9	6.1	7.6	7.9	7.8	6.9	6.5
Australia/Australie	0.5	0.5	0.5	0.6	0.4	3.2	2.9	4.2	4.5	2.7	Belgium–Luxembourg	6.7	5.8	5.9	7.8	7.0	6.9	7.1	7.6	7.2	7.0
Belgium–Luxembourg	4.9	5.0	5.2	4.9	2.4	3.4	2.9	3.9	3.9	4.2	United Kingdom	7.5	8.3	9.3	9.5	7.0	7.2	7.0	8.2	6.7	6.7
Germany/Allemagne	3.4	3.5	3.7	5.0	2.4	3.1	2.7	3.7	3.8	3.8	Germany/Allemagne	6.4	5.7	5.9	6.7	6.0	6.2	6.4	6.8	6.8	6.3
Bulgaria/Bulgarie					x6.1	x13.2	x8.0	x0.0	x0.0	x0.1	Italy/Italie	7.7	6.1	5.0	5.6	5.7	6.2	5.6	6.2	6.7	6.0
Netherlands/Pays–Bas	3.4	4.2	3.5	3.4	1.5	2.2	1.8	2.6	2.4	2.7	Former USSR/Anc. URSS				x6.6	x1.7	x3.8	x3.9	x7.1		
Former GDR					x7.5	x21.4	x5.9	x0.0			Canada	x0.4	x0.6	x0.8	x0.9	x0.6	x1.7	x2.5	x2.9	x2.5	x2.5
Canada	1.9	1.7	2.2	2.7	2.4	x2.1	x1.4	x2.4	x2.2	x3.0	Sweden/Suède	1.8	1.4	1.7	2.2	1.8	2.2	2.5	2.8	2.4	2.2

3352 MINERAL TARS AND PRODCTS / GOUDRONS MINERAUX 3352

TRADE BY COMMODITY IN THOUSAND U.S. DOLLARS – COMMERCE PAR PRODUIT EN MILLIERS DE DOLLARS E.U

COUNTRIES–PAYS	IMPORTS – IMPORTATIONS					COUNTRIES–PAYS	EXPORTS – EXPORTATIONS				
	1988	1989	1990	1991	1992		1988	1989	1990	1991	1992
Total	1892417	2673606	2871468	2282652	2283400	Totale	x1741940	x1860954	x2446472	x1929672	x1762760
Africa	x10554	x15226	x15495	x18641	x12072	Afrique	x52361	x73709	x90621	x83186	x216665
Northern Africa	5260	6375	3877	4302	2378	Afrique du Nord	x47692	x61382	x79038	x77052	x211223
Americas	39913	308869	377185	298411	532306	Amériques	85897	425045	520329	x366833	x326473
LAIA	16016	40968	72053	142880	414228	ALAI	24743	18162	31200	x77684	x48395
CACM	408	267	376	346	x1527	MCAC	x21	8	x24	6	4
Asia	729673	995399	954464	679223	x577071	Asie	x827713	x378636	x592603	x329877	x359088
Middle East	x3618	x8111	x8590	x6944	x13563	Moyen–Orient	x294129	x74424	x221199	x81199	x169342
Europe	944476	1215223	1473499	1254385	1146576	Europe	641462	797504	1055437	952975	777444
EEC	900719	1165739	1409976	1203652	1085742	CEE	566232	721920	933549	874394	712560
EFTA	39076	42554	55086	48280	50341	AELE	57277	55849	81627	76002	60303
Oceania	x15081	x14238	x14404	x21021	x8784	Océanie	8815	13829	20814	24851	20684
Japan/Japon	577343	811625	747321	464400	359396	USA/Etats–Unis d'Amer	30177	382367	373849	252626	243359
Netherlands/Pays–Bas	293322	393705	457007	429307	385649	Netherlands/Pays–Bas	166128	201838	292669	291587	260699
Germany/Allemagne	303825	329517	444244	382680	327459	Spain/Espagne	98999	135899	172251	132551	126782
USA/Etats–Unis d'Amer	19409	260815	295872	137282	101437	Singapore/Singapour	156392	164446	180835	58413	40975
Italy/Italie	108588	149340	147690	140634	112681	Belgium–Luxembourg	97946	95697	105771	131165	96745
France, Monac	37527	101116	125926	115155	97047	Former USSR/Anc. URSS	x65817	x86187	x80085	x108874	
Korea Republic	47978	80424	95352	78002	80162	Germany/Allemagne	73875	87198	92061	75804	50891
Spain/Espagne	37165	67007	85485	69972	40600	United Arab Emirates	x260935		x136586	x80742	x62365
Brazil/Brésil	1976	27846	47146	108273	374926	Libyan Arab Jamahiriya	x45404	x59355	x76392	x74126	x20209
United Kingdom	57755	60906	79085	18101	89346	Portugal	46246	58179	89774	54795	46829
Belgium–Luxembourg	39221	43728	44795	31846	21399	China/Chine	31332	38792	78692	78221	42452
Israel/Israël	32146	47300	18443	34774	7205	Italy/Italie	17207	39847	60626	79883	36877
Sweden/Suède	16900	16654	27029	22814	20094	Canada	30927	24493	115254	36503	23882
Romania/Roumanie	x2833	33938	22938	999	x159	France, Monac	18393	56820	56624	61579	54406
Thailand/Thaïlande	9465	11012	15736	24717	31385	United Kingdom	36887	37407	48271	46599	38369
Singapore/Singapour	3559	12323	19416	13769	20886	Korea Republic	25606	35686	43181	41443	63297
Former GDR	x8850	x44632	x120			Sweden/Suède	33119	27532	46457	45065	33660
Denmark/Danemark	18511	16005	19433	5174	5840	Kuwait/Koweït	x24410	x68262	x47071		
Australia/Australie	12837	10443	10849	18715	7927	Japan/Japon	20341	24778	31004	23847	26013
Malaysia/Malaisie	14902	10933	11225	9991	x7224	Poland/Pologne	x12457	x19632	x29558	x24872	x27788
Indonesia/Indonésie	2561	4992	13189	13590	17945	Yugoslavia SFR	17944	19735	40261	x2579	20661
Czechoslovakia	x113	14665	10048	x4726	x4218	Australia/Australie	8087	13558	20744	24818	
Venezuela	5590	2490	10756	16192	19371	Czechoslovakia	x18150	x20168	x18302	x15544	x15508
Switz.Liecht	8805	9902	10499	8333	8204	Austria/Autriche	12385	15328	18595	17440	15087
Bulgaria/Bulgarie	x139953	x28247	x134	x337	155	Argentina/Argentine	17698	9772	21940	19259	19230
Austria/Autriche	6452	7390	7991	9403	6574	Venezuela	606	533	61	x48294	x11194
Argentina/Argentine	2732	5025	7545	8352	9675	Sri Lanka	10382	0	14665	27754	13284
Canada	2918	4962	6262			Hungary/Hongrie			x21812	x19598	x17285
India/Inde	13153	x2620	10324	7284	x11199	Norway,SVD,JM	9582	11523	14606	12053	9573
Philippines	8207		6499	12647	16149	Saudi Arabia	9	3	x33341	x45	x106439
Yugoslavia SFR	4598	6832	8261	x2379		So. Africa Customs Un	x3063	x12311	x11183	x6066	x5439
Mexico/Mexique	3937	3987	4631	7247	9470	Malaysia/Malaisie	3944	2633	8795	16554	x353
Finland/Finlande	3980	5451	5115	4411	3620	Bulgaria/Bulgarie	x13773	x14880	x9447	x1360	x1823
China/Chine	12463	2877	3010	8457	5834	Denmark/Danemark	10532	8972	15486	407	928
So. Africa Customs Un	16	875	68	x9700	x3902	Philippines	8496	x24383			
Equatorial Guinea	3128	4674	4738			Romania/Roumanie	x663	17238	1759	1703	
Norway,SVD,JM	2786	3004	3442	2640	3999	Former GDR	x14842	x13601	x5609		
Greece/Grèce	1671	1525	3224	3497	x1310	Israel/Israël	x7579	x11599	x6185	x1073	1
Portugal	1368	1066	1210	5415	2695	Brazil/Brésil	3823		5180	5045	6352	10537
Saudi Arabia	1765	1034	x3824	x2832	x2584	Mexico/Mexique	2526	2592	4065	3728	4257
United Arab Emirates	x890	x2692	x2111	x2218	x6374	Turkey/Turquie	3015	3730	4199	412	539
Ireland/Irlande	1765	1824	1878	1871	1715	Bangladesh	10569		6229		
Poland/Pologne	x454	x105	x2357	x2872	x1321	Algeria/Algérie	1999	1875	580	1846	x189097
Algeria/Algérie	2377	2120	1342	1367	x1	Finland/Finlande	1568	1215	1451	1081	1549
Egypt/Egypte	957	1248	1694	1869	1234	Egypt/Egypte	289	149	2063	1080	1914
Former USSR/Anc. URSS	x493	x3065	x250	x914		Bahrain/Bahreïn			x2421		
Bahamas	x2	x77	x95	x3903	x157	Pakistan	1345	1531	536	212	875
New Caledonia	x895	x1678	x2298	x31	x21	India/Inde	31	x27	493	1047	
Turkey/Turquie	508	876	1291	1374	1919	Switz.Liecht	619	251	516	363	433
Morocco/Maroc	678	2534	325	439	500	Albania/Albanie	x525	x98			x1

(VALUE AS % OF TOTAL)(VALEUR EN % DU TOTAL)

	1983	1984	1985	1986	1987	1988	1989	1990	1991	1992		1983	1984	1985	1986	1987	1988	1989	1990	1991	1992
Africa	x2.4	x1.5	0.8	x1.2	x0.5	x0.6	x0.5	x0.5	x0.8	x0.6	Afrique	x0.4	0.1	0.2	x0.8	x2.0	x3.0	x3.7	x3.7	x4.3	x12.3
Northern Africa	0.3	0.3	0.5	0.4	0.1	0.2	0.3	0.1	0.2	0.1	Afrique du Nord	0.3	0.1	0.2	0.5	x1.8	x2.7	x3.3	x3.2	x4.0	x12.0
Americas	6.7	8.3	8.3	5.6	x2.4	2.1	11.5	13.2	13.1	23.3	Amériques	31.7	15.4	19.2	x10.9	x8.6	4.9	22.9	21.3	x19.0	x18.6
LAIA	0.8	1.9	1.0	1.4	0.6	0.8	1.5	2.5	6.3	18.1	ALAI	1.1	1.3	2.2	x1.8	x1.2	1.4	1.0	1.3	x4.0	x2.7
CACM	x0.0	0.4	0.0	0.1	0.1	0.0	0.0	0.0	0.0	x0.1	MCAC	x0.0	0.0	0.0	x0.0	x0.0	0.0	x0.0	x0.0	x0.0	x0.0
Asia	14.0	15.9	15.7	27.2	27.7	38.6	37.2	33.3	29.8	x25.3	Asie	7.9	49.5	27.7	32.5	35.3	x47.5	x20.3	x24.2	x17.1	x20.4
Middle East	x0.2	x0.3	x0.4	x0.6	0.4	x0.2	x0.3	0.3	x0.3	x0.6	Moyen–Orient	x0.0	32.0	x0.3	x1.6	x4.0	x16.9	x4.0	x9.0	x4.2	x9.6
Europe	75.1	72.1	73.0	64.1	61.0	49.9	45.5	51.3	55.0	50.2	Europe	59.9	34.8	52.6	55.4	43.9	36.8	42.9	43.1	49.4	44.1
EEC	72.1	68.3	67.6	61.3	59.3	47.6	43.6	49.1	52.7	47.5	CEE	54.8	31.2	47.0	50.0	40.1	32.5	38.8	38.2	45.3	40.4
EFTA	3.0	4.0	4.6	2.6	1.6	2.1	1.6	1.9	2.1	2.2	AELE	5.0	2.4	3.5	3.8	3.1	3.1	3.0	3.3	3.9	3.4
Oceania	1.8	x2.1	x2.3	x1.9	x0.8	x0.8	x0.5	x0.5	x1.0	x0.4	Océanie	0.2	0.2	0.2	0.5	0.3	0.5	0.7	0.9	1.3	1.2
Japan/Japon	10.0	9.8	7.1	18.3	19.6	30.5	30.4	26.0	20.3	15.7	USA/Etats–Unis d'Amer	1.5	1.3	1.2	1.8	1.3	1.7	20.5	15.3	13.1	13.8
Netherlands/Pays–Bas	17.7	20.5	4.0	17.1	14.6	15.5	14.7	15.9	18.8	16.9	Netherlands/Pays–Bas	20.5	10.9	15.9	16.1	12.6	9.5	10.8	12.0	15.1	14.8
Germany/Allemagne	30.5	23.0	31.6	22.4	15.8	16.1	12.3	15.5	16.8	14.3	Spain/Espagne	7.3	5.3	8.2	4.6	6.8	5.7	7.3	7.0	6.9	7.2
USA/Etats–Unis d'Amer	4.4	3.6	4.5	2.5	0.9	1.0	9.8	10.3	6.0	4.4	Singapore/Singapour	1.4	1.1	1.8	5.9	6.6	9.0	6.8	7.4	3.0	2.3
Italy/Italie	6.8	6.3	13.3	6.2	16.5	5.7	5.6	5.1	6.2	4.9	Belgium–Luxembourg	5.6	3.3	5.2	7.6	5.1	5.6	5.1	4.3	6.8	5.5
France,Monac	8.4	8.6	10.7	6.5	4.9	2.0	3.8	4.4	5.0	4.3	Former USSR/Anc. URSS					x5.5	x3.8	x3.3	x3.3	x5.6	
Korea Republic	1.6	3.6	4.2	3.1	1.7	2.5	3.0	3.3	3.4	3.5	Germany/Allemagne	8.7	5.0	7.2	6.1	4.9	4.2	4.7	3.8	3.9	2.9
Spain/Espagne	1.2	1.2	1.8	1.5	1.6	2.0	2.5	3.0	3.1	1.8	United Arab Emirates	x0.0	x0.0	x0.0	x0.0	x3.1	x15.0		x5.6	x4.2	x3.5
Brazil/Brésil		0.2	0.2	0.4	0.1	0.1	1.0	1.6	4.7	16.4	Libyan Arab Jamahiriya					x1.5	x2.6	x3.2	x3.1	x3.8	x1.1
United Kingdom	3.3	3.9	3.9	2.8	2.6	3.1	2.3	2.8	0.8	3.9	Portugal	2.3	0.9	0.9	1.7	1.4	2.7	3.1	3.7	2.8	2.7

3354 PETROLM BITUMEN, COKE ETC / BITUME, COKE DE PETROLE 3354

TRADE BY COMMODITY IN THOUSAND U.S. DOLLARS – COMMERCE PAR PRODUIT EN MILLIERS DE DOLLARS E.U

IMPORTS – IMPORTATIONS

COUNTRIES–PAYS	1988	1989	1990	1991	1992
Total	x2509671	x2631247	2624230	2499227	2155565
Africa	x112100	x79545	x94248	x147255	x62047
Northern Africa	x65143	39724	12767	71252	x23390
Americas	438616	345110	338949	353615	323674
LAIA	68819	80488	101555	131164	111913
CACM	734	493	955	659	x522
Asia	x420829	x496763	x523464	x544444	x545688
Middle East	x70059	x76406	x111598	x97989	x112738
Europe	1077368	1225862	1426254	1268887	1123097
EEC	868477	981645	1142011	1034854	920826
EFTA	187150	216494	243910	207134	182954
Oceania	x101958	x147279	x207206	x112670	x87947
Japan/Japon	251327	286156	281948	290420	238811
Germany/Allemagne	160665	200613	222412	196138	183232
Italy/Italie	175558	180792	219101	171679	126125
France, Monac	159834	176567	203104	189689	159444
Canada	101780	173298	160052	130713	117326
Spain/Espagne	99017	107862	118710	110753	97393
Netherlands/Pays–Bas	76802	96685	117164	102332	88872
Australia/Australie	56790	90362	132291	87156	73855
Former USSR/Anc. URSS	x12573	x215366	x28806	x63727	x57252
Norway, SVD, JM	51944	72006	90345	80831	67532
United Kingdom	65371	73467	82541	78002	103695
USA/Etats–Unis d'Amer	255821	80889	67445	80669	84180
Belgium–Luxembourg	46890	55621	67591	64286	63666
Indonesia/Indonésie	34717	62506	46933	60495	59598
Austria/Autriche	55687	54839	62081	42165	33898
Switz.Liecht	37978	43035	49819	47233	42532
Denmark/Danemark	41663	42310	43478	40747	40363
Turkey/Turquie	41454	23177	50979	46791	68579
Brazil/Brésil	20014	27756	36704	55961	43682
Algeria/Algérie	37598	31112	7707	61629	x10539
Venezuela	18395	18894	34039	42523	28923
Yugoslavia SFR	18612	22479	39563	x25255	
Former GDR	x277693	x85480	x563		
Sweden/Suède	30444	33446	26495	25636	25137
Mexico/Mexique	26252	27971	26992	27008	27678
New Caledonia	x28653	x33624	x40026	x1283	x626
Portugal	22837	22158	20625	30677	26953
Ireland/Irlande	10816	16177	24140	28443	23786
New Zealand	13925	21580	28533	18474	10353
Greece/Grèce	9025	9395	23144	22110	x7296
United Arab Emirates	x12560	x19501	x17369	x13352	x13803
So. Africa Customs Un	13664	14967	18298	12740	x6858
Bahrain/Bahreïn	x7602	x11160	x20548	x12108	x12518
Malaysia/Malaisie	7154	10022	16830	15392	x17360
Korea Republic	12412	11725	10410	17107	
China/Chine	21865	18802	10799	3800	24022
Ghana			x19698	x13701	20220
Finland/Finlande	8665	10825	12030	9218	x5538
Bulgaria/Bulgarie	x41752	x29854	x25	x184	11403
Israel/Israël	2937	4411	6509	17770	1761
Cameroon/Cameroun	x3831	4938	2919	20468	2770
Hong Kong	6007	8910	8649	9729	x2790
Iran (Islamic Rp. of)	x3250	x3913	x12329	5451	9730
Thailand/Thaïlande	2573	4848	8308	8012	x3747
India/Inde	x1768	x289	7962	10383	14694
Singapore/Singapour	4382	3823	6318	4831	x27511
Lebanon/Liban			x2936	x11352	5159
Tunisia/Tunisie	4113	5446	2573	5440	x5761
Kuwait/Koweït	x423	11695	x431	x57	7274
Kenya	6927	x1740	5671	x3873	x337

EXPORTS – EXPORTATIONS

COUNTRIES–PAYS	1988	1989	1990	1991	1992
Totale	1848493	1908937	2050254	2072105	1666410
Afrique	x25134	x5232	x29246	x34169	x18189
Afrique du Nord	7392	1158	15241	26	x1807
Amériques	x971826	x1055863	x1117121	x1105184	766899
ALAI	x125593	x60212	x43080	x85082	44702
MCAC	58	33	x206	46	x154
Asie	290815	229081	x195316	x138309	181350
Moyen–Orient	144293	118126	x45632	x18954	x11997
Europe	482632	523683	634635	738128	677971
CEE	408524	447316	530960	658354	587913
AELE	64296	67390	86133	74366	76360
Océanie	712	x1110	x2323	1808	697
USA/Etats–Unis d'Amer	756132	919455	1032205	926339	671459
Germany/Allemagne	150287	178410	210633	184248	179530
Spain/Espagne	80427	73585	77729	102913	56600
Belgium–Luxembourg	60610	72457	94204	87327	79496
United Kingdom	25655	20480	20270	151154	130869
Singapore/Singapour	71334	53045	71089	49707	71715
France, Monac	38353	41339	59914	60154	78540
Netherlands/Pays–Bas	36390	42211	47597	48482	42719
Canada	50365	30765	40830	54082	49670
Former USSR/Anc. URSS	x44860	x61038	x31175	x32377	
Venezuela	x116371	x37837	x20428	x51215	4
Sweden/Suède	31704	36226	37302	35789	46208
Saudi Arabia	139601	81785	x9313	x2124	x3604
Argentina/Argentine	36922	32891	31603	23968	34879
Netherlands Antilles	38002	44582		38499	
Argentina/Argentine	5083	17073	21596	27458	30526
China/Chine	8127	13086	20693	24533	31432
Norway, SVD, JM	14754	13518	28018	16203	15217
Kuwait/Koweït	x126	29134	x20792	x64	x977
Italy/Italie	13222	13621	14345	18373	17158
So. Africa Customs Un	x5775	x3089	x9907	x26386	x11106
Syrian Arab Republic	1574	5245	13033	x14705	x6445
Yugoslavia SFR	9807	8968	17441	x5399	
Indonesia/Indonésie	22437	6278	13212	8664	10821
Albania/Albanie	x11984	x14665	x10448	x62	x80
Hungary/Hongrie			x13915	x10317	x10624
Austria/Autriche	5579	6265	7495	9624	5112
Finland/Finlande	7634	7149	8744	6594	3569
Romania/Roumanie	x6814	9282	7657	3586	x3828
Korea Republic	2524	1458	7081	7935	5658
Algeria/Algérie		x5	15207	0	x664
Czechoslovakia	x1715	x3583	x3902	x7083	x6305
Switz.Liecht	3976	4231	4346	5384	5200
Greece/Grèce	1244	3114	3584	2950	x771
Brazil/Brésil	793	4855	142	3923	8833
Bulgaria/Bulgarie	x7753	x2153	x3138	x423	x190
Turkey/Turquie	2727	1758	2257	1648	417
Pakistan	3364	1205	2703	1739	6621
Myanmar	x654	x1822	x1758	x1647	x877
Denmark/Danemark	1925	1482	1641	1765	1430
Nigeria/Nigéria	x42	x16	x10	x4682	x3421
Cote d'Ivoire	x9608	x507	x1347	x1499	x402
Former GDR	x4136	x2686	x350		
New Zealand	276	528	1616	697	319
Kenya	1902		2478	0	
Trinidad and Tobago	1549	551	785	1025	488
Poland/Pologne	x112	x560	x1027	x661	x275
Chile/Chili	6	34	61	2139	x2459
Australia/Australie	434	501	620	1110	378
Portugal	357	485	691	696	780

(VALUE AS % OF TOTAL)(VALEUR EN % DU TOTAL)

	1983	1984	1985	1986	1987	1988	1989	1990	1991	1992
Africa	x7.8	x5.8	x4.6	x10.0	x3.5	x4.4	x3.1	x3.6	x5.9	x2.9
Northern Africa	x5.2	x3.2	2.4	6.7	1.2	x2.6	1.5	0.5	2.9	x1.1
Americas	x22.2	24.4	27.3	x21.6	x17.7	17.4	13.2	12.9	14.2	15.0
LAIA	0.6	2.2	2.4	x3.2	x2.6	2.7	3.1	3.9	5.2	5.2
CACM	x0.0			x0.1	x0.1	0.0	0.0	0.0	0.0	x0.0
Asia	x16.6	x16.5	x18.5	x16.5	x13.0	x16.7	x18.8	x20.0	x21.8	x25.3
Middle East	x2.6	x3.2	x4.3	x3.5	x2.1	x2.8	x2.9	x4.3	x3.9	x5.2
Europe	51.3	50.9	47.3	48.9	41.0	42.9	46.6	54.3	50.8	52.1
EEC	41.3	40.4	37.7	39.4	33.0	34.6	37.3	43.5	41.4	42.7
EFTA	10.0	9.7	9.0	9.1	7.6	7.5	8.2	9.3	8.3	8.5
Oceania	x2.2	x2.6	x2.3	x3.0	x2.0	x4.0	x5.6	x7.9	x4.5	x4.1
Japan/Japon	9.6	9.2	10.0	8.8	7.4	10.0	10.9	10.7	11.6	11.1
Germany/Allemagne	6.3	7.9	6.5	7.5	6.0	6.4	7.6	8.5	7.8	8.5
Italy/Italie	8.0	9.4	10.3	7.9	7.4	7.0	6.9	8.3	6.9	5.9
France, Monac	7.7	6.0	5.1	7.0	5.9	6.4	6.7	7.7	7.6	7.4
Canada	2.8	3.5	3.0	3.6	3.2	4.1	6.6	6.1	5.2	5.4
Spain/Espagne	5.4	4.2	3.4	4.1	3.1	3.9	4.1	4.5	4.4	4.5
Netherlands/Pays–Bas	3.9	3.3	2.9	3.6	2.7	3.1	3.7	4.5	4.1	4.1
Australia/Australie	1.5	1.9	1.5	2.1	1.5	2.3	3.4	5.0	3.5	3.4
Former USSR/Anc. URSS					x4.8	x0.5	x8.2	x1.1	x2.5	
Norway, SVD, JM	3.2	3.5	3.0	2.9	2.6	2.1	2.7	3.4	3.2	3.1

	1983	1984	1985	1986	1987	1988	1989	1990	1991	1992
Afrique	1.0	x0.6	1.0	x0.8	0.8	x1.3	x0.3	x1.4	x1.7	x1.1
Afrique du Nord	0.0		0.1	0.0	0.0	0.4	0.1	0.7	0.0	x0.1
Amériques	44.3	x51.1	x50.0	x60.1	x52.5	52.5	x55.3	x54.5	x53.3	46.0
ALAI	1.2	x10.2	x10.5	x9.8	x8.4	6.8	x3.2	x2.1	x4.1	2.7
MCAC			x0.0	x0.1	0.0	0.0	0.0	0.0	0.0	0.0
Asie	x10.8	x11.0	14.6	6.2	6.3	15.7	12.0	x9.5	x6.7	10.9
Moyen–Orient	x6.8	x5.8	x2.5	x1.1	x0.8	7.8	6.2	x2.2	x0.9	x0.7
Europe	43.8	37.3	34.4	32.7	35.5	26.1	27.4	31.0	35.6	40.7
CEE	40.7	31.9	28.9	28.2	30.2	22.1	23.4	25.9	31.8	35.3
AELE	3.1	3.6	3.9	3.7	x2.3	3.5	3.5	4.2	3.6	4.6
Océanie	0.1		x0.0		x0.0		x0.1	x0.1	0.1	
USA/Etats–Unis d'Amer	40.8	35.5	34.3	46.7	39.1	40.9	48.2	50.3	44.7	40.3
Germany/Allemagne	6.9	5.9	6.7	7.5	7.9	8.1	9.3	10.3	8.9	10.8
Spain/Espagne	6.5	5.1	5.3	2.8	4.4	4.4	3.9	3.8	5.0	3.4
Belgium–Luxembourg	4.4	2.4	2.8	3.7	3.3	3.3	3.8	4.6	4.2	4.8
United Kingdom	10.7	10.3	8.1	7.6	7.6	1.4	1.1	1.0	7.3	7.9
Singapore/Singapour	2.6	3.9	10.5	2.8	2.4	3.9	2.8	3.5	2.4	4.3
France, Monac	2.8	1.9	1.6	2.4	2.7	2.1	2.2	2.9	2.9	4.7
Netherlands/Pays–Bas	6.9	4.7	2.9	3.0	3.1	2.0	2.2	2.3	2.3	2.6
Canada	2.3	2.6	3.0	2.0		1.9	2.7	1.6	2.0	3.0
Former USSR/Anc. URSS					x2.6	x2.4	x3.2	x1.5	x1.6	

33542 PETROLEUM COKE / COKE DE PETROLE 33542

TRADE BY COMMODITY IN THOUSAND U.S. DOLLARS – COMMERCE PAR PRODUIT EN MILLIERS DE DOLLARS E.U

IMPORTS – IMPORTATIONS

COUNTRIES–PAYS	1988	1989	1990	1991	1992
Total	1343101	1722372	1803833	1639406	1274910
Africa	x25329	x28725	x45269	x43324	x18370
Northern Africa	x8349	x8372	x5060	x5409	3630
Americas	161732	221532	226018	222841	190363
LAIA	63366	73838	95632	116141	90635
CACM	x128	x37	x9	x275	x20
Asia	x312973	x342567	x394021	x390784	x354021
Middle East	x41696	x47927	x96825	x73475	x98125
Europe	707321	809472	955816	816826	626498
EEC	610041	699351	816256	711971	554551
EFTA	78902	88036	102680	83045	63163
Oceania	68690	106875	150932	x103979	82168
Japan/Japon	232755	256968	253708	258599	197679
Italy/Italie	137360	154625	196161	149823	100077
Germany/Allemagne	116909	153371	157395	133533	115796
France,Monac	114053	118063	133675	130280	99725
Australia/Australie	54993	85644	125299	85814	72195
Former USSR/Anc. URSS	x12223	x195822	x28286	x60873	
Canada	72625	97395	102007	85502	75058
Spain/Espagne	79288	93153	98848	84851	61900
Netherlands/Pays–Bas	55335	72422	89087	81455	68091
Norway,SVD,JM	35402	45330	63078	51822	39796
United Kingdom	52296	50419	60299	43121	42308
Brazil/Brésil	20011	27586	36426	55865	43163
Turkey/Turquie	23751	18419	50136	42814	67776
Belgium–Luxembourg	26809	30631	36861	39403	36972
USA/États–Unis d'Amer	24432	49945	27731	20231	24137
Venezuela	17484	18075	32813	35296	24189
Yugoslavia SFR	18378	22085	36880	x21810	
Mexico/Mexique	24893	26477	24961	23048	21447
New Zealand	13696	21231	25633	18165	9973
Greece/Grèce	8656	9022	22909	21672	x6507
United Arab Emirates	x9573	x17281	x15934	x12373	x12422
So. Africa Customs Un	13398	14660	18203	x12559	x6755
Austria/Autriche	17320	15873	16989	10951	7877
Bahrain/Bahreïn	x7440	x11007	x20358	x11993	x12321
Denmark/Danemark	17676	12255	12786	15535	11991
Korea Republic	11607	10534	9589	13969	12946
Ghana			x19082	x13345	x5334
Sweden/Suède	16543	13806	8128	9599	8926
Switz.Liecht	7434	9911	10983	8335	6081
Israel/Israël	2757	4302	6433	17684	2653
Indonesia/Indonésie	5827	8544	10063	8398	6724
Ireland/Irlande	1512	2920	7894	11920	8696
Cameroon/Cameroun	x3535	x5687	x2457	11989	x2651
India/Inde	x1335	x255	7614	10383	x25652
Egypt/Egypte	x8181	x7885	x4833	x4430	40
Bulgaria/Bulgarie	x28717	x15945			23
China/Chine	14788	10489	2879	633	926
Iran (Islamic Rp. of)	x721	x1056	x8518	x2583	x2974
Finland/Finlande	2203	3117	3496	2332	477
Singapore/Singapour	1969	2305	3812	2438	2500
Philippines			670	3573	5542
Portugal	148	2470	341	378	2488
Chile/Chili	659	1335	755	990	x346
Lebanon/Liban			x1769	x1253	x712
Czechoslovakia	x628	1434	972	x458	x2302
Saudi Arabia	x174	97	x73	x2361	x1599
Thailand/Thaïlande	119	663	786	795	551
Malaysia/Malaisie	120	437	719	368	x431
Korea Dem People's Rp		x137	x916	x468	x282
Poland/Pologne			x1169	x204	x998

EXPORTS – EXPORTATIONS

COUNTRIES–PAYS	1988	1989	1990	1991	1992
Totale	931761	1176031	1309649	1301056	963760
Afrique	x6689	x1328	x4484	x17960	x1976
Afrique du Nord	6449	1093	8	24	x1323
Amériques	741316	915519	x1021044	922781	659934
ALAI	2860	22023	x27736	28561	33923
MCAC			x190		
Asie	41445	82055	x94055	x65777	x72905
Moyen–Orient	1302	32149	x30339	x14663	x7436
Europe	90650	110384	152910	261152	225378
CEE	76282	97199	123936	242297	207332
AELE	14354	12229	28278	18266	17088
Océanie					
USA/Etats–Unis d'Amer	734411	888863	976828	877279	617351
Germany/Allemagne	60243	80811	102946	94071	78039
United Kingdom				131485	109160
Former USSR/Anc. URSS	x44846	x60973	x30971	x29767	
Japan/Japon	35183	31239	28200	19925	24921
Argentina/Argentine	2827	15995	20180	25174	25929
Norway,SVD,JM	13122	11457	26836	15974	14902
Kuwait/Koweït		28968	x20543		x960
China/Chine	4202	10015	14564	14457	18819
Canada	4045	4633	16289	16940	8660
Indonesia/Indonésie			6278	13182	10796
Syrian Arab Republic	1227	3174	9795	x14653	x6420
Spain/Espagne	5285	9086	10187	4335	5286
So. Africa Customs Un	x134	x232	x4476	x17504	x653
Belgium–Luxembourg	7931	6105	6198	8253	10801
Romania/Roumanie	x6814	x5596	x5566	3315	x3287
Korea Republic			5664	5905	4186
Brazil/Brésil	33	4286	5	3361	7882
Colombia/Colombie			x7488	x21	x46
France,Monac	613	829	3269	1585	2506
Myanmar	x654	x1822	x1758	x1647	x877
Italy/Italie	2210	356	834	2285	1369
Switz.Liecht	559	619	1038	1259	1371
Yugoslavia SFR	14	956	696	x589	
Venezuela		x1690	x1	x4	
Singapore/Singapour	84	405	332	565	390
Egypt/Egypte	6449	1093	8	24	909
Poland/Pologne			x109	x600	x231	x206
Former GDR	x833	x16			
Greece/Grèce			502	277	x171
Sweden/Suède	23	48	117	556	540
Austria/Autriche		105	59	477	276
Mozambique			x228	x418	
Iceland/Islande	x649		x186		
Nicaragua		x147			
Israel/Israël	x20				
Mexico/Mexique	0	52	61	2	66
Hungary/Hongrie				x4	x73	x73
Albania/Albanie		x33			
India/Inde			x17	x3	x127
Ireland/Irlande		12		7	
Saudi Arabia	3	7		x10	x57
Nigeria/Nigéria	x1			x14	
Costa Rica			x4		
Viet Nam				x4	
Cote d'Ivoire	x16	x4			
Panama			1	3	
Iran (Islamic Rp. of)	x3		x1		

(VALUE AS % OF TOTAL)(VALEUR EN % DU TOTAL)

	1983	1984	1985	1986	1987	1988	1989	1990	1991	1992		1983	1984	1985	1986	1987	1988	1989	1990	1991	1992
Africa	x2.9	x1.7	x2.2	x3.0	x2.7	x1.9	x1.7	x2.5	x2.7	x1.4	Afrique		x0.1	0.3	x0.1	0.1	x0.7	x0.1	x0.3	x1.3	x0.2
Northern Africa	0.2	x0.2	x0.0	0.2	x0.6	0.6	x0.5	0.3	0.3	0.3	Afrique du Nord			0.3		0.1	0.1	0.1	0.0	0.0	0.1
Americas	x9.6	12.1	11.2	x12.5	x11.7	12.0	12.9	12.5	13.5	15.0	Amériques	88.1	86.1	70.3	77.6	x69.7	79.6	77.8	x77.9	70.9	68.5
LAIA	1.0	3.6	4.3	x5.6	x4.9	4.7	4.3	5.3	7.1	7.1	ALAI	2.4	0.7	1.0	0.5	x0.4	0.3	1.9	x2.1	2.2	3.5
CACM	x0.0		x0.0	x0.0	x0.0	x0.0	x0.0	x0.0	x0.0	x0.0	MCAC								x0.0		
Asia	x21.7	x21.8	x26.5	x21.7	x19.7	x23.3	x19.9	x21.8	x23.9	x27.8	Asie	x2.2	x3.1	x5.8	x3.3	x4.0	4.5	7.0	x7.2	x5.0	x7.6
Middle East	x2.2	x3.1	x5.9	x4.7	x3.3	x3.1	x2.8	x5.4	x4.5	x7.7	Moyen–Orient	0.3	0.7	x3.2	0.5	x0.0	0.1	2.7	x2.3	x1.1	x0.8
Europe	61.8	59.9	56.5	58.0	50.2	52.7	47.0	53.0	49.8	49.1	Europe	9.8	10.8	23.7	17.4	21.0	9.7	9.4	11.7	20.1	23.4
EEC	54.8	51.9	49.5	50.7	44.5	45.4	40.6	45.3	43.4	43.5	CEE	8.4	9.1	22.5	17.4	19.6	8.2	8.3	9.5	18.6	21.5
EFTA	6.9	6.6	6.0	6.5	5.5	5.9	5.1	5.7	5.1	5.0	AELE	1.4	1.6	1.1	1.1	x1.4	1.5	1.0	2.2	1.4	1.8
Oceania	4.0	4.5	3.7	4.8	3.6	5.1	6.2	8.4	x6.3	6.4	Océanie				x0.2	x0.0					
Japan/Japon	18.7	17.3	18.9	15.4	14.2	17.3	14.9	14.1	15.8	15.5	USA/Etats–Unis d'Amer	85.7	85.4	69.3	76.3	68.9	78.8	75.5	74.6	67.4	64.1
Italy/Italie	12.8	12.9	14.6	11.1	10.6	10.2	9.0	10.9	9.1	7.8	Germany/Allemagne	5.3	5.2		4.5	4.5	4.7	4.5	4.9	7.2	8.1
Germany/Allemagne	8.2	9.8	8.8	9.9	8.4	8.7	8.5	8.9	8.7	8.1	9.1	United Kingdom			15.5	11.2	11.9				10.1	11.3
France,Monac	12.7	9.8	8.6	9.7	8.8	8.5	6.9	7.4	7.9	7.8	Former USSR/Anc. URSS					x4.7	x4.8	x5.2	x2.4	x2.3	
Australia/Australie	2.9	3.4	2.6	3.7	2.8	4.1	5.0	6.9	5.2	5.7	Japan/Japon	1.7	1.8	2.3	2.5	3.2	3.8	2.7	2.2	1.5	2.6
Former USSR/Anc. URSS					x0.9	x11.4	x1.6	x3.7			Argentina/Argentine	2.4	0.7	1.0	0.4	0.2	0.3	1.4	1.5	1.9	2.7
Canada	5.1	5.8	4.8	5.1	4.9	5.4	5.7	5.7	5.2	5.9	Norway,SVD,JM	1.4	1.5		1.0	1.0	1.1	1.4	1.0	2.0	1.5
Spain/Espagne	9.8	7.7	5.6	7.2	5.1	5.9	5.4	5.5	5.2	4.9	Kuwait/Koweït							2.5	x1.6		x0.1
Netherlands/Pays–Bas	4.1	4.1	3.7	4.0	3.6	4.1	4.2	4.9	5.0	5.3	China/Chine					0.5	0.5	0.9	1.1	1.1	2.0
Norway,SVD,JM	3.4	3.7	3.1	3.3	2.6	2.6	2.6	3.5	3.2	3.1	Canada				x0.7	x0.5	0.4	0.4	1.2	1.3	0.9

3413 PETROLM GASES, LIQUEFIED — GAZ DE PETROLE LIQUEFIE 3413

TRADE BY COMMODITY IN THOUSAND U.S. DOLLARS — COMMERCE PAR PRODUIT EN MILLIERS DE DOLLARS E.U

COUNTRIES–PAYS	1988	1989	1990	1991	1992	COUNTRIES–PAYS	1988	1989	1990	1991	1992
	IMPORTS – IMPORTATIONS						EXPORTS – EXPORTATIONS				
Total	12082438	13336924	17702404	20123789	19078438	Totale	x11100401	x10552601	x14360413	x18316112	x16257929
Africa	x157297	x199355	140840	x242567	x133199	Afrique	x2579118	x1820490	x2205464	x2974878	x2913354
Northern Africa	112772	141624	97594	190067	100230	Afrique du Nord	2550085	1792716	2165869	2937988	x2886705
Americas	1247790	1400312	1969236	2032110	x1852900	Amériques	x1179550	x1052656	x1497319	x1739104	x1407482
LAIA	305847	276650	389064	583943	647003	ALAI	x438835	x198282	x362151	x362808	x228241
CACM	20760	22103	x44842	44809	x27175	MCAC	x100	32	x52	x56	x45
Asia	7987419	8146020	10657358	12060287	12044374	Asie	x6045941	x6594833	x9263193	x10945556	x10544726
Middle East	221624	128885	229243	x302652	325017	Moyen-Orient	x2642183	x2243811	x3441772	x3908543	x4154387
Europe	2676150	2966061	4421492	5435228	4679515	Europe	749725	813560	1209944	1540060	1358942
EEC	2463289	2715514	4064853	5089714	4314813	CEE	610609	668977	957978	1270351	1065160
EFTA	200250	239353	340116	339919	349656	AELE	135982	139437	243086	262549	263950
Oceania	9570	11481	18455	x8259	x16476	Océanie	210	45065	1730	x4487	5890
Japan/Japon	7127895	7303867	9226770	10478955	10158991	Indonesia/Indonésie	2492617	2608682	3667293	4180495	4051987
France, Monac	962114	1020397	1411452	1777375	1455410	Algeria/Algérie	2451099	1684618	2040039	2567556	x2674000
USA/Etats-Unis d'Amer	789376	931218	1353269	1211127	1004616	Saudi Arabia	1188078	1021190	x2069066	x2512518	x2537186
Korea Republic	500627	550111	848947	933872	1157262	Malaysia/Malaisie	729270	795472	1009711	1218854	x1258278
Spain/Espagne	333036	401697	567129	886096	785520	Brunei Darussalam		x761301	x878923	x1276809	x866181
Belgium-Luxembourg	300427	396241	598333	702079	658445	United Arab Emirates	x929643	x761052	x954880	x1165121	x1160115
Italy/Italie	230925	271286	398056	510800	411147	Canada	530323	445624	652780	711666	617884
Romania/Roumanie	x598	610894	487366	1122	x1830	USA/Etats-Unis d'Amer	194865	394177	473483	613080	503721
Netherlands/Pays-Bas	245873	213821	406466	426009	324471	Former USSR/Anc. URSS	x482932	x157774	x133442	x1073387	
United Kingdom	171409	174920	316183	285727	266351	United Kingdom	244065	231506	312180	442365	408835
Germany/Allemagne	130479	155695	231413	309281	259119	Kuwait/Koweït	x373478	x350399	x266251	x6379	x152936
Brazil/Brésil	169697	100764	138791	285245	316249	France, Monac	85624	128628	185691	291858	264698
Mexico/Mexique	106815	147179	183835	187640	197967	Norway, SVD, JM	117757	118895	212058	230812	212920
Turkey/Turquie	180948	98819	184021	225341	254256	Mexico/Mexique	112329	97401	255270	198244	103648
Canada	82914	124057	114537	103639	84504	Netherlands/Pays-Bas	92293	111766	174580	200659	102016
Hungary/Hongrie	x244	x192	x502	335583	x785	Libyan Arab Jamahiriya	x95357	102676	118990	x234675	x201971
Sweden/Suède	58435	73443	130297	128456	137948	Thailand/Thaïlande	82763	78841	104289	159569	x6448
Portugal	65147	57465	103377	150907	119212	Germany/Allemagne	72211	84124	103380	119668	116841
Norway, SVD, JM	80250	78142	100105	108124	114331	Venezuela	x99283	x85060	x78920	x129224	x69465
Tunisia/Tunisie	78340	102670	29667	80342	31459	Qatar	x98532	60713	97403	125952	x183405
Morocco/Maroc	28548	34103	66236	90255	58982	Singapore/Singapour	66571	53924	72900	90569	83479
Finland/Finlande	33178	55159	57076	52926	53012	Belgium-Luxembourg	44738	51346	71844	65764	49027
Philippines	28116	x3464	70091	80756	117053	Italy/Italie	34539	34777	58943	77062	66694
Malaysia/Malaisie	31791	36069	52144	64691	x91021	Hong Kong	21549	x31331	49384	57524	76184
Hong Kong	35640	38517	48788	52551	62068	Egypt/Egypte	193	740	0	128724	5075
Thailand/Thaïlande	22412	57128	55722	19891	569	Angola	x26209	x19230	x31792	x23222	x6175
India/Inde	69	x3303	78578	47380	x5248	Bahrain/Bahreïn	x16717	x12117	x30122	x30283	x36978
Austria/Autriche	19718	23814	41272	37913	32644	Czechoslovakia	x18429	x22702	x21564	x16631	x13557
Chile/Chili	14701	14148	34989	51643	x31956	Iraq	x33427	x27540	x1092	x26647	x2511
China/Chine	6565	14550	27093	48411	83788	Spain/Espagne	15130	8244	22087	24784	17765
Ireland/Irlande	17347	17545	24204	33178	26102	Sweden/Suède	13855	15531	21982	16861	39972
Syrian Arab Republic	26070	14962	22139	x32834	x30594	Argentina/Argentine	5269	10273	13950	28540	44281
Guatemala	10819	13394	26942	29144	x17499	Greece/Grèce	9010	9321	13082	28345	x22450
Panama	14840	13520	21997	21153	19318	Korea Republic	232	4428	14933	26433	11336
Mauritius/Maurice	x28012	x32684	6776	9333	10624	Australia/Australie	21	44396	49	121	1416
Peru/Pérou	0	3209	15996	22157	x726	Turkey/Turquie	x1610	10576	22938	8464	11197
Paraguay	x3382	9516	11782	14042	16197	Hong Kong	6211	8766	15355	16421	23230
Jamaica/Jamaïque	8786	6389	16293	9757	x3634	Bulgaria/Bulgarie	x24058	x29329	x8881	x1561	x1239
Switz. Liecht	8249	8404	10766	11767	11094	Hungary/Hongrie	x16920	x11973	x14579	x9820	x10063
Reunion/Réunion	8625	7829	10099	10426	12489	Netherlands Antilles	9904	9404		26823	
Lebanon/Liban	x3977	x3666	x5069	x18072	x15464	Trinidad and Tobago	2378	3323	6348	19430	42071
Korea Dem People's Rp	x4428	x28	x8092	x16547	x16553	Denmark/Danemark	7329	5186	10656	12718	10217
Australia/Australie	2608	6366	12510	5724	11032	Iran (Islamic Rp. of)					
Senegal/Sénégal	x2118	7692	9842	x5878	x1508	Switz. Liecht		x1		x24489	x68739
Jordan/Jordanie	2872	2327	3861	16616	7148	Yugoslavia SFR	3928	4413	6251	11781	5557
Dominican Republic	x1661	x1883	x7006	x13009	x20152	Tunisia/Tunisie	3132	5146	8879	x7156	
Venezuela	33	16	1104	20304	40504	Japan/Japon	3437	4272	6839	7033	5660
Yugoslavia SFR	8866	8580	10960	x667		Ireland/Irlande	1449	5637	3848	5048	7055
El Salvador	3095	3209	x9596	5152	x1547	Poland/Pologne	x3456	x2905	x3722	x6722	x126
Macau/Macao	4227	4912	5516	6771	8467	So. Africa Customs Un	x1183	x6170	x3539	x3532	x3195

(VALUE AS % OF TOTAL)(VALEUR EN % DU TOTAL)

	1983	1984	1985	1986	1987	1988	1989	1990	1991	1992		1983	1984	1985	1986	1987	1988	1989	1990	1991	1992
Africa	x2.1	x1.0	1.4	x0.9	x1.1	x1.3	1.5	0.8	x1.2	x0.7	Afrique	17.4	14.8	15.9	x18.4	x12.7	x23.2	x17.3	15.3	16.2	x17.9
Northern Africa	1.4	0.7	1.3	0.7	1.0	0.9	1.1	0.6	0.9	0.5	Afrique du Nord	17.2	14.5	15.6	18.0	12.5	23.0	17.0	15.1	16.0	x17.8
Americas	x9.9	10.8	10.2	x11.5	x8.9	10.3	10.5	11.1	10.1	x9.7	Amériques	x30.0	25.3	x25.7	x24.9	x17.8	x10.6	x10.0	10.4	x9.5	x8.7
LAIA	0.1	2.0	2.8	x1.9	x1.7	2.5	2.1	2.2	2.9	3.4	ALAI	x0.4	1.9	x1.3	x2.1	x1.1	x4.0	x1.9	2.5	2.0	x1.4
CACM	x0.0	0.2	x0.0	x0.1	x0.0	0.2	0.2	x0.3	0.2	x0.1	MCAC		0.0			x0.0	x0.0	x0.0	x0.0	x0.0	x0.0
Asia	x62.0	x61.7	62.0	57.9	54.2	66.1	61.1	60.2	60.0	63.2	Asie	x40.8	51.6	x48.1	x45.5	x40.5	x54.5	x62.5	64.5	x59.7	x64.8
Middle East	x1.7	x2.2	1.0	0.8	0.9	1.8	1.0	1.3	x1.5	1.7	Moyen-Orient	x21.0	x19.8	x12.9	12.9	x14.7	x23.8	x21.3	24.0	x21.3	25.6
Europe	26.1	26.4	26.3	29.8	33.4	22.1	22.2	25.0	27.0	24.5	Europe	9.3	6.5	8.3	9.4	6.6	6.8	7.7	8.4	8.4	8.4
EEC	24.4	20.8	21.1	28.0	31.6	20.4	20.4	23.0	25.3	22.6	CEE	8.9	6.1	7.9	8.0	5.4	5.5	6.3	6.7	6.9	6.6
EFTA	1.7	1.9	1.2	1.7	1.8	1.7	1.8	1.9	1.7	1.8	AELE	0.4	0.4	0.4	1.2	0.9	1.2	1.3	1.7	1.4	1.6
Oceania	0.1	x0.1	x0.1	x0.1		0.1		0.1	x0.0	x0.1	Océanie	2.6	1.8		x1.8	1.1		0.4		x0.0	
Japan/Japon	57.8	57.4	59.5	55.6	49.9	59.0	54.8	52.1	52.1	53.2	Indonesia/Indonésie	16.7	19.5	21.6	24.8	15.4	22.5	24.7	25.5	22.8	24.9
France, Monac	10.3	9.0	8.5	8.8	7.6	8.0	7.7	8.0	8.8	7.6	Algeria/Algérie	16.1	13.4	15.5	16.5	11.8	22.1	16.0	14.2	14.0	x16.4
USA/Etats-Unis d'Amer	8.3	7.6	6.3	8.2	6.0	6.5	7.0	7.6	6.0	5.3	Saudi Arabia	13.1	11.2	x10.4	x10.2	x7.9	10.7	9.7	x14.4	x13.7	x15.6
Korea Republic	0.8	0.8	0.8	0.9	2.9	4.1	4.1	4.8	4.6	6.1	Malaysia/Malaisie	2.3	4.2	5.1	6.7	4.7	6.6	7.5	7.0	6.7	x7.7
Spain/Espagne	5.3	3.2	3.5	2.9	2.5	2.8	3.0	3.2	4.4	4.1	Brunei Darussalam						x5.4	x7.2	x6.1	x7.0	x5.3
Belgium-Luxembourg	0.9	1.0	1.0	0.6	1.6	2.5	3.0	3.4	3.5	3.5	United Arab Emirates	x6.6	x6.0	x0.0	x0.0	x5.4	x8.4	x7.2	x6.6	x6.4	x7.1
Italy/Italie	2.2	1.8	2.3	11.7	14.8	1.9	2.0	2.2	2.5	2.2	Canada	25.8	21.4	21.8	20.6	15.4	4.8	4.2	4.5	3.9	3.8
Romania/Roumanie				x0.0	x0.0	4.6	2.8	0.0	x0.0	x0.0	USA/Etats-Unis d'Amer	3.7	1.8	2.5	2.1	1.2	1.8	3.7	3.3	3.3	3.1
Netherlands/Pays-Bas	2.2	2.9	2.9	1.7	2.2	2.0	1.6	2.3	2.1	1.7	Former USSR/Anc. URSS				x20.9	x4.4	x1.5	x0.9	x5.9		
United Kingdom	0.8	1.1	0.7	0.6	1.0	1.4	1.3	1.8	1.4	1.4	United Kingdom	3.5	2.7	3.6	3.5	2.0	2.2	2.2	2.2	2.4	2.5

34131 LIQUEFIED PROPANE, BUTANE
PROPANE, BUTANE LIQUEFIES 34131

TRADE BY COMMODITY IN THOUSAND U.S. DOLLARS – COMMERCE PAR PRODUIT EN MILLIERS DE DOLLARS E.U

IMPORTS – IMPORTATIONS

COUNTRIES–PAYS	1988	1989	1990	1991	1992
Total	4731262	4227239	6646841	7749580	7361605
Africa	x157381	161166	135657	x139326	x93494
Northern Africa	113085	137463	97512	99120	61894
Americas	985624	659185	1175156	1363895	x1267701
LAIA	214373	78162	200681	342777	416965
CACM	x14852	x4185	x4679	x10326	x7581
Asia	2331258	2122350	3193050	3463686	3710304
Middle East	x110558	x20660	x22027	x36965	x52330
Europe	1246085	1273876	2131462	2773829	2276026
EEC	1078990	1072816	1812937	2483559	1977636
EFTA	164345	199729	312550	286990	294310
Oceania	7728	9129	10175	x4528	x11974
Japan/Japon	1952666	1841492	2539672	2755215	2861533
USA/Etats–Unis d'Amer	714826	543310	897766	931174	765560
France, Monac	193728	251459	387757	623127	439730
Italy/Italie	208956	229765	364727	479147	346740
Korea Republic	177861	203147	389413	448526	595536
Netherlands/Pays–Bas	205223	166710	273808	256832	242084
United Kingdom	143840	143999	144130	252374	222100
Germany/Allemagne	81742	100840	161458	195407	271979
Brazil/Brésil	141196	65339	100476	195407	165198
Spain/Espagne	122201	64508	88084	202748	165198
Sweden/Suède	58374	73401	130241	125862	137834
Portugal	65021	57454	103370	150232	119007
Norway, SVD, JM	77122	77833	99214	106171	113496
Morocco/Maroc	28548	34034	66221	90236	58964
Belgium–Luxembourg	34513	34473	45892	73822	107293
Philippines	28116	x3338	70007	80738	117051
Malaysia/Malaisie	31738	36066	52104	64656	x195
Tunisia/Tunisie	78338	102669	29657	0	1
India/Inde	9	x573	77942	47117	x2832
Mexico/Mexique	63366	7779	54556	61481	52431
Austria/Autriche	19618	22485	36483	35918	28983
Ireland/Irlande	17344	17545	24190	33147	26102
Chile/Chili	x34	x282	26225	43213	x26141
Canada	5641	12130	25893	30609	21155
Finland/Finlande	1137	17841	35763	7028	2630
Syrian Arab Republic	x14985	x13602	x10829	x17934	x24324
Peru/Pérou	x278	3192	15996	22157	
Jamaica/Jamaïque	8767	6389	16274	9755	x3299
Hong Kong	x19817	x6454	x13272	x9951	62068
Switz.Liecht	7675	7811	10307	11330	10739
Thailand/Thaïlande	1988	2837	18435	7600	559
Reunion/Réunion	8625	7829	10099	10426	12489
Senegal/Sénégal	x2118	7692	9842	x5878	x1508
Venezuela	x18	x1	614	20195	40341
Lebanon/Liban	x3406	x2680	x4036	x12885	x12550
Australia/Australie	2510	6328	6801	3895	8276
Macau/Macao	4227	4734	5516	6771	8467
Mauritius/Maurice	x28012	x33	6762	9329	10623
Cyprus/Chypre	3849	3544	6764	5649	7930
Dominican Republic	x1500	x773	x6941	x7390	x14630
Panama	x6319	x1327	x3150	x7315	13519
Barbados/Barbade	3482	3100	3958	4582	x1407
Greece/Grèce	1993	2301	3089	4463	x5351
Sri Lanka	1076		4063	4962	8091
Denmark/Danemark	4429	-2974	3542	3694	3019
Egypt/Egypte	5882		1594	x7857	x1269
Guadeloupe	2749	3573	2697	4459	3495
El Salvador	x1065	1231	x2630	4212	x1508
Guatemala	x12113	x2808	x1150	x110	x3504
Cameroon/Cameroun	x166	x648	1	7097	x98

EXPORTS – EXPORTATIONS

COUNTRIES–PAYS	1988	1989	1990	1991	1992
Totale	x4407207	x3884114	x6072463	x6891597	x6671031
Afrique	x569462	x579638	x862011	x786604	x648673
Afrique du Nord	x564752	x574268	x855558	x776231	x635078
Amériques	x690356	x614293	x861624	x1036854	x952909
ALAI	x172234	x78821	x147555	x152187	x88295
MCAC					x45
Asie	x2124349	x1944904	x3287269	x3665866	x3884283
Moyen–Orient	x1966126	x1663010	x2928170	x3253036	x3490880
Europe	607039	637316	964990	1317283	1166165
CEE	493450	537800	745227	1064761	900968
AELE	113587	98760	218608	247427	247064
Océanie	1	617	876	447	1293
Saudi Arabia	1031307	892535	x1982762	x2349734	x2364367
Algeria/Algérie	x559262	x466172	x729728	x755685	x614154
United Arab Emirates	x512006	x419029	x601097	x718882	x752820
Canada	476021	408566	545271	607047	555313
United Kingdom	234746	220734	277963	418677	402984
Indonesia/Indonésie	60667	220894	302672	347708	328309
France, Monac	78803	116166	181492	284200	258142
USA/Etats–Unis d'Amer	32393	114371	160201	254174	260466
Norway, SVD, JM	103710	90821	204342	222721	209917
Kuwait/Koweït	x305766	x276177	x216787	x6379	x84977
Netherlands/Pays–Bas	51237	66998	101872	130131	39168
Qatar	x96950	60713	97403	125952	x183405
Libyan Arab Jamahiriya	x1861	102676	118990	x13132	x14861
Germany/Allemagne	55041	56522	77845	98953	95823
Former USSR/Anc. URSS	x372347	x74461	x75709	x62968	
Venezuela	x73683	x48144	x56319	x105490	x57130
Belgium–Luxembourg	33904	38576	49511	49891	36079
Mexico/Mexique	92876	20346	70830	26908	2208
Malaysia/Malaisie	27317	31042	35311	27929	x24821
Bahrain/Bahreïn	x16717	x12117	x30094	x27728	x36950
Spain/Espagne	12927	8219	20490	24156	16988
Greece/Grèce	9010	9314	13066	28330	x15366
Czechoslovakia	x15554	x20525	x14562	x13860	x10922
Korea Republic	230	4428	14928	26406	11334
Argentina/Argentine	5269	10273	13949	13004	17530
Italy/Italie	6465	12680	7070	10862	19970
Denmark/Danemark	7210	5045	10389	12447	9849
Trinidad and Tobago	2378	3323	6348	17224	36827
Sweden/Suède	6051	3945	7545	14202	27429
Iran (Islamic Rp. of)				x24362	x68357
Philippines		x22423	299		1010
Hungary/Hongrie	x16119	x8912	x5423	x6911	x6778
Tunisia/Tunisie	3437	4271	6839	7033	5660
Switz.Liecht	3389	3415	4341	7475	4333
Ireland/Irlande	3825	3391	5174	4787	5081
Nigeria/Nigéria	x396	x47	x2138	x7163	x10007
Ecuador/Equateur			x4500	x4540	x7964
Japan/Japon	1421	1645	1974	4230	4458
Netherlands Antilles	x6233	x7210			
Yugoslavia SFR	0	756	1154	x5091	
Angola	x2918	x1344	x3042	x1789	x398
So. Africa Customs Un	x793	x3250	x609	x665	x332
China/Chine	1204	980	1600	1844	1
Bahamas				x4345	x7520
Hong Kong	x20	x42	x540	x3642	23230
Bolivia/Bolivie			x1710	x2198	x2597
Austria/Autriche	305	165	2327	1259	380
Martinique	633	523	1136	1359	1872
Bulgaria/Bulgarie	x9766	x2605		x321	
Panama	x436	x1429	x996	x495	x1487

(VALUE AS % OF TOTAL)(VALEUR EN % DU TOTAL)

	1983	1984	1985	1986	1987	1988	1989	1990	1991	1992		1983	1984	1985	1986	1987	1988	1989	1990	1991	1992
Africa	x3.7	x2.2	3.3	x1.6	x2.2	x3.3	3.8	2.0	x1.8	x1.3	Afrique	x3.0	x5.9	x10.1	x7.5	x10.4	x12.9	x14.9	x14.2	x11.4	x9.7
Northern Africa	2.5	1.5	3.1	1.4	1.9	2.4	3.3	1.5	1.3	0.8	Afrique du Nord	x2.7	x5.3	x10.0	x7.3	x10.3	x12.8	x14.8	x14.1	x11.3	x9.5
Americas	x17.5	x19.1	17.8	x20.0	x16.1	20.8	15.6	17.7	17.6	x17.2	Amériques	x45.0	x42.7	x43.9	x44.2	x24.4	x15.9	x14.2	x15.0	x14.3	
LAIA	x2.2	x2.0	x2.6	x1.6	1.7	4.5	1.8	3.0	4.4	5.7	ALAI	x8.7	x3.9	x1.9	x3.2	x1.4	x3.9	x2.0	x2.4	x2.2	x0.0
CACM	x0.1	x0.4	x0.4	x0.2	x0.3	x0.3	x0.1	x0.1	x0.1	x0.1	MCAC					x0.0					
Asia	x47.3	x44.2	x44.2	x32.5	x30.1	49.3	50.2	48.0	x0.5	x0.7	Asie	34.1	35.8	26.3	27.3	26.6	x48.2	50.0	54.1	53.2	x58.3
Middle East	x4.1	x3.3	x0.5	0.3	x2.3	x2.3	x0.5	0.3	x0.5	x0.7	Moyen–Orient	x32.6	x34.0	x24.9	x25.3	x17.7	x44.6	x42.8	x48.2	x47.2	x52.3
Europe	x31.4	x34.5	x36.5	x45.7	51.3	26.3	30.1	32.1	35.8	30.9	Europe	13.6	11.8	15.5	17.3	8.3	13.8	16.4	15.9	19.1	17.5
EEC	22.1	22.6	24.8	35.6	43.7	22.8	25.4	27.3	32.0	26.9	CEE	13.3	11.4	15.0	15.2	7.2	11.2	13.8	12.3	15.5	13.5
EFTA	3.0	3.8	2.4	x3.0	x2.8	3.5	4.7	4.7	3.7	4.0	AELE	0.3	0.4	0.5	2.1	1.2	2.6	2.5	3.6	3.6	3.7
Oceania	x0.1	x0.1	x0.1	x0.1	x0.0	0.2	0.3	0.1	x0.1	x0.1	Océanie	4.3	3.7	x4.2	3.6	1.6					
Japan/Japon	40.8	38.3	39.1	29.9	27.4	41.3	43.6	38.2	35.6	38.9	Saudi Arabia	x20.6	x22.5	x21.5	x20.7	x11.5	23.4	23.0	x32.7	x34.1	x35.4
USA/Etats–Unis d'Amer	12.1	14.5	12.6	15.5	11.8	15.1	12.8	13.5	12.0	10.4	Algeria/Algérie	x2.4	x5.0	x9.8	x10.2	x10.2	x12.7	x12.0	x12.0	x11.0	x9.2
France, Monac	3.4	3.3	3.7	3.0	3.4	4.1	5.9	5.8	8.0	6.0	United Arab Emirates	x6.2	x6.4	x0.0	x0.0	x4.5	x11.6	x10.8	x9.9	x10.4	x11.3
Italy/Italie	3.1	3.1	4.2	22.5	28.3	4.4	5.4	5.5	6.2	4.7	Canada	x32.8	x37.2	x39.9	x40.0	x22.5	10.8	10.5	9.0	8.8	8.3
Korea Republic	1.4	1.8	1.8	1.8	1.7	3.8	4.8	5.8	5.8	8.1	United Kingdom	5.6	5.3	7.4	7.0	2.8	5.3	5.7	4.6	6.1	6.0
Netherlands/Pays–Bas	3.4	5.5	5.9	3.1	3.8	4.3	3.9	5.6	5.2	4.1	Indonesia/Indonésie	0.4	0.8	0.3	0.5	0.3	1.4	5.7	5.0	5.0	4.9
United Kingdom	1.1	2.0	1.4	1.1	1.7	3.0	3.4	4.1	3.3	3.3	France, Monac	2.3	1.8	2.8	3.1	1.7	3.0	3.0	3.0	4.1	3.9
Germany/Allemagne	2.2	2.1	3.0	1.9	2.3	1.7	2.4	2.2	2.5	3.7	USA/Etats–Unis d'Amer	2.3	1.3	1.9	0.9	0.3	0.7	2.9	2.6	3.7	3.9
Brazil/Brésil	x1.9	x0.8	x1.0	0.9	1.1	3.0	1.5	1.5	2.5	2.2	Norway, SVD, JM	0.2	0.2	0.3	0.3	1.1	2.4	2.3	3.4	3.2	3.1
Spain/Espagne	5.4	3.4	3.3	2.0	2.1	2.6	1.5	1.3	2.6	2.2	Kuwait/Koweït	x3.7	x2.9	x3.0	x2.2	x0.2	x6.9	x7.1	x3.6	x0.1	x1.3

3414 PETROLEUM GASES, GASEOUS — GAZ DE PETROLE GAZEUX 3414

TRADE BY COMMODITY IN THOUSAND U.S. DOLLARS – COMMERCE PAR PRODUIT EN MILLIERS DE DOLLARS E.U

COUNTRIES–PAYS	1988	1989	1990	1991	1992	COUNTRIES–PAYS	1988	1989	1990	1991	1992
	IMPORTS – IMPORTATIONS						EXPORTS – EXPORTATIONS				
Total	10023202	10143771	12878338	15612803	13920699	Totale	x15788309	x16553656	x19087252	x27968386	10874966
Africa	x13726	x70638	104400	x35026	x126210	Afrique	x165586	x823835	x923036	x1502959	x126916
Northern Africa	x13484	x70411	104019	34805	125451	Afrique du Nord	165499	823822	915537	1451739	x125790
Americas	2145434	2003645	2475484	2661833	3085168	Amériques	x2893177	2810481	2769068	3227890	3972832
LAIA	271973	280640	332053	234547	284566	ALAI	x252119	246044	231748	234713	123808
CACM	x114	x230	7593	x458	x635	MCAC				15	
Asia	x7864	228519	256496	310619	310584	Asie	x25545	x69773	x92626	x26150	x3747
Middle East	x7186	226555	255804	310168	306746	Moyen–Orient	x24708	x59582	x91708	x24095	x2322
Europe	7518936	7251330	9859284	11546051	10391847	Europe	4714704	4383767	5732280	6809665	6766222
EEC	6555221	6242183	8410732	10495451	9308025	CEE	2306758	2425636	3406246	4287139	4210922
EFTA	652192	658714	991444	1050477	1018148	AELE	2407946	1958132	2324033	2520904	2555291
Oceania	x206	x266	x230	5446	3320	Océanie	86	x128	x125	x150	x131
Germany/Allemagne	3173588	3086226	4480892	6052283	5241631	Former USSR/Anc. URSS	x7985507	x8465283	x9565209	x16396421	
USA/Etats–Unis d'Amer	1872675	1721131	2134627	2398175	2756496	Netherlands/Pays–Bas	2112925	2233168	3186811	4000650	3830784
France, Monac	1433043	1455521	2032061	2570581	2364185	Canada	2421274	2493910	2485869	2915023	3610187
United Kingdom	1231543	1000230	921934	833630	700092	Norway, SVD, JM	2406847	1957580	2323268	2520433	2554808
Belgium–Luxembourg	514461	510937	729723	805842	737528	Algeria/Algérie	89288	815354	911427	1449238	x125279
Austria/Autriche	329668	297954	515292	530876	484999	Bolivia/Bolivie	x216027	214221	226701	234406	122813
Poland/Pologne	336704	255247	142233	589321	x1228	Germany/Allemagne	145702	128224	195790	247340	280234
Yugoslavia SFR	311450	350405	457042	x88		USA/Etats–Unis d'Amer	219768	70526	51132	78147	238800
Switz.Liecht	211762	207143	257796	293327	314554	France, Monac	35556	56494	17974	34123	90355
Turkey/Turquie		193958	251925	306208	305288	Saudi Arabia	x1848	x31298	x69383	x1827	
Argentina/Argentine	216028	216574	224843	228005	102740	Angola			7412	51102	
Netherlands/Pays–Bas	201395	187665	244558	228616	258774	Iraq	x22791	x24427	x783	x21848	
Finland/Finlande	110395	153012	217745	224848	218205	Venezuela	x21660	x23870	x4506		x610
Romania/Roumanie				436647		Kuwait/Koweït	x41	x2722	x18371		
Czechoslovakia	x177	334055	40090	x822	x2318	Egypt/Egypte	3953	7895	3492		x1
Tunisia/Tunisie	x4664	x58789	90763	31846	125285	United Kingdom	10548	4459	3790	2418	7670
Brazil/Brésil	x59	61272	107110	10	615	Hungary/Hongrie	x3704	x345	x4875	x4875	x4875
Canada	156	525	653	28211	41762	Indonesia/Indonésie		9349			
Egypt/Egypte	8769	11366	13059	2370	2	Qatar	x2	x584	x3171		
Hungary/Hongrie	x9	x1	x15	26726	x8	Libyan Arab Jamahiriya	72256	x573	602	x2499	x510
Kuwait/Koweït	x27	21848	x22	x16	x34	Yugoslavia SFR		0	2001	x1622	
Former Yemen	x3666	x8992				Italy/Italie	1111	1291	918	1401	952
El Salvador	x5	x150	7250	x406	x575	Belgium–Luxembourg	696	1692	767	814	721
Mexico/Mexique	5475	318	75	6459	180473	Ecuador/Equateur	x571	x3191			
Italy/Italie	73	1122	1407	3548	3098	Argentina/Argentine	x423	2694	x322	156	19
Fiji/Fidji		x4	x2532	x2532		Brazil/Brésil	x7970	2068	217	152	286
Lebanon/Liban	x4	x1111	x863	2833	2905	Thailand/Thaïlande	1	0		2002	
New Caledonia			x775	x9		Switz.Liecht	1069	516	611	437	383
Paraguay	8393	x1844	0	2436	x297	Malaysia/Malaisie	600	358	598	5	x19
					x5	Bahrain/Bahreïn	x517				
Norway, SVD, JM	48	445	254	1106	118	Philippines		x418			
China/Chine	214	1121	98	143	394	Turkey/Turquie				x408	
India/Inde	10	x622	359	45	x37	Australia/Australie	85	125	122	126	71
Sweden/Suède	315	133	334	301	241	Denmark/Danemark	61	176	76	48	48
Libyan Arab Jamahiriya	x49	x10	x89	x488	x161	Panama	x14		x297		x22
Dominican Republic	x26	x252	x54	x279	x1185	Greece/Grèce	48	103	10	182	x75
Ireland/Irlande	387	439	20	99	17	Togo	1		60	97	
Chile/Chili	673	x540	0	4	x61	Japan/Japon	31	19	106	18	x1089
Saudi Arabia	x2850	x132	x210	x153	x97	Romania/Roumanie				138	
Bahamas	x2	x438	x37	x4	x3	Czechoslovakia			x14	x118	x118
Former USSR/Anc. URSS	x140	x69	x104	x306		Austria/Autriche	16	32	62	31	98
Cyprus/Chypre	46	314	62	95	69	Ireland/Irlande	15		8	115	35
Costa Rica	x12	x61	x340	x47	x57	Korea Dem People's Rp	x190	x31	x63	x20	
Sudan/Soudan		x241	x108	x85		Israel/Israël			101		
Portugal	2	7	51	342	1168	Finland/Finlande	14	3	92	2	13
Greece/Grèce	309	1		371	1427	Spain/Espagne	92	23	39	29	39
Australia/Australie	129	172	83	95	66	Portugal	6	6	62	19	10
Syrian Arab Republic	24	3	11	x216	x991	Poland/Pologne			x16		
Qatar	x54	51	x38	x125	x16	United Arab Emirates	x26	x34	x19	x19	x124
Nigeria/Nigéria	x15	x132	x41	x40	x190	Former GDR		x28		x9	x3

(VALUE AS % OF TOTAL)(VALEUR EN % DU TOTAL)

	1983	1984	1985	1986	1987	1988	1989	1990	1991	1992		1983	1984	1985	1986	1987	1988	1989	1990	1991	1992
Africa	x0.0	0.1	x0.2	x0.0	x0.6	x0.1	x0.7	0.8	x0.2	0.9	Afrique	x0.1	6.5	9.7	x7.1	x4.8	x1.0	x5.0	x4.8	x5.4	x1.2
Northern Africa	0.0	0.1	0.0	0.2	0.6	0.1	0.7	0.8	0.2	0.9	Afrique du Nord	x0.0	6.5	9.6	7.1	4.8	1.0	5.0	4.8	5.2	x1.2
Americas	25.7	21.0	18.0	14.0	17.4	21.4	19.8	19.2	17.0	22.2	Amériques	6.5	6.2	6.1	x22.3	x16.5	x18.3	17.0	14.5	11.5	36.5
LAIA	2.1	2.1	2.0	2.3	2.7	2.7	2.8	2.6	1.5	2.0	ALAI	3.7	3.5	3.4	3.0	2.1	1.6	1.5	1.2	0.8	1.1
CACM	x0.0		x0.0	x0.0	x0.0	x0.0	x0.0	0.1	x0.0	x0.0	MCAC					x0.0		x0.0			
Asia	x0.0		x0.0	x0.0	0.0	0.8	0.1	2.3	2.0	2.2	Asie	x0.0	x0.0	x0.0	0.1	x0.6	x0.2	x0.4	x0.5	x0.1	x0.0
Middle East	x0.0	x0.0	x0.0	x0.0	x0.0	0.4	0.1	2.2	2.0	2.2	Moyen–Orient	x0.0	x0.0	x0.0	x0.0	x0.2	x0.2	x0.4	x0.5	x0.1	x0.0
Europe	74.3	78.9	81.9	85.8	77.9	75.0	71.5	76.6	74.0	74.7	Europe	93.4	87.3	84.2	70.6	39.9	29.9	26.5	30.0	24.3	62.2
EEC	72.0	75.6	78.2	81.8	73.5	65.4	61.5	65.3	67.2	66.9	CEE	62.7	57.3	55.2	39.4	21.5	14.6	14.7	17.8	15.3	38.7
EFTA	2.3	3.3	3.7	4.0	4.5	6.5	6.5	7.7	6.7	7.3	AELE	30.7	29.9	29.0	31.2	18.4	15.3	11.8	12.2	9.0	23.5
Oceania		x0.0	x0.0	x0.0	x0.0	x0.0	x0.0	x0.0			Océanie						x0.0	x0.0	x0.0	x0.0	x0.0
Germany/Allemagne	31.9	30.3	31.6	30.3	31.4	31.7	30.4	34.8	38.8	37.7	Former USSR/Anc. URSS				x38.2	x50.6	x51.1	x50.1	x58.6		
USA/Etats–Unis d'Amer	23.6	18.9	16.0	11.7	14.7	18.7	17.0	16.6	15.4	19.8	Netherlands/Pays–Bas	49.3	46.2	45.7	36.4	19.1	13.4	13.5	16.7	14.3	35.2
France, Monac	11.3	10.9	12.1	14.4	13.3	14.3	14.3	15.8	16.5	17.0	Canada			x17.1	x12.9	15.3	15.3	15.1	13.0	10.4	33.2
United Kingdom	8.0	9.4	10.4	11.9	12.4	12.3	9.9	7.2	5.3	5.0	Norway, SVD, JM	30.7	29.9	29.0	31.2	18.4	15.2	11.8	12.2	9.0	23.5
Belgium–Luxembourg	7.3	7.5	7.7	7.6	7.9	5.1	5.0	5.7	5.2	5.3	Algeria/Algérie		6.5	8.4	7.1	4.3	0.6	4.9	4.8	5.2	x1.2
Austria/Autriche	1.8	2.8	3.2	3.0	3.0	3.3	2.9	4.0	3.4	3.5	Bolivia/Bolivie	3.7	3.5	3.4	3.0	1.9	x1.4	1.3	1.2	0.8	1.1
Poland/Pologne					3.2	3.4	2.5	1.1	3.8	x0.0	Germany/Allemagne	12.2	10.6	8.3	1.9	1.4	0.9	0.8	1.0	0.9	2.6
Yugoslavia SFR			x0.0	x0.0	3.1	3.5	3.5	x0.0			USA/Etats–Unis d'Amer	2.8	2.7	2.7	2.1	1.3	1.4	0.4	0.3	0.3	2.2
Switz.Liecht			x0.1	x0.1	2.1	2.0	2.0	1.9	1.9	2.3	France, Monac	1.1	0.2	0.4	0.3	0.2	0.3	0.3	0.1	0.1	0.8
Turkey/Turquie			x0.0	x0.0			1.9	2.0	2.0	2.2	Saudi Arabia			x0.0		x0.0	x0.2	x0.2	x0.4	x0.0	

4113 ANIML OIL,FAT,GREASE NES

HUILES,GRAISSES ANIMALES NDA4113

TRADE BY COMMODITY IN THOUSAND U.S. DOLLARS – COMMERCE PAR PRODUIT EN MILLIERS DE DOLLARS E.U

COUNTRIES–PAYS	IMPORTS – IMPORTATIONS					COUNTRIES–PAYS	EXPORTS – EXPORTATIONS				
	1988	1989	1990	1991	1992		1988	1989	1990	1991	1992
Total	x1199907	1202691	1050764	940745	x1044927	Totale	1123435	1045673	964154	911015	995920
Africa	x188187	x184066	x148424	x96080	x97928	Afrique	x5826	x3836	x6436	x3978	x2400
Northern Africa	81088	105106	65820	30251	x34827	Afrique du Nord	139	28	24	40	47
Americas	227009	249442	207607	232508	x235811	Amériques	624567	539847	454648	434086	500265
LAIA	158686	165202	135662	153079	156159	ALAI	17538	13079	14626	14566	13008
CACM	31139	40340	28530	28814	x35823	MCAC	x1	15	21	178	x62
Asia	x271001	x256859	234333	200307	220277	Asie	21263	24589	23940	20735	x20619
Middle East	x48633	x56458	x48058	x33359	x37767	Moyen-Orient	6582	5273	x7031	2907	3060
Europe	428558	435369	422679	384445	480258	Europe	324379	324644	336379	309754	347430
EEC	414363	416358	397194	374719	466478	CEE	299900	300618	313489	295146	332225
EFTA	9828	8993	8258	7751	9293	AELE	22058	22203	19781	13025	11324
Oceania	4137	4650	3584	x6276	x5542	Océanie	x105896	x82666	x73721	x54689	x107922
Netherlands/Pays-Bas	99598	92133	84466	76925	108257	USA/Etats-Unis d'Amer	535674	461351	374742	362138	419930
Mexico/Mexique	77853	77314	64465	73805	75913	Germany/Allemagne	93915	84037	83401	77048	72289
Spain/Espagne	64749	67431	70888	62539	56954	Canada	71286	65373	64751	57184	67165
Germany/Allemagne	74791	69511	57318	55197	75518	France, Monac	55350	54001	62467	56535	59078
Belgium-Luxembourg	61456	62099	58057	58366	78868	Former USSR/Anc. URSS	x19804	x52074	x53990	x63257	
Japan/Japon	52393	55457	51039	52640	50897	Netherlands/Pays-Bas	33115	36548	41290	40948	49882
France, Monac	36764	45499	50842	47518	51395	New Zealand	47118	39651	32479	34476	35021
Korea Republic	54540	47886	38422	37882	49830	Belgium-Luxembourg	31904	32370	34760	38258	38556
Pakistan	52434	42478	43729	28591	29239	Australia/Australie	58554	43007	41200	20193	72886
United Kingdom	44747	37709	37168	35293	45444	Italy/Italie	27873	32932	33756	29806	42142
Egypt/Egypte	36656	60821	33714	11008	9965	United Kingdom	20048	21570	22323	20517	20443
Former USSR/Anc. URSS	x63396	x60522	x22866	x18776		Denmark/Danemark	22208	24082	19342	14427	23167
Brazil/Brésil	21575	45103	24361	21953	13313	Ireland/Irlande	12368	12302	15185	15801	21018
China/Chine	41857	32852	31545	24049	18880	Austria/Autriche	10960	10960	10960	7995	6623
Turkey/Turquie	18021	32747	30985	24271	28077	Hungary/Hongrie	x6916	x9115	x7324	x7152	x9115
Italy/Italie	13026	21534	25333	23203	31673	Argentina/Argentine	9987	8133	8113	7189	2167
Algeria/Algérie	27141	31642	24430	12617	x14735	Hong Kong	6244	10273	6882	3720	4096
Colombia/Colombie	31045	22346	17635	20419	22456	Poland/Pologne	2923	2463	1467	14326	x4815
Venezuela	21382	11646	21308	21925	25576	Japan/Japon	7228	6112	4901	5197	3860
Nigeria/Nigéria	x16374	x8415	x15573	x23025	x12440	Uruguay	5840	2980	5404	6047	7072
Guatemala	13865	19205	10719	13075	x11426	Sweden/Suède	5633	5433	4701	2678	3433
USA/Etats-Unis d'Amer	5998	9003	10789	16884	17417	Singapore/Singapour	272	1050	3737	7208	5971
Zimbabwe	x2237	x3775	17346	15459	x1745	Turkey/Turquie	4894	3412	5367	2538	2476
El Salvador	6193	13989	12603	8648	x14122	So. Africa Customs Un	x5510	x3413	x3252	x2388	x2251
So. Africa Customs Un	26754	17269	14865	x1057	x16765	Czechoslovakia	x2972	x1938	x4625	x2245	x2198
Yugoslavia SFR	4094	9846	16915	x1735		Switz.Liecht	2707	3078	2761	743	776
Canada	6293	7779	8671	9952	11197	Yugoslavia SFR	2405	1810	3103	x1584	
Dominican Republic	x8734	x11197	x7960	x6346	x6536	Bulgaria/Bulgarie	x5725	x3579	x1271	x324	x466
Iran (Islamic Rp. of)	x8723	x6866	x10025	x4927	x6061	Spain/Espagne	697	896	755	1502	5409
Denmark/Danemark	7857	6829	4878	6957	7358	Finland/Finlande	229	498	917	1359	381
Iraq	x18826	x13999	x4464	x94	x40	Kuwait/Koweït	x653	1597	x1064	x15	x21
Ecuador/Equateur	4022	4833	5046	6515	2661	Mexico/Mexique	457	626	773	995	1304
Morocco/Maroc	8661	7039	4036	5136	6649	Zimbabwe			1248	1090	0
Portugal	6656	7806	3811	4532	5754	China/Chine	104	255	410	1031	350
Senegal/Sénégal	x4372	8626	4949	x2111	x3280	Kenya	123		1604		0
Singapore/Singapour	732	2725	4473	7656	4745	Norway,SVD,JM	974	799	429	239	105
Thailand/Thaïlande	4456	3846	4468	4628	5102	Brazil/Brésil	1100	780	155	162	1834
Nicaragua	6557	5580	3408	3906	5825	Former GDR	x3076	x663	x254		
Cameroon/Cameroun	x23	2639	x31	9861	x705	Niger		x270	x290	x347	
Cuba	x2056	x3247	x4202	x5052	x1751	Paraguay	95	515	32	141	x406
Uganda/Ouganda	x6892	x7093	x4178	x792	x1112	Afghanistan	x43	x422	x136	x79	
Jamaica/Jamaïque	3547	3672	4365	3828	x2536	Malaysia/Malaisie	1	145	357	86	x2848
Un. Rep. of Tanzania	x26650	x3774	x4568	x3325	x4611	Romania/Roumanie	x58	x31	70	456	x678
Haiti/Haïti	x4248	x3542	x3482	x4504	x568	Portugal	32	25	188	291	238
Ireland/Irlande	3984	3741	3016	2564	2784	St Pierre & Miquelon			x503		
Philippines	4238	x2072	3699	3199	5123	Korea Republic	205	140	194	126	70
Romania/Roumanie	x420	x3440	4933	283	x860	Israel/Israël	207	168	126	161	24
Sri Lanka	3939	3504	2380	2700	2958	Thailand/Thaïlande	185	213	95	120	x152
Zambia/Zambie	x3782	x5864	x2336	x163	x12481	Indonesia/Indonésie	20	327	10	31	4
Mozambique	x464	x2416	x3039	x2863	x1626	United Arab Emirates		x28	x162	x159	x62

(VALUE AS % OF TOTAL)(VALEUR EN % DU TOTAL)

	1983	1984	1985	1986	1987	1988	1989	1990	1991	1992		1983	1984	1985	1986	1987	1988	1989	1990	1991	1992
Africa	x10.5	x7.4	x11.7	x25.1	x10.5	15.7	15.3	14.1	x10.2	x9.4	Afrique	x0.4	0.3	0.3	0.6	0.6	0.5	x0.3	0.6	x0.5	x0.2
Northern Africa	3.9	2.9	4.4	17.0	4.6	8.8	8.7	6.3	3.2	3.3	Afrique du Nord	0.0	0.0	0.0	0.0	0.0	0.0	0.0	0.0	0.0	0.0
Americas	x13.1	21.9	19.7	x18.0	x19.9	18.9	20.7	19.8	24.8	x22.5	Amériques	63.2	60.1	58.0	54.2	49.4	55.6	51.7	47.2	47.6	50.2
LAIA	5.4	13.4	11.3	12.5	x12.8	13.2	13.7	12.9	16.3	14.9	ALAI	1.3	1.3	1.1	1.7	1.2	1.6	1.3	1.5	1.6	1.3
CACM	x3.2	3.9	4.6	x2.3	x2.9	2.6	3.4	2.7	3.1	x3.4	MCAC	x0.0	x0.0	x0.0	x0.0	x0.0	x0.0	0.0	0.0	0.0	0.0
Asia	27.8	27.1	22.5	15.7	x22.7	x22.6	x21.4	22.3	21.3	21.1	Asie	1.2	1.2	1.0	1.1	x1.7	1.9	2.4	2.5	2.3	x2.1
Middle East	x1.4	x3.6	x3.7	x2.6	x4.5	x4.1	x4.7	x4.6	x3.5	x3.6	Moyen-Orient	x0.0	0.2	0.5	0.2	x0.7	0.6	0.5	x0.7	0.3	0.3
Europe	48.1	42.9	45.6	40.8	40.3	35.7	36.2	40.2	40.9	46.0	Europe	24.6	26.9	28.8	32.5	31.1	28.9	31.0	34.9	34.0	34.9
EEC	x7.4	42.1	44.8	40.0	39.5	34.5	34.6	37.8	39.8	44.6	CEE	22.2	24.5	25.9	30.3	28.9	26.7	28.7	32.5	32.4	33.4
EFTA	0.7	0.6	0.6	0.7	0.7	0.8	0.7	0.8	0.8	0.9	AELE	2.3	2.1	2.3	2.1	2.0	2.0	2.1	2.1	1.4	1.1
Oceania	0.6	0.5	0.4	0.3	0.4	0.4	0.4	x0.4	x0.7	x0.5	Océanie	10.6	x11.5	x11.9	11.5	x12.6	x9.4	x7.9	7.6	x6.0	x10.8
Netherlands/Pays-Bas	13.4	13.4	12.7	10.3	8.4	8.3	7.7	8.0	8.2	10.4	USA/Etats-Unis d'Amer	55.6	52.3	50.8	46.1	42.7	47.7	44.1	38.9	39.8	42.2
Mexico/Mexique		5.9	5.2	x4.3	x6.8	6.5	6.4	6.1	7.8	7.3	Germany/Allemagne	7.0	7.8	7.5	9.0	8.3	8.4	8.7	8.7	8.5	7.3
Spain/Espagne	2.7	2.2	3.3	6.0	7.7	5.4	5.6	6.7	6.6	5.5	Canada	6.4	6.4	6.1	6.3	5.5	6.3	6.3	6.7	6.2	6.7
Germany/Allemagne	10.0	9.1	10.3	7.7	6.9	6.2	5.8	5.5	5.9	7.2	France, Monac	3.1	4.2	4.8	4.9		5.1	4.9	5.2	6.5	5.9
Belgium-Luxembourg	5.3	5.5	5.6	4.4	5.2	5.1	5.2	5.5	6.2	7.5	Former USSR/Anc. URSS					x2.2	x1.8	x5.0	x5.6	x6.9	
Japan/Japon	6.3	5.2	5.0	3.8	4.1	4.4	4.6	4.9	5.6	4.9	Netherlands/Pays-Bas	3.2	3.3	4.4	4.2	3.8	3.4	3.4	3.8	3.5
France, Monac	4.9	3.4	3.7	3.9	3.4	3.1	3.8	4.8	5.1	4.9	New Zealand	4.2	4.1	3.6	3.5	3.3	3.4	2.8	3.1	3.6	3.9
Korea Republic	7.6	8.6	5.5	5.4	4.6	4.5	4.0	3.7	4.0	4.8	Belgium-Luxembourg	2.0	2.2	2.3	3.3	3.1	2.8	3.1	3.6	4.2	3.9
Pakistan	4.5	5.0	5.3	3.8	4.4	4.4	3.5	4.2	3.0	2.8	Australia/Australie	6.4	7.4	6.9	8.0	7.5	5.2	4.1	4.3	2.2	7.3
United Kingdom	7.1	5.6	6.1	4.7	4.7	3.7	3.1	3.5	3.8	4.3	Italy/Italie	2.2	2.4	2.5	2.8	2.8	2.5	3.1	3.5	3.3	4.2

41132 FATS OF BOVINE, SHEEP, ETC
SUIFS BRUTS FONDUS 41132

TRADE BY COMMODITY IN THOUSAND U.S. DOLLARS – COMMERCE PAR PRODUIT EN MILLIERS DE DOLLARS E.U

COUNTRIES–PAYS	1988	1989	1990	1991	1992	COUNTRIES–PAYS	1988	1989	1990	1991	1992
Total	x904002	x859767	741653	650538	x744086	Totale	855802	784976	712415	653588	722993
Africa	x188297	x132562	x113892	x88283	x91808	Afrique	x5253	x3349	x6121	x3228	x1900
Northern Africa	76676	57586	36519	26139	x33945	Afrique du Nord				13	
Americas	205172	218289	184362	196967	x202564	Amériques	587236	507380	433452	413013	481196
LAIA	146284	154537	126723	138433	136202	ALAI	15200	11414	13078	12732	9048
CACM	30456	39366	28241	25566	x35437	MCAC	x1	3	x3	140	x49
Asia	x222057	x212015	191291	151050	196439	Asie	6816	x6882	x8855	4409	x7444
Middle East	x46145	x55540	x46779	x32238	x36022	Moyen–Orient	5540	x5249	x6815	2784	2940
Europe	209997	220758	222023	190337	245677	Europe	133480	135587	143947	126438	131964
EEC	203796	210320	211691	186092	239990	CEE	122386	124684	132763	120237	123696
EFTA	3608	3553	2850	3347	3882	AELE	10710	10621	10546	5794	6483
Oceania	2874	x7374	2510	x5410	x4399	Océanie	x100457	x77297	x65280	x42354	x98661
Mexico/Mexique	75273	72671	62649	69486	68975	USA/Etats–Unis d'Amer	503117	431724	357468	344587	408697
Spain/Espagne	40198	35946	58592	54230	51746	Canada	68918	64229	62400	55556	63324
Japan/Japon	48593	50163	46561	45461	42406	Former USSR/Anc. URSS	x18977	x51220	x52417	x61635	
Belgium–Luxembourg	44340	44991	41194	37116	49689	Germany/Allemagne	38378	39140	45320	43241	41849
Korea Republic	53468	46637	36623	35212	48008	France, Monac	33101	29699	36275	37405	35389
Netherlands/Pays–Bas	44599	40537	36277	33931	54529	New Zealand	45356	37986	29959	31194	32483
Pakistan	52004	41972	43338	25252	29004	Australia/Australie	54925	39303	35284	11140	66163
Former USSR/Anc. URSS	x63322	x60034	x22648	x17779		Netherlands/Pays–Bas	14225	16098	16891	12284	9351
Turkey/Turquie	17823	32539	30665	23973	27477	Ireland/Irlande	11519	10717	10385	9731	14807
Brazil/Brésil	20863	44334	21860	19716	12271	Argentina/Argentine	8451	7652	7706	6791	1749
Algeria/Algérie	26890	31372	24390	12474	x14692	Italy/Italie	7741	11022	8456	2662	7091
Venezuela	20519	11341	21028	21285	25070	Denmark/Danemark	8029	7665	6589	4103	5291
Italy/Italie	8264	16098	19660	17095	26254	Austria/Autriche	6667	6767	6493	4121	4879
France, Monac	10959	16211	19674	14742	13700	Belgium–Luxembourg	5932	6148	3971	5974	5370
Germany/Allemagne	22582	28992	12030	6529	14112	Uruguay	5816	2964	5308	5676	6764
Colombia/Colombie	24471	17524	13391	15628	17350	United Kingdom	3443	4184	4749	4517	4445
Nigeria/Nigéria	x16123	x8275	x15302	x22775	x11938	Turkey/Turquie	4862	3412	5361	2525	2439
United Kingdom	22690	14654	16928	12447	18037	So. Africa Customs Un	x5142	x2988	x2988	x1798	x1798
Guatemala	13274	18377	10552	10006	x11211	Sweden/Suède	3390	2564	2056	583	1041
Zimbabwe	10251	x3768	17233	15302	x1745	Kuwait/Koweït	x653	x1715	x1064	x15	x21
El Salvador	6165	13968	12573	8605	x14116	Bulgaria/Bulgarie	x117	x1588	x1003	x163	x340
So. Africa Customs Un	25378	16247	14069	x587	x15362	Switz. Liecht	450	935	1259	276	271
Egypt/Egypte	33257	14177	4141	7215	9564	Czechoslovakia	x180	x721	x863	x768	x96
Iran (Islamic Rp. of)	x8620	x6489	x9746	x4681	x5776	Zimbabwe			1244	1066	
Iraq	x15476	x13814	x4381			Finland/Finlande	32	220	674	804	259
Canada	4140	5677	5600	6654	8728	Kenya	93		1598		
Ecuador/Equateur	3940	4752	4953	6414	335	Poland/Pologne	x1329	x254	x149	x1129	x616
Morocco/Maroc	7904	6973	3843	5018	6331	Hong Kong	251	523	810	197	1178
Senegal/Sénégal	x4343	8596	4909	x2096	x3246	Yugoslavia SFR	367	268	632	x406	
Yugoslavia SFR	2520	6861	7405	x791		Hungary/Hongrie	x210	x594	x247	x416	x491
Portugal	5757	6844	3339	4048	4982	Singapore/Singapour	140	34	363	611	81
Nicaragua	6557	5579	3403	3882	5765	Niger		x270	x290	x347	
Cuba	x2056	x3243	4146	x5052	x1733	Paraguay	x91	515	32	141	x406
Cameroon/Cameroun		2558		9616	x654	Japan/Japon	440	310	189	139	279
Uganda/Ouganda	x6847	x7038	x4178	x791	x1112	Afghanistan	x43	x422	x136	x79	
Haiti/Haïti	x4028	x3484	x3370	x4454	x515	St Pierre & Miquelon			x503		
Dominican Republic	x8690	x2128	x5388	x3690	x6380	China/Chine	45		27	355	36
USA/Etats–Unis d'Amer	312	1020	2896	6899	7584	Thailand/Thaïlande	154	184	71	118	x95
Jamaica/Jamaïque	3485	3621	4284	x2473	x2472	United Arab Emirates		x26	x162	x159	x62
Denmark/Danemark	2277	3512	2275	4312	4662	Brazil/Brésil	745	266	6	59	117
Thailand/Thaïlande	3841	3208	3106	3515	3667	Portugal	5	2	80	231	53
Un. Rep. of Tanzania	26414	x2186	x3995	x3178	x4324	Malaysia/Malaisie			290	2	x2769
Sri Lanka	3922	3489	2370	2682	2928	Israel/Israël	89	82	72	114	24
Zambia/Zambie	x3782	x5820	x2336	x157	x12446	Former GDR	x1748	x105	x82		
China/Chine	4437	1631	5081	1277	16844	Qatar	x5	76	90		
Bangladesh	x4433	x5786	x1718	x376	x8693	Saudi Arabia	13	20	x112	13	x52
Mozambique	x464	x2409	x2709	x2696	x1106	Korea Republic	74		71	10	21
Philippines	3384	x1745	3196	2809	4698	Guatemala			x2	133	31
Kenya	4948	x4311	3245	x0	x1954	Iceland/Islande	147	93	13	11	8
Sudan/Soudan	x8024	x4111	x3016	x80	x1625	Spain/Espagne	12	3	24	76	49

(VALUE AS % OF TOTAL)(VALEUR EN % DU TOTAL)

	1983	1984	1985	1986	1987	1988	1989	1990	1991	1992		1983	1984	1985	1986	1987	1988	1989	1990	1991	1992
Africa	x13.2	x8.7	x14.7	x31.7	x13.2	x20.8	x15.4	x15.4	x13.6	x12.4	Afrique	0.3	0.3	0.3	x0.7	x0.7	0.6	0.4	0.8	x0.5	x0.2
Northern Africa	x5.2	x3.6	5.8	21.9	6.5	8.5	6.7	4.9	4.0	x4.6	Afrique du Nord									0.0	
Americas	x14.9	25.4	22.6	x20.9	x26.2	22.7	25.4	24.8	30.3	x27.2	Amériques	73.8	70.6	68.9	67.3	62.1	68.6	64.7	60.8	63.2	66.6
LAIA	5.6	15.9	13.2	x14.4	x16.9	16.2	18.0	17.1	21.3	18.3	ALAI	1.6	1.5	1.2	2.0	1.5	1.8	1.5	1.8	1.9	1.3
CACM	x4.3	5.1	6.1	x4.3	x4.5	3.4	4.6	3.8	3.9	x4.8	MCAC		x0.0		x0.0	x0.0	0.0	x0.0	0.0	0.0	x0.0
Asia	34.9	34.7	28.6	18.2	x26.2	x24.6	x24.7	25.8	23.2	26.4	Asie	0.6	0.8	0.8	0.4	x1.1	x0.8	x0.8	x1.2	0.6	x1.0
Middle East	x1.3	x4.5	x4.6	x3.0	x5.9	x5.1	x6.5	x6.3	x5.0	x4.8	Moyen–Orient	x0.0	0.2	0.6	0.2	x0.9	0.6	x0.7	x1.0	0.4	0.4
Europe	36.5	30.7	33.6	28.9	25.8	23.2	25.7	29.9	29.3	33.0	Europe	12.6	14.6	15.7	17.8	16.8	15.6	17.3	20.2	19.3	18.3
EEC	36.1	30.3	33.1	28.6	25.4	22.5	24.5	28.5	28.6	32.3	CEE	11.3	13.4	14.0	16.5	15.7	14.3	15.9	18.6	18.4	17.1
EFTA	0.4	0.3	0.4	0.3	0.3	0.4	0.4	0.4	0.5	0.5	AELE	1.2	1.2	1.3	1.3	1.1	1.3	1.4	1.5	0.9	0.9
Oceania	0.5	0.5	0.4	0.3	0.3	0.3	x0.9	0.3	x0.8	x0.6	Océanie	12.7	x13.6	14.2	13.8	x15.0	x11.7	x9.8	x9.2	x6.5	x13.6
Mexico/Mexique		7.7	6.7	x5.0	x9.3	8.3	8.5	8.4	10.7	9.3	USA/Etats–Unis d'Amer	65.3	61.8	60.5	57.4	53.8	58.8	55.0	50.2	52.7	56.5
Spain/Espagne	3.3	2.9	4.3	6.1	5.2	4.4	4.2	7.9	8.3	7.0	Canada	6.9	7.3	7.2	7.8	6.9	8.1	8.2	8.8	8.5	8.8
Japan/Japon	8.3	6.6	6.2	4.3	5.5	5.4	5.8	6.3	7.0	5.7	Former USSR/Anc. URSS					x2.9	x2.2	x6.5	x7.4	x9.4	
Belgium–Luxembourg	5.0	4.3	4.3	3.4	3.7	4.9	5.2	5.6	5.7	6.7	Germany/Allemagne	3.5	4.0	4.0	5.2	4.7	4.5	5.0	6.4	6.6	5.8
Korea Republic	10.3	11.3	7.2	4.6	6.5	5.9	5.4	4.9	5.4	6.5	France, Monac	1.7	2.5	2.8	3.0	3.4	3.9	3.8	5.1	5.7	4.9
Netherlands/Pays–Bas	8.0	7.6	7.5	5.9	5.1	4.9	4.7	4.9	5.2	7.3	New Zealand	5.1	4.9	6.1	4.2	5.6	5.3	4.8	4.2	4.8	4.5
Pakistan	6.1	6.6	7.0	4.6	5.8	5.8	4.9	5.8	3.9	3.9	Australia/Australie	7.6	8.7	8.1	9.6	9.4	6.4	5.0	5.0	1.7	9.2
Former USSR/Anc. URSS				x7.4	x7.0	x7.0	x3.1	x2.7			Netherlands/Pays–Bas	2.3	2.0	1.9	2.8	2.3	1.7	2.1	2.4	1.9	1.3
Turkey/Turquie		2.6	2.6	1.7	2.6	2.0	3.8	4.1	3.7	3.7	Ireland/Irlande	0.8	1.1	1.4	1.6	1.7	1.3	1.4	1.5	1.5	2.0
Brazil/Brésil		2.9	1.5	4.9	1.8	2.3	5.2	2.9	3.0	1.6	Argentina/Argentine	1.6	1.2	1.0	1.1	1.3	1.0	1.0	1.1	1.0	0.2

4232 SOYA BEAN OIL / HUILE DE SOJA 4232

TRADE BY COMMODITY IN THOUSAND U.S. DOLLARS – COMMERCE PAR PRODUIT EN MILLIERS DE DOLLARS E.U

IMPORTS – IMPORTATIONS

COUNTRIES–PAYS	1988	1989	1990	1991	1992
Total	x1916761	x2042168	x1867500	x1927890	x1890629
Africa	x193219	x195298	x177495	x143582	x258145
Northern Africa	101487	114532	108653	73685	x149969
Americas	x416332	x294281	x285235	x315868	x388981
LAIA	195807	187868	176482	199732	x254684
CACM	40340	42369	30387	37458	x24322
Asia	x883803	x930091	x964434	x739965	x825213
Middle East	x247014	x304630	x300429	x257084	x309236
Europe	302522	316385	332095	352568	342743
EEC	247809	245337	259036	298861	287186
EFTA	49618	52995	58696	47620	45297
Oceania	x30283	x29667	x28496	x31615	x34779
Former USSR/Anc. URSS	x53096	x243972	x64640	x312845	99721
China/Chine	60436	193806	246735	155056	x197886
Iran (Islamic Rp. of)	x120326	x173449	x195437	x147390	111639
Pakistan	241856	220139	204023	90123	x123073
Bangladesh	x93448	x112089	x98855	x111607	71937
Germany/Allemagne	58839	59296	64630	70617	69403
Turkey/Turquie	78446	75976	58069	56654	68254
United Kingdom	66295	53022	49009	69179	54581
Venezuela	34008	44969	48514	57056	70732
Morocco/Maroc	35402	61417	50302	38420	48828
Belgium-Luxembourg	29461	36986	48470	54212	30829
Sweden/Suède	37434	40560	44524	36985	36613
France, Monac	35671	36692	37332	35858	45055
Tunisia/Tunisie	34327	39283	40077	26029	x38906
Dominican Republic	x28679	x28787	x26002	x33033	x36311
Chile/Chili	16539	23356	35820	25939	x46054
Peru/Pérou	38338	19853	32652	30653	33743
Singapore/Singapour	53904	24471	25694	29794	33399
Mexico/Mexique	44463	39571	20687	17915	x10975
Angola	x19958	x35965	x26268	x13985	25617
Denmark/Danemark	21245	20657	25236	25774	x16761
Lebanon/Liban	x12622	x19441	x23687	x24653	x76726
India/Inde	108732	x24619	21146	20430	x33880
Poland/Pologne	25354	27540	11911	25636	x4145
Guatemala	13874	19535	17609	19756	15943
Ecuador/Equateur	10412	x16782	15552	23703	43666
Brazil/Brésil	27225	19456	4609	31623	9770
Netherlands/Pays-Bas	14160	21815	11871	16379	x8015
Malaysia/Malaisie	14691	15773	18471	13709	20767
Colombia/Colombie	17119	18168	16992	10847	11431
Philippines	10707	x10813	14260	13372	7171
USA/Etats-Unis d'Amer	125685	11289	17569	8152	13272
Australia/Australie	9357	13085	11073	12271	7300
Korea Republic	248	282	5536	30231	11135
Ireland/Irlande	9521	10222	11651	10899	13861
New Zealand	12082	10459	10015	12240	6713
Yugoslavia SFR	3139	15930	12475	x4168	x896
Austria/Autriche	8896	9425	10212	7545	11766
El Salvador	14639	17296	x1059	8413	7273
Mauritius/Maurice	x7399	x8482	8041	9577	x7136
Cyprus/Chypre	4460	5598	8091	10739	17516
Panama	x7779	x6125	x10336	x7619	x14161
Nicaragua	11073	4471	10151	7726	x12031
Nepal/Népal	10524	7193	9690	x2000	87
Korea Dem People's Rp	x7682	x7130	x5694	x5465	x28872
Egypt/Egypte	30028	3718	13748	340	x5380
Cuba	x19	x1385	x4109	x11389	x2814
Zambia/Zambie	x4278	x5960	x7849	x2815	x644
Cameroon/Cameroun	x3612	x3879	x2703	9481	
Greece/Grèce	1776	2414	3821	9379	

EXPORTS – EXPORTATIONS

COUNTRIES–PAYS	1988	1989	1990	1991	1992
Totale	1847275	1808722	1783858	1700349	1981156
Afrique	x208	x1265	x2772	x6046	x1219
Afrique du Nord	21	15	11	1	291
Amériques	1206194	1069383	1082728	986971	1235062
ALAI	713438	701440	763887	749472	857975
MCAC	x2870	3244	x3957	1595	x4662
Asie	90789	82903	82006	78994	x99646
Moyen-Orient	7592	x4038	x5789	10747	x5825
Europe	540231	559048	612108	623273	644186
CEE	501479	543718	595530	605904	625053
AELE	25913	14522	13674	15982	17805
Océanie	381	372	584	1672	337
Argentina/Argentine	415465	337016	416660	519319	527559
Brazil/Brésil	293190	355657	333913	213112	291221
USA/Etats-Unis d'Amer	480875	362420	310632	228380	367091
Netherlands/Pays-Bas	155156	185650	211983	202512	223225
Spain/Espagne	109501	80458	110663	86370	78522
Germany/Allemagne	85107	85538	85361	88850	94369
Belgium-Luxembourg	65378	89443	65122	66538	67262
Italy/Italie	30348	38855	53602	66978	80745
Singapore/Singapour	53696	41457	38116	30263	32860
France, Monac	25784	25751	36648	43272	46444
Bulgaria/Bulgarie		x85657		x4	x3
Portugal	8857	21188	11010	30734	19585
Malaysia/Malaisie	15209	19863	14856	24640	x43701
Indonesia/Indonésie	8045	14801	14090	9980	10885
Greece/Grèce	15115	10763	13342	12118	x5474
Sweden/Suède	14367	6290	6122	8604	9534
Paraguay	3746	5700	2484	10047	x31440
United Kingdom	5207	4510	6168	7143	6804
Bolivia/Bolivie	291	2662	7279	6969	5140
Cyprus/Chypre	740	3213	4482	8250	3101
Switz.Liecht	2449	3264	4531	4774	4218
Former USSR/Anc. URSS		x2839	x2484	x2890	
Norway,SVD,JM	3780	3139	1890	1834	1596
Hong Kong	1688	952	4207	923	1240
Former GDR	x9180	x5452	x549		
Canada	1310	453	1145	4127	2228
Trinidad and Tobago	81	646	2797	2210	2136
Guatemala	2130	1381	2740	1266	2100
China/Chine	354	157	3807	1140	3625
Yugoslavia SFR	7415	808	2903	x1387	
Cameroon/Cameroun				4657	
Denmark/Danemark	914	1190	1516	1257	2463
Uruguay		x16	x3527		x2521
Finland/Finlande	5282	1821	1082	614	2261
Japan/Japon	3437	1226	964	1009	918
Zimbabwe			2176	995	
Hungary/Hongrie	x282	x1802	x626	x387	x541
Saudi Arabia	x318	23	x1212	x1338	x1150
Saint Lucia/St. Lucie	1949	x984	286	755	x937
Costa Rica	71	1374	306	115	x2050
Australia/Australie	42	21	228	1474	84
Jordan/Jordanie	x153	x725		737	1275
Honduras	x556	x410	x818	x213	x399
Madagascar		x1146	2	0	x90
Ireland/Irlande	111	363	115	132	160
Fiji/Fidji	239	178	242	133	216
Antigua and Barbuda				x430	x11
Mauritius/Maurice			340	56	467
Korea Republic	12	98	94	201	258
New Zealand	99	173	73	65	38

(VALUE AS % OF TOTAL)(VALEUR EN % DU TOTAL)

	1983	1984	1985	1986	1987	1988	1989	1990	1991	1992
Africa	x16.9	x12.0	x13.4	x14.6	x10.0	x10.1	9.5	x9.5	7.4	x13.6
Northern Africa	9.5	7.4	6.8	6.8	4.7	5.3	5.6	5.8	3.8	x7.9
Americas	13.9	17.7	20.0	x20.0	10.9	x21.7	14.4	15.3	16.4	x20.6
LAIA	10.2	13.8	14.0	x15.8	x7.5	9.2	9.2	9.5	10.4	x13.5
CACM	x0.1	0.8	0.9	0.9	x0.7	2.1	2.1	1.6	1.9	x1.3
Asia	x46.8	x44.9	x41.8	x40.6	53.9	x46.1	x45.5	x51.6	x38.3	x43.7
Middle East	x9.6	x16.2	x19.0	x16.3	16.0	x12.9	14.9	16.1	x13.3	16.4
Europe	20.3	20.8	23.4	23.3	15.2	15.8	15.5	17.8	18.3	18.1
EEC	17.0	15.5	17.8	18.8	12.6	12.9	12.0	13.9	15.5	15.2
EFTA	3.3	2.6	3.2	3.7	2.4	2.6	2.6	3.1	2.5	2.4
Oceania	2.1	x1.3	x1.3	x1.5	x1.2	1.6	x1.5	1.5	1.7	x1.8
Former USSR/Anc. URSS		3.3			x7.6	x2.8	x11.9	x3.5	x16.2	5.3
China/Chine						8.5	3.2	9.5	13.2	8.0
Iran (Islamic Rp. of)	x6.6	x9.9	x12.4	x9.8	x9.5	x6.3	x8.5	x10.5	x7.6	x10.5
Pakistan	9.1	10.0	8.7	10.3	6.2	12.6	10.8	10.9	4.7	5.9
Bangladesh	1.7	1.9	1.9	3.0	4.4	x4.9	x5.5	x5.3	x5.8	x6.5
Germany/Allemagne	4.8	4.9	3.9	3.6	2.3	3.1	2.9	3.5	3.7	3.8
Turkey/Turquie		4.0	3.5	2.7	3.4	4.1	3.7	3.1	2.9	3.7
United Kingdom	3.7	3.8	4.7	4.1	4.2	3.5	2.6	2.6	3.6	2.9
Venezuela	2.1	2.2	2.6	1.9	1.9	1.8	2.2	2.6	3.0	2.9
Morocco/Maroc	4.1	3.1	4.1	2.9	3.1	1.8	3.0	2.7	2.0	3.7

	1983	1984	1985	1986	1987	1988	1989	1990	1991	1992
Afrique	x0.0	x0.0	x0.0	x0.0	x0.0	x0.0	0.1	0.2	0.3	0.0
Afrique du Nord					0.0	0.0	0.0	0.0	0.0	0.0
Amériques	41.4	60.6	60.1	49.7	54.8	65.3	59.2	60.7	58.1	62.3
ALAI	9.9	34.7	40.9	29.4	36.8	38.6	38.8	42.8	44.1	43.3
MCAC	x0.0	x0.0	x0.0	x0.0	x0.0	x0.2	0.2	x0.2	0.1	0.2
Asie	4.4	2.7	1.9	2.6	6.5	4.9	4.6	4.6	4.7	x5.0
Moyen-Orient	x0.5	x0.4	0.2	x0.1	x0.2	0.4	x0.2	x0.3	0.6	x0.3
Europe	54.2	36.6	38.0	47.6	37.9	29.2	30.9	34.3	36.7	32.5
CEE	53.1	35.7	37.2	45.3	35.2	27.1	30.1	33.4	35.6	31.5
AELE	1.1	0.5	0.6	2.0	x2.2	1.4	0.8	0.8	0.9	0.9
Océanie			x0.0	x0.1	x0.1				0.1	
Argentina/Argentine	9.9	11.5	13.9	17.5	15.8	22.5	18.6	23.4	30.5	26.6
Brazil/Brésil		22.7	26.9	11.1	20.7	15.9	19.7	18.7	12.5	14.7
USA/Etats-Unis d'Amer	30.9	25.5	19.0	20.2	17.7	26.0	20.0	17.4	13.4	18.5
Netherlands/Pays-Bas	12.0	8.6	9.5	11.5	9.8	8.4	10.3	11.9	11.9	11.3
Spain/Espagne	15.4	10.8	8.1	7.8	8.7	5.9	4.4	6.2	5.1	4.0
Germany/Allemagne	6.8	5.3	5.7	7.2	5.9	4.6	4.7	4.8	5.2	4.8
Belgium-Luxembourg	7.4	4.7	5.2	6.8	4.7	3.5	4.9	3.7	3.9	3.4
Italy/Italie	0.7	1.1	2.1	4.4	1.7	1.6	2.1	3.0	3.9	4.1
Singapore/Singapour	1.5	1.2	0.6	0.9	3.2	2.9	2.3	2.1	1.8	1.7
France, Monac	5.5	3.1	2.7	3.5	2.0	1.4	1.4	2.1	2.5	2.3

4233 COTTON SEED OIL — HUILE DE COTON 4233

TRADE BY COMMODITY IN THOUSAND U.S. DOLLARS – COMMERCE PAR PRODUIT EN MILLIERS DE DOLLARS E.U

COUNTRIES–PAYS	1988	1989	1990	1991	1992	COUNTRIES–PAYS	1988	1989	1990	1991	1992
	IMPORTS – IMPORTATIONS						EXPORTS – EXPORTATIONS				
Total	154888	x152238	x89692	x88387	x155818	Totale	168591	169554	140533	106801	116490
Africa	11336	x6220	x1213	x16584	x70456	Afrique	x2198	x3948	x1645	x1471	x481
Northern Africa	9264	x1216	36	15259	62145	Afrique du Nord	x8	x71	x72	x77	9
Americas	x53776	x72455	x40885	x28874	x42767	Amériques	155546	149003	134016	101606	106038
LAIA	29013	33748	11287	x10397	x10397	ALAI	66213	47611	63125	55227	49943
CACM	x14783	x32572	x18774	x15114	x20685	MCAC					x1
Asia	83081	67221	42133	39107	x35611	Asie	2057	15272	x2211	x929	7066
Middle East	51946	37792	x573	x4582	x3777	Moyen–Orient	1702	13536	x2073	x766	6016
Europe	6588	5028	5003	3652	6880	Europe	2149	1332	2658	2737	2877
EEC	4845	4054	4638	3373	6220	CEE	2140	1329	2630	2708	2725
EFTA	1739	766	274	231	332	AELE	9	2	28	29	4
Oceania	95	646	123	x53	x29	Océanie	6641			59	28
Korea Republic	9093	15059	24294	19269	13408	USA/Etats–Unis d'Amer	89047	101391	70853	46360	56059
El Salvador	x13458	x14756	x17924	x15113	x16532	Brazil/Brésil	43584	29947	38247	26347	26958
Japan/Japon	16392	13249	15320	13332	11332	Argentina/Argentine	21796	14276	20717	25230	20111
Saudi Arabia	51010	36399				Saudi Arabia	1702	8264	x105		
Venezuela	24267	29643	4274	1946	989	Paraguay	x371	2603	2614	2981	x2872
Guatemala	x1078	x17815	x849		x4081	Turkey/Turquie		4480	1204	12	5977
Egypt/Egypte	9245	303	36	14089	56050	Togo		3381	682	521	
Canada	2658	3002	3713	4245	5738	Venezuela	1211	x21	1547	528	1
Chile/Chili	1231	2808	1815	2353	x2938	Greece/Grèce	277	39	606	1228	x142
Dominican Republic	x1623	x2554	x3258	x939	x441	Jordan/Jordanie		x472	x472	x472	
Mexico/Mexique	3108	1077	3504	1936	6391	Nigeria/Nigéria		x421	x421	x369	
Benin/Bénin	x310	x4306	x644	x586	x13	United Kingdom	367	278	519	330	586
United Kingdom	1150	2114	1072	1325	1113	Netherlands/Pays–Bas	530	214	248	498	1086
Turkey/Turquie		1039	0	2988	2986	Philippines		x863			
Germany/Allemagne	673	765	2261	748	1262	France, Monac	257	196	402	257	432
USA/Etats–Unis d'Amer	5539	21	3602	19	4942	United Arab Emirates		x285	x258	x252	
Israel/Israël	5121	701	1359	1411	2445	Mali	x577	x1	x385	x385	x385
Colombia/Colombie	x39	0	x1680	156		Belgium–Luxembourg	378	219	386	164	72
United Arab Emirates				x1266		Indonesia/Indonésie	2	696			882
Morocco/Maroc				1170	386	Italy/Italie	282	268	324	44	209
Sweden/Suède	1651	700	238	197	259	Chile/Chili	411	549			
Netherlands/Pays–Bas	1006	310	435	365	1465	Germany/Allemagne	48	88	93	107	178
Ireland/Irlande	529	262	332	446	427	Ecuador/Equateur	51	x215			
Former USSR/Anc. URSS		x669	x333	x23		Tunisia/Tunisie		x60	x60	x60	
Jordan/Jordanie	936	321	377	310	80	Ireland/Irlande	0	18	49	x78	16
Trinidad and Tobago	95	288	116	600	392	Mexico/Mexique			0	141	x1
Singapore/Singapour	344	162	362	386	349	Hong Kong	109	91	40	3	35
Libyan Arab Jamahiriya		x890			x3649	Korea Republic		1	26	80	24
New Zealand	88	639	121	49	1	Lebanon/Liban		x35	x34	x30	
Italy/Italie	92	294	252	148	41	India/Inde		x35	x30	x32	
Peru/Pérou	5	14	14	649	x8	Mauritius/Maurice				89	37
Brazil/Brésil	x64	150	0	420	64	So. Africa Customs Un		x28	x28	x28	x47
Cameroon/Cameroun	x901	438	x38	x51		Japan/Japon	11	22	20	41	53
Hong Kong	145	224	188	98	114	Australia/Australie	6641			59	28
France, Monac	159	116	161	217	216	Canada	x20		20	19	36
So. Africa Customs Un	529	237	16	x214	x1269	Chad/Tchad	x1	x18	x18	x1	
Barbados/Barbade		78		113	262	Sudan/Soudan	x8	x11	x12	x14	
Zimbabwe				0	412	Ethiopia/Ethiopie	255	28			
Senegal/Sénégal				x2		Sweden/Suède	8	1	21	4	
Yugoslavia SFR		199	385	x48		Zimbabwe				22	2
Belgium–Luxembourg	140	166	73	29	65	Singapore/Singapour	213	8	16		10
Iran (Islamic Rp. of)		x15	x177	x17		Israel/Israël	8	12	2	x5	14
Panama	x2		0	x179	0	Austria/Autriche		1	3	16	3
Spain/Espagne	12	4	8	84	1587	Kenya	16		18		
Switz.Liecht	19	20	27	30	58	Barbados/Barbade			17		
Denmark/Danemark	28	24	42	8	8	Malaysia/Malaisie		9		2	x13
Netherlands Antilles		x53				Switz.Liecht	1	0	4	7	
Czechoslovakia			1	x48	x43	Portugal		7	1	0	1
Guadeloupe	19	45		2	7	Denmark/Danemark	0	2	2	1	2
Martinique		28	9	3		Egypt/Egypte	0	0	0	2	9

(VALUE AS % OF TOTAL)(VALEUR EN % DU TOTAL)

	1983	1984	1985	1986	1987	1988	1989	1990	1991	1992		1983	1984	1985	1986	1987	1988	1989	1990	1991	1992
Africa	51.1	23.4	24.5	x59.3	x2.4	7.3	x4.1	x1.3	x18.7	x45.2	Afrique	x0.2	x0.1	0.0	0.3	0.2	x1.3	x2.3	x1.2	x1.4	x0.4
Northern Africa	45.4	19.8	19.1	58.6	1.4	6.0	x0.8	0.0	17.3	39.9	Afrique du Nord	0.0	0.0	0.0	0.0	x0.0	x0.0	x0.0	x0.1	x0.1	0.0
Americas	x30.9	51.7	51.0	x25.8	x47.5	34.7	x47.6	x45.6	x32.6	x27.5	Amériques	95.5	89.5	92.5	89.6	82.3	92.2	87.9	95.3	95.1	91.1
LAIA	22.6	38.0	35.7	4.3	13.6	18.7	22.2	12.6	8.5	x6.7	ALAI	6.7	38.1	39.5	27.6	32.2	39.3	28.1	44.9	51.7	42.9
CACM	x4.3	8.2	10.2	x10.4	x9.3	x9.5	x21.4	x20.9	x17.1	x13.3	MCAC	x0.2	0.0	0.0	x0.5	x0.7					x0.0
Asia	x12.2	14.4	16.2	x11.6	32.8	53.7	44.2	47.0	44.3	22.8	Asie	x4.0	4.8	5.4	x2.4	x1.8	1.2	9.0	x1.6	x0.8	6.1
Middle East	x0.7	2.0	1.0	x2.3	2.3	33.5	24.8	x0.6	x5.2	x2.4	Moyen–Orient	x0.4	0.6	0.6	x0.4	x0.3	1.0	8.0	x1.5	x0.7	5.2
Europe	5.7	10.4	8.2	3.4	8.5	4.3	3.3	5.6	4.1	4.4	Europe	0.4	5.5	2.1	x5.6	4.2	1.3	0.8	1.9	2.6	2.5
EEC	3.6	7.2	4.9	2.2	5.1	3.1	2.7	5.2	3.8	4.0	CEE	0.3	5.5	2.1	3.6	3.7	1.3	0.8	1.9	2.5	2.3
EFTA	2.1	3.1	3.3	1.2	3.4	1.1	0.5	0.3	0.3	0.2	AELE	0.0			x2.0	x0.4	0.0				
Oceania		x0.2	x0.0	x0.0	x0.0	0.1	0.4	0.1	x0.1	x0.0	Océanie						2.1	11.5	3.9		0.1
Korea Republic	1.3	2.2	1.5	1.9	6.7	5.9	9.9	27.1	21.8	8.6	USA/Etats–Unis d'Amer	88.6	51.4	52.7	61.4	49.4	52.8	59.8	50.4	43.4	48.1
El Salvador	x2.6	4.4	2.2	x5.6	x5.5	8.7	9.7	x20.0	x17.1	x10.6	Brazil/Brésil		32.1	30.3	25.3	29.1	25.9	17.7	27.2	24.7	23.1
Japan/Japon	10.1	7.9	12.3	7.1	22.5	10.6	8.7	17.1	15.1	7.3	Argentina/Argentine	6.7	4.9	7.7	2.2	2.7	12.9	8.4	14.7	23.6	17.3
Saudi Arabia		0.1		0.0	0.0	32.9	23.9				Saudi Arabia						1.0	4.9	x0.1		
Venezuela	22.5	37.7	35.4	11.3	27.9	15.7	19.5	4.8	2.2	0.6	Paraguay		1.1	1.6	x0.2	x0.4	x0.2	1.5	1.9	2.8	x2.5
Guatemala		3.4	6.2	x4.2	x3.4	x0.7	x11.7	x0.9		2.6	Turkey/Turquie		0.5		0.6	0.3	0.2	2.6	0.9	0.0	5.1
Egypt/Egypte	45.4	19.7	19.0	58.6	1.4	6.0	0.2	0.0	15.9	36.0	Togo				0.1		0.7	2.0	0.5	0.5	
Canada	1.1	1.9	1.3	0.8	2.2	1.7	2.0	4.1	4.8	3.7	Venezuela							x0.0	1.1	0.5	0.0
Chile/Chili		0.2	0.2	x0.0		0.8	1.8	2.0	2.7	x1.9	Greece/Grèce	0.0	0.0	0.0	1.3	0.7	0.2	0.0	0.4	1.1	0.0
Dominican Republic		3.5	1.8	x0.5	x2.3	x1.0	x1.7	x3.6	x1.1	x0.3	Jordan/Jordanie							x0.1	x0.3	x0.3	x0.4

4234 GROUNDNUT(PEANUT) OIL — HUILE D'ARACHIDE 4234

TRADE BY COMMODITY IN THOUSAND U.S. DOLLARS – COMMERCE PAR PRODUIT EN MILLIERS DE DOLLARS E.U

IMPORTS – IMPORTATIONS

COUNTRIES–PAYS	1988	1989	1990	1991	1992
Total	258649	357986	374704	322346	249353
Africa	x5892	60764	31937	x4685	x3733
Northern Africa	4302	58875	30069	x58	x1606
Americas	x20910	8816	16567	9640	6859
LAIA	x8287	3055	6308	3572	1776
CACM	x18	x3	x3		x15
Asia	37433	58934	52507	50601	44891
Middle East	x474	x671	x477	x489	x538
Europe	188577	224132	267980	250520	189985
EEC	181486	217188	258002	242014	176660
EFTA	7004	6870	9727	8419	12426
Oceania	2662	x4278	x5152	x4664	x3327
France,Monac	88684	102802	121537	115838	73633
Italy/Italie	32036	43886	56358	47097	36343
Belgium–Luxembourg	26303	32882	36769	35287	26599
Hong Kong	22728	28043	31655	34304	31330
Egypt/Egypte	4294	58053	30046	x55	x12
Germany/Allemagne	11410	16311	20320	23434	19378
United Kingdom	10669	10950	11345	11794	8383
Singapore/Singapour	6897	8227	10308	5789	3169
Netherlands/Pays–Bas	10006	7367	8839	6742	10062
China/Chine	4017	12153	4877	3667	4075
Switz.Liecht	4254	4089	5913	4568	9253
Canada	3548	3683	5730	4371	3468
Malaysia/Malaisie	1441	7256	2368	2317	x3204
Uruguay	4002	2527	5379	3250	532
French Polynesia	1432	x2561	x3192	x2685	x1737
Austria/Autriche	1673	1883	2496	2995	2542
Macau/Macao	1215	1595	1798	1740	1827
USA/Etats–Unis d'Amer	7408	898	3314	304	596
Ireland/Irlande	1567	2069	1355	762	668
Former USSR/Anc. URSS		x1039	x23	x2074	
Togo	77	66	552	1790	x9
So. Africa Customs Un	178	8	218	x1954	x853
New Caledonia	427	698	603	648	499
Australia/Australie	373	516	533	825	649
India/Inde	2	x209	x238	1418	x3
Spain/Espagne	516	372	806	614	766
Japan/Japon	213	532	465	681	516
Mexico/Mexique	1166	500	828	233	111
Denmark/Danemark	274	424	633	399	320
Guadeloupe	430	494	541	391	274
Norway,SVD,JM	630	325	670	296	276
New Zealand	306	390	456	430	374
Martinique	408	412	441	393	295
Sweden/Suède	213	325	307	286	174
Algeria/Algérie		x816	x20		x1591
Reunion/Réunion	314	299	228	304	300
Finland/Finlande	172	227	288	181	113
Gabon	x57	x369	x74	x90	x146
Benin/Bénin	x2	x485	x11	x1	x6
Czechoslovakia			495	x1	x11
French Guiana	137	154	150	160	139
Kuwait/Koweït	x51	144	x147	x89	x91
Cote d'Ivoire	x107	x162	x87	x90	x306
Trinidad and Tobago	0		3	321	2
Tonga			x251		x3
Andorra/Andorre	x57	x63	x121	x60	x42
Syrian Arab Republic	29	134	59		x3
Oman	19	65	3	124	
Cameroon/Cameroun	x82	126	x58	3	x37
Cyprus/Chypre	82	34	80	68	44

EXPORTS – EXPORTATIONS

COUNTRIES–PAYS	1988	1989	1990	1991	1992
Totale	x222619	x265216	336245	x316872	x225417
Afrique	x110985	x147287	x173146	x144682	x84330
Afrique du Nord	x14138	x18042	x26476	x14792	x9980
Amériques	43518	33979	47446	69087	80742
ALAI	40736	29099	40582	50615	42253
MCAC			x6		
Asie	20497	25816	65842	54133	17898
Moyen–Orient	1	x118	x100	x79	x59
Europe	47098	57650	49007	48944	41813
CEE	46835	57305	48341	47797	40855
AELE	261	345	665	1147	959
Océanie	x177	116	531	26	x634
Senegal/Sénégal	x80240	102828	129980	x115885	x64966
China/Chine	10910	7305	46430	42353	6767
Argentina/Argentine	28540	19589	29032	39972	36862
Belgium–Luxembourg	19832	23345	23518	23594	19594
Sudan/Soudan	x14138	x18039	x26471	x14792	x9980
So. Africa Customs Un	x7684	x19857	x10953	x11914	x8009
France, Monac	12268	17066	11674	10400	11215
USA/Etats–Unis d'Amer	2750	4873	6859	18469	38438
Brazil/Brésil	10135	5391	11043	10602	5156
Netherlands/Pays–Bas	7940	9551	6482	9073	8115
Singapore/Singapour	4831	8982	11858	3752	1746
Hong Kong	3351	3531	4506	6271	7802
Gambia/Gambie	3600	4426	4411	2072	x160
Italy/Italie	1971	1051	4888	3023	561
Malaysia/Malaisie	134	5360	615	110	x811
Uruguay	x4	x4107	x17	0	
Viet Nam	x363	x169	x2133	x1369	x522
Greece/Grèce	1252	3643	0	1	x4
Mozambique	x1476	x2124	x1203		
Germany/Allemagne	1248	1770	823	697	705
United Kingdom	418	393	633	605	575
Switz.Liecht	99	182	357	1075	888
Portugal	1806	306	179	196	3
Australia/Australie	160	112	530	26	24
Hungary/Hongrie	x344	x370	x244		0
Paraguay	1995	12	387	25	x148
Norway,SVD,JM	116	135	223	35	9
Macau/Macao	34	86	146	150	160
Ireland/Irlande	83	156	79	81	32
Philippines		x219			
Denmark/Danemark	17	24	64	127	50
Saudi Arabia		x91	x59	x59	x59
Venezuela			101	15	70
United Arab Emirates		x27	x41	x18	
Austria/Autriche	31	25	33	26	46
Myanmar	x2	x22	x41	x9	
Sweden/Suède	15	3	51	10	15
Zimbabwe			53	0	
Former GDR			x31		
Kenya	1		28		
Zaire/Zaïre	0	0	x28		
India/Inde			11	15	x4
Israel/Israël			x10	20	1
Mali		16	x10	x10	x10
Sri Lanka			x4	4	0
Cameroon/Cameroun	x300	x4	x4	x4	23
Japan/Japon	3	6	1	3	
Egypt/Egypte		3	5		
Canada	20	0	5	3	52
El Salvador		x6			

(VALUE AS % OF TOTAL)(VALEUR EN % DU TOTAL)

	1983	1984	1985	1986	1987	1988	1989	1990	1991	1992
Africa	x3.0	x3.1	x1.4	x2.6	x21.7	x2.3	17.0	8.6	x1.4	x1.5
Northern Africa	0.0	0.0	0.0	x0.0	20.4	1.7	16.4	8.0	x0.0	x0.6
Americas	2.0	20.4	10.1	x2.3	x2.4	x8.0	2.5	4.4	3.0	2.7
LAIA	0.0	18.7	8.6	x0.1	x0.1	x3.2	0.9	1.7	1.1	0.7
CACM	x0.0	0.0	0.0	x0.0	x0.0	x0.0	0.0			x0.0
Asia	15.2	11.3	13.8	15.8	14.2	14.5	16.5	14.0	15.7	18.0
Middle East	x0.1	x0.1	x0.1	x0.6	x0.2	x0.2	x0.2	x0.1	x0.2	x0.2
Europe	79.0	64.5	74.0	77.9	60.5	72.9	62.6	71.5	77.7	76.2
EEC	78.2	63.6	73.1	76.0	58.6	70.2	60.7	68.9	75.1	70.8
EFTA	0.8	0.8	0.9	x1.9	x2.0	2.7	1.9	2.6	2.6	5.0
Oceania	0.7	x0.8	x0.5	x1.4	x1.1	1.1	x1.2	x1.4	x1.5	x1.3
France,Monac	47.4	35.6	37.7	39.7	28.2	34.3	28.7	32.4	35.9	29.5
Italy/Italie	7.0	7.1	11.1	11.4	9.3	12.4	12.3	15.0	14.6	14.6
Belgium–Luxembourg	10.6	10.6	11.9	12.9	10.0	10.2	9.2	9.8	10.9	10.7
Hong Kong	10.6	7.8	10.0	11.7	8.8	7.8	8.4	8.4	10.6	12.6
Egypt/Egypte	0.0	0.0	0.0	x0.0	20.3	1.7	16.2	8.0	x0.0	x0.0
Germany/Allemagne	5.1	5.3	5.5	5.6	4.3	4.4	4.6	5.4	7.3	7.8
United Kingdom	3.6	2.9	3.3	3.4	2.6	4.1	3.1	3.0	3.7	3.4
Singapore/Singapour	2.4	1.4	1.7	2.1	1.5	2.7	2.3	2.8	1.8	1.3
Netherlands/Pays–Bas	4.1	1.9	3.5	2.8	3.5	3.9	2.1	2.4	2.1	4.0
China/Chine					1.2	1.6	3.4	1.3	1.1	1.6

	1983	1984	1985	1986	1987	1988	1989	1990	1991	1992
Afrique	52.3	x49.3	30.5	x44.0	39.8	x49.9	x55.5	x51.5	x45.7	x37.5
Afrique du Nord	x1.5	x7.3	x0.2	x0.0	x1.6	x6.4	x6.8	x7.9	x4.7	x4.4
Amériques	9.6	22.2	42.2	27.2	24.7	19.5	12.8	14.1	21.8	35.8
ALAI	8.8	20.2	36.5	14.1	23.2	18.3	11.0	12.1	16.0	18.7
MCAC								x0.0		
Asie	8.6	3.9	4.2	4.8	15.2	9.2	9.7	19.6	17.1	7.9
Moyen–Orient		0.1			x0.0	x0.0	x0.0	x0.0	x0.0	x0.0
Europe	29.5	24.5	22.6	23.9	x20.2	21.7	21.2	14.6	15.4	18.5
CEE	29.4	24.2	22.3	23.7	16.6	21.0	21.6	14.4	15.1	18.1
AELE	0.1	0.3	0.3	0.2	x2.9	0.1	0.1	0.2	0.4	0.4
Océanie			0.4		x0.1			0.2		x0.3
Senegal/Sénégal	43.0	32.5	21.4	30.2	30.2	x36.0	38.7	38.7	x36.6	x28.8
China/Chine					10.7	4.9	2.8	13.8	13.4	3.0
Argentina/Argentine	8.8	10.4	9.6	10.7	15.4	12.8	7.4	8.6	12.6	16.4
Belgium–Luxembourg	12.1	12.7	12.9	13.7	10.0	8.9	8.8	7.0	7.4	8.7
Sudan/Soudan	x1.5	x7.3	x0.2	x0.0	x1.6	x6.4	x6.8	x7.9	x4.7	x4.4
So. Africa Customs Un	3.4	2.5	5.6	x6.8	x4.4	x3.5	x7.5	x3.3	x3.8	x3.6
France,Monac	5.5	5.0	8.0	4.1	3.1	5.5	6.4	3.5	3.3	5.0
USA/Etats–Unis d'Amer	0.8	2.0	5.7	13.1	1.3	1.2	1.8	2.0	5.8	17.1
Brazil/Brésil		9.9	27.0	3.4	7.6	4.6	2.0	3.3	3.3	2.3
Netherlands/Pays–Bas	5.4	3.3	4.5	3.9	3.0	3.6	3.6	1.9	2.9	3.6

393

4235 OLIVE OIL — HUILE D'OLIVE 4235

TRADE BY COMMODITY IN THOUSAND U.S. DOLLARS – COMMERCE PAR PRODUIT EN MILLIERS DE DOLLARS E.U

IMPORTS – IMPORTATIONS

COUNTRIES–PAYS	1988	1989	1990	1991	1992
Total	1127710	1337081	1757270	2193961	1706539
Africa	145941	160661	108248	x11414	x15706
Northern Africa	137868	152558	96867	x5263	x4783
Americas	184610	235922	278615	313160	356992
LAIA	24004	51255	39950	46359	47618
CACM	x683	x686	x481	x912	x1023
Asia	x56931	x42567	x64057	x59217	x93786
Middle East	x41350	x29824	x40449	x32113	x62338
Europe	658537	820030	1254686	1758301	1167978
EEC	642856	802292	1225280	1727367	1134925
EFTA	11816	13368	18037	21225	23932
Oceania	x16113	x21737	x29830	x32073	x39656
Italy/Italie	501893	517336	926931	1199887	667114
USA/Etats–Unis d'Amer	142443	165035	215133	237931	274009
France,Monac	69775	98074	123425	120055	151558
Spain/Espagne	4423	75993	44024	136555	146133
Egypt/Egypte	34202	84589	90849	x367	x542
Greece/Grèce	16917	3842	23501	122840	x18458
Portugal	8758	55004	30418	53965	35115
Brazil/Brésil	18544	46806	34755	37528	34556
Germany/Allemagne	15576	20759	33274	39639	46220
Former USSR/Anc. URSS	x62398	x51885	x16771	x18894	
Australia/Australie	15495	20639	28394	30574	37549
United Kingdom	14258	19133	25810	32258	41936
Canada	14991	15541	20650	24501	29802
Libyan Arab Jamahiriya	88391	48477	19	x4751	x497
Saudi Arabia	x9801	x13211	x14904	x16275	x17945
Japan/Japon	8282	8623	12859	15407	19064
Belgium–Luxembourg	5572	6346	9860	12523	14385
Switz.Liecht	6041	6559	8975	10377	11745
Tunisia/Tunisie	x14650	16214	x5655	26	0
Andorra/Andorre	x1228	x2559	x7730	x7810	x7288
Kuwait/ Koweït	x5758	9748	x3339	x4625	x7663
Netherlands/Pays–Bas	3360	3751	5212	5011	6502
Austria/Autriche	2651	2699	4378	4495	5075
Jordan/Jordanie	7267	46	10556	91	19872
Thailand/Thaïlande	865	622	4142	4161	3401
Mexico/Mexique	2433	2535	2360	3900	6260
Angola	x1424	x3328	x3576	x1510	x3095
United Arab Emirates	x5369	x2565	x2204	x3376	x5864
Sweden/Suède	1581	1942	2765	3265	3615
Denmark/Danemark	1394	1429	1907	2658	4504
Yugoslavia SFR	2376	1570	2997	x1397	
Israel/Israël	1689	926	2402	2543	1977
Czechoslovakia	x2405	959	4425	x353	x768
Lebanon/Liban	x816	x316	x740	x4270	x3460
Norway,SVD,JM	1061	1543	1307	2194	2479
Venezuela	2241	283	1545	2875	2294
So. Africa Customs Un	805	1158	1989	x1442	x1684
Turkey/Turquie	7280	1132	3078	x92	1068
Iraq	x2329	x1225	x2576	x213	x115
Ireland/Irlande	930	625	917	1977	2999
Algeria/Algérie	x278	x2764	x294	x119	x2206
Cape Verde/Cap–Vert	855	555	1798	x772	x1626
Bulgaria/Bulgarie	x3	x2627	x297	x148	36
New Zealand	485	856	854	1266	1797
Ethiopia/Ethiopie	3259	1273	1374	88	x69
Dominican Republic	x555	x933	x449	x1232	x1679
Singapore/Singapour	600	385	806	1243	1170
Cyprus/Chypre	1691	173	1754	302	2396
Panama	x173	x449	x671	x677	x575
Finland/Finlande	403	526	475	698	779

EXPORTS – EXPORTATIONS

COUNTRIES–PAYS	1988	1989	1990	1991	1992
Totale	976560	1119995	1646090	2117838	x1794159
Afrique	83512	87635	x163054	295881	168231
Afrique du Nord	83510	87621	162898	295759	167745
Amériques	x10762	x26805	14297	22229	23819
ALAI	8118	x24125	10067	17231	14968
MCAC	x276	0	0	0	x11
Asie	x35108	56763	6955	26407	23623
Moyen–Orient	34590	55531	6116	24707	21620
Europe	827452	930516	1440991	1752776	x1577811
CEE	827039	927727	1440285	1752589	x1577332
AELE	185	114	608	186	316
Océanie	166	x244	109	x231	x368
Spain/Espagne	509931	242109	703758	1032472	459870
Italy/Italie	218815	282124	351996	428221	465144
Greece/Grèce	52978	335655	286952	205419	x537067
Tunisia/Tunisie	82337	85950	121163	290717	158396
France,Monac	12465	41139	48510	42284	71649
Portugal	28487	23217	43079	35614	35358
Turkey/Turquie	32540	50823	4688	21268	18943
Morocco/Maroc	316	894	41169	4991	9324
Argentina/Argentine	7304	17803	9882	17051	
Former USSR/Anc. URSS	x9130	x7289	x16054	x18679	
Albania/Albanie	x8141	x6180	x4453	x1614	x296
USA/Etats–Unis d'Amer	x2304	2329	3991	4738	8306
Belgium–Luxembourg	656	993	2309	3949	2757
Jordan/Jordanie	1721	4241	952	915	1624
Germany/Allemagne	1339	1037	1629	2046	2181
Romania/Roumanie					14468
Uruguay	x1522	x4549		2	x1
United Kingdom	1697	809	1157	1880	2181
Gibraltar	x216	x2663	x89		
Cyprus/Chypre	199	77	65	1852	12
Netherlands/Pays–Bas	575	565	742	610	1046
Venezuela	105	1402	6	11	0
Japan/Japon	148	348	408	533	461
Lebanon/Liban	x104	x261	x315	x643	x951
Canada	61	320	231	251	345
Singapore/Singapour	200	139	187	445	248
Austria/Autriche	60	30	521	49	108
Israel/Israël	x73	490	77	31	15
Brazil/Brésil	639	547	9	22	120
Algeria/Algérie	843	326	191	x47	
Australia/Australie	147	193	105	190	227
Sudan/Soudan	x14	x450			
Libyan Arab Jamahiriya			375		x23
Malaysia/Malaisie	11	19	44	296	x1125
Peru/Pérou	68	46	123	x139	x244
India/Inde	1	x2	x5	x290	
Zimbabwe			148	121	
Hong Kong	82	90	59	93	149
Denmark/Danemark	68	72	63	68	38
Czechoslovakia			x175	0	0
Indonesia/Indonésie		143	4	7	
Switz.Liecht	86	30	42	75	75
Ireland/Irlande	28	6	90	27	41
Kuwait/ Koweït			107		
Sweden/Suède	25	19	28	42	76
Saudi Arabia	x1		x78	x3	x5
Norway,SVD,JM	15	34	8	14	55
United Arab Emirates	x5	x19	x11	x24	x36
Sri Lanka	0		53		2
Mexico/Mexique	3	6	45	1	28

(VALUE AS % OF TOTAL)(VALEUR EN % DU TOTAL)

Imports

	1983	1984	1985	1986	1987	1988	1989	1990	1991	1992
Africa	16.9	12.8	9.2	6.9	x9.6	13.0	12.0	6.1	x0.6	x0.9
Northern Africa	15.6	12.2	8.5	6.0	9.4	12.2	11.4	5.5	x0.2	x0.3
Americas	9.9	17.2	15.6	x14.4	10.1	16.4	17.6	15.8	14.3	20.9
LAIA	0.3	2.7	3.0	2.6	1.7	2.1	3.8	2.3	2.1	2.8
CACM	x0.0	0.1	0.1	x0.1	x0.1	x0.1	x0.1	x0.0	x0.0	0.1
Asia	x4.3	x8.2	x11.1	x7.4	x2.3	x5.1	x3.2	x3.7	x2.7	x5.5
Middle East	x3.5	x6.6	x10.2	x6.5	x1.8	x3.7	x2.2	x2.3	x1.5	x3.7
Europe	63.5	54.9	62.5	70.0	70.4	58.4	61.3	71.4	80.1	68.4
EEC	63.0	54.2	61.5	68.4	69.5	57.0	60.0	69.7	78.7	66.5
EFTA	0.4	0.5	0.6	x1.2	x0.7	1.0	1.0	1.0	1.0	1.4
Oceania		1.9	x1.8	x1.7	x1.3	x0.9	1.4	x1.6	x1.7	x1.5	x2.3
Italy/Italie	51.6	42.0	48.7	48.3	47.3	44.5	38.7	52.7	54.7	39.1
USA/Etats–Unis d'Amer	8.4	12.3	10.9	10.3	7.4	12.6	12.3	12.2	10.8	16.1
France,Monac	7.6	7.8	7.7	6.7	4.5	6.2	7.3	7.0	5.5	8.9
Spain/Espagne	0.0	0.0	0.0	0.3	0.6	0.4	5.7	2.5	6.2	8.6
Egypt/Egypte	0.2	0.2	0.2	0.1	3.7	3.0	6.3	5.2	x0.0	x0.0
Greece/Grèce			0.6	0.0	2.5	1.5	0.3	1.3	5.6	x1.1
Portugal	0.2	0.5	0.5	0.4	0.5	0.8	4.1	1.7	2.5	2.1
Brazil/Brésil		2.3	2.3	2.1	1.6	1.6	3.5	2.0	1.7	2.0
Germany/Allemagne	1.4	1.6	1.9	1.8	1.3	1.4	1.6	1.9	1.8	2.7
Former USSR/Anc. URSS	3.6	5.3		x5.4	x5.5	x3.9	x1.0	x0.9		

Exports

	1983	1984	1985	1986	1987	1988	1989	1990	1991	1992
Afrique	7.6	15.9	8.3	x8.8	x6.3	x8.6	x7.8	x9.9	x14.0	x9.4
Afrique du Nord	7.6	15.9	8.3	8.8	6.3	8.6	7.8	9.9	14.0	9.3
Amériques	1.7	1.3	1.4	x1.4	x1.4	x1.1	x2.4	0.9	1.0	1.3
ALAI	1.7	1.3	1.4	1.2	0.5	0.8	x2.2	0.6	0.8	0.8
MCAC	x0.0	x0.0	x0.0			x0.0	0.0	x0.0	x0.0	x0.0
Asie	x0.7	8.5	5.2	4.7	3.6	x3.6	5.1	0.4	1.2	1.3
Moyen–Orient	x0.6	6.3	5.2	4.7	3.6	3.5	5.0	0.4	1.2	1.2
Europe	90.0	74.3	85.0	85.0	88.1	84.7	83.1	87.5	82.8	x87.9
CEE	90.0	74.3	85.0	85.0	86.8	84.7	82.8	87.5	82.8	x87.9
AELE	0.0	0.0	0.0	x0.0	x1.2	0.0	0.0	0.0	0.0	0.0
Océanie				x0.0		x0.0		x0.0		x0.0
Spain/Espagne	18.9	14.6	47.1	29.5	27.6	52.2	21.6	42.8	48.8	25.6
Italy/Italie	17.2	24.3	22.6	21.0	16.1	22.4	25.2	21.4	20.2	25.9
Greece/Grèce	45.0	32.1	12.0	24.2	15.2	5.4	30.0	17.4	9.7	x29.9
Tunisia/Tunisie	7.5	15.8	8.3	8.8	6.2	8.4	7.7	7.4	13.7	8.8
France,Monac	7.1	1.4	2.0	1.7	1.3	1.3	3.7	2.9	2.0	4.0
Portugal	1.5	1.5	1.1	1.6	2.5	2.9	2.1	2.6	1.7	2.0
Turkey/Turquie		5.6	5.1	4.1	3.5	3.3	4.5	0.3	1.0	1.1
Morocco/Maroc	0.2	0.1	0.0	0.0	0.0	0.0	0.1	2.5	0.2	0.5
Argentina/Argentine	1.7	1.3	1.3	0.9	0.4	0.7	1.6	0.6	0.8	0.8
Former USSR/Anc. URSS						x0.9	x0.7	x1.0	x0.9	

4236 SUNFLOWER SEED OIL / HUILE DE TOURNESOL 4236

TRADE BY COMMODITY IN THOUSAND U.S. DOLLARS – COMMERCE PAR PRODUIT EN MILLIERS DE DOLLARS E.U

IMPORTS – IMPORTATIONS

COUNTRIES-PAYS	1988	1989	1990	1991	1992
Total	x871246	x1298562	x1181175	x1497330	x1235861
Africa	x66432	71436	62521	x215264	x273674
Northern Africa	27535	28140	21033	x189046	x207641
Americas	x201719	x232031	x233832	261006	226927
LAIA	122849	143779	138145	169220	176514
CACM	x2488	x3646	x6120	x3309	x4054
Asia	150400	184779	x203455	x310194	x270675
Middle East	78538	133595	x136861	x244083	x187574
Europe	326466	403361	500149	465240	416674
EEC	291892	338414	438941	427203	368506
EFTA	32954	39487	44825	32005	30741
Oceania	8428	x8259	x13268	x15389	x18279
Former USSR/Anc. URSS	x89424	x350630	x118551	x200632	
Turkey/Turquie	66249	109427	107172	151316	139032
Germany/Allemagne	74816	91066	109029	105363	97139
Mexico/Mexique	67714	106677	74536	85391	75236
United Kingdom	50948	66536	98651	96703	94759
France, Monac	77677	58466	76124	73150	59544
Belgium–Luxembourg	26611	42699	56073	58492	35435
Netherlands/Pays-Bas	33629	47436	49242	47248	36919
Venezuela	48303	26979	45233	65036	66507
Libyan Arab Jamahiriya	11173	20975	19221	80332	x63506
USA/Etats-Unis d'Amer	11204	28347	34652	56612	27673
Japan/Japon	25182	27530	34098	32960	32688
Iran (Islamic Rp. of)		x3190	x10121	x78398	x20144
Cuba	x51368	x39494	x38321	x12077	x562
So. Africa Customs Un	29011	34924	30475	x11199	x51865
Algeria/Algérie	16318	7125	1748	x58321	x84940
Egypt/Egypte	26	23	41	50381	58925
Austria/Autriche	15688	19047	19678	10122	9040
Poland/Pologne	13013	24401	7593	16630	x7794
Switz.Liecht	13076	13981	18399	15823	15474
Yugoslavia SFR	802	24809	15144	x5013	
Italy/Italie	7378	9241	14433	17442	8821
Singapore/Singapour	3676	7917	6218	16596	15740
Greece/Grèce	5015	3939	12930	12868	x17048
Romania/Roumanie		x54	20207	9299	x5367
Malaysia/Malaisie	127	2178	17826	6879	x3973
Ireland/Irlande	8085	9165	5825	7561	5174
Albania/Albanie	x7292	x10177	x9417	x1942	x14784
Czechoslovakia	x8068	10556	10060	x743	x737
Australia/Australie	3435	3063	6933	9508	11140
Spain/Espagne	5845	5171	8645	5443	6346
Chile/Chili	x2901	x3204	6203	8494	x11634
Canada	2830	5712	7232	4608	5383
Reunion/Réunion	3899	4520	5933	5557	8191
Thailand/Thaïlande	3894	5858	2558	6420	7755
Cyprus/Chypre	1367	5258	4917	3222	1874
Martinique	3422	3579	4773	4664	4956
New Zealand	3668	3742	4569	3896	5063
United Arab Emirates	x2332	x8466	x1495	x1989	x2489
Guatemala	x2442	x3643	x4686	x3290	x4020
Iraq	x7290	x4312	x5932	x427	x616
Guadeloupe	2446	2731	3658	4078	4277
Sweden/Suède	1978	2728	3827	3401	2807
Uruguay	x2841	x2261	x4389	x2679	3735
Brazil/Brésil	39	2067	3942	3308	3608
Portugal	71	2929	5422	367	3633
Finland/Finlande	1952	3458	2642	2395	3172
Dominican Republic	x3388	x3567	x4390	x4862	x1575
Colombia/Colombie	1014	1938	2237	2870	3536
Denmark/Danemark	1818	1767	2567	2566	3689

EXPORTS – EXPORTATIONS

COUNTRIES-PAYS	1988	1989	1990	1991	1992
Totale	990842	1271932	1441798	1369941	1286207
Afrique	x1453	x539	x3198	x5206	x1814
Afrique du Nord		0	x2316	x1762	x348
Amériques	519275	544818	659024	674258	622481
ALAI	381356	411546	556489	562693	468352
MCAC				0	x16
Asie	17847	76672	120367	99622	153374
Moyen-Orient	12960	68167	93102	84313	117176
Europe	378728	467617	489938	393621	450787
CEE	358904	459942	481563	382121	436745
AELE	4411	4812	6200	5675	5045
Océanie	2831	1183	306	962	1549
Argentina/Argentine	374952	384975	547989	542507	445102
Former USSR/Anc. URSS	x16383	x125342	x122826	x142358	
USA/Etats-Unis d'Amer	126618	131349	101603	108695	151704
Netherlands/Pays-Bas	95929	111014	99485	106833	98922
France, Monac	58638	88164	104518	111547	136567
Belgium-Luxembourg	72754	88939	83328	73408	80528
Turkey/Turquie	12953	58097	81596	82553	116380
Spain/Espagne	48252	65763	86624	16202	29432
Hungary/Hongrie	x39781	x50062	x41738	x48754	x45497
Germany/Allemagne	48573	57800	38955	28749	31552
Italy/Italie	26260	36078	52185	36611	52894
Mexico/Mexique	6369	22052	8228	18256	21654
Malaysia/Malaisie			2125	21731	5872	x12682
Singapore/Singapour	2894	5758	5361	8804	12210
Portugal	4190	6104	11663	827	1019
Switz.Liecht	4006	4128	5011	5007	4377
United Kingdom	1118	1541	4202	5705	5060
Yugoslavia SFR	15413	2856	2175	x5825	
Cyprus/Chypre		5158	4495	727	615
Jordan/Jordanie		x4815	x4897	221	69
Romania/Roumanie	x14544	x1964	x141	5009	x1305
Greece/Grèce	2620	4081	360	2100	x156
Canada	1657	1923	898	2561	2398
Sudan/Soudan			x2316	x1757	x342
Former GDR		x1942	x2004		
So. Africa Customs Un	x874	x420	x173	x3257	x1343
Bulgaria/Bulgarie		x1791	x1918	x3	x9003
Austria/Autriche	342	615	1167	642	642
Australia/Australie	2805	1156	210	795	1393
Brazil/Brésil	1	x1282	0	x770	x1161
Saudi Arabia			x1946	x63	x63
Uruguay	25	1890	2	10	73
Ecuador/Equateur		x1320			
Iraq		x34	x26	x732	
Bolivia/Bolivie				767	
Ireland/Irlande	390	390	134	91	11
Philippines		x497			
Kenya	22		485		
Indonesia/Indonésie		10	24	385	
Japan/Japon	115	102	120	176	153
Paraguay		27	117	239	x291
			339	28	x324
New Zealand	26	27	96	167	157
Cuba				x277	
Denmark/Danemark	182	68	108	48	604
Zimbabwe	545		162	60	
Venezuela			143	34	46
Chile/Chili	x10	x1	8	112	x6
Czechoslovakia				x120	x72
Senegal/Sénégal		78	38		

(VALUE AS % OF TOTAL) (VALEUR EN % DU TOTAL)

	1983	1984	1985	1986	1987	1988	1989	1990	1991	1992
Africa	19.4	23.2	29.0	x27.6	x10.4	x7.6	5.5	5.3	x14.3	x22.1
Northern Africa	6.6	15.1	19.1	21.2	7.1	3.2	2.2	1.8	x12.6	x16.8
Americas	12.0	9.7	9.7	x32.1	x28.0	x23.1	x17.8	x19.8	17.4	18.4
LAIA	9.6	6.8	7.3	x11.7	x8.0	14.1	11.1	11.7	11.3	14.3
CACM	x1.3	0.0		x1.9	x3.4	x0.3	x0.3	x0.5	x0.2	x0.3
Asia	x11.7	14.0	x11.6	x9.0	x11.5	17.3	14.2	x17.2	x20.7	x21.9
Middle East	x5.9	10.7	9.7	x7.5	x6.3	9.0	10.3	x11.6	x16.3	x15.2
Europe	55.5	53.0	49.1	30.7	25.7	37.5	31.1	42.3	31.1	33.7
EEC	50.9	48.0	43.0	x27.4	23.4	33.5	26.1	37.2	28.5	29.8
EFTA	4.6	3.2	2.7	2.1	x2.1	3.8	3.0	3.8	2.1	2.5
Oceania	1.4	x0.7	x0.6	x0.6	x0.8	1.0	x0.6	x1.1	x1.0	x1.5
Former USSR/Anc. URSS					x21.4	x10.3	x27.0	x10.0	x13.4	
Turkey/Turquie		9.0	5.7	2.5	2.2	7.6	8.4	9.1	10.1	11.2
Germany/Allemagne	12.3	9.6	8.8	7.5	6.3	8.6	7.0	9.2	7.0	7.9
Mexico/Mexique				x7.3	x2.0	7.8	8.2	6.3	5.7	6.1
United Kingdom	5.4	5.1	3.7	2.9	3.8	5.8	5.1	8.4	6.5	7.7
France, Monac	18.3	16.6	14.0	8.0	6.0	8.9	4.5	6.4	4.9	4.8
Belgium-Luxembourg	4.5	4.5	4.3	2.7	2.4	3.1	3.3	4.7	3.9	2.9
Netherlands/Pays-Bas	6.1	8.9	7.1	3.1	2.5	3.9	3.7	4.2	3.2	3.0
Venezuela	9.5	6.0	6.3	4.1	5.5	5.5	2.1	3.8	4.3	5.4
Libyan Arab Jamahiriya	0.7	x1.1	1.1	3.2	1.7	1.3	1.6	1.6	5.4	x5.1

	1983	1984	1985	1986	1987	1988	1989	1990	1991	1992
Afrique	1.9	1.3	1.3	x0.2	x0.2	x0.2	0.0	x0.2	x0.3	x0.1
Afrique du Nord							x0.0	0.0	x0.1	x0.0
Amériques	62.1	56.1	63.4	59.2	40.7	52.4	42.9	45.7	49.2	48.4
ALAI	39.1	44.8	54.2	45.5	28.4	38.5	32.4	38.6	41.1	36.4
MCAC		0.0							x0.0	x0.0
Asie		0.2	1.5	3.2	4.3	1.8	6.0	8.3	7.3	11.9
Moyen-Orient	0.0	0.2	1.5	3.2	3.8	1.3	5.4	6.5	6.2	9.1
Europe	28.2	36.3	33.7	37.3	40.9	38.2	36.8	34.0	28.7	35.0
CEE	28.2	35.8	33.7	33.2	38.6	36.2	33.4	27.9	34.0	
AELE	0.0	0.0	0.0	x3.3	x2.1	0.4	0.4	0.4	0.4	0.4
Océanie		0.2	0.1		0.1	0.3	0.1		0.1	0.1
Argentina/Argentine	39.1	44.8	54.1	44.5	28.3	37.8	30.3	38.0	39.6	34.6
Former USSR/Anc. URSS					x1.7	x1.7	x9.9	x8.5	x10.4	
USA/Etats-Unis d'Amer	23.0	11.3	9.2	13.4	11.7	12.8	10.3	7.0	7.9	11.8
Netherlands/Pays-Bas	10.0	14.6	14.7	12.6	10.9	9.7	8.7	6.9	7.8	7.7
France, Monac	1.8	2.2	2.2	4.3	6.0	5.9	6.9	7.2	8.1	10.6
Belgium-Luxembourg	3.9	5.0	4.9	6.2	6.1	7.3	7.0	5.8	5.4	6.3
Turkey/Turquie		0.1	0.5	1.8	2.4	1.3	4.6	5.7	6.0	9.0
Spain/Espagne	0.4	4.2	0.0		3.3	4.9	5.2	6.0	1.2	2.3
Hungary/Hongrie					x4.5	x4.0	x3.9	x2.9	x3.6	x3.5
Germany/Allemagne	9.6	6.6	8.3	5.4	6.5	4.9	4.5	2.7	2.1	2.5

4242 PALM OIL — HUILE DE PALME 4242

TRADE BY COMMODITY IN THOUSAND U.S. DOLLARS – COMMERCE PAR PRODUIT EN MILLIERS DE DOLLARS E.U

IMPORTS – IMPORTATIONS

COUNTRIES—PAYS	1988	1989	1990	1991	1992
Total	2099985	x2370977	2170531	2558282	x2544620
Africa	x105034	x135165	x129200	x139291	x147254
Northern Africa	x6046	x56703	x20381	x48959	x93451
Americas	85465	77226	x123174	x134164	x143792
LAIA	5233	19106	48117	60891	59181
CACM	969	x38	x1130	111	x6051
Asia	x1307823	x1320106	1257895	1502856	x1433266
Middle East	x202042	x242439	x184057	x203496	x184124
Europe	533652	572342	597020	675320	774580
EEC	503110	536077	562239	636750	732427
EFTA	27935	31054	32255	36527	41135
Oceania	33848	31339	28100	x34336	x41913
China/Chine	179612	313105	395854	362830	232431
Pakistan	228655	185416	186387	319939	356283
Germany/Allemagne	111223	131002	147481	163307	180014
United Kingdom	130269	133802	125044	137774	147896
Singapore/Singapour	49257	106331	121808	158431	99171
India/Inde	261100	x111405	151494	71923	x72525
Former USSR/Anc. URSS	x21860	x225104	x29083	x66613	
Japan/Japon	111364	105441	92080	122909	143442
Netherlands/Pays–Bas	83871	97140	109527	102324	140465
Korea Republic	69835	64375	63158	76130	82919
Turkey/Turquie	21558	57116	59137	79189	63057
Italy/Italie	53347	53036	58803	68882	79554
USA/Etats–Unis d'Amer	67670	53406	60265	54835	52262
Indonesia/Indonésie	120422	136747	7662	13891	113511
Saudi Arabia	x48988	x49526	x37805	x45040	x40485
Kenya	63621	x29752	40365	x57685	x7943
Belgium–Luxembourg	36791	39196	36006	41912	52562
France, Monac	38859	34232	33222	44764	41696
Malaysia/Malaisie	51120	13024	6066	82711	x47101
Mexico/Mexique	5134	19025	36802	30885	44351
Australia/Australie	29441	26844	24177	28377	34645
Iraq	x68760	x48122	x27294	x413	x21
Egypt/Egypte	906	x44569	1574	25350	70288
Yemen/Yémen			x25602	x35712	x30619
Denmark/Danemark	17617	15991	18343	24352	27802
Spain/Espagne	13288	13577	14662	29659	32710
Myanmar	x676	x1940	x12621	x30573	x29658
Sweden/Suède	10498	12924	12239	16678	17913
Sudan/Soudan	x3207	x8153	x14113	x19085	x15931
Hong Kong	4877	15108	12456	10613	6354
Former Yemen	x26416	x36121			
Iran (Islamic Rp. of)	x1999	x29539	x4696	x1455	x1328
Portugal	13287	11187	11058	12463	14178
So. Africa Customs Un	17222	14935	18910	x3	x11
Jordan/Jordanie	9500	7723	10515	14917	21169
Bangladesh	x13686	x31	x4639	x27926	x23041
Sri Lanka	4906	4831	8591	12720	15616
Austria/Autriche	6561	7718	8436	8266	10065
Senegal/Sénégal		6000	17862	x333	x640
Mozambique	x10126	x9459	x11104	x2369	x2147
United Arab Emirates	x10555	x4159	x6361	x10504	x9077
Haiti/Haïti			x6881	x10897	x19037
Norway, SVD, JM	6224	5243	5490	6573	6652
Brazil/Brésil			2		
Greece/Grèce	557	3171	0	15940	8325
Oman	5758	5148	5638	7024	x10614
Afghanistan			4695	5460	x8159
Canada		x11788	x474	x1743	x4322
Un. Rep. of Tanzania	6856	3172	5189	5616	5237
Rwanda	3556	x5571	x5383	x2548	x3836
	x290	6578	6198	x495	x481

EXPORTS – EXPORTATIONS

COUNTRIES—PAYS	1988	1989	1990	1991	1992
Totale	2047478	2045596	1958699	2380250	x2327937
Afrique	x46073	x40553	x65059	x103422	x162665
Afrique du Nord			379	285	
Amériques	x15236	x7220	x10248	x10075	x20194
ALAI	465	2221	4509	x5485	x7671
MCAC	x10266	x2112	x3554	x1948	x8997
Asie	1840837	1834474	1718265	2079693	x1929611
Moyen–Orient	x95	x245	x545	x2662	x1852
Europe	105439	109806	126929	134835	151727
CEE	98890	106286	123423	131483	146685
AELE	6326	3499	3506	3306	5039
Océanie	38260	53540	36135	52216	63739
Malaysia/Malaisie	1484610	1485295	1390947	1616009	x1478483
Indonesia/Indonésie	275538	244356	203507	335481	356494
Singapore/Singapour	76878	82595	82230	79661	58818
Netherlands/Pays–Bas	58738	65250	74336	76556	79373
Cote d'Ivoire	x27140	x26260	x47645	x50410	x144069
Papua New Guinea	38043	44826	28468	47286	58661
Cameroon/Cameroun	x14929	10092	x10072	51008	x13157
China/Chine		4589	27948	31931	19254
Belgium–Luxembourg	11331	13226	12762	11538	16317
Hong Kong	2966	12523	11674	12595	7870
Germany/Allemagne	10557	10047	11259	12261	13843
Italy/Italie	6645	7621	11284	14291	19597
Denmark/Danemark	5587	5104	8391	9731	9286
Solomon Isls		8710	7663	x4591	x5076
United Kingdom	3706	3401	4799	3885	4096
Sweden/Suède	6060	3428	3481	2962	4580
USA/Etats–Unis d'Amer	x3993	2090	1961	2192	3256
Peru/Pérou			3150	x2564	
Costa Rica	x2340	x349	x3420	x1843	x4736
France, Monac	1997	1421	444	3112	3344
Philippines	27	x2696	746	96	
Gabon	x584	x2091	x832		x945
Saudi Arabia	x1970	x686	x2085	x15	x629
Brazil/Brésil	x38	x197	x495	x1898	x1692
Albania/Albanie	153	1689	375	378	2503
Honduras			x2062		
Colombia/Colombie	x7926	x1763	x121	x105	x4260
Ghana	x1	x4	858	1082	3487
Japan/Japon	x46	x53	x1198	x393	x2634
Zaire/Zaïre	606	894	389	321	133
Ecuador/Equateur	x633	x842	x353	x353	x1
India/Inde	110	x1078	x205	1350	410
Madagascar		x27	x583	25	x11
Canada	113	x734	225	x674	x502
Pakistan		x143		259	251
Kenya	23		770	831	
Jordan/Jordanie	57	14		745	77
Paraguay	309	528	57	26	x673
Liberia/Libéria	x323	x292	x277		x65
Guinea/Guinée	x11	x37	x436	x66	x68
Zimbabwe			309	118	
Morocco/Maroc			379		
Ireland/Irlande	120	176	97	61	87
Norway, SVD, JM	240	24		267	182
Egypt/Egypte				285	
Kiribati				x253	
Cuba				x191	
Thailand/Thaïlande	0	42	61	79	x202
Austria/Autriche	24	46	24	78	276

(VALUE AS % OF TOTAL)(VALEUR EN % DU TOTAL)

	1983	1984	1985	1986	1987	1988	1989	1990	1991	1992		1983	1984	1985	1986	1987	1988	1989	1990	1991	1992
Africa	x9.0	x2.4	x6.9	x9.1	x4.7	x5.0	4.8	x6.0	x5.4	x5.8	Afrique	1.8	1.7	x2.1	x2.3	x3.6	2.2	x2.0	x3.3	x4.3	7.0
Northern Africa	1.8	0.8	0.9	x1.5	0.4	0.3	x2.4	x0.9	x1.9	x3.7	Afrique du Nord	x0.0	x0.0	x0.0	x0.0	0.0			0.0	0.0	
Americas	5.5	5.9	7.5	x7.4	x4.4	4.0	3.3	x5.7	x5.3	x5.7	Amériques	x0.1	0.6	0.6	x1.4	x1.4	x0.7	x0.3	x0.5	x0.4	x0.9
LAIA	0.1	0.0	0.0	x0.1	x0.0	0.2	0.8	2.2	2.4	2.3	ALAI	0.0	0.2	0.2	x0.0	x0.1	0.0	0.1	0.2	x0.2	x0.3
CACM		0.2	0.1	x0.1	x0.2	0.0	0.0	0.0	0.0	0.0	MCAC	x0.0	0.4	0.4	0.5	0.6	x0.5	x0.1	x0.2	x0.1	x0.4
Asia	x57.7	59.6	x59.1	53.8	62.4	x62.3	x55.7	57.9	58.7	x56.3	Asie	91.3	90.1	90.0	87.5	86.8	x80.0	89.9	89.6	87.7	x82.9
Middle East	x10.0	x6.6	x10.9	x5.9	x5.0	x9.6	x10.2	x8.5	x8.0	x7.2	Moyen–Orient	x0.0	x0.0	x0.0	x0.0	x0.0	x0.0	x0.0	x0.0	x0.1	x0.1
Europe	27.5	26.6	26.2	29.0	22.8	25.4	24.1	27.5	26.4	30.4	Europe	4.6	4.4	4.5	6.7	6.2	5.1	5.4	6.5	5.7	6.5
EEC	26.4	25.5	24.9	27.6	21.7	24.0	22.6	25.9	24.9	28.8	CEE	4.6	4.4	4.5	6.5	6.0	4.8	5.2	6.3	5.5	6.3
EFTA	1.1	1.1	1.0	1.3	1.0	1.3	1.3	1.5	1.4	1.6	AELE	0.0	0.0	0.0	x0.2	x0.2	0.3	0.2	0.2	0.1	0.2
Oceania	0.2	0.2	0.4	0.6	1.2	1.6	1.3	1.3	x1.4	x1.7	Océanie	2.1	3.2	2.8	2.1	2.0	1.9	2.6	1.8	2.2	2.7
China/Chine					5.6	8.6	13.2	18.2	14.2	9.1	Malaysia/Malaisie	76.5	73.5	65.7	74.0	77.3	72.5	72.6	71.0	67.9	x63.5
Pakistan	12.4	14.9	13.9	11.0	8.8	10.9	7.8	8.6	12.5	14.0	Indonesia/Indonésie	6.7	2.4	7.6	7.2	5.6	13.5	11.9	10.4	14.1	15.3
Germany/Allemagne	5.2	5.2	4.9	6.6	4.7	5.5	5.5	6.8	6.4	7.1	Singapore/Singapour	8.0	14.0	16.4	5.7	3.2	3.8	4.0	4.2	3.3	2.5
United Kingdom	6.4	6.1	6.8	6.3	5.8	6.2	5.6	5.8	5.4	5.8	Netherlands/Pays–Bas	3.0	2.8	2.8	4.0	3.7	2.9	3.2	3.8	3.2	3.4
Singapore/Singapour	1.9	4.0	3.7	1.2	1.2	2.3	4.5	5.6	6.2	3.9	Cote d'Ivoire	1.4	x1.3	1.5	x1.8	x2.5	x1.3	x1.3	x2.4	x2.1	x6.2
India/Inde	19.6	17.2	14.0	19.2	24.4	12.4	x4.7	7.0	2.8	x2.9	Papua New Guinea	1.7	2.7	2.4	1.9	1.8	1.9	2.2	1.5	2.0	2.5
Former USSR/Anc. URSS		5.2			x4.1	x1.0	x9.5	x1.3	x2.6		Cameroon/Cameroun	0.1	0.1	x0.2	x0.3	0.6	x0.7	0.5	x0.5	2.1	x0.6
Japan/Japon	5.3	6.0	4.8	4.4	4.4	5.3	4.4	4.2	4.8	5.6	China/Chine					0.0		0.2	1.4	1.3	0.8
Netherlands/Pays–Bas	5.7	5.9	5.2	5.4	3.9	4.0	4.1	5.0	4.0	5.5	Belgium–Luxembourg	0.5	0.4	0.4	0.6	0.6	0.6	0.6	0.7	0.5	0.7
Korea Republic	3.3	2.0	2.8	3.9	3.4	3.3	2.7	2.9	3.0	3.3	Hong Kong	0.0	0.0	0.0	0.5	0.2	0.1	0.6	0.6	0.5	0.3

4243 COCONUT (COPRA) OIL — HUILE DE COPRAH 4243

TRADE BY COMMODITY IN THOUSAND U.S. DOLLARS – COMMERCE PAR PRODUIT EN MILLIERS DE DOLLARS E.U

IMPORTS – IMPORTATIONS

COUNTRIES–PAYS	1988	1989	1990	1991	1992
Total	806540	x736022	621533	589445	898201
Africa	x6405	x8717	x8718	x6129	x5483
Northern Africa	x3554	7488	6994	x5107	x4575
Americas	287680	238557	205583	184482	346851
LAIA	25929	18138	10468	20060	27496
CACM	486	1294	86	794	x237
Asia	x125853	x107810	x81183	x86032	x181227
Middle East	x11991	x16240	x11889	x10906	x13054
Europe	302617	285235	293453	253828	351911
EEC	293282	275444	282230	239670	329134
EFTA	8615	9117	10390	13990	22297
Oceania	11284	10875	x6141	x6945	x11123
USA/Etats–Unis d'Amer	243770	201748	180756	147587	305352
Germany/Allemagne	82852	73007	105547	80978	116172
Netherlands/Pays–Bas	62855	63164	58315	47074	71402
Former USSR/Anc. URSS	x68958	x80369	x23474	x49438	
France, Monac	47095	41237	30304	34096	41103
Italy/Italie	25983	27924	27806	24633	31642
United Kingdom	30544	27457	21355	19153	26859
Japan/Japon	10642	19845	16126	22167	40596
Belgium–Luxembourg	21614	17330	16598	13898	18872
China/Chine	36622	15539	15689	11502	17954
Spain/Espagne	13255	14610	10395	11130	13793
Singapore/Singapour	17237	11623	12726	10987	18022
Bangladesh	x23443	x25283	x6004	x2668	x4384
Mexico/Mexique	21233	14596	3230	13468	19692
Canada	13665	10966	7511	10534	11828
Malaysia/Malaisie	10757	7642	6747	10495	x44146
Australia/Australie	9157	8369	4074	4165	5962
Korea Republic	8768	3706	4642	7801	18426
Ireland/Irlande	3117	4294	5075	6210	4887
Turkey/Turquie	4860	6732	5063	3408	5527
Denmark/Danemark	5914	6085	6648	2323	3591
Jamaica/Jamaïque	2660	4737	5297	4170	x978
Algeria/Algérie	2500	5700	5533	698	x58
Austria/Autriche	3818	3473	4013	3650	4837
Lebanon/Liban	x1737	x3098	x2812	x3360	x2793
Sweden/Suède	777	1210	1749	5980	6690
New Zealand	1997	2497	2019	2660	5021
Finland/Finlande	1747	2254	2215	1665	3605
Pakistan	1711	2182	2350	1424	811
Colombia/Colombie	1944	1322	2792	1775	7
Argentina/Argentine	1287	1186	1652	2440	2760
Czechoslovakia	x1778	3213	1744	x304	x1124
Switz.Liecht	1623	1397	1459	1324	2145
India/Inde	875	x2147	1208	548	x10767
Israel/Israël	937	1254	1364	1250	1110
Egypt/Egypte	195	366	20	x3076	x3016
Hong Kong	995	1076	1281	909	2481
Chile/Chili	x588	x685	1121	1381	x1237
Poland/Pologne	1483	571	879	1714	x175
Nepal/Népal	1621	1079	943	x957	x1939
Bahrain/Bahreïn	x351	x1800	x607	x120	x155
United Arab Emirates	x2042	x884	x751	x727	x1355
Saudi Arabia	x554	x871	x695	x680	x1134
Norway, SVD, JM	356	472	606	1079	4711
Indonesia/Indonésie	0	25	2	2121	6552
Sudan/Soudan	x691	x708	x972	x433	x326
Oman	266	329	578	1095	x267
Trinidad and Tobago	276	858	350	630	85
Philippines				1790	0
Yugoslavia SFR	597	572	698	x136	

EXPORTS – EXPORTATIONS

COUNTRIES–PAYS	1988	1989	1990	1991	1992
Totale	732336	x642199	583774	497758	885701
Afrique	x17053	x14944	x15317	x14099	x41938
Afrique du Nord					
Amériques	33928	31262	21820	17997	x11381
ALAI	x712	3427	x172	x647	x719
MCAC	x156	109	x48	x66	x106
Asie	598187	x506940	478339	408338	743997
Moyen–Orient	x16	x28	x38	171	x51
Europe	44756	52361	42748	37816	50934
CEE	44452	52026	42072	37046	48913
AELE	303	335	657	738	1998
Océanie	x38388	33305	x25306	x19481	x37417
Philippines	408066	x327790	360749	298533	481161
Indonesia/Indonésie	108394	95628	65972	73307	183062
Malaysia/Malaisie	34143	27843	21239	17452	x32153
Singapore/Singapour	39755	27327	21166	15734	33890
Netherlands/Pays–Bas	16824	21702	16536	15005	24115
Germany/Allemagne	15138	18489	14993	12589	14960
Cote d'Ivoire	x16625	x14309	x15232	x13800	x41445
Papua New Guinea	20165	17736	12771	11665	25013
USA/Etats–Unis d'Amer	22389	17028	9569	11279	7403
Sri Lanka	5687	20953	7097	1225	2433
Dominican Republic	7858	8236	7261	3470	x277
Belgium–Luxembourg	2424	3748	7288	3936	3901
Samoa	5622	7051	4889	x144	x99
French Polynesia	2586	2731	x3732	x5078	x5667
Fiji/Fidji	2790	3555	3348	1601	3827
France, Monac	6555	5503	783	1979	2835
United Kingdom	1282	1432	2278	3320	2428
Saint Lucia/St. Lucie	1717	x1721	3369	1319	x2112
India/Inde	15	x4393	7	138	x84
Former GDR		x3064	x206		
Brazil/Brésil	x554	2868	x2	9	13
Trinidad and Tobago	252	188	943	1060	161
Pacific Isld (Tr Terr.)	x632	x1560	x246	x211	
Pakistan			x1953		
Hong Kong	309	29	671	1014	3199
Viet Nam	x769	x614	x416	x416	x3802
Tonga	872	671	312	321	
Italy/Italie	337	765	48	110	348
Thailand/Thaïlande		1	909	0	
Sweden/Suède	210	83	423	327	1624
Dominica/Dominique	506	493	260		
Paraguay	x14		x168	x538	x618
Norway, SVD, JM	68	120	108	186	188
Portugal	340	269	55	52	194
Mexico/Mexique	143	264	0	x98	42
Solomon Isls				x345	x1343
Madagascar		x301	0	24	x370
Japan/Japon	136	107	71	119	61
Chile/Chili		x294			0
Switz.Liecht	18	115	123	39	25
Mongolia/Mongolie		x273			
Albania/Albanie		x257			x33
Mauritius/Maurice		x113	0	x113	
St Vincent & Grenadines	x314	x46	x80	x89	x28
Austria/Autriche	7	4	3	186	161
Mozambique		x174			
Kenya	149	x44	78	x45	
Canada	0	1	99	66	561
Ireland/Irlande	35	71	50	36	1
Turkey/Turquie		0	2	134	30

(VALUE AS % OF TOTAL)(VALEUR EN % DU TOTAL)

IMPORTS

	1983	1984	1985	1986	1987	1988	1989	1990	1991	1992
Africa	x3.1	2.3	1.7	x1.7	x0.8	0.8	x1.2	x1.4	x1.0	x0.6
Northern Africa	x0.3	1.2	0.9	x1.0	x0.5	x0.4	1.0	1.1	x0.9	x0.5
Americas	38.1	38.8	43.5	42.5	x37.7	35.6	32.4	33.1	31.3	38.6
LAIA	0.5	1.3	0.5	1.2	x1.7	3.2	2.5	1.7	3.4	3.1
CACM	x0.0	0.0	0.0	x0.0	x0.0	0.2	0.0	0.0	0.1	x0.0
Asia	x11.9	12.4	11.3	10.7	12.2	x15.6	x14.7	x13.0	x14.6	x20.1
Middle East	x1.5	x0.7	x1.8	x3.0	x1.7	x1.5	x2.2	x1.9	x1.9	x1.5
Europe	40.2	37.4	41.8	43.9	37.0	37.5	38.8	47.2	43.1	39.2
EEC	38.9	36.4	40.6	42.5	35.9	36.4	37.4	45.4	40.7	36.6
EFTA	1.3	1.0	1.1	1.3	1.1	1.1	1.2	1.7	2.4	2.5
Oceania	x2.1	x2.1	x1.8	1.3	1.5	1.4	1.5	x1.0	x1.2	1.2
USA/Etats–Unis d'Amer	34.9	34.9	40.4	38.8	33.3	30.2	27.4	29.1	25.0	34.0
Germany/Allemagne	15.3	11.6	13.7	16.4	12.4	10.3	9.9	17.0	13.7	12.9
Netherlands/Pays–Bas	6.8	7.1	6.9	6.0	6.5	7.8	8.6	9.4	8.0	7.9
Former USSR/Anc. URSS	4.5	7.0		x10.6	x8.5	x10.9	x3.8	x8.4		
France, Monac	5.2	6.0	6.5	6.3	5.6	5.8	5.6	4.9	5.8	4.6
Italy/Italie	3.1	3.3	3.8	4.4	2.7	3.2	3.8	4.5	4.2	3.5
United Kingdom	3.8	4.4	4.6	3.6	3.7	3.8	3.7	3.4	3.2	3.0
Japan/Japon	3.4	2.2	1.8	1.2	1.1	1.3	2.7	2.6	3.8	4.5
Belgium–Luxembourg	2.5	1.9	2.5	2.9	2.1	1.5	2.4	2.7	2.4	2.1
China/Chine					2.3	4.5	2.1	2.5	2.0	2.0

EXPORTS

	1983	1984	1985	1986	1987	1988	1989	1990	1991	1992
Afrique	2.0	x2.6	2.9	2.7	2.7	2.3	x2.3	2.6	x2.8	x4.7
Afrique du Nord										
Amériques	1.5	2.9	2.5	3.2	4.1	4.7	4.9	3.8	3.6	x1.3
ALAI	x0.1	x0.0	0.0	x0.1	x0.0	0.1	0.5	x0.0	x0.1	0.1
MCAC	x0.0	0.0	0.0	x0.0	x0.0	0.0	0.0	0.0	0.0	0.0
Asie	77.2	79.1	81.7	82.4	x83.4	81.7	x78.9	81.9	82.0	84.0
Moyen–Orient	0.1	x0.0		0.1	x0.0	0.0	x0.0	0.0	0.0	0.0
Europe	5.0	6.6	6.5	7.0	5.7	6.1	8.2	7.3	7.6	5.8
CEE	5.0	6.3	6.3	6.9	5.5	6.1	8.1	7.2	7.4	5.5
AELE	0.0	0.3	0.2	0.1	x0.2	0.0	0.1	0.1	0.1	0.2
Océanie	x14.3	x8.7	x6.2	x4.7	x4.3	x5.2	5.2	x4.3	x3.9	x4.2
Philippines	65.2	58.1	48.2	68.8	x57.6	55.7	x51.0	61.8	60.0	54.3
Indonesia/Indonésie	0.4	3.2	15.8	0.3	17.2	14.8	14.9	11.3	14.7	20.7
Malaysia/Malaisie	6.1	7.8	5.2	3.2	3.4	4.7	4.3	3.6	3.5	3.6
Singapore/Singapour	3.1	8.4	6.7	4.6	3.2	5.4	4.3	3.6	3.2	3.8
Netherlands/Pays–Bas	1.9	1.5	1.8	1.5	1.8	2.3	3.4	2.8	3.0	2.7
Germany/Allemagne	1.7	2.6	2.4	2.7	2.0	2.1	2.9	2.6	2.5	1.7
Cote d'Ivoire	1.9	x2.6	x2.6	x2.4	x2.2	x2.3	x2.2	x2.6	x2.8	x4.7
Papua New Guinea	3.0	4.5	3.1	2.3	2.5	2.8	2.8	2.2	2.3	2.8
USA/Etats–Unis d'Amer	0.9	1.2	2.0	1.5	2.6	3.1	2.7	1.6	2.3	0.8
Sri Lanka	2.3	1.2	4.8	5.1	1.3	0.8	3.3	1.2	0.2	0.3

5111 ACYCLIC HYDROCARBONS
HYDROCARBURES ACYCLIQUES 5111

TRADE BY COMMODITY IN THOUSAND U.S. DOLLARS – COMMERCE PAR PRODUIT EN MILLIERS DE DOLLARS E.U

IMPORTS – IMPORTATIONS

COUNTRIES–PAYS	1988	1989	1990	1991	1992
Total	3661699	3705710	3886245	3678632	2860848
Africa	x47388	33106	39162	x28394	x32479
Northern Africa	x18074	8834	11819	11066	x17129
Americas	551758	329754	456134	364599	423164
LAIA	157647	106883	106468	153543	161378
CACM	10020	10915	8949	10151	x5431
Asia	599464	606244	718489	790486	x422291
Middle East	x41042	x29630	x26691	x58517	x31917
Europe	2343716	2646425	2619012	2386096	1925388
EEC	2105550	2360466	2356015	2125146	1722478
EFTA	178168	256792	229535	196955	175048
Oceania	7998	x12305	x2773	x4191	x6571
Belgium–Luxembourg	744644	779219	764112	782808	673292
Germany/Allemagne	556621	650652	666089	616047	417467
Korea Republic	364243	386293	342934	400573	91931
Netherlands/Pays-Bas	299851	355893	267939	296573	230792
France,Monac	150331	158881	302630	189149	158005
USA/Etats–Unis d'Amer	310997	182602	269740	128824	184939
Italy/Italie	169503	211360	168938	137073	126664
United Kingdom	135693	148830	133803	62985	68050
Sweden/Suède	69286	116781	83361	94182	73861
Thailand/Thaïlande	110407	71813	85934	133299	112756
Japan/Japon	40546	51237	143126	81593	18332
Canada	72439	28021	68226	67259	58740
Austria/Autriche	52300	69104	64159	28198	19670
Indonesia/Indonésie	3046	23231	66694	65278	74334
Norway,SVD,JM	36955	46683	44971	52845	58134
Spain/Espagne	37056	52779	48912	34660	45415
Yugoslavia SFR	59544	28688	33220	x63784	
Mexico/Mexique	59556	44174	40764	34645	63433
Argentina/Argentine	59345	37704	24965	36318	37180
Romania/Roumanie	x67222	33986	21237	30272	x19791
So. Africa Customs Un	27379	22303	26288	x14515	x14576
Brazil/Brésil	13529	2764	19332	33584	38819
Poland/Pologne	10234	9007	7813	35072	x18525
India/Inde	11423	x13915	19165	15758	x23090
Former USSR/Anc. URSS	x14154	x16636	x14285	x16679	
Turkey/Turquie	16677	14279	12862	18355	19678
Colombia/Colombie	414	701	11738	32723	35071
Saudi Arabia	x23196	x13199	x12656	x17997	x11656
Switz.Liecht	13364	12854	14450	15579	17479
Finland/Finlande	6249	11353	22579	6133	5885
Venezuela	14138	11916	6879	12940	26138
Israel/Israël	7881	9942	11935	9830	6516
Morocco/Maroc	5970	7295	9061	7281	6661
Philippines	5579	x11254	9834	1733	5253
Lebanon/Liban	x28	x10	x49	x21278	x24
Hungary/Hongrie	x1803	x2665	x3085	14728	x3682
Czechoslovakia	x807	7831	4031	x6435	x7352
China/Chine	2601	2170	1819	11705	16091
Singapore/Singapour	7923	3564	7013	4891	4183
Australia/Australie	7549	10585	2316	2174	4509
Guatemala	3989	4750	3849	4244	x545
Chile/Chili	7796	7769	715	462	x126
Costa Rica	2490	2659	2461	2752	x253
Former GDR	x15515	x7252	x39		
Malaysia/Malaisie	1865	1491	1338	3031	x35743
Honduras	1649	1476	2291	1649	3272
Portugal	10160	1168	921	3302	1360
Panama	317	395	1735	2457	2955
Uruguay	1476	1040	1447	1819	8
El Salvador	1011	1603	1	1206	x967

EXPORTS – EXPORTATIONS

COUNTRIES–PAYS	1988	1989	1990	1991	1992
Totale	3597183	3867699	3969761	3675734	2959311
Afrique	x183080	x194858	x270257	x211229	x56813
Afrique du Nord	177617	189244	266643	x188986	x56209
Amériques	570824	660457	766213	773363	747463
ALAI	55640	95655	164351	203273	191877
MCAC	54	x51	21	59	x107
Asie	x453644	x522511	x537852	x494576	x387240
Moyen–Orient	x203413	x208989	x244014	x163539	x99446
Europe	2140593	2311019	2247807	2089826	1715308
CEE	2016442	2210357	2152532	2020885	1666866
AELE	x87703	x55855	x52937	x39880	x44974
Océanie	x11512	x8669	11433	13572	3305
Netherlands/Pays–Bas	819854	882298	1072707	778978	571767
USA/Etats–Unis d'Amer	391232	428157	441546	534745	497253
United Kingdom	426989	415468	258133	420910	381245
Japan/Japon	194147	265623	201220	257794	144350
France,Monac	234112	279116	167986	271080	202127
Libyan Arab Jamahiriya	176634	185895	256204	x179831	x51880
Germany/Allemagne	176013	166407	167276	167464	148021
Italy/Italie	95640	117776	145214	118288	98115
Saudi Arabia	x104105	x122772	x131026	x101003	x67074
Spain/Espagne	117662	112462	123086	99876	93161
Canada	119373	136302	160251	35132	58154
Belgium–Luxembourg	101623	129885	99339	88877	103343
Mexico/Mexique	27933	29442	102260	170005	161103
Portugal	43673	106080	117706	74129	65594
Brazil/Brésil	18172	60313	53767	30273	29331
Singapore/Singapour	38539	41551	48217	32515	18428
Qatar	x62597	x41693	53977	21275	x20577
Yugoslavia SFR	36448	44806	41553	x26291	
Turkey/Turquie	36673	43905	48041	19753	6828
Hungary/Hongrie	x34554	x30112	x34649	x23087	x21012
Czechoslovakia	x38393	x25619	x28424	x33074	x22066
Bulgaria/Bulgarie	x70118	x46385	x35433	x4005	x3971
Former USSR/Anc. URSS	x18373	x18570	x22497	x23353	
Finland/Finlande	38258	20985	15393	18471	6024
Korea Republic	1054	2500	23963	27107	99395
Former GDR	x68260	x42544	x4434		
Sweden/Suède	x32685	x21009	x16472	x8813	x26415
Austria/Autriche	14802	12215	18744	10000	10225
Australia/Australie	11465	8625	11424	13551	3280
Bahrain/Bahreïn			x7960	x21457	x4951
Poland/Pologne	7093	6913	10725	7497	x1533
Liberia/Libéria	x119	x638		x21439	x483
Algeria/Algérie	612	2247	x9630	9111	x4328
India/Inde	7379		14946	621	x72
Venezuela	8204	5473	8084	1108	711
China/Chine	4897	2886	3275	7058	10230
So. Africa Customs Un	x5311	x4965	x2983	x94	x120
Israel/Israël	3502	304	1946	5350	13788
Norway,SVD,JM	1094	866	1489	1365	949
Gibraltar			x785	x2758	x2074
Kuwait/Koweït	0	128	x2969		
Switz.Liecht	863	781	839	1231	1361
Denmark/Danemark	861	853	912	976	751
Egypt/Egypte	371	1100	809	44	
Argentina/Argentine	1246	278	166	1345	716
Romania/Roumanie	x449	x41	x36	1586	x601
Kenya	4		84	x666	0
Hong Kong	580	101	122	444	150
Albania/Albanie	x291			x567	
Thailand/Thaïlande	46	541		25	x359

(VALUE AS % OF TOTAL)(VALEUR EN % DU TOTAL)

	1983	1984	1985	1986	1987	1988	1989	1990	1991	1992		1983	1984	1985	1986	1987	1988	1989	1990	1991	1992
Africa	x1.8	x1.5	0.8	x0.9	x1.0	x1.2	0.9	1.0	x0.8	x1.1	Afrique	0.4	0.1	0.5	x0.4	x3.4	x5.0	x5.0	x6.8	x5.7	1.9
Northern Africa	x0.9	x0.7	0.3	x0.5	x0.4	x0.5	0.2	0.3	0.3	x0.6	Afrique du Nord	0.4	0.1	0.5	0.3	x3.3	4.9	4.9	6.7	x5.1	x1.9
Americas	x28.2	x27.8	x22.6	x14.2	x14.7	15.1	8.9	11.7	9.9	14.8	Amériques	x22.5	x21.7	20.6	x22.1	18.6	15.9	17.1	19.3	21.0	25.3
LAIA	x1.4	x1.5	x1.4	x1.4	x2.9	4.3	2.9	2.7	4.2	5.6	ALAI	x6.8	x1.2	1.3	x2.0	1.6	1.5	2.5	4.1	5.5	6.5
CACM	x0.0	x0.0	x0.0	x0.1	x0.0	0.3	0.3	0.2	0.3	x0.2	MCAC	x0.0	x0.1		x0.0	x0.0	x0.0	x0.0	0.0	0.0	x0.0
Asia	4.3	5.7	x5.4	6.6	12.8	16.3	16.4	18.5	21.5	14.8	Asie	3.2	x4.6	6.0	x7.8	x10.3	x12.6	x13.5	x13.5	x13.5	x13.0
Middle East	x0.2	x0.1	x1.1	0.6	x1.5	x1.1	x0.8	x0.7	x1.6	x1.1	Moyen–Orient	x0.0	x0.8	x1.1	x2.4	x5.7	x5.4	x5.4	x6.1	x4.4	x3.4
Europe	65.3	65.1	71.0	78.0	70.4	64.0	71.4	67.4	64.9	67.3	Europe	74.0	73.5	72.9	69.7	62.0	59.5	59.8	56.6	56.9	58.0
EEC	62.9	63.1	67.2	74.4	66.9	57.5	63.7	60.6	57.8	60.2	CEE	71.1	70.2	70.4	67.0	59.7	56.1	57.1	54.2	55.0	56.3
EFTA	2.4	1.7	3.3	3.1	2.9	4.9	6.9	5.9	5.4	6.1	AELE	2.9	3.3	2.4	2.7	2.3	x2.4	x1.4	x1.3	x1.1	x1.5
Oceania	x0.3	x0.1	x0.1	x0.3	0.4	0.2	x0.3	x0.1	x0.1	x0.2	Océanie		0.1		x0.2	x0.3	x0.2	x0.0	0.4	0.4	0.1
Belgium–Luxembourg	26.5	26.5	22.7	24.7	21.3	20.3	21.0	19.7	21.3	23.5	Netherlands/Pays–Bas	31.4	28.2	25.8	30.7	25.9	22.8	22.8	27.0	21.2	19.3
Germany/Allemagne	12.5	14.4	18.0	22.4	20.6	15.2	17.6	17.1	16.7	14.6	USA/Etats–Unis d'Amer	7.7	12.4	13.7	15.0	11.4	10.9	11.1	11.1	14.5	16.8
Korea Republic	1.0	1.6	1.8	3.5	6.4	9.9	10.4	8.8	10.9	3.2	United Kingdom	7.7	8.7	10.8	12.2	9.6	11.9	10.7	6.5	11.5	12.9
Netherlands/Pays–Bas	7.2	4.9	8.9	8.2	10.0	8.2	9.6	6.9	8.1	8.1	Japan/Japon	2.3	2.1	2.6	4.2	5.0	5.4	6.9	5.1	7.0	4.9
France,Monac	6.1	5.3	5.6	5.6	4.6	4.1	4.3	7.8	5.1	5.5	France,Monac	7.3	8.6	9.3	7.9	8.4	6.5	7.2	4.2	7.4	6.8
USA/Etats–Unis d'Amer	26.0	24.4	18.8	10.5	9.8	8.5	4.9	6.9	3.5	6.5	Libyan Arab Jamahiriya		x0.0		x3.2	4.9	4.8	6.5	4.9	x4.9	x1.8
Italy/Italie	3.7	4.1	6.9	7.2	4.3	4.6	5.7	4.3	3.7	4.4	Germany/Allemagne	16.9	14.6	11.5	5.7	5.3	4.9	4.3	4.2	4.6	5.0
United Kingdom	4.1	4.4	3.9	4.7	4.7	3.7	4.0	3.4	1.7	2.4	Italy/Italie	0.7	1.4	1.0	0.9	2.2	3.0	3.0	3.7	3.2	3.3
Sweden/Suède	1.3	1.2	2.3	1.6	1.6	1.9	3.2	2.1	2.6	2.6	Saudi Arabia	x0.0		x1.0	x1.9	x2.2	x2.9	x3.2	x3.3	x2.7	x2.3
Thailand/Thaïlande				x0.2	2.2	3.0	1.9	2.2	3.6	3.9	Spain/Espagne	3.5	3.5		6.1	3.7	4.3	3.3	2.9	3.1	3.1

5112 CYCLIC HYDROCARBONS
HYDROCARBURES CYCLIQUES 5112

TRADE BY COMMODITY IN THOUSAND U.S. DOLLARS – COMMERCE PAR PRODUIT EN MILLIERS DE DOLLARS E.U

COUNTRIES–PAYS	IMPORTS – IMPORTATIONS					COUNTRIES–PAYS	EXPORTS – EXPORTATIONS				
	1988	1989	1990	1991	1992		1988	1989	1990	1991	1992
Total	6764384	6307894	6318267	5256999	4773852	Totale	9848569	9185608	9443309	7987784	7644624
Africa	x98721	x72705	x69714	x57229	x71584	Afrique	x79393	x74523	x118965	x8015	x10107
Northern Africa	7915	x9324	8221	6082	x11375	Afrique du Nord	77467	71626	115128	5359	x7210
Americas	1099340	941018	926596	868100	x764835	Amériques	2206519	1946969	1918617	1601956	1338301
LAIA	296319	294365	141988	220188	194862	ALAI	250730	218552	283354	173190	153391
CACM	x4892	x3181	x3566	x2788	x8875	MCAC	x85	x17	x36	x2	x2
Asia	1758651	1676111	1796684	1559750	x1316904	Asie	1180925	1174614	x1123779	x1064339	x1358771
Middle East	113282	137266	x110676	x127816	x129424	Moyen–Orient	576171	408865	x206608	x168319	x152695
Europe	3393592	3314754	3421318	2625300	2532825	Europe	5587779	5301799	5703404	4857324	4798568
EEC	3024956	2996708	3072641	2366589	2306515	CEE	5554145	5274238	5673778	4823839	4783420
EFTA	278014	271869	298541	215951	191226	AELE	x22241	20729	19452	21811	x13793
Oceania	x12064	x11903	x10597	x8683	x8964	Océanie	162	1710	x1081	x473	1911
Belgium–Luxembourg	631832	670623	666093	539447	565055	France, Monac	2826266	2752330	3189256	2850905	2867828
Korea Republic	509132	584434	667886	507288	354137	Netherlands/Pays–Bas	1554925	1359263	1353397	1041791	953837
USA/Etats–Unis d'Amer	718170	545900	633359	563887	500459	USA/Etats–Unis d'Amer	1280393	1151836	1092833	912946	800959
Germany/Allemagne	521538	576805	604716	481805	453000	Canada	674103	570616	535401	515399	380187
France, Monac	569881	538819	551868	373377	338846	Germany/Allemagne	663723	554493	545531	507768	464378
Netherlands/Pays–Bas	419527	411338	430205	333780	335414	Japan/Japon	332703	519227	490464	485902	636859
United Kingdom	346628	285224	307966	251754	208874	Former USSR/Anc. URSS	x333097	x382159	x276913	x297464	
Japan/Japon	373575	279253	261815	221339	125605	Saudi Arabia	535892	359148	x173218	x142465	x121585
Italy/Italie	272018	288478	266598	184667	203129	Korea Republic	131394	107406	245354	267334	445879
Spain/Espagne	207212	176356	193618	161028	143801	United Kingdom	157554	171370	183188	151498	182333
China/Chine	222176	171441	122360	205026	205472	Brazil/Brésil	161106	125740	190638	116232	86385
Hong Kong	126497	107302	147627	127159	106298	Belgium–Luxembourg	83264	112797	130506	109489	145967
Indonesia/Indonésie	105831	111966	125640	70912	68274	Italy/Italie	144341	149410	112579	58936	73574
Canada	71467	89967	138579	74354	51052	Portugal	69732	98861	87667	47718	51401
Mexico/Mexique	128960	162523	23760	98315	103052	Argentina/Argentine	86894	86417	91093	53164	54875
Thailand/Thaïlande	75540	79715	116500	88178	89347	Hungary/Hongrie	x53804	x72383	x74913	x72509	x65518
Sweden/Suède	102142	96813	91164	64948	55700	Czechoslovakia	x143359	x94648	x74979	x47940	x42122
India/Inde	91511	x78111	82907	70023	x85887	Spain/Espagne	53754	75404	71346	55530	43514
Finland/Finlande	62971	63028	78379	50085	49263	Singapore/Singapour	64848	67081	63901	62593	46272
Former USSR/Anc. URSS	x61052	x80234	x20963	x71491		Bulgaria/Bulgarie	x113136	x51362	x99163	x13980	x12296
Turkey/Turquie	41863	53576	54770	54690	70765	Libyan Arab Jamahiriya	57835	47586	107131		
Austria/Autriche	49265	51895	61166	46680	40570	Israel/Israël	44658	43414	42276	33799	26289
Malaysia/Malaisie	32960	35382	65472	52925	x63023	Turkey/Turquie	40176	48005	32716	25538	30120
Former GDR	x222394	x123397	x16291			China/Chine	11072	13557	56062	25427	24203
Yugoslavia SFR	90611	46153	49791	x41687	x22993	Former GDR	x57717	x50913	x14834		
Saudi Arabia	53831	62433	x25257	x37224		Poland/Pologne	32242	23787	22639	17350	x6911
Singapore/Singapour	42024	42156	37634	36847	41010	Hong Kong	18035	10791	11276	16926	12884
Venezuela	86151	37303	45223	33854	13987	Algeria/Algérie	19590	23983	7896	4901	x6227
So. Africa Customs Un	65423	39354	37380	x24830	x27327	Finland/Finlande	8704	13553	10415	8078	6896
Colombia/Colombie	39140	42609	29877	28314	22634	Yugoslavia SFR	11364	6831	10174	x11674	
Switz.Liecht	34361	34794	35570	29345	25451	Romania/Roumanie	x59270	8282	11211	5025	x8710
Philippines	43756	x29959	33892	30482	25206	Switz.Liecht	5259	4238	5122	11149	3704
Greece/Grèce	37782	31536	33411	27029	x45067	India/Inde	863	x1850	4457	2057	x1938
Norway, SVD, JM	29235	25318	32216	24857	20208	So. Africa Customs Un	x1427	x2198	x3216	x2241	x2619
Brazil/Brésil	20854	26967	15109	29597	30217	Colombia/Colombie	732	3370	1445	2275	42
Poland/Pologne	31476	27994	23300	14253	x12252	Albania/Albanie	x1167	x2460	x2812	x1409	x1409
Hungary/Hongrie	x23664	x19107	x10131	27285	x33651	Trinidad and Tobago	21	3481	2128	9	7
Israel/Israël	16579	13543	16144	12688	10580	Sweden/Suède	x5076	x1371	x1670	x1590	x2270
Iran (Islamic Rp. of)	x954	x4960	x15007	x14209	x12130	Austria/Autriche	2635	1443	1973	855	724
Argentina/Argentine	10929	11860	9905	11794	4262	Mexico/Mexique	1419	2649	8	1453	12004
Czechoslovakia	x19648	11557	5203	x16001	x22288	Korea Dem People's Rp	x237	x1199	x950	x1224	x4028
Romania/Roumanie	x27177	12792	13060	5348	x4712	United States Virg Is	x11	x1699	x1496		
Portugal	10719	9163	10340	6092	6647	Australia/Australie	63	1705	880	450	1811
Nigeria/Nigéria	x5470	x7330	x7180	x9746	x11068	Jamaica/Jamaïque			x2881	23	
Bulgaria/Bulgarie	x16550	x16292	x4405	x3537	5834	Malaysia/Malaisie	185	1117	1039	300	x1669
Chile/Chili	76	80	8460	8925	x12501	United Arab Emirates	x6	x1126	x16	x38	x109
Jordan/Jordanie	x1575	878	7130	7651	5289	Thailand/Thaïlande	98	16	722	118	x121
New Zealand	6401	6912	5074	3650	4258	Iraq	x11	x537	x175	x114	
Australia/Australie	4977	4496	4810	4497	3925	Indonesia/Indonésie	636	77	630	29	
Cote d'Ivoire	x3815	x5304	x3729	x4691	x10662	Cameroon/Cameroun		x274	x193	x193	x193

(VALUE AS % OF TOTAL)(VALEUR EN % DU TOTAL)

	1983	1984	1985	1986	1987	1988	1989	1990	1991	1992		1983	1984	1985	1986	1987	1988	1989	1990	1991	1992
Africa	x1.0	x1.3	x1.3	x2.1	x0.8	x1.5	x1.1	x1.1	x1.1	x1.5	Afrique	0.2	1.8	1.0	x0.7	1.0	x0.8	x0.8	x1.2	x0.1	x0.1
Northern Africa	0.4	0.3	0.3	x0.2	x0.1	0.1	x0.1	0.1	0.1	x0.2	Afrique du Nord	0.2	1.7	0.8	0.7	1.0	0.8	0.8	1.2	0.1	x0.1
Americas	x17.8	x19.2	21.5	20.5	x17.3	16.3	14.9	14.6	16.5	x16.1	Amériques	24.1	x24.1	22.5	17.9	17.6	22.4	21.2	20.3	20.1	17.6
LAIA	x2.3	x2.6	x3.3	x3.3	x4.4	4.4	4.7	2.2	4.2	4.1	ALAI	x0.6	x1.5	1.8	2.1	2.4	2.5	2.4	3.0	2.2	2.0
CACM	x0.2	x0.4	x0.4	x0.1	x0.1	x0.1	x0.1	x0.1	x0.1	x0.2	MCAC	x0.0		x0.0	x0.0	x0.0	x0.0	x0.0	x0.0	x0.0	x0.0
Asia	14.9	15.1	16.4	19.8	20.3	26.0	26.5	28.4	29.7	x27.6	Asie	3.8	4.7	7.9	8.9	9.6	12.0	12.8	x11.9	x13.3	x17.8
Middle East	x0.8	x1.2	x2.7	x2.9	1.7	1.7	2.2	x1.8	x2.4	x2.7	Moyen–Orient	x0.0	x0.2	x1.1	x2.1	x3.6	5.9	4.5	x2.2	x2.1	x2.0
Europe	65.8	63.7	60.0	56.8	53.2	50.2	52.5	54.1	49.9	53.1	Europe	71.4	69.1	68.3	70.8	63.7	56.7	57.7	60.4	60.8	62.8
EEC	60.3	58.5	55.1	52.1	48.0	44.7	47.5	48.6	45.0	48.3	CEE	70.5	68.0	67.3	70.2	63.2	56.4	57.4	60.1	60.4	62.6
EFTA	4.9	4.5	4.4	4.1	4.6	4.1	4.3	4.7	4.1	4.0	AELE	0.8	1.2	0.9	0.6	0.5	x0.2	0.2	0.2	0.3	x0.2
Oceania	x0.6	x0.7	x0.6	x0.6	x0.1	x0.2	x0.2	x0.2	x0.2	x0.2	Océanie	0.5	0.3	0.3	0.3	0.6			x0.0	x0.0	
Belgium–Luxembourg	11.2	10.7	8.3	8.2	9.1	9.3	10.6	10.5	10.3	11.8	France, Monac	31.4	30.9	33.3	41.5	33.7	28.7	30.0	33.8	35.7	37.5
Korea Republic	2.1	3.1	3.2	3.4	4.5	7.5	9.3	10.6	9.6	7.4	Netherlands/Pays–Bas	18.6	18.2	16.1	13.3	14.3	15.8	14.8	14.3	13.0	12.5
USA/Etats–Unis d'Amer	14.5	14.5	17.9	15.7	11.1	10.6	8.7	10.0	10.7	10.5	USA/Etats–Unis d'Amer	19.0	19.0	17.4	14.7	13.9	13.0	12.5	11.6	11.4	10.5
Germany/Allemagne	13.9	12.2	10.6	10.2	9.0	7.7	9.1	9.6	9.2	9.5	Canada	4.2	3.4	3.3	2.5	1.2	6.8	6.2	5.7	6.5	5.0
France, Monac	9.4	9.7	9.5	9.0	8.9	8.4	8.5	8.7	7.1	7.1	Germany/Allemagne	8.9	9.0	7.5	6.0	6.0	6.7	6.0	5.8	6.4	6.1
Netherlands/Pays–Bas	8.0	8.2	10.2	9.0	6.6	6.2	6.5	6.8	6.3	7.0	Japan/Japon	2.5	2.6	3.8	3.2	3.5	3.4	5.7	5.2	6.1	8.3
United Kingdom	8.9	9.1	7.4	6.2	5.7	5.1	4.5	4.9	4.8	4.4	Former USSR/Anc. URSS						x4.3	x3.4	x4.2	x2.9	x3.7
Japan/Japon	4.4	4.6	5.5	5.0	5.5	4.4	4.1	4.1	4.2	2.6	Saudi Arabia			x0.0	x1.1	x2.2	x3.2	3.9	x1.8	x1.8	x1.6
Italy/Italie	6.1	5.0	5.9	5.6	4.8	4.0	4.6	4.2	3.5	4.3	Korea Republic	0.7	1.0	1.1	1.7	1.2	1.3	1.2	2.6	3.3	5.8
Spain/Espagne	2.0	2.8	2.3	2.9	3.0	3.1	2.8	3.1	3.1	3.0	United Kingdom	4.9	4.0	4.8	3.9	5.4	1.6	1.9	1.9	1.9	2.4

51124 XYLENES, CHEMICALLY PURE

TRADE BY COMMODITY IN THOUSAND U.S. DOLLARS – COMMERCE PAR PRODUIT EN MILLIERS DE DOLLARS E.U

IMPORTS – IMPORTATIONS

COUNTRIES–PAYS	1988	1989	1990	1991	1992
Total	833769	1033440	844111	779453	680454
Africa	x4536	x6745	x4433	x6388	x3744
Northern Africa	x671	x1227	1279	x1280	x1234
Americas	187171	224811	91061	169197	147325
LAIA	56719	113452	19403	95628	98597
CACM	x471	x1076	x628	x3229	x324
Asia	319349	440589	452909	368377	283284
Middle East	21907	28555	29126	26564	x35455
Europe	284994	323835	275730	228402	239654
EEC	247313	277055	242131	197383	212001
EFTA	x27607	34968	x24968	x26454	x23550
Oceania	x1903	2032	1268	x1268	x831
Korea Republic	114388	198195	246809	196507	145897
Germany/Allemagne	76991	100350	87311	91466	93074
USA/Etats-Unis d'Amer	125584	106567	66944	68268	46603
Mexico/Mexique	38925	93923	7353	73449	83078
Netherlands/Pays–Bas	99137	70281	57006	32265	33520
Spain/Espagne	41954	51499	40552	40192	53221
India/Inde	59763	x48199	50605	30303	x28709
Indonesia/Indonésie	42630	63463	57860	7139	8999
China/Chine	28625	48105	20015	54608	32016
Turkey/Turquie	19616	27379	26203	22983	29733
Italy/Italie	20109	25681	29603	15762	21343
Japan/Japon	35339	26346	17757	19023	8390
France,Monac		18248	16210	9795	4333
Austria/Autriche	10715	14422	11532	12685	10697
Singapore/Singapour	6879	13554	10785	10655	5114
Romania/Roumanie	x15863	x24599	x7546	1208	x357
Thailand/Thaïlande	4540	7632	11871	12128	7639
Yugoslavia SFR	10075	11809	8566	x4552	
Venezuela	13853	7972	7171	5764	2521
Brazil/Brésil	62	5510	1876	11011	7576
Sweden/Suède	x6051	x5123	x5667	x7435	x6263
Poland/Pologne	x10013	x4930	x9135	x1493	x68
Malaysia/Malaisie	2050	3997	5158	5330	x3112
Switz.Liecht	4559	4924	4528	4320	5229
Finland/Finlande	5651	9483	2112	142	50
Belgium–Luxembourg	2219	3123	3359	2907	2441
Philippines	2805	x2005	2194	5005	4753
Portugal	3311	3530	3990	1199	1478
Bulgaria/Bulgarie	x7603	x4644	x1889	x1324	4394
Canada	2084	3216	2591	1674	728
Greece/Grèce	1195	1587	1980	2344	x1430
Uruguay	x1851	x4051	x797	x688	445
So. Africa Customs Un	x3155	x2187	x766	x2361	x1317
Iran (Islamic Rp. of)	x199	x592	x2088	x2502	x2164
Denmark/Danemark	2042	2357	1300	1198	863
New Zealand	1187	1896	1117	1170	753
Norway,SVD,JM	617	1011	1116	1863	1303
Costa Rica	x356	x557	x452	x2836	x99
Chile/Chili	x133	x55	1136	2199	x1395
Former USSR/Anc. URSS	x1954	x1217	x70	x1710	
Colombia/Colombie	848	1259	309	829	1922
Angola	x13	x2115	x165	x4	x47
Ecuador/Equateur	286	445	582	783	969
Tunisia/Tunisie	251	443	543	625	681
Morocco/Maroc	239	572	571	352	367
Ireland/Irlande	353	400	820	254	298
Zimbabwe	x122	x83	716	655	x127
Nigeria/Nigéria	x260	x210	x492	x556	x166
Saudi Arabia	x394	x369	x348	x516	x489
Kenya	136	x535	421	x256	x169

EXPORTS – EXPORTATIONS

COUNTRIES–PAYS	1988	1989	1990	1991	1992
Totale	x1160847	x1467379	1136449	x1040384	985513
Afrique	x12921	x17766	x3909	x5860	x1945
Afrique du Nord	12307	16823	2433	4909	x1131
Amériques	405790	424268	344611	297442	x292972
ALAI	45506	57298	46047	48622	37363
MCAC	x35	x4			
Asie	244245	388813	356988	338494	442967
Moyen–Orient	24327	27803	13781	x6325	x9990
Europe	297037	391334	280117	231400	216162
CEE	291871	389912	274630	221169	214889
AELE	x2296	x570	1387	8098	x1045
Océanie	12	5	16	1	6
Japan/Japon	149563	261731	231339	246377	316801
USA/Etats-Unis d'Amer	288663	266261	233202	176642	201646
Former USSR/Anc. URSS	x156097	x197566	x125722	x142265	
Netherlands/Pays–Bas	137840	168964	122999	119635	112637
Canada	71569	100002	64962	72162	50565
Korea Republic	25912	47215	62913	47900	85341
Portugal	46626	72939	53336	27158	30900
Germany/Allemagne	24751	54062	44959	51968	47657
Italy/Italie	65670	76981	48797	13943	19057
Brazil/Brésil	21927	28803	33279	32187	19390
Singapore/Singapour	16669	21530	20085	19055	13280
Israel/Israël	24384	26035	17837	11312	8032
Argentina/Argentine	22150	28341	12292	11193	14984
Turkey/Turquie	23736	27213	13515	3259	6944
Czechoslovakia	x12631	x15600	x10353	x10346	x16289
Hungary/Hongrie	x9356	x11235	x11138	x12328	x13342
Algeria/Algérie	12307	15501	2433	4901	x1130
China/Chine	3005	3275	10071	7146	6042
Spain/Espagne	16131	15352	2812	1307	2606
Former GDR	x14953	x16244	x1567		
Switz.Liecht	174	176	312	7613	249
Yugoslavia SFR	2870	852	4100	x2133	
United Kingdom				x5245	
Albania/Albanie	x1041	x1548	x1850	x841	x841
Belgium–Luxembourg	818	1065	1379	1734	1344
Saudi Arabia	x591	x591	x266	x3066	x3045
Venezuela	x1426	x10		x3553	x2918
Bulgaria/Bulgarie	x5082	x2242	x178	x815	x281
So. Africa Customs Un	x530	x524	x1160	x621	x621
Korea Dem People's Rp		x943	x937		x1964
Mexico/Mexique		109	x1	1442	10
Poland/Pologne	x1666	x741		x593	x708
Libyan Arab Jamahiriya			x1319		
Trinidad and Tobago	17	683	389	4	5
France,Monac			527	274	163	625
Finland/Finlande	0	0	892	0	
Colombia/Colombie	3		474	241	41
Cameroon/Cameroun		x274	x193	x193	x193
Sweden/Suède	x2068	x158	x5	x397	x726
Kenya	84	x122	82	x123	
Malaysia/Malaisie	1	255	25	46	x343
Austria/Autriche	5	169	76	35	6
Afghanistan				x260	
Norway,SVD,JM	49	66	101	53	64
India/Inde	384	x25		72	
Denmark/Danemark	35	21	62	12	52
Chile/Chili		x35	0	5	x17
Zambia/Zambie		x11	x10	x13	
Sierra Leone			x29		
Panama		x8	x11		

(VALUE AS % OF TOTAL)(VALEUR EN % DU TOTAL)

	1983	1984	1985	1986	1987	1988	1989	1990	1991	1992		1983	1984	1985	1986	1987	1988	1989	1990	1991	1992
Africa	x0.9	x1.5	x1.4	x4.3	x2.3	x0.6	x0.6	x0.5	x0.8	x0.6	Afrique	x0.0	3.3	1.3	x0.8	x0.5	x1.1	x1.2	x0.3	x0.6	x0.2
Northern Africa	x0.4	x0.3	x0.4	x1.0	x0.1	x0.1	x0.1	0.2	x0.2	x0.2	Afrique du Nord			3.3	1.3	0.8	0.5	1.1	1.1	0.2	0.5	x0.1
Americas	x17.0	x17.9	x22.5	x25.0	x14.6	22.4	21.7	10.8	21.7	21.7	Amériques	x21.3	19.6	17.9	13.7	9.1	34.9	29.0	30.3	28.6	x29.7
LAIA	2.2	2.4	1.8	x10.1	x5.7	6.8	11.0	2.3	12.3	14.5	ALAI	0.1	0.7	0.1	1.2	1.0	3.9	3.9	4.1	4.7	3.8
CACM	x0.3	x0.4	x0.6	x0.1	x0.3	x0.1	x0.1	x0.1	x0.4	x0.0	MCAC						x0.0	x0.0			
Asia	x18.7	x14.7	x19.6	x18.1	x16.0	38.3	42.7	53.6	47.2	41.6	Asie	1.4	2.8	x2.9	x3.4	4.0	21.1	26.5	31.4	32.6	45.0
Middle East	x2.2	x3.1	x6.9	x5.3	x3.0	2.6	2.8	3.5	3.4	x5.2	Moyen–Orient			x0.0	0.1	0.5	2.1	1.9	1.2	x0.6	x1.0
Europe	x62.9	x65.2	x56.0	x52.0	x43.5	34.2	31.3	32.7	29.3	35.2	Europe	77.3	74.3	77.9	82.2	81.6	25.6	26.7	24.6	22.2	21.9
EEC	47.2	50.6	40.8	x42.8	x33.7	29.7	26.8	28.7	25.3	31.2	CEE	77.2	74.2	77.8	82.1	81.5	25.1	26.6	24.2	21.3	21.8
EFTA	x15.5	x14.6	x15.2	x8.0	x8.7	x3.3	3.4	x3.0	x3.4	x3.5	AELE	x0.1	x0.1	x0.2	x0.1	x0.1	x0.2	0.0	0.1	0.8	x0.1
Oceania	x0.4	x0.7	x0.6	x0.5	x0.2	x0.2	0.2	0.1	x0.2	x0.1	Océanie				x0.0	x0.1					
Korea Republic	2.3	3.7	3.0	1.9	2.2	13.7	19.2	29.2	25.2	21.4	Japan/Japon	0.7	1.6	1.8	1.6	2.2	12.9	17.8	20.4	23.7	32.1
Germany/Allemagne	14.9	19.6	18.0	9.6	6.0	9.2	9.7	10.3	11.7	13.7	USA/Etats-Unis d'Amer	15.5	14.5	13.2	10.0	6.6	24.9	18.1	20.5	17.0	20.5
USA/Etats-Unis d'Amer	13.9	14.4	19.9	14.4	7.8	15.1	10.3	7.9	8.8	6.8	Former USSR/Anc. URSS					x3.9	x13.4	x13.5	x11.1	x13.7	
Mexico/Mexique				x8.3	x4.5	4.7	9.1	0.9	9.4	12.2	Netherlands/Pays–Bas	5.9	5.2	4.4	3.7	3.2	11.9	11.5	10.8	11.5	11.4
Netherlands/Pays–Bas	9.3	9.7	11.4	5.7	4.4	11.9	6.8	6.8	4.1	4.9	Canada	5.6	4.3	3.7	2.5	1.6	6.2	6.8	5.7	6.9	5.1
Spain/Espagne	6.4	7.7	5.5	3.9	2.9	5.0	5.0	4.8	5.2	7.8	Korea Republic	0.4	0.9	0.6	1.0	0.7	2.2	3.2	5.5	4.6	8.7
India/Inde	1.2	0.1	0.7	0.7	1.7	7.2	x4.7	6.0	3.9	x4.2	Portugal	2.3	1.8	1.6	1.4	1.1	4.0	5.0	4.7	2.6	3.1
Indonesia/Indonésie			0.4	1.3	1.5	5.1	6.1	6.9	0.9	1.3	Germany/Allemagne	1.9	1.4	1.6	1.1	0.8	2.1	3.7	4.0	5.0	4.8
China/Chine				1.4	3.4	4.7	2.4	7.0	4.7	Italy/Italie	3.7	3.4	2.7	1.9	1.6	5.7	5.2	4.3	1.3	1.9
Turkey/Turquie				3.9	2.1	1.0	2.4	2.6	3.1	2.9	4.4	Brazil/Brésil				0.6	0.7	1.9	2.0	2.9	3.1	2.0

5113 HALOG DERIV OF HYDROCARB — DERIVES HALOGENES HYDROCAR 5113

TRADE BY COMMODITY IN THOUSAND U.S. DOLLARS – COMMERCE PAR PRODUIT EN MILLIERS DE DOLLARS E.U

IMPORTS – IMPORTATIONS

COUNTRIES–PAYS	1988	1989	1990	1991	1992
Total	3746950	3443939	2930902	2877245	3045116
Africa	x71812	x73135	x59438	x43543	x41075
Northern Africa	27402	30516	18285	21528	x14707
Americas	676002	609037	480817	505541	554671
LAIA	363544	253771	208080	258113	251975
CACM	7145	5969	7555	8735	x5414
Asia	1276368	1068454	769062	777724	x885005
Middle East	x68332	x69076	x60484	x49851	x60404
Europe	1524669	1507372	1540767	1471001	1515614
EEC	1209471	1230448	1299964	1282880	1333872
EFTA	254102	226009	203457	169130	161917
Oceania	x29737	x28729	x21670	x19392	x26698
Germany/Allemagne	285843	308700	299174	320575	327902
France, Monac	254142	264663	272682	272822	294931
Japan/Japon	382851	347805	200392	205763	229992
USA/Etats–Unis d'Amer	251503	286244	204042	174355	217642
Italy/Italie	189810	203503	210722	178991	189621
Korea Republic	306391	262185	159272	158889	142640
Netherlands/Pays–Bas	118181	132530	142609	130054	149070
United Kingdom	116495	92473	107488	118093	86826
Mexico/Mexique	142606	98142	60649	114186	96230
Belgium–Luxembourg	91002	86221	94960	89997	121849
Thailand/Thaïlande	131297	76598	70000	60098	92121
Singapore/Singapour	65548	65474	69911	60949	70462
Colombia/Colombie	83453	71263	64220	54634	68250
Switz.Liecht	65195	62676	69107	56123	46797
Canada	46454	55118	52013	55742	71818
Spain/Espagne	42576	52449	56446	53437	71230
Brazil/Brésil	102019	54419	46832	54458	48464
Portugal	61687	52670	48271	44800	50689
Indonesia/Indonésie	89643	71896	43320	27440	39469
Austria/Autriche	50830	46998	46667	38377	35348
Finland/Finlande	64545	60065	38211	29638	28486
Greece/Grèce	22060	20922	46793	54883	x21187
Former USSR/Anc. URSS	x79170	x79854	x14371	x24841	
China/Chine	61737	33540	24866	60047	69575
Malaysia/Malaisie	43393	35335	38039	38182	x35591
Yugoslavia SFR	59433	49468	35897	x18557	
Israel/Israël	39798	39575	30476	28812	39058
Sweden/Suède	36403	31168	29649	24209	23444
Hong Kong	26399	25256	23249	28365	37656
Turkey/Turquie	22695	30307	22051	23185	27280
India/Inde	35036	x21765	22332	29535	x39124
Norway,SVD,JM	36382	24555	19247	20188	27277
Philippines	17024	x12312	19513	20261	19969
Australia/Australie	22798	22356	16006	12835	20223
So. Africa Customs Un	27757	19573	22048	x8283	x9760
Hungary/Hongrie	x13288	x13461	x8172	22708	x5782
Saudi Arabia	18583	18281	x11857	x11421	x9997
Venezuela	14446	9950	14535	11217	11545
Romania/Roumanie	x5853	15941	17742	1480	x1150
Denmark/Danemark	13939	9847	11348	10247	12296
Czechoslovakia	x8912	17671	9419	x3679	x3603
Egypt/Egypte	6805	11529	7911	9108	6085
Argentina/Argentine	10457	8699	9115	10734	16280
Ireland/Irlande	9736	6470	9472	8980	8243
Algeria/Algérie	14579	13006	3639	4747	x1399
Poland/Pologne	10135	6984	7350	6164	x6599
Bulgaria/Bulgarie	x41529	x16826	x1375	x1139	4871
Nigeria/Nigéria	x3967	x7098	x7838	x2718	x4391
Iran (Islamic Rp. of)	x2785	x3184	x8291	x5212	x5042
New Zealand	6103	5977	4701	5673	5801

EXPORTS – EXPORTATIONS

COUNTRIES–PAYS	1988	1989	1990	1991	1992
Totale	3252661	3075970	2642306	2406042	2573719
Afrique	x901	x2190	x1968	x4060	x3004
Afrique du Nord	x11	x857	x747	x440	x212
Amériques	954442	990984	739936	844283	878805
ALAI	133083	74333	59996	36684	56086
MCAC	21	x438	x40	x248	x146
Asie	214732	238480	x326919	x311710	x399722
Moyen–Orient	2544	9208	x66177	x41695	x60347
Europe	1874055	1671812	1486859	1167714	1257344
CEE	1641897	1473203	1287275	972901	1113131
AELE	221518	x186041	193431	x181411	132784
Océanie	2833	5128	x4940	8125	x7198
USA/Etats–Unis d'Amer	744031	805523	589843	718397	733701
Germany/Allemagne	491789	488210	454127	375448	401656
United Kingdom	287433	290916	274332	94747	100084
Netherlands/Pays–Bas	332395	198800	162211	178453	174264
Norway,SVD,JM	188894	150614	166512	144317	123362
France, Monac	205444	185849	115023	110716	136639
Japan/Japon	104946	111393	133075	140065	167542
Italy/Italie	166638	146861	147760	60756	57871
Canada	76738	110348	89926	88855	88749
Belgium–Luxembourg	68850	68039	61785	70743	157441
Spain/Espagne	72803	58381	53992	51642	57683
Israel/Israël	37190	46721	49974	46347	49811
Former USSR/Anc. URSS	x41293	x38866	x22877	x57150	
Saudi Arabia	1497	9111	x65281	x41306	x59598
Singapore/Singapour	31818	27927	36953	34726	46468
Bulgaria/Bulgarie	x28671	x54827	x32994	x1556	x9267
Sweden/Suède	x23168	x28059	x21476	x31548	x4962
Brazil/Brésil	64518	28605	25903	18058	38936
Greece/Grèce	13893	34828	16433	20441	x22933
Argentina/Argentine	63978	38683	24422	8294	4015
Korea Republic	23862	19259	19212	23726	20663
Former GDR	x105580	x40067	x5620		
Hong Kong	10802	9299	10790	16286	22720
Yugoslavia SFR	10607	12460	6132	x13402	
Poland/Pologne	13945	11179	9830	6719	x6885
Mexico/Mexique	3393	5609	7607	8359	8995
Romania/Roumanie	x7774	12635	4976	1043	x8456
Australia/Australie	2769	5089	4863	7997	7059
Czechoslovakia	x7869	x8868	x4425	x3462	x2547
Indonesia/Indonésie	248	9683	4452	1029	10555
Switz.Liecht	3700	3711	3329	2927	3462
Ireland/Irlande	1487	200	454	8370	2777
China/Chine	797	1863	3092	3262	8618
India/Inde	1290	x2188	2308	2521	x9900
Austria/Autriche	5707	3505	1926	1368	964
So. Africa Customs Un	x492	x1230	x1006	x3575	x2578
Venezuela	1138	1421	1907	1527	3715
Denmark/Danemark	1062	901	1073	1444	1578
Malaysia/Malaisie	645	706	793	867	x1033
Hungary/Hongrie	x568	x936	x958	x220	x489
Libyan Arab Jamahiriya		x812	x374	x374	x53
Thailand/Thaïlande	15	10	68	1129	x332
Iceland/Islande	x21	0		x990	x1
Jordan/Jordanie	707	2	397	203	301
Finland/Finlande	57	152	188	261	32
Honduras		x434	x2	x52	x1
Egypt/Egypte	x7	41	372	51	2
Portugal	105	217	84	141	204
Turkey/Turquie	222	17	253	27	48
Colombia/Colombie	54	3	125	167	346

(VALUE AS % OF TOTAL)(VALEUR EN % DU TOTAL)

	1983	1984	1985	1986	1987	1988	1989	1990	1991	1992
Africa	x2.4	x8.4	x2.6	x2.4	x2.0	x1.9	x2.2	x2.1	x1.5	x1.3
Northern Africa	x1.1	x6.9	0.9	0.9	0.8	0.7	0.9	0.6	0.7	x0.5
Americas	x11.2	17.8	22.4	x17.9	17.0	18.1	17.7	16.4	17.6	18.2
LAIA	2.9	8.3	10.2	x8.6	8.5	9.7	7.4	7.1	9.0	8.3
CACM	x0.7	x1.4	x1.5	x0.1	0.2	0.2	0.3	0.3	x0.2	x0.2
Asia	32.0	x30.4	30.7	27.7	29.1	34.1	31.0	26.3	27.1	x29.0
Middle East	x2.1	x6.2	x2.4	x2.0	2.1	1.8	2.0	x2.1	1.7	x2.0
Europe	51.8	41.1	41.8	49.8	44.1	40.7	43.8	52.6	51.1	49.8
EEC	45.2	33.5	33.2	43.0	36.4	32.3	35.7	44.4	44.6	43.8
EFTA	6.6	5.2	6.3	6.0	6.4	6.8	6.6	6.9	5.9	5.3
Oceania	2.4	x2.3	x2.6	x2.2	x2.6	x0.8	x0.8	x0.7	x0.6	x0.9
Germany/Allemagne	9.5	7.0	8.7	8.9	7.9	7.6	9.0	10.2	11.1	10.8
France, Monac	6.7	5.1	6.4	7.2	6.9	6.8	7.7	9.3	9.5	9.7
Japan/Japon	10.5	9.8	11.8	9.9	9.4	10.2	10.1	6.8	7.2	7.6
USA/Etats–Unis d'Amer	5.6	6.3	8.6	7.6	6.8	6.7	8.3	7.0	6.1	7.1
Italy/Italie	7.3	5.7	6.8	6.7	6.0	5.1	5.9	7.2	6.2	6.2
Korea Republic	5.1	4.2	5.4	6.0	5.9	8.2	7.6	5.4	5.5	4.7
Netherlands/Pays–Bas	8.7	6.3	0.0	8.0	7.1	3.2	3.8	4.9	4.5	4.9
United Kingdom	6.5	5.0	6.0	5.3	1.7	3.1	2.7	3.7	4.1	2.9
Mexico/Mexique			3.4	5.0	x3.0	x2.9	2.8	2.1	4.0	3.2
Belgium–Luxembourg	2.5	1.9	2.4	2.8	2.8	2.4	2.5	3.2	3.1	4.0

	1983	1984	1985	1986	1987	1988	1989	1990	1991	1992
Afrique	0.4	0.1	0.1	x0.1	0.1	x0.0	0.0	0.0	0.1	x0.1
Afrique du Nord	0.0	0.0	0.0	0.0	0.0	0.0	0.0	0.0	0.0	x0.0
Amériques	x25.0	23.6	27.1	29.2	26.7	29.3	32.2	28.0	35.1	34.2
ALAI	0.1	2.5	3.0	2.6	2.3	4.1	2.4	2.3	1.5	2.2
MCAC	x0.1	x0.0	x0.0	x0.0	x0.0	x0.0	x0.0	x0.0	x0.0	x0.0
Asie	8.7	7.0	x9.4	x10.8	x10.8	6.6	7.7	x12.3	12.9	x15.5
Moyen–Orient	x0.0	x0.0	1.6	3.0	x4.5	0.1	0.3	x2.5	1.7	x2.3
Europe	65.9	69.2	63.2	59.8	54.6	57.6	54.4	56.3	48.5	48.9
CEE	59.9	63.9	57.4	54.5	47.8	50.5	47.9	48.7	40.4	43.2
AELE	5.9	5.3	5.8	5.2	6.1	6.8	x6.0	7.3	x7.5	5.2
Océanie	x0.2	0.1	0.1	0.1	x0.1	0.1	0.2	x0.2	0.3	x0.3
USA/Etats–Unis d'Amer	24.7	21.1	24.0	24.6	21.8	22.9	26.2	22.3	29.9	28.5
Germany/Allemagne	19.6	16.9	20.4	19.6	15.0	15.1	15.9	17.2	15.6	15.6
United Kingdom	8.6	8.0	10.1	9.6	8.7	8.8	9.5	10.4	3.9	3.9
Netherlands/Pays–Bas	10.1	8.5	9.4	10.5	9.7	10.2	6.5	6.1	7.4	6.8
Norway,SVD,JM	4.7	4.3	4.8	4.1	5.8	5.8	4.9	6.3	6.0	4.8
France, Monac	8.0	6.9	5.7	6.4	6.1	6.3	6.0	4.4	4.6	5.3
Japan/Japon	4.6	3.4	3.5	4.4	3.3	3.2	3.6	5.0	5.8	6.5
Italy/Italie	7.9	17.4	3.7	3.3	3.2	5.1	4.8	5.6	2.5	2.2
Canada				x1.9	x2.4	2.4	3.6	3.4	3.7	3.4
Belgium–Luxembourg	3.8	4.2	5.8	2.6	2.3	2.1	2.2	2.3	2.9	6.1

5121 ACYCLIC ALCOHOLS, DERIVS — ALCOOLS ACYCLIQUES 5121

TRADE BY COMMODITY IN THOUSAND U.S. DOLLARS – COMMERCE PAR PRODUIT EN MILLIERS DE DOLLARS E.U

COUNTRIES–PAYS	IMPORTS – IMPORTATIONS 1988	1989	1990	1991	1992	COUNTRIES–PAYS	EXPORTS – EXPORTATIONS 1988	1989	1990	1991	1992
Total	6315511	6659558	6073325	6907253	6128529	Totale	x6586733	6641394	x5982097	x6354851	x5578743
Africa	x139750	x156422	x118243	x95439	x90587	Afrique	x147834	x118223	x117626	x145848	x133312
Northern Africa	28877	49714	37361	35171	31182	Afrique du Nord	114063	90707	86908	x122367	x103031
Americas	1179462	1109941	1245840	1363423	1102300	Amériques	1415720	1884139	1621622	1820952	x1534396
LAIA	297247	316921	540825	643024	409244	ALAI	217969	305507	278129	342195	x350776
CACM	9622	7622	12354	12391	x13483	MCAC	312	2729	11399	10567	x21995
Asia	1916015	2172778	1735150	2250657	1866250	Asie	1263442	1293137	x1124985	x1312233	x1370053
Middle East	x99338	x144635	x118705	x120916	x106905	Moyen-Orient	745156	699363	x537117	x566171	x541737
Europe	2821930	2948013	2830953	3034052	2955145	Europe	2551421	2648240	2609884	2384353	2344633
EEC	2386665	2528119	2460082	2699917	2636350	CEE	2346776	2444524	2372986	2130604	2082559
EFTA	344908	349897	321305	307898	292250	AELE	x183852	x191501	x227459	x230960	x247519
Oceania	42358	45489	43027	x45642	x54743	Océanie	65297	57121	43366	x107028	x68768
Japan/Japon	736761	775872	622090	807790	671285	Germany/Allemagne	1138147	1201167	1191229	1135815	1146162
USA/Etats-Unis d'Amer	776798	679485	597205	611328	605474	USA/Etats-Unis d'Amer	730477	1089418	899018	919723	732282
Germany/Allemagne	456176	514451	459322	497792	518464	Saudi Arabia	651526	614879	x489556	x496613	x487380
France, Monac	414990	444620	458354	471821	461126	Canada	399996	437120	389346	477411	363568
Italy/Italie	472869	489575	438263	443024	394910	Former USSR/Anc. URSS	x397580	x292853	x275791	x433116	—
Korea Republic	387217	513807	349929	439769	316544	United Kingdom	463713	412040	380728	201993	154046
United Kingdom	217882	237799	222845	389060	386854	France, Monac	230590	259630	310757	315309	347820
Netherlands/Pays-Bas	254610	277011	281158	275221	287370	Netherlands/Pays-Bas	284885	314892	251514	241824	170351
Brazil/Brésil	37242	75793	316551	372582	152445	Japan/Japon	134110	177114	167928	219319	247125
Belgium-Luxembourg	246357	238021	261387	254671	271772	Sweden/Suède	x122707	x131678	x145183	x147626	x150540
Spain/Espagne	182063	181273	192445	212267	168040	Singapore/Singapour	126875	125784	114560	140141	116128
China/Chine	164861	210377	102240	246670	203488	Malaysia/Malaisie	100473	88719	99657	123720	x159280
Indonesia/Indonésie	100568	130200	137549	140028	130453	Belgium-Luxembourg	126106	129061	88288	86317	123843
Switz.Liecht	114919	126407	118050	119150	117768	Brazil/Brésil	141046	109229	78178	92504	171385
Thailand/Thaïlande	72159	103963	81411	101238	102008	Mexico/Mexique	28215	90391	75261	113469	73374
Singapore/Singapour	82437	70541	86812	113562	99102	Libyan Arab Jamahiriya	97013	77853	76441	x108804	x87940
Mexico/Mexique	97436	99217	76703	94524	88391	Italy/Italie	69377	74319	84607	92252	95941
Canada	88010	96052	83085	80764	59614	Poland/Pologne	80667	70264	80980	98787	x71213
Turkey/Turquie	62459	93404	77464	84303	77571	Bulgaria/Bulgarie	x339512	x169188	x57706	x12730	x9409
Sweden/Suède	70115	63399	68767	71779	67512	Chile/Chili	20842	66572	71424	80177	x61772
Denmark/Danemark	59530	62243	65108	69658	68205	New Zealand	61187	51121	40667	103357	64439
India/Inde	137646	x61256	76875	53093	x33426	Philippines	70493	x55140	52957	44318	38554
Austria/Autriche	79104	67502	63788	55445	51374	China/Chine	25109	39631	53381	50053	62361
So. Africa Customs Un	90840	86147	53116	x35345	x32148	Trinidad and Tobago	60263	40195	39324	61374	43879
Finland/Finlande	50020	62671	59850	48213	37367	Spain/Espagne	28374	45838	42519	49580	33268
Former USSR/Anc. URSS	x65722	x90401	x30492	x48926	—	Switz.Liecht	36994	35829	48344	45799	49903
Yugoslavia SFR	89526	69114	48587	x25600	—	Argentina/Argentine	21100	25722	44004	45198	35473
Malaysia/Malaisie	29063	35810	38450	56719	x34272	Hong Kong	24018	31293	24729	48197	41931
Hong Kong	31002	38016	30444	58879	51415	Bahrain/Bahreïn	x47260	x30826	x30599	x43260	x37606
Venezuela	54312	35914	36953	53463	54041	Turkey/Turquie	41947	49475	15998	17377	8667
Portugal	44807	39459	40081	40072	35604	Czechoslovakia	x59042	x31642	x19197	x18189	x25965
Czechoslovakia	x30384	58541	37217	x14485	x23687	Thailand/Thaïlande	1392	15915	20534	31529	x34276
Argentina/Argentine	37693	33559	33862	40199	37736	Korea Republic	10060	11942	19647	10566	—
Colombia/Colombie	33742	38454	32498	34446	36915	Former GDR	x170674	x54610	x10566	36096	53561
Australia/Australie	32642	32897	34073	37446	44879	Indonesia/Indonésie	9927	14459	12711	32798	54360
Pakistan	19387	38233	22817	30896	30218	So. Africa Customs Un	x8279	x17161	x21488	x16784	x19265
Philippines	23098	x18227	30579	37340	39848	Finland/Finlande	8711	9575	17952	25398	34180
Israel/Israël	22856	23500	26351	26394	28782	India/Inde	5184	x24260	13684	13246	x12807
Iran (Islamic Rp. of)	x13885	x29049	x26258	x20095	x11224	Hungary/Hongrie	x37950	x12655	x15962	x12532	x8107
Ireland/Irlande	22222	22360	22414	25750	24677	Yugoslavia SFR	20779	12215	9439	x18967	—
Egypt/Egypte	12812	25747	20215	15834	22858	Algeria/Algérie	13776	7756	7315	10993	x10336
Greece/Grèce	15157	21307	18705	20580	x19328	Norway, SVD, JM	7345	6943	8765	9176	8780
Chile/Chili	16782	17270	15615	21915	x21389	Romania/Roumanie	x56825	9114	4099	8945	x12785
Norway, SVD, JM	29657	28550	x9820	x12523	x17586	Denmark/Danemark	4948	6287	6864	6325	7858
Hungary/Hongrie	x22389	x18685	x10273	21493	x9787	Costa Rica	4	1845	9833	7537	x14755
Poland/Pologne	18189	18873	10890	12515	x8425	Ireland/Irlande	339	1278	16072	626	1800
Algeria/Algérie	9271	14585	9122	10788	x824	Austria/Autriche	8068	7476	7214	2962	4115
Romania/Roumanie	x21641	7533	6461	14146	x3863	Australia/Australie	3547	5541	2558	3556	4246
New Zealand	7958	10686	7633	7494	8582	Pakistan	1066	3737	3944	1798	3354
Ecuador/Equateur	7064	7028	7142	9835	6400	Ecuador/Equateur	3039	2536	3299	3488	2148

(VALUE AS % OF TOTAL)(VALEUR EN % DU TOTAL)

	1983	1984	1985	1986	1987	1988	1989	1990	1991	1992		1983	1984	1985	1986	1987	1988	1989	1990	1991	1992
Africa	x2.4	x2.1	x2.3	x2.6	1.9	x2.2	x2.4	2.0	x1.4	x1.5	Afrique	x2.9	x2.2	2.8	x2.7	x2.1	x2.2	x1.8	x2.0	x2.3	x2.3
Northern Africa	x0.6	0.4	0.5	0.5	0.5	0.5	0.7	0.6	0.5	0.5	Afrique du Nord	x2.2	x1.5	2.2	x2.1	1.7	1.7	1.4	1.5	x1.9	x1.8
Americas	17.4	23.2	23.5	x20.9	x17.6	18.7	16.6	20.5	19.7	18.0	Amériques	29.1	36.6	31.4	x26.4	x21.6	21.5	28.4	27.1	28.7	x27.5
LAIA	2.9	6.6	7.1	x5.1	x5.0	4.7	4.8	8.9	9.3	6.7	ALAI	1.1	10.3	7.0	5.2	x3.2	3.3	4.6	4.6	5.4	x6.3
CACM	x0.2	0.1	0.1	x0.1	x0.1	0.2	0.1	0.2	0.2	x0.2	MCAC	x0.0	0.1	0.3	0.3	x0.3	0.0	0.0	0.2	0.2	0.4
Asia	26.4	26.1	24.3	24.9	25.1	30.3	32.6	28.6	32.6	30.4	Asie	x7.6	x8.9	14.4	x18.3	x14.8	19.2	19.5	x18.8	x20.7	x24.6
Middle East	x0.8	x2.4	x2.2	x1.9	x1.8	x1.6	x2.2	2.0	x1.8	1.7	Moyen-Orient	x1.4	x2.8	x7.0	x9.7	x7.0	11.3	10.5	x9.0	x8.9	x9.7
Europe	52.7	47.6	48.9	50.9	50.3	44.7	44.3	46.6	43.9	48.2	Europe	60.1	52.2	50.3	51.5	48.8	38.7	39.9	43.6	37.5	42.0
EEC	47.3	41.2	42.5	43.9	44.2	37.8	38.0	40.5	39.1	43.0	CEE	56.1	48.5	47.0	47.2	44.8	35.6	36.8	39.7	33.5	37.3
EFTA	5.4	4.5	4.7	x6.2	5.7	5.5	5.3	5.3	4.5	4.8	AELE	4.0	3.4	3.0	4.2	3.8	x2.8	x2.9	x3.8	x3.6	4.4
Oceania	1.0	x0.4	x0.7	x0.8	0.7	0.7	0.7	0.7	x0.7	x0.9	Océanie	0.2	x0.1	x1.1	x1.0	x0.8	1.0	0.9	0.7	x1.7	x1.2
Japan/Japon	13.7	13.5	12.2	12.3	9.8	11.7	11.7	10.2	11.7	11.0	Germany/Allemagne	24.4	21.4	21.4	23.2	20.8	17.3	18.1	19.9	17.9	20.5
USA/Etats-Unis d'Amer	12.9	15.3	15.1	14.2	11.1	12.3	10.2	9.8	8.9	9.9	USA/Etats-Unis d'Amer	16.1	15.0	12.2	12.9	11.9	11.1	16.4	15.0	14.5	13.1
Germany/Allemagne	13.0	11.5	10.8	10.3	9.3	7.2	7.7	7.6	7.2	8.5	Saudi Arabia	x1.4	x2.7	x6.4	x7.7	x5.9	9.9	9.3	x8.2	x7.8	x8.7
France, Monac	6.0	5.3	5.9	6.6	7.4	6.6	6.7	7.5	6.8	7.5	Canada	11.6	10.5	10.7	6.9	5.3	6.1	6.6	6.5	7.5	6.5
Italy/Italie	7.6	6.9	7.4	7.3	7.8	7.5	7.4	7.2	6.4	6.4	Former USSR/Anc. URSS	—	—	—	—	x6.1	x6.0	4.4	x4.6	6.8	—
Korea Republic	3.3	3.3	3.0	3.2	3.8	6.1	7.7	5.8	6.4	5.2	United Kingdom	10.2	8.9	7.4	6.6	5.3	7.0	6.2	6.4	3.2	2.8
United Kingdom	4.8	4.3	4.4	5.0	5.4	3.4	3.6	3.7	5.6	6.3	France, Monac	4.7	4.0	3.9	4.0	4.1	3.5	3.9	5.2	5.0	6.2
Netherlands/Pays-Bas	6.7	5.0	5.2	4.9	4.6	4.0	4.2	4.6	4.0	4.7	Netherlands/Pays-Bas	12.5	10.2	9.3	8.2	6.6	4.3	4.7	4.2	3.8	3.1
Brazil/Brésil	—	0.9	0.9	0.7	0.7	0.6	1.1	5.2	5.4	2.5	Japan/Japon	3.3	2.8	2.5	2.7	2.4	2.0	2.7	2.8	3.5	4.4
Belgium-Luxembourg	4.0	3.4	3.7	4.4	4.2	3.9	3.6	4.3	3.7	4.4	Sweden/Suède	2.6	2.2	2.0	2.6	2.2	x1.9	x2.0	x2.4	x2.3	x2.7

5123 PHENOLS, PHEN ALCS, DERIVS / PHENOLS, PHENOLS–ALCOOLS 5123

TRADE BY COMMODITY IN THOUSAND U.S. DOLLARS – COMMERCE PAR PRODUIT EN MILLIERS DE DOLLARS E.U

COUNTRIES–PAYS	IMPORTS – IMPORTATIONS					COUNTRIES–PAYS	EXPORTS – EXPORTATIONS				
	1988	1989	1990	1991	1992		1988	1989	1990	1991	1992
Total	2133873	2271149	2235584	1786030	1737894	Totale	1641287	1950160	1979694	1537557	1532464
Africa	x20543	x17246	x19428	x11649	x11505	Afrique	x12630	x9913	x7236	x6679	x4177
Northern Africa	5918	3116	2338	3016	x2474	Afrique du Nord	x3703	x1232	41	0	958
Americas	353582	276991	246812	232884	263189	Amériques	135951	330015	408076	340444	x357583
LAIA	110842	102023	83769	83795	82638	ALAI	44928	41177	30944	17192	x19946
CACM	918	1509	2075	1897	7009	MCAC	86	x8	10	x25	x18
Asia	424813	443167	437649	479754	x429643	Asie	316710	371645	358954	349833	407741
Middle East	x17490	x21431	x16788	x15528	x14523	Moyen–Orient	302	x2381	x11243	x35	x30
Europe	1140399	1364262	1452212	949494	998693	Europe	1018697	1072693	1113665	769046	737212
EEC	998166	1211859	1286379	822758	856782	CEE	906615	962941	994185	682477	643482
EFTA	136391	148135	162057	124437	139407	AELE	111746	107958	115949	86286	93661
Oceania	16814	x14542	x13233	x11385	x12489	Océanie	463	245	x288	79	147
United Kingdom	360680	367146	408214	105816	114072	Germany/Allemagne	368245	390698	386838	345190	314528
Netherlands/Pays–Bas	221271	315557	278803	186738	188498	USA/Etats–Unis d'Amer	84073	282540	370535	320020	334395
Germany/Allemagne	166474	180952	189171	165887	192406	Japan/Japon	197187	212443	189136	198740	244612
Japan/Japon	158251	153389	163082	181252	142563	United Kingdom	234593	216101	275348	72898	84880
USA/Etats–Unis d'Amer	202670	129944	123526	115011	132003	Italy/Italie	152737	161204	130037	111755	110252
France, Monac	64719	120290	123962	95731	97782	Israel/Israël	69023	71874	75408	78198	75665
Belgium–Luxembourg	63477	88145	123981	98927	78242	Former USSR/Anc. URSS	x99485	x114095	x57569	x43679	x45137
Italy/Italie	69662	83899	104277	116605	129429	Spain/Espagne	79120	62639	73321	43679	42490
Switz.Liecht	77004	88655	95469	74338	86536	France, Monac	14222	49582	50197	40585	38561
China/Chine	61858	74971	55803	84716	69312	Finland/Finlande	52569	51817	51979	35613	34570
Korea Republic	52760	56362	74208	73928	72305	Switz.Liecht	43814	40834	49146	46410	54036
Former USSR/Anc. URSS	x78502	x66760	x30142	x75615		China/Chine	24648	48018	50734	36785	39986
Spain/Espagne	37017	41913	44766	39836	42152	Belgium–Luxembourg	19759	45988	48286	38125	22050
Brazil/Brésil	52369	52926	36126	31203	28064	Netherlands/Pays–Bas	37261	36421	29753	29455	29589
Canada	36015	40744	33873	31044	39949	Czechoslovakia	x28771	x31162	x24846	x16684	x19297
Sweden/Suède	27713	33070	36253	25993	34649	Hong Kong	13776	25642	20750	14305	17620
Singapore/Singapour	24752	22360	20210	24877	15812	Brazil/Brésil	25742	24093	17255	7693	6224
Malaysia/Malaisie	23660	18709	21968	22445	x20541	Mexico/Mexique	18685	16004	13205	8595	7646
Israel/Israël	22086	25467	21499	14978	16724	Sweden/Suède	x14580	x14724	x13886	x3346	x4406
Hong Kong	11324	24197	18825	16613	19289	India/Inde	5518	x4229	6055	5036	x5527
Mexico/Mexique	14710	17069	15838	18616	21664	Poland/Pologne	5358	7830	3637	2881	x3931
India/Inde	12794	x15703	18647	15664	x24830	Korea Republic	1244	1597	1683	10721	17419
Indonesia/Indonésie	26210	18555	10217	13531	17315	Canada	5524	4680	5810	3175	3210
Austria/Autriche	16975	15280	16188	10236	8135	Singapore/Singapour	1030	5187	3007	4338	3641
Former GDR	x49900	x33452	x7685			Mozambique		x4814	x3558	x3446	x553
Argentina/Argentine	15075	13262	11814	11471	11353	So. Africa Customs Un	x8534	x3864	x3573	x3184	x2371
Czechoslovakia	x9080	18924	10185	x3915	x4733	Saudi Arabia	24	192	x9307	x12	x8
Australia/Australie	13311	10564	9849	8591	9771	Romania/Roumanie	x12361	3198	126	5241	x923
Turkey/Turquie	9430	10021	10423	7898	7420	Former GDR	x6133	x6461	x1446		
Poland/Pologne	18415	10918	6444	8040	x8136	Bulgaria/Bulgarie	x3839	x2000	x3043	x727	x634
Norway,SVD,JM	11313	7244	8072	8651	6978	Yugoslavia SFR	336	1794	3483	x284	
Venezuela	15653	5557	8045	10236	9627	Bahrain/Bahreïn		x2093	x1805		
So. Africa Customs Un	10679	9123	9600	x4301	x4887	Malaysia/Malaisie	3729	231	925	1429	x2793
Hungary/Hongrie	x9756	x8115	x5650	7812	x4055	Hungary/Hongrie	x890	x889	x821	x807	x818
Philippines	5873	x4190	7755	6292	5060	Argentina/Argentine	492	1005	387	795	337
Bulgaria/Bulgarie	x8646	x9540	x1637	x4193	3373	Austria/Autriche	618	458	698	755	500
Finland/Finlande	3325	3851	6031	5178	3045	Bermuda/Bermudes	x806	x716	x327		
Thailand/Thaïlande	3963	5052	4897	5033	7308	Ireland/Irlande	622	261	177	585	848
Portugal	5845	5181	5350	4437	4204	Tunisia/Tunisie	x23	787	41		
Colombia/Colombie	5093	5785	4750	4430	7271	Cuba	x281	x661			
Romania/Roumanie	x3359	x7105	x4417	1281	x2078	Norway,SVD,JM	164	124	240	163	143
Chile/Chili	3636	4531	4223	3999	x1894	Guyana	x122	x105	x367		
Ireland/Irlande	3324	3938	3346	4462	5552	Libyan Arab Jamahiriya	x2267	x446			
Yugoslavia SFR	5821	4254	3727	x2297		Denmark/Danemark	56	33	196	167	225
Denmark/Danemark	4555	3607	3357	3162	2818	Australia/Australie	451	228	25	57	140
New Zealand	3177	3858	3296	2777	2705	Cocos (Keeling) Islds			x256		
Saudi Arabia	2541	6866	x1160	x676	x1091	Venezuela		x4	76	99	215
Nigeria/Nigéria	x1742	x1727	x4199	x2189	x970	Pakistan				x171	
Pakistan	2705	1733	2332	3114	2780	Turkey/Turquie	254	41	107	1	4
Iran (Islamic Rp. of)	x564	x1214	x2827	x1960	x1568	Panama	x47	x91	x10	x22	0

(VALUE AS % OF TOTAL)(VALEUR EN % DU TOTAL)

	1983	1984	1985	1986	1987	1988	1989	1990	1991	1992		1983	1984	1985	1986	1987	1988	1989	1990	1991	1992
Africa	x1.8	x1.9	2.1	x1.2	x0.9	x1.0	x0.8	x0.8	x0.6	x0.7	Afrique	x0.1	0.2	x0.2	x0.2	x0.6	x0.7	x0.5	x0.4	x0.4	x0.3
Northern Africa	0.3	0.4	0.4	0.2	0.3	0.3	0.1	0.1	0.2	0.1	Afrique du Nord	x0.2	0.1	0.1	0.0	x0.2	x0.2	x0.1	0.0	0.0	0.1
Americas	18.4	22.7	22.2	20.9	16.1	16.6	12.2	11.0	13.1	15.1	Amériques	x4.4	7.3	8.5	x7.3	x8.6	8.3	16.9	20.6	22.1	x23.3
LAIA	3.0	5.9	5.7	4.9	4.7	5.2	4.5	3.7	4.7	4.8	ALAI	x0.0	2.2	2.5	x1.9	x1.5	2.7	2.1	1.6	1.1	x1.3
CACM	x0.1	x0.6	0.4	0.0	x0.0	0.0	0.1	0.1	0.1	0.4	MCAC	x0.0	x0.0							x0.0	x0.0
Asia	21.9	22.6	20.4	20.9	20.3	20.0	19.5	19.6	26.9	x24.8	Asie	21.3	19.2	20.0	20.7	21.0	19.3	19.1	18.2	22.7	26.6
Middle East	x0.2	x0.9	x0.9	x0.7	0.9	x0.8	x0.9	x0.8	x0.9	x0.8	Moyen–Orient		x0.0	0.0	0.0	0.0	x0.0	x0.1	x0.6	x0.0	x0.0
Europe	56.4	51.5	54.1	55.9	53.0	53.4	60.1	65.0	53.2	57.5	Europe	73.5	73.1	71.1	71.7	63.3	62.1	55.0	56.3	50.0	48.1
EEC	48.1	42.7	45.6	47.1	45.0	46.8	53.4	57.5	46.1	49.3	CEE	68.7	68.4	65.2	64.8	57.1	55.2	49.4	50.2	44.4	42.0
EFTA	8.3	7.5	7.3	8.5	x7.8	6.4	6.5	7.2	7.0	8.0	AELE	4.8	4.6	5.9	6.8	6.2	6.8	5.5	5.9	5.6	6.1
Oceania	1.5	1.3	1.2	1.1	0.9	0.8	x0.6	x0.6	x0.6	x0.7	Océanie	0.6	0.3	0.1	0.2	0.2			x0.0		
United Kingdom	6.0	5.2	5.7	6.7	6.7	16.9	16.2	18.3	5.9	6.6	Germany/Allemagne	32.0	29.7	35.6	34.1	27.5	22.4	20.0	19.5	22.5	20.5
Netherlands/Pays–Bas	12.2	11.7	13.4	13.0	13.0	10.4	13.9	12.5	10.5	10.8	USA/Etats–Unis d'Amer	4.4	4.8	5.8	4.9	4.4	5.1	14.5	18.7	20.8	21.8
Germany/Allemagne	10.9	9.6	9.6	10.4	9.2	7.8	8.0	8.5	9.3	11.1	Japan/Japon	17.3	14.4	15.0	15.5	14.4	12.0	10.9	9.6	12.9	16.0
Japan/Japon	12.6	13.5	10.9	11.5	9.0	7.4	6.8	7.3	10.1	8.2	United Kingdom	11.3	11.7	7.9	5.7	5.6	14.3	11.1	13.9	4.7	5.5
USA/Etats–Unis d'Amer	12.1	12.5	12.9	12.7	9.0	9.5	5.7	5.5	6.4	7.6	Italy/Italie	11.4	12.9	12.5	10.2	9.9	9.3	8.3	6.6	7.3	7.2
France, Monac	7.9	6.4	6.9	6.5	6.5	3.0	5.3	5.5	5.4	5.6	Israel/Israël	3.0	4.0	4.5	4.0	4.0	4.2	3.7	3.8	5.1	4.9
Belgium–Luxembourg	3.2	2.6	2.5	2.7	2.3	3.9	3.9	5.5	5.5	4.5	Former USSR/Anc. URSS					x2.4	x6.1	x5.9	x2.9	x2.9	
Italy/Italie	4.3	4.2	4.3	4.4	4.4	3.3	3.7	4.7	6.5	7.4	Spain/Espagne	2.6	4.2	4.8	3.5	4.1	4.8	3.2	3.7	2.8	2.8
Switz.Liecht	6.0	5.5	5.6	5.6	5.0	3.6	3.9	4.3	4.2	5.0	France, Monac	3.7	3.7	3.8	3.1	3.3	0.9	2.5	2.5	2.6	2.5
China/Chine					2.7	2.9	3.3	2.5	4.7	4.0	Finland/Finlande	1.5	1.6	2.0	2.3	2.4	3.2	2.7	2.6	2.3	2.3

5137 MONOACIDS AND DERIVATIVS — ACIDES MONOCARBOXYLIQUES 5137

TRADE BY COMMODITY IN THOUSAND U.S. DOLLARS – COMMERCE PAR PRODUIT EN MILLIERS DE DOLLARS E.U

COUNTRIES—PAYS	IMPORTS — IMPORTATIONS					COUNTRIES—PAYS	EXPORTS — EXPORTATIONS				
	1988	1989	1990	1991	1992		1988	1989	1990	1991	1992
Total	4251109	4379186	4763668	5295913	5217545	Totale	4632393	4792020	5065228	4400468	4595182
Africa	x121632	x111832	x110102	x95893	x76146	Afrique	x1134	x1808	x2398	x2680	x3096
Northern Africa	38250	41006	36282	43093	33298	Afrique du Nord	x90	403	x290	47	47
Americas	747050	761909	776175	869703	901336	Amériques	1031752	1132182	1047752	1253499	1196931
LAIA	282858	300493	297866	347278	335543	ALAI	139458	95690	77649	123263	119199
CACM	8347	8830	10477	10439	x7451	MCAC	158	140	x114	279	x370
Asia	864416	907106	964207	1162722	1188304	Asie	532412	550573	632264	729378	x851456
Middle East	x102249	x110213	x122809	x116729	x119983	Moyen-Orient	x5197	x5962	x4503	x3722	3714
Europe	2270183	2327278	2774686	2992063	2945416	Europe	2806895	2911858	3258980	2307055	2488037
EEC	1916980	1975155	2364267	2623264	2594114	CEE	2635664	2724741	3043188	2076316	2239586
EFTA	296205	306732	353286	341216	327048	AELE	162290	174165	206743	217177	244945
Oceania	x81665	x86944	x61048	x55175	x63530	Océanie	x1375	x3262	x3643	x4573	950
Germany/Allemagne	420233	463081	562703	571156	512429	USA/Etats-Unis d'Amer	855404	998572	940880	1097751	1042335
Italy/Italie	322856	339978	415677	396171	368190	Germany/Allemagne	853889	861498	993697	911806	904457
France, Monac	355639	342662	396179	374453	334872	United Kingdom	947120	1002095	1082847	261759	293026
USA/Etats-Unis d'Amer	351099	336487	340364	388349	434564	Japan/Japon	400530	417404	463814	506203	518671
Netherlands/Pays-Bas	250635	264558	326910	307087	331158	Netherlands/Pays-Bas	293246	293425	302420	292994	291875
Belgium—Luxembourg	210327	206707	254997	235068	327306	Belgium—Luxembourg	154734	165156	208875	204387	287521
Spain/Espagne	184872	204053	229039	220880	224051	France, Monac	155783	174038	207522	180961	189831
Japan/Japon	212016	215541	200938	228005	185496	Switz.Liecht	74715	84314	114528	123516	129120
Korea Republic	140121	178185	199383	228574	211350	Italy/Italie	91841	89011	95635	86617	87453
United Kingdom	53844	42323	46330	385838	385565	Spain/Espagne	83890	76566	93011	100491	98216
Switz.Liecht	105163	110847	132027	134271	135931	Mexico/Mexique	78901	55168	46934	77807	79991
Canada	97246	105977	114308	115221	116327	Sweden/Suède	49586	51992	52346	59621	76501
Brazil/Brésil	79666	112924	97577	99686	92399	Singapore/Singapour	34922	44365	48277	68932	88548
Singapore/Singapour	62712	66074	76742	124258	132092	Czechoslovakia	x52814	x50879	x53466	x45894	x34687
Turkey/Turquie	68442	78688	83862	87918	83299	Ireland/Irlande	50647	57937	54275	33662	73373
Sweden/Suède	80006	78587	87597	82638	73504	Brazil/Brésil	51750	32156	20705	35708	30463
Indonesia/Indonésie	70967	66752	76235	81028	102341	Canada	33370	34159	26459	27715	34345
Mexico/Mexique	49940	69993	68097	80206	89698	Former USSR/Anc. URSS	x34940	x25945	x27960	x33327	
Thailand/Thaïlande	55090	62608	75855	76562	87274	China/Chine	37208	25476	28032	31580	39111
Former USSR/Anc. URSS	x74388	x95685	x30352	x71986		Hong Kong	19330	17554	20610	39685	37243
Austria/Autriche	55408	55771	67180	57697	61069	Former GDR	x102096	x63770	x8267		
China/Chine	46837	35189	30825	88774	114701	Korea Republic	7564	7508	24224	33619	71461
So. Africa Customs Un	68271	54443	57319	x37725	x32569	Austria/Autriche	22551	21666	20652	12158	12962
Australia/Australie	61825	65808	43461	38427	44903	Bulgaria/Bulgarie	x29643	x30856	x14656	x1638	x1672
Finland/Finlande	39703	46052	47337	45538	40846	Hungary/Hongrie	x11746	x11135	x14939	x12246	x10931
Hong Kong	35765	35732	40335	60599	57111	Norway,SVD,JM	8440	9608	11913	14806	17322
Yugoslavia SFR	56488	45085	56759	x27189		Yugoslavia SFR	8790	12896	8981	x12279	
Portugal	39439	31850	43420	39237	40425	Indonesia/Indonésie	244	11106	12965	8916	17255
Malaysia/Malaisie	27124	29996	37392	43433	x38168	Malaysia/Malaisie	8817	6271	6420	16737	x40369
Argentina/Argentine	36658	28537	36294	45182	48145	Finland/Finlande	6894	6584	7303	7076	9040
Philippines	31414	x27962	34652	36813	39128	India/Inde	2731	x9434	5005	5884	x13968
Denmark/Danemark	33545	31830	33670	31889	32161	Israel/Israël	3606	3180	7469	7704	8700
Venezuela	44172	21661	29588	44094	36124	Argentina/Argentine	5045	4956	5631	4839	4894
Colombia/Colombie	29218	28419	28624	31167	34123	Romania/Roumanie	x27361	9753	903	802	x4522
India/Inde	34071	x35429	24115	25856	x46674	Denmark/Danemark	4095	4344	4169	2791	12941
Ireland/Irlande	21301	21615	27620	35732	38927	Philippines	9590	x433	8090	2447	4090
Greece/Grèce	24289	26498	27722	25752	19029	Australia/Australie	1309	2645	3548	4522	843
Israel/Israël	22312	19272	19615	21713	23201	Poland/Pologne				x9377	x2899
Hungary/Hongrie	x20136	x20893	x13944	25396	x15315	Turkey/Turquie	3231	4286	2801	1306	3284
Pakistan	15584	18273	18874	20979	21056	Thailand/Thaïlande	2665	1730	2690	3183	x6539
Norway,SVD,JM	15146	14872	x18493	x20659	x15228	Iran (Islamic Rp. of)	x1792	x1569	x1431	x2220	x39
New Zealand	18708	20163	17278	16481	18157	So. Africa Customs Un	x949	x1253	x1877	x2071	x2335
Czechoslovakia	x17031	27115	14028	x7951	x9225	Chile/Chili	1844	1809	1475	1535	x1916
Chile/Chili	13656	14303	12537	16094	x13672	Colombia/Colombie	1224	728	1513	2107	929
Egypt/Egypte	9851	9324	12670	18617	13396	Panama	x1719	x1754	1	x1462	18
Ecuador/Equateur	10533	9992	9008	12989	6343	Trinidad and Tobago	4		0	2522	366
Algeria/Algérie	14123	16330	7837	7757	x2183	Bahamas	x622	x768	x1032	x448	x94
Iran (Islamic Rp. of)	x6242	x9792	x13746	x8370	x8805	Portugal	419	604	591	640	666
Bulgaria/Bulgarie	x20074	x15488	x5518	x4387	6665	Uruguay	151	468	764	374	172
Former GDR	x27822	x19974	x5252			Bermuda/Bermudes	x973	x825	x486		x17

(VALUE AS % OF TOTAL)(VALEUR EN % DU TOTAL)

	1983	1984	1985	1986	1987	1988	1989	1990	1991	1992		1983	1984	1985	1986	1987	1988	1989	1990	1991	1992
Africa	2.7	x2.7	x2.4	x2.9	x2.3	x2.9	x2.5	x2.3	x1.8	x1.4	Afrique	x0.0	x0.1	x0.1	x0.0	x0.1	x0.0	x0.0	x0.0	x0.0	x0.1
Northern Africa	0.9	x0.9	0.8	0.7	0.9	0.9	0.9	0.8	0.8	0.6	Afrique du Nord	0.0	x0.0	x0.0	0.0	x0.0	0.0	0.0	0.0	0.0	0.0
Americas	14.1	18.7	17.9	x18.0	x16.0	17.5	17.4	16.2	16.4	17.3	Amériques	x22.0	26.4	23.4	x22.7	x20.6	22.3	23.7	20.7	28.5	26.0
LAIA	3.9	7.7	7.2	x8.0	x7.0	6.7	6.9	6.3	6.6	6.4	ALAI	0.2	2.7	2.1	x2.0	x1.7	3.0	2.0	1.5	2.8	2.6
CACM	x0.2	x0.2	x0.4	0.2	x0.4	0.2	0.2	0.2	0.2	x0.1	MCAC	x0.1	x0.1	x0.0	0.0	x0.0	0.0	0.0	0.0	0.0	x0.0
Asia	16.2	16.9	x18.9	17.2	20.1	20.3	20.8	20.2	21.9	22.8	Asie	9.3	10.0	9.3	10.3	11.9	11.5	11.5	12.5	16.6	x18.4
Middle East	x0.8	x2.0	x5.3	x1.8	x2.4	x2.4	x2.5	x2.6	x2.2	x2.3	Moyen-Orient	x0.0	x0.0	0.1	x0.1	x0.1	x0.1	x0.1	x0.1	x0.1	0.1
Europe	65.0	59.7	59.2	60.4	54.9	53.4	53.1	58.2	56.5	56.5	Europe	68.6	63.3	67.1	66.9	60.6	60.6	60.8	64.3	52.4	54.1
EEC	56.3	50.1	50.1	52.2	46.9	45.1	45.1	49.6	49.5	49.7	CEE	64.7	59.3	62.8	62.2	56.6	56.9	56.9	60.1	47.2	48.7
EFTA	8.7	7.6	7.4	7.5	7.3	7.0	7.0	7.4	6.4	6.3	AELE	3.9	3.9	4.3	4.6	3.9	3.5	3.6	4.1	4.9	5.3
Oceania	1.9	x2.0	1.6	x1.5	1.8	x1.9	x2.0	x1.3	x1.0	x1.2	Océanie	0.1	x0.1	x0.1	x0.1	0.0	x0.0	x0.1	0.1	x0.1	
Germany/Allemagne	10.6	9.0	9.3	9.8	10.7	9.9	10.6	11.8	10.8	9.8	USA/Etats-Unis d'Amer	21.6	23.5	21.1	19.7	17.7	18.5	20.8	18.6	24.9	22.7
Italy/Italie	8.4	7.8	7.9	8.0	8.0	7.6	7.8	8.7	7.5	7.1	Germany/Allemagne	24.8	24.9	24.5	25.0	22.8	18.4	18.0	19.6	20.7	19.7
France, Monac	8.6	7.4	7.4	7.8	8.1	8.4	7.8	8.3	7.1	7.1	United Kingdom	12.7	13.2	14.5	14.1	12.5	20.4	20.9	21.4	5.9	6.4
USA/Etats-Unis d'Amer	5.6	7.0	7.1	7.0	5.9	8.3	7.7	7.1	7.3	8.3	Japan/Japon	7.2	7.7	7.4	7.9	8.7	8.6	8.7	9.2	11.5	11.3
Netherlands/Pays-Bas	7.4	6.6	6.4	6.6	6.5	5.9	6.0	6.9	5.8	6.3	Netherlands/Pays-Bas	9.8	9.3	8.4	8.9	8.1	6.3	6.1	6.0	6.7	6.4
Belgium—Luxembourg	4.8	4.3	4.6	5.1	4.9	4.9	4.7	5.4	4.4	6.3	Belgium—Luxembourg	2.9	2.8	3.0	3.4	3.1	3.3	3.4	4.1	4.6	6.3
Spain/Espagne	3.0	2.6	2.6	3.5	4.0	4.3	4.7	4.8	4.2	3.9	France, Monac	4.8	4.5	4.0	4.9	4.1	3.4	3.6	4.1	4.1	4.1
Japan/Japon	4.5	4.5	4.3	4.8	4.6	5.0	4.9	4.2	4.3	3.6	Switz.Liecht	2.1	2.2	2.3	2.5	2.0	1.6	1.8	2.3	2.8	2.8
Korea Republic	3.0	3.0	2.8	3.0	3.3	3.3	4.1	4.2	4.3	4.1	Italy/Italie	8.5	2.7	6.5	3.2	3.5	2.0	1.9	1.9	2.0	1.9
United Kingdom	10.3	9.7	8.9	8.2	2.0	1.3	1.0	1.0	7.3	7.4	Spain/Espagne	1.1	1.5	1.6	1.9	1.6	1.8	1.6	1.8	2.3	2.1

5138 POLYACIDS AND DERIVATIVS — ACIDES POLYCARBOXYLIQUES 5138

TRADE BY COMMODITY IN THOUSAND U.S. DOLLARS – COMMERCE PAR PRODUIT EN MILLIERS DE DOLLARS E.U

IMPORTS – IMPORTATIONS

COUNTRIES–PAYS	1988	1989	1990	1991	1992
Total	3088406	3500687	3516786	3691914	3679601
Africa	111192	111282	129936	x70985	x63062
Northern Africa	48651	46787	65600	50997	44733
Americas	287892	x371353	x394473	x467376	x534059
LAIA	122628	118796	115399	151830	159982
CACM	4950	5666	6467	6682	x6239
Asia	1199345	1322571	1309788	1414873	1321503
Middle East	x78447	x63175	x93033	x69681	x70329
Europe	1327164	1477972	1591834	1591057	1723298
EEC	1097627	1254776	1365378	1402689	1522884
EFTA	178157	175982	179951	170101	180357
Oceania	x29676	39925	x20387	x19308	x18803
Germany/Allemagne	289881	322122	360284	336591	378289
China/Chine	321971	294221	297551	393894	263613
Korea Republic	278394	360535	242016	171498	144853
Netherlands/Pays–Bas	202519	235422	247415	225686	223058
France, Monac	170110	192096	216233	207322	204545
Italy/Italie	176566	193174	193322	195575	220717
USA/Etats–Unis d'Amer	81782	151465	140377	156476	201410
Belgium–Luxembourg	89772	131693	155700	146441	168325
Thailand/Thaïlande	92428	126570	139452	156273	182694
Japan/Japon	135532	124676	142576	143452	111841
Switz.Liecht	96778	97756	98866	93418	98793
Spain/Espagne	80658	87820	106736	95481	93997
Indonesia/Indonésie	42511	63207	90659	130105	167441
Hong Kong	63528	71912	62127	105368	89777
Former USSR/Anc. URSS	x57516	x91368	x25546	x105275	
Canada	67241	69573	73615	78383	92563
Pakistan	51699	62954	68879	87400	94729
United Kingdom	19936	23976	18667	130911	162403
Cayman Is/Is Caïmans	x8335	x22731	x56083	x71473	x70481
Turkey/Turquie	49404	33267	48494	42978	40289
Colombia/Colombie	26452	32323	31364	57337	55374
Malaysia/Malaisie	33175	35590	36765	39250	x51169
Yugoslavia SFR	51163	47011	46183	x18075	
So. Africa Customs Un	51397	54187	46344	x4029	x5913
India/Inde	18282	x27396	46717	19318	x31314
Egypt/Egypte	19579	22135	39555	27733	26810
Argentina/Argentine	24896	23478	33895	26818	27194
Singapore/Singapour	24345	22786	29546	31637	40968
Philippines	27503	x30279	24342	28365	32059
Sweden/Suède	29139	25088	25177	23449	22482
Czechoslovakia	x8927	37696	28662	x4282	x5785
Portugal	24400	25199	22886	22242	23517
Israel/Israël	18843	23171	23503	22976	21736
Iran (Islamic Rp. of)	x21505	x19876	x29295	x16254	x18448
Australia/Australie	22628	32550	14434	13368	13073
Norway, SVD, JM	20464	18541	18940	19356	22921
Greece/Grèce	17004	19026	20087	17189	x18386
Mexico/Mexique	13289	17332	14794	22989	19334
Austria/Autriche	20344	18703	18447	15983	19509
Finland/Finlande	11360	15847	18453	17818	16560
Venezuela	32891	18827	11077	17029	23896
Ireland/Irlande	15396	14542	15311	16540	21182
Brazil/Brésil	8470	13771	11691	11969	21117
Algeria/Algérie	19301	13817	12071	10745	x5502
Denmark/Danemark	11385	9706	8738	8711	8466
Korea Dem People's Rp	x7838	x11696	x7939	x7405	x7335
Poland/Pologne	12283	13030	6366	4854	x1728
Morocco/Maroc	6386	6833	9015	7815	7625
Hungary/Hongrie	x6465	x4373	x6099	11952	x5724
New Zealand	6989	7346	5913	5766	5580

EXPORTS – EXPORTATIONS

COUNTRIES–PAYS	1988	1989	1990	1991	1992
Totale	2873364	2941419	2912233	2886479	2697062
Afrique	x4687	x1846	x2061	x2389	x3200
Afrique du Nord	x36	43	4	x30	25
Amériques	1096016	1081085	1038152	972459	905100
ALAI	267016	276489	251474	267842	289268
MCAC	220	1229	1285	1216	779
Asie	547221	660176	669894	803696	793891
Moyen–Orient	28624	31784	31031	12782	16211
Europe	1086402	1077492	1068270	971685	937997
CEE	936726	934352	935748	851838	819347
AELE	127525	121155	112750	111934	108463
Océanie	x925	x760	x993	x1779	x1358
USA/Etats–Unis d'Amer	811602	776378	725651	633041	539101
Germany/Allemagne	509472	490033	523333	471430	459873
Japan/Japon	359812	442325	422291	490151	481237
Mexico/Mexique	189186	212750	202622	212099	227569
Italy/Italie	153021	154921	148555	103788	106184
Netherlands/Pays–Bas	96537	104176	110566	104581	108184
France, Monac	88634	89706	100483	93134	73828
Korea Republic	41716	52004	87480	140792	162889
Former USSR/Anc. URSS	x67814	x75323	x74457	x92630	
Austria/Autriche	72350	66618	59217	49576	46725
China/Chine	50663	62481	55477	46350	31667
Canada	16872	26875	59609	70193	75937
Hong Kong	33026	45013	38758	64771	68676
Spain/Espagne	69758	74289	28355	39180	24826
Brazil/Brésil	54496	41548	23843	34986	38707
Sweden/Suède	25296	26640	26074	33191	37064
Turkey/Turquie	28465	31775	28895	12358	16142
Switz.Liecht	22900	20896	23129	20428	15512
Yugoslavia SFR	22109	21977	19772	x7837	
Bulgaria/Bulgarie	x4319	x12197	x24884	x3742	x6916
Belgium–Luxembourg	8587	11310	13656	14363	17533
Hungary/Hongrie	x12955	x8596	x11605	x14540	x17454
Singapore/Singapour	10609	9953	11349	13696	10221
Israel/Israël	9212	10419	9386	13133	10923
Venezuela	8982	8497	12404	10359	10586
Poland/Pologne	12583		6100	12676	9084	x10206
Czechoslovakia	x7646	x10753	x6557	x9073	x6791
Argentina/Argentine	11242	12165	7523	5291	7659
Thailand/Thaïlande	1947	1320	11284	10968	x1092
Portugal	9498	7921	8125	7263	4777
United Kingdom	421	1215	1831	16752	23717
Finland/Finlande	6833	6801	4214	7183	2760
India/Inde	8835	x3778	2399	9183	x9360
Romania/Roumanie	x23904	2210	1852	5401	x13298
Colombia/Colombie	2150	925	2297	2812	2547
Former GDR	x8893	x4881	x833		
So. Africa Customs Un	x3234	x1718	x1589	x2101	x2698
Uruguay	826	536	2163	1784	1949
Nicaragua	185	1183	1248	1134	699
Australia/Australie	708	175	711	1717	1311
Ireland/Irlande	218	532	569	1213	181
Norway, SVD, JM	146	201	115	1552	6402
Indonesia/Indonésie	1429		214	12	1495	1054
Jordan/Jordanie	1			1207	292	34
Chile/Chili	113	53	605	475	x180
Malaysia/Malaisie	397	528	108	276	x400
New Zealand	34	506	191	5	6
Denmark/Danemark	580	245	240	129	189
Philippines	586	x574		1	0
Korea Dem People's Rp	x352	x219	x286	0	x52

(VALUE AS % OF TOTAL)(VALEUR EN % DU TOTAL)

	1983	1984	1985	1986	1987	1988	1989	1990	1991	1992
Africa	4.8	4.7	4.9	x4.6	x2.9	3.6	3.1	3.7	x1.9	x1.8
Northern Africa	1.8	2.0	2.0	1.9	1.4	1.6	1.3	1.9	1.4	1.2
Americas	9.4	10.2	9.2	x9.4	x7.8	9.3	x10.6	x11.2	x12.7	x14.5
LAIA	3.3	4.3	4.1	4.6	3.5	4.0	3.4	3.3	4.1	4.3
CACM	x0.3	x0.4	x0.4	x0.2	x0.1	0.2	0.2	0.2	0.2	x0.2
Asia	35.5	36.5	36.8	37.4	35.3	38.8	37.8	37.2	38.3	35.9
Middle East	x2.1	x3.8	x3.6	x5.1	x3.0	x2.5	x1.8	x2.6	x1.9	x1.9
Europe	49.1	47.6	48.1	47.8	47.9	43.0	42.2	45.3	43.1	46.8
EEC	42.0	38.6	39.6	40.8	42.1	35.5	35.8	38.8	38.0	41.4
EFTA	7.1	6.3	6.2	6.3	5.1	5.8	5.0	5.1	4.6	4.9
Oceania	1.0	x1.0	x1.0	x0.9	1.0	x1.0	1.1	x0.6	x0.5	x0.5
Germany/Allemagne	10.2	10.1	10.1	10.1	8.6	9.4	9.2	10.2	9.1	10.3
China/Chine				7.1	10.4	8.4	8.5	10.7	7.2	
Korea Republic	9.5	11.1	14.3	13.9	10.1	9.0	10.3	6.9	4.6	3.9
Netherlands/Pays–Bas	9.2	7.6	8.1	8.2	6.3	6.6	6.7	7.0	6.1	6.1
France, Monac	6.0	5.3	5.6	5.5	4.9	5.5	5.5	6.1	5.6	5.6
Italy/Italie	4.9	5.4	5.4	5.7	4.6	5.7	5.5	5.5	5.3	6.0
USA/Etats–Unis d'Amer	1.5	1.7	1.9	1.8	1.9	2.6	4.3	4.0	4.2	5.5
Belgium–Luxembourg	2.3	2.5	2.7	2.9	2.2	2.9	3.8	4.4	4.0	4.6
Thailand/Thaïlande	4.0	3.5	3.5	3.1	2.5	3.0	3.6	4.0	4.2	5.0
Japan/Japon	5.1	5.3	4.4	3.9	3.3	4.4	3.6	4.1	3.9	3.0

	1983	1984	1985	1986	1987	1988	1989	1990	1991	1992
Afrique	x0.0	x0.1	x0.1	x0.1	x0.2	x0.2	x0.1	x0.1	x0.1	x0.1
Afrique du Nord	x0.0	x0.0	x0.0	x0.0	x0.1	x0.0	0.0	0.0	0.0	0.0
Amériques	21.8	29.8	34.2	33.0	x29.5	38.1	36.7	35.7	33.7	33.6
ALAI	0.5	8.7	9.8	x7.0	x6.3	9.3	9.4	8.6	9.3	10.7
MCAC			x0.0	0.0	0.0	0.0	0.0	0.0	0.0	0.0
Asie	11.6	10.8	12.6	15.0	14.8	19.0	22.5	23.0	27.8	29.4
Moyen–Orient	x0.0	0.7	0.7	1.4	0.7	1.0	1.1	1.1	0.4	0.6
Europe	66.6	59.2	53.1	51.9	50.9	37.8	36.6	36.7	33.7	34.8
CEE	61.2	55.0	48.9	47.5	46.4	32.6	31.8	32.1	29.5	30.4
AELE	5.4	4.1	3.8	3.9	3.8	4.2	4.1	3.9	3.9	4.0
Océanie			0.1		x0.0	x0.0	x0.0	x0.0	x0.1	x0.0
USA/Etats–Unis d'Amer	21.3	21.1	24.4	25.6	22.6	28.2	26.4	24.9	21.9	20.0
Germany/Allemagne	20.3	18.9	17.8	18.0	16.7	17.8	16.7	18.0	16.3	17.1
Japan/Japon	9.9	8.5	9.9	11.5	10.5	12.5	15.0	14.5	17.0	17.8
Mexico/Mexique		6.7	7.4	x5.2	x4.7	6.6	7.2	7.0	7.3	8.4
Italy/Italie	5.2	3.9	4.0	4.2	4.3	5.3	5.1	5.1	3.6	3.9
Netherlands/Pays–Bas	7.8	6.1	0.0	0.0	3.8	3.5	3.8	3.6	4.0	
France, Monac	4.7	4.0	2.8	2.5	3.1	3.0	3.5	3.2	2.7	
Korea Republic	1.0	0.8	1.2	0.8	0.6	1.5	1.8	3.0	4.9	6.0
Former USSR/Anc. URSS					x2.6	x2.4	x2.6	x2.6	x3.2	
Austria/Autriche	3.4	2.5	2.2	2.2	2.0	2.5	2.3	2.0	1.7	1.7

5139 OXY-FNCT ACIDS,DERIVATVS

ACIDES CARBOXYLIQUES 5139

TRADE BY COMMODITY IN THOUSAND U.S. DOLLARS – COMMERCE PAR PRODUIT EN MILLIERS DE DOLLARS E.U

COUNTRIES–PAYS	IMPORTS – IMPORTATIONS					COUNTRIES–PAYS	EXPORTS – EXPORTATIONS				
	1988	1989	1990	1991	1992		1988	1989	1990	1991	1992
Total	1805403	2233649	2493158	2763871	3194071	Totale	1463848	x2140094	2383354	2659885	3175783
Africa	x43793	x35860	x43700	x39840	x45563	Afrique	x1458	x1491	x1725	x3015	x3674
Northern Africa	21348	13116	15377	x11949	x10794	Afrique du Nord	14	822	548	1063	899
Americas	472196	782159	869160	961332	1181601	Amériques	x155742	x669822	x602567	x645524	x775517
LAIA	123261	109635	131757	145665	162971	ALAI	81126	77989	83820	98784	128701
CACM	6567	7092	7333	8022	x5701	MCAC	32	x23	x26	11	x35
Asia	250870	x270140	270980	317982	x395551	Asie	222633	275927	371741	403426	648407
Middle East	x33809	x31567	x40157	x42011	x49611	Moyen-Orient	4802	x4231	4450	3610	x3366
Europe	871211	998710	1216146	1305195	1501657	Europe	1047433	1155459	1381014	1581126	1724003
EEC	708009	812863	1053475	1162728	1360985	CEE	802023	899344	1088604	1283442	1363531
EFTA	149967	167031	140769	132179	128697	AELE	244528	254614	291376	297167	359241
Oceania	x58122	x54774	x56635	x57370	x53323	Océanie	x2312	540	x2627	x6385	x3524
USA/Etats-Unis d'Amer	244788	551447	610395	682816	896880	Belgium-Luxembourg	241393	280817	354643	399862	485404
Germany/Allemagne	136221	161169	203775	252315	318790	Bahamas	x10421	x290374	x329680	x332938	x390265
France,Monac	148084	168669	212527	226131	291364	Germany/Allemagne	229556	237097	266873	219290	244302
Italy/Italie	77487	108851	170424	149216	180221	Japan/Japon	115255	169225	251716	254498	419035
United Kingdom	132349	120655	140008	155272	172246	USA/Etats-Unis d'Amer	48775	281144	176192	193558	239146
Canada	88650	104716	107966	110175	109220	Switz.Liecht	154251	141821	168510	172178	203760
Japan/Japon	85855	87452	86944	109792	126782	Austria/Autriche	82229	106686	115995	122339	152405
Switz.Liecht	93633	117175	84519	79481	71355	Italy/Italie	71383	75845	113461	140304	146998
Belgium-Luxembourg	50922	62251	81327	99409	107597	United Kingdom	27629	55043	70379	199530	168978
Spain/Espagne	57108	66950	80394	90810	104211	France,Monac	73194	74892	86745	109861	111246
Netherlands/Pays-Bas	54445	60505	73609	73287	80436	Ireland/Irlande	62721	71690	80115	76380	79683
Ireland/Irlande	18863	29422	50534	78698	60114	Netherlands/Pays-Bas	49381	61716	67786	65260	67778
Australia/Australie	52804	48865	51384	51049	46970	China/Chine	57661	54361	58698	71119	130485
Mexico/Mexique	34071	36525	47011	51261	67566	Spain/Espagne	38477	32477	42732	64440	51194
Korea Republic	27317	30644	38307	49412	54475	Brazil/Brésil	32914	30573	30943	36807	57304
Brazil/Brésil	30185	30160	38325	35096	24318	Argentina/Argentine	16096	24499	28159	26445	20377
Former USSR/Anc. URSS	x23200	x40295	x9061	x49315		Israel/Israël	18983	15832	18279	24501	32345
Sweden/Suède	24602	20073	23302	23401	20516	Mexico/Mexique	18046	14054	11262	19792	30908
Argentina/Argentine	14843	16077	20510	24754	29122	Hong Kong	9669	8694	11375	14630	20830
Denmark/Danemark	15140	15716	19683	18407	24080	Canada	9501	9690	11066	10633	17306
Austria/Autriche	18991	17330	19463	16968	23328	Korea Republic	6733	6159	11471	12187	11306
Turkey/Turquie	18258	15126	17791	20665	24047	Indonesia/Indonésie	4437	8416	8028	11817	11835
So. Africa Customs Un	15284	14558	19619	x18232	x25668	Colombia/Colombie	11445	6236	10161	11609	15378
Yugoslavia SFR	12754	18311	21359	x9910		Panama	x5694	x10198	11	x9393	11
India/Inde	6915	x30086	10206	9093	x35685	Czechoslovakia	x9342	x7709	x6486	x5306	x7071
Thailand/Thaïlande	11518	13617	14675	16747	19362	Former USSR/Anc. URSS	x8544	x5019	x6955	x7084	
Singapore/Singapour	17833	19717	11558	12169	16344	Portugal	3218	3062	4645	7486	5864
Hong Kong	12177	9765	14367	15269	21444	Singapore/Singapour	3782	5333	3206	5181	8571
Hungary/Hongrie	x10836	x11244	x10402	11751	x6419	Former GDR	x8538	x10365	x1739		
China/Chine	16113	8225	7946	16449	8832	India/Inde	712	x3551	4232	3801	x7707
Indonesia/Indonésie	6984	7800	12192	11493	12397	Turkey/Turquie	4425	3266	4043	3115	2566
Portugal	8538	9065	11050	10771	12040	Denmark/Danemark	5054	6648	1182	1006	2042
Colombia/Colombie	10252	10323	9439	9277	12331	Hungary/Hongrie	x2096	x1608	x2840	x3806	x4044
Israel/Israël	7932	8914	10988	8661	12749	Romania/Roumanie	x4290	x5040	x2465	488	x1426
Greece/Grèce	8851	9609	10145	8412	x9888	Poland/Pologne	811	2101	2265	3542	x7635
Finland/Finlande	9228	9216	9014	7487	6904	Finland/Finlande	3238	3462	3161	211	28
Pakistan	8284	9436	6727	8896	9722	Sweden/Suède	4201	1919	2636	2149	1631
Saudi Arabia	1575	2774	x9834	x10463	x9020	Bulgaria/Bulgarie	x652	x5012	x930	x183	x482
Poland/Pologne	12436	9942	6472	6128	x4042	Australia/Australie	307	404	889	3569	1983
Former GDR	x31254	x18651	x3491			Chile/Chili	940	960	1821	2019	x1632
Malaysia/Malaisie	6228	5781	7150	8276	x10869	New Zealand	1997	136	1728	2570	1512
Chile/Chili	4988	5458	6704	8116	x7627	So. Africa Customs Un	x823	x572	x1117	x1817	x1950
Bahamas	x3144	x4275	x7122	x8064	x1126	Ecuador/Equateur	1622	1058	674	1416	1549
Venezuela	20361	4648	4778	9145	11894	Yugoslavia SFR	882	1459	1033	x516	
Philippines	7030	x4083	7489	6500	9928	Egypt/Egypte	14	822	547	1030	816
New Zealand	5004	5458	4853	6149	6189	Trinidad and Tobago		296	1720	3	5
Morocco/Maroc	4382	4401	5048	4745	4443	Norway,SVD,JM	610	727	994	291	903
Czechoslovakia	x6108	4528	3865	x4084	x2483	Thailand/Thaïlande	508	42	48	1696	x1054
Bulgaria/Bulgarie	x22505	x6773	x2203	x3142	2017	Uruguay	22	374	467	296	336
Egypt/Egypte	9526	4743	4595	2628	3218	United Arab Emirates	x99	x631	x58	x62	x160

(VALUE AS % OF TOTAL)(VALEUR EN % DU TOTAL)

	1983	1984	1985	1986	1987	1988	1989	1990	1991	1992		1983	1984	1985	1986	1987	1988	1989	1990	1991	1992
Africa	x2.0	x2.9	x2.8	x2.7	x2.3	x2.4	x1.7	x1.8	x1.5	x1.4	Afrique	x0.1	x0.1	x0.1	x0.1	x0.2	x0.1	x0.0	x0.0	x0.1	x0.2
Northern Africa	0.9	1.2	1.1	1.1	1.1	1.2	0.6	0.6	x0.4	x0.3	Afrique du Nord	x0.0	x0.0	x0.0	x0.0	x0.0	x0.0	x0.0	x0.0	x0.0	x0.0
Americas	17.4	31.5	31.2	x28.9	x24.3	26.2	35.0	34.8	34.8	37.0	Amériques	x7.0	x14.2	x12.1	x10.3	x11.5	x10.7	x31.3	x25.3	x24.3	x24.4
LAIA	2.7	8.8	9.2	4.7	6.3	6.8	4.9	5.3	5.3	5.1	ALAI	1.7	5.8	5.6	x5.1	x4.9	5.5	3.6	3.5	3.7	4.1
CACM	x0.4	x0.4	x0.7	x0.3	0.3	0.4	0.3	0.3	0.3	x0.2	MCAC	x0.0	x0.0	x0.0	x0.0	x0.0	x0.0	x0.0	x0.0	x0.0	x0.0
Asia	x39.0	15.1	14.9	14.4	x16.3	13.9	x12.1	10.8	11.5	x12.4	Asie	7.1	8.8	8.2	9.2	11.4	15.2	12.8	15.6	15.2	20.4
Middle East	x29.7	x2.1	x2.4	x1.8	x4.3	x1.9	x1.4	x1.6	x1.5	x1.6	Moyen-Orient	x0.0	0.5	0.5	0.3	0.3	x0.2	0.2	0.1	0.1	x0.1
Europe	38.6	47.1	49.2	52.2	48.1	48.3	44.7	48.8	47.2	47.0	Europe	85.7	76.7	79.4	80.3	77.4	71.6	54.0	57.9	59.4	54.3
EEC	33.0	38.2	41.4	44.6	40.7	39.2	36.4	42.3	42.1	42.6	CEE	74.2	61.4	66.1	62.4	57.0	54.8	42.0	45.7	48.3	42.9
EFTA	5.6	7.4	6.6	7.0	6.9	8.3	7.5	5.6	4.8	4.0	AELE	11.5	15.2	13.2	17.8	17.2	16.7	11.9	12.2	11.2	11.3
Oceania	3.0	x3.4	x1.9	x1.7	2.2	x3.2	x2.4	x2.3	x2.1	x1.7	Océanie	0.1	0.2	x0.2	x0.1	0.2	x0.2		x0.1	x0.2	x0.1
USA/Etats-Unis d'Amer	7.9	12.6	11.7	12.8	12.3	13.6	24.7	24.5	24.7	28.1	Belgium-Luxembourg	0.6	0.6	0.7	0.9	0.6	16.5	13.1	14.9	15.0	15.3
Germany/Allemagne	7.2	8.5	7.9	9.3	8.5	7.5	7.2	8.2	9.1	10.0	Bahamas		x1.9	x1.4	x0.7	x0.6	x0.7	x13.6	x13.8	x12.5	x12.3
France,Monac	7.5	7.4	10.1	10.7	8.6	8.2	7.6	8.5	8.2	9.1	Germany/Allemagne	14.7	18.6	20.1	21.8	14.1	15.7	11.1	11.2	8.2	7.7
Italy/Italie	3.3	3.9	3.7	4.7	4.1	4.3	4.9	6.8	5.4	5.6	Japan/Japon	5.5	6.4	5.8	6.5	5.0	7.9	7.9	10.6	9.6	13.2
United Kingdom	6.7	8.4	8.0	7.8	7.6	7.3	5.4	5.6	5.6	5.4	USA/Etats-Unis d'Amer	4.8	5.9	4.1	4.1	3.2	3.3	13.1	7.4	7.3	7.5
Canada	6.2	9.4	9.4	7.6	4.5	4.9	4.7	4.3	4.0	3.4	Switz.Liecht	6.8	9.1	9.2	11.7	10.5	10.5	6.6	7.1	6.5	6.4
Japan/Japon	3.6	5.0	4.7	5.2	5.0	4.8	3.9	3.5	4.0	4.0	Austria/Autriche	4.3	5.5	3.4	5.7	5.6	5.6	5.0	4.9	4.6	4.8
Switz.Liecht	2.4	2.9	2.5	3.2	3.4	5.2	5.2	3.4	2.9	2.2	Italy/Italie	34.3	10.3	12.6	5.5	5.4	4.9	3.5	4.8	5.3	4.6
Belgium-Luxembourg	1.6	2.1	2.2	2.8	2.8	2.8	2.8	3.3	3.6	3.4	United Kingdom	5.7	8.9	10.0	9.9	6.7	1.9	2.6	3.0	7.5	5.3
Spain/Espagne	1.8	2.4	2.6	3.1	3.3	3.2	3.0	3.2	3.3	3.3	France,Monac	4.0	4.9	5.2	5.9	4.5	5.0	3.5	3.6	4.1	3.5

5145 AMINE–FUNCTION COMPOUNDS / COMPOSES FONCTION AMINE 5145

TRADE BY COMMODITY IN THOUSAND U.S. DOLLARS – COMMERCE PAR PRODUIT EN MILLIERS DE DOLLARS E.U

COUNTRIES–PAYS	IMPORTS – IMPORTATIONS					COUNTRIES–PAYS	EXPORTS – EXPORTATIONS				
	1988	1989	1990	1991	1992		1988	1989	1990	1991	1992
Total	2714842	2861962	2896040	3034111	3198637	Totale	2331266	2454204	2549032	2517749	2704651
Africa	x34435	x29076	x36979	x25048	x27790	Afrique	x302	x132	x404	x1084	x1188
Northern Africa	7634	6649	7896	6983	6457	Afrique du Nord	x143	x2	x18	x4	x139
Americas	427612	472942	484109	501081	x563985	Amériques	356434	433937	486568	507906	634683
LAIA	176203	190370	184522	204519	194502	ALAI	15373	17594	12055	11732	11065
CACM	3013	4015	2756	3659	x7173	MCAC	577	815	x77	45	x96
Asia	524544	492359	474720	534258	x589512	Asie	296249	x313435	327337	373125	x405063
Middle East	x24498	x24776	x35185	x49061	x51565	Moyen-Orient	x393	x1143	x692	1412	x367
Europe	1520631	1639767	1794712	1791062	1964669	Europe	1563485	1533337	1617077	1515586	1585636
EEC	1257988	1382573	1494611	1537834	1705346	CEE	1376800	1342556	1393941	1326648	1386498
EFTA	242313	244915	282891	245336	251735	AELE	186638	190637	223131	187916	198673
Oceania	21483	x23429	x18734	x18794	x19109	Océanie	148	492	x745	x775	x800
Germany/Allemagne	474014	513294	572549	533854	562466	Germany/Allemagne	570467	561419	515026	484505	529828
USA/Etats-Unis d'Amer	160475	203929	221444	223637	256690	United Kingdom	480117	445267	515388	459440	448882
Switz.Liecht	209920	207969	238149	195805	202551	USA/Etats-Unis d'Amer	316668	385594	446100	479511	598219
France,Monac	152505	198044	211747	218782	221093	Japan/Japon	191554	192902	206583	201089	214227
Netherlands/Pays-Bas	196532	183022	219283	225605	272712	Switz.Liecht	142552	142458	175784	140062	142058
Japan/Japon	164759	167613	166826	180535	160871	Belgium-Luxembourg	88770	105192	114393	110591	101235
Italy/Italie	143792	155544	159503	151471	186958	Netherlands/Pays-Bas	101276	101419	97459	96251	132376
Belgium-Luxembourg	90390	122524	109347	99887	123249	Italy/Italie	72904	55592	62938	86984	80098
Spain/Espagne	100288	101747	115672	111991	123747	Czechoslovakia	x33560	x58723	x52313	x54314	x48568
United Kingdom	68042	69871	70267	158982	170614	France,Monac	40621	41489	50852	56911	52904
Former USSR/Anc. URSS	x112001	x129243	x36453	x121773	102871	Sweden/Suède	39135	41847	41122	44409	51703
China/Chine	151895	116768	59938	79593	79593	Korea Republic	37228	37446	34479	35603	44204
Korea Republic	59229	69042	76189	83827	85715	China/Chine	21636	26045	32073	48628	60706
Canada	65457	71524	74434	65194	70273	Former USSR/Anc. URSS	x15945	x29180	x21408	x37972	
Brazil/Brésil	69718	78684	63659	68732	65286	India/Inde	9704	x24564	27081	34804	x35150
Mexico/Mexique	37621	42051	44480	48564	55881	Canada	23536	29870	28079	16407	25143
Argentina/Argentine	29827	29656	36678	43758	33128	Israel/Israël	11541	14610	16059	28137	22433
India/Inde	25763	x33172	32637	30714	x53271	Bulgaria/Bulgarie	x7089	x27626	x19689	x776	x188
Hungary/Hongrie	x29513	x36972	x30516	25574	x16978	Ireland/Irlande	9673	16713	13791	14253	17205
Turkey/Turquie	13846	11317	25414	40929	41433	Former GDR	x31501	x38206	x6353		
Thailand/Thaïlande	15239	17531	21446	24419	32584	Hungary/Hongrie	x7680	x9434	x12656	x18997	x21670
Colombia/Colombie	19025	22228	20911	19945	21519	Spain/Espagne	7139	10194	16465	13177	16081
Indonesia/Indonésie	20864	18244	19202	20869	24934	Hong Kong	21129	13123	6723	18139	18147
Israel/Israël	21979	13550	22798	17351	22818	Brazil/Brésil	10173	12143	8600	8666	9218
So. Africa Customs Un	21584	15876	23252	x13921	x18029	Poland/Pologne	8279	7463	2921	3247	x2472
Australia/Australie	16737	18177	14730	15330	16592	Portugal	4126	3506	5311	1911	4750
Finland/Finlande	10563	11682	15728	17205	17232	Mexico/Mexique	5069	4984	3015	2280	1241
Austria/Autriche	9435	11636	13714	16627	16145	Singapore/Singapour	2629	2888	2364	4462	6744
Yugoslavia SFR	19909	11916	17163	x7844		Norway,SVD,JM	2900	4098	3335	733	618
Singapore/Singapour	6881	9014	14094	13726	17978	Romania/Roumanie	x10594	2420	1508	3967	x4383
Venezuela	13716	9660	10079	14085	12650	Austria/Autriche	1567	2177	2795	2366	4122
Hong Kong	17215	9763	7438	16447	16253	Denmark/Danemark	1707	1764	2301	2625	3129
Portugal	6432	12491	9640	10536	10554	Turkey/Turquie	80	793	545	1308	306
Denmark/Danemark	11704	9553	10463	11158	13403	Australia/Australie	140	489	559	514	399
Czechoslovakia	x11886	13758	9200	x4390	x4810	Yugoslavia SFR	4	90	x5	x1019	
Sweden/Suède	8575	9042	9085	9085	8995	Costa Rica	407	768	x5		x54
Ireland/Irlande	8426	8355	7983	10356	11921	Philippines	164	x4	475	203	1038
Poland/Pologne	5620	6229	5426	10377	x4033	Thailand/Thaïlande	27	108	536	24	x1283
Greece/Grèce	5863	8129	8158	5213	x8629	So. Africa Customs Un	x30	x80	x139	x379	x349
Malaysia/Malaisie	4978	5604	7322	6775	x7917	Indonesia/Indonésie	54	301	99	172	223
Norway,SVD,JM	3550	4510	5992	6544	6773	Argentina/Argentine	96	76	220	272	432
Bulgaria/Bulgarie	x8710	x10961	x1408	x1382	5130	Finland/Finlande	327	57	94	345	171
Philippines	3954	x2374	6499	3925	4989	Panama	x82	x61	x232	x155	x103
New Zealand	4557	5029	3857	3340	2342	Somalia/Somalie				x428	
Pakistan	6026	3348	3446	4673	5222	Venezuela		162	151	66	24
Chile/Chili	2257	3169	3856	4003	x2731	Colombia/Colombie	x24	x26	18	x323	4
Egypt/Egypte	5155	3254	3348	4039	2974	Korea Dem People's Rp	x71	x128	x7	x215	x322
Former GDR	x12643	x6880	x2526			Iran (Islamic Rp. of)		x294		x22	
Iran (Islamic Rp. of)	x1772	x1843	x4521	x2710	x3864	Malaysia/Malaisie	106	131	56	85	x135
Saudi Arabia	2296	4267	x1737	x2394	x1934	New Zealand	8	2	178	46	80

(VALUE AS % OF TOTAL)(VALEUR EN % DU TOTAL)

	1983	1984	1985	1986	1987	1988	1989	1990	1991	1992		1983	1984	1985	1986	1987	1988	1989	1990	1991	1992
Africa	x1.4	x1.3	x1.3	x1.5	x0.9	x1.3	x1.1	x1.3	x0.9	x0.9	Afrique	x0.1	x0.1	x0.1	x0.0	x0.0	x0.0	x0.0	x0.0	x0.0	x0.0
Northern Africa	0.3	0.2	0.2	0.2	0.1	0.3	0.2	0.3	0.2	0.2	Afrique du Nord	x0.0	x0.0	x0.0	x0.0	x0.0	x0.0	x0.0	x0.0	x0.0	x0.0
Americas	16.3	22.0	x21.1	x17.5	x13.0	15.7	16.5	16.7	16.5	x17.6	Amériques	x18.4	x19.3	x18.1	x17.1	x15.3	15.3	17.7	19.1	20.2	23.4
LAIA	4.6	9.1	8.6	7.3	x5.6	6.5	6.7	6.4	6.7	6.1	ALAI	0.0	0.2	0.3	x0.3	x0.3	0.7	0.7	0.5	0.5	0.4
CACM	x0.0	0.8	1.4	0.1	0.1	0.1	0.1	0.1	0.1	x0.2	MCAC		0.1				0.0	0.0	x0.0	0.0	x0.0
Asia	10.4	10.2	9.9	10.9	12.5	19.3	17.2	16.3	17.6	x18.4	Asie	10.9	10.5	10.0	10.3	12.2	12.7	x12.8	12.8	14.8	x15.0
Middle East	x0.3	x0.9	x0.7	x0.8	x0.8	x0.9	x0.9	x1.2	x1.6	x1.6	Moyen-Orient	x0.0	x0.0	x0.0	x0.0	x0.0	x0.0	x0.0	x0.0	0.1	x0.0
Europe	70.3	65.0	66.9	69.1	68.1	56.0	57.3	62.0	59.0	61.4	Europe	69.8	69.3	71.8	72.5	68.1	67.1	62.5	63.4	60.2	58.6
EEC	60.1	53.6	55.3	59.1	60.1	46.3	48.3	51.6	50.7	53.3	CEE	65.7	65.8	68.2	66.8	61.2	59.1	54.7	54.7	52.7	51.3
EFTA	10.3	10.6	10.7	9.5	7.6	8.9	8.6	9.8	8.1	7.9	AELE	4.0	3.6	3.7	x5.7	x6.7	8.0	7.8	8.8	7.5	7.3
Oceania	x0.8	x1.0	x0.9	x0.9	x0.9	0.8	x0.8	x0.6	x0.6	x0.6	Océanie					x0.0			x0.0	x0.0	x0.0
Germany/Allemagne	17.9	16.0	16.6	19.2	15.9	17.5	17.9	19.8	17.6	17.6	Germany/Allemagne	24.8	26.0	25.5	25.7	23.2	24.5	22.9	20.2	19.2	19.6
USA/Etats-Unis d'Amer	6.8	6.2	6.1	5.7	4.5	5.9	7.1	7.6	7.4	8.0	United Kingdom	21.7	19.6	22.2	22.9	21.6	20.6	18.1	20.2	18.2	16.6
Switz.Liecht	8.8	9.4	9.4	8.2	6.7	7.7	7.3	8.2	6.5	6.3	USA/Etats-Unis d'Amer	18.2	18.8	17.5	16.1	14.0	13.6	15.7	17.5	19.0	22.1
France,Monac	8.1	6.9	7.1	7.9	6.9	5.6	6.9	7.3	7.2	6.9	Japan/Japon	4.0	3.5	3.6	4.0	4.6	6.1	5.8	6.9	5.6	5.3
Netherlands/Pays-Bas	12.0	9.6	9.8	9.4	x7.8	7.2	6.4	7.6	7.4	8.5	Switz.Liecht	8.9	8.3	7.7	8.1	8.4	8.2	7.9	8.1	8.0	7.9
Japan/Japon	4.0	4.0	4.4	4.8	4.2	6.1	5.9	5.8	6.0	5.0	Belgium-Luxembourg	7.0	7.5	8.1	4.6	3.5	3.8	4.3	4.5	4.4	3.7
Italy/Italie	6.9	6.0	5.9	6.0	4.5	5.3	5.4	5.5	5.0	5.8	Netherlands/Pays-Bas	5.4	5.5	5.4	5.0	5.2	4.3	4.1	3.8	3.8	4.9
Belgium-Luxembourg	3.1	3.7	3.6	3.6	2.9	3.3	4.3	3.8	3.3	3.9	Italy/Italie	2.8	2.4	2.8	3.5	3.0	3.1	2.3	2.5	3.5	3.0
Spain/Espagne	3.4	3.1	3.2	3.5	3.1	3.7	3.6	4.0	3.7	3.9	Czechoslovakia					0.0	x1.4	x2.4	x2.1	x2.2	x1.8
United Kingdom	7.2	6.7	7.7	8.3	17.8	2.5	2.4	2.4	5.2	5.3	France,Monac	2.8	3.1	2.8	3.8	3.8	1.7	1.7	2.0	2.3	2.0

5146 OXYGEN–FNCT AMINO–CMPNDS / COMP AMINES FONCT OXYGEN 5146

TRADE BY COMMODITY IN THOUSAND U.S. DOLLARS – COMMERCE PAR PRODUIT EN MILLIERS DE DOLLARS E.U

IMPORTS – IMPORTATIONS

COUNTRIES–PAYS	1988	1989	1990	1991	1992
Total	3206481	3447804	3672975	3916494	4298252
Africa	x47519	x47680	x46209	x46540	x59875
Northern Africa	10104	10014	11763	13227	x10980
Americas	668002	828799	824218	932723	954112
LAIA	189241	221541	228004	254450	240064
CACM	4704	5880	5769	6116	x5278
Asia	625272	x668812	784792	805562	x952763
Middle East	x39721	x50086	x61152	x53137	x60916
Europe	1636345	1681613	1912819	1917047	2249325
EEC	1376429	1427952	1618607	1673821	2004649
EFTA	233163	227821	259983	229209	228301
Oceania	x63724	x53049	x47581	x51288	x54309
USA/Etats–Unis d'Amer	365308	477130	449941	513712	569521
Germany/Allemagne	342699	337709	346089	396963	441195
United Kingdom	292304	235693	276752	328474	341792
Japan/Japon	237942	244064	263489	303588	305622
France, Monac	147695	222077	314744	242176	463554
Italy/Italie	201897	198498	216421	212914	232812
Spain/Espagne	123780	148719	168832	180831	199361
Switz.Liecht	150792	135772	161309	138914	134180
Canada	102141	117892	135719	130766	132784
Belgium–Luxembourg	95574	113987	122645	126351	104484
Netherlands/Pays–Bas	105826	99852	94213	106573	129235
Former USSR/Anc. URSS	x101246	x103791	x30141	x134678	
Brazil/Brésil	59082	82794	90113	84228	63654
Korea Republic	64159	68439	77908	82128	88918
Mexico/Mexique	59220	73132	64423	83446	80686
Singapore/Singapour	77574	49726	73401	74834	67699
China/Chine	56644	43128	56957	57440	71471
Australia/Australie	56434	47135	43621	46432	48176
Hong Kong	31696	30731	43615	43692	47244
Indonesia/Indonésie	25555	39869	45688	35173	31685
Austria/Autriche	29798	30082	41016	37633	33600
Pakistan	19298	26368	45530	28533	44425
India/Inde	23969	x47349	34670	14077	x69257
Turkey/Turquie	23278	27882	36247	30176	33602
Sweden/Suède	28140	33407	31259	28843	32432
Argentina/Argentine	27498	26214	26156	33871	32850
Portugal	22721	20062	29006	31023	32921
Israel/Israël	16800	28807	24247	22831	18867
So. Africa Customs Un	27668	29326	25203	x20215	x22652
Yugoslavia SFR	26222	25096	33679	x13662	
Greece/Grèce	16898	19630	21315	19670	x23945
Finland/Finlande	13995	20108	18338	15528	18358
Denmark/Danemark	12959	14130	14830	17603	20609
Thailand/Thaïlande	8536	12728	16175	15563	25849
Colombia/Colombie	12629	14453	14753	14817	26064
Ireland/Irlande	14075	17595	13160	11243	14741
Philippines	6768	x11091	13544	15736	20278
Former GDR	x34780	x33106	x6831		
Venezuela	15912	9303	12695	16989	15349
Malaysia/Malaisie	6229	9543	11282	14039	x16127
Hungary/Hongrie	x10609	x11167	x11495	11510	x7599
Czechoslovakia	x10253	15457	8172	x4339	x4396
Iran (Islamic Rp. of)	x5172	x6076	x9658	x9407	x7941
Norway,SVD,JM	10156	8174	7569	7762	9265
Bahamas	x394	x103	0	x23038	0
Egypt/Egypte	6094	4915	6782	8224	5086
Viet Nam	x1660	x1703	x5427	x12473	x22153
Chile/Chili	4090	4893	5970	7197	x6312
Saudi Arabia	333	1410	x8167	x8419	x9509
Myanmar	x2534	x1950	x2387	x12236	x14044

EXPORTS – EXPORTATIONS

COUNTRIES–PAYS	1988	1989	1990	1991	1992
Totale	3052325	3357605	3538007	3959058	4325324
Afrique	x130	x729	x572	x1674	x1615
Afrique du Nord	x1	x572	x193	x32	x186
Amériques	399823	578591	574750	x599743	674328
ALAI	90581	83619	92800	95846	114742
MCAC	x68	x80	x88	91	x143
Asie	706179	755351	745648	855943	x906014
Moyen–Orient	33002	74795	x1171	x309	x645
Europe	1900574	1976745	2184700	2462062	2707719
CEE	1466022	1573007	1672230	1960903	2144520
AELE	434065	403614	511784	499015	562288
Océanie	x749	x591	x628	x1198	1190
Germany/Allemagne	678056	679986	666852	683031	686011
USA/Etats–Unis d'Amer	305263	487471	465006	480770	537287
Switz.Liecht	366534	326960	424443	411937	463337
Japan/Japon	334765	346948	349405	345322	343905
United Kingdom	276578	271460	293814	415274	566724
France, Monac	165775	250407	306956	403190	373203
Netherlands/Pays–Bas	136939	136325	161669	159925	174224
Korea Republic	108423	100792	94954	113834	116764
Ireland/Irlande	44791	79758	79749	134628	137684
Singapore/Singapour	75750	65500	84286	91319	94916
Italy/Italie	85564	74859	78400	78169	99660
India/Inde	69460	x59377	53560	81823	x70684
Brazil/Brésil	73810	57017	67366	67267	86015
Sweden/Suède	46880	49451	58557	54164	59078
Spain/Espagne	39230	46965	50007	54567	62861
Hong Kong	26185	30641	52139	58172	62811
Indonesia/Indonésie	10513	28909	39628	62758	95977
China/Chine	17795	26300	37071	39892	68803
Thailand/Thaïlande	20279	16768	25174	52060	x43494
Belgium–Luxembourg	37654	30971	32381	29714	41392
Saudi Arabia	29078	66994	x564		x82
Mexico/Mexique	10730	22253	19689	21258	19389
Hungary/Hongrie	x7630	x13383	x13459	x20813	x23923
Austria/Autriche	8659	14059	14882	15822	18948
Czechoslovakia	x16432	x15338	x13142	x8678	x9833
Finland/Finlande	6283	7561	8287	8227	5106
Canada	2827	3829	9794	7249	7990
Norway,SVD,JM	5709	5584	5616	8865	15819
Bahamas	x164	x945	x2991	x1800	x14046
Former USSR/Anc. URSS	x4030	x4045	x3195	x7119	
Former GDR	x12452	x10686	x697		
Peru/Pérou	2105	1433	3102	x4217	x2914
Malaysia/Malaisie	3455	2476	2299	3668	x3044
Jordan/Jordanie	3633	7602	x127		96
Argentina/Argentine	1710	1867	2165	2901	3611
Israel/Israël	1415	1544	2615	2543	1863
Denmark/Danemark	1377	2074	2123	2380	2612
Philippines	4839	x1238	3077	1854	70
Panama	x842	x1886	x1987	x1939	50
Turks and Caicos Isls		x89	x1961	x1961	
Yugoslavia SFR	447	124	670	x2138	
Romania/Roumanie	x1541	x1663	x773	x291	x6
Korea Dem People's Rp	x155	x53	x206	x2241	x2551
Australia/Australie	106	400	410	953	1084
Poland/Pologne				x1511	x643
Zimbabwe	x16			x1037	x485
Bulgaria/Bulgarie	x2777	x503	x425	x27	x54
Egypt/Egypte	0	x571	x193	x32	x106
Uruguay	x85	x269	x432	13	x1720
Colombia/Colombie	1726	624	0	60	21

(VALUE AS % OF TOTAL)(VALEUR EN % DU TOTAL)

	1983	1984	1985	1986	1987	1988	1989	1990	1991	1992
Africa	x1.5	x1.4	x1.4	x2.0	x1.3	x1.5	x1.4	x1.3	x1.2	x1.4
Northern Africa	0.3	0.4	0.3	0.3	0.3	0.3	0.3	0.3	0.3	x0.3
Americas	19.9	24.9	23.2	x21.9	x18.7	20.9	24.1	22.4	23.9	22.2
LAIA	3.1	7.1	7.7	5.2	5.6	5.9	6.4	6.2	6.5	5.6
CACM	x0.0	0.0		x0.1	x0.1	0.1	0.2	0.2	0.2	x0.1
Asia	11.7	12.1	12.4	14.5	x17.5	19.5	x19.4	21.3	20.5	x22.1
Middle East	x0.4	x1.4	x1.3	x1.4	x1.2	x1.5	x1.7	x1.4	x1.4	x1.4
Europe	64.3	58.9	61.1	59.6	55.2	51.0	48.8	52.1	48.9	52.3
EEC	57.9	51.5	53.4	51.1	47.8	42.9	41.4	44.1	42.7	46.6
EFTA	6.3	6.1	6.2	7.7	6.9	7.3	6.6	7.1	5.9	5.3
Oceania	x2.6	x2.6	x1.4	x1.9	x1.4	x2.1	x1.5	x1.3	x1.3	x1.2
USA/Etats–Unis d'Amer	12.3	13.2	11.2	10.9	9.5	11.4	13.8	12.3	13.1	13.3
Germany/Allemagne	23.7	19.7	22.1	17.9	10.2	10.7	9.8	9.4	10.1	10.3
United Kingdom	9.0	8.5	8.6	7.3	7.9	9.1	6.8	7.5	8.4	8.0
Japan/Japon	5.0	4.6	4.4	6.3	6.8	7.4	7.1	7.2	7.8	7.1
France, Monac	7.2	6.6	6.2	6.8	5.9	4.6	6.4	8.6	6.2	10.8
Italy/Italie	6.7	6.7	6.6	6.6	5.5	6.3	5.8	5.9	5.4	5.4
Spain/Espagne	3.3	2.9	3.1	4.0	3.8	3.9	4.3	4.6	4.6	4.6
Switz.Liecht	3.6	3.5	3.4	4.5	4.1	4.7	3.9	4.4	3.5	3.1
Canada	4.4	4.5	4.1	3.2	3.1	3.2	3.4	3.7	3.3	3.1
Belgium–Luxembourg	3.0	2.2	2.4	3.2	2.8	3.0	3.3	3.3	3.2	2.4

	1983	1984	1985	1986	1987	1988	1989	1990	1991	1992
Afrique		x0.0	x0.1	x0.0	x0.0	x0.0	x0.0	x0.0	x0.0	x0.0
Afrique du Nord		x0.0	x0.0	x0.0	x0.0	x0.0	x0.0	x0.0	x0.0	x0.0
Amériques	x8.3	9.1	10.1	x10.6	11.9	13.1	17.2	16.2	x15.1	15.6
ALAI	0.3	2.3	2.2	2.1	2.5	3.0	2.5	2.6	2.4	2.7
MCAC	x0.0									
Asie	18.9	17.4	15.8	17.4	21.4	23.1	22.5	21.0	21.6	x21.0
Moyen–Orient						1.1	2.2	x0.0	x0.0	x0.0
Europe	72.8	73.5	74.0	72.0	65.6	62.3	58.9	61.7	62.2	62.6
CEE	59.8	61.9	62.8	55.3	47.9	48.0	46.8	47.3	49.5	49.6
AELE	13.1	11.6	11.1	16.6	17.7	14.2	12.0	14.5	12.6	13.0
Océanie						x0.0	x0.0	x0.0	x0.0	
Germany/Allemagne	32.1	29.5	28.4	30.4	24.1	22.2	20.3	18.8	17.3	15.9
USA/Etats–Unis d'Amer	7.9	6.7	7.8	8.1	9.1	10.0	14.5	13.1	12.1	12.4
Switz.Liecht	12.7	11.2	10.7	14.0	14.9	12.0	9.7	12.0	10.4	10.7
Japan/Japon	14.4	13.1	11.0	11.4	12.0	11.0	10.3	9.9	8.7	8.0
United Kingdom	11.0	12.7	12.9	8.3	8.1	9.1	8.1	8.3	10.5	13.1
France, Monac	4.9	4.2	3.9	3.7	3.8	5.4	7.5	8.7	10.2	8.6
Netherlands/Pays–Bas	5.7	4.8	4.6	5.2	4.8	4.5	4.1	4.6	4.0	4.0
Korea Republic	2.1	2.0	1.7	2.0	3.0	3.6	3.0	2.7	2.9	2.7
Ireland/Irlande	0.6	4.3	4.0	1.0	0.7	1.5	2.4	2.3	3.4	3.2
Singapore/Singapour	1.2	1.0	1.2	1.5	1.8	2.5	2.0	2.4	2.3	2.2

5147 AMIDE-FNCT CMPD, EXC UREA — COMPOSES CARBOXYAMIDE 5147

TRADE BY COMMODITY IN THOUSAND U.S. DOLLARS – COMMERCE PAR PRODUIT EN MILLIERS DE DOLLARS E.U

COUNTRIES-PAYS	IMPORTS – IMPORTATIONS					COUNTRIES-PAYS	EXPORTS – EXPORTATIONS				
	1988	1989	1990	1991	1992		1988	1989	1990	1991	1992
Total	2436300	2882456	3143271	3380239	3446138	Totale	2568463	2527669	2982614	3091838	3305376
Africa	x53525	x51103	x55499	x42825	x41831	Afrique	x475	x4060	x7358	x9507	x8296
Northern Africa	5991	5173	x9320	x8206	x7456	Afrique du Nord	152	2121	x5567	x8675	x5581
Americas	459670	785937	822572	931235	943194	Amériques	52003	125804	185964	272394	307491
LAIA	131459	133086	146483	161234	175325	ALAI	17235	20693	32122	27949	37082
CACM	3514	3611	4108	3347	x3555	MCAC	368	289	47	x176	x5371
Asia	362449	x404360	436532	466905	x528624	Asie	271925	x315117	340197	378885	x410932
Middle East	x43401	x51647	x60651	x25882	x27908	Moyen-Orient	3153	x24688	x19704	x23934	x21684
Europe	1338382	1363810	1680862	1656652	1881931	Europe	2198385	2048103	2432583	2410659	2553784
EEC	1215454	1226736	1504270	1504879	1687567	CEE	1626387	1462843	1723756	1784901	1844516
EFTA	94832	118106	155877	139956	176085	AELE	570380	584112	707894	624814	707361
Oceania	x30365	32108	x32548	x30191	x24990	Océanie	281	11	x48	x137	x125
USA/Etats-Unis d'Amer	254061	581813	593946	685453	661633	Germany/Allemagne	721638	544999	557668	555365	588392
Germany/Allemagne	510100	505408	514611	554950	603431	Switz.Liecht	429948	433338	481841	403811	465044
France,Monac	228322	274174	329397	364334	348880	United Kingdom	431183	348480	396344	430253	425471
Japan/Japon	161224	183205	202402	221468	246918	Italy/Italie	169116	181935	284535	324233	302703
Former USSR/Anc. URSS	x122276	x194061	x81416	x233138		Japan/Japon	198079	198798	225112	254672	270428
Italy/Italie	131904	134686	159716	135129	150985	USA/Etats-Unis d'Amer	28197	101878	149610	238913	259093
United Kingdom	132576	92130	175768	138635	197965	France, Monac	115448	150416	163010	144075	145271
Switz.Liecht	58288	82477	113000	97219	123222	Ireland/Irlande	70749	110282	144343	157544	195353
Spain/Espagne	63401	62257	81208	73056	81167	Norway,SVD,JM	93783	81178	143224	152962	188383
Ireland/Irlande	34244	38441	81355	96362	125166	Netherlands/Pays-Bas	60819	78153	117989	125237	130431
Canada	67812	63728	74288	76881	97946	Finland/Finlande	27592	52849	58251	50767	38295
Brazil/Brésil	49644	63204	64746	65993	74536	Israel/Israël	32809	38711	32666	23697	19646
Belgium-Luxembourg	44882	47701	72453	72964	107250	China/Chine	16499	16293	33229	36866	38455
Korea Republic	39562	48868	51169	57094	51305	Spain/Espagne	15576	20039	24704	27988	29592
Netherlands/Pays-Bas	36006	44815	58170	39801	40941	Belgium-Luxembourg	30908	22812	27911	15249	19580
Mexico/Mexique	28647	30372	29588	32613	39823	Kuwait/Koweït	x21679	x10747	x10747	x10747	x10747
Australia/Australie	28607	30254	31133	27896	22240	Austria/Autriche	9053	11728	14707	12522	10141
India/Inde	13695	x31984	18088	13657	x44928	Brazil/Brésil	7315	6835	14914	16011	19989
So. Africa Customs Un	24840	19565	24590	x19181	x13913	Hong Kong	4166	5194	10479	19498	18308
Thailand/Thaïlande	13560	16927	23183	23188	25578	Turkey/Turquie	2767	2687	8849	12790	10587
Indonesia/Indonésie	11478	13566	19248	25430	32645	Former GDR	x30246	x18637	x4677		
Colombia/Colombie	15378	14542	20415	23158	17694	India/Inde	2452	x17846	3394	1861	x20912
Austria/Autriche	13671	16628	20121	20936	25694	Korea Republic	8646	6651	7881	7624	8777
Turkey/Turquie	16385	18009	24162	12617	14281	Mexico/Mexique	6722	6891	7274	7167	8646
Yugoslavia SFR	28024	18825	20557	x11651		Sweden/Suède	10004	5019	9871	4752	5492
China/Chine	23266	14518	11996	22191	23383	Czechoslovakia	x7027	x6788	x7302	x4117	x1565
Syrian Arab Republic	16404	22089	21972	x981	x1059	Denmark/Danemark	4436	5541	6781	4885	5242
Portugal	17217	12655	15692	14655	11327	Hungary/Hongrie	x6066	x3670	x2971	x5118	x16508
Argentina/Argentine	14687	11062	13978	16858	23755	Malaysia/Malaisie	2253	2356	2777	5039	x5910
Hungary/Hongrie	x11059	x17197	x13546	8383	x6455	Argentina/Argentine	554	1925	5148	3038	5871
Hong Kong	5769	6569	10602	16939	17476	Canada	5619	1357	3298	5071	5815
Pakistan	4650	5893	11675	14821	13109	Colombia/Colombie	2420	3726	4061	1342	1523
Venezuela	16148	7301	10789	12425	9679	Egypt/Egypte	131	1992	1866	4841	1874
Israel/Israël	10529	10908	9834	9435	9133	Bulgaria/Bulgarie	x62	x2772	x423	x5431	x5394
Denmark/Danemark	9900	7735	9667	9259	10283	Libyan Arab Jamahiriya			x3697	x3833	x3697
Nigeria/Nigéria	x10004	x8400	x8277	x5502	x7467	Singapore/Singapour	2688	2777	2263	2066	2896
Sweden/Suède	7323	6366	7964	7274	8281	Poland/Pologne	405	790	431	4753	x1148
Finland/Finlande	6941	7278	7554	6095	8096	So. Africa Customs Un	x221	x1608	x1640	x769	x2243
Norway,SVD,JM	8409	5265	7164	8309	10513	Macau/Macao	744	572	1046	1792	1965
Philippines	8121	x5474	3590	11072	9858	Yugoslavia SFR	1610	1143	934	x924	
Singapore/Singapour	17134	6385	6404	7327	8625	Former USSR/Anc. URSS	x1028	x1415	x461	x685	18
Czechoslovakia	x11150	8378	3775	x7476	x5222	Panama	x464	x1578	x850	x62	18
Bulgaria/Bulgarie	x21640	x15790	x2097	x1284	3432	Philippines	276	x129	910	924	1136
Greece/Grèce	6903	6733	6233	5734	x10171	Indonesia/Indonésie	55	1001	191	381	343
Iran (Islamic Rp. of)	x4415	x4437	x5404	x6843	x4723	Venezuela	20	1021	106	150	766
Ghana	x3117	x5279	x7000	x1991	x4283	Thailand/Thaïlande	53	66	538	457	x251
Romania/Roumanie	x2434	737	x12565	80	x888	Romania/Roumanie	x560	x504	167	x151	x132
Viet Nam	x1359	x1232	x1677	x9856	x4647	Portugal	6513	183	467	72	2393
Saudi Arabia	x1916	768	x6306	x3519	x3695	Uruguay	2	223	460		2
Bangladesh	x3978	x3092	x2014	x3317	x4324	Costa Rica	x50	165	35	x124	x245

(VALUE AS % OF TOTAL)(VALEUR EN % DU TOTAL)

	1983	1984	1985	1986	1987	1988	1989	1990	1991	1992		1983	1984	1985	1986	1987	1988	1989	1990	1991	1992
Africa	x4.4	x2.6	x3.5	x2.6	x2.0	x2.2	x1.8	x1.8	x1.3	x1.2	Afrique	x1.0	x2.2	0.1	x0.0	x0.0	0.0	x0.2	x0.3	x0.3	x0.3
Northern Africa	0.5	0.4	0.5	0.3	0.2	0.2	0.2	x0.3	x0.2	x0.2	Afrique du Nord	x1.0	x2.1	0.1	0.0	0.0	0.0	0.1	x0.2	x0.3	x0.2
Americas	25.4	31.5	30.5	x22.9	x19.3	18.9	27.3	26.2	27.6	27.3	Amériques	x3.5	3.5	2.6	x2.0	x1.6	2.0	5.0	6.2	8.8	9.3
LAIA	4.9	9.7	10.0	7.8	5.9	5.4	4.6	4.7	4.8	5.1	ALAI	0.0	0.7	0.8	x0.3	x0.3	0.7	0.8	1.1	0.9	1.1
CACM	x0.6	2.4	2.0	x0.1	x0.4	0.1	0.1	0.1	0.1	x0.1	MCAC	x0.0			x0.0	x0.0	x0.0	x0.0	x0.0		x0.2
Asia	17.2	18.1	16.6	15.9	16.0	14.8	x14.0	13.9	13.8	x15.3	Asie	x12.7	x13.7	12.6	x12.7	x11.0	10.6	x12.5	11.4	12.3	x12.5
Middle East	x0.6	5.0	x1.9	x1.2	x1.1	1.8	x1.8	x1.9	x0.8	x0.8	Moyen-Orient	x0.9	x0.2	0.1	x0.4	x0.6	0.1	x1.0	x0.7	x0.8	x0.7
Europe	51.0	45.5	47.7	57.0	54.7	54.9	47.3	53.5	49.0	54.6	Europe	82.8	80.6	84.6	85.2	85.6	81.0	81.6	78.0	77.3
EEC	46.7	40.0	41.7	51.3	50.5	49.9	42.6	47.9	44.5	49.0	CEE	60.2	58.1	55.7	61.4	68.6	63.3	57.9	57.8	57.7	55.8
EFTA	4.3	3.4	4.4	4.9	3.7	3.9	4.1	5.0	4.1	5.1	AELE	22.6	22.3	28.8	23.7	16.6	22.2	23.1	23.7	20.2	21.4
Oceania	2.0	2.4	1.7	1.5	1.3	x1.2	1.1	x1.0	0.9	0.7	Océanie				x0.0				x0.0	x0.0	x0.0
USA/Etats-Unis d'Amer	11.9	12.2	11.1	10.5	10.1	10.4	20.2	18.9	20.3	19.2	Germany/Allemagne	25.2	25.5	19.0	21.9	31.2	28.1	21.6	18.7	18.0	17.8
Germany/Allemagne	6.0	4.4	4.2	12.2	23.0	20.9	17.5	16.4	16.4	17.5	Switz.Liecht	21.5	21.3	27.0	21.0	13.3	16.7	17.1	16.2	13.1	14.1
France,Monac	14.1	12.0	12.8	12.5	11.0	9.4	9.5	10.5	10.8	10.1	United Kingdom	21.6	17.1	20.9	20.8	18.0	16.8	13.8	13.3	13.9	12.9
Japan/Japon	6.3	5.2	6.1	5.4	6.9	6.6	6.4	6.4	6.6	7.2	Italy/Italie	3.3	3.4	5.3	6.1	7.8	6.6	7.2	9.5	10.5	9.2
Former USSR/Anc. URSS					x4.2	x5.0	x6.7	x2.6	x6.9		Denmark/Danemark										
Italy/Italie	5.2	4.2	4.8	6.1	4.7	5.4	4.7	5.1	4.0	4.4	Japan/Japon	8.7	10.2	10.2	9.9	7.6	7.7	7.9	7.5	8.2	8.2
United Kingdom	11.5	11.0	10.7	9.0	x4.0	5.4	3.2	5.6	4.1	5.7	USA/Etats-Unis d'Amer	3.1	2.6	1.7	1.5	1.2	1.1	4.0	5.0	7.7	7.8
Switz.Liecht	3.1	2.3	3.4	3.6	2.4	2.4	2.9	3.6	2.9	3.6	France,Monac	4.6	4.7	4.7	4.3	4.5	4.5	6.0	5.5	4.7	4.4
Spain/Espagne	3.4	2.7	2.7	3.9	2.9	2.6	2.2	2.6	2.2	2.4	Ireland/Irlande	0.1	1.9	1.2	2.0	1.6	2.8	4.4	4.8	5.1	5.9
Ireland/Irlande	0.5	0.2	0.2	0.8	0.6	1.4	1.3	2.6	2.9	3.6	Norway,SVD,JM	0.4	0.4	1.2	1.3	2.5	3.7	3.2	4.8	4.9	5.7
											Netherlands/Pays-Bas	2.7	3.3	2.8	3.4	3.0	2.4	3.1	4.0	4.1	3.9

5154 ORGANO–SULPHUR CMPNDS / THIOCOMPOSES ORGANIQUES 5154

TRADE BY COMMODITY IN THOUSAND U.S. DOLLARS – COMMERCE PAR PRODUIT EN MILLIERS DE DOLLARS E.U

IMPORTS – IMPORTATIONS

COUNTRIES–PAYS	1988	1989	1990	1991	1992
Total	1632978	1760820	1866047	2077303	2243085
Africa	x44745	x54530	x41884	x43997	x54576
Northern Africa	13539	16668	9573	9859	8822
Americas	392744	482141	519308	571511	568492
LAIA	182190	164382	174587	225396	223050
CACM	14416	16862	13113	14118	x10291
Asia	404736	405506	423005	508566	x548279
Middle East	19075	x14292	x21939	x18273	x28124
Europe	662740	710633	803889	835500	996301
EEC	598344	642296	723659	764028	911962
EFTA	47157	54421	63637	64444	77842
Oceania	48843	45997	42375	x47403	x58789
USA/Etats–Unis d'Amer	149481	256532	284588	288837	295602
Japan/Japon	180011	181799	157508	153829	162038
France, Monac	125720	166694	168104	154465	187939
Germany/Allemagne	93168	101986	116713	126569	147452
Italy/Italie	98807	94451	106129	121516	122428
United Kingdom	85149	75932	86878	99133	117428
Spain/Espagne	65772	71783	82490	83882	95865
Korea Republic	44081	57549	72101	82215	89066
Brazil/Brésil	59818	63631	63683	83385	72150
Netherlands/Pays–Bas	56818	55544	63967	78014	111281
Belgium–Luxembourg	41858	45138	64600	61967	87779
Mexico/Mexique	46379	45002	42219	52871	61684
Australia/Australie	44950	42611	39114	43192	54025
Canada	44053	39019	41063	39226	34761
Singapore/Singapour	16560	25445	33402	49045	56082
Former USSR/Anc. URSS	x41572	x32049	x15874	x52028	
Hong Kong	23608	17222	22465	52407	28899
Switz.Liecht	22279	22862	28970	25584	32473
Indonesia/Indonésie	21642	23269	23633	29112	30620
Colombia/Colombie	21814	19452	26481	29698	26207
Thailand/Thaïlande	15956	17744	19940	24968	29858
So. Africa Customs Un	19686	19205	20035	x17281	x16789
Austria/Autriche	9517	14379	17274	20844	22147
Venezuela	26003	9285	13601	26202	23347
China/Chine	33063	11400	14624	22723	25816
Argentina/Argentine	15921	13519	13984	19995	21798
Yugoslavia SFR	16954	13555	16434	x6895	
Turkey/Turquie	15156	10613	12053	13257	15117
Malaysia/Malaisie	9814	9773	10637	15060	x22739
Portugal	10399	10084	13116	11133	11506
Israel/Israël	10034	14341	9213	10433	13581
India/Inde	8984	x14194	10239	9368	x20508
Greece/Grèce	8316	10059	11289	12337	x11304
Philippines	12250	x6386	13702	11294	12589
Hungary/Hongrie	x10062	x10259	x10497	9264	x4495
Sweden/Suède	8011	7800	8337	8688	10933
Finland/Finlande	6036	7593	7625	8231	10924
Pakistan	1564	3031	5402	14245	15678
Sri Lanka	6429	6538	4517	10752	5199
Algeria/Algérie	6203	12207	3354	4265	x304
Denmark/Danemark	5722	5196	5475	7588	7729
Ireland/Irlande	6615	5429	4899	7424	11252
Peru/Pérou	5134	3965	5019	5527	x3838
Bulgaria/Bulgarie	x12594	x8378	x3351	x2613	2839
Guatemala	6470	5804	3501	4675	x4747
Costa Rica	3191	5437	3993	4414	x2220
Cote d'Ivoire	x5267	x3301	x4139	x5697	x11920
Czechoslovakia	x5538	6911	2742	x2494	x2583
Nicaragua	3748	4443	3088	2815	780
Uruguay	2408	4423	4695	990	1656

EXPORTS – EXPORTATIONS

COUNTRIES–PAYS	1988	1989	1990	1991	1992
Totale	1095871	1395276	1489685	1688272	1821361
Afrique	x1297	x1179	x1117	x2063	x3842
Afrique du Nord	x160			x320	
Amériques	53324	x364004	310159	408456	479433
ALAI	13337	x19944	15648	14460	21669
MCAC	384	x277	27	36	x322
Asie	254873	x305488	319820	387879	x418726
Moyen–Orient	x66	x2430	x3325	x60	x102
Europe	732975	685105	820510	872204	913486
CEE	643129	586249	702272	756568	814091
AELE	76502	86749	102096	110432	97442
Océanie	541	x999	x935	x1481	x1764
USA/Etats–Unis d'Amer	35392	336713	289321	389378	450032
Germany/Allemagne	259219	229159	262474	254480	279101
Japan/Japon	169742	178754	184186	215627	231908
France, Monac	141428	129366	147021	147398	162822
United Kingdom	69447	77608	106069	129257	143709
Switz.Liecht	66923	75903	89318	95615	83658
Belgium–Luxembourg	50735	42665	56043	66325	784
Israel/Israël	32874	41918	51698	48484	50554
Netherlands/Pays–Bas	33587	31997	41652	65616	105984
China/Chine	19359	27787	40690	46898	52317
Italy/Italie	39666	33653	36923	44174	56568
Hong Kong	18726	13979	21410	54842	25928
Spain/Espagne	29322	21387	26652	27981	32385
Ireland/Irlande	19510	19986	24474	20866	31796
Bulgaria/Bulgarie	x24151	x14711	x20416	x2674	x1737
Austria/Autriche	7889	8946	11014	13589	x1481
Yugoslavia SFR	13344	12090	16142	x5092	12742
India/Inde	489	x26091	469	3583	x33107
Korea Republic	8597	9456	9301	8260	11241
Former GDR	x23728	x19840	x6202		
Brazil/Brésil	6285	9585	7373	6184	11979
Singapore/Singapour	4119	4172	7772	9291	12758
Former USSR/Anc. URSS	x2159	x1153	x1493	x11639	
Canada	2823	4790	4863	4100	6823
Mexico/Mexique	6057	4335	3604	4849	8079
Hungary/Hongrie	x1893	x2112	x8684	x1137	x1532
Iran (Islamic Rp. of)		x1569	x3262		
Colombia/Colombie	51	x2526	x1949	4	214
Argentina/Argentine	287	974	1583	1546	393
Finland/Finlande	1398	1566	1317	1054	962
So. Africa Customs Un	x847	x1055	x1109	x1665	x1833
Chile/Chili	497	1408	994	1309	x599
Panama	x958	x2221	x258	x277	x433
Australia/Australie	402	663	828	1178	1700
Denmark/Danemark	206	244	727	436	910
Czechoslovakia	x661	x290	x334	x420	x287
Indonesia/Indonésie	377	442	231	311	354
Turkey/Turquie	49	736	22	41	17
Uruguay	x55	x732		x11	x3
Sweden/Suède	266	198	394	91	74
Venezuela		373	23	266	159
Thailand/Thaïlande	58	74	530	56	x233
Romania/Roumanie	x269	x394	12	x129	x179
Portugal	7	183	229	25	22
Malaysia/Malaisie	216	125	164	143	x105
Peru/Pérou	62	12	x39	x282	x244
Tunisia/Tunisie				x316	
New Zealand	138	91	86	114	49
Sri Lanka				x236	11
Costa Rica	88	175	24	35	0

(VALUE AS % OF TOTAL)(VALEUR EN % DU TOTAL)

	1983	1984	1985	1986	1987	1988	1989	1990	1991	1992
Africa	x1.9	x2.7	2.8	x2.8	x2.0	x2.7	x3.1	x2.3	x2.1	x2.4
Northern Africa	0.3	0.5	0.8	0.8	0.6	0.8	0.9	0.5	0.5	0.4
Americas	21.5	29.9	27.9	x27.0	x23.7	24.1	27.4	27.9	27.5	25.3
LAIA	4.9	13.8	13.2	11.1	10.1	11.2	9.3	9.4	10.9	9.9
CACM	x0.5		x0.5	x0.7	0.9	1.0	0.7	0.7	x0.5	
Asia	22.6	20.4	20.8	21.6	x23.3	24.7	23.0	22.6	24.5	x24.4
Middle East	x0.4	1.1	x1.3	1.2	x1.6	1.2	x0.8	x1.2	x0.9	x1.3
Europe	48.3	41.8	45.0	45.2	44.5	40.6	40.4	43.1	40.2	44.4
EEC	45.7	38.1	40.7	41.4	41.1	36.6	36.5	38.8	36.8	40.7
EFTA	2.6	2.1	2.7	x3.0	x3.0	2.9	3.1	3.4	3.1	3.5
Oceania	4.8	4.7	3.6	x3.3	x2.9	3.0	2.6	2.2	x2.3	x2.6
USA/Etats–Unis d'Amer	10.8	11.0	11.3	11.5	9.9	9.2	14.6	15.3	13.9	13.2
Japan/Japon	13.4	11.2	11.3	11.3	10.1	11.0	10.3	8.4	7.4	7.2
France, Monac	10.1	7.9	8.2	9.6	9.8	7.7	9.5	9.0	7.4	8.4
Germany/Allemagne	7.7	6.8	7.5	5.9	5.9	5.7	5.8	6.3	6.1	6.6
Italy/Italie	6.4	5.5	7.4	7.3	5.7	6.1	5.4	5.7	5.8	5.5
United Kingdom	6.1	5.3	5.2	5.2	5.2	5.2	4.3	4.7	4.8	5.2
Spain/Espagne	4.3	4.3	4.0	4.6	4.5	4.0	4.1	4.4	4.0	4.3
Korea Republic	3.7	3.6	3.1	3.6	3.4	2.7	3.3	3.9	4.0	4.0
Brazil/Brésil		4.9	4.4	5.4	4.3	3.7	3.6	3.4	4.0	3.2
Netherlands/Pays–Bas	5.4	3.5	3.2	3.8	3.5	3.5	3.2	3.4	3.8	5.0

	1983	1984	1985	1986	1987	1988	1989	1990	1991	1992
Afrique	0.8	0.5	x0.3	x0.1	x0.1	x0.1	x0.1	x0.1	x0.1	x0.2
Afrique du Nord					x0.0	x0.0				
Amériques	x4.7	x5.8	x5.1	x4.6	x11.4	4.9	x26.1	20.8	24.2	26.3
ALAI	0.0	x0.9	0.8	0.6	0.9	1.2	x1.4	1.1	0.9	1.2
MCAC	x0.0		x0.1	x0.1	x0.1	0.0	0.0	0.0	0.0	x0.0
Asie	24.5	24.9	25.2	24.2	23.6	23.3	x21.9	21.4	22.9	x23.0
Moyen–Orient			0.0	0.0	0.0	0.0	x0.2	x0.2	0.0	0.0
Europe	69.8	68.8	69.4	71.1	59.4	66.9	49.1	55.1	51.7	50.2
CEE	66.0	62.7	60.5	59.9	50.1	58.7	42.0	47.1	44.8	44.7
AELE	3.8	4.8	7.7	10.5	8.8	7.0	6.2	6.9	6.5	5.3
Océanie	0.1	0.1					x0.1	x0.1	x0.1	x0.1
USA/Etats–Unis d'Amer	4.5	4.3	4.0	3.4	3.4	3.2	24.1	19.4	23.1	24.7
Germany/Allemagne	29.7	29.1	29.2	30.2	25.0	23.7	16.4	17.6	15.1	15.3
Japan/Japon	20.2	19.3	19.3	18.4	16.3	15.5	12.8	12.4	12.8	12.7
France, Monac	2.1	2.1	1.9	2.3	1.4	12.9	9.3	9.9	8.7	8.9
United Kingdom	9.1	7.8	7.5	6.2	6.7	6.3	5.6	7.1	7.7	7.9
Switz.Liecht	3.6	4.5	7.4	9.5	7.6	6.1	5.4	6.0	5.7	4.6
Belgium–Luxembourg	0.1	0.0	0.0	0.0	0.0	4.6	3.1	3.8	3.9	0.0
Israel/Israël	3.3	4.5	3.9	4.0	3.0	3.0	3.0	3.5	2.9	2.8
Netherlands/Pays–Bas	8.1	6.0	7.0	6.8	5.9	3.1	2.3	2.8	3.9	5.8
China/Chine					1.8	1.8	2.0	2.7	2.8	2.9

5156 HETEROCYCLIC CMPDS ETC / COMPOSES HETEROCYCLIQUES 5156

TRADE BY COMMODITY IN THOUSAND U.S. DOLLARS – COMMERCE PAR PRODUIT EN MILLIERS DE DOLLARS E.U

COUNTRIES–PAYS	1988	1989	1990	1991	1992	COUNTRIES–PAYS	1988	1989	1990	1991	1992
	IMPORTS – IMPORTATIONS						EXPORTS – EXPORTATIONS				
Total	8286098	8874875	10274997	10533654	11102254	Totale	6396266	6974435	8194975	9033146	9997525
Africa	x148073	x96852	x131232	x126434	x127000	Afrique	x11279	x13016	x14039	x18051	x13910
Northern Africa	53864	46994	73610	63360	59159	Afrique du Nord	2356	x1054	x1215	x1671	x340
Americas	1377185	1797164	1850764	2221698	2564368	Amériques	x422051	x769552	x820798	916418	971397
LAIA	821124	629409	671205	734252	727944	ALAI	123021	127458	102752	129812	95832
CACM	14999	23581	18879	19572	x12453	MCAC	x63	x688	x46	x1571	x788
Asia	2163956	x1714009	2057803	2408743	2473374	Asie	1638514	1540013	1788723	2303368	2512783
Middle East	x117369	x115608	x147029	x130547	x137333	Moyen–Orient	x19666	34295	x12331	x9104	x4871
Europe	4158258	4905340	5949634	5238706	5733458	Europe	4080361	4459659	5335119	5589481	6343797
EEC	3732780	4435114	5396037	4692026	5049214	CEE	3249356	3506463	4238237	4504970	5156721
EFTA	352283	401700	479696	510820	650992	AELE	821698	939547	1080657	1070008	1177064
Oceania	x104251	x102746	x124591	x115137	x134691	Océanie	1224	x1779	x2616	x2143	x2149
United Kingdom	1096208	1297892	1477564	609894	611796	Germany/Allemagne	831820	894922	1002521	1184032	1289871
USA/Etats–Unis d'Amer	410396	1006071	1010371	1291329	1168593	Japan/Japon	1124427	848051	925946	1107683	1214169
Italy/Italie	715178	978619	1131634	1027455	924721	Switz.Liecht	711309	831004	930165	868759	993626
Japan/Japon	936176	660042	725509	854267	904228	Ireland/Irlande	488169	628088	895873	1039743	1302603
Germany/Allemagne	523427	601867	747246	840267	806680	United Kingdom	865116	725135	865463	801208	843991
France, Monac	541609	547261	700595	727423	740350	USA/Etats–Unis d'Amer	243657	592921	684448	746358	842550
Spain/Espagne	262744	444765	574048	647406	465953	Singapore/Singapour	312892	329962	388801	406275	530834
Korea Republic	358309	335475	394454	490469	399831	France, Monac	253296	383874	495938	707152	849293
Switz.Liecht	278962	308201	353444	371909	285924	Belgium–Luxembourg	210207	268394	331759	343798	301338
Belgium–Luxembourg	199722	177371	261170	306306		Italy/Italie	240384	274408	298343	244639	347438
Netherlands/Pays–Bas	193250	174773	242702	258281	243963	Spain/Espagne	144488	211473	244218	258265	269970
China/Chine	253140	121071	167102	315700	286739	Netherlands/Pays–Bas	145760	161671	194214	210951	242232
Brazil/Brésil	289737	181662	197155	191038	221982	China/Chine	119968	133587	170313	214335	168564
Former USSR/Anc. URSS	x138519	x137401	x68803	x306784		Hong Kong	67173	75617	90249	141498	96487
Mexico/Mexique	158528	127346	139415	169636	183778	Poland/Pologne	36930	49606	92814	87781	x69769
Canada	121682	127543	135286	154876	198758	Austria/Autriche	44921	45153	72520	98963	98439
Ireland/Irlande	87005	111237	135999	151200	129569	Sweden/Suède	53944	48730	62202	75321	57023
Argentina/Argentine	113626	110104	112607	172609	137555	Brazil/Brésil	72630	75162	43368	60115	42789
Thailand/Thaïlande	82022	97148	104264	126954	132018	Hungary/Hongrie	x56469	x52645	x53288	x53909	x53554
India/Inde	104264	x99738	149790	52949	x105838	Israel/Israël	29477	29249	44467	51597	51865
Australia/Australie	82882	88018	108757	104033	122971	Korea Republic	12207	16022	33491	49015	66473
Hong Kong	64059	72780	82503	142414	90012	Former USSR/Anc. URSS	x55033	x29336	x21713	x29737	
Turkey/Turquie	84444	81125	96393	94456	97981	Czechoslovakia	x19910	x26746	x28402	x23969	x23252
Colombia/Colombie	88583	92922	107838	67498	73075	Bulgaria/Bulgarie	x38147	x23078	x34642	x5564	x3301
Singapore/Singapour	25336	42191	78899	75709	74167	Argentina/Argentine	16464	17623	19953	24702	16941
Portugal	60159	49906	66591	64313	70100	Mexico/Mexique	20415	14911	20340	22919	22845
Indonesia/Indonésie	73572	50105	59241	67770	73451	Finland/Finlande	10354	14352	14718	26328	27284
Yugoslavia SFR	71455	66035	72138	x35569		Canada	14366	15836	12566	20870	18493
Sweden/Suède	19646	42530	52905	49618	183331	Colombia/Colombie	13348	12716	15697	18733	11323
Austria/Autriche	35867	29216	47876	65914	45994	India/Inde	8240	x17724	12715	15610	x43371
Hungary/Hongrie	x44051	x35552	x34627	71020	x23847	Denmark/Danemark	10273	12160	16676	15463	27714
Venezuela	97593	36701	41268	56867	50899	Yugoslavia SFR	9214	13565	16023	x14425	
Egypt/Egypte	34371	29638	49080	40940	34258	So. Africa Customs Un	x8128	x9802	x11909	x13467	x9605
So. Africa Customs Un	79573	32410	39278	x44432	x46118	Bahamas	x25593	x16282	x8113	x8282	x6608
Malaysia/Malaisie	33367	30627	34356	30947	x38679	Saudi Arabia	10844	20206	x7139	x4855	
Philippines	36686	x18435	43080	33547	35291	Panama	x9289	x9036	x7178	x7329	x3744
Israel/Israël	22710	27293	32432	34054	39388	Turkey/Turquie	5831	12132	4726	3373	4017
Greece/Grèce	33424	27052	32177	30410	x51145	Dominican Republic	x4015	x5641	x4622	x1365	x1380
Iran (Islamic Rp. of)	x21446	x22424	x39783	x26312	x25250	Former GDR	x26976	x7960	x2110		
Chile/Chili	23872	34213	21453	26820	x19856	Uruguay	23	2643	1920	2914	1093
Pakistan	42531	31646	24327	25593	27129	Thailand/Thaïlande	14	9	1104	4936	x5475
Denmark/Danemark	20055	24373	26313	29071	36866	Venezuela	0	4163	1318	321	406
Peru/Pérou	28807	21436	22773	19611	x14836	Australia/Australie	925	1338	2483	1966	2054
Czechoslovakia	x41260	24744	17748	x18083	x20117	Romania/Roumanie	x9373	817	711	x2707	x3612
Morocco/Maroc	14234	13437	20315	19143	20624	Indonesia/Indonésie	2795	1368	986	1412	7362
Uruguay	11597	14091	19860	17425	16985	Tunisia/Tunisie	2210	845	965	1260	x133
Finland/Finlande	13684	15946	16739	15824	15525	Bermuda/Bermudes	x1944	x1145	x986	x812	x1960
Bulgaria/Bulgarie	x37300	x30451	x8313	x4879	7984	Zimbabwe	x219	x120	x89	x2240	x3688
New Zealand	21160	12506	15455	10914	11484	Kuwait/Koweït		x1842	x26		
Poland/Pologne	5903	5353	7925	19887	x15320	Congo		x1804			

(VALUE AS % OF TOTAL)(VALEUR EN % DU TOTAL)

	1983	1984	1985	1986	1987	1988	1989	1990	1991	1992		1983	1984	1985	1986	1987	1988	1989	1990	1991	1992
Africa	x2.1	x1.9	x1.7	x1.6	x1.4	x1.8	x1.1	x1.3	x1.2	x1.1	Afrique	x0.2	0.2	x0.3	x0.1	x0.1	x0.1	x0.1	x0.1	x0.2	x0.1
Northern Africa	0.7	0.7	0.6	0.5	0.5	0.7	0.5	0.7	0.6	0.5	Afrique du Nord	x0.0	0.0	x0.0	0.0	0.0	0.0	x0.0	x0.0	x0.0	x0.0
Americas	13.8	18.1	19.6	x17.7	x16.1	16.6	20.3	18.0	21.1	23.1	Amériques	x2.8	x5.1	5.5	4.3	x6.3	6.6	x11.0	x10.0	10.2	9.7
LAIA	4.9	9.6	10.6	9.7	8.7	9.9	7.1	6.5	7.0	6.6	ALAI	0.3	1.3	1.0	1.5	x1.2	1.9	1.8	1.3	1.4	1.0
CACM	x0.1	0.1	0.0	x0.1	x0.2	0.2	0.3	0.2	0.2	x0.1	MCAC	x0.0	0.0	x0.0	x0.0	x0.0	x0.0	x0.0	x0.0	x0.0	x0.0
Asia	19.4	20.5	19.0	18.7	20.6	26.1	x19.3	20.1	22.8	22.3	Asie	13.7	16.0	14.7	15.6	17.1	25.6	22.1	21.8	25.5	25.2
Middle East	x0.8	x1.2	x1.4	x1.6	x1.4	x1.4	x1.3	x1.4	x1.2	x1.2	Moyen–Orient	x0.2	0.3	x0.4	x0.3	0.5	x0.2	0.5	x0.2	x0.1	x0.1
Europe	61.6	56.4	56.6	59.9	53.4	50.2	55.3	57.9	49.7	51.6	Europe	83.3	78.7	79.4	79.9	73.7	63.8	63.9	65.1	61.9	63.5
EEC	54.2	49.7	49.3	52.5	47.6	45.0	50.0	52.5	44.5	45.5	CEE	65.5	63.3	64.3	63.4	58.9	50.8	50.3	51.7	49.9	51.6
EFTA	7.4	5.4	5.7	6.2	5.1	4.3	4.5	4.7	4.8	5.9	AELE	17.8	15.1	14.9	16.2	14.7	12.8	13.5	13.2	11.8	11.8
Oceania	x3.0	x3.1	x3.1	x2.1	x2.1	x1.3	x1.1	x1.2	x1.1	x1.2	Océanie		x0.0		x0.0		x0.0	x0.0	x0.0	x0.0	x0.0
United Kingdom	8.4	9.4	8.0	7.3	7.4	13.2	14.6	14.4	5.8	5.5	Germany/Allemagne	14.6	13.2	14.2	13.5	14.1	13.0	12.8	12.2	13.1	12.9
USA/Etats–Unis d'Amer	5.0	5.4	5.8	5.2	4.1	5.0	11.3	9.8	12.3	14.4	Japan/Japon	10.1	10.2	10.3	11.1	11.4	17.6	12.2	11.3	12.3	12.1
Italy/Italie	10.4	9.8	11.3	11.8	10.6	8.6	11.0	11.0	9.8	10.5	Switz.Liecht	17.2	14.3	13.9	14.3	13.0	11.1	11.9	11.4	9.6	9.9
Japan/Japon	8.2	7.8	8.1	8.5	8.8	11.3	7.4	7.1	8.1	8.3	Ireland/Irlande	11.2	9.2	10.9	9.3	7.3	7.6	9.0	10.9	11.5	13.0
Germany/Allemagne	10.1	8.3	9.8	9.4	8.0	6.3	6.8	7.3	8.0	8.1	United Kingdom	7.7	7.8	8.5	9.1	9.2	13.5	10.4	10.6	8.9	8.4
France, Monac	10.3	9.5	9.5	9.6	8.4	6.5	6.2	6.8	6.9	7.3	USA/Etats–Unis d'Amer	2.2	2.3	2.2	1.6	1.8	3.8	8.5	8.4	8.3	8.4
Spain/Espagne	4.2	3.3	3.8	4.1	3.9	3.2	5.0	5.6	6.1	6.7	Singapore/Singapour	1.9	4.0	2.6	2.8	4.0	5.5	6.1	7.8	6.3	8.5
Korea Republic	4.4	4.2	4.7	4.0	3.9	4.3	3.8	3.8	4.7	4.2	France, Monac	6.4	7.2	6.0	6.3	5.8	4.9	4.7	4.7	4.5	5.3
Switz.Liecht	6.4	4.6	4.8	4.7	3.4	3.5	3.4	3.4	3.5	3.6	Belgium–Luxembourg	9.2	9.4	9.4	8.8	8.4	3.3	3.8	4.0	3.8	3.0
Belgium–Luxembourg	3.2	3.1	3.1	3.7	3.2	2.4	2.0	2.5	2.9	2.6	Italy/Italie	7.5	7.8	6.1	6.2	4.5	3.8	3.9	3.6	2.7	3.5

5161 ETHERS, EPOXIDES, ACETALS
ETHERS—OXYDES, ALCOOLS 5161

TRADE BY COMMODITY IN THOUSAND U.S. DOLLARS – COMMERCE PAR PRODUIT EN MILLIERS DE DOLLARS E.U

COUNTRIES–PAYS	IMPORTS – IMPORTATIONS					COUNTRIES–PAYS	EXPORTS – EXPORTATIONS				
	1988	1989	1990	1991	1992		1988	1989	1990	1991	1992
Total	2270931	2734404	2980347	3103456	3277138	Totale	2069281	2381540	2484458	2648735	2809083
Africa	x36972	x35597	x36932	x36525	x28527	Afrique	x194	x338	x764	x1189	x1966
Northern Africa	7775	9576	10182	10310	x7524	Afrique du Nord	7	118	113	128	x553
Americas	286136	367394	486643	564819	755338	Amériques	756956	761038	702629	777059	925027
LAIA	152079	153710	210981	247158	250482	ALAI	90174	69891	49304	157067	193568
CACM	4201	3749	3501	3497	x4802	MCAC	141	47	498	246	272
Asia	375328	406546	443459	467713	551362	Asie	154127	218292	x225116	x299091	x377842
Middle East	x16756	x21997	x26830	x26174	x29047	Moyen–Orient	20732	61150	x55470	x106269	x134992
Europe	1464711	1797803	1969327	1995736	1905530	Europe	1090551	1309115	1500112	1534171	1470610
EEC	1254574	1576681	1717650	1724425	1629314	CEE	1046492	1264663	1437790	1491325	1435282
EFTA	194491	206131	240956	266063	271760	AELE	40871	40565	57510	41513	34942
Oceania	x13528	16856	14002	x15004	x14593	Océanie	663	3848	4445	x2374	1466
Germany/Allemagne	237486	318148	411809	352884	286141	Germany/Allemagne	495110	565896	633175	627447	603082
Belgium–Luxembourg	264931	295154	351997	342258	364529	USA/Etats–Unis d'Amer	637872	661242	591273	569481	566050
Netherlands/Pays–Bas	221927	283675	252915	243643	243136	Netherlands/Pays–Bas	270587	299778	336181	347269	320999
USA/Etats–Unis d'Amer	85765	155639	220853	262049	449238	France, Monac	102591	227141	250447	247503	268484
Italy/Italie	162808	179831	196111	239025	219303	Japan/Japon	92629	105380	110715	105461	109228
France, Monac	105910	155053	182882	201114	179381	Belgium–Luxembourg	77508	69331	91139	86187	90009
United Kingdom	137751	203961	159811	169907	160571	United Kingdom	42794	45250	51606	119363	105258
Switz.Liecht	130023	128172	161603	153133	144546	Saudi Arabia	16159	57812	x53604	x104115	x133515
Japan/Japon	131421	136702	126441	154363	159048	Brazil/Brésil	65637	64197	43316	45490	50849
Mexico/Mexique	60073	73260	125286	141884	152930	Canada	27798	28856	61125	50158	165042
Korea Republic	96425	104861	119214	89873	83280	Italy/Italie	33553	32618	43597	35328	30930
Spain/Espagne	79086	92285	106722	112960	113487	Venezuela	x78	1	9	92846	125961
Canada	41366	47355	47405	47904	45184	Switz.Liecht	26764	26379	28664	28826	27569
Singapore/Singapour	13216	33126	43097	53243	89339	Former USSR/Anc. URSS	x26657	x37840	x15922	x18744	
Indonesia/Indonésie	11658	30171	40212	48935	49262	Spain/Espagne	22071	22557	24144	22673	13981
Sweden/Suède	29301	32813	28732	39565	32383	Singapore/Singapour	15647	22197	24830	16422	31740
Brazil/Brésil	26859	26086	28242	33424	30843	China/Chine	10762	17781	20397	23155	21120
Austria/Autriche	20602	24248	24974	23256	21932	Korea Republic	1096	1158	4033	35102	68241
Former USSR/Anc. URSS	x20642	x47414	x11004	x9166		Czechoslovakia	x15415	x12983	x10170	x7420	x8109
Ireland/Irlande	11998	16244	21287	26836	27457	Bulgaria/Bulgarie	x15123	x16417	x12243	x1778	x1761
Argentina/Argentine	17046	19247	19864	23886	23818	Finland/Finlande	972	3914	15765	4016	144
So. Africa Customs Un	24537	19582	21225	x21322	x16452	Sweden/Suède	x5880	x5668	x8033	x5197	x3510
Venezuela	30813	15513	17648	28207	19011	Mexico/Mexique	23270	4892	3864	5197	7940
Thailand/Thaïlande	12695	13236	20713	19576	36332	Romania/Roumanie	x287	11710	6438	9987	x3388
Norway, SVD, JM	7639	10971	16903	25021	19496	Hungary/Hongrie	x5296	x6177	x4989	x5912	x5286
Denmark/Danemark	14643	15770	19582	14981	17287	Hong Kong	4983	3851	4735	6112	6029
China/Chine	43213	15726	9125	21888	26805	Austria/Autriche	6496	3859	4343	2664	2974
Finland/Finlande	6804	9809	8584	24932	53274	Australia/Australie	421	3830	4426	2192	1439
Portugal	12680	12276	11096	16373	13354	Argentina/Argentine	127	176	1494	7870	8106
Turkey/Turquie	6427	11432	14477	13581	13711	Greece/Grèce	5	4	6117	3173	x23
Colombia/Colombie	10381	12318	12780	11712	13694	Israel/Israël	5845	4541	3006	1489	1431
Australia/Australie	10164	13187	10162	12227	11441	Yugoslavia SFR	3172	3813	3797	x1305	
Malaysia/Malaisie	7292	11721	12547	11254	x17744	Turkey/Turquie	4525	3120	1774	1257	933
Former GDR	x38612	x26306	x4820			Former GDR	x3679	x3638	x1238		
India/Inde	13212	x9607	12034	8996	x11933	Ireland/Irlande	1373	1368	689	1528	1192
Yugoslavia SFR	15394	14870	10448	x5136		India/Inde	361	x921	582	1062	x1995
Hong Kong	7081	8503	9187	10407	11134	Norway, SVD, JM	759	737	705	811	745
Israel/Israël	6817	7505	9632	7323	9867	Malaysia/Malaisie	281	570	585	991	x938
Philippines	9183	x6778	7487	7202	10823	Korea Dem People's Rp	0	x7		x2024	x1704
Bulgaria/Bulgarie	x13727	x16187	x436	x673	828	Indonesia/Indonésie	1643	629	494	832	149
Hungary/Hongrie	x5272	x5330	x3828	5978	x3703	Chile/Chili	925	611	580	545	x191
Pakistan	4752	4906	4630	5349	13781	Denmark/Danemark	598	529	496	435	561
Poland/Pologne	5905	6479	2897	3087	x12738	So. Africa Customs Un	x145	x186	x603	x607	x713
Greece/Grèce	5354	4285	3438	4444	x4669	Poland/Pologne	334	141	390	552	x13628
Czechoslovakia	x5689	5143	2658	x4125	x3723	Andorra/Andorre			x1015	x24	
Saudi Arabia	2686	3673	x2471	x3623	2292	Bermuda/Bermudes	x810	x889	x110		
New Zealand	2721	3332	3306	2636	2771	Portugal	302	191	198	418	763
Algeria/Algérie	1146	3146	3320	2599	x480	Guatemala	137	29	426	230	256
Romania/Roumanie	x4333	3238	4241	591	x797	Bahrain/Bahreïn				x663	
Egypt/Egypte	2071	2326	2439	2792	2019	Panama	x139	x70	x288	x79	x59

(VALUE AS % OF TOTAL) (VALEUR EN % DU TOTAL)

	1983	1984	1985	1986	1987	1988	1989	1990	1991	1992		1983	1984	1985	1986	1987	1988	1989	1990	1991	1992
Africa	x2.0	x2.0	x1.5	x2.0	x1.7	x1.6	x1.3	x1.2	x1.2	x0.9	Afrique		x0.0	x0.0	x0.0	x0.0	x0.0	x0.0	x0.0	x0.0	x0.0
Northern Africa	x0.4	x0.4	x0.4	x0.4	x0.6	0.3	0.4	0.3	0.3	x0.2	Afrique du Nord										x0.0
Americas	9.6	12.3	12.2	x14.5	x12.4	12.6	13.4	16.3	18.2	23.1	Amériques	x25.7	28.3	26.9	27.0	29.4	36.6	32.0	28.3	29.3	32.9
LAIA	4.4	5.3	5.0	x9.6	x7.4	6.7	5.6	7.1	8.0	7.6	ALAI	0.0	1.4	1.6	2.8	2.3	4.4	2.9	2.0	5.9	6.9
CACM	x0.2	0.1		x0.2	x0.2	0.2	0.1	0.1	0.1	x0.1	MCAC	x0.0	0.0	0.0	0.0	0.0	0.0	0.0	0.0	0.0	0.0
Asia	13.4	14.6	13.7	13.7	13.3	16.5	14.9	14.9	15.1	16.9	Asie	5.2	4.7	5.5	6.3	x7.7	7.5	9.2	x9.1	x11.3	x13.4
Middle East	x0.6	x1.2	x1.0	x0.9	x0.7	x0.7	x0.8	x0.9	x0.8	x0.9	Moyen–Orient	x0.0	x0.0	x0.1	x0.6	x0.8	1.0	2.6	x2.2	x4.0	x4.8
Europe	72.4	68.4	70.2	68.5	63.7	64.5	65.7	66.1	64.3	58.1	Europe	69.0	66.8	67.5	66.5	60.5	52.7	55.0	60.4	57.9	52.4
EEC	59.8	57.6	58.4	58.2	55.0	55.2	57.7	57.6	55.6	49.7	CEE	66.8	64.6	65.4	63.6	58.1	50.6	53.1	57.9	56.3	51.1
EFTA	12.6	10.4	11.4	9.9	8.4	8.6	7.5	8.1	8.6	8.3	AELE	2.2	2.1	1.8	2.6	2.2	2.0	1.7	2.3	1.6	1.2
Oceania	2.6	x2.6	x2.4	1.3	x0.8	x0.6	0.6	0.5	x0.5	x0.4	Océanie	0.2	0.2	0.1	x0.1	0.1		0.2	0.2	x0.1	0.1
Germany/Allemagne	11.6	11.2	9.8	9.4	9.0	10.5	11.6	13.8	11.4	8.7	Germany/Allemagne	23.9	21.2	21.3	21.8	20.0	23.9	23.8	25.5	23.7	21.5
Belgium–Luxembourg	12.2	11.8	13.3	13.6	11.5	11.7	10.8	11.8	11.0	11.1	USA/Etats–Unis d'Amer	24.0	24.5	24.2	23.3	25.5	30.8	27.8	23.8	21.5	20.2
Netherlands/Pays–Bas	10.7	9.2	9.9	9.9	10.0	9.8	10.4	8.5	7.9	7.4	Netherlands/Pays–Bas	23.8	24.7	22.8	25.6	23.9	13.1	12.6	13.5	13.1	11.4
USA/Etats–Unis d'Amer	3.0	4.6	5.4	2.8	2.7	3.8	5.7	7.4	8.4	13.7	France, Monac	5.9	5.7	4.6	3.5	3.4	5.0	9.5	10.1	9.3	9.6
Italy/Italie	7.9	8.1	7.4	7.0	6.2	7.2	6.6	6.6	7.7	6.7	Japan/Japon	4.4	4.2	4.3	4.6	5.1	4.5	4.4	4.5	4.0	3.9
France, Monac	5.8	6.0	5.3	6.3	6.9	4.7	5.7	6.1	6.5	5.5	Belgium–Luxembourg	4.0	5.6	4.8	5.2	3.4	3.7	2.9	3.7	3.3	3.2
United Kingdom	7.2	6.7	6.6	8.0	5.8	6.1	7.5	5.4	5.5	4.9	United Kingdom	4.0	4.0	3.6	3.8	3.5	2.1	1.9	2.1	4.5	3.7
Switz.Liecht	6.0	5.5	6.6	6.3	4.7	5.7	4.7	5.4	4.9	4.4	Saudi Arabia		x0.1	x0.5	x0.8	0.8	2.4	x2.2	x3.9	x4.8	
Japan/Japon	5.7	5.7	5.6	5.0	4.7	5.8	5.0	4.2	5.0	4.9	Brazil/Brésil		1.3	1.4	2.7	2.5	3.2	2.7	1.7	1.7	1.8
Mexico/Mexique		0.6	0.7	x3.1	x2.7	2.6	2.7	4.2	4.6	4.7	Canada	1.7	1.3	1.1	0.9	1.2	1.3	1.2	2.5	1.9	5.9

5162 ALDEHYDE ETC FNCT CMPNDS / COMP FONCTION ALDEHYDE 5162

TRADE BY COMMODITY IN THOUSAND U.S. DOLLARS – COMMERCE PAR PRODUIT EN MILLIERS DE DOLLARS E.U

COUNTRIES–PAYS	1988	1989	1990	1991	1992	COUNTRIES–PAYS	1988	1989	1990	1991	1992
	IMPORTS – IMPORTATIONS						EXPORTS – EXPORTATIONS				
Total	2101796	2156825	2435805	2614566	2615301	Totale	1920957	1862648	2135989	2248644	2399966
Africa	34408	x32116	x34329	x38833	x33968	Afrique	x26442	x17561	x32037	x40846	x31907
Northern Africa	19650	14798	17631	22828	16613	Afrique du Nord	x1	x14	405	231	x50
Americas	414756	420938	437181	523804	x638763	Amériques	344128	281308	283722	314994	334979
LAIA	159676	122385	108925	139263	140235	ALAI	26498	27207	26594	35797	36798
CACM	3904	4727	4513	5643	x33392	MCAC	108	143	308	69	x69
Asia	396224	382130	442718	510623	x490669	Asie	293975	298896	316923	395987	412357
Middle East	x22396	26302	x33085	x26548	x25986	Moyen–Orient	2948	482	x137	x77	x211
Europe	1141144	1203642	1455757	1424032	1413576	Europe	1190623	1197518	1451458	1468407	1601529
EEC	938580	988502	1202841	1186155	1172667	CEE	1007692	1010942	1235311	1282370	1400159
EFTA	193502	207152	242950	231495	234001	AELE	181972	185252	214094	185308	200417
Oceania	30303	x28412	x23239	x28510	x23368	Océanie	x995	1002	980	1863	x1706
Germany/Allemagne	254503	298912	363517	378840	339359	Germany/Allemagne	410649	411313	500002	490151	537377
USA/Etats–Unis d'Amer	215135	258000	291941	334387	424438	USA/Etats–Unis d'Amer	301605	241894	248394	271766	286246
United Kingdom	179456	186925	204038	170163	167068	Japan/Japon	193893	184141	193269	226215	230051
Switz.Liecht	129491	138619	172913	177758	184413	Netherlands/Pays–Bas	183344	159505	176482	193326	179567
France,Monac	115431	129808	148780	151274	159166	France,Monac	154158	136083	166150	196106	202815
Belgium–Luxembourg	97252	88291	145975	166454	160091	Switz.Liecht	130332	119678	140504	131538	154687
Italy/Italie	118139	110368	132756	119698	130106	Belgium–Luxembourg	55675	104568	147088	134813	127886
Japan/Japon	98343	94997	96010	98330	88764	United Kingdom	82816	83913	97244	131462	221128
Netherlands/Pays–Bas	75453	76993	96782	85170	97929	Italy/Italie	85231	88828	103052	91824	87020
Korea Republic	75575	70913	77748	79769	74015	China/Chine	37292	43336	44274	53636	64980
Spain/Espagne	60503	57314	67652	69156	72987	Hong Kong	21180	24345	34918	59794	51708
Hong Kong	32599	35335	49289	70674	58737	Spain/Espagne	34495	25160	44178	41485	40067
China/Chine	34446	30853	32734	77764	67555	So. Africa Customs Un	x25911	x16864	x31331	x40349	x30352
Brazil/Brésil	34028	38924	32263	39399	35745	Finland/Finlande	18858	25527	28776	22694	18535
Mexico/Mexique	67957	35786	32828	41179	47809	Sweden/Suède	x16213	x19824	x25464	x9541	x8245
Former USSR/Anc. URSS	x17721	x32219	x12136	x63975		Norway,SVD,JM	12413	16905	15695	16448	15686
Canada	30003	30729	27253	37170	33437	Singapore/Singapour	17963	15505	16662	16616	16481
India/Inde	38028	x29754	34241	25221	x49404	Israel/Israël	8935	13148	13257	18772	19551
Austria/Autriche	28690	30184	32851	21040	15398	Bulgaria/Bulgarie	x21281	x19945	x21103	x2414	x3289
Indonesia/Indonésie	21828	20288	27116	28389	26571	Mexico/Mexique	10593	14670	8267	14856	18722
Singapore/Singapour	24107	23032	23468	28573	27120	India/Inde	6253	x14973	8267	13892	x17849
Australia/Australie	26449	23745	19069	23013	19632	Brazil/Brésil	10159	5791	13753	13349	11323
Thailand/Thaïlande	15722	18458	21415	23300	25792	Czechoslovakia	x6108	x7576	x10478	x9706	x8702
Sweden/Suède	19986	23159	20144	18637	20029	Canada	12115	9918	8239	7086	11730
Colombia/Colombie	19587	20450	14066	18749	15174	Former GDR	x19362	x15569	x2420		
Turkey/Turquie	13057	15375	19762	15803	16425	Romania/Roumanie	x12555	10205	3917	3753	x1063
Ireland/Irlande	12641	15128	13398	16110	16197	Argentina/Argentine	4298	4577	3984	7180	6243
Israel/Israël	9310	10620	12025	13072	10857	Former USSR/Anc. URSS	x4316	x4894	x3946	x6868	
Czechoslovakia	x13588	21583	10720	x3207	x4739	Poland/Pologne	6660	5113	7179	1719	x2497
Hungary/Hongrie	x8793	x9386	x9166	15661	x5304	Korea Republic	4714	2330	4131	6084	9742
Philippines	10477	x4659	15369	14168	12646	Austria/Autriche	4155	3317	3656	5086	3264
Denmark/Danemark	10140	9935	11464	11632	17070	Hungary/Hongrie	x2513	x3059	x2026	x2015	x1937
Malaysia/Malaisie	6921	8083	11395	12865	x11074	Yugoslavia SFR	896	1324	1872	x729	
Venezuela	19461	8160	11856	11643	18308	Australia/Australie	927	951	888	1817	1488
Finland/Finlande	11051	10342	11127	8464	8446	Ireland/Irlande	254	392	1044	432	x858
Portugal	9385	8217	11372	9253	8178	Malaysia/Malaisie	621	289	458	1066	3432
Egypt/Egypte	8693	7934	8113	10639	10618	Denmark/Danemark	971	1315	389	59	91
Argentina/Argentine	7057	6454	6840	11989	12111	Uruguay	409	740	149	239	303
Yugoslavia SFR	8756	6568	9568	x6123		Venezuela	x2318	x1004	x15	x11	
Greece/Grèce	5676	6611	7105	8405	x4517	Bahamas					
So. Africa Customs Un	8953	7785	7106	x5140	x7646	Indonesia/Indonésie	207	97	601	318	418
Norway,SVD,JM	4030	4611	5677	5424	5485	Portugal	280	329	234	160	65
Poland/Pologne	4533	5805	5176	4342	x2588	Mozambique	x444	x565	x124	x18	
Pakistan	3093	4993	4288	5449	6358	Panama	x688	x332	x114	x206	x10
Former GDR	x21469	x12278	x1442			Tunisia/Tunisie	0	7	401	192	x2
New Zealand	3497	4224	3655	5143	3222	Turkey/Turquie	366	371	80	38	124
Ecuador/Equateur	3645	4166	3086	4725	2908	Cayman Is/Is Caïmans	x145	x410			
Algeria/Algérie	5813	1797	3626	5874	x461	Nicaragua	103	123	266		1
Saudi Arabia	3050	5439	x2522	x2915	x1976	Bermuda/Bermudes	x615	x290	x38	x22	
Chile/Chili	2805	3000	3079	4350	x3455	Greece/Grèce	6	149	105	89	x207

(VALUE AS % OF TOTAL)(VALEUR EN % DU TOTAL)

	1983	1984	1985	1986	1987	1988	1989	1990	1991	1992		1983	1984	1985	1986	1987	1988	1989	1990	1991	1992
Africa	2.1	2.0	1.7	x1.6	1.7	1.6	x1.5	x1.4	x1.5	x1.3	Afrique	x1.6	x1.7	x2.0	x1.1	x1.6	x1.4	x0.9	1.5	x1.8	1.4
Northern Africa	1.0	1.3	1.0	0.8	0.9	0.9	0.7	0.7	0.9	0.6	Afrique du Nord	x0.0	x0.0	x0.0	x0.0	x0.0	x0.0	x0.0	0.0	0.0	x0.0
Americas	20.7	27.7	31.8	x25.9	x19.9	19.8	19.5	17.9	20.0	x24.4	Amériques	x21.0	24.6	26.0	x21.6	x18.9	17.9	15.1	13.3	14.0	13.9
LAIA	3.0	8.8	8.9	x8.4	x6.8	7.6	5.7	4.5	5.3	5.4	ALAI	0.1	2.4	2.2	x1.6	x1.0	1.4	1.5	1.2	1.6	1.5
CACM	x0.4	0.3	0.6	x0.2	0.1	0.2	0.2	0.2	0.2	x1.3	MCAC	x0.0	0.1	0.0	0.0	0.0	0.0	0.0	0.0	0.0	0.0
Asia	15.6	14.3	14.2	15.2	18.7	18.8	17.7	18.1	19.6	x18.8	Asie	9.8	10.5	10.4	12.3	13.8	15.2	16.1	14.9	17.6	17.2
Middle East	x1.2	x1.5	x1.4	x1.7	x1.2	x1.1	1.2	x1.4	x1.0	x1.0	Moyen–Orient	0.0	0.0	x0.1	0.1	0.1	0.2	0.0	x0.0	x0.0	x0.0
Europe	60.1	54.4	51.0	56.0	52.8	54.3	55.8	59.8	54.5	54.1	Europe	67.4	63.1	61.6	65.0	62.1	61.7	64.3	68.0	65.3	66.7
EEC	50.0	43.8	40.0	45.4	43.2	44.7	45.8	49.4	45.4	44.8	CEE	60.6	56.3	55.2	57.1	53.5	52.2	54.3	57.8	57.0	58.3
EFTA	10.1	9.6	10.1	10.2	9.3	9.2	9.6	10.0	8.9	8.9	AELE	6.8	6.8	6.4	8.0	8.6	9.4	9.9	10.0	8.2	8.4
Oceania	1.6	x1.6	1.3	x1.2	1.2	1.4	x1.3	x0.9	x1.1	x0.9	Océanie				x0.0	x0.0	0.1		0.1	x0.1	
Germany/Allemagne	13.2	11.4	11.5	11.4	10.3	12.1	13.9	14.9	14.5	13.0	Germany/Allemagne	20.3	19.6	19.3	21.2	18.3	21.3	22.1	23.4	21.8	22.4
USA/Etats–Unis d'Amer	14.7	16.4	21.0	14.2	11.0	10.2	12.0	12.0	12.8	16.2	USA/Etats–Unis d'Amer	17.7	19.8	21.1	17.6	15.9	15.6	13.0	11.6	12.1	11.9
United Kingdom	8.3	6.9	6.5	6.0	8.0	8.5	8.7	8.4	6.5	6.4	Japan/Japon	7.4	7.8	8.2	9.2	8.8	10.1	9.9	9.0	10.1	9.6
Switz.Liecht	6.3	6.2	6.6	6.4	6.9	6.2	6.4	7.1	6.8	7.1	Netherlands/Pays–Bas	14.8	13.7	12.5	12.8	11.4	9.5	8.6	8.3	8.6	7.5
France,Monac	7.1	6.2	6.3	6.7	6.7	5.5	6.0	6.1	5.8	6.1	France,Monac	10.6	8.8	8.4	8.4	7.2	8.0	7.3	7.8	8.7	8.5
Belgium–Luxembourg	5.8	5.6	5.4	5.7	4.2	4.4	4.1	6.0	6.4	6.1	Switz.Liecht	5.2	5.5	4.7	5.8	6.6	6.8	6.4	6.6	5.8	6.4
Italy/Italie	5.7	4.9	4.7	4.3	5.1	5.6	5.1	5.5	4.6	5.0	Belgium–Luxembourg	2.3	1.5	2.0	1.8	1.1	2.9	5.6	6.9	6.0	5.3
Japan/Japon	4.1	4.3	4.7	4.3	4.5	4.7	4.4	3.9	3.8	3.4	United Kingdom	6.9	6.7	6.8	6.5	8.9	4.3	4.5	4.6	5.8	9.2
Netherlands/Pays–Bas	4.7	4.8	0.0	5.1	4.0	3.6	3.6	4.0	3.3	3.7	Italy/Italie	4.1	4.3	4.3	4.3	4.3	4.4	4.8	4.8	4.1	3.6
Korea Republic	3.0	2.7	2.5	2.7	2.9	3.6	3.3	3.2	3.1	2.8	China/Chine					1.9	1.9	2.3	2.1	2.4	2.7

5221 CHEMICAL ELEMENTS / ELEMENTS CHIMIQUES 5221

TRADE BY COMMODITY IN THOUSAND U.S. DOLLARS – COMMERCE PAR PRODUIT EN MILLIERS DE DOLLARS E.U

COUNTRIES–PAYS	IMPORTS – IMPORTATIONS					COUNTRIES–PAYS	EXPORTS – EXPORTATIONS				
	1988	1989	1990	1991	1992		1988	1989	1990	1991	1992
Total	2623369	2815422	2879445	2779974	2807953	Totale	2778085	2716719	2673921	2650081	2485046
Africa	x54036	x50289	x64519	x59770	x41565	Afrique	x54619	x58814	x50171	x56677	x59475
Northern Africa	28580	25892	32974	27090	x18747	Afrique du Nord	4276	7316	3426	x4586	x2736
Americas	473468	494722	510264	473458	x466740	Amériques	818287	799372	804514	792855	x738951
LAIA	90321	100493	88308	99474	100375	ALAI	197434	242728	241484	192349	x156225
CACM	5400	6406	6205	6965	x7627	MCAC	445		810	746	875	x825
Asia	770879	x835297	786693	874755	x898357	Asie	664345	629172	485895	526552	x555968
Middle East	x46271	x69446	x44598	x51163	x51860	Moyen–Orient	x143142	x143141	x13133	x32363	x12650
Europe	1126404	1261418	1414529	1287291	1349442	Europe	957492	1031610	1136814	1031718	1067665
EEC	959443	1101296	1220907	1113444	1174115	CEE	751350	840804	964294	898737	925461
EFTA	146007	142324	168723	154762	154709	AELE	182222	175109	158970	122805	126603
Oceania	20801	x27378	x27895	x24050	x27256	Océanie	20852	x22866	39200	x32514	x43390
Japan/Japon	395970	417682	382424	459232	429804	USA/Etats–Unis d'Amer	418724	384926	382190	445207	418808
Germany/Allemagne	336967	327045	364701	331183	359272	Germany/Allemagne	277160	279983	314633	295419	291396
USA/Etats–Unis d'Amer	310760	321354	345011	302405	280640	Japan/Japon	218946	228438	204293	197952	189456
France, Monac	67092	204617	237876	223606	222112	Canada	201013	170517	179758	154171	162366
United Kingdom	171423	176895	177607	152660	154249	Netherlands/Pays–Bas	134608	135706	174104	174241	182130
Italy/Italie	98848	112643	116090	97770	101878	Former USSR/Anc. URSS	x194758	x135153	x112054	x194710	
Netherlands/Pays–Bas	98418	100136	109713	10131	114417	China/Chine	184034	139402	144854	157332	183217
Belgium–Luxembourg	93426	92494	105099	100739	107097	France, Monac	36182	122484	143945	131004	135972
Malaysia/Malaisie	67614	77785	95936	98376	x113780	Brazil/Brésil	70425	96454	118870	88112	74367
Indonesia/Indonésie	68654	77444	58679	47913	60695	United Kingdom	108092	105301	117547	75770	78731
Spain/Espagne	44249	46055	56919	55651	63049	Norway, SVD, JM	104966	105100	96951	77415	85272
Canada	47596	47042	47606	50961	65323	Italy/Italie	78799	76199	87882	94695	94909
Austria/Autriche	47176	42503	52296	50046	50869	Belgium–Luxembourg	76247	79504	83149	86915	93278
Switz.Liecht	35560	37810	47649	44103	39862	Chile/Chili	65671	79981	60571	53623	x39829
Mexico/Mexique	31005	39135	37909	44713	42255	So. Africa Customs Un	x50000	x50441	x46133	x51635	x54438
Korea Republic	33924	35415	38585	43451	49033	Israel/Israël	32954	35003	31477	44009	37229
India/Inde	41013	x48545	36576	27856	x33934	Sweden/Suède	51728	46324	33135	17292	17079
Hong Kong	46763	33423	31785	33455	36463	Hong Kong	39687	35089	32148	29464	31305
Czechoslovakia	x14387	46219	34954	x5979	x8094	Spain/Espagne	31674	32353	31205	29757	27888
Sweden/Suède	25735	25932	28278	31769	27312	Australia/Australie	20580	22169	38723	29353	43035
China/Chine	14406	24444	21246	34878	35414	Kuwait/Koweït	x420	80459	x3193	x447	x391
Brazil/Brésil	19916	27425	19702	23406	20347	Argentina/Argentine	27267	32874	27307	19150	11800
Norway, SVD, JM	21874	20250	22069	16682	21026	Korea Republic	16730	23592	26996	22050	23068
Yugoslavia SFR	19620	16609	23313	x17816		Austria/Autriche	19339	18810	24128	23215	20255
Poland/Pologne	38878	28634	13790	14970	x6802	Mexico/Mexique	26354	24103	24767	16481	13898
Turkey/Turquie	15705	14811	15754	22299	22604	Iraq	x26394	x32515	x912	x25136	
Singapore/Singapour	13930	14543	17763	19989	23811	Singapore/Singapour	17210	14912	20366	21125	26908
Australia/Australie	11705	17605	15476	15219	16963	Bulgaria/Bulgarie	x30982	x10711	x25004	x4046	x1939
Philippines	13513	x2477	21857	20643	21659	Yugoslavia SFR	23919	15697	13460	x10160	
Finland/Finlande	14994	14992	17664	11600	14827	Saudi Arabia	111559		24992	x4628	x342	x9772
Denmark/Danemark	22520	11481	15839	15693	20235	Portugal	4625	6413	7918	8163	12401
Former GDR	x38273	x33474	x9509			Venezuela	3809	4408	5518	9935	10562
Ireland/Irlande	12029	10532	14490	15091	16883	Former GDR	x25318	x13407	x4037		
Greece/Grèce	8974	11704	11796	10183	x6747	Malaysia/Malaisie	2637	4461	5764	6490	x6554
Thailand/Thaïlande	6806	10472	11142	11641	14168	Poland/Pologne	4781	4102	6181	5870	x10599
Israel/Israël	7788	11808	11447	9900	11901	Czechoslovakia	x2178	x5341	x6883	x3450	x4627
Hungary/Hongrie	x3423	x4377	x5864	21445	x4390	Thailand/Thaïlande	2462	1294	4282	9856	x10451
Former USSR/Anc. URSS	x62933	x16822	x2445	x9265		Algeria/Algérie	4195	6702	2370	2299	x1265
Portugal	5498	7695	10777	9336	8176	Switz.Liecht	4680	2474	3457	3311	2112
Kuwait/Koweït	x397	27092	x230	x29	x434	Colombia/Colombie	1537	2721	2479	3503	3889
Egypt/Egypte	9289	8040	8858	7786	3718	Turkey/Turquie	2427	3824	3178	1221	1311
New Zealand	6551	7598	8556	6441	8154	Romania/Roumanie	x3737	4084	1491	231	x781
Argentina/Argentine	11988	6463	6858	7652	5453	Finland/Finlande	1507	2402	1299	1571	1884
United Arab Emirates	x9149	x7518	x8020	x4364	x8511	Hungary/Hongrie	x736	x2085	x1676	x1134	x1272
Nigeria/Nigéria	x5218	x5527	x7278	x6742	x5973	Denmark/Danemark	3285	2196	1841	799	1843
Romania/Roumanie	x1853	4859	7098	7517	x941	Philippines	3124	x2110	431	1542	1647
Venezuela	11155	8411	5512	5174	5610	India/Inde	1186	x794	896	2308	x2790
Morocco/Maroc	5344	4873	7505	6344	5840	Peru/Pérou	1725	1467	1302	x1017	x1150
Colombia/Colombie	5942	6628	6802	4793	7301	New Zealand	199	206	376	3077	188
Chile/Chili	4538	5387	5213	6802	x6146	Iran (Islamic Rp. of)	x6	x7	x61	x3250	x4

(VALUE AS % OF TOTAL)(VALEUR EN % DU TOTAL)

	1983	1984	1985	1986	1987	1988	1989	1990	1991	1992		1983	1984	1985	1986	1987	1988	1989	1990	1991	1992
Africa	x4.1	2.3	x2.8	x3.9	x3.2	x2.1	x1.8	x2.2	x2.1	x1.5	Afrique	2.4	2.6	3.0	x1.8	x1.4	x2.0	x2.2	x1.9	x2.1	x2.4
Northern Africa	x1.5	x1.0	1.3	x1.2	x0.9	1.1	0.9	1.1	1.0	x0.7	Afrique du Nord	0.2	0.5	0.6	0.2	0.1	0.2	0.3	0.1	x0.2	x0.1
Americas	15.3	19.8	18.7	x17.5	x16.2	18.1	17.6	17.7	17.0	x16.6	Amériques	20.0	24.2	24.6	x22.3	x19.3	29.4	29.4	30.1	29.9	x29.7
LAIA	1.3	5.4	4.2	4.5	x3.8	3.4	3.6	3.1	3.6	3.6	ALAI	1.1	4.7	5.7	x4.6	x3.7	7.1	8.9	9.0	7.3	x6.3
CACM	x0.2	0.4	0.3	x0.2	x0.2	0.2	0.2	0.2	0.3	x0.3	MCAC	x0.0	0.0	0.0	0.0	0.0	0.0	0.0	0.0	0.0	0.0
Asia	x28.1	30.7	x29.5	26.9	25.5	29.4	x29.7	27.3	31.5	x32.0	Asie	x19.8	x15.8	x13.1	x10.4	13.5	23.9	23.2	18.2	19.8	x22.4
Middle East	x2.9	x5.1	x2.9	x2.3	x1.7	x1.8	x2.5	x1.5	x1.8	1.8	Moyen–Orient	x10.4	x7.7	x1.9	x1.0	x0.8	x5.2	x5.3	x0.5	x1.2	x0.5
Europe	51.1	45.7	47.7	50.6	43.8	42.9	44.8	49.1	46.3	48.1	Europe	57.0	56.6	58.6	64.8	56.8	34.5	38.0	42.5	38.9	43.0
EEC	45.3	39.3	41.0	43.7	37.6	36.6	39.1	42.4	40.1	41.8	CEE	50.0	48.2	48.9	56.6	49.8	27.0	30.9	36.1	33.9	37.2
EFTA	5.7	5.1	5.4	5.5	5.0	5.6	5.1	5.9	5.6	5.5	AELE	6.9	7.2	8.1	x7.7	x6.3	6.6	6.4	5.9	4.6	5.1
Oceania	x1.4	x1.5	x1.2	x1.1	x1.0	0.8	x1.0	x0.9	x0.9	x1.0	Océanie	0.9	0.8	0.7	x0.6	x0.5	0.7	x0.8	1.5	x1.2	x1.7
Japan/Japon	14.2	15.0	16.6	14.4	13.0	15.1	14.8	13.3	16.5	15.3	USA/Etats–Unis d'Amer	10.7	11.1	10.7	10.3	10.1	15.1	14.2	14.3	16.8	16.9
Germany/Allemagne	13.3	11.9	12.2	13.2	12.3	12.8	11.6	12.7	11.9	12.8	Germany/Allemagne	11.1	10.2	11.6	10.6	9.0	10.0	10.3	11.8	11.1	11.7
USA/Etats–Unis d'Amer	10.9	11.3	11.6	10.1	10.2	11.8	11.4	12.0	10.9	10.0	Japan/Japon	7.8	5.8	7.0	6.4	6.1	7.9	8.4	7.6	7.5	7.6
France, Monac	7.5	6.2	6.9	7.5	7.6	2.6	7.3	8.3	8.0	7.9	Canada	8.2	8.4	8.1	7.4	5.5	7.2	6.3	6.7	5.8	6.5
United Kingdom	9.9	8.8	9.1	9.1	8.6	6.5	6.3	6.2	8.0	7.9	Netherlands/Pays–Bas	7.0	6.2	0.0	7.6	7.2	4.8	5.0	6.5	6.6	7.3
Italy/Italie	3.7	3.3	3.6	3.9	3.9	3.8	4.0	4.0	3.5	3.6	Former USSR/Anc. URSS						x5.7	x7.0	x5.0	x4.2	x7.3
Netherlands/Pays–Bas	3.7	2.6	3.1	3.1	3.3	3.8	4.0	4.0	3.5	3.5	China/Chine						3.8	6.6	5.1	5.4	7.4
Belgium–Luxembourg	3.6	3.2	3.6	4.0	3.5	3.6	3.3	3.6	3.6	3.8	France, Monac	21.5	21.4	25.0	27.5	25.1	1.3	4.5	5.4	4.9	5.5
Malaysia/Malaisie	2.3	2.4	2.3	2.1	2.3	2.6	2.8	3.3	3.5	x4.1	Brazil/Brésil	1.1	1.3	1.2	1.1	2.5	3.6	4.4	3.3	3.0	
Indonesia/Indonésie	3.4	3.4	3.0	3.1	2.8	2.6	2.8	2.0	1.7	2.2	United Kingdom	2.9	2.5	3.6	3.0	2.3	3.9	3.9	4.4	2.9	3.2

5222 INORGANIC ACIDS ETC / ACIDES INORGANIQUES 5222

TRADE BY COMMODITY IN THOUSAND U.S. DOLLARS – COMMERCE PAR PRODUIT EN MILLIERS DE DOLLARS E.U

IMPORTS – IMPORTATIONS

COUNTRIES–PAYS	1988	1989	1990	1991	1992
Total	2812835	x2695885	2766554	3248103	x3003433
Africa	x44923	x45873	x52897	x48648	x48732
Northern Africa	10862	12117	13900	x12149	x12270
Americas	460562	479211	508527	530287	562795
LAIA	204714	142011	160879	174961	209106
CACM	3828	5437	5464	6078	x5474
Asia	846995	x711303	810305	1252138	x1117784
Middle East	174646	149682	x175667	x193969	x139032
Europe	1090588	1103650	1182199	1082565	1201984
EEC	957126	980419	1047521	952577	1068990
EFTA	107184	101301	109936	118629	120511
Oceania	40667	x36678	x31701	x29606	x41916
India/Inde	379070	x226256	280598	632007	x614100
USA/Etats–Unis d'Amer	191802	258439	265748	251036	245203
Germany/Allemagne	167231	161576	187010	190384	203173
Former USSR/Anc. URSS	x187130	x181655	x90191	x263744	
Netherlands/Pays–Bas	151184	165841	167492	144509	151852
France,Monac	158624	143337	162968	155784	203617
Italy/Italie	143469	147188	144072	115474	122088
Indonesia/Indonésie	105135	112789	116464	146724	70939
United Kingdom	115543	119020	130016	124305	147139
Belgium–Luxembourg	110781	123457	129592	114292	131489
Turkey/Turquie	156429	132800	114172	75893	61942
Brazil/Brésil	114225	54833	63599	83842	91409
Canada	49668	60508	62535	79191	89637
Japan/Japon	58722	64461	58258	68858	70822
Czechoslovakia	x66486	86807	62741	x19265	x16818
Korea Republic	33181	45316	55764	66820	68300
Saudi Arabia	1481	3241	x41359	x82804	x42314
Spain/Espagne	29274	37760	43636	40015	40513
Denmark/Danemark	45929	46172	42638	30338	30709
Thailand/Thaïlande	26678	37669	37636	36225	40696
Sweden/Suède	30604	27366	32651	42992	44783
Venezuela	41958	30717	29830	30413	29500
Mexico/Mexique	20261	21367	30281	21796	45168
Australia/Australie	31103	27749	23085	22160	32430
Switz.Liecht	20212	22441	24133	22092	22867
Austria/Autriche	30505	21977	21040	23112	25952
Ireland/Irlande	20406	20664	21108	18215	19710
China/Chine	13186	21347	15338	22794	29088
Yugoslavia SFR	25541	20096	23902	x10432	
Finland/Finlande	14744	16232	18131	16814	12934
Chile/Chili	9760	18737	16878	14937	x5486
Singapore/Singapour	11237	12321	15653	21436	18999
Portugal	11322	11725	14828	15090	14623
Philippines	10253	x6926	15379	17836	17475
Norway,SVD,JM	10814	13031	13670	13328	13520
Nigeria/Nigéria	x12270	x12841	x14187	x12938	x13543
Malaysia/Malaisie	7210	7497	11583	18376	x18642
Iran (Islamic Rp. of)	x4582	x3185	x7339	x22355	x23169
Hong Kong	10297	8399	10827	11594	14837
Poland/Pologne	5869	11203	9052	9860	x5475
So. Africa Customs Un	10174	8656	10396	x10597	x11656
Former GDR	x33735	x18938	x4597		
Argentina/Argentine	3864	4904	7230	10405	15162
New Zealand	7808	7619	7074	6003	7777
Colombia/Colombie	8884	5583	6816	6293	9050
Bangladesh	x7225	x8438	x6460	x2624	x962
Hungary/Hongrie	x6098	x5464	x4353	6220	x4292
Bulgaria/Bulgarie	x21369	x8424	x4678	x2550	2826
Israel/Israël	4892	4879	5226	5270	6324
Romania/Roumanie	x8245	6504	5281	3166	x802

EXPORTS – EXPORTATIONS

COUNTRIES–PAYS	1988	1989	1990	1991	1992
Totale	2358200	2229058	2385250	2451233	2509835
Afrique	x868287	x523365	x620607	x728508	x740377
Afrique du Nord	735442	341921	492735	599840	568620
Amériques	276046	357590	383097	391660	x418170
ALAI	93549	120408	122105	104842	x114461
MCAC	972	1111	1322	1438	x1292
Asie	198849	x234521	261898	307422	x363880
Moyen–Orient	x20568	28261	22387	x26810	x34671
Europe	945123	1027840	1061586	945158	956573
CEE	843821	906275	947470	851936	861933
AELE	92406	112802	105885	88760	90009
Océanie	1670	6029	x8447	x8747	x8742
Germany/Allemagne	346547	356704	392176	371765	372965
Morocco/Maroc	569389	171610	348182	427275	401168
USA/Etats–Unis d'Amer	99081	158933	170381	200204	226291
Tunisia/Tunisie	165590	168140	139775	169275	163918
Netherlands/Pays–Bas	98832	133279	134835	134758	135308
Belgium–Luxembourg	124555	135721	139446	125331	147338
France, Monac	91901	100892	94429	68116	67820
Mexico/Mexique	75429	95158	88375	84632	75610
Canada	81651	76342	88375	84632	75610
Japan/Japon	62052	65940	71844	102376	134299
Spain/Espagne	89341	85896	86431	56369	25136
So. Africa Customs Un	x100455	x126065	x53794	x44120	x48615
Senegal/Sénégal	x27182	55129	73106	x77290	x97027
United Kingdom	60420	58416	66768	70596	86175
Israel/Israël	53016	63247	67065	50410	54819
Philippines	21767	x29624	37323	39061	17081
Former USSR/Anc. URSS	x32875	x34267	x18118	x47298	
Sweden/Suède	37663	46184	32115	19261	12861
China/Chine	16874	18554	27870	35838	50968
Norway,SVD, JM	19190	20783	24079	18377	16114
Italy/Italie	20592	22909	19542	16732	17685
Korea Republic	8784	14449	17235	23187	23106
Austria/Autriche	13997	16103	19868	17827	17818
Finland/Finlande	9169	18937	14707	19999	29606
Switz.Liecht	12355	10746	15091	13251	13609
Turkey/Turquie	16860	15768	12551	8202	12414
Chile/Chili	5278	7910	14742	13580	x19986
Poland/Pologne	10026	11933	9791	8031	x6961
Argentina/Argentine	7365	8914	8512	7754	5423
Australia/Australie	1463	5822	7939	8292	7956
Hungary/Hongrie	x4480	x6622	x7492	x7250	x7082
Yugoslavia SFR	8888	8747	8121	x4408	
Hong Kong	7084	5176	6740	8172	12800
Denmark/Danemark	6774	8014	7759	3693	4454
Jordan/Jordanie	2	6806	7853	2730	6987
Brazil/Brésil	3552	5002	4765	6142	9797
Bulgaria/Bulgarie	x1573	x8985	x4520	x899	x931
Former GDR	x17557	x11110	x2548		
Singapore/Singapour	3496	3757	3924	5808	6822
India/Inde	1242	x2273	3220	5510	x5142
Romania/Roumanie	x125	5355	5302	16	x348
Malaysia/Malaisie	3657	2981	2945	3618	x3276
Czechoslovakia	x1019	x1071	x1120	x5886	x6413
Saudi Arabia	205	2222	x178	x5315	x5314
Thailand/Thaïlande	139	153	1213	6337	x10528
Greece/Grèce	1705	1781	1844	x3758	x3906
Peru/Pérou	1022	1462	1844	2768	2042
Egypt/Egypte	413	1165	1717	2768	2042
Bahrain/Bahreïn	x354	x433	x478	x4317	x3898
Iran (Islamic Rp. of)		x12	0	x4868	x4868

(VALUE AS % OF TOTAL) (VALEUR EN % DU TOTAL)

	1983	1984	1985	1986	1987	1988	1989	1990	1991	1992		1983	1984	1985	1986	1987	1988	1989	1990	1991	1992
Africa	x2.7	1.6	2.2	x1.6	x1.4	1.6	x1.7	1.9	x1.5	1.6	Afrique	28.4	29.0	25.8	x31.8	x30.3	x36.9	x23.5	x26.1	x29.7	x29.5
Northern Africa	x0.9	0.6	0.6	x0.6	x0.4	0.4	0.4	0.5	x0.4	0.4	Afrique du Nord	25.9	25.9	24.1	25.4	25.8	31.2	15.3	20.7	24.5	22.7
Americas	17.5	21.6	20.2	22.2	x18.8	16.4	17.7	18.4	16.4	18.7	Amériques	x29.9	33.1	24.7	12.9	x12.4	11.7	16.1	16.0	16.0	x16.6
LAIA	2.6	9.1	5.4	9.5	8.0	7.3	5.3	5.8	5.4	7.0	ALAI	0.2	4.0	4.2	x4.6	x4.2	4.0	5.4	5.1	4.3	x4.6
CACM	x0.1	0.3	0.4	x0.2	x0.2	0.1	0.2	0.2	0.2	x0.2	MCAC	x0.1	0.0	0.0	x0.1	x0.1	0.0	0.0	0.1	0.1	x0.1
Asia	29.2	38.2	37.3	33.2	27.5	30.2	x26.4	29.3	38.6	x37.2	Asie	7.2	5.9	x9.3	8.6	x10.2	8.5	10.5	11.0	12.5	x14.5
Middle East	x1.8	14.1	8.6	6.6	7.0	6.2	5.6	x6.3	6.0	x4.6	Moyen–Orient	x0.4	1.0	x2.1	1.0	1.0	1.3	0.9	x1.1	x1.1	x1.4
Europe	49.2	37.5	39.1	42.1	40.4	38.8	40.9	42.7	33.3	40.0	Europe	34.3	31.9	40.0	46.7	43.6	40.1	46.1	44.5	38.6	38.1
EEC	44.9	33.4	34.2	37.9	36.2	34.0	36.4	37.9	29.3	35.6	CEE	29.8	27.7	34.7	41.9	39.3	35.8	40.7	39.7	34.8	34.3
EFTA	4.4	2.6	3.4	3.4	3.6	3.8	3.8	4.0	3.7	4.0	AELE	4.6	3.8	5.0	x4.3	x3.8	3.9	5.1	4.4	3.6	3.6
Oceania	1.4	x1.2	1.3	x1.0	x1.4	1.5	x1.3	x1.2	x0.9	1.4	Océanie	x0.1	x0.0		x0.1	0.1	0.1	0.3	x0.3	x0.4	x0.3
India/Inde	6.3	10.0	17.6	16.7	7.7	13.5	x8.4	10.1	19.5	x20.4	Germany/Allemagne	11.4	10.0	12.2	15.6	16.2	14.7	16.0	16.4	15.2	14.9
USA/Etats–Unis d'Amer	11.2	9.4	11.2	10.0	7.2	6.8	9.6	9.6	7.7	8.2	Morocco/Maroc	19.0	20.6	18.8	19.8	21.5	24.1	7.7	14.6	17.4	16.0
Germany/Allemagne	9.0	6.8	8.2	7.2	6.3	5.9	6.0	6.8	5.9	6.8	USA/Etats–Unis d'Amer	26.2	25.5	16.5	4.2	4.3	4.2	7.1	7.1	8.2	9.0
Former USSR/Anc. URSS				x7.6	x6.7	x6.7	x3.3	x8.1			Tunisia/Tunisie	6.8	5.3	5.2	5.6	4.3	4.2	6.0	5.7	5.5	5.4
Netherlands/Pays–Bas	7.0	5.9	0.0	6.6	6.4	5.4	6.2	6.1	4.4	5.1	Netherlands/Pays–Bas	3.7	2.9	4.0	4.4	4.3	4.2	6.0	5.7	5.5	5.9
France,Monac	5.9	3.9	5.0	5.4	5.0	5.6	5.3	5.9	4.8	6.8	Belgium–Luxembourg	3.7	3.4	4.5	5.6	5.4	5.3	6.1	5.8	5.1	5.9
Italy/Italie	7.7	6.4	6.7	5.4	4.8	5.1	5.5	5.2	3.6	4.1	France, Monac	4.2	3.3	4.0	3.6	3.8	3.9	4.5	4.0	2.8	2.7
Indonesia/Indonésie	9.6	8.4	5.1	3.6	5.7	3.7	4.2	4.2	4.5	2.4	Mexico/Mexique			3.7	3.9	4.0	3.6	4.3	3.7	2.8	2.8
United Kingdom	5.4	3.7	4.7	4.6	5.1	4.1	4.4	4.7	3.8	4.9	Canada	3.4	3.6	3.9	3.8	3.7	3.5	3.4	3.7	3.5	3.0
Belgium–Luxembourg	5.3	3.9	5.3	5.0	4.9	3.9	4.6	4.7	3.5	4.4	Japan/Japon	2.7	1.8	2.2	2.6	2.4	2.6	3.0	3.0	4.2	5.4

5224 ZINC, IRON, LEAD ETC OXIDE / OXYDES METALLIQUES 5224

TRADE BY COMMODITY IN THOUSAND U.S. DOLLARS – COMMERCE PAR PRODUIT EN MILLIERS DE DOLLARS E.U

COUNTRIES–PAYS	1988	1989	1990	1991	1992	COUNTRIES–PAYS	1988	1989	1990	1991	1992
	IMPORTS – IMPORTATIONS						EXPORTS – EXPORTATIONS				
Total	1982667	2066586	1871492	1868887	1927456	Totale	1622762	1925808	1634661	1617320	1689083
Africa	x85272	83719	111547	x67293	x36702	Afrique	x10229	x11191	x14631	x14236	x20345
Northern Africa	48163	55885	66792	40752	x17209	Afrique du Nord	287	198	298	121	635
Americas	592918	359680	324298	338523	374026	Amériques	463401	635724	375136	x321518	312903
LAIA	50001	58558	56997	64691	85508	ALAI	75787	94245	87513	73525	70025
CACM	12378	14402	13767	10534	x6005	MCAC	51	x111	x147	275	x259
Asia	411274	564117	521101	495583	562780	Asie	272319	319271	358520	405247	439194
Middle East	x53487	x57994	x42360	x33484	x33760	Moyen–Orient	2656	2399	x715	x695	x9477
Europe	680721	783054	807655	760425	896790	Europe	778804	850689	806230	775415	863319
EEC	574856	675663	692975	678820	803852	CEE	712790	785829	749778	706396	758557
EFTA	86574	91879	96988	74323	83574	AELE	47451	45556	46976	57290	85420
Oceania	x26812	x35907	x31047	x26419	x32218	Océanie	6613	x5277	x3240	x44725	x21803
USA/Etats–Unis d'Amer	470877	226079	203426	207198	234640	Germany/Allemagne	360566	376044	389205	369726	403230
Germany/Allemagne	118577	152929	153597	133997	158249	USA/Etats–Unis d'Amer	298023	414476	222790	197213	178680
France, Monac	103529	118871	134840	146859	165529	Japan/Japon	165729	163137	194888	213693	230932
Japan/Japon	81779	127152	128081	110016	99175	France, Monac	100639	116350	110014	87308	83250
Former USSR/Anc. URSS	x98223	x166642	x37328	x152133		United Kingdom	92656	103506	95476	91690	97923
Italy/Italie	98928	120718	109654	104066	110930	Belgium–Luxembourg	93604	107445	82365	83978	87182
Hong Kong	56632	82159	76554	69792	79302	Canada	89011	126364	64026	49610	63660
United Kingdom	64982	67666	63005	93611	121336	Mexico/Mexique	59156	73331	65154	54493	53982
Korea Republic	58515	65937	68614	82584	98006	China/Chine	33451	47916	68505	62573	74764
Netherlands/Pays–Bas	55781	67530	71255	53943	59757	Hong Kong	32367	50267	46610	37164	54402
Belgium–Luxembourg	42713	55604	59957	49829	61068	Poland/Pologne	32980	41980	41498	25205	x11975
Singapore/Singapour	40569	57475	40509	49301	67856	Italy/Italie	31750	39234	29492	34500	37066
Indonesia/Indonésie	31439	36602	46970	42000	52164	Korea Republic	21724	30002	25843	28926	24192
Spain/Espagne	26125	36180	40532	44177	45533	Singapore/Singapour	12861	18804	15884	46190	31688
Canada	47783	38087	35884	44104	39463	Finland/Finlande	21626	19223	20062	28656	31688
Algeria/Algérie	23553	29672	37523	22816	x2219	Netherlands/Pays–Bas	16672	19679	19627	15480	54832
Malaysia/Malaisie	18806	32720	25921	23217	x19379	Australia/Australie	6531	5153	2722	9600	15892
Sweden/Suède	25470	24998	29609	23321	24042	Spain/Espagne	11703	15832	16724	44070	21624
Thailand/Thaïlande	15107	18904	21827	25151	24757	Czechoslovakia	x13433	x15764	x14287	x12328	14371
Denmark/Danemark	24222	20819	22661	19007	19333	Yugoslavia SFR	18564	19304	9453	x11729	x16972
Austria/Autriche	24837	22434	21965	17675	22976	Austria/Autriche	13208	13779	15509	10464	9986
Mexico/Mexique	15232	19789	17504	24679	32945	Peru/Pérou	8993	11803	13506	x10884	x7393
Portugal	25514	18175	20814	17011	21473	Former USSR/Anc. URSS	x8384	x12223	x7552	x16197	
India/Inde	10329	x30599	15527	6908	x21116	So. Africa Customs Un	x6161	x8890	x13060	x12758	x17965
Australia/Australie	18580	19481	16770	15818	21005	Bulgaria/Bulgarie	x6682	x13570	x8292	x1103	x1147
Brazil/Brésil	9123	14999	20599	15231	13516	Norway, SVD, JM	7518	5132	4623	12654	14489
So. Africa Customs Un	22628	15487	19609	x12081	x10512	Former GDR	x26596	x16567	x3805		
Switz. Liecht	14296	15812	16341	13172	16061	Portugal	2537	5179	5311	5934	8195
Norway, SVD, JM	11680	16220	16076	9230	9557	Brazil/Brésil	4810	4746	4806	5079	4892
China/Chine	9337	12373	15025	12132	20158	India/Inde	1480	x3208	3292	6260	x4308
Yugoslavia SFR	18037	14162	16601	x7169		Sweden/Suède	2572	3592	4270	3619	3732
Turkey/Turquie	11574	11149	14373	12203	14816	Malaysia/Malaisie	444	1308	575	6906	x1102
New Zealand	6659	14644	12599	9695	10339	Switz. Liecht	2526	3858	2512	1897	2381
Ireland/Irlande	11174	12788	11856	12291	16456	Argentina/Argentine	1249	2278	2309	1099	1372
Israel/Israël	7354	9693	11485	13457	16447	Romania/Roumanie	x2819	x3277	688	x800	x841
Czechoslovakia	x13668	15138	11107	x7183	x8639	Denmark/Danemark	2229	2105	854	656	710
Finland/Finlande	8874	11246	11610	9914	10187	Thailand/Thaïlande	652	987	1356	1032	x1936
Egypt/Egypte	9752	10490	13300	8908	5004	Israel/Israël	697	1030	673	813	886
Hungary/Hongrie	x11415	x11011	x10727	9404	x7186	Ireland/Irlande	434	449	683	1063	1911
Philippines	7759	x11517	9347	8891	9329	Venezuela	47	1251	413	434	590
Saudi Arabia	16482	20349	x3491	x5006	x2807	Zaire/Zaïre	x6	x938	x247	x821	
Morocco/Maroc	8333	9474	11685	6692	7241	Gabon	x1206	x1012	x536	x417	x697
Former GDR	x33738	x17958	x8700			Colombia/Colombie	32	89	736	1067	1387
Pakistan	10920	11244	7979	6433	5954	Saudi Arabia	295	1740	x31	x27	x8195
Bulgaria/Bulgarie	x12210	x18647	x1269	x475	3451	Uruguay	1472	639	574	377	151
Venezuela	9293	3972	4592	8209	16871	Hungary/Hongrie	x503	x275	x755	x501	x564
Costa Rica	3718	5779	6049	4547	x2104	Panama	345	350	571	514	269
Ecuador/Equateur	3005	7909	3400	4066	5660	Turkey/Turquie	2050	532	401	439	1182
Poland/Pologne	8851	8121	3292	3341	x3118	Indonesia/Indonésie	104	43	93	934	522
Sri Lanka	3609	3887	5174	5200	4985	New Zealand	65	87	497	198	140

(VALUE AS % OF TOTAL)(VALEUR EN % DU TOTAL)

	1983	1984	1985	1986	1987	1988	1989	1990	1991	1992		1983	1984	1985	1986	1987	1988	1989	1990	1991	1992
Africa	4.6	4.9	6.1	x5.2	x3.5	x4.3	4.0	5.9	x3.6	x1.9	Afrique	0.5	x1.0	x1.8	x1.1	x0.9	x0.7	x0.6	x0.9	x0.9	x1.2
Northern Africa	2.2	2.1	3.5	3.9	2.7	2.4	2.7	3.6	2.2	x0.9	Afrique du Nord	0.0	0.0	0.0	x0.1	0.0	0.0	0.0	0.0	0.0	0.0
Americas	33.9	36.4	35.9	x33.1	x26.2	29.9	17.4	17.3	18.1	19.4	Amériques	17.0	23.2	22.3	x24.8	x23.2	28.6	33.0	22.9	x19.9	18.5
LAIA	2.4	4.3	3.7	x3.2	x2.7	2.5	2.8	3.0	3.5	4.4	ALAI	0.2	4.2	3.7	x3.9	x4.0	4.7	4.9	5.4	4.5	4.1
CACM	x0.2	0.1	0.5	x0.2	x0.2	0.6	0.7	0.7	0.6	x0.3	MCAC	0.0	0.0	0.0	x0.0	x0.0	0.0	0.0	0.0	0.0	x0.0
Asia	20.6	19.1	19.4	21.4	20.4	20.7	27.3	27.9	26.5	29.2	Asie	13.7	14.0	15.0	14.3	16.9	16.8	16.6	22.0	25.1	26.0
Middle East	x2.2	x2.8	x2.9	x2.4	x2.5	x2.7	x2.8	x2.3	x1.8	x1.8	Moyen–Orient	x0.1	x0.1	0.3	x0.1	0.1	0.2	0.1	x0.0	x0.0	0.6
Europe	38.9	37.6	36.8	38.9	34.1	34.3	37.9	43.2	40.7	46.5	Europe	68.4	61.5	60.5	59.4	52.7	48.0	44.2	49.3	47.9	51.1
EEC	34.1	31.9	30.7	32.7	28.6	29.0	32.7	37.0	36.3	41.7	CEE	66.8	56.3	55.5	56.3	49.8	43.9	40.8	45.9	43.7	44.9
EFTA	4.8	4.5	4.9	5.3	4.8	4.4	4.4	5.2	4.0	4.3	AELE	1.6	2.7	3.1	2.7	2.4	2.9	2.4	2.9	3.5	5.1
Oceania	1.9	2.0	1.9	1.6	1.5	x1.4	x1.8	x1.7	x1.4	x1.6	Océanie	x0.3	0.3	0.5	0.3	0.5	0.4	x0.3	x0.2	x2.7	x1.3
USA/Etats–Unis d'Amer	27.3	28.0	29.0	26.8	20.3	23.7	10.9	10.9	11.1	12.2	Germany/Allemagne	27.5	27.9	29.1	29.8	26.2	22.2	19.5	23.8	22.9	23.9
Germany/Allemagne	5.9	6.0	6.2	6.1	5.1	6.0	7.4	8.2	7.2	8.2	USA/Etats–Unis d'Amer	15.9	18.0	17.7	20.1	18.6	18.4	21.5	13.6	12.2	10.6
France, Monac	5.6	5.7	5.3	5.7	5.0	5.2	5.8	7.2	7.9	8.6	Japan/Japon	11.7	11.9	12.4	12.2	12.1	10.2	8.5	11.9	13.2	13.7
Japan/Japon	3.7	3.5	3.3	3.3	3.4	4.1	6.2	6.8	5.9	5.1	France, Monac	4.6	5.9	6.8	6.6	6.2	6.0	6.7	5.4	4.9	4.9
Former USSR/Anc. URSS					x4.5	x5.0	x8.1	x2.0	x8.1		United Kingdom	5.3	5.7	7.0	7.5	5.4	5.7	5.5	5.8	5.7	5.8
Italy/Italie	7.3	6.0	5.2	6.3	5.4	5.0	5.8	5.9	5.6	5.8	Belgium–Luxembourg	5.2	4.8	6.5	7.2	7.0	5.8	5.5	5.0	5.2	5.2
Hong Kong	1.5	1.4	1.5	1.9	2.1	2.9	4.0	4.1	3.7	4.1	Canada	0.9	1.0	0.9	0.9	0.5	5.5	6.6	3.9	3.1	3.8
United Kingdom	4.5	4.1	3.6	3.7	3.4	3.3	3.4	5.0	6.3		Mexico/Mexique		3.4	3.0	x3.1	x3.2	3.6	3.8	4.0	3.4	3.2
Korea Republic	1.9	2.0	2.1	3.0	3.0	3.0	3.2	3.7	4.4	5.1	China/Chine					1.8	2.1	2.5	4.2	3.9	4.4
Netherlands/Pays–Bas	3.0	3.2	3.6	2.9	2.7	2.8	3.3	3.8	2.9	3.1	Hong Kong	0.6	0.5	0.8	0.9	1.3	2.0	2.6	2.9	2.3	3.2

5225 INORGANIC BASES ETC NES / AUTRES BASES OXYDES METAL 5225

TRADE BY COMMODITY IN THOUSAND U.S. DOLLARS – COMMERCE PAR PRODUIT EN MILLIERS DE DOLLARS E.U

COUNTRIES–PAYS	IMPORTS – IMPORTATIONS					COUNTRIES–PAYS	EXPORTS – EXPORTATIONS				
	1988	1989	1990	1991	1992		1988	1989	1990	1991	1992
Total	4081485	4532169	4383692	4523508	3944644	Totale	x4560161	x5148195	x4909249	x5154338	3500034
Africa	x213294	x235190	x277202	x258443	x204765	Afrique	x107460	x167255	x108447	x98922	x105869
Northern Africa	110636	127016	143118	138703	101903	Afrique du Nord	23455	21043	28961	x45569	x64337
Americas	1149284	1316155	1284321	1302814	x1210384	Amériques	949061	1303486	1324983	1367345	1209682
LAIA	255223	253411	267096	266732	218706	ALAI	131900	140621	181927	165992	184109
CACM	19503	19759	18660	23256	x18387	MCAC	1426	3258	3119	2337	726
Asia	991089	935315	932458	1034095	x820030	Asie	x691008	x764184	x637333	x678296	x645729
Middle East	x210045	x196999	x179345	x202313	x131079	Moyen–Orient	x263392	x290087	x175216	x154073	x126708
Europe	1516042	1725173	1744849	1680804	1645637	Europe	1563948	1605137	1649909	1537338	1383356
EEC	1044505	1202275	1245344	1255420	1260777	CEE	1385342	1377975	1429361	1376587	1221619
EFTA	376584	417096	417255	404993	360853	AELE	142968	151482	x168575	x147389	153202
Oceania	31518	32636	32062	x36075	x31964	Océanie	23324	x29130	x44831	x59699	48246
USA/Etats–Unis d'Amer	696911	811513	763165	777794	761701	Former USSR/Anc. URSS	x888899	x1011690	x910400	x1297002	549240
Germany/Allemagne	213541	216814	233030	247685	276246	USA/Etats–Unis d'Amer	404427	673215	630924	685443	511307
Korea Republic	129390	172325	200324	217397	172722	Germany/Allemagne	520090	494723	521564	540623	511307
France, Monac	141858	194805	204098	185508	185895	Canada	258989	297388	324646	327350	314656
Japan/Japon	167600	195683	157540	159052	151355	Japan/Japon	184918	207385	233629	242217	218478
Italy/Italie	132312	149511	179139	162756	152925	Netherlands/Pays–Bas	240512	202068	220392	236050	156263
Spain/Espagne	131250	131339	144448	133286	114959	Trinidad and Tobago	150091	170841	171122	180941	157116
Former USSR/Anc. URSS	x79770	x178528	x47177	x169573		United Kingdom	159073	173684	192030	116952	111659
Belgium–Luxembourg	80303	151581	117361	106875	123866	Belgium–Luxembourg	136822	153449	157081	159709	157926
Netherlands/Pays–Bas	106855	112327	121837	126804	133195	China/Chine	123369	141786	117942	155546	186349
Finland/Finlande	101167	106881	131933	121465	102592	Italy/Italie	127281	148529	128957	112756	85842
Canada	103304	119127	103054	116535	98850	Saudi Arabia	164308	151900	x79335	x52781	x45938
United Kingdom	105388	97726	95386	132376	135733	France, Monac	87475	88755	94830	96448	102165
Turkey/Turquie	129659	99921	103165	110086	81011	Austria/Autriche	78669	87216	95633	76478	82824
Sweden/Suède	75549	76831	99787	83243	96132	So. Africa Customs Un	x76002	x139894	x68090	x44644	x37620
Austria/Autriche	94432	106452	104343	137701	84791	Spain/Espagne	71720	79287	76923	71303	62971
India/Inde	96632	x18421	81980	72787	x68284	Mexico/Mexique	48444	39869	71503	61909	78154
Denmark/Danemark	70784	71447	84827	84083	71365	Brazil/Brésil	43174	43985	56973	69880	66271
Venezuela	80071	64025	64827		58253	Bulgaria/Bulgarie	x104602	x78233	x65240	x8721	x9149
Yugoslavia SFR	94291	104247	81235	x19735		Poland/Pologne	36861	40862	64173	35183	x32409
Brazil/Brésil	57665	66970	88502	47524	40168	Yugoslavia SFR	35602	75680	51974	x12280	
Norway, SVD, JM	72232	92970	47144	49438	38184	Australia/Australie	22836	28973	44343	58339	48139
Morocco/Maroc	43178	47118	59380	68744	46243	Bahrain/Bahrein	x23938	x41454	x37733	x51450	x28520
Jamaica/Jamaïque	20081	46626	64593	59064	x57981	Norway, SVD, JM	27913	32652	x40239	x40519	41015
Indonesia/Indonésie	72046	58537	48287	54773	51757	Hong Kong	38496	38255	29695	37758	23021
Hong Kong	55397	49949	44969	54972	39518	Hungary/Hongrie	x31631	x31458	x33304	x28531	x30151
China/Chine	121341	106254	25965	17560	17789	Indonesia/Indonésie	31947	34475	26669	28217	26148
Mexico/Mexique	38767	38775	40743	59165	41785	Romania/Roumanie	x23452	x28992	x27690	x23296	x5532
Suriname/Suriname	x34972	x47746	x52378	x35126	x28778	Czechoslovakia	31906	27386	24928	25291	x29909
Tunisia/Tunisie	37105	44816	41385	42054	39646	Ireland/Irlande					25733
Singapore/Singapour	40370	33405	47068	45568	42374	Qatar	x23019	16214	23186	28859	x30244
Philippines	33648	x26396	42228	53207	38560	Argentina/Argentine	17899	26138	26842	15055	11432
Switz. Liecht	31527	32715	39063	32934	37000	Former GDR	x11808	39813	x20365	x933	x2905
Ireland/Irlande	28029	33786	35318	34093	35793	Kuwait/Koweit	22447	14815	20330	18969	16578
So. Africa Customs Un	43491	35250	45190	x17350	x16567	Singapore/Singapour	11550	7508	13495	28762	x46529
Greece/Grèce	18975	27903	25121	36646	x6052	Algeria/Algérie	24093	17372	16768	14534	16072
Jordan/Jordanie	25451	21250	24584	42367	15748	Sweden/Suède	x25261	x21831	x9321	x9599	x12924
Iran (Islamic Rp. of)	x9903	x23467	x28240	x27730	x17096	United Arab Emirates	10718	10168	11933	17093	20490
Thailand/Thaïlande	19712	25779	27476	25715	27721	Israel/Israël	5652	x16005	11525	10851	x8362
Colombia/Colombie	33984	29464	24525	18867	28314	India/Inde					
Czechoslovakia	x21101	32590	27195	x10530	x11283	Libyan Arab Jamahiriya	10921	12396	14716	x10906	x14135
Chile/Chili	16138	19812	21209	23047	x15196	Switz. Liecht	8366	7864	10081	10524	9039
Nigeria/Nigéria	x14946	x24760	x13272	x23678	x21653	Venezuela	6203	12699	13202	2452	4247
Malaysia/Malaisie	10627	16501	21550	23472	x21028	Nigeria/Nigéria	x6694	x5464	x8488	x6205	x2133
Romania/Roumanie	x17431	24021	23729	9776	x4511	Chile/Chili	4597	5523	6127	6701	x12713
Australia/Australie	13176	16976	15915	19647	17592	Finland/Finlande	3928	6362	5854	5334	4253
Argentina/Argentine	17847	19766	13246	16655	24408	Jordan/Jordanie	2606	14660	1255	1512	1911
Portugal	15211	15037	17624	16602	24749	Korea Republic	4003	3976	5102	8276	8508
Israel/Israël	17004	15805	14863	16714	16402	Peru/Pérou	7607	8154	3213	x4454	x1690
Algeria/Algérie	12956	18847	12819	10216	x9904	Suriname/Suriname		x14826			0

(VALUE AS % OF TOTAL)(VALEUR EN % DU TOTAL)

	1983	1984	1985	1986	1987	1988	1989	1990	1991	1992		1983	1984	1985	1986	1987	1988	1989	1990	1991	1992
Africa	x8.3	6.4	6.6	x5.3	x4.3	x5.3	x5.2	x6.3	x5.7	x5.2	Afrique	x4.7	x4.0	3.8	x3.7	x2.8	x2.3	x3.2	x2.2	x2.0	x3.0
Northern Africa	2.7	2.6	2.3	2.6	2.5	2.7	2.8	3.3	3.1	2.6	Afrique du Nord	x2.9	x1.9	1.7	x1.3	x0.4	0.5	0.4	0.6	x0.9	x1.8
Americas	x31.2	33.1	29.5	28.9	x23.2	28.2	29.0	29.3	28.8	x30.7	Amériques	33.5	35.6	37.3	x29.7	20.1	20.8	25.4	27.0	26.5	34.6
LAIA	2.6	3.8	3.9	x4.4	x4.6	6.3	5.6	6.1	5.9	5.5	ALAI	0.9	6.1	6.5	x3.6	x2.2	2.9	2.7	3.7	3.2	5.3
CACM	x0.3	0.4	0.2	x0.4	x0.2	0.5	0.4	0.4	0.5	x0.5	MCAC	x0.2	0.1	0.1	x0.0	x0.1	0.0	0.1	0.1	0.0	0.0
Asia	16.9	21.6	20.3	20.1	19.7	24.3	20.7	21.2	22.9	20.8	Asie	x6.6	x11.9	13.3	12.7	x12.6	x15.2	14.8	x13.0	x13.1	x18.4
Middle East	x1.9	5.9	5.7	4.9	3.7	x5.1	x4.3	x4.1	x4.5	x3.3	Moyen–Orient	x1.9	x6.5	x7.8	6.1	x4.0	x5.8	x5.6	x3.6	x3.0	x3.6
Europe	40.8	38.0	42.6	44.5	43.9	37.1	38.1	39.8	37.2	41.7	Europe	54.5	48.4	45.1	53.5	36.9	34.3	31.2	33.6	29.8	39.5
EEC	31.6	27.7	31.4	34.5	35.0	25.6	26.5	28.4	27.8	32.0	CEE	48.1	42.2	39.0	47.6	32.5	30.4	26.8	29.1	26.7	34.9
EFTA	9.2	8.6	9.9	9.7	8.5	9.2	9.2	9.5	9.0	9.1	AELE	6.4	5.7	5.2	5.1	x3.7	3.1	2.9	x3.4	x2.9	4.4
Oceania	x2.8	x0.9	1.0	1.3	2.6	0.8	0.7	0.7	x0.8	x0.8	Océanie	0.5	0.1	x0.5	x0.5	0.3	0.5	0.6	0.9	x1.1	1.4
USA/Etats–Unis d'Amer	23.2	25.3	21.7	20.3	15.3	17.1	17.9	17.4	17.2	19.3	Former USSR/Anc. URSS					x22.8	x19.5	x19.7	x18.5	x25.2	
Germany/Allemagne	3.8	3.9	4.9	6.2	4.4	5.2	4.8	5.3	5.5	7.0	USA/Etats–Unis d'Amer	12.7	11.6	12.5	7.6	6.4	8.9	13.1	12.9	13.3	15.7
Korea Republic	3.1	3.3	3.4	3.3	3.2	3.2	3.8	4.6	4.8	4.4	Germany/Allemagne	16.7	14.4	15.1	16.6	12.6	11.4	9.6	10.6	10.5	14.6
France, Monac	3.4	3.3	5.0	4.1	3.2	3.5	4.3	4.7	4.1	4.7	Canada	11.6	10.4	11.1	10.7	7.8	5.7	5.8	6.6	6.6	6.2
Japan/Japon	2.0	2.4	2.7	3.4	4.1	4.1	4.1	3.6	3.5	3.8	Japan/Japon	3.1	2.8	2.9	3.6	3.5	4.1	4.0	4.8	4.7	6.2
Italy/Italie	5.3	3.4	2.8	3.5	3.4	3.2	3.3	4.1	3.6	3.9	Netherlands/Pays–Bas	7.0	7.5	0.0	7.8	5.7	5.3	3.9	4.5	4.6	4.5
Spain/Espagne	4.4	4.6	5.0	4.9	4.0	3.2	2.9	3.1	2.9	2.9	Trinidad and Tobago	8.0	7.4	7.1	5.9	3.4	3.3	3.3	3.5	3.5	4.5
Former USSR/Anc. URSS					x3.6	x3.4	x3.9	x1.1	x3.7		United Kingdom	5.8	5.3	6.4	4.3	x3.7	3.5	3.4	3.9	2.3	3.2
Belgium–Luxembourg	1.8	1.7	1.7	2.6	2.2	2.0	3.3	2.7	2.4	3.1	Belgium–Luxembourg	4.4	3.4	3.4	3.6	2.6	3.0	3.0	3.2	3.1	4.5
Netherlands/Pays–Bas	3.3	2.3	3.4	3.3	2.7	2.6	2.5	2.8	2.8	3.4	China/Chine					2.8	2.7	2.8	2.4	3.0	5.3

52251 AMMONIA, ANHYDROUS ETC

AMMONIAC LIQUEFIE 52251

TRADE BY COMMODITY IN THOUSAND U.S. DOLLARS – COMMERCE PAR PRODUIT EN MILLIERS DE DOLLARS E.U

COUNTRIES–PAYS	IMPORTS – IMPORTATIONS					COUNTRIES–PAYS	EXPORTS – EXPORTATIONS				
	1988	1989	1990	1991	1992		1988	1989	1990	1991	1992
Total	1141157	1146813	1232122	1343175	1042956	Totale	x1693805	x1829572	x1795725	x2141171	x774712
Africa	91369	105532	124161	x109179	x73466	Afrique	x29545	x17696	x26391	x47462	x63786
Northern Africa	69810	87146	92637	96165	69574	Afrique du Nord	16629	9185	14868	35170	x55485
Americas	384342	423833	377595	429900	x392298	Amériques	332529	350006	356234	357933	353720
LAIA	15950	10953	11336	24457	x11511	ALAI	48521	40296	61675	55976	73644
CACM	5692	5677	5196	9370	x5396	MCAC	10	6	x15	46	44
Asia	284897	194384	295699	368126	x238077	Asie	x117267	x148620	x151889	x146067	x126827
Middle East	118027	95466	95244	106643	67296	Moyen–Orient	x79514	x112523	x124651	x112614	x91246
Europe	369431	411599	427004	422338	330420	Europe	262084	222434	291876	295067	206557
EEC	267737	293824	292479	303804	241155	CEE	258016	221404	284710	287980	196485
EFTA	86917	94417	118391	118206	85861	AELE	2113	x643	x7162	x6005	x9860
Oceania	x121	1117	x337	x5133	x3951	Océanie	1544	31	60	5743	55
USA/Etats–Unis d'Amer	355386	401680	357787	391821	366510	Former USSR/Anc. URSS	x860928	x983161	x882678	x1266231	
Spain/Espagne	94405	89505	81533	80701	56845	Trinidad and Tobago	150082	170840	171120	180940	157110
Turkey/Turquie	94157	76483	78837	76553	58193	Netherlands/Pays–Bas	147513	122580	146678	153006	77131
Korea Republic	54957	63638	78717	88164	75459	Canada	133593	136942	120960	117270	121054
France, Monac	37800	83227	77651	69554	72926	Germany/Allemagne	51271	42100	51684	53134	44191
India/Inde	76494	x533	80799	121044	x46317	Bahrain/Bahreïn					
Morocco/Maroc	40925	44201	55576	63213	40935	Mexico/Mexique	x23938	x41454	x37733	x51450	x28520
Denmark/Danemark	45228	45780	46604	44746	35768	Bulgaria/Bulgarie	41247	26844	48747	52694	68948
Finland/Finlande	34696	37513	49979	40534	30097	Indonesia/Indonésie	x58904	x62118	x41226	x5486	x5502
Germany/Allemagne	40444	28739	32857	55220	39691	United Kingdom	31945	31804	23834	27411	26063
Sweden/Suède	30172	29380	35643	38568	30721	Qatar	3694	10256	32016	29774	32564
Tunisia/Tunisie	27030	32517	30619	32694	28475	Saudi Arabia	x23019	16214	23084	28859	x30244
Norway, SVD, JM	17131	24032	28382	32892	21359	Kuwait/Koweït	11	3	x38085	x19019	x16368
Italy/Italie	32952	19721	32928	26013	23386	Algeria/Algérie	x10552	34182	x18191	x706	x1877
Philippines	19645	x16086	20237	27091	19423	Italy/Italie	11550	7249	13368	28426	x46367
Jordan/Jordanie	20133	13920	14353	28161	7156	Ireland/Irlande	9941	13856	17865	10767	1564
Greece/Grèce	9464	17504	10818	22459	x2985	Czechoslovakia	18513	13212	13059	13910	12389
Yugoslavia SFR	14724	22772	16069	x281		United Arab Emirates	x3900	x11247	x15715	x9534	x8698
So. Africa Customs Un	12679	14195	16926	x31		Poland/Pologne	x21988	x19490	x7438	x8291	x9410
Israel/Israël	9031	7425	6614	10371	x24	Hungary/Hongrie	x16162	x15747	x17648	x881	x105
Brazil/Brésil	2647	3547	2565	16316	7861	Belgium–Luxembourg	x10459	x12208	x10215	x6390	x9083
Czechoslovakia	x29	10175	7213	x2337	4560	Venezuela	10907	9273	11927	6705	10761
Costa Rica	5241	5304	4881	9069	x4589	France, Monac	6196	12554	11741	2031	1688
Zimbabwe	4468	x1	8741	8769	x5147	Nigeria/Nigéria	13341	6748	5400	8057	9789
Malaysia/Malaisie	1374	5528	6936	4351		Portugal	x6667	x5224	x8397	x6139	x2068
Chile/Chili	4642	4413	5945	4595	x2853	Austria/Autriche	2304	1434	3899	7729	2893
Thailand/Thaïlande	2760	2905	4138	7529	x2134	So. Africa Customs Un		x6688	x5663	x9419	
Libyan Arab Jamahiriya	1749	4965	6318	x122	7921	Malaysia/Malaisie	x5595	x2891	x2898	x5739	x5694
Netherlands/Pays–Bas	3358	3508	3353	4119	x66	Former GDR	3542	2726	1808	3518	x6165
Canada	3243	2342	2458	3427	1804	Egypt/Egypte	x326	x6179	x1796		
					2867		x343	1071	548	5637	3440
Switz. Liecht	3776	2765	3138	2261	1515	Spain/Espagne	340	318	2031	4462	5128
Colombia/Colombie	3139	2523	2033	2918	3862	USA/Etats–Unis d'Amer	254	1858	2183	2235	1833
Australia/Australie	12	942	164	5067	3884	Australia/Australie	1543	25	54	5733	52
Senegal/Sénégal	x792	2477	3388	x18	x190	Libyan Arab Jamahiriya	4736	865	950	x1101	x5650
Algeria/Algérie	14	5307	16	10	x21	Japan/Japon	584	511	740	1638	2477
Ireland/Irlande	213	3312	1709	219	1247	Colombia/Colombie	912	731	1016	1077	2629
Hungary/Hongrie		x27	x22	4766	x3	Iran (Islamic Rp. of)				x2416	x3563
Iran (Islamic Rp. of)	x22	x1475	x1564	x1538	x1578	Denmark/Danemark	192	1623	149	436	73
Portugal	3378	1981	2331	28	5515	China/Chine	361	524	436	450	344
Mauritius/Maurice	x4		1372	2739	2323	Bermuda/Bermudes				x1401	
Singapore/Singapour	937	1141	1294	1672	1868	Turkey/Turquie	2	784	9	520	15
Belgium–Luxembourg	495	546	2694	745	988	Gibraltar				x1082	
Iceland/Islande	1143	727	820	1819	1422	Norway, SVD, JM	1820	277	x249	x209	280
Austria/Autriche			x430	x2132	x747	Iraq				x700	x363
Cyprus/Chypre	3314	2358	19	20	35	Neutral Zone/Zone Neutre				x556	
Cuba	x3293	x1694	x49	x29	x5391	Singapore/Singapour	188	294	84	171	324
Hong Kong	1090	496	560	491	642	Sweden/Suède	x252	x326	x156	x39	x74
Romania/Roumanie				1097	x2	Senegal/Sénégal		42	69	x405	x508
Saudi Arabia	x64	780	x206	x105	x59	Romania/Roumanie	x157	125		x377	
Indonesia/Indonésie	34	11	846	67	51	Syrian Arab Republic	3	324	72	x99	x377

(VALUE AS % OF TOTAL)(VALEUR EN % DU TOTAL)

	1983	1984	1985	1986	1987	1988	1989	1990	1991	1992		1983	1984	1985	1986	1987	1988	1989	1990	1991	1992
Africa	x5.7	4.4	4.2	x4.3	x6.2	8.0	9.2	10.1	x8.1	x7.0	Afrique	x6.2	x3.3	3.9	x4.6	x2.1	1.7	x1.0	x1.5	x2.2	x8.2
Northern Africa	3.4	3.0	2.7	3.5	5.2	6.1	7.6	7.5	7.2	6.7	Afrique du Nord	x5.5	x2.9	3.4	x3.7	x1.0	1.0	0.5	0.8	1.6	x7.2
Americas	x37.9	37.7	31.8	x31.2	x28.4	33.7	36.9	30.6	32.0	x37.6	Amériques	32.5	31.1	46.4	37.0	17.6	19.6	19.1	19.9	16.7	45.7
LAIA	0.3	1.0	1.4	x1.0	x1.0	1.4	1.0	0.9	1.8	x1.1	ALAI	1.6	7.3	10.3	x4.2	x1.5	2.9	2.2	3.4	2.6	9.5
CACM	x0.4	0.0		x0.4	x0.2	0.5	0.5	0.4	0.7	x0.5	MCAC	x0.0	0.0		x0.0	x0.0	0.0	0.0	0.0	0.0	0.0
Asia	13.2	21.6	22.6	20.8	20.4	25.0	16.9	24.0	27.4	22.8	Asie	x3.0	x11.4	x10.1	x19.6	x8.6	6.9	x8.1	x8.4	x6.8	x16.4
Middle East	x0.8	9.3	8.2	7.4	10.3	8.3	7.7	7.9	6.5		Moyen–Orient	x2.5	x9.1	x6.8	x15.4	x6.7	4.7	x6.2	x6.9	x5.3	x11.8
Europe	43.2	36.3	41.5	43.5	43.3	32.4	35.9	34.7	31.4	31.7	Europe	22.7	23.0	38.7	37.7	19.3	15.5	12.2	16.3	13.8	26.7
EEC	33.6	26.0	29.3	33.6	32.4	23.5	25.6	23.7	22.6	23.1	CEE	19.8	20.6	35.2	35.0	18.2	15.2	12.1	15.9	13.4	25.4
EFTA	9.5	8.5	11.2	9.8	10.8	7.6	8.2	9.6	8.8	8.2	AELE	x2.9	x2.5	x2.5	x1.9	x0.6	0.1	x0.0	x0.4	x0.3	x1.3
Oceania	0.1	x0.0		x0.2	x0.0		x0.0	x0.0	x0.4	0.4	Océanie	1.0	0.1	x1.0	0.9	0.3	0.1			0.3	
USA/Etats–Unis d'Amer	35.9	35.9	29.3	28.3	26.2	31.1	35.0	29.0	29.2	35.1	Former USSR/Anc. URSS		34.7	30.9			x49.1	x50.8	x53.7	x49.2	x59.1
Spain/Espagne	8.3	8.5	9.3	9.6	10.3	8.3	7.8	6.6	6.0	5.5	Trinidad and Tobago	15.5	11.3	14.7	17.3	7.6	8.9	9.3	9.5	8.5	20.3
Turkey/Turquie		7.9	8.0	7.0	6.9	8.3	6.7	6.4	5.7	5.6	Netherlands/Pays–Bas	6.2	7.3	17.1	17.7	9.2	8.7	6.7	8.2	7.1	10.0
Korea Republic	5.1	5.3	5.3	4.3	5.4	4.8	5.5	6.4	6.6	7.2	Canada	10.4	7.0	11.6	15.3	8.5	7.9	7.5	6.7	5.5	15.6
France, Monac	3.3	2.7	6.1	6.3	3.0	3.3	7.3	6.3	5.2	7.0	Germany/Allemagne	3.3	4.6	5.2	3.9	4.0	3.0	2.3	2.9	2.5	5.7
India/Inde	5.8	5.3	4.8	5.0	4.8	6.7	x0.0	6.6	9.0	x4.4	Bahrain/Bahreïn										
Morocco/Maroc	1.3	0.7	1.1	1.0	1.8	3.6	3.9	4.5	4.7	3.9	Mexico/Mexique			x1.7	x0.6	x0.3	x1.4	x2.3	x2.1	x2.4	x3.7
Denmark/Danemark	6.2	6.1	4.9	3.9	5.1	4.0	4.0	3.8	3.3	3.4	Bulgaria/Bulgarie		4.6	3.0	x2.0	0.6	2.4	1.5	2.7	2.5	8.9
Finland/Finlande	4.5	4.5	4.9	3.5	5.0	3.0	3.3	4.1	3.0	2.9	Indonesia/Indonésie				x1.2	x3.5	x4.3	x2.3	x0.3	x0.7	
Germany/Allemagne	2.6	2.4	3.5	5.5	3.6	3.5	2.5	2.7	4.1	3.8	United Kingdom	0.4	2.0	3.1	3.7	1.7	1.9	1.7	1.3	3.4	
												3.4	2.8	4.7	1.0	0.3	0.2	0.6	1.8	1.4	4.2

418

52252 SODIUM HYDROXIDE, SOLID — HYDROXYDE DE SODIUM 52252

TRADE BY COMMODITY IN THOUSAND U.S. DOLLARS – COMMERCE PAR PRODUIT EN MILLIERS DE DOLLARS E.U

COUNTRIES–PAYS	IMPORTS – IMPORTATIONS 1988	1989	1990	1991	1992	COUNTRIES–PAYS	EXPORTS – EXPORTATIONS 1988	1989	1990	1991	1992
Total	x633248	x574400	x454419	x513856	x350260	Totale	x545729	574074	x369212	347138	x311075
Africa	x73179	x87277	x90199	x90310	x90250	Afrique	x7082	x12229	x15631	x5878	x7164
Northern Africa	25809	x25571	31763	22981	x18004	Afrique du Nord	6812	11605	13794	x5491	x6654
Americas	240708	105000	125311	114078	x61889	Amériques	x45988	41374	x47378	39205	52575
LAIA	48369	47374	51292	84150	x25073	ALAI	x20012	10085	x15668	12859	12531
CACM	4641	4664	4099	3556	x3131	MCAC	681	1657	x47	80	x55
Asia	190351	x194403	x127612	x126673	x111827	Asie	187946	187702	x36076	51624	x61122
Middle East	x26372	x57103	x39783	x45275	x27226	Moyen–Orient	172454	176588	x8449	x4300	x9465
Europe	47411	46665	66894	63812	77053	Europe	236892	266580	215850	210716	171050
EEC	32444	37549	50694	53719	64290	CEE	223654	248409	196561	199266	155291
EFTA	7013	6893	x10564	8137	8751	AELE	x8717	x6668	x12952	x11111	x13665
Oceania	3922	6116	8573	x8326	x7578						
Former USSR/Anc. URSS	x59106	x120606	x28385	x105958		Italy/Italie	46595	67822	50819	48464	20764
China/Chine	87144	80163	18053	2130	4102	Saudi Arabia	164179	151444	x3219	x2189	x3772
Venezuela	102	8	10277	61104	9704	United Kingdom	31729	37529	28028	45510	35825
Jamaica/Jamaïque	15414	21760	37932	349	x466	Germany/Allemagne	45811	45988	33120	28136	24081
Iran (Islamic Rp. of)	x3587	x19027	x20920	x19057	x10610	Netherlands/Pays-Bas	46258	37168	32025	27502	28121
Nigeria/Nigéria	x12503	x23535	x11815	x22623	x19931	Spain/Espagne	28083	35026	27479	27648	20843
Indonesia/Indonésie	31947	14091	13894	20243	15437	Romania/Roumanie	x46093	40090	20859	19124	x2313
Colombia/Colombie	27007	22910	18213	1797	2515	USA/Etats-Unis d'Amer	18219	22672	26928	25732	39352
USA/Etats-Unis d'Amer	158519	18629	14132	4669	6914	Poland/Pologne	x16731	x21498	x31619	x17899	x16123
Germany/Allemagne	6748	6811	14645	11381	14696	Belgium-Luxembourg	22621	22727	23227	18354	24993
Hong Kong	10622	10004	9369	11760	10564	China/Chine	2500	2542	10208	27624	37583
Algeria/Algérie	11906	12761	9291	6983	x9168	Libyan Arab Jamahiriya	6185	11531	13766	x5053	x6484
Canada	7947	8040	11307	8981	13181	Argentina/Argentine	2775	5172	8182	7910	7323
France, Monac		7519	9388	10516	9280	India/Inde	3507	x3152	7734	9595	x5385
Singapore/Singapour	7583	5624	11749	9188	4875	Yugoslavia SFR	4507	11503	6337	x338	
Egypt/Egypte	10819	288	13747	10788	1018	Sweden/Suède	x8225	x6407	x6062	x4816	x6467
Chile/Chili	8921	12696	5673	5438	x3890	Jordan/Jordanie	1267	14592	24	281	1286
Syrian Arab Republic	4882	7964	5311	x7110	x7682	Austria/Autriche			x6380	x6103	x6449
Iraq	x10938	x11803	x4054	x3194		Canada	7034	6667	4713	213	552
Czechoslovakia	x8035	11004	5686	x2220	x217	Singapore/Singapour	2432	2276	4324	4053	3067
Italy/Italie	4119	3699	5519	8197	8349	Kuwait/Koweït	x1256	5632	x2144	x196	x997
Malaysia/Malaisie	2738	2522	6364	6448	x4997	Brazil/Brésil	4437	3084	2194	2213	2187
Zaire/Zaïre	x2993	x5371	x5757	x3908	x4050	Hong Kong	3952	1748	1695	3144	2843
Philippines	3307	x3453	5878	5664	6003	Greece/Grèce	1798	1663	1370	3097	x89
Sri Lanka	3411	3770	4460	6551	4516	United Arab Emirates	x2739	x2200	x1801	x1047	x3220
Brazil/Brésil	3070	4824	6901	3020	620	Turkey/Turquie	2569	2483	1258	586	190
Australia/Australie	1140	3673	5051	5461	4395	Japan/Japon	1906	1267	1652	1377	1392
Belgium–Luxembourg	4022	4817	4516	4200	7703	Uruguay	1389	1224	1572	752	345
Netherlands/Pays-Bas	4363	4483	4019	3969	3560	Former GDR	x3134	x2957	x516		
Turkey/Turquie	1586	2002	3093	6677	935	Mexico/Mexique	2985	137	989	1913	2503
Bangladesh	x3830	x3020	x2840	x5780	x4202	Peru/Pérou	x8187	0	x2668	x6	x6
Senegal/Sénégal	x987	4552	5823	x1157	x3374	Czechoslovakia	x719	x760	x678	x571	x586
Kenya	4221	x2775	4441	x4051	x4616	Korea Republic	268	66	1695	180	493
Thailand/Thaïlande	3701	3848	4677	2679	2662	Nicaragua	653	1554	27	79	7
Sudan/Soudan	x1328	x6919	x2701	x1432	x3127	Former USSR/Anc. URSS	x10	x570	x76	x978	
Ireland/Irlande	7128	4228	4152	2568	2896	Kenya	87	x94	1400	0	0
Cuba	x1133	x633	x3114	x7149	x9001	Portugal	269	403	326	355	375
Zimbabwe	x917	x928	4127	5319	x701	Thailand/Thaïlande	5	2	9	1039	x730
Paraguay	1530	2426	2998	3692	2499	American Samoa				x976	
Yugoslavia SFR	7533	1829	5311	x1465		So. Africa Customs Un	x144	x308	x325	x337	x373
Mexico/Mexique	5970	2084	1869	4502	2174	Switz.Liecht	433	256	472	181	170
Tunisia/Tunisie	692	2800	2369	3107	4306	Colombia/Colombie	239	465	x1	x40	
Zambia/Zambie	x1524	x1574	x3375	x3071	x3629	Bulgaria/Bulgarie	x257		x231	x286	x81	x8
Jordan/Jordanie	1852	2425	1798	3521	4595	Bermuda/Bermudes	x23	x231	x17	x113	
India/Inde	1309	x1814	3589	2157	x774	Denmark/Danemark	450	72	128	103	113
Spain/Espagne	1494	1999	2457	3038	6711	Australia/Australie	78	131	63	69	116
Cote d'Ivoire	x1363	x2920	x1553	x2982	x8539	Cyprus/Chypre	414	237			
Pakistan	2968	3433	1661	2303	7802	Algeria/Algérie					231
Switz.Liecht	2427	2316	2759	2302	2215	Senegal/Sénégal		178	18		
Denmark/Danemark	2172	1916	2744	2591	2627	New Zealand	376	68	114	14	10

(VALUE AS % OF TOTAL)(VALEUR EN % DU TOTAL)

	1983	1984	1985	1986	1987	1988	1989	1990	1991	1992		1983	1984	1985	1986	1987	1988	1989	1990	1991	1992
Africa	x13.7	x13.6	x18.0	x21.5	10.5	x11.6	15.2	19.8	17.6	25.7	Afrique	0.3	0.4	1.2	x0.1	x0.3	1.3	2.2	x4.2	1.7	x2.3
Northern Africa	6.1	8.2	10.3	6.3	4.1	4.1	x4.5	7.0	4.5	x5.1	Afrique du Nord	x0.0	0.0	0.8	x0.0	x0.2	1.2	2.0	3.7	x1.6	x2.1
Americas	29.4	28.7	44.6	x37.1	x22.3	38.0	18.2	27.6	22.2	x17.6	Amériques	x6.4	6.0	5.5	x20.0	x14.8	x8.4	7.2	x12.9	11.3	16.9
LAIA	5.1	6.2	12.2	6.7	3.9	7.6	8.2	11.3	16.4	x7.2	ALAI	0.1	0.0	x1.9	x2.5	x1.2	x3.7	1.8	x4.2	3.7	4.0
CACM	x0.2		x1.0	0.6	0.7	0.8	0.9	0.7	x0.9	MCAC			x0.0	x0.0	0.0	0.1	0.3	x0.0	0.0	x0.0
Asia	x22.3	x18.5	x22.4	x23.6	32.5	30.1	x33.8	28.1	24.6	x31.9	Asie	x5.8	x6.3	x21.2	x3.1	x6.2	34.4	32.7	x9.8	14.8	x19.7
Middle East	x6.3	x5.7	x7.1	x7.7	x3.2	x4.2	x9.9	x8.8	8.8	x7.8	Moyen–Orient	x3.8	x3.9	x19.8	x1.2	x3.9	31.6	30.8	x2.3	x1.2	x3.0
Europe	8.4	8.1	13.4	16.6	10.0	7.5	8.1	14.7	12.4	22.0	Europe	83.6	83.1	72.0	x76.8	x66.7	43.4	46.4	58.5	60.7	55.0
EEC	6.3	6.0	9.9	12.6	7.6	5.1	6.5	11.2	10.5	18.4	CEE	80.5	79.8	68.7	71.1	63.0	41.0	43.3	53.2	57.4	49.9
EFTA	x2.0	x2.1	x3.5	x3.9	x2.3	1.1	1.2	x2.3	1.6	2.5	AELE	x3.1	x3.3	x3.3	x5.3	x3.5	x1.6	x1.2	x3.5	x3.2	x4.4
Oceania	x0.5	0.8	1.6	1.3	1.1	0.6	1.1	1.9	x1.6	x2.2	Océanie						0.1		x0.0	x0.3	
Former USSR/Anc. URSS	25.6	30.3			x22.6	x9.3	x21.0	x6.2	x20.6		Italy/Italie	19.4	20.6	14.4	15.4	13.5	8.5	11.8	13.8	14.0	6.7
China/Chine					15.4	13.8	14.0	4.0	0.4	1.2	Saudi Arabia	x3.6	x3.1	x19.3	x0.6	x2.1	30.1	26.4	x0.9	x0.6	x1.2
Venezuela	2.9	4.2	6.9	0.0	0.0	0.0	0.0	2.3	11.9	2.8	United Kingdom	6.0	4.3	4.9	6.6	5.1	5.8	6.5	7.6	13.1	11.5
Jamaica/Jamaïque	5.6	2.2	2.2	1.5	2.4	3.8	8.3	0.1	x0.1	Germany/Allemagne	15.2	14.8	12.0	13.0	10.7	8.4	8.0	9.0	8.1	7.7
Iran (Islamic Rp. of)	x3.1	x1.4	x1.2	x2.2	x0.7	x3.3	x4.6	x3.7	x3.0	Netherlands/Pays-Bas	14.7	15.5	15.9	11.6	13.6	8.5	6.5	8.7	7.9	9.0
Nigeria/Nigéria					x6.1	x2.0	x4.1	x2.6	x4.4	x5.7	Spain/Espagne	9.4	11.2	9.5	8.7	7.3	5.1	6.1	7.4	8.0	6.7
Indonesia/Indonésie	6.7	4.2	3.9	4.3	5.1	5.0	2.5	3.1	3.9	4.4	Romania/Roumanie					x7.0	x8.4	7.0	5.6	5.5	x0.7
Colombia/Colombie	1.9	2.0	4.7	3.7	2.8	4.3	4.0	4.0	0.3	0.7	USA/Etats-Unis d'Amer	5.4	6.0	3.6	4.2	4.3	3.9	3.7	7.3	7.4	12.7
USA/Etats-Unis d'Amer	17.6	19.3	28.4	25.3	14.5	25.0	3.2	3.1	0.9	2.0	Poland/Pologne					x2.2	x3.1	x3.7	x8.6	x5.2	x5.2
Germany/Allemagne	1.5	1.3	1.7	2.1	1.5	1.1	1.2	3.2	2.2	4.2	Belgium-Luxembourg	5.7	4.3	3.8	7.7	5.0	4.1	4.0	6.3	5.3	8.0

5231 METAL CMPD OF INORG ACID — SELS METALLIQUES 5231

TRADE BY COMMODITY IN THOUSAND U.S. DOLLARS – COMMERCE PAR PRODUIT EN MILLIERS DE DOLLARS E.U

IMPORTS – IMPORTATIONS

COUNTRIES–PAYS	1988	1989	1990	1991	1992
Total	2198587	2783723	2979419	2609482	2554834
Africa	x135991	x135923	x151591	x146345	x123581
Northern Africa	61464	54571	53183	45614	x41790
Americas	439082	702710	727802	724481	678337
LAIA	142755	176988	174619	226042	198883
CACM	12288	11571	12986	16789	x14491
Asia	462263	496388	550960	595005	x606923
Middle East	x82487	x70702	x94936	x101145	x99697
Europe	957144	1271825	1404719	970830	1024945
EEC	754531	1055978	1170296	777289	820108
EFTA	162396	166949	191365	179403	187797
Oceania	x88838	x94144	x98054	x100776	x90556
USA/Etats-Unis d'Amer	191258	412367	442698	391392	381458
United Kingdom	141707	417855	420664	54800	49190
France, Monac	108983	133295	156950	137465	154846
Germany/Allemagne	116508	121443	143823	144067	153821
Italy/Italie	94264	102799	128838	119355	102654
Japan/Japon	88579	100112	95260	108783	85865
Netherlands/Pays-Bas	103212	96085	103873	101332	109167
Canada	81776	85471	81150	71723	66780
Korea Republic	49617	57595	68595	84340	84061
Australia/Australie	61527	65835	65107	69554	60072
Belgium-Luxembourg	61255	60261	68094	69096	73320
Brazil/Brésil	44116	55153	61215	70337	57831
Venezuela	41720	47029	50481	73024	48804
Hong Kong	42266	48872	49727	51100	48902
Spain/Espagne	45885	39135	48144	49793	52838
Indonesia/Indonésie	29271	38112	52941	44389	46558
Norway, SVD, JM	36094	39125	44899	39448	37357
Sweden/Suède	34234	34006	38357	47189	58270
Thailand/Thaïlande	28729	30756	39216	36737	42579
Switz. Liecht	34522	35420	36973	34091	32317
Malaysia/Malaisie	26708	30789	33357	41784	x40823
Yugoslavia SFR	39172	48254	41961	x12827	
So. Africa Customs Un	36267	31577	38936	x28181	x26797
China/Chine	31241	39572	25481	31134	45208
Portugal	27926	27740	31790	33608	37819
Austria/Autriche	26014	26240	33741	30675	31534
Finland/Finlande	27982	29701	34007	25026	25892
New Zealand	24322	25384	29740	27893	26617
Turkey/Turquie	22708	22733	32239	26767	29158
Singapore/Singapour	21202	25113	26679	29025	31357
Denmark/Danemark	23567	23130	28653	28343	33243
Mexico/Mexique	12935	25845	16709	22131	30580
Iran (Islamic Rp. of)	x13908	x13409	x22299	x24187	x19587
Ireland/Irlande	17934	19127	19525	19428	21520
Philippines	17325	x11981	22488	22893	26817
Egypt/Egypte	29064	16380	24075	16872	14908
Former USSR/Anc. URSS	x53997	x27848	x5986	x23367	
Greece/Grèce	13289	15107	19940	20003	x13689
Czechoslovakia	x6137	21616	14820	x8026	x9644
Algeria/Algérie	20595	22797	11292	10189	x9882
Argentina/Argentine	13489	13294	11691	18180	22581
Cameroon/Cameroun	x3744	6150	x6355	29096	x5283
Pakistan	12714	12272	12364	14930	14134
Chile/Chili	8782	11996	10308	16902	x9483
Israel/Israël	9818	9787	10629	9474	11755
Saudi Arabia	6697	9499	x8527	x11287	x9252
Poland/Pologne	7560	5722	11387	9624	x8156
Hungary/Hongrie	x4953	x4732	x4962	15223	x5067
Morocco/Maroc	6825	6792	8101	9938	8493
Colombia/Colombie	8042	7280	8021	7313	11988

EXPORTS – EXPORTATIONS

COUNTRIES–PAYS	1988	1989	1990	1991	1992
Totale	x2059188	2229935	2386430	2223425	2163671
Afrique	x77469	x76359	x82576	x46044	x54587
Afrique du Nord	55075	51236	55867	26905	27862
Amériques	312491	496834	532624	544295	556418
ALAI	77196	84917	91778	103018	117177
MCAC	1907	2261	2530	1760	x1404
Asie	421629	431914	473268	479930	477333
Moyen-Orient	33584	x16434	31087	32517	28123
Europe	933865	967552	1127818	1000876	1020740
CEE	775868	812203	954991	826342	845235
AELE	145769	143540	157730	164652	168398
Océanie	x10516	x13741	x13285	x8085	x6047
Germany/Allemagne	396196	416131	482325	480156	480082
USA/Etats-Unis d'Amer	91426	264197	247692	250454	256188
Japan/Japon	169693	177659	180240	176807	171688
Canada	139864	142087	186994	186817	178271
China/Chine	111278	118082	132423	136494	144296
United Kingdom	117356	125996	147088	45322	51716
Sweden/Suède	79007	74280	81431	82808	69475
Belgium-Luxembourg	x78507	x71665	x68575	x94235	
Spain/Espagne	63098	71770	74994	70940	66389
France, Monac	41359	47891	78357	64986	74776
Mexico/Mexique	55362	55670	64587	66090	68886
Netherlands/Pays-Bas	50880	58391	59621	67982	76751
Israel/Israël	51885	49430	50269	50197	51919
Former GDR	33592	38040	46183	47910	46200
Italy/Italie	x151454	x106558	x22759		
Hong Kong	38931	36388	44436	34805	35782
Finland/Finlande	22820	26410	28415	31239	29613
Tunisia/Tunisie	24090	29622	26100	30096	45403
Czechoslovakia	20217	24879	33306	26568	27579
So. Africa Customs Un	x29850	x30919	x29315	x19640	x17547
India/Inde	x21626	x23788	x23871	x18333	x22574
Austria/Autriche	19267	x17413	18408	17011	x13251
Singapore/Singapour	15631	15007	18596	17872	19177
Norway, SVD, JM	12224	14849	15443	20675	17663
Libyan Arab Jamahiriya	13701	12489	17563	20042	21064
Poland/Pologne	34709	24344	22447		
Switz. Liecht	14750	15078	16457	14824	x15407
Turkey/Turquie	13312	12142	14035	13789	13241
Yugoslavia SFR	15442	11139	12492	15747	12588
Australia/Australie	11971	11790	14981	x9730	
Hungary/Hongrie	9974	13194	12906	7612	5641
Korea Republic	x10989	x8772	x11747	x12723	x12937
Chile/Chili	10556	11284	11476	10431	9197
Jordan/Jordanie	8028	9436	7409	8568	x10694
Ireland/Irlande	12222	419	15569	14243	13239
Bulgaria/Bulgarie	6906	7111	7962	7704	8458
Peru/Pérou	x15591	x9972	x7704	x1140	x1544
Brazil/Brésil	2979	4708	5729	x5339	x4042
Uruguay	2426	1921	5730	7237	11262
Argentina/Argentine	3956	2938	4744	4996	5224
Thailand/Thaïlande	4662	3981	4430	4034	3800
Denmark/Danemark	3025	4327	4100	3689	x3202
Indonesia/Indonésie	1601	1220	4209	5615	6606
Colombia/Colombie	4358	3086	4072	1165	1510
Lebanon/Liban	2230	2150	2734	2964	3440
Jamaica/Jamaïque	x1548	x2590	x1904	x1703	x1525
Guatemala	1132	2061	1878	1061	x1836
Venezuela	1444	1774	1930	848	371
Malaysia/Malaisie	701	1149	937	1502	1292
	702	980	1132	1442	x2980

(VALUE AS % OF TOTAL)(VALEUR EN % DU TOTAL)

	1983	1984	1985	1986	1987	1988	1989	1990	1991	1992
Africa	x7.4	x6.1	x6.2	x8.2	x6.3	x6.1	x4.8	x5.1	x5.6	x4.8
Northern Africa	2.9	2.5	2.7	3.0	2.4	2.8	2.0	1.8	1.7	x1.6
Americas	22.8	26.5	25.2	x22.8	x18.6	20.0	25.3	24.4	27.7	26.5
LAIA	6.4	10.2	9.0	8.1	6.4	6.5	6.4	5.9	8.7	7.8
CACM	x0.3	0.3	0.0	x0.3	x0.3	0.6	0.4	0.4	0.6	x0.6
Asia	x22.0	20.2	x23.0	19.3	x19.3	21.1	17.8	18.5	22.8	x23.7
Middle East	x4.0	x4.5	x6.2	x4.0	x3.8	x3.8	x2.5	x3.2	x3.9	x3.9
Europe	42.0	42.0	40.6	45.4	44.5	43.5	45.7	47.1	37.2	40.1
EEC	34.7	32.1	30.5	36.6	36.6	34.3	37.9	37.9	29.8	32.1
EFTA	7.4	6.9	7.3	7.9	7.4	7.4	6.0	6.4	6.9	7.4
Oceania	5.8	5.3	5.1	x4.2	x4.0	4.0	x3.4	x3.3	3.8	x3.6
USA/Etats-Unis d'Amer	10.9	10.3	10.7	9.3	8.3	8.7	14.8	14.9	15.0	14.9
United Kingdom	5.7	5.2	5.9	6.3	9.1	6.4	15.0	14.1	2.1	1.9
France, Monac	5.0	5.0	5.3	5.4	5.1	5.0	4.8	5.3	5.3	6.1
Germany/Allemagne	6.0	5.7	6.1	6.3	5.1	5.3	4.4	4.8	5.5	6.0
Italy/Italie	5.5	4.9	5.2	5.3	4.6	4.3	3.7	4.3	4.6	4.7
Japan/Japon	3.1	2.7	4.2	3.6	3.1	4.0	3.6	3.2	4.2	3.4
Netherlands/Pays-Bas	4.4	3.9	0.0	5.0	4.4	4.7	3.5	3.5	3.9	4.3
Canada	4.5	4.8	4.6	3.9	2.9	3.7	3.1	2.7	2.7	2.6
Korea Republic	2.0	2.1	2.0	2.0	2.2	2.3	2.1	2.3	3.2	3.3
Australia/Australie	3.6	3.3	3.4	2.9	2.8	2.8	2.4	2.2	2.7	2.4

	1983	1984	1985	1986	1987	1988	1989	1990	1991	1992
Afrique	2.6	2.5	3.3	x2.0	x2.5	3.8	x3.5	x3.5	x2.0	x2.5
Afrique du Nord	1.6	1.3	2.3	1.3	1.7	2.7	2.3	2.3	1.2	1.3
Amériques	7.2	12.7	11.3	16.1	x13.6	15.1	22.3	22.3	24.5	25.7
ALAI	0.4	4.8	4.2	x3.7	x3.0	3.7	3.8	3.8	4.6	5.4
MCAC	x0.0	0.0	x0.0	x0.0	x0.0	0.1	0.1	0.1	0.1	x0.1
Asie	22.1	22.6	20.0	19.3	20.5	20.5	19.4	19.8	21.6	22.1
Moyen-Orient	x0.1	0.4	x0.4	x0.1	0.8	1.2	x0.7	1.3	1.5	1.3
Europe	68.0	62.2	65.4	62.3	50.1	45.3	43.4	47.3	45.0	47.2
CEE	61.1	53.4	57.0	53.2	42.7	37.7	36.4	40.0	37.2	39.1
AELE	6.9	7.8	6.4	8.5	6.9	7.1	6.4	6.6	7.4	7.8
Océanie	0.1	x0.1	x0.1	x0.2	x0.2	0.5	x0.6	x0.6	x0.4	x0.3
Germany/Allemagne	19.7	21.3	20.6	21.4	17.5	19.2	18.7	20.2	21.6	22.2
USA/Etats-Unis d'Amer	6.5	7.7	6.9	5.3	4.5	4.4	11.8	10.4	11.3	11.8
Japan/Japon	17.4	16.9	14.4	13.1	8.9	8.2	8.0	7.6	8.0	7.9
Canada				x6.9	x6.0	6.8	6.4	7.8	8.4	8.2
China/Chine						5.7	5.4	5.3	5.5	6.1	6.7
United Kingdom	8.1	8.2	7.7	7.0	7.7	5.7	5.7	6.2	2.0	2.4
Sweden/Suède	4.1	4.8	4.4	5.1	4.0	3.8	3.3	3.4	3.7	3.2
Former USSR/Anc. URSS				x2.9	x3.8	x3.2	x2.9	x4.2		
Belgium-Luxembourg	4.8	5.8	6.6	6.4	3.1	3.1	3.2	3.1	3.2	3.1
Spain/Espagne	2.7	3.2	3.4	3.5	3.4	2.7	2.0	2.1	3.3	3.5

420

52322 PHOSPHITES, PHOSPHATES

TRADE BY COMMODITY IN THOUSAND U.S. DOLLARS – COMMERCE PAR PRODUIT EN MILLIERS DE DOLLARS E.U

COUNTRIES–PAYS	1988	1989	1990	1991	1992	COUNTRIES–PAYS	1988	1989	1990	1991	1992
Total	1054809	1127946	1136311	1106882	1154893	Totale	851536	936781	857907	832735	823652
Africa	x76086	x65469	x91608	x85627	x70521	Afrique	x31801	x50595	x38087	x42337	x40791
Northern Africa	47831	37940	59433	69340	x59756	Afrique du Nord	26212	47328	36431	36360	38266
Americas	167966	194861	200071	226587	x275583	Amériques	171984	215330	186611	202883	230894
LAIA	76867	85811	90107	120983	142867	ALAI	19452	20078	22450	26807	29628
CACM	10275	10581	12359	10474	x9545	MCAC	265	282	239	206	x229
Asia	x243438	x276376	x242001	232302	x239322	Asie	107080	x89249	95815	113966	x111157
Middle East	x113242	x119332	x103888	x82125	x82049	Moyen–Orient	x14346	x3793	x1500	x2410	x437
Europe	488223	518486	555669	503231	534103	Europe	487927	499774	467694	388950	413962
EEC	413506	438387	472294	430633	452182	CEE	414319	432452	388884	330544	345802
EFTA	69223	65472	73746	68371	70700	AELE	59444	54037	60610	48242	59544
Oceania	x17317	x17259	x15860	x21024	x17433	Océanie	x1199	x576	x264	x296	445
France, Monac	40875	100025	106931	99273	92774	Germany/Allemagne	190016	205535	222386	201877	194169
United Kingdom	52614	60544	74529	42455	51375	USA/Etats–Unis d'Amer	144735	186593	159689	157681	162536
Germany/Allemagne	57253	51198	58698	64865	96985	Italy/Italie	52145	63273	62735	39080	7759
Canada	39457	51702	52193	35637	24999	United Kingdom	70934	66624	72755	19911	24375
Spain/Espagne	37702	41084	42001	44468	33433	Former USSR/Anc. URSS	x31939	x42077	x35278	x66539	
Turkey/Turquie	32860	38878	39374	39151	39668	Sweden/Suède	50480	43192	49696	39672	49288
Italy/Italie	38528	33847	39332	39426	41985	Tunisia/Tunisie	26212	43712	36394	32180	37911
Denmark/Danemark	39538	36777	39828	34366	37220	Israel/Israël	34429	33133	33733	37243	29437
USA/Etats–Unis d'Amer	29551	30781	30782	44583	79021	Belgium–Luxembourg	61149	74382	6897	8593	11268
Belgium–Luxembourg	59646	46061	32788	25477	26959	Japan/Japon	31544	29461	28828	27792	19416
Mexico/Mexique	20043	26144	27657	36091	66229	Bulgaria/Bulgarie	x3354	x21517	x17693	x6557	x9288
Netherlands/Pays–Bas	44696	28984	27978	31381	31900	Spain/Espagne	16526	2744	4353	37939	86036
China/Chine	18468	37955	15670	18200	8042	Yugoslavia SFR	14164	13284	18200	x10160	
Malaysia/Malaisie	20641	17619	21431	28160	x22555	France, Monac	11775	13171	11859	13525	11778
Austria/Autriche	20479	19836	22612	22402	24138	China/Chine	9127	6546	12122	16843	30121
Indonesia/Indonésie	22303	28382	19169	14431	19373	Venezuela	5816	8033	11029	13867	13324
Portugal	18069	15241	18910	18836	x7616	Singapore/Singapour	5288	7096	9515	12174	10979
Greece/Grèce	17682	18641	19842	16214	16281	Canada	5356	7834	3648	16814	38312
Finland/Finlande	18411	20147	19842	18836	14170	Mexico/Mexique	9659	8546	8817	8136	7581
Egypt/Egypte	21857	9054	20428	25922	14170	Netherlands/Pays–Bas	10237	5369	5800	6445	7163
Iran (Islamic Rp. of)	x8740	x16885	x21726	x16404	x25554	Hungary/Hongrie	x4001	x6032	x5247	x3911	x4333
Switz.Liecht	17842	14767	17850	17015	17929	Norway,SVD,JM	3389	4914	5317	3697	4097
Hungary/Hongrie	x15115	x13825	x17141	17854	x7068	Switz.Liecht	4664	3963	4779	4321	4912
Morocco/Maroc	10227	13463	16746	18569	19217	Czechoslovakia	x3025	x4103	x3785	x4614	x3936
Colombia/Colombie	11039	13137	15052	16460	22892	Hong Kong	6172	2657	3797	5763	6980
Chile/Chili	9264	13924	13259	16544	x8366	Thailand/Thaïlande	1981	2743	2267	5645	x8962
Iraq	x27253	x27370	x16183			Poland/Pologne	x525	x966	x5630	x2673	x7093
Algeria/Algérie	13461	9716	13332	20346	x20215	Brazil/Brésil	3305	x3615		x4176	5944
Thailand/Thaïlande	9360	12458	14149	14777	16763	Algeria/Algérie	2288	x2642	2702	2406	x2249
Korea Republic	10043	10506	13388	14526	16834	India/Inde					
Singapore/Singapour	9123	9968	12201	13172	16059	So. Africa Customs Un	x5544	x3232	x1379	x1742	x2251
Japan/Japon	11604	11576	10892	12454	14117	Former GDR	x8666	x3595	x1799		
Hong Kong	13610	10486	11292	13122	15453	Jordan/Jordanie	x1792	x3319	0	695	232
New Zealand	7691	9368	9960	12706	10057	Denmark/Danemark	907	867	1231	1178	1864
Peru/Pérou	10764	9151	10940	11853	x7177	Togo				x3152	
Venezuela	11799	7461	8284	15947	13050	Austria/Autriche	679	1846	779	519	1028
Saudi Arabia	25294	16100	6417	8591	x4045	Romania/Roumanie	x36	x2965	5	9	x1754
Former USSR/Anc. URSS	x11482	x15245	x3068	x9822		Malaysia/Malaisie	769	801	908	1179	x1231
Yugoslavia SFR	4531	13740	8770	x3580		Syrian Arab Republic			x1264	x1614	
Nigeria/Nigéria	x7651	x12459	x8877	x3511	x779	Ireland/Irlande	505	393	518	1479	873
So. Africa Customs Un	9783	6305	12537	x4724	x5813	Dominican Republic	x1478	x507	x485	x1214	x163
Philippines	6054	x6142	6577	10477	15677	Indonesia/Indonésie	58	57	3	1620	821
Ireland/Irlande	6901	5983	8377	6723	7992	Argentina/Argentine	412	223	587	476	479
Australia/Australie	8897	7502	5432	7782	7074	Pakistan	229	250	303	494	80
Ecuador/Equateur	4483	6308	4993	7727	4316	Australia/Australie	520	531	213	227	416
Jordan/Jordanie	2309	2541	5625	10356	4771	Senegal/Sénégal				x862	
Norway,SVD,JM	6473	5395	6354	6560	6653	Colombia/Colombie	146	73	124	583	1989
Brazil/Brésil	3009	4658	4783	8832	7643	Costa Rica	212	260	206	172	x170
Sweden/Suède	5512	4860	6461	5622	5074	Korea Republic	75	40	84	371	385
Romania/Roumanie	x4655	x6577	x3470	6171	x2128	Greece/Grèce	11	30	233	227	x459

(VALUE AS % OF TOTAL)(VALEUR EN % DU TOTAL)

	1983	1984	1985	1986	1987	1988	1989	1990	1991	1992		1983	1984	1985	1986	1987	1988	1989	1990	1991	1992
Africa	x15.1	5.2	6.3	x10.2	x4.9	x7.2	x5.8	x8.1	x7.7	x6.1	Afrique	2.2	1.4	2.1	x1.4	x3.9	x3.8	x5.4	x4.5	x5.1	x5.0
Northern Africa	x12.2	3.2	4.0	4.0	3.7	4.5	3.4	5.2	6.3	x5.2	Afrique du Nord	1.7	0.7	0.9	0.9	2.8	3.1	5.1	4.2	4.4	4.6
Americas	x10.9	16.6	19.6	x18.0	x16.8	15.9	17.3	17.6	20.4	x23.9	Amériques	11.2	14.5	14.6	x14.9	x15.1	20.2	23.0	21.7	24.4	28.0
LAIA	5.4	8.1	8.1	6.0	x6.3	7.3	7.6	7.9	10.9	12.4	ALAI	0.1	1.6	1.4	x2.0	x1.8	2.3	2.1	2.6	3.2	3.6
CACM	x0.4	0.6		x0.5	x0.6	1.0	0.9	1.1	0.9	x0.8	MCAC	x0.0	x0.0	x0.0	x0.0	x0.0	0.0	0.0	0.0	0.0	x0.0
Asia	x23.0	26.9	x25.8	20.1	x20.0	x23.0	x24.5	x21.3	21.0	x20.7	Asie	7.8	10.0	9.1	10.2	13.8	12.5	x9.5	11.2	13.7	x13.5
Middle East	x10.8	x11.7	x8.0	x8.7	x9.9	x10.7	x10.6	x9.1	x7.4	x7.1	Moyen–Orient	x0.0	x0.0	x0.0	x2.6	x1.7	x0.4	x0.2	x0.3	x0.1	
Europe	49.6	49.8	46.7	50.2	46.4	46.3	46.0	48.9	45.5	46.2	Europe	78.8	74.1	74.2	73.1	x62.1	57.3	53.4	54.5	46.7	50.3
EEC	40.7	41.2	38.9	43.0	40.1	39.2	38.9	41.6	38.9	39.2	CEE	71.9	65.3	66.2	65.1	54.5	48.7	46.2	45.3	39.7	42.0
EFTA	x8.9	x7.8	7.3	x6.9	x6.0	6.6	5.8	6.5	6.2	6.1	AELE	x6.8	x7.5	x6.4	x6.9	6.4	7.0	5.8	7.1	5.8	7.2
Oceania	1.4	x1.6	1.6	x1.4	x1.4	1.7	x1.5	1.4	1.9	x1.5	Océanie	x0.0	x0.0		x0.5	x0.4	x0.2	x0.1	x0.0	x0.0	0.1
France, Monac	7.3	7.7	8.1	8.3	8.4	3.9	8.9	9.4	9.0	8.0	Germany/Allemagne	18.7	24.0	22.2	25.3	22.5	22.3	21.9	25.9	24.2	23.6
United Kingdom	4.7	4.5		x2.9	x2.8	5.0	5.4	6.6	3.8	4.4	USA/Etats–Unis d'Amer	11.1	12.8	13.2	12.3	13.0	17.0	19.9	18.6	18.9	19.7
Germany/Allemagne	7.1	6.5	7.5	5.9	5.5	5.4	4.5	5.2	5.9	8.4	Italy/Italie	18.6	1.0	6.4	5.3	3.4	6.1	6.8	7.3	4.7	0.9
Canada	2.8	3.9	5.0	4.5	4.0	3.7	4.6	4.6	3.2	2.2	United Kingdom	7.3	8.7	9.6	8.5	x6.1	8.3	7.1	8.5	2.4	3.0
Spain/Espagne	1.3	1.5	1.5	2.0	2.7	3.6	3.6	3.7	4.0	4.0	Former USSR/Anc. URSS					x2.6	x3.8	x4.5	x4.1	x8.0	
Turkey/Turquie		3.6	3.0	3.1	2.9	3.1	3.4	3.5	3.5	3.4	Sweden/Suède	x5.9	x6.4	x5.1	x5.6	x5.2	5.6	4.6	5.8	4.8	6.0
Italy/Italie	4.5	4.6	4.6	4.7	4.0	3.7	3.0	3.5	3.5	3.6	Tunisia/Tunisie	1.7	0.7	0.9	0.9	2.8	3.1	4.7	4.2	3.9	4.6
Denmark/Danemark	5.1	5.0	5.5	5.5	4.1	3.7	3.3	3.5	3.1	3.2	Israel/Israël	2.3	3.2	3.6	4.0	4.2	4.0	3.5	3.9	4.5	3.6
USA/Etats–Unis d'Amer	1.7	3.5	5.7	3.5	3.6	2.8	2.7	2.7	4.0	6.8	Belgium–Luxembourg	0.3	0.4	0.5	0.5	0.6	7.2	7.9	0.8	1.0	1.4
Belgium–Luxembourg	1.3	2.0	1.9	3.3	3.6	5.7	4.1	2.9	2.3	2.3	Japan/Japon	4.5	5.4	4.4	3.4	3.3	3.7	3.1	3.4	3.3	2.4

5241 RADIOACTIVE ELEMENTS ETC

RADIOELEMENTS, ISOTOPES 5241

TRADE BY COMMODITY IN THOUSAND U.S. DOLLARS – COMMERCE PAR PRODUIT EN MILLIERS DE DOLLARS E.U

COUNTRIES–PAYS	1988	1989	1990	1991	1992	COUNTRIES–PAYS	1988	1989	1990	1991	1992
Total	5093453	5266312	5121452	5326615	5295853	Totale	6222021	x5657499	x5908614	x6054973	5546467
Africa	x4057	x9754	x13848	x7319	x13490	Afrique	x597895	x527158	x553782	x415469	x527809
Northern Africa	2813	3070	x6562	x2983	x9495	Afrique du Nord	x25	x10	1380	9929	8651
Americas	111656	1005012	1075842	1155597	1149505	Amériques	722198	1776288	1449082	1484058	1759507
LAIA	9336	9952	11243	15819	39889	ALAI	3033	2241	1621	2483	1554
CACM	364	391	532	347	x388	MCAC	x3		x5	2	
Asia	x1079158	x1117008	x1262634	x1441197	1577701	Asie	51020	73720	101369	62146	76248
Middle East	x10410	x8608	x8000	x9281		Moyen–Orient	x157	x193	x86	x86	x484
Europe	3427849	2868140	2664617	2664203	2517366	Europe	3532121	2614762	3027209	3162862	3180445
EEC	3163729	2566895	2423796	2371400	2278919	CEE	3441389	2513124	2964124	3093843	3117570
EFTA	258367	297450	233434	289182	234957	AELE	90636	101500	62912	67740	62865
Oceania	12645	x10155	x10697	x19155	x9622	Océanie	1305	x146	179	651	496
Japan/Japon	1033929	1071697	1193453	1288505	1431028	France,Monac	1840993	1189876	1583514	1671761	1608544
USA/Etats-Unis d'Amer	40728	905314	969719	1084195	1015578	USA/Etats–Unis d'Amer	171762	1315219	1104338	1136890	1352823
France,Monac	1142665	833000	768508	729278	650602	Former USSR/Anc. URSS	x1313736	x657478	x774335	x928205	
Germany/Allemagne	1122574	829710	737307	504881	652243	United Kingdom	949261	640135	530961	621100	921487
United Kingdom	490389	515445	596064	748256	572570	Germany/Allemagne	270354	391075	442918	469570	220072
Sweden/Suède	216994	255074	185384	245136	190180	Canada	547395	458804	343070	344670	405103
Spain/Espagne	213989	183577	144238	185519	156978	Niger	x366721	x344567	x305902	x267516	x378024
Former USSR/Anc. URSS	x444190	x244788	x85939	x34041		Netherlands/Pays-Bas	339580	247241	354130	265410	307039
Netherlands/Pays-Bas	118674	120898	88072	101454	138124	So. Africa Customs Un	x151974	x131663	x198473	x120129	x105003
Canada	60134	88243	92590	53986	92271	China/Chine	41269	63148	91789	52295	61304
Italy/Italie	44246	53975	55958	62392	63657	Sweden/Suède	69590	84742	45433	47670	42383
Korea Republic	5788	6836	7843	92509	108296	Gabon	x79160	x50911	x39390	x17744	x33336
India/Inde	x16497	x16781	x26289	x26631	x6934	Belgium–Luxembourg	23531	23362	29014	33325	36608
Belgium–Luxembourg	20527	18079	20917	24114	29289	Italy/Italie	11567	16213	16721	27077	19061
Switz.Liecht	16896	17704	19264	17135	17209	Switz.Liecht	18381	14271	15958	18456	16094
Austria/Autriche	14078	13842	16581	15690	17384	Japan/Japon	7607	8502	7245	6370	7447
Australia/Australie	11200	8664	8882	17598	8457	Spain/Espagne	4790	4331	5187	4185	3030
Singapore/Singapour	2738	2262	10586	11277	7200	Egypt/Egypte	x16	3	1375	9878	8641
Finland/Finlande	5769	5517	6451	5902	4941	Chad/Tchad			x8631		
Denmark/Danemark	4699	5900	5008	5165	5669	Former GDR	x2082	x4551	x998		
Brazil/Brésil	4369	5109	6053	4473	6432	Argentina/Argentine	2931	484	1604	2401	1487
Israel/Israël	3919	4328	5093	5760	7285	Singapore/Singapour	995	1150	805	2107	1741
So. Africa Customs Un	2	5423	6429	x3270	x2918	Czechoslovakia	x271	x1583	x554	x585	x844
Norway,SVD,JM	4087	4816	5200	4794	4997	Austria/Autriche	1154	756	956	629	399
Yugoslavia SFR	5696	3717	7326	x3409		Norway,SVD,JM	1245	1451	326	477	766
Mexico/Mexique	2214	2324	2868	8469	29084	Hong Kong	746	588	996	611	774
Greece/Grèce	2211	3352	3534	4108	x5156	Poland/Pologne	1000	881	525	636	x535
Turkey/Turquie	2378	2306	3275	3826	4809	Denmark/Danemark	839	343	804	845	928
Iran (Islamic Rp. of)	x2258	x2162	x3910	x1708	x1934	Ireland/Irlande	442	500	847	560	785
Portugal	2005	1891	2554	2887	3483	Brazil/Brésil	10	1734	8	31	6
Hungary/Hongrie	x1653	x1396	x3847	936	x1555	Hungary/Hongrie	x394	x789	x451	x360	x574
Ireland/Irlande	1750	1069	1637	3346	1148	Yugoslavia SFR	93	111	169	x1267	
China/Chine	2006	2146	1558	2327	3136	Finland/Finlande	266	280	233	508	3224
Poland/Pologne	3029	2263	1665	1953	x1778	Australia/Australie	1266	105	145	600	453
Czechoslovakia	x2169	4138	178	x1530	x12350	Korea Republic	24	10	151	360	445
New Zealand	1393	1396	1781	1502	1114	Israel/Israël	52	70	182	239	691
Saudi Arabia	x1631	1024	x2057	x866	x626	Romania/Roumanie		141	129		x9
Sudan/Soudan	x7	x69	x2213	x1630	x7381	United Arab Emirates	x47	x28	x64	x69	x42
Hong Kong	1585	1071	1299	1129	1247	Zambia/Zambie				x133	
Libyan Arab Jamahiriya	570	1059	2281	x14	x17	Malaysia/Malaisie	40	21	45	57	x14
Malaysia/Malaisie	451	754	1885	397	x466	New Zealand	37	21	34	51	43
Algeria/Algérie	1234	1209	809	612	x1124	Kuwait/Koweït	x22	78	x6		
Pakistan	616	688	1049	859	890	India/Inde	95	x30	26	10	x43
Venezuela	1230	910	749	790	847	Portugal	13	37	12	11	10
Former GDR	x5026	x1932	x486			Saudi Arabia	10	54	x1		x38
Romania/Roumanie	x367	786	1212	411	x49	Tunisia/Tunisie	0	4		47	x3
Cuba	x431	x714	x1264	x360	x368	Indonesia/Indonésie	5		x44		x2
United Arab Emirates	x1660	x635	x727	x547	x754	Mexico/Mexique	83	0	2	40	44
Argentina/Argentine	507	443	324	892	2163	Panama	x4	x5	x20	x4	x3
Iceland/Islande	544	497	553	525	265	Gibraltar		x26	x1		

(VALUE AS % OF TOTAL) (VALEUR EN % DU TOTAL)

	1983	1984	1985	1986	1987	1988	1989	1990	1991	1992		1983	1984	1985	1986	1987	1988	1989	1990	1991	1992
Africa	x0.2	x0.2	x0.2	x0.2	x0.1	x0.1	x0.2	x0.2	x0.2	x0.3	Afrique	x13.2	x10.5	x1.8	x9.6	x12.5	x9.6	x9.3	x9.4	x6.9	x9.5
Northern Africa	0.0	0.0	0.0	0.0	0.0	0.0	0.1	0.1	x0.1	x0.2	Afrique du Nord		0.0		0.0	0.0	0.0	0.0	0.0	0.2	0.2
Americas	x1.6	1.9	1.5	x1.7	x1.3	2.2	19.1	21.0	21.7	21.7	Amériques	x21.5	20.4	12.1	12.0	x7.3	11.6	31.4	24.5	24.5	31.7
LAIA	0.1	0.2	0.2	x0.2	x0.1	0.2	0.2	0.2	0.3	0.8	ALAI	x1.5			0.0	x0.0	0.0	0.0	0.0	0.0	0.0
CACM	x0.0	x0.0	x0.0	x0.0	0.0	0.0	0.0	0.0	0.0	0.0	MCAC					x0.0	0.0	0.0	0.0		
Asia	x26.5	x33.3	x24.7	x21.1	x21.9	x21.2	x21.2	x24.7	x27.1	29.8	Asie	x0.3	0.3	0.2	x0.2	0.8	0.8	1.4	1.7	1.0	1.3
Middle East	x0.1	x0.1	x0.1	x0.1	0.1	x0.2	x0.2	x0.2	x0.2	0.2	Moyen–Orient	x0.0	0.0	0.0	x0.0	0.0	0.0	0.0	0.0	0.0	0.0
Europe	71.3	64.3	73.3	x76.9	72.3	67.3	54.5	52.0	50.0	47.5	Europe	x65.0	x68.7	x85.7	x78.2	63.6	56.8	46.2	51.2	52.2	57.3
EEC	63.0	59.7	x66.8	x72.5	66.3	62.1	48.7	47.3	44.5	43.0	CEE	x63.5	x67.2	x84.4	x76.7	61.6	55.3	44.4	50.2	51.1	56.2
EFTA	8.3	4.6	6.4	4.4	5.1	5.6	4.6	5.4	4.4	AELE	1.5	1.5		1.5	1.9	1.5	1.8	1.1	1.1	1.1	
Oceania	0.4	x0.3	x0.3	x0.3	0.3	0.2	x0.2	x0.2	x0.4	0.2	Océanie			x0.0		x0.0					
Japan/Japon	26.1	32.0	23.3	19.7	21.1	20.3	20.4	23.3	24.2	27.0	France,Monac	34.8	36.5	52.0	44.3	37.9	29.6	21.0	26.8	27.6	29.0
USA/Etats-Unis d'Amer	1.1	1.4	1.0	1.0	0.8	0.8	17.2	18.9	20.4	19.2	USA/Etats–Unis d'Amer	20.0	20.4	12.1	6.5	2.8	2.8	23.2	18.7	18.8	24.4
France,Monac	23.1	23.4	23.5	26.3	25.0	22.4	15.8	15.0	13.7	12.3	Former USSR/Anc. URSS					x15.8	x21.1	x11.6	x13.1	x15.3	
Germany/Allemagne	23.6	24.7	25.4	23.8	24.2	22.0	15.8	14.4	9.5	12.3	United Kingdom	x11.2	x10.8	x16.8	x15.0	x8.1	15.3	11.3	9.0	10.3	16.6
United Kingdom	x7.1	x5.7	x10.8	x13.4	x4.5	9.6	9.8	11.6	14.0	10.8	Germany/Allemagne	8.5	9.8	5.7	7.9	7.4	4.3	6.9	7.5	7.8	4.0
Sweden/Suède	7.7	4.0	5.9	3.7	5.1	4.3	4.8	3.6	4.6	3.6	Canada				x5.5	x4.6	8.8	8.1	5.8	5.7	7.3
Spain/Espagne	1.8	0.9	2.6	5.0	7.2	4.2	3.5	2.8	3.5	3.0	Niger	x12.5	x7.4		x5.8	x7.3	x5.9	x6.1	x5.2	x4.4	x6.8
Former USSR/Anc. URSS				x4.1	x8.7	x4.6	x1.7	x0.6			Netherlands/Pays–Bas	6.8	5.3	7.0	8.5	7.4	5.5	4.4	6.0	4.4	5.5
Netherlands/Pays–Bas	2.5	3.3	2.8	1.9	3.0	2.3	2.3	1.7	1.9	2.6	So. Africa Customs Un	0.0	0.0	0.0	x2.1	x3.8	x2.4	x2.3	x3.4	x2.0	x1.9
Canada	0.3	0.3	0.3	0.5	0.2	1.2	1.7	1.8	1.0	1.7	China/Chine					0.5	0.7	1.1	1.6	0.9	1.1

5311 SYNTHIC ORGNIC DYESTUFFS

TRADE BY COMMODITY IN THOUSAND U.S. DOLLARS – COMMERCE PAR PRODUIT EN MILLIERS DE DOLLARS E.U

COUNTRIES–PAYS	IMPORTS – IMPORTATIONS					COUNTRIES–PAYS	EXPORTS – EXPORTATIONS				
	1988	1989	1990	1991	1992		1988	1989	1990	1991	1992
Total	x5609190	6334279	6875531	7099442	7695219	Totale	5371369	6087501	6765317	6316031	6940358
Africa	x250169	x239511	x250408	x274570	x297066	Afrique	x4566	x5430	x6339	x9569	x9862
Northern Africa	41338	39570	40226	77840	x92490	Afrique du Nord	x2284	x2281	x2891	5029	5350
Americas	804358	970690	1095031	1201850	x1354175	Amériques	139543	255622	354283	337318	449812
LAIA	225174	243824	280515	317655	353767	ALAI	30443	35287	51930	61928	125666
CACM	16047	17685	18062	20530	x20761	MCAC	134	x107	225	195	x337
Asia	1427992	1586134	1845209	2037184	2249102	Asie	1027299	x1204908	1419532	1645085	x1775094
Middle East	x151376	x178256	x270253	x263491	x310845	Moyen–Orient	8333	12008	9536	x5799	x2046
Europe	2366362	2884929	3436630	3284036	3596703	Europe	4031686	4481945	4881646	4232636	4627916
EEC	1696578	2226425	2691004	2615934	2867648	CEE	2837120	3278252	3533907	2979538	3235544
EFTA	596395	597837	674104	612578	678810	AELE	1194029	1203425	1347597	1251805	1390483
Oceania	x73186	x86168	x80312	x89981	x107292	Océanie	3158	x2131	x4733	x6058	x7931
USA/Etats–Unis d'Amer	417729	546657	648901	716424	817567	Germany/Allemagne	1822905	1853863	2066376	2018987	2153936
Italy/Italie	448673	487406	585995	569700	584267	Switz.Liecht	1179241	1187378	1331668	1232902	1363245
Hong Kong	327209	384407	427114	518541	518085	Japan/Japon	423211	472605	510357	602564	628554
Switz.Liecht	418219	411542	454642	420366	454310	United Kingdom	595899	600606	738770	44166	69858
France, Monac			372250	454536	408291	Hong Kong	254215	273515	321835	405209	427049
Germany/Allemagne	322156	338047	437096	437070	486164	France, Monac		360669	133558	280354	307764
United Kingdom	339348	358326	415493	386290	452775	USA/Etats–Unis d'Amer	94933	211074	288758	258917	306729
Japan/Japon	289004	290831	317026	311830	293269	China/Chine	119853	166191	231171	215976	233338
Korea Republic	203631	236609	275822	317615	289815	India/Inde	107309	x138598	165039	205073	x212423
Netherlands/Pays–Bas	148813	164216	188586	214805	236443	Belgium–Luxembourg	123793	139116	162429	166081	180572
Spain/Espagne	144335	164163	199477	197861	198266	Netherlands/Pays–Bas	99325	111146	138825	163757	180765
Turkey/Turquie	113510	129636	190439	171859	224754	Spain/Espagne	70362	78486	115097	121868	137018
Former USSR/Anc. URSS	x394112	x323216	x37845	x129554		Korea Republic	70555	80709	102687	117624	135701
Belgium–Luxembourg	117508	143196	169145	177265	196675	Italy/Italie	64690	70519	86497	93561	103079
Canada	134613	144254	138733	139616	153459	Denmark/Danemark	52992	54709	70795	71297	87876
Indonesia/Indonésie	80824	111659	135160	149224	161093	Czechoslovakia	x43307	x42192	x45568	x44031	x47626
Portugal	91183	98518	119604	113724	130106	Singapore/Singapour	27481	29896	29007	36335	72794
Thailand/Thaïlande	84994	94113	118029	113306	142385	Indonesia/Indonésie	6511	18722	30572	28449	29896
China/Chine	118201	77401	64561	102658	138415	Poland/Pologne	31709	32539	19534	21583	x20884
Brazil/Brésil	52276	70447	81088	66311	75875	Argentina/Argentine	10113	13387	26510	28853	27494
Australia/Australie	58766	67548	64376	73595	84626	Former USSR/Anc. URSS	x24037	x27594	x18974	x17188	
Austria/Autriche	57043	58240	75888	70340	77334	Thailand/Thaïlande	8023	10708	15632	24739	x29425
So. Africa Customs Un	68547	60228	71404	x57296	x58654	Greece/Grèce	6072	7894	19711	16883	x12999
Yugoslavia SFR	72458	59479	70290	x53835		Brazil/Brésil	9081	10690	12747	15345	80922
Mexico/Mexique	34935	48993	59388	64951	77482	Former GDR	x56718	x25014	x7599		
Denmark/Danemark	43043	50187	61510	56223	64247	Mexico/Mexique	7321	7387	8461	12491	12311
Pakistan	39336	45233	54300	58778	71523	Canada	9880	3106	11516	13471	14418
Nigeria/Nigéria	x49798	x41929	x50316	x54670	x53645	Austria/Autriche	5698	5416	5794	8689	11711
Singapore/Singapour	37529	41226	51173	52962	102994	Turkey/Turquie	7675	11364	4981	784	660
Sweden/Suède	46455	42777	50986	46688	50085	Sweden/Suède	4404	4676	4947	4705	7500
Norway, SVD, JM	32318	40222	46138	39598	53834	Romania/Roumanie	x6591	6870	3417	1719	x541
Finland/Finlande	41048	43499	44531	34367	41965	Australia/Australie	2669	1635	4188	4753	6000
Iran (Islamic Rp. of)	x16965	x21282	x44250	x55261	x41570	Finland/Finlande	2783	2646	3176	4070	6611
Greece/Grèce	29920	37066	44080	37965	x47026	Egypt/Egypte	x2060	x1956	x2526	4708	4897
Malaysia/Malaisie	19136	31858	40526	45364	x61392	Panama	x3869	x4877	1666	2642	2612
Czechoslovakia	x51872	54963	34721	x22375	x26031	Uruguay	3164	2878	2999	2862	2041
Colombia/Colombie	25232	31480	35688	36610	46991	So. Africa Customs Un	x1180	x1277	x1923	x3822	x2989
Chile/Chili	17054	21660	26248	31123	x36166	Bulgaria/Bulgarie	x2575	x3109	x3500	x329	x313
Bulgaria/Bulgarie	x73238	x59078	x11347	x7254	12154	Norway, SVD, JM	1902	3306	2011	1438	1414
Philippines	19001	x28826	23235	24779	33125	Jordan/Jordanie	348	53	3535	1496	450
Argentina/Argentine	15053	15829	20935	39762	43591	Malaysia/Malaisie	222	855	1547	1053	x1348
Romania/Roumanie	x30438	26889	33692	13997	x11985	United Arab Emirates	x11	x32	x40	x2915	x335
Hungary/Hongrie	x32488	x28451	x23828	20785	x18056	Venezuela	736	692	977	1294	1684
Israel/Israël	15984	18001	24902	28280	31849	Ireland/Irlande	712	513	567	1824	808
Poland/Pologne	32465	32294	15835	17151	x22646	Portugal	371	732	1251	760	870
Morocco/Maroc	15413	17683	20185	22542	22248	Senegal/Sénégal			1724	689	
Venezuela	40026	15254	15662	28569	29666	Yugoslavia SFR	530	255	119	x1263	
Uruguay	12192	15252	16167	19609	13001	New Zealand	486	480	435	507	1884
New Zealand	12732	16942	14950	15869	21976	Israel/Israël	95	25	25	x1339	1
Bangladesh	x15369	x15245	x14204	x16983	x20276	Cyprus/Chypre	131	276	448	411	4

(VALUE AS % OF TOTAL)(VALEUR EN % DU TOTAL)

	1983	1984	1985	1986	1987	1988	1989	1990	1991	1992		1983	1984	1985	1986	1987	1988	1989	1990	1991	1992
Africa	x2.6	5.5	x12.5	x5.4	x4.0	4.4	3.8	3.6	3.9	3.9	Afrique	x0.0	x0.1	x0.1	x0.1	x0.1	x0.1	x0.1	x0.1	x0.2	x0.1
Northern Africa	x0.6	0.8	x8.4	0.8	0.7	0.6	0.6	0.6	1.1	1.2	Afrique du Nord	x0.0	0.0	x0.0	x0.0	x0.0	x0.0	x0.0	x0.0	0.1	0.1
Americas	15.0	16.2	14.6	x17.0	x14.4	14.3	15.3	16.0	17.0	x17.6	Amériques	3.2	2.9	2.2	x2.4	x2.2	2.6	4.2	5.2	5.3	6.5
LAIA	2.7	3.2	3.0	x4.5	x3.7	4.0	3.8	4.1	4.5	4.6	ALAI	0.1	0.1	0.1	x0.3	x0.4	0.6	0.6	0.8	1.0	1.8
CACM	x0.2		x0.3	0.3	0.3	0.3	0.3	0.3	0.3	x0.3	MCAC				x0.0	x0.0	0.0	0.0	0.0	0.0	x0.0
Asia	25.7	23.9	23.6	24.6	23.5	25.4	25.1	26.9	28.7	29.2	Asie	13.8	14.8	13.8	13.5	16.3	19.1	x19.8	20.9	26.1	x25.6
Middle East	x1.7	x1.7	x3.0	x2.7	x2.6	x2.7	x2.8	x3.9	x3.7	x4.0	Moyen–Orient	x0.0	x0.0	0.0	0.4	0.1	0.2	0.2	0.1	x0.1	x0.0
Europe	48.4	47.6	47.5	51.4	45.1	42.2	45.5	50.0	46.3	46.7	Europe	82.0	81.5	83.8	84.0	79.3	75.1	73.6	72.2	67.0	66.7
EEC	36.0	35.2	36.1	38.5	34.0	30.2	35.1	39.1	36.8	37.3	CEE	54.7	54.7	58.1	57.5	53.7	52.8	53.9	52.2	47.2	46.6
EFTA	12.4	12.3	11.4	11.5	10.0	10.6	9.4	9.8	8.6	8.8	AELE	27.2	26.9	25.7	26.5	25.6	22.2	19.8	19.9	19.8	20.0
Oceania	1.8	2.1	x1.8	x1.5	x1.3	1.3	1.3	x1.2	x1.3	x1.4	Océanie	x0.0	x0.0		x0.1	0.1	0.1	x0.0	x0.1	x0.1	0.1
USA/Etats–Unis d'Amer	9.1	10.1	9.2	9.6	8.4	7.4	8.6	9.4	10.1	10.6	Germany/Allemagne	34.3	34.4	32.6	32.8	30.8	33.9	30.5	30.5	32.0	31.0
Italy/Italie	7.1	7.3	8.2	8.6	7.9	8.0	7.7	8.5	8.0	7.6	Switz.Liecht	27.0	26.6	25.5	26.3	25.3	22.0	19.5	19.7	19.5	19.6
Hong Kong	6.0	5.4	5.4	6.7	5.0	5.8	6.1	6.2	7.3	6.7	Japan/Japon	8.5	9.0	8.3	7.6	7.0	7.8	7.6	7.5	9.5	9.1
Switz.Liecht	8.6	8.8	8.2	8.2	7.2	7.5	6.5	6.6	5.9	5.9	United Kingdom	12.4	12.1	11.9	11.0	10.2	11.1	9.9	10.9	0.7	1.0
France, Monac				6.1	6.2	6.4	5.7	6.4	5.8	5.8	Hong Kong	4.1	4.2	4.0	4.5	3.8	4.7	4.5	4.8	6.4	6.2
Germany/Allemagne	6.4	6.0	5.9	5.7	5.2	5.7	5.3	6.4	6.2	6.3	France, Monac				x7.6	x7.0		5.9	2.0	4.4	4.4
United Kingdom	5.3	5.1	5.7	6.3	5.4	6.0	5.7	6.0	5.4	5.9	USA/Etats–Unis d'Amer	3.0	2.7	2.1	2.1	1.7	1.8	3.5	4.3	4.1	4.4
Japan/Japon	5.8	5.7	5.5	5.0	4.7	5.2	4.6	4.6	4.4	3.8	China/Chine					2.1	2.2	2.7	3.4	3.4	3.4
Korea Republic	4.4	3.9	3.7	4.0	3.3	3.6	3.7	4.0	4.5	3.8	India/Inde	0.1	0.2	0.1	0.2	1.8	2.0	x2.3	2.4	3.2	x3.1
Netherlands/Pays–Bas	2.6	2.7	2.7	2.8	2.4	2.7	2.6	2.7	3.0	3.1	Belgium–Luxembourg	1.2	1.3	1.4	1.5	1.4	2.3	2.3	2.4	2.6	2.6

5334 VARNISHES, DISTEMPERS ETC — PEINTURES A L'EAU 5334

TRADE BY COMMODITY IN THOUSAND U.S. DOLLARS – COMMERCE PAR PRODUIT EN MILLIERS DE DOLLARS E.U

COUNTRIES–PAYS	1988	1989	1990	1991	1992	COUNTRIES–PAYS	1988	1989	1990	1991	1992
		IMPORTS – IMPORTATIONS						EXPORTS – EXPORTATIONS			
Total	x4219904	x4402509	4691299	x5373829	x5459454	Totale	3884116	4117966	4984964	5174384	5725221
Africa	x158262	x145422	x166436	x150800	x167233	Afrique	x8663	x25554	x34149	x18091	x8953
Northern Africa	71766	67112	70934	x52205	x72319	Afrique du Nord	5214	20883	27460	13343	5850
Americas	x407255	x464327	x521790	x582082	x673102	Amériques	343293	416950	556518	645615	x715943
LAIA	82422	77780	92309	113333	141571	ALAI	41484	47632	52362	36860	42497
CACM	8332	10657	10816	13349	x23501	MCAC	2433	2686	5583	7187	x10732
Asia	689789	x726626	x836822	x927880	x1143146	Asie	475704	463015	550173	644652	736629
Middle East	x184214	x184828	x205217	x183261	x203503	Moyen–Orient	x52155	x53735	x40229	x30943	x17930
Europe	2115020	2244983	2781386	2837323	3182879	Europe	2950330	3119294	3787251	3829374	4235631
EEC	1634482	1741196	2151390	2230613	2512349	CEE	2567564	2706067	3311813	3393439	3751144
EFTA	404724	428747	531818	515625	564325	AELE	360690	392998	456255	433214	450231
Oceania	x43596	x49081	x55931	x54326	x66880	Océanie	13506	16162	17716	17397	19044
Former USSR/Anc. URSS	x637690	x639156	x227601	x695894		Germany/Allemagne	929248	949703	1189343	1209350	1378736
France, Monac	327011	343706	409270	405518	444498	Netherlands/Pays–Bas	430662	426676	518745	522615	563115
Germany/Allemagne	269730	293484	386528	438553	499886	United Kingdom	361210	394855	487857	492528	527452
Belgium–Luxembourg	204667	216646	267240	274794	304726	USA/Etats–Unis d'Amer	258466	322212	445038	542374	595561
United Kingdom	219937	228962	258768	247867	254116	France, Monac	251752	272676	343585	370846	412945
Netherlands/Pays–Bas	204675	210596	250778	246714	276723	Belgium–Luxembourg	213180	226826	266697	252524	279673
Canada	172069	200223	219004	241862	265971	Italy/Italie	168957	211099	240614	263927	278791
Italy/Italie	173798	183703	230291	242365	261949	Japan/Japon	199494	197435	228219	262610	316686
Hong Kong	105985	103835	130598	160698	212812	Denmark/Danemark	131710	138652	156612	158661	189101
USA/Etats–Unis d'Amer	91344	115369	127502	143081	172588	Sweden/Suède	89264	103860	113711	115850	140713
Austria/Autriche	93513	100096	136614	140634	159335	Austria/Autriche	97916	98910	109767	98290	90505
Switz.Liecht	115977	109301	131721	126799	135176	Switz.Liecht	79389	82880	106112	107437	131197
Sweden/Suède	93953	108696	132223	120178	128573	Singapore/Singapour	59095	74528	79201	102517	128186
Spain/Espagne	69993	77074	115989	130676	148419	Hong Kong	70861	68235	75203	100775	106775
Singapore/Singapour	83138	91015	102569	107806	106934	Finland/Finlande	56337	58911	76566	63641	38884
Denmark/Danemark	68427	73543	85930	89072	98804	Norway,SVD,JM	37746	48380	50071	47965	48917
Yugoslavia SFR	66561	65925	84256	x73048		Spain/Espagne	33579	35139	48087	60254	76828
Japan/Japon	65363	69131	74159	77078	79831	Canada	29280	32525	38338	46642	53928
China/Chine	51242	54502	63916	97351	145616	China/Chine	24754	32047	36709	41078	53928
Korea Republic	63460	58077	60998	75724	78219	Korea Republic	21887	20122	29287	54203	41071
Thailand/Thaïlande	41310	51907	66780	74805	98028	Greece/Grèce	18316	21471	27111	25634	x4409
Norway,SVD,JM	50511	51620	65848	71216	78344	Portugal	15703	17229	20847	24557	26288
Saudi Arabia	64520	66156	x66770	x52455	x61649	India/Inde	36495	x1016	38949	22293	x577
Greece/Grèce	37180	47340	59942	61645	x119544	Uruguay	23972	20753	23200	10291	8869
Finland/Finlande	46236	54746	60298	50976	57783	Romania/Roumanie	x7496	25488	17349	6507	x57
Ireland/Irlande	33050	36297	44043	43468	43609	Kuwait/Koweït	x13621	15166	x12642	x12444	
Portugal	26012	29845	42610	49941	60075	Yugoslavia SFR	21540	19450	x18070	x2215	
Turkey/Turquie	21078	26874	43279	40787	49217	Brazil/Brésil	9459	10521	11886	16084	20485
Malaysia/Malaisie	22112	28094	32660	43103	x64549	Algeria/Algérie	4519	14900	20866	2048	
Czechoslovakia	x33996	31614	33627	x31820	x64377	Ireland/Irlande	13246	11741	12316	12542	13808
Libyan Arab Jamahiriya	42167	39939	36581	x19854	x36751	Australia/Australie	9145	12397	12174	11299	11619
Mexico/Mexique	19167	23122	27472	39562	56386	Malaysia/Malaisie	5550	8890	11585	14132	x31915
Australia/Australie	22638	28326	31844	28749	36931	Poland/Pologne	35637	20355	10453	3331	x1634
Hungary/Hongrie	x30409	x27097	x32369	27061	x34658	United Arab Emirates	x8228	x8529	x8815	x4726	x5202
Brazil/Brésil	25114	25422	29472	26200	19426	Former GDR	x33053	x19746	x1984		
Poland/Pologne	25580	29176	17849	43768	x90579	Saudi Arabia	9067	12982	x6008	x941	x1446
United Arab Emirates	x34228	x23488	x25171	x18641	x26031	Turkey/Turquie	5129	6537	4771	5000	6834
Bulgaria/Bulgarie	x53498	x43799	x9914	x12707	15156	Thailand/Thaïlande	2064	2995	4997	7640	x5188
Indonesia/Indonésie	13355	14968	19090	30920	38315	Venezuela	1012	3679	8727	3028	2731
Iran (Islamic Rp. of)	x7255	x12755	x24716	x27017	x27747	Israel/Israël	1974	3112	4501	6041	4280
Israel/Israël	15347	16523	21621	25312	33447	Czechoslovakia	x9722	x4555	x4025	x4174	x4197
Nigeria/Nigéria	x16081	x14529	x20311	x26776	x14905	New Zealand	3464	2927	4150	5037	6331
So. Africa Customs Un	17627	14666	17642	x15556	x19081	Mexico/Mexique	2833	3084	3475	3642	3989
Egypt/Egypte	15820	12918	16061	12991	11087	Tunisia/Tunisie	431	4058	2946	3060	2691
India/Inde	8880	x10664	12215	7723	x21852	Egypt/Egypte	93	788	2230	6881	2125
Argentina/Argentine	10775	7213	8578	14401	22047	Hungary/Hongrie	x1706	x3970	x2726	x3000	x2998
Philippines	5823	x12561	9177	8394	8698	Barbados/Barbade	1730	2856	3901	2873	x3590
New Zealand	7886	9278	10008	10790	11962	Peru/Pérou	2452	7457	2091	x39	x125
Morocco/Maroc	5782	6094	9016	9101	10480	Trinidad and Tobago	2536	2680	3692	3035	3331
Cuba	x6843	x9020	x7653	x7316	x6696	Jordan/Jordanie	2246	588	4712	3840	2719

(VALUE AS % OF TOTAL)(VALEUR EN % DU TOTAL)

	1983	1984	1985	1986	1987	1988	1989	1990	1991	1992		1983	1984	1985	1986	1987	1988	1989	1990	1991	1992
Africa	x5.6	x5.1	x5.4	4.3	3.3	3.7	3.3	3.5	2.8	x3.0	Afrique	0.4	x0.2	0.3	x0.2	x0.1	x0.2	0.6	0.7	x0.3	x0.1
Northern Africa	x3.0	x2.6	2.9	1.7	1.3	1.7	1.5	1.5	x1.0	1.3	Afrique du Nord	0.2	0.0	0.0	0.0	0.0	0.5	0.6	0.3	0.1	
Americas	x9.9	12.1	x13.4	x13.5	x10.9	x9.6	x10.6	x11.1	x10.9	x12.3	Amériques	11.6	11.7	11.3	9.4	9.2	8.8	10.1	11.2	12.5	x12.5
LAIA	1.2	2.4	2.4	x2.3	2.0	1.8	2.0	2.1	2.6		ALAI	0.1	0.8	0.8	1.0	1.1	1.1	1.2	1.1	0.7	0.7
CACM	x0.1	0.2	0.2	x0.2	x0.2	0.2	0.2	0.2	0.2	x0.4	MCAC	x0.0	0.0	0.0	0.0	0.0	0.1	0.1	0.1	0.1	x0.2
Asia	x26.6	x25.3	x22.9	18.0	x16.5	16.3	x16.5	x17.8	x17.3	x21.0	Asie	x11.0	x12.8	x12.6	10.3	10.2	12.3	11.3	11.1	12.5	12.9
Middle East	x13.3	x11.4	x9.8	x6.1	x4.2	x4.4	x4.2	x4.4	x3.4	x3.7	Moyen–Orient	x2.1	x2.0	x2.1	x0.8	x0.7	x1.3	x1.3	x0.8	x0.6	x0.3
Europe	56.3	55.8	56.8	62.7	48.9	50.1	51.0	59.3	52.8	58.3	Europe	76.2	74.7	75.2	79.7	76.6	76.0	75.7	76.0	74.0	74.0
EEC	43.6	41.5	42.6	47.3	37.3	38.7	39.6	45.9	41.5	46.0	CEE	66.7	64.9	64.7	69.5	66.9	66.1	65.7	66.4	65.6	65.5
EFTA	12.6	11.6	11.6	12.6	9.8	9.6	9.7	11.3	9.6	10.3	AELE	9.5	9.1	9.5	10.0	9.6	9.3	9.5	9.2	8.4	7.9
Oceania	x1.5	1.7	x1.4	x1.5	x1.1	x1.0	x1.2	x1.2	x1.0	x1.2	Océanie	0.6	0.5	0.6	0.4	0.3	0.3	0.4	0.3	0.3	0.3
Former USSR/Anc. URSS				x15.5	x15.1	x14.5	x4.9	x12.9													
France, Monac	8.9	8.2	8.6	10.0	7.5	7.7	7.8	8.7	7.5	8.1	Germany/Allemagne	23.4	22.6	22.9	26.5	25.6	23.9	23.1	23.9	23.4	24.1
Germany/Allemagne	7.8	7.0	7.4	8.0	6.3	6.4	6.7	8.2	8.2	9.2	Netherlands/Pays–Bas	10.6	10.0	10.2	11.0	10.9	11.1	10.4	10.4	10.1	9.8
Belgium–Luxembourg	5.1	4.7	5.0	5.5	4.5	4.9	4.9	5.7	5.1	5.6	United Kingdom	10.4	10.5	10.1	9.4	9.4	9.3	9.6	9.8	9.5	9.2
United Kingdom	5.4	5.3	5.2	5.3	4.3	5.2	5.2	5.5	5.1	5.6	USA/Etats–Unis d'Amer	10.5	9.9	9.4	7.5	7.2	6.7	7.8	8.9	10.5	10.4
Netherlands/Pays–Bas	5.8	5.8	6.1	6.4	5.0	4.9	4.8	5.3	4.6	4.7	France, Monac	7.6	7.3	7.1	7.8	7.1	6.5	6.6	6.9	7.2	7.2
Canada	5.0	6.0	6.6	5.3	4.4	4.1	4.5	4.7	4.7	4.6	Belgium–Luxembourg	4.8	4.9	5.1	5.8	5.4	5.5	5.4	4.9	4.9	5.1
Italy/Italie	4.9	5.0	4.9	5.6	4.3	4.1	4.2	4.9	4.5	4.9	Italy/Italie	4.5	4.1	4.3	4.0	3.6	4.3	5.1	4.8	5.1	4.9
Hong Kong	2.0	2.4	2.7	2.4	2.0	2.5	2.4	2.8	3.0	3.9	Japan/Japon	5.4	6.2	6.0	5.5	4.8	5.1	4.8	4.6	5.1	5.5
USA/Etats–Unis d'Amer	1.6	2.2	2.7	2.7	2.2	2.2	2.6	2.7	2.7	3.2	Denmark/Danemark	4.1	3.9	3.7	3.8	3.4	3.4	3.3	3.1	3.1	3.3
											Sweden/Suède	2.2	2.2	2.2	2.3	2.3	2.3	2.5	2.3	2.2	2.5

5335 GLAZES, DRIERS, PUTTY ETC — PREPTNS COLOR UTILISES CERAM5335

TRADE BY COMMODITY IN THOUSAND U.S. DOLLARS – COMMERCE PAR PRODUIT EN MILLIERS DE DOLLARS E.U

COUNTRIES–PAYS	IMPORTS – IMPORTATIONS 1988	1989	1990	1991	1992	COUNTRIES–PAYS	EXPORTS – EXPORTATIONS 1988	1989	1990	1991	1992
Total	2077026	2114060	2451605	2586903	2913601	Totale	1780721	1925669	2310915	2387872	2799565
Africa	x88947	x87354	x103602	x114872	x124836	Afrique	x1557	x2730	x5029	x4993	x2883
Northern Africa	47650	50704	58640	68211	x63804	Afrique du Nord	125	675	2923	2774	862
Americas	264662	185310	204585	226303	x299147	Amériques	125033	213141	270156	287766	325511
LAIA	31805	33860	40467	55950	94172	ALAI	14813	18349	17754	20239	24459
CACM	6490	6788	6728	7572	x7747	MCAC	1584	2230	1506	1713	x1438
Asia	373423	405164	451454	473809	x600605	Asie	173115	189761	208991	249516	335856
Middle East	x77143	x73150	x73584	x81389	x110301	Moyen-Orient	7696	7388	x8053	x8649	x10042
Europe	1217101	1293661	1595182	1617856	1767622	Europe	1445444	1482825	1791786	1821041	2108252
EEC	915738	982855	1218872	1263445	1390363	CEE	1249847	1290582	1571786	1604155	1861160
EFTA	275366	285215	349389	335676	356712	AELE	188007	185301	216286	215556	240245
Oceania	x42297	x48196	x49072	x46258	x48308	Océanie	13545	x19672	x27648	21533	23199
Germany/Allemagne	173569	191855	230751	258328	307836	Germany/Allemagne	442626	447233	542575	546391	612283
France, Monac	179263	181382	231286	227651	230329	USA/Etats-Unis d'Amer	88091	177346	232129	245658	274366
Italy/Italie	130970	156995	196772	193773	195453	United Kingdom	190763	183728	236075	225752	248655
United Kingdom	108440	114119	144483	154089	173514	Belgium-Luxembourg	156598	158518	181113	190495	207462
Netherlands/Pays-Bas	111798	118862	133162	129011	142583	Japan/Japon	126799	144343	154573	185130	217822
Switz.Liecht	99356	102345	119771	111784	116901	Netherlands/Pays-Bas	125944	132866	171735	177482	218589
Japan/Japon	99968	101951	88708	78104	69953	France, Monac	133358	130504	148393	147648	166596
Belgium-Luxembourg	74084	72422	87686	85110	93326	Italy/Italie	104208	124003	146392	140311	173228
Canada	64700	72697	73833	79538	84905	Switz.Liecht	101680	98439	115644	116366	127513
Sweden/Suède	55354	62920	75865	73610	75556	Spain/Espagne	64620	78586	105928	139865	183978
Austria/Autriche	56096	53410	71251	74582	83298	Sweden/Suède	43406	42642	46263	47435	52030
Spain/Espagne	46588	50528	68621	79991	94588	Austria/Autriche	32473	32205	38968	39630	46906
Korea Republic	49546	55787	64402	71506	70666	Denmark/Danemark	22161	22399	26391	24320	32381
USA/Etats-Unis d'Amer	138404	54580	64278	64167	94588	Australia/Australie	12472	17866	25680	19056	20774
Thailand/Thaïlande	24435	33789	49805	51462	69410	Canada	19855	14274	17971	19361	24440
Norway, SVD, JM	38155	36126	46863	43185	50521	Singapore/Singapour	13827	13715	15269	19471	21458
Singapore/Singapour	37597	38747	42473	46484	48545	Mexico/Mexique	9054	11059	11241	12814	12428
Portugal	24617	28913	45078	42211	59199	Hong Kong	8154	9860	11745	12348	47390
Former USSR/Anc. URSS	x37358	x44817	x18513	x50282		Finland/Finlande	8232	9479	12459	9213	9966
Denmark/Danemark	32709	32205	36582	42781	50624	Ireland/Irlande	5445	8808	8419	6855	8864
Indonesia/Indonésie	22272	24219	36752	36906	47024	China/Chine	6165	5920	6409	8514	14029
Australia/Australie	28582	33751	32877	30495	31502	Turkey/Turquie	5332	4551	5087	5334	7129
Finland/Finlande	23507	27665	31843	27755	25584	Portugal	3894	3696	4558	4547	7863
Greece/Grèce	19380	23001	30885	33663	x23755	Yugoslavia SFR	7547	6841	3673	x1212	
Malaysia/Malaisie	14017	18507	27300	33663	x37832	Former GDR	x7350	x9020	x2106		
Turkey/Turquie	20536	18574	25161	27589	44790	Korea Republic	4032	3595	2956	4380	6075
Egypt/Egypte	19078	19861	23374	25542	19986	Norway, SVD, JM	2216	2535	2952	2912	3829
Saudi Arabia	19951	22126	x18704	x19640	x22665	Brazil/Brésil	2047	2962	2279	3090	4441
Yugoslavia SFR	20980	19593	23522	x15494	24088	Malaysia/Malaisie	1374	2025	2836	2880	x5448
Israel/Israël	11341	13136	17262	19847		Czechoslovakia	x1978	x3873	x1965	x1179	x1889
Mexico/Mexique	6221	10759	14765	23100	41885	New Zealand	1029	1741	1739	2342	2298
Ireland/Irlande	14321	12572	16172	16178	18981	Thailand/Thaïlande	1627	1593	1810	2233	x1597
Hong Kong	10474	12354	14973	16500	50667	India/Inde	1316	x705	2967	1774	x956
Nigeria/Nigéria	x10444	x9813	x15189	x14826	x25542	Bulgaria/Bulgarie	x10911	x3121	x1964	x201	x471
Hungary/Hongrie	x9072	x9799	x8655	19712	x13977	Israel/Israël	1100	1215	1375	2340	2564
Poland/Pologne	7880	7075	4194	26302	x29679	Argentina/Argentine	1121	2076	1219	1629	1930
China/Chine	8403	9587	9976	14874	36303	So. Africa Customs Un	x888	x1321	x1493	x1754	x1828
Morocco/Maroc	8986	8710	12338	12667	14316	Egypt/Egypte	6	171	2110	1910	111
Tunisia/Tunisie	8181	7912	10707	12362	12790	Venezuela	662	551	1470	1468	3311
New Zealand	8561	9363	10239	10146	10313	El Salvador	1069	1688	904	823	x915
Czechoslovakia	x12255	12447	9062	x8180	x16826	Jordan/Jordanie	1015	376	1226	1166	766
So. Africa Customs Un	10229	8761	8588	x11473	x12490	United Arab Emirates	x354	x737	x840	x1088	x1209
Algeria/Algérie	8339	7448	7334	11450	x10529	Colombia/Colombie	814	1303	854	341	520
Philippines	5667	x9165	8480	8269	11348	Former USSR/Anc. URSS	x1341	x1098	x745	x615	583
United Arab Emirates	x11802	x6259	x5575	x6944	x10020	Tunisia/Tunisie	74	495	737	792	583
Brazil/Brésil	3125	5646	5899	6811	11074	Indonesia/Indonésie	145	186	533	1277	7749
Libyan Arab Jamahiriya	2984	6556	4671	x5829	x5573	Hungary/Hongrie	x366	x397	x439	x888	x1203
Reunion/Réunion	5072	4351	5574	6293	6209	Morocco/Maroc	1035	261	541	817	x1695
Iran (Islamic Rp. of)	x1969	x2143	x5501	x7842	x11447	Saudi Arabia	699	609	x409	x361	x371
Chile/Chili	3401	4898	4616	5952	x7326	Costa Rica	305	330	373	510	x329

(VALUE AS % OF TOTAL)(VALEUR EN % DU TOTAL)

	1983	1984	1985	1986	1987	1988	1989	1990	1991	1992		1983	1984	1985	1986	1987	1988	1989	1990	1991	1992
Africa	x4.7	x5.2	6.1	x4.7	x4.1	x4.3	x4.1	x4.3	x4.4	x4.3	Afrique	0.1	x0.1	0.1	x0.1	x0.1	x0.0	0.2	0.3	x0.2	x0.1
Northern Africa	x2.6	x2.4	3.0	2.5	2.2	2.3	2.4	2.4	2.6	x2.2	Afrique du Nord	0.0	0.0	0.0	0.0	0.1	0.0	0.0	0.1	0.1	0.0
Americas	x14.6	16.7	17.6	x16.4	x14.3	12.8	8.8	8.3	8.8	x10.3	Amériques	x7.5	8.6	7.7	x8.0	x7.1	7.1	11.1	11.7	12.1	11.7
LAIA	1.5	1.9	2.0	x1.9	x1.7	1.5	1.6	1.7	2.2	3.2	ALAI	0.2	1.0	1.0	0.9	x0.8	0.8	1.0	0.8	0.8	0.9
CACM	x0.4	0.7	0.4	x0.5	x0.4	0.3	0.3	0.3	0.3	x0.3	MCAC	0.2	0.4	0.2	x0.1	x0.1	0.1	0.1	0.1	0.1	0.1
Asia	x23.9	x24.5	x21.5	18.4	18.2	18.0	19.1	18.4	18.3	x20.6	Asie	7.3	8.5	7.6	7.2	7.5	9.7	9.8	9.0	10.5	12.0
Middle East	x10.4	x8.7	x6.9	x4.5	x3.7	x3.7	x3.5	x3.0	x3.1	x3.8	Moyen-Orient	x0.4	0.5	x0.6	0.4	0.6	0.4	x0.3	x0.3	x0.4	x0.4
Europe	54.6	51.1	52.4	58.4	56.4	58.6	61.2	65.1	62.5	60.7	Europe	84.2	81.9	83.9	84.0	83.2	81.2	77.0	77.5	76.3	75.3
EEC	41.9	38.1	39.1	43.2	42.1	44.1	46.5	49.7	48.8	47.7	CEE	75.1	72.0	73.7	73.5	72.5	70.2	67.0	68.0	67.2	66.5
EFTA	12.7	11.5	12.0	14.1	13.5	13.3	13.5	14.3	13.0	12.2	AELE	9.1	9.2	9.6	10.3	10.6	10.6	9.6	9.4	9.0	8.6
Oceania	2.2	x2.5	x2.2	x2.1	x2.1	x2.0	x2.2	x2.0	x1.8	x1.6	Océanie	0.8	0.9	x0.8	x0.8	0.7	0.8	x1.0	x1.2	0.9	0.8
Germany/Allemagne	9.1	8.2	8.2	9.1	8.0	8.4	9.1	9.4	10.0	10.6	Germany/Allemagne	24.9	23.0	23.7	25.4	25.1	24.9	23.2	23.5	22.9	21.9
France, Monac	9.1	7.2	7.6	8.8	8.8	8.6	8.6	9.4	8.8	7.9	USA/Etats-Unis d'Amer	7.0	7.2	6.3	5.3	4.7	4.9	9.2	10.0	10.3	9.8
Italy/Italie	5.4	5.3	5.4	5.8	6.5	6.3	7.4	8.0	7.5	6.7	United Kingdom	12.3	12.0	11.5	9.8	9.8	10.7	9.5	10.2	9.5	8.9
United Kingdom	4.0	4.5	4.3	4.7	4.5	5.2	5.4	5.9	6.0	6.0	Belgium-Luxembourg	7.5	7.6	7.8	8.2	8.6	8.8	8.2	7.8	7.8	7.4
Netherlands/Pays-Bas	4.9	4.5	4.7	5.1	4.9	5.4	5.6	5.4	5.0	4.9	Japan/Japon	5.8	6.5	5.7	5.6	5.3	7.1	7.4	6.7	7.8	7.8
Switz.Liecht	4.5	4.0	4.2	5.1	4.9	4.8	4.9	4.3	4.0	4.0	Netherlands/Pays-Bas	10.4	9.6	9.4	10.2	9.9	7.1	7.4	7.4	7.4	7.8
Japan/Japon	3.8	5.1	3.7	4.4	4.2	4.8	4.3	3.6	3.0	2.4	France, Monac	9.3	8.8	8.7	8.6	8.7	7.6	6.8	6.4	6.2	6.0
Belgium-Luxembourg	3.5	3.3	3.4	3.5	3.3	3.4	3.4	3.6	3.3	3.2	Italy/Italie	6.5	6.5	7.4	6.9	6.7	5.9	6.4	6.3	5.9	6.2
Canada	4.8	4.5	4.7	3.9	3.5	3.1	3.5	3.0	3.1	2.9	Switz.Liecht	4.5	4.7	5.0	5.5	5.7	5.1	5.4	5.0	4.9	4.6
Sweden/Suède	2.5	2.4	2.7	2.9	2.7	2.7	3.0	3.1	2.8	2.6	Spain/Espagne	2.1	2.3	2.4	2.7	3.4	3.6	4.1	4.6	5.9	6.6

425

5411 PROVITAMINS AND VITAMINS / PROVITAMINES, VITAMINES 5411

TRADE BY COMMODITY IN THOUSAND U.S. DOLLARS – COMMERCE PAR PRODUIT EN MILLIERS DE DOLLARS E.U

IMPORTS – IMPORTATIONS

COUNTRIES–PAYS	1988	1989	1990	1991	1992
Total	1789011	1723664	1883901	2108093	2491558
Africa	x37081	x41619	x42696	x43640	x43320
Northern Africa	18430	20325	19250	21900	x19073
Americas	487414	444188	457656	504034	577557
LAIA	108302	108225	107481	144458	162676
CACM	11977	12421	10224	13072	x4718
Asia	317010	x304702	368612	408446	556170
Middle East	x35371	x27252	x43562	x41482	x54177
Europe	811675	805041	934738	1040754	1218942
EEC	618742	731382	865254	970543	1133154
EFTA	184794	65214	59530	58729	74036
Oceania	x36184	x31898	x34535	x44668	x59222
USA/Etats–Unis d'Amer	319535	278128	283540	294966	349226
France, Monac	91882	201956	237727	274873	297374
Germany/Allemagne	170561	176745	223007	242570	265270
Italy/Italie	90595	83631	97820	116725	137306
Japan/Japon	82274	86236	95808	88078	110634
United Kingdom	64802	66504	72597	74548	96513
Hong Kong	62174	47207	62888	85495	125638
Denmark/Danemark	51407	48345	59793	67992	84507
Netherlands/Pays–Bas	52754	51825	56757	59149	76226
Spain/Espagne	46578	50551	54984	60037	77850
Brazil/Brésil	38093	45100	45035	51687	47116
Canada	43397	41021	51337	47974	56417
Belgium–Luxembourg	27521	29926	35374	44834	47737
Thailand/Thaïlande	17795	25901	33029	44364	57356
Korea Republic	25478	29017	32011	40945	47684
Mexico/Mexique	26308	29319	28031	40948	50839
Australia/Australie	31733	25548	27882	36435	47137
Indonesia/Indonésie	15478	19054	24617	28553	41094
Turkey/Turquie	18968	16700	20111	19917	27852
Former USSR/Anc. URSS	x11730	x21500	x8130	x25335	
Philippines	16115	x15392	19509	19699	23399
Austria/Autriche	13757	13026	15138	16388	21110
So. Africa Customs Un	12113	12119	15712	x15364	x17839
Switz.Liecht	134508	16435	13524	11612	9711
Sweden/Suède	16257	13703	14061	13801	18138
Poland/Pologne	20876	18257	7629	15423	x13789
Pakistan	9903	9871	11227	14307	14435
Ireland/Irlande	10206	9979	11611	13071	25787
Czechoslovakia	x6248	19445	9805	x2395	x6810
Iran (Islamic Rp. of)	x7708	x3817	x13995	x13726	x14959
Norway, SVD, JM	10918	12154	8879	9531	14355
Egypt/Egypte	10535	11604	9536	8316	7742
Singapore/Singapour	9160	9727	9034	9215	16963
Venezuela	13896	6950	6745	13791	17627
Yugoslavia SFR	7613	7579	9222	x10355	
Portugal	7868	7035	9407	10626	14181
Romania/Roumanie	x5916	x6616	x6805	13137	x5712
Hungary/Hongrie	x13140	x7929	x9508	8864	x5086
Israel/Israël	8257	7576	8515	9808	12344
Chile/Chili	4883	6835	7032	10167	x10449
Finland/Finlande	8643	9034	7238	6824	10390
Argentina/Argentine	8204	6609	4932	9733	16776
Colombia/Colombie	6688	5922	8309	6085	7034
New Zealand	4321	5971	6182	7511	11175
Malaysia/Malaisie	6969	5463	6743	6851	x14325
Guatemala	5160	6844	4405	6731	x1804
India/Inde	6606	x6836	6927	3599	x9957
Greece/Grèce	4568	4884	6178	6117	x10402
China/Chine	11654	5363	4322	7081	14786
Bulgaria/Bulgarie	x24080	x12861	x2410	x1368	4825

EXPORTS – EXPORTATIONS

COUNTRIES–PAYS	1988	1989	1990	1991	1992
Totale	1580424	1529635	1755591	1817821	2253704
Afrique	x1111	x444	x371	x1421	x4930
Afrique du Nord	x9	x1	4		68
Amériques	x63864	x81522	x106527	x123565	x135697
ALAI	4841	3196	3731	x2377	2808
MCAC	x1003	x1072	x2062	x2605	x2745
Asie	316111	307104	361533	415832	563526
Moyen–Orient	x59	x620	x238	554	x946
Europe	1122509	1078323	1250572	1237895	1514670
CEE	735294	704853	825261	774485	893946
AELE	373427	357919	407949	454799	604948
Océanie	x10736	x13789	13169	19770	18112
Germany/Allemagne	427749	379236	431042	499691	562689
Switz.Liecht	368109	353731	404663	452170	600802
Japan/Japon	204256	196610	208691	229862	278292
France, Monac	94184	113786	135563	153490	178889
USA/Etats–Unis d'Amer	126121	137112	168350	11571	7470
Hong Kong	54673	73814	98798	114540	126648
China/Chine	63119	56745	67938	89355	122221
Netherlands/Pays–Bas	37320	39551	69771	78532	134462
Denmark/Danemark	28814	26337	32676	32688	36614
Yugoslavia SFR	23921	17951	24365	35507	51364
Australia/Australie	13787	15552	17354	x8577	
Ireland/Irlande	9708	11705	11760	17767	16463
Italy/Italie	10448	11043	14329	12246	12290
Former USSR/Anc. URSS	16606	11025	9780	13700	27209
Bulgaria/Bulgarie	x9910	x18886	x7705	x7732	
Belgium–Luxembourg	x44367	x19319	x9055	x1553	x2384
Israel/Israël	4621	5976	7565	12543	10276
Singapore/Singapour	4718	5132	5240	7125	7386
Czechoslovakia	3395	4051	3879	3198	7318
India/Inde	x1864	x2333	x2483	x5257	x6509
Romania/Roumanie	1924	x2818	3651	3568	x7012
Hungary/Hongrie	x4445	x3508	x1854	x2028	x3506
Spain/Espagne	x3407	x2981	x2241	x1841	x1943
Canada	2824	2338	1491	2881	6816
Mexico/Mexique	2875	3203	1454	1896	3355
New Zealand	3663	2358	2520	1141	1916
Korea Republic	990	2063	1409	2003	1648
Honduras	1057	1166	1469	2119	2546
Sweden/Suède	x875	x971	x1705	x1871	x1911
Austria/Autriche	1734	1117	1027	892	606
Cuba		x35	x476	x2120	1696
Norway, SVD, JM	308	449	881	1092	x21
Brazil/Brésil	188	136	1045	309	1467
Former GDR	x2100	x1385	x81		128
Malaysia/Malaisie	158	252	341	657	x215
So. Africa Customs Un	x152	x83	x211	x957	x2493
Poland/Pologne				925	x2428
Uruguay	2	x222		x595	x35
Finland/Finlande	258	548	179	29	377
Jordan/Jordanie	0	478	x41	132	5
Thailand/Thaïlande	75	13	57	534	x1493
Guatemala	74	68	73	438	805
Costa Rica	5	13	274	287	x24
Indonesia/Indonésie	27	52	224	297	1539
Argentina/Argentine	430	120	144	194	223
Congo			x82	x350	x8
Turkey/Turquie	25	16	10	339	435
Zimbabwe	x413	x294	55	7	x1810
Portugal	7	47	99	167	265

(VALUE AS % OF TOTAL)(VALEUR EN % DU TOTAL)

	1983	1984	1985	1986	1987	1988	1989	1990	1991	1992
Africa	x3.3	3.8	3.9	x2.6	x2.1	x2.4	x2.2	x2.2	x2.0	x1.7
Northern Africa	1.7	1.7	1.3	1.1	1.1	1.0	1.2	1.0	1.0	0.8
Americas	27.1	30.8	31.0	x28.7	x23.8	27.3	25.8	24.3	23.9	23.2
LAIA	3.0	7.4	7.6	x7.0	6.1	6.3	5.7	6.9	6.5	6.5
CACM	x0.1	0.7	0.7	2.1	1.9	0.7	0.7	0.5	0.6	x0.2
Asia	17.4	16.3	14.3	15.3	x15.1	17.8	x17.6	19.5	19.3	22.3
Middle East	x1.3	x2.0	x2.3	x2.2	x2.3	x2.0	x1.6	x2.3	x2.0	x2.2
Europe	49.2	46.2	49.0	51.9	49.4	45.4	46.7	49.6	49.4	48.9
EEC	40.1	36.8	38.5	40.0	38.6	34.6	42.4	45.9	46.0	45.5
EFTA	9.2	8.7	10.0	11.4	10.4	10.3	3.8	3.2	2.8	3.0
Oceania	2.9	x2.8	x1.7	x1.6	x1.7	x2.0	x1.8	x1.8	x2.1	x2.3
USA/Etats–Unis d'Amer	20.3	19.4	19.5	17.8	14.4	17.9	16.1	15.1	14.0	14.0
France, Monac	10.3	9.3	9.5	10.5	10.3	5.1	11.7	12.6	13.0	11.9
Germany/Allemagne	7.5	7.7	8.5	8.7	8.9	9.5	10.3	11.8	11.5	10.6
Italy/Italie	5.5	5.1	5.5	5.1	4.9	5.1	4.9	5.2	5.5	5.5
Japan/Japon	5.1	4.9	3.8	4.4	3.8	4.6	4.9	5.1	4.2	4.4
United Kingdom	4.3	3.2	3.5	3.6	3.1	3.6	3.9	3.9	3.5	3.9
Hong Kong	3.6	2.8	2.2	2.9	2.9	3.6	2.7	3.3	4.1	5.0
Denmark/Danemark	3.1	3.0	3.0	3.0	2.7	2.9	2.8	3.2	3.2	3.4
Netherlands/Pays–Bas	2.9	2.6	2.7	2.9	3.1	2.9	3.0	3.0	2.8	3.1
Spain/Espagne	2.9	2.6	2.6	2.6	2.7	2.6	2.9	2.9	2.8	3.1

	1983	1984	1985	1986	1987	1988	1989	1990	1991	1992
Afrique	x0.0	x0.0	x0.0	x0.0	0.1	x0.0	x0.0	x0.0	x0.1	x0.2
Afrique du Nord	0.0	0.0	0.0	0.0	0.0	0.0	0.0	0.0	0.0	0.0
Amériques	x5.7	5.5	4.2	x4.7	4.2	4.0	x5.3	6.1	x6.8	6.1
ALAI	0.0	0.1	0.1	x0.5	0.3	0.3	0.2	0.2	x0.1	x0.1
MCAC	0.0	0.0	0.0	0.6	x0.1	x0.1	x0.1	x0.1	x0.1	x0.1
Asie	18.9	17.9	17.4	17.1	18.0	20.0	20.1	20.6	22.8	25.0
Moyen–Orient	0.1	x0.1	x0.0	x0.0	x0.1	x0.0	x0.0	x0.0	0.0	x0.0
Europe	72.8	72.7	77.6	77.3	70.9	71.0	70.5	71.2	68.1	67.2
CEE	50.2	50.4	54.3	49.9	46.7	46.5	46.1	47.0	42.6	39.7
AELE	22.6	21.3	22.2	26.5	23.4	23.6	23.4	23.2	25.0	26.7
Océanie	0.7	0.7	0.7	0.8	0.9	x0.7	x0.9	0.8	1.1	0.8
Germany/Allemagne	30.6	28.8	28.4	27.4	24.8	27.1	24.8	24.6	27.5	25.0
Switz.Liecht	22.2	21.0	21.8	26.2	23.1	23.3	23.1	23.0	24.9	26.7
Japan/Japon	15.1	13.9	13.9	13.2	11.5	12.9	12.9	11.9	12.6	12.3
France, Monac	9.6	9.5	9.8	7.1	6.9	6.0	7.4	7.7	8.4	7.9
United Kingdom	4.9	6.5	8.7	8.4	8.2	8.0	9.0	9.6	0.6	0.3
USA/Etats–Unis d'Amer	5.6	5.4	4.1	3.3	3.1	3.5	4.8	5.6	6.3	5.6
Hong Kong	3.0	3.0	2.9	3.4	3.5	3.6	3.7	3.9	4.9	5.4
China/Chine					2.3	2.4	2.6	4.0	4.3	6.0
Netherlands/Pays–Bas	1.6	1.5	1.8	1.7	1.6	1.8	1.7	1.9	1.8	1.6
Denmark/Danemark	0.8	1.0	2.1	1.9	1.8	1.5	1.2	1.4	2.0	2.3

5413 ANTIBIOTICS IN BULK

ANTIBIOTIQUES NDA 5413

TRADE BY COMMODITY IN THOUSAND U.S. DOLLARS – COMMERCE PAR PRODUIT EN MILLIERS DE DOLLARS E.U

COUNTRIES–PAYS	IMPORTS – IMPORTATIONS					COUNTRIES–PAYS	EXPORTS – EXPORTATIONS				
	1988	1989	1990	1991	1992		1988	1989	1990	1991	1992
Total	3964159	3995867	4388657	4887231	5288770	Totale	3031432	3729487	4282388	4574301	5254641
Africa	111838	99007	123419	x116286	x119353	Afrique	x1293	x553	x1575	x381	x5721
Northern Africa	65714	61338	74210	82610	79032	Afrique du Nord	x35	x283	507	x90	x118
Americas	751162	692210	783130	985847	988631	Amériques	x263196	x942318	x975310	x1073643	1185953
LAIA	253295	239514	278310	348388	359827	ALAI	25022	37370	42481	61774	73600
CACM	11905	9089	13662	16203	x10579	MCAC	142	x57	x280	25	x274
Asia	1299745	x1352638	x1401230	1630277	x1729549	Asie	598836	746549	799781	1051209	1245488
Middle East	x165960	x205660	x241192	x211494	x226899	Moyen–Orient	16749	5389	3747	x10195	x13258
Europe	1642612	1711007	1983530	2028061	2340889	Europe	2004410	1911823	2381006	2361143	2726802
EEC	1456155	1477402	1738274	1778421	2068320	CEE	1760908	1657381	2056838	1990218	2326781
EFTA	141239	169672	160229	187430	234502	AELE	231202	243039	313142	351575	370693
Oceania	x53433	x46874	x54422	x51664	x64388	Océanie	x5725	x10741	x11815	x27525	35351
Japan/Japon	534026	523463	478779	525769	536691	USA/Etats–Unis d'Amer	211480	885841	915395	996539	1102268
USA/Etats–Unis d'Amer	406048	374375	412625	538424	527935	Italy/Italie	466481	477392	561733	547663	707143
Italy/Italie	402175	367345	438136	456841	595068	United Kingdom	327781	335639	386959	393582	441698
France, Monac	292569	320118	381520	340374	410306	Japan/Japon	264738	321610	327464	429438	531325
Germany/Allemagne	236125	226679	249122	252952	235349	France, Monac	175863	247127	293685	259538	309449
Spain/Espagne	142229	163708	193627	227474	232112	Spain/Espagne	197921	176683	264005	285432	306435
United Kingdom	124414	142866	172210	171363	242851	Germany/Allemagne	177752	144314	233139	198561	212149
Hong Kong	97263	117324	128686	230924	282883	China/Chine	132705	153900	177763	218316	214536
China/Chine	160924	132185	145732	188464	135728	Hong Kong	98009	118990	130331	227851	251391
Korea Republic	81348	86756	98058	114412	113347	Switz.Liecht	131920	126319	141784	165446	167770
Turkey/Turquie	68660	99244	96358	100596	102140	Austria/Autriche	76124	88912	133736	148932	154703
Belgium–Luxembourg	74712	82942	89743	118720	145073	Belgium–Luxembourg	88346	71787	101788	110980	112972
Mexico/Mexique	54736	73459	94161	94480	110999	Ireland/Irlande	98976	90643	89595	76509	121453
India/Inde	73002	x71286	83213	96074	x129809	Denmark/Danemark	62756	63056	74929	79189	73347
Austria/Autriche	42717	51998	82987	100995	118240	Singapore/Singapour	47261	48036	67416	66199	64924
Switz.Liecht	63818	95504	62162	70024	91026	Korea Republic	32941	46272	62460	68294	92611
Yugoslavia SFR	44895	63582	84711	x61924	74964	Bulgaria/Bulgarie	x90881	x77202	x74894	x11155	x11093
Brazil/Brésil	49445	53071	60273	91691	81597	Portugal	41713	38767	48947	36192	38474
Canada	64581	59493	68740	73856		Mexico/Mexique	11604	25653	28136	42486	49261
Iran (Islamic Rp. of)	x27945	x36974	x88421	x72407	x58098	India/Inde	4194	x44249	17532	21645	x61380
Pakistan	36372	45706	52224	55915	59650	Hungary/Hongrie	x23204	x15086	x15486	x26297	x23734
Netherlands/Pays–Bas	55405	46504	54326	50866	67341	Sweden/Suède	17526	15793	19501	18871	19058
Australia/Australie	49072	42691	48626	45821	56073	Australia/Australie	5576	10695	11321	27070	35228
Greece/Grèce	37106	38123	53169	45439	x45798	Norway, SVD, JM	5428	11970	18090	18216	29131
Egypt/Egypte	43108	35020	45784	50850	44999	Yugoslavia SFR	12296	11356	10785	x19084	
Indonesia/Indonésie	36510	38480	42255	45985	45943	Panama	x5461	x14532	x14143	x11946	x6604
Portugal	37617	37318	42989	42628	32231	Brazil/Brésil	11021	8072	10717	15990	19026
Ireland/Irlande	31722	30768	36975	49350	43803	Czechoslovakia	x9378	x7764	x8330	x9490	x14264
Argentina/Argentine	28670	25334	27718	51013	56659	Former USSR/Anc. URSS	x19728	x7423	x5957	x7707	
Thailand/Thaïlande	26828	30786	33478	37143	50218	Netherlands/Pays–Bas	123134	11612	1711	2438	3618
Singapore/Singapour	28762	32468	27763	35097	37220	Macau/Macao	118	4784	6991	2847	2498
Philippines	24081	x27557	29021	31948	28964	Poland/Pologne	3774	2837	5703	4292	x4356
So. Africa Customs Un	31561	30275	34902	x20271	x25216	Turkey/Turquie	16412	5260	2981	2425	1957
Venezuela	52681	21306	26746	34441	37390	Romania/Roumanie	x6953	x6074	x2261	x1453	x1835
Colombia/Colombie	22998	24096	24067	22397	22357	Canada	20149	3675	1757	2743	2706
Denmark/Danemark	22080	21030	26457	22414	18388	Thailand/Thaïlande	1013	1989	3069	3073	x8569
Former USSR/Anc. URSS	x16612	x19331	x8578	x41755		Argentina/Argentine	1680	1761	1832	2206	3458
Morocco/Maroc	14314	15193	18564	18699	20097	Oman				x4400	x7147
Poland/Pologne	26020	20593	14336	17418	17418	Israel/Israël	814	724	1015	1665	1168
Ecuador/Equateur	11173	15071	14738	17642	8730	United Arab Emirates	x50	x4	x77	x2595	x2631
Israel/Israël	9216	15533	13326	16209	17535	Peru/Pérou	128	846	622	x380	x356
Peru/Pérou	20137	12179	15877	15225	x29263	Korea Dem People's Rp	x174	x191	x349	x1065	x1927
Jordan/Jordanie	24356	19689	12064	11508	16320	Bermuda/Bermudes	x399	x506	x643	x331	x331
Syrian Arab Republic	9872	23750	x7802	x5619	x18989	Former GDR	x4052	x1117	x269		
Bangladesh	x14533	x13335	x10199	x11613	x12399	Venezuela	2		222	548	407	785
Iraq	x22171	x17098	x16987			Viet Nam			x1053	x2	
Bulgaria/Bulgarie	x30564	x25152	x3783	x2814	10782	Uruguay	x434	x380	x387	182	97
Chile/Chili	8068	10108	8607	11067	x9866	Bahamas	x543	x89	x581	x222	
Sweden/Suède	26903	13096	6393	7682	15877	Greece/Grèce	184	361	346	134	x44
Hungary/Hongrie	x5697	x8999	x8742	8719	x9418	Jordan/Jordanie	60	59	308	386	1071

(VALUE AS % OF TOTAL)(VALEUR EN % DU TOTAL)

	1983	1984	1985	1986	1987	1988	1989	1990	1991	1992		1983	1984	1985	1986	1987	1988	1989	1990	1991	1992
Africa	3.8	3.6	3.7	x3.3	x2.8	2.8	2.5	2.8	x2.4	2.3	Afrique	x0.0	0.1	x0.0	x0.0	x0.0	x0.0	x0.0	x0.0	x0.0	x0.1
Northern Africa	1.6	2.1	2.1	2.2	2.0	1.7	1.5	1.7	1.7	1.5	Afrique du Nord	0.0									
Americas	18.7	23.0	23.0	x19.9	x20.1	19.0	17.4	17.9	20.1	18.7	Amériques	x12.5	13.6	12.2	x10.9	x7.6	x8.6	x25.3	22.8	x23.4	22.5
LAIA	6.0	9.2	9.6	8.5	7.3	6.4	6.0	6.3	7.1	6.8	ALAI	0.8	2.9	1.7	x1.7	x0.9	0.8	1.0	1.0	1.4	1.4
CACM	x0.2	0.4	0.5	x0.3	x0.2	0.3	0.2	0.3	0.3	x0.2	MCAC	x0.0	0.0	0.0	x0.0	x0.0	0.0	x0.0	x0.0	0.0	x0.0
Asia	28.0	27.2	25.7	27.7	x31.7	32.8	33.9	x31.9	33.4	x32.7	Asie	12.8	12.9	13.4	13.2	17.5	19.8	20.0	18.7	23.0	23.7
Middle East	x1.6	x3.4	x4.1	x4.3	x5.0	x4.2	x5.1	x5.5	x4.3	x4.3	Moyen–Orient	x0.0	0.4	0.8	0.4	0.8	0.6	0.1	0.1	x0.2	x0.3
Europe	48.1	44.3	45.8	47.5	41.1	41.4	42.8	45.2	41.5	44.3	Europe	74.6	73.4	74.4	75.7	64.8	66.1	51.3	55.6	51.6	51.9
EEC	43.9	38.6	39.7	41.5	36.1	36.7	37.0	39.6	36.4	39.1	CEE	68.1	66.0	66.9	66.6	56.4	58.1	44.4	48.0	43.5	44.3
EFTA	4.2	4.1	4.4	4.8	4.1	3.6	4.2	3.7	3.8	4.4	AELE	6.5	6.6	6.8	8.6	7.9	7.6	6.5	7.3	7.7	7.1
Oceania	x1.5	1.8	1.8	1.5	1.2	x1.3	x1.2	x1.2	x1.1	1.2	Océanie	x0.1	0.1	x0.0	0.0		x0.2	0.3	0.3	0.6	0.7
Japan/Japon	15.0	14.5	12.5	13.4	12.9	13.5	13.1	10.9	10.8	10.1	USA/Etats–Unis d'Amer	11.5	10.6	10.3	9.1	6.1	7.0	23.8	21.4	21.8	21.0
USA/Etats–Unis d'Amer	9.8	10.7	10.5	9.3	10.2	10.2	9.4	9.4	11.0	10.0	Italy/Italie	19.5	20.9	20.6	18.6	16.2	15.4	12.8	13.1	12.0	13.5
Italy/Italie	9.1	8.3	9.8	10.5	8.8	10.1	9.2	10.0	9.3	11.3	United Kingdom	13.3	11.8	12.5	12.8	10.0	10.8	9.0	9.0	8.6	8.4
France, Monac	11.0	8.5	8.3	8.6	7.8	7.4	8.0	8.7	7.0	7.8	Japan/Japon	6.9	7.8	7.9	7.9	7.0	8.7	8.6	7.6	9.4	10.1
Germany/Allemagne	7.2	7.6	7.0	7.9	6.5	6.0	5.7	5.7	5.2	4.4	France, Monac	6.9	6.6	6.5	6.3	5.2	5.8	6.6	6.9	5.7	5.9
Spain/Espagne	3.0	2.8	2.7	3.3	3.0	3.6	4.1	4.4	4.7	4.4	Spain/Espagne	4.6	5.1	5.4	5.6	5.5	6.5	4.7	6.2	6.2	5.8
United Kingdom	4.4	3.7	4.4	3.4	3.4	3.1	3.6	3.9	3.5	4.6	Germany/Allemagne	7.4	6.6	7.9	8.8	5.9	5.9	3.9	5.4	4.3	4.0
Hong Kong	1.1	1.0	1.4	1.7	2.3	2.5	2.9	2.9	4.7	5.3	China/Chine					4.3	4.4	4.1	4.2	4.8	4.1
China/Chine					2.9	4.1	3.3	3.3	3.9	2.6	Hong Kong	2.1	2.1	2.4	2.5	3.1	3.2	3.2	3.0	5.0	4.8
Korea Republic	2.3	2.1	1.9	1.9	1.8	2.1	2.2	2.2	2.3	2.1	Switz.Liecht	3.3	3.5	3.8	4.0	4.1	4.4	3.4	3.3	3.6	3.2

5414 VEG ALKALOIDS AND DERIVS / ALCALOIDES VEGETAUX 5414

TRADE BY COMMODITY IN THOUSAND U.S. DOLLARS – COMMERCE PAR PRODUIT EN MILLIERS DE DOLLARS E.U

IMPORTS – IMPORTATIONS

COUNTRIES–PAYS	1988	1989	1990	1991	1992
Total	932186	873382	966794	970963	1006366
Africa	x13925	x11449	18497	x16929	x14696
Northern Africa	5161	4709	8686	8985	7252
Americas	292434	274718	284387	301994	295459
LAIA	72064	79072	74606	89459	90382
CACM	1970	2114	3139	4518	x1698
Asia	150655	x156573	169512	180599	x207659
Middle East	x12322	x16597	x12378	x15006	x13169
Europe	438798	392883	469187	449628	472469
EEC	398023	354129	427756	407769	416072
EFTA	31984	33502	35180	29309	46840
Oceania	6897	x6000	x8365	x6130	x6546
USA/Etats–Unis d'Amer	178286	176566	169264	186310	175750
France,Monac	114874	110423	131944	115161	120824
Japan/Japon	91133	87249	98517	104285	110998
Germany/Allemagne	102752	85774	108409	93610	110998
Italy/Italie	61192	55863	64524	62913	88774
Spain/Espagne	32012	30896	33566	32908	58957
United Kingdom	28469	22323	29763	37215	35054
Mexico/Mexique	24386	27466	25215	30395	48173
Brazil/Brésil	22225	28206	26067	28681	36808
Canada	37975	15034	35520	20101	21560
					25735
Ireland/Irlande	18696	15828	19486	23971	20326
Switz.Liecht	16843	19080	21051	16121	34920
Belgium–Luxembourg	11763	11565	11707	15272	14013
Korea Republic	8124	7827	9539	11437	11928
Argentina/Argentine	9975	8581	7151	12782	15707
Hong Kong	8015	9302	8479	10348	11790
Turkey/Turquie	6368	10376	8344	8358	10500
Denmark/Danemark	6689	6328	8774	10211	9178
Portugal	8605	7308	9938	8054	9613
Thailand/Thaïlande	6741	8285	9244	6560	6013
Yugoslavia SFR	8624	5120	5946	x12305	
Indonesia/Indonésie	5087	5937	6348	6690	6157
Australia/Australie	6387	5509	7655	5569	5982
Former USSR/Anc. URSS	x2800	x6135	x6323	x6072	
Czechoslovakia	x7077	11499	4867	x1615	x767
India/Inde	4427	x8494	4807	3222	x10983
So. Africa Customs Un	5982	3296	6886	x5501	x4523
Sweden/Suède	4125	4666	5894	4948	4752
Egypt/Egypte	3049	2096	5930	5859	3581
Austria/Autriche	4345	4535	4055	4984	4759
Greece/Grèce	5880	4285	5602	3463	x5708
Philippines	3766	x2976	5572	4459	5522
Netherlands/Pays–Bas	7090	3537	4043	4990	5451
Venezuela	4518	3238	3191	5727	6848
Finland/Finlande	6050	4931	3575	2959	1994
Hungary/Hongrie	x3794	x5133	x2004	3924	x4785
Israel/Israël	2173	1651	3581	5585	4907
Pakistan	3273	2441	3674	4683	15813
Colombia/Colombie	3757	3285	3574	3762	3084
Iran (Islamic Rp. of)	x3659	x4347	x2256	x2528	x1816
Peru/Pérou	2625	3183	3584	1858	x1822
Chile/Chili	1546	1992	2586	2656	x2114
China/Chine	1574	1737	3067	2002	2213
Poland/Pologne	2987	2020	1438	3219	x1915
Morocco/Maroc	1735	1728	2395	2289	2294
Guatemala	838	1231	1776	2917	
Singapore/Singapour	1566	1656	1928	2174	x711
Romania/Roumanie	x2529	x2749	x1624	503	3908
Uruguay	2241	1844	1591	1289	x109
Ecuador/Equateur	489	1094	1348	1815	1019
					1098

EXPORTS – EXPORTATIONS

COUNTRIES–PAYS	1988	1989	1990	1991	1992
Totale	x960844	827959	913413	887729	924785
Afrique	x8127	x590	x765	x2299	x3216
Afrique du Nord			x152		
Amériques	45749	33082	49191	49168	69749
ALAI	25600	19998	17227	26024	17454
MCAC	x59	170	x150	x105	x80
Asie	64775	82934	83253	101330	x98821
Moyen–Orient	1054	1132	811	1912	1248
Europe	691979	621280	692784	667936	712373
CEE	423472	400063	442250	433788	487170
AELE	264996	219422	247198	232225	223957
Océanie	1060	9192	12824	9750	1561
Germany/Allemagne	277867	279503	305856	301864	351563
Switz.Liecht	261493	209096	240972	225340	218317
China/Chine	34131	45489	42198	51759	44363
Italy/Italie	58345	39499	52942	39034	45176
Hungary/Hongrie	x36857	x29545	x26921	x26061	x22018
United Kingdom	17025	18424	18587	26181	21911
Czechoslovakia	x21739	x18080	x26887	x17317	x16507
USA/Etats–Unis d'Amer	11666	12388	16312	22468	18975
Ireland/Irlande	15669	14740	14788	16817	18597
Spain/Espagne	18034	14903	14306	16211	15159
Former USSR/Anc. URSS	x50889	x16242	x15058	x11690	
Brazil/Brésil	19767	14287	9482	18630	10690
France,Monac	17454	13049	14606	11673	12821
Australia/Australie	1052	9191	12824	9691	1539
Belgium–Luxembourg	9569	10263	10718	8803	9149
Hong Kong	7898	8610	8562	10659	12693
India/Inde	4332	x10467	8078	9144	x17917
Netherlands/Pays–Bas	6664	8037	8102	11350	10790
Indonesia/Indonésie	7783	8625	8451	9118	5556
Japan/Japon	7884	7038	7748	6359	7194
Mexico/Mexique	5229	4357	6136	6571	5834
Former GDR	x38709	x13989	x2298		
Canada	8133	228	15349	307	33191
Sweden/Suède	137	3660	5189	6250	4418
Israel/Israël	82	2	3589	5966	6215
Yugoslavia SFR	3505	1709	3249	x1751	
Malaysia/Malaisie	13	6	2067	3721	x6
Bulgaria/Bulgarie	x960	x1981	x2434	x826	x171
Denmark/Danemark	2548	1279	2217	1647	1721
Singapore/Singapour	1460	1310	1588	1827	2441
Austria/Autriche	936	4021	124	168	172
Turkey/Turquie	1023	1039	811	1903	1128
Poland/Pologne		878	999	1333	x369
So. Africa Customs Un	x1608	x564	x580	x1270	x1141
Finland/Finlande	1995	2137	132	38	43
Norway,SVD,JM					x4785
Peru/Pérou	435	508	781	429	1009
Colombia/Colombie	42	x562	646	x340	x301
Thailand/Thaïlande	25	8	x822	x201	x112
Portugal	289	368	30	773	
Zimbabwe			116	209	284
Cameroon/Cameroun		x13	x545	x894	
El Salvador			x146	x453	x1007
Andorra/Andorre	35	148	x86	x56	x42
Korea Republic				x86	
Panama	5	232		19	967
Philippines	x214	x155	x87	x9	x30
Cuba	101	x13	120	61	171
Romania/Roumanie		x83	x20	x90	
Bahamas		x166		x21	
		x29		x148	

(VALUE AS % OF TOTAL)(VALEUR EN % DU TOTAL)

	1983	1984	1985	1986	1987	1988	1989	1990	1991	1992
Africa	x1.6	x4.2	1.6	x2.0	x1.3	x1.5	x1.3	1.9	x1.8	x1.4
Northern Africa	0.7	0.8	0.7	0.7	0.5	0.6	0.5	0.9	0.9	0.7
Americas	30.9	30.6	34.3	x32.7	x31.5	31.4	31.4	29.4	31.1	29.3
LAIA	5.0	8.7	9.3	x7.7	x8.6	7.7	9.1	7.7	9.2	9.0
CACM	x0.1	0.3	0.2	0.8	0.7	0.2	0.2	0.3	0.5	x0.2
Asia	9.3	10.8	11.7	11.9	x11.5	16.2	x17.9	17.6	18.6	x20.6
Middle East	x0.6	x1.6	x1.3	x1.2	x1.4	x1.3	x1.9	x1.3	1.5	x1.3
Europe	57.2	53.4	51.7	52.7	50.7	47.1	45.0	48.5	46.3	46.9
EEC	53.3	49.0	46.5	47.8	46.0	42.7	40.5	44.2	42.0	41.3
EFTA	3.9	3.6	3.9	4.4	3.8	3.4	3.8	3.6	3.0	4.7
Oceania	x0.9	x0.9	0.8	0.7	0.6	0.7	x0.7	0.9	x0.6	x0.6
USA/Etats–Unis d'Amer	18.0	19.1	21.8	19.5	20.3	19.1	20.2	17.5	19.2	17.5
France,Monac	14.5	14.6	15.1	14.2	13.1	12.3	12.6	13.6	11.9	12.0
Japan/Japon	3.7	4.6	5.1	6.1	4.3	9.8	10.0	10.2	10.7	11.0
Germany/Allemagne	15.8	14.0	11.2	13.6	13.2	11.0	9.8	11.2	9.6	8.8
Italy/Italie	7.3	6.8	7.3	7.2	6.8	6.6	6.4	6.7	6.5	5.9
Spain/Espagne	5.9	4.1	3.5	4.0	3.6	3.4	3.5	3.5	3.4	3.5
United Kingdom	3.7	3.3	3.5	2.9	3.3	3.1	2.6	3.1	3.8	4.8
Mexico/Mexique		2.4	2.3	x1.6	x1.8	2.6	3.1	2.6	3.1	3.7
Brazil/Brésil		2.3	2.7	2.4	2.5	2.4	3.2	2.7	3.0	2.1
Canada	7.2	1.9	1.9	4.5	1.7	4.1	1.7	3.7	2.1	2.6

	1983	1984	1985	1986	1987	1988	1989	1990	1991	1992
Afrique	x6.7	x1.4	0.7	0.9	0.7	0.9	0.1	0.1	x0.2	x0.3
Afrique du Nord								x0.0		
Amériques	7.7	8.2	7.0	x4.1	x3.4	4.8	4.0	5.4	5.6	7.5
ALAI	0.1	1.8	2.3	x2.0	x2.1	2.7	2.4	1.9	2.9	1.9
MCAC	x0.0	0.0	0.0	x0.3	x0.1	0.0	0.0	x0.0	x0.0	x0.0
Asie	3.8	3.9	5.4	5.0	7.3	6.7	10.1	9.1	11.4	x10.6
Moyen–Orient	x0.0	x0.0	x0.0	0.1	0.2	0.1	0.1	0.1	0.2	0.1
Europe	79.4	84.5	85.3	88.4	70.2	72.0	75.0	75.8	75.2	77.0
CEE	38.6	48.1	51.6	51.8	44.1	44.1	48.3	48.4	48.9	52.7
AELE	40.8	35.4	33.0	36.2	25.9	27.6	26.5	27.1	26.2	24.2
Océanie	x2.4	2.0	x1.8	1.6	0.9	0.1	1.1	1.4	1.1	0.2
Germany/Allemagne	20.3	28.5	33.5	32.9	28.2	28.9	33.8	33.5	34.0	38.0
Switz.Liecht	39.9	34.4	32.3	35.3	25.3	27.2	25.3	26.4	25.4	23.6
China/Chine					3.6	3.6	5.5	4.6	5.8	4.8
Italy/Italie	6.0	7.0	6.2	6.6	5.2	6.1	4.8	5.8	4.4	4.9
Hungary/Hongrie					x8.2	x3.8	3.6	2.9	x2.9	x2.4
United Kingdom	3.4	3.6	3.5	2.1	1.8	1.8	2.2	2.0	2.9	2.4
Czechoslovakia					0.0	x2.3	2.2	2.9	x2.0	x1.8
USA/Etats–Unis d'Amer	2.4	2.2	2.2	1.7	0.8	1.2	1.5	1.8	2.5	2.1
Ireland/Irlande	0.0	0.0	0.4	0.9	2.1	1.6	1.8	1.6	1.9	2.0
Spain/Espagne	1.7	1.3	1.4	2.0	2.1	1.9	1.8	1.6	1.8	1.6

5415 HORMONES, NAT, SYN IN BULK

TRADE BY COMMODITY IN THOUSAND U.S. DOLLARS – COMMERCE PAR PRODUIT EN MILLIERS DE DOLLARS E.U

COUNTRIES–PAYS	IMPORTS – IMPORTATIONS					COUNTRIES–PAYS	EXPORTS – EXPORTATIONS				
	1988	1989	1990	1991	1992		1988	1989	1990	1991	1992
Total	1220305	1222708	1384107	1692142	1733776	Totale	969565	1093067	1276614	1419875	1609826
Africa	21812	17469	25154	x21606	x22537	Afrique	x237	x516	x550	x827	x970
Northern Africa	11280	10651	11121	11528	10323	Afrique du Nord	x4				
Americas	282514	196920	188463	237647	248148	Amériques	303834	x378641	x403275	x423018	x472222
LAIA	86071	94722	92401	113916	114602	ALAI	23306	31161	35405	37245	42272
CACM	797	845	1209	1480	x1466	MCAC	x36	27	x58	x503	x1113
Asia	166559	x188008	210022	218313	x256118	Asie	18911	35686	55970	65727	89440
Middle East	x19966	x20296	x29755	x24420	x28985	Moyen-Orient	x718	9	x53	x143	x250
Europe	704983	771484	924451	1171868	1177734	Europe	616017	665901	809978	913253	1042565
EEC	606756	657809	789073	987897	1011782	CEE	549706	577887	707238	790126	907116
EFTA	88817	99971	119372	176990	152711	AELE	66288	87804	102601	123049	135231
Oceania	x20235	x25106	x24041	x22930	x24340	Océanie	1017	x655	x594	x791	x532
France, Monac	170853	182644	216914	360347	325868	USA/Etats-Unis d'Amer	242308	297250	335303	327905	365614
Italy/Italie	172376	206328	251247	241033	240661	Germany/Allemagne	169051	194175	215508	234050	250788
Switz.Liecht	55117	61361	82061	126739	111933	Netherlands/Pays-Bas	101430	105463	122022	111821	142107
Japan/Japon	84654	85245	85836	92334	99954	France, Monac	70591	73410	83952	95827	86432
Spain/Espagne	53715	57357	83517	96377	104039	Denmark/Danemark	63781	60053	84038	102559	121504
Germany/Allemagne	61209	61992	80912	88228	89914	United Kingdom	62401	70599	84053	85655	112486
USA/Etats-Unis d'Amer	171685	73523	65446	86003	97656	Switz.Liecht	52287	76099	79557	89015	138212
United Kingdom	43706	57542	49896	93151	97850	Italy/Italie	54444	50215	x28965	x55504	x62365
Netherlands/Pays-Bas	38814	34345	40462	47526	51454	Bahamas	23693	x40670	x28965	x55504	x62365
Belgium-Luxembourg	29266	30278	35218	31074	62362	Mexico/Mexique	16008	24812	21549	26237	33236
Mexico/Mexique	24519	30188	28663	33367	30904	Sweden/Suède	11493	10016	16731	35625	20922
Brazil/Brésil	21985	27809	27113	35770	36433	Japan/Japon	1642	10353	23025	18740	22662
Canada	21448	26153	27646	34462	31892	China/Chine	5478	11139	16119	21838	31376
Sweden/Suède	21617	22297	15155	31310	21084	Ireland/Irlande	14529	14978	14332	17611	14318
Australia/Australie	16244	21075	20170	20388	21920	Hong Kong	6951	7128	11920	19357	27215
Turkey/Turquie	14642	15756	22812	16968	19452	Argentina/Argentine	2798	3808	10060	8977	7519
Hong Kong	8714	10932	14920	24258	31192	Spain/Espagne	5964	5345	7090	5790	945
China/Chine	11288	12292	18933	12027	4244	Former USSR/Anc. URSS		x723		x11595	
Indonesia/Indonésie	9577	11658	17404	12447	17321	Hungary/Hongrie	x2283	x2838	x3194	x3927	x3764
Argentina/Argentine	10570	11565	11867	16465	24294	Canada	11255	6167	1434	490	602
India/Inde	5451	x18041	7322	12593	x28101	Korea Republic	2121	2186	2567	2738	3354
Yugoslavia SFR	9325	13423	15930	x6831		Belgium-Luxembourg	4642	1605	2276	3549	2758
Korea Republic	8251	10061	12791	12424	14442	Brazil/Brésil	4410	1797	3592	1745	1325
Austria/Autriche	5781	9538	13710	10552	10989	Panama	x3209	x3318	x2029	x1288	10
Denmark/Danemark	21050	12468	10112	8079	11249	Austria/Autriche	2360	1588	1767	1735	1799
Colombia/Colombie	9426	8819	10743	9076	6766	Former GDR	x20929	x3626	x925		
So. Africa Customs Un	9449	6482	11709	x7303	x7666	India/Inde	138	x3295	529	345	x2021
Portugal	7600	5332	9357	7260	6566	Bulgaria/Bulgarie	x5110	x3821			0
Finland/Finlande	4615	6278	7953	7587	8440	Portugal	2874	1572	1052	1050	1130
Hungary/Hongrie	x2600	x5004	x4166	11834	x1314	Israel/Israël	1213	592	935	781	748
Ireland/Irlande	3885	4053	5682	10157	16655	Macau/Macao		429	445	1356	1490
Thailand/Thaïlande	4803	6172	6644	6924	8776	So. Africa Customs Un	x199	x496	x547	x814	x829
Venezuela	8959	5971	4796	8051	6945	Poland/Pologne	491	563	654	630	x110
Egypt/Egypte	6640	6062	5414	6241	5054	Australia/Australie	959	625	462	447	319
Greece/Grèce	4285	5471	5755	4665	x5164	Romania/Roumanie	x4	x51	x1313	x1	
Morocco/Maroc	4410	4228	5127	4961	4947	Singapore/Singapour	424	449	233	186	198
Pakistan	4524	3744	3975	6153	5387	Uruguay	30	213	147	230	134
Bangladesh	x2253	x2097	x4691	x5386	x5292	Peru/Pérou		x462			x3
Poland/Pologne	4702	3603	2608	4901	x1339	Costa Rica	x36	27	x3	x381	x1013
Ecuador/Equateur	3162	3742	2684	4041	1571	New Zealand	58	28	100	214	159
New Zealand	3978	4011	3836	2460	2377	Czechoslovakia	x730	x28	x161	x107	x223
Iran (Islamic Rp. of)	x1989	x1976	x3732	x3449	x4384	Andorra/Andorre	x22	x210	x34	x34	
Czechoslovakia	x5463	5364	2740	x363	x923	Malaysia/Malaisie	160	15		125	x23
Peru/Pérou	3973	3369	2521	2375	x3469	Guatemala			x55	x122	x98
						Midway Islds/Iles			x32	x131	
Philippines	2133	x2202	2916	2103	2880	Midway			80	5	44
Chile/Chili	1603	1806	2173	2899	x3352	Pakistan		61		x143	x4
Israel/Israël	2140	1866	1893	2749	3365	Iran (Islamic Rp. of)		x48	x60	x32	x12
Former GDR	x6563	x5520	x421			Cuba	x26		x103	x9	
Singapore/Singapour	1778	1901	1543	1461	1254	Gibraltar				x72	
Uruguay	1667	1301	1634	1490	494	Bangladesh		x24			

(VALUE AS % OF TOTAL)(VALEUR EN % DU TOTAL)

	1983	1984	1985	1986	1987	1988	1989	1990	1991	1992		1983	1984	1985	1986	1987	1988	1989	1990	1991	1992
Africa	1.8	2.2	2.7	x3.1	x1.5	1.8	1.4	1.8	x1.2	x1.3	Afrique	x0.1	x0.0	x0.0	x0.0	x0.1	x0.0	x0.0	x0.0	x0.1	x0.1
Northern Africa	0.8	0.9	1.4	1.7	0.7	0.9	0.9	0.8	0.7	0.6	Afrique du Nord		0.0				0.0				
Americas	22.4	26.1	26.7	x25.1	x24.3	23.1	16.2	13.6	14.0	14.3	Amériques	33.0	38.4	36.7	33.1	x29.5	31.4	x34.7	x31.6	x29.8	x29.3
LAIA	5.2	9.3	9.8	x9.5	x7.7	7.1	7.7	6.7	6.7	6.6	ALAI	0.3	4.1	2.6	3.2	x3.5	2.4	2.9	2.8	2.6	2.6
CACM	x0.1	0.3	0.3	x0.6	x0.6	0.1	0.1	0.1	0.1	x0.1	MCAC	x0.0	0.0	0.1	x0.1	x0.1	0.0	0.0	0.0	0.0	0.1
Asia	15.9	15.9	14.1	13.1	x14.2	13.6	x15.4	15.1	12.9	x14.8	Asie	1.8	x1.0	1.4	1.5	2.5	2.0	3.3	4.4	4.7	5.6
Middle East	x0.9	x2.2	x1.9	x2.1	x2.1	1.6	x1.7	x2.1	x1.4	x1.7	Moyen-Orient	x0.0	x0.2	x0.0	x0.0	x0.0	x0.1	0.0	0.0	0.0	x0.0
Europe	58.8	54.9	54.9	57.1	55.4	57.8	63.1	66.8	69.3	67.9	Europe	65.2	60.6	61.8	65.4	63.5	63.5	60.9	63.4	64.3	64.8
EEC	54.1	49.6	48.9	50.9	48.8	49.7	53.8	57.0	58.4	58.4	CEE	59.1	56.7	57.5	59.6	57.4	56.7	52.9	55.4	55.6	56.3
EFTA	4.7	4.4	4.8	5.5	5.6	7.3	8.2	8.6	10.5	8.8	AELE	6.1	3.9	4.4	x5.8	6.0	6.8	8.0	8.0	8.7	8.4
Oceania	1.1	x1.0	x1.6	1.6	x1.3	1.7	x2.1	1.7	x1.4	x1.4	Océanie						0.1	x0.1	x0.0	x0.0	x0.0
France, Monac	13.0	12.3	12.4	13.3	12.8	14.0	14.9	15.7	21.3	18.8	USA/Etats-Unis d'Amer	32.6	28.1	29.2	25.6	21.7	25.0	27.2	26.3	23.1	22.7
Italy/Italie	10.3	9.3	10.5	11.6	14.0	14.1	16.9	18.2	14.2	13.9	Germany/Allemagne	20.0	16.2	16.9	17.8	18.6	17.4	17.8	16.9	16.5	15.6
Switz.Liecht	2.5	2.4	2.4	3.3	3.4	4.5	5.0	5.9	7.5	6.5	Netherlands/Pays-Bas	12.3	11.2	11.4	11.8	11.8	10.5	9.6	9.6	7.9	8.8
Japan/Japon	9.1	8.5	7.4	6.5	7.4	6.9	7.0	6.2	5.5	5.8	France, Monac	8.9	8.6	8.7	8.0	6.5	6.5	6.5	6.6	6.7	5.4
Spain/Espagne	5.5	3.7	3.9	4.3	4.0	4.4	4.7	6.0	5.7	6.0	Denmark/Danemark	4.0	4.5	4.7	4.9	4.5	6.6	5.5	6.6	7.2	7.5
Germany/Allemagne	5.4	4.6	4.9	5.5	5.1	5.0	5.1	5.8	5.2	5.2	United Kingdom	5.7	5.8	6.6	7.3	5.9	6.4	5.5	6.6	6.0	7.0
USA/Etats-Unis d'Amer	14.7	12.6	13.3	13.0	13.4	14.1	6.0	4.7	5.1	5.6	Switz.Liecht	5.9	3.7	4.1	4.4	4.9	5.4	7.0	6.6	6.3	7.0
United Kingdom	6.7	5.8	4.9	5.1	3.6	3.6	4.7	3.6	5.5	5.6	Italy/Italie	5.3	4.2	5.7	6.8	6.8	5.4	4.6	6.2	6.3	8.6
Netherlands/Pays-Bas	4.4	4.6	4.4	4.5	3.3	3.2	2.8	2.9	2.8	3.0	Bahamas		5.9	4.7	x4.0	x3.6	2.4	x3.7	x2.3	x3.9	x3.9
Belgium-Luxembourg	5.4	5.0	4.9	3.6	2.7	2.4	2.5	2.5	1.8	3.6	Mexico/Mexique		3.2	1.6	x2.3	x2.4	1.7	2.3	1.7	1.8	2.1

5416 GLYCOSIDES, GLANDS, SERA — HETEROSIDES 5416

TRADE BY COMMODITY IN THOUSAND U.S. DOLLARS – COMMERCE PAR PRODUIT EN MILLIERS DE DOLLARS E.U

COUNTRIES–PAYS	1988	1989	1990	1991	1992	COUNTRIES–PAYS	1988	1989	1990	1991	1992
Total	2870172	3125574	3911314	4480530	5996793	Totale	2565783	2891544	3623914	3952133	5199946
Africa	x83247	x88728	x120511	x106744	x129210	Afrique	x8045	x6607	x6422	x6351	x5191
Northern Africa	24749	24425	38980	x48843	x48280	Afrique du Nord	x639	x789	599	683	678
Americas	469947	460767	674366	712447	957728	Amériques	658107	x1049796	x1323160	x1357575	1578846
LAIA	78288	118049	216653	183096	223343	ALAI	29285	39703	37133	50096	63604
CACM	8381	9410	8812	8946	x10509	MCAC	4238	3985	2444	2948	x3924
Asia	x654622	x702131	x762394	x873756	x1194921	Asie	77666	84522	118471	150896	218000
Middle East	x63882	x63519	x80686	x110552	x126178	Moyen–Orient	3489	x1231	x439	x547	x1027
Europe	1572138	1758683	2271359	2681920	3578603	Europe	1650564	1672507	2110125	2372408	3330415
EEC	1304702	1475565	1905627	2213137	2805332	CEE	1132203	1195953	1487374	1718331	2398516
EFTA	255036	270342	342592	445643	748748	AELE	509204	467789	615225	650174	925071
Oceania	x30171	x52579	x52307	x56104	x70144	Océanie	39710	35765	x38156	49962	x55752
Japan/Japon	457452	483975	506594	554469	735376	USA/Etats–Unis d'Amer	578639	926715	1091650	1182920	1397664
Germany/Allemagne	355941	392800	513264	608904	748372	Germany/Allemagne	391468	411500	497038	527359	707460
Italy/Italie	307553	349330	438589	501142	574946	France, Monac	246443	250393	329392	368152	500639
USA/Etats–Unis d'Amer	295733	231436	339997	399957	586213	Switz.Liecht	258277	227108	306680	333685	534055
Belgium–Luxembourg	65332	152718	218216	302878	367273	Austria/Autriche	219826	202274	263220	266451	331658
Spain/Espagne	151658	162202	193359	207667	211434	Belgium–Luxembourg	136946	174744	210561	248494	592500
France, Monac	125431	130419	169796	204457	252024	Spain/Espagne	113888	98064	124976	145870	124489
Austria/Autriche	117175	123989	163451	178209	190990	United Kingdom	70120	80907	106041	160570	133073
United Kingdom	111408	103583	143522	130815	247967	Netherlands/Pays–Bas	93704	91041	114694	127300	170528
Netherlands/Pays–Bas	96313	99456	116726	129391	227836	Canada	42912	49395	92281	92516	110072
Switz.Liecht	78933	81025	89458	159807	417823	Japan/Japon	42640	47144	67057	93476	121388
Brazil/Brésil	14839	58197	139718	85411	66399	Italy/Italie	41612	52320	47689	62079	78738
Canada	77105	76339	91691	102897	119321	Cuba	x3	x28297	x99410	x27956	x645
Sweden/Suède	30102	37873	52357	61212	82930	Ireland/Irlande	12258	16794	34699	38464	28091
Korea Republic	26199	29174	39824	58056	76175	Denmark/Danemark	25450	18476	22116	39130	61491
Australia/Australie	21355	41635	40389	39684	55358	Brazil/Brésil	10459	24556	25959	28151	34440
Portugal	26926	27324	41460	44229	52978	Australia/Australie	22921	16522	22099	27140	28977
Saudi Arabia	15739	16447	x22751	x46011	x44554	New Zealand	16739	19243	16023	22821	26768
Denmark/Danemark	32080	21756	24720	31439	46716	China/Chine	9475	14183	19264	22960	54856
Ireland/Irlande	18251	20038	26123	26274	26374	Norway,SVD,JM	12364	13299	18502	18233	20818
Thailand/Thaïlande	19412	19670	22051	25821	45475	Sweden/Suède	12758	16499	14355	16998	22277
Mexico/Mexique	7762	13376	19398	32763	40662	Finland/Finlande	5979	8582	12435	14767	16255
Turkey/Turquie	7074	11387	19139	32916	38648	Former GDR	x87170	x21839	x5821		
Greece/Grèce	13832	15938	19852	25942	x49412	Argentina/Argentine	7682	8493	5502	12663	11734
So. Africa Customs Un	9927	15041	27641	x15676	x19271	Former USSR/Anc. URSS	x13811	x5752	x9077	x8209	
Former USSR/Anc. URSS	x15654	x29102	x9792	x19185		Hong Kong	3774	4013	5303	11773	15229
Norway,SVD,JM	14730	14110	16055	25911	34901	Yugoslavia SFR	9153	8684	7447	x3583	
Yugoslavia SFR	11654	11501	22177	x22211		Singapore/Singapour	1916	2726	5093	7367	5405
Iran (Islamic Rp. of)	x15111	x13813	x23051	x16814	x19864	Korea Republic	5287	5302	4654	4550	8568
Argentina/Argentine	16414	15916	11991	24518	57059	So. Africa Customs Un	x2860	x4964	x4943	x4218	x4126
India/Inde	9270	x21746	17117	11934	x33647	Hungary/Hongrie	x9103	x5344	x5127	x2779	x4788
Indonesia/Indonésie	11714	16064	17704	15602	33587	India/Inde	3406	x682	9040	2173	x1883
Finland/Finlande	12561	11169	19156	18154	19616	Indonesia/Indonésie		3044	3930	4247	957
Malaysia/Malaisie	12346	13196	16608	15192	x16573	Mexico/Mexique	7161	3266	2033	5467	10694
Hungary/Hongrie	x16251	x11550	x15204	13399	x18021	Israel/Israël	3478	4439	3105	2503	6866
Hong Kong	9846	9772	11238	19479	23672	Czechoslovakia	x3984	x4492	x2552	x1454	x4070
Algeria/Algérie	10977	10263	14338	11631	x9922	Bulgaria/Bulgarie	x17152	x4203	x2949	x690	x551
Venezuela	22348	11980	9788	13649	10257	Uruguay	2995	2368	1986	2262	3001
Israel/Israël	13796	10265	11630	13261	31308	Costa Rica	3077	3056	1479	1581	x2033
Philippines	6973	x10622	10814	11094	12058	Poland/Pologne	238	675	1930	1374	x2935
Ecuador/Equateur	3626	5155	18701	7814	24140	Portugal	301	1711	156	865	720
New Zealand	7024	8969	8583	11922	9918	Panama	x2301	x1374	11	x958	x1519
Singapore/Singapour	6479	8205	6243	7454	12611	Colombia/Colombie	482	554	985	676	2388
Dominican Republic	x1562	x13937	x4704	x1777	x2287	El Salvador	378	377	392	572	x977
Libyan Arab Jamahiriya	428	391	4142	x15798	x6501	Cameroon/Cameroun	x20	504	x23	646	
Morocco/Maroc	4145	5414	6044	6879	11372	Malaysia/Malaisie	260	352	293	468	x176
Egypt/Egypte	5000	3618	7268	7168	12934	Chile/Chili	356	423	348	304	x602
Bangladesh	x2361	x4103	x5441	x8245	x8728	Turkey/Turquie	3151	583	208	241	338
Cote d'Ivoire	x4165	x6809	x3539	x5793	x11524	Bangladesh	x1046	x1021			
Czechoslovakia	x3184	7876	1862	x6001	x16350	Guatemala	453	288	280	453	542

(VALUE AS % OF TOTAL)(VALEUR EN % DU TOTAL)

	1983	1984	1985	1986	1987	1988	1989	1990	1991	1992		1983	1984	1985	1986	1987	1988	1989	1990	1991	1992
Africa	x5.8	x4.1	x3.6	x4.3	x4.5	2.9	2.9	x3.1	x2.3	2.1	Afrique	x0.9	x0.8	x0.6	x0.3	x0.4	x0.3	x0.3	x0.1	x0.2	x0.1
Northern Africa	x1.8	x1.5	x1.5	x1.2	x1.0	0.9	0.8	1.0	x1.1	x0.8	Afrique du Nord	x0.1	x0.1	x0.1	x0.1	x0.1	x0.0	x0.0	0.0	0.0	0.0
Americas	18.9	25.0	26.7	x22.8	x19.7	16.4	14.7	17.2	15.9	16.0	Amériques	x52.0	51.1	50.3	x44.9	x35.5	25.6	x36.3	x36.5	x34.4	30.3
LAIA	3.8	4.5	4.8	4.8	4.8	2.7	3.8	5.5	4.1	3.7	ALAI	0.5	1.6	1.5	x2.3	x2.1	1.1	1.4	1.0	1.3	1.2
CACM	x0.3	3.1	0.7	x0.3	x0.4	0.3	0.3	0.2	0.2	x0.2	MCAC	x0.0	0.1	0.0	x0.1	x0.1	0.2	0.1	0.1	0.1	x0.1
Asia	x20.8	x18.9	x17.0	x15.2	x15.2	x22.8	x22.5	x19.4	x19.5	19.9	Asie	2.4	2.4	2.6	x2.3	3.2	3.0	2.9	3.2	3.8	4.2
Middle East	x4.0	x3.2	x4.3	x3.5	x3.3	x2.2	x2.0	x2.1	x2.5	x2.1	Moyen–Orient	x0.0	x0.0	x0.1	x0.2	x0.2	0.1	x0.0	x0.0	x0.0	x0.0
Europe	52.9	50.5	51.4	56.6	55.1	54.8	56.3	58.1	59.9	59.7	Europe	43.0	44.0	45.0	51.3	52.9	64.3	57.8	58.2	60.0	64.0
EEC	40.6	37.8	38.3	43.9	42.4	45.5	47.2	48.7	49.4	46.8	CEE	31.2	31.3	31.7	34.2	36.7	44.1	41.4	41.0	43.5	46.1
EFTA	12.3	12.3	12.8	12.4	12.3	8.9	8.6	8.8	9.9	12.5	AELE	11.8	12.4	12.9	x16.9	x15.9	19.8	16.2	17.0	16.5	17.8
Oceania	1.6	x1.6	x1.4	x1.2	x1.2	x1.1	1.7	x1.4	x1.3	x1.2	Océanie	x1.8	1.8	x1.5	x1.4	x1.6	1.5	1.2	x1.1	1.1	x1.1
Japan/Japon	11.2	9.6	7.9	7.1	6.4	15.9	15.5	13.0	12.4	12.3	USA/Etats–Unis d'Amer	47.1	45.0	44.7	39.5	30.7	22.6	32.0	30.1	29.9	26.9
Germany/Allemagne	10.4	10.0	11.0	12.3	10.8	12.4	12.6	13.1	13.6	12.5	Germany/Allemagne	8.1	8.9	9.7	9.5	9.9	15.3	14.2	13.7	13.3	13.6
Italy/Italie	8.4	8.0	9.0	10.3	8.2	10.7	11.2	11.2	11.2	9.6	France, Monac	9.3	8.7	9.7	9.5	9.9	9.6	8.7	9.1	9.3	9.6
USA/Etats–Unis d'Amer	8.9	11.4	16.9	13.8	11.7	10.3	7.4	8.7	8.9	9.8	Switz.Liecht	8.1	8.0	8.3	8.2	9.0	10.1	7.9	8.5	8.4	10.3
Belgium–Luxembourg	2.2	2.2	2.0	1.5	1.3	2.3	4.9	5.6	6.8	6.1	Austria/Autriche	3.2	3.8	4.2	3.8	3.0	8.6	7.0	7.3	6.7	6.4
Spain/Espagne	4.7	3.8	3.3	5.9	6.2	5.3	5.2	4.9	4.6	3.5	Belgium–Luxembourg	2.4	2.3	2.6	2.9	3.8	5.3	6.0	5.8	6.3	11.4
France, Monac	6.0	5.0	4.6	4.6	4.2	4.4	4.3	4.3	4.6	4.2	Spain/Espagne	1.0	1.2	1.6	3.3	3.6	4.4	3.4	3.7	2.4	
Austria/Autriche	6.3	6.9	7.2	6.8	6.2	4.1	4.0	4.2	4.0	3.2	United Kingdom	5.0	3.9	3.7	3.8	3.5	2.7	2.8	2.9	4.1	2.6
United Kingdom	2.8	2.5	2.4	2.6	3.4	3.9	3.3	3.7	2.9	4.1	Netherlands/Pays–Bas	3.2	3.4	3.1	3.4	4.1	3.7	3.1	3.2	3.2	3.3
Netherlands/Pays–Bas	3.1	3.8	3.6	3.9	5.0	3.4	3.2	3.0	2.9	3.8	Canada	4.1	4.2	3.8	2.8	2.7	1.7	1.7	2.5	2.3	2.1

5417 MEDICAMENTS

TRADE BY COMMODITY IN THOUSAND U.S. DOLLARS – COMMERCE PAR PRODUIT EN MILLIERS DE DOLLARS E.U

COUNTRIES–PAYS	IMPORTS – IMPORTATIONS						COUNTRIES–PAYS	EXPORTS – EXPORTATIONS				
	1988	1989	1990	1991	1992		1988	1989	1990	1991	1992
Total	x18842437	x20325792	22492229	x29330213	x29859444	Totale	17733885	18287509	22469878	25134179	29695191
Africa	x1430399	x1627636	x1557240	x1529572	x2115297	Afrique	x37330	x34167	x53989	x55804	x73620
Northern Africa	582692	727759	601200	535559	x747548	Afrique du Nord	18994	20602	34387	39201	55593
Americas	2887345	2070028	2462302	3125244	x3768457	Amériques	2065040	1280740	1600436	1893329	x2326694
LAIA	248814	271275	329401	552594	562092	ALAI	70313	66266	87831	141323	174180
CACM	189647	214973	174365	208615	x205717	MCAC	110449	86157	94188	108406	x105443
Asia	x3786042	x3569273	x4000835	x4316076	x5058292	Asie	1090169	1074840	1471441	1675910	1501800
Middle East	x1323052	x1106546	x1165580	x1148671	x1326591	Moyen–Orient	x109078	269843	194303	x156433	162936
Europe	8274009	9224367	12279634	14153699	17211995	Europe	13578150	14975026	18808449	20828731	25391860
EEC	6321569	7192492	9545849	11256220	13778364	CEE	10245342	11043463	13904710	15721215	19188464
EFTA	1871206	1945332	2594614	2772301	3206675	AELE	3148434	3436862	4469477	5055056	6054183
Oceania	533319	x588359	x745304	x773427	x955568	Océanie	x128718	x140294	x167191	x205903	x271546
Former USSR/Anc. URSS	x1294308	x2600924	x1075477	x4776054		Germany/Allemagne	2641430	2720382	3389467	3950993	4405150
Germany/Allemagne	1375337	1499534	1948672	2581042	2833331	United Kingdom	2194405	2402755	2952617	3312824	3990027
United Kingdom	1054905	1209149	1439836	1741827	1991562	Switz.Liecht	2134410	2216387	2880237	3036052	3581519
France,Monac	682959	951982	1389687	1566337	1948450	France,Monac	1866092	2127411	2674802	1490564	1834361
Japan/Japon	1165943	1191639	1252253	1385023	1659283	USA/Etats–Unis d'Amer	1769837	998817	1281013	1490564	1982809
Italy/Italie	845487	948243	1336146	1433931	1862840	Sweden/Suède	781757	944475	1193127	1582604	1745115
USA/Etats–Unis d'Amer	1787368	882273	1128828	1400323	1786531	Belgium–Luxembourg	912137	978604	1243908	1459657	1745115
Netherlands/Pays–Bas	769130	806758	1064034	1144162	1461394	Netherlands/Pays–Bas	730928	727243	950480	1068011	1297275
Belgium–Luxembourg	713194	768154	1008520	1136287	1336764	Denmark/Danemark	654450	701156	919558	909567	1144692
Switz.Liecht	511927	498378	727590	758548	889273	Ireland/Irlande	389687	526456	760440	938164	1269903
Sweden/Suède	457851	496421	587257	614194	741651	Italy/Italie	595833	561143	712793	826992	1422728
Austria/Autriche	435140	438378	606362	639566	780603	Yugoslavia SFR	179556	488137	426391	x49993	
Canada	384918	422346	514344	644477	864368	India/Inde	230831	x30329	400432	437129	x49191
Australia/Australie	343001	372033	489305	502192	664330	Hong Kong	204700	200596	233243	276906	324091
Saudi Arabia	506639	326316	x456626	x511251	x642813	Austria/Autriche	135546	160568	242373	302944	342453
Spain/Espagne	162564	246652	349408	465874	809386	Poland/Pologne	275755	225496	148957	311277	x7243
Hong Kong	316078	295086	342069	399564	450100	Spain/Espagne	184373	204265	205490	252868	295782
Finland/Finlande	218481	255418	339304	368334	374905	Japan/Japon	160619	154251	207682	267532	348114
Denmark/Danemark	265132	257625	318178	362308	437953	China/Chine	165091	176094	175530	214632	243842
Norway,SVD,JM	227590	235232	308998	365571	388816	Australia/Australie	116929	128055	150535	187536	250159
Algeria/Algérie	248691	416558	301531	184437	x346754	Bulgaria/Bulgarie	x264946	x269064	x111012	x27904	x23153
Ireland/Irlande	219392	241905	299950	347824	371737	Singapore/Singapour	110448	118739	119325	130750	153425
Greece/Grèce	115583	152494	222403	270106	x431277	Canada	91229	105817	114069	127555	184296
China/Chine	190312	153559	214493	268750	284007	Finland/Finlande	65315	80232	112158	87971	84627
Poland/Pologne	231656	170286	119366	344591	x328065	Turkey/Turquie	24102	107183	56425	46368	40569
New Zealand	154334	174578	203465	213230	227892	Greece/Grèce	53041	65081	63218	68045	x59596
Portugal	117886	109935	169013	206522	293670	Hungary/Hongrie	x75369	x71493	x45420	x70500	x76932
So. Africa Customs Un	132260	137926	167068	x173079	x207562	Israel/Israël	38168	43788	57853	73948	92556
Singapore/Singapour	118230	129141	137507	148261	181025	Jordan/Jordanie	50629	52139	60487	62716	87090
Iraq	x246536	x232224	x132725	x38518	x25497	Guatemala	71056	40195	52405	60254	61314
Malaysia/Malaisie	110011	120128	124871	149004	x178870	Former GDR	x153140	x114424	x12279		
Cote d'Ivoire	x110776	x134945	x96287	x160454	x367988	Norway,SVD,JM	31130	35108	40997	45318	62334
Israel/Israël	90383	103898	126613	139345	185478	Former USSR/Anc. URSS	x47367	x53283	x25575	x34301	
Tunisia/Tunisie	76612	94414	111028	123001	130666	Syrian Arab Republic	1386	69648	35585		
Iran (Islamic Rp. of)	x84365	x81756	x129786	x114210	x81702	Portugal	23470	28967	31937	34443	46455
Hungary/Hongrie	x73760	x77756	x79875	166632	x193216	Costa Rica	21865	24765	26734	34087	x23100
Pakistan	99992	106684	102381	112186	113536	Korea Republic	18294	19069	21847	41745	46822
Thailand/Thailande	69318	80438	92643	105990	130468	Mexico/Mexique	25791	18793	25102	35666	54047
India/Inde	62278	x36827	136647	97182	x64482	Malaysia/Malaisie	17319	20094	21566	25451	x23798
Romania/Roumanie	x34405	91174	125845	36436	x30946	Romania/Roumanie	x4087	36460	17273	12592	x2434
Yugoslavia SFR	51644	56717	102595	x85454		Argentina/Argentine	10768	12561	15602	32358	37283
United Arab Emirates	x151023	x75004	x85545	x81433	x114878	Cyprus/Chypre	12939	14766	19337	23837	26392
Czechoslovakia	x74117	146097	10187	x82810	x149655	El Salvador	17450	20957	14965	13745	x20028
Nigeria/Nigéria	x65970	x59522	x78660	x88983	x96165	Brazil/Brésil	16972	13219	16086	19626	27210
Brazil/Brésil	29699	41125	60513	122559	114799	Thailand/Thailande	13537	12796	15300	20219	x17432
Korea Republic	38796	54644	73752	94470	116562	Morocco/Maroc	6221	8779	22484	16665	17839
Turkey/Turquie	48726	56120	75025	91181	102385	New Zealand	11637	12076	16359	17757	20081
Philippines	58869	x63443	78690	72251	95531	United Arab Emirates	x13212	x15282	x14277	x14766	x3781
Cameroon/Cameroun	x61392	62220	x80898	64614	x67563	Colombia/Colombie	10193	12336	11670	17503	20155
Egypt/Egypte	93358	67876	66423	71629	83165	Egypt/Egypte	11802	11061	10302	18684	24759

(VALUE AS % OF TOTAL)(VALEUR EN % DU TOTAL)

	1983	1984	1985	1986	1987	1988	1989	1990	1991	1992		1983	1984	1985	1986	1987	1988	1989	1990	1991	1992
Africa	x14.3	x11.3	x10.6	x11.0	x8.5	7.6	x8.0	6.9	5.2	x7.1	Afrique	0.4	0.3	0.3	x0.4	x0.3	x0.3	0.2	0.2	x0.2	0.2
Northern Africa	5.8	x5.0	4.4	4.5	3.4	3.1	3.6	2.7	1.8	x2.5	Afrique du Nord	0.1	0.1	0.1	0.1	0.1	0.1	0.1	0.2	0.2	0.2
Americas	x12.8	17.7	17.4	x15.0	x13.6	15.3	10.2	10.9	10.7	x12.6	Amériques	14.7	16.1	14.8	x13.3	x10.1	11.7	7.0	7.1	7.5	x7.8
LAIA	1.1	1.8	1.8	x1.9	1.7	1.3	1.3	1.5	1.9	1.9	ALAI	0.3	0.3	0.7	0.6	0.6	0.4	0.4	0.4	0.6	0.6
CACM	x1.1	2.3	2.3	x0.8	x0.7	1.0	1.1	0.8	0.7	x0.7	MCAC	x0.4	1.1	0.9	0.6	x0.5	0.6	0.5	0.4	0.4	x0.4
Asia	x27.9	x26.2	x25.6	x23.5	x19.4	x20.1	17.6	17.8	x14.7	17.0	Asie	6.3	6.3	6.0	4.9	5.3	5.9	6.6	6.7	x0.6	5.1
Middle East	x11.8	x10.1	x9.3	x8.0	x6.0	x7.0	x5.4	x5.2	x3.9	x4.4	Moyen–Orient	x0.6	x0.5	x0.7	0.5	x0.6	x0.6	1.5	0.9	x0.6	0.5
Europe	42.8	42.3	43.8	47.7	43.3	43.9	45.4	54.6	48.3	57.6	Europe	77.9	76.6	78.3	81.0	76.9	76.6	81.9	83.7	82.9	85.5
EEC	32.3	32.0	33.3	36.3	32.9	33.5	35.4	42.4	38.4	46.1	CEE	64.0	61.9	63.2	62.3	58.7	60.4	61.9	62.5	62.5	64.6
EFTA	10.5	9.9	10.1	10.9	10.0	9.9	9.6	11.5	9.5	10.7	AELE	13.9	13.2	13.5	x18.3	x18.1	17.8	18.8	19.9	20.1	20.4
Oceania	2.2	x2.6	x2.5	x2.7	x2.5	2.8	x2.9	x3.3	x2.6	x3.2	Océanie	x0.8	x0.7	x0.6	x0.5	x0.4	x0.7	x0.8	x0.7	x0.8	x0.9
Former USSR/Anc. URSS					x8.4	6.9	x12.8	x4.8	16.3		Germany/Allemagne	15.9	15.3	15.3	16.0	15.5	14.9	14.9	15.1	15.7	14.8
Germany/Allemagne	8.1	7.8	8.4	8.7	7.9	7.3	7.4	8.7	8.8	9.5	United Kingdom	14.0	13.7	14.2	12.8	11.8	12.3	13.1	13.1	13.2	13.4
United Kingdom	5.4	5.5	5.1	5.6	5.3	5.9	5.9	6.4	5.9	6.7	Switz.Liecht	11.9	11.0	11.2	11.2	12.8	12.0	12.1	12.8	12.1	12.1
France,Monac	2.0	2.2	2.5	2.9	2.9	3.6	4.7	6.2	5.3	6.5	France,Monac	12.5	11.8	12.3	12.4	11.3	10.5	11.6	11.9	11.5	11.8
Japan/Japon	7.6	7.5	7.7	7.9	6.8	6.2	5.9	5.6	4.7	5.5	USA/Etats–Unis d'Amer	12.6	13.1	12.3	10.1	x3.3	x3.3	4.4	5.2	5.3	6.2
Italy/Italie	3.4	3.8	4.2	4.8	4.2	4.5	4.7	5.9	4.9	6.2	Sweden/Suède	6.6	6.3	6.0	5.4	4.5	4.4	5.2	5.3	6.3	6.7
USA/Etats–Unis d'Amer	6.0	8.5	8.6	8.8	7.5	9.5	4.3	5.0	4.8	6.0	Belgium–Luxembourg	6.5	6.3	6.0	6.0	5.3	5.1	5.4	5.5	5.8	5.9
Netherlands/Pays–Bas	4.0	3.9	4.3	4.3	4.1	4.1	4.0	4.7	3.9	4.9	Netherlands/Pays–Bas	4.3	4.2	4.1	4.2	4.1	4.0	4.0	4.2	4.2	4.4
Belgium–Luxembourg	4.4	4.0	4.0	4.4	4.0	3.8	3.8	4.5	3.9	4.5	Denmark/Danemark	3.7	3.5	3.7	3.9	3.8	3.7	3.8	4.1	3.6	3.9
Switz.Liecht	2.8	2.6	2.8	3.3	2.8	2.7	2.5	3.2	2.6	3.0	Ireland/Irlande	1.1	1.2	1.2	1.3	1.5	2.2	2.9	3.4	3.7	4.3

54171 — CONTAINNG ANTIBIOTICS / MED CONTN ANTIBIOTIQUES 54171

TRADE BY COMMODITY IN THOUSAND U.S. DOLLARS – COMMERCE PAR PRODUIT EN MILLIERS DE DOLLARS E.U

COUNTRIES–PAYS	IMPORTS – IMPORTATIONS					COUNTRIES–PAYS	EXPORTS – EXPORTATIONS				
	1988	1989	1990	1991	1992		1988	1989	1990	1991	1992
Total	x2587792	x3425237	x3347881	x3978531	x4497604	Totale	2438500	2743728	3062896	3326658	3887097
Africa	x229272	x233015	x276627	x251567	x271550	Afrique	x4469	x2037	x8225	x6574	x6053
Northern Africa	x106120	x116854	x137311	x118688	x131702	Afrique du Nord	x382	628	2384	x3571	3364
Americas	x353393	x387489	x579107	x705452	x960575	Amériques	x217327	x366187	x444013	x452291	x554159
LAIA	60222	62033	50312	84628	106983	ALAI	x13096	14208	11266	x24593	34589
CACM	x18662	x12588	x58108	x16398	x24878	MCAC	x3692	x334	x29082	x754	x1423
Asia	x578734	x606291	x604584	x613692	x792368	Asie	182532	238061	251827	323119	295093
Middle East	x231389	x238301	x201725	x190354	x224231	Moyen–Orient	6046	70766	34445	23740	21683
Europe	1141886	1274289	1664437	1851801	2253805	Europe	1766212	2021160	2302371	2504181	3001732
EEC	887871	1028931	1337097	1544507	1873310	CEE	1421544	1549651	1803928	2057752	2450116
EFTA	234785	225947	301212	286686	340565	AELE	293805	307942	432138	434483	518323
Oceania	x56873	x57517	x65232	x66657	x83822	Océanie	39350	30036	26333	28565	25823
Former USSR/Anc. URSS	x132164	x798517	x113223	x426159		United Kingdom	440987	552272	589862	737001	798988
France,Monac	185535	271273	353143	374232	473530	USA/Etats–Unis d'Amer	186532	334815	384389	404853	484592
USA/Etats–Unis d'Amer	x166384	195169	335342	456291	645364	Switz.Liecht	241622	252905	347438	336327	396938
Italy/Italie	224873	233129	321800	343214	399026	France,Monac	199147	237472	279493	283921	299671
Germany/Allemagne	139481	157974	186629	257657	294257	Belgium–Luxembourg	166957	191544	266813	294979	332706
Japan/Japon	162274	162720	174797	157502	191888	Italy/Italie	208972	162111	215235	261809	479479
United Kingdom	88569	97678	127972	158755	175589	Germany/Allemagne	195736	184262	215660	210997	216574
Belgium–Luxembourg	76478	92689	112915	117720	145942	Ireland/Irlande	57252	72880	91717	117759	175601
Austria/Autriche	77332	78282	105461	96382	115398	Yugoslavia SFR	50147	162307	66239	x11689	
Canada	68849	77171	85102	105716	119285	Austria/Autriche	41704	47534	75035	88915	112022
Saudi Arabia	x96681	x93267	x85037	x88376	x120321	Hong Kong	46538	45125	54446	76465	91390
Switz.Liecht	79002	65843	96958	84894	98409	Denmark/Danemark	55562	47422	56595	50271	53755
Hong Kong	56702	58732	71320	86323	109061	Japan/Japon	47670	41869	51407	54593	64491
Algeria/Algérie	x45123	x63825	x69772	x37796	x65382	Singapore/Singapour	41574	47608	48220	47107	48412
Netherlands/Pays–Bas	52978	42569	50519	60108	64189	India/Inde	18676	x6396	31917	75534	x9718
Sweden/Suède	42552	43903	45609	47489	69380	Turkey/Turquie	157	64880	24329	11891	12346
Spain/Espagne	17869	25949	41436	69569	107343	Netherlands/Pays–Bas	33659	27795	33027	35169	42428
China/Chine	54973	43018	37942	47324	88600	Bulgaria/Bulgarie	x143114	x66721	x22119	x3344	x1050
Denmark/Danemark	42930	35312	41474	43590	61779	Spain/Espagne	28491	34068	20461	31870	35765
Ireland/Irlande	20021	27333	45333	42344	37415	Greece/Grèce	26756	28821	25264	25077	x10442
Greece/Grèce	25335	30771	31197	46013	x65799	Australia/Australie	37039	26623	21830	24740	21857
Finland/Finlande	22957	26323	37168	42272	37331	China/Chine	12089	16148	20893	26845	45836
New Zealand	32114	27141	31168	31403	33961	Canada	11028	13379	13846	15729	27697
So. Africa Customs Un	21561	24764	31543	x22992	x30029	Portugal	8026	11003	9799	8898	4707
Portugal	13802	14255	24677	31304	x30029	Cyprus/Chypre	3858	4699	7748	9784	8346
Poland/Pologne	x29469	x18520	x16912	x32536	x74542	Sweden/Suède	6506	4743	6420	6860	7396
Australia/Australie	19993	21574	21540	23189	35230	Mexico/Mexique	5062	5088	4630	7099	10323
Iraq	x43993	x48038	x15972	x2100	x1951	El Salvador	x1121	x37	14658	x68	x266
Iran (Islamic Rp. of)	x16350	x16649	x22028	x23849	x5854	Thailand/Thaïlande	2359	2340	3146	6152	x3262
Libyan Arab Jamahiriya	x27861	x15057	x15688	x30683	x24383	Guatemala	x1930	x73	x10615	x370	x433
Tunisia/Tunisie	x11277	x10737	23649	26815	11496	New Zealand	2311	3311	4275	3389	3728
Turkey/Turquie	208	19813	20194	18356	16722	Poland/Pologne	x6141	x6394	x2458	x1175	x615
Nigeria/Nigéria	x21282	x14177	x20759	x23023	x23619	Korea Republic	1675	1700	2068	5110	4364
Pakistan	6377	12122	23278	21623	11219	Finland/Finlande	3893	2717	3241	2312	1887
Malaysia/Malaisie	18240	17957	17785	19967	x29462	Former GDR	x54701	x6247	x1992		
Togo	14180	13276	23620	16488	x915	Hungary/Hongrie	x3618	x3579	x1725	x2512	x1549
Hungary/Hongrie	x16896	x18656	x16785	17751	x33683	Colombia/Colombie	2147	1713	1932	4023	3430
Yugoslavia SFR	13977	14189	22168	x13149		Chile/Chili	1812	3883	1270	2261	x904
Panama	x15120	x18333	x17214	x11242	x28988	Panama	x1941	x2499	x4026	x773	x1711
Thailand/Thaïlande	9955	13313	15376	18034	22139	Indonesia/Indonésie		1499	2034	3389	2641
El Salvador	x3279	x2225	37956	x1734	x2351	Malaysia/Malaisie	1930	2018	2150	2234	x2055
United Arab Emirates	x25048	x12779	x15289	x13385	x16225	Argentina/Argentine	1078	1018	1567	2979	4171
Singapore/Singapour	5441	12389	14204	13998	12232	Former USSR/Anc. URSS	x18321	x2527	x1240	x1593	
Chile/Chili	23684	26871	6466	7180	x5994	Brazil/Brésil	x2357	1374	1181	2258	6761
Israel/Israël	13064	13648	12579	14121	14886	Morocco/Maroc	213	623	1835	1985	3298
Lebanon/Liban	x4919	x8666	x15240	x15777	x16737	Uruguay	x265	x163	x180	x4043	1188
Norway,SVD,JM	10255	8714	12456	12679	17100	Czechoslovakia	x2150	x707	x378	x3200	x836
Brazil/Brésil	x5808	4461	8677	18749	18562	So. Africa Customs Un	x445	x598	x1097	x2060	x1746
Mexico/Mexique	1382	7463	8619	15102	22887	Dominican Republic		x463	x592	x2591	x2163
Ecuador/Equateur	7679	8879	8355	10994	4989	Costa Rica	x630	x171	x2937	x232	x717

(VALUE AS % OF TOTAL)(VALEUR EN % DU TOTAL)

	1983	1984	1985	1986	1987	1988	1989	1990	1991	1992		1983	1984	1985	1986	1987	1988	1989	1990	1991	1992
Africa	x16.9	x12.6	x12.6	x12.3	x11.1	x8.8	x6.8	x8.2	x6.3	x6.1	Afrique	0.3	x0.4	0.2	x0.7	x0.3	x0.2	x0.1	x0.2	x0.2	x0.1
Northern Africa	x7.4	x6.1	x5.0	x5.9	x6.3	x4.1	x3.4	x4.1	x3.0	x2.9	Afrique du Nord	x0.0	0.0	x0.0	x0.4	x0.0	x0.0	0.0	0.1	x0.1	0.1
Americas	x9.3	x11.9	x11.6	x16.8	x14.5	13.6	x11.4	x17.3	x17.7	x21.4	Amériques	x10.9	x11.9	x12.3	x11.1	x9.0	x8.9	13.4	14.5	13.6	14.3
LAIA	x1.9	x2.0	x1.9	x2.1	x2.2	2.3	x1.7	1.5	2.1	2.4	ALAI	x0.4	x0.7	x0.8	x0.8	x1.0	x0.5	0.5	0.4	x0.7	0.9
CACM	x2.2	x2.8	x4.0	x1.3	x1.4	x0.7	x1.4	x1.7	x0.4	x0.6	MCAC	x0.6	x0.5	x0.4	x0.5	x0.5	x0.2	x0.0	x0.9	x0.0	x0.0
Asia	x37.1	x32.7	x31.3	x26.8	x24.3	x22.4	17.7	x18.1	x15.4	x17.6	Asie	9.6	8.1	9.1	8.3	7.6	7.5	8.7	8.2	9.7	7.6
Middle East	x22.1	x16.8	x16.5	x13.9	x10.0	x8.9	x7.0	x6.0	x4.8	x5.0	Moyen–Orient	x0.2	x0.0	x0.0	x0.0	x0.0	0.2	2.6	1.1	0.7	0.6
Europe	x35.1	41.4	42.8	42.4	39.1	44.1	37.2	49.7	46.5	50.1	Europe	78.0	78.2	76.8	x79.0	x71.3	72.4	73.7	75.2	75.3	77.2
EEC	26.1	32.0	34.4	33.3	30.6	30.0	39.9	38.8	41.7	41.7	CEE	68.9	70.2	68.5	65.7	56.9	58.5	58.5	58.9	61.9	63.0
EFTA	x8.4	x8.9	x7.9	x8.7	x8.0	9.1	6.6	9.0	7.2	7.6	AELE	x7.1	x6.7	x6.1	x11.8	x12.6	12.0	11.2	14.1	13.1	13.3
Oceania	1.6	x1.3	x1.7	x1.7	x1.7	x2.2	x1.7	x2.0	x1.7	x1.8	Océanie	1.2	1.4	1.5	x0.8	0.7	1.6	1.1	0.9	0.8	0.7
Former USSR/Anc. URSS					x3.3	x5.1	x23.3	x3.4	x10.7		United Kingdom	15.5	15.6	15.6	16.2	15.7	18.1	20.1	19.3	22.2	20.6
France,Monac	3.9	5.2	6.1	6.1	5.9	7.2	7.9	10.5	9.4	10.5	USA/Etats–Unis d'Amer	8.9	10.1	10.6	9.3	6.9	7.6	12.2	12.5	12.2	12.5
USA/Etats–Unis d'Amer				x7.6	x6.7	x6.4	5.7	10.0	11.5	14.3	Switz.Liecht	x6.7	x6.1	x6.1	x10.6	x11.4	9.9	9.2	11.3	10.1	10.2
Italy/Italie	3.0	x5.3	5.5	6.8	7.1	8.7	6.8	9.6	8.6	8.9	France,Monac	10.8	11.0	10.1	10.7	8.7	8.2	8.7	9.1	8.5	7.7
Germany/Allemagne	6.6	6.3	9.2	6.2	5.9	5.4	4.6	5.6	6.5	6.5	Belgium–Luxembourg	10.0	8.9	8.8	8.0	7.4	6.8	7.0	8.7	8.9	8.6
Japan/Japon	7.8	7.9	7.6	7.5	7.8	6.3	4.8	5.2	4.0	4.3	Italy/Italie	10.4	11.3	11.9	9.4	6.8	8.6	5.9	7.0	7.9	12.3
United Kingdom	3.1	3.9	3.8	3.9	3.0	3.4	2.9	3.8	4.0	3.9	Germany/Allemagne	12.4	13.4	12.2	12.4	10.3	8.0	6.7	7.0	6.3	5.6
Belgium–Luxembourg	3.1	3.3	2.8	3.1	2.8	3.0	2.7	3.4	3.0	3.2	Ireland/Irlande	1.9	2.4	2.3	2.1	1.7	2.3	2.7	3.0	3.5	4.5
Austria/Autriche	x3.2	x3.2	x2.8	x3.2	x3.1	3.0	2.3	3.2	2.4	2.6	Yugoslavia SFR	x1.9	x1.3	x1.7	x1.6	x1.7	2.1	5.9	2.2	x0.4	
Canada	2.6	3.9	2.9	2.5	2.6	2.6	2.3	2.5	2.7	2.7	Austria/Autriche	x0.3	x0.4	x0.3	x0.5	x0.4	1.7	1.7	2.4	2.7	2.9

5513 ESSENTL OIL, RESINOID, ETC

HUILES ESSENTIELLES, RESIN 5513

TRADE BY COMMODITY IN THOUSAND U.S. DOLLARS – COMMERCE PAR PRODUIT EN MILLIERS DE DOLLARS E.U

IMPORTS – IMPORTATIONS

COUNTRIES–PAYS	1988	1989	1990	1991	1992
Total	1093624	1056089	1103017	1068307	1120291
Africa	x17079	x18060	x19792	x20460	x14357
Northern Africa	4265	6730	6292	3484	x3482
Americas	320684	276111	290496	295567	324196
LAIA	52684	75976	65071	65075	63802
CACM	3348	2789	4475	3196	x3162
Asia	207886	x208512	228066	234938	x244221
Middle East	x15612	x15892	x9937	x10618	x9141
Europe	468540	469529	514466	479322	517718
EEC	401150	408553	441344	412461	447022
EFTA	64639	58407	69358	63572	69248
Oceania	x11901	x12113	x13306	x12365	x13045
USA/Etats–Unis d'Amer	235127	167286	195273	206373	235798
France, Monac	136805	140493	145054	117950	124123
United Kingdom	86068	85489	97252	93041	105885
Japan/Japon	79457	87095	84739	89514	88069
Germany/Allemagne	58647	61428	73360	76526	75662
Switz.Liecht	52881	47233	54820	46141	52264
Hong Kong	42585	45472	48509	40526	49356
Netherlands/Pays–Bas	33713	32923	31368	24294	25433
Mexico/Mexique	21577	29686	25484	29192	31840
Ireland/Irlande	29485	25496	25868	28189	39118
Spain/Espagne	21638	23085	24894	25689	25942
Brazil/Brésil	12021	28246	25183	19867	13359
Italy/Italie	20626	22437	24103	25767	26510
Canada	26281	25443	22040	17620	18155
Former USSR/Anc. URSS	x27834	x27866	x16805	x19203	
Singapore/Singapour	12212	12456	18102	19056	15225
Philippines	12818	x9054	19083	19040	19207
Korea Republic	10204	11360	14953	17735	15717
Belgium–Luxembourg	7323	10371	12102	12981	14972
Australia/Australie	10298	10103	11165	10410	10964
India/Inde	13346	x8747	12242	9442	x15193
Former GDR	x24312	x21935	x4592		
Austria/Autriche	6526	5499	8433	11160	10452
Thailand/Thaïlande	6852	5617	6385	11161	7549
So. Africa Customs Un	6780	4706	7154	x6114	x3703
Romania/Roumanie	x2177	5844	8685	1545	x342
Denmark/Danemark	4824	4420	4798	5311	5227
Argentina/Argentine	3383	3211	3409	5053	5640
Indonesia/Indonésie	2734	2780	4167	4139	5738
Bulgaria/Bulgarie	x7671	x9546	x880	x534	1106
China/Chine	4347	3981	2986	3951	9217
Saudi Arabia	4612	5241	x2044	x2141	x2928
Colombia/Colombie	3245	3459	3145	2690	3134
Paraguay	446	6197	2002	836	454
Yugoslavia SFR	2627	2403	3466	x3015	
Venezuela	8946	2399	2801	3205	4167
Sweden/Suède	2453	2590	2681	3079	3464
Israel/Israël	3019	2502	2813	2649	3888
Czechoslovakia	x3929	2375	3816	x955	x2319
Egypt/Egypte	790	1297	3174	2004	1065
Nigeria/Nigéria	x1538	x1188	x1757	x2790	x3014
Malaysia/Malaisie	1632	1627	1808	2179	x3103
Guatemala	1219	1232	2403	1917	x2486
Qatar	2141	1717	1211	2457	x11
Poland/Pologne		3081	324	1911	x1809
New Zealand	1394	1795	1807	1611	1927
Finland/Finlande	1466	1701	1751	1657	1498
Turkey/Turquie	1197	1578	1908	1620	1833
United Arab Emirates	x3394	x1890	x1448	x1180	x1833
Hungary/Hongrie	x1593	x1109	x1780	x1508	x1168

EXPORTS – EXPORTATIONS

COUNTRIES–PAYS	1988	1989	1990	1991	1992
Totale	964674	972523	1007561	934165	1011758
Afrique	x52640	x40162	x43544	x37706	x51193
Afrique du Nord	15358	21699	20409	20635	28781
Amériques	253627	279093	307460	306045	x322557
ALAI	77311	74266	97257	98810	x112389
MCAC	5577	2372	2272	1640	1301
Asie	236799	x240396	227384	202564	x242542
Moyen–Orient	9999	12147	x9007	x7617	7618
Europe	331209	327826	366299	354799	376399
CEE	303004	297156	333087	324177	344532
AELE	24782	27716	30506	27269	29681
Océanie	x4780	x3754	x4624	x8920	x8358
USA/Etats–Unis d'Amer	158266	189661	192991	193686	192338
France, Monac	170620	165983	185663	166758	164853
China/Chine	97453	99762	86046	75408	74686
United Kingdom	42390	40813	44268	54229	64495
Brazil/Brésil	33925	34681	41346	42532	52730
Hong Kong	37186	35855	43948	32927	36432
Italy/Italie	29716	26621	33991	35903	38321
Bulgaria/Bulgarie	x56879	x53782	x30257	x6337	x6046
Indonesia/Indonésie	33556	28000	26944	22439	25336
India/Inde	17621	x29025	21029	23181	x43128
Switz.Liecht	19373	22993	23343	19980	19662
Spain/Espagne	19718	19009	23005	22034	24490
Former USSR/Anc. URSS	x24044	x19949	x22949	x13809	
Germany/Allemagne	14257	16802	18515	19915	19713
Argentina/Argentine	15152	7953	20851	22597	26085
Paraguay	4656	16499	16793	14614	x11975
Netherlands/Pays–Bas	14655	14585	13404	13237	14371
Morocco/Maroc	9078	9594	11958	13197	15143
Korea Republic	10918	10186	11193	13050	x22444
Thailand/Thaïlande	17306	7356	12397	11286	13750
Singapore/Singapour	12497	7658	9278	9598	12806
Canada	4779	6942	8248	7782	8041
Turkey/Turquie	8912	7737	6346	5245	6090
Japan/Japon	4794	5767	6123	6974	5116
Egypt/Egypte	3131	9146	5338	4222	10182
Austria/Autriche	5003	4464	6629	6983	8831
Ireland/Irlande	4894	5911	5608	5118	11642
Australia/Australie	4479	3333	4467	8259	7751
Peru/Pérou	3564	6418	4291	x5202	x4534
So. Africa Customs Un	x3491	x4098	x4295	x3864	x4028
Israel/Israël	4169	4069	4582	3225	4044
Belgium–Luxembourg	2686	2971	4120	3732	3219
Madagascar	3406	x3717	3607	3271	x3127
Cote d'Ivoire	x19265	x2645	x3327	x3620	x7558
Sri Lanka	3668	2767	3002	3719	2821
Tunisia/Tunisie	3038	2898	3093	3209	3453
Yugoslavia SFR	3395	2953	2706	x3336	
Comoros/Comores	x1696		5415	3516	x3452
Korea Dem People's Rp	x1681	x2772	x3146	1776	x1002
Ethiopia/Ethiopie	5044	4519	2633	285	x651
Portugal	3000	3026	2833	1515	1571
Reunion/Réunion	3987	2810	2915	1613	2297
Haiti/Haïti	x4011	x2230	x2752	x1222	x4802
Viet Nam	x2059	x1654	x2284	x2035	x4873
Guatemala	5300	2287	1274	1578	1082
Albania/Albanie	x1749	x2726	x1550	x656	x877
Hungary/Hongrie	1634	x1631	x1327	x1626	x1420
United Arab Emirates	x686	x1288	x1688	x1425	x491
Jamaica/Jamaïque	1203	1210	1342	1069	x1106
Greece/Grèce	527	963	1259	1353	x1228

(VALUE AS % OF TOTAL)(VALEUR EN % DU TOTAL)

	1983	1984	1985	1986	1987	1988	1989	1990	1991	1992		1983	1984	1985	1986	1987	1988	1989	1990	1991	1992
Africa	x1.8	2.4	2.0	x2.3	1.6	x1.5	1.7	1.7	x1.9	x1.3	Afrique	7.8	x8.1	7.0	x6.9	x5.0	5.5	4.1	4.3	4.0	5.1
Northern Africa	x0.5	x0.3	0.3	0.4	0.5	0.4	0.6	0.6	0.3	x0.3	Afrique du Nord	4.3	4.4	4.2	4.2	2.8	1.6	2.2	2.0	2.2	2.8
Americas	x25.8	29.2	34.0	x33.0	28.3	29.3	26.1	26.3	27.7	29.0	Amériques	34.6	38.0	38.1	x35.3	x28.0	26.3	28.7	30.5	32.8	x31.9
LAIA	1.8	6.7	7.9	6.9	x5.4	4.8	7.2	6.0	6.1	5.7	ALAI	2.5	11.8	10.6	x11.4	x8.9	8.0	7.6	9.7	10.6	x11.1
CACM	x0.3	0.1	0.2	x0.5	0.5	0.3	0.3	0.4	0.3	x0.3	MCAC	x0.0	0.5	0.4	x0.4	x0.3	0.6	0.2	0.2	0.2	0.1
Asia	19.5	18.0	16.8	16.5	17.6	19.0	x19.8	20.6	22.0	21.8	Asie	13.9	14.8	15.1	15.0	23.3	24.5	x24.7	22.6	21.7	x24.0
Middle East	x0.9	x1.5	1.4	x1.6	1.1	x1.4	1.5	0.9	1.0	0.8	Moyen–Orient	x0.2	1.3	1.9	2.0	0.8	1.0	1.2	x0.9	0.8	0.8
Europe	51.6	48.9	46.0	47.1	42.9	42.8	44.5	46.6	44.9	46.2	Europe	43.3	38.6	39.4	42.5	35.0	34.3	33.7	36.4	38.0	37.2
EEC	45.5	42.5	40.1	41.1	37.6	36.7	38.7	40.0	38.6	39.9	CEE	39.9	35.7	36.1	39.0	32.2	31.4	30.6	33.1	34.7	34.1
EFTA	6.0	5.8	5.5	5.8	6.1	5.9	5.5	6.3	6.0	6.2	AELE	3.4	2.5	2.8	3.0	2.1	2.6	2.8	2.9	2.9	2.9
Oceania	x1.3	x1.4	x1.2	x1.2	x1.1	x1.1	1.1	x1.2	x1.1	x1.2	Océanie	0.4	x0.5	x0.4	x0.3	x0.4	x0.5	x0.4	x0.5	x0.9	x0.8
USA/Etats–Unis d'Amer	20.4	19.1	23.1	21.9	19.3	21.5	15.8	17.7	19.3	21.0	USA/Etats–Unis d'Amer	29.2	23.4	25.1	21.7	17.5	16.4	19.5	19.2	20.7	19.0
France, Monac	15.8	14.5	13.7	15.0	12.0	12.5	13.3	13.2	11.0	11.1	France, Monac	23.4	19.9	19.8	22.6	18.9	17.7	17.1	18.4	17.9	16.3
United Kingdom	11.4	10.5	9.4	8.8	7.7	7.9	8.1	8.8	8.7	9.5	China/Chine					9.4	10.1	10.3	8.5	8.1	7.4
Japan/Japon	8.3	7.4	7.0	7.0	6.9	7.3	8.2	7.7	8.4	7.9	United Kingdom	5.3	5.7	5.9	5.4	3.8	4.4	4.2	4.4	5.8	6.4
Germany/Allemagne	6.7	6.5	5.5	5.6	5.7	5.4	5.8	6.7	7.2	6.8	Brazil/Brésil		6.2	5.9	4.4	3.6	3.6	4.1	4.6	5.2	
Switz.Liecht	5.0	4.9	4.5	4.8	4.3	4.8	4.5	5.0	4.3	4.7	Hong Kong	2.4	2.4	3.0	2.3	3.3	3.9	3.7	4.4	3.5	3.6
Hong Kong	2.2	2.0	3.2	2.2	3.5	3.9	4.3	4.4	3.8	4.4	Italy/Italie	3.7	3.1	3.5	3.9	3.2	2.7	3.4	3.8	3.8	3.8
Netherlands/Pays–Bas	4.3	3.8	3.6	3.4	3.4	3.1	3.1	2.8	2.3	2.3	Bulgaria/Bulgarie				x5.1	x5.9	x5.5	x3.0	x0.7	0.6	
Mexico/Mexique		2.3	2.6	x1.9	x1.7	2.0	2.8	2.3	2.7	2.8	Indonesia/Indonésie	4.3	5.6	4.1	4.4	4.0	3.5	2.9	2.7	2.4	2.5
Ireland/Irlande	1.4	1.9	2.8	2.9	3.3	2.7	2.4	2.3	2.6	3.5	India/Inde	1.9	1.7	2.4	2.8	2.0	1.8	x3.0	2.1	2.5	x4.3

5514 MIXED PERFUME SUBSTANCES / MELANGES SUBSTAN ODORIFER 5514

TRADE BY COMMODITY IN THOUSAND U.S. DOLLARS – COMMERCE PAR PRODUIT EN MILLIERS DE DOLLARS E.U

IMPORTS – IMPORTATIONS

COUNTRIES–PAYS	1988	1989	1990	1991	1992
Total	2177415	2280788	2678779	3094338	x3189694
Africa	x132543	x132221	x161611	x170009	x187826
Northern Africa	33185	37465	47824	47491	x40789
Americas	319651	257973	282599	314789	x369695
LAIA	107147	89875	92785	117406	x141701
CACM	15015	16285	21404	23294	x29604
Asia	489623	x600392	663673	791207	x788634
Middle East	x95223	x116535	x110437	x121988	x121607
Europe	1028741	1098625	1450309	1547059	1737443
EEC	902035	971659	1275650	1367489	1533084
EFTA	105619	107359	148744	156366	177208
Oceania	x27230	x28600	x28338	x35709	x32125
Germany/Allemagne	205693	197789	263633	290188	301876
France, Monac	141209	164396	213141	225371	261652
United Kingdom	132478	154207	200831	202438	225581
Japan/Japon	74166	131913	154398	192927	183097
Italy/Italie	115984	114655	141934	165529	203699
Netherlands/Pays–Bas	77482	86765	128670	157375	176985
Former USSR/Anc. URSS	x83161	x82281	x39507	x190304	
Spain/Espagne	76011	78488	102840	115167	136462
USA/Etats–Unis d'Amer	144009	90088	96685	89079	106704
Korea Republic	64623	70591	85410	97391	86220
Indonesia/Indonésie	46340	56181	73786	90263	77145
Hong Kong	65867	67584	60713	87686	96720
Belgium–Luxembourg	48137	59275	78178	74174	85960
Ireland/Irlande	40861	54440	68022	60599	53579
Canada	32752	37342	48109	59533	66722
Switz.Liecht	43237	40666	50827	50839	55735
So. Africa Customs Un	39231	36254	46763	x43625	x47146
Thailand/Thaïlande	35859	36592	40810	44176	48863
Norway, SVD, JM	11918	13940	33258	41842	48355
Portugal	26930	25010	33628	30200	31032
Venezuela	53564	31903	23851	31303	37373
Austria/Autriche	21659	23730	31096	30634	36628
Philippines	19557	x32402	24873	25476	28354
Turkey/Turquie	15048	18845	29901	29114	32367
Malaysia/Malaisie	20701	21769	26660	28837	x42490
Nigeria/Nigéria	x22651	x19529	x27786	x29622	x34149
Syrian Arab Republic	10794	43649	12063	x20463	x12140
Greece/Grèce	17552	19827	24480	23214	x29316
Singapore/Singapour	15281	15427	22712	24939	33917
Yugoslavia SFR	19106	17505	23545	x19719	
Denmark/Danemark	19698	16808	20294	23235	26942
Sweden/Suède	16664	16301	19813	19747	21413
Egypt/Egypte	10152	14888	20969	17493	12516
Chile/Chili	13334	15018	17427	20165	x25947
Israel/Israël	15659	13214	13971	20132	22449
Australia/Australie	16239	16854	13971	18858	14663
Czechoslovakia	x19589	17616	17553	x13506	x20362
Saudi Arabia	3682	4324	x18539	x24167	x28860
India/Inde	1886	x9157	16721	20391	x9572
Hungary/Hongrie	x14448	x13934	x17018	12266	x17231
Poland/Pologne	20705	19525	7692	15964	x26645
China/Chine	18920	13462	12261	16809	12753
Mexico/Mexique	4236	10827	11779	15598	25440
Finland/Finlande	11443	12057	13185	12362	14248
Colombia/Colombie	11863	9966	12584	13977	17343
Morocco/Maroc	8002	8097	11311	11824	11941
New Zealand	8415	9566	9874	10346	11201
Guatemala	6072	5391	8972	10747	x13283
Cote d'Ivoire	x6921	x9540	x4941	x10391	x27174
United Arab Emirates	x14125	x6601	x7931	x9955	x11588

EXPORTS – EXPORTATIONS

COUNTRIES–PAYS	1988	1989	1990	1991	1992
Totale	2095660	2118842	2732869	2920722	3096578
Afrique	x14383	x8141	x4378	x3643	x3012
Afrique du Nord	3786	1475	1800	1783	1231
Amériques	x231017	x232911	x343108	366386	378785
ALAI	7309	7014	11830	13415	21116
MCAC	1041	765	1104	1464	x1732
Asie	198163	205354	275728	354644	282222
Moyen–Orient	x4464	2234	2567	x1914	x1653
Europe	1637791	1660370	2094838	2176744	2414226
CEE	1259503	1303792	1629069	1702745	1894111
AELE	376751	354008	463063	472695	515538
Océanie	8190	x6654	x10579	x13956	x14635
Switz.Liecht	357896	334348	441036	448638	486962
Germany/Allemagne	277096	286897	364585	402876	446882
France, Monac	300623	286676	341723	360536	380079
USA/Etats–Unis d'Amer	217129	216450	322323	346683	349346
United Kingdom	252162	246342	276360	310333	336724
Ireland/Irlande	153650	196877	285874	265682	301809
Netherlands/Pays–Bas	206858	202959	240767	237362	274827
Japan/Japon	89022	95545	108485	117290	116709
Hong Kong	73571	77262	78398	92844	98674
Belgium–Luxembourg	18908	27341	48887	47218	60715
Indonesia/Indonésie	241	3375	33261	78188	3117
Italy/Italie	24907	29353	35687	34003	37202
Spain/Espagne	16933	18386	23262	31600	41126
India/Inde	8926	x1684	21265	28093	x5007
Singapore/Singapour	10097	11715	13943	19055	28760
Austria/Autriche	12371	12208	13487	13182	17000
China/Chine	5478	9082	13670	13332	16657
Denmark/Danemark	7485	7834	10598	11830	12987
Australia/Australie	7767	6203	9886	13214	13626
Sweden/Suède	6028	6426	7386	8739	10452
Mexico/Mexique	1419	2067	4438		
United States Virg Is	x3197	x3551	x3323	4713	7305
Argentina/Argentine	2344	1990	1838	2466	3105
Canada	377	1591	2221	2357	6243
Comoros/Comores	4062	5977	x6		
Jamaica/Jamaïque	999	2071	2046	1806	x183
Yugoslavia SFR	1502	2565	2193	x846	
Brazil/Brésil	1300	1315	2181	1992	2152
Colombia/Colombie	887	988	1409	2518	3889
Former USSR/Anc. URSS	x513	x471	x791	x3435	
Poland/Pologne	1799	1826	1882	816	x2488
Israel/Israël	1653	1250	1353	1751	8744
Morocco/Maroc	1149	1175	1200	1419	903
Norway, SVD, JM	327	611	1099	2055	1028
Turkey/Turquie	2753	930	1654	619	322
So. Africa Customs Un	x650	x609	x715	x1417	x1497
Philippines	2100	x970	1168	589	667
Guatemala	922	618	952	1148	1332
Former GDR	x1684	x2258	x390		
Greece/Grèce	677	675	963	897	x1021
Malaysia/Malaisie	484	598	561	592	x956
Kenya	2291	0	1515	x129	x69
New Zealand	416	442	394	483	402
Panama	10	x847	22	x427	1
Uruguay	165	324	544	357	58
Portugal	203	453	363	407	739
Oman	142	105	545	572	
Hungary/Hongrie	x264	x376	x308	x462	x618
Bulgaria/Bulgarie	x1285	x357	x639	x134	x98
Korea Dem People's Rp	x1468	x986	x136		x22

(VALUE AS % OF TOTAL)(VALEUR EN % DU TOTAL)

Imports

	1983	1984	1985	1986	1987	1988	1989	1990	1991	1992
Africa	x7.4	x6.4	x6.8	x8.5	x5.9	x6.1	x5.8	x6.0	x5.5	x5.9
Northern Africa	x3.0	2.7	2.5	2.0	x1.5	1.5	1.6	1.8	1.5	x1.3
Americas	18.3	22.2	18.0	x17.7	x15.8	14.7	11.3	10.5	10.2	x11.6
LAIA	6.0	7.2	6.5	x5.9	x5.2	4.9	3.9	3.5	3.8	x4.4
CACM	x0.6	1.3		x0.8	x0.9	0.7	0.7	0.8	0.8	x0.9
Asia	x24.3	x22.8	x23.6	24.5	x22.6	22.5	26.4	24.7	25.6	24.7
Middle East	x5.9	x5.1	x5.4	x6.0	x5.1	x4.4	x5.1	x4.1	x3.9	x3.8
Europe	47.7	46.3	49.2	47.1	45.0	47.2	48.2	54.1	50.0	54.5
EEC	42.4	40.4	42.9	41.0	39.4	41.4	42.6	47.6	44.2	48.1
EFTA	5.3	4.6	5.1	4.8	4.6	4.9	4.7	5.6	5.1	5.6
Oceania	x2.2	x2.4	x2.3	x2.2	x1.6	x1.2	x1.3	x1.1	x1.1	x1.0
Germany/Allemagne	9.7	9.0	9.4	9.2	8.6	9.4	8.7	9.8	9.8	9.5
France, Monac	5.9	5.9	6.4	6.1	5.9	6.5	7.2	8.0	7.3	8.2
United Kingdom	6.3	5.8	7.3	6.1	5.8	6.1	6.8	7.5	6.5	7.1
Japan/Japon	4.9	4.1	4.1	3.8	3.3	3.4	5.8	5.8	6.2	5.7
Italy/Italie	5.0	4.9	5.1	5.7	5.6	5.3	5.0	5.3	5.3	6.4
Netherlands/Pays–Bas	3.5	3.4	3.7	3.4	3.2	3.6	3.8	4.8	5.1	5.5
Former USSR/Anc. URSS					x4.6	x3.8	x3.6	x1.5	x6.2	
Spain/Espagne	3.8	3.6	3.5	3.7	3.4	3.5	3.8	3.7	4.3	
USA/Etats–Unis d'Amer	8.8	10.9	9.0	8.5	7.4	6.6	3.9	3.6	2.9	3.3
Korea Republic	2.8	2.8	2.9	2.8	2.5	3.0	3.1	3.2	3.1	2.7

Exports

	1983	1984	1985	1986	1987	1988	1989	1990	1991	1992
Afrique	0.6	0.2	0.3	x0.6	0.7	x0.7	x0.4	x0.1	x0.1	x0.0
Afrique du Nord	0.3	0.1		0.1	0.1	0.2	0.1	0.1	0.1	0.0
Amériques	x14.0	x14.5	11.9	x11.1	x11.1	x11.0	x11.0	x12.6	12.6	12.2
ALAI	0.3	0.4	0.6	x0.4	x0.4	x0.3	x0.3	0.4	0.5	0.7
MCAC	x0.2	x0.1	x0.0	x0.1	0.1	0.0	0.0	0.0	0.1	x0.1
Asie	6.8	7.3	7.2	x7.8	8.4	9.4	9.7	10.1	12.2	9.2
Moyen–Orient	x0.0	x0.1	x0.1	x0.1	x0.4	x0.2	0.1	0.1	x0.1	x0.1
Europe	78.0	77.7	80.3	79.8	79.1	78.2	78.4	76.7	74.5	78.0
CEE	59.3	59.0	61.6	60.5	59.7	60.1	61.5	59.6	58.3	61.2
AELE	18.7	18.4	18.2	19.2	19.4	18.0	16.7	16.9	16.2	16.6
Océanie	0.5	0.4	x0.4	x0.4	x0.4	0.4	x0.3	x0.4	x0.5	x0.5
Switz.Liecht	17.9	17.4	17.3	18.3	18.4	17.1	15.8	16.1	15.4	15.7
Germany/Allemagne	10.1	10.0	10.7	12.0	11.9	13.2	13.5	13.3	13.8	14.4
France, Monac	13.5	14.2	15.6	15.5	15.7	14.3	13.5	12.5	12.3	12.3
USA/Etats–Unis d'Amer	13.5	13.9	14.1	10.2	10.0	10.4	10.2	11.8	11.9	11.3
United Kingdom	14.7	13.5	13.7	12.3	12.4	12.0	11.6	10.1	10.6	10.9
Ireland/Irlande	7.1	7.3	8.0	-7.4	6.5	7.3	9.3	10.5	9.1	9.7
Netherlands/Pays–Bas	10.6	10.2	10.4	10.4	10.0	9.9	9.6	8.8	8.1	8.9
Japan/Japon	3.6	3.5	3.4	3.5	3.7	4.2	4.5	4.0	4.0	3.8
Hong Kong	2.5	3.0	2.9	2.7	2.9	3.5	3.6	2.9	3.2	3.2
Belgium–Luxembourg	1.0	1.0	0.9	1.0	0.9	0.9	1.3	1.8	1.6	2.0

5542 WASHING PREPARATIONS ETC

PROD ORG TENSIO—ACT NDA 5542

TRADE BY COMMODITY IN THOUSAND U.S. DOLLARS – COMMERCE PAR PRODUIT EN MILLIERS DE DOLLARS E.U

COUNTRIES–PAYS	1988	1989	1990	1991	1992	COUNTRIES–PAYS	1988	1989	1990	1991	1992
	IMPORTS – IMPORTATIONS						EXPORTS – EXPORTATIONS				
Total	4079534	x4709677	5209726	x5913956	6192281	Totale	3889209	4501575	5316903	5466333	6101051
Africa	x136071	x138949	x195252	x162080	x176256	Afrique	x9712	x37836	x11118	x24247	x8981
Northern Africa	40550	43003	88580	x54881	x48431	Afrique du Nord	6971	35442	7489	17370	4787
Americas	467319	427082	512517	571802	x677251	Amériques	365312	421647	611831	733269	x842465
LAIA	98550	115114	128217	157843	197094	ALAI	37857	46648	47922	59796	89124
CACM	17359	14941	18790	21746	x26944	MCAC	8055	7098	9425	11322	x17254
Asia	x594838	x667250	x762462	x883685	x980687	Asie	445885	510422	600031	620154	x560655
Middle East	x124774	x152905	x180931	x194373	x210500	Moyen–Orient	63136	122626	x97761	x64857	x42509
Europe	2501535	2563313	3327579	3417654	4016031	Europe	2971726	3421447	4015884	4012621	4643200
EEC	2004573	2026834	2599122	2746911	3235771	CEE	2643047	2769437	3586888	3618200	4192995
EFTA	446860	475490	624208	606996	684420	AELE	314277	344172	395575	385510	418586
Oceania	x73223	x82278	x92564	x90625	x115035	Océanie	x21686	21356	25212	25820	35817
Former USSR/Anc. URSS	x186820	x754319	x258490	x646227		Germany/Allemagne	1143136	1087771	1292802	1288393	1356387
France, Monac	411726	433795	531972	533014	605895	France, Monac	299280	371486	519103	585655	723611
Germany/Allemagne	302470	298623	448783	499771	583874	USA/Etats–Unis d'Amer	271048	329996	472990	575403	645591
Belgium–Luxembourg	265397	275645	331607	344361	407342	Belgium–Luxembourg	349042	378466	477334	481455	584126
United Kingdom	305079	279974	320411	339912	401066	United Kingdom	335745	357025	478296	474792	555138
Netherlands/Pays–Bas	237271	234124	284321	277967	349077	Netherlands/Pays–Bas	255950	254782	343030	349804	385693
Italy/Italie	216605	212808	248814	267470	299117	Japan/Japon	197930	214551	250149	267188	286496
USA/Etats–Unis d'Amer	207804	133152	176765	179145	196090	Italy/Italie	104330	148953	232224	218644	311605
Sweden/Suède	126275	133847	164189	161771	199552	Switz.Liecht	129282	124105	151344	141816	160051
Switz.Liecht	100941	103406	150963	155419	165575	Yugoslavia SFR	14207	307616	32878	x8229	
Canada	96539	109417	130084	146972	187749	Spain/Espagne	64545	74086	121939	103118	126813
Austria/Autriche	98906	102920	138806	137459	152127	Sweden/Suède	81227	97488	101047	95606	88294
Spain/Espagne	70304	65263	108777	129255	165062	Denmark/Danemark	79529	82789	97926	91325	107297
Japan/Japon	75948	81387	90217	112148	101022	Singapore/Singapour	87099	70122	70599	55808	54598
Ireland/Irlande	70148	74903	92929	105239	127823	Austria/Autriche	46150	48954	60030	66652	83735
Denmark/Danemark	59994	73399	99767	92328	103221	Canada	39819	26401	68045	70103	71274
Korea Republic	63846	76265	82841	98977	90957	Turkey/Turquie	14460	66732	51570	34380	28050
Finland/Finlande	54644	70941	87864	77559	87034	Norway,SVD,JM	35486	38761	50032	51385	57973
Norway,SVD,JM	60780	59234	76724	68318	73454	India/Inde	4855	x517	43189	74808	x1954
Yugoslavia SFR	42499	53894	95184	x53815		Hong Kong	29950	30786	38635	43129	54762
Singapore/Singapour	92904	79180	54680	55864	59897	Former USSR/Anc. URSS	x7492	x34076	x28044	x38521	
Hong Kong	47447	50657	63297	74937	95387	Finland/Finlande	22118	34840	33113	30045	28502
Portugal	33171	42292	68482	75613	101637	China/Chine	19416	22652	34368	27825	27202
Greece/Grèce	32469	36008	63259	81981	x91657	Saudi Arabia	33466	40335	x28198	x7034	x7049
China/Chine	21165	35252	50870	91486	103929	Mexico/Mexique	12739	18846	13413	25361	45452
Thailand/Thaïlande	38350	46843	59819	64072	74591	Australia/Australie	17359	17124	19802	19023	24222
Australia/Australie	34196	42230	46866	47379	64287	Korea Republic	15897	15666	19395	19239	25463
Israel/Israël	33335	38512	45587	40198	45045	Indonesia/Indonésie	7088	11295	15454	23334	16961
Turkey/Turquie	20931	22491	35834	53291	64518	Egypt/Egypte	5195	28707	2365	13811	3379
Malaysia/Malaisie	28283	29939	33755	42598	x66188	Malaysia/Malaisie	8518	12043	13669	18037	x21190
Indonesia/Indonésie	24839	27202	34423	38834	47511	Former GDR	x39664	x31148	x5042		
So. Africa Customs Un	31050	33172	33743	x32496	x38897	Ireland/Irlande	6801	5829	12766	15308	21225
Saudi Arabia	14171	16612	x35524	x37217	x47862	Brazil/Brésil	10136	10262	6709	12773	21104
Hungary/Hongrie	x22568	x21105	x24469	42022	x46189	Venezuela	3059	8310	16129	5091	6878
Brazil/Brésil	14781	22155	26485	31205	29783	Bulgaria/Bulgarie	x17390	x14546	x12041	x1561	x1506
Mexico/Mexique	15215	21935	26678	31177	59302	Philippines	5530	x3254	7836	14782	18662
New Zealand	21557	23010	24742	22769	27477	Oman	3109	3867	5859	8036	x257
Czechoslovakia	x25179	21346	23792	x21401	x47076	Thailand/Thaïlande	3599	4281	5378	7933	x6506
Argentina/Argentine	17435	17440	20611	26686	35570	Portugal	3417	4838	7025	5031	13953
Poland/Pologne	x14951	x5863	x2937	x50336	x117660	Uruguay	4086	4530	4579	7529	5537
Libyan Arab Jamahiriya	10380	10565	32798	x12470	x11194	New Zealand	2932	3798	5009	6316	11214
India/Inde	13761	x11909	20200	20317	x15992	Trinidad and Tobago	2651	3726	4904	6181	7155
Iran (Islamic Rp. of)	x8369	x10473	x25200	x16299	x16082	Barbados/Barbade	2706	4264	5071	5081	x8425
Chile/Chili	12381	14345	14222	18534	x15797	United Arab Emirates	x3771	x4254	x3965	x4694	x2893
Algeria/Algérie	8745	10559	23668	11665	x5635	El Salvador	2992	4255	4097	4188	x5817
Reunion/Réunion	14067	11949	17302	15889	19154	Greece/Grèce	1272	3411	4442	4676	x7146
Colombia/Colombie	12727	14091	15725	14027	22362	Peru/Pérou	456	2967	4266	x3667	x3167
United Arab Emirates	x25628	x14615	x14627	x14445	x26265	Guatemala	4048	1798	3816	4986	6532
Philippines	9809	x13610	13816	16067	16668	Poland/Pologne	x2576	x2493	x2042	x5037	x3902
Lebanon/Liban	x5089	x11991	x12717	x15941	x11827	Qatar	x209	1879	2504	4940	x22

(VALUE AS % OF TOTAL)(VALEUR EN % DU TOTAL)

	1983	1984	1985	1986	1987	1988	1989	1990	1991	1992		1983	1984	1985	1986	1987	1988	1989	1990	1991	1992
Africa	x8.6	x8.1	6.6	x7.0	x4.3	3.4	2.9	3.7	x2.7	x2.8	Afrique	0.3	0.3	0.2	0.3	0.5	x0.2	0.8	x0.2	x0.4	x0.1
Northern Africa	x6.0	x5.5	3.9	x3.5	1.6	1.0	0.9	1.7	x0.9	0.8	Afrique du Nord	0.0	0.0	0.0	0.1	0.4	0.8	0.8	0.1	0.3	0.1
Americas	x10.7	12.4	14.0	x13.7	x10.5	11.5	9.1	9.8	9.7	x10.9	Amériques	10.3	11.4	11.6	x11.2	x9.9	9.4	9.3	11.5	13.4	x13.8
LAIA	2.1	3.2	3.2	x3.0	x2.2	2.4	2.4	2.5	2.7	3.2	ALAI	0.1	0.8	1.0	x1.2	0.4	1.0	1.0	0.9	1.1	1.5
CACM	x0.5	0.0		x0.4	x0.3	0.4	0.3	0.4	0.4	x0.4	MCAC	x0.0	0.2		x0.3	x0.2	0.2	0.2	0.2	0.2	x0.3
Asia	x17.6	x19.5	x18.2	x16.7	x15.9	14.6	x14.1	14.6	15.0	x15.9	Asie	x10.6	x12.4	x11.3	10.3	10.2	11.5	11.3	11.3	11.3	x9.2
Middle East	x6.5	x7.4	x5.6	x4.8	x4.2	3.1	x3.2	x3.5	3.3	x3.4	Moyen–Orient	x1.4	x3.1	x2.2	x2.2	x1.9	1.6	2.7	x1.8	x1.2	x0.7
Europe	58.9	56.9	58.6	59.9	59.1	61.3	54.4	57.8	64.9	64.9	Europe	78.3	75.4	76.3	77.6	77.2	76.4	76.0	75.5	73.4	76.1
EEC	46.9	44.1	45.6	46.7	47.2	49.1	43.0	49.9	46.4	52.3	CEE	70.1	66.8	68.0	68.9	68.0	68.0	61.5	67.5	66.2	68.7
EFTA	11.9	10.8	11.0	12.0	11.0	11.0	10.1	12.0	10.3	11.1	AELE	8.3	7.9	7.7	8.3	8.5	8.1	7.6	7.4	7.1	6.9
Oceania	2.6	x3.0	2.6	x2.5	x2.1	x1.8	x1.8	x1.8	x1.5	x1.9	Océanie	0.5	0.5	0.5	0.4	0.4	x0.5	0.5	0.5	0.5	0.6
Former USSR/Anc. URSS	1.8				x5.3	x4.6	x16.0	x5.0	x10.9		Germany/Allemagne	27.9	24.6	25.5	27.8	28.8	29.4	24.2	24.3	23.6	22.2
France, Monac	11.1	9.9	10.3	10.3	10.1	10.1	9.2	10.2	9.0	9.8	France, Monac	9.0	9.5	8.8	8.3	7.2	7.7	8.3	9.8	10.7	11.9
Germany/Allemagne	8.2	7.5	6.4	7.0	7.2	7.4	6.3	8.6	8.5	9.4	USA/Etats–Unis d'Amer	9.4	9.7	9.1	9.7	7.5	7.0	7.3	8.9	10.5	10.6
Belgium–Luxembourg	5.9	5.9	6.2	6.4	6.1	6.5	5.9	6.4	5.8	6.6	Belgium–Luxembourg	9.5	8.6	8.6	9.2	9.9	9.4	8.4	9.0	8.8	9.6
United Kingdom	5.5	6.1	6.6	6.4	6.9	7.5	5.9	6.2	5.7	6.5	United Kingdom	8.9	10.3	10.6	10.0	9.2	8.6	7.9	9.0	8.7	9.1
Netherlands/Pays–Bas	6.3	5.5	6.1	6.4	6.1	5.8	5.0	5.5	4.7	5.6	Netherlands/Pays–Bas	6.9	6.6	6.4	6.9	4.9	5.1	4.8	4.7	4.9	4.7
Italy/Italie	4.2	4.0	4.5	4.1	4.9	5.3	4.5	4.8	4.5	4.8	Japan/Japon	6.4	6.1	5.6	4.9	5.1	4.8	4.7	4.7	4.9	4.7
USA/Etats–Unis d'Amer	3.5	4.3	6.3	6.4	4.5	5.1	2.8	3.4	3.0	3.2	Italy/Italie	2.5	2.6	3.4	3.2	2.4	2.7	3.3	4.4	4.0	5.1
Sweden/Suède	2.5	2.4	2.6	3.0	2.8	3.1	2.8	3.2	2.7	3.2	Switz.Liecht	4.1	3.8	3.8	4.2	4.1	3.3	2.8	2.8	2.6	2.6
Switz.Liecht	2.8	2.5	2.6	2.8	2.5	2.5	2.2	2.9	2.6	2.7	Yugoslavia SFR		0.7	0.7	x0.4	x0.2	0.4	6.8	0.6	x0.2	

5621 CHEM NITROGENOUS FERTLZR — ENGRAIS AZOTES 5621

TRADE BY COMMODITY IN THOUSAND U.S. DOLLARS – COMMERCE PAR PRODUIT EN MILLIERS DE DOLLARS E.U

COUNTRIES–PAYS	IMPORTS 1988	1989	1990	1991	1992	COUNTRIES–PAYS	EXPORTS 1988	1989	1990	1991	1992
Total	4401980	4636412	4682286	5219793	x5276796	Totale	x5970163	x6390441	x6167264	x6330799	x4025438
Africa	x198436	x228703	x168971	x158231	x283343	Afrique	x99689	x122815	x96971	x144990	x172730
Northern Africa	115947	112039	76616	84220	x64644	Afrique du Nord	55817	76143	56494	x93541	x132352
Americas	766302	811145	762338	769384	x677480	Amériques	338284	x660800	x774690	x809691	x759691
LAIA	212660	230098	240024	254971	251727	ALAI	62387	81804	108073	149718	129172
CACM	85342	99044	54551	97620	x32594	MCAC	5820	8937	7577	7647	x8258
Asia	1843319	1896133	1954886	2310319	x2253021	Asie	x844441	x1020139	x781990	x895847	x854968
Middle East	194960	x254815	208436	x272665	x218751	Moyen–Orient	x512348	x627219	x420632	x407387	x352205
Europe	1465041	1555724	1699871	1853306	1923196	Europe	1523368	1425067	1633736	1637819	1698897
EEC	1313931	1433002	1547086	1729610	1781051	CEE	1293645	1228304	1409868	1380391	1468467
EFTA	x121871	x97851	x123824	x119673	x127887	AELE	x197346	160915	x202159	x205988	x172245
Oceania	60398	82455	73178	x85929	x98122	Océanie	x14088	x14882	18896	x27088	x19995
China/Chine	1232760	1189840	1200269	1282357	1247796	Former USSR/Anc. URSS	x1390577	x1624070	x1574098	x2319878	
France,Monac	438332	495132	543874	430925	467046	Bulgaria/Bulgarie	x653047	x916501	x890707	x166278	x110247
Germany/Allemagne	299329	292085	415523	509626	536020	Netherlands/Pays–Bas	499962	524469	614181	607725	610797
USA/Etats–Unis d'Amer	373154	409099	375968	325171	313529	USA/Etats–Unis d'Amer	2686	x320316	x316729	x318203	x291082
United Kingdom	136490	191033	53745	219231	220462	Canada	196456	190519	281699	264534	265767
Turkey/Turquie	120900	147248	134900	143152	131295	Belgium–Luxembourg	243064	214988	237427	218267	213952
Spain/Espagne	100700	112836	130062	151652	138689	Indonesia/Indonésie	133195	163465	191930	252930	174950
Thailand/Thailande	97942	119930	117686	110464	140232	Germany/Allemagne	186645	141422	154104	174640	235654
Belgium–Luxembourg	107101	104803	109371	86407	91071	Romania/Roumanie	x558649	246961	85371	106257	x139696
Philippines	105033	x52174	109857	115779	113091	Jordan/Jordanie	134000	119742	119224	126650	105202
Italy/Italie	66458	76926	76206	101404	104241	France,Monac	102190	88481	110316	131658	138588
Malaysia/Malaisie	61961	70445	72306	59064	x42909	Former GDR	x398676	x211087	x71584		
Pakistan	3108	3328	8414	108814	92136	Qatar	x66013	72801	88532	105575	x83667
Colombia/Colombie	64042	58825	69817	59626	63821	Saudi Arabia	112354	109346	x78715	x74562	x85954
Australia/Australie	44488	57775	56169	68032	73824	Italy/Italie	122681	94395	82912	76931	84963
Viet Nam	x20729	x26163	x24009	x125841	x127289	Norway,SVD,JM	81085	74190	94165	80398	61274
Brazil/Brésil	57752	47178	53925	73853	84181	Poland/Pologne	20844	31219	114029	102908	x143686
Netherlands/Pays–Bas	62946	52541	57221	62865	77864	Spain/Espagne	36514	56528	97649	69484	90936
Iran (Islamic Rp. of)	x2694	x69049	x19266	x62112	x43167	Austria/Autriche	81027	62345	70776	77815	68347
Denmark/Danemark	34556	32208	60888	55236	59157	Japan/Japon	76693	67587	63605	69581	69005
Japan/Japon	46807	45018	47348	54427	38603	Hungary/Hongrie	x69542	x75581	x72013	x43994	x20607
Chile/Chili	29192	43359	43768	58047	x27436	Malaysia/Malaisie	49590	65924	48966	69211	x83649
Ireland/Irlande	38557	37012	54636	51785	49961	Trinidad and Tobago	69590	56520	59392	67026	59935
India/Inde	13193	x76518	55	62880	x108039	Czechoslovakia	x58956	x40981	x53178	x74979	x104885
Canada	55695	35921	47308	50236	47211	Kuwait/Koweït	x92446	100079	x53591	x8439	x23567
Sweden/Suède	x55252	x36953	x46207	x43026	x46199	Ireland/Irlande	48655	50461	52812	56077	26719
Morocco/Maroc	37404	36608	30835	50346	35653	Venezuela	40950	51496	42934	56122	43923
Egypt/Egypte	43128	54553	35045	22864	11273	United Arab Emirates	x54718	x61453	x34693	x44537	x25011
Sri Lanka	37039	19896	36337	51838	30018	Iraq	x16731	x114736	x3576	x14858	
Guatemala	31532	37068	23777	42928	x12273	Libyan Arab Jamahiriya	31001	39795	25383	x63643	x72690
Greece/Grèce	15843	21828	24386	42412	x13891	Turkey/Turquie	35478	48868	37079	26666	20981
Syrian Arab Republic	34117	9521	37015	x40501	x19990	Mexico/Mexique	14809	12147	39481	60740	56261
Korea Republic	3308	15720	24686	29180	22258	Nigeria/Nigéria	x40675	x40977	x30090	x40777	x30996
Ecuador/Equateur	10763	19504	22159	22866	7237	Yugoslavia SFR	32377	35848	21709	x51433	
Switz.Liecht	17284	17367	22609	20083	22468	Sweden/Suède	x34733	x23862	x36755	x44484	x40746
Peru/Pérou	17592	27299	30321	1221	x7997	Bangladesh	15528	x32763	14777	43671	x34274
Norway,SVD,JM	13423	13720	21860	22590	24534	United Kingdom	29998	31281	33838	21148	26544
Yugoslavia SFR	28693	24463	28332	x3512		Brazil/Brésil	5883	17227	23709	30176	25851
Portugal	13620	16599	21174	18066	22649	Korea Republic	24100	25353	18939	23153	25885
Austria/Autriche	22808	15845	18720	20887	22583	Portugal	15483	12738	14684	11980	15955
Czechoslovakia	x1037	25715	16559	x4859	x19873	Algeria/Algérie	10800	18378	9889	7775	x6501
Nicaragua	15289	16773	8733	19465	2104	Tunisia/Tunisie	11185	11105	13973	8825	11201
Finland/Finlande	12794	13709	14212	12857	11802	Greece/Grèce	6605	10470	10532	11866	x22549
Malawi	x4250	x16198	x10461	x11489	x19785	New Zealand	9903	8386	10410	13593	5796
Argentina/Argentine	15062	20588	5849	11612	25762	Egypt/Egypte	2831	6864	7232	13273	41920
Costa Rica	8872	11663	12059	12358	x6835	Australia/Australie	4183	5577	8476	12142	8032
El Salvador	15839	21305	135	12693	x1792	So. Africa Customs Un	x1770	x4488	x5291	x8624	x8899
Honduras	13810	12236	9847	10176	9590	Philippines	3454	x6939	4093	7198	5091
Un. Rep. of Tanzania	x4439	x9656	x11978	x9149	x3817	China/Chine	4484	4008	5624	7987	4230
Zambia/Zambie	x24508	x10908	x14919	x4922	x101879	Hong Kong	7739	14613	679	865	462

(VALUE AS % OF TOTAL) (VALEUR EN % DU TOTAL)

	1983	1984	1985	1986	1987	1988	1989	1990	1991	1992		1983	1984	1985	1986	1987	1988	1989	1990	1991	1992
Africa	x8.1	x5.8	8.7	x4.8	x3.7	x4.5	4.9	x3.6	x3.1	x5.4	Afrique	x0.9	x4.6	4.7	x3.5	x1.6	x2.0	x1.9	x1.6	x2.3	x4.3
Northern Africa	x3.4	2.1	3.4	2.3	1.2	2.6	2.4	1.6	1.6	x1.2	Afrique du Nord	x0.6	x2.9	4.0	x2.6	x1.8	0.9	1.2	0.9	x1.5	3.3
Americas	x26.8	27.2	25.5	26.6	x18.0	17.4	17.5	16.2	14.7	x12.8	Amériques	x21.5	21.0	20.0	x13.0	x5.9	5.6	x10.3	x12.6	12.8	x18.8
LAIA	2.9	5.4	5.2	5.3	4.0	4.8	5.0	5.1	4.9	4.8	ALAI	1.5	2.5	2.5	x1.6	x1.1	1.0	1.3	1.8	2.4	3.2
CACM	x0.9	2.0	2.1	x0.7	x1.2	1.9	2.1	1.2	1.9	x0.6	MCAC	x0.1	0.2	0.2	x0.2	x0.1	0.1	0.1	0.1	0.1	0.1
Asia	x24.5	34.9	32.8	22.6	33.7	41.9	40.9	41.8	44.2	42.6	Asie	x21.7	x28.5	x22.8	x23.5	x12.3	x14.2	x16.0	x12.6	x14.2	x21.2
Middle East	x5.1	x6.3	x6.5	6.1	6.6	4.4	4.5	4.5	x5.2	4.1	Moyen–Orient	x9.5	x17.8	x9.8	x11.5	x7.4	8.6	x9.8	x6.8	6.4	x8.7
Europe	39.5	30.7	31.6	44.7	41.6	33.3	33.6	36.3	35.5	36.4	Europe	55.8	45.8	52.3	59.7	25.5	22.3	26.5	25.9	42.2	
EEC	36.4	26.6	27.4	40.6	37.5	29.8	30.9	33.0	33.1	33.8	CEE	51.0	41.1	47.4	50.4	24.7	21.7	19.2	22.9	21.8	36.5
EFTA	3.2	2.4	2.6	4.0	4.0	x2.8	x2.1	x2.6	x2.3	x2.4	AELE	4.8	4.1	4.0	x7.8	x4.0	x3.3	2.5	x3.3	x3.3	x4.3
Oceania	1.0	1.3	1.4	1.3	1.5	1.3	1.7	1.6	x1.7	x1.8	Océanie	0.2	0.1	x0.2	x0.3	0.3	x0.2	x0.2	0.3	x0.4	x0.5
China/Chine					17.0	28.0	25.7	25.6	24.6	23.6	Former USSR/Anc. URSS					x23.4	x23.3	x25.4	x25.5	x36.6	
France,Monac	11.2	8.0	9.7	12.7	12.7	10.0	10.7	11.6	8.3	8.9	Bulgaria/Bulgarie					x9.9	x10.9	x14.3	x14.4	x2.6	x2.7
Germany/Allemagne	10.5	7.0	6.4	9.6	9.3	6.8	6.3	8.9	9.8	10.2	Netherlands/Pays–Bas	21.0	17.4	19.5	21.7	10.1	8.4	8.2	10.0	9.6	15.2
USA/Etats–Unis d'Amer	17.2	14.8	13.8	16.4	9.7	8.5	8.8	8.0	7.1	5.9	USA/Etats–Unis d'Amer	9.4	9.2	9.5	0.0	0.0	x5.0	x5.1	x5.0	x7.2	
United Kingdom	4.1	3.8	3.3	4.5	3.2	3.1	4.1	1.1	4.2	4.2	Canada	9.7	8.6	8.4	9.0	3.9	3.3	3.5	4.6	4.2	6.6
Turkey/Turquie		2.8	4.0	2.6	4.5	2.7	3.2	2.9	2.9	2.5	Belgium–Luxembourg	10.5	7.8	9.3	11.0	5.4	4.1	3.4	3.8	3.4	5.3
Spain/Espagne	0.6	0.4	0.4	2.0	1.9	2.3	2.4	2.8	2.9	2.6	Indonesia/Indonésie	2.3	1.1	3.4	6.0	1.8	2.2	2.6	3.1	4.0	4.3
Thailand/Thailande	2.0	1.3	1.1	1.1	0.8	2.2	2.6	2.5	2.1	2.7	Germany/Allemagne	6.5	6.4	7.0	7.8	x0.3	3.1	2.2	2.5	2.8	5.9
Belgium–Luxembourg	2.3	1.6	1.8	3.4	2.8	2.4	2.3	2.3	1.7	1.7	Romania/Roumanie					x8.3	x9.4	3.9	1.4	1.7	x3.5
Philippines	2.9	2.0	2.1	2.6	x1.9	2.4	x1.1	2.2	2.2	2.1	Jordan/Jordanie	2.5	4.5	3.3	3.9	1.9	2.2	1.9	1.9	2.0	2.6

56216 UREA

TRADE BY COMMODITY IN THOUSAND U.S. DOLLARS – COMMERCE PAR PRODUIT EN MILLIERS DE DOLLARS E.U

COUNTRIES–PAYS	IMPORTS – IMPORTATIONS 1988	1989	1990	1991	1992	COUNTRIES–PAYS	EXPORTS – EXPORTATIONS 1988	1989	1990	1991	1992
Total	2429293	2586241	2598631	2917888	x2866626	Totale	x3791562	x3786924	x3627016	x3901608	x1881924
Africa	x64351	x77786	x59646	x77873	x191299	Afrique	x70775	x88281	x65304	x112856	x113873
Northern Africa	x29264	x25569	x17138	x33077	x26758	Afrique du Nord	31001	44942	29060	x71089	x82063
Americas	x403967	x454601	x483327	x451017	x428720	Amériques	x400238	x352757	x519758	x575580	x522657
LAIA	102004	124549	156406	152587	x152083	ALAI	53277	80264	106011	145836	125825
CACM	x13756	x21199	x16116	x26589	x18788	MCAC	x98	x70	x1677		x157
Asia	1595805	1585066	1673502	1899006	1772450	Asie	x572181	x751128	x569606	x657360	x608107
Middle East	x80309	x156033	x113355	x108334	x64602	Moyen–Orient	x318869	x444771	x292499	x276695	x232339
Europe	323238	411506	328075	428846	414123	Europe	386613	312627	345692	392899	398893
EEC	269054	364009	269334	385480	373440	CEE	363119	293005	317937	344101	345236
EFTA	x41079	x34828	x42155	x42053	x37295	AELE	x955	x475	x16901	x22438	x17403
Oceania	x31495	45964	x47588	x53124	x56901	Océanie	x9886	x8874	15504	x21849	x14089
China/Chine	1218151	1169788	1154122	1216431	1148320	Former USSR/Anc. URSS	x1279122	x1388375	x1315124	x1887479	
USA/Etats–Unis d'Amer	229635	262407	250507	209322	204521	Bulgaria/Bulgarie	x396227	x550246	x590130	x93232	x68230
France, Monac	67196	112995	92877	79938	92737	Indonesia/Indonésie	131803	161667	191376	246392	172642
United Kingdom	49103	86719		113670	87062	Canada	130524	121387	202875	181731	174265
Thailand/Thaïlande	48502	66336	63620	67681	88949	Netherlands/Pays–Bas	145582	131027	148709	162651	172066
Turkey/Turquie	40832	77197	63744	54730	41705	USA/Etats–Unis d'Amer	x146546	x92985	x149695	x178978	x157921
Pakistan	3067	2644	84183	108756	91848	Romania/Roumanie	x378487	152692	51925	63293	x86822
Philippines	85184	x30815	83389	67860	87659	Qatar	x66013	72801	88532	105565	x83667
Viet Nam	x14345	x26163	x20897	x113917	x118242	Saudi Arabia	x53937	x46404	x77891	x74515	x85943
Colombia/Colombie	56562	48969	56260	50095	56961	Trinidad and Tobago	69590	56519	59392	67026	59934
Australia/Australie	30462	44957	46627	51640	55077	Malaysia/Malaisie	49489	65502	48453	67786	x83303
Spain/Espagne	45708	48015	52708	41241	44850	Kuwait/Koweït	x92442	100079	x53564	x8439	x23567
Japan/Japon	40102	38752	40709	46585	30195	Germany/Allemagne	53974	36561	44456	78298	102876
Germany/Allemagne	35471	36616	34254	47121	48741	Venezuela	40950	51493	42934	56122	43923
Malaysia/Malaisie	43663	47748	x19236	45428	x10168	Former GDR	x233814	x102517	x37420		
Iran (Islamic Rp. of)	x2679	x68099	x19236	x18211	x16392	United Arab Emirates	x53504	x59412	x33571	x43214	x19955
Italy/Italie	25274	31130	29553	44423	51267	Iraq	x16527	x113661	x3521	x14858	
Canada	37880	24623	36312	37423	32241	Libyan Arab Jamahiriya	31001	39795	25383	x63562	x72619
Chile/Chili	x7120	x13586	33270	45640	x19973	Poland/Pologne	x3899	x13040	x47616	x54662	x29989
Sri Lanka	27164	13788	25686	40730	21320	Hungary/Hongrie	x41846	x48102	x44955	x18440	x11236
India/Inde	13014	x2099	x1030	62791	x46665	Nigeria/Nigéria	x38128	x40976	x30070	x39987	x30990
Syrian Arab Republic	x32898	x9236	x28968	x27379	x5550	Mexico/Mexique	5502	11868	38843	58922	55829
Korea Republic	3064	15540	21500	27833	20280	Ireland/Irlande	32498	28291	34190	37248	19
Belgium–Luxembourg	13040	22384	21518	16796	13353	Italy/Italie	64841	41496	28208	23936	36202
Ecuador/Equateur	9323	17085	19861	20218	290	Turkey/Turquie	27926	46501	30219	15840	14061
Morocco/Maroc	14602	14474	11160	24558	12264	Bangladesh	33051	34694	32817	14975	7471
Peru/Pérou	12535	21471	28220	11	x6021	Belgium–Luxembourg	x6429	16722	23576	29942	25560
Sweden/Suède	x18514	x12665	x16136	x18945	x17283	Brazil/Brésil	x18472	x18284	x23982	x23958	x27994
Ireland/Irlande	10274	7244	11414	13136	12709	Czechoslovakia	22539		19148	10854	x26360
Yugoslavia SFR	13074	12614	16568	x1285		Yugoslavia SFR					
Switz.Liecht	9529	9038	10643	8571	8769	France, Monac	22133	10550	18638	17549	19822
Argentina/Argentine	10267	17785	3133	6877	20208	Japan/Japon	18790	16424	13238	12205	7770
Guatemala	x4320	x9862	x4217	x11794	x8839	Austria/Autriche			x16602	x20103	x16733
Brazil/Brésil	x7	2802	9105	13562	27165	New Zealand	9817	8208	10305	13452	5632
Guyana	x4747	x6949	x9462	x8450	x3986	Spain/Espagne	462	4406	8372	7691	5398
Denmark/Danemark	8816	7752	8244	8138	7591	Egypt/Egypte			3586	7527	8415
Nepal/Népal	x3084	1836	x8776	x12721	x33712	Hong Kong	7304	13722	224	4	40
Portugal	6510	6620	9127	7311	8680	Australia/Australie	66	59	5199	7053	2293
Finland/Finlande	7684	8040	6969	6588	3858	Jordan/Jordanie	x8412	x5908	x4	x5145	x5145
Zambia/Zambie	x11356	x8194	x8028	x4912	x101740	United Kingdom	7376	5899	2425	1655	1228
Dominican Republic	x5903	x6339	x7095	x7218	x6970	Singapore/Singapour	2762	2958	3250	2981	2082
Sudan/Soudan	x12665	x9865	x4591	x6029	x13913	Korea Dem People's Rp	x9172	x4834	x1044	x3271	x2271
Malawi	x2476	x6869	x8860	x4709	x13935	Lebanon/Liban	x107		x4611	x4166	
Honduras	x4586	x6111	x6697	x6459	x4706	Myanmar	x3482	x3002	x3656	x4	x2
So. Africa Customs Un	147	6281	3409	x8749	x10818	India/Inde	319		56	4039	x4029
Czechoslovakia	x22	11083	6209	x43	x114	So. Africa Customs Un	x629	x1472	x1491	x837	x812
Norway, SVD, JM	5308	5070	6845	5106	4422	Rwanda			x3655		
Greece/Grèce	2650	3854	5102	7320	x1871	Korea Republic	14272	3038	110	30	
Venezuela	122	677	2609	10630	6514	Oman			0	x3036	
Panama	4256	4763	x4313	x3740	x4914	Philippines		x2368			

(VALUE AS % OF TOTAL)(VALEUR EN % DU TOTAL)

	1983	1984	1985	1986	1987	1988	1989	1990	1991	1992		1983	1984	1985	1986	1987	1988	1989	1990	1991	1992
Africa	x8.4	x4.1	x6.6	x3.6	x2.8	x2.6	x3.0	x2.3	x2.7	x6.7	Afrique	x0.7	x4.7	7.2	x5.8	x2.6	x1.9	x2.3	x1.8	x2.9	x6.0
Northern Africa	x3.8	x1.5	x1.8	x0.7	x0.6	x1.2	x1.0	x0.7	x1.1	x0.9	Afrique du Nord	x0.7	x3.8	7.0	x5.3	x2.4	x0.8	1.2	x0.8	x1.8	x4.4
Americas	x41.0	x34.1	x31.9	x36.5	x23.2	x16.6	x17.6	x18.6	15.5	15.0	Amériques	x22.1	x20.8	x26.7	x25.6	x11.0	x10.5	x9.4	x14.3	x14.7	x27.8
LAIA	x6.6	x5.7	x6.1	x6.3	3.8	4.2	4.8	6.0	5.2	x5.3	ALAI	x4.4	x3.1	4.4	x3.0	x1.6	1.4	2.1	2.9	3.7	6.7
CACM	x2.4	x2.2	x1.8	x0.4	x0.4	x0.6	x0.8	x0.6	x0.9	x0.7	MCAC	x0.0	x0.0	x0.0		x0.0	x0.0	x0.0	x0.0		x0.0
Asia	x38.1	51.7	50.2	36.8	x55.4	65.7	61.3	64.4	65.0	61.9	Asie	x27.6	x31.3	x37.5	x42.8	x14.9	x15.1	x19.8	15.7	x16.8	x32.3
Middle East	x8.2	x4.6	x4.8	x5.3	x4.3	x3.3	x6.0	x4.4	x3.7	x2.3	Moyen–Orient	x15.1	x20.5	x18.5	x21.4	x8.8	x8.4	x11.7	x8.1	x7.1	x12.3
Europe	12.0	8.9	10.1	21.9	17.4	13.3	15.9	12.6	14.7	14.4	Europe	20.8	20.0	28.2	25.2	x9.7	10.2	8.3	9.5	10.1	21.2
EEC	10.8	7.9	8.9	20.3	15.6	11.1	14.1	10.4	13.2	13.0	CEE	18.8	17.6	25.4	22.6	8.0	9.6	7.7	8.8	8.8	18.3
EFTA	x1.1	x0.8	x1.0	x1.6	x1.8	x1.7	x1.3	x1.6	x1.4	x1.3	AELE	1.7	1.7	2.1	x1.4	x0.8	x0.0	x0.5	x0.6	x0.9	
Oceania	x0.4	x1.2	x1.3	x1.2	1.1	x1.3	1.7	x1.8	x1.8	2.0	Océanie			0.4	0.6	0.4	x0.3	x0.2	0.4	x0.5	x0.7
China/Chine					34.6	50.1	45.2	44.4	41.7	40.1	Former USSR/Anc. URSS	28.7	23.4		x36.4	x33.7	x36.7	x36.3	x48.4		
USA/Etats–Unis d'Amer	24.3	17.8	17.2	25.7	13.1	9.5	10.1	9.6	7.2	7.1	Bulgaria/Bulgarie				x10.0	x10.5	x14.5	x16.3	x2.4	x1.8	x3.6
France, Monac	3.8	2.7	3.4	5.3	5.2	2.6	4.4	3.6		3.2	Indonesia/Indonésie	3.2	1.6	6.3	13.6	3.1	3.5	4.5	5.3	6.3	9.2
United Kingdom	1.8	1.5	1.4	3.5	2.6	2.0	3.4		3.9	3.0	Canada	7.6	7.4	13.6	x4.6	3.4	3.2	5.6	4.7	9.3	
Thailand/Thaïlande				x1.8	1.6	2.0	2.6	2.4	2.3	3.1	Netherlands/Pays–Bas	10.0	8.9	12.5	12.9	4.3	3.8	3.5	4.1	4.2	9.1
Turkey/Turquie	x1.0	x0.4	2.6	3.1	3.0	1.7	3.0	2.5	1.9	1.5	USA/Etats–Unis d'Amer	9.3	9.8	8.0	x3.9	x3.4	x3.9	x2.5	x4.1	x4.6	x8.4
Pakistan					0.5	1.9	0.1	0.1	3.2	3.7	Romania/Roumanie					x8.0	x10.0	4.0	1.4	1.6	x4.6
Philippines	5.0	3.0	4.3	4.7	x2.1	3.5	x1.2	3.2	2.3	3.1	Qatar	6.5	5.9	7.2	6.9	x2.1	x1.7	1.9	x2.4	2.7	x4.4
Viet Nam					x3.6	x0.6	x1.0	x0.8	x3.9	4.1	Saudi Arabia	x4.7	x6.2	x8.0	x7.4	x2.5	x1.4	x2.1	x2.1	x1.9	x4.6
Colombia/Colombie	2.8	2.1	2.4	2.1	2.0	2.3	1.9	2.2	1.7	2.0	Trinidad and Tobago	0.4	0.5	5.4	5.1	1.5	1.8	1.5	1.6	1.7	3.2

5623 CHEM POTASSIC FERTILIZER — ENGRAIS POTASSIQUES 5623

TRADE BY COMMODITY IN THOUSAND U.S. DOLLARS – COMMERCE PAR PRODUIT EN MILLIERS DE DOLLARS E.U

IMPORTS – IMPORTATIONS

COUNTRIES–PAYS	1988	1989	1990	1991	1992
Total	3039976	2907809	3545840	3222384	3304215
Africa	x90587	x82188	114226	x68000	x63649
Northern Africa	48881	31719	55035	31966	x25618
Americas	1046118	1033852	1094204	1103238	1127442
LAIA	352801	345887	354906	383437	401151
CACM	20607	25223	24515	29727	x10730
Asia	952739	x749847	1153730	1149884	x1155389
Middle East	30439	19680	23559	x16105	x32941
Europe	836386	895422	1071649	822238	867835
EEC	610933	665887	862619	651240	685303
EFTA	x149297	x150981	x158930	x163551	x147549
Oceania	34583	50502	x59785	x50484	x66998
USA/Etats–Unis d'Amer	659245	648382	693289	670979	687575
China/Chine	277163	220966	399447	396085	403434
Brazil/Brésil	260863	257751	259657	281075	312288
Japan/Japon	182414	190299	178187	209914	200463
India/Inde	153474	x60493	244235	231223	x220777
France, Monac	131470	166699	158939	174122	170683
Belgium–Luxembourg	137425	148017	160395	164293	160517
United Kingdom	71350	57860	246513	6046	57075
Italy/Italie	96893	93968	100789	99463	96397
Malaysia/Malaisie	91082	76241	98915	98816	x60273
Netherlands/Pays–Bas	72754	78707	84199	77855	70552
Korea Republic	64057	79598	70345	79449	89509
Norway, SVD, JM	45392	55644	59404	64049	61963
Indonesia/Indonésie	67486	45896	54815	37291	62532
Yugoslavia SFR	76140	78545	50095	x7433	
Colombia/Colombie	29878	32467	42659	32374	36834
Ireland/Irlande	26950	34134	36209	33406	33483
Sweden/Suède	x32273	x27307	x31212	x42749	x27105
Finland/Finlande	38572	38673	35953	25628	29233
Australia/Australie	23016	30131	35384	27408	33451
Denmark/Danemark	29650	31023	34405	26397	32180
Greece/Grèce	17406	24209	9784	36632	x15840
Philippines	20034	x9618	22096	34933	35654
Romania/Roumanie		38063	27841	107	x20
Poland/Pologne	66683	37375	14898	12001	x12985
Austria/Autriche	23810	19799	21920	20829	20712
New Zealand	9820	18536	21885	20475	30304
So. Africa Customs Un	25240	26496	23829	x5214	x9540
Venezuela	17545	21158	12027	15857	6971
Mexico/Mexique	21530	17314	12157	18489	24374
Thailand/Thaïlande	10754	12286	17108	16651	20527
Chile/Chili	6409	4975	17992	21061	x11249
Algeria/Algérie	20964	12004	18291	9780	x8409
Singapore/Singapour	30256	11275	15205	12513	12698
Morocco/Maroc	18934	12233	14548	11151	12331
Germany/Allemagne	11363	14364	12215	10337	14175
Czechoslovakia	x21	13798	9212	x13070	x8634
Bangladesh	x8645	x17526	x11575	x6645	x5559
Turkey/Turquie	7984	10379	12727	10820	14666
Spain/Espagne	7035	7561	11866	14303	27277
Canada	8631	7340	14102	12002	15101
Costa Rica	7943	9576	11795	11456	x10
Sri Lanka	16380	5755	17796	9072	9573
Egypt/Egypte	3314	5555	16293	8121	3328
Zimbabwe	x2200	x1895	12332	14701	x2688
Switz. Liecht	8516	8246	9371	9346	7062
Portugal	8637	9345	7304	8386	7124
Honduras	5591	4490	6036	9717	6376
Guatemala	5599	7222	4396	7513	x2410
Ecuador/Equateur	3990	4123	4930	7016	3504

EXPORTS – EXPORTATIONS

COUNTRIES–PAYS	1988	1989	1990	1991	1992
Totale	x4580227	x3527417	x3217863	x3361325	2181071
Afrique	x5670	x361	x12689	x8175	x2592
Afrique du Nord	x268	230	x1445	x4526	x2430
Amériques	x1276236	x1168855	x1261328	x1291864	x1241633
ALAI	x2300	x7779	682	x10315	x12488
MCAC	935	221	264	501	x963
Asie	x158471	x142116	x185749	32595	x90377
Moyen–Orient	x115690	x109471	x144768	x760	x9818
Europe	468426	497764	536606	802094	840010
CEE	453508	473491	522899	775989	816495
AELE	14918	x24274	x13703	x26001	x23424
Océanie	161	104	119	177	x114
Canada	1138788	1014190	1105630	1059000	986800
Former USSR/Anc. URSS	x968304	x817228	x932091	x1220107	
Germany/Allemagne	298736	303602	340302	583128	592075
Former GDR	x1683679	x892190	x230686		
USA/Etats–Unis d'Amer	x130723	x145850	x153910	x221924	x241267
Jordan/Jordanie	x114633	x108261	x144289	145	441
Spain/Espagne	66220	62007	74234	52468	60031
France, Monac	53816	40164	40960	32009	29527
Belgium–Luxembourg	7817	x24957	30265	26823	24401
United Kingdom	1187	1523	1234	68442	75848
Singapore/Singapour	26530	15938	16791	13708	17789
Italy/Italie	14853	25642	17555	2044	21085
Bulgaria/Bulgarie			x44204	x571	
Netherlands/Pays–Bas	10386	15173	16086	10863	13363
Korea Republic	11439	10660	14322	6670	6144
Finland/Finlande	12230	16934	2655	12021	7646
Sweden/Suède	x2020	x6581	x10557	x13656	x15544
Chile/Chili	x1340	x6764	5	x9152	x11860
Czechoslovakia	x2668	x3935	x6318	x3324	x3653
Hungary/Hongrie	x3645	x4226	x6287	x2375	x1700
Malaysia/Malaisie	990	2370	4817	4415	x3472
Israel/Israël	2520	2774	3237	3158	
Nigeria/Nigéria	x3		x8192		40246
Zimbabwe			2485	3208	
Egypt/Egypte		1		x4036	7
Korea Dem People's Rp	x115		x1147	x2767	x852
Romania/Roumanie	x12966	639	1787	32	x700
Portugal	8	79	1968	146	1
Japan/Japon	466	586	583	800	1157
Brazil/Brésil	706	741	490	673	187
Lebanon/Liban	x604	x986	x327	x410	x9364
Austria/Autriche	132	712	472	164	75
Dominican Republic	x2872	x555	x282	x62	x78
Algeria/Algérie			217	x680	x2348
Sudan/Soudan	x254		351	x429	
Cuba		x121	x543		
Uruguay	x156	x180	x77	x314	
Guatemala	785	18	79	434	578
Mauritius/Maurice			112	369	103
Costa Rica	82	203	174	42	x350
Ireland/Irlande	42	106	270	33	80
Mongolia/Mongolie	x29	x128	x49	x213	x17
Libyan Arab Jamahiriya	x14		x331		
Turkey/Turquie	55	0	123	194	1
So. Africa Customs Un	x6	x22	x257	x30	x59
Senegal/Sénégal	x5379	105	183		
Greece/Grèce	75	214	0		x55
Cyprus/Chypre			212		
New Zealand	23	33	93	76	43
Australia/Australie	139	71	24	101	67

(VALUE AS % OF TOTAL)(VALEUR EN % DU TOTAL)

	1983	1984	1985	1986	1987	1988	1989	1990	1991	1992
Africa	4.3	4.1	4.5	x3.4	3.2	2.9	2.8	3.2	2.1	x1.9
Northern Africa	1.5	1.7	2.2	2.2	2.0	1.6	1.1	1.6	1.0	x0.8
Americas	40.2	46.8	42.1	39.7	32.5	34.4	35.6	30.8	34.2	34.2
LAIA	1.2	13.8	14.7	14.1	11.4	11.6	11.9	10.0	11.9	12.1
CACM	x0.3	0.6	0.5	x0.3	x0.1	0.7	0.9	0.7	0.9	x0.3
Asia	24.4	21.8	23.3	23.3	27.0	31.3	x25.7	32.5	35.7	x35.0
Middle East	0.2	1.3	x0.4	1.4	1.0	0.6	0.7	0.7	x0.5	x1.0
Europe	29.2	25.1	28.4	32.2	29.2	27.5	30.8	30.2	25.5	26.3
EEC	23.5	17.9	20.3	26.1	24.9	20.1	22.9	24.3	20.2	20.7
EFTA	5.7	4.5	4.5	6.1	4.3	x4.9	x5.2	x4.5	x5.1	x4.5
Oceania	2.0	2.3	1.7	1.5	1.2	1.2	1.8	x1.7	x1.6	2.0
USA/Etats–Unis d'Amer	35.6	30.0	24.4	22.3	19.0	21.7	22.3	19.6	20.8	20.8
China/Chine					7.3	9.1	7.6	11.3	12.3	12.2
Brazil/Brésil		8.9	9.1	11.3	9.2	8.6	8.9	7.3	8.7	9.5
Japan/Japon	9.6	7.5	8.0	7.7	6.8	6.0	6.5	5.0	6.5	6.1
India/Inde	3.9	5.4	5.7	6.1	4.1	5.0	x2.1	6.9	7.2	x6.7
France, Monac	4.9	3.4	4.0	5.1	5.6	4.3	5.7	4.5	5.4	5.2
Belgium–Luxembourg	5.3	4.1	4.7	6.5	5.3	4.5	5.1	4.5	5.1	4.9
United Kingdom	2.8	2.1	2.5	2.8	2.3	2.2	0	7.0	0.2	1.7
Italy/Italie	3.7	3.0	3.1	4.0	3.2	3.2	3.2	2.8	3.1	2.9
Malaysia/Malaisie	2.4	2.3	2.6	2.2	2.0	3.0	2.6	2.8	3.1	x1.8

	1983	1984	1985	1986	1987	1988	1989	1990	1991	1992
Afrique	x0.1	x0.0	0.0	x0.1	x0.0	x0.1	x0.0	x0.4	x0.2	x0.1
Afrique du Nord	x0.0	x0.0	x0.0	x0.0	x0.0	x0.0	x0.0	x0.0	x0.1	x0.1
Amériques	x66.7	x69.9	x64.2	x58.4	x22.7	x27.8	33.1	x39.2	x38.4	x56.9
ALAI	0.0	x0.0	0.0	0.1	x0.1	x0.0	0.1	0.0	0.3	x0.6
MCAC	0.0	0.0	0.0	0.0	0.0	0.0	0.0	0.0	0.0	0.0
Asie	3.3	2.7	3.0	x8.3	x3.5	3.5	4.0	x5.8	1.0	x4.1
Moyen–Orient	x0.0	x0.3	x0.0	x6.1	x2.8	2.5	3.1	x4.5	x0.0	0.5
Europe	30.0	27.4	32.7	33.2	12.6	10.2	14.1	16.7	23.9	38.5
CEE	29.4	26.9	31.3	31.5	12.0	9.9	13.4	16.2	23.1	37.4
AELE	0.6	0.5	1.3	x0.8	x0.5	x0.3	x0.7	x0.4	x0.8	x1.1
Océanie	x0.0									x0.0
Canada	60.2	62.7	60.0	50.5	19.4	24.9	28.8	34.4	31.5	45.2
Former USSR/Anc. URSS					x19.6	x21.1	x23.2	x29.0	x36.3	
Germany/Allemagne	17.8	17.6	19.9	21.2	7.1	6.5	8.6	10.6	17.3	27.1
Former GDR					x41.4	x36.8	x25.3	x7.2		
USA/Etats–Unis d'Amer	6.4	7.0	4.0	x7.8	x3.3	2.9	4.1	x4.8	x6.6	x11.1
Jordan/Jordanie					x6.1	x2.8	2.5	x3.1	x4.5	0.0
Spain/Espagne	5.0	3.6	4.4	3.6	1.5	1.4	1.8	2.3	1.6	2.8
France, Monac	3.9	3.0	3.8	3.3	1.2	1.1	1.3	1.0	1.0	1.4
Belgium–Luxembourg	0.2	0.2	0.4	0.3	0.2	0.2	0.7	0.9	0.8	1.1
United Kingdom	1.2	0.6	0.7	0.9	1.2	0.0	0.0	0.0	2.0	3.5

56231 POTASSIUM CHLORIDE — CHLORURE DE POTASSIUM 56231

TRADE BY COMMODITY IN THOUSAND U.S. DOLLARS – COMMERCE PAR PRODUIT EN MILLIERS DE DOLLARS E.U

COUNTRIES–PAYS	IMPORTS – IMPORTATIONS 1988	1989	1990	1991	1992	COUNTRIES–PAYS	EXPORTS – EXPORTATIONS 1988	1989	1990	1991	1992
Total	2149586	2188286	2583298	2533250	2755063	Totale	x3901922	x3068439	x2804734	x2980852	x1908760
Africa	x42391	x37731	x54597	x24641	x30659	Afrique	x284	x350	x1557	x6720	x2975
Northern Africa	9823	3161	8837	4001	7713	Afrique du Nord	x268	224	x357	x4314	x2876
Americas	x805011	880033	994620	991450	1030714	Amériques	x1181382	x1084601	1156607	1173670	1107199
LAIA	x154593	314404	334418	350917	370629	ALAI	x383	734	452	743	305
CACM	x6639	x4540	x6195	x1708	x3002	MCAC					
Asia	667355	x489228	781515	852851	x921473	Asie	x243578	x273177	x310557	x152636	x188318
Middle East	x11040	7470	9165	8264	10194	Moyen-Orient	x100070	x102146	x124261	156	454
Europe	608454	687493	650846	597862	691557	Europe	261784	302051	315182	552861	604580
EEC	434997	511506	499383	489816	558414	CEE	260939	301845	314933	552471	603566
EFTA	103870	x97856	x104469	x101227	x100936	AELE	x845	x206	x250	x390	x1008
Oceania	x25670	x43335	52430	x41987	x60090	Océanie	17	35	16	25	x24
USA/Etats-Unis d'Amer	639243	554625	648285	634799	648990	Canada	1132206	1005257	1084815	1053307	982155
Brazil/Brésil	x81808	248431	252185	271247	299016	Former USSR/Anc. URSS	x812827	x686511	x819829	x1089946	
China/Chine	224884	138227	243099	294240	279817	Former GDR	x1383393	x713282	x191105		
India/Inde	131341	x52953	213444	220488	x219321	Germany/Allemagne	134669	170492	171168	372690	418759
France, Monac	105933	142901	130890	144278	142904	Israel/Israël	x130905	x158417	x170862	x141021	x169148
Belgium-Luxembourg	125931	135193	137984	139837	139479	USA/Etats-Unis d'Amer	x45943	x78282	x71341	x119608	x124702
Japan/Japon	122515	126982	127044	148112	144607	Jordan/Jordanie	x99987	x102146	x124244	145	441
Korea Republic	64048	79483	70339	79398	89419	Spain/Espagne	56513	54044	60781	47742	52121
Italy/Italie	70460	78904	68967	66484	68669	France, Monac	52074	38258	39007	31100	27388
Netherlands/Pays-Bas	58727	66634	71664	56516	51491	Belgium-Luxembourg	7074	23602	27830	23489	20793
Yugoslavia SFR	69588	78130	46995	x6820		United Kingdom				67383	71435
Indonesia/Indonésie	65839	32994	49821	36063	59444	Netherlands/Pays-Bas	10053	14903	15681	9871	12868
Ireland/Irlande	26354	32568	34500	33019	32483	Singapore/Singapour	10137	11686	14559	10074	14499
Finland/Finlande	38502	38595	35865	25487	28890	Czechoslovakia	x2606	x3694	x5976	x3011	x3137
Colombia/Colombie	27340	29753	39625	30453	34394	Hungary/Hongrie	x3643	x4100	x2118	x1948	x1535
Norway, SVD, JM	22736	32077	32221	33363	31761	Egypt/Egypte			883	x3850	x528
Australia/Australie	18962	25521	31968	21424	30122	Zimbabwe				1981	
Denmark/Danemark	23495	26534	29378	20784	24919	Romania/Roumanie	x12408	639	1787	32	x700
Romania/Roumanie		38063	27841	103	x7	Brazil/Brésil	x374	721	388	648	83
New Zealand	5457	17751	20288	19337	28593	Japan/Japon	124	238	471	420	970
Sweden/Suède	x15377	x20184	x14269	x20806	x20552	Sudan/Soudan	x254		x351	x429	
Philippines	11285	x9502	15502	26692	24240	Malaysia/Malaisie	118	42	325	270	x1963
So. Africa Customs Un	20535	22599	20995	x2336	x4340	Italy/Italie	319	403	150	34	117
Thailand/Thaïlande	6919	9950	13798	12815	16348	Korea Dem People's Rp				x550	x852
Germany/Allemagne	11219	14303	12164	10092	13517	Mauritius/Maurice			105	361	76
Venezuela	13170	12604	11986	11964	4801	Korea Republic	1541	451	5		32
Bangladesh	x8138	x17523	x11405	x6645	x5359	Sweden/Suède	x375	x167	x114	x128	x550
Chile/Chili	5887	4734	14476	15856	x11228	Ireland/Irlande	11	99	260	3	75
Mexico/Mexique	14673	11591	8641	10990	15597	Austria/Autriche			x132	x158	x67
Czechoslovakia	x21	11365	7150	x11189	x7780	Senegal/Sénégal		105	183		
Austria/Autriche	20077		x14179	x13764	x13453	Portugal	7	34	48	146	1
Poland/Pologne	x398	x579	x14029	x10543	x11982	Mongolia/Mongolie	x29	x128	x45	x46	x16
Singapore/Singapour	10765	8037	9954	6653	6999	Algeria/Algérie		208	217		x2348
Portugal	8050	9234	6853	7642	6724	Dominican Republic	x2702	x208			x3
Turkey/Turquie	4559	6996	8275	7304	9144	Argentina/Argentine	9	13	63	93	120
Switz.Liecht	6470	6135	7185	6897	5208	India/Inde	14	x47	15	95	x44
Sri Lanka	6737	2569	10241	5419	5321	Switz.Liecht	5	39	4	105	19
Malaysia/Malaisie	3336	3352	7464	7295	x59395	Martinique		100		13	
Spain/Espagne	4574	3805	6703	6670	25535	Australia/Australie	17	32	14	25	21
Ecuador/Equateur	3604	3779	4208	6582	1663	So. Africa Customs Un	x1	x21	x24	x23	x23
Zimbabwe	x2	x1	7267	6090	x248	Tunisia/Tunisie			x7	6	35
Nigeria/Nigéria	x4154	x2890	x5421	x4681	x1805	Reunion/Réunion				4	38
Morocco/Maroc	6838	2839	4254	2457	6855	Hong Kong	x611	x21	x10		51
Mauritius/Maurice			3174	3346	3785	Denmark/Danemark	221	10	8	12	9
Greece/Grèce	255	1430	280	x494	x133	Guadeloupe		x19			
Senegal/Sénégal	x1916	1507	4293			Oman	25		11		
Tunisia/Tunisie	2476	265	4250	1399	725	United Arab Emirates	x9	..		x10	x11
Argentina/Argentine	2543	1476	1656	2400	2758	China/Chine			3	4	176
Cote d'Ivoire	x3896	x2001	x1868	x1389	x1705	Saudi Arabia			x5		
Martinique	1200	1237	1824	1605	1731	New Zealand	0	3	0	0	0

(VALUE AS % OF TOTAL)(VALEUR EN % DU TOTAL)

	1983	1984	1985	1986	1987	1988	1989	1990	1991	1992		1983	1984	1985	1986	1987	1988	1989	1990	1991	1992
Africa	x1.1	x1.2	1.2	x1.2	x1.2	2.0	x1.7	x2.1	x1.0	x1.2	Afrique	x0.0		x0.0	x0.0	x0.0	x0.0	x0.0	x0.1	x0.2	x0.2
Northern Africa	0.3	0.3	0.4	0.3	x0.4	0.5	0.1	0.3	0.2	0.3	Afrique du Nord		0.0		0.0	0.0	0.0	0.0	0.0	x0.1	x0.2
Americas	x49.7	x54.0	x47.6	x38.9	38.8	x37.5	40.2	38.5	39.1	37.4	Amériques	x86.7	x90.6	x87.1	x62.0	x24.9	30.3	x35.3	41.2	39.3	58.0
LAIA	x6.3	x12.8	x14.9	x7.4	x7.2	14.4	13.9	13.9	13.8	13.5	ALAI	x0.0		x0.1	0.1	0.1	0.0	0.0	0.0	0.0	0.0
CACM	x0.2	x0.1	x0.2	x0.0	x0.0	0.3	x0.2	x0.2	x0.1	0.1	MCAC										
Asia	16.4	16.2	21.3	22.0	28.2	31.0	x22.4	30.2	33.6	x33.5	Asie			0.5	x14.4	x6.5	6.3	x8.9	x11.1	x5.1	x9.9
Middle East	x0.0	x0.0	x0.1	x0.3	x0.2	0.5	0.3	0.4	0.3	0.4	Moyen-Orient			0.0	x5.2	x2.9	2.6	x3.3	x4.4	0.0	0.0
Europe	30.8	25.8	27.9	36.1	30.4	28.3	31.4	25.2	23.6	25.1	Europe	13.1	9.3	12.4	x23.7	x9.4	6.7	9.8	11.2	18.5	31.7
EEC	25.3	20.9	23.1	30.1	24.4	20.2	23.4	19.3	19.3	20.3	CEE	13.1	9.3	11.6	x23.7	x9.2	6.7	9.8	11.2	18.5	31.6
EFTA	5.5	4.9	4.8	5.7	4.0	4.8	x4.5	x4.0	x4.0	x3.7	AELE	0.0	0.0	x0.8	x0.0	x0.0	x0.0	x0.0	x0.0	x0.0	x0.1
Oceania	x2.2	x2.8	x1.9	x1.8	x1.5	x1.2	x2.0	2.0	x1.6	x2.1	Océanie										x0.0
USA/Etats-Unis d'Amer	42.7	40.5	32.3	31.3	27.2	29.7	25.3	25.1	25.1	23.6	Canada	x82.8	x84.9	x82.0	x59.1	x23.2	29.0	32.8	38.7	35.3	51.5
Brazil/Brésil	x4.4	x9.4	x7.9	x5.0	x8.4	x3.8	11.4	9.8	10.7	10.9	Former USSR/Anc. URSS				x20.8	x20.8	x22.4	x29.2	x36.6		
China/Chine					9.4	10.5	6.3	9.4	11.6	10.2	Former GDR				x38.3	x35.5	x23.2	x6.8			
India/Inde	3.9	5.0	6.7	7.4	4.6	6.1	x2.4	8.3	8.7	x8.0	Germany/Allemagne			x15.2	x4.1	3.5	5.6	6.1	12.5	21.9	
France, Monac	4.8	3.7	4.1	5.4	6.5	4.9	6.5	5.1	5.2	5.2	Israel/Israël			x8.9	x3.5	x5.2	x6.1	x4.7	x8.9		
Belgium-Luxembourg	6.3	5.3	5.9	8.3	7.0	5.9	6.2	5.3	5.5	5.1	USA/Etats-Unis d'Amer	3.8	5.7	4.7	x2.8	x1.7	x1.2	x2.6	x2.5	x4.0	x6.5
Japan/Japon	7.9	6.7	7.9	7.9	6.9	5.8	5.7	4.9	5.8	5.2	Jordan/Jordanie			x5.2	x2.9	x3.3	x4.4	0.0	0.0		
Korea Republic	2.0	2.2	3.0	3.0	3.3	3.0	3.6	2.7	3.1	3.2	Spain/Espagne	5.6	3.9	5.0	3.0	1.5	1.4	1.8	2.2	1.6	2.7
Italy/Italie	3.9	3.6	3.6	4.4	3.3	3.2	3.6	2.7	2.6	2.5	France, Monac	5.3	4.1	5.2	3.8	1.5	1.3	1.2	1.4	1.0	1.4
Netherlands/Pays-Bas	2.0	1.6	1.8	3.0	3.1	2.7	3.0	2.8	2.2	1.9	Belgium-Luxembourg	0.3	0.2	0.2	0.3	0.4	0.2	0.8	1.0	0.8	1.1

5629 FERTILIZERS NES / ENGRAIS NDA 5629

TRADE BY COMMODITY IN THOUSAND U.S. DOLLARS – COMMERCE PAR PRODUIT EN MILLIERS DE DOLLARS E.U

IMPORTS – IMPORTATIONS

COUNTRIES-PAYS	1988	1989	1990	1991	1992
Total	4112082	4319338	4798960	5172041	4874642
Africa	x104498	x199100	x100473	x160189	x147917
Northern Africa	9036	9468	x8593	x10792	x10504
Americas	470744	481061	390258	391506	503268
LAIA	269260	263984	167169	173822	264296
CACM	8372	21011	14556	10674	x6151
Asia	1673950	1741960	2187466	2779496	2334742
Middle East	x235729	x186213	x144415	x161725	x139909
Europe	1739020	1791715	2007745	1713414	1781608
EEC	1554049	1620295	1832060	1578722	1646382
EFTA	x161696	x149459	x166428	x131003	x108934
Oceania	x62987	x83148	x102450	x117696	x97992
China/Chine	796018	913342	967045	1510041	1289784
France,Monac	377290	380672	417233	288450	323196
Germany/Allemagne	334245	321257	357916	275723	333421
Thailand/Thaïlande	192313	262472	294999	276008	333079
India/Inde	170814	x11863	384484	354549	x79677
Italy/Italie	226738	224292	208990	253025	242339
Spain/Espagne	114128	126775	173500	180579	167834
Japan/Japon	152301	150516	147304	148083	145975
United Kingdom	108658	135635	146111	162108	131134
Ireland/Irlande	126464	139599	164850	138931	131888
Pakistan	5901	109600	145610	170259	150372
Denmark/Danemark	102084	109919	138911	93441	107312
Canada	108837	99234	113452	115104	120324
Belgium–Luxembourg	86918	102368	123683	92508	91339
Turkey/Turquie	98962	108854	100223	108975	92476
Australia/Australie	48390	72220	92666	101375	70730
USA/Etats-Unis d'Amer	56005	74178	69288	70697	90013
Sweden/Suède	x68139	x59832	x75060	x39388	x32186
Venezuela	112335	124196	27607	10692	47207
Netherlands/Pays-Bas	51114	50996	62780	46719	69547
Malaysia/Malaisie	50977	40477	40970	37919	x28996
Switz.Liecht	38529	36881	41360	39687	36841
Brazil/Brésil	36230	20768	37868	50959	79130
Colombia/Colombie	44679	34001	39235	27547	39656
Nigeria/Nigéria	x7391	x50042	x20628	x17199	x24313
Austria/Autriche	34190	28724	28015	25493	21030
Viet Nam	x17708	x9015	x8717	x59511	x66323
Portugal	20099	18237	26350	30057	25598
Iran (Islamic Rp. of)	x108490	x56248	x8486	x2773	x776
Ethiopia/Ethiopie	3233	34746	3621	18467	x843
Chile/Chili	17908	19729	14668	18805	x682
Argentina/Argentine	23385	13972	16514	21742	32494
Saudi Arabia	16148	1964	x19183	x26497	x23647
Norway,SVD,JM	13085	14861	16109	15838	13979
Philippines	1677	x12963	19398	12265	18163
Indonesia/Indonésie	11713	15895	12935	15193	30479
Zambia/Zambie	x7055	x35016	x4268	x2696	x22099
Kenya	33886	x10887	13238	x16878	x16707
Greece/Grèce	6309	10546	11738	17182	x22775
Uruguay	10142	12261	10766	11959	11493
Hungary/Hongrie	x43494	x20742	x7240	5105	x5096
Cameroon/Cameroun	x4671	1279	x2189	29159	x3234
Yugoslavia SFR	22470	21360	8177	x2720	
Singapore/Singapour	15801	9422	10816	10601	16997
Guatemala	5790	10135	10938	7637	x2373
New Zealand	9455	8979	6765	12134	23485
Cyprus/Chypre	1872	7521	6924	11032	10579
Mexico/Mexique	6707	14726	2598	7798	9817
Ecuador/Equateur	6289	10462	6986	7527	11001
Paraguay	3556	5666	6843	11887	9915

EXPORTS – EXPORTATIONS

COUNTRIES-PAYS	1988	1989	1990	1991	1992
Totale	x4304733	x4374578	x4763052	x5370033	x4766973
Afrique	x203121	x193997	x170610	x142874	x152968
Afrique du Nord	x161871	x151225	x124427	x120860	x125406
Amériques	x1293846	x1400967	x1680073	x1988851	x1872888
ALAI	37320	48077	112217	98197	x88245
MCAC	x911	256	x989	833	x1050
Asie	642458	x538908	467494	551748	x884640
Moyen-Orient	151773	x93323	21497	x41712	x29318
Europe	1719122	1743640	1903780	1717767	1745312
CEE	1292774	1270265	1396153	1187162	1222669
AELE	357843	404272	461399	474388	411092
Océanie	1911	1153	1443	2125	x2154
USA/Etats-Unis d'Amer	x1208312	x1311609	x1526685	x1852492	x1746140
Former USSR/Anc. URSS	x198133	x312655	x463593	x862245	
Belgium–Luxembourg	328147	365461	430933	383164	376714
Netherlands/Pays-Bas	273099	270838	311778	275959	257731
Norway,SVD,JM	198105	254674	290998	289814	262516
Israel/Israël	164063	183853	177795	177885	189300
Korea Republic	194779	142948	153457	136189	150571
United Kingdom	128996	139831	161715	92227	91021
France,Monac	96592	109019	127603	141325	151432
Germany/Allemagne	187809	111099	129055	114519	167008
Tunisia/Tunisie	x109102	x115434	x95474	x98694	x118892
Italy/Italie	117075	106755	98348	34847	45630
Philippines	46193	x55786	64554	108664	83120
Finland/Finlande	57812	58540	72898	87385	72976
Romania/Roumanie	x191034	141601	21300	31724	x38863
Denmark/Danemark	85737	71140	60462	59460	52468
Yugoslavia SFR	68504	69097	46228	x56216	
Spain/Espagne	47389	63568	50628	57060	39407
Austria/Autriche	68668	46461	52595	51195	48994
Mexico/Mexique	5882	13846	71136	52088	22272
Japan/Japon	48912	48537	35702	47989	37666
Sweden/Suède	x29174	x41432	x40719	x40630	x21648
Hungary/Hongrie	x29454	x31504	x39945	x30457	x7040
Canada	39572	34414	33498	33628	33924
Turkey/Turquie	124575	46587	19780	16237	2671
Greece/Grèce	22318	28983	23005	20381	x31345
Morocco/Maroc	45570	25492	20758	21446	5006
Chile/Chili	19647	19164	20790	21329	x40303
So. Africa Customs Un	x21058	x14081	x18199	x12913	x12631
Senegal/Sénégal	x7693	19100	21974	x2908	x9422
Czechoslovakia	x10940	x8642	x14545	x17349	x20932
Brazil/Brésil	6967	8139	13698	15860	11660
Iraq	x9635	x33069	x520	x1203	
Saudi Arabia	74	489	x478	x24071	x24993
Singapore/Singapour	15318	8075	6920	9589	13291
Poland/Pologne				x24304	x42156
Algeria/Algérie	x5801	x10052	x8126	x703	
Indonesia/Indonésie	112	538	23	18250	5639
Switz.Liecht	3707	3165	4187	5363	4920
Martinique	4292	5248	4804	2317	933
Mauritius/Maurice	x2292	x2531	4344	4532	5489
Malaysia/Malaisie	1723	1694	3362	6152	x5650
Cyprus/Chypre	11532	10362	0	3	x478
Ireland/Irlande	3387	3512	2230	4392	8095
Uruguay	3757	2719	4366	2887	1763
Colombia/Colombie	995	4203	1155	2479	10579
Hong Kong	19178	2169	2097	1014	5348
Mozambique	x8026	x4723			
Portugal	2226	60	395	3828	1818
Dominican Republic	x1578	x1320	x1552	x1279	x2405

(VALUE AS % OF TOTAL) (VALEUR EN % DU TOTAL)

	1983	1984	1985	1986	1987	1988	1989	1990	1991	1992
Africa	x5.9	x6.7	x5.1	x7.5	3.9	x2.5	x4.6	x2.1	x3.1	x3.1
Northern Africa	x1.4	x0.7	0.7	x1.5	0.5	0.2	0.2	x0.2	x0.2	0.2
Americas	x8.5	13.0	13.1	x13.4	10.5	11.4	11.1	8.1	7.6	10.3
LAIA	2.5	6.5	6.8	7.3	7.0	6.5	6.1	3.5	3.4	5.4
CACM	x1.3	1.4	1.2	x1.0	x0.7	0.5	0.3	0.2	0.2	x0.1
Asia	x21.9	22.2	x26.2	x20.7	32.9	40.7	40.3	45.6	53.8	47.9
Middle East	x4.2	x3.6	x6.6	x6.4	x5.5	x5.7	x4.3	x3.0	x3.1	x2.9
Europe	60.0	53.9	52.0	56.2	46.2	42.3	41.5	41.8	33.1	36.5
EEC	54.7	47.2	45.9	50.1	41.4	37.8	37.5	38.2	30.5	33.8
EFTA	5.3	5.5	4.8	x6.0	x4.8	x3.9	x3.5	x3.5	x2.5	x2.2
Oceania	3.5	x4.2	x3.6	x2.3	x1.5	x1.5	x1.9	x2.2	x2.3	x2.0
China/Chine					17.1	19.4	21.1	20.2	29.2	26.5
France,Monac	12.4	10.8	11.6	12.3	9.4	9.2	8.8	8.7	5.6	6.6
Germany/Allemagne	12.5	9.7	9.6	10.3	9.0	8.1	7.4	7.5	5.3	6.8
Thailand/Thaïlande	7.8	6.7	6.0	6.2	4.0	4.7	6.1	6.1	5.3	6.8
India/Inde	1.0	3.0	5.2	1.9	0.0	4.2	x0.3	8.0	6.9	x1.6
Italy/Italie	7.7	6.3	5.7	7.0	6.0	5.5	5.2	4.4	4.9	5.0
Spain/Espagne	1.9	0.6	0.6	2.2	3.0	2.8	2.9	3.6	3.5	3.4
Japan/Japon	4.0	3.3	2.9	3.0	3.2	3.7	3.5	3.1	2.9	3.0
United Kingdom	4.7	4.5	3.6	3.8	3.2	2.6	3.1	3.0	3.1	2.7
Ireland/Irlande	3.9	4.5	4.5	4.7	3.4	3.1	3.2	3.4	2.7	2.7

	1983	1984	1985	1986	1987	1988	1989	1990	1991	1992
Afrique	6.4	1.0	2.1	x2.0	x4.1	x4.7	x4.4	x3.6	x2.6	x3.2
Afrique du Nord	5.0	0.5	1.3	1.0	x3.5	x3.8	x3.5	x2.6	x2.3	x2.6
Amériques	x35.3	45.4	31.3	23.1	x26.9	x30.1	32.1	x35.3	x37.0	x39.2
ALAI	0.1	0.8	1.3	x0.8	x0.9	0.9	1.1	2.4	1.8	x1.9
MCAC	x0.1	0.2	0.3	x0.1	x0.1	x0.0	0.0	x0.0	0.0	x0.0
Asie	12.5	13.3	16.3	16.9	x15.6	14.9	x12.3	9.8	10.3	x18.6
Moyen-Orient	x0.1	x0.7	1.5	3.0	x3.4	3.5	x2.1	0.5	x0.8	x0.6
Europe	45.8	40.0	50.3	58.0	45.2	39.9	39.9	40.0	32.0	36.6
CEE	36.8	30.3	37.3	44.4	34.3	30.0	29.0	29.3	22.1	25.6
AELE	9.0	8.1	9.7	x12.5	x9.5	8.3	9.2	9.7	8.8	8.6
Océanie	0.1	0.1		0.1						x0.0
USA/Etats-Unis d'Amer	32.8	42.3	27.6	x20.0	x24.7	x28.1	x30.0	x32.1	x34.5	x36.6
Former USSR/Anc. URSS						x2.9	x4.6	x7.1	x9.7	x16.1
Belgium–Luxembourg	11.5	8.5	11.3	13.7	9.2	7.6	8.4	9.0	7.1	7.9
Netherlands/Pays-Bas	6.8	6.9	7.1	8.9	6.9	6.3	6.2	6.5	5.1	5.4
Norway,SVD,JM	5.6	5.4	5.9	6.5	5.0	4.6	5.8	6.1	5.4	5.5
Israel/Israël	4.3	4.3	5.1	5.2	3.8	3.8	4.2	3.7	3.3	4.0
Korea Republic	6.3	6.4	7.6	4.3	4.1	4.5	3.3	3.2	2.5	3.2
United Kingdom	2.6	1.8	2.7	3.2	2.1	3.0	3.2	3.4	1.7	1.9
France,Monac	2.6	2.4	3.3	3.6	2.9	2.2	2.5	2.7	2.6	3.2
Germany/Allemagne	6.3	4.8	6.8	7.5	6.1	4.4	2.5	2.7	2.1	3.5

56291 NIT–PHOS–POT FERTLZR NES

ENGRAIS CONT N P K 56291

TRADE BY COMMODITY IN THOUSAND U.S. DOLLARS – COMMERCE PAR PRODUIT EN MILLIERS DE DOLLARS E.U

COUNTRIES–PAYS	IMPORTS – IMPORTATIONS					COUNTRIES–PAYS	EXPORTS – EXPORTATIONS				
	1988	1989	1990	1991	1992		1988	1989	1990	1991	1992
Total	1569551	1787006	1746236	1696865	x1805331	Totale	x1629957	x1636288	1695702	x1685244	1622342
Africa	x60445	x133771	x60858	x99714	x107790	Afrique	x17171	x32302	x55571	x19009	x16704
Northern Africa	x1322	x3878	x7816	x6262	x3455	Afrique du Nord	x14411	x13675	x28627	x9504	x915
Americas	185864	195490	x76273	x76897	111540	Amériques	x83415	x145869	x56949	x46349	x88363
LAIA	131306	133391	19523	26211	60228	ALAI	19741	x25037	10434	x11777	x23351
CACM	x4444	x8055	x8003	x6951	x3235	MCAC	x29			x14	x994
Asia	456860	558526	554087	662570	x709777	Asie	183006	x133976	152048	x193747	155263
Middle East	x33581	x36559	x18545	x28106	x30556	Moyen–Orient	x15482	x18465	2494	8987	1823
Europe	856138	889332	1045679	846860	863844	Europe	1142698	1202936	1326376	1242548	1304993
EEC	786483	815800	940849	763552	784008	CEE	845065	827956	872079	779766	831128
EFTA	x69126	x73080	x103919	x82577	x64833	AELE	241285	318496	x413956	x424837	x369447
Oceania	x10033	x8846	x9095	x9328	x11717	Océanie	1547	686	910	1374	x1449
China/Chine	206763	215198	237470	353813	310618	Norway,SVD,JM	178329	237045	271491	268883	244610
Germany/Allemagne	204078	198465	219027	159631	179859	Belgium–Luxembourg	189484	205582	228990	227284	217153
France,Monac	196771	176305	170587	103338	112879	Netherlands/Pays–Bas	148976	155833	178451	158484	152202
Thailand/Thaïlande	106788	117848	160192	156383	171969	France,Monac	73392	80957	91185	108303	121698
Ireland/Irlande	75816	87282	109483	88796	89067	United Kingdom	53627	81705	97040	77290	76180
Denmark/Danemark	84983	90940	116944	71476	82551	Germany/Allemagne	145543	79144	82223	68989	119215
Spain/Espagne	54883	66557	92861	93402	92300	Italy/Italie	108614	96983	93572	29179	38815
United Kingdom	38521	60561	76692	103066	66941	Korea Republic	109131	58538	81938	68778	68160
Italy/Italie	55260	64362	68484	78664	88447	Finland/Finlande	42050	53766	67641	81264	65166
Pakistan	5901	109596	33474	20248	32937	Former USSR/Anc. URSS	x63415	x27247	x41462	x114444	
Venezuela	111439	124055	11584	9927	33597	USA/Etats-Unis d'Amer	x45090	x105852	x34156	x24677	x53557
Sweden/Suède	x41125	x43780	x54289	x31682	x22610	Denmark/Danemark	61245	50275	40855	46675	40128
Belgium–Luxembourg	44773	38776	39398	26905	23787	Yugoslavia SFR	56347	56479	40341	x37945	
Japan/Japon	39951	33049	29943	25023	25673	Spain/Espagne	37442	50136	39937	43404	29534
USA/Etats–Unis d'Amer	22582	28464	24290	24487	25488	Philippines	12840	x15899	33627	64396	50923
Nigeria/Nigéria	x7304	x38766	x16167	x15683	x21991	Romania/Roumanie	x98302	61068	12592	24347	x18181
Netherlands/Pays–Bas	23648	21091	27558	21855	27396	Austria/Autriche			x44154	x45164	x41596
Malaysia/Malaisie	23762	20730	18119	17766	x26765	Hungary/Hongrie	x22176	x23926	x35176	x24141	x3569
Switz.Liecht	16470	16898	17296	17877	18310	Japan/Japon	20363	29709	24335	27621	18456
India/Inde	11035	x11	25550	18097	x60000	Sweden/Suède	x18380	x25327	x27291	x25274	x14198
Austria/Autriche			x19823	x18112	x14076	Greece/Grèce	22250	24150	17609	13690	x27618
Cameroon/Cameroun	x3052	x4524	x750	27793	x1742	Senegal/Sénégal	x448	x15225	x20614	x2908	x9422
Portugal	5020	7542	14660	10722	9030	Tunisia/Tunisie	x8609	x4995	x20557	x9504	x911
Zambia/Zambie	x5849	x24754	x4218	x2696	x22071	Czechoslovakia	x5546	x8195	x14433	x11630	x13680
Norway,SVD,JM	9145	9101	10280	9784	8791	Canada	13443	9232	7110	6888	7666
Singapore/Singapour	15147	8359	10437	9712	8142	Singapore/Singapour	14837	7167	5821	8798	4904
Saudi Arabia	x13043	x8438	x6946	x10920	x11410	Chile/Chili	19647	19164	12	8	x4495
Indonesia/Indonésie	7876	5041	7642	12843	11418	Brazil/Brésil	x56	940	8973	7235	7601
Turkey/Turquie	12149	18506	3057	3694	6079	Algeria/Algérie	x5801	x8680	x8069		
Canada	7691	9301	5777	7296	7164	Martinique	4284	5238	4760	2301	922
Kenya	17138	x6103	3946	x8756	x14116	Turkey/Turquie	9727		2444	8983	1598
Ethiopia/Ethiopie	0	18690		0	x454	Mauritius/Maurice	x2176	x2531	4341	4431	5136
Cote d'Ivoire	x4523	x3649	x6031	x8383	x21465	Israel/Israël	3884	21	15	x10354	4620
Reunion/Réunion	4780	5301	7676	4719	7233	Switz.Liecht	2527	2358	3379	4253	3841
Guadeloupe	6682	4934	5946	5832	5380	Ireland/Irlande	2267	3147	1877	3404	6806
Australia/Australie	3964	6155	5450	4123	5946	Saudi Arabia		x8275		x3	x1
Greece/Grèce	2730	3919	5155	5696	x11752	Poland/Pologne				x7652	x20138
Paraguay	x638	2767	4061	7824	6707	Jordan/Jordanie		x6677	x46		
Philippines	218	x5929	8138	352	1932	Colombia/Colombie		x4085	x67	2261	10090
Viet Nam	x18		x271	x13829	x23296	Malaysia/Malaisie	546	1460	2070	2550	x4932
Guatemala	x3290	x5108	x1243	x3555	x2116	Hong Kong	x5776	x2044	x1092	x954	19
Martinique	5830	4290	4032	1272	1708	Portugal	2226	43	341	3065	1777
Cyprus/Chypre	1022	2910	2010	4531	4379	Qatar	x5731	x2792			
Honduras	x586	x1233	x5052	x3147	x1073	Australia/Australie	1252	563	840	1106	1189
Finland/Finlande	2324	3238	2158	3614	925	Zimbabwe			770	1574	
Angola	x3564	x4728	x1837	x2238	x652	Uruguay	x18	x825	x1255	x149	1082
Algeria/Algérie		x2180	x4308	x2265	x1450	So. Africa Customs Un	x132	x864	x764	x585	x1231
Togo	881	3924	3401	1036		Peru/Pérou				x1984	
United Arab Emirates	x4945	x3774	x2347	x1816	x1643	Dominican Republic	x799	x509	x488	x685	x1860
Sri Lanka	1094	3659	2146	2123	1473	China/Chine	31	40	402	961	369

(VALUE AS % OF TOTAL)(VALEUR EN % DU TOTAL)

	1983	1984	1985	1986	1987	1988	1989	1990	1991	1992		1983	1984	1985	1986	1987	1988	1989	1990	1991	1992
Africa	x4.8	x8.6	x5.0	x5.8	x4.3	3.8	x7.5	x3.5	x5.8	6.0	Afrique		x0.1	x0.0	x0.8	x0.5	x1.0	x2.0	x3.2	x1.1	x1.1
Northern Africa	x0.7	x0.6	x0.1	x0.5	x0.2	0.2	x0.2	x0.4	x0.4	x0.2	Afrique du Nord		0.0		x0.4	x0.9	x0.9	x0.8	x1.7	x0.6	x0.1
Americas	x6.0	x7.2	x11.1	x13.5	x12.5	11.8	10.9	x4.3	x4.6	6.2	Amériques	x6.5	x5.3	x3.5	x4.1	x4.6	x5.1	x8.9	x3.3	x2.8	x5.5
LAIA	x0.8	x1.0	x4.6	6.4	x8.3	8.4	7.5	1.1	1.5	3.3	ALAI	x0.1	x0.2	x0.2	x0.0	x0.4	x1.2	x1.5	0.6	x0.7	x1.4
CACM	x0.7	x1.5	x0.4	x2.1	x1.1	0.3	x0.5	x0.5	x0.4	x0.2	MCAC					x0.0	x0.0			x0.0	x0.1
Asia	x16.2	15.9	x17.1	x17.2	27.4	29.2	31.3	31.7	39.1	x39.3	Asie	3.6	5.9	6.3	6.7	x9.3	11.2	x8.2	8.9	x11.5	9.5
Middle East	x3.6	x2.0	x4.3	x3.9	x2.7	2.1	x2.0	x1.1	x1.7	1.7	Moyen–Orient	x0.1	0.0	0.1	0.4	x0.4	x0.9	x1.1	0.1	0.5	0.1
Europe	71.7	67.3	65.8	62.8	51.5	54.5	49.8	59.9	49.9	47.8	Europe	89.8	88.7	90.2	88.4	75.0	70.1	73.5	78.2	73.7	80.4
EEC	63.2	58.2	57.9	54.0	44.5	50.1	45.7	53.9	45.0	43.4	CEE	63.7	60.5	61.1	60.6	51.9	50.6	51.4	46.3	51.2	
EFTA	x8.5	9.1	x7.8	x8.7	x6.9	x4.4	x4.1	x6.0	x4.9	x3.6	AELE	21.0	23.6	22.0	x22.0	x19.0	14.8	19.5	x24.4	x25.2	x22.8
Oceania	x1.2	x1.0	x1.0	x0.6	x0.6	x0.6	x0.5	x0.5	x0.6	0.7	Océanie	x0.1	x0.1	x0.0	x0.0	x0.0	0.1		0.1	0.1	x0.1
China/Chine					13.9	13.2	12.0	13.6	20.9	17.2	Norway,SVD,JM	13.9	16.4	13.3	12.6	11.0	10.9	14.5	16.0	16.0	15.1
Germany/Allemagne	17.3	12.8	12.9	11.5	12.0	13.0	11.1	12.5	9.4	10.0	Belgium–Luxembourg	16.0	14.4	15.7	14.6	10.5	11.6	12.6	13.5	13.5	13.4
France,Monac	16.2	14.5	16.7	14.2	9.8	12.5	9.9	9.8	6.1	6.3	Netherlands/Pays–Bas	10.2	11.0	10.5	12.1	9.2	9.1	9.5	10.5	9.4	9.4
Thailand/Thaïlande	6.5	6.8	5.0	8.4	4.7	6.6	6.6	9.2	9.2	9.5	France,Monac	4.3	4.4	5.8	5.0	4.7	4.5	4.9	5.4	6.4	7.5
Ireland/Irlande	4.0	4.4	4.5	5.8	4.6	4.8	4.9	6.3	5.2	4.9	United Kingdom	5.0	4.6	5.5	5.5	4.5	3.3	5.0	5.7	4.6	4.7
Denmark/Danemark	10.5	11.2	9.4	7.6	5.4	5.4	5.1	6.7	4.2	4.6	Germany/Allemagne	13.5	11.7	9.2	11.0	10.3	8.9	4.8	4.8	4.1	7.3
Spain/Espagne	0.2	0.3	0.3	1.8	3.1	3.5	3.7	5.3	5.5	5.1	Italy/Italie	7.4	6.4	6.4	6.2	5.7	6.7	5.9	5.5	1.7	2.4
United Kingdom	7.2	7.1	5.3	4.9	3.3	2.5	3.4	4.4	6.1	3.7	Korea Republic	1.3	2.4	2.9	3.3	3.8	6.7	3.6	4.8	4.1	4.2
Italy/Italie	2.3	2.7	3.0	3.1	2.3	3.5	3.6	3.9	4.6	4.9	Finland/Finlande	6.8	7.1	8.6	5.7	4.5	2.6	3.3	4.0	4.8	4.0
Pakistan	0.3	0.6		0.3	1.4	0.4	6.1	1.9	1.2	1.8	Former USSR/Anc. URSS					x3.6	x3.9	x1.7	x2.4	x6.8	

56292 NITROG–PHOS FERTILZR NES
ENGRAIS NDA CONT N P 56292

TRADE BY COMMODITY IN THOUSAND U.S. DOLLARS – COMMERCE PAR PRODUIT EN MILLIERS DE DOLLARS E.U

COUNTRIES–PAYS	1988	1989	1990	1991	1992	COUNTRIES–PAYS	1988	1989	1990	1991	1992
Total	2066748	2071180	2596524	3031816	2576411	Totale	x2095430	x2189842	x2542306	x3203164	x2625673
Africa	x14032	x43420	x22611	x17795	x10240	Afrique	x177211	x159324	x114340	x119210	x106316
Northern Africa	x999	x11866	x2508	x1308	x1652	Afrique du Nord	x146368	x136255	x95045	x107170	x95400
Americas	166967	165123	194306	238619	306444	Amériques	x1085982	x1167421	x1510505	x1870615	x1684479
LAIA	52992	57733	66017	112346	163292	ALAI					
CACM	x5084	x2291	x6179	x1462	x258	MCAC	5327	22126	76975	61509	27145
											x38
Asia	1152432	1163232	1601697	2049359	1505300	Asie	x356919	x263104	x206068	x194959	x559860
Middle East	x189801	x159822	x118444	123880	87060	Moyen–Orient	x203839	x126014	x95620	x63955	x57774
Europe	639972	611407	679674	620089	668914	Europe	261147	240966	281008	243414	230713
EEC	593389	575539	658122	606673	653068	CEE	210233	200550	246127	204693	202780
EFTA	x24147	x14556	x13969	x13067	x11262	AELE	38756	x27798	x29378	x30645	x25199
Oceania	46112	69022	x88545	x101521	x80991	Océanie	106	93	235	186	x342
China/Chine	588850	694821	727327	1127795	933785	USA/Etats–Unis d'Amer	x1056994	x1121700	x1413708	x1789546	x1638284
India/Inde	159778	x11839	358934	336452	x10605	Former USSR/Anc. URSS	x134549	x272152	x417113	x746148	
Italy/Italie	155074	137126	125105	155990	132937	Belgium–Luxembourg	81420	96544	127158	91785	103550
Thailand/Thaïlande	74275	141376	132372	115793	157332	Tunisia/Tunisie	x100107	x109421	x74231	x85122	x88101
France, Monac	124003	124665	155784	107340	145348	Korea Republic	80320	81229	71072	66980	80983
Japan/Japon	109786	115979	115924	122142	119442	Netherlands/Pays–Bas	83511	57534	69470	60872	56903
Turkey/Turquie	61648	88882	95655	103026	74533	Jordan/Jordanie	x78682	x40346	x76957	x31485	x31512
Germany/Allemagne	96756	85078	103453	83750	109803	Mexico/Mexique	5132	13636	70875	51923	21908
Canada	86681	76346	92520	93724	97066	Philippines	33332	x39883	30927	44268	32196
Pakistan			112113	149999	109576	Romania/Roumanie	x67158	80533	8708	6815	x18220
Australia/Australie	42824	63296	84569	92788	61900	Turkey/Turquie	114846	46570	17275	7216	1032
Spain/Espagne	53570	53760	73706	79011	67665	Morocco/Maroc	45570	25492	20758	21345	4927
Belgium–Luxembourg	32991	54668	72367	52443	51150	Canada	23089	23364	19477	19404	18908
United Kingdom	50049	41764	46271	39647	52396	France, Monac	10719	16472	24800	20653	15601
Ireland/Irlande	38621	41314	38980	34296	33552	Norway, SVD,JM	19754	17469	19388	20656	17901
USA/Etats–Unis d'Amer	20001	23956	26834	27429	42187	So. Africa Customs Un	x17393	x13141	x17183	x11938	x10705
Iran (Islamic Rp. of)	x108360	x56212	x8403	x2579	x624	Japan/Japon	25911	15116	7107	16086	15158
Viet Nam	x9096	x8944	x7186	x36420	x39693	Yugoslavia SFR	x9635	x28749	x520	x1203	
Brazil/Brésil	x7	2428	17197	31983	55392	Germany/Allemagne	12157	12618	5503	x8075	
Chile/Chili	16839	19053	13927	17781	x274		10984	3609	1408	10144	8989
Argentina/Argentine	22496	12876	15535	19627	29413	Saudi Arabia					
Netherlands/Pays–Bas	18634	16125	16424	12529	21634	United Kingdom	7578	7535	x407	x24051	x24974
Malaysia/Malaisie	16098	11595	13857	13333	x1698	Brazil/Brésil	x184	6730	6072	6792	7422
Portugal	14345	8785	10464	18192	15444	Spain/Espagne	7253	6748	4587	7556	3245
Denmark/Danemark	7191	7568	10462	13378	14637	Poland/Pologne			4644	6276	4791
Hungary/Hongrie	x40996	x18625	x6921	4296	x4216	Finland/Finlande	15740	4722	5241	x16166	x20881
Saudi Arabia	x18562	x8680	x9797	x11110	x6471	Hungary/Hongrie	x5263	x5045	x4147	x4122	x2159
Yugoslavia SFR	22437	21307	7556	x341		Greece/Grèce	10	4616	1336	6579	x3091
Colombia/Colombie	x227	x360	x297	27069	33077	Cyprus/Chypre					x253
Philippines	58	x6152	9380	8519	15493	Austria/Autriche	x4473	x3727			x4633
Kenya	2672	x4563	9203	x7841	x1950	Sweden/Suède	x2888	x5607	x264	x1586	x307
Ecuador/Equateur	5620	9363	6294	5417	2984	Italy/Italie	4383	5850	365	611	2183
Greece/Grèce	2155	4686	5106	10097	x8501	Senegal/Sénégal	x7243	x3868	x1359		
New Zealand	3083	5571	3862	8483	18712	Mozambique	x4095	x4723			
Mexico/Mexique	61	10513	1255	2089	17129	Argentina/Argentine			x31	820	1457	1399
Cyprus/Chypre	204	3966	4148	5560	4639	Denmark/Danemark	3543	1462	679	82	86
Libyan Arab Jamahiriya	x11	x10740	x1515	x378	x356	Algeria/Algérie		x1342	x56	x703	
Sweden/Suède	x14271	x5041	x4610	x2459	x3313	Uruguay		x761	x680	x549	438
Korea Republic	537	3913	1477	5302	4974	Israel/Israël	13	26	40	1902	9513
Nigeria/Nigéria	x62	x8877	x1572	x45	x83	Czechoslovakia	x5379	x194	x100	x1112	x2702
Zambia/Zambie	x1205	x10262				Liberia/Libéria	x2072	1331			
Switz.Liecht	4230	2996	3636	3372	2383	India/Inde	0			1204	x15
Nepal/Népal	x3393	x5940	x371	x3355	x4282	Former GDR	x1717	x1008	x83		
Malawi	x1461	x2583	x2545	x3550	x2201	Mongolia/Mongolie		x356	x568	x138	x17
Iceland/Islande	2766	3112	2606	2903	2818	Peru/Pérou		x965			
Venezuela	179	36	7638	611	11974	Portugal				742	
Indonesia/Indonésie	341	2569	3012	1583	3155	Singapore/Singapour	197	354	232	90	7806
Uruguay	x11	x972	x2410	x2900	10654	Ireland/Irlande	833	180	194	157	164
Paraguay	121	859	1211	3416	1784	Malaysia/Malaisie	322	35	243	240	x60
Nicaragua			x5387			Australia/Australie	98	91	228	153	251

(VALUE AS % OF TOTAL)(VALEUR EN % DU TOTAL)

	1983	1984	1985	1986	1987	1988	1989	1990	1991	1992		1983	1984	1985	1986	1987	1988	1989	1990	1991	1992
Africa	x4.2	x3.9	x2.6	x5.0	x1.1	0.7	x2.1	0.9	0.6	0.4	Afrique	3.1	0.9	3.0	x4.1	x8.8	8.4	x7.3	x4.5	3.7	x4.0
Northern Africa	0.8	0.1	0.3	2.0	0.1	x0.6	0.1	0.0	0.0	Afrique du Nord	3.1	0.9	3.0	2.7	x8.0	7.0	x6.2	3.7	3.3	x3.6
Americas	x18.4	x17.4	x13.1	x9.7	6.2	8.1	7.9	7.5	7.9	11.9	Amériques	x67.8	x74.7	x61.8	x39.9	x48.7	x51.8	x53.3	x59.4	x58.4	x64.1
LAIA	x11.9	x10.9	x7.2	x6.0	4.4	2.6	2.8	2.5	3.7	6.3	ALAI	x1.5	x0.4	x0.4	x0.6	x0.2	0.3	1.0	3.0	1.9	1.0
CACM	x2.2	x1.5	x0.8	x0.8	0.1	x0.2	0.1	x0.2	0.0	0.0	MCAC	x0.3									0.0
Asia	x26.0	x25.7	x32.1	x28.8	45.7	55.7	56.2	61.7	67.6	58.4	Asie	11.0	10.7	17.6	x28.7	x18.0	x17.0	x12.0	x8.1	6.1	x21.3
Middle East	x5.0	x4.1	x10.3	x14.6	x11.1	x9.2	7.7	x4.6	4.1	3.4	Moyen–Orient	0.1	x1.3	3.3	x13.2	x7.5	x9.7	x5.8	x3.8	x2.0	2.2
Europe	46.6	45.8	45.4	51.5	37.5	31.0	29.5	26.2	20.5	26.0	Europe	18.0	13.7	17.7	27.2	16.8	12.5	11.0	11.1	7.6	8.8
EEC	44.2	41.8	41.0	49.1	35.4	28.7	27.8	25.3	20.0	25.3	CEE	17.4	13.6	16.6	24.7	15.5	10.0	9.2	9.7	6.4	7.7
EFTA	x0.7	x1.3	1.5	1.3	0.8	x1.2	x0.7	x0.5	x0.4	x0.4	AELE	0.7	0.1	0.7	x2.5	x1.3	1.8	x1.3	x1.3	1.2	x1.0
Oceania	4.8	7.2	x6.8	x5.0	x2.3	2.2	3.3	x3.4	x3.3	x3.1	Océanie	x0.0	x0.0	x0.0	x0.1						x0.0
China/Chine					23.8	28.5	33.5	28.0	37.2	36.2	USA/Etats–Unis d'Amer	63.8	72.5	59.6	x36.7	x47.2	x50.4	x51.2	x55.6	55.9	x62.4
India/Inde	0.0	1.9	4.4	0.6	0.0	7.7	x0.6	13.8	11.1	0.7	Former USSR/Anc. URSS					x3.1	x6.4	x12.4	x16.4	x23.3	
Italy/Italie	12.5	11.2	9.8	13.3	9.8	7.5	6.6	4.8	5.1	5.2	Belgium–Luxembourg	8.6	5.0	7.2	11.5	6.8	3.9	4.4	5.0	2.9	3.9
Thailand/Thaïlande	9.7	8.2	6.8	5.4	3.7	3.6	6.8	5.1	3.8	6.1	Tunisia/Tunisie					x4.9	x4.8	x5.0	x2.9	2.7	x3.4
France, Monac	7.8	7.8	8.1	8.4	6.7	6.0	6.0	4.8	3.8	5.6	Korea Republic	9.5	7.9	12.5	12.9	5.5	3.8	3.7	2.8	2.1	3.1
Japan/Japon	7.2	7.2	6.2	6.8	4.9	5.3	5.6	4.5	4.0	4.6	Netherlands/Pays–Bas	5.0	5.4	5.1	5.4	4.0	2.6	2.7	1.9	2.2	
Turkey/Turquie	x2.5	x3.1	4.5	6.4	6.6	3.0	4.3	3.7	3.4	2.9	Jordan/Jordanie			x5.4	x3.0	x3.8	x3.0	2.7	1.9	x0.7	
Germany/Allemagne	7.4	7.4	7.6	9.8	5.9	4.7	4.1	4.0	2.8	4.3	Mexico/Mexique	x0.0		x0.0	x0.0	0.2	x1.8	x3.0	x1.0	x1.2	
Canada	0.0	0.0	0.0	0.0	0.0	4.2	3.7	3.6	3.1	3.8	Philippines		0.2	0.6	x3.3	1.6	x1.8	1.2	1.4	1.2	
Pakistan	1.1	0.6		x0.0	x1.1			4.3	4.9	4.3	Romania/Roumanie				x4.1	x3.2	3.7	0.3	0.2	x0.7	

5823 ALKYDS, OTHER POLYESTERS / ALKYDES ET AUT POLYESTERS 5823

TRADE BY COMMODITY IN THOUSAND U.S. DOLLARS – COMMERCE PAR PRODUIT EN MILLIERS DE DOLLARS E.U

COUNTRIES–PAYS	IMPORTS – IMPORTATIONS 1988	1989	1990	1991	1992	COUNTRIES–PAYS	EXPORTS – EXPORTATIONS 1988	1989	1990	1991	1992
Total	5471654	6165817	6762519	6993304	7472557	Totale	5222634	5887950	6591900	6617961	7216667
Africa	x101033	x125173	x120649	x121141	x120164	Afrique	x9177	x8863	x11381	x15569	x15235
Northern Africa	x39510	x38755	x44231	x43445	x45907	Afrique du Nord	157	469	451	x151	x332
Americas	680070	736569	840837	912898	x1043735	Amériques	683162	931741	1107463	1249589	1315444
LAIA	140970	165744	189441	250921	281650	ALAI	69219	112205	115919	107265	112783
CACM	21533	26483	28671	28095	x15251	MCAC	893	629	1784	1706	x1212
Asia	1049133	1244988	1159274	1319613	x1469610	Asie	934254	1023378	1071596	1150314	1318914
Middle East	x103191	x97561	x123328	x117921	x128605	Moyen–Orient	x27507	x23078	34772	33853	29865
Europe	3194641	3566834	4399477	4214011	4642278	Europe	3531265	3867776	4366055	4175971	4534342
EEC	2647580	2997983	3719137	3602381	3985310	CEE	3224629	3522951	4010743	3809155	4129584
EFTA	505649	530373	632899	579283	629066	AELE	298499	327430	346463	361913	392774
Oceania	x124341	x147633	x135466	x128021	x139317	Océanie	x13477	19252	x16734	18534	x24095
Germany/Allemagne	655998	754555	963224	960776	1067950	Germany/Allemagne	1094714	1083648	1208372	1109825	1211792
France, Monac	361852	527920	647277	623057	664162	Netherlands/Pays–Bas	861486	960077	1076028	1027755	1095378
Italy/Italie	366577	395954	510689	492737	552958	USA/Etats–Unis d'Amer	598778	811655	960905	1100340	1134696
United Kingdom	475465	427579	498429	437515	487798	Japan/Japon	533770	549997	581151	608098	669276
USA/Etats–Unis d'Amer	314790	322187	385128	378397	458249	Belgium–Luxembourg	381564	471359	591914	598762	670095
Netherlands/Pays–Bas	288654	325929	384354	374031	433574	United Kingdom	383918	402932	442336	423888	429169
China/Chine	237846	312279	206093	236526	237893	Italy/Italie	264515	314267	354732	312230	345193
Belgium–Luxembourg	179486	213283	263015	263324	286494	Korea Republic	183767	226437	264549	273475	346166
Canada	194216	211350	224586	241498	273417	France, Monac	187046	222188	248557	241311	269782
Japan/Japon	177452	200651	202008	246662	256804	Switz. Liecht	106503	115227	148014	163513	175918
Switz. Liecht	166245	180648	224273	214077	228838	Hong Kong	105970	127191	84908	115503	150314
Hong Kong	197151	217614	174164	223153	269005	Austria/Autriche	108392	116276	90375	109241	123287
Spain/Espagne	152853	174083	223749	210873	213636	Norway, SVD, JM	59853	62208	73092	63264	66181
Former USSR/Anc. URSS	x215355	x249009	x62260	x259021		Spain/Espagne	22177	30392	38033	41796	47387
Austria/Autriche	122163	129036	148636	144194	159643	Mexico/Mexique	33838	35866	30282	31603	31405
Sweden/Suède	123457	121947	137690	125864	133729	Singapore/Singapour	14039	32488	33376	30481	29249
Korea Republic	99713	112994	97895	121641	117783	Israel/Israël	20494	24730	33985	34263	38699
Australia/Australie	101520	116335	104070	93111	102211	Brazil/Brésil	11436	27447	31061	29290	33662
Denmark/Danemark	81215	83708	106807	108829	120214	Venezuela	13698	33455	35763	12295	6573
Singapore/Singapour	63220	72294	78452	85317	94353	Turkey/Turquie	22854	17759	30804	32333	28994
Mexico/Mexique	31396	58706	63109	83452	89861	Canada	13292	7097	28639	39876	66172
Israel/Israël	42986	52206	72727	70579	82944	Finland/Finlande	17851	25476	26996	18189	18415
Indonesia/Indonésie	51350	66056	63490	55088	68364	Ireland/Irlande	11747	18599	22345	19325	26750
Finland/Finlande	54427	60082	72829	50875	56551	Denmark/Danemark	12321	13267	18414	25043	24482
Brazil/Brésil	35677	39297	57954	67774	60895	Colombia/Colombie	6535	10908	14085	26512	29216
Ireland/Irlande	37709	41447	50423	55820	71362	Indonesia/Indonésie	19714	12605	10719	11454	8713
Thailand/Thaïlande	22562	34367	45136	50306	73874	Thailand/Thaïlande	4159	8230	6648	16882	x10029
Norway, SVD, JM	37497	36807	47182	41359	47243	Australia/Australie	9858	13090	8121	10398	15230
Malaysia/Malaisie	24650	28741	37670	47527	x55705	Yugoslavia SFR	8004	17314	8840	x4815	
Portugal	27391	28540	38723	38619	42821	So. Africa Customs Un	x7837	x7942	x8637	x14156	x14571
Yugoslavia SFR	38778	34048	42193	x29558		Former GDR	x31386	x21992	x6850		x8778
So. Africa Customs Un	31352	32510	31139	x32168	x34442	India/Inde	3876	x9127	8114	10113	8974
Greece/Grèce	20379	24986	32446	36801	x44340	Sweden/Suède	5900	8242	7985	7707	8824
Turkey/Turquie	24648	28957	32758	27523	30956	New Zealand	3615	6162	8486	8136	8824
Iran (Islamic Rp. of)	x15950	x17040	x34926	x33883	x37585	China/Chine	6974	3796	5871	5966	15891
New Zealand	19680	27707	26250	29517	33510	Malaysia/Malaisie	3821	4148	5713	5163	x6793
Argentina/Argentine	21476	20072	19688	37096	45938	Portugal	2789	3320	5883	5214	8868
India/Inde	16678	x21462	19956	19068	x30005	Argentina/Argentine	3362	3728	4158	5669	6651
Czechoslovakia	x25610	28287	16727	x14204	x21994	Greece/Grèce	2354	2902	4131	4005	x689
Nigeria/Nigéria	x11607	x24277	x16841	x14695	x10751	Poland/Pologne	2989	4693	2225	2129	x3763
Pakistan	2000	9676	22153	20411	21355	Czechoslovakia	x4997	x2272	x2799	x2725	x2304
Egypt/Egypte	x12321	x16265	x16332	x18883	x14808	Bulgaria/Bulgarie	x6722	x4013	x2915	x576	x636
Costa Rica	11385	14602	15028	14688	x6015	Korea Dem People's Rp	x174	x449	x654	x4711	x4920
Saudi Arabia	x13700	x10176	x15044	x16766	x18925	Hungary/Hongrie	x2090	x2064	x2598	x998	x1460
Hungary/Hongrie	x14737	x14280	x10325	17182	x13488	United Arab Emirates	x1976	x2406	x1477	x398	x224
United Arab Emirates	x17267	x11076	x15568	x13307	x14699	Saudi Arabia	x1531	x1319	x1488	x739	x435
Chile/Chili	6164	9346	10891	18050	x25050	Former USSR/Anc. URSS	x2372	x1100	x882	x1375	
Philippines	4514	x12843	10129	13238	13690	Costa Rica	671	491	1243	1571	x989
Morocco/Maroc	7849	8402	14178	13532	15457	Uruguay	x242	x734	x291	x1792	x4460
Ecuador/Equateur	8057	10088	8082	9014	5108	Zimbabwe			1637	1083	x161

(VALUE AS % OF TOTAL)(VALEUR EN % DU TOTAL)

	1983	1984	1985	1986	1987	1988	1989	1990	1991	1992		1983	1984	1985	1986	1987	1988	1989	1990	1991	1992
Africa	x1.9	x2.0	x2.1	x3.9	x2.5	1.9	x2.0	x1.8	x1.8	x1.6	Afrique		x0.0		x0.2	x0.3	0.2	x0.1	x0.1	x0.2	x0.2
Northern Africa	x1.1	1.1	x0.9	x1.8	x1.3	0.7	x0.6	x0.6	x0.7	x0.6	Afrique du Nord		0.0	0.0	0.0	0.0	0.0	0.0	0.0	x0.0	x0.0
Americas	x18.3	x19.5	x19.0	x14.2	x12.9	12.4	12.0	12.4	13.1	14.0	Amériques	x13.5	x17.2	17.0	x13.0	x12.3	13.1	15.8	16.8	18.9	18.2
LAIA	x5.9	x6.1	x5.6	x3.5	x3.4	2.6	2.7	2.8	3.6	3.8	ALAI	x1.2	x1.4	x1.3	0.7	x1.2	1.3	1.9	1.8	1.6	1.6
CACM	x1.1	x0.5	x0.4	x0.2	x0.2	0.4	0.4	0.4	0.4	x0.2	MCAC		0.0	0.0	0.0	0.0	0.0	0.0	0.0	0.0	x0.0
Asia	x16.6	x14.0	x13.7	x11.4	14.7	19.1	20.2	17.2	18.8	x19.6	Asie	13.3	x13.7	13.1	13.0	15.5	17.9	17.4	16.2	17.4	18.3
Middle East	x4.1	x3.1	x4.0	x3.1	x1.9	x1.9	x1.6	x1.8	x1.7	x1.7	Moyen–Orient	x0.0	x0.1	0.5	0.7	0.8	x0.5	x0.4	0.5	0.5	0.4
Europe	61.3	62.2	63.2	68.9	64.5	58.4	57.8	65.1	60.3	62.1	Europe	73.0	68.8	69.6	73.6	71.0	67.6	65.7	66.2	63.1	62.8
EEC	54.9	56.1	57.8	58.1	54.7	48.4	48.6	55.0	51.5	53.3	CEE	69.9	66.1	66.9	69.2	66.1	61.7	59.8	60.8	57.6	57.2
EFTA	5.4	5.2	4.7	x10.4	x9.4	9.2	8.6	9.4	8.3	8.4	AELE	2.8	2.4	2.3	x4.3	x4.7	5.7	5.6	5.3	5.5	5.4
Oceania	x2.0	x2.2	x1.9	x1.6	x1.6	x2.3	x2.4	x2.0	x1.9	x1.8	Océanie	0.2	0.2	0.2	0.2	0.2	x0.3	0.3	x0.3	0.3	x0.3
Germany/Allemagne	13.1	13.0	14.9	15.3	13.8	12.0	12.2	14.2	13.7	14.3	Germany/Allemagne	26.2	24.9	24.2	23.2	21.3	20.6	18.4	18.3	16.8	16.8
France, Monac	8.2	8.2	8.1	8.5	8.3	6.6	8.6	9.6	8.9	8.9	Netherlands/Pays–Bas	17.8	16.4	16.7	19.1	17.5	16.5	16.3	16.3	15.5	15.2
Italy/Italie	5.7	6.2	6.2	6.9	6.7	6.4	6.4	7.6	7.0	7.4	USA/Etats–Unis d'Amer	12.3	15.8	15.7	12.1	10.9	10.2	13.8	14.6	16.6	15.7
United Kingdom	11.9	11.3	10.9	9.8	9.6	8.7	6.9	7.4	6.3	6.5	Japan/Japon	12.3	13.0	11.7	11.3	10.5	10.2	9.3	8.8	9.2	9.3
USA/Etats–Unis d'Amer	6.0	6.5	7.9	6.4	5.7	5.8	5.2	5.7	5.4	6.1	Belgium–Luxembourg	9.7	8.5	9.1	9.8	9.9	7.3	8.0	9.0	9.0	9.3
Netherlands/Pays–Bas	5.6	6.8	6.7	6.3	5.7	5.3	5.3	5.7	5.3	5.8	United Kingdom	7.3	7.2	7.0	6.6	7.0	7.4	6.8	6.7	6.4	5.9
China/Chine					2.3	4.3	5.1	3.0	3.4	3.2	Italy/Italie	3.2	3.7	4.4	4.8	4.8	5.1	5.3	5.4	4.7	4.8
Belgium–Luxembourg	3.9	4.1	4.5	4.2	3.5	3.3	3.5	3.9	3.8	3.8	Korea Republic	0.5	0.0	0.0	0.0	2.5	3.5	3.8	4.0	4.1	4.8
Canada	4.7	5.2	4.9	3.8	3.3	3.5	3.4	3.3	3.5	3.7	France, Monac	4.5	4.1	4.3	4.5	4.4	3.6	3.8	3.8	3.6	3.7
Japan/Japon	2.5	2.9	2.3	2.2	2.0	3.2	3.3	3.0	3.5	3.4	Switz. Liecht				x1.3	x1.5	2.0	2.0	2.2	2.5	2.4

58231 — IN PRIMARY FORMS / SOUS FORMES PRIMAIRES 58231

TRADE BY COMMODITY IN THOUSAND U.S. DOLLARS — COMMERCE PAR PRODUIT EN MILLIERS DE DOLLARS E.U

COUNTRIES–PAYS	1988	1989	1990	1991	1992	COUNTRIES–PAYS	1988	1989	1990	1991	1992
Total	3555882	4250399	4673970	4868057	5207195	Totale	x3586688	4061827	4587683	4593966	5020027
Africa	x85020	x120633	x108108	x107472	x88702	Afrique	x4168	x6910	x9851	x14926	x14701
Northern Africa	x38067	x46957	x45102	x41952	x30299	Afrique du Nord	x3	423	65	x77	x87
Americas	x246810	x304459	x394281	454238	x559732	Amériques	589079	646158	782653	899442	938234
LAIA	x27403	67148	115526	155019	x181672	ALAI	x42685	58969	99610	91061	94397
CACM	x2806	x6992	x9522	x10799	x11959	MCAC	x36	x415	x251	x93	x71
Asia	816389	1000187	899942	1021061	x1134590	Asie	472207	532169	562222	578917	694188
Middle East	x90284	x81555	x108344	x103375	x113341	Moyen–Orient	25186	x18477	32560	33610	29700
Europe	2125314	2476788	3093053	2958215	3290497	Europe	2460434	2822901	3201311	3075334	3344358
EEC	1730718	2061987	2588431	2505247	2799521	CEE	2250726	2583805	2935987	2805341	3052304
EFTA	361523	385040	465443	424956	467127	AELE	202100	222093	256688	265392	281106
Oceania	x86591	x102860	x94720	x85791	x91434	Océanie	x13062	18264	x14377	17110	x20940
Germany/Allemagne	396953	499439	620213	606055	683289	Germany/Allemagne	875554	877298	971965	899627	987100
France, Monac	209093	350611	457571	447701	494966	Netherlands/Pays–Bas	724702	822977	908195	876958	932753
Italy/Italie	263695	288691	399577	387884	442110	USA/Etats–Unis d'Amer	x536895	581667	658817	775493	787269
United Kingdom	309036	277775	326949	293976	317014	Belgium–Luxembourg	138026	232810	311336	337512	400298
Netherlands/Pays–Bas	195204	224552	255829	257336	303507	Italy/Italie	211783	266045	297703	260681	271886
China/Chine	216067	292365	191065	217172	216258	United Kingdom	198295	236327	256805	247630	262686
Belgium–Luxembourg	138083	171826	207362	204467	226331	Japan/Japon	213789	233430	251156	251900	297278
Japan/Japon	126832	150555	147079	189892	197144	Korea Republic	81845	113397	154937	135518	181107
Hong Kong	163177	185337	130182	170331	206822	France, Monac	53485	85268	114586	116623	126752
Switz.Liecht	110466	126160	155679	149772	158662	Hong Kong	95175	119484	75258	100196	129748
Former USSR/Anc. URSS	x120555	x172776	x50474	x206571		Switz.Liecht	66487	70258	87504	97299	104683
Canada	120371	129387	144380	151838	179410	Austria/Autriche	59103	65813	70665	87494	93766
Spain/Espagne	102413	121545	155323	138990	136945	Norway,SVD,JM	59683	62007	72975	63071	65672
Austria/Autriche	100261	106540	125147	120267	135174	Spain/Espagne	21010	29558	35775	38100	41944
USA/Etats–Unis d'Amer	x91391	91870	113310	123985	173387	Mexico/Mexique	33625	35495	30139	31368	30536
Sweden/Suède	86411	83283	97446	88343	97237	Turkey/Turquie	22113	14518	30680	32306	28913
Australia/Australie	70748	81530	71927	60590	64016	Finland/Finlande	16828	24014	25543	17527	16985
Denmark/Danemark	56259	58512	76443	76250	86624	Canada	8628	5022	23860	32498	56238
Korea Republic	65297	79037	62095	69437	66977	Singapore/Singapour	8344	15914	17609	18407	18399
Israel/Israël	35768	43964	61290	61224	71924	Venezuela	641	784	35763	12295	6571
Singapore/Singapour	29345	37158	50839	58411	70252	Brazil/Brésil	x8267	13077	17177	13897	17339
Indonesia/Indonésie	39662	53498	47771	40634	47749	Colombia/Colombie	x17	x5309	x12292	26408	29209
Finland/Finlande	35165	38612	48132	34637	38807	Ireland/Irlande	10959	15352	15735	8313	9270
Brazil/Brésil	x5708	22780	38232	44698	37857	Denmark/Danemark	11897	11990	14216	11308	10750
Ireland/Irlande	23830	27104	35199	34508	39663	Indonesia/Indonésie	19589	12512	10698	11364	8247
Norway,SVD,JM	27865	29123	37523	29769	35571	Thailand/Thaïlande	4061	8092	6370	15905	x7193
Thailand/Thaïlande	16788	25420	34259	34949	51267	Yugoslavia SFR	7514	16930	8628	x4546	
Yugoslavia SFR	31713	28006	35685	x25646		So. Africa Customs Un	x3251	x6045	x8482	x14083	x14445
Greece/Grèce	19179	23593	30844	34757	x39451	Former GDR	x29549	x21617	x6678		
Iran (Islamic Rp. of)	x15095	x15992	x33790	x32421	x36551	Australia/Australie	9637	12384	6030	9164	12677
Mexico/Mexique	12452	21484	23189	36315	39516	New Zealand	3421	5879	8316	7946	8247
Malaysia/Malaisie	19020	19773	24789	30761	x40164	Malaysia/Malaisie	3611	3751	5341	4945	x5915
Turkey/Turquie	17776	24555	25476	20960	24766	Portugal	2668	3287	5565	4738	8183
So. Africa Customs Un	19663	23554	20620	x23099	x23673	Argentina/Argentine	69	3669	3732	5202	5601
Portugal	16974	18339	23120	23324	29622	China/Chine	6550	2773	4428	4348	14168
New Zealand	13118	17900	18184	20168	24295	Greece/Grèce	2346	2893	4106	3853	x683
Nigeria/Nigéria	x11152	x24015	x16701	x14552	x10489	Poland/Pologne	2919	x4494	x2074	x3037	x3649
Algeria/Algérie	x12444	x16626	x17838	x14663	x2739	Bulgaria/Bulgarie	x6354	x4013	x2743	x576	x635
Egypt/Egypte	x11053	x15450	x15279	x16853	x12730	Israel/Israël	3922	3518	2134	1054	766
Pakistan	1290	9189	19688	18157	18217	Czechoslovakia	x4316	x1818	x2358	x2311	x1625
Czechoslovakia	x18507	21351	12238	x10396	x16697	Hungary/Hongrie	x2062	x2003	x2421	x929	x1352
United Arab Emirates	x16179	x10344	x14875	x12451	13791	United Arab Emirates	x1736	x2406	x1179	x398	x217
Argentina/Argentine	x3438	7929	9356	18317	27023	Uruguay	x30	x579	x281	x1792	x4460
India/Inde	7068	12063	11533	11903	x17648	Former USSR/Anc. URSS	x2296	x696	x577	x1262	
Hungary/Hongrie	x10704	x11295	x8814	14035	x11133	Saudi Arabia	x906	x699	x536	x707	x385
Saudi Arabia	x10425	x6959	x11708	x13662	x14447	Korea Dem People's Rp	x22	x214			
Chile/Chili	655	636	8134	14560	x22158	Romania/Roumanie	x243	x783	x418	x817	x955
Peru/Pérou	64	6287	8674	7735	x9460	Zimbabwe			672	122	x346
Kenya	1366	x8940	6580	x6931	x5537	Kenya	856	x382	631	x32	x32
Former GDR	x24149	x17397	x3586			Qatar	x387	x811	x61	x61	x27

(VALUE AS % OF TOTAL) (VALEUR EN % DU TOTAL)

	1983	1984	1985	1986	1987	1988	1989	1990	1991	1992		1983	1984	1985	1986	1987	1988	1989	1990	1991	1992
Africa	x1.9	x3.2	x2.9	x5.1	x3.5	x2.4	x2.9	x2.3	x2.2	x1.7	Afrique	x0.0	x0.1	x0.1	x0.3	x0.3	x0.1	x0.1	x0.2	x0.3	x0.3
Northern Africa	x0.7	x1.7	x1.4	x3.0	x1.3	x1.1	x1.1	x1.0	x0.9	x0.6	Afrique du Nord				0.0	0.0	x0.0	0.0	0.0	x0.0	x0.0
Americas	x14.4	x14.3	x8.7	x8.5	x7.4	x7.0	x7.2	x8.4	9.4	x10.8	Amériques	x11.3	x15.3	x0.3	x15.0	x13.1	x16.4	15.9	17.1	19.6	18.7
LAIA	x5.9	x4.5	x2.3	x1.4	x1.3	x0.8	1.6	2.5	3.2	x3.5	ALAI	x1.4	x1.2	x0.3	x0.4	x1.2	1.5	2.2	2.2	2.0	1.9
CACM	x1.6	x2.1	x0.3	x0.2	x0.1	x0.2	x0.2	x0.2	x0.2	x0.2	MCAC		x0.0	x0.0	x0.0	x0.0	x0.0	x0.0	x0.0	x0.0	x0.0
Asia	x20.2	x19.2	x19.4	x15.1	16.6	23.0	23.6	19.3	21.0	x21.8	Asie	7.5	x6.9	8.8	x7.8	9.4	13.2	13.1	12.2	12.6	13.8
Middle East	x6.1	x4.8	x6.5	x4.5	x2.6	x2.5	x1.9	x2.3	x2.1	x2.2	Moyen–Orient	x0.0	x0.2	0.9	x1.0	1.3	0.7	x0.5	0.7	0.7	0.6
Europe	62.5	61.9	67.6	70.4	67.3	59.8	58.3	66.2	60.8	63.2	Europe	80.9	77.4	90.6	76.8	76.4	68.6	69.5	69.8	66.9	66.6
EEC	55.4	55.4	61.4	58.4	56.4	48.7	55.4	51.5	53.8	CEE		76.5	73.2	86.2	72.1	70.8	62.8	63.6	64.0	61.1	60.8
EFTA	5.9	5.3	5.2	x11.3	x10.2	10.2	9.1	10.0	8.7	9.0	AELE	4.0	3.8	4.0	x4.5	x5.3	5.6	5.5	5.6	5.8	5.6
Oceania	1.0	x1.4	x1.3	x0.9	x0.9	x2.5	x2.4	x2.0	x1.8	x1.8	Océanie	x0.2	x0.3	x0.2	x0.1	x5.0	x0.4	0.4	x0.3	0.4	x0.4
Germany/Allemagne	11.0	10.4	13.6	13.9	12.5	11.2	11.8	13.3	12.4	13.1	Germany/Allemagne	34.2	32.2	36.0	26.5	25.4	24.4	21.6	21.2	19.6	19.7
France, Monac	9.7	8.7	9.2	8.9	9.0	5.9	8.2	9.8	9.2	9.5	Netherlands/Pays–Bas	23.1	21.6	26.4	25.6	24.4	20.2	20.3	19.8	19.1	18.6
Italy/Italie	6.9	7.3	7.4	7.6	7.6	7.4	6.8	8.5	8.0	8.5	USA/Etats–Unis d'Amer	x9.9	14.1		x14.5	12.7	14.5	14.3	14.4	16.9	15.7
United Kingdom	12.0	11.5	11.3	9.8	10.6	8.7	6.5	7.0	6.0	6.1	Belgium–Luxembourg	5.2	4.5	6.0	6.1	6.9	3.8	5.7	6.8	7.3	8.0
Netherlands/Pays–Bas	5.4	6.6	7.5	6.5	6.0	5.5	5.3	5.5	5.3	5.8	Italy/Italie	3.7	5.1	6.9	5.6	5.9	5.7	5.7	6.5	5.7	5.4
China/Chine					3.3	6.1	6.9	4.1	4.5	4.2	United Kingdom	5.5	5.5	6.5	5.6	5.9	6.5	6.5	6.5	5.7	5.4
Belgium–Luxembourg	4.2	5.0	5.8	5.0	3.8	3.9	4.0	4.4	4.4	4.3	Japan/Japon	6.7	6.0	6.8	4.8	4.4	6.0	5.7	5.5	5.5	5.2
Japan/Japon	3.0	3.7	2.7	2.5	2.3	3.6	3.3	3.1	3.9	3.8	Korea Republic	0.3			x1.1	1.9	2.3	2.8	3.4	2.9	5.9
Hong Kong	2.8	3.2	3.4	2.8	3.2	4.6	4.4	2.8	3.5	4.0	France, Monac	2.9	2.6	2.7	2.0	1.9	1.5	2.1	2.5	2.5	2.5
Switz.Liecht				x3.3	x2.8	3.1	3.0	3.3	3.1	3.0	Hong Kong	0.2	0.3	0.8	0.6	1.1	2.7	2.9	1.6	2.2	2.6

444

5824 POLYAMIDES

TRADE BY COMMODITY IN THOUSAND U.S. DOLLARS – COMMERCE PAR PRODUIT EN MILLIERS DE DOLLARS E.U

COUNTRIES–PAYS	IMPORTS – IMPORTATIONS					COUNTRIES–PAYS	EXPORTS – EXPORTATIONS				
	1988	1989	1990	1991	1992		1988	1989	1990	1991	1992
Total	2073840	2099113	2392799	2341443	2447305	Totale	1712311	1641713	1914773	1955841	2025432
Africa	x73874	x65237	x71200	x31900	x25856	Afrique	x538	x656	x595	x939	x809
Northern Africa	x7077	x8125	x6701	x9092	x7903	Afrique du Nord	5		2		x11
Americas	142836	x171863	x211921	238839	x239656	Amériques	205191	273170	300528	383951	389333
LAIA	42995	32718	39669	57940	56257	ALAI	21193	14964	29472	36253	29389
CACM	x391	x1685	x1649	x1216	x1047	MCAC		x3	x41	x2	x30
Asia	328960	347176	400227	430795	490679	Asie	150958	151203	191058	192575	202079
Middle East	x25663	x21825	x37487	32608	x39221	Moyen–Orient	1631	282	595	1015	2231
Europe	1398654	1365094	1620418	1556643	1629954	Europe	1336713	1199002	1407329	1367446	1424910
EEC	1205745	1244278	1474813	1430981	1499254	CEE	1191141	1190573	1399145	1362961	1418831
EFTA	164397	99508	117740	103684	112900	AELE	144259	7283	6930	3937	4919
Oceania	x58778	x61335	56337	47717	x47189	Océanie	x352	333	442	1292	1183
Germany/Allemagne	419262	426781	520200	505824	562212	Germany/Allemagne	587175	599898	698353	697218	699528
France,Monac	175368	187108	223602	213589	244221	Netherlands/Pays–Bas	326263	296847	380682	374089	370181
Italy/Italie	197917	193211	222360	200823	168544	USA/Etats–Unis d'Amer	166222	223171	226544	303768	314435
Japan/Japon	134724	159593	159640	178961	172293	Italy/Italie	145987	153366	166531	153475	173553
United Kingdom	147686	154978	170591	164638	179818	Belgium–Luxembourg	122242	129849	142695	128986	163310
USA/Etats–Unis d'Amer	65578	89880	118684	129206	118527	Japan/Japon	99352	99382	126013	131487	141706
Spain/Espagne	72822	84818	95682	91565	91339	Canada	17766	35012	44446	43926	45463
Netherlands/Pays–Bas	68244	70369	81543	97247	100354	Korea Republic	17306	17163	25563	18113	15721
Belgium–Luxembourg	59950	65431	81815	91815	100354	Mexico/Mexique	13133	8612	21290	26916	20120
Australia/Australie	53738	55063	49824	41969	39519	Israel/Israël	16961	19603	20245	16763	11061
So. Africa Customs Un	64318	55866	62232	x19558	x16208	Hong Kong	7710	6511	9618	14015	15425
Canada	33105	43509	45970	45302	56347	Spain/Espagne	5805	8094	9478	7778	9537
Korea Republic	32988	38333	42524	52224	61166	Singapore/Singapour	7401	7777	7683	9695	14115
Austria/Autriche	32890	33689	42335	40729	45773	Sweden/Suède	2510	3479	3893	2121	2309
Hong Kong	29150	28639	34547	46721	49811	Czechoslovakia	x2663	x2931	x3700	x2152	x4617
Sweden/Suède	39335	35236	39376	33673	35097	Brazil/Brésil	3076	2933	2701	2851	4170
Denmark/Danemark	35234	31863	34407	35059	35051	Former USSR/Anc. URSS	x1408	x2355	x3134	x2887	
Indonesia/Indonésie	28240	29312	37066	34728	47230	Colombia/Colombie	4700	2013	3136	2960	2933
Former USSR/Anc. URSS	x34470	x52430	x15442	x23470		Argentina/Argentine	271	1369	2255	3023	1897
Finland/Finlande	25654	25605	29405	23810	26485	Romania/Roumanie	x3148	x4329	x994	407	x156
Turkey/Turquie	19372	15090	30438	29269	33139	Hungary/Hongrie	x680	x933	x2919	x1705	x841
China/Chine	31741	21900	22031	16505	35323	Former GDR	x8002	x4684	x870		
Yugoslavia SFR	25620	18732	21324	x16447		Austria/Autriche	954	1879	2235	1282	1604
Singapore/Singapour	16637	12378	21522	18509	20117	Poland/Pologne		532	1056	2404	x1211
Brazil/Brésil	11503	13822	14565	24003	18636	Bulgaria/Bulgarie	x2655	x1585	x2150	x84	x274
Thailand/Thaïlande	8862	9314	14308	18910	18751	Denmark/Danemark	3482	2091	993	672	1332
Portugal	11434	11217	13798	12697	14014	Yugoslavia SFR	1297	1103	1246	x518	
Greece/Grèce	9842	10052	10563	9491	x5842	Norway,SVD,JM	609	1579	703	463	751
Ireland/Irlande	7987	8450	10355	8233	10308	So. Africa Customs Un	x502	x654	x577	x939	x797
Czechoslovakia	x9924	14164	7545	x2931	x4321	China/Chine	361	275	734	967	678
Mexico/Mexique	4970	5170	6413	9154	11164	Turkey/Turquie	1597	273	506	963	2156
Argentina/Argentine	4974	4130	5643	10402	9801	Australia/Australie	225	330	414	895	1014
Malaysia/Malaisie	3880	4894	6512	7331	x9403	Ireland/Irlande	117	196	53	480	1221
Philippines	2610	x6309	7139	5031	6036	India/Inde	130	x16	435	140	x32
New Zealand	4834	6054	6395	5718	7656	Portugal	20	169	281	118	112
Norway,SVD,JM	4429	4662	6063	5284	5484	New Zealand	77	4	28	397	170
Israel/Israël	4988	3783	5761	5616	6771	Finland/Finlande	210	283	77	57	139
Poland/Pologne	6023	7212	4009	3821	x5753	Venezuela	x11	37	78	234	103
Malta/Malte	x2888	x2575	6513	x5529	x6076	Greece/Grèce	50	64	78	145	x58
Bangladesh	x3808	x5656	x4010	x4827	x5855	Malaysia/Malaisie	20	48	72	74	x277
Hungary/Hongrie	x5841	x5281	x2918	3775	x1846	Philippines	26	x54	23	99	47
Egypt/Egypte	x3110	x4396	x2464	x4261	x4108	Thailand/Thaïlande	7	28	44	95	x163
India/Inde	1707	x2354	4586	3612	x10512	Uruguay				x163	x126
Iran (Islamic Rp of)	x3158	x2228	x4769	x2009	x3986	Korea Dem People's Rp		x36		x100	x17
Peru/Pérou	4432	1734	3669	2631	x2731	Saudi Arabia	x7		x71	x50	x37
Bulgaria/Bulgarie	x7749	x4913	x1037	x974	1471	Chile/Chili			1	102	x40
Dominican Republic	x35	x2268	x3037	x1590	x940	Iceland/Islande	154	63	23	14	116
Ecuador/Equateur	1484	1940	1746	2739	2642	Malta/Malte	x4	x44	3	x5	
Chile/Chili	1533	2199	1747	2160	x2754	Costa Rica			x41	x2	x2
Colombia/Colombie	1999	1312	1795	2532	3337	Indonesia/Indonésie	45	24	12	6	179

(VALUE AS % OF TOTAL)(VALEUR EN % DU TOTAL)

	1983	1984	1985	1986	1987	1988	1989	1990	1991	1992		1983	1984	1985	1986	1987	1988	1989	1990	1991	1992
Africa	x5.0	x5.8	x5.0	x3.4	x3.7	x3.6	x3.1	x3.0	x1.3	1.1	Afrique	0.1	0.1	x0.3	x0.0	x0.0	x0.0	x0.0	x0.0	x0.0	x0.0
Northern Africa	x0.2	0.3	0.4	0.5	0.5	0.3	0.4	0.3	0.4	0.3	Afrique du Nord				0.0						
Americas	10.6	x10.0	9.5	7.2	6.5	6.9	8.2	8.9	10.2	x9.7	Amériques	x4.9	x6.0	x3.9	4.7	5.3	11.9	16.6	15.7	19.7	19.3
LAIA	x4.5	x3.6	x3.0	x2.4	x2.2	2.1	1.6	1.7	2.5	2.3	ALAI	x0.1	x0.3	x0.1	0.2	x0.4	1.2	0.9	1.5	1.9	1.5
CACM	x0.3	x0.2	x0.1	x0.1	x0.1	x0.0	x0.1	x0.1	x0.0	x0.0	MCAC		x0.2	x0.0	x0.0	x0.0		x0.0	x0.0	x0.0	x0.0
Asia	x11.9	x12.2	x12.1	x11.8	x11.7	x12.5	15.8	16.6	16.7	18.4	20.0	Asie	6.4	7.2	7.0	7.0	6.7	8.8	9.2	9.9	9.9	9.9
Middle East	x1.3	x1.2	x1.8	x1.3	x1.4	x1.2	x1.0	x1.6	1.4	x1.6	Moyen–Orient	x0.0	x0.0	x0.0	x0.0	0.0	0.1	0.0	0.0	0.1	0.1
Europe	68.5	67.3	69.9	74.6	67.4	67.4	65.0	67.7	66.5	66.6	Europe	88.5	86.7	88.8	88.4	87.2	78.1	73.0	73.5	69.9	70.4
EEC	62.1	60.6	63.6	63.7	57.2	58.1	59.3	61.6	61.1	61.3	CEE	88.2	86.3	88.4	83.1	82.4	69.6	72.5	73.1	69.7	70.1
EFTA	4.3	4.4	4.5	x9.5	x9.0	7.9	4.7	4.9	4.4	4.6	AELE	0.3	0.4	0.4	x5.3	x4.8	8.4	0.4	0.4	0.2	0.2
Oceania	x4.1	x4.6	x4.4	x3.0	x3.0	x2.8	x2.9	2.3	2.0	x1.9	Océanie		x0.0	x0.0		x0.0				0.1	0.1
Germany/Allemagne	26.3	24.3	25.7	25.1	21.1	20.2	20.3	21.7	21.6	23.0	Germany/Allemagne	28.4	27.4	27.0	27.2	25.5	34.3	36.5	36.5	35.6	34.5
France,Monac	9.3	9.2	9.5	10.3	8.7	8.5	8.9	9.3	9.1	10.0	Netherlands/Pays–Bas	17.4	15.5	15.5	14.2	12.0	19.1	18.1	19.9	19.1	18.3
Italy/Italie	6.6	7.1	7.5	7.7	7.8	9.5	9.2	9.3	8.6	6.9	USA/Etats–Unis d'Amer	4.8	5.5	3.8	3.8	4.4	9.7	13.6	11.8	15.5	15.5
Japan/Japon	5.3	5.8	5.0	4.9	4.7	6.5	7.6	6.7	7.6	7.0	Italy/Italie	5.1	5.3	6.0	5.2	8.5	9.3	8.7	7.8	8.6	
United Kingdom	7.0	7.2	7.1	6.2	5.9	7.1	7.4	7.1	7.0	7.3	Belgium–Luxembourg	3.4	4.0	4.0	4.6	4.4	7.1	7.9	7.5	6.6	8.1
USA/Etats–Unis d'Amer	2.9	3.4	3.2	2.5	2.5	3.2	4.3	5.0	5.5	4.8	Japan/Japon	5.9	6.8	6.5	6.0	5.2	5.8	6.1	6.6	6.7	7.0
Spain/Espagne	3.2	3.1	3.2	4.0	3.9	3.5	4.0	4.1	3.9	3.7	Canada				x0.6	x0.5	1.0	2.1	2.3	2.2	2.2
Netherlands/Pays–Bas	3.3	3.1	3.7	3.3	3.4	3.3	3.4	3.8	4.2	4.1	Korea Republic	0.1	0.2	0.1	0.0	0.6	1.0	1.0	1.3	0.9	0.8
Belgium–Luxembourg	2.6	2.9	3.0	3.0	3.0	2.9	3.1	3.4	3.9	4.1	Mexico/Mexique	x0.0	x0.1		x0.0	x0.2	0.8	0.5	1.1	1.4	1.0
Australia/Australie	3.9	4.3	4.1	2.8	2.9	2.6	2.6	2.1	1.8	1.6	Israel/Israël				x0.3	x0.5	1.0	1.2	1.1	0.9	0.5

445

58241 — IN PRIMARY FORMS / POLYAMIDES PRIMAIRES 58241

TRADE BY COMMODITY IN THOUSAND U.S. DOLLARS — COMMERCE PAR PRODUIT EN MILLIERS DE DOLLARS E.U

COUNTRIES–PAYS	IMPORTS 1988	1989	1990	1991	1992	COUNTRIES–PAYS	EXPORTS 1988	1989	1990	1991	1992
Total	1834863	2088968	2386501	2331429	2446087	Totale	1725657	1640592	1912622	1952871	2025429
Africa	x69573	x64596	x70692	x29794	x25247	Afrique	x527	x654	x595	x939	x806
Northern Africa	x5062	x7488	x6194	x6987	x7294	Afrique du Nord	5				x8
Americas	x119350	x169608	x211493	238257	x239048	Amériques	x222466	x273510	300183	383951	389333
LAIA	x17032	30472	39240	57359	55648	ALAI	x18264	x15314	29128	36253	29388
CACM	x63	x1685	x1649	x1216	x1047	MCAC			x3	x41	x2	x30
Asia	293948	340050	394898	424989	490679	Asie	148359	149743	189251	190106	202079
Middle East	x7392	x21825	x37485	32601	x39221	Moyen–Orient	787	282	595	1015	2231
Europe	1223287	1365094	1620418	1556643	1629954	Europe	1336701	1199002	1407329	1367446	1424910
EEC	1030377	1244278	1474813	1430981	1499254	CEE	1191141	1190573	1399145	1362961	1418831
EFTA	164397	99508	117740	103684	112900	AELE	144259	7283	6930	3937	4919
Oceania	x58744	x61212	x56304	47717	x47189	Océanie	x352	333	442	1292	1183
Germany/Allemagne	419262	426781	520200	505824	562212	Germany/Allemagne	587175	599898	698353	697218	699528
France, Monac		187108	223602	213589	244221	Netherlands/Pays-Bas	326263	296847	380682	374089	370181
Italy/Italie	197917	193211	222360	200823	168544	USA/Etats–Unis d'Amer	x186427	223171	226544	303768	314435
Japan/Japon	134724	159593	159640	178961	172293	Italy/Italie	145987	153366	166531	153475	173553
United Kingdom	147686	154978	170591	164638	179818	Belgium–Luxembourg	122242	129849	142695	128986	163310
USA/Etats–Unis d'Amer	x68982	89880	118684	129206	118527	Japan/Japon	99352	99382	126013	131487	141706
Spain/Espagne	72822	84818	95682	91565	91339	Canada	17766	35012	44446	43926	45463
Netherlands/Pays-Bas	68244	70369	91713	97247	87551	Korea Republic	17306	17163	25563	43926	45463
Belgium–Luxembourg	59950	65431	81543	91815	100354	Mexico/Mexique	12895	8612	21290	18113	15721
Australia/Australie	53738	55063	49824	41969	39519	Israel/Israël	16961	19603	20245	26916	20120
So. Africa Customs Un	62255	55866	62232	x19558	x16208	Hong Kong	7139	5311	8438	16763	11061
Canada	33105	43509	45970	45302	56347	Spain/Espagne	5805	8094	9478	12423	15425
Korea Republic	32988	38333	42524	52224	61166	Singapore/Singapour	6435	7777	7683	7778	9537
Austria/Autriche	32890	33689	42335	40729	45773	Sweden/Suède	2510	3479	3893	9695	14115
Sweden/Suède	39335	35236	39376	33673	35097	Czechoslovakia	x2663	x2931	x3700	2121	2309
Hong Kong	27916	26633	32486	44386	49811	Colombia/Colombie	x4693	x2555	x3111	x2152	x4617
Denmark/Danemark	35234	31863	34407	35059	35051	Brazil/Brésil	x643	2933	2701	2960	2933
Indonesia/Indonésie	27776	29312	37066	34728	47230	Former USSR/Anc. URSS	x1259	x2355	x3134	2851	4170
Former USSR/Anc. URSS	x34470	x52430	x15442	x23470		Argentina/Argentine	32	1187	1935	x2822	
Finland/Finlande	25654	25605	29405	23810	26485	Romania/Roumanie	x3148	x4329	x994	3023	1897
Turkey/Turquie	1375	15090	30438	29269	33139	Hungary/Hongrie	x680	x933	x2919	407	x156
Yugoslavia SFR	25620	18732	21324	x16447		Former GDR	x6845	x4684	x870	x1705	x841
Singapore/Singapour	12217	12378	21522	18509	20117	Austria/Autriche	954	1879	2235	1282	1604
Brazil/Brésil	x2786	13822	14565	24003	18636	Bulgaria/Bulgarie	x2655	x1585	x2150	x84	x274
China/Chine	21802	16954	19033	13042	10862	Denmark/Danemark	3482	2091	993	672	1332
Thailand/Thaïlande	8862	9314	14308	18910	35323	Poland/Pologne		x532	x1056	x1968	x1211
Portugal	11434	11217	13798	12697	18751	Yugoslavia SFR	1297	1103	1246	x518	
Greece/Grèce	9842	10052	10563	9491	14014	Norway, SVD, JM	609	1579	703	463	751
Ireland/Irlande	7987	8450	10355	8233	x5842	So. Africa Customs Un	x496	x654	x577	x939	x797
Czechoslovakia	x9924	14164	7545	x2931	10308	Turkey/Turquie	780	273	506	963	2156
Mexico/Mexique	4970	5170	6413	9154	11164	Australia/Australie	225	330	414	895	1014
Argentina/Argentine	127	3802	5375	9820	9801	Ireland/Irlande	117	196	53	480	1221
Malaysia/Malaisie	3880	4894	6512	7331	x9403	India/Inde	130	x13	435	140	x32
Philippines	2460	x6295	6869	5031	6036	Portugal	20	169	281	118	112
New Zealand	4834	6054	6395	5718	7656	New Zealand	77	4	28	397	170
Norway, SVD, JM	4429	4662	6063	5284	5484	Finland/Finlande	210	283	77	57	139
Israel/Israël	4988	3783	5761	5616	6771	Venezuela		27	78	234	103
Malta/Malte	x2888	x2575	6513	x5529	x6076	Greece/Grèce	50	64	78	145	x58
Bangladesh	x3807	x5656	x4010	x4827	x5855	China/Chine	174	19	122	90	678
Poland/Pologne	x6020	x7212	x4009	x2589	x5753	Malaysia/Malaisie	20	48	72	74	x277
Hungary/Hongrie	x5066	x5281	x2918	3775	x1846	Thailand/Thaïlande	7	28	44	95	x163
Egypt/Egypte	x3106	x4396	x2464	x4261	x4108	Uruguay				x163	x126
India/Inde	1707	x2354	4586	3612	x10512	Philippines	0	x54	8	99	47
Iran (Islamic Rp. of)	x3158	x2228	x4769	x2009	x3986	Korea Dem People's Rp		x36		x100	x17
Peru/Pérou	3943	1734	3669	2631	x2731	Saudi Arabia	x7		x71	x50	x37
Dominican Republic	x20	x2268	x3037	x1590	x940	Chile/Chili	2	1	1	102	x40
Bulgaria/Bulgarie	x7749	x4913	x1037	x685	1471	Iceland/Islande	154	63	23	14	116
Ecuador/Equateur	1165	1675	1746	2739	2642	Malta/Malte	x4	x44	3	x5	
Chile/Chili	1533	2199	1747	2160	x2754	Costa Rica				x41	x2
Colombia/Colombie	x1042	x1220	x1720	2532	3337	Indonesia/Indonésie	45	24	12		179

(VALUE AS % OF TOTAL) (VALEUR EN % DU TOTAL)

	1983	1984	1985	1986	1987	1988	1989	1990	1991	1992		1983	1984	1985	1986	1987	1988	1989	1990	1991	1992
Africa	x5.4	x11.6	x5.7	3.2	1.9	x3.8	3.1	3.0	x1.2	1.1	Afrique	x0.1	x0.3	x0.3	x0.0	x0.0	x0.0	x0.0	x0.0	x0.0	x0.0
Northern Africa	x0.1	x0.3	x0.4	0.4	0.5	x0.3	x0.3	x0.3	x0.3	x0.3	Afrique du Nord						0.0				x0.0
Americas	x9.5	x8.1	x4.9	x7.6	x7.4	x6.5	8.1	8.9	10.2	x9.7	Amériques	x4.4	x5.1	x0.1	x4.6	x5.3	12.9	x16.6	15.7	19.7	19.3
LAIA	x4.1	x3.1	x2.3	x1.7	x1.4	x0.9	1.5	1.6	2.5	2.3	ALAI	x0.0	x0.1	x0.1	x0.1	x0.4	x1.1	x0.9	1.5	1.9	1.5
CACM	x0.3	x0.1	x0.0	x0.0	x0.0	x0.1	x0.1	x0.1	x0.1	x0.0	MCAC				x0.0			x0.0	x0.0	x0.0	x0.0
Asia	x12.3	x12.2	x12.0	11.6	x12.4	16.0	16.3	16.5	18.2	20.0	Asie	4.7	4.8	4.7	4.9	5.1	8.6	9.2	9.8	9.7	9.9
Middle East	x1.2	x1.1	x1.0	x0.4	x0.8	x0.4	x1.0	x1.6	1.4	x1.6	Moyen–Orient	x0.0	x0.0	x0.0	x0.0	x0.0	x0.0	x0.0	x0.0	x0.0	0.1
Europe	68.7	63.8	73.0	74.6	67.5	66.7	65.3	67.9	66.8	66.6	Europe	90.7	89.8	95.0	90.4	88.9	77.5	73.1	73.6	70.0	70.4
EEC	62.4	57.5	66.5	64.8	58.2	56.2	59.6	61.8	61.4	61.3	CEE	90.5	89.5	94.7	85.5	84.4	69.0	72.6	73.2	69.8	70.1
EFTA	4.0	4.0	4.4	x8.3	x8.1	9.0	4.8	4.9	4.4	4.6	AELE	0.2	0.2	0.3	x4.9	x4.5	8.4	0.4	0.4	0.2	0.2
Oceania	4.1	x4.4	x4.6	x3.0	x3.1	x3.2	x2.9	x2.4	2.0	x1.9	Océanie	x0.0	x0.0	x0.0	x0.0	x0.0	x0.0			0.1	0.1
Germany/Allemagne	28.1	24.5	28.2	26.8	22.4	22.8	20.4	21.8	21.7	23.0	Germany/Allemagne	27.5	26.7	27.0	26.1	24.8	34.0	36.6	36.5	35.7	34.5
France, Monac	8.5	7.8	9.1	9.7	8.4	9.0	9.4	9.2	10.0		Netherlands/Pays–Bas	19.0	17.2	17.7	15.6	13.4	18.9	18.1	19.9	19.2	18.3
Italy/Italie	6.8	6.8	8.0	8.1	10.8	9.2	9.3	8.6	6.9		USA/Etats–Unis d'Amer	x4.4	x5.0		x4.4	x4.8	x10.8	13.6	11.8	15.6	15.5
Japan/Japon	5.8	6.2	5.8	5.6	5.4	7.3	7.6	6.7	7.7	7.0	Italy/Italie	4.4	4.7	5.8	5.6	4.9	8.5	9.3	8.7	7.9	8.6
United Kingdom	6.7	6.5	7.1	6.1	5.9	8.0	7.4	7.1	7.1	7.4	Belgium–Luxembourg	2.7	3.5	3.6	4.2	4.2	7.1	7.9	7.5	6.6	8.1
USA/Etats–Unis d'Amer	x2.4	x2.5		x3.8	x4.4	x4.3	5.0	5.5	5.5	4.8	Japan/Japon	4.2	4.4	4.2	4.0	4.4	5.8	6.1	6.6	6.7	7.0
Spain/Espagne	3.0	2.8	3.2	3.9	3.7	4.0	4.1	4.0	3.9	3.7	Canada				x0.1	x0.1	1.0	2.1	2.3	2.2	2.2
Netherlands/Pays–Bas	3.0	2.8	3.7	3.2	3.3	3.7	3.4	3.8	4.2	3.6	Korea Republic	0.1	0.2	0.1	0.4	0.7	1.0	1.0	1.3	0.9	0.8
Belgium–Luxembourg	2.4	2.7	3.2	3.1	3.0	3.3	3.1	3.4	3.9	4.1	Mexico/Mexique	x0.0	x0.0	x0.0	x0.1	0.7	0.5	1.1	1.1	1.4	1.0
Australia/Australie	3.9	4.1	4.2	2.8	3.0	2.9	2.6	2.1	1.8	1.6	Israel/Israël			x0.2	x0.3	1.0	1.0	1.2	1.1	0.9	0.5

446

5831 POLYETHYLENE

TRADE BY COMMODITY IN THOUSAND U.S. DOLLARS – COMMERCE PAR PRODUIT EN MILLIERS DE DOLLARS E.U

COUNTRIES–PAYS	IMPORTS – IMPORTATIONS					COUNTRIES–PAYS	EXPORTS – EXPORTATIONS				
	1988	1989	1990	1991	1992		1988	1989	1990	1991	1992
Total	12006820	11142120	12225094	13064332	12695759	Totale	11585674	10795999	11858285	12511906	12116881
Africa	x531233	x489680	x374105	x452702	x412903	Afrique	x6885	x11658	x12521	x19833	x19730
Northern Africa	x248614	x283209	x209720	x271432	x195705	Afrique du Nord	x2241	2961	1416	3264	x1376
Americas	1124939	1196126	1254501	1315360	x1432137	Amériques	2093527	2070034	2138279	2546913	2338276
LAIA	466633	441100	350336	473182	497149	ALAI	193041	341506	334046	312087	279695
CACM	x22066	43510	33691	34364	x104106	MCAC	5979	4715	4362	5522	x6699
Asia	3350696	x2404774	2186134	2700228	x3527264	Asie	x2057349	x1890242	x1960591	x2221007	x2545792
Middle East	x181421	x237868	x263580	x260723	x305104	Moyen–Orient	x915864	x936606	x896176	x821337	x681007
Europe	6581144	6467349	8146553	7910918	7138348	Europe	6676017	6260064	7279041	7350089	6906731
EEC	5699581	5606633	6964735	6851998	6180429	CEE	5713069	5302786	5892245	6017214	5648784
EFTA	842274	829107	1124588	1020301	908498	AELE	880632	882346	1287123	1252192	1156163
Oceania	x141365	x142562	x141747	x134557	x108117	Océanie	12014	11287	x18698	x27009	x26000
Germany/Allemagne	1352110	1268184	1602531	1692054	1564163	Germany/Allemagne	1392027	1261444	1487982	1542336	1459964
United Kingdom	1116463	989282	1200474	1122545	982274	Belgium–Luxembourg	1231097	1214041	1433482	1432017	1336480
France, Monac	796555	819628	1076467	1029073	941993	USA/Etats–Unis d'Amer	1134508	1105146	1130339	1504849	1325405
Italy/Italie	755629	760757	909818	877858	772746	Netherlands/Pays–Bas	1048071	987270	1241912	1123609	1014822
Belgium–Luxembourg	522211	532901	634426	612284	551984	France, Monac	918777	792219	852328	841524	804404
USA/Etats–Unis d'Amer	436240	481661	631251	534442	539427	Canada	754984	613648	667580	721534	724281
Netherlands/Pays–Bas	459145	469520	583258	568558	502130	Saudi Arabia	x681955	x659261	x686102	x639112	x567831
China/Chine	1354322	609957	333897	585016	1127332	Sweden/Suède	440862	448123	538653	522902	501042
Hong Kong	478779	290353	260595	402767	595759	Singapore/Singapour	437848	359206	338031	403937	313461
Former USSR/Anc. URSS	x193311	x371263	x88275	x487037		Japan/Japon	337758	337157	348039	391509	438998
Sweden/Suède	292265	294656	325613	294566	249773	Italy/Italie	450800	449707	112487	495455	460926
Spain/Espagne	172649	238332	324012	332839	313317	Spain/Espagne	262137	223820	263648	269897	247903
Switz.Liecht	251903	232611	275201	261590	235248	Austria/Autriche	51918	59863	323704	342905	295464
Denmark/Danemark	277331	234796	274189	255757	228859	United Kingdom	225196	228801	286117	122716	146310
Indonesia/Indonésie	222988	192131	211749	257993	273300	Norway, SVD, JM	200855	192489	213557	190766	182535
India/Inde	204533	x144909	220383	238139	x239403	Hong Kong	279797	160863	151074	248580	456401
Canada	149194	171593	191054	204752	234544	Brazil/Brésil	69597	205465	155763	184823	167332
Greece/Grèce	136050	173202	190480	188050	x152253	Qatar	x113363	174029	156700	128047	x57536
Malaysia/Malaisie	107662	134635	171573	192502	x255413	Korea Republic	16473	35004	121856	224226	537883
Austria/Autriche	33832	34983	234364	219420	203443	Finland/Finlande	128430	117975	132868	119491	101654
Mexico/Mexique	142725	178527	148559	160520	197863	Czechoslovakia	x148749	x119513	x134733	x113161	x94243
Finland/Finlande	150253	163602	172155	135167	121419	Portugal	109839	73866	134645	106669	101338
Singapore/Singapour	183651	151027	132845	148264	126811	Hungary/Hongrie	x100672	x93131	x100566	x102783	x116912
Korea Republic	143533	161760	120527	100939	59575	Former USSR/Anc. URSS	x147671	x136632	x83966	x68933	
Japan/Japon	112359	129810	104450	125125	101444	Yugoslavia SFR	82296	74712	97429	x78996	
Thailand/Thaïlande	96242	107430	100981	104275	98446	Switz.Liecht	58558	63887	78189	76065	75458
Philippines	85918	x77649	115323	114209	90327	Denmark/Danemark	67715	62516	69974	68978	65207
Norway, SVD, JM	98073	92903	104860	97890	115428	Turkey/Turquie	103807	90755	39369	39789	39546
Ireland/Irlande	75443	76762	92098	90606	76682	Argentina/Argentine	104426	67920	60222	39420	44776
New Zealand	82029	78217	72889	67521	69399	Israel/Israël	42971	33617	56875	60511	47256
Algeria/Algérie	82455	110048	35998	71161	x33228	Former GDR	x203099	x102247	x41174	61171	40733
Israel/Israël	56126	60796	73096	82465	78022	Mexico/Mexique	1862	1696	70191	42279	x36837
Portugal	35995	43269	76982	82373	94027	Poland/Pologne	37025	25219	49163	42279	19616
Egypt/Egypte	x54750	x71050	x49833	x76564	x52831	Venezuela	5674	50801	38062	14213	19616
Morocco/Maroc	57624	58500	74668	63174	65058	Romania/Roumanie	x74748	45317	17212	11389	x19346
Saudi Arabia	x45652	x59667	x63177	x62166	x57151	Bulgaria/Bulgarie	x27919	x29190	x22340	x8510	x13015
Australia/Australie	53053	58158	62851	62286	33124	China/Chine	7327	7670	26350	25564	22827
Colombia/Colombie	88471	54990	52660	60282	73890	Thailand/Thaïlande	6011	13437	11091	26322	x25523
Chile/Chili	65170	69428	40076	53076	x45801	Australia/Australie	9116	8188	16109	24545	22439
Iran (Islamic Rp. of)	x13311	x39604	x69129	x49764	x73375	So. Africa Customs Un	x3729	x7355	x8861	x14642	x17589
Nigeria/Nigéria	x58976	x60995	x42332	x53047	x65091	Chile/Chili	5176	13787	6680	8754	x3852
Pakistan	43728	60801	32211	37462	53988	United Arab Emirates	x14325	x9699	x9191	x10328	x11850
Turkey/Turquie	30506	22786	44377	53684	73346	Ireland/Irlande	5953	6760	6878	10518	7285
Yugoslavia SFR	37834	30337	51940	x32853		Malaysia/Malaisie	4262	2364	5307	5000	x4805
Honduras	x18453	39833	31508	30013	31645	Greece/Grèce	1438	2342	2792	3494	x4146
Tunisia/Tunisie	35968	29886	36738	34006	34359	India/Inde	3884	x1093	2610	4492	x3367
So. Africa Customs Un	111060	43636	27127	x29082	x26919	New Zealand	2898	2994	2503	2411	3524
Argentina/Argentine	22406	10434	13258	56513	56775	Guatemala	3444	1823	2118	3345	2248
Venezuela	48596	37767	4866	33063	19009	Costa Rica	2262	2758	1883	1879	x2019
Peru/Pérou	43780	19151	24487	29924	x23897	Indonesia/Indonésie	525	933	792	4704	5262

(VALUE AS % OF TOTAL)(VALEUR EN % DU TOTAL)

	1983	1984	1985	1986	1987	1988	1989	1990	1991	1992		1983	1984	1985	1986	1987	1988	1989	1990	1991	1992
Africa	x3.4	x3.9	x3.5	x5.4	x4.0	x4.4	x4.4	x3.0	x3.4	x3.2	Afrique	x0.0	0.0	0.1	0.1	x0.0	x0.1	x0.1	x0.1	x0.1	x0.1
Northern Africa	x2.0	2.9	2.3	x3.0	x2.2	x2.1	x2.5	x1.7	x2.1	1.5	Afrique du Nord	0.0	0.0	0.1	0.0	x0.0	x0.0	0.0	0.0	0.0	0.0
Americas	x8.0	x8.7	x8.7	x9.3	x9.1	9.4	10.8	10.2	10.1	x11.3	Amériques	16.5	14.5	14.2	x16.0	x15.3	18.1	19.2	18.1	20.4	19.3
LAIA	2.7	x2.4	2.4	x2.8	x3.7	3.9	4.0	2.9	3.6	3.9	ALAI	0.0	1.2	0.8	2.2	x1.6	1.7	3.2	2.8	2.5	2.3
CACM	x0.9	x0.8	x0.6	x0.4	0.5	x0.2	0.4	0.3	x0.3	x0.8	MCAC	x0.0	x0.0	0.0	x0.0	0.1	0.0	0.0	0.0	0.0	x0.1
Asia	x20.8	x18.5	x18.6	17.1	22.2	27.9	x21.6	17.9	20.7	x27.8	Asie	x9.3	x11.4	x13.2	x14.3	x15.3	x17.8	x17.5	x16.5	x17.7	x21.0
Middle East	x3.8	x3.0	x4.0	x2.7	x2.1	x1.5	x2.1	x2.2	x2.0	x2.4	Moyen–Orient	0.7	0.7	x2.8	x5.6	6.7	x7.9	x8.7	x7.6	x7.4	x5.6
Europe	66.2	67.3	67.4	66.8	59.4	54.8	58.0	66.6	60.6	56.2	Europe	72.6	72.6	71.1	68.9	63.4	57.6	58.0	61.4	58.7	57.0
EEC	59.0	60.4	60.5	56.8	50.4	47.5	50.3	57.0	52.4	48.7	CEE	68.5	68.4	67.0	57.9	52.7	49.3	49.1	49.7	48.1	46.6
EFTA	7.2	6.8	6.9	x9.7	x8.8	7.0	7.4	9.2	7.8	7.2	AELE	4.1	4.3	4.0	x10.1	x10.0	7.6	8.2	10.9	10.0	9.5
Oceania	1.6	x1.8	x1.7	x1.5	x1.4	x1.2	x1.3	x1.1	x1.0	x0.8	Océanie	1.6	1.4	1.3	x0.8	x0.5	0.1	0.1	x0.2	x0.2	x0.2
Germany/Allemagne	14.6	15.1	14.5	13.0	11.5	11.3	11.4	13.1	13.0	12.3	Germany/Allemagne	17.1	16.0	16.1	14.9	13.6	12.0	11.7	12.5	12.3	12.0
United Kingdom	9.4	9.5	9.7	9.2	9.0	9.3	8.9	9.8	8.6	7.7	Belgium–Luxembourg	15.0	15.2	15.5	12.6	11.1	10.6	11.2	12.1	11.4	11.0
France, Monac	8.7	8.7	8.8	8.2	7.5	6.6	7.4	8.8	7.9	7.4	USA/Etats–Unis d'Amer	15.0	13.3	13.4	10.3	9.5	9.8	10.2	9.5	12.0	10.9
Italy/Italie	8.3	8.6	8.6	7.9	6.8	6.3	6.8	7.4	6.7	6.1	Netherlands/Pays–Bas	12.7	12.2	11.1	x8.5	8.0	9.0	7.3	7.2	6.7	6.6
Belgium–Luxembourg	5.6	6.0	6.2	5.5	4.7	4.3	4.8	5.2	4.7	4.7	France, Monac	10.4	9.9	9.5	8.5	8.0	7.9	7.3	6.8	6.7	6.0
USA/Etats–Unis d'Amer	1.5	2.5	3.1	3.6	2.9	3.6	4.3	5.2	4.1	4.2	Canada				x3.5	x4.2	6.5	5.7	5.6	5.8	6.0
Netherlands/Pays–Bas	5.0	4.9	5.2	5.3	4.4	3.8	4.2	4.8	4.4	4.0	Saudi Arabia	x0.0	x0.0	x2.6	x4.5	x5.3	x5.9	x6.1	x5.8	x5.1	x4.7
China/Chine						6.0	11.3	5.5	2.7	4.5	Sweden/Suède				x4.1	x3.8	3.8	4.2	4.5	4.2	4.1
Hong Kong	2.6	2.6	2.2	2.0	2.6	4.0	2.6	2.1	3.1	4.7	Singapore/Singapour	0.6	1.8	2.9	2.4	2.8	3.8	3.3	2.9	3.2	2.6
Former USSR/Anc. URSS					x3.2	x1.6	x3.3	x0.7	x3.7		Japan/Japon	6.6	7.1	5.7	5.1	4.1	2.9	3.1	2.9	3.1	3.6

58311 — IN PRIMARY FORMS / POLYETHYLENE PRIMAIRES 58311

TRADE BY COMMODITY IN THOUSAND U.S. DOLLARS – COMMERCE PAR PRODUIT EN MILLIERS DE DOLLARS E.U

COUNTRIES–PAYS	1988	1989	1990	1991	1992	COUNTRIES–PAYS	1988	1989	1990	1991	1992
	IMPORTS – IMPORTATIONS						EXPORTS – EXPORTATIONS				
Total	9991279	9198883	9809375	10273909	10012811	Totale	x9903724	8996015	9332271	9844711	9348910
Africa	x446657	x441681	x334931	x374512	x369083	Afrique	x4586	x8824	x10751	x15843	x18493
Northern Africa	x219019	x247218	x184836	x209153	x169705	Afrique du Nord	x790	x354	x199	x436	x837
Americas	x828247	x982823	x1059123	x1093420	x1119884	Amériques	x1831386	1785521	1802490	2153917	1927540
LAIA	308431	x376347	x323924	436720	447773	ALAI	x214054	303025	323125	297687	263540
CACM	x6642	x70889	x71154	x76105	x83894	MCAC	x100	x146	x686	x235	x314
Asia	3051812	x2192092	1922275	2393480	x3154151	Asie	x1884131	x1712149	x1746411	x2012764	x2292600
Middle East	x130469	x205176	x200831	x212441	x259369	Moyen–Orient	x898075	x874614	x794032	x793136	x654896
Europe	5386238	5198185	6321444	6023186	5256891	Europe	5484033	4963336	5375423	5331737	4851225
EEC	4697089	4531481	5575881	5382956	4696072	CEE	4727599	4235801	4525316	4554572	4106435
EFTA	654985	640537	699026	615381	527950	AELE	675804	656354	753560	698003	649604
Oceania	x108176	x103552	x104344	x104364	x71470	Océanie	x6741	5858	x9589	x17770	16837
Germany/Allemagne	1156120	1058048	1300275	1351939	1231252	Belgium–Luxembourg	1052164	1006193	1166857	1156049	1089332
United Kingdom	964083	838506	1022688	934026	794014	Netherlands/Pays–Bas	992313	923467	1156275	1028765	904808
Italy/Italie	685190	673550	802636	771355	665861	USA/Etats–Unis d'Amer	x896647	899886	868585	1200170	1014037
France, Monac	595789	601331	784024	729560	624055	Germany/Allemagne	914738	774518	893420	949770	825646
Belgium–Luxembourg	446700	448366	528468	499502	437059	France, Monac	850050	705035	724360	699612	662279
China/Chine	1293995	574353	299050	551733	1071072	Saudi Arabia	x669545	x647577	x661566	x616273	x545568
USA/Etats–Unis d'Amer	x399263	379257	515421	421893	416812	Canada	716217	579433	609561	653510	649124
Netherlands/Pays–Bas	261347	271699	338556	325181	264100	Sweden/Suède	365828	364473	433099	408338	385784
Hong Kong	419988	249501	221122	335009	494908	Singapore/Singapour	405356	338354	316021	372408	279569
Spain/Espagne	139298	194176	263268	260168	235846	Japan/Japon	293965	292392	312049	337568	386677
Sweden/Suède	232481	231493	245774	222778	183507	Italy/Italie	395223	377652		363014	299355
Denmark/Danemark	236456	193110	230925	212944	184134	Spain/Espagne	253912	214758	252377	244384	219794
Indonesia/Indonésie	220546	186578	200585	237929	247850	Norway, SVD, JM	193076	183022	199971	177752	169480
Switz. Liecht	205537	187609	218907	197263	170161	Brazil/Brésil	x202276	198605	150616	177631	157944
India/Inde	202450	x143380	219192	237459	x236218	Hong Kong	231962	198605	150616	177631	157944
Former USSR/Anc. URSS	x111270	x230617	x49117	x241357		Korea Republic	2929	130458	120360	201447	371501
Greece/Grèce	127767	162860	179073	176209	x137921	United Kingdom	151623	27107	114095	214379	521751
Malaysia/Malaisie	105295	130205	152521	176374	x240316	Qatar	x109414	154929	191077		
Mexico/Mexique	140259	168339	141227	145215	173644	Portugal	x109414	x127491	x81394	128043	x57013
Finland/Finlande	129352	140357	145642	114647	102888	Czechoslovakia	107050	69692	129841	102087	97263
							x137208	x106893	x98307	x88452	x71770
Singapore/Singapour	162490	133316	115150	127452	109313	Finland/Finlande	98828	91542	101903	96103	79868
Korea Republic	139248	155693	112105	88532	41982	Former USSR/Anc. URSS	x147132	x135346	x81202	x64954	
Canada	97146	101715	104650	106504	126904	Hungary/Hongrie	x96457	x92377	x92044	x92523	x106922
Thailand/Thaïlande	93276	104018	97575	85702	93090	Yugoslavia SFR	80598	70979	94314	x77783	
Philippines	81610	x74012	110073	99757	103153	Argentina/Argentine	1707	67117	58789	38389	43153
Norway, SVD, JM	75584	73160	78948	72534	65139	Turkey/Turquie	103063	88640	38152	36059	38015
Japan/Japon	60116	79153	54632	67713	44846	Israel/Israël	37220	29659	52173	54032	39816
Israel/Israël	50905	54493	66940	77289	68518	Former GDR	x186443	x95486	x38789		
New Zealand	76655	69962	64207	59272	60422	Mexico/Mexique	1270	620	68886	59049	39333
Morocco/Maroc	56479	57156	72946	61426	62271	Poland/Pologne	x26401	x20392	x40079	x48061	x32092
Portugal	31077	38012	68102	71704	78665	Venezuela	4475	23897	37057	13816	19336
Egypt/Egypte	x48680	x67839	x44680	x65103	x48778	Romania/Roumanie	x73184	45317	17212	10310	x18550
Ireland/Irlande	53261	51823	57866	50368	43165	Switz. Liecht	18072	17317	18439	15765	14462
Colombia/Colombie	x12063	x47416	x46350	59276	72610	Bulgaria/Bulgarie	x26022	x23052	x19975	x8382	x12880
Nigeria/Nigéria	x28920	x59696	x41318	x51797	x63902	Thailand/Thaïlande	5718	13149	10594	25744	x23466
Algeria/Algérie	64644	83600	24704	27007	x19065	So. Africa Customs Un	x3267	x7269	x8744	x13925	x16946
Saudi Arabia	x21609	x44576	x47124	x42821	x40063	Australia/Australie	5453	4514	8597	16651	15305
Iran (Islamic Rp. of)	x12850	x39228	x50094	x41298	x68496	China/Chine	1882	1961	22497	5245	2725
Pakistan	37590	59424	31556	36539	52561	United Arab Emirates	x14223	x9532	x9058	x10105	x11699
Chile/Chili	41257	38506	35250	47187	x40571	Chile/Chili	4162	12659	6600	8349	x3578
Turkey/Turquie	28178	20049	40755	48440	64477	Denmark/Danemark	8667	6959	7740	8802	5726
Australia/Australie	27362	29360	36349	41072	7614	Ireland/Irlande	1703	2318	3132	1904	1574
Tunisia/Tunisie	33644	26619	34153	30646	30831	Korea Dem People's Rp	x2223	x1306	x1471	x3012	x5061
Yugoslavia SFR	33308	25316	42755	x20493		Malaysia/Malaisie	2940	1091	1860	2049	x1033
Guatemala	x1789	x24787	x30370	x30795	x35770	Gibraltar		x145	x1952	x1302	x1610
So. Africa Customs Un	100929	39487	20623	x25021	x23219	New Zealand	1288	1344	931	1109	1530
Peru/Pérou	39190	19151	24487	29924	x23537	Indonesia/Indonésie	419	821	599	1305	758
Costa Rica	x1246	x24076	x26430	x22622	x24086	Kuwait/Koweït	x1134	41	x2504		x95
Venezuela	43673	34907	4054	32476	17919	Mauritius/Maurice	x28	x810	x748	x776	
Argentina/Argentine	4492	7580	11672	50172	49464	Cayman Is/Is Caïmans	x4089	x1628	x74	x628	x10

(VALUE AS % OF TOTAL)(VALEUR EN % DU TOTAL)

	1983	1984	1985	1986	1987	1988	1989	1990	1991	1992		1983	1984	1985	1986	1987	1988	1989	1990	1991	1992
Africa	x3.7	x4.1	x3.9	x5.6	x4.2	x4.5	x4.8	x3.4	x3.6	3.7	Afrique	x0.0			x0.1	x0.0	x0.0	x0.1	x0.1	x0.1	x0.2
Northern Africa	x2.2	3.3	2.4	x3.3	x2.3	x2.2	x2.7	x1.9	x2.0	1.7	Afrique du Nord	0.0		0.0	0.0	0.0	0.0	0.0	0.0	0.0	0.0
Americas	x6.7	x6.2	x3.6	x3.5	x4.0	x8.3	10.7	10.8	x10.6	11.2	Amériques	x16.4	x13.4	0.3	x9.8	12.7	x18.5	19.8	19.3	21.8	20.6
LAIA	x2.4	x1.8	x1.4	x1.2	x2.2	3.1	x4.1	x3.3	4.3	4.5	ALAI	x0.0	x0.4	0.3	x2.1	x1.2	x2.2	3.4	3.5	2.9	2.8
CACM	x1.0	x0.9	x0.1	x0.0	0.0	x0.1	0.8	x0.7	x0.7	x0.8	MCAC	0.0									0.0
Asia	x23.0	x21.0	21.5	21.1	27.9	30.5	x23.9	19.6	23.3	x31.5	Asie	10.3	13.0	x18.3	x18.3	x18.1	x19.0	x19.1	x18.7	x20.5	24.6
Middle East	x3.6	x3.2	x3.7	x2.6	x2.0	1.3	x2.2	x2.0	x2.1	2.6	Moyen–Orient	2.5	2.6	x6.1	x8.9	x8.9	x9.1	x9.7	x8.5	x8.1	x7.0
Europe	65.1	67.1	69.4	68.5	60.9	53.7	56.5	64.4	58.6	52.5	Europe	71.4	71.9	79.7	71.0	62.0	55.4	55.2	57.6	54.2	51.9
EEC	58.3	60.6	62.6	59.3	52.8	49.3	49.3	56.8	52.4	46.9	CEE	67.3	67.6	75.2	59.4	51.3	47.7	47.1	48.5	46.3	43.9
EFTA	6.8	6.5	6.8	x9.0	x8.0	6.6	7.0	7.1	6.0	5.3	AELE	4.1	4.3	4.5	x10.5	x9.9	6.8	7.3	8.1	7.1	6.9
Oceania	1.5	x1.7	x1.6	x1.2	x1.4	x1.0	x1.1	x1.0	x1.0	x0.7	Océanie	x1.9	x1.7	x1.7	x0.7	x0.5	0.1		x0.1	x0.2	0.2
Germany/Allemagne	15.3	16.5	15.9	14.4	12.8	11.6	11.5	13.3	13.2	12.3	Belgium–Luxembourg	16.0	16.3	19.2	14.4	12.0	10.6	11.2	12.5	11.7	11.7
United Kingdom	9.3	9.4	10.0	9.4	9.5	9.6	9.1	10.4	9.1	7.9	Netherlands/Pays–Bas	14.4	14.3	15.1	11.7	10.6	10.0	10.3	12.4	10.4	9.7
Italy/Italie	8.9	9.3	9.8	9.4	8.2	6.9	7.3	8.2	7.5	6.7	USA/Etats–Unis d'Amer	x16.4	x13.0		x6.4	x9.2	x9.1	10.0	9.3	12.2	10.8
France, Monac	7.7	7.7	8.3	7.4	6.7	6.0	6.5	8.0	7.1	6.2	Germany/Allemagne	14.6	13.1	14.7	12.1	10.3	9.2	8.6	9.6	9.6	8.8
Belgium–Luxembourg	5.8	6.2	6.7	6.0	5.2	4.5	4.9	5.4	4.9	4.4	France, Monac	11.2	10.6	11.9	10.1	9.0	8.6	7.8	7.8	7.1	7.1
China/Chine					7.9	13.0	6.2	3.0	5.4	10.7	Saudi Arabia	x0.0	x0.0	x3.7	x6.1	x7.0	x6.8	x7.2	x7.1	x6.3	x5.8
USA/Etats–Unis d'Amer	x0.6	x0.7		x0.2	x0.2	x4.0	4.1	5.3	4.1	4.2	Canada			x1.3	x2.3	7.2	6.4	6.5	6.5	6.6	6.9
Netherlands/Pays–Bas	3.5	3.1	3.6	3.9	3.1	2.6	3.0	3.5	3.2	2.6	Sweden/Suède			x4.5	x4.0	3.7	4.1	4.1	4.6	4.1	4.1
Hong Kong	2.9	2.9	2.5	2.5	3.1	4.2	2.7	2.3	3.3	4.9	Singapore/Singapour	0.7	2.1	4.1	3.2	3.7	4.1	3.8	3.4	3.8	3.0
Spain/Espagne	0.8	0.9	1.3	2.0	1.7	1.4	2.1	2.7	2.5	2.4	Japan/Japon	5.6	6.3	5.6	4.8	3.6	3.0	3.3	3.3	3.4	4.1

448

5832 POLYPROPYLENE

TRADE BY COMMODITY IN THOUSAND U.S. DOLLARS – COMMERCE PAR PRODUIT EN MILLIERS DE DOLLARS E.U

COUNTRIES–PAYS	IMPORTS – IMPORTATIONS					COUNTRIES–PAYS	EXPORTS – EXPORTATIONS				
	1988	1989	1990	1991	1992		1988	1989	1990	1991	1992
Total	5308296	4864498	5419590	6228472	6050325	Totale	4856740	4566796	5517653	6098759	5955488
Africa	x147727	x158447	x164711	x178657	x188000	Afrique	x1015	x3692	x8531	x17312	x18330
Northern Africa	x52897	x56339	x74607	x88542	x86235	Afrique du Nord	41	904	216	x657	x969
Americas	599044	628686	651047	774971	x764872	Amériques	x1098864	917229	1024907	1139055	909052
LAIA	288980	284299	276110	316299	269242	ALAI	46353	97927	102462	133322	163039
CACM	x17739	x16099	x21280	x18788	x28923	MCAC		x51	x224	x139	x692
Asia	1943414	x1381463	1637770	1985109	x1863794	Asie	778397	639189	728805	1143810	1265683
Middle East	x104703	x126556	x184012	x182719	x210252	Moyen–Orient	x20355	19602	x16706	x24493	x29742
Europe	2486143	2549953	2880918	3095835	3133402	Europe	2689694	2744684	3517356	3592121	3565719
EEC	2241589	2315802	2529377	2764535	2802456	CEE	2592072	2577105	3112174	3183877	3194826
EFTA	212222	208554	318429	305932	304537	AELE	89979	155328	397929	398730	369005
Oceania	x52686	x57318	48459	x56358	x53072	Océanie	x51731	x39149	35920	x58776	x46568
Germany/Allemagne	506782	478654	598162	603834	582184	Belgium–Luxembourg	686767	702687	838689	863598	901846
Italy/Italie	395024	400958	509246	515212	516494	USA/Etats–Unis d'Amer	933252	710389	785322	840572	611427
Belgium–Luxembourg	274167	329948	384066	386360	379026	Germany/Allemagne	570157	505624	638654	666876	663294
China/Chine	810904	320190	227637	538377	509455	France, Monac	433145	413469	515816	509237	508702
France, Monac	278536	281243	383052	351215	375368	Netherlands/Pays–Bas	372206	362119	411396	454819	445377
United Kingdom	381873	396340	140139	390688	411263	Japan/Japon	295765	231447	300932	339164	346251
Indonesia/Indonésie	212410	207205	354150	262659	220641	United Kingdom	214659	215805	266280	280789	273071
Hong Kong	268747	160420	238417	415121	317772	Italy/Italie	217882	230158	274806	248076	262794
USA/Etats–Unis d'Amer	180794	199903	232465	293319	307674	Hong Kong	159859	87293	138689	287564	240191
Netherlands/Pays–Bas	151711	159457	189604	192551	200033	Singapore/Singapour	188783	142711	135288	187930	144516
Mexico/Mexique	144288	158378	147883	168129	121992	Korea Republic	80705	127095	98942	223121	415689
Canada	97376	112054	110661	131118	143088	Austria/Autriche	17900	19825	192520	210581	190807
Spain/Espagne	84028	101989	119690	115272	111130	Canada	110167	98652	135443	162861	133829
Denmark/Danemark	85618	77429	99988	98007	103305	Spain/Espagne	64108	121053	138956	130476	115939
Malaysia/Malaisie	90834	74815	90796	101605	x79982	Finland/Finlande	12545	85732	116403	104389	101419
India/Inde	59969	x80289	95516	90107	x125437	Czechoslovakia	x94684	x59959	x70574	x58122	x54343
Switz.Liecht	81572	76629	98429	90335	92745	Brazil/Brésil	94	65116	49556	51011	63189
Philippines	61776	x64552	95032	95185	105336	Hungary/Hongrie	x19330	x42528	x58917	x63685	x68727
Thailand/Thaïlande	119227	105125	108779	37965	45586	Bulgaria/Bulgarie	x70652	x85617	x37807	x8680	x11679
Sweden/Suède	59557	58832	73649	70019	70581	Australia/Australie	48608	35892	33355	57137	44657
Former USSR/Anc. URSS	x39691	x47290	x20191	x116458	45726	Norway,SVD,JM	33740	25979	44308	46197	39476
Singapore/Singapour	68494	56505	69347	84839	85493	Switz.Liecht	18156	18606	36192	28961	26725
Austria/Autriche	18689	18273	79206	63388	78289	Mexico/Mexique	43405	21383	17124	22719	31008
Turkey/Turquie	39735	36606	64212	56350	62281	Portugal	23560	16151	18060	20602	11688
Israel/Israël	42476	40673	51396	56350	x44854	Thailand/Thaïlande	6904	8026	6654	38885	x17663
Greece/Grèce	35148	38921	45864	50363	13396	Turkey/Turquie	16022	17029	12963	18866	24513
Japan/Japon	27980	64325	36813	30166	32348	Colombia/Colombie	8	40	9950	37869	34184
Finland/Finlande	35368	39873	42187	36663	49665	Argentina/Argentine	1873	9502	20331	17292	23593
Pakistan	26092	33408	35279	41081		Poland/Pologne	16137	14335	17470	13218	x15194
Egypt/Egypte	x20776	x25195	x40649	x38790	x38969	Former USSR/Anc. URSS	x32141	x17825	x16252	x3870	
Venezuela	32735	32495	25016	40230	37415	Indonesia/Indonésie	7744	7501	12504	16336	22847
Portugal	22234	23196	32636	36365	47652	Yugoslavia SFR	7105	12213	7202	x9405	
Saudi Arabia	x20767	x24844	x29009	x36955	x33128	So. Africa Customs Un	x699	x2499	x6984	x16289	x16536
Australia/Australie	23999	29760	24949	32236	28249	Sweden/Suède	7638	5187	8505	8603	10577
Korea Republic	28290	27241	28536	29501	19952	Philippines	7380	x2714	6570	11468	13587
Iran (Islamic Rp of)	x7713	x10886	x41469	x31745	x46172	Denmark/Danemark	6952	6287	5938	5239	5759
Yugoslavia SFR	31620	25215	31688	x23661		China/Chine	5557	3999	6522	6772	7955
Colombia/Colombie	39521	34334	31924	13887	17207	Cayman Is/Is Caïmans	x8831	x9084	x1368	x2056	
Ireland/Irlande	26468	27667	26932	24667	31148	Malaysia/Malaisie	1859	4277	2592	3983	x16565
Nigeria/Nigéria	x12617	x24429	x23492	x26963	x33394	Ireland/Irlande	1803	2436	2593	2628	5309
New Zealand	25850	23860	20754	21638	22452	Venezuela	x544	0	4403	3123	8177
Argentina/Argentine	39963	17397	16656	25178	25533	New Zealand	3084	3230	2534	1604	1898
Norway,SVD,JM	14699	13198	23072	22149	21997	Saudi Arabia	x2214	x2047	x2983	x2291	x2722
So. Africa Customs Un	42581	25437	17261	x15374	x15279	Israel/Israël	2624	2909	1755	1276	1598
Brazil/Brésil	8046	17134	15468	17989	20355	Uruguay	x338	x1748	x940	x1194	1620
Morocco/Maroc	11645	12222	16729	19467	18200	Greece/Grèce	833	1315	986	1536	x1045
Chile/Chili	48	87	16395	21900	x21767	Qatar	x1221	x353	x197	x2736	x2000
Syrian Arab Republic	4116	8340	12754	x13563	x14161	Former GDR	x3884	x2370	x763		
Cote d'Ivoire	x8188	x10513	x7773	x14705	x28736	India/Inde	415	x1099	801	755	x4368
Tunisia/Tunisie	9170	8261	10838	12337	13593	Korea Dem People's Rp	x149	x278	x168	x1611	x3481

(VALUE AS % OF TOTAL)(VALEUR EN % DU TOTAL)

	1983	1984	1985	1986	1987	1988	1989	1990	1991	1992		1983	1984	1985	1986	1987	1988	1989	1990	1991	1992
Africa	x3.6	x3.9	x3.2	x4.3	x3.4	x2.8	x3.2	x3.0	x2.8	x3.2	Afrique	x0.0	x0.0	0.1	0.0	x0.0	x0.0	x0.1	x0.1	x0.3	x0.0
Northern Africa	x0.5	0.7	0.7	x1.4	x1.4	x1.4	x1.2	x1.4	x1.4	x1.4	Afrique du Nord			0.0	0.0						
Americas	x10.8	x12.3	x10.9	x11.3	x11.6	11.2	12.9	12.0	12.4	x12.7	Amériques	x17.6	18.1	x15.1	x17.8	x18.9	x22.6	20.1	18.6	18.7	15.3
LAIA	4.0	5.1	3.4	4.0	x5.4	5.4	5.8	5.1	5.1	4.5	ALAI	x0.0	0.0	0.0	x1.7	x0.5	1.0	2.1	1.9	2.2	2.7
CACM	x0.7	x0.6	x0.6	x0.5	x0.4	x0.4	x0.3	x0.3	x0.3	x0.5	MCAC			x0.0	x0.0					x0.0	x0.0
Asia	28.2	23.2	25.9	21.8	28.3	36.6	x28.4	30.2	31.9	x30.9	Asie	12.7	13.0	15.5	12.5	14.0	16.0	14.0	13.2	18.8	21.2
Middle East	x2.2	x1.4	x4.0	x2.7	x2.1	x2.0	x2.6	x3.4	x2.9	x3.5	Moyen–Orient	x0.0	x0.0	x0.0	x0.2	0.4	x0.4	0.4	x0.3	x0.4	x0.5
Europe	55.7	58.4	58.2	61.2	53.7	46.8	52.4	53.2	49.7	51.8	Europe	69.5	68.7	69.2	68.0	62.5	55.4	60.1	63.7	58.9	59.9
EEC	52.2	55.1	54.9	54.7	47.7	42.2	47.6	46.7	44.4	46.3	CEE	67.1	66.7	66.9	62.5	59.1	53.4	56.4	56.4	52.2	53.6
EFTA	3.4	3.4	3.4	x6.0	x5.5	4.0	4.3	5.9	4.9	5.0	AELE	2.3	2.1	2.3	x5.4	x5.1	1.9	3.4	7.2	6.5	6.2
Oceanic	1.8	x2.1	x1.8	x1.4	x1.3	x1.0	x1.2	0.9	x0.9	x0.8	Océanie	0.1	0.1	0.1	x1.6	x1.1	x1.1	x0.9	0.7	x1.0	x0.8
Germany/Allemagne	11.6	12.4	12.6	12.3	10.6	9.5	9.8	11.0	9.7	9.6	Belgium–Luxembourg	18.1	17.1	16.5	15.9	15.6	14.1	15.4	15.2	14.2	15.1
Italy/Italie	9.2	9.8	9.8	9.6	9.3	7.4	8.2	9.4	8.3	8.5	USA/Etats–Unis d'Amer	17.6	18.1	15.1	14.6	16.3	19.2	15.6	14.2	13.8	10.3
Belgium–Luxembourg	6.0	6.8	6.4	6.2	5.6	5.2	6.8	7.1	6.2	6.3	Germany/Allemagne	13.0	13.1	12.6	12.4	12.3	11.7	11.1	11.6	10.9	11.1
China/Chine					7.4	15.3	6.6	4.2	8.6	8.4	France,Monac	12.9	12.1	12.5	10.9	10.5	8.9	9.1	9.3	8.3	8.5
France,Monac	6.6	6.7	6.5	7.3	6.8	5.2	5.8	7.1	5.6	6.2	Netherlands/Pays–Bas	9.7	9.9	9.8	8.9	8.0	7.7	7.9	7.5	7.5	7.5
United Kingdom	8.9	8.9	8.8	8.4	5.8	7.2	8.1	2.6	6.3	6.8	Japan/Japon	9.9	9.3	9.2	8.1	7.7	6.1	5.1	5.5	5.6	5.8
Indonesia/Indonésie	8.4	8.4	9.2	6.0	4.5	4.0	4.3	6.5	4.2	3.6	United Kingdom	6.8	6.7	7.1	6.4	5.4	4.4	4.7	4.8	4.6	4.6
Hong Kong	2.5	2.4	2.0	2.3	3.0	5.1	3.3	4.4	6.7	5.3	Italy/Italie	5.0	5.9	6.2	5.7	5.1	4.5	5.0	5.0	4.1	4.4
USA/Etats–Unis d'Amer	3.4	3.9	4.3	4.1	3.3	3.4	4.1	4.3	4.7	5.1	Hong Kong	0.4	0.5	0.5	0.6	1.2	3.3	1.9	2.5	4.7	4.0
Netherlands/Pays–Bas	2.8	3.4	3.8	3.7	3.4	2.9	3.3	3.5	3.1	3.3	Singapore/Singapour	0.4	1.7	3.3	2.4	3.2	3.9	3.1	2.5	3.1	2.4

5833 POLYSTYRENE, ITS COPOLYMR / POLYPROPYLENE COPOLYMERES 5833

TRADE BY COMMODITY IN THOUSAND U.S. DOLLARS – COMMERCE PAR PRODUIT EN MILLIERS DE DOLLARS E.U

IMPORTS – IMPORTATIONS

COUNTRIES–PAYS	1988	1989	1990	1991	1992
Total	6675228	6548750	7019324	7185844	7417399
Africa	x149837	x112333	x116145	x106001	x71096
Northern Africa	x97685	x67316	x68386	x74459	x39325
Americas	334797	422517	485551	469182	x533108
LAIA	136872	128516	148544	180979	x140776
CACM	x9187	x12674	x26224	x13005	x14285
Asia	2171747	2006689	1918425	2256507	2858820
Middle East	x139984	x110066	x141282	x126263	x125947
Europe	3590861	3588125	4304432	3971401	3848885
EEC	2968482	2993161	3614298	3388775	3290194
EFTA	581919	562756	636632	543659	507478
Oceania	x40064	x37703	x42829	x40797	x44766
Germany/Allemagne	771943	746122	970076	918412	870191
Hong Kong	859528	801915	794209	961610	981426
France, Monac	572330	535562	643230	575200	536310
Italy/Italie	467866	513918	562064	555523	551489
China/Chine	655295	513784	325187	447589	1048018
United Kingdom	381841	400700	456115	404427	376301
Netherlands/Pays-Bas	262116	277279	348373	335869	355272
Belgium–Luxembourg	197312	187431	224084	201179	213264
Former USSR/Anc. URSS	x150422	x212846	x79561	x281684	
Singapore/Singapour	180567	177841	185631	176159	155715
Switz.Liecht	173111	164540	194673	175339	165264
Austria/Autriche	140994	139745	184533	165829	161692
USA/Etats-Unis d'Amer	53419	129526	170570	148966	228934
Spain/Espagne	104477	119268	149868	150031	147017
Sweden/Suède	146237	133229	141589	117728	105598
Malaysia/Malaisie	60618	95935	118283	154457	x154768
Canada	110414	121952	114145	115147	139752
Denmark/Danemark	92052	91658	106082	101342	97004
Japan/Japon	76399	79073	82410	99006	73472
Thailand/Thaïlande	52106	63063	93229	99735	120670
Finland/Finlande	81114	86114	74007	46790	37107
Ireland/Irlande	47714	51205	65566	65987	65930
Turkey/Turquie	61254	38847	67573	69965	65481
Portugal	53624	50602	63888	57473	53539
Uruguay	47830	46717	47611	49453	3831
Norway,SVD,JM	39250	37437	39956	36232	36113
India/Inde	34877	x41027	35989	35751	x40215
Yugoslavia SFR	40184	31326	45685	x33828	
Mexico/Mexique	13499	28178	33278	41248	38458
Indonesia/Indonésie	13123	24180	39377	33506	38353
Korea Republic	37692	32469	28844	33069	33439
Algeria/Algérie	49572	26823	28408	27847	x10813
Czechoslovakia	x58225	48469	24290	x9348	x10622
Israel/Israël	28609	23475	27283	26011	27978
So. Africa Customs Un	35230	28178	33963	x14476	x17851
New Zealand	26263	23964	23157	21580	23000
Hungary/Hongrie	x23617	x20477	x16730	31273	x14592
Greece/Grèce	17208	19418	24952	23332	x23877
Former GDR	x102894	x55261	x12348		
Iran (Islamic Rp. of)	x7936	x9011	x28302	x22030	x29881
Egypt/Egypte	x22496	x17073	x16149	x18383	x8233
Chile/Chili	12483	15050	16810	17122	x20107
Poland/Pologne	24221	20971	12339	15466	x31777
Australia/Australie	12877	12511	18002	17305	20647
Philippines	7195	x13184	14807	16799	16336
Macau/Macao	13249	14587	15208	13154	13918
Iraq	x28368	x30464	x8965	x117	
Jamaica/Jamaïque	17726	18330	17718	1565	x974
Tunisia/Tunisie	11997	13033	10425	13397	8958
Argentina/Argentine	12098	5159	9752	18772	23591

EXPORTS – EXPORTATIONS

COUNTRIES–PAYS	1988	1989	1990	1991	1992
Totale	5914844	5900756	6802528	6220088	6224215
Afrique	x4098	x2368	x4362	x4918	x7779
Afrique du Nord	2824	825	3046	2883	4853
Amériques	560145	661671	735552	781705	781980
ALAI	72500	152137	117643	125046	104784
MCAC	x162	x339	x371	x254	x252
Asie	1260148	1354577	1528886	1839559	1949736
Moyen–Orient	x32356	x52431	x52770	x54393	x38798
Europe	3984230	3806402	4455480	3485476	3363605
CEE	3778188	3597763	4206977	3219246	3073947
AELE	202028	205429	245662	241141	236483
Océanie	x17744	x12130	x16085	x20107	x20480
Germany/Allemagne	1082972	1030257	1134430	990756	957321
Netherlands/Pays-Bas	710669	652239	804742	699904	730523
Hong Kong	505635	531938	632904	877433	929327
Belgium–Luxembourg	563840	571004	637624	595326	538005
USA/Etats-Unis d'Amer	467285	497406	554374	596682	594272
France, Monac	638139	597506	665609	316291	305872
Japan/Japon	514718	462088	515453	452998	467233
United Kingdom	399599	384150	531812	215243	182142
Italy/Italie	256633	235798	269011	256723	230013
Korea Republic	131245	213166	223014	323441	350583
Spain/Espagne	97405	91481	132658	113370	x94972
Austria/Autriche	84716	84399	109320	103857	102120
Sweden/Suède	68453	60325	64337	58508	58657
Singapore/Singapour	36413	50674	47816	66396	77476
Canada	19744	11463	62820	59341	82329
Saudi Arabia	x14556	x35241	x43468	x44204	x31227
Mexico/Mexique	25632	41440	36179	37272	39238
Brazil/Brésil	482	48964	23425	32363	34064
Czechoslovakia	x37669	x30473	x31121	x25133	x21741
Thailand/Thaïlande	15796	20635	31381	33253	x30608
Finland/Finlande	18340	23949	31559	28447	32051
Switz.Liecht	18176	16503	19148	28831	23813
Norway,SVD,JM	12343	20251	21299	21489	19837
Venezuela	11828	27153	21287	9412	3649
Ireland/Irlande	18616	17320	19016	20740	24876
Colombia/Colombie	18882	19739	13617	20709	18511
Former USSR/Anc. URSS	x27496	x17176	x13363	x19508	
Australia/Australie	16285	10805	15074	18031	17946
Uruguay	12541	10702	16389	16424	1640
Hungary/Hongrie	x1871	x1539	x5896	x34087	x68858
Malaysia/Malaisie	5276	7148	10624	13000	x30879
Yugoslavia SFR	3836	3190	2653	x24822	
Jordan/Jordanie			14142	6872	4750
Greece/Grèce	4414	13020	6299	8463	
China/Chine	6545	5282	7155	5010	x4210
Argentina/Argentine	3128	3614	5901	6828	14579
Poland/Pologne	3152	2863	5163	8346	7068
Denmark/Danemark	5020	4476	5378	8342	x8705
Bulgaria/Bulgarie	x7773	x4247	x5589	x693	x922
Philippines	5140		4604	554	3559	1914
Israel/Israël	624	2231	2792	3588	2947
Romania/Roumanie	x8921	6253	202	559	x407
Tunisia/Tunisie	2741	609	2854	2752	4749
Indonesia/Indonésie	4511	2734	1118	1902	1569
So. Africa Customs Un	x1164	x1333	x1162	x1642	x2773
New Zealand	1438	1057	990	2019	2463
Macau/Macao	1115	888	1299	1017	1240
Turkey/Turquie	17302	854	1796	278	585
India/Inde	35	x103	880	1036	x312
Former GDR	x1546	x1058	x830		

(VALUE AS % OF TOTAL) (VALEUR EN % DU TOTAL)

Imports

	1983	1984	1985	1986	1987	1988	1989	1990	1991	1992
Africa	x2.3	3.1	x2.1	x2.4	x2.2	x2.2	x1.7	x1.7	x1.5	x0.9
Northern Africa	x0.9	1.8	x1.5	x1.5	x1.5	x1.5	x1.0	x1.0	x1.0	x0.5
Americas	x8.4	x9.8	x6.7	x5.9	x5.8	5.1	6.4	7.0	6.5	x7.2
LAIA	x1.1	1.5	1.4	x1.6	x2.0	2.1	2.0	2.1	2.5	x1.9
CACM	x0.2	x0.2	x0.3	x0.2	x0.1	x0.2	x0.4	x0.4	x0.2	x0.2
Asia	x17.6	17.7	x17.5	16.0	21.5	32.6	30.7	27.4	31.4	38.6
Middle East	x3.7	x2.4	x3.2	x2.6	x2.4	x2.1	x1.7	x2.0	x1.8	1.7
Europe	70.4	68.0	72.4	74.2	64.2	53.8	54.8	61.3	55.3	51.9
EEC	64.3	62.3	66.5	61.2	52.9	44.5	45.7	51.5	47.2	44.4
EFTA	6.1	5.7	5.8	x12.8	x10.7	8.7	8.6	9.1	7.6	6.8
Oceania	1.2	x1.4	x1.3	x0.9	x0.8	x0.6	x0.6	x0.6	x0.5	x0.6
Germany/Allemagne	19.1	17.7	18.5	17.4	14.5	11.6	11.4	13.8	12.8	11.7
Hong Kong	7.1	8.7	7.6	7.1	8.7	12.9	12.2	11.3	13.4	13.2
France, Monac	12.4	11.4	13.0	12.3	10.7	8.6	8.2	9.2	8.0	7.2
Italy/Italie	8.3	9.6	9.8	8.9	8.0	7.0	7.8	8.0	7.7	7.4
China/Chine					4.2	9.8	7.8	4.6	6.2	14.1
United Kingdom	8.5	8.3	8.3	7.0	6.4	5.7	6.1	6.5	5.6	5.1
Netherlands/Pays-Bas	5.5	5.5	6.0	5.5	4.8	3.9	4.2	5.0	4.7	4.8
Belgium–Luxembourg	4.6	4.1	5.0	4.1	3.4	3.0	2.9	3.2	2.8	2.9
Former USSR/Anc. URSS					x2.1	x2.3	x3.3	x1.1	x3.9	
Singapore/Singapour	2.0	2.0	1.9	1.7	2.1	2.7	2.7	2.6	2.5	2.1

Exports

	1983	1984	1985	1986	1987	1988	1989	1990	1991	1992
Afrique	x0.0	x0.0	x0.0	x0.0	x0.0	x0.0	x0.0	x0.0	x0.1	x0.1
Afrique du Nord	0.0	0.0	0.0	0.0	0.0	0.0	0.0	0.0	0.0	0.1
Amériques	5.9	6.8	6.6	6.7	x7.9	9.4	11.2	10.8	12.5	12.6
ALAI	0.2	0.3	1.1	1.4	x1.2	1.2	2.6	1.7	2.0	1.7
MCAC	x0.0	x0.0	x0.0	x0.0	x0.0	x0.0	x0.0	x0.0	x0.0	x0.0
Asie	12.7	15.3	14.9	14.6	16.9	21.3	23.0	22.5	29.5	31.4
Moyen–Orient	x0.0	x0.0	x0.1	x0.0	x0.3	x0.5	x0.9	x0.8	x0.9	x0.6
Europe	80.7	77.2	78.1	77.5	72.4	67.4	64.5	65.5	56.0	54.0
CEE	80.0	76.5	77.2	74.3	69.3	63.9	61.0	61.8	51.8	49.4
AELE	0.7	0.7	0.9	x3.0	x2.8	3.4	3.5	3.6	3.9	3.8
Océanie	0.6	0.5	0.4	0.4	0.3	0.3	x0.2	0.2	0.3	0.3
Germany/Allemagne	24.0	24.1	24.6	26.1	24.2	18.3	17.5	16.7	15.9	15.4
Netherlands/Pays-Bas	16.2	15.6	15.7	14.3	13.0	12.0	11.1	11.8	11.3	11.7
Hong Kong	1.3	1.9	2.2	2.3	4.0	8.5	9.0	9.3	14.1	14.9
Belgium–Luxembourg	12.5	10.6	10.5	9.3	9.0	9.5	9.7	9.4	9.6	8.6
USA/Etats-Unis d'Amer	5.7	6.5	5.5	5.3	5.7	7.9	8.4	8.1	9.6	9.5
France, Monac	14.7	13.9	13.4	12.0	11.5	10.8	10.1	9.8	5.1	4.9
Japan/Japon	10.3	12.1	10.2	9.4	9.5	8.7	7.8	7.6	7.3	7.5
United Kingdom	5.1	5.2	5.3	5.1	4.5	6.8	6.5	7.8	3.5	2.9
Italy/Italie	5.5	4.8	4.6	4.4	4.2	4.3	4.0	4.0	4.1	3.7
Korea Republic	0.9	1.1	1.9	2.2	2.1	2.2	3.6	3.3	5.2	5.6

58331 — IN PRIMARY FORMS / SOUS FORMES PRIMAIRES 58331

TRADE BY COMMODITY IN THOUSAND U.S. DOLLARS – COMMERCE PAR PRODUIT EN MILLIERS DE DOLLARS E.U

COUNTRIES–PAYS	1988	1989	1990	1991	1992	COUNTRIES–PAYS	1988	1989	1990	1991	1992
	IMPORTS – IMPORTATIONS						EXPORTS – EXPORTATIONS				
Total	6266394	6109558	6471741	6650378	6830725	Totale	5767132	5525579	6286000	5692352	5654439
Africa	x136759	x104157	x107798	x93278	x61254	Afrique	x1208	x1743	x1425	x2350	x2953
Northern Africa	x88042	x61302	x61845	x63149	x31517	Afrique du Nord	x95	265	x186	355	x99
Americas	x284117	x373445	x427264	440511	x489394	Amériques	x740950	615083	671961	725715	710608
LAIA	118006	117490	146662	175649	x131957	ALAI	x133695	150815	114309	123622	102829
CACM	x3295	x10936	x24571	x10972	x12364	MCAC	x76		x256	x254	x252
Asia	2093976	1921909	1823576	2146453	2731801	Asie	1210607	1313370	1468520	1758154	1847423
Middle East	x132017	x106216	x135036	x120919	x119955	Moyen–Orient	x30664	x51689	x49789	x52442	x36256
Europe	3345728	3312135	3936322	3596961	3464941	Europe	3721280	3528754	4076393	3102539	2976378
EEC	2772808	2763851	3308795	3082385	2973868	CEE	3609744	3401492	3930681	2944031	2784896
EFTA	538652	519010	579316	480728	442283	AELE	107733	124101	143153	133474	138682
Oceania	x33305	x30190	x34837	x32699	x36348	Océanie	x15207	x10692	15091	x19095	x19538
Germany/Allemagne	720136	690717	882631	823796	779001	Germany/Allemagne	1043178	984862	1078856	938160	903991
Hong Kong	827912	751917	733788	890200	911437	Netherlands/Pays–Bas	690680	623703	771263	673710	705227
France,Monac	541157	500411	594874	527878	481286	Hong Kong	488122	512284	604430	831417	866484
Italy/Italie	445236	488093	532971	527124	522591	Belgium–Luxembourg	527130	523596	554301	510878	453251
China/Chine	637982	500279	316481	435886	1025129	USA/Etats–Unis d'Amer	x595468	457727	517265	550253	539854
United Kingdom	339952	354052	399443	354433	324045	France,Monac	596764	553870	599412	251849	244215
Netherlands/Pays–Bas	238618	252426	318173	302015	321345	Japan/Japon	499882	453008	500295	434711	446331
Former USSR/Anc. URSS	x148575	x209268	x78711	x280250		United Kingdom	394889	379063	525645	211015	177668
Belgium–Luxembourg	189135	168770	198868	180536	190591	Korea Republic	123387	207275	218615	318586	346129
Singapore/Singapour	174278	172080	178528	168394	143220	Italy/Italie	248072	227244	257412	234268	198558
Switz.Liecht	153972	146827	170557	148927	138187	Spain/Espagne	96805	91354	132039	112738	91856
Austria/Autriche	133307	131174	173176	152420	149873	Sweden/Suède	61732	54546	56832	48393	46731
USA/Etats–Unis d'Amer	x59788	123301	146822	140620	210554	Singapore/Singapour	34192	49102	44374	63310	73082
Spain/Espagne	97172	108610	138084	138798	132052	Saudi Arabia	x14066	x34798	x41759	x42533	x29379
Malaysia/Malaisie	60113	95101	117098	152803	x152458	Mexico/Mexique	25574	41352	35887	37053	38908
Sweden/Suède	136439	122834	128624	103339	88477	Brazil/Brésil	x67165	48831	23330	32161	33586
Canada	99373	110198	101206	103158	126180	Canada	11445	6428	40049	51417	67328
Denmark/Danemark	88039	86093	98614	93165	87793	Thailand/Thaïlande	15563	20250	30994	32696	x30284
Japan/Japon	72633	75109	78498	93832	69409	Austria/Autriche	11312	22809	29614	31495	36453
Thailand/Thaïlande	49777	60112	89882	97216	118457	Finland/Finlande	17837	23110	30841	28069	31802
Finland/Finlande	76209	80455	67206	41037	32168	Czechoslovakia	x33547	x27402	x27123	x23078	x19611
Turkey/Turquie	60881	38231	66279	68647	63874	Norway,SVD,JM	11054	18429	19629	19884	18261
Ireland/Irlande	45177	47024	59588	57774	60160	Venezuela	11820	26910	20889	9051	3306
Portugal	51306	48615	60870	53929	51593	Colombia/Colombie	x13497	x19279	x11970	20591	18339
Uruguay	47830	46717	47611	49453	3580	Former USSR/Anc. URSS	x27060	x15642	x16227	x18490	
India/Inde	32733	x40813	35560	35581	x39576	Uruguay	12541	10702	16389	16424	1640
Norway,SVD,JM	37543	36096	38049	33336	31995	Australia/Australie	14789	10424	14777	17928	17911
Yugoslavia SFR	34015	28428	40493	x28793		Hungary/Hongrie	x1728	x1267	x4795	x33998	x68608
Indonesia/Indonésie	13012	23954	39099	32881	38155	Yugoslavia SFR	3640	3142	2441	x24768	
Mexico/Mexique	12832	25811	30671	38100	33463	Jordan/Jordanie		14142	6872	8463	4750
Korea Republic	34935	31143	27508	32041	31323	Malaysia/Malaisie	4283	6310	9895	11571	x28025
Czechoslovakia	x56824	46551	21009	x8935	x9653	Greece/Grèce	4275	12934	6119	4903	x3943
So. Africa Customs Un	33293	27714	33531	x14008	x17306	Argentina/Argentine	3096	3552	5552	8330	7043
Israel/Israël	27882	22896	26299	25113	27048	Switz.Liecht	5798	5206	6238	5625	5430
Former GDR	x102500	x55182	x12265			Poland/Pologne	x2974	x2814	x5083	x8158	x8423
Hungary/Hongrie	x21368	x19835	x16466	30974	x13867	China/Chine	4330	3711	5226	5914	13755
Greece/Grèce	16880	19040	24679	22937	x23411	Ireland/Irlande	4426	2511	2903	3681	3712
New Zealand	25196	22947	21509	19740	20791	Philippines	4420	x4394	131	2840	1537
Algeria/Algérie	41938	22498	23038	18460	x3839	Denmark/Danemark	3197	2121	2460	2774	1935
Iran (Islamic Rp. of)	x7421	x8962	x27346	x21970	x28466	Romania/Roumanie	x8916	6253	202	513	x407
Egypt/Egypte	x21766	x16327	x15713	x17790	x8048	Indonesia/Indonésie	4511	2734	1118	1800	1435
Chile/Chili	12483	15050	16534	16869	x19563	Bulgaria/Bulgarie	x2085	x1570	x2243	x262	x491
Philippines	7071	x13015	14744	16742	16222	So. Africa Customs Un	x1071	x1297	x1117	x1606	x2701
Macau/Macao	12924	14545	15147	12951	12275	Israel/Israël	196	1555	1074	744	799
Poland/Pologne	x17149	x14382	x7695	x16929	x20402	India/Inde	34	x96	880	930	x242
Iraq	x25141	x29914	x8875	x12		Former GDR	x1538	x988	x829		
Tunisia/Tunisie	11917	12939	10327	13302	8888	Korea Dem People's Rp	x731	x511	x636	x615	x1221
Argentina/Argentine	11663	4851	8812	18197	21775	Iran (Islamic Rp. of)	x60	x1493	x61	x64	x74
Brazil/Brésil	x7865	9349	10325	12034	16010	New Zealand	413	172	314	1072	1604
Australia/Australie	7709	6726	12719	11756	15252	Macau/Macao	293	368	636	537	815

(VALUE AS % OF TOTAL)(VALEUR EN % DU TOTAL)

	1983	1984	1985	1986	1987	1988	1989	1990	1991	1992		1983	1984	1985	1986	1987	1988	1989	1990	1991	1992
Africa	x2.3	x3.8	x2.0	x2.5	x2.3	x2.2	x1.8	x1.6	x1.4	x0.9	Afrique	x0.0	x0.0	x0.0	x0.0	x0.0	x0.0	x0.0	x0.0	x0.0	x0.0
Northern Africa	x0.9	2.0	x1.0	x1.6	x1.4	x1.4	x1.0	x1.0	x0.9	x0.5	Afrique du Nord	x0.0	x0.0	x0.0	x0.0	x0.0	x0.0	x0.0	x0.0	x0.0	x0.0
Americas	x8.3	x10.1	x4.6	x5.2	x4.1	x4.5	x6.1	x6.6	6.7	x7.1	Amériques	x5.6	x6.2	0.7	x7.7	x9.6	x12.8	11.1	10.7	12.8	12.5
LAIA	x1.2	x1.7	x1.2	x1.2	x0.9	1.9	1.9	2.3	2.6	x1.9	ALAI	x0.3	0.3	0.7	x1.1	x0.9	x2.3	2.7	1.8	2.2	1.8
CACM	x0.2	x0.2	x0.1	x0.1	x0.1	x0.1	x0.2	x0.4	x0.2	x0.2	MCAC	x0.0			x0.0			x0.0	x0.0	x0.0	x0.0
Asia	x19.0	18.7	x19.0	17.3	23.7	33.4	31.5	28.2	32.3	40.0	Asie	13.9	16.6	16.9	15.9	17.9	21.0	23.7	23.4	30.8	32.7
Middle East	x3.8	x2.5	x3.5	x2.8	x2.6	x2.1	x1.7	x2.1	x1.8	x1.8	Moyen–Orient	x0.0	x0.0	x0.0	x0.0	x0.3	x0.5	x0.9	x0.8	x0.9	x0.6
Europe	69.3	66.1	73.1	74.1	63.4	53.4	54.2	60.8	54.1	50.7	Europe	80.0	76.6	81.9	75.9	69.5	64.5	63.9	64.8	54.5	52.6
EEC	63.2	60.5	67.1	60.5	52.2	44.2	45.2	51.1	46.3	43.5	CEE	79.4	75.9	81.0	73.8	67.3	62.6	61.8	62.5	51.7	49.3
EFTA	6.2	5.6	6.0	12.7	x10.6	8.6	8.5	9.0	7.2	6.5	AELE	0.6	0.7	0.9	x1.9	x1.9	1.9	2.2	2.3	2.3	2.5
Oceania	x1.1	x1.3	x1.2	x0.8	x0.7	x0.5	x0.5	x0.5	x0.5	x0.5	Océanie	0.5	0.6	0.5	0.4	x0.3	x0.3	x0.2	0.2	x0.3	x0.3
Germany/Allemagne	19.6	17.9	19.3	17.6	14.4	11.5	11.3	13.6	12.4	11.4	Germany/Allemagne	23.4	23.8	25.4	25.9	23.7	18.1	17.8	17.2	16.5	16.0
Hong Kong	7.8	8.5	8.4	7.7	9.6	13.2	12.3	11.3	13.4	13.3	Netherlands/Pays–Bas	16.6	16.0	17.1	14.7	13.0	12.0	11.3	12.3	11.8	12.5
France,Monac	11.6	10.7	12.8	12.1	10.3	8.6	8.2	9.2	7.9	7.0	Hong Kong	1.4	2.0	2.6	2.5	4.3	8.5	9.3	9.6	14.6	15.3
Italy/Italie	8.6	9.8	10.4	9.1	8.2	7.1	8.0	8.2	7.9	7.7	Belgium–Luxembourg	8.6	8.0	10.5	x6.2	x8.0	x10.3	8.3	8.2	9.7	9.5
China/Chine					4.7	10.2	8.2	4.9	6.6	15.0	USA/Etats–Unis d'Amer	x5.3	x5.9		x6.2	12.1	11.5	10.3	10.0	9.5	4.3
United Kingdom	8.0	7.7	8.0	6.7	6.3	5.4	5.8	6.2	5.3	4.7	France,Monac	15.2	14.4	14.6	12.1	11.5	10.3	10.0	9.5	4.4	4.3
Netherlands/Pays–Bas	5.1	5.0	5.7	5.1	4.6	3.8	4.1	4.9	4.5	4.7	Japan/Japon	11.3	13.2	11.6	10.5	10.2	8.7	8.2	8.0	7.6	7.9
Former USSR/Anc. URSS					x2.2	x2.4	x3.4	x1.2	x4.2		United Kingdom	6.8	6.9	8.4	10.3	9.4	6.8	6.9	8.4	3.7	3.1
Belgium–Luxembourg	4.4	3.9	5.0	3.9	3.2	3.0	2.8	3.1	2.7	2.8	Korea Republic	1.0	1.2	2.3	2.5	2.2	2.1	3.8	3.5	5.6	6.1
Singapore/Singapour	2.2	2.1	2.1	1.9	2.4	2.8	2.8	2.8	2.5	2.1	Italy/Italie	5.7	4.8	5.0	4.6	4.2	4.3	4.1	4.1	4.1	3.5

5834 POLYVINYL CHLORIDE / CHLORURE DE POLYVINYLE 5834

TRADE BY COMMODITY IN THOUSAND U.S. DOLLARS – COMMERCE PAR PRODUIT EN MILLIERS DE DOLLARS E.U

IMPORTS – IMPORTATIONS

COUNTRIES–PAYS	1988	1989	1990	1991	1992
Total	6875555	6989178	7551302	7700005	7686838
Africa	x215156	x219305	x191030	x208160	x194244
Northern Africa	x86592	x108992	x63729	x82378	x65326
Americas	713927	x735615	x818377	879787	x923864
LAIA	162794	136593	159941	239677	x240402
CACM	42025	x43533	x38361	x32019	x32656
Asia	1472554	x1318295	1589664	1792261	x1992668
Middle East	x178413	x225194	x268795	x221035	x229550
Europe	3881394	4094728	4700974	4277586	4386233
EEC	3361899	3587671	4052936	3732981	3836543
EFTA	486328	476415	595195	508819	503620
Oceania	x90872	x99016	x86679	x76295	x84594
United Kingdom	773434	726306	756709	657258	641941
Germany/Allemagne	635101	656501	743267	714364	765937
France, Monac	508065	576616	716513	648851	668243
Hong Kong	427004	428598	544254	674462	692788
Italy/Italie	416303	488000	534699	493387	499216
Netherlands/Pays-Bas	341388	355142	405588	369116	367960
USA/Etats-Unis d'Amer	308079	336684	384968	390844	414283
Belgium–Luxembourg	276543	293443	340938	322190	325853
Former USSR/Anc. URSS	x321861	x385018	x96815	x384617	
Spain/Espagne	120664	184656	212707	212765	218903
Canada	174357	191526	202052	190267	209728
Switz.Liecht	165596	153727	175552	155804	164401
China/Chine	181621	141571	119187	191398	465909
Sweden/Suède	153407	152176	160585	127596	112506
Denmark/Danemark	142782	135440	139270	118479	125390
Austria/Autriche	57618	58750	148634	137843	144723
Japan/Japon	112451	93894	100496	129318	69631
India/Inde	151510	x76307	112719	101685	x82883
Korea Republic	70314	66958	105828	105117	62532
Portugal	49461	61295	81348	76526	82847
Singapore/Singapour	159325	75223	68677	68814	67052
Ireland/Irlande	64293	67734	68535	62805	69935
Finland/Finlande	55548	67612	63327	47738	43958
Thailand/Thaïlande	33789	45116	58395	69645	71219
Greece/Grèce	33866	42538	53361	57240	x70319
Malaysia/Malaisie	22746	27203	51123	68229	x71587
Jordan/Jordanie	x4857	42278	49762	46277	57154
Iran (Islamic Rp. of)	x15987	x41954	x60764	x31211	x42184
Australia/Australie	36308	46000	44650	41605	44188
Norway, SVD, JM	52175	42424	45257	37370	35550
Mexico/Mexique	26748	40184	32292	43353	51953
Poland/Pologne	39412	47378	27045	40553	x50562
New Zealand	48858	46138	34040	26909	35077
Philippines	27812	x24254	40074	40466	42005
Yugoslavia SFR	30783	27992	46850	x29916	
Saudi Arabia	x29930	x27134	x33926	x41203	x26953
Turkey/Turquie	31569	18671	35437	40731	43514
Pakistan	23695	28590	38394	27293	40983
Algeria/Algérie	36744	55728	11308	23460	x12298
So. Africa Customs Un	43585	25598	25115	x39121	x27042
Brazil/Brésil	194	13498	20937	42282	29230
United Arab Emirates	x35336	x23679	x26953	x23044	x27010
Indonesia/Indonésie	21334	27248	18693	22795	32610
Nigeria/Nigéria	x23605	x20747	x26492	x20984	x26749
Chile/Chili	303	337	29788	34522	x28703
Bulgaria/Bulgarie	x89698	x53447	x7206	x3896	14220
Venezuela	55087	21180	11695	24173	32671
Ecuador/Equateur	17957	18826	14585	21650	14304
Egypt/Egypte	x18018	x16521	x17430	x20181	x16973
Tunisia/Tunisie	17023	16952	18357	17720	20730

EXPORTS – EXPORTATIONS

COUNTRIES–PAYS	1988	1989	1990	1991	1992
Totale	6655366	6557200	7189332	7152165	7282517
Afrique	x38497	x44464	x45408	x34769	x53846
Afrique du Nord	x22308	x26056	x26137	x17201	x21507
Amériques	863044	827403	923249	1041619	1030610
ALAI	227442	257498	271094	242715	256245
MCAC	6098	6531	5482	6678	x5329
Asie	993572	x1033951	1226545	1352981	1483022
Moyen–Orient	x98990	x142986	x127680	x95324	x109582
Europe	4239046	4313720	4702038	4460358	4476526
CEE	3881064	3944879	4265755	4065573	4058386
AELE	292304	301676	365029	355724	367956
Océanie	6866	6439	6637	x6292	x8940
Germany/Allemagne	1659452	1645575	1840671	1851771	1829019
France, Monac	608113	642839	742312	663754	668201
USA/Etats–Unis d'Amer	524182	455504	521401	665133	600190
Hong Kong	305976	374878	490187	665133	600190
Netherlands/Pays-Bas	484343	475631	505173	663485	713646
Italy/Italie	468376	493497	445779	417882	406368
Belgium–Luxembourg	378150	385110	390094	434761	448947
Japan/Japon	258039	221120	210533	357471	356600
United Kingdom	148468	157393	176238	228302	302824
Canada	104379	107775	125016	168821	161711
Norway, SVD, JM	94286	100689	110551	126802	168077
Brazil/Brésil	75	95799	111072	93735	92348
Korea Republic	107455	76069	85857	88520	86662
China/Chine	x6864	43410	125150	104826	119636
Switz.Liecht	75788	69857	82979	78913	32353
Spain/Espagne	64046	67309	87077	93617	102390
Mexico/Mexique	125392	75299	71300	77725	98519
Hungary/Hongrie	x56579	x66168	x86348	83509	108345
Saudi Arabia	x56145	x88716	x67128	x61129	x86516
Austria/Autriche	50677	48134	83506	84154	x74640
Czechoslovakia	x65629	x67873	x73883	x64571	81916
Singapore/Singapour	92315	72545	65194	61945	x64843
Yugoslavia SFR	65805	67004	71181	x38936	60734
Poland/Pologne	35550	31873	64610	53806	x52367
Israel/Israël	38260	50615	48191	44465	44261
Finland/Finlande	51885	47453	46938	42260	47840
Former GDR	x179374	x104022	x30023		
Sweden/Suède	19668	35543	41055	41958	43463
Colombia/Colombie	56732	32660	37946	36674	35917
Argentina/Argentine	40338	45691	37980	23228	11055
Former USSR/Anc. URSS	x15606	x46585	x24457	x34116	
Denmark/Danemark	37820	36110	32720	29729	31292
Portugal	16337	22117	26663	32976	36459
Turkey/Turquie	38447	32266	31373	15316	20547
Thailand/Thaïlande	15287	21336	27083	29146	x47410
Indonesia/Indonésie	4506	11773	25253	27593	21436
Libyan Arab Jamahiriya	x20133	x22935	x23355	x16192	x20843
So. Africa Customs Un	x14931	x16888	x14846	x14488	18641
Greece/Grèce	8489	11737	10480	21541	x16855
Jordan/Jordanie	x332	9300	14326	10056	5031
Qatar	x41	x9535	x10521	x6396	x7135
Philippines	9585	x8168	11232	6903	13836
Romania/Roumanie	x140563	680	85	24851	x24838
Ireland/Irlande	7470	7560	8548	9232	4417
Bulgaria/Bulgarie	x20627	x14023	x6047	x1342	x970
Malaysia/Malaisie	8647	5682	5883	8250	x10139
Uruguay	x3165	x4151	x6010	x6266	10597
Australia/Australie	4858	4719	4738	4127	6127
Venezuela	1359	3630	5333	2788	1277
Costa Rica	1670	2362	2793	2774	x1397

(VALUE AS % OF TOTAL)(VALEUR EN % DU TOTAL)

	1983	1984	1985	1986	1987	1988	1989	1990	1991	1992		1983	1984	1985	1986	1987	1988	1989	1990	1991	1992
Africa	x2.8	x2.6	x2.9	x4.5	x3.2	x3.1	x3.2	x2.5	x2.7	x2.6	Afrique	0.6	x0.3	0.7	x0.5	0.4	x0.6	0.7	0.6	x0.5	0.8
Northern Africa	x1.3	x1.4	1.1	x1.7	x1.4	x1.3	x1.6	0.8	x1.1	0.8	Afrique du Nord	x0.3	x0.1	x0.4	x0.2	x0.2	x0.3	x0.4	x0.4	x0.2	x0.3
Americas	x13.2	x15.6	x14.1	x10.9	x9.4	10.4	x10.6	x10.9	11.4	x12.0	Amériques	9.7	10.5	8.8	x9.3	x9.5	12.9	12.6	12.9	14.6	14.1
LAIA	1.7	2.1	1.9	2.1	x2.3	2.4	2.0	2.1	3.1	x3.1	ALAI	0.1	0.4	0.4	x1.5	x2.2	3.4	3.9	3.8	3.4	3.5
CACM	x0.3	x0.3	x0.4	x0.4	x0.5	0.6	x0.6	x0.5	x0.4	0.4	MCAC	x0.0	x0.0		x0.1	0.1	0.1	0.1	0.1	0.1	x0.1
Asia	x19.6	x16.2	x17.2	x15.3	x16.1	21.5	x18.8	21.0	23.2	x25.9	Asie	11.7	12.5	13.0	12.6	14.0	15.0	x15.7	17.1	18.9	20.4
Middle East	x6.6	x3.7	x5.5	x3.5	x2.4	x2.6	x3.2	x3.6	x2.9	x3.0	Moyen–Orient	0.1	0.1	0.1	x0.2	x1.3	x1.5	x2.2	x1.8	x1.3	x1.5
Europe	61.6	62.2	62.9	67.1	62.7	56.5	58.6	62.3	55.6	57.1	Europe	77.6	76.4	77.2	77.5	71.7	63.7	65.8	65.4	62.4	61.5
EEC	54.5	55.1	56.1	55.8	52.9	48.9	51.3	53.7	48.5	49.9	CEE	74.6	73.3	74.5	68.0	62.6	58.3	60.2	59.3	56.8	55.7
EFTA	7.1	7.1	6.8	x11.0	x9.5	7.1	6.8	7.9	6.8	6.6	AELE	3.0	3.0	2.6	x8.3	x8.0	4.4	4.6	5.1	5.0	5.1
Oceania	x2.7	x3.5	x2.9	x2.3	x1.8	x1.3	x1.4	x1.1	x1.0	x1.1	Océanie	0.3	0.4	0.3	0.2	0.1	0.1	0.1	0.1	x0.1	x0.1
United Kingdom	9.0	9.7	9.9	9.9	10.0	11.2	10.4	10.0	8.5	8.4	Germany/Allemagne	28.7	28.7	30.5	28.4	26.2	24.9	25.1	25.6	25.9	25.1
Germany/Allemagne	13.0	12.2	11.8	11.8	10.4	9.2	9.4	9.8	9.3	10.0	France, Monac	9.5	9.2	9.4	8.9	7.2	9.1	9.8	10.3	9.3	9.2
France, Monac	9.5	9.7	9.8	9.7	9.2	7.4	8.3	9.5	8.4	8.7	USA/Etats–Unis d'Amer	9.6	10.1	8.4	7.0	6.7	7.9	6.9	7.3	9.3	8.2
Hong Kong	2.6	3.4	3.2	3.3	3.8	6.2	6.3	7.2	8.8	9.0	Hong Kong	0.0	1.4	1.6	1.6	2.8	4.6	5.7	6.8	9.3	8.2
Italy/Italie	6.3	7.2	7.3	6.7	6.7	7.0	7.2	6.9	6.4	6.5	Italy/Italie	7.0	7.5	6.2	6.1	5.7	7.0	7.5	6.2	5.8	5.6
Netherlands/Pays-Bas	6.0	5.8	6.2	6.0	6.1	5.0	5.1	5.4	4.8	4.8	Netherlands/Pays-Bas	10.4	10.1	9.9	9.2	9.0	7.3	7.3	7.0	5.8	5.6
USA/Etats–Unis d'Amer	8.2	10.0	8.6	6.0	5.5	5.0	5.1	5.4	5.1	5.4	Belgium–Luxembourg	7.7	7.2	7.3	6.4	6.7	5.7	5.9	5.4	6.1	6.2
Belgium–Luxembourg	4.4	4.4	4.6	4.3	4.2	4.5	4.2	4.5	4.2	4.2	Japan/Japon	7.4	7.2	7.0	5.8	5.0	3.9	3.4	2.9	5.0	4.9
Former USSR/Anc. URSS				x4.5	x4.7	x5.5	x1.3	x5.0			United Kingdom	5.6	5.3	5.2	3.8	3.3	2.2	2.4	2.5	3.2	4.2
Spain/Espagne	1.0	1.0	1.1	1.8	1.8	1.8	2.6	2.8	2.8	2.8	Canada				x0.8	x0.5	1.6	1.6	1.7	1.8	2.3

58341 — IN PRIMARY FORMS / SOUS FORMES PRIMAIRES 58341

TRADE BY COMMODITY IN THOUSAND U.S. DOLLARS – COMMERCE PAR PRODUIT EN MILLIERS DE DOLLARS E.U

COUNTRIES–PAYS	IMPORTS – IMPORTATIONS					COUNTRIES–PAYS	EXPORTS – EXPORTATIONS				
	1988	1989	1990	1991	1992		1988	1989	1990	1991	1992
Total	x3928640	x4015195	4095041	x4031075	3888426	Totale	x3765022	3921745	4081721	3811670	3787080
Africa	x175158	x172500	x143962	x156992	x146842	Afrique	x34109	x42551	x43824	x32928	x51562
Northern Africa	x63509	x83034	x42282	x54089	x45026	Afrique du Nord	x21224	x25473	x25774	x16773	x21111
Americas	x259887	x262259	x357076	x380260	x414321	Amériques	391193	575932	x653133	740721	692421
LAIA	x62806	x68825	117632	180679	x172197	ALAI	x211327	213207	x256642	223333	229085
CACM	x11233	x24213	x21370	x18416	x25745	MCAC	x751	x3953	x645	x1811	x531
Asia	905539	x821786	x966960	1000889	x1060395	Asie	x529862	x551837	x655941	689297	x754591
Middle East	x127092	x198265	x235776	x182237	x185118	Moyen–Orient	x92018	x140099	x123345	x91444	x102449
Europe	2101499	2268844	2468334	2106325	2176385	Europe	2332483	2347171	2413175	2115084	2086540
EEC	1870084	2035110	2211176	1913375	1989734	CEE	2170077	2183640	2246360	1989186	1945403
EFTA	202915	207895	213470	167966	159148	AELE	103875	105906	108934	90769	100039
Oceania	x41163	x46185	x38783	x31952	x35010	Océanie	1940	2093	2132	x2023	2486
Germany/Allemagne	385626	407383	448584	430635	491256	Germany/Allemagne	747383	707674	744623	704623	657126
Italy/Italie	309140	377848	398829	339167	343547	France,Monac	497078	535266	609154	526593	518022
United Kingdom	396784	364270	361651	295649	298239	USA/Etats–Unis d'Amer	x159599	343426	364470	494704	419716
France,Monac	237594	280026	336273	276946	271618	Netherlands/Pays–Bas	283279	277479	275348	213526	208940
Former USSR/Anc. URSS	x285041	x321332	x73229	x284779		Italy/Italie	257419	256386	217092	186759	202848
Belgium–Luxembourg	156629	156214	168712	140942	145427	Belgium–Luxembourg	233033	239167	211616	177350	175868
Netherlands/Pays–Bas	145802	146720	164348	144179	152637	Hong Kong	108632	125715	157423	243136	270368
Hong Kong	140210	113739	140679	166866	178736	Japan/Japon	125423	105514	99035	106413	167749
Spain/Espagne	70777	118089	122479	104072	103416	Brazil/Brésil	x45597	81019	101631	80012	74371
Canada	94778	104993	122777	107483	116479	Mexico/Mexique	123429	72923	69080	79738	103284
China/Chine	122731	99113	76287	118608	259139	United Kingdom	71276	72300	73740	70378	63015
India/Inde	150342	x73544	110267	99311	x80153	Saudi Arabia	x54835	x87000	x64709	x58604	x70756
Korea Republic	55648	56660	98123	86736	44150	Romania/Roumanie	x132156	x100797	x65681	24460	x22675
Sweden/Suède	77300	79354	82331	60820	50763	Czechoslovakia	x60524	x63024	x64309	x56442	x58014
Japan/Japon	86895	63324	66620	90664	31844	Hungary/Hongrie	x49133	x55063	x68266	x60429	x68892
Switz.Liecht	70577	68370	72667	61607	64857	Spain/Espagne	51467	55023	58414	51722	51644
Denmark/Danemark	75517	71800	66503	53699	51925	Singapore/Singapour	64237	65605	62289	48630	47753
Singapore/Singapour	88065	63490	54565	53531	49080	Norway/Norvège	53062	58862	62289	35055	
USA/Etats–Unis d'Amer	x78698	44703	66533	51490	78697	Yugoslavia SFR	57834	57542	57839	48143	15028
Thailand/Thaïlande	31347	40479	50336	62226	62602	China/Chine	12662	10455	91818		
Ireland/Irlande	46806	47206	53412	46085	45137	Poland/Pologne	x31540	x27351	x59622	x55656	x49435
Jordan/Jordanie	x1492	42278	49762	46277	57154	Korea Republic	70383	35128	42235	64234	76057
Portugal	24737	38052	50290	44121	46223	Israel/Israël	37158	48335	44070	40291	39513
Iran (Islamic Rp. of)	x13794	x38972	x52584	x22683	x30231	Former GDR	x169492	x99525	x28488		
Greece/Grèce	20677	27501	40094	37880	x40310	Former USSR/Anc. URSS	x15422	x45927	x24313	x34047	8872
Poland/Pologne	x35443	x42723	x20201	x38904	x25286	Argentina/Argentine	39352	43751	32723	20508	
Finland/Finlande	26621	37226	34009	26129	23950	Colombia/Colombie		x9501	x41662	33550	31508
Yugoslavia SFR	27300	23795	39031	x20831		Turkey/Turquie	33627	31256	29623	14230	17394
Turkey/Turquie	22944	15291	31212	35688	37334	Switz.Liecht	25005	24067	25941	22026	26090
Malaysia/Malaisie	13197	15292	29065	37020	x53777	Canada	18911	15328	31281	20839	43006
Algeria/Algérie	29214	51306	7897	20189	x11709	Portugal	13361	18497	24137	23687	29878
Pakistan	14485	21806	32882	18868	32218	Finland/Finlande	25808	22977	20703	20113	26196
Saudi Arabia	x22165	x18328	25842	x28952	x16510	Libyan Arab Jamahiriya	x19383	x22935	x23355	x16186	x20843
New Zealand	34060	33096	20656	14674	21015	Indonesia/Indonésie	3458	8708	22862	26906	18280
Philippines	17252	x18354	23582	x31548	26981	So. Africa Customs Un	x12327	x15882	x14461	x13571	x17621
So. Africa Customs Un	42201	18198	17249	x20420	18942	Greece/Grèce	6716	10651	8689	18951	x15015
Norway,SVD,JM	27625	22154	23534	18566	x19476	Jordan/Jordanie		9300	14326	10056	5031
United Arab Emirates	x20835	x19523	x22338	x18598	12971	Thailand/Thaïlande	2267	5542	11064	10789	x7285
Bulgaria/Bulgarie	x82936	x49671	x6638	x3166	23046	Qatar	x41	x9535	x10521	x6396	x7135
Brazil/Brésil	x5087	9536	13477	35320		Ireland/Irlande	6295	6522	7596	8486	3479
Nigeria/Nigéria	x20575	x17011	x22262	x17249	x21289	Bulgaria/Bulgarie	x16956	x10473	x2836	x583	x449
Chile/Chili	303	337	23625	26424	x22532	Uruguay	x2284	x3265	x5035	x5502	8177
Mexico/Mexique	14813	15204	13437	16179	17769	Denmark/Danemark	3398	4675	3905	3235	3021
Tunisia/Tunisie	14542	14542	15050	14185	15557	Venezuela	x632	x2668	5089	2619	855
Indonesia/Indonésie	15092	21581	9489	12365	17578	Malaysia/Malaisie	5880	2073	2279	3831	x1897
Venezuela	x13702	x8353	10941	22312	30726	United Arab Emirates	x3248	x2691	x2316	x2089	x1786
Peru/Pérou	x1685	8734	12677	16991	x10975	Korea Dem People's Rp	x6432	x4444	x1131	x1344	x857
Egypt/Egypte	x12982	x12692	x11995	x12351	x11553	Australia/Australie	855	1423	1009	1155	2029
Ecuador/Equateur			14313	20872	12855	El Salvador		x3137	0	x127	
Australia/Australie	3835	10072	13310	11477	10844	Morocco/Maroc	1518	2200	620	280	59

(VALUE AS % OF TOTAL)(VALEUR EN % DU TOTAL)

	1983	1984	1985	1986	1987	1988	1989	1990	1991	1992		1983	1984	1985	1986	1987	1988	1989	1990	1991	1992
Africa	x3.9	x3.9	x5.0	x6.3	x4.4	x4.5	x4.3	x3.5	x3.9	x3.8	Afrique	x1.2	x0.5	x1.5	x1.0	x0.7	x0.9	x1.1	x1.1	x0.9	x1.4
Northern Africa	x1.8	2.3	2.0	2.5	x2.1	x1.6	x2.1	x1.0	x1.3	x1.2	Afrique du Nord	0.5	x0.3	x0.8	x0.6	x0.3	x0.6	x0.6	x0.6	x0.4	x0.6
Americas	x10.4	x13.7	x6.6	x5.8	x5.6	x6.6	x6.5	x8.7	x9.4	x10.6	Amériques	x10.0	x8.5	0.3	x5.3	x6.6	x10.3	14.6	x16.0	19.4	18.3
LAIA	x2.7	x3.7	x2.7	x2.2	x1.8	x1.6	x1.7	2.9	4.5	x4.4	ALAI	x0.0	x0.1	0.3	x1.6	x3.2	x3.5	5.4	x6.3	5.9	6.0
CACM	x0.5	x0.6	x0.4	x0.4	x0.1	x0.3	x0.3	x0.4	x0.5	x0.7	MCAC				x0.0	x0.0	x0.0	x0.1	x0.0	x0.0	x0.0
Asia	x24.7	x21.1	x23.4	x19.3	17.9	23.1	x20.5	x23.6	24.8	x27.2	Asie	10.1	10.9	12.5	x13.9	x15.0	x14.1	14.0	x16.1	18.0	x20.0
Middle East	x7.1	x5.5	x8.0	x4.9	x3.1	x3.2	x4.9	x5.8	x4.5	x4.8	Moyen–Orient	x0.0	x0.0	0.1	x0.1	x2.2	x3.6	x3.0	x3.0	x2.4	x2.7
Europe	58.4	58.3	62.5	67.0	59.8	53.5	56.5	60.3	52.3	56.0	Europe	78.6	80.1	85.5	79.9	69.5	62.0	59.9	59.1	55.5	55.1
EEC	53.0	53.0	57.8	59.5	53.5	47.6	50.7	54.0	47.5	51.2	CEE	75.7	77.1	82.9	70.0	60.1	57.7	55.7	55.0	52.2	51.4
EFTA	5.3	5.2	4.7	x7.2	x6.0	5.2	5.2	5.2	4.2	4.1	AELE	3.0	2.9	2.7	x8.0	x7.5	2.8	2.7	2.7	2.4	2.6
Oceania	2.7	x3.0	x2.5	x1.7	x1.5	x1.1	x1.2	x0.9	x0.7	x0.9	Océanie				0.1		0.1	0.1	0.1	x0.1	0.1
Germany/Allemagne	14.2	13.4	13.9	11.7	9.2	9.8	10.1	11.0	10.7	12.6	Germany/Allemagne	24.5	25.2	28.5	24.3	22.1	19.9	18.0	18.2	18.5	17.4
Italy/Italie	8.2	9.2	10.0	7.9	8.1	7.9	9.4	9.7	8.4	8.8	France,Monac	13.4	13.3	14.5	13.6	9.6	13.2	13.6	14.9	13.8	13.7
United Kingdom	7.8	7.8	8.6	16.1	15.5	10.1	9.1	8.8	7.3	7.7	USA/Etats–Unis d'Amer	x10.0	10.4	x8.4	x3.6	x4.3	x4.2	8.8	8.9	13.0	11.1
France,Monac	6.6	7.1	7.9	7.1	6.3	6.0	7.0	8.2	6.9	7.0	Netherlands/Pays–Bas	10.4	10.4	10.8	9.2	8.7	7.5	7.1	6.7	5.6	5.5
Former USSR/Anc. URSS					x7.5	x7.3	x8.0	x1.8	x7.1		Italy/Italie	12.0	12.7	13.1	10.0	8.0	6.8	6.5	5.3	4.9	5.4
Belgium–Luxembourg	4.1	4.2	4.7	4.1	3.7	4.0	3.9	4.1	3.5	3.7	Belgium–Luxembourg	7.7	7.8	8.2	7.2	6.7	6.2	6.1	5.2	4.7	4.6
Netherlands/Pays–Bas	5.2	5.0	5.8	4.9	4.2	3.7	3.7	4.0	3.6	3.9	Hong Kong	0.5	0.9	1.4	1.3	2.3	2.9	3.2	3.9	6.4	7.1
Hong Kong	2.1	2.8	2.5	2.3	2.3	3.6	2.8	3.4	4.1	4.6	Japan/Japon	4.8	4.5	4.9	x0.3	x0.0	x1.2	2.7	2.5	2.8	4.4
Spain/Espagne	1.1	1.0	1.4	2.3	2.0	1.8	2.9	3.0	2.6	2.7	Brazil/Brésil				x0.3	x0.0	x1.2	2.1	2.5	2.1	2.0
Canada	2.9	2.9	3.2	2.4	2.1	2.4	2.6	3.0	2.7	3.0	Mexico/Mexique			x1.0	x1.8	3.3	1.9	1.7	2.1	2.7	

58343 — PLATES, STRIP, ETC NES / SOUS FORME DE PLAQUES 58343

TRADE BY COMMODITY IN THOUSAND U.S. DOLLARS – COMMERCE PAR PRODUIT EN MILLIERS DE DOLLARS E.U

IMPORTS – IMPORTATIONS

COUNTRIES–PAYS	1988	1989	1990	1991	1992
Total	2335445	2364178	2630067	2833092	2912623
Africa	x34441	x40139	x36417	x44146	x38253
Northern Africa	x20148	x23376	x18364	x25753	x17479
Americas	412177	x424945	394942	419683	x422588
LAIA	83258	59189	40020	57901	64663
CACM	x1288	x2100	x6480	x1218	x2376
Asia	473490	424762	542880	699009	850446
Middle East	x31235	x22538	x28038	x34022	x38519
Europe	1314192	1348763	1583177	1531588	1536329
EEC	1089122	1133997	1343719	1325012	1330120
EFTA	221700	210836	232534	201742	193496
Oceania	x47517	x49407	x44217	x41564	x46638
Hong Kong	260766	281707	364593	463637	495751
France, Monac	213071	237763	306256	296554	315590
USA/Etats–Unis d'Amer	251133	280295	273761	281956	272037
Germany/Allemagne	207641	208417	250672	232911	211322
United Kingdom	224576	212944	232306	216066	209440
Netherlands/Pays–Bas	132501	143800	164246	147912	134115
Italy/Italie	92825	95064	115598	137270	136688
Belgium–Luxembourg	86896	96396	119722	125809	126565
Canada	73709	80886	72687	75767	79881
Switz.Liecht	65688	60624	71546	64450	66674
Sweden/Suède	70161	66313	69680	58816	54043
Denmark/Danemark	56662	55533	63880	56765	63288
Former USSR/Anc. URSS	x36532	x62919	x20364	x83534	
China/Chine	53563	36395	38485	63483	190220
Spain/Espagne	28448	34366	44863	58369	64623
Austria/Autriche	37726	39009	46141	43039	40391
Australia/Australie	31327	34353	29426	28626	31818
Japan/Japon	23451	27466	30340	33828	33199
Portugal	21775	20779	27332	27621	31113
Finland/Finlande	26530	27468	25735	18569	17396
Mexico/Mexique	7438	20880	18584	26507	32853
Malaysia/Malaisie	6845	10405	19331	27756	x13254
Norway, SVD, JM	20726	16779	18825	15711	13536
Ireland/Irlande	13676	16365	9584	12270	19167
New Zealand	14037	12437	12569	11840	13627
Greece/Grèce	11050	12568	9261	13467	x18209
Korea Republic	3937	4922	6082	17378	17774
Israel/Israël	7833	8413	7827	9391	11520
Philippines	6766	x3418	11010	10694	11411
Saudi Arabia	x3919	x5739	x5910	x9734	x9219
Macau/Macao	2895	6401	8751	5562	3249
So. Africa Customs Un	x4997	6742	7018	x6368	x5574
Pakistan	8657	6064	5459	8245	8559
Argentina/Argentine	2478	2950	4544	11589	11273
Thailand/Thaïlande	1728	4101	7635	7060	8041
Chile/Chili	x1015	x5243	5730	7408	x5595
Sudan/Soudan	x2401	x9758	x2504	x5794	x284
Iran (Islamic Rp. of)	x1707	x2942	x6576	x8418	x9743
Brazil/Brésil	x1696	3679	7310	6871	5898
Venezuela	42666	15195	693	1721	1713
Egypt/Egypte	x4277	x3626	x4471	x7363	x5015
Poland/Pologne	x3829	x3915	x3027	x8085	x8927
Indonesia/Indonésie	5225	3520	5042	4858	6958
Yugoslavia SFR	3055	3569	5968	x3781	
Morocco/Maroc	3351	3318	3922	4863	6418
Algeria/Algérie	7530	4422	3411	3271	x322
United Arab Emirates	x3921	x3195	x3578	x3400	x6622
Singapore/Singapour	54454	2667	3613	3847	4030
Ecuador/Equateur	7929	8961	254	615	1024
Turkey/Turquie	8327	1922	3124	3891	4973

EXPORTS – EXPORTATIONS

COUNTRIES–PAYS	1988	1989	1990	1991	1992
Totale	2060482	2111256	2417365	2548131	2652424
Afrique	x2999	x1487	x831	x1218	x1426
Afrique du Nord	x318	x431	308	x409	x344
Amériques	x194664	x186877	224161	230386	253074
ALAI	x61826	x33890	18242	18461	24828
MCAC	x1424	x174	x3080	x398	x200
Asie	410719	429153	510823	595803	682146
Moyen–Orient	3416	1134	1829	1295	3246
Europe	1416566	1462159	1654275	1699583	1695640
CEE	1248526	1284799	1446598	1489083	1476444
AELE	160293	168006	194339	207280	210637
Océanie	4580	4033	3664	x3520	x5821
Germany/Allemagne	582149	599887	692464	730672	720302
Hong Kong	166820	213385	291977	374960	419754
Italy/Italie	202457	228783	221239	241403	238114
Netherlands/Pays–Bas	188086	182628	211274	184094	176441
USA/Etats–Unis d'Amer	x101474	106874	148013	159077	163879
Japan/Japon	125070	111077	108556	118671	132054
France, Monac	85765	84464	102821	105918	117742
Belgium–Luxembourg	92384	87612	99323	100042	97158
United Kingdom	62348	68856	83079	78784	74802
Canada	29909	45874	54685	52205	63503
Switz.Liecht	44879	38807	48002	62793	68413
Norway, SVD, JM	40246	40899	46922	44170	44016
Korea Republic	36611	40243	42193	43918	42657
Austria/Autriche	35041	34457	37882	40442	37865
Sweden/Suède	14170	30374	35371	37758	38770
China/Chine	30962	29308	26699	25240	16758
Finland/Finlande	25958	23469	26161	22117	21573
Denmark/Danemark	21998	20708	20989	18552	20611
Thailand/Thaïlande	13020	15794	16019	18271	x38547
Spain/Espagne	10427	9726	12017	18633	24084
Hungary/Hongrie	x7031	x10666	x12316	x10782	x9860
Brazil/Brésil	x15925	14664	9350	8376	11940
Yugoslavia SFR	7742	9354	13309	x3175	
Philippines	8728	7757	11132	6880	13558
Colombia/Colombie	x42420	x14148	x447	2707	3729
Czechoslovakia	x4753	x4237	x4108	x3186	x1797
Israel/Israël	1101	2278	4119	4168	4741
Portugal	462	546	1445	8129	4800
Malaysia/Malaisie	2681	3534	3432	2895	x3989
Poland/Pologne	x3994	x4513	x2564	x2477	x2107
Argentina/Argentine	814	1861	5050	2498	2003
Australia/Australie	3748	3205	3098	2364	3682
Mexico/Mexique	1923	2359	2183	3696	4743
Bulgaria/Bulgarie	x2257	x2987	x3105	x713	x504
Indonesia/Indonésie	1049	3004	2345	508	2862
Former GDR	x8668	x3980	x1407		
Greece/Grèce	1773	1078	1693	2480	x1706
Singapore/Singapour	20893	1199	1696	1708	1347
Turkey/Turquie	2822	997	1736	999	3038
New Zealand	813	819	565	1108	2134
Uruguay	x394	x752	x875	x735	1648
So. Africa Customs Un	x2514	x1001	x366	x685	x929
El Salvador	x409		1456	x219	
Guatemala	x988	0	x1266		
Romania/Roumanie	x4145	680	85	391	x26
Ireland/Irlande	677	513	254	375	683
Macau/Macao	122	226	455	375	459
Korea Dem People's Rp	x42	x36	x40	x757	x752
Costa Rica	x28	x174	x358	x179	x147
Morocco/Maroc	151	111	191	282	188

(VALUE AS % OF TOTAL) (VALEUR EN % DU TOTAL)

	1983	1984	1985	1986	1987	1988	1989	1990	1991	1992		1983	1984	1985	1986	1987	1988	1989	1990	1991	1992
Africa	x0.9	x0.5	x0.7	x0.9	x1.4	x1.5	x1.7	x1.4	x1.5	x1.3	Afrique										
Northern Africa	x0.5	x0.3	0.3	x0.9	x0.6	x0.9	x1.0	x0.7	x0.9	x0.6	Afrique du Nord	0.0		x0.0	x0.0	x0.1	x0.1	x0.0	x0.0	x0.0	x0.0
Americas	x19.6	x20.8	x17.9	x14.1	x12.7	17.6	18.0	15.0	14.8	x14.5	Amériques	10.4	13.1	0.6	6.9	6.5	9.5	8.8	9.3	9.0	9.6
LAIA	0.8	0.7	0.7	0.9	1.5	3.6	2.5	1.5	2.0	2.2	ALAI	x0.3	x0.8	0.6	x1.3	x1.6	x3.0	x1.6	0.8	0.7	0.9
CACM	x0.1		x0.0	x0.2	x0.2	x0.1	x0.1	x0.1	x0.1	x0.1	MCAC	x0.0	x0.0		x0.2	x0.2	x0.1	x0.0	x0.1	x0.0	x0.0
Asia	x11.7	10.8	x12.0	x11.4	14.9	20.2	17.9	20.7	24.6	29.2	Asie	12.6	13.4	15.0	12.8	15.7	19.9	20.4	21.2	23.4	25.8
Middle East	x2.9	x1.2	x2.1	x1.4	x1.4	x1.3	x1.0	x1.1	x1.2	x1.3	Moyen–Orient	x0.0	x0.1	0.1	0.1	0.6	0.2	0.1	0.1	0.1	0.1
Europe	64.7	63.6	65.5	x69.4	x66.0	56.3	57.0	60.2	54.1	52.7	Europe	76.6	72.9	83.9	80.1	76.6	68.7	69.3	68.4	66.7	63.9
EEC	55.6	54.6	55.9	x55.5	x53.6	46.6	48.0	51.1	46.8	45.7	CEE	73.0	69.2	80.3	70.8	67.2	60.6	60.9	59.8	58.4	55.7
EFTA	9.1	8.9	9.5	x13.7	x12.1	9.5	8.9	8.8	7.1	6.6	AELE	3.7	3.7	3.6	x9.1	x9.2	7.8	8.0	8.0	8.1	7.9
Oceania	x3.2	x4.3	3.9	x3.1	x2.1	2.0	2.1	x1.7	x1.4	x1.6	Océanie	0.4	0.6	0.4	0.2	0.2	0.2	0.2	0.2	x0.1	x0.2
Hong Kong	3.4	4.3	4.5	5.0	6.1	11.2	11.9	13.9	16.4	17.0	Germany/Allemagne	31.5	30.5	36.1	31.8	29.1	28.3	28.4	28.6	28.7	27.2
France, Monac	13.2	12.6	12.4	12.1	11.8	9.1	10.1	11.6	10.5	10.8	Hong Kong	0.9	1.6	1.9	1.9	3.7	8.1	10.1	12.1	14.7	15.8
USA/Etats–Unis d'Amer	15.7	16.8	13.7	10.1	10.1	10.8	11.9	10.4	10.0	9.3	Italy/Italie	8.7	8.1	9.6	8.9	8.9	9.8	10.8	9.2	9.5	9.0
Germany/Allemagne	12.3	11.2	11.2	12.2	11.7	8.9	8.8	9.5	8.2	7.3	Netherlands/Pays–Bas	12.2	11.5	12.7	11.6	11.4	9.1	8.7	8.7	7.2	6.7
United Kingdom	9.8	10.3	10.0	x8.6	x8.4	9.6	9.0	8.8	7.6	7.2	USA/Etats–Unis d'Amer	x10.1	x12.3		x4.4	x3.8	x4.9	5.1	6.1	6.2	6.2
Netherlands/Pays–Bas	6.2	5.9	6.2	6.2	5.9	5.7	6.1	6.2	5.2	4.6	Japan/Japon	9.7	9.6	10.3	7.4	6.6	6.1	5.3	6.1	6.2	6.2
Italy/Italie	4.3	4.9	5.4	6.2	6.2	4.0	4.0	4.4	4.8	4.7	France, Monac	5.2	5.1	6.5	5.7	5.4	4.2	4.0	4.3	4.2	4.4
Belgium–Luxembourg	4.0	3.8	4.2	3.7	3.8	3.7	4.1	4.6	4.4	4.3	Belgium–Luxembourg	8.3	7.1	7.4	6.3	5.9	4.5	4.1	4.1	3.9	3.7
Canada	2.9	3.1	3.4	2.6	2.0	3.2	3.4	2.8	2.7	2.7	United Kingdom	5.0	4.7	5.2	4.1	4.1	3.0	3.3	3.4	3.1	2.8
Switz.Liecht			x2.8	x2.4	2.8	2.6	2.7	2.7	2.3	2.3	Canada		x1.0	x0.9	1.5	2.2	2.3	2.3	2.0	2.0	2.4

5836 ACRYLIC POLYMERS, ETC / POLYM ACRYLIQ METHACRYLI 5836

TRADE BY COMMODITY IN THOUSAND U.S. DOLLARS – COMMERCE PAR PRODUIT EN MILLIERS DE DOLLARS E.U

IMPORTS – IMPORTATIONS

COUNTRIES–PAYS	1988	1989	1990	1991	1992
Total	2389066	2758931	3181418	3389535	3557260
Africa	x64330	x53795	x61439	x58575	x61353
Northern Africa	x16880	x17233	x20147	x23619	x23477
Americas	x254012	x422062	x451308	478056	537149
LAIA	54110	72554	82260	114873	134302
CACM	x4046	x3978	x4532	x4795	x6655
Asia	x275740	x314369	382938	436425	x514684
Middle East	x44176	x44067	x60914	x62151	x78879
Europe	1529920	1693398	2134261	2155709	2315320
EEC	1224157	1363418	1730014	1777172	1913571
EFTA	284978	307169	379216	357537	384023
Oceania	x59294	x82129	x80572	x81543	x91461
Germany/Allemagne	262905	308601	414338	439934	454687
France, Monac	210151	234601	297690	283582	326623
Italy/Italie	198470	220218	280144	289939	305745
United Kingdom	178814	188968	221132	225272	247742
USA/Etats–Unis d'Amer	55273	190494	208303	204148	221760
Netherlands/Pays–Bas	140989	150179	175139	184415	200613
Canada	135099	147093	148406	147476	164830
Belgium–Luxembourg	104442	114920	146027	141410	141729
Former USSR/Anc. URSS	x144843	x137592	x41392	x151953	
Sweden/Suède	72165	75234	89739	87989	91340
Switz.Liecht	72533	71369	90058	84525	90646
Austria/Autriche	65683	67749	86914	90170	100433
Spain/Espagne	43658	52921	78592	92482	103171
Finland/Finlande	55706	68969	81574	66139	66604
Australia/Australie	47128	64635	65742	65822	71609
Korea Republic	44230	49982	57305	67316	73362
Japan/Japon	41378	51887	54643	58672	54271
Denmark/Danemark	43738	44528	55990	59955	60641
Hong Kong	40614	43204	50847	62358	77402
Mexico/Mexique	19561	29729	37258	54363	63135
Singapore/Singapour	27663	30237	39884	46489	50299
Norway,SVD,JM	17442	22486	29236	26907	33521
Portugal	18687	20490	27623	27119	32055
Malaysia/Malaisie	14951	19607	25593	29759	x23514
So. Africa Customs Un	36062	24430	25802	x18940	x19452
Israel/Israël	14096	15306	23784	29243	36807
Thailand/Thaïlande	13853	18284	24893	25004	36110
Yugoslavia SFR	20689	22446	24270	x20107	
Saudi Arabia	x15266	x14354	x18065	x21966	x25390
Brazil/Brésil	3413	14085	17338	22789	21543
Turkey/Turquie	9198	12068	18986	20528	25082
Ireland/Irlande	13947	15046	18743	15581	15185
Greece/Grèce	8356	12946	14595	17473	x25380
New Zealand	11033	16039	13140	11286	15128
Czechoslovakia	x17855	19023	12208	x8561	x10520
China/Chine	15948	12615	10676	15751	30142
Indonesia/Indonésie	6109	7203	11769	14170	21622
Hungary/Hongrie	x13393	x11240	x10155	11173	x11410
Chile/Chili	12166	12964	6594	10300	x6226
Pakistan	1919	5955	8291	11728	13369
Egypt/Egypte	x5144	x4620	x8289	x7924	x6872
Iran (Islamic Rp. of)	x3078	x4982	x8357	x7319	x11063
Bulgaria/Bulgarie	x14972	x14472	x3341	x2211	1544
Philippines	2783	x8622	5088	5297	6286
Colombia/Colombie	4991	5475	7165	5515	9696
Argentina/Argentine	4133	3242	5130	8243	19670
Morocco/Maroc	4079	3906	4621	5514	6139
United Arab Emirates	x5377	x3862	x6366	x3806	x5706
India/Inde	4128	x3905	5226	4278	x6660
Poland/Pologne	4304	4486	2407	3960	x13247

EXPORTS – EXPORTATIONS

COUNTRIES–PAYS	1988	1989	1990	1991	1992
Totale	2080489	2254276	2684535	x3889230	x4096846
Afrique	x1079	x2532	x1388	x2499	x3626
Afrique du Nord	10	449	x107	48	x323
Amériques	275342	374972	x469307	x554069	584032
ALAI	9571	21563	21263	24108	29291
MCAC	0	x2	x49	x5	x19
Asie	302331	327280	353876	403941	x440205
Moyen–Orient	x4757	5954	3546	2869	4460
Europe	1494789	1541112	1849283	x2913811	x3053915
CEE	1377992	1412088	1693831	x2763860	x2890872
AELE	114446	123813	148037	149793	161886
Océanie	x5300	4142	x7025	10752	11730
Germany/Allemagne	788917	802323	956429	936350	1045392
USA/Etats–Unis d'Amer	254959	333884	415656	499644	517164
United Kingdom				x1079385	x1056161
Japan/Japon	258326	274757	288073	322104	328439
Netherlands/Pays–Bas	180528	215956	262380	274502	297187
France, Monac	243951	211450	232688	245953	273942
Italy/Italie	98941	106285	137452	118966	104514
Sweden/Suède	38987	51287	59337	57614	58551
Belgium–Luxembourg	38802	40980	49845	51452	56277
Austria/Autriche	36640	34833	43605	45963	57485
Spain/Espagne	19828	26749	41205	43904	43962
Switz.Liecht	27422	24630	31340	34381	34826
Canada	10658	18113	27968	27555	35063
Hong Kong	10725	12277	16811	24725	36061
Singapore/Singapour	8891	11827	15543	18065	17736
Korea Republic	7784	10252	12784	19399	25211
Mexico/Mexique	4689	9467	9502	12942	16034
Norway,SVD,JM	7351	8364	9193	9281	8806
Brazil/Brésil	3275	8847	5987	5779	6285
Denmark/Danemark	4177	5288	7588	7477	8108
Thailand/Thaïlande	4070	7015	6367	5961	x10267
Australia/Australie	4336	3895	5554	6311	6328
Yugoslavia SFR	2327	5130	7364	x158	
Finland/Finlande	4045	4699	4562	2553	2218
Portugal	2466	2712	5104	3714	4564
Turkey/Turquie	3882	5355	3066	2706	4332
Israel/Israël	786	837	3582	5346	6639
Dominican Republic		x1289	x4260	x2557	x2378
New Zealand	883	247	1465	4440	5402
Uruguay	x194	x1650	x2584	x1584	993
So. Africa Customs Un	x1054	x1994	x1022	x2249	x3250
China/Chine	116	480	3025	1102	2861
Argentina/Argentine	772	1013	1736	1511	2003
Philippines	4703	x968	1330	1582	2295
Czechoslovakia	x446	x241	x1769	x1562	x2661
Indonesia/Indonésie	198	1363	1145	953	759
Malaysia/Malaisie	918	1098	976	941	x4651
Former USSR/Anc. URSS	x522	x913	x236	x1784	
Ireland/Irlande	212	199	690	1960	524
Former GDR	x460	x1766	x818		
Colombia/Colombie	307	399	590	1419	3071
India/Inde	940	x260	626	783	x777
Venezuela	191	87	688	486	727
Hungary/Hongrie	x50	x372	x249	x416	x315
Romania/Roumanie	x170	816	x179		
Bulgaria/Bulgarie		x132	x408	x107	x158
Greece/Grèce	170	145	249	198	x241
Peru/Pérou	62	73	106	x260	x32
Tunisia/Tunisie	10	389	37	1	210
United Arab Emirates	x412	x285	x80	x53	x27

(VALUE AS % OF TOTAL)(VALEUR EN % DU TOTAL)

	1983	1984	1985	1986	1987	1988	1989	1990	1991	1992		1983	1984	1985	1986	1987	1988	1989	1990	1991	1992
Africa	x3.2	x3.9	x2.8	x2.5	x2.1	x2.7	x2.0	x1.9	x1.8	x1.7	Afrique	0.1	x0.1	0.1	x0.0	x0.1	x0.1	x0.1	x0.0	x0.1	x0.1
Northern Africa	x0.8	1.2	0.8	0.6	x0.7	x0.7	x0.6	x0.6	x0.7	x0.7	Afrique du Nord	0.0		0.0	0.0	0.0	0.0	0.0	0.0	0.0	0.0
Americas	x15.4	x16.0	x14.4	x13.1	x10.8	x10.7	15.3	x14.2	14.1	15.1	Amériques	13.8	13.6	11.6	10.4	12.0	13.3	16.6	17.5	x14.3	14.3
LAIA	2.1	2.1	2.1	2.9	1.9	2.3	2.6	2.6	3.4	3.8	ALAI	0.0	0.1	0.1	0.4	0.3	0.5	1.0	0.8	0.6	0.7
CACM	x0.2	x0.2	x0.3	x0.2	x0.1	x0.2	x0.1	x0.1	x0.1	x0.2	MCAC			x0.0	x0.0	x0.0	x0.0	x0.0	x0.0	x0.0	x0.0
Asia	x12.9	11.0	x12.9	9.8	12.1	x11.5	x11.4	12.1	12.9	x14.5	Asie	12.3	13.5	14.5	15.1	x13.2	14.6	14.5	13.2	10.4	x10.8
Middle East	x2.1	x1.0	x2.1	x1.3	x1.2	x1.8	x1.6	x1.9	x1.8	x2.2	Moyen–Orient	x0.0	0.0	0.1	0.1	0.2	0.2	0.3	0.1	0.1	0.1
Europe	64.9	64.0	65.0	71.3	64.1	64.0	61.4	67.1	63.6	65.1	Europe	73.7	72.6	73.7	74.3	74.5	71.8	68.4	68.9	x74.9	x74.5
EEC	55.5	54.9	56.1	58.5	52.9	51.2	49.4	54.4	52.4	53.8	CEE	73.1	72.0	73.1	71.2	71.4	66.2	62.6	63.1	x71.1	x70.6
EFTA	9.4	9.1	8.9	12.2	x10.7	11.9	11.1	11.9	10.5	10.8	AELE	0.6	0.7	0.5	3.1	x3.0	5.5	5.5	5.5	3.9	4.0
Oceania	x3.6	x5.1	x4.8	x3.4	x3.4	x2.4	x3.0	x2.6	x2.4	2.5	Océanie	0.1	x0.1	x0.1	0.1	x0.2	x0.3	0.2	x0.3	0.3	0.3
Germany/Allemagne	12.0	11.4	11.6	12.4	10.7	11.0	11.2	13.0	13.0	12.8	Germany/Allemagne	30.6	29.6	29.2	27.6	27.7	37.9	35.6	35.6	24.1	25.5
France, Monac	12.1	11.5	10.9	11.6	10.6	8.8	8.5	9.4	8.4	9.2	USA/Etats–Unis d'Amer	13.8	13.5	11.5	9.6	11.3	12.3	14.8	15.5	12.8	12.6
Italy/Italie	7.4	7.7	8.6	8.5	7.9	8.3	8.0	8.8	8.8	8.6	United Kingdom	15.0	14.8	16.2	15.0	14.8				x27.8	x25.8
United Kingdom	7.8	8.2	8.3	8.3	8.1	7.5	6.8	7.0	6.6	7.0	Japan/Japon	10.4	12.0	12.7	14.0	11.9	12.4	12.2	10.7	8.3	8.0
USA/Etats–Unis d'Amer	5.2	6.6	4.4	3.1	2.4	2.3	6.9	6.5	6.0	6.2	Netherlands/Pays–Bas	10.1	10.0	9.8	9.6	9.8	8.7	9.6	9.8	7.1	7.3
Netherlands/Pays–Bas	6.0	5.8	6.3	6.8	6.0	5.9	5.4	5.5	5.4	5.6	France, Monac	9.0	9.9	8.8	8.6	9.8	11.7	9.4	8.7	6.3	6.7
Canada	6.9	6.9	7.5	6.2	5.6	5.7	5.3	4.7	5.0	4.6	Italy/Italie	5.6	4.2	5.6	8.8	7.4	4.8	4.7	5.1	3.1	2.6
Belgium–Luxembourg	4.8	4.8	4.9	4.9	4.3	4.2	4.6	4.2	4.2	4.0	Sweden/Suède				x0.8	x0.8	1.9	2.3	2.2	1.5	1.4
Former USSR/Anc. URSS					x5.9	x6.1	x5.0	x1.3	x4.5		Belgium–Luxembourg	1.2	1.8	2.0	1.9	1.9	1.9	1.8	1.9	1.3	1.4
Sweden/Suède	4.7	4.5	4.3	4.3	3.7	3.0	2.7	2.8	2.6	2.6	Austria/Autriche				x0.8	x0.8	1.8	1.5	1.6	1.2	1.4

5911 INSECTICIDES, FOR RETAIL — INSECTICIDES VENTE DET 5911

TRADE BY COMMODITY IN THOUSAND U.S. DOLLARS – COMMERCE PAR PRODUIT EN MILLIERS DE DOLLARS E.U

COUNTRIES–PAYS	IMPORTS – IMPORTATIONS 1988	1989	1990	1991	1992	COUNTRIES–PAYS	EXPORTS – EXPORTATIONS 1988	1989	1990	1991	1992
Total	x2121042	x1955641	x2034146	x2293861	x1867011	Totale	1872659	1753564	1959842	2125673	1930413
Africa	x302959	x294808	x250848	x229634	x213141	Afrique	x10348	x7260	x29001	x58284	x40902
Northern Africa	x135050	x121645	x92273	x65578	x68755	Afrique du Nord	x775	x1777	x5745	9252	x7721
Americas	x377552	x233682	x268014	x287468	x269229	Amériques	295566	272454	294594	342191	x364925
LAIA	x77468	x73730	95549	113322	x102014	ALAI	32589	37004	29680	30223	35429
CACM	64734	54375	49156	50712	x44388	MCAC	14653	8642	8218	11347	x13879
Asia	x622436	x663753	x697390	x655687	x628121	Asie	x323461	311992	351970	426016	362803
Middle East	x223764	x228201	x275002	x229222	x157131	Moyen–Orient	8992	x5007	x9054	x17604	20535
Europe	519496	549864	725278	711906	692375	Europe	1133317	1104568	1257784	1271826	1130000
EEC	481442	522633	675432	660362	636136	CEE	1003749	971651	1112436	1133382	1012210
EFTA	28556	24067	x41411	x43821	x44479	AELE	127680	131412	143691	136130	111691
Oceania	x21590	x24436	x23377	x24564	x25387	Océanie	x5956	8792	8627	x13656	28246
France, Monac	134712	148912	206711	199660	183610	United Kingdom	278884	287388	325379	308899	274068
Former USSR/Anc. URSS	x88758	x78242	x28098	x338608		France, Monac	196186	229414	276720	331663	266923
China/Chine	93915	152871	135470	122257	124695	USA/Etats–Unis d'Amer	232132	213325	243102	287525	301846
Iran (Islamic Rp. of)	x34411	x61275	x147153	x126476	x44132	Germany/Allemagne	227450	215430	252129	259520	249804
Germany/Allemagne	45193	52120	87621	102329	71947	Japan/Japon	116308	143024	143095	149895	132899
Italy/Italie	52702	60896	70706	69607	81469	Switz.Liecht	124888	127979	135486	127701	102272
Thailand/Thaïlande	49702	58767	68189	48103	38569	Netherlands/Pays–Bas	144994	131592	127957	101875	103325
Netherlands/Pays–Bas	38865	45098	68684	59788	70076	China/Chine	53049	52244	59877	83546	56587
Pakistan	70152	58464	50212	63853	57491	Belgium–Luxembourg	42669	45501	62193	51231	33115
Spain/Espagne	46772	52033	60787	56219	66013	Italy/Italie	58560	42376	47604	53145	55991
United Kingdom	52822	59059	55452	49311	43820	Hong Kong	45938	46681	46212	47427	57529
Saudi Arabia	92362	71310	x35852	x30964	x25259	India/Inde	27033	x4471	18683	43091	x7177
Hong Kong	46037	40257	41312	43421	64522	Singapore/Singapour	21873	14847	17515	31588	34531
Belgium–Luxembourg	38433	35557	45312	40784	41396	Spain/Espagne	15461	14380	15192	21753	21944
Greece/Grèce	41450	39505	42332	38593	x39513	Indonesia/Indonésie	1238	12045	24244	13351	12049
Canada	34239	31533	39570	37274	40555	Israel/Israël	x26207	x14476	x15819	x17037	x18453
Turkey/Turquie	28377	33021	41134	32214	37847	Poland/Pologne	x70529	x32256	x7309		
Poland/Pologne	123245	61269	15834	28700	x15640	Former GDR	x1679	x185	x14909	x16610	x23138
Egypt/Egypte	x39142	x57547	x27270	14519	8259	Cote d'Ivoire	2672	x898	2467	23999	x341
Sudan/Soudan	x26227	x34921	x36100	x19785	x23955	Kenya	5301	5642	8282	12376	x15543
						Malaysia/Malaisie					
Japan/Japon	18848	31592	26319	24431	27847	Brazil/Brésil	7700	9407	8295	8530	9521
USA/Etats–Unis d'Amer	143034	20306	24162	23540	25447	Australia/Australie	3757	7034	6704	11186	26029
Singapore/Singapour	28663	15985	20085	28091	21220	Colombia/Colombie	6606	6843	6269	4860	8599
Malaysia/Malaisie	26088	19012	19014	20467	x24429	Barbados/Barbade	4939	5426	6045	6217	x6319
So. Africa Customs Un	15693	25423	11013	x18923	x23214	Former USSR/Anc. URSS	x19538	x8467	x3678	x4980	
Nicaragua	31731	22010	13712	12357	3772	Turkey/Turquie	4084	1886	3765	11087	17971
Guatemala	11702	12707	17604	16689	x15409	Mexico/Mexique	7906	9519	3539	3007	2054
Switz.Liecht	14149	12174	18140	15794	15018	Argentina/Argentine	5355	4958	5385	5668	6613
Denmark/Danemark	12745	11712	14708	16136	16683	Thailand/Thaïlande	6132	3627	5221	7162	x4106
Philippines	12209	x11492	15408	15596	15297	Canada	6311	5339	5185	4811	4336
Portugal	12041	10441	14596	13861	14005	Korea Republic	9288	9007	3470	2168	2833
Iraq	x11582	x24518	x14099	x218	x1357	So. Africa Customs Un	x4883	x3238	x3836	x5767	x8506
Mexico/Mexique	10097	12992	10238	14734	15728	Guatemala	7555	1649	5478	4186	5419
Morocco/Maroc	26927	11216	13778	12932	14447	Austria/Autriche		x4775	x5831	x4676	
Brazil/Brésil	6854	11328	14621	10808	13685	Egypt/Egypte	x709	x1624	x2022	6482	5798
Chile/Chili	6145	x10767	12199	13605	x15588	Venezuela	559	2354	2389	3839	4128
Zimbabwe	x4326	x4826	13741	15540	x3516	Greece/Grèce	5102	2755	2377	3414	x1901
Ecuador/Equateur	1328	2054	12978	18916	4112	Sweden/Suède	2351	2995	2985	2491	4425
Cameroon/Cameroun	x7860	x13154	x6111	14319	x7776	El Salvador	4053	4328	226	3654	x5167
Costa Rica	7941	8750	11262	11801	x13054	Costa Rica	1952	2478	2212	2775	x2146
Argentina/Argentine	8608	7305	11480	12084	14443	Hungary/Hongrie	x6520	x1584	x2860	x2506	x1563
Togo	11833	2086	18878	9609	x2954	Uruguay	x3337	x2722	x1932	x1634	1230
Israel/Israël	9963	11425	9740	9370	12635	New Zealand	2151	1747	1889	2364	2167
United Arab Emirates	x22592	x11142	x10611	x8779	x12977	Bulgaria/Bulgarie	x3062	x2790	x2635	x305	x415
Cote d'Ivoire	x9204	x12837	x6713	x10770	x22536	Portugal	739	2160	2053	1411	4388
Ethiopia/Ethiopie	12105	13765	13538	2619	x3352	Yugoslavia SFR	1796	1505	1604	x2252	
Ireland/Irlande	5708	7299	8522	14074	7602	Poland/Pologne	1885	1597	913	1915	x727
Australia/Australie	8333	8971	8862	10844	11857	Cyprus/Chypre	3567	761	3256	398	1820
Czechoslovakia	x7771	11053	11507	x5163	x4117	Iraq				x4413	
Austria/Autriche			x11543	x15877	x14479	Chile/Chili	x1043	x969	1452	1761	x1644

(VALUE AS % OF TOTAL)(VALEUR EN % DU TOTAL)

	1983	1984	1985	1986	1987	1988	1989	1990	1991	1992		1983	1984	1985	1986	1987	1988	1989	1990	1991	1992
Africa	x16.9	x17.8	x14.4	x19.3	x15.9	x14.2	x15.1	x12.3	x10.0	x11.4	Afrique	0.8	0.8	1.3	0.8	0.7	0.6	0.4	1.5	2.8	x2.1
Northern Africa	x6.9	x6.9	x3.7	x7.7	x6.3	x6.4	x6.2	x4.5	x2.9	x3.7	Afrique du Nord	x0.0	0.0	0.0	0.0	0.0	x0.1	x0.3	0.4	x0.4	
Americas	x26.3	x27.2	x24.3	x21.3	x20.3	x17.8	x12.0	x13.1	x12.6	x14.4	Amériques	x22.5	x25.6	x19.9	x19.7	x14.6	15.8	15.6	15.1	16.1	x18.9
LAIA	x6.1	x6.5	x5.2	x4.6	x4.4	x3.7	x3.8	4.7	4.9	x5.5	ALAI	x1.1	x1.2	x0.8	1.1	1.4	1.7	2.1	1.5	1.4	1.8
CACM	x3.9	x4.1	x2.9	x2.9	x4.2	3.1	2.8	2.4	2.2	x2.4	MCAC	x1.8	x1.0	x0.4	0.4	x0.2	0.8	0.5	0.4	0.5	x0.7
Asia	x28.0	x25.3	x32.5	x31.4	x26.4	x29.4	x33.9	x34.3	x28.6	x33.7	Asie	12.1	10.0	11.2	11.3	x13.9	17.3	17.8	18.0	20.1	18.8
Middle East	x11.9	x8.9	x11.6	x11.7	x9.2	x10.5	x11.7	x13.5	x10.0	x8.4	Moyen–Orient	x0.2	0.0	x0.3	x0.1	0.2	0.5	x0.3	x0.5	x0.8	1.1
Europe	28.0	28.5	27.6	27.1	23.9	24.5	28.1	35.7	31.0	37.1	Europe	64.2	63.4	67.2	68.0	63.5	60.5	63.0	64.2	59.8	58.5
EEC	25.9	26.2	25.0	24.0	21.8	22.7	26.7	33.2	28.8	34.1	CEE	56.8	56.0	59.5	59.3	54.6	53.2	55.4	56.8	53.3	52.4
EFTA	1.3	1.5	2.1	2.6	x1.8	1.3	1.2	x2.0	x1.9	x2.4	AELE	7.3	7.4	7.7	8.8	8.9	6.8	7.5	7.3	6.4	5.8
Oceania	0.9	x1.2	x1.1	x0.9	x0.8	x1.0	x1.3	x1.2	x1.0	x1.3	Océanie	0.2	0.2	0.2	0.2	0.3	x0.3	0.5	0.4	x0.6	1.5
France, Monac	6.7	6.3	6.4	7.1	6.4	6.4	7.6	10.2	8.7	9.8	United Kingdom	14.1	13.1	15.9	15.2	14.7	14.9	16.4	16.6	14.5	14.2
Former USSR/Anc. URSS					x4.7	x4.2	x4.0	x1.4	x14.8		France, Monac	12.7	13.5	12.5	11.2	12.0	10.5	13.1	14.1	15.6	13.8
China/Chine					1.2	4.4	7.8	6.7	5.3	6.7	USA/Etats–Unis d'Amer	19.2	23.1	18.5	17.8	12.7	12.4	12.2	12.4	13.5	15.6
Iran (Islamic Rp. of)	x3.3	x3.4	x2.1	x2.4	x3.0	x1.6	x3.1	x7.2	x5.5	x2.4	Germany/Allemagne	15.1	14.9	15.5	16.7	13.0	12.1	12.3	12.9	12.2	12.9
Germany/Allemagne	2.3	2.5	2.3	1.7	2.0	2.1	2.7	4.3	4.5	3.9	Japan/Japon	8.5	6.7	6.7	5.6	4.8	6.2	8.2	7.3	7.1	6.7
Italy/Italie	2.9	3.2	3.4	3.3	2.9	2.5	3.1	3.5	3.0	4.4	Switz.Liecht	7.1	7.2	7.7	7.7	8.0	6.7	7.3	6.9	6.0	5.3
Thailand/Thaïlande	2.0	2.8	2.7	2.3	2.5	2.3	3.0	3.4	2.1	2.1	Netherlands/Pays–Bas	6.8	6.1	6.8	6.7	6.7	7.7	7.5	6.5	4.8	5.4
Netherlands/Pays–Bas	4.4	4.3	2.6	2.3	2.0	1.8	2.3	3.4	2.6	3.8	China/Chine						2.8	3.0	3.1	3.9	2.9
Pakistan	3.2	4.4	8.1	7.1	5.2	3.3	3.3	2.5	2.8	3.1	Belgium–Luxembourg	1.4	1.4	2.0	1.4	1.6	2.3	2.6	3.2	2.4	1.7
Spain/Espagne	1.5	1.7	1.6	2.1	1.7	2.2	2.7	3.0	2.5	3.5	Italy/Italie	5.1	5.0	4.3	5.2	4.1	3.1	2.4	2.4	2.5	2.9

5913 HERBICIDES, FOR RETAIL — HERBICIDES VENTE AU DET 5913

TRADE BY COMMODITY IN THOUSAND U.S. DOLLARS – COMMERCE PAR PRODUIT EN MILLIERS DE DOLLARS E.U

IMPORTS – IMPORTATIONS

COUNTRIES–PAYS	1988	1989	1990	1991	1992
Total	x2641660	2471987	2877882	x3260845	2984285
Africa	x72597	71415	x92290	x81627	x84600
Northern Africa	x17885	x16884	x26117	x18417	x23363
Americas	x628041	x504405	x529090	x500772	x569368
LAIA	x102499	130453	143796	167515	189881
CACM	34681	35143	30891	30365	x29845
Asia	x293974	x272290	x352692	x402569	x419562
Middle East	x39163	x53183	x92504	x106926	x85269
Europe	1296728	1380612	1712283	1833758	1777471
EEC	1187801	1277711	1565134	1697609	1623624
EFTA	93291	99432	136368	x126752	x133647
Oceania	14335	x27364	x30573	x31428	x39124
France, Monac	447676	509035	574395	589565	572377
Germany/Allemagne	158290	173155	280090	335142	350555
Canada	106764	172076	183232	153505	174118
Former USSR/Anc. URSS	x197361	x86341	x61845	x326003	
United Kingdom	132330	127825	122187	140180	130394
Italy/Italie	96129	103678	129828	121111	146405
Belgium–Luxembourg	115420	91052	115642	141505	83356
Netherlands/Pays–Bas	74865	91508	109560	128465	115626
USA/Etats–Unis d'Amer	325701	97349	106087	89519	124433
Japan/Japon	78613	84577	96165	91445	86150
Denmark/Danemark	68330	74693	94827	77529	83339
Spain/Espagne	40093	47401	66293	83209	65437
Argentina/Argentine	46127	53637	43825	41273	59156
Czechoslovakia	x21711	57745	58132	x18656	x19288
China/Chine	51691	33385	35955	54608	58002
Thailand/Thaïlande	29713	36070	46246	41085	64150
Sweden/Suède	34056	34655	46673	38227	42371
Iran (Islamic Rp. of)	x8900	x19599	x32341	x42970	x12905
Greece/Grèce	19999	25419	31317	32792	x27262
Finland/Finlande	23232	29181	30636	26619	26100
Cuba	x30724	x35754	x26736	x23756	x13887
Saudi Arabia	x12327	x13710	x33347	x37366	x35938
Singapore/Singapour	13968	12620	23902	37412	27896
Switz.Liecht	22059	22059	26113	24153	26299
Portugal	14709	16226	20732	25003	20392
Ireland/Irlande	19961	17720	20263	23108	28482
So. Africa Customs Un	21618	22212	20652	x14746	x15784
Ecuador/Equateur	9730	18170	17135	21806	11443
Chile/Chili	x11536	x13677	19112	22408	x19617
Brazil/Brésil	6343	10855	15048	26824	42065
Hong Kong	43183	10523	12992	27328	28258
Romania/Roumanie	x11954	x6930	x15575	26466	x9404
Colombia/Colombie	9772	12810	15764	17124	9552
Austria/Autriche			x20131	x24981	x24923
Australia/Australie	3908	13260	14656	15096	21312
Panama	x12612	x14412	x15162	x12554	x12972
Mexico/Mexique	5698	8122	15441	17747	19478
Hungary/Hongrie	x4035	x8843	x10236	20079	x21765
Norway, SVD, JM	13923	13490	12709	12607	13850
Bulgaria/Bulgarie	x25256	x21063	x6715	x8918	24970
Costa Rica	9639	10909	12208	9666	x11869
New Zealand	6069	9155	11364	11876	13156
Poland/Pologne	50307	19598	788	9748	x18081
Zimbabwe	2677	x2735	9905	17051	x2818
Guatemala	6752	9345	10120	8501	x5669
Israel/Israël	8804	8552	9461	8676	11037
Sudan/Soudan	x3959	x7503	7910	x11977	x8787
Turkey/Turquie		4307		12987	15244
Yugoslavia SFR	15268	3326	10606	x9329	
Malaysia/Malaisie	10621	6622	8034	7594	x11253

EXPORTS – EXPORTATIONS

COUNTRIES–PAYS	1988	1989	1990	1991	1992
Totale	1881220	2381968	2687730	2646285	2624311
Afrique	x3447	x5139	x9069	x16981	x25124
Afrique du Nord	x1	1	x1254	x388	x161
Amériques	325336	772656	727277	583716	645378
ALAI	74085	107911	107030	99931	115294
MCAC	4257	3191	3381	4438	3540
Asie	x187169	143280	167050	212798	x226752
Moyen–Orient	676	x751	2890	12012	19710
Europe	1301898	1356148	1719172	1764607	1680095
CEE	1153042	1183624	1487090	1503266	1400751
AELE	145544	170801	x228881	x253974	x267641
Océanie	29385	18082	12958	18335	21747
USA/Etats–Unis d'Amer	233029	652320	603852	465982	501512
Germany/Allemagne	396435	450190	523781	528410	533532
France, Monac	240527	264373	401724	398142	372477
United Kingdom	290065	278186	327058	296370	286953
Switz.Liecht	142146	158872	177923	170893	179697
Netherlands/Pays–Bas	123469	119705	143284	178240	142003
Japan/Japon	89680	80440	66822	91753	74065
Italy/Italie	68926	50356	63395	68110	37753
Austria/Autriche			x48545	x77234	x78529
Brazil/Brésil	36275	42655	32227	42715	40708
Former USSR/Anc. URSS	x6009	x39700	x27907	x32230	27499
Argentina/Argentine	13564	30965	30820	16484	27484
Hong Kong	31775	14262	16387	30979	34782
India/Inde	20748	x3611	32748	22331	x2774
Czechoslovakia	x21711	16788	19389	22161	27171
Colombia/Colombie	13270	16788	19389	22161	27171
Singapore/Singapour	11811	16052	13802	18450	27834
Australia/Australie	27260	16504	11710	16722	20101
Malaysia/Malaisie	12531	13533	14322	10478	x20267
Israel/Israël	x17696	x11158	x10511	x12675	x19838
Spain/Espagne	18902	6626	11162	11504	9595
Canada	10485	5715	11553	11958	23648
Former GDR	x15244	x22778	x6232		
Denmark/Danemark	10676	9383	9858	9652	6733
So. Africa Customs Un	x3026	x4930	x6536	x16128	x24530
Uruguay	x7286	x11996	x12241	x1988	2461
Mexico/Mexique	3458	2775	8423	13915	14091
Hungary/Hongrie	x6262	x5845	x8873	x9799	x14371
Poland/Pologne	3177	8192	6060	5841	x4211
Finland/Finlande	1648	9901	1438	4658	7460
Jordan/Jordanie	596	94		2599	10547	17270
Belgium–Luxembourg	2364	1731	3582	7467	2735
Yugoslavia SFR	3312	1723	3201	x7319	
Bulgaria/Bulgarie	x2263	x8883	x1928	x206	x952
China/Chine	1569	2009	4634	3673	24097
Thailand/Thaïlande	53	379	2156	6716	x2411
Venezuela	42	2515	3669	2219	2196
Ireland/Irlande	1413	2015	1903	3372	6223
Guatemala	2856	639	2231	3228	2663
Panama	x2795	x2947	x1133	x1252	x1248
New Zealand	2095	1523	1229	1596	1629
Czechoslovakia	x998	x907	x1212	x1771	x5472
Costa Rica	823	1866	867	999	x168
Portugal	99	318	1168	1676	1417
Sweden/Suède	1374	1855	521	648	1606
Indonesia/Indonésie	39	21	1195	1596	3
Korea Republic	287	805	817	1047	533
Philippines	280	x254	767	1088	437
Greece/Grèce	166	742	174	322	x1329
Algeria/Algérie			x1173		
Nicaragua	332	685	283	142	392

(VALUE AS % OF TOTAL)(VALEUR EN % DU TOTAL)

	1983	1984	1985	1986	1987	1988	1989	1990	1991	1992		1983	1984	1985	1986	1987	1988	1989	1990	1991	1992
Africa	x6.0	x4.5	x4.5	x5.7	x3.7	x2.7	x2.9	x3.2	x2.6	x2.8	Afrique	0.3	x0.3	x0.4	x0.1	x0.1	x0.2	x0.2	x0.3	x0.6	x0.9
Northern Africa	x1.6	x0.7	x0.7	x1.6	x0.7	x0.7	x0.7	x0.9	x0.6	x0.8	Afrique du Nord	0.0	0.0	0.0	0.0	0.0	0.0	0.0	0.0	0.0	0.0
Americas	33.7	34.7	x36.7	x26.7	x18.3	x23.8	20.4	x18.4	15.4	19.1	Amériques	x36.4	x38.4	19.6	14.1	15.1	17.2	32.4	27.1	22.1	24.6
LAIA	x5.6	x5.5	x5.8	x5.0	x3.7	x3.9	5.3	5.0	5.1	6.4	ALAI	x1.9	x2.7	x2.9	1.6	3.0	3.9	4.5	4.0	3.8	4.4
CACM	x2.9	x2.5	x2.1	x1.0	x1.2	1.3	1.4	1.1	0.9	x1.0	MCAC	x0.0	x0.5	x0.7	x0.1	x0.2	0.2	0.1	0.1	0.2	0.1
Asia	x8.7	x9.7	7.8	x8.4	x9.5	x11.1	x11.0	x12.3	x12.4	x14.1	Asie	6.5	6.2	7.0	x5.4	x7.0	x9.9	6.0	6.2	8.0	x8.7
Middle East	x2.2	x1.2	x0.4	x1.7	x2.3	x1.5	x2.2	x3.2	x3.3	x2.9	Moyen–Orient	x0.1	x0.0	x0.0	0.2	x0.0	x0.0	0.1	0.5	0.5	0.8
Europe	50.8	50.0	50.5	58.4	43.7	49.1	55.9	59.5	56.2	59.6	Europe	56.5	54.7	72.4	79.9	74.8	69.2	56.9	64.0	66.7	64.0
EEC	45.0	45.2	45.1	51.4	39.1	45.0	51.7	54.4	52.1	54.4	CEE	40.3	38.6	51.8	x60.2	54.5	61.3	49.7	55.3	56.8	53.4
EFTA	5.5	4.3	5.0	6.8	4.5	3.5	4.0	4.7	x3.9	x4.5	AELE	16.3	16.1	20.6	19.8	20.2	7.7	7.2	x8.5	x9.6	x10.2
Oceania	0.8	x1.0	x0.6	x0.7	x0.5	0.6	x1.1	x1.1	x0.9	x1.4	Océanie	0.2	0.3	0.5	x0.4	0.7	1.6	0.8	0.5	0.7	0.8
France, Monac	13.8	14.0	15.7	18.9	14.2	16.9	20.6	20.0	18.1	19.2	USA/Etats–Unis d'Amer	34.5	35.2	16.0	12.1	11.8	12.4	27.4	22.5	17.6	19.1
Germany/Allemagne	6.2	6.7	6.5	7.8	4.9	6.0	7.0	9.7	10.3	11.7	Germany/Allemagne	16.8	14.7	18.0	18.5	17.8	21.1	19.5	20.0	20.3
Canada	7.8	8.0	7.0	5.6	2.7	4.0	7.0	6.4	4.7	5.8	France, Monac	6.5	6.6	9.8	10.3	8.3	12.8	11.1	14.9	15.0	14.2
Former USSR/Anc. URSS				x18.5	x7.5	x3.5	x2.1	x7.0	x10.0		United Kingdom	12.0	11.6	15.4	12.1	11.5	15.4	11.7	12.2	11.2	10.9
United Kingdom	6.2	6.1	6.9	5.5	3.3	5.0	5.2	4.2	4.3	4.4	Switz.Liecht	16.2	16.0	20.5	18.1	18.5	7.6	6.7	6.6	6.5	6.8
Italy/Italie	3.7	3.8	3.6	4.7	4.8	3.6	4.2	4.5	3.7	4.9	Netherlands/Pays–Bas	2.2	2.9	4.7	6.1	5.2	6.6	5.0	5.3	6.7	5.4
Belgium–Luxembourg	3.8	3.6	3.2	3.8	3.7	4.4	3.7	3.8	3.9	2.8	Japan/Japon	4.8	3.7	3.9	2.9	3.5	3.5	3.4	2.5	3.5	2.8
Netherlands/Pays–Bas	3.8	4.5	3.3	4.0	2.9	2.8	3.7	3.8	3.9	4.2	Italy/Italie	2.0	1.4	2.4	x1.5	x1.7	3.4	2.1	2.4	2.6	1.4
USA/Etats–Unis d'Amer	9.8	12.4	16.8	12.2	7.7	12.3	3.9	3.7	2.7	4.2	Austria/Autriche								x1.8	x2.9	x3.0
Japan/Japon	2.6	2.7	2.5	3.5	2.6	3.0	3.4	2.8	2.9	2.9	Brazil/Brésil	x1.7	x2.3	x2.4	1.1	1.9	1.9	1.8	1.2	1.6	1.6

5922 ALBUMINOID SUBSTAN, GLUES / MAT ALBUMIN, COLLES 5922

TRADE BY COMMODITY IN THOUSAND U.S. DOLLARS – COMMERCE PAR PRODUIT EN MILLIERS DE DOLLARS E.U

IMPORTS – IMPORTATIONS

COUNTRIES–PAYS	1988	1989	1990	1991	1992
Total	3622324	3976244	4502620	4986220	5480170
Africa	x83769	x88886	x102147	x93570	x108492
Northern Africa	23004	28537	36666	x33893	x41000
Americas	650180	845759	885352	885713	x1072224
LAIA	101121	101189	118895	153588	200730
CACM	5747	6053	6699	6331	x9970
Asia	700869	793581	891083	1014605	x1154830
Middle East	x82099	x82561	x91364	x94066	x106506
Europe	1996427	2082475	2492407	2657491	3009586
EEC	1702140	1758502	2104538	2283216	2598283
EFTA	267274	301054	354673	351412	382923
Oceania	x48309	x52718	x56703	x57705	x68316
USA/Etats–Unis d'Amer	412960	604501	611604	570370	681358
Germany/Allemagne	362899	377845	502544	570608	667013
Japan/Japon	319421	342166	353854	386153	410649
France, Monac	232880	261729	309672	300561	355947
United Kingdom	236634	242543	289511	289757	322555
Italy/Italie	281292	241945	265453	311419	345433
Netherlands/Pays–Bas	175902	198393	231758	253447	280466
Belgium–Luxembourg	141621	133410	166101	171990	194962
Spain/Espagne	131069	127644	134455	143051	172365
Korea Republic	96053	117016	130703	145359	149813
Canada	114224	118264	129182	137249	161175
Hong Kong	76721	83327	102636	122085	123497
Former USSR/Anc. URSS	x77480	x44346	x25925	x211764	
Ireland/Irlande	41443	73645	80691	117979	119739
Sweden/Suède	71938	76755	89772	98500	108446
Switz.Liecht	65804	68340	84829	88576	89576
Finland/Finlande	56128	72908	79894	70568	75945
Mexico/Mexique	38710	54254	69371	80042	105186
Denmark/Danemark	51538	52066	62241	64093	71428
Austria/Autriche	40452	49283	60678	56473	68495
China/Chine	27325	39253	47241	73026	129275
Indonesia/Indonésie	20951	38016	45064	55076	59492
Australia/Australie	38139	40752	42633	42536	50889
Norway, SVD, JM	30690	31536	37039	34709	37965
Portugal	25539	26358	35620	33796	39006
Singapore/Singapour	20629	23283	29053	34915	42454
So. Africa Customs Un	28321	27956	32613	x25868	x32157
Greece/Grèce	21323	22925	26492	26515	x29370
Saudi Arabia	32197	26911	x20709	x24342	x27817
Yugoslavia SFR	21840	19683	29402	x20229	
Israel/Israël	14939	16572	23469	25162	31403
Malaysia/Malaisie	9664	12324	21457	25155	x33538
Hungary/Hongrie	x16315	x18126	x15656	24963	x18818
Turkey/Turquie	7864	11744	21583	21786	23897
Thailand/Thaïlande	13090	16166	17807	19733	26806
Czechoslovakia	x15436	18419	16459	x11622	x16286
Philippines	8510	x11392	14091	18759	18563
Brazil/Brésil	13756	12511	14602	16920	18877
Poland/Pologne	16739	11973	7508	21815	x23622
Chile/Chili	8391	13014	11482	13494	x14662
Venezuela	14673	6351	7483	15892	21508
Iran (Islamic Rp. of)	x1436	x5123	x10774	x11021	x13229
New Zealand	5987	7186	9051	10407	12198
Egypt/Egypte	6303	6544	10509	9514	10458
United Arab Emirates	x13062	x7014	x8644	x9466	x14134
Libyan Arab Jamahiriya	4990	8425	9136	x5015	x4695
Argentina/Argentine	11067	4902	3827	9896	20263
Morocco/Maroc	4053	5022	5929	7521	9051
Nigeria/Nigéria	x7033	x5316	x6614	x6444	x7730
Bulgaria/Bulgarie	x9314	x10554	x2670	x3493	4018

EXPORTS – EXPORTATIONS

COUNTRIES–PAYS	1988	1989	1990	1991	1992
Totale	3343612	3558020	4027916	4325120	4753961
Afrique	x2146	x4369	x7633	x8243	x9110
Afrique du Nord	328	510	1480	4103	5003
Amériques	397846	406680	497650	595009	641097
ALAI	66422	72513	82080	101214	110976
MCAC	1484	963	1128	1363	x1549
Asie	251598	315313	343566	408273	x483958
Moyen–Orient	5729	9181	5350	x6422	6397
Europe	2214269	2361163	2711797	2751891	3146776
CEE	2002389	2129074	2440026	2463445	2852743
AELE	210109	228714	269776	286708	284248
Océanie	x273678	x288158	325538	x318450	x328009
Germany/Allemagne	523624	555652	634937	648855	724325
France, Monac	437257	450399	496192	511794	602894
Netherlands/Pays–Bas	324121	363836	456483	477137	500285
USA/Etats–Unis d'Amer	294803	298934	376899	451005	477637
New Zealand	234525	251786	295405	293459	288769
Ireland/Irlande	206071	208794	229821	205593	286344
Belgium–Luxembourg	173921	176427	211086	195081	241441
Japan/Japon	130181	155648	158505	178930	202882
United Kingdom	124082	126463	156138	162519	196226
Switz.Liecht	107591	123400	135201	148936	135766
Denmark/Danemark	111616	130101	114591	112189	132240
Italy/Italie	81861	90780	107499	116344	127972
Sweden/Suède	76736	74508	94607	98696	109583
Poland/Pologne	80196	72670	50036	122905	x105516
Hong Kong	57658	62877	76704	89096	94485
Former USSR/Anc. URSS	x27621	x39761	x42093	x85854	
Thailand/Thaïlande	19973	42875	51424	68786	x87230
Brazil/Brésil	32873	35532	36465	46263	53046
Canada	32793	31088	35506	39021	49014
Australia/Australie	39114	36315	30089	22097	39122
Spain/Espagne	17045	21466	28689	30792	37284
Austria/Autriche	14547	15926	20682	19561	24217
Argentina/Argentine	13092	13163	17107	20685	22747
Singapore/Singapour	7722	12509	15922	21035	25892
Korea Republic	7825	10814	15521	19462	25173
Bulgaria/Bulgarie	x38271	x29742	x13548	x2011	x3653
Hungary/Hongrie	x7606	x10058	x17088	x17794	x22710
Czechoslovakia	x9896	x12324	x14235	x15353	x12149
Colombia/Colombie	9787	9694	12060	15143	15600
China/Chine	15534	12244	11023	12487	18660
Finland/Finlande	4981	6171	10111	10819	8185
Uruguay	6949	9471	8505	8976	8600
Norway, SVD, JM	6185	8608	9040	8501	6473
Former GDR	x40016	x17024	x4442		
Mexico/Mexique	2909	2723	4147	5866	6417
Malaysia/Malaisie	3459	3792	3740	4802	x9894
So. Africa Customs Un	x1105	x3288	x4046	x3078	x3842
Jordan/Jordanie	2960	3308	2811	3043	3584
Portugal	1291	2650	2706	1834	2710
Yugoslavia SFR	1747	3145	1964	x939	
Pakistan	1552	2035	2077	1839	3283
Greece/Grèce	1499	2507	1884	1307	x1023
India/Inde	763	x1012	1134	3083	x2914
Turkey/Turquie	1530	2351	1682	826	1829
Ecuador/Equateur	391	956	1549	1547	1779
Venezuela	138	617	1531	1614	1355
Tunisia/Tunisie	61	336	677	1730	1649
American Samoa				x2605	x55
Indonesia/Indonésie	181	464	1132	978	1892
Egypt/Egypte	60	110	599	1359	1912

(VALUE AS % OF TOTAL)(VALEUR EN % DU TOTAL)

Imports

	1983	1984	1985	1986	1987	1988	1989	1990	1991	1992
Africa	x4.1	x4.0	x3.6	x3.2	x2.5	x2.3	x2.2	x2.2	x1.9	x2.0
Northern Africa	1.7	1.8	1.4	x0.9	x0.8	0.6	0.7	0.8	x0.7	0.7
Americas	x23.9	26.4	26.7	x23.7	x21.2	18.0	21.3	19.7	17.8	x19.6
LAIA	1.9	4.3	4.4	x3.7	x3.3	2.8	2.5	2.6	3.1	3.7
CACM	x0.4	0.5	0.5	x0.3	x0.3	0.2	0.2	0.1	0.1	x0.2
Asia	x21.4	20.3	x17.9	18.3	20.0	19.3	19.9	19.8	20.3	x21.1
Middle East	x4.7	x5.0	x3.4	x3.1	x2.5	2.3	x2.1	x2.0	x1.9	1.9
Europe	48.9	47.5	50.1	53.5	50.6	55.1	52.4	55.4	53.3	54.9
EEC	41.3	39.0	41.5	44.4	42.3	47.0	44.2	46.7	45.8	47.4
EFTA	7.7	7.5	7.6	8.2	7.6	7.4	7.6	7.9	7.0	7.0
Oceania	1.7	x1.9	x1.7	x1.5	x1.3	x1.3	x1.3	x1.2	x1.2	x1.3
USA/Etats–Unis d'Amer	17.6	17.3	17.8	15.7	13.9	11.4	15.2	13.6	11.4	12.4
Germany/Allemagne	8.8	8.0	9.2	9.6	8.7	10.0	9.5	11.2	11.4	12.2
Japan/Japon	9.0	7.6	7.7	7.8	7.9	8.8	8.6	7.9	7.7	7.5
France, Monac	6.1	5.5	5.7	6.0	6.1	6.4	6.6	6.9	6.0	6.5
United Kingdom	5.9	5.6	6.2	6.0	6.1	6.5	6.1	6.4	5.8	5.9
Italy/Italie	5.2	4.9	5.2	5.7	6.2	7.8	6.1	5.9	6.2	6.3
Netherlands/Pays–Bas	4.4	4.3	4.8	4.8	4.5	4.9	5.0	5.1	5.1	5.1
Belgium–Luxembourg	4.7	4.7	3.8	4.2	4.0	3.9	3.4	3.7	3.4	3.6
Spain/Espagne	2.4	2.5	2.3	2.9	3.0	3.6	3.2	3.0	2.9	3.1
Korea Republic	2.1	2.2	1.9	2.2	2.1	2.7	2.9	2.9	2.9	2.7

Exports

	1983	1984	1985	1986	1987	1988	1989	1990	1991	1992
Afrique	0.2	x0.2	x0.3	x0.1	x0.2	x0.0	x0.1	x0.2	x0.2	x0.2
Afrique du Nord	x0.0	x0.0	x0.0	x0.0	x0.0	0.0	0.0	0.0	0.1	0.1
Amériques	14.1	16.5	15.2	14.7	13.0	11.9	11.5	12.3	13.7	13.5
ALAI	1.0	2.5	2.7	2.5	2.1	2.0	2.0	2.0	2.3	2.3
MCAC	x0.1	0.2	0.1	x0.1	0.1	0.0	0.0	0.0	0.0	x0.0
Asie	5.1	6.1	6.2	6.7	7.3	7.5	8.9	8.5	9.5	x10.2
Moyen–Orient	x0.1	0.2	x0.3	x0.2	x0.2	0.2	0.3	0.1	x0.1	0.1
Europe	68.3	65.3	67.4	68.4	66.4	66.2	66.4	67.3	63.6	66.2
CEE	62.0	59.1	61.2	61.3	59.3	59.9	59.8	60.6	57.0	60.0
AELE	6.3	6.0	6.1	6.8	6.9	6.3	6.4	6.7	6.6	6.0
Océanie	x12.3	11.9	10.9	x10.2	x7.8	x8.2	8.1	8.1	x7.4	x6.9
Germany/Allemagne	15.7	15.0	14.8	16.3	15.2	15.7	15.6	15.8	15.0	15.2
France, Monac	11.6	10.8	10.8	11.4	10.7	13.1	12.7	12.3	11.8	12.7
Netherlands/Pays–Bas	10.7	10.8	10.6	11.3	10.3	9.7	10.2	11.3	11.0	10.5
USA/Etats–Unis d'Amer	12.0	12.6	11.3	10.7	9.4	8.8	8.4	9.4	10.4	10.0
New Zealand	9.9	10.2	9.8	9.0	6.7	7.0	7.1	7.3	6.8	6.1
Ireland/Irlande	5.5	5.3	6.9	5.6	6.2	6.2	5.9	5.7	4.8	6.0
Belgium–Luxembourg	8.0	7.5	7.5	7.0	6.6	5.2	5.0	5.2	4.5	5.1
Japan/Japon	3.9	4.3	4.4	4.7	4.1	3.9	4.4	3.9	4.1	4.3
United Kingdom	4.9	4.3	4.1	4.2	4.2	3.7	3.6	3.9	3.8	4.1
Switz.Liecht	2.9	2.6	2.8	3.4	3.8	3.2	3.5	3.4	3.4	2.9

5982 ANTI-KNOCK PREPARTNS ETC

TRADE BY COMMODITY IN THOUSAND U.S. DOLLARS – COMMERCE PAR PRODUIT EN MILLIERS DE DOLLARS E.U

IMPORTS – IMPORTATIONS

COUNTRIES–PAYS	1988	1989	1990	1991	1992
Total	x2774880	3059750	3449193	x3876786	x3956428
Africa	x216816	x178721	x226385	x202847	x250079
Northern Africa	72534	52607	67894	x66304	x76591
Americas	x385021	440666	490631	577353	x668655
LAIA	177017	199621	214521	239506	x276567
CACM	7089	7953	6175	6239	x11902
Asia	744112	861694	x970548	x1082159	x1258339
Middle East	x176774	x174295	x171549	x190760	x254624
Europe	1058789	1111977	1426608	1471203	1577087
EEC	869950	935964	1205066	1286011	1381951
EFTA	133845	133737	165422	153669	162631
Oceania	x136145	x147232	x168655	x149315	x148552
Germany/Allemagne	188350	188246	262534	272332	265980
Former USSR/Anc. URSS	x149481	x210019	x99527	x321123	
Japan/Japon	134801	177292	194245	232994	237976
Singapore/Singapour	146045	169765	204555	221549	240667
France, Monac	135582	158970	191102	213198	237181
Belgium–Luxembourg	144311	154251	210448	183427	189853
Spain/Espagne	104957	119632	147702	135596	131198
Australia/Australie	119594	125782	145865	127702	127542
Italy/Italie	126362	119411	137927	133401	146470
Canada	90020	113162	124891	143147	151514
USA/Etats–Unis d'Amer	x87266	87929	111309	153125	192475
Korea Republic	56563	69078	110918	124714	118550
Netherlands/Pays–Bas	91564	81781	93117	90379	109015
United Kingdom	5511	34227	52870	153578	162470
Indonesia/Indonésie	50840	71005	66195	77393	85427
Venezuela	58994	79270	66199	77393	66913
So. Africa Customs Un	89811	74607	87336	x49212	x89435
Saudi Arabia	73155	67980	x45944	x66570	x85529
Sweden/Suède	50535	45279	50395	48769	51736
Argentina/Argentine	45711	38775	46397	50848	58247
Thailand/Thaïlande	32852	36304	48360	50235	56404
Denmark/Danemark	32999	36865	50250	47633	52267
Yugoslavia SFR	54182	41513	51575	x30878	
Finland/Finlande	34467	39446	44768	39172	40132
China/Chine	34663	46830	34424	23003	38881
Brazil/Brésil	26377	25709	36450	39756	47741
Portugal	26457	26637	33685	36084	44223
Poland/Pologne	28631	36784	27507	29601	x17599
Malaysia/Malaisie	25355	29630	30785	33030	x40269
Turkey/Turquie	22450	22815	33736	35287	31739
Iran (Islamic Rp. of)	x16129	x16532	x32317	x38697	x43968
Austria/Autriche	20263	20923	29293	29356	33018
India/Inde	18943	21040	33948	24080	x63977
United Arab Emirates	x38136	x21646	x28324	x23263	x34432
Nigeria/Nigéria	x22775	x14827	x23441	x33191	x24205
Egypt/Egypte	18610	19083	27163	20449	19807
Czechoslovakia	x13501	36047	20338	x9402	x9805
Hong Kong	18554	15662	22970	25509	33346
New Zealand	16208	20539	22028	20988	19613
Pakistan	12011	14448	18961	23055	30321
Switz.Liecht	15174	16191	19730	17979	19881
Philippines	19843	x18188	15067	18564	20944
Norway,SVD,JM	13287	11790	21076	18223	17564
Colombia/Colombie	14535	17228	16228	14456	18350
Israel/Israël	11922	13037	15075	16236	20571
Greece/Grèce	8666	10868	19250	14024	x35371
Chile/Chili	11521	12140	16416	14816	x22497
Morocco/Maroc	8900	8933	13985	13994	13652
Hungary/Hongrie	x10294	x10261	x7662	18680	x13552
Mexico/Mexique	2681	7995	11238	16300	25159

EXPORTS – EXPORTATIONS

COUNTRIES–PAYS	1988	1989	1990	1991	1992
Totale	2587427	2869995	3334677	3529718	4006201
Afrique	x2043	x4095	x4755	x5674	x6472
Afrique du Nord	2	x10	80	x76	71
Amériques	1016017	1190024	1300429	1475133	1386916
ALAI	46924	50114	56076	56402	66099
MCAC	x40	x13	54	x79	x94
Asie	179945	205612	230113	243466	293796
Moyen–Orient	x4579	10869	x1012	x553	x850
Europe	1378257	1445797	1783244	1790657	2309274
CEE	1363692	1431402	1765694	1774184	2291916
AELE	14517	14378	17472	16325	15462
Océanie	1494	2844	4363	6700	x5428
USA/Etats–Unis d'Amer	927637	1089904	1177058	1315657	1182023
France, Monac	509637	540130	641925	653746	752668
United Kingdom	259067	285471	373993	374590	796052
Belgium–Luxembourg	246113	269879	341907	319648	306709
Germany/Allemagne	210642	198511	227965	244505	225315
Singapore/Singapour	150554	165987	197003	209572	250854
Italy/Italie	73476	82504	109669	107886	130579
Canada	41365	49920	67141	102511	138498
Mexico/Mexique	28017	35627	39300	40569	41497
Netherlands/Pays–Bas	42609	29309	33524	39092	30064
Denmark/Danemark	21071	23673	33346	32630	37601
Japan/Japon	19988	21805	24652	25304	27352
Switz.Liecht	8588	7654	9971	9448	8988
Argentina/Argentine	4856	4928	8581	8725	14044
Former USSR/Anc. URSS	x217	x8784	x4590	x4237	
Brazil/Brésil	8925	6209	5649	2564	6002
So. Africa Customs Un	x1868	x3950	x4502	x5359	x5584
Australia/Australie	1331	2533	4272	6512	5186
Hong Kong	1720	3396	4537	5107	10396
Sweden/Suède	4168	4027	4142	4116	2753
Former GDR	x6937	x8458	x3448		
Saudi Arabia	378	10347	x139	x140	x286
Venezuela	4799	2665	2295	3989	3710
Spain/Espagne	670	1344	2576	1673	3957
Israel/Israël	2040	2324	1389	1034	164
Hungary/Hongrie	x541	x1454	x1418	x1743	x2003
Austria/Autriche	1263	897	1229	1245	1513
Czechoslovakia	x1977	x928	x1438	x750	x809
Norway,SVD,JM	364	540	1231	1289	1916
Finland/Finlande	133	1259	899	226	292
Poland/Pologne			877	1358	x1334
United Arab Emirates	x713	x449	x705	x288	x512
China/Chine	128	281	153	593	1991
Thailand/Thaïlande	151	198	400	385	x318
Malaysia/Malaisie	458	215	256	435	x510
Ireland/Irlande	214	186	393	243	439
Portugal	150	373	324	110	7573
Uruguay	205	259	161	380	447
Indonesia/Indonésie	31	244	440	24	16
New Zealand	161	310	90	187	199
Korea Republic	175	174	125	231	582
Chile/Chili	4	320		144	x263
Antigua and Barbuda				x252	
Cameroon/Cameroun			3		213
Yugoslavia SFR	34	12	78	x103	
Philippines	8	x18		175	
Kuwait/Koweït		x15	x85	x71	
Panama	x19	x55	x39	x76	x61
Greece/Grèce	43	23	71	62	x960
Sri Lanka			126	8	2

(VALUE AS % OF TOTAL)(VALEUR EN % DU TOTAL)

	1983	1984	1985	1986	1987	1988	1989	1990	1991	1992
Africa	x7.8	x7.2	x7.6	x8.8	x6.9	x7.8	x5.8	x6.5	x5.3	x6.4
Northern Africa	x3.0	x2.7	x2.7	x2.5	x2.5	2.6	1.7	2.0	x1.7	x1.9
Americas	12.4	13.9	14.1	x15.5	x13.6	x13.9	14.4	14.2	14.9	x16.9
LAIA	7.1	8.8	9.4	x8.6	x6.8	6.4	6.5	6.2	6.2	x7.0
CACM	x0.2	0.3		0.3	0.3	0.3	0.2	0.2	0.2	x0.3
Asia	x27.1	28.1	x27.0	x24.8	x25.4	26.8	28.1	x28.2	x27.9	x31.8
Middle East	x6.3	x7.3	x8.2	x7.4	x5.9	x6.4	x5.7	x5.0	x4.9	x6.4
Europe	46.7	45.0	44.7	45.8	40.2	38.2	36.3	41.4	37.9	39.9
EEC	41.2	38.5	33.8	38.8	34.2	31.4	30.6	34.9	33.2	34.9
EFTA	5.4	4.7	4.7	5.2	4.5	4.4	4.0	4.8	4.0	4.1
Oceania	6.1	x5.7	x6.5	x5.1	x4.8	x4.9	x4.8	x4.9	x3.8	3.7
Germany/Allemagne	6.6	5.6	6.3	6.6	5.8	6.8	6.2	7.6	7.0	6.7
Former USSR/Anc. URSS			x5.5	x5.4	x6.9	x2.9	x8.3			
Japan/Japon	5.2	5.5	5.4	4.9	4.8	5.9	5.8	5.6	6.0	6.0
Singapore/Singapour	5.3	5.7	5.1	4.6	4.5	5.3	5.5	5.9	5.7	6.1
France, Monac	4.9	4.4	4.6	4.3	4.1	4.9	5.2	5.5	5.5	6.0
Belgium–Luxembourg	5.5	5.4	6.2	6.4	5.0	5.2	5.0	6.1	4.7	4.8
Spain/Espagne	4.0	3.3	3.5	3.5	3.4	3.8	3.9	4.3	3.5	3.3
Australia/Australie	5.0	4.8	5.7	4.4	4.2	4.3	4.2	3.3	3.2	
Italy/Italie	6.2	5.7	5.1	5.6	5.1	4.6	3.9	4.0	3.4	3.7
Canada	4.3	4.2	3.7	3.3	2.7	3.2	3.7	3.6	3.7	3.8

	1983	1984	1985	1986	1987	1988	1989	1990	1991	1992
Afrique	x0.3	x0.1	0.2	x0.1	x0.1	x0.1	x0.1	x0.1	x0.2	x0.1
Afrique du Nord	0.0	0.0	0.0	0.0	0.0	0.0	x0.0	0.0	0.0	0.0
Amériques	36.1	37.1	34.2	x32.0	x31.4	39.3	41.5	39.0	41.8	34.7
ALAI	0.1	1.4	1.7	x1.0	x0.8	1.8	1.7	1.7	1.6	1.6
MCAC	x0.0	0.0		0.0	0.0	0.0	0.0	0.0	x0.0	x0.0
Asie	4.3	5.3	5.2	5.5	5.5	7.0	7.1	6.9	6.9	7.3
Moyen–Orient	x0.0	x0.0	x0.0	x0.1	x0.0	x0.2	0.4	x0.0	x0.0	x0.0
Europe	59.2	57.5	60.3	62.2	59.0	53.3	50.4	53.5	50.7	57.6
CEE	58.9	57.2	60.0	61.7	58.6	52.7	49.9	52.9	50.3	57.2
AELE	0.3	0.3	0.4	0.4	0.4	0.6	0.5	0.5	0.5	0.4
Océanie				x0.1	x0.1	0.1	0.1	0.1	0.2	x0.1
USA/Etats–Unis d'Amer	36.0	35.6	32.4	30.9	30.4	35.9	38.0	35.3	37.3	29.5
France, Monac	17.7	17.8	18.9	20.0	18.4	19.7	18.8	19.2	18.5	18.8
United Kingdom	19.0	17.5	18.3	18.7	18.1	10.0	10.0	11.2	10.6	19.9
Belgium–Luxembourg	7.2	7.0	8.2	9.6	9.7	9.5	9.4	10.3	9.1	7.7
Germany/Allemagne	5.1	5.2	6.5	7.0	7.4	8.1	6.9	6.8	6.9	5.6
Singapore/Singapour	3.8	4.3	4.7	4.5	4.8	5.8	5.8	5.9	5.9	6.3
Italy/Italie	2.6	2.7	2.9	2.8	2.8	2.9	3.3	3.1	3.1	3.3
Canada					x0.1	1.6	1.7	2.0	2.9	3.5
Mexico/Mexique		0.2	0.4	x0.3	x0.4	1.1	1.2	1.2	1.1	1.0
Netherlands/Pays–Bas	2.9	3.8	2.3	2.1	1.3	1.6	1.0	1.0	1.1	0.8

6114 LEATHR BOVINE NES, EQUINE / CUIRS DE BOVINS 6114

TRADE BY COMMODITY IN THOUSAND U.S. DOLLARS – COMMERCE PAR PRODUIT EN MILLIERS DE DOLLARS E.U

IMPORTS – IMPORTATIONS

COUNTRIES–PAYS	1988	1989	1990	1991	1992
Total	4685523	4932261	5697445	5954070	6399442
Africa	x71730	x68498	88616	x93707	x115427
Northern Africa	32358	24752	47955	57620	61626
Americas	888544	x896502	x839142	786091	x858894
LAIA	166224	187422	160394	209027	218411
CACM	x3233	x6587	x9021	x5772	x6195
Asia	818759	916056	1197576	1631061	2312059
Middle East	x26424	x27056	x39481	x41228	x57947
Europe	2424156	2646328	3260314	2750863	2829058
EEC	2092413	2249436	2817601	2360380	2491010
EFTA	233100	239594	273017	209749	214190
Oceania	x82216	x73213	70313	x64623	x67853
Italy/Italie	494381	584630	679976	486703	516566
Germany/Allemagne	547115	516865	627448	562440	610458
USA/Etats–Unis d'Amer	564581	532455	506234	433180	489104
Hong Kong	283617	324378	399712	581850	777436
France, Monac	330388	381706	465575	409946	409104
Former USSR/Anc. URSS	x184906	x192117	x119066	x484487	414002
Korea Republic	264362	214948	248982	242409	198958
Portugal	170761	174426	278458	238111	266015
United Kingdom	165045	162716	208507	164533	176805
Spain/Espagne	103562	139897	184406	187193	194350
Yugoslavia SFR	84952	144390	153123	x166623	
China/Chine	97471	105561	106600	240842	645708
Netherlands/Pays–Bas	126689	126956	171267	147853	152090
Brazil/Brésil	126783	144277	114432	135391	124189
Canada	140688	139328	135138	114804	118622
Thailand/Thaïlande	37257	77965	133171	146465	183646
Belgium–Luxembourg	81662	85960	114028	92332	97110
Indonesia/Indonésie	2815	28820	88653	168530	238560
Austria/Autriche	70270	79704	99168	80453	85858
Japan/Japon	46042	62241	102453	90296	74193
Hungary/Hongrie	x43137	x51882	x61892	83681	x74649
Australia/Australie	77522	67885	62866	58837	62335
Switz.Liecht	50517	52967	63171	49819	52019
Sweden/Suède	59049	45344	48009	40773	36183
Philippines	8949	x44409	14909	48849	47352
Denmark/Danemark	38154	32792	38144	35955	33641
Greece/Grèce	25159	34983	40239	27401	x25309
So. Africa Customs Un	23453	34952	32218	x31205	x41903
Finland/Finlande	29274	36858	36254	16355	14858
India/Inde	5238	x11653	34600	33500	x43990
Norway,SVD,JM	23378	23989	25635	21644	24747
Dominican Republic	x8726	x24585	x23169	x17888	x21662
Tunisia/Tunisie	11397	10577	26575	27813	49636
Uruguay	13484	10306	21036	30055	18996
Czechoslovakia	x25058	15651	10241	x26123	x41841
Former GDR	x62701	x38287	x11863		
Poland/Pologne	23829	11965	15404	22161	x60390
Malta/Malte	13566	12694	16460	x13940	x14762
Turkey/Turquie	6115	7649	16527	17221	30673
Mexico/Mexique	11741	14865	11052	14628	26711
Morocco/Maroc	10046	11580	13641	13039	9156
Cyprus/Chypre	11869	11709	14667	11594	13218
Chile/Chili	8884	11995	5657	16072	x18856
Bulgaria/Bulgarie	x29755	x18561	x2176	x10423	9387
Israel/Israel	9277	7084	10295	12800	17215
Malaysia/Malaisie	3449	5211	9329	14627	x11592
Ireland/Irlande	9497	8506	9552	7913	4663
Romania/Roumanie	x30691	2864	x18962	667	x29668
Algeria/Algérie	10762	720	4829	12780	x351
New Zealand	4270	5031	6998	4818	4721

EXPORTS – EXPORTATIONS

COUNTRIES–PAYS	1988	1989	1990	1991	1992
Totale	4363947	4774906	5694001	5643150	6330485
Afrique	x76937	x80477	x85111	x74786	x98096
Afrique du Nord	x1984	x4019	x4122	5953	x9383
Amériques	1323885	1273751	1600286	1500675	1578711
ALAI	845333	701456	931734	928794	1001154
MCAC	x4669	x7737	x11690	x8114	x7481
Asie	686298	x872217	972193	1296770	x1677488
Moyen–Orient	x1783	6598	x3510	x5797	x7246
Europe	2056544	2314870	2788532	2479646	2668340
CEE	1786953	2037856	2480861	2222917	2386382
AELE	254490	257499	293125	239524	261171
Océanie	x184120	x176677	192361	x191103	x226159
Italy/Italie	922010	1095233	1330282	1189726	1245625
USA/Etats–Unis d'Amer	427455	511439	602223	524062	527518
Germany/Allemagne	363602	405367	485482	464006	518806
Argentina/Argentine	359195	348818	463987	474336	447277
Hong Kong	210232	256688	315610	442418	580314
Brazil/Brésil	319086	176949	253639	279148	353165
Korea Republic	79851	128861	194974	320261	524557
Netherlands/Pays–Bas	143264	154355	184694	162226	177961
Japan/Japon	183416	160572	158935	162767	162169
Austria/Autriche	140396	145135	186828	148260	163676
United Kingdom	120281	124760	153210	120337	128552
France, Monac	94207	112247	137763	125773	131276
Australia/Australie	116686	97649	119060	118430	157108
Uruguay	95429	108743	117576	108432	105812
India/Inde	65948	x122978	108204	78626	x92209
Pakistan	97210	87976	101834	79111	65181
New Zealand	66602	78848	73206	72542	68844
Belgium–Luxembourg	59818	58445	76978	54205	54709
Bangladesh	10347	x83749	14189	79781	x60605
So. Africa Customs Un	x48451	x52257	x59245	x42751	x54146
Sweden/Suède	59067	59112	47971	42629	45405
Canada	37213	44356	46067	30770	33555
Former USSR/Anc. URSS	x8794	x23803	x26643	x67954	
Spain/Espagne	34722	31378	42790	41980	47126
China/Chine	7535	10495	36804	51094	58846
Denmark/Danemark	28679	28940	31087	30366	38019
Thailand/Thaïlande	18597	8656	29531	46252	x118210
Paraguay	15456	18550	21758	21723	x36761
Switz.Liecht	20818	20987	21612	19001	22132
Finland/Finlande	17456	19237	22563	17623	16106
Yugoslavia SFR	14819	19163	14241	x16918	
Mexico/Mexique	28183	16022	17294	16906	21190
Portugal	10789	12552	18710	18782	25313
Colombia/Colombie	18903	14929	20721	14381	10129
Ireland/Irlande	8040	11913	16330	13283	11810
Hungary/Hongrie	x4580	x8541	x14931	x15786	x13150
Norway,SVD,JM	16753	13028	14149	12011	13852
Bolivia/Bolivie	7623	12129	16365	9416	6985
Kenya	8087	x12507	8159	x13640	x17934
Costa Rica	x4456	x7448	x10305	x8005	7430
Sri Lanka	784	472	1173	23587	683
Venezuela	x5	3797	17777	2447	1006
Zimbabwe	x10172	x8724	5980	5934	x12211
Panama	8175	7008	6552	6434	6731
Former GDR	x11058	x14175	x5554		
Czechoslovakia	x4213	x2356	x3294	x11562	x26809
Poland/Pologne	1923	2592	2598	4132	x37484
Turkey/Turquie	331	3890	1456	3152	4786
Greece/Grèce	1542	2645	3534	2232	x7184
Bulgaria/Bulgarie	x3321	x5240	x2207	x696	x2689

(VALUE AS % OF TOTAL)(VALEUR EN % DU TOTAL)

IMPORTS

	1983	1984	1985	1986	1987	1988	1989	1990	1991	1992
Africa	2.1	1.9	1.7	x1.7	x1.2	x1.5	x1.4	1.6	x1.5	x1.8
Northern Africa	1.2	1.2	1.3	x1.0	0.6	0.7	0.5	0.8	1.0	1.0
Americas	x16.7	21.6	18.7	18.7	17.7	19.0	x18.2	x14.8	13.2	x13.4
LAIA	0.1	5.7	3.5	5.5	4.6	3.5	3.8	2.8	3.5	3.4
CACM	x0.2	0.2	0.2	x0.1	x0.2	x0.1	x0.1	x0.2	x0.1	x0.1
Asia	21.3	18.3	16.2	14.3	15.8	17.5	18.6	21.0	27.4	36.1
Middle East	x0.4	x0.3	x0.4	x0.6	x0.5	x0.6	x0.7	x0.7	x0.7	x0.9
Europe	58.9	56.4	61.7	63.7	55.9	51.7	53.7	57.2	46.2	44.2
EEC	50.6	47.7	51.6	52.0	47.1	44.7	45.6	49.5	39.6	38.9
EFTA	8.3	7.1	7.5	7.4	5.7	5.0	4.9	4.8	3.5	3.3
Oceania	1.1	1.7	x1.5	x1.5	x1.5	x1.7	x1.5	1.2	x1.1	x1.0
Italy/Italie	10.2	12.2	13.5	13.8	13.0	10.6	11.9	11.9	8.2	8.1
Germany/Allemagne	13.6	11.9	12.6	13.0	11.1	11.7	10.5	11.0	9.4	9.5
USA/Etats–Unis d'Amer	12.5	12.4	12.0	10.3	10.2	12.0	10.8	8.9	7.3	7.6
Hong Kong	5.2	4.9	4.4	4.6	5.1	6.1	6.6	7.0	9.8	12.1
France, Monac	10.3	8.4	9.6	9.4	7.1	7.7	7.7	8.2	6.9	6.5
Former USSR/Anc. URSS					x3.8	x3.9	x3.9	x2.1	x8.1	
Korea Republic	13.7	11.1	8.9	6.6	4.8	5.4	4.4	4.4	4.1	3.1
Portugal	1.2	1.5	2.4	3.0	3.2	3.6	3.5	4.9	4.0	4.2
United Kingdom	5.2	4.6	4.7	4.6	3.7	3.5	3.3	3.7	2.8	2.8
Spain/Espagne	1.2	1.7	1.7	1.9	2.4	2.2	2.8	3.2	3.1	3.0

EXPORTS

	1983	1984	1985	1986	1987	1988	1989	1990	1991	1992
Afrique	x0.8	x1.0	0.9	x1.7	x2.1	x1.8	x1.7	x1.5	x1.4	x1.6
Afrique du Nord	x0.0	x0.0	x0.0	x0.1	x0.1	x0.0	x0.1	x0.1	0.1	x0.1
Amériques	26.6	33.4	30.6	27.5	26.7	30.3	26.6	28.1	26.6	25.0
ALAI	14.2	21.3	19.0	17.6	16.8	19.4	14.7	16.4	16.5	15.8
MCAC	x0.1	0.2	0.2	x0.2	x0.1	x0.1	x0.2	x0.2	x0.1	x0.1
Asie	20.1	19.1	17.0	18.2	19.8	15.7	x18.3	17.1	23.0	x26.5
Moyen–Orient	x0.0	x0.0	x0.0	x0.0	x0.0	x0.0	0.1	x0.1	x0.1	x0.1
Europe	48.7	43.1	47.8	49.1	46.9	47.1	48.5	49.0	43.9	42.2
CEE	41.4	35.7	40.0	40.8	39.2	40.9	42.7	43.6	39.4	37.7
AELE	7.3	6.9	7.1	7.8	7.2	5.8	5.4	5.1	4.2	4.1
Océanie	x3.9	3.5	x3.7	x3.4	x3.9	x4.2	x3.7	3.4	x3.4	x3.6
Italy/Italie	17.6	16.0	19.3	20.2	20.2	21.1	22.9	23.4	21.1	19.7
USA/Etats–Unis d'Amer	10.6	10.4	9.9	8.5	8.4	9.8	10.7	10.6	9.3	8.3
Germany/Allemagne	8.9	7.5	7.9	8.4	7.1	8.3	8.5	8.5	8.2	8.2
Argentina/Argentine	13.8	12.0	11.3	11.1	9.3	8.2	7.3	8.1	8.4	7.1
Hong Kong	1.7	2.0	2.4	2.9	3.9	4.8	5.4	5.5	7.8	9.2
Brazil/Brésil		5.1	4.8	3.1	4.1	7.3	3.7	4.5	4.9	5.6
Korea Republic	0.2	0.2	0.0	0.8	2.0	1.8	2.7	3.4	5.7	8.3
Netherlands/Pays–Bas	3.6	3.2	3.3	3.5	3.3	3.3	3.2	3.2	2.9	2.8
Japan/Japon	11.3	9.0	7.8	6.2	4.8	4.2	3.4	2.8	2.9	2.6
Austria/Autriche	3.1	3.0	3.1	3.7	3.4	3.2	3.0	3.3	2.6	2.6

6123 PREPRD PARTS OF FOOTWEAR — PARTIES DE CHAUSSURES 6123

TRADE BY COMMODITY IN THOUSAND U.S. DOLLARS – COMMERCE PAR PRODUIT EN MILLIERS DE DOLLARS E.U

COUNTRIES–PAYS	IMPORTS – IMPORTATIONS					COUNTRIES–PAYS	EXPORTS – EXPORTATIONS				
	1988	1989	1990	1991	1992		1988	1989	1990	1991	1992
Total	x2121860	x2452842	2795704	x3454298	3672266	Totale	1636487	x1719561	2275718	2574409	x3013339
Africa	x63350	x62828	x70360	x69288	x91461	Afrique	x41873	x54133	x71098	x81241	x110213
Northern Africa	32977	39314	42721	x44082	x57557	Afrique du Nord	40268	52281	68310	77790	106862
Americas	x434850	x498992	x530462	x536700	x603943	Amériques	x300042	x305107	x329357	x330714	x341702
LAIA	8756	13645	24956	21202	38667	ALAI	113940	118062	130892	139338	137729
CACM	2630	2611	2585	2441	x8591	MCAC	4113	4257	4769	2973	x3468
Asia	220814	388604	605111	834470	1088033	Asie	491139	x477488	734799	812648	x954729
Middle East	x17930	x23793	x25386	x28227	x29085	Moyen–Orient	7737	6953	6953	x4384	4228
Europe	909584	1023853	1332253	1475661	1671557	Europe	744500	807485	1019227	1170801	1305061
EEC	746569	834305	1091329	1204316	1292329	CEE	670333	727709	929758	976917	1082049
EFTA	148459	163129	199573	173058	178562	AELE	50328	51494	57615	53062	58656
Oceania	x28195	38244	x36166	x33045	x23181	Océanie	4045	5944	6190	8273	7471
Germany/Allemagne	323343	367426	455856	488698	483623	Italy/Italie	239308	298560	388599	408973	498228
USA/Etats–Unis d'Amer	337003	410536	440710	447290	493779	India/Inde	266978	x158055	320202	289481	x215577
Former USSR/Anc. URSS	x312645	x304043	x130857	x389606		Germany/Allemagne	166326	165570	210571	222876	234968
France, Monac	148120	163288	190947	195861	181877	Hong Kong	58644	114824	139988	199674	302460
China/Chine	38526	91356	163960	255728	363710	Korea Republic	96700	113218	143004	155798	149437
Italy/Italie	48749	90282	155227	226931	297009	USA/Etats–Unis d'Amer	126376	122712	131301	133175	150097
Hong Kong	51998	110319	135185	202019	289592	Portugal	87030	87164	108257	119959	132716
Austria/Autriche	74865	83529	106237	93429	97163	France, Monac	53834	60178	74188	86282	74860
United Kingdom	75098	68809	102742	100129	104971	Brazil/Brésil	78106	74140	76861	68713	64475
Japan/Japon	45704	61862	80849	103882	125167	Spain/Espagne	48844	55633	77812	65522	54642
Portugal	45986	50345	72405	76135	96924	Hungary/Hongrie	x28469	x38649	x63788	x84923	x105899
Indonesia/Indonésie	8280	24842	59406	87273	92713	Tunisia/Tunisie	28255	36382	49587	58318	90746
Korea Republic	23422	31425	70407	66661	81359	Yugoslavia SFR	19120	31156	47278	50885	x55655
Yugoslavia SFR	12164	23406	38320	x95112		Thailand/Thaïlande	x39307	x40642	x41937	x38887	x35835
Switz.Liecht	40563	42243	52265	46355	52709	Dominican Republic	13824	21113	30110	51636	157643
Hungary/Hongrie	x20828	x22988	x36765	55953	x70822	China/Chine	29981	28311	35446	34277	39352
Denmark/Danemark	38846	27970	37523	38625	42321	Austria/Autriche	25238	22132	26477	28624	36024
Netherlands/Pays–Bas	26471	26026	30159	32332	35203	United Kingdom	7173	15751	24907	33550	32525
Former GDR	x94526	x72528	x13725			Colombia/Colombie	x8259	x9323	x15891	x44410	x68276
Dominican Republic	x52701	x31328	x20776	x30819	x27685	Poland/Pologne					
Canada	22846	30063	28186	22513	25381	Malta/Malte	17474	18161	21295	x23845	x28873
Australia/Australie	17942	23136	21573	23151	15212	Belgium–Luxembourg	18226	17881	19821	19760	18384
Thailand/Thaïlande	6012	12375	21261	28809	33773	Argentina/Argentine	17762	15757	16091	23679	25359
Libyan Arab Jamahiriya	13351	18623	17727	x15702	x15525	Morocco/Maroc	11491	14406	17014	17325	13913
Sweden/Suède	15785	17243	16731	17061	15259	Canada	12773	16215	15137	14758	14337
Czechoslovakia	x8852	8734	11129	x29419	x47180	Netherlands/Pays–Bas	14153	13213	14900	16587	18984
Spain/Espagne	13226	12575	18069	18481	18486	Japan/Japon	11179	11353	13293	17717	20954
Poland/Pologne	x6600	x8187	x17511	x22750	x21842	Finland/Finlande	8879	12204	11572	8981	7170
Finland/Finlande	12454	15366	18934	10708	7457	Mexico/Mexique	8890	10664	9434	10330	12187
Belgium–Luxembourg	15838	15113	15420	14417	15512	Romania/Roumanie	x5399	x5311	x16466	7331	x39155
Philippines	2493	x2879	12395	22173	18931	Indonesia/Indonésie	857	4204	8300	13112	23339
India/Inde	7778	x9039	12847	12281	x19958	Czechoslovakia	x7105	x5505	x6071	x11666	x42685
New Zealand	9050	13593	12421	7858	5918	Switz.Liecht	8233	7791	7541	6548	8285
Israel/Israël	9441	10678	10970	11909	16203	Pakistan	3183	4929	6675	8364	6661
Brazil/Brésil	4644	5232	15849	8189	7734	Former USSR/Anc. URSS	x49	x5329	x4923	x8678	
Tunisia/Tunisie	4907	6427	10204	12148	17552	Denmark/Danemark	12314	5257	7364	5557	9729
So. Africa Customs Un	5341	9385	11748	x7549	x9514	Philippines	1767	x3993	5623	8107	4305
Morocco/Maroc	5923	6815	8943	10448	9792	Albania/Albanie		x6110	x10133	x13877	
Romania/Roumanie	x11180	x12357	x9233	1094	x25276	Malaysia/Malaisie	4661	4550	6252	3887	x5445
Turkey/Turquie	1594	4659	8403	8531	10606	New Zealand	1595	2841	3372	4722	3570
Greece/Grèce	5415	6610	7422	7194	x9657	Haiti/Haïti	x3381	x3021	x5156	x1486	x96
Singapore/Singapour	4703	5753	7123	8068	9225	Singapore/Singapour	4188	1502	2504	5357	3755
Bulgaria/Bulgarie	x10024	x11202	2114	x5577	18906	Sweden/Suède	2862	2757	2652	2908	3507
Panama	4968	5615	5159	7025	7111	Jordan/Jordanie	3185	4261	1790	1869	1619
Ireland/Irlande	5836	5862	5560	5513	6745	Australia/Australie	1926	2591	2027	2653	3404
Saudi Arabia	2994	3441	x4877	x7419	x6379	Former GDR	x5379	x4947	x1762		
Mexico/Mexique	2060	3842	5433	5639	6333	Turkey/Turquie	3773	1868	3937	869	845
Norway, SVD, JM	4474	4468	5054	5124	5562	Costa Rica	2050	2181	2303	1002	x1199
Iraq	x6382	x8569	x4827	x10	x2	Greece/Grèce	1393	1183	1434	2313	x2286
Cyprus/Chypre	3858	3555	4171	5187	5057	Viet Nam		x1979	x2241	x2618	

(VALUE AS % OF TOTAL)(VALEUR EN % DU TOTAL)

	1983	1984	1985	1986	1987	1988	1989	1990	1991	1992		1983	1984	1985	1986	1987	1988	1989	1990	1991	1992
Africa	x6.3	x4.8	4.1	x3.8	x2.1	x3.0	x2.6	x2.5	x2.0	x2.5	Afrique	4.1	2.5	2.5	x3.3	x2.6	x2.5	x3.1	x3.1	x3.1	x3.6
Northern Africa	x4.4	x3.5	2.9	x2.4	x1.4	1.6	1.6	1.5	x1.3	x1.6	Afrique du Nord	4.1	2.5	2.5	3.2	2.5	2.5	3.0	3.0	3.0	3.5
Americas	x32.1	x38.6	36.0	x30.8	19.4	x20.5	x20.4	x19.0	15.5	x16.4	Amériques	x14.5	x21.9	x22.5	x17.5	x18.3	x17.8	x14.4	x12.8	x11.4	
LAIA	0.2	2.9	3.1	x3.1	x1.8	0.4	0.6	0.9	0.6	1.1	ALAI	0.5	7.6	8.8	7.5	7.7	7.0	6.9	5.8	5.4	4.6
CACM	x1.0	1.0	0.8	x0.5	x0.3	0.1	0.1	0.1	0.1	x0.2	MCAC	x0.3	0.7	0.6	x0.3	x0.2	0.3	0.2	0.2	0.1	x0.1
Asia	x8.4	x7.0	x7.3	x7.0	x9.6	10.4	15.9	21.7	24.2	29.6	Asie	24.3	25.2	26.1	22.9	24.5	30.0	x27.8	32.3	31.6	x31.7
Middle East	x2.5	x1.8	x1.9	x1.2	x0.7	x0.8	x1.0	x0.9	x0.8	x0.8	Moyen–Orient	0.1	0.3	0.1	0.1	0.3	0.5	0.4	0.3	x0.2	0.1
Europe	51.8	47.8	50.9	57.1	42.7	42.9	41.7	47.3	42.7	45.5	Europe	56.8	50.2	48.7	54.8	52.6	45.5	47.0	44.8	45.5	43.3
EEC	41.8	38.6	41.6	45.9	34.0	34.0	34.0	39.0	34.9	35.2	CEE	52.3	44.3	43.4	43.7	42.5	41.0	42.3	40.9	37.9	35.9
EFTA	9.9	8.4	8.5	8.8	6.5	7.0	6.7	7.1	5.0	4.9	AELE	4.5	3.6	3.4	4.5	4.0	3.1	3.0	2.5	2.1	1.9
Oceania	1.4	x1.9	x1.7	x1.4	x1.0	x1.4	1.6	x1.3	x1.0	0.7	Océanie	0.2	0.1	0.2	0.1	0.1	0.2	0.3	0.2	0.3	0.2
Germany/Allemagne	16.0	16.7	18.4	21.3	15.9	15.2	15.0	16.3	14.1	13.2	Italy/Italie	24.3	21.0	20.3	19.2	17.9	14.6	17.4	17.1	15.9	16.5
USA/Etats–Unis d'Amer	25.5	28.6	27.1	21.7	14.4	15.4	16.7	15.8	12.9	13.4	India/Inde	16.4	16.8	19.0	15.1	14.8	16.3	x9.2	14.1	11.2	x7.2
Former USSR/Anc. URSS					x17.4	x14.7	x12.4	x4.7	x11.3		Germany/Allemagne	9.6	8.2	8.2	9.3	9.4	10.2	9.6	9.3	8.7	7.8
France, Monac	12.5	9.6	10.6	11.6	7.4	7.0	7.0	6.8	5.7	5.0	Hong Kong	0.9	0.9	1.1	1.5	2.0	3.6	6.7	6.2	7.8	10.0
China/Chine					1.0	1.8	3.7	5.9	7.4	9.9	Korea Republic	4.8	5.4	3.8	4.2	4.5	5.9	6.6	6.3	6.1	5.0
Italy/Italie	1.7	1.4	1.3	1.6	1.5	2.3	3.7	5.6	6.6	8.1	USA/Etats–Unis d'Amer	10.6	8.9	9.3	7.8	6.5	7.7	7.1	5.8	5.2	5.0
Hong Kong	0.8	0.8	1.0	1.2	1.3	2.5	4.5	4.8	5.8	7.9	Portugal	5.4	3.9	4.1	3.6	3.5	3.3	3.5	3.3	3.4	2.5
Austria/Autriche	4.9	3.8	3.8	4.0	3.3	3.5	3.4	3.1	2.7	2.6	France, Monac		5.3	6.3	5.6	4.7	3.3	3.5	3.3	3.4	2.5
United Kingdom	3.2	3.0	3.0	2.8	2.6	3.5	2.8	3.7	2.9	2.9	Brazil/Brésil			3.4	3.3	3.2	3.0	3.2	3.4	2.7	2.1
Japan/Japon	2.2	2.0	1.7	1.8	1.8	1.6	2.2	2.5	3.0	3.4	Spain/Espagne	3.9	3.1	3.4	3.2	3.2	3.0	3.2	3.4	2.5	1.8

62105 UNHARD VULC RUBBER TUBES / TUBES,TUYAUX CAOUT VULC 62105

TRADE BY COMMODITY IN THOUSAND U.S. DOLLARS – COMMERCE PAR PRODUIT EN MILLIERS DE DOLLARS E.U

COUNTRIES-PAYS	1988	1989	1990	1991	1992	COUNTRIES-PAYS	1988	1989	1990	1991	1992
	IMPORTS – IMPORTATIONS						**EXPORTS – EXPORTATIONS**				
Total	1385469	1641851	1795794	1857228	1969895	Totale	1250673	1403516	1648235	1636848	1827110
Africa	x64910	x65674	x73362	x67250	x71815	Afrique	x1255	x2745	x4174	x4622	x3622
Northern Africa	24704	25678	34614	x25715	x27156	Afrique du Nord	516	1294	2647	3351	2521
Americas	231040	403952	417168	434563	477857	Amériques	149045	194909	269780	293998	332703
LAIA	50886	62680	64588	74701	83689	ALAI	9609	9634	8677	13444	17183
CACM	4328	3942	3482	3035	x2458	MCAC	x41	x12	32	57	x56
Asia	x162923	x204790	x241267	x271832	x293310	Asie	226087	292495	328383	323897	x358655
Middle East	x48749	x46849	x66268	x58288	x70491	Moyen-Orient	5169	6243	8297	7533	13990
Europe	734494	798489	959494	926888	1048709	Europe	839031	884513	1024924	994439	1113609
EEC	568497	628290	761579	749760	858620	CEE	726696	777640	910241	902514	1020683
EFTA	157770	162395	188598	171173	183536	AELE	85987	85636	94237	88462	89661
Oceania	x47114	x57704	x61008	x55522	x59431	Océanie	1709	2242	1943	3116	4107
USA/Etats-Unis d'Amer	52949	199994	212350	212754	227688	Germany/Allemagne	208156	233790	273540	292229	345626
Germany/Allemagne	146539	154599	207772	220733	262663	Japan/Japon	181974	241695	267542	261998	282731
Canada	114204	127574	125994	135399	154084	Italy/Italie	198921	208429	246557	235239	270257
France, Monac	91119	102986	122192	114207	134028	USA/Etats-Unis d'Amer	92998	130235	199752	220692	248226
United Kingdom	97740	109559	115460	107676	118985	United Kingdom	98722	98167	126102	121538	134522
Belgium-Luxembourg	56274	60361	71594	71252	73230	France, Monac	103758	107094	108305	103829	109803
Netherlands/Pays-Bas	53271	56701	73569	67268	74903	Canada	46076	54814	61193	59538	67080
Sweden/Suède	62585	63249	69639	62646	62846	Spain/Espagne	25183	34042	44543	43889	67062
Former USSR/Anc. URSS	x95413	x81421	x28732	x80048	x19655	Belgium-Luxembourg	37062	38008	42823	40903	44427
Spain/Espagne	33281	47638	64487	70414	88388	Austria/Autriche	40073	37093	40713	38649	45129
Italy/Italie	52848	54589	59008	55403	60788	Sweden/Suède	29628	31778	34486	32450	33627
Korea Republic	29921	44562	44757	75460	48763	Netherlands/Pays-Bas	24824	26327	32967	32634	38555
Australia/Australie	34848	46610	46604	45445	49189	Denmark/Danemark	24537	25946	27746	24592	25881
Singapore/Singapour	23424	34447	40863	43121	45969	Yugoslavia SFR	26337	21223	20437	x3405	
Austria/Autriche	27572	28470	37051	38595	44156	Singapore/Singapour	7882	9721	10934	10653	13192
Switz.Liecht	30488	30740	36837	33976	34321	Switz.Liecht	7716	7696	8892	9693	9601
Mexico/Mexique	17151	24169	25081	34119	35636	Thailand/Thaïlande	6786	8036	8726	8259	x6778
Japan/Japon	14327	21142	26596	26515	26465	Czechoslovakia	x7771	x7695	x7709	x8142	x8695
Saudi Arabia	10229	14131	x23890	x21903	x20580	China/Chine	5612	6913	7349	7714	10907
Norway,SVD,JM	17865	17436	21192	20206	24006	Turkey/Turquie	4772	5934	8119	7203	13748
Finland/Finlande	18138	21463	22376	14273	16990	Israel/Israël	4932	5895	8376	6845	8798
Denmark/Danemark	16075	15028	17745	15876	14843	Korea Republic	6132	6109	6458	6268	4786
So. Africa Customs Un	15730	14502	14280	x17246	x16075	Ireland/Irlande	5293	5049	6902	5539	3767
Indonesia/Indonésie	11657	15354	13300	15608	20457	Malaysia/Malaisie	2147	2729	3822	8420	x10276
Portugal	10038	10467	13156	12875	14561	Norway,SVD,JM	3872	4057	5823	4157	4324
Brazil/Brésil	9474	10989	11091	12930	16185	Brazil/Brésil	3275	3840	3068	6487	7420
Greece/Grèce	6843	10513	10741	9209	x11655	Finland/Finlande	4534	4854	4164	3381	3040
Hong Kong	7875	9017	10059	11323	13984	Former GDR	x19115	x10180	x2100		
Malaysia/Malaisie	6968	8042	11127	11214	x19655	Mexico/Mexique	4855	3186	3395	3808	4443
Algeria/Algérie	11717	10198	12213	7148	x3096	Hungary/Hongrie	x1794	x3043	x3448	x3797	x2853
Thailand/Thaïlande	4402	5722	8664	10425	16257	Hong Kong	2720	2907	2239	3095	4352
Iran (Islamic Rp. of)	x4798	x7227	x9594	x7964	x9675	Former USSR/Anc. URSS	x1883	x2455	x2029	x3269	
Turkey/Turquie	5899	5359	9201	9880	15099	Argentina/Argentine	1322	2074	1730	2227	3573
Chile/Chili	7228	7029	7755	7009	x5378	Tunisia/Tunisie	143	1237	2116	2671	2330
New Zealand	6409	6613	7657	6341	8517	Australia/Australie	1346	1908	1428	1819	2716
United Arab Emirates	x12863	x6118	x7934	x5997	x8428	India/Inde	1739	x735	2451	1103	x1439
Yugoslavia SFR	7256	6770	8154	4974		Bulgaria/Bulgarie	x2136	x1419	x2034	x237	x412
Hungary/Hongrie	x12140	x6987	x4907	7629	x2880	Indonesia/Indonésie	797	1279	978	1303	859
Nigeria/Nigéria	x3880	x5232	x6053	x7512	x6464	So. Africa Customs Un	x688	x1334	x1209	x951	x1070
Israel/Israël	4835	4863	5987	6201	8422	Portugal	123	363	687	1910	2083
Egypt/Egypte	3852	4837	6891	4791	7641	Romania/Roumanie	x239	1326	1092	373	x166
Ireland/Irlande	4468	5850	5855	4540	4575	Poland/Pologne	x610	x494	x620	x957	x2288
Venezuela	4805	3626	4874	7578	8085	New Zealand	338	304	440	1231	1358
Tunisia/Tunisie	2165	2954	5614	6911	4674	Philippines	85	x202	1140	395	245
Poland/Pologne	x9496	x6636	x1727	x6371	x8851	Algeria/Algérie	346	0	495	625	x69
Colombia/Colombie	5213	4898	6906	2855	3941	Chile/Chili	96	133	189	413	x278
Libyan Arab Jamahiriya	4034	4329	5253	x3970	x8193	Greece/Grèce	117	426	68	212	x624
India/Inde	3172	x3894	5091	4378	x4900	Venezuela	0	125	112	347	1279
Peru/Pérou	2300	7796	2508	2917	x1751	Colombia/Colombie	29	235	81	134	171
Philippines	2723	x5915	3871	2174	3795	Iceland/Islande	163	157	159	133	169

(VALUE AS % OF TOTAL)(VALEUR EN % DU TOTAL)

	1983	1984	1985	1986	1987	1988	1989	1990	1991	1992		1983	1984	1985	1986	1987	1988	1989	1990	1991	1992
Africa	x8.3	x9.2	x8.2	x6.7	x4.7	4.6	4.0	4.1	3.6	3.6	Afrique	x0.3	0.1	0.1	x0.2	x0.1	0.1	x0.2	x0.3	0.3	x0.2
Northern Africa	x4.7	x4.6	4.4	x3.4	x2.3	1.8	1.6	1.9	x1.4	1.4	Afrique du Nord	x0.0	0.0	0.0	0.1	x0.0	0.0	0.1	0.2	0.2	0.1
Americas	x10.5	13.8	14.1	x12.8	x10.4	16.7	24.7	23.2	23.4	24.3	Amériques	x15.4	x16.0	14.0	x12.2	x12.7	11.9	13.9	16.3	17.9	18.3
LAIA	1.8	4.9	6.2	x4.3	x3.1	3.7	3.8	3.6	4.0	4.2	ALAI	0.1	0.7	0.6	x0.6	x0.6	0.8	0.7	0.5	0.8	0.9
CACM	x0.5	0.2	0.1	x0.1	x0.1	0.3	0.2	0.2	0.2	x0.1	MCAC	x0.0	x0.0	x0.0	x0.0	x0.0	x0.0	0.0	0.0	0.0	x0.0
Asia	x23.6	17.8	x17.1	x13.9	x13.1	x11.8	x12.5	x13.4	14.7	14.9	Asie	12.5	12.7	13.5	11.7	10.6	18.0	20.8	19.9	19.8	19.6
Middle East	x7.1	x6.5	x6.4	x4.6	x3.3	x3.5	x2.9	x3.7	x3.1	x3.6	Moyen-Orient	x0.3	x0.2	x0.4	0.4	0.3	0.4	0.4	0.5	0.5	x19.7
Europe	53.7	54.3	55.9	62.8	57.8	53.0	48.6	53.4	49.9	53.2	Europe	71.6	71.0	72.2	75.8	72.3	67.1	63.0	62.2	60.8	60.9
EEC	40.8	40.4	42.0	47.1	43.8	41.0	38.3	42.4	40.4	43.6	CEE	63.8	60.1	61.9	67.2	63.8	58.1	55.4	55.2	55.1	55.9
EFTA	12.9	12.9	13.1	14.9	13.5	11.4	9.9	10.5	9.2	9.3	AELE	7.8	7.8	7.7	8.2	8.1	6.9	6.1	5.7	5.4	4.9
Oceania	4.0	x4.9	x4.6	x3.7	x3.4	3.4	3.5	3.4	x3.0	3.0	Océanie	0.2	0.2	0.1	0.2	0.2	0.1	0.2	0.1	0.2	0.2
USA/Etats-Unis d'Amer	4.1	3.8	3.8	2.9	3.0	3.8	12.2	11.8	11.5	11.6	Germany/Allemagne	16.7	15.2	15.5	17.8	17.7	16.6	16.7	16.6	17.9	18.9
Germany/Allemagne	11.9	11.3	12.2	15.2	12.5	10.6	9.4	11.6	11.9	13.3	Japan/Japon	8.8	9.6	9.2	8.4	7.1	14.6	17.2	16.2	16.0	15.5
Canada	2.9	3.8	3.2	2.9	2.6	8.2	7.8	7.0	7.3	7.8	Italy/Italie	17.6	16.8	17.4	19.3	17.8	15.9	14.9	15.0	14.4	14.8
France, Monac	7.6	7.0	7.2	7.0	7.0	6.6	6.3	6.8	6.1	6.8	USA/Etats-Unis d'Amer	x9.0	x9.3	8.8	7.5	7.9	7.4	9.3	12.1	13.5	13.6
United Kingdom	6.7	6.5	6.7	6.9	7.1	7.1	6.7	6.4	5.8	6.0	United Kingdom	11.0	10.5	11.2	9.5	8.9	7.9	7.0	7.7	7.4	7.4
Belgium-Luxembourg	3.1	3.5	3.5	3.4	3.0	4.1	3.7	4.0	3.8	3.7	France, Monac	8.7	7.7	7.9	8.7	8.4	8.3	7.7	7.7	6.3	6.0
Netherlands/Pays-Bas	3.8	4.0	4.0	4.8	4.4	3.8	3.5	4.1	3.6	3.8	Canada	6.2	5.8	4.6	4.0	4.1	3.7	3.9	3.7	3.6	3.7
Sweden/Suède	5.0	5.3	5.3	5.8	5.2	4.5	3.9	3.9	3.4	3.2	Spain/Espagne	1.8	2.1	2.0	2.7	2.2	2.0	2.4	2.7	2.7	3.7
Former USSR/Anc. URSS				x7.3	x6.9	x5.0	x1.6	x4.3			Belgium-Luxembourg	3.0	2.8	2.9	3.5	3.3	3.0	2.7	2.6	2.5	2.4
Spain/Espagne	1.5	1.7	1.9	2.3	2.7	2.4	2.9	3.6	3.8	4.5	Austria/Autriche	3.2	3.3	3.3	3.5	3.5	3.2	2.6	2.5	2.4	2.1

6251 TYRES NEW FOR MOTOR CARS — PNEUS POUR VOITURES 6251

TRADE BY COMMODITY IN THOUSAND U.S. DOLLARS – COMMERCE PAR PRODUIT EN MILLIERS DE DOLLARS E.U

IMPORTS – IMPORTATIONS

COUNTRIES–PAYS	1988	1989	1990	1991	1992
Total	6647789	6911509	7137564	7915639	8892234
Africa	x149375	x135671	x157897	x151978	x157041
Northern Africa	x53520	x51426	x68674	x64676	x48473
Americas	x1562010	x1829981	x1759751	1824459	x1868400
LAIA	x32968	x58677	86221	142605	172562
CACM	46807	46537	x46033	48000	x50568
Asia	x1130010	x1240066	x864115	x986065	x1085993
Middle East	x594943	x648048	x280388	x343405	x362681
Europe	3617044	3509258	4207058	4734619	5576614
EEC	2933942	2852444	3499929	3983865	4720165
EFTA	668691	643333	685017	719024	814107
Oceania	x128331	x136350	x120412	x142910	x139981
USA/Etats–Unis d'Amer	1248903	1400795	1278543	1197047	1220382
Germany/Allemagne	874061	834565	978330	1197247	1494644
United Kingdom	412945	395446	496086	566324	548241
France, Monac	439964	393947	493324	512592	512592
Japan/Japon	374717	441651	428681	454199	478706
Italy/Italie	356607	354594	426820	484603	525725
Netherlands/Pays–Bas	310794	303266	386140	440157	507845
Canada	195077	278147	299472	379091	358107
Belgium–Luxembourg	274051	266985	329103	344551	404235
Switz.Liecht	211956	203477	200265	214308	252627
Spain/Espagne	110990	147179	192779	226266	285167
Saudi Arabia	364254	359821	x80794	x99396	x118014
Sweden/Suède	177757	164244	182666	187081	205197
Austria/Autriche	136915	122739	138130	162236	210674
Australia/Australie	108715	107069	95414	112433	116356
Denmark/Danemark	83038	77376	93190	93781	90016
Finland/Finlande	75157	87936	82971	62340	51986
Norway, SVD, JM	62200	60854	76574	88126	88206
Singapore/Singapour	44800	45199	45501	54871	72001
Mexico/Mexique	10368	29241	46282	67047	88469
United Arab Emirates	x88753	x58866	x28055	x41933	x63620
Portugal	29860	31549	43124	51260	74821
Greece/Grèce	22475	28679	36910	36373	x52468
Oman	28008	28362	31187	39231	x9462
Kuwait/Koweït	x24834	65740	x19029	x10756	x23884
Jordan/Jordanie	x7806	32757	23738	29775	37017
Hong Kong	20024	20138	25611	35596	50961
Korea Republic	42453	23742	22599	31001	34219
Ireland/Irlande	19157	18859	24122	30711	41171
Turkey/Turquie	5048	8484	36647	26791	30799
Nigeria/Nigéria	x23407	x21256	x26346	x23886	x23431
Algeria/Algérie	x21558	x26625	x31755	x12606	x11309
Iraq	x38347	x43752	x11958	x10130	x3
Iran (Islamic Rp. of)	x9896	x17767	x11491	x32288	x27376
Former USSR/Anc. URSS	x6229	x11600	x5569	x38301	
So. Africa Customs Un	12283	18899	18016	x15004	x17485
Libyan Arab Jamahiriya	20243	13074	21603	x14499	x6409
New Zealand	10968	14119	17953	15612	16087
Egypt/Egypte	9161	7094	8640	31268	22445
Israel/Israël	14655	14359	15385	17100	21275
Panama	6523	12358	15583	17777	23801
Hungary/Hongrie	x15640	x17993	x12496	14466	x17593
Yugoslavia SFR	6507	6344	11786	x19971	
Thailand/Thaïlande	5909	9508	14015	14115	17816
Honduras	10264	12763	10124	12971	x4345
Qatar	11085	8934	9553	x12847	x9014
Lebanon/Liban	x5987	x8425	x9553	x12847	x10925
El Salvador	11206	11863	8986	9188	x10452
Guatemala	7725	9787	8678	11012	10868
Cyprus/Chypre	6975	7394	8664	8894	

EXPORTS – EXPORTATIONS

COUNTRIES–PAYS	1988	1989	1990	1991	1992
Totale	6029851	6228529	6991617	7614194	8647744
Afrique	x18871	x16990	x22881	x20276	x26071
Afrique du Nord	11447	11185	16401	11118	12543
Amériques	735291	862688	1204117	1317361	1492277
ALAI	142238	158945	163563	145194	200895
MCAC	23408	23382	24957	24543	x26100
Asie	1146332	1295517	1239720	1379081	x1614594
Moyen–Orient	x49072	x76628	x46336	x83622	x110388
Europe	3909729	3922744	4431909	4798379	5375823
CEE	3539735	3573419	4034029	4387050	4918823
AELE	309075	298837	322601	342278	383863
Océanie	x33974	24791	29438	39565	x44764
France, Monac	943253	932975	1073731	1190830	1382706
Germany/Allemagne	923318	920310	1007492	1038221	1156802
Japan/Japon	712154	804456	761925	822627	891381
USA/Etats–Unis d'Amer	378921	467188	605496	695212	766221
United Kingdom	395443	426436	494457	513003	581186
Italy/Italie	423910	435445	461122	537258	594454
Canada	187293	210375	405210	447756	494141
Netherlands/Pays–Bas	277188	282081	355007	406280	430874
Korea Republic	320020	332360	348212	354023	413946
Spain/Espagne	285869	284293	304685	336268	374627
Belgium–Luxembourg	157455	149820	176256	200889	233242
Austria/Autriche	129617	130709	146036	165119	219990
Brazil/Brésil	99533	98257	88815	96798	148991
Ireland/Irlande	57882	59739	70974	84434	114283
Yugoslavia SFR	60833	50251	74930	x68676	
Sweden/Suède	62578	51640	59385	66326	90178
Portugal	38077	40226	54426	53091	30371
Norway, SVD, JM	40538	40931	49746	53139	5437
Singapore/Singapour	35473	30215	36242	41530	61530
Finland/Finlande	30893	31532	37188	39016	41236
Switz.Liecht	45449	44026	30247	18575	27022
Turkey/Turquie	22505	27641	22603	42291	61055
Czechoslovakia	x25424	x26373	x27053	x26930	x48310
Denmark/Danemark	27647	25911	27153	21918	13736
Former GDR	x92871	x53857	x12985		
Indonesia/Indonésie		26230	20312	19481	21854
Argentina/Argentine	18411	21340	23268	10795	8146
Poland/Pologne	15632	11536	15423	26831	x39536
New Zealand	12450	11658	16411	24110	18585
Mexico/Mexique	9964	16442	18691	8996	13566
United Arab Emirates	x9630	x11714	x12040	x20227	x31878
Australia/Australie	21213	13131	13022	15449	26118
Uruguay	9883	13674	16057	10334	3310
Costa Rica	11796	13105	11529	12653	x13150
Guatemala	10938	9562	13421	11848	12686
Hong Kong	10637	7647	9790	13493	19817
Greece/Grèce	9694	16183	8726	4858	x6542
Morocco/Maroc	7773	9950	10055	6987	7497
Chile/Chili	x3666	x5789	9240	11299	x12764
China/Chine	5106	6190	6588	11782	24638
So. Africa Customs Un	x6464	x5427	x4468	x8136	x11704
Bahrain/Bahreïn	x143	x2730	x4738	x9409	x12324
Malaysia/Malaisie	1936	2326	3071	11343	x24414
Kuwait/Koweït	x522	14817	x1036	x56	x887
Oman	2207	3573	4494	7661	
Thailand/Thaïlande	3298	3235	1485	10348	x27524
Saudi Arabia	11781	13467	x341	x134	x332
Philippines	2864	2293	3404	6485	2322
Former USSR/Anc. URSS	x9047	x4811	x3909	x3128	
Colombia/Colombie	x471	x2249	x4238	4478	5111

(VALUE AS % OF TOTAL)(VALEUR EN % DU TOTAL)

	1983	1984	1985	1986	1987	1988	1989	1990	1991	1992		1983	1984	1985	1986	1987	1988	1989	1990	1991	1992
Africa	x3.6	x3.3	3.6	3.7	1.6	x2.3	2.0	x2.3	1.9	x1.8	Afrique	0.1	0.1	0.1	x0.2	x0.4	x0.3	x0.3	x0.4	x0.3	x0.3
Northern Africa	x2.5	x2.2	2.6	x2.2	x0.2	0.8	0.7	x1.0	0.8	x0.5	Afrique du Nord	0.0	0.1	0.1	0.2	0.3	0.2	0.2	0.2	0.1	0.1
Americas	x30.9	37.3	x34.6	x27.3	x21.1	x23.5	x26.5	x24.6	23.0	x21.1	Amériques	x5.5	7.0	x5.4	x13.7	x13.4	12.2	13.9	17.3	17.3	17.3
LAIA	0.4	0.3	x0.3	x0.6	x0.6	0.5	x0.8	1.2	1.8	1.9	ALAI	x0.0	0.1	0.1	x2.6	x2.7	2.4	2.6	2.3	1.9	2.3
CACM	x0.1		x0.1	x0.2	0.7	0.7	x0.6	0.6	0.6	x0.6	MCAC				0.4	0.4	0.4	0.4	0.4	0.3	x0.3
Asia	x10.2	x8.3	x11.0	x11.4	x12.1	x17.0	x17.9	x12.6	12.5	x12.2	Asie	18.0	21.4	21.9	17.4	15.8	19.0	20.8	17.7	18.1	x18.7
Middle East	x4.5	x3.1	x6.0	x4.5	x4.3	8.9	x9.4	x3.9	x4.3	x4.1	Moyen–Orient	x0.1	x0.0	x1.3	0.6	0.5	x0.8	x1.2	x0.7	x1.1	x1.3
Europe	53.2	48.2	48.3	55.9	58.5	54.4	50.8	58.9	59.8	62.7	Europe	76.2	71.3	72.3	68.4	67.2	64.8	63.0	63.4	63.0	62.2
EEC	42.5	38.5	38.4	43.1	45.5	44.1	41.3	49.0	50.3	53.1	CEE	74.5	69.3	70.2	61.6	60.3	58.7	57.4	57.7	57.6	56.9
EFTA	10.6	9.7	9.8	12.5	x12.8	10.1	9.3	9.6	9.1	9.2	AELE	1.8	2.1	2.1	x5.8	x5.8	5.1	4.8	4.6	4.5	4.4
Oceania	2.1	x2.9	x2.5	x1.7	x1.7	1.9	x2.0	1.7	x1.8	x1.6	Océanie	0.2	0.1	0.1	x0.2	x0.5	x0.6	0.4	0.4	0.5	x0.5
USA/Etats–Unis d'Amer	25.5	30.6	29.8	23.5	21.2	18.8	20.3	17.9	15.1	13.7	France, Monac	20.8	20.0	19.1	17.5	16.2	15.6	15.0	15.4	15.6	16.0
Germany/Allemagne	14.2	13.0	13.1	14.7	14.6	13.1	12.1	13.7	15.1	16.8	Germany/Allemagne	18.1	16.8	17.2	16.6	16.2	14.8	14.8	14.4	13.6	13.4
United Kingdom	6.4	5.6	6.2	6.4	6.3	6.2	5.7	7.0	7.2	7.8	Japan/Japon	13.8	16.0	15.3	11.8	10.5	11.8	12.9	10.9	10.8	10.3
France, Monac	6.9	6.4	6.0	6.8	7.3	6.6	5.7	6.9	6.5	6.2	USA/Etats–Unis d'Amer	5.5	6.9	5.3	3.2	4.6	6.3	7.5	8.7	9.1	8.9
Japan/Japon	3.7	3.2	3.3	4.9	5.2	5.6	6.4	6.0	5.7	5.4	United Kingdom	8.5	7.2	8.4	8.5	6.6	6.6	6.8	7.1	6.7	6.7
Italy/Italie	3.4	3.4	3.5	4.6	5.3	5.4	5.1	6.0	6.1	5.9	Italy/Italie	8.5	7.9	9.1	7.2	7.6	7.0	7.0	6.6	7.1	6.9
Netherlands/Pays–Bas	4.3	4.0	4.0	4.4	4.2	4.4	4.4	5.4	5.6	5.7	Canada				x7.8	x5.9	3.1	3.4	5.8	5.9	5.7
Canada	4.3	5.9	4.0	2.5	2.4	2.9	4.0	4.2	4.8	4.0	Netherlands/Pays–Bas	5.1	4.5	5.1	4.5	4.3	4.6	4.5	5.1	5.3	5.0
Belgium–Luxembourg	4.1	3.4	2.8	3.2	3.6	4.1	3.9	4.6	4.4	4.5	Korea Republic	3.6	4.7	4.8	4.4	3.9	5.3	5.3	5.0	4.6	4.8
Switz.Liecht	5.1	4.4	4.4	4.8	4.8	3.2	2.9	2.8	2.7	2.8	Spain/Espagne	4.8	5.5	4.2	3.5	4.2	4.7	4.6	4.4	4.4	4.3

6252 TYRES, NEW, BUS OR LORRY / PNEUS POUR AUTOBUS, CAMIONS 6252

TRADE BY COMMODITY IN THOUSAND U.S. DOLLARS – COMMERCE PAR PRODUIT EN MILLIERS DE DOLLARS E.U

COUNTRIES–PAYS	1988	1989	1990	1991	1992	COUNTRIES–PAYS	1988	1989	1990	1991	1992
Total	x4473463	x4749010	x5176915	x4871348	x5407266	Totale	4280203	4431156	5030564	4955880	5315363
Africa	x245839	x258009	x297249	x251462	x323192	Afrique	x5332	x4287	x11325	x13564	x18724
Northern Africa	x84975	x109249	x123190	x92977	x105979	Afrique du Nord	3008	2748	5632	4446	8504
Americas	x1320412	x1561142	x1558997	x1354887	x1510705	Amériques	360030	428116	655913	747529	833602
LAIA	x66123	x59024	x126451	191931	x211574	ALAI	131997	134607	131830	160731	177138
CACM	x9257	x14687	x15301	x14834	x22817	MCAC	x634	x919	x1176	x1742	x2342
Asia	x791844	x747782	x851679	x861007	x937719	Asie	1484084	1567443	1704910	1683764	1769235
Middle East	x564989	x505786	x462762	x621479	x603037	Moyen–Orient	44027	35963	19393	68443	77783
Europe	1893448	1953340	2289485	2224006	2427974	Europe	2219515	2269627	2541688	2422414	2616590
EEC	1579106	1642202	1951886	1937423	2106767	CEE	2069707	2118562	2364277	2273274	2456865
EFTA	276827	280000	308679	275689	300294	AELE	117229	117198	137507	130530	135340
Oceania	130604	147019	x139074	x134000	x147820	Océanie	15193	x13794	13758	x10661	x13096
USA/Etats–Unis d'Amer	927850	1145959	1080685	849337	950465	Japan/Japon	1027442	1142252	1159531	1091395	1070607
Germany/Allemagne	416430	421758	506865	552608	571088	France, Monac	568548	554786	594557	625696	615362
Canada	274866	297356	271609	245159	271518	Germany/Allemagne	441508	448504	474745	446823	472513
United Kingdom	259578	261604	272652	234965	258843	United Kingdom	313899	343083	389408	351329	387498
Italy/Italie	184364	209617	254454	268700	267736	USA/Etats–Unis d'Amer	190878	239549	319188	366339	400084
France, Monac	229142	225796	251625	226059	255732	Korea Republic	258108	239769	322337	336649	411651
Saudi Arabia	x187416	x171877	x206337	x272293	x222232	Spain/Espagne	238661	241110	290245	244992	291215
Netherlands/Pays–Bas	143321	150773	197059	203906	234245	Belgium–Luxembourg	227749	232338	267360	274960	324770
Belgium–Luxembourg	123306	126829	162130	163196	168897	Italy/Italie	180360	194257	208995	193741	205963
Spain/Espagne	93767	109955	136525	125717	152024	Canada	35307	51705	201089	215474	251867
Iran (Islamic Rp. of)	x44567	x77452	x89937	x169683	x122701	Austria/Autriche	102277	104161	124332	118765	118668
Sweden/Suède	115203	109664	116476	103070	88193	Netherlands/Pays–Bas	84597	90211	118381	123375	137953
Afghanistan	x81409	x77389	x200258	x34758	x98434	Brazil/Brésil	101318	83298	96927	126266	146439
Australia/Australie	98663	108767	100453	92661	104701	India/Inde	39164	x27728	88525	68463	x65224
Austria/Autriche	38129	44116	54275	69842	105612	China/Chine	55015	60572	59221	68463	x65224
Switz.Liecht	53503	51334	54192	52438	55778	Turkey/Turquie	42066	32327	15391	60140	78549
United Arab Emirates	x92043	x52163	x44110	x56444	x77162	Yugoslavia SFR	32579	33794	39695	66763	74685
Greece/Grèce	29809	40129	54787	57653	x63172	Hungary/Hongrie	x20435	x26415	39695	x18552	
Japan/Japon	33749	40264	50287	56641	48065	Czechoslovakia	x22294	x22701	x23687	x29134	x26288
Algeria/Algérie	x48931	x51172	x66110	x26607	x37728	Former GDR	x80125	x40992	x12905	x21057	x25898
Portugal	38434	37823	51658	51025	70941	Former USSR/Anc. URSS	x42435	x22328	x15268	x16181	
Mexico/Mexique	5607	17154	33174	80436	93020	Thailand/Thaïlande	11841	21319	14050	14658	x7210
Iraq	x118451	x108299	x10288	x653	x188	Indonesia/Indonésie	31311	16430	16333	12409	20573
Finland/Finlande	40197	47071	48797	20115	21240	Singapore/Singapour	7195	14714	14729	13342	18937
Denmark/Danemark	37338	31124	37888	33457	38123	Poland/Pologne	9827	14166	10891	10397	x8152
Norway, SVD, JM	28724	26863	33609	28132	28202	Mexico/Mexique	16323	32811	321	21	2369
Libyan Arab Jamahiriya	21824	27078	37444	x20708	x20453	Australia/Australie	13641	12396	10430	8830	10393
Nigeria/Nigéria	x17391	x16631	x27431	x34460	x31652	Chile/Chili	x232	x2210	12281	13848	x4494
Ireland/Irlande	23618	26794	26243	20138	25964	Uruguay	x6337	x9334	x10760	x6262	4272
Singapore/Singapour	15906	20718	21850	20464	35661	Romania/Roumanie	x15840	x17427	x7436	481	x3242
Hong Kong	16073	18657	19966	28352	33680	Portugal	4767	5024	10684	4811	13656
Kuwait/Koweït	x30068	x29607	x21907	x12595	x21077	Sweden/Suède	6283	6399	6927	7089	12344
Yugoslavia SFR	36672	30288	26851	x6778		Argentina/Argentine	7334	6130	7409	5279	4908
Jordan/Jordanie	x33102	x20295	x14775	x23565	x23938	Greece/Grèce	7242	6341	6573	5538	x5602
Lebanon/Liban	x11013	x15904	x21799	x20532	x17818	Hong Kong	2355	2870	4742	8479	7297
Israel/Israël	13815	12889	19120	26087	25914	Malaysia/Malaisie	3901	4181	3928	6040	x3609
So. Africa Customs Un	11512	16134	18082	x17423	x18665	So. Africa Customs Un	x1017	x585	x2414	x7605	x8575
New Zealand	13795	19848	17328	19114	19067	Finland/Finlande	3160	3520	3800	3070	2527
Turkey/Turquie	18660	4569	26705	18335	22650	Colombia/Colombie	421	503	1735	5837	7407
Argentina/Argentine	3585	3012	7981	36809	46907	Denmark/Danemark	1761	2368	2984	1658	1718
Philippines	11836	x20738	14453	10748	23375	Bulgaria/Bulgarie	x5093	x3858	x2067	x675	x535
Former USSR/Anc. URSS	x15675	x18733	x6900	x18111		Jamaica/Jamaïque	252	822	2196	2858	x1716
Egypt/Egypte	8054	6864	7761	28839	28007	Tunisia/Tunisie	1483	1403	2495	1872	5617
Cuba	x10892	x6510	x24967	x9368	x8265	Venezuela	x3	x183	2171	2837	6966
Brazil/Brésil	9399	11277	18646	6797	3965	Morocco/Maroc	1514	1224	2812	931	1752
Bangladesh	x15201	x11129	x11199	x13856	x14585	United Arab Emirates	x1558	x2514	x971	x1371	x1523
Cote d'Ivoire	x16139	x14577	x9282	x11874	x37989	Switz.Liecht	1408	2371	1470	750	1121
Ghana	x8024	x8672	x16403	x10112	x11226	New Zealand	1542	1377	1343	1736	2663
Paraguay	x19927	5984	14345	14840	10420	Korea Dem People's Rp	x129	x748	x892	x2635	x7278
Sudan/Soudan	x3596	x19810	x3032	x11277	x12207	Guatemala	x20	x605	x923	x1624	x2179

(VALUE AS % OF TOTAL)(VALEUR EN % DU TOTAL)

	1983	1984	1985	1986	1987	1988	1989	1990	1991	1992		1983	1984	1985	1986	1987	1988	1989	1990	1991	1992
Africa	x7.2	x4.5	x3.7	x7.2	x5.1	x5.5	x5.4	x5.7	x5.2	5.9	Afrique	0.1		0.1	x0.2	x0.2	x0.1	x0.1	x0.2	x0.3	x0.4
Northern Africa	x3.5	x1.2	0.8	x3.2	x1.2	x1.9	x2.3	x2.4	x1.9	x2.0	Afrique du Nord	0.1	0.0	0.0	x0.0	0.1	0.1	0.1	0.1	0.1	0.2
Americas	31.3	45.2	x39.9	x32.4	x32.7	29.5	x32.9	30.1	x27.8	x27.9	Amériques	x2.2	2.8	3.8	x12.0	x12.0	8.4	9.7	13.0	15.0	15.7
LAIA	1.1	1.9	x2.0	x1.3	x1.9	x1.5	x1.2	x2.4	3.9	x3.9	ALAI	0.0	0.4	0.6	2.5	2.6	3.1	3.0	2.6	3.2	3.3
CACM	x0.1		x0.3	0.3	0.4	x0.2	x0.3	x0.3	x0.3	x0.4	MCAC	x0.0	x0.0	x0.0	x0.0	x0.0	x0.0	x0.0	x0.0	x0.0	x0.0
Asia	x25.6	x14.5	x21.5	18.5	14.6	17.7	15.7	16.4	x17.7	x17.4	Asie	48.5	49.2	45.6	34.6	30.6	34.6	35.4	33.9	34.0	33.2
Middle East	x19.6	x10.1	x17.0	x12.7	x9.6	x12.6	10.7	8.9	x12.8	x11.2	Moyen–Orient	x0.0	x0.0	0.8	x1.0	0.7	1.0	0.8	0.4	1.4	1.5
Europe	33.7	32.2	31.9	39.7	42.0	42.3	41.1	44.2	45.7	44.9	Europe	49.1	47.8	50.4	53.1	53.6	51.9	51.2	50.5	48.9	49.2
EEC	28.9	27.7	27.9	32.7	35.4	35.3	34.6	37.7	39.8	39.0	CEE	48.8	47.6	50.2	50.0	50.7	48.4	47.8	47.0	45.9	46.2
EFTA	4.8	4.5	4.0	x6.7	x6.5	6.2	5.9	6.0	5.1	5.6	AELE	0.3	0.3	0.2	x2.5	x2.2	2.7	2.6	2.7	2.6	2.5
Oceania	2.2	x3.7	x3.1	x2.2	2.4	2.9	3.1	x2.7	x2.8	2.7	Océanie	x0.1	0.1	0.1	x0.1	x0.3	0.4	x0.3	0.2	x0.2	x0.2
USA/Etats–Unis d'Amer	23.6	33.5	30.4	24.4	23.3	20.7	24.1	20.9	17.4	17.6	Japan/Japon	45.1	43.4	39.2	28.7	24.3	24.0	25.8	23.0	22.0	20.1
Germany/Allemagne	8.7	8.1	8.4	9.8	9.5	9.3	8.9	9.8	11.3	10.6	France, Monac	16.6	16.9	16.6	15.8	15.3	13.3	12.5	11.8	12.6	11.6
Canada	6.0	9.5	7.2	5.6	6.4	6.1	6.3	5.2	5.0	5.0	Germany/Allemagne	9.0	9.1	10.3	11.1	11.1	10.3	10.1	9.4	9.0	8.9
United Kingdom	4.8	4.3	4.8	4.6	5.2	5.8	5.5	5.3	4.8	4.8	United Kingdom	8.6	6.2	6.6	7.9	8.1	7.3	7.7	7.7	7.1	7.3
Italy/Italie	2.8	3.2	3.5	3.9	4.4	4.1	4.4	4.9	5.5	5.0	USA/Etats–Unis d'Amer	2.2	2.4	3.2	2.2	3.5	4.5	5.4	6.3	7.4	7.5
France, Monac	4.2	4.3	3.6	5.0	5.6	5.1	4.8	4.9	4.6	4.7	Korea Republic	2.3	3.5	3.4	2.4	2.3	6.0	5.4	6.4	6.8	7.7
Saudi Arabia	x9.4		x6.8	x4.8	x3.6	x4.2	x3.6	4.0	x5.6	4.1	Spain/Espagne	2.9	4.3	5.3	3.9	4.1	5.6	5.4	5.8	4.9	5.5
Netherlands/Pays–Bas	2.6	2.7	2.7	3.6	3.6	3.2	3.2	3.8	4.2	4.3	Belgium–Luxembourg	5.1	4.5	4.4	4.7	4.9	5.3	5.2	5.3	5.5	6.1
Belgium–Luxembourg	2.5	2.3	2.1	2.4	2.5	2.8	2.7	3.1	3.4	3.1	Italy/Italie	5.8	4.6	4.4	4.5	4.7	4.2	4.4	4.2	3.9	3.9
Spain/Espagne	0.5	0.4	0.6	0.9	1.9	2.1	2.3	2.6	2.6	2.8	Canada				x7.2	x6.0	0.8	1.2	4.0	4.3	4.7

62898 UNHARD RUBBER PRODS NES

OUV CAOUT VULC NON DURCI 62898

TRADE BY COMMODITY IN THOUSAND U.S. DOLLARS – COMMERCE PAR PRODUIT EN MILLIERS DE DOLLARS E.U

COUNTRIES–PAYS	IMPORTS – IMPORTATIONS					COUNTRIES–PAYS	EXPORTS – EXPORTATIONS				
	1988	1989	1990	1991	1992		1988	1989	1990	1991	1992
Total	x2943340	3429989	3801041	4051248	4564454	Totale	x2702454	2634757	3263065	3585801	4053811
Africa	x136878	x129581	x148870	x140046	x126452	Afrique	x3105	x3502	x3906	x5256	x5534
Northern Africa	73248	59910	68904	73923	x57841	Afrique du Nord	1528	1426	1372	2750	3051
Americas	x708423	842540	938659	1051815	1256410	Amériques	x562525	336543	522690	601451	x699761
LAIA	126987	131400	161819	191329	216292	ALAI	21872	29204	32345	38828	42151
CACM	7222	7544	7113	7872	x6632	MCAC	9134	11242	17517	18389	x10086
Asia	346172	610301	512130	588566	x721985	Asie	533964	629759	716698	881255	x987805
Middle East	x65321	x66447	x68377	x75686	x99506	Moyen–Orient	6925	3196	x6039	x10367	x12266
Europe	1528776	1613281	2003418	2024881	2283662	Europe	1569026	1626724	1980524	2055539	2308269
EEC	1189313	1260300	1569553	1618741	1855395	CEE	1316663	1354257	1660284	1747326	1964611
EFTA	312382	326527	399780	390226	410175	AELE	x205559	x222297	x272873	x272526	x298385
Oceania	x91449	x110171	x124479	x116435	x123325	Océanie	11503	x16384	x13257	16603	
USA/Etats–Unis d'Amer	x370403	480403	535001	588589	745318	Germany/Allemagne	516083	528569	647366	686428	786484
Germany/Allemagne	401903	420932	544187	586157	701786	Japan/Japon	398171	465932	500564	583903	687654
France,Monac	190707	199594	244206	243278	268240	USA/Etats–Unis d'Amer	x433681	210342	343245	411315	458646
Canada	191727	213226	223824	249490	270701	France,Monac	275614	280585	339653	322061	357948
United Kingdom	157275	163353	190323	195516	204978	Italy/Italie	211323	224850	261508	267811	298115
Singapore/Singapour	53124	268500	72967	92330	105866	United Kingdom	138046	131957	153274	182283	182316
Netherlands/Pays–Bas	111960	118822	148533	148977	175196	Sweden/Suède	x99450	x113008	x127033	x126541	x137187
Sweden/Suède	113712	114300	132706	122229	135859	Canada	97267	85165	129207	132426	188307
Belgium–Luxembourg	92607	102717	126663	118494	128195	Netherlands/Pays–Bas	80707	82263	107593	111448	125271
Spain/Espagne	71012	87413	114691	125842	144920	Austria/Autriche	57207	57772	79305	80060	90771
Italy/Italie	84409	88130	100946	101301	122946	Spain/Espagne	30715	40657	64566	85012	96170
Austria/Autriche	69942	74559	100650	104756	116412	China/Chine	11186	17263	51131	83046	60032
Australia/Australie	65378	85894	93574	92402	98553	Thailand/Thaïlande	36749	41162	46566	53981	x57390
Japan/Japon	53927	64024	87536	98910	111216	Belgium–Luxembourg	40725	42627	50627	47664	59727
Switz.Liecht	63078	67152	83241	81414	82545	Switz.Liecht	36294	34531	43519	44611	49560
Korea Republic	52600	53724	63320	68192	78763	Malaysia/Malaisie	17721	20036	28218	39908	x47874
Former USSR/Anc. URSS	x67792	x67068	x25688	x90239		Korea Republic	17608	23982	26832	34004	32397
Mexico/Mexique	38828	43187	50654	69746	81867	Singapore/Singapour	22065	26675	22309	28261	31846
Thailand/Thaïlande	20793	42086	56809	64239	91237	Malta/Malte	22565	23819	23800	x26315	x30683
Brazil/Brésil	38765	44114	50400	50224	53005	Brazil/Brésil	14313	21329	23489	27333	29641
Denmark/Danemark	41172	36555	44194	44142	48190	Ireland/Irlande	13461	12957	21842	29049	43789
So. Africa Customs Un	37246	42957	44898	x35925	x38164	Yugoslavia SFR	24209	26336	23555	x9296	
Finland/Finlande	36527	41676	45000	33301	34954	Hong Kong	11001	14287	17712	23204	28444
Hong Kong	28537	31827	36621	43601	51356	Finland/Finlande	8633	12214	17762	15797	14291
Norway,SVD,JM	26046	26371	34786	44663	36693	Costa Rica	8307	10585	16493	17384	x9013
Malaysia/Malaisie	16868	22697	33417	45711	x64685	Australia/Australie	8044	11857	8564	9263	10715
Turkey/Turquie	16969	21003	23317	27500	35604	Denmark/Danemark	8001	7609	10625	11217	10782
Portugal	16649	18085	24462	26920	32451	Hungary/Hongrie	x3832	x5592	x9644	x11139	x13408
Yugoslavia SFR	23762	24302	31224	x13551		Sri Lanka	6389	6901	6366	9824	10867
Egypt/Egypte	26760	22529	20286	25306	23793	Czechoslovakia	x5039	x4325	x5617	x8450	x14098
India/Inde	13952	x11817	27364	23064	x17102	Norway,SVD,JM	3964	4749	5023	5490	6532
Algeria/Algérie	25035	14179	22633	16335	x6049	Israel/Israël	3758	4094	5577	4921	5277
Israel/Israël	14388	14280	17986	20073	24805	Mexico/Mexique	4141	4203	4533	5428	5377
Indonesia/Indonésie	6402	12883	19921	18929	18189	New Zealand	3372	4508	4637	3917	5858
Ireland/Irlande	12082	13472	19418	16847	14260	India/Inde	1737	x4382	3143	5375	x7426
New Zealand	14287	15760	17224	16134	20101	Turkey/Turquie	5914	2041	4141	6640	7557
Venezuela	15148	8369	13617	21038	22438	Former USSR/Anc. URSS	x3995	x3182	x2726	x5245	
Hungary/Hongrie	x10024	x11070	x11264	17033	x14805	Poland/Pologne	x3888	x2972	x2937	x3739	x7183
Czechoslovakia	x10855	12532	14850	x11248	x18966	Argentina/Argentine	1838	2424	2586	2957	3486
Morocco/Maroc	10454	11599	12868	13485	13381	Portugal	1659	1653	2645	3261	3275
Philippines	5381	x7924	12358	15496	15098	Indonesia/Indonésie	441	680	1780	3583	4950
Saudi Arabia	8203	12142	x10929	x12614	x16572	So. Africa Customs Un	x1337	x1833	x1896	x2137	x2109
Poland/Pologne	x18431	x14940	x12992	x7698	x14935	Saudi Arabia	751	658	x1691	x2699	x3732
Argentina/Argentine	9581	8702	9914	16016	29471	Tunisia/Tunisie	1432	1309	1309	2325	2403
Greece/Grèce	9537	11227	11930	11267	x14232	Bulgaria/Bulgarie	x507	x1140	x3200	x338	x468
Tunisia/Tunisie	8423	8492	11273	11533	11915	Romania/Roumanie	x672	2272	1192	130	x655
Chile/Chili	7789	9605	10402	11080	x9806	Colombia/Colombie	1447	905	644	1678	1929
Iran (Islamic Rp. of)	x6146	x5469	x9983	x13620	x17824	Former GDR	x4396	x2360	x616		
China/Chine	6873	6885	7076	11956	28958	Greece/Grèce	330	530	819	1091	x734
United Arab Emirates	x12870	x7031	x7740	x7825	x10516	Guatemala	724	560	810	853	789

(VALUE AS % OF TOTAL)(VALEUR EN % DU TOTAL)

	1983	1984	1985	1986	1987	1988	1989	1990	1991	1992		1983	1984	1985	1986	1987	1988	1989	1990	1991	1992
Africa	x7.2	x7.3	x5.3	x5.6	x3.5	x4.7	3.8	3.9	x3.5	2.7	Afrique	0.2	0.2	0.2	x0.2	x0.2	x0.1	x0.2	0.2	0.2	0.2
Northern Africa	x4.4	4.0	2.7	3.7	2.0	2.5	1.7	1.8	1.8	x1.3	Afrique du Nord	0.0	0.0	0.0	0.0	0.0	0.1	0.1	0.0	0.1	0.1
Americas	x21.3	27.6	25.7	x25.7	x24.6	x24.1	24.5	24.7	26.0	27.6	Amériques	x35.0	x34.9	x33.2	x26.3	x26.4	x20.8	12.8	16.0	16.8	x17.3
LAIA	2.2	5.0	5.6	3.2	3.0	4.3	3.8	4.3	4.7	4.7	ALAI	0.2	1.2	1.1	0.7	0.7	x0.8	1.1	1.0	1.1	1.0
CACM	x0.4	0.2	0.2	x0.1	0.1	0.2	0.2	0.2	0.2	x0.1	MCAC	x0.1	0.2	0.2	0.4	0.4	0.0	0.3	0.4	0.5	0.2
Asia	x17.7	x13.0	x12.7	13.1	x11.3	11.7	17.8	13.5	14.5	x15.8	Asie	11.3	11.5	11.7	11.2	11.5	19.8	23.9	22.0	24.6	x24.4
Middle East	x5.4	x3.6	x3.3	x2.6	x2.2	x2.2	1.9	x1.8	x1.9	2.2	Moyen–Orient	x0.1	x0.1	x0.1	x0.1	0.3	0.3	0.1	x0.2	0.3	0.3
Europe	50.5	48.5	48.9	52.7	53.3	51.9	47.0	52.7	50.0	50.0	Europe	53.1	53.1	54.7	62.0	60.8	58.1	61.7	60.7	57.3	56.9
EEC	40.4	38.0	38.4	41.8	42.2	40.4	36.7	41.3	40.0	40.6	CEE	49.8	48.2	49.6	53.3	51.7	48.7	50.9	48.7	48.7	48.5
EFTA	10.1	9.5	9.4	10.3	10.6	10.6	9.5	10.5	9.6	9.0	AELE	3.4	3.4	3.5	x7.7	x7.9	x7.6	x8.4	x8.4	x7.6	x7.4
Oceania	3.4	x3.5	x3.3	2.9	x2.6	3.1	3.2	x3.3	x2.9	2.7	Océanie	x0.4	x0.3	0.3	x0.3	x0.3	0.4	0.6	0.4	0.4	0.4
USA/Etats–Unis d'Amer	13.7	17.0	x18.8	x18.2	x17.5	x12.6	14.0	14.1	14.5	16.3	Germany/Allemagne	18.7	18.5	18.9	21.2	20.9	19.1	20.1	19.8	19.1	19.4
Germany/Allemagne	12.8	12.2	12.4	14.0	14.3	13.7	12.3	14.3	14.5	15.4	Japan/Japon	7.9	8.2	8.2	7.7	7.2	14.7	17.7	15.3	16.3	17.0
France,Monac	7.3	6.5	6.5	7.0	7.1	6.5	5.8	6.4	6.0	5.9	USA/Etats–Unis d'Amer	x33.9	x32.8	x30.6	x24.5	x24.7	x16.0	8.0	10.5	11.5	11.3
Canada	4.5	4.8	4.5	3.7	3.2	6.5	6.2	5.9	6.2	5.9	France,Monac	10.4	9.4	9.6	10.2	9.3	10.2	10.6	10.4	9.0	8.8
United Kingdom	6.2	5.7	5.6	5.4	5.6	5.3	4.8	5.0	4.8	4.5	Italy/Italie	7.0	7.4	7.9	8.4	8.9	7.8	8.5	8.0	7.5	7.4
Singapore/Singapour	1.6	1.5	1.4	1.3	1.4	1.8	7.8	1.9	2.3	2.3	United Kingdom	6.4	5.7	5.8	5.4	4.8	5.1	5.0	4.7	5.1	4.5
Netherlands/Pays–Bas	3.5	3.3	3.3	4.0	3.9	3.8	3.5	3.9	3.7	3.7	Sweden/Suède			x3.7	3.5	x3.7	x4.3	x3.9	x3.5	x3.4	
Sweden/Suède	3.0	3.1	2.9	3.1	3.2	3.3	3.3	3.5	3.0	3.0	Canada	0.7	0.7	1.1	1.1	0.9	3.6	3.2	4.0	3.7	4.6
Belgium–Luxembourg	2.9	2.7	2.5	2.8	2.7	3.1	3.0	3.3	2.9	2.8	Netherlands/Pays–Bas	2.7	2.7	2.6	2.8	2.8	2.9	3.3	3.3	3.1	3.1
Spain/Espagne	1.7	1.8	1.9	2.2	2.5	2.4	2.5	3.0	3.1	3.2	Austria/Autriche	1.5	1.5	1.8	2.2	2.4	2.1	2.2	2.4	2.2	2.2

6341 VENEER SHEETS ETC
BOIS SIMPLEMENT SCIES 6341

TRADE BY COMMODITY IN THOUSAND U.S. DOLLARS – COMMERCE PAR PRODUIT EN MILLIERS DE DOLLARS E.U

COUNTRIES–PAYS	IMPORTS – IMPORTATIONS					COUNTRIES–PAYS	EXPORTS – EXPORTATIONS				
	1988	1989	1990	1991	1992		1988	1989	1990	1991	1992
Total	1311025	1363077	1499000	1459593	1596368	Totale	1155497	1179555	1360597	1322687	x1524677
Africa	30803	35099	29302	x22870	37198	Afrique	x130033	x117025	x140169	x139451	x230887
Northern Africa	22259	25077	18158	13583	31239	Afrique du Nord	2194	1053	1398	3416	962
Americas	240570	250952	255387	228497	281111	Amériques	332950	341770	402326	396386	x460279
LAIA	8457	12907	16567	24574	28222	ALAI	46325	41167	44406	40900	x59393
CACM	244	354	164	154	x20	MCAC	x3213	x1687	x1879	x1595	x1545
Asia	185471	200215	215087	x259747	308495	Asie	134306	x156505	170991	204623	x221331
Middle East	40979	36820	x19948	x21876	x18805	Moyen–Orient	x4814	5330	5330	2877	3054
Europe	772596	787568	950801	864544	930312	Europe	522969	548698	633346	555734	594775
EEC	635489	649903	785967	730122	790735	CEE	434326	453905	519324	463463	486100
EFTA	121633	120474	140289	119583	116039	AELE	61131	63646	75663	72972	83370
Oceania	19269	x25172	x17602	x11981	x14417	Océanie	x6600	5021	3812	x2700	x5024
Germany/Allemagne	209551	230864	271499	285528	310220	USA/Etats-Unis d'Amer	162372	173702	212665	223864	238007
USA/Etats-Unis d'Amer	192558	196175	196908	169408	215762	Germany/Allemagne	165216	172621	201453	177348	182645
Japan/Japon	79959	99208	125094	155057	143863	Canada	120006	124263	142112	129536	160141
Italy/Italie	107369	107873	137290	131345	145647	France, Monac	76036	78778	92774	86744	93779
United Kingdom	101965	86712	102367	70786	70559	Malaysia/Malaisie	46084	54476	75064	109754	x130287
France, Monac	64273	68610	83784	64460	71326	Cote d'Ivoire	x57925	x54883	x58144	x53454	x149784
Belgium-Luxembourg	38940	40008	48449	49800	44642	Belgium-Luxembourg	52341	52367	57050	52677	56087
Denmark/Danemark	42895	42128	50073	44893	41349	Italy/Italie	40863	46736	45532	37688	45987
Sweden/Suède	42472	42340	46948	40625	33794	Portugal	31896	29733	39848	29061	30014
Former USSR/Anc. URSS	x27095	x44339	x16501	x55066		Brazil/Brésil	40760	32189	34017	30850	38322
Canada	37580	40097	40537	33287	35939	Indonesia/Indonésie	10373	28659	29371	33490	22634
Austria/Autriche	30159	29635	37748	40196	40965	Yugoslavia SFR	27512	31143	38359	x19299	
Spain/Espagne	22513	26441	30967	35224	44393	Spain/Espagne	18804	25835	28784	27911	25934
Netherlands/Pays-Bas	30588	28149	32190	29194	32364	Switz.Liecht	19586	21142	26899	23827	27848
Switz.Liecht	26995	28595	31589	25346	20225	Cameroon/Cameroun	x20315	19085	x23682	x27672	x24333
Korea Republic	19830	22671	25609	31251	30222	Congo	x19311	x17965	x24735	x19469	x15352
Yugoslavia SFR	14880	16661	24042	x14498		Austria/Autriche	15754	15868	18827	20329	23804
Singapore/Singapour	14873	13222	19460	12882	18798	Denmark/Danemark	20115	19166	18424	17113	15703
Australia/Australie	16780	18126	13710	10103	12750	Netherlands/Pays-Bas	12825	14065	15841	16242	15867
Norway, SVD, JM	12393	9054	12989	11793	13601	Finland/Finlande	12181	14159	15908	14711	16646
Greece/Grèce	6492	8019	13451	11548	x11264	Thailand/Thaïlande	16052	17442	14733	12498	x13247
Egypt/Egypte	9463	9148	10188	11025	14693	Singapore/Singapour	15240	12417	14190	16883	16197
Saudi Arabia	28588	24475	x2850	x1771	x2842	United Kingdom	14359	12768	15779	14701	16384
Finland/Finlande	8410	9876	9907	6914	6527	Philippines	20998	x18711	13080	9459	7527
So. Africa Customs Un	6639	7953	9216	x7153	x4546	Ghana	x15102	x11316	x15427	x13497	x22505
Israel/Israël	8686	9865	6649	7200	8665	Sweden/Suède	12852	12037	13653	13573	14819
Portugal	5754	4963	8578	8746	12322	Japan/Japon	12176	12965	10117	9801	11184
Brazil/Brésil	3342	8058	8851	5010	4455	Former USSR/Anc. URSS	x2966	x6950	x6166	x7305	
China/Chine	11250	6578	2782	12293	55463	Paraguay	1616	5142	5679	5980	x9116
Ireland/Irlande	5149	6136	7317	7773	6648	Zaire/Zaïre	x5180	x4958	5115	5606	x7460
Tunisia/Tunisie	10032	11543	4970	121	12837	So. Africa Customs Un	x3621	x3976	x6598	x4434	x5953
Czechoslovakia	x6458	4318	4431	x6867	x10490	Poland/Pologne	422		285	12974	x3085
Syrian Arab Republic	3826	2985	4282	x6533	x5464	India/Inde	4717	x3799	3731	3193	x2061
Mexico/Mexique	1650	2207	2348	8904	7944	Liberia/Libéria	x359	x318	x1409	x7777	x98
Former GDR	x20680	x11508	x1903			Turkey/Turquie	3534	1942	4947	2556	2596
Turkey/Turquie	1419	3804	5134	3738	3577	China/Chine	878	1018	2556	4518	9258
Hong Kong	4305	4274	2722	3261	6463	Greece/Grèce	1393	1217	3084	2933	3127
Thailand/Thaïlande	1243	2164	3572	4063	7810	Gabon	x4691	x3229	x2350	x732	x1888
Malaysia/Malaisie	1949	1721	3195	4817	x5606	Hungary/Hongrie	x1478	x1046	x1949	x1899	x4504
Hungary/Hongrie	x2550	x2012	x2461	4058	x5073	Bolivia/Bolivie	1720	1570	2110	967	1402
Iran (Islamic Rp. of)	x1	x399	x2280	x4662	x2220	New Zealand	1787	1230	1507	1740	2045
Venezuela	701	315	2536	4338	4247	Hong Kong	2241	1946	985	1325	4990
Indonesia/Indonésie	479	1128	3217	2828	8324	Chile/Chili	557	785	1367	1938	x4463
Poland/Pologne	665	588	1240	5282	x6208	Fiji/Fidji	3093	2914	1014	6	0
Argentina/Argentine	1606	1160	1450	4203	7549	Costa Rica	x1452	x1123	x1567	x1213	x1234
Morocco/Maroc	1828	2224	2113	2019	2306	Equatorial Guinea			x113	x2823	x1343
New Zealand	1723	2058	2221	1093	1061	Algeria/Algérie	35	29	322	2484	x15
Romania/Roumanie	x3602	1020	3928	75	x1831	Morocco/Maroc	1902	785	864	834	830
French Polynesia	246	x4263	x530	x76	x26	Ireland/Irlande	478	618	757	1047	572
Pakistan	510	1266	1359	2055	2002	Australia/Australie	927	503	1103	705	1948

(VALUE AS % OF TOTAL)(VALEUR EN % DU TOTAL)

	1983	1984	1985	1986	1987	1988	1989	1990	1991	1992		1983	1984	1985	1986	1987	1988	1989	1990	1991	1992
Africa	3.2	3.8	2.7	3.3	x2.5	2.3	2.6	1.9	x1.6	x2.3	Afrique	x8.6	x7.5	5.8	8.3	10.6	11.2	9.9	10.3	10.5	x15.2
Northern Africa	2.0	2.6	1.7	2.5	1.9	1.7	1.8	1.2	0.9	2.0	Afrique du Nord	0.1	0.3	0.2	0.1	0.2	0.1	0.1	0.1	0.3	0.1
Americas	22.8	23.1	22.7	x21.5	19.3	18.4	18.4	17.0	15.7	17.6	Amériques	x30.7	31.3	27.3	x29.0	x28.5	28.8	29.0	29.6	29.9	x30.2
LAIA	1.0	1.5	1.9	1.5	1.0	0.6	0.9	1.1	1.7	1.8	ALAI	0.3	5.1	5.9	x5.4	x4.4	4.0	3.5	3.3	3.1	x3.9
CACM	0.0	0.0	0.0	x0.0	x0.0	0.0	0.0	0.0	0.0	0.0	MCAC	x0.1	0.0	0.0	x0.2	x0.1	x0.3	x0.1	x0.1	x0.1	0.1
Asia	x12.3	14.5	x13.9	9.3	11.0	14.2	14.7	14.4	x17.8	19.4	Asie	18.7	17.7	20.0	14.2	13.3	11.7	x13.3	12.5	15.4	x14.5
Middle East	x1.5	5.2	x3.4	x1.6	1.4	3.1	2.7	x1.3	x1.5	x1.2	Moyen–Orient	x0.5	0.7	4.7	x0.3	1.4	x0.4	0.3	0.4	0.2	0.2
Europe	57.9	54.0	58.4	64.2	59.6	58.9	57.8	63.4	59.2	58.3	Europe	41.4	42.8	46.4	47.9	45.8	45.3	46.5	46.5	42.0	39.0
EEC	48.5	43.8	47.2	52.5	49.0	48.5	47.7	52.4	50.0	49.5	CEE	36.2	34.3	37.1	40.4	38.5	37.6	38.5	38.2	35.0	31.9
EFTA	9.4	9.1	9.8	10.4	9.5	9.3	8.8	9.4	8.2	7.3	AELE	5.2	4.9	5.3	5.8	5.3	5.3	5.4	5.6	5.5	5.5
Oceania	x1.5	2.1	2.3	x1.6	x1.5	1.5	x1.9	x1.2	x0.9	x0.9	Océanie	0.5	0.6	0.6	0.5	0.5	x0.5	0.4	0.3	x0.2	x0.4
Germany/Allemagne	20.9	17.6	17.2	19.5	17.2	16.0	16.9	18.1	19.6	19.4	USA/Etats-Unis d'Amer	16.1	12.9	10.6	12.5	13.1	14.1	14.7	15.6	16.9	15.6
USA/Etats-Unis d'Amer	18.1	17.7	16.9	16.5	15.2	14.7	14.4	13.1	11.6	13.5	Germany/Allemagne	14.0	12.3	14.5	15.1	14.8	14.6	14.8	14.8	13.4	12.0
Japan/Japon	4.1	4.3	5.0	3.5	5.2	6.1	7.3	8.3	10.6	9.0	Canada	14.0	13.2	10.6	10.9	10.6	10.4	10.5	10.4	9.8	10.5
Italy/Italie	5.5	5.9	6.7	7.7	8.6	8.2	7.9	9.2	9.0	9.1	France, Monac	7.2	6.7	6.6	7.5	6.9	6.6	6.7	6.8	6.6	6.2
United Kingdom	5.8	5.2	6.5	6.6	7.1	7.8	6.4	6.8	4.8	4.4	Malaysia/Malaisie	5.1	4.6	4.3	4.0	4.2	4.0	4.6	5.5	8.3	x8.5
France, Monac	4.8	3.9	5.0	5.8	5.0	4.9	5.0	5.6	4.4	4.5	Cote d'Ivoire	1.5	x3.5	4.3	x4.6	x4.6	x5.0	x4.7	x4.3	x4.0	x9.8
Belgium-Luxembourg	3.0	2.5	2.5	2.9	2.7	3.0	2.9	3.2	3.1	2.8	Belgium-Luxembourg	5.3	5.0	4.9	5.2	4.6	4.5	4.4	4.2	4.0	3.7
Denmark/Danemark	4.0	4.7	5.0	4.7	3.5	3.3	3.1	3.3	2.8	2.6	Italy/Italie	4.4	3.7	4.8	4.2	3.5	4.0	3.3	2.8	3.0	
Sweden/Suède	2.7	2.7	3.1	3.4	3.1	3.2	3.1	3.1	2.4	2.1	Portugal	1.6	1.9	2.5	2.5	2.3	2.8	2.5	2.9	2.2	2.0
Former USSR/Anc. URSS	2.3	2.4		x2.4	x2.1	x3.3	x1.1	x3.8			Brazil/Brésil		4.6	5.0	4.0	3.3	3.5	2.7	2.5	2.3	2.5

6342 PLYWOOD OF WOOD SHEETS   BOIS CONTRE–PLAQUES 6342

TRADE BY COMMODITY IN THOUSAND U.S. DOLLARS – COMMERCE PAR PRODUIT EN MILLIERS DE DOLLARS E.U

COUNTRIES–PAYS	IMPORTS – IMPORTATIONS					COUNTRIES–PAYS	EXPORTS – EXPORTATIONS				
	1988	1989	1990	1991	1992		1988	1989	1990	1991	1992
Total	4793234	5118879	5986867	5825462	6252213	Totale	4584240	5009655	5812743	5766389	6178719
Africa	139022	128910	140212	x125355	x94167	Afrique	x46735	x38773	x44718	x39306	x57592
Northern Africa	109816	98095	103676	102110	x69675	Afrique du Nord	x5686	6956	11655	9657	13313
Americas	x765343	x757039	x801648	746127	x927106	Amériques	x416399	551495	608145	545299	695083
LAIA	16154	19757	34605	63381	108623	ALAI	x35033	114939	116738	133659	181035
CACM	2498	3756	x5351	3380	x5422	MCAC	3277	6237	5617	6072	x6686
Asia	1816695	2174585	x2547577	x2677684	x2867747	Asie	2735189	3058485	3529038	3708815	4194897
Middle East	x198287	x159371	x279311	x291856	x338421	Moyen–Orient	x10190	x6907	x9997	x10988	x11247
Europe	1989898	1961950	2428112	2208613	2310735	Europe	981951	1005318	1273076	1123060	1113791
EEC	1695366	1647176	2032953	1882590	2012986	CEE	497891	504274	607070	608746	617653
EFTA	282158	303842	380454	311799	283653	AELE	460847	483657	636899	486136	469777
Oceania	x44184	x57833	x46381	x48351	x44288	Océanie	12715	14773	16182	17885	x22718
Japan/Japon	609788	1068407	1030833	1000719	1010436	Indonesia/Indonésie	1994232	2345124	2725581	2870834	3230214
USA/Etats–Unis d'Amer	618234	599365	631929	545694	685076	Finland/Finlande	376209	392044	513150	360575	341901
United Kingdom	621633	549536	572409	451475	506971	USA/Etats–Unis d'Amer	253953	303167	362474	308723	383236
China/Chine	572306	420489	524750	560993	660511	Malaysia/Malaisie	238446	252728	309999	372332	x451076
Germany/Allemagne	331726	361656	505094	534518	558038	Former USSR/Anc. URSS	x293263	x281322	x274039	x287552	
Netherlands/Pays–Bas	258262	246639	312366	284325	305636	Singapore/Singapour	246678	227182	177200	198996	201328
Korea Republic	104560	172819	256164	358413	350534	Hong Kong	74215	100193	153096	129957	166029
Hong Kong	168488	173322	236737	230401	289601	France, Monac	99248	108218	137083	135726	148979
France, Monac	170974	165371	217275	196721	200224	Canada	122329	125541	121868	96198	123199
Belgium–Luxembourg	132664	131647	156777	163146	154028	Germany/Allemagne	97886	94309	119496	113173	121031
Singapore/Singapour	136374	121794	144856	170818	147023	Italy/Italie	106697	96912	115390	109229	107819
Switz.Liecht	105610	118968	146430	113788	104721	Brazil/Brésil	23928	100404	100010	109948	150639
Italy/Italie	73060	84894	122549	118012	136122	Austria/Autriche	55940	64506	96219	101368	105992
Sweden/Suède	83172	90850	110314	80458	62928	Belgium–Luxembourg	67582	71718	76644	91296	89337
Saudi Arabia	4158	4275	x107041	x133295	x148384	Philippines	78530	x45942	59390	43388	31487
Canada	86225	87499	77152	78848	79550	Denmark/Danemark	34602	42095	42862	39375	37607
Denmark/Danemark	67991	66073	84878	73132	86294	Netherlands/Pays–Bas	31760	32592	38844	46032	52937
Egypt/Egypte	83239	59120	64334	70285	43024	Spain/Espagne	33247	33502	37080	35525	28808
Austria/Autriche	36663	41503	55501	57675	65967	Korea Republic	32313	29852	36867	29494	37517
United Arab Emirates	x83556	x43724	x59200	x50300	x89404	Yugoslavia SFR	23173	17232	29103	x28168	
Norway, SVD, JM	46204	37940	47684	33680	38128	Japan/Japon	20646	22427	21279	20894	16741
Mexico/Mexique	14799	17798	30866	52768	86480	Romania/Roumanie	x67015	27241	15067	14162	x25237
Australia/Australie	33564	38567	30343	31361	32282	Greece/Grèce	13345	12536	19138	20288	x9342
Ireland/Irlande	20978	20165	29007	24146	26836	Israel/Israël	12612	14505	21225	15659	15417
Korea Dem People's Rp	x5800	x26793	x32264	x10956	x643	Czechoslovakia	x16360	x17573	x16584	x13727	x20476
Algeria/Algérie	9687	25023	27291	13685	x14291	Bulgaria/Bulgarie	x10410	x11630	x27453	x3901	x4422
Spain/Espagne	13476	14422	23540	25698	30458	Gabon	x22962	x15018	x15506	x8790	x12458
Iraq	x17427	x35308	x21050	x262	x29	Cote d'Ivoire	x11024	x11255	x10998	x15968	x26707
Former USSR/Anc. URSS	x26667	x29429	x16459	x8707		New Zealand	10108	12126	11966	13079	17162
Jordan/Jordanie	9889	13126	16283	19365	29054	United Kingdom	11155	9302	14320	13404	15022
Kuwait/Koweit	x35340	12794	x19879	8793	x19787	Switz.Liecht	11310	11567	13482	10581	6896
Oman	12908	10650	12241	16206	x2029	Sweden/Suède	15400	13620	10657	9237	11402
Yemen/Yémen			x17838	x18505	x13663	Morocco/Maroc	4608	6890	9947	7845	12392
Thailand/Thaïlande	2556	5858	12453	16019	25191	United Arab Emirates	x4756	x5861	x8262	x9419	x9924
Finland/Finlande	6278	8797	10664	14086	7536	Ecuador/Equateur		4926	6463	8541	8053
Sri Lanka	7311	7414	8542	14049	10290	China/Chine	2654	2960	6459	6837	22989
Iceland/Islande	4231	5785	9861	12111	4372	India/Inde	4640	4656	3338	5365	5372
Bahrain/Bahreïn	x8740	x8758	x8678	x9027	x8475	Hungary/Hongrie	x1969	x2497	x4846	x5876	x4142
Reunion/Réunion	8253	8373	9427	7436	8587	Chile/Chili	x2931	x1939	2439	6315	x11183
Trinidad and Tobago	5827	5149	7506	11499	6975	Norway, SVD, JM	1629	1919	3370	4372	3524
Yugoslavia SFR	6205	5734	8569	x9717		Poland/Pologne	967		2683	6801	x40336
Morocco/Maroc	4480	6416	7144	9379	5887	Cameroon/Cameroun	x3409	3041	x3310	2649	x2606
Libyan Arab Jamahiriya	11897	7083	4762	x8165	x5786	Costa Rica	1663	3125	2588	2965	x1763
Greece/Grèce	2905	4882	6737	8041	x5808	Ireland/Irlande	1863	1988	3623	2719	2783
Qatar	7972	6148	5365	7645	x6338	Thailand/Thaïlande	17318	4656	1828	1640	x2058
Lebanon/Liban	x1855	1557	x2663	x14847	x6971	Fiji/Fidji	1548	1671	3418	2962	3668
Former Yemen	x10258	x17993				Colombia/Colombie	x514	x2316	x2238	3034	3289
Guadeloupe	4566	5092	7944	4746	5028	Portugal	506	1101	2590	1979	3988
New Caledonia	x5049	x5177	x6797	x5737		Paraguay	x3410	1265	1541	1861	x6113
Mauritius/Maurice	x11254	x5269	5865	5932	6933	Mexico/Mexique	3839	2373	1326	902	559

(VALUE AS % OF TOTAL)(VALEUR EN % DU TOTAL)

	1983	1984	1985	1986	1987	1988	1989	1990	1991	1992		1983	1984	1985	1986	1987	1988	1989	1990	1991	1992
Africa	5.8	x5.5	5.4	x5.0	x2.4	2.9	2.5	2.3	x2.1	x1.5	Afrique	2.4	x1.9	x1.9	x1.4	x1.0	0.7	x0.7	0.7	0.7	0.9
Northern Africa	5.0	4.6	4.7	4.4	1.9	2.3	1.9	1.7	1.8	x1.1	Afrique du Nord	0.1	0.1	0.2	0.1	0.1	0.1	0.1	0.2	0.2	0.2
Americas	x26.8	x28.5	x31.2	x28.8	x22.4	16.0	14.8	13.3	12.8	x14.8	Amériques	x14.8	x12.3	11.1	x11.8	x8.8	x9.1	11.1	10.4	9.4	11.3
LAIA	0.0	0.0	0.0	x0.2	x0.2	0.3	0.4	0.6	1.1	1.7	ALAI	0.1	0.1	0.1	x0.8	0.5	x0.8	2.3	2.0	2.3	2.9
CACM	x0.0			x0.1	x0.1	0.1	0.1	x0.1	0.1	x0.1	MCAC	0.0		0.1		0.1	0.1	0.1	0.1	0.1	0.1
Asia	x25.7	x21.3	x20.2	x20.3	39.8	37.9	42.5	x42.6	x46.0	x45.8	Asie	56.7	59.3	65.4	63.0	63.8	59.6	61.0	60.7	64.3	67.9
Middle East	x16.9	x11.7	x9.9	x7.5	x4.6	4.1	x3.1	x4.7	x5.0	x5.4	Moyen–Orient	x0.7	x0.1	x0.3	x0.6	x0.2	x0.2	x0.1	x0.2	x0.2	x0.2
Europe	40.5	42.9	41.4	44.5	33.2	41.5	38.3	40.6	37.9	37.0	Europe	23.1	23.7	21.1	23.4	16.9	21.4	20.1	21.9	19.5	18.0
EEC	36.2	37.8	36.3	39.1	28.7	35.4	32.2	34.0	32.3	32.2	CEE	9.9	9.8	8.9	9.5	6.3	10.9	10.1	10.4	10.6	10.0
EFTA	4.2	4.9	5.0	5.3	4.3	5.9	5.9	6.4	5.4	4.5	AELE	13.3	13.9	12.2	13.4	10.3	10.1	9.7	11.0	8.4	7.6
Oceania	x1.3	x1.8	x1.8	x1.4	x1.0	x0.9	1.1	x0.8	0.9	x0.8	Océanie	0.5	0.4	0.4	x0.4	0.2	0.2	0.3	0.3	0.4	x0.4
Japan/Japon	0.6	1.4	3.1	5.6	13.1	12.7	20.9	17.2	17.2	16.2	Indonesia/Indonésie	27.8	37.0	45.0	44.5	46.8	43.5	46.8	46.9	49.8	52.3
USA/Etats–Unis d'Amer	22.6	24.5	27.3	24.1	18.7	12.9	11.7	10.6	9.4	11.0	Finland/Finlande	12.6	13.2	11.4	12.6	9.8	8.2	7.8	8.8	6.3	5.5
United Kingdom	13.3	13.2	12.8	12.3	9.0	13.0	10.7	9.6	7.8	8.1	USA/Etats–Unis d'Amer	8.1	5.5	4.9	6.7	5.4	5.5	6.1	6.2	5.4	6.2
China/Chine				13.7	11.9	8.2	8.8	9.6	10.6		Malaysia/Malaisie	6.2	4.0	3.5	4.2	4.6	5.2	5.0	5.3	6.5	x7.3
Germany/Allemagne	7.1	7.7	6.1	7.3	5.7	6.9	7.1	8.4	9.2	8.9	Former USSR/Anc. URSS	2.5	2.4		x7.2	x6.4	x5.6	x4.7	x5.0		
Netherlands/Pays–Bas	6.9	7.2	7.3	7.9	5.5	5.4	4.8	5.2	4.9	4.9	Singapore/Singapour	10.2	8.6	8.8	5.3	5.4	4.5	3.0	3.5	3.3	
Korea Republic	0.2	0.2	0.1	0.3	0.2	2.2	3.4	4.3	6.2	5.6	Hong Kong	0.8	1.3	1.5	1.2	2.3	1.6	2.0	2.6	2.3	2.7
Hong Kong	3.5	4.3	4.2	4.2	4.9	3.5	3.4	4.0	4.0	4.6	France, Monac	3.4	3.1	3.0	2.8	1.8	2.2	2.2	2.4	2.4	2.4
France, Monac	3.2	3.1	3.4	3.9	3.0	3.6	3.2	3.6	3.4	3.2	Canada	6.5	6.6	6.2	4.1	2.8	2.7	2.5	2.1	1.7	2.0
Belgium–Luxembourg	2.5	2.9	3.0	3.3	2.5	2.8	2.6	2.6	2.8	2.5	Germany/Allemagne	1.0	1.1	1.0	1.1	0.8	2.1	1.9	2.1	2.0	2.0

6343 IMPROVED, RECONSTIT WOOD / BOIS AMELIORES, RECONST 6343

TRADE BY COMMODITY IN THOUSAND U.S. DOLLARS – COMMERCE PAR PRODUIT EN MILLIERS DE DOLLARS E.U

IMPORTS – IMPORTATIONS

COUNTRIES–PAYS	1988	1989	1990	1991	1992
Total	1825075	1909320	2148766	2149914	2344069
Africa	x17514	x14010	x13994	x9472	x12943
Northern Africa	12553	8588	8298	x4524	x7907
Americas	206298	286984	262304	244367	x424744
LAIA	6153	6021	9841	12795	22929
CACM	2261	3050	2452	2853	x3379
Asia	101367	113968	170265	168270	x175774
Middle East	x14374	x16303	x22072	x23619	x26228
Europe	1445774	1450908	1683147	1692559	1710874
EEC	1277139	1250026	1462052	1479874	1499932
EFTA	160992	183712	206305	199187	192713
Oceania	x7730	x6271	x5944	x8739	x7198
Germany/Allemagne	239154	246307	361989	435616	435734
United Kingdom	429578	363346	340247	272556	245705
USA/Etats-Unis d'Amer	163126	241108	213099	187549	360820
Netherlands/Pays-Bas	162338	173142	214759	216761	232758
France, Monac	171667	167555	201415	196367	185461
Italy/Italie	95960	85025	95782	92386	109041
Denmark/Danemark	62568	67646	81331	83820	76115
Korea Republic	43131	46026	75534	76581	73055
Switz.Liecht	57336	56739	71907	68172	62272
Spain/Espagne	49273	68268	58819	68196	78172
Belgium–Luxembourg	43878	45394	60667	62663	68424
Sweden/Suède	41905	47524	60411	55567	50190
Austria/Autriche	27325	44831	35085	34935	40978
Japan/Japon	19385	29997	40769	33986	32015
Canada	28598	27735	27898	31660	32343
Norway,SVD,JM	23776	20026	21111	24683	27490
Ireland/Irlande	15168	18486	21773	20646	20599
Greece/Grèce	5748	11721	18117	17933	x23968
Singapore/Singapour	12725	11417	11670	10395	10135
Former GDR	x33792	x25833	x4735		
Yugoslavia SFR	1913	10592	7628	x8412	
Finland/Finlande	2908	7500	10725	8187	5801
Portugal	1807	3134	7153	12930	23954
Former USSR/Anc. URSS	x2444	x3133	x4461	x14489	
Iceland/Islande	7742	7093	7067	7643	5982
Mexico/Mexique	4423	3807	4943	7859	11977
Libyan Arab Jamahiriya	6846	6161	6306	x2807	x2264
Malta/Malte	4018	5026	5400	x3493	x3487
Saudi Arabia	2421	1927	x5700	x4653	x7487
Australia/Australie	5245	2119	3591	6450	5609
Cyprus/Chypre	3322	4071	3144	3980	4724
Poland/Pologne	7812	5972	1305	3882	x4773
Israel/Israël	2432	1952	3011	5820	8120
Malaysia/Malaisie	1141	1522	4233	4747	x4795
Hong Kong	2549	2141	4015	4083	8375
Thailand/Thaïlande	1801	1337	3935	4161	2266
Turkey/Turquie	1307	893	3755	4368	1920
Jamaica/Jamaïque	127	2526	4107	1640	x583
Hungary/Hongrie	x439	x435	x1565	5572	x3832
Lebanon/Liban	x781	x672	x1074	x5194	x6417
China/Chine	1187	1248	2812	2562	5571
Netherlands Antilles	1595	2594		2974	
Jordan/Jordanie	x1410	x2108	x2427	x797	x693
Guatemala	1509	1728	1489	1599	x1410
United Arab Emirates	x1278	x1341	x1631	x1844	x1683
French Polynesia	643	x2255	x947	x1071	x706
Colombia/Colombie	307	989	1584	1226	1829
Guadeloupe	993	1187	1546	898	905
Reunion/Réunion	1007	878	1392	1289	1401
Iraq	x1474	x2224	x1111	x162	x13

EXPORTS – EXPORTATIONS

COUNTRIES–PAYS	1988	1989	1990	1991	1992
Totale	1913610	1951404	2212004	2202236	2498890
Afrique	x14942	x13146	x14503	x7783	x10800
Afrique du Nord	1463	1592	2996	764	356
Amériques	300181	315929	342332	313406	x498204
ALAI	25090	24694	20736	19398	x24140
MCAC	2617	2497	1948	2827	x3329
Asie	65392	46619	58160	146655	266398
Moyen–Orient	x2478	2900	x902	x1364	3107
Europe	1379764	1435573	1690179	1625179	1664876
CEE	954075	1003721	1156057	1161555	1199653
AELE	411655	422683	521014	457697	450818
Océanie	10466	12944	x14048	x19122	x16334
Germany/Allemagne	387087	394483	391172	369201	375756
Belgium–Luxembourg	294996	307990	376347	384804	389112
Austria/Autriche	215911	212434	300970	262583	260509
Canada	164926	199589	203711	173751	351535
France, Monac	80041	112228	140930	157585	172335
USA/Etats-Unis d'Amer	107385	89108	115894	117274	119002
Portugal	76126	73322	89758	88388	71454
Switz.Liecht	81984	75290	86893	86551	103255
Italy/Italie	41788	46735	58624	51714	55741
Sweden/Suède	49747	58737	50756	41019	31079
Indonesia/Indonésie	35284	15800	23508	108014	229957
Finland/Finlande	47586	47289	46219	34300	23061
Poland/Pologne	34054	29603	34978	42494	x16396
Norway,SVD,JM	16416	28934	36090	33243	32909
Former USSR/Anc. URSS	x58332	x45923	x28067	x21529	
United Kingdom	15342	20005	28732	26473	41176
Spain/Espagne	14659	9463	20378	32809	37743
Netherlands/Pays-Bas	19819	16604	22063	21249	25167
Czechoslovakia	x22277	x24068	x16036	x18895	x20014
Denmark/Danemark	12913	13277	17533	19094	23238
New Zealand	9703	12187	13277	18441	15511
Romania/Roumanie	x13568	23567	10575	4642	x905
Singapore/Singapour	11324	23567	10575	4642	9528
Malaysia/Malaisie	8792	9464	9747	10954	9528
Yugoslavia SFR	14024	9262	8009	12028	x10650
So. Africa Customs Un	x13201	x10947	x10508	x5914	x9099
Mexico/Mexique	14998	11219	8090	7863	7989
Hong Kong	2235	4218	9940	8387	6399
Chile/Chili	6111	6335	5033	5387	x7317
Ireland/Irlande	6094	4831	6502	4343	3838
Greece/Grèce	5209	4783	4017	5894	x4094
Ecuador/Equateur	1427	2752	3560	2763	1728
Hungary/Hongrie	x1819	x2921	x2458	x2088	x4258
Brazil/Brésil	1821	2562	1708	2093	4310
Costa Rica	1808	2000	1778	2568	x2748
China/Chine	1051	636	1285	2588	3360
Turkey/Turquie	1863	2388	573	1088	2926
India/Inde	403	x271	1933	1319	x100
Thailand/Thaïlande	2393	2408	527	301	x751
Morocco/Maroc	698	915	1816	43	26
Argentina/Argentine	54	394	1848	356	646
Korea Republic	51	1058	893	450	455
Colombia/Colombie	307	1130	287	854	1313
Australia/Australie	712	741	759	634	813
Egypt/Egypte	725	614	682	600	326
Bulgaria/Bulgarie	x12618	x784	x650	x443	x704
Japan/Japon	1197	386	428	428	504
Zimbabwe	0		498	567	
Tunisia/Tunisie	40	56	483	120	4
Philippines	65	x38	168	443	849

(VALUE AS % OF TOTAL)(VALEUR EN % DU TOTAL)

	1983	1984	1985	1986	1987	1988	1989	1990	1991	1992		1983	1984	1985	1986	1987	1988	1989	1990	1991	1992
Africa	x1.8	1.6	1.2	x0.8	x0.7	x1.0	x0.7	x0.6	x0.5	x0.6	Afrique	x0.0	x0.0	x0.1	x0.4	x0.7	x0.8	x0.7	x0.7	x0.4	x0.5
Northern Africa	1.3	1.0	0.9	x0.5	x0.4	0.7	x0.4	0.4	x0.2	x0.3	Afrique du Nord	0.0	0.0	0.0	0.0	0.1	0.1	0.1	0.1	0.0	0.0
Americas	12.5	18.0	18.3	x14.8	x12.9	11.3	15.1	12.2	11.4	x18.1	Amériques	x10.9	18.6	19.6	x15.5	x13.4	15.7	16.2	15.4	14.2	x19.9
LAIA	0.2	0.4	0.6	x1.2	x1.3	0.3	0.3	0.5	0.6	1.0	ALAI	0.1	1.6	1.4	x1.1	x1.1	1.3	1.3	0.9	0.9	x1.0
CACM	x0.0	0.2	0.2	x0.1	0.1	0.1	0.2	0.1	0.1	x0.1	MCAC	x0.1	0.2	0.3	x0.1	0.1	0.1	0.1	0.1	0.1	x0.1
Asia	x5.6	x4.7	x5.3	x3.5	4.3	5.6	6.0	7.9	7.9	x7.5	Asie	22.6	12.4	11.0	8.9	4.6	3.5	2.4	2.6	6.6	10.6
Middle East	x3.3	x2.3	x3.1	x1.2	x0.7	0.8	0.9	x1.0	x1.1	x1.1	Moyen–Orient	x0.1	0.2	1.7	0.6	0.4	0.1	0.1	x0.0	x0.1	0.1
Europe	79.7	75.4	75.0	80.5	79.5	79.2	76.0	78.3	78.7	73.0	Europe	65.5	68.2	68.9	74.8	73.6	72.1	73.6	76.4	73.8	66.6
EEC	72.1	66.5	66.2	71.9	70.6	70.0	65.5	68.0	68.8	64.0	CEE	43.7	45.4	47.0	51.5	50.5	49.9	51.4	52.3	52.7	48.0
EFTA	7.5	8.0	7.8	8.4	8.7	8.8	9.6	9.6	9.3	8.2	AELE	21.8	21.7	20.9	22.5	22.4	21.5	21.7	23.6	20.8	18.0
Oceania	0.4	x0.4	x0.3	x0.3	x0.2	x0.4	x0.3	x0.3	x0.4	x0.4	Océanie	0.8	0.8	0.5	0.4	0.5	0.5	0.7	x0.6	x0.9	x0.7
Germany/Allemagne	16.1	13.1	12.4	16.1	15.0	13.1	12.9	16.8	20.3	18.6	Germany/Allemagne	15.8	17.5	18.6	20.9	19.6	20.2	20.2	17.7	16.8	15.0
United Kingdom	28.3	26.2	24.7	23.0	23.2	23.5	19.0	15.8	12.7	10.5	Belgium–Luxembourg	13.9	14.3	14.8	16.3	15.4	15.8	17.0	17.5	15.6
USA/Etats-Unis d'Amer	10.3	15.4	15.4	11.7	9.7	8.9	12.6	9.9	8.7	15.4	Austria/Autriche	9.8	9.9	10.0	11.9	12.0	11.3	10.9	13.6	11.9	10.4
Netherlands/Pays-Bas	8.5	7.5	7.7	8.9	8.8	8.9	9.1	10.0	10.1	9.9	Canada	7.7	13.3	14.9	10.5	7.7	8.6	10.2	9.2	7.9	14.1
France, Monac	7.6	7.4	8.2	9.8	9.7	9.4	8.8	9.4	9.1	7.9	France, Monac	4.7	4.4	4.2	3.8	4.4	4.2	5.8	6.4	7.2	6.9
Italy/Italie	4.9	4.4	5.1	4.7	4.9	5.3	4.5	4.3	4.3	4.7	USA/Etats-Unis d'Amer	3.0	3.5	3.0	3.8	4.5	5.6	4.6	5.2	5.3	4.8
Denmark/Danemark	3.2	3.7	4.4	4.8	4.0	3.4	3.5	3.8	3.9	3.2	Portugal	1.5	2.1	2.9	3.5	4.0	3.8	4.1	4.0	2.9
Korea Republic	0.9	1.1	0.9	0.9	1.2	2.4	3.5	3.6	3.6	3.1	Switz.Liecht	3.0	3.5	3.6	4.2	4.1	4.3	3.9	3.9	3.9	4.1
Switz.Liecht	2.9	2.9	2.6	3.1	3.1	3.1	3.0	3.3	3.2	2.7	Italy/Italie	1.5	1.9	2.2	2.4	2.1	2.2	2.4	2.7	2.3	2.2
Spain/Espagne	0.0	0.2	0.3	1.1	1.8	2.7	3.6	2.7	3.2	3.3	Sweden/Suède	5.5	5.0	4.2	2.9	2.8	2.6	3.0	2.3	1.9	1.2

63432 RECONSTITUTED WOOD — BOIS RECONSTITUES 63432

TRADE BY COMMODITY IN THOUSAND U.S. DOLLARS – COMMERCE PAR PRODUIT EN MILLIERS DE DOLLARS E.U

IMPORTS – IMPORTATIONS

COUNTRIES–PAYS	1988	1989	1990	1991	1992
Total	1761005	1846725	2076970	2081845	2265905
Africa	x14815	x9693	x10251	x8167	x9599
Northern Africa	x11201	x5740	x5633	x3990	x5446
Americas	196711	277978	254376	235293	x418457
LAIA	5005	5391	9037	11236	20923
CACM	2163	2520	2132	2827	x3275
Asia	95530	106166	160863	158741	x162461
Middle East	x11770	x12275	x17473	x19398	x22121
Europe	1405320	1411323	1634167	1647716	1657920
EEC	1242412	1214394	1418449	1440021	1452889
EFTA	155699	180086	201670	194768	187587
Oceania	x2973	x5438	x4950	x8047	x6640
Germany/Allemagne	228263	237991	349735	421208	416592
United Kingdom	424359	356285	331714	266717	241510
USA/Etats–Unis d'Amer	158269	239248	211512	185525	358388
Netherlands/Pays–Bas	160371	171596	212595	215381	230591
France, Monac	166470	164585	197899	190507	179914
Italy/Italie	90155	76752	87107	87471	101421
Denmark/Danemark	62144	67328	80908	82089	75593
Korea Republic	42562	45257	74278	75428	71780
Switz.Liecht	56516	56071	70958	67414	61497
Spain/Espagne	48414	64881	55384	67170	77294
Sweden/Suède	41632	47271	60050	54969	49767
Belgium–Luxembourg	40601	42809	57812	59274	64622
Austria/Autriche	26610	44405	34291	34024	39147
Japan/Japon	18822	29027	39596	32400	31011
Canada	27406	27023	27343	31007	31540
Norway, SVD, JM	21650	18800	19734	23259	25998
Ireland/Irlande	14673	17866	20910	19927	19130
Greece/Grèce	5677	11621	17986	17793	x23229
Singapore/Singapour	12648	10873	10907	9425	9247
Former GDR	x33755	x25832	x4723		
Yugoslavia SFR	1784	10515	7466	x8010	5370
Finland/Finlande	2078	6820	9974	7654	5808
Portugal	1286	2680	6399	12485	22994
Iceland/Islande	7212	6718	6662	7449	5808
Former USSR/Anc. URSS	x2207	x2707	x4002	x13388	
Mexico/Mexique	3881	3578	4516	7273	11271
Malta/Malte	4001	5023	4961	x3484	x3422
Libyan Arab Jamahiriya	x6449	x4127	x4582	x2749	x2262
Cyprus/Chypre	3244	4037	3070	3930	4611
Australia/Australie	692	1612	2948	5984	5243
Malaysia/Malaisie	601	1475	4158	4652	x4447
Hong Kong	2540	2141	4010	4083	8337
Israel/Israël	2041	1796	2696	5544	7699
Saudi Arabia	1092	1563	x3922	x4538	x7132
Poland/Pologne	x7603	x5505	x1167	x2491	x4338
Thailand/Thaïlande	1358	729	3457	3547	1241
Hungary/Hongrie	x393	x393	x1539	5513	x3011
China/Chine	1187	1153	2683	2419	3760
Turkey/Turquie	775	288	3290	2116	1538
Lebanon/Liban	x766	x669	x1074	x3818	x3522
United Arab Emirates	x1072	x1338	x1606	x1822	x1528
Guatemala	1487	1588	1476	1597	x1410
French Polynesia	625	x2087	x784	x902	x581
Reunion/Réunion	960	878	1392	1289	1401
Guadeloupe	961	1184	1460	898	886
Iraq	x1470	x2182	x1110	x162	x13
Colombia/Colombie	256	924	1569	874	1133
Czechoslovakia	x1629	1325	848	x686	x2655
Brazil/Brésil	6	169	1893	695	254
Martinique	753	885	1001	819	574

EXPORTS – EXPORTATIONS

COUNTRIES–PAYS	1988	1989	1990	1991	1992
Totale	1806383	1860401	2095206	1997226	2204400
Afrique	x12613	x9437	x12690	x7103	x9851
Afrique du Nord	1363	1556	2995	689	301
Amériques	267209	287741	310764	286819	x482427
ALAI	19524	18906	15242	14954	x22957
MCAC	2137	2150	1945	2742	x3228
Asie	36257	40329	44516	47121	x46114
Moyen–Orient	1870	2534	714	1201	3087
Europe	1339001	1395711	1630577	1580719	1611567
CEE	915362	966420	1099422	1119452	1148993
AELE	410447	420993	519297	456578	449395
Océanie	9616	12196	x13318	x18514	x15777
Germany/Allemagne	376623	383421	379370	357502	363219
Belgium–Luxembourg	293190	306220	373996	382739	387393
Austria/Autriche	215400	211744	300495	262281	260099
Canada	164067	199460	203545	173695	351413
France, Monac	77410	110540	136828	154694	167937
USA/Etats–Unis d'Amer	81320	67205	90010	95379	104714
Portugal	75884	72927	89025	88306	71420
Switz.Liecht	81860	75137	86834	86478	103148
Sweden/Suède	49337	58065	49722	40534	30617
Finland/Finlande	47586	47269	46212	34256	23061
Italy/Italie	31606	35131	36768	40687	43355
Norway, SVD, JM	16254	28778	35948	33027	32465
Former USSR/Anc. URSS	x58286	x45889	x27997	x21482	
Poland/Pologne	x33730	x29509	x34938	x15528	x15223
United Kingdom	13932	18582	25746	24063	38989
Spain/Espagne	14023	9276	19688	32177	37002
Czechoslovakia	x22195	x23399	x14447	x16709	x17929
New Zealand	9600	12175	13277	18440	15506
Netherlands/Pays–Bas	12006	10607	14282	15191	18996
Indonesia/Indonésie	8327	12526	13554	13004	15774
Denmark/Danemark	9646	10376	14042	14334	13297
Singapore/Singapour	11237	9222	9198	9871	7500
Mexico/Mexique	14452	10846	7749	7670	7921
Yugoslavia SFR	13188	8297	11841	x4689	
Malaysia/Malaisie	7481	7647	6351	10825	x9888
Hong Kong	2235	4218	9940	8387	6397
So. Africa Customs Un	x11057	x7713	x8908	x5688	x8220
Romania/Roumanie	x13247	12479	2716	875	x868
Chile/Chili	3769	5784	4338	4571	x6673
Greece/Grèce	5201	4763	3928	5793	x4062
Ireland/Irlande	5841	4577	5747	3967	3323
Hungary/Hongrie	x1413	x2600	x2431	x1933	x4036
Costa Rica	1807	1993	1778	2568	x2748
Brazil/Brésil	1211	1458	1196	1983	4289
Turkey/Turquie	1712	2349	559	1085	2908
India/Inde	380	x266	1913	1310	x14
Thailand/Thaïlande	2391	2397	520	279	x454
China/Chine	1051	566	1056	1366	1037
Morocco/Maroc	698	914	1816	39	26
Argentina/Argentine	54	394	1848	351	646
Egypt/Egypte	643	583	682	530	274
Bulgaria/Bulgarie	x12618	x784	x494	x423	x688
Japan/Japon	1146	318	422	404	502
Korea Republic	27	565	495	81	1
Zimbabwe	0		435	538	
Tunisia/Tunisie	22	52	483	120	1
Colombia/Colombie	32	12	1	363	970
El Salvador	61	134	145	89	x151
Bhutan/Bhoutan			x259	x91	x145
Venezuela			267	77	3	27

(VALUE AS % OF TOTAL) (VALEUR EN % DU TOTAL)

	1983	1984	1985	1986	1987	1988	1989	1990	1991	1992
Africa	x1.5	x1.3	x1.0	x0.6	x0.5	x0.8	x0.5	x0.5	x0.4	x0.4
Northern Africa	1.2	0.8	x0.7	x0.4	x0.3	x0.6	x0.3	x0.3	x0.2	x0.2
Americas	12.8	18.3	18.6	x14.5	x12.4	11.1	15.0	12.2	11.3	x18.5
LAIA	0.2	0.6	0.6	x0.6	x0.8	0.3	0.3	0.4	0.5	0.9
CACM	x0.1	x0.2	x0.0	x0.1	x0.1	0.1	0.1	0.1	0.1	x0.1
Asia	x4.3	x4.2	x3.8	x3.3	4.1	5.4	5.8	7.7	7.6	x7.2
Middle East	x2.2	x2.1	x1.7	x1.0	x0.6	x0.7	x0.7	x0.8	x0.9	x1.0
Europe	81.1	75.9	76.2	81.4	80.2	79.8	76.4	78.7	79.1	73.2
EEC	73.4	66.9	67.3	72.7	71.1	70.6	65.8	68.3	69.2	64.1
EFTA	7.6	8.1	8.0	8.5	8.8	8.8	9.8	9.7	9.4	8.3
Oceania	0.4	x0.4	x0.2	x0.2	x0.2	x0.2	x0.3	x0.3	x0.4	x0.3
Germany/Allemagne	16.2	13.2	12.7	16.3	15.0	13.0	12.9	16.8	20.2	18.4
United Kingdom	29.2	26.9	25.6	23.6	23.8	24.1	19.3	16.0	12.8	10.7
USA/Etats–Unis d'Amer	10.6	15.7	15.9	12.0	10.0	9.0	13.0	10.2	8.9	15.8
Netherlands/Pays–Bas	8.8	7.7	8.0	9.2	9.1	9.1	9.3	10.2	10.3	10.2
France, Monac	7.6	7.1	7.9	9.5	9.4	9.5	8.9	9.5	9.2	7.9
Italy/Italie	4.8	4.2	4.9	4.6	4.6	5.1	4.2	4.2	4.2	4.5
Denmark/Danemark	3.3	3.8	4.6	5.0	4.1	3.5	3.6	3.9	3.9	3.3
Korea Republic	0.9	1.0	0.8	0.9	1.2	2.4	2.5	3.6	3.6	3.2
Switz.Liecht	2.9	2.9	2.7	3.2	3.2	3.2	3.0	3.4	3.2	2.7
Spain/Espagne	0.0	0.2	0.3	1.1	1.8	2.7	3.5	2.7	3.2	3.4

	1983	1984	1985	1986	1987	1988	1989	1990	1991	1992
Afrique	0.1		x0.1	x0.4	0.7	0.7	x0.5	0.6	x0.4	x0.5
Afrique du Nord	0.0	x0.0	0.0	0.0	0.1	0.1	0.1	0.1	0.0	0.0
Amériques	x13.0	20.0	21.4	16.1	13.0	14.8	15.4	14.8	14.4	x21.9
ALAI	0.2	1.8	1.5	x1.2	x1.2	1.1	1.0	0.7	0.7	x1.0
MCAC	x0.2	x0.2	x0.1	x0.1	0.1	0.1	0.1	0.1	0.1	x0.1
Asie	1.5	1.6	1.4	1.7	2.0	2.0	2.2	2.1	2.3	x2.1
Moyen–Orient	x0.0	0.1	0.3	0.5	0.4	0.1	0.1	0.0	0.1	0.1
Europe	80.7	74.1	76.5	81.4	75.8	74.1	75.0	77.8	79.1	73.1
CEE	53.3	48.8	51.8	55.5	51.7	50.7	51.9	52.5	56.1	52.1
AELE	27.4	24.1	23.8	25.0	23.5	22.7	22.6	24.8	22.9	20.4
Océanie	1.0	0.8	0.6	0.5	x0.9	0.5	0.7	x0.6	x0.9	x0.7
Germany/Allemagne	19.1	18.7	20.5	22.5	20.1	20.8	20.6	18.1	17.9	16.5
Belgium–Luxembourg	17.5	15.9	16.9	18.4	17.3	16.2	16.5	17.9	19.2	17.6
Austria/Autriche	12.3	11.0	11.4	13.2	12.5	11.9	11.4	14.3	13.1	11.8
Canada	9.7	14.8	17.0	11.7	8.2	9.1	10.7	9.7	8.7	15.9
France, Monac	3.0	3.2	2.8	3.1	3.5	4.5	5.9	6.5	7.7	7.6
USA/Etats–Unis d'Amer	5.6	4.6	4.4	3.8	4.3	4.5	3.6	4.3	4.8	4.8
Portugal	2.9	2.3	3.0	3.3	3.9	4.2	3.9	4.2	4.4	3.2
Switz.Liecht	3.8	3.9	4.1	4.7	4.5	4.5	4.0	4.1	4.3	4.7
Sweden/Suède	6.9	5.5	4.7	4.3	3.2	2.9	3.1	2.4	2.0	1.4
Finland/Finlande	3.5	2.8	2.7	3.1	2.7	2.6	2.5	2.2	1.7	1.0

6353 BUILDERS WOODWRK, PREFABS — OUVRAGES DE MENUISERIE 6353

TRADE BY COMMODITY IN THOUSAND U.S. DOLLARS – COMMERCE PAR PRODUIT EN MILLIERS DE DOLLARS E.U

COUNTRIES–PAYS	IMPORTS – IMPORTATIONS 1988	1989	1990	1991	1992	COUNTRIES–PAYS	EXPORTS – EXPORTATIONS 1988	1989	1990	1991	1992
Total	3007089	x3575360	4185116	x5174672	5027849	Totale	3046450	3536016	4465883	4763872	5244041
Africa	x85502	x90948	x80944	x110094	x115123	Afrique	x18700	x22455	x31449	x31492	x31938
Northern Africa	x16701	x28141	28227	x42872	x44587	Afrique du Nord	x1075	x1086	951	2030	3005
Americas	x310109	x411406	x427517	x417417	x553774	Amériques	389976	546892	595770	749870	x806352
LAIA	x5939	9982	16895	33831	72645	ALAI	56721	62272	59344	71175	86559
CACM	371	968	401	921	x1973	MCAC	8452	7661	9270	7614	x10591
Asia	x300633	x403089	x427641	x699448	x610086	Asie	231782	323688	497108	597930	x657809
Middle East	x88976	x85297	x84475	x100867	x148522	Moyen-Orient	x22142	x18327	x14173	x15956	20407
Europe	2035647	2241198	2964790	3130508	3643429	Europe	2304496	2578238	3252209	3231811	3473893
EEC	1386223	1509975	2055425	2357602	2918777	CEE	1539620	1693285	2051576	2175945	2333241
EFTA	633385	717770	887506	753674	696965	AELE	674534	775875	1038020	960766	988606
Oceania	x39072	x53161	x52956	x55889	x47993	Océanie	19735	x20627	19958	25775	x71528
Germany/Allemagne	384590	426519	671262	939531	1433524	Germany/Allemagne	374338	448020	517893	514614	489541
Former USSR/Anc. URSS	x202481	x341960	x211891	x707011		USA/Etats-Unis d'Amer	129985	330301	378918	507515	543177
United Kingdom	291180	297380	340593	300570	273734	Sweden/Suède	317481	311002	342981	319893	325345
Switz.Liecht	247474	283556	326250	269956	235031	Denmark/Danemark	252647	250649	327203	355626	416352
France,Monac	205347	200584	260646	260754	234886	Belgium-Luxembourg	196011	204599	267490	276898	279847
Japan/Japon	144009	206522	224090	242469	209396	France, Monac	171576	196754	255147	290853	316783
USA/Etats-Unis d'Amer	163092	206563	201375	177848	265218	Netherlands/Pays-Bas	146887	185056	242367	281462	344940
Belgium-Luxembourg	136335	154954	218599	210124	237150	Austria/Autriche	142050	160517	232030	237410	236774
Netherlands/Pays-Bas	152492	154855	186810	200986	240696	Italy/Italie	190785	210699	192157	187372	181248
Austria/Autriche	114762	123772	179402	194899	220390	Finland/Finlande	142176	164387	218514	167147	167230
Sweden/Suède	62543	103033	189820	140849	106561	Norway, SVD, JM	42276	105678	199812	190224	160410
Italy/Italie	74051	93050	127880	157920	187135	Canada	192763	143168	144694	156818	160189
Canada	82956	110038	127568	112987	135507	Indonesia/Indonésie	21058	67437	146696	165602	219687
Spain/Espagne	54482	76677	118227	147422	143908	United Kingdom	102146	96095	131465	150080	131193
Finland/Finlande	63539	112295	106169	59453	32239	Yugoslavia SFR	88623	107026	161413	x93689	
Norway, SVD, JM	134495	88282	80909	82013	88944	Philippines	42730	x29333	66714	129324	63135
Israel/Israël	2538	4199	14128	211818	33123	Malaysia/Malaisie	35602	51237	63292	78140	x119418
Denmark/Danemark	51562	53497	47377	44194	62889	Spain/Espagne	48796	43814	52361	58164	116247
Ireland/Irlande	20933	27022	38143	36466	36214	Singapore/Singapour	26869	43343	40963	59537	51475
Australia/Australie	23543	33534	28733	31455	28457	Portugal	39866	40230	47773	41144	35876
Hong Kong	21826	29558	30492	30441	42996	Switz.Liecht	30419	34208	44624	46003	51170
Saudi Arabia	27165	16279	x22744	x46019	x88831	Brazil/Brésil	30939	34217	40696	49405	64988
Libyan Arab Jamahiriya	10238	18814	18884	x36325	x26294	Japan/Japon	23028	41977	28978	51478	67624
Greece/Grèce	7529	15043	25569	29378	x26066	China/Chine	15174	21142	28379	34330	51736
China/Chine	20282	24938	15555	21410	36604	Korea Republic	18700	18036	29951	33325	18756
Portugal	7720	10395	20318	30257	42577	Hungary/Hongrie	x15509	x16028	x24378	x34862	x38143
Korea Republic	7748	5883	14413	32799	46633	So. Africa Customs Un	x10386	x14632	x19698	x19729	x18593
Mexico/Mexique	3344	9011	9294	28680	49755	Ireland/Irlande	15819	16666	16794	19504	20432
Guadeloupe	8052	9653	14982	19624	11373	Thailand/Thaïlande	14785	19665	16232	15647	x24691
United Arab Emirates	x7424	x9280	x13934	x18445	11373	Former USSR/Anc. URSS	x53620	x12806	x15617	x20025	
Iraq	x23554	x16097	x19021	x6401	x1607	Czechoslovakia	x2719	x3372	x9463	x35261	x108973
Singapore/Singapour	6403	10725	14055	14919	17207	Australia/Australie	12593	11310	14100	17933	57397
Czechoslovakia	x5895	17087	7610	x11927	x13042	Mexico/Mexique	21158	19553	6205	5871	8371
Hungary/Hongrie	x8684	x7800	x6808	18876	x16406	Poland/Pologne				x29363	x46819
Indonesia/Indonésie	492	5382	8914	16688	13765	Hong Kong	9338	10408	8638	8866	14394
Greenland/Groenland	13657	8826	9223	11234	11146	Romania/Roumanie	x4112	8295	11179	4440	x6652
Martinique	7746	6469	8034	11454	11205	New Zealand	6650	8745	5585	7304	14034
Reunion/Réunion	5174	7029	7357	9788	16596	Turkey/Turquie	8669	5532	4093	10921	16204
Iran (Islamic Rp. of)	x5952	x7567	x9231	x6244	x8625	Chile/Chili	1719	3669	5449	10704	x4546
Lebanon/Liban	x1303	x20971	x594	x1009	x1451	Costa Rica	5216	5641	6007	4291	x6535
Nigeria/Nigéria	x5942	x5973	x4521	x11842	x19930	Bulgaria/Bulgarie	x452	x1801	x8273	x3042	x1933
Bahamas	6145	x7261	x5052	x9601	x5926	Nigeria/Nigéria	x781	x1927	x3811	x4900	x2908
Poland/Pologne				x21672	x24265	Trinidad and Tobago	1263	2491	3327	3523	3408
Andorra/Andorre	x2275	x3210	x11036	x7322	x4393	Cote d'Ivoire	x4352	x3752	x2866	x2417	x5607
Iceland/Islande	10571	6831	4956	6504	13800	United Arab Emirates	x2497	x2733	x2167	x2987	x1630
New Zealand	7267	5363	7676	3771	2657	Sri Lanka	215	706	955	3313	1240
French Guiana	2543	5366	6972	4380	3601	Venezuela	242	1228	2829	794	1219
Malaysia/Malaisie	1138	2013	10522	3093	x11430	Guatemala	1362	668	2212	1960	3000
Bermuda/Bermudes	x4046	x7459	x4459	x3350	x1813	Saudi Arabia	4810	4319	x284	x151	x244
Thailand/Thaïlande	842	515	1035	13670	2597	Kuwait/Koweït	x212	4124	x169	x138	x91

(VALUE AS % OF TOTAL)(VALEUR EN % DU TOTAL)

	1983	1984	1985	1986	1987	1988	1989	1990	1991	1992		1983	1984	1985	1986	1987	1988	1989	1990	1991	1992
Africa	x7.7	x6.7	x4.3	x2.9	x1.7	x2.8	x2.5	x1.9	x2.1	x2.3	Afrique	0.5	x0.5	0.7	x0.6	x0.7	0.6	x0.6	0.7	0.6	0.7
Northern Africa	x6.2	x4.4	2.7	x1.6	x0.5	0.6	0.8	0.7	x0.8	0.9	Afrique du Nord	0.0	0.0	0.0	0.0	0.0	0.0	0.0	0.0	0.0	0.1
Americas	x8.8	11.8	x14.0	x14.4	x12.8	x10.3	x11.6	10.3	x8.0	x11.0	Amériques	x7.0	8.9	12.4	x11.5	x9.4	12.8	15.5	13.3	15.7	x15.4
LAIA	0.9	0.4	0.5	x0.3	x0.1	x0.2	0.3	0.4	0.7	1.4	ALAI	0.5	1.9	3.0	x2.1	x1.9	1.9	1.8	1.3	1.5	1.7
CACM	x0.0	0.0	0.0	0.0	0.0	0.0	0.0	0.0	0.0	0.0	MCAC	x0.0	0.2	0.2	x0.3	0.3	0.2	0.2	0.2	0.2	x0.2
Asia	x24.4	x19.6	x16.2	x10.7	x8.3	x10.0	x11.3	10.2	x13.5	12.1	Asie	9.9	12.0	10.6	6.4	x5.7	7.6	9.1	11.2	12.6	x12.5
Middle East	x20.2	x14.8	x10.8	x5.7	x2.7	x3.0	x2.4	x2.0	x1.9	x3.0	Moyen-Orient	x1.9	x3.9	x3.7	x0.6	x0.4	x0.7	x0.5	x0.3	x0.3	0.4
Europe	57.6	60.0	63.6	70.7	65.4	67.7	62.7	70.8	60.5	72.5	Europe	82.1	78.0	75.6	81.0	73.7	75.6	72.9	72.8	67.8	66.2
EEC	41.6	41.6	42.6	46.8	42.9	46.1	42.2	49.1	45.6	58.1	CEE	54.8	51.1	48.4	47.3	42.8	50.5	47.9	45.9	45.7	44.5
EFTA	15.8	18.2	20.7	23.4	22.1	21.1	20.1	21.2	14.6	13.9	AELE	27.3	23.7	24.8	31.9	29.0	22.1	21.9	23.2	20.2	18.9
Oceania	x1.3	x1.5	x1.8	x1.4	x1.0	x1.3	x1.5	x1.3	x1.1	0.9	Océanie	0.5	0.5	x0.6	0.4	x0.3	0.6	x0.6	0.4	0.5	x1.4
Germany/Allemagne	16.2	15.8	13.2	14.3	13.0	12.8	11.9	16.0	18.2	28.5	Germany/Allemagne	11.0	10.7	13.2	13.3	12.5	12.3	12.7	11.6	10.8	9.3
Former USSR/Anc. URSS	0.3	0.3		x9.6	x6.7	x9.6	x5.1	x13.7			USA/Etats-Unis d'Amer	5.2	6.0	7.2	7.5	5.8	4.3	9.3	8.5	10.7	10.4
United Kingdom	8.5	8.6	8.9	9.4	8.9	9.7	8.3	8.1	5.8	5.4	Sweden/Suède	10.8	11.6	13.3	14.1	12.6	10.4	8.8	7.7	6.7	6.2
Switz.Liecht	4.9	5.8	7.1	8.1	8.0	8.2	7.9	7.8	5.2	4.7	Denmark/Danemark	13.7	14.6	10.4	10.4	9.9	8.3	7.1	7.3	7.5	7.9
France,Monac	4.9	4.3	5.3	5.9	5.3	6.8	5.6	6.2	5.0	4.7	Belgium-Luxembourg	3.6	3.9	4.1	4.9	4.4	5.5	5.8	6.0	5.8	5.3
Japan/Japon	2.6	2.6	2.7	2.9	3.5	4.8	5.8	5.4	4.7	4.2	France, Monac	9.1	6.1	6.5	5.3	4.3	5.6	5.6	5.7	6.1	6.0
USA/Etats-Unis d'Amer	4.0	6.3	8.7	9.5	7.8	5.4	5.8	4.8	3.4	5.3	Netherlands/Pays-Bas	4.0	3.9	3.8	4.2	3.6	4.8	5.2	5.4	5.9	6.6
Belgium-Luxembourg	3.5	3.7	3.9	4.7	4.1	4.5	4.3	5.2	4.1	4.7	Austria/Autriche	6.4	5.9	5.8	6.6	6.8	4.7	4.5	5.2	5.0	5.4
Netherlands/Pays-Bas	3.9	4.0	5.0	5.6	5.1	5.1	4.3	4.5	3.9	4.8	Italy/Italie	6.5	4.7	4.3	4.0	3.4	6.3	6.0	4.3	3.9	3.5
Austria/Autriche	2.6	3.1	3.6	4.3	4.0	3.8	3.5	4.3	3.8	4.4	Finland/Finlande	8.3	4.0	3.6	8.7	7.2	4.7	4.6	4.9	3.5	3.2

6411 NEWSPRINT — PAPIER JOURNAL 6411

TRADE BY COMMODITY IN THOUSAND U.S. DOLLARS – COMMERCE PAR PRODUIT EN MILLIERS DE DOLLARS E.U

IMPORTS – IMPORTATIONS

COUNTRIES–PAYS	1988	1989	1990	1991	1992
Total	9437826	9372159	9768770	9747879	8873847
Africa	89494	x78587	76344	x106296	x91098
Northern Africa	73751	60166	55115	x79913	x67534
Americas	x4906833	4909825	4870916	4685814	4232018
LAIA	x293613	208161	295269	410147	340155
CACM	x28344	x20923	x15937	x25323	x26819
Asia	1194832	993427	1091895	1237737	x1267177
Middle East	x253787	x184205	x119417	x128461	x106614
Europe	3015900	3128170	3529408	3539869	3117217
EEC	2950808	3035328	3403962	3415001	2974795
EFTA	61512	83159	109146	112350	126733
Oceania	x167706	x174010	x149318	x114738	x104887
USA/Etats–Unis d'Amer	4557169	4650775	4459338	4156167	3766044
United Kingdom	1067782	1080801	963762	1012963	855165
Germany/Allemagne	644427	649715	857614	913962	772929
France, Monac	314517	302605	362243	308427	254355
Japan/Japon	305168	309541	299700	329841	408974
Italy/Italie	172358	235941	283318	256855	283919
Netherlands/Pays–Bas	233827	215578	272852	254979	213513
Spain/Espagne	113459	153984	221299	250009	215159
Denmark/Danemark	139359	135122	151182	146199	151596
Australia/Australie	153338	161723	130946	105388	99110
Belgium–Luxembourg	118808	110663	133280	124193	108278
India/Inde	142365	x29322	157423	139821	x112276
Hong Kong	103873	106195	115584	103730	105446
Thailand/Thaïlande	74014	72097	98806	131844	116275
Brazil/Brésil	98691	81075	89373	123282	60545
Malaysia/Malaisie	77777	72161	94810	114739	x105055
Switz.Liecht	41340	55380	75280	74905	74188
Singapore/Singapour	66355	55798	64119	78382	59099
Greece/Grèce	55802	61404	65702	56089	x27244
Ireland/Irlande	46550	46673	55230	53354	51647
Israel/Israël	56922	47174	54904	50008	62502
Turkey/Turquie	43969	34334	41380	72622	55471
Venezuela	x73303	2900	62144	82931	66269
Colombia/Colombie	54590	48585	49499	44985	39137
Egypt/Egypte	49456	41254	35676	45345	36560
Portugal	43921	42842	37480	37971	40989
Saudi Arabia	129201	86649	x16942	x12255	x10740
Panama	x670	x943	62556	45991	59408
Pakistan	32581	29141	31990	43683	36609
Korea Republic	19	13044	22499	67251	97464
Mexico/Mexique	17131	14841	31076	50066	77841
Former USSR/Anc. URSS	x39645	x70563	x22610	x771	
Peru/Pérou	14857	31466	26852	33425	x20576
China/Chine	67845	58987	8694	11745	26843
Austria/Autriche	11681	18949	25668	27538	34287
Hungary/Hongrie	x2563	x4998	x8295	49082	x18987
Iran (Islamic Rp. of)	x8156	x12218	x20031	x18206	x14978
Argentina/Argentine	20725	7890	7144	27586	47998
Sri Lanka	7876	9868	12628	18362	9998
Ecuador/Equateur	383	1838	10273	23363	1705
Canada	2918	5422	11666	16477	16510
Yugoslavia SFR	2253	8173	14121	10351	
Kuwait/Koweït	x18037	16301	x6848	x2179	x4205
Guatemala	x6924	x7075	x6130	x11271	x10234
Morocco/Maroc	8424	7798	6614	9849	9181
Paraguay	4315	8361	6431	9440	8236
Indonesia/Indonésie	1807	3079	7322	13507	10288
Costa Rica	x7557	x7441	x9213	x7143	x8297
Dominican Republic	x7641	x7146	x7993	x8393	x7940
United Arab Emirates	x16101	x7732	x11060	x4141	x6646

EXPORTS – EXPORTATIONS

COUNTRIES–PAYS	1988	1989	1990	1991	1992
Totale	9009950	8508874	9212063	9203722	8354930
Afrique	x61428	x67921	x69102	x71956	x68941
Afrique du Nord	x12	x103	x29	x100	x10
Amériques	5512783	5290312	5460278	5627873	x5313726
ALAI	99415	103951	97109	84089	x67749
MCAC			x130	x106	x43
Asie	98521	x58976	89384	121962	83769
Moyen–Orient	2195	2499	x753	x431	x403
Europe	2873117	2702825	3186623	x3053468	x2747265
CEE	506272	465165	694056	708461	722362
AELE	2361101	2226950	2487393	x2340020	x2013263
Océanie	90668	x93706	116787	x129126	126827
Canada	5082684	4793762	5043918	5117538	4756078
Sweden/Suède	1124377	1114857	1167949	1014314	939989
Finland/Finlande	722627	622220	769845	715619	581878
Norway, SVD, JM	392435	427825	473451	x529109	x412019
USA/Etats–Unis d'Amer	330647	392586	318589	425428	488817
Germany/Allemagne	229983	224053	280968	253497	251921
Former USSR/Anc. URSS	x285098	x228689	x262736	x260424	
Netherlands/Pays–Bas	118015	78271	150404	147709	121159
New Zealand	89995	91139	116693	128376	126827
United Kingdom	50272	65308	126001	116463	98022
France, Monac	60288	57665	71728	144046	195190
Chile/Chili	70078	71325	65806	68785	x52640
So. Africa Customs Un	x58607	x66539	x67225	x68029	x67290
Japan/Japon	54410	34680	66732	85227	36158
Switz.Liecht	37936	30793	42257	37134	42454
Austria/Autriche	83727	31255	33891	43844	36922
Belgium–Luxembourg	21741	23549	35686	22837	28994
Former GDR	x67959	x41274	x5384		
Argentina/Argentine	13239	21947	21941	1164	489
Italy/Italie	20495	9705	13517	9082	12347
Spain/Espagne	3296	2834	14364	12991	11921
Romania/Roumanie	x15786	10892	7777	4958	x831
China/Chine	2938	1674	2316	19468	1344
Brazil/Brésil	3710	5379	9050	6970	12754
Yugoslavia SFR	5583	10710	5025	x4929	
Poland/Pologne		5069	7913	7529	x7593
Singapore/Singapour	7235	4358	5675	4654	2579
Czechoslovakia	x3347	x6608	x4097	x1690	x1454
Mexico/Mexique	10471	4996	84	6942	1464
Korea Republic	10168	5062	6323	38	51
Bangladesh	6076	x4313	3518	2539	x1625
Hong Kong	4908	3395	3079	3872	5361
Indonesia/Indonésie	10154	2183	465	3090	34328
Hungary/Hongrie	x539	x26	x83	x4603	x4509
Bulgaria/Bulgarie	x704	x2576	x1899	x133	x15
Mozambique	x369	x479	x547	x3073	x157
Nauru		x2545		x699	
Philippines	10		398	2141	546
Un. Rep. of Tanzania	x2007	x675	x1168	x650	x701
Greece/Grèce	346	2376	62	27	x701
Ireland/Irlande	858	640	594	1008	1226
Denmark/Danemark	460	479	639	632	622
Saudi Arabia	1944		1330	x295	
Kuwait/Koweït			1011	x211	
Malaysia/Malaisie	102		762	113	258	x39
Panama	x26			244	700	716
Portugal	518		285	94	170	260
Venezuela	x1913	x278	1	x168	23
United Arab Emirates	x37		x84	x168	x164	x49
Jamaica/Jamaïque				278	

(VALUE AS % OF TOTAL)(VALEUR EN % DU TOTAL)

	1983	1984	1985	1986	1987	1988	1989	1990	1991	1992
Africa	1.0	0.9	1.3	x0.6	x0.5	0.9	x0.8	0.8	x1.1	x1.0
Northern Africa	0.8	0.5	0.6	0.4	0.3	0.8	0.6	0.6	x0.8	x0.8
Americas	57.0	61.4	63.0	58.2	x56.0	x52.0	52.4	49.9	48.1	47.7
LAIA	1.5	2.9	x2.7	2.6	x3.3	x3.1	2.2	3.0	4.2	3.8
CACM	x0.2	0.5	0.4	x0.2	x0.2	x0.3	x0.2	x0.2	x0.3	x0.3
Asia	10.9	10.9	9.8	10.8	11.8	12.6	10.6	11.1	12.7	14.3
Middle East	x0.9	x1.1	x0.9	x0.9	x0.6	x2.7	x2.0	x1.2	x1.3	x1.2
Europe	29.4	24.6	23.8	28.3	x29.6	32.0	33.4	36.1	36.3	35.1
EEC	29.2	24.3	23.6	28.2	x29.4	31.3	32.4	34.8	35.0	33.5
EFTA	0.2	0.2	0.1	0.1	0.1	0.7	0.9	1.1	1.2	1.4
Oceania	x1.7	x2.1	x2.0	x2.1	1.6	1.8	1.9	1.6	x1.2	x1.2
USA/Etats–Unis d'Amer	54.4	57.4	59.3	54.8	52.0	48.3	49.6	45.6	42.6	42.4
United Kingdom	11.2	9.1	8.5	8.4	x8.1	11.3	11.5	9.9	10.4	9.6
Germany/Allemagne	6.4	5.7	5.5	7.3	7.7	6.8	6.9	8.7	9.4	8.7
France, Monac	3.2	2.2	2.2	2.9	3.0	3.3	3.2	3.7	3.2	2.9
Japan/Japon	2.8	2.8	2.8	4.3	4.1	3.2	3.1	3.0	3.4	4.6
Italy/Italie	1.5	1.2	1.5	2.1	2.3	1.8	2.5	2.9	2.6	3.2
Netherlands/Pays–Bas	2.4	1.9	1.7	2.5	2.8	2.5	2.3	2.8	2.6	2.4
Spain/Espagne	0.9	1.0	1.0	1.1	1.1	1.2	1.6	2.3	2.6	2.4
Denmark/Danemark	1.2	1.1	1.2	1.5	1.7	1.5	1.4	1.5	1.5	1.7
Australia/Australie	1.5	2.0	1.8	1.6	1.4	1.6	1.7	1.3	1.1	1.1

	1983	1984	1985	1986	1987	1988	1989	1990	1991	1992
Afrique	x0.9	x1.0	x1.1	x0.7	x0.8	x0.7	x0.8	x0.7	x0.7	x0.8
Afrique du Nord					x0.0			x0.0		x0.0
Amériques	67.9	70.1	71.3	x67.5	x61.8	61.2	62.2	59.3	60.6	x63.6
ALAI	0.1	0.8	0.9	x0.5	x0.7	1.1	1.2	1.1	0.9	x0.8
MCAC	0.0	0.0	0.0	0.0	0.0	0.0	0.0	x0.0	0.0	0.0
Asie	0.9	0.6	0.8	0.8	0.9	1.1	0.7	0.9	1.3	1.0
Moyen–Orient	x0.0	x0.0	x0.0	x0.0	x0.0	x0.0	x0.0	x0.0	x0.0	x0.0
Europe	26.9	25.6	26.4	30.0	31.4	31.9	31.8	34.6	x32.9	x32.9
CEE	2.4	2.6	2.9	3.8	4.5	5.6	5.5	7.5	7.6	8.6
AELE	24.5	22.9	23.4	26.1	26.8	26.2	26.2	27.0	x25.2	x24.1
Océanie	0.3	x0.0	0.3	0.9	0.8	1.0	x1.1	1.3	x1.4	1.5
Canada	64.8	66.7	67.8	63.5	58.1	56.4	56.3	54.8	55.1	56.9
Sweden/Suède	8.6	8.0	8.8	11.1	12.4	12.5	13.1	12.7	10.9	11.3
Finland/Finlande	10.9	10.6	10.2	10.2	9.6	8.0	7.3	8.4	7.7	7.0
Norway, SVD, JM	4.3	4.0	4.2	4.6	4.6	4.4	5.0	5.1	x5.7	x4.9
USA/Etats–Unis d'Amer	3.0	2.8	2.7	3.5	3.0	3.7	4.6	3.5	4.6	5.9
Germany/Allemagne	1.4	1.2	1.2	1.9	2.2	2.6	2.6	3.1	2.7	3.0
Former USSR/Anc. URSS	3.2	2.7			x3.4	x3.2	x2.7	x2.9	x2.8	
Netherlands/Pays–Bas	0.6	0.5	0.6	0.8	0.9	1.3	0.9	1.6	1.6	1.5
New Zealand	0.3	0.0	0.3	0.9	0.8	0.9	1.1	1.3	1.4	1.5
United Kingdom	0.1	0.2	0.4	0.5	0.6	0.6	0.8	1.4	1.3	1.2

6412 PRINTG, WRITING PAPER NES

PAPIERS POUR L'IMPRESSION 6412

TRADE BY COMMODITY IN THOUSAND U.S. DOLLARS – COMMERCE PAR PRODUIT EN MILLIERS DE DOLLARS E.U

COUNTRIES–PAYS	1988	1989	1990	1991	1992	COUNTRIES–PAYS	1988	1989	1990	1991	1992
IMPORTS – IMPORTATIONS						**EXPORTS – EXPORTATIONS**					
Total	10105846	9435563	11033811	11345184	11397085	Totale	8674699	8883162	10817775	10890984	11349175
Africa	x247153	x242692	x274162	x259679	x294121	Afrique	x46600	x13645	x14120	x13200	x17905
Northern Africa	103261	126003	119719	149760	163587	Afrique du Nord	5740	3417	221	734	1654
Americas	2662595	1451039	1588928	1552924	x1586202	Amériques	795540	591449	997734	1031702	1150025
LAIA	280138	197817	173598	273651	290213	ALAI	344269	99513	144822	137349	131533
CACM	34871	40680	44922	49627	x52055	MCAC	134	x247	734	129	x355
Asia	x1101946	1128307	1186672	1372894	x1338263	Asie	665216	580524	728333	841879	952535
Middle East	x208290	x177501	x203412	x189554	x203829	Moyen–Orient	14253	10890	7294	12432	
Europe	5468670	5892971	7474431	7543658	7616942	Europe	7036661	7615172	9026971	8965749	9174441
EEC	4881770	5261139	6685126	6773537	6849191	CEE	3876187	4228139	4998545	4811115	4979019
EFTA	559253	602240	752683	727839	716841	AELE	3137626	3364860	3989373	4118537	4152336
Oceania	x348876	x415535	x364524	x337205	x400280	Océanie	x9065	x13808	x6378	x6738	7414
Germany/Allemagne	1222719	1217434	1630151	1752963	1732860	Finland/Finlande	1428912	1530529	1767766	1727675	1804942
United Kingdom	1321331	1383429	1528544	1379270	1360456	Germany/Allemagne	1372438	1477273	1664376	1595446	1638709
France, Monac	775803	844477	1064190	1102494	1149034	Austria/Autriche	848422	897169	1117847	1130001	1120705
USA/Etats–Unis d'Amer	2009890	855047	1007765	888549	896437	France, Monac	707241	864732	1098274	1097672	1165218
Netherlands/Pays–Bas	403399	437122	586654	599199	609495	Sweden/Suède	788139	865720	1007204	1162805	1105380
Belgium–Luxembourg	365711	420016	560761	609282	569040	Netherlands/Pays–Bas	508898	512297	614195	526752	571234
Spain/Espagne	254707	321338	491958	507447	532004	Italy/Italie	510456	522188	559768	553187	540118
Hong Kong	346761	363577	416152	472351	332378	Belgium–Luxembourg	404447	436976	512286	476186	432581
Italy/Italie	263879	339021	450335	441420	486969	USA/Etats–Unis d'Amer	261174	254792	405370	478075	555281
Canada	285943	301872	321522	310355	313129	Canada	189565	236323	445499	415163	461286
Switz.Liecht	243710	258565	331190	324109	310875	Japan/Japon	231909	232882	331560	422700	490124
Australia/Australie	284117	342393	277047	269557	319591	United Kingdom	204128	238754	352537	353453	396219
Former USSR/Anc. URSS	x183399	x219726	x86555	x187150		Korea Republic	194359	202296	236622	228619	301625
Denmark/Danemark	140020	134171	177555	170343	159814	Spain/Espagne	103667	108537	123465	139077	175418
Japan/Japon	135413	195396	124003	132919	114402	Brazil/Brésil	309256	69803	90732	115038	115827
Austria/Autriche	110717	127957	161070	157016	168382	Switz.Liecht	58061	58543	79425	86047	112440
China/Chine	81633	81996	134289	197867	258544	China/Chine	65614	64901	62839	52726	18466
Norway, SVD, JM	103457	107539	133133	124370	125129	Hong Kong	44161	32641	49917	83942	59609
Singapore/Singapour	138963	92928	95339	107316	104457	Denmark/Danemark	44701	45627	54564	50948	42644
Egypt/Egypte	55596	54701	86787	125648	132407	Yugoslavia SFR	22774	22021	38803	x35491	
Sweden/Suède	73600	72614	87634	89068	81552	Argentina/Argentine	23142	18584	40814	2022	342
Greece/Grèce	56291	70001	79642	84548	x105596	Indonesia/Indonésie	15080	15808	14521	20050	34302
So. Africa Customs Un	63193	58691	89323	x53491	x64314	Norway, SVD, JM	14092	12897	15893	14521	11762
Ireland/Irlande	56005	57872	63317	68430	65717	Singapore/Singapour	24121	11915	17130	12003	8849
New Zealand	53276	57962	69591	58417	72229	Malaysia/Malaisie	16537	16538	13860	14432	14749
Malaysia/Malaisie	44101	43341	58503	69417	x84506	Czechoslovakia	x12911	x11724	x12714	x14139	x19065
Portugal	21905	36256	52019	58140	78205	So. Africa Customs Un	x39117	x39117	x39117	x14139	x19065
Mexico/Mexique	18546	28597	46870	65684	91397	Romania/Roumanie	x38236	x17939	x9657	x12382	x11850	x15760
Brazil/Brésil	20342	23296	43142	68866	47792	Poland/Pologne	16309	17939	9823	68	x4253
Iran (Islamic Rp. of)	x37905	x35672	x48786	x43912	x28972	Former USSR/Anc. URSS	x23562	x13102	x5800	x6632	x12696
Indonesia/Indonésie	33793	40027	28899	51945	34619	Uruguay	9722	5347	4610	10675	7991
Hungary/Hongrie	x24950	x31301	x29486	38955	x37443	Australia/Australie	5219	8282	5021	4435	5050
Turkey/Turquie	37105	26369	32363	39096	54810	Turkey/Turquie	8923	3087	8985	5562	7412
Chile/Chili	28898	33590	21126	34965	x34860	Former GDR	x23245	x9010	x2118		
Finland/Finlande	21437	28674	31849	25250	23246	Ireland/Irlande	4865	4530	2915	3586	4511
Algeria/Algérie	31896	52352	21082	11665	x17230	New Zealand	3781	5506	1279	2264	2225
Saudi Arabia	7011	9149	x31268	x43449	x41128	Bulgaria/Bulgarie	x5752	x5892	x1893	x822	x1849
Yugoslavia SFR	10758	13355	32436	x36592		Malaysia/Malaisie	1889	2513	2649	2827	x10539
Argentina/Argentine	17913	9635	17740	45018	59098	Colombia/Colombie	1219	2642	2912	2383	2198
Venezuela	122853	58018	4694	8633	13021	Venezuela	208	237	3566	3566	3633
Pakistan	34579	35774	16407	15672	17971	India/Inde	230	x653	2119	3782	x3091
Philippines	16294	x25120	11838	24058	23727	Mexico/Mexique	464	1494	1353	3521	828
Israel/Israël	13529	18097	19724	20624	31527	Hungary/Hongrie	x1603	x2053	x2474	x1226	x8439
Korea Republic	6657	10090	14132	28991	30460	Philippines	21	x464	531	4178	2416
Czechoslovakia	x18930	15015	14002	x23273	x41049	Thailand/Thaïlande	5669	2858	1165	636	x1506
Honduras	5786	11898	14401	23571	25779	Tunisia/Tunisie	3730	3190	219	304	1036
India/Inde	14345	x14266	21481	11677	x30037	Jordan/Jordanie	3531	1679	489	632	4392
United Arab Emirates	x30378	x14780	x15794	x15283	x20270	Oman	764	1140	722	544	0
Nigeria/Nigéria	x31103	x14027	x15304	x12165	x19899	Greece/Grèce	267	1418	272	287	x605
Sri Lanka	8779	8706	14056	17961	18061	Kuwait/Koweït	x31	1734	x103	x60	x18

(VALUE AS % OF TOTAL)(VALEUR EN % DU TOTAL)

	1983	1984	1985	1986	1987	1988	1989	1990	1991	1992		1983	1984	1985	1986	1987	1988	1989	1990	1991	1992
Africa	x4.9	x4.9	5.4	x2.8	x1.8	x2.4	x2.6	x2.5	x2.3	x2.6	Afrique	x0.2	x0.4	0.5	x0.4	x0.5	x0.6	x0.1	x0.1	x0.1	x0.1
Northern Africa	x1.1	1.2	1.3	0.9	0.7	1.0	1.3	1.1	1.3	1.4	Afrique du Nord	x0.0		0.0	0.0	0.0	0.0	0.0	0.0	0.0	0.0
Americas	18.9	25.9	24.0	x21.0	x17.0	26.3	15.4	14.4	13.7	x13.9	Amériques	x11.4	14.3	11.8	x11.2	x11.4	9.2	6.6	9.3	9.5	10.2
LAIA	3.1	2.8	2.3	x2.5	2.0	2.8	2.1	1.6	2.4	2.5	ALAI	0.1	3.2	2.2	x3.0	x2.8	4.0	1.1	1.3	1.3	1.2
CACM	x0.3	0.3	0.3	x0.3	x0.2	0.3	0.4	0.4	0.4	x0.5	MCAC	x0.0	0.0	0.0	x0.0	x0.0	0.0	0.0	0.0	0.0	x0.0
Asia	x10.9	9.8	x10.2	8.9	x8.7	x10.9	12.0	10.8	12.1	x11.8	Asie	6.8	6.2	6.4	5.3	5.7	7.7	6.5	6.8	7.7	8.4
Middle East	x3.3	x2.9	x3.1	x2.3	x2.6	x2.1	x1.9	x1.8	x1.7	x1.8	Moyen–Orient	x0.0	x0.0	x0.0	x0.0	x0.2	0.2	0.1	0.1	0.1	0.1
Europe	62.0	55.8	56.9	64.4	65.5	54.1	62.5	67.7	66.5	66.8	Europe	81.2	79.0	81.0	82.8	81.3	81.1	85.7	83.4	82.3	80.8
EEC	55.6	49.9	50.9	57.3	59.2	48.3	55.8	60.6	59.7	60.1	CEE	44.2	41.7	41.5	43.8	43.3	44.7	47.6	46.2	44.2	43.9
EFTA	6.4	5.7	5.8	6.8	6.1	5.5	6.4	6.8	6.4	6.3	AELE	36.9	36.7	39.0	38.5	37.6	36.2	37.9	36.9	37.8	36.6
Oceania	3.3	x3.6	x3.5	x2.8	x2.6	x3.4	4.4	3.3	x3.0	x3.5	Océanie	x0.3	x0.3	0.2	x0.2	x0.2	x0.1	x0.2	x0.1	x0.1	0.1
Germany/Allemagne	14.9	13.1	12.7	14.6	13.3	12.1	12.9	14.8	15.5	15.2	Finland/Finlande	20.4	20.8	22.6	21.5	21.4	16.5	17.2	16.3	15.9	15.9
United Kingdom	13.2	12.1	13.0	13.4	19.4	13.1	14.7	13.9	12.2	11.9	Germany/Allemagne	16.3	15.3	15.6	16.4	15.7	15.8	16.6	15.4	14.6	14.4
France, Monac	9.3	8.4	8.3	9.7	8.7	8.9	13.1	14.7	13.9	12.2	Austria/Autriche	9.8	9.6	7.5	7.9	7.8	9.8	10.1	10.3	10.4	9.9
USA/Etats–Unis d'Amer	11.7	18.7	17.6	15.0	12.3	19.9	9.1	9.7	9.6	10.1	France, Monac	8.5	7.3	7.3	7.6	7.9	8.2	9.7	10.2	10.1	10.3
Netherlands/Pays–Bas	5.6	5.0	5.1	5.7	4.8	4.0	4.6	5.3	5.3	5.3	Sweden/Suède	6.6	6.8	6.4	6.6	6.1	9.1	9.7	9.3	10.7	9.7
Belgium–Luxembourg	4.6	4.2	4.2	4.6	4.1	3.6	4.5	5.1	5.4	5.0	Netherlands/Pays–Bas	4.4	4.3	4.5	4.9	4.9	5.8	5.7	4.8	5.7	5.0
Spain/Espagne	1.1	0.9	1.2	2.1	2.1	2.5	3.4	4.5	4.5	4.7	Italy/Italie	5.4	6.3	5.6	5.6	5.0	5.9	5.8	5.2	5.1	4.8
Hong Kong	2.1	2.1	2.1	2.1	1.9	3.4	3.9	3.8	4.2	2.9	Belgium–Luxembourg	3.3	2.5	2.4	2.9	3.7	4.7	4.9	4.7	4.4	3.8
Italy/Italie	3.7	3.4	3.6	4.0	4.1	2.6	3.6	4.1	3.9	4.3	USA/Etats–Unis d'Amer	3.5	3.1	2.8	2.0	3.0	2.9	2.9	3.7	4.4	4.9
Canada	3.1	3.3	3.1	2.7	2.2	2.8	3.2	2.9	2.7	2.7	Canada	7.8	7.9	6.8	6.0	6.7	2.2	2.7	4.1	3.8	4.1

64121 — UNCOATED / PAPIERS IMPRES NON COUCHES 64121

TRADE BY COMMODITY IN THOUSAND U.S. DOLLARS – COMMERCE PAR PRODUIT EN MILLIERS DE DOLLARS E.U

COUNTRIES–PAYS	IMPORTS – IMPORTATIONS					COUNTRIES–PAYS	EXPORTS – EXPORTATIONS				
	1988	1989	1990	1991	1992		1988	1989	1990	1991	1992
Total	2818212	1590107	1756942	1875435	1711421	Totale	1626798	1321741	1691235	1637056	1620254
Africa	x123159	x87344	x65328	x143631	x148005	Afrique	x31969	x6672	x3817	x1444	x3261
Northern Africa	x57117	61433	x37081	121958	118475	Afrique du Nord	x75	x183	x237	658	1131
Americas	1599661	314347	273310	292976	x263042	Amériques	520793	183233	308829	284210	314317
LAIA	240713	111575	42302	72240	43027	ALAI	345023	85566	127911	104720	100364
CACM	34871	40680	44878	49627	33541	MCAC	134	x247	270	129	x324
Asia	x408353	319921	x301780	287487	x140600	Asie	172684	98573	106719	108201	x74625
Middle East	x118514	x85163	x74325	x47241	x56091	Moyen–Orient	6273	5292	3259	2981	6963
Europe	637028	814804	1058092	1087427	1087059	Europe	799196	985223	1240656	1219223	1194237
EEC	559104	724006	947719	971317	965893	CEE	276337	391814	493677	490307	483650
EFTA	72149	83422	105829	109719	114836	AELE	516415	588661	741896	724686	704126
Oceania	x26374	x38154	x45038	x38879	x48482	Océanie	x3688	x7903	x2597	x2422	2716
United Kingdom	167714	201775	248080	201066	195885	Sweden/Suède	190163	237007	282598	285801	262047
Germany/Allemagne	149953	172602	222685	232703	254242	Austria/Autriche	191231	202606	260658	244716	223774
Hong Kong	133045	139248	156785	164690	17725	Finland/Finlande	123026	134505	175390	173997	199811
France, Monac	68070	94899	128398	154738	141383	France, Monac	37844	113855	172093	161381	153536
USA/Etats–Unis d'Amer	1245810	71322	103525	102068	115710	Germany/Allemagne	86865	105124	110778	115036	116568
Italy/Italie	28170	67375	88263	99170	83144	USA/Etats–Unis d'Amer	162160	54239	93312	104864	126486
Netherlands/Pays–Bas	53738	65428	86029	93002	95949	Brazil/Brésil	309238	56756	80321	91035	92246
Belgium–Luxembourg	50387	65304	80505	85597	83470	Canada	13174	42714	86813	73754	85611
Canada	36730	48250	56192	55544	59180	Netherlands/Pays–Bas	43594	60595	70226	60442	62041
Switz.Liecht	38506	41559	52576	54843	55800	China/Chine	63349	63189	61498	49262	16977
Spain/Espagne	12560	25184	53193	60238	59795	United Kingdom	32561	36199	49840	63279	59875
Egypt/Egypte	x15907	x6905	x12942	106346	112011	Belgium–Luxembourg	35773	36092	45909	45574	44115
Japan/Japon	27008	32889	27661	28971	30739	Argentina/Argentine	22782	18025	40005	1510	5
Algeria/Algérie	31896	52352	21082	11665	x3148	Switz.Liecht	11803	14316	22794	19855	18371
Norway,SVD,JM	16886	21532	25487	25195	26855	Hong Kong	10802	13006	16524	24291	5612
Australia/Australie	14995	17163	22659	21532	27873	Japan/Japon	10557	10337	18456	19840	24376
Denmark/Danemark	15084	17232	19149	21401	19162	Denmark/Danemark	13206	13942	15785	13863	14279
Venezuela	117677	54994	253	380	614	Italy/Italie	10140	9101	13322	16506	18537
China/Chine	12825	15332	18904	19936	11657	Portugal	13969	14367	13625	10886	9724
Honduras	5786	11898	14401	23571	25779	Czechoslovakia	x10830	x9055	x10269	x13022	x10639
Argentina/Argentine	15460	7455	12259	25647	9454	Uruguay	9722	5347	4610	10675	7147
Austria/Autriche	7368	9096	13684	13288	14482	Romania/Roumanie	x35216	x6069	x8112	x3782	x4118
Uruguay	8154	9225	9997	15775	4187	Poland/Pologne	x9260	x7857	x4920	x1461	x12457
Former USSR/Anc. URSS	x17204	x11511	x9416	x12573		Yugoslavia SFR	6438	4737	4873	x4132	
Syrian Arab Republic	5792	12395	16472	x2577	x1093	Australia/Australie	3393	7493	2104	2051	1980
Iran (Islamic Rp. of)	x24355	x9266	x16557	x5122	x6363	Korea Republic	2680	3726	3338	3053	3424
Jordan/Jordanie	x4130	7934	12082	10123	16249	So. Africa Customs Un	x31439	x6070	x3015	x473	x1926
Costa Rica	9168	9482	10722	9580	x1535	Former USSR/Anc. URSS	x20929	x4773	x1811	x1844	
Greece/Grèce	6409	8055	8745	12034	x15889	Bulgaria/Bulgarie	x5523	x5586	x916	x682	x1604
Pakistan	28175	28315	48	112	152	Former GDR	x15568	x5738	x1276		
Chile/Chili	15998	17788	4378	5546	x6003	Colombia/Colombie	x1580	x3270	x1970	13	116
Kuwait/Koweït	x9540	23969	x1309	x1415	x2298	India/Inde	89	x624	1790	2375	x2341
Guatemala	6643	9339	7770	8989	x1295	Turkey/Turquie	5170	1392	1773	1409	2127
New Zealand	3842	7553	7342	10490	13431	Philippines	21	x143	148	3962	2379
Ireland/Irlande	5608	4927	10465	8846	9665	Ireland/Irlande	1127	698	1099	2122	2285
Saudi Arabia	x18889	1715	x8004	x14057	x13286	Malaysia/Malaisie	1109	1260	912	1583	x8802
Sweden/Suède	5960	5827	7468	9890	12045	Spain/Espagne	1202	1452	834	1108	2473
El Salvador	10124	7057	7585	5303	x288	Hungary/Hongrie	x1143	x1060	x1314	x765	x1725
Ecuador/Equateur	19021	14855	4867	74	3260	Oman	764	1140	722	544	0
Korea Republic	4726	5951	5744	7974	7815	Mexico/Mexique	287	625	283	1402	538
Bolivia/Bolivie	1084	x3184	6250	8808	183			1734	x1	x18	x18
Iraq	x15540	x13583	x3216	x1127	x79	Jordan/Jordanie		521	344	631	4338
United Arab Emirates	x13758	x6887	x5397	x4818	x5406	Chile/Chili	54	1109	15	19	x224
Fiji/Fidji	x498	5944	5460	4888	4639	New Zealand	288	394	431	301	596
Finland/Finlande	2683	4429	5494	5232	4312	Indonesia/Indonésie	59266	418	223	484	193
Mexico/Mexique	10518	2162	3445	9517	17486	Norway,SVD,JM	192	226	456	317	123
Panama	8013	12983	x816	x574	x613	Peru/Pérou	x115	237	695		x17
Jamaica/Jamaïque	6814	7257	6178	573	x821	United Arab Emirates	x194	x149	x247	x299	x317
Nigeria/Nigéria	x22895	x3811	x6797	x2323	x6883	Greece/Grèce	55	388	166	111	x218
Trinidad and Tobago	5509	6459	5612	206	74	Tunisia/Tunisie	x74	x150	200	249	657

(VALUE AS % OF TOTAL)(VALEUR EN % DU TOTAL)

	1983	1984	1985	1986	1987	1988	1989	1990	1991	1992		1983	1984	1985	1986	1987	1988	1989	1990	1991	1992
Africa	x4.7	x3.0	x4.4	x3.7	x2.7	x4.3	x5.5	x3.7	x7.6	x8.7	Afrique	x0.4	x0.6	x0.8	x0.8	x0.9	x1.9	x0.5	x0.2	x0.1	x0.2
Northern Africa	x1.5	x1.6	x2.0	x1.5	x1.2	2.0	3.9	x2.1	6.5	6.9	Afrique du Nord				x0.0	x0.1	x0.0	x0.0	x0.0	0.0	0.1
Americas	x24.3	x32.3	x30.1	x27.0	x20.7	56.8	19.7	15.6	15.6	x15.4	Amériques	x17.6	x22.3	x18.6	x18.9	x19.6	32.0	13.8	18.3	17.4	19.4
LAIA	x4.0	x3.6	x3.6	x4.2	x3.4	8.5	7.0	2.4	3.9	2.5	ALAI	x0.1	6.0	4.2	x5.7	x5.6	21.2	6.5	7.6	6.4	6.2
CACM	x0.7	x0.8	x0.8	x1.4	x1.4	1.2	2.6	2.6	2.6	2.0	MCAC	x0.1	0.1		x0.0	x0.0	x0.0	x0.0	0.0	0.0	x0.0
Asia	x11.3	x10.9	x11.9	10.0	x9.1	14.5	20.1	x17.1	15.4	x8.3	Asie	4.7	4.4	5.2	3.7	5.6	10.7	7.5	6.3	6.6	x4.6
Middle East	x4.1	x3.8	x3.6	x2.8	x3.7	x4.2	x5.4	x4.2	x2.5	x3.3	Moyen–Orient	x0.0	x0.0	x0.0	0.0	0.3	0.4	0.4	0.2	0.2	0.4
Europe	51.5	47.9	52.2	58.0	60.9	22.6	51.2	60.2	58.0	63.5	Europe	76.0	71.5	75.0	76.1	71.8	49.1	74.5	73.4	74.5	73.7
EEC	47.6	44.1	47.8	53.0	56.8	19.8	45.5	53.9	51.8	56.4	CEE	31.9	27.9	28.5	30.1	27.8	17.0	29.6	29.2	30.0	29.9
EFTA	x3.9	x3.6	x4.1	x4.7	x3.9	2.6	5.2	6.0	5.9	6.7	AELE	44.1	42.5	45.4	45.4	43.5	31.7	44.5	43.9	44.3	43.5
Oceania	1.5	x1.6	x1.6	x1.3	x1.3	x1.0	x2.4	x2.6	x2.1	x2.8	Océanie	x0.4	x0.4	0.3	x0.3	x0.2	x0.2	x0.6	x0.1	x0.1	0.2
United Kingdom	12.8	11.5	13.2	13.3	23.7	6.0	12.7	14.1	10.7	11.4	Sweden/Suède	7.6	7.6	7.0	7.3	6.8	11.7	17.9	16.7	17.5	16.2
Germany/Allemagne	12.7	11.3	11.6	13.6	11.5	5.3	10.9	12.7	12.4	14.9	Austria/Autriche	5.0	4.5	4.6	6.1	5.7	11.8	15.3	15.4	14.9	13.8
Hong Kong	1.6	1.8	1.9	1.8	1.6	4.7	8.8	8.9	8.8	1.0	Finland/Finlande	27.6	26.8	29.2	28.1	27.3	7.6	10.2	10.4	10.6	12.3
France, Monac	6.7	6.8	7.5	8.1	6.6	2.4	6.0	7.3	8.3	8.3	France, Monac	6.2	6.5	6.2	6.1	5.3	8.6	10.2	9.9	9.9	9.5
USA/Etats–Unis d'Amer	17.2	25.0	22.8	20.0	15.2	44.2	4.5	5.9	5.4	6.8	Germany/Allemagne	11.4	10.7	11.0	10.9	10.4	5.3	8.0	6.6	7.0	7.2
Italy/Italie	2.4	2.6	3.0	3.3	3.1	1.0	4.2	5.0	5.3	4.9	USA/Etats–Unis d'Amer	4.0	3.3	3.2	2.3	2.4	10.0	4.1	5.5	6.4	7.8
Netherlands/Pays–Bas	5.5	5.1	5.6	6.1	4.8	1.9	4.1	4.9	5.0	5.6	Brazil/Brésil		5.5	3.9	4.5	3.7	19.0	4.3	4.7	5.6	5.7
Belgium–Luxembourg	4.2	4.1	4.2	4.8	3.9	1.8	4.1	4.6	4.6	4.9	Canada	x13.4	x12.9	x11.3	x10.6	x11.4	0.8	3.2	5.1	4.5	5.3
Canada	1.3	1.7	1.9	1.8	1.4	1.3	3.0	3.2	3.0	3.5	Netherlands/Pays–Bas	2.9	2.6	2.9	3.1	3.4	2.7	4.6	4.2	3.7	3.8
Switz.Liecht	x2.3	x2.0	x2.3	x2.5	x2.2	1.4	2.6	3.0	2.9	3.3	China/Chine				1.1	3.9	4.8	3.6	3.0	1.0	

64122 — COATED, IMPREGNATD ETC / PAPIERS IMPRESSION COUCHES 64122

TRADE BY COMMODITY IN THOUSAND U.S. DOLLARS – COMMERCE PAR PRODUIT EN MILLIERS DE DOLLARS E.U

COUNTRIES–PAYS	1988	1989	1990	1991	1992	COUNTRIES–PAYS	1988	1989	1990	1991	1992
	IMPORTS – IMPORTATIONS						EXPORTS – EXPORTATIONS				
Total	7293342	7846074	9243397	9535023	9691277	Totale	7040657	7559991	9127245	9251189	9729099
Africa	x113227	x132947	x162216	x127967	x146115	Afrique	x8971	x3771	x10338	x11756	x14645
Northern Africa	x35379	x41487	x36025	x39721	x45112	Afrique du Nord	x6	x14	19	76	x524
Americas	x1069231	x1148989	x1322760	1285890	x1328858	Amériques	x278482	410014	690181	748099	835725
LAIA	37208	80094	127429	203106	247186	ALAI	x2885	15664	18136	33232	31169
CACM	x8848	x17932	x10262	x18564	x23598	MCAC	x95	x78	492	0	x31
Asia	705709	x817915	890073	1085465	x1197583	Asie	486927	481925	621009	733678	878084
Middle East	x101860	x101244	x134367	x142728	x147656	Moyen–Orient	4407	3287	7570	4312	5469
Europe	4831641	5078168	6416339	6456231	6529883	Europe	6237465	6629948	7786315	7746526	7980204
EEC	4322666	4537133	5737040	5802220	5883298	CEE	3599850	3836325	4504868	4320808	4495368
EFTA	487104	518818	646855	618120	602004	AELE	2621211	2776199	3247477	3393851	3448210
Oceania	x320563	x378574	x320212	x298999	x351795	Océanie	x5663	5905	x3781	4350	4698
Germany/Allemagne	1072766	1044832	1407466	1520260	1478618	Finland/Finlande	1305886	1396023	1592377	1553678	1605131
United Kingdom	1153617	1181654	1280465	1178204	1164572	Germany/Allemagne	1285573	1372149	1553598	1480410	1522141
France, Monac	707732	749579	935792	947756	1007651	France, Monac	669396	750877	926182	936292	1011683
USA/Etats–Unis d'Amer	764079	783726	904240	786481	780728	Austria/Autriche	657190	694563	857189	885285	896931
Netherlands/Pays–Bas	349661	371694	500625	506198	506165	Sweden/Suède	513545	628713	724606	877004	843333
Belgium–Luxembourg	315324	354713	480257	523685	485571	Italy/Italie	500316	513087	546445	536680	521581
Spain/Espagne	242147	296155	438765	447209	472210	Netherlands/Pays–Bas	465304	451703	543969	466311	509193
Italy/Italie	235709	271646	362072	342250	403825	Belgium–Luxembourg	368675	400884	466377	430612	388467
Australia/Australie	269122	325230	254388	248024	291718	Japan/Japon	221352	222545	313104	402860	465749
Hong Kong	213717	224329	259368	307661	314653	Canada	176391	193609	358686	341409	375675
Canada	249213	253622	265330	254811	253949	USA/Etats–Unis d'Amer	99014	200553	312058	373211	428795
Switz.Liecht	205203	217005	278614	269266	255075	United Kingdom	171566	202555	302697	290174	336343
Former USSR/Anc. URSS	x166195	x208214	x77140	x174577		Korea Republic	191679	198571	233284	225566	298200
Denmark/Danemark	124936	116940	158406	148942	140651	Spain/Espagne	102465	107085	122630	137969	172945
Austria/Autriche	103349	118862	147386	143727	153900	Switz.Liecht	46259	44227	56631	66191	94069
Japan/Japon	108405	162507	96342	103948	83663	Hong Kong	33359	19635	33393	59651	53997
China/Chine	68807	66664	115384	177932	246887	Denmark/Danemark	31495	31684	38780	37084	28365
Singapore/Singapour	78034	92928	95339	107316	104457	Norway, SVD, JM	16336	17284	33930	x31359	
Norway, SVD, JM	86571	86007	107646	99175	98273	Indonesia/Indonésie	20486	19794	14299	19567	34109
Sweden/Suède	67641	66787	80165	79178	69508	Brazil/Brésil	19	13047	10411	24003	23581
Greece/Grèce	49881	61946	70897	72514	x89707	Norway, SVD, JM	13900	12671	16674	11685	8726
So. Africa Customs Un	50593	58415	89692	x50941	x60945	Singapore/Singapour	6259	11915	13860	14432	14749
Ireland/Irlande	50397	52945	52852	59584	56053	So. Africa Customs Un	x7678	x3587	x9367	x11377	x13834
Malaysia/Malaisie	43623	42654	55919	62786	x82842	Former USSR/Anc. URSS	x2633	x8329	x3989	x4788	
New Zealand	49434	50409	62249	47927	58798	Romania/Roumanie	x3020	x11870	x1711	68	x135
Portugal	20494	35032	49813	55618	70895	Turkey/Turquie	3753	1696	7212	4154	5286
Brazil/Brésil	12	22968	42871	67365	46799	New Zealand	3493	5112	849	1963	1629
Mexico/Mexique	8028	26435	43425	56067	73912	Portugal	1111	1440	2268	3635	2038
Indonesia/Indonésie	30815	38308	27903	50757	34147	Venezuela	208	237	3554	3501	3562
Hungary/Hongrie	x24224	x30516	x27672	37984	x32010	Ireland/Irlande	3737	3832	1816	1464	2225
Iran (Islamic Rp. of)	x11377	x22863	x32206	x38761	x22580	China/Chine	2264	1712	1341	3464	1489
Turkey/Turquie	21989	22789	28287	35914	48813	Czechoslovakia	x2081	x2669	x2445	x1102	x8411
Yugoslavia SFR	9676	12149	28921	x31919		Australia/Australie	1826	789	2917	2384	3070
Finland/Finlande	18754	24245	26356	20018	18933	Poland/Pologne	x7049	x988	x4496	x220	x239
Egypt/Egypte	x17737	x20221	x25168	19301	20396	Colombia/Colombie	x1643	x618	x1487	2370	2082
Chile/Chili	12990	15802	16748	29419	26857	Malaysia/Malaisie	780	1252	1737	1244	x1737
Saudi Arabia	7011	7434	x23264	x29339	x27790	Thailand/Thaïlande	5595	4859	997	438	x733
Philippines	11722	x24740	7609	23843	23598	Former GDR	x7677	x3273	x842		
Poland/Pologne	x13339	x8633	x6593	x36207	x48224	Mexico/Mexique	177	869	1070	2118	290
Israel/Israël	10724	15762	16966	17989	25249	Hungary/Hongrie	x461	x993	x1160	x461	x6715
Czechoslovakia	x16664	14900	13868	x21313	x36841	Argentina/Argentine	360	559	809	513	337
India/Inde	13767	x13831	21095	11491	x29063	India/Inde	142	x29	329	1408	x750
Pakistan	6404	7459	16359	15560	17819	Uruguay	x393	x272	x680	x603	844
Thailand/Thaïlande	7636	10399	12438	15090	34280	Bulgaria/Bulgarie	x229	x306	x978	x141	x244
Sri Lanka	1193	5664	13684	17376	17086	Greece/Grèce	212	1029	107	177	x388
Korea Republic	1932	4139	8388	21016	22646	Jordan/Jordanie		1158	145	1	55
Bulgaria/Bulgarie	x21277	x17817	x4236	x8905	16049	Philippines		x322	383	216	37
Algeria/Algérie	x13257	x14433	x3667	x11919	x14082	Kenya	126	x44	739	x16	x9
United Arab Emirates	x16620	x7894	x10398	x10465	x14864	Guadeloupe			600	74	2
Nigeria/Nigéria	x8207	x10216	x8502	x9843	x13016	Bangladesh	x367		x324	x294	x298

(VALUE AS % OF TOTAL)(VALEUR EN % DU TOTAL)

	1983	1984	1985	1986	1987	1988	1989	1990	1991	1992		1983	1984	1985	1986	1987	1988	1989	1990	1991	1992
Africa	x4.8	6.7	6.3	2.7	1.2	x1.6	x1.6	x1.8	x1.3	x1.5	Afrique	x0.1	x0.1	x0.2	x0.0	x0.0	x0.1	0.0	x0.1	x0.1	x0.1
Northern Africa	x0.5	x0.7	x0.7	x0.6	x0.4	x0.5	x0.5	x0.4	x0.4	x0.5	Afrique du Nord	x0.0					0.0	0.0	0.0	0.0	x0.0
Americas	x11.8	x17.9	x18.2	x15.0	x13.3	x14.7	14.6	x14.4	13.5	13.7	Amériques	x4.6	x4.9	x4.5	x3.2	x3.8	x3.9	5.4	7.5	8.1	8.6
LAIA	x1.9	x1.8	x1.0	x0.8	x0.5	0.5	1.0	1.4	2.1	2.6	ALAI	0.0	0.0	x0.1	0.0	x0.1	0.0	0.2	0.2	0.4	0.3
CACM	x0.1	x0.0	0.0	x0.3	x0.2	x0.1	x0.2	x0.1	x0.2	x0.2	MCAC	0.0	0.0	0.0	0.0	0.0	0.0	0.0	0.0	0.0	0.0
Asia	x10.0	x8.2	x8.7	x7.9	x8.4	9.6	x10.5	9.6	11.4	12.3	Asie	9.2	8.1	7.7	6.9	5.7	6.9	6.3	6.8	8.0	9.0
Middle East	x2.5	x1.7	x2.6	x1.7	x1.4	x1.4	x1.3	x1.5	x1.5	x1.5	Moyen–Orient	x0.1	x0.1	0.0	0.0	0.1	0.1	0.0	0.1	0.0	0.1
Europe	68.4	61.7	61.3	70.0	70.2	66.2	64.7	69.4	67.7	67.4	Europe	85.9	86.8	87.4	89.7	90.1	88.6	87.7	85.3	83.7	82.0
EEC	59.8	53.7	53.7	60.9	61.2	59.3	57.8	62.1	60.9	60.7	CEE	57.0	57.0	55.2	57.7	57.7	51.1	50.7	49.4	46.7	46.2
EFTA	x8.6	x7.7	x7.4	x8.8	x8.2	6.7	6.6	7.0	6.5	6.2	AELE	28.9	29.8	32.2	32.0	32.1	37.2	36.7	35.6	36.7	35.4
Oceania	x5.0	x5.4	x5.4	x4.4	x4.0	x4.4	x4.8	x3.4	x3.1	3.6	Océanie	0.2	x0.2	0.1	x0.1	x0.2	x0.1	0.1	x0.0		.
Germany/Allemagne	16.0	14.4	13.7	15.4	15.1	14.7	13.3	15.2	15.9	15.3	Finland/Finlande	12.5	13.9	15.6	15.3	15.8	18.5	18.5	17.4	16.8	16.5
United Kingdom	12.6	12.1	12.7	13.5	14.9	15.8	15.1	13.9	12.4	12.0	Germany/Allemagne	21.4	20.5	20.5	21.9	20.8	18.3	18.2	17.0	16.0	15.6
France, Monac	11.4	9.6	9.1	11.1	10.8	9.7	9.6	10.1	9.9	10.4	France, Monac	9.0	8.6	8.5	9.0	10.0	9.5	9.9	10.1	10.1	10.4
USA/Etats–Unis d'Amer	4.6	10.7	12.5	10.0	9.3	10.5	10.0	9.8	8.2	8.1	Austria/Autriche	9.7	9.2	9.7	9.7	9.7	9.3	9.2	9.4	9.6	9.2
Netherlands/Pays–Bas	5.3	4.6	4.7	5.2	4.8	4.8	4.7	5.4	5.3	5.3	Sweden/Suède	5.5	5.7	5.8	5.9	5.5	8.5	8.3	7.9	9.5	8.7
Belgium–Luxembourg	4.6	4.2	4.4	4.4	4.4	4.3	4.5	5.2	5.5	5.0	Italy/Italie	10.0	12.3	10.3	9.7	8.8	7.1	6.8	6.0	5.8	5.4
Spain/Espagne	1.9	1.6	1.9	3.0	3.2	3.3	3.8	4.7	4.7	4.9	Netherlands/Pays–Bas	5.9	6.1	6.2	6.7	6.2	6.6	6.0	6.0	5.0	5.2
Italy/Italie	4.8	4.2	4.1	4.7	5.2	3.2	3.5	3.9	3.6	4.2	Belgium–Luxembourg	4.0	2.9	2.9	3.2	4.7	5.2	5.3	5.1	4.7	4.0
Australia/Australie	3.6	4.0	3.8	3.0	2.8	3.7	4.1	2.8	2.6	3.0	Japan/Japon	8.8	7.7	7.3	6.4	5.1	3.1	2.9	3.4	4.4	4.8
Hong Kong	2.4	2.3	2.3	2.4	2.2	2.9	2.9	2.8	3.2	3.2	Canada	x1.7	x2.1	x2.1	x1.6	x2.2	2.5	2.6	3.9	3.7	3.9

6413 KRAFT PAPER, PAPERBOARD / PAPIER ET CARTON KRAFT 6413

TRADE BY COMMODITY IN THOUSAND U.S. DOLLARS – COMMERCE PAR PRODUIT EN MILLIERS DE DOLLARS E.U

IMPORTS – IMPORTATIONS

COUNTRIES–PAYS	1988	1989	1990	1991	1992
Total	5074361	5306204	5787039	5891357	5978499
Africa	x167713	x142963	x174811	x195858	x199533
Northern Africa	78323	58291	80620	x96717	x86518
Americas	x476599	x643300	x612138	715185	x774163
LAIA	110130	130227	116668	175742	210906
CACM	87209	125115	91453	101574	x103735
Asia	x990980	x1092104	1107881	1205208	x1369802
Middle East	x168751	x185351	x178782	x162799	x185288
Europe	3183011	3174766	3741516	3640351	3501585
EEC	2952383	2939563	3466177	3393657	3239371
EFTA	209403	211132	246974	232271	239980
Oceania	x69745	x58928	x61348	x73624	x110353
Germany/Allemagne	761873	759534	949980	992382	858468
United Kingdom	591355	603709	643526	582245	487264
Italy/Italie	423555	426094	497343	476118	500972
France, Monac	398582	358491	408541	364978	365453
Netherlands/Pays-Bas	212348	220172	276794	266617	287540
Spain/Espagne	162209	168559	229398	265429	289760
USA/Etats-Unis d' Amer	103122	210740	213084	228082	247495
Belgium–Luxembourg	194823	184999	213230	201829	198768
China/Chine	144573	150861	157777	233597	330072
Hong Kong	123898	146453	171571	198327	239535
Japan/Japon	184912	188327	166612	140128	142479
Denmark/Danemark	120649	113841	132571	122314	122683
Canada	88621	100700	113596	131764	145362
Malaysia/Malaisie	67444	79783	97855	123098	x120760
Former USSR/Anc. URSS	x146650	x160413	x69745	x41085	
Switz.Liecht	88134	82761	95400	88693	84450
Singapore/Singapour	77087	66212	75114	79524	79038
Costa Rica	54453	76331	65703	65244	x64826
Mexico/Mexique	53436	65162	67383	67107	87816
Israel/Israël	48323	59876	70703	63789	75606
Philippines	37166	x56167	51630	62435	45590
Ireland/Irlande	52149	54867	57018	56826	53687
Korea Republic	46555	52941	55610	58955	71188
Australia/Australie	64834	47367	51006	65278	49395
Austria/Autriche	33009	40915	52278	47405	
Saudi Arabia	x43962	x51085	x41556	x47931	x56812
Egypt/Egypte	40480	27143	42947	x57021	x39880
Greece/Grèce	25654	37291	40967	45612	x46272
Norway, SVD, JM	34375	32402	35818	37099	41464
Colombia/Colombie	30577	35717	25625	38677	24884
Turkey/Turquie	29688	39825	27933	32202	25219
Sweden/Suède	28846	25776	32662	30723	31826
Indonesia/Indonésie	32659	46605	23347	18507	19469
Guatemala	21012	34530	24234	27266	x26076
Finland/Finlande	21421	25518	27203	24999	29661
Panama	x26743	x21751	x28603	x26195	x19389
Pakistan	23775	24199	25830	25542	21506
Iran (Islamic Rp. of)	x4987	x10070	x34025	x23493	x29780
Yugoslavia SFR	19784	22272	26399	x12367	
Nigeria/Nigéria	x9169	x18851	x23743	x12987	x19789
United Arab Emirates	x35169	x18032	x20020	x17131	x22828
Cote d'Ivoire	x27096	x16555	x12597	x19256	x39785
Portugal	9187	12005	16808	19263	28504
Tunisia/Tunisie	16440	12016	18117	16661	18155
So. Africa Customs Un	19976	13395	15588	x10624	x23631
Sri Lanka	12277	10200	11973	16188	14239
Cameroon/Cameroun	x5341	8860	x5911	23103	x4850
Argentina/Argentine	3750	773	3278	28450	36768
Kuwait/Koweit	x8239	23036	x6338	x2063	x5684
Former GDR	x28389	x23134	x7259		

EXPORTS – EXPORTATIONS

COUNTRIES–PAYS	1988	1989	1990	1991	1992
Totale	4979927	5223832	5799281	6033569	5939984
Afrique	x61269	x79554	x85521	x85453	x83947
Afrique du Nord	2282	2378	2530	x772	156
Amériques	1578773	1672858	1872330	2089895	2093484
ALAI	171134	166538	166683	187002	204675
MCAC	1987	1475	2925	1381	x1339
Asie	186443	207153	264512	330533	379892
Moyen–Orient	x2821	x4618	11401	12676	x5769
Europe	2863635	2993471	3330277	3254700	3257075
CEE	673374	780534	921523	902464	922463
AELE	2184954	2205214	2395031	2345512	2330801
Océanie	41669	43455	x52853	41802	x43665
Sweden/Suède	1356359	1345018	1452136	1434409	1461598
USA/Etats-Unis d' Amer	1096173	1227902	1370468	1533973	1506413
Finland/Finlande	556845	580620	632837	601553	561473
Canada	308840	276583	331723	367063	380699
France, Monac	263928	291523	344779	332323	331719
Austria/Autriche	169455	171045	184494	181386	184025
Brazil/Brésil	154477	136031	139817	157844	169649
Former USSR/Anc. URSS	x107354	x111001	x113616	x171155	
Germany/Allemagne	98955	100130	113733	109234	97680
Norway, SVD, JM	89967	95147	111211	114713	110053
Hong Kong	48838	68448	104527	143951	191525
Spain/Espagne	90750	93716	117403	105066	112313
Portugal	67376	92088	98185	96781	94765
Japan/Japon	85949	78308	85569	96568	109130
Netherlands/Pays-Bas	65610	73883	87007	94142	108878
United Kingdom	27157	68152	93260	88776	97124
So. Africa Customs Un	x55521	x75535	x77583	x82891	x82852
Italy/Italie	36592	40192	43849	49121	53273
New Zealand	36098	40211	47760	31769	23030
Czechoslovakia	x29735	x27538	x31099	x32738	x30623
Singapore/Singapour	24277	23744	27957	36395	28274
Belgium–Luxembourg	18546	18940	20359	23617	24134
Romania/Roumanie	x44010	x38601	x14715	7730	x4227
Mexico/Mexique	13103	21739	18480	18435	25308
Indonesia/Indonésie	2124	11459	14012	16153	18844
Switz.Liecht	12308	13383	14353	13450	13652
Poland/Pologne	8886	11614	13197	14689	x41927
Bulgaria/Bulgarie	x16261	x19147	x10838	x1100	x1193
China/Chine	12451	10443	9946	8618	12793
Yugoslavia SFR	5234	7673	13514	x6712	
Korea Republic	4746	6287	7753	12282	10280
Former GDR	x36930	x15381	x4779		
Turkey/Turquie	892	145	9305	9822	2904
Australia/Australie	5564	3226	5075	10023	20622
Hungary/Hongrie	x4961	x4017	x5519	x3761	x3918
Argentina/Argentine	1591	3393	3667	2266	1595
Chile/Chili	822	160	3396	3749	x3500
Denmark/Danemark	3550	1432	2408	1593	1264
Tunisia/Tunisie	2169	2305	2264	614	154
Jordan/Jordanie	899	2681	738	1642	283
Malaysia/Malaisie	1239	1345	1424	1967	x863
Uruguay	367	110	817	2964	129
Guatemala	1547	1080	1230	1074	979
Thailand/Thailande	3062	2020	1006	317	x817
United Arab Emirates	x596	x1338	x1131	x522	x603
Mozambique		x659	x1867	x593	x612
Peru/Pérou		x2314	19		
Un. Rep. of Tanzania	x3371	x882	x1290	x536	x455
Ireland/Irlande	880	374	492	1737	879
India/Inde	692	x112	687	1417	x766

(VALUE AS % OF TOTAL)(VALEUR EN % DU TOTAL)

	1983	1984	1985	1986	1987	1988	1989	1990	1991	1992		1983	1984	1985	1986	1987	1988	1989	1990	1991	1992
Africa	x4.7	x5.3	5.5	x3.3	x3.3	x3.3	x2.7	x3.1	x3.3	x3.3	Afrique	0.3	0.3	0.6	x1.0	x1.3	x1.2	x1.5	x1.4	x1.4	x1.4
Northern Africa	x2.6	2.6	x3.1	1.5	1.6	1.5	1.1	1.4	x1.6	x1.4	Afrique du Nord	0.0	0.0	0.0	0.0	0.0	0.0	0.0	0.0	0.0	0.0
Americas	x7.9	9.5	10.8	x10.5	x9.2	x9.4	12.2	x10.5	12.1	x13.0	Amériques	x33.1	x34.6	28.9	x29.7	27.9	31.7	32.0	32.3	34.6	35.3
LAIA	1.3	2.2	3.9	3.7	x2.5	2.2	2.5	2.0	3.0	3.5	ALAI	x0.6	x3.4	1.7	1.9	1.5	3.4	3.2	2.9	3.1	3.4
CACM	x1.6	x1.7	1.4	x1.9	1.7	2.4	1.6	1.7	1.7	1.7	MCAC	x0.0	x0.1	0.0	0.0	x0.1	0.0	0.0	0.1	0.0	x0.0
Asia	x19.1	x18.7	x16.8	15.7	22.6	19.5	20.6	19.1	20.5	x22.9	Asie	2.7	3.4	3.0	3.8	4.4	3.7	4.0	4.6	5.5	6.4
Middle East	x4.9	x4.4	x4.7	x3.1	x2.4	x3.3	x3.5	x3.1	x2.8	x3.1	Moyen–Orient	x0.0	0.4	x0.4	0.5	0.3	x0.1	0.1	0.2	0.2	x0.1
Europe	67.1	65.3	66.0	69.8	60.1	62.7	59.8	64.7	61.8	58.6	Europe	62.1	60.2	66.4	64.5	58.9	57.5	57.4	53.9	54.8	
EEC	63.5	61.3	61.6	65.7	56.8	58.2	55.4	59.9	57.6	54.2	CEE	11.8	12.1	13.0	13.5	12.0	13.5	14.9	15.9	15.0	15.5
EFTA	3.6	3.6	3.9	3.7	3.1	4.1	4.0	4.3	3.9	4.0	AELE	50.3	47.8	53.1	50.4	46.6	43.9	42.2	41.3	38.9	39.2
Oceania	1.1	x1.0	x0.9	x0.7	0.8	x1.3	x1.1	x1.1	x1.3	1.9	Océanie	x1.8	x1.5	1.0	x1.1	x0.8	0.8	0.8	x0.9	0.7	x0.7
Germany/Allemagne	15.2	15.0	14.3	16.8	13.4	15.0	14.3	16.4	16.8	14.4	Sweden/Suède	34.5	32.4	36.7	34.6	31.7	27.2	25.7	25.0	23.8	24.6
United Kingdom	18.0	17.2	17.1	15.8	14.4	11.7	11.4	11.1	9.9	8.2	USA/Etats-Unis d' Amer	28.6	28.1	23.7	24.0	22.8	22.0	23.5	23.6	25.4	25.4
Italy/Italie	6.9	7.6	7.9	8.5	7.9	8.3	8.0	8.6	8.1	8.4	Finland/Finlande	10.8	10.3	10.9	10.0	9.4	11.2	11.1	10.9	10.0	9.5
France, Monac	8.6	7.4	8.2	8.6	6.9	7.9	6.8	7.1	6.2	6.1	Canada	3.9	3.0	3.4	3.7	3.4	6.2	5.3	5.7	5.5	6.4
Netherlands/Pays-Bas	4.8	4.4	4.3	4.6	4.2	4.1	4.1	4.8	4.5	4.8	France, Monac	5.0	5.3	5.5	6.2	5.5	5.6	5.6	5.9	5.5	5.6
Spain/Espagne	2.0	2.1	1.9	2.7	3.4	3.2	4.0	4.5	4.5	4.8	Austria/Autriche	3.0	3.1	3.7	3.7	3.5	3.4	3.3	3.2	3.0	3.1
USA/Etats-Unis d' Amer	1.8	1.8	2.1	2.4	2.5	2.0	4.0	3.7	3.9	4.1	Brazil/Brésil		2.5	1.5	1.6	1.3	3.1	2.6	2.4	2.6	2.9
Belgium–Luxembourg	3.7	3.6	3.6	4.1	3.9	3.8	3.5	3.7	3.4	3.3	Former USSR/Anc. URSS						x4.7	2.2	x2.1	x2.0	x2.8
China/Chine					6.2	2.8	2.5	2.7	4.0	5.5	Germany/Allemagne	1.5	1.4	1.7	1.8	1.8	2.0	1.9	2.0	1.8	1.6
Hong Kong	1.5	1.8	1.5	2.1	2.5	2.4	2.8	3.0	3.4	4.0	Norway, SVD, JM	2.0	2.1	1.8	2.1	2.0	1.8	1.8	1.9	1.9	1.9

64131 KRAFT LINER IN BULK / PAP KRAFT POUR COUVERTURES 64131

TRADE BY COMMODITY IN THOUSAND U.S. DOLLARS – COMMERCE PAR PRODUIT EN MILLIERS DE DOLLARS E.U

IMPORTS – IMPORTATIONS

COUNTRIES–PAYS	1988	1989	1990	1991	1992
Total	x2490539	x2492136	2763174	2807164	2860800
Africa	x73329	x64804	x69781	x70673	x79953
Northern Africa	x31437	x30609	x34765	x31402	x28870
Americas	x238548	x260335	x264757	x310849	x355792
LAIA	x42385	x67021	x48466	56185	x87335
CACM	x95707	x91736	x85397	x88886	x99118
Asia	x526825	x577898	x599644	x671078	x669989
Middle East	x64158	x75902	x70998	x76107	x75635
Europe	1618029	1557423	1804931	1734115	1716245
EEC	1524004	1457108	1682713	1621510	1600159
EFTA	92416	96544	115483	107636	108668
Oceania	x23677	12994	14317	x10652	x32345
Germany/Allemagne	360942	356209	426226	425134	433634
United Kingdom	365205	361390	389593	343879	270738
Italy/Italie	221448	214605	250295	240912	253845
France, Monac	218764	170642	188105	162547	157242
Hong Kong	x96746	x106912	x137188	x154770	224988
Netherlands/Pays-Bas	102024	99275	124924	124390	141487
Spain/Espagne	71390	73184	96027	126217	139257
China/Chine	94912	96903	76245	94360	25274
Belgium-Luxembourg	85577	79469	92847	87022	90410
Japan/Japon	95049	88434	71044	68481	69202
Denmark/Danemark	64075	65363	77984	63970	58050
Philippines	36930	x52634	50805	62614	44758
Malaysia/Malaisie	33224	36446	51907	64730	x74217
Singapore/Singapour	41819	45105	52392	54327	49344
USA/Etats–Unis d' Amer	x29532	36280	51105	61294	72101
Switz.Liecht	39578	39591	51052	44943	41729
Costa Rica	x44463	x46821	x42512	x44712	x58592
Israel/Israël	25830	31698	43217	37740	43635
Canada	14582	25799	32914	44087	44937
Saudi Arabia	x28670	x31724	x23850	x35306	x34431
Korea Republic	25380	29553	28520	30152	37357
Panama	x24885	x18847	x25259	x22772	x16475
Mexico/Mexique	10483	23484	18243	24715	35702
Honduras	x27397	x22775	x20896	x19555	x11672
Norway,SVD,JM	18094	17167	20331	22103	22497
Ireland/Irlande	21202	18572	19329	18411	22688
Egypt/Egypte	x18902	x17078	x18800	x19014	x17285
Guatemala	x15274	x16566	x19076	x18678	x21511
Greece/Grèce	10527	15086	14249	23118	x24920
Colombia/Colombie	x22163	x26134	x23049	3006	6758
Austria/Autriche	13415	14555	19385	17796	17688
Finland/Finlande	13855	17563	17107	16110	19901
Turkey/Turquie	6996	15164	15808	15638	14688
Australia/Australie	20639	11155	9839	8912	9087
Cote d'Ivoire	x19790	x9768	x7659	3995	x11300
Chile/Chili	2032	10163	3995	x11300	x25399
Sri Lanka	6358	5411	6775	8644	x20550
Cameroon/Cameroun	x3350	8859	8822	7996	
Tunisia/Tunisie	6290	5745	x3120	8090	x2727
United Arab Emirates	x7753	x6135	x5894	x6879	x7732
Nigeria/Nigéria	x1609	x4756	x6511	x6686	x10881
Lebanon/Liban	x7717	x5528	x4991	x5425	x4079
Cyprus/Chypre	5388	4224	8564	2935	3576
Jamaica/Jamaïque	x4397	x4545	x5181	5651	x4515
Dominican Republic	x4287	x4848	x3377	x6981	x9177
Sweden/Suède	4806	4889	5037	4437	4727
Saint Lucia/St. Lucie	x10383	x4514	x5959	x3654	x6934
Argentina/Argentine	2549	x14	1929	11998	11918
Former GDR	x5550	x9330	4098		
Senegal/Sénégal	x1852	5885	6022	x1489	x1460

EXPORTS – EXPORTATIONS

COUNTRIES–PAYS	1988	1989	1990	1991	1992
Totale	2448766	2439860	2706764	2933023	2913718
Afrique	x50165	x60557	x62717	x70000	x71295
Afrique du Nord	x13	6	108	7	103
Amériques	x1158759	1123248	1304829	1502783	1422096
ALAI	x140724	81261	72126	117413	131810
MCAC	x2289	x2591	x1949	x1074	x159
Asie	49329	x59743	x45826	x63044	226464
Moyen–Orient	x426	x1259	x805	x1038	x388
Europe	1068734	1091755	1175641	1140739	1148060
CEE	182108	210432	230413	236126	255173
AELE	884867	880627	944205	904439	892501
Océanie	x21752	29772	37153	25922	28167
USA/Etats–Unis d'Amer	890487	944584	1077646	1199639	1107759
Sweden/Suède	620344	612316	656668	637636	639894
Finland/Finlande	165963	167622	166025	149008	139308
Canada	124962	94812	153090	184602	182342
France, Monac	78300	89583	98842	101426	107936
Former USSR/Anc. URSS	x87746	x64860	x72910	x118854	
Brazil/Brésil	x132777	72855	66953	112065	127829
Portugal	60523	77788	83909	77810	80581
So. Africa Customs Un	x48079	x60302	x59799	x69282	x71037
Austria/Autriche	64644	58841	64907	59316	53530
Norway,SVD,JM	33752	41801	56533	58455	59740
New Zealand	21664	29643	36998	25303	18232
Singapore/Singapour	12763	15517	19306	22592	19040
Spain/Espagne	16098	15628	20380	15169	16579
Hong Kong	x1666	x24691	x5571	x18081	186933
Japan/Japon	29798	14420	11988	6134	11213
Italy/Italie	8300	7915	6260	16479	13656
United Kingdom	2427	3260	7590	10318	8754
Germany/Allemagne	7641	9115	6974	4826	5187
Indonesia/Indonésie	1415	1017	5085	11522	4680
Mexico/Mexique	6312	3640	4067	4496	2280
Belgium–Luxembourg	5997	4512	2376	4161	2846
Netherlands/Pays–Bas	2653	2247	3245	4821	18981
Poland/Pologne	x255	x529	x1174	x8283	x13096
Romania/Roumanie	x4115	x4878	x2973	x1036	x461
Czechoslovakia	x3365	x4007	x2553	x2057	x3836
Korea Republic	92	303	1697	2656	3096
Guatemala	x116	x2591	x334	x1074	
Argentina/Argentine	151	1318	831	394	294
Peru/Pérou	x2245				
United Arab Emirates	x201	x1083	x729	x385	x315
China/Chine	1695	860	571	662	598
Thailand/Thaïlande	735	1287	512	120	x237
Denmark/Danemark	118	226	683	893	549
Yugoslavia SFR	1733	680	916	x160	
Mozambique			x1505	x232	x141
El Salvador	x2174		1267		
Australia/Australie	35	112	143	609	9925
Hungary/Hongrie	x18	x17	x571	x244	x92
Malaysia/Malaisie	684		337	243	x218
Saudi Arabia	x22	x26	x63	x612	
Bulgaria/Bulgarie	x335		x183	x380	x49	x140
Zimbabwe			197	396	
Uruguay			x240	x348	x129
Venezuela	617		556	19	8	635
Paraguay		x486		x89	
Un. Rep. of Tanzania	x2058	x242	x249	x42	x2
Kenya	7		526		
Ireland/Irlande	23	60	109	204	81
Nicaragua			x339		

(VALUE AS % OF TOTAL) (VALEUR EN % DU TOTAL)

	1983	1984	1985	1986	1987	1988	1989	1990	1991	1992		1983	1984	1985	1986	1987	1988	1989	1990	1991	1992
Africa	x3.9	x5.4	x4.6	x3.7	x3.0	x2.9	x2.6	x2.5	x2.5	x2.8	Afrique	x0.1	x0.2	x1.0	x1.7	x1.8	x2.1	x2.5	x2.3	x2.4	x2.4
Northern Africa	x1.7	x2.9	x3.6	x1.7	x1.2	x1.3	x1.2	x1.3	x1.1	x1.0	Afrique du Nord		0.0		x0.0	0.0					0.0
Americas	x12.4	x10.0	x10.2	x8.5	x8.7	x9.6	x10.5	x9.5	x11.1	12.5	Amériques	x54.1	x53.0	x46.1	x48.5	x43.0	x47.4	46.0	48.2	51.2	48.8
LAIA	x4.8	x2.6	x4.4	x3.8	x3.0	x1.7	x2.7	x1.8	2.0	x3.1	ALAI	x3.2	x4.7	x2.9	x3.3	x2.7	x5.7	3.3	2.7	4.0	4.5
CACM	x4.9	x4.7	x3.2	x3.2	x3.2	x3.8	x3.7	x3.1	x3.2	x3.5	MCAC	x0.0			x0.1	x0.2	x0.1	x0.1	x0.1	x0.0	x0.0
Asia	x16.8	x16.4	x15.4	x17.9	x26.2	x21.2	x23.2	x21.7	x23.9	23.4	Asie	2.3	x3.6	x4.0	x3.5	x4.1	2.0	x2.5	x1.6	x2.1	7.8
Middle East	x3.8	x2.8	x2.9	x2.3	x1.5	x2.6	x3.0	x2.6	x2.7	x2.6	Moyen–Orient	x0.0	x0.0	x0.1	x0.1	0.1	x0.0	x0.1	x0.0	x0.0	x0.0
Europe	65.8	67.2	67.5	69.4	65.2	65.0	62.5	65.3	61.8	60.0	Europe	42.2	42.3	50.1	45.6	42.2	43.6	44.7	43.4	38.9	39.4
EEC	62.6	64.2	63.8	66.1	58.6	61.2	58.5	60.9	57.8	55.9	CEE	6.6	7.1	6.9	7.4	6.4	7.4	8.6	8.5	8.1	8.8
EFTA	x3.2	x2.9	x3.6	x3.2	x2.6	3.7	3.9	4.2	3.8	3.8	AELE	35.5	35.1	43.1	38.2	35.6	36.1	36.1	34.9	30.8	30.6
Oceania	x1.0	x1.0	x0.9	x0.6	x0.7	x0.9	0.6	0.6	x0.4	x1.1	Océanie	1.2	0.9	0.4	0.6	0.6	0.9	1.2	1.4	0.9	1.0
Germany/Allemagne	14.4	15.8	14.2	16.2	14.3	14.5	14.3	15.4	15.1	15.2	USA/Etats–Unis d'Amer	47.4	46.0	40.2	41.6	37.2	36.4	38.7	39.8	40.9	38.0
United Kingdom	19.0	19.2	18.5	16.4	14.9	14.7	14.5	14.1	12.3	9.5	Sweden/Suède	26.2	25.7	31.6	27.2	25.0	25.3	25.1	24.3	21.7	22.0
Italy/Italie	7.2	8.1	8.2	8.5	7.8	8.9	8.6	9.1	8.6	8.9	Finland/Finlande	7.1	6.6	7.8	6.8	6.6	6.8	6.9	6.1	5.1	4.8
France, Monac	9.0	7.5	9.2	9.6	8.8	6.8	6.8	5.8	5.5	5.5	Canada	3.5	2.4	3.0	3.4	2.9	5.1	3.9	5.7	6.3	6.3
Hong Kong	x2.2	x2.7	x2.3	x3.5	x3.9	x3.9	x4.3	x5.0	x5.5	7.9	France, Monac	3.0	3.3	3.7	3.4	3.2	3.2	3.7	3.7	3.5	3.7
Netherlands/Pays–Bas	4.8	4.4	5.2	4.9	4.5	4.1	4.0	4.5	4.4	4.9	Former USSR/Anc. URSS				x7.9	x3.6	x2.7	x2.7	x4.1		
Spain/Espagne	1.7	1.8	1.2	2.0	1.6	2.9	2.9	3.5	4.5	4.9	Brazil/Brésil	x2.1	x4.6	x2.9	x3.3	x2.5	x5.4	3.0	2.5	3.8	4.4
China/Chine					9.5	3.8	3.9	2.8	3.4	0.9	Portugal	3.0	3.1	3.6	3.2	2.5	2.5	3.2	3.1	2.7	2.8
Belgium–Luxembourg	2.7	2.9	3.2	3.6	3.4	3.4	3.2	3.4	3.1	3.2	So. Africa Customs Un	x0.1	x0.2	x0.9	x1.7	x1.7	x2.0	x2.5	x2.2	x2.4	x2.4
Japan/Japon	6.1	5.1	4.0	4.2	3.4	3.8	3.5	2.6	2.4	2.4	Austria/Autriche	x1.9	x2.2	x3.2	x3.1	x2.9	2.6	2.4	2.4	2.0	1.8

6418 COATED ETC PAPER NES BLK — PAP, CARTONS COUCHES, ENDUITS 6418

TRADE BY COMMODITY IN THOUSAND U.S. DOLLARS – COMMERCE PAR PRODUIT EN MILLIERS DE DOLLARS E.U

IMPORTS – IMPORTATIONS

COUNTRIES–PAYS	1988	1989	1990	1991	1992
Total	7815451	8173825	9684596	9978711	10538724
Africa	x330235	x307035	x346571	x336919	x337643
Northern Africa	142786	125941	151382	149653	x148829
Americas	809745	920619	960227	1073291	x1221092
LAIA	174963	143636	144979	221612	269196
CACM	36427	48773	49693	52938	x28321
Asia	1110876	1200259	1446618	1586255	x1937876
Middle East	x159671	x158224	x217447	x241589	x265068
Europe	4950426	5117219	6477122	6409403	6664163
EEC	4252131	4417794	5599274	5574129	5806100
EFTA	666329	663498	817803	785175	791991
Oceania	x177726	x189471	x207827	x203104	x201311
Germany/Allemagne	887118	917950	1240850	1290408	1312104
France, Monac	829156	873675	1108132	1061409	1062085
United Kingdom	892913	877080	1033131	977725	1058112
Italy/Italie	407868	451320	580962	564259	608798
Netherlands/Pays-Bas	410405	411764	512390	507996	517345
USA/Etats-Unis d'Amer	308587	399240	448027	477316	582388
Belgium-Luxembourg	282174	288448	367760	369788	389783
Hong Kong	262963	263252	297403	370649	483796
Canada	257671	285407	281770	288903	309722
Former USSR/Anc. URSS	x316192	x334897	x161034	x285411	
Japan/Japon	216342	249926	266176	257886	248562
Spain/Espagne	170850	194464	241494	252798	265182
Switz.Liecht	204857	194831	237050	223361	223406
Denmark/Danemark	162302	186847	220681	229771	239118
Sweden/Suède	156647	158624	193600	174307	173268
Korea Republic	132495	153836	165351	178703	176688
Austria/Autriche	127879	132453	175701	181867	189024
Australia/Australie	134598	137039	151399	155317	148532
Portugal	103689	98131	136769	145619	157778
So. Africa Customs Un	109953	99383	108968	x119291	x104009
Norway,SVD,JM	93247	88376	111178	115040	118726
Singapore/Singapour	83412	84024	113195	111930	106997
Ireland/Irlande	64261	66081	90401	104886	107705
Finland/Finlande	77492	82258	91403	81122	78938
Malaysia/Malaisie	44969	61443	79826	103740	x124398
Thailand/Thaïlande	50989	61848	77442	87709	116630
Saudi Arabia	26741	24925	x77346	x93800	x95060
Greece/Grèce	41395	52035	66703	69470	x88088
Egypt/Egypte	59824	46914	61780	52230	59130
New Zealand	37470	46915	46943	42109	46046
Indonesia/Indonésie	18894	25370	49813	57004	60936
Yugoslavia SFR	29943	32455	55427	x41126	
Israel/Israël	33752	37138	43403	46039	57266
Hungary/Hongrie	x42841	x48901	x49657	27835	x50895
Mexico/Mexique	25062	26039	34211	61462	80025
Philippines	42261	x29729	51932	31133	38583
Brazil/Brésil	43422	34948	38035	38943	51852
China/Chine	21964	23414	33293	48587	196469
Turkey/Turquie	17576	22800	36549	32187	34694
Morocco/Maroc	23556	24130	33883	31236	35138
Algeria/Algérie	32506	27976	19557	30633	x20176
Tunisia/Tunisie	21771	22472	30332	24654	28757
Venezuela	43699	28380	17999	30546	35969
Nigeria/Nigéria	x19524	x21689	x31381	x17454	x22502
Pakistan	13984	15907	23567	27023	31614
Costa Rica	10257	19169	21439	21983	x8361
Chile/Chili	14725	18836	17103	23715	x23526
Iran (Islamic Rp. of)	x8907	x22012	x19170	x18245	x25803
India/Inde	13689	x21668	18246	11642	x18648
Argentina/Argentine	14205	9393	10054	30154	41242

EXPORTS – EXPORTATIONS

COUNTRIES–PAYS	1988	1989	1990	1991	1992
Totale	7044171	7427845	8970601	9187397	9595941
Afrique	x3664	x3389	x3424	x5746	x7785
Afrique du Nord	599	1693	x799	1255	2074
Amériques	870780	977961	1174062	1362522	x1482333
ALAI	61436	25156	26005	25782	25656
MCAC	4338	4189	3292	4211	x4976
Asie	865353	893287	992680	1037586	1102367
Moyen-Orient	x5481	4892	x3014	x7767	x5907
Europe	5196408	5476875	6737856	6713677	6945839
CEE	3233208	3402770	4128187	4103850	4233491
AELE	1943317	2056126	2585870	2590793	2685686
Océanie	x17802	17279	28528	x36946	x36332
Germany/Allemagne	1173696	1248510	1417981	1277241	1366112
Finland/Finlande	893447	981287	1179268	1122877	1174053
USA/Etats-Unis d'Amer	709718	848525	984796	1121982	1184865
Sweden/Suède	773983	777862	1001008	1051925	1089232
Japan/Japon	685029	709850	740495	707532	679397
United Kingdom	466889	486350	639105	672141	708138
Netherlands/Pays-Bas	429089	406070	526936	514481	481859
France, Monac	362631	397551	494785	515804	536931
Italy/Italie	321443	362770	438585	493280	525649
Belgium-Luxembourg	307261	337440	421036	454825	402755
Switz.Liecht	204845	223433	311970	304641	292268
Canada	94626	99306	159611	210361	266415
Hong Kong	47393	58887	103891	160277	244241
Spain/Espagne	121960	102300	111326	105904	139404
Singapore/Singapour	93944	90934	110658	112207	86918
Austria/Autriche	37047	38804	52395	66907	77045
Norway,SVD,JM	33992	34738	41229	44441	53089
Denmark/Danemark	18913	26431	41119	34641	31473
Ireland/Irlande	25542	28674	27647	16063	16775
Yugoslavia SFR	19752	17839	23690	x18955	
New Zealand	12501	10221	15110	19855	19351
Former USSR/Anc. URSS	x30349	x21363	x8291	x11796	
Australia/Australie	5276	7037	13390	16696	16878
Czechoslovakia	x14235	x11913	x13082	x9909	x15800
Korea Republic	7662	6647	9683	13045	20981
Portugal	4355	4797	6675	15485	19680
Mexico/Mexique	23885	9935	6343	7259	6989
Former GDR	x39025	x19164	x4359		
Brazil/Brésil	32313	6700	7710	7966	9662
Indonesia/Indonésie	969	1928	2463	16251	29788
Malaysia/Malaisie	5520	5169	5607	6582	x9136
Colombia/Colombie	3683	4419	6655	5749	6004
Thailand/Thaïlande	11776	6631	6825	2703	x3791
Israel/Israël	3640	4839	3831	4478	5431
China/Chine	2233	2935	4346	4164	14945
Romania/Roumanie	x2775	x1830	2738	5785	x355
Greece/Grèce	1470	1821	2991	3985	x4716
Argentina/Argentine	533	1855	3570	2568	1205
El Salvador	2054	2796	1933	2366	x2796
Hungary/Hongrie	x2655	x2097	x2265	x2237	x2251
So. Africa Customs Un	x1106	x1031	x1133	x3637	x5395
Jordan/Jordanie	588	585	339	4311	3127
Bulgaria/Bulgarie	x227	x1593	x3203	x164	x1322
India/Inde	1303	x422	1454	2434	x1098
Turkey/Turquie	2479	1816	487	1388	1084
Venezuela	91	1697	492	851	533
Saudi Arabia	1068	926	x588	x1004	x1034
Guatemala	1591	691	851	964	1348
Kuwait/Koweït	x545	861	x683	x676	x2
Tunisia/Tunisie	236	1291	396	505	1098

(VALUE AS % OF TOTAL)(VALEUR EN % DU TOTAL)

Imports

	1983	1984	1985	1986	1987	1988	1989	1990	1991	1992
Africa	x4.3	x4.4	x4.8	x5.0	x4.1	x4.2	3.7	3.6	x3.4	x3.2
Northern Africa	2.4	2.7	3.0	2.0	1.8	1.8	1.5	1.6	1.5	x1.4
Americas	10.5	13.2	14.1	x12.0	x10.6	10.3	11.3	9.9	10.8	x11.6
LAIA	2.6	3.7	3.9	2.7	x2.3	2.2	1.8	1.5	2.2	2.6
CACM	x0.2	0.8	0.7	0.4	x0.2	0.5	0.6	0.5	0.5	x0.3
Asia	x17.6	16.7	x16.5	14.5	13.9	14.2	14.7	14.9	15.9	x18.4
Middle East	x3.9	x3.3	x3.3	x2.3	x1.9	x2.0	x1.9	x2.2	x2.4	x2.5
Europe	63.7	61.6	60.8	65.5	62.8	63.3	62.6	66.9	64.2	63.2
EEC	53.8	51.7	50.8	55.5	53.1	54.4	54.0	57.8	55.9	55.1
EFTA	9.9	9.3	9.3	9.8	9.4	8.5	8.1	8.4	7.9	7.5
Oceania	3.9	x4.1	x3.8	x2.9	x2.9	x2.3	x2.4	x2.1	x2.1	x1.9
Germany/Allemagne	10.7	10.5	10.5	11.7	10.9	11.4	11.2	12.8	12.9	12.5
France, Monac	10.6	10.1	9.5	10.6	10.4	10.6	10.7	11.4	10.6	10.1
United Kingdom	12.8	12.2	12.0	12.2	11.6	11.4	10.7	10.7	9.8	10.0
Italy/Italie	3.6	3.8	3.7	3.9	4.0	5.2	5.5	6.0	5.7	5.8
Netherlands/Pays-Bas	6.0	5.3	5.5	6.1	5.5	5.5	5.0	5.3	5.1	4.9
USA/Etats-Unis d'Amer	3.2	3.8	4.6	4.7	4.3	3.9	4.9	4.6	4.8	5.5
Belgium-Luxembourg	3.3	3.5	3.5	4.0	3.9	3.6	3.5	3.8	3.7	3.7
Hong Kong	2.8	3.3	2.8	3.2	3.2	3.4	3.2	3.1	3.7	4.6
Canada	4.2	4.4	4.4	3.9	3.3	3.3	3.5	2.9	2.9	2.9
Former USSR/Anc. URSS					x3.6	x4.0	x4.1	x1.7	x2.9	

Exports

	1983	1984	1985	1986	1987	1988	1989	1990	1991	1992
Afrique	x0.0	0.0	0.0	x0.0	x0.0	x0.0	x0.0	x0.0	x0.0	x0.1
Afrique du Nord	0.0	0.0	0.0	0.0	0.0	0.0	0.0	0.0	0.0	0.0
Amériques	x20.0	18.4	16.5	x14.0	x12.2	12.3	13.2	13.1	14.8	x15.4
ALAI	0.0	0.8	0.8	x0.6	x0.4	0.9	0.3	0.3	0.3	0.3
MCAC	0.1	0.1	0.1	0.1	0.1	0.1	0.1	0.0	0.0	x0.1
Asie	8.9	10.4	11.5	11.7	12.7	12.3	12.0	11.1	11.2	11.5
Moyen-Orient	x0.2	x0.1	x0.1	x0.0	x0.1	0.1	0.1	x0.0	x0.1	x0.1
Europe	69.9	70.1	71.7	74.1	73.7	73.8	73.7	75.1	73.1	72.4
CEE	40.5	40.5	42.0	43.0	42.9	45.9	45.8	46.0	44.7	44.1
AELE	29.4	28.8	29.0	30.8	30.5	27.6	27.7	28.8	28.2	28.0
Océanie	x0.2	0.3	0.2	0.2	0.1	0.3	0.2	0.3	x0.4	x0.4
Germany/Allemagne	14.1	14.7	16.1	16.4	16.2	16.7	16.8	15.8	13.9	14.2
Finland/Finlande	12.2	12.2	12.0	12.2	12.4	12.7	13.2	13.1	12.2	12.2
USA/Etats-Unis d'Amer	16.9	14.6	12.6	10.5	9.4	10.1	11.4	11.0	12.2	12.3
Sweden/Suède	13.3	12.2	13.3	14.6	14.2	11.0	10.5	11.2	11.4	11.4
Japan/Japon	7.7	8.4	8.9	8.2	8.2	9.7	9.6	8.3	7.7	7.1
United Kingdom	5.4	5.5	5.5	5.5	5.7	6.6	6.5	7.1	7.3	7.4
Netherlands/Pays-Bas	6.3	5.5	5.5	6.6	6.8	6.1	5.5	5.9	5.6	5.0
France, Monac	4.4	4.8	4.9	4.9	5.1	5.4	5.4	5.5	5.6	5.6
Italy/Italie	3.9	3.8	3.8	3.8	3.8	4.6	4.9	4.9	5.4	5.5
Belgium-Luxembourg	4.9	4.7	4.4	4.5	4.3	4.4	4.5	4.7	5.0	4.2

64181 PLASTIC COATED PAPER ETC — PAP, CARTONS ENDUITS, RESINES 64181

TRADE BY COMMODITY IN THOUSAND U.S. DOLLARS – COMMERCE PAR PRODUIT EN MILLIERS DE DOLLARS E.U

IMPORTS – IMPORTATIONS

COUNTRIES–PAYS	1988	1989	1990	1991	1992
Total	2129099	2474457	2945259	3106783	3157788
Africa	x92097	x87594	x79579	x63913	x59574
Northern Africa	31294	28375	11689	x13895	x18218
Americas	x197226	x371284	x382476	412052	x513913
LAIA	x77043	84015	82246	123708	142130
CACM	x6403	x9574	x12803	x9274	x10229
Asia	410870	x474140	x534974	x587191	x599688
Middle East	x42648	x62670	x93994	x108056	x109401
Europe	1272492	1371156	1834573	1807127	1886973
EEC	1006718	1108007	1510030	1482761	1572845
EFTA	254502	251047	306705	305219	293278
Oceania	x49090	x46404	x46886	x36044	x38770
France,Monac	190550	211421	278081	246991	249256
Germany/Allemagne	183241	192831	261923	280045	281069
United Kingdom	178306	190285	271856	258987	268093
Japan/Japon	177547	196446	201197	203334	188225
USA/Etats–Unis d'Amer	3179	160737	194706	187755	263216
Italy/Italie	92935	123389	209001	201485	223322
Netherlands/Pays-Bas	112099	122128	160247	159486	184892
Belgium–Luxembourg	114968	118000	150454	149198	159246
Korea Republic	100857	123425	129778	139753	136267
Former USSR/Anc. URSS	x81914	x97464	x41688	x165366	
Canada	97836	99407	78404	84575	86836
Switz.Liecht	75188	79098	85734	89677	80899
Denmark/Danemark	56297	61727	69744	74526	81848
Sweden/Suède	54085	53810	70395	58560	52720
Austria/Autriche	40372	43555	61121	64759	63990
Spain/Espagne	50009	55570	56087	52413	63848
Norway,SVD,JM	39442	37491	44204	48320	53187
So. Africa Customs Un	x33390	39765	47488	x31483	x17757
Finland/Finlande	43328	32712	39252	36978	36463
Saudi Arabia	3317	2700	x45184	x56235	x53672
Brazil/Brésil	x13297	31609	33869	34336	46644
Hong Kong	25138	28649	28018	37393	52013
Malaysia/Malaisie	17760	24558	30764	36981	x25669
Australia/Australie	37375	30694	30843	25958	28953
Greece/Grèce	13071	18169	22745	23688	x28700
Mexico/Mexique	6567	9361	14851	30388	34574
Venezuela	30005	20454	12532	20435	23406
Indonesia/Indonésie		7093	18141	22149	22724
Ireland/Irlande	7071	6054	19210	20414	19240
Yugoslavia SFR	10827	11513	17093	x15030	
New Zealand	9732	14857	15330	9001	9323
Hungary/Hongrie	x7775	x12719	x15747	10600	x18105
Portugal	8171	8434	10682	15530	13332
Argentina/Argentine	12566	7638	7578	19223	20516
Turkey/Turquie	585	4893	10048	9588	10310
Iran (Islamic Rp. of)	x3139	x12096	x5834	x5992	x9320
Tunisia/Tunisie	20775	20813	755	1894	1001
Yemen/Yémen			x12332	x11033	x8578
Cyprus/Chypre	6494	6452	8040	7551	6298
Poland/Pologne	x2811	x2262	x2273	x17355	x34989
Egypt/Egypte	7013	4565	8714	x8039	x9098
Israel/Israël	7164	6789	7618	6632	10109
China/Chine	1828	5593	6022	8677	26512
Nigeria/Nigéria	x4560	x6314	x7079	x6202	x8045
Costa Rica	x3501	x5711	x10721	x2547	x3360
Iceland/Islande	2088	4381	5999	6925	6019
Former Yemen	x9510	x16621			
Thailand/Thaïlande	4171	2864	6250	7428	9548
Colombia/Colombie	x4520	x5620	x4986	5840	6337
India/Inde	5985	x5553	5877	4558	x5182

EXPORTS – EXPORTATIONS

COUNTRIES–PAYS	1988	1989	1990	1991	1992
Totale	2374437	2432928	2968751	3062232	3115703
Afrique	x2327	x1886	x458	x559	x823
Afrique du Nord	182	1318	0	x4	7
Amériques	x432195	490391	x541835	619225	625180
ALAI	x6725	5764	x12439	15541	15181
MCAC	x19	x110	x127	x32	
Asie	176865	99976	113657	148413	150717
Moyen–Orient	x255	x1190	605	4637	3562
Europe	1735620	1824475	2299134	2278073	2323916
CEE	987618	1014941	1259460	1219690	1301697
AELE	746849	808630	1038578	1057193	1020951
Océanie	1081	1704	6111	11893	x11435
Sweden/Suède	405375	439089	549888	586890	557061
USA/Etats–Unis d'Amer	367778	440651	483570	562120	536416
Germany/Allemagne	381588	416209	500430	439581	481063
Finland/Finlande	216998	247424	313996	292539	320771
Netherlands/Pays-Bas	249310	221942	306742	312881	300021
Japan/Japon	87784	90364	104328	130195	128369
United Kingdom	87394	82839	115942	125651	158443
Switz.Liecht	81114	83996	126104	114127	74148
Belgium–Luxembourg	95305	96308	106646	115869	113927
France,Monac	72489	89111	112207	108913	111960
Italy/Italie	83024	90020	95521	99112	105192
Canada	57641	43836	45679	41358	73456
Austria/Autriche	25615	19846	25470	38784	37478
Norway,SVD,JM	17746	18276	23120	24852	31493
Spain/Espagne	10543	12817	12904	10887	25536
Hong Kong	5803	6193	5359	7745	12013
Denmark/Danemark	7021	4858	8134	6043	4752
Australia/Australie	627	1397	5355	10663	10120
Brazil/Brésil	x6531	4077	4984	4941	6984
Former GDR	x21693	x11136	x1583		
Mexico/Mexique	32	938	4681	6160	4402
Czechoslovakia	x1089	x1602	x1818	x2096	x2885
Colombia/Colombie	x145	x433	x1950	3118	2388
Korea Republic	1511	1404	1667	1957	1561
Jordan/Jordanie	x2	549	325	3773	2757
Bulgaria/Bulgarie	x166	x764	x2946	x164	x467
Yugoslavia SFR	1127	904	1010	x1137	
India/Inde	778	x130	636	1825	x240
Former USSR/Anc. URSS	x2194	x233	x924	x1321	
New Zealand	454	306	755	1224	1305
Tunisia/Tunisie	181	1279			7
Indonesia/Indonésie		13	136	1009	738
Turkey/Turquie	6	161	193	797	729
Argentina/Argentine	0	177	463	509	781
Poland/Pologne	x3	x655	x36	x303	x187
Greece/Grèce	71	212	631	99	x405
Portugal	601	303	92	501	168
Malaysia/Malaisie	74	198	352	343	x144
Venezuela	6	38	101	679	246
Thailand/Thaïlande	651		214	253	314	x655
So. Africa Customs Un	x349	x180	x135	x418	x790
Ireland/Irlande	273	321	211	153	230
Lebanon/Liban	x119	x427	x85	x64	x42
Peru/Pérou	3	101	218	x112	x130
China/Chine	65	213	114	94	3316
Hungary/Hongrie	x1132	x50	x189	x166	x91
Un. Rep. of Tanzania	x1125	x313	x40	x22	x23
Kenya	564	x3	259	x43	
Israel/Israël	25	34	109	62	31
Panama		x12	x12	x163	x2

(VALUE AS % OF TOTAL)(VALEUR EN % DU TOTAL)

	1983	1984	1985	1986	1987	1988	1989	1990	1991	1992		1983	1984	1985	1986	1987	1988	1989	1990	1991	1992
Africa	x3.2	x3.2	x2.9	x5.8	x5.0	x4.4	x3.5	x2.7	x2.0	x1.9	Afrique		x0.1	0.1	x0.0	0.0	x0.1	x0.1	x0.0	x0.0	x0.0
Northern Africa	1.9	2.2	1.8	1.5	2.0	1.5	1.1	0.4	x0.4	x0.6	Afrique du Nord		0.0	0.0	0.0	0.0	0.1	x0.0	x0.0	0.0	0.0
Americas	x17.2	x15.5	x15.5	x12.3	x10.9	x9.2	x15.0	x13.0	13.3	x16.3	Amériques	31.3	x26.1	x22.9	19.5	15.9	x18.2	20.1	x18.2	20.2	20.1
LAIA	x10.0	x6.6	x6.8	x5.6	x4.4	x3.6	3.4	2.8	4.0	4.5	ALAI	x1.4	x1.0	x1.1	x1.1	x0.5	0.3	0.2	0.4	0.5	0.5
CACM	x0.4	x0.4	x1.2	x0.4	x0.3	x0.3	x0.4	x0.4	x0.3	x0.3	MCAC				x0.0	x0.0	x0.0	x0.0	x0.0	x0.0	
Asia	x24.6	x23.5	x23.9	x20.4	x19.3	19.3	19.1	x18.2	x18.9	x19.0	Asie	6.3	8.7	11.0	13.3	15.4	7.5	4.1	3.8	4.9	4.8
Middle East	x5.6	x4.3	x5.0	x4.7	x4.0	x2.0	x2.5	x3.2	x3.5	x3.5	Moyen–Orient	x0.0	x0.0	x0.0	x0.0	x0.0	x0.0	0.0	0.0	0.2	0.1
Europe	54.6	57.3	57.0	59.5	58.1	59.8	55.4	62.3	58.2	59.8	Europe	62.4	65.1	65.9	66.9	66.2	73.1	75.0	77.4	74.4	74.6
EEC	42.5	45.6	45.2	48.2	47.8	47.3	44.8	51.3	47.7	49.8	CEE	32.4	34.4	36.5	39.4	38.9	41.6	41.7	42.4	39.8	41.8
EFTA	10.8	10.8	10.7	10.5	9.8	12.0	10.1	10.4	9.8	9.3	AELE	29.8	30.6	29.3	27.4	27.1	31.5	33.2	35.0	34.5	32.8
Oceania	x0.3	0.5	x0.6	x1.9	1.8	x2.3	x1.8	x1.6	x1.1	x1.2	Océanie	0.1	0.1	0.1	x0.2	0.0	0.0	0.0	0.2	0.4	x0.4
France,Monac	5.1	6.8	6.9	7.7	8.8	8.9	8.5	9.4	8.0	7.9	Sweden/Suède	16.0	16.2	15.0	14.4	13.7	17.1	18.0	18.5	19.2	17.9
Germany/Allemagne	8.7	8.9	9.1	9.8	8.1	8.6	7.8	8.9	9.0	8.9	USA/Etats–Unis d'Amer	29.4	24.7	21.3	18.1	15.1	15.5	18.1	16.3	18.4	17.2
United Kingdom	8.0	8.7	8.8	8.8	8.3	8.4	7.7	9.2	8.3	8.5	Germany/Allemagne	8.9	10.0	10.9	11.3	11.6	16.1	17.1	16.9	14.4	15.4
Japan/Japon	11.8	11.6	11.6	9.2	8.4	8.3	7.9	6.8	6.5	6.0	Finland/Finlande	10.8	11.3	11.0	9.6	9.3	9.1	10.2	10.6	9.6	10.3
USA/Etats–Unis d'Amer	0.0	0.0	0.2	0.1	0.2	0.1	6.5	6.6	6.0	8.3	Netherlands/Pays-Bas	9.0	8.9	8.8	11.9	12.5	10.5	9.1	10.3	10.2	9.6
Italy/Italie	3.0	3.7	3.4	3.3	3.5	4.4	5.0	7.1	6.5	7.1	Japan/Japon	4.2	4.5	4.9	4.3	4.2	3.7	3.7	3.5	4.3	4.1
Netherlands/Pays-Bas	7.4	6.2	5.9	6.2	6.5	5.3	4.9	5.4	5.1	5.9	United Kingdom	4.5	5.5	6.4	5.5	4.4	3.7	3.4	3.9	4.1	5.1
Belgium–Luxembourg	4.2	5.5	5.6	6.5	6.8	5.4	4.8	5.1	4.8	5.0	Switz.Liecht	x1.5	x1.4	x1.5	x1.9	x2.4	3.4	3.5	4.2	3.7	2.4
Korea Republic	0.5	0.4	0.5	0.5	0.4	4.7	5.0	4.4	4.5	4.3	Belgium–Luxembourg	5.6	5.8	5.6	5.3	5.2	4.0	4.0	3.6	3.8	3.7
Former USSR/Anc. URSS				x3.4	x3.8	x3.9	x1.4	x5.3			France,Monac	1.3	1.4	1.5	1.7	1.5	3.1	3.7	3.8	3.6	3.6

6421 PAPER ETC CONTAINERS / BOITES, SACS EMBALLAGES 6421

TRADE BY COMMODITY IN THOUSAND U.S. DOLLARS – COMMERCE PAR PRODUIT EN MILLIERS DE DOLLARS E.U

IMPORTS – IMPORTATIONS

COUNTRIES–PAYS	1988	1989	1990	1991	1992
Total	x3384000	3613043	4200244	5021653	5283822
Africa	x121129	x115667	x141656	x155102	x164540
Northern Africa	53483	58010	75159	88974	x87698
Americas	470731	543769	625609	717675	x890078
LAIA	94735	121725	141463	193696	238942
CACM	42106	19177	24191	27583	x36315
Asia	x325393	x354138	x383984	x715187	x495622
Middle East	x151717	x138423	x113804	x389208	x76948
Europe	1978458	2186175	2854661	3099444	3506747
EEC	1673681	1845891	2411570	2610629	2945583
EFTA	290486	321704	411856	430989	470395
Oceania	x28428	x43269	x43059	x63237	x60814
France, Monac	345908	387312	496335	544609	629605
Netherlands/Pays-Bas	342671	373631	494628	522967	586641
Germany/Allemagne	239221	275511	391443	469890	491406
United Kingdom	255275	277435	346501	348951	387191
Belgium-Luxembourg	216446	235018	295956	305819	337081
USA/Etats-Unis d'Amer	167171	206206	241657	262494	333675
Former USSR/Anc. URSS	x379439	x310557	x107354	x161542	
Switz./Liecht	115548	120296	149996	160216	178023
Canada	100750	120278	139807	154575	194930
Mexico/Mexique	68807	98813	112731	142353	189591
Former Yemen	x11342	x14458	x699	x297922	
Ireland/Irlande	86743	85808	105714	113896	144549
Austria/Autriche	51762	60586	87530	88494	100834
Denmark/Danemark	67615	65670	84355	86118	96556
Italy/Italie	58479	69330	83196	78331	91992
Hong Kong	29040	49095	68290	84884	107119
Norway, SVD, JM	56720	56486	71053	74442	74497
Sweden/Suède	42467	55368	68780	75690	83338
Spain/Espagne	28974	38329	63214	81493	109253
China/Chine	35781	43938	51431	60658	125222
Libyan Arab Jamahiriya	20946	28175	44232	50701	x32046
Greece/Grèce	25102	27886	36274	41240	x49411
Japan/Japon	20133	25182	28005	34429	37279
Singapore/Singapour	20700	20171	29101	35572	40366
Saudi Arabia	32622	33063	x26027	x22505	x28698
Hungary/Hongrie	x14181	x15702	x27108	38685	x49042
Iraq	x53010	x38206	x25673	x7690	x55
Yugoslavia SFR	2408	7828	17672	x44382	
Finland/Finlande	15691	21202	25337	22016	22849
Australia/Australie	13271	15380	18079	23929	24782
Malaysia/Malaisie	8535	12524	21435	20469	x17161
New Zealand	3589	12768	13604	20943	17807
Poland/Pologne				x44537	x63935
Portugal	7247	9962	13955	17315	21899
Macau/Macao	16478	14778	13316	11862	8456
Israel/Israël	11433	12247	12484	14357	13985
Oman	9149	10449	13000	14763	x1595
Former GDR	x32313	x32079	x5990		x4833
Chile/Chili	8502	6087	9275	17586	6151
Egypt/Egypte	11410	10309	8337	12188	
Tunisia/Tunisie	5201	7726	10109	11637	11617
Czechoslovakia	x15194	4574	5560	x19336	x40266
Korea Republic	8756	9517	9105	10375	13027
Trinidad and Tobago	6437	11890	8461	8269	8194
Jamaica/Jamaïque	5622	9264	10693	8587	x8377
Iceland/Islande	8297	7766	9161	10131	10854
Guatemala	6066	7837	9054	10098	x9819
United Arab Emirates	x14920	x8099	x8009	x8178	x10837
Indonesia/Indonésie	3280	4923	8534	10778	10196
Greenland/Groenland	6613	6799	7212	9419	9139

EXPORTS – EXPORTATIONS

COUNTRIES–PAYS	1988	1989	1990	1991	1992
Totale	3267103	3528267	4391936	4736819	5373677
Afrique	x17919	x24145	x30577	x36897	x43299
Afrique du Nord	2205	4204	14924	16142	24615
Amériques	461497	506234	644571	736771	x922096
ALAI	33620	34026	40114	47174	50786
MCAC	17341	17625	19840	25360	x32955
Asie	334881	377753	424473	454405	513667
Moyen-Orient	x91015	x83208	x76267	x68829	x49119
Europe	2408811	2594367	3266138	3469741	3849134
CEE	1888391	2054948	2652018	2861245	3168336
AELE	509522	530066	603219	600050	639918
Océanie	18591	16324	19582	x28229	31770
Germany/Allemagne	735882	792234	998956	1049682	1221068
USA/Etats-Unis d'Amer	324062	375700	475002	550697	668644
Netherlands/Pays-Bas	254173	260754	330968	371773	400185
France, Monac	213130	241240	307575	333917	374385
Belgium-Luxembourg	209650	223832	303066	332215	374235
Italy/Italie	140803	174504	230720	258775	304944
Austria/Autriche	144930	177319	234271	250483	270671
Hong Kong	138894	162563	184917	179903	200478
United Kingdom	128495	138755	183113	197406	224121
Spain/Espagne	99065	107966	138186	140281	91596
Sweden/Suède	108908	110543	111925	134235	142386
Switz./Liecht	85250	93184	119839	130794	145621
Denmark/Danemark	70392	78314	103675	117096	121061
Finland/Finlande	147751	122261	105942	48412	43302
Canada	66024	60689	84261	98871	147900
Korea Republic	29065	43242	56223	55941	57784
Japan/Japon	39833	38993	41750	53653	56456
Ireland/Irlande	25522	26546	35393	39876	42722
Norway, SVD, JM	21622	25365	29968	35113	37005
Turkey/Turquie	44757	30900	25088	24170	17970
Singapore/Singapour	14109	16669	26531	33038	30553
Argentina/Argentine	18463	18504	19924	11346	5213
Malaysia/Malaisie	7436	11254	14407	22991	x28441
United Arab Emirates	x18345	x15610	x15808	x16004	x12656
China/Chine	5359	8871	10112	21760	72551
Kuwait/Koweït	x11175	16501	x12273	x10261	x80
El Salvador	10854	12973	11261	11622	x21865
So. Africa Customs Un	x12508	x12309	x7733	x14448	x16060
Portugal	7164	6190	13040	14176	12190
Australia/Australie	8582	5476	10059	17169	21754
Yugoslavia SFR	10286	8664	10653	x8423	
Brazil/Brésil	6139	6212	6007	13225	13617
Cyprus/Chypre	4954	6613	9292	9365	7298
New Zealand	7355	8398	7095	7517	7415
Mexico/Mexique	5367	6074	7639	8361	14796
Israel/Israël	2932	4102	7520	8232	8001
Tunisia/Tunisie	1026	2895	5517	10366	13982
Jordan/Jordanie	6308	7131	7128	4416	2706
Greece/Grèce	4113	4616	7327	6048	x1830
Thailand/Thaïlande	3309	5897	4249	5154	x5397
Saint Lucia/St. Lucie	8685	x3004	6202	4273	x2422
Barbados/Barbade	2560	5406	3926	3397	x8790
Guatemala	1973	1487	3480	7195	6026
Morocco/Maroc	43	1020	6152	4737	9452
Hungary/Hongrie	x615	x2198	x4116	x5055	x6140
Martinique	1952	3084	7801	382	3358
Saudi Arabia	3673	4273	x3693	x2375	x2236
Colombia/Colombie	2098	1323	2678	5989	3841
Costa Rica	3219	3046	2863	3208	x4118
Senegal/Sénégal	x184	5235	2976	x241	x27

(VALUE AS % OF TOTAL)(VALEUR EN % DU TOTAL)

	1983	1984	1985	1986	1987	1988	1989	1990	1991	1992		1983	1984	1985	1986	1987	1988	1989	1990	1991	1992
Africa	x5.0	x4.4	x4.2	x4.7	x3.6	3.6	x3.2	x3.4	3.1	3.1	Afrique	x1.4	x0.6	1.2	x0.5	x0.5	x0.6	x0.6	0.7	x0.8	x0.8
Northern Africa	x2.4	x2.3	2.1	x2.2	1.8	1.6	1.8	1.8	1.8	1.7	Afrique du Nord	0.2	0.1	0.0	0.0	0.0	0.1	0.1	0.3	0.3	0.5
Americas	x16.0	20.3	20.6	x18.4	x14.8	13.9	15.0	14.9	14.3	x16.8	Amériques	x16.7	18.1	15.2	x12.9	x13.2	14.1	14.4	14.6	15.5	x17.2
LAIA	0.3	3.7	4.3	x4.7	x3.8	2.8	3.4	3.4	3.9	4.5	ALAI	1.1	2.2	2.2	1.4	1.8	1.0	1.0	0.9	1.0	0.9
CACM	x1.0	1.3	1.2	x0.6	x0.5	1.2	0.5	0.5	0.5	x0.7	MCAC	x1.0	1.1	1.1	x0.4	x0.5	0.5	0.5	0.5	0.5	x0.6
Asia	x11.9	x11.9	x11.3	x8.7	x7.9	9.6	x9.8	x9.2	14.3	x9.4	Asie	x5.4	x7.5	x8.4	7.7	9.2	10.2	10.7	9.6	9.6	9.6
Middle East	x7.5	x7.3	x6.8	x5.0	x3.8	4.5	x3.8	x2.7	x7.8	x1.5	Moyen–Orient	x1.4	x2.9	x3.4	x1.9	x2.3	x2.4	x1.7	x1.5	x0.9	x0.9
Europe	56.2	53.1	62.7	67.1	56.8	58.5	60.5	68.0	61.7	66.4	Europe	76.0	73.2	74.6	78.3	75.5	73.7	73.5	74.4	73.3	71.6
EEC	48.2	45.3	53.4	56.8	47.8	49.5	51.1	57.4	52.0	55.7	CEE	55.3	53.4	53.9	58.2	58.1	57.8	58.2	60.4	60.4	59.0
EFTA	7.7	7.0	8.5	9.4	8.3	8.6	8.9	9.8	8.6	8.9	AELE	20.7	19.4	20.2	20.0	17.3	15.6	15.0	13.7	12.7	11.9
Oceania	x1.0	x1.2	x1.2	x1.1	x0.9	x0.8	1.2	1.1	x1.3	x1.1	Océanie	0.6	0.6	0.6	0.6	0.6	0.5	0.5	0.5	x0.6	0.7
France, Monac	11.0	10.1	11.6	12.5	10.1	10.2	10.7	11.8	10.8	11.9	Germany/Allemagne	20.2	19.6	20.2	22.4	22.7	22.5	22.5	22.7	22.2	22.7
Netherlands/Pays-Bas	8.8	8.6	10.9	12.1	10.1	10.1	10.3	11.8	10.4	11.1	USA/Etats-Unis d'Amer	12.4	12.5	9.4	7.8	7.8	9.9	10.6	10.8	11.6	12.4
Germany/Allemagne	6.4	6.1	7.3	7.5	7.4	7.1	7.6	9.3	9.4	9.3	Netherlands/Pays-Bas	8.0	7.2	7.3	8.3	7.8	7.8	7.4	7.5	7.8	7.4
United Kingdom	7.4	7.0	8.3	8.6	7.1	7.5	7.7	8.2	6.9	7.3	France, Monac	6.6	5.9	6.2	6.5	6.7	6.4	6.8	7.0	7.0	7.0
Belgium-Luxembourg	6.6	6.5	7.0	7.3	6.2	6.4	6.5	7.0	6.1	6.4	Belgium-Luxembourg	5.3	5.1	5.5	6.4	6.4	6.3	6.3	6.9	7.0	7.0
USA/Etats-Unis d'Amer	6.0	5.9	5.4	5.5	4.6	4.9	5.7	5.8	5.2	6.3	Italy/Italie	4.2	4.6	4.4	4.7	4.8	4.4	4.9	5.3	5.5	5.7
Former USSR/Anc. URSS	9.9	9.1		x13.3	x11.2	x8.6	x2.6	x3.2			Austria/Autriche	3.8	3.9	4.4	4.0	4.3	4.5	4.6	5.3	5.3	5.0
Switz./Liecht	2.7	2.6	3.1	3.4	3.1	3.4	3.3	3.6	3.2	3.4	Hong Kong	1.1	1.7	1.9	2.7	3.5	4.3	4.6	4.2	3.8	3.7
Canada	4.6	4.4	4.6	4.0	2.9	3.0	3.3	3.3	3.1	3.7	United Kingdom	4.7	4.2	4.2	4.1	3.9	3.9	3.9	4.2	4.2	4.2
Mexico/Mexique		2.9	3.4	x3.7	x3.2	2.0	2.7	2.7	2.8	3.6	Spain/Espagne	2.8	3.5	2.9	2.3	2.5	3.0	3.1	3.1	3.0	1.7

479

6512 WOOL, HAIR YARN, INCL TOPS — FILS DE LAINE, DE POILS 6512

TRADE BY COMMODITY IN THOUSAND U.S. DOLLARS – COMMERCE PAR PRODUIT EN MILLIERS DE DOLLARS E.U

COUNTRIES–PAYS	1988	1989	1990	1991	1992	COUNTRIES–PAYS	1988	1989	1990	1991	1992
	IMPORTS – IMPORTATIONS						**EXPORTS – EXPORTATIONS**				
Total	3842411	3919279	3391907	3598345	4308900	Totale	3297447	3249979	3030304	3187101	3941871
Africa	x53631	x50722	50270	x51356	x74798	Afrique	x122154	x95645	x77520	x86483	x101766
Northern Africa	29603	23446	27916	28184	x34930	Afrique du Nord	x918	1509	328	422	791
Americas	143751	138968	108742	119419	x124843	Amériques	146980	165777	159701	154466	387368
LAIA	26290	26540	27781	33791	x42066	ALAI	83991	116342	119231	102818	330605
CACM	x32	58	73	56	x326	MCAC	14	20	146	x628	x271
Asia	1516303	1545666	1155868	1512663	1954465	Asie	868757	818894	681501	925205	1172471
Middle East	x36380	x24391	x44836	x64655	x71602	Moyen–Orient	9666	3978	4161	x3033	x1655
Europe	1949718	1949425	1962367	1762656	2041184	Europe	2053546	2086149	2055152	1960646	2213549
EEC	1660623	1653005	1660388	1510820	1765369	CEE	1877224	1910495	1860373	1766375	2017272
EFTA	251364	264022	260275	225033	238240	AELE	171330	172116	189749	189348	190879
Oceania	x83621	x71521	x55357	x44520	x47110	Océanie	x75213	x63007	x52004	x56590	x44294
Italy/Italie	554258	569831	561107	479682	580499	France, Monac	476032	524058	443625	410347	491509
Hong Kong	479256	511108	378723	517974	667034	Germany/Allemagne	455530	434532	421048	421450	510373
Germany/Allemagne	399170	398697	393647	385736	439371	Italy/Italie	280013	302301	354686	392966	440154
Japan/Japon	441217	371764	301071	365369	344441	Hong Kong	267294	298821	241465	318948	415200
China/Chine	309013	359712	207411	307639	551109	United Kingdom	277624	270357	278511	253743	273404
United Kingdom	239020	209536	188025	167763	189662	Belgium–Luxembourg	227031	242864	241338	182454	172356
Switz.Liecht	140118	165393	163220	134042	141350	Switz.Liecht	133933	137751	153361	144199	147957
France, Monac	135689	139402	156047	133627	152224	Japan/Japon	154929	139700	133439	142104	130288
Korea Republic	110213	145406	114264	152699	150831	Korea Republic	207653	158771	101860	144348	160006
Belgium–Luxembourg	86125	86180	91731	77545	73359	China/Chine	123218	129609	99725	164846	288884
Netherlands/Pays–Bas	73778	73784	75642	60057	56039	So. Africa Customs Un	x119027	x92711	x74077	x81078	x95418
Former USSR/Anc. URSS	x31633	x69777	x28944	x89772		Malaysia/Malaisie	53366	45639	61224	61729	x56250
Austria/Autriche	66979	60230	62707	59538	62652	New Zealand	67417	60002	48097	46207	39382
USA/Etats–Unis d'Amer	68271	59803	50584	53403	52314	Argentina/Argentine	56931	43332	55336	54415	50370
Macau/Macao	42629	54262	48481	48033	79108	USA/Etats–Unis d'Amer	52544	43400	35886	46049	49645
Ireland/Irlande	55606	50867	51777	43870	57210	Spain/Espagne	60578	40986	39541	28263	27734
Australia/Australie	73732	59411	45519	35584	37339	Macau/Macao	31035	31420	28612	47415	57432
Greece/Grèce	32731	40531	45298	38331	x47675	Brazil/Brésil	5498	43885	31445	29291	43492
Portugal	30558	33220	36767	50685	78031	Ireland/Irlande	45118	35548	31837	30815	33993
Canada	48277	51767	29756	31465	28607	Peru/Pérou	20345	27488	26452	x13466	x20440
Yugoslavia SFR	35704	31619	40975	x26296		Austria/Autriche	21108	19354	19989	27842	26534
Spain/Espagne	16144	21682	30573	44757	62258	Netherlands/Pays–Bas	24446	22046	18596	16683	13212
Denmark/Danemark	37724	29273	29775	28768	29041	Portugal	11876	16943	14150	15367	26983
Mauritius/Maurice	x18946	x20186	16176	18639	27811	India/Inde	6433	6125	3953	21251	x23355
India/Inde	20844	x29126	18389	6576	x7666	Norway,SVD,JM	8390	8523	9193	9845	10285
Former GDR	x30273	x40883	x10265			Turkey/Turquie	10955	12562	8915	5964	x10717
Turkey/Turquie	3099	7158	17651	24178	33226	Denmark/Danemark	8021	8298	8127	8322	10838
Iran (Islamic Rp. of)	x5971	x3004	x16108	x23943	x25182	Thailand/Thaïlande	9103	2417	3635	14959	x27009
Israel/Israël	15735	12869	15604	14290	12615	Former GDR	x26507	x14325	x1577		
Thailand/Thaïlande	42728	18558	12242	11820	17807	Canada	4104	3951	4373	4903	6290
Romania/Roumanie	x6573	x28040	x10592	540	x6951	Yugoslavia SFR	4934	3189	4994	x4900	
Sweden/Suède	15934	14189	13010	11674	13083	Australia/Australie	7753	2844	3848	6215	4808
Finland/Finlande	16297	13141	10656	8451	8396	Finland/Finlande	2386	2836	4088	4445	3036
Algeria/Algérie	10387	9627	7669	12635	x18930	Turkey/Turquie	9233	3872	3881	1888	1255
Norway,SVD,JM	11575	10239	9399	10283	11701	Chile/Chili	31	20	4420	4740	x7020
New Zealand	8883	11094	9139	8462	9250	Pakistan	5012	1621	1646	3466	2023
Brazil/Brésil	218	12274	6051	7289	7589	Mauritius/Maurice	x347	x368	2476	3297	4829
Morocco/Maroc	6407	5524	8034	6836	9091	Hungary/Hongrie	x3322	x3105	x1359	x1121	x1376
Tunisia/Tunisie	5646	5434	8256	5219	4901	Sweden/Suède	3186	1876	1725	1499	1906
Chile/Chili	987	1146	6032	8260	x8379	Iceland/Islande	2327	1777	1394	1518	1160
Poland/Pologne	10765	8548	2391	3217	x26255	American Samoa	x10			x4160	
Mexico/Mexique	4159	2565	4648	6262	6141	Uruguay	934		1459	631	208142
Malaysia/Malaisie	4751	3653	3879	5756	x5281	Czechoslovakia	x378	x442	x741	x2237	x9934
So. Africa Customs Un	3701	5400	3992	3251	x4562	Bulgaria/Bulgarie	x114	x2041	x573	x45	x1953
Hungary/Hongrie	x7544	x5437	x3169	3828	x8123	Egypt/Egypte	x6	1500	204	155	35
Venezuela	17265	4316	3058	4813	5961	Netherlands Antilles	x6229	x1737			
Philippines	3274	x5144	2512	4431	3671	Israel/Israël	289	141	49	1401	4167
Bulgaria/Bulgarie	x4345	x7726	x1886	2209	5757	Kenya	1141	x773	286	x501	x566
Czechoslovakia	x3549	1925	1607	x7682	x18755	Korea Dem People's Rp	x126	x59	x192	x1032	x1210
Colombia/Colombie	864	2227	5508	2135	2650	Singapore/Singapour	280	291	378	613	4166

(VALUE AS % OF TOTAL) (VALEUR EN % DU TOTAL)

	1983	1984	1985	1986	1987	1988	1989	1990	1991	1992		1983	1984	1985	1986	1987	1988	1989	1990	1991	1992
Africa	3.1	x2.6	2.9	x2.6	x1.8	x1.4	x1.3	1.5	x1.4	x1.7	Afrique	4.4	4.1	x3.2	x2.8	x3.0	x3.7	x3.0	x2.5	x2.7	x2.6
Northern Africa	2.3	x1.4	1.9	x1.2	x0.7	0.8	0.6	0.8	0.8	x0.8	Afrique du Nord	0.1	0.3	0.0	x0.0	x0.0	x0.0	0.0	0.0	0.0	0.0
Americas	4.0	5.7	4.9	x4.5	x3.8	3.7	3.5	3.2	3.4	x2.9	Amériques	1.9	8.1	8.3	8.0	8.9	4.4	5.1	5.2	4.8	9.8
LAIA	0.4	0.6	0.5	x0.4	x0.6	0.7	0.7	0.8	0.9	x1.0	ALAI	1.3	7.7	7.5	7.4	7.6	2.5	3.6	3.9	3.2	8.4
CACM	x0.0	0.0	x0.0	x0.0	x0.0	x0.0	0.0	0.0	0.0	x0.0	MCAC		0.0	0.0	0.0	0.0	0.0	0.0	0.0	x0.0	0.0
Asia	x30.4	29.4	28.8	27.3	34.9	39.5	39.4	34.0	42.1	45.4	Asie	24.1	21.6	20.0	20.2	23.1	26.3	25.2	22.5	29.0	29.7
Middle East	x5.9	x2.9	x2.4	x1.8	x1.0	x0.9	x0.6	x1.3	x1.8	x1.7	Moyen–Orient	x0.0	0.8	0.8	0.5	0.3	0.3	0.1	0.1	x0.1	x0.0
Europe	60.4	59.5	60.5	63.1	54.1	50.7	49.7	57.9	49.0	47.4	Europe	64.0	60.8	62.9	63.4	59.7	62.3	64.2	67.8	61.5	56.2
EEC	52.5	51.2	51.3	52.5	46.2	43.2	42.2	49.0	42.0	41.0	CEE	59.2	56.2	57.8	57.8	54.3	56.9	58.8	61.4	55.4	51.2
EFTA	7.9	7.9	8.9	9.4	7.0	6.5	6.7	7.7	6.3	5.5	AELE	4.7	4.3	4.8	5.4	5.2	5.2	5.3	6.3	5.9	4.8
Oceania	2.0	x2.8	x2.8	x2.6	x2.1	x2.2	x1.8	x1.6	x1.2	x1.1	Océanie	5.6	x5.4	x5.6	x5.6	x5.3	x2.3	x1.9	x1.7	x1.7	x1.1
Italy/Italie	13.5	14.5	14.6	14.0	14.1	14.4	14.5	16.5	13.3	13.5	France, Monac	18.2	16.8	17.9	17.7	16.1	14.4	16.1	14.6	12.9	12.5
Hong Kong	13.2	13.1	12.4	14.7	13.8	12.5	13.0	11.2	14.4	15.5	Germany/Allemagne	7.8	8.7	9.2	9.7	10.7	13.8	13.4	13.9	13.2	12.9
Germany/Allemagne	14.8	13.3	13.8	15.2	12.6	10.4	10.2	11.6	10.7	10.2	Italy/Italie	8.5	8.7	8.4	8.5	8.3	8.5	9.3	11.7	12.3	11.2
Japan/Japon	6.2	8.4	9.4	6.1	8.8	11.5	9.5	8.9	10.2	8.0	Hong Kong	7.3	7.8	6.8	7.9	7.6	8.1	9.2	8.0	10.0	10.5
China/Chine					5.9	8.0	9.2	6.1	8.5	12.8	United Kingdom	9.8	9.5	10.0	9.7	8.2	8.4	8.3	9.2	8.0	6.9
United Kingdom	6.1	6.2	6.3	6.3	5.4	6.2	5.3	5.5	4.7	4.4	Belgium–Luxembourg	8.4	6.9	6.6	6.5	6.1	6.9	7.5	8.0	5.7	4.4
Switz.Liecht	4.4	4.4	4.9	5.5	4.9	3.6	4.2	4.8	3.7	3.3	Switz.Liecht	3.4	3.2	3.6	4.0	4.1	4.1	4.2	5.1	4.5	3.8
France, Monac	4.2	4.4	4.3	4.4	4.0	3.5	3.6	4.6	3.7	3.5	Japan/Japon	9.2	7.6	5.6	5.7	4.9	4.7	4.3	4.4	4.5	3.3
Korea Republic	1.8	1.9	1.8	1.8	2.2	2.9	3.7	3.4	4.2	3.5	Korea Republic	3.9	3.0	4.0	3.8	4.6	6.3	4.9	3.4	4.5	4.1
Belgium–Luxembourg	4.8	4.1	3.5	3.5	2.9	2.2	2.2	2.7	2.2	1.7	China/Chine						3.7	4.0	3.3	5.2	7.3

65121 WOOL TOPS

RUBANS LAINE PEIGN, TOPS 65121

TRADE BY COMMODITY IN THOUSAND U.S. DOLLARS – COMMERCE PAR PRODUIT EN MILLIERS DE DOLLARS E.U

IMPORTS – IMPORTATIONS

COUNTRIES–PAYS	1988	1989	1990	1991	1992
Total	1659268	1803356	1437287	1411712	1666706
Africa	x6312	x7450	8287	x7781	x9924
Northern Africa	4485	5053	6629	4826	6150
Americas	48407	55779	36034	41346	x49442
LAIA	20839	21855	20105	25714	x30318
CACM	x3	x68	x150		
Asia	683910	757074	490365	647979	709684
Middle East	x13216	x8168	x18558	x27000	x30883
Europe	873654	906839	879441	703603	869640
EEC	721124	736568	713656	584212	728455
EFTA	130021	155240	144594	109248	123494
Oceania	x4821	2455	x353	738	x1110
Italy/Italie	380053	383615	384271	308299	377108
China/Chine	243566	284840	133982	225273	220584
Japan/Japon	264111	260818	192803	188845	212724
Germany/Allemagne	162120	173018	151536	120710	173731
Korea Republic	95156	124839	97110	132076	128536
Switz.Liecht	89378	117142	111588	81877	93191
Hong Kong	59065	71100	35388	62746	86060
France, Monac	44764	43626	45670	34332	31322
United Kingdom	56248	46317	41452	35359	40937
Austria/Autriche	34409	31353	28966	23215	25242
Belgium–Luxembourg	24999	26317	27351	21076	19806
Greece/Grèce	15830	19906	22159	18432	x21572
Canada	24610	32064	14539	12173	12285
Portugal	11273	13786	13924	25210	43171
Ireland/Irlande	17592	18739	16721	12294	10372
Former GDR	x23575	x37037	x9437		
Yugoslavia SFR	22283	15030	21154	x10141	x4329
Romania/Roumanie	x6499	x27165	x10463	13	
Iran (Islamic Rp. of)	x5888	x2096	x12615	x18452	x21195
Brazil/Brésil	x240	10961	4501	6274	7064
Spain/Espagne	4097	6101	7190	6248	8264
Turkey/Turquie	1172	3767	4916	7928	7965
Morocco/Maroc	3931	4296	5680	4112	5819
Chile/Chili	168	328	4875	7055	x6908
Venezuela	17261	4303	3046	4482	5941
Israel/Israël	2765	2135	5186	3322	2222
Netherlands/Pays–Bas	4120	5023	3237	2088	2144
Norway,SVD,JM	2051	3548	2932	3541	3464
Colombia/Colombie	840	2225	5475	2123	2410
India/Inde	336	x1165	4689	3181	x2235
Poland/Pologne	x4406	x1812	x468	x5338	x8927
Peru/Pérou	1871	2193	1406	3061	x5023
USA/Etats–Unis d'Amer	2953	1792	1132	3321	6696
Hungary/Hongrie	x5050	x3189	x1294	1042	x513
Bulgaria/Bulgarie	x2378	x4432	x579	x162	1907
Finland/Finlande	4134	3109	1079	598	1472
Indonesia/Indonésie	1020	1286	939	1470	3622
Czechoslovakia	x257	124	2	x3495	x11231
Mauritius/Maurice	x14	x348	866	1985	2049
So. Africa Customs Un	1426	1666	664	x609	x1523
Thailand/Thaïlande	866	703	684	1160	1450
Australia/Australie	2743	1353	288	478	653
Mexico/Mexique	414	727	467	838	1065
Bangladesh	x640	x879	x54	x780	x1297
Uruguay	x3	x8	x102	x1547	1337
United Arab Emirates	x238	x1639			x9
New Zealand	2026	1102	58	260	413
Philippines	595		684	721	988
Argentina/Argentine		1109	x231	51	391
Egypt/Egypte	62	172	457	713	265

EXPORTS – EXPORTATIONS

COUNTRIES–PAYS	1988	1989	1990	1991	1992
Totale	x1367929	x1388234	x1220475	x1174692	1393320
Afrique	x120622	x93522	x74373	x81580	x92763
Afrique du Nord	x435		1	6	24
Amériques	x321758	x302157	x292859	x300894	334810
ALAI	x265901	x260563	x260239	x259219	290715
MCAC				x623	x270
Asie	x115211	x106173	x68764	90116	x130085
Moyen–Orient	4632	x204	x220	x1139	x305
Europe	777602	871367	780855	692027	823677
CEE	762768	858332	766942	678223	809151
AELE	14790	13035	13670	13381	14339
Océanie	6118	743	x1376	x8786	x999
France, Monac	309129	385709	327456	301631	378051
Uruguay	x156185	x176851	x179452	x184804	207440
Germany/Allemagne	175020	160397	156353	154292	210622
Belgium–Luxembourg	129843	148789	142247	98886	92521
United Kingdom	107929	111263	105403	89546	93405
So. Africa Customs Un	x118567	x92591	x74046	x80093	x92233
Argentina/Argentine	x65532	36291	45959	43917	43417
Malaysia/Malaisie	52682	42031	37505	33087	x27828
USA/Etats–Unis d'Amer	49424	39540	32475	40345	43243
Brazil/Brésil	x43279	40578	30315	25566	32061
Italy/Italie	23447	35057	26306	26339	24130
Hong Kong	24501	34176	10917	33074	59557
Switz.Liecht	14599	12719	12958	12048	13681
Israel/Israël	x17025	x16980	x15582	1370	4164
Thailand/Thaïlande		1528	2926	14102	x24791
Portugal	6039	9084	5941	2532	3217
Chile/Chili	0	x5648	4367	4596	x6826
Former GDR	x24694	x12242	x1241		
Spain/Espagne	10009	6456	2248	4688	6410
Korea Republic	12091	5146	292	5223	4885
Australia/Australie	6033	38	1157	4255	700
India/Inde	1037	x4693	307	339	x2809
American Samoa				x4160	
Hungary/Hongrie	x1747	x1558	x836	x734	x951
Japan/Japon	2110	492	915	1404	567
Netherlands/Pays–Bas	1043	1219	604	120	42
Netherlands Antilles	x6229	x1737			
Kenya	983	x772	236	x480	x404
Peru/Pérou	835	1045	95	x255	x613
Finland/Finlande			13	425	827
New Zealand	85	704	183	371	219
Saudi Arabia		x57	x88	x1099	x250
Austria/Autriche	162	197	128	500	656
Pakistan	851	741		35	
Canada	107		90	655	43
Burkina Faso				x724	
Ireland/Irlande	301	358	204	119	651
Yugoslavia SFR			243	x423	
Costa Rica				x569	
China/Chine	283	116	50	342	1132
Czechoslovakia	x4			x480	x5055
Mozambique		x160	x78	x209	
Former USSR/Anc. URSS	x60	x328	x13		
Cayman Is/Is Caïmans		x270			
Greece/Grèce				180	x101
Poland/Pologne		x143	x91	x40	x3787
Turkey/Turquie	4632	147	43	6	
Iceland/Islande	3	106			
Jordan/Jordanie			132		
Sweden/Suède	25		116		2

(VALUE AS % OF TOTAL)(VALEUR EN % DU TOTAL)

	1983	1984	1985	1986	1987	1988	1989	1990	1991	1992
Africa	x0.4	0.9	0.5	x0.5	x0.4	x0.4	x0.4	0.5	x0.5	x0.6
Northern Africa	0.4	0.6	0.4	0.4	0.3	0.3	0.3	0.5	0.3	0.4
Americas	x3.3	3.6	x3.5	4.3	3.7	3.0	3.1	2.5	2.9	x2.9
LAIA	x1.0	x1.1	x1.0	0.8	x1.4	1.3	1.2	1.4	1.8	x1.8
CACM						x0.0	x0.0	x0.0		
Asia	x23.7	x23.8	x26.0	21.1	33.7	41.2	42.0	34.1	45.9	42.6
Middle East	x4.5	x3.5	x3.4	x1.1	x1.1	x0.8	x0.5	x1.3	x1.9	x1.9
Europe	72.2	70.9	69.6	74.4	58.4	52.7	50.3	61.2	49.8	52.2
EEC	61.7	61.1	58.9	61.0	49.8	43.5	40.8	49.7	41.4	43.7
EFTA	10.5	9.8	10.7	11.9	7.6	7.8	8.6	10.1	7.7	7.4
Oceania	0.4	0.7	0.4	0.4	0.3	x0.3	0.1	x0.0	0.1	x0.1
Italy/Italie	31.4	31.9	29.3	28.8	25.3	22.9	21.3	26.7	21.8	22.6
China/Chine					9.2	14.7	15.8	9.3	16.0	13.2
Japan/Japon	10.6	12.2	15.0	9.7	14.1	15.9	14.5	13.4	13.4	12.8
Germany/Allemagne	12.6	11.6	13.6	17.5	12.8	9.8	9.6	10.5	8.6	10.4
Korea Republic	3.8	3.8	4.0	4.0	4.6	5.4	6.5	7.8	5.8	5.6
Switz.Liecht	7.6	7.4	8.4	9.6	5.8	5.4	6.5	7.8	5.8	5.6
Hong Kong	2.0	2.3	2.8	4.9	3.6	3.6	3.9	2.5	4.4	5.2
France, Monac	4.7	5.3	4.4	3.7	3.5	2.7	2.4	3.2	2.4	1.9
United Kingdom	5.4	5.7	4.8	4.4	3.2	3.4	2.6	2.9	2.0	1.5
Austria/Autriche	x1.3	x1.2	x1.1	x1.3	x1.0	2.1	1.7	2.0	1.6	1.5

	1983	1984	1985	1986	1987	1988	1989	1990	1991	1992
Afrique	x13.7	11.4	x8.7	7.3	x7.4	x8.9	6.8	6.1	x6.9	x6.6
Afrique du Nord	0.4	1.0	0.0	0.0					0.0	0.0
Amériques	4.1	x19.5	x18.6	21.2	22.4	23.5	21.7	24.0	x25.6	24.0
ALAI	2.6	x18.7	x17.0	19.9	19.8	19.4	18.8	21.3	x22.1	20.9
MCAC									x0.1	x0.0
Asie	4.8	3.1	5.0	5.3	5.7	x8.4	7.7	x5.7	7.6	x9.3
Moyen–Orient	x0.0	0.1	x0.3	0.1	x0.2	0.3	x0.0	x0.0	x0.1	x0.0
Europe	64.6	56.8	58.3	57.5	56.0	56.8	62.8	64.0	58.9	59.1
CEE	62.8	55.3	56.7	56.0	54.1	55.8	61.8	62.8	57.7	58.1
AELE	1.8	1.5	1.6	1.5	1.9	1.1	0.9	1.1	1.1	1.0
Océanie	x12.7	x9.3	x9.5	x8.8	x8.4	0.4	0.1	0.1	x0.8	x0.1
France, Monac	32.4	26.9	29.3	30.8	27.3	22.6	27.8	26.8	25.7	27.1
Uruguay			11.5	11.4	12.8	11.1	x12.7	x14.7	15.7	14.9
Germany/Allemagne	7.8	9.6	8.6	7.4	9.3	12.8	11.6	12.8	13.1	15.1
Belgium–Luxembourg	9.5	7.4	7.3	7.0	7.3	9.5	10.7	11.7	8.4	6.6
United Kingdom	10.1	8.8	9.0	8.4	6.9	7.9	8.0	8.6	7.6	6.7
So. Africa Customs Un	x13.3	10.4	x8.6	x7.2	x7.4	x8.7	x6.7	x6.1	x6.8	x6.6
Argentina/Argentine	x0.3	x4.5	5.5	4.4	3.9	x4.8	2.6	3.8	3.7	3.1
Malaysia/Malaisie	2.6	1.5	2.0	2.3	2.6	3.9	3.0	3.1	2.8	x2.0
USA/Etats–Unis d'Amer	1.5	0.8		1.5	1.2	2.5	3.6	2.8	2.7	3.1
Brazil/Brésil			x2.4	x2.9	x3.2	2.9	2.5	2.2	2.3	

6513 COTTON YARN / FILS DE COTON 6513

TRADE BY COMMODITY IN THOUSAND U.S. DOLLARS – COMMERCE PAR PRODUIT EN MILLIERS DE DOLLARS E.U

IMPORTS – IMPORTATIONS

COUNTRIES–PAYS	1988	1989	1990	1991	1992
Total	x5397329	4934529	5278754	6067946	5569694
Africa	x94531	x111809	129658	x147158	x161040
Northern Africa	36183	x29402	32719	44251	x50215
Americas	x247076	272879	x251835	x302115	357446
LAIA	12180	33583	27059	31835	x50808
CACM	9238	8126	9701	11795	x17744
Asia	1735404	1677528	1755165	2320783	x2357185
Middle East	x186629	x78366	x137176	x165278	x158314
Europe	2448484	2257172	2844903	2682790	2549117
EEC	2169676	1996890	2510147	2390698	2265193
EFTA	262863	230536	274580	244032	236662
Oceania	x58667	x63407	x52749	x75424	x87095
Germany/Allemagne	585148	548400	651658	630677	526025
Hong Kong	477544	495365	537181	690063	710052
Japan/Japon	626145	581908	486552	618120	502794
Italy/Italie	427024	368897	451430	402726	314897
Former USSR/Anc. URSS	x486908	x334067	x131034	x458477	
France,Monac	263906	268100	348661	306739	312313
United Kingdom	301916	255236	325117	335138	365123
Belgium–Luxembourg	203480	178421	227609	211739	179565
Korea Republic	145613	142553	148568	297173	192213
Portugal	121219	111256	172433	175649	180627
USA/Etats–Unis d'Amer	150717	149333	135937	156372	185743
Austria/Autriche	114010	104012	126364	111867	114119
Denmark/Danemark	72223	64988	77566	80655	85902
Netherlands/Pays–Bas	73200	66204	81430	73517	66744
Malaysia/Malaisie	28247	52941	73210	87793	x115880
Canada	62568	67945	61035	75600	75607
Greece/Grèce	60893	63710	80130	57477	x104309
Israel/Israël	46401	49600	64796	85534	90920
Mauritius/Maurice	x40980	x49524	70046	79196	76492
Turkey/Turquie	96629	14671	94285	85696	80405
Switz.Liecht	57841	51668	68162	60305	53941
China/Chine	28100	39227	53914	70900	289888
Spain/Espagne	33232	38117	48770	68787	71878
Singapore/Singapour	40490	48993	44626	59487	48718
Bangladesh	x41884	x41412	x39880	x64001	x73870
Australia/Australie	47358	47003	37333	57223	70112
Thailand/Thailande	37707	48734	42599	44799	41897
Yugoslavia SFR	13403	28037	59103	x47108	
Ireland/Irlande	27436	33563	45342	47594	57810
Bulgaria/Bulgarie	x9877	x70633	x27253	x18134	5489
Czechoslovakia	x62061	34806	43042	x32565	x30508
Macau/Macao	33574	35964	35895	35361	37383
Sweden/Suède	42450	31856	31816	29415	26134
Indonesia/Indonésie	5735	25480	31816	29415	26134
Finland/Finlande	30485	26335	26432	19789	10096
Former GDR	x202528	x59133	x9439	20539	20465
Iran (Islamic Rp. of)	x5134	x4339	x9824	x52424	x19558
Philippines	7286	x11206	18779	28838	22946
Norway,SVD,JM	17490	15874	20766	21142	21179
Morocco/Maroc	17411	12116	15488	25378	21282
Poland/Pologne	37730	31466	10675	4074	x5771
Sri Lanka	7601	5471	11591	28404	23684
Brazil/Brésil	1065	20417	14433	9539	2650
New Zealand	9686	14747	13079	16552	14814
Iraq	x62664	x34856	x5077	x674	x64
Hungary/Hongrie	x12635	x11806	x10203	15201	x9606
Dominican Republic	x3405	x4024	x9890	x20656	x22128
Romania/Roumanie	x265	9487	12669	11128	x6368
Tunisia/Tunisie	12988	7943	9592	10292	11025
So. Africa Customs Un	3875	3794	13644	x9133	x9058

EXPORTS – EXPORTATIONS

COUNTRIES–PAYS	1988	1989	1990	1991	1992
Totale	4679919	4727001	5384784	5618864	5532452
Afrique	x448829	x559100	x485082	x399766	x366746
Afrique du Nord	406848	487084	428975	346248	290387
Amériques	388967	377470	417826	x395137	x351971
ALAI	318881	302511	314252	x281322	x245778
MCAC	17469	15729	18911	14015	x18580
Asie	2143677	2102242	2506779	2908712	2882482
Moyen–Orient	398403	287154	271597	202382	116893
Europe	1616448	1601851	1887304	1861077	1894206
CEE	1289211	1288779	1533587	1564760	1580483
AELE	280963	255610	302705	274532	290884
Océanie	x1623	x1305	x3227	x2132	x10621
Pakistan	543483	681278	983703	1145359	1243396
China/Chine	524842	437611	401314	472052	394305
Egypt/Egypte	374849	457436	388399	309636	246102
Italy/Italie	281598	312852	394534	404909	486915
Germany/Allemagne	266286	279521	324868	321755	295383
India/Inde	163110	x164914	274060	380089	x322837
Turkey/Turquie	364044	265011		186767	101982
Greece/Grèce	196910	205584	247626	186767	101982
Switz.Liecht	210959	197071	235026	212298	208754
Hong Kong	119964	149119	198944	265602	336920
Korea Republic	213655	197754	166399	184491	143382
Brazil/Brésil	164509	149911	167347	173861	178773
Belgium–Luxembourg	198224	167591	167183	140811	132740
Spain/Espagne	99228	94655	155037	142637	143583
Peru/Pérou	73561	68798	82764	x88437	x78735
USA/Etats–Unis d'Amer	50173	56895	81887	95338	80205
Thailand/Thailande	57944	59393	83132	68489	x73418
Austria/Autriche	60969	50350	58652	52939	70119
Japan/Japon	37404	45393	54290	58027	58080
Yugoslavia SFR	45678	57139	50891	x21647	
Portugal	42561	36040	39641	48911	52147
United Kingdom	31742	23565	38049	59992	63474
Singapore/Singapour	39264	41215	38529	40927	32401
Indonesia/Indonésie	20555	18505	19250	68420	136619
Former USSR/Anc. URSS	x41005	x35496	x28338	x31650	
Morocco/Maroc	25585	25308	35608	33258	37796
Argentina/Argentine	26123	27489	37684	15529	9461
Netherlands/Pays–Bas	29307	27259	28937	21614	16507
Ireland/Irlande	20363	13628	16483	19926	17873
Cote d'Ivoire	x2768	40559	x3497	x1157	x3157
So. Africa Customs Un	x20962	x12766	x17743	x14524	x15506
Zimbabwe	x7593	x8033	17906	18930	x10025
Syrian Arab Republic	22362	15176	20659	x7872	x5053
Denmark/Danemark	16510	12672	16203	14048	14575
Colombia/Colombie	12862	11746	16202	13597	7541
Hungary/Hongrie	x11654	x10355	x17972	x13032	x15530
El Salvador	14248	12872	12948	11194	x16012
Poland/Pologne	10842	8103	22627	11194	x4504
Romania/Roumanie	x5713	18275	10379	1954	x4504
Mexico/Mexique	4331	6342	6170	17838	11270
Macau/Macao	9686	8202	6366	7667	7160
Malaysia/Malaisie	8896	6659	4734	9257	x9786
Sweden/Suède	6239	5660	5162	5664	8130
Jordan/Jordanie	11512	6704	2372	4689	3098
Bolivia/Bolivie	728	7711	1561	2414	2307
Nigeria/Nigéria	x38	x522	x4495	x6652	x8796
Guatemala	2501	2522	5706	2441	2017
Un. Rep. of Tanzania	x3189	x1659	x5311	x3122	x3899
Norway,SVD,JM	2353	2139	3317	3083	3260

(VALUE AS % OF TOTAL)(VALEUR EN % DU TOTAL)

	1983	1984	1985	1986	1987	1988	1989	1990	1991	1992
Africa	x3.6	x3.0	2.4	x2.5	x1.9	x1.8	x2.3	2.5	x2.5	x2.9
Northern Africa	1.4	1.2	1.1	x0.8	x0.7	0.7	x0.6	0.6	0.7	x0.9
Americas	x4.6	4.9	5.1	x6.7	x5.5	x4.6	5.5	x4.7	x5.0	x6.4
LAIA	0.2	0.3	0.3	x0.4	x0.3	0.2	0.7	0.5	0.5	x0.9
CACM	x0.3	0.3	0.4	x0.1	0.2	0.2	0.2	0.2	0.2	x0.3
Asia	x31.1	32.9	32.1	30.3	28.3	32.2	34.0	33.2	38.3	x42.4
Middle East	x5.0	x2.4	x2.6	x1.6	x1.0	x3.5	x1.6	x2.6	x2.7	x2.8
Europe	59.7	58.1	59.0	59.5	50.3	45.4	45.7	53.9	44.2	45.8
EEC	52.5	51.7	51.7	52.4	44.7	40.2	40.5	47.6	39.4	40.7
EFTA	7.2	6.3	6.9	6.7	5.3	4.9	4.7	5.2	4.0	4.2
Oceania	1.0	x1.1	x1.3	x1.1	x1.1	x1.1	1.3	x1.0	x1.2	1.5
Germany/Allemagne	16.9	16.4	16.5	15.3	12.0	10.8	11.1	12.3	10.4	9.4
Hong Kong	13.1	12.3	10.9	12.9	10.0	8.8	10.0	10.2	11.4	12.7
Japan/Japon	9.1	14.1	14.1	10.0	9.9	11.6	11.8	9.2	10.2	9.0
Italy/Italie	8.9	10.5	9.5	10.5	9.8	7.9	7.5	8.6	6.6	5.7
Former USSR/Anc. URSS					x7.9	x9.0	x6.8	x2.5	x7.6	
France,Monac	6.5	5.9	6.4	7.0	5.6	4.9	5.4	6.6	5.1	5.6
United Kingdom	6.2	5.8	6.7	6.1	5.2	5.6	5.2	6.0	5.5	6.6
Belgium–Luxembourg	6.3	5.6	5.3	5.8	4.2	3.8	3.6	4.3	3.5	3.2
Korea Republic	0.5	0.6	0.6	1.8	2.5	2.7	2.9	2.8	4.9	3.5
Portugal	0.1	0.4	0.5	0.9	1.9	2.2	2.3	3.3	2.9	3.2

	1983	1984	1985	1986	1987	1988	1989	1990	1991	1992
Afrique	11.6	9.4	10.3	x10.0	10.2	x9.5	x11.9	x9.0	x7.2	x6.6
Afrique du Nord	10.7	8.7	9.1	8.8	9.2	8.7	10.3	8.0	6.2	5.2
Amériques	x5.7	12.8	11.6	8.6	8.2	8.3	7.9	7.8	x7.1	x6.4
ALAI	3.0	11.1	9.8	7.1	7.1	6.8	6.4	5.8	x5.0	4.4
MCAC	x0.6	0.5	0.6	x0.5	x0.4	0.4	0.3	0.4	0.2	x0.3
Asie	31.2	33.0	34.4	36.8	45.7	45.8	44.4	46.5	51.7	52.1
Moyen–Orient	2.3	11.1	11.4	11.5	8.1	8.5	6.1	5.0	3.6	2.1
Europe	51.3	44.3	43.7	44.7	34.5	34.5	33.9	35.0	33.1	34.2
CEE	43.4	36.8	35.9	36.2	28.0	27.5	27.3	28.5	27.8	28.6
AELE	7.9	6.1	6.5	7.3	5.5	6.0	5.4	5.6	4.9	5.3
Océanie	0.2	x0.1	0.1	x0.0	x0.0	x0.0	x0.0	x0.1	x0.0	x0.2
Pakistan	14.0	7.9	10.1	11.7	11.2	11.6	14.4	18.3	20.4	22.5
China/Chine					10.6	11.2	9.3	7.5	8.4	7.1
Egypt/Egypte	9.8	7.7	8.2	7.8	8.5	8.0	9.7	7.2	5.5	4.4
Italy/Italie	6.5	5.9	6.2	6.5	4.8	6.0	6.6	7.3	7.2	8.8
Germany/Allemagne	6.0	6.8	6.3	7.3	6.3	5.7	5.9	6.0	5.7	5.3
India/Inde	1.2	1.1	1.4	2.2	5.4	3.5	x3.5	5.1	6.8	x5.8
Turkey/Turquie					5.4	7.8	5.6	5.1	6.8	x5.8
Greece/Grèce	10.8	8.4	7.4	7.8	5.6	4.2	4.6	4.6	3.3	1.8
Switz.Liecht	5.8	4.7	5.0	5.6	3.9	4.5	4.2	3.9	4.1	x3.5
Hong Kong	2.2	2.8	2.5	3.0	2.7	2.6	3.2	3.7	4.7	6.1

65133 — 40 TO 80 KM PER KG

TRADE BY COMMODITY IN THOUSAND U.S. DOLLARS – COMMERCE PAR PRODUIT EN MILLIERS DE DOLLARS E.U

IMPORTS – IMPORTATIONS

COUNTRIES–PAYS	1988	1989	1990	1991	1992
Total	x970300	x538752	x855684	x600865	x1273072
Africa	x29655	x6287	x15505	x13922	x88342
Northern Africa	6079	4601	x10828	x12088	x11677
Americas	x13107	x22771	x17030	x11219	x7744
LAIA	x1976	x10464	x8670	x6170	x3581
CACM	x138	x677	x357	x252	x252
Asia	x116268	x75186	x117179	x161024	x61016
Middle East	x8745	x1581	x25446	x8710	
Europe	730437	370718	660805	360331	x1115969
EEC	x679387	x351792	x621392	x328241	x1028378
EFTA	x45953	x18642	x37522	x32090	x87591
Oceania	x32751	x34121	x35053	x50450	
France, Monac	x121057	x71188	x129882	x103146	x251517
Italy/Italie	x144862	x82907	x125587	x72592	x117930
Germany/Allemagne	x173504	x76403	x140741	x2562	x855
Portugal	x70415	x42143	x90470	x35068	x130549
United Kingdom	x50311	x31239	x52459	x57094	x194153
Australia/Australie	x26697	x33827	x33509	x50176	
Japan/Japon	x62388	x37378	x34742	x41574	x338
Belgium–Luxembourg	x46898	x14701	x33257	x23902	x136134
Korea Republic	x855		x9044	x52976	
Singapore/Singapour	6487	x9850	x15186	x24424	
Spain/Espagne	x11698	x8932	x16083	x19900	31436
Netherlands/Pays–Bas	x15042	x15079	x14640	x3473	x4941
Finland/Finlande	x15242	x945	x16263	x13369	x16170
Turkey/Turquie	1899	x288	x19093	x6368	
Thailand/Thaïlande	x2428	x571	x8926	x11709	5835
Morocco/Maroc	5066	3906	7714	9413	x10941
Sweden/Suède	x8320	x4684	x8397	x7475	
Malaysia/Malaisie	x7772	x8515	x3296	x8023	
China/Chine	4978	5121	6590	7857	
Czechoslovakia	x26220	x8776	x9168		
Denmark/Danemark	x12351	x3263	x6902	x7407	x49377
Norway, SVD, JM	x4618	x5301	x5753	x5857	x20976
Macau/Macao	x15355	x10268	x3312	x1564	
Brazil/Brésil	x95	x7890	x5375	x618	x626
Canada	x3704	x6485	x4384	x2814	x2813
Austria/Autriche	x10616	x4675	x4980	x3181	x32620
Former GDR	x1719	x11235	x944	x2048	x88909
Greece/Grèce	x30644	x1613	x7767		
Bulgaria/Bulgarie		x9658			
Ireland/Irlande	x2605	x4325	x3604	x1049	x22579
USA/Etats–Unis d'Amer	x5788	x4234	x2913	x1678	x802
Mauritius/Maurice	x23090	x1598	x4541	x1596	x76492
Switz.Liecht	x6833	x2589	x2130	x1445	x6884
Philippines	1023		6068		
Iraq	x4688		x4818		
Israel/Israël	x1690	x1567	x2620	x248	x248
Algeria/Algérie	x13		x1884	x2054	x5455
Sri Lanka	1394		x1118	x2803	
Former USSR/Anc. URSS	x538			x3918	
Argentina/Argentine	611	483	538	2521	x785
Syrian Arab Republic	x580	x1011	x952	x1124	
Bolivia/Bolivie	239	603	521	1389	x575
Tunisia/Tunisie	994	655	x1230	x622	x387
Chile/Chili	x749	x876	x633	x691	x436
Yugoslavia SFR	x4018		x181	x1892	
Myanmar	x407	x181	x554	x1136	
New Zealand	x5887	x295	x1527		
Venezuela	16	1	x739	x699	x699
Dominican Republic	x765	x456	x570	x258	x258
United Arab Emirates	x847	x14	x217	x1015	

EXPORTS – EXPORTATIONS

COUNTRIES–PAYS	1988	1989	1990	1991	1992
Totale	x596637	x637101	v519810	x499616	x589943
Afrique	x23524	18178	29967	x29226	31916
Afrique du Nord	x23470	18178	29898	x29226	31916
Amériques	55221	x60657	66310	x4105	x543
ALAI	55198	60631	66166	x3939	x527
MCAC					
Asie	x452930	x421946	x211545	x256590	x368251
Moyen–Orient	118867	x218399		x35	
Europe	x64460	x134589	x211986	x209695	x189233
CEE	x44991	x66338	x156679	x138028	x136374
AELE	x17138	x28338	x55306	x71667	x52859
Océanie				x1	
China/Chine	253240	196109	201774	244113	
Turkey/Turquie	118865	x218399			
Switz.Liecht	x17138	x28338	x55306	x71667	x52859
France, Monac	x6378	x26106	x43809	x32864	x42986
Italy/Italie	x28968	x12964	x38215	x33801	
Portugal	x3818	16657	25959	24669	29263
Morocco/Maroc	18265		33922	x2319	x24
Peru/Pérou	27905	27459			
Spain/Espagne	x2983	x10120	x35853	x10584	x14237
Argentina/Argentine	18138	25922	23654		x34
Yugoslavia SFR	x2331	x39914	x12485	x5	x93
Germany/Allemagne	x1636	x14244			
Colombia/Colombie	8591	6735	8304		
Pakistan	x21014		x5707	x8872	x109439
Egypt/Egypte	x5031	x1445	x3897	x4557	x2653
India/Inde	x25334	x4574	x3420	x412	x122261
United Kingdom	x256	x698	x6404		
Korea Republic	x2502	x1422	x6	x1970	
Belgium–Luxembourg	x953	x2206			x79058
Brazil/Brésil	x95	x222	x181	x1385	x195
Japan/Japon	x781	x603	x434	x600	
Former GDR	x473	x1484			
Korea Dem People's Rp	x14	x601			
Macau/Macao	x140	x211	x151	x185	
Uruguay	x468	x293	x14	x115	267
Indonesia/Indonésie	7474			x357	x124758
USA/Etats–Unis d'Amer	x23	x26	x144	x166	x16
Former USSR/Anc. URSS		x246			
Chile/Chili			x90	x74	
Singapore/Singapour	22957	x27	x17	x81	x1952
Tunisia/Tunisie	x174	x75	x42	x45	x3
Bolivia/Bolivie					x76492
Senegal/Sénégal			44		
Saudi Arabia	x1		x35		
Ghana			x25		
New Zealand			x1		

(VALUE AS % OF TOTAL)(VALEUR EN % DU TOTAL)

	1983	1984	1985	1986	1987	1988	1989	1990	1991	1992		1983	1984	1985	1986	1987	1988	1989	1990	1991	1992
Africa	x4.6	x5.0	x2.4	x2.5	x1.7	x3.1	x1.2	x1.8	x2.3	x6.9	Afrique	x3.3	x3.7	x3.8	x10.2	x9.1	x3.9	2.9	x5.8	x5.8	5.4
Northern Africa	x1.9	x1.4	x1.1	x0.4	0.2	0.6	0.9	x1.3	x2.0	x0.9	Afrique du Nord	x1.8	x2.7	x2.4	x8.7	x7.6	x3.9	2.9	5.8	x5.8	5.4
Americas	3.0	x3.5	x1.8	x3.9	x2.8	x1.4	x4.2	x2.0	x1.8	x0.6	Amériques	x17.3	x18.0	x16.1	x11.9	x10.8	x9.3	x9.5	x12.7	x0.8	x0.1
LAIA	x0.1	x0.2	x0.2	x0.2	x0.2	x0.2	x1.9	x1.0	x1.0	x0.3	ALAI	x15.9	x16.6	x15.3	x11.3	x10.5	9.3	9.5	12.7	x0.8	x0.1
CACM	x0.0	x0.0	x0.0	x0.0	x0.0	x0.0	x0.0	x0.0	x0.0	x0.0	MCAC	x1.5	x1.4	x0.8	x0.3	x0.2					
Asia	x11.8	x19.9	x21.6	x17.7	x27.8	x12.0	x13.9	x13.7	x26.8	x4.7	Asie	x31.5	x30.9	x32.4	x31.3	x46.3	x75.9	x66.2	x40.7	x51.3	x62.4
Middle East	x0.8	x0.8	x1.4	x1.1	x0.6	x0.9	x0.3	x3.0	x1.4		Moyen–Orient	x11.8	x10.2	x8.8	x8.6	x7.0	19.9	x34.3	x0.0	x42.0	x32.1
Europe	79.4	70.2	72.4	74.4	64.5	x75.3	x68.8	x77.2	x60.0	x87.7	Europe	47.9	47.4	47.4	46.5	33.4	x10.8	x21.1	x40.8	x42.0	x23.1
EEC	72.9	65.4	67.0	69.1	60.9	x70.0	x65.3	x72.6	x54.6	x80.8	CEE	36.1	37.1	37.5	36.8	26.8	x7.5	x10.4	x30.1	x27.6	x23.1
EFTA	x6.3	x4.7	x5.1	x4.9	x3.3	x4.7	x3.5	x4.4	x5.3	x6.9	AELE	x8.7	x8.1	x8.5	x8.2	x5.4	x2.9	x4.4	x10.6	x14.3	x9.0
Oceania	1.2	x1.4	x1.8	x1.5	x1.4	x3.4	x6.3	x4.1	x8.4		Océanie	x0.1	x0.0	x0.0	x0.0				x0.0		
France, Monac	12.5	10.6	11.8	12.6	8.9	x12.5	x13.2	x15.2	x17.2	x19.8	China/Chine					14.6	42.4	30.8	38.8	48.9	
Italy/Italie	14.7	16.7	15.6	17.6	16.4	x14.9	x15.4	x14.7	x12.1	x9.3	Turkey/Turquie	x10.5	x8.8	7.1	7.0	5.3	19.9	x34.3			x9.0
Germany/Allemagne	23.7	19.5	20.0	19.3	15.8	x14.9	x14.2	x16.4	x0.4	x0.1	Switz.Liecht	6.5	6.5	6.5	6.6	4.0	x1.1	x4.1	x8.4	x6.0	x7.3
Portugal	0.3	0.3	0.6	1.4	3.2	x7.3	x7.8	x10.6	x5.8	x10.3	France, Monac	2.5	2.5	2.9	2.9	2.2	x4.9	x2.0	x7.4	x12.2	
United Kingdom	7.4	6.1	7.2	6.4	5.4	x5.2	x5.8	x6.1	x9.5	x15.3	Italy/Italie	2.2	2.5	3.6	4.4	3.0	x4.9	x0.6	x7.4	x6.8	
Australia/Australie	0.7	0.8	1.3	1.1	1.2	x2.8	x6.3	x5.8	x8.4		Portugal	2.2	1.6	1.7	1.0	0.7	x0.6		x5.0	x4.9	5.0
Japan/Japon	10.0	18.2	19.1	13.2	12.9	x6.4	x6.9	x4.1	x6.9	x0.0	Morocco/Maroc	1.5	1.9	1.8	2.3	1.4	3.1	2.6	5.0	x0.5	5.0
Belgium–Luxembourg	5.5	4.5	4.7	5.2	4.7	x4.8	x2.7	x3.9	x4.0	x10.7	Peru/Pérou	1.2	1.9	2.7	2.4	1.4	4.3	4.3	6.5	x2.1	
Korea Republic	0.1	0.1	0.0	1.4	2.0	x0.1		x1.1		x8.8	Spain/Espagne	1.9	2.2	1.6	1.1	0.7	x0.5	x1.6	x6.9	x2.1	x2.4
Singapore/Singapour	0.3	0.2	0.4	0.3	0.2	0.7	x1.8	x1.8	x4.1		Argentina/Argentine		0.3	1.3	0.7	1.0	3.0	4.1	4.6		x0.0

483

6514 SYN FIB YRN, BULK, MONOFIL

FILS CONT 85% FIB TEXT SYNTH6514

TRADE BY COMMODITY IN THOUSAND U.S. DOLLARS – COMMERCE PAR PRODUIT EN MILLIERS DE DOLLARS E.U

COUNTRIES–PAYS	IMPORTS – IMPORTATIONS					COUNTRIES–PAYS	EXPORTS – EXPORTATIONS				
	1988	1989	1990	1991	1992		1988	1989	1990	1991	1992
Total	7502794	8151388	8983002	9339919	9617940	Totale	6318217	6178993	7071109	7812269	8418073
Africa	331740	249725	327977	x292434	x279040	Afrique	x48445	x69218	x72810	x51431	x63250
Northern Africa	254313	176028	256381	228350	217844	Afrique du Nord	15777	22018	29412	22514	19422
Americas	607935	766200	786795	963916	x1070704	Amériques	842583	938275	1127319	1155165	1135257
LAIA	106283	118117	157155	240599	278692	ALAI	212727	174654	193898	184926	199485
CACM	31609	29081	24844	26869	x33992	MCAC	4344	10674	15441	16658	x16314
Asia	1722790	2012793	2152328	2441582	2496585	Asie	1331763	1453521	1628594	1993368	2267883
Middle East	x154712	x302080	x282374	x241543	x302139	Moyen–Orient	104422	100963	124389	156969	147579
Europe	4125784	4428909	5362418	5153682	5481903	Europe	3919692	3582890	4130319	4516902	4824336
EEC	3640474	3926946	4779581	4650822	4961591	CEE	3502223	3133618	3617271	4063348	4329604
EFTA	424212	429879	498819	428595	449898	AELE	391636	408006	467432	411370	439419
Oceania	x130761	x153933	x149260	x176031	x192427	Océanie	x3345	3168	3609	6014	x8104
France, Monac	542136	622286	798923	763420	837302	Germany/Allemagne	1522223	1536839	1721464	1641863	1796332
Italy/Italie	536727	654520	782912	741887	777202	USA/Etats–Unis d'Amer	548827	652481	789395	768790	724618
Germany/Allemagne	553907	617414	780854	756293	797876	Italy/Italie	667580	663226	742714	691165	713824
United Kingdom	665884	637294	704261	695327	761384	Hong Kong	334929	384261	444125	579115	589018
Hong Kong	426324	526358	592471	789664	667547	Japan/Japon	445591	439169	445331	522811	566247
Belgium–Luxembourg	484708	494886	606348	593011	614122	France, Monac	307766	348023	415670	392735	417338
Netherlands/Pays–Bas	356681	334163	403422	413934	450539	Switz. Liecht	321860	329525	377703	333579	359204
USA/Etats–Unis d'Amer	240717	344503	359904	435438	481064	United Kingdom	85461	94013	107601	694401	701062
China/Chine	309381	377017	270868	296013	385690	Korea Republic	166640	260140	292539	341813	486237
Spain/Espagne	166168	235173	278172	286563	308554	Belgium–Luxembourg	176404	203187	258902	282753	303482
Former USSR/Anc. URSS	x357684	x381836	x118984	x222213		Canada	76501	99758	128045	184189	193316
Canada	213980	240098	220644	224100	237773	Turkey/Turquie	103190	99670	109450	148858	141965
Japan/Japon	151635	156398	197918	206092	196995	Mexico/Mexique	118375	110210	110310	99814	105476
Austria/Autriche	136998	143060	187371	169781	177835	China/Chine	67351	78537	99525	122241	128241
Portugal	142633	135947	178441	158925	176380	Spain/Espagne	71984	79214	110391	101218	114877
Korea Republic	148152	116206	158020	186381	250080	Denmark/Danemark	77110	78025	96734	88507	89489
Indonesia/Indonésie	66121	93264	157276	163503	199673	Ireland/Irlande	61300	59476	72639	84737	101023
Australia/Australie	106827	124214	122281	147776	161695	Israel/Israël	54307	59319	61953	71080	71378
Turkey/Turquie	19089	119224	136243	111968	145277	Austria/Autriche	44102	49126	56652	48278	50907
Denmark/Danemark	107164	105851	130533	119125	117714	Netherlands/Pays–Bas	488829	40169	55747	53857	56900
Switz. Liecht	89610	89088	104428	96223	109149	Singapore/Singapour	65435	41861	47164	45730	26977
Sweden/Suède	101219	94408	97755	79135	83220	Czechoslovakia	x38531	x39370	x41973	x42374	x55752
Syrian Arab Republic	61724	92016	66577	x60620	x67079	Thailand/Thaïlande	31204	30177	40551	47562	x55114
Yugoslavia SFR	59497	70499	77405	x70326		Yugoslavia SFR	20226	36293	37112	x32232	
Finland/Finlande	68124	75969	79892	55407	50926	Indonesia/Indonésie	27494	33916	26667	36099	58991
Pakistan	93507	98315	51976	57094	50321	Brazil/Brésil	77743	31497	23714	33570	46794
Greece/Grèce	33576	45523	69750	64806	x65259	So. Africa Customs Un	x18672	x22357	x37326	x24310	x39352
Israel/Israël	49998	55366	54992	63776	79512	Argentina/Argentine	4851	16015	23229	31435	28387
Egypt/Egypte	41736	31972	70268	67614	73318	Morocco/Maroc	14414	20469	27873	20785	16468
Bangladesh	x29850	x40305	x39357	88503	x41231	Sweden/Suède	16385	17412	18742	18537	20756
Thailand/Thaïlande	38402	45904	60364	59835	66223	Romania/Roumanie	x30067	24697	19037	8054	x22686
India/Inde	64497	x43254	91942	28196	x43472	Greece/Grèce	17408	19459	17025	13646	x20795
Morocco/Maroc	40036	51828	52455	56135	53557	Portugal	26158	11988	18384	18466	14480
Tunisia/Tunisie	49475	52120	52086	52364	59614	Pakistan	3593	7150	16758	20469	40487
Malaysia/Malaisie	27455	34574	43417	77905	x42077	Poland/Pologne	9812	10491	15804	14847	x19098
Ireland/Irlande	50890	43888	45963	57530	55259	Former GDR	x47650	x31287	x8177		
Algeria/Algérie	117774	31596	73126	39450	x20519	India/Inde	14963	x5081	11759	22313	x28961
Brazil/Brésil	16881	24645	47056	69172	73283	Finland/Finlande	6513	10450	13651	10551	7923
Singapore/Singapour	58498	38450	48615	45020	30444	Malaysia/Malaisie	8052	9373	9987	10659	x43092
Mexico/Mexique	23891	38525	43859	49546	63917	Costa Rica	1132	6590	11120	11828	x13519
Philippines	28035	x32263	42131	48526	43686	Hungary/Hongrie	x10574	x8132	x11979	x9135	x16240
Hungary/Hongrie	x39530	x34760	x33859	39291	x23485	Mauritius/Maurice	13420	23736	940	915	750
So. Africa Customs Un	44160	37619	33014	x24557	x18024	Uruguay	7046	8165	8181	8455	1484
Poland/Pologne	75171	41814	20999	30682	x36688	Former USSR/Anc. URSS	x21305	x7458	x3763	x13269	
Norway, SVD, JM	27490	26669	28572	27372	27733	Malta/Malte	5232	4594	8337	9782	x16742
New Zealand	20701	27001	24550	25637	26693	Bulgaria/Bulgarie	x14371	x10486	x7576	x1618	5377
Sri Lanka	18866	19776	19823	36637	30223	Jordan/Jordanie	168	2367	1	4942	2513
Iraq	x32110	x42728	x24971	x4215	x937	Colombia/Colombie	1804	4579	7677	6409	9589
Colombia/Colombie	12795	14561	26163	22044	32249	Peru/Pérou	140	966	15950	x1352	x1032
Argentina/Argentine	4585	4098	9053	42683	43299	Philippines	4769	x1336	4798	6176	8062

(VALUE AS % OF TOTAL)(VALEUR EN % DU TOTAL)

	1983	1984	1985	1986	1987	1988	1989	1990	1991	1992		1983	1984	1985	1986	1987	1988	1989	1990	1991	1992
Africa	x7.4	x7.1	x6.2	x5.1	3.5	4.4	3.1	3.7	x3.2	x2.9	Afrique	0.6	x0.9	1.2	x0.7	0.6	0.8	1.2	1.0	x0.6	0.8
Northern Africa	4.1	4.2	4.1	3.4	2.4	3.4	2.2	2.9	2.4	2.3	Afrique du Nord	0.1	0.1	0.1	x0.2	x0.2	0.2	0.4	0.4	0.3	0.2
Americas	x8.9	10.6	10.3	x10.7	x9.2	8.1	9.4	8.8	10.4	x11.1	Amériques	x9.5	11.2	10.8	x9.5	x9.1	13.3	15.2	16.0	14.8	13.5
LAIA	1.0	1.7	1.4	x1.4	x1.2	1.4	1.4	1.7	2.6	2.9	ALAI		2.1	1.3	x1.8	x2.4	3.4	2.8	2.7	2.4	2.4
CACM	x0.3	0.3	x0.0	x0.4	x0.4	0.4	0.4	0.3	0.3	x0.4	MCAC	x0.1	0.1	x0.0	x0.2	x0.2	0.1	0.2	0.2	0.2	x0.2
Asia	x20.4	22.1	x24.1	x21.4	21.7	23.0	24.7	23.9	26.2	26.0	Asie	21.2	23.8	26.5	23.1	21.4	21.1	23.6	23.1	25.5	27.0
Middle East	x5.4	x6.7	x6.7	x6.4	x3.1	2.1	x3.7	x3.1	x2.6	x3.1	Moyen–Orient	1.7	2.0	2.7	3.0	3.2	1.7	1.6	1.8	2.0	1.8
Europe	55.6	53.0	56.7	60.3	55.4	55.0	54.3	59.7	55.2	57.0	Europe	68.7	64.1	61.4	66.8	67.4	62.0	58.0	58.4	57.8	57.3
EEC	49.0	46.2	49.5	52.6	47.9	48.5	48.2	53.2	49.8	51.6	CEE	62.3	58.0	55.5	60.4	61.6	55.4	50.7	51.2	52.0	51.4
EFTA	6.6	6.0	6.2	6.6	5.9	5.7	5.3	5.6	4.6	4.7	AELE	6.4	5.8	5.6	6.0	5.4	6.2	6.6	6.6	5.3	5.2
Oceania	x2.8	x3.1	x2.7	x2.5	x2.1	x1.7	x1.9	x1.6	x1.9	x2.0	Océanie	x0.1	0.1	x0.0	0.0	x0.0	x0.1			0.1	x0.1
France, Monac	7.6	7.3	7.9	8.2	7.3	7.2	7.6	8.9	8.2	8.7	Germany/Allemagne	22.2	21.3	20.1	21.6	20.9	24.1	24.9	24.3	21.0	21.3
Italy/Italie	4.9	5.5	5.9	6.5	6.4	7.2	8.0	8.7	7.9	8.1	USA/Etats–Unis d'Amer	8.2	7.9	8.5	6.3	5.6	8.7	10.6	11.2	9.8	8.6
Germany/Allemagne	8.9	8.2	8.7	9.5	8.5	7.4	7.6	8.7	8.1	8.3	Italy/Italie	12.5	10.7	10.6	12.9	10.6	10.7	10.5	10.5	8.8	8.5
United Kingdom	10.3	9.4	10.3	10.1	8.8	8.9	7.8	7.8	7.4	7.9	Hong Kong	2.5	4.2	5.4	3.8	3.8	5.3	6.2	6.3	7.4	7.0
Hong Kong	3.6	5.5	6.7	4.9	4.7	5.7	6.5	6.6	8.5	6.9	Japan/Japon	11.2	11.6	10.6	9.4	7.1	7.1	6.3	6.3	6.7	6.7
Belgium–Luxembourg	7.7	6.6	6.7	6.8	6.3	6.5	6.1	6.7	6.3	6.4	France, Monac	6.6	6.1	5.8	6.2	5.4	4.9	5.6	5.9	5.0	5.0
Netherlands/Pays–Bas	3.9	4.0	4.3	4.9	4.4	4.8	4.1	4.5	4.4	4.7	Switz. Liecht	6.8	6.6	4.5	4.7	4.1	5.1	5.3	5.3	4.3	4.3
USA/Etats–Unis d'Amer	3.2	4.5	4.5	4.5	3.3	3.2	4.2	4.0	4.7	5.0	United Kingdom	5.5	5.7	6.0	5.7	6.0	1.4	1.5	1.5	8.9	8.3
China/Chine					2.6	4.1	4.6	3.0	3.2	4.0	Korea Republic	4.6	5.0	5.0	4.6	3.3	4.2	4.1	4.1	4.4	5.8
Spain/Espagne	1.0	0.9	1.0	1.6	1.8	2.2	2.9	3.1	3.1	3.2	Belgium–Luxembourg	3.6	3.4	3.8	3.4	2.8	3.3	3.7	3.6	3.6	3.6

65141 — TEXTRD, CONT POLYAMIDE

FILS TEXT FIB CONT POLYAMID 65141

TRADE BY COMMODITY IN THOUSAND U.S. DOLLARS – COMMERCE PAR PRODUIT EN MILLIERS DE DOLLARS E.U

IMPORTS – IMPORTATIONS

COUNTRIES–PAYS	1988	1989	1990	1991	1992
Total	1541505	1608357	1736026	1858539	1906573
Africa	x24951	x25016	x45245	x41952	x49152
Northern Africa	x9726	x10899	x26285	x26367	x33453
Americas	x121749	x142304	164337	183936	x210130
LAIA	17503	15860	19002	32903	38170
CACM	x586	x2887	4729	1811	x4328
Asia	139760	158796	164692	210813	x287929
Middle East	x10453	x33969	x39854	x39520	x51326
Europe	1057471	1072010	1239173	1239583	1238594
EEC	950315	965007	1115240	1115831	1113924
EFTA	98170	95247	105485	89725	97290
Oceania	x34415	x42267	x57247	x62757	x82267
Belgium–Luxembourg	198745	193136	228919	215847	226706
United Kingdom	213038	194199	186849	201425	201184
Germany/Allemagne	131646	149819	181730	198236	190739
Netherlands/Pays–Bas	158383	148951	176139	182610	171268
France, Monac	71329	82180	105271	108678	109377
Italy/Italie	75154	75925	85715	75892	76792
Canada	67628	85516	79911	70417	73765
Former USSR/Anc. URSS	x91216	x111670	x35002	x83410	
USA/Etats–Unis d'Amer	32982	32738	53917	68859	83723
Australia/Australie	28977	33987	49939	56108	73702
Austria/Autriche	42744	43823	50588	44493	47749
Denmark/Danemark	34516	36868	47152	38699	37874
Portugal	29386	35763	43320	38898	39396
China/Chine	37793	44732	24305	44051	75272
Hong Kong	23348	27669	29750	38574	70151
Greece/Grèce	11205	17364	25092	20370	x22958
Switz.Liecht	21251	19945	22051	20745	23905
Yugoslavia SFR	8871	11674	14642	x32049	
Japan/Japon	19034	13044	18351	24100	18301
Spain/Espagne	9320	16298	18509	16828	19806
Ireland/Irlande	17592	14504	16545	18348	17824
Sweden/Suède	19058	15050	16566	11987	12661
Poland/Pologne	x28214	x17603	x8346	x15679	x17078
Tunisia/Tunisie	5445	5018	15446	20182	22736
Korea Republic	16967	9869	14367	13641	10453
Finland/Finlande	11892	12947	12073	7878	8100
Hungary/Hongrie	x8849	x8436	x8335	13643	x8470
Jordan/Jordanie	x190	13192	7843	9371	10646
Brazil/Brésil	4821	6540	10079	12282	13136
Turkey/Turquie		5239	11562	10313	9658
Malaysia/Malaisie	5933	7251	9309	10088	x4937
So. Africa Customs Un	9442	8895	8346	x6212	x4551
Indonesia/Indonésie	648	3612	8051	10488	15697
New Zealand	5099	7466	6414	5706	7635
Thailand/Thailande	2400	3698	5651	6833	9865
Syrian Arab Republic			x6717	x8054	x9798
Former GDR	x11508	x12571	x1602		
Israel/Israël	5052	3521	5455	4554	5459
Czechoslovakia	x10115	3950	4650	x4338	x6930
Mexico/Mexique	1586	2769	3674	5668	6367
Iraq	x790	x7598	x2785	x1377	x534
Sri Lanka	906	2249	4385	5068	7570
Norway,SVD,JM	3061	3290	3945	4363	4631
Romania/Roumanie	x3974	x5571	x5251	324	x3791
Egypt/Egypte	793	2281	6060	1626	4672
Chile/Chili	2968	3418	2036	4015	x3825
Philippines	1326	x2151	363	6809	3571
Bulgaria/Bulgarie	x8809	x7103	x1048	x1171	1755
Iran (Islamic Rp. of)	x1298	x853	x4768	x3139	x8241
Mauritius/Maurice	x713	x1127	3632	3448	4209

EXPORTS – EXPORTATIONS

COUNTRIES–PAYS	1988	1989	1990	1991	1992
Totale	1275152	1382035	1589018	1627721	1758839
Afrique	x5667	x6505	x8058	x5129	x8367
Afrique du Nord	4959	4760	5792	2912	4114
Amériques	124916	176862	254336	260376	245177
ALAI	5920	11873	27890	19607	19653
MCAC	x255	x344	4185	x426	x657
Asie	138904	157675	153887	172204	272102
Moyen–Orient	x425	15453	18061	19744	17997
Europe	970283	1013331	1150167	1172937	1207442
CEE	871266	907840	1031180	1083106	1112065
AELE	88223	91834	95970	82618	82822
Océanie	1527	909	725	1107	4009
Germany/Allemagne	388785	388788	413945	440925	475382
Italy/Italie	219380	227700	252623	243106	246478
USA/Etats–Unis d'Amer	104056	157921	199276	185724	162714
France, Monac	132569	148204	174857	168459	170815
Belgium–Luxembourg	67962	78489	94318	98097	92744
United Kingdom	36856	36678	44694	92063	77920
Japan/Japon	45777	50505	51822	51770	61634
Switz.Liecht	51492	50649	48362	43739	45192
Israel/Israël	32828	35917	36982	38233	34318
Austria/Autriche	29860	31428	34962	28057	28210
Canada	14678	6722	22619	54378	61857
Hong Kong	28243	26378	19504	22857	59766
Spain/Espagne	8701	9567	24303	18337	22998
Turkey/Turquie		13146	17508	18982	16673
Czechoslovakia	x16032	x14526	x15488	x11969	x13603
Thailand/Thailande	14091	9725	11389	15702	x13406
Netherlands/Pays–Bas	1857	8389	16349	11226	12247
Yugoslavia SFR	10658	13655	14697	x7007	
Korea Republic	2889	7722	10653	14027	23237
Finland/Finlande	3300	7035	10187	7927	5934
Peru/Pérou	110	342	15599	x658	x582
Mexico/Mexique	4092	5819	3875	6043	5906
Portugal	4281	4508	5095	5456	3744
Morocco/Maroc	4939	4721	5650	2848	3785
Brazil/Brésil	40	4135	2560	4221	4418
Greece/Grèce	4988	4168	3514	3111	x4212
Indonesia/Indonésie	7059	8316	877	550	17330
Malta/Malte			8312	x203	x199
Sweden/Suède	3109	2621	2366	2788	3355
Hungary/Hongrie	x1918	x1867	x2357	x3192	x4907
Argentina/Argentine	314	540	2693	4065	4682
Former GDR	x14180	x5879	x1241		
Romania/Roumanie	x1600	x4304	x2027	155	x2144
So. Africa Customs Un	x684	x1700	x1899	x1904	x3878
China/Chine	2	77	1711	3582	37533
India/Inde	1865	x307	1418	2686	x1081
El Salvador	x196	x164	3607	x15	x3
Ireland/Irlande	5052	1134	664	1556	4415
Jordan/Jordanie	x2	2253	442	363	846
Uruguay	x540	x687	x700	x1401	671
Venezuela	x3	1	1076	1508	861
Pakistan	x382	x2084	328	91	753
Colombia/Colombie	22	274	1074	1076	1520
Philippines		x343		1774	2129
Malaysia/Malaisie	340	485	694	777	x1515
Denmark/Danemark	835	215	817	770	1111
Australia/Australie	1251	288	286	622	3378
Chile/Chili	224	75	312	636	x863
Honduras		159	354	346	439
New Zealand	276	245	268	285	362

(VALUE AS % OF TOTAL)(VALEUR EN % DU TOTAL)

	1983	1984	1985	1986	1987	1988	1989	1990	1991	1992		1983	1984	1985	1986	1987	1988	1989	1990	1991	1992
Africa	x6.6	x4.5	x2.3	x3.2	x2.3	x1.6	x1.6	x2.6	x2.2	x2.5	Afrique	x0.5	x1.1	x0.7	x0.5	x0.5	x0.4	x0.4	x0.5	x0.3	x0.5
Northern Africa	x2.1	1.3	0.8	x1.8	x1.2	x0.6	x0.7	x1.5	x1.4	x1.8	Afrique du Nord	0.4	0.4	0.5	0.4	0.3	0.4	0.3	0.4	0.2	0.2
Americas	x2.3	x2.7	x9.0	x10.0	x6.2	x7.9	x8.9	9.5	9.9	x11.1	Amériques	x7.9	x6.7	x6.3	x5.2	x6.4	9.8	12.8	16.0	16.0	14.0
LAIA	x1.0	x1.0	x0.9	x1.2	x1.0	1.1	1.0	1.1	1.8	2.0	ALAI	x0.1	x0.0	x0.0	x0.6	x0.9	0.5	0.9	1.8	1.2	1.1
CACM	x0.1	x0.0	x0.0	x0.2	x0.2	x0.0	x0.0	0.2	0.3	0.1	MCAC			x0.2	x0.2	x0.2	x0.0	x0.0	0.3	x0.0	x0.0
Asia	x9.0	x9.6	x6.9	x6.8	x7.3	9.1	9.8	9.5	11.3	15.1	Asie	4.3	4.8	7.2	x7.8	x6.1	10.9	11.5	9.7	10.6	15.5
Middle East	x2.5	x2.3	x1.4	x1.5	x0.7	x0.7	x2.1	x2.3	x2.1	x2.7	Moyen–Orient	x0.0		x0.0	x0.1	x0.0	x0.0	1.1	1.1	1.2	1.0
Europe	78.0	78.9	77.7	76.3	68.8	68.6	66.7	71.4	66.7	65.0	Europe	87.4	87.4	85.8	86.5	x86.7	76.1	73.3	72.4	72.1	68.6
EEC	66.7	67.9	66.7	63.7	58.1	61.6	60.0	64.2	60.0	58.4	CEE	59.7	59.8	58.2	x61.5	x64.0	68.3	65.7	64.9	66.5	63.2
EFTA	x11.4	x11.0	x10.9	x11.8	x10.1	6.4	5.9	6.1	4.8	5.1	AELE	27.7	27.5	27.5	24.7	22.6	6.9	6.6	6.0	5.1	4.7
Oceania	x4.0	x4.3	x4.0	x3.9	x2.4	x2.2	x2.7	x3.3	x3.4	x4.3	Océanie	x0.0	x0.0		x0.0	x0.0		0.1		0.1	0.2
Belgium–Luxembourg	15.1	13.7	12.6	12.9	13.1	12.9	12.0	13.2	11.6	11.9	Germany/Allemagne	26.8	27.6	25.4	20.2	22.2	30.5	28.1	26.1	27.1	27.0
United Kingdom	16.5	18.0	18.3	14.5	11.4	13.8	12.1	10.8	10.8	10.6	Italy/Italie	12.4	11.2	12.5	12.7	14.0	17.2	16.5	15.9	14.9	14.0
Germany/Allemagne	9.2	8.6	9.4	8.9	8.8	8.5	9.3	10.5	10.7	10.0	USA/Etats–Unis d'Amer	7.6	6.6	4.8	3.7	4.9	8.2	11.4	12.5	11.4	9.3
Netherlands/Pays–Bas	11.3	13.2	12.1	13.0	11.1	10.3	9.3	10.1	9.8	9.0	France, Monac	8.9	8.3	8.3	7.8	7.9	10.4	10.7	11.0	10.3	9.7
France, Monac	5.7	5.1	5.0	5.1	4.6	4.6	5.1	6.1	5.8	5.7	Belgium–Luxembourg	6.5	6.4	6.3	5.4	5.3	5.3	5.7	5.9	6.0	5.3
Italy/Italie	3.2	3.4	3.0	2.6	2.4	4.9	4.7	4.9	4.1	4.0	United Kingdom	2.8	3.8	4.1	3.8	x2.1	2.9	2.7	2.8	5.7	4.4
Canada	1.2	1.5	1.7	1.3	1.1	4.4	5.3	4.6	3.8	3.9	Japan/Japon	2.4	2.2	2.3	2.4	2.1	3.6	3.7	3.3	3.2	3.5
Former USSR/Anc. URSS			x9.8	x5.9	x6.9	x2.0	x4.5				Switz.Liecht	25.0	24.8	25.4	23.0	21.4	4.0	3.7	3.0	2.7	2.6
USA/Etats–Unis d'Amer			6.4	5.7	3.5	2.1	2.0	3.1	3.7	4.4	Israel/Israël			x0.7	x0.9	2.6	2.6	2.3	2.3	2.3	2.0
Australia/Australie	3.7	3.9	3.5	3.2	1.8	1.9	2.1	2.9	3.0	3.9	Austria/Autriche	x2.2	x2.3	x1.6	x1.2	x0.8	2.3	2.3	2.2	1.7	1.6

65142 — NONTXT ETC CONT PAMID
FILS NON TEX FI CON POLYAMID 65142

TRADE BY COMMODITY IN THOUSAND U.S. DOLLARS – COMMERCE PAR PRODUIT EN MILLIERS DE DOLLARS E.U

COUNTRIES–PAYS	1988	1989	1990	1991	1992	COUNTRIES–PAYS	1988	1989	1990	1991	1992
	IMPORTS – IMPORTATIONS						EXPORTS – EXPORTATIONS				
Total	2756382	3331993	3761693	4013205	4565810	Totale	2678303	2738026	3065441	3660776	4036425
Africa	x64018	x55838	x75813	x81124	x70109	Afrique	x7230	x12006	x14498	x11084	x26263
Northern Africa	x36453	x26354	x49855	x57152	x49927	Afrique du Nord	x36	x150	x208	x284	x601
Americas	x165381	x378010	375881	493118	x597349	Amériques	x100277	521243	580973	614208	582887
LAIA	26114	52401	77536	122890	169318	ALAI	33948	71828	73659	102812	120695
CACM	6363	5620	5522	3391	x20594	MCAC	x1038	x9925	x11246	x13550	x13012
Asia	x518386	x695001	722120	744410	1062760	Asie	530080	644743	711539	907352	1133614
Middle East	x7427	116522	x131075	x116849	x140508	Moyen-Orient	x231	29750	45101	83655	87584
Europe	1801470	2000138	2494156	2555220	2745479	Europe	1948582	1476048	1695787	2085883	2249327
EEC	1577519	1764654	2219430	2345464	2529178	CEE	1717026	1234724	1408632	1811815	1943017
EFTA	183438	187932	224207	185615	191707	AELE	229878	238336	280631	251393	276581
Oceania	x42934	x59556	x42224	x57109	x68412	Océanie	x980	1535	616	1184	1031
Italy/Italie	358998	441712	540985	513268	548563	Germany/Allemagne	771828	759407	868179	774389	845371
France, Monac	345736	395264	506836	443459	486996	USA/Etats-Unis d'Amer	30819	379380	432008	408316	354151
Germany/Allemagne	295795	322179	412460	368469	386254	Japan/Japon	352756	346081	346067	419040	444828
Belgium–Luxembourg	199039	205170	251204	240179	245176	Italy/Italie	271132	254379	281673	245515	261255
USA/Etats-Unis d'Amer	31274	217337	202301	260169	296743	Switz.Liecht	217270	222691	261809	232811	255647
Spain/Espagne	97633	140039	174644	156870	158424	Korea Republic	104037	190883	227155	273181	402684
Netherlands/Pays-Bas	110084	99752	128564	140540	172515	United Kingdom				528281	539043
Indonesia/Indonésie	40866	80977	134686	135939	157750	France, Monac	98864	107557	123493	114392	127567
United Kingdom	18231	17886	17053	298198	339956	Canada	34416	59801	64031	89479	94585
Turkey/Turquie		101504	104790	83223	109182	Spain/Espagne	50808	54089	64938	63093	66441
Korea Republic	99355	73320	83481	114915	140173	Mexico/Mexique	28291	53198	53742	60560	68427
Canada	98343	91443	82560	91998	96998	Hong Kong	34364	43278	51458	68175	113005
Japan/Japon	81333	79563	82256	82120	65566	Belgium–Luxembourg	41087	42386	51640	65225	75992
Portugal	73381	67461	88164	75495	86977	Turkey/Turquie		29582	43791	81562	85607
Austria/Autriche	57762	61140	86821	77381	75975	Israel/Israël	20444	22626	22821	30259	33069
Former USSR/Anc. URSS	x100436	x91744	x24955	x59509		Romania/Roumanie	x12465	24697	19037	2706	x7240
Denmark/Danemark	45389	44293	54969	53451	52644	Czechoslovakia	x10724	x13306	x12806	x13842	x17631
India/Inde	58801	x38681	84710	22586	x35745	Brazil/Brésil	x4316	13502	11803	12530	23049
Pakistan	x53403	x72894	27119	30626	31551	So. Africa Customs Un	x7160	x11795	x13414	x10479	x25417
Israel/Israël	37823	41837	38406	47350	58752	Costa Rica	x1011	x9858	x11182	x13417	x12702
China/Chine	75160	89372	18323	17279	113170	Austria/Autriche	7750	9332	12632	11086	12056
Yugoslavia SFR	40438	47467	48475	x23610		Argentina/Argentine	278	2755	3593	24241	19345
Australia/Australie	34031	46500	29768	42638	54861	Poland/Pologne	x5941	x7270	x9186	x9306	19345
Thailand/Thaïlande	19706	30309	42868	43725	42979	Netherlands/Pays-Bas	470090	8035	7467	9059	x11791
Switz.Liecht	41902	39095	40919	36579	42987	Yugoslavia SFR	1611	2748	6501	13102	13235
Sweden/Suède	32873	35388	39073	31998	35204	Former GDR	x25534	x16718			
Finland/Finlande	35604	37770	41594	25434	22640	India/Inde	11267	x1143	8798	11348	x5164
Brazil/Brésil	x2462	14541	31071	46025	43805	Former USSR/Anc. URSS	x18456	x6345	8798	11348	x5818
Mexico/Mexique	4857	23052	29065	32303	44961	Thailand/Thaïlande	3692	3528	x2772	x11794	
Malaysia/Malaisie	10599	15055	17635	39697	15034	Bulgaria/Bulgarie	x14357	x10210	x6982	8212	x15664
Ireland/Irlande	20834	17391	18927	29952	29170	Sweden/Suède	3255	4771	5556	6937	x1927
Greece/Grèce	12398	17509	25624	25562	x22504	Hungary/Hongrie	x3621	x3905	x6080	x2262	8064
Hong Kong	13051	15138	15985	27833	179794	Portugal	4885	2521	3802	5427	x4713
Egypt/Egypte	x8576	x10304	x18688	x25471	x23670	Denmark/Danemark	4596	3623	4073	3445	2258
Philippines	6226	x24635	1051	21175	20123	Malta/Malte			15		7163
Norway, SVD, JM	14862	14195	15361	13922	14237	Colombia/Colombie	716	1255	3340	x9564	x16519
So. Africa Customs Un	x15483	16230	12835	x10901	x6261	Ireland/Irlande	3305	2282	2586	4436	7320
New Zealand	8630	12540	12215	14157	13104	Indonesia/Indonésie	1222	1624	1349	2421	3175
Hungary/Hongrie	x10080	x9877	x10487	12141	x6621	Singapore/Singapour	1044	1615	1082	4302	6476
Algeria/Algérie	x15644	x6398	x12192	x12722	x11691	Cyprus/Chypre	2	16	1108	2869	3367
Syrian Arab Republic			x10841	x16637	x12189	Macau/Macao		244	411	1891	1888
Poland/Pologne	x27407	x14665	x5795	x5946	x7498	Pakistan	x768	x2742		2228	3772
Morocco/Maroc	8510	7325	8760	9745	7319	Korea Dem People's Rp	x146	x368	x264	50	
Sri Lanka	663	2799	5219	16856	4242	Australia/Australie	789	1266	468	x2071	x7715
Afghanistan	x6623	x3495	x10891	x6609	x27752	Uruguay	x29	x758	x734	933	684
Cayman Is/Is Caïmans	x260	x5667	x3459	x10640	x10673	Greece/Grèce	430	446	781	x683	227
Tunisia/Tunisie	2754	2127	9841	7771	6762	Finland/Finlande	322	772	422	567	x1515
Colombia/Colombie	1918	1141	2406	15523	20356	Philippines		x77		460	535
Chile/Chili	956	2116	5848	8924	x12783	Norway, SVD, JM	1282	769	212	1501	2
Macau/Macao		3914	5139	6212	7483	Malaysia/Malaisie	39	549	174	169	x317

(VALUE AS % OF TOTAL)(VALEUR EN % DU TOTAL)

	1983	1984	1985	1986	1987	1988	1989	1990	1991	1992		1983	1984	1985	1986	1987	1988	1989	1990	1991	1992
Africa	x8.1	x11.5	x3.4	x4.7	x3.3	x2.4	x1.7	x2.0	x2.0	x1.5	Afrique	x1.1	x1.8	x0.5	x0.2	x0.2	x0.3	x0.4	x0.4	x0.3	x0.6
Northern Africa	x5.6	2.6	2.4	x3.6	x2.2	x1.3	x0.8	x1.3	x1.4	x1.1	Afrique du Nord		0.0		0.0	0.0	0.0	0.0	0.0	0.0	0.0
Americas	x4.5	x2.1	x8.1	x9.3	x8.1	x6.0	x11.4	10.0	12.3	x13.1	Amériques	19.5	17.7	4.3	x4.6	x4.4	x3.7	19.0	19.0	16.8	14.4
LAIA	x3.0	x1.9	x2.1	x2.1	x2.3	0.9	1.6	2.1	3.1	3.7	ALAI	0.0		0.0	x1.2	x1.6	1.3	2.6	2.4	2.8	3.0
CACM	x1.2	x0.0	x0.1	x0.6	x0.2	0.2	0.2	0.1	0.1	x0.5	MCAC							x0.4	x0.4	x0.4	x0.3
Asia	x18.4	x18.4	x18.4	x17.2	23.8	x18.8	x20.8	19.2	18.5	23.3	Asie	23.9	23.2	28.1	23.1	21.6	19.8	23.6	23.2	24.8	28.0
Middle East	x7.5	x5.2	x5.4	x3.2	x0.8	x0.3	3.5	x3.5	x2.9	x3.1	Moyen-Orient	x0.0			x0.1	x0.1		1.1	1.5	2.3	2.2
Europe	66.6	65.2	69.0	67.5	54.8	65.4	60.0	66.3	63.7	60.1	Europe	55.4	57.4	67.0	x72.0	x71.9	72.8	53.9	55.3	57.0	55.7
EEC	60.4	58.3	61.0	57.3	47.7	57.2	53.0	59.0	58.4	55.4	CEE	55.2	57.2	66.5	64.7	63.3	64.1	45.1	46.0	49.5	48.1
EFTA	x6.2	x6.9	x8.1	x8.9	x6.5	6.7	5.6	6.0	4.6	4.2	AELE	x0.2	x0.1	x0.1	x6.9	x8.1	8.6	8.7	9.2	6.9	6.9
Oceania	2.3	2.8	x1.1	x1.0	x1.2	x1.5	x1.8	x1.1	x1.4	x1.5	Océanie	x0.0	x0.0	x0.0	x0.0	x0.0	x0.0	0.1			
Italy/Italie	12.3	13.2	14.4	12.7	11.3	13.0	13.3	14.4	12.8	12.0	Germany/Allemagne	16.8	18.2	20.9	20.2	17.9	28.8	27.7	28.3	21.2	20.9
France, Monac	15.7	15.3	15.9	15.3	12.7	12.5	11.9	13.5	11.0	10.7	USA/Etats-Unis d'Amer	19.5	17.6	4.1	3.2	2.7	1.2	13.9	14.1	11.2	8.8
Germany/Allemagne	9.9	8.9	8.1	7.2	5.5	10.7	9.7	11.0	9.2	8.5	Japan/Japon	22.0	22.0	25.7	17.6	15.3	13.2	12.6	11.3	11.4	11.0
Belgium–Luxembourg	3.5	3.5	3.5	4.2	4.2	7.2	6.2	6.7	6.0	5.4	Italy/Italie	21.5	17.5	20.5	16.7	14.8	10.1	9.3	9.2	6.7	6.5
USA/Etats-Unis d'Amer			5.8	5.0	3.7	1.1	6.5	5.4	6.5	6.5	Switz.Liecht				x6.4	x7.8	8.1	8.1	8.5	6.4	6.3
Spain/Espagne	0.7	0.9	0.9	1.6	1.3	3.5	4.2	4.6	3.9	3.5	Korea Republic	1.2	0.4	0.8	1.2	0.3	3.9	7.0	7.4	7.5	10.0
Netherlands/Pays-Bas	2.1	1.2	1.0	1.0	0.6	4.0	3.0	3.4	3.5	3.8	United Kingdom	6.2	10.2	12.6	11.7	17.0				14.4	13.4
Indonesia/Indonésie	0.4	0.1	1.4	4.0	2.2	1.5	2.4	3.6	3.4	3.5	France, Monac	5.9	5.1	5.4	5.6	3.8	3.7	3.9	4.0	3.1	3.2
United Kingdom	9.6	9.8	10.6	9.5	8.4	0.7	0.5	0.5	7.4	7.0	Canada	x0.1	x0.1	x0.1	x0.2	x0.1	1.3	2.2	2.1	2.4	2.3
Turkey/Turquie			x0.6	x0.4			3.0	2.8	2.1	2.4	Spain/Espagne	3.0	3.9	4.7	4.2	3.4	1.9	2.0	2.1	1.7	1.6

65148 — OF DISCONT SYN FIBRES

FILS CONT 85% FI TEXT SYNTH 65148

TRADE BY COMMODITY IN THOUSAND U.S. DOLLARS – COMMERCE PAR PRODUIT EN MILLIERS DE DOLLARS E.U

COUNTRIES–PAYS	1988	1989	1990	1991	1992	COUNTRIES-PAYS	1988	1989	1990	1991	1992
Total	x593780	490021	544144	605226	x442305	Totale	538232	383296	432729	469619	432616
Africa	113363	45979	68681	x42230	x37481	Afrique	x7025	x6373	x11850	x10911	x10046
Northern Africa	105698	36728	65480	39123	x28945	Afrique du Nord	5439	6052	10846	10152	8973
Americas	x57431	x29002	x33348	x42518	x43044	Amériques	x79529	15727	15399	x16035	24133
LAIA	x5417	x3596	2987	9886	6483	ALAI	70626	9011	8760	4623	3350
CACM	x2294	x2472	x3515	x3280	x4619	MCAC	x982	x131	x187	x774	x254
Asia	290628	304022	323317	385434	x221968	Asie	340881	262179	289004	325997	270212
Middle East	x44830	29266	x40612	x8307	x14857	Moyen–Orient	92958	x495	11606	4873	2228
Europe	83303	89881	101635	109175	115947	Europe	99505	97653	114284	114733	124433
EEC	73424	81337	92231	94317	102956	CEE	93448	93567	108789	110076	118914
EFTA	9251	8052	8833	9180	9546	AELE	5613	3814	5005	4322	4816
Oceania	x9203	x9643	x7952	x8038	x8216	Océanie	266	163	573	x1261	x540
Hong Kong	129711	167716	161179	148840	54695	Hong Kong	119162	131556	137656	132727	99293
China/Chine	60093	68779	77765	98094	84884	China/Chine	59473	69894	82277	105976	77767
Bangladesh	x3417	x5401	x5738	88503	x15194	Germany/Allemagne	37938	41217	49581	55310	59078
Algeria/Algérie	67778	4848	42145	16631	x2331	Thailand/Thaïlande	13269	16711	20873	22796	x18512
United Kingdom	18146	15668	20455	25949	28154	France,Monac	16154	14272	18821	19175	17886
USA/Etats-Unis d'Amer	44590	16075	19459	21302	20256	Korea Republic	7606	8339	13494	22180	29990
Italy/Italie	12573	17503	18737	19259	20170	Italy/Italie	14158	11533	13238	9129	10442
Tunisia/Tunisie	22665	25504	14207	12929	16835	Indonesia/Indonésie	15170	12261	6693	14071	13902
Syrian Arab Republic	10643	22654	20914	x601	x242	United Kingdom	7580	11224	10245	8463	9932
France,Monac	10502	9470	13577	11166	13621	Morocco/Maroc	5401	5337	10757	10072	8460
Germany/Allemagne	5944	8203	9423	10388	11076	Malaysia/Malaisie	6450	7425	7861	8144	x4134
Greece/Grèce	4451	7016	8734	8051	x5594	USA/Etats–Unis d'Amer	x7637	6111	6277	10172	19745
Australia/Australie	6494	7397	5759	6251	5403	Netherlands/Pays–Bas	5495	5873	7376	8542	8009
Malaysia/Malaisie	3597	4566	5826	7914	x9986	Singapore/Singapour	21883	8619	4242	6610	7603
Morocco/Maroc	5785	4913	5928	6424	5421	Jordan/Jordanie		114	11295	4579	1667
Netherlands/Pays–Bas	5325	6109	4934	4874	4785	Spain/Espagne	2473	2923	3997	4396	6784
Iraq	x20675	x1985	x13646			Belgium–Luxembourg	5632	4011	3227	3002	3431
Poland/Pologne	x13448	x4869	x4952	x5798	x8200	Sweden/Suède	2912	2658	3378	2997	3152
Belgium–Luxembourg	5589	4791	5743	4900	7168	Mexico/Mexique	17338	2627	4197	1695	1991
Indonesia/Indonésie	3307	3781	4224	6873	6205	Japan/Japon	1785	1833	2043	3274	4622
Philippines	6930	x2413	8361	3761	1893	Uruguay	1306	1161	2141	2000	246
Singapore/Singapour	4104	4609	4024	4497	6211	Brazil/Brésil	51623	3686	0	70	92
Canada	2600	3202	3822	4667	5974	Denmark/Danemark	899	784	1182	1545	1458
Hungary/Hongrie	x5817	x2632	x1536	6965	x2231	Hungary/Hongrie	x3972	x1075	x1558	x478	x821
India/Inde	4673	3274	4690	3083	3615	India/Inde	84	x2448	3	533	x6896
Portugal	15825	3391	4104	3434	2951	Switz.Liecht	1022	856	1149	644	263
Macao/Macao	1556	2157	3241	3677	1933	Sri Lanka	20	28	811	1688	1694
Japan/Japon	1939	3253	2459	3312	5825	Israel/Israël	962	645	730	851	1829
Spain/Espagne	6339	4048	1542	2924	8653	Portugal	724	518	896	432	1554
Sri Lanka	2179	2466	2795	3248	4525	Australia/Australie	151	103	525	1214	467
Thailand/Thaïlande	2452	2553	2660	3231	3507	Argentina/Argentine	21	441	1226	x105	x13
Austria/Autriche	2051	4434	1601	1274	1134	Philippines	107	x751	347	292	80
Ireland/Irlande	3046	2170	2242	2127	2060	Colombia/Colombie	336	771	421	135	10
Sweden/Suède	286	272	514	5006	1744	Greece/Grèce	2249	1105	122	74	x292
Argentina/Argentine	x2149	x729	x2304	x2580	x2997	So. Africa Customs Un	x632	x244	x486	x531	x390
Libyan Arab Jamahiriya	106	114	257	x5203		Austria/Autriche	1656	280	397	562	1213
Yugoslavia SFR	2230	1616	1879	2062	1814	Venezuela	x3	x54	x4	x1054	x1178
Denmark/Danemark	1098	1699	1959	1800	3460	Korea Dem People's Rp					
Turkey/Turquie	x2033	x920	x1849	x2671	x7244	Yugoslavia SFR	444	272	489	x289	
United Arab Emirates	4822	2200	1522	1675	3483	Macao/Macao	834	158	298	569	397
Korea Republic											
Finland/Finlande	1468	1554	1889	1560	1688	Pakistan	x938	x750		x208	
Cameroon/Cameroun x350	4814	x1	86	x338	Egypt/Egypte	x7	x638	x88		x253
New Zealand	2266	1680	1606	1266	978	Mauritius/Maurice	x694	x28	x465	223	549
Costa Rica	x694	x1538	x1543	x1058	x910	Canada	280	376	121	186	284
Former USSR/Anc. URSS	x5378	x16	x386	x3037		Costa Rica	x222	x130	x91	x431	x14
Chile/Chili	x1388	x1418	670	1307	x536	Turkey/Turquie	92928	191	218	223	120
Romania/Roumanie	x1845	x2254	x1071	32	x2723	Peru/Pérou	0	51	3	x355	x168
Guatemala	x555	x469	x1436	x1278	x1767	El Salvador	x262		94	x211	x235
Cuba	x584	x1467	x1700	x5	x129	Nepal/Népal	x147	x198	x64	x9	
Switz.Liecht	1127	834	953	1212	1113	Ireland/Irlande	146	108	104	9	48

(VALUE AS % OF TOTAL)(VALEUR EN % DU TOTAL)

	1983	1984	1985	1986	1987	1988	1989	1990	1991	1992		1983	1984	1985	1986	1987	1988	1989	1990	1991	1992
Africa	x7.9	x8.5	x10.5	x7.9	x5.8	19.1	9.4	12.6	x7.0	x8.5	Afrique	x0.7	x1.9	x1.4	x1.2	x0.9	x1.3	x1.7	x2.7	x2.3	x2.3
Northern Africa	x5.7	5.8	8.0	x8.4	x4.7	17.8	7.5	12.0	6.5	x6.5	Afrique du Nord	0.1	0.1	0.1	0.4	0.2	1.0	1.6	2.5	2.2	2.1
Americas	x6.0	x6.4	x5.8	x8.4	x8.1	x9.6	5.9	x6.2	x7.0	x9.7	Amériques	x0.8	x0.5	x0.3	x4.6	6.2	x14.8	4.1	3.6	x3.4	5.5
LAIA	0.2	x0.2	x0.1	x0.2	x0.2	x0.9	0.7	0.5	1.6	1.5	ALAI	0.1	0.0	x0.0	x3.0	x4.1	13.1	2.4	2.0	1.0	0.8
CACM	x0.1	x0.2	x0.4	x0.0	x0.4	x0.5	x0.6	x0.6	x0.5	x1.0	MCAC	x0.0	x0.0	x0.0	x0.0	x0.1	x0.2	x0.0	x0.0	x0.2	x0.1
Asia	x27.0	x32.9	x30.9	x28.7	27.9	48.9	62.0	59.4	63.7	x50.2	Asie	37.7	38.0	43.2	38.6	40.5	63.3	68.4	66.7	69.4	62.5
Middle East	x10.4	x16.2	x13.5	x9.7	x3.2	x7.5	6.0	x7.5	x1.4	x3.4	Moyen–Orient	0.0	x0.0	8.1	6.1	7.4	17.3	x0.1	2.7	1.0	0.5
Europe	55.3	48.0	49.2	51.8	47.7	14.0	18.3	18.7	18.0	26.2	Europe	60.9	59.4	55.1	55.6	51.0	18.5	25.5	26.4	24.4	28.8
EEC	48.0	42.2	43.6	46.0	42.1	12.4	16.6	16.9	15.6	23.3	CEE	56.4	55.8	52.0	51.8	47.1	17.4	24.4	25.1	23.4	27.5
EFTA	x7.2	x5.8	x5.6	x5.4	x5.3	1.6	1.6	1.6	1.5	2.2	AELE	x4.5	x3.6	x3.0	x3.2	x3.5	1.0	1.0	1.2	0.9	1.1
Oceania	x3.7	x4.2	x3.5	x3.2	x3.7	x1.6	x2.0	x1.5	x1.3	x1.8	Océanie	x0.0	x0.0	x0.0	x0.0	x0.0			0.1	x0.3	x0.1
Hong Kong	6.7	7.7	8.5	8.9	10.5	21.8	34.2	29.6	24.6	12.4	Hong Kong	5.3	6.1	7.2	6.9	8.8	22.1	34.3	31.8	28.3	23.0
China/Chine					3.0	10.1	14.0	14.3	16.2	19.2	China/Chine					4.0	11.0	18.2	19.0	22.6	18.0
Bangladesh	0.0	0.0	0.0	0.0	x0.6	x1.1	x1.1	x1.1	14.6	x3.4	Germany/Allemagne	11.1	10.4	10.3	10.8	10.4	7.0	10.8	11.5	11.8	13.7
Algeria/Algérie	x3.1	3.7	6.1	3.5	2.2	11.4	1.0	7.7	2.7	x0.5	Thailand/Thaïlande				x0.7	0.9	2.5	4.4	4.8	4.9	x4.3
United Kingdom	9.5	8.2	9.6	10.7	8.8	3.1	3.2	3.8	3.0	6.4	France,Monac	8.7	8.6	8.4	7.5	6.8	3.0	3.7	4.3	4.1	4.1
USA/Etats–Unis d'Amer	5.7	6.1	5.6	5.7	4.4	7.5	3.3	3.6	3.5	4.6	Korea Republic	14.1	12.6	12.0	10.0	8.5	1.4	2.2	3.1	4.7	6.9
Italy/Italie	0.9	1.6	1.8	2.4	3.0	2.1	3.6	3.4	3.2	4.6	Italy/Italie	16.3	13.9	14.2	15.5	14.5	2.6	3.0	3.2	1.9	2.4
Tunisia/Tunisie	1.8	1.8	1.5	1.4	1.1	3.8	5.2	2.6	2.1	3.8	Indonesia/Indonésie	1.1	1.0	0.4	0.6	0.9	2.8	3.2	1.5	3.0	3.2
Syrian Arab Republic	0.3	1.0	0.3	0.7	0.4	1.8	4.6	3.8	x0.1	x0.1	United Kingdom	2.2	1.9	2.3	1.5	1.8	1.4	2.9	2.4	1.8	2.3
France,Monac	8.7	7.2	7.4	7.4	6.4	1.8	1.9	2.5	1.8	3.1	Morocco/Maroc	0.0	0.1	0.0	0.2	0.2	1.0	1.4	2.5	2.1	2.0

487

6516 DISCON SYN FIB BLEND YRN / FILS FIBR TEX SYNT DIS MOINS 6516

TRADE BY COMMODITY IN THOUSAND U.S. DOLLARS – COMMERCE PAR PRODUIT EN MILLIERS DE DOLLARS E.U

IMPORTS – IMPORTATIONS

COUNTRIES-PAYS	1988	1989	1990	1991	1992
Total	x2909267	2858032	2809388	3107366	3574457
Africa	x104079	x110679	x152100	x110842	x114851
Northern Africa	x75578	x65836	x101370	73758	x72676
Americas	x195580	214817	149795	154654	x211405
LAIA	6105	7133	12041	23771	x47527
CACM	2438	7813	4455	3708	x9448
Asia	x663911	x809096	x741744	x1001920	x1358959
Middle East	x126584	x157868	x133668	x287206	x301525
Europe	1504374	1360977	1547786	1600430	1715226
EEC	1330451	1208877	1362899	1454085	1560853
EFTA	162279	140854	164796	134827	139812
Oceania	x178253	x182027	x149308	x164808	x131812
Germany/Allemagne	278845	228349	273139	300263	312626
France, Monac	249488	229793	284358	276275	325071
United Kingdom	217035	202307	200642	237987	240400
Hong Kong	190510	220397	184562	210770	359966
Belgium–Luxembourg	197946	187690	212474	213918	212773
Australia/Australie	154578	158244	132972	149524	116679
Netherlands/Pays–Bas	113715	99353	111356	110008	109874
Korea Republic	81531	102665	72529	102474	127483
Canada	116325	108539	82480	73921	71809
Italy/Italie	83491	74590	70052	89287	90399
Iran (Islamic Rp. of)	x1031	x3118	x44813	x164551	x136090
Portugal	56237	55947	76997	79248	95715
Japan/Japon	65538	51714	55212	83070	102475
USA/Etats–Unis d'Amer	x68384	88131	46805	47855	75247
Austria/Autriche	63470	57747	70173	54197	57362
Singapore/Singapour	25208	55697	63839	61189	52780
Thailand/Thaïlande	56930	67177	54150	42602	37473
Greece/Grèce	37442	42851	48170	44508	x55304
Former USSR/Anc. URSS	x43515	x57682	x35153	x39246	
Switz.Liecht	43069	39021	49585	42962	41580
Iraq	x44718	x99500	x15259	x14359	x2335
Malaysia/Malaisie	22575	30202	37482	46936	x45250
Spain/Espagne	25593	31032	30247	53216	71783
Denmark/Danemark	44806	41141	38350	33440	37024
China/Chine	29891	34505	30032	41167	183712
Israel/Israël	37930	32394	33598	33869	39899
Former GDR	x181632	x78746	x5836		
Tunisia/Tunisie	19901	16420	35903	30593	28002
Syrian Arab Republic	15842	11129	16891	x40955	x67224
Egypt/Egypte	x27221	x23311	x27762	13876	13050
Sweden/Suède	25057	19544	19912	19224	21939
Saudi Arabia	x13402	x12929	x18585	x22866	x23626
New Zealand	22793	23407	15984	14637	13924
So. Africa Customs Un	11487	19360	26839	x7031	x4820
Philippines	8355	x11939	14112	24581	27923
Algeria/Algérie	17061	13773	23222	12150	x16812
Ireland/Irlande	25853	15824	17113	15933	12466
Finland/Finlande	22772	17979	18159	11958	12261
Indonesia/Indonésie	4728	15787	17359	8586	9509
Yugoslavia SFR	8601	11080	19311	x9680	
Czechoslovakia	x17973	13301	14039	x10410	x14612
Macau/Macao	2880	11987	11701	8915	9364
Morocco/Maroc	5611	8222	11019	15475	13105
Hungary/Hongrie	x9170	x8385	x7269	13039	x8660
Bangladesh	x6246	x9459	x9862	15475	x18029
Jordan/Jordanie	x8935	x9200	x7317	x11687	x9282
Pakistan			13590	x11395	10616
Cyprus/Chypre	6231	7368	8733	12733	11645
Bulgaria/Bulgarie	x4805	x17734	x2947	x4618	3384
Lebanon/Liban	x7099	x7503	x6876	x10542	x11749

EXPORTS – EXPORTATIONS

COUNTRIES-PAYS	1988	1989	1990	1991	1992
Totale	2499752	2480121	2564354	2714256	3033085
Afrique	x20897	x26406	x27121	x16936	x16565
Afrique du Nord	x12395	x18899	x12678	3674	8781
Amériques	x142547	133746	143900	164798	196360
ALAI	x52229	61888	46462	72711	103649
MCAC	2150	2677	2803	1818	x1174
Asie	784246	847653	834164	1035190	1280559
Moyen–Orient	91746	95131	101371	102971	149358
Europe	1519993	1444297	1541154	1477909	1503431
CEE	1355481	1267211	1403747	1370674	1387340
AELE	136852	107959	123112	98142	94473
Océanie	2910	1521	1935	x1169	477
Italy/Italie	357727	345225	377477	328477	327578
Germany/Allemagne	311654	302563	328280	325803	346381
Korea Republic	215485	227028	258753	256831	196085
Belgium–Luxembourg	214806	189604	199267	222683	216647
France, Monac	204513	181453	180490	166405	170248
China/Chine	144123	153350	105539	105539	
Hong Kong	104152	123348	99330	130252	199483
Japan/Japon	99324	88669	103272	118960	263093
Spain/Espagne	79751	65444	114536	123874	96308
Turkey/Turquie	91645	94964	100833	102483	127483
					148793
Austria/Autriche	94128	78923	90463	74264	74025
USA/Etats–Unis d'Amer	81986	62645	84219	81939	75747
United Kingdom	43167	49527	59435	64080	60931
Singapore/Singapour	9162	45603	52594	59060	55838
Portugal	50402	49867	51961	54381	45349
Indonesia/Indonésie	40777	27626	40780	70850	110421
Thailand/Thaïlande	45567	31141	27892	74572	x71697
Ireland/Irlande	36887	34178	44889	47752	45801
Brazil/Brésil	x39787	34951	29611	43062	67096
Yugoslavia SFR	27660	69127	14235	x9078	
Netherlands/Pays–Bas	27814	24775	28859	30890	33719
India/Inde	6759	x24638	13486	41718	x53525
Malaysia/Malaisie	22032	20291	22055	34135	x47051
Switz.Liecht	35894	23737	28287	21013	17912
Mexico/Mexique	11610	23600	14737	23884	32303
Greece/Grèce	11545	14135	10299	4974	x7901
Egypt/Egypte	x10496	x15860	x11066	98	411
Canada	6071	6151	10274	8129	15601
Denmark/Danemark	17215	10440	8254	5333	5147
Philippines	643	x5508	1954	9646	9469
Hungary/Hongrie	x4690	x8509	x4507	x3602	x6622
Romania/Roumanie	x7820	x4924	x4066	5739	x11751
Mauritius/Maurice	x3512	x4016	3764	4965	2966
So. Africa Customs Un	x4569	x3024	x2477	x4567	x3797
Macau/Macao	1193	2836	3287	3288	3228
Poland/Pologne	8397	5543	1227	2632	x6123
Sweden/Suède	4017	3098	2768	2078	2118
Former GDR	x4573	x5834	x1948		
Israel/Israël	2550	1603	3015	2796	2921
Morocco/Maroc	1772	3003	1507	2701	6607
Czechoslovakia	x1811	x760	x1935	x3949	x8047
Costa Rica	1762	1982	2698	1565	x733
Kenya	26	x219	5275	x48	x64
Zimbabwe			2361	2976	x2
Sri Lanka	120	167	20	4746	19970
Australia/Australie	1645	977	1854	1056	404
Uruguay	5	x555	x1085	x1937	598
Colombia/Colombie	115	1561	422	1476	1734
Former USSR/Anc. URSS	x938	x517	x1483	x1375	
Finland/Finlande	2372	1718	954	229	216

(VALUE AS % OF TOTAL) (VALEUR EN % DU TOTAL)

	1983	1984	1985	1986	1987	1988	1989	1990	1991	1992
Africa	x5.0	x6.2	x6.8	x6.0	x3.3	x3.6	x3.9	x5.5	x3.5	x3.2
Northern Africa	x2.2	4.3	4.8	3.5	x2.1	x2.6	x2.3	x3.6	2.4	x2.0
Americas	x6.4	6.4	4.6	x5.1	x4.3	x6.7	7.5	5.3	5.0	x5.9
LAIA	0.2	0.2	0.2	x0.4	x0.4	0.2	0.2	0.4	0.8	x1.3
CACM	x0.3	x0.0	x0.1	x0.2	x0.2	0.1	0.3	0.2	0.1	x0.3
Asia	x20.8	21.7	x18.4	x22.6	x23.1	x22.9	x28.3	x26.4	x32.3	x38.0
Middle East	x4.5	x4.1	x5.0	x3.5	x1.8	x4.4	x5.5	x4.8	x9.2	x8.4
Europe	54.2	53.7	59.9	56.0	48.6	51.7	47.6	55.1	51.5	48.0
EEC	45.5	45.7	50.8	48.0	42.3	45.7	42.3	48.5	46.8	43.7
EFTA	8.6	7.9	9.1	7.3	5.7	5.6	4.9	5.9	4.3	3.9
Oceania	13.6	x12.0	x10.2	x10.2	x8.4	x6.1	x6.4	x5.3	x5.3	x3.7
Germany/Allemagne	9.3	9.0	10.1	10.8	8.2	9.6	8.0	9.7	9.7	8.7
France, Monac	8.4	8.4	8.8	8.8	7.8	8.6	8.0	10.1	8.9	9.1
United Kingdom	7.2	7.3	7.9	6.7	5.2	7.5	7.1	7.1	7.7	6.7
Hong Kong	12.5	13.6	6.8	12.3	12.2	6.5	7.7	6.6	6.8	10.1
Belgium–Luxembourg	7.4	7.5	8.0	7.4	5.8	6.6	5.7	6.6	6.8	10.1
Australia/Australie	11.8	10.1	8.6	8.6	7.3	5.3	5.5	4.7	4.8	6.0
Netherlands/Pays–Bas	5.2	5.5	5.7	4.7	4.3	3.9	3.5	4.0	3.5	3.0
Korea Republic	1.0	0.9	0.7	1.8	2.4	2.8	3.6	2.6	3.3	3.6
Canada	3.5	3.5	3.5	2.5	1.5	4.0	3.8	2.9	2.9	2.5
Italy/Italie	2.2	2.4	3.1	2.1	2.4	2.9	2.6	2.5	2.9	2.5

	1983	1984	1985	1986	1987	1988	1989	1990	1991	1992
Afrique	0.1	0.4	0.2	x0.6	x1.0	x0.9	x1.0	x1.1	x0.7	x0.5
Afrique du Nord	0.1	0.1	0.1	x0.4	x0.9	x0.5	x0.8	x0.5	0.1	0.3
Amériques	5.8	x5.3	6.2	x5.8	x7.9	5.7	5.4	5.6	6.1	6.5
ALAI	0.2	x0.4	0.2	x1.3	x3.2	x2.1	2.5	1.8	2.7	3.4
MCAC			x0.0	x0.0	0.1	0.1	0.1	0.1	0.1	x0.0
Asie	26.4	26.4	20.6	25.9	32.2	31.4	34.1	32.5	38.2	42.2
Moyen–Orient		0.0	2.1	1.6	2.1	3.7	3.8	4.0	3.8	4.9
Europe	67.8	67.9	73.0	67.8	58.0	60.8	58.2	60.1	54.4	49.6
CEE	60.3	60.3	64.6	58.3	50.9	54.2	51.1	54.7	50.5	45.7
AELE	7.5	7.6	8.5	9.1	6.6	5.5	4.4	4.8	3.6	3.1
Océanie						0.1		0.1	x0.0	
Italy/Italie	16.1	15.3	15.3	13.4	13.4	14.3	13.9	14.7	12.1	10.8
Germany/Allemagne	12.4	13.0	13.7	12.6	10.7	12.5	12.2	12.8	12.0	11.4
Korea Republic	11.7	9.0	7.8	8.0	4.9	8.6	9.2	10.1	9.5	6.5
Belgium–Luxembourg	7.8	7.4	9.3	9.0	8.5	8.6	7.6	7.8	8.2	7.1
France, Monac	11.4	11.6	13.3	12.5	9.6	8.2	7.1	7.0	6.1	5.6
China/Chine					9.8	5.8	6.2	4.1	4.8	6.6
Hong Kong	3.6	5.1	3.4	4.5	5.7	4.2	5.0	3.9	4.4	6.6
Japan/Japon	9.0	10.0	5.3	8.1	2.9	4.0	3.6	4.0	4.4	8.7
Spain/Espagne	4.4	4.7	4.1	2.7	1.9	3.2	2.6	4.5	4.4	3.2
Turkey/Turquie			2.1	1.6	2.1	3.7	3.8	3.9	3.8	4.9

488

6517 REGEN FIBRE YARN, MONOFIL

FILS TEXT ART NON VENTE DT 6517

TRADE BY COMMODITY IN THOUSAND U.S. DOLLARS – COMMERCE PAR PRODUIT EN MILLIERS DE DOLLARS E.U

COUNTRIES–PAYS	1988	1989	1990	1991	1992	COUNTRIES–PAYS	1988	1989	1990	1991	1992
Total	2155828	2291258	2495463	2135045	2617215	Totale	2329283	2390699	2725784	1823001	1831635
Africa	132914	95354	127555	x60919	x68204	Afrique	x1575	x3447	x5134	x1672	x1977
Northern Africa	109435	74585	105414	45863	48215	Afrique du Nord	1362	3097	x4018	1219	1394
Americas	82736	115582	120294	148608	x168988	Amériques	73280	176248	200613	x204457	180834
LAIA	25714	36993	35293	39189	39215	ALAI	39973	59426	67803	x55727	47361
CACM	5631	4618	4627	2042	x5360	MCAC	144	98	137	180	x64
Asia	540683	655479	777850	621621	1036604	Asie	458566	563700	603137	415690	x437958
Middle East	x69662	x79223	x108038	x132974	x131022	Moyen–Orient	x2177	5968	3062	5419	5532
Europe	1123169	1189241	1365421	1197228	1311536	Europe	1732013	1582011	1830763	1120185	1166844
EEC	1022103	1079357	1238552	1106690	1206538	CEE	1511748	1356779	1576343	904859	932891
EFTA	90932	96134	109432	84691	92741	AELE	186348	197659	226317	199946	225554
Oceania	x21872	24670	10824	11269	9717	Océanie	538	1303	1354	1299	x1153
Italy/Italie	286411	306292	337075	261957	280927	United Kingdom	506073	580873	710351	104797	97617
France, Monac	201068	234081	294767	263336	309797	Germany/Allemagne	400177	397518	455914	438223	435284
Germany/Allemagne	232073	244606	260745	269449	274684	Japan/Japon	256657	260005	258176	212958	210928
Hong Kong	109264	187765	256864	51789	52728	Austria/Autriche	158216	171499	204564	184392	203052
Korea Republic	93267	127104	165279	189543	214341	Hong Kong	67277	145629	180065	25936	23766
Belgium–Luxembourg	101559	103891	129624	115937	117942	Italy/Italie	135239	113782	114472	94400	93080
Former USSR/Anc. URSS	x158182	x136320	x54336	x66499		Belgium–Luxembourg	91287	95958	108802	103870	109612
Indonesia/Indonésie	53536	68335	101961	68694	79186	France, Monac	102301	97665	108623	97162	118340
USA/Etats–Unis d'Amer	36884	60838	69999	97083	110405	USA/Etats–Unis d'Amer	736	79253	97362	106187	100883
United Kingdom	67848	59338	71983	61984	63753	China/Chine	57573	75969	80521	71199	76465
Turkey/Turquie	33410	47976	53616	48373	61527	Former USSR/Anc. URSS	x27171	x34354	x50162	x44151	32270
Austria/Autriche	41113	44832	54181	48189	54428	Canada	32339	37339	35274	41983	x29726
Spain/Espagne	47257	49145	47701	44410	56878	Greece/Grèce	36202	37103	37739	23026	x51221
Netherlands/Pays–Bas	47036	42512	43278	37842	34508	India/Inde	22246	x22560	28985	43360	43125
Japan/Japon	26675	35638	37260	34140	35340	Spain/Espagne	21609	22644	31326	36892	37021
Portugal	22023	23405	35453	34078	45147	Indonesia/Indonésie	18558	29921	21718	27661	
Switz.Liecht	29890	32445	35591	24624	29696	Yugoslavia SFR	33816	27545	28098	x15366	
Pakistan	29833	29280	30057	31263	30369	Mexico/Mexique	14631	19565	25367	18694	12761
Egypt/Egypte	35145	26990	41382	7679	15213	Brazil/Brésil	17253	19707	22169	15312	17224
India/Inde	22276	x26506	27517	15818	x21571	Switz.Liecht	25134	19318	19419	13978	16529
China/Chine	106784	55918	7208	3882	424331	Thailand/Thaïlande	9890	8945	15564	10808	x13936
Brazil/Brésil	11851	19960	19368	21696	16237	Hungary/Hongrie	x5613	x8653	x12286	x4914	x2639
Jordan/Jordanie	17804	6447	23559	27028	30705	Korea Republic	10536	7982	10151	5858	6816
Hungary/Hongrie	x21099	x20887	x16702	14281	x6302	Czechoslovakia	x7206	x6081	x5139	x11919	x15592
Morocco/Maroc	16070	13350	18642	15660	16258	Bulgaria/Bulgarie	x8568	x3692	x10704	x5172	x5508
Bangladesh	x3050	x4407	x1811	38886	x1473	Argentina/Argentine	3925	6317	4522	5722	5674
Algeria/Algérie	35735	12392	19847	10224	x4673	Singapore/Singapour	7663	3864	2757	8574	8460
Thailand/Thaïlande	8114	15296	13144	12419	9765	Netherlands/Pays–Bas	211370	5667	5240	4006	3020
Former GDR	x57118	x35791	x4627			Uruguay	45	x4776	x5221	4301	4606
Australia/Australie	20800	21919	8655	8862	8250	Peru/Pérou	1539	4354	3792	x5140	x2264
Tunisia/Tunisie	11567	13483	11647	11227	11419	Poland/Pologne				x12344	x14049
So. Africa Customs Un	11551	11470	13306	x7935	x10925	Romania/Roumanie	x10165	x5066	x5285	1199	x5081
Yugoslavia SFR	5863	10082	16982	x5630		Sweden/Suède	2725	6623	2212	1064	1831
Saudi Arabia	x1698	1391	x8892	x21715	x13537	Colombia/Colombie	2347	2406	3469	2197	3400
Canada	12640	11770	9185	8874	10898	Portugal	4833	3989	2501	855	470
Iran (Islamic Rp. of)	x2124	x874	x3415	x24373	x11276	Former GDR	x4588	x6142	x1194		
Greece/Grèce	5743	7803	8767	9171	x12236	Turkey/Turquie	1347	3811	1961	1023	2031
Sweden/Suède	9872	8289	9576	5718	3425	Jordan/Jordanie	233	1947	783	3895	2677
Singapore/Singapour	2427	7847	6413	8941	6939	Chile/Chili	35	75	2915	2976	x273
Libyan Arab Jamahiriya	10818	8209	13651	x747	x455	Egypt/Egypte	373	2625	1690	x163	45
Finland/Finlande	7897	8731	8265	4324	3381	Venezuela	198	2227	348	1175	848
Iraq	x5906	x14394	x4730	x1426	x43	Australia/Australie	422	1115	1283	1260	1093
Israel/Israël	4991	5815	6544	6209	7837	Ireland/Irlande	2028	1146	1001	1376	2419
Syrian Arab Republic	4658	4270	8473	5217	x8394	Pakistan	4613	2437	614	354	858
Czechoslovakia	x6089	6265	7969	x3711	x3575	Morocco/Maroc	979	299	1181	1047	1055
Denmark/Danemark	5186	4667	5574	5206	5762	Philippines			716	1172	1162
Argentina/Argentine	3560	4074	4421	6500	7337	Tunisia/Tunisie	x10	x172	x1141	8	89
Bulgaria/Bulgarie	x11806	x11314	x1697	1159	1706	Sri Lanka	39	25	30	1196	75
Sri Lanka	1784	1970	2564	9612	5907	Denmark/Danemark	630	435	375	254	196
Romania/Roumanie	x45	x138	x7783	4533	x5762	So. Africa Customs Un	x10	x265	x451	x260	x273

(VALUE AS % OF TOTAL)(VALEUR EN % DU TOTAL)

	1983	1984	1985	1986	1987	1988	1989	1990	1991	1992		1983	1984	1985	1986	1987	1988	1989	1990	1991	1992
Africa	x9.1	10.2	7.7	7.9	x5.8	6.1	4.2	5.1	x2.9	x2.6	Afrique	0.3	x1.5	0.3	x0.5	x0.1	x0.1	x0.1	x0.2	x0.1	x0.1
Northern Africa	x7.1	9.3	6.9	5.9	4.6	5.1	3.3	4.2	2.1	1.8	Afrique du Nord	0.2	0.3	0.1	0.3	0.1	0.1	0.1	x0.1	0.1	0.1
Americas	4.3	5.0	5.6	x5.0	x3.4	3.8	5.1	4.8	7.0	x6.4	Amériques	1.2	2.9	3.4	x4.4	x3.3	3.1	7.4	7.4	x11.2	9.9
LAIA	1.3	1.9	2.1	1.5	1.2	1.2	1.6	1.4	1.8	1.5	ALAI	0.1	1.7	2.1	x2.3	x1.9	1.7	2.5	2.5	x3.1	2.6
CACM	x0.1	0.2	x0.0	x0.1	0.0	0.3	0.2	0.2	0.1	x0.2	MCAC	x0.0	0.0	0.0	x0.0	0.0	0.0	0.0	0.0	0.0	0.0
Asia	x28.4	x26.4	24.8	21.9	24.4	25.1	28.6	31.2	29.1	39.6	Asie	27.3	22.3	19.1	20.0	21.6	19.7	23.6	22.1	22.8	x23.9
Middle East	x8.1	x8.3	x5.9	x4.7	x3.3	x3.2	x3.5	4.3	x6.2	x5.0	Moyen–Orient	x0.0	0.1	x0.0	x0.1	x0.1	0.2	0.1	0.1	0.3	0.3
Europe	56.6	56.9	60.7	64.2	54.0	52.1	51.9	54.7	56.1	50.1	Europe	71.3	73.4	77.1	75.1	72.5	74.4	66.2	67.2	61.4	63.7
EEC	51.2	50.5	54.1	58.3	48.7	47.4	47.1	49.6	51.8	46.1	CEE	63.6	64.0	66.3	64.5	61.9	64.9	56.8	57.8	49.6	50.9
EFTA	5.4	5.4	5.7	5.4	4.7	4.2	4.2	4.4	4.0	3.5	AELE	7.7	8.1	9.0	9.1	9.3	8.0	8.3	8.3	11.0	12.3
Oceania	1.5	1.5	1.2	1.0	0.6	x1.0	1.1	0.5	0.6	0.3	Océanie			0.1		0.1		0.1		0.1	x0.1
Italy/Italie	8.4	10.3	12.1	15.7	12.3	13.3	13.4	13.5	12.3	10.7	United Kingdom	8.3	6.1	5.7	5.5	4.6	21.7	24.3	26.1	5.7	5.3
France, Monac	10.4	9.5	10.3	10.6	9.8	9.3	10.2	11.8	12.3	12.3	Germany/Allemagne	20.5	19.8	20.7	21.4	20.8	17.2	16.6	16.7	24.0	23.8
Germany/Allemagne	12.9	11.9	13.0	13.7	11.1	10.8	10.7	10.4	12.6	10.5	Japan/Japon	24.6	19.6	16.3	15.5	13.7	11.0	10.9	9.5	11.7	11.5
Hong Kong	1.8	2.0	2.8	2.3	2.4	5.1	8.2	10.3	2.4	2.0	Austria/Autriche	7.2	7.5	7.9	7.9	8.1	6.8	7.2	7.5	10.1	11.1
Korea Republic	4.0	3.7	3.1	3.9	4.4	4.3	5.5	6.6	8.9	8.2	Hong Kong	0.6	0.6	0.6	0.8	1.1	2.9	6.1	6.6	1.4	1.3
Belgium–Luxembourg	7.6	6.8	6.5	6.2	4.8	4.7	4.5	5.2	5.4	4.5	Italy/Italie	9.7	5.7	9.6	6.6	5.8	4.8	4.8	4.2	5.2	5.1
Former USSR/Anc. URSS					x4.9	x7.3	x5.9	x2.2	x3.1		Belgium–Luxembourg	5.2	5.1	5.2	5.0	4.9	3.9	4.0	4.0	5.7	6.0
Indonesia/Indonésie	2.0	1.9	2.3	2.9	2.1	2.5	3.0	4.1	3.2	3.0	France, Monac	5.5	5.0	4.9	5.0	4.4	4.4	4.1	4.0	5.3	6.5
USA/Etats–Unis d'Amer	1.8	2.0	2.4	2.4	1.6	1.7	2.7	2.8	4.5	4.2	USA/Etats–Unis d'Amer	0.0	0.0	0.0	0.0	0.0	3.1	2.5	3.2	3.0	3.9
United Kingdom	5.7	5.1	4.6	4.3	3.9	3.1	2.6	2.9	2.9	2.4	China/Chine								3.1	2.5	4.2

6521 GREY WOVEN COTTON FABRIC / TISSUS COT ECRUS NON MERCER 6521

TRADE BY COMMODITY IN THOUSAND U.S. DOLLARS – COMMERCE PAR PRODUIT EN MILLIERS DE DOLLARS E.U

IMPORTS – IMPORTATIONS

COUNTRIES–PAYS	1988	1989	1990	1991	1992
Total	3064736	3575691	3715440	3871919	3667849
Africa	x94589	x94478	x96325	x92764	x94262
Northern Africa	41518	40607	39539	x37935	x40843
Americas	x103600	x629917	x673731	793738	x802288
LAIA	11827	13369	12615	21771	x21233
CACM	23986	19161	19333	25636	x25852
Asia	1053179	1163610	940048	1165234	x1200393
Middle East	x92847	x85766	x103267	x101589	x133797
Europe	1507616	1465399	1878756	1691401	1516668
EEC	1393854	1342022	1712591	1569007	1400276
EFTA	102161	107028	144797	113151	107156
Oceania	34058	44309	37278	36595	32121
USA/Etats–Unis d'Amer	5528	539120	584453	686423	705174
Hong Kong	415585	440184	329664	402652	402973
Italy/Italie	361803	349266	440067	376599	280486
Japan/Japon	348375	394455	271314	302797	335412
United Kingdom	345268	282845	355987	328676	280486
Germany/Allemagne	226502	234381	316484	323310	279139
France,Monac	233894	239987	307360	258080	257862
Netherlands/Pays–Bas	103623	91973	133344	121513	267213
Korea Republic	42461	57389	54179	113762	108344
Belgium–Luxembourg	55270	61005	72736	73298	160367
					57198
Malaysia/Malaisie	44843	63174	68659	73145	x22205
Austria/Autriche	44168	50689	68593	58191	54474
Canada	48575	45900	36597	37434	28530
Former USSR/Anc. URSS	x79019	x58206	x24052	x26393	
Poland/Pologne	67913	57727	30355	6203	x4823
Spain/Espagne	14586	33095	26201	34516	36319
Singapore/Singapour	5268	34533	28002	25315	18414
Switz.Liecht	20148	25326	37438	22747	22682
Bangladesh	x23118	x24721	x20874	x36986	x47206
Sri Lanka	44138	15612	23855	42561	43314
Turkey/Turquie	18254	17903	34306	27212	32283
Tunisia/Tunisie	28267	30065	19421	24874	29758
Denmark/Danemark	29248	24829	27164	22311	20153
Australia/Australie	28893	27897	15937	14551	13063
United Arab Emirates	x33828	x17731	x17356	x19207	x29157
Sweden/Suède	19472	16377	17333	14970	13712
Fiji/Fidji	37	12093	15751	18671	14928
Bulgaria/Bulgarie	x30369	x26121	x13534	x5753	4296
Hungary/Hongrie	x3239	x3621	x3210	38349	x5007
Portugal	10017	12392	17388	14994	19381
China/Chine	6410	5890	13083	25592	57017
Costa Rica	14791	12124	13879	17487	x9526
Oman	3924	6341	14029	19956	x3791
Yugoslavia SFR	10692	15590	15508	x7938	
Former GDR	x77288	x25204	x12465		
Thailand/Thaïlande	10117	11281	8609	12807	9365
Senegal/Sénégal	15818	12336	17367	x1797	x1094
Mauritius/Maurice	x9606	x11639	8335	9117	8756
Saudi Arabia	2256	3470	x10197	x14867	x41204
Norway,SVD,JM	7654	6095	11479	9839	9328
Ireland/Irlande	9533	7196	9180	10014	6967
Finland/Finlande	10205	8092	9492	6965	6614
Israel/Israël	7140	4383	7130	9667	5960
Romania/Roumanie	x658	5460	4549	10492	x1829
Iran (Islamic Rp. of)	x416	x7106	x7709	x5237	x5488
Jordan/Jordanie	6119	6868	4964	5725	9477
Greece/Grèce	4110	5053	6680	5695	5695
Panama	204	358	8294	8662	x12288
Uruguay	6199	6100	4960	6181	10300
Dominican Republic	x3540	x4415	x5105	x7110	249
					x6610

EXPORTS – EXPORTATIONS

COUNTRIES–PAYS	1988	1989	1990	1991	1992
Totale	3330479	x3485574	3693624	3697326	x3538602
Afrique	x201890	x180934	x188263	x187938	x188605
Afrique du Nord	121709	106550	112610	100947	74497
Amériques	224736	251045	273570	279379	250817
ALAI	150335	156408	156798	170865	134190
MCAC	11392	x12391	x14626	15478	14251
Asie	1957462	1991011	2013017	2190181	x2231773
Moyen–Orient	80769	78272	93121	82927	x95543
Europe	758839	759728	943628	813579	832468
CEE	613413	636635	795897	692768	713379
AELE	118155	105928	126467	107415	107167
Océanie	x1227	2831	3216	x4322	3108
China/Chine	765164	753704	637108	658580	688080
India/Inde	248895	x249481	320094	338422	x268901
Pakistan	176575	231456	287837	359555	365596
Hong Kong	286826	271621	226982	276261	273619
Germany/Allemagne	248385	236107	269259	229864	231807
Former USSR/Anc. URSS	x96111	x149279	x180627	x187489	
Indonesia/Indonésie	109109	127862	139763	179209	244038
France,Monac	122535	122908	149290	128227	122405
Korea Republic	124297	113857	113625	96836	72867
Italy/Italie	57994	75486	109559	91442	117971
Thailand/Thaïlande	85715	79874	80140	92703	x127318
Egypt/Egypte	93595	81510	81569	87332	63250
United Kingdom	48230	59569	94416	85886	94601
USA/Etats–Unis d'Amer	52230	69015	87998	80244	88575
Switz.Liecht	79684	70930	84247	64671	64872
Turkey/Turquie	70100	65298	77969	70741	65220
Belgium–Luxembourg	49510	56757	69412	65975	57369
Brazil/Brésil	82627	66992	49077	71683	75272
Austria/Autriche	35318	32071	39358	39124	39358
Malaysia/Malaisie	32479	31748	35144	42095	x47741
Netherlands/Pays–Bas	40274	32813	42811	32534	31215
Bulgaria/Bulgarie	x47742	x61922	x35312	x4149	x3996
Japan/Japon	29190	20996	45807	21822	15091
Colombia/Colombie	22743	24011	29200	35382	18690
Mexico/Mexique	11202	18413	35876	30904	19499
Romania/Roumanie	x9450	54936	27042	34	x888
Singapore/Singapour	5875	21573	26526	31126	16723
Cote d'Ivoire	x29147	x24182	x23984	x30832	x55458
Peru/Pérou	22895	32720	24421	x21770	x13777
Czechoslovakia	x22071	x23892	x24523	x25447	x17349
Portugal	15696	20618	17118	15521	16300
Yugoslavia SFR	27255	17150	20698	x13352	
Spain/Espagne	6859	7452	15806	16313	16272
Canada	9980	11245	13048	11896	12134
Madagascar	x12218	x16244	7761	12154	x8643
Denmark/Danemark	10262	10930	13280	11042	9467
Cameroon/Cameroun	x14526	13855	x10119	9310	x7838
Greece/Grèce	8389	8750	8881	11390	x9380
Guatemala	7898	4913	8342	12757	12584
Morocco/Maroc	6075	8319	11240	5855	3374
Algeria/Algérie	9760	10863	12354	303	
Tunisia/Tunisie	12280	5858	7448	7453	7874
Uruguay	5251	6738	7078	5139	22
Syrian Arab Republic	8429	6747	7935	x3572	x1763
Nigeria/Nigéria	x49	x3925	x6472	x5639	x1577
Ireland/Irlande	5278	5246	6065	4574	6592
Malawi	6839	3412	6529	x5940	x6047
So. Africa Customs Un	x1507	x2751	x4759	x7962	x10013
Argentina/Argentine	3607	5855	6994	1673	620
Zimbabwe	8317	x5093	4353	4918	x10149

(VALUE AS % OF TOTAL)(VALEUR EN % DU TOTAL)

	1983	1984	1985	1986	1987	1988	1989	1990	1991	1992
Africa	x4.6	x4.5	x3.8	x4.3	x3.8	x3.1	x2.7	x2.5	x2.4	x2.6
Northern Africa	x0.7	x1.6	1.2	x1.7	x1.7	1.4	1.1	1.1	x1.0	x1.1
Americas	x22.0	x25.7	x2.7	x2.4	x2.5	x3.4	x17.7	x18.1	20.5	x21.9
LAIA	0.0	0.0	0.3	x0.6	x0.4	0.4	0.4	0.3	0.6	x0.6
CACM	x0.1	0.0	0.0	x0.1	0.1	0.8	0.5	0.5	0.7	x0.7
Asia	x22.0	24.2	28.5	32.6	31.9	34.4	32.6	25.3	30.1	x32.7
Middle East	x3.0	x2.3	x2.0	x1.4	x3.2	x3.0	2.4	2.8	2.6	x3.6
Europe	50.3	44.7	64.0	60.0	54.0	49.2	41.0	50.6	43.7	41.4
EEC	46.7	39.1	56.4	55.1	50.1	45.5	37.5	46.1	40.5	38.2
EFTA	3.6	2.8	3.4	x4.8	x3.8	3.3	3.0	3.9	2.9	2.9
Oceania	1.0	x1.0	x1.0	x1.0	x0.8	0.7	1.1	1.2	1.0	0.9
USA/Etats–Unis d'Amer	20.3	23.7	0.0	0.1	0.1	0.2	15.1	15.7	17.7	19.2
Hong Kong	10.2	11.7	13.1	17.0	17.0	13.6	12.3	8.9	10.4	11.0
Italy/Italie	11.4	8.7	13.7	14.9	13.3	11.8	9.8	11.8	9.7	9.1
Japan/Japon	6.7	8.2	10.6	11.1	9.1	11.4	11.0	7.3	7.8	7.6
United Kingdom	10.0	8.8	12.7	10.2	11.5	11.3	7.9	9.6	8.5	7.6
Germany/Allemagne	8.3	7.2	10.1	9.9	7.8	7.4	6.6	8.4	8.4	7.6
France,Monac	8.6	7.3	10.3	10.3	8.7	7.6	6.7	8.3	6.7	7.0
Netherlands/Pays–Bas	4.5	3.4	5.1	5.0	4.2	3.4	2.6	3.6	3.1	3.0
Korea Republic	0.1	0.1	0.2	0.3	1.5	1.4	1.6	1.5	2.9	3.0
Belgium–Luxembourg	1.9	1.8	2.2	2.1	1.8	1.8	1.7	2.0	1.9	1.6

	1983	1984	1985	1986	1987	1988	1989	1990	1991	1992
Afrique	x7.5	x7.7	8.6	x7.9	x5.2	x6.0	x5.2	x5.1	x5.1	x5.3
Afrique du Nord	3.7	3.8	4.6	5.1	3.4	3.7	3.1	3.0	2.7	2.1
Amériques	6.8	14.1	10.9	9.0	5.9	6.8	7.2	7.4	7.6	7.0
ALAI	4.0	11.3	8.4	6.2	4.5	4.5	4.5	4.2	4.6	3.8
MCAC	x0.0	0.1	0.0	x0.1	x0.1	0.3	x0.4	0.4	0.4	0.4
Asie	49.7	44.4	44.5	44.7	58.3	58.8	57.1	54.5	59.2	x63.1
Moyen–Orient	x0.5	2.1	1.5	0.8	0.7	2.4	2.2	2.5	2.2	x2.7
Europe	35.7	33.8	35.8	38.2	23.0	22.8	21.8	25.5	22.0	23.5
CEE	31.5	26.6	27.8	30.7	19.0	18.4	18.3	21.5	18.7	20.2
AELE	4.2	3.1	3.8	x6.3	x3.3	3.5	2.9	3.4	2.9	3.0
Océanie	0.2	x0.1	0.2	x0.2	x0.1	x0.0			x0.1	
China/Chine					24.5	23.0	21.6	17.2	17.8	19.4
India/Inde	6.6	7.6	5.5	6.8	9.0	7.5	x7.2	8.7	9.2	x7.6
Pakistan	12.5	9.2	9.6	7.3	5.5	5.8	6.6	7.8	9.7	10.3
Hong Kong	10.0	9.5	9.4	10.3	7.5	8.8	8.6	6.1	7.5	7.7
Germany/Allemagne	12.0	10.8	11.6	13.0	8.2	7.5	6.8	7.3	6.2	6.6
Former USSR/Anc. URSS					x2.8	x2.9	x4.3	x4.9	x5.1	
Indonesia/Indonésie	1.6	2.0	2.9	3.4	2.9	3.3	3.7	3.8	4.8	6.9
France,Monac	7.0	4.9	5.3	6.6	4.1	3.7	3.5	4.0	3.5	3.5
Korea Republic	10.5	7.9	8.2	7.9	3.8	3.7	3.3	3.1	2.6	2.1
Italy/Italie	1.6	1.6	1.8	2.3	1.1	1.7	2.2	3.0	2.5	3.3

6522 WOVEN COTTON BLEACHD,ETC / TISSUS COTON BLANCHIS ETC 6522

TRADE BY COMMODITY IN THOUSAND U.S. DOLLARS – COMMERCE PAR PRODUIT EN MILLIERS DE DOLLARS E.U

IMPORTS – IMPORTATIONS

COUNTRIES–PAYS	1988	1989	1990	1991	1992
Total	10836069	11588062	13458735	14659172	x13088023
Africa	x643003	x675302	x906902	x997178	x1290546
Northern Africa	220150	250632	419333	450744	522657
Americas	x443335	x1009097	x1017250	x1158472	x1552404
LAIA	70281	114013	117544	210374	x303078
CACM	6782	8057	9396	8808	x68664
Asia	4707479	5112759	5963501	7065810	x5073703
Middle East	x270055	x251624	x309881	x373848	x499633
Europe	3850316	3960467	5015005	4693714	4470574
EEC	3249150	3351114	4272168	3899592	3767227
EFTA	470894	473951	592947	543126	523447
Oceania	x348106	x316696	x269394	x274016	x309778
China/Chine	2313416	2372372	2975827	3690935	954120
Hong Kong	894454	1033502	1145940	1347587	1555607
Germany/Allemagne	564926	583112	813270	803212	800179
United Kingdom	695149	647957	715047	597671	631002
France,Monac	559135	569157	713401	604622	548951
USA/Etats-Unis d'Amer	86036	579937	593089	655355	856903
Italy/Italie	488214	534584	663303	568815	497543
Belgium-Luxembourg	241933	267418	345281	320969	299739
Singapore/Singapour	291495	276400	305517	296580	308356
Netherlands/Pays-Bas	211111	230948	299874	297335	281460
Tunisia/Tunisie	132660	166227	309298	316192	390529
Former USSR/Anc. URSS	x425336	x265093	x134470	x312963	256577
Portugal	172740	182816	266711	243200	256577
Canada	209461	229784	226972	219129	237686
Australia/Australie	252204	237188	191280	193560	209287
Japan/Japon	148123	193613	225609	194566	158894
Philippines	72566	x177665	97613	229671	113742
Macau/Macao	140567	151756	157159	164031	159988
Spain/Espagne	98202	111809	174982	181164	187095
Austria/Autriche	130823	130780	171577	152579	152267
Yugoslavia SFR	87958	95819	118175	x220297	
Greece/Grèce	87038	108803	140378	143733	x131481
Thailand/Thaïlande	85144	96612	123208	160146	180751
Malaysia/Malaisie	94344	107266	126038	140508	x274690
Switz.Liecht	109190	109327	137337	123716	118534
Sweden/Suède	100806	102531	133001	124414	130543
Korea Republic	90267	105694	108196	139353	150039
Sri Lanka	90683	82729	79290	139353	163775
United Arab Emirates	x135628	x91119	x89572	x102793	x163798
Bangladesh	x102123	x131212	x137910	11926	x291607
Morocco/Maroc	75730	70513	97239	106021	94111
Mauritius/Maurice	x82920	x84569	77694	76084	78861
Finland/Finlande	80469	81389	86862	65724	53087
Denmark/Danemark	74370	62269	77504	79029	79714
Indonesia/Indonésie	40910	54252	74804	83339	109144
Saudi Arabia	7308	22653	x83169	x104625	x125675
Ireland/Irlande	56332	52243	62417	59844	53485
Norway,SVD,JM	46572	46403	60286	62220	65602
Hungary/Hongrie	x45125	x41483	x51262	73532	x78340
Benin/Bénin	x43749	x52361	x52252	x57919	x58412
So. Africa Customs Un	42654	42216	50924	x64387	x62307
New Zealand	59301	57078	50623	46935	50295
Mexico/Mexique	10446	39261	40177	55572	87141
Former GDR	x175413	x98712	x26812		
Togo	50736	50910	48000	22525	x74070
Chile/Chili	20489	30596	26539	47090	x61383
Cyprus/Chypre	32615	29196	33809	36201	33976
Dominican Republic	x21522	x33839	x33947	x30753	x38107
Poland/Pologne	50742	58993	30883	8343	x187708
Nigeria/Nigéria	x15528	x16354	x34772	x45916	x74637

EXPORTS – EXPORTATIONS

COUNTRIES–PAYS	1988	1989	1990	1991	1992
Totale	9485152	10133014	12017116	12391130	12977797
Afrique	x78728	x94001	x125561	x129958	x124530
Afrique du Nord	40113	37731	59919	63366	58914
Amériques	379825	508800	636942	687113	804825
ALAI	117395	165961	170581	172261	249311
MCAC	x147	3542	6537	6134	x7056
Asie	3961173	4346291	4843259	5591523	6096349
Moyen-Orient	123160	153999	136960	121522	141056
Europe	4526118	4730173	6022751	5699482	5745944
CEE	3861571	4108461	5233069	4999867	5025800
AELE	624476	596600	762727	682366	699286
Océanie	13098	14743	15631	18053	x25756
Hong Kong	1239987	1472928	1554338	1767148	2046882
Germany/Allemagne	1181150	1204032	1511813	1394831	1345235
China/Chine	892281	1067941	1185562	1360054	1376337
Italy/Italie	668617	710138	945593	926013	978113
France,Monac	677068	744466	939647	883676	922732
Japan/Japon	773451	756683	832149	965026	1021659
Netherlands/Pays-Bas	387438	398673	489723	474739	490687
Belgium-Luxembourg	326415	375472	483249	453761	436116
USA/Etats-Unis d'Amer	242851	314814	438629	483547	510046
United Kingdom	252455	263731	360322	353024	345604
Pakistan	276217	270042	317620	387864	508992
Switz.Liecht	299227	275569	353346	299572	291941
Austria/Autriche	230474	237298	311106	290925	305343
Korea Republic	168690	199325	228423	291049	310638
India/Inde	219710	x145741	251256	284319	x192069
Spain/Espagne	76147	112330	173006	193492	195694
Czechoslovakia	x144658	x145582	x141593	x109417	x117959
Former USSR/Anc. URSS	x122936	x137228	x118872	x93612	
Portugal	98934	102795	121434	118964	138029
Singapore/Singapour	95051	90627	96337	126103	134140
Turkey/Turquie	66199	91648	108080	103123	129868
Brazil/Brésil	66603	85690	86732	92211	145984
Ireland/Irlande	80971	78803	84373	78233	64049
Greece/Grèce	66910	77013	62818	67202	x50330
Thailand/Thaïlande	60358	58922	61460	71004	x62252
Indonesia/Indonésie	31345	37469	62265	85532	167025
Sweden/Suède	58606	50309	55581	55090	62445
Denmark/Danemark	45464	41008	61089	55992	59211
Malaysia/Malaisie	36310	41312	49426	52702	x64266
Poland/Pologne	67830	59558	39572	22686	x28275
Tunisia/Tunisie	30846	33194	45601	33135	40607
Macau/Macao	23580	28256	36548	35864	36257
Bulgaria/Bulgarie	x50283	x49611	x39689	x4990	x6307
Syrian Arab Republic	52271	54472	18659	x5564	x4209
Argentina/Argentine	23294	27723	23489	20752	24572
Hungary/Hongrie	x32731	x22627	x25539	x23128	x19992
Yugoslavia SFR	38752	24160	26313	x16832	
Canada	18174	21388	19543	20053	35958
Finland/Finlande	19356	18692	20809	17596	19572
Norway,SVD,JM	16812	14733	21884	19183	19984
Israel/Israël	5429	10922	20172	21948	19833
Cote d'Ivoire	x19567	x16182	x15665	x18158	x23510
Mexico/Mexique	2696	10382	15872	18070	21308
Peru/Pérou	9052	x8070	14761	x8332	x9424
Mauritius/Maurice	x1692	x8070	15661	14279	17599
Colombia/Colombie	10590	8591	10289	16014	28074
Australia/Australie	8734	10800	11050	12584	18977
Former GDR	x78625	x23737	x6392		
So. Africa Customs Un	x6282	x7698	x9081	x10626	x11365
Cyprus/Chypre	3771	6427	7098	10709	4569

(VALUE AS % OF TOTAL)(VALEUR EN % DU TOTAL)

	1983	1984	1985	1986	1987	1988	1989	1990	1991	1992		1983	1984	1985	1986	1987	1988	1989	1990	1991	1992
Africa	x9.3	x7.1	x6.8	x8.2	x5.9	x5.9	x5.9	x6.8	x6.8	9.9	Afrique	x1.6	x1.2	x1.4	x1.4	x1.1	x0.9	x1.0	x1.1	x1.1	x1.0
Northern Africa	2.7	1.9	2.4	2.6	2.0	2.0	2.2	3.1	3.1	4.0	Afrique du Nord	0.4	0.3	0.6	0.5	0.5	0.4	0.4	0.5	0.5	0.5
Americas	x8.5	x12.3	x7.3	x6.3	x4.1	x4.1	x8.7	x7.6	x7.9	x11.9	Amériques	4.6	5.3	5.8	6.2	4.5	4.1	5.0	5.3	5.6	6.2
LAIA	0.2	0.8	0.9	x1.2	x0.7	0.6	1.0	0.9	1.4	x2.3	ALAI	0.4	1.9	2.1	2.0	1.5	1.2	1.6	1.4	1.4	1.9
CACM	x0.2	0.0	0.4	x0.3	x0.2	0.1	0.1	0.1	0.1	x0.5	MCAC	x0.0	0.1	0.1	x0.1	x0.1	x0.0	0.0	0.1	0.0	x0.1
Asia	x30.1	28.6	28.9	24.0	40.4	43.5	44.2	44.3	48.2	x38.8	Asie	37.4	39.5	38.6	36.3	43.2	41.8	42.9	40.3	45.2	47.0
Middle East	x7.4	x4.4	x4.2	x2.2	x1.5	x2.5	x2.2	x2.3	x2.6	x3.8	Moyen-Orient	1.0	2.4	2.7	2.8	2.1	1.3	1.5	1.1	1.0	1.1
Europe	46.6	44.9	50.9	56.7	38.8	35.5	34.2	37.3	32.0	34.2	Europe	55.4	52.8	54.1	56.1	47.4	47.7	46.7	50.1	46.0	44.3
EEC	41.5	38.8	44.3	46.3	31.8	30.0	28.9	31.7	26.6	28.8	CEE	48.4	46.5	48.2	47.3	40.2	40.7	40.5	43.5	40.4	38.7
EFTA	5.1	5.2	5.6	5.7	x5.0	4.3	4.1	4.4	3.7	4.0	AELE	6.9	6.2	5.9	x8.2	x6.9	6.6	5.9	6.3	5.5	5.4
Oceania	5.5	x7.2	x6.2	x4.7	x3.4	x3.2	2.7	x2.0	x1.8	x2.4	Océanie	0.1	0.2	0.1	x0.0		0.1	0.1	0.1	0.1	x0.2
China/Chine					19.4	21.3	20.5	22.1	25.2	7.3	Hong Kong	10.6	12.1	12.0	12.7	13.1	14.5	12.9	14.3	15.8	
Hong Kong	9.9	11.4	11.0	10.3	8.4	8.3	8.9	8.5	9.2	11.9	Germany/Allemagne	14.9	14.6	15.1	14.6	12.2	12.5	11.9	12.6	11.3	10.4
Germany/Allemagne	8.3	7.7	8.0	9.0	5.9	5.2	5.0	6.0	5.5	6.1	China/Chine					9.1	9.4	10.5	9.9	11.0	10.6
United Kingdom	9.2	8.0	9.0	7.8	5.8	6.4	5.6	5.3	4.1	4.8	Italy/Italie	7.3	7.2	7.1	7.6	6.9	7.0	7.0	7.9	7.5	7.5
France,Monac	7.8	7.3	8.1	8.8	5.6	5.2	4.9	5.3	4.1	4.2	France,Monac	8.5	8.2	8.4	7.9	6.8	7.1	7.3	7.8	7.1	7.1
USA/Etats-Unis d'Amer	4.5	7.1	1.3	1.0	0.7	0.8	5.0	4.4	4.5	6.5	Japan/Japon	13.3	13.5	12.7	10.4	8.4	8.2	7.5	6.9	7.8	7.9
Italy/Italie	5.6	5.6	7.8	8.4	5.8	4.5	4.6	4.9	3.9	3.8	Netherlands/Pays-Bas	4.5	4.2	4.7	4.8	3.9	4.1	3.9	4.1	3.8	3.8
Belgium-Luxembourg	4.1	3.5	3.4	3.5	2.3	2.2	2.3	2.6	2.2	2.3	Belgium-Luxembourg	4.4	4.1	4.9	4.6	3.9	3.4	3.7	4.0	3.7	3.4
Singapore/Singapour	3.3	3.1	3.4	2.8	2.3	2.4	2.3	2.3	2.0	2.4	USA/Etats-Unis d'Amer	3.6	3.0	3.3	3.8	2.7	2.6	3.1	3.7	3.9	3.9
Netherlands/Pays-Bas	2.4	2.6	3.3	3.4	2.1	1.9	2.0	2.2	2.0	2.2	United Kingdom	2.9	2.5	2.8	2.6	2.4	2.7	2.6	3.0	2.8	2.7

65223 PILE ETC COTTON FABRICS — VELOURS TISSUS BOUCLES 65223

TRADE BY COMMODITY IN THOUSAND U.S. DOLLARS — COMMERCE PAR PRODUIT EN MILLIERS DE DOLLARS E.U

COUNTRIES–PAYS	1988	1989	1990	1991	1992	COUNTRIES–PAYS	1988	1989	1990	1991	1992
Total	x569983	x606209	690637	660843	535861	Totale	528005	574532	741116	659462	583539
Africa	x25065	x23130	25215	x26470	30196	Afrique	x1817	x2532	x6541	x14089	x3776
Northern Africa	17334	13783	19047	18546	21813	Afrique du Nord	1768	2450	6459	13806	x3427
Americas	x53587	x51764	x48170	51622	x56645	Amériques	21730	23354	30150	33737	23915
LAIA	x6902	x6752	x3954	10986	15460	ALAI	2129	3444	7664	8871	7144
CACM	254	705	1373	406	x4078	MCAC	x102	1	67	x82	x17
Asia	148153	x196268	216565	245911	x206688	Asie	212819	256320	302232	283075	262896
Middle East	x9466	x12873	x14192	x21933	x23725	Moyen–Orient	9504	16033	21808	18728	14440
Europe	254118	265502	352845	272186	221196	Europe	269358	268931	379935	312122	279799
EEC	229776	239105	316095	239259	197934	CEE	263398	262623	371314	303988	270829
EFTA	22021	19764	30466	23240	18594	AELE	5602	6219	8449	7786	8133
Oceania	x9402	x10153	x9417	x9831	x9530	Océanie	152	239	199	128	x57
Hong Kong	72889	79474	100973	111719	80904	Germany/Allemagne	112894	115044	170571	146667	136290
United Kingdom	91263	70384	64350	54091	55323	Hong Kong	86095	111143	121678	116704	96691
Italy/Italie	34170	46755	68151	37681	23335	China/Chine	71819	79006	98807	88023	98614
France,Monac	27589	39470	51150	39323	31247	France, Monac	63334	57855	75347	61309	59395
Japan/Japon	22457	35002	44108	30353	18275	Italy/Italie	23361	25436	36419	23554	19927
Germany/Allemagne	20430	22582	38258	31544	29959	Japan/Japon	25666	24778	27859	26400	28276
Former USSR/Anc. URSS	x24525	x23770	x20834	x42547		Korea Republic	16197	22296	27155	25542	17819
USA/Etats–Unis d'Amer	17725	22189	22225	23549	25886	Netherlands/Pays–Bas	26494	22699	27642	23820	21212
Canada	23161	19148	19522	15436	9999	Belgium–Luxembourg	20130	20694	27037	17629	12794
Portugal	15071	14967	21425	16914	15644	USA/Etats–Unis d'Amer	18623	17612	19725	19276	8724
Belgium–Luxembourg	11547	14064	17409	12435	8674	Turkey/Turquie	9447	15254	20706	15422	12283
Netherlands/Pays–Bas	12173	12669	17040	12475	10950	Czechoslovakia	x11993	x13580	x17032	x12728	x11645
Austria/Autriche	9537	9463	15864	14070	11246	Greece/Grèce	5910	9586	9187	10054	x7122
Philippines	3460	x18393	3432	12643	2965	United Kingdom	4507	4876	7222	9497	8100
Spain/Espagne	1785	4481	17091	12322	9920	Portugal	2736	2994	9815	5881	3644
Greece/Grèce	6138	6789	11891	14550	x7076	Austria/Autriche	3764	4304	6045	6324	6655
China/Chine	6783	9610	8299	11333	22462	Egypt/Egypte	0	171	1924	11737	2213
Korea Republic	5673	7590	8300	9527	7511	Colombia/Colombie	1662	1662	4028	4673	4260
Bangladesh	x4982	x6754	x5643	11926	x10880	Canada	872	2017	2687	5494	8019
Romania/Roumanie	x21987	x14238	x6941	2409	x2433	Spain/Espagne	1437	1329	4251	2901	1769
Morocco/Maroc	8458	5326	8557	9290	11063	Algeria/Algérie	1452	1810	4383	1935	x864
Tunisia/Tunisie	5387	5418	8586	8893	8967	Former USSR/Anc. URSS	x5356	x4013	x1837	x1710	
Australia/Australie	6753	7543	7309	7811	7012	Former GDR	x3234	x4417	x1354		
Yugoslavia SFR	2310	6629	6031	x9086		Brazil/Brésil	58	573	2166	2541	1869
Macau/Macao	1	6942	7271	6425	4898	Denmark/Danemark	489	918	2226	1695	471
Switz.Liecht	5655	5256	7675	5032	3904	Poland/Pologne	x1440	x1143	x1645	x1618	x1329
Thailand/Thaïlande	4266	3475	6664	7140	11768	Singapore/Singapour	1540	1063	1203	2138	1545
Singapore/Singapour	7698	5564	5303	5717	3847	Pakistan	84	431	768	2059	
Former GDR	x26123	x13154	x2342			Switz.Liecht	1104	1091	1599	2809	2059
Sri Lanka	4310	4793	3183	5361	5055	Ireland/Irlande	2108	1192	1599	1106	1216
Saudi Arabia	1590	3504	x4307	x5408	x6695	Mexico/Mexique	252	564	1058	1348	647
So. Africa Customs Un	x3550	4156	3406	x4743	x3988	Cyprus/Chypre	32	610	649	1081	108
Ireland/Irlande	4475	3550	4315	4320	3371	Macau/Macao	1	821	630	659	1065
Denmark/Danemark	5136	3393	5014	3604	2436	Syrian Arab Republic	7	4	0	x2015	x1724
Hungary/Hongrie	x2682	x3187	x4743	3888	x2450	India/Inde	775	x232	936	344	x968
Indonesia/Indonésie	1254	1464	4072	4960	2657	Indonesia/Indonésie	572	91	850	502	28
Lebanon/Liban	x957	x1192	x1400	x6567	x5609	Sweden/Suède	475	413	598	223	167
Finland/Finlande	3877	2706	4071	2130	1724	Finland/Finlande	251	409	204	128	85
United Arab Emirates	x2634	x2978	x2460	x1386	x1905	Korea Dem People's Rp			x44	x542	x605
Bulgaria/Bulgarie	x2238	x3342	x2555	x786	436	Yugoslavia SFR	358	79	172	x335	
Cyprus/Chypre	1351	1713	2102	2850	2210	Morocco/Maroc	268	468	17	79	315
Mauritius/Maurice	x2515	x3758	1579	1024	2841	Argentina/Argentine	137	367	187	6	22
Mexico/Mexique	1448	3278	1208	1645	1115	Israel/Israël	28	217	189	125	88
Turkey/Turquie	4	429	2388	3149	3562	Thailand/Thaïlande	74	26	226	187	x471
Malaysia/Malaisie	1873	1920	2403	1507	x3836	Australia/Australie	104	166	136	113	50
Poland/Pologne	x936	x1688	x940	x2757	x3879	Lebanon/Liban		x48	x339		
Sweden/Suède	2296	1666	1842	1422	1136	United Arab Emirates		x19	x113	x169	x155
Libyan Arab Jamahiriya	3468	2937	1697	x271	x840	Bangladesh			x9	284	
Israel/Israël	958	928	1755	1941	2227	Uruguay		x23	x207	x60	x61
Brazil/Brésil	x468	149	660	3794	5487	So. Africa Customs Un	x19	x30	x24	x215	x293

(VALUE AS % OF TOTAL)(VALEUR EN % DU TOTAL)

	1983	1984	1985	1986	1987	1988	1989	1990	1991	1992		1983	1984	1985	1986	1987	1988	1989	1990	1991	1992
Africa	x3.9	x6.1	4.6	4.8	x5.6	x4.4	x3.8	3.7	x4.0	x5.6	Afrique	x0.0	x0.1	x0.0	x0.1	x0.0	x0.3	x0.4	x0.9	x2.1	x0.7
Northern Africa	x2.7	3.1	3.8	3.2	x4.1	3.0	2.3	2.8	2.8	4.1	Afrique du Nord	0.0	0.1	0.0	0.0	0.0	0.3	0.4	0.9	2.1	x0.6
Americas	x3.7	x6.2	x7.3	x6.7	x6.6	x9.4	8.5	6.9	7.8	x10.6	Amériques	x4.6	4.0	3.9	x3.2	x3.0	4.1	4.0	4.0	5.2	4.1
LAIA	0.1	1.2	1.2	x1.3	x1.3	x0.7	x1.2	x1.1	1.7	2.9	ALAI	x0.2	1.0	0.8	0.5	x0.4	0.4	0.6	1.0	1.3	1.2
CACM	x0.2	x0.5	x0.4	x0.1	x0.2	0.0	0.1	0.2	0.1	x0.8	MCAC	x0.0				x0.0	x0.0	x0.0	x0.0	x0.0	x0.0
Asia	25.4	31.4	x29.0	25.8	x26.7	26.0	x32.3	31.3	37.2	x38.5	Asie	25.8	34.2	33.6	29.4	38.9	40.3	44.7	40.8	42.9	45.1
Middle East	x3.0	x2.5	x4.0	x1.7	x1.2	x2.1	x2.1	x2.3	x3.3	x4.4	Moyen–Orient	0.0	2.5	4.3	2.4	1.4	1.8	2.8	2.9	2.8	2.5
Europe	61.4	49.9	53.9	59.0	44.8	44.6	43.8	51.1	41.2	41.3	Europe	69.5	61.5	62.4	67.3	55.0	51.0	46.8	51.3	47.3	47.9
EEC	56.5	45.7	49.4	50.2	38.4	40.3	39.4	45.8	36.2	36.9	CEE	68.4	60.3	61.2	65.5	53.6	49.9	45.7	50.1	46.1	46.4
EFTA	4.8	3.2	3.4	x6.7	4.5	3.9	3.3	4.4	3.5	3.5	AELE	1.1	1.2	1.1	1.1	x1.7	1.1	1.1	1.1	1.2	1.4
Oceania	5.5	x6.4	x5.2	x3.8	x3.1	x1.4	x1.6	x1.3	x1.5	x1.7	Océanie										x0.0
Hong Kong	11.2	16.0	15.0	14.1	13.6	12.8	13.1	14.6	16.9	15.1	Germany/Allemagne	26.5	23.2	22.1	24.6	19.3	21.4	20.0	23.0	22.2	23.4
United Kingdom	14.7	14.9	16.4	13.7	13.3	16.0	11.6	9.3	8.2	10.3	Hong Kong	14.8	19.8	20.1	18.5	18.1	16.3	19.3	16.4	17.7	16.6
Italy/Italie	6.7	4.1	7.9	6.6	4.3	6.0	7.7	9.9	5.7	4.4	China/Chine					11.7	13.6	13.8	13.3	13.3	16.9
France,Monac	11.3	9.8	8.9	8.3	5.3	4.8	6.5	7.4	6.0	5.8	France,Monac	13.2	10.8	14.0	14.7	13.0	12.0	10.1	10.2	9.3	10.2
Japan/Japon	4.0	5.0	3.1	2.7	2.6	3.9	5.8	6.4	4.6	3.4	Italy/Italie	8.7	7.7	7.6	8.5	6.1	4.4	4.4	4.9	3.6	3.4
Germany/Allemagne	8.2	5.2	5.3	7.4	4.5	3.6	3.7	5.5	4.6	3.4	Japan/Japon	7.3	7.4	7.1	5.6	4.9	4.9	4.3	3.8	4.0	4.8
Former USSR/Anc. URSS					x4.6	x4.3	x3.9	x3.0	x6.4		Korea Republic	3.1	3.8	1.8	2.3	2.3	3.1	3.9	3.7	3.9	3.1
USA/Etats–Unis d'Amer	1.4	2.4	2.7	2.9	2.4	3.1	3.7	3.2	3.6	4.8	Netherlands/Pays–Bas	6.5	6.4	6.0	5.8	4.7	5.0	4.0	3.7	3.6	3.6
Canada	1.8	1.7	2.6	2.0	2.4	4.1	3.2	2.8	2.3	1.9	Belgium–Luxembourg	9.4	7.5	7.6	6.6	5.2	3.8	3.6	3.6	2.7	2.2
Portugal	0.9	0.8	0.6	0.9	1.8	2.3	2.6	2.5	3.1	2.9	USA/Etats–Unis d'Amer	3.9	2.8	2.5	1.9	2.2	3.5	3.1	2.7	2.9	1.5

6531 CONT SYNT WEAVES NONPILE

TISSUS FIBRES SYNTH CONTINUE 6531

TRADE BY COMMODITY IN THOUSAND U.S. DOLLARS – COMMERCE PAR PRODUIT EN MILLIERS DE DOLLARS E.U

IMPORTS – IMPORTATIONS

COUNTRIES-PAYS	1988	1989	1990	1991	1992
Total	x7214549	6885817	7773628	x9041005	x10566285
Africa	x260121	x259305	x278197	x222302	x256294
Northern Africa	73956	69467	115399	111088	x108713
Americas	1029512	860911	818364	1004935	x1035355
LAIA	179101	178391	185045	301074	x311365
CACM	27406	36584	30258	40258	32617
Asia	x3808060	x3507195	x3947394	x4820163	x6146986
Middle East	x1450550	x1105429	x798347	x899718	x1172032
Europe	1820945	1971209	2523491	2635951	2762152
EEC	1625441	1778848	2282012	2349756	2498183
EFTA	178959	174059	205864	192761	204060
Oceania	x123490	x131282	x132057	x134090	x147432
Hong Kong	1127267	1247375	1720481	2101157	2311071
China/Chine	413819	443800	569696	805909	1523529
United Kingdom	437008	408522	501987	480747	484955
USA/Etats-Unis d'Amer	600847	452102	412036	472036	474829
Germany/Allemagne	306200	342674	446957	490207	510920
Saudi Arabia	474025	434674	x301639	x363032	x409658
United Arab Emirates	x755010	x374104	x330081	x385261	x588980
France, Monac	272017	296715	367331	335450	373530
Italy/Italie	135289	167662	222981	228538	250288
Spain/Espagne	94300	131355	197823	248077	241653
Canada	186139	168722	156917	151234	147476
Netherlands/Pays-Bas	117941	131193	161194	155683	167594
Malaysia/Malaisie	87328	107127	146452	145059	x119153
Thailand/Thaïlande	34525	98729	118430	136870	182968
Portugal	76147	86756	124160	133326	156911
Australia/Australie	89884	100693	105619	108515	117379
Belgium-Luxembourg	86463	92344	99144	116267	123495
Japan/Japon	31050	107002	86422	109449	162381
Korea Republic	96674	101448	102028	97912	105542
Greece/Grèce	44139	72828	101199	102289	x126800
Philippines	31668	x51731	86546	125343	79558
Mexico/Mexique	75557	71414	75675	113547	126450
Kuwait/Koweit	x85942	171354	x50943	x5399	x21678
So. Africa Customs Un	108579	99880	86875	x27863	x58452
Switz.Liecht	52098	51381	64637	56975	68069
Afghanistan	x153291	x56570	x73061	x41689	x52039
Austria/Autriche	45197	46352	54440	54441	54677
Macau/Macao	15689	50472	55907	47721	55205
Indonesia/Indonésie	10648	23732	45633	82688	106850
Former USSR/Anc. URSS	x74491	x46342	x23171	x78520	
Venezuela	51191	41510	34115	53973	42070
Yugoslavia SFR	15486	17513	22358	x86926	
Bangladesh	x13390	x22726	x32512	x61155	x71484
Morocco/Maroc	18737	22839	44989	44976	32060
Sri Lanka	17140	19480	35861	52955	42832
Denmark/Danemark	31694	31134	36579	40256	45129
Tunisia/Tunisie	14729	16256	41949	46693	58129
Sweden/Suède	32301	31567	37350	35460	32313
Chile/Chili	19823	30177	24179	42806	x48615
Finland/Finlande	36669	32294	33859	30512	31561
Iraq	x48758	x38137	x24037	x23517	x106
Poland/Pologne	x3570	x6246	x1867	x77314	x101413
Hungary/Hongrie	x20038	x24079	x24104	34056	x31712
Israel/Israël	25079	25580	27320	25909	31759
Turkey/Turquie	5180	8864	25029	35869	46071
Korea Dem People's Rp	x15110	x20020	x19969	x27620	x36577
Ireland/Irlande	24244	17664	22657	18916	16908
Mauritius/Maurice	x17210	x17893	21701	19605	17931
Iran (Islamic Rp. of)	x32304	x30438	x13468	x14463	x14000
Lebanon/Liban	x13786	x15370	x17990	x24358	22697

EXPORTS – EXPORTATIONS

COUNTRIES-PAYS	1988	1989	1990	1991	1992
Totale	6567924	7100957	8547558	9604880	11166305
Afrique	x11650	x12853	x21523	x21753	x27698
Afrique du Nord	8817	10973	15999	14194	12639
Amériques	444945	x482532	489140	507206	x559618
ALAI	19687	27610	25827	23823	31262
MCAC	5176	4835	4863	7249	x11282
Asie	4391184	4730292	5632541	6660501	7920672
Moyen-Orient	202019	423989	349123	x40729	40549
Europe	1680453	1842632	2377016	2369555	2619212
CEE	1487092	1645125	2141780	2156216	2391730
AELE	187630	189115	229279	208795	222286
Océanie	x7706	9875	8969	10046	12457
Korea Republic	1683753	1870480	2196739	2683263	3144008
Japan/Japon	1367824	1358535	1430783	1572965	1701437
Hong Kong	687944	719887	937442	1218305	1390754
Germany/Allemagne	449516	470050	595813	604655	704643
Italy/Italie	372329	458316	588956	525442	610275
USA/Etats-Unis d'Amer	388045	400586	424295	440655	476396
France, Monac	244484	260315	348998	367459	377373
Indonesia/Indonésie	107269	136579	254772	437430	856380
Pakistan	144425	139452	277684	383505	478155
Syrian Arab Republic	80733	356030	316359	x1803	x390
Belgium-Luxembourg	136347	139641	195019	217966	221478
United Kingdom	126567	133746	172855	176709	193600
Spain/Espagne	66840	78017	104421	128641	131337
Netherlands/Pays-Bas	61984	71979	94563	86041	104322
Switz.Liecht	75669	73038	86782	78295	90272
India/Inde	36056	x17272	80706	101536	x19636
Austria/Autriche	53062	52713	66387	61822	63053
Sweden/Suède	42235	41801	44195	41736	45425
Canada	31886	44624	33674	35041	39653
Thailand/Thaïlande	3843	17640	26449	53338	x65002
Singapore/Singapour	142767	24308	28871	36718	46061
Turkey/Turquie	96216	22842	21117	23077	23440
Malaysia/Malaisie	2766	4089	6624	45583	x20017
Finland/Finlande	11247	14032	21770	19487	14805
China/Chine	6783	7526	22694	23395	66949
Portugal	10262	12542	14383	17786	20173
Korea Dem People's Rp	x2567	x1422	x3549	x38171	x61498
Denmark/Danemark	5012	7028	12790	18587	17962
Kuwait/Koweit	x75	27746	x247	x344	
Morocco/Maroc	5966	6142	10232	9867	10002
Norway, SVD, JM	4816	7519	10116	7392	8732
Mexico/Mexique	6486	12577	6618	5674	9968
Australia/Australie	5973	8079	7465	9004	9483
Ireland/Irlande	11772	9343	7197	5751	3323
Israel/Israël	2262	3851	8123	10315	17361
Cyprus/Chypre	5057	5550	5818	10265	11118
Macau/Macao	44	4405	7863	8823	7045
Former USSR/Anc. URSS	x2380	x5510	x7264	x5637	
Poland/Pologne	x4204	x3556	x4484	x10178	x5809
Argentina/Argentine	3808	4936	7730	5489	3236
Greece/Grèce	1980	4149	6785	7177	x7244
Yugoslavia SFR	5721	8362	5763	x3474	
Colombia/Colombie	3361	5456	4898	5928	8066
Brazil/Brésil	5628	3500	4146	4981	7239
United Arab Emirates	x10122	x5410	x4186	x2984	x3488
Algeria/Algérie	1906	4110	5347	2027	
Guatemala	3544	2538	4160	4578	6109
Czechoslovakia				x10781	x14021
Hungary/Hongrie	x2792	x3158	x3247	x4165	x3172
Former GDR	x9612	x7384	x1225		

(VALUE AS % OF TOTAL)(VALEUR EN % DU TOTAL)

	1983	1984	1985	1986	1987	1988	1989	1990	1991	1992		1983	1984	1985	1986	1987	1988	1989	1990	1991	1992
Africa	x4.7	x4.4	x2.6	x3.2	x3.0	x3.6	x3.8	x3.6	x2.5	x2.5	Afrique	0.1	0.1	0.1	x0.1	x0.1	x0.1	0.2	0.2	0.2	x0.2
Northern Africa	x1.6	x1.4	x0.6	x0.9	x0.7	1.0	1.0	1.5	1.2	x1.0	Afrique du Nord	0.1	0.1	0.1	0.1	0.1	0.1	0.2	0.2	0.1	0.1
Americas	x15.8	x17.3	x17.6	x18.0	x14.7	14.3	12.5	10.5	11.1	x9.8	Amériques	x5.9	x6.7	x6.6	x6.7	6.4	6.8	6.8	5.8	5.3	x5.0
LAIA	1.3	2.0	2.1	3.4	3.0	2.5	2.6	2.4	3.3	x2.9	ALAI	0.1	0.3	0.3	0.4	0.2	0.3	0.4	0.3	0.2	0.3
CACM	x0.6	x1.2	x0.6	x0.3	x0.3	0.4	0.5	0.4	0.4	x0.4	MCAC	x0.3	x0.7	x0.1	x0.0	x0.0	0.1	0.1	0.1	0.1	x0.1
Asia	x56.4	x53.3	x52.3	x47.4	x50.3	x52.8	x50.9	x50.8	x53.3	x58.1	Asie	72.6	71.5	69.4	66.6	66.9	66.6	66.6	65.9	69.4	70.9
Middle East	x27.9	x24.9	x20.9	x16.9	x16.8	x20.1	16.1	x10.3	10.0	x11.1	Moyen-Orient	x1.0	x2.0	x3.5	x0.9	0.7	3.1	6.0	4.1	x0.4	0.4
Europe	21.0	22.9	25.4	29.7	25.9	25.2	28.6	32.5	29.2	26.1	Europe	21.3	21.5	23.8	26.4	25.2	25.6	25.9	27.8	24.7	23.5
EEC	18.4	19.2	21.5	25.8	22.6	22.5	25.8	29.4	26.0	23.6	CEE	19.0	19.1	21.4	23.4	22.2	22.6	23.2	25.1	22.4	21.4
EFTA	2.6	2.7	2.8	3.2	2.8	2.5	2.5	2.6	2.1	1.9	AELE	2.3	2.2	2.3	2.9	2.9	2.9	2.7	2.7	2.2	2.0
Oceania	x2.2	x2.1	x2.2	x1.8	x1.5	1.7	x1.9	x1.7	x1.5	1.4	Océanie	0.1	0.1	0.1	x0.1	x0.1	x0.1	0.1	0.1	0.1	0.1
Hong Kong	9.4	12.3	14.2	13.9	14.7	15.6	18.1	22.1	23.2	21.9	Korea Republic	20.7	20.2	20.5	23.0	24.5	25.6	26.3	25.7	27.9	28.2
China/Chine						4.8	5.7	6.4	7.3	8.9	14.4	Japan/Japon	41.1	37.8	33.7	30.5	24.2	20.8	19.1	16.7	16.4	15.2
United Kingdom	5.8	6.3	6.7	6.8	5.8	6.1	5.9	5.3	4.6	Hong Kong	3.4	5.1	6.3	7.7	7.4	8.8	10.5	11.0	12.7	12.5
USA/Etats-Unis d'Amer	9.6	10.0	11.3	11.5	8.6	8.3	6.6	5.3	5.2	4.5	Germany/Allemagne	5.0	5.1	6.4	7.3	6.7	6.8	6.6	7.0	6.3	6.3
Germany/Allemagne	3.4	3.4	4.0	5.1	4.4	4.2	5.0	5.7	5.4	4.8	Italy/Italie	4.5	4.4	4.9	5.2	5.7	5.9	5.6	5.0	4.6	4.3
Saudi Arabia	x10.7	10.4	x8.0	7.3	7.4	6.6	6.3	x3.9	x4.0	x3.9	USA/Etats-Unis d'Amer	5.5	5.6	6.3	6.3	5.7	5.9	5.6	5.0	4.6	4.3
United Arab Emirates	x7.6	x6.4	x6.2	x5.0	x5.6	x10.5	x5.4	x4.2	x4.3	x5.6	France, Monac	2.7	2.7	3.0	3.3	3.8	3.7	3.7	4.1	3.8	3.4
France, Monac	3.4	3.6	4.0	4.7	4.1	3.8	4.3	4.7	3.7	3.5	Indonesia/Indonésie	0.0	0.0	0.2	0.2	0.5	1.6	1.9	3.0	4.6	7.7
Italy/Italie	1.0	1.1	1.4	1.9	1.7	1.9	2.4	2.9	2.5	2.4	Pakistan	2.6	2.4	0.7	1.3	3.5	2.2	2.0	3.2	4.0	4.3
Spain/Espagne	0.5	0.5	0.6	1.3	1.4	1.3	1.9	2.5	2.7	2.3	Syrian Arab Republic	0.1	0.0	0.0	0.1	0.1	1.2	5.0	3.7	x0.0	x0.0

493

6535 CONT REGN WEAVES NONPILE / TISSUS FIB TEXT ART CONTINU 6535

TRADE BY COMMODITY IN THOUSAND U.S. DOLLARS – COMMERCE PAR PRODUIT EN MILLIERS DE DOLLARS E.U

IMPORTS – IMPORTATIONS

COUNTRIES–PAYS	1988	1989	1990	1991	1992
Total	1246067	1583176	1875641	2049366	x2398710
Africa	x74069	x53601	x71983	x66571	x57485
Northern Africa	56537	37300	41604	44162	x33598
Americas	93195	191064	244265	304958	x320716
LAIA	27802	55045	92551	119447	116556
CACM	x851	x1974	x6191	x5066	x5150
Asia	x321647	x388371	x453736	x543454	x678529
Middle East	x92764	x108039	x73092	x91224	x139166
Europe	664762	831603	1017412	998620	1163745
EEC	560100	707387	887234	839960	1027814
EFTA	75293	85733	109210	83829	87058
Oceania	x15005	x26463	x43488	x43874	x40964
Hong Kong	132749	179744	235752	258392	267444
Germany/Allemagne	129319	159596	219364	227252	306507
France,Monac	94465	120658	149017	131842	155485
Italy/Italie	92938	126631	130591	94562	104808
USA/Etats–Unis d'Amer	29964	95257	107068	142092	154277
United Kingdom	84015	85476	98614	89576	106604
Mexico/Mexique	14966	39750	66684	85821	88060
Spain/Espagne	31168	45082	56321	66243	68838
Netherlands/Pays–Bas	34264	43164	54266	57620	69972
Belgium–Luxembourg	28334	44374	56778	48601	56723
Portugal	29710	34178	57177	52448	64028
Greece/Grèce	24175	36556	49000	53814	x71320
Switz.Liecht	31101	33793	42883	34601	34056
Saudi Arabia	49230	56069	x22563	x29485	x39918
Australia/Australie	11592	22902	38787	39140	35476
Yugoslavia SFR	7499	13995	15221	x71086	
Austria/Autriche	23998	29569	39644	26079	29278
Canada	29449	33623	31057	29243	32419
Former USSR/Anc. URSS	x35056	x46142	x16630	x19697	
Japan/Japon	7344	14346	28159	26389	29911
China/Chine	12903	11502	21275	34761	61960
Korea Republic	15864	15853	18994	32440	41544
Hungary/Hongrie	x14217	x16223	x20603	25512	x41857
United Arab Emirates	x21952	x13861	x21066	x26331	x39712
Thailand/Thaïlande	7756	11158	12104	18883	25206
Poland/Pologne	x3534	x4998	x1147	x34791	x56971
Bangladesh	x2180	x6368	x16975	x16507	x18471
Libyan Arab Jamahiriya	41768	18803	19570	x1415	x426
Tunisia/Tunisie	7332	10903	12393	12978	18132
Malta/Malte	21808	24393	5692	x3623	x3809
Finland/Finlande	8939	10638	12455	10604	10046
So. Africa Customs Un	4422	6798	18497	x7094	x7102
Denmark/Danemark	7442	6974	10567	13038	15668
Sweden/Suède	7703	9277	10918	9631	10733
Uruguay	6675	7952	10031	10482	1848
Philippines	530	x9089	3465	14568	8645
Egypt/Egypte	x4033	x1867	x2395	21097	6954
Turkey/Turquie	1518	3274	10527	10714	16525
Israel/Israël	6437	8063	8637	7758	11278
Malaysia/Malaisie	2056	5159	8208	10705	x32122
Singapore/Singapour	26574	3991	6957	9741	13698
Romania/Roumanie	x14573	x19059	358	746	x20372
Iran (Islamic Rp. of)	x12	x15746	x163	x1170	x2560
Chile/Chili	x1526	x2149	6711	7980	x6256
Afghanistan	x9893	x4654	x8302	x3365	x3394
Ireland/Irlande	4272	4697	5497	4964	7863
Lebanon/Liban	x3122	x2411	x2983	x8550	x10733
Czechoslovakia	x4349	437	4186	x9270	x12864
Indonesia/Indonésie	342	558	3308	7667	10445
Brazil/Brésil	1449	2577	4018	4318	2915

EXPORTS – EXPORTATIONS

COUNTRIES–PAYS	1988	1989	1990	1991	1992
Totale	1357023	1661300	2055602	2170214	2560767
Afrique	x938	x1416	x7034	x2374	x7783
Afrique du Nord	547	x1071	5632	1938	x966
Amériques	x45637	49301	x64367	75776	82038
ALAI	3397	6104	6628	10660	6263
MCAC	x1576	x31	x1836	x32	x10
Asie	428063	556954	677533	831325	970435
Moyen–Orient	14143	69974	33866	19909	32042
Europe	832453	1008186	1262573	1222868	1469671
CEE	738848	891990	1113513	1101846	1341144
AELE	74951	100648	136832	113548	120762
Océanie	329	x3468	x1172	x1517	1407
Germany/Allemagne	322401	358941	446518	480452	584055
Italy/Italie	210761	292327	371486	345888	423082
Japan/Japon	236297	245031	282888	349264	391717
Korea Republic	72090	99403	145877	190820	224907
France,Monac	97523	123253	152918	150479	182291
Hong Kong	44393	69303	105266	131297	141961
Austria/Autriche	32223	54691	80394	69352	78516
Belgium–Luxembourg	44437	42798	53602	52970	55869
Switz.Liecht	35575	41902	52316	39952	37842
USA/Etats–Unis d'Amer	33317	34565	45100	52536	61371
India/Inde	16039	x6126	53194	63270	x6602
China/Chine	35161	41331	33798	24389	84859
Spain/Espagne	30063	28274	27422	20970	19195
Turkey/Turquie	7365	23834	26219	17914	30355
Netherlands/Pays–Bas	14898	20972	23780	20140	23109
United Kingdom	12039	16293	25329	17107	27479
Syrian Arab Republic	6440	44574	7141	x45	x204
Yugoslavia SFR	18307	14790	12017	x7399	
Indonesia/Indonésie	701	7821	13264	12567	50152
Bulgaria/Bulgarie	x11710	x13220	x16393	x2315	x3038
Former USSR/Anc. URSS	x14072	x8913	x10657	x11097	
Canada	6972	8334	8637	11923	13608
Hungary/Hongrie	x6463	x9860	x9266	x4801	x8570
Portugal	3992	5434	8097	9166	x8570
Korea Dem People's Rp	x579	x748	x568	x17960	18899
Thailand/Thaïlande	1231	1840	3369	13021	x15164
Singapore/Singapour	6105	2344	3883	6970	x12749
Pakistan	1105	12378			9415
Czechoslovakia				109	202
Poland/Pologne	x2762	x3196	x2257	x10520	x13523
				x4686	x3655
Sweden/Suède	6621	3045	3238	3508	3827
Uruguay	1578	2528	3358	2645	2252
Former GDR	x12687	x5396	x1873		
Romania/Roumanie	x1910	x1389	2477	2932	x647
Denmark/Danemark	861	1759	2257	2317	3978
Mexico/Mexique	196	1551	932	3021	1416
Ireland/Irlande	1320	1470	1803	2052	2429
Colombia/Colombie	35	9	144	4030	72
Argentina/Argentine	1357	1628	1748	689	1396
Libyan Arab Jamahiriya		x1	3944		
Jordan/Jordanie	0	1284	50	1802	872
American Samoa		x2996		x51	
Panama	x157	x267	x2089	x619	x786
Morocco/Maroc	311	298	925	1656	550
Australia/Australie	257	391	890	1340	1272
Finland/Finlande	481	927	814	614	453
Philippines	2	x60	830	884	11
Guatemala	x1244	x6	x1257		x8
Greece/Grèce	554	469	300	305	x758
Macau/Macao	58	299	363	316	185

(VALUE AS % OF TOTAL)(VALEUR EN % DU TOTAL)

	1983	1984	1985	1986	1987	1988	1989	1990	1991	1992		1983	1984	1985	1986	1987	1988	1989	1990	1991	1992
Africa	x6.6	x2.7	x3.8	x4.5	x4.5	x6.0	x3.4	x3.9	x3.2	x2.4	Afrique	x0.1	0.1	x0.0	x0.0	x0.0	x0.1	x0.3	x0.1	x0.3
Northern Africa	3.8	x1.3	1.7	2.7	2.7	4.5	2.4	2.2	2.2	x1.4	Afrique du Nord	x0.0	0.0	0.0	0.0	0.0	0.0	0.1	0.3	0.1	x0.0
Americas	6.8	x11.2	x11.5	x9.2	x9.7	7.5	12.0	13.1	14.9	x13.4	Amériques	x5.0	x5.4	x4.5	x5.0	x5.1	x3.4	3.0	x3.1	3.5	3.2
LAIA	0.5	2.6	2.6	x0.8	x0.9	2.2	3.5	4.9	5.8	4.9	ALAI	x0.0	0.4	0.2	x0.3	0.7	0.4	0.3	0.3	0.5	0.2
CACM	x0.2	x0.1	x0.1	0.7	0.6	x0.1	x0.1	0.3	0.3	x0.2	MCAC		x0.2		x0.7	x0.4	x0.1	x0.0	x0.1	x0.0	x0.0
Asia	x40.8	x39.6	x29.1	x29.3	x26.9	25.8	x24.5	x24.2	26.6	x28.3	Asie	44.4	47.4	31.6	33.1	29.7	31.5	33.6	33.0	38.3	37.9
Middle East	x22.6	x21.5	x6.7	x8.3	x7.3	x7.4	x6.8	x3.9	x4.5	x5.8	Moyen–Orient	x2.7	3.6	x0.5	x1.6	0.9	1.0	4.2	1.6	0.9	1.3
Europe	44.1	45.0	54.0	55.8	54.0	53.3	52.5	54.2	48.7	48.5	Europe	50.5	47.2	63.8	61.9	60.0	61.3	60.7	61.4	56.3	57.4
EEC	37.3	35.7	44.0	46.0	44.1	44.9	44.7	47.3	41.0	42.8	CEE	46.1	42.4	57.2	55.6	54.7	54.4	53.7	54.2	50.8	52.4
EFTA	6.7	5.6	6.5	7.0	5.8	6.0	5.4	5.8	4.1	3.6	AELE	4.4	4.7	6.1	5.8	5.1	5.5	6.1	6.7	5.2	4.7
Oceania	x1.7	x1.5	x1.6	x1.3	x0.8	x1.2	x1.6	x2.3	x2.1	x1.7	Océanie	x0.0		x0.0	x0.0			x0.2	x0.1	x0.1	0.1
Hong Kong	6.3	8.7	12.8	12.4	10.2	10.7	11.4	12.6	12.6	11.1	Germany/Allemagne	19.1	18.7	23.6	21.8	22.4	23.8	21.6	21.7	22.1	22.8
Germany/Allemagne	8.6	8.3	10.0	11.5	9.8	10.4	10.1	11.7	11.1	12.8	Italy/Italie	14.6	12.0	16.4	18.1	16.7	15.5	17.6	18.1	15.9	16.5
France,Monac	6.4	7.2	9.4	9.7	9.3	7.6	7.6	7.9	6.4	6.5	Japan/Japon	17.9	17.7	19.7	19.8	17.0	17.4	14.7	13.8	16.1	15.3
Italy/Italie	1.6	2.8	4.2	4.5	7.5	7.5	8.0	7.0	4.6	4.4	Korea Republic	1.0	1.4	2.7	4.6	4.2	5.3	6.0	7.1	8.8	8.8
USA/Etats–Unis d'Amer	2.6	2.8	3.7	3.0	2.5	2.4	6.0	5.7	6.9	4.4	France,Monac	4.6	4.5	6.6	7.1	7.1	7.2	7.4	7.4	6.9	7.1
United Kingdom	7.5	7.7	8.6	7.7	6.8	6.7	5.4	5.3	4.4	4.4	Hong Kong	0.9	1.2	2.4	3.3	3.1	3.3	4.2	5.1	6.0	5.5
Mexico/Mexique			0.3	1.2	x0.1	0.7	2.5	3.6	4.2	3.7	Austria/Autriche	1.3	1.6	2.2	2.4	2.1	2.4	3.3	3.9	3.2	3.1
Spain/Espagne	1.2	0.9	1.0	1.3	1.9	2.5	2.8	3.0	3.2	2.9	Belgium–Luxembourg	2.9	2.9	4.2	3.7	3.4	3.3	2.6	2.6	2.4	2.2
Netherlands/Pays–Bas	2.6	2.3	3.2	3.0	2.9	2.7	2.7	2.9	2.8	2.9	Switz.Liecht	2.0	2.3	3.0	2.8	2.0	2.6	2.5	2.5	1.8	1.5
Belgium–Luxembourg	3.2	3.5	4.0	3.9	3.6	2.3	2.8	3.0	2.4	2.4	USA/Etats–Unis d'Amer	4.9	4.8	4.2	3.4	3.4	2.5	2.1	2.2	2.4	2.4

6539 MAN-MADE PILE ETC FABRIC / VELOURS FIBRES SYNTH, ARTIF 6539

TRADE BY COMMODITY IN THOUSAND U.S. DOLLARS – COMMERCE PAR PRODUIT EN MILLIERS DE DOLLARS E.U

IMPORTS – IMPORTATIONS

COUNTRIES–PAYS	1988	1989	1990	1991	1992
Total	x647486	670963	768116	x828212	x790898
Africa	x24695	x17804	x15992	x17929	x18626
Northern Africa	13268	4549	5175	x8357	x10522
Americas	x38943	x73589	x72558	x60421	x76089
LAIA	x6444	x6325	7526	12492	x14237
CACM	258	228	x376	284	x537
Asia	x178449	x154423	x185685	x213508	x226654
Middle East	x75576	x52493	x63673	x64985	x84596
Europe	343747	357796	446234	464829	425677
EEC	304942	323916	408554	428061	396726
EFTA	37215	31769	34391	29353	23928
Oceania	x10598	x16823	x16846	x15431	x16641
United Kingdom	127394	113222	129716	136534	137314
Germany/Allemagne	62824	71307	96399	111207	92869
France,Monac	47545	50675	60680	58266	58784
China/Chine	47574	40550	36470	63725	59075
Italy/Italie	14375	27067	47748	48953	45299
Canada	17470	48343	34761	19400	19606
Netherlands/Pays-Bas	25914	28527	36140	29328	19848
Former USSR/Anc. URSS	x24604	x32185	x19220	x38378	
Saudi Arabia	35264	20928	x35676	x30080	x34657
Hong Kong	23393	24452	27304	32782	30532
USA/Etats-Unis d'Amer	12706	15835	27507	23895	37790
Japan/Japon	7776	14726	27850	19007	15362
United Arab Emirates	x27243	x17463	x16686	x23760	x37866
Spain/Espagne	5519	11175	12114	14378	11989
Australia/Australie	7449	12225	11903	10761	12375
Austria/Autriche	10844	9935	12344	12048	10443
Belgium-Luxembourg	9897	10109	10444	13245	13298
Switz.Liecht	8339	8267	9401	7617	6324
Korea Republic	5228	7909	7599	8064	9624
Sweden/Suède	9590	6222	6320	5294	3540
Singapore/Singapour	3566	3356	7449	6582	5068
Ireland/Irlande	5232	5546	5561	3580	4309
New Zealand	2921	4100	4451	5771	x8505
Greece/Grèce	2133	2868	4762	x2299	x1667
So. Africa Customs Un	4173	5982	4543	2930	2618
Finland/Finlande	5715	5203	3202	x7165	
Yugoslavia SFR	1549	2101	3945	x5099	x3945
Afghanistan	x6483	x2351	x4671		6712
Mexico/Mexique	4386	4162	2991	4289	
Poland/Pologne	x1251	x1913	x170	x8564	x10712
Portugal	2197	1955	3567	4945	3076
Hungary/Hongrie	x5631	x4133	x3659	2581	x4981
Czechoslovakia	x9307	2680	1574	x5531	x6654
Libyan Arab Jamahiriya	11248	1754	2372	x5267	x5172
Kuwait/Koweit	x5813	5790	x2896	x395	x2149
Malaysia/Malaisie	2494	1569	2607	4017	x6338
Bulgaria/Bulgarie	x2110	x6002	x797	x687	21
Tunisia/Tunisie	1738	2600	2216	1783	4259
Panama	x776	x1116	x1502	x3621	x3041
Jordan/Jordanie	177	x1355	x2072	x2706	x1775
Thailand/Thaïlande	2221	1835	2457	1828	2512
Israel/Israël	1306	1652	1926	2480	3651
Romania/Roumanie	x5030	1741	x3862	280	x4794
Denmark/Danemark	1912	1465	1734	1855	1435
Norway,SVD,JM	2570	1972	1589	1288	837
Lebanon/Liban	x986	x680	x1179	x2666	x1368
Venezuela	288	339	1869	x1528	x2269
Iraq	x2505	x2794	x572	x221	
Brazil/Brésil	55	176	930	2470	891
Zaire/Zaïre	x1274	x978	x1405	x1117	x390

EXPORTS – EXPORTATIONS

COUNTRIES–PAYS	1988	1989	1990	1991	1992
Totale	610551	627823	753778	721125	711512
Afrique	x14105	x13443	x11875	x15175	x12030
Afrique du Nord	14079	13086	11447	15072	11927
Amériques	32196	27969	x40193	x33026	38724
ALAI	841	1444	x1909	3456	3919
MCAC			x4	x4	x36	x6
Asie	129943	166666	193709	218116	218402
Moyen-Orient	12879	23154	21970	8465	17368
Europe	433380	417155	504469	453121	440914
CEE	406141	390004	469962	434094	428749
AELE	9067	13853	19271	12598	9559
Océanie	x92	147	x54	335	x457
Belgium-Luxembourg	204456	202063	246090	219760	219851
Korea Republic	65739	84385	111894	143908	134370
Germany/Allemagne	107375	100595	120300	115851	110550
France, Monac	22353	26094	36658	38813	41494
USA/Etats-Unis d'Amer	30653	25786	37250	27545	29966
Italy/Italie	39771	30471	30362	27736	23972
Japan/Japon	19504	23400	21889	22516	25908
Hong Kong	18507	18561	18686	22963	20974
Ireland/Irlande	16208	16605	19597	16617	18457
China/Chine	10508	13360	14135	16250	15825
Morocco/Maroc	13134	12306	10260	14440	11843
Yugoslavia SFR	18169	13299	15235	x6424	
Syrian Arab Republic	2526	15929	16853	x184	x160
Switz.Liecht	5288	6819	8574	7386	6886
Turkey/Turquie	10124	7029	4850	3936	1480
Austria/Autriche	3104	6270	9569	6739	5433
Netherlands/Pays-Bas	3507	3584	7024	6739	5367
United Kingdom	6556	5417	5498	5920	5367
Spain/Espagne	3823	4211	3098	1514	1276
Singapore/Singapour	457	1101	3105	783	1711
Bulgaria/Bulgarie	x1	x1565	x3014	x348	x59
Mexico/Mexique	406	1139	1091	2623	2764
Indonesia/Indonésie	964	1292	906	1075	923
Canada	679	514	820	1915	4755
Sweden/Suède	633	736	1001	1230	1151
Portugal	311	804	1026	901	2207
India/Inde	228	x875	249	468	x305
Israel/Israël	1104	419	689	398	x73
Tunisia/Tunisie	188	693	241	229	80
Egypt/Egypte	0		863	159	4
Former GDR	x551	x553	x233		
Korea Dem People's Rp	x35	x72	x68	x636	x748
So. Africa Customs Un	x26	x331	x414	x31	x99
Poland/Pologne	x278	x212	x120	x320	x200
Venezuela	x13	x11	x271	x231	x10
Panama	x20	x221	x206	x75	x78
	46	128	143	x226	x427
Peru/Pérou				x484	x539
Czechoslovakia				x466	10
Pakistan	0	49	87	294	533
Colombia/Colombie					
Hungary/Hongrie	x1	x110	x111	x199	x188
Denmark/Danemark	174	118	172	123	48
Algeria/Algérie	757	x83	x83	x244	
Cyprus/Chypre	2	99	203	49	354
Brazil/Brésil	1607	42	138	120	x95
Greece/Grèce	355	116	144	57	130
Australia/Australie	33		42	22	205	357
New Zealand	9	106	23	130	-93
Thailand/Thaïlande	4	44	54	144	x121
Saudi Arabia	30	27	x33	x54	x63

(VALUE AS % OF TOTAL)(VALEUR EN % DU TOTAL)

	1983	1984	1985	1986	1987	1988	1989	1990	1991	1992		1983	1984	1985	1986	1987	1988	1989	1990	1991	1992
Africa	x3.7	x2.0	x2.4	x3.8	x3.0	x3.8	x2.7	x2.1	x2.2	x2.3	Afrique	1.9	2.0	4.7	x3.1	2.5	x2.3	x2.2	x1.6	x2.1	x1.7
Northern Africa	x1.8	x1.4	1.4	x1.3	x0.7	2.0	0.7	0.7	x1.0	1.3	Afrique du Nord	1.9	2.0	4.7	3.1	2.5	2.3	2.1	1.5	2.1	1.7
Americas	x9.8	x10.0	x9.3	8.8	x6.1	6.1	x11.0	x9.4	x7.3	x9.7	Amériques	4.9	x4.8	x3.8	x3.1	x4.3	5.2	4.5	x5.4	x4.6	5.5
LAIA	0.3	0.2	x0.1	x0.6	x0.6	x0.1	x0.9	1.0	1.5	x1.8	ALAI	0.3	0.2	0.2	x0.1	x0.1	0.1	0.2	x0.3	0.5	0.6
CACM	x0.0	x0.0	x0.0	x0.2	0.2	0.0	x0.0	x0.0	0.0	x0.1	MCAC					x0.0			x0.0	x0.0	
Asia	x24.2	x24.9	x28.3	x21.6	x29.1	x27.6	x23.0	x24.2	x25.8	x28.7	Asie	15.8	19.3	18.6	17.9	23.8	21.3	26.6	25.7	30.3	30.7
Middle East	x16.3	x14.2	x16.6	x10.3	x8.1	x11.7	7.8	x8.3	x7.8	x10.7	Moyen-Orient	x0.1	x0.7	0.9	0.9	1.5	2.1	3.7	2.9	1.2	2.4
Europe	56.8	55.1	53.0	61.0	51.8	53.1	53.3	58.1	56.1	53.8	Europe	77.3	73.7	72.8	75.9	69.2	71.0	66.4	66.9	62.8	62.0
EEC	47.8	47.1	46.6	53.4	45.9	47.1	48.3	53.2	51.7	50.2	CEE	75.5	71.5	70.6	73.8	67.1	66.5	62.1	62.3	60.2	60.3
EFTA	9.0	8.0	6.4	7.6	5.9	5.7	4.7	4.5	3.5	3.0	AELE	0.7	0.7	0.9	1.0	1.2	2.2	2.6	1.7	1.3	
Oceania	5.5	x7.9	7.0	x4.8	x4.4	x1.6	x2.5	x2.2	x1.9	x2.1	Océanie	0.1	0.3			x0.0		x0.0			x0.1
United Kingdom	22.1	23.0	23.0	25.4	20.8	19.7	16.9	16.9	16.5	17.4	Belgium–Luxembourg	35.8	32.1	32.6	34.3	31.2	33.5	32.2	32.6	30.5	30.9
Germany/Allemagne	8.7	7.8	7.0	8.7	8.1	9.7	10.6	12.6	13.4	11.7	Korea Republic	7.0	9.0	8.4	8.0	10.2	10.8	13.4	14.8	20.0	18.9
France,Monac	9.2	8.5	8.7	8.6	7.7	7.3	7.9	7.0	7.0	7.4	Germany/Allemagne	21.0	21.0	20.0	21.7	18.7	17.6	16.0	16.0	16.1	15.5
China/Chine					10.8	7.3	6.0	4.7	7.7	7.5	France, Monac	5.8	4.6	5.0	5.4	4.5	3.7	4.2	4.9	5.4	5.8
Italy/Italie	1.0	1.0	1.3	2.1	1.7	2.2	4.0	6.2	5.9	5.7	USA/Etats-Unis d'Amer	4.6	4.6	3.6	4.2	4.0	4.0	4.1	4.9	3.8	4.2
Canada	6.3	6.1	5.6	5.0	2.9	7.2	4.5	2.3	2.5	2.5	Italy/Italie	8.0	8.2	8.4	8.2	7.9	6.5	4.9	4.0	3.1	3.6
Netherlands/Pays-Bas	3.7	3.5	3.3	4.5	3.9	4.0	4.3	4.7	3.5	2.5	Japan/Japon	7.0	6.3	5.3	5.0	4.7	3.2	3.7	2.9	3.2	3.6
Former USSR/Anc. URSS					x4.3	x3.8	x4.8	x2.5	x4.6		Hong Kong	1.0	1.9	2.0	3.0	4.7	3.0	3.0	2.5	3.2	2.9
Saudi Arabia	x9.5	8.6	x9.5	6.6	5.7	5.4	3.1	x4.6	x3.6	x4.4	Ireland/Irlande	0.0	0.1	0.3	0.2	1.6	2.7	2.6	2.2	2.3	2.6
Hong Kong	1.9	3.2	2.7	3.5	5.0	3.6	3.6	3.6	4.0	3.9	China/Chine					1.8	1.7	2.1	1.9	2.3	2.2

495

6541 SILK FABRICS WOVEN / TISSUS DE SOIE 6541

TRADE BY COMMODITY IN THOUSAND U.S. DOLLARS – COMMERCE PAR PRODUIT EN MILLIERS DE DOLLARS E.U

IMPORTS – IMPORTATIONS

COUNTRIES–PAYS	1988	1989	1990	1991	1992
Total	2160250	2493296	2686796	2605382	2395214
Africa	x39099	x59765	33107	x10920	x17721
Northern Africa	x967	x714	x1514	x2436	2017
Americas	293625	319222	311993	349712	x344840
LAIA	4418	5304	9260	11990	12700
CACM	17	179	116	222	x7346
Asia	1215001	1333725	1435584	1448428	1279027
Middle East	x80196	x53767	x71965	x69360	x81161
Europe	570364	712950	845502	750211	720267
EEC	516354	656132	771776	680847	663925
EFTA	43616	48207	59876	51352	48482
Oceania	x19691	x24188	x18962	x20118	x24883
Hong Kong	546257	574345	636187	597700	446258
Japan/Japon	310251	375746	346503	334581	305409
USA/Etats–Unis d'Amer	261319	279728	267172	300077	305409
Italy/Italie	169966	254935	227853	202904	196560
Germany/Allemagne	154878	176702	271125	218098	210229
Korea Republic	170100	204190	181753	204464	207438
China/Chine	84807	83986	153162	151629	166938
France, Monac	78025	103348	122217	104354	108528
United Kingdom	58678	57501	61889	54294	51576
Spain/Espagne	28867	36447	51148	57336	48995
Switz.Liecht	30136	34509	41969	33012	31246
Canada	27419	32976	34114	36233	33779
Mauritius/Maurice	x36682	x56774	27866	5243	9257
Saudi Arabia	11607	13667	x35633	x33000	x34613
United Arab Emirates	x58613	x29730	x25872	x22302	x34624
Former USSR/Anc. URSS	x3610	x26345	x34729	x16395	
Singapore/Singapour	13948	18257	22142	28084	27483
Australia/Australie	17194	21102	16509	17483	20384
Yugoslavia SFR	10068	8328	13402	x17410	
Belgium–Luxembourg	10822	10411	13317	13940	15639
Austria/Autriche	9391	9441	12835	12623	11779
Bangladesh	x49	x1032	x534	32244	x161
Malaysia/Malaisie	2889	4650	5775	11462	x18218
Portugal	4610	4869	6503	9117	10579
Netherlands/Pays–Bas	5225	4762	6551	8063	8559
Greece/Grèce	1540	3275	6277	9176	x9699
Macau/Macao	2157	6770	5259	4365	3704
Mexico/Mexique	2427	3195	4972	6387	6071
India/Inde	565	x4807	5048	3860	x7713
Qatar	1236	870	1289	6616	x1658
Hungary/Hongrie	x2263	x2031	x1630	4841	x4350
Former GDR	x5386	x7183	x741		
New Zealand	2169	2903	2271	2498	4231
Cyprus/Chypre	2454	2596	2644	1875	1675
Denmark/Danemark	2145	1875	2424	2551	2227
Kuwait/Koweït	x2519	3481	x2249	x955	x1920
Sweden/Suède	1935	1847	2148	2367	2306
Finland/Finlande	1424	1676	1883	2367	2009
Philippines	492	x2029	1257	2609	1509
Ireland/Irlande	1599	2005	2473	1014	1334
Bulgaria/Bulgarie	x4084	x4521	x867	x3	634
Israel/Israël	480	1059	1899	1852	3797
Czechoslovakia	x2422	1687	2691	x421	x742
Poland/Pologne				x3833	x2495
So. Africa Customs Un	1133	897	1408	x1437	x2042
Sri Lanka	125	539	913	2241	2682
Lebanon/Liban	x1325	x867	x832	x1974	x2504
Brazil/Brésil	81	399	1839	1387	369
Colombia/Colombie	89	676	1378	1219	981
Turkey/Turquie	177	589	1665	1002	1624

EXPORTS – EXPORTATIONS

COUNTRIES–PAYS	1988	1989	1990	1991	1992
Totale	2143870	2441213	2632883	2496465	2315419
Afrique	x319	x53	x164	x291	x478
Afrique du Nord	183	x10	53	43	19
Amériques	9179	16408	16052	18421	x26227
ALAI	3787	3424	1131	1399	934
MCAC	x15	x1	x1	x110	x8
Asie	1513171	1667802	1723491	1691437	1529007
Moyen–Orient	x462	x383	x901	x565	x647
Europe	613016	742579	886531	784004	757901
CEE	562728	691704	828552	743334	716869
AELE	50270	50857	57941	40607	40750
Océanie	x253	x412	x664	515	966
China/Chine	679628	716071	769588	633412	512345
Italy/Italie	381459	464021	566221	547295	516550
Hong Kong	347857	443428	462155	502621	483730
Korea Republic	261898	277288	263541	323552	301439
India/Inde	114911	x108425	113351	127046	x125113
Germany/Allemagne	65512	81900	116612	96522	97206
France, Monac	82665	110906	105994	67512	69339
Japan/Japon	70522	68143	60309	54388	52220
Switz.Liecht	43614	43165	50482	33722	32554
United Kingdom	27172	27404	30442	25445	26968
Thailand/Thaïlande	15492	20057	19805	16512	x21345
Singapore/Singapour	11842	18984	16928	17065	16232
USA/Etats–Unis d'Amer	4544	12639	13757	15844	23670
Macau/Macao	9076	11164	13757	8881	9445
Austria/Autriche	6543	7576	7219	6379	7569
Indonesia/Indonésie	80	2320	5198	4379	4429
Spain/Espagne	1895	3866	4603	2134	2143
Bulgaria/Bulgarie	x4139	x4850	x4702	x422	x591
Former USSR/Anc. URSS	x3475	x4966	x1247	x991	
Brazil/Brésil	3650	3403	1111	1322	623
Belgium–Luxembourg	1735	1439	2210	2089	1891
Romania/Roumanie	x40	4108	x2	7	x3
Netherlands/Pays–Bas	1295	1350	1479	1124	1760
Canada	713	308	1131	951	898
Korea Dem People's Rp	x345	x232	x389	x1458	x721
Philippines	641	x1118	436	31	29
Ireland/Irlande	643	589	448	542	295
Australia/Australie	226	382	587	392	903
Pakistan		94	213	654	389
United Arab Emirates	x89	x217	x480	x235	x158
Denmark/Danemark	256	104	365	409	234
Sweden/Suède	91	108	179	458	558
Sri Lanka	70	25	324	362	288
Bangladesh	x20	x25	x357	142	x214
Viet Nam	x102	x19	x242	x261	x256
Cyprus/Chypre	65	102	278	66	20
Portugal	79	68	138	206	438
Czechoslovakia	x114	x2		x261	x128
Saudi Arabia	232	2	x36	x149	x208
Panama	x98	x31	x30	x118	x714
Greece/Grèce	17	56	39	57	x45
Liberia/Libéria			x9	x121	x4
Hungary/Hongrie	x35	x26	x10	x93	x61
Malaysia/Malaisie	96	23	52	46	x44
Nepal/Népal	x59	x1	x94	x24	x7
New Zealand	24	25	63	30	62
Costa Rica				x110	x4
Lebanon/Liban	x19		x46	x47	x58
Norway,SVD,JM	5	6	56	28	18
Fiji/Fidji	0	x4	1	82	1

(VALUE AS % OF TOTAL)(VALEUR EN % DU TOTAL)

	1983	1984	1985	1986	1987	1988	1989	1990	1991	1992		1983	1984	1985	1986	1987	1988	1989	1990	1991	1992
Africa	x0.4	x0.5	0.8	x1.2	x1.3	x1.9	x2.4	1.3	x0.5	x0.8	Afrique	x0.0	x0.0	x0.0	x0.0	x0.0	x0.0	x0.0	x0.0	x0.0	x0.0
Northern Africa	x0.1	x0.0	0.1	0.0	x0.1	0.0	x0.0	x0.1	x0.1	0.1	Afrique du Nord	0.0	x0.0		0.0	0.0	0.0	0.0	0.0	0.0	0.0
Americas	x15.4	22.5	19.5	x18.8	x16.4	13.6	12.8	11.6	13.4	x14.4	Amériques	x0.5	1.1	0.9	1.0	0.5	0.4	0.6	0.6	0.8	x1.2
LAIA	0.1	0.2	0.2	x0.3	x0.2	0.2	0.2	0.3	0.5	0.5	ALAI		0.5	0.4	0.4	0.2	0.2	0.1	0.0	0.1	0.0
CACM	x0.0	x0.0	x0.0	x0.0	0.0	0.0	0.0	0.0	0.0	x0.3	MCAC	x0.0									x0.0
Asia	x59.3	49.2	x51.8	50.4	53.2	56.3	53.5	53.5	55.6	53.4	Asie	57.9	48.1	48.3	46.9	65.5	70.6	68.3	65.5	67.8	66.1
Middle East	x17.9	x3.9	x6.0	x3.2	x3.3	x3.7	x2.2	x2.7	x2.7	x3.4	Moyen–Orient	x0.0	x0.1	x0.1	x0.1	x0.0	x0.0	x0.0	x0.0	x0.0	x0.0
Europe	24.1	26.7	27.1	28.8	26.0	26.4	28.6	31.5	28.8	30.1	Europe	41.5	50.7	50.8	52.2	33.1	28.6	30.4	33.7	31.4	32.7
EEC	20.8	23.0	23.3	25.2	23.0	23.9	26.3	28.7	26.1	27.7	CEE	37.7	45.7	45.4	46.7	29.8	26.2	28.3	31.5	29.8	31.0
EFTA	3.2	3.4	3.3	3.4	2.6	2.0	1.9	2.2	2.0	2.0	AELE	3.8	4.9	5.4	5.5	3.2	2.3	2.1	2.2	1.6	1.8
Oceania	0.9	1.1	0.9	0.9	x0.8	x0.9	x1.0	x0.7	x0.8	x1.0	Océanie		0.1		x0.0	x0.0	x0.0	x0.0	x0.0		
Hong Kong	17.7	20.6	24.0	24.6	22.9	25.3	23.0	23.7	22.9	18.6	China/Chine					30.2	31.7	29.3	29.2	25.4	22.1
Japan/Japon	20.3	20.6	17.2	17.9	15.4	14.4	15.1	12.9	12.8	12.8	Italy/Italie	26.3	32.5	31.5	32.8	21.1	17.8	19.0	21.5	21.9	22.3
USA/Etats–Unis d'Amer	13.2	19.9	17.2	16.7	14.8	12.1	11.2	9.9	11.5	12.0	Hong Kong	8.2	10.2	12.0	12.8	10.9	16.2	18.2	17.6	20.1	20.9
Italy/Italie	4.3	4.7	5.4	6.4	6.4	7.9	10.2	8.5	7.8	8.2	Korea Republic	14.1	16.9	15.3	15.5	11.9	12.2	11.4	10.0	13.0	13.0
Germany/Allemagne	5.9	6.6	6.7	7.6	6.8	7.2	7.1	10.1	8.4	8.8	India/Inde	6.0	7.7	8.0	7.4	6.3	5.4	x4.4	4.3	5.1	x5.4
Korea Republic	2.4	2.7	3.6	4.1	4.6	7.9	8.2	6.8	7.8	8.7	Germany/Allemagne	2.9	3.6	4.0	4.1	2.6	3.1	3.4	4.4	3.9	4.2
China/Chine					3.0	3.9	3.4	5.7	5.8	7.0	France, Monac	6.5	7.3	7.4	7.5	4.5	3.9	4.5	4.0	2.7	3.0
France, Monac	5.6	6.5	6.0	5.7	4.4	3.6	4.1	4.5	4.0	4.5	Japan/Japon	8.1	10.3	10.1	8.3	4.3	3.3	2.8	2.3	2.2	2.3
United Kingdom	2.8	2.9	3.1	3.0	3.0	2.7	2.3	2.3	2.1	2.2	Switz.Liecht	3.6	4.5	4.9	5.0	2.8	2.0	1.8	1.9	1.4	1.4
Spain/Espagne	1.0	1.0	0.8	1.1	1.2	1.3	1.5	1.9	2.2	2.0	United Kingdom	1.6	2.1	2.1	2.0	1.4	1.3	1.1	1.2	1.0	1.2

6542 WOVEN WOOL, HAIR NONPILE

TIS PLUS 85% LAINE, POILS 6542

TRADE BY COMMODITY IN THOUSAND U.S. DOLLARS – COMMERCE PAR PRODUIT EN MILLIERS DE DOLLARS E.U

IMPORTS – IMPORTATIONS

COUNTRIES–PAYS	1988	1989	1990	1991	1992
Total	2158307	2194449	2358614	2526509	x2737591
Africa	x20780	x22860	x27511	x34040	x38565
Northern Africa	10419	10196	15545	20956	x20835
Americas	x355565	294955	299814	x310198	x335384
LAIA	14859	21665	28112	33164	40931
CACM	680	3627	2418	2604	x8643
Asia	x612569	x738528	708341	644440	x755835
Middle East	x56143	x52365	x44769	x37708	x66297
Europe	1054552	1046090	1235896	1336755	1424797
EEC	902968	897224	1052544	1057054	1188769
EFTA	130363	128539	154034	128101	131435
Oceania	x16326	x19462	x19135	x19792	x22214
Germany/Allemagne	348750	347593	412132	436341	479020
Japan/Japon	357999	415847	386257	309757	287304
USA/Etats-Unis d'Amer	242260	177714	179141	179761	173173
France, Monac	132704	143585	167708	159934	170820
Hong Kong	96585	112081	101433	112013	134840
Korea Republic	51209	96303	113237	100530	102251
Canada	88729	87431	84974	83392	99837
Italy/Italie	77901	75131	80070	81219	108229
Switz.Liecht	57140	64779	79243	66211	69616
Belgium–Luxembourg	85349	65790	71535	64919	58819
United Kingdom	79777	74688	74720	52271	68593
Portugal	48962	51730	68634	78511	93324
Yugoslavia SFR	10091	10829	17719	x141695	
Netherlands/Pays-Bas	51188	42446	62441	63662	74030
Former USSR/Anc. URSS	x14494	x16945	x24871	x119371	
Spain/Espagne	28225	37654	50409	55013	65713
Greece/Grèce	26531	41431	47619	48845	x55979
Austria/Autriche	42608	40701	50921	42447	43342
Hungary/Hongrie	x42978	x42808	x34090	42347	x54997
China/Chine	29519	33236	32302	42450	89331
Australia/Australie	13060	15866	14292	15052	15727
Sweden/Suède	16285	12111	12512	10643	10266
Saudi Arabia	x11286	x13442	x11670	x9589	x17539
Mexico/Mexique	6735	9169	11298	13963	15905
Malta/Malte	10746	9345	11468	x9686	x10235
Ireland/Irlande	15277	10468	10012	8483	5256
Morocco/Maroc	6106	7213	8578	11918	7928
Singapore/Singapour	7511	7830	11088	8683	12393
Finland/Finlande	12011	9075	9340	6641	5686
Korea Dem People's Rp	x5315	x5534	x7306	x9593	x18854
Mauritius/Maurice	x6807	x7906	6393	7544	7529
Denmark/Danemark	8304	6706	7264	7856	8987
Brazil/Brésil	1425	2842	7997	6328	5603
Kuwait/Koweit	x5367	x7864	x5411	x3412	x15182
Dominican Republic	x7829	x3807	x2982	x8777	x9789
United Arab Emirates	x6293	x6508	x4811	x3932	x5605
Turkey/Turquie	762	1779	7164	5981	12791
Bulgaria/Bulgarie	x1703	x5290	x5738	x3191	3748
Czechoslovakia	x10643	201	89	x12270	x24007
Iraq	x19969	x9321	x1683	x1313	x587
Tunisia/Tunisie	1839	1859	3781	6537	9585
New Zealand	2999	3156	4524	4181	5461
Chile/Chili	3110	4524	2688	4293	x5134
Indonesia/Indonésie	360	2269	3838	5307	11516
Israel/Israël	3175	2693	2477	4110	4952
Lebanon/Liban	x2797	x2352	x1679	x5172	x4674
Syrian Arab Republic	2720	4217	3604	x1364	x2434
Cyprus/Chypre	3053	3243	2625	2687	3593
Malaysia/Malaisie	1263	1716	2460	3879	x4101
Costa Rica	305	3195	2206	2381	x6064

EXPORTS – EXPORTATIONS

COUNTRIES–PAYS	1988	1989	1990	1991	1992
Totale	2282710	2420884	2651467	2598803	2885966
Afrique	x5804	x3177	x14145	x20571	x6357
Afrique du Nord	4043	2105	x12926	x18148	x2948
Amériques	86116	101852	112267	x121938	x138823
ALAI	70623	86501	95715	x96610	x102888
MCAC	31	x25	x145	62	x16
Asie	272712	262430	248802	301998	401941
Moyen–Orient	16380	14363	11448	13504	26243
Europe	1774519	1910428	2172675	2084196	2293584
CEE	1655031	1776547	2043310	1967612	2170270
AELE	100964	109018	123792	109618	113998
Océanie	x4197	5067	x5594	x4541	x4791
Italy/Italie	730416	817351	953315	915048	991104
Germany/Allemagne	301816	313067	393339	423718	503820
United Kingdom	351308	357897	353104	282908	297331
France, Monac	120491	121999	141183	144489	170153
Japan/Japon	75593	82312	92065	112512	156182
Netherlands/Pays–Bas	57397	58305	87667	82777	88346
Switz.Liecht	61185	70819	82198	72958	73478
Korea Republic	63828	66794	59083	74730	86494
Belgium–Luxembourg	41412	53416	59760	58977	49682
China/Chine	76710	57070	44205	56306	75813
Poland/Pologne	73677	56049	53270	39804	x17153
Uruguay	32248	43993	46382	49867	51703
Hong Kong	34499	34627	34134	39019	45106
Austria/Autriche	34891	33602	35340	30374	33382
Spain/Espagne	18937	22734	27198	30850	31959
Peru/Pérou	9516	17338	23057	x18776	x20761
Czechoslovakia	x22374	x19233	x12767	x13600	x17606
USA/Etats–Unis d'Amer	12021	12730	10730	16208	23706
Yugoslavia SFR	18270	24612	5483	x7300	
Turkey/Turquie	2004	13905	10437	13039	25882
Bulgaria/Bulgarie	x17915	x21792	x9968	x1592	x3580
Denmark/Danemark	8367	8019	10460	12833	17912
Romania/Roumanie	x645	22214	8356	43	x509
Portugal	13209	12435	7719	7647	10852
Ireland/Irlande	10988	10291	8448	7571	8287
Brazil/Brésil	17368	9108	7041	9778	12498
Hungary/Hongrie	x19323	x7539	x9050	x7316	x1622
Algeria/Algérie	1436	1288	7491	13693	x1
Canada	3319	2491	5116	8954	12127
Argentina/Argentine	3757	5634	5559	4381	1382
Mexico/Mexique	3771	3690	7029	4339	5573
Chile/Chili	3214	3941	3898	6458	6294
Sweden/Suède	3719	3724	5202	5290	6259
Former USSR/Anc. URSS	x746	x7912	x2458	x3202	
Israel/Israël	689	2479	4532	1437	2055
New Zealand	2677	2933	2604	2167	2344
Australia/Australie	1517	2134	2425	2290	2424
India/Inde	1245	x2675	1266	2205	x5448
Former GDR	x4682	x3182	x2115		
Venezuela	545	1300	1743	1529	3236
So. Africa Customs Un	x1739	x1026	x1125	x2397	x3331
Morocco/Maroc	2148	132	3079	1141	218
Singapore/Singapour	1982	1192	1428	1417	1127
Colombia/Colombie	108	1345	924	1470	1426
Tunisia/Tunisie	x459	x683	x2348	x434	x51
Egypt/Egypte	x2	0	x2879	x2678	
Greece/Grèce	690	1034	1117	357	x820
Iceland/Islande	671	419	403	356	130
Norway, SVD, JM	302	256	432	487	341
Nepal/Népal	x407	x544	x465	x47	x80

(VALUE AS % OF TOTAL)(VALEUR EN % DU TOTAL)

	1983	1984	1985	1986	1987	1988	1989	1990	1991	1992		1983	1984	1985	1986	1987	1988	1989	1990	1991	1992
Africa	x1.5	0.8	0.9	1.3	1.1	1.0	1.1	1.1	1.3	1.4	Afrique	0.1	0.1	0.1	0.2	0.2	0.3	0.1	0.5	0.8	0.2
Northern Africa	x1.5	0.7	0.7	x0.8	0.5	0.5	0.7	0.8	Afrique du Nord	0.1	0.1	0.1	0.1	0.1	0.2	0.1	0.5	0.7	0.1
Americas	x19.7	x25.2	x22.5	x18.7	15.7	16.4	13.5	12.7	x12.3	x12.3	Amériques	x1.5	x2.1	3.3	3.6	2.8	3.8	4.2	4.2	x4.7	x4.8
LAIA	x0.8	x0.5	x0.6	x0.3	x0.6	0.7	1.0	1.2	1.3	1.5	ALAI	x0.8	x1.4	2.6	2.6	2.2	3.1	3.6	3.6	x3.7	x3.6
CACM	x0.0	x0.0	x0.0	x0.1	0.0	0.0	0.2	0.1	0.1	x0.3	MCAC			x0.0	0.0				0.0	0.0	0.0
Asia	x23.1	x21.6	x23.9	20.4	x23.1	x28.3	33.7	30.1	25.5	x27.6	Asie	10.8	11.4	11.5	9.4	11.4	11.9	10.8	9.3	11.6	13.9
Middle East	x7.0	x4.8	x5.4	x2.0	1.9	2.6	x2.4	x1.9	x1.5	x2.4	Moyen–Orient	x0.1	0.4	2.1	0.3	1.0	0.7	0.6	0.5	0.5	0.9
Europe	54.9	51.2	51.7	58.7	55.0	48.9	47.7	52.4	52.9	52.0	Europe	85.8	86.1	84.8	86.6	77.1	77.7	78.9	81.9	80.2	79.5
EEC	46.8	43.4	44.5	47.2	44.3	41.8	40.9	44.6	41.8	43.4	CEE	78.3	78.6	77.6	79.0	71.6	72.5	73.4	77.1	75.7	75.2
EFTA	8.1	7.8	7.2	7.4	6.7	6.0	5.9	6.5	5.1	4.8	AELE	7.5	7.4	7.2	7.5	5.5	4.4	4.5	4.7	4.2	4.0
Oceania	x0.8	x1.1	x1.0	x1.0	x0.7	x0.7	x0.9	x0.8	x0.8	x0.8	Océanie	0.3	0.3	0.3	0.3	x0.2	x0.2	0.2	x0.2	x0.2	x0.2
Germany/Allemagne	21.1	19.0	18.1	19.4	18.7	16.2	15.8	17.5	17.3	17.5	Italy/Italie	30.0	30.4	30.7	33.3	30.5	32.0	33.8	36.0	35.2	34.3
Japan/Japon	9.7	9.8	11.1	11.4	12.1	16.6	18.9	16.4	12.3	10.5	Germany/Allemagne	13.1	12.9	13.6	15.1	13.7	13.2	12.9	14.8	16.3	17.5
USA/Etats–Unis d'Amer	13.8	18.6	16.3	13.3	11.1	11.2	8.1	7.6	7.1	6.3	United Kingdom	22.2	22.1	20.9	17.8	15.3	15.4	14.8	13.3	10.9	10.3
France, Monac	4.5	5.0	6.4	4.3	3.7	4.5	5.1	4.9	4.4	4.9	France, Monac	5.4	5.3	5.5	5.5	5.5	5.3	5.3	5.3	5.6	5.9
Hong Kong	1.6	1.6	1.4	1.6	1.7	2.4	4.4	4.8	4.4	3.7	Japan/Japon	5.1	5.3	4.6	4.4	3.4	3.3	3.4	3.5	4.3	5.4
Korea Republic	1.4	1.6	1.4	1.6	1.9	2.4	4.4	4.8	4.4	3.7	Netherlands/Pays–Bas	3.0	2.9	2.8	3.3	2.9	2.5	2.4	3.3	3.2	3.1
Canada	5.1	6.0	5.6	5.0	4.3	4.1	4.0	3.6	3.3	3.6	Switz.Liecht	4.3	4.2	4.2	4.4	3.9	2.7	2.9	3.1	2.8	2.5
Italy/Italie	2.9	3.3	3.8	3.5	3.2	3.6	3.4	3.4	3.2	4.0	Korea Republic	4.2	4.2	3.4	3.1	3.0	2.8	2.8	2.2	2.9	3.0
Switz.Liecht	2.7	2.7	2.6	2.8	2.6	2.9	3.0	3.4	2.6	2.5	Belgium–Luxembourg	1.6	1.4	1.1	1.4	1.4	1.8	2.2	2.3	2.3	1.7
Belgium–Luxembourg	2.7	2.3	2.6	3.0	2.8	4.0	3.0	3.0	2.6	2.1	China/Chine						2.7	3.4	2.4	1.7	2.2	2.6

65421 WOVN CARD WOOL, FINE HAIR — TISSUS 85% LAINE, PLS CARD 65421

TRADE BY COMMODITY IN THOUSAND U.S. DOLLARS – COMMERCE PAR PRODUIT EN MILLIERS DE DOLLARS E.U

IMPORTS – IMPORTATIONS

COUNTRIES–PAYS	1988	1989	1990	1991	1992
Total	x616765	614233	620283	x685625	x688977
Africa	x4522	x4502	9896	x11455	x12544
Northern Africa	1823	x594	x2553	x1936	x3285
Americas	x83950	x70346	x53738	x51301	x43531
LAIA	x7461	9681	7106	7368	x6791
CACM	x342	x2574	x1021	x2925	x2670
Asia	x193398	x212100	x186782	x141962	169241
Middle East	x17164	x8955	x9220	x7580	x17302
Europe	280529	285802	329461	x362320	399948
EEC	246418	252672	285552	280358	339147
EFTA	28539	28937	34503	26907	30303
Oceania	x3784	x4046	x4130	x5203	x5899
Germany/Allemagne	95108	101728	106091	118880	134513
Japan/Japon	109517	117703	97511	60925	62979
France, Monac	33764	37947	39051	30896	36241
Former USSR/Anc. URSS	x9967	x15242	x17774	x73132	
USA/Etats–Unis d'Amer	x47220	34940	26470	24973	18721
Hong Kong	x21569	x28374	x25271	x24231	29768
United Kingdom	24484	23031	32307	21379	30425
Korea Republic	14294	26281	28102	19305	23496
Italy/Italie	21499	21664	24143	20596	31337
Yugoslavia SFR	5491	4163	5530	x52517	
China/Chine	23623	21329	16958	18223	16461
Greece/Grèce	15070	16237	17767	19869	x20603
Canada	26499	21672	17839	13047	14348
Hungary/Hongrie	x16468	x17391	x13463	17798	x14133
Belgium–Luxembourg	17767	13440	19381	15551	15636
Portugal	10977	11629	14326	21113	24011
Spain/Espagne	6653	11728	12391	14239	23776
Austria/Autriche	11577	11607	13295	10079	10853
Switz.Liecht	8740	10479	14029	10035	14188
Netherlands/Pays–Bas	12085	8055	12465	10699	15912
Poland/Pologne	x4636	x2212	x205	x14454	x25127
Singapore/Singapour	2907	4764	6032	4657	7017
Mauritius/Maurice	x1488	x1858	6183	7183	7192
Denmark/Danemark	4120	3833	4827	5058	5435
Finland/Finlande	4139	3077	3749	3031	2117
Australia/Australie	2701	2879	2271	3979	4279
Ireland/Irlande	4890	3379	2804	2077	1257
Sweden/Suède	3005	2881	2539	2798	2065
Chile/Chili	2962	4360	905	1296	x1618
Malta/Malte	x2		3845	x2457	x1921
Turkey/Turquie	80	865	2788	2168	6898
Uruguay	850	1349	2096	2279	215
Czechoslovakia	x6284	66	65	x4764	x8944
Bulgaria/Bulgarie	x528	x852	x3747	x245	1897
Brazil/Brésil	x2400	1516	1667	1641	1987
Malaysia/Malaisie	871	1071	1242	2456	x1691
Costa Rica	x334	x1254	x960	x2274	x826
Dominican Republic	x2066	x1288	x838	x2346	x779
Romania/Roumanie	x11316	450	914	2782	x7624
New Zealand	835	907	1725	916	1196
Cyprus/Chypre	1684	1060	1117	1354	1978
Saudi Arabia	x2232	x975	x1601	x920	x2639
Mexico/Mexique	587	1413	974	972	1056
United Arab Emirates	x1383	x1476	x803	x519	x852
Indonesia/Indonésie	319	821	378	1479	4050
Lebanon/Liban	x438	x569	x532	x1374	x656
Norway, SVD, JM	878	813	807	817	939
Kuwait/Koweït	x406	x647	x895	x362	x2378
Colombia/Colombie	183	676	966	138	954
So. Africa Customs Un	524	376	535	x795	x704

EXPORTS – EXPORTATIONS

COUNTRIES–PAYS	1988	1989	1990	1991	1992
Totale	685550	689217	697003	662658	717586
Afrique	x342	x117	x208	x2730	x2811
Afrique du Nord	x1	3	64	x2684	x2717
Amériques	x48306	60116	61655	63065	x21827
ALAI	40893	53045	54481	54596	x8389
MCAC	x15		x52		x29
Asie	x48119	x44760	x49426	x46433	60674
Moyen–Orient	792	6898	4245	2955	2351
Europe	517327	541759	560126	536806	621082
CEE	467838	493443	517148	496879	582868
AELE	36055	33592	41501	36571	36080
Océanie	1715	2517	2892	3159	3075
Italy/Italie	156676	184490	200223	214720	274400
United Kingdom	153632	152512	140828	96265	101238
Germany/Allemagne	96414	94552	107722	114984	128625
Uruguay	32248	43993	46382	49867	3421
France, Monac	27440	27707	27602	31254	33048
Switz.Liecht	14258	15292	22610	20205	16681
Austria/Autriche	19615	16446	17094	14539	16879
Netherlands/Pays–Bas	13668	12320	17265	14726	16323
Hong Kong	x16623	x12569	x16258	x10551	x5325
Japan/Japon	9603	9928	9350	14840	19954
China/Chine	12683	10700	12603	7013	7754
Denmark/Danemark	7172	7358	9405	11156	13889
Ireland/Irlande	8611	8418	7039	6248	6728
Yugoslavia SFR	13435	14708	1471		
USA/Etats–Unis d'Amer	x5892	5584	5702	7629	12995
Hungary/Hongrie	x13575	x5461	x6936	x4575	x245
Poland/Pologne	x32558	x9343	x4840	x2072	x3273
Korea Republic	4549	2183	4711	9179	13461
Peru/Pérou	2412	4170	6202	x3540	x3682
Czechoslovakia	x8376	x6698	x3300	x3394	x2686
Turkey/Turquie	693	6666	3647	2540	2042
Romania/Roumanie	x474	9765	2831	7	x124
Bulgaria/Bulgarie	x10054	x5452	x4185	x138	x1789
Belgium–Luxembourg	2838	2184	3957	2911	3446
Portugal	620	2513	2016	3097	2754
Chile/Chili	3214	3941	162	638	x416
New Zealand	1230	1533	1693	1443	1459
Australia/Australie	485	983	1199	1712	1617
Spain/Espagne	725	1332	917	1364	2283
Canada	1488	1487	924	793	379
Former GDR	x3972	x2552	x592		
Sweden/Suède	1280	1183	940	1007	1847
Egypt/Egypte				x2673	x2673
India/Inde	472	x232	908	1002	x426
Singapore/Singapour	1440	210	986	622	599
Mexico/Mexique	2381	261	1143	191	273
Israel/Israël	398	1419	141	2	713
Iceland/Islande	671	419	403	356	130
Former USSR/Anc. URSS	x732	x675	x14	x278	
Norway, SVD, JM	121	151	369	394	288
Brazil/Brésil	x374	173	x344	x256	40
Colombia/Colombie	83	388	146	72	106
Cyprus/Chypre	14	25	173	347	267
Dominican Republic			x496		
Nepal/Népal	x226	x254	x148	x43	x80
Greece/Grèce	42	57	175	154	x133
Mongolia/Mongolie	x459	x337		x11	x11
Finland/Finlande	109	101	85	70	256
So. Africa Customs Un	x339	x71	x70	x34	x87

(VALUE AS % OF TOTAL)(VALEUR EN % DU TOTAL)

	1983	1984	1985	1986	1987	1988	1989	1990	1991	1992		1983	1984	1985	1986	1987	1988	1989	1990	1991	1992
Africa	x1.4	x0.4	x0.6	x1.1	x0.6	x0.7	x0.8	1.6	x1.7	x1.8	Afrique	0.1	0.0	x0.1	x0.1	x0.0	x0.0	x0.0	x0.0	x0.4	x0.4
Northern Africa	x1.3	x0.1	x0.3	x0.1	x0.1	0.3	x0.1	x0.4	x0.3	x0.5	Afrique du Nord	0.1	0.0	0.0	0.0	0.0	0.0	0.0	0.0	x0.4	x0.4
Americas	x17.0	x21.4	x5.2	x11.1	x9.1	x13.7	x11.4	x8.6	x7.4	x6.3	Amériques	x1.8	x3.1	0.8	x1.3	x1.8	x7.1	8.7	8.9	9.5	x3.1
LAIA	x0.2	x0.2	x0.1	x0.2	x0.1	1.6	1.1	1.1	1.1	x1.0	ALAI	x1.1	x2.5	0.8	0.9	1.3	6.0	7.7	7.8	8.2	x1.2
CACM	x0.0	x0.0	x0.0	x0.1	x0.0	x0.1	x0.4	x0.2	x0.4	x0.4	MCAC	x0.0		0.0		0.0	x0.0		x0.0		x0.0
Asia	x14.6	x15.8	x21.3	x16.2	x19.1	x31.3	x34.5	x30.1	x20.7	24.5	Asie	x3.1	x4.2	x4.8	x3.6	x4.5	x7.1	x6.4	x7.1	x7.0	8.5
Middle East	x4.2	x3.8	x4.6	x1.7	x1.7	x2.5	x1.5	x1.5	x1.1	x2.5	Moyen–Orient	x0.2	x0.8	1.2	x0.7	x0.6	0.1	1.0	0.6	0.4	0.3
Europe	66.6	61.8	72.0	71.1	64.4	45.5	46.5	53.1	x52.8	58.0	Europe	94.6	92.1	93.9	94.6	78.5	75.5	78.6	80.4	81.0	86.6
EEC	58.8	54.9	63.9	57.5	52.2	40.0	41.1	46.0	40.9	49.2	CEE	86.8	85.1	86.9	86.8	72.8	68.2	71.6	74.2	75.0	81.2
EFTA	x7.8	x6.9	x8.1	x6.7	x5.9	4.6	4.7	5.6	3.9	4.4	AELE	x7.7	x6.9	x6.9	x7.7	x5.6	5.3	4.9	6.0	5.5	5.0
Oceania	0.4	0.6	0.7	0.6	x0.6	0.6	x0.6	0.6	x0.9	x0.9	Océanie	0.4	0.4	0.5	0.4	0.3	0.3	0.4	0.4	0.5	0.4
Germany/Allemagne	42.1	38.9	44.3	40.8	37.6	15.4	16.6	17.1	17.3	19.5	Italy/Italie	16.0	15.7	16.1	15.9	15.5	22.9	26.8	28.7	32.4	38.2
Japan/Japon	6.9	7.6	11.4	10.4	10.1	17.8	19.2	15.7	8.9	9.1	United Kingdom	31.1	30.8	28.3	24.3	18.8	22.4	22.1	20.2	14.5	14.1
France, Monac	4.6	4.5	5.4	4.0	3.2	5.5	6.2	6.3	4.5	5.3	Germany/Allemagne	31.8	30.7	33.9	38.2	31.9	14.1	13.7	15.5	17.4	17.9
Former USSR/Anc. URSS					x1.1	1.6	x2.5	x2.9	x10.7		Uruguay			0.5	0.5	0.3	4.7	6.4	6.7	7.5	0.5
USA/Etats–Unis d'Amer	x12.0	x15.8		x6.7	x6.5	7.7	5.7	4.3	3.6	2.7	France, Monac	3.0	3.0	3.6	3.4	2.9	4.0	4.0	4.0	4.7	4.6
Hong Kong	x2.2	x2.9	x3.1	x2.0	x1.8	x3.5	x4.6	x4.1	x3.5	4.3	Switz.Liecht	2.4	2.2	2.3	2.7	1.9	2.1	2.2	3.2	3.0	2.3
United Kingdom	4.0	4.1	5.2	3.9	3.2	-4.0	3.7	5.2	3.1	4.4	Austria/Autriche	x3.4	x3.9	x4.1	x4.3	x3.2	2.9	2.4	2.5	2.2	2.4
Korea Republic	0.8	0.9	1.1	1.0	1.1	2.3	4.3	4.5	2.8	3.4	Netherlands/Pays–Bas	1.2	1.0	1.0	1.5	1.2	2.0	1.8	2.2	2.2	2.3
Italy/Italie	1.4	1.4	1.5	1.1	0.8	3.5	3.5	3.9	3.0	4.5	Hong Kong	x0.9	x1.1	x1.4	x0.6	x1.0	x2.4	x1.8	x2.3	x1.6	2.0
Yugoslavia SFR	x0.0	x0.0	x0.0	x6.9	x6.3	0.9	0.7	0.9	x7.7		Japan/Japon	1.1	1.3	1.2	1.4	1.0	1.4	1.4	1.3	2.2	2.8

6551 KNIT ETC SYNTH FAB NONEL — ETOFFES BON NON ELAS TEXT 6551

TRADE BY COMMODITY IN THOUSAND U.S. DOLLARS – COMMERCE PAR PRODUIT EN MILLIERS DE DOLLARS E.U

COUNTRIES–PAYS	IMPORTS 1988	1989	1990	1991	1992	COUNTRIES–PAYS	EXPORTS 1988	1989	1990	1991	1992
Total	727185	525676	651996	751970	x23550	Totale	x433530	481112	609052	586341	x3632
Africa	36435	x33027	x16791	x15306	8158	Afrique	x1584	x546	x1065	x296	587
Northern Africa	33195	31145	15115	14069	8153	Afrique du Nord	103	393	959	292	587
Americas	x62403	x17374	x14209	x9197	x3314	Amériques	33353	x12502	x13047	x12568	x2350
LAIA	x4697	x2638	x3539	7605	x3203	ALAI	x4569	x5087	x3280	x1705	x1639
CACM	x257	x201	x519	x12		MCAC	x132	x210		x2	x2
Asia	x618306	x465604	x620192	x726238	x11174	Asie	x388595	x455747	x587817	x571111	x47
Middle East	x4447	x4606	x5873	x5497	x11174	Moyen–Orient	23591	96742	140579	x797	
Europe	8883	8575		x282	x753	Europe	3583	3822		x2259	x633
EEC				x245	x753	CEE				x2259	x633
EFTA						AELE					
Oceania	x377	x1092	x805	x614		Océanie	x167	x35			
Hong Kong	306810	403901	549728	678294		Hong Kong	227729	305934	391825	501483	
China/Chine	21385	34553	31865	33098		Syrian Arab Republic	23469	96584	140571	x532	
Morocco/Maroc	6386	7843	13344	12410	7404	Japan/Japon	x60569	x46519	x52308	x65889	x43
Philippines	22029	x4052	25196			USA/Etats–Unis d'Amer	25665	x6857	x9144	x10758	x651
Tunisia/Tunisie	19562	21599	x42	x9	x27	Poland/Pologne	x5218	x7653	x5921	x95	
Korea Dem People's Rp	x4791	x4150	x3541	x4432		China/Chine	4360	4403	1656	2000	
Sri Lanka	13498	10223				Malta/Malte	3583	3822			
Bangladesh	x743	x3358	x3105	x3343		India/Inde	x210	x1041	x951	x573	
Argentina/Argentine	1273	520	2004	6868	x716	Germany/Allemagne				x2259	x633
Malta/Malte	8883	8575		x21		Argentina/Argentine	1031	1358	829	x11	x189
Saudi Arabia	941	1144	x3647	x3647	x3647	Former GDR	x832	x762	x1183		
Jamaica/Jamaïque	2544	4383	2955	x27		Brazil/Brésil	1254	x244	x957	x683	x393
Trinidad and Tobago	2623	2921	2790			Colombia/Colombie	357	799	1006	x50	x60
USA/Etats–Unis d'Amer	29207	x1631	x1422	x1012	x105	Peru/Pérou	x545	x1509	28		
Panama	1713	3446	x258	x25		Mexico/Mexique	x1261	x1065	x239	x101	x1
Egypt/Egypte	x297	x728	x1120	x1059		Morocco/Maroc	75	122	954	269	582
Kuwait/Koweït	x84	x1810	x544	x544	x544	Philippines	407	x453	447	x593	944
Mauritius/Maurice	x854	x584	x1035	x1014		Uruguay	x115	x52	x187	x47	0
United Arab Emirates	x1030	x558	x928	x845	x5569	Canada	x2947	x261	x335	x65	
Chile/Chili	x1115	x1082	x641	x14	x33	Pakistan	310	542			
Barbados/Barbade	1210	892	740	97		Korea Dem People's Rp	x60	x61	x48	x297	
Belize/Bélize		489	1121			United Arab Emirates			x48	x7	x235
Viet Nam	x22	x204	x435	x877		Tunisia/Tunisie	28		271		
Libyan Arab Jamahiriya	6571	565	275	x376	x590	Chile/Chili			x16	x15	x235
Canada	x19119	x558	x385	x185		El Salvador	x84	x204			x26
Fiji/Fidji	x126	x502	x381	x178		So. Africa Customs Un	x1361	x118	x74	x2	0
Peru/Pérou		232	259	570		Panama	x3	x46	x55	x56	x57
Algeria/Algérie	379	409	335	215	x127	Cayman Is/Is Caïmans			x130		
Pacific Isld (Tr Terr.)	x9	x318	x356	x274		Kuwait/Koweït	x6	x110	x20	x26	x26
Senegal/Sénégal		419	390	x3	x5	Venezuela		x45	x20	x26	x26
India/Inde	x415	x237	x159	x369		Czechoslovakia	x13	x44	x19	x14	x14
Jordan/Jordanie	x221	x350	x198	x189	x189	Belize/Bélize		31	27		
Syrian Arab Republic	95	184	523			Sri Lanka	91	52			
Bolivia/Bolivie	x7	400	223	75		Jamaica/Jamaïque		4	x40		
Japan/Japon	x1259	x297	x139	x206		Mauritius/Maurice	x23	x8	x29		
Costa Rica	x180	x103	x447			Lebanon/Liban	x10			x29	
Iran (Islamic Rp. of)	x94	x549				Egypt/Egypte			x5	x23	6
Cameroon/Cameroun	x2	446	x1			Senegal/Sénégal		25			
Saint-Kitts-Nevis	10	x125	x107	x111		Trinidad and Tobago			24		
Guam	x35	x250	x8	x7		Guam	x136	x19			
Saint Lucia/St. Lucie	87		261			Pacific Isld (Tr Terr.)	x31	x17			
Mexico/Mexique	1417	x50	x126	x77		Grenada/Grenade			x12		
So. Africa Customs Un	1928	x136	x37	x76		Viet Nam				x4	x6
Germany/Allemagne				x245	x3	Nigeria/Nigéria	x2	x3	x3	x2	x6
Israel/Israël	x159	x10	x138	x55		Paraguay				x6	
Poland/Pologne	x2			x180	x149	Guatemala		x5			
Papua New Guinea	5	6	19	x135	2279	Barbados/Barbade		4		x2	x2
Uruguay	x112	x85	x72			Honduras		x1			
Angola	x46		x146			Cameroon/Cameroun	0		0	0	
Guatemala	x51	x83	x58	x2		Dominican Republic		x1			

(VALUE AS % OF TOTAL)(VALEUR EN % DU TOTAL)

	1983	1984	1985	1986	1987	1988	1989	1990	1991	1992		1983	1984	1985	1986	1987	1988	1989	1990	1991	1992
Africa	x4.7	x3.1	x3.1	x3.5	x2.9	5.0	x6.3	x2.6	x2.0	34.6	Afrique	0.1	0.1		x0.1	x0.1	x0.4	x0.1	x0.2	x0.1	x16.2
Northern Africa	x2.5	x1.9	1.5	2.1	1.7	4.6	5.9	2.3	1.9	34.6	Afrique du Nord	0.1	0.0	0.0						0.1	16.2
Americas	x4.2	x5.4	x4.8	x6.2	x4.1	x8.5	x3.3	x2.2	x1.3	x14.0	Amériques	x3.0	x4.6	x2.8	x1.7	x1.3	x7.7	x2.6	x2.2	x2.1	x64.7
LAIA	x0.7	x1.0	x0.7	x0.5	x0.3	x0.6	x0.5	x0.5	1.0	x13.6	ALAI	x0.1	x0.3	x0.2	x0.2	x0.2	x1.1	x1.1	x0.5	x0.3	x45.1
CACM	x0.3	x0.4	x0.4	x0.1	x0.0	x0.0	x0.1	x0.0			MCAC	x0.2	x0.2	x0.2	x0.2	x0.1	x0.9	x0.0		x0.0	
Asia	x22.5	26.9	x29.3	32.8	39.1	x85.0	x88.6	x95.1	x96.5	x47.4	Asie	21.5	25.1	26.7	27.1	29.7	x89.7	x94.8	x96.5	x97.4	x1.3
Middle East	x4.8	x3.2	x4.2	x1.8	x1.7	x0.6	x0.9	x0.9	x0.7	47.4	Moyen–Orient	x0.2	x0.6	x0.4	x0.2	x0.1	5.4	20.1	23.1	x0.1	
Europe	65.7	60.9	59.6	54.6	45.7	1.2	1.6		x0.0	x3.2	Europe	75.2	69.9	70.4	70.9	63.9	0.8	0.8		x0.4	x17.4
EEC	55.5	51.3	50.5	46.4	38.8				x0.0	x3.2	CEE	68.0	62.2	62.1	63.4	57.4				x0.4	x17.4
EFTA	9.1	8.5	8.1	7.6	6.5						AELE	6.7	7.0	7.5	6.9	6.1					
Oceania	x2.9	x3.6	x3.1	x2.9	x2.2	x0.1	x0.2	x0.1	x0.1		Océanie	0.2	0.2	0.1	0.2	0.3	x0.0	x0.0			
Hong Kong	6.9	9.5	10.9	14.7	15.0	42.2	76.8	84.3	90.2		Hong Kong	4.1	5.4	6.3	9.3	11.2	52.5	63.6	64.3	85.5	
China/Chine					1.2	2.9	6.6	4.9	4.4		Syrian Arab Republic						5.4	20.1	23.1	x0.1	
Morocco/Maroc	0.2	0.2	0.3	0.2	0.5	0.9	1.5	2.0	1.7	31.4	Japan/Japon	14.9	15.8	16.6	13.3	11.2	x14.0	x9.7	x8.6	x11.2	x1.2
Philippines	0.6	0.5	0.4	0.8	x1.0	3.0	x0.8	3.9			USA/Etats–Unis d'Amer	2.7	3.4	2.5	1.3	0.8	5.9	x1.4	x1.5	x1.8	x17.9
Tunisia/Tunisie	1.1	1.1	1.1	1.3	1.1	2.7	4.1	x0.0	x0.0	x0.1	Poland/Pologne					x1.0	x1.2	x1.6	x1.0	x0.0	
Korea Dem People's Rp				x1.0	x0.7	x0.8	x0.5	0.6			China/Chine					0.1	1.0	0.9	0.3	0.3	
Sri Lanka	0.3	0.3	0.3	1.0	0.9	1.9	1.9				Malta/Malte	x0.2	x0.2	x0.2	x0.2	0.8	0.8				
Bangladesh	0.0	0.0	0.1	0.1	0.0	x0.1	x0.6	x0.5	x0.4		India/Inde	x0.0	x0.0	x0.1	x0.0	x0.0	x0.0	x0.2	x0.2	x0.1	
Argentina/Argentine	0.1	0.1	0.1	0.1	0.1	0.2	0.1	0.3	0.9	x3.0	Germany/Allemagne	23.3	20.7	20.5	22.5	20.4			0.2	x0.4	x17.4
Malta/Malte		x0.3	x0.3	x0.3	x0.3	1.2	1.6	x0.0			Argentina/Argentine		0.0	0.0				0.2	0.3	0.1	x0.0	x5.2

499

65732 PLASTIC COATED TEXTILES

TISSUS IMPREGNES 65732

TRADE BY COMMODITY IN THOUSAND U.S. DOLLARS – COMMERCE PAR PRODUIT EN MILLIERS DE DOLLARS E.U

COUNTRIES–PAYS	1988	1989	1990	1991	1992	COUNTRIES–PAYS	1988	1989	1990	1991	1992
Total	2355220	2409888	2859376	3258984	3731356	Totale	2064314	2160950	2588149	2817880	3238436
Africa	x52657	x53525	x67188	x62833	x74310	Afrique	x3174	x3810	x11467	x8326	x8193
Northern Africa	30272	27956	33074	32721	x40335	Afrique du Nord	1119	1096	8143	5041	5707
Americas	x378595	x271386	264892	x281612	x314214	Amériques	214553	216555	259262	269612	291170
LAIA	17410	20510	25085	46785	x76152	ALAI	20355	28557	28236	37598	55851
CACM	6234	7280	8594	7523	x7432	MCAC	1655	1929	2027	2144	x3127
Asia	686994	867323	1196122	1510067	1901566	Asie	510251	595397	768796	1009322	1223913
Middle East	x34458	x36104	x53505	x44854	x59703	Moyen–Orient	4205	3356	5407	3923	6588
Europe	1030521	1024161	1205907	1242605	1299289	Europe	1220052	1269729	1508710	1505560	1695224
EEC	875625	876412	1038647	1067126	1124004	CEE	1113698	1158781	1384064	1397168	1570341
EFTA	139532	131465	141390	121556	130218	AELE	99885	103572	118258	102668	112356
Oceania	x31967	x35774	x34221	x32287	x30863	Océanie	1109	x1141	2413	x1727	6559
Hong Kong	286146	374372	494999	616992	692241	Hong Kong	198698	256827	343399	469720	556358
China/Chine	176416	222152	340046	492029	751312	Italy/Italie	289021	307739	380643	369646	412644
France,Monac	203519	197173	223966	220407	222980	Germany/Allemagne	273887	280856	367086	387971	437472
Germany/Allemagne	189498	175450	207572	228853	230886	Korea Republic	130445	174240	232195	306396	415249
USA/Etats–Unis d'Amer	249927	137607	140526	141489	148804	France,Monac	154968	164949	204484	217988	248223
United Kingdom	130041	134960	133144	110883	118712	Belgium–Luxembourg	185404	179397	184540	184030	210537
Italy/Italie	86159	95996	105436	109898	102652	USA/Etats–Unis d'Amer	132742	153449	180875	180874	184836
Spain/Espagne	50013	59860	99011	112852	108429	Japan/Japon	150409	132994	145135	166184	171037
Canada	96041	92363	80398	69903	70876	Netherlands/Pays–Bas	95160	95619	103824	100662	85291
Netherlands/Pays–Bas	71155	66152	80097	74293	78489	United Kingdom	63726	79001	85116	84041	109129
Japan/Japon	67491	74007	72537	67909	68424	Switz.Liecht	45904	43910	49090	38380	38858
Portugal	46132	46439	62914	73403	83764	Canada	59672	32335	48042	48850	47349
Belgium–Luxembourg	49923	49785	61136	70490	100955	Austria/Autriche	20946	27165	28384	23539	27773
Indonesia/Indonésie	12004	29645	58085	86680	100577	Colombia/Colombie	15161	23188	21440	25560	29969
Former USSR/Anc. URSS	x82267	x61662	x34826	x62356		Spain/Espagne	20190	18610	24886	23182	27590
Korea Republic	33733	39710	37820	40708	33115	Former GDR	x89228	x46092	x12100		
Austria/Autriche	36172	35794	43002	38804	45131	Sweden/Suède	16093	16262	18303	17201	17704
Yugoslavia SFR	13627	14023	23276	x49655		China/Chine	5463	6855	17424	27379	33424
Philippines	14043	x8762	35064	41998	39084	Portugal	14355	16283	18568	16131	20532
Thailand/Thaïlande	12482	24865	25748	28999	39857	Norway,SVD,JM	12592	12393	16682	19524	23370
Sweden/Suède	29162	27228	28173	23747	22773	Denmark/Danemark	8701	8346	10579	11358	15717
Greece/Grèce	18754	21462	28380	28606	x42027	Former USSR/Anc. URSS	x1941	x8929	x7616	x9503	
Switz.Liecht	23528	22986	27857	26927	29692	Hungary/Hongrie	x14926	x7759	x8922	x8827	x8004
Finland/Finlande	29543	28159	26719	26271	x22574	Singapore/Singapour	8357	8395	7573	9028	10649
Denmark/Danemark	21358	20775	25468	19574	18573	Czechoslovakia	x7291	x9669	x5803	x3823	x4492
Hungary/Hongrie	x12873	x16890	x20060	25303	24095	Yugoslavia SFR	6373	7234	6370	x5691	
Singapore/Singapour	17107	18651	21715	21282	22998	Thailand/Thaïlande	4257	5700	5299	7576	x17751
Malaysia/Malaisie	10224	15187	23797	21942	x17242	Malaysia/Malaisie	3047	4249	4927	5877	x4215
Poland/Pologne	x23329	x21935	x13016	x24104	x33979	Finland/Finlande	4349	3841	5799	4012	4651
Australia/Australie	17695	19887	17836	16428	15546	India/Inde	1787	x764	3506	7798	x2462
Turkey/Turquie	1908	8731	21397	18530	21822	Brazil/Brésil	2858	2165	2726	5916	16282
New Zealand	12994	14389	14313	14092	13494	Turkey/Turquie	3857	2715	5102	2849	5831
Norway,SVD,JM	20079	16123	14456	11240	12949	Ireland/Irlande	7430	7052	2718	349	495
Tunisia/Tunisie	8067	9653	13679	12935	12463	Indonesia/Indonésie	155	934	3321	4320	3448
Morocco/Maroc	13595	12782	10875	10071	10628	Tunisia/Tunisie	58	3	4618	3394	343
So. Africa Customs Un	11402	10653	12784	x9223	x11094	So. Africa Customs Un	x1356	x2231	x2566	x2854	x2270
Ireland/Irlande	9073	8361	11524	12138	11016	Morocco/Maroc	203	1075	3464	1643	5312
Sri Lanka	4910	4422	8539	17619	16455	Venezuela	x396	1304	1436	1837	4494
Mexico/Mexique	5263	5632	7092	14929	26617	Uruguay	239	976	1446	1968	1941
Bulgaria/Bulgarie	x16778	x20993	x3390	x2958	17453	Greece/Grèce	858	930	1621	1811	x2712
Romania/Roumanie	x12360	x16406	x8599	189	x6959	Costa Rica	974	1375	1185	1284	x1860
Czechoslovakia	x6929	3539	5986	x12633	x29401	Australia/Australie	432	652	1690	1366	6365
Brazil/Brésil	2346	4735	6951	9518	13108	Poland/Pologne	x858	x806	x1342	x938	x505
Israel/Israël	5270	5173	6872	8649	9976	Argentina/Argentine	128	554	774	819	1128
Chile/Chili	4659	5987	6399	8092	x9405	Romania/Roumanie	x150	x907	x1199	38	x166
Cyprus/Chypre	5251	5913	7106	6373	6224	El Salvador	428	414	597	531	x859
Syrian Arab Republic	6677	9073	8077	x1510	x2401	Chile/Chili	35	46	286	1176	x1025
Former GDR	x19184	x13804	x3887			New Zealand	672	469	694	275	193
Dominican Republic	x2838	x5553	x2768	x8571	x4536	Korea Dem People's Rp	x206	x369	x264	x386	x1286
Mauritius/Maurice	x1708	x2499	6487	6657	6658	Bulgaria/Bulgarie	x82	x156	x519	x189	x194

(VALUE AS % OF TOTAL)(VALEUR EN % DU TOTAL)

	1983	1984	1985	1986	1987	1988	1989	1990	1991	1992		1983	1984	1985	1986	1987	1988	1989	1990	1991	1992
Africa	x4.3	x4.3	3.4	3.9	2.6	2.3	2.2	2.3	x1.9	2.0	Afrique	x0.1	0.1	x0.0	x0.3	x0.1	0.2	0.2	0.4	x0.3	x0.3
Northern Africa	1.6	2.0	1.7	1.7	1.3	1.3	1.2	1.2	1.0	x1.1	Afrique du Nord	0.0	0.0	0.0	0.0	0.0	0.1	0.1	0.3	0.2	0.2
Americas	x18.4	23.0	24.7	x22.5	x17.0	x16.1	x11.2	9.2	x8.7	x8.4	Amériques	13.9	13.5	11.4	x13.8	x11.9	10.4	10.0	10.0	9.6	9.0
LAIA	0.4	1.4	1.2	x1.9	x1.7	0.7	0.9	0.9	1.4	x2.0	ALAI	2.0	2.3	1.8	1.7	1.4	1.0	1.3	1.1	1.3	1.7
CACM	x0.2	0.0		x0.3	x0.5	0.3	0.3	0.3	0.3	0.2	MCAC	x0.0	0.0		x0.1	x0.1	0.1	0.1	0.1	0.1	x0.1
Asia	21.7	23.3	22.5	20.8	26.1	29.2	36.0	41.9	46.3	51.0	Asie	17.3	23.3	24.5	22.1	24.8	24.7	27.6	29.7	35.8	37.8
Middle East	x3.8	x3.5	x1.4	x1.7	x1.4	x1.5	x1.5	x1.9	x1.4	x1.6	Moyen–Orient	0.2	0.9	0.4	0.2	0.2	0.2	0.2	0.2	0.1	0.2
Europe	52.4	46.7	46.6	50.8	42.7	43.8	42.5	42.2	38.1	34.8	Europe	68.5	62.8	63.9	63.8	57.6	59.1	58.8	58.3	53.4	52.3
EEC	43.7	38.8	39.4	40.6	34.3	37.2	36.4	36.3	32.7	30.1	CEE	62.5	57.1	58.7	58.3	52.2	54.0	53.6	53.5	49.6	48.5
EFTA	8.7	7.8	7.2	7.5	6.1	5.9	5.5	4.9	3.7	3.5	AELE	6.0	5.7	5.2	5.2	4.1	4.8	4.8	4.6	3.9	3.5
Oceania	3.1	3.7	2.8	2.1	x1.6	x1.4	x1.5	x1.2	x1.0	x0.8	Océanie	0.2	0.2	0.2	x0.1	x0.1	0.1	x0.1	0.1	x0.1	0.2
Hong Kong	8.6	10.3	12.3	11.2	11.3	12.1	15.5	17.3	18.9	18.6	Hong Kong	3.8	5.8	9.4	7.2	9.2	9.6	11.9	13.3	16.7	17.2
China/Chine					6.5	7.5	9.2	11.9	15.1	20.1	Italy/Italie	17.5	17.5	18.0	17.1	17.1	14.0	14.2	14.7	13.1	12.7
France,Monac	10.5	8.6	8.7	9.0	7.1	8.6	8.2	7.8	6.8	6.0	Germany/Allemagne	20.9	17.8	16.7	17.1	16.1	13.3	13.0	14.2	13.8	13.5
Germany/Allemagne	10.6	9.0	9.2	9.7	8.2	8.0	7.3	7.3	7.0	6.2	Korea Republic	3.0	3.3	3.7	4.5	5.3	6.3	8.1	9.0	10.9	12.8
USA/Etats–Unis d'Amer	8.7	11.0	14.8	14.0	10.8	10.6	5.7	4.9	4.3	4.0	France,Monac	7.2	6.0	6.5	7.4	6.8	7.5	7.6	7.9	7.7	7.7
United Kingdom	8.2	7.5	7.6	6.8	5.1	5.5	5.6	4.7	3.4	3.2	Belgium–Luxembourg	5.0	4.9	5.6	5.7	5.5	9.0	8.3	7.1	6.5	6.5
Italy/Italie	3.7	3.5	3.2	3.5	3.2	3.7	4.0	3.7	3.4	2.8	USA/Etats–Unis d'Amer	11.9	11.2	9.6	7.6	6.3	6.4	7.1	7.0	6.4	5.7
Spain/Espagne	0.6	0.7	0.8	1.0	1.4	2.1	2.5	3.5	3.5	2.9	Japan/Japon	9.1	12.2	10.0	9.5	9.2	7.3	6.2	5.6	5.9	5.3
Canada	8.6	10.2	8.5	5.1	3.8	4.1	3.8	2.8	2.1	1.9	Netherlands/Pays–Bas	5.8	5.6	5.8	5.7	4.7	4.6	4.4	4.0	3.6	2.6
Netherlands/Pays–Bas	3.8	3.4	3.4	3.3	2.9	3.0	2.7	2.8	2.3	2.1	United Kingdom	3.5	3.1	3.5	3.1	2.9	3.1	3.7	3.3	3.0	3.4

6577 TEXTILES FOR MACHINERY — OUATES, MECHES ART TEXT 6577

TRADE BY COMMODITY IN THOUSAND U.S. DOLLARS – COMMERCE PAR PRODUIT EN MILLIERS DE DOLLARS E.U

COUNTRIES–PAYS	1988	1989	1990	1991	1992	COUNTRIES–PAYS	1988	1989	1990	1991	1992
Total	1884865	2103354	2229120	2344987	2444934	Totale	1763397	1915461	2132569	2218180	2351188
Africa	x94145	x76736	103915	x95991	x91855	Afrique	x2699	x3398	x5293	x5959	x9282
Northern Africa	47863	33361	53829	55309	45466	Afrique du Nord	1103	158	606	1354	923
Americas	185588	224095	257411	306491	x357904	Amériques	130433	185351	249741	283118	x318867
LAIA	49221	52492	60961	80298	98113	ALAI	13007	14715	11917	12623	16682
CACM	4082	3294	4773	4517	x9360	MCAC	2474	1417	2445	2206	x4243
Asia	422811	574743	402083	410190	x490880	Asie	316275	369932	239985	263383	281264
Middle East	x42249	x48023	x49849	x47040	x50539	Moyen–Orient	1805	1362	x715	x1304	1547
Europe	1027630	1064603	1328864	1342693	1399052	Europe	1289829	1331190	1610294	1630089	1704785
EEC	722588	752269	946705	992326	1053264	CEE	917832	960208	1170750	1191728	1254499
EFTA	284299	295196	357277	331864	323810	AELE	365603	365142	432531	430576	441208
Oceania	x43056	x46682	x56476	x53918	x51491	Océanie	12062	12582	x19163	24614	x31367
Germany/Allemagne	191020	197772	251540	287114	310661	Germany/Allemagne	304049	319993	375320	407440	455582
USA/Etats–Unis d'Amer	73760	105180	125919	145856	156499	United Kingdom	200846	211740	278738	241927	228380
France,Monac	94415	97492	134520	142406	159737	Switz.Liecht	177474	163429	188351	189284	200191
United Kingdom	103286	110706	128436	119695	120281	USA/Etats–Unis d'Amer	74712	132342	177433	216921	254729
China/Chine	89992	184778	76509	66088	123551	France,Monac	127530	132335	159648	157774	169506
Netherlands/Pays–Bas	84957	88343	110815	109283	113797	Italy/Italie	95194	94878	115818	114574	120154
Sweden/Suède	85867	87566	102329	98991	93416	Sweden/Suède	89833	94300	113190	108918	106265
Italy/Italie	78642	78541	97073	104555	106004	Japan/Japon	82909	88026	94361	126548	155054
Finland/Finlande	70274	81428	92023	78358	70866	Hong Kong	129341	161667	74805	61084	40923
Japan/Japon	59095	64760	78848	81812	85086	Netherlands/Pays–Bas	53393	59440	81468	91660	98198
Hong Kong	104734	131784	49241	43449	32198	Belgium–Luxembourg	70810	72941	76778	81189	81286
Former USSR/Anc. URSS	x51246	x72096	x45968	x96680		Austria/Autriche	48218	50821	65590	60770	64535
Spain/Espagne	44093	43802	67098	75130	89164	Canada	39549	35964	55828	51094	43076
Belgium–Luxembourg	52585	52691	62659	65567	72319	Finland/Finlande	33474	39241	44464	47751	47957
Austria/Autriche	43878	46846	65611	59929	62271	Ireland/Irlande	31247	31479	43029	54533	50950
Canada	49899	50693	53641	61587	83109	Korea Republic	70076	69833	13951	14066	13219
Switz.Liecht	48779	44198	58013	57453	61597	Spain/Espagne	23391	26701	27436	29574	32233
Korea Republic	47604	50550	37916	47502	49563	Norway,SVD,JM	16604	17351	20937	23853	22261
Norway,SVD,JM	34648	34430	38571	36311	34683	Pakistan	4140	9528	23359	26926	27220
Denmark/Danemark	26854	27487	31869	31408	32457	Australia/Australie	10107	11128	17287	22937	29638
Australia/Australie	23734	27920	29576	29983	29720	China/Chine	7274	19053	13719	12131	16418
Greece/Grèce	20692	30410	29868	21085	x11398	Denmark/Danemark	7148	6679	8152	8547	8721
Egypt/Egypte	26597	13481	32125	34890	26350	Singapore/Singapour	4768	6103	7735	8039	8537
So. Africa Customs Un	25393	25105	28300	x25505	x27983	Brazil/Brésil	5999	7481	6107	5605	6808
Portugal	18278	16720	21425	26484	27952	Thailand/Thaïlande	11214	4863	6366	5519	x7722
New Zealand	17287	16733	23885	21017	19326	Czechoslovakia	x3651	x5074	x4095	x4320	x4598
Singapore/Singapour	18668	18497	19106	20169	21798	Yugoslavia SFR	4228	3731	4514	x4332	
Thailand/Thaïlande	12054	14522	17902	22192	29177	Mexico/Mexique	5446	4403	3466	3798	5271
Yugoslavia SFR	18460	14854	21542	x14159		Portugal	2724	3182	3854	4355	6134
Indonesia/Indonésie	8548	13091	18142	18969	21669	Malta/Malte	2159	2102	2410	x3452	x2512
Brazil/Brésil	11173	14058	13985	19048	22945	India/Inde	1867	x3101	2159	2163	x1657
Mexico/Mexique	9652	11650	12044	22254	25878	Cote d'Ivoire	x6	x1671	x2403	x2677	x5872
Turkey/Turquie	9519	9338	15336	15207	17916	Former USSR/Anc. URSS	x42	x641	x522	x5279	
Israel/Israël	11209	11337	13000	14577	16572	Argentina/Argentine	890	1474	1529	2144	3072
Hungary/Hongrie	x11649	x11209	x9760	14203	x10892	Indonesia/Indonésie	234	2013	911	2195	3823
India/Inde	7093	x8302	12651	9907	x16513	So. Africa Customs Un	x1524	x1406	x1974	x1697	x2386
Ireland/Irlande	7765	8304	11401	9599	9495	New Zealand	1939	1446	1844	1623	1720
Malaysia/Malaisie	5278	6539	10872	11654	x15267	Poland/Pologne	2071	2540	1177	954	x288
Morocco/Maroc	9286	10129	8615	9119	7610	Malaysia/Malaisie	1933	1889	939	1437	x1214
Chile/Chili	6363	7645	8895	10728	x12772	Former GDR	x5569	x3310	x911		
Venezuela	8564	6233	9693	9843	11173	Guatemala	1781	619	1567	1070	1614
Iran (Islamic Rp. of)	x6552	x6842	x9341	x7485	x8804	Philippines	100	x1765	87	887	1969
Czechoslovakia	x15691	5980	6990	x8532	x14799	El Salvador	664	661	785	1006	x1739
Poland/Pologne	7008	7620	6187	7289	x19455	Trinidad and Tobago	529	673	1574	37	27
Bulgaria/Bulgarie	x13078	x12282	x3682	x3706	1581	Israel/Israël	278	532	509	896	1799
Saudi Arabia	896	4151	x4603	x7978	x7235	Greece/Grèce	1501	839	509	156	x3355
Philippines	3538	x6844	4084	4941	4905	Turkey/Turquie	436	296	382	759	528
Colombia/Colombie	3254	4435	4819	6406	8779	Hungary/Hongrie	x605	x593	x557	x209	x381
Dominican Republic	x851	x5257	x3562	x5401	x3210	Bulgaria/Bulgarie	x107	x254	x807	x182	x250
Tunisia/Tunisie	3857	3949	4708	5154	6940	Colombia/Colombie	410	594	99	501	391

(VALUE AS % OF TOTAL)(VALEUR EN % DU TOTAL)

	1983	1984	1985	1986	1987	1988	1989	1990	1991	1992		1983	1984	1985	1986	1987	1988	1989	1990	1991	1992
Africa	x10.3	9.3	x7.6	x5.5	x4.4	4.9	x3.7	4.7	x4.1	x3.7	Afrique	0.1	x0.2	0.1	0.2	0.4	0.1	x0.2	0.2	0.3	x0.4
Northern Africa	x7.1	6.0	4.0	1.7	1.8	2.5	1.6	2.4	2.4	1.9	Afrique du Nord	0.0	x0.1	0.1	0.4	0.1	0.1	0.0	0.0	0.1	0.0
Americas	11.0	13.9	14.0	x13.4	x10.4	9.9	10.6	11.6	13.0	x14.6	Amériques	9.3	11.0	10.7	x8.3	x7.6	7.4	9.7	11.7	12.8	x13.6
LAIA	2.4	3.9	4.0	x4.2	x3.2	2.6	2.5	2.7	3.4	4.0	ALAI	0.1	0.6	x0.5	0.6	0.7	0.8	0.6	0.6	0.7	
CACM	x0.1	0.8	0.6	x0.2	x0.2	0.2	0.2	0.2	0.2	x0.4	MCAC	x0.0	0.0	0.0	0.1	x0.1	0.1	0.1	0.1	0.1	x0.2
Asia	x18.1	17.9	x16.1	x14.8	x17.6	22.4	27.3	18.0	17.5	x20.1	Asie	9.4	11.0	9.9	10.1	11.4	17.9	19.3	11.2	10.1	12.0
Middle East	x3.7	x3.9	x3.5	x3.5	x2.4	2.3	x2.3	x2.2	x2.0	x2.1	Moyen–Orient	x0.0	0.1	0.3	0.1	0.1	0.1	0.1	x0.0	x0.1	0.1
Europe	57.7	55.8	58.9	63.6	56.9	54.5	50.6	59.6	57.3	57.2	Europe	80.6	77.1	78.5	80.6	79.7	73.1	69.5	75.5	73.5	72.5
EEC	39.9	37.8	39.9	42.7	38.9	38.3	35.8	42.5	42.3	43.1	CEE	56.4	54.0	55.0	56.6	55.4	52.0	50.1	54.9	53.7	53.4
EFTA	17.8	16.7	17.7	19.0	16.8	15.1	14.0	16.0	14.2	13.2	AELE	24.2	22.4	23.0	23.7	23.9	20.7	19.1	20.3	19.4	18.8
Oceania	3.0	x3.0	3.2	x2.6	x2.2	2.3	x2.2	x2.5	x2.3	2.1	Océanie	0.6	0.8	0.8	0.6	0.5	0.7	0.7	x0.9	1.1	x1.3
Germany/Allemagne	9.3	9.5	10.3	11.4	9.7	10.1	9.4	11.3	12.2	12.7	Germany/Allemagne	18.6	18.6	20.1	21.9	20.4	17.2	16.7	17.6	18.4	19.4
USA/Etats–Unis d'Amer	4.5	4.9	5.5	5.2	3.9	3.9	5.0	5.6	6.2	6.4	United Kingdom	12.0	10.4	10.6	10.8	12.1	11.1	11.1	13.1	10.9	9.7
France,Monac	5.4	4.8	5.1	5.4	5.0	5.0	4.6	6.0	6.1	6.5	Switz.Liecht	12.3	11.1	11.3	12.1	12.4	10.1	8.5	8.8	8.5	8.5
United Kingdom	4.9	5.4	6.0	6.0	5.3	5.5	5.3	5.8	5.1	4.9	USA/Etats–Unis d'Amer	7.0	8.1	8.0	6.2	5.4	4.2	6.9	8.3	9.8	10.8
China/Chine					3.3	4.8	8.8	3.4	2.8	5.1	France,Monac	8.3	8.3	8.3	8.3	7.8	7.2	6.9	7.5	7.1	7.2
Netherlands/Pays–Bas	5.3	4.7	4.8	5.3	4.7	4.5	4.2	5.0	4.7	4.7	Italy/Italie	7.8	7.0	5.7	5.7	5.3	5.4	5.0	5.4	5.2	5.1
Sweden/Suède	5.1	5.0	5.4	5.8	5.0	4.2	4.2	4.6	4.2	3.8	Sweden/Suède	6.3	5.8	6.0	5.6	5.4	5.1	4.9	4.9	4.9	4.5
Italy/Italie	4.5	4.3	4.7	4.8	4.4	4.2	3.7	4.4	4.5	4.3	Japan/Japon	5.7	6.0	4.8	4.4	4.0	4.7	4.6	4.4	5.7	6.6
Finland/Finlande	4.7	4.3	4.4	4.5	4.2	3.7	3.9	4.1	3.3	2.9	Hong Kong	2.3	3.2	3.0	3.0	2.9	7.3	8.4	3.5	2.8	1.7
Japan/Japon	4.1	4.3	4.3	3.6	3.1	3.1	3.1	3.5	3.5	3.5	Netherlands/Pays–Bas	2.9	3.0	3.0	3.0	3.3	3.0	3.1	3.8	4.1	4.2

6584 LINENS ETC / LINGE DE MAISON 6584

TRADE BY COMMODITY IN THOUSAND U.S. DOLLARS – COMMERCE PAR PRODUIT EN MILLIERS DE DOLLARS E.U

COUNTRIES–PAYS	IMPORTS – IMPORTATIONS					COUNTRIES–PAYS	EXPORTS – EXPORTATIONS				
	1988	1989	1990	1991	1992		1988	1989	1990	1991	1992
Total	4391661	4527091	4837354	5220263	5501363	Totale	4033468	4401313	4883300	5083332	5594428
Africa	x71986	x63729	x74705	x87572	x107268	Afrique	x38299	x49835	x60075	x69346	x64923
Northern Africa	9652	x8827	x6831	x8405	x7360	Afrique du Nord	21559	30507	43119	48927	49254
Americas	896620	886986	904948	929804	x1061367	Amériques	365491	355449	382234	459517	499209
LAIA	34363	46278	40853	63908	x115206	ALAI	209529	202917	205191	236908	265152
CACM	6621	7065	6114	7271	x7405	MCAC	14692	10975	9832	8698	x14832
Asia	x750866	x796998	x788384	x865285	x1096222	Asie	1887173	2151949	2239147	2434599	x2876666
Middle East	x224584	x191305	x176573	x180835	x275127	Moyen–Orient	199917	163967	191239	220301	230804
Europe	2102905	2150471	2749389	2974961	3080358	Europe	1503937	1541530	1923724	1890713	1967169
EEC	1708074	1759982	2228931	2496766	2599883	CEE	1325242	1372336	1716664	1689044	1758267
EFTA	384385	374955	481185	456112	462100	AELE	140775	132344	161041	154060	162041
Oceania	x100568	x116492	x106386	x112865	x130742	Océanie	15695	23264	22872	x35153	x33193
USA/Etats–Unis d'Amer	699301	660768	670474	651720	748888	China/Chine	897054	1007943	1064778	1061591	1100026
Germany/Allemagne	400004	416408	579300	764533	757674	Portugal	400506	428308	552905	537397	583142
France, Monac	307214	313901	394190	396577	435343	Pakistan	303056	322790	348182	412845	464061
United Kingdom	315185	297625	323510	324421	352892	Hong Kong	282458	293039	322035	364087	407765
Hong Kong	248795	270212	290773	329975	393555	Germany/Allemagne	225500	221100	256348	259276	252436
Former USSR/Anc. URSS	x407477	x462104	x173320	x222137		Belgium–Luxembourg	191251	204153	245239	234721	233542
Netherlands/Pays–Bas	202670	192033	254471	252668	255260	Brazil/Brésil	181060	161326	166499	190777	217939
Italy/Italie	173433	191257	219868	260400	278331	Turkey/Turquie	176014	141790	166148	189385	193384
Japan/Japon	162433	208358	196790	207017	261151	USA/Etats–Unis d'Amer	119177	123722	155842	201924	208970
Canada	129560	141259	151456	170282	153128	Italy/Italie	103860	111100	150740	144113	133330
Belgium–Luxembourg	111222	121121	162157	170690	168304	United Kingdom	112644	110272	146541	144892	152148
Spain/Espagne	74968	96218	126319	154528	170834	France, Monac	100950	108602	139831	142673	159881
Switz.Liecht	105586	106767	127261	128901	127412	Netherlands/Pays–Bas	61860	59122	85237	93856	97389
Sweden/Suède	105685	99771	130828	115534	122679	Thailand/Thaïlande	46086	58303	72573	80943	x82923
Austria/Autriche	72975	72035	95670	99437	106429	India/Inde	14360	x149072	28465	23266	x269760
Saudi Arabia	78221	87021	x89169	x88388	x140558	Spain/Espagne	60590	65305	63115	63146	73441
Australia/Australie	56180	71517	65858	64026	85869	Bulgaria/Bulgarie	x32722	x78169	x77306	x11826	x18788
Singapore/Singapour	58225	56114	59037	70807	78565	Austria/Autriche	45510	46350	58726	58543	67938
Norway, SVD, JM	56738	46050	62579	59965	62768	Indonesia/Indonésie	17564	20793	55981	80333	124583
Finland/Finlande	39100	46553	61072	48101	38905	Yugoslavia SFR	36792	36785	45886	x47396	
United Arab Emirates	x100453	x56504	x46873	x50716	x89418	Israel/Israël	34922	29627	44896	55278	57170
Greece/Grèce	28343	40259	55632	53425	x47770	Czechoslovakia	x47630	x44018	x43391	x37577	x47600
Denmark/Danemark	53446	44761	53527	50260	60832	Sweden/Suède	42187	37172	43768	41287	41005
Ireland/Irlande	32772	38824	47092	50197	49744	Switz.Liecht	35316	34506	44470	42600	42432
New Zealand	29205	31173	25634	31295	29280	Romania/Roumanie	x26615	x47651	32910	27489	x10911
Mexico/Mexique	6911	16338	19075	16213	26704	Hungary/Hongrie	x27683	x26570	x36076	x39832	x31489
Venezuela	19170	19248	12289	15410	27640	Poland/Pologne	25479	33449	33691	32207	x43873
Yugoslavia SFR	918	9120	27137	x10125		Denmark/Danemark	31610	26663	34199	29707	32493
Poland/Pologne	12473	24025	17036	5198	x6753	Former USSR/Anc. URSS	x19762	x22010	x22270	x44539	
Korea Republic	3503	7931	15899	22276	17111	Ireland/Irlande	25591	26438	32022	27883	30115
So. Africa Customs Un	10885	7386	10845	x22848	x19548	Egypt/Egypte	10738	20108	29376	36005	36701
Portugal	8818	7576	12866	19067	22893	Colombia/Colombie	15666	20208	22656	32910	33768
Macau/Macao	21035	15615	11123	11300	10525	Philippines	20005	x26102	24661	22286	14534
Malaysia/Malaisie	10990	12071	12603	12925	x25888	Australia/Australie	13078	20801	19436	28353	22810
Kuwait/Koweït	x13501	15832	x7767	x5925	x11261	Singapore/Singapour	14315	17779	16834	19303	19985
China/Chine	7321	9059	10498	8708	9963	Macau/Macao	26612	18335	13001	12663	9931
Chile/Chili	5785	8066	6319	13311	x24224	Japan/Japon	13511	11644	14354	14597	15853
Lebanon/Liban	x5845	x5789	x6485	x9088	x9111	Malaysia/Malaisie	7036	10126	13640	15054	x15121
Philippines	1094	x15314	2440	2889	5881	Former GDR	x42131	x26090	x8217		
New Caledonia	x5148	x5783	x6549	x7937	x4059	Greece/Grèce	10881	11273	10486	11380	x10350
Hungary/Hongrie	x6143	x5439	x3128	11045	x9323	Mexico/Mexique	8351	13851	9058	8643	6781
Reunion/Réunion	4888	5413	7550	5595	6595	Canada	15626	12028	8867	9712	8685
Qatar	5812	5476	5499	6745	2207	Mauritius/Maurice	x6090	x9525	8518	10110	5791
Former GDR	x34352	x12903	x3952			Viet Nam	x4728	x6079	x6379	x12573	x15972
Libyan Arab Jamahiriya	8651	5876	3842	x6962	x5199	United Arab Emirates	x4053	x5742	x9143	x10628	x16627
Cyprus/Chypre	2865	4756	5301	6000	5721	Sri Lanka	1752	691	6126	17689	21747
Congo	x2636	x3030	x4374	x8474	x9137	El Salvador	9361	9748	7699	6692	x11048
Argentina/Argentine	25	31	255	14916	31295	Syrian Arab Republic	3614	5612	6740	x11339	x8929
Czechoslovakia	x7406	4019	8516	x2536	x3887	Korea Republic	9819	7670	6122	9037	4674
Martinique	4227	4167	5220	4992	6328	Finland/Finlande	11082	8329	7820	5847	5433

(VALUE AS % OF TOTAL)(VALEUR EN % DU TOTAL)

	1983	1984	1985	1986	1987	1988	1989	1990	1991	1992		1983	1984	1985	1986	1987	1988	1989	1990	1991	1992
Africa	x2.4	x2.3	x1.5	x2.2	x1.8	1.6	1.4	x1.5	1.6	2.0	Afrique	1.7	1.4	0.8	x0.9	x0.8	0.9	x1.1	x1.2	x1.3	x1.1
Northern Africa	x0.4	x0.3	0.3	x0.1	x0.1	0.2	x0.2	x0.1	x0.2	0.1	Afrique du Nord	1.1	0.8	0.5	0.5	0.4	0.5	0.7	0.9	1.0	0.9
Americas	x19.5	x25.9	x31.2	x27.5	x22.4	20.4	19.6	18.7	17.8	x19.3	Amériques	x9.4	14.4	12.9	x11.1	x8.4	9.0	8.1	7.9	9.1	8.9
LAIA	0.7	1.4	1.8	0.9	x1.9	0.8	1.0	0.8	1.2	x2.1	ALAI	0.5	7.8	6.6	5.9	4.6	5.2	4.6	4.2	4.7	4.7
CACM	x0.1	0.1	0.2	x0.1	x0.2	0.2	0.2	0.1	0.1	x0.1	MCAC	x0.3	0.3	0.4	x0.5	x0.3	0.4	0.2	0.2	0.2	x0.3
Asia	x24.1	21.2	x19.3	x16.5	x16.0	x17.1	x17.6	x16.2	x16.6	x19.9	Asie	33.3	33.6	35.1	35.1	44.9	46.8	48.9	45.8	47.9	x51.4
Middle East	x10.4	x8.1	x4.6	x4.9	x3.8	x5.1	x4.2	x3.7	x3.5	x5.0	Moyen–Orient	x1.6	5.6	6.7	6.2	4.5	4.7	3.7	3.9	4.3	4.1
Europe	49.1	45.5	45.0	51.2	48.6	47.9	47.5	56.8	57.0	56.0	Europe	55.4	50.2	50.9	52.7	40.4	37.8	35.0	39.4	37.2	35.2
EEC	40.0	36.6	36.3	41.2	39.1	38.9	38.9	46.1	47.8	47.3	CEE	50.0	44.0	44.5	46.0	35.5	32.9	31.2	35.2	33.2	31.4
EFTA	9.1	8.7	8.6	9.8	9.2	8.8	8.3	9.9	8.7	8.4	AELE	5.4	4.6	4.6	4.8	3.6	3.5	3.0	3.3	3.0	2.9
Oceania	x3.0	x3.4	x2.9	x2.5	x2.2	x2.1	x2.2	x2.6	x2.2	x2.1	Océanie	0.3	0.4	0.4	x0.3	0.3	0.4	0.5	0.5	x0.7	x0.6
USA/Etats–Unis d'Amer	13.0	18.7	23.7	21.3	17.1	15.9	14.6	13.9	12.5	13.6	China/Chine					19.9	22.2	22.9	21.8	20.9	19.7
Germany/Allemagne	10.5	9.6	8.3	9.9	9.5	9.1	9.2	12.0	14.6	13.8	Portugal	14.0	12.8	13.1	13.0	10.2	9.9	9.7	11.3	10.6	10.4
France, Monac	7.5	6.6	6.6	7.8	7.4	7.0	6.9	8.1	7.6	7.9	Pakistan	7.7	5.8	8.3	11.0	7.8	7.5	7.3	7.1	8.1	8.3
United Kingdom	7.8	7.6	8.3	7.9	7.2	7.2	6.6	6.6	6.2	6.4	Hong Kong	7.2	6.6	5.8	6.1	5.7	6.0	6.0	6.3	7.2	7.3
Hong Kong	7.2	6.6	5.8	6.1	5.7	6.0	6.0	6.3	7.2	7.2	Germany/Allemagne	6.0	5.7	6.0	7.2	5.5	5.6	5.0	5.2	5.1	4.5
Former USSR/Anc. URSS	1.7	1.6			x7.9	x9.3	x10.2	x3.6	x4.3		Belgium–Luxembourg	6.5	5.6	6.0	6.9	5.4	4.7	4.6	5.0	4.6	4.2
Netherlands/Pays–Bas	4.3	3.9	4.3	5.0	4.9	4.6	4.2	5.3	4.8	4.6	Brazil/Brésil		6.1	5.3	5.0	3.6	4.5	3.7	3.4	3.8	3.9
Italy/Italie	3.2	3.1	3.0	3.4	3.7	3.9	4.2	4.5	5.0	5.1	Turkey/Turquie		4.7	6.3	5.8	4.2	4.4	3.2	3.4	3.7	3.5
Japan/Japon	2.4	2.6	2.5	2.9	3.0	3.7	4.6	4.1	4.0	4.7	USA/Etats–Unis d'Amer	7.9	5.8	5.0	3.6	2.6	3.0	2.8	3.2	4.0	3.7
Canada	4.2	4.0	4.0	4.0	2.8	3.0	3.1	3.1	3.5	2.8	Italy/Italie	6.2	5.3	4.5	4.5	3.0	2.6	2.5	3.1	2.8	2.4

6592 CARPETS ETC KNOTTED — TAPIS POINTS NOUES, ENROULES 6592

TRADE BY COMMODITY IN THOUSAND U.S. DOLLARS – COMMERCE PAR PRODUIT EN MILLIERS DE DOLLARS E.U

IMPORTS – IMPORTATIONS

COUNTRIES–PAYS	1988	1989	1990	1991	1992
Total	2248703	2342679	2195751	2269316	2278049
Africa	x7328	x13252	x9136	x5932	x5477
Northern Africa	1716	x7990	3397	x264	x416
Americas	321138	x334554	300430	322776	x364911
LAIA	3449	4521	5762	7372	7194
CACM	1263	1377	1705	1349	x1330
Asia	x272920	x336002	x296067	x279683	x248893
Middle East	x58677	x70607	x43356	x53334	x43523
Europe	1424776	1452215	1567212	1633852	1638917
EEC	1170018	1208562	1298034	1381886	1393454
EFTA	252132	241603	265739	246268	243141
Oceania	x14682	x18876	x16866	x14914	x16964
Germany/Allemagne	714077	753085	769523	852302	887521
USA/Etats–Unis d'Amer	267169	277773	259722	270420	309680
Japan/Japon	142170	196064	182765	159260	145478
France,Monac	105929	117106	134542	114924	106819
United Kingdom	125217	113169	117253	110750	105850
Switz.Liecht	130267	115404	123995	99354	101378
Italy/Italie	85172	81670	103501	120404	113093
Belgium–Luxembourg	64015	65329	77594	77794	71619
Austria/Autriche	61571	60195	70222	75929	80284
Former USSR/Anc. URSS	x159576	x155682	x1966	x7937	
Sweden/Suède	41464	47158	48602	50605	42964
Canada	40781	46024	29879	42132	45424
Netherlands/Pays-Bas	38444	35740	38467	33203	33741
Spain/Espagne	20884	26541	35887	43612	36192
Hong Kong	40547	38340	35804	31556	24761
Saudi Arabia	16373	17171	x13205	x17275	x15799
Singapore/Singapour	15706	15215	14960	15876	15390
United Arab Emirates	x28239	x18380	x13775	x10321	x13103
Australia/Australie	12704	16012	12606	12370	12876
Denmark/Danemark	13323	10075	12158	13297	16567
Kuwait/Koweït	x5339	23489	x7131	x2138	x2639
Norway,SVD,JM	9705	8461	10808	11902	13344
Finland/Finlande	8608	10153	11910	8295	5007
Korea Republic	4924	8614	9323	8514	7855
Qatar	1032	1445	2119	13056	x673
Former GDR	x22860	x13040	x61		
Greece/Grèce	886	2475	3014	6869	x12767
Portugal	919	2124	3548	6147	6627
So. Africa Customs Un	4387	3372	3340	x3651	x2776
Libyan Arab Jamahiriya	1553	6078	3201	x165	x206
China/Chine	609	2631	4008	2416	4923
Bulgaria/Bulgarie	x12047	x8043	x2	x155	252
Yugoslavia SFR	461	258	2403	x4853	
Hungary/Hongrie	x5924	x5982	x459	1034	x681
Brazil/Brésil	813	2730	2446	2071	2644
New Zealand	1038	1708	3021	1858	3198
Iraq	x2919	x2848	x1727	x1971	
Ireland/Irlande	1153	1249	2547	2583	2657
Iran (Islamic Rp. of)	x1166	x1085	x2017	x2801	x6392
Poland/Pologne	x5644	x4007	x229	x928	x968
Lebanon/Liban	x1898	x1548	x583	x2665	x1756
Malaysia/Malaisie	1029	1008	1754	1927	x36
Romania/Roumanie	x246	788	2528	1219	x694
Bahrain/Bahreïn	x422	x2093	x1253	x852	x33
Bangladesh	x725	x24	x44	x32	3678
Mexico/Mexique	1520	460	1565	1491	2093
Israel/Israël	948	1132	1267	1103	1498
Cyprus/Chypre	472	716	764	758	1066
Jamaica/Jamaïque	1094	911	1088	234	x72
Malta/Malte	1738	1492	397	x202	x256

EXPORTS – EXPORTATIONS

COUNTRIES–PAYS	1988	1989	1990	1991	1992
Totale	x2038314	x2319840	x2225277	x2099634	x2563212
Afrique	x76275	x68378	x63429	x45897	x48490
Afrique du Nord	75264	67804	62723	45474	47769
Amériques	x34616	89541	78552	75837	64534
ALAI	15365	16329	14723	12573	12259
MCAC	963	652	550	774	x668
Asie	x1479715	x1761998	x1662882	x1600957	x2152641
Moyen-Orient	x550746	x597382	x649907	x719705	x756778
Europe	274075	282380	318663	297151	281702
CEE	255545	265677	292977	278619	261004
AELE	16144	15306	23826	17758	19961
Océanie	x2992	x1703	x2613	x4677	x2100
Iran (Islamic Rp. of)	x437982	x456066	x495635	x604125	x594144
China/Chine	324470	359315	319856	331163	423436
India/Inde	170182	x406569	206672	174311	x376752
Pakistan	241966	223592	231933	216761	206277
Germany/Allemagne	108717	123710	137054	138408	129037
Turkey/Turquie	101551	124707	144783	108500	154556
Nepal/Népal	54453	63023	x141081	x86046	x198612
United Kingdom	94873	88922	89528	77732	70087
USA/Etats–Unis d'Amer	x17228	71824	61318	59260	50015
Former USSR/Anc. URSS	x82151	x67224	x55552	x59868	
Afghanistan	x101602	x68428	x70830	x34349	x119330
Morocco/Maroc	65255	57149	51820	38464	31758
Hong Kong	28587	30906	28317	27879	18980
Belgium–Luxembourg	19719	22632	29714	33638	30664
Romania/Roumanie	x30845	17653	18570	8459	x8944
Netherlands/Pays-Bas	13348	12333	14612	11016	9726
Mexico/Mexique	12025	12281	11084	9710	8753
Sweden/Suède	7428	5890	10207	9401	10532
Bulgaria/Bulgarie	x17004	x14190	x9698	x1156	x908
Albania/Albanie	x10639	x9339	x11634	x3548	x1947
United Arab Emirates	x8845	x10268	x8177	x4663	x5804
Tunisia/Tunisie	9287	7513	8586	5877	15115
Italy/Italie	6254	7172	8120	5794	7115
France,Monac	7016	6677	7637	6114	7413
Switz.Liecht	5567	5546	9367	2406	5446
Singapore/Singapour	2869	5881	5534	2406	3286
Poland/Pologne	x5590	x5462	x2695	x1261	x1031
Viet Nam	x1696	x2272	x3584	x2677	x2460
Austria/Autriche	2103	2364	3123	2960	2873
Korea Republic	2300	1928	3145	2435	1117
Egypt/Egypte	710	3107	2292	1105	770
Australia/Australie	644	1210	1279	3642	1246
Denmark/Danemark	2641	1809	2542	1716	2416
Canada	773	350	1582	2916	1345
Hungary/Hongrie	1044	942	1502	2404	2374
Spain/Espagne	1259	1878	1228	1668	2274
Kuwait/Koweït	x352	4266	x254	x29	x90
Peru/Pérou	1878	1861	1959	x254	x177
Yugoslavia SFR	2369	1383	1673	x556	
Portugal	800	484	1173	715	457
New Zealand	924	217	1207	901	310
Finland/Finlande	538	891	562	571	554
Hungary/Hongrie	x665	x797	x603	x576	x466
Costa Rica	918	630	503	681	x401
Mongolia/Mongolie	x11	x863	x725	x224	x513
Saudi Arabia	407	585	x410	x791	x813
Norway,SVD,JM	509	615	563	523	546
Ireland/Irlande	400	518	470	671	1030
Israel/Israël	290	195	671	688	767
Greece/Grèce	733	477	624	410	x684

(VALUE AS % OF TOTAL) (VALEUR EN % DU TOTAL)

Imports

	1983	1984	1985	1986	1987	1988	1989	1990	1991	1992
Africa	x0.8	x0.7	x0.4	x0.5	x0.3	x0.3	x0.5	x0.5	x0.3	x0.2
Northern Africa	x0.1	x0.0	0.0	0.0	0.0	0.1	0.3	0.2	0.0	0.0
Americas	11.5	16.9	23.8	x21.9	x17.9	14.3	x14.3	13.7	14.3	x16.0
LAIA	0.0	0.1	0.1	0.3	x0.2	0.2	0.2	0.3	0.3	0.3
CACM	x0.0	0.1	0.1	0.1	x0.0	0.1	0.1	0.1	0.1	x0.1
Asia	x7.1	x9.3	10.6	x7.6	x8.3	x12.2	x14.3	x13.5	x12.4	x11.0
Middle East	x3.6	x5.2	x5.0	x2.3	x1.9	x2.6	x3.0	x2.0	x2.4	x1.9
Europe	62.4	56.7	64.5	69.2	63.1	61.4	62.0	71.4	72.0	71.9
EEC	52.4	46.8	52.5	56.3	51.0	52.0	51.6	59.1	60.9	61.2
EFTA	10.0	9.8	11.8	12.8	12.0	11.2	10.3	12.1	10.9	10.7
Oceania	x0.8	x0.7	x0.8	x0.8	x0.6	x0.6	x0.8	x0.8	x0.6	x0.7
Germany/Allemagne	34.2	28.5	30.4	34.5	30.5	31.8	32.1	35.0	37.6	39.0
USA/Etats–Unis d'Amer	11.2	15.9	22.9	20.5	16.3	11.9	11.9	11.8	11.9	13.6
Japan/Japon	1.5	1.8	2.6	2.7	3.8	6.3	8.4	8.3	7.0	6.4
France,Monac	3.8	3.5	4.6	5.3	4.5	4.7	5.0	6.1	5.1	4.7
United Kingdom	6.6	6.7	7.8	6.5	6.1	5.6	4.8	5.3	4.9	4.6
Switz.Liecht	5.9	5.8	7.2	7.6	6.7	5.8	4.9	5.6	4.4	4.5
Italy/Italie	2.9	3.4	3.9	4.0	3.9	3.8	3.5	4.7	5.3	5.0
Belgium–Luxembourg	2.3	1.9	2.3	2.2	2.6	2.8	2.8	3.5	3.4	3.1
Austria/Autriche	2.5	2.5	2.4	2.5	2.5	2.7	2.6	3.2	3.3	3.5
Former USSR/Anc. URSS	17.4	15.8			x7.8	x7.1	x6.6	x0.1	x0.3	

Exports

	1983	1984	1985	1986	1987	1988	1989	1990	1991	1992
Afrique	6.0	5.2	4.6	4.4	3.4	3.7	2.9	2.8	x2.2	x1.9
Afrique du Nord	6.0	4.8	4.5	4.3	3.4	3.7	2.9	2.8	2.2	1.9
Amériques	x0.2	1.1	1.0	x1.6	x0.9	x1.7	3.8	3.5	3.7	2.5
ALAI	0.2	1.0	0.9	0.3	0.2	0.8	0.7	0.7	0.6	0.5
MCAC	x0.0	0.1	0.0	x0.0	0.0	0.0	0.0	0.0	0.0	0.0
Asie	x74.0	x73.5	x74.2	x78.0	x70.6	x72.6	x75.9	x74.7	x76.2	x83.9
Moyen-Orient	x21.0	x37.1	x28.6	x36.1	x29.9	x27.0	x25.8	x29.2	x34.3	x29.5
Europe	18.6	18.7	20.0	15.9	12.7	12.2	14.3	14.2	11.0	
CEE	17.6	17.0	18.5	14.9	12.0	12.5	11.5	13.2	13.3	10.2
AELE	0.9	1.3	1.2	0.9	0.7	0.8	0.7	1.1	0.8	0.8
Océanie	x0.1	0.1	x0.2	0.1	x0.1	x0.2	x0.1	x0.1	x0.2	x0.1
Iran (Islamic Rp. of)	x20.0	x20.2	x18.3	x27.7	x25.1	x21.5	x19.7	x22.3	x28.8	x23.2
China/Chine					10.6	15.9	15.5	14.4	15.8	16.5
India/Inde	14.8	15.6	15.2	13.2	8.3	x17.5	9.3	8.3	x14.7	
Pakistan	15.9	14.7	13.6	14.2	10.5	11.9	9.6	10.4	10.3	8.0
Germany/Allemagne	6.2	5.9	6.0	4.9	4.5	5.3	5.3	6.2	6.6	5.0
Turkey/Turquie		16.3	7.3	4.9	4.4	5.0	5.4	6.5	5.2	6.0
Nepal/Népal	0.1	0.0	0.0	1.4	x3.6	2.7	x6.3	x4.1	x7.7	
United Kingdom	8.3	7.9	8.5	x1.1	6.9	4.9	4.7	3.8	4.0	3.7
USA/Etats–Unis d'Amer					x0.7	x0.8	3.1	2.8	2.8	2.0
Former USSR/Anc. URSS	1.0	1.3			x3.9	x4.0	x2.9	x2.5	x2.9	

65921 — OF WOOL OR FINE HAIR

TRADE BY COMMODITY IN THOUSAND U.S. DOLLARS – COMMERCE PAR PRODUIT EN MILLIERS DE DOLLARS E.U

IMPORTS – IMPORTATIONS

COUNTRIES–PAYS	1988	1989	1990	1991	1992
Total	1716723	1948015	1878230	1947235	1969545
Africa	x3543	x8102	x4565	x4401	x4054
Northern Africa	x257	x4560	531	x164	x295
Americas	x38501	x299831	x265773	287387	x330056
LAIA	x2676	x3177	3186	4593	x5051
CACM	x59	x134	x132	x138	x36
Asia	x207519	x218289	x192501	x176013	x155997
Middle East	x48737	x29778	x20970	x27951	x28329
Europe	1285831	1297933	1395464	1456645	1461802
EEC	1067832	1087825	1164135	1234572	1249331
EFTA	216280	208260	228742	217226	211146
Oceania	x13284	x16032	x14391	x13740	x15819
Germany/Allemagne	652549	673196	688935	755756	795121
USA/Etats-Unis d'Amer	126	255777	234961	244624	282862
Japan/Japon	103700	135926	120323	103249	87985
France,Monac	92790	102052	114139	98028	92103
United Kingdom	112628	103245	105500	100640	93591
Italy/Italie	80315	76366	96229	111878	104911
Switz.Liecht	108221	96038	102420	85721	86566
Belgium-Luxembourg	58318	59798	72009	71485	66865
Austria/Autriche	54016	52773	62101	67086	68428
Sweden/Suède	39826	45098	45951	48038	40597
Netherlands/Pays-Bas	37196	34562	37063	32006	33103
Canada	34777	39866	26646	37016	41251
Former USSR/Anc. URSS	x148232	x91065	x1919	x6633	
Spain/Espagne	18950	24245	31867	40510	33258
Hong Kong	30442	29664	27705	24030	17497
Australia/Australie	11683	13511	10931	11345	11975
Singapore/Singapour	11894	12779	10964	11480	11016
Denmark/Danemark	12627	9579	11554	12466	15837
United Arab Emirates	x24789	x11196	8771	x7417	
Saudi Arabia	x15872	x9703	x6606	x10796	x8497
Norway,SVD,JM	7599	6627	9196	9966	11407
Finland/Finlande	6373	7609	8902	6280	4030
Korea Republic	4168	6512	7826	5680	5366
Greece/Grèce	794	2242	2661	5652	x8117
Portugal	877	1924	3318	5011	5529
So. Africa Customs Un	2578	2256	2635	2996	x2367
Former GDR	x11238	x6757	x59		
Yugoslavia SFR	461	205	2040	x4226	
New Zealand	836	1567	2927	1757	3054
Brazil/Brésil	x1911	2382	1667	1934	2245
Iran (Islamic Rp. of)	x1116	x886	x1934	x2637	x5401
Iraq	x1204	x2361	x1015	x1925	
Hungary/Hongrie	x2919	x4326	x231	665	x261
China/Chine	263	1658	2213	1120	2150
Bulgaria/Bulgarie		x4082	x2	x154	7
Romania/Roumanie	x246	788	2528	186	x1
Lebanon/Liban	x1409	x1100	x252	x1832	x1436
Libyan Arab Jamahiriya	147	2555	424	x103	x191
Kuwait/Koweït	x1946	x1297	x933	x418	x836
Ireland/Irlande	787	616	860	1139	895
Mexico/Mexique	208	138	687	982	1238
Poland/Pologne	x3908	x724	x202	x734	x820
Cyprus/Chypre	306	566	497	594	701
Malaysia/Malaisie	569	231	393	1030	x1170
Malta/Malte	x892	x1410	38	x145	x198
Oman	635	989	59	508	x307
Western Sahara		x1542			
Bahrain/Bahrein	x331	x463	x316	x703	x522
Chile/Chili	x152	x254	418	770	x84
Czechoslovakia	x1491	73	596	x675	x708

EXPORTS – EXPORTATIONS

COUNTRIES–PAYS	1988	1989	1990	1991	1992
Totale	x1730715	x1965057	x1939192	x1823624	x2205568
Afrique	x74855	x66177	x61230	x44723	x46613
Afrique du Nord	74195	65757	60857	44194	46078
Amériques	x5806	x32469	x41698	x48082	x36018
ALAI	x391	1738	1784	x410	x593
MCAC	x2	x5	x14	x14	x23
Asie	x1258542	x1506728	x1470310	x1407961	x1869577
Moyen-Orient	x401015	x492557	x550193	x625751	x652747
Europe	240758	249320	268779	249079	239786
CEE	226675	236517	248962	232789	220479
AELE	13449	12536	19129	15735	18835
Océanie	x1433	x1238	x2412	x4178	x1457
Iran (Islamic Rp. of)	x392048	x410706	x444772	x548651	x544502
China/Chine	276973	287955	253160	258900	323730
India/Inde	158617	x341158	196982	160311	x313631
Pakistan	241966	223530	231854	216760	206277
Germany/Allemagne	95905	109532	116855	121149	113071
Nepal/Népal	54453	63023	x140790	x85979	x198444
Turkey/Turquie		72235	97870	72874	102613
United Kingdom	85455	80761	77081	65205	60087
Former USSR/Anc. URSS	x81798	x66552	x54937	x57541	
Afghanistan	x97404	x63998	x66791	x32069	x113650
Morocco/Maroc	65250	57138	51791	38444	31754
USA/Etats-Unis d'Amer	x4874	30223	38200	44688	34283
Hong Kong	23837	24862	21776	22981	13791
Belgium-Luxembourg	17448	20055	24009	23317	22426
Romania/Roumanie	x15508	17653	18459	6841	x8924
Netherlands/Pays-Bas	13161	11796	13926	10686	9478
Albania/Albanie	x10636	x9337	x11634	x3548	x1947
Sweden/Suède	6273	5231	9605	8753	10103
Bulgaria/Bulgarie	x16071	x12980	x8731	x983	x672
Tunisia/Tunisie	8409	6610	7149	4941	13832
United Arab Emirates	x7006	x7932	x6287	x3258	x4915
France,Monac	5697	5484	5751	4721	5691
Italy/Italie	4497	5239	5988	3323	5129
Switz.Liecht	4841	4480	6178	3648	5304
Singapore/Singapour	2162	5388	3760	1865	2545
Viet Nam	x1694	x2272	x3578	x2669	x2400
Austria/Autriche	1677	2140	2717	2546	2445
Denmark/Danemark	2451	1608	2427	1643	2353
Australia/Australie	477	904	1105	3289	745
Egypt/Egypte	524	1976	1896	783	365
Canada	344	199	1402	2757	1031
Spain/Espagne	714	837	1405	1855	1224
Peru/Pérou	x91	1405	1597	x162	x170
New Zealand	916	215	1206	755	188
Poland/Pologne	x1768	x1162	x319	x207	x25
Hungary/Hongrie	x637	x755	x535	x387	x311
Mongolia/Mongolie	x11	x817	x725	x46	x513
Norway,SVD,JM	417	500	478	465	502
Greece/Grèce	722	454	624	266	x389
Portugal	403	300	530	451	301
Iraq	x848	x835	x28	x325	x34
Yugoslavia SFR	618	252	547	x367	
Ireland/Irlande	222	452	367	174	330
Israel/Israël	92	83	375	486	491
Philippines		x691			
Qatar	x128	x62	x433	x182	x21
Saudi Arabia	x286	x223	x336	x117	x145
Finland/Finlande	240	184	149	323	479
Czechoslovakia	x996	x398	x117	x96	x240
Cyprus/Chypre	200	245	174	123	114

(VALUE AS % OF TOTAL)(VALEUR EN % DU TOTAL)

Imports

	1983	1984	1985	1986	1987	1988	1989	1990	1991	1992
Africa	x0.6	x0.5	x0.3	x0.5	x0.4	x0.3	x0.4	x0.2	x0.3	x0.2
Northern Africa	x0.0	x0.0	0.0	x0.0	x0.0	x0.0	x0.2	0.0	x0.0	x0.0
Americas	x0.8	x0.6	x0.7	x1.9	x1.7	x2.2	15.4	x14.1	14.8	x16.8
LAIA	x0.1	x0.1	x0.1	x0.2	x0.1	x0.1	x0.2	0.2	0.2	x0.3
CACM	x0.0	x0.1	x0.2	x0.0	x0.1	x0.0	x0.0	x0.0	x0.0	x0.0
Asia	x10.1	x11.4	x10.2	x8.0	x8.2	x12.1	x11.2	x10.2	x9.0	7.9
Middle East	x5.4	x5.4	x3.2	x2.1	x2.8	x1.5	x1.1	x1.1	x1.4	x1.4
Europe	87.3	86.4	87.7	88.7	76.0	74.9	66.6	74.3	74.8	74.2
EEC	73.4	71.3	72.3	73.0	62.1	62.2	55.8	62.0	63.4	63.4
EFTA	x13.9	x15.0	x15.3	x15.6	x13.8	12.6	10.7	12.2	11.2	10.7
Oceania	x1.1	x1.1	x1.1	x0.9	x0.7	x0.7	x0.9	x0.7	x0.7	x0.8
Germany/Allemagne	48.2	44.0	42.2	44.7	37.0	38.0	34.6	36.7	38.8	40.4
USA/Etats-Unis d'Amer	0.0	0.0	0.0	0.0	0.1	0.0	13.1	12.5	12.6	14.4
Japan/Japon	2.3	2.7	3.3	2.8	3.8	6.0	7.0	6.4	5.3	4.5
France,Monac	5.3	5.4	6.3	6.7	5.4	5.4	5.2	6.1	5.0	4.7
United Kingdom	8.4	9.5	10.1	8.3	7.2	6.6	5.3	5.6	5.2	4.8
Italy/Italie	4.5	5.4	5.7	5.5	5.0	4.7	3.9	5.1	5.7	5.3
Switz.Liecht	x8.2	x8.9	x9.1	x9.1	x7.6	6.3	4.9	5.5	4.4	4.4
Belgium-Luxembourg	3.1	2.8	3.2	2.8	3.3	3.4	3.1	3.8	3.7	3.4
Austria/Autriche	x3.4	x3.8	x3.0	x3.1	x2.9	3.1	2.7	3.3	3.4	3.5
Sweden/Suède	1.8	1.7	2.1	2.4	2.5	2.3	2.3	2.4	2.5	2.1

Exports

	1983	1984	1985	1986	1987	1988	1989	1990	1991	1992
Afrique	6.0	5.9	5.5	x5.0	4.3	3.4	3.4	3.1	2.4	x2.1
Afrique du Nord	6.0	5.9	5.4	5.0	3.9	4.3	3.3	3.1	2.4	2.1
Amériques	0.3	0.3	0.0	0.4	0.3	0.3	1.6	2.1	2.6	1.6
ALAI	0.3	0.3	x0.0	x0.1	0.1	0.0	0.1	0.1	0.0	0.0
MCAC			x0.0				x0.0	0.0	0.0	0.0
Asie	x76.7	x73.5	x73.3	x77.8	x70.2	x72.7	x76.7	x75.8	x77.2	x84.7
Moyen-Orient	x25.5	x30.5	x23.6	x31.3	x25.2	x23.2	x25.1	x28.4	x34.3	x29.6
Europe	16.8	20.1	21.0	16.5	13.2	13.9	12.7	13.9	13.7	10.9
CEE	15.8	18.7	19.6	15.5	12.4	13.1	12.0	12.8	12.8	10.0
AELE	x0.8	x1.2	x1.1	x1.0	x0.7	0.8	0.6	1.0	0.9	0.9
Océanie	x0.1	x0.1	x0.1	x0.2	x0.1	x0.1	x0.1	x0.1	x0.2	x0.0
Iran (Islamic Rp. of)	x17.3	x20.1	x16.0	x25.6	x22.2	x22.7	x20.9	x22.9	x30.1	x24.7
China/Chine					10.5	16.0	14.7	13.1	14.2	14.7
India/Inde	15.1	19.5	18.5	15.6	9.6	9.2	x17.4	10.2	8.8	x14.2
Pakistan	16.4	18.5	16.7	16.9	12.4	14.0	11.4	12.0	11.9	9.4
Germany/Allemagne	5.2	6.5	6.3	5.9	4.7	5.5	5.6	6.0	6.6	5.1
Nepal/Népal	0.1	0.0	0.0	1.7	3.0	3.1	3.2	x7.3	x4.7	x9.0
Turkey/Turquie	x7.5	x9.9	5.1	3.3	2.7		3.7	5.0	4.0	4.7
United Kingdom	7.7	8.7	9.1	7.1	4.9	4.9	4.1	4.0	3.6	2.7
Former USSR/Anc. URSS					x4.6	x4.7	x3.4	x2.8	x3.2	
Afghanistan	x18.5	x3.7	x13.1	x11.0	x7.0	x5.6	x3.3	x3.4	x1.8	x5.2

504

6595 MAN-MADE TXTL CARPTS NES

TRADE BY COMMODITY IN THOUSAND U.S. DOLLARS — COMMERCE PAR PRODUIT EN MILLIERS DE DOLLARS E.U

IMPORTS – IMPORTATIONS

COUNTRIES–PAYS	1988	1989	1990	1991	1992
Total	2875462	2989400	3645431	3911722	4115355
Africa	x12187	x14262	x18134	x17689	x22360
Northern Africa	x730	x1764	x1241	x3871	x5886
Americas	x213777	x264933	x332960	418429	x440836
LAIA	x9044	x18645	27680	44846	x919
CACM	718	919	1202	875	x919
Asia	x468454	x469484	x462160	x534569	x590685
Middle East	x285926	x231859	x196093	x273940	x291960
Europe	2141900	2185242	2775652	2812010	2973890
EEC	1800390	1853730	2408291	2489606	2658786
EFTA	340490	329710	362415	316572	304878
Oceania	x26648	x35649	x37560	x32884	x29492
Germany/Allemagne	488564	505757	788107	873790	983876
United Kingdom	443990	443571	521076	485781	505519
France, Monac	307965	325332	392638	368738	380389
Netherlands/Pays–Bas	279114	283613	332952	350736	356128
Canada	109354	138184	190673	253262	221567
Belgium–Luxembourg	125652	135718	163577	185919	189472
Saudi Arabia	x156329	x139218	x120232	x174413	x158461
Japan/Japon	92393	123666	143330	130865	153219
Switz.Liecht	118634	116077	136008	124400	119718
USA/Etats–Unis d'Amer	88087	100539	105114	110886	143308
Austria/Autriche	64125	65607	84979	86124	90071
Sweden/Suède	68769	77287	72972	53621	48194
Italy/Italie	51391	50833	63693	66012	65255
Norway, SVD, JM	70379	52840	49259	37381	33736
Hong Kong	32928	38115	40012	41658	53015
United Arab Emirates	x82317	x36088	x31916	x36193	x43934
Greece/Grèce	9994	24663	36404	40713	x46680
Ireland/Irlande	28305	28266	37153	33463	36318
Singapore/Singapour	27586	27024	32822	36678	45792
Denmark/Danemark	32174	29501	29920	31242	31791
Spain/Espagne	24920	17124	28616	36982	39190
Mexico/Mexique	4281	14755	21041	30893	37616
Australia/Australie	16478	23416	22618	17351	16606
China/Chine	14328	23458	20785	14449	6658
Poland/Pologne	x551	x8475	x3796	x43081	x35028
Kuwait/Koweït	x22573	20785	x11177	x21766	x35124
Former USSR/Anc. URSS	x3646	x3765	x3327	x40994	11091
Finland/Finlande	14498	15295	16343	12342	24167
Portugal	8320	9353	14155	16231	10932
New Zealand	8122	9801	11976	12196	
Malaysia/Malaisie	7147	8854	8816	8729	x12033
Korea Republic	2264	5726	7406	8999	7947
Israel/Israël	826	3973	6012	11655	11246
Qatar		x4876	x6948	x8041	x8966
Cyprus/Chypre	5450	6001	7301	6185	8312
So. Africa Customs Un	5563	4936	7022	x6537	6150
Lebanon/Liban	x4309	x4654	x4827	x8034	x5663
Bahrain/Bahreïn	x5496	x4050	x3114	x6033	x8264
Chile/Chili	x1670	x2623	4045	5504	x10544
Hungary/Hongrie	x1863	x1564	x3420	6947	x10643
Iraq	x2791	x6847	x1790	x1569	x108
Oman	x3735	x2064	x2416	x4809	x3933
Jordan/Jordanie	x2536	4909	2051	1509	2591
Former GDR	x653	x1958	x6487		
Iceland/Islande	4085	2603	2853	2704	2069
Yugoslavia SFR	115	1228	3030	x3735	
Czechoslovakia	x395	1956	930	x3761	x8238
Turkey/Turquie		757	3191	2371	2195
Indonesia/Indonésie	1228	2100	1895	1908	2804
Cayman Is/Is Caïmans	x458	x636	x1934	x2754	x1270

EXPORTS – EXPORTATIONS

COUNTRIES–PAYS	1988	1989	1990	1991	1992
Totale	2750760	2892175	3618869	3813654	4016331
Afrique	x513	x3044	x4233	x5805	x14498
Afrique du Nord	x255	x1384	x1502	x4502	x13250
Amériques	289738	303575	478662	613264	641477
ALAI	8366	14778	15325	22856	32261
MCAC	169	77	157	185	229
Asie	98438	100539	122043	125759	161976
Moyen–Orient	x4086	x24042	28622	33301	57064
Europe	2306312	2431226	2964274	3031822	3179021
CEE	2194209	2323683	2838455	2902894	3044613
AELE	107578	103162	124020	128245	133450
Océanie	x9845	x11373	14089	8569	8738
Belgium–Luxembourg	1145637	1253347	1545415	1613579	1743125
Netherlands/Pays–Bas	390012	397179	474284	482393	458253
USA/Etats–Unis d'Amer	225990	222714	396320	522256	530629
Germany/Allemagne	318098	334032	381451	351736	330788
France, Monac	69919	84438	142202	175316	221032
Denmark/Danemark	112848	106282	117862	96370	96400
Austria/Autriche	63964	64708	82247	90261	90919
United Kingdom	73313	61520	80971	91728	94395
Canada	54808	65728	66735	67867	78127
Italy/Italie	43288	48543	51431	49255	53852
Switz.Liecht	23584	24640	29237	29443	33797
Japan/Japon	38349	29740	32181	21236	21397
Turkey/Turquie		18290	22942	30920	53608
Portugal	14354	15361	16739	14933	13757
Mexico/Mexique	6604	13453	12095	18303	22114
Spain/Espagne	13989	13784	16445	12849	18528
Hong Kong	8821	11942	12277	15032	22209
Korea Republic	18149	13490	12045	12691	15522
Ireland/Irlande	12397	8958	11000	14030	12841
Sweden/Suède	17544	12452	11241	7491	7724
Singapore/Singapour	10647	8170	9449	11437	10751
Australia/Australie	8923	9361	12014	7596	8014
Czechoslovakia	x5715	x8003	x13032	x7801	x4579
China/Chine	3330	4667	8204	10133	9429
Hungary/Hongrie	x4050	x5221	x8760	x8252	x4844
Israel/Israël	6608	3089	6700	8434	7520
Former GDR	x25294	x14581	x2903		
Poland/Pologne	x7599	x9961	x4842	x1630	x524
India/Inde	3195	x748	7236	4815	x1816
Former USSR/Anc. URSS	x100	x246	x1759	x10377	
Indonesia/Indonésie	2435	1295	1602	5348	7115
Saudi Arabia	x3542	x3810	x3583	x135	x127
Thailand/Thaïlande	1813	2106	2264	2394	x5168
Yugoslavia SFR	4520	4352	1777	x633	
Egypt/Egypte	x232	x1363	x1385	x3746	x12973
Brazil/Brésil	1444	1080	1742	3266	6155
Bulgaria/Bulgarie	x2707	x1993	x3430	x301	x370
New Zealand	908	2010	2075	972	724
So. Africa Customs Un	x108	x1552	x2198	x1153	x1187
Romania/Roumanie	x356	x2412	x793	1	x286
Finland/Finlande	2209	1124	931	620	708
Syrian Arab Republic	3	121	553	x1361	x2001
Greece/Grèce	355	240	634	703	x1643
Philippines	627	x565	562	415	21
Iran (Islamic Rp. of)	x414	x540	x427	809	1559
Colombia/Colombie	x44	x26	807	239	488
Jordan/Jordanie	x2	152	364	371	303
Norway, SVD, JM	277	237	724	211	784
Venezuela	x38	x31	724		
Malaysia/Malaisie	178	141	490	217	x3517

(VALUE AS % OF TOTAL)(VALEUR EN % DU TOTAL)

	1983	1984	1985	1986	1987	1988	1989	1990	1991	1992		1983	1984	1985	1986	1987	1988	1989	1990	1991	1992
Africa	x0.3	x0.3	x0.3	x0.5	x0.6	x0.4	x0.5	x0.5	x0.5	x0.5	Afrique	x0.0		x0.0	x0.0	x0.0	x0.0	x0.2	x0.2	x0.1	x0.3
Northern Africa	x0.1	x0.1	x0.1	x0.1	x0.1	x0.1	x0.1	x0.0	x0.1	x0.1	Afrique du Nord	x0.0	0.0	x0.0	x0.0	x0.0	x0.0	x0.0	x0.0	x0.1	x0.3
Americas	x3.4	x4.6	x5.0	x4.7	x4.7	x7.5	x8.9	x9.1	10.7	10.7	Amériques	10.9	x9.9	7.9	x8.1	8.4	10.5	10.5	13.2	16.1	16.0
LAIA	0.0	0.0	0.1	0.1	0.2	0.3	0.6	0.8	1.1	x1.6	ALAI	0.0	0.0	0.0	0.2	x0.5	0.3	0.5	0.4	0.6	0.8
CACM	x0.0	0.0	0.0	0.0	0.0	0.0	0.0	0.0	0.0	x0.0	MCAC					x0.0	0.0	0.0	0.0	0.0	0.0
Asia	x21.4	25.2	x21.2	20.3	x17.4	16.2	15.7	12.7	x13.6	14.4	Asie	x7.1	x6.4	x6.5	x5.2	x5.1	3.5	3.4	3.4	3.3	4.0
Middle East	x17.5	x21.2	x16.3	15.9	x11.8	x9.9	x7.8	x5.4	x7.0	7.1	Moyen–Orient	x0.4	x0.1	x0.2	x0.0	x0.3	x0.1	x0.8	0.8	0.9	1.4
Europe	74.2	68.8	72.2	73.6	76.2	74.5	73.1	76.1	71.9	72.3	Europe	81.9	83.5	85.2	86.2	84.4	83.8	84.1	81.9	79.5	79.2
EEC	61.1	56.4	59.4	59.7	62.0	62.6	62.0	66.1	63.6	64.6	CEE	77.9	79.9	81.2	81.8	80.1	79.8	80.3	78.4	71.7	75.8
EFTA	13.1	12.3	12.8	13.8	14.1	11.8	11.0	9.9	8.1	7.4	AELE	4.0	3.6	4.4	4.3	4.3	3.9	3.6	3.4	3.4	3.3
Oceania	x0.7	x1.2	x1.3	x0.9	x0.8	x1.0	x1.2	x1.0	x0.9	x0.7	Océanie	0.1	0.2	0.3	x0.3	0.3	x0.4	x0.4	0.4	0.2	0.2
Germany/Allemagne	21.3	17.6	17.7	17.6	17.8	17.0	16.9	21.6	22.3	23.9	Belgium–Luxembourg	43.2	44.7	44.1	43.6	41.2	41.6	43.3	42.7	42.3	43.4
United Kingdom	12.9	12.7	14.3	13.9	14.3	15.4	14.8	14.3	12.4	12.3	Netherlands/Pays–Bas	13.5	13.5	13.3	13.3	13.2	14.2	13.7	13.1	12.6	11.4
France, Monac	9.6	8.5	9.7	10.3	11.0	10.7	10.9	10.8	9.4	9.2	USA/Etats–Unis d'Amer	10.9	9.9	7.7	6.5	6.3	8.2	7.7	11.0	13.7	13.2
Netherlands/Pays–Bas	8.3	8.4	8.7	9.4	9.7	9.9	9.5	9.1	9.0	8.7	Germany/Allemagne	10.8	10.4	10.7	12.3	12.4	11.6	11.5	10.5	9.2	8.2
Canada	1.5	1.4	1.4	1.2	1.1	3.8	4.6	5.2	6.5	5.4	France, Monac	2.1	2.3	2.4	2.3	2.4	2.5	2.9	3.9	4.6	5.5
Belgium–Luxembourg	3.9	4.3	3.6	3.3	3.7	4.4	4.5	4.8	4.6	4.6	Denmark/Danemark	4.0	3.9	4.0	4.2	4.1	4.1	3.4	3.2	2.4	2.3
Saudi Arabia	x13.1	17.9	x11.6	11.3	8.0	x5.4	x4.7	x3.3	x4.5	x3.9	Austria/Autriche	1.8	1.6	1.9	2.1	2.2	2.3	2.2	2.3	2.4	2.3
Japan/Japon	1.5	1.3	1.6	1.8	2.6	3.2	4.1	3.9	3.3	3.7	United Kingdom	2.8	3.0	3.8	3.4	3.7	2.7	2.1	2.2	2.4	2.4
Switz.Liecht	4.1	3.9	4.1	4.5	4.5	4.1	3.9	3.7	3.2	2.9	Canada				x1.5	x1.6	2.0	2.3	1.8	1.8	1.9
USA/Etats–Unis d'Amer	1.6	3.0	3.4	3.1	3.1	3.1	3.4	2.9	2.8	3.5	Italy/Italie	1.1	1.0	1.2	1.5	1.4	1.6	1.7	1.4	1.3	1.3

65951 — TUFTED

TRADE BY COMMODITY IN THOUSAND U.S. DOLLARS – COMMERCE PAR PRODUIT EN MILLIERS DE DOLLARS E.U

IMPORTS – IMPORTATIONS

COUNTRIES–PAYS	1988	1989	1990	1991	1992
Total	2440503	2553832	3114016	3306950	3483231
Africa	x9069	x11617	x13120	x12006	x15828
Northern Africa	x692	x1701	x1054	x3012	x4200
Americas	x152139	x211840	x272418	342003	x335907
LAIA	x1377	x4331	8456	17758	x34094
CACM	x58	x403	x285	x241	x537
Asia	x332611	x338069	x337905	x398935	x447331
Middle East	x195271	x156899	x150122	x213290	x209134
Europe	1917378	1951164	2447923	2474536	2620640
EEC	1620499	1662835	2132083	2200029	2354850
EFTA	295926	286631	311407	269481	256720
Oceania	x19314	x27540	x28232	x23194	x18727
Germany/Allemagne	420340	452882	685296	776581	909695
United Kingdom	422701	411190	480244	441128	444606
France, Monac	269584	278521	338867	311672	319189
Netherlands/Pays–Bas	267249	272647	319932	333584	341217
Canada	101948	133232	185152	247987	214888
Belgium–Luxembourg	116917	124501	152069	171351	171363
Switz.Liecht	100970	99585	117295	107202	103199
Japan/Japon	78423	105024	106592	94840	113119
Saudi Arabia	x93901	x90252	x86839	x125237	x104339
USA/Etats–Unis d'Amer	44830	69608	75135	72460	81700
Austria/Autriche	56331	59537	76642	76201	79382
Sweden/Suède	58100	64889	58883	41073	35633
Norway, SVD, JM	65538	48642	44136	33553	28750
Italy/Italie	37689	35464	42936	43159	39340
Hong Kong	27987	31571	32874	35063	51227
Ireland/Irlande	24313	25166	33718	30287	32334
United Arab Emirates	x64438	x28483	x25186	x30177	x34510
Denmark/Danemark	28923	27187	26598	28386	29316
Singapore/Singapour	18314	20140	23853	32392	41779
Greece/Grèce	8158	18991	26669	29429	x29254
Spain/Espagne	21631	11832	19949	27345	27889
Australia/Australie	12107	17385	15648	11001	9208
Kuwait/Koweït	x17363	x9006	x8641	x20236	x31541
Poland/Pologne	x314	x4821	x2229	x28833	x25642
Finland/Finlande	10978	11422	11668	8839	7795
New Zealand	5522	8220	10280	9403	7974
Former USSR/Anc. URSS	x2945	x3125	x2123	x17235	
Qatar		x4583	x6537	x7692	x8725
Cyprus/Chypre	5126	5762	6934	5867	7707
Portugal	2994	4454	5805	7108	10647
Malaysia/Malaisie	3573	6026	5235	5447	x8304
Mexico/Mexique	243	2710	5053	8460	13062
China/Chine	4423	7095	5563	2839	4207
Korea Republic	1877	4089	5673	5375	5594
Lebanon/Liban					
So. Africa Customs Un	x3100	x3380	x4148	x6491	x4407
Bahrain/Bahrein	4347	3989	4349	3880	3632
Israel/Israël	x4304	x3580	x2678	x5602	x7465
Hungary/Hongrie	642	2897	3291	5417	8004
Oman	x1738	x1549	x3293	6075	x9833
	x3601	x1907	x2337	x4648	x3735
Jordan/Jordanie	x2068	4909	2051	1509	2591
Iceland/Islande	4008	2555	2782	2613	1961
Yugoslavia SFR	77	1218	2915	x3439	
Former GDR	x69	x1656	x5176		
Iraq	x1081	x3645	x1553	x1462	x41
Czechoslovakia	x202	1063	774	x3353	x7652
Turkey/Turquie		587	2346	2080	2147
Chile/Chili	x463	x889	1448	2586	x5403
Indonesia/Indonésie	150	1107	1559	1521	2647
Argentina/Argentine	54	21	132	3680	8778

EXPORTS – EXPORTATIONS

COUNTRIES–PAYS	1988	1989	1990	1991	1992
Totale	2327232	2468082	3090461	3274753	3425882
Afrique	x203	x2440	x3034	x2413	x4287
Afrique du Nord	x22	x864	x581	x1408	x3273
Amériques	224855	282426	451625	587581	613692
ALAI	7789	12765	10399	17352	24931
MCAC			x19	0	x3
Asie	67631	70308	85022	86861	96456
Moyen–Orient	x109	8508	x11375	10509	x8006
Europe	2008227	2087051	2530587	2584916	2699716
CEE	1903762	1988603	2412800	2462816	2574197
AELE	100938	96797	116737	121775	124880
Océanie	8877	x11185	13860	8196	8327
Belgium–Luxembourg	946902	1008959	1236259	1288989	1412794
Netherlands/Pays–Bas	385014	393896	470528	478510	453622
USA/Etats–Unis d'Amer	164355	204135	375362	503884	514101
Germany/Allemagne	294239	313976	358242	326339	310792
Denmark/Danemark	106197	102392	114603	93480	93047
France, Monac	59588	64628	104227	135571	151177
Austria/Autriche	62967	63406	80033	88713	89460
United Kingdom	61252	53389	71835	84393	87914
Canada	52711	65522	65831	66310	74656
Italy/Italie	25645	28194	28714	26839	30985
Switz.Liecht	21783	22033	26933	27018	31075
Japan/Japon	30712	25464	29723	19285	19638
Portugal	11949	12675	14700	12758	12121
Korea Republic	13252	12999	11633	12409	14673
Mexico/Mexique	6086	11980	8914	14907	20116
Hong Kong	6589	9739	10278	13463	21525
Ireland/Irlande	9697	7915	10112	13799	12166
Australia/Australie	8067	9194	11820	7310	7690
Sweden/Suède	15791	10775	9284	5622	3913
Turkey/Turquie		7279	7063	8562	5018
Singapore/Singapour	6854	5851	6628	9028	8688
Israel/Israël	6081	2899	6698	8365	7432
China/Chine	713	1090	4328	5490	5697
Former GDR	x12864	x8190	x1554		
Spain/Espagne	3130	2549	3286	1916	8882
Indonesia/Indonésie	1371	1101	1240	5338	5100
Czechoslovakia	x500	x1318	x2480	x3378	x1717
Thailand/Thaïlande	1396	1910	2260	2247	x5088
Poland/Pologne	x3601	x4426	x697	x294	x257
New Zealand	810	1989	2040	886	637
Syrian Arab Republic	x3	x121	x3081	x1342	x1986
So. Africa Customs Un	x44	x1474	x2035	x875	x1002
Yugoslavia SFR	3522	1648	1036	x279	
Brazil/Brésil	1444	548	727	1488	1742
Hungary/Hongrie	x103	x713	x551	x856	x1364
Egypt/Egypte		x852	x399	x719	x3017
Colombia/Colombie		x21	x426	783	1498
Jordan/Jordanie			152	239	488
Bulgaria/Bulgarie	x218	x12	x967	x96	x67
Philippines	311		x545	384	94	12
Finland/Finlande	158	369	342	180	275
Tunisia/Tunisie	x18	x12	183	538	256
Argentina/Argentine	223	178	290	119	1193
Norway, SVD, JM	238	214	145	196	156
Greece/Grèce	149	31	294	221	x697
United Arab Emirates	x14	x445	x11	x3	x2
Pakistan				x458	
Zimbabwe			375	63	x2
Malaysia/Malaisie	88	24	333	71	x222
Saudi Arabia	x29	x331	x66	x3	x79

(VALUE AS % OF TOTAL)(VALEUR EN % DU TOTAL)

	1983	1984	1985	1986	1987	1988	1989	1990	1991	1992		1983	1984	1985	1986	1987	1988	1989	1990	1991	1992
Africa	x0.2	x0.2	x0.3	x0.3	x0.4	x0.4	x0.5	x0.4	x0.3	x0.5	Afrique	x0.0	x0.0		x0.0	x0.0	x0.0	x0.1	x0.1	x0.0	x0.1
Northern Africa	x0.0	x0.1	x0.0	x0.0	x0.0	x0.0	x0.1	x0.0	x0.1	x0.1	Afrique du Nord										x0.1
Americas	x2.5	x3.4	x4.1	x3.3	x3.3	x6.2	x8.3	x8.8	10.4	x9.6	Amériques	x10.2	x9.3	7.2	x7.4	x7.6	9.6	11.4	14.6	17.9	17.9
LAIA	x0.0	x0.0	x0.0	x0.0	x0.1	x0.1	x0.2	0.3	0.5	x1.0	ALAI	x0.0			x0.0		x0.3	x0.3	0.3	0.5	0.7
CACM											MCAC								x0.0	x0.0	x0.0
Asia	x16.3	x19.6	x17.5	x17.3	x13.7	x13.6	x13.2	x10.8	x12.0	12.9	Asie	x5.1	x4.4	4.0	x3.4	3.3	2.9	2.8	2.8	2.6	2.8
Middle East	x12.6	x6.1	x16.1	x13.3	x13.7	x8.0	x6.1	x4.8	x6.4	6.0	Moyen–Orient	x0.4	x0.2	x0.0	x0.0	x0.1	0.0	0.3	0.4	0.3	x0.2
Europe	80.3	75.7	76.9	78.3	81.7	78.6	76.4	78.6	74.8	75.2	Europe	84.6	86.2	88.5	89.0	88.4	86.3	84.6	81.9	78.9	78.8
EEC	66.8	62.7	63.8	64.2	67.1	66.4	65.1	68.5	66.5	67.6	CEE	80.5	82.6	84.4	84.5	83.8	81.8	80.6	78.1	75.2	75.1
EFTA	x13.5	x13.0	x13.1	x14.0	x14.5	12.1	11.2	10.0	8.1	7.4	AELE	x4.1	x3.7	x4.1	x4.5	x4.6	4.3	3.9	3.8	3.7	3.6
Oceania	x0.7	x1.2	x1.2	x0.8	x0.6	x0.8	x1.1	x0.9	x0.5	x0.5	Océanie	0.1		0.1	0.2	0.1	0.4	x0.5	0.4	0.3	0.2
Germany/Allemagne	23.1	19.2	18.7	18.6	18.9	17.2	17.7	22.0	23.5	26.1	Belgium–Luxembourg	42.2	43.8	43.6	43.1	41.3	40.7	40.9	40.0	39.4	41.2
United Kingdom	15.0	15.0	16.1	15.5	16.1	17.3	16.1	15.4	13.3	12.8	Netherlands/Pays–Bas	15.3	16.4	16.4	15.9	16.0	16.5	16.0	15.2	14.6	13.2
France, Monac	9.5	8.5	9.6	10.6	11.6	11.0	10.9	10.9	9.4	9.2	USA/Etats–Unis d'Amer	10.2	9.3	7.2	5.7	5.8	7.1	8.2	12.1	15.4	15.0
Netherlands/Pays–Bas	9.5	10.0	10.0	10.9	11.2	11.0	10.7	10.3	10.1	9.8	Germany/Allemagne	11.4	10.8	11.4	12.7	12.9	12.6	12.7	11.6	10.0	9.1
Canada	1.6	1.5	1.5	1.3	1.3	4.2	5.2	5.9	7.5	6.2	Denmark/Danemark	4.8	4.7	4.7	4.6	5.0	4.6	4.1	3.7	2.9	2.7
Belgium–Luxembourg	4.4	4.9	4.0	3.6	3.9	4.8	4.9	4.9	5.2	4.9	France, Monac	1.9	2.3	2.6	2.4	2.5	2.6	2.6	3.4	4.1	4.4
Switz.Liecht	x4.2	x4.1	x4.2	x4.5	x4.6	4.1	3.9	3.8	3.2	3.0	Austria/Autriche	2.1	1.9	2.1	2.4	2.6	2.7	2.6	2.6	2.7	2.6
Japan/Japon	1.7	1.4	1.7	1.8	2.5	3.2	4.1	3.4	2.9	3.2	United Kingdom	2.9	3.1	4.0	3.7	3.8	2.6	2.2	2.3	2.6	2.6
Saudi Arabia	x9.3	x13.4	x8.9	x9.4	x5.7	x3.8	x3.5	x2.8	x3.8	x3.0	Canada				x1.4	x1.6	2.3	2.7	2.1	2.0	2.2
USA/Etats–Unis d'Amer	0.8	1.8	2.3	1.8	1.7	1.8	2.7	2.4	2.2	2.3	Italy/Italie	0.5	0.4	0.5	0.7	0.9	1.1	1.1	0.9	0.8	0.9

6612 CEMENT — CIMENTS HYDRAULIQUES 6612

TRADE BY COMMODITY IN THOUSAND U.S. DOLLARS – COMMERCE PAR PRODUIT EN MILLIERS DE DOLLARS E.U

COUNTRIES–PAYS	IMPORTS – IMPORTATIONS					COUNTRIES–PAYS	EXPORTS – EXPORTATIONS				
	1988	1989	1990	1991	1992		1988	1989	1990	1991	1992
Total	2644695	2836718	3298856	3817433	x3737713	Totale	x2558457	2544320	2937329	3176264	x3343136
Africa	x360852	x371296	x406547	x472200	x420418	Afrique	x66896	x147838	x143033	x122742	x115525
Northern Africa	185253	155600	150962	142157	x114110	Afrique du Nord	38570	69986	96105	52670	68881
Americas	x797359	x756329	x705051	x553458	x481302	Amériques	366031	366995	397739	357817	333177
LAIA	22029	20904	18947	20781	38171	ALAI	198227	216407	196455	165555	137785
CACM	1872	5230	1768	3137	x4554	MCAC	4910	7975	4906	2398	x3120
Asia	669664	x787262	1063761	1548410	x1334725	Asie	x642751	x814321	x1052829	x1286622	1211408
Middle East	95126	141958	x70678	x56709	x55791	Moyen–Orient	x140595	x183192	x269082	x341893	x256456
Europe	772978	868598	1086771	1188625	1450874	Europe	909927	918345	1056119	1093323	x1328231
EEC	675960	775516	979852	1101021	1344500	CEE	863094	877909	999106	1039863	x1233299
EFTA	77206	72119	78733	72033	77290	AELE	16518	11818	17041	22302	37136
Oceania	x35724	x36618	x29424	x42331	x44812	Océanie	x5200	x5939	10511	16032	22943
USA/Etats–Unis d'Amer	625166	605317	552823	399324	297174	China/Chine	7272	17244	257349	442891	259411
Korea Republic	9091	17451	202845	447407	325621	Japan/Japon	128929	179695	201891	271429	432324
Netherlands/Pays–Bas	194605	185649	220839	223102	242465	France, Monac	152180	166041	176656	170733	205437
Thailand/Thaïlande	964	16090	148661	370335	167334	Germany/Allemagne	125224	146995	177477	183926	x267571
United Kingdom	148037	214370	171490	135323	112233	Greece/Grèce	134813	128145	145448	164201	234083
Germany/Allemagne	99844	102192	150615	257084	389131	Belgium–Luxembourg	119792	97913	137764	123942	127221
Hong Kong	148137	164518	170453	143244	128880	Canada	147142	111906	108638	99521	82833
Italy/Italie	95834	108041	159110	174373	211052	Spain/Espagne	146996	150563	74761	73900	75412
Spain/Espagne	56046	70355	147901	173508	161362	Korea Republic	75606	128254	96804	43072	107125
Japan/Japon	172707	176665	119978	94393	59306	Indonesia/Indonésie					
Algeria/Algérie	49046	106434	77637	96671	x60510	Mexico/Mexique	132181	132241	72022	50650	48692
Singapore/Singapour	46054	49656	91112	118325	139484	Former USSR/Anc. URSS	x123308	x85268	x72964	x70617	
Bangladesh	x46417	x59222	x57373	x86213	x90951	Turkey/Turquie	6536	33023	76913	110728	138523
Belgium–Luxembourg	33974	32474	48729	44224	55275	Netherlands/Pays–Bas	49595	50847	67101	48796	61163
France, Monac	27538	31475	39377	53343	119341	Tunisia/Tunisie	37050	68102	64599	67288	x52723
Sri Lanka	21766	30157	35790	53122	51207	Romania/Roumanie	x178594	48605	68544	55441	37309
Canada	43456	35927	37602	34937	33371	Venezuela	24980	39841	68544	55441	37309
Nigeria/Nigéria	x16497	x18585	x32030	x56944	x76104	Saudi Arabia	12805	21541	x66120	x74187	x21147
Kuwait/Koweït	x39	99278	x216	x39	x19	Malaysia/Malaisie	46390	60099	54737	39879	x3705
Israel/Israël	11553	6454	24027	68587	82797	Poland/Pologne	29369	28154	43232	60039	x102190
Philippines	5424	x14293	55030	14875	80545	Denmark/Danemark	29506	40617	31419	54462	63845
China/Chine	67730	58235	17591	7621	18387	United Arab Emirates	x40004	x39033	x39142	x47602	x39008
Mauritius/Maurice	x943	18753	27994	33470	35596	United Kingdom	20360	28622	41303	50919	48366
Turkey/Turquie	49598	11468	45170	21756	18346	Colombia/Colombie	31033	29670	40632	47539	41658
Cote d'Ivoire	27985	31262	x18091	x25818	x65338	Czechoslovakia	x9404	x10511	x20801	x83461	x157337
Libyan Arab Jamahiriya	9170	17397	40979	x15648	x13074	USA/Etats–Unis d'Amer	26840	25799	38344	48258	49176
Cameroon/Cameroun	x9817	24247	x10688	37440	x11256	Former GDR	x146516	x85277	x20784		
Sweden/Suède	17719	21338	22425	20735	21578	Yugoslavia SFR	30314	28601	39954	x31092	
Malaysia/Malaisie	4589	4347	18760	40662	x72448	Iraq	x47124	x42469	x1559	x42733	
Switz.Liecht	20194	21130	21962	19748	17869	Italy/Italie	28024	26519	32105	26593	24202
Reunion/Réunion	15203	19351	20554	22037	26416	Jordan/Jordanie	8806	12969	33433	38323	32689
Ireland/Irlande	7897	15512	21156	22092	25178	Bulgaria/Bulgarie	x71272	x22673	x41749	x10738	x12520
Burkina Faso	22464	18336	27606	x11788	x6226	Hong Kong	31484	35545	20819	15010	22411
Macau/Macao	16001	20998	17847	17760	21329	Cameroon/Cameroun	x112	36466	x112	25698	
Denmark/Danemark	10329	13328	15706	14288	23991	Ireland/Irlande	22169	23792	19576	16499	17670
Finland/Finlande	9525	13463	16530	11390	7962	Korea Dem People's Rp	x27945	x21623	x22629	x15199	x7177
Togo	12531	11527	22270	7077	x6283	Singapore/Singapour	10965	12149	21329	14576	13929
Egypt/Egypte	118972	22369	13102	4514	982	Cyprus/Chypre	12622	13248	17976	13130	13820
Equatorial Guinea				x39374	x4409	Syrian Arab Republic	1974	11546	25267	x6760	x30
Martinique	12861	11060	13257	13963	14459	Macau/Macao	17641	14059	12036	12659	15343
Morocco/Maroc	5054	6320	12061	18495	30045	So. Africa Customs Un	x403	x9297	x10706	x17708	x16447
Dominican Republic	x13366	x15923	x12034	x8861	x15934	Trinidad and Tobago	7296	9619	13514	13893	14534
Ghana	x7356	x16713	x12497	x6536	x13229	Kenya	11744	x14793	8386	12104	x25790
Austria/Autriche	9643	8852	11834	15032	23750	Hungary/Hongrie	x7785	x9847	x11564	x6888	x6387
Guadeloupe	12548	8774	15088	10991	14015	Sweden/Suède	12421	7664	8528	10716	21443
French Guiana	8124	9967	11316	12368	17011	Libyan Arab Jamahiriya	x653	x262	25993	x224	
So. Africa Customs Un	9888	6957	11789	x12681	x12344	India/Inde	2389	4151	11027	11293	x6582
Viet Nam	x9954	x14183	x12651	x3927	x7907	Lebanon/Liban	x8071	x8329	x8377	x6670	x6257
Australia/Australie	7600	15571	4845	6654	6667	New Zealand	1184	2031	6149	10426	12415
Oman	3867	4014	5023	18007	x503	Brazil/Brésil	4419	6323	6534	5657	6792

(VALUE AS % OF TOTAL) (VALEUR EN % DU TOTAL)

	1983	1984	1985	1986	1987	1988	1989	1990	1991	1992		1983	1984	1985	1986	1987	1988	1989	1990	1991	1992
Africa	34.0	30.1	31.6	x28.8	x19.2	x13.7	x13.0	x12.4	x12.3	x11.2	Afrique	4.4	x3.0	2.8	x2.6	x2.5	x2.6	x5.8	x4.9	x3.9	x3.5
Northern Africa	20.1	21.4	24.4	20.8	11.0	7.0	5.5	4.6	3.7	3.1	Afrique du Nord	x0.0	0.0	0.1	0.6	1.0	1.5	2.8	3.3	1.7	2.1
Americas	x7.2	14.1	x23.7	x26.9	x28.8	x30.2	x26.7	x21.4	14.5	x12.8	Amériques	7.5	14.7	24.4	x21.7	x17.3	14.3	13.5	11.2	10.0	
LAIA	0.3	0.6	0.8	x0.6	0.8	0.8	0.7	0.6	0.5	1.0	ALAI	1.4	7.1	14.7	x11.8	x9.0	7.7	8.5	6.7	5.2	4.1
CACM	x0.0	0.0	x0.1	0.1	x0.1	0.1	0.1	0.2	0.1	x0.1	MCAC	x0.2	0.2	0.2	x0.1	0.1	0.2	0.3	0.2	0.1	x0.1
Asia	x49.5	44.9	x32.6	26.5	29.4	25.4	x27.8	32.3	40.6	x35.7	Asie	x39.1	x36.7	31.3	x27.5	x27.0	x25.1	x32.0	35.9	x40.5	36.2
Middle East	x30.7	x27.5	x15.8	x10.7	7.9	3.6	5.0	x2.1	x1.5	x1.5	Moyen–Orient	x6.0	x9.6	x9.1	x6.7	6.5	x7.2	x9.2	x10.8	x7.7	
Europe	8.2	9.6	11.4	17.0	21.0	29.2	30.6	32.9	31.1	38.8	Europe	45.2	41.6	41.1	47.8	35.5	35.6	36.1	36.0	34.4	x39.7
EEC	7.2	7.7	9.3	13.8	17.2	25.6	27.3	29.7	28.8	36.0	CEE	44.9	40.2	39.3	44.1	32.9	33.7	34.5	34.0	32.7	x36.9
EFTA	0.9	1.1	1.5	2.8	3.2	2.9	2.5	2.4	1.9	2.1	AELE	0.3	0.2	0.2	x1.4	x1.1	0.6	0.5	0.6	0.7	1.1
Oceania	x0.9	x0.9	x0.7	x0.9	x0.8	x1.3	x1.3	x0.9	x1.1	x1.2	Océanie	0.6	0.5	0.5	0.4	x0.2	x0.2	x0.3	0.4	0.5	0.7
USA/Etats–Unis d'Amer	4.9	11.3	20.2	23.4	24.0	23.6	21.3	16.8	10.5	8.0	China/Chine					0.3	0.3	0.7	8.8	13.9	7.8
Korea Republic	0.0	0.1	0.1	0.1	0.1	0.3	0.6	6.1	11.7	8.7	Japan/Japon	21.2	16.8	13.8	8.5	4.5	5.0	7.1	6.9	8.5	12.9
Netherlands/Pays–Bas	3.1	3.4	3.8	5.7	6.3	7.4	6.5	6.7	5.8	6.5	France, Monac	5.6	5.4	6.3	7.2	5.6	6.0	6.4	6.2	6.3	
Thailand/Thaïlande	0.0	0.0	0.0	0.0	0.0	0.0	0.6	4.5	9.7	4.5	Germany/Allemagne	4.4	4.2	4.8	4.3	4.9	5.9	6.5	6.0	5.8	6.1
United Kingdom	0.6	0.8	1.2	1.8	2.4	5.6	7.6	5.2	3.5	3.0	Greece/Grèce	9.7	8.4	8.7	9.0	6.2	4.9	5.8	6.0	5.8	x8.0
Germany/Allemagne	1.8	1.9	2.2	3.0	3.5	3.8	3.6	4.6	6.7	10.4	Belgium–Luxembourg	4.0	4.0	4.2	5.7	4.9	5.3	5.0	5.0	5.2	7.0
Hong Kong	3.2	3.4	4.2	5.8	5.1	5.6	5.8	5.2	3.8	3.4	Canada	4.5	4.8	5.7	7.3	7.9	5.8	3.8	4.7	3.9	3.8
Italy/Italie	0.3	0.4	0.6	0.8	1.6	3.6	3.8	4.8	4.6	5.6	Spain/Espagne	15.7	13.0	10.0	9.3	6.1	5.8	4.4	3.7	3.1	2.5
Spain/Espagne	0.1	0.1	0.1	0.2	0.9	2.1	2.5	4.5	4.5	4.3	Korea Republic	8.6	5.0	5.2	7.4	6.2	5.7	5.9	2.5	2.3	2.3
Japan/Japon	0.1	0.3	0.8	2.1	4.3	6.5	6.2	3.6	2.5	1.6	Indonesia/Indonésie	0.3	0.6	1.2	2.2	2.2	3.0	5.0	3.3	1.4	3.2

6613 BUILDING STONE ETC WORKD

TRADE BY COMMODITY IN THOUSAND U.S. DOLLARS – COMMERCE PAR PRODUIT EN MILLIERS DE DOLLARS E.U

COUNTRIES–PAYS	1988	1989	1990	1991	1992	COUNTRIES–PAYS	1988	1989	1990	1991	1992
Total	2652024	2944764	3491234	3534794	3738536	Totale	2354993	2745466	3243635	3298005	3587036
Africa	x22295	x31522	x54287	x25722	x35901	Afrique	x8425	x8765	x9235	x11517	x16451
Northern Africa	8405	12340	36312	x10356	x16672	Afrique du Nord	661	1245	1513	2294	5056
Americas	x652867	x638028	x747544	x611452	x530755	Amériques	72807	86453	119307	133785	167917
LAIA	4310	7839	12635	18501	33815	ALAI	29872	36525	49255	58584	101983
CACM	143	200	285	432	x320	MCAC	824	1233	916	1241	1618
Asia	x856192	1003693	x1047899	x1218178	x1338015	Asie	351516	469258	468750	529834	x644425
Middle East	x190498	x188894	x177892	x200830	x305444	Moyen–Orient	20446	30106	38469	35312	41895
Europe	1066441	1193285	1571639	1607378	1776893	Europe	1901456	2157144	2624932	2602229	2725829
EEC	876872	977650	1300974	1344764	1528236	CEE	1862932	2116853	2576371	2553029	2663647
EFTA	185639	208959	260308	248696	233538	AELE	33090	34428	42575	45620	54259
Oceania	x41695	x61622	x61511	x49125	x35095	Océanie	x1523	x1665	x3595	x3269	x3354
Japan/Japon	436634	605204	616809	728918	672160	Italy/Italie	1293433	1453410	1706245	1689296	1716633
USA/Etats–Unis d'Amer	585998	543671	641964	517994	440979	Spain/Espagne	229758	264301	334527	329154	384941
Germany/Allemagne	403421	421180	549548	598907	788807	Korea Republic	200717	263965	240737	240738	225472
France, Monac	181212	203617	267517	274762	274052	Portugal	113275	120440	169329	174423	199225
United Kingdom	107308	131102	172302	131716	98918	China/Chine	55877	88571	105369	143687	204623
Switz.Liecht	102747	116447	145320	137967	123612	France, Monac	71179	82359	105096	98018	98811
Saudi Arabia	109451	96725	x109747	x144105	x210716	Greece/Grèce	45201	77280	94491	87944	x75661
Belgium–Luxembourg	71856	87864	111542	117970	129527	Germany/Allemagne	48525	49723	69157	70803	72428
Hong Kong	107055	79623	83944	98823	135637	India/Inde	10174	x37468	30560	53483	x91668
Canada	56799	77945	83017	62320	46140	USA/Etats–Unis d'Amer	18726	25045	39618	43564	35815
Netherlands/Pays–Bas	48376	54139	77563	79472	88822	Belgium–Luxembourg	19038	22728	33803	43253	53779
Austria/Autriche	49941	54421	71500	70965	79471	Canada	23000	23450	28571	29466	27269
Spain/Espagne	23426	35261	61358	76970	77349	Turkey/Turquie	14563	21012	30579	29794	36367
Singapore/Singapour	36812	44289	55092	64936	88153	Netherlands/Pays–Bas	17751	19044	27432	25759	30949
Australia/Australie	35174	51829	54593	44501	28313	Hong Kong	34695	20436	23741	24246	42273
Korea Republic	27199	26267	45714	55954	42582	Mexico/Mexique	13011	16770	25674	24367	22686
Israel/Israël	28291	29263	32136	30646	35401	Brazil/Brésil	11948	11833	12516	23718	67452
Sweden/Suède	18381	21468	27464	25018	21171	United Kingdom	9531	12501	13607	16704	11697
Italy/Italie	13144	17285	24667	30777	34653	Austria/Autriche	10059	10342	13785	13744	15698
Kuwait/Koweït	x20535	51797	x16829	x227	x19323	Denmark/Danemark	9265	8345	11550	12516	12645
United Arab Emirates	x32219	x16772	x24285	x27612	x41293	Norway, SVD, JM	8162	9589	11002	8899	7583
Denmark/Danemark	20042	16160	20865	20170	20075	Bulgaria/Bulgarie	x10739	x15001	x11456	x2820	x3647
China/Chine	21530	18695	18797	15939	26255	Switz.Liecht	8176	7861	8278	8614	10122
Libyan Arab Jamahiriya	5988	8800	25654	x5300	x9381	Singapore/Singapour	4058	6327	8143	9190	14802
Ireland/Irlande	6303	7553	10084	8750	7188	Argentina/Argentine	3604	6604	8392	8364	8877
Finland/Finlande	6163	9049	8223	6998	3508	Ireland/Irlande	5976	6722	11134	5160	6878
Former USSR/Anc. URSS	x5382	x5792	x3909	x14218		So. Africa Customs Un	x7193	x6823	x7335	x8224	x9693
Lebanon/Liban	x4872	x4677	x5401	x11755	x10962	Philippines	3666	6360	6312	7656	6987
Mexico/Mexique	2516	5060	6778	9353	13508	Finland/Finlande	2776	3191	5729	10030	16549
Norway, SVD, JM	7763	6675	7353	7049		Japan/Japon	5816	5339	5742	4019	3142
Iraq	x4389	x7741	x9947	x562	x87	Yugoslavia SFR	5309	5468	5516	x2935	
New Zealand	5215	8586	5768	2629	2515	Indonesia/Indonésie	3332	4069	3246	4551	5834
Andorra/Andorre	x2546	x3713	x5582	x5888	x5008	Sweden/Suède	3915	3446	3779	4328	4305
Brunei Darussalam	x1255	x987	x7530	x6397	x7328	Czechoslovakia	x2503	x3018	x2195	x5146	x9961
Hungary/Hongrie	x4280	x7989	x1815	3332	x7243	Malaysia/Malaisie	2019	2930	3342	3401	x3364
Yugoslavia SFR	577	2428	3792	x5960		Poland/Pologne	1507	1622	2141	5612	x12934
Malaysia/Malaisie	3186	4569	2649	4942	x11717	Saudi Arabia	2126	4160	x2219	x2450	x2198
Morocco/Maroc	1422	2709	4515	4122	4565	Australia/Australie	1178	1392	3382	2939	2854
Oman	9599	4659	3296	3152	x3098	Jordan/Jordanie	1327	1905	1841	165	845
Nigeria/Nigéria	x2798	x2775	x4310	x3992	x5572	Israel/Israël	1637	1605	1490	788	727
Chile/Chili	401	1413	3623	3320	x4852	Former USSR/Anc. URSS	x277	x565	x787	x2064	
Cyprus/Chypre	929	1106	3388	3767	5436	United Arab Emirates	x576	x982	x1305	x915	x501
Greece/Grèce	773	1979	3205	2804	x4843	Honduras	236	1053	793	1127	1361
Bahamas	1521	x2793	2467	2168	x2893	Peru/Pérou	556	510	962	x1260	x1188
Bahrain/Bahreïn	x1885	x1656	2616	x2423	x3149	Morocco/Maroc	368	852	839	798	828
Portugal	1010	1510	2323	2731	4001	Tunisia/Tunisie	248	356	567	1168	3997
So. Africa Customs Un	1348	1659	1658	x2778	x4172	Korea Dem People's Rp	x478	x657	x643	x786	x547
Turkey/Turquie	396	833	1422	3474	6282	Thailand/Thaïlande	1167	952	588	462	x1305
Cayman Is/Is Caïmans	x46	x1453	x2041	x2086	x388	Oman	785	784	718	386	x25
Indonesia/Indonésie	902	592	1411	3223	1740	Hungary/Hongrie	x91	x190	x429	x1202	x1142

(VALUE AS % OF TOTAL)(VALEUR EN % DU TOTAL)

	1983	1984	1985	1986	1987	1988	1989	1990	1991	1992		1983	1984	1985	1986	1987	1988	1989	1990	1991	1992
Africa	x1.6	x1.3	x1.7	x2.3	x0.7	x0.9	x1.1	x1.5	x0.7	x0.9	Afrique	x0.2	x0.1	0.1	x0.2	x0.4	x0.4	x0.3	x0.3	x0.3	x0.5
Northern Africa	x1.1	x0.9	1.2	x1.5	x0.2	0.3	0.4	1.0	x0.3	x0.4	Afrique du Nord	x0.0	x0.0	0.0	x0.0	0.0	0.0	0.0	0.0	0.1	0.1
Americas	20.9	22.1	26.9	x27.9	x26.8	x24.6	x21.7	21.4	x17.3	x14.2	Amériques	x3.4	6.1	4.0	x3.5	x3.4	3.1	3.2	3.7	4.0	4.7
LAIA	0.2	0.1	0.2	x0.5	x0.1	0.2	0.3	0.4	0.5	0.9	ALAI	0.1	1.6	1.5	x1.2	x1.2	1.3	1.3	1.5	1.8	2.8
CACM	x0.0	0.1	0.0	x0.0	0.0	0.0	0.0	0.0	0.0	0.0	MCAC	x0.1	0.1	0.1	x0.1	x0.1	0.0	0.0	0.0	0.0	0.0
Asia	x41.0	42.6	x38.3	x29.0	x29.0	x32.3	34.0	x30.0	x34.5	35.8	Asie	7.0	7.4	9.0	7.6	11.2	14.9	17.1	14.4	16.0	x18.0
Middle East	x27.5	28.4	x20.2	x11.1	x7.9	x7.2	x6.4	x5.1	x5.7	x8.2	Moyen–Orient	x0.6	x1.0	1.9	1.3	x0.7	0.9	1.1	1.2	1.1	1.2
Europe	35.9	33.3	32.1	39.5	41.7	40.2	40.5	45.0	45.5	47.5	Europe	89.5	86.5	87.0	88.7	83.9	80.7	78.6	80.9	78.9	76.0
EEC	31.0	28.6	27.0	32.7	34.0	33.1	33.2	37.3	38.0	40.9	CEE	88.0	84.7	85.5	86.5	82.2	79.1	77.1	79.4	77.4	74.3
EFTA	4.9	4.6	5.0	6.6	7.5	7.0	7.1	7.5	7.0	6.2	AELE	1.5	1.3	1.2	x2.0	x1.6	1.4	1.3	1.3	1.4	1.5
Oceania	x0.5	x0.6	x0.9	x1.3	x1.3	x1.5	x2.1	x1.7	x1.4	x0.9	Océanie		x0.0	x0.0	0.1	x0.1	x0.1	x0.1	x0.1	x0.1	
Japan/Japon	7.8	7.2	10.9	13.1	14.4	16.5	20.6	17.7	20.6	18.0	Italy/Italie	66.5	62.3	61.9	60.8	56.4	54.9	52.9	52.6	51.2	47.9
USA/Etats–Unis d'Amer	19.5	20.4	25.3	25.9	24.4	22.1	18.5	18.4	14.7	11.8	Spain/Espagne	6.5	8.1	8.1	8.7	9.1	9.8	9.6	10.3	10.0	10.7
Germany/Allemagne	17.0	15.3	13.6	16.5	16.5	15.2	14.3	15.7	16.9	21.1	Korea Republic	4.5	4.4	4.4	5.0	6.0	8.5	9.6	9.7	7.3	6.3
France, Monac	6.0	5.7	5.6	6.2	6.3	6.9	6.9	7.7	7.8	7.3	Portugal	3.4	3.7	4.1	4.9	4.8	4.4	4.4	5.2	5.3	5.6
United Kingdom	2.6	2.4	2.6	3.3	3.8	4.0	4.5	4.9	3.7	2.6	China/Chine					2.0	2.4	3.2	3.2	4.4	5.7
Switz.Liecht	2.6	2.4	2.8	3.8	3.9	4.0	4.2	3.9	3.9	3.3	France, Monac	4.2	3.7	3.8	4.2	3.8	3.0	3.0	3.2	3.0	2.8
Saudi Arabia	x22.8	20.3	x13.6	8.1	5.2	4.1	3.3	x3.1	x4.1	x5.6	Greece/Grèce	3.4	3.0	3.0	2.9	2.4	1.9	2.8	2.9	2.7	x2.1
Belgium–Luxembourg	2.3	2.0	2.1	2.5	2.6	2.7	3.0	3.2	3.3	3.5	Germany/Allemagne	1.7	1.6	1.6	2.0	2.2	1.8	2.1	2.1	2.1	2.0
Hong Kong	1.0	1.0	1.3	1.4	2.8	4.0	2.7	2.4	2.8	3.6	India/Inde	0.0	0.0	0.0	0.0	0.1	0.4	x1.4	0.9	1.6	x2.6
Canada	1.1	1.3	1.3	1.7	2.0	2.1	2.6	2.4	1.8	1.2	USA/Etats–Unis d'Amer	1.0	1.9	0.7	0.6	0.6	0.8	0.9	1.2	1.3	1.0

6623 REFRACTORY BUILDING PROD / BRIQUES REFRACTAIRES 6623

TRADE BY COMMODITY IN THOUSAND U.S. DOLLARS – COMMERCE PAR PRODUIT EN MILLIERS DE DOLLARS E.U

IMPORTS – IMPORTATIONS

COUNTRIES–PAYS	1988	1989	1990	1991	1992
Total	x2500529	x2483450	2515079	2405646	2396498
Africa	x172776	x139390	x172577	x159152	x188154
Northern Africa	110187	65003	71736	x78130	x84831
Americas	403762	421716	441747	443718	x397164
LAIA	117037	112631	139648	130535	105409
CACM	4310	4058	5570	4613	x6315
Asia	x381121	x430276	x523165	x494806	x588975
Middle East	x169098	x173088	x202340	x174159	x207333
Europe	922267	973521	1153871	1076143	1069586
EEC	740255	787915	939467	870207	868903
EFTA	157399	152918	184386	178485	170664
Oceania	x43160	x63377	56709	x49308	x62930
Germany/Allemagne	150468	158626	206339	189207	207640
Italy/Italie	149606	139889	171509	165714	157253
France, Monac	132459	145758	150907	139308	146195
Canada	163583	154976	139504	138168	129157
Belgium–Luxembourg	125292	127689	145902	140465	129735
USA/Etats–Unis d'Amer	92978	125622	130957	141603	129971
Former USSR/Anc. URSS	x162567	x152178	x19058	x80773	
Indonesia/Indonésie	45496	75989	73915	83268	81980
United Kingdom	58101	69531	79651	64776	62486
Korea Republic	39002	38309	67787	75182	64150
Romania/Roumanie	x97220	66289	66121	41809	x27435
Iran (Islamic Rp. of)	x26336	x37757	x65244	x66751	x102340
Netherlands/Pays–Bas	49598	54213	61764	52160	56584
Sweden/Suède	58215	51702	55150	52638	56466
Turkey/Turquie	31595	39320	54899	53067	47178
Spain/Espagne	58959	58072	53634	40958	39491
Australia/Australie	30926	51067	42679	37003	48306
Bulgaria/Bulgarie	x131426	x107411	x12865	x10426	12838
Mexico/Mexique	20691	22012	51136	51805	38833
Finland/Finlande	27460	32817	41824	39261	34847
So. Africa Customs Un	19980	26123	47425	x29897	x30570
Austria/Autriche	25547	24408	39138	34623	36514
Hungary/Hongrie	x52058	x51192	x31378	12857	x11384
Yugoslavia SFR	24092	32234	29255	x24519	
Algeria/Algérie	50171	23808	31461	29420	x30607
Switz. Liecht	23961	23956	25710	26736	23913
Saudi Arabia	26495	28527	x20049	x23121	x33110
Malaysia/Malaisie	12393	21018	27672	19689	x53284
Portugal	13543	16835	24381	23975	18143
Norway, SVD, JM	20775	19281	21552	23873	17679
Former GDR	x95222	x53155	x9827		
Japan/Japon	16535	16386	21972	24130	26536
China/Chine	17942	21623	19321	20798	30556
Egypt/Egypte	46278	23160	16413	20898	18667
India/Inde	12545	x18126	23106	18005	x40953
Czechoslovakia	x27399	17747	20039	x17878	x18890
Brazil/Brésil	13481	17965	18590	18944	14201
Thailand/Thaïlande	7551	11784	23518	18068	12544
Greece/Grèce	9614	13045	18372	18035	x19102
Philippines	14970	x12191	22881	11828	13379
Singapore/Singapour	20616	13601	13768	18975	17382
Iraq	x24025	x21197	x23916	x315	x115
Denmark/Danemark	13233	14399	16610	14080	14464
Chile/Chili	7714	21020	12035	8381	x7429
Nigeria/Nigéria	x11587	x10867	x10365	x17167	x11640
Zimbabwe	6781	x10794	15454	11448	x3478
Venezuela	32141	11527	14274	10890	8807
Uruguay	9327	10364	13637	10618	1456
New Zealand	11294	11327	12162	10978	12963
Libyan Arab Jamahiriya	3103	7415	11883	x14922	x20108

EXPORTS – EXPORTATIONS

COUNTRIES–PAYS	1988	1989	1990	1991	1992
Totale	2085294	2194224	2516538	2420199	2395023
Afrique	x11798	x20396	x19467	x14617	x13127
Afrique du Nord	1166	2837	3977	1462	1979
Amériques	282704	298724	351674	355623	360644
ALAI	27480	38927	28208	42642	46745
MCAC	512	182	166	630	1188
Asie	169046	177996	167817	180396	x195797
Moyen–Orient	x7311	x4008	x2655	7768	7958
Europe	1572305	1650444	1938923	1793987	1777096
CEE	1254051	1328670	1552406	1441264	1448345
AELE	293623	290787	355439	330297	320976
Océanie	x9572	x9355	4955	7004	7689
Germany/Allemagne	550207	580479	655551	617023	634362
France, Monac	294288	303066	359184	315864	281944
Austria/Autriche	253870	250455	310481	289236	277111
USA/Etats–Unis d'Amer	209262	219301	272860	271695	279318
United Kingdom	171865	169907	205614	204477	202153
Japan/Japon	134260	141986	125391	123223	139541
Italy/Italie	90231	95686	127823	114035	135694
Belgium–Luxembourg	42433	50993	64755	56480	59825
Canada	45110	39862	49404	39993	33099
Netherlands/Pays–Bas	30295	33090	39203	38385	34550
Sweden/Suède	24729	28224	31561	29908	32055
Spain/Espagne	17634	23149	32888	32518	52774
Yugoslavia SFR	24631	30987	31076	x22412	
Greece/Grèce	29111	35730	26932	19294	x10083
Ireland/Irlande	14277	22238	23819	25347	22602
Former USSR/Anc. URSS	x23483	x16544	x16376	x33755	
Brazil/Brésil	17476	22188	16207	16179	19109
China/Chine	11693	13051	15540	20425	18204
Denmark/Danemark	12838	13382	15826	16978	13365
So. Africa Customs Un	x10083	x17485	x15155	x11422	x10443
Mexico/Mexique	8551	13497	8140	19731	21399
Hungary/Hongrie	x7830	x7311	x10351	x11205	x13074
Korea Republic	4807	6519	8152	10795	8694
Singapore/Singapour	2201	5842	6846	7662	4665
Australia/Australie	4858	8139	4420	6529	7352
Czechoslovakia				x15722	x21943
Switz. Liecht	5174	5033	5207	5413	5392
Norway, SVD, JM	4822	3815	4765	4132	4591
Thailand/Thaïlande	2671	2967	3857	4843	x6204
Poland/Pologne	x2428	x1613	x2313	x7623	x5226
Former GDR	x5403	x7688	x3420		
Turkey/Turquie	4176	1723	1550	5483	7031
Finland/Finlande	4969	3260	3411	1596	1825
Morocco/Maroc	761	2745	3032	791	619
Venezuela	403	1417	1708	2786	3294
India/Inde	1202	x227	2660	2957	x3068
Colombia/Colombie	196	1208	1177	2222	958
Hong Kong	3657	1791	767	1188	2080
Romania/Roumanie	x296	3370	268	77	x199
Portugal	872	951	813	863	993
Malaysia/Malaisie	1054	748	796	705	x4358
United Arab Emirates	x1951	x775	x561	x485	x372
Saudi Arabia	1083	1331	x277	x184	x173
Bulgaria/Bulgarie	x277	x748	x813	x125	x96
Bahamas	x95	x291	x891	x474	
Nigeria/Nigéria	0		x2	x1562	x2
Tunisia/Tunisie	129	5	895	558	480
Jordan/Jordanie	48	1	26	1222	282
Korea Dem People's Rp	0	x288	x654	x196	0
Argentina/Argentine	259	122	210	705	1309

(VALUE AS % OF TOTAL)(VALEUR EN % DU TOTAL)

	1983	1984	1985	1986	1987	1988	1989	1990	1991	1992
Africa	x9.5	10.3	8.8	x7.9	x6.1	6.9	x5.7	6.9	6.6	7.9
Northern Africa	5.8	5.2	4.3	4.3	3.7	4.4	2.6	2.9	x3.2	3.5
Americas	17.6	20.7	19.4	x20.4	x14.5	16.2	17.0	17.6	18.4	x16.6
LAIA	5.5	6.4	5.8	x6.1	x3.5	4.7	4.5	5.6	5.4	4.4
CACM	x0.2	0.4	0.4	x0.1	x0.2	0.2	0.2	0.2	0.2	x0.3
Asia	x24.0	23.9	x26.7	20.0	x14.8	x15.2	x17.3	x20.8	20.5	24.6
Middle East	x10.3	x12.5	x8.4	x8.7	x5.9	x6.8	x7.0	x8.0	x7.2	x8.7
Europe	45.7	42.7	43.2	49.6	37.3	36.9	39.2	45.9	44.7	44.6
EEC	36.8	33.0	33.3	38.1	29.4	29.6	31.7	37.4	36.2	36.3
EFTA	8.9	8.0	8.4	9.7	7.0	6.3	6.2	7.3	7.4	7.1
Oceania	3.2	x2.4	x1.8	x2.1	x2.4	1.7	x2.5	2.3	x2.1	x2.7
Germany/Allemagne	6.5	6.1	6.5	8.1	5.6	6.0	6.4	8.2	7.9	8.7
Italy/Italie	6.7	6.1	6.2	7.1	6.5	6.0	5.6	6.8	6.9	6.6
France, Monac	7.2	6.5	6.5	7.8	5.7	5.3	5.9	6.0	5.8	6.1
Canada	7.4	8.1	7.8	6.1	4.8	6.5	6.2	5.5	5.7	5.4
Belgium–Luxembourg	5.9	5.5	5.6	5.8	4.9	5.0	5.1	5.8	5.8	5.4
USA/Etats–Unis d'Amer	3.4	4.5	4.5	4.6	3.8	3.7	5.1	5.2	5.9	5.4
Former USSR/Anc. URSS					x7.8	6.5	x6.1	x0.8	x3.4	
Indonesia/Indonésie	3.2	3.7	11.8	5.0	2.1	1.8	3.1	2.9	3.5	3.4
United Kingdom	3.4	2.7	2.7	2.7	2.2	2.3	2.8	3.2	2.7	2.6
Korea Republic	2.3	2.1	1.9	1.5	1.3	1.6	1.5	2.7	3.1	2.7

	1983	1984	1985	1986	1987	1988	1989	1990	1991	1992
Afrique	1.1	0.9	0.6	0.6	x0.6	0.6	0.9	0.8	0.6	x0.5
Afrique du Nord	0.1	0.1	0.1	0.1	0.1	0.1	0.1	0.2	0.1	0.1
Amériques	12.8	15.9	14.0	10.3	x10.9	13.6	13.6	14.0	14.7	15.0
ALAI	0.1	1.8	1.5	x1.0	x0.9	1.3	1.8	1.1	1.8	2.0
MCAC	0.0	0.0	0.0	0.0	0.0	0.0	0.0	0.0	0.0	0.0
Asie	x10.6	x9.3	x10.0	11.5	x7.9	8.1	8.1	6.7	7.5	x8.1
Moyen–Orient	x0.5	x0.6	x0.3	x0.1	x0.3	x0.4	x0.2	x0.1	0.3	0.3
Europe	75.3	73.7	75.1	77.6	72.3	75.4	75.2	77.0	74.1	74.2
CEE	60.7	58.0	59.8	62.7	57.8	60.1	60.6	61.7	59.6	60.5
AELE	14.6	13.8	13.6	14.3	14.0	14.1	13.3	14.1	13.6	13.4
Océanie	0.3	x0.3	0.2	x0.1	x0.2	x0.4	x0.4	0.2	0.3	0.3
Germany/Allemagne	26.2	24.4	25.5	28.5	25.4	26.4	26.5	26.0	25.5	26.5
France, Monac	14.3	13.5	13.8	13.7	13.7	14.1	13.8	14.3	13.1	11.8
Austria/Autriche	12.8	11.9	11.8	12.4	12.1	12.2	11.4	12.3	12.0	11.7
USA/Etats–Unis d'Amer	11.2	12.5	11.1	8.2	8.6	10.0	10.0	10.8	11.2	11.7
United Kingdom	7.2	8.3	9.2	8.8	8.3	8.2	7.7	8.2	8.4	8.4
Japan/Japon	9.7	8.2	9.2	10.9	6.8	6.4	6.5	5.0	4.7	5.8
Italy/Italie	5.1	3.9	4.3	3.9	3.2	4.3	4.4	5.1	4.9	5.7
Belgium–Luxembourg	1.9	2.1	2.0	2.5	1.8	2.0	2.3	2.6	2.3	2.5
Canada	1.5	1.6	1.4	1.0	1.4	2.0	1.8	2.0	1.7	1.4
Netherlands/Pays–Bas	1.2	1.2	1.2	1.3	1.2	1.5	1.5	1.6	1.6	1.4

66232 REFRACTRY BRICKS ETC NES / BRIQUES ETC REFRACTAIRES 66232

TRADE BY COMMODITY IN THOUSAND U.S. DOLLARS – COMMERCE PAR PRODUIT EN MILLIERS DE DOLLARS E.U

COUNTRIES–PAYS	1988	1989	1990	1991	1992	COUNTRIES–PAYS	1988	1989	1990	1991	1992
	IMPORTS – IMPORTATIONS						**EXPORTS – EXPORTATIONS**				
Total	x1818303	x1805934	1805747	1690769	x1701136	Totale	1503624	1580324	1799380	1689437	1671129
Africa	x128279	x112989	x141316	x124714	x145859	Afrique	x7908	x14137	x13935	x6965	x7527
Northern Africa	81369	53182	x60952	x61813	x59789	Afrique du Nord	1009	2357	3602	1305	1657
Americas	300775	318620	322060	325096	x299702	Amériques	225950	226241	256581	248579	243115
LAIA	88873	82467	96226	88416	71029	ALAI	23279	32836	22220	33664	37120
CACM	3487	3062	4399	3304	x4820	MCAC	180	165	65	363	792
Asia	x271521	x299620	x371928	x344019	x434739	Asie	113740	118632	107646	117094	x146082
Middle East	x115524	x121871	x143291	x121447	x152263	Moyen–Orient	2403	1407	1348	6414	5693
Europe	625091	657477	792314	711951	708514	Europe	1116974	1183376	1390003	1253312	1233590
EEC	512167	545359	658362	585596	589142	CEE	906830	963818	1126228	1013692	1021089
EFTA	95521	90069	112709	107460	97716	AELE	187621	191525	235185	217313	205786
Oceania	x33229	47398	42155	x36280	x46409	Océanie	x7193	4657	1779	3323	3187
Germany/Allemagne	107556	116441	155258	137383	151224	Germany/Allemagne	425458	444168	496090	460604	470657
Canada	125287	121282	112420	104287	97026	France,Monac	222310	230749	271551	234018	209280
Italy/Italie	102766	90409	117364	110077	104159	Austria/Autriche	175774	180550	223309	206555	195701
France,Monac	95694	106545	105582	94715	103330	USA/Etats–Unis d'Amer	163364	164526	203744	189450	182270
USA/Etats–Unis d'Amer	66293	95624	91418	107466	108763	United Kingdom	103176	103300	128002	120618	119954
Belgium–Luxembourg	81882	84031	95705	86998	80327	Italy/Italie	71540	79607	105164	93427	108972
Former USSR/Anc. URSS	x112391	x118232	x14140	x64987		Japan/Japon	90303	97122	81736	81223	103131
Romania/Roumanie	x89053	66289	66121	41305	x23187	Belgium–Luxembourg	24959	32439	43892	33949	37050
Indonesia/Indonésie	40742	50502	46313	53531	56286	Canada	38900	28542	30458	24944	22696
United Kingdom	39364	46894	54844	42621	42515	Yugoslavia SFR	22523	28033	28590	x22305	
Korea Republic	28649	28057	53446	57696	49457	Netherlands/Pays–Bas	19156	23793	27843	26766	24809
Iran (Islamic Rp. of)	x22799	x30062	x48987	x48913	x78915	Spain/Espagne	14288	17692	26845	24963	38363
Netherlands/Pays–Bas	31571	36235	43046	33844	37133	Greece/Grèce	22673	28642	22756	15784	x8740
Sweden/Suède	40381	34067	38491	35523	37790	Former USSR/Anc. URSS	x18638	x14725	x14109	x28538	
Bulgaria/Bulgarie	x108972	x84653	x9322	x8725	11958	Brazil/Brésil	16121	20853	14950	15219	18182
Australia/Australie	25361	39361	33045	28998	37302	China/Chine	10872	10407	12199	14618	16852
Turkey/Turquie	41484	42008	33724	24216	24790	Mexico/Mexique	6479	10254	5966	14818	16946
Spain/Espagne	23324	27377	37142	35371	30837	So. Africa Customs Un	x6547	x11759	x10053	x5576	x5289
Mexico/Mexique	14561	13524	36950	37920	24097	Hungary/Hongrie	x7259	x6515	x8634	x9879	x11900
So. Africa Customs Un	15168	20317	39079	x23172	x22791	Sweden/Suède	6938	7748	7420	7799	6457
Algeria/Algérie	36383	17836	25938	24403	x22801	Korea Republic	3097	3723	4935	7079	6017
Finland/Finlande	14490	17634	24478	23006	19081	Czechoslovakia				x14328	x20694
Austria/Autriche	14608	14606	24985	21348	21155	Former GDR	x4313	x7495	x3372		
Yugoslavia SFR	17215	21741	20819	x17445		Poland/Pologne	x943	x853	x2182	x7177	x4715
Former GDR	x84578	x50287	x8882			Australia/Australie	2856	4506	1314	2939	2890
Egypt/Egypte	33291	20373	14924	17749	15314	Denmark/Danemark	2449	2383	3342	2722	2258
Hungary/Hongrie	x31617	x30342	x15798	6598	x7007	Turkey/Turquie	2234	1300	1278	4993	5221
China/Chine	15866	18763	15296	17984	28266	Thailand/Thaïlande	2144	2220	2135	2480	x3783
India/Inde	8562	x14742	19120	15484	x35159	Norway,SVD,JM	3857	2118	2663	1400	1881
Portugal	9590	12394	18767	18012	12143	Morocco/Maroc	727	2343	2741	713	588
Malaysia/Malaisie	8138	15024	20805	12524	x41786	India/Inde	952	x129	2289	2259	x2754
Saudi Arabia	14398	14907	x14310	x16694	x25732	Colombia/Colombie	136	1108	776	2082	821
Switz.Liecht	14396	14005	15215	15981	12856	Romania/Roumanie	x296	3370	268	69	x184
Brazil/Brésil	11230	15572	15567	13477	9039	Hong Kong	3051	1438	660	1096	1840
Czechoslovakia	x23145	14629	15391	x13162	x10510	Singapore/Singapour	313	1113	991	1030	510
Greece/Grèce	8194	9917	14838	15083	x14385	Switz.Liecht	655	725	1016	946	935
Chile/Chili	7591	20894	9662	7344	x4996	Portugal	710	685	512	723	863
Philippines	11949	x8993	19098	8634	9934	Finland/Finlande	397	383	778	613	812
Thailand/Thaïlande	3445	7155	17803	11581	4790	Malaysia/Malaisie	441	598	593	473	x3175
Japan/Japon	8340	8429	13400	13759	15810	Tunisia/Tunisie	119	3	853	498	480
Iraq	x14461	x15847	x16434	x307	x110	Jordan/Jordanie	3	x21	26	1220	278
Venezuela	29320	10706	12261	9334	7319	Bulgaria/Bulgarie	x259	x288	x746	x112	x74
Zimbabwe	6781	x10289	12409	7818	x3123	Korea Dem People's Rp	0	x287	x653	x196	
Norway,SVD,JM	11222	9588	9225	11287	6678	Venezuela	205	413	159	405	538
Zambia/Zambie	x4387	x10909	x9272	x8066	x39553	Peru/Pérou	78	16	213	x645	x85
Libyan Arab Jamahiriya	x2874	x6423	x11880	x9790	x11414	Ireland/Irlande	110	360	232	117	143
Colombia/Colombie	12479	11642	8161	7950	10859	New Zealand	115	147	127	276	264
Nigeria/Nigéria	x8383	x6764	x7073	x13155	x8851	Argentina/Argentine	224	86	111	281	362
Denmark/Danemark	7819	8868	10159	6563	6683	Guatemala	176	108	53	300	754
New Zealand	7478	7666	7991	6663	8242	Fiji/Fidji			4	338	105	33

(VALUE AS % OF TOTAL)(VALEUR EN % DU TOTAL)

	1983	1984	1985	1986	1987	1988	1989	1990	1991	1992		1983	1984	1985	1986	1987	1988	1989	1990	1991	1992
Africa	x9.8	x10.4	x9.0	7.9	6.3	7.0	6.2	7.9	7.4	8.5	Afrique	1.3	1.1	0.9	x0.6	x0.6	0.5	0.9	0.8	0.4	0.4
Northern Africa	5.8	4.9	3.7	3.9	3.9	4.5	2.9	x3.4	x3.7	x3.5	Afrique du Nord	0.2	0.2	0.2	0.1	0.1	0.1	0.1	0.2	0.1	0.1
Americas	20.3	23.8	24.9	x23.7	x16.7	16.5	17.6	17.8	19.3	x17.6	Amériques	15.0	19.3	17.3	x11.3	x11.8	15.1	14.3	14.2	14.7	14.6
LAIA	5.3	6.4	7.2	x6.5	x3.8	4.9	4.6	5.3	5.2	4.2	ALAI	0.1	2.3	2.0	x1.3	x0.9	1.5	2.1	1.2	2.0	2.2
CACM	x0.2	x0.2	x0.3	x0.1	x0.2	0.2	0.2	0.2	0.2	x0.3	MCAC	x0.0		x0.0	0.0	0.0	0.0	0.0	0.0	0.0	0.0
Asia	x23.6	x22.4	x19.9	18.0	x15.2	14.9	16.6	20.6	20.4	25.6	Asie	x11.3	9.6	10.0	11.7	7.4	7.6	7.6	5.9	6.9	x8.8
Middle East	x10.2	x11.3	x9.4	x7.7	x5.4	6.4	6.7	7.9	x7.2	x9.0	Moyen–Orient	x0.3	0.3	0.3	0.1	0.2	0.2	0.1	0.1	0.4	0.3
Europe	42.8	41.0	44.0	48.2	33.6	34.4	36.4	43.9	42.1	41.6	Europe	72.1	69.8	71.7	76.3	x67.2	74.3	74.9	77.2	74.2	73.8
EEC	35.6	32.4	34.9	37.2	28.6	28.2	30.2	36.5	34.6	34.6	CEE	70.9	65.6	67.8	55.3	60.3	60.3	61.0	62.6	60.0	61.1
EFTA	7.2	6.6	7.1	x9.4	x6.5	5.3	5.0	6.2	6.4	5.7	AELE	1.2	1.4	1.4	x11.8	x11.2	12.5	12.1	13.1	12.9	12.3
Oceania	3.5	2.4	2.2	2.2	2.5	1.8	2.6	2.4	x2.1	2.8	Océanie	0.3	x0.3	0.2	0.1	x0.2	0.5	0.3	0.1	0.2	0.2
Germany/Allemagne	6.5	6.1	7.1	8.1	5.5	5.9	6.4	8.6	8.1	8.9	Germany/Allemagne	32.0	29.7	30.4	30.5	25.8	28.3	28.1	27.6	27.3	28.2
Canada	9.2	10.4	10.5	7.5	5.9	6.9	6.7	6.2	6.2	5.7	France,Monac	18.4	16.8	16.9	14.5	14.0	14.8	14.6	15.1	13.9	12.5
Italy/Italie	5.8	5.7	6.1	6.3	6.2	5.7	5.0	6.5	6.5	6.1	Austria/Autriche				x10.5	x10.1	11.7	11.4	12.4	12.2	11.7
France,Monac	7.1	6.8	6.7	8.3	5.9	5.3	5.9	5.8	5.6	6.1	USA/Etats–Unis d'Amer	12.6	14.5	13.1	6.8	8.9	10.9	10.4	11.3	11.2	10.9
USA/Etats–Unis d'Amer	4.3	5.6	5.9	5.4	4.3	3.6	5.3	5.1	6.4	6.4	United Kingdom	7.9	8.7	9.9	8.7	7.3	6.9	6.5	7.1	7.1	7.2
Belgium–Luxembourg	5.6	5.3	5.5	5.2	4.5	4.5	4.7	5.3	5.1	4.7	Italy/Italie	5.9	6.7	5.0	3.9	3.1	4.8	5.0	5.8	5.5	6.5
Former USSR/Anc. URSS				x8.2	x6.2	x6.5	x6.5	x0.8	x3.8		Japan/Japon	10.5	8.6	9.1	11.2	6.3	6.0	6.1	4.5	4.8	6.2
Romania/Roumanie				x5.6	x4.9	3.7	3.7	2.4	x1.4		Belgium–Luxembourg	1.8	1.8	2.0	1.4	1.7	2.1	2.4	2.0	2.2	
Indonesia/Indonésie	3.1	3.7	3.8	4.1	3.0	2.2	2.8	2.6	3.2	3.3	Canada	2.3	2.5	2.2	1.4	1.9	2.6	1.8	1.7	1.5	1.4
United Kingdom	2.8	2.2	2.5	2.2	2.1	2.2	2.6	3.0	2.5	2.5	Yugoslavia SFR		2.7	2.4	0.8	x0.7	1.5	1.8	1.6	x1.3	

6624 BRICKS ETC NONREFRACTORY / BRIQUES ETC CERAM NON REFR 6624

TRADE BY COMMODITY IN THOUSAND U.S. DOLLARS – COMMERCE PAR PRODUIT EN MILLIERS DE DOLLARS E.U

COUNTRIES-PAYS	IMPORTS - IMPORTATIONS					COUNTRIES-PAYS	EXPORTS - EXPORTATIONS				
	1988	1989	1990	1991	1992		1988	1989	1990	1991	1992
Total	4017748	4405983	4965820	5083162	5777465	Totale	3820293	4170152	4842002	4937652	5692192
Africa	x137595	x139461	x171955	x195212	x180403	Afrique	x10855	x17683	x24391	x21356	x16816
Northern Africa	42876	38129	46536	x64108	x49585	Afrique du Nord	10121	17078	22779	20187	15633
Americas	702765	x776332	x750562	690306	x814994	Amériques	184410	230907	224381	245919	287822
LAIA	20362	36439	41205	61836	122652	ALAI	145011	187022	172227	194369	236445
CACM	4661	5057	7618	8185	x14237	MCAC	2834	2205	2251	2750	3537
Asia	x483567	531312	x599173	x614443	x702902	Asie	288109	342572	337521	350847	x397706
Middle East	x176649	x168552	x169436	x161662	x199469	Moyen-Orient	x27708	x45755	x48997	68308	70829
Europe	2415814	2585853	3242242	3303875	3837650	Europe	3253984	3505008	4209802	4257926	4893715
EEC	1986878	2124908	2673072	2792909	3304187	CEE	3172942	3419132	4121713	4171023	4789005
EFTA	414952	436771	523251	474499	488486	AELE	53797	54601	65072	73986	78580
Oceania	x124359	x160541	x135791	x133665	x147475	Océanie	x5555	7825	7039	x11016	x15933
Germany/Allemagne	589562	642650	875212	1034380	1348771	Italy/Italie	1756263	1911969	2250484	2251485	2532477
France, Monac	578307	584626	719952	681464	709362	Spain/Espagne	445501	516066	653533	715102	875422
USA/Etats-Unis d'Amer	507491	543577	521423	452598	513835	Germany/Allemagne	439149	429292	492910	447871	464572
Belgium-Luxembourg	192338	212400	280011	281661	326947	Netherlands/Pays-Bas	188909	194551	240845	241155	282763
United Kingdom	240072	247490	245298	228535	236195	France, Monac	154305	165728	217787	235325	288258
Austria/Autriche	152349	151089	188774	190236	208106	Japan/Japon	115580	110472	117256	101091	102584
Netherlands/Pays-Bas	136407	140405	175673	172602	207976	Belgium-Luxembourg	83633	86130	101321	103308	130852
Switz.Liecht	147853	152886	176429	150520	150437	Brazil/Brésil	80515	95530	70124	74659	101139
Australia/Australie	112498	146178	121168	116636	127009	Portugal	43720	53307	75935	85290	114686
Hong Kong	102374	111472	130845	136236	152507	China/Chine	32824	49468	49908	52223	52757
Singapore/Singapour	102915	105260	127376	134806	152397	United Kingdom	38175	36917	56140	53802	51775
Canada	122953	135591	117177	104816	105630	Mexico/Mexique	31519	44019	44047	55761	65773
Greece/Grèce	60596	98025	131014	125884	x154305	Turkey/Turquie	16494	32212	37204	57835	63160
Italy/Italie	54653	67660	93350	109152	132998	Thailand/Thaïlande	35981	46393	40495	35799	x52102
Former USSR/Anc. URSS	x122135	x155276	x20694	x72623		USA/Etats-Unis d'Amer	26380	30914	39786	40068	37428
Sweden/Suède	35905	46818	66062	65539	64047	Switz.Liecht	25957	27839	33071	36685	40606
Saudi Arabia	53113	58679	x54808	x52201	x68080	Denmark/Danemark	17530	19733	26742	22343	32808
Portugal	50817	42839	48210	53663	66305	Hong Kong	16911	26789	22148	22343	32808
Japan/Japon	28749	39371	50378	47061	38353	Yugoslavia SFR	26962	31078	22840	x12723	
Finland/Finlande	33930	47730	50143	32460	29793	Argentina/Argentine	13589	17216	24040	23382	21723
Spain/Espagne	33990	37374	43179	45562	56739	Malaysia/Malaisie	10813	17416	15395	25289	x33337
So. Africa Customs Un	32292	34851	44335	x42517	x38758	Venezuela	7163	14063	16596	18997	19848
Norway, SVD, JM	42269	35860	39446	32837	33534	Tunisia/Tunisie	9252	14487	18143	14704	9935
Korea Republic	14882	41147	36963	29884	24393	Bulgaria/Bulgarie	x34054	x28355	x12456	x3388	x11246
Israel/Israël	21634	21867	30481	44026	58331	Korea Republic	24459	21154	12901	9773	8168
Hungary/Hongrie	x22128	x39243	x24108	28961	x32094	Austria/Autriche	5768	7811	12883	19305	17939
Mexico/Mexique	10109	24908	27617	36320	60032	Singapore/Singapour	11308	12218	12066	14678	18417
Ireland/Irlande	19186	24110	32038	32632	34799	Uruguay	7697	8762	10102	11194	14201
Denmark/Danemark	30950	27328	29140	27373	29789	Sweden/Suède	12377	9935	9581	7659	8539
United Arab Emirates	x40017	x21413	x27717	x25834	x32287	Hungary/Hongrie	x5707	x5758	x8519	x11364	x12585
Libyan Arab Jamahiriya	17938	14200	12612	x30026	x12435	Romania/Roumanie	x7657	15418	6886	2218	x634
Reunion/Réunion	14925	15355	17099	18017	17989	Australia/Australie	4889	7249	6673	10078	15340
Lebanon/Liban	x8759	x11306	x15685	x20375	x25591	Canada	7601	8525	7448	6586	7453
Yugoslavia SFR	1667	8932	23407	x13791		Czechoslovakia				x22490	x52105
Poland/Pologne	x1844	x4611	x4179	x33526	x43925	Finland/Finlande	7750	6933	7866	7635	8142
China/Chine	14182	15726	10321	16228	21575	Former USSR/Anc. URSS	x1573	x4430	x6414	x7892	
Kuwait/Koweït	x15223	28689	x10846	x1715	x12483	Sri Lanka	5446	4470	5673	7788	6323
Guadeloupe	10542	9723	15561	14061	14919	Former GDR	x27014	x11382	x3293		
Martinique	11664	10870	13580	13866	12627	Lebanon/Liban	x2973	x4023	x4410	x3690	x1897
Turkey/Turquie	8886	7831	15312	11827	9622	Colombia/Colombie	3007	3194	3409	5325	9372
Cyprus/Chypre	7708	8444	12235	14224	17565	Ireland/Irlande	4254	3634	3558	4621	5642
Morocco/Maroc	8033	10072	11576	12357	15539	United Arab Emirates	x4280	x3784	x3486	x3192	x3835
Malta/Malte	6692	8891	13041	x11849	x14679	Indonesia/Indonésie	2528	5085	3016	2269	11380
Egypt/Egypte	4786	4660	12467	15104	6760	Israel/Israël	1116	1890	2450	4460	3999
Indonesia/Indonésie	1844	1921	13017	14411	12286	Peru/Pérou	479	2467	2498	x3731	x2520
Nigeria/Nigérie	x3878	x5419	x7853	x14086	x4676	India/Inde	1345	x143	4239	3987	x1960
Qatar	8745	8058	9101	7669	9988	Morocco/Maroc	759	2471	2268	2567	2890
Czechoslovakia	x405	3222	11675	x9201	x16378	Norway, SVD, JM	1940	2025	1672	2702	3353
Mauritius/Maurice	x1110	x4658	7087	11588	11337	Greece/Grèce	1504	1806	2460	1876	x6896
Malaysia/Malaisie	4195	4408	8213	8382	x13526	Saudi Arabia	2158	2671	x2035	x1035	x1023

(VALUE AS % OF TOTAL)(VALEUR EN % DU TOTAL)

	1983	1984	1985	1986	1987	1988	1989	1990	1991	1992		1983	1984	1985	1986	1987	1988	1989	1990	1991	1992
Africa	x5.8	x5.1	x4.1	x4.3	x3.2	3.4	x3.2	x3.5	x3.8	x3.2	Afrique	0.4	0.1		x0.2	x0.2	x0.3	x0.4	x0.5	x0.4	x0.3
Northern Africa	x3.3	x2.1	2.1	2.2	1.2	1.1	0.9	0.9	x1.3	x0.9	Afrique du Nord	0.3	0.1	0.0	0.2	0.2	0.3	0.4	0.5	0.4	0.3
Americas	14.0	18.4	x21.2	20.7	x19.1	17.5	x17.6	x15.2	13.6	x14.1	Amériques	x1.7	4.5	4.8	x4.6	4.4	4.8	5.5	4.7	4.9	5.1
LAIA	0.4	0.4	x0.4	x0.7	x0.6	0.5	0.8	0.8	1.2	2.1	ALAI	0.1	3.0	3.5	x3.4	3.8	4.5	3.6	3.9	4.2	
CACM	x0.1	0.1	0.2	x0.1	x0.2	0.1	0.1	0.2	0.2	x0.2	MCAC	x0.0	0.1	0.1	x0.0	0.1	0.1	0.1	0.0	0.1	0.1
Asia	x23.1	24.2	x20.8	x13.1	x11.5	x12.1	12.1	x12.0	x12.1	12.2	Asie	9.7	11.1	9.7	7.3	x7.2	7.6	8.2	7.0	7.1	x7.0
Middle East	x13.1	x11.2	x10.1	x5.7	x4.0	x4.4	3.8	3.4	3.2	3.5	Moyen-Orient	x0.5	x1.0	x0.7	x0.3	x0.6	x0.7	1.0	1.0	1.4	1.2
Europe	54.9	49.4	50.8	59.1	58.7	60.1	58.7	65.3	65.0	66.4	Europe	88.1	84.2	85.4	87.8	84.6	85.2	84.0	86.9	86.2	86.0
EEC	45.8	40.7	41.6	48.5	48.1	49.5	48.2	53.8	54.9	57.2	CEE	86.4	81.8	83.0	85.7	82.7	83.1	82.0	85.1	84.5	84.1
EFTA	9.0	8.4	8.9	10.3	10.3	10.3	9.9	10.5	9.3	8.5	AELE	1.7	1.5	1.6	1.8	1.5	1.4	1.3	1.3	1.5	1.4
Oceania	2.3	x3.0	x3.2	2.9	x2.7	x3.1	x3.7	2.8	x2.6	2.5	Océanie	x0.1	x0.1	0.1	x0.1	x0.1	x0.1	0.2	0.1	x0.2	x0.3
Germany/Allemagne	18.9	15.9	14.0	16.1	15.1	14.7	14.6	17.6	20.3	23.3	Italy/Italie	48.1	45.7	45.9	47.6	46.5	46.0	45.8	46.5	45.6	44.5
France, Monac	14.1	12.4	13.4	15.1	14.8	14.4	13.3	14.5	13.4	12.3	Spain/Espagne	9.1	10.0	9.9	9.3	9.8	11.7	12.4	13.5	14.5	15.4
USA/Etats-Unis d'Amer	10.4	14.3	16.8	15.6	13.7	12.6	12.3	10.5	8.9	8.9	Germany/Allemagne	13.3	11.7	12.6	13.5	12.2	11.5	10.3	10.2	9.1	8.2
Belgium-Luxembourg	3.5	3.2	3.8	4.7	4.6	4.8	4.8	5.6	5.5	5.7	Netherlands/Pays-Bas	5.7	5.0	4.9	4.5	4.9	4.9	4.7	5.0	4.9	5.0
United Kingdom	3.2	3.4	3.4	4.3	4.7	6.0	5.6	4.9	4.5	4.1	France, Monac	4.7	4.6	4.7	4.5	4.0	4.0	4.5	4.8	5.1	
Austria/Autriche	4.0	3.4	3.4	3.9	3.8	3.8	3.4	3.8	3.7	3.6	Japan/Japon	5.9	7.0	6.5	4.6	3.3	2.8	2.6	2.4	2.0	1.8
Netherlands/Pays-Bas	2.7	2.4	2.7	3.2	3.4	3.4	3.2	3.5	3.4	3.6	Belgium-Luxembourg	2.1	2.0	2.0	2.3	2.2	2.1	2.1	2.1	2.1	2.3
Switz.Liecht	3.1	3.2	3.3	3.8	3.7	3.7	3.5	3.6	3.0	2.6	Brazil/Brésil		1.5	1.6	1.7	1.7	2.1	2.3	1.4	1.5	1.8
Australia/Australie	2.0	2.6	3.0	2.5	2.4	2.8	3.3	2.4	2.3	2.2	Portugal	0.7	0.8	0.9	1.0	1.1	1.1	1.3	1.6	1.7	2.0
Hong Kong	2.1	2.3	2.7	2.6	2.4	2.5	2.5	2.6	2.7	2.6	China/Chine				0.6	0.9	1.2	1.0	1.1	0.9	

66245 GLAZED CERAMIC SETTS ETC — AUT CARREAUX CERAMIQUE 66245

TRADE BY COMMODITY IN THOUSAND U.S. DOLLARS – COMMERCE PAR PRODUIT EN MILLIERS DE DOLLARS E.U

IMPORTS – IMPORTATIONS

COUNTRIES–PAYS	1988	1989	1990	1991	1992
Total	3180619	3502795	3934197	4006196	4538791
Africa	x100932	x107815	x129597	x158954	x149100
Northern Africa	28315	25104	27960	x46794	x35972
Americas	603289	x651777	627401	573947	x705310
LAIA	19012	34679	38862	57552	x114427
CACM	4156	4241	7117	7421	x13291
Asia	x374558	404516	x461130	x457840	x522668
Middle East	x145399	x138320	x139095	x132319	x169820
Europe	1861271	2013125	2545688	2585594	2950761
EEC	1544861	1662784	2114588	2202143	2546129
EFTA	305617	330873	392666	357093	370998
Oceania	x107808	x141830	x116551	x117140	x131960
Germany/Allemagne	440987	479201	665957	779616	977416
France,Monac	497801	506643	630310	603898	629232
USA/Etats–Unis d'Amer	449779	471608	444634	386945	447897
United Kingdom	189731	199450	207775	194270	203479
Belgium–Luxembourg	123055	135242	181172	184459	208352
Austria/Autriche	117593	118236	145957	148062	161473
Netherlands/Pays–Bas	107594	113168	139265	137405	162256
Switz.Liecht	101251	108743	128912	111517	111839
Greece/Grèce	59677	96569	128933	123462	x148509
Australia/Australie	100456	133246	108025	106149	118260
Hong Kong	79129	87558	111919	116978	130470
Canada	95639	98899	84187	77753	82166
Singapore/Singapour	81188	76097	92470	89562	95368
Former USSR/Anc. URSS	x111349	x137690	x15531	x50968	
Italy/Italie	32616	45019	62284	73900	93807
Saudi Arabia	51047	50337	x49382	x47384	x60208
Portugal	42565	38134	45487	51316	63753
Sweden/Suède	28380	35376	47193	45687	46222
Finland/Finlande	29916	43477	42482	27701	25416
So. Africa Customs Un	26457	30080	37874	x39953	x36658
Korea Republic	13458	36796	34181	26293	19827
Mexico/Mexique	9794	24541	26814	34871	58964
Hungary/Hongrie	x15663	x35469	x21422	22959	x27167
Japan/Japon	19356	25246	28544	23819	23782
Norway,SVD,JM	26147	22874	25957	21611	19067
United Arab Emirates	x31683	x17711	x22754	x22341	x27619
Ireland/Irlande	12599	15768	20168	21198	19685
Denmark/Danemark	20758	18514	18878	17967	19571
Israel/Israël	10576	10974	15911	17967	19571
Libyan Arab Jamahiriya	12121	10813	8442	x29037	x11587
Reunion/Réunion	14118	14329	16581	17349	16923
Lebanon/Liban	x7775	x10872	x15172	x19204	x23189
Spain/Espagne	17499	15076	14358	14652	20069
Yugoslavia SFR	1434	7821	21394	14652	20069
Poland/Pologne	x1694	x4502	x3779	x29343	x36441
Kuwait/Koweït	x13249	26133	x9056	x1432	x10675
China/Chine	12598	12535	9287	12909	16396
Guadeloupe	9656	9093	13428	11303	12698
Cyprus/Chypre	7195	7862	11151	12432	15210
Martinique	9449	8943	11455	10811	10290
Malta/Malte	6330	8270	11883	x10152	x12480
Morocco/Maroc	7321	8703	10141	11388	13467
Indonesia/Indonésie	1522	1621	12417	13220	11418
Turkey/Turquie	5661	5096	10679	8122	6508
Nigeria/Nigéria	x2740	x4469	x7027	x10804	x7789
Chile/Chili	3897	5136	6790	7951	x15997
Mauritius/Maurice	x1076	x4555	6002	8932	9922
Czechoslovakia	x322	290	8486	x8358	x14194
Qatar	5761	5357	5658	4478	x3590
Egypt/Egypte	3191	3371	6628	4030	1393

EXPORTS – EXPORTATIONS

COUNTRIES–PAYS	1988	1989	1990	1991	1992
Totale	3048739	3359510	3879038	3947868	4522762
Afrique	x7317	x13302	x20463	x19133	x14136
Afrique du Nord	6828	13016	19491	18510	13376
Amériques	x140582	180496	174033	194206	230374
ALAI	122715	167689	155606	174678	210318
MCAC	2614	1977	1934	2616	3383
Asie	225021	263549	259553	263412	x295075
Moyen–Orient	x20442	x36804	43408	62765	66064
Europe	2605951	2845744	3394593	3435893	3925139
CEE	2560103	2794302	3347980	3396831	3875891
AELE	22623	23948	27452	28401	30813
Océanie	x1012	1016	1093	x1619	x2095
Italy/Italie	1690577	1843301	2161396	2158825	2410759
Spain/Espagne	415702	486307	617229	679503	837558
Germany/Allemagne	261354	256692	287716	253891	251553
France,Monac	71219	78497	101335	112946	139940
Netherlands/Pays–Bas	65288	67084	87035	85845	100072
Brazil/Brésil	78496	93287	68407	73788	99745
Japan/Japon	90339	84290	85008	64309	69036
Portugal	32102	39344	58455	72196	100727
Turkey/Turquie	14757	29456	36362	57061	62283
Thailand/Thaïlande	35333	45510	39174	34269	x48316
Mexico/Mexique	16021	34636	36401	46171	49477
China/Chine	17864	27627	29174	29979	24236
Argentina/Argentine	13461	16872	23366	22320	20832
United Kingdom	14908	15082	24473	22594	22905
Yugoslavia SFR	23061	27356	18990	x10505	
Hong Kong	14449	20973	19238	19987	28222
Tunisia/Tunisie	6705	11260	16677	14596	9824
Bulgaria/Bulgarie	x33814	x27180	x11530	x3227	x11077
Korea Republic	23171	20150	11774	8775	7599
Malaysia/Malaisie	6969	10681	9702	15355	x19392
Switz.Liecht	8292	10300	10979	14098	16721
Venezuela	3451	7853	11178	13431	14616
USA/Etats–Unis d'Amer	x12246	6872	10807	12013	11166
Uruguay	7537	8522	9813	10835	13857
Singapore/Singapour	8644	8949	8127	9331	14200
Romania/Roumanie	x7621	14885	6879	2196	x630
Hungary/Hongrie	x5263	x4757	x7746	x9601	10271
Finland/Finlande	7399	6507	7487	7219	7394
Sri Lanka	4363	4351	5646	7757	6317
Czechoslovakia				x17294	x33305
Belgium–Luxembourg	4829	3926	4992	5351	5194
Austria/Autriche	1962	3164	4982	4200	3793
Lebanon/Liban	x2928	x3940	x4342	x3634	x1801
Sweden/Suède	4761	3794	3906	2743	2779
Former GDR	x20921	x7955	x2175		
Canada	2004	2192	4149	3104	3661
Colombia/Colombie	2446	2598	2691	4049	8081
Israel/Israël	1041	1890	2432	4380	3971
Peru/Pérou	412	2206	2357	x2765	x1966
India/Inde	981	x75	3580	3332	x1456
Greece/Grèce	1253	1740	2372	1786	x3795
Denmark/Danemark	2282	1810	1744	1663	1302
Egypt/Egypte	110	113	2064	2789	2574
Guatemala	2327	1407	1496	1964	3073
Philippines	544	x775	1240	2407	2605
Ireland/Irlande	590	519	1232	2231	2086
Morocco/Maroc	13	1643	744	1125	977
Chile/Chili	462	1476	1051	966	x1456
Panama	603	1242	1244	942	763
United Arab Emirates	x1507	x1430	x1214	x756	x1035

(VALUE AS % OF TOTAL)(VALEUR EN % DU TOTAL)

Imports

	1983	1984	1985	1986	1987	1988	1989	1990	1991	1992
Africa	x6.3	x4.7	x3.7	x4.4	4.4	x3.3	x3.1	x3.1	x3.3	x4.0	3.3
Northern Africa	x3.6	x2.1	2.0	2.3	1.2	0.9	0.7	0.7	x1.2	x0.8
Americas	x14.7	x19.1	x22.1	x21.7	x20.1	18.9	x18.6	15.9	14.3	x15.6
LAIA	0.5	0.3	x0.4	x0.8	x0.7	0.6	1.0	1.0	1.4	x2.5
CACM	x0.1	x0.1	x0.2	0.1	0.2	0.1	0.1	0.2	0.2	x0.3
Asia	x21.9	x24.6	x20.5	x13.0	x11.3	x11.7	11.5	x11.7	x11.4	x11.5
Middle East	x12.5	x12.2	x10.6	x6.2	4.2	x4.6	x3.9	x3.5	x3.3	x3.7
Europe	54.5	48.2	49.9	57.6	57.4	58.5	57.5	64.7	64.5	65.0
EEC	46.2	40.4	41.6	47.9	47.6	48.6	47.5	53.7	55.0	56.1
EFTA	8.3	7.6	8.1	9.3	9.4	9.6	9.4	10.0	8.9	8.2
Oceania	2.7	x3.5	x3.8	x3.3	x3.0	x3.4	4.1	x2.9	x2.9	2.9
Germany/Allemagne	17.6	14.7	13.1	14.8	14.2	13.9	13.7	16.9	19.5	21.5
France,Monac	15.7	13.7	14.8	16.6	16.1	15.7	14.5	16.0	15.1	13.9
USA/Etats–Unis d'Amer	11.0	15.1	17.8	16.7	15.0	14.1	13.5	11.3	9.7	9.9
United Kingdom	3.8	3.9	4.4	4.9	5.2	6.0	5.7	5.3	4.8	4.5
Belgium–Luxembourg	2.9	2.7	3.1	3.8	3.7	3.9	3.9	4.6	4.6	4.6
Austria/Autriche	4.1	3.4	3.4	3.8	3.6	3.7	3.4	3.7	3.7	3.6
Netherlands/Pays–Bas	2.7	2.3	2.6	3.1	3.3	3.4	3.2	3.5	3.4	3.6
Switz.Liecht	2.6	2.5	3.2	3.2	3.2	3.2	3.1	3.3	2.8	2.5
Greece/Grèce	0.8	0.7	1.0	1.6	1.6	1.9	2.8	3.3	3.1	x3.3
Australia/Australie	2.4	3.1	3.5	2.9	2.7	3.2	3.8	2.7	2.6	2.6

Exports

	1983	1984	1985	1986	1987	1988	1989	1990	1991	1992
Afrique	0.1	0.1		x0.1	x0.1	0.2	0.4	0.5	x0.5	x0.3
Afrique du Nord	0.1	0.1		0.1	0.1	0.2	0.4	0.5	0.5	0.3
Amériques	0.2	2.3	2.9	x4.1	4.0	x4.6	5.4	4.5	4.9	5.1
ALAI	0.1	2.3	2.9	x3.5	3.5	4.0	5.0	4.0	4.4	4.7
MCAC	x0.0	x0.0		x0.1	x0.0	0.1	0.1	0.0	0.1	0.1
Asie	9.8	11.4	9.8	7.5	7.0	7.4	7.9	6.7	6.7	x6.5
Moyen–Orient	x0.3	x1.1	x0.8	x0.4	x0.5	x0.7	x1.1	1.1	1.6	1.5
Europe	89.8	86.1	87.2	88.3	83.9	85.5	84.7	87.5	87.0	86.8
CEE	88.7	84.5	85.5	86.7	82.7	84.0	83.2	86.3	86.0	85.7
AELE	1.1	0.9	0.8	1.1	0.9	0.7	0.7	0.7	0.7	0.7
Océanie		x0.0		x0.0		x0.0			x0.0	x0.0
Italy/Italie	59.6	56.2	56.8	58.3	55.7	55.5	54.9	55.7	54.7	53.3
Spain/Espagne	10.8	11.8	11.7	10.9	11.3	13.6	14.5	15.9	17.2	18.5
Germany/Allemagne	10.2	9.3	9.7	10.2	9.1	8.6	7.6	7.4	6.4	5.6
France,Monac	2.7	3.0	3.2	2.8	2.7	2.3	2.3	2.6	2.9	3.1
Netherlands/Pays–Bas	2.7	2.4	2.2	2.5	2.2	2.1	2.0	2.2	2.2	2.2
Brazil/Brésil		1.7	1.9	2.1	2.1	2.6	2.8	1.8	1.9	2.2
Japan/Japon	6.2	7.1	6.4	4.6	3.2	3.0	2.5	2.2	1.6	1.5
Portugal	0.6	0.7	0.7	0.7	0.9	1.1	1.2	1.5	1.8	2.2
Turkey/Turquie		0.7	0.5	0.2	0.3	0.5	0.9	0.9	1.4	1.4
Thailand/Thaïlande	0.8	0.8	0.8	1.0	1.0	1.2	1.4	1.0	0.9	x1.1

66332 CEMENT, ARTFCL STONE PROD — OUVRAGES EN CIMENT 66332

TRADE BY COMMODITY IN THOUSAND U.S. DOLLARS – COMMERCE PAR PRODUIT EN MILLIERS DE DOLLARS E.U

IMPORTS – IMPORTATIONS

COUNTRIES–PAYS	1988	1989	1990	1991	1992
Total	841156	890669	1102673	x1249820	1217867
Africa	x11892	x7310	x7421	x14752	x12473
Northern Africa	7324	4187	3672	x4257	x6780
Americas	x81197	x103238	x108197	x112347	x141556
LAIA	1188	705	1060	1642	4044
CACM	977	887	511	561	x494
Asia	x89921	97000	x102505	113242	x111240
Middle East	x30868	20253	x5837	x4840	x8952
Europe	597822	641962	868668	825263	933565
EEC	397966	444975	599999	628251	755347
EFTA	193787	189758	257996	184756	168658
Oceania	x7000	x4687	x6913	x6290	x6390
Germany/Allemagne	69662	84540	125633	178119	283078
France, Monac	100518	110485	132806	133018	133353
Netherlands/Pays-Bas	102862	104897	125513	118017	127150
Belgium-Luxembourg	65850	74529	95097	92692	103299
Sweden/Suède	19337	59704	114020	69685	52619
USA/Etats-Unis d'Amer	55842	70677	77719	80179	94452
Switz. Liecht	67034	72269	86815	87050	65214
Former USSR/Anc. URSS	x46532	x29525	x5085	x171555	58624
Japan/Japon	30447	41189	51329	47133	35370
United Kingdom	30330	34614	58574	40614	32586
Austria/Autriche	23508	22638	30200	29040	37831
Norway, SVD, JM	78492	25458	18231	15043	15012
Canada	13806	17644	17602	19340	22376
Ireland/Irlande	11654	14701	21317	18310	21245
Italy/Italie	7315	9782	17270	20816	28726
Spain/Espagne	3533	5354	16841	18260	17782
Singapore/Singapour	4860	4972	6932	18012	16724
Macau/Macao	1386	4857	8107	10990	11289
Hong Kong	8667	9707	8507	5204	10715
Finland/Finlande	4740	8766	8199	5330	4112
Israel/Israël	4133	5050	5024	8302	11478
Saudi Arabia	20920	12961	x2610	x1399	x3576
Denmark/Danemark	5897	5400	5460	5916	4695
Korea Republic	3560	3505	4958	5970	5373
Gibraltar	x690	x671	x5012	x7119	x1524
Andorra/Andorre	x2004	x3555	x3294	x3336	x2619
Malaysia/Malaisie	785	985	1249	6957	x1742
Libyan Arab Jamahiriya	1895	2781	2354	x4048	x5541
Brunei Darussalam	x912	x1280	x6367	x972	x1545
Australia/Australie	2445	2547	3325	2466	3704
Bermuda/Bermudes	x1191	x1742	x2444	x2586	x2659
Nigeria/Nigéria	x130	x65	x294	x5779	x1330
Czechoslovakia	x518	3428	1459	x790	x4250
Poland/Pologne	x165	x716	x288	x3947	x5510
Kuwait/Koweït	x1226	4089	x437	x33	x381
Faeroe Islds/Is Féroé	3080	2435	1128	659	x746
Hungary/Hongrie	x405	x987	x1534	1589	x2538
Jamaica/Jamaïque	2319	3844	94	164	x104
China/Chine	2964	1944	1136	544	1638
French Guiana	151	1369	1692	86	550
Bahamas	x1057	x1124	x787	x1194	x11975
Greenland/Groenland	588	596	1502	655	369
Portugal	236	290	968	1229	1709
New Zealand	2944	1237	610	1260	x1726
Greece/Grèce	108	384	520	689	1651
Cyprus/Chypre	677	631	640	x496	
Yugoslavia SFR	157	284	1140		1543
Mexico/Mexique	178	358	288	1268	52
Fiji/Fidji	63	66	1842	0	
Iceland/Islande	675	924	530	443	459

EXPORTS – EXPORTATIONS

COUNTRIES–PAYS	1988	1989	1990	1991	1992
Totale	777778	816137	1011622	1098985	1194903
Afrique	x3610	x1891	x2212	x5347	x7626
Afrique du Nord	3322	1124	1538	3532	5817
Amériques	70302	77449	93604	106626	111013
ALAI	7843	9424	6140	7631	13421
MCAC	435	839	279	428	x580
Asie	x37076	x42857	56267	78514	x77290
Moyen-Orient	x10752	x10696	x8098	x9250	x4113
Europe	657680	678705	850808	886048	959020
CEE	587333	591049	732883	794243	847931
AELE	67757	84245	113559	88868	100289
Océanie	x3938	1869	1914	4528	3750
Germany/Allemagne	139917	152596	175050	226058	203810
Belgium-Luxembourg	121535	127856	173716	163860	170812
Italy/Italie	112685	104897	114510	115738	117435
Netherlands/Pays-Bas	99562	73996	85475	96612	116685
Denmark/Danemark	36275	47468	72954	75742	93342
France, Monac	42015	40015	55943	60648	81389
Canada	53762	43931	49901	54057	33322
Norway, SVD, JM	2507	31569	56330	35817	27031
USA/Etats-Unis d'Amer	7436	22011	35884	42965	62837
United Kingdom	16276	19805	26386	27326	31579
Austria/Autriche	11709	16863	24557	25643	40888
Spain/Espagne	13501	16887	22645	21326	24133
Sweden/Suède	32778	20084	17646	14378	14684
Malaysia/Malaisie	3011	5353	14004	15818	x9919
China/Chine	2944	4507	9091	15577	26409
Finland/Finlande	15033	9716	6462	5840	6973
Switz. Liecht	5697	6013	8543	7190	10713
Japan/Japon	2909	3420	4176	11250	5996
Indonesia/Indonésie	4483	3055	4390	8855	9872
Korea Republic	3691	4087	5443	5999	3715
Singapore/Singapour	1615	2013	5828	7373	3271
United Arab Emirates	x5336	x5553	x4969	x4668	x385
Mexico/Mexique	3140	4692	3620	6116	6494
Hong Kong	5977	7222	3003	1823	7330
Ireland/Irlande	4377	4982	3415	3188	4487
Czechoslovakia	x800	x1096	x2452	x7260	x22811
Yugoslavia SFR	2552	3360	4205	x2898	
Portugal	961	2377	2540	3568	3873
Australia/Australie	3635	1696	1772	3682	2961
Venezuela	3708	4138	1785	865	5273
Former GDR	x844	x6166	x438		
Poland/Pologne	x291	x433	x464	x4562	x11753
Former USSR/Anc. URSS	x1216	x1502	x1171	x2129	
Hungary/Hongrie	x1693	x2789	x1197	x1012	x1290
Turkey/Turquie	1688	1377	1236	2188	2926
Romania/Roumanie	x327	1281	x424	2539	x42
Tunisia/Tunisie	3037	613	827	2777	4607
Israel/Israël	608	1348	1409	1307	2309
Saudi Arabia	1011	2036	x751	x129	x137
Iraq	x1125	x1279	x42	x1158	
Trinidad and Tobago	108	599	879	992	599
Zimbabwe	x2		347	1438	
Jordan/Jordanie	1438	3	x812	x790	
Morocco/Maroc	204	324	572	653	790
Thailand/Thaïlande	606	728	273	367	x3565
El Salvador	288	731	247	286	x514
Argentina/Argentine	226	316	314	515	x424
India/Inde	204	x219	351	533	x157
New Zealand	148	157	77	798	654
So. Africa Customs Un	x182	x543	x83	x318	x1750

(VALUE AS % OF TOTAL) (VALEUR EN % DU TOTAL)

Imports

	1983	1984	1985	1986	1987	1988	1989	1990	1991	1992
Africa	50.0	56.7	16.9	x16.9	x2.8	1.4	x0.8	x0.7	x1.2	x1.0
Northern Africa	49.7	56.6	38.8	16.1	x1.8	0.9	0.5	0.3	x0.3	0.6
Americas	x2.5	x3.0	x6.0	x8.6	x8.2	x9.7	x11.6	x9.8	x9.0	x11.6
LAIA	0.0	0.1	0.1	x0.1	x0.4	0.1	0.1	0.1	0.1	0.3
CACM	x0.0	x0.0	x0.0	x0.0	x0.1	0.1	0.1	0.0	0.0	x0.0
Asia	x21.7	16.4	x17.9	14.5	10.9	x10.7	10.9	x9.3	9.0	x9.1
Middle East	x18.4	14.5	x15.4	9.3	x4.6	x3.7	2.3	x0.5	x0.4	0.7
Europe	25.5	23.4	36.4	59.2	67.0	71.1	72.1	78.8	66.0	76.7
EEC	18.0	16.5	24.8	39.9	44.9	47.3	50.0	54.4	50.3	62.0
EFTA	7.3	6.8	11.3	18.8	21.3	23.0	21.3	23.4	14.8	13.8
Oceania	x0.3	x0.4	x0.6	x0.7	x0.5	x0.8	x0.5	x0.7	x0.5	x0.5
Germany/Allemagne	6.7	5.4	6.7	8.6	9.5	8.3	9.5	11.4	14.3	23.2
France, Monac	3.4	3.2	5.8	9.4	11.0	11.9	12.4	12.0	10.6	10.9
Netherlands/Pays-Bas	2.1	2.9	4.8	10.1	11.3	12.2	11.8	11.4	9.4	10.4
Belgium-Luxembourg	3.5	2.5	4.1	6.5	7.2	7.8	8.4	8.4	7.4	8.5
Sweden/Suède	0.5	0.6	1.3	1.8	1.9	2.3	6.7	10.3	5.6	4.3
USA/Etats-Unis d'Amer	1.6	2.2	4.5	7.2	5.7	6.6	7.9	7.0	6.4	7.8
Switz. Liecht	3.2	2.8	4.9	7.4	9.5	8.0	8.1	7.9	5.2	4.8
Former USSR/Anc. URSS					x10.0	x5.5	x3.3	x0.5	x13.7	
Japan/Japon	0.4	0.4	0.6	2.0	2.6	3.6	4.6	4.7	3.8	2.9
United Kingdom	0.8	1.1	1.2	2.0	2.5	3.6	3.9	5.3	3.2	2.7

Exports

	1983	1984	1985	1986	1987	1988	1989	1990	1991	1992
Afrique	0.2	x0.0		x0.1	x0.3	0.4	x0.3	x0.2	x0.5	x0.6
Afrique du Nord	0.0	x0.0		0.0	0.1	0.3	0.4	0.1	0.2	0.3	0.5
Amériques	x2.6	4.4	6.9	x6.9	x6.0	9.1	9.5	9.3	9.7	9.2
ALAI	0.0	0.7	0.9	x0.5	x0.5	1.0	1.2	0.6	0.7	1.1
MCAC	x0.0	x0.0	x0.0	x0.1	x0.1	0.1	0.1	0.0	0.0	x0.0
Asie	x6.3	4.9	4.6	x2.8	x4.7	x4.8	x5.3	5.6	7.1	x6.5
Moyen-Orient	x3.5	x2.4	x1.9	x0.9	x1.0	x1.4	x1.3	x0.8	x0.8	0.3
Europe	90.6	90.3	87.9	89.8	86.8	84.6	83.2	84.1	80.6	80.3
CEE	84.9	84.9	80.6	76.6	74.3	75.5	72.4	72.4	72.3	71.0
AELE	5.7	4.4	6.6	x13.1	x12.4	8.7	10.3	11.2	8.1	8.4
Océanie	x0.3	0.4	0.6	0.3	x0.5	0.2	0.2	0.4	0.4	0.3
Germany/Allemagne	8.1	9.7	13.0	17.2	17.6	18.0	18.7	17.3	20.6	17.1
Belgium-Luxembourg	8.2	10.1	12.3	15.6	15.0	15.6	15.7	17.2	14.9	14.3
Italy/Italie	28.1	30.5	30.6	22.6	20.0	14.5	12.9	11.3	10.5	9.8
Netherlands/Pays-Bas	6.5	7.4	8.1	8.3	8.6	12.8	9.1	8.4	8.8	9.8
Denmark/Danemark	10.5	10.2	4.6	4.6	4.3	4.7	5.8	7.2	6.9	7.8
France, Monac	13.1	6.8	6.4	4.9	4.7	5.4	4.9	5.5	5.5	6.8
Canada	1.5	2.0	4.7	5.0	4.2	6.9	5.4	4.9	4.9	2.8
Norway, SVD, JM	0.2	0.1	0.1	0.2	0.0	0.3	3.9	5.6	3.3	2.3
USA/Etats-Unis d'Amer	1.1	1.7	1.3	1.3	1.1	1.0	2.7	3.5	3.9	5.3
United Kingdom	2.0	2.1	2.7	1.5	1.7	2.1	2.4	2.6	2.5	2.6

6638 ASBESTOS MFRS, FRICT MTRL / ARTICLES EN AMIANTE 6638

TRADE BY COMMODITY IN THOUSAND U.S. DOLLARS – COMMERCE PAR PRODUIT EN MILLIERS DE DOLLARS E.U

IMPORTS – IMPORTATIONS

COUNTRIES–PAYS	1988	1989	1990	1991	1992
Total	750658	748514	789886	743448	799244
Africa	x45231	x46341	x46817	x40686	x34754
Northern Africa	15782	20974	16899	21264	x14842
Americas	98243	123754	140108	142320	x182941
LAIA	42021	44181	38495	42794	50262
CACM	4884	5632	5371	5055	x4763
Asia	x120940	x115382	x132703	x130975	x151945
Middle East	x29702	x21652	x32324	x33850	x46035
Europe	404756	389077	423917	384771	399153
EEC	351321	337278	362312	333182	343951
EFTA	48589	47349	55343	48949	50087
Oceania	17566	17016	16168	x12225	x13241
Germany/Allemagne	119203	110960	113657	103620	100006
France, Monac	83938	76008	83605	68610	72284
USA/Etats–Unis d'Amer	10580	30503	51413	55352	40629
Italy/Italie	36708	39504	46889	43365	42531
Canada	31519	36524	36989	32434	37055
United Kingdom	33619	30289	27162	32223	23374
Belgium–Luxembourg	20508	22055	26602	22308	23100
Netherlands/Pays–Bas	21842	22844	22428	21456	23937
Japan/Japon	19377	18786	23017	21630	21321
Austria/Autriche	18570	18603	23725	20793	20117
Singapore/Singapour	18824	15477	18501	18673	
Former USSR/Anc. URSS	x20651	x24117	x9201	x14915	15274
Spain/Espagne	12130	12165	15592	15591	13408
Brazil/Brésil	14987	16525	14297	11579	13093
Korea Republic	13622	12056	11603	14371	8551
Indonesia/Indonésie	9117	13882	12389	9379	18208
Mexico/Mexique	10671	11962	9055	13984	10009
Sweden/Suède	10748	10308	10920	10009	9115
Portugal	9358	9942	10629	9222	10189
Australia/Australie	11477	11265	10388	7971	8702
Thailand/Thaïlande	8037	8203	9959	9197	9932
Algeria/Algérie	6076	10738	6427	10159	x2073
So. Africa Customs Un	11902	9252	10282	x6320	x6776
Saudi Arabia	3125	2967	x9060	x11921	x14369
Denmark/Danemark	8079	7662	8363	7852	8311
Switz.Liecht	8073	7497	8112	6448	6175
Czechoslovakia	x8426	6311	8403	x3571	x6870
Norway,SVD,JM	5849	5552	5834	6176	7159
Finland/Finlande	5006	5098	6388	5224	6052
Malaysia/Malaisie	3260	4434	6019	5411	x6155
Iran (Islamic Rp. of)	x3526	x2060	x5542	x6460	x8798
Greece/Grèce	4035	4178	4487	3996	x6385
Turkey/Turquie	3108	2704	4739	4790	5546
United Arab Emirates	x5313	x3943	x4729	x3505	x6781
Hungary/Hongrie	x6650	x5712	x2779	3668	x2291
Yugoslavia SFR	4386	4084	5872	x2077	
Egypt/Egypte	4445	3974	3030	5018	5393
Poland/Pologne	4047	2826	2658	6514	x4726
Romania/Roumanie	x5490	4908	4498	2163	x2547
Chile/Chili	2971	3785	3731	3593	x3332
Hong Kong	4062	4200	3282	3447	5804
Bulgaria/Bulgarie	x8862	x7873	x1694	x1345	462
Israel/Israël	3283	3069	3797	3656	4065
New Zealand	3756	3485	3575	2785	2625
Ireland/Irlande	1901	1671	2898	4938	5442
Venezuela	3309	3346	2557	3495	2392
Morocco/Maroc	1992	3045	3418	2498	2545
Nigeria/Nigéria	x2085	x2435	x3308	x2629	x2522
Colombia/Colombie	3825	2963	2795	2541	3315
Iraq	x5921	x4405	x3025	x616	x9

EXPORTS – EXPORTATIONS

COUNTRIES–PAYS	1988	1989	1990	1991	1992
Totale	886705	711698	775770	743031	841134
Afrique	x3081	x4117	x5612	x5288	x6342
Afrique du Nord	1299	1222	2320	3034	3585
Amériques	251853	99166	138518	133743	176295
ALAI	28551	28300	38416	29025	39706
MCAC	9	31	5	19	x43
Asie	122597	119815	120676	137687	x152501
Moyen–Orient	x7598	x3518	4018	3446	4139
Europe	488761	471432	497706	449193	489820
CEE	452050	431505	451756	415550	455609
AELE	21604	24242	26830	23465	26595
Océanie	4151	x3990	4355	4242	x5988
Germany/Allemagne	171875	158429	167485	164323	183351
Japan/Japon	85658	85527	85564	96771	109287
United Kingdom	81292	77200	95088	75301	74021
France, Monac	86060	91745	80728	72270	79497
USA/Etats–Unis d'Amer	192063	49862	68149	66891	92581
Denmark/Danemark	29406	28020	36155	34477	39727
Canada	30844	20841	31943	37658	43845
Brazil/Brésil	16218	17094	23831	18131	24903
Italy/Italie	27945	21881	19161	16790	16203
Belgium–Luxembourg	17288	17561	19495	17846	18625
Spain/Espagne	17968	15739	13785	17216	24416
Yugoslavia SFR	15102	15681	19120	x10175	
Netherlands/Pays–Bas	13477	13775	14324	13355	15563
Sweden/Suède	7897	10129	13072	13964	17490
Austria/Autriche	11009	12280	12522	8486	7585
Singapore/Singapour	9920	7776	9866	10412	11540
Korea Republic	9871	10044	6335	6194	6784
China/Chine	3393	4314	4333	7075	6949
Mexico/Mexique	5945	4515	6324	2820	4098
Australia/Australie	4077	3853	4144	4144	5927
Former USSR/Anc. URSS	x4689	x3325	x2525	x5926	
Poland/Pologne	5234	4127	2685	3785	x1692
Turkey/Turquie	5106	2776	3516	2925	4035
Portugal	3946	4732	2726	1490	1904
Thailand/Thaïlande	1451	1905	2779	2815	x2114
So. Africa Customs Un	x1427	x2273	x2915	x2122	x2112
India/Inde	1725	x2184	2062	2107	x2196
Peru/Pérou	1938	2988	1959	x1388	x2687
Morocco/Maroc	1261	1161	2190	2873	2809
Hungary/Hongrie	x677	x2550	x1815	x1706	x5655
Ireland/Irlande	2061	1887	2009	1486	1913
Indonesia/Indonésie	36	704	1572	2619	3512
Hong Kong	1113	2014	1712	1159	1877
Colombia/Colombie	1991	1106	1465	1992	2670
Argentina/Argentine	1520	1156	2127	1172	1254
Malaysia/Malaisie	932	877	879	2581	x2599
Czechoslovakia	x849	x927	x1403	x1336	x2371
Venezuela	62	32	1217	2035	1810
Switz.Liecht	1540	1489	1002	687	581
Chile/Chili	361	598	962	943	x960
Philippines	780	x641	960	855	783
Greece/Grèce	732	537	801	994	x388
Former GDR	x4709	x1895	x187		
Pakistan			30	406	1626	506
Uruguay	517	812	523	523	1298
United Arab Emirates	x2355	x504	x461	x460	x9
Zimbabwe	x217	x558	114	90	x191
Bulgaria/Bulgarie	x47	x339	x266	x73	x136
Finland/Finlande	261	178	147	162	294
Norway,SVD,JM	897	167	86	167	645

(VALUE AS % OF TOTAL)(VALEUR EN % DU TOTAL)

	1983	1984	1985	1986	1987	1988	1989	1990	1991	1992		1983	1984	1985	1986	1987	1988	1989	1990	1991	1992
Africa	x9.4	x9.1	8.2	x7.6	x5.1	x6.0	x6.2	x5.9	x5.5	x4.3	Afrique	x0.4	0.4	0.2	x0.4	x0.3	x0.4	x0.6	x0.7	x0.7	x0.8
Northern Africa	4.9	4.5	3.6	3.4	2.1	2.1	2.8	2.1	2.9	x1.9	Afrique du Nord	x0.0	0.0	0.0	0.1	0.0	0.0	0.2	0.3	0.4	0.4
Americas	11.7	17.6	17.8	x16.4	x12.9	13.1	16.6	17.7	19.1	x22.8	Amériques	30.9	36.1	38.9	30.7	x28.0	28.4	13.9	17.9	18.0	20.9
LAIA	3.2	7.0	8.1	x6.9	x5.9	5.6	5.9	4.9	5.8	6.3	ALAI	0.4	3.2	3.1	2.9	2.9	3.2	4.0	5.0	3.9	4.7
CACM	x0.5	0.6	1.0	x0.3	x0.5	0.7	0.8	0.7	0.7	x0.6	MCAC	x0.0	0.2	0.0	0.0	0.0	0.0	0.0	0.0	0.0	x0.0
Asia	x24.4	x20.5	x21.1	x15.4	x14.1	16.1	x15.4	x16.8	17.6	x19.0	Asie	x11.3	12.9	11.6	9.7	10.6	13.9	16.8	15.5	18.5	x18.1
Middle East	x9.5	x6.6	x7.7	x4.2	x2.8	x4.0	x2.9	x4.1	x4.6	x5.8	Moyen–Orient	x0.8	2.7	2.7	x0.5	1.8	x0.9	x0.5	0.5	0.5	0.5
Europe	51.6	49.2	49.6	51.6	57.8	56.7	53.7	52.0	51.8	49.9	Europe	57.0	50.2	49.1	58.9	58.8	55.1	66.2	64.2	60.5	58.2
EEC	42.9	40.8	41.4	49.5	49.2	46.8	45.1	45.9	44.8	43.0	CEE	54.2	46.1	45.1	54.7	54.9	51.0	60.6	58.2	55.9	54.2
EFTA	8.7	7.6	7.6	7.8	7.0	6.5	6.3	7.0	6.6	6.3	AELE	2.8	2.1	2.1	x3.0	x2.6	2.4	3.4	3.5	3.2	3.2
Oceania	3.0	x3.5	x3.2	2.9	x2.4	2.3	2.3	2.1	x1.6	x1.6	Océanie	x0.6	x0.4	0.3	x0.3	x0.3	0.5	x0.6	0.6	0.6	x0.7
Germany/Allemagne	14.1	12.5	13.4	17.0	17.7	15.9	14.8	14.4	13.9	12.5	Germany/Allemagne	25.7	20.7	19.9	26.1	26.3	19.4	22.3	21.6	22.1	21.8
France, Monac	9.0	8.8	8.5	10.9	11.0	11.2	10.2	10.6	9.2	9.0	Japan/Japon	7.8	7.6	6.3	6.8	5.8	9.7	12.0	11.0	13.0	13.0
USA/Etats–Unis d'Amer	2.6	3.0	2.6	2.0	1.3	1.4	4.1	6.5	7.4	9.2	United Kingdom	12.3	10.6	10.9	10.6	9.9	9.2	10.8	12.3	10.1	8.8
Italy/Italie	5.0	5.3	5.5	5.9	5.6	4.9	5.3	5.9	5.8	5.3	France, Monac	7.1	7.5	6.5	8.7	9.7	9.7	12.9	10.4	9.7	9.5
Canada	3.9	5.3	4.9	4.0	3.6	4.2	4.9	4.7	4.4	5.1	USA/Etats–Unis d'Amer	25.5	29.1	32.9	26.0	23.4	21.7	7.0	8.8	9.0	11.0
United Kingdom	3.4	3.9	3.6	3.9	3.5	4.5	4.0	3.4	4.3	4.6	Denmark/Danemark	0.0	0.0	0.0	0.0	0.0	3.3	3.9	4.7	4.6	4.7
Belgium–Luxembourg	2.5	2.0	2.2	2.5	2.5	2.9	2.9	3.4	3.0	2.9	Canada	4.9	3.6	2.8	1.6	1.3	3.5	2.9	4.1	5.1	5.2
Netherlands/Pays–Bas	3.3	2.9	3.4	3.5	3.4	2.9	3.1	2.8	2.9	2.9	Brazil/Brésil			2.2	1.9	1.9	1.8	1.8	2.4	3.1	3.0
Japan/Japon	1.9	2.0	2.3	2.0	3.0	2.6	2.5	2.9	2.9	2.9	Italy/Italie	2.9	2.2	2.7	3.0	2.9	3.2	3.1	2.5	2.3	1.9
Austria/Autriche	3.0	2.5	2.5	2.6	2.5	2.5	2.5	3.0	2.8	2.7	Belgium–Luxembourg	2.1	1.7	1.7	2.2	2.1	1.9	2.5	2.5	2.4	2.2

6644 GLASS SURFACE–GROUND ETC / VERRE COULE, LAMINE 6644

TRADE BY COMMODITY IN THOUSAND U.S. DOLLARS – COMMERCE PAR PRODUIT EN MILLIERS DE DOLLARS E.U

IMPORTS – IMPORTATIONS

COUNTRIES–PAYS	1988	1989	1990	1991	1992
Total	1739771	1907489	2143374	2061204	2120630
Africa	x41330	x37852	x42780	x48051	x52596
Northern Africa	24840	19777	22509	24929	x26447
Americas	212055	228933	218008	257456	x261194
LAIA	37801	35359	33443	62391	x75254
CACM	7222	7967	6150	5636	x6841
Asia	228536	x300970	x309588	x318367	x297812
Middle East	x22054	x31351	x48626	x61171	x66741
Europe	1184478	1249205	1509420	1379218	1451596
EEC	936788	1001599	1206243	1108189	1186216
EFTA	225742	224776	278670	254393	247385
Oceania	x60536	x67392	x51925	x44143	x44040
Germany/Allemagne	207687	213281	257896	225798	268913
United Kingdom	180596	209497	240332	229763	212720
France, Monac	126799	137505	177445	156972	160360
Italy/Italie	108558	109829	155856	121732	153083
Netherlands/Pays–Bas	108241	112059	126283	113429	115062
Canada	119049	125317	117967	106040	94763
Japan/Japon	75360	113543	95669	89893	57877
Spain/Espagne	48694	65841	71290	71341	69441
Korea Republic	42586	63831	63542	72919	48594
Belgium–Luxembourg	64128	57842	62689	72343	87446
Austria/Autriche	56813	54533	68503	62733	62522
Switz.Liecht	53401	50703	67672	59743	60735
USA/Etats–Unis d'Amer	40216	49722	49986	73616	75566
Denmark/Danemark	50189	47575	52666	49251	49835
Norway, SVD, JM	49993	46429	51587	48187	48430
Sweden/Suède	30888	38992	54115	25931	24789
Australia/Australie	40749	47417	34210	32346	37209
Hong Kong	42775	41000	32969	29100	25666
Finland/Finlande	31690	31201	34252	29100	x31209
Greece/Grèce	15761	19999	26513	31041	
Ireland/Irlande	16394	19252	23978	20847	22618
Yugoslavia SFR	20421	21453	22435	x15448	17439
New Zealand	17746	18226	16441	16351	
Singapore/Singapour	16953	15748	15346	15990	22413
Portugal	9740	8919	11295	15671	15529
Mexico/Mexique	3818	5375	7167	22754	20178
Saudi Arabia	2251	4095	x12144	x15672	x14947
Egypt/Egypte	13111	9219	10556	11029	9688
Philippines	3422	x5431	15003	4724	2832
United Arab Emirates	x3971	x4927	x6576	x11480	x8561
Iran (Islamic Rp. of)	x1363	x2632	x8409	x11876	x17933
Morocco/Maroc	5879	5861	7524	8174	7302
Venezuela	15531	8979	5382	6097	8515
India/Inde	7614	x8307	6802	5327	x8430
Chile/Chili	3688	5156	5647	8196	x9192
So. Africa Customs Un	2422	6665	6108	x5373	x4331
Turkey/Turquie	1652	4466	6938	6651	12114
Thailand/Thaïlande	3045	2883	8191	6863	11592
Former USSR/Anc. URSS	x2860	x11796	x598	x4528	
Israel/Israël	3316	3608	5215	7516	10388
Sri Lanka	3713	3205	7164	4719	4644
Peru/Pérou	3362	1686	3202	8093	x7834
Brazil/Brésil	500	5231	3098	4336	8077
Ecuador/Equateur	3028	3787	4204	4468	3462
Lebanon/Liban	x1614	x3856	x1967	x5718	x4208
Cyprus/Chypre	3242	2883	4351	4129	4716
Former GDR	x2155	x3818	x7086		
Nigeria/Nigéria	x2996	x2837	x2437	x5233	x5751
Hungary/Hongrie	x4704	x4069	x2924	1893	x1910
Tunisia/Tunisie	2809	2344	3246	2932	2836

EXPORTS – EXPORTATIONS

COUNTRIES–PAYS	1988	1989	1990	1991	1992
Totale	1659381	1802312	2054297	1975288	1986403
Afrique	4103	x3920	x4891	x6900	x6999
Afrique du Nord	152	444	906	1062	x308
Amériques	223089	247201	312426	355613	371935
ALAI	26779	15645	18141	31677	45162
MCAC	28		28	58	x62
Asie	201416	263420	242110	256657	249701
Moyen–Orient	30917	43392	48743	56241	58513
Europe	1131280	1214432	1419508	1268510	1275881
CEE	1036928	1132352	1340270	1196090	1204107
AELE	94285	81674	78996	71951	71282
Océanie	x2774	x4099	10390	x11127	x11696
Belgium–Luxembourg	360199	449729	549279	451213	455876
USA/Etats–Unis d'Amer	178196	216971	270684	283661	272934
Germany/Allemagne	226417	233487	269986	266226	272119
France, Monac	191680	187033	230287	198525	195274
Italy/Italie	78668	100625	102121	101678	100197
United Kingdom	62855	69962	85568	91555	102463
China/Chine	16355	74405	66660	67787	48754
Sweden/Suède	81334	72407	70947	62911	59098
Netherlands/Pays–Bas	51455	52831	61703	55119	47715
Turkey/Turquie	30051	39029	47530	55400	58026
Japan/Japon	47303	38021	49254	47839	53692
Czechoslovakia	x31549	x42134	x51157	x32579	x32287
Indonesia/Indonésie	47820	41551	28250	23357	18949
Canada	17979	14549	23491	40132	53614
Spain/Espagne	41451	18616	19124	16782	17751
Hong Kong	22004	25234	13117	11243	10724
Portugal	21731	17616	17984	11242	8477
Korea Republic	4640	11338	13406	15361	14651
Singapore/Singapour	12162	12251	12305	12556	13288
Former USSR/Anc. URSS	x15517	x8347	x7466	x9180	
Australia/Australie	2426	3965	9654	10485	10849
Mexico/Mexique	14622	10215	5037	7723	13613
Malaysia/Malaisie	14596	10336	7504	5076	x4698
Hungary/Hongrie	x1093	x560	x1358	x20376	x33060
Argentina/Argentine	61	539	9728	9193	10269
Former GDR	x41853	x15446	x3339		
Philippines		x627	9	13071	11080
Brazil/Brésil	12077	4847	3265	5470	6653
So. Africa Customs Un	x3534	x3312	x3674	x5645	x6576
Romania/Roumanie	x5728	889	647	10291	x2174
Thailand/Thaïlande	5338	3854	2636	3899	x13290
Finland/Finlande	8797	4513	1693	3327	3181
Venezuela	3	5	76	9026	14304
Ireland/Irlande	1680	1902	3368	2943	3344
Switz.Liecht	2133	2029	2905	2436	5304
Norway, SVD, JM	1591	1816	2476	2118	2568
Jordan/Jordanie	210	x3100	x653	x531	x133
Poland/Pologne				x4019	x2590
Austria/Autriche	430	909	975	1158	1131
Bulgaria/Bulgarie	x979	x1864	x1004	x36	x74
India/Inde	262	x2332	105	71	x1335
Denmark/Danemark	778	502	834	787	784
New Zealand	203	125	735	629	829
Tunisia/Tunisie	46	383	602	430	82
Yugoslavia SFR	68	404	207	x346	
Syrian Arab Republic	122	635	109		
United Arab Emirates	x219	x191	x275	x115	x184
Egypt/Egypte	94	49	14	424	42
Saudi Arabia	247	240	x68	x167	x167
Libyan Arab Jamahiriya			271	x116	x114

(VALUE AS % OF TOTAL)(VALEUR EN % DU TOTAL)

	1983	1984	1985	1986	1987	1988	1989	1990	1991	1992
Africa	x2.4	x3.1	x2.7	x3.2	x2.1	x2.3	x1.9	x2.0	x2.4	x2.5
Northern Africa	x1.0	1.5	1.2	1.3	1.1	1.4	1.0	1.1	1.2	1.2
Americas	15.9	16.0	19.1	x15.9	x14.0	12.2	12.0	10.1	12.5	12.3
LAIA	2.6	3.5	2.9	x2.9	x3.1	2.2	1.9	1.6	3.0	x3.5
CACM	x0.1	0.2	0.2	x0.2	x0.3	0.4	0.4	0.3	0.3	x0.3
Asia	x14.3	20.2	x15.5	x10.4	x10.2	13.1	15.7	x14.4	x15.4	x14.0
Middle East	x6.3	x3.4	x4.8	x2.4	x2.0	x1.3	x1.6	x2.3	x3.0	x3.1
Europe	64.4	56.8	58.3	66.8	68.9	68.1	65.5	70.4	66.9	68.5
EEC	51.9	44.0	44.7	50.7	52.8	53.8	52.5	56.3	53.8	55.9
EFTA	12.5	12.3	13.2	15.3	15.1	13.0	11.8	13.0	12.3	11.7
Oceania	2.9	x3.8	4.3	x3.7	x4.0	3.5	3.5	x2.5	x2.2	x2.1
Germany/Allemagne	14.4	10.7	11.4	12.5	11.7	11.9	11.2	12.0	11.0	12.7
United Kingdom	10.9	9.2	8.3	8.6	9.7	10.4	11.0	11.2	11.1	10.0
France, Monac	6.8	5.9	5.9	6.1	7.9	7.3	7.2	8.3	7.6	7.6
Italy/Italie	4.5	4.4	4.0	4.2	5.3	6.2	5.8	7.3	5.9	7.2
Netherlands/Pays–Bas	5.5	5.1	4.9	5.8	5.9	6.2	5.9	5.9	5.5	5.4
Canada	8.7	7.9	10.2	8.0	7.0	6.8	6.6	5.5	5.1	4.5
Japan/Japon	0.5	1.0	1.9	2.8	2.1	4.3	6.0	4.5	4.4	2.7
Spain/Espagne	0.4	0.4	0.6	0.7	2.0	2.8	3.5	3.3	3.5	3.3
Korea Republic	0.9	0.5	0.9	0.5	0.8	2.4	3.3	3.0	3.5	2.3
Belgium–Luxembourg	3.8	2.9	3.5	4.0	4.3	3.7	3.0	2.9	3.5	4.1

	1983	1984	1985	1986	1987	1988	1989	1990	1991	1992
Afrique	0.3	x0.2	x0.5	x0.3	x0.2	x0.2	x0.2	x0.3	x0.4	x0.3
Afrique du Nord		x0.0	0.0	0.0	0.0	0.0	0.0	0.0	0.1	x0.0
Amériques	x15.8	16.7	13.8	x12.2	x13.1	13.4	13.7	15.2	18.0	18.7
ALAI	0.0	2.2	1.6	x1.3	x1.3	1.6	0.9	0.9	1.6	2.3
MCAC	x0.0		0.0	0.0	0.0	0.0	0.0	0.0	0.0	x0.0
Asie	9.4	11.1	12.7	10.6	11.0	12.2	14.6	11.8	13.0	12.5
Moyen–Orient		1.2	1.4	0.1	1.9	1.9	2.4	2.4	2.8	2.9
Europe	73.8	71.2	72.3	76.6	70.4	68.2	67.4	69.1	64.2	64.2
CEE	73.6	71.0	67.2	72.1	65.5	62.5	62.8	65.2	60.6	60.6
AELE	0.2		5.1	4.5	4.9	5.7	4.5	3.8	3.6	3.6
Océanie	x0.6	0.7	0.6	0.4	0.3	x0.2	0.2	0.5	x0.6	x0.6
Belgium–Luxembourg	24.1	26.5	23.8	25.4	24.2	21.7	25.0	26.7	22.8	22.9
USA/Etats–Unis d'Amer	14.4	13.4	11.1	9.8	10.7	10.7	12.0	13.2	14.4	13.7
Germany/Allemagne	15.2	13.6	12.4	14.1	11.6	13.6	13.0	13.1	13.5	13.7
France, Monac	16.0	13.7	12.5	12.2	11.9	11.6	10.4	11.2	10.1	9.8
Italy/Italie	6.1	5.5	6.6	7.0	6.1	4.7	5.5	5.0	5.1	5.0
United Kingdom	9.5	9.0	6.9	5.6	4.6	3.8	3.9	4.2	4.6	5.2
China/Chine				0.5		1.0	4.1	3.2	3.4	2.5
Sweden/Suède			5.0	4.3	4.7	4.9	4.0	3.5	3.2	3.0
Netherlands/Pays–Bas	0.5	1.1	3.2	4.1	3.6	3.1	2.9	3.0	2.8	2.4
Turkey/Turquie			1.1	1.3	1.0	1.9	1.8	2.2	2.3	2.9

6651 BOTTLES ETC OF GLASS — RECIPIENTS EN VERRE 6651

TRADE BY COMMODITY IN THOUSAND U.S. DOLLARS – COMMERCE PAR PRODUIT EN MILLIERS DE DOLLARS E.U

IMPORTS – IMPORTATIONS

COUNTRIES–PAYS	1988	1989	1990	1991	1992
Total	1722246	1835638	2299015	2509466	2599914
Africa	x68765	x71037	x91663	x85597	x87511
Northern Africa	22920	22304	39354	35163	x25920
Americas	x312481	x363180	x450917	x501177	x556584
LAIA	22887	43390	43927	58630	x57734
CACM	22098	18076	24379	28998	x30331
Asia	x203838	x205263	x218612	x207309	x235234
Middle East	x89286	x91419	x78712	x73065	x76418
Europe	1043574	1091453	1491805	1650956	1665577
EEC	936339	981503	1343103	1487877	1453670
EFTA	102910	104688	134877	151364	174985
Oceania	25657	x28122	x29159	x26484	x30901
France, Monac	284070	316973	443913	434191	435954
Germany/Allemagne	151963	166308	267621	399053	331916
USA/Etats–Unis d'Amer	168800	190465	236787	260711	288415
Belgium–Luxembourg	112996	115726	153231	172299	180454
Netherlands/Pays–Bas	120736	111064	145074	149497	141118
United Kingdom	101660	99979	120139	107479	118175
Canada	50707	60119	95017	101060	136117
Italy/Italie	56255	64246	79327	82114	89670
Switz.Liecht	53116	51840	68513	72277	75381
Spain/Espagne	43675	46398	58748	62292	78192
Former USSR/Anc. URSS	x47389	x61457	x8186	x21645	
Austria/Autriche	20863	21410	28923	36219	44411
Denmark/Danemark	20095	19132	26236	29359	27744
Greece/Grèce	25794	26312	23986	23399	x24087
Hong Kong	17824	18289	23324	26125	32302
Singapore/Singapour	23759	22355	22637	22308	26984
Sweden/Suède	15235	17057	22195	27128	38072
Japan/Japon	11091	15837	28006	18373	13554
Ireland/Irlande	16100	12389	20102	22149	20064
Australia/Australie	16687	17812	17419	17125	19507
Brazil/Brésil	2929	13665	22456	14463	9842
Saudi Arabia	27541	20974	x17192	x12105	x16561
Iran (Islamic Rp. of)	x9014	x11205	x19355	x18005	x14943
Israel/Israël	28465	19708	10853	13079	18259
Egypt/Egypte	5291	5082	14258	14249	7005
Korea Republic	819	5175	12036	12035	7084
Oman	6121	8650	6969	11264	x3007
Mexico/Mexique	3281	5081	5271	15139	12330
Indonesia/Indonésie	5048	6988	8438	9262	8103
Dominican Republic	x7998	x7485	x9830	x6278	x10601
Cote d'Ivoire	x9720	x9426	x4638	x9487	x19830
Yugoslavia SFR	1477	3238	10906	9352	
Chile/Chili	2992	13905	4920	3837	x4319
Thailand/Thaïlande	6021	7121	7596	7090	8295
United Arab Emirates	x16037	x8970	x7651	x4692	x11260
Algeria/Algérie	9035	5239	3601	12411	x4452
Guatemala	2458	2183	10875	8059	x5239
Finland/Finlande	6311	6410	7269	6735	7782
Honduras	8738	6616	5415	7909	8748
So. Africa Customs Un	6497	6153	7162	x5548	x4643
New Zealand	6666	5832	6885	5485	5260
Jamaica/Jamaïque	3861	6735	6749	4112	x4954
Philippines	7849	3641	7257	6566	6766
Jordan/Jordanie	3361	2833	6711	7596	8785
Cyprus/Chypre	5359	5483	5433	5798	8492
Morocco/Maroc	3264	4084	5474	6563	5926
Syrian Arab Republic	5692	8462	3501	x2748	x3242
Norway, SVD, JM	5026	4089	4922	5573	5991
Barbados/Barbade	4195	4796	5271	4493	x4080
Iraq	x9390	x10324	x2805	x1078	x22

EXPORTS – EXPORTATIONS

COUNTRIES–PAYS	1988	1989	1990	1991	1992
Totale	1595697	1706353	2256072	2382633	2482467
Afrique	x18842	x25181	x16600	x33367	x23670
Afrique du Nord	7934	11642	4847	11969	6757
Amériques	162314	210563	302409	338818	377023
ALAI	61279	80104	132773	150207	154484
MCAC	18798	13302	15125	18934	x22175
Asie	104677	x115414	145773	146609	x154085
Moyen–Orient	x27337	32217	x33046	x37300	x30056
Europe	1219692	1279267	1683986	1743432	1830202
CEE	1127300	1184853	1553814	1597543	1694166
AELE	82032	85545	115558	126698	92427
Océanie	3698	4552	4878	x5048	5370
Germany/Allemagne	327870	331631	391400	362062	405515
France, Monac	268040	295674	383947	383236	435534
Italy/Italie	156204	163933	231384	246698	246253
Belgium–Luxembourg	117809	125186	161277	138341	164567
Netherlands/Pays–Bas	89859	94644	121335	132800	138858
United Kingdom	70493	66160	99566	139624	109409
USA/Etats–Unis d'Amer	35647	47135	102045	128804	156866
Mexico/Mexique	45779	51261	93048	114720	117027
Spain/Espagne	33932	40180	68728	85300	64684
Portugal	40724	43616	66557	78008	89064
Austria/Autriche	44389	43989	59927	63242	32715
Canada	40171	58356	43729	31311	31336
Switz.Liecht	24654	27667	39069	39265	36669
Czechoslovakia	x25119	x22205	x27054	x40619	x38468
Poland/Pologne	11028	12467	27809	44620	x33733
Turkey/Turquie	17122	18960	22919	23211	21017
China/Chine	8750	13305	19724	25710	26470
Argentina/Argentine	6972	18064	23999	13797	10167
Denmark/Danemark	14530	15699	19539	20000	28887
Bulgaria/Bulgarie	x30945	x22548	x26477	x5291	x5143
Hungary/Hongrie	x11399	x9071	x16634	x23707	x14447
Malaysia/Malaisie	11000	13852	16843	15421	x19227
Yugoslavia SFR	10339	8858	14601	x19120	
Japan/Japon	15205	12734	14311	14115	17826
India/Inde	8450	x9311	11905	12923	x11784
Costa Rica	5733	8504	11301	9915	x8783
Sweden/Suède	6681	6861	8416	11772	9077
Thailand/Thaïlande	8953	7032	9680	9964	x9959
Egypt/Egypt	5269	10278	3382	9855	6386
Kuwait/Koweït	x6744	9753	x7922	x5674	x1
Ireland/Irlande	6237	5620	8372	9214	8901
Norway, SVD, JM	5175	5318	6559	10975	12810
Singapore/Singapour	4322	4580	9370	7027	8759
Korea Republic	10596	8337	6321	5094	7258
Hong Kong	3018	3694	7479	7486	13169
So. Africa Customs Un	x3897	x5417	x6138	x6928	x9318
Trinidad and Tobago	2768	4835	6100	7069	8891
Guatemala	13060	4715	3745	8957	12985
Indonesia/Indonésie	3065	4723	8434	4257	5169
Venezuela	3067	3108	6999	7212	7288
Philippines	2607	x3729	5169	3575	2457
Cameroon/Cameroun	x301	3536	x959	7185	x872
Colombia/Colombie	887	1537	2131	6940	12042
Australia/Australie	1569	1871	3020	3497	2955
Uruguay	834	2242	3479	2548	2742
Lebanon/Liban	x1116	x2144	x1341	x3580	x3860
Greece/Grèce	1603	2510	1709	2261	x2494
Brazil/Brésil	1720	1338	1919	2322	2896
New Zealand	1138	2224	1645	1502	2387
Former GDR	x6910	x4124	x1222		

(VALUE AS % OF TOTAL) (VALEUR EN % DU TOTAL)

Imports

	1983	1984	1985	1986	1987	1988	1989	1990	1991	1992
Africa	x8.0	x6.8	x7.6	x5.6	x3.8	4.0	3.8	4.0	3.4	3.4
Northern Africa	x3.8	x3.6	4.3	x2.1	x1.2	1.3	1.2	1.7	1.4	x1.0
Americas	x18.4	23.6	23.8	x21.9	19.6	x18.1	x19.8	x19.6	20.0	x21.4
LAIA	2.0	2.0	1.8	1.7	2.5	1.3	2.4	1.9	2.3	x2.2
CACM	x1.1	2.6	2.4	x1.2	x1.3	1.3	1.0	1.1	1.2	x1.2
Asia	x11.8	x13.3	x12.7	x11.9	x10.8	x11.8	x11.1	x9.5	x8.3	x9.0
Middle East	x6.7	x8.3	x7.5	x7.0	x4.9	x5.2	x5.0	x3.4	x2.9	x2.9
Europe	54.1	50.7	54.1	58.9	58.6	60.6	59.5	64.9	65.8	64.1
EEC	48.8	45.6	48.3	52.6	52.5	54.4	53.5	58.4	59.3	55.9
EFTA	5.2	4.7	5.5	6.1	5.8	6.0	5.7	5.9	6.0	6.7
Oceania	2.0	x1.8	x1.8	x1.6	x1.5	1.5	x1.5	x1.3	x1.1	x1.2
France, Monac	13.1	12.1	12.7	14.6	15.3	16.5	17.3	19.3	17.3	16.8
Germany/Allemagne	9.9	9.0	8.2	8.8	9.1	8.8	9.1	11.6	15.9	12.8
USA/Etats–Unis d'Amer	9.5	10.4	13.4	12.7	9.7	9.8	10.4	10.3	10.4	11.1
Belgium–Luxembourg	6.1	5.5	6.4	7.3	6.6	6.6	6.3	6.7	6.9	6.9
Netherlands/Pays–Bas	7.7	6.7	7.6	8.6	8.2	7.0	6.1	6.3	6.0	5.4
United Kingdom	6.5	6.4	6.8	6.2	5.5	5.9	5.4	5.2	4.3	4.5
Canada	3.3	5.8	3.7	2.6	2.5	2.9	3.3	4.1	4.0	5.2
Italy/Italie	1.8	2.3	2.6	2.6	1.8	3.3	3.5	3.5	3.3	3.4
Switz.Liecht	2.8	2.5	2.8	3.2	2.9	3.1	2.8	3.0	2.9	2.9
Spain/Espagne	0.6	0.5	0.7	1.1	1.7	2.5	2.5	2.6	2.5	3.0

Exports

	1983	1984	1985	1986	1987	1988	1989	1990	1991	1992
Afrique	0.3	0.2	0.5	x0.5	x0.7	x1.1	x1.5	x0.8	x1.4	x1.0
Afrique du Nord	0.0	0.1	0.0	0.1	0.0	0.5	0.7	0.2	0.5	0.3
Amériques	x12.5	18.2	14.8	13.6	x12.3	10.2	12.4	13.4	14.2	15.2
ALAI	0.4	3.8	4.5	x4.0	x4.3	3.8	4.7	5.9	6.3	6.2
MCAC	x0.6	2.0	1.9	x1.6	x1.2	1.2	0.8	0.7	0.8	0.9
Asie	6.2	7.2	7.0	5.8	5.9	6.6	6.7	6.5	6.2	x6.2
Moyen–Orient	x0.5	2.0	x2.4	2.0	1.4	x1.7	1.9	x1.5	x1.6	x1.2
Europe	79.2	72.9	77.1	79.5	76.8	76.4	75.0	74.6	73.2	73.7
CEE	73.2	66.4	70.4	73.5	70.7	70.6	69.4	68.9	67.0	68.2
AELE	6.0	4.7	5.3	5.6	5.6	5.1	5.0	5.1	5.3	3.7
Océanie	x0.8	0.6	0.6	x0.5	0.3	0.3	0.2	0.2	x0.2	0.2
Germany/Allemagne	18.5	16.3	19.6	21.9	21.7	20.5	19.4	17.3	15.2	16.3
France, Monac	16.5	15.7	17.7	16.9	16.1	16.8	17.3	17.0	16.1	17.5
Italy/Italie	9.7	8.5	9.4	11.3	10.3	9.8	9.6	10.3	10.4	9.9
Belgium–Luxembourg	10.7	9.5	6.6	6.1	7.0	7.4	7.3	7.1	5.8	6.6
Netherlands/Pays–Bas	5.2	4.7	4.8	5.3	5.3	5.6	5.5	5.4	5.6	5.6
United Kingdom	5.1	4.0	4.2	4.3	4.1	4.4	3.9	4.4	5.9	4.4
USA/Etats–Unis d'Amer	5.3	7.1	3.1	2.0	2.1	2.2	2.8	4.5	5.4	5.2
Mexico/Mexique		3.0	3.7	x2.6	x2.4	2.9	3.0	4.1	4.8	6.3
Spain/Espagne	3.6	3.7	3.7	3.3	2.4	2.1	2.4	3.0	3.6	4.7
Portugal	2.4	2.5	2.6	2.7	2.3	2.6	2.6	3.0	3.3	3.6

66511 GLASS BOTTLES ETC NONVAC — BONBONNES, BOUTEILLES, ETC 66511

TRADE BY COMMODITY IN THOUSAND U.S. DOLLARS – COMMERCE PAR PRODUIT EN MILLIERS DE DOLLARS E.U

IMPORTS – IMPORTATIONS

COUNTRIES–PAYS	1988	1989	1990	1991	1992
Total	1632299	1735589	2234595	2431322	2535942
Africa	x67078	x69742	x89249	x83961	x86435
Northern Africa	22801	21863	38059	34600	x25825
Americas	x302197	x351634	x443688	x491391	x549615
LAIA	21217	42043	42301	57121	x55781
CACM	22044	18060	24336	28955	x30312
Asia	x195368	x188389	x200560	x198317	x213245
Middle East	x86691	x82480	x69670	x72127	x74943
Europe	1019870	1068326	1461109	1619954	1636639
EEC	915454	960426	1313881	1458082	1425656
EFTA	100281	102701	133418	150309	174094
Oceania	25432	x28001	x28994	x26460	x30871
France, Monac	283530	316502	442428	432843	434184
Germany/Allemagne	135927	150383	244647	376071	310655
USA/Etats-Unis d'Amer	164883	188825	235393	259392	287055
Belgium-Luxembourg	111317	113842	151476	170309	178827
Netherlands/Pays-Bas	120517	110873	144897	149394	140817
United Kingdom	101600	99821	119849	106951	117862
Canada	48628	56435	90982	97458	132498
Italy/Italie	55420	63087	78317	80975	88237
Switz.Liecht	52736	51404	68037	71914	75124
Spain/Espagne	43186	45812	58044	61455	77804
Austria/Autriche	20428	21195	28885	36137	44255
Greece/Grèce	25792	26265	23916	23325	x23943
Denmark/Danemark	19410	18730	25875	28762	27367
Singapore/Singapour	23634	21822	21998	21840	26722
Sweden/Suède	13616	15979	21328	26599	37706
Japan/Japon	11002	15706	27999	18368	13540
Hong Kong	16269	16011	20460	23337	28180
Ireland/Irlande	15987	12300	19957	22068	19842
Australia/Australie	16545	17730	17301	17114	19498
Brazil/Brésil	2929	13584	22122	14457	9840
Iran (Islamic Rp. of)	x9014	x11111	x18405	x17397	x14040
Saudi Arabia	27541	20739	x11670	x12060	x16524
Israel/Israël	28430	19681	10821	13056	18226
Egypt/Egypte	5266	5033	14229	14227	6959
Korea Republic	801	5164	12031	12010	7043
Oman	6048	8601	6954	11247	x3007
Mexico/Mexique	3164	4778	5263	15008	12314
Dominican Republic	x7988	x7484	x9829	x6272	x10601
Cote d'Ivoire	x9719	x9319	x4635	x9487	x19829
Yugoslavia SFR	1324	3204	10904	x9249	
Chile/Chili	2980	13876	4903	3816	x4216
Guatemala	2446	2174	10858	8035	x5236
Finland/Finlande	6206	6677	7237	6708	7721
United Arab Emirates	x15364	x8618	x6858	x4648	x10848
Algeria/Algérie	8981	5007	3110	11972	x4451
Honduras	8733	6616	5415	7909	8738
Former USSR/Anc. URSS	x3486	x15460	x2530	x1763	
Thailand/Thaïlande	4423	6575	6500	6366	7800
New Zealand	6641	5806	6845	5485	5253
Jamaica/Jamaïque	3859	6729	6745	4104	x4954
Jordan/Jordanie	3315	2831	6689	7584	8783
So. Africa Customs Un	5687	5796	6391	x4906	x4147
Philippines	7838	x3545	7090	6447	6590
Cyprus/Chypre	5340	5474	5426	5796	8480
Morocco/Maroc	3259	4061	5453	6522	5882
Syrian Arab Republic	5683	8444	3438	x2733	x3214
Barbados/Barbade	4191	4792	5262	4488	x4067
Norway, SVD, JM	4966	4024	4894	5538	5954
Iraq	x9382	x10324	x2805	x1078	x22
Hungary/Hongrie	x8434	x4838	x4529	4666	x7065

EXPORTS – EXPORTATIONS

COUNTRIES–PAYS	1988	1989	1990	1991	1992
Totale	1554473	1657870	2201435	2333226	2426145
Afrique	x16519	x23179	x14830	x32326	x21279
Afrique du Nord	7934	11642	4845	11969	6757
Amériques	160721	204265	300040	336865	374615
ALAI	59953	78802	131300	148609	152662
MCAC	18788	13302	15125	18934	x21876
Asie	90776	x96391	123942	125482	x128467
Moyen-Orient	x27112	x31686	x33036	x37287	x30049
Europe	1201778	1262546	1661009	1721376	1811809
CEE	1112685	1171722	1535341	1579217	1677600
AELE	82006	85497	115488	126604	92319
Océanie	3340	4537	4838	x4998	5367
Germany/Allemagne	327347	331212	391049	361619	404601
France, Monac	266681	294485	382148	381353	432944
Italy/Italie	154223	162116	229382	243969	244222
Belgium-Luxembourg	115528	122546	158247	135357	161702
Netherlands/Pays-Bas	89796	94618	121292	132742	138780
United Kingdom	62285	59743	89578	130577	101920
USA/Etats-Unis d'Amer	35578	46472	101226	128572	156691
Mexico/Mexique	45483	50991	93048	114719	117025
Spain/Espagne	33446	39585	67545	84451	64148
Portugal	40723	43606	66545	77933	89053
Austria/Autriche	44372	43977	59868	63232	32630
Canada	39982	57793	43653	31200	31227
Switz.Liecht	24650	27637	39066	39203	36666
Czechoslovakia	x24479	x21741	x26572	x37192	x34485
Poland/Pologne	x9568	x11183	x25813	x47276	x31679
Turkey/Turquie	17081	18957	22919	23211	21017
Argentina/Argentine	6962	18063	23999	13795	10164
Denmark/Danemark	14517	15681	19500	20000	28873
Bulgaria/Bulgarie	x30945	x22548	x26477	x5286	x5139
Malaysia/Malaisie	11000	13852	16841	15376	x19208
Hungary/Hongrie	x8810	x6838	x13585	x21435	x12978
China/Chine	4575	6793	11009	16176	14557
Japan/Japon	12206	10860	10622	12257	16486
Yugoslavia SFR	7265	5315	10167	x15483	
Costa Rica	5733	8504	11301	9915	x8483
Sweden/Suède	6678	6857	8409	11752	9060
Thailand/Thaïlande	8890	7029	9677	9952	x9955
Egypt/Egypte	5269	10278	3380	9855	6386
Ireland/Irlande	6236	5619	8347	8955	8864
Kuwait/Koweït	x6744	x9282	x7922	x5674	x1
Norway, SVD, JM	5175	5318	6558	10975	12808
Singapore/Singapour	4311	4578	9367	6930	8750
Korea Republic	10586	8332	6311	5052	7258
So. Africa Customs Un	x3897	x5417	x6138	x6928	x9318
Trinidad and Tobago	2768	4835	6100	7069	8890
Guatemala	13050	4715	3745	8957	12985
Indonesia/Indonésie	3059	4723	8426	4257	5168
Venezuela	3067	3108	6999	7212	7288
India/Inde	3591	1622	5830	7025	x3645
Philippines	2561	3729	5169	3575	2457
Cameroon/Cameroun	x301	3536	x959	7185	x872
Colombia/Colombie	887	1537	2131	6940	12042
Hong Kong	1754	1535	4412	4370	9332
Australia/Australie	1541	1869	3020	3447	2953
Uruguay	826	2144	3214	2548	2722
Lebanon/Liban	x1115	x2142	x1339	x3578	x3860
Greece/Grèce	1603	2510	1709	2261	x2494
New Zealand	1138	2224	1645	1502	2387
Liberia/Libéria	x45	x82	x367	x4723	x83
Former GDR	x6464	x3731	x1100		

(VALUE AS % OF TOTAL) (VALEUR EN % DU TOTAL)

Imports

	1983	1984	1985	1986	1987	1988	1989	1990	1991	1992
Africa	x8.4	x7.0	x7.7	x5.8	x4.1	x4.1	x4.0	x4.0	x3.5	x3.4
Northern Africa	x4.0	x3.8	4.4	x2.2	x1.3	1.4	1.3	1.7	1.4	x1.0
Americas	x20.6	x24.8	x23.9	x21.8	x20.3	x18.5	x20.2	x19.8	x20.2	x21.6
LAIA	2.0	2.0	1.7	1.6	2.5	1.3	2.4	1.9	2.3	2.2
CACM	x2.0	x2.8	x2.5	x1.1	x1.2	1.4	1.0	1.1	1.2	x1.2
Asia	x12.9	x13.8	x12.6	x11.9	x11.0	x12.0	x10.8	x8.9	x8.2	x8.5
Middle East	x7.8	x8.7	x7.5	x7.1	x5.0	x5.3	x4.8	x3.0	x3.0	x3.0
Europe	55.9	52.5	54.0	58.8	60.9	62.5	61.6	65.4	66.6	64.5
EEC	50.6	47.3	48.2	52.5	54.6	56.1	55.3	58.8	60.0	56.2
EFTA	5.3	4.8	5.4	6.1	6.0	6.1	5.9	6.0	6.2	6.9
Oceania	2.1	x1.8	x1.8	x1.6	x1.7	1.5	x1.7	x1.3	x1.1	x1.2
France, Monac	13.9	12.9	13.0	15.0	16.2	17.4	18.2	19.8	17.8	17.1
Germany/Allemagne	9.5	8.6	7.3	7.7	8.5	8.3	8.7	10.9	15.5	12.3
USA/Etats-Unis d'Amer	10.1	11.0	13.5	12.8	10.1	10.1	10.9	10.5	10.7	11.3
Belgium-Luxembourg	6.4	5.8	6.5	7.1	7.8	6.8	6.6	6.8	7.0	7.1
Netherlands/Pays-Bas	8.2	7.4	7.8	8.9	8.7	7.4	6.4	6.5	6.1	5.6
United Kingdom	6.9	6.8	7.0	6.4	5.9	6.2	5.8	5.4	4.4	4.6
Canada	3.6	6.1	3.7	2.5	2.6	3.0	3.3	4.1	4.0	5.2
Italy/Italie	1.9	2.4	2.7	2.6	2.9	3.4	3.6	3.5	3.3	3.5
Switz.Liecht	2.9	2.6	2.8	3.2	3.1	3.2	3.0	3.0	3.0	3.0
Spain/Espagne	0.6	0.5	0.7	1.1	1.8	2.6	2.6	2.6	2.5	3.1

Exports

	1983	1984	1985	1986	1987	1988	1989	1990	1991	1992
Afrique	0.3	x0.2	0.4	x0.3	x0.5	x1.1	x1.4	x0.7	x1.4	x0.9
Afrique du Nord	0.0	0.1	0.0	0.1	0.1	0.5	0.7	0.2	0.5	0.3
Amériques	x12.7	x18.6	14.9	x13.5	x12.3	10.4	12.3	13.6	14.4	15.4
ALAI	0.4	3.8	4.5	3.8	x4.3	3.9	4.8	6.0	6.4	6.3
MCAC	x0.6	x2.1	x2.0	x1.5	x1.1	1.2	0.8	0.7	0.8	x0.9
Asie	6.1	6.9	6.5	5.5	5.1	5.9	x5.9	5.7	5.4	x5.3
Moyen-Orient	x0.5	x2.1	x2.0	1.2	1.4	x1.7	x1.9	x1.5	x1.6	x1.2
Europe	80.0	73.7	77.6	80.2	77.8	77.3	76.2	75.5	73.8	74.7
CEE	73.9	67.2	70.9	74.1	71.5	71.6	70.7	69.7	67.7	69.1
AELE	6.1	4.8	5.5	5.8	5.8	5.3	5.2	5.2	5.4	3.8
Océanie	x0.8	x0.6	x0.4	x0.5	0.3	0.2	0.2	0.2	x0.2	0.2
Germany/Allemagne	18.8	16.8	20.0	22.3	22.3	21.1	20.0	17.8	15.5	16.7
France, Monac	16.7	15.9	17.9	17.1	16.5	17.2	17.8	17.4	16.3	17.8
Italy/Italie	9.7	8.6	9.5	11.4	10.4	9.9	9.8	10.4	10.5	10.1
Belgium-Luxembourg	10.7	9.6	6.6	6.4	6.9	7.4	7.4	7.2	5.8	6.7
Netherlands/Pays-Bas	5.3	4.8	4.9	5.4	5.4	5.8	5.7	5.5	5.7	5.7
United Kingdom	5.0	3.7	3.8	3.8	3.7	4.0	3.6	4.1	5.6	4.2
USA/Etats-Unis d'Amer	5.2	7.3	3.2	2.0	2.1	2.3	2.8	4.6	5.5	6.5
Mexico/Mexique		3.1	3.8	x2.6	x2.5	2.9	3.1	4.2	4.9	4.8
Spain/Espagne	3.7	3.8	3.8	3.3	2.4	2.2	2.4	3.1	3.6	2.6
Portugal	2.5	2.5	2.7	2.8	2.4	2.6	2.6	3.0	3.3	3.7

6652 HOUSEHLD, HOTEL ETC GLASS / OBJETS VERRE TABLE, CUISINE 6652

TRADE BY COMMODITY IN THOUSAND U.S. DOLLARS – COMMERCE PAR PRODUIT EN MILLIERS DE DOLLARS E.U

COUNTRIES–PAYS	IMPORTS – IMPORTATIONS					COUNTRIES–PAYS	EXPORTS – EXPORTATIONS				
	1988	1989	1990	1991	1992		1988	1989	1990	1991	1992
Total	2646461	2805426	3222906	3543208	3631831	Totale	2769410	2797645	3260876	3385936	3569457
Africa	x79228	x76647	x86782	x72645	x91365	Afrique	x1665	x3133	x5037	x1910	x8639
Northern Africa	x21678	x20360	21247	x10644	x26482	Afrique du Nord	1018	2155	3422	1380	7292
Americas	x675902	x743431	x771284	785963	x829661	Amériques	150928	183887	233860	248010	288902
LAIA	24552	42370	64063	87241	126702	ALAI	72871	84459	95605	94948	119205
CACM	8124	7920	7891	9622	x14007	MCAC	2303	1584	1380	2729	x3305
Asia	x424620	x480553	x509068	x566107	x673612	Asie	290857	298102	369395	449684	540602
Middle East	x127054	x108908	x99774	x135814	x194079	Moyen–Orient	64665	68900	84176	79384	96646
Europe	1328212	1366535	1749420	1812215	1897131	Europe	1921050	1970785	2356643	2382723	2463468
EEC	1073181	1102989	1406586	1499215	1578478	CEE	1713144	1750437	2070563	2107602	2139318
EFTA	245854	246991	312679	298372	302767	AELE	176928	185474	243982	240701	291708
Oceania	x82027	x96041	x90675	x87413	x95047	Océanie	4139	5548	x3786	x3085	x2116
USA/Etats–Unis d'Amer	516014	560041	566547	547938	570129	France, Monac	740221	763366	917869	935383	960558
Germany/Allemagne	270008	269273	374695	413645	432110	Germany/Allemagne	356748	335751	405515	418980	427762
Italy/Italie	158533	163731	206364	226884	235089	Italy/Italie	264771	295127	351983	340181	320175
United Kingdom	195746	184717	197184	191463	192838	Czechoslovakia	x139459	x152028	x151130	x122551	x133198
Japan/Japon	123315	154237	170026	169585	153991	USA/Etats–Unis d'Amer	69296	89586	128278	142542	155723
France, Monac	117488	129284	162972	172674	177958	Austria/Autriche	73057	77179	103145	99971	139737
Spain/Espagne	88717	101174	131682	150175	152960	United Kingdom	90985	84598	103145	99971	139737
Switz.Liecht	104650	99310	134009	131002	128782	Japan/Japon	71502	71366	97452	93963	93855
Canada	97787	103367	103014	111941	94252	Ireland/Irlande	89834	93766	75866	89471	96888
Netherlands/Pays–Bas	74711	74623	92829	102086	117105	Turkey/Turquie	61032	64376	82825	77425	94311
Belgium–Luxembourg	63522	64194	83998	86108	99945	Switz.Liecht	50409	52470	79075	87772	100963
Australia/Australie	60437	73714	69008	66773	73696	Belgium–Luxembourg	60428	59372	72527	75514	80740
Austria/Autriche	52731	55455	70422	73129	76822	Poland/Pologne	36323	37447	47995	104363	x74844
Former USSR/Anc. URSS	x34228	x23467	x3818	x15394B		Indonesia/Indonésie	39431	23921	58360	88688	101456
Singapore/Singapour	32689	44283	55950	71915	83849	Mexico/Mexique	46961	53648	59129	54063	67719
Hong Kong	37184	44645	47772	60913	78221	Spain/Espagne	34149	39907	50835	59060	77881
Sweden/Suède	41426	46565	54659	46296	49046	Netherlands/Pays–Bas	36528	39773	46918	55938	64695
Portugal	32818	35188	52888	53671	65345	Sweden/Suède	43377	44860	50557	43155	41671
Saudi Arabia	54037	48652	x38074	x53777	x68736	Singapore/Singapour	20444	27706	38993	51933	61594
Greece/Grèce	25709	34027	46251	47894	x50975	Yugoslavia SFR	30853	34832	41957	x34251	
Korea Republic	25835	37171	39068	35721	34932	Romania/Roumanie	x68339	44339	28374	34261	x32207
Denmark/Danemark	30342	31522	38127	34710	35391	Portugal	24117	25354	40017	40228	33719
So. Africa Customs Un	27705	24248	31760	x26519	x24553	Hong Kong	21780	28373	31896	39851	55439
Norway, SVD, JM	27946	24520	28844	25905	29921	Korea Republic	33673	30553	26058	31787	33378
Mexico/Mexique	8965	16109	28148	30320	53147	Former GDR	x115505	x61600	x18927		
Malaysia/Malaisie	16094	20707	25094	26899	x43734	China/Chine	21120	21782	22217	29731	47121
Israel/Israël	22022	20398	22462	23848	26575	Brazil/Brésil	19435	20165	21256	29005	39005
Afghanistan	x26591	x16214	x30052	x18376		Hungary/Hongrie	x18690	x15479	x19628	x22925	x23229
United Arab Emirates	x33519	x15920	x20166	x26324	x24061	Thailand/Thaïlande	15747	17887	18187	19871	x24677
Finland/Finlande	16972	18842	22438	19695	15792	Denmark/Danemark	14037	12140	15965	12584	13469
Poland/Pologne	2649	2720	2617	49559	x27734	Former USSR/Anc. URSS	x8400	x11664	x11644	x14675	
Ireland/Irlande	15587	15256	19875	19185	18861	Malaysia/Malaisie	448	5431	11213	19165	x19324
New Zealand	19218	18918	18690	16690	17389	Bulgaria/Bulgarie	x14052	x13585	x14212	x1685	x2246
Yugoslavia SFR	3759	11346	24021	x8631		Finland/Finlande	9221	10093	10285	8909	8351
Lebanon/Liban	x7401	x11855	x12024	x19418	x18360	Canada	6004	7430	7548	7369	9795
Chile/Chili	7537	13830	11948	13264	x15490	Argentina/Argentine	3937	6051	7104	4039	2907
Philippines	3251	x18703	4267	2712	4857	Australia/Australie	4040	5015	2981	2083	1814
Brazil/Brésil	1328	3407	10918	8265	4334	Colombia/Colombie	2021	2678	3053	3986	5785
Kuwait/Koweït	x8056	11182	x5169	x3201	x6726	Greece/Grèce	1325	1281	2337	2006	x1681
Turkey/Turquie	912	987	6017	11487	10356	Venezuela	130	662	2015	2228	2782
Hungary/Hongrie	x2706	x4702	x5251	7209	x7027	Tunisia/Tunisie	521	1768	2247	59	5635
Morocco/Maroc	4540	5352	6027	5405	5867	Israel/Israël	1438	794	1519	953	1499
Tunisia/Tunisie	4800	6518	8916	131	6108	Costa Rica	671	698	707	1564	x1111
Argentina/Argentine	194	168	1685	13364	22978	Egypt/Egypte	486	377	1110	1260	1400
Bahamas	6090	6029	4174	4364	x3970	Norway, SVD, JM	864	870	919	893	981
Nigeria/Nigéria	x5602	x3823	x4880	x5472	x4139	Cyprus/Chypre	4537	4214	4488	4826	6422	Guatemala	1564	844	668	1098	2111
Thailand/Thaïlande	2368	4426	3863	4294	5048	Saudi Arabia	2618	2117	x46	x137	x285
Jordan/Jordanie	5287	6174	2797	3566	6724	Ecuador/Equateur	60	459	1173	603	11
Venezuela	1191	2223	3146	5405	9401	Peru/Pérou	178	214	1140	x99	x41
						Korea Dem People's Rp	x2	x653	x441	x291	x383

(VALUE AS % OF TOTAL)(VALEUR EN % DU TOTAL)

	1983	1984	1985	1986	1987	1988	1989	1990	1991	1992		1983	1984	1985	1986	1987	1988	1989	1990	1991	1992
Africa	x5.4	x5.1	x2.9	x2.5	x2.8	x2.9	x2.8	x2.7	x2.0	x2.5	Afrique	x0.0	x0.1	0.1	x0.1	x0.1	x0.1	x0.1	x0.1	x0.0	x0.2
Northern Africa	x2.4	x1.7	0.6	x0.5	x0.8	x0.8	x0.7	0.7	x0.3	x0.7	Afrique du Nord	0.0	0.0	0.0	0.0	0.0	0.0	0.1	0.1	0.0	0.2
Americas	x30.1	33.3	x33.6	x31.6	x27.6	x25.5	x26.5	x24.0	22.2	x22.9	Amériques	5.3	7.2	5.8	x4.9	x4.9	5.4	6.6	7.2	7.3	8.1
LAIA	0.5	0.7	0.7	x0.8	x0.9	0.9	1.5	2.0	2.5	3.5	ALAI	0.2	2.1	2.2	x1.8	x1.9	2.6	3.0	2.9	2.8	3.3
CACM	x0.2	0.5	0.4	x0.2	x0.2	0.3	0.3	0.2	0.3	x0.4	MCAC	x0.0	0.1	x0.1	x0.1	x0.0	0.1	0.1	0.0	0.1	x0.1
Asia	x15.8	x13.6	x15.2	x13.6	x13.6	x16.1	x17.1	15.8	x16.0	18.6	Asie	6.9	9.0	9.1	9.7	9.8	10.5	10.7	11.4	13.3	15.2
Middle East	x7.7	x6.5	x6.5	x4.7	x5.4	x4.8	x3.9	x3.1	x3.8	x5.3	Moyen–Orient	x0.1	2.2	2.7	2.8	2.4	2.3	2.5	2.6	2.3	2.7
Europe	44.6	43.2	44.0	48.9	51.4	50.2	48.7	54.3	51.1	52.2	Europe	87.3	83.4	84.6	85.1	71.5	69.4	70.4	72.3	70.4	69.0
EEC	36.3	35.4	36.1	39.1	41.0	40.6	39.3	43.7	42.3	43.5	CEE	80.3	75.1	75.5	75.4	63.3	61.9	62.6	63.5	62.2	59.9
EFTA	8.2	7.5	7.7	9.4	10.1	9.3	8.8	9.7	8.4	8.3	AELE	7.1	6.3	7.3	8.0	6.7	6.4	6.6	7.5	7.1	8.2
Oceania	x4.1	4.7	x4.3	x3.5	x2.9	x3.1	x3.4	x2.8	x2.5	x2.6	Océanie	0.0	0.4	0.3	0.2	0.2	0.1	x0.1	x0.1	x0.1	x0.1
USA/Etats–Unis d'Amer	22.8	25.3	25.5	24.6	21.5	19.5	20.0	17.6	15.5	15.7	France, Monac	37.4	34.4	32.9	29.2	26.7	27.3	27.3	28.1	27.6	26.9
Germany/Allemagne	9.6	9.2	8.4	9.4	10.2	10.2	9.6	11.6	11.7	11.9	Germany/Allemagne	13.1	12.1	12.7	13.8	10.8	12.9	12.0	12.4	12.4	12.0
Italy/Italie	4.5	4.7	4.7	5.3	6.0	6.0	5.8	6.4	6.4	6.5	Italy/Italie	14.1	12.6	12.7	12.7	10.4	9.6	10.5	10.8	10.0	9.0
United Kingdom	7.1	7.7	9.0	7.6	6.3	7.4	6.6	6.1	5.4	5.3	Czechoslovakia			x3.3	x5.0	x5.4	x4.6	x3.6	x3.7		
Japan/Japon	1.9	2.1	2.3	2.4	3.7	4.7	5.5	5.3	4.8	4.2	USA/Etats–Unis d'Amer	1.1	4.9	3.5	2.8	2.7	2.5	3.2	3.9	4.2	4.4
France, Monac	4.5	4.2	4.2	4.9	5.0	4.4	4.6	5.1	4.9	4.9	Austria/Autriche	3.8	3.1	3.5	3.5	2.7	2.6	2.8	3.2	3.0	3.9
Spain/Espagne	1.9	1.8	1.9	2.6	3.2	3.4	3.6	4.1	4.2	4.2	United Kingdom	4.1	3.6	4.1	4.1	3.5	3.3	3.0	3.0	2.8	2.6
Switz.Liecht	2.8	2.5	2.6	3.6	4.0	4.0	3.5	4.2	3.7	3.5	Japan/Japon	3.3	3.9	3.8	4.0	3.3	2.6	2.6	2.3	2.8	2.6
Canada	5.4	5.3	5.5	4.6	3.3	3.7	3.7	3.2	3.2	2.6	Ireland/Irlande	4.1	4.9	4.3	4.2	2.5	3.2	3.4	2.1	2.2	1.8
Netherlands/Pays–Bas	3.0	2.7	2.4	2.9	3.0	2.8	2.7	2.9	2.9	3.2	Turkey/Turquie		2.1	2.6	2.6	2.4	2.2	2.3	2.5	2.3	2.6

6664 PORCELN,CHINA HOUSE WARE

VAISSELLE, ARTS MEN PORC 6664

TRADE BY COMMODITY IN THOUSAND U.S. DOLLARS – COMMERCE PAR PRODUIT EN MILLIERS DE DOLLARS E.U

IMPORTS – IMPORTATIONS

COUNTRIES–PAYS	1988	1989	1990	1991	1992
Total	1470979	1576925	1826289	1951856	2040961
Africa	x21411	x18576	x20723	x25971	x35072
Northern Africa	x3542	x2464	2716	5887	x8098
Americas	x354531	x427980	x443367	x467026	x487165
LAIA	7725	11126	19721	26633	x37932
CACM	1395	1235	1146	1577	x3318
Asia	x279384	311025	x387237	x414051	x501077
Middle East	x60865	x46323	x63496	x65130	x105256
Europe	716324	717219	904739	944295	962772
EEC	554711	559844	711796	773028	795892
EFTA	144733	134834	166791	161853	159361
Oceania	x43197	x46925	x45029	x45694	x48198
USA/Etats–Unis d'Amer	266361	331119	340725	343976	364686
Italy/Italie	171232	166550	222912	235485	246354
Hong Kong	115070	122224	140687	173154	202515
Germany/Allemagne	77932	80638	106239	123347	102005
Japan/Japon	49298	73051	103922	104271	99391
France, Monac	77918	75100	98964	101864	65845
Canada	66303	68781	67388	79664	69924
Netherlands/Pays–Bas	52749	49819	65819	65326	68879
Belgium–Luxembourg	46333	46067	61383	68155	58018
United Kingdom	51457	56137	56826	59048	
Switz.Liecht	39758	42467	52440	50646	47046
Spain/Espagne	29360	35295	43995	60193	62341
Sweden/Suède	47634	40126	45004	43915	43994
Australia/Australie	35831	39103	35355	36407	39358
Austria/Autriche	29122	26325	38919	38296	39356
Singapore/Singapour	19467	27142	31408	28557	31041
Former USSR/Anc. URSS	x41417	x37646	x10929	x31886	
Denmark/Danemark	23755	20262	20613	19909	19445
Norway,SVD,JM	18648	14665	18044	18351	19075
Korea Republic	7765	12981	18072	18498	15084
Yugoslavia SFR	13483	19433	22559	x5991	
Saudi Arabia	20399	14197	x13527	x14279	x26100
Greece/Grèce	6229	10470	15057	14064	x20769
United Arab Emirates	x17473	x9512	x12650	x15725	x29198
Portugal	11248	8202	11071	14033	15372
Ireland/Irlande	6498	11304	8917	11603	11454
Finland/Finlande	8105	9791	11252	9165	8198
Mexico/Mexique	2289	4022	11632	13838	12063
Malaysia/Malaisie	5413	7457	8578	7087	x13022
So. Africa Customs Un	8432	5840	8024	x8898	x13892
Poland/Pologne	1809	2950	1979	17613	x1157
Israel/Israël	4348	6633	7665	6531	10765
Lebanon/Liban	x4232	x4175	x7205	x8359	x10546
New Zealand	5525	5058	6492	6429	5800
Czechoslovakia	x6720	7397	7784	x2454	x3055
Turkey/Turquie	1611	1185	9551	3434	3320
Oman	4417	4493	4087	4435	x2331
Cyprus/Chypre	2682	2880	3821	4068	6053
Afghanistan	x10693	x2858	x5394	x2358	x5463
Iran (Islamic Rp. of)	x32	x88	x2957	x7358	x15414
Hungary/Hongrie	x3452	x3353	x3235	2300	x1482
Kuwait/Koweït	x3982	x3964	x2602	x1277	x4994
Venezuela	2285	2820	2181	2568	3730
Bahamas	2371	x4007	x1873	x979	x2726
Philippines	472	x4773	919	780	1127
Morocco/Maroc	924	1405	1549	3210	5172
Chile/Chili	891	1653	1664	2412	x6096
Malta/Malte	1968	1873	2175	x1548	x1750
China/Chine	1442	1968	2010	1428	4590
Nigeria/Nigéria	x837	x1172	x1675	x2555	x2229

EXPORTS – EXPORTATIONS

COUNTRIES–PAYS	1988	1989	1990	1991	1992
Totale	1548770	1599441	1880268	2015037	2155272
Afrique	x3209	x7799	x4975	x6051	x10212
Afrique du Nord	2838	6702	4321	5342	6295
Amériques	x24141	x48263	53282	70248	80566
ALAI	7248	5389	7283	12088	12423
MCAC	x19	x18	x7	9	x32
Asie	529367	587258	720717	822052	927668
Moyen–Orient	x7751	x7080	x6960	x5636	x5091
Europe	816928	813646	1008251	1031495	1044712
CEE	763997	765822	950878	984054	996652
AELE	41900	37167	43272	38622	39624
Océanie	x1314	x1419	x2049	x3810	x1827
Germany/Allemagne	347382	334902	400918	414100	416064
Japan/Japon	221777	227576	255546	275932	293811
China/Chine	152027	164986	237254	261985	288869
United Kingdom	183142	182205	222774	235094	233792
Hong Kong	109916	115107	140373	178290	228201
France, Monac	68544	74601	98072	104222	117924
Belgium–Luxembourg	69653	67376	88980	101148	85025
USA/Etats–Unis d'Amer	x12076	38084	42615	53024	63670
Italy/Italie	23496	28473	33050	37365	41958
Denmark/Danemark	27570	28340	40721	27094	29157
Former GDR	x103134	x63148	x17863		
Czechoslovakia	x26921	x26690	x26892	x21696	x28651
Poland/Pologne	17974	19899	24306	28164	x35798
Portugal	15589	18981	25892	23865	30234
Thailand/Thaïlande	7319	14048	19448	23808	x29586
Netherlands/Pays–Bas	13948	15231	18762	21576	22358
Austria/Autriche	13948	13452	16154	14116	15099
Romania/Roumanie	x9523	19684	12658	10527	x6839
Malaysia/Malaisie	4706	12186	13829	14792	x4618
Indonesia/Indonésie	3501	10273	10818	16968	28823
Singapore/Singapour	6935	11808	12536	12836	11316
Yugoslavia SFR	11020	10599	14082	x8783	
Sweden/Suède	14425	10375	10332	9981	9594
Philippines	4738	x9440	8723	9981	13541
Switz.Liecht	7880	7388	10454	9622	8816
Sri Lanka	3766	5792	6459	9638	9617
Spain/Espagne	8550	7118	8527	5814	6853
Greece/Grèce	2975	4614	7255	8595	x9456
Former USSR/Anc. URSS	x6215	x6170	x5525	x6086	
Korea Republic	4037	4902	4767	6871	6372
Norway,SVD,JM	5048	5137	5971	5023	5726
Brazil/Brésil	6043	4316	4450	6592	7800
Ireland/Irlande	1863	3981	5906	x14392	x18004
Hungary/Hongrie				5182	3836
Tunisia/Tunisie	2386	4220	3244	2776	5231
Bulgaria/Bulgarie	x10043	x5465	x3750	x513	x996
Canada	2700	2070	3180	4045	4191
Turkey/Turquie	3484	3427	3615	1366	1302
United Arab Emirates	x3245	x2567	x2470	x2435	x2983
Bangladesh	x1328	x1266	x2262	2704	x4205
Australia/Australie	967	777	1727	3297	1623
Egypt/Egypte	56	2123	946	2430	1008
Colombia/Colombie	x86	53	587	2968	94
Panama	x1930	x2550	0	x956	54
Argentina/Argentine	103	332	960	678	554
Uruguay	451	267	587	1048	1293
Israel/Israël	406	766	672	417	470
India/Inde	374	x1139	242	381	x1410
Finland/Finlande	600	813	361	460	388
Oman	18	222	396	949	x3

(VALUE AS % OF TOTAL)(VALEUR EN % DU TOTAL)

IMPORTS

	1983	1984	1985	1986	1987	1988	1989	1990	1991	1992
Africa	x3.3	x3.5	x1.8	x1.0	x1.6	x1.5	x1.2	x1.1	x1.4	x1.7
Northern Africa	1.6	1.0	0.6	0.1	x0.5	x0.2	x0.2	0.1	0.3	0.4
Americas	x32.7	36.4	36.3	x31.8	x26.5	24.1	x27.2	24.2	x23.9	x23.9
LAIA	0.3	0.4	0.6	0.7	x0.6	0.5	0.7	1.1	1.4	x1.9
CACM	x0.1	0.1	0.1	x0.2	0.1	0.1	0.1	0.1	0.1	x0.2
Asia	x19.0	16.9	x17.2	x18.7	17.5	x18.9	19.8	x21.2	x21.2	x24.5
Middle East	x6.6	x6.3	x5.5	x5.7	x4.7	x4.1	x2.9	x3.5	x3.3	x5.2
Europe	41.8	39.1	40.8	45.5	47.6	48.7	45.5	49.5	48.4	47.2
EEC	32.4	29.4	31.2	34.5	36.2	37.7	35.5	39.0	39.6	39.0
EFTA	9.4	8.8	8.7	10.5	10.7	9.8	8.6	9.1	8.3	7.8
Oceania	x3.2	x4.1	x3.8	x3.1	x2.9	x2.9	x3.0	x2.5	x2.3	x2.3
USA/Etats–Unis d'Amer	26.5	29.3	29.1	24.1	20.2	18.1	21.0	18.7	17.6	17.9
Italy/Italie	8.9	8.9	9.3	9.5	10.9	11.6	10.6	12.2	12.1	12.1
Hong Kong	6.3	5.9	6.2	6.9	7.5	7.8	7.8	7.7	8.9	9.9
Germany/Allemagne	5.4	4.1	4.4	4.6	5.1	5.3	5.1	5.8	6.3	5.0
Japan/Japon	1.6	1.6	1.8	2.1	2.4	3.4	4.6	5.7	5.3	4.9
France, Monac	4.4	4.9	4.9	5.7	5.3	5.3	4.8	5.4	5.2	3.2
Canada	5.2	5.5	5.4	5.7	4.0	4.5	4.4	3.7	4.1	3.4
Netherlands/Pays–Bas	3.4	3.2	3.1	3.8	4.0	3.6	3.2	3.6	3.3	3.4
Belgium–Luxembourg	2.8	2.4	2.5	2.9	2.9	3.1	2.9	3.4	3.5	3.4
United Kingdom	2.9	3.1	3.3	3.7	3.1	3.5	3.6	3.1	3.0	2.8

EXPORTS

	1983	1984	1985	1986	1987	1988	1989	1990	1991	1992
Afrique	x0.0	x0.0	x0.2	x0.1	x0.3	x0.2	x0.5	x0.2	x0.3	x0.4
Afrique du Nord	x0.0	x0.0	0.0	0.1	0.3	0.2	0.4	0.2	0.3	0.3
Amériques	x0.2	x1.0	0.8	x1.8	x1.4	x1.6	x3.0	2.8	3.5	3.7
ALAI	0.0	0.7	0.8	0.8	x0.6	0.5	0.3	0.4	0.6	0.6
MCAC	x0.0	0.3	0.0	0.0	x0.0	x0.0	x0.0	x0.0	0.0	x0.0
Asie	38.6	39.4	36.9	33.3	35.9	34.1	36.7	38.3	40.8	43.1
Moyen–Orient	x1.2	x1.2	0.6	x0.5	x0.5	x0.5	x0.4	x0.4	x0.3	x0.2
Europe	61.1	59.5	62.0	64.7	51.6	52.7	50.9	53.6	51.2	48.5
CEE	58.4	56.0	58.5	60.9	48.4	49.3	47.9	50.6	48.8	46.2
AELE	2.7	2.5	2.6	2.9	2.6	2.7	2.3	2.3	1.9	1.8
Océanie	x0.0	x0.0	0.0	x0.0	x0.1	x0.0	x0.1	x0.1	x0.2	x0.1
Germany/Allemagne	27.4	26.5	27.2	30.0	23.4	22.4	20.9	21.3	20.6	19.3
Japan/Japon	29.5	30.0	27.0	23.2	16.2	14.3	14.2	13.7	13.7	13.6
China/Chine					10.5	9.8	10.3	12.6	13.0	13.4
United Kingdom	14.5	13.2	15.2	14.5	11.0	11.8	11.4	11.8	11.7	10.8
Hong Kong	6.0	6.6	6.9	7.3	6.7	7.1	7.2	7.5	8.8	10.6
France, Monac	5.4	5.3	5.9	5.3	4.2	4.4	4.7	5.2	5.2	5.5
Belgium–Luxembourg	4.3	4.1	4.2	4.6	4.3	4.5	4.2	4.7	5.0	3.9
USA/Etats–Unis d'Amer				x1.0	0.7	x0.8	2.4	2.3	2.6	3.0
Italy/Italie	1.6	1.9	1.5	1.5	1.1	1.5	1.8	1.8	1.9	1.9
Denmark/Danemark	2.8	2.3	2.1	2.2	1.6	1.8	1.8	2.2	1.3	1.4

6665 COARSE CERAMIC HOUSEWARE

VAISSELLE, ART MEN CERAM 6665

TRADE BY COMMODITY IN THOUSAND U.S. DOLLARS – COMMERCE PAR PRODUIT EN MILLIERS DE DOLLARS E.U

COUNTRIES–PAYS	1988	1989	1990	1991	1992	COUNTRIES–PAYS	1988	1989	1990	1991	1992
Total	1067324	1220436	1288917	1349969	1458051	Totale	919510	967472	1027489	1014228	1122838
Africa	x11738	x14571	x13322	x10960	x15638	Afrique	x447	x4491	x1110	x1618	x3077
Northern Africa	x1144	x4920	1825	x740	x2824	Afrique du Nord	364	x4138	506	1202	1496
Americas	496825	615258	597524	585425	x654735	Amériques	x51179	60579	59966	66571	71007
LAIA	12707	15776	16460	23313	x26429	ALAI	32993	37192	37335	40794	39284
CACM	1512	1184	1114	1250	x1351	MCAC	94	85	50	x14	x23
Asia	70482	82484	92434	109024	x126065	Asie	379805	387859	380157	365840	x402687
Middle East	x11072	x13766	x10117	x9531	x13953	Moyen-Orient	892	1471	1523	1048	1876
Europe	439457	453131	537670	593608	612604	Europe	443808	468226	564060	556086	619537
EEC	362741	370876	437392	496291	517818	CEE	424906	449398	542015	537139	598082
EFTA	73579	77299	94443	93923	90464	AELE	15744	16226	18576	16779	17125
Oceania	x31983	x36746	x44724	x43617	x44249	Océanie	3913	x1611	x660	x1773	1197
USA/Etats–Unis d'Amer	420389	536672	517891	503878	571079	United Kingdom	172440	177319	223755	221299	230237
Germany/Allemagne	116196	109915	135211	160621	143018	Japan/Japon	221954	217957	204363	181899	155080
France, Monac	81092	83773	93947	96336	104945	Italy/Italie	100903	104111	117435	113934	127576
Canada	56602	56797	56875	52057	50705	Korea Republic	90547	81801	71507	53965	34098
United Kingdom	44374	47236	48133	51134	58762	Portugal	44096	50624	66092	68622	85924
Hong Kong	24331	32150	36235	52276	66500	Hong Kong	29323	40715	48217	65204	87594
Netherlands/Pays-Bas	32983	32393	42825	42468	49177	Germany/Allemagne	35814	41249	43452	44798	45625
Australia/Australie	28265	33294	39589	36092	37775	France, Monac	35489	37732	46203	44584	46712
Spain/Espagne	18715	26235	29801	40732	52825	Thailand/Thaïlande	18054	25560	31684	36136	x58821
Belgium–Luxembourg	24581	25866	31236	32530	29374	Brazil/Brésil	23928	25722	26190	30068	29264
Italy/Italie	17710	18413	22481	32849	34376	USA/Etats–Unis d'Amer	x16550	20746	20364	24184	28032
Sweden/Suède	17528	20484	26316	24516	23716	China/Chine	12329	13424	12751	15681	20357
Japan/Japon	16284	20545	23241	26503	26269	Netherlands/Pays-Bas	6629	8426	12046	10766	15856
Switz.Liecht	21481	20622	23035	24081	22011	Spain/Espagne	9302	8760	9942	10171	9445
Austria/Autriche	16565	17922	21076	20499	19206	Finland/Finlande	7383	9322	9935	7911	7148
Norway, SVD, JM	11307	11129	14828	16448	17924	Belgium–Luxembourg	6976	8712	8014	8857	17741
Ireland/Irlande	10152	11765	14110	15827	17811	Romania/Roumanie	x11597	x11636	x6931	884	x3883
Mexico/Mexique	9369	12519	10630	11668	12829	Ireland/Irlande	7638	6791	7353	5225	6345
Korea Republic	4973	8412	13674	12529	6332	Former GDR	x20768	x14551	x4644		
Greece/Grèce	6686	6596	8532	10040		Former USSR/Anc. URSS	x3263	x6194	x4704	x5057	
Former USSR/Anc. URSS	x16142	x15514	x1692	x5618		Bulgaria/Bulgarie	x2728	x10365	x3065	x504	x697
Finland/Finlande	5777	6380	8354	7134	6550	Sweden/Suède	5599	4086	4752	4585	4139
Denmark/Danemark	7788	5488	7189	8135	9247	Greece/Grèce	1922	2755	4402	5673	x8143
So. Africa Customs Un	4763	4574	5796	x4785	5318	Chile/Chili	3758	6469	3381	1015	x1265
Portugal	2464	3196	3927	5617	8320	Mexico/Mexique	3237	2148	3423	4773	2046
New Zealand	2335	2438	4141	6119	5293	Poland/Pologne				x10232	x12757
Israel/Israël	3415	3261	4793	4531	7476	Indonesia/Indonésie	401	1694	3821	4446	18239
Saudi Arabia	3294	6198	x2617	x2758	x4455	Denmark/Danemark	3696	2920	3320	3210	4478
Yugoslavia SFR	1832	3576	4375	x1639		Yugoslavia SFR	3156	2601	3464	x2054	
Libyan Arab Jamahiriya	877	3960	1530	x373	x582	Philippines	580	x3345	1326	2496	4296
Chile/Chili	1715	1453	1726	2681	x3777	Colombia/Colombie	678	1322	2570	2957	4360
United Arab Emirates	x2510	x1490	x1412	x1701	x2356	Austria/Autriche	1391	1507	2441	2621	3309
Venezuela	369	571	1581	2438	2437	Malaysia/Malaisie	1059	763	2630	3135	x19041
Cyprus/Chypre	1313	1263	1656	1341	2219	Czechoslovakia	x1946	x1960	x1979	x1775	x3420
Lebanon/Liban	x1036	x943	x1545	x1452	x1510	Canada	1379	2108	1881	1423	2948
Nigeria/Nigéria	x975	x1231	x1484	x1173	x1551	Switz.Liecht	1241	1130	1300	1420	2250
Malaysia/Malaisie	938	587	1682	1605	x2238	Hungary/Hongrie				x3844	x4572
Argentina/Argentine	286	235	687	2922	4580	Algeria/Algérie	17	x3443	66	72	x11
Czechoslovakia	x509	2468	761	x137	x2548	Turkey/Turquie	625	1242	1349	935	1672
Philippines	417	x1628	1072	303	413	Australia/Australie	2147	596	349	1404	814
Iceland/Islande	922	761	834	1246	1056	India/Inde	1024	x261	1276	550	x688
Reunion/Réunion	1025	815	958	638	1056	Uruguay	710	544	657	719	877
Guadeloupe	944	668	895	801	810	Argentina/Argentine	286	789	661	327	161
Bahrain/Bahreïn	x673	x661	x807	x626	x535	New Zealand	1686	939	294	343	364
Malta/Malte	493	485	534	x867	x1138	Morocco/Maroc	179	320	258	870	982
Peru/Pérou	x2	66	292	1691	x518	Bangladesh	x27	x390	x667	322	x1070
Kuwait/Koweït	x832	x1166	x603	x261	x891	Ecuador/Equateur	279	71	212	598	819
Indonesia/Indonésie	386	374	808	721	433	Tunisia/Tunisie	112	345	169	241	470
Bermuda/Bermudes	x594	x633	x652	x507	x485	Zimbabwe	x1	x4	400	280	x1346
Andorra/Andorre	x408	x477	x596	x623	x514	Viet Nam	x43	x106	x88	x403	x659

(VALUE AS % OF TOTAL)(VALEUR EN % DU TOTAL)

	1983	1984	1985	1986	1987	1988	1989	1990	1991	1992		1983	1984	1985	1986	1987	1988	1989	1990	1991	1992
Africa	x3.4	x1.6	x1.1	0.9	0.8	x1.1	1.2	1.0	0.9	x1.1	Afrique		0.1	0.1	x0.1	x0.0	x0.0	x0.5	x0.1	x0.2	x0.3
Northern Africa	0.9	x0.2	0.2	x0.1	0.0	x0.1	0.4	0.1	x0.1	x0.2	Afrique du Nord	0.0	0.0	0.0	0.0	0.0	0.0	x0.4	0.0	0.1	0.1
Americas	x52.1	57.1	61.3	x53.5	x49.1	46.6	50.4	46.4	43.4	x44.9	Amériques	x0.3	x3.1	x3.1	x5.3	x4.3	x5.5	6.3	5.9	6.5	6.4
LAIA	0.1	0.2	0.2	x0.5	0.3	1.2	1.3	1.3	1.7	x1.8	ALAI	0.1	3.0	3.0	2.5	x2.5	3.6	3.8	3.6	4.0	3.5
CACM	x0.1	0.2	0.2	x0.1	x0.1	0.1	0.1	0.1	0.1	x0.1	MCAC	x0.0	0.0	0.0	0.0	x0.0	0.0	0.0	0.0	0.0	0.0
Asia	x5.1	4.6	4.2	x5.3	5.9	6.6	6.8	7.2	8.1	x8.6	Asie	50.2	52.3	49.2	46.2	40.5	41.3	40.1	37.0	36.0	x35.9
Middle East	x1.9	x1.8	x1.2	x1.3	x0.7	x1.0	x1.1	x0.8	x0.7	x1.0	Moyen–Orient	x0.1	x0.2	0.6	0.5	x0.1	0.1	0.2	0.1	0.1	0.2
Europe	35.9	31.6	28.8	36.9	40.1	41.2	37.1	41.7	44.0	42.0	Europe	49.0	44.1	47.2	48.1	47.3	48.3	48.4	54.9	54.8	55.2
EEC	28.5	24.6	22.8	30.1	32.6	34.0	30.4	33.9	36.8	35.5	CEE	46.4	41.0	44.2	45.5	44.8	46.5	52.8	53.0	53.3	
EFTA	7.3	6.8	5.9	6.7	7.3	6.9	6.3	7.3	7.0	6.2	AELE	2.6	2.6	2.5	2.3	2.3	1.7	1.7	1.8	1.7	1.5
Oceania	x3.5	x5.1	x4.6	x3.4	x2.7	x3.0	x3.0	x3.5	x3.2	x3.1	Océanie	0.4	0.5	0.4	0.3	0.3	0.4	x0.2	x0.1	x0.2	0.1
USA/Etats–Unis d'Amer	44.7	49.3	53.2	45.8	43.4	39.4	44.0	40.2	37.3	39.2	United Kingdom	19.4	16.7	21.2	17.8	16.5	18.8	18.3	21.8	21.8	20.5
Germany/Allemagne	10.2	8.4	7.6	8.7	10.3	10.9	9.0	10.5	11.9	9.8	Japan/Japon	40.6	42.0	39.2	34.9	26.1	24.1	22.5	19.9	17.9	13.8
France, Monac	5.0	5.0	4.5	6.2	6.6	7.6	6.9	7.3	7.1	7.2	Italy/Italie	9.4	8.4	8.2	9.9	10.3	11.0	10.8	11.4	11.2	11.4
Canada	6.7	6.8	6.9	6.6	4.8	5.3	4.7	4.5	3.9	3.5	Korea Republic	8.0	8.8	8.1	8.6	9.7	9.8	8.5	7.0	5.3	3.0
United Kingdom	2.7	2.8	2.7	5.0	4.5	4.2	3.9	3.7	3.8	4.0	Portugal	3.6	4.3	4.5	5.6	6.5	4.8	5.2	6.4	6.8	7.7
Hong Kong	0.7	0.6	0.6	1.4	2.0	2.3	2.6	2.8	3.9	4.6	Hong Kong	0.6	0.0	0.4	1.4	2.3	3.2	4.2	4.7	6.4	7.8
Netherlands/Pays-Bas	3.2	2.5	2.0	2.9	3.3	3.1	2.7	3.3	3.1	3.4	Germany/Allemagne	4.8	3.9	3.6	4.3	3.9	3.9	4.3	4.2	4.4	4.1
Australia/Australie	3.1	4.5	4.2	3.1	2.4	2.6	2.7	3.1	2.7	2.6	France, Monac	4.6	3.4	3.4	4.0	3.7	3.9	3.9	4.5	4.4	4.2
Spain/Espagne	0.8	0.7	0.8	1.1	1.2	1.8	2.1	2.3	3.0	3.6	Thailand/Thaïlande	0.3	0.2	0.2	0.2	0.5	2.0	2.7	3.1	3.6	x5.2
Belgium–Luxembourg	2.5	2.0	1.8	2.2	2.3	2.3	2.1	2.4	2.4	2.0	Brazil/Brésil	2.6	2.7	2.1	2.0	2.6	2.7	2.5	3.0	2.6	

6666 CERAMIC ORNAMENTS ETC / OBJETS PORCELAINE, CERAM 6666

TRADE BY COMMODITY IN THOUSAND U.S. DOLLARS – COMMERCE PAR PRODUIT EN MILLIERS DE DOLLARS E.U

IMPORTS – IMPORTATIONS

COUNTRIES–PAYS	1988	1989	1990	1991	1992
Total	1602930	1385120	1541957	1678626	1829696
Africa	x4757	x4120	x4886	x4938	x6338
Northern Africa	672	569	668	881	923
Americas	x803360	x533528	x510427	550320	x639835
LAIA	3320	6448	7857	12341	18552
CACM	207	185	262	309	x638
Asia	132598	163178	203861	214552	270550
Middle East	x14309	x19282	x14129	x13858	x20591
Europe	620275	637611	783579	866837	881331
EEC	509136	527366	648046	734535	756521
EFTA	107110	106853	130272	126962	121181
Oceania	x27719	x31790	x30438	x29901	x27664
USA/Etats–Unis d'Amer	754776	480809	459908	492003	573143
Germany/Allemagne	135849	137800	177500	221923	218800
United Kingdom	111950	116313	119002	116212	116016
France, Monac	78917	78669	97133	96850	106096
Hong Kong	40759	55361	62802	92301	147692
Japan/Japon	46762	54092	81102	66103	59512
Italy/Italie	47425	48275	58622	76553	82179
Netherlands/Pays–Bas	41577	44055	62812	58922	54446
Belgium–Luxembourg	29798	34268	45335	43239	44096
Spain/Espagne	22707	29066	34561	56034	68707
Sweden/Suède	32282	34085	42095	36711	35329
Canada	34625	35851	30956	34790	38098
Switz.Liecht	29395	29456	35133	36365	34016
Austria/Autriche	19288	20939	27024	28179	27076
Australia/Australie	22228	25410	22074	21879	20720
Singapore/Singapour	15449	16499	23559	20877	20443
Portugal	14192	13758	19230	27306	31152
Norway, SVD, JM	21195	17032	19518	19558	19877
Denmark/Danemark	15083	12574	16066	17831	17059
Ireland/Irlande	8582	8402	10748	10051	9035
Former USSR/Anc. URSS	x7910	x9394	x2376	x9494	
Greece/Grèce	3056	4187	7058	9612	x8945
Israel/Israël	6095	5450	7600	7695	6448
New Zealand	4372	4836	6760	7190	5350
Finland/Finlande	3932	4699	5801	5265	4019
Mexico/Mexique	977	2933	5085	7109	9558
Korea Republic	1722	2325	4222	4099	3284
Kuwait/Koweït	x1982	9202	x979	x245	x1217
Malaysia/Malaisie	1865	2122	3403	3967	x4675
Macau/Macao	3043	4028	3639	1516	1026
Saudi Arabia	1730	1338	x3991	x3820	x5220
United Arab Emirates	x5211	x2740	x3002	x2792	x4944
Czechoslovakia	x3670	3885	3794	x784	x1941
Cyprus/Chypre	2135	2683	2624	2241	3182
Bermuda/Bermudes	x1367	x1319	x1708	x991	x1233
United States Virg Is	x2069	x1859	x2019	x117	
So. Africa Customs Un	2092	987	1395	x1474	x1315
Malta/Malte	1499	1355	1205	x1288	x1391
Lebanon/Liban	x848	x1304	x1037	x1391	x1487
Guadeloupe	832	900	1331	1357	1469
Gibraltar	x754	x484	x1002	x1915	x603
Indonesia/Indonésie	864	840	1343	1184	613
Andorra/Andorre	x741	x800	x1183	x1281	x1125
Bahamas	794	x814	x1235	x1179	x1308
Yugoslavia SFR	787	627	1770	x766	
Hungary/Hongrie	x299	x361	x2081	717	x732
Martinique	856	918	1142	1078	1283
Barbados/Barbade	1157	1126	1099	892	x595
Iraq	x905	x1400	x808	x740	x23
R=union/Réunion	867	928	1212	774	1225

EXPORTS – EXPORTATIONS

COUNTRIES–PAYS	1988	1989	1990	1991	1992
Totale	1037456	1083011	1286804	1492665	1538736
Afrique	x1087	x1505	x1902	x1867	x3936
Afrique du Nord	558	1013	1557	1507	2122
Amériques	x31091	34806	48040	69548	x57532
ALAI	14665	19338	18839	40464	x26848
MCAC	113	214	140	150	x234
Asie	329466	371669	411403	554774	x693748
Moyen–Orient	x1486	2711	1440	2150	3770
Europe	610879	632396	799626	793667	765615
CEE	597006	619325	783923	780270	751989
AELE	13271	12565	14990	12766	12459
Océanie	x832	x1029	x1592	x1108	x1258
Italy/Italie	164632	162325	198271	167004	157700
China/Chine	76521	107685	156973	246054	285494
Portugal	80209	90143	133145	152361	150323
Germany/Allemagne	98042	94166	111890	119125	112064
Spain/Espagne	79295	86359	105420	104303	95219
Hong Kong	61176	78346	85162	114217	179362
Japan/Japon	93485	77152	69251	67507	54658
Netherlands/Pays–Bas	55058	55854	71519	74400	74942
United Kingdom	49283	57191	70255	70822	61083
France, Monac	27835	32470	40644	36816	41786
Korea Republic	43299	36523	26320	19021	15368
Denmark/Danemark	24529	19466	28849	30429	31156
Malaysia/Malaisie	18229	23652	18731	25865	x31803
USA/Etats–Unis d'Amer	x13492	12348	23692	24742	27071
Thailand/Thaïlande	5340	11774	16992	27621	x59813
Poland/Pologne	905	380	135	53197	x2748
Belgium–Luxembourg	13607	15214	18014	17458	17137
Philippines	6476	x7986	15627	20641	22270
Former USSR/Anc. URSS	x5638	x13417	x14574	x8928	
Former GDR	x39102	x24021	x6537		
Colombia/Colombie	213	576	3486	24618	1738
Sweden/Suède	8753	7647	8220	6642	6903
Macau/Macao	15641	12763	7191	2055	1101
Mexico/Mexique	4559	5756	6265	8718	15810
Sri Lanka	2014	2481	2536	6793	4814
Singapore/Singapour	3489	3894	4681	4476	x6182
Greece/Grèce	2175	3914	3923	4419	9004
Indonesia/Indonésie	734	3313	3088	5217	9004
Chile/Chili	4291	6906	3689	1009	x1600
Viet Nam	x823	x1541	x2959	x5805	x10403
Canada	1090	2042	3537	2671	2390
Austria/Autriche	1856	2218	3064	2905	2694
Hungary/Hongrie				x7368	x7879
Ireland/Irlande	2260	2222	1995	3077	4397
Brazil/Brésil	3206	2387	1562	1557	2977
Switz.Liecht	1518	1384	2169	1842	1867
Peru/Pérou	711	1269	1565	x1947	x2514
Bulgaria/Bulgarie	x1134	x2404	x1817	x268	x453
Uruguay	1427	1663	1284	1315	1185
Turkey/Turquie	1116	891	1206	1965	3548
Czechoslovakia	x715	x982	x992	x988	x1283
Finland/Finlande	795	952	1136	825	677
Australia/Australie	717	804	1234	651	1029
Morocco/Maroc	247	478	872	951	1359
Panama	21	13	x1071	x769	26
Yugoslavia SFR	561	472	682	x567	
Tunisia/Tunisie	311	533	623	548	686
Kuwait/Koweït	x2	1508	x2	x20	x28
Ecuador/Equateur	163	499	444	516	599
Dominican Republic	x1294	x516	x423	x420	x648

(VALUE AS % OF TOTAL) (VALEUR EN % DU TOTAL)

	1983	1984	1985	1986	1987	1988	1989	1990	1991	1992		1983	1984	1985	1986	1987	1988	1989	1990	1991	1992
Africa	x0.6	x0.7	x0.3	x0.3	x0.3	x0.3	x0.3	x0.3	x0.3	x0.4	Afrique	x0.1	x0.0		x0.1	x0.1	x0.1	x0.1	x0.1	x0.1	x0.2
Northern Africa	0.0	0.0	0.0	0.0	0.0	0.1	0.0	0.0	0.1	0.1	Afrique du Nord	0.1	0.0	0.0	0.1	0.1	0.1	0.1	0.1	0.1	0.1
Americas	49.4	55.5	x57.3	x55.0	x53.1	x50.1	x38.5	33.1	32.8	x35.0	Amériques	x0.5	x2.3	x2.1	x4.3	x4.0	x3.0	3.2	3.7	4.6	x3.7
LAIA	0.2	0.2	0.3	x0.3	x0.3	0.2	0.5	0.5	0.7	1.0	ALAI	0.2	2.1	1.7	x2.1	x2.0	1.4	1.8	1.5	2.7	x1.7
CACM	x0.0	x0.0		x0.0	x0.0	0.0	0.0	0.0	0.0	x0.0	MCAC	x0.0			x0.0	0.0	0.0	0.0	0.0	0.0	x0.0
Asia	x7.3	5.4	x7.2	5.9	6.4	8.3	11.8	13.3	12.8	14.8	Asie	30.2	33.1	31.4	26.6	28.4	31.8	34.3	32.0	37.1	x45.1
Middle East	x1.9	x0.8	x2.6	x0.8	x0.7	x0.9	x1.4	x0.9	x0.8	x1.1	Moyen–Orient	x0.0	1.0	x0.2	0.6	x0.1	0.3	0.1	0.1	0.1	0.1
Europe	40.3	35.9	32.8	37.0	38.0	38.7	46.0	50.8	51.6	48.2	Europe	69.2	64.5	66.4	69.0	60.1	58.8	58.4	62.1	53.2	49.8
EEC	32.6	28.7	25.7	29.0	30.1	31.8	38.1	42.0	43.8	41.3	CEE	67.4	62.8	64.5	66.8	58.3	57.5	57.2	60.9	52.3	48.9
EFTA	7.6	7.0	6.9	7.8	7.7	6.7	7.7	8.4	7.6	6.6	AELE	1.7	1.6	1.9	2.1	1.7	1.3	1.2	1.2	0.9	0.8
Oceania	x2.4	x2.6	x2.3	x1.7	x1.5	x1.8	x2.3	x2.0	x1.7	x1.5	Océanie	x0.0			x0.0	x0.0	x0.1	x0.0	x0.1	x0.1	x0.1
USA/Etats–Unis d'Amer	44.4	49.9	52.2	50.1	48.4	47.1	34.7	29.8	29.3	31.3	Italy/Italie	22.6	20.0	20.0	21.0	18.5	15.9	15.0	15.4	11.2	10.2
Germany/Allemagne	9.5	8.3	7.5	8.1	8.6	8.5	9.9	11.5	13.2	12.0	China/Chine						4.2	7.4	9.9	12.2	16.5	18.6
United Kingdom	6.0	5.6	4.5	5.3	5.7	7.0	8.4	7.7	6.9	6.3	Portugal	2.5	3.2	3.8	4.6	4.9	7.7	8.3	10.3	10.2	9.8
France, Monac	5.4	4.5	4.2	5.2	5.2	4.9	5.7	6.3	5.8	5.8	Germany/Allemagne	15.2	12.4	12.7	13.3	10.2	9.5	8.7	8.7	8.0	7.3
Hong Kong	1.4	1.3	1.4	1.6	1.8	2.5	4.0	4.1	5.5	8.1	Spain/Espagne	5.5	6.6	7.9	8.0	7.1	7.6	8.0	8.2	7.0	6.2
Japan/Japon	2.1	1.4	1.5	1.9	2.3	2.9	3.9	5.3	3.9	3.3	Hong Kong	3.1	3.2	3.3	3.8	4.5	5.9	7.2	6.6	7.7	11.7
Italy/Italie	2.9	2.7	2.5	2.4	2.6	3.0	3.5	3.8	4.6	4.5	Japan/Japon	20.2	21.7	18.4	16.3	11.5	9.0	7.1	5.4	4.5	3.6
Netherlands/Pays–Bas	3.0	2.7	2.4	2.7	2.6	3.2	4.1	3.5	3.0	3.0	Netherlands/Pays–Bas	5.9	5.4	5.6	6.2	5.4	5.3	5.2	5.6	5.0	4.9
Belgium–Luxembourg	2.2	1.9	1.7	2.0	2.1	1.9	2.5	2.9	2.6	2.4	United Kingdom	6.1	6.5	6.0	5.2	4.6	4.8	5.3	5.5	4.7	4.0
Spain/Espagne	1.2	0.9	0.8	1.0	1.0	1.4	2.1	2.2	3.3	3.8	France, Monac	3.5	2.9	3.2	3.6	3.0	2.7	3.0	3.2	2.5	2.7

6672 DIAMONDS NONINDUST, UNSET — DIAMANTS BRUTS 6672

TRADE BY COMMODITY IN THOUSAND U.S. DOLLARS – COMMERCE PAR PRODUIT EN MILLIERS DE DOLLARS E.U

COUNTRIES–PAYS	1988	1989	1990	1991	1992	COUNTRIES–PAYS	1988	1989	1990	1991	1992
	IMPORTS – IMPORTATIONS						EXPORTS – EXPORTATIONS				
Total	26331557	29134112	30135071	28367203	x29384281	Totale	x23918016	x26850753	x27735222	x28423531	x25076310
Africa	x154555	x207124	x187167	x92677	x116909	Afrique	x1663973	x1996203	x2334224	x3709202	x1914911
Northern Africa	15268	20133	14282	6567	4898	Afrique du Nord	7561	19235	18175	7449	x6076
Americas	x4508670	x4584638	x4182719	x4213287	x4354858	Amériques	x2018591	x2282780	x2505614	x2293898	x2089665
LAIA	3936	7345	4782	3171	3199	ALAI	27688	66704	81202	85053	50318
CACM	x1262	320	99	x218	x228	MCAC		x35	x41	x3464	x19
Asia	8975772	10257478	10504189	9880965	x11024381	Asie	6374088	x7795450	7575253	7239304	x7937782
Middle East	x86215	x82141	x115766	x199007	x171401	Moyen-Orient	x38913	x84413	x101538	x111377	x103110
Europe	12603906	13973156	15156852	x14077528	x13793671	Europe	11983662	13333813	13933749	x13404867	13010452
EEC	10357878	11526382	12540235	x11755477	x11432556	CEE	10012845	11125131	11498022	x11243656	10954276
EFTA	2241156	2439414	2609527	2317548	2359271	AELE	1968369	2205911	2431499	2156739	2055093
Oceania	x73639	x97676	x95131	x97970	x89960	Océanie	x35347	x77840	x79119	x126924	x120802
Belgium–Luxembourg	5903404	7187679	7836105	7452031	7371053	Belgium–Luxembourg	6162136	7331453	7607804	7598724	7668025
USA/Etats–Unis d'Amer	4324660	4375489	3998420	4016610	4163451	United Kingdom	3515031	3397912	3495977	x3313664	2947937
United Kingdom	3594159	3303927	3633056	x3406750	x3175571	Israel/Israël	2837144	3113580	3507361	3333306	3655293
Israel/Israël	2826372	2993794	3058635	2708569	3078135	India/Inde	2815753	x3524045	2596714	2342077	x2708347
Switz.Liecht	2210719	2406770	2576016	2295859	2340057	Switz.Liecht	1962362	2200086	2417733	2153930	2049933
Japan/Japon	2078065	2233246	2547216	2065011	1833556	USA/Etats–Unis d'Amer	1254940	1371083	1599218	1521783	1449465
India/Inde	2128531	x2481440	1983413	1914723	x2921052	Former USSR/Anc. URSS	x1842106	x1364373	x1289306	x1647927	
Hong Kong	1485924	1653672	1664908	1744145	2044790	Liberia/Libéria	8800	x99884	x395290	x1960640	x141765
Thailand/Thaïlande	160405	516106	689708	784432	463806	So. Africa Customs Un	x733746	x871692	x747111	x568863	x392466
Germany/Allemagne	302117	354534	366210	363636	316442	Hong Kong	458193	656560	759477	710301	697404
France, Monac	225893	269340	298833	219555	259622	Bermuda/Bermudes	x607758	x598916	x650241	x580383	x479549
Canada	148920	193754	170447	157151	150961	Zaire/Zaïre	x321838	x228285	x274432	x461963	x377580
Italy/Italie	122962	159899	168878	150069	138992	Thailand/Thaïlande	70653	184788	304342	407382	x384588
Singapore/Singapour	72542	81859	132667	209238	191782	Angola	x191143	x246002	x260539	x32405	x51155
Netherlands/Pays–Bas	125135	157492	142079	88311	99383	Cote d'Ivoire	x90183	x150332	x100339	x124981	x259899
So. Africa Customs Un	127105	146419	137651	x51788	x72952	Panama	x77171	x144913	x122782	x65841	x57588
Australia/Australie	66911	87246	85895	90045	82194	Ghana	x63380	x93428	x131228	x91402	x126954
Malaysia/Malaisie	43022	67088	87299	95852	x117458	Netherlands/Pays–Bas	112866	118650	113558	75652	70194
Sri Lanka	47323	78526	73471	75636	76382	Germany/Allemagne	92045	104610	95858	95721	93144
Portugal	65583	72371	69807	54257	47191	Congo	x52702	x70904	x93275	x118542	x207634
China/Chine	37871	56048	89421	41098	106147	Australia/Australie	34258	75342	77890	122338	119668
Lebanon/Liban	x33842	x32510	x39817	x56365	x31017	Sri Lanka	51228	89095	89201	93080	103272
Saudi Arabia	3228	2615	x31052	x65422	x51161	France, Monac	75162	81492	102092	71026	98444
United Arab Emirates	x27601	x27579	x19585	x33544	x40796	Portugal	54508	87982	79365	85906	71133
Brunei Darussalam	x6893	x6223	x46378	x26731	x684	Central African Rep.	x49283	58970	x75078	x78152	x76312
Mauritius/Maurice	x8804	x34275	22261	22426	20117	Malaysia/Malaisie	24845	48122	69551	74215	x74313
Bahrain/Bahreïn	x15932	x15397	x19218	x31046	x32676	China/Chine	49984	54668	81651	52468	83494
Spain/Espagne	11316	15063	19339	15464	12325	Singapore/Singapour	21021	34676	54474	98510	80590
Bermuda/Bermudes	x29546	x5725	x7515	x32702	x33229	Brazil/Brésil	24842	50250	66140	59573	28536
Tunisia/Tunisie	15102	19910	14159	6299	4666	Sierra Leone	3434	x44962	x53771	x65808	x97211
Austria/Autriche	10881	12006	14160	6735	7721	Canada	38090	65306	45787	25476	42805
Sweden/Suède	10268	9783	8980	8595	5778	Nigeria/Nigéria	x30050	x6488	x73391	x52680	x644
New Zealand	6354	9036	8014	6001	7262	Guinea/Guinée	x45115	x37868	x40288	x42427	x49875
Finland/Finlande	6036	7831	6907	5054	2935	Lebanon/Liban	x12278	x31144	x20795	x30183	x19906
Former USSR/Anc. URSS	x213	x10136	x5629	x3593		United Arab Emirates	x7107	x29249	x28336	x19399	x14293
Korea Republic	1527	2921	5924	6752	6271	Bahrain/Bahreïn	x18252	x20112	x23351	x32945	x31367
Cyprus/Chypre	2374	2561	2976	8167	8619	Mauritius/Maurice	x16820	x24171	23889	25520	21445
Denmark/Danemark	5554	4489	3807	3680	4765	Saudi Arabia	3	x2161	x27636	x24559	x29721
Malta/Malte	2917	4331	5243	x2303	x503	Mali	x1305	x4788	x11380	x36655	x34983
Liberia/Libéria	x445	x277	x4715	x5707	x192	Gambia/Gambie	x25263	x8177	x17494	x24205	x59425
Norway, SVD, JM	3210	2965	3355	2904	2735	Venezuela	0	13383	13102	19478	18851
Sierra Leone		x3419	x3802	x83	x3410	Tunisia/Tunisie	7561	19211	18172	6586	3848
Cote d'Ivoire	x570	x1791	x1704	x3529	x7913	Netherlands Antilles	x5500	x28871			
Brazil/Brésil	7	3763	2341	565	38	Togo	x2121	x12382	x7175	x4517	x6333
Viet Nam	x135	x359	x1201	x4922	x8395	Un. Rep. of Tanzania	7530	x13067	x8072	x1176	x1889
Andorra/Andorre	x1727	x2106	x1734	x1861	x1256	Sweden/Suède	2434	1826	12548	1302	2120
Mexico/Mexique	2435	1338	1982	2307	2655	Bulgaria/Bulgarie		x217	x14063	x1352	x1365
Indonesia/Indonésie			40	5113	6	Senegal/Sénégal	x7387	x2793	x284	x11023	x921
Korea Dem People's Rp	x69	x7	x2020	x2964	x3141	Dominican Republic	x4507	x3896	x4109	x3020	x2166
Romania/Roumanie	x1138	x2281	x735	x653	x1374	Malta/Malte	1903	2532	4081	x3085	x944

(VALUE AS % OF TOTAL)(VALEUR EN % DU TOTAL)

	1983	1984	1985	1986	1987	1988	1989	1990	1991	1992		1983	1984	1985	1986	1987	1988	1989	1990	1991	1992
Africa	0.3	x0.2	x0.4	0.4	x0.3	0.6	0.7	0.7	x0.3	x0.3	Afrique	x13.5	x11.4	x10.8	7.2	x5.5	7.0	7.4	8.4	13.0	x7.7
Northern Africa	0.0	0.0	0.1	0.1	x0.1	0.1	0.1	0.0	0.0	0.0	Afrique du Nord					0.1	0.0	0.1	0.1	0.0	x0.0
Americas	20.1	x23.4	x24.5	x21.4	x17.9	x17.1	x15.8	x13.8	x14.8	x14.8	Amériques	x6.6	x6.5	x6.5	x6.6	8.2	8.4	8.5	9.0	x8.0	x8.4
LAIA	0.0	0.0	0.0	0.0	0.0	0.0	0.0	0.0	0.0	0.0	ALAI	0.1	0.2	0.3	0.1	0.2	0.2	0.3	0.3	0.3	0.2
CACM	x0.0		0.0	x0.0	x0.0	x0.0	x0.0	x0.0	x0.0	x0.0	MCAC		x0.0	x0.0	x0.0		x0.0	x0.0	x0.0	x0.0	x0.0
Asia	26.6	23.8	26.7	28.7	32.4	34.1	x35.2	34.9	34.8	x37.5	Asie	23.9	22.6	26.1	27.5	25.5	26.7	x29.0	27.4	25.4	x31.7
Middle East	x0.5	x0.4	x0.4	x0.2	x0.3	x0.3	x0.3	x0.4	x0.7	x0.6	Moyen–Orient	x0.1	x0.2	x0.4	x0.3	x0.2	x0.3	x0.3	x0.4	x0.4	x0.4
Europe	52.8	52.2	48.1	49.4	49.1	47.9	48.0	50.3	x49.6	46.9	Europe	55.7	59.4	56.5	58.6	51.2	50.1	49.7	50.2	x47.2	51.9
EEC	46.2	42.7	39.9	40.4	40.1	39.3	39.6	41.6	x41.4	38.9	CEE	49.4	49.7	47.0	48.7	42.7	41.9	41.4	41.5	x39.6	43.7
EFTA	6.6	9.5	8.2	8.9	8.9	8.5	8.4	8.7	8.2	8.0	AELE	6.4	9.6	9.3	9.8	8.5	8.2	8.2	8.8	7.6	8.2
Oceania	x0.3	x0.3	x0.3	x0.3	0.3	x0.3	x0.3	x0.3	x0.3	x0.3	Océanie	0.2	0.2	x0.1	x0.2	x0.1	x0.1	0.3	0.3	x0.4	x0.5
Belgium–Luxembourg	23.6	23.5	22.0	22.6	23.5	22.4	24.7	26.0	26.3	25.1	Belgium–Luxembourg	28.9	28.8	29.5	29.1	26.2	25.8	27.3	27.4	26.7	30.6
USA/Etats–Unis d'Amer	19.3	22.6	23.5	20.6	17.1	16.4	15.0	13.3	14.2	14.2	United Kingdom	17.8	18.3	14.8	17.6	14.9	14.7	12.2	12.6	x11.7	11.8
United Kingdom	17.7	14.8	13.6	14.6	13.1	13.6	11.3	12.1	x12.0	10.8	Israel/Israël	11.3	11.3	13.3	13.8	12.4	11.9	11.6	12.6	11.7	14.6
Israel/Israël	7.2	7.6	10.0	10.4	10.5	10.7	10.3	10.1	9.5	10.5	India/Inde	10.6	8.8	10.5	11.2	10.2	11.8	x13.1	9.4	8.2	x10.8
Switz.Liecht	6.3	9.3	8.0	8.8	8.8	8.4	8.3	8.5	8.1	8.0	Switz.Liecht	6.3	9.6	9.3	9.7	8.4	8.2	8.7	7.6	8.2	x10.8
Japan/Japon	4.5	4.4	4.4	5.6	7.1	7.9	7.7	8.5	7.3	6.2	USA/Etats–Unis d'Amer	5.8	5.4	5.3	5.8	5.2	5.1	5.8	5.4	5.8	5.8
India/Inde	8.7	6.6	6.8	6.7	7.5	8.1	x8.5	6.6	6.7	x9.9	Former USSR/Anc. URSS					x9.5	x7.7	x5.1	x4.6	x5.8	
Hong Kong	4.4	3.9	4.0	4.8	5.3	5.6	5.7	5.5	6.1	7.0	Liberia/Libéria	0.6	x0.5	x0.2	x0.0	x0.4	x0.4	x1.4	x6.9	x0.6	
Thailand/Thaïlande	0.7	0.5	1.4	0.6	0.9	0.6	1.8	2.3	2.8	1.6	So. Africa Customs Un	10.4	8.5	9.0	x4.1	x2.1	x3.1	x3.2	x2.7	x2.0	x1.6
Germany/Allemagne	1.6	1.3	1.2	1.2	1.3	1.1	1.1	1.2	1.3	1.1	Hong Kong	1.7	1.5	1.6	1.4	1.5	1.9	2.4	2.7	2.5	2.8

66721 — ROUGH, UNSORTED
DIAMANTS BRUTS NON TRIES 66721

TRADE BY COMMODITY IN THOUSAND U.S. DOLLARS – COMMERCE PAR PRODUIT EN MILLIERS DE DOLLARS E.U

IMPORTS – IMPORTATIONS

COUNTRIES–PAYS	1988	1989	1990	1991	1992
Total	5790101	4171853	3183339	3099109	958621
Africa	126541	147601	126666	x6948	x6610
Northern Africa	14786	19712	10656	5775	4033
Americas	120148	225483	76043	59771	47907
LAIA	1335	5119	2350	751	110
CACM	675	320	85	72	0
Asia	5008538	3090608	x2093952	x2087539	x166348
Middle East	x2613	x2076	993	6779	x3559
Europe	527562	703087	881586	940421	732513
EEC	520554	701046	872735	939402	731324
EFTA	7008	2041	8850	1019	1189
Oceania	7301	5067	4285	4402	5037
India/Inde	2128531	x4267	1983413	1914723	x70182
Israel/Israël	2826372	2993794	x5082	x1821	x2459
Belgium-Luxembourg	513912	688252	842057	933712	725573
So. Africa Customs Un	111737	127734	115274	x1164	x2571
Canada	103471	129732	51055	44681	43742
Malaysia/Malaisie	30437	51131	61833	65667	x7
USA/Etats-Unis d'Amer	x14613	90310	22552	14145	4055
Thailand/Thaïlande	2623	6434	17564	63307	67486
Hong Kong	6291	14662	9546	25131	16445
United Kingdom	x196	x7861	x26104	x2571	x710
Tunisia/Tunisie	14786	19704	10656	5775	3863
China/Chine	9172	9394	12679	9443	5892
Australia/Australie	5792	3577	2794	3847	4709
France, Monac	4132	3778	3477	2335	3759
Switz. Liecht	5171	1195	6930	250	796
Sri Lanka	1626	7928	83	38	45
Cyprus/Chypre	1037	948	833	5978	1152
Brazil/Brésil		3755	2327	511	
New Zealand	1509	1491	1490	555	328
Singapore/Singapour	428	283	2713	242	75
Austria/Autriche	1175	511	1554	395	215
Saudi Arabia	x608	x993		x2	x118
Chile/Chili	658	898			
Japan/Japon	445	626	46	223	121
Denmark/Danemark	1053	449	216	118	85
Ireland/Irlande	600	196	405	122	117
Mauritius/Maurice			712	9	6
Bulgaria/Bulgarie			x714		200
Portugal	121	359	7	216	
Lebanon/Liban	x73	x82		x445	x405
Sweden/Suède	262	163	126	236	77
Italy/Italie	341	84	317	62	18
Jordan/Jordanie			13	93	315	351
Venezuela	274	302	4	91	100
Costa Rica	670	301	28	56	
Finland/Finlande	207	161	129	72	19
Netherlands/Pays-Bas	195	67		244	758
Norway, SVD, JM	168	7	105	60	51
Mexico/Mexique	2	1	16	148	10
Ecuador/Equateur	226	163			
Spain/Espagne	4		131	18	
Zimbabwe		x125	22		
Philippines			1	135	4
Trinidad and Tobago				123	
Turkey/Turquie	3	40	7	x39	18
Poland/Pologne		x1	x69		
United Arab Emirates	x884		x61		x742
Hungary/Hongrie	x11	x6	x24	27	
El Salvador	5	9	16	17	
Nicaragua			41		0

EXPORTS – EXPORTATIONS

COUNTRIES–PAYS	1988	1989	1990	1991	1992
Totale	x841605	x831015	x616137	x1416782	x1194579
Afrique	x356626	x326219	x368874	x398837	x303550
Afrique du Nord	11	324	62	21	10
Amériques	x157271	94645	48703	52769	61535
ALAI	x1146	18232	13537	19734	19129
MCAC			x41		
Asie	282011	310503	x162294	x126954	x146641
Moyen-Orient	x1969	x265	x1730	x9284	x13377
Europe	38700	65849	34644	x824666	x682772
CEE	37177	65380	34462	x824237	x681820
AELE	x1523	x469	182	428	x952
Océanie	157	x298	64	x265	x9
United Kingdom	26137	58320	31597	x820436	x678707
Zaire/Zaïre	x264057	x162610	x206053	x381187	x289483
Israel/Israël	x154598	x159825	x93474	x76976	x77153
Angola	x44808	x98451	x104788	x7	x653
India/Inde	x87333	x99157	x15950	x23280	x6510
USA/Etats-Unis d'Amer	x155776	72940	33766	30916	40410
Hong Kong	7309	14723	31900	6753	39891
Former USSR/Anc. URSS	x6840	x33503	x1558	x13292	
Venezuela	x52	13383	13102	19478	18850
China/Chine	10788	14551	16661	8063	4321
Congo	x10716	x17838	x8645	x4394	x2346
Central African Rep.		x493	x16914	x8387	x1120
So. Africa Customs Un	x17553	x17364	x3998	x286	x418
Malaysia/Malaisie	16769	18647	604	1988	x33
Ghana	x11558	x12028	x5507	x2950	x6467
Liberia/Libéria	x213	x4666	x14358		x34
Togo	x238	x4201	x3554	x1146	x1228
Cyprus/Chypre	x236	x229	x1610	x5912	x6378
United Arab Emirates	x4844	x3895	x3199	x73	x78
Un. Rep. of Tanzania	67	3055	987	1726	1996
Canada					
Brazil/Brésil	x992	4740	141	x236	x276
France, Monac	1236	1901	1614	988	1548
Belgium-Luxembourg	2525	1353	640	2454	256
Netherlands/Pays-Bas	6756	3715	574	126	20
Singapore/Singapour	714	770	1736	384	
Sri Lanka	83	2525	128	95	1
Cyprus/Chypre			74	2647	6441
Sierra Leone	12			x3	
Guinea/Guinée	x154	x2211		x2	x6
Cote d'Ivoire	x377	x702	x368		x863
	x356	x616	x442		
Gambia/Gambie		x273	x219	x352	x790
Nigeria/Nigéria	x1402	x204	x546		x1
Lebanon/Liban	x1654	x2	x12	x725	x228
Switz. Liecht	620	227	87	293	211
Panama	x80	x297	x289		
Tunisia/Tunisie	11	324	62	21	10
New Zealand	157	296	64	14	2
Belize/Bélize				x362	
Argentina/Argentine	x2	x51	x292		
Zimbabwe	x294	x294			
Cocos (Keeling) Islds				x251	
Italy/Italie	15	31	25	193	116
Thailand/Thaïlande	1430	29	83	130	x3368
Guyana	x124	x120		x31	
Kenya	x45	x45	x69	x27	x27
Sweden/Suède	65	58	31	38	132
Iceland/Islande	x751	x77		x46	x576
Zambia/Zambie			x121	x2	x23
Austria/Autriche	12	79	31	2	28
Finland/Finlande	60	26	34	29	5

(VALUE AS % OF TOTAL)(VALEUR EN % DU TOTAL)

	1983	1984	1985	1986	1987	1988	1989	1990	1991	1992		1983	1984	1985	1986	1987	1988	1989	1990	1991	1992
Africa	1.5	0.9	2.0	x0.3	x0.6	2.2	3.6	4.0	x0.2	x0.7	Afrique	78.9	73.0	x69.6	x8.2	x6.4	42.4	39.3	x59.8	28.1	x25.4
Northern Africa	0.2	0.3	0.3	0.3	0.3	0.3	0.5	0.3	0.2	0.4	Afrique du Nord	0.0	0.0	0.0	0.0	0.0	0.0	0.0	0.0	0.0	0.0
Americas		x0.0		x0.2	0.3	2.0	5.4	2.4	1.9	5.0	Amériques	x0.0	0.9	x1.2	x9.0	x5.9	18.7	11.3	7.9	3.7	5.1
LAIA	0.0		0.0		0.0	0.1	0.1	0.0	0.0	0.0	ALAI	x0.0	0.9	1.2	x0.5	x0.0	x0.1	2.2	2.2	1.4	1.6
CACM						0.0	0.0	0.0	0.0	0.0	MCAC								x0.0		
Asia	88.4	92.6	82.1	82.2	96.2	86.5	74.1	65.8	x67.4	x17.4	Asie	0.2	2.8	0.2	x4.7	17.9	x33.5	37.3	x26.4	x8.9	x12.3
Middle East	x0.0	x0.1	0.0	x0.1	x0.0	0.1	0.0	0.2	x0.4	x0.4	Moyen-Orient				x0.8	x0.2	x0.1	x0.0	x0.0	x0.7	x1.1
Europe	10.1	x6.4	15.9	17.2	2.9	9.1	16.9	27.7	30.3	76.4	Europe	x18.8	x21.7	x22.7	x77.4	x66.9	4.6	7.9	5.6	x58.2	x57.2
EEC	8.9	5.1	15.5	16.7	1.6	9.0	16.8	27.4	30.3	76.3	CEE	2.0	2.1	1.3	4.9	3.0	4.4	7.9	5.6	x58.2	x57.1
EFTA	x1.2	x1.3	x0.5	x0.6	x1.2	0.1	0.0	0.3	0.1	0.1	AELE	x16.9	x19.6	x26.4	x72.4	x63.9	x0.2	x0.1	0.0	0.0	x0.1
Oceania			x0.0			0.1	0.1	0.1	0.1	0.5	Océanie	2.0	1.6	1.2	0.6	2.9		0.0		x0.0	x0.0
India/Inde	51.9	46.8	36.1	34.8	40.1	36.8	x0.1	62.3	61.8	x7.3	United Kingdom	1.8	1.1	1.1	3.5	1.2	3.1	7.0	5.1	x57.9	x56.8
Israel/Israël	36.1	45.1	45.4	47.0	50.0	48.3	71.8	x0.2	x0.1	x0.3	Zaire/Zaïre	x0.0	x2.1	x0.2	x2.5	x1.4	x31.4	19.6	x33.4	26.9	x24.2
Belgium-Luxembourg	0.0	0.0	0.0	0.0	1.5	8.9	16.5	26.5	30.1	75.7	Israel/Israël			x4.0		x8.0	x18.4	x19.2	x15.2	x5.4	x6.5
So. Africa Customs Un	1.2	0.0	0.0	0.0	0.0	1.8	3.1	1.6	1.4	4.6	Angola				x7.0		x5.3	x11.8	x17.0	0.0	x0.1
Canada	0.0	0.0	0.0	0.0	0.0	0.3	0.6	0.5	1.6	2.1	India/Inde	0.2	0.4	0.2	x0.0		x0.4	x10.4	x11.9	x1.6	x0.5
Malaysia/Malaisie					x0.2	x0.2	0.4	2.2	0.7	0.5	USA/Etats-Unis d'Amer					x5.7	x18.5	8.8	5.5	2.2	3.4
USA/Etats-Unis d'Amer	0.0	0.1	0.4	4.7	0.0	0.2	0.6	2.0	7.0		Hong Kong					x1.0	0.9	1.8	5.2	0.5	3.3
Thailand/Thaïlande					x0.6	0.1	0.4	0.3	0.8	1.7	Former USSR/Anc. URSS						x0.8	4.0	x0.3	0.9	
Hong Kong											Venezuela		0.8	1.2	0.4	x0.0	x0.0	1.6	2.1	1.4	1.6
United Kingdom	8.7	4.7	15.3	16.2	x0.1	x0.0	x0.2	0.8	x0.1	x0.1	China/Chine						0.4	1.3	1.8	2.7	0.4

523

66722 — SRTD, ROUGH, SIMPLY WKD / DIAMANTS TRIES BRUTS 66722

TRADE BY COMMODITY IN THOUSAND U.S. DOLLARS – COMMERCE PAR PRODUIT EN MILLIERS DE DOLLARS E.U

IMPORTS – IMPORTATIONS

COUNTRIES–PAYS	1988	1989	1990	1991	1992
Total	x12669053	x13774891	x14658721	x13558828	x14891163
Africa	x40201	x53464	x48132	x78256	x79783
Northern Africa	x14954	x229	3450	x470	815
Americas	x622811	x469700	x581514	x564099	x532447
LAIA	x845	x1292	x1220	x324	x838
CACM					x18
Asia	x4071601	x4832805	x5059919	x4851017	x6033223
Middle East	x9558	x17612	x8323	x26670	x11138
Europe	x7933027	x8417316	x8966942	x8061790	x8241218
EEC	x6328909	x6804464	x7264567	x6560940	x6684911
EFTA	1601294	1608547	1697035	1498559	1555942
Oceania	1368	101	x609	x1332	x1579
Belgium–Luxembourg	3202258	3890060	4032173	3561576	3805111
United Kingdom	x3032049	x2794784	x3124486	x2919534	x2811591
Israel/Israël	x1845582	x2008414	2562152	2282988	2586927
India/Inde	x2006362	x2455809	x2021533	x1977538	x2771442
Switz.Liecht	1600418	1607696	1696192	1498013	1555315
USA/Etats–Unis d'Amer	590015	462674	572018	528415	495991
Thailand/Thaïlande	42652	131005	170538	193405	172191
Singapore/Singapour	70889	81575	129954	208997	191708
Sri Lanka	43644	66245	70083	68668	61025
Portugal	62902	69296	65964	50453	43824
Hong Kong	25581	29343	45157	58662	49017
Netherlands/Pays–Bas	28622	47123	37402	26953	23163
So. Africa Customs Un	14559	17084	14505	x48409	x46203
China/Chine	18431	26474	32549	10491	63514
Mauritius/Maurice	x8305	x30616	18406	19057	16619
Bermuda/Bermudes	x29410	x5515	x7418	x32702	33229
Japan/Japon	7824	11152	14727	13931	13865
United Arab Emirates	x262	x9798	x361	x15457	x4551
Malta/Malte	x2824	x4305	5243	x2291	x364
Lebanon/Liban	x1896	x2340	x2581	x5768	x3968
Liberia/Libéria	x445	x277	x4673	x5501	x120
Germany/Allemagne	2189	2014	3615	2140	1125
Sierra Leone		x3419	x3731	x83	x2178
Viet Nam		x359	x1178	x4922	x8341
Cote d'Ivoire	x244	x1505	x1519	x2904	x7374
Qatar	x1965	x2060	x1396	x1414	x1196
Bahrain/Bahreïn	x2134	x537	x3382	x855	x925
Tunisia/Tunisie	x14947	189	3435	393	x925
Korea Dem People's Rp	x61		x2009	x1907	x2906
Korea Republic	580	1105	1432	1253	489
Dominican Republic		x74	x680	x2355	x1336
Turkey/Turquie			134	x2926	71
Saudi Arabia	3228	2615	x237		x265
Philippines		x2837		6	
Hungary/Hongrie	x46	x185	x1172	x878	x1451
Un. Rep. of Tanzania		x214	x300	x1389	x2579
Brazil/Brésil	x598	x547	x1086	53	x400
Former USSR/Anc. URSS		x578	x97	x1009	
Austria/Autriche	729	615	712	353	374
Papua New Guinea				x1294	
France, Monac	200	375	523	130	60
Italy/Italie	615	732	247	20	
Afghanistan		x452		x422	x25
Bangladesh			x260	x561	x397
Zaire/Zaïre			x727	x92	x3324
Lao People's Dem. Rp.	x438	x361		x453	x653
Romania/Roumanie		x72	x142	x438	x1355
Uruguay		x637			2
Former GDR		x608			
Tuvalu			x407		

EXPORTS – EXPORTATIONS

COUNTRIES–PAYS	1988	1989	1990	1991	1992
Totale	x10328651	x11493280	x12113711	x11954576	x10462317
Afrique	x1022433	x1371063	x1674395	x2817092	x1336651
Afrique du Nord	149	169	38	27	x291
Amériques	x814304	x859655	x930076	x800242	x634278
ALAI	x34369	x53314	x82235	x65558	x49016
MCAC					
Asie	x304165	x439110	x454159	451788	x706303
Moyen–Orient	x6873	x17224	x35240	x1235	x2310
Europe	8096261	8754667	8989512	x7743749	x7758038
CEE	6570725	7143599	7327349	x6310137	x6314683
AELE	1525536	1611055	1660898	1433340	1443226
Océanie	3831	x19684	29571	x33830	x26738
Belgium–Luxembourg	3282896	4004412	4055046	3935123	4133370
United Kingdom	3265954	3109909	3235255	x2337489	x2131763
Switz.Liecht	1525487	1611009	1660794	1433314	1443109
Liberia/Libéria	x8287	x92215	x376445	x1750656	x141295
Bermuda/Bermudes	x607758	x598795	x650241	x580383	x479549
So. Africa Customs Un	x461111	x606487	x505403	x322480	x150201
Israel/Israël	x221406	x282381	271127	x322480	x150201
USA/Etats–Unis d'Amer	141934	127331	166626	259157	445012
Cote d'Ivoire	x86597	x147224	x99354	138880	88065
Angola	x144989	x147280	x155751	x32398	x258117
Ghana	x45047	x77828	x121598	x87265	x50443
Congo	x40937	x53067	x84451	x113954	x119674
Zaire/Zaïre	x36761	x61350	x66081	x79218	x205264
Central African Rep.	x49145	x65123	x58089	x69724	x86709
Former USSR/Anc. URSS	x87613	x49103	x32285	x107875	x75025
Singapore/Singapour	19541	33906	52738	98127	80590
Sierra Leone	x31034	x42493	x53202	x65450	x96998
Nigeria/Nigéria	x28649	x6284	x72845	x52675	x644
Hong Kong	20409	44016	48379	34802	28348
Guinea/Guinée	x44547	x36916	x39725	x42422	x49867
Venezuela	x16846	x29189	x43835	x31719	x32401
Brazil/Brésil	x17269	23880	38071	33708	16615
Netherlands/Pays–Bas	16928	25639	35287	29971	24921
Panama	x21183	x50725	x28860	x7348	x9797
Australia/Australie	3831	19422	29369	30273	26727
Sri Lanka	7717	21365	25033	31359	17915
Mali	x1305	x4788	x11291	x36655	x34980
Gambia/Gambie	x25263	x7904	x17275	x23853	x58626
Thailand/Thaïlande	1409	8034	15602	14477	x57435
India/Inde	x24712	x29455	172	297	x52774
United Arab Emirates	x4601	x14766	x13927	x217	x774
Netherlands Antilles	x5380	x28786			
Togo	x1882	x8181	x3621	x3371	x5089
China/Chine	1779	886	4564	8264	9857
Saudi Arabia	3	x91	x13396	x4	
Senegal/Sénégal	x7387	x2726	x284	x10015	x917
Un. Rep. of Tanzania	x2395	x7510	x4624	x3	x213
Portugal	4254	2548	1362	7125	23497
Bahrain/Bahreïn	x2090	x670	x7883	x853	x168
Japan/Japon	233	x1520	271	x3623	438
Mauritius/Maurice	x1087	x1615	1841	1431	171
Czechoslovakia			x3713		x217
Turks and Caicos Isls				x3678	x3782
Papua New Guinea				x3557	
Guyana	x448	x446	x1810	x1235	x3470
Canada	3109	58	262	3158	213
Benin/Bénin	x4585	x1436	x1162		
Lebanon/Liban	x110	x1590	x32	x94	x1355
Germany/Allemagne	683	1077	401	122	1035
Malta/Malte		x13	1264		x47

(VALUE AS % OF TOTAL) (VALEUR EN % DU TOTAL)

IMPORTS

	1983	1984	1985	1986	1987	1988	1989	1990	1991	1992
Africa		x0.0	x0.1	x0.0	x0.6	x0.7	x0.3	x0.4	x0.3	x0.6	x0.5
Northern Africa		x0.01	0.0	0.0	x0.2	x0.1	x0.1	0.0	0.0	0.0
Americas	x7.6	x8.2	x12.1	x8.0	x7.5	x...	x3.5	x4.0	x4.2	x3.5
LAIA	x0.0	x0.0	x0.0	x0.0	x0.0	x0...	x0.0	x0.0	x0.0	x0.0
CACM				x0.0				x0.0		
Asia	x21.1	x17.5	2.0	x28.5	x17.6	x32.1	x35.1	x34.5	x35.7	x40.6
Middle East	x0.1	x0.1	x0.0	x0.1	x0.1	x0.1	x0.1	x0.1	x0.1	x0.1
Europe	71.2	74.2	85.8	62.9	x74.1	x62.6	61.1	x61.2	x59.5	x55.3
EEC	65.0	64.3	83.0	58.2	x69.0	x50.0	x49.4	x49.6	x48.4	x44.9
EFTA	x6.2	x9.8	x2.7	x4.7	x5.0	12.6	11.7	11.6	11.1	10.4
Oceania								x0.0	x0.0	x0.0
Belgium–Luxembourg	32.6	35.6	49.3	33.9	41.5	25.3	28.2	27.5	26.3	25.6
United Kingdom	31.1	27.8	33.1	24.0	x26.5	x23.9	x20.3	x21.3	x21.5	x18.9
Israel/Israël			x12.5	x14.8	x14.6	x14.6	17.5	16.8	17.4	17.4
India/Inde	x19.2	x16.1	0.0	x14.3	x0.5	x15.8	x17.8	x13.8	x14.6	x18.6
Switz.Liecht	x6.2	x9.8	x2.7	x4.7	x5.0	12.6	11.7	11.6	11.0	10.4
USA/Etats–Unis d'Amer	5.7	6.2	8.7	6.2	5.8	4.7	3.4	3.9	3.9	3.3
Thailand/Thaïlande	0.2	0.3	0.6	0.4	x0.7	0.3	1.0	1.2	1.4	1.2
Singapore/Singapour	1.2	0.8	0.8	0.6	0.8	0.6	0.6	0.9	1.5	1.3
Sri Lanka			0.2	0.3	0.3	0.3	0.5	0.5	0.5	0.4
Portugal	0.7	0.0	0.0	0.6	0.0	0.5	0.5	0.4	0.4	0.3

EXPORTS

	1983	1984	1985	1986	1987	1988	1989	1990	1991	1992
Afrique	x8.2	x6.3	x4.3	x11.7	x9.4	x9.9	x12.0	x13.9	x23.6	x12.7
Afrique du Nord	x0.0	0.0	0.0							
Amériques	x2.7	x2.3	x2.4	x2.9	x2.8	x7.9	x7.5	x7.7	x6.7	x6.0
ALAI	x0.2	x0.0	x0.0	x0.2	x0.3	x0.3	x0.5	x0.7	x0.5	x0.5
MCAC								x0.0		
Asie	x1.3	x1.2	x1.3	x4.2	x4.0	x2.9	x3.9	x3.7	3.8	x6.8
Moyen–Orient	x0.1	x0.1	x0.1	x0.0	x0.3	x0.1	x0.1	x0.3	x0.0	x0.0
Europe	87.8	90.1	92.0	81.2	83.2	78.4	76.2	74.2	x64.8	x74.2
CEE	85.1	83.7	88.7	77.7	77.1	63.6	62.2	60.5	x52.8	x60.4
AELE	x2.8	x6.4	x3.4	x3.5	x6.2	14.8	14.0	13.7	12.0	13.8
Océanie							x0.2	0.2	x0.3	x0.3
Belgium–Luxembourg	39.9	38.3	45.5	37.9	38.3	31.8	34.8	33.5	32.9	39.5
United Kingdom	45.0	45.1	42.9	39.6	38.5	31.6	27.1	26.7	x19.6	x20.4
Switz.Liecht	x2.8	x6.4	x3.4	x3.5	x6.2	14.8	14.0	13.7	12.0	13.8
Liberia/Libéria	x1.8	x1.3	x0.6	x0.0	x1.0	x0.1	x0.8	x3.1	x14.6	x1.4
Bermuda/Bermudes						x5.9	x5.2	x5.4	x4.9	x4.6
So. Africa Customs Un						x5.4	x1.1	x5.2	x5.4	x4.6
Israel/Israël						x3.0	x2.9	x4.5	x5.3	x4.2
USA/Etats–Unis d'Amer	2.4	1.7	2.1	2.3	1.7	1.1	1.4	1.4	1.2	0.8
Cote d'Ivoire	x0.6	x0.5		x0.8	x1.0	x0.8	x1.3	x0.8	x1.0	x2.5
Angola		x0.0		x0.0	x0.0	x0.8	x1.4	x1.3	x0.3	x0.5

66729 — CUT ETC NOT SET

DIAMANTS TAILLES 66729

TRADE BY COMMODITY IN THOUSAND U.S. DOLLARS – COMMERCE PAR PRODUIT EN MILLIERS DE DOLLARS E.U

COUNTRIES–PAYS	IMPORTS – IMPORTATIONS					COUNTRIES–PAYS	EXPORTS – EXPORTATIONS				
	1988	1989	1990	1991	1992		1988	1989	1990	1991	1992
Total	12259994	13805347	14354240	13755981	13574931	Totale	x13476188	x15008473	15160474	x15189972	x13529912
Africa	x2787	x6124	x12383	x7502	x30516	Afrique	x317051	x305960	x290955	x493393	x274710
Northern Africa	x506	x260	x186	x355	x50	Afrique du Nord	7400	18742	18074	7401	x5775
Americas	x3802233	x3909541	x3539155	x3611952	x3812176	Amériques	x1249085	x1359731	x1572511	x1474619	x1426526
LAIA	x7585	x2018	x2834	2359	3024	ALAI	x38465	x26407	31106	x33497	x14850
CACM	x587	x660	x60	x358	x49	MCAC			x35	x3464	x19
Asia	x4231740	x4931819	5397469	4965684	4827269	Asie	6282135	x7489563	7068225	6764509	x7161989
Middle East	x98559	x106455	x108641	x168524	x156705	Moyen–Orient	x35228	x66924	x64569	x100926	x87423
Europe	4143317	4852754	5308324	5075317	4820243	Europe	3848701	4513297	4909593	4836453	4570313
EEC	x3508415	4020873	4402953	4255136	4016624	CEE	3404943	3916152	4136211	4109282	3958444
EFTA	632854	828826	903640	817970	802140	AELE	441310	594387	770419	722971	610915
Oceania	x64960	x92583	x90309	x92237	x83345	Océanie	x31358	x57858	x49484	92828	x94056
USA/Etats–Unis d'Amer	3734646	3822505	3403850	3474050	3663405	Belgium–Luxembourg	2876715	3325689	3552119	3661147	3534399
Belgium–Luxembourg	2187234	2609367	2961875	2956743	2840369	Israel/Israël	2837144	3113580	3236233	3074149	3210281
Japan/Japon	2069795	2221467	2532443	2050857	1819569	India/Inde	2815753	x3395433	2596542	2341779	x2649064
Hong Kong	1454053	1609668	1610205	1660352	1979328	Former USSR/Anc. URSS	x1747653	x1281767	x1255463	x1526760	1320990
Switz.Liecht	605130	797879	872893	797595	783947	USA/Etats–Unis d'Amer	1113005	1170812	1398826	1351987	606613
United Kingdom	x561914	x501282	x482466	x484644	x363270	Switz.Liecht	436255	588849	756852	720323	629165
Israel/Israël	x452545	x545346	496483	425581	491208	Hong Kong	430476	597820	679198	668746	x323785
Thailand/Thaïlande	115130	378667	501606	527720	224129	Thailand/Thaïlande	67815	176725	288657	392775	x241847
Germany/Allemagne	299928	352520	362593	361493	315317	So. Africa Customs Un	x255082	x247841	x237710	x246097	x137466
France,Monac	221562	265188	294833	217090	255802	United Kingdom	222940	229683	229126	x155739	x137466
Italy/Italie	122006	159082	168314	149987	138974	Germany/Allemagne	91147	103533	95452	95573	92109
Canada	45024	63963	119271	112445	107138	France,Monac	73924	79579	100478	70038	96799
Netherlands/Pays–Bas	96318	110302	104678	61115	75462	Panama	x55908	x93891	x93633	x58489	x47787
Australia/Australie	59930	83573	82919	86170	75921	Portugal	50087	85409	77996	78781	47636
Saudi Arabia	x22627	x37467	x30815	x65421	x50778	Liberia/Libéria	x300	x3003	x4487	x209984	x436
Lebanon/Liban	x31873	x30088	x37236	x50152	x26644	Netherlands/Pays–Bas	89183	89295	77697	45556	45253
China/Chine	10268	20181	44193	21163	36741	Australia/Australie	30427	55920	48521	92065	92942
India/Inde	x7111	x21364	x18352	x40956	x79428	Sri Lanka	43428	65204	64040	61626	85356
Brunei Darussalam	x6893	x6210	x46378	x26731	x684	Malaysia/Malaisie	8076	29475	68947	72227	x69321
Malaysia/Malaisie	12584	15934	25466	30167	x17865	China/Chine	37417	39231	60425	36141	69317
Bahrain/Bahreïn	x13799	x14860	x15836	x30191	x31751	Canada	34914	62194	44538	20592	40596
United Arab Emirates	x26456	x17782	x19163	x18087	x35503	Lebanon/Liban	x10514	x29552	x20751	x29364	x18323
Panama	x13191	x17429	x12459	x22113	x36909	Brazil/Brésil	x29211	21630	27928	25865	11920
Spain/Espagne	11296	14984	19071	15363	12318	Mauritius/Maurice	x15733	x22552	22048	24090	21274
Austria/Autriche	8977	10881	11894	5988	7132	Bahrain/Bahreïn	x16162	x19442	x15467	x32092	x30969
Sweden/Suède	9928	9601	8847	6669	5622	Tunisia/Tunisie	7400	18723	18071	6538	3824
New Zealand	4827	7542	7510	5443	6933	Saudi Arabia	x5157	x2070	x14239	x24555	x29721
Finland/Finlande	5823	7546	6733	4982	2908	United Arab Emirates	x2271	x14254	x12799	x13270	x7142
Former USSR/Anc. URSS	x213	x9558	x5532	x2584		Bulgaria/Bulgarie		x217	x14063	x1352	x1365
Sri Lanka	2053	4352	3306	6930	15312	Sweden/Suède	2357	1768	12513	1264	1961
Korea Republic	948	1816	4491	5499	5781	Dominican Republic	x4385	x3754	x4045	x3020	x2157
So. Africa Customs Un	809	1601	7873	x2215	x24178	Korea Dem People's Rp		x2972		x5987	x8323
Denmark/Danemark	4487	4040	3592	3559	4676	Ghana	x6775	x3571	x4123	x1186	x814
Mauritius/Maurice	x499	x3659	3143	3359	3492	Malta/Malte	x1903	x2519	2817	x3085	x897
Portugal	2560	2716	3836	3588	3367	Zaire/Zaïre	x21020	x4325	x2298	x1558	x1389
Norway,SVD,JM	2979	2864	3171	2697	2515	Viet Nam		x145	x1228	x4607	x9010
Andorra/Andorre	x1727	x2106	x1617	x1861	x1256	Japan/Japon	1554	1859	2917	1150	1075
Cyprus/Chypre	1263	1555	2060	1963	7317	Mexico/Mexique	x6764	x542	0	x5188	4
Mexico/Mexique	2433	1337	1966	2154	2585	Philippines			x2370	3304	163
Indonesia/Indonésie			5113	6	0	Iceland/Islande	x2292	x3032	x574	x451	x1957
Qatar	x98	x2496	x562	x291	x64	Italy/Italie	233	1100	1858	1021	3151
Romania/Roumanie	x1138	x2210	x592	x216	x19	Venezuela	x234	x331	x209	x2637	x60
Greece/Grèce	345	718	916	869	x6358	Cayman Is/Is Caïmans	x3231	x2491	x543	x77	x919
Ireland/Irlande	765	674	780	685	711	Cote d'Ivoire	x1903	x1662	x248	x1100	x1599
Syrian Arab Republic			x1194	x756	x1384	Un. Rep. of Tanzania	x291	x1715	x1059	0	x2489
Turkey/Turquie	142	500	945	234	304	Colombia/Colombie	1010	1715	915	x412	x386
Oman	x1281	x390	x155	x1134	x1595	Argentina/Argentine	x1217	x1226	x1127	x2729	x19
Bahamas	x425	x1421	x52	x24	x6	Costa Rica					835
Kuwait/Koweit	x798	x637	x581	x226	x1275	New Zealand	874	1126	825	763	835
Yugoslavia SFR	213	912	112	x319		Oman	x565	x935	x779	x475	x219

(VALUE AS % OF TOTAL)(VALEUR EN % DU TOTAL)

	1983	1984	1985	1986	1987	1988	1989	1990	1991	1992		1983	1984	1985	1986	1987	1988	1989	1990	1991	1992
Africa	x0.0	x0.1	x0.0	x0.0	x0.0	x0.0	x0.0	x0.1	x0.0	x0.2	Afrique	2.7	x3.8	3.0	x3.3	x3.3	x2.4	x2.1	x2.0	x3.2	x2.0
Northern Africa	x0.0	x0.0	x0.0	x0.0	x0.0	x0.0	x0.0	x0.0	x0.0	x0.0	Afrique du Nord	0.0	0.1	0.1	0.1	x0.1	0.1	0.1	0.1	0.0	0.0
Americas	x34.7	x38.8	x39.9	x36.4	x30.0	x31.0	x28.4	x24.6	x26.3	28.1	Amériques	x10.3	x10.0	x9.8	x9.5	8.5	x9.3	x9.0	x10.4	x9.7	x10.6
LAIA	x0.0	x0.0	x0.0	x0.0	x0.0	x0.1	x0.0	x0.0	0.0	0.0	ALAI	x0.3	x0.1	x0.0	x0.2	x0.2	x0.3	x0.2	0.2	x0.2	x0.1
CACM	x0.0	x0.0	x0.0	x0.0	x0.0	x0.0	x0.0	x0.0	x0.0	x0.0	MCAC								x0.0	x0.0	x0.0
Asia	22.5	19.7	20.3	24.0	28.0	x34.5	35.7	37.6	36.1	35.5	Asie	43.3	40.1	44.9	48.2	41.9	46.7	x49.9	46.7	44.5	x52.9
Middle East	x0.8	x0.4	x0.7	x0.3	x0.6	x0.8	x0.8	x0.8	x1.2	x1.2	Moyen–Orient	x0.1	x0.4	x0.2	x0.4	x0.3	x0.4	x0.4	x0.4	x0.7	x0.6
Europe	x42.2	x40.9	x39.2	x39.0	x41.5	33.8	35.2	37.0	36.9	35.5	Europe	43.6	x46.0	x42.3	x38.3	x30.8	28.6	30.1	32.4	31.8	33.8
EEC	34.5	30.6	25.3	25.6	x28.3	x28.6	29.1	30.7	30.9	29.6	CEE	37.2	36.2	32.4	30.6	25.5	25.3	26.1	27.3	27.1	29.3
EFTA	x7.7	x10.3	x13.9	x13.4	x13.2	5.2	6.0	6.3	5.9	5.9	AELE	6.3	x9.8	x9.5	x7.7	x5.2	3.3	4.0	5.1	4.8	4.5
Oceania	x0.5	x0.5	x0.5	x0.5	x0.5	x0.5	0.7	x0.6	0.7	x0.6	Océanie		x0.0	0.3	0.1	x0.2	0.4	0.3	0.6	0.6	0.7
USA/Etats–Unis d'Amer	34.7	38.7	39.9	35.2	28.6	30.5	27.7	23.7	25.3	27.0	Belgium–Luxembourg	28.2	27.7	26.2	24.5	21.1	21.3	22.2	23.4	24.1	26.1
Belgium–Luxembourg	19.8	17.5	15.1	16.5	15.7	17.8	18.9	20.6	21.5	20.9	Israel/Israël	20.6	20.5	23.1	24.4	20.8	21.1	20.7	21.3	20.2	23.7
Japan/Japon	9.1	8.2	8.3	10.8	13.5	16.9	16.1	17.6	14.9	13.4	India/Inde	19.3	15.9	18.2	19.8	17.1	20.9	22.6	17.1	15.4	x19.6
Hong Kong	8.9	7.5	7.5	9.2	10.0	11.9	11.7	11.2	12.1	14.6	Former USSR/Anc. URSS			x15.5	x13.0	x8.5	x8.3	x10.1			
Switz.Liecht	x7.1	x9.9	x13.6	x13.1	x12.9	4.9	5.8	6.1	5.8	5.8	USA/Etats–Unis d'Amer	9.1	8.6	8.0	8.6	7.7	8.3	7.8	9.2	8.9	9.8
United Kingdom	5.8	5.4	2.4	3.0	x6.7	x4.6	x3.6	x3.4	x3.5	x2.7	Switz.Liecht	x6.2	x9.7	x9.4	x9.7	x5.2	3.2	5.0	4.7	4.5	
Israel/Israël	2.3	2.3	2.8	2.7	2.6	x3.7	x4.0	3.5	3.1	3.6	Hong Kong	3.0	2.6	2.7	2.4	2.4	3.2	4.0	4.5	4.4	4.7
Thailand/Thaïlande	1.2	0.8	0.5	0.8	x1.1	0.9	2.7	3.5	3.8	1.7	Thailand/Thaïlande	0.3	0.4	0.4	0.5	x0.5	0.5	1.1	1.9	2.6	x2.4
Germany/Allemagne	3.4	2.6	2.2	2.4	2.5	2.4	2.6	2.5	2.6	2.3	So. Africa Customs Un	2.5	2.9	2.8	x3.5	x3.0	x1.9	x1.7	x1.6	x1.6	x1.8
France,Monac	2.7	2.4	2.5	1.7	1.7	1.8	1.9	2.1	1.6	1.9	United Kingdom	4.2	4.0	1.9	2.6	1.9	1.7	1.5	1.5	x1.0	x1.0

6673 PREC-,SEMI-PR STONES NES / AUTRES PIERRES NON SERTIES 6673

TRADE BY COMMODITY IN THOUSAND U.S. DOLLARS – COMMERCE PAR PRODUIT EN MILLIERS DE DOLLARS E.U

IMPORTS – IMPORTATIONS

COUNTRIES–PAYS	1988	1989	1990	1991	1992
Total	2121929	2555733	3020660	3335036	2563126
Africa	x7757	x4304	x3962	x4020	x72952
Northern Africa	39	53	x41	81	209
Americas	x481626	x573458	x539178	x523696	x546800
LAIA	x1100	x1427	1173	x2417	2483
CACM	x27	x42	108	x251	x1447
Asia	900224	x1085780	1451043	1929523	x1072205
Middle East	x13272	x13432	x39678	x28126	x26634
Europe	707020	866426	1003128	852294	842170
EEC	368666	412464	491167	414145	407351
EFTA	337557	453048	511481	437469	434417
Oceania	22581	x24999	x22220	x24262	x21099
Japan/Japon	471010	519025	609405	518879	413191
Thailand/Thaïlande	122379	189681	387273	1023165	136946
USA/Etats-Unis d'Amer	460545	545533	522704	504464	526713
Switz.Liecht	323475	436561	490578	421381	421164
Hong Kong	145044	155429	177708	186561	206303
Germany/Allemagne	93889	123914	145550	135873	129895
France,Monac	94131	113199	153643	121177	111648
United Kingdom	115780	91362	89747	61582	67305
China/Chine	47553	75247	83169	55495	100084
India/Inde	41596	x67660	67157	46659	x95074
Belgium-Luxembourg	19200	32934	40354	39351	46663
Italy/Italie	29007	31873	40513	36092	35729
Israel/Israël	42093	41157	36773	29161	44112
Australia/Australie	19255	20760	18464	20294	17249
Korea Republic	7218	9838	27423	15846	12281
Canada	18356	22135	14554	12278	14716
Saudi Arabia	1120	1293	x22317	x17563	x5231
Singapore/Singapour	6430	11769	10946	12748	20999
Spain/Espagne	8555	11569	12291	10350	6913
Sweden/Suède	7650	9202	12428	8025	4052
United Arab Emirates	x8313	x6974	x11107	x2828	x5131
Austria/Autriche	4942	5963	6799	5797	7757
New Zealand	3252	3974	3583	3749	3664
Netherlands/Pays-Bas	1684	2470	4044	3546	1421
Brunei Darussalam	x971	x36	x7459	x1873	x7563
Lebanon/Liban	x1628	x829	x2581	x5788	x4823
Malaysia/Malaisie	1854	1143	2899	3565	x5281
Sri Lanka	109	539	762	6108	2352
Denmark/Danemark	3706	2204	1686	2175	2142
So. Africa Customs Un	5571	2250	1729	x2084	x905
Portugal	1601	1634	1857	2376	2080
Bahamas	138	x3074	x222	x2359	x268
Bahrain/Bahreïn	x341	x2653	x626	x856	x9060
Finland/Finlande	931	942	1103	1073	714
Turkey/Turquie	289	457	1960	550	782
Ireland/Irlande	779	830	668	817	1283
Mexico/Mexique	459	652	624	909	1439
Greece/Grèce	336	476	813	806	x2271
Norway,SVD,JM	536	341	528	1144	607
Andorra/Andorre	x760	x813	x400	x416	x327
Cyprus/Chypre	822	544	471	425	575
Mauritius/Maurice	x110	x45	701	687	747
Venezuela	x264	x311	91	505	223
Philippines	31	x210		691	13
Poland/Pologne	x356	x70	x444	x300	x806
Anguilla	x339			x790	x201
Mali	x236	x288	x254	x233	x266
Kenya	1	x534	18	x210	x684
Hungary/Hongrie	x148	x245	x378	111	x385
Paraguay	x222	x217	x97	x415	x63

EXPORTS – EXPORTATIONS

COUNTRIES–PAYS	1988	1989	1990	1991	1992
Totale	2037409	2428486	2946708	2644211	x2573171
Afrique	x108792	x50226	x43699	x38329	x83097
Afrique du Nord	x70	x104	43	x136	x348
Amériques	355617	379557	399013	412036	398793
ALAI	150256	159196	165525	194584	217003
MCAC	x30	x33	x14	x303	x1
Asie	893267	x1122970	1404678	1256799	x1184900
Moyen-Orient	x13073	x20871	x21771	x16391	x16083
Europe	596930	776709	1003802	842813	823323
CEE	328548	405314	438662	407072	404463
AELE	268262	371378	565135	435664	418409
Océanie	x80313	x97611	x91451	x90310	x82184
Thailand/Thaïlande	440861	444357	549490	501871	x513553
Switz.Liecht	253401	361672	546537	420943	407995
Hong Kong	172604	222854	400108	362691	274304
Germany/Allemagne	185829	222546	246308	221519	243115
USA/Etats-Unis d'Amer	162173	173397	174080	189173	158438
India/Inde	67017	x201577	108718	112842	x114193
Colombia/Colombie	90498	108762	112702	144495	180037
Australia/Australie	79825	95989	90559	89107	81574
France,Monac	52723	59657	77244	76692	70770
United Kingdom	67501	81007	71745	58555	49662
Sri Lanka	65102	60714	73225	77227	57617
Israel/Israël	52651	67409	65834	61707	74677
China/Chine	22427	29699	84436	43005	56585
Brazil/Brésil	57912	48945	50610	47293	34488
Belgium-Luxembourg	19326	36525	34732	39438	35776
Panama	x31066	x29167	x50256	x16739	x13796
Singapore/Singapour	17105	28682	33752	29819	14664
Myanmar	x13272	x20737	x38195	x31088	x42239
Korea Republic	11008	12098	16821	11444	9652
So. Africa Customs Un	x9901	x13176	x12550	x9702	x10953
Zambia/Zambie	x11899	x11929	x11609	x11048	x47592
Canada	9955	12106	8846	8603	7967
Sweden/Suède	12836	6783	10435	10266	5021
Lebanon/Liban	x5120	x11991	x5258	x4541	x2244
Pakistan	7669	7379	7363	4356	3313
Kenya	2259	x10760	2022	x5254	x7519
United Arab Emirates	x6973	x3418	x11683	x1979	x442
Saudi Arabia	428	x2210	x2552	x9436	x6832
Netherlands/Pays-Bas	1224	2114	5167	4256	567
Nigeria/Nigéria	x6052	x3370	x3719	x3980	x3431
Italy/Italie	1247	2364	2382	5428	3027
Madagascar	1992	3231	3874	2800	x3469
Austria/Autriche	1670	2120	3399	4278	3788
Japan/Japon	4763	2855	3263	1697	3150
Former USSR/Anc.URSS	x1869	x1154	x3242	x2968	
Zimbabwe	x2373	x3220	2143	1039	x3663
Iceland/Islande	x187	x650	x4243	x58	x1386
Bahamas	x1732	x4767	x133	x5	x886
Un. Rep. of Tanzania	x3795	x826	x2576	x1323	x2043
Bahrain/Bahreïn	x228	x2856	x1153	x179	x1534
Zaire/Zaïre	x1755	x2364	x821	x413	x1097
Afghanistan	x2051	x1389	x1010	x584	x2994
New Zealand	446	949	828	1038	573
Angola	x1	x10	x2347	x10	
Uruguay	595	681	778	711	1008
British Virgin Islds				x1993	
Spain/Espagne	381	670	444	477	574
Denmark/Danemark	290	278	580	536	703
Mozambique	x306	x302	x335	x710	x1682
Bhutan/Bhoutan			x1193	x125	

(VALUE AS % OF TOTAL)(VALEUR EN % DU TOTAL)

Imports

	1983	1984	1985	1986	1987	1988	1989	1990	1991	1992
Africa	x0.4	x0.3	x0.2	x0.3	x0.2	x0.4	x0.2	x0.2	x0.2	x2.8
Northern Africa	0.1	0.1	0.1	x0.0	x0.0	0.0	0.0	x0.0	0.0	0.0
Americas	29.0	x33.8	x34.7	x32.4	x23.7	x22.7	x22.4	x17.9	x15.7	21.3
LAIA	0.0	0.1	0.3	x0.1	x0.0	x0.1	x0.1	0.0	x0.1	0.1
CACM	x0.0	0.0	0.0	x0.0	x0.0	x0.0	x0.0	x0.0	x0.0	x0.1
Asia	x28.1	21.5	24.5	29.5	38.4	42.4	x42.5	48.0	57.8	x41.8
Middle East	x2.5	x0.5	x1.1	x0.6	x1.3	x0.8	x0.5	x1.3	x0.8	x1.0
Europe	41.8	43.6	40.0	37.1	36.7	33.3	33.9	33.2	25.6	32.9
EEC	21.9	22.4	20.6	18.3	17.8	17.4	16.1	16.3	12.4	15.9
EFTA	19.9	21.2	19.3	18.7	19.0	15.9	17.7	16.9	13.1	16.9
Oceania	0.7	0.7	0.7	x0.6	x0.9	1.1	x0.6	x0.7	x0.6	x0.6
Japan/Japon	11.7	9.9	11.4	15.8	19.2	22.2	20.3	20.2	15.6	16.1
Thailand/Thaïlande	3.7	2.7	2.7	2.9	4.4	5.8	7.4	12.8	30.7	5.3
USA/Etats-Unis d'Amer	27.5	32.3	33.0	30.9	21.8	21.7	21.3	17.3	15.1	20.5
Switz.Liecht	19.3	20.7	18.6	18.3	18.3	15.2	17.1	16.2	12.6	16.4
Hong Kong	6.0	4.4	5.4	5.5	6.9	6.8	6.1	5.9	5.6	8.0
Germany/Allemagne	4.9	4.2	4.1	4.6	5.3	4.4	4.8	4.8	4.1	5.1
France,Monac	5.6	5.5	7.1	5.3	4.6	4.4	4.4	5.1	3.6	4.4
United Kingdom	7.8	8.9	6.1	5.1	4.9	5.5	3.6	3.0	1.8	2.6
China/Chine					1.9	2.2	2.9	2.8	1.7	3.9
India/Inde	1.1	0.7	2.1	2.2	2.1	2.0	x2.6	2.2	1.4	x3.7

Exports

	1983	1984	1985	1986	1987	1988	1989	1990	1991	1992
Afrique	x1.5	x1.4	x1.5	x3.0	x2.4	x5.4	x2.0	x1.5	x1.5	x3.2
Afrique du Nord	0.1	0.2	0.1	x0.0	x0.0	x0.0	x0.0	x0.0	x0.0	x0.0
Amériques	x13.4	19.2	x16.8	x16.6	17.0	x17.4	x15.6	x13.5	15.6	15.5
ALAI	3.0	7.4	5.2	6.1	6.7	7.4	6.6	5.6	7.4	8.4
MCAC	x0.0			x0.0	x0.0	x0.0	x0.0	x0.0	x0.0	x0.0
Asie	45.1	35.5	40.4	41.3	42.4	43.8	x46.2	47.6	47.5	x46.0
Moyen-Orient	x3.1	x0.6	x0.9	x0.7	x0.8	x0.6	x0.9	x0.7	x0.6	x0.6
Europe	39.9	44.0	41.3	36.4	34.8	29.3	32.0	34.1	31.9	32.0
CEE	21.4	24.6	22.9	20.0	19.7	16.1	16.7	14.9	15.4	15.7
AELE	18.5	19.4	18.4	16.3	15.1	13.2	15.3	19.2	16.5	16.3
Océanie	x0.1	x0.0		x2.7	x3.1	x3.9	x4.0	x3.1	x3.4	x3.2
Thailand/Thaïlande	21.4	20.7	22.1	22.2	22.5	21.6	18.3	18.6	19.0	x20.0
Switz.Liecht	18.2	19.0	17.6	15.8	14.5	12.4	14.9	18.5	15.9	15.9
Hong Kong	7.5	7.4	8.2	8.7	8.8	8.5	9.2	13.6	13.7	10.7
Germany/Allemagne	7.9	7.5	9.0	9.9	9.9	9.1	9.2	8.4	8.4	9.4
USA/Etats-Unis d'Amer	7.4	7.8	8.7	8.5	7.7	8.0	7.1	5.9	7.2	6.2
India/Inde	2.4	1.4	2.5	2.6	2.6	3.3	x8.3	3.7	4.3	x4.4
Colombia/Colombie	3.0	2.2		2.6	2.6	4.4	4.5	3.8	5.5	7.0
Australia/Australie				x2.7	x3.1	3.9	4.0	3.1	3.4	3.2
France,Monac	2.7	4.1	4.2	3.1	2.7	2.6	2.5	2.6	2.9	2.8
United Kingdom	9.0	10.7	7.9	5.4	5.9	3.3	3.3	2.4	2.2	1.9

6712 PIG IRN, SPIEGELEISEN ETC / FONTES BRUTES 6712

TRADE BY COMMODITY IN THOUSAND U.S. DOLLARS – COMMERCE PAR PRODUIT EN MILLIERS DE DOLLARS E.U

IMPORTS – IMPORTATIONS

COUNTRIES–PAYS	1988	1989	1990	1991	1992
Total	1291468	1469534	1685376	1363303	1011713
Africa	x19451	x36394	x48420	x41816	x26957
Northern Africa	17938	35274	46273	x33259	22565
Americas	129846	98195	81405	97678	92875
LAIA	23858	14444	12917	9190	6381
CACM	51	94	118	377	x60
Asia	734952	830863	1039272	819388	x540431
Middle East	x34852	x60914	x47221	x58974	x77608
Europe	392894	445203	469054	387184	343183
EEC	354520	388939	410540	361076	318166
EFTA	30781	34250	40905	23918	19635
Oceania	2116	x5228	2084	59	1237
Japan/Japon	375221	354362	498165	481765	175140
Korea Republic	109158	174589	158950	120148	145546
Italy/Italie	109203	154933	168848	117794	119740
China/Chine	123906	102120	197714	50189	16164
USA/Etats-Unis d'Amer	103889	80441	67535	84514	83088
France, Monac	52028	50204	66257	70713	70944
Germany/Allemagne	48898	50792	60359	59032	56172
India/Inde	27195	x50454	46017	33042	x27875
Spain/Espagne	24989	33082	41016	36516	22882
Belgium–Luxembourg	44249	52753	24220	19261	21125
Turkey/Turquie	22210	34386	25894	35923	52918
Indonesia/Indonésie	17319	27478	27897	15614	32246
Czechoslovakia	x29	38846	28091	x28	x1401
Singapore/Singapour	13895	27011	12061	19728	12440
Libyan Arab Jamahiriya	541	28368	22890	x5532	x2163
Denmark/Danemark	15952	17413	16051	14749	10277
Egypt/Egypte	12130	4765	19565	22882	15161
Malaysia/Malaisie	7187	12240	18453	16243	x17282
Thailand/Thaïlande	13194	13897	18195	12639	23242
Netherlands/Pays-Bas	12958	14878	14646	12242	11487
Yugoslavia SFR	7335	21877	17550	x2190	
Iran (Islamic Rp. of)	x588	x8227	x11137	x18670	x17478
Greece/Grèce	9373	11689	14643	8867	x521
Austria/Autriche	9247	12375	12859	8099	6249
Switz.Liecht	8795	9477	11231	7829	8430
Mexico/Mexique	5986	9441	9535	4869	3141
Hungary/Hongrie	x255	x1560	x8443	13680	x1765
Sweden/Suède	10423	8288	7886	5352	2926
United Kingdom	31967	825	684	18673	195
Saudi Arabia	502	9483	x8293	x1404	x3092
Philippines	10175	x742	10354	7530	2059
Romania/Roumanie		7158	6241	417	x3
Finland/Finlande	1677	3056	7503	1373	1132
Portugal	4342	2229	3557	3096	4458
Canada	1835	3207	781	3559	3289
Bangladesh	x1236	x4591	x2763	x95	x4092
Colombia/Colombie	341	2437	3003	773	920
Gabon				x5792	x3734
Algeria/Algérie	3952	949	1849	2947	x1068
Australia/Australie	2076	4633	1017	2	1211
Former USSR/Anc. URSS	x6894	x4727	x440		
Pakistan	471	1615	730	1957	1597
Poland/Pologne	x559	x1103	x1085	x1728	x2508
Norway,SVD,JM	622	1047	1422	1260	888
Argentina/Argentine	15232	251	61	3009	1375
Jordan/Jordanie	781	3106	26	x13	12
United Arab Emirates	x547	x871	x1142	x942	x434
Qatar	x1201	x2441	x92	396	x1475
Morocco/Maroc	730	386	824	1364	3874
Tunisia/Tunisie	554	744	1000	425	258

EXPORTS – EXPORTATIONS

COUNTRIES–PAYS	1988	1989	1990	1991	1992
Totale	x2100515	x2096306	x2326206	x2213910	854177
Afrique	x53990	x49605	x54685	x55961	x74208
Afrique du Nord	13170	13172	34507	29372	x15492
Amériques	393009	457824	476318	324163	310160
ALAI	308855	362932	421040	303077	286788
MCAC	16	x14	x10	7	x26
Asie	310585	x110421	97150	x139819	x150725
Moyen–Orient	x17560	x27514	x31518	x40842	x18628
Europe	291802	407134	435625	328340	303065
CEE	269955	382674	407748	306823	279404
AELE	x20725	x22602	x23553	x20429	x21025
Océanie	1755	2344		x12	x28
Former USSR/Anc. URSS	x992738	x1022466	x1204452	x1324917	
Brazil/Brésil	307359	362541	418182	302703	286651
France, Monac	174559	282211	275309	214796	200194
Germany/Allemagne	68802	70741	110302	73430	61466
China/Chine	272372	70712	55738	89980	89456
Canada	75962	93102	52763	18164	19735
Poland/Pologne	x19020	x27938	x46149	x33233	x8700
Algeria/Algérie	13167	13077	33971	28957	x14882
So. Africa Customs Un	x40819	x29954	x19372	x26261	x58434
Turkey/Turquie	13407	4251	24821	23591	9409
Iran (Islamic Rp. of)	x2908	x17827	x6660	x17100	x4183
Norway,SVD,JM	5835	9960	10747	12100	14426
Italy/Italie	6687	10685	9678	10565	8822
Sweden/Suède	x13745	x11897	x11796	x6911	x5778
United Kingdom	6559	5760	6630	5233	4837
Czechoslovakia	x172	x5303	x5389	x6039	x6375
Korea Dem People's Rp	x4727	x7069	x3893	x4021	x3659
Belgium–Luxembourg	5240	5931	4028	1557	2834
Spain/Espagne	6993	6628	1103	111	68
Hungary/Hongrie	x754	x4497	x2096	x1092	x775
Yugoslavia SFR	1121	1858	4324	x1088	
Bulgaria/Bulgarie	x26786	x3098	x3437	x334	x142
Viet Nam		x932	x1949	x3000	x1926
USA/Etats-Unis d'Amer	8162	1676	1974	2133	3611
Saudi Arabia	1243	5437	x7	x126	x64
Mozambique		x3945	x796	x301	x281
Albania/Albanie	x9282	x3964			
Pakistan	x10618	3068			
Venezuela	x1		x2764	5	25
Zimbabwe	x1	x2507	10		
Former GDR	x622	x1565	x868		
Singapore/Singapour	167	105	1441	811	902
Australia/Australie	1745	2341	4		3
Austria/Autriche	35	87	734	1303	606
Netherlands/Pays-Bas	928	535	557	755	629
Korea Republic	328	351	1144	220	298
India/Inde	852		788	448	x16
Japan/Japon	3302	989	197	13	29390
Switz.Liecht	1071	656	224	106	199
Cuba		x81	x362	x363	
Tunisia/Tunisie			x329	x329	x329
Bahamas			x83	x417	
Denmark/Danemark	100	117	42	275	250
Paraguay	1353	317	x64	49	x69
Egypt/Egypte	2	95	207	87	282
Hong Kong	590	52	230	59	162
Bangladesh				301	
Chile/Chili			7	278	x11
Portugal	79	63	94	87	290
Romania/Roumanie		148	24		

(VALUE AS % OF TOTAL)(VALEUR EN % DU TOTAL)

	1983	1984	1985	1986	1987	1988	1989	1990	1991	1992
Africa	2.9	1.5	2.6	x2.2	x0.6	x1.5	x2.5	x2.9	x3.1	x2.7
Northern Africa	2.4	1.1	2.5	1.4	0.4	1.4	2.4	2.7	x2.4	2.2
Americas	15.9	26.1	18.3	14.2	8.6	10.1	6.7	4.9	7.2	9.1
LAIA	4.4	4.3	1.7	x0.4	x0.2	1.8	1.0	0.8	0.7	0.6
CACM	x0.0	0.0	0.0	0.0	0.0	0.0	0.0	0.0	0.0	x0.0
Asia	39.4	31.6	30.9	34.9	46.7	56.9	56.5	61.7	60.1	x53.4
Middle East	x2.1	x3.5	5.3	4.3	x2.9	x2.7	x4.1	x2.8	x4.3	x7.7
Europe	40.9	39.5	48.0	48.6	29.2	30.4	30.3	27.8	28.4	33.9
EEC	35.9	32.9	40.8	43.3	26.5	27.5	26.5	24.4	26.5	31.4
EFTA	4.9	4.8	5.6	4.8	2.5	2.4	2.3	2.4	1.8	1.9
Oceania	x0.1	x0.1	x0.1	0.1	0.1	0.2	x0.3	0.1		0.1
Japan/Japon	20.4	17.6	14.5	16.2	13.2	29.1	24.1	29.6	35.3	17.3
Korea Republic	2.8	4.9	2.6	7.6	7.2	8.5	11.9	9.4	8.8	14.4
Italy/Italie	8.1	8.0	8.4	10.9	6.5	8.5	10.5	10.0	8.6	11.8
China/Chine					18.5	9.6	6.9	11.7	3.7	1.6
USA/Etats-Unis d'Amer	7.1	16.9	10.9	7.7	5.5	8.0	5.5	4.0	6.2	8.2
France, Monac	13.0	11.0	13.6	9.3	6.3	4.0	3.4	3.9	5.2	7.0
Germany/Allemagne	5.3	5.3	6.2	7.9	4.8	3.8	3.5	3.6	4.3	5.6
India/Inde	8.6	0.1	0.8	1.1	1.3	2.1	x3.4	2.7	2.4	x2.8
Spain/Espagne	2.9	1.5	2.6	3.9	1.9	1.9	2.3	2.4	2.7	2.3
Belgium–Luxembourg	1.6	2.4	3.4	3.8	2.5	3.4	3.6	1.4	1.4	2.1

	1983	1984	1985	1986	1987	1988	1989	1990	1991	1992
Afrique	4.0	5.8	x7.8	x10.4	x3.1	x2.5	2.3	x2.3	x2.5	x8.6
Afrique du Nord	2.7	3.0	1.0	1.1	x0.5	0.6	0.6	1.5	1.3	x1.8
Amériques	x7.5	33.4	49.0	49.5	20.2	18.7	21.8	20.5	14.6	36.3
ALAI	0.0	25.9	35.7	36.9	14.1	14.7	17.3	18.1	13.7	33.6
MCAC	0.0	0.0	0.0	x0.0	x0.0	x0.0	x0.0	x0.0	0.0	x0.0
Asie	10.4	7.5	21.7	23.5	x7.3	14.8	5.2	4.2	x6.3	x17.6
Moyen–Orient	x0.0	0.6	x0.0	1.9	1.1	x0.8	1.3	1.4	x1.8	x2.2
Europe	16.2	11.8	21.2	16.2	7.8	13.9	19.4	18.7	14.8	35.5
CEE	15.2	11.4	20.3	15.3	7.5	12.9	18.3	17.5	13.9	32.7
AELE	1.0	0.4	0.7	0.7	x1.0	x1.1	x1.0	x0.9	x0.9	x2.5
Océanie	4.4	0.6	0.3	0.3	0.7	0.1	0.1	x0.0	x0.0	x0.0
Former USSR/Anc. URSS	57.6	40.9			x58.1	x47.3	x48.8	x51.8	x59.8	
Brazil/Brésil		25.7	35.4	36.8	14.1	14.6	17.3	18.0	13.7	33.6
France, Monac	2.9	2.7	4.8	0.3	5.4	8.3	13.5	11.8	9.7	23.4
Germany/Allemagne	10.5	7.6	13.0	11.5	5.5	3.3	3.4	4.7	3.3	7.2
China/Chine					4.1	13.0	3.3	2.4	4.1	10.5
Canada	7.4	6.9	12.7	11.7	5.6	3.6	4.4	2.3	0.8	2.3
Poland/Pologne					x0.1	x0.9	1.3	x2.0	x1.5	x1.0
Algeria/Algérie	2.6	2.3	0.8	1.1	0.4	0.6	0.6	1.5	1.3	x1.7
So. Africa Customs Un	1.3	2.8	6.3	x8.7	x2.6	x1.9	x1.4	x0.8	x1.2	x6.8
Turkey/Turquie			0.6	0.0	1.9		0.6	0.2	1.1	1.1

527

6716 FERRO–ALLOYS / FERRO–ALLIAGES 6716

TRADE BY COMMODITY IN THOUSAND U.S. DOLLARS – COMMERCE PAR PRODUIT EN MILLIERS DE DOLLARS E.U

COUNTRIES–PAYS	1988	1989	1990	1991	1992	COUNTRIES–PAYS	1988	1989	1990	1991	1992
	IMPORTS – IMPORTATIONS						EXPORTS – EXPORTATIONS				
Total	5910679	7253349	5847398	5415841	4982730	Totale	x5574430	x6620001	x5287564	x5008349	x4156958
Africa	x35847	x45565	x40438	x39831	x22921	Afrique	x1092063	x1371536	x981193	x874748	x762713
Northern Africa	24059	22193	x24937	28232	13594	Afrique du Nord	8696	10781	17244	12437	14526
Americas	1250680	1382832	1193557	1125433	1057953	Amériques	x1006189	x1234483	x1023945	x974360	x895678
LAIA	64265	98702	105388	99186	82999	ALAI	644355	765354	667591	624210	593886
CACM	784	904	625	1117	x472	MCAC	x84	x23	x27	x1192	x3
Asia	1559518	1812561	1447145	1597114	x1358737	Asie	671000	x589582	540459	633393	x777966
Middle East	x83204	x125103	x121715	x109443	x107470	Moyen-Orient	60118	46452	42144	48744	44618
Europe	2868924	3758580	2957403	2580012	2490552	Europe	1838098	2171625	1843123	1608867	x1385848
EEC	2456016	3248993	2526067	2263709	2155888	CEE	738012	977634	790267	699222	x704058
EFTA	395213	489537	406335	309515	325734	AELE	893679	1026619	897386	793431	589103
Oceania	32129	44839	x32005	x31022	x35961	Océanie	337922	466854	318812	293979	261409
Japan/Japon	1102472	1255859	910574	1013146	816110	So. Africa Customs Un	x884032	x1114657	x805641	x749028	x605465
USA/Etats-Unis d'Amer	1039697	1097636	958272	889183	847144	Norway,SVD,JM	550698	643269	614684	540919	358516
Germany/Allemagne	965280	1258966	870325	802665	733814	Former USSR/Anc. URSS	x522333	x635818	x474004	x551556	
France,Monac	413385	595194	490266	431728	384122	Brazil/Brésil	379171	438140	380549	368966	383973
Italy/Italie	337423	414050	308405	303121	340924	New Caledonia	304209	425165	268809	254206	215458
United Kingdom	303189	403191	313106	233138	229597	Germany/Allemagne	292357	348212	290650	227539	222262
Belgium–Luxembourg	208436	286381	261016	242034	252785	China/Chine	348893	175978	285908	348604	321595
Korea Republic	105329	240050	184538	233313	252150	Dominican Republic	x238364	x282722	x208324	x183810	x141736
Spain/Espagne	163295	196335	199281	185440	152150	France, Monac	153154	223645	203416	207782	168527
Sweden/Suède	170511	223143	173408	126612	128656	Zimbabwe	189659	x239076	154404	111864	x141003
Canada	140668	178249	124776	130299	121815	Colombia/Colombie	164822	187748	160728	143483	126592
Finland/Finlande	121199	141220	135060	109952	130347	Yugoslavia SFR	206374	167330	155444	x116202	
Turkey/Turquie	58616	91387	75841	67514	66931	United Kingdom	116965	158827	139782	128318	109991
Austria/Autriche	80112	93474	70678	46612	43056	Austria/Autriche	137438	153298	117506	98447	88107
Hong Kong	95685	51229	49597	62518	32148	USA/Etats–Unis d'Amer	78469	90054	99685	106002	119665
Romania/Roumanie	x23370	76875	60316	13725	x1684	Sweden/Suède	x86533	x110074	x71855	x63477	x61278
Poland/Pologne	x72537	x56079	x75776	x4711	x5409	India/Inde	89371	x114621	41556	72133	x99686
India/Inde	80011	x17305	60690	55817	x31029	Italy/Italie	60943	82911	59404	49616	38228
Netherlands/Pays–Bas	35959	49582	41599	31249	28619	Hong Kong	86125	55508	52090	70540	37757
Australia/Australie	27420	39165	26485	25013	27707	Finland/Finlande	61568	65677	50926	59593	51949
Indonesia/Indonésie	10598	24810	28685	33033	30114	Mexico/Mexique	31828	61888	50101	45091	36543
Venezuela	23431	36411	28989	15979	4897	Indonesia/Indonésie	547	63027	43725	37629	37387
Mexico/Mexique	16168	22397	27553	27410	34800	Turkey/Turquie	58406	45827	41320	48105	41873
Malaysia/Malaisie	19411	24432	23409	24333	x25762	Canada	39064	48244	45666	38656	22507
Brazil/Brésil	1711	8570	27224	34856	22024	Spain/Espagne	46804	54041	43176	34490	24805
Iran (Islamic Rp. of)	x10547	x19532	x19614	x23638	x19208	Philippines	46343	x80704	33637	12881	5023
Switz.Liecht	18502	22309	22228	17081	17555	Iceland/Islande	56118	52968	41626	30285	28842
Pakistan	16615	22747	20440	14469	10440	Australia/Australie	27088	34722	47699	39647	45484
Czechoslovakia	x13708	28534	24656	x4363	x5695	Belgium–Luxembourg	37708	48031	24440	33598	16504
Yugoslavia SFR	17609	19951	24997	x6765		Japan/Japon	33792	39939	29113	30548	33299
Egypt/Egypte	6504	7191	13178	19449	10193	Venezuela	33672	29642	32001	33061	24148
Greece/Grèce	7154	14432	14494	10444	x2695	Albania/Albanie	x58202	x56170	x26213	x11282	x8500
Portugal	9361	13860	14033	10991	9865	Czechoslovakia	x13125	x26795	x20165	x42027	x43909
Thailand/Thaïlande	13759	13030	13185	12584	17501	Chile/Chili	17364	30350	26466	23263	x14842
So. Africa Customs Un	x8087	x18293	x11866	x6496	x7341	Dominica/Dominique	x4899	x47663	x2486	x20460	x17114
Korea Dem People's Rp	x13289	x5007	x14454	x15569	x10969	Greece/Grèce	22396	42980	15927	8578	x120363
Denmark/Danemark	9142	12522	9790	10050	9513	Poland/Pologne	x8482	x20477	x31667	x11474	x16330
Singapore/Singapour	9985	13711	8608	9440	8184	Bulgaria/Bulgarie	x18264	x33401	x18621	x2448	x1464
Hungary/Hongrie	x6496	x8136	x8440	14480	x1567	Argentina/Argentine	17491	17588	17746	10332	7779
Colombia/Colombie	9749	11593	7510	7964	8826	Egypt/Egypte	8664	10781	16829	12432	14323
Qatar	x3928	x6882	x11046	6449	x7083	Netherlands/Pays–Bas	7286	18625	6829	6079	2537
Norway,SVD,JM	4879	9386	4910	9043	6078	Hungary/Hongrie	x6523	x9839	x8209	x3685	x3141
Algeria/Algérie	15308	10872	5379	5517	x1434	Singapore/Singapour	2447	5458	6412	5619	3528
Argentina/Argentine	6727	6854	7601	7139	7594	Korea Dem People's Rp	x2780	x4017	x2421	x4453	x3474
Bulgaria/Bulgarie	x16094	x17157	x3033	x1288	1634	Portugal	292	312	6618	3168	682
Former USSR/Anc. URSS	x22959	x14723	x1293	x3070		French Polynesia	x5860	x6961	x2064		
New Zealand	4628	5673	5392	5963	4893	Mozambique	x8954	x6898	x1369	x297	x644
Saudi Arabia	x7176	301	x7228	x8947	x12928	Korea Republic	275	2520	1886	11	25
China/Chine	1578	8170	2153	4984	7103	Former GDR	x1327	x2436	x1141		
Iraq	x1649	x5447	x6107	x1457	x32	Switz.Liecht	1325	1332	790	711	412

(VALUE AS % OF TOTAL)(VALEUR EN % DU TOTAL)

	1983	1984	1985	1986	1987	1988	1989	1990	1991	1992		1983	1984	1985	1986	1987	1988	1989	1990	1991	1992
Africa	x0.9	x1.6	x1.2	x1.4	x1.0	0.6	x0.7	0.7	x0.7	x0.4	Afrique	25.0	20.6	20.0	x20.8	x19.6	x20.7	18.5	x17.5	x18.4	
Northern Africa	0.4	0.6	0.6	0.4	0.5	0.4	x0.4	x0.4	0.5	0.3	Afrique du Nord	0.0	x0.0	0.1	0.2	0.2	0.2	0.2	0.3		
Americas	21.0	21.4	18.8	x21.4	x19.4	21.2	19.1	20.4	20.8	21.2	Amériques	7.0	18.8	21.2	x15.1	x12.8	x18.0	x18.7	19.3	x19.5	x21.5
LAIA	0.9	1.3	1.4	x1.6	x1.7	1.1	1.4	1.8	1.8	1.7	ALAI	3.2	11.8	13.5	10.8	9.4	11.6	11.6	12.6	12.5	14.3
CACM	x0.0	0.0	0.0	x0.2	x0.0	0.0	0.0	0.0	0.0	x0.0	MCAC	x0.0		x0.0	0.0	0.0	x0.0	x0.0	x0.0	x0.0	x0.0
Asia	x22.9	23.3	22.4	22.5	x23.9	26.4	25.0	24.7	29.5	x27.2	Asie	x4.0	3.6	4.0	3.4	8.5	12.0	x8.9	10.3	12.6	x18.7
Middle East	x0.9	x1.1	x1.6	x1.8	x2.3	x1.4	x1.7	2.1	x2.0	2.2	Moyen-Orient	x0.0	1.2	1.3	1.0	0.8	1.1	0.7	0.8	1.0	1.1
Europe	54.5	53.1	56.8	53.8	49.5	48.5	51.8	50.6	47.6	50.0	Europe	58.8	55.2	54.3	55.6	42.8	33.0	32.8	34.9	32.1	x33.3
EEC	47.7	44.9	49.3	46.9	42.3	41.6	44.8	43.2	41.8	43.3	CEE	33.7	30.6	30.9	33.4	24.6	13.2	14.8	14.9	14.0	x16.9
EFTA	6.8	7.6	7.0	6.3	7.0	6.7	6.7	6.9	5.7	6.5	AELE	25.1	21.2	20.3	19.7	15.9	16.0	15.5	17.0	15.8	14.2
Oceania	0.6	x0.7	x0.6	0.8	x0.7	0.5	0.6	x0.5	x0.6	0.8	Océanie	5.3	x1.8	x0.4	x4.9	4.4	6.1	7.0	6.0	5.9	6.3
Japan/Japon	17.4	18.1	16.4	16.2	15.6	18.7	17.3	15.6	18.7	16.4	So. Africa Customs Un	19.3	16.2	15.7	x16.3	x16.0	x15.9	x16.8	15.2	x15.0	x14.6
USA/Etats–Unis d'Amer	17.6	17.5	15.1	17.3	15.1	17.6	15.1	16.4	16.4	17.0	Norway,SVD,JM	15.9	14.3	12.7	12.2	10.3	9.9	9.7	11.6	10.8	8.6
Germany/Allemagne	19.9	18.0	20.1	17.7	15.6	16.3	17.4	14.9	14.8	14.7	Former USSR/Anc. URSS					x10.2	x9.4	x9.6	x9.0	x11.0	
France,Monac	8.8	9.3	10.8	9.2	8.0	7.0	8.2	8.4	8.0	7.7	Brazil/Brésil		8.2	8.6	6.9	5.5	6.8	6.6	7.2	7.4	9.2
Italy/Italie	6.0	6.8	6.5	6.6	5.8	5.7	5.7	5.3	5.6	6.8	New Caledonia	4.3	x1.2	x0.0	x3.9	x3.6	5.5	6.4	5.1	5.1	5.2
United Kingdom	6.9	5.0	5.6	5.6	5.7	5.1	5.6	5.4	4.3	4.6	Germany/Allemagne	7.4	6.9	6.6	6.5	5.6	5.2	5.3	5.5	4.5	5.3
Belgium–Luxembourg	3.5	3.1	3.5	3.4	3.2	3.5	3.9	4.5	4.5	5.1	China/Chine						4.4	6.3	2.7	5.4	7.7
Korea Republic	0.8	0.7	0.8	1.0	1.4	1.8	3.3	3.2	4.3	5.1	Dominican Republic		3.8	4.4	x1.7	4.1	x4.3	x4.3	x3.9	x3.7	x3.4
Spain/Espagne	1.5	1.5	1.6	2.8	2.7	2.8	2.7	3.4	3.4	3.2	France,Monac	12.2	10.6	9.9	13.8	9.9	2.7	3.3	3.8	4.1	4.1
Sweden/Suède	3.3	3.7	3.2	2.9	3.2	2.9	3.1	3.0	2.3	2.6	Zimbabwe	5.7	4.3	4.1	4.3	3.8	3.4	x3.6	2.9	2.2	x3.4

67161 FERRO-MANGANESE

TRADE BY COMMODITY IN THOUSAND U.S. DOLLARS – COMMERCE PAR PRODUIT EN MILLIERS DE DOLLARS E.U

IMPORTS – IMPORTATIONS

COUNTRIES-PAYS	1988	1989	1990	1991	1992
Total	617310	803130	848516	727852	616534
Africa	x12552	x10990	x15662	x21434	x9265
Northern Africa	11857	9139	x14232	19677	8747
Americas	273511	329482	301683	259944	229033
LAIA	23029	29535	25652	24086	17436
CACM	x586	x1264	x388	x366	x295
Asia	67120	104894	x125202	x108350	x96907
Middle East	x21731	x40088	x36047	x28458	x29038
Europe	246555	317271	364360	318465	269819
EEC	221209	281680	324196	290645	246918
EFTA	23189	31029	34174	26539	21739
Oceania	4278	5435	5141	7000	8557
USA/Etats-Unis d'Amer	226309	256762	247186	194280	173349
Germany/Allemagne	53388	62114	88015	81946	73610
France, Monac	35626	58546	69940	63076	35870
Italy/Italie	43864	56320	54143	44490	47750
United Kingdom	39768	44426	43568	31509	30971
Canada	22373	40818	27023	40839	36865
Belgium-Luxembourg	30335	32208	36171	39080	32049
Turkey/Turquie	17902	33537	20003	16878	21312
Sweden/Suède	16639	18532	19939	14540	13103
Venezuela	14782	18029	16875	10400	871
Japan/Japon	8498	8746	18310	17717	12418
Malaysia/Malaisie	10627	12138	14385	14814	x7323
Netherlands/Pays-Bas	9211	10687	13010	11399	10959
Indonesia/Indonésie	3867	12005	11382	10924	8510
Egypt/Egypte	4926	5284	10892	17233	8080
Pakistan	4535	9100	12178	5176	4719
Spain/Espagne	3833	5084	9855	11384	11534
Romania/Roumanie		10470	10687	1965	x18
Poland/Pologne	x92	x7040	x14310	x1612	x343
Finland/Finlande	3605	6040	8567	5881	3731
Korea Republic	2621	5104	6227	7640	16640
Hong Kong	4192	4219	7020	7325	2983
Qatar	x2258	x3818	x9390	5036	x2952
Korea Dem People's Rp	x2738	x2000	x8581	x6883	x4076
Portugal	2371	6507	4114	3341	1821
Thailand/Thaïlande	3902	4653	5240	4052	5558
Australia/Australie	3613	4285	3427	5349	6937
Yugoslavia SFR	2121	4556	5989	x1265	
Greece/Grèce	2079	4311	3671	2824	x928
Colombia/Colombie	3420	4112	3720	2831	2618
Hungary/Hongrie	x2103	x1055	x3799	5586	x229
Switz./Liecht	2470	3060	4305	2589	2577
Iran (Islamic Rp. of)	x217	x76	x4488	x4961	x2672
Czechoslovakia	x61	5365	3676	x12	x572
Norway, SVD, JM	474	3391	1353	3466	2303
Bulgaria/Bulgarie	x6303	x5691	x1816	x536	1506
Brazil/Brésil	51	112	30	7244	2050
Argentina/Argentine	2548	2273	2221	1242	1863
Singapore/Singapour	572	2391	1531	1803	1690
Philippines	2163	x1615	1652	1490	1899
Former USSR/Anc. URSS		x1746	x401	x2571	1425
Denmark/Danemark	706	1451	1674	1583	1621
New Zealand	664	1149	1714	1651	1621
Algeria/Algérie	6438	2682	651	x1123	x137
Libyan Arab Jamahiriya			x1014	x2161	x940
Former GDR	x3675	x2619	x1266		
Peru/Pérou	874	1627	1456	523	x469
Israel/Israël	674	1153	1268	994	984
Saudi Arabia	x46	x1897	x87	x1255	x1758
Chile/Chili	359	2482	189	492	x46

EXPORTS – EXPORTATIONS

COUNTRIES-PAYS	1988	1989	1990	1991	1992
Totale	x480935	x626078	x671877	x607797	x553291
Afrique	x132955	x175388	x155266	x117358	x103929
Afrique du Nord	x35	x453			x129
Amériques	57666	61401	87623	85897	65543
ALAI	44977	44198	72344	63223	48821
MCAC		x21	x1	x706	
Asie	32197	33291	61797	60027	x58026
Moyen-Orient	x15	6	x39	x396	x98
Europe	242860	317710	323190	291633	x307883
CEE	114755	176193	166553	178026	127502
AELE	120754	138853	151011	110414	x179703
Océanie	9917	10341	x19677	x11143	x15605
So. Africa Customs Un	x130108	x171494	x154200	x116731	x103140
Norway, SVD, JM	119757	138041	148956	109771	x179061
Germany/Allemagne	52081	77353	71942	45013	32395
France, Monac	30234	28256	31854	48984	35269
Mexico/Mexique	25381	28601	36840	30675	24568
Former USSR/Anc. URSS	x4451	x26712	x22137	x33285	
Brazil/Brésil	17705	15436	34491	32125	22956
United Kingdom	3783	20670	25615	35747	29247
China/Chine	18969	9323	36772	35418	38772
Belgium-Luxembourg	11136	25812	14747	19332	4202
Spain/Espagne	12714	18351	16448	15933	12533
Australia/Australie	9917	10341	19593	11089	15580
USA/Etats-Unis d'Amer	3018	7505	7593	16338	16481
Japan/Japon	9086	11656	5855	6030	8238
Canada	9671	9678	7620	5631	241
Italy/Italie	4483	4404	5480	12642	13453
Hong Kong	1893	5349	7648	8858	1610
India/Inde	1225	x2790	8161	4671	x6501
Yugoslavia SFR	7351	2659	5625	x3192	
Czechoslovakia			x1618	x8280	x2235
Singapore/Singapour	863	2075	1757	3127	1339
Mozambique	x2627	x3331	x645	x297	x164
Sweden/Suède	x819	x675	x1907	x545	x482
Korea Republic			1249	874	9
Philippines		x160	499	1231	144
Netherlands/Pays-Bas	154	1349	149	367	404
Poland/Pologne	x724	x1191		x4	x23
Venezuela			x912	106	1214
Indonesia/Indonésie		670	18		7
Costa Rica				x542	
Hungary/Hongrie	x1		x374	x128	x20
Egypt/Egypte	3	x453			x129
Switz./Liecht	177	142	148	99	115
Argentina/Argentine			3	102	277
Nigeria/Nigéria				x375	1
Viet Nam		x12	x168	x168	
Turkey/Turquie		6	20	298	77
Portugal	168		317		
Bulgaria/Bulgarie	x161		x193	x42	x28
Zimbabwe	x185	x110	1	97	x160
Chile/Chili	233	158		40	x81
Un. Rep. of Tanzania				x192	x64
El Salvador		x21		x164	
Nauru			x84	x54	x25
Malaysia/Malaisie	6	0	6	101	x89
Saudi Arabia			x18	x88	x20
Mauritania/Mauritanie			x45	x41	
Guyana			x65		
Former GDR	x3	x44	x1		
Pakistan				x15	

(VALUE AS % OF TOTAL)(VALEUR EN % DU TOTAL)

IMPORTS

	1983	1984	1985	1986	1987	1988	1989	1990	1991	1992
Africa	0.8	x6.3	x3.0	x4.2	x4.1	2.0	x1.3	x1.8	x3.0	x1.5
Northern Africa	0.4	1.5	1.2	1.2	1.8	1.9	1.1	x1.7	2.7	1.4
Americas	39.2	41.1	32.9	x36.4	34.2	44.3	41.1	35.5	35.7	37.2
LAIA	2.5	5.0	5.2	4.0	4.2	3.7	3.7	3.0	3.3	2.8
CACM	x0.1	x0.0	x0.1	x1.0	x0.1	0.1	0.2	x0.0	x0.1	x0.0
Asia	x10.5	10.6	x12.8	x11.7	10.9	13.0	14.7	14.9	15.7	
Middle East	x2.3	x3.2	x5.9	x6.3	x7.1	x3.5	x5.0	x4.2	x3.9	x4.7
Europe	48.9	41.4	50.2	46.5	40.7	39.9	39.5	42.9	43.8	43.8
EEC	41.4	34.7	43.2	39.0	33.8	35.1	38.2	39.9	40.0	
EFTA	x7.5	x6.5	x6.6	x7.1	6.6	3.8	3.9	4.0	3.6	3.5
Oceania	0.5	x0.5	x1.2	x1.2	x0.9	0.7	0.7	0.6	1.0	1.4
USA/Etats-Unis d'Amer	32.7	31.9	22.9	28.5	26.1	36.7	32.0	29.1	26.7	28.1
Germany/Allemagne	11.5	8.0	14.2	10.1	8.2	8.6	7.7	10.4	11.3	11.9
France, Monac	2.2	3.5	4.2	6.7	6.9	5.8	7.3	8.2	8.7	5.8
Italy/Italie	8.0	11.4	9.6	9.1	7.9	7.1	7.0	6.4	6.1	7.7
United Kingdom	10.9	4.0	5.5	5.3	4.3	6.4	5.5	5.1	4.3	5.0
Canada	3.9	4.0	4.5	2.8	3.9	3.6	5.1	3.2	5.6	6.0
Belgium-Luxembourg	6.2	4.7	6.1	4.8	5.0	4.9	4.0	4.3	5.4	5.2
Turkey/Turquie		2.3	2.8	1.7	3.1	2.9	4.2	2.4	2.3	3.5
Sweden/Suède	3.2	2.8	3.2	2.5	2.4	2.7	2.3	2.3	2.0	2.1
Venezuela	1.4	3.4	3.0	2.7	2.4	2.4	2.2	2.0	1.4	0.1

EXPORTS

	1983	1984	1985	1986	1987	1988	1989	1990	1991	1992
Afrique	16.1	x14.0	x21.1	x12.2	x15.8	x27.7	x28.0	x23.2	x19.3	x18.7
Afrique du Nord						x0.0		0.1		x0.0
Amériques	x2.1	7.5	13.0	x8.4	6.4	12.0	9.8	13.1	14.1	11.8
ALAI			5.5	8.0	x5.6	x4.9	9.4	7.1	10.8	10.4	8.8
MCAC				x0.0		x0.0	x0.0	x0.0	x0.1	
Asie	x3.9	4.3			2.7	5.4	9.2	9.9	x10.5	
Moyen-Orient			0.0	x0.0		x0.0	x0.0	x0.1	x0.0	
Europe	56.9	71.8	60.7	76.4	72.9	50.5	50.7	48.1	48.0	x55.6
CEE	36.9	49.6	40.9	61.7	57.2	23.9	28.1	24.8	29.3	23.0
AELE	20.0	21.2	19.1	14.5	15.2	25.1	22.2	22.5	18.2	x32.5
Océanie	1.8	1.5	1.3	2.0	1.9	2.1	1.7	x2.9	x1.8	x2.8
So. Africa Customs Un	16.1	14.0	20.4	x11.7	x14.3	x27.1	x27.4	x23.0	x19.2	x18.6
Norway, SVD, JM	19.5	20.9	18.8	13.9	15.0	24.9	22.0	22.2	18.1	x32.4
Germany/Allemagne	6.2	11.7	8.2	6.9	6.2	10.8	12.4	10.7	7.4	5.9
France, Monac	24.6	28.7	23.4	48.7	45.9	6.3	4.5	4.7	8.1	6.4
Mexico/Mexique		3.7		x3.1		x2.5	4.3	5.5	5.0	4.4
Former USSR/Anc. URSS	19.3	1.0			x0.0	x4.3	x3.3	x5.5		
Brazil/Brésil		1.9	2.8	2.4	2.3	2.7	2.5	5.1	5.3	4.1
United Kingdom	1.0	0.1	1.6	0.8	0.8	0.8	3.3	3.8	5.9	5.3
China/Chine						0.7	3.9	1.5	5.5	5.8	7.0
Belgium-Luxembourg	1.2	2.0	1.9	1.3	1.4	2.3	4.1	2.2	3.2	0.8

6725 IRN, STL BLOOMS, SLABS, ETC / BLOOMS, BILLETTES FER ACIER 6725

TRADE BY COMMODITY IN THOUSAND U.S. DOLLARS – COMMERCE PAR PRODUIT EN MILLIERS DE DOLLARS E.U

IMPORTS – IMPORTATIONS

COUNTRIES–PAYS	1988	1989	1990	1991	1992
Total	5170573	6250484	6216626	6389427	5665438
Africa	x152675	x216880	x280944	x236567	x203349
Northern Africa	128649	166022	236209	187986	158001
Americas	1037712	970612	815616	856693	x832238
LAIA	106772	120765	78644	154140	104380
CACM	11383	12964	10149	16875	x40637
Asia	1027197	x1487332	1844757	2152510	2157942
Middle East	x258978	x473295	x334202	x374335	x359233
Europe	2842248	3409112	3175399	3008793	2443934
EEC	2562370	2990686	2746899	2691037	2175148
EFTA	203092	309139	297397	313860	247057
Oceania	31401	55623	38249	x80612	x6717
Germany/Allemagne	771753	1025708	1217134	1255794	915939
USA/Etats–Unis d'Amer	703050	710975	634977	619410	589539
Belgium–Luxembourg	691128	670259	404915	395353	388297
Italy/Italie	558910	538570	457190	398801	356785
Korea Republic	160127	129408	265311	574261	489140
Japan/Japon	136918	205534	278692	362072	147806
Greece/Grèce	67285	242524	202888	225067	x180246
France, Monac	254973	218408	213546	200119	158501
Thailand/Thaïlande	41764	85926	279203	245150	315503
Turkey/Turquie	177478	280459	136932	181146	208043
Indonesia/Indonésie	92703	192863	195673	150541	85738
Philippines	128853	x141379	175673	137574	237163
United Kingdom	140160	148491	156879	124304	92411
Iran (Islamic Rp. of)	x64415	x138491	x131125	x123915	x47682
Morocco/Maroc	92203	120320	112351	104770	78357
Austria/Autriche	66475	67987	113128	93014	111660
Yugoslavia SFR	75101	107132	130234	x1887	
Finland/Finlande	21697	89265	31289	115986	28459
Malaysia/Malaisie	34796	48076	66773	96417	x108312
Canada	202747	97717	70415	37241	67971
Singapore/Singapour	43399	79713	47407	70815	34008
Australia/Australie	25986	55126	33898	78595	6182
Spain/Espagne	33454	75519	32406	49505	48402
Switz.Liecht	42470	53378	62839	40797	40259
Ecuador/Equateur	44861	51656	46170	55387	1867
China/Chine	33183	47888	68978	29996	305364
Sweden/Suède	69143	79887	40612	25604	25450
Jordan/Jordanie	97	38336	47425	48933	62099
Egypt/Egypte	13517	20926	47090	56386	54217
Hong Kong	43559	31863	36847	37837	15133
Norway, SVD, JM	3218	18593	49449	38287	41229
Romania/Roumanie	x285	51517	54145	485	x1088
Netherlands/Pays–Bas	30577	35128	39284	31355	17314
Israel/Israël	11233	22908	38433	31032	11305
Libyan Arab Jamahiriya	2233	14870	62158	x2920	x2995
Venezuela	11218	27512	17756	31880	2423
Pakistan	10021	11935	31226	13114	13080
Mexico/Mexique	2327	2646	4403	47841	42263
Denmark/Danemark	7904	28751	13787	5008	9882
Bulgaria/Bulgarie	x54468	x39564	x2378	x391	9186
Kenya	12142	x14716	13586	x10481	x10482
Sri Lanka	13024	8712	12550	17174	12382
Tunisia/Tunisie	20383	7553	12852	14290	13732
Former USSR/Anc. URSS	x21059	x11800	x1928	x20363	
Argentina/Argentine	38465	19656	269	11435	32020
Dominican Republic	x6377	x13851	x9962	x6618	x16027
So. Africa Customs Un	x1462	x9491	x9999	x10602	x11026
Hungary/Hongrie	x884	x504	x206	28379	x3660
India/Inde	18203	x6207	11676	7664	x16833
Guatemala	2287	7504	5671	12077	x19733

EXPORTS – EXPORTATIONS

COUNTRIES–PAYS	1988	1989	1990	1991	1992
Totale	x5760853	x6576195	x6610356	x6552234	5469162
Afrique	x117617	x178714	x94312	x97554	x150809
Afrique du Nord	6509	5324	1985	2046	x12585
Amériques	1093670	1857235	1353460	1551483	1473144
ALAI	1001638	1614065	1057346	1229271	1219383
MCAC	508	x38	16	14	93
Asie	484499	674413	644395	699794	746337
Moyen–Orient	285022	310849	336931	263521	385332
Europe	2994986	2886843	3151287	2895786	2578735
CEE	2718874	2629859	2883848	2610096	2307830
AELE	252701	230962	242600	265672	257350
Océanie	68504	77501	166116	172021	177647
Brazil/Brésil	911359	1400856	800037	994103	984483
United Kingdom	692577	745869	718093	649659	616129
Former USSR/Anc. URSS	x481609	x557922	x672296	x824485	
Belgium–Luxembourg	350987	418670	707296	636063	351122
Germany/Allemagne	613127	531941	424531	449719	480364
France, Monac	392014	373601	468011	439935	401939
Netherlands/Pays–Bas	410306	326681	334133	244172	250711
Turkey/Turquie	284361	309601	332050	263074	364324
Sweden/Suède	175264	173465	180507	199964	182881
USA/Etats–Unis d'Amer	19707	122104	168394	210296	153489
Poland/Pologne	x56305	x71299	x223502	x179105	x203702
Italy/Italie	94717	159457	180783	114993	138248
Korea Republic	101315	218912	89690	110685	100883
Australia/Australie	52261	72536	163672	170896	175130
China/Chine	2802	19241	127315	197158	77164
Canada	62744	107841	125477	109931	93411
Mexico/Mexique	16602	60149	125628	122793	160980
Bulgaria/Bulgarie	x195514	x72326	x181463	x24331	x33404
Argentina/Argentine	38043	102720	52994	25596	243
Czechoslovakia	x22028	x42716	x54018	x74396	x91243
Venezuela	29497	46421	61149	56791	63601
Spain/Espagne	154041	59134	34734	58090	58094
Zimbabwe	45834	x67096	43515	38284	x57887
Hungary/Hongrie	x50347	x57138	x55214	x32793	x12406
So. Africa Customs Un	x38603	x62663	x22912	x41924	x70746
Japan/Japon	50647	55922	24628	41416	82150
Former GDR	x193478	x98490	x14259		
Finland/Finlande	47251	39401	36403	35323	30093
Indonesia/Indonésie	10411	7690	14897	58071	47725
Mozambique	x25781	x42211	x25528	x5587	x5574
Yugoslavia SFR	23396	26022	24745	x20014	
Malaysia/Malaisie	13684	33489	5344	4767	x22730
Austria/Autriche	6517	10224	17417	13732	20850
Greece/Grèce	9155	13170	11887	8542	x1457
Chile/Chili	4847	493	15544	16625	x5686
India/Inde	7111	x9574	8015	14970	x8765
Viet Nam					10028
Korea Dem People's Rp	x6801	x7728	x13120	x6780	x10028
Switz.Liecht	6415	2544	15208	x356	x6204
Norway, SVD, JM	17255	5328	5252	9520	11322
			3020	5232	12085
Denmark/Danemark	1291	874	3264	7835	9012
Colombia/Colombie		7	518	10799	3278
Panama	x250	x10266	x156	0	0
Nigeria/Nigéria			x116	x8767	
New Zealand	16241	4964	2444	1123	2479
Trinidad and Tobago	8748	2725	2071	1969	1962
Paraguay	1291	2753	1140	2423	x1112
Philippines	x4		6175		
Algeria/Algérie	5657	3981	1241	716	x1187
Saudi Arabia	284	586	x4633	x14	x14

(VALUE AS % OF TOTAL)(VALEUR EN % DU TOTAL)

	1983	1984	1985	1986	1987	1988	1989	1990	1991	1992
Africa	x2.1	x2.8	5.5	x4.3	x2.7	x2.9	x3.5	x4.6	x3.7	x3.6
Northern Africa	x1.1	1.8	3.4	3.1	2.1	2.5	2.7	3.8	2.9	2.8
Americas	x14.6	20.7	18.3	x21.8	x22.1	20.1	15.5	13.1	13.4	x14.7
LAIA	2.7	4.5	2.7	4.4	3.5	2.1	1.9	1.3	2.4	1.8
CACM	x0.5	x0.1		x0.5	x0.4	0.2	0.2	0.2	0.3	x0.7
Asia	x31.3	27.9	x29.2	x23.7	x27.0	19.9	x23.8	29.7	33.7	38.1
Middle East	x9.3	x12.9	x17.7	x10.2	x10.6	x5.0	x7.6	x5.4	x5.9	x6.3
Europe	51.7	48.4	46.6	50.0	43.6	55.0	54.5	51.1	47.1	43.1
EEC	48.7	42.2	41.3	47.3	41.0	49.6	47.8	44.2	42.1	38.4
EFTA	3.0	2.6	2.5	2.7	2.5	3.9	4.9	4.8	4.9	4.4
Oceania	0.3	0.3	0.3	0.3	0.7	0.6	0.9	0.6	x1.3	x0.1
Germany/Allemagne	13.0	13.7	14.2	14.0	15.1	14.9	16.4	19.6	19.7	16.2
USA/Etats–Unis d'Amer	10.0	14.0	14.6	15.1	14.7	13.6	11.4	10.2	9.7	10.4
Belgium–Luxembourg	4.8	5.1	4.2	4.9	6.0	13.4	10.7	6.5	6.2	6.9
Italy/Italie	5.8	4.6	7.2	9.6	7.5	10.8	8.6	7.4	6.2	6.3
Korea Republic	1.0	0.9	0.7	2.4	4.7	3.1	2.1	4.3	9.0	8.6
Japan/Japon	1.1	1.9	2.0	2.0	2.3	2.6	3.3	4.5	5.7	2.6
Greece/Grèce	6.5	3.7	2.6	2.7	2.4	1.3	3.9	3.3	3.5	x3.2
France, Monac	12.3	9.6	8.0	9.6	6.1	4.9	3.5	3.4	3.1	2.8
Thailand/Thaïlande	0.4	0.1	0.2	0.0	0.2	0.8	1.4	4.5	3.8	5.6
Turkey/Turquie			8.9	11.0	5.4	6.8	3.4	4.5	2.2	3.7

	1983	1984	1985	1986	1987	1988	1989	1990	1991	1992
Afrique	5.3	3.2	4.2	x3.5	x2.8	x2.8	x1.4	x1.4	x2.8	
Afrique du Nord	x0.2	0.2	0.2	0.0	x0.1	0.1	0.1	0.0	0.0	x0.2
Amériques	9.1	14.2	19.9	17.8	17.7	19.0	28.2	20.4	23.7	26.9
ALAI	0.3	11.6	18.6	16.3	16.4	17.4	24.5	16.0	18.8	22.3
MCAC						x0.0	0.0	0.0	0.0	0.0
Asie	10.3	8.2	9.4	8.1	5.9	8.4	10.3	9.8	10.6	13.6
Moyen–Orient	x0.0	1.7	4.4	5.0	2.8	4.9	4.7	5.1	4.0	7.0
Europe	70.9	71.9	63.3	67.2	56.0	52.0	43.9	47.7	44.2	47.2
CEE	62.4	61.6	54.3	59.4	48.9	47.2	40.0	43.6	39.8	42.2
AELE	8.6	9.7	8.5	7.2	6.5	4.4	3.5	3.7	4.1	4.7
Océanie	4.4	2.6	3.4	2.4	1.2	1.2	2.5	2.6	3.2	
Brazil/Brésil		10.7	13.5	12.8	14.1	15.8	21.3	12.1	15.2	18.0
United Kingdom	10.2	8.3	8.9	11.9	13.0	12.0	11.3	10.9	9.9	11.3
Former USSR/Anc. URSS					x6.5	x8.4	x8.5	x10.2	12.6	
Belgium–Luxembourg	8.7	7.6	4.9	4.1	7.6	6.1	6.4	10.7	9.7	6.4
Germany/Allemagne	14.4	16.8	13.6	13.9	9.5	10.6	8.1	6.4	6.9	8.8
France, Monac	7.0	8.5	8.0	7.9	8.0	6.8	5.7	7.1	6.7	7.3
Netherlands/Pays–Bas	9.8	11.1	8.2	9.5	6.9	7.1	5.0	5.1	3.7	4.6
Turkey/Turquie		1.6	4.4	5.0	2.8	4.9	4.7	5.0	4.0	6.7
Sweden/Suède	3.5	5.0	4.8	5.0	3.0	3.0	2.6	2.7	3.1	3.3
USA/Etats–Unis d'Amer	1.8	0.8	0.8	0.5	0.5	0.3	1.9	2.5	3.2	2.8

67251 IRN, SMPLE STL BLOOMS, ETC   **BLOOMS ETC NON ACIER FIN 67251**

TRADE BY COMMODITY IN THOUSAND U.S. DOLLARS – COMMERCE PAR PRODUIT EN MILLIERS DE DOLLARS E.U

COUNTRIES–PAYS	1988	1989	1990	1991	1992	COUNTRIES–PAYS	1988	1989	1990	1991	1992
	IMPORTS – IMPORTATIONS						**EXPORTS – EXPORTATIONS**				
Total	3532098	4269088	4385914	4560349	4252606	Totale	x4502163	x5024899	x4733698	x4832650	4059904
Africa	x163004	x227839	x237810	x232939	x201018	Afrique	x114094	x172338	x93069	x97295	x147171
Northern Africa	141006	x178763	196898	185269	156834	Afrique du Nord	6499	5324	1985	2046	x12583
Americas	860624	786012	670268	716292	x720876	Amériques	x1017881	1719436	1174694	1345861	1342483
LAIA	103575	118471	76523	148545	95503	ALAI	960152	1570507	1010278	1187505	1190424
CACM	11383	12964	10149	16875	x37713	MCAC	508	x38	16	14	93
Asia	990925	x1447478	1782151	2092360	2091417	Asie	460122	622256	598027	646793	691097
Middle East	x256047	x468842	x324356	x362215	x350158	Moyen–Orient	282355	293911	319150	253548	377621
Europe	1474156	1699776	1610353	1405499	1223470	Europe	1874963	1583130	1530811	1451566	1371640
EEC	1259776	1418362	1244200	1242140	x1056300	CEE	1697712	1445248	1430055	1331968	1262545
EFTA	138772	173574	236291	160152	146561	AELE	158990	117794	78749	101722	100352
Oceania	26601	40985	x27708	x65162	x1496	Océanie	67531	76643	164388	170152	170467
USA/Etats–Unis d'Amer	542393	536345	501230	493432	500649	Brazil/Brésil	870589	1357514	753050	952487	955598
Italy/Italie	453535	443827	380144	345185	295485	Former USSR/Anc. URSS	x476513	x537945	x659553	x815510	
Korea Republic	143482	108198	252484	551080	464758	United Kingdom	354777	349266	346790	301708	273668
Japan/Japon	135672	204406	271349	359578	145697	Germany/Allemagne	470245	379903	281294	303846	349063
Greece/Grèce	67190	242421	202854	225001	x179730	Netherlands/Pays–Bas	388395	292668	318918	253121	356978
Thailand/Thaïlande	41399	85684	279009	244430	314952	Turkey/Turquie	281702	163483	206181	230668	189250
Belgium–Luxembourg	289555	192677	184661	207750	211716	France, Monac	180922	163483	213229	x175900	x201231
Turkey/Turquie	175556	277302	127909	173414	202581	Poland/Pologne	x48324	x55547	82635	109383	97166
Germany/Allemagne	160779	180198	171939	198570	186564	Korea Republic	101217	218431	39031		
Indonesia/Indonésie	89799	192725	195641	150428	85687	Australia/Australie	51838	72287	162447	169456	168119
Philippines	128846	x141228	175671	137572	237163	Belgium–Luxembourg	123497	91534	122502	136012	65008
Iran (Islamic Rp. of)	x64179	x138013	x130386	x120410	x46265	China/Chine	2789	19115	127058	197001	72862
France,Monac	135496	125701	123570	119893	77122	Mexico/Mexique	15907	60138	125627	122724	160979
Morocco/Maroc	90696	120168	112172	104452	78357	Bulgaria/Bulgarie	x195491	x71399	x178733	59560	81889
United Kingdom	92754	104182	104441	80235	57988	Italy/Italie	40305	93416	116483	x24327	x33322
Yugoslavia SFR	73943	105971	129726	x1246		USA/Etats–Unis d'Amer	x13302	72216	92415	99108	93213
Austria/Autriche	56293	53996	94781	70810	57288	Canada	34847	63683	69759	57267	53737
Malaysia/Malaisie	32886	44538	62007	93161	x107269	Argentina/Argentine	38022	102609	52922	25546	179
Singapore/Singapour	42593	79005	46330	68783	32314	Sweden/Suède	96157	74815	38663	55124	42445
Canada	189719	91318	63179	31882	60919	Venezuela	29497	46335	61141	56791	63592
Ecuador/Equateur	44235	51640	46166	55387	1713	Czechoslovakia	x20374	x35361	x44884	x72593	x88607
China/Chine	32803	47219	68473	29332	297785	Zimbabwe	45834	x66959	43500	38278	x55974
Spain/Espagne	28039	72135	30487	34224	26693	Hungary/Hongrie	x49600	x56334	x53570	x32262	x12173
Jordan/Jordanie	97	38336	47425	48933	62099	So. Africa Customs Un	x35089	x56424	x21683	x41671	x69034
Australia/Australie	21643	40720	23541	63339	1007	Spain/Espagne	128574	40569	18740	48934	51913
Egypt/Egypte	13517	20926	47090	56386	54217	Former GDR	x181974	x93702	x14219		
Switz.Liecht	32695	39686	49570	32612	30575	Finland/Finlande	38109	33067	30413	21646	17750
Hong Kong	43559	31863	36847	37837	15133	Indonesia/Indonésie	10373	7220	14896	58071	47715
Romania/Roumanie	x18	51517	54145	9	x1011	Mozambique	x25781	x42211	x25528	x5587	x5574
Norway,SVD,JM	2692	16479	48631	37660	40210	Yugoslavia SFR	18799	20088	21913	x17875	
Israel/Israël	10338	21688	35642	26317	8968	Japan/Japon	30242	31521	7556	9900	48882
Venezuela	10329	26767	17604	31234	1597	Malaysia/Malaisie	13678	33480	5314	4738	x22682
Netherlands/Pays–Bas	20319	23039	26133	22378	10707	Greece/Grèce	9154	13170	11877	8542	x1280
Finland/Finlande	21197	38761	20251	8506	9840	Chile/Chili	4847	493	15544	16625	x5686
Sweden/Suède	25811	24641	23017	10422	8647	Viet Nam		x8218	x13120	x6780	x10028
Libyan Arab Jamahiriya	x16426	x28894	x23828	x2912	x2993	Korea Dem People's Rp	x6801	x7728	x15208	x290	x6204
Mexico/Mexique	1763	2131	3413	45391	39693	Switz.Liecht	6336	2468	4948	9049	11163
Denmark/Danemark	6838	27668	12752	4055	3467	Norway,SVD,JM	17121	5239	3014	5038	12068
Sri Lanka	12894	8676	12503	17168	12359	Austria/Autriche	1268	2205	1711	8964	16806
Kenya	12142	x14700	11672	x10474	x10472	Colombia/Colombie			518	10799	3278
Tunisia/Tunisie	20318	7529	12843	14225	13726	Denmark/Danemark	1123	538	3015	7751	8586
Argentina/Argentine	38173	19583	131	10652	31457	Panama	x250	x10266	x156		0
Pakistan	9012	6675	14499	7721	8891	India/Inde	5987	x22	4701	5552	x3925
Former USSR/Anc. URSS	x7863	x8263	x958	x19005		Romania/Roumanie	x2296	x808	x8521	393	x1712
Hungary/Hongrie	x695	x399	x100	27447	x232	Nigeria/Nigéria	x116			x8767	
Dominican Republic	x6283	x12834	x8675	x5398	x12922	New Zealand	15691	4357	1941	695	2347
So. Africa Customs Un	x173	x7966	x8589	x9992	x10200	Trinidad and Tobago	8748	2725	2071	1968	1962
Syrian Arab Republic	x40	x1090	x12746	x12113	x5822	Paraguay	1291		1140	2423	x1112
Guatemala	2287	7504	5671	12077	x18195	Philippines	x4		6175		
Jamaica/Jamaïque	5066	9525	4430	10171	x1240	Algeria/Algérie	5657	3981	1241	716	x1187

(VALUE AS % OF TOTAL)(VALEUR EN % DU TOTAL)

	1983	1984	1985	1986	1987	1988	1989	1990	1991	1992		1983	1984	1985	1986	1987	1988	1989	1990	1991	1992
Africa	x2.4	x3.6	x7.2	x5.6	x3.7	x4.6	x5.4	x5.4	x5.1	x4.7	Afrique	x6.8	x4.1	5.2	4.6	x3.7	x2.6	x3.4	x2.0	x2.1	x3.6
Northern Africa	1.3	2.3	4.4	4.1	2.9	4.0	x4.2	4.5	4.1	3.7	Afrique du Nord	x0.2	0.3	0.2	0.0	x0.1	0.1	0.1	0.0	0.0	x0.3
Americas	x17.4	24.5	21.4	x27.1	x28.2	24.3	18.4	15.3	15.7	x16.9	Amériques	x9.6	x17.1	x23.5	x23.0	x22.0	x22.6	34.2	24.8	27.8	33.0
LAIA	3.7	6.2	3.7	6.2	5.2	2.9	2.8	1.7	3.3	2.2	ALAI	0.3	14.8	23.2	21.2	20.8	21.3	21.3	21.3	24.6	29.3
CACM	x0.3	x0.1		x0.6	x0.6	0.4	0.3	0.3	0.4	x0.9	MCAC				x0.0	0.0	x0.0	0.0	0.0	0.0	0.0
Asia	x38.6	35.5	x37.8	x29.9	x36.7	28.0	33.9	40.6	45.9	49.1	Asie	12.5	10.0	11.2	9.8	7.3	10.2	12.3	12.7	13.4	17.0
Middle East	x11.1	x16.7	x23.8	x13.7	x15.0	x7.2	x11.0	x7.4	x7.9	x8.2	Moyen–Orient	x0.0	2.2	5.4	6.4	6.3	6.3	6.5	6.7	5.2	9.3
Europe	41.2	36.0	33.2	37.1	29.0	41.7	39.8	36.7	30.8	28.8	Europe	67.3	65.6	56.0	58.3	44.7	41.6	31.5	32.3	30.0	33.8
EEC	38.1	28.6	27.4	34.7	26.6	35.7	33.2	28.4	27.2	x24.8	CEE	58.9	56.4	48.9	51.0	39.4	37.6	28.8	30.2	27.6	31.1
EFTA	x3.1	x2.6	x2.2	x2.3	x2.2	3.9	4.1	5.4	3.5	3.4	AELE	8.4	8.9	6.7	6.6	4.5	3.5	2.3	1.7	2.1	2.5
Oceania	0.3	0.4	0.3	0.3	0.5	0.8	1.0	x0.6	x1.4	x0.0	Océanie	3.7	3.2	4.1	4.3	3.1	1.5	1.5	3.5	3.5	4.2
USA/Etats–Unis d'Amer	12.2	15.7	16.4	18.0	17.4	15.4	12.6	11.4	10.8	11.8	Brazil/Brésil		13.6	16.8	16.7	17.8	19.3	27.0	15.9	19.7	23.5
Italy/Italie	4.5	3.5	7.2	9.5	7.1	12.8	10.4	8.7	7.6	6.9	Former USSR/Anc. URSS					x8.4	x10.6	x10.7	x13.9	x16.9	
Korea Republic	1.0	0.9	0.5	2.7	5.6	4.1	2.5	5.8	12.1	10.9	United Kingdom	6.2	3.0	3.9	7.3	8.7	7.9	7.0	7.3	6.2	6.7
Japan/Japon	1.4	2.3	3.0	2.7	3.3	3.8	4.8	6.2	7.9	3.4	Germany/Allemagne	15.2	16.8	13.6	14.1	9.8	10.4	7.6	5.9	6.3	8.6
Greece/Grèce	8.8	5.0	3.6	3.7	3.4	1.9	5.7	4.6	4.9	x4.2	Netherlands/Pays–Bas	12.5	14.4	10.2	12.6	8.9	8.6	6.2	6.8	4.8	5.9
Thailand/Thaïlande	0.6	0.2	0.3	0.0	0.3	1.2	2.0	6.4	5.4	7.4	Turkey/Turquie			2.1	5.4	4.4	5.1	3.3	4.4	4.8	4.7
Belgium–Luxembourg	3.8	3.9	3.0	4.2	3.6	8.2	4.5	4.2	4.6	5.0	France, Monac	4.6	6.0	6.1	5.1	3.8	4.0	3.3	4.4	4.8	4.7
Turkey/Turquie			12.0	15.0	7.4	9.7	5.0	6.5	2.9	3.8	Poland/Pologne					x0.9	x1.1	x1.1	x4.5	x3.6	x5.0
Germany/Allemagne	6.9	4.7	4.5	4.6	3.5	4.0	4.2	3.9	4.4	4.4	Korea Republic	10.2	5.5	2.9	1.5	1.5	2.2	4.3	1.7	2.3	2.4
Indonesia/Indonésie	2.2	1.1	0.4	0.8	1.5	2.5	4.5	4.5	3.3	2.0	Australia/Australie	3.3	2.9	3.9	3.4	2.5	1.1	1.4	3.4	3.5	4.1

6727 IRN, STL COIL FR REROLLNG — EBAUCHES POUR TOLES FER 6727

TRADE BY COMMODITY IN THOUSAND U.S. DOLLARS – COMMERCE PAR PRODUIT EN MILLIERS DE DOLLARS E.U

IMPORTS – IMPORTATIONS

COUNTRIES–PAYS	1988	1989	1990	1991	1992
Total	8095198	10669844	11203475	11598901	11446126
Africa	x90299	x124949	x141687	x147154	x181018
Northern Africa	32423	44523	58415	x62937	x93844
Americas	610172	1300382	1403509	1447491	1729109
LAIA	319037	315538	259615	471121	564280
CACM	15046	18206	22365	19665	x16381
Asia	2959967	x4158633	3971812	4836055	x4144642
Middle East	x263471	x277933	x611762	x545153	x527481
Europe	4238466	4925867	5627545	5058196	5312138
EEC	3993285	4677106	5270811	4760461	5021453
EFTA	198997	211554	305413	292156	283012
Oceania	109170	91165	48048	x73639	x66159
Italy/Italie	1100727	1548080	1463965	1214192	1399708
Japan/Japon	1226190	1343642	1076241	1417063	929662
Korea Republic	622707	1125574	1027555	1268389	661518
France, Monac	764268	843122	1034236	918640	661179
USA/Etats-Unis d'Amer	203573	900421	980522	857767	923995
Germany/Allemagne	541900	523515	542110	629186	1059010
Belgium–Luxembourg	173285	231875	747643	647248	719713
Thailand/Thaïlande	380101	586677	452634	582172	364682
United Kingdom	535425	560763	590322	459736	633476
Spain/Espagne	402600	400101	361406	352800	570712
Iran (Islamic Rp. of)	x44362	x62405	x411993	x241267	x228359
Malaysia/Malaisie	119045	168846	232175	312256	x259194
Mexico/Mexique	67333	154480	154404	304295	289642
Netherlands/Pays-Bas	194756	225699	187501	187520	185335
India/Inde	191422	x196484	198172	113188	x278263
Portugal	147630	184943	153423	128821	153617
Singapore/Singapour	2260	138606	122853	150608	120353
Indonesia/Indonésie	1884	100863	115052	173397	123183
Philippines	61109	x147214	52944	154304	129293
Greece/Grèce	64972	76802	102896	125787	x160880
Saudi Arabia	56358	43919	x82232	x170127	x170948
Canada	67552	56316	135028	88145	77151
Turkey/Turquie	102311	77110	87291	110708	101477
Sweden/Suède	20985	35823	110788	112252	101221
Denmark/Danemark	65602	79089	81092	90738	107323
Norway, SVD, JM	68967	70366	89560	72856	73087
Argentina/Argentine	231408	97972	31474	93890	180144
Israel/Israël	74674	50466	65601	82099	81647
Switz. Liecht	60023	67131	65985	62630	73482
Australia/Australie	76746	80996	41998	70658	63161
Kenya	34789	x49718	46836	x49551	x40993
Austria/Autriche	32477	34514	35244	35252	25481
Yugoslavia SFR	44096	36977	47270	x4531	
Iraq	x40067	x61505	x20113	x12	
Morocco/Maroc	20050	27729	22207	27059	23448
Chile/Chili	x203	11388	22079	29822	x29004
Ecuador/Equateur	11622	12559	19113	27688	22938
Former USSR/Anc. URSS	x42306	x34154	x4837	x9906	
Libyan Arab Jamahiriya	3772	8388	15705	x22276	x25388
Guatemala	4467	9982	10990	11644	x4162
Hungary/Hongrie	x7300	x6603	x1351	21914	x1772
Un. Rep. of Tanzania	x6956	x9558	x12128	x7285	x7936
Brazil/Brésil	x358	23291	2565	2410	3548
Venezuela	92	166	26508	1525	22049
Costa Rica	9892	8187	10779	7287	x10277
Korea Dem People's Rp	x1323	x4751	x4113	x17032	x2576
Kuwait/Koweit	x6326	x24829	x822	x1707	x1291
Nigeria/Nigéria	x7505	x5745	x8194	x11630	x13609
Tunisia/Tunisie	8	2	12053	10173	13540
Egypt/Egypte	4475	8375	7356	3386	386

EXPORTS – EXPORTATIONS

COUNTRIES–PAYS	1988	1989	1990	1991	1992
Totale	9466368	11638752	11032902	11886387	10497865
Afrique	x135768	x44365	x64521	x88929	x255818
Afrique du Nord	39926	6045	9302	x15823	x28338
Amériques	x623379	x1788391	1272154	2032298	1377364
ALAI	x250070	x724590	566888	835818	760184
MCAC		x448	x46	x4471	x3
Asie	2496428	2613553	2091783	2243684	2351113
Moyen–Orient	36624	69593	51687	36792	82550
Europe	5353438	6051256	6558913	6087880	5893405
CEE	4993012	5603322	6001891	5439569	5331014
AELE	319247	420961	508300	592588	539703
Océanie	7576	59300	x189367	x231630	233845
Germany/Allemagne	1678288	1974985	2080350	1827546	1702861
Belgium–Luxembourg	1635025	1515934	1769118	1596191	1535653
Japan/Japon	1387689	1417119	1059703	1059453	925894
France, Monac	905711	998101	934342	852328	842175
Korea Republic	911654	883759	833427	986231	1076790
Brazil/Brésil	145707	538501	502484	740140	677941
USA/Etats–Unis d'Amer	x143927	668370	346301	648780	225035
Canada	229322	394443	351861	541631	392068
Former USSR/Anc. URSS	x47897	x157086	x196662	x866497	
Bulgaria/Bulgarie	x518092	x606450	x365611	x85729	x68611
Italy/Italie	206085	321356	387159	343655	353690
Netherlands/Pays-Bas	289398	374717	359944	284438	326834
Finland/Finlande	112017	210866	270550	377514	302910
United Kingdom	192746	206623	234783	249136	242199
Czechoslovakia	x136163	x160703	x174290	x122827	x173344
Spain/Espagne	47715	88154	132448	163426	188206
Greece/Grèce	35578	121478	101243	120081	x137079
Austria/Autriche	145132	125010	127784	83433	80518
Indonesia/Indonésie	84588	173074	82000	80685	60154
Australia/Australie	6231	48209	140810	135302	152770
Sweden/Suède	57437	81134	105504	127123	153306
Hungary/Hongrie	x78450	x68305	x77213	x78321	x95826
Argentina/Argentine	x77517	x141499	40	79048	17612
Turkey/Turquie	35873	69095	51217	36235	77977
New Zealand	1325	11091	47232	94469	80979
Korea Dem People's Rp	x59050	x48630	x44669	x39483	x71019
So. Africa Customs Un	x93086	x35708	x42616	x53885	x218344
Yugoslavia SFR	41155	26972	48668	55644	
Romania/Roumanie	x31163	x42675	48668	40372	
Venezuela	4610	21600	48311	6	39029
Poland/Pologne	x9389	x28498	x28506	x8220	x15926
Singapore/Singapour	835	14992	14251	27466	34849
Chile/Chili	10205	2231	11150	13531	x16326
Mexico/Mexique	12031	20417	4047	1891	6840
Mozambique	x2037	x2013	x9135	x15028	x4350
Former GDR	x28623	x15200	x4180		
India/Inde	127	x223	4432	11974	x3243
Algeria/Algérie	27316	4101	6541	4272	x8385
Libyan Arab Jamahiriya		x75	x1359	x10924	x17346
Zimbabwe		x324	3190	3959	x3187
Switz. Liecht	1421	1190	2183	3144	2426
Norway, SVD, JM	3215	2761	2269	1373	544
Nicaragua		x446		x4274	
Denmark/Danemark	2019	1098	1746	1557	939
Egypt/Egypte	12610	1869	1395	579	2607
Panama	x39		x1871	x1433	x47
Albania/Albanie		x2971			
French Polynesia			x1325	x1428	
Ireland/Irlande	439	856	678	1145	1202
Malaysia/Maulaisie	358	443	1036	735	x1137

(VALUE AS % OF TOTAL)(VALEUR EN % DU TOTAL)

Imports

	1983	1984	1985	1986	1987	1988	1989	1990	1991	1992
Africa	x2.4	x2.3	1.8	x1.3	1.6	x1.1	1.2	x1.3	x1.3	x1.6
Northern Africa	x1.5	1.8	1.4	x0.7	0.8	0.4	0.4	0.5	x0.5	x0.8
Americas	6.5	6.4	4.9	x5.4	x5.3	7.5	12.2	12.6	12.5	15.1
LAIA	3.8	3.4	2.3	x3.4	x3.2	3.9	3.0	2.3	4.1	4.9
CACM	x0.1	0.0		x0.1	0.1	0.2	0.2	0.2	0.2	x0.1
Asia	x31.2	36.2	x32.4	25.8	29.0	36.6	x39.0	x35.5	41.7	x36.2
Middle East	x6.0	x6.1	x6.8	x2.6	2.9	x3.3	x2.6	x5.5	x4.7	x4.6
Europe	59.8	55.0	60.8	67.5	61.9	52.4	46.2	50.2	43.6	46.4
EEC	57.3	50.9	55.5	64.5	58.7	49.3	43.8	47.0	41.0	43.9
EFTA	2.4	2.6	2.9	2.7	3.1	2.5	2.0	2.7	2.5	2.5
Oceania	0.1	0.1	x0.0		1.1	1.3	0.9	0.4	x0.6	x0.6
Italy/Italie	14.5	15.0	12.5	14.8	13.6	14.5	13.1	10.5	12.2
Japan/Japon	9.6	13.1	8.2	8.9	11.0	15.1	12.6	9.6	12.2	8.1
Korea Republic	9.5	11.7	9.9	9.6	8.2	7.7	10.5	9.2	10.9	5.8
France, Monac	11.0	11.0	10.8	10.9	10.6	9.4	7.9	9.2	7.9	5.8
USA/Etats-Unis d'Amer	2.3	2.7	2.6	1.8	1.9	2.5	8.4	8.8	7.4	8.1
Germany/Allemagne	9.6	6.6	7.1	8.8	7.8	6.7	4.9	4.8	5.4	9.3
Belgium–Luxembourg	6.4	4.5	5.2	5.7	5.9	2.1	2.2	6.7	5.6	6.3
Thailand/Thaïlande	3.6	3.5	3.5	2.4	3.8	4.7	5.5	4.0	5.0	3.2
United Kingdom	6.8	6.0	7.6	8.6	8.4	6.6	5.3	5.3	4.0	5.5
Spain/Espagne	2.1	2.2	4.9	6.9	5.2	5.0	3.7	3.2	3.0	3.7

Exports

	1983	1984	1985	1986	1987	1988	1989	1990	1991	1992
Afrique	x0.2	0.4	0.3	x1.7	1.3	x1.5	x0.4	x0.6	x0.8	x2.5
Afrique du Nord	x0.2	0.4	0.2	0.3	0.3	0.4	0.1	0.1	x0.1	x0.3
Amériques	0.2	0.9	0.9	x2.8	x2.4	6.5	x15.3	11.5	17.1	13.1
ALAI	0.2	0.9	0.9	x1.9	1.5	x2.6	x6.2	5.1	7.0	7.2
MCAC	x0.0			x0.0			x0.0	0.0	x0.0	x0.0
Asie	33.6	31.5	27.8	26.0	22.0	26.4	22.5	19.0	18.9	22.4
Moyen–Orient	x0.0	1.0	0.7	0.6	0.9	0.4	0.6	0.5	0.3	0.8
Europe	64.8	66.6	70.0	69.4	58.9	56.6	52.0	59.4	51.2	56.1
CEE	61.8	62.9	66.7	66.1	55.3	52.7	48.1	54.4	45.8	50.8
AELE	3.0	3.4	3.3	2.9	2.7	3.4	3.6	4.6	5.0	5.1
Océanie	1.1	0.6	1.0	0.1	x0.0	0.1	0.5	x1.7	x1.9	2.2
Germany/Allemagne	17.3	19.0	22.8	22.4	21.6	17.7	17.0	18.9	15.4	16.2
Belgium–Luxembourg	15.4	14.3	15.3	15.2	12.6	13.0	13.0	16.0	13.4	14.6
Japan/Japon	24.5	22.9	20.1	17.3	12.6	14.7	12.2	9.6	8.9	8.8
France, Monac	16.0	14.9	15.1	15.2	11.6	9.6	8.6	8.5	7.2	8.0
Korea Republic	9.0	7.5	8.4	7.0	6.4	9.6	7.6	7.6	8.3	10.3
Brazil/Brésil		0.4	0.3		0.9	0.4	1.5	4.6	4.6	6.2	6.5
USA/Etats–Unis d'Amer				x0.3	x0.2	x1.5	5.7	3.1	5.5	2.1
Canada					x0.7	x0.7	2.4	3.4	3.2	4.6	3.7
Former USSR/Anc. URSS						x1.9	x0.5	x1.3	x1.8	x7.3
Bulgaria/Bulgarie						x9.0	x5.5	x5.2	x3.3	x0.7	x0.7

67271 IRON, SIMPLE STEEL COILS — EBAUCHES NON EN ACIER 67271

TRADE BY COMMODITY IN THOUSAND U.S. DOLLARS – COMMERCE PAR PRODUIT EN MILLIERS DE DOLLARS E.U

IMPORTS – IMPORTATIONS

COUNTRIES–PAYS	1988	1989	1990	1991	1992
Total	7279819	8821371	9075771	9388984	9261302
Africa	x117718	x169363	x159739	x160994	x178467
Northern Africa	x60851	x90686	x79530	x78624	x92944
Americas	x1182626	1096920	1205442	1240265	1481370
LAIA	269581	185586	142443	337609	423208
CACM	15046	18206	22363	19459	x16251
Asia	2386054	x3373299	x3472713	x4182200	x3462685
Middle East	x248423	x210050	x605147	x525766	x506962
Europe	3454158	4102039	4216673	3749265	4098499
EEC	3234296	3881096	3971030	3565004	3910202
EFTA	174068	183973	197563	179486	182893
Oceania	76656	x27017	x14198	x24916	x34555
Japan/Japon	1224318	1337441	1068783	1404604	917919
Italy/Italie	952431	1388722	1349304	1070627	1219201
USA/Etats–Unis d'Amer	x834843	841956	916135	800948	969431
France, Monac	598957	667196	799151	685426	711179
Korea Republic	169075	600155	679797	832566	360925
Thailand/Thaïlande	372294	569020	434765	551504	594031
Germany/Allemagne	423439	452737	491482	599598	639597
Spain/Espagne	397223	390690	353088	345995	412724
United Kingdom	268124	255995	300337	218538	233968
Iran (Islamic Rp. of)	x43439	x62196	x411244	x240774	x227849
Malaysia/Malaisie	111834	159411	223085	292523	x222422
Netherlands/Pays–Bas	186669	213014	176863	172310	168660
Portugal	146939	182850	151299	128059	152472
Belgium–Luxembourg	130395	174673	162375	124483	100451
Indonesia/Indonésie	1772	93770	52944	143621	121286
Philippines	60907	x143492	143274	65892	x195696
India/Inde	108598	x100957	102393	125660	x160246
Greece/Grèce	64707	76446	102393	x167369	x164782
Saudi Arabia	56358	43919	x81503	x167369	x164782
Singapore/Singapour	1367	96691	83612	95358	44846
Turkey/Turquie	102297	65106	86094	106415	98527
Mexico/Mexique	19722	38123	43928	164230	155529
Denmark/Danemark	63574	76164	79069	88857	104335
Canada	58956	43496	120256	74044	61688
Argentina/Argentine	231274	97972	31474	93890	178331
Norway, SVD, JM	65596	67404	82945	69949	69000
Israel/Israël	73294	48300	64480	79586	80596
Switz.Liecht	57966	64748	64428	61498	71155
Kenya	34747	x49533	46274	x49528	x40993
Libyan Arab Jamahiriya	x32225	x52825	x37656	x21917	x24751
Austria/Autriche	30899	33328	33850	34155	23696
Yugoslavia SFR	43962	36851	46971	x3852	23448
Morocco/Maroc	20050	27728	22207	27059	23448
Chile/Chili	x23	11388	21893	29626	x28771
Australia/Australie	48721	23823	12545	22642	32547
Ecuador/Equateur	11598	12495	18935	27484	22373
Sweden/Suède	16820	15956	13978	11738	16098
Former USSR/Anc. URSS	x31601	x28680	x3321	x8648	
Venezuela	52	0	22723	x11697	19613
Guatemala	4467	9982	10990	11644	x4128
Un. Rep. of Tanzania	x6953	x9550	x12124	x7283	x7930
Costa Rica	9892	8187	10779	7287	x10188
Kuwait/Koweït	x5107	x24454	x725	x30	x1182
Nigeria/Nigéria	x7403	x5244	x7820	x11540	x13065
Iraq	x30244	x6876	x15674	x11	
Tunisia/Tunisie	6	2	11588	9896	13361
Hungary/Hongrie	x5284	x1117	x222	18978	x957
Korea Dem People's Rp			x2797	x16720	x2572
Egypt/Egypte	4475	8375	7356	3386	386
Algeria/Algérie	4095	1737	695	x16333	x30991

EXPORTS – EXPORTATIONS

COUNTRIES–PAYS	1988	1989	1990	1991	1992
Totale	x7633536	9486492	8961328	9432461	8225420
Afrique	x134685	x41768	x61539	x82512	x231047
Afrique du Nord	39926	6045	8250	x12227	x26574
Amériques	x577984	x1674978	x1348767	1974341	1306482
ALAI	x236495	x670406	x683810	857525	752899
MCAC		x448	x46	x4471	x2
Asie	2050841	2173151	1674944	1724260	1867716
Moyen–Orient	36624	69478	50843	36404	81716
Europe	4022506	4467034	4839327	4224708	4213439
CEE	3737022	4147296	4477146	3867653	3842613
AELE	244494	292766	314060	303274	349180
Océanie	6281	59037	x189276	x231417	233690
Belgium–Luxembourg	1362792	1220949	1393006	1212446	1091661
Germany/Allemagne	921989	1044652	1090460	837583	881870
Korea Republic	903220	862640	783819	927274	998672
France, Monac	806472	906143	859956	770317	766756
Japan/Japon	963741	1011367	701280	620374	568174
Brazil/Brésil	145344	485475	501938	734549	670828
USA/Etats–Unis d'Amer	x117060	613624	322986	594035	192053
Canada	224408	390070	334867	516734	361481
Former USSR/Anc. URSS	x47897	x157085	x193093	x866147	
Bulgaria/Bulgarie	x518092	x606450	x364844	x85099	x68405
Netherlands/Pays–Bas	288319	372471	356894	281903	325006
Italy/Italie	182630	302725	370045	308635	302352
United Kingdom	126102	150643	199607	222589	224264
Czechoslovakia	x132692	x158083	x171640	x121245	x173056
Greece/Grèce	35578	121473	101243	120066	x136946
Argentina/Argentine	x64395	x140722	x118451	79040	17612
Indonesia/Indonésie	84588	171300	81624	80366	59014
Australia/Australie	4958	48082	140754	135182	152641
Sweden/Suède	57352	80946	105229	126789	123583
Finland/Finlande	63663	103359	91817	98850	126060
Austria/Autriche	120146	105376	113287	73939	68146
Spain/Espagne	11113	26650	103918	112555	112545
Hungary/Hongrie	x75802	x67518	x76124	x75172	x91554
Turkey/Turquie	1307	11005	47196	94376	80953
New Zealand	x59050	x48630	x44669	x39061	x65838
Korea Dem People's Rp	40965	26972	48068	x53780	
Yugoslavia SFR	x92706	x34438	x40948	x52368	x198536
So. Africa Customs Un	4610	21574	47470	x27638	38917
Venezuela	29692	x40168	x9648	40288	x27650
Romania/Roumanie					
Poland/Pologne	x8689	x23542	x28142	x7273	x12380
Singapore/Singapour	714	6441	6957	14333	3950
Chile/Chili	10205	2231	11125	13518	x16312
Mexico/Mexique	11941	20069	3970	1612	6794
Mozambique	x2037	x841	x8923	x13814	x4278
Former GDR	x28575	x14708	x3983		
Algeria/Algérie		4101	6541	4272	x8385
India/Inde	70	x152	4275	5591	x3243
Libyan Arab Jamahiriya		x75	x307	x7373	x15582
Zimbabwe		x324	3190	3959	x61
Switz.Liecht	520	731	2021	2850	2278
Norway, SVD, JM	2789	2354	1705	847	313
Nicaragua		x446		x4274	
Egypt/Egypte	12610	1869	1395	579	2607
Denmark/Danemark	1690		1397	1262	556
Panama			x1871	x1433	x47
Albania/Albanie	x2971				
French Polynesia				x1325	x1428
Antigua and Barbuda			x1926		
Trinidad and Tobago			1819	0	0

(VALUE AS % OF TOTAL)(VALEUR EN % DU TOTAL)

	1983	1984	1985	1986	1987	1988	1989	1990	1991	1992		1983	1984	1985	1986	1987	1988	1989	1990	1991	1992
Africa	x2.6	x2.6	2.3	x1.5	x1.8	x1.6	x1.9	x1.8	x1.7	x1.9	Afrique	x0.2	0.6	0.3	x1.9	x1.7	x0.5	x0.7	x0.1	x0.9	x2.8
Northern Africa	x1.6	2.0	1.8	x0.8	x0.9	x0.8	x1.0	x0.9	x0.8	x1.0	Afrique du Nord	x0.2	0.5	0.2	0.3	0.4	0.5	0.1	0.1	0.1	x0.3
Americas	7.0	7.1	2.8	x14.0	x12.5	x16.3	12.4	13.3	13.2	16.0	Amériques	0.2	1.0	1.1	x3.0	x2.2	x7.6	17.7	15.0	21.0	15.9
LAIA	4.2	3.9	2.8	3.5	3.2	3.7	2.1	1.6	3.6	4.6	ALAI	0.2	1.0		x2.3	1.7	x3.1	7.1	7.6	9.1	9.2
CACM	x0.1	0.1	x0.1	x0.1	x0.1	0.2	0.2	0.2	0.2	x0.2	MCAC	x0.0			0.0	0.0	0.0	0.0	0.0	0.0	0.0
Asia	x30.1	x35.9	x34.4	x22.6	26.8	32.8	x38.2	x38.3	x44.5	x37.4	Asie	34.3	32.0	28.7	26.2	22.5	26.8	22.9	18.7	18.3	22.7
Middle East	x6.6	x6.8	x10.8	x2.9	x3.3	x3.4	x2.4	x6.7	x5.6	5.5	Moyen–Orient		1.2	0.8	0.8	1.1	0.5	0.7	0.6	0.4	1.0
Europe	60.2	54.2	60.4	61.7	56.7	47.4	46.5	46.5	39.9	44.3	Europe	64.2	65.6	68.8	68.8	54.9	52.7	47.1	54.0	44.8	51.2
EEC	57.9	50.3	55.4	59.3	54.8	44.4	44.0	43.8	38.0	42.2	CEE	60.7	61.4	64.9	64.9	50.8	49.0	43.7	50.0	41.0	46.7
EFTA	x2.3	x2.2	x2.2	x2.1	x1.8	2.4	2.1	2.2	1.9	2.0	AELE	3.5	4.0	3.7	3.5	3.0	3.2	3.5	3.5	3.2	4.2
Oceania		x0.0	x0.0	x0.2	1.1	1.0	x0.3	x0.1	x0.3	x0.4	Océanie	1.2	0.8	1.2	0.2	x0.0	0.1	0.6	2.1	2.4	2.8
Japan/Japon	10.5	14.6	10.0	9.9	12.6	16.8	15.2	11.8	15.0	9.9	Belgium–Luxembourg	16.7	16.9	17.8	17.5	14.4	17.9	12.9	15.5	12.9	13.3
Italy/Italie	15.7	16.3	13.6	14.7	16.0	13.1	15.7	14.9	11.4	13.2	Germany/Allemagne	14.1	14.1	17.3	16.1	13.6	12.1	11.0	12.2	8.9	10.7
USA/Etats–Unis d'Amer	2.5	3.0		x9.8	x8.3	x11.5	9.5	10.1	8.5	10.5	Korea Republic	10.4	8.8	8.2	5.7	7.8	10.6	9.6	8.7	9.8	12.1
France, Monac	11.3	11.2	11.3	10.8	10.0	8.2	7.6	8.8	7.3	7.7	France, Monac	15.1	14.7	14.1	15.6	12.3	10.6	9.6	9.6	8.2	9.3
Korea Republic	6.9	9.5	8.3	6.0	3.5	2.3	6.8	7.5	8.9	3.9	Japan/Japon	23.8	22.0	19.5	15.8	11.1	12.6	10.7	7.8	6.6	6.9
Thailand/Thaïlande	4.0	3.9	4.3	2.7	4.4	5.1	6.5	4.8	5.9	6.4	Brazil/Brésil		0.5	0.3		1.1	0.0	1.9	5.1	5.6	7.8	8.2
Germany/Allemagne	10.5	7.4	8.7	9.8	5.8	5.1	5.4	5.4	6.4	6.9	USA/Etats–Unis d'Amer				x0.2	1.5	6.5	3.6	6.3	2.3
Spain/Espagne	1.9	2.0	3.9	5.4	5.5	5.5	4.4	3.9	3.7	4.5	Canada			x0.4		2.9	4.1	3.7	5.5	4.4
United Kingdom	5.2	3.9	4.9	5.4	5.1	3.7	2.9	3.3	2.3	2.5	Former USSR/Anc. URSS			x2.4	x0.6	x1.7	x2.2	x9.2
Iran (Islamic Rp. of)	x3.4	x1.9	x3.5	x0.8	x0.5	x0.6	x0.7	x4.5	x2.6	x2.5	Bulgaria/Bulgarie			x10.9	x6.8	x6.4	x4.1	x0.9	x0.8

533

6731 IRON, STEEL WIRE ROD / FIL MACHINE FER, ACIER 6731

TRADE BY COMMODITY IN THOUSAND U.S. DOLLARS – COMMERCE PAR PRODUIT EN MILLIERS DE DOLLARS E.U

COUNTRIES–PAYS	IMPORTS – IMPORTATIONS 1988	1989	1990	1991	1992	COUNTRIES–PAYS	EXPORTS – EXPORTATIONS 1988	1989	1990	1991	1992
Total	3950789	4677979	4740903	4398866	4633625	Totale	4576248	5082087	4933503	4354560	4748781
Africa	x122079	x155651	x163399	x159782	x113706	Afrique	x45072	x72979	x71125	x37955	x73513
Northern Africa	84180	113455	123297	123913	x67092	Afrique du Nord	x11964	x34872	x31547	x1080	x3653
Americas	856142	944633	822478	814143	x976327	Amériques	757713	717286	757675	675966	723670
LAIA	74221	76912	87802	146579	x174307	ALAI	524601	380533	418588	318764	320572
CACM	12528	11582	16548	14506	x25427	MCAC	528	421	x4216	311	x282
Asia	921284	1143457	1050135	1255917	1263169	Asie	973145	1157617	1039620	955126	x1149007
Middle East	x103587	x214220	x143196	x123740	x93920	Moyen-Orient	114305	131328	169699	x143905	134780
Europe	1918021	2289925	2647688	2113014	2219943	Europe	2167279	2403420	2590918	2331344	2485574
EEC	1654950	1977977	2299904	1860326	1976009	CEE	1786753	2035869	2144697	2007620	2177165
EFTA	236867	280133	309056	244627	228031	AELE	308223	324593	376806	305029	302032
Oceania	35717	38350	x29765	x22499	x26812	Océanie	9916	7492	x30330	72185	x81009
USA/Etats–Unis d'Amer	628185	706451	587403	533310	664138	Japan/Japon	712005	698406	573742	517350	539278
Germany/Allemagne	487565	614072	708328	504183	579210	France, Monac	544071	627051	607519	515287	534057
Italy/Italie	300187	359764	420809	349832	361854	Germany/Allemagne	491142	559125	578477	562326	597256
France, Monac	212960	262908	300413	254528	269945	United Kingdom	229231	253962	322204	342117	330574
Belgium–Luxembourg	204094	207243	222337	216184	235341	Belgium–Luxembourg	151212	180975	251484	245311	284215
Japan/Japon	141240	151480	156139	259276	165748	Brazil/Brésil	397950	214635	210224	216846	257118
Netherlands/Pays–Bas	153083	160093	200509	187601	200484	Italy/Italie	152489	195913	152872	157989	217478
Thailand/Thaïlande	83321	134837	186490	209825	260631	Canada	150567	181482	151591	152774	217338
Korea Republic	187521	139531	119736	224254	91170	Turkey/Turquie	108145	127873	168397	119308	127171
Singapore/Singapour	12159	115393	133478	199034	202354	Czechoslovakia	x134081	x153989	x141988	x113849	x145879
China/Chine	278553	257701	139413	30407	189852	Romania/Roumanie	x91441	226937	84106	70770	x37822
Spain/Espagne	88515	138940	153734	112503	91464	Korea Republic	28379	128737	124420	119590	153229
United Kingdom	127980	125894	148087	119805	141415	Sweden/Suède	137825	139003	123921	102984	95752
Canada	126000	117712	104640	97136	82432	Austria/Autriche	78651	92152	148678	100515	68923
Sweden/Suède	87449	113867	108974	84887	87650	Netherlands/Pays–Bas	109095	122323	101749	90931	93586
Switz.Liecht	91688	94874	112093	92687	68992	Spain/Espagne	107229	94015	121744	92628	109662
Turkey/Turquie	55442	112742	72474	59014	51780	USA/Etats–Unis d'Amer	17755	72148	90776	106676	69478
Libyan Arab Jamahiriya	49523	58920	64230	62392	x1684	Trinidad and Tobago	61839	80414	91739	93186	113767
Algeria/Algérie	23320	38283	34688	43097	x45308	Former USSR/Anc. URSS	x108321	x111068	x89697	x57337	
Portugal	15845	26071	41011	46396	36054	Singapore/Singapour	40987	87396	81713	43656	91645
Greece/Grèce	19962	30425	49965	32117	x18046	Former GDR	x202197	x155048	x36407		
Malaysia/Malaisie	13883	18902	29240	62497	x60368	Venezuela	32047	48786	78098	47991	31714
Denmark/Danemark	34280	40136	39369	28420	33945	Finland/Finlande	44872	53754	59932	48285	53900
Austria/Autriche	19202	27877	38513	35159	37625	Indonesia/Indonésie	37458	84856	33595	41074	52260
Iran (Islamic Rp. of)	x7066	x2389	x39940	x42217	x21692	Argentina/Argentine	62410	70571	70239	18409	52260
Mexico/Mexique	3301	6257	25788	52468	73703	Switz.Liecht	40970	38568	44020	53121	12971
Iraq	x16102	x67659	x13209	x1530	x15	Mexico/Mexique	28882	45080	59317	29754	83254
India/Inde	27707	x32836	23745	19736	x25617	Yugoslavia SFR	72293	42759	69398	x18695	12656
Chile/Chili	17373	22381	16316	36508	x23319	Australia/Australie	4474	6726	29135	70963	79536
Australia/Australie	31388	33403	23708	15759	19306	Poland/Pologne	35339	39484	31929	27209	x42448
Philippines	18402	x13481	29320	27780	27806	So. Africa Customs Un	x24032	x28749	x36019	x31204	x62105
Yugoslavia SFR	24758	29729	33957	x4986		China/Chine	1755	1483	25986	60611	52834
Indonesia/Indonésie	6469	14191	26765	22321	33873	Hungary/Hongrie	x16655	x18438	x34442	x11526	x8540
Israel/Israël	10507	8304	17916	36599	42782	Egypt/Egypte	x11193	x34257	x30047	23	0
Norway,SVD,JM	16868	18008	23598	17746	21299	Bulgaria/Bulgarie	x34902	x18330	x25215	x1268	x1294
Hong Kong	16742	17771	21748	15077	20256	Malaysia/Malaisie	31356	16245	17533	9845	x53907
Bulgaria/Bulgarie	x60444	x49385	x2931	x963	20000	Saudi Arabia	x4769	x535	x967	x24233	x5252
Finland/Finlande	16826	20476	21609	9900	9311	India/Inde	1921	x919	6701	13682	x59828
Ecuador/Equateur	14562	17470	13620	15593	13713	Zimbabwe	x7634	x7173	1911	3011	x6733
Tunisia/Tunisie	10016	10603	16416	16143	18843	Hong Kong	3674	3825	3182	4242	8293
Poland/Pologne	11200	19494	17571	4451	x4023	Portugal	2014	2284	8196	384	7731
Colombia/Colombie	17053	16727	14969	9067	25158	Mozambique	x1343	x2148	x1220	x2533	x582
Ireland/Irlande	10853	12431	15342	8756	8253	Israel/Israël	313	3450	356	41	3
Hungary/Hongrie	x3299	x1094	x1223	23622	x4474	Paraguay	694	514	425	2790	x1792
Sri Lanka	11082	9726	7209	8495	9021	Cuba	x1701	x2102	x303	x346	x1998
Venezuela	6956	2612	8745	13300	17370	Viet Nam	x1184	x1563	162	2400	x52
Former USSR/Anc. URSS	x18964	x21107	x1535	x1954		Colombia/Colombie				2400	1238
Honduras	6686	7584	10007	6954	12171	New Zealand	5192	560	813	766	1057
So. Africa Customs Un	x6876	x10314	x5658	x3609	x3607	Bahamas	x272		x313	x1746	
Brunei Darussalam	x468	x8126	x8507	x2495	x6259	Nicaragua			x1942		

(VALUE AS % OF TOTAL) (VALEUR EN % DU TOTAL)

	1983	1984	1985	1986	1987	1988	1989	1990	1991	1992		1983	1984	1985	1986	1987	1988	1989	1990	1991	1992
Africa	9.2	5.4	4.3	x4.3	x2.7	x3.1	3.3	3.4	3.7	2.5	Afrique	x1.5	x1.4	1.4	x1.1	x0.9	x1.0	1.5	1.4	x0.9	x1.5
Northern Africa	7.6	4.1	2.9	3.4	2.2	2.1	2.4	2.6	2.8	x1.4	Afrique du Nord		0.0		x0.3	x0.6	x0.7	x0.6	x0.6	x0.0	x0.1
Americas	25.7	26.7	32.5	x26.8	x22.0	21.7	20.2	17.4	18.5	x21.1	Amériques	9.6	15.8	19.0	17.2	14.2	16.6	14.1	15.3	15.6	15.2
LAIA	1.4	1.6	2.2	x1.8	1.9	1.4	1.6	1.9	3.3	x3.8	ALAI	2.4	8.5	13.9	10.7	7.8	11.5	7.5	8.5	7.3	6.8
CACM	x0.2			x0.3	x0.3	0.3	0.2	0.3	0.3	x0.5	MCAC	x0.0			0.0	0.0	0.0	0.0	x0.1	0.0	x0.0
Asia	15.9	29.7	14.3	x18.8	32.2	23.3	24.4	22.2	28.5	27.3	Asie	x30.5	x28.8	x24.8	x28.3	x24.6	21.3	22.8	21.0	22.0	x24.2
Middle East	x2.0	17.9	x2.6	x8.4	4.4	x2.4	4.6	x3.0	x2.8	x2.0	Moyen-Orient	x3.0	x2.3	x1.0	x2.9	x4.3	2.5	2.6	3.4	x3.3	2.8
Europe	48.9	37.8	48.1	49.7	39.9	48.5	49.0	55.8	48.0	47.9	Europe	57.4	53.7	53.7	52.1	44.3	47.4	47.3	52.5	53.5	52.3
EEC	44.0	32.5	41.2	44.3	35.5	41.9	42.3	48.5	42.3	42.6	CEE	50.0	44.0	44.3	43.9	37.3	39.0	40.1	43.5	46.1	45.8
EFTA	4.9	4.0	5.0	4.8	4.0	6.0	6.0	6.5	5.6	4.9	AELE	7.4	7.5	7.4	8.1	6.6	6.7	6.4	7.6	7.0	6.4
Oceania	0.4	0.4	0.6	0.4	x0.5	0.9		x0.7	x0.5	x0.6	Océanie	1.1	0.4	1.1	1.3	x0.6	0.2	0.1	x0.6	1.6	x1.7
USA/Etats–Unis d'Amer	21.4	21.9	26.3	20.1	16.6	15.9	15.1	12.4	12.1	14.3	Japan/Japon	26.6	24.9	19.4	21.4	17.4	15.6	13.7	11.6	11.9	11.4
Germany/Allemagne	15.9	11.0	12.2	12.2	9.4	12.3	13.1	14.9	11.5	12.5	France, Monac	16.7	14.3	14.0	13.7	11.9	12.3	12.3	11.8	11.9	11.2
Italy/Italie	4.5	4.2	5.9	6.4	6.5	7.6	7.7	8.9	8.0	7.8	Germany/Allemagne	11.2	10.1	11.4	11.4	9.4	10.7	11.0	11.7	12.9	12.6
France, Monac	5.7	4.2	5.9	6.9	5.0	5.4	5.6	6.3	5.8	5.7	United Kingdom	3.3	2.8	3.7	3.7	3.4	5.0	5.0	6.5	7.9	7.0
Belgium–Luxembourg	7.3	5.1	6.4	6.4	5.3	5.2	4.4	4.7	4.9	5.1	Belgium–Luxembourg	8.4	6.7	4.7	5.5	4.2	3.3	3.6	5.1	5.6	6.0
Japan/Japon	0.6	0.8	0.4	1.0	1.9	3.6	3.2	3.3	5.9	3.6	Brazil/Brésil		5.6	6.2	7.0	5.3	8.7	4.2	4.3	5.0	5.4
Netherlands/Pays–Bas	3.4	2.8	3.8	4.4	3.2	3.9	3.4	4.2	4.3	4.3	Italy/Italie	3.4	3.1	4.1	3.2	2.4	3.3	3.9	3.1	3.6	4.6
Thailand/Thaïlande	1.5	1.4	1.6	1.3	1.4	2.1	2.9	3.9	4.8	5.6	Canada	5.2	5.3	4.2	4.5	3.7	3.3	3.6	3.1	3.5	4.6
Korea Republic	4.7	4.3	3.7	3.6	3.7	4.7	3.0	2.5	5.1	2.0	Turkey/Turquie	0.1	0.1	0.1	1.1	1.6	2.4	2.5	3.4	2.7	2.7
Singapore/Singapour	2.0	1.3	0.3	0.4	0.4	0.3	2.5	2.8	4.5	4.4	Czechoslovakia				x7.0	x2.9	x3.0	x2.9	x2.6	x3.1	

534

67311 IRON, SIMPLE STL WIRE ROD

FIL MACH AUT ACIER FIN 67311

TRADE BY COMMODITY IN THOUSAND U.S. DOLLARS – COMMERCE PAR PRODUIT EN MILLIERS DE DOLLARS E.U

COUNTRIES–PAYS	1988	1989	1990	1991	1992	COUNTRIES–PAYS	1988	1989	1990	1991	1992
		IMPORTS – IMPORTATIONS						EXPORTS – EXPORTATIONS				
Total	2381121	2497783	2581705	2330030	2403506	Totale	x2756450	x2887562	2772618	2310384	2487651
Africa	x69432	x84994	x88194	x88025	x84139	Afrique	x34644	x52911	x44396	x17166	x39128
Northern Africa	38064	54127	56439	58551	x56607	Afrique du Nord	x11942	x34860	x31531	x1080	x3653
Americas	621790	x466299	361235	337853	x438451	Amériques	684788	572794	630963	462825	499743
LAIA	55990	62457	51341	103760	x135322	ALAI	510302	344359	376564	290372	300888
CACM	8115	6705	11584	7794	x20806	MCAC	x36	x15	x3835	200	x80
Asia	655353	735369	620306	753552	702479	Asie	446620	550999	449692	361969	x450793
Middle East	x70846	x172327	x98305	x82235	x49534	Moyen–Orient	101623	129990	169184	139521	133208
Europe	979771	1148841	1490203	1121504	1143380	Europe	986989	1024914	1212264	1147015	1201223
EEC	820806	963605	1272067	974299	1004448	CEE	799729	873101	998946	1022654	1078116
EFTA	138119	164557	188160	141553	125757	AELE	116228	109015	143970	105708	117053
Oceania	16153	16499	x12923	x7976	x11487	Océanie	9185	7260	x28400	70607	79812
Germany/Allemagne	252901	327856	420187	277639	330214	Germany/Allemagne	214668	224020	241296	243593	247741
USA/Etats–Unis d'Amer	484072	316697	229891	170596	238094	France,Monac	199399	223941	236590	217911	212674
Japan/Japon	139648	148768	147899	238863	138142	United Kingdom	141671	158538	207186	215552	204961
Netherlands/Pays–Bas	131418	136281	165500	164835	174612	Brazil/Brésil	390431	179655	185314	200401	240988
France, Monac	112254	139419	159561	135870	140414	Belgium–Luxembourg	112664	120404	157307	201230	222472
China/Chine	269549	246470	132957	26153	163782	Turkey/Turquie	95875	127872	168379	119218	125986
Italy/Italie	108571	111704	182064	107190	91454	Romania/Roumanie	x130069	x137189	x126788	x102985	x131904
Belgium–Luxembourg	93306	84085	106538	106825	115810	Czechoslovakia	107351	123678	110234	108586	154233
Thailand/Thaïlande	35557	61784	94649	102653	138451	Canada	x89566	226312	84106	70770	x35358
Sweden/Suède	52741	71822	70999	58888	56691	Japan/Japon	206103	165413	100606	52342	62385
Spain/Espagne	16664	51290	78239	50066	33527	Korea Republic	24264	111256	72189	44470	75046
Korea Republic	59564	19424	25810	124402	26141	Former USSR/Anc. URSS	x108209	x93323	x73013	x39426	
Switz.Liecht	48038	48871	62068	41964	24568	Austria/Autriche	51682	55077	86051	47142	24787
Turkey/Turquie	32315	90868	35519	26456	14706	Italy/Italie	45320	69988	53896	61193	90722
Canada	63335	54754	50328	44259	33444	Former GDR	x188239	x149569	x34216		
United Kingdom	53368	43443	54321	47374	52390	Trinidad and Tobago	61328	79738	91655		
Algeria/Algérie	23320	38283	34688	43097	x40729	Indonesia/Indonésie	37458	84244	33463	41074	51477
Greece/Grèce	16569	27442	43099	28155	x14017	Venezuela	32047	48786	62552	47368	31598
Singapore/Singapour	9301	19602	16939	45592	27249	Spain/Espagne	45004	38143	58781	49962	61446
Iran (Islamic Rp. of)	x3872	x2385	x38200	x35874	x18698	Argentina/Argentine	58065	69395	68801	7994	9939
Chile/Chili	17373	22381	13902	32571	x20183	Mexico/Mexique	26446	45080	59222	29674	12645
Denmark/Danemark	21923	22748	24721	18805	22787	USA/Etats–Unis d'Amer	3461	22866	48050	61306	42470
Iraq	x15802	x52012	x9940	x1496		Yugoslavia SFR	71023	42599	69347	x18653	
Portugal	3393	7793	23050	29391	21560	Netherlands/Pays–Bas	38793	35774	35356	32577	28228
Philippines	17005	x10070	24835	23334	22890	Australia/Australie	4082	6519	27238	69464	78457
Israel/Israël	8125	6503	14784	33328	40901	Poland/Pologne	x34594	x39163	x31323	x26209	x41042
Hong Kong	15292	17441	21727	15062	19790	China/Chine	1156	1440	25728	58026	44666
Indonesia/Indonésie	4717	11696	22180	15651	21811	Finland/Finlande	11209	23720	29092	32243	34862
Yugoslavia SFR	19429	18705	25554	x2869		Switz.Liecht	29741	26336	27362	25484	56706
Norway,SVD,JM	10984	12652	18752	15250	18848	Singapore/Singapour	40441	34721	27156	14989	20737
Finland/Finlande	14936	18358	19700	8240	7997	Egypt/Egypte	x11170	x34246	x30031	23	0
Mexico/Mexique	698	3549	10119	31218	57273	Hungary/Hongrie	x16169	x18401	x34291	x10479	x7438
Ecuador/Equateur	13958	16580	7908	14554	13098	Bulgaria/Bulgarie	x27378	x14726	x23116	x909	x1184
Bulgaria/Bulgarie	x33689	x34164	x2861	x377	19388	Malaysia/Malaisie	30841	14659	14493	6453	x11006
Tunisia/Tunisie	10008	10557	13389	12951	14613	So. Africa Customs Un	x13595	x9243	x10653	x12938	x30747
Malaysia/Malaisie	2051	2026	5684	28472	x17158	Saudi Arabia	x4617	x250	x476	x19948	x5182
Ireland/Irlande	10439	11544	14789	8150	7664	Hong Kong	3666	3755	3182	4242	8068
Austria/Autriche	6681	8236	12402	12976	14512	Portugal	2012	2143	8172	383	7724
Sri Lanka	10993	9596	6659	8330	8756	Zimbabwe	x7634	x6974	1114	572	x4293
Colombia/Colombie	10472	9616	9756	5132	18854	Mozambique	x1343	x1769	x877	x2455	x7
Australia/Australie	12618	12840	7912	3564	4699	Sweden/Suède	17699	2808	1263	732	507
Honduras	5690	6162	9313	5780	10855	Israel/Israël	287	3441	356	41	1
Cyprus/Chypre	5839	5697	5894	6151	5313	Paraguay	694	514	425	2790	x1613
Hungary/Hongrie	x167	x120	x754	16857	x1338	Cuba	x1701	x2102	x303	x346	x1998
Kuwait/Koweït	x2328	15758	x25		x37	Viet Nam	x1184	x1563			x52
Iceland/Islande	4738	4618	4239	4235	3141	New Zealand	5003	545	779	687	1054
Kenya	9015	x705	8470	x3424	x1653	India/Inde	22	x283	1397	295	x42522
Nigeria/Nigéria	x1164	x2868	x3507	x6134	x8728	Nicaragua			x1942		
Venezuela	1972	1682	4044	6148	11296	El Salvador		10	1697	160	x40
Cote d'Ivoire	x6227	x5869	x3082	x2886	x8466	Algeria/Algérie	x771	486	900	x355	

(VALUE AS % OF TOTAL)(VALEUR EN % DU TOTAL)

	1983	1984	1985	1986	1987	1988	1989	1990	1991	1992		1983	1984	1985	1986	1987	1988	1989	1990	1991	1992
Africa	x6.4	x3.6	x3.9	x6.5	x3.8	x2.9	x3.4	x3.5	x3.8	x3.5	Afrique	x2.3	x2.2	1.8	x1.4	x1.0	x1.3	x1.8	1.6	x0.8	x1.5
Northern Africa	4.2	2.3	2.0	5.2	3.2	1.6	2.2	2.2	2.5	x2.4	Afrique du Nord		0.0		x0.0	x0.0	x0.4	x1.2	x1.1	x0.0	x0.1
Americas	x30.0	30.7	40.4	x33.7	x25.4	26.1	x18.7	14.0	14.5	x18.2	Amériques	x12.9	x22.5	x25.3	x25.1	x20.1	24.8	19.9	22.7	20.1	20.1
LAIA	1.5	1.8	2.9	x3.1	x1.8	2.4	2.5	2.0	4.5	x5.6	ALAI	3.6	12.7	19.0	16.2	11.6	18.5	11.9	13.6	12.6	12.1
CACM	x0.2		x0.5	0.5	0.3	0.3	0.3	0.4	0.3	x0.9	MCAC	x0.0		x0.0	x0.1	x0.0	x0.0	x0.0	x0.1	x0.0	x0.0
Asia	x14.9	x32.5	x12.9	x16.3	38.2	27.5	29.4	24.0	32.4	29.2	Asie	24.6	23.4	x21.9	24.6	x19.1	16.2	19.0	16.2	15.7	x18.1
Middle East	x3.0	x23.3	x3.1	x7.4	x5.1	3.0	x6.9	x3.8	3.5	x2.1	Moyen–Orient	x0.0	x0.0	x1.4	x1.0	x3.8	3.7	4.5	6.1	6.0	5.4
Europe	48.4	32.8	42.3	43.2	30.9	41.1	46.0	57.7	48.1	47.6	Europe	58.6	51.4	49.5	47.0	36.8	35.8	35.5	43.7	49.6	48.3
EEC	43.2	28.0	36.1	38.3	27.3	34.5	38.6	49.3	41.8	41.8	CEE	53.3	43.4	42.1	41.3	31.7	29.0	30.2	36.0	44.3	43.3
EFTA	x5.1	x3.8	x4.8	x4.6	x3.5	5.8	6.6	7.3	6.1	5.2	AELE	x5.4	x4.7	x4.6	x5.6	x4.4	4.2	3.8	5.2	4.6	4.7
Oceania	0.2	x0.3	0.5	x0.3	x0.5	0.6	0.6	x0.5	x0.4	0.5	Océanie	1.6	0.5	1.5	0.2	0.9	0.3	0.2	x1.0	3.0	3.2
Germany/Allemagne	18.9	11.0	11.4	11.4	7.8	10.6	13.1	16.3	11.9	13.7	Germany/Allemagne	12.2	10.2	11.6	11.6	8.3	7.8	7.8	8.7	10.5	10.0
USA/Etats–Unis d'Amer	24.8	25.0	32.0	24.7	19.2	20.3	12.7	8.9	7.3	9.9	France,Monac	15.0	11.5	10.2	9.7	8.0	7.2	7.8	8.5	9.4	8.5
Japan/Japon	0.8	1.0	0.5	1.5	2.7	5.9	6.0	5.7	10.3	5.7	United Kingdom	4.2	3.5	4.4	4.8	4.2	5.5	5.5	7.5	9.3	8.2
Netherlands/Pays–Bas	4.1	2.9	5.0	6.0	4.1	5.5	5.5	6.4	7.1	7.3	Brazil/Brésil		8.4	9.2	10.6	7.9	14.2	6.2	6.7	8.7	9.7
France,Monac	6.0	4.2	6.4	6.9	4.3	4.7	5.6	6.2	5.8	5.8	Belgium–Luxembourg	11.8	8.4	5.9	6.8	4.4	4.1	4.2	5.7	8.7	8.9
China/Chine					25.5	11.3	9.9	5.1	1.1	6.8	Turkey/Turquie		0.1	0.1	1.5	2.0	3.5	4.4	6.1	5.2	5.1
Italy/Italie	3.3	2.9	3.9	4.2	4.3	4.6	4.5	7.1	4.6	3.8	Romania/Roumanie					x3.2	7.8	3.0	3.1	x1.4	x5.3
Belgium–Luxembourg	5.5	2.4	3.4	3.7	3.0	3.9	3.4	4.1	4.6	4.8	Czechoslovakia					x10.4	x4.7	x4.8	x4.6	x4.5	x5.3
Thailand/Thaïlande	0.8	0.5	0.7	0.7	0.9	1.5	2.5	3.7	4.4	5.8	Canada	x6.8	x7.3	x5.3	x6.4	x5.1	3.9	4.3	4.0	4.7	6.2
Sweden/Suède	2.1	1.8	2.2	1.9	1.5	2.2	2.9	2.8	2.5	2.4	Japan/Japon	23.2	21.1	14.5	16.9	11.0	7.5	5.7	3.6	2.3	2.5

535

6732 IRON, STEEL BARS ETC — BARRES FER, ACIER 6732

TRADE BY COMMODITY IN THOUSAND U.S. DOLLARS – COMMERCE PAR PRODUIT EN MILLIERS DE DOLLARS E.U

IMPORTS – IMPORTATIONS

COUNTRIES–PAYS	1988	1989	1990	1991	1992
Total	7836134	8519065	8764087	7651260	7661623
Africa	x494305	x699913	x564444	x459827	x464153
Northern Africa	393559	572890	452386	350500	330329
Americas	963003	913018	890626	943662	x1030916
LAIA	123287	125860	151477	233249	331358
CACM	25635	24991	24268	25131	x32094
Asia	x1956169	x1978484	x1995219	x1973631	x2084861
Middle East	x637644	x810753	x572961	x610716	x593317
Europe	3716078	4349566	5108576	4085420	3959240
EEC	3132849	3597440	4249369	3474502	3393113
EFTA	548885	713096	812375	576686	527551
Oceania	x86596	x112301	x76725	x76957	x66645
Germany/Allemagne	1062033	1260512	1503661	1236245	1243297
France, Monac	677491	719406	829453	614364	575008
USA/Etats–Unis d'Amer	658669	569026	503465	487851	484613
United Kingdom	391499	415661	438710	353616	328271
Italy/Italie	313929	383217	469234	341981	342865
Hong Kong	392935	321662	372983	392575	325282
Netherlands/Pays-Bas	243352	256356	306998	239768	232242
Korea Republic	72860	79983	289781	371428	269212
Switz.Liecht	209338	250142	294933	191879	165299
Thailand/Thaïlande	106285	167045	316842	222990	328745
Algeria/Algérie	151427	315299	200828	155977	x167890
Belgium-Luxembourg	179384	170519	221549	173832	162406
Austria/Autriche	111992	178237	215329	168796	143805
China/Chine	371125	354229	151166	44595	277286
Iran (Islamic Rp. of)	x78111	x71181	x196676	x221571	x101469
Canada	117086	140838	169786	147360	140529
Egypt/Egypte	175325	181469	157095	84437	47527
Spain/Espagne	79076	121136	143446	143986	145300
Sweden/Suède	104860	129138	134826	97454	96953
Denmark/Danemark	92217	103696	122554	118530	128732
Portugal	37787	75729	107136	135250	116971
Iraq	x160615	x186175	x63471	x58482	x587
Turkey/Turquie	41445	135266	64072	89020	43213
Mexico/Mexique	38571	57303	75653	145074	200889
Former USSR/Anc. URSS	x300017	x203672	x30233	x41389	
Finland/Finlande	80010	103901	103129	56057	53732
Greece/Grèce	25744	47009	55263	79700	x78547
Norway, SVD, JM	40969	50517	62753	60596	65954
Kuwait/Koweït	x28538	162043	x4978	x1456	x19039
Saudi Arabia	101410	56622	x46042	x56072	x89490
Indonesia/Indonésie	40791	36927	46341	51833	39316
Japan/Japon	89892	22103	41912	70412	20861
Ireland/Irlande	30337	44198	50966	37229	39473
Bulgaria/Bulgarie	x148043	x113874	x10568	x6197	9419
Australia/Australie	44178	64314	28299	33053	28487
United Arab Emirates	x97702	x51461	x42199	x31599	x148115
Tunisia/Tunisie	30174	33758	52344	33071	38578
Malaysia/Malaisie	19845	24791	37458	46326	x37723
Cyprus/Chypre	24969	37983	30695	35250	39346
Poland/Pologne	60522	61390	32900	8973	x12753
Israel/Israël	24429	29828	29262	41164	55041
Oman	16401	21931	29903	40009	x17359
Yugoslavia SFR	26534	28840	36240	x25564	
Morocco/Maroc	17981	18869	24589	44417	64349
India/Inde	27804	x35125	28690	19523	x31359
Philippines	19397	x37730	28444	16824	18296
Romania/Roumanie	x4777	23331	39116	20188	x4616
Syrian Arab Republic	33098	26070	29547	x23906	x26149
New Zealand	21295	25532	22563	19499	20084
So. Africa Customs Un	x18885	x24711	x19916	x19287	x20849

EXPORTS – EXPORTATIONS

COUNTRIES–PAYS	1988	1989	1990	1991	1992
Totale	x7741218	8521680	9152954	7880803	7843670
Afrique	x82033	x66920	x83109	x98266	x145274
Afrique du Nord	x7288	11991	8830	x17900	x57174
Amériques	590667	881816	885427	873682	900203
ALAI	229127	457578	451155	382527	388635
MCAC	3797	7980	6330	6796	x10927
Asie	x1566633	1497963	1734081	1733444	1713089
Moyen–Orient	x558408	532418	772879	719464	651959
Europe	4270752	4870689	5529283	4615321	4706366
CEE	3263232	3809425	4338774	3681042	3768930
AELE	881966	978709	1073559	879391	894472
Océanie	x19532	17978	21796	x35427	26692
Italy/Italie	821206	1079117	1199807	919948	976672
Germany/Allemagne	778234	840410	929014	817840	855782
France, Monac	556621	630749	684502	590929	603773
Spain/Espagne	432083	497361	552528	511630	464783
Japan/Japon	491827	537550	456446	449820	445946
Turkey/Turquie	346928	300367	529458	537398	575446
Sweden/Suède	438559	456177	477786	391630	409166
United Kingdom	269447	362163	489373	424985	415044
Brazil/Brésil	133659	323315	349943	317177	336253
Former USSR/Anc. URSS	x327438	x382023	x266411	x163516	
Austria/Autriche	219784	243320	293620	207011	224943
Czechoslovakia	x172189	x276280	x276378	x183014	x167071
USA/Etats–Unis d'Amer	129126	177525	237412	297978	276656
China/Chine	57836	83897	224786	308260	131368
Belgium-Luxembourg	214296	193634	214259	169801	180376
Canada	197981	209229	165223	163935	205994
Switz.Liecht	115290	157734	185478	167988	145211
Netherlands/Pays-Bas	124653	141746	175373	154256	156509
Qatar	x165168	135005	178418	137705	x20758
Korea Republic	261917	193054	115349	101995	299099
Poland/Pologne	94482	89082	138103	148116	x129621
Romania/Roumanie	x188426	181767	108390	6550	x38479
Yugoslavia SFR	125526	82453	116774	x54678	
Former GDR	x356505	x188613	x42266		
Denmark/Danemark	55139	55276	68521	60888	66805
Finland/Finlande	59141	59666	61897	60888	66805
Norway, SVD, JM	49192	61813	54770	58160	63902
Venezuela	23797	73638	60823	54586	51142
Hong Kong	44199	52222	44757	31824	34887
Saudi Arabia	35182	64796	x50268	x27753	x17280
India/Inde	15200	x28835	50001	62512	x42244
So. Africa Customs Un	x62163	x45158	x37723	x47531	x75576
Malaysia/Malaisie	49267	46414	42630	17571	x4980
Bulgaria/Bulgarie	x43252	x44750	x35663	x5703	x8138
Argentina/Argentine	22278	46272	27561	5694	3808
Hungary/Hongrie	x29269	x23798	x32050	x17763	x8735
Mozambique	x4848	x3893	x29416	x28116	x452
Australia/Australie	15707	15238	17972	20208	21277
Trinidad and Tobago	12558	10798	14815	15269	16123
United Arab Emirates	x9980	x11899	x13134	x13863	x15650
Portugal	1696	1537	16315	18275	27890
Mexico/Mexique	48242	12931	6377	14062	4380
Cuba	x15147	x14117	x9405	x6391	x1450
Indonesia/Indonésie	24356	3336	10761	7374	11176
Kuwait/Koweït	x1	19198	x28	x28	x28
Egypt/Egypte	4433	8569	3539	5588	41570
New Zealand	1618	2600	2923	11781	5354
Singapore/Singapour	42727	4530	5402	6947	8370
Colombia/Colombie	2	46	4389	12114	4034
Ireland/Irlande	4014	5112	6129	4779	5749

(VALUE AS % OF TOTAL)(VALEUR EN % DU TOTAL)

	1983	1984	1985	1986	1987	1988	1989	1990	1991	1992		1983	1984	1985	1986	1987	1988	1989	1990	1991	1992
Africa	x14.2	14.8	13.0	x12.0	x6.0	x6.3	x8.2	x6.4	x6.1	x6.1	Afrique	0.8	0.6	1.1	x1.8	x1.2	x1.1	x0.8	x0.9	x1.2	x1.9
Northern Africa	x12.0	13.3	11.9	10.4	4.6	5.0	6.7	5.2	4.6	x4.3	Afrique du Nord	x0.0	0.1	0.0	0.0	0.0	0.1	0.1	0.1	x0.2	x0.7
Americas	x11.4	17.4	14.9	x13.0	x11.1	12.3	10.7	10.2	12.3	x13.5	Amériques	5.6	11.4	11.2	x9.7	x8.5	7.6	10.3	9.7	11.1	11.5
LAIA	0.7	2.0	1.7	1.4	1.4	1.6	1.5	1.7	3.0	4.3	ALAI	0.8	7.1	7.3	2.4	x2.6	3.0	5.4	4.9	4.9	5.0
CACM	x0.1	0.3	0.3	x0.1	x0.2	0.3	0.3	0.3	0.3	x0.3	MCAC	x0.0	0.1	0.0	0.0	x0.0	0.0	0.1	0.1	0.1	x0.1
Asia	x33.0	x24.1	x27.3	x20.3	x23.8	x25.0	x23.2	x22.8	x25.8	x27.2	Asie	31.9	30.1	30.4	27.2	x19.0	x20.3	17.6	18.9	22.0	21.9
Middle East	x22.8	x13.7	x17.7	x11.2	x6.5	x8.1	x9.5	x6.5	x8.0	x7.7	Moyen–Orient	2.3	5.4	6.2	5.3	x4.3	x7.2	6.2	8.4	9.1	8.3
Europe	40.5	42.1	43.4	53.5	46.3	47.4	51.1	58.3	53.4	51.7	Europe	61.5	57.7	57.1	61.2	57.4	55.2	57.2	60.4	58.6	60.0
EEC	34.5	34.6	35.8	44.4	38.2	40.0	42.2	48.5	45.4	44.3	CEE	49.5	46.2	46.1	47.1	44.4	42.2	44.7	47.4	46.7	48.1
EFTA	5.9	6.6	6.7	8.4	7.6	7.0	8.4	9.3	7.5	6.9	AELE	12.0	10.7	10.2	12.7	12.0	11.4	11.5	11.7	11.2	11.4
Oceania	x0.9	x1.6	x1.4	x1.2	x1.2	x1.1	x1.4	x0.9	x1.0	x0.8	Océanie	0.3	0.2	0.2	0.2	x0.2	x0.2	0.2	0.2	x0.4	0.3
Germany/Allemagne	14.2	12.9	13.5	16.5	13.6	13.6	14.8	17.2	16.2	16.2	Italy/Italie	10.7	9.4	8.8	9.8	9.7	10.6	12.7	13.1	11.7	12.5
France, Monac	7.3	7.2	7.2	9.6	8.3	8.6	8.4	9.5	8.0	7.5	Germany/Allemagne	10.2	8.8	8.9	11.5	10.7	10.1	9.9	10.1	10.4	10.9
USA/Etats–Unis d'Amer	8.5	12.7	10.9	9.1	7.5	8.4	6.7	5.7	6.4	6.3	France, Monac	7.3	7.1	6.8	7.3	7.1	7.2	7.4	7.5	7.5	7.7
United Kingdom	3.4	3.6	3.9	4.2	4.0	5.0	4.9	5.0	4.6	4.3	Spain/Espagne	10.6	11.3	11.7	7.0	5.9	5.6	5.8	6.0	6.5	5.9
Italy/Italie	2.3	2.9	3.3	4.2	4.0	4.0	4.5	5.4	4.5	4.5	Japan/Japon	23.6	17.6	17.4	14.4	8.2	6.4	6.3	5.7	5.7	5.7
Hong Kong	3.8	5.2	5.1	4.5	3.4	5.0	3.8	4.3	5.1	4.2	Turkey/Turquie		3.1	4.4	3.4	3.0	4.5	3.5	5.8	6.8	7.3
Netherlands/Pays-Bas	2.5	2.9	2.9	3.5	3.2	3.1	3.0	3.5	3.1	3.0	Sweden/Suède	5.4	4.9	4.9	6.1	5.8	5.7	5.4	6.2	5.0	5.2
Korea Republic	0.5	0.6	0.6	0.7	0.8	0.9	0.9	3.3	4.9	3.5	United Kingdom	4.0	4.0	4.0	4.5	4.8	3.5	4.2	5.3	5.4	5.3
Switz.Liecht	2.2	2.5	2.7	3.5	3.2	2.7	2.9	3.4	2.5	2.2	Brazil/Brésil		5.1	4.0	1.5	1.0	1.7	3.8	3.8	4.0	4.3
Thailand/Thaïlande	0.6	0.6	0.5	0.3	0.5	1.4	2.0	3.6	2.9	4.3	Former USSR/Anc. URSS				x4.7	x4.2	x4.5	x2.9	x2.1		

67326 IRN, OTH STL BARS HOTROLD

BARRES PLEINES FER, ACIER 67326

TRADE BY COMMODITY IN THOUSAND U.S. DOLLARS – COMMERCE PAR PRODUIT EN MILLIERS DE DOLLARS E.U

COUNTRIES–PAYS	IMPORTS – IMPORTATIONS 1988	1989	1990	1991	1992	COUNTRIES–PAYS	EXPORTS – EXPORTATIONS 1988	1989	1990	1991	1992
Total	x3874180	x3748321	4172519	3664796	x3797883	Totale	x3925750	x3872508	4396553	3825633	3931764
Africa	x343350	x349161	x300642	x175523	x322958	Afrique	x61592	x49518	x61617	x60717	x79545
Northern Africa	x284237	x281291	x235911	x117706	x250642	Afrique du Nord	x6440	10353	6544	2322	x18647
Americas	390648	x292987	237831	263925	x324202	Amériques	x169121	452787	473075	387573	408351
LAIA	23509	30653	37592	89389	x147107	ALAI	81038	332301	351677	262692	275595
CACM	25635	24991	18849	25131	x27453	MCAC	3796	7980	6178	6796	x10927
Asia	x1387884	x1291921	x1430847	x1405270	x1441393	Asie	927618	812891	1102646	1164022	1161760
Middle East	x475620	x544927	x428101	x486719	x426960	Moyen–Orient	x403027	x375808	x653224	695135	602214
Europe	1611226	1704985	2157053	1746379	1664425	Europe	1793194	1923775	2286909	2003062	2059783
EEC	1384281	1441168	1838515	1508292	1435511	CEE	1434586	1590601	1887710	1685747	1768245
EFTA	216227	248180	302891	229093	215235	AELE	265812	284768	326151	290395	276327
Oceania	x46830	x63674	x32840	x32110	x26202	Océanie	2719	4192	8080	x22347	17176
Germany/Allemagne	542067	572135	739887	601599	633373	Italy/Italie	478976	629629	711018	548409	601849
Hong Kong	360178	286237	335966	347856	266694	Turkey/Turquie	338317	278745	522258	525301	559429
France, Monac	309258	259752	319761	233400	203335	Spain/Espagne	187671	183546	232486	280668	272451
Korea Republic	10336	9359	219389	274681	197489	Brazil/Brésil	30011	214471	264618	206679	235001
Thailand/Thaïlande	55111	100339	233824	149902	257126	China/Chine	53206	80368	219763	297633	111536
China/Chine	312067	290139	124264	27359	197460	France, Monac	169142	185746	205383	192569	198461
United Kingdom	137158	159427	152685	114504	96644	United Kingdom	97868	138282	213934	217056	198945
Netherlands/Pays–Bas	133772	125856	148778	110472	97786	Belgium–Luxembourg	193828	164036	178395	136701	146559
Iran (Islamic Rp. of)	x64291	x50670	x146192	x178059	x59188	Former USSR/Anc. URSS	x307280	x281361	x143391	x43040	
USA/Etats–Unis d'Amer	295358	163628	108868	85088	95840	Germany/Allemagne	163632	147815	161065	139948	166374
Egypt/Egypte	172192	180855	150816	x7999	x7806	Czechoslovakia	x113167	x129859	x159673	x79167	x87800
Iraq	x113477	x168456	x57030	x57679	x347	Switz.Liecht	70436	101383	121576	114275	85336
Italy/Italie	75524	73995	124950	65049	51174	Qatar	x53559	x84592	x108137	137705	x10721
Belgium–Luxembourg	95008	66994	107061	82063	75046	Sweden/Suède	122100	105827	122465	96202	116022
Switz.Liecht	77441	80420	90089	59836	51643	Netherlands/Pays–Bas	92513	97628	117843	104775	104117
Austria/Autriche	54013	64551	85737	76948	71658	Korea Republic	216225	142451	73467	54301	250702
Turkey/Turquie	29363	115127	35459	63173	15600	Japan/Japon	106672	113235	61672	54086	76635
Portugal	8860	44719	70337	97364	78872	Poland/Pologne	x69405	x54936	x83017	x47444	x88269
Spain/Espagne	15080	39341	52076	57385	44980	USA/Etats–Unis d'Amer	x20495	34918	54917	88633	65778
Denmark/Danemark	32551	35410	49373	56408	63966	Norway,SVD,JM	48353	60899	53530	53134	49936
Greece/Grèce	14712	32657	37689	66768	x64380	Venezuela	23785	73390	59759	30380	32273
Sweden/Suède	32037	39223	51844	40757	36824	Yugoslavia SFR	92787	48397	73017	x26723	
Saudi Arabia	x32913	x41566	x38298	x43799	x60221	Former GDR	x243284	x110979	x25411		
Canada	22616	35438	43621	33818	30385	Denmark/Danemark	40860	37853	50394	46599	48463
Libyan Arab Jamahiriya	x46817	x38883	x44378	x27350	x6623	Hong Kong	39509	45119	37990	44617	93236
Finland/Finlande	34497	41226	44277	22915	20721	Canada	35451	54069	35903	28830	54357
Mexico/Mexique	4493	9169	25567	70459	100986	Malaysia/Malaisie	43354	40922	37104	11875	x1887
United Arab Emirates	x92458	x48238	x32424	x23900	x139114	So. Africa Customs Un	x48683	x32140	x23736	x28921	x55482
Cyprus/Chypre	20270	32818	27450	31337	32653	Bulgaria/Bulgarie	x39085	x32558	x23200	x4770	x7007
Ireland/Irlande	20311	30881	35919	23279	25955	Mozambique	x768	x2366	x27151	x27033	x15
Oman	12833	19137	29870	39943	x16261	Argentina/Argentine	15850	33106	18643	3527	2299
Norway,SVD,JM	17981	22647	30781	28351	34040	Hungary/Hongrie	x18619	x16397	x24111	x13389	x6143
Japan/Japon	13134	13837	17427	36651	54587	Finland/Finlande	14064	7884	16705	18727	18753
Morocco/Maroc	28046	29343	9571	24361	32536	United Arab Emirates	x9777	x11869	x13092	x13853	x15559
Tunisia/Tunisie			x25612	x23913	x41720	Austria/Autriche	10879	8774	11871	8056	6185
Yemen/Yémen	21696	36010	5023	7038	6214	Saudi Arabia	x198	x347	x9641	x17696	x13046
Australia/Australie	611	12339	12476	14844	10416	Mexico/Mexique	10702	10513	4161	11207	805
Macau/Macao	13181	10183	10394	18991	x147200	Trinidad and Tobago	12491	10145	14072		
Algeria/Algérie	x15080	x10297	x17599	x5695	x11664	Portugal	1415	1044	11916	9532	15381
Lebanon/Liban					5216	Cuba	x13946	x11508	x9382	x126	x1450
Senegal/Sénégal	x2862	14569	14192	x4465	x5216	Indonesia/Indonésie	24231	2887	10650	5566	7936
Guam	x9544	x11689	x10631	x10137	x4062	Australia/Australie	1326	2002	4589	10000	12233
Guatemala	9530	10138	13813	7931	x7173	New Zealand	1393	2099	2635	10990	4910
Nigeria/Nigéria	x8314	x9344	x10561	x11314	x29695	Nicaragua	2704	5842	4952	3781	1436
Reunion/Réunion	8191	9342	9491	11341	8418	Colombia/Colombie	x4	15	4204	10139	253
Syrian Arab Republic	x30258	x17037	x7554	x5400	x10346	Greece/Grèce	5836	2297	2912	7690	x14160
Former USSR/Anc. URSS	x17776	x11772	x4802	x12422	2502	Egypt/Egypte	3652	7297	3526	x4	x14659
Philippines	4842	x22620	2796	974		Israel/Israël	1527	7362	3261	x7	4
Indonesia/Indonésie	13621	6307	9223	9017	9787	Romania/Roumanie	x180642	3285	5423	102	x15931
Bulgaria/Bulgarie	x51325	x21171	x1366	x692	5582	Ireland/Irlande	2845	2725	2364	1800	1486

(VALUE AS % OF TOTAL)(VALEUR EN % DU TOTAL)

	1983	1984	1985	1986	1987	1988	1989	1990	1991	1992		1983	1984	1985	1986	1987	1988	1989	1990	1991	1992
Africa	x20.8	x18.7	19.7	x16.5	x7.5	x8.8	x9.3	x7.2	x4.8	x8.5	Afrique	x1.1	0.9	1.6	x2.8	x1.8	x1.5	x1.2	x1.4	x1.6	x2.0
Northern Africa	18.0	x16.8	18.5	14.6	5.7	x7.3	x7.5	5.7	3.2	6.6	Afrique du Nord	x0.0	0.0	0.0	0.0	x0.0	x0.2	0.3	0.1	0.1	x0.5
Americas	x7.2	x13.6	10.1	x10.3	x9.4	10.1	x7.8	5.7	7.2	x8.5	Amériques	x4.8	x4.4	x7.3	x11.2	x9.2	x4.3	11.7	10.8	10.2	10.4
LAIA	x0.4	x0.8	0.6	x0.4	x0.5	0.6	0.8	0.9	2.4	x3.9	ALAI	x1.9	1.2	5.2	x2.6	x3.3	2.1	8.6	8.0	6.9	7.0
CACM	x0.3	x0.3	x0.2	x0.1	0.5	0.7	0.7	0.5	0.7	x0.7	MCAC				x0.0	x0.0	0.1	0.2	0.1	0.2	x0.3
Asia	x38.1	x29.4	36.3	x28.9	x36.1	35.8	x34.5	34.3	x38.3	x37.9	Asie	36.6	35.0	39.6	33.8	20.9	23.7	21.0	25.1	30.4	29.5
Middle East	x27.0	x15.9	x25.2	x17.6	x11.1	x12.3	x14.5	10.3	x13.3	x11.2	Moyen–Orient	x0.5	x0.4	7.8	6.7	5.9	x4.0	x9.7	x14.9	18.2	15.3
Europe	33.6	37.3	33.3	43.6	40.6	41.6	45.5	51.7	47.7	43.8	Europe	57.2	59.3	51.2	52.1	46.7	45.7	49.7	52.0	52.4	52.4
EEC	28.8	31.5	28.2	36.9	33.6	35.7	38.4	44.1	41.2	37.8	CEE	48.4	50.5	43.9	41.5	38.1	36.5	41.1	42.9	44.1	45.0
EFTA	x4.7	x5.7	x5.0	x6.5	x6.8	5.6	6.6	7.3	6.3	5.7	AELE	8.7	8.8	7.3	8.6	7.6	6.8	7.4	7.4	7.6	7.0
Oceania	x0.4	x0.9	x0.7	x0.8	x0.7	x1.2	x1.7	x0.8	x0.8	x0.7	Océanie	0.4	0.4	0.3	0.2	0.2	0.1	0.1	0.2	x0.5	0.4
Germany/Allemagne	14.1	13.6	12.7	15.5	13.9	14.0	15.3	17.7	16.4	16.7	Italy/Italie	12.5	11.2	8.6	9.6	9.5	12.2	16.3	16.2	14.3	15.3
Hong Kong	5.8	7.7	8.3	8.6	7.8	5.9	7.6	8.1	9.5	7.0	Turkey/Turquie			7.4	6.0	5.3	8.6	7.2	11.9	13.7	14.2
France, Monac	5.8	6.8	5.7	8.0	7.3	8.0	6.9	7.7	6.4	5.4	Spain/Espagne	13.1	16.4	15.5	8.5	6.6	4.8	4.7	5.3	7.3	6.9
Korea Republic	0.0	0.1	0.1	0.1	0.2	0.3	0.2	5.3	7.5	5.2	Brazil/Brésil				1.2	0.7	0.8	5.5	6.0	5.4	6.0
Thailand/Thaïlande	0.2	0.3	0.3	0.2	0.4	1.4	2.7	5.6	4.1	6.8	China/Chine					1.0	1.4	2.1	5.0	7.8	2.8
China/Chine					14.6	8.1	7.7	3.0	0.7	5.2	France, Monac	5.3	6.0	4.5	4.6	4.6	4.3	4.8	4.7	5.0	5.0
United Kingdom	2.1	2.3	2.2	2.9	3.2	3.5	4.3	3.7	3.1	2.5	United Kingdom	2.6	2.4	2.4	2.9	3.2	2.5	3.6	4.9	5.7	5.1
Netherlands/Pays–Bas	2.2	3.1	2.7	3.3	2.8	3.5	3.4	3.6	3.0	2.6	Belgium–Luxembourg	6.1	6.6	5.6	6.3	5.2	4.9	4.2	4.1	3.6	3.7
Iran (Islamic Rp. of)	x1.0	x0.4	x3.9	x1.9	x2.2	x1.7	x1.4	x3.5	x4.9	x1.6	Former USSR/Anc. URSS					x8.3	x7.8	x7.3	x3.3	x1.1	
USA/Etats–Unis d'Amer	5.0	10.9	8.3	8.2	7.2	7.6	4.4	2.6	2.3	2.5	Germany/Allemagne	4.5	4.2	3.8	4.9	4.6	4.2	3.8	3.7	3.7	4.2

537

6733 IRON, STEEL PROFILES ETC — PROFILES, PALPLAN FER, ACIER 6733

TRADE BY COMMODITY IN THOUSAND U.S. DOLLARS — COMMERCE PAR PRODUIT EN MILLIERS DE DOLLARS E.U

COUNTRIES–PAYS	1988	1989	1990	1991	1992	COUNTRIES–PAYS	1988	1989	1990	1991	1992
	IMPORTS – IMPORTATIONS						EXPORTS – EXPORTATIONS				
Total	5273959	5563060	5784875	5667196	5300542	Totale	x5302565	5592065	6035586	5829432	5270341
Africa	x145525	x168568	x184946	x191333	x155261	Afrique	x60924	x75365	x86621	x86289	x110815
Northern Africa	96804	115936	131099	130865	x95018	Afrique du Nord	1482	5719	19460	x13732	x25820
Americas	1147617	952199	685007	578141	x550539	Amériques	260442	305593	392988	411213	346985
LAIA	54676	63714	74267	131797	133110	ALAI	62031	57830	37752	30928	34584
CACM	11281	12070	11042	12248	x11875	MCAC	1006	1260	1347	1670	x3466
Asia	1077467	1127317	1358428	1636516	x1434778	Asie	935818	809036	749524	939315	1000815
Middle East	x236249	x238393	x201363	x274954	x280278	Moyen–Orient	x65627	x36449	49294	83677	x37961
Europe	2544397	2952124	3423097	3153678	3063230	Europe	3172194	3529155	4164314	3880850	3482336
EEC	2119922	2465909	2885376	2720509	2630395	CEE	2890950	3226944	3810374	3586123	3224331
EFTA	404750	466144	512483	415570	406285	AELE	249564	263139	294933	257300	249793
Oceania	x49188	x40790	x48943	x34331	x32587	Océanie	18826	14114	x7214	x6048	8047
Germany/Allemagne	593225	689973	829822	837271	901214	Belgium–Luxembourg	879138	979405	1069716	939012	767668
France, Monac	439873	486344	598441	518256	465513	Germany/Allemagne	564735	639619	764733	778179	691537
USA/Etats–Unis d'Amer	906938	721242	445938	295335	291278	United Kingdom	430839	425872	609051	610826	587044
Netherlands/Pays-Bas	347876	398834	446080	391854	368426	Japan/Japon	589980	491709	400717	509563	512966
Korea Republic	57200	73827	179195	431742	230999	Italy/Italie	314499	385083	464529	441982	395349
United Kingdom	209043	246919	222875	194124	165511	France, Monac	225451	308779	343963	312990	334629
Belgium–Luxembourg	153667	193109	217666	206081	205767	Spain/Espagne	291269	271562	296146	288008	238259
Italy/Italie	179467	194200	204160	191767	193185	USA/Etats–Unis d'Amer	52359	132583	223697	277656	203491
Singapore/Singapour	106738	127309	171392	187814	181353	Poland/Pologne	119230	123188	189482	272968	x207221
Thailand/Thaïlande	74962	98276	183924	191473	169797	Korea Republic	195007	193628	141262	137526	217488
Switz.Liecht	143889	144608	153477	135890	123601	Ireland/Irlande	91309	118040	128825	96446	89724
Spain/Espagne	46498	68591	154828	190733	140237	Romania/Roumanie	x132812	x189044	x98500	52718	x34402
Hong Kong	102928	147997	114778	147887	107395	Canada	143685	111028	123560	94912	104773
Japan/Japon	168285	126237	158212	113448	70883	Former USSR/Anc. URSS	x127913	x132394	x84417	x92466	
Canada	147677	122028	119040	104510	83262	Former GDR	x359301	x238194	x66516		
Austria/Autriche	79154	97870	113201	98903	104490	Netherlands/Pays–Bas	70095	84723	108518	100186	93432
Malaysia/Malaisie	38239	66583	103825	117999	x103533	Sweden/Suède	94515	96793	100362	79361	70467
Former USSR/Anc. URSS	x171141	x198649	x37695	x32279		Norway, SVD, JM	79889	81669	83820	78130	66238
Sweden/Suède	76355	91816	104995	66161	59351	China/Chine	24251	32147	84478	113783	146263
China/Chine	185072	140880	77164	28973	104926	Czechoslovakia	x78752	x78285	x57841	x41665	x39656
Denmark/Danemark	77476	80500	94101	67301	84307	Austria/Autriche	37055	40505	54460	51763	57725
Norway, SVD, JM	58165	69432	75788	72701	79566	Bulgaria/Bulgarie	x4054	x52174	x83757	x8316	x3875
Saudi Arabia	71735	87246	x45514	x69373	x77877	Turkey/Turquie	54293	23436	41766	76012	27713
Algeria/Algérie	41809	40580	62668	56689	x22689	Hungary/Hongrie	x32296	x45522	x54411	x37584	x36187
Finland/Finlande	42465	59431	61718	37716	35219	Yugoslavia SFR	31616	39042	58905	x37348	
Indonesia/Indonésie	41598	32103	79062	46569	55167	So. Africa Customs Un	x38681	x40150	x42448	x37595	x74242
Iran (Islamic Rp. of)	x13704	x16202	x41491	x89970	x80851	Singapore/Singapour	23421	27645	37647	42990	33375
Mexico/Mexique	21532	29631	40045	62681	62288	Switz.Liecht	26595	29828	38257	36031	40644
Ireland/Irlande	33486	43979	42080	39182	36075	Mozambique	x17022	x24704	x22517	x33670	x2095
Portugal	21638	28267	45040	48691	41105	Brazil/Brésil	22485	21665	12354	16472	27695
Turkey/Turquie	14718	44624	27779	36263	36333	Finland/Finlande	11508	14345	17927	11920	14667
Greece/Grèce	17674	35193	30284	35249	x29055	Denmark/Danemark	19352	11284	18526	14255	21478
Morocco/Maroc	19320	27162	28410	39671	31535	Mexico/Mexique	25086	17036	13788	7285	3882
Israel/Israël	19265	22079	30972	39896	35992	Hong Kong	16406	12997	16109	8584	15681
Czechoslovakia	x14185	35684	33020	x13980	x20323	Argentina/Argentine	13430	17589	9963	3579	885
United Arab Emirates	x35762	x23368	x22823	x24570	x33089	Indonesia/Indonésie	9895	4516	7413	18757	13562
India/Inde	19880	x30911	18692	18990	x34908	Australia/Australie	17002	12494	6018	5142	6974
Venezuela	9790	5810	7304	43047	23035	India/Inde	1167	x1455	3655	16565	x7244
Iraq	x61804	x26100	x19730	x7984	x35	Libyan Arab Jamahiriya		x146	13927	x6572	x6297
Former GDR	x83209	x48376	x1562			United Arab Emirates	x9738	x7473	x5858	x6055	x6845
Libyan Arab Jamahiriya	15842	20560	16230	x11695	x13353	Malaysia/Malaisie	3673	3054	4233	5897	x11742
Australia/Australie	24592	19522	16270	11774	10037	Egypt/Egypte	1027	3700	3612	4899	16426
Yugoslavia SFR	14851	15866	19335	x12211		Portugal	4053	2297	6094	3726	4938
New Zealand	18360	14429	18445	10907	11340	Trinidad and Tobago	1099	2728	6477	1591	299
Tunisia/Tunisie	6138	15466	12371	14741	16422	Thailand/Thaïlande	4803	4115	3501	1061	x1128
Philippines	12437	x8838	16309	13726	15572	Tunisia/Tunisie	444	716	1879	2250	2982
Egypt/Egypte	11376	10566	10393	6843	6729	British Virgin Islds				x3950	
Hungary/Hongrie	x3345	x5634	x5877	15950	x10629	New Zealand	1804	1597	1046	849	981
Oman	9239	8375	7594	10656	x787	Venezuela	43	895	921	858	726
Syrian Arab Republic	5613	4594	11932	x8056	x11801	Kuwait/Koweït	x67	2644	x10	x10	x10

(VALUE AS % OF TOTAL)(VALEUR EN % DU TOTAL)

	1983	1984	1985	1986	1987	1988	1989	1990	1991	1992		1983	1984	1985	1986	1987	1988	1989	1990	1991	1992
Africa	x5.0	x5.5	6.1	x5.6	x3.2	2.8	x3.0	3.2	x3.4	x3.0	Afrique	x2.9	1.9	x2.3	x2.0	x1.3	x1.1	x1.3	x1.4	x1.4	x2.1
Northern Africa	x3.1	3.8	4.7	3.8	2.0	1.8	2.1	2.3	2.3	x1.8	Afrique du Nord	0.0	0.0	x0.0	0.0	0.0	0.0	0.1	0.3	x0.2	0.5
Americas	x20.9	28.6	28.9	x23.5	x21.3	21.8	17.2	11.9	10.2	x10.4	Amériques	6.0	6.1	6.8	x6.3	x4.7	4.9	5.5	6.6	7.1	6.5
LAIA	0.7	2.1	2.2	x0.9	0.8	1.0	1.1	1.3	2.3	2.5	ALAI	0.1	1.3	1.2	x0.9	x0.8	1.2	1.0	0.6	0.5	0.7
CACM	x0.2	0.1		x0.1	x0.2	0.2	0.2	0.2	0.2	x0.2	MCAC	x0.0	0.1		x0.0	0.0	0.0	0.0	0.0	0.0	x0.1
Asia	x29.2	x25.2	x24.2	x16.2	21.8	20.5	20.3	23.5	28.9	x27.1	Asie	25.7	28.9	26.0	21.6	16.8	17.6	14.5	12.4	16.1	19.0
Middle East	x11.8	x10.8	x11.7	x6.8	x4.5	4.4	4.3	x3.5	4.9	x5.3	Moyen–Orient	x0.1	3.3	3.3	2.5	1.7	x1.2	x0.7	0.8	1.4	x0.7
Europe	42.8	38.5	39.8	53.6	47.2	48.2	53.1	59.2	55.6	57.8	Europe	65.2	62.9	64.6	69.9	57.3	59.8	63.1	69.0	66.6	66.1
EEC	35.8	31.5	32.7	44.1	38.3	40.2	44.3	49.9	48.0	49.6	CEE	59.6	56.7	58.9	64.1	51.8	54.5	57.7	63.1	61.5	61.2
EFTA	7.0	6.3	6.5	9.0	8.5	7.7	8.4	8.9	7.3	7.7	AELE	5.6	5.2	4.2	4.9	4.4	4.7	4.7	4.9	4.4	4.7
Oceania	x0.9	x1.2	x1.1	x1.1	x1.0	x0.9	x0.7	x0.8	x0.6	x0.6	Océanie	0.3	0.2	0.2	0.2	0.4	0.3	x0.1	x0.1	0.2	
Germany/Allemagne	12.2	10.2	10.4	14.5	11.7	11.2	12.4	14.3	14.8	17.0	Belgium–Luxembourg	17.8	17.2	17.8	20.2	15.8	16.6	17.5	17.7	16.1	14.6
France, Monac	7.7	6.5	6.7	7.8	7.5	8.3	8.7	10.3	9.1	8.8	Germany/Allemagne	10.8	10.9	11.2	11.9	10.5	10.7	11.4	12.7	13.3	13.1
USA/Etats–Unis d'Amer	17.0	23.4	23.7	19.8	17.0	17.2	13.0	7.7	5.2	5.5	United Kingdom	6.4	5.9	7.3	7.9	7.3	8.1	7.6	10.1	10.5	11.1
Netherlands/Pays-Bas	5.4	5.0	5.8	8.2	6.4	6.6	7.2	7.7	6.9	7.0	Japan/Japon	22.6	21.9	19.6	15.5	11.0	11.1	8.8	6.6	8.7	9.7
Korea Republic	1.8	2.8	2.4	1.0	1.2	1.1	1.3	3.1	7.6	4.4	Italy/Italie	7.6	5.9	5.3	6.6	5.8	5.9	6.9	7.7	7.6	7.5
United Kingdom	2.4	2.4	2.2	3.0	3.0	4.0	4.4	3.9	3.4	3.1	France, Monac	6.2	5.7	5.2	5.5	4.1	4.3	5.5	5.7	5.4	6.3
Belgium–Luxembourg	2.8	2.4	2.3	2.7	2.6	2.9	3.5	3.8	3.6	3.9	Spain/Espagne	8.5	8.8	9.3	8.6	5.6	5.5	4.9	4.9	4.9	4.5
Italy/Italie	2.1	2.1	2.3	4.1	3.9	3.4	3.5	3.5	3.4	3.6	USA/Etats–Unis d'Amer	2.3	1.1	1.6	1.1	0.9	1.0	2.4	3.7	4.8	3.9
Singapore/Singapour	5.1	3.0	2.7	1.6	1.9	2.0	2.3	3.0	3.3	3.4	Poland/Pologne					2.7	2.2	2.2	3.1	4.7	3.9
Thailand/Thaïlande	1.6	1.2	1.2	0.9	0.8	1.4	1.8	3.2	3.4	3.2	Korea Republic	2.0	2.3	1.9	2.6	2.9	3.7	3.5	2.3	2.4	4.1

67332 LARGE U,I,H SECTIONS ETC **PROFILES PLUS 80MM 67332**

TRADE BY COMMODITY IN THOUSAND U.S. DOLLARS – COMMERCE PAR PRODUIT EN MILLIERS DE DOLLARS E.U

COUNTRIES–PAYS	IMPORTS – IMPORTATIONS					COUNTRIES–PAYS	EXPORTS – EXPORTATIONS				
	1988	1989	1990	1991	1992		1988	1989	1990	1991	1992
Total	2556576	3492086	3648378	3609300	3229613	Totale	x3340573	x3497124	3844553	3708276	3202965
Africa	x51764	x58582	x71439	x81409	x67830	Afrique	x36653	x50605	x49266	x61568	x73905
Northern Africa	x31766	x38435	x42616	x53394	x39230	Afrique du Nord	x775	x6222	x9091	x15177	x13967
Americas	x179451	x618322	x364556	279978	x242904	Amériques	x103587	113343	183898	x180948	144570
LAIA	18216	x31881	28189	70873	64269	ALAI	25906	30411	16984	10551	8080
CACM	x1728	x3188	x2904	x2272	x2470	MCAC			x166	0	
Asia	x565591	x651479	843535	1083246	x850237	Asie	583311	452652	379500	532934	535405
Middle East	x90466	x104879	x96658	x130217	x143117	Moyen–Orient	22731	6722	10972	20001	x3742
Europe	1630962	1923230	2280345	2098850	2012240	Europe	2046209	2327347	2797467	2613810	2206958
EEC	1387386	1631683	1959802	1837231	1756273	CEE	1893714	2174812	2626513	2471184	2093420
EFTA	237308	283835	311014	254051	246794	AELE	129067	123322	128509	113162	111460
Oceania	x26177	x19539	x27313	x19349	x15859	Océanie	6609	3637	x973	x647	706
Germany/Allemagne	358203	421152	524991	512800	557847	Belgium–Luxembourg	663837	738431	813513	675130	513265
France,Monac	293835	337437	422125	366707	337173	Germany/Allemagne	333712	416246	512374	556954	448219
USA/Etats–Unis d'Amer	43894	493223	241934	127602	116602	United Kingdom	253412	266382	427346	437674	417516
Netherlands/Pays–Bas	225225	255713	310979	279989	246162	Japan/Japon	445895	334364	264081	387651	371000
Korea Republic	26519	49218	136393	365921	175886	Spain/Espagne	242996	223653	242109	233905	181396
United Kingdom	153296	176701	159232	136392	121904	Italy/Italie	139780	178007	210373	202994	156469
Belgium–Luxembourg	110060	135957	157020	149833	151593	France,Monac	123638	181290	210486	195374	218631
Italy/Italie	125525	142284	150049	146475	128018	Poland/Pologne	x107773	x97838	x165429	x228462	x173349
Singapore/Singapour	65451	92627	117566	121408	118380	Ireland/Irlande	82078	111269	124840	92819	84159
Thailand/Thaïlande	50960	63804	106943	132566	120569	USA/Etats–Unis d'Amer	x29223	43570	102904	122255	88537
Hong Kong	62330	101366	74560	108919	65598	Romania/Roumanie	x97168	x135246	x74796	2326	x28475
Spain/Espagne	27441	42596	104170	132280	103314	Former USSR	x258273	x162268	x42144		61011
Switz.Liecht	84434	91402	92705	82852	76019	Netherlands/Pays–Bas	45957	53408	71741	67446	61011
Canada	107593	79783	78381	66826	46430	Korea Republic	84637	76113	53121	43861	96582
Former USSR/Anc. URSS	x78391	x171456	x27844	x23714		Norway,SVD,JM	65071	54725	53738	45177	37683
Japan/Japon	96074	58724	101961	58421	27492	Canada	48456	46700	44690	40420	38731
Malaysia/Malaisie	25790	50299	75663	89463	x74720	Sweden/Suède	45499	45725	x33222	x41632	
Austria/Autriche	46638	55868	65063	61050	63775	Former USSR/Anc. URSS	x28142	x51605	x30740	x25755	x19250
Sweden/Suède	44281	53427	61471	36392	33389	Czechoslovakia	x49530	x45250	42386	x29390	
Norway,SVD,JM	34933	44288	49435	49278	51276	Yugoslavia	23428	29200	42386	x29390	
Denmark/Danemark	44572	44718	55029	36036	43911	Bulgaria/Bulgarie	x3742	x30887	x57944	x3625	x1857
China/Chine	93105	75109	29290	7420	43599	Hungary/Hongrie	x19577	x26447	x29174	x16569	x18490
Indonesia/Indonésie	29806	22223	62320	24751	33938	So. Africa Customs Un	x23360	x22727	x23724	x19062	x57807
Finland/Finlande	25243	37427	40339	22268	20808	Mozambique	x12076	x18005	x15737	x26911	x886
Saudi Arabia	x17739	x31641	x21007	x35628	x42873	China/Chine	6478	8375	17213	35042	27152
Portugal	15515	22977	32781	29696	28059	Singapore/Singapour	7967	15029	19339	25723	19051
Ireland/Irlande	21388	30418	26019	25313	23519	Switz.Liecht	10537	12643	16276	15476	16693
Iran (Islamic Rp. of)	x7693	x7007	x26887	x41611	x42378	Turkey/Turquie	22417	6621	10899	19726	2840
Turkey/Turquie	5583	32431	16444	24786	24405	Mexico/Mexique	9688	11488	8865	4278	1385
Greece/Grèce	12327	21729	17406	21709	x14773	Egypt/Egypte	x774	x5951	x8014	x9547	x9785
Czechoslovakia	x1323	22916	26318	x9719	x14367	Denmark/Danemark	5827	4965	10578	7576	10255
Algeria/Algérie	x15126	x13748	x17842	x26969	x10187	Finland/Finlande	5170	5616	8859	6053	7901
Mexico/Mexique	5995	18139	14982	21231	25032	Argentina/Argentine	9409	12046	4220	2547	74
Israel/Israël	6567	9529	19022	23768	17714	Indonesia/Indonésie	6353	1748	1522	13298	2148
Venezuela	4604	4407	3825	40058	16539	Hong Kong	4309	5127	8065	3285	4939
United Arab Emirates	x17348	x15743	x15531	x14429	x19693	Austria/Autriche	2789	3638	4876	5958	10416
Morocco/Maroc	10013	11443	14671	8592	8540	Brazil/Brésil	6775	6568	3359	3303	6210
New Zealand	13704	9877	6875	5421	x13324	Thailand/Thaïlande	3820	3560	3300	832	x743
India/Inde	9840	x13858	6503	41050	6584	Libyan Arab Jamahiriya		x65	x917	x5376	x3740
Philippines	5174	x3926	8170	7547		Portugal	2374	1043	3086	1180	2368
Iraq	x27598	x8709	x8979	x1172	x12	Australia/Australie	6219	3271	658	472	336
Australia/Australie	10371	7155	6730	3368	2345	British Virgin Islds				x3950	
Yugoslavia SFR	2176	4750	7925	x4531		Malaysia/Malaisie	527	491	797	2374	x7138
Tunisia/Tunisie	1333	5378	5851	4505	7362	Mauritius/Maurice	x1	x1830	8		269
Egypt/Egypte	x3266	x5346	x6120	x2901	x4093	Venezuela	28	306	538	290	269
Former GDR	x9772	x12942	x337			Zimbabwe	x262	x830	52	82	x114
Hungary/Hongrie	x491	x2472	x2929	6077	x7358	Lao People's Dem. Rp.		x17	x720	x181	
Réunion	3133	3715	2832	3529	3360	New Zealand	391	350	308	172	291
Colombia/Colombie	x932	x4398	x2252	3158	4175	Cote d'Ivoire	x98	x225	x245	x273	x571
Poland/Pologne	x1239	x1724	x1686	x6020	x14130	Korea Dem People's Rp	x464	x633	x57	x23	x108

(VALUE AS % OF TOTAL)(VALEUR EN % DU TOTAL)

	1983	1984	1985	1986	1987	1988	1989	1990	1991	1992		1983	1984	1985	1986	1987	1988	1989	1990	1991	1992
Africa	x4.7	x3.4	x2.7	x4.8	x2.3	x2.0	x1.7	x1.9	x2.2	x2.1	Afrique	x2.1	x1.5	x1.3	x1.5	x1.5	x1.1	x1.4	x1.3	x1.6	x2.3
Northern Africa	x3.3	x1.9	x1.4	x3.4	x1.4	x1.2	x1.1	x1.2	x1.5	x1.2	Afrique du Nord	x0.0		0.0	x0.0		x0.0	x0.2	x0.2	x0.4	x0.4
Americas	x8.2	x13.0	x10.2	x5.5	x7.1	x7.0	x17.7	x10.0	7.8	x7.5	Amériques	x2.3	x3.5	x2.6	x2.5	x2.4	x3.1	3.3	4.7	x4.9	4.6
LAIA	x0.8	x1.9	x1.8	x0.6	0.5	0.7	x0.9	0.8	2.0	2.0	ALAI	0.1	1.6	1.3	x0.6	x0.8	0.8	0.9	0.4	0.3	0.3
CACM	x0.3	0.0	x0.1	x0.1	x0.1	x0.1	x0.1	x0.1	x0.1	x0.1	MCAC	x0.0	0.2						x0.0	x0.0	
Asia	x30.1	x23.7	x28.5	15.5	x20.1	x22.1	x18.7	23.1	30.0	x26.3	Asie	27.8	29.2	25.9	20.1	15.5	17.4	13.0	9.9	14.4	16.7
Middle East	x11.9	x8.8	x13.8	x5.2	x3.4	x3.5	x3.0	x2.6	x3.6	x4.4	Moyen–Orient			0.4	1.1	0.7	0.7	0.2	0.3	0.5	x0.1
Europe	56.5	58.9	58.0	73.5	66.0	63.8	55.1	62.5	58.2	62.3	Europe	67.6	65.7	70.1	75.7	59.9	61.3	66.6	72.8	70.5	68.9
EEC	47.7	49.3	48.8	62.4	55.9	54.3	46.7	53.7	50.9	54.4	CEE	63.2	61.1	65.8	71.0	55.9	56.7	62.2	68.3	66.6	65.4
EFTA	x8.7	x9.1	x8.8	x10.8	10.0	9.3	8.1	8.5	7.0	7.6	AELE	4.4	3.9	2.8	3.6	3.2	3.9	3.5	3.3	3.1	3.5
Oceania	x0.5	x0.9	x0.7	x0.7	x0.6	1.0	x0.6	x0.8	x0.5	x0.5	Océanie	0.2	0.2	0.2	0.2	0.2	0.2	0.1	x0.0	x0.0	
Germany/Allemagne	17.7	16.8	15.6	20.4	16.1	14.0	12.1	14.4	14.2	17.3	Belgium–Luxembourg	19.9	21.2	22.7	26.1	19.9	19.9	21.1	21.2	18.2	16.0
France,Monac	10.3	10.8	10.7	10.9	10.8	11.5	9.7	11.6	10.2	10.4	Germany/Allemagne	10.5	10.6	11.8	11.9	10.3	10.0	11.9	13.3	15.0	14.0
USA/Etats–Unis d'Amer	5.1	7.3	5.4	2.4	2.3	1.7	14.1	6.6	3.5	3.6	United Kingdom	6.8	5.2	6.7	6.9	6.3	7.6	7.6	11.1	11.8	13.0
Netherlands/Pays–Bas	7.0	8.0	9.1	12.1	9.4	8.8	7.3	8.5	7.8	7.6	Japan/Japon	24.7	25.7	21.9	15.0	11.8	13.3	9.6	6.9	10.5	11.6
Korea Republic	1.7	2.5	2.7	0.8	0.7	1.0	1.4	3.7	10.1	5.4	Spain/Espagne	10.7	11.4	11.8	11.2	7.7	7.6	6.4	6.3	6.3	5.7
United Kingdom	2.8	3.6	3.4	4.2	5.0	6.0	5.1	4.4	3.8	3.8	Italy/Italie	6.5	4.2	3.5	4.3	4.2	4.2	5.1	5.5	5.5	4.9
Belgium–Luxembourg	4.3	3.9	3.3	3.7	4.1	4.3	3.9	4.3	4.2	4.7	France,Monac	5.9	5.7	5.6	5.7	3.7	5.2	5.5	5.3	5.3	6.8
Italy/Italie	2.4	2.6	3.1	6.7	6.8	4.9	4.1	4.1	4.0	4.0	Poland/Pologne				x4.2	x3.2	x2.8	x4.3	x6.2	x5.4	
Singapore/Singapour	8.4	4.7	4.7	1.9	2.1	2.6	2.7	3.2	3.4	3.7	Ireland/Irlande	1.3	1.6	2.4	2.9	2.4	2.5	3.2	3.2	2.5	2.6
Thailand/Thaïlande				x0.9	0.0	2.0	1.8	2.9	3.7	3.7	USA/Etats–Unis d'Amer	x0.9	x0.5		x0.7	x0.9	x0.9	1.2	2.7	3.3	2.8

539

67333 OTH PRFILES HOTROLLD ETC   **AUT PROFILES LAMINES, FILES 67333**

TRADE BY COMMODITY IN THOUSAND U.S. DOLLARS – COMMERCE PAR PRODUIT EN MILLIERS DE DOLLARS E.U

IMPORTS – IMPORTATIONS

COUNTRIES–PAYS	1988	1989	1990	1991	1992
Total	1196244	x508411	502829	526960	x465009
Africa	x41498	x49821	x47650	x58973	x31872
Northern Africa	x35640	x42802	x42574	53567	x25748
Americas	x736298	x82014	x75898	74855	69349
LAIA	x2547	x7509	12930	22507	20164
CACM	x675	x1319	x2090	x1206	x468
Asia	x223990	x168373	x157131	x172763	x154727
Middle East	x60239	x41579	x28304	x36468	x28185
Europe	175347	196998	215097	211306	199734
EEC	142607	166457	179630	179378	163919
EFTA	24050	24836	29231	26649	27505
Oceania	x8608	x4947	x4468	x3633	x3477
Germany/Allemagne	46881	52391	61415	76361	70781
USA/Etats–Unis d'Amer	726156	61463	45331	36156	38786
Korea Republic	24887	17406	18656	45559	43877
France, Monac	17247	22132	24444	24924	22929
Singapore/Singapour	22442	18442	27195	25423	20904
Hong Kong	25493	23797	22798	21721	68
Netherlands/Pays–Bas	16028	25274	23227	18685	16762
China/Chine	63141	37661	19263	3645	14678
Algeria/Algérie	16437	11155	20361	28310	x3426
Italy/Italie	20076	20593	16607	14700	13735
Morocco/Maroc	6690	12404	13527	18733	13163
Saudi Arabia	x20500	x14274	x14043	x14277	x11565
Spain/Espagne	8084	9297	15334	13970	7211
Canada	6011	9869	13955	13275	8747
Belgium–Luxembourg	14323	14623	12041	8917	7491
Mexico/Mexique	128	2720	11126	18755	15067
United Kingdom	9283	10787	11229	8215	4240
Malaysia/Malaisie	4833	6131	9039	12821	x6157
Denmark/Danemark	8574	8620	10080	8738	9577
Austria/Autriche	4223	6606	11395	8770	10175
Libyan Arab Jamahiriya	x6977	x11382	x7545	x5627	x7973
Switz.Liecht	9653	6843	7326	7354	8067
Japan/Japon	2805	4642	9693	4825	2247
India/Inde	6771	x6986	6918	4679	x11505
Finland/Finlande	5816	6304	4913	5414	5377
Yugoslavia SFR	8540	5606	5953	x4375	
Indonesia/Indonésie		4269	5361	5956	6898
Turkey/Turquie	3870	3428	5222	6028	4000
United Arab Emirates	x12687	x4390	x3897	x4971	x5768
Norway, SVD, JM	2670	3752	3840	4223	2180
Iraq	x19136	x11039	x298	x403	
Iran (Islamic Rp. of)	x244	x798	x2064	x8361	x592
Philippines	836	x2327	2480	4457	4024
Tunisia/Tunisie	3668	7120	545	611	273
Thailand/Thaïlande	4966	2477	2918	2723	2855
Portugal	1143	810	2966	2785	1797
Australia/Australie	5962	2708	1800	1861	2126
Israel/Israël	3482	1048	2465	2272	2956
Hungary/Hongrie	x460	x214	x1104	3450	x932
So. Africa Customs Un	x1431	x1446	x1485	x1253	x879
New Zealand	2287	1751	1561	650	1034
Ireland/Irlande	791	1198	1320	1281	1449
Sweden/Suède	1593	1267	1688	819	1649
Former Yemen	x1321				
Lebanon/Liban		x3739			
Former GDR	x173	x1612	x1062	x1008	x3148
Former USSR/Anc. URSS	x5140	x3238	x153		
Greece/Grèce	x1239	x1834	x631	x286	
Argentina/Argentine	177	730	965	802	x7947
Colombia/Colombie	1210	1299	445	737	1127
	x221	x308	x203	1475	1188

EXPORTS – EXPORTATIONS

COUNTRIES–PAYS	1988	1989	1990	1991	1992
Totale	x588948	x541519	555562	516182	463650
Afrique	x6369	x6971	x7974	x7761	x4061
Afrique du Nord	5	1218	2	x316	x1324
Amériques	x68627	41222	46601	x54134	46515
ALAI	x8871	5029	7591	x2692	2709
MCAC					
Asie	103728	103785	120623	118426	88815
Moyen–Orient	7803	3840	882	x132	x202
Europe	269772	292150	320090	316270	309629
CEE	227525	238654	258793	254937	254425
AELE	42120	53326	61221	61321	55074
Océanie	2934	1383	580	320	133
Italy/Italie	63098	83063	100873	104701	116082
United Kingdom	78504	70267	63627	69091	49171
Germany/Allemagne	50148	55516	62659	45679	52154
China/Chine	11273	19988	43773	55506	12708
Former USSR/Anc. URSS	x97808	x55401	x29795	x10968	
Korea Republic	46006	41212	32573	21253	46477
Japan/Japon	25562	28836	31944	24242	18698
Norway, SVD, JM	13702	25485	25829	30686	27213
Sweden/Suède	23462	23998	26969	26969	27796
USA/Etats–Unis d'Amer	x7118	9321	22278	21762	21879
				37128	27796
Canada	52638	26873	16730	14314	16010
France, Monac	19351	14245	10783	10128	11120
Former GDR	x19122	x21511	x3654		
Netherlands/Pays–Bas	7605	10439	6729	5210	
Belgium–Luxembourg	7508	4425	6177	14022	15371
Romania/Roumanie	x13782	x14270	x8710	8	x2524
Singapore/Singapour	7432	4568	7222	7360	6550
Mozambique	x2521	x4829	x6173	x6134	x1209
Bulgaria/Bulgarie	x300	x230	x11191	x239	x81
Switz.Liecht	2238	2047	4238	4245	4243
Argentina/Argentine	3596	4511	5490	433	553
Poland/Pologne	x3301	x2229	x3280	x4803	x9894
Hong Kong	5286	4309	3339	2584	94
Austria/Autriche	2622	1338	4103	4443	1667
Spain/Espagne	2690	2811	2625	3696	4643
India/Inde	23	x599	583	6150	x796
Hungary/Hongrie	x2303	x2040	x2599	x1987	x1526
Turkey/Turquie	7794	3834	828	80	101
So. Africa Customs Un	x2823	x861	x1506	x1257	x1169
Mexico/Mexique	177	194	1490	1573	687
Australia/Australie	2931	1358	562	296	100
Czechoslovakia	x905	x325	x464	x1265	x473
Ireland/Irlande	638	430	570	368	41
Morocco/Maroc	1		987		20
Indonesia/Indonésie				985	2009
Denmark/Danemark	363	267	257	353	510
Portugal	12	9	782	30	37
Finland/Finlande	96	458	82	169	56
Malaysia/Malaisie	238	229	169	153	x820
Peru/Pérou			182	346	x4	x49
Brazil/Brésil	x4774	132	165	176	1321
Tunisia/Tunisie	3	231	2	161	567
Colombia/Colombie				x369	
Yugoslavia SFR	127	169	75	x13	
Uruguay	x315		x100	x95	76
Zimbabwe	x35		110	54	x152
Greece/Grèce	83	16		139	x86
Libyan Arab Jamahiriya				x144	x737
Thailand/Thaïlande	63	110		33	x74
Korea Dem People's Rp		x54	x79		x26

(VALUE AS % OF TOTAL) (VALEUR EN % DU TOTAL)

	1983	1984	1985	1986	1987	1988	1989	1990	1991	1992		1983	1984	1985	1986	1987	1988	1989	1990	1991	1992
Africa	x5.0	x5.1	x6.3	x5.2	x3.2	x3.4	x9.8	x9.5	x11.2	x6.9	Afrique	x0.1	x0.1	x0.4	x3.0	x0.5	x1.1	x1.3	x1.5	x1.5	x0.9
Northern Africa	x3.2	3.5	4.8	3.7	2.2	3.0	x8.4	8.5	10.2	x5.5	Afrique du Nord	x0.0	x0.1	0.0	0.0	0.0	0.2	0.0	x0.1	x0.3
Americas	x39.6	x50.2	x50.1	x46.3	x40.1	x61.5	16.1	15.1	14.2	14.9	Amériques	x9.6	x9.8	x9.6	x10.8	x8.6	x11.6	7.6	8.4	x10.5	10.0
LAIA	0.5	x0.5	x0.4	x0.7	x0.6	x0.2	x1.5	2.6	4.3	4.3	ALAI	x0.5	0.2	0.1	x0.6	0.9	x1.5	0.9	1.4	x0.5	0.6
CACM	x0.0			x0.0	x0.2	x0.4	x0.4	x0.2	x0.1		MCAC										
Asia	x22.2	14.7	x15.2	x13.1	x22.1	18.7	33.1	x31.2	32.7	33.3	Asie	25.6	24.8	26.5	x23.4	18.4	17.6	19.1	21.8	22.9	19.1
Middle East	9.1	x5.1	x8.2	x4.3	x4.6	x5.0	x8.2	x5.6	x6.9	x6.1	Moyen–Orient		x0.0	3.0	0.7	0.7	1.3	0.7	0.2	x0.0	x0.0
Europe	32.1	28.8	27.2	34.2	29.3	14.7	38.7	42.8	40.1	43.0	Europe	64.4	65.2	63.1	62.8	53.7	45.8	54.0	57.6	61.3	66.8
EEC	27.3	24.8	23.6	28.7	24.5	11.9	32.7	35.7	34.0	35.3	CEE	58.3	60.2	59.2	58.9	48.7	38.6	44.1	46.6	49.4	54.9
EFTA	x4.7	3.9	x3.6	x4.9	x4.4	2.0	4.9	5.8	5.1	5.9	AELE	6.0	4.9	3.9	3.8	3.9	7.2	9.8	11.0	11.9	11.9
Oceania	x1.1	x1.2	x1.1	x1.2	x1.3	x0.7	x1.0	0.9	x0.7	x0.8	Océanie	0.2	0.3	0.3	0.1		0.5	0.3	0.1	0.1	
Germany/Allemagne	8.3	7.6	7.4	9.4	8.3	3.9	10.3	12.2	14.5	15.2	Italy/Italie	12.7	10.9	9.2	11.5	10.0	10.7	15.3	18.2	20.3	25.0
USA/Etats–Unis d'Amer	38.9	49.6	49.6	44.6	38.3	60.7	12.1	9.0	6.9	8.3	United Kingdom	7.8	10.1	11.9	12.6	11.9	13.3	13.0	11.5	13.4	10.6
Korea Republic			x1.9		2.0	2.1	3.4	3.7	8.6	9.4	Germany/Allemagne	9.8	11.0	9.0	8.6	7.8	8.5	10.3	11.3	8.8	11.2
France, Monac	5.7	4.7	4.4	5.2	4.9	1.4	4.4	4.7	4.7	4.9	China/Chine					0.6	1.9	3.7	7.9	10.8	2.7
Singapore/Singapour	2.0	1.6	1.2	0.9	1.2	1.9	3.6	5.4	4.8	4.5	Former USSR/Anc. URSS					x11.6	16.6	10.2	x5.4	x2.1	
Hong Kong	1.5	1.3	2.1	1.9	1.5	2.1	4.7	4.5	4.1	0.0	Korea Republic				x2.2	4.1	7.8	7.6	5.9	4.1	10.0
Netherlands/Pays–Bas	2.7	2.8	3.0	3.9	3.1	1.3	5.0	4.6	3.5	3.6	Japan/Japon	24.2	23.2	21.4	19.1	11.9	4.3	5.3	5.7	4.7	4.0
China/Chine					10.4	5.3	7.4	3.8	0.7	3.2	Norway, SVD, JM	1.3	1.1	1.2	0.9	0.9	2.3	4.7	4.6	5.9	5.9
Algeria/Algérie	x1.4	2.2	3.5	2.4	1.1	1.4	4.0	4.0	5.4	x0.7	Sweden/Suède	3.8	3.1	2.1	2.2	2.5	4.0	4.4	4.9	4.2	4.7
Italy/Italie	2.5	2.4	2.3	2.4	1.9	1.7	4.1	3.3	2.8	3.0	USA/Etats–Unis d'Amer	x0.6	x0.3		x0.2	x0.3	x1.2	1.7	4.0	7.2	6.0

6744 IRN,STL HVY PLATE,ROLLED — Tôles Laminées Plus 4.75 MM 6744

TRADE BY COMMODITY IN THOUSAND U.S. DOLLARS – COMMERCE PAR PRODUIT EN MILLIERS DE DOLLARS E.U

IMPORTS – IMPORTATIONS

COUNTRIES–PAYS	1988	1989	1990	1991	1992
Total	x7366420	7850982	7289195	7032600	6473780
Africa	x83909	x96972	x124240	x102578	x81428
Northern Africa	x39222	x53644	x59681	x46207	x37166
Americas	1127270	1073891	1024689	968815	x830167
LAIA	252807	289203	238677	278731	206746
CACM	13078	9462	13953	14135	x20588
Asia	2278369	x2305193	2158891	2179007	2128568
Middle East	x219311	x204026	x290309	x315724	x259218
Europe	2857095	3551073	3800478	3580361	3326005
EEC	2328679	2856518	3150690	3034632	2777417
EFTA	464656	566789	559005	467818	490582
Oceania	38079	x32825	x34270	x26298	x32057
Germany/Allemagne	752925	888118	930814	932983	895087
France,Monac	478874	573886	647426	497734	527260
Japan/Japon	536586	555682	500964	584794	363474
USA/Etats-Unis d'Amer	647783	559180	576191	492314	479372
Italy/Italie	236136	361706	403044	306086	288756
China/Chine	396376	604934	323594	141474	193307
Netherlands/Pays-Bas	228362	288982	320145	317715	299460
Former USSR/Anc. URSS	x826814	x655679	x75440	x130074	
Singapore/Singapour	152105	221009	273160	288609	289308
United Kingdom	211649	247283	251555	273367	242359
Korea Republic	227579	227665	206706	313526	291444
Canada	199936	197625	181221	163263	109371
Belgium-Luxembourg	142946	181926	185155	173466	155925
Thailand/Thaïlande	114207	140135	146970	179783	205404
Spain/Espagne	128835	141739	135957	113768	110868
Switz.Liecht	x85040	x62573	x148703	x166016	x115511
Iran (Islamic Rp. of)	93425	103129	130768	131213	171839
Denmark/Danemark	83673	117285	131168	112186	124362
Norway,SVD,JM	99433	115461	120520	92634	98513
Sweden/Suède					
Austria/Autriche	91429	107802	112814	104540	116750
Malaysia/Malaisie	69750	81757	113573	103607	x136895
Yugoslavia SFR	60487	125689	88565	x75361	
India/Inde	95739	x101982	101158	66674	x115797
Greece/Grèce	21992	21654	24101	175586	x11689
Mexico/Mexique	61960	59698	62710	64174	70094
Finland/Finlande	58735	82550	55620	42384	38198
Portugal	47039	49034	65712	65721	46688
Venezuela	63315	51554	29602	88687	40551
Hong Kong	56643	57677	38470	50230	86753
Turkey/Turquie	12580	35425	54348	45953	50225
Indonesia/Indonésie	322108	28326	47651	54964	73704
Philippines	48818	x39944	52825	28598	36622
Colombia/Colombie	36772	52995	49522	15633	14784
Saudi Arabia	x36301	x26895	x27532	x61035	x48568
Ireland/Irlande	22378	30055	29337	28803	20963
Israel/Israël	21749	23836	32697	26373	28761
Chile/Chili	10928	36697	16786	23405	x20031
Uruguay	20517	25474	23863	22915	1793
Iraq	x14661	x42225	x24849	x3895	x122
Bulgaria/Bulgarie	x59203	x53032	x11508	x5553	10625
Brazil/Brésil	11999	26807	19361	14677	11457
Morocco/Maroc	9125	20355	24443	15387	14158
Argentina/Argentine	40288	27003	14992	15980	25677
United Arab Emirates	x22697	x18828	x16350	x19445	x24037
Poland/Pologne	37358	27738	16656	6422	x31485
Ecuador/Equateur	3202	3737	14609	26433	18215
Australia/Australie	16663	14971	15856	13164	16616
Libyan Arab Jamahiriya	x13366	x17059	x15787	x10339	x6879
Czechoslovakia	x8658	18968	16156	x7318	x14766

EXPORTS – EXPORTATIONS

COUNTRIES–PAYS	1988	1989	1990	1991	1992
Totale	x7223367	x7213422	x7192593	6601746	6095115
Afrique	x70614	x68320	x74483	x73227	x114903
Afrique du Nord	8166	8492	12282	x8663	x7822
Amériques	x632966	586035	658816	706338	626736
ALAI	434554	389663	392608	442775	369368
MCAC	10285	10752	12094	14291	x14939
Asie	1496427	x1548313	1282575	1260801	1255998
Moyen-Orient	31769	26589	15386	2063	x1410
Europe	3432577	3972268	4081632	4012264	3632525
CEE	2849987	3368235	3381774	3342365	2988153
AELE	537520	572528	626589	614992	617227
Océanie	32188	33303	x14081	6781	x15673
Germany/Allemagne	903582	1047333	1115161	1053875	1010893
Japan/Japon	937060	1022920	818060	830951	771281
Belgium-Luxembourg	711706	888102	797054	737553	546935
France,Monac	356149	411710	363789	364684	375085
Brazil/Brésil	384338	310874	302690	307748	333403
United Kingdom	233018	270483	302690	261657	280474
Korea Republic	298841	259041	277584	261657	279995
Netherlands/Pays-Bas	183173	214672	226055	228324	215194
Italy/Italie	176326	231313	212923	200443	216865
Sweden/Suède	176686	173113	196726	217554	203737
Czechoslovakia	x190779	x255092	x183686	x127908	x140952
Finland/Finlande	158001	182389	185035	190272	182397
Spain/Espagne	127675	148002	207540	198453	165887
Former USSR/Anc. URSS	x210174	x225731	x154121	x165424	
Bulgaria/Bulgarie	x240177	x197974	x314593	x32151	x29250
Denmark/Danemark	154669	152214	152357	158942	168577
Austria/Autriche	138980	149775	172852	137995	164508
USA/Etats-Unis d'Amer	x95161	117206	156351	175917	131936
Romania/Roumanie	x402020	2621	x271321	131013	x160097
Former GDR	x428766	x253401	x67214		
Canada	90609	64849	95725	71282	110421
China/Chine	65893	53713	57015	59114	28279
Switz.Liecht	38933	48150	55984	56970	54696
Yugoslavia SFR	45132	31413	73200	x54729	
Singapore/Singapour	21739	46745	43099	55599	54840
So. Africa Customs Un	x38011	x42552	x42067	x51509	x104201
Mexico/Mexique	53523	35540	51640	47963	x77059
Poland/Pologne	x33155	x34803	x38415	x37875	x41915
Hungary/Hongrie	2023	1738	479	90292	x5740
Greece/Grèce	34073	37934	47570	3295	221
Argentina/Argentine	x30354	x27769	x37364	x14353	x12388
Korea Dem People's Rp	5925	x68933	5531	2266	x26609
India/Inde	11688	31020	28762	7664	28103
Mexico/Mexique	3008	6851	8554	42850	3705
Venezuela	19616	21151	11482	23281	68520
Hong Kong	24827	19099	15887	12201	11890
Norway,SVD,JM	x22690	x16472	x17903	x12098	x122
Mozambique	29717	26295	15308	1886	1137
Turkey/Turquie	22082	26464	4540	2464	1350
New Zealand	7420	8213	10240	7201	4290
Egypt/Egypte					
Thailand/Thaïlande	8168	13874	6144	3603	x3619
Australia/Australie	9259	6838	9398	4317	14142
Guatemala	463	3296	6357	8781	10805
Costa Rica	9316	6875	5725	5239	x3927
Malaysia/Malaisie	1389	2432	7321	5043	x4251
Ireland/Irlande	1210	1601	2085	1586	1862
Uruguay	1143	2504	1128	876	x183
Chile/Chili	292	433	1669	2376	x3749
Panama	x2020	x2583	x1420	x381	12
Israel/Israël	97	1704	1678	7	15

(VALUE AS % OF TOTAL) (VALEUR EN % DU TOTAL)

Imports

	1983	1984	1985	1986	1987	1988	1989	1990	1991	1992
Africa	4.1	x4.0	2.8	x3.0	x1.0	1.1	1.3	1.7	1.4	x1.3
Northern Africa	3.1	3.0	2.0	1.3	0.4	0.5	0.7	0.8	0.7	x0.6
Americas	x15.5	22.7	25.4	x18.3	x15.2	15.3	13.6	14.1	13.8	x12.8
LAIA	1.5	3.8	3.2	x2.8	3.6	3.4	3.7	3.3	4.0	3.2
CACM	x0.3	x0.1	x0.2	x0.0	0.3	0.2	0.1	0.2	0.2	x0.3
Asia	x31.6	x29.8	x26.4	26.5	29.7	30.9	x29.4	29.6	x31.0	32.9
Middle East	x5.5	x4.2	x3.7	x2.0	1.7	x3.0	2.6	x4.0	x4.5	x4.0
Europe	47.2	42.2	44.2	51.3	34.7	38.8	45.2	52.1	50.9	51.4
EEC	38.6	33.3	35.6	41.7	28.6	31.6	36.4	43.2	43.2	42.9
EFTA	8.5	7.8	7.6	8.8	5.6	6.3	7.2	7.7	6.7	7.6
Oceania	1.6	1.4	1.1	x1.0	x0.9	0.5	x0.4	x0.4	x0.3	x0.5
Germany/Allemagne	12.6	9.7	11.3	13.3	8.3	10.2	11.3	12.8	13.3	13.8
France,Monac	9.4	8.6	8.0	8.6	5.9	6.6	7.3	8.9	7.1	8.1
Japan/Japon	9.8	12.8	6.1	7.1	6.0	7.3	7.1	6.9	8.3	5.6
USA/Etats-Unis d'Amer	11.3	15.9	17.0	12.0	9.2	8.8	7.1	7.9	7.0	7.4
Italy/Italie	2.5	2.4	4.0	5.9	4.6	3.2	4.6	5.5	4.4	4.5
China/Chine					7.5	5.4	7.7	4.4	2.0	3.0
Netherlands/Pays-Bas	4.1	3.5	3.4	3.8	2.4	3.1	3.7	4.4	4.5	4.6
Former USSR/Anc. URSS				x16.5	x11.2	x8.4	x1.0	x1.8		
Singapore/Singapour	2.4	1.8	1.4	1.3	1.3	2.1	2.8	3.7	4.1	4.5
United Kingdom	3.3	3.3	2.9	3.4	2.6	2.9	3.1	3.5	3.9	3.7

Exports

	1983	1984	1985	1986	1987	1988	1989	1990	1991	1992
Afrique	2.6	2.6	2.8	2.0	x1.3	1.0	1.0	1.1	1.1	x1.9
Afrique du Nord	0.3	0.1	0.1	0.2	0.1	0.1	0.1	0.2	x0.1	x0.1
Amériques	x0.3	6.6	6.7	x9.6	x6.5	x8.8	8.1	9.2	10.7	10.3
ALAI	0.1	6.4	6.5	6.5	3.0	6.0	5.4	5.5	6.7	6.1
MCAC	x0.1	x0.1	x0.1	x0.0	0.0	0.0	0.1	0.2	0.2	x0.2
Asie	35.2	31.0	27.5	25.4	x20.2	20.7	x21.5	17.8	19.1	20.7
Moyen-Orient	x0.1	0.2	0.4	0.1	0.4	0.4	0.4	0.2	0.0	x0.0
Europe	61.5	59.3	62.6	62.9	49.9	47.5	55.1	56.7	60.8	59.6
CEE	46.5	44.6	46.6	45.7	36.4	39.5	46.7	47.0	50.6	49.0
AELE	15.0	14.1	15.2	16.1	12.9	7.4	7.9	8.7	9.3	10.1
Océanie	0.5	0.3	0.4	0.2	0.1	0.4	0.5	x0.2	0.1	x0.3
Germany/Allemagne	14.8	14.0	15.2	15.7	10.9	12.5	14.5	15.5	16.0	16.6
Japan/Japon	26.5	24.5	22.3	18.1	12.8	13.0	14.2	11.4	12.6	12.7
Belgium-Luxembourg	12.4	11.8	12.7	12.9	10.5	9.9	12.3	11.1	11.2	9.0
France,Monac	3.8	4.4	3.7	3.7	3.4	4.9	5.7	5.1	5.5	6.2
Brazil/Brésil			6.2	5.8	4.3	5.4	4.3	4.2	5.8	5.5
United Kingdom	3.2	2.4	2.7	2.8	2.6	3.2	3.7	4.2	4.7	4.6
Korea Republic	8.1	5.9	4.4	6.5	4.3	4.1	3.6	3.9	4.0	4.6
Netherlands/Pays-Bas	2.6	2.4	2.6	3.2	2.1	2.5	3.0	3.1	3.5	3.5
Italy/Italie	4.7	4.9	4.2	2.0	2.0	2.4	3.2	3.0	3.0	3.6
Sweden/Suède	7.3	7.6	7.7	7.6	6.4	2.4	2.7	3.3	3.3	3.3

67441 — OF IRON OR SIMPLE STL
TOLES NON ACIER FIN CARB 67441

TRADE BY COMMODITY IN THOUSAND U.S. DOLLARS – COMMERCE PAR PRODUIT EN MILLIERS DE DOLLARS E.U

IMPORTS – IMPORTATIONS

COUNTRIES–PAYS	1988	1989	1990	1991	1992
Total	x6080240	x6274104	5900067	5862854	5212511
Africa	x71847	x83493	x98178	x83703	x67017
Northern Africa	x33301	x50718	x49031	x39722	x34210
Americas	826419	746962	757275	744937	x619367
LAIA	159275	191109	152214	230138	170330
CACM	13078	9462	13953	14135	x19917
Asia	2068934	x2004504	x1925035	x1965838	x1810495
Middle East	x173577	x176745	x252370	x294313	x211603
Europe	2196424	2703246	2975869	2875440	2628976
EEC	1815152	2202267	2491336	2460357	2218311
EFTA	327033	387343	406621	342207	358432
Oceania	27801	x22688	x22497	x18866	x22760
Germany/Allemagne	577357	680948	719346	741126	708749
Japan/Japon	529049	549252	496487	580245	354699
France, Monac	383236	447206	522263	401182	354699
USA/Etats–Unis d'Amer	527830	439358	467382	385882	360449
China/Chine	357698	529676	284484	109298	150996
Former USSR/Anc. URSS	x792988	x632127	x69200	x118010	
Italy/Italie	165022	267446	306793	223929	206512
Netherlands/Pays–Bas	183153	229011	251599	250156	224868
Singapore/Singapour	142297	180835	241066	250151	243581
Korea Republic	175259	162733	163963	268865	265193
United Kingdom	156777	171719	174526	213254	188299
Belgium–Luxembourg	113589	143634	158291	150206	133832
Thailand/Thaïlande	98155	123204	120355	164268	186811
Iran (Islamic Rp. of)	x84099	x55164	x133201	x155992	x89177
Spain/Espagne	75461	86289	136504	108123	96293
Denmark/Danemark	78036	84451	113036	111512	149414
Norway,SVD,JM	73993	103423	107334	91914	100638
Canada	113526	89431	109861	97589	56071
Switz.Liecht	92215	102536	100255	83149	79120
Sweden/Suède	85275	95437	101295	78202	81815
Malaysia/Malaisie	66002	73637	104751	89945	x104290
Yugoslavia SFR	50975	111509	75730	x70362	
India/Inde	88046	x78569	90439	59605	x98196
Greece/Grèce	20347	20211	22828	173990	x10192
Austria/Autriche	58242	64957	74947	73295	81197
Portugal	41278	43133	58334	59892	42168
Venezuela	55663	34955	26262	84850	38683
Mexico/Mexique	19125	35490	39368	42132	51293
Turkey/Turquie	9252	29846	44108	37775	43004
Philippines	47261	x34936	47976	26668	34440
Saudi Arabia	x35586	x25565	x26084	x57917	x39014
Hong Kong	47513	41961	31542	30434	27143
Indonesia/Indonésie	315221	21193	35537	44087	66308
Ireland/Irlande	20898	28219	27818	26987	19633
Israel/Israël	18324	21190	29972	25519	27620
Uruguay	20517	25474	23863	22915	1606
Chile/Chili	10928	36697	9255	18984	x16660
Colombia/Colombie	14132	24809	22015	13555	12695
Poland/Pologne	x29116	x15045	x12733	x27202	x28291
United Arab Emirates	x20506	x18166	x15709	x18917	x21523
Finland/Finlande	15160	19196	20000	13504	13959
Morocco/Maroc	7773	18789	19990	13113	13178
Iraq	x11109	x31154	x15272	x3895	x122
Bulgaria/Bulgarie	x33693	x33228	x8497	x4241	9224
Ecuador/Equateur	2932	3402	14265	26280	17598
Libyan Arab Jamahiriya	x13342	x16895	x15555	x10168	x6441
Argentina/Argentine	33497	20052	7863	11732	20597
Czechoslovakia	x7601	13575	10045	x5068	x12351
Australia/Australie	11543	9808	9987	8388	10424
New Zealand	9979	9829	9955	7622	8101

EXPORTS – EXPORTATIONS

COUNTRIES–PAYS	1988	1989	1990	1991	1992
Totale	x5973991	x5715031	x5929302	5454186	4850098
Afrique	x57473	x53916	x63347	x62288	x91122
Afrique du Nord	8166	8471	12273	x8663	x7822
Amériques	x566744	544174	599890	649190	571729
ALAI	424511	387175	390420	441916	367579
MCAC	10285	10752	12094	14291	x14939
Asie	1102892	x1090648	935309	903728	823972
Moyen–Orient	30696	26561	15386	1229	
Europe	2700578	3026755	3246744	3251774	2901160
CEE	2211454	2531067	2651468	2673814	2354425
AELE	444126	464441	522059	523287	520358
Océanie	31127	33078	x13971	6423	15088
Germany/Allemagne	728246	819931	896284	880583	822559
Belgium–Luxembourg	535029	625185	599396	548545	371908
Japan/Japon	560556	583932	486042	505844	408541
Brazil/Brésil	374934	310640	304572	385161	332180
Korea Republic	298786	258810	277019	260470	275560
France, Monac	235789	249791	235194	234618	250612
Netherlands/Pays–Bas	173111	199941	211605	214412	200631
Italy/Italie	162254	216475	200560	189888	207339
United Kingdom	146974	173241	211705	217192	203729
Sweden/Suède	176686	173113	196726	217554	203737
Czechoslovakia	x190197	x254247	x183173	x126539	x140422
Bulgaria/Bulgarie	x240177	x197974	x312426	x32092	x29192
Former USSR/Anc. URSS	x170563	x189056	x146330	x162934	
Denmark/Danemark	153774	151571	151501	158293	167806
Finland/Finlande	115646	131322	144638	152227	147380
Romania/Roumanie	x399722	2621	x271321	130944	x159509
Spain/Espagne	72944	90782	141402	138073	122534
USA/Etats–Unis d'Amer	x46451	86955	105882	131314	91239
Former GDR	x428339	x252662	x67214		
Austria/Autriche	91951	96643	111498	87100	111122
Canada	84716	57312	89605	60290	97899
Poland/Pologne	x53145	x35464	x51603	x90863	x76511
China/Chine	64265	53576	55053	56842	28255
Yugoslavia SFR	44975	31240	73149	x54569	
Switz.Liecht	35205	44392	53309	54324	50005
Singapore/Singapour	18107	40054	37217	43790	42432
Hungary/Hongrie	x33027	x34435	x37959	x37411	42432
So. Africa Customs Un	x29020	x31017	x32034	x41746	x41386
Greece/Grèce	2023	19779	471	90278	x80863
Argentina/Argentine	33958	37860	47546	3082	x5116
Korea Dem People's Rp	x30354	x27769	x37364	x14335	x9770
India/Inde	1403	x68927	3326	2121	x26582
Mexico/Mexique	11173	28885	28658	7622	27934
Venezuela	3008	6851	6845	7622	27934
Norway,SVD,JM	24638	18971	6845	42812	3447
Turkey/Turquie	29717	26295	15820	12082	8114
Mozambique	x20084	x13646	x17017	x11318	x122
New Zealand	22062	26451	4531	2444	1252
Egypt/Egypte	7420	8213	10240	7201	4290
Hong Kong	13757	11046	7002	7033	19594
Thailand/Thaïlande	8082	13430	6136	3600	x3522
Australia/Australie	8986	6626	9296	3977	13836
Guatemala	463	3296	6357	8781	10805
Costa Rica	9316	6875	5725	5239	x3927
Malaysia/Malaisie	1280	2234	7179	4935	x3686
Ireland/Irlande	989	1349	2025	1488	1615
Uruguay	1143	2504	1128	876	x183
Chile/Chili	292	433	1669	2362	x3749
Israel/Israël	97	1704	1678	7	15
Philippines	115	x74	137	2680	42

(VALUE AS % OF TOTAL)(VALEUR EN % DU TOTAL)

Imports

	1983	1984	1985	1986	1987	1988	1989	1990	1991	1992
Africa	x4.2	x4.3	x3.1	x3.1	x1.0	x1.2	x1.3	x1.7	x1.5	x1.3
Northern Africa	3.2	3.4	2.3	1.4	0.5	0.5	0.8	0.8	0.7	0.7
Americas	x16.3	23.1	25.8	x17.7	x15.1	13.5	11.9	12.9	12.7	x11.9
LAIA	1.1	3.4	2.8	2.0	3.2	2.6	3.0	2.6	3.9	3.3
CACM	x0.3	x0.1	x0.0	x0.2	0.4	0.2	0.2	0.2	0.2	x0.4
Asia	x32.4	x32.0	x28.9	30.0	33.2	34.0	x32.0	x32.6	x33.5	x34.7
Middle East	x6.1	x4.6	3.9	x2.0	x1.4	x2.9	x2.8	x4.3	x5.0	x4.1
Europe	45.4	39.5	41.3	48.2	30.8	36.1	43.1	50.4	49.0	50.4
EEC	37.6	31.2	33.4	39.7	25.8	29.9	35.1	42.2	42.0	42.6
EFTA	7.8	7.1	6.8	8.0	4.6	5.4	6.2	6.9	5.8	6.9
Oceania	x1.5	x1.2	x1.0	0.9	0.7	0.5	x0.3	x0.3	x0.3	x0.5
Germany/Allemagne	12.7	9.3	10.9	13.1	7.7	9.5	10.9	12.2	12.6	13.6
Japan/Japon	11.2	15.0	7.3	8.5	7.2	8.7	8.8	8.4	9.9	6.8
France, Monac	9.3	8.5	7.8	8.6	5.5	6.3	7.1	8.9	6.8	6.8
USA/Etats–Unis d'Amer	12.1	16.2	17.0	11.8	9.0	8.7	7.0	7.9	6.6	6.9
China/Chine					8.7	5.9	8.4	4.8	1.9	2.9
Former USSR/Anc. URSS				x18.4	x13.0	x10.1	x1.2	x2.0		
Italy/Italie	1.9	1.8	3.2	4.8	3.5	2.7	4.3	5.2	3.8	4.0
Netherlands/Pays–Bas	4.0	3.4	3.4	3.7	2.3	3.0	3.7	4.3	4.3	4.3
Singapore/Singapour	2.6	1.9	1.5	1.4	1.4	2.3	2.9	4.1	4.3	4.7
Korea Republic	2.8	5.4	4.9	2.7	3.5	2.9	2.6	2.8	4.6	5.1

Exports

	1983	1984	1985	1986	1987	1988	1989	1990	1991	1992
Afrique	2.4	2.3	x2.5	2.2	x1.3	x1.0	x0.9	x1.0	x1.2	x1.9
Afrique du Nord	0.1	0.1	0.1	0.3	0.2	0.1	0.1	0.2	x0.2	x0.2
Amériques	x0.3	7.7	7.9	x11.2	x6.8	x9.5	9.5	10.1	11.9	11.8
ALAI	x0.1	7.5	7.8	x6.9	3.6	7.1	6.8	6.6	8.1	7.6
MCAC	x0.2	x0.2		x0.0	0.0	0.2	0.2	0.2	0.3	x0.3
Asie	39.3	35.0	31.1	28.9	x22.4	18.5	x19.0	15.7	16.6	17.0
Moyen–Orient	x0.1	0.3	0.5	0.1	0.2	0.5	0.5	0.3	0.0	
Europe	57.4	54.6	58.0	57.5	43.4	45.2	53.0	54.8	59.6	59.8
CEE	45.5	43.9	45.3	43.7	32.8	37.0	44.3	44.7	49.0	48.5
AELE	11.9	10.1	11.7	12.7	9.9	7.4	8.1	8.8	9.6	10.7
Océanie	0.6	x0.4	0.5	0.3	0.2	0.2	0.6	x0.2	0.1	0.3
Germany/Allemagne	12.9	12.2	13.2	14.0	9.1	12.2	14.3	15.1	16.1	17.0
Belgium–Luxembourg	13.5	12.3	12.7	12.7	9.1	9.0	10.9	10.1	10.1	7.7
Japan/Japon	29.0	27.1	24.6	19.9	13.3	9.4	10.2	8.2	9.3	8.4
Brazil/Brésil		7.2	6.9	5.3	2.9	6.3	5.4	5.1	7.1	6.8
Korea Republic	9.7	7.2	5.4	8.2	5.3	5.0	4.5	4.7	4.8	5.7
France, Monac	2.6	3.3	2.6	2.2	2.2	3.9	4.4	4.0	4.3	5.2
Netherlands/Pays–Bas	3.0	2.8	3.1	3.8	2.4	2.9	3.5	3.6	3.9	4.1
Italy/Italie	4.9	5.6	4.7	2.0	2.1	2.7	3.8	3.4	3.5	4.3
United Kingdom	2.8	2.0	2.3	2.4	2.1	2.5	3.0	3.6	4.0	4.2
Sweden/Suède	4.3	3.8	4.1	4.2	3.0	3.1	3.3	3.3	4.0	4.2

6745 IRN,STL MED PLATE,ROLLED

TOLES 3 A 4.75 MM 6745

TRADE BY COMMODITY IN THOUSAND U.S. DOLLARS – COMMERCE PAR PRODUIT EN MILLIERS DE DOLLARS E.U

COUNTRIES–PAYS	IMPORTS – IMPORTATIONS					COUNTRIES–PAYS	EXPORTS – EXPORTATIONS				
	1988	1989	1990	1991	1992		1988	1989	1990	1991	1992
Total	x5827485	x4172200	3744550	3770685	3776126	Totale	4145982	4640068	3969034	3431378	3546527
Africa	x85510	x97239	x91710	x79228	x74165	Afrique	x28792	x23163	x27177	x30472	x38960
Northern Africa	x37448	x35499	x47654	x36086	x37492	Afrique du Nord	x826	x1672	x276	x897	x6143
Americas	x2347067	x490573	432341	460491	516286	Amériques	x354463	363751	306976	311436	314985
LAIA	93042	x91159	87994	123652	149768	ALAI	185510	183194	118317	75867	99190
CACM	x8575	x12658	x6223	x6435	x6307	MCAC	x37	0	0	x15	x5
Asia	x729020	x1088875	x917127	x921256	x1113475	Asie	1007842	1013475	734917	702255	859333
Middle East	x147687	x165351	x189454	x169402	x132170	Moyen-Orient	52840	35179	16240	x5076	2425
Europe	1914367	1971885	2171341	1942604	2008734	Europe	2354848	2439261	2380734	2195651	2177763
EEC	1503725	1546087	1710188	1566698	1629516	CEE	1943273	2037769	2060610	1945699	1894889
EFTA	371129	382023	415895	356290	350109	AELE	390810	382309	291224	236792	269215
Oceania	x27452	x29269	x26460	x21114	x23398	Océanie	x2838	3105	5658	x2805	x2247
Germany/Allemagne	487182	476589	565427	581769	606906	Germany/Allemagne	648992	733561	766759	715401	703475
France,Monac	317352	329466	342224	289764	282620	Japan/Japon	842698	853991	578272	585294	643234
Former USSR/Anc. URSS	x559285	x364667	x64506	x309392		Belgium-Luxembourg	489052	465143	463077	417411	349204
USA/Etats-Unis d'Amer	2153560	274809	230042	225226	247347	France,Monac	259523	305928	311000	300363	336085
Singapore/Singapour	29320	226501	220866	191619	167525	Romania/Roumanie	x20350	512668	274460	20589	x6241
Switz.Liecht	188875	170721	182482	161784	144142	Italy/Italie	199968	190209	182744	181806	186350
Italy/Italie	147543	158973	177121	142177	141334	Austria/Autriche	262638	263905	167341	108311	125259
United Kingdom	133856	132981	149503	158202	158588	Netherlands/Pays-Bas	156264	151774	162285	140500	132969
Netherlands/Pays-Bas	124641	127804	134457	124951	139017	United Kingdom	108759	127782	109474	104624	112392
India/Inde	107969	x184452	85873	80471	x141431	USA/Etats-Unis d'Amer	x105791	94475	113966	131631	133519
China/Chine	101456	141755	87277	65392	231358	Canada	62465	85715	74134	103805	82227
Spain/Espagne	87092	90050	114591	84785	82622	Brazil/Brésil	138137	102881	55850	65828	76371
Thailand/Thaïlande	67582	84614	91455	103046	108259	Finland/Finlande	82156	78940	71111	73273	86553
Canada	88321	101706	91917	82119	79040	Korea Republic	72263	78947	79074	63001	76222
Korea Republic	90046	93081	63945	106463	73760	Czechoslovakia	x76594	x82076	x81297	x56773	x92730
Sweden/Suède	84362	86530	88325	74624	75310	Former USSR/Anc. URSS	x77335	x58795	x55799	x81026	
Belgium-Luxembourg	72975	82489	84321	70800	76053	Spain/Espagne	53506	46787	46893	68744	52269
Iran (Islamic Rp. of)	x19223	x42956	x84023	x76032	x40684	Argentina/Argentine	39866	66893	49242	249	109
Austria/Autriche	50259	56521	65968	58093	62694	Bulgaria/Bulgarie	x54815	x49371	x55161	x3524	x4625
Malaysia/Malaisie	37466	46424	44239	67418	x48628	Former GDR	x146780	x75395	x19449		
Portugal	46770	60710	50744	41957	52126	Singapore/Singapour	6493	26190	27806	22637	18579
Mexico/Mexique	69439	47463	45841	58272	48002	So. Africa Customs Un	x23745	x18595	x22578	x24795	x30620
Denmark/Danemark	52366	49720	55210	45630	61755	Hungary/Hongrie	19393	x17190	x25110	x20641	x24570
Turkey/Turquie	44975	46044	57510	41264	56173	Switz.Liecht	18769	16456	19771	26694	23274
Japan/Japon	72068	46002	36166	41514	25199	Yugoslavia SFR	20595	19180	28900	x13160	
Indonesia/Indonésie	25446	37814	40445	34516	26544	Sweden/Suède	21347	16334	16125	3890	2281
Norway,SVD,JM	23381	34985	41852	31207	34524	Turkey/Turquie	52571	34351	15176	15659	18017
Yugoslavia SFR	38104	42386	43839	x18528		Denmark/Danemark	10876	10370	15176	9776	1681
Finland/Finlande	23415	32445	36589	29848	32679	China/Chine	20022	6169	22617	7649	8866
So. Africa Customs Un	x23425	x33844	x21353	x21138	x21861	Norway,SVD,JM	5900	6660	10853		
Bulgaria/Bulgarie	x73022	x63613	x8236	x1649	7006	Hong Kong	8991	6826	5530	8604	100835
Poland/Pologne	29331	26754	20328	15174	x11250	Venezuela	6917	10834	6596	4	10407
Egypt/Egypte	x14127	x17784	x21947	x20482	x13046	Mexico/Mexique	169	2376	5751	8314	11683
Ireland/Irlande	17696	20342	20785	14787	11550	Mozambique	x3579	x2537	x3682	x4590	x1014
Australia/Australie	17538	21402	18270	14793	15129	Poland/Pologne	1933	1820	2297	6208	x25071
Iraq	x12320	x45852	x5950	x1345		Greece/Grèce	15324	4830	2262	254	840
Saudi Arabia	x41434	x15801	x13160	x23135	x13667	Australia/Australie	2649	2110	3014	1301	840
Hong Kong	16482	18586	13720	16705	110500	Korea Dem People's Rp	x1756	x3358	x1629	x971	x1103
Greece/Grèce	16202	16963	15806	11878	x16945	New Zealand	184	996	2644	1452	1237
Brazil/Brésil	2506	9454	10753	15594	15596	Malaysia/Malaisie	581	581	1394	2337	x7528
Philippines	8598	x14013	8675	12342	11969	Thailand/Thaïlande	759	1801	1136	920	x1699
Panama	x174	x532	11393	19543	30374	Chile/Chili	x20	x44	811	1464	x619
Pakistan	6599	9480	10175	10092	9436	India/Inde	1077	x266	786	1164	x842
Syrian Arab Republic			x13104	x14788	x5151	Indonesia/Indonésie	279	87	304	1531	836
Israel/Israël	9479	8455	9999	8851	8366	Algeria/Algérie	18	x1569	165	124	x302
Morocco/Maroc	8258	7296	12463	6703	7692	Ireland/Irlande	600	784	444	580	712
Colombia/Colombie	4181	4135	2929	18953	30816	Portugal	410	601	496	356	978
Hungary/Hongrie	x6060	x6858	x3895	14258	x4298	Syrian Arab Republic				x945	
Venezuela	2985	6432	7251	8831	20309	Philippines				842	31
Former GDR	x30486	x19096	x3141			Panama	x244	x120	x400	x88	2

(VALUE AS % OF TOTAL)(VALEUR EN % DU TOTAL)

	1983	1984	1985	1986	1987	1988	1989	1990	1991	1992		1983	1984	1985	1986	1987	1988	1989	1990	1991	1992
Africa	x1.0	x0.5	x1.0	x1.0	x0.9	x1.5	x2.3	x2.5	x2.1	x2.0	Afrique	x4.5	2.9	x3.7	x4.3	x1.4	x0.7	x0.5	x0.7	x0.9	x1.1
Northern Africa	x0.5	0.3	0.3	x0.5	0.6	x0.6	x0.9	x1.3	x1.0	x1.0	Afrique du Nord			0.0	x0.1	x0.1	x0.0	x0.0	x0.0	x0.0	x0.2
Americas	70.0	77.7	73.5	x70.5	x62.5	x40.3	x11.7	11.5	12.3	13.6	Amériques	2.7	13.1	12.2	x27.8	x24.1	x8.6	7.9	7.7	9.1	8.9
LAIA	0.5	0.8	1.0	x0.8	x0.6	1.6	x2.2	2.3	3.3	4.0	ALAI	2.6	13.0	12.2	x9.8	x7.0	4.5	3.9	3.0	2.2	2.8
CACM	x0.1	x0.0	x0.0	x0.2	x0.1	x0.1	x0.3	x0.2	x0.2	x0.2	MCAC	x0.0	x0.0		0.0		x0.0	x0.0	x0.0	x0.0	x0.0
Asia	x12.2	9.0	x11.8	11.3	14.0	x12.5	x26.1	x24.5	x24.4	x29.5	Asie	28.5	26.0	24.7	16.1	x12.6	24.3	21.8	18.5	20.5	24.2
Middle East	x2.4	x0.9	x3.2	x2.0	x1.9	x2.5	x4.0	x5.1	x4.5	x3.5	Moyen-Orient			x0.3	4.3	1.2	0.9	1.3	0.8	x0.1	0.1
Europe	15.9	12.2	13.4	16.8	17.2	32.9	47.3	58.0	51.5	53.2	Europe	64.2	57.9	59.4	51.9	41.8	56.8	52.6	60.0	64.0	61.4
EEC	12.4	9.7	10.6	12.9	13.6	25.8	37.1	45.7	41.5	43.2	CEE	46.2	41.7	44.2	37.9	29.6	46.9	43.9	51.9	56.7	53.4
EFTA	3.6	2.4	2.7	3.6	3.4	6.4	9.2	11.1	9.4	9.3	AELE	18.0	16.0	14.4	13.8	11.1	9.4	8.2	7.3	6.9	7.6
Oceania	0.9	x0.7	x0.5	x0.5	x0.7	x0.5	x0.7	0.8	x0.5	0.7	Océanie	0.1	x0.1		0.1		x0.1	0.1	x0.1	x0.1	x0.1
Germany/Allemagne	4.1	2.7	3.4	4.2	4.1	8.4	11.4	15.1	15.4	16.1	Germany/Allemagne	13.1	13.0	12.1	11.4	8.2	15.7	15.8	19.3	20.8	19.8
France,Monac	2.7	2.2	2.0	2.5	3.1	5.4	7.9	9.1	7.7	7.5	Japan/Japon	27.0	24.3	18.9	13.4	9.7	20.3	18.4	14.6	17.1	18.1
Former USSR/Anc. URSS				x3.2	x0.2	x9.6	x8.7	x1.7	x8.2		Belgium-Luxembourg	15.5	14.7	12.8	10.0	9.9	11.8	10.0	11.7	12.2	9.8
USA/Etats-Unis d'Amer	66.7	74.1	68.5	66.5	58.5	37.0	6.6	6.1	6.0	6.6	France,Monac	3.7	3.0	3.6	2.3	1.7	6.3	6.6	7.8	8.8	9.5
Singapore/Singapour	0.5	0.4	0.3	0.4	0.6	0.5	5.4	5.9	5.1	4.4	Romania/Roumanie				x0.5	x0.5	11.0	6.9	0.6	x0.2	
Switz.Liecht	1.2	0.9	0.9	1.2	1.2	3.2	4.1	4.9	4.3	3.8	Italy/Italie	5.0	3.5	4.6	4.7	3.5	4.8	4.1	4.6	5.3	5.3
Italy/Italie	1.3	1.2	1.1	1.4	1.9	2.5	3.8	4.7	3.8	3.7	Austria/Autriche	3.9	3.1	2.8	2.3	2.0	6.3	5.7	4.2	3.2	3.5
United Kingdom	1.0	0.7	0.9	0.9	0.9	2.3	3.2	4.0	4.2	4.2	Netherlands/Pays-Bas	3.0	2.5	3.4	4.0	2.8	3.8	3.3	4.1	4.1	3.7
Netherlands/Pays-Bas	1.3	1.0	1.1	1.5	1.4	2.1	3.1	3.6	3.3	3.7	United Kingdom	3.3	2.5	2.9	2.6	1.8	2.6	2.8	2.8	3.0	3.2
India/Inde	4.4	3.9	4.9	4.7	2.7	1.9	x4.4	2.3	2.1	x3.7	USA/Etats-Unis d'Amer			x2.7	x3.0	x2.6	2.0	2.9	2.9	3.8	3.8

543

67451 — OF IRON OR SIMPLE STL   TOLES AUT NON ACIER FIN 67451

TRADE BY COMMODITY IN THOUSAND U.S. DOLLARS – COMMERCE PAR PRODUIT EN MILLIERS DE DOLLARS E.U

COUNTRIES–PAYS	IMPORTS – IMPORTATIONS					COUNTRIES–PAYS	EXPORTS – EXPORTATIONS				
	1988	1989	1990	1991	1992		1988	1989	1990	1991	1992
Total	x4147910	x2505798	2109830	x2075073	1822921	Totale	x2653340	2955292	2373345	1784630	1695392
Africa	x51633	x48494	x48078	x45472	x40203	Afrique	x20082	x14436	x17254	x20925	x27561
Northern Africa	x29496	x26119	x27281	x24866	x25097	Afrique du Nord	x822	x1427	x268	x887	x6110
Americas	x1905786	x241726	x178670	x174598	217814	Amériques	x284297	258509	198621	x160064	182223
LAIA	59130	x42885	27042	39201	62533	ALAI	174568	165257	89574	x52615	63775
CACM	x8301	x11779	x5421	x4835	x6053	MCAC	0	0	x52	x15	x5
Asia	x446673	x679084	x538405	x486639	x440422	Asie	474566	453538	272503	190588	x186815
Middle East	x128168	x118402	x120934	x112005	x83205	Moyen–Orient	52762	34538	16090	3957	2253
Europe	1167618	1143309	1256641	1039826	1099192	Europe	1479402	1457795	1383870	1242713	1155393
EEC	904381	904086	995218	836955	898225	CEE	1182263	1175514	1189058	1104829	991451
EFTA	239865	212789	233075	192555	184323	AELE	284229	271153	178950	130063	159489
Oceania	x7255	x7321	x6603	x3561	x5885	Océanie	x1345	2663	4651	x2204	x2012
Germany/Allemagne	326405	303318	376216	371502	405642	Germany/Allemagne	359443	400872	417312	412815	356149
Former USSR/Anc. URSS	x544046	x355774	x63011	x304373		Belgium–Luxembourg	356876	340932	355545	304811	253950
France, Monac	194683	202973	209122	155949	152854	Romania/Roumanie	x20045	490925	270600	20481	x5678
Singapore/Singapour	23536	185612	168345	154182	127357	Japan/Japon	335504	323115	168217	120366	105449
Switz.Liecht	142071	111959	114032	99716	89177	Austria/Autriche	232299	228759	123418	x74928	92351
USA/Etats–Unis d'Amer	1801152	138414	88710	76683	88953	Netherlands/Pays–Bas	148049	142683	152786	128532	114874
China/Chine	92918	126294	76270	57624	44101	France, Monac	128855	128536	110581	123648	140290
Netherlands/Pays–Bas	79942	81407	89108	78598	77315	Italy/Italie	102209	87749	93079	83270	72030
United Kingdom	69851	62121	71160	54977	58693	Czechoslovakia	x74427	x79550	x79921	x52017	x88004
Italy/Italie	63637	68457	64055	39237	42456	Canada	51263	69520	59204	57627	62264
Iran (Islamic Rp. of)	x17632	x33618	x60486	x53772	x32221	Former USSR/Anc. URSS	x77011	x56098	x46930	x59167	
Sweden/Suède	50528	50936	53758	42259	40956	Brazil/Brésil	127764	87101	32369	40426	52021
Belgium–Luxembourg	41625	47248	51613	40516	47107	Korea Republic	56910	63127	41712	38043	36626
India/Inde	25596	x70602	32114	18761	x48126	USA/Etats–Unis d'Amer	x58013	23441	49244	46990	56135
Spain/Espagne	39942	43556	46039	31366	29402	Argentina/Argentine	39866	66869	49231	220	16
Thailand/Thaïlande	35691	46325	35701	38885	43495	United Kingdom	47884	52657	36016	25406	24794
Canada	33931	40228	35701	31495	26848	Bulgaria/Bulgarie	x54791	x49371	x55161	x3478	x4604
Portugal	34408	46860	42479	24778	32092	Former GDR	x146711	x75365	x18920		
Japan/Japon	57174	33676	33907	32851	13851	Sweden/Suède	21347	16334	22141	20864	25264
Austria/Autriche	25606	26419	33887	30632	33583	Hungary/Hongrie	x18808	x15289	x23340	x18894	x22883
Denmark/Danemark	31347	24825	29505	23902	36862	Turkey/Turquie	52564	33846	16021	3873	2249
Indonesia/Indonésie	22566	25134	21806	15601	7087	Singapore/Singapour	4099	18774	17913	14946	9995
Yugoslavia SFR	22704	25675	26995	x9362		Switz.Liecht	13628	12900	15568	18062	19497
Norway,SVD,JM	17369	17768	24376	15428	16616	So. Africa Customs Un	x16739	x10756	x13145	x15706	x19291
Turkey/Turquie	39871	23877	21058	10939	21672	Denmark/Danemark	10092	9563	14256	14973	16990
Malaysia/Malaisie	19958	18312	15255	15943	x22775	China/Chine	19926	5993	22424	8845	1010
Korea Republic	18679	19943	12852	16230	12886	Yugoslavia SFR	12910	11125	16221	x7821	
Mexico/Mexique	48994	20878	11086	12233	10783	Finland/Finlande	12835	8868	10323	10526	14031
Saudi Arabia	x39531	x12163	x10212	x19918	x8911	Venezuela	6917	10834	6591	10526	10407
Egypt/Egypte	x10852	x12613	x13164	x15488	x8599	Spain/Espagne	12670	6678	6472	x9885	9010
Ireland/Irlande	12634	14432	14637	9478	7301	Poland/Pologne	x1856	x1753	x1934	x14098	x20219
Iraq	5156	x33996	x2526	x1330		Norway,SVD,JM	4120	4292	7134	5682	8346
Panama	x174	x532	11393	19543	30374	Mozambique	x1964	x1950	x3237	x4179	x1014
Poland/Pologne	x16266	x10147	x11012	x5170	x7919	Greece/Grèce	15310	4825	2250	250	x2421
Syrian Arab Republic			x12245	x14071	x3922	Hong Kong	2611	2828	2817	928	17844
Greece/Grèce	9908	8888	9856	6652	x8501	Korea Dem People's Rp	x1187	x2789	x1496	x688	x612
Hong Kong	8225	10588	8175	5730	13137	New Zealand	70	853	2580	1410	1199
Philippines	7460	x9189	4783	6474	6839	Australia/Australie	1270	1810	2071	762	673
Colombia/Colombie	4181	4135	2929	12886	22488	Thailand/Thaïlande	696	1762	1103	886	x1586
Sri Lanka	970	4077	6427	6139	4545	Chile/Chili	x18	x44	811	1460	x595
Finland/Finlande	3631	5058	6451	3907	3409	Malaysia/Malaisie	552	425	635	987	x6603
Romania/Roumanie	x162	10523	3420	x78	x16	Algeria/Algérie	18	x1324	165	124	x302
United Arab Emirates	x11364	x3409	x6163	x3375	x5075	Mexico/Mexique	5	355	569	625	736
Hungary/Hongrie	x454	x486	x866	11228	x2345	Ireland/Irlande	505	573	399	438	448
Zimbabwe	x615	x1564	4903	5676	x1164	Portugal	369	446	362	305	496
Chile/Chili	x269	x6572	3277	1565	x518	Philippines				807	31
Tunisia/Tunisie	6025	3637	3724	3028	6521	Libyan Arab Jamahiriya			x32	x574	x5253
Morocco/Maroc	4339	3486	3784	3053	4738	Zimbabwe		x234	326	5	x136
Libyan Arab Jamahiriya	x5080	x4564	x3099	x2261	x733	Cyprus/Chypre	50	532			
Guatemala	x2883	x6237	x2092	x1247	x1843	Kenya	48	x28	237	x50	x50

(VALUE AS % OF TOTAL)(VALEUR EN % DU TOTAL)

	1983	1984	1985	1986	1987	1988	1989	1990	1991	1992		1983	1984	1985	1986	1987	1988	1989	1990	1991	1992
Africa	x0.9	x0.5	x0.8	x1.0	x1.0	x1.2	x1.9	x2.2	x2.2	x2.2	Afrique	x6.2	3.8	x4.7	x5.6	x1.3	x0.7	x0.5	x0.8	x1.2	x1.6
Northern Africa	x0.5	x0.3	x0.3	x0.5	x0.6	x0.7	x1.0	x1.3	x1.2	x1.4	Afrique du Nord					0.0	x0.1	x0.0	x0.0	x0.0	x0.4
Americas	x76.4	83.2	77.6	x75.7	x69.8	x45.9	x9.6	x8.5	x8.4	12.0	Amériques	3.9	19.8	17.7	x36.6	x29.2	x10.7	8.7	8.4	x9.0	10.8
LAIA	0.4	0.8	1.1	x2.0	0.4	1.4	x1.7	1.3	1.9	3.4	ALAI	3.7	19.7	17.7	12.3	7.4	6.6	5.6	3.8	x2.9	3.8
CACM	x0.1	x0.0	x0.0	x0.3	x0.0	x0.2	x0.5	x0.3	x0.2	0.3	MCAC	x0.0						x0.0	x0.0	x0.0	x0.0
Asia	x11.0	8.6	x12.5	x12.1	13.6	x10.7	x27.1	25.6	x23.5	x24.2	Asie	35.1	32.5	30.7	20.9	x14.0	17.8	15.3	11.5	10.6	x11.0
Middle East	x2.9	x1.1	x3.8	x2.4	x2.3	x3.1	x4.7	x5.7	x5.4	4.6	Moyen–Orient		x0.5	6.3	1.9	1.3	2.0	1.2	0.7	0.2	0.1
Europe	10.7	7.0	8.6	10.7	10.7	28.1	45.6	59.6	50.1	60.3	Europe	54.7	43.7	46.9	36.9	26.6	55.8	49.3	58.3	69.6	68.1
EEC	7.9	4.9	6.3	7.5	7.7	21.8	36.1	47.2	40.3	49.3	CEE	42.5	33.9	37.2	28.8	19.5	44.6	39.8	50.1	61.9	58.5
EFTA	2.8	2.0	2.3	3.1	2.9	5.8	8.5	11.0	9.3	10.1	AELE	12.2	9.5	8.6	7.8	5.6	10.7	9.2	7.5	7.3	9.4
Oceania	x0.9	x0.7	x0.5	x0.5	x0.7	x0.2	x0.3	x0.3	x0.1	x0.3	Océanie	0.1	0.2	x0.0		x0.1	0.1	x0.2	x0.1	x0.1	x0.1
Germany/Allemagne	3.0	1.8	2.4	3.0	2.8	7.9	12.1	17.8	17.9	22.3	Germany/Allemagne	11.5	11.2	10.1	8.9	5.9	13.5	13.6	17.6	23.1	21.0
Former USSR/Anc. URSS					x3.8	x13.1	x14.2	x3.0	x14.7		Belgium–Luxembourg	17.1	12.7	11.4	10.2	7.3	13.5	15.0	17.1	15.0	
France, Monac	2.0	1.2	1.4	1.7	2.2	4.7	8.1	9.9	7.5	8.4	Romania/Roumanie		x0.7	x0.8	16.6	11.4	1.1	x0.3			
Singapore/Singapour	0.6	0.4	0.3	0.5	0.6	0.6	7.4	8.0	7.4	7.0	Japan/Japon	33.0	30.0	22.6	17.1	9.8	12.6	10.9	7.1	6.7	6.2
Switz.Liecht	1.0	0.7	0.7	1.1	1.1	3.4	4.5	5.4	4.8	4.9	Austria/Autriche	4.2	3.4	2.9	2.5	2.1	8.8	7.7	5.2	4.2	5.4
USA/Etats–Unis d'Amer	74.2	80.7	74.1	73.1	67.4	43.4	5.5	4.2	3.7	4.9	Netherlands/Pays–Bas	3.3	3.6	4.1	4.8	2.6	5.6	4.8	6.4	7.2	6.8
China/Chine					5.6	2.2	5.0	3.6	2.8	2.4	France, Monac	3.8	2.8	2.8	1.6	1.1	4.9	4.3	4.7	6.9	8.3
Netherlands/Pays–Bas	0.6	0.5	0.5	0.6	0.6	1.9	3.2	4.2	3.8	4.2	Italy/Italie	2.6	1.5	2.9	1.0	1.2	3.9	3.0	3.9	4.7	4.2
United Kingdom	0.6	0.4	0.4	0.3	0.4	1.7	2.5	3.4	2.6	3.2	Czechoslovakia					x9.2	x2.8	x2.7	x3.4	x2.9	x5.2
Italy/Italie	0.3	0.2	0.2	0.3	0.3	1.5	2.7	3.0	1.9	2.3	Canada				x22.0	x19.0	1.9	2.4	2.5	3.2	3.7

6746 IRN,STL THIN PLATE,ROLLD — TOLES LAM MOINS 3MM 6746

TRADE BY COMMODITY IN THOUSAND U.S. DOLLARS – COMMERCE PAR PRODUIT EN MILLIERS DE DOLLARS E.U

COUNTRIES–PAYS	1988	1989	1990	1991	1992	COUNTRIES–PAYS	1988	1989	1990	1991	1992
Total	x12742444	x15833295	12924260	x14067441	13057043	Totale	12829914	13664036	12890529	12733082	13309873
Africa	x326433	x275961	x275486	x224672	x280586	Afrique	x78653	x72169	x90912	x101797	x138473
Northern Africa	x101849	x103907	x108409	x73524	x114333	Afrique du Nord	x1464	x4173	x1611	x3713	x13382
Americas	x789219	x2062725	1973991	1900105	x2131360	Amériques	x1144858	998723	875056	852994	1097793
LAIA	386490	468855	448476	518072	594421	ALAI	856149	603509	507268	394823	600277
CACM	x56577	x70735	x51101	x22685	x74063	MCAC	x13		x80	x27	
Asia	4070525	5106412	3498793	3805908	x4147835	Asie	3686680	3969085	3302539	3792063	4225077
Middle East	x434856	x484230	x658792	x536847	x539893	Moyen–Orient	70902	31095	11166	x3498	x2201
Europe	5595234	6262629	6609220	6290140	6316314	Europe	7248861	8025341	8234708	7751735	7600016
EEC	4702215	5238696	5638939	5492493	5523834	CEE	6403281	7166661	7244586	6811747	6653629
EFTA	723548	817358	811542	700901	705524	AELE	811555	826495	940803	909972	918887
Oceania	79459	x126909	x72671	x72906	x72092	Océanie	x9845	x18629	x42552	x30249	x30462
Germany/Allemagne	1172940	1265856	1453337	1579104	1494246	Japan/Japon	3016964	3159609	2464713	2683472	2730090
Former USSR/Anc. URSS	x1698317	x1813682	x424298	x1690542	1252797	Germany/Allemagne	2251445	2556761	2384251	2153766	2245581
USA/Etats–Unis d'Amer	90140	1292855	1251721	1146435		Belgium–Luxembourg	1314709	1509693	1495740	1334049	1214629
China/Chine	1336905	2123454	617203	598774	618488	France, Monac	1233290	1258393	1355580	1289199	1163642
Italy/Italie	776614	998737	1050044	989434	1053195	Korea Republic	365918	549536	604811	721819	907448
France, Monac	762727	862307	926150	877963	886644	Spain/Espagne	312919	450497	463556	587857	490070
Thailand/Thaïlande	506294	571685	626980	730467	757645	United Kingdom	416780	463157	510108	487548	512714
United Kingdom	620141	585245	610699	537851	558419	Netherlands/Pays–Bas	441674	460827	513502	450454	498512
Netherlands/Pays–Bas	400113	423944	435244	432638	438929	Italy/Italie	359917	408275	480260	462881	468520
Belgium–Luxembourg	393553	421022	422657	381119	409512	Austria/Autriche	379025	350589	464630	389148	344126
Hong Kong	331083	350296	309163	466559	685904	USA/Etats–Unis d'Amer	x197031	284010	285635	363260	352817
Turkey/Turquie	299030	335546	393839	309360	345230	Finland/Finlande	270584	277549	266977	316520	350648
Spain/Espagne	228312	322857	369045	334842	318556	Brazil/Brésil	617242	252374	151198	220276	308722
Japan/Japon	279742	328481	262946	398624	349158	Hong Kong	171442	167704	155256	276443	519788
Switz.Liecht	271404	329525	321505	273611	250661	Sweden/Suède	124184	150630	153932	156050	170777
Malaysia/Malaisie	205568	256691	274555	329990	x311303	Argentina/Argentine	122520	170576	138276	58569	39058
Korea Republic	261320	308554	210645	227096	200713	Czechoslovakia	x158148	x139956	x124777	x100071	x152201
Canada	232841	195345	202279	203586	190388	Former USSR/Anc. URSS	x156555	x139248	x100992	x59741	
Denmark/Danemark	195155	196330	209457	190802	193990	Canada	90931	108668	80194	93314	143601
Indonesia/Indonésie	22783	141794	198605	232962	211459	Mexico/Mexique	34142	60908	85663	104774	129464
Sweden/Suède	214036	205420	202324	162508	193809	Former GDR	x235553	x192022	x55216		119829
Yugoslavia SFR	164181	199428	156881	x93621		Venezuela	81435	118889	123567	91	
Austria/Autriche	113578	144136	148820	146766	153288	So. Africa Customs Un	x60604	x48297	x69135	x82419	x123817
Mexico/Mexique	40764	115329	117268	184317	182048	Switz.Liecht	28861	41505	46687	40301	43497
Iran (Islamic Rp. of)	x46883	x49608	x183085	x170240	x137935	Greece/Grèce	61500	47257	31924	36985	x50093
Colombia/Colombie	143012	129145	131995	121304	143902	Yugoslavia SFR	34008	31290	49149	x29926	
India/Inde	187967	x260882	77886	39227	x181893	Bulgaria/Bulgarie	x50696	x52948	x23923	x6639	x15457
Philippines	111357	x90219	117354	87023	122326	China/Chine	11862	10350	23953	39862	25718
Bangladesh	x97966	x122252	x84314	x79130	x73937	Romania/Roumanie	x47018	x40577	x10716	8925	x7642
Portugal	84552	89476	92196	96391	103805	New Zealand	2270	12431	28633	16210	10350
Brazil/Brésil	30424	103556	85853	43794	42640	India/Inde	744	x5654	7494	41964	x5950
Nigeria/Nigéria	x89409	x70385	x70972	x82990	x119229	Indonesia/Indonésie		28335	15402	3464	2867
Finland/Finlande	52302	74430	69999	52838	42542	Hungary/Hongrie	x10009	x12801	x20407	x13475	x24917
Norway,SVD,JM	70748	62285	67455	63588	63952	Mozambique	x14169	x15566	x15528	x15197	x182
Australia/Australie	45783	83641	47675	48002	49683	Philippines	12424	x14224	18064	11288	8982
Greece/Grèce	40680	53071	48056	50673	x44850	Turkey/Turquie	70732	28517	11072	2549	1726
Poland/Pologne	58612	59484	25961	27102	x35976	Australia/Australie	7556	5991	13697	14028	19946
Tunisia/Tunisie	34411	43239	32606	26025	37405	Poland/Pologne	3037	2536	8730	15393	x17836
Chile/Chili	x7500	x23517	37814	37568	x34340	Denmark/Danemark	8822	8725	8027	6790	7316
Morocco/Maroc	28842	31851	38451	22808	41798	Norway,SVD,JM	8885	6222	8441	7953	9838
Argentina/Argentine	38157	15206	14587	61158	95832	Chile/Chili	x625	x72	7997	10601	x2643
New Zealand	31148	40016	23054	23658	21791	Korea Dem People's Rp	x1364	x354	x202	x6650	x15386
Israel/Israël	30369	23483	29668	31621	26109	Libyan Arab Jamahiriya		x1077	x3434	x9069	
Bulgaria/Bulgarie	x45014	x59129	x11415	x3916	13568	Malaysia/Malaisie	699	1542	867	1373	x487
Egypt/Egypte	x21148	x18693	x28409	x21087	x16581	Portugal	1278	1552	731	1432	1818
Costa Rica	x30824	x36609	x23224	x7923	x27069	Kenya	2068	x1090	2346	x157	x160
Saudi Arabia	x17431	x18184	x17961	x30086	x25315	Ireland/Irlande	947	1524	907	786	734
Iraq	x37471	x40660	x23101	x875	x5	Algeria/Algérie	39	x2342	x210	59	x3240
Ireland/Irlande	27428	19852	22054	21677	21687	Togo	99	1380	1167		
Hungary/Hongrie	x19149	x22674	x16471	24232	x14732	Antigua and Barbuda	x119	x134	x1121	x1202	

(VALUE AS % OF TOTAL)(VALEUR EN % DU TOTAL)

	1983	1984	1985	1986	1987	1988	1989	1990	1991	1992		1983	1984	1985	1986	1987	1988	1989	1990	1991	1992
Africa	x2.6	x2.6	x3.3	x2.9	x2.1	x2.6	x1.7	x2.2	x1.6	x2.1	Afrique	x1.9	1.4	x1.9	x0.8	x1.0	x0.6	x0.6	x0.7	x0.8	x1.0
Northern Africa	x0.8	x0.7	x0.6	x0.6	x0.7	x0.7	x0.7	x0.8	x0.5	x0.9	Afrique du Nord	0.0			0.1	x0.0	x0.0	x0.0	x0.0	x0.0	x0.1
Americas	8.3	10.5	10.4	x9.5	x6.9	6.2	x13.0	15.3	13.5	x16.4	Amériques	5.4	11.0	11.1	10.8	10.1	x8.9	7.3	6.8	6.7	8.2
LAIA	4.2	5.4	5.2	x4.8	x3.8	3.0	3.0	3.5	3.7	4.6	ALAI	0.9	5.0	4.5	4.1	3.7	6.7	4.4	3.9	3.1	4.5
CACM	x0.4	x0.1	x0.4	x0.3	x0.5	x0.4	x0.4	x0.4	x0.2	x0.6	MCAC		x0.0			x0.0	x0.0	x0.0	x0.0	x0.0	
Asia	x29.0	28.8	x28.1	22.6	30.3	31.9	32.2	27.1	27.1	x31.8	Asie	39.5	36.7	34.2	33.3	31.5	28.7	29.0	25.6	29.8	31.7
Middle East	x6.1	x5.9	x10.7	x6.8	x3.8	x3.4	x3.1	x5.1	x3.8	4.1	Moyen–Orient	x0.0	0.1	0.5	0.4	0.1	x0.0	0.2	0.1	x0.0	x0.0
Europe	57.5	54.3	55.0	62.5	42.8	43.9	39.6	51.1	44.7	48.4	Europe	52.7	50.5	52.4	54.6	51.0	56.5	58.7	63.9	60.9	57.1
EEC	49.8	44.5	45.8	53.7	37.1	36.9	33.1	43.6	39.0	42.3	CEE	47.7	45.9	48.0	49.8	46.0	49.9	52.4	56.2	53.5	50.0
EFTA	7.7	7.4	7.0	7.5	4.8	5.7	5.2	6.3	5.0	5.4	AELE	5.0	4.5	4.2	4.6	4.6	6.3	6.0	7.3	7.1	6.9
Oceania	2.7	x3.8	x3.0	x2.5	x1.6	0.6	x0.8	x0.5	x0.5	x0.5	Océanie	0.5	0.4	0.5	x0.5	x0.3	x0.1	x0.1	x0.3	x0.2	x0.2
Germany/Allemagne	16.1	13.1	13.5	15.8	9.9	9.2	8.0	11.2	11.2	11.4	Japan/Japon	36.4	32.8	30.4	30.0	27.8	23.5	23.1	19.1	21.1	20.5
Former USSR/Anc. URSS			x14.4	x13.3	x11.5	x3.3	x12.0				Germany/Allemagne	15.4	13.9	14.4	13.9	14.1	17.5	18.7	18.5	16.9	16.9
USA/Etats–Unis d'Amer	1.8	2.7	2.5	1.9	0.9	0.7	8.2	9.7	8.1	9.6	Belgium–Luxembourg	10.2	9.4	10.3	11.7	10.5	10.2	11.0	11.6	10.5	9.1
China/Chine					9.7	10.5	13.4	4.8	4.3	4.7	France, Monac	8.3	8.7	9.1	9.2	8.2	9.6	9.2	10.5	10.1	8.7
Italy/Italie	6.5	6.4	6.4	7.5	5.6	6.1	6.3	8.1	7.0	8.1	Korea Republic	2.7	3.4	2.9	3.0	2.9	4.0	4.7	5.7	6.8	6.8
France, Monac	9.8	8.1	7.7	8.8	6.2	6.0	5.4	7.2	6.2	6.8	Spain/Espagne	2.0	2.3	2.5	3.0	2.2	2.4	3.3	3.6	4.6	3.7
Thailand/Thaïlande	0.2	0.3	0.2	0.2	3.7	4.0	3.6	4.9	5.2	5.8	United Kingdom	2.1	2.3	2.7	2.9	3.1	3.2	3.4	4.0	3.8	3.9
United Kingdom	6.1	5.3	6.1	6.3	4.3	4.9	4.7	3.8	4.3	4.3	Netherlands/Pays–Bas	4.2	4.0	3.8	4.3	3.9	3.4	4.0	3.7	3.5	3.7
Netherlands/Pays–Bas	2.8	3.1	3.2	4.0	2.9	3.1	2.7	3.4	3.1	3.4	Italy/Italie	5.0	4.5	4.6	4.2	3.8	2.8	3.0	3.7	3.6	3.5
Belgium–Luxembourg	2.9	3.1	3.2	4.3	3.6	3.1	2.7	3.3	2.7	3.1	Austria/Autriche	0.3	0.2	0.2	0.2	0.2	3.0	2.6	3.6	3.1	2.6

545

67461 — OF IRON OR SIMPLE STL

TOL NON AC FIN MOINS 3 MM 67461

TRADE BY COMMODITY IN THOUSAND U.S. DOLLARS – COMMERCE PAR PRODUIT EN MILLIERS DE DOLLARS E.U

COUNTRIES—PAYS	1988	1989	1990	1991	1992	COUNTRIES—PAYS	1988	1989	1990	1991	1992
	IMPORTS – IMPORTATIONS						EXPORTS – EXPORTATIONS				
Total	x8867398	x11004679	8837900	x9028814	8295912	Totale	9116184	9538185	8885843	8106880	8367337
Africa	x288211	x242578	x238736	x189437	x240860	Afrique	x56432	x50826	x59487	x74045	x102327
Northern Africa	x85032	x86674	x90045	52996	x90336	Afrique du Nord	x1417	x3972	x1363	x3555	x13240
Americas	x536800	x1453479	x1406018	1279642	x1470287	Amériques	x961953	813555	615678	x540497	713010
LAIA	295428	388832	367389	386180	455165	ALAI	803198	522651	393911	x295960	441844
CACM	x52562	x67111	x49966	x19968	x71721	MCAC		x80		x198	x27
Asia	3160068	4090378	2612531	2620314	x2797096	Asie	2730212	3004229	2344868	2502828	2630840
Middle East	x355373	x387895	x481022	x345717	x354230	Moyen–Orient	70790	30419	11155	x3242	x2134
Europe	3425987	3651428	4120565	3608371	3685529	Europe	4708143	5099061	5508554	4802829	4685338
EEC	2936168	3107048	3578556	3194553	3273685	CEE	4212641	4602359	4800258	4175089	4099700
EFTA	355803	373949	425016	343468	352344	AELE	468289	473026	665922	600883	566559
Oceania	x51935	x85963	x41955	x34085	x35748	Océanie	3659	13490	x38505	x27802	x26041
Former USSR/Anc. URSS	x1359851	x1439346	x389630	x1252153		Japan/Japon	2238561	2336692	1707569	1832638	1759681
USA/Etats–Unis d'Amer	79867	904369	884888	775575	845290	Germany/Allemagne	1407904	1559314	1481215	1311410	1403804
Germany/Allemagne	728996	735670	949381	874871	816473	Belgium–Luxembourg	1059888	1151412	1171529	982066	880138
China/Chine	1053873	1798911	415610	326825	434876	France, Monac	715598	707934	767927	668278	571551
France, Monac	534656	578480	646032	558150	590865	Korea Republic	295726	491566	507452	536080	656717
Thailand/Thaïlande	411347	458233	526146	580747	610573	Netherlands/Pays–Bas	420364	440464	490839	427190	471649
Italy/Italie	382455	466640	527700	478446	527311	Austria/Autriche	243621	244947	384115	318493	276333
United Kingdom	411047	365896	397523	341342	361113	United Kingdom	217598	233851	290085	252540	279198
Belgium–Luxembourg	306921	334788	333607	292880	327090	Spain/Espagne	126694	227659	275536	266697	214116
Japan/Japon	246016	303065	240328	364648	324379	Italy/Italie	196535	228558	286265	225318	223432
Malaysia/Malaisie	189204	240748	257234	304143	x280045	USA/Etats–Unis d'Amer	x98016	211826	165273	187744	181164
Netherlands/Pays–Bas	239282	239492	266110	247955	252627	Brazil/Brésil	585416	226060	117257	166933	261691
Turkey/Turquie	246903	271767	265323	188259	222006	Sweden/Suède	124184	150630	153932	156050	170777
Spain/Espagne	151931	208091	249346	213523	209274	Argentina/Argentine	122373	170432	138250	58525	38600
Hong Kong	153970	191623	145150	161903	159189	Czechoslovakia	x155115	x135845	x123751	x94513	x147374
Indonesia/Indonésie		113283	160095	178297	163661	Venezuela	81435	118889	123553	x57685	119827
Switz.Liecht	107628	144830	163313	121263	112384	Former GDR	x235313	x191238	x54738		
Korea Republic	156665	162082	115046	126082	105244	Former USSR/Anc. URSS	x156545	x123225	x80614	x31285	
Colombia/Colombie	143012	129145	131995	112368	129538	Hong Kong	75084	91505	62109	68004	154780
Mexico/Mexique	32091	101993	100192	165870	155640	Finland/Finlande	72056	41017	81297	86079	76024
Sweden/Suède	144318	126894	137817	99208	120664	Canada	60521	76672	54653	55427	88969
Denmark/Danemark	119385	116315	131266	115197	119920	So. Africa Customs Un	x41214	x30214	x45534	x59333	x88200
Yugoslavia SFR	128959	163513	115540	x69435		Greece/Grèce	61500	47254	31917	36816	x49935
Iran (Islamic Rp. of)	x40610	x40219	x159329	x116097	x93895	Switz.Liecht	21539	30619	38663	33373	36254
India/Inde	168027	x204519	49985	25705	x129078	Yugoslavia SFR	27201	22781	42339	x26839	
Bangladesh	x96254	x119794	x82561	x77700	x72119	Bulgaria/Bulgarie	x50355	x52869	x23570	x5842	x14660
Canada	88689	63772	86190	91484	81388	China/Chine	10081	9330	21471	38831	24625
Philippines	95234	x71362	93979	70381	99853	New Zealand	2034	12254	28504	15929	10214
Nigeria/Nigéria	x87723	x69561	x69586	x81815	x117560	Romania/Roumanie	x46104	x38825	x8119	8707	x5417
Austria/Autriche	43105	44055	62894	65254	65476	Indonesia/Indonésie		28835	15402	3420	2818
Brazil/Brésil	12215	76216	54700	19881	14118	Hungary/Hongrie	x9914	x12577	x20169	x12728	x24779
Australia/Australie	41580	76184	37641	30520	32515	Philippines	12424	x14224	18064	11285	8982
Norway,SVD,JM	45081	39885	44044	42463	41459	Turkey/Turquie	70722	28600	11064	2529	1726
Portugal	29156	34740	44159	33969	41537	Mozambique	x11537	x12563	x8465	x10904	x119
Tunisia/Tunisie	31876	40475	29113	22705	34152	Australia/Australie	1625	1235	9778	11862	15661
Morocco/Maroc	28633	31767	37821	22169	41158	Norway,SVD,JM	6874	5812	7915	6889	7171
Chile/Chili	x3105	x16013	30554	28359	x26297	Chile/Chili	x621	x72	7989	10599	x2546
Costa Rica	x27369	x33438	x22380	x5806	x25744	Poland/Pologne	x2439	x2444	x7789	x5805	x17549
Israel/Israël	18679	14119	19674	22853	16705	Mexico/Mexique	13167	6844	6296	1940	18667
Iraq	x26890	x32385	x20810	x873	x5	Denmark/Danemark	5716	4546	4376	3547	3950
Greece/Grèce	10852	12795	17432	22806	x9526	Korea Dem People's Rp	x1317	x326	x166	x6487	x14980
Peru/Pérou	30127	16821	24603	11149	x12007	Libyan Arab Jamahiriya			x1067	x3434	x9069
Saudi Arabia	x15447	x13162	x13651	x23773	x19852	Kenya	2011	x1085	2344	x157	x160
Guatemala	x14436	x22852	x18725	x8358	x31672	Malaysia/Malaisie	550	1496	740	1131	x153
Finland/Finlande	15326	17808	16609	14946	12160	Togo	99	1380	1167		
Ireland/Irlande	21486	14141	16000	15414	17949	Algeria/Algérie	39	x2245	x210	59	x3240
Cote d'Ivoire	x38437	x26979	x10832	x5812	x6121	United Arab Emirates	x58	x2359			
Poland/Pologne	x13365	x16040	x14386	x11578	x21119	Antigua and Barbuda	x119	x134	x1007	x1202	
Uruguay	x19216	x13794	x10644	x10424	16082	Panama		x1771	x197	x105	x438
Zimbabwe	x742	x1125	16373	14545	x1584	Ireland/Irlande	716	981	409	293	483

(VALUE AS % OF TOTAL)(VALEUR EN % DU TOTAL)

	1983	1984	1985	1986	1987	1988	1989	1990	1991	1992		1983	1984	1985	1986	1987	1988	1989	1990	1991	1992
Africa	x2.9	x3.2	x4.2	x2.9	x2.2	x3.3	x2.2	x2.7	x2.1	x3.0	Afrique	2.4	1.7	x2.3	x0.9	x1.1	x0.7	x0.5	x0.7	x0.9	x1.3
Northern Africa	x1.0	x0.9	0.9	x0.8	x0.6	x1.0	x0.8	x1.0	0.6	x1.1	Afrique du Nord	0.0			0.1	x0.0	x0.0	x0.0	x0.0	x0.0	x0.2
Americas	x6.9	x8.8	9.0	x7.1	x5.4	x6.1	x13.2	x15.9	14.2	x17.8	Amériques	1.1	6.6	6.0	x5.8	x5.2	x10.5	8.5	7.0	6.7	8.5
LAIA	4.3	5.8	5.2	x4.1	x3.4	3.3	3.5	4.2	4.3	5.5	ALAI	1.1	6.6	6.0	5.5	4.9	8.8	5.5	4.4	x3.7	5.3
CACM	x0.5	x0.1	x0.1	x0.5	x0.6	x0.6	x0.6	x0.6	x0.2	x0.9	MCAC		x0.0		x0.0		x0.0	x0.0	x0.0	x0.0	
Asia	x30.7	30.3	x28.2	x29.7	x33.1	35.7	37.2	29.5	29.0	x33.7	Asie	42.2	39.9	37.0	35.6	32.8	30.0	31.5	26.4	30.9	31.4
Middle East	x6.2	x6.0	x10.8	x4.1	x3.8	x4.0	x3.5	x5.4	x3.8	x4.3	Moyen–Orient	x0.0	0.2	0.7	0.6	0.1	0.8	0.3	0.1	x0.0	x0.0
Europe	56.6	53.5	55.0	57.7	41.4	38.6	33.2	46.6	40.0	44.4	Europe	53.7	51.3	54.1	57.0	52.4	51.6	53.5	62.0	59.2	56.0
EEC	50.0	44.9	47.2	50.5	36.4	33.1	28.2	40.5	35.4	39.5	CEE	50.4	48.3	51.3	53.9	49.0	46.2	48.3	54.0	51.5	49.0
EFTA	6.6	6.5	6.0	6.0	4.0	4.0	3.4	4.8	3.8	4.2	AELE	3.3	2.9	2.7	3.0	2.9	5.1	5.0	7.5	7.4	6.8
Oceania	x2.9	x4.2	x3.5	x2.5	x1.6	x0.6	x0.8	x0.5	x0.4	x0.4	Océanie	0.6	0.4	0.6	x0.6	x0.4		0.1	x0.4	x0.3	x0.3
Former USSR/Anc. URSS					x15.9	x15.3	x13.1	x4.4	x13.9		Japan/Japon	38.4	35.0	32.6	32.0	28.9	24.6	24.5	19.2	22.6	21.0
USA/Etats–Unis d'Amer	x1.6	x2.4	3.0	2.0	1.0	0.9	8.2	9.8	8.6	10.2	Germany/Allemagne	16.1	14.4	15.4	14.8	14.8	15.4	16.3	16.7	16.2	16.8
Germany/Allemagne	16.7	13.6	14.2	15.2	9.9	8.2	6.7	10.7	9.7	9.8	Belgium–Luxembourg	12.2	11.2	12.4	13.9	12.1	11.6	12.1	13.2	12.1	10.5
China/Chine					9.4	11.9	16.3	4.7	3.6	5.2	France, Monac	8.1	8.5	9.2	9.5	8.3	7.8	7.4	8.6	8.2	6.8
France, Monac	10.7	9.1	8.7	9.0	6.7	6.0	5.3	7.3	6.2	7.1	Korea Republic	3.4	4.4	3.5	2.8	3.4	3.2	5.2	5.7	6.6	7.8
Thailand/Thaïlande				x3.6	4.2	4.6	4.2	6.0	5.3	7.4	Netherlands/Pays–Bas	5.3	5.1	4.9	5.6	5.1	4.6	4.6	5.5	5.3	5.6
Italy/Italie	5.8	5.5	5.5	6.1	4.6	4.3	4.2	6.0	5.3	6.4	Austria/Autriche	0.1	0.1	0.1	0.1	2.7	2.6	2.6	4.3	3.9	3.3
United Kingdom	6.2	5.4	6.3	6.1	4.4	4.6	3.3	4.5	3.8	4.4	United Kingdom	1.7	1.9	2.4	2.6	2.6	2.4	2.5	3.3	3.1	3.3
Belgium–Luxembourg	3.0	3.5	3.7	4.6	4.1	3.5	3.0	3.8	3.2	3.9	Spain/Espagne	1.7	1.9	1.9	2.8	2.0	1.4	2.4	3.1	3.3	2.6
Japan/Japon	2.2	2.6	2.3	2.1	2.4	2.8	2.8	2.7	4.0	3.9	Italy/Italie	4.7	4.1	4.3	4.0	3.8	2.2	2.4	3.2	2.8	2.7

67463 — OF STAINLESS ETC STL / TOL ACIER INOX MOINS 3 MM 67463

TRADE BY COMMODITY IN THOUSAND U.S. DOLLARS – COMMERCE PAR PRODUIT EN MILLIERS DE DOLLARS E.U

COUNTRIES–PAYS	IMPORTS – IMPORTATIONS 1988	1989	1990	1991	1992	COUNTRIES–PAYS	EXPORTS – EXPORTATIONS 1988	1989	1990	1991	1992
Total	x3128268	3672136	3187470	4138883	4030260	Totale	3053205	3376669	3259496	3931442	4323552
Africa	x41285	x27861	x36563	x31403	x33278	Afrique	x18801	x20186	x30292	x27326	x34530
Northern Africa	x26015	x19212	x25215	x21033	x23256	Afrique du Nord	x47	x194	x96	x16	
Americas	x379031	x476687	x431482	472003	524876	Amériques	x145870	151099	218342	329963	347654
LAIA	x72617	x72183	x74834	102923	115936	ALAI	51617	76980	104851	149901	156026
CACM	x3896	x3465	x1040	x2512	x1912	MCAC	x13				
Asia	622493	651725	642709	956007	1259356	Asie	822993	773811	790069	1067509	1472966
Middle East	x65502	x84991	x145550	x170600	x178196	Moyen–Orient	x103	x673	x8	x256	x53
Europe	1795231	2132720	1988937	2185640	2153486	Europe	2059765	2422282	2214815	2498739	2462337
EEC	1447139	1721797	1638659	1859638	1840538	CEE	1835036	2163622	2004802	2254050	2163562
EFTA	315691	377872	312634	303382	289830	AELE	218667	251407	205006	241576	290812
Oceania	21108	x29222	x18325	x29145	x25784	Océanie	x1870	x2550	1772	2189	3882
Germany/Allemagne	366480	430614	387168	581888	559461	Germany/Allemagne	658451	765502	659370	645751	634441
Italy/Italie	335406	458566	439776	438101	443946	Japan/Japon	649848	642681	612697	700012	850095
USA/Etats-Unis d'Amer	x185123	292094	268516	275803	317950	France,Monac	430983	475903	496965	534868	502290
Former USSR/Anc. URSS	x138516	x217785	x32893	x437361		Belgium–Luxembourg	215339	311195	269790	293407	282059
France,Monac	153543	172261	185735	214971	201969	Spain/Espagne	181478	219000	181920	314969	268418
Hong Kong	161652	133494	139771	261244	526529	United Kingdom	180330	207641	206815	223999	224652
United Kingdom	172465	174111	174680	158446	161391	Finland/Finlande	194689	225928	181291	222470	265627
Netherlands/Pays-Bas	142224	159390	143860	160859	163693	Italy/Italie	144525	160588	165024	215934	223480
Switz.Liecht	150258	171828	143613	142203	127544	Korea Republic	70192	58031	97313	185253	250710
China/Chine	108787	115933	90608	180500	176583	Hong Kong	93487	66407	79198	180376	364902
Thailand/Thaïlande	91615	108673	93766	143528	143108	USA/Etats–Unis d'Amer	x79243	57349	102578	157035	151358
Turkey/Turquie	51563	62883	112061	113246	121307	Mexico/Mexique	20881	54063	79304	102590	110665
Canada	115196	105140	84756	88344	86520	Brazil/Brésil	30589	22770	25398	46993	44626
Spain/Espagne	59942	89941	96060	90737	89974	So. Africa Customs Un	x16202	x16950	x23014	x22839	x34223
Denmark/Danemark	71355	75185	73980	70347	67245	Netherlands/Pays–Bas	19460	18166	20252	20808	24418
Korea Republic	80643	94000	60858	51171	63650	Canada	14873	16770	10797	22797	40207
Austria/Autriche	53438	76609	62087	60978	63630	Austria/Autriche	15206	14672	15389	11465	15477
Belgium–Luxembourg	57161	65335	56988	54091	58933	Switz.Liecht	6833	10454	7838	6625	7049
Sweden/Suède	62859	67298	52417	53583	60913	Yugoslavia SFR	6062	7252	4899	x3041	
Portugal	53569	51901	45181	57653	59109	Mozambique	x2498	x3002	x6985	x4293	
Indonesia/Indonésie		26361	34985	51646	44340	Denmark/Danemark	3088	3932	3617	3167	3146
Finland/Finlande	27973	42809	37071	29357	20442	Former USSR/Anc. URSS	x10	x3377	x2545	x3104	
Greece/Grèce	29307	39332	29685	26829	x31271	India/Inde	133	x5586	464	277	x5401
Yugoslavia SFR	32187	32829	37266	x20412		Australia/Australie	1683	2190	1693	1910	3758
Japan/Japon	33458	25257	22458	33876	24676	Czechoslovakia	x2587	x3086	x857	x1692	x898
Brazil/Brésil	13859	24807	28391	22795	27190	Portugal	1151	1153	548	495	375
Iran (Islamic Rp. of)	x1813	x6275	x22139	x46108	x42097	Norway,SVD,JM	1940	353	354	1017	2658
Argentina/Argentine	24813	13945	13209	37805	37220	Ireland/Irlande	231	543	492	493	228
New Zealand	20339	28016	17279	18931	17431	Thailand/Thaïlande	47	282	119	708	x665
Bulgaria/Bulgarie	x33372	x50855	x8090	x1857	2993	Hungary/Hongrie	x78	x102	x28	x525	x57
Malaysia/Malaisie	16081	15575	17167	25539	x27664	New Zealand	168	163	78	279	125
Poland/Pologne	x43079	x40601	x9876	x7441	x11260	Turkey/Turquie		457	6	19	
Philippines	15445	x17006	21612	15470	22077	Bulgaria/Bulgarie	x342	x79	x353	x49	x49
Norway,SVD,JM	20260	18348	16492	16161	16257	Malaysia/Malaisie	149	39	125	229	x331
Hungary/Hongrie	x17462	x20034	x11958	10666	x8253	Chad/Tchad			x174	x174	x174
Egypt/Egypte	x10845	x10783	x11987	x15033	x12554	Saudi Arabia	x103	x88	x2	x236	
Mexico/Mexique	3435	6877	10507	11854	14789	Poland/Pologne	x585	x31	x166	x128	x137
Colombia/Colombie	x11534	x12506	x9207	7201	13233	Colombia/Colombie			x105	203	x197
India/Inde	3101	x16932	4307	2834	x16969	Former GDR	x240	x66	x238		
Venezuela	x10964	x5185	3265	10540	11218	China/Chine	28	51	78	145	289
Israel/Israël	9473	6661	6176	6130	6251	Romania/Roumanie	x63		x18	218	x1040
So. Africa Customs Un	x9265	x6352	x6346	x6002	x6698	Korea Dem People's Rp	x20	x25	x37	x164	x407
Former GDR	x25980	x15471	x2910			Argentina/Argentine	147	137	26	43	448
Algeria/Algérie	x12318	x5519	x9419	x1957	x6981	Belize/Bélize				x205	
Ireland/Irlande	5688	5160	5546	5716	3547	American Samoa		x197			
Chile/Chili	x2909	x4504	5033	6766	x5010	Egypt/Egypte	x47	x92	x92	x4	
Czechoslovakia	x7326	6536	2664	x5222	x10218	Greece/Grèce				158	x56
Australia/Australie	251		825	731	9988	8236	Iceland/Islande			7		
Saudi Arabia	x1713	x4064	x2938	x3575	x3626	Lebanon/Liban		x128		x135	
Pakistan	294	939	1366	7600	4416	Antigua and Barbuda			x114		

(VALUE AS % OF TOTAL) (VALEUR EN % DU TOTAL)

	1983	1984	1985	1986	1987	1988	1989	1990	1991	1992		1983	1984	1985	1986	1987	1988	1989	1990	1991	1992
Africa	x0.4	x1.2	x0.6	x1.1	x1.4	x1.3	x0.8	x1.1	x0.7	x0.9	Afrique	x0.4	1.1	1.3	x1.1	x0.9	x0.6	x0.6	x0.9	x0.7	x0.8
Northern Africa	x0.1	0.1	0.1	x0.6	x1.0	x0.8	x0.5	x0.8	x0.5	x0.6	Afrique du Nord				x0.0	x0.0	x0.0	x0.0	x0.0	x0.0	
Americas	9.9	x10.4	11.6	x18.9	x14.4	x12.1	x13.0	x13.6	11.4	13.0	Amériques	x0.1	0.4	x0.2	x1.6	x2.7	x4.8	4.5	6.7	8.4	8.0
LAIA	3.9	4.3	5.5	x3.3	x2.3	x2.0	x2.2	x2.3	2.5	2.9	ALAI	x0.1	0.4	0.1	x0.1	x0.6	x0.0	2.3	3.2	3.8	3.6
CACM	x0.0	x0.0	x0.0	x0.1	x0.1	x0.1	x0.1	x0.0	x0.1	x0.0	MCAC										
Asia	x19.1	x19.9	x24.0	x20.3	x19.9	19.9	17.8	20.2	23.1	31.3	Asie	22.9	23.3	24.4	23.3	24.1	27.0	22.9	24.2	27.1	34.1
Middle East	x6.4	x5.9	x11.3	x6.9	x3.5	x2.1	x2.3	x4.6	4.1	x4.4	Moyen–Orient		0.0					x0.0	x0.0	x0.0	
Europe	68.8	65.6	62.2	58.4	58.5	57.4	58.1	62.4	52.8	53.4	Europe	76.5	75.0	73.9	73.9	72.0	67.5	71.7	67.9	63.6	57.0
EEC	56.3	50.6	47.8	47.9	40.4	46.3	46.9	51.4	44.9	45.7	CEE	61.8	61.3	61.7	60.9	58.6	60.1	64.1	61.5	57.3	50.0
EFTA	12.5	11.0	10.3	9.4	7.3	10.1	10.3	9.8	7.3	7.2	AELE	14.6	13.4	11.6	13.1	13.2	7.2	7.4	6.3	6.1	6.7
Oceania	x1.9	x2.8	1.5	x1.4	x1.4	0.7	x0.8	x0.6	x0.7	x0.6	Océanie	0.2	0.2	0.1	0.1	0.1	0.1	0.1	0.0	0.1	0.1
Germany/Allemagne	15.1	13.2	12.8	12.9	12.9	10.3	11.7	12.1	14.1	13.9	Germany/Allemagne	20.8	19.5	18.4	17.7	18.3	21.6	22.7	20.2	16.4	14.7
Italy/Italie	11.4	11.2	10.8	10.7	10.2	10.7	12.5	13.8	10.6	11.0	Japan/Japon	22.2	22.6	22.0	20.6	19.7	21.3	19.0	18.8	17.8	11.6
USA/Etats–Unis d'Amer	x0.6	x1.0		x10.9	x6.8	x5.9	8.0	8.4	6.7	7.9	France,Monac	13.4	14.1	13.9	14.9	12.0	14.1	14.1	15.2	13.6	11.6
Former USSR/Anc. URSS					x8.1	x4.4	x5.9	x1.0	x10.6		Belgium–Luxembourg	6.2	6.7	7.2	8.5	9.5	7.1	9.2	8.3	7.5	6.5
France,Monac	7.0	5.7	5.1	5.0	4.4	4.9	4.7	5.8	5.2	5.0	Spain/Espagne	5.0	5.5	6.7	6.1	4.6	5.9	6.5	5.6	8.0	6.2
Hong Kong	4.8	4.9	4.2	3.3	3.9	5.2	3.6	4.4	6.3	13.1	United Kingdom	5.5	5.3	6.1	6.3	7.0	5.9	6.1	6.3	5.7	5.2
United Kingdom	7.1	5.7	6.0	5.0	3.8	5.5	4.7	5.5	3.8	4.0	Finland/Finlande	6.6	6.8	6.5	7.4	7.1	6.4	6.7	5.6	5.7	6.1
Netherlands/Pays–Bas	4.9	5.1	3.8	4.0	3.2	4.5	4.3	4.5	3.9	4.1	Italy/Italie	9.6	9.0	8.6	7.5	6.3	4.7	4.8	5.1	5.5	5.2
Switz.Liecht	5.7	5.1	4.6	4.0	3.1	4.8	4.7	3.4	3.2		Korea Republic	0.0	0.0	1.5	1.5	2.7	2.3	1.7	3.0	4.7	5.8
China/Chine					4.0	3.5	3.2	2.8	4.4	4.4	Hong Kong	0.5	0.5	0.8	1.0	1.5	3.1	2.0	2.4	4.6	8.4

6747 TINNED PLATES, SHEETS — TOLES ETAMEES EN ACIER 6747

TRADE BY COMMODITY IN THOUSAND U.S. DOLLARS – COMMERCE PAR PRODUIT EN MILLIERS DE DOLLARS E.U

IMPORTS – IMPORTATIONS

COUNTRIES–PAYS	1988	1989	1990	1991	1992
Total	2696054	x2820873	2916100	3047117	x3600320
Africa	x156034	x189624	x232885	x213354	x242323
Northern Africa	73978	90789	133041	x115334	x118557
Americas	x395941	x449722	457810	491768	x566163
LAIA	150083	160186	198222	221520	x270422
CACM	x7055	x8598	x8036	x6595	x8226
Asia	x912007	x983531	x833677	x953052	x1250415
Middle East	x205395	x183911	x198794	x216853	x276731
Europe	1125801	1091811	1305607	1298454	1457561
EEC	997195	980252	1186652	1193888	1332451
EFTA	123984	103437	106143	90974	88877
Oceania	28650	29495	30626	x33612	x43075
China/Chine	308972	325194	200358	266323	444433
USA/Etats–Unis d'Amer	199988	235960	215835	214564	227729
United Kingdom	190750	187514	217977	232057	231360
Germany/Allemagne	174452	147706	155512	175001	235224
Italy/Italie	140039	144936	167590	150955	164370
France, Monac	81998	91878	147714	138491	170581
Belgium–Luxembourg	85934	84334	114424	149435	153130
Mexico/Mexique	77470	93888	130556	121979	121472
Spain/Espagne	95866	84569	121785	99251	95561
Denmark/Danemark	94795	95733	102967	106699	108902
Singapore/Singapour	72644	74312	66811	88116	88036
Netherlands/Pays–Bas	58774	62279	80705	72161	77842
India/Inde	48800	x76548	80750	61549	x90759
Hong Kong	41928	44549	53816	41657	103583
Iran (Islamic Rp. of)	x42320	x26841	x60198	76089	x82498
Saudi Arabia	x74466	x45251	x39606	x75653	x64309
Pakistan	47586	53471	42638	x65296	49234
Philippines	26744	x41062	50205	48073	47822
Greece/Grèce	53859	50622	46221	49309	x56123
Thailand/Thaïlande	56819	57676	28661	36423	37262
Israel/Israël	25503	42540	43268	38793	39621
Turkey/Turquie	37360	34202	47369	32377	80252
Algeria/Algérie	16764	23660	51245	27083	x31926
Morocco/Maroc	24856	28463	35834	33262	33608
Switz.Liecht	39643	33045	29721	27338	23962
New Zealand	25031	27118	28485	30438	32626
Argentina/Argentine	26542	19501	19454	44453	45880
Indonesia/Indonésie	15960	24451	30454	25043	21515
Hungary/Hongrie	x33450	x33079	x23006	22792	x11318
Sweden/Suède	37325	25846	28367	24541	23195
Egypt/Egypte	15375	19482	22735	x35919	x25147
Malaysia/Malaisie	25198	27267	27372	19953	x5579
Austria/Autriche	23962	21811	27209	22326	28224
Portugal	12578	20403	19782	18477	24278
Nigeria/Nigéria	x22560	x14139	x15913	x27422	x34367
Kenya	22314	x14265	23733	x18929	x15534
Tunisia/Tunisie	15511	15857	19748	17415	23390
So. Africa Customs Un	x1942	x30304	x9727	x9698	x34706
Iraq	x9810	x33899	x14423	x10	x5
Dominican Republic	x10779	x16883	x12651	x17135	x13873
Finland/Finlande	18222	18078	14241	12956	10407
Poland/Pologne	11259	6393	14778	21144	x22814
Brazil/Brésil	12221	13503	14435	13511	18316
Cote d'Ivoire	x5127	x10222	x11673	x16764	x28129
Ireland/Irlande	8149	10276	11973	14938	15080
Chile/Chili	5939	7122	14411	15516	22019
Yugoslavia SFR	4596	8017	12690	x13241	15691
Japan/Japon	14691	13887	9340	10656	15691
Peru/Pérou	9467	10733	9427	12874	x21484
Korea Republic	9482	10485	9790	12462	14055

EXPORTS – EXPORTATIONS

COUNTRIES–PAYS	1988	1989	1990	1991	1992
Totale	2690671	2678582	2893759	2930698	3344034
Afrique	x11169	x16253	x13558	x21836	x29664
Afrique du Nord	2718	x753	104	3031	x980
Amériques	x270559	267143	215414	254200	349120
ALAI	91646	100512	84978	122454	138164
MCAC	0		x60	x4	x90
Asie	751708	702336	654733	718030	884256
Moyen–Orient	587	x763	302	458	x892
Europe	1568154	1595136	1867048	1801463	1991703
CEE	1495128	1521237	1773604	1711482	1881507
AELE	70746	68540	87040	87163	91088
Océanie	x31140	31026	46281	x64096	x64327
Japan/Japon	668868	616757	531820	576145	651074
France, Monac	356043	334917	371419	363574	361667
Germany/Allemagne	312387	317379	342266	351135	364045
Netherlands/Pays–Bas	281492	301890	343012	329906	366722
United Kingdom	175279	185816	211773	181449	250093
Belgium–Luxembourg	181995	160441	197892	186411	218939
Spain/Espagne	71805	119448	172792	162344	154168
Brazil/Brésil	80916	85527	71615	104829	130630
USA/Etats–Unis d'Amer	x109323	96445	69205	78273	147077
Norway, SVD, JM	64146	64201	83691	83296	89075
Italy/Italie	67530	57825	70697	81662	89005
Canada	69450	70126	61162	53458	63458
Former USSR/Anc. URSS	x40129	x52906	x61170	x65271	
Australia/Australie	30498	30822	46176	63883	63683
Korea Republic	30439	32523	38445	49679	99132
Hong Kong	16357	19354	31675	52945	68231
Greece/Grèce	29003	25977	33807	28039	x40786
Portugal	15014	13399	25744	18577	29930
Singapore/Singapour	15609	18170	12877	22888	22148
Bulgaria/Bulgarie	x8170	x5915	x31245	x1334	x9432
So. Africa Customs Un	x7853	x11259	x8545	x13251	x16666
India/Inde	6783		26643	6146	x16
Venezuela	7124	6622	6496	7037	3125
Malaysia/Malaisie	1803	5465	5021	6169	x9230
Denmark/Danemark	4159	3796	3828	7983	5941
Yugoslavia SFR	2281	5358	6388	x2783	
Indonesia/Indonésie	10314	8100	4544	1095	6264
Cote d'Ivoire	x304				
Colombia/Colombie	2432	x3647	x4622	x5149	x10768
Mexico/Mexique	975	1657	1691	4707	1415
Czechoslovakia	x1198	x2549	x713	x2846	x11746
Sweden/Suède	1796	1791	1627	2047	684
Chile/Chili	4	2	1394	3961	x876
Former GDR	x6179	x3685	x600		
Romania/Roumanie	x2224	x588	x2939	x685	x616
Algeria/Algérie	2664	x672	21	3028	x875
Philippines	210		2593	750	6
Austria/Autriche	441	800	924	1195	1109
Switz.Liecht	4193	1642	712	519	181
Korea Dem People's Rp	x414	x641	x251	x722	x641
China/Chine	74	138	259	960	3632
Turkey/Turquie	565	608	289	445	115
Ireland/Irlande	420	349	374	403	211
Hungary/Hongrie	x40	x1046	x18	x32	x39
Poland/Pologne			42	905	x3133
Sri Lanka		270	187	19	9
Senegal/Sénégal	x3	422	22		
Mozambique	x135	x114	x12	x267	x17
New Zealand	229	53	90	174	94
Peru/Pérou		x141		x161	

(VALUE AS % OF TOTAL) (VALEUR EN % DU TOTAL)

	1983	1984	1985	1986	1987	1988	1989	1990	1991	1992
Africa	x7.6	7.8	10.0	x8.5	x6.8	x5.8	x6.7	x8.0	x7.0	x6.8
Northern Africa	3.4	4.3	5.7	5.3	3.5	2.7	3.2	4.6	x3.8	x3.3
Americas	17.8	23.0	23.2	x20.6	x13.8	x14.7	15.9	15.7	16.1	x15.8
LAIA	3.4	6.8	5.7	x5.4	x3.1	5.6	5.7	6.8	7.3	x7.5
CACM	x0.4	1.1	1.0	x0.4	x0.5	x0.3	x0.3	x0.3	x0.2	x0.2
Asia	x29.7	x25.7	x26.7	x24.1	x36.9	x33.8	x34.9	x28.6	x31.3	x34.7
Middle East	x7.0	x6.2	x4.8	x5.5	x5.4	x7.6	x6.5	x6.8	x7.1	x7.7
Europe	40.6	39.9	38.5	44.7	39.2	41.8	38.7	44.8	42.6	40.5
EEC	36.4	34.5	34.2	40.0	35.3	37.0	34.7	40.7	39.2	37.0
EFTA	4.3	3.7	3.6	4.5	3.9	4.6	3.7	3.6	3.0	2.5
Oceania	1.4	2.3	1.6	x2.1	x1.0	1.1	1.1	1.1	x1.1	x1.2
China/Chine					16.6	11.5	11.5	6.9	8.7	12.3
USA/Etats–Unis d'Amer	10.9	12.0	13.4	11.7	8.1	7.4	8.4	7.4	7.0	6.3
United Kingdom	5.4	5.0	5.6	6.1	5.6	7.1	6.6	7.5	7.6	6.4
Germany/Allemagne	6.0	6.2	5.2	6.6	5.6	6.5	5.2	5.3	5.7	6.5
Italy/Italie	5.3	6.0	4.9	4.7	4.4	5.2	5.1	5.7	5.0	4.6
France, Monac	3.2	3.0	3.1	3.7	3.5	3.0	3.3	5.1	4.5	4.7
Belgium–Luxembourg	3.5	2.9	2.9	3.3	3.1	3.2	3.0	3.9	4.9	4.3
Mexico/Mexique		3.8	2.7	x1.4	x1.0	2.9	3.3	4.5	4.0	3.4
Spain/Espagne	2.4	1.7	2.8	5.8	4.9	3.6	3.0	4.2	3.3	2.7
Denmark/Danemark	4.4	4.7	4.4	4.7	3.7	3.5	3.4	3.5	3.5	3.0

	1983	1984	1985	1986	1987	1988	1989	1990	1991	1992
Afrique		0.1	x0.2	x0.8	x0.9	x0.4	x0.6	x0.5	x0.8	x0.9
Afrique du Nord		0.1		x0.1	0.1	0.1	0.0	0.0	0.1	0.0
Amériques	x0.1	1.0	1.9	x7.1	x7.7	x10.0	10.0	7.4	8.7	10.4
ALAI	0.0	0.9	1.9	1.9	2.0	3.4	3.8	2.9	4.2	4.1
MCAC	x0.0	0.0	0.0		0.0	0.0	0.0	0.0	0.0	0.0
Asie	28.7	30.3	31.2	25.3	26.0	28.0	26.2	22.6	24.5	26.5
Moyen–Orient		0.1	0.0	0.0	0.0	0.0	0.0	0.0	0.0	0.0
Europe	64.6	61.6	63.8	64.6	62.1	58.3	59.6	64.5	61.5	59.6
CEE	62.0	58.9	60.8	61.6	58.3	55.6	56.8	61.3	58.4	56.3
AELE	2.6	2.7	2.9	3.0	2.9	2.6	2.6	3.0	3.0	2.7
Océanie	3.5	4.0	3.0	x2.0	x1.1	x1.1	1.2	1.6	x2.2	x1.9
Japan/Japon	27.3	28.2	29.1	21.6	22.0	24.9	23.0	18.4	19.7	19.5
France, Monac	14.4	13.2	13.6	14.5	12.5	13.2	12.5	12.8	12.4	10.8
Germany/Allemagne	12.4	9.6	10.9	11.1	10.1	11.6	11.8	11.8	12.0	10.9
Netherlands/Pays–Bas	11.8	11.2	12.0	11.6	11.5	10.5	11.3	11.9	11.3	11.0
United Kingdom	7.4	7.2	6.7	6.2	7.7	6.5	6.9	7.3	6.2	7.5
Belgium–Luxembourg	6.8	7.7	7.2	7.1	7.7	6.8	6.0	6.8	6.4	6.5
Spain/Espagne	5.2	5.4	5.5	6.5	4.5	2.7	4.5	6.0	5.5	4.6
Brazil/Brésil		0.7	1.3	1.3	1.5	3.0	3.2	2.5	3.6	3.9
USA/Etats–Unis d'Amer				x3.3	x2.9	4.1	3.6	2.4	2.7	4.4
Norway, SVD, JM	2.5	2.6	2.6	2.7	2.6	2.4	2.4	2.9	2.8	2.7

67501 IRN, SMPLE STL HOOP, STRIP

FEUILLARDS NON ACIER FIN 67501

TRADE BY COMMODITY IN THOUSAND U.S. DOLLARS – COMMERCE PAR PRODUIT EN MILLIERS DE DOLLARS E.U

COUNTRIES–PAYS	IMPORTS – IMPORTATIONS					COUNTRIES–PAYS	EXPORTS – EXPORTATIONS				
	1988	1989	1990	1991	1992		1988	1989	1990	1991	1992
Total	387853	x274772	x244399	x255556	14721	Totale	x442346	x205113	x181757	x244808	x82533
Africa	23280	21365	36389	46479	11246	Afrique	x1164	x1405	x93	x147	x2257
Northern Africa	20403	18512	34511	46401	11246	Afrique du Nord	x306	970	54	32	x2149
Americas	166182	x24814	x16900	15025	3204	Amériques	x76882	x20861	x12197	x11809	x4037
LAIA	24253	17776	x9820	10506	1459	ALAI	30291	x9830	x7611	x8046	x2325
CACM	4472	5054	4645	4326	989	MCAC	117	79	257	262	x68
Asia	x194244	x224927	x186120	x193953	x271	Asie	x135216	x77875	x81280	x141759	x7441
Middle East	x45846	38962	35411	x997	x269	Moyen–Orient	11281	878	x8763	x326	x5856
Europe	x723	x3405	x4799			Europe	x184008	x75567	x72569	x70025	x49608
EEC	x372	x3100	x4799			CEE	x164157	x69843	x69936	x67284	x47248
EFTA						AELE	x18648	x2179	x2633	x2741	x2361
Oceania		x627	x262	x191	x100	Océanie	x5246	x895	x1807	x1025	x80
Hong Kong	x23543	x102511	x100449	x98223		Hong Kong	x13206	x20894	x36117	x54810	
China/Chine	74888	77271	41273	48194		Japan/Japon	x85819	x46959	x25411	x33897	x975
Syrian Arab Republic	28895	34468	35124	x58	x121	Germany/Allemagne	x81683	x28571	x30081	x12701	x3535
Algeria/Algérie	9095	4584	21180	32432		China/Chine	4000	4751	7774	46228	
Morocco/Maroc	6540	8923	10526	9372	7532	Spain/Espagne	x17690	x7236	x12548	x30041	x22535
Japan/Japon	x8373		x262	x26079		France, Monac	x25704	x16683	x12318	x10405	x11784
Argentina/Argentine	3230	3231	4319	7785	x155	Italy/Italie	x8380	x7624	x6814	x6424	x2787
Korea Republic			x1045	x12336		Poland/Pologne	x370	x7983	x9034	x2542	x2862
Chile/Chili	3451	7384	x2247			Brazil/Brésil	27054	x6709	x3970	x7029	x1802
Egypt/Egypte	2126	1925	2770	4596	3694	Czechoslovakia	x11294	x10491	x2994	x4085	x4085
Singapore/Singapour	23480	x2698	x2862	x2430	x2	USA/Etats–Unis d'Amer	x10643	x10173	x2917	x2273	x1124
Germany/Allemagne	x317	x2065	x3853			United Kingdom	x14748	x4573	x2978	x2948	x546
Guatemala	1680	1723	1973	1718	x11	Former USSR/Anc. URSS	x8400	x7204	x1318	x1125	
Uruguay	1402	1282	1555	1286	1303	Hungary/Hongrie	x5720	x256	x445	x8417	x8296
El Salvador	973	1483	1266	1301	x3	Belgium–Luxembourg	x3855	x3291	x2883	x2898	x3812
Thailand/Thaïlande	x513	x333	x1483	x2214		Turkey/Turquie	10643	x71	x8667	x230	x5707
Saudi Arabia	4063	2925	x158	x769	x148	Korea Republic	x14894	x2247	x2094	x4161	x245
Philippines	2002	x1078	1887	x548		Argentina/Argentine	1656	2637	3235	x19	x36
Tunisia/Tunisie	2626	3068				Singapore/Singapour	4413	x798	x999	x2266	x9
Costa Rica	1068	1288	718	739	0	Austria/Autriche	x4819	x776	x1325	x1896	x1079
Malaysia/Malaisie	x2574	x717	x1003	x1006		Netherlands/Pays–Bas	x1778	x1204	x1264	x1447	x160
Peru/Pérou	1378	964	477	982		Bulgaria/Bulgarie	x10097			x3855	x3855
Ecuador/Equateur	1290	1892	x68			Australia/Australie	x5123	x892	x1807	x1023	x78
Colombia/Colombie	1183	1054	867			Yugoslavia SFR	x1203	3545			
Jamaica/Jamaïque	360	711	1131			Canada	x35734	x776	x1380	x1220	x507
Venezuela	2287	1738		32		Former GDR	x3937	x2574	x20		
Ethiopia/Ethiopie	1445	749	951	x1581		Sweden/Suède	x11323	x681	x695	x469	x540
Indonesia/Indonésie	8856	1358				Switz.Liecht	x1122	x318	x450	x347	x742
Cameroon/Cameroun				844		Denmark/Danemark	x282	x41	x836	x204	
Senegal/Sénégal			461			Egypt/Egypte	162	940	54	31	261
Iraq	x8476	x1276				Greece/Grèce	x10026	x588	x215	x215	x2089
Honduras	494	401	439	410	476	Saudi Arabia	255	765	x95	x95	x95
Italy/Italie		x1035				Uruguay	x182	180	310	355	155
USA/Etats–Unis d'Amer	135056	x345	x648			Indonesia/Indonésie	x251	x646		x4	
Panama	375	373	437	169	728	So. Africa Customs Un	x695	x375	x34	x114	x104
United Kingdom		x54	x946			Costa Rica	57	55	203	251	x46
Pakistan	1919	655	x92	x57		Mexico/Mexique	1278	x144	x33	x255	x258
Sri Lanka	1001	657	x58	x64		India/Inde	x532	x316	x51	x45	
Bolivia/Bolivie	164	175	92	142	453	Finland/Finlande	x1324	x369	x5	x29	
Nicaragua	257	158	249	156	498	Thailand/Thaïlande	x181	x273			
United Arab Emirates	x163	x163	x110	x158		Chile/Chili	72	x9	x3	x246	x36
Macau/Macao	2		x251	x164		Venezuela	x40	151	x38	x63	
Dominica/Dominique			384			Norway, SVD, JM	x60	x34	x159		
Trinidad and Tobago	123	140	194			Korea Dem People's Rp	x120	x109	x19		
Australia/Australie	x149	x109	x102	x100		Colombia/Colombie			x13	x49	x14
Malta/Malte	207	304				Malaysia/Malaisie	x483	x3	x53		x1
Papua New Guinea	49	153	89			Lebanon/Liban	x383	x42			x53
Paraguay	249	x139	x64			Peru/Pérou	x8	0	x10	x30	x24
Kenya	696	x33	x52	x46		Kenya	94	x35			
Turkey/Turquie	3816	x119				Ireland/Irlande		x31			

(VALUE AS % OF TOTAL) (VALEUR EN % DU TOTAL)

	1983	1984	1985	1986	1987	1988	1989	1990	1991	1992		1983	1984	1985	1986	1987	1988	1989	1990	1991	1992
Africa	x2.5	x2.4	x2.8	x3.0	x1.9	6.0	7.8	14.9	18.2	76.4	Afrique	x0.1			x0.0	x0.2	x0.3	x0.7	x0.0	x0.0	x2.7
Northern Africa	x1.3	x1.2	1.6	x1.5	x1.0	5.3	6.7	14.1	18.2	76.4	Afrique du Nord	0.0		x0.0	x0.0	0.1	x0.1	0.5	0.0	0.0	x2.6
Americas	x9.0	x13.8	x15.3	x10.7	x8.1	42.9	x9.0	6.9	x5.9	21.8	Amériques	x3.3	x6.3	x2.5	x4.3	x4.3	x17.4	x10.1	x6.7	x4.8	x4.9
LAIA	0.7	1.5	1.3	x1.5	1.2	6.3	6.5	x4.0	4.1	9.9	ALAI	x0.0	2.8	0.6	x0.5	x0.7	6.8	x4.8	x4.2	x3.3	x2.8
CACM	x0.1	x0.0	x0.2	x0.4	x0.2	1.2	1.8	1.9	1.7	6.7	MCAC		0.0			0.0	0.0	0.0	0.1	0.1	x0.1
Asia	x13.0	x11.1	x12.7	x9.3	x10.7	50.1	x81.9	76.1	75.9	1.8	Asie	x14.2	16.0	14.4	12.2	x12.6	x30.6	38.0	x44.7	x58.0	x9.0
Middle East	x5.8	x4.3	6.6	x4.3	x2.5	x11.8	14.2	14.5	x0.4	x1.8	Moyen–Orient	x0.0	0.2	0.7	0.2		2.6	0.4	x4.8	0.1	x7.1
Europe	74.3	71.1	67.7	75.8	64.0	x0.2	x1.2	x2.0			Europe	81.5	77.1	82.6	83.1	76.5	x41.6	36.8	x39.9	x28.6	x60.1
EEC	60.0	53.6	52.1	59.2	50.7	x0.1	x1.1	x2.0			CEE	73.5	69.7	74.0	73.8	67.3	x37.1	34.1	x38.5	x27.5	x57.2
EFTA	14.3	14.1	12.9	14.3	11.9						AELE	8.0	7.2	8.4	9.2	9.1	x4.2	x1.1	x1.4	x1.1	x2.9
Oceania	1.2	1.6	1.5	x1.2	x1.0	0.2	x0.1	x0.0	x0.0		Océanie	0.9	0.5	0.4	x0.4	0.4	x0.2	x0.4	x0.7	x0.4	x0.1
Hong Kong	x0.8	x0.9	x0.7	x0.8	x1.1	x6.1	x37.3	x41.1	x38.4		Hong Kong	x0.1	x0.1	x0.1	x0.0	x0.2	x0.4	x3.0	x10.2	x19.9	x22.4
China/Chine						3.5	19.3	28.1	16.9	18.9	Japan/Japon	13.3	14.7	12.9	10.9	10.5	x19.4	22.9	x14.0	x13.8	x1.2
Syrian Arab Republic	1.0	0.8	1.7	2.1	1.3	7.4	12.5	14.4	x0.0	x0.8	Germany/Allemagne	40.0	37.8	39.0	38.1	34.3	x18.5	13.9	x16.5	x5.2	x4.3
Algeria/Algérie	0.3	0.3	0.4	0.5	0.3	2.3	1.7	8.7	12.7		China/Chine			0.1	0.9	2.3	4.3	18.9			
Morocco/Maroc	0.5	0.4	0.4	0.4	0.2	1.7	3.2	4.3	3.7	51.2	Spain/Espagne	0.6	0.6	1.0	1.1	1.4	x4.0	x3.5	x6.9	x12.3	x27.3
Japan/Japon	0.3	0.3	0.2	0.2	0.4	x2.2		x0.1	x0.2	x10.2	France, Monac	10.5	9.7	9.7	10.1	9.2	x5.8	x8.1	x6.8	x4.3	x14.3
Argentina/Argentine	0.3	0.3	0.1	0.1	0.2	0.8	1.2	1.8	3.0	x1.1	Italy/Italie	3.0	3.5	4.3	4.5	4.7	x1.9	x3.7	x3.7	x2.6	x3.4
Korea Republic	0.4	0.6	0.6	0.7	0.7		x0.4	x4.8			Poland/Pologne					x0.6	x0.1	x3.9	x5.0	x1.0	x3.5
Chile/Chili		0.1	0.1	x0.0	x0.1	0.9	2.7	x0.9			Brazil/Brésil		2.5	0.5	0.4	0.5	6.1	x3.3	x2.2	x2.9	x2.2
Egypt/Egypte	0.1	0.2	0.5	0.1	0.0	0.5	0.7	1.1	1.8	25.1	Czechoslovakia					x2.3	x2.6	x5.1	x1.6	x1.7	x4.9

67701 IRON, SIMPLE STEEL WIRE / FILS NON ACIER FIN CARBONE 67701

TRADE BY COMMODITY IN THOUSAND U.S. DOLLARS – COMMERCE PAR PRODUIT EN MILLIERS DE DOLLARS E.U

IMPORTS – IMPORTATIONS

COUNTRIES–PAYS	1988	1989	1990	1991	1992
Total	1466424	1385678	1516955	1506773	x1570785
Africa	x82402	x71517	x89578	x93908	x83255
Northern Africa	x57740	x48957	x64844	x62369	x57633
Americas	x396650	x308768	x274106	253533	x278919
LAIA	21622	22827	17339	26547	29276
CACM	6462	8101	7472	8964	x8258
Asia	x214405	x217930	x221603	x258801	x286362
Middle East	x72807	x59992	x64121	x67996	x77335
Europe	708759	732756	887536	811479	838160
EEC	600523	621827	750477	699728	714291
EFTA	98567	100713	126922	102969	112364
Oceania	x16568	x20543	x23097	x21557	x23433
USA/Etats–Unis d'Amer	330224	233997	202121	178393	199291
Germany/Allemagne	178470	180347	217088	216902	215188
France,Monac	142107	145159	192514	172676	178967
Netherlands/Pays–Bas	63553	67790	83398	79199	77053
Italy/Italie	59699	64084	68217	54325	51224
Belgium–Luxembourg	46315	42142	46657	40256	43046
United Kingdom	39538	38883	43164	46032	50327
Switz.Liecht	34866	38182	49561	35927	34388
Hong Kong	35028	40539	32406	35636	37311
Libyan Arab Jamahiriya	x21824	x29540	x34672	x28760	x23767
Japan/Japon	26844	24522	28827	37122	30690
Spain/Espagne	20104	24913	30792	33547	36986
Canada	26014	26702	29628	29822	28719
Austria/Autriche	23983	24595	32336	28493	35963
Denmark/Danemark	19722	23197	26719	22097	25537
Singapore/Singapour	19982	16888	21781	24587	26848
Sweden/Suède	18601	17056	18536	16049	17418
Ireland/Irlande	17018	17373	17211	15138	15857
China/Chine	9139	15931	17873	13363	33919
Czechoslovakia	x13014	1290	1586	x43477	x45401
Malaysia/Malaisie	6974	8232	14770	21485	x19155
Iran (Islamic Rp. of)	x11927	x8330	x14566	x19286	x19204
Greece/Grèce	8140	12081	16937	11565	x8843
Algeria/Algérie	19837	7803	14425	17629	x20563
Syrian Arab Republic	x8761	15753	10447	x13169	x18284
Norway,SVD,JM	11749	10069	14203	14364	16961
Australia/Australie	9332	9952	10962	12303	12447
Saudi Arabia	8778	5828	x14775	x9707	x8061
Finland/Finlande	9051	10544	12038	7727	7201
Thailand/Thaïlande	6433	7878	8553	12678	11020
United Arab Emirates	x23905	x11504	x6154	x10883	x13940
Mexico/Mexique	9896	9780	7824	10671	14356
Hungary/Hongrie	x5941	x7601	x7043	11782	x6236
Yugoslavia SFR	7805	7676	8992	x8123	
New Zealand	3673	7637	9022	6414	6996
Egypt/Egypte	9677	6061	8999	7899	5654
Israel/Israël	6450	7024	7487	7623	7227
Portugal	5856	5859	7780	7990	11263
So. Africa Customs Un	x6825	x5177	x6874	x8743	x9575
Sri Lanka	5488	7747	5881	6951	5757
Indonesia/Indonésie	1741	2647	3417	10378	13520
Bulgaria/Bulgarie	x13640	x11415	x2174	x1436	4956
Morocco/Maroc	3489	3147	4841	6179	5596
Nepal/Népal	x2476	x5494	x3510	x5124	x5385
Cuba	x3970	x5529	x6593	x998	x283
Korea Republic	5935	4277	3167	5359	5276
Poland/Pologne	x3727	x3629	x3560	x5151	x3776
Costa Rica	2627	3416	2924	4913	x2033
Philippines	2779	x4629	2608	3873	3575
Jordan/Jordanie	767	2925	3145	4377	4869

EXPORTS – EXPORTATIONS

COUNTRIES–PAYS	1988	1989	1990	1991	1992
Totale	1360125	1409525	1584389	1438100	1394203
Afrique	x26953	x44752	x52210	x41812	x51235
Afrique du Nord	7229	19107	26770	12222	21383
Amériques	x157109	156092	148279	146855	167134
ALAI	33272	36051	31417	29842	30567
MCAC	1706	2886	2557	3196	x3455
Asie	224931	230156	228713	243726	233997
Moyen–Orient	14034	12795	x6335	x9125	x10353
Europe	810194	826885	1008947	877299	862115
CEE	724023	738227	875595	810926	796818
AELE	66853	69999	80114	60270	61599
Océanie	x6092	6406	12959	15362	18439
Italy/Italie	140267	166464	237939	219422	197419
Belgium–Luxembourg	180834	175379	205188	192917	194185
Germany/Allemagne	170703	159706	204637	181388	162105
France,Monac	120306	117425	123142	164597	128986
Canada	99838	97458	80163	72287	87384
China/Chine	61500	66822	78028	99411	79811
United Kingdom	58051	64329	84768	80848	76125
Japan/Japon	73592	64835	57606	50382	51010
Czechoslovakia	x46922	x57264	x48838	x37154	x42209
Korea Republic	45285	48403	47843	45952	41590
Former USSR/Anc. URSS	x18461	x36001	x32676	x49194	
Austria/Autriche	29467	32622	36605	25056	25887
USA/Etats–Unis d'Amer	x21243	19069	33872	41202	45126
So. Africa Customs Un	x15450	x23242	x23940	x28637	x29311
Yugoslavia SFR	19265	15759	53160	x6041	
Hong Kong	16923	21684	19333	20878	21859
Egypt/Egypte	7006	18027	25512	9279	15919
Spain/Espagne	11450	12618	17758	18526	20503
Brazil/Brésil	17770	15087	13262	18338	19157
Sweden/Suède	14408	14567	17019	13895	13602
Switz.Liecht	14805	13092	16972	15285	17197
Romania/Roumanie	x12903	20155	12218	9097	x4342
Netherlands/Pays–Bas	30795	30095	6029	3968	3862
Bulgaria/Bulgarie	x25658	x9567	x20472	x3084	x2978
Poland/Pologne	x11790	x10718	x9664	x9470	x7432
Australia/Australie	4392	4277	9145	9650	12417
Norway,SVD,JM	6585	7980	7190	4331	3566
Turkey/Turquie	8988	7531	5019	6526	7515
India/Inde	4538	2287	8549	8196	x5695
Argentina/Argentine	1933	7191	9777	1439	2002
Singapore/Singapour	5051	5952	6558	5272	5963
Venezuela	4549	7079	5320	4974	3468
Greece/Grèce	1550	3261	5625	7339	x4084
Hungary/Hongrie	x3876	x4140	x6259	x5048	x4321
Portugal	4640	3386	7332	4103	5206
Malaysia/Malaisie	2683	6392	3457	3227	x6117
New Zealand	1565	2093	3804	5691	6003
Ireland/Irlande	3776	3747	5607	1693	2541
Former GDR	x15235	x7390	x3154		
Nicaragua	960	2559	1797	1772	509
Finland/Finlande	1589	1738	2328	1691	1346
Mexico/Mexique	5493	1680	1475	2561	2201
Saudi Arabia	4847	4198	x710	x602	x1359
Uruguay	1385	2474	680	1601	1510
Denmark/Danemark	1650	1815	1370	1333	1802
Tunisia/Tunisie	215	1041	651	2326	2029
Chile/Chili	1063	2169	257	481	x726
Gibraltar		x2844			
Mozambique	x1185	x941	x434	x389	x107
Zimbabwe	2321	x1277	85	75	x189

(VALUE AS % OF TOTAL)(VALEUR EN % DU TOTAL)

	1983	1984	1985	1986	1987	1988	1989	1990	1991	1992
Africa	x6.3	x6.1	x6.4	x8.2	x6.1	x5.7	x5.2	x6.0	x6.3	x5.3
Northern Africa	x3.6	x3.0	x3.5	x5.7	x4.3	x3.9	x3.5	x4.3	x4.1	x3.7
Americas	x32.4	39.5	38.0	x32.2	x28.8	27.1	x22.3	x18.1	16.8	x17.7
LAIA	0.7	1.3	1.6	x1.0	x1.1	1.5	1.6	1.1	1.8	1.9
CACM	x0.5	1.7	2.2	x0.6	x0.5	0.4	0.6	0.5	0.6	x0.5
Asia	x20.2	x16.9	x14.8	x14.2	x15.4	14.7	x15.8	x14.6	x17.2	x18.2
Middle East	x9.9	x6.9	x7.3	x6.1	x5.1	x5.0	x4.3	x4.2	x4.5	x4.9
Europe	39.1	35.0	38.5	43.9	44.7	48.3	52.9	58.5	53.9	53.4
EEC	33.0	29.1	31.7	37.4	37.9	41.0	44.9	49.5	46.4	45.5
EFTA	6.1	4.7	5.3	6.1	6.4	6.7	7.3	8.4	6.8	7.2
Oceania	2.0	x2.5	x2.2	x1.6	x1.5	x1.1	x1.5	x1.5	x1.4	x1.5
USA/Etats–Unis d'Amer	26.9	32.5	30.1	25.6	22.1	22.5	16.9	13.3	11.8	12.7
Germany/Allemagne	10.1	8.4	9.2	11.1	11.0	12.2	13.0	14.3	14.4	13.7
France,Monac	6.5	6.0	6.8	8.2	8.8	9.7	10.5	12.7	11.5	11.4
Netherlands/Pays–Bas	4.0	3.5	3.6	4.4	4.1	4.3	4.9	5.5	5.3	4.9
Italy/Italie	2.7	2.8	3.1	3.5	3.5	4.1	4.6	4.5	3.6	3.3
Belgium–Luxembourg	3.0	2.8	3.0	3.4	2.9	3.2	3.0	3.1	2.7	2.7
United Kingdom	2.8	2.3	2.4	2.5	2.6	2.7	2.8	2.8	3.1	3.2
Switz.Liecht	1.3	1.1	1.2	1.6	1.7	2.4	2.8	3.3	2.4	2.2
Hong Kong	1.6	1.6	1.5	1.9	2.1	2.4	2.9	2.1	2.4	2.4
Libyan Arab Jamahiriya	x0.9	x0.8	x0.5	x2.6	x1.5	x1.5	x2.1	x2.3	x1.9	x1.5

	1983	1984	1985	1986	1987	1988	1989	1990	1991	1992
Afrique	x2.0	1.9	2.5	1.7	1.4	1.9	3.1	3.3	2.9	3.7
Afrique du Nord		0.0	0.0	0.0	0.1	0.5	1.4	1.7	0.8	1.5
Amériques	x14.6	18.6	x14.4	15.0	12.3	x11.5	11.1	9.4	10.2	12.0
ALAI	0.2	2.8	3.1	x2.2	1.9	2.4	2.6	2.0	2.1	2.2
MCAC	x0.2	0.3	0.3	x0.1	x0.1	0.1	0.2	0.2	0.2	0.2
Asie	18.5	20.2	16.9	15.7	16.0	16.5	16.3	14.5	16.9	16.8
Moyen–Orient	x0.3	x0.7	0.7	x0.5	x0.4	1.0	0.9	x0.4	x0.6	x0.7
Europe	63.7	58.2	65.3	67.1	59.6	59.6	58.7	63.7	61.0	61.8
CEE	58.7	52.2	58.0	61.3	54.3	53.2	52.4	55.3	56.4	57.2
AELE	5.0	4.8	5.2	4.9	4.7	4.9	5.0	5.1	4.2	4.4
Océanie	1.3	1.1	1.0	0.6	0.6	x0.4	0.5	0.8	1.1	1.3
Italy/Italie	5.7	5.9	8.2	10.4	10.6	10.3	11.8	15.0	15.3	14.2
Belgium–Luxembourg	16.0	13.5	14.2	15.4	12.9	13.3	12.4	12.9	13.4	13.9
Germany/Allemagne	15.4	13.1	14.0	14.1	12.0	12.6	11.3	11.4	11.4	11.6
France,Monac	12.4	11.5	12.4	12.6	10.2	8.8	8.3	7.8	8.1	9.3
Canada	x9.8	x10.9	x10.9	x10.2	x7.9	7.3	6.9	5.1	5.0	6.3
China/Chine					3.9	4.5	4.7	4.9	6.9	5.7
United Kingdom	5.1	4.2	4.7	4.3	4.5	4.3	4.6	5.4	5.6	5.5
Japan/Japon	14.0	14.2	12.3	9.8	6.4	5.4	4.6	3.6	3.5	3.7
Czechoslovakia					x3.4	x3.4	x4.1	x3.1	x2.6	x3.0
Korea Republic	2.9	2.9	2.9	4.4	3.9	3.3	3.4	3.0	3.2	3.0

6782 IRON, STL SEAMLESS TUBES / TUBES, TUYAUX SANS SOUDURE 6782

TRADE BY COMMODITY IN THOUSAND U.S. DOLLARS – COMMERCE PAR PRODUIT EN MILLIERS DE DOLLARS E.U

COUNTRIES–PAYS	IMPORTS – IMPORTATIONS 1988	1989	1990	1991	1992	COUNTRIES–PAYS	EXPORTS – EXPORTATIONS 1988	1989	1990	1991	1992
Total	x10160270	x10495754	x8130507	x10150553	x7439334	Totale	8097124	8093056	7731958	8313040	6891803
Africa	x286445	x307717	x334666	x430148	x552490	Afrique	x12238	x18217	x21160	x19572	x19235
Northern Africa	x62287	x84193	x96943	x109975	x224927	Afrique du Nord	x1521	x3049	x6028	x3669	x11408
Americas	778562	x1437769	1428896	1693789	1191626	Amériques	649986	961000	903389	1324894	1021624
LAIA	244478	329582	398317	589390	494112	ALAI	356744	509533	481923	647438	487383
CACM	x6968	x6439	x4913	x4876	x11131	MCAC	x329	x1356	x3542	x2397	x2428
Asia	2099585	x2544022	x2532185	x2985688	x2992669	Asie	2960212	2296086	2150675	2643396	2056042
Middle East	x391379	x480257	x623249	x670164	x820484	Moyen–Orient	x19446	13236	x5221	x4645	x9438
Europe	2187430	2446483	2749235	2503310	2509196	Europe	4068234	4330037	4350101	4079974	3605585
EEC	1696424	1909554	2157244	2012623	1941407	CEE	3332038	3496626	3570990	3446369	3034724
EFTA	432073	462104	533050	465039	534278	AELE	704004	798420	739501	610687	541019
Oceania	131753	113302	x103064	x119921	x89434	Océanie	3106	3546	x3497	x7928	x6268
Former USSR/Anc. URSS	x4275215	x3358576	x849817	x2304607		Japan/Japon	2801796	2126559	1998725	2406543	1848645
China/Chine	1004984	1005657	562461	954322	819920	Germany/Allemagne	1560583	1533827	1493290	1398035	1142744
USA/Etats–Unis d'Amer	146647	748423	746360	815151	473842	France,Monac	572735	608802	598953	622098	590735
Germany/Allemagne	317083	391224	458305	394383	412276	Italy/Italie	434734	508659	519062	544066	536268
Italy/Italie	220632	316054	344924	334954	307526	USA/Etats–Unis d'Amer	208612	391794	375160	579630	504544
France,Monac	264762	292491	353144	304503	279421	Sweden/Suède	326549	370471	370609	307988	277298
Netherlands/Pays–Bas	304900	287992	352226	295416	282229	Austria/Autriche	342701	406192	341198	264308	221415
Singapore/Singapour	167226	215353	284788	358665	333158	United Kingdom	260285	336199	387958	280377	255950
United Kingdom	268138	237699	249667	330854	318153	Argentina/Argentine	184831	257925	249486	359398	288860
Canada	316103	237971	231493	240171	164069	Spain/Espagne	187890	209782	231532	264382	204683
Indonesia/Indonésie	91766	160062	245044	231508	297799	Mexico/Mexique	70695	180091	168250	199322	119116
India/Inde	133281	x230740	208663	130507	x202295	Belgium–Luxembourg	148271	134820	148732	176903	154354
Korea Republic	101047	124046	201118	237291	152032	Netherlands/Pays–Bas	137424	136069	162426	145955	137970
Malaysia/Malaisie	62321	145477	208283	204295	x125525	Romania/Roumanie	x46082	168353	87904	49681	x23836
Venezuela	37991	70838	138958	326886	135730	Singapore/Singapour	50824	93165	91483	113585	115773
Norway,SVD,JM	129739	127998	165776	180063	238980	Czechoslovakia	x68970	x82199	x68201	x73922	x114222
Belgium–Luxembourg	131972	157372	151287	126409	120850	Former USSR/Anc. URSS	x61652	x73328	x64269	x70751	
Saudi Arabia	x35854	x64655	x93064	x168032	x141544	Brazil/Brésil	61144	58416	49943	85929	75413
Austria/Autriche	90074	97710	118772	102444	105060	Canada	83758	55640	42357	94825	26805
Spain/Espagne	61265	93365	116157	96447	84101	Former GDR	x185701	x110386	x26898		
Iran (Islamic Rp. of)	x46811	x37710	x121550	x133962	x186068	Yugoslavia SFR	32129	34960	39461	x22903	x13789
Mexico/Mexique	52805	77934	81601	118072	195455	Hungary/Hongrie	x20629	x25125	x27890	x22806	x13450
Nigeria/Nigéria	x36434	x42206	x67287	x156656	x213200	Malaysia/Malaisie	3641	4832	7751	7801	5470
Australia/Australie	108120	91690	86058	80292	71395	Denmark/Danemark	23834	21838	22161	x3064	x2667
So. Africa Customs Un	96423	101058	80863	x63891	x50283	Bulgaria/Bulgarie	x16855	x22535	x24904	13662	x1966
Sweden/Suède	79905	85564	86926	59680	75572	Thailand/Thaïlande	45841	12683	14671	19652	12354
Finland/Finlande	64784	84749	81947	61469	56943	China/Chine	6719	10896	7975	19652	12354
United Arab Emirates	x112398	x48978	x70171	x89458	x162606	Norway,SVD,JM	18793	6840	x13814	x15138	x23463
Turkey/Turquie	34629	56085	88727	53268	53750	Korea Republic	9980	13443	9792	12400	12628
Switz.Liecht	63791	62602	75550	58287	52686	So. Africa Customs Un	x8569	x12413	x11165	x10232	x6176
Iraq	x40643	x127803	x54376	x1594	x310	Switz.Liecht	13277	10957	8835	11339	12792
Denmark/Danemark	63834	61529	58216	55711	68314	Venezuela	29868	10227	13323	1788	3070
Oman	47747	51656	51802	47132	38355	Hong Kong	7002	9838	6826	7664	30308
Thailand/Thaïlande	55580	70961	55024	x22010		Poland/Pologne	3459	2244	3070	17052	x27775
Yugoslavia SFR	x30985	x43514	x45046	x57719	x43700	Finland/Finlande	2684	3955	5045	11914	6050
Libyan Arab Jamahiriya	46905	53565	50818	41009	42980	India/Inde	3073	x7209	3545	6173	x6795
Colombia/Colombie	23375	18844	x74162	x38930	x92354	Jordan/Jordanie	1932	9334	2810	2478	6324
Kuwait/Koweït	69493	59830	44892	21596	x24474	Indonesia/Indonésie	4829	2870	3397	6807	2107
Poland/Pologne	x133496	x81799	x16308	x10551	24421	Australia/Australie	2232	2468	2881	6985	5441
Bulgaria/Bulgarie		x49972	x18226	x35215	x13817	Ireland/Irlande	3037	2300	2962	4122	2775
Qatar	40300	45354	33208	24670	41449	Tunisia/Tunisie	255	657	4957	2924	1661
Brazil/Brésil	31693	29624	33098	38947	36257	Greece/Grèce	2450	2163	2547	1238	x1281
Portugal	x22801	x29324	x19256	48961	17512	Costa Rica	x319	x1192	x1972	x2393	x2424
Hungary/Hongrie	x141160	x70893	x10978			Portugal	796	2165	1368	1392	2494
Former GDR	3647	5753	7307	x65890	x80161	Zimbabwe	0	x79	1779	1967	x67
Syrian Arab Republic	17004	27791	24288	18261	x11541	Mozambique	x1227	x1054	x376	x2096	x291
Greece/Grèce	12106	18193	23183	27143	24350	United Arab Emirates	x2338	x638	x1398	x1020	x908
Israel/Israël	12749	16217	26448	25418	23910	New Zealand	841	1058	536	816	778
Pakistan	x22579	x65590	x58	x18	x4594	Uruguay	1088	1135	753	500	286
Cayman Is/Is Caïmans						Algeria/Algérie	1038	2130	0	0	x4942

(VALUE AS % OF TOTAL)(VALEUR EN % DU TOTAL)

	1983	1984	1985	1986	1987	1988	1989	1990	1991	1992		1983	1984	1985	1986	1987	1988	1989	1990	1991	1992
Africa	x4.6	x7.2	x6.9	x8.4	x3.4	x2.8	3.0	x4.1	x4.2	x7.5	Afrique	0.1	0.1	x0.2	x0.2	x0.2	x0.1	0.3	x0.2	0.2	x0.3
Northern Africa	x2.1	x2.3	x3.1	1.6	x0.8	0.6	x0.8	x1.2	1.1	x3.0	Afrique du Nord	0.0	0.0	0.0	x0.0	0.0	0.0	0.0	x0.1	0.0	x0.2
Americas	17.2	23.0	20.9	x14.7	x6.1	7.7	x13.7	17.5	16.7	16.0	Amériques	x7.2	9.7	8.7	5.5	x6.3	8.0	11.8	11.7	15.9	14.8
LAIA	6.9	12.2	9.0	x6.4	x2.3	2.4	3.1	4.9	5.8	6.6	ALAI	x0.0	3.4	3.9	2.6	3.4	4.4	6.3	6.2	7.8	7.1
CACM	x0.3	x0.3	x0.1	x0.1	x0.2	0.0	x0.1	0.0	0.0	x0.1	MCAC	x0.0	x0.0	x0.0	0.0	0.0	x0.0	x0.0	x0.0	x0.0	x0.0
Asia	x39.6	x34.0	x32.7	x31.2	18.7	20.7	24.3	x31.1	x29.5	40.3	Asie	36.4	x39.3	40.5	36.9	32.4	36.5	28.4	27.9	31.8	29.8
Middle East	x20.8	x18.9	x15.8	x16.4	x3.8	3.9	x4.6	x7.7	x6.6	x11.0	Moyen–Orient	x0.1	0.6	x1.8	x0.5	0.2	x0.1	x0.1	x0.1	x0.1	0.1
Europe	36.8	35.3	37.5	45.3	20.8	21.5	23.3	33.8	24.7	33.7	Europe	56.1	50.8	50.7	57.4	55.0	50.2	53.5	56.3	49.1	52.3
EEC	29.9	27.8	28.8	34.6	16.1	16.7	18.2	26.5	19.8	26.1	CEE	49.3	43.4	43.5	48.2	45.4	41.2	43.2	46.2	41.5	44.0
EFTA	6.9	6.2	6.9	9.5	4.3	4.3	4.4	6.6	4.6	7.2	AELE	6.8	7.1	7.0	9.1	9.2	8.7	9.9	9.6	7.3	7.9
Oceania	1.8	0.5	0.5	x2.0	x0.8	1.3	1.1	x1.3	x1.2	1.2	Océanie		0.1						x0.0	x0.0	x0.1
Former USSR/Anc. URSS					x45.2	x42.1	x32.0	x10.5	x22.7		Japan/Japon	34.6	37.1	36.7	34.1	30.2	34.6	26.3	25.9	28.9	26.8
China/Chine					8.6	9.9	9.6	6.9	9.4	11.0	Germany/Allemagne	18.3	18.1	18.9	22.1	22.9	19.3	19.0	19.3	16.8	16.6
USA/Etats–Unis d'Amer	2.7	3.7	3.2	2.9	1.3	1.4	7.1	9.2	8.0	6.4	France,Monac	8.6	6.8	7.0	6.7	7.1	7.5	7.7	7.5	7.5	8.6
Germany/Allemagne	4.9	4.6	5.1	7.0	3.2	3.1	3.7	5.6	3.9	5.5	Italy/Italie	8.5	7.2	6.1	6.8	6.0	5.4	6.3	6.7	6.5	7.8
Italy/Italie	2.7	3.0	3.4	4.7	2.3	2.2	3.0	4.2	3.3	4.1	USA/Etats–Unis d'Amer	6.0	4.4	3.1	2.2	2.1	2.6	4.8	4.9	7.0	7.3
France,Monac	5.1	4.3	4.5	5.2	2.7	2.6	2.8	4.3	3.0	3.8	Sweden/Suède	3.7	3.4	3.4	4.5	4.3	4.0	4.6	4.8	3.7	4.0
Netherlands/Pays–Bas	4.6	5.7	5.8	5.8	2.5	3.0	2.7	4.3	2.9	3.8	Austria/Autriche	3.0	3.5	3.5	4.0	4.2	4.2	5.0	4.4	3.2	3.2
Singapore/Singapour	3.6	4.3	2.9	2.4	0.9	1.6	2.1	3.5	3.5	4.5	United Kingdom	4.0	3.2	3.3	3.6	3.8	3.2	4.2	5.0	3.4	3.7
United Kingdom	4.0	4.2	4.6	4.3	2.2	2.6	2.3	3.1	3.3	4.3	Argentina/Argentine		1.1	2.1	1.8	2.2	2.3	3.2	3.2	4.3	4.2
Canada	5.3	5.5	7.2	3.8	1.9	3.1	2.3	2.8	2.4	2.2	Spain/Espagne	2.1	2.2	3.0	2.6	2.5	2.3	2.6	3.0	3.2	3.0

551

6783 IRON, STL TUBES, PIPES NES — AUT TUBES, TUYAUX FER, ACIER 6783

TRADE BY COMMODITY IN THOUSAND U.S. DOLLARS – COMMERCE PAR PRODUIT EN MILLIERS DE DOLLARS E.U

IMPORTS – IMPORTATIONS

COUNTRIES–PAYS	1988	1989	1990	1991	1992
Total	x9326169	x8281183	7127232	x8374378	x7180010
Africa	x278258	x252645	x310501	x438679	x449487
Northern Africa	157263	155303	161660	x270070	x295108
Americas	2007220	1327114	1436618	1587208	1088652
LAIA	69468	129246	197417	198092	195572
CACM	16658	23299	28232	20546	x17560
Asia	x1229764	x1559415	x1231299	x1517116	x1767726
Middle East	x520968	x719679	x481823	x671477	x598297
Europe	2619422	2967660	3769960	3839576	3740918
EEC	2032385	2326994	3051428	3219819	3051210
EFTA	571053	608580	695849	594704	656012
Oceania	30903	x66509	x61256	x93413	x61832
USA/Etats–Unis d'Amer	1749058	1016402	1004020	1118916	652978
Former USSR/Anc. URSS	x3028096	x1979871	x264407	x837188	
Germany/Allemagne	591199	639192	818919	883695	957947
Netherlands/Pays–Bas	296730	321731	619441	519093	381858
France, Monac	371879	401073	473993	460797	447383
United Kingdom	250130	337874	374147	553379	327835
Italy/Italie	132900	185617	213782	258712	301042
Sweden/Suède	208679	210780	240972	197204	180396
Japan/Japon	216081	252025	186879	182878	145258
Belgium–Luxembourg	138997	172549	212730	217352	244881
Canada	148496	132181	175433	200448	181801
Denmark/Danemark	146521	147065	179220	169432	174636
Saudi Arabia	121007	112196	x91008	x222179	x175399
Switz.Liecht	120752	137982	139353	123270	116001
Austria/Autriche	95351	104454	129661	123270	116001
Iran (Islamic Rp. of)	x69311	x65968	x119429	122424	130613
Singapore/Singapour	78278	93922	102812	x169279	x113103
Hong Kong	98335	104124	98033	126533	86694
Norway, SVD, JM	80921	71607	106653	113303	125132
Iraq	x30741	x228103	x39381	x2149	x239
Algeria/Algérie	22617	40954	61803	131619	x18002
United Arab Emirates	x118101	x83371	x66281	x75751	x145430
Indonesia/Indonésie	38809	60072	52578	106954	210404
Finland/Finlande	59989	80168	75770	55732	51559
Syrian Arab Republic	91154	89710	84202	x31448	x19353
Spain/Espagne	32381	49774	74511	65814	78974
Korea Republic	44035	46294	56553	71610	52202
Malaysia/Malaisie	31644	33073	53075	66700	x228813
Egypt/Egypte	81154	41937	38351	54387	47534
Nigeria/Nigéria	x25366	x20441	x35018	x78246	x52404
Mexico/Mexique	18768	28576	36599	66891	58409
China/Chine	33820	51271	34087	44088	114519
Colombia/Colombie	9682	43620	64955	18562	40642
Qatar		x60509	x6566	52213	x5577
India/Inde	66232	x72141	32103	13433	x62467
Libyan Arab Jamahiriya	32318	47535	27827	x33218	x29617
Thailand/Thaïlande	25150	27693	32205	46145	67775
Ireland/Irlande	32875	32763	36535	35588	33047
Portugal	28964	24385	31366	31915	39538
Oman	43157	24062	17518	42713	x45431
Venezuela	5101	5951	14003	57105	40951
Australia/Australie	11322	22551	27560	26099	30642
Chile/Chili	12305	14075	41637	14966	x6940
Yugoslavia SFR	12549	27451	19061	x19604	
Papua New Guinea	7436	26934	9576	x27134	x15942
Pakistan	32288	38894	6150	16819	11338
Turkey/Turquie	8032	18172	16539	25243	9997
New Zealand	10127	11921	12983	33950	9048
Greece/Grèce	9810	14971	16784	24042	x64070
Bangladesh	x1212	x9102	x38185	x5851	x6863

EXPORTS – EXPORTATIONS

COUNTRIES–PAYS	1988	1989	1990	1991	1992
Totale	6875213	7196885	7212606	7981612	7408719
Afrique	x54658	x54468	x72640	x75659	x77170
Afrique du Nord	16566	14570	20973	22730	x24212
Amériques	652356	764827	772314	860835	798652
ALAI	243681	285805	277166	235779	205506
MCAC	6380	4904	8828	10365	x9995
Asie	1924692	1915666	1729484	1956148	1692078
Moyen–Orient	122482	235818	169653	152932	114697
Europe	3976894	4222127	4477847	4959939	4712101
CEE	3194963	3418304	3581514	4182431	3905839
AELE	713235	763939	835799	737564	774321
Océanie	5604	x11689	x13416	x13000	x22935
Germany/Allemagne	1143548	1242380	1156612	1356695	1183102
Japan/Japon	1112186	984779	866438	1051776	978633
Italy/Italie	811504	763455	800847	871988	930306
France, Monac	406409	466774	542321	465118	538401
Korea Republic	499129	464299	465833	459916	393989
Netherlands/Pays–Bas	266008	306336	323722	600812	411219
Canada	258737	310962	265330	348158	277459
United Kingdom	185695	240667	264233	387597	394036
Switz.Liecht	223420	226673	265181	248035	254543
USA/Etats–Unis d'Amer	143395	162849	220928	263307	304106
Belgium–Luxembourg	182695	179049	206514	196929	204263
Sweden/Suède	187612	206125	194222	174373	167211
Austria/Autriche	147873	165686	199162	162336	169100
Turkey/Turquie	101769	158758	162847	143929	106539
Finland/Finlande	123922	130927	135114	113833	143859
Brazil/Brésil	98196	114387	119178	112894	119207
Spain/Espagne	88163	90624	113600	117935	94638
Denmark/Danemark	66115	63286	83293	126715	128256
Greece/Grèce	42285	62290	85735	53555	x17213
Thailand/Thaïlande	46489	68621	50633	76549	x41227
Mexico/Mexique	67391	63646	57701	64113	53105
Singapore/Singapour	42071	50198	37451	66714	27649
Yugoslavia SFR	68691	39873	60461	x39757	
Czechoslovakia	x36516	x50102	x43225	x44382	x57780
Former USSR/Anc. URSS	x84240	x53413	x38233	x41008	
Argentina/Argentine	54088	61243	40228	28646	5042
Venezuela	23033	42491	55661	25534	21792
Norway, SVD, JM	30409	34528	42120	38988	39608
China/Chine	26888	31771	39307	31329	33082
Hong Kong	22172	29439	37335	33621	37487
So. Africa Customs Un	x28597	x20289	x24364	x29685	x48848
India/Inde	21016	x20773	25642	27246	x14035
Bulgaria/Bulgarie	x13890	x39568	x28640	x1985	x893
Saudi Arabia	8064	68719	x419	x668	x800
Malaysia/Malaisie	21411	20751	14375	28492	x35675
Mozambique	x4762	x17217	x23476	x19947	x1199
Hungary/Hongrie	x10056	x12928	x23577	x15861	x22193
Romania/Roumanie	x67901	x47648	1622	2284	x8232
Philippines	1573	x99	14329	21562	6944
Poland/Pologne	6402	6515	8715	10513	x16684
Egypt/Egypte	1867	2246	8061	12256	11676
Australia/Australie	1404	5786	6983	9775	19482
Algeria/Algérie	4800	8688	4642	3962	x976
United Arab Emirates	x7130	x5890	x4450	x5594	x6723
New Zealand	4134	5856	6344	2965	3382
Former GDR	x42004	x11265	x2893		
Israel/Israël	4137	5820	6129	481	3983
Guatemala	3248	1211	4656	5487	7352
Costa Rica	2677	3314	3469	4522	x2339
Morocco/Maroc	54	3126	5174	2777	3860

(VALUE AS % OF TOTAL)(VALEUR EN % DU TOTAL)

IMPORTS

	1983	1984	1985	1986	1987	1988	1989	1990	1991	1992
Africa	x9.7	x6.2	5.0	5.0	x2.5	x3.0	3.0	x4.4	x5.2	x6.2
Northern Africa	6.4	x4.2	3.6	2.9	1.4	1.7	1.9	2.3	x3.2	4.1
Americas	x31.0	x46.8	x44.6	x33.9	x21.7	21.5	16.1	20.1	19.0	15.1
LAIA	1.0	0.7	2.7	x1.7	x1.4	0.7	1.6	2.8	2.4	2.7
CACM	x0.1	x0.2	x0.2	x0.2	x0.1	0.2	0.3	0.4	0.2	x0.2
Asia	x26.9	x15.9	x20.0	x19.0	x12.2	x13.1	x18.8	x17.3	x18.2	x24.6
Middle East	x17.6	x7.8	x13.3	x11.4	x4.3	x5.6	x8.7	x6.8	x8.0	x8.3
Europe	29.9	29.8	29.5	41.0	31.8	28.1	35.8	52.9	45.8	52.1
EEC	22.1	22.0	21.2	30.2	23.6	21.8	28.1	42.8	38.4	42.5
EFTA	7.9	7.6	7.5	10.4	8.0	6.1	7.3	9.8	7.1	9.1
Oceania	2.4	x1.3	x0.9	x1.2	x0.9	x0.8	x0.8	x0.9	x1.1	x0.9
USA/Etats–Unis d'Amer	27.8	43.5	39.1	29.4	18.5	18.8	12.3	14.1	13.4	9.1
Former USSR/Anc. URSS					x28.9	x32.5	x23.9	x3.7	x10.0	
Germany/Allemagne	6.6	6.7	6.4	9.7	7.3	6.3	7.7	11.5	10.6	13.3
Netherlands/Pays–Bas	3.3	3.4	3.5	4.8	3.3	3.2	3.9	8.7	6.2	5.3
France, Monac	3.8	3.2	3.2	4.7	4.5	4.0	4.8	6.7	6.7	6.2
United Kingdom	2.1	2.7	2.0	2.8	1.9	2.7	4.1	5.2	6.6	4.6
Italy/Italie	0.8	1.1	1.2	1.6	1.5	1.4	2.2	3.0	3.1	4.2
Sweden/Suède	3.0	2.9	2.6	3.5	2.8	2.2	2.5	3.4	2.4	2.5
Japan/Japon	0.3	0.3	0.4	0.9	1.3	2.3	3.0	2.6	2.2	2.0
Belgium–Luxembourg	1.7	1.6	1.5	2.2	1.8	1.5	2.1	3.0	2.6	3.4

EXPORTS

	1983	1984	1985	1986	1987	1988	1989	1990	1991	1992
Afrique	0.8	0.9	1.2	x1.3	x0.9	x0.8	x0.8	x1.0	x1.0	x1.1
Afrique du Nord	0.0	0.1	0.1	0.4	0.3	0.2	0.2	0.3	0.3	x0.3
Amériques	7.8	11.2	10.6	x9.0	x10.5	9.4	10.6	10.7	10.8	10.7
ALAI	1.5	5.3	4.2	x3.5	x3.6	3.5	4.0	3.8	3.0	2.8
MCAC	x0.0	x0.1	x0.1	x0.1	x0.1	0.1	0.1	0.1	0.1	x0.1
Asie	43.0	41.1	41.9	36.5	27.1	28.0	26.7	24.0	24.5	22.9
Moyen–Orient	x0.0	1.8	1.1	1.4	1.8	1.8	3.3	2.4	1.9	1.5
Europe	48.1	46.2	45.7	52.8	52.5	57.8	58.7	62.1	62.1	63.6
CEE	40.1	38.1	36.6	42.3	40.9	46.5	47.5	49.7	52.4	52.7
AELE	8.0	7.3	8.1	10.1	10.9	10.4	10.6	11.6	9.2	10.5
Océanie	0.4	0.5	0.5	x0.4	0.1	x0.2	x0.2	x0.2	x0.2	x0.3
Germany/Allemagne	11.1	10.6	10.6	11.8	16.6	16.6	17.3	16.0	17.0	16.0
Japan/Japon	32.7	28.0	30.7	28.0	16.4	16.2	13.7	12.0	13.2	13.2
Italy/Italie	8.4	8.9	7.5	10.7	11.5	11.8	10.6	11.1	10.9	12.6
France, Monac	6.7	6.8	7.0	8.1	6.7	5.9	6.5	7.5	5.8	7.3
Korea Republic	8.7	9.3	8.5	5.7	6.8	7.3	6.5	6.5	5.8	5.3
Netherlands/Pays–Bas	2.9	2.7	2.8	3.6	3.5	3.9	4.3	4.5	7.5	5.6
Canada	2.4	3.5	3.9	3.7	4.6	3.8	4.3	3.7	4.4	3.7
United Kingdom	3.1	2.2	2.7	2.3	3.0	2.7	3.3	3.7	4.9	5.3
Switz.Liecht	2.6	2.4	2.8	3.6	3.8	3.2	3.1	3.7	3.1	3.4
USA/Etats–Unis d'Amer	3.9	2.4	2.5	1.8	2.1	2.1	2.3	3.1	3.3	4.1

6784 STL HIGHPRESSURE CONDUIT / CONDUITES FORCEES 6784

TRADE BY COMMODITY IN THOUSAND U.S. DOLLARS – COMMERCE PAR PRODUIT EN MILLIERS DE DOLLARS E.U

IMPORTS – IMPORTATIONS

COUNTRIES–PAYS	1988	1989	1990	1991	1992
Total	x313875	38000	52412	5247	1884
Africa	x3634	512	939	x315	455
Northern Africa	882	431	197	x311	455
Americas	x33865	7393	x7209	1723	1424
LAIA	5957	5168	x5780	13	x3
CACM	2063	1745	1087	1710	1411
Asia	x229341	29977	44183	3208	x5
Middle East	225171	29906	41186	x154	x5
Europe	x311	2			
EEC					
EFTA	x311				
Oceania	1406	115	81		
Qatar	1349	5938	40134		
Saudi Arabia	220025	19255	x172	x67	x4
Chile/Chili	1347	4082	x3886		
China/Chine	88	62	2929	3054	
Syrian Arab Republic	455	2207	806		
Colombia/Colombie	1616	930	1525		
Kuwait/ Koweït		2368			
Costa Rica	233	884	6	1019	
Nicaragua	1268	328	675	59	479
Ethiopia/Ethiopie	99	27	674	2	
El Salvador	17	293	21	340	
Honduras	145	152	226	109	932
Guatemala	400	87	160	183	
Dominica/Dominique		401			
Tunisia/Tunisie	801	385	368	10	
Bolivia/Bolivie	223		265	0	
Barbados/Barbade	19	5			
Iraq	x162	x96	x74	x87	
Egypt/Egypte	14	16	172	60	358
Papua New Guinea	20	115	81		
Libyan Arab Jamahiriya	x31			x170	x50
Morocco/Maroc	34	19	18	66	47
Ecuador/Equateur	1640	80			
Jamaica/Jamaïque	37	18	62		
Philippines	251		56		
Trinidad and Tobago	15	39	14		
Venezuela	x578	51			
Jordan/Jordanie		x38	33		x1
Senegal/Sénégal		4	x29		
Ghana					
Cameroon/Cameroun		27			
Peru/Pérou	385	22	1	3	
Algeria/Algérie	3	10	0	10	
Panama	x134	18	0		10
Uganda/Ouganda	x13	15			
Sudan/Soudan			x7	x6	
Myanmar		7	x12		
Central African Rep.					
Cape Verde/Cap–Vert			6		
Sri Lanka	805	5			
Former Yemen		x5			
Pakistan		46			
Argentina/Argentine		x45	4		
Malta/Malte			3		
Mali			2		
Seychelles			x2		
Belize/Bélize			0	0	
Paraguay			0	0	1

EXPORTS – EXPORTATIONS

COUNTRIES–PAYS	1988	1989	1990	1991	1992
Totale	x221003	x22201	x17422	x150936	x2689
Afrique	x13	45	183	x261	x62
Afrique du Nord		41	179	250	56
Amériques	83245	x7871	x10466	x4526	x2526
ALAI	72016	2749	3888	x851	x851
MCAC	14	29	0	15	x163
Asie	x129671	x12540	x6564	x6243	x101
Moyen–Orient	3327	2729	5		
Europe				x138244	x1
CEE				x138244	x1
AELE					
Océanie	18				
United Kingdom				x138226	
Japan/Japon	x126285	x9806	x6487	x5990	x46
USA/Etats–Unis d'Amer	11154	x4577	x6176	x3217	x1444
Argentina/Argentine	987	2696	3886		
Saudi Arabia	3246	2642			
Former USSR/Anc. URSS	x1243		x208	x1660	
Romania/Roumanie	x2809	x1658		x443	x2
Canada	x12	x510	x402		
Brazil/Brésil	10	0		x635	x635
Egypt/Egypte		38	179	250	46
China/Chine	41	5	72	253	
Venezuela	x221	0		x214	x214
Kuwait/ Koweït		87			
Bulgaria/Bulgarie		x86			
Peru/Pérou	x179	x40		15	3
Guatemala	3	10			x144
Costa Rica	3	19	0	x18	x1
Germany/Allemagne	70620	x12	x2	x3	x3
Mexico/Mexique		x4	x4	x4	
Cameroon/Cameroun	x4	x4		0	x4
Panama	x41	x6		x6	x6
So. Africa Customs Un	0		5		
Qatar		3			
Tunisia/Tunisie		x1			x55
Korea Dem People's Rp		0	0		
Trinidad and Tobago					

(VALUE AS % OF TOTAL) (VALEUR EN % DU TOTAL)

	1983	1984	1985	1986	1987	1988	1989	1990	1991	1992
Africa	x1.9	x9.4	x5.7	x5.4	x3.9	x1.1	1.3	1.8	x6.0	24.1
Northern Africa	x1.1	x5.8	x1.8	1.2	0.7	0.3	1.1	0.4	x5.9	24.1
Americas	x8.0	5.9	2.9	x10.6	x2.5	x10.8	19.5	x13.8	32.8	75.6
LAIA	4.7	5.0	2.2	x2.5	x0.3	1.9	13.6	x11.0	0.2	x0.2
CACM	x0.4	0.5	x0.0	x0.0	x0.0	0.7	4.6	2.1	32.6	74.9
Asia	x46.6	26.0	x61.6	x14.2	x7.9	x73.1	78.9	84.3	61.2	x0.3
Middle East	x36.1	x21.5	x60.6	x12.8	x6.0	71.7	78.7	78.6	x2.9	x0.3
Europe	43.4	58.6	29.7	69.8	8.3	x0.1	0.0			
EEC	23.2	41.0	24.5	44.0	4.0					
EFTA	20.3	17.4	5.2	25.5	4.3	x0.1				
Oceania	x0.0		0.1	x0.0		0.4	0.3	0.2		
Qatar	x0.0	x0.1	0.4	x0.2	x0.0	0.4	15.6	76.6		
Saudi Arabia	x31.5	10.9	x51.8	3.3	0.6	70.1	50.7	x0.3	x1.3	x0.2
Chile/Chili		0.3		x0.0	x0.0	0.0	10.7	x7.4		
China/Chine					x0.0	0.0	0.2	5.6	58.2	
Syrian Arab Republic	0.4	0.3	0.6	0.4	0.2	0.1	5.8	1.5		
Colombia/Colombie	2.4	1.0	0.3		0.0	0.5	2.4	2.9		
Kuwait/ Koweït	x0.1	x0.6	x0.3	x0.0			6.2			
Costa Rica	x0.0		x0.0		x0.6		0.1	2.3	0.0	19.4
Nicaragua	x0.0			x0.0	0.4	0.9	1.3	1.1	25.4	
Ethiopia/Ethiopie		0.0	0.0	0.0	0.0	0.1	1.3	0.0		

	1983	1984	1985	1986	1987	1988	1989	1990	1991	1992
Afrique	x0.0	0.0	0.0	x0.0	x0.0	0.0	0.2	1.1	x0.2	x2.3
Afrique du Nord	0.0	0.0	0.0	0.0	0.0		0.0	1.0	0.2	2.1
Amériques	0.4	0.8	0.9	0.8	0.8	37.7	x35.4	x60.1	x3.0	x93.9
ALAI	1.2	0.1		0.2	0.1	32.6	12.4	22.3	x0.6	x31.7
MCAC				0.0	0.0	0.0	0.0	0.0	0.4	x6.1
Asie	x1.6		0.1	x0.2	0.4	x58.6	x56.5	x37.6	x4.2	x3.7
Moyen–Orient	x0.2	0.0	x0.0	x0.0	x0.1	1.5	12.3	0.0		
Europe	98.1	99.1	99.0	99.1	98.1				x91.6	x0.0
CEE	97.0	98.6	98.5	98.8	97.5				x91.6	x0.0
AELE	1.1	0.3	0.4	0.3	0.5					
Océanie										
United Kingdom	0.5	0.9	0.3	0.2	0.2				x91.6	
Japan/Japon		0.0	0.1	0.0	0.0	x57.1	x44.2	x37.2	x4.0	x1.7
USA/Etats–Unis d'Amer	0.4	0.7	0.9	0.6	0.7	5.0	x20.6	35.5	x2.1	x53.7
Argentina/Argentine		0.1		0.0	0.1	0.4	12.1	22.3		
Saudi Arabia	x0.2			x0.0		1.5	11.9			
Former USSR/Anc. URSS						x0.2	x1.3		x1.2	x1.1
Romania/Roumanie						x0.6	x7.5			
Canada						x0.0	x0.0	x2.3	x0.3	x0.1
Brazil/Brésil		0.0				x0.0	x0.0		x0.4	x23.6
Egypt/Egypte							0.2	1.0	0.2	1.7

553

6785 IRON, STEEL TUBE FITTINGS
ACCESSOIRES DE TUYAUTERIE 6785

TRADE BY COMMODITY IN THOUSAND U.S. DOLLARS – COMMERCE PAR PRODUIT EN MILLIERS DE DOLLARS E.U

IMPORTS – IMPORTATIONS

COUNTRIES–PAYS	1988	1989	1990	1991	1992
Total	2791428	3142190	3698060	4057761	4040496
Africa	x131876	x137856	x159315	x141065	x166354
Northern Africa	63624	64259	75360	x72961	x77040
Americas	586690	687938	749868	747537	632262
LAIA	76791	83093	135855	154862	142870
CACM	4551	10928	7526	6078	x7656
Asia	x541589	x636724	x714184	x937727	x996654
Middle East	x215802	x221258	x201254	x258001	x350285
Europe	1341722	1489375	1946702	1991554	2138932
EEC	1016925	1130966	1485432	1562345	1661865
EFTA	312237	343007	442880	419649	460211
Oceania	61979	73577	x73787	x78058	x63319
USA/Etats–Unis d'Amer	296764	381447	382909	359742	298398
Germany/Allemagne	215878	238840	333187	387200	439606
France, Monac	141784	170440	228998	224691	203272
Netherlands/Pays–Bas	158064	175103	220872	217836	219191
United Kingdom	149826	168333	206761	224049	233081
Canada	183932	187135	190875	198951	164709
Belgium–Luxembourg	110791	123903	163308	149812	163278
Italy/Italie	97422	105942	131446	140162	160947
Switz.Liecht	79952	87819	104110	133318	156469
Singapore/Singapour	54823	85746	109821	128017	141409
Japan/Japon	57171	78941	104024	126609	114130
Norway, SVD, JM	59183	68577	114802	95560	98775
Spain/Espagne	49798	57755	87126	96065	96140
Korea Republic	36536	49248	71608	119106	74850
Austria/Autriche	63923	65924	87942	84122	96178
Sweden/Suède	67554	74136	85165	69927	66151
Former USSR/Anc. URSS	x54141	x66496	x24641	x112654	
Saudi Arabia	54997	70042	x46492	x83931	x128049
Australia/Australie	47490	56840	54033	61838	49690
Denmark/Danemark	55052	51135	59662	60984	69888
Malaysia/Malaisie	27801	25736	43364	85714	x51202
Hong Kong	36217	37841	47714	55899	47405
Iran (Islamic Rp. of)	x26572	x33458	x42277	x65113	x81925
Mexico/Mexique	30007	31677	47251	60305	64011
Indonesia/Indonésie	37155	36514	38422	61940	86105
Finland/Finlande	38912	44443	48386	33305	39795
So. Africa Customs Un	30547	36924	35947	x20081	x26359
Turkey/Turquie	27621	23059	26433	33895	33796
Venezuela	8079	11209	23445	43099	29428
Algeria/Algérie	16485	19262	28388	30014	x11065
United Arab Emirates	x28162	x19930	x22543	x26729	x52035
Libyan Arab Jamahiriya	19117	21222	24684	x19145	x17282
Ireland/Irlande	14927	13954	21704	23567	30357
India/Inde	13238	x24164	19509	14431	x29856
Thailand/Thaïlande	15220	19187	14504	21619	25452
China/Chine	15608	21245	13869	19498	16870
Chile/Chili	8684	12786	22127	17942	x5858
Portugal	12907	12272	17811	21908	25523
Iraq	x22410	x30784	x18369	x630	x173
Greece/Grèce	10475	13290	14557	16072	x20581
Israel/Israël	8587	12448	14002	16465	18484
Hungary/Hongrie	x11198	x10949	x8510	15370	x8942
Yugoslavia SFR	9837	12249	14794	x6737	
Brazil/Brésil	12233	10495	10980	10336	9445
Egypt/Egypte	17661	11813	8965	10253	13531
New Zealand	7057	8574	11381	10711	8377
Nigeria/Nigéria	x6847	x4537	x9268	x14436	x23748
Poland/Pologne	7399	6518	9240	10624	x14039
Oman	6552	5588	6864	13866	x6623
Colombia/Colombie	5520	7636	10060	8544	6680

EXPORTS – EXPORTATIONS

COUNTRIES–PAYS	1988	1989	1990	1991	1992
Totale	2521170	2811097	3394613	3494432	3758296
Afrique	x5206	x7340	x9998	x10837	x10259
Afrique du Nord	1369	1553	3728	3363	4818
Amériques	353254	371311	465071	535451	526980
ALAI	50380	62921	76418	74240	61370
MCAC	183	153	195	185	x555
Asie	490895	533365	600273	659908	x689934
Moyen–Orient	10094	8476	x6390	x5002	x7150
Europe	1602667	1815073	2230292	2172797	2433783
CEE	1322563	1518273	1861858	1806684	2025454
AELE	255888	272400	339285	348655	386223
Océanie	x9763	x6200	12867	9182	10473
Germany/Allemagne	458455	503314	581420	590683	613389
Italy/Italie	297396	370005	474055	512168	517735
USA/Etats–Unis d'Amer	256168	261327	355736	424192	426241
Japan/Japon	243327	257349	276070	301640	309813
France, Monac	154715	202337	248491	248632	292469
United Kingdom	191871	205554	231610	248632	243683
China/Chine	56151	83335	140802	109523	
Netherlands/Pays–Bas	69310	86300	119450	143466	143324
Austria/Autriche	87706	86592	109116	117567	127263
Switz.Liecht	66116	76629	94418	113933	113983
Sweden/Suède	69832	72764	88531	119971	156270
Spain/Espagne	51032	54165	77325	80100	81185
Belgium–Luxembourg	47309	55014	70421	82044	68992
Korea Republic	74957	66967	50268	78425	88442
Thailand/Thaïlande	40473	44956	48301	54611	62742
Denmark/Danemark	38014	30280	42428	55471	x59297
Brazil/Brésil	28682	33948	41941	53357	60333
Canada	46125	45972	32526	45399	34454
Singapore/Singapour	30582	29617	34792	36521	38678
Finland/Finlande	24472	26180	31479	49969	48280
Yugoslavia SFR	24206	24386	29053	19576	22600
Poland/Pologne	9405	18994	22625	x17424	
Former USSR/Anc. URSS	x3410	x18582	x17210	27156	x39792
Romania/Roumanie	x16712	x16474	x15569	x31290	x13005
Mexico/Mexique	16876	18511	17384	27871	17148
Hong Kong	7836	10537	15341	14044	12767
Norway, SVD, JM	7721	10077	15665	17180	12174
India/Inde	9821	x12598	11069	15067	x23366
Israel/Israël	12865	12823	10632	12685	9128
Portugal	11666	8383	12953	8583	9087
Australia/Australie	8121	4917	11155	10189	
Czechoslovakia	x2685	x2827	x6799	6040	5311
Argentina/Argentine	2257	3800	7043	x11678	x21172
Former GDR	x19901	x14819	x4281	10107	4822
Venezuela	2235	5682	9488		
Hungary/Hongrie	2234	2212	4893	3252	2974
So. Africa Customs Un	x2862	x5125	x4983	x7122	x10061
Malaysia/Malaisie	2066	2661	3056	x3564	x2844
Bulgaria/Bulgarie	x4998	x3832	x4190	4785	8385
Indonesia/Indonésie	1507	3370	2283	x1065	x2765
Ireland/Irlande	2275	2751	3513	3273	4255
Turkey/Turquie	2859	2144	2966	2339	2990
Saudi Arabia	6215	5106	x1678	2921	4333
Tunisia/Tunisie	916	941	2659	x810	x1125
New Zealand	1558	1243	1638	2411	3312
Cameroon/Cameroun	x7	240	x13	2966	4688
Philippines	526	x116	513	3417	
Morocco/Maroc	267	599	925	2670	568
Greece/Grèce	522	170	190	916	1055
Colombia/Colombie	119	592	301	1757	x1071
				1186	731

(VALUE AS % OF TOTAL)(VALEUR EN % DU TOTAL)

Imports

	1983	1984	1985	1986	1987	1988	1989	1990	1991	1992
Africa	7.5	x7.2	6.6	x6.9	x5.5	x4.7	4.4	4.3	3.5	4.2
Northern Africa	4.3	3.8	3.3	3.6	3.0	2.3	2.0	2.0	x1.8	x1.9
Americas	x16.0	x20.2	x23.9	x18.7	x17.0	21.0	21.9	20.3	18.5	15.7
LAIA	1.9	2.6	3.3	x2.3	x2.2	2.8	2.6	3.7	3.8	3.5
CACM	x0.2	x0.2	x0.2	x0.1	x0.2	0.2	0.3	0.2	0.1	x0.2
Asia	x35.1	x31.6	x24.7	x21.5	x18.5	19.4	x20.3	x19.3	x23.1	x24.7
Middle East	x20.2	x18.4	x10.2	x9.9	x7.5	7.7	7.0	x5.4	x6.4	x8.7
Europe	38.8	38.7	42.5	50.3	50.8	48.1	47.4	52.6	49.1	52.9
EEC	30.4	29.5	32.4	37.7	37.6	36.4	36.0	40.2	38.5	41.1
EFTA	8.4	8.8	9.5	12.1	12.6	11.2	10.9	12.0	10.3	11.4
Oceania	2.6	x2.3	x2.4	x2.6	x2.2	2.3	2.4	x2.0	x1.9	1.5
USA/Etats–Unis d'Amer	7.1	10.8	13.2	10.2	8.7	10.6	12.1	10.4	8.9	7.4
Germany/Allemagne	6.4	5.9	6.8	8.0	7.8	7.7	7.6	9.0	9.5	10.9
France, Monac	4.8	4.6	4.7	5.4	5.8	5.1	5.4	6.2	5.5	5.0
Netherlands/Pays–Bas	5.3	5.3	5.9	7.0	6.3	5.7	5.6	6.0	5.4	5.4
United Kingdom	4.5	4.5	5.3	5.2	5.3	5.4	5.4	5.6	5.5	5.8
Canada	4.8	5.0	5.7	4.5	4.6	6.6	6.0	5.2	4.9	4.1
Belgium–Luxembourg	2.8	2.8	3.0	3.4	3.7	4.0	3.9	4.4	3.7	4.0
Italy/Italie	3.0	2.8	3.0	3.7	3.7	3.5	3.4	3.6	3.5	4.0
Switz.Liecht	2.1	2.1	2.3	2.8	3.1	2.9	2.8	2.8	3.3	3.9
Singapore/Singapour	2.6	2.4	2.4	1.9	1.6	2.0	2.7	3.0	3.2	3.5

Exports

	1983	1984	1985	1986	1987	1988	1989	1990	1991	1992
Afrique	0.3	0.2	0.2	x0.3	x0.1	x0.2	x0.3	x0.3	x0.3	x0.3
Afrique du Nord	0.0	0.0	0.0	0.0	0.0	0.1	0.1	0.1	0.1	0.1
Amériques	17.2	17.3	14.1	11.6	x11.2	14.0	13.2	13.7	15.3	14.1
ALAI	0.1	1.9	1.6	2.0	x1.5	2.0	2.2	2.3	2.1	1.6
MCAC	x0.0	x0.0	x0.0	0.0	0.1	0.0	0.0	0.0	0.0	x0.0
Asie	20.6	22.6	21.9	20.3	18.3	19.5	19.0	17.6	18.9	x18.4
Moyen–Orient	x0.3	x0.4	x0.4	1.7	0.8	0.4	0.3	x0.2	x0.1	x0.2
Europe	61.6	59.5	63.4	67.6	65.7	63.6	64.6	65.7	62.2	64.8
CEE	53.5	49.8	52.8	55.7	53.6	52.5	54.0	54.8	51.7	53.9
AELE	8.1	8.7	9.6	11.4	11.6	10.1	9.7	10.0	10.0	10.3
Océanie	0.3	0.3	x0.4	0.3	0.3	x0.4	x0.2	0.4	0.3	0.3
Germany/Allemagne	15.8	15.4	16.3	18.9	18.1	18.1	17.9	17.1	16.9	16.3
Italy/Italie	11.0	11.1	12.9	12.5	11.7	11.8	13.2	14.0	14.7	13.8
USA/Etats–Unis d'Amer	16.6	14.8	11.8	9.0	9.1	10.2	9.3	10.5	12.1	11.3
Japan/Japon	15.8	17.0	15.9	13.1	10.1	9.7	9.2	8.1	8.6	8.2
France, Monac	10.9	8.7	8.7	7.4	7.4	6.1	7.2	7.3	7.1	7.8
United Kingdom	8.1	6.9	6.4	6.9	7.6	7.6	7.3	6.8	7.1	6.5
China/Chine					1.7	2.2	3.0	4.1	4.1	3.8
Netherlands/Pays–Bas	2.8	2.6	2.9	3.8	3.0	2.7	3.1	3.5	3.4	3.4
Austria/Autriche	2.7	3.0	3.3	3.8	3.6	3.5	3.1	3.2	3.3	3.0
Switz.Liecht	2.4	2.4	2.8	3.3	3.1	2.6	2.7	2.8	3.4	4.2

6811 SILVER UNWKD, PARTLY WRKD — ARGENT BRUT MI-OUVRE 6811

TRADE BY COMMODITY IN THOUSAND U.S. DOLLARS – COMMERCE PAR PRODUIT EN MILLIERS DE DOLLARS E.U

IMPORTS – IMPORTATIONS

COUNTRIES–PAYS	1988	1989	1990	1991	1992
Total	2236123	2439942	2390552	1935264	2045200
Africa	x7827	x15150	x9413	x9304	x11410
Northern Africa	4562	5197	6087	x6494	x9257
Americas	608702	706923	x534310	403267	488779
LAIA	44425	83333	50620	22374	22958
CACM	75	76	140	101	x89
Asia	x429913	x553410	x687874	x412658	x504896
Middle East	x100674	x127193	x209787	x82515	x105155
Europe	1162805	1117014	1140631	1085704	1017828
EEC	1091736	1052736	1079772	1036249	971370
EFTA	69586	63310	59203	47847	44386
Oceania	4005	x19054	x8538	x14946	x17934
USA/Etats-Unis d'Amer	536882	591074	450763	364860	450716
Germany/Allemagne	280063	363856	264146	204608	176134
Japan/Japon	215663	230073	247325	138724	97133
United Kingdom	275970	204129	163434	192451	219598
Italy/Italie	130281	107513	173925	200818	194523
France, Monac	163033	146114	168298	129127	119524
United Arab Emirates	x94850	x118126	x193297	x71514	x96838
Spain/Espagne	42681	66096	140449	167057	71121
Singapore/Singapour	51895	89504	167855	87212	156936
Belgium–Luxembourg	136238	107218	101244	90789	148368
Brazil/Brésil	33992	81638	48956	18588	18014
Korea Republic	11820	42155	20248	39557	37432
Hong Kong	13481	24708	15264	33690	15869
Canada	26740	29517	19473	15364	14423
Netherlands/Pays-Bas	25635	16510	19919	16002	13441
Austria/Autriche	28435	20103	12100	13148	14828
Portugal	15551	14727	14840	9620	9424
Sweden/Suède	14055	14706	14963	13790	16597
Australia/Australie	2631	16869	7316	9382	x1732
Greece/Grèce	6470	11617	14289	9089	8841
Denmark/Danemark	10225	9527	13963	x2198	x1661
Czechoslovakia	x10028	19686	7605	9366	11984
Israel/Israël	14192	9440	10302	8042	7932
Switz.Liecht	9598	9769	10148	6654	10305
Norway,SVD,JM	10276	8387	12437	5517	x36419
India/Inde	1685	x17271	3756	4809	4694
Finland/Finlande	7125	10235	9417	3706	27762
Thailand/Thaïlande	7208	6137	5843	7554	1437
Turkey/Turquie	809	2276	9245	3778	3168
Ireland/Irlande	5588	5428	5263		
Cayman Is/Is Caïmans			x12844	x1	x4
Malaysia/Malaisie	3544	2653	3534	3912	x4703
Cyprus/Chypre	2343	2393	3233	1892	2207
Egypt/Egypte	976	1877	3169	1807	3084
Gh.ma		x6743	x5		
China/Chine	4868	2844	1406	1842	7369
Algeria/Algérie	2028	2552	1503	1948	x3460
Hungary/Hongrie	x1067	x961	x903	3859	x985
Former USSR/Anc. URSS	x2925	x3070	x363	x2263	
Bulgaria/Bulgarie	x6561	x4233	x556	x805	74
Saudi Arabia	x548	1350	x513	x3150	x202
New Zealand	1317	2145	1205	1135	1314
Iran (Islamic Rp. of)	x1090	x287	x2479	x1457	x3822
Yugoslavia SFR	1135	680	1316	x1232	
So. Africa Customs Un	1327	1093	984	x679	x884
Gambia/Gambie	x881	x940	x1044	x668	x512
Indonesia/Indonésie	15	191	1511	882	301
Colombia/Colombie	56	35	82	2355	1419
Tunisia/Tunisie	373	576	761	759	1001
Oman	548	857	564	495	x6

EXPORTS – EXPORTATIONS

COUNTRIES–PAYS	1988	1989	1990	1991	1992
Totale	2290749	2278208	2431956	1994114	x1895883
Afrique	x33710	x35413	x34830	x28452	x25731
Afrique du Nord	22423	21890	23578	22695	14147
Amériques	861682	831556	842502	x782623	x819481
ALAI	466882	497082	466562	x401142	x456628
MCAC	5854	4045	1400	191	x76
Asie	x96002	x102737	x79141	x63685	115913
Moyen-Orient	x8183	x10731	x19145	x2347	x3235
Europe	969292	1051031	1278520	949171	852987
CEE	826789	916819	1180735	860457	766768
AELE	x126266	x121967	x92496	x84818	x85366
Océanie	x24176	28147	55175	43982	47115
United Kingdom	214919	282946	486518	255589	203818
Mexico/Mexique	320965	346185	300222	231127	206096
Belgium–Luxembourg	219885	241038	208805	152424	201568
Germany/Allemagne	183098	206641	209631	168234	129822
USA/Etats-Unis d'Amer	130092	139893	162375	245877	209268
Canada	251330	185059	208866	145363	137655
France, Monac	112672	106022	156071	148358	91911
Poland/Pologne	148211	103782	108332	122730	x30213
Chile/Chili	83315	90801	91713	59630	x130014
Spain/Espagne	56175	39917	52982	66685	90038
Former GDR	x127628	x121237	x29164		
Sweden/Suède	x58686	x55110	x45098	x40166	x34939
Italy/Italie	12477	18640	46116	55977	35981
Bolivia/Bolivie	45812	35112	54277	27543	5387
Switz.Liecht	31793	33064	31378	29754	29001
Australia/Australie	22640	16757	38300	29397	36079
Peru/Pérou	13033	954	590	x78676	x109713
Morocco/Maroc	21970	21889	23289	22681	14145
Singapore/Singapour	16398	22236	23437	17819	29854
Japan/Japon	19759	16826	15146	22955	46380
Netherlands/Pays-Bas	20016	16155	15881	10879	8556
Uruguay		x19990	x17821		x1605
Papua New Guinea	x60	8064	14652	13945	10580
Austria/Autriche	24785	22706	6341	7088	11376
Philippines	6203	x21744	4018	x5421	2771
So. Africa Customs Un	x11179	x12037	x9688	x3680	x6187
United Arab Emirates	x7368	x10049	x13508	x1086	x3118
Yugoslavia SFR	16235	12235	5289	x3892	
Korea Republic	13010	12045	5542	3569	11342
Hong Kong	8943	7447	4676	7289	8939
Norway,SVD,JM	4812	4852	5512	4469	6898
Denmark/Danemark	6322	4761	4506	4405	3891
Finland/Finlande	5841	4601	4037	3341	3144
Dominican Republic	x7138	x5049	x3283	x3241	x15847
Korea Dem People's Rp	x20462	x4856	x3643	x2075	x1956
Former USSR/Anc. URSS	x4324	x1144	x2199	x3034	
New Zealand	1270	3118	2010	579	90
Honduras	5614	4045	1400	189	3
India/Inde	1168	x4621	219	84	x386
Venezuela	40	2616	1498	329	324
Brazil/Brésil	534	26	59	3571	3435
Zambia/Zambie		x1398	x1257	x908	x5360
China/Chine	316	420	1112	1542	1050
Saudi Arabia	738	0	x2634	x347	x106
Turkey/Turquie	38	675	1168	900	0
Hungary/Hongrie	x874	x1029	x777	x273	x308
Israel/Israël	1009	1147	1821	257	47
Oman					x8
Iceland/Islande	x349	x1634	x130	x164	x1794
Czechoslovakia	x3602	x1209	x126		

(VALUE AS % OF TOTAL)(VALEUR EN % DU TOTAL)

IMPORTS

	1983	1984	1985	1986	1987	1988	1989	1990	1991	1992
Africa	x0.2	x0.2	x0.2	x0.5	x0.3	x0.4	x0.6	x0.4	x0.4	x0.5
Northern Africa	x0.1	0.1	0.2	0.3	x0.2	0.2	0.2	0.3	x0.3	x0.5
Americas	49.2	40.9	49.4	40.9	28.7	27.2	28.9	x22.4	20.8	23.9
LAIA	0.1	1.5	1.6	3.2	2.4	2.0	3.4	2.1	1.2	1.1
CACM	0.0	0.0	0.0	0.0	0.0	0.0	0.0	0.0	0.0	0.0
Asia	x4.2	x6.8	x6.7	x7.4	10.6	x19.2	x22.7	x28.8	x21.4	x24.7
Middle East	x0.2	x0.3	x0.5	x1.1	x0.6	x4.5	x8.8	x4.3	x4.3	x5.1
Europe	46.3	51.8	43.5	51.1	59.0	52.0	45.8	47.7	56.1	49.8
EEC	44.2	48.5	40.3	48.5	54.9	48.8	43.1	45.2	53.5	47.5
EFTA	2.1	3.1	3.1	2.5	4.0	3.1	2.6	2.5	2.5	2.2
Oceania	0.1	x0.2	x0.1	x0.1	0.2	0.2	x0.8	x0.4	x0.8	x0.9
USA/Etats-Unis d'Amer	46.2	37.3	42.5	36.4	24.9	24.0	24.2	18.9	18.9	22.0
Germany/Allemagne	9.1	10.5	10.3	10.8	12.5	12.5	14.9	11.0	10.6	8.6
Japan/Japon	3.6	5.6	5.2	4.2	6.8	9.6	9.4	10.3	7.2	4.7
United Kingdom	22.1	17.7	12.9	15.6	15.1	12.3	8.4	6.8	9.9	10.7
Italy/Italie	2.5	4.0	2.6	4.8	5.8	4.4	4.4	7.3	10.4	9.5
France, Monac	4.1	5.6	4.9	5.7	6.2	7.3	6.0	7.0	6.7	5.8
United Arab Emirates	x0.0	x0.0	x0.3	x0.8	x0.4	x4.2	x4.8	x8.1	x3.7	x4.7
Spain/Espagne	0.2	0.2	0.1	0.2	0.6	1.2	2.3	3.7	7.0	4.5
Singapore/Singapour	0.1	0.2	0.2	0.6	1.2	2.3	3.7	7.0	4.5	7.7
Belgium–Luxembourg	4.8	8.5	7.3	6.9	7.6	6.1	4.4	4.2	4.7	7.3

EXPORTS

	1983	1984	1985	1986	1987	1988	1989	1990	1991	1992
Afrique	x1.6	x1.7	x1.7	x1.3	x1.3	x1.5	x1.5	x1.4	x1.4	x1.3
Afrique du Nord	0.6	0.7	0.7	0.4	0.7	1.0	1.0	1.0	1.1	0.7
Amériques	23.2	44.4	50.5	x41.9	x34.6	37.7	36.5	34.7	x39.2	x43.2
ALAI	7.3	27.1	28.8	x25.2	x24.7	20.4	21.8	19.2	x20.1	x24.1
MCAC	x0.1	x0.5	0.1	0.0	0.0	0.3	0.2	0.1	0.0	x0.0
Asie	x10.2	x3.0	x1.9	x2.1	x3.5	x4.2	x4.5	x3.2	x3.2	6.1
Moyen-Orient	x6.3	x0.0	x0.0	x0.5	x0.3	x0.4	x0.5	x0.8	x0.1	x0.2
Europe	62.5	48.6	43.4	50.1	43.4	42.3	46.1	52.6	47.6	45.0
CEE	58.6	42.5	38.1	45.3	36.7	36.1	40.2	48.6	43.1	40.4
AELE	3.9	5.3	4.1	4.2	0.8	x5.5	x5.4	x3.8	x4.3	x4.5
Océanie	2.5	0.2	x2.4	x4.5	2.1	x1.0	1.3	2.3	2.2	2.5
United Kingdom	31.7	18.9	6.4	17.7	13.0	9.4	12.4	20.0	12.8	10.8
Mexico/Mexique		14.5	15.0	x15.8	x16.5	14.0	15.2	12.3	11.6	10.9
Belgium–Luxembourg	10.2	3.0	13.7	12.1	7.8	9.6	10.6	8.6	7.6	10.6
Germany/Allemagne	9.1	6.0	7.3	6.2	7.7	8.0	9.1	8.6	8.4	6.8
USA/Etats-Unis d'Amer	5.2	4.6	6.0	4.5	4.8	5.7	6.1	6.7	12.3	11.0
Canada	10.5	11.9	15.3	11.9	4.9	11.0	8.1	8.6	6.6	7.3
France, Monac	4.2	5.2	5.6	5.5	5.1	4.9	4.7	6.4	7.3	4.8
Poland/Pologne					5.4	6.5	4.6	4.5	6.2	x1.6
Chile/Chili		3.7	3.8	x3.0	x2.6	3.6	4.0	3.8	3.0	x6.9
Singapore/Singapour		1.6	1.7	0.5	1.7	2.5	1.8	2.2	3.3	4.7
Spain/Espagne	1.2									

68113 SILVER UNWROUGHT / ARGENT ET ALLIAGES BRUTS 68113

TRADE BY COMMODITY IN THOUSAND U.S. DOLLARS – COMMERCE PAR PRODUIT EN MILLIERS DE DOLLARS E.U

IMPORTS – IMPORTATIONS

COUNTRIES–PAYS	1988	1989	1990	1991	1992
Total	1840373	1995231	1833752	1506728	1643011
Africa	x2491	x10631	x4834	x2801	x7318
Northern Africa	x1641	x3001	3243	2801	6813
Americas	544182	685944	x524910	x415664	477864
LAIA	46733	79981	48365	x27104	19551
CACM	x77		x24		
Asia	x309848	x382929	x436369	x299404	x333818
Middle East	x84834	x120565	x203418	x71841	x98857
Europe	964800	889562	854368	775445	805585
EEC	929470	863453	835786	758535	791088
EFTA	35006	25875	18469	16551	14145
Oceania	817	11811	x6208	9855	15830
USA/Etats–Unis d'Amer	483591	587017	447038	362888	446414
Germany/Allemagne	245716	318688	240542	180951	148456
United Kingdom	240637	165399	140418	171120	192815
Italy/Italie	100256	83374	153129	177545	171217
Japan/Japon	196463	155944	146886	110292	82184
United Arab Emirates	x83003	x116303	x193200	x67949	x96484
France,Monac	143546	125144	140842	101891	98000
Belgium–Luxembourg	131925	103632	97181	86311	144518
Brazil/Brésil	32947	79145	46743	16820	16758
Singapore/Singapour	10520	37746	52182	46744	97051
Korea Republic	1870	37983	17445	36038	34541
Spain/Espagne	35660	38149	29815	19756	23710
Hong Kong	7314	18245	9864	25095	7089
Canada	13662	12315	16476	12562	11752
Portugal	13443	12329	12234	8622	6508
Greece/Grèce	6010	10823	13459	7617	x797
Austria/Autriche	23426	15198	5631	10822	4619
Australia/Australie	752	11707	6169	9845	15794
Cayman Is/Is Caïmans			x12844	x12844	x4
Czechoslovakia	x9846	9285	6556	x1869	x1396
Norway,SVD,JM	6062	4495	8275	3726	7152
India/Inde	811	x7764	3436	5051	x7564
Netherlands/Pays–Bas	11721	5666	7145	3184	3228
Turkey/Turquie	3	1582	7946	3122	150
Sweden/Suède	4444	4206	4173	1529	1374
Uruguay	x4010	0	x869	x7291	22
Ghana		x6707			
Panama		x6552	66	67	60
Egypt/Egypte	737	1296	2565	1115	2718
Former USSR/Anc. URSS	x2814	x3061	x42	x726	
China/Chine	2997	1486	1112	922	2410
Thailand/Thaïlande	1157	2022	665	554	1348
Bulgaria/Bulgarie	x3904	x1995	x168	x736	2
Finland/Finlande	1017	1947	353	444	970
Cyprus/Chypre	1479	934	1020	622	505
Colombia/Colombie	x1	3	1	2208	1326
Tunisia/Tunisie	276	518	677	686	884
Ireland/Irlande	62	22	401	1293	1416
Israel/Israël	1040	530	642	368	197
Iran (Islamic Rp. of)	x260	x46	x1247	x108	x1616
Argentina/Argentine		223	715	383	1017
Gambia/Gambie	x174	x159	x814	x247	x223
Myanmar				x1199	x706
Algeria/Algérie	x618	x1186	0	6	x3210
Nepal/Népal		466	488	x233	
Denmark/Danemark	493	227	619	243	424
Saudi Arabia		970	x5	x4	x35
Indonesia/Indonésie	10			818	73
Venezuela	9678	501	14	169	403
Cote d'Ivoire	x120	x180	x361	x74	x16

EXPORTS – EXPORTATIONS

COUNTRIES–PAYS	1988	1989	1990	1991	1992
Totale	x1924085	x1942027	1919648	1370849	x1500843
Afrique	x33433	x35162	x34384	x28214	x25339
Afrique du Nord	22423	21889	23577	22695	14159
Amériques	x799465	x809450	717701	x634934	x761952
ALAI	x451019	x527444	377706	x367972	x447885
MCAC	x239			0	x34
Asie	x53986	x61088	x37286	x29660	x57524
Moyen–Orient	x1168	x12529	x14931	x1971	x2519
Europe	737496	806370	969619	629989	608772
CEE	653084	732664	920518	589200	572129
AELE	x68397	x61602	x44084	x36904	x35953
Océanie	x11396	11599	20851	16220	13345
United Kingdom	180640	266343	471368	234703	186622
Mexico/Mexique	282461	295907	277517	227975	201178
Belgium–Luxembourg	215520	235246	205245	149192	198238
Canada	248672	169596	205454	128722	134212
USA/Etats–Unis d'Amer	98680	107042	206156	134116	163974
Germany/Allemagne	104696	128411	130539	134116	163974
Poland/Pologne	x132649	x92829	120183	63966	41802
Chile/Chili	83090	x106699	x28401	x30154	
Peru/Pérou	x80845	90759	74151	53074	x128834
Former GDR	x127628	x121227	x29151	x78235	x108779
Spain/Espagne	49687	33955	44252	55063	79502
France,Monac	79769	44766	33707	40279	39188
Sweden/Suède	x55631	x50922	x36804	x29159	x25591
Italy/Italie	8682	13519	36981	43406	24878
Morocco/Maroc	21970	21889	23289	22681	14145
Uruguay	x19990	x17818			x1605
Papua New Guinea	x42	8064	14652	13938	10580
Philippines	6118	x18315	3908	x3580	2771
So. Africa Customs Un	x11005	x11788	x9264	x3462	x5789
Singapore/Singapour	3094	8930	5331	7877	6199
Yugoslavia SFR	16014	12094	5017	x3882	
Netherlands/Pays–Bas	12698	9328	7911	1830	1105
Bolivia/Bolivie	946	6068	7449	5296	5387
Korea Republic	12566	11290	4450	2340	8747
Hong Kong	7459	5499	3714	5004	5752
Austria/Autriche	6493	4319	3027	4499	7132
Saudi Arabia	490	x8666	x2580	x347	x92
Dominican Republic	x497	x5049	x3283	x3241	x15847
Finland/Finlande	5816	4540	3819	2954	2147
United Arab Emirates	x654	x3197	x6970	x709	x2420
Australia/Australie	10878	2752	5938	2018	2667
Korea Dem People's Rp	x18915	x3323	x3643	x2075	x1625
Former USSR/Anc. URSS	x2355	x1144	x2052	x3004	
Japan/Japon	2829	365	48	5037	27634
Brazil/Brésil	382	x1548	x167	3218	2008
Oman					x4282
Zambia/Zambie	x12				x5360
China/Chine	307	x1398	x1257	x908	
Turkey/Turquie		420	1112	1540	911
Denmark/Danemark	1358	661	1099	899	
Hungary/Hongrie	x825	911	871	687	693
Iceland/Islande	x349	x1026	x759	x262	x307
Czechoslovakia	x3602	x1634	x129		
Ecuador/Equateur	x2774	x1207	x126	x164	x1128
Bulgaria/Bulgarie	x21135	x1375	x387		
New Zealand	272	x877	140	205	x2323
Zaire/Zaïre		603	x41	x739	0
Norway,SVD,JM	108	x67	304	291	1083
Venezuela	x312	187	449	29	x58
Jamaica/Jamaïque	0	299		x675	

(VALUE AS % OF TOTAL)(VALEUR EN % DU TOTAL)

	1983	1984	1985	1986	1987	1988	1989	1990	1991	1992		1983	1984	1985	1986	1987	1988	1989	1990	1991	1992
Africa	x0.0	x0.0	x0.0	x0.1	x0.1	x0.1	x0.5	x0.3	x0.2	x0.4	Afrique	x0.9	x1.3	x1.3	x1.6	x1.5	x1.8	x1.8	x1.8	x2.1	x1.7
Northern Africa	0.0	0.0	0.0	0.0	x0.1	x0.1	x0.2	0.2	0.1	x0.4	Afrique du Nord	0.7	1.0	1.1	0.5	0.8	1.2	1.1	1.2	1.7	0.9
Americas	x49.9	x40.8	x48.2	x40.2	27.0	29.6	34.3	x28.6	x27.6	29.1	Amériques	x29.7	x31.9	x43.8	x42.2	x33.7	x41.6	x41.6	37.3	x46.3	x50.8
LAIA	x0.1	x0.5	x0.1	x4.6	2.7	2.5	4.0	2.6	x1.8	1.2	ALAI	x18.8	13.2	12.5	x25.2	x24.2	x23.4	x27.2	19.7	x26.8	x29.8
CACM	x0.0				0.0	0.0		x0.0			MCAC	x0.0		0.4			x0.0			x0.0	x0.0
Asia	4.0	6.9	x6.8	x5.0	7.5	x16.8	x19.1	x23.8	x19.8	x20.3	Asie	x9.0	x3.2	2.3	1.2	x3.1	x2.8	x3.1	1.9	2.2	x3.8
Middle East	x0.1	x0.1	x0.1	x0.2	x0.2	x4.6	x6.0	x11.1	x4.8	x6.0	Moyen–Orient	x6.6	x0.0	x0.0		x0.3	x0.1	x0.6	x0.8	x0.1	x0.2
Europe	46.1	52.2	45.0	54.6	x64.7	52.4	44.6	46.6	51.5	49.0	Europe	60.2	63.2	x52.1	x44.8	38.3	41.5	50.5	46.0	40.6	
EEC	45.7	51.7	44.5	46.5	49.8	50.5	43.3	45.6	50.3	48.1	CEE	57.7	58.6	48.0	42.9	35.0	33.9	37.7	48.0	43.0	38.1
EFTA	0.3	0.5	0.5	x8.1	x14.8	1.9	1.3	1.0	1.1	0.9	AELE	x2.5	x4.6	x4.1	x8.6	x9.3	x3.6	x3.2	x2.3	x2.7	x2.4
Oceania		x0.1	0.1	x0.0	0.0		0.6	x0.0	1.0	1.0	Océanie	0.1	0.4	x0.3	x2.9	0.2	0.6	0.6	1.1	1.2	0.9
USA/Etats–Unis d'Amer	49.7	40.3	48.1	35.2	23.3	26.3	29.4	24.4	24.1	27.2	United Kingdom										
Germany/Allemagne	9.7	11.6	11.6	10.7	11.1	13.4	16.0	13.1	12.0	9.0	Mexico/Mexique	32.7	28.1	6.3	16.4	13.7	9.4	13.7	24.6	17.1	12.4
United Kingdom	23.6	19.4	14.8	15.2	14.6	13.1	8.3	7.7	11.4	11.7	Belgium–Luxembourg	x11.1		x17.5	14.0	x18.6	14.7	15.2	14.5	16.6	13.4
Italy/Italie	2.5	4.3	2.5	4.5	7.6	5.4	4.2	8.4	11.8	10.4	Canada	10.7	14.0	21.5	14.0	8.8	11.2	12.1	10.7	10.9	13.2
Japan/Japon	3.8	6.2	5.9	4.0	6.3	10.7	7.8	8.0	7.3	5.0	USA/Etats–Unis d'Amer	x10.9	x18.3	x23.7	x13.2	x5.4	12.9	8.7	10.7	9.4	8.9
United Arab Emirates	x0.0	x0.0	x0.3	x0.1	x4.5	x5.8	x10.5	x4.5	x5.9		Germany/Allemagne				7.6	3.8	5.1	5.5	6.8	9.8	10.9
France,Monac	3.7	5.8	5.2	5.2	5.5	7.8	6.3	7.7	6.8	6.0	Poland/Pologne	7.9	6.1	7.1	4.1	5.2	5.4	6.6	6.3	4.7	2.8
Belgium–Luxembourg	5.2	9.7	8.8	7.2	7.7	7.2	5.2	5.3	5.7	8.8	Chile/Chili				x6.0	x6.9	4.8	5.6	x2.1	x2.0	
Brazil/Brésil				1.5	1.9	1.8	4.0	2.5	1.1	1.0	Peru/Pérou	7.2	12.8	12.5	x1.5	x1.2	4.3	4.7	3.9	3.9	x8.6
Singapore/Singapour	0.1	0.1	0.1	0.0	0.5	0.6	1.9	2.8	3.1	5.9	Former GDR				6.1	4.3	x4.2	x5.7	0.0	x5.7	x7.2

556

6812 METALS OF PLATINUM GROUP — PLATINE 6812

TRADE BY COMMODITY IN THOUSAND U.S. DOLLARS – COMMERCE PAR PRODUIT EN MILLIERS DE DOLLARS E.U

IMPORTS – IMPORTATIONS

COUNTRIES–PAYS	1988	1989	1990	1991	1992
Total	4580651	4592014	6088455	5902822	4592082
Africa	x1094	x2646	x2850	x27718	x1889
Northern Africa	x66	x625	x328	x136	52
Americas	1435876	x1470547	1999931	1756903	1544642
LAIA	12407	x26648	10891	14411	17195
CACM	55	x9	x23	x6	x38
Asia	1602654	1367709	1594139	1662320	1172955
Middle East	x6431	x4240	x3448	x6595	x4593
Europe	1453375	1639437	2426582	2410527	1817150
EEC	1137682	1209051	1966866	1714306	1510930
EFTA	313344	428978	458227	692044	304309
Oceania	x48636	x57288	x38111	x38662	x44741
USA/Etats–Unis d'Amer	1267252	1354687	1875997	1662349	1430201
Japan/Japon	1496434	1276225	1488300	1527270	1038616
United Kingdom	383721	443971	938004	762947	627969
Germany/Allemagne	496083	490177	580159	494414	495139
Switz.Liecht	253481	373573	409923	650350	260057
France,Monac	121027	146331	203306	210776	167318
Italy/Italie	61514	62591	115982	134490	146721
Canada	155733	89055	112976	78675	97148
Belgium–Luxembourg	28027	23810	80249	65790	16994
Australia/Australie	48500	57129	37720	38558	44689
Hong Kong	30329	26128	33058	57319	58724
Korea Republic	8625	16312	30856	43105	35598
Sweden/Suède	42154	36902	26090	22918	24417
Netherlands/Pays–Bas	27095	28312	27098	23675	28408
China/Chine	49914	29266	18550	9846	6571
Austria/Autriche	11926	12033	16362	10592	11914
Brazil/Brésil	10707	17181	8936	12194	14704
Spain/Espagne	7395	6219	10873	15150	13537
So. Africa Customs Un	820	735	2303	x27032	x1755
Former USSR/Anc. URSS	x4498	x23830	x1252	x632	
Czechoslovakia	x8422	10714	8963	x2865	2647
Thailand/Thaïlande	1816	3213	8485	10233	10595
Romania/Roumanie	x12614	x10353	x7549	x1153	x1050
Norway,SVD,JM	4689	5180	4002	6837	6792
Denmark/Danemark	5205	4772	6071	5168	5323
Singapore/Singapour	4534	4552	5993	4546	14757
Hungary/Hongrie	x5111	x4245	x3057	1176	x6220
India/Inde	960	x4057	2738	720	x1104
Yugoslavia SFR	2284	1320	1426	x4133	
Paraguay	3	x6710	x3		
Bulgaria/Bulgarie	x7586	x5244	x525	x722	412
Mexico/Mexique	1008	2375	1660	1837	1244
Israel/Israël	2780	2265	1733	1165	1520
Former GDR	x785		x4786		
Ireland/Irlande	2670	1417	2117	874	679
Finland/Finlande	894	1137	1690	1201	987
United Arab Emirates	x2419	x1300	x700	x1638	x435
Iran (Islamic Rp. of)	x303	x133	x172	x3281	x803
Turkey/Turquie	2397	1445	1501	483	1182
Greece/Grèce	511	1142	1240	742	x7093
Portugal	4434	309	1767	280	1748
Malaysia/Malaisie	646	972	616	588	x736
Saudi Arabia	x620	77	x461	x736	x1483
Panama	1	x32	1	x1175	x14
Iraq	x71	x925	x105		
Pakistan	4	143	169	x654	68
Niger		x490		x426	
Poland/Pologne			x710	x143	x377
Egypt/Egypte	6	x541	x186	x87	1
Cyprus/Chypre	210	230	239	232	292

EXPORTS – EXPORTATIONS

COUNTRIES–PAYS	1988	1989	1990	1991	1992
Totale	x6219892	x5716731	x7636944	x8455877	x4168457
Afrique	x1557216	x1512831	x2219856	x2148369	x1753356
Afrique du Nord		x151	2	x28	
Amériques	x334778	381263	332353	x389584	x386020
ALAI	14432	7915	5893	4942	x26405
MCAC	743	582	0	424	x13
Asie	152246	82718	105981	76018	x106352
Moyen–Orient	x257	x60	x528	x1839	x1202
Europe	1970291	1823908	2325586	2379026	1919369
CEE	1181835	1322625	1812773	1828398	1344222
AELE	788436	501211	512784	549341	574558
Océanie	x4846	x4596	4849	5326	341
Former USSR/Anc. URSS	x2196180	x1900196	x2632338	x3451484	x1751319
So. Africa Customs Un	x1555101	x1508968	x2217668	x2146311	679434
United Kingdom	642326	679424	1072093	1048239	529268
Switz.Liecht	760019	471908	466970	516680	357367
Germany/Allemagne	299477	336781	388863	387342	328044
USA/Etats–Unis d'Amer	282676	263549	259139	352409	97531
France,Monac	82260	124938	163038	140266	130042
Belgium–Luxembourg	102847	120390	128837	163999	31559
Canada	30360	108645	52053	29313	84670
Japan/Japon	129433	53311	64364	47955	37543
Italy/Italie	24420	35218	33719	46639	34292
Norway,SVD,JM	14295	19343	25600	24527	28122
Netherlands/Pays–Bas	19676	18821	18865	22769	14519
Hong Kong	14077	9472	14248	19912	2122
China/Chine	2529	11928	22399	3163	8783
Austria/Autriche	8099	5563	11651	6886	
Former GDR	x174	x7020	x13296		
Spain/Espagne	2729	1460	1838	13717	9371
Australia/Australie	4454	4435	4612	5316	338
Sweden/Suède	x5983	x4195	x8105	x1217	x2134
Bermuda/Bermudes			x13392		
Ireland/Irlande	5490	2980	1712	2714	2342
Colombia/Colombie	10671	62	4995	2313	x24948
Brazil/Brésil	x362	6707	0	1	22
Denmark/Danemark	1146	1097	2519	1906	1380
Czechoslovakia	x53	x797	x2254	x2281	x86
Malaysia/Malaisie	3235	3399	609	381	x231
Korea Republic	1097	1731	2293	272	688
Bulgaria/Bulgarie	x1714	x3237	x423	x278	x88
Panama	x115	x10	x1876	x1628	
Un. Rep. of Tanzania		x500	x1167	x1777	x355
Singapore/Singapour	1075	2022	675	716	251
Portugal	1347	1201	1181	740	712
Mexico/Mexique	2950	616	796	1698	844
Hungary/Hongrie	x65		x9	x2356	x944
Saudi Arabia	x103	x12	x267	x1489	x646
Ethiopia/Ethiopie	x24	x1381			
Yugoslavia SFR	19	71		x1270	
Israel/Israël	77	58	196	762	766
Costa Rica	253	574		423	x5
Venezuela	x282	x512	4	451	556
Romania/Roumanie	x2056	x9		x950	x170
Anguilla			574	252	x1839
India/Inde	465		x301	x303	191
Zimbabwe		x44		x8	
Zaire/Zaïre		x744			
Thailand/Thaïlande	2	11	93	614	x23
Cote d'Ivoire	x400	x639			
Dominican Republic	x5991	x561			
Congo		x87	x457		

(VALUE AS % OF TOTAL)(VALEUR EN % DU TOTAL)

	1983	1984	1985	1986	1987	1988	1989	1990	1991	1992
Africa	x0.6	0.3	x0.4	x0.1	x0.1	x0.0	x0.0	x0.0	x0.5	x0.0
Northern Africa	0.1		0.1	0.0	0.1					
Americas	x32.4	40.1	40.8	x40.2	x28.4	31.4	x32.0	32.9	29.8	33.7
LAIA	0.1	0.2	0.3	0.3	x0.2	0.3	0.6	0.2	0.2	0.4
CACM	x0.0									
Asia	x27.1	27.2	x26.1	23.6	31.8	35.0	29.7	26.2	28.2	25.6
Middle East	x0.2	x0.1	x0.3	x0.2	x0.1	x0.1	0.1	0.1	x0.1	x0.1
Europe	39.8	32.2	32.2	35.7	38.7	31.7	35.7	39.9	40.8	•39.6
EEC	21.0	19.6	21.4	24.0	23.0	24.8	26.3	32.3	29.0	32.9
EFTA	18.9	12.5	10.7	11.6	15.6	6.8	9.3	7.5	11.7	6.6
Oceania	0.1	x0.1	x0.4	x0.4	x0.5	1.1	x1.2	x0.6	x0.7	x1.0
USA/Etats–Unis d'Amer	32.0	39.5	40.3	39.1	27.4	27.7	29.5	30.8	28.2	31.1
Japan/Japon	26.5	26.4	25.1	22.9	30.2	32.7	27.8	24.4	25.9	22.6
United Kingdom	3.8	3.6	3.8	6.1	5.1	8.4	9.7	15.4	12.9	13.7
Germany/Allemagne	10.7	10.1	10.2	10.7	11.6	10.8	10.7	9.5	8.4	10.8
Switz.Liecht	16.8	10.9	9.0	9.9	14.0	5.5	8.1	6.7	11.0	5.7
France,Monac	2.3	2.5	3.9	3.6	2.9	2.6	3.2	3.3	3.6	3.6
Italy/Italie	1.7	1.5	1.6	1.7	1.5	1.3	1.4	1.9	2.3	3.2
Canada	0.3	0.3	0.2	0.8	0.7	3.4	1.9	1.9	1.3	2.1
Belgium–Luxembourg	0.9	0.7	0.7	0.7	0.5	0.6	0.5	1.3	1.1	0.4
Australia/Australie	0.1	0.1	0.4	0.4	0.5	1.1	1.2	0.6	0.7	1.0

	1983	1984	1985	1986	1987	1988	1989	1990	1991	1992
Afrique	x0.0	x0.1		x0.0	40.2	28.5	x25.0	x26.5	x25.4	x42.0
Afrique du Nord			x0.0	x0.0	0.0					
Amériques	x15.9	14.9	14.4	6.6	x4.6	x5.3	6.7	x4.4	x4.6	x9.2
ALAI	x0.1	0.8	1.0	0.5	0.2	0.2	0.1	0.1	0.1	x0.6
MCAC			0.0	0.0	0.0					x0.0
Asie	2.7	x2.5	x3.0	1.1	1.1	2.5	1.4	1.3	0.9	x2.5
Moyen–Orient	x0.0	x0.3	x0.0	x0.1	x0.1	x0.0	x0.0	x0.0	x0.0	x0.0
Europe	81.2	82.2	82.5	51.9	28.6	31.7	31.9	30.5	28.1	46.0
CEE	64.3	59.5	62.4	41.4	20.6	19.0	23.1	23.7	21.6	32.2
AELE	17.0	22.7	20.1	10.5	8.0	12.7	8.8	6.7	6.5	13.8
Océanie	0.1		0.1		0.1	0.1		x0.1	0.1	
Former USSR/Anc. URSS					x36.8	x35.3	x33.2	x34.5	x40.8	
So. Africa Customs Un	0.0	0.0	0.0	x40.2	28.5	x25.0	x26.4	x29.0	x25.4	x42.0
United Kingdom	38.0	34.6	35.1	24.4	11.0	10.3	11.9	14.0	12.4	16.3
Switz.Liecht	15.4	21.5	18.7	9.6	7.5	12.2	8.3	6.1	6.1	12.7
Germany/Allemagne	10.9	11.9	12.1	7.5	5.3	4.8	5.9	5.1	4.6	8.6
USA/Etats–Unis d'Amer	13.1	11.9	10.6	5.2	4.1	4.5	4.6	3.4	4.2	7.9
France,Monac	4.0	3.8	6.9	2.8	1.8	1.3	2.2	2.1	1.7	2.3
Italy/Italie					1.3	1.7	2.1	2.1	1.9	3.1
Belgium–Luxembourg	4.9	4.3	4.3	4.0	1.7	2.4	1.9	0.7	0.3	0.8
Canada	2.7	2.2	2.6	0.9	0.4	0.5	1.9	0.7	0.3	0.8
Japan/Japon	2.3	1.8	1.9	0.6	0.2	2.1	0.9	0.8	0.6	2.0

68123 PLATINUM, ALLOYS UNWRGHT / PLATINE, ALLIAGES BRUTS 68123

TRADE BY COMMODITY IN THOUSAND U.S. DOLLARS – COMMERCE PAR PRODUIT EN MILLIERS DE DOLLARS E.U

IMPORTS – IMPORTATIONS

COUNTRIES–PAYS	1988	1989	1990	1991	1992
Total	2746317	2734565	2942397	2779935	2182326
Africa	x21	x451	x215	x3846	x699
Northern Africa	x12	x17	x16	25	x632
Americas	773657	860014	804615	607160	631671
LAIA	5277	11326	1979	1726	4535
CACM	16	3	2	0	
Asia	1154123	901574	929248	888224	675992
Middle East	x2053	x1023	x382	x711	x335
Europe	792523	954128	1198259	1254355	856771
EEC	654417	691445	932910	771025	680243
EFTA	136957	262662	265348	481973	176505
Oceania	11200	6603	x2098	x24344	12288
Japan/Japon	1112018	860146	900896	839910	645135
USA/Etats–Unis d'Amer	720697	797987	775692	585692	602083
United Kingdom	249297	249641	471127	418298	363973
Switz.Liecht	128847	254067	259843	476630	171145
Germany/Allemagne	288108	315960	277390	191154	175489
France,Monac	75298	89115	109380	87506	74269
Canada	47667	50696	26941	19513	25054
Italy/Italie	15986	15167	30900	41278	49855
Belgium–Luxembourg	16154	15153	33477	21588	1868
Hong Kong	9461	12026	14781	31594	17727
Australia/Australie	11200	6603	2042	24314	12288
China/Chine	26008	19088	6825	5103	1214
Korea Republic	3461	8262	6250	10391	10854
Netherlands/Pays–Bas	6459	4068	5187	5607	5301
Brazil/Brésil	5116	10888	1590	1547	4379
Spain/Espagne	2951	2105	5398	5466	5325
Romania/Roumanie	x8284	x7406	x4727	x194	x244
Sweden/Suède	5444	6203	915	1651	1721
Austria/Autriche	2039	990	3547	2281	1425
Czechoslovakia	x5033	3380	2444	x951	x484
So. Africa Customs Un	8	163	199	x3821	x67
Norway,SVD,JM	521	1330	920	1295	2124
United Arab Emirates	x1921	x915	x282	x409	
Yugoslavia SFR	1149	2	0	x1357	x12
Hungary/Hongrie	x1475	x877	x131	348	
India/Inde	x25	x886	8	13	x4166
Mexico/Mexique	150	360	377	121	x317
Former USSR/Anc. URSS			x258	x508	29
Pakistan				x564	
Poland/Pologne			x402	x1	x9
Saudi Arabia	x94	77	x61	x176	x78
Panama				1	x228
Thailand/Thaïlande		123	50	54	202
Niger		x214			
Greece/Grèce	117	112	52	33	x4116
Finland/Finlande	46	31	64	92	55
Bulgaria/Bulgarie		x133		x6	2
Denmark/Danemark	2	103		24	42
Iceland/Islande	61	40	58	23	35
Turkey/Turquie	32		10	65	230
Ireland/Irlande	20			71	1
Jordan/Jordanie	x6	27	28	11	6
Angola		x55			
Niue/Nioué			x55		
Iran (Islamic Rp. of)				x47	x3
Indonesia/Indonésie	0		45		
Colombia/Colombie	0	x36		x7	
Peru/Pérou		35		5	
Argentina/Argentine		3	6	27	106
Israel/Israël	372	14	6	15	21

EXPORTS – EXPORTATIONS

COUNTRIES–PAYS	1988	1989	1990	1991	1992
Totale	x3343026	x3058288	x3249165	x3953617	x2015155
Afrique	x1121929	x1160437	x1330101	x1096821	x1023297
Afrique du Nord				x16	
Amériques	x204160	134368	x78996	x98611	x112061
ALAI	11571	645	x7942	x5292	x25040
MCAC			0		x8
Asie	19801	23573	31112	26008	x22845
Moyen–Orient	x232	x33	x193	x885	x1182
Europe	1005661	950937	950161	984022	855646
CEE	593971	664332	645891	659864	527487
AELE	411690	286604	304270	324142	327889
Océanie	642	1127	978	321	39
So. Africa Customs Un	x1121341	x1157921	x1327953	x1094995	x1022738
Former USSR/Anc. URSS	x986724	x780760	x842995	x1743392	
United Kingdom	287230	293426	336048	371235	278210
Switz.Liecht	396587	272815	283960	313909	311739
Germany/Allemagne	189397	207925	159029	136584	127178
France,Monac	43648	87746	82540	64933	46804
USA/Etats–Unis d'Amer	x188219	77050	56292	85644	79325
Belgium–Luxembourg	49889	45887	40524	51939	48698
Canada	4333	56673	12988	7514	7688
Italy/Italie	17819	25146	22172	19273	14837
Japan/Japon	11787	15613	13200	9167	11332
Norway,SVD, JM	10116	10691	14208	9925	14244
Hong Kong	5035	4093	6581	13829	8573
Former GDR		x6433	x13291		
Netherlands/Pays–Bas	5631	4109	3863	5954	6607
China/Chine	1379	2585	8887	1728	
Spain/Espagne	337	78	1508	9769	4767
Sweden/Suède	x3414	x2704	x5356	x287	x1527
Colombia/Colombie	10671	62	4995	2310	x24931
Czechoslovakia		x495	x1530	x1964	x5
Brazil/Brésil	x98	x31	x1917	x1757	
Un. Rep. of Tanzania		x500	x1167	x1753	x355
Mexico/Mexique	788	532	782	1153	x40
Australia/Australie	550	1127	919	311	39
Hungary/Hongrie	x65			x2356	
Korea Republic	628	776	1543	2	
Panama	x37		x1774	x161	
Ethiopia/Ethiopie		x1381			
Austria/Autriche	1538	239	745	12	379
India/Inde	463		x623	24	x1749
Zimbabwe	x41	x276	x295		
Congo		x87	x457		
Israel/Israël	x84	x135	83	223	9
Saudi Arabia	x100			x422	x644
Denmark/Danemark	20	16	206	177	17
United Arab Emirates	x1	x13	x161	x168	x269
Indonesia/Indonésie		340			
Turkey/Turquie				x201	
Albania/Albanie	x273	x156			
Uruguay			x150		
Iceland/Islande	x2	x143			
Kenya	x17	x46	x95		
Zambia/Zambie			x93	x45	x203
Argentina/Argentine	x14	x20	x45	x72	
Philippines				x131	x69
Zaire/Zaïre		x122	x8		
Lebanon/Liban	x57	x20	x17	x93	x238
Poland/Pologne				x121	x1174
Cote d'Ivoire		x99			
New Zealand	91		59	10	

(VALUE AS % OF TOTAL) (VALEUR EN % DU TOTAL)

Imports

	1983	1984	1985	1986	1987	1988	1989	1990	1991	1992
Africa	0.1		0.1	x0.0	x0.0	x0.0	x0.0	x0.0	x0.1	x0.0
Northern Africa	0.1		0.1	x0.0	0.0	x0.0	x0.0	x0.0	0.0	x0.0
Americas	37.7	51.0	50.3	48.7	27.8	28.2	31.4	27.4	21.9	28.9
LAIA	0.1	0.0	0.0	0.0	0.2	0.2	0.4	0.1	0.1	0.2
CACM	0.0				0.1	0.0	0.0	0.0	0.0	
Asia	x24.0	17.8	x17.1	14.6	25.9	42.0	33.0	31.6	31.9	31.0
Middle East	x0.2	x0.1	x0.2	x0.1	x0.1	x0.1	x0.0	x0.0	x0.0	x0.0
Europe	38.0	31.1	31.8	36.2	46.0	28.9	34.9	40.7	45.1	39.3
EEC	19.3	18.7	19.8	23.9	25.0	23.8	25.3	31.7	27.7	31.2
EFTA	18.7	12.4	11.9	12.3	21.0	5.0	9.6	9.0	17.3	8.1
Oceania	0.1	0.1	0.7	0.4	0.2	0.4	0.2	0.1	x0.9	0.6
Japan/Japon	23.4	16.8	16.0	14.0	24.2	40.5	31.5	30.6	30.2	29.6
USA/Etats–Unis d'Amer	37.5	50.7	50.2	47.8	27.0	26.2	29.2	26.4	21.1	27.6
United Kingdom	2.9	1.8	2.6	5.2	5.2	9.1	9.1	16.0	15.0	16.7
Switz.Liecht	18.1	11.9	11.4	11.9	20.5	4.7	9.3	8.8	17.1	7.8
Germany/Allemagne	11.6	11.2	9.8	11.2	14.1	10.5	11.6	9.4	6.9	8.0
France,Monac	2.5	3.2	4.9	4.6	3.2	2.7	3.3	3.7	3.1	3.4
Canada	0.1	0.3	0.1	0.7	0.7	1.7	1.9	0.9	0.7	1.1
Italy/Italie	0.7	0.8	1.0	1.0	0.9	0.6	0.6	1.1	1.5	2.3
Belgium–Luxembourg	0.6	0.8	1.0	1.0	0.7	0.6	0.6	1.1	0.8	0.1
Hong Kong	0.1	0.6	0.7	0.2	0.4	0.3	0.4	0.5	1.1	0.8

Exports

	1983	1984	1985	1986	1987	1988	1989	1990	1991	1992
Afrique	x0.0	x0.3	x0.1	x47.9	x34.1	x33.5	x38.0	x41.0	x27.7	x50.8
Afrique du Nord			x0.0		x0.0					
Amériques	x5.2	x4.4	x5.8	x6.9	x4.3	x6.1	4.4	x2.4	x2.5	x5.5
ALAI	0.2	2.0	3.0	0.9	0.0	0.3	0.0	x0.2	x0.1	x1.2
MCAC					x0.0			0.0		x0.0
Asie	1.8	x4.0	x5.7	1.2	1.0	0.6	0.8	0.9	0.6	x1.2
Moyen–Orient	x0.1	x0.8	x0.8	x0.1	x0.0	x0.0	x0.0	x0.0	x0.0	x0.1
Europe	92.8	91.2	88.3	43.9	27.2	30.1	31.1	29.2	24.9	42.5
CEE	75.2	67.9	71.0	35.9	19.8	17.8	21.7	19.9	16.7	26.2
AELE	17.6	23.6	17.3	8.0	7.3	12.3	9.4	9.4	8.2	16.3
Océanie	0.1	0.1	0.1							
So. Africa Customs Un				x47.9	x34.1	x33.5	x37.9	x40.9	x27.7	x50.8
Former USSR/Anc. URSS				x32.9	x29.5	x25.5	x25.9	x44.1		
United Kingdom	39.7	34.5	36.3	20.3	9.3	8.6	9.6	10.3	9.4	13.8
Switz.Liecht	15.9	22.1	15.9	7.3	6.8	11.9	8.9	8.7	7.9	15.5
Germany/Allemagne	10.6	13.4	10.9	5.9	6.2	5.7	6.8	4.9	3.5	6.3
France,Monac	8.1	7.9	15.4	3.1	2.3	1.3	2.9	2.5	1.6	2.3
USA/Etats–Unis d'Amer				x5.8	x4.0	x5.6	2.5	1.7	2.2	3.9
Belgium–Luxembourg	5.8	4.3	3.7	4.0	1.1	1.5	1.5	1.2	1.3	2.4
Canada	x5.0	x2.4	x2.8	x0.2	x0.1	0.1	1.9	0.4	0.2	0.4
Italy/Italie	9.4	6.2	4.4	2.3	0.8	0.5	0.8	0.7	0.5	0.7

6821 COPPER NES, ALLOYS, UNWRT — CUIVRE BRUT 6821

TRADE BY COMMODITY IN THOUSAND U.S. DOLLARS – COMMERCE PAR PRODUIT EN MILLIERS DE DOLLARS E.U

IMPORTS – IMPORTATIONS

COUNTRIES–PAYS	1988	1989	1990	1991	1992
Total	9484075	11064311	11691118	10931874	10661884
Africa	x6922	x11552	13851	x12816	x24858
Northern Africa	4226	6709	10855	5342	x10641
Americas	1734447	1717290	1263526	1366620	1473915
LAIA	333922	322475	230006	392190	436052
CACM	133	70	x398	92	x1238
Asia	2533009	2888825	3273692	3379719	3382058
Middle East	155669	231737	164682	127219	82523
Europe	5000851	6216342	6935890	6098370	5697558
EEC	4638201	5761808	6575026	5805858	5475372
EFTA	310178	400493	334310	282113	218369
Oceania	x13461	x24139	x25416	x14673	x16415
Japan/Japon	1127987	1515976	1752208	1610534	945945
Germany/Allemagne	1241295	1593805	1680315	1603524	1507851
France, Monac	1044926	1263581	1249658	1104313	1126753
Italy/Italie	989103	1190596	1175928	1043189	1064622
USA/Etats-Unis d'Amer	1381513	1336165	996903	924063	958696
Belgium–Luxembourg	280511	389873	1247313	986482	847144
United Kingdom	781253	947117	834401	667112	649879
Korea Republic	382119	348442	419180	492189	493606
Sweden/Suède	173527	219809	186767	160384	125735
Singapore/Singapour	194001	169111	177321	206202	321448
China/Chine	191253	180097	102642	259263	839595
Brazil/Brésil	126593	168516	136160	186243	194717
Malaysia/Malaisie	84181	143117	132290	163608	x132312
Thailand/Thaïlande	80888	108843	153199	174403	223867
Turkey/Turquie	115437	171413	145108	119603	69677
Greece/Grèce	132534	153171	155173	120490	x48422
Indonesia/Indonésie	72391	118233	128909	141117	130796
India/Inde	169481	x42535	192122	122198	x36658
Spain/Espagne	31368	77973	77582	156381	125569
Finland/Finlande	83508	125039	81051	49808	25296
Portugal	73784	72744	75581	69400	53436
Mexico/Mexique	48530	68891	33192	83512	92424
Netherlands/Pays-Bas	58233	66024	69320	47206	47494
Former GDR	x114385	x100309	x50113		
Canada	18686	57784	35986	49023	74805
Argentina/Argentine	78190	47115	27468	67176	98373
Czechoslovakia	x800	54881	65132	x15741	x14329
Venezuela	79572	28227	29387	50738	46017
Hong Kong	60681	24944	19117	49080	131774
Yugoslavia SFR	52457	53590	26019	x10106	
Austria/Autriche	26438	21427	28539	39747	41678
Switz.Liecht	21233	28289	28603	24165	18799
Romania/Roumanie	x12317	4580	48816	5875	x14093
Hungary/Hongrie	x19352	x5019	x5012	34271	x3465
New Zealand	12314	16973	15235	11857	11595
Kuwait/Koweït	x59	42534	x49	x1	x61
Poland/Pologne	45883	29912	6888	813	x2997
Saudi Arabia	24509	12219	x17498	x4036	x10581
Philippines	5463	x515	17841	11230	25429
Pakistan	2037	3563	10110	12976	6886
Norway, SVD, JM	5452	6358	9325	7985	6843
Denmark/Danemark	3997	6191	8560	6583	3748
Australia/Australie	962	6989	9896	2667	4758
Bulgaria/Bulgarie	x165	x11241	x2748	x2772	32196
Colombia/Colombie	885	6716	1875	3246	2068
So. Africa Customs Un	1820	2612	1425	x4584	x4616
Libyan Arab Jamahiriya	1214	1840	4422	x52	x106
Tunisia/Tunisie	1021	1269	1530	2899	4001
Morocco/Maroc	1189	1771	2099	1798	1632
Viet Nam	x291	0		x5574	x6237

EXPORTS – EXPORTATIONS

COUNTRIES–PAYS	1988	1989	1990	1991	1992
Totale	x9105612	x10487469	x12578065	x12089658	x12323695
Afrique	x1719329	x1615141	x1750876	x1442109	x3476159
Afrique du Nord	x3910	5538	1126	603	2194
Amériques	3960130	4862937	5764556	x5463960	x5006593
ALAI	2980871	3570443	4300153	x3849184	x3659432
MCAC	734	1036	929	1718	890
Asie	1007587	x917854	782729	736182	x1156843
Moyen–Orient	x86576	x122970	x90587	x75505	x121848
Europe	952701	1163560	1873010	1679869	1538984
CEE	478948	588228	1235537	1105342	1039718
AELE	409853	463175	509766	440001	463038
Océanie	247082	356588	418880	x434519	x440840
Chile/Chili	2512983	3037717	3446228	2839499	x2564272
Former USSR/Anc. URSS	x675692	x1084347	x1365130	x1714991	
Canada	695940	922103	857719	903709	882551
Zaire/Zaïre	x565092	x561606	x883421	x559902	x345379
USA/Etats-Unis d'Amer	282094	368764	601077	706023	463245
Peru/Pérou	335685	313152	636330	x684888	x641526
Zambia/Zambie	769370	x574563	x502748	x544778	x2813817
Poland/Pologne	414177	411113	515736	554027	x550536
Australia/Australie	246686	354538	416756	431417	436651
Belgium–Luxembourg	26112	38313	679369	476335	474568
So. Africa Customs Un	x336241	x398177	x296561	x309106	x268453
Philippines	295452	x248193	280644	222206	217421
Japan/Japon	229686	219956	233148	229722	264715
Germany/Allemagne	153582	176930	193226	194420	200501
Singapore/Singapour	160149	169434	108596	148165	220682
Spain/Espagne	103054	119268	92232	185095	149938
Mexico/Mexique	117014	115690	107822	166599	275218
Finland/Finlande	108375	135154	134454	117500	135067
Yugoslavia SFR	63835	112146	127708	x134518	
Brazil/Brésil	15100	92157	104915	156689	178010
Austria/Autriche	61232	98219	126404	118285	121235
Sweden/Suède	134671	111571	114153	89190	97017
Norway, SVD, JM	81218	98771	110498	88381	88552
United Kingdom	75571	87856	97232	97088	79875
Italy/Italie	51764	66530	78740	64271	28372
France, Monac	44494	68269	69210	69307	75877
Iran (Islamic Rp. of)	x24962	x53953	x30508	x32510	x67021
Bulgaria/Bulgarie	x46493	x8573	x71423	x31087	x87680
Oman	45244	49608	33346	28057	x32099
Korea Republic	58272	98676	2584	566	29077
China/Chine	100167	31480	46097	20182	26904
Switz.Liecht	24356	19460	24257	26645	21167
Zimbabwe	x30819	x27345	27077	14791	x27954
Hong Kong	72750	19384	14490	35153	105063
Former GDR	x69921	x48229	x14498		
Netherlands/Pays-Bas	14659	23963	20974	14057	24177
Un. Rep. of Tanzania	x1191	x19502	x19185	x12729	x16939
Mozambique	x12338	x23987	x17949	x48	x1247
Czechoslovakia		x3183	x1724	x26731	x41862
Hungary/Hongrie	x9633	x12825	x12207	x4720	x12493
Turkey/Turquie	13064	14947	5594	8944	19087
Saudi Arabia	1185	1426	x16782	x235	x2099
Venezuela	65	11684	3746	453	183
Albania/Albanie	x2865		x3119	x7237	x1388	x1664
Greece/Grèce		190	2939	3707	x5415
United Arab Emirates	x316	x63	x3771	x2808	x749
Egypt/Egypte	x3585	5351	514	388	2101
Korea Dem People's Rp	x2202	x3818	x1454	x528	x2699
Denmark/Danemark	973	4194	600	951	462
New Zealand	382	2028	2124	473	712

(VALUE AS % OF TOTAL) (VALEUR EN % DU TOTAL)

	1983	1984	1985	1986	1987	1988	1989	1990	1991	1992
Africa	0.1	0.1	0.1	x0.1	x0.1	x0.1	0.1	0.1	x0.1	0.2
Northern Africa	0.1	0.1	0.1	0.1	0.1	0.0	0.1	0.1	0.0	0.1
Americas	20.2	21.2	15.5	20.6	19.5	18.3	15.5	10.8	12.5	13.8
LAIA	1.3	4.8	3.7	4.8	4.9	3.5	2.9	2.0	3.6	4.1
CACM	x0.0	0.0	0.0	0.0	0.0	0.0	0.0	0.0	0.0	0.0
Asia	13.5	19.0	18.1	15.6	21.6	26.7	26.1	28.0	30.9	31.7
Middle East	x0.2	0.7	x1.2	1.8	2.2	1.6	2.1	1.4	1.2	0.8
Europe	66.0	59.4	66.3	63.5	56.6	52.7	56.2	59.3	55.8	53.4
EEC	62.2	55.6	61.7	60.3	53.8	48.9	52.1	56.2	53.1	51.4
EFTA	3.8	2.9	3.5	3.1	2.7	3.3	3.6	2.9	2.6	2.0
Oceania	0.1	0.1	x0.1	0.1	x0.1	x0.1	0.2	0.2	x0.1	x0.2
Japan/Japon	7.9	14.2	10.9	8.0	9.5	11.9	13.7	15.0	14.7	8.9
Germany/Allemagne	15.9	15.2	16.3	14.8	12.1	13.1	14.4	14.4	14.7	14.1
France, Monac	11.3	9.4	9.9	9.5	11.0	11.4	11.4	10.7	10.1	10.6
Italy/Italie	9.7	8.6	10.1	10.0	10.4	10.8	10.1	10.1	9.5	10.0
USA/Etats-Unis d'Amer	18.0	15.7	11.2	15.2	14.3	14.6	12.1	8.5	8.5	9.0
Belgium–Luxembourg	13.0	11.4	13.4	13.6	10.7	3.0	3.5	10.7	9.0	7.9
United Kingdom	9.2	8.9	9.0	8.9	8.1	8.2	8.6	7.1	6.1	6.1
Korea Republic	1.2	1.5	1.6	2.9	3.1	4.0	3.1	3.6	4.5	4.6
Sweden/Suède	2.4	1.7	1.9	1.7	1.4	1.8	2.0	1.6	1.5	1.2
Singapore/Singapour	0.0	0.0	0.1	0.2	0.3	2.0	1.5	1.5	1.9	3.0

	1983	1984	1985	1986	1987	1988	1989	1990	1991	1992
Afrique	x39.4	x25.7	x21.1	x26.7	x22.8	x18.9	x15.4	x14.0	x12.0	x28.2
Afrique du Nord	x0.0	x0.0	x0.0	0.0	0.0	0.0	0.0	0.0	0.0	0.0
Amériques	18.8	46.2	47.8	42.5	37.7	43.5	46.4	45.8	x45.2	x40.6
ALAI	2.3	31.1	35.7	x32.1	x28.7	32.7	34.0	34.2	x31.8	x29.7
MCAC	x0.0	0.0	0.0	0.0	0.0	0.0	0.0	0.0	0.0	0.0
Asie	9.4	4.2	7.1	8.5	x6.7	11.0	x8.8	6.3	6.1	x9.3
Moyen–Orient	0.2	0.4	0.6	x1.4	x1.2	x1.0	x1.2	x0.7	x0.6	x1.0
Europe	28.7	21.4	21.8	22.2	17.9	10.5	11.1	14.9	13.9	12.5
CEE	20.7	15.1	15.8	14.7	12.3	5.3	5.6	9.8	9.1	8.4
AELE	8.1	6.2	5.8	5.1	4.8	4.5	4.4	4.1	3.6	3.8
Océanie	3.7	2.6	2.3	2.1	2.4	2.7	3.4	3.3	x3.6	x3.5
Chile/Chili			26.2	29.1	29.7	x25.8	29.0	27.4	23.5	x20.8
Former USSR/Anc. URSS						x6.8	x7.4	x10.3	x10.9	x14.2
Canada	12.4	11.3	9.1	9.4	8.0	7.6	8.8	6.8	7.5	7.2
Zaire/Zaïre	x10.9	x7.0	x4.9	x8.9	x5.9	x6.2	x5.4	x7.0	x4.6	x2.8
USA/Etats-Unis d'Amer	4.0	3.7	3.0	1.0	0.9	3.1	3.5	4.8	5.8	3.8
Peru/Pérou	2.3	3.4	5.7	7.0	6.3	3.0	3.0	5.1	x5.7	x5.2
Zambia/Zambie	18.7	13.2	10.9	12.6	12.1	8.4	x5.5	x4.0	x4.5	x22.8
Poland/Pologne					4.7	4.5	3.9	4.1	4.6	4.5
Australia/Australie	3.7	2.6	2.3	2.1	2.4	2.7	3.4	3.3	3.6	3.5
Belgium–Luxembourg	9.9	7.3	7.8	8.1	7.4	0.3	0.4	5.4	3.9	3.9

68211 COPPER UNREF, EXC CEMENT / CUIVRE POUR AFFINAGE 68211

TRADE BY COMMODITY IN THOUSAND U.S. DOLLARS – COMMERCE PAR PRODUIT EN MILLIERS DE DOLLARS E.U

IMPORTS – IMPORTATIONS

COUNTRIES–PAYS	1988	1989	1990	1991	1992
Total	1057365	1103758	1499219	1321492	1492999
Africa	x199	x338	x595	x371	x2124
Northern Africa	x17	x161	x322	125	x1689
Americas	445002	414906	296391	295680	387767
LAIA	39387	22062	33224	41958	76970
CACM	119	12	83	48	x118
Asia	261223	249922	237669	288310	450873
Middle East	109221	128064	83940	74065	42777
Europe	327470	417332	894580	731747	647992
EEC	299648	405562	892585	701908	633447
EFTA	14667	8727	1916	22042	14394
Oceania	13	x136	x679	x896	553
Belgium–Luxembourg			527941	384730	383128
USA/Etats–Unis d'Amer	403077	352728	245893	220801	266373
Germany/Allemagne	103379	154325	136384	133709	136072
United Kingdom	150591	186307	162357	70109	18483
Turkey/Turquie	105210	127800	83808	74017	42664
Korea Republic	71568	58030	73703	128972	111199
Japan/Japon	54142	59548	69575	71792	66060
France, Monac	35768	55582	56766	27768	37443
Spain/Espagne	131	5332	7214	77852	52824
Canada	2367	40015	17185	32872	44212
Romania/Roumanie		4580	48816		
Brazil/Brésil	34681	19928	32759	3	9
Mexico/Mexique	4485	30	106	41789	75648
Austria/Autriche	11119	8491	1747	19126	14307
Former GDR	x23409	x16537	x9548		
China/Chine	12643	2767	4475	10361	229968
Italy/Italie	9209	3430	1048	7501	5060
Yugoslavia SFR	13154	3042	80	x7796	
Poland/Pologne			x6688	x2807	x2821
Hungary/Hongrie		x2	x4253	1671	x488
India/Inde	7877		4575	717	x129
Sweden/Suède	18	112	6	2715	6
Australia/Australie	13	121	662	886	553
Singapore/Singapour	4548	484	586	565	142
Malaysia/Malaisie	265	494	517	578	x74
Chile/Chili		x1512	4	10	x11
Pakistan	6	262		1074	126
Netherlands/Pays–Bas	193	385	485	152	276
Venezuela	x176	x475	353	152	1283
Ghana	x129	x166	x212	x46	x332
Denmark/Danemark	349	173	147	22	58
Algeria/Algérie	x14	5	x261		x1634
Saudi Arabia	x3792	x252		x10	x8
Indonesia/Indonésie		145	49	48	77
Finland/Finlande	3477	79	66	59	1
Tunisia/Tunisie		2	55	125	11
Korea Dem People's Rp	x29	x72	x81	x22	
Thailand/Thaïlande	96	39	111	17	146
So. Africa Customs Un	x36	0	x23	x51	
Egypt/Egypte	x3	x152	x6	x139	x44
Switz.Liecht	36	44	74	38	44
Ireland/Irlande	8	19	89	40	18
Norway, SVD, JM	17	1	24	104	34
Greece/Grèce	4		82	14	x28
Portugal	17	8	71	11	57
Costa Rica	1	0	47	41	x79
Sri Lanka		5	11	57	6
Rwanda			x35	x35	x35
Philippines	798	x7	20	40	19
Uruguay		65			

EXPORTS – EXPORTATIONS

COUNTRIES–PAYS	1988	1989	1990	1991	1992
Totale	x1183975	x1044652	x1374269	x1234574	x1294616
Afrique	x209073	x256635	x452026	x267587	x234154
Afrique du Nord		79			x19
Amériques	x611635	x513215	621738	x632697	x680540
ALAI	x490632	x496593	605990	x581139	x638693
MCAC		734	1036	928	1712	885
Asie	190002	x116741	x108855	x111574	x74019
Moyen–Orient	31652	x1008	x12181	x33163	x47063
Europe	124739	130750	106455	118492	209127
CEE	34857	55160	23033	52412	95146
AELE	89855	75590	83421	66071	113960
Océanie	2805	10993	13516	7842	26772
Chile/Chili	x265040	x288985	317564	177803	x212620
Zaire/Zaïre	x47701	x94945	x323900	x132866	x63416
Peru/Pérou	x130984	105193	189888	x232337	x181214
So. Africa Customs Un	x160583	x159603	x121056	x134613	x134419
Mexico/Mexique	94276	102350	98537	160700	244768
Japan/Japon	155884	114133	91998	73199	22128
Finland/Finlande	61689	71532	73384	62946	84024
Former USSR/Anc. URSS	x9976	x12169	x18581	x70524	
USA/Etats–Unis d'Amer	114437	14664	14704	49783	40538
Bulgaria/Bulgarie	x30949		x50907	x23934	x69528
Spain/Espagne	11315	22241	6445	40955	27060
France, Monac	13366	23623	13992	8265	10406
Australia/Australie	2801	10969	13516	7841	26772
Iran (Islamic Rp. of)		x778	x7143	x21285	x24541
Turkey/Turquie	4		1475	8943	
Brazil/Brésil	x2			10113	18840
Norway, SVD, JM	5167	38	9987		35
China/Chine	983	1056	3088	4318	1010
Germany/Allemagne	2962	4535	826	1140	310
Hungary/Hongrie	x3937	x4074	x1985		
United Arab Emirates	x2	x2	x2694	x2632	
Zambia/Zambie		x1210	x3267	x22	x25975
Austria/Autriche	13	3895	1	50	1
United Kingdom	2597	1413	1065	949	314
Sweden/Suède	19423	70	13	2991	29799
Costa Rica	536	870	840	1075	0
Un. Rep. of Tanzania			x2110		
Italy/Italie	2792	715	488	855	1936
Portugal	1388	1816	18		
Mozambique	x789	x789	x789		
India/Inde		x1	1230	4	x11
Czechoslovakia				x1213	x73
Oman	31432		x775	264	x1843
Canada	5832	922	42	17	42
Poland/Pologne	x859		x206	x711	x405
Burundi			x844		
Korea Republic	437	491	111	80	195
Denmark/Danemark	291	639	9	16	44
Netherlands/Pays–Bas	145	179	190	232	426
Singapore/Singapour	1016	46	245	248	81
Nicaragua		8	41	396	717
Korea Dem People's Rp				x361	
Saudi Arabia	150	227			x1838
Honduras	192	150	7	44	47
Viet Nam				x200	x24
Colombia/Colombie				187	88
Switz.Liecht	37	55	36	86	101
Jordan/Jordanie			x94	x38	
Guatemala	6	6	36	90	120
El Salvador		x1	x4	107	x1

(VALUE AS % OF TOTAL) (VALEUR EN % DU TOTAL)

IMPORTS

	1983	1984	1985	1986	1987	1988	1989	1990	1991	1992
Africa	0.2	0.3			x0.0	x0.0	x0.0	x0.0	x0.0	x0.1
Northern Africa	0.1	0.3		0.0	x0.0	x0.0	x0.0	x0.0	0.0	x0.1
Americas	x15.6	11.6	x5.5	12.6	12.2	42.0	37.6	19.7	22.4	26.0
LAIA	0.0	0.0		1.5	1.8	3.7	2.0	2.2	3.2	5.2
CACM	x0.0	x0.0	x0.0			0.0	0.0	0.0	0.0	x0.0
Asia	9.9	10.1	8.9	14.8	25.0	24.7	22.6	15.8	21.8	30.2
Middle East	x0.0		4.0	7.5	12.6	10.3	11.6	5.6	5.6	2.9
Europe	74.0	78.0	85.5	72.5	60.5	31.0	37.8	59.7	55.4	43.4
EEC	71.7	76.0	82.1	71.6	59.1	28.3	36.7	59.5	53.1	42.4
EFTA	1.5	1.6	2.0	1.1	1.0	1.4	0.8	0.1	1.7	1.0
Oceania	0.3		x0.0	x0.0		x0.0	x0.0	x0.0	x0.0	0.1
Belgium–Luxembourg	41.6	40.4	45.0	42.6	34.8			35.2	29.1	25.7
USA/Etats–Unis d'Amer	14.2	11.0	5.2	11.1	10.4	38.1	32.0	16.4	16.7	17.8
Germany/Allemagne	11.4	14.1	15.5	10.2	7.5	9.8	14.0	9.1	10.1	9.1
United Kingdom	13.4	13.4	10.8	11.4	11.8	14.2	16.9	10.8	5.3	1.2
Turkey/Turquie			3.9	7.0	10.0	10.0	11.6	5.6	5.6	2.9
Korea Republic	0.4	0.5		0.0	3.5	3.1	6.8	5.3	4.9	9.8
Japan/Japon	9.4	9.6	4.9	3.7	4.6	5.1	5.4	4.6	5.4	4.4
France, Monac	1.9	2.6	3.1	3.4	2.7	3.4	5.0	3.8	2.1	2.5
Spain/Espagne	2.4	2.8	3.4	2.6	0.4	0.0	0.5	0.5	5.9	3.5
Canada	1.4	0.6	0.3	0.0	0.0	0.2	3.6	1.1	2.5	3.0

EXPORTS

	1983	1984	1985	1986	1987	1988	1989	1990	1991	1992
Afrique	x15.5	x13.2	x9.0	12.6	x35.8	x17.7	x24.6	32.9	x21.7	x18.1
Afrique du Nord	x0.1					0.1				x0.0
Amériques	x70.6	x74.3	x80.7	77.1	35.7	x51.7	x49.1	45.3	x51.2	x52.5
ALAI	x70.2	x73.7	x79.5	75.2	x33.9	x41.4	x47.5	44.1	x47.1	x49.3
MCAC						0.1	0.1	0.1	0.1	0.1
Asie	0.1	x0.0	0.3	x2.8	7.8	16.1	x11.1	7.9	x9.0	x5.7
Moyen–Orient		x0.0		x1.1	3.8	2.7	x0.1	x0.9	x2.7	x3.6
Europe	12.7	11.7	10.0	7.4	17.8	10.5	12.5	7.7	9.6	16.2
CEE	3.8	3.2	3.2	x2.7	x4.5	2.9	5.3	1.7	4.2	7.3
AELE	8.9	8.5	6.8	4.6	13.2	7.6	7.2	6.1	5.4	8.8
Océanie	1.1	0.6	x0.0		1.1	0.2	1.1	1.0	0.6	2.1
Chile/Chili	x66.3	x68.0	x70.4	x69.9	x22.6	x22.4	x27.7	23.1	14.4	x16.4
Zaire/Zaïre	x7.1	x6.0	x3.4	x7.7	x17.6	x4.0	x9.1	x23.6	x10.8	4.9
Peru/Pérou	0.7	2.2	x7.2	x5.2	3.6	x11.1	10.1	13.8	x18.8	x14.0
So. Africa Customs Un	8.1	6.8	5.4	x3.4	x17.7	x13.6	x15.3	x8.8	x10.9	x10.4
Mexico/Mexique	x3.2	x3.5	x1.8	x0.1	x7.7	8.0	9.8	7.2	13.0	18.9
Japan/Japon			0.0	0.3	1.7	3.7	13.2	10.9	6.7	5.9	1.7
Finland/Finlande	1.4	1.6	0.7	1.3	6.6	5.5	6.8	5.3	5.1	6.5
Former USSR/Anc. URSS						x1.2	x0.8	x1.2	x1.4	x5.7
USA/Etats–Unis d'Amer	0.4	0.6	1.2	1.0	1.8	9.7	1.4	1.1	4.0	3.1
Bulgaria/Bulgarie						x2.6		x3.7	x1.9	x5.4

68212 COPPER REFINED, UNWROUGHT
CUIVRE AFFINE BRUT 68212

TRADE BY COMMODITY IN THOUSAND U.S. DOLLARS – COMMERCE PAR PRODUIT EN MILLIERS DE DOLLARS E.U

COUNTRIES–PAYS	IMPORTS – IMPORTATIONS					COUNTRIES–PAYS	EXPORTS – EXPORTATIONS				
	1988	1989	1990	1991	1992		1988	1989	1990	1991	1992
Total	8354833	9866312	10166378	9567590	9112779	Totale	x8256510	x9674294	x11128967	x10739767	x10973319
Africa	x4417	x7613	x9817	x12366	x22905	Afrique	x1506480	x1358143	x1299020	x1175248	x3245459
Northern Africa	2390	x3793	5274	5395	x9365	Afrique du Nord	x3910	5339	578	x1537	x5649
Americas	1285557	1305902	964861	1070287	1081858	Amériques	3739366	4633866	5142407	4828673	x4321595
LAIA	294041	301612	195889	349200	357819	ALAI	2886544	3362470	3697044	3268005	x3020562
CACM	x70	x5222	x2731	x2889	x1140	MCAC					x3
Asia	2261688	2588903	3029374	3085312	2925059	Asie	811478	x798207	656856	626437	x1072499
Middle East	x45730	61076	x80275	52655	x39193	Moyen-Orient	x53817	x120739	x62753	x42342	x74768
Europe	4635051	5756486	5997384	5330563	5009843	Europe	786215	987753	1719269	1522125	1285843
EEC	4304612	5320616	5645208	5073237	4808323	CEE	403904	488776	1165984	1013783	900912
EFTA	291362	385526	326481	255264	198335	AELE	318787	386835	425578	373824	348724
Oceania	x12727	x23393	x23921	x12817	x14523	Océanie	243985	345352	405247	x426573	x413972
Japan/Japon	1069653	1453081	1679580	1536494	878488	Chile/Chili	2512983	3037717	3128584	2661683	x2351637
Germany/Allemagne	1121692	1421140	1526798	1454472	1355315	Former USSR/Anc. URSS	x661641	x1068082	x1336989	x1636058	
France, Monac	1004987	1201967	1185561	1070909	1083939	Canada	689777	920973	857657	903693	882505
Italy/Italie	974922	1181113	1167596	1029877	1051304	Zambia/Zambie	769370	x573354	x499481	x544756	x2787842
USA/Etats-Unis d'Amer	975027	980969	747404	700640	689010	USA/Etats-Unis d'Amer	162599	349852	583136	653755	418456
United Kingdom	625023	758997	669752	595241	630149	Zaire/Zaïre	x517391	x466661	x559520	x427036	x281963
Belgium-Luxembourg	279306	388891	719173	601639	463737	Poland/Pologne	x413318	x411113	x514934	x486018	x550117
Korea Republic	309245	289070	343827	362025	381122	Australia/Australie	243617	343326	403123	423473	409783
Sweden/Suède	172631	219315	186434	157341	125000	Belgium-Luxembourg	2069	7899	649473	452182	394872
Singapore/Singapour	189283	168466	176689	205423	320956	Peru/Pérou	335685	207960	446438	x452549	x460312
China/Chine	178594	177246	98155	248860	609441	Philippines	295452	x248193	280644	222206	217421
Brazil/Brésil	91699	148477	103221	186199	194670	So. Africa Customs Un	x171881	x238333	x175445	x174321	x134013
Malaysia/Malaisie	83906	142618	131734	162893	x131978	Germany/Allemagne	144759	167900	186994	189314	195171
Thailand/Thaïlande	80668	108736	153078	174282	223665	Singapore/Singapour	158975	169384	108314	147723	220389
Greece/Grèce	132331	152675	154286	120026	x47983	Japan/Japon	73288	105577	140838	155910	241942
Indonesia/Indonésie	72381	118020	128394	140624	130271	Yugoslavia SFR	63458	92157	104915	146576	178010
India/Inde	161595	x42479	187471	121476	x35322	Brazil/Brésil	15100	94322	126367	118211	121208
Finland/Finlande	79062	122327	78951	48556	23209	Austria/Autriche	60989	97023	85788	144139	122814
Spain/Espagne	31003	72339	70000	78310	72476	Spain/Espagne	91734	97023	114095	86170	67063
Portugal	73676	72662	75467	69356	53318	Sweden/Suède	114781	111095	114095	86170	67063
Netherlands/Pays-Bas	57321	64432	67316	45912	46191	Norway, SVD, JM	76009	98733	100511	88380	88512
Turkey/Turquie	10196	43549	61170	45468	26937	United Kingdom	65272	78944	86539	86520	68405
Mexico/Mexique	43760	68325	32791	41117	15851	Italy/Italie	47231	64750	77136	62192	24555
Argentina/Argentine	78136	47044	27419	67105	98337	Finland/Finlande	42962	63399	60430	54553	51043
Czechoslovakia	x550	54784	65124	x15376	x13956	France, Monac	30484	43955	54886	60925	65337
Former GDR	x90924	x83771	x40565			Oman	13812	49608	33346	27793	x30256
Venezuela	79543	28168	28921	50400	44526	Korea Republic	57815	98185	2473	486	28878
Hong Kong	57600	22745	18309	48091	131413	China/Chine	98021	30424	43010	15864	24898
Yugoslavia SFR	39064	50345	25160	x1768		Iran (Islamic Rp. of)	x24962	x53175	x23365	x11225	x42480
Switz.Liecht	19712	26204	26422	22559	17112	Switz.Liecht	24045	19287	24176	26509	20898
Austria/Autriche	14521	11326	25447	19142	26387	Zimbabwe	x30819	x27345	27052	14708	x17735
Canada	16226	17561	18618	15931	30488	Hong Kong	69636	17997	13730	34231	104527
New Zealand	12210	16816	15103	11729	11478	Former GDR	x69921	x48153	x14498		
Romania/Roumanie	x12317	x283	x31675	5647	x9728	Netherlands/Pays-Bas	14359	23739	20709	13773	23577
Hungary/Hongrie	x19181	x4651	x708	32180	x2923	Un. Rep. of Tanzania	x1191	x19502	x17074	x12729	x16939
Saudi Arabia	24509	12032	x17397	3958	x10516	Mozambique	x11549	x23198	x17949	x48	x1247
Philippines	4661	x496	17814	11181	25396	Bulgaria/Bulgarie	x15544	x8573	x20516	x7153	x18123
Poland/Pologne	x32216	x29069	x200	x78	x167	Czechoslovakia		x3183	x1719	x25296	x41512
Pakistan	1948	3236	10093	11832	6735	Mexico/Mexique	22699	13030	9282	5886	30290
Norway, SVD, JM	5417	6333	9204	7643	6611	Hungary/Hongrie	x5697	x8751	x10217	x4720	x12493
Denmark/Danemark	3226	5716	8184	6463	3596	Turkey/Turquie	13060	14947	4119	0	245
Bulgaria/Bulgarie	x165	x11238	x2748	x2769	31819	Venezuela	65	11530	3598	453	183
Australia/Australie	333	6400	8547	949	2987	Albania/Albanie	x2865	x3119	x7237	x1388	x1664
Colombia/Colombie	881	6697	1844	3238	2034	Egypt/Egypte	x3585	5272	510	x1537	x5575
Costa Rica	x2	x4172	x2234	x2302	x1068	Greece/Grèce		139	2919	3705	x5327
So. Africa Customs Un	1389	2011	972	x4191	x4335	Korea Dem People's Rp	x2202	x3818	x1454	x167	x2699
Morocco/Maroc	1189	1770	2098	1798	1632	Denmark/Danemark	604	3517	545	924	332
Viet Nam		0		x5574	x6237	New Zealand	354	2026	2123	471	712
Iraq	x9917	x4451	x166	x176	x22	Israel/Israël	x910	x362	70	x3737	54
Tunisia/Tunisie	610	799	878	2657	3989	Jordan/Jordanie				x2680	11

(VALUE AS % OF TOTAL)(VALEUR EN % DU TOTAL)

	1983	1984	1985	1986	1987	1988	1989	1990	1991	1992		1983	1984	1985	1986	1987	1988	1989	1990	1991	1992
Africa	x0.0	x0.1	0.1	x0.1	x0.2	x0.0	x0.1	x0.1	x0.1	x0.2	Afrique	x37.8	x34.0	x28.4	x25.7	x21.1	x18.3	x14.1	x11.7	x10.9	x29.6
Northern Africa	x0.0	x0.1	0.1	0.1	x0.1	0.0	x0.0	0.1	0.1	x0.1	Afrique du Nord		x0.1	0.0		x0.0	0.1	0.1	0.0	x0.0	x0.1
Americas	21.5	23.3	17.3	22.5	21.1	15.4	13.2	9.5	11.2	11.9	Amériques	21.4	28.4	28.3	x42.8	x37.9	45.3	47.9	46.2	45.0	x39.4
LAIA	1.6	5.4	3.9	5.4	5.5	3.5	3.1	1.9	3.6	3.9	ALAI	2.3	4.3	9.5	x31.1	x28.1	35.0	34.8	33.2	30.4	x27.5
CACM	0.0	0.0	0.0	0.0	0.0	x0.0	x0.1	x0.0	x0.0	x0.0	MCAC	x0.0			x0.0						x0.0
Asia	14.3	20.5	20.1	15.7	21.2	27.1	26.2	29.8	32.3	32.1	Asie	11.1	6.8	11.4	x8.8	x6.7	9.8	x8.3	5.9	5.8	x9.8
Middle East	x0.1	x0.2	x0.7	0.5	x0.6	x0.5	0.6	x0.8	0.6	x0.4	Moyen-Orient	x0.2	x0.7	x1.0	x1.2	x1.1	x0.7	x1.2	x0.6	x0.4	x0.7
Europe	64.0	56.0	62.5	61.5	55.9	55.5	58.3	59.0	55.7	55.0	Europe	26.1	26.9	28.2	20.3	17.8	9.5	10.2	15.4	14.2	11.7
EEC	59.6	51.9	57.7	57.9	52.9	51.5	53.9	55.5	53.0	52.8	CEE	21.9	22.1	23.0	15.9	13.2	4.9	5.1	10.5	9.4	8.2
EFTA	4.4	3.2	3.7	x3.5	2.9	3.5	3.9	3.2	2.7	2.2	AELE	4.3	4.8	3.5	3.9	3.7	3.9	4.0	3.8	3.5	3.2
Oceania	x0.1	x0.1	0.1	0.1	x0.1	x0.2	x0.2	x0.2	x0.1	x0.2	Océanie	3.7	3.9	3.7	x2.5	x2.5	3.0	3.6	3.6	x3.9	x3.7
Japan/Japon	7.5	15.3	12.1	8.9	10.5	12.8	14.7	16.5	16.1	9.6	Chile/Chili		0.0		x29.8	x26.2	30.4	31.4	28.1	24.8	x21.4
Germany/Allemagne	17.0	15.6	16.4	15.6	12.7	13.4	14.4	15.0	15.2	14.9	Former USSR/Anc. URSS					x7.4	x8.0	x11.0	x12.0	x15.2	
France, Monac	13.7	10.9	11.3	11.1	11.4	12.0	12.2	11.7	11.2	11.9	Canada	14.8	18.5	14.9	11.0	9.1	8.4	9.5	7.7	8.4	8.0
Italy/Italie	12.0	10.1	11.8	11.9	11.6	11.7	12.0	11.5	10.8	11.5	Zambia/Zambie	22.2	21.6	17.8	14.9	13.7	9.3	x5.9	x4.5	x5.1	x25.4
USA/Etats-Unis d'Amer	19.0	16.9	12.5	16.1	15.0	11.7	9.9	7.4	7.3	7.6	USA/Etats-Unis d'Amer	4.3	5.6	3.8	0.7	0.7	2.0	3.6	5.2	6.1	3.8
United Kingdom	8.1	7.2	8.6	8.4	7.5	7.5	7.7	6.6	6.2	6.9	Zaire/Zaïre	x8.7	x7.7	x5.7	x7.0	x4.4	x6.3	x4.8	x5.0	x4.0	x2.6
Belgium-Luxembourg	5.6	5.6	7.0	7.5	6.5	3.3	3.9	7.1	6.3	5.1	Poland/Pologne				x5.4	x5.0	x4.2	x4.4	x4.6	x4.5	x5.0
Korea Republic	1.4	1.7	1.9	2.8	3.1	3.7	2.9	3.4	3.8	4.2	Australia/Australie	3.7	3.9	3.7	2.5	2.5	3.0	0.1	5.8	4.2	3.6
Sweden/Suède	3.1	2.1	2.3	2.1	1.6	2.1	2.2	1.8	1.6	1.4	Belgium-Luxembourg	11.1	11.6	12.4	9.2	8.2	0.0	0.1	5.8	4.2	3.6
Singapore/Singapour	0.0	0.0	0.0	0.2	0.3	2.3	1.7	1.7	2.1	3.5	Peru/Pérou	2.3	4.2	9.4	1.1	1.7	4.1	2.1	4.0	x4.2	x4.2

561

6822 COPPER, ALLOYS WORKED / CUIVRE, ALLIAGES OUVRES 6822

TRADE BY COMMODITY IN THOUSAND U.S. DOLLARS – COMMERCE PAR PRODUIT EN MILLIERS DE DOLLARS E.U

IMPORTS – IMPORTATIONS

COUNTRIES–PAYS	1988	1989	1990	1991	1992
Total	8925855	10518290	10783584	10255778	10853977
Africa	228817	238666	293118	x264838	x235767
Northern Africa	170260	177884	230186	209666	x179039
Americas	1379014	1452155	1313863	1187014	1293330
LAIA	206397	210084	209183	225936	279388
CACM	18259	25076	20758	24250	x23800
Asia	1746242	x2128442	2177068	2352986	x2866308
Middle East	x254906	x220665	x237570	x255810	x288966
Europe	5105624	6308102	6724852	6139374	6222683
EEC	4073572	5092937	5446907	5090205	5147839
EFTA	984452	1157614	1219957	1017220	1021119
Oceania	x96363	x123158	x114712	x114476	x115694
Germany/Allemagne	905828	1113834	1300787	1374219	1413629
France, Monac	774091	1028513	1062536	926153	899592
Italy/Italie	673913	903993	902793	763730	795802
USA/Etats–Unis d'Amer	849718	902504	806484	688175	718246
United Kingdom	561118	615949	637155	564406	534377
Hong Kong	391973	418800	462399	580449	677178
Spain/Espagne	328079	440677	481676	466545	482736
Netherlands/Pays–Bas	356186	401765	432275	400452	391010
Switz.Liecht	328964	404012	426991	348937	351653
Austria/Autriche	286398	334759	374782	334585	341193
Singapore/Singapour	223635	281360	265998	279749	351946
Canada	272028	284663	245129	221857	243029
Belgium–Luxembourg	184450	234236	243995	227029	236024
Korea Republic	196405	216642	207310	217818	197819
Sweden/Suède	176903	189785	199996	166552	164297
Japan/Japon	146445	181722	176909	191724	159905
Thailand/Thaïlande	98421	194803	176919	159532	145160
Malaysia/Malaisie	83848	128400	164995	210293	x214207
China/Chine	93310	142027	139655	177793	435733
Denmark/Danemark	134825	150028	147052	141427	141243
Finland/Finlande	97572	135421	122523	84727	87121
India/Inde	84282	x126844	123391	59018	x142922
Israel/Israël	84565	97482	104759	103970	114163
Ireland/Irlande	73545	95441	101644	87296	87644
Former USSR/Anc. URSS	x157699	x120320	x55192	x98662	
Norway, SVD, JM	92739	92224	94053	80491	75011
Portugal	62419	69151	89803	90519	111020
Australia/Australie	48824	68429	70828	79839	78723
Algeria/Algérie	65988	55866	62802	76560	x41557
Czechoslovakia	x65602	50383	64599	x58896	x76348
Mexico/Mexique	64990	49870	57376	64484	71707
Colombia/Colombie	54348	60275	55642	64606	62802
Morocco/Maroc	34790	51053	60342	48301	50615
Turkey/Turquie	58135	39749	62802	52956	55122
Saudi Arabia	55035	36432	x41717	x63810	x69173
Indonesia/Indonésie	23952	30875	51353	53470	57927
Greece/Grèce	19119	39351	47186	48430	x52885
Brazil/Brésil	22259	49389	47650	36578	39591
Yugoslavia SFR	43576	52904	52857	x27052	
New Zealand	44952	52778	40820	31526	32941
Egypt/Egypte	40411	30617	45116	49309	40072
Iran (Islamic Rp. of)	x14555	x24391	x30240	x50918	x46060
Tunisia/Tunisie	23227	31413	35355	23235	34914
United Arab Emirates	x42486	x27591	x31056	x27656	x46961
Philippines	17753	x31787	23771	22269	25273
Venezuela	34621	19598	20320	37115	39823
Pakistan	27980	29547	19951	17160	24834
So. Africa Customs Un	29661	23532	23191	x18638	x19217
Bulgaria/Bulgarie	x61704	x40019	x5895	x3791	3726
Hungary/Hongrie	x14460	x14760	x10295	19757	x20315

EXPORTS – EXPORTATIONS

COUNTRIES–PAYS	1988	1989	1990	1991	1992
Totale	8785497	10654651	10848007	10315544	10844196
Afrique	x30754	x49020	x67887	x36209	x112024
Afrique du Nord	1298	5531	13436	5729	6633
Amériques	899577	1059587	1055788	x1052555	x1186900
ALAI	301426	380750	331416	x302164	x320170
MCAC	2166	1120	448	561	x470
Asie	1517585	1730710	1682249	1882056	x2196388
Moyen–Orient	146035	170850	x151805	x133591	x114053
Europe	6020024	7364305	7598156	6894844	6942859
CEE	5061721	6284845	6452907	5893606	5970344
AELE	837619	961443	1025393	938582	937471
Océanie	x78893	x101766	x97177	x119533	x169290
Germany/Allemagne	2022926	2362500	2397202	2203007	2315704
France, Monac	899401	1194319	1217492	1144098	1126372
Belgium–Luxembourg	843739	1177276	1132769	963522	948837
Japan/Japon	853079	952416	912996	964532	1096788
Italy/Italie	492274	607852	661448	599822	612995
USA/Etats–Unis d'Amer	442509	551701	624675	630635	721075
United Kingdom	404746	488761	532480	491631	480547
Sweden/Suède	318011	374168	390554	371089	342632
Finland/Finlande	227758	271991	283471	245534	263660
Netherlands/Pays–Bas	199805	224418	250055	217224	213297
Hong Kong	129900	138067	163189	257432	366279
Mexico/Mexique	162216	214822	148539	121590	104494
Korea Republic	132952	136549	156204	188340	212293
Poland/Pologne	127277	150241	168774	146828	x169100
Switz.Liecht	141151	151433	164986	148686	156281
Austria/Autriche	137140	146288	167126	151162	153155
Spain/Espagne	76416	87106	132922	155282	159560
Canada	151887	124745	98680	118607	144728
Turkey/Turquie	92011	127269	117371	94592	66048
Former USSR/Anc. URSS	x8660	x108691	x85626	x134750	
Yugoslavia SFR	120645	117828	119696	x62621	
Singapore/Singapour	46830	90685	87356	93955	104244
China/Chine	91899	52640	79523	108097	131969
Greece/Grèce	72061	88362	70080	65917	x61401
Australia/Australie	55289	65466	65341	86408	134056
Malaysia/Malaisie	46119	82563	61597	53400	x78742
Brazil/Brésil	55311	59743	60571	61082	73694
Chile/Chili	52569	57601	58376	62184	x90222
Indonesia/Indonésie	46331	74907	43312	46900	23658
Peru/Pérou	18741	31671	47712	x49802	x43527
Saudi Arabia	53534	41380	x33374	x37744	x46075
New Zealand	22630	35723	31494	32643	34810
Hungary/Hongrie	x15105	x25209	x34150	x33946	x38474
Denmark/Danemark	16193	22980	27226	25913	29204
Portugal	29328	25495	25486	22459	12814
Bulgaria/Bulgarie	x18515	x24952	x36054	x7697	x10239
So. Africa Customs Un	x18220	x23966	x20162	x17382	x17288
Norway, SVD, JM	13440	17560	19252	22108	21736
Zambia/Zambie		x14210	x18147	x9206	x83475
Former GDR	x56538	x26846	x11885		
Israel/Israël	10818	12394	12018	9270	8097
Thailand/Thaïlande	3452	3644	7106	12001	x26263
Albania/Albanie	x11271	x11532	x8383	x1593	x700
Argentina/Argentine	10182	10507	8299	2591	1836
Zaire/Zaïre	x9509	x3797	x13595	x2087	x2255
Egypt/Egypte	242	3090	9961	5364	5618
Venezuela	2171	6169	7547	4157	5260
Ireland/Irlande	4832	5777	5747	4732	9612
India/Inde	2211	x7565	3204	5458	x5706
Philippines	3143	x3712	3256	4907	4695

(VALUE AS % OF TOTAL)(VALEUR EN % DU TOTAL)

	1983	1984	1985	1986	1987	1988	1989	1990	1991	1992		1983	1984	1985	1986	1987	1988	1989	1990	1991	1992
Africa	3.6	3.9	3.5	x2.9	x2.7	2.5	2.2	2.7	x2.6	x2.2	Afrique	x0.4	0.4	0.7	x0.2	x0.3	0.4	0.4	0.6	x0.4	x1.1
Northern Africa	2.9	2.9	2.6	2.0	1.9	1.9	1.7	2.1	2.0	x1.6	Afrique du Nord	x0.0	0.0	0.0	0.0	0.0	0.0	0.1	0.1	0.1	0.1
Americas	17.1	21.1	19.1	x18.6	x16.4	15.5	13.8	12.2	11.6	12.0	Amériques	8.3	10.6	9.1	x8.6	x9.1	10.3	9.9	9.8	x10.2	x11.0
LAIA	1.7	2.3	2.7	x3.0	x2.8	2.3	2.0	1.9	2.2	2.6	ALAI	0.4	2.6	2.3	x2.4	x2.4	3.4	3.6	3.1	x2.9	x3.0
CACM	x0.2	0.2	0.2	x0.2	x0.3	0.2	0.2	0.2	0.2	x0.2	MCAC	x0.0	0.0	0.0	0.0	0.0	0.0	0.0	0.0	0.0	0.0
Asia	x20.0	x18.3	16.7	x16.4	17.9	19.6	x20.3	20.2	23.0	x26.4	Asie	16.0	15.8	14.3	15.5	16.7	17.2	16.3	15.5	18.2	x20.3
Middle East	x7.4	x5.9	x4.5	x4.5	x3.2	2.9	x2.1	2.2	x2.5	x2.7	Moyen–Orient	x0.0	0.4	0.8	0.9	x1.0	1.7	1.6	1.4	x1.3	x1.1
Europe	58.1	55.3	59.1	60.9	57.8	57.2	60.0	62.4	59.9	57.3	Europe	73.9	71.8	74.7	74.9	69.3	68.5	69.1	70.0	66.8	64.0
EEC	46.3	43.2	45.6	47.4	45.8	45.6	48.4	50.5	49.6	47.4	CEE	64.4	61.3	64.2	64.0	58.4	57.6	59.0	59.5	57.1	55.1
EFTA	11.8	11.1	12.4	12.9	11.9	11.0	11.0	11.3	9.9	9.4	AELE	9.4	9.0	9.1	10.0	9.7	9.5	9.0	9.5	9.1	8.6
Oceania	1.2	x1.5	x1.5	x1.3	x1.2	x1.1	x1.2	x1.0	x1.1	x1.0	Océanie	1.4	1.4	x1.1	x0.7	x0.7	x0.9	x0.9	x0.9	x1.2	x1.6
Germany/Allemagne	11.5	11.0	11.7	12.3	10.8	10.1	10.6	12.1	13.4	13.0	Germany/Allemagne	25.2	24.5	25.2	26.4	24.7	23.0	22.2	22.1	21.4	21.4
France, Monac	9.1	8.1	8.7	8.5	8.1	8.7	9.8	9.9	9.0	8.3	France, Monac	12.2	11.3	10.9	10.6	9.6	10.2	11.2	11.2	11.1	10.4
Italy/Italie	6.8	6.8	6.8	7.1	7.3	7.6	8.6	8.4	7.4	7.3	Belgium–Luxembourg	10.9	10.0	11.0	10.5	9.2	9.6	11.0	10.4	9.3	8.7
USA/Etats–Unis d'Amer	12.5	16.0	13.9	12.6	10.6	9.5	8.6	7.5	6.7	6.6	Japan/Japon	13.2	12.5	11.0	11.6	11.4	9.7	8.9	8.4	9.3	10.1
United Kingdom	6.3	5.6	5.9	5.9	6.1	6.3	5.9	5.9	5.5	4.9	Italy/Italie	5.2	5.1	5.8	6.0	5.4	5.6	5.7	6.1	5.8	5.7
Hong Kong	3.1	3.7	3.0	3.7	4.4	4.4	4.0	4.3	5.7	6.2	USA/Etats–Unis d'Amer	5.7	5.2	4.5	4.2	4.7	5.0	5.2	5.8	6.1	6.6
Spain/Espagne	2.4	1.9	1.9	2.9	3.1	3.7	4.2	4.5	4.5	4.4	United Kingdom	6.0	5.8	6.6	5.6	4.7	5.0	5.2	5.8	6.1	6.6
Netherlands/Pays–Bas	4.0	4.0	4.5	4.5	4.4	4.0	3.8	4.0	3.9	3.6	Sweden/Suède	4.3	4.0	3.9	4.0	3.7	3.6	3.5	3.6	3.6	3.2
Switz.Liecht	4.1	4.0	4.4	4.5	4.0	3.7	3.8	4.0	3.4	3.2	Finland/Finlande	2.0	2.1	2.2	2.5	2.5	2.6	2.6	2.6	2.4	2.4
Austria/Autriche	3.1	3.0	3.1	3.2	3.6	3.3	3.2	3.5	3.3	3.1	Netherlands/Pays–Bas	2.9	2.8	3.0	3.0	2.4	2.3	2.1	2.3	2.1	2.0

68221 COPPER BARS, WIRE, ETC
BARRES, PROFILES ET FILS 68221

TRADE BY COMMODITY IN THOUSAND U.S. DOLLARS – COMMERCE PAR PRODUIT EN MILLIERS DE DOLLARS E.U

COUNTRIES–PAYS	IMPORTS – IMPORTATIONS					COUNTRIES–PAYS	EXPORTS – EXPORTATIONS				
	1988	1989	1990	1991	1992		1988	1989	1990	1991	1992
Total	3915539	5083711	5099828	4588363	4861822	Totale	3947490	5224809	5087036	4652933	4806010
Africa	136472	x150701	179879	x172647	x146374	Afrique	x22709	x39032	x52395	x26511	x94781
Northern Africa	111586	122905	148827	145840	x118939	Afrique du Nord	1216	5252	5502	1006	4080
Americas	481774	539469	458964	402533	x502209	Amériques	397754	509652	460488	x422254	x505245
LAIA	92809	120363	115545	113848	149672	ALAI	169513	218649	186413	x156808	x152838
CACM	13940	20794	15945	15540	x19611	MCAC	2128	1115	366	465	x456
Asia	800158	x1062011	1026123	986318	x1239161	Asie	613120	743105	624477	667113	x777701
Middle East	x130416	x108253	x118513	x112775	x111871	Moyen–Orient	141953	168339	x150335	x132311	x113127
Europe	2428326	3236026	3345537	2922059	2887593	Europe	2707349	3661896	3656034	3210819	3129549
EEC	1900482	2565445	2666188	2390071	2350914	CEE	2440332	3323840	3318548	2920209	2818350
EFTA	493507	626432	641716	518689	512792	AELE	231677	285596	301932	272505	293167
Oceania	x40942	x47948	x35620	x30533	x30771	Océanie	39252	x55757	x54427	x76610	x117037
Germany/Allemagne	525774	655516	746842	715874	703334	Germany/Allemagne	731379	941655	931818	852225	856877
France, Monac	346791	536301	536431	449225	423092	Belgium–Luxembourg	650586	942262	872280	700386	681258
Italy/Italie	338325	505994	477139	388122	395504	France, Monac	585338	843964	853370	759438	707924
Netherlands/Pays–Bas	185747	218471	227873	204731	195277	USA/Etats–Unis d'Amer	178026	250685	254404	239664	307476
Austria/Autriche	168176	208788	222934	190967	196256	Italy/Italie	180026	227067	262702	220468	210836
USA/Etats–Unis d'Amer	205448	236091	202799	165751	206212	United Kingdom	154264	210858	234589	208495	215486
Switz.Liecht	151121	205839	215215	166430	165732	Japan/Japon	192547	222875	191070	173832	219315
United Kingdom	157025	191892	190553	168012	141600	Poland/Pologne	x102757	x118814	x136694	x130650	x135504
Spain/Espagne	141000	165440	188729	184054	187188	Turkey/Turquie	88483	126731	117031	94168	65892
Hong Kong	129099	160913	149809	220504	273217	Sweden/Suède	62046	99649	110203	107592	117048
Singapore/Singapour	135315	175387	153175	146675	161701	Mexico/Mexique	98514	126256	79861	52924	31298
Canada	149512	146404	108609	92402	109119	Switz.Liecht	74328	81977	86752	74601	78859
Belgium–Luxembourg	77203	114449	107434	96692	106438	Hong Kong	53385	59521	61588	116805	186264
Korea Republic	75891	102835	97370	90376	50755	Netherlands/Pays–Bas	54577	61539	65092	65479	49914
Thailand/Thaïlande	46365	108376	90664	51095	50672	Malaysia/Malaisie	44843	80938	60389	47453	x54374
India/Inde	59615	x96779	97408	42175	x112804	Former USSR/Anc. URSS	x7451	x43450	x48649	x88862	57021
Sweden/Suède	67042	74166	79517	67635	59513	Singapore/Singapour	23063	61125	46620	56094	57021
Japan/Japon	60668	84200	65401	62310	59526	Indonesia/Indonésie	44001	72026	41589	45053	17308
Denmark/Danemark	59262	72771	69807	66735	66129	Finland/Finlande	54507	52657	55006	45160	50700
Finland/Finlande	58524	86769	74299	48014	50913	Australia/Australie	27795	38575	39961	63719	103891
Israel/Israël	50445	59270	72387	69959	74711	Peru/Pérou	18109	30297	45891	x47714	x39986
Malaysia/Malaisie	37391	58140	68660	74075	x77139	Austria/Autriche	35645	42706	43402	36629	39660
Ireland/Irlande	47738	65063	66981	58896	59497	Saudi Arabia	53240	40989	x33085	x37688	x46064
China/Chine	31829	52184	66626	69322	207635	Yugoslavia SFR	35336	52351	35473	x18072	
Algeria/Algérie	46033	44676	50794	56612	x28645	China/Chine	66251	29742	34645	41022	49397
Norway, SVD, JM	48403	50638	49467	45275	40146	Spain/Espagne	10113	13615	33059	52198	51153
Colombia/Colombie	40010	47516	43284	34640	46474	Korea Republic	33601	27571	26566	44403	54581
Morocco/Maroc	22405	36560	46109	33701	34687	Chile/Chili	29557	32594	30386	32140	x49699
Yugoslavia SFR	33227	42482	36338	x12105		Greece/Grèce	38857	45019	24965	20782	x6223
Turkey/Turquie	41483	24015	36118	27224	27886	Canada	47059	38639	18642	24786	44161
Czechoslovakia	x4900	21384	36488	x28906	x42386	Brazil/Brésil	19225	22236	24154	23416	31359
Portugal	15639	21581	31815	32134	47647	Portugal	24081	19187	19792	20585	11393
New Zealand	29070	32479	24414	17313	17485	Denmark/Danemark	9744	16692	19158	17777	20889
Greece/Grèce	5976	17966	22584	25596	x25209	Hungary/Hongrie	x9183	x13361	x19696	x17655	x21216
Mexico/Mexique	9512	19555	22554	23802	27008	Bulgaria/Bulgarie	x11767	x18707	x18651	x6947	x8237
Tunisia/Tunisie	14398	20707	24762	19413	24941	New Zealand	11258	17025	14241	12594	12895
Egypt/Egypte	24714	16932	20183	26564	21402	Zambia/Zambie	x14207	x18015	x9182	x75399	
Brazil/Brésil	4189	23640	22683	12587	18976	So. Africa Customs Un	x10827	x14572	x13237	x12963	x10978
United Arab Emirates	x26687	x16766	x19874	x16694	x23999	Norway, SVD, JM	5031	8604	6566	8519	6894
Saudi Arabia	18481	14753	x14685	x21103	x15372	Albania/Albanie	x11271	x11472	x8198	x1501	x609
Pakistan	21270	22891	11546	9395	13424	Zaire/Zaïre	x9509	x3797	x13593	x2087	x2250
Venezuela	21044	8968	9763	18766	25207	Israel/Israël	4766	7452	7077	2743	384
Australia/Australie	10215	15086	10203	12129	11823	Former GDR	x24478	x8444	x6534		
Iran (Islamic Rp. of)	x5320	x9955	x10484	x16309	x13970	Philippines	2859	x3491	3151	4834	4506
Costa Rica	8337	12216	9804	9963	x8914	Argentina/Argentine	3961	4593	3620	322	149
Indonesia/Indonésie	6148	6979	10868	13153	17068	India/Inde	1367	1983	1722	2376	6397
Nigeria/Nigéria	x3793	x8661	x10648	x9282	x8988	Ireland/Irlande	606	x4872	1043	1610	x1237
Lebanon/Liban	x3756	x6838	x7214	x11508	x11553	Egypt/Egypte	242	3090	2072	782	3987
Ecuador/Equateur	4664	8892	8082	8146	3938	Tunisia/Tunisie	974	2002	3179	6	
Bangladesh	x6544	x10203	x6753	x7561	x7210	Venezuela	113	2657	2388	123	91

(VALUE AS % OF TOTAL)(VALEUR EN % DU TOTAL)

	1983	1984	1985	1986	1987	1988	1989	1990	1991	1992		1983	1984	1985	1986	1987	1988	1989	1990	1991	1992
Africa	4.5	x4.5	x4.0	x3.3	x3.8	3.4	x3.0	3.5	x3.8	x3.0	Afrique	0.7	x0.6	x0.9	x0.5	x0.4	x0.6	x0.8	x1.1	x0.6	x1.9
Northern Africa	3.9	3.6	3.0	2.5	3.2	2.8	2.4	2.9	3.2	x2.4	Afrique du Nord	0.0	0.0	0.0	0.0	0.0	0.0	0.1	0.1	0.0	0.1
Americas	10.6	13.4	11.5	x13.3	x12.9	12.3	10.6	9.0	8.7	x10.3	Amériques	8.1	10.9	9.6	x9.5	x9.5	10.1	9.7	9.1	x9.1	x10.5
LAIA	2.6	3.5	3.3	x4.3	x4.1	2.4	2.4	2.3	2.5	3.1	ALAI	0.8	3.3	3.4	x3.3	x3.0	4.3	4.2	3.7	x3.4	x3.2
CACM	0.4	0.4	0.4	x0.4	x0.6	0.4	0.4	0.4	0.3	x0.4	MCAC	x0.0	0.0	0.0	0.0	x0.1	0.0	0.0	0.0	0.0	x0.0
Asia	x22.3	x19.3	x17.9	x17.0	18.3	20.4	x20.9	20.1	21.5	x25.5	Asie	10.8	12.5	10.5	11.1	12.8	15.5	14.2	12.3	14.3	x16.2
Middle East	x9.5	x7.2	x7.2	x6.1	x3.7	x3.3	x2.1	x2.3	x2.5	x2.3	Moyen–Orient	x0.0	1.0	1.8	2.1	x2.3	3.6	3.2	x3.0	x2.8	x2.4
Europe	61.3	61.5	65.0	65.1	62.7	62.0	63.7	65.6	63.7	59.4	Europe	78.0	73.3	77.2	78.2	71.5	68.6	70.1	71.9	69.0	65.1
EEC	48.4	47.1	49.0	50.4	49.1	48.5	50.5	52.3	52.1	48.4	CEE	71.5	67.0	70.6	70.7	64.3	61.8	63.6	65.2	62.8	58.6
EFTA	12.9	12.7	13.8	14.3	13.5	12.6	12.3	12.6	11.3	10.5	AELE	x6.4	x5.9	x6.0	x6.9	x6.1	5.9	5.5	5.9	5.9	6.1
Oceania	x1.2	x1.4	x1.5	x1.3	x1.2	x1.0	0.9	0.7	x0.6	x0.6	Océanie	2.4	2.6	1.8	x0.8	x0.7	1.0	x1.1	x1.1	x1.6	x2.4
Germany/Allemagne	14.6	14.9	15.4	16.6	14.6	13.4	12.9	14.6	15.6	14.5	Belgium–Luxembourg	21.0	20.4	20.9	21.2	19.1	18.5	18.0	18.3	18.3	17.8
France, Monac	10.6	9.3	9.5	9.2	8.9	8.9	10.5	10.5	9.7	8.7	Belgium–Luxembourg	18.4	17.2	19.2	18.3	17.2	16.5	18.0	17.1	15.1	14.2
Italy/Italie	6.6	7.2	7.3	7.5	8.2	8.6	10.0	9.4	8.5	8.1	France, Monac	17.3	16.2	15.2	16.2	14.7	14.8	16.2	16.8	16.3	14.7
Netherlands/Pays–Bas	4.3	4.8	5.1	5.0	5.3	4.7	4.3	4.5	4.5	4.0	USA/Etats–Unis d'Amer	6.2	5.5	4.5	4.7	5.1	4.5	4.8	5.0	5.2	6.4
Austria/Autriche	4.3	4.3	4.5	4.5	4.2	4.3	4.1	4.4	4.2	4.0	Italy/Italie	5.1	4.2	5.2	5.1	4.9	4.6	4.5	5.2	4.7	4.4
USA/Etats–Unis d'Amer	5.2	7.6	6.0	6.3	5.5	5.2	4.6	4.0	3.6	4.2	United Kingdom	6.3	6.0	7.0	6.4	4.6	3.9	4.0	4.6	4.5	4.5
Switz.Liecht	4.5	4.3	4.6	4.7	4.3	3.9	4.0	4.2	3.6	3.4	Japan/Japon	8.4	9.5	6.6	6.5	6.1	4.9	4.3	3.8	3.7	4.6
United Kingdom	3.9	3.8	3.7	3.3	3.6	4.0	3.8	3.7	3.7	2.9	Poland/Pologne						x3.4	x2.6	x2.3	x2.7	x2.8
Spain/Espagne	2.3	1.7	1.7	2.6	2.9	3.6	3.3	3.7	4.0	3.9	Turkey/Turquie		1.0	1.8	2.0	1.6	2.2	2.4	2.3	2.0	1.4
Hong Kong	2.5	2.8	2.2	2.5	3.0	3.3	3.2	2.9	4.8	5.6	Sweden/Suède	x2.3	x1.8	x1.7	x1.9	x1.5	1.6	1.9	2.2	2.3	2.4

563

68222 COPPER PLATE, SHEET, STRIP — TOLES DE PLUS 0.15 MM 68222

TRADE BY COMMODITY IN THOUSAND U.S. DOLLARS – COMMERCE PAR PRODUIT EN MILLIERS DE DOLLARS E.U

COUNTRIES–PAYS	IMPORTS 1988	1989	1990	1991	1992	COUNTRIES–PAYS	EXPORTS 1988	1989	1990	1991	1992
Total	1698864	1949720	2073491	1938125	2055744	Totale	1671820	1967700	2084780	1938756	2078724
Africa	24632	18903	28846	x19092	x22334	Afrique	x631	x1174	x1270	x1283	x10689
Northern Africa	16558	13989	22392	13161	x16651	Afrique du Nord	4	179	270	x72	x124
Americas	304318	268306	261971	220569	195342	Amériques	190378	155243	190461	179109	x195012
LAIA	47268	14406	18995	17284	23687	ALAI	34933	35425	45975	47490	x52624
CACM	343	464	x522	421	x467	MCAC	1	3	0	1	x1
Asia	339180	380760	436327	509799	565077	Asie	283851	331130	384029	428838	498470
Middle East	x31622	x19517	x13859	x22227	x16497	Moyen–Orient	1432	1562	544	x406	x433
Europe	946541	1193211	1276270	1131905	1232742	Europe	1138631	1364887	1422963	1264004	1327202
EEC	745825	959250	1045723	934805	1010491	CEE	938913	1128181	1180995	1058143	1153309
EFTA	196610	228543	222204	189777	205580	AELE	165727	209914	215067	189013	167434
Oceania	x11979	x14088	x20361	x27172	x24834	Océanie	x8757	9312	5944	x1559	x1998
France, Monac	180639	224771	236147	184194	203926	Germany/Allemagne	515542	599656	621443	577195	650835
Germany/Allemagne	138656	188758	215990	220775	234357	Japan/Japon	183685	206889	232117	260222	309862
USA/Etats–Unis d'Amer	211035	204750	184892	153408	125046	Italy/Italie	130366	190345	205894	177615	173312
Italy/Italie	128425	170995	188173	159492	183319	France, Monac	123715	134627	139397	129150	140732
United Kingdom	113866	145348	148262	131588	136938	USA/Etats–Unis d'Amer	109582	88199	130854	115728	128865
Hong Kong	98054	98935	129834	146522	154457	Finland/Finlande	70993	103687	103185	94313	101879
Switz.Liecht	104129	122212	117731	101594	103959	Korea Republic	55353	75018	83439	79559	79803
Spain/Espagne	40863	77511	89217	85374	90697	Belgium–Luxembourg	44136	63451	75434	71831	76614
Netherlands/Pays–Bas	55187	62894	67066	60353	64882	Sweden/Suède	56039	60230	59003	49614	19575
Singapore/Singapour	42093	50308	55050	74470	103694	United Kingdom	47481	49498	52513	39864	29657
Austria/Autriche	47754	51840	56009	51513	53351	Switz.Liecht	34569	41378	41839	36399	36928
Canada	44629	47511	55528	48330	45077	Netherlands/Pays–Bas	45886	49422	41798	24619	28571
Malaysia/Malaisie	18895	26400	46651	56970	x45537	Hong Kong	15669	23149	33766	49653	58964
Korea Republic	44380	38129	42147	47771	56684	Poland/Pologne	x24050	x29269	x28550	x34735	x27499
Belgium–Luxembourg	37544	38029	44693	40457	39013	Former USSR/Anc. URSS	x394	x48756	x18731	x13337	
Thailand/Thaïlande	16725	31627	32059	48713	22157	Spain/Espagne	18185	22960	28554	24926	
Japan/Japon	29902	33937	38547	33248	24228	Yugoslavia SFR	33961	26767	26880	x16845	33660
China/Chine	18992	37859	27949	32847	90115	Canada	45831	31507	13623	15884	13515
Sweden/Suède	25462	30315	26951	19753	31231	China/Chine	19059	12429	17819	24650	25192
Portugal	25421	22933	26671	24412	24887	Brazil/Brésil	13123	15310	16722	17422	13138
Denmark/Danemark	20150	21020	21024	21072	24404	Greece/Grèce	12044	16915	14578	11154	x17525
Former USSR/Anc. URSS	x11218	x15799	x15343	x16078		Hungary/Hongrie	x5211	x10982	x12894	x14828	x14538
Australia/Australie	6946	8310	15241	21971	20497	Singapore/Singapour	6748	10067	14416	11289	19747
Indonesia/Indonésie	7108	9381	17824	17916	18361	Chile/Chili	9915	9306	12818	13180	x20774
Czechoslovakia	x28461	15021	17567	x3041	x3454	Mexico/Mexique	6186	5071	12913	15432	15516
Norway, SVD, JM	10820	12872	11221	9810	9231	Austria/Autriche	3941	4328	10804	8537	8953
India/Inde	10892	x12386	12094	8852	x9589	Bulgaria/Bulgarie	x5852	x5445	x15542	x602	x1740
Romania/Roumanie	x2505	20958	8361	2620	x1009	Australia/Australie	8641	9171	5903	1316	1958
Finland/Finlande	8179	11068	10149	6883	7648	Former GDR	x13816	x11092	x3640		
Israel/Israël	8507	9786	7881	8703	9669	Argentina/Argentine	5274	4734	2185	357	561
Philippines	6896	x6188	7160	7104	8252	Peru/Pérou	320	1001	1276	x1081	x2489
Mexico/Mexique	36810	5317	7306	6370	6416	India/Inde	599	x76	1118	1792	x1243
Morocco/Maroc	6009	6975	5890	6089	6986	So. Africa Customs Un	x566	x989	x756	x1053	x2362
Yugoslavia SFR	3149	4452	7235	x6411		Denmark/Danemark	946	805	827	824	1270
Ireland/Irlande	4074	5352	6310	5236	5963	Malaysia/Malaisie	1043	1084	383	622	x377
Iran (Islamic Rp. of)	x2984	x4319	x3144	x8779	x3645	Jordan/Jordanie		1252	411	94	148
New Zealand	4738	5685	4981	5091	4163	Czechoslovakia	x249	x376	x433	x460	x1555
Bulgaria/Bulgarie	x14537	x10843	x2008	x760	309	Ireland/Irlande	342	291	323	311	811
Brazil/Brésil	2913	3965	5535	3917	4654	Portugal	271	210	234	354	323
Egypt/Egypte	4761	1590	5181	6130	3264	Indonesia/Indonésie	89	771		1	278
Saudi Arabia	11337	2294	x2840	x6656	x4938	Norway, SVD, JM	186	290	237	150	99
Algeria/Algérie	3983	2850	7740	713	x3400	Turkey/Turquie	1358	293	48	165	39
Hungary/Hongrie	x2286	x2623	x2497	6054	x8982	Korea Dem People's Rp	x8		x230	x134	x26
So. Africa Customs Un	5968	3398	4099	x3007	x3218	Romania/Roumanie		x32	325		x21
Turkey/Turquie	4000	2665	3145	3035	3353	Egypt/Egypte		x6	266	x18	x46
Colombia/Colombie	4654	2548	3193	3001	4662	Israel/Israël	106	40	46	180	280
Pakistan	2578	2188	3033	1593	3067	New Zealand	88	141	40	68	35
Former GDR	x9728	x5653	x1071			Thailand/Thaïlande	26	13	32	201	x63
Iraq	x8129	x5798	x519	x28	x2	Algeria/Algérie			170	x12	
Greece/Grèce	1001	1638	2171	1851	x2105	American Samoa	x26			x163	x3

(VALUE AS % OF TOTAL)(VALEUR EN % DU TOTAL)

	1983	1984	1985	1986	1987	1988	1989	1990	1991	1992		1983	1984	1985	1986	1987	1988	1989	1990	1991	1992
Africa	3.0	x3.4	2.9	x1.9	x1.5	1.5	1.0	1.4	x1.0	x1.1	Afrique	x0.1	x0.1	1.0	x0.1	x0.0	x0.0	x0.1	x0.0	x0.1	x0.5
Northern Africa	2.4	2.5	2.2	1.2	0.9	1.0	0.7	1.1	0.7	x0.8	Afrique du Nord	x0.0	0.0	0.0	0.0	0.0	0.0	0.0	0.0	0.0	0.0
Americas	22.5	27.6	25.8	x21.6	x16.3	17.9	13.7	12.6	11.4	9.5	Amériques	x9.5	13.3	10.8	x9.5	x10.5	11.4	7.9	9.1	9.2	x9.3
LAIA	0.4	0.6	2.0	x1.2	x1.1	2.8	0.7	0.9	0.9	1.2	ALAI	x0.0	2.6	1.5	x2.0	x1.6	2.1	1.8	2.2	2.4	x2.5
CACM	x0.0	0.0	0.0	x0.1	0.0	0.0	0.0	x0.0	0.0	x0.0	MCAC			0.0	0.0	0.0	0.0	0.0	0.0	0.0	0.0
Asia	x20.8	20.8	x19.9	21.6	26.7	20.0	19.5	21.0	26.3	27.4	Asie	18.9	18.0	17.5	19.7	20.1	17.0	16.8	18.4	22.1	24.0
Middle East	x4.5	x3.1	x4.5	x3.2	x2.5	x1.9	x1.0	x0.7	x1.1	x0.8	Moyen–Orient	x0.0	0.1	0.1	x0.0	0.3	0.1	0.1	0.0	0.0	0.0
Europe	52.5	46.8	50.1	54.0	52.7	55.7	61.2	61.6	58.4	60.0	Europe	70.7	68.1	70.2	70.1	61.5	68.1	69.4	68.3	65.2	63.8
EEC	41.8	37.1	38.8	41.9	41.2	43.9	49.2	50.4	48.2	49.2	CEE	61.2	56.5	57.5	58.0	49.9	56.2	57.3	56.6	54.6	55.5
EFTA	10.7	9.2	10.8	11.6	11.0	11.6	11.7	10.7	9.8	10.0	AELE	x9.5	x9.0	x9.9	x11.1	x10.2	9.9	10.7	10.3	9.7	8.1
Oceania	1.3	x1.5	x1.2	x0.9	x0.7	x0.7	0.7	x1.0	x1.4	x1.2	Océanie	0.7	0.5	0.5	x0.6	x0.6	x0.5	0.5	0.3	x0.1	x0.1
France, Monac	6.8	6.0	6.1	6.6	7.3	10.6	11.5	11.4	9.5	9.9	Germany/Allemagne	30.6	27.7	28.7	30.5	28.9	30.8	30.5	29.8	29.8	31.3
Germany/Allemagne	9.3	8.5	9.2	10.1	8.8	8.2	9.7	10.4	11.4	11.4	Japan/Japon	13.9	11.8	12.2	13.7	12.4	11.0	10.5	11.1	13.4	14.9
USA/Etats–Unis d'Amer	19.8	24.3	21.3	17.5	12.9	12.4	10.5	8.9	7.9	6.1	Italy/Italie	6.5	6.5	7.4	7.4	6.6	7.8	9.7	9.9	9.2	8.3
Italy/Italie	8.2	7.6	7.3	8.3	7.6	7.6	8.8	8.2	8.9	Italy...	France, Monac	7.0	10.2	9.0	8.5	6.1	7.4	6.8	6.7	6.7	6.8
United Kingdom	7.0	5.1	5.8	5.9	6.5	6.7	7.5	7.2	6.8	6.7	USA/Etats–Unis d'Amer	5.0	5.3	4.9	3.9	4.7	6.6	4.5	6.3	6.0	6.2
Hong Kong	7.8	9.5	8.0	10.8	13.1	5.8	5.1	6.3	7.6	6.7	Finland/Finlande	2.7	3.0	3.4	4.1	3.8	4.2	5.3	4.9	4.9	4.9
Switz.Liecht	5.7	5.2	6.3	6.3	6.0	6.1	6.3	5.7	5.2	5.1	Korea Republic	3.4	4.8	3.3	3.3	3.0	3.3	3.8	4.0	4.1	3.8
Spain/Espagne	1.4	1.2	1.2	1.9	1.9	2.4	4.0	4.3	4.4	4.4	Belgium–Luxembourg	4.8	4.3	4.2	3.3	1.4	2.6	3.2	3.6	3.7	3.7
Netherlands/Pays–Bas	3.3	3.3	3.9	3.9	3.3	3.2	3.2	3.2	3.1	3.2	Sweden/Suède	x4.3	x3.7	x4.1	x4.4	x4.0	3.4	3.1	2.8	2.6	0.9
Singapore/Singapour	1.9	2.1	2.1	2.2	2.4	2.5	2.6	2.7	3.8	5.0	United Kingdom	3.2	3.2	3.6	3.1	2.9	2.8	2.5	2.5	2.1	1.4

561

68225 COPPER TUBES, PIPES, ETC

TUBES, TUYAUX EN CUIVRE 68225

TRADE BY COMMODITY IN THOUSAND U.S. DOLLARS – COMMERCE PAR PRODUIT EN MILLIERS DE DOLLARS E.U

COUNTRIES–PAYS	1988	1989	1990	1991	1992	COUNTRIES–PAYS	1988	1989	1990	1991	1992
Total	1607283	1820971	1766486	1742910	1833348	Totale	1563350	1814057	1011362	1785889	1882477
Africa	33456	x36709	48970	x37830	x36228	Afrique	x7228	x7624	x12516	x7068	x5826
Northern Africa	23743	23532	37872	29915	x25924	Afrique du Nord	3	32	7635	4325	2357
Americas	354262	391598	302742	265670	261079	Amériques	193560	233730	208991	217768	x241137
LAIA	37306	42774	40220	51267	60707	ALAI	83103	115373	84530	82284	x97425
CACM	2403	2253	3051	7075	x2779	MCAC	x10	0	x78	94	x11
Asia	x226463	x292365	x257996	x299299	x380009	Asie	260937	293419	260169	269609	x325043
Middle East	x61016	x57844	x67050	x75486	x101193	Moyen–Orient	1162	x464	x753	x532	x305
Europe	891193	1020454	1102646	1090268	1113951	Europe	1075069	1233786	1282628	1236207	1261660
EEC	763867	885214	949935	961970	984575	CEE	791988	947599	963516	970891	1008958
EFTA	123475	131597	145858	122550	121013	AELE	236331	250170	267179	239109	243244
Oceania	x21397	x35063	x29662	x30339	x30725	Océanie	23488	29988	x31894	x36531	x42648
USA/Etats–Unis d'Amer	265365	285210	206253	158247	153566	Germany/Allemagne	383629	433154	414563	373788	398522
United Kingdom	178547	183229	186886	164265	154709	Japan/Japon	217844	259859	224863	218613	244738
France, Monac	139750	154389	157511	151475	151411	France, Monac	109195	127313	124946	151241	153023
Germany/Allemagne	84091	98575	137176	203041	224617	United Kingdom	73049	108644	121693	127335	124029
Italy/Italie	120181	141459	148649	134599	128186	Finland/Finlande	100990	114247	124767	105493	110488
Spain/Espagne	76041	115856	112692	104164	107796	Italy/Italie	117920	120821	111516	110872	133178
Netherlands/Pays–Bas	69328	74376	80743	77421	80086	USA/Etats–Unis d'Amer	77854	90412	89731	95182	105403
Canada	40900	51763	42867	42796	37077	Belgium–Luxembourg	53403	80843	89580	99528	98440
Belgium–Luxembourg	32977	39609	46277	50079	53200	Austria/Autriche	62186	66624	73531	67425	63868
Sweden/Suède	43199	45083	48852	40308	35790	Mexico/Mexique	53699	81460	53756	51270	56308
Malaysia/Malaisie	22639	29777	34698	58533	x65051	Sweden/Suède	59292	60235	56409	52554	55809
Singapore/Singapour	27799	35360	30556	28158	26793	Yugoslavia SFR	46749	36009	51917	x26207	
Switz. Liecht	27202	30585	33542	26838	25298	Spain/Espagne	23193	26547	40964	41968	30320
Denmark/Danemark	27896	30456	28438	28843	30043	Canada	32190	27628	34591	40177	38157
Thailand/Thaïlande	20747	35996	25432	24832	27443	Greece/Grèce	21031	26287	29850	32430	x35554
Austria/Autriche	20071	23401	27832	27551	33462	Netherlands/Pays–Bas	6100	19452	24161	27790	29905
Hong Kong	21395	28401	22385	26584	33381	Australia/Australie	16642	16112	17503	19688	26203
Australia/Australie	12035	22917	20220	23031	21001	New Zealand	6783	13795	14276	16801	16363
Ireland/Irlande	16565	19698	21825	18013	17862	Brazil/Brésil	16608	16211	13298	13863	20493
Norway, SVD, JM	22072	19135	23099	16175	16494	Chile/Chili	10614	13719	11898	12509	x14910
Saudi Arabia	20772	12629	x18596	x25207	x35212	Korea Republic	23314	11852	10547	14809	21701
China/Chine	16245	24557	13674	19663	23705	Former USSR/Anc. URSS	x446	x11110	x10639	x13552	
Portugal	11844	15015	17851	14927	17064	Switz. Liecht	13753	8873	12111	13450	12665
Israel/Israël	16673	19958	14052	16691	23664	Hong Kong	6918	9322	6656	9382	17573
Korea Republic	13273	12261	13796	13047	14841	Singapore/Singapour	6250	7611	8251	7089	4386
Mexico/Mexique	9725	13390	14074	14074	x7416	China/Chine	2873	1743	4391	9046	7501
Algeria/Algérie	8944	4111	15919	16973	9592	So. Africa Customs Un	x6718	x7383	x4583	x2620	x3355
Finland/Finlande	10591	13145	12229	11367	9873	Denmark/Danemark	3335	3039	4369	4648	5277
Indonesia/Indonésie	6232	9622	12676	12647	12744	Egypt/Egypte		x3	7613	4277	1630
Greece/Grèce	6648	12550	11886	10406	x12960	Venezuela	1496	3155	4001	3413	4526
Iran (Islamic Rp. of)	x3194	x3967	x9314	x16900	x14731	Poland/Pologne	x36	x1784	x2934	x3789	x4422
Venezuela	9141	7900	7831	14411	9762	Indonesia/Indonésie	2119	2027	1609	1494	5602
Japan/Japon	8115	10818	6998	10054	9873	Thailand/Thaïlande	49	100	1256	3308	x1943
Brazil/Brésil	5900	9869	6506	9599	8584	Israel/Israël	149	44	1349	2618	3651
New Zealand	8362	11288	8353	5950	7924	Portugal	749	1080	1537	968	432
Turkey/Turquie	5493	5900	9996	9216	11771	Argentina/Argentine	659	828	1574	1123	534
Egypt/Egypte	6566	6151	11297	7332	7035	Former GDR	31	245	275	2330	x14823
Czechoslovakia	x22709	11656	8159	x2491	x4126	Malaysia/Malaisie	x1853	x2219	x798		
Philippines	4408	x14130	4594	3333	5118	Hungary/Hongrie	x186	x156	x629	x502	x1205
Former USSR/Anc. URSS	x19805	x6107	x4806	x10421		Ireland/Irlande	384	420	338	323	277
United Arab Emirates	x9286	x6859	x7938	x6478	x17630	Romania/Roumanie	x507	x213	x36	687	
Colombia/Colombie	6601	7281	6875	6356	8716	Norway, SVD, JM	108	191	361	186	413
India/Inde	4205	x8687	6644	4651	x8263	India/Inde	139	x72	141	346	x1655
Kuwait/Koweït	x3648	x9551	x4578	x1401	x4624	Bahrain/Bahreïn	x88		x251	x271	x3
Tunisia/Tunisie	5171	6876	6061	2036	5694	Turkey/Turquie	969	208	102	86	41
Qatar	x2842	x3075	x5611	5294	x3745	Saudi Arabia	29		95	x281	x3	x8
Romania/Roumanie	x13244	x9820	x2789	187	x852	United Arab Emirates	x23	x133	x47	x143	x62
So. Africa Customs Un	5006	5738	4434	x2301	x2830	Czechoslovakia	x40	x8	x124	x157	x338
Yugoslavia SFR	2888	2621	5296	3921		Mozambique	x436	x89	x143		x44
Former GDR	x10162	x6274	x4007			Anguilla		x181			

(VALUE AS % OF TOTAL)(VALEUR EN % DU TOTAL)

	1983	1984	1985	1986	1987	1988	1989	1990	1991	1992		1983	1984	1985	1986	1987	1988	1989	1990	1991	1992
Africa	2.8	3.9	3.4	2.9	x2.3	2.1	x2.0	2.8	x2.1	2.0	Afrique	0.3	x0.1	0.2	0.4	0.0	0.4	0.4	0.4	x0.3	x0.3
Northern Africa	2.0	3.0	2.8	1.7	1.4	1.5	1.3	2.1	1.7	1.4	Afrique du Nord			0.0	0.0		0.0	0.0	0.4	0.2	0.1
Americas	x24.4	27.6	28.0	x27.2	24.4	22.1	21.5	17.1	15.2	14.2	Amériques	x8.4	10.2	9.3	x9.2	x10.8	12.3	12.9	11.6	12.2	x12.8
LAIA	1.3	1.9	2.3	x2.8	x3.2	2.3	2.3	2.3	2.9	3.3	ALAI	0.1	2.8	2.2	x3.0	x4.3	5.3	6.4	4.7	4.6	x5.2
CACM	x0.2	0.2	0.2	0.2	x0.4	0.1	0.1	0.2	0.4	x0.2	MCAC	0.0	0.0	x0.0	x0.0	x0.0	0.0	0.0	0.0	0.0	x0.0
Asia	x17.3	x17.5	x13.9	x12.2	x13.0	x14.0	16.1	14.6	17.1	x20.8	Asie	25.5	20.7	x18.6	17.8	18.5	16.6	16.1	14.4	15.1	x17.3
Middle East	x7.9	x8.9	x5.9	x4.6	x4.2	x3.8	x3.2	x3.8	x4.3	x5.5	Moyen–Orient	x0.0	0.0	x0.2	x0.1	x0.0	0.1	x0.0	x0.0	x0.0	x0.0
Europe	54.7	49.9	53.5	56.4	54.5	55.4	56.0	62.4	62.6	60.8	Europe	65.1	68.1	71.2	71.7	68.5	68.8	68.0	70.8	69.2	67.0
EEC	44.8	40.8	43.5	46.0	45.1	47.5	48.6	53.8	55.2	53.7	CEE	50.6	51.2	55.6	55.2	50.7	50.7	52.2	53.2	54.4	53.6
EFTA	9.8	8.8	9.5	10.0	9.0	7.7	7.2	8.3	7.0	6.6	AELE	x14.5	x13.5	x13.1	x14.4	x15.4	15.1	13.8	14.8	13.4	12.9
Oceania	0.9	x1.1	x1.1	x1.3	1.4	1.4	1.9	1.7	1.8	x1.7	Océanie	0.8	0.9	x0.7	x0.9	1.4	1.5	1.6	1.8	x2.0	x2.3
USA/Etats–Unis d'Amer	18.7	21.1	20.6	20.6	17.8	16.5	15.7	11.7	9.1	8.4	Germany/Allemagne	25.5	24.7	27.4	29.3	27.9	24.5	23.9	22.9	20.9	21.2
United Kingdom	9.5	8.9	9.5	9.9	10.5	11.1	10.1	10.6	9.4	8.4	Japan/Japon	23.4	18.9	17.3	16.4	16.4	13.9	14.3	12.4	12.2	13.0
France, Monac	8.3	7.5	8.8	8.5	7.5	8.7	8.5	8.9	8.7	8.3	France, Monac	6.8	7.2	7.5	5.7	6.9	7.0	7.0	6.7	7.1	6.6
Germany/Allemagne	5.8	5.1	5.7	5.7	4.4	5.2	5.4	7.8	11.6	12.3	United Kingdom	6.1	5.3	6.0	5.3	4.7	4.7	6.0	6.7	7.1	6.6
Italy/Italie	7.3	7.3	6.9	6.8	7.7	7.5	7.8	8.4	7.7	7.0	Finland/Finlande	5.8	5.9	5.9	6.6	6.6	6.5	6.3	6.9	5.9	5.9
Spain/Espagne	2.5	2.3	1.8	3.7	3.7	4.7	6.4	6.4	6.0	5.9	Italy/Italie	8.6	6.3	5.7	7.4	6.2	7.5	6.7	6.0	5.3	5.6
Netherlands/Pays–Bas	4.6	3.8	4.6	4.5	4.1	4.3	4.1	4.6	4.4	4.4	USA/Etats–Unis d'Amer	4.9	4.1	4.2	3.7	4.2	5.0	5.0	5.3	5.6	5.2
Canada	2.8	2.9	2.8	2.7	2.3	2.5	2.8	2.4	2.5	2.0	Belgium–Luxembourg	3.7	3.5	3.9	3.3	1.7	3.4	4.5	4.9	5.6	5.2
Belgium–Luxembourg	2.0	1.8	1.9	2.1	2.5	2.1	2.2	2.6	2.9	2.9	Austria/Autriche	3.3	3.0	2.7	2.8	3.5	4.0	3.7	4.1	3.8	3.4
Sweden/Suède	3.6	3.1	3.5	3.4	3.1	2.7	2.5	2.8	2.3	2.0	Mexico/Mexique			1.2	1.0	x1.5	x2.8	3.4	4.5	3.0	3.0

565

6831 NICKEL, ALLOYS UNWROUGHT / NICKEL ET ALLIAGES BRUTS 6831

TRADE BY COMMODITY IN THOUSAND U.S. DOLLARS – COMMERCE PAR PRODUIT EN MILLIERS DE DOLLARS E.U

IMPORTS – IMPORTATIONS

COUNTRIES–PAYS	1988	1989	1990	1991	1992
Total	3465700	4584597	3247251	3070760	2310237
Africa	x8459	x2242	x5374	x1818	x2788
Northern Africa	x513	x1807	1376	1003	901
Americas	1110522	1487518	1052773	1007146	736313
LAIA	42711	87853	53547	55408	52978
CACM	60	68	42	x43	x2630
Asia	723524	837025	594844	723527	610883
Middle East	10658	x14267	x14505	x11378	x8001
Europe	1603833	2176674	1524569	1321688	951741
EEC	1363671	1886780	1331929	1145605	819346
EFTA	216605	281762	182173	175016	130943
Oceania	3735	6597	x4876	x5352	x4188
USA/Etats–Unis d'Amer	1057577	1348652	955601	869691	657450
Germany/Allemagne	577325	741487	513274	432323	292463
Japan/Japon	398010	531339	415850	444170	210031
France,Monac	251875	356337	296723	223948	183623
Italy/Italie	178085	231948	141301	177350	105580
United Kingdom	160875	233687	174248	142597	110140
Sweden/Suède	147799	182887	113402	97063	75631
Spain/Espagne	74669	151414	103707	84030	46306
Korea Republic	55857	113264	60234	118580	42978
Belgium–Luxembourg	91547	113969	77831	62216	58796
Hong Kong	79869	84497	38835	68817	233755
Canada	10125	50926	43573	82004	22674
Finland/Finlande	28894	52496	29018	46330	25565
Brazil/Brésil	16862	57163	27740	32500	32721
Romania/Roumanie	x471	58263	43201	4360	x1242
India/Inde	74925	x14998	37530	26280	x22745
Austria/Autriche	31683	31410	25780	20520	17143
Netherlands/Pays–Bas	17836	43110	13111	11586	12080
Singapore/Singapour	52524	50549	6614	6550	10357
Mexico/Mexique	13620	16447	17753	14069	10348
Switz.Liecht	7952	14250	13312	10556	12048
Czechoslovakia	x12647	9476	20227	x4066	x2237
China/Chine	30821	6874	911	25847	39990
Thailand/Thaïlande	7067	12169	9891	8180	10032
Turkey/Turquie	9576	11548	9573	8557	5815
Ireland/Irlande	5281	6511	6836	6636	6552
Yugoslavia SFR	23556	8132	10467	x1065	
Australia/Australie	2973	6259	4161	4943	3721
Argentina/Argentine	3687	4201	3399	4782	4632
Pakistan	3478	3256	3908	4930	3367
Portugal	3218	3984	2710	2082	2281
Iran (Islamic Rp. of)	x854	x2179	x4180	x1503	x601
Venezuela	3175	3172	2498	1717	1528
Former GDR	x2003	x6152	x887		
Colombia/Colombie	1052	3724	1604	1527	2011
Greece/Grèce	1492	2853	1013	1548	x317
Indonesia/Indonésie	753	1270	1885	1630	1923
So. Africa Customs Un	299	101	3730	x609	x1842
Malaysia/Malaisie	752	1031	1153	2167	x819
Israel/Israël	1533	1357	1331	1594	1090
Denmark/Danemark	1469	1481	1175	1288	1207
Korea Dem People's Rp	x6600	x1321	x1540	x914	x650
Chile/Chili	x834	x2564	338	761	x1499
Hungary/Hongrie	x164	x198	x379	2546	x412
Philippines	679	x810	860	1044	512
Egypt/Egypte	96	772	1087	526	458
Norway,SVD,JM	276	716	654	540	551
New Zealand	761	338	558	401	457
United Arab Emirates	x27	x23	x174	x959	x1199
Peru/Pérou	3442	580	194	31	x123

EXPORTS – EXPORTATIONS

COUNTRIES–PAYS	1988	1989	1990	1991	1992
Totale	x3367715	x4560902	x3570150	x3840995	1906265
Afrique	x350971	x377705	x255910	x208574	x169092
Afrique du Nord		x125	x672	x193	
Amériques	x55479	x114617	x648122	582633	816571
ALAI	x5820	7684	16138	21087	22827
MCAC		x256	0		
Asie	102467	180498	47299	63290	166648
Moyen–Orient		x4	x1745	x1189	64
Europe	1111351	1266431	999496	867126	744218
CEE	425892	435454	361248	323185	274329
AELE	685312	830944	638456	541646	465124
Océanie	6		x555	x441	x55
Former USSR/Anc. URSS	x1737284	x2578716	x1574095	x2107853	
Norway,SVD,JM	535632	705272	541935	481404	386348
Canada	17156	12324	576784	519966	753789
United Kingdom	226296	197501	179123	166487	136826
So. Africa Customs Un	x180408	x200034	x154563	x121800	x72800
Zimbabwe	170196	x176136	100208	85537	x92247
Finland/Finlande	118095	120404	93547	57442	72008
Germany/Allemagne	91070	97617	97295	74419	88729
France,Monac	76557	76283	58609	40324	29273
Hong Kong	59818	79621	25064	41323	154757
USA/Etats–Unis d'Amer	22856	46377	43582	41471	39920
Singapore/Singapour	31554	84791	6580	11233	6553
Albania/Albanie	x17	x29030	x29225	x5461	x1408
Italy/Italie	10794	5878	13712	30460	4920
Brazil/Brésil	4067	7225	16074	20812	22632
Belgium–Luxembourg	14104	24628	7317	8359	9121
Cuba	x148	x22496	x9846	x109	
Korea Republic	0	12677	11292	6711	2012
Dominican Republic	x8543	x24073	x1773		
Netherlands/Pays–Bas	3862	19395	4135	1999	4584
Bulgaria/Bulgarie	x2804	x9445	x8086	x2050	x1276
Spain/Espagne	931	13295	279	353	72
Hungary/Hongrie	x1004	x3113	x2848	x466	x1075
Poland/Pologne	x3179	x1346	x4076	x880	x1325
Japan/Japon	8153	2493	1636	1106	926
Switz.Liecht	7851	2763	898	992	1042
Sweden/Suède	23364	1752	1223	796	3481
Ireland/Irlande	2238	851	725	778	691
Czechoslovakia	x70			x2221	x4295
Austria/Autriche	370	753	419	1012	2089
Yugoslavia SFR		33		x2037	
Saudi Arabia			x610	x1047	
Korea Dem People's Rp		x91	x868	x408	x111
India/Inde			95	1155	x98
Cayman Is/Is Caïmans		x1207			
Zambia/Zambie			x516	x22	x454	x4006
United Arab Emirates			x881		
China/Chine	2862	790	0	2	1622
Central African Rep.	x275	x498	x192		x23
Algeria/Algérie			x505	26	
Former GDR	x3082		437		
Venezuela	x59	x431	1		47
Nauru			x118	x288	x31
Mozambique	x93	x117	x93	x189	
Reunion/Réunion				x397	
Morocco/Maroc			x167	x167	
Honduras					
Zaire/Zaïre		x256			
Qatar		x240			
Mexico/Mexique	0	28	32	x173	21

(VALUE AS % OF TOTAL) (VALEUR EN % DU TOTAL)

IMPORTS

	1983	1984	1985	1986	1987	1988	1989	1990	1991	1992
Africa	0.1			x0.1	x0.1	x0.2	x0.0	x0.2	x0.0	x0.1
Northern Africa	0.1	0.0	0.0	0.0	x0.0	x0.0	x0.0	0.0	0.0	0.0
Americas	37.0	34.7	35.7	x37.3	x32.9	32.0	32.4	32.5	32.8	31.8
LAIA	0.5	0.6	0.8	1.6	x1.2	1.2	1.9	1.6	1.8	2.3
CACM	x0.0	0.0	0.0	x0.0	0.0	0.0	0.0	0.0	x0.0	0.1
Asia	17.3	16.6	15.2	16.2	x21.0	20.8	18.2	18.3	23.5	26.4
Middle East	x0.1	x0.0	0.0	0.5	x0.3	x0.3	x0.3	x0.4	x0.3	x0.3
Europe	45.5	48.1	48.9	46.1	45.6	46.3	47.5	46.9	43.0	41.2
EEC	38.5	39.8	39.7	39.9	40.5	39.3	41.2	41.0	37.3	35.5
EFTA	7.0	7.3	8.1	6.2	5.0	6.2	6.1	5.6	5.7	5.7
Oceania	x0.1	x0.4	x0.2	x0.3	0.1	0.1	0.1	x0.1	x0.2	x0.2
USA/Etats–Unis d'Amer	35.2	32.6	33.4	33.9	30.3	30.5	29.4	29.4	28.3	28.5
Germany/Allemagne	16.5	16.4	15.8	16.4	17.2	16.7	16.2	15.8	14.1	12.7
Japan/Japon	10.7	11.1	9.5	8.9	10.9	11.5	11.6	12.8	14.5	9.1
France,Monac	7.6	7.7	7.6	7.2	8.5	7.3	7.8	9.1	7.3	7.9
Italy/Italie	5.1	6.9	6.7	6.4	5.1	5.1	5.1	4.4	5.8	4.6
United Kingdom	4.4	5.3	6.1	5.3	5.5	4.6	5.1	5.4	4.6	4.8
Sweden/Suède	3.9	4.5	4.7	3.6	3.1	4.3	4.0	3.5	3.2	3.3
Spain/Espagne	1.8	1.7	1.5	1.6	1.4	2.2	3.3	3.2	2.7	2.0
Korea Republic	0.8	0.8	1.3	2.2	1.4	1.6	2.5	1.9	3.9	1.9
Belgium–Luxembourg	1.6	1.0	1.0	1.3	1.9	2.6	2.5	2.4	2.0	2.5

EXPORTS

	1983	1984	1985	1986	1987	1988	1989	1990	1991	1992
Afrique	x11.6	10.2	11.9	x11.5	x6.3	x10.5	x8.3	x7.1	x5.5	x8.9
Afrique du Nord					x0.0		x0.0	x0.0	x0.0	x0.0
Amériques	x38.3	41.6	x37.7	x36.6	x21.6	x1.7	x2.5	x18.2	15.2	42.8
ALAI	x0.4	0.2	0.0	0.0	x0.0	x0.2	0.2	0.5	0.5	1.2
MCAC	x0.0					x0.0	x0.0	0.0		
Asie	7.0	3.4	6.3	3.6	1.7	3.0	4.0	1.3	1.6	8.7
Moyen–Orient	x0.0	x0.0	x0.0	x0.0	x0.0		x0.0	x0.0	x0.0	0.0
Europe	31.7	34.4	31.9	39.8	22.5	27.8	28.0	22.6	39.0	
CEE	15.5	12.7	11.3	15.9	9.1	12.6	9.5	10.1	8.4	14.4
AELE	16.2	21.6	20.5	23.8	13.3	20.3	18.2	17.9	14.1	24.4
Océanie	11.4	x10.5	x12.2	x8.4	11.0			x0.0	x0.0	x0.0
Former USSR/Anc. URSS					x35.8	x51.6	x56.5	x44.1	x54.9	
Norway,SVD,JM	11.5	15.9	14.3	17.1	15.9	15.5	15.2	12.5	20.3	
Canada	29.2	31.3	30.3	35.2	21.0	0.5	0.3	16.2	13.5	39.5
United Kingdom	6.9	6.3	5.5	9.0	4.8	6.7	4.3	5.0	4.3	7.2
So. Africa Customs Un	5.9	6.0	7.4	x6.4	x3.5	x5.4	x4.4	x4.3	x3.2	x3.8
Zimbabwe	x5.7	4.2	4.5	5.1	2.8	5.1	x3.9	2.8	2.2	x4.8
Finland/Finlande	4.5	5.4	6.1	6.6	3.1	3.5	2.6	2.6	1.5	3.8
Germany/Allemagne	5.2	3.8	2.8	3.6	2.5	2.7	2.1	2.7	1.9	4.7
France,Monac	2.2	2.2	2.6	2.9	1.4	2.3	1.7	1.6	1.0	1.5
Hong Kong	1.9	1.3	1.4	2.3	1.4	1.8	1.7	0.7	1.1	8.1

6841 ALUMINIUM,ALLOYS,UNWRGHT / ALUMINIUM,ALLIAGES BRUTS 6841

TRADE BY COMMODITY IN THOUSAND U.S. DOLLARS – COMMERCE PAR PRODUIT EN MILLIERS DE DOLLARS E.U

COUNTRIES–PAYS	IMPORTS – IMPORTATIONS 1988	1989	1990	1991	1992	COUNTRIES–PAYS	EXPORTS – EXPORTATIONS 1988	1989	1990	1991	1992
Total	15991100	16456058	14919918	13598107	12811830	Totale	x16476584	x16731637	x15115823	x14971121	11658756
Africa	x59554	x52885	x41002	x42815	x50073	Afrique	x506782	x482814	x450771	x370546	x436016
Northern Africa	26157	33548	23472	21854	35347	Afrique du Nord	1042	4522	198	270	x1015
Americas	2461646	2228712	1960665	1777826	x1886685	Amériques	5382054	5568039	5390365	5325635	4712399
LAIA	101706	122927	131222	156623	196635	ALAI	1926748	1813496	1884190	1750589	1643022
CACM	13268	12977	11005	9193	x8684	MCAC	215	x511	510	300	420
Asia	6726267	6698795	6299575	5947645	5174159	Asie	x1544770	x1057349	x868031	x893550	x1075205
Middle East	x260807	x208047	x350916	x174783	x157748	Moyen–Orient	x533633	x441703	x414113	x412946	x390562
Europe	6286403	7029042	6421511	5699175	5640472	Europe	4845174	5192046	4801299	3994719	3765884
EEC	5419006	6075449	5595033	5044134	4923440	CEE	2412773	2627059	2395291	1973154	2096968
EFTA	821520	923880	787213	632954	686215	AELE	2087127	2269252	2009764	1775975	1569962
Oceania	x33122	x23448	x22916	x11246	x14083	Océanie	2161462	x2289402	1919163	x1737470	x1477297
Japan/Japon	4742489	4788477	4537147	4321576	3365213	Canada	2516273	2372765	2117151	2110330	2124541
Germany/Allemagne	1603471	1972973	1666781	1653105	1717597	Former USSR/Anc. URSS	x1422052	x1760458	x1300651	x2416185	
USA/Etats–Unis d'Amer	2212271	1946544	1658894	1479229	1554922	Australia/Australie	1717062	1862472	1534445	1398587	1186683
France,Monac	967104	1053762	1079033	926577	818204	Norway,SVD,JM	1598192	1747949	1522419	1355666	1196675
Italy/Italie	933874	1062930	1030825	838537	774961	USA/Etats–Unis d'Amer	930245	1345645	1350923	1429206	905063
Belgium–Luxembourg	765093	813434	709450	623471	525283	Brazil/Brésil	1180404	955109	956606	1032367	1015331
Korea Republic	608743	629110	615380	612641	574178	Netherlands/Pays–Bas	679680	754245	741453	581188	552146
United Kingdom	507674	546944	489417	405649	544047	Venezuela	588963	706015	716581	591804	541414
Netherlands/Pays–Bas	351763	376870	357632	298625	283114	Germany/Allemagne	660895	704140	611229	515195	526202
Austria/Autriche	213750	257458	281945	238991	297685	New Zealand	444400	426636	384708	338834	290612
Thailand/Thaïlande	181527	231736	238286	255330	217027	Yugoslavia SFR	343256	294803	395452	x245542	
Switz.Liecht	194899	262554	215662	163195	152861	United Kingdom	331293	364840	320439	234166	234836
China/Chine	174780	372308	127753	66365	265007	France,Monac	250945	280287	267746	218811	308237
Norway,SVD,JM	228814	223600	150317	121801	133838	United Arab Emirates	x315501	x275915	x228828	x255095	x252154
Canada	126548	140456	157430	128821	123572	Ghana	x275032	x256396	x229178	x207421	x251169
Turkey/Turquie	132254	106143	189890	109287	115858	Indonesia/Indonésie	302126	290763	202831	161598	182717
Portugal	100338	112488	102649	90945	92051	Spain/Espagne	213121	238908	201918	189284	180424
Malaysia/Malaisie	81849	94981	98149	105790	x96652	Romania/Roumanie	x469715	227677	196273	78467	x53927
Sweden/Suède	129649	125190	90198	79669	73229	Argentina/Argentine	135739	149769	208833	125595	85098
Hong Kong	219189	111703	77217	86903	167845	Iceland/Islande	153781	180065	164198	138612	140024
Singapore/Singapour	318024	81409	82359	87623	115542	Bahrain/Bahreïn	x201410	x143608	x165258	x134639	x116103
Poland/Pologne	132763	151893	51562	24632	x21326	Sweden/Suède	121531	126667	123604	96979	80947
Mexico/Mexique	49298	59130	59182	85005	120787	Cameroon/Cameroun	x106630	126080	x124080	87593	x83087
Czechoslovakia	x44228	108975	78197	x5963	x7681	Greece/Grèce	99629	123226	105684	108702	100734
Spain/Espagne	107599	30688	57687	99871	99819	Austria/Autriche	92693	97652	41068	68158	76818
Denmark/Danemark	64039	67830	63651	54072	46707	Singapore/Singapour	243521	156910	x95783	x73495	x100150
Indonesia/Indonésie	16024	19639	49236	101972	69988	So. Africa Customs Un	x122360	x93625	103768	103950	69790
Former GDR	x177182	x106419	x32986			China/Chine	228417	27382	103768	88642	122656
Israel/Israël	42848	39021	46750	47773	44180	Belgium–Luxembourg	68866	75693	62871	88642	122656
Finland/Finlande	54157	54934	48852	28684	28057	Hungary/Hongrie	x32168	x45806	x87461	x69141	x73231
India/Inde	27337	x68341	28070	20998	x3459	India/Inde	31910	x53736	46606	93467	x122396
Colombia/Colombie	17696	30733	37660	35185	42508	Switz./Liecht	73312	71827	58633	49795	23839
Iran (Islamic Rp of)	x34197	x15388	x57534	x21001	x7594	Italy/Italie	80058	64317	55295	30389	44299
Greece/Grèce	11848	28728	21185	39472	x9210	Czechoslovakia	x34829	x45537	x29982	x45698	x30542
Saudi Arabia	31994	34076	x45269	x4960	x1250	Hong Kong	163822	55759	29867	33112	106328
Philippines	23006	x25013	27470	30875	40714	Finland/Finlande	47617	45092	35226	26221	27744
Hungary/Hongrie	x564	x91	x271	79191	x3560	Suriname/Surinam	x2625	x25499	x35114	x33201	x37383
Bulgaria/Bulgarie	x64653	x54273	x10760	x2761	13501	Poland/Pologne	3698	2351	49389	37949	x28331
Yugoslavia SFR	40772	16753	31107	x19796		Bulgaria/Bulgarie	x37575	x44782	x21537	x1761	x5945
Algeria/Algérie	18269	20439	14694	11810	x4107	Turkey/Turquie	15878	20063	16254	9974	8903
Pakistan	19427	18285	12747	9543	28980	Denmark/Danemark	20379	13936	16052	10640	17642
Lebanon/Liban	x15769	x6535	x15392	x17812	x13186	Japan/Japon	11278	8418	10571	10785	10348
Ireland/Irlande	6203	8804	16723	13809	12448	Korea Republic	17484	7951	10556	3504	22166
Chile/Chili	8760	9358	13402	13197	x15872	Korea Dem People's Rp	x9716	x9679	x5152	x3227	x3232
New Zealand	22340	11269	17938	5745	5324	Former GDR	x36306	x15375	x898		
Nigeria/Nigéria	x25277	x14891	x7496	x11162	x9270	Ireland/Irlande	4238	4872	3783	2709	1479
Ecuador/Equateur	11435	11575	8575	8629	1984	Portugal	3670	2595	4177	4017	3896
Cyprus/Chypre	8620	8625	10306	8261	9214	Saudi Arabia	191	226	x2589	x5308	x4925
Kuwait/Koweït	x48	10919	x14669	x52	x38	Israel/Israël	1850	2848	2432	890	2005
Bangladesh	x8204	x5954	x4970	x14384	x10402	Belize/Bélize	x5904				

(VALUE AS % OF TOTAL)(VALEUR EN % DU TOTAL)

	1983	1984	1985	1986	1987	1988	1989	1990	1991	1992		1983	1984	1985	1986	1987	1988	1989	1990	1991	1992
Africa	0.2	0.3	0.5	x0.3	0.2	x0.4	0.3	0.3	0.3	x0.4	Afrique	x10.9	2.9	2.3	3.7	4.3	3.0	2.9	2.9	x2.5	x3.8
Northern Africa	0.1	0.2	0.2	0.2	0.2	0.2	0.2	0.2	0.2	0.3	Afrique du Nord	0.1	0.0	0.0	x0.0	x1.0	0.0	0.0	0.0	0.0	x0.0
Americas	16.4	20.0	19.1	x24.5	x20.1	15.4	13.6	13.2	13.0	x14.7	Amériques	31.7	30.4	37.9	34.5	30.2	32.6	33.3	35.6	35.5	40.4
LAIA	0.6	1.9	2.2	x1.1	0.7	0.6	0.7	0.9	1.2	1.5	ALAI	5.6	7.8	15.2	10.6	10.4	11.7	10.8	12.5	11.7	14.1
CACM	x0.1	0.1	0.1	x0.0	x0.0	0.1	0.1	0.1	0.1	x0.1	MCAC	x0.0	0.0	0.0	0.0	0.0	0.0	0.0	0.0	0.0	0.0
Asia	x40.3	35.6	35.4	28.7	37.2	42.0	40.7	42.2	43.7	40.4	Asie	x9.6	x11.6	x11.4	x11.1	8.5	x9.4	6.4	x5.8	x6.0	x9.2
Middle East	x1.8	x2.6	x1.5	x1.5	2.1	x1.6	x1.3	x2.4	x1.3	x1.2	Moyen–Orient	x6.8	8.0	x6.8	x7.8	x4.5	x3.2	x2.6	x2.7	x2.8	x3.3
Europe	42.9	44.1	44.9	46.5	39.3	39.3	42.7	43.0	41.9	44.0	Europe	40.3	43.7	37.0	39.0	32.4	29.4	31.0	31.8	26.7	32.3
EEC	39.0	39.0	39.4	41.2	34.7	33.9	36.9	37.5	37.1	38.4	CEE	24.8	23.9	19.9	22.1	17.0	14.6	15.7	15.8	13.2	18.0
EFTA	3.8	4.4	4.7	5.3	4.6	5.1	5.6	5.3	4.7	5.4	AELE	15.5	16.7	13.6	15.2	13.9	12.7	13.6	13.3	11.9	13.5
Oceania	0.2	x0.1	x0.1	x0.0	x0.1	0.2	0.1	x0.2	0.1	x0.1	Océanie	x7.6	11.5	11.6	11.8	11.9	13.1	x13.7	12.7	x11.6	x12.7
Japan/Japon	30.4	25.8	26.7	20.1	25.1	29.7	29.1	30.4	31.8	26.3	Canada	17.7	16.7	16.4	19.7	15.8	15.3	14.2	14.0	14.1	18.2
Germany/Allemagne	10.7	13.3	13.1	13.6	10.8	10.0	12.0	11.2	12.2	13.4	Former USSR/Anc. URSS						x8.9	x8.6	x10.5	x8.6	x16.1
USA/Etats–Unis d'Amer	15.0	17.1	15.5	22.2	18.6	13.8	11.8	11.1	11.0	12.1	Australia/Australie	4.3	7.9	8.2	8.7	9.1	10.4	11.1	10.2	9.3	10.2
France,Monac	7.4	6.8	7.4	7.7	6.3	6.0	6.4	7.2	6.8	6.4	Norway,SVD,JM	11.4	12.8	10.4	11.5	10.7	9.7	10.4	10.1	9.1	10.3
Italy/Italie	5.0	5.7	6.1	6.4	5.9	5.8	6.5	6.9	6.2	6.0	USA/Etats–Unis d'Amer	7.6	5.5	6.1	3.8	5.6	8.0	8.9	9.5	7.8	
Belgium–Luxembourg	5.6	5.8	5.8	5.6	4.9	4.8	4.9	4.8	4.6	4.1	Brazil/Brésil		2.7	2.6	5.2	5.9	7.2	5.7	6.3	6.9	8.7
Korea Republic	2.8	2.7	2.7	2.8	3.0	3.8	3.8	4.1	4.5	4.5	Netherlands/Pays–Bas	8.2	5.5	5.1	5.9	4.6	4.1	4.5	4.9	3.9	4.7
United Kingdom	3.2	3.4	3.0	3.3	2.9	3.2	3.3	3.3	3.0	4.2	Venezuela	4.5	4.0	11.2	4.2	3.7	3.6	4.2	4.7	4.0	4.6
Netherlands/Pays–Bas	5.4	2.5	2.5	2.7	2.2	2.2	2.3	2.4	2.2	2.2	Germany/Allemagne	6.1	6.2	5.1	6.2	4.9	4.0	4.2	4.0	3.4	4.5
Austria/Autriche	1.0	1.3	1.4	1.7	1.2	1.3	1.6	1.9	1.8	2.3	New Zealand	3.4	3.6	3.3	3.0	2.8	2.7	2.5	2.5	2.3	2.5

6842 ALUMINIUM, ALLOYS WORKED / ALUMINIUM, ALLIAGES OUVRÉ 6842

TRADE BY COMMODITY IN THOUSAND U.S. DOLLARS – COMMERCE PAR PRODUIT EN MILLIERS DE DOLLARS E.U

COUNTRIES–PAYS	IMPORTS – IMPORTATIONS					COUNTRIES–PAYS	EXPORTS – EXPORTATIONS				
	1988	1989	1990	1991	1992		1988	1989	1990	1991	1992
Total	12481258	13500452	14391582	14158118	14686645	Totale	12571158	13705285	14796471	14429833	14836475
Africa	x225893	x252356	x279536	x258332	x285654	Afrique	x312392	x328751	x270980	x225263	x234221
Northern Africa	88848	105027	115243	x116250	x117485	Afrique du Nord	269837	256566	216764	158125	192587
Americas	2516995	2702324	2609953	2268849	x2485488	Amériques	1824333	2181819	2307655	2459645	2556744
LAIA	290378	293884	364710	409481	561727	ALAI	316747	343385	322641	269163	260225
CACM	33286	30470	31865	30419	x37915	MCAC	15702	24522	22306	19384	x21660
Asia	1900463	2038149	x1906653	x2343664	x2419689	Asie	x1367684	x1426273	x1548059	x1493031	x1444219
Middle East	x437518	x379050	x400420	x459898	x401764	Moyen–Orient	x317455	x296226	x311016	x258801	x220308
Europe	7418540	8114139	9310850	8914085	9154730	Europe	8666563	9267451	10200849	9729117	10144696
EEC	6223525	6814167	7868972	7661002	7858688	CEE	6847045	7418738	8112510	7865092	8126994
EFTA	1150304	1250872	1377030	1199733	1219369	AELE	1601806	1656605	1891721	1740335	1761784
Oceania	x114171	x134472	x144846	x148598	x188166	Océanie	x95805	x126806	x123773	x134492	x255481
Germany/Allemagne	1529475	1788312	2100751	2218369	2302144	Germany/Allemagne	2409934	2561076	2776097	2673905	2859362
France, Monac	1149712	1261505	1453176	1344883	1351917	USA/Etats–Unis d'Amer	1159724	1392322	1517132	1705942	1770577
United Kingdom	1100701	1193621	1287463	1135296	1150186	France, Monac	1199056	1251237	1420915	1705942	1409865
USA/Etats–Unis d'Amer	1290664	1294445	1268607	996433	1052086	Belgium–Luxembourg	1105346	1237262	1209606	1367257	1409865
Canada	852890	1016974	888263	772647	782098	Italy/Italie	608013	676052	719243	1061429	976192
Italy/Italie	654138	730050	768360	807875	819848	United Kingdom	547588	622252	724980	724980	762029
Netherlands/Pays–Bas	620851	628805	776461	710156	761683	Japan/Japon	610440	626442	726757	743107	833226
Belgium–Luxembourg	494493	497343	603963	591940	598551	Netherlands/Pays–Bas	561221	616031	749961	708836	676204
Sweden/Suède	340141	359915	391062	345068	319367	Switz. Liecht	530821	537279	644278	598580	718088
Switz. Liecht	302569	330316	382055	316108	341136	Austria/Autriche	451996	474845	549401	504202	596745
Korea Republic	225658	302721	287560	363764	394717	Canada	326964	417909	443164	463662	502653
Austria/Autriche	249533	281512	324690	318846	345665	Norway, SVD, JM	322834	337824	378094	328503	503630
Spain/Espagne	238516	248454	319495	329417	318451	Sweden/Suède	252362	259748	270923	275431	348724
Japan/Japon	287628	291284	234202	276822	242778	Egypt/Egypte	268374	252568	212127	154997	269764
Hong Kong	239390	272098	203606	262459	261301	Former USSR/Anc. URSS	x58002	x171338	x173323	x216186	187711
Denmark/Danemark	202574	220547	252937	228626	234386	Spain/Espagne	141392	145841	178751	230536	229258
China/Chine	181973	258301	153932	215945	321308	Bahrain/Bahreïn	x194677	x184769	x191243	x175599	x142491
Singapore/Singapour	169610	166925	177783	216353	217938	Venezuela	158518	189339	193124	136426	113682
Saudi Arabia	185967	137959	x198471	x192200	x177275	Greece/Grèce	113201	142278	168914	188594	x167556
Mexico/Mexique	95738	142091	181188	188712	275098	Yugoslavia SFR	212181	180786	185861	x113971	
Ireland/Irlande	135845	124464	152843	146521	147619	Hong Kong	136954	167290	155303	155603	166274
Finland/Finlande	126371	146240	143968	98602	99136	Denmark/Danemark	119902	126231	132762	105742	117038
Norway, SVD, JM	124488	125496	128004	113940	108063	Hungary/Hongrie	x110233	x124173	x132960	x103833	x119706
Australia/Australie	68136	87035	88223	92237	115984	Korea Republic	83019	86510	83707	106371	118337
Israel/Israël	67174	80957	92881	90586	90858	Brazil/Brésil	89025	90063	82491	79567	97815
Portugal	65859	76508	88823	91459	97960	Australia/Australie	61300	81155	75843	85539	202620
Malaysia/Malaisie	50490	56525	82695	117095	x117257	Turkey/Turquie	90248	77832	90001	45688	50026
Former USSR/Anc. URSS	x63009	x77391	x35229	x119055		Israel/Israël	56432	58157	63550	56420	56916
Thailand/Thaïlande	40803	54407	71818	93724	115208	Malaysia/Malaisie	35918	46334	46012	52273	x54970
Indonesia/Indonésie	72296	52783	62102	97526	91488	New Zealand	34055	45305	47771	48841	51886
Brazil/Brésil	24996	42276	71531	66401	65297	So. Africa Customs Un	x35219	x48183	x46900	x40493	x35455
Venezuela	89841	36869	52720	79998	89688	Finland/Finlande	42966	46909	49025	33617	43895
Czechoslovakia	x88440	76551	55383	x36796	x56530	Singapore/Singapour	30320	36637	41709	42720	45345
Greece/Grèce	31361	44557	64701	56458	x75943	China/Chine	60026	17142	40838	55656	57356
Iran (Islamic Rp. of)	x27719	x19684	x48676	x80019	x66260	Argentina/Argentine	50272	39672	32870	36184	29566
Philippines	41686	x32986	51519	54546	56154	Indonesia/Indonésie	11363	56672	20907	14516	13837
New Zealand	36788	41552	48213	48059	62721	Romania/Roumanie	x60330	31849	18939	40219	x14736
So. Africa Customs Un	37365	45765	53422	x32410	x42018	India/Inde	17896	x11089	38952	28642	x17387
Yugoslavia SFR	30170	34704	48817	x33885		Portugal	26669	25574	29140	18523	17151
Algeria/Algérie	35951	34268	37820	27543	x39504	Ireland/Irlande	14725	14903	22116	31676	37229
Iraq	x74747	x70624	x20674	x4984	x692	Thailand/Thaïlande	7171	22411	15423	11244	x7073
United Arab Emirates	x46525	x31542	x28521	x27886	x32875	Cameroon/Cameroun	x3163	18462	x3067	21080	x1013
Turkey/Turquie	25498	19262	24398	37684	33901	Former GDR	x61730	x28960	x8720		
Morocco/Maroc	17703	20390	26334	33402	29666	Mexico/Mexique	16523	21510	8428	7723	7782
India/Inde	25335	x24114	30747	20742	x27540	United Arab Emirates	x13406	x12028	x11654	x11698	x1887
Pakistan	20592	26365	21402	22323	33095	El Salvador	10039	13591	10585	8684	x11751
Kuwait/Koweït	x19529	39337	x24278	x5912	x16210	Czechoslovakia	x7630	x8926	x5659	x16912	x33058
Poland/Pologne	21566	19722	10178	31394	x49848	Malta/Malte	5187	11178	10508	x9613	x6161
Chile/Chili	14730	20807	19033	21453	x39251	Oman	3352	8715	8211	13595	x1690
Libyan Arab Jamahiriya	10509	18064	16607	x21032	x9435	Costa Rica	5306	9888	10595	9564	x8576

(VALUE AS % OF TOTAL)(VALEUR EN % DU TOTAL)

	1983	1984	1985	1986	1987	1988	1989	1990	1991	1992		1983	1984	1985	1986	1987	1988	1989	1990	1991	1992
Africa	x3.5	x3.5	x3.0	x2.9	x2.4	x1.8	x1.8	x2.0	x1.8	x2.0	Afrique	2.1	2.3	2.5	x2.1	x2.5	x2.4	x2.4	x1.8	x1.5	x1.5
Northern Africa	x1.8	x1.5	1.4	1.3	x1.0	0.7	0.8	0.8	x0.8	x0.8	Afrique du Nord	1.6	1.9	2.2	1.7	1.6	2.1	1.9	1.5	1.1	1.3
Americas	19.1	28.1	25.4	x23.0	x19.6	20.2	20.0	18.1	16.0	x16.9	Amériques	x11.0	14.3	13.8	11.2	12.1	14.5	15.9	15.5	17.0	17.2
LAIA	1.3	2.6	2.5	2.9	x2.8	2.3	2.2	2.5	2.9	3.8	ALAI	0.4	2.9	4.7	2.6	2.1	2.5	2.5	2.2	1.9	1.8
CACM	x0.2	0.4	0.4	x0.2	x0.3	0.3	0.2	0.2	0.2	x0.3	MCAC	x0.2	0.3	0.2	x0.1	x0.1	0.1	0.2	0.2	0.1	x0.1
Asia	x17.0	x14.7	x15.8	x12.1	13.7	15.2	15.1	x13.3	x16.6	16.5	Asie	x12.5	x12.9	x14.5	x12.4	x12.5	x10.9	x10.4	x10.5	x10.3	x9.7
Middle East	x7.0	x5.6	x4.8	x3.4	x2.7	x3.5	x2.8	x2.8	x3.2	x2.7	Moyen–Orient	x1.1	x1.6	x1.8	x2.2	x3.0	x2.5	x2.2	x2.1	x1.8	x1.5
Europe	59.7	52.9	54.7	61.2	59.7	59.4	60.1	64.7	63.0	62.3	Europe	72.4	68.5	67.2	72.6	69.1	68.9	67.6	68.9	67.4	68.4
EEC	49.3	42.9	44.6	50.0	49.6	49.9	50.5	54.7	54.1	53.5	CEE	58.5	54.4	53.4	58.0	55.1	54.5	54.1	54.8	54.5	54.8
EFTA	10.3	9.4	9.5	10.7	9.7	9.2	9.3	9.6	8.5	8.3	AELE	13.9	12.0	11.9	13.3	12.7	12.7	12.1	12.8	12.1	11.9
Oceania	0.8	x0.8	x0.9	x1.0	x1.0	x0.9	x1.0	x1.0	x1.1	x1.3	Océanie	2.0	x2.0	x1.9	1.6	1.6	x0.8	x0.9	x0.8	x0.9	x1.7
Germany/Allemagne	11.5	10.1	10.8	12.3	12.0	12.3	13.2	14.6	15.7	15.7	Germany/Allemagne	20.6	19.3	19.0	21.3	19.6	19.2	18.7	18.8	18.5	19.3
France, Monac	8.7	7.6	8.0	9.8	9.1	9.2	9.3	10.1	9.5	9.2	USA/Etats–Unis d'Amer	8.5	8.7	7.3	6.8	7.9	9.2	10.2	10.3	11.8	11.9
United Kingdom	10.1	8.8	8.6	8.7	8.8	8.8	8.9	8.0	7.8	7.8	France, Monac	11.4	10.0	9.5	9.9	9.5	9.1	9.1	9.6	9.5	9.5
USA/Etats–Unis d'Amer	12.0	18.2	16.4	14.7	10.8	10.3	9.6	8.8	7.0	7.2	Belgium–Luxembourg	8.9	8.4	8.0	8.6	8.3	8.8	9.0	8.2	7.4	6.6
Canada	4.9	6.3	5.5	4.9	5.0	6.8	7.5	6.2	5.5	5.3	Italy/Italie	5.0	4.6	4.9	5.2	4.6	8.8	9.0	4.9	5.0	5.1
Italy/Italie	4.4	4.1	4.3	4.8	5.0	5.2	5.4	5.3	5.7	5.6	United Kingdom	4.4	4.3	4.4	4.7	4.5	4.5	4.9	4.9	5.0	5.1
Netherlands/Pays–Bas	4.8	4.2	4.5	5.1	5.0	5.0	4.7	5.4	5.0	5.2	Japan/Japon	8.6	9.1	9.1	7.8	6.7	4.9	4.6	5.1	5.1	5.6
Belgium–Luxembourg	3.6	3.2	3.3	3.8	3.6	4.0	3.7	4.2	4.2	4.1	Netherlands/Pays–Bas	4.8	4.1	4.0	5.0	4.9	4.5	4.5	4.9	5.0	4.8
Sweden/Suède	3.2	2.9	2.8	3.1	2.8	2.7	2.7	2.7	2.4	2.2	Switz. Liecht	4.4	3.9	4.1	4.7	4.3	4.2	3.9	4.4	4.1	4.0
Switz. Liecht	2.3	2.0	2.2	2.6	2.4	2.4	2.4	2.2	2.2	2.3	Austria/Autriche	3.6	3.4	3.4	3.8	3.6	3.6	3.5	3.7	3.5	3.4

68421 ALUMINIUM BARS, WIRE, ETC
BARRES, PROFILES FILS ALU 68421

TRADE BY COMMODITY IN THOUSAND U.S. DOLLARS – COMMERCE PAR PRODUIT EN MILLIERS DE DOLLARS E.U

COUNTRIES–PAYS	1988	1989	1990	1991	1992	COUNTRIES–PAYS	1988	1989	1990	1991	1992
IMPORTS – IMPORTATIONS						**EXPORTS – EXPORTATIONS**					
Total	3012719	3276335	3485218	3347433	3330666	Totale	3194484	3442855	3623021	3506480	3401629
Africa	x35176	x41407	x58137	x60846	x53997	Afrique	x264302	x249890	x211175	x150587	x176160
Northern Africa	10249	14245	24636	x30942	x26419	Afrique du Nord	249755	240503	202435	137588	171773
Americas	294862	291817	235660	217719	x213192	Amériques	362510	436306	426804	438264	431720
LAIA	38390	39721	54624	57006	53065	ALAI	180358	202715	198144	143654	127476
CACM	10391	10525	9842	7289	x7596	MCAC	2438	3764	3304	2854	x4419
Asia	x412044	x455897	x381349	x424374	x398495	Asie	x276484	x308738	x289949	x302725	x241003
Middle East	x163141	x157323	x109008	x114030	x72540	Moyen-Orient	x118143	x123997	x129102	x128814	x77120
Europe	2209364	2411591	2755205	2579682	2589332	Europe	2190957	2295077	2547780	2445401	2464276
EEC	1844835	2011035	2311492	2183471	2179476	CEE	1650918	1758248	1963550	1901500	1907305
EFTA	345616	378583	420475	376545	381778	AELE	x469017	x479070	x527771	x506156	x512329
Oceania	x32780	x35716	x31726	x33316	x37468	Océanie	25622	x34990	x30397	x35808	x41055
Germany/Allemagne	463387	572801	692942	749838	777025	Germany/Allemagne	499947	498245	537547	500848	502182
France,Monac	348280	361088	458013	392570	370729	Belgium-Luxembourg	316016	353894	369044	327192	325412
United Kingdom	275801	304606	296513	221935	219316	Netherlands/Pays-Bas	236911	261317	319781	319520	302816
Netherlands/Pays-Bas	182623	201095	239738	222285	222682	USA/Etats-Unis d'Amer	138709	176753	193633	242243	249210
Belgium-Luxembourg	169303	185071	223563	200316	188718	Italy/Italie	150207	189498	202346	189587	204644
Italy/Italie	222241	190438	176304	184571	172379	Egypt/Egypte	248689	236981	198359	135582	168825
Switz.Liecht	114606	127781	142888	121110	121258	France,Monac	178908	173087	188781	176357	198819
Austria/Autriche	80727	87927	100580	100895	117071	United Kingdom	125109	124451	160007	161907	164474
Denmark/Danemark	86136	87472	101425	92863	98678	Austria/Autriche	122423	128343	149397	145024	153713
USA/Etats-Unis d'Amer	159689	136469	73652	61906	78202	Switz.Liecht	126923	121363	139395	135071	117769
Sweden/Suède	77107	82719	88997	83384	73327	Norway,SVD,JM	122927	124905	130547	125445	136672
Canada	73002	87019	77248	73425	60349	Venezuela	129036	124132	134015	83270	74751
Spain/Espagne	56906	52453	68223	63220	59430	Sweden/Suède	x90466	x98246	x102886	x95807	x96668
Hong Kong	52636	55962	51681	64018	55240	Former USSR/Anc. URSS	x31370	x72384	x64896	x83454	
Singapore/Singapour	54563	51053	55632	62130	59315	Spain/Espagne	x64243	x69850	x75194	x72018	x30994
Saudi Arabia	76046	69844	x57553	x15777	x18917	Bahrain/Bahreïn	43689	53832	66422	89169	69760
Norway,SVD,JM	42510	46113	51960	44216	43876	Greece/Grèce	39688	40909	51685	62968	x60777
Korea Republic	20126	48072	36631	41599	36885	Canada	37423	50175	50017	30098	50301
Japan/Japon	43402	48249	35558	31609	32621	Yugoslavia SFR	65944	46570	45868	x28082	
Finland/Finlande	27903	31649	33419	24071	23817	Hungary/Hongrie	x29063	x31470	x42401	x33506	x27879
Ireland/Irlande	29609	27542	28958	30903	30665	Brazil/Brésil	12665	37650	35474	29493	27481
Australia/Australie	23310	28596	23096	25009	26821	Denmark/Danemark	30852	33403	31334	37396	38915
Mexico/Mexique	7233	13450	25973	21216	24044	Japan/Japon	24534	24295	28584	30287	32031
Israel/Israël	14006	20205	23028	16276	13509	Argentina/Argentine	34252	28774	24837	26082	20799
Portugal	5765	16334	17018	17043	18560	Turkey/Turquie	27517	25533	29052	23082	25021
China/Chine	8792	14155	12980	21051	56092	Israel/Israël	22402	25387	26586	17932	20126
Bahrain/Bahreïn	x1045	x567	x900	x38113	x6249	Portugal	25779	24400	27394	17702	15339
Kuwait/Koweït	x4601	24021	x14100	x836	x3352	Hong Kong	21505	19392	20272	25017	24731
Iraq	x41460	x28302	x4498	x2623	x106	Indonesia/Indonésie	5997	47879	7596	8983	8071
Czechoslovakia	x8437	15226	15346	x3816	x11625	New Zealand	15076	24511	18368	20448	21480
Indonesia/Indonésie	9823	9407	6934	17557	19556	Malaysia/Malaisie	13907	18674	17193	25911	x16178
Former USSR/Anc. URSS	x6363	x16607	x1116	x15952		China/Chine	37403	8755	22060	30645	31631
Iran (Islamic Rp. of)	x15524	x5603	x9247	x18442	x7353	Thailand/Thaïlande	4635	20423	12009	7178	x4657
Colombia/Colombie	15843	9833	9824	12861	13840	Australia/Australie	10318	10446	11002	15339	19573
United Arab Emirates	x10425	x12891	x9677	x9556	x12878	Korea Republic	15845	11678	10503	11629	9327
Pakistan	9381	14086	9086	7295	13834	Ireland/Irlande	3814	5213	9208	18854	24167
Malta/Malte	9656	8544	9255	x12257	x8118	Malta/Malte	4979	11164	10486	x9610	x5980
India/Inde	10346	x8206	13268	7912	x5104	United Arab Emirates	x11822	x10181	x10255	x10797	x1294
Yugoslavia SFR	7839	12009	11939	x4924		So. Africa Customs Un	x13654	x9136	x7976	x12730	x3761
Greece/Grèce	4785	12136	8795	7929	x21295	Oman	3310	8139	7053	13587	x1323
Malaysia/Malaisie	6780	4036	6649	13421	x11497	Singapore/Singapour	7830	7098	8158	10228	13092
Morocco/Maroc	3652	4415	5817	12088	7937	Czechoslovakia	x3962	x6686	x4231	x6448	x14885
Thailand/Thaïlande	4768	6292	7517	8242	8401	Finland/Finlande	5445	6213	5546	4809	7505
Brazil/Brésil	4779	4483	9519	7452	3198	Lebanon/Liban	x6953	x5770	x3921	x5657	x11350
Sri Lanka	8026	5896	2556	11346	4603	India/Inde	4211	x1034	7874	6012	x2201
So. Africa Customs Un	4547	8268	4699	x6400	x5612	Mexico/Mexique	3293	11282	1496	1666	834
Algeria/Algérie	3362	4460	9007	4780	x9046	Romania/Roumanie	x197	x930	x4077	8765	x3402
New Zealand	5547	5473	5318	4673	6231	Tunisia/Tunisie	357	2780	3794	1769	2522
Libyan Arab Jamahiriya	1027	1807	3671	x9817	x4941	El Salvador	2098	2692	2325	1757	x2849
Guadeloupe	2876	4192	5122	4140	3576	Former GDR	x8972	x6143	x359		

(VALUE AS % OF TOTAL)(VALEUR EN % DU TOTAL)

	1983	1984	1985	1986	1987	1988	1989	1990	1991	1992		1983	1984	1985	1986	1987	1988	1989	1990	1991	1992
Africa	x2.3	x3.0	x2.1	x2.2	x1.7	x1.2	x1.3	x1.6	x1.8	x1.7	Afrique	7.6	8.9	8.8	x7.1	x7.5	x8.2	x7.3	x5.8	x4.3	x5.2
Northern Africa	x1.4	x1.9	1.1	x1.1	x0.8	0.3	0.4	0.7	x0.9	0.8	Afrique du Nord	6.9	8.7	8.3	7.0	7.2	7.8	7.0	5.6	3.9	5.0
Americas	6.8	12.7	12.8	x12.2	x10.9	9.8	8.9	6.7	6.5	x6.4	Amériques	7.0	13.8	19.9	13.6	12.5	11.3	12.7	11.8	12.5	12.7
LAIA	1.3	1.7	1.9	x2.0	x1.7	1.3	1.2	1.6	1.7	1.6	ALAI	1.0	8.5	7.5	7.8	6.4	5.6	5.9	5.5	4.1	3.7
CACM	x0.2	0.5	0.6	x0.4	x0.4	0.3	0.3	0.3	0.2	0.2	MCAC	x0.1	0.2	0.1	x0.1	x0.1	0.1	0.1	0.1	0.1	x0.1
Asia	x28.0	x26.3	x28.7	x17.9	x14.6	13.7	x13.9	x11.0	x12.6	x12.0	Asie	x9.7	x9.6	x14.5	x8.6	x8.7	x8.7	x8.9	x8.0	x8.7	x7.1
Middle East	x14.7	x12.3	x10.1	x6.2	x3.7	5.4	x4.8	x3.1	x3.4	x2.2	Moyen-Orient	x2.4	x3.8	x4.0	x3.7	x3.9	x3.7	x3.6	x3.6	x3.7	x2.3
Europe	62.1	57.1	55.3	66.9	70.0	73.3	73.6	79.1	77.1	77.7	Europe	74.9	66.9	56.2	70.3	67.9	68.6	66.7	70.3	69.7	72.4
EEC	52.7	46.6	45.4	55.6	58.4	61.2	61.4	66.3	65.2	65.4	CEE	61.1	52.9	43.9	54.3	52.2	51.7	51.1	54.2	54.2	56.1
EFTA	x9.4	x9.1	x8.8	x10.8	x11.0	11.5	11.6	12.1	11.2	11.5	AELE	x13.8	x12.3	x10.7	x13.9	x13.4	x14.7	x13.9	x14.6	x14.4	x15.1
Oceania	1.0	x0.9	x1.0	x0.8	x1.2	1.1	1.1	x0.9	x1.0	x1.1	Océanie	0.8	0.7	0.5	0.4	x0.7	0.8	x1.0	x0.8	x1.0	x1.2
Germany/Allemagne	14.6	12.8	12.9	15.0	15.2	15.4	17.5	19.9	22.4	23.3	Germany/Allemagne	15.4	12.8	10.4	13.6	13.2	15.7	14.5	14.8	14.8	14.8
France,Monac	9.9	7.7	7.8	11.0	10.8	11.6	11.0	13.1	11.7	11.1	Belgium-Luxembourg	11.1	10.4	8.9	10.9	10.1	9.9	10.3	10.2	9.3	9.6
United Kingdom	8.6	7.8	6.9	7.3	8.2	9.2	9.3	8.5	6.6	6.6	Netherlands/Pays-Bas	7.8	6.7	5.8	8.3	8.0	7.4	7.6	8.8	9.1	8.9
Netherlands/Pays-Bas	5.5	4.8	4.5	5.2	5.9	6.1	6.1	6.9	6.6	6.7	USA/Etats-Unis d'Amer	5.7	4.1	4.3	4.6	4.9	4.7	5.1	5.3	6.9	7.3
Belgium-Luxembourg	4.7	4.5	4.4	5.7	6.6	5.6	5.6	6.4	6.0	5.7	Italy/Italie	5.7	5.0	4.6	4.9	4.7	4.5	5.5	5.6	5.4	6.0
Italy/Italie	4.6	4.6	4.7	5.5	6.8	7.4	5.8	5.1	5.5	5.2	Egypt/Egypte	6.9	8.7	6.9	6.8	7.2	7.8	6.9	5.5	3.9	5.0
Switz.Liecht	2.4	2.3	2.3	3.0	2.9	3.8	3.9	4.1	3.6	3.6	France,Monac	10.1	8.4	6.0	6.4	5.9	5.6	5.2	5.0	5.8	5.8
Austria/Autriche	x3.0	x2.7	x2.5	x2.6	x2.6	2.7	2.7	2.9	3.0	3.5	United Kingdom	x3.3	x3.0	x3.1	x4.0	x3.9	3.8	3.7	4.1	4.1	4.5
Denmark/Danemark	2.1	2.2	2.1	2.7	2.9	2.9	2.7	2.9	2.8	3.0	Austria/Autriche	3.4	3.1	2.7	3.3	2.9	4.0	3.5	3.8	3.9	3.5
USA/Etats-Unis d'Amer	3.0	8.0	7.8	7.3	6.2	5.3	4.2	2.1	1.8	2.3	Switz.Liecht										

68422 ALUMNM PLATE, SHEET, STRIP
TOLES, PLANCHES EN ALU 68422

TRADE BY COMMODITY IN THOUSAND U.S. DOLLARS – COMMERCE PAR PRODUIT EN MILLIERS DE DOLLARS E.U

COUNTRIES-PAYS	1988	1989	1990	1991	1992	COUNTRIES-PAYS	1988	1989	1990	1991	1992
	IMPORTS - IMPORTATIONS						EXPORTS - EXPORTATIONS				
Total	6126336	6732656	7090901	6834641	7161032	Totale	6085511	6848752	7322283	7019876	7322749
Africa	x91784	x114464	x121231	x96500	x100690	Afrique	x30848	x60888	x45011	x62968	x44489
Northern Africa	31161	44838	42559	x41099	x32546	Afrique du Nord	7318	7770	8953	18340	17887
Americas	1749145	1959840	1886076	1559248	1692725	Amériques	1215233	1476715	1559165	1643396	1716415
LAIA	165761	171091	217958	232226	319963	ALAI	79273	90613	82458	61093	49850
CACM	5249	4156	4547	4328	x8063	MCAC	56	1700	345	349	x604
Asia	858897	882753	x824147	x1138234	x1146165	Asie	x589476	x568504	x695441	x592544	x575803
Middle East	x174422	x133313	x176226	x214920	x198547	Moyen-Orient	x161224	x133679	x140419	x108092	x115782
Europe	3252852	3624761	4148303	3930271	4100726	Europe	4033838	4474482	4769802	4448016	4693538
EEC	2744613	3065359	3564067	3470397	3620020	CEE	3286716	3698496	3898338	3742492	3950638
EFTA	494270	547012	561497	443934	455808	AELE	620098	662816	757941	634876	619444
Oceania	x35326	x46214	x57596	x51100	x76126	Océanie	x40299	x60203	x52883	x56060	x170796
Germany/Allemagne	706795	824356	932463	971223	1017811	Germany/Allemagne	1109293	1215974	1242192	1181847	1322413
USA/Etats-Unis d'Amer	904933	945788	958794	716353	739135	USA/Etats-Unis d'Amer	875214	1041312	1110327	1215757	1261932
Canada	652051	809484	687912	590011	612413	France, Monac	797069	886020	1002146	955455	964370
United Kingdom	582723	629770	730805	656961	681454	Belgium-Luxembourg	538763	636281	590605	521467	435311
France, Monac	424474	492683	557780	523664	538603	United Kingdom	288956	345905	407323	423328	496557
Italy/Italie	310844	400113	450176	481562	501430	Canada	260506	342890	365710	365748	403948
Netherlands/Pays-Bas	251287	249584	304959	267215	310844	Japan/Japon	294426	310628	426284	335341	301116
Belgium-Luxembourg	191276	174392	216648	232782	233187	Netherlands/Pays-Bas	242621	264617	296285	286805	303045
Korea Republic	132167	183352	175074	237593	271757	Italy/Italie	191126	228532	235849	245259	273789
Sweden/Suède	176844	189211	202559	171096	161750	Norway, SVD, JM	188165	199788	233566	189820	198946
Japan/Japon	201478	191872	153146	195905	164935	Austria/Autriche	172538	187602	227746	186634	167152
Spain/Espagne	97649	107962	135672	132965	136005	Switz.Liecht	177662	188805	220577	191737	190549
Mexico/Mexique	63895	102867	123506	121652	190512	Former USSR/Anc. URSS	x26169	x87859	x100435	x120032	
Austria/Autriche	86487	104545	120789	113567	124088	Bahrain/Bahreïn	x121966	x103219	x105326	x93434	x101672
Switz.Liecht	103036	117051	118786	83329	99367	Yugoslavia SFR	126891	113052	113483	x70596	
Saudi Arabia	91222	54625	x109909	x142067	x121337	Sweden/Suède	x80665	x84995	x74692	x65993	x62103
Hong Kong	123074	116776	73668	109802	110545	Hungary/Hongrie	x67254	x77197	x74286	x56001	x75798
Ireland/Irlande	81211	68198	93861	86095	81834	Hong Kong	62244	66962	55817	66724	69568
China/Chine	71251	92615	43965	100006	135682	Venezuela	29274	63106	57240	48611	33166
Singapore/Singapour	68517	68146	64840	81501	81433	Greece/Grèce	36699	52877	52094	50852	x53845
Finland/Finlande	69483	81242	70119	34759	36347	Australia/Australie	37488	57442	46927	51133	163483
Denmark/Danemark	44635	55436	50584	35843	30842	Spain/Espagne	57100	46011	43098	50147	68125
Portugal	39217	42735	48203	48103	52373	Romania/Roumanie	x58781	31849	18939	31305	x8766
Venezuela	73173	28351	44106	64776	73468	So. Africa Customs Un	x17262	x29493	x30173	x20215	x23578
Norway, SVD, JM	55638	51294	45772	38512	32272	Turkey/Turquie	35040	26552	30983	12504	10331
Czechoslovakia	x69435	53383	33974	x24560	x26825	Denmark/Danemark	22141	20299	25344	24138	29180
Malaysia/Malaisie	13398	17011	35327	55421	x38210	China/Chine	20253	7892	15478	22415	20316
Israel/Israël	24849	30868	36947	36445	31643	Cameroon/Cameroun	x2553	18458	x3061	21080	x855
Greece/Grèce	14503	20129	42915	33984	x35635	Malaysia/Malaisie	10721	13757	15036	12636	x14133
Brazil/Brésil	12544	20452	37320	31716	30387	Singapore/Singapour	7889	9621	12657	13788	18309
So. Africa Customs Un	25795	30679	40754	x17811	x27242	Brazil/Brésil	28478	13398	16387	5293	9206
Australia/Australie	16494	23167	31781	26049	39817	Egypt/Egypte	7312	7768	8933	18253	17877
Thailand/Thailande	11449	16206	25173	38198	53466	Israel/Israël	15358	9054	9828	9268	12063
New Zealand	16925	21689	24081	23589	34558	India/Inde	7305	x7128	9809	9499	x7676
Indonesia/Indonésie	11354	9850	14103	36009	27409	Korea Republic	6946	4691	4802	11052	7670
Yugoslavia SFR	12344	10187	20763	x14495		Argentina/Argentine	14407	7800	3640	3486	2907
Iran (Islamic Rp. of)	x2431	x3241	x13182	x27586	x27173	New Zealand	2595	2620	5839	4855	6348
Former GDR	x50222	x29457	x8007			Mexico/Mexique	6884	5770	4183	2411	3248
Iraq	x16885	x24796	x10021	x1809	x576	Poland/Pologne	x2225	x2015	x2447	x7696	x28415
Morocco/Maroc	9263	9427	12722	13032	12454	Former GDR	x17605	x7353	x3176		
Algeria/Algérie	9584	14213	9692	10532	x8457	Indonesia/Indonésie	2813	4337	4208	1944	1873
Libyan Arab Jamahiriya	6393	12410	11007	x8192	x2095	Ghana	x2631	x3601	x1212	x2248	x1643
United Arab Emirates	x24490	x11209	x11368	x8632	x10931	Ireland/Irlande	2606	1348	2115	2823	2711
Turkey/Turquie	7693	8551	7598	10431	9084	Finland/Finlande	1068	1625	1359	691	693
Former USSR/Anc. URSS	x2646	x4861	x3604	x17151		United Arab Emirates	x1529	x1592	x1145	x703	x455
Sri Lanka	6012	5063	5141	14258	4938	Czechoslovakia	x2122	x810	x348	x1560	x7696
Gabon	x5411	x7061	x6147	x8421	x18738	Thailand/Thailande	206	322	997	1383	x101
Cote d'Ivoire	x4328	x6435	x4981	x7452	x3561	Colombia/Colombie	67	432	856	1247	1253
Kuwait/Koweit	x10084	9008	x5842	x3243	x8815	Portugal	342	631	1288	370	1293
Hungary/Hongrie	x1774	x3533	x1685	11893	x8872	Saudi Arabia	1513	426	x1013	x798	x2207

(VALUE AS % OF TOTAL)(VALEUR EN % DU TOTAL)

	1983	1984	1985	1986	1987	1988	1989	1990	1991	1992		1983	1984	1985	1986	1987	1988	1989	1990	1991	1992
Africa	x3.5	x2.8	2.7	2.4	2.1	1.5	1.7	x1.7	1.5	1.4	Afrique	0.6	0.5	x0.2	x0.6	x0.5	x0.5	0.9	x0.6	x0.9	x0.6
Northern Africa	x1.5	x0.8	0.9	0.8	0.8	0.5	0.7	0.6	x0.6	x0.5	Afrique du Nord	0.0	0.0								
Americas	x28.5	39.7	36.6	x32.4	x27.1	28.5	29.1	26.6	22.8	23.7	Amériques	x15.3	17.7	14.3	13.3	x15.5	20.0	21.6	21.3	23.4	23.4
LAIA	1.2	2.8	3.1	x3.3	x3.1	2.7	2.5	3.1	3.4	4.5	ALAI	0.3	0.8	0.4	0.6	x0.4	1.3	1.3	1.1	0.9	0.7
CACM	x0.2	0.3	0.3	x0.1	x0.1	0.1	0.1	0.1	0.1	0.1	MCAC	x0.2	0.4	0.4	x0.0	0.0	0.0	0.0	0.0	0.0	0.0
Asia	x11.6	x9.5	x9.0	x8.4	11.0	14.0	13.1	x11.6	x16.7	x16.0	Asie	x13.4	14.1	14.6	x13.8	x13.4	x9.7	8.3	x9.5	x8.4	x7.9
Middle East	x4.3	x3.1	x2.4	x2.0	x2.0	x2.8	x2.0	x2.5	x3.1	x2.8	Moyen-Orient	x0.2	0.7	x0.8	x2.1	x3.5	x2.6	x2.0	x1.9	x1.5	x1.6
Europe	56.1	47.7	51.3	56.4	54.9	53.1	53.8	58.5	57.5	57.3	Europe	67.6	64.8	67.6	69.6	65.1	66.3	65.3	65.1	63.4	64.1
EEC	45.7	38.4	41.5	45.8	46.0	44.8	45.5	50.3	50.8	50.6	CEE	56.8	52.7	55.2	57.5	53.9	54.0	54.0	53.2	53.3	54.0
EFTA	10.4	8.9	9.4	10.4	x8.8	8.1	8.1	7.9	6.5	6.4	AELE	x10.8	x9.3	x9.7	x10.7	x9.8	10.2	9.7	10.4	9.0	8.5
Oceania	x0.3	x0.3	x0.3	x0.4	x0.5	x0.5	0.7	x0.8	0.7	1.0	Océanie	x3.0	x3.1	x3.2	2.7	x2.4	0.7	x0.9	x0.7	x0.8	x2.3
Germany/Allemagne	10.4	9.0	9.9	11.3	11.4	11.5	12.2	13.2	14.2	14.2	Germany/Allemagne	19.8	18.6	20.0	21.2	18.5	18.2	17.8	17.0	16.8	18.1
USA/Etats-Unis d'Amer	18.8	26.1	23.9	20.8	15.4	14.8	14.0	13.5	10.5	10.3	USA/Etats-Unis d'Amer	11.5	11.9	10.3	9.8	11.4	14.4	15.2	15.2	17.3	17.2
Canada	7.9	10.1	9.0	7.9	7.9	10.6	12.0	9.7	8.6	8.6	France, Monac	13.2	11.4	12.1	12.6	13.2	13.1	12.9	13.7	13.6	13.2
United Kingdom	11.0	9.0	9.2	9.1	9.5	9.5	9.4	10.3	9.6	9.5	Belgium-Luxembourg	9.3	8.7	8.7	8.6	8.2	8.9	9.3	8.1	7.4	5.9
France, Monac	6.2	5.4	5.8	7.1	6.5	6.9	7.3	7.9	7.7	7.5	United Kingdom	4.1	4.2	4.6	4.9	4.5	4.7	5.1	5.6	6.0	6.8
Italy/Italie	4.6	4.2	4.6	5.2	5.2	5.1	5.9	6.3	7.0	7.0	Canada	4.3	4.5	3.2	2.9	3.7	4.3	5.0	5.0	5.2	5.5
Netherlands/Pays-Bas	4.1	3.4	4.2	4.6	4.4	4.1	3.7	4.3	3.9	4.3	Japan/Japon	11.7	12.1	12.8	10.4	8.4	4.8	4.5	5.8	4.8	4.1
Belgium-Luxembourg	2.8	2.5	2.6	2.8	2.8	3.1	2.6	3.1	3.4	3.3	Netherlands/Pays-Bas	3.8	3.9	3.9	4.6	4.4	4.0	3.9	4.0	4.1	4.1
Korea Republic	1.3	1.3	1.2	1.5	1.8	2.2	2.7	2.5	3.5	3.8	Italy/Italie	3.9	3.6	3.6	3.4	2.8	3.1	3.3	3.3	3.5	3.7
Sweden/Suède	3.9	3.3	3.3	3.5	3.0	2.9	2.8	2.9	2.5	2.3	Norway, SVD, JM	3.5	3.1	2.7	2.8	2.9	3.1	2.9	3.2	2.7	2.7

68423 ALUMINIUM FOIL
FEUILLES,BANDES MINCES AL 68423

TRADE BY COMMODITY IN THOUSAND U.S. DOLLARS – COMMERCE PAR PRODUIT EN MILLIERS DE DOLLARS E.U

COUNTRIES–PAYS	IMPORTS – IMPORTATIONS					COUNTRIES–PAYS	EXPORTS – EXPORTATIONS				
	1988	1989	1990	1991	1992		1988	1989	1990	1991	1992
Total	2665451	2778212	3079219	3254834	3448764	Totale	2616416	2707921	3099636	3253408	3470581
Africa	x85363	x79984	x85168	x84017	x113705	Afrique	x3139	x7285	x6669	x6937	x9717
Northern Africa	42252	38997	43909	39226	x52746	Afrique du Nord	998	1049	424	x779	1880
Americas	382043	362592	394736	395879	x475855	Amériques	162597	186346	225971	280347	x310244
LAIA	66137	68984	74220	96024	x158753	ALAI	48466	45313	37245	59730	76646
CACM	13407	12938	15239	16717	x19305	MCAC	12826	18495	18232	15916	x15981
Asia	527769	594977	593247	x667661	x743442	Asie	439710	480187	476743	522324	537023
Middle East	x72326	x61340	x92641	x114920	x116337	Moyen–Orient	24809	24875	29391	x12753	x18620
Europe	1522907	1603347	1906983	1933089	1994137	Europe	1939820	1976365	2338985	2393410	2558533
EEC	1264389	1329544	1564001	1597221	1649675	CEE	1490139	1530784	1797696	1860183	1916008
EFTA	250698	262040	327669	320367	324003	AELE	x438996	431444	523567	x523360	x558923
Oceania	35721	39370	x44955	x54446	x64842	Océanie	26791	27761	x36506	x36307	37072
France,Monac	301073	329935	344780	339335	358051	Germany/Allemagne	659939	703762	857256	859723	897288
Germany/Allemagne	263889	278219	348240	370832	380780	Japan/Japon	265839	258747	262347	305760	303462
United Kingdom	182152	188928	203551	199329	194305	Switz.Liecht	208565	210059	262959	256256	274408
USA/Etats–Unis d'Amer	199545	183238	203909	184117	197434	Italy/Italie	217738	205526	228791	253060	246986
Netherlands/Pays–Bas	144070	133453	181024	177947	184300	Belgium–Luxembourg	188329	184274	182560	186600	185374
Belgium–Luxembourg	110885	110006	136962	137772	154198	France,Monac	168881	147400	177594	187754	199381
China/Chine	98953	144794	94033	91267	110143	Austria/Autriche	124484	123893	142950	145992	155912
Italy/Italie	84930	102021	108880	114307	116955	USA/Etats–Unis d'Amer	79644	102542	132922	162596	176320
Spain/Espagne	70811	73662	95451	109731	102999	United Kingdom	89727	93899	104461	107353	122683
Switz.Liecht	69721	67180	99406	94820	103379	Netherlands/Pays–Bas	72783	80957	101514	100267	100324
Austria/Autriche	67906	73868	85172	87890	86523	Sweden/Suède	x68233	x57123	x73677	x89998	x90524
Denmark/Danemark	64113	67289	90265	89175	90287	Korea Republic	57645	67930	66345	80479	97374
Hong Kong	57534	93108	72348	80697	81582	Hong Kong	48489	77746	56419	59888	64427
Canada	89463	82003	86351	75951	78680	Greece/Grèce	20029	38179	56010	60155	x47050
Sweden/Suède	68605	72299	84691	77328	72726	Spain/Espagne	29109	29865	45287	64297	73063
Korea Republic	60550	55235	58298	64903	67035	Denmark/Danemark	42392	45848	42760	40109	42861
Former USSR/Anc. URSS	x51309	x52712	x28279	x79450		Brazil/Brésil	42207	35922	27846	42409	58415
Singapore/Singapour	41508	41676	50176	57447	59614	Finland/Finlande	34245	36525	40336	27365	34428
Indonesia/Indonésie	40174	32546	38839	41580	42133	Canada	21549	19664	37388	41916	41092
Philippines	33129	x24924	40579	42966	42051	New Zealand	15437	16927	22350	21952	22192
Thailand/Thaïlande	21627	28192	33013	41238	45038	Turkey/Turquie	24152	23759	28007	9260	13459
Malaysia/Malaisie	24907	29575	32766	38745	x60474	Israel/Israël	10736	14516	18755	21155	14778
Finland/Finlande	24513	27026	34585	36401	36458	Singapore/Singapour	13823	18196	19102	15546	10783
Israel/Israël	23825	23282	26475	32378	40532	Yugoslavia SFR	10633	14129	17616	x9866	
Japan/Japon	23010	30374	24187	27161	27821	Australia/Australie	11349	10661	14140	14343	14879
Australia/Australie	20610	22387	24255	33095	41342	Malaysia/Malaisie	9879	10367	10194	9021	x13851
Ireland/Irlande	14116	19967	24412	34904	46641	Costa Rica	5245	8109	10408	9236	x7683
Mexico/Mexique	18298	21384	23792	23572	28775	El Salvador	7573	10361	7808	6653	x8243
Norway,SVD,JM	18658	20605	22620	22623	23523	Hungary/Hongrie	x7464	x8482	x7442	x6531	x8927
Iran (Islamic Rp. of)	x6089	x8597	x23718	x30904	x29692	India/Inde	4587	x2484	8072	10762	x5964
Saudi Arabia	13994	7690	x26454	x28393	x32042	Former GDR	x34447	x15166	x5136		
Portugal	13262	13755	19062	21337	22295	So. Africa Customs Un	x2047	x6064	x5820	x6037	x7662
Brazil/Brésil	4874	13672	18410	20818	24615	Argentina/Argentine	1480	2651	4252	6588	5802
New Zealand	12543	12855	17625	18559	20614	Norway,SVD,JM	3470	3845	3645	3750	3650
Algeria/Algérie	21070	13977	17748	10220	x20822	Indonesia/Indonésie	1613	3634	2458	2700	2521
Poland/Pologne	x16753	x15106	x6926	x18792	x22603	Mexico/Mexique	3616	3515	1532	2902	2359
Turkey/Turquie	13119	6955	12284	20630	19856	Venezuela	190	2004	1753	4166	5284
Greece/Grèce	10906	10893	11994	13884	x16730	Uruguay	328	834	1479	2725	2223
Yugoslavia SFR	6500	10058	13371	x12772		Czechoslovakia	x52	x145	x194	x4240	x4385
Chile/Chili	8784	10718	11175	13846	x29855	Romania/Roumanie	x1283	x1757	x1149	x1248	x2478
India/Inde	11649	x10535	12649	10150	x15895	China/Chine	1676	155	2100	1577	4165
Egypt/Egypte	5365	7220	10878	12717	10438	Bulgaria/Bulgarie	x590	x3550	x206	x49	x341
Pakistan	9022	9480	8751	11012	14658	Thailand/Thaïlande	131	762	1110	1269	x208
Bulgaria/Bulgarie	x26055	x15907	x6114	x6572	7637	Bahrain/Bahreïn	x296	x633	x776	x1614	x2563
Argentina/Argentine	18622	12408	5905	8610	25541	Ireland/Irlande	1026	1012	1284	671	636
Cote d'Ivoire	x10478	x9171	x5989	x9308	x25259	Poland/Pologne	x85	x231	x542	x1578	x1845
Tunisia/Tunisie	7588	9465	6219	6330	10369	Chile/Chili	557	336	297	642	x1264
Guatemala	7326	5404	6718	8328	x6530	Philippines	164	x47	197	946	247
Hungary/Hongrie	x4980	x5818	x6068	7910	x10901	Former USSR/Anc. URSS	x438	x547	x53	x439	
Morocco/Maroc	4297	5353	6714	7426	8346	Morocco/Maroc	4	183	360	365	1456

(VALUE AS % OF TOTAL)(VALEUR EN % DU TOTAL)

	1983	1984	1985	1986	1987	1988	1989	1990	1991	1992		1983	1984	1985	1986	1987	1988	1989	1990	1991	1992
Africa	x4.7	x5.1	x4.5	x4.5	x3.7	3.2	2.9	2.8	x2.6	x3.3	Afrique				0.0	x0.1	x0.1	x0.2	x0.2	x0.2	x0.3
Northern Africa	x3.0	2.7	2.6	2.2	1.7	1.6	1.4	1.4	1.2	1.5	Afrique du Nord	x0.0	x0.0	0.0	0.0	0.0	0.0	0.0	0.0	0.0	0.1
Americas	10.9	15.9	15.6	x13.7	x13.7	14.3	13.0	12.8	12.2	x13.8	Amériques	x4.1	5.7	5.1	x5.4	x5.3	6.2	6.9	7.3	8.6	x9.0
LAIA	1.7	2.9	3.0	x2.1	2.9	2.5	2.5	2.4	3.0	x4.6	ALAI	0.1	2.3	2.1	2.3	1.8	1.9	1.7	1.2	1.8	2.2
CACM	x0.3		x0.4	0.4	0.5	0.5	0.5	0.5	0.5	x0.6	MCAC	x0.2			x0.4	x0.3	0.5	0.7	0.6	0.5	x0.5
Asia	x19.0	x16.8	x16.9	15.3	19.4	19.8	21.4	19.2	x20.5	x21.6	Asie	13.4	14.3	15.6	14.7	15.8	16.8	17.7	15.4	16.0	15.5
Middle East	x5.3	x4.7	x4.7	x3.5	x3.4	x2.7	x2.2	x3.0	3.5	x3.4	Moyen–Orient	x0.1	0.7	0.9	0.6	0.8	0.9	0.9	0.9	x0.4	x0.5
Europe	63.7	60.3	60.7	64.5	57.1	57.1	57.7	61.9	59.4	57.8	Europe	81.3	79.0	78.4	79.1	75.9	74.1	73.0	75.5	73.6	73.7
EEC	53.3	49.6	50.4	53.6	47.5	47.4	47.9	50.8	49.1	47.8	CEE	60.0	60.3	60.4	62.0	58.9	57.0	56.5	58.0	57.2	55.2
EFTA	x10.4	x10.1	x9.6	x10.3	x9.2	9.4	9.4	10.6	9.8	9.4	AELE	x21.4	x18.4	x17.7	x16.9	x16.8	x16.8	15.9	16.9	x16.1	x16.1
Oceania	1.7	x2.0	x2.3	x2.0	x1.7	1.3	1.4	x1.5	x1.7	x1.9	Océanie	1.1	x0.9	x0.9	x0.7	0.9	1.0	1.0	x1.2	x1.1	1.1
France,Monac	13.5	13.5	13.4	14.4	11.9	11.3	11.9	11.2	10.4	10.4	Germany/Allemagne	28.7	27.9	27.3	28.3	26.5	25.2	26.0	27.7	26.4	25.9
Germany/Allemagne	8.8	8.3	9.5	11.0	9.9	9.9	10.0	11.3	11.4	11.0	Japan/Japon	9.5	11.1	11.7	10.2	10.1	10.2	9.6	8.5	9.4	8.7
United Kingdom	10.1	9.2	9.2	7.7	7.5	6.8	6.8	6.6	6.1	5.6	Switz.Liecht	11.1	9.4	9.2	9.0	8.5	8.0	7.8	8.5	7.9	7.9
USA/Etats–Unis d'Amer	6.6	10.5	10.3	9.4	7.2	7.5	6.6	6.6	5.7	5.7	Italy/Italie	7.8	8.9	9.3	9.2	8.3	8.3	7.6	7.4	7.8	7.1
Netherlands/Pays–Bas	5.4	5.6	5.3	6.0	5.0	5.4	4.8	5.9	5.5	5.3	Belgium–Luxembourg	5.0	4.8	5.2	6.0	6.2	7.2	6.8	5.9	5.7	5.3
Belgium–Luxembourg	5.0	3.9	3.9	4.3	3.9	4.2	4.0	4.4	4.2	4.5	France,Monac	8.5	8.0	7.4	7.5	7.1	6.5	5.4	5.7	5.8	5.7
China/Chine					4.0	3.7	5.2	3.1	2.8	3.2	Austria/Autriche	x4.7	x4.5	x4.4	x4.5	4.8	4.6	4.6	4.5	4.5	4.5
Italy/Italie	3.8	3.3	3.1	3.1	2.9	3.2	3.7	3.5	3.5	3.4	USA/Etats–Unis d'Amer	3.1	2.8	2.3	1.9	2.9	3.0	3.8	4.3	5.0	5.1
Spain/Espagne	2.1	1.4	1.7	2.4	2.7	2.7	2.7	3.1	3.4	3.0	United Kingdom	3.8	3.6	4.2	4.2	3.8	3.4	3.5	3.4	3.3	3.5
Switz.Liecht	2.4	2.3	2.2	2.8	2.7	2.6	2.4	3.2	2.9	3.0	Netherlands/Pays–Bas	3.1	3.0	3.1	3.2	3.4	2.8	3.0	3.3	3.1	2.9

6851 LEAD, ALLOYS UNWROUGHT
PLOMB, ALLIAGES BRUTS 6851

TRADE BY COMMODITY IN THOUSAND U.S. DOLLARS – COMMERCE PAR PRODUIT EN MILLIERS DE DOLLARS E.U

COUNTRIES–PAYS	IMPORTS – IMPORTATIONS					COUNTRIES–PAYS	EXPORTS – EXPORTATIONS				
	1988	1989	1990	1991	1992		1988	1989	1990	1991	1992
Total	1083785	1020256	1221678	934247	941252	Totale	1106894	1007614	1200572	x972409	935162
Africa	33221	21947	28414	x34344	x25208	Afrique	x57372	x55246	x64885	x38250	x36424
Northern Africa	28036	18839	26089	31563	x22273	Afrique du Nord	40679	42113	49850	33343	29689
Americas	x141994	x112542	x116339	102428	x135972	Amériques	246095	231817	312560	x234120	x245154
LAIA	14096	11799	11998	21075	17812	ALAI	86927	105899	156061	x90476	x99082
CACM	1274	895	457	346	x906	MCAC	6413	4465	1401	x136	424
Asia	x267697	x281623	369426	290824	x296928	Asie	x49612	x27877	89030	x52804	x101319
Middle East	x43763	x24928	x31163	x23449	x26191	Moyen–Orient	x1201	x1444	x2811	x1626	x2671
Europe	572667	573434	678260	482468	467576	Europe	384363	375113	406300	325100	285214
EEC	512284	514309	602264	432429	423366	CEE	320140	318973	340313	270759	238350
EFTA	52885	53925	67204	48404	40950	AELE	56199	39265	49989	41588	42283
Oceania	x2826	2734	2328	2034	1931	Océanie	x287301	224956	245899	235690	245983
United Kingdom	206241	199182	196278	149552	143559	Australia/Australie	287276	224944	244764	235048	243782
Germany/Allemagne	81360	103482	127860	107642	93359	United Kingdom	90193	90010	123053	87922	80425
Korea Republic	69175	78343	100499	97143	94212	Canada	144020	90656	93298	71248	99888
USA/Etats–Unis d'Amer	112616	88540	90852	72594	110426	Mexico/Mexique	61807	59738	97352	51344	54059
Italy/Italie	81970	79216	108240	52379	49255	Germany/Allemagne	75054	64979	68142	51344	54059
Japan/Japon	55940	66583	87903	78206	51608	Former USSR/Anc. URSS	x24009	x51980	x55209	x73766	42207
France, Monac	36621	37554	49007	27559	26138	USA/Etats–Unis d'Amer	8111	30168	61695	71642	45616
Austria/Autriche	25804	28119	37773	30021	27415	France, Monac	53661	56190	54729	48649	52228
Netherlands/Pays–Bas	26360	26717	34399	28626	26929	Belgium–Luxembourg	46821	52157	47879	37616	39119
Belgium–Luxembourg	34186	28293	27132	17108	16083	Peru/Pérou	21627	38058	48261	x35819	x43113
India/Inde	26247	x21332	35066	14820	x10733	Morocco/Maroc	38823	41395	48137	31577	28916
Malaysia/Malaisie	11553	15184	23480	17809	x23643	Sweden/Suède	48544	33990	43548	39021	38344
Portugal	24117	15807	21306	16975	17899	Italy/Italie	30120	18805	12459	21818	13063
Singapore/Singapour	19500	8870	35079	9088	23349	Bulgaria/Bulgarie	x44196	x23561	x19609	x5401	x5946
Czechoslovakia	x19014	26055	12893	x6578	x6679	Netherlands/Pays–Bas	13011	17417	16116	14446	8978
Thailand/Thaïlande	9592	12061	13493	18179	20457	Yugoslavia SFR	8024	16856	15998	x12753	
Indonesia/Indonésie	12852	11614	14409	16541	24387	China/Chine	8190	2769	29658	10932	53824
Spain/Espagne	8552	10836	12431	13670	31780	Spain/Espagne	9340	12748	16573	4879	897
Turkey/Turquie	11028	7438	12544	12493	11378	Singapore/Singapour	19121	5446	15047	9530	4535
Algeria/Algérie	11098	8920	9302	13972	x4729	So. Africa Customs Un	x14327	x12437	x12988	x4057	x4272
Greece/Grèce	5456	7683	16517	7604	x9036	Indonesia/Indonésie	11	3355	13154	10533	11801
Finland/Finlande	8517	9500	12987	8103	4932	Korea Dem People's Rp	x10340	x5952	x5183	x12489	x7423
China/Chine	3220	26028	1385	129	1591	Hong Kong	3802	1997	14101	1494	4196
Egypt/Egypte	12197	5727	10636	10490	11357	Poland/Pologne	7168	4876	5109	5774	x10945
Canada	11465	8794	9732	5553	5127	Austria/Autriche	5157	3524	4709	1740	2552
Iraq	x18479	x14867	x7978	x3		Brazil/Brésil	2778	3423	3864	1451	246
Hong Kong	5045	4866	15161	1605	6094	Korea Republic	2312	2413	2793	3226	4919
Switz.Liecht	6768	5140	6762	6779	4308	Czechoslovakia	x4216	x5213	x1276	x1472	x3937
Norway, SVD, JM	8407	8789	5843	1675	2946	Former GDR	x2537	x6907	x672		
Venezuela	5777	3803	5687	6081	5727	Argentina/Argentine	592	2962	3387	376	287
Yugoslavia SFR	7385	5091	8555	x1435		Greece/Grèce	663	5977	50	188	x238
Iran (Islamic Rp. of)	x9825	x18	x7255	x6300	x9874	Honduras	6289	4308	1274	x3	275
Ireland/Irlande	1032	1407	4161	7631	5804	Japan/Japon	1803	1742	1828	1092	2881
Denmark/Danemark	6388	4131	4934	3683	3525	Venezuela	x16	1097	2305	1093	224
Brazil/Brésil	1946	1605	862	9857	5650	Malaysia/Malaisie	1428	1367	1890	1014	x2074
Pakistan	2511	3840	4125	4105	4676	Switz.Liecht	2337	1513	1455	630	1134
Romania/Roumanie		31	10451	1556	x2430	United Arab Emirates	x470	x815	x1038	x823	x665
Philippines	3130	x3343	3360	4870	5123	Tunisia/Tunisie	163	655	815	696	
Hungary/Hongrie	x827	x396	x380	8884	x1945	Israel/Israël	47	462	1083	578	113
Tunisia/Tunisie	2589	2980	3556	3029	3409	Sudan/Soudan		x63	x898	x1070	x772
Sweden/Suède	3190	2218	3681	1732	1263	Myanmar	x1318	x900	x950	x133	x741
Poland/Pologne	x473	x1	2758	4779	x1999	Denmark/Danemark	1031	553	1047	281	197
New Zealand	2681	2432	2113	1470	1448	Zimbabwe		x12	x1833	1	
Colombia/Colombie	1821	1916	1869	1475	2552	New Zealand	8	12	1135	642	2201
Chile/Chili	2081	1522	1581	1649	x1651	Lebanon/Liban	x466	x266	x1016	x422	x1163
Ecuador/Equateur	1006	1275	1301	1148	1244	Chile/Chili	x81	x590	575	97	x135
Korea Dem People's Rp	x2515	x998	x888	x1771	x344	Panama	514	629	0	x460	x54
Israel/Israël	1178	1231	1913	504	824	Zambia/Zambie	2291	x482	x32	x350	x2345
Cuba	x1529	x1672	x920	x906	x1027	Ireland/Irlande	236	77	69	498	319
Cyprus/Chypre	1092	943	1151	856	860	India/Inde	0	x30	489	80	x601

(VALUE AS % OF TOTAL)(VALEUR EN % DU TOTAL)

	1983	1984	1985	1986	1987	1988	1989	1990	1991	1992		1983	1984	1985	1986	1987	1988	1989	1990	1991	1992
Africa	x2.8	x2.2	3.2	x3.3	x2.9	3.0	2.2	2.3	x3.7	x2.7	Afrique	5.2	3.8	4.6	x5.3	x4.6	5.2	5.4	5.4	x3.9	x3.9
Northern Africa	x2.2	1.5	2.4	2.7	2.7	2.6	1.8	2.1	3.4	x2.4	Afrique du Nord	3.2	2.8	3.4	3.9	3.1	3.7	4.2	4.2	3.4	3.2
Americas	x10.1	13.0	10.8	x12.0	x17.8	x13.1	x11.0	x9.5	11.0	x14.5	Amériques	12.9	18.7	18.7	x19.5	x15.6	22.2	23.0	26.0	x24.1	x26.3
LAIA	0.7	1.1	1.9	1.5	2.0	1.3	1.2	1.0	2.3	1.9	ALAI	3.0	9.6	9.7	x9.8	x8.3	7.9	10.5	13.0	x9.3	x10.6
CACM	x0.1	0.1	0.1	x0.1	x0.1	0.1	0.1	0.1	0.0	x0.1	MCAC	x0.0	0.0	0.0	x0.0	x0.0	0.6	0.4	0.1	x0.0	0.0
Asia	x18.4	20.6	21.0	20.8	x22.5	24.7	x27.6	30.3	31.1	x31.6	Asie	x2.4	x2.0	2.2	x3.6	x7.6	4.5	2.7	7.4	x5.5	x10.8
Middle East	x2.1	x2.4	x3.1	x2.4	x2.2	x4.0	x2.4	x2.6	x2.5	x2.8	Moyen–Orient	x0.1	x0.0	x0.1	x0.1	x0.2	x0.1	x0.1	x0.2	x0.2	x0.3
Europe	68.1	63.6	64.5	63.5	52.4	52.8	56.2	55.5	51.6	49.7	Europe	41.5	43.2	45.8	41.6	35.8	34.7	37.2	33.8	33.4	30.5
EEC	63.0	57.6	57.4	56.3	47.3	47.3	50.4	49.3	46.3	45.0	CEE	37.0	37.7	39.7	36.0	30.6	28.9	31.7	28.3	27.8	25.5
EFTA	5.0	5.3	6.4	6.6	5.1	4.9	5.3	5.5	5.2	4.4	AELE	4.5	4.4	4.9	5.2	4.5	5.1	3.9	4.2	4.3	4.5
Oceania	x0.5	0.4	x0.4	x0.4	x0.3	x0.3	0.3	0.2	0.2	0.2	Océanie	38.2	32.3	28.8	30.0	30.4	x26.0	22.3	20.5	24.2	26.3
United Kingdom	21.8	23.0	22.2	18.8	18.6	19.0	19.5	16.1	16.0	15.3	Australia/Australie	38.1	32.3	28.8	30.0	30.4	26.0	22.3	20.4	24.2	26.1
Germany/Allemagne	10.9	10.6	10.6	11.3	7.4	7.5	10.1	10.5	11.5	9.9	United Kingdom	10.6	11.9	11.1	11.5	9.1	8.1	8.9	10.2	9.0	8.6
Korea Republic	3.0	2.2	3.1	3.8	5.9	6.4	7.7	8.2	10.4	10.0	Canada	8.3	8.1	6.4	7.9	6.6	13.0	9.0	7.8	7.3	10.7
USA/Etats–Unis d'Amer	9.0	11.3	8.5	9.6	14.1	10.4	8.7	7.4	7.8	11.7	Mexico/Mexique	6.6	6.1	x6.5	x5.8	5.6	5.9	8.1	8.1	5.3	10.7
Italy/Italie	11.0	8.2	8.1	10.3	7.4	7.6	7.8	8.9	5.6	5.2	Germany/Allemagne	11.3	9.1	10.0	9.3	6.7	6.8	6.4	5.7	5.6	5.8
Japan/Japon	5.7	9.8	7.8	6.0	3.6	5.2	6.5	7.2	8.4	5.5	Former USSR/Anc. URSS						x3.1	x2.2	x5.2	x4.6	4.5
France, Monac	3.7	3.7	3.2	2.9	3.1	3.4	3.7	4.0	2.9	2.8	USA/Etats–Unis d'Amer	1.5	1.0	2.5	1.7	0.5	0.7	3.0	5.1	7.4	4.9
Austria/Autriche	2.1	2.4	2.6	3.0	2.1	2.4	2.8	3.1	3.2	2.9	France, Monac	3.4	3.3	4.2	4.6	5.8	4.8	5.6	4.6	5.0	5.6
Netherlands/Pays–Bas	3.5	3.3	3.1	3.3	2.8	2.4	2.6	2.8	3.1	2.9	Belgium–Luxembourg	7.1	6.7	7.3	5.6	4.5	4.2	5.2	4.0	3.9	4.2
Belgium–Luxembourg	7.6	5.2	4.4	5.0	3.8	3.2	2.8	2.2	1.8	1.7	Peru/Pérou	3.0	3.0	3.3	3.6	3.3	2.5	2.0	3.8	4.0	x4.6

6861 ZINC, ALLOYS UNWROUGHT / ZINC ET ALLIAGES BRUTS 6861

TRADE BY COMMODITY IN THOUSAND U.S. DOLLARS – COMMERCE PAR PRODUIT EN MILLIERS DE DOLLARS E.U

COUNTRIES–PAYS	IMPORTS – IMPORTATIONS 1988	1989	1990	1991	1992	COUNTRIES–PAYS	EXPORTS – EXPORTATIONS 1988	1989	1990	1991	1992
Total	2787985	3950354	3577509	2561547	3154037	Totale	2875330	4269830	3605535	2790215	3423523
Africa	x52000	x92125	x80187	x50598	x49625	Afrique	x98384	x96773	x82946	x38648	x85003
Northern Africa	18085	31860	35552	25555	22697	Afrique du Nord	26382	34110	27980	14181	x34545
Americas	942997	1318861	1123329	727448	x948985	Amériques	845410	1270118	1096639	x931309	x955840
LAIA	77795	88249	78029	72777	80418	ALAI	199133	356989	339408	x292459	x297009
CACM	9560	14351	11831	7804	x13523	MCAC	14898	35197	20015	6438	634
Asia	652465	x886575	916666	702883	x810778	Asie	x308281	x469493	x355314	x221610	x424153
Middle East	x39088	x65761	x80470	x48796	x70277	Moyen-Orient	1730	x282	x324	x547	x115
Europe	866284	1327069	1292317	993398	1264371	Europe	1203701	1801061	1627075	1226209	1505790
EEC	755900	1169049	1129589	880306	1125325	CEE	912136	1354532	1170318	892296	1189047
EFTA	93726	136292	142537	106413	123555	AELE	271562	425832	412043	301049	307234
Oceania	x22616	43787	x38169	x26157	x33004	Océanie	249353	x329705	x292741	266444	347496
USA/Etats-Unis d'Amer	840989	1203625	1012999	638686	844425	Canada	621854	863011	723930	622507	648841
Germany/Allemagne	230190	347295	384750	340225	385558	Belgium-Luxembourg	231631	356727	300336	253311	270090
Japan/Japon	144721	265535	247061	183975	149444	Australia/Australie	249346	329625	292723	266441	347494
United Kingdom	167952	234261	205696	140298	151907	Netherlands/Pays-Bas	215892	295753	262483	179578	192703
France, Monac	129535	186603	178881	124064	161395	Finland/Finlande	144775	234345	217845	169060	165805
Italy/Italie	78904	163180	153234	107753	124357	Spain/Espagne	172572	257136	193753	144990	250071
Hong Kong	73131	88819	109563	112800	113723	Norway, SVD, JM	117841	179399	181930	129139	136726
Czechoslovakia	x59997	160092	77206	x32981	x30489	Germany/Allemagne	126001	190957	158483	124616	191238
Indonesia/Indonésie	55537	78220	92729	72105	91496	Peru/Pérou	91268	153662	123037	x127463	x143973
India/Inde	88868	x59697	118294	43544	x29631	Mexico/Mexique	94747	152967	141705	94695	48407
Singapore/Singapour	51862	96225	59256	45424	96431	France, Monac	89593	147878	129450	99668	188625
Sweden/Suède	51058	76626	70562	44831	41236	Bulgaria/Bulgarie	x46579	x188529	x102545	x21091	x29121
Belgium-Luxembourg	45145	70087	53760	52987	186320	Korea Dem People's Rp	x98704	x124959	x79916	x64850	x43920
Philippines	29181	x51352	49272	41713	50961	Korea Republic	80778	125879	84601	31680	71305
Netherlands/Pays-Bas	41418	62779	41471	30089	36791	Hong Kong	30940	60295	83210	74282	82990
Malaysia/Malaisie	27742	37930	40384	38324	x48754	Italy/Italie	59510	78957	90971	47101	53427
New Zealand	22580	43682	37779	24938	30350	Former USSR/Anc. URSS	x95927	x79707	x79054	x56507	
Former USSR/Anc. URSS	x143921	x90727	x9554	x3954		Brazil/Brésil	8661	33161	52839	54873	94441
Korea Republic	22980	34418	39853	26683	30869	Singapore/Singapour	42677	76576	35822	17384	17350
Switz.Liecht	21810	32266	41220	26719	24736	Poland/Pologne	27582	33969	48038	26671	x74184
Turkey/Turquie	20088	27646	44839	25666	39305	Zaire/Zaïre	x49297	x46799	x45008	x11937	x14037
Greece/Grèce	19585	34924	39764	23179	x21847	Japan/Japon	28399	35931	39126	25848	42977
Austria/Autriche	19895	24282	28723	33411	53703	United Kingdom	15943	26240	32958	41649	39554
Pakistan	17609	25456	30416	24463	16895	Yugoslavia SFR	19988	20692	44697	x32830	
Portugal	15569	24371	29662	22380	23648	Algeria/Algérie	26191	33929	27927	13952	x34429
Denmark/Danemark	16580	23134	25784	19318	23409	Honduras	14680	34867	19660	6237	547
Venezuela	33493	19133	21356	19889	24430	Argentina/Argentine	4125	16876	21091	15256	9714
Colombia/Colombie	18458	24906	15692	18288	20206	China/Chine	12006	21708	22722	6876	92503
Bangladesh	x16587	x25677	x13504	x13920	x26632	USA/Etats-Unis d'Amer	9501	14761	13287	9603	9058
Brazil/Brésil	7487	16584	21099	14062	14837	Thailand/Thaïlande	13020	22809	9327	22	x157
Spain/Espagne	8518	18775	13478	17440	8419	Austria/Autriche	7749	11363	9241	2191	3985
China/Chine	63312	27769	5699	14310	40511	Zambia/Zambie	19496	x8143	x6655	x5896	x30711
Yugoslavia SFR	16369	21391	19842	x6316		So. Africa Customs Un	x1289	x6927	x2709	x5296	x5513
Israel/Israël	10067	14172	16821	14413	17124	Switz.Liecht	471	366	1602	381	134
Iran (Islamic Rp. of)	x3444	x14056	x18837	x8056	x11147	Sweden/Suède	694	359	1426	277	548
Egypt/Egypte	9825	15687	13558	9695	10111	Hungary/Hongrie		x321		x1483	x130
Romania/Roumanie	x1217	3878	25266	5234	x3234	Portugal	590	383	586	660	3528
So. Africa Customs Un	6700	24971	8438	x84	x2803	Un. Rep. of Tanzania	x47	x548	302	x398	x177
Saudi Arabia	7266	11192	x11408	x9137	x11584	Albania/Albanie		x174	x967	x41	x65
Former GDR	x33492	x20747	x10744			Greece/Grèce	241	246	480	436	x200
Nigeria/Nigéria	x6413	x12676	x9239	x9291	x10677	Denmark/Danemark	162	94	811	212	54
Chile/Chili	10171	16871	7910	5756	x7421	Macau/Macao		860	177	11	4
Canada	10740	8586	15825	6003	7471	Venezuela	x234	x295	x298	17	142
Thailand/Thaïlande	4700	5236	8594	15319	17218	Cameroon/Cameroun			16	x590	
Hungary/Hongrie	x12224	x3880	x2131	17699	x9030	Bahrain/Bahreïn			x173	x373	
Morocco/Maroc	3288	7806	9478	6396	6404	Nicaragua	165	217	199	52	49
Costa Rica	4416	9497	7701	4451	x4871	Egypt/Egypte	7	182	x53	x229	
Tunisia/Tunisie	2767	7786	6848	5842	6172	Chile/Chili	x97		x405	19	x222
Kenya	10198	x4292	11250	x3420	x5292	Panama	x24	x159		x245	x247
Ecuador/Equateur	3717	4548	4629	4955	4163	Nigeria/Nigéria	x56	x107	x138	x128	

(VALUE AS % OF TOTAL)(VALEUR EN % DU TOTAL)

	1983	1984	1985	1986	1987	1988	1989	1990	1991	1992		1983	1984	1985	1986	1987	1988	1989	1990	1991	1992
Africa	1.8	x2.1	3.0	x2.4	1.7	1.8	2.3	2.2	2.0	x1.6	Afrique	x5.6	3.7	2.1	x3.9	1.7	x3.4	2.3	2.3	x1.4	x2.5
Northern Africa	0.6	0.9	1.1	1.1	0.5	0.6	0.8	1.0	1.0	0.7	Afrique du Nord	1.6	0.9	0.5	1.5	0.1	0.9	0.8	0.8	0.5	x1.0
Americas	x41.0	39.6	36.8	x38.4	x36.0	33.8	33.4	31.4	28.4	x30.1	Amériques	33.0	34.7	37.1	x31.1	x26.5	29.4	29.8	29.8	x33.4	x27.9
LAIA	1.7	3.0	3.7	3.8	4.9	2.8	2.2	2.2	2.8	2.5	ALAI	7.3	9.5	10.0	x9.7	x8.1	6.9	8.4	9.2	x10.5	x8.7
CACM	x0.4	0.6	0.6	x0.4	x0.5	0.3	0.4	0.3	0.3	x0.4	MCAC	x0.0	x0.0	x0.0	x0.0	x0.0	0.5	0.8	0.6	0.2	0.0
Asia	18.8	18.9	21.3	23.2	26.4	23.5	x22.5	25.6	27.4	x25.7	Asie	3.1	2.8	3.2	5.0	x16.1	x10.7	x11.0	x9.7	7.9	x12.4
Middle East	x1.5	x2.0	x2.6	x2.2	x2.3	x1.4	1.7	x2.2	x1.9	x2.2	Moyen-Orient	x0.0	x0.0	x0.1	0.5	0.1	0.1	x0.0	x0.0	x0.0	0.0
Europe	37.3	38.0	37.6	35.0	28.0	31.1	33.6	36.1	38.8	40.1	Europe	46.8	48.4	47.3	47.8	42.7	41.9	42.2	44.1	43.9	44.0
EEC	33.4	32.7	31.7	30.0	24.7	27.1	29.6	31.6	34.4	35.7	CEE	35.8	36.3	36.3	36.6	37.1	32.2	31.7	31.8	32.0	34.8
EFTA	3.9	3.8	3.8	4.2	3.2	3.4	3.5	4.0	4.2	3.9	AELE	11.1	10.7	10.6	10.8	10.1	9.4	10.0	11.2	10.8	9.0
Oceania	1.1	1.5	1.3	x1.0	x0.9	0.8	1.1	x1.1	x1.0	x1.0	Océanie	11.4	10.2	x9.8	x12.1	x8.7	8.7	x7.7	x7.9	9.5	10.2
USA/Etats-Unis d'Amer	38.1	35.5	32.3	33.5	29.9	30.2	30.5	28.3	24.9	26.8	Canada	25.6	25.1	26.7	21.5	18.1	21.6	20.2	19.6	22.3	19.0
Germany/Allemagne	9.3	9.6	8.7	8.9	7.0	8.3	8.8	10.8	13.3	12.2	Belgium-Luxembourg	9.6	9.5	9.3	9.9	9.2	8.1	8.4	8.1	9.1	7.9
Japan/Japon	2.6	3.4	3.9	5.2	4.8	5.2	6.7	6.9	7.2	4.7	Australia/Australie	11.4	10.2	9.8	12.0	8.7	8.7	7.7	7.9	9.5	10.2
United Kingdom	7.3	6.6	7.4	5.6	5.1	6.0	5.9	5.7	5.5	4.8	Netherlands/Pays-Bas	9.3	9.0	8.9	9.4	7.9	7.5	6.9	7.1	6.4	5.6
France, Monac	4.7	4.9	4.8	5.3	4.3	4.6	4.7	5.0	4.8	5.1	Finland/Finlande	6.8	6.5	6.7	6.9	5.5	5.0	5.5	5.9	6.1	4.8
Italy/Italie	5.6	5.9	4.4	3.7	3.4	2.8	4.1	4.3	4.2	3.9	Spain/Espagne	4.5	4.3	5.4	4.8	4.3	6.0	6.0	5.3	5.2	7.3
Hong Kong	2.1	1.9	1.8	3.7	3.8	2.6	2.2	3.1	4.4	3.6	Norway, SVD, JM	4.0	3.9	3.6	3.9	4.3	4.1	4.2	5.0	4.6	4.0
Czechoslovakia				x0.0	x2.2	4.1	2.2	x1.3	x1.0		Germany/Allemagne	6.4	5.9	5.8	5.4	4.5	4.4	4.5	4.3	4.5	5.6
Indonesia/Indonésie			3.0	2.7	2.5	2.0	2.0	2.6	2.8	2.9	Peru/Pérou	7.3	5.5	6.2	5.9	4.3	3.2	3.6	3.3	x4.6	x4.2
India/Inde	4.7	3.2	4.3	3.1	3.9	3.2	x1.5	3.3	1.7	x0.9	Mexico/Mexique		4.0	3.4	x3.8	x3.3	3.3	3.6	3.8	3.4	1.4

6871 TIN, ALLOYS UNWROUGHT / ETAIN ET ALLIAGES BRUTS 6871

TRADE BY COMMODITY IN THOUSAND U.S. DOLLARS – COMMERCE PAR PRODUIT EN MILLIERS DE DOLLARS E.U

IMPORTS – IMPORTATIONS

COUNTRIES–PAYS	1988	1989	1990	1991	1992
Total	1329796	1405684	1113102	960961	1072401
Africa	8913	9806	6336	x2936	x3734
Northern Africa	7436	8829	5574	2533	2990
Americas	375332	392685	303247	243110	x265913
LAIA	24852	21012	15817	18133	x16982
CACM	127	72	529	63	x91
Asia	392088	x460974	370113	374112	x403753
Middle East	x10162	11524	x14827	x10261	x8000
Europe	384250	465713	394076	325543	380011
EEC	354790	433695	363705	307256	361344
EFTA	18165	22691	22270	16303	16891
Oceania	x5966	5732	x6460	x4420	x5675
USA/Etats-Unis d'Amer	321267	338872	260921	204751	226400
Japan/Japon	244405	300183	221516	210672	182810
Germany/Allemagne	151295	173262	150446	124781	143126
France,Monac	59978	72552	58887	50348	53874
United Kingdom	27532	54836	41819	41333	61860
Italy/Italie	47548	53692	48157	32076	35001
Hong Kong	32903	49521	37309	45553	86575
Korea Republic	33143	42522	37985	36920	44146
Singapore/Singapour	36678	19467	25240	32554	36955
Canada	29020	32641	25238	19377	22066
Netherlands/Pays-Bas	22097	28659	19039	15507	24843
Spain/Espagne	16169	19130	19272	18782	19769
Belgium–Luxembourg	20339	19970	16051	15667	15817
India/Inde	20855	x24163	12893	8213	x16468
Czechoslovakia	x125	23603	14294	x737	x12
Poland/Pologne	25268	23353	6909	4492	x7396
Malaysia/Malaisie	5106	5085	8453	20454	x16567
Turkey/Turquie	6722	9641	10271	7070	5417
Switz.Liecht	6712	7954	8299	5422	4915
Yugoslavia SFR	11169	9244	8023	x1768	
Romania/Roumanie		7864	6689	2091	x623
Philippines	5214	x4407	5885	5718	4364
Former USSR/Anc. URSS	x110155	x14718	x2	x154	
Portugal	5852	5844	3738	4464	6060
Australia/Australie	5309	4414	5650	3617	5138
Austria/Autriche	3804	4443	4427	4755	5813
Argentina/Argentine	4160	6061	3002	4308	4903
Greece/Grèce	2495	4319	4727	3528	x99
Sweden/Suède	3963	4677	4810	2752	2813
Norway,SVD,JM	2864	4520	4281	3084	2968
Mexico/Mexique	1291	2394	3582	4311	4266
Venezuela	11182	3917	2166	3651	1917
Colombia/Colombie	2835	3898	3376	2240	1910
Chile/Chili	2898	3914	1995	3171	x3010
Hungary/Hongrie	x1169	x291	x4473	3285	x3241
Algeria/Algérie	3744	6014	1190	357	x92
Egypt/Egypte	2306	1204	2277	794	1222
United Arab Emirates	x1976	x628	x2766	x689	x1095
Bangladesh	x771	x1230	x1833	x463	x698
Morocco/Maroc	924	1261	1351	809	1249
Pakistan	448	976	1444	593	69
Israel/Israël	791	854	968	832	886
Korea Dem People's Rp	x1229	x516	x761	x782	x687
Peru/Pérou	2212	517	1330	135	x724
New Zealand	635	890	605	450	519
Denmark/Danemark	967	895	673	360	226
Ireland/Irlande	518	535	895	411	670
Finland/Finlande	819	1094	444	279	375
Saudi Arabia	x651	360	x581	x843	x932
China/Chine	239	423	844	290	1286

EXPORTS - EXPORTATIONS

COUNTRIES–PAYS	1988	1989	1990	1991	1992
Totale	1391588	1666925	1287272	1071883	x1221527
Afrique	x9390	x12242	x4075	x5695	x3084
Afrique du Nord		x412	287	146	100
Amériques	294051	x376226	x289476	x207576	246292
ALAI	278467	x364658	x270723	x186097	217036
MCAC		10	0	x1	x2
Asie	903686	1134635	877348	784626	x901320
Moyen-Orient	x434	x376	x104	x419	x643
Europe	180837	126746	111896	67292	68681
CEE	178339	123765	109780	65693	65611
AELE	2204	2665	1956	1476	2832
Océanie	1444	x2441	974	2092	x1668
Malaysia/Malaisie	351696	433541	338553	254654	x213362
Singapore/Singapour	192877	214370	191800	198445	205751
Indonesia/Indonésie	180740	248647	173220	149043	162598
Brazil/Brésil	236907	283101	171935	100073	118772
China/Chine	71045	82805	64827	87100	154240
Bolivia/Bolivie	x38761	x67838	x75098	x70530	87084
Thailand/Thaïlande	85633	97083	73547	34365	x43577
United Kingdom	115651	57973	45733	21063	7042
Hong Kong	17755	50091	27039	38040	92970
Belgium–Luxembourg	36709	29124	22485	18782	34876
Netherlands/Pays-Bas	12573	19013	17038	11125	7209
USA/Etats-Unis d'Amer	13333	10049	15528	17769	26127
Germany/Allemagne	10354	13508	15465	11903	13934
Mexico/Mexique	693	3581	15575	6057	1422
Chile/Chili	x1958	x6117	x7683	x9059	x9032
Viet Nam	x175	x1428	x4141	x16928	x21734
Former GDR	x1398	x12578	x2266		
So. Africa Customs Un	x2541	x5218	x2622	x496	x930
Italy/Italie	1445	1152	5047	1534	548
Zimbabwe	x4112	x4575	15	x2676	x613
Canada	2250	969	2771	3029	2860
Australia/Australie	1444	2366	974	2088	1369
Spain/Espagne	6	1728	2915	689	906
Former USSR/Anc. URSS	x1	x884	x4	x4408	
Japan/Japon	675	2663	1447	1178	1420
Korea Republic	1606	1854	648	1512	827
India/Inde	20	x1047	672	x1655	x2933
Sweden/Suède	1098	1391	889	763	711
Nigeria/Nigéria	x2636	x1471	x1055	x474	x240
Myanmar	x1030	x505	x1050	x1120	x1000
France,Monac	1213	1054	961	495	795
Switz.Liecht	867	997	926	306	1577
Peru/Pérou	121	1429	315	x314	x160
Venezuela					1815
Romania/Roumanie		x909	x845		
Rwanda		339			
Panama		x455	x455	x1228	x753
United Arab Emirates	x430	x375	x102	x379	x643
Colombia/Colombie	x27	x776			
Austria/Autriche	177	158	86	371	492
Andorra/Andorre	x257	x261	x156	x68	
Poland/Pologne	x782	x240	8	188	x299
Kenya			6	x424	x448
Morocco/Maroc		x412			
Albania/Albanie			x366		
Denmark/Danemark	217	136	129	81	84
Tunisia/Tunisie			138	146	100
Mongolia/Mongolie			x136	x136	x136
Senegal/Sénégal				x250	
Philippines		x74	x164		

(VALUE AS % OF TOTAL)(VALEUR EN % DU TOTAL)

	1983	1984	1985	1986	1987	1988	1989	1990	1991	1992
Africa	0.5	0.7	0.9	x0.5	0.5	0.7	0.7	0.5	x0.3	x0.3
Northern Africa	0.5	0.6	0.9	0.5	0.4	0.6	0.6	0.5	0.3	0.3
Americas	33.1	34.9	31.9	26.4	x25.7	28.2	27.9	27.2	25.3	x24.8
LAIA	1.5	1.7	1.8	2.2	1.6	1.9	1.5	1.4	1.9	x1.6
CACM	x0.0	0.0	x0.0	x0.0	0.0	0.0	0.0	0.0	0.0	0.0
Asia	30.7	30.4	29.8	33.4	30.5	29.4	32.8	33.3	38.9	37.6
Middle East	x0.2	x0.9	x1.2	x1.7	x1.1	x0.8	0.8	x1.3	x1.1	0.7
Europe	35.7	33.7	37.1	39.2	27.6	28.9	33.1	35.4	33.9	35.4
EEC	33.9	31.1	34.0	36.0	25.9	26.7	30.9	32.7	32.0	33.7
EFTA	1.7	1.6	1.9	2.1	1.5	1.4	1.6	2.0	1.7	1.6
Oceania	0.2	x0.3	x0.3	x0.3	x0.4	0.4	0.4	x0.6	x0.4	0.5
USA/Etats-Unis d'Amer	28.5	30.3	27.3	21.8	22.0	24.2	24.1	23.4	21.3	21.1
Japan/Japon	24.0	23.1	22.2	17.7	17.8	18.4	21.4	19.9	21.9	17.0
Germany/Allemagne	12.9	13.0	14.2	12.2	10.8	11.4	12.3	13.5	13.0	13.3
France,Monac	6.8	4.2	5.8	10.1	4.4	4.5	5.2	5.3	5.2	5.0
United Kingdom	5.0	4.1	4.7	3.9	2.6	2.1	3.9	3.8	4.3	5.8
Italy/Italie	4.5	4.2	4.2	3.6	3.7	3.6	3.8	4.3	3.3	3.3
Hong Kong	1.0	1.1	2.4	1.8	1.7	2.5	3.5	3.4	4.7	8.1
Korea Republic	1.7	1.7	1.1	2.0	2.3	2.5	3.0	3.4	3.8	4.1
Singapore/Singapour	1.0	1.4	0.7	7.4	5.4	2.8	1.4	2.3	3.4	3.4
Canada	3.0	2.9	2.8	2.3	2.1	2.2	2.3	2.3	2.0	2.1

	1983	1984	1985	1986	1987	1988	1989	1990	1991	1992
Afrique	x1.6	1.5	0.6	x1.1	1.2	x0.7	0.7	x0.3	x0.5	x0.3
Afrique du Nord	x0.0							x0.0		
Amériques	x3.1	12.7	13.6	x19.5	x14.7	21.1	x22.6	x22.5	x19.3	20.2
ALAI	x0.5	10.6	11.9	x17.5	x13.5	20.0	x21.9	x21.0	x17.4	17.8
MCAC	x0.0						0.0	0.0	x0.0	x0.0
Asie	87.4	70.1	75.2	63.8	70.1	64.9	68.1	68.1	73.2	x73.8
Moyen-Orient	x0.0		x0.1	x0.1	x0.1	x0.0	0.0	x0.0	x0.0	x0.1
Europe	7.6	15.4	10.3	15.5	13.7	13.0	7.6	8.7	6.3	5.6
CEE	7.4	15.2	10.1	15.3	13.5	12.8	7.4	8.5	6.1	5.4
AELE	0.2	0.2	0.2	0.2	0.2	0.2	0.2	0.2	0.1	0.2
Océanie	0.4	0.3	x0.2	0.1	x0.1	0.1	x0.1	0.1	0.2	x0.1
Malaysia/Malaisie	41.6	27.8	35.3	22.1	26.7	25.3	26.0	26.3	23.8	x17.5
Singapore/Singapour	14.5	13.6	12.7	19.2	14.8	13.9	12.9	14.9	18.5	16.8
Indonesia/Indonésie	17.4	15.1	12.4	13.0	12.3	13.0	14.9	13.5	13.9	13.3
Brazil/Brésil	9.9	11.9	10.8	11.5	17.0	17.0	13.4	9.3	9.7	
China/Chine			7.9	5.1	5.0	5.0	8.1	12.6		
Bolivia/Bolivie	x4.6	x1.6	x2.8	x4.1	x5.8	x6.6	7.1			
Thailand/Thaïlande	13.4	12.9	11.3	7.9	7.3	6.2	5.8	5.7	3.2	x3.6
United Kingdom	1.1	8.5	5.3	8.5	9.5	8.3	3.5	3.6	2.0	0.6
Hong Kong	0.3	0.4	0.1	1.0	0.9	1.3	3.0	2.1	3.5	7.6
Belgium–Luxembourg	0.5	0.7	0.8	1.7	1.5	2.6	1.7	1.7	1.8	2.9

6911 STRUCTURES, PARTS IRN, STL — CONSTRUCT FER, ACIER, FONTE 6911

TRADE BY COMMODITY IN THOUSAND U.S. DOLLARS – COMMERCE PAR PRODUIT EN MILLIERS DE DOLLARS E.U

COUNTRIES-PAYS	IMPORTS – IMPORTATIONS 1988	1989	1990	1991	1992	COUNTRIES-PAYS	EXPORTS – EXPORTATIONS 1988	1989	1990	1991	1992
Total	x5856849	x6131583	6555090	x7921753	x7819593	Totale	5511103	5763689	6919479	7777694	8344017
Africa	x434030	x375046	x479781	x544508	x425038	Afrique	x14906	x17881	x34345	x37187	x41504
Northern Africa	168255	160812	224018	247977	x118119	Afrique du Nord	2017	4503	8230	9954	8130
Americas	x527377	x441284	x489473	495145	x529194	Amériques	495119	389250	414803	419727	472273
LAIA	59913	44442	76633	112238	196593	ALAI	54457	59241	66693	52959	70217
CACM	6961	8969	7472	13947	x18161	MCAC	500	781	789	953	x822
Asia	x1134857	x1292738	x1116459	x1472567	x1719105	Asie	791964	791995	754808	937872	1152290
Middle East	x530007	x427391	x362426	x473656	x528510	Moyen-Orient	x54151	72683	x44625	x35577	x36676
Europe	2802681	3065362	4126539	4762043	4846166	Europe	3747483	4192879	5369548	5988773	6213504
EEC	1941503	2353356	3209681	3615482	3949565	CEE	3075968	3493191	4498465	5173851	5269115
EFTA	829506	680350	884284	1109280	865001	AELE	603812	599218	772930	778118	914303
Oceania	x55989	x73339	x73193	x54388	x163648	Océanie	29910	40961	x72422	146102	x147867
Germany/Allemagne	561470	620887	850445	1109346	1483851	Germany/Allemagne	890983	978078	1252543	1379516	1336369
France, Monac	351302	421918	556250	580546	543226	Netherlands/Pays-Bas	492541	539659	698190	1211827	1004215
Former USSR/Anc. URSS	x746234	x786726	x199757	x499190		France, Monac	432334	477169	698128	735204	886225
Netherlands/Pays-Bas	297442	327663	445637	483662	511668	Italy/Italie	499495	576722	567864	564304	576971
Belgium-Luxembourg	248038	291639	439304	443158	457744	Belgium-Luxembourg	288097	359013	484453	512189	569942
United Kingdom	232500	343309	369372	365561	278073	United Kingdom	249305	285129	362604	383673	391829
Switz.Liecht	244728	261763	324623	296573	274336	Japan/Japon	280088	182102	271643	326453	356752
Norway, SVD, JM	336839	123419	165053	438281	201494	Austria/Autriche	169817	182102	227895	226512	446378
Spain/Espagne	56813	93700	180102	239622	201827	Korea Republic	332416	304301	227895	226512	446378
Austria/Autriche	114748	128576	182956	197065	228987	USA/Etats-Unis d'Amer	234319	180485	236085	279323	309014
USA/Etats-Unis d'Amer	306701	195505	157405	125017	108809	Denmark/Danemark	117129	150195	209067	242905	273970
Japan/Japon	76928	87848	142346	173808	157040	Sweden/Suède	158525	148150	172531	150770	159254
Indonesia/Indonésie	71630	80286	117506	185706	282727	Poland/Pologne	x117500	x137012	x135437	x116610	x173523
Sweden/Suède	87418	113598	145295	120026	111368	Switz.Liecht	122975	108343	128309	150603	188901
Denmark/Danemark	65817	84808	131471	151403	153903	Finland/Finlande	121109	119439	139915	85480	125406
China/Chine	113471	156889	129008	63890	65162	Spain/Espagne	64842	72276	166817	97375	183285
Italy/Italie	73224	87030	117521	131082	173863	Canada	200357	143609	104716	81115	87181
Singapore/Singapour	82605	74542	83173	149706	150668	Singapore/Singapour	38199	51951	95567	92727	85022
Canada	64918	86658	100576	117759	103952	Yugoslavia SFR	67601	100089	97785	x36529	
Saudi Arabia	123386	109180	x79186	x107129	x119605	Australia/Australie	23422	33322	62695	133807	136492
Iran (Islamic Rp. of)	x43942	x37804	x67809	x178619	x199611	China/Chine	23612	28908	47962	98174	115392
Libyan Arab Jamahiriya	48100	74356	102851	86699	x41834	Norway, SVD, JM	31220	41070	60486	64723	83985
Hong Kong	80241	90669	78668	92390	73841	Czechoslovakia	x33138	x49376	x30934	x57468	x85581
India/Inde	6598	x215328	3280	3235	x87965	Former USSR/Anc. URSS	x166882	x54791	x42907	x37278	
Egypt/Egypte	82029	44190	65388	96514	33072	Malaysia/Malaisie	11547	15452	30592	41406	x34357
Iraq	x69546	x120758	x53435	x13341	x4811	Ireland/Irlande	16489	24715	33203	24170	23050
Malaysia/Malaisie	27010	40405	39263	75959	x88837	Hong Kong	20720	21775	26615	22929	28839
Finland/Finlande	37682	46377	59304	48409	42420	Mexico/Mexique	15282	23397	20615	18028	7418
United Arab Emirates	x131883	x36713	x54256	x41225	x65243	Brazil/Brésil	19742	16908	19482	20260	31769
Korea Republic	31091	17827	46561	66138	67221	Hungary/Hongrie	x14032	x10337	x20953	x25335	x48271
Nigeria/Nigéria	x40587	x21363	x40297	x66253	x71600	Portugal	15615	15710	18737	17869	20690
Turkey/Turquie	56978	44484	25274	56848	50994	Bulgaria/Bulgarie	x19337	x27004	x20175	x3406	x2670
Portugal	17552	26807	44997	42170	68817	Romania/Roumanie	x33126	23686	13692	7923	x6496
Thailand/Thaïlande	10487	14561	26196	65091	48954	Saudi Arabia	18530	27704	x11445	x4189	x6395
Greece/Grèce	16918	31259	39577	31592	x39937	So. Africa Customs Un	x6407	x9585	x14152	x18404	x27285
Cameroon/Cameroun	x9736	23546	x15299	61091	x5886	Kuwait/Koweït	x12353	20185	x11873	x7919	x684
Ireland/Irlande	20427	24334	35004	37339	36657	India/Inde	11234	x7101	14590	17074	x6949
Algeria/Algérie	16786	25788	33693	34595	x26198	Former GDR	x47685	x28518	x9455		
Mexico/Mexique	18302	9089	18151	63467	120592	Turkey/Turquie	7538	9996	9499	16395	15134
Poland/Pologne	x24158	x14822	x17104	x50949	x52873	New Zealand	6266	7256	8580	11798	11120
French Guiana	6795	17679	35967	25762	21801	Argentina/Argentine	9199	6955	13413	6115	1924
Bangladesh	x19236	x21249	x22521	x19156	x28409	Greece/Grèce	9138	14525	6859	4820	x2569
Philippines	9200	x13946	15710	29943	39232	Venezuela	9674	7596	9898	7668	21525
Czechoslovakia	x33476	18879	18595	x21318	x43019	Thailand/Thaïlande	2624	4346	8370	11510	x6362
Qatar	13237	11145	28398	18592	x5832	Jordan/Jordanie	2512	10561	8244	2000	7809
Yugoslavia SFR	19180	21246	15577	x19710		Israel/Israël	4639	2750	4999	12159	11323
Guadeloupe	8063	11159	24080	20908	14386	Indonesia/Indonésie	5629	1150	4871	9715	8852
Martinique	11019	12542	22247	18203	15441	Zimbabwe	3446	x615	3768	5009	x11
Papua New Guinea	19807	25988	19205	x6345	x10829	Philippines	6757	x632	3477	5033	3139
Hungary/Hongrie	x6852	x7343	x19689	17558	x33328	Egypt/Egypte	431	897	3280	4873	5283

(VALUE AS % OF TOTAL) (VALEUR EN % DU TOTAL)

	1983	1984	1985	1986	1987	1988	1989	1990	1991	1992		1983	1984	1985	1986	1987	1988	1989	1990	1991	1992
Africa	21.3	29.0	21.6	x15.1	x8.6	7.4	x6.1	x7.3	x6.8	x5.4	Afrique	0.4	0.5	0.6	x0.3	x0.3	0.3	x0.3	x0.5	0.4	x0.5
Northern Africa	17.7	23.2	11.6	8.2	3.8	2.9	2.6	3.4	3.1	1.5	Afrique du Nord	0.0	x0.0	0.0	0.0	x0.1	0.0	0.1	0.1	0.1	0.1
Americas	6.2	9.2	13.9	x6.4	x9.5	x9.0	7.2	7.4	6.3	x6.7	Amériques	8.7	12.6	10.8	x9.6	x9.3	9.0	6.7	6.0	5.4	5.6
LAIA	1.5	2.5	1.6	x1.9	x1.1	1.0	0.7	1.2	1.4	2.5	ALAI	0.1	1.2	0.9	0.6	0.6	1.0	1.0	1.0	0.7	0.8
CACM	x0.1	0.0	0.4	x0.3	0.3	0.1	0.1	0.1	0.1	x0.2	MCAC	x0.0	0.0	0.0	0.0	0.0	0.0	0.0	0.0	0.0	0.0
Asia	x48.2	x36.7	x33.6	22.8	x19.3	x19.3	x21.0	x17.0	x18.6	x22.0	Asie	28.1	26.9	26.8	23.2	14.4	14.4	13.8	10.9	12.0	13.8
Middle East	x33.0	x23.4	x21.5	x14.1	x7.2	x9.0	x7.0	x5.5	x6.0	x6.8	Moyen-Orient	x0.4	x1.8	x1.2	x0.7	x0.4	x1.0	x1.3	x0.6	x0.5	x0.4
Europe	21.9	23.5	30.3	44.6	44.1	47.9	50.0	63.0	60.1	62.0	Europe	62.3	59.8	61.6	66.5	67.4	68.0	72.7	77.6	77.0	74.5
EEC	15.3	16.7	21.4	31.8	30.5	33.1	38.4	49.0	45.6	50.5	CEE	52.9	49.9	50.6	55.1	55.3	55.8	60.6	65.0	66.5	63.1
EFTA	6.5	6.1	8.3	12.3	13.2	14.2	11.1	13.5	14.0	11.1	AELE	9.4	8.2	9.4	11.2	11.7	11.0	10.4	11.2	10.0	11.0
Oceania	0.9	x0.7	x0.6	x1.2	0.9	0.9	x1.2	x1.1	0.7	x2.1	Océanie	0.4	0.2	x0.4	0.5	0.4	0.5	0.7	x1.0	1.9	x1.8
Germany/Allemagne	4.3	4.8	5.7	9.5	8.8	9.6	10.1	13.0	14.0	19.0	Germany/Allemagne	14.9	11.4	11.3	13.9	13.9	16.2	17.0	18.1	17.7	16.0
France, Monac	2.6	2.7	3.5	5.9	5.8	6.9	8.5	7.3	6.3	6.9	Netherlands/Pays-Bas	5.8	4.9	6.0	7.2	9.7	8.9	9.4	10.1	15.6	12.0
Former USSR/Anc. URSS	1.6	1.0			x16.0	12.7	x12.8	x3.0	x6.3		France, Monac	11.0	12.7	9.2	8.3	8.0	7.8	8.3	10.1	9.5	10.6
Netherlands/Pays-Bas	1.7	2.7	3.7	5.3	5.2	5.1	5.3	6.8	6.1	6.5	Italy/Italie	6.5	5.2	8.3	11.2	9.6	9.1	10.0	8.2	7.3	6.9
Belgium-Luxembourg	2.0	2.4	3.0	3.8	3.6	4.2	4.8	6.7	5.6	5.9	Belgium-Luxembourg	3.0	4.2	3.9	4.5	5.2	6.2	7.0	6.6	6.8	6.8
United Kingdom	1.5	2.2	2.8	3.6	3.7	4.0	5.6	5.6	4.6	3.6	United Kingdom	7.1	6.8	7.7	6.1	5.2	4.5	4.9	5.2	4.9	4.7
Switz.Liecht	1.5	1.9	2.4	3.8	3.8	4.3	4.3	5.0	3.7	3.5	Japan/Japon	17.1	13.6	9.7	12.3	6.7	5.1	4.8	3.5	4.2	4.3
Norway, SVD, JM	3.2	2.0	3.1	4.6	5.4	5.8	2.0	2.5	5.5	2.6	Austria/Autriche	8.2	2.0	2.5	3.1	2.8	3.1	3.9	4.0	2.9	5.3
Spain/Espagne	0.1	0.2	0.2	0.3	0.6	1.0	1.5	2.7	3.0	2.6	Korea Republic	9.2	10.2	14.1	8.7	5.7	6.0	5.3	3.3	2.9	5.3
Austria/Autriche	0.9	1.1	1.3	1.9	1.9	2.0	2.1	2.8	2.5	2.9	USA/Etats-Unis d'Amer	5.2	5.2	4.3	2.9	2.9	4.3	3.1	3.4	3.6	3.7

6912 STRUCTURES, PARTS ALUMNM — CONSTRUCT ALUMINIUM 6912

TRADE BY COMMODITY IN THOUSAND U.S. DOLLARS – COMMERCE PAR PRODUIT EN MILLIERS DE DOLLARS E.U

IMPORTS – IMPORTATIONS

COUNTRIES–PAYS	1988	1989	1990	1991	1992
Total	x1652716	1808770	2062453	2146344	2157881
Africa	x63664	x58977	x77020	x53715	x61316
Northern Africa	26487	23179	38542	x11159	x18102
Americas	x148605	x156560	x152406	x150527	x164061
LAIA	3713	6153	6402	10557	17418
CACM	754	934	1115	2157	x1967
Asia	x266919	x298331	x301621	x303867	x322794
Middle East	x90999	x82114	x52232	x52160	x46066
Europe	1076818	1160343	1456239	1459655	1519150
EEC	821123	892106	1120748	1167770	1256970
EFTA	247267	260278	324788	281850	251563
Oceania	x17473	x35236	x29634	x33842	x32503
Germany/Allemagne	174400	200591	247661	313636	387129
France, Monac	174994	205993	267671	248852	248132
United Kingdom	193515	176932	187719	143358	119156
Netherlands/Pays-Bas	118462	126408	152963	154815	161475
Switz.Liecht	105997	112306	144481	127442	105996
Japan/Japon	42988	104188	134011	132728	121578
Belgium–Luxembourg	69443	75985	112615	113181	125594
Former USSR/Anc. URSS	x49178	x69786	x28579	x112719	
Austria/Autriche	51959	55921	74735	73895	83535
USA/Etats-Unis d'Amer	x75502	69774	68522	64259	62904
Spain/Espagne	20753	28583	43014	77816	103482
Hong Kong	51945	34692	47773	44878	56224
Italy/Italie	22533	26364	39179	51750	42119
Canada	31654	42689	39131	33191	38640
Sweden/Suède	25460	26895	41143	35112	23710
Ireland/Irlande	19780	25410	37874	29153	27155
Norway, SVD, JM	42053	33925	30475	24228	23047
Finland/Finlande	19936	29130	32082	19255	12998
Saudi Arabia	30397	34241	x14859	x15815	x21245
China/Chine	37051	28209	15302	16700	11182
Singapore/Singapour	12408	20672	14944	20851	33453
Denmark/Danemark	22666	16596	19510	18791	17693
Libyan Arab Jamahiriya	22266	18667	27070	x6323	x13847
Australia/Australie	5589	12734	12780	12017	9360
Iraq	x14671	x17090	x7704	x3917	x923
Korea Republic	15982	6871	11308	9572	17352
Poland/Pologne	3970	6747	3122	x14912	x26534
United Arab Emirates	x18048	x5060	x11928	x6599	x7057
Portugal	3213	5494	7333	9789	13867
Martinique	5537	5650	8274	8501	5486
Reunion/Réunion	5897	7074	8557	6492	6953
Oman	8387	7244	5143	5574	x687
Turkey/Turquie	5290	3916	4373	8336	4204
Israel/Israël	2719	5059	7261	4173	7900
Czechoslovakia	x9080	1208	6104	x8926	x16427
Cameroon/Cameroun	x2195	1619	x6600	7522	x1595
Greece/Grèce	1365	3750	5208	6629	x11167
Hungary/Hongrie	x5542	x4154	x5609	5744	x10827
Bulgaria/Bulgarie	x9140	x12602	x1480	x1001	1468
Malaysia/Malaisie	1239	1483	6003	6357	x5322
New Caledonia	x1974	x2874	x5346	x5311	x4024
Yugoslavia SFR	4420	4352	3191	x4656	
Kuwait/Koweït	x4293	7029	x1916	x3223	x3969
French Polynesia	1336	x7473	x2204	x2432	x2089
Guadeloupe	1351	1424	4663	4884	5646
Mexico/Mexique	1037	2109	2924	5568	10554
Nigeria/Nigéria	x2251	x2719	x2478	x4831	x11662
French Guiana	1806	1656	3224	4970	4166
Algeria/Algérie	298	611	6637	2600	x1376
Guam	x1347	x1538	x2870	x5437	x7100

EXPORTS – EXPORTATIONS

COUNTRIES–PAYS	1988	1989	1990	1991	1992
Totale	1583875	1770426	2205178	2142020	2287457
Afrique	x2180	x6998	x5561	x5557	x9996
Afrique du Nord	351	3562	1583	962	832
Amériques	158320	182499	205030	210248	x213565
ALAI	11178	9975	8832	4662	5305
MCAC	578	216	156	71	x192
Asie	x161035	191955	223176	241574	x287578
Moyen–Orient	x25090	x24324	x23168	x15059	x12479
Europe	1235576	1363623	1744710	1652740	1738843
CEE	1030742	1129579	1470106	1396348	1458392
AELE	190250	211157	257030	251333	273228
Océanie	17920	17943	15860	x16262	x15566
Germany/Allemagne	401151	457759	581559	535848	557972
Netherlands/Pays-Bas	130174	155583	192969	191219	194958
USA/Etats-Unis d'Amer	110678	139345	148008	162101	162144
Italy/Italie	100605	104511	144686	143500	160063
United Kingdom	101480	90621	153429	143476	109324
Belgium–Luxembourg	111598	127699	135505	122687	121596
France, Monac	73648	83888	116038	112005	140296
Denmark/Danemark	82025	79698	111807	115929	134549
Austria/Autriche	54515	68828	93401	99656	112450
Thailand/Thaïlande	21027	52876	78709	85767	x89180
Switz.Liecht	64277	59120	72393	64588	81749
Sweden/Suède	54218	57327	62238	58061	54308
Canada	34085	30559	45499	40191	42035
Japan/Japon	34174	27486	27067	32752	26057
Korea Republic	42238	29103	27673	28983	26806
Ireland/Irlande	19654	19495	22052	16961	14220
Singapore/Singapour	10039	13733	19174	19353	23442
Indonesia/Indonésie	6130	19187	19353	12005	19840
Norway, SVD, JM	8373	10354	15535	19392	17100
Yugoslavia SFR	14505	22822	16542	x4929	
China/Chine	6502	10353	12981	17673	47327
Finland/Finlande	8817	15527	13461	9636	7622
Australia/Australie	11997	11252	12274	9622	9067
Hong Kong	12605	11081	9022	11531	13253
Spain/Espagne	9161	8675	9826	11640	19618
Hungary/Hongrie	x6124	x5323	x8043	x11078	x15570
Bahrain/Bahreïn	x8356	x8551	x6983	x4426	x268
New Zealand	5872	6285	3418	6535	6224
Malaysia/Malaisie	1924	3322	3999	6160	x7753
United Arab Emirates	x7865	x4825	x4363	x3696	x3836
Venezuela	344	5023	4458	1253	759
Turkey/Turquie	1540	3749	2617	3167	5388
So. Africa Customs Un	x1630	x2773	x2593	x2441	x4231
Oman	1537	1345	4664	530	
Kuwait/Koweït	x2765	3453	x1248	x1239	x2
Portugal	1003	1257	1789	2454	3396
Barbados/Barbade	1187	1505	1584	1936	x1488
Egypt/Egypte	121	3013	1064	888	320
Colombia/Colombie	3	404	2100	1705	2322
Mexico/Mexique	3546	1850	1218	802	847
Jordan/Jordanie	74	387	2214	769	1541
Israel/Israël	450	215	919	2009	18864
Saudi Arabia	2200	1340	x809	x900	x948
Brazil/Brésil	6295	1716	608	656	601
Czechoslovakia	x103	x128	x790	x1840	x4130
Poland/Pologne	x171	x495	x1147	x1085	x2197
Former USSR/Anc. URSS	x387	x593	x211	x1586	
Cameroon/Cameroun	x13	137	x13	1546	
Trinidad and Tobago	313	441	527	696	1325
Greece/Grèce	242	393	447	629	x2399

(VALUE AS % OF TOTAL) (VALEUR EN % DU TOTAL)

Imports %

	1983	1984	1985	1986	1987	1988	1989	1990	1991	1992
Africa	x7.8	10.5	10.5	x6.6	x6.5	3.9	x3.2	x3.8	x2.5	2.8
Northern Africa	5.8	7.1	6.6	2.8	3.6	1.6	1.3	1.9	x0.5	0.8
Americas	x3.1	4.0	x3.6	x7.4	x6.4	x9.0	8.6	7.4	x7.0	7.6
LAIA	0.4	0.6	0.4	x1.1	x0.7	0.2	0.3	0.3	0.5	0.8
CACM	x0.1	0.2	0.0	x0.0	x0.1	0.0	0.1	0.1	0.1	x0.1
Asia	x44.9	x36.6	x31.1	19.9	x14.9	x16.2	16.5	14.6	x14.2	15.0
Middle East	x36.1	x24.3	x20.3	x14.2	x7.1	x5.5	4.5	2.5	x2.4	2.1
Europe	43.6	47.8	53.9	65.0	65.1	64.2	70.6	68.0	70.4	
EEC	34.1	37.0	41.1	50.1	49.6	49.7	49.3	54.3	58.3	
EFTA	9.3	10.7	12.6	14.5	15.2	15.0	14.4	15.7	13.1	11.7
Oceania	x0.7	x1.0	x0.9	x1.2	x1.1	x1.1	x1.9	x1.4	x1.6	1.5
Germany/Allemagne	8.9	9.2	9.5	11.8	11.3	10.6	11.1	12.0	14.6	17.9
France, Monac	6.3	7.4	8.8	10.6	10.8	10.6	11.4	13.0	11.6	11.5
United Kingdom	7.7	8.4	8.5	10.4	10.6	10.6	9.8	9.1	6.7	5.5
Netherlands/Pays-Bas	4.6	5.6	6.7	8.2	7.3	7.2	7.0	7.4	7.2	7.5
Switz.Liecht	3.3	4.1	4.7	5.6	6.0	6.4	6.2	7.0	5.9	4.9
Japan/Japon	0.6	0.8	0.7	0.8	1.2	2.6	5.8	6.5	6.2	5.6
Belgium–Luxembourg	2.9	2.7	3.2	3.8	4.0	4.2	4.2	5.5	5.3	5.8
Former USSR/Anc. URSS					x4.7	x3.0	x3.9	x1.4	x5.3	
Austria/Autriche	2.3	2.3	2.6	3.0	3.2	3.1	3.1	3.6	3.4	3.9
USA/Etats-Unis d'Amer				x3.4	x3.3	x4.6	3.9	3.3	3.0	2.9

Exports %

	1983	1984	1985	1986	1987	1988	1989	1990	1991	1992
Afrique	0.1	x0.0	x0.0	x0.1	x0.1	0.1	0.4	0.2	0.2	x0.5
Afrique du Nord	0.0	x0.0	x0.0	0.0	0.0	0.0	0.2	0.1	0.0	0.0
Amériques	18.3	21.6	11.5	8.7	8.2	10.0	10.3	9.3	9.8	x9.3
ALAI	0.2	0.5	1.0	0.5	0.6	0.7	0.6	0.4	0.2	0.2
MCAC	x0.0	0.0	0.0	0.0	0.0	0.0	0.0	0.0	0.0	x0.1
Asie	x8.7	11.6	11.3	x9.4	x8.8	10.2	10.9	10.2	11.3	x12.6
Moyen–Orient	x1.2	x2.1	x2.4	x2.0	x2.4	x1.6	x1.4	x1.1	x0.7	x0.5
Europe	71.2	65.9	76.3	81.0	81.3	78.0	77.0	79.1	77.2	76.0
CEE	60.6	53.6	62.0	68.6	68.1	65.1	63.8	66.7	65.2	63.8
AELE	10.3	10.2	11.4	12.3	13.2	12.0	11.9	11.7	11.7	11.9
Océanie	1.7	0.9	0.9	0.7	x0.7	1.1	1.0	0.7	x0.8	x0.7
Germany/Allemagne	19.1	15.7	18.5	25.1	26.8	25.3	25.9	26.4	25.0	24.4
Netherlands/Pays-Bas	6.4	5.5	6.3	8.3	8.8	8.2	8.8	8.8	8.9	8.5
USA/Etats-Unis d'Amer	17.8	21.0	10.4	7.1	6.7	7.0	7.9	6.7	7.6	7.1
Italy/Italie	8.8	7.9	8.7	6.9	6.6	6.4	5.9	6.6	6.7	7.0
United Kingdom	7.6	6.6	7.9	7.3	7.0	6.4	5.1	7.0	6.7	4.8
Belgium–Luxembourg	7.2	6.7	8.2	9.1	8.3	7.0	7.2	6.1	5.7	5.3
France, Monac	6.7	6.2	6.3	5.2	4.4	4.6	4.7	5.3	5.2	6.1
Denmark/Danemark	2.8	3.1	3.7	4.7	4.7	5.2	4.5	5.1	5.4	5.9
Austria/Autriche	2.3	2.0	2.0	2.4	2.9	3.4	3.9	4.2	4.7	4.9
Thailand/Thaïlande	0.8	0.8	0.9	0.6	0.7	1.3	3.0	3.6	4.0	x3.9

6921 Metal Storage Tanks ETC

CUVES EN FONTE, FER, ALU 6921

TRADE BY COMMODITY IN THOUSAND U.S. DOLLARS – COMMERCE PAR PRODUIT EN MILLIERS DE DOLLARS E.U

COUNTRIES–PAYS	IMPORTS – IMPORTATIONS					COUNTRIES–PAYS	EXPORTS – EXPORTATIONS				
	1988	1989	1990	1991	1992		1988	1989	1990	1991	1992
Total	x667268	x824170	828148	x996309	x1057348	Totale	698416	795439	956226	1026183	1024140
Africa	x41401	x58443	x49405	x66685	x81372	Afrique	x1567	x1126	x1830	x17682	x4075
Northern Africa	18706	x35112	26352	x24042	x23907	Afrique du Nord	x126	92	x173	762	1241
Americas	77885	x100702	122984	121076	x130686	Amériques	94574	92791	90981	106560	110021
LAIA	16752	14343	22674	29996	56671	ALAI	7088	8177	11412	15862	21747
CACM	2910	2612	2386	1676	x2014	MCAC	739	259	335	308	x365
Asia	x103087	x175600	x141170	x169189	x277931	Asie	80082	108647	114110	123576	126047
Middle East	x44156	x77205	x51165	x77739	x91124	Moyen–Orient	x4202	x4759	x3107	x4032	x5651
Europe	320440	346835	464947	549801	527926	Europe	474223	565525	708869	737268	721382
EEC	233461	255216	356575	445979	426899	CEE	420950	496376	618708	659687	638165
EFTA	83958	85754	104456	98321	96051	AELE	48953	55197	82140	72021	78180
Oceania	x8179	x6870	x10219	x7518	x8612	Océanie	3031	2728	5044	4366	7085
Germany/Allemagne	48606	60530	85025	120320	141902	Germany/Allemagne	136708	154289	194968	203165	205869
Belgium–Luxembourg	34503	35321	75335	79466	56109	Italy/Italie	62638	81368	87178	103594	99690
Former USSR/Anc. URSS	x54359	x96091	x26792	x66223		France, Monac	51998	61183	95693	102430	94351
USA/Etats–Unis d'Amer	35980	55444	54557	48719	41578	United Kingdom	59064	68694	73995	65762	70786
Netherlands/Pays–Bas	44265	37041	54866	63156	67039	Netherlands/Pays–Bas	36964	52384	65727	67393	63540
France, Monac	31473	46335	46255	49044	47845	USA/Etats–Unis d'Amer	55664	54582	58318	63395	70695
United Kingdom	33503	31828	36654	57774	45269	Japan/Japon	39239	69029	51549	43642	44070
Switz.Liecht	31123	33738	39125	31720	29053	Belgium–Luxembourg	35085	32643	49851	50638	46428
Iran (Islamic Rp. of)	x9635	x38511	x18780	x44906	x39989	Canada	30407	29054	19942	25364	16624
Canada	12082	15757	32002	26787	19030	Austria/Autriche	10262	13237	28014	24972	31906
Sweden/Suède	17674	20809	21979	22083	18836	Denmark/Danemark	22116	18761	24774	22647	18963
Austria/Autriche	16792	17710	20916	23126	28285	Spain/Espagne	7605	19294	18241	25535	28551
Italy/Italie	12829	15448	14187	25554	21970	Korea Republic	17706	13344	18869	30338	55739
Spain/Espagne	10153	10265	20511	24394	25110	Switz.Liecht	11141	13823	19033	16656	15726
Indonesia/Indonésie	11564	14798	13813	22457	63087	Finland/Finlande	13106	14775	14857	11167	10657
Norway, SVD, JM	15228	10822	18306	17599	15857	Sweden/Suède	8703	9703	13054	12211	14093
Libyan Arab Jamahiriya	5926	16621	12969	x11801	x10091	Yugoslavia SFR	4238	13952	7950	x5486	
Mexico/Mexique	7306	8415	12059	17954	18735	Singapore/Singapour	7347	11230	6439	8367	7203
Saudi Arabia	6892	11116	x9711	x16812	x28941	Poland/Pologne	x3346	x2461	x8552	x13486	x26743
Korea Republic	8674	9018	18681	7974	14538	India/Inde	2314	x93	14780	7157	x632
Singapore/Singapour	4236	6637	7828	16345	21059	Ireland/Irlande	6430	4706	5080	10803	4847
Malaysia/Malaisie	9626	11827	7691	10095	x37600	Hungary/Hongrie	x6897	x4981	x6834	x7871	x10508
Hong Kong	4713	10884	13509	4587	7680	Czechoslovakia	x3760	x6243	x5107	x7774	x17125
China/Chine	2374	17914	7432	3506	8199	Norway, SVD, JM	5742	3659	7181	6958	5788
Bulgaria/Bulgarie	x49594	x26096	x749	x795	360	Bulgaria/Bulgarie	x3309	x2416	x12468	x1497	x422
Japan/Japon	3346	6603	5926	6794	8614	Cameroon/Cameroun	x34	224	x34	14992	
Thailand/Thaïlande	6006	7204	2842	9182	9445	Brazil/Brésil	951	4295	2696	7208	13098
Greece/Grèce	6522	6241	5528	7429	x3572	China/Chine	356	471	4527	9067	4679
Ireland/Irlande	5222	3840	7748	6484	6135	Portugal	2202	2594	2907	7595	5032
Denmark/Danemark	4833	4773	5499	6341	6978	Mexico/Mexique	2439	2891	3698	4748	5006
Nigeria/Nigéria	x3428	x2263	x3942	x10080	x16136	Malaysia/Malaisie	3157	2895	3778	4477	x2799
Iraq	x4262	x8423	x6550	x541	x169	Hong Kong	2584	3427	2610	4497	2893
Portugal	1551	3596	4968	6016	4971	Former USSR/Anc. URSS	x10311	x2084	x1197	x5457	
Algeria/Algérie	3361	6342	4256	3890	x8241	Indonesia/Indonésie	807	848	1171	6547	1193
Czechoslovakia	x1337	4238	6652	x2785	x12974	Australia/Australie	1568	1550	3493	2911	3125
Syrian Arab Republic	5496	7680	4437	x1245	x107	Israel/Israël	625	1127	3768	2919	350
Cameroon/Cameroun	x1944	3857	x2758	6137	x115	Former GDR	x16936	x5580	x725		
Hungary/Hongrie	x5322	x4439	x2657	5140	x3324	Argentina/Argentine	3165	697	799	3236	891
United Arab Emirates	x4162	x3009	x2218	x6307	x6410	Venezuela	17	41	4016	251	47
Egypt/Egypte	5893	3654	3642	4216	1217	New Zealand	1407	987	1470	1004	3823
Israel/Israël	4746	5377	2323	2898	4377	Thailand/Thaïlande	729	594	1426	1228	x311
So. Africa Customs Un	218	1729	735	x7785	x2473	Philippines	911	x719	1617	670	243
Sudan/Soudan	x2549	x7624	x2101	x457	x578	Oman	769	716	850	1357	
Yugoslavia SFR	1759	3861	3012	x3276		Turkey/Turquie	385	502	1352	1024	3953
Papua New Guinea	1192	2014	3074	x3702	x758	Saudi Arabia	1297	1966	x85	x733	x698
Finland/Finlande	2514	1925	3850	2525	3557	United Arab Emirates	x1325	x987	x635	x753	x946
Australia/Australie	2109	3121	2524	1803	5478	So. Africa Customs Un	x99	x295	x446	x1415	x2374
Philippines	674	x1623	1951	3301	1496	Romania/Roumanie	x380	x856	x511	645	x732
Poland/Pologne	x962	x1045	x1129	x4412	x12181	Trinidad and Tobago			337	341	183
Paraguay	974	507	3225	2681	2752	Dominican Republic			x5	x903	x136

(VALUE AS % OF TOTAL)(VALEUR EN % DU TOTAL)

	1983	1984	1985	1986	1987	1988	1989	1990	1991	1992		1983	1984	1985	1986	1987	1988	1989	1990	1991	1992
Africa	x16.0	x22.3	13.6	x13.1	x8.2	6.2	x7.1	6.0	6.7	7.7	Afrique	0.2	0.4	0.3	0.5	0.2	0.2	0.1	x0.1	1.7	x0.4
Northern Africa	x11.8	x15.8	6.2	x6.2	4.3	2.8	x4.3	3.2	x2.4	x2.3	Afrique du Nord	0.0	0.0	0.0	0.0	x0.1	x0.0	0.0	0.0	0.1	0.1
Americas	x7.6	10.2	x12.4	14.1	x14.8	11.7	x12.2	14.9	12.2	x12.3	Amériques	7.1	8.7	12.2	x11.8	x11.9	13.5	11.7	9.5	10.3	10.7
LAIA	3.3	4.0	2.0	x2.9	x4.2	2.5	1.7	2.7	3.0	5.4	ALAI	0.2	0.5	1.1	x0.7	x0.4	1.0	1.0	1.2	1.5	2.1
CACM	x1.0	0.2		x0.2	x0.5	0.4	0.3	0.3	0.2	x0.2	MCAC	x0.0	0.0		0.0	0.1	0.1	0.0	0.0	0.0	x0.0
Asia	x55.7	x38.9	x40.2	26.7	x16.4	15.4	x21.4	17.1	17.0	x26.3	Asie	16.0	15.4	23.0	20.5	10.8	11.5	13.6	11.9	12.0	12.3
Middle East	x45.9	x26.8	x25.3	15.3	x5.9	6.6	x9.4	6.2	x7.8	8.6	Moyen–Orient	x0.6	x0.4	x1.9	x0.4	x0.4	x0.6	x0.3	x0.4	x0.4	x0.6
Europe	19.3	27.5	33.0	45.4	44.5	48.0	42.1	56.1	55.2	49.9	Europe	76.7	75.2	64.2	66.8	62.4	67.9	71.1	74.1	71.8	70.4
EEC	15.0	20.1	22.9	31.8	32.0	35.0	31.0	43.1	44.8	40.4	CEE	71.9	70.0	56.4	58.3	53.3	60.3	62.4	64.7	64.3	62.3
EFTA	4.4	6.9	9.7	13.4	12.1	12.6	10.4	12.6	9.9	9.1	AELE	4.8	4.1	7.1	8.4	8.9	7.0	6.9	8.6	7.0	7.6
Oceania	x1.2	x1.1	x0.5	x0.7	x1.2	x1.2	x0.8	x1.2	x0.7	0.9	Océanie	x0.2	0.2	0.3	x0.4	0.2	0.4	0.3	0.5	0.4	0.7
Germany/Allemagne	3.6	4.0	4.8	6.7	6.5	7.3	7.3	10.3	12.1	13.4	Germany/Allemagne	6.8	7.7	14.7	18.0	16.6	19.6	19.4	20.4	19.8	20.1
Belgium–Luxembourg	1.7	1.9	3.2	4.3	3.4	5.2	4.3	9.1	8.0	5.3	Italy/Italie	47.1	40.9	10.0	10.4	6.6	7.4	7.7	10.0	10.0	9.7
Former USSR/Anc. URSS					x8.6	x8.1	x11.7	x3.2	x6.6		France, Monac	6.3	7.5	10.1	8.6	6.2	6.7	6.4	9.3	10.0	9.2
USA/Etats–Unis d'Amer	0.7	2.2	5.1	6.4	4.3	5.4	6.7	6.6	4.9	3.9	United Kingdom	5.2	7.1	8.5	7.7	6.5	8.5	8.6	7.7	6.4	6.2
Netherlands/Pays–Bas	1.7	3.9	5.9	5.4	6.2	6.6	4.5	6.6	6.3	6.3	Netherlands/Pays–Bas	2.9	2.6	5.0	5.9	5.6	5.3	6.6	6.9	6.5	6.9
France, Monac	1.4	2.2	3.9	5.4	5.2	4.7	5.6	5.6	4.9	4.5	USA/Etats–Unis d'Amer	6.8	8.2	10.6	9.3	9.2	8.0	6.9	8.7	5.4	4.3
United Kingdom	1.5	2.6	3.3	4.0	5.3	5.0	3.9	4.4	5.8	4.3	Japan/Japon	9.1	10.9	12.7	13.8	6.3	5.6	8.7	5.4	4.3	4.3
Switz.Liecht	1.7	3.2	3.2	3.5	4.3	4.7	4.1	4.7	3.2	2.7	Belgium–Luxembourg	1.0	1.1	3.2		3.0	5.0	4.1	5.2	4.9	4.5
Iran (Islamic Rp. of)	x2.2	x5.2	x1.7	x3.7	x0.6	x1.4	x4.7	x2.3	x4.5	x3.8	Canada				x1.7	x2.2	4.4	3.7	2.1	2.5	1.6
Canada	1.8	3.0	4.4	3.3	3.4	1.8	1.9	3.9	2.7	1.8	Austria/Autriche	1.7	1.4	1.9	2.2	2.3	1.5	1.7	2.9	2.4	3.1

577

69211 STEEL STORAGE TANKS ETC / CUVES EN FONTE FER OU ACIER 69211

TRADE BY COMMODITY IN THOUSAND U.S. DOLLARS – COMMERCE PAR PRODUIT EN MILLIERS DE DOLLARS E.U

COUNTRIES–PAYS	1988 (IMP)	1989	1990	1991	1992	COUNTRIES–PAYS	1988 (EXP)	1989	1990	1991	1992
Total	x615323	x753692	743559	x913636	x972312	Totale	630361	722388	863303	944090	933609
Africa	x38879	x44370	40322	x65206	x73652	Afrique	x1509	x1123	x1825	x17649	x4039
Northern Africa	x17104	x23059	x20056	x23997	x23019	Afrique du Nord	x126	92	x173	753	1237
Americas	75014	x91363	115424	114439	x124612	Amériques	x73089	80697	78909	95414	94060
LAIA	16366	13971	20177	28873	55523	ALAI	6959	8037	8468	15787	19101
CACM	2873	2534	2342	1439	x1932	MCAC	739	226	335	301	x353
Asia	x96122	x172615	x125530	x161910	x260243	Asie	78049	106227	112509	121336	124613
Middle East	x42373	x79169	x43885	x79941	x87399	Moyen–Orient	x2912	x3789	x2608	x2529	x4928
Europe	283232	308112	415904	487437	475704	Europe	431347	507516	631921	669612	648787
EEC	202415	221925	313744	390528	381066	CEE	381354	440725	546352	594942	569088
EFTA	77964	80516	98352	91656	89739	AELE	45695	52844	77572	69541	74835
Oceania	x7500	x6124	x9841	x7277	x8195	Océanie	2751	2495	2942	4017	6835
Germany/Allemagne	39312	50346	73332	103567	128139	Germany/Allemagne	115666	132637	165377	180311	180992
Former USSR/Anc. URSS	x53836	x92766	x24728	x62315		Italy/Italie	60420	76992	81581	99549	95371
Belgium–Luxembourg	31121	31468	68171	74121	49417	France, Monac	50548	59306	93187	101113	90055
USA/Etats–Unis d'Amer	35980	46783	50919	44528	37210	United Kingdom	54045	59217	64553	58276	63971
Netherlands/Pays–Bas	37950	33842	49257	58987	60464	Japan/Japon	38943	68001	50938	43618	43982
United Kingdom	29252	27672	34861	51678	41156	USA/Etats–Unis d'Amer	x36040	46546	50920	54163	58325
France, Monac	28245	37895	34195	37838	39269	Netherlands/Pays–Bas	28990	40712	48716	55721	44714
Switz.Liecht	30281	32424	38031	30019	27416	Belgium–Luxembourg	34032	27837	43268	35079	38408
Iran (Islamic Rp. of)	x9559	x37387	x18131	x44885	x39813	Canada	28692	25170	18214	23532	15695
Canada	11458	15599	30980	26646	18998	Austria/Autriche	9974	13012	25775	24000	30204
Sweden/Suède	16033	20217	20389	21618	17927	Denmark/Danemark	21635	17824	23396	21358	17734
Austria/Autriche	15062	15174	18678	20779	25385	Korea Republic	17629	13328	18652	30226	55671
Italy/Italie	10386	13662	12879	22393	20747	Spain/Espagne	7435	18676	18182	25111	27977
Spain/Espagne	9222	9396	19180	19444	22370	Switz.Liecht	10781	13472	18086	16198	15243
Indonesia/Indonésie	11160	14621	13550	18543	61704	Finland/Finlande	11901	13797	14698	11072	10475
Norway, SVD,JM	14305	10139	17198	15541	15075	Sweden/Suède	8660	9123	11983	11739	13332
Mexico/Mexique	7077	8284	9623	17679	18122	Yugoslavia SFR	4217	13948	7948	x5116	
Saudi Arabia	6892	10570	6323	x16443	x25773	Singapore/Singapour	7333	10998	6305	8117	7059
Singapore/Singapour	4139	6264	7332	16041	20499	Poland/Pologne	x3346	x2455	x8511	x13232	x26620
Hong Kong	4673	10818	13487	4449	6796	India/Inde	2255	x69	14737	7055	x626
China/Chine	2374	17804	7428	3496	7953	Ireland/Irlande	6293	4507	4890	10715	4740
Malaysia/Malaisie	9509	11630	7276	8665	x36454	Hungary/Hongrie	x6071	x4839	x6690	x7681	x10406
Bulgaria/Bulgarie	x49572	x26083	x749	x713	360	Czechoslovakia	x3760	x6147	x5107	x7753	x17112
Korea Republic	5537	6964	12685	7452	11069	Norway, SVD,JM	4379	3440	7029	6473	5571
Libyan Arab Jamahiriya	x4510	x4578	x6794	x11776	x10083	Bulgaria/Bulgarie	x3309	x2416	x12468	x1497	x409
Greece/Grèce	6322	6136	5485	7392	x3077	Cameroon/Cameroun	x34	224	x34	14992	
Thailand/Thaïlande	5628	6330	2635	9152	6374	Brazil/Brésil	951	4294	2696	7208	13040
Ireland/Irlande	5027	3677	7329	6182	5592	China/Chine	341	466	4527	9007	4462
Japan/Japon	3038	5717	5387	4347	8271	Portugal	2168	2562	2907	7595	5028
Algeria/Algérie	3361	6342	4208	3890	x7468	Mexico/Mexique	2310	2802	3613	4684	2417
Nigeria/Nigéria	x3303	x2261	x2347	x9698	x10505	Malaysia/Malaisie	3134	2864	3744	4416	x2794
Iraq	x4258	x8326	x5282	x540	x168	Hong Kong	2554	3416	2585	4462	2777
Denmark/Danemark	4031	4251	4303	5055	5917	Former USSR/Anc. URSS	x10311	x2036	x1186	x5315	
Syrian Arab Republic	5496	7615	4437	x1215	x65	Indonesia/Indonésie	807	754	1162	6535	1176
Czechoslovakia	x854	3795	6576	x2580	x12822	Israel/Israël	621	1124	3766	2903	350
Cameroon/Cameroun	x1841	3857	x2758	6137	x113	Former GDR	x16440	x5580	x725		
Portugal	1546	3581	4772	3873	4917	Australia/Australie	1409	1398	1480	2713	2928
Egypt/Egypte	5893	3654	3639	4216	1161	Argentina/Argentine	3165	676	799	3236	891
Hungary/Hongrie	x4652	x4017	x1995	5074	x2834	Thailand/Thaïlande	600	592	1418	1199	x311
United Arab Emirates	x3775	x2854	x1992	x5409	x5300	New Zealand	1286	905	1404	859	3794
Israel/Israël	4099	5362	2233	2618	4135	Philippines	863	x716	1611	670	243
Sudan/Soudan	x2367	x7620	x2089	x448	x560	Turkey/Turquie	385	481	1344	1012	3931
Yugoslavia SFR	1705	3692	3009	x3150		Saudi Arabia	1248	1845	x3	x334	x269
Qatar	x1156	x3681	x457	x5328	2165	So. Africa Customs Un	x97	x295	x446	x1390	x2350
Papua New Guinea	1028	1884	3055	x3596	x690	Oman	650	700	765	494	
Finland/Finlande	1706	1865	3810	2447	3500	Romania/Roumanie	x380	x856	x511	584	x728
So. Africa Customs Un	175	172	219	x7253	x2329	Venezuela	17	41	1158	251	47
Australia/Australie	1791	2629	2377	1753	5450	United Arab Emirates	x227	x498	x317	x536	x676
Philippines	655	x1572	1843	3288	1399	Trinidad and Tobago	164	392	337	341	182
Paraguay	974	507	3225	2681	2752	Dominican Republic			x5	x903	x136

(VALUE AS % OF TOTAL) (VALEUR EN % DU TOTAL)

	1983	1984	1985	1986	1987	1988	1989	1990	1991	1992		1983	1984	1985	1986	1987	1988	1989	1990	1991	1992
Africa	x16.3	x22.8	14.1	x13.6	8.4	x6.3	5.9	5.4	x7.1	x7.5	Afrique	0.2	0.5	0.3	x0.5	0.3	x0.2	x0.1	0.3	x1.8	x0.5
Northern Africa	x12.0	x16.2	6.4	6.5	4.5	x2.8	x3.1	x2.7	2.6	x2.4	Afrique du Nord	0.0	0.4	0.0	x0.1	x0.0	x0.0	0.0	x0.0	0.1	0.1
Americas	x7.7	x10.2	x12.8	x13.7	x13.5	12.2	x12.1	15.5	12.5	x12.8	Amériques	x7.0	x8.6	x12.6	x12.0	x11.9	x11.6	11.1	9.1	10.1	10.0
LAIA	3.4	4.0	2.0	x2.2	x3.2	2.7	1.9	2.7	3.2	5.7	ALAI	0.3	0.4	1.1	x0.7	x1.1	1.1	1.1	1.0	1.7	2.0
CACM	x1.0	0.1		x0.2	0.3	0.5	0.3	0.3	0.2	x0.2	MCAC	x0.0	0.0		0.1	0.1	0.0	0.0	0.0	0.0	0.0
Asia	x55.7	x39.4	x40.2	x27.8	x16.6	15.7	x22.9	x16.9	x17.8	26.8	Asie	16.0	15.2	x22.7	21.1	11.2	12.4	14.7	13.0	12.8	13.3
Middle East	x45.9	x27.3	x24.9	x4.2	x6.0	x6.9	x10.5	5.9	x8.7	x9.0	Moyen–Orient	x0.6	x0.4	x1.4	x0.2	x0.3	x0.5	x0.5	x0.3	x0.3	x0.5
Europe	19.1	26.5	32.3	44.2	42.5	46.0	40.9	55.9	53.4	48.9	Europe	76.6	75.4	64.0	66.0	61.1	68.4	70.3	73.2	70.9	69.5
EEC	14.8	19.4	22.3	31.0	30.2	32.9	29.4	42.2	42.7	39.2	CEE	71.7	70.2	56.1	57.4	52.2	60.5	61.0	63.3	63.0	61.0
EFTA	4.3	6.7	9.7	13.0	11.8	12.7	10.7	13.2	10.0	9.2	AELE	4.8	4.1	7.1	8.5	8.7	7.2	7.3	9.0	7.4	8.0
Oceania	x1.3	x1.1	x0.6	0.7	x1.2	1.3	x0.8	x1.3	x0.8	0.8	Océanie	x0.2	0.2	0.3	x0.4	0.2	0.4	0.3	0.3	0.4	0.7
Germany/Allemagne	3.5	3.7	4.8	6.5	6.2	6.4	6.7	9.9	11.3	13.2	Germany/Allemagne	6.4	7.2	14.3	17.4	15.6	18.3	18.4	19.2	19.1	19.4
Former USSR/Anc. URSS					x9.0	x8.7	x12.3	x3.3	x6.8		Italy/Italie	48.1	42.0	11.4	10.7	10.7	9.6	10.7	9.4	10.5	10.2
Belgium–Luxembourg	1.7	1.9	3.0	4.4	3.3	5.1	4.2	9.2	8.1	5.1	France, Monac	6.4	7.6	10.4	8.5	8.9	8.0	8.2	10.8	10.7	9.6
USA/Etats–Unis d'Amer	0.8	2.3	5.3	6.4	4.5	5.8	6.2	6.8	4.9	3.8	United Kingdom	5.1	7.0	8.4	7.7	6.5	8.6	8.2	7.5	6.2	6.9
Netherlands/Pays–Bas	1.7	3.8	3.7	5.2	5.8	6.2	4.5	6.6	6.5	6.2	Japan/Japon	9.4	11.2	13.4	14.4	6.6	6.2	9.4	5.9	4.6	4.7
United Kingdom	1.5	2.4	3.3	3.9	4.9	4.6	3.7	4.7	5.7	4.2	USA/Etats–Unis d'Amer	x6.7	x8.1	x11.0	x9.4	x9.1	x5.7	6.4	5.9	5.7	6.2
France, Monac	1.4	2.1	3.8	5.2	5.0	4.6	5.0	4.6	4.1	4.0	Netherlands/Pays–Bas	2.0	2.1	4.1	5.4	4.7	4.6	5.6	5.6	5.9	4.8
Switz.Liecht	1.7	3.2	3.2	5.4	4.3	4.9	4.3	5.1	3.3	2.8	Belgium–Luxembourg	1.0	1.0	3.3	2.1	3.3	5.4	3.9	5.0	3.7	4.1
Iran (Islamic Rp. of)	x2.2	x5.3	x1.8	x3.9	x0.6	x1.6	x5.0	x2.4	x4.9	4.1	Canada				x1.8	x2.3	4.6	3.5	2.1	2.5	1.7
Canada	x1.7	x3.0	x4.5	x3.3	x3.4	1.9	2.1	4.2	2.9	2.0	Austria/Autriche	1.8	1.4	1.9	2.3	2.3	1.6	1.8	3.0	2.5	3.2

6924 MTL TRANSPORT BOXES ETC / FUTS,TAMBOURS,BIDONS 6924

TRADE BY COMMODITY IN THOUSAND U.S. DOLLARS – COMMERCE PAR PRODUIT EN MILLIERS DE DOLLARS E.U

IMPORTS – IMPORTATIONS

COUNTRIES–PAYS	1988	1989	1990	1991	1992
Total	3012381	3192274	3668972	4120443	4378159
Africa	x121083	x146348	x179447	x168159	x173124
Northern Africa	58118	86349	109859	x107517	x82263
Americas	449869	503406	505528	572399	x683380
LAIA	53391	79774	93307	115521	139108
CACM	13834	17506	17997	20294	x27735
Asia	x478276	x481740	466268	x595763	x646063
Middle East	x127174	x139955	x106798	x163704	x148375
Europe	1757491	1846960	2387051	2574324	2696011
EEC	1511703	1584971	2042478	2230087	2344965
EFTA	231544	244750	320947	322520	321958
Oceania	x53026	x80572	x80571	x97560	x88507
Netherlands/Pays–Bas	323261	351646	434613	471283	516103
Germany/Allemagne	216828	230073	340254	481485	496937
France,Monac	218884	241553	326307	313039	338522
United Kingdom	251056	241067	242817	255671	279274
Belgium–Luxembourg	169068	183982	244424	225554	241596
USA/Etats–Unis d'Amer	245710	228272	218676	205516	244433
Canada	100314	132237	123288	171940	223277
Austria/Autriche	67523	78736	112342	121606	124050
Spain/Espagne	68903	80591	105115	111420	117406
Denmark/Danemark	73473	70527	92695	120133	110743
Italy/Italie	84145	78618	94150	97831	83399
Switz.Liecht	51525	54888	75560	72257	74285
Ireland/Irlande	55223	50514	69696	65253	64754
Sweden/Suède	49025	47243	57780	56542	54912
Korea Republic	32788	41124	53835	61225	60191
Japan/Japon	35056	45240	45461	61393	59155
Singapore/Singapour	19530	37848	52565	56715	55574
China/Chine	88645	62030	34733	40716	75369
Former USSR/Anc. URSS	x74895	x60052	x18801	x47294	
Malaysia/Malaisie	17291	27646	41114	51859	x33039
Greece/Grèce	24317	22986	50772	45284	x43893
Portugal	26546	33414	41637	43134	52338
Libyan Arab Jamahiriya	33263	37867	40306	x37158	x36367
Norway,SVD,JM	31044	32031	39339	40598	41040
Mexico/Mexique	17799	36641	36479	34885	45865
Hong Kong	79981	35635	31678	39314	62159
Australia/Australie	24391	31735	27970	35317	36272
Algeria/Algérie	8651	27396	30616	24332	x7903
Finland/Finlande	23370	25626	30158	25593	22747
Thailand/Thaïlande	23968	31522	20549	27045	34556
Indonesia/Indonésie	8927	12600	27082	34076	42571
New Zealand	13726	19223	23815	27572	18806
Chile/Chili	13996	19391	22310	27676	x9484
Oman	8686	38976	11627	16932	x1420
Hungary/Hongrie	x9597	x13064	x12083	28301	x24740
Israel/Israël	13802	13611	17592	18528	22244
Egypt/Egypte	6375	9243	14390	25322	13339
Saudi Arabia	9007	10090	x8470	x28670	x19046
Turkey/Turquie	6133	7904	9125	28074	38110
Yugoslavia SFR	8006	11281	17421	x14417	
United Arab Emirates	x16141	x8685	x8051	x24434	x26992
Morocco/Maroc	5882	7539	18136	14560	16565
Philippines	6958	x10304	12596	16443	12384
Czechoslovakia	x10191	22523	8323	x6566	x23253
Iran (Islamic Rp. of)	x6537	x5496	x13519	x18229	x11806
Cyprus/Chypre	7395	9381	12396	14437	14946
Argentina/Argentine	5603	7586	12055	16110	26823
Bulgaria/Bulgarie	x25456	x24335	x4094	x4663	3031
Poland/Pologne	x4029	x4507	x3312	x24430	x35397
Jordan/Jordanie	17001	9276	14528	5287	7988

EXPORTS – EXPORTATIONS

COUNTRIES–PAYS	1988	1989	1990	1991	1992
Totale	2988433	3184483	3786330	4176177	4500066
Afrique	x10390	x11098	x15899	x13579	x13875
Afrique du Nord	x1541	3529	2726	3660	x5482
Amériques	418229	445058	518715	648282	x818863
ALAI	62532	75870	78982	81481	95697
MCAC	8912	8212	10441	11549	x11415
Asie	319281	360768	307909	370085	x405149
Moyen–Orient	x67611	x96321	x50039	x38235	x39523
Europe	2097513	2270879	2846468	3016085	3165007
CEE	1816786	1975945	2501361	2682968	2830705
AELE	257776	277974	328483	319596	313904
Océanie	x39630	x36364	48648	63190	46661
Germany/Allemagne	515603	606630	707787	721047	819062
United Kingdom	245325	242057	385347	477243	444318
USA/Etats–Unis d'Amer	268164	273146	353560	457114	587868
Belgium–Luxembourg	302182	293425	362472	359354	374235
France,Monac	249892	264338	324100	365797	414029
Italy/Italie	197636	224984	274811	317879	326604
Netherlands/Pays–Bas	139946	134352	177574	202854	203754
Sweden/Suède	83480	91986	115380	124394	102549
Austria/Autriche	62094	69564	91066	88422	102270
Spain/Espagne	54221	71358	90892	82440	84762
Denmark/Danemark	66599	74074	98895	67891	70617
Canada	74765	81591	66942	88363	102798
Hong Kong	91306	72067	47929	75579	84648
Switz.Liecht	65994	62368	68079	54951	59542
Japan/Japon	46457	49207	48043	55855	53526
Singapore/Singapour	30345	32682	35883	51925	43161
Australia/Australie	29642	27464	38978	52256	37216
Norway,SVD,JM	34247	37924	35787	33615	29201
Korea Republic	31807	36450	31137	39020	54899
Portugal	22964	25315	35948	32764	46681
Thailand/Thaïlande	17714	26562	28402	35778	x33031
Mexico/Mexique	32985	27144	26674	29529	26686
Saudi Arabia	33298	50219	x18209	x7653	x9316
Malaysia/Malaisie	15559	21784	25709	28303	x27968
Greece/Grèce	7112	20541	20133	32204	x22407
Ireland/Irlande	15307	18882	23401	23495	24236
Brazil/Brésil	14960	19967	16380	24162	33668
United Arab Emirates	x7457	x31293	x10827	x15184	x18286
Finland/Finlande	11883	16132	18169	18215	20135
Hungary/Hongrie	x11663	x13283	x16118	x20853	x22069
China/Chine	4242	10620	18540	19568	37224
Yugoslavia SFR	22921	16794	16435	x13086	
Venezuela	6428	15141	18454	9953	15691
Former USSR/Anc. URSS	x6579	x8901	x9959	x14249	
Czechoslovakia	x7053	x8452	x9380	x12263	x12552
Poland/Pologne	x6768	x7905	x6766	x15293	x14924
Indonesia/Indonésie	2548	4979	8453	10137	22457
New Zealand	5181	6539	6667	8727	7857
Turkey/Turquie	13907	6446	8288	7067	7401
Costa Rica	4254	5541	6309	7699	x6510
Former GDR	x24251	x13090	x2029		
Ecuador/Equateur	1372	4501	4998	4771	7218
Chile/Chili	1587	4215	4913	4263	x3546
India/Inde	5361	x1350	4593	6844	x2556
Bulgaria/Bulgarie	x45652	x7820	x4000	x691	x416
Argentina/Argentine	3045	2574	4358	5327	6080
So. Africa Customs Un	x6702	x2191	x4122	x5738	x4982
Barbados/Barbade	1346	2769	3228	5108	x9015
Guatemala	4185	2064	3776	3452	2990
Kuwait/Koweït	x4652	3159	x5214	x393	x846

(VALUE AS % OF TOTAL)(VALEUR EN % DU TOTAL)

	1983	1984	1985	1986	1987	1988	1989	1990	1991	1992
Africa	x7.2	x7.1	x6.8	x6.1	x4.6	x4.1	x4.6	x4.9	x4.1	x3.9
Northern Africa	x4.2	x4.1	4.0	x3.2	x2.0	1.9	2.7	3.0	x2.6	1.9
Americas	14.1	22.5	21.6	x18.1	x15.7	14.9	15.8	13.8	13.9	x15.6
LAIA	1.7	3.6	2.0	x1.8	x1.9	1.8	2.5	2.5	2.8	3.2
CACM	x0.2	0.5	0.2	0.4	0.6	0.5	0.5	0.5	0.5	x0.6
Asia	x20.7	x17.1	15.9	x12.3	x12.8	15.9	15.0	12.7	x14.4	14.8
Middle East	x10.1	x9.2	x7.2	x5.3	x3.6	x4.2	x4.4	x2.9	x4.0	3.4
Europe	55.7	51.8	54.0	61.7	61.3	58.3	57.9	65.1	62.5	61.6
EEC	48.1	44.5	46.5	52.9	52.2	50.2	49.7	55.7	54.1	53.6
EFTA	7.6	6.8	6.9	8.4	8.6	7.7	7.7	8.7	7.8	7.4
Oceania	2.3	x1.6	x1.8	x1.7	x1.6	x1.8	x2.5	x2.2	x2.3	x2.1
Netherlands/Pays–Bas	12.4	11.5	11.7	12.6	12.1	10.7	11.0	11.8	11.7	11.4
Germany/Allemagne	8.1	6.9	7.3	7.9	7.3	7.2	7.2	9.3	11.7	11.4
France,Monac	6.2	6.1	6.5	7.5	7.4	7.3	7.6	8.9	7.6	7.7
United Kingdom	5.7	6.3	6.2	7.5	8.1	8.3	7.6	6.6	6.2	6.4
Belgium–Luxembourg	5.4	4.4	4.9	5.6	5.5	5.6	5.8	6.7	5.5	5.5
USA/Etats–Unis d'Amer	5.7	10.0	11.5	8.5	7.6	8.2	7.2	6.0	5.0	5.6
Canada	3.9	5.3	5.3	5.1	3.7	3.3	4.1	3.4	4.2	5.1
Austria/Autriche	2.7	2.1	2.1	2.3	2.3	2.2	2.5	3.1	3.0	2.8
Spain/Espagne	0.7	0.9	1.3	2.0	2.5	2.3	2.5	2.9	2.7	2.7
Denmark/Danemark	2.6	2.6	2.6	3.0	2.7	2.4	2.2	2.5	2.9	2.5

	1983	1984	1985	1986	1987	1988	1989	1990	1991	1992
Afrique	1.8	0.9	0.5	x0.6	0.6	x0.3	x0.4	0.4	x0.3	x0.3
Afrique du Nord	1.3	0.7	x0.0	0.0	0.0	x0.1	0.1	0.1	0.1	x0.1
Amériques	x13.3	16.9	16.9	x14.7	x12.8	14.0	13.9	13.7	15.6	x18.1
ALAI	x0.3	3.4	4.2	x2.8	x2.6	2.1	2.4	2.1	2.0	2.1
MCAC	x0.2	x0.1	0.1	x0.3	0.3	0.3	0.3	0.3	0.3	0.3
Asie	x10.9	9.3	10.0	8.7	x8.9	10.7	11.3	8.2	8.9	x9.0
Moyen–Orient	x1.4	x2.0	x2.1	x1.1	x1.7	x2.3	x3.0	x1.3	x0.9	x0.9
Europe	73.3	72.2	72.1	75.5	74.1	70.2	71.3	75.2	72.2	70.3
CEE	64.3	61.6	62.3	65.7	64.8	60.8	62.0	66.1	64.2	62.9
AELE	9.1	9.6	9.0	9.5	9.1	8.6	8.7	8.7	7.7	7.0
Océanie	0.6	0.7	0.5	0.5	0.5	x1.4	x1.2	1.3	1.6	1.0
Germany/Allemagne	16.4	15.3	16.0	17.9	18.3	17.3	19.0	18.7	17.3	18.2
United Kingdom	8.0	8.2	8.6	8.9	9.3	8.2	7.6	10.2	11.4	9.9
USA/Etats–Unis d'Amer	10.8	10.9	9.4	8.5	7.3	9.0	8.6	9.3	10.9	13.1
Belgium–Luxembourg	11.5	10.9	10.7	11.4	11.6	10.1	9.2	9.6	8.6	8.3
France,Monac	8.7	8.8	8.9	9.4	8.5	8.4	8.3	8.6	8.8	9.2
Italy/Italie	7.5	7.0	6.8	7.2	6.9	6.6	7.1	7.3	7.6	7.3
Netherlands/Pays–Bas	5.9	5.7	5.2	4.9	4.8	4.7	4.2	4.7	4.9	4.5
Sweden/Suède	3.2	3.2	2.8	3.1	2.8	2.8	2.9	3.0	3.0	2.3
Austria/Autriche	2.2	2.2	2.4	2.4	2.3	2.1	2.2	2.4	2.1	2.3
Spain/Espagne	1.9	1.8	2.1	2.2	2.5	1.8	2.2	2.4	2.0	1.9

69241 STL TRANSPORT BOXES ETC / FUTS,TAMBOURS,BIDONS FER 69241

TRADE BY COMMODITY IN THOUSAND U.S. DOLLARS – COMMERCE PAR PRODUIT EN MILLIERS DE DOLLARS E.U

COUNTRIES–PAYS	1988	1989	1990	1991	1992	COUNTRIES–PAYS	1988	1989	1990	1991	1992
Total	1349937	1562845	1812560	1991731	2190724	Totale	1446402	1473888	1851489	2015235	2254520
Africa	x59334	x78987	x100600	x64919	x80634	Afrique	x7014	x4630	x8753	x5142	x5768
Northern Africa	33434	50894	64518	x38067	x43481	Afrique du Nord	x108	x270	1119	1721	x1106
Americas	116914	258188	237311	286798	x380162	Amériques	186396	182108	212448	285743	x402963
LAIA	14715	20551	27081	33504	x51340	ALAI	27613	30375	26960	27506	38483
CACM	6471	7848	8109	8271	x10605	MCAC	6228	5955	7260	7511	x7698
Asia	x139559	x145008	156112	x181253	x225232	Asie	115840	120223	123213	142871	x173172
Middle East	x54840	x39693	x31198	x40145	x44934	Moyen–Orient	25325	x18060	x14294	x8742	x7144
Europe	938302	986004	1261583	1346618	1415632	Europe	1095968	1142953	1476145	1541502	1644868
EEC	822332	860910	1100689	1189496	1253413	CEE	1028691	1067363	1379242	1442587	1541655
EFTA	107813	115277	146322	145186	146345	AELE	66157	74568	94970	96415	96741
Oceania	x20013	x34813	x27274	x36541	x33498	Océanie	x9041	8009	10525	12106	12260
Netherlands/Pays-Bas	236350	239737	294257	343892	372238	Germany/Allemagne	283527	319356	358771	357912	415742
Germany/Allemagne	124884	130849	176572	241365	254108	Belgium–Luxembourg	274368	266320	329564	329207	345744
France, Monac	130021	144841	200835	179558	186921	United Kingdom	117576	108501	218303	267074	243151
USA/Etats–Unis d'Amer	26661	138449	127466	119260	146810	USA/Etats–Unis d'Amer	109697	96499	135835	192940	284014
Belgium–Luxembourg	100208	110334	141814	129702	143799	Italy/Italie	100236	93272	120193	129803	142413
United Kingdom	66384	81510	76824	80278	93921	France, Monac	84541	89493	111776	125153	143009
Canada	57755	72726	53043	99263	151713	Netherlands/Pays-Bas	86685	80943	93686	104487	117765
Austria/Autriche	41024	46472	63156	64247	63800	Spain/Espagne	33572	46486	61469	42297	42602
Spain/Espagne	33193	38136	55805	56693	54473	Denmark/Danemark	31698	35946	50758	55024	57756
Ireland/Irlande	45926	40705	52545	52086	48134	Canada	40742	40964	34530	47172	60391
Denmark/Danemark	28645	28169	29759	39915	42153	Austria/Autriche	25011	27678	34823	34173	35539
Switz.Liecht	24560	26339	31904	32509	31736	Hong Kong	21782	26289	25496	38151	49683
Italy/Italie	28637	22494	28024	33542	22291	Sweden/Suède	24196	24120	28375	32236	29502
Former USSR/Anc. URSS	x50718	x32365	x12766	x34416		Singapore/Singapour	21109	19009	20418	26961	29472
Libyan Arab Jamahiriya	25072	29341	23101	x24131	x26438	Japan/Japon	13744	16433	16164	20072	20418
Singapore/Singapour	8410	20588	26193	24313	23363	Switz.Liecht	12426	13045	18084	20085	19913
Malaysia/Malaisie	11322	16357	25967	26568	x9419	Malaysia/Malaisie	12540	15650	14922	14181	19913
Sweden/Suède	15062	15337	22610	21367	19844	Mexico/Mexique	19881	15966	13171	13881	x17730
Greece/Grèce	14539	8170	28354	21348	x20941	Portugal	6529	9556	15358	13138	14246
Hong Kong	12524	14414	17696	22899	38295	Greece/Grèce	3914	11870	12119	12500	17783
Norway,SVD,JM	14026	14059	16108	16937	20473	Korea Republic	10991	11758	9991	11182	x9001
Portugal	13544	15964	15898	11119	14434	Norway,SVD,JM	3193	6365	9045	7186	14778
Algeria/Algérie	2889	14532	25344	2398	x3922	Czechoslovakia	x3791	x3591	x7027	x9012	7492
Mexico/Mexique	8731	11686	11952	15764	25698	Brazil/Brésil	5149	7325	4406	7156	x6491
China/Chine	8747	12992	13953	11965	45230	Ireland/Irlande	6043	5621	7245	5992	11483
Hungary/Hongrie	x5346	x9110	x9421	17932	x13127	Australia/Australie	4927	4549	6297	7174	6690
Finland/Finlande	12482	12345	11984	9287	9931	Indonesia/Indonésie	1517	3864	6089	5367	7946
Australia/Australie	4281	10510	8016	14021	13300	Thailand/Thaïlande	3423	2941	4204	7004	7351
Indonesia/Indonésie	4153	5049	12044	12581	9303	Former USSR/Anc. URSS	x3105	x3368	x4554	x6017	x6662
Korea Republic	9219	6914	8226	14013	18352	Saudi Arabia	6134	6688	x6239	x886	x873
Morocco/Maroc	2784	3834	12661	7029	8795	China/Chine	826	2489	5928	5154	19270
Ethiopia/Ethiopie	6295	9049	12056	1983	x3029	Hungary/Hongrie	x2180	x2955	x4230	x5479	x4015
Yugoslavia SFR	3670	5380	10674	x7022		Costa Rica	3238	3937	4034	4535	x4114
Japan/Japon	7546	8417	5816	8154	6508	Barbados/Barbade	1293	2762	3202	5108	x7125
Poland/Pologne	x1860	x2574	x1427	x17585	x27663	Finland/Finlande	1266	3360	4643	2734	4257
Papua New Guinea	5889	7922	6863	x5761	x6765	Chile/Chili	960	3617	4024	3014	x2226
Saudi Arabia	3625	5465	x3442	x10939	x7882	Poland/Pologne	x2093	x1926	x3033	x5694	x4522
Argentina/Argentine	2508	4073	7688	7015	7897	Dominican Republic		x3745	x3292	x3259	x3667
Thailand/Thaïlande	11280	11019	3129	3714	7269	Turkey/Turquie	9653	2308	3650	2385	2846
Cote d'Ivoire	x4148	x4301	x4953	x7469	x12404	New Zealand	1792	2469	2191	3667	3476
United Arab Emirates	x11239	x4421	x4185	x8071	x13010	United Arab Emirates	x3028	x2745	x2395	x3064	x1910
French Polynesia	2460	x6989	x3048	x4486	x2929	Guatemala	2520	1430	2983	2752	1925
Turkey/Turquie	2996	4053	3037	5059	10107	Senegal/Sénégal	x15	2867	4231	x16	x1
Jamaica/Jamaïque	1567	4408	3245	4466	x3574	Cyprus/Chypre	2720	3133	1620	2196	1320
Martinique	2636	3141	4438	4197	3643	Venezuela	878	2164	2957	1589	1240
Philippines	2429	x2289	2948	6030	5382	Israel/Israël	1835	2422	2973	1167	473
Malta/Malte	3908	3864	3249	x4009	x3153	So. Africa Customs Un	x5777	x1185	x1765	x2433	x2853
El Salvador	3310	3378	3493	2958	x3698	India/Inde	2194	x698	2174	2442	x849
Dominican Republic	x913	x1599	x3121	x4918	x949	Yugoslavia SFR	1104	921	1868	x2438	
Qatar	3076	3360	3594	x2595	x3645	Papua New Guinea	1586	879	1907	1175	721

(VALUE AS % OF TOTAL)(VALEUR EN % DU TOTAL)

	1983	1984	1985	1986	1987	1988	1989	1990	1991	1992		1983	1984	1985	1986	1987	1988	1989	1990	1991	1992
Africa	x7.9	x6.8	x5.7	x5.2	x4.2	x4.4	x5.1	x5.6	x3.3	x3.7	Afrique	x0.4	x0.2	x0.5	x0.5	x0.7	x0.5	x0.3	x0.5	x0.2	x0.2
Northern Africa	x4.6	x3.4	2.5	x3.0	x2.1	2.5	3.3	3.6	x1.9	x2.0	Afrique du Nord	0.0	0.0	0.0	0.0	0.0	0.0	0.0	0.1	x0.0	0.0
Americas	x10.0	17.0	14.4	x14.1	x11.5	8.7	16.5	13.1	14.4	x17.3	Amériques	x11.0	14.1	13.0	x12.7	x10.2	12.9	12.3	11.5	14.2	x17.9
LAIA	0.9	3.2	1.4	x1.6	x1.4	1.1	1.3	1.5	1.7	x2.3	ALAI	x0.3	2.2	2.1	x1.1	x1.2	1.9	2.1	1.5	1.4	1.7
CACM	x0.2	x0.2	x0.1	x0.4	x0.6	0.5	0.5	0.4	0.4	x0.5	MCAC	x0.0	0.0	x0.0	x0.3	x0.0	0.4	0.4	0.4	0.4	x0.3
Asia	x18.3	x13.1	x15.8	x10.5	x8.2	x10.3	x9.3	8.6	x9.1	x10.3	Asie	x7.1	6.5	7.7	5.7	x5.6	8.0	8.2	6.6	7.1	x7.7
Middle East	x12.9	x7.5	x9.1	x5.5	x2.8	x4.1	x2.5	x1.7	x2.0	2.1	Moyen–Orient	x1.1	x1.6	x2.2	x1.6	x1.6	1.8	x1.2	x0.8	x0.4	x0.3
Europe	62.4	65.1	63.2	69.0	70.5	69.5	63.1	69.6	67.6	64.6	Europe	81.0	78.6	78.4	80.8	80.3	75.8	77.5	79.7	76.5	73.0
EEC	54.9	54.6	55.9	60.4	61.2	60.9	55.1	60.7	59.7	57.2	CEE	76.7	73.6	73.7	75.4	75.2	71.1	72.4	74.5	71.6	68.4
EFTA	x7.5	x7.1	x6.7	x7.8	x8.5	8.0	7.4	8.1	7.3	6.7	AELE	x4.3	x4.8	x4.5	x5.1	4.6	5.1	5.1	4.8	4.3
Oceania	1.3	x0.8	x1.1	x1.2	x1.4	x1.5	x2.2	x1.5	x1.8	x1.6	Océanie	0.4	0.6	0.3	0.3	0.4	x0.7	0.6	0.6	0.6	0.5
Netherlands/Pays-Bas	18.5	19.1	18.6	18.9	18.2	17.5	15.3	16.2	17.3	17.0	Germany/Allemagne	17.9	17.3	17.9	19.3	21.4	19.6	21.7	19.4	17.8	18.4
Germany/Allemagne	8.5	8.0	8.2	9.6	8.8	9.3	8.4	9.7	12.1	11.6	Belgium–Luxembourg	20.9	20.0	20.1	20.9	21.2	19.0	18.1	17.8	16.3	15.3
France, Monac	7.9	8.6	8.8	9.4	9.3	9.6	9.3	11.1	9.0	8.5	United Kingdom	7.3	8.0	8.9	9.7	8.6	8.1	7.4	11.8	13.3	10.8
USA/Etats–Unis d'Amer	0.9	1.5	1.9	2.0	2.0	2.0	8.9	7.0	6.0	6.7	USA/Etats–Unis d'Amer	9.7	10.9	10.0	10.1	7.3	7.6	6.5	7.3	9.6	12.6
Belgium–Luxembourg	6.1	5.6	5.8	6.6	7.1	7.4	7.1	7.8	6.5	6.6	Italy/Italie	8.2	7.5	6.2	7.0	6.7	6.9	6.3	6.5	6.4	6.3
United Kingdom	3.0	2.9	2.8	4.2	5.8	4.9	5.2	4.2	4.0	4.3	France, Monac	5.5	5.2	5.5	6.1	6.2	5.8	6.1	6.0	6.2	6.3
Canada	6.0	10.3	9.3	8.9	6.4	4.3	5.2	4.2	4.4	4.3	Netherlands/Pays-Bas	8.4	8.1	7.4	6.3	5.4	6.0	5.5	5.1	5.2	5.2
Austria/Autriche	x3.8	x3.2	x2.9	x2.9	x3.0	3.0	3.5	3.2	2.9	6.9	Spain/Espagne	2.7	2.4	3.0	2.8	2.1	2.3	3.2	3.3	2.1	1.9
Spain/Espagne	0.8	1.3	1.7	2.0	2.2	2.5	2.4	3.1	2.8	2.5	Denmark/Danemark	2.4	2.3	2.1	2.1	2.5	2.2	2.4	2.7	2.7	2.6
Ireland/Irlande	4.5	4.5	4.4	4.5	3.9	3.4	2.6	2.9	2.6	2.2	Canada	x1.0	x1.0	x0.8	x1.0	x1.2	2.8	2.8	1.9	2.3	2.7

6931 WIRE CABLES, ROPES ETC / CORDAGES EN FILS DE FER 6931

TRADE BY COMMODITY IN THOUSAND U.S. DOLLARS – COMMERCE PAR PRODUIT EN MILLIERS DE DOLLARS E.U

IMPORTS – IMPORTATIONS

COUNTRIES–PAYS	1988	1989	1990	1991	1992
Total	2253086	2451280	2515735	2387070	2458471
Africa	x113231	x130051	x177590	x165172	x145405
Northern Africa	35193	41335	60266	72879	x63931
Americas	849663	884059	768302	679370	x712570
LAIA	90551	71488	80711	125495	x108406
CACM	6346	5687	5734	7794	x8824
Asia	295471	x342061	x369384	x414769	x500044
Middle East	x55104	x47251	x67445	x106131	x109085
Europe	838401	932640	1111463	1023838	1040038
EEC	656127	735053	883274	809606	848269
EFTA	146613	160421	188716	185930	167962
Oceania	x27896	x43923	x36598	x29785	x31776
USA/Etats–Unis d'Amer	627254	659725	540744	420135	457605
United Kingdom	151843	183134	181926	163003	161691
Germany/Allemagne	116849	127064	159817	167313	189770
France, Monac	117730	115459	148705	134679	135782
Canada	101069	124384	113420	79436	81469
Italy/Italie	65119	78243	93156	79454	72829
Netherlands/Pays–Bas	69270	71595	79607	67320	55338
Spain/Espagne	38135	44217	77174	54379	55338
Belgium–Luxembourg	43597	51992	63671	55666	67055
China/Chine	91349	84984	59307	20464	34526
Austria/Autriche	40413	42028	53201	56336	49476
Singapore/Singapour	25181	37170	48519	56629	56759
Sweden/Suède	39077	47018	45445	43679	40903
Former USSR/Anc. URSS	x68234	x55366	x13239	x46010	
Norway, SVD, JM	27913	26688	35940	46052	39783
Mexico/Mexique	20439	22292	27216	58827	41195
Yugoslavia SFR	32777	34347	34900	x21415	
Japan/Japon	14537	23174	30306	36815	37926
Korea Republic	18192	23717	21634	42563	55130
Hong Kong	21205	24690	33740	26839	29494
So. Africa Customs Un	26074	27669	37318	x14915	x19866
Finland/Finlande	20498	25507	32590	19029	18347
Turkey/Turquie	12905	8560	17183	49849	37528
Algeria/Algérie	20760	16309	28249	29412	x19583
Australia/Australie	13097	27467	21089	15701	17098
Denmark/Danemark	17527	17011	21441	25045	32447
Thailand/Thaïlande	8100	14469	24452	23652	29603
Portugal	11155	15104	22346	24897	21135
Ireland/Irlande	14270	18179	17540	21196	15159
Poland/Pologne	x21619	x25982	x17195	x11164	x13128
Indonesia/Indonésie	12929	23996	13946	14858	32570
Malaysia/Malaisie	6950	10154	21940	20279	x21265
Morocco/Maroc	5819	10891	11985	25987	24345
Greece/Grèce	10632	13056	17890	16673	x15595
Israel/Israël	11048	9859	12237	25466	24974
Nigeria/Nigéria	x12995	x12111	x17506	x17098	x17011
Switz.Liecht	12685	13640	15072	12729	11986
Saudi Arabia	12537	8212	x9635	x17240	x22687
Chile/Chili	6629	15470	12118	7288	x9303
Philippines	4914	x12487	9325	12810	16547
Hungary/Hongrie	x9752	x11162	x11810	10140	x8456
Bulgaria/Bulgarie	x21238	x21672	5846	x2323	1578
Colombia/Colombie	13246	4597	7806	17279	4210
Iran (Islamic Rp. of)	x1211	x4400	x9425	x14814	x26529
Brazil/Brésil	19208	10384	7765	8812	9412
United Arab Emirates	x8399	x6306	x11025	x9535	x8217
Venezuela	11720	6934	5475	9162	12217
India/Inde	3562	x12215	4039	5107	x17516
New Zealand	7341	7547	6970	6137	7712
Iceland/Islande	6028	5539	6469	8105	7466

EXPORTS – EXPORTATIONS

COUNTRIES–PAYS	1988	1989	1990	1991	1992
Totale	1958756	2214430	2231149	2176839	2203422
Afrique	x8073	x11122	x14171	x18564	x10619
Afrique du Nord	x320	x699	678	2544	753
Amériques	216291	296165	329588	313109	338864
ALAI	80693	141284	119967	93843	85201
MCAC	4064	3079	2180	1861	x1945
Asie	472209	574167	567040	566841	616807
Moyen–Orient	x11071	30625	x48476	35961	48437
Europe	994570	1107154	1204501	1183736	1196614
CEE	883221	972503	1046221	1032849	1059757
AELE	89532	115015	144167	141509	132637
Océanie	5474	5964	x9166	11139	6506
Germany/Allemagne	264497	287079	307359	306789	325942
Japan/Japon	202995	256740	232116	236905	256380
Korea Republic	201476	207062	199421	182463	197244
France, Monac	145170	171339	166756	174286	194540
Italy/Italie	158362	177199	162224	162012	179651
USA/Etats–Unis d'Amer	76156	112479	154447	177060	197580
United Kingdom	85143	98432	127786	126299	117446
Spain/Espagne	99530	96079	119445	114406	108110
Belgium–Luxembourg	73035	74800	88375	81509	71630
Austria/Autriche	49723	60132	80483	70212	64522
Poland/Pologne	x50250	x103700	x36402	x12897	x12264
Brazil/Brésil	27857	62115	42819	37242	44284
Canada	54817	39055	52798	40097	53849
Netherlands/Pays–Bas	35495	40011	44775	34866	37013
Norway, SVD, JM	18637	31938	37826	41141	37529
China/Chine	6578	21792	36800	33721	45181
Turkey/Turquie	x42496	x43779	x22579	x20601	x10860
Hungary/Hongrie					
Former USSR/Anc. URSS	x76296	x19459	x20181	x37569	
Venezuela	10327	14145	17453	26163	18461
Mexico/Mexique	17160	19784	20686	10117	12896
Romania/Roumanie	x17608	x19101	20686	10117	x6575
India/Inde	12732	x17849	15389	x4394	x18440
Peru/Pérou	13789	23878	19367	x4394	x613
Singapore/Singapour	10342	12960	14996	17434	18115
Yugoslavia SFR	21779	19633	14103	x9319	
Sweden/Suède	9980	10336	14252	18451	14431
Argentina/Argentine	8383	16683	16409	6389	3198
Former GDR	x68792	x30879	x3576		
Switz.Liecht	6974	8803	9345	10449	11686
So. Africa Customs Un	x6160	x8689	x8220	x10282	x8752
Denmark/Danemark	7518	9257	8376	8341	7705
Hong Kong	4831	7239	9515	9182	7626
Portugal	6534	8556	8941	7967	8869
Ireland/Irlande	3834	4348	6905	12030	7455
Thailand/Thaïlande	6093	6550	3435	5097	x7324
Greece/Grèce	4103	5403	5279	4345	x1397
Australia/Australie	4533	3340	4852	6052	4486
Bahrain/Bahreïn	x2683	x3113	x8452	x1943	x2785
Israel/Israël	3805	4698	4078	3555	3938
Malaysia/Malaisie	3733	2409	2830	5866	x9450
New Zealand	782	2521	2803	5030	2013
Colombia/Colombie	540	1931	2074	4492	4002
Mozambique	x1102	x1233	x2814	x4145	x719
Pakistan	578	2443	2563	2222	3005
Finland/Finlande	4208	3789	2207	1162	4381
El Salvador	3250	2942	2166	1815	x1636
Czechoslovakia	x6103	x1765	x2744	x1916	x4101
Saudi Arabia	1075	3564	x2353	x69	x82
Chile/Chili	2506	2656	1503	1557	x1417

(VALUE AS % OF TOTAL)(VALEUR EN % DU TOTAL)

	1983	1984	1985	1986	1987	1988	1989	1990	1991	1992
Africa	x9.6	x7.3	x7.0	x6.6	x4.5	x5.1	x5.3	x7.1	x6.9	x5.9
Northern Africa	x5.2	2.9	3.1	x2.9	1.6	1.6	1.7	2.4	3.1	x2.6
Americas	35.9	45.1	43.2	x40.5	x32.5	37.7	36.1	30.5	28.5	x28.9
LAIA	3.5	4.1	4.3	x3.1	x3.3	4.0	2.9	3.2	5.3	x4.4
CACM	x0.2	0.3	0.7	x0.3	x0.4	0.3	0.2	0.2	0.3	x0.4
Asia	x23.7	x15.3	14.6	x10.5	15.2	13.1	13.9	14.7	x17.4	x20.4
Middle East	x14.9	x5.8	x7.2	x4.1	x2.6	x2.4	1.9	x2.7	x4.4	x4.4
Europe	29.2	30.3	33.1	40.2	35.0	37.2	38.0	44.2	42.9	42.3
EEC	22.6	22.4	24.7	31.2	28.0	29.1	30.0	35.1	33.9	34.5
EFTA	6.6	6.3	6.5	7.6	6.2	6.5	6.5	7.5	7.8	6.8
Oceania	1.6	x2.0	1.9	x2.2	x1.9	x1.2	x1.8	x1.4	x1.2	x1.3
USA/Etats–Unis d'Amer	28.7	36.4	34.8	32.4	24.4	27.8	26.9	21.5	17.6	18.6
United Kingdom	4.6	5.0	5.6	7.0	5.9	6.7	7.5	7.2	6.8	6.6
Germany/Allemagne	5.0	4.3	5.1	6.3	5.2	5.2	5.2	6.4	7.0	7.7
France, Monac	4.4	3.8	4.3	5.2	5.0	5.2	4.7	5.9	5.6	5.5
Canada	2.5	3.0	3.4	3.2	2.6	4.5	5.1	4.5	4.2	4.5
Italy/Italie	1.6	2.2	2.1	2.9	3.0	2.9	3.2	3.7	3.3	3.0
Netherlands/Pays–Bas	3.0	3.2	3.3	3.9	3.1	3.1	2.9	3.2	2.8	3.0
Spain/Espagne	0.6	0.6	0.7	1.0	1.3	1.7	1.8	3.1	2.3	2.3
Belgium–Luxembourg	1.6	1.3	1.7	2.2	1.8	1.9	2.1	2.5	2.3	2.7
China/Chine					6.2	4.1	3.5	2.4	0.9	1.4

	1983	1984	1985	1986	1987	1988	1989	1990	1991	1992
Afrique	1.3	1.2	x1.3	0.9	0.4	0.4	x0.5	0.7	0.9	x0.5
Afrique du Nord	0.0	0.0	0.3	0.0	0.0	x0.0	0.0	0.0	0.1	0.0
Amériques	9.2	9.3	7.1	x7.8	x7.9	11.1	13.3	14.8	14.4	15.4
ALAI	0.6	4.2	2.6	x3.4	x3.7	4.1	6.4	5.4	4.3	3.9
MCAC	x0.0	0.0	0.0	x0.2	x0.2	0.2	0.1	0.1	0.1	x0.1
Asie	34.1	35.3	34.7	32.0	25.1	24.1	25.9	25.4	26.0	28.0
Moyen–Orient	x0.8	1.5	x2.1	x1.3	x0.6	0.6	1.4	x2.2	1.7	2.2
Europe	55.1	53.7	56.6	59.1	53.7	50.8	50.0	54.0	54.4	54.3
CEE	47.7	46.4	48.6	52.4	48.3	45.1	43.9	46.9	47.4	48.1
AELE	7.5	6.6	6.7	6.5	5.3	4.6	5.2	6.5	6.5	6.0
Océanie	0.3	0.4	0.3	x0.3	x0.2	0.2	0.3	0.4	0.5	0.3
Germany/Allemagne	11.2	11.5	12.8	15.8	14.3	13.5	13.0	13.8	14.1	14.8
Japan/Japon	21.7	20.6	21.0	18.3	12.2	10.4	11.6	10.4	10.9	11.6
Korea Republic	9.1	11.0	9.9	10.6	9.7	10.3	9.4	8.9	8.4	9.0
France, Monac	10.3	8.6	8.4	8.7	8.4	7.4	7.7	7.5	8.0	8.8
Italy/Italie	6.4	8.4	8.3	8.8	8.7	8.1	8.0	7.3	7.4	8.2
USA/Etats–Unis d'Amer	7.8	4.2	4.3	3.3	3.3	3.9	5.1	6.9	8.1	9.0
United Kingdom	5.9	5.0	5.3	5.0	5.1	4.3	4.4	5.7	5.8	5.3
Spain/Espagne	6.8	6.1	6.3	6.4	4.8	5.1	4.3	5.4	5.3	4.9
Belgium–Luxembourg	3.3	2.9	3.4	3.9	3.6	3.7	3.4	4.0	3.7	3.3
Austria/Autriche	3.6	3.4	3.7	3.2	2.5	2.5	2.7	3.6	3.2	2.9

69311 IRN, STEEL CABLE, ROPE ETC   CORDAGES FILS FER, ACIER 69311

TRADE BY COMMODITY IN THOUSAND U.S. DOLLARS – COMMERCE PAR PRODUIT EN MILLIERS DE DOLLARS E.U

COUNTRIES–PAYS	IMPORTS – IMPORTATIONS					COUNTRIES–PAYS	EXPORTS – EXPORTATIONS				
	1988	1989	1990	1991	1992		1988	1989	1990	1991	1992
Total	1859157	2004614	2064539	1934908	1984187	Totale	1444123	1624043	1683056	1628932	1660672
Africa	x79586	x91965	x127661	x102533	x102031	Afrique	x7834	x9932	x13414	x17780	x9676
Northern Africa	25573	26971	37594	45464	x44392	Afrique du Nord	x319	54	294	1939	442
Americas	753867	777689	680412	582239	x627124	Amériques	x130565	138970	171007	166405	216546
LAIA	56447	48778	59927	69850	71357	ALAI	34793	46066	47436	36475	44833
CACM	3382	3825	4170	5407	x3466	MCAC	796	142	12	19	x261
Asia	x171256	x218903	x250873	x303416	x344678	Asie	448230	526248	524576	516783	564369
Middle East	x43229	x36487	x46663	x62214	x71220	Moyen–Orient	6224	20189	29528	31364	39935
Europe	708998	768431	922514	853410	855677	Europe	807771	875444	928776	888222	851958
EEC	572948	630549	744873	692797	715940	CEE	745922	800735	837928	801251	768494
EFTA	104169	108868	142045	134396	117725	AELE	54142	72503	87059	79608	79909
Oceania	x23427	x39809	x32984	x26553	x28788	Océanie	3994	3489	x4993	4090	3943
USA/Etats–Unis d'Amer	589841	601064	499628	401199	439139	Japan/Japon	191712	236764	223555	227697	250479
United Kingdom	127712	145296	150853	138146	136877	Germany/Allemagne	216760	224560	218503	206379	201272
Germany/Allemagne	106379	117622	143893	145699		Korea Republic	200129	206598	198964	181833	182376
France, Monac	108054	107992	134098	118912	166276	Italy/Italie	154114	167983	158271	154281	151960
Canada	92386	109119	99079	87620	117164	France, Monac	116723	127988	123449	131976	113521
Italy/Italie	60637	69454	84675	72865	97277	United Kingdom	71712	78621	110338	108380	102114
Netherlands/Pays–Bas	59087	63151	68194	58460	65205	Spain/Espagne	80871	84274	96489	86913	95938
Belgium–Luxembourg	38852	41484	50037	48916	64275	USA/Etats–Unis d'Amer	x65578	57315	86980	94927	118891
Spain/Espagne	32674	37478	52093	41322	54500	Belgium–Luxembourg	54815	59231	68204	58424	51374
Singapore/Singapour	22509	34084	43815	51953	51436	Austria/Autriche	34710	45035	59484	53756	47439
Austria/Autriche	32918	30361	40970	39102	36846	Netherlands/Pays–Bas	34734	38274	42540	32998	35598
Former USSR/Anc. URSS	x64606	x51891	x12474	x40536		Canada	29112	35179	36399	34742	52277
Norway, SVD, JM	24366	23232	32132	41793	31895	Turkey/Turquie	5652	18776	29183	31085	39590
Korea Republic	13528	21478	20779	41538	54031	China/Chine	11710	21514	28398	25442	31759
Japan/Japon	13234	21059	27952	31895	33435	Poland/Pologne	x22712	x42182	x21464	x8061	x5405
Yugoslavia SFR	29291	26830	31698	x20940		Brazil/Brésil	14647	19330	22681	18724	24194
So. Africa Customs Un	24974	27095	36879	x12863	x17872	India/Inde	12627	x10597	14090	14189	x13401
Mexico/Mexique	18196	20763	23435	29327	27317	Mexico/Mexique	9807	14428	12763	11194	12412
Sweden/Suède	20006	21758	26216	22200	20188	Singapore/Singapour	9318	10880	12566	13047	15874
Hong Kong	17324	18393	20836	20621	23906	Former USSR/Anc. URSS	x4176	x9384	x6850	x16203	
Australia/Australie	10922	24696	19018	14238	15438	Norway, SVD, JM	6660	10008	8480	8504	11574
Thailand/Thaïlande	7250	12583	23474	21618	25321	Sweden/Suède	6173	8102	9995	8275	8391
Finland/Finlande	11932	17908	25262	14356	13051	So. Africa Customs Un	x5960	x8161	x7948	x10226	x8283
China/Chine	19791	19021	19052	19005	18564	Denmark/Danemark	6384	8752	7917	7941	7054
Denmark/Danemark	14686	15339	18086	22546	29453	Switz. Liecht	4800	7739	8117	8250	9977
Poland/Pologne	x21178	x20274	x16260	x10347	x12143	Argentina/Argentine	8254	10282	10056	2634	3050
Greece/Grèce	10240	12865	17463	15891	x13615	Hungary/Hongrie	x3791	x4482	x6082	x7318	x3784
Algeria/Algérie	12961	10071	18845	14821	x8708	Hong Kong	3737	4597	4446	5926	5984
Nigeria/Nigéria	x12314	x11668	x16287	x13312	x15401	Romania/Roumanie	x5131	8269	3117	2225	x915
Ireland/Irlande	8587	11627	12544	16489	10852	Yugoslavia SFR	7669	2202	3778	x7305	
Indonesia/Indonésie	10324	21945	9469	8711	9384	Thailand/Thaïlande	4791	5054	3182	4916	x7281
Malaysia/Malaisie	6521	9525	12906	15382	x16644	Ireland/Irlande	2142	2102	3989	7003	4472
Turkey/Turquie	10894	7603	10763	18044	14718	Greece/Grèce	3361	5021	3827	3696	x1078
Morocco/Maroc	5639	6806	10426	18469	23457	Portugal	4305	3929	4402	3259	4112
Portugal	6040	8240	12938	13551	10643	Israel/Israël	3535	3954	3708	3403	3853
Hungary/Hongrie	x8354	x11037	x11709	9841	x8082	Malaysia/Malaisie	3477	2338	2531	4966	x8899
Switz. Liecht	9513	10342	11361	10085	8458	Mozambique	x1102	x1233	x2814	x4145	x719
Bulgaria/Bulgarie	x20818	x21610	x5842	x2203	1554	Australia/Australie	3423	2596	2287	2807	2364
Saudi Arabia	7509	5690	x8374	x14583	x19909	Pakistan	578	2443	2499	2222	3005
Philippines	4776	x8421	8749	9227	14072	Czechoslovakia	x5509	x1171	x2737	x1835	x4067
Iran (Islamic Rp. of)	x871	4116	x7608	x11805	x17131	Former GDR	x3817	x3918	x34		
United Arab Emirates	x7900	x5304	x9310	x7813	x7846	Colombia/Colombie	317	412	927	2594	3420
New Zealand	7204	7514	6912	5987	7465	New Zealand	485	889	1245	1225	1572
Venezuela	11462	6640	5333	8225	11297	Finland/Finlande	1789	1601	931	728	2439
Ethiopia/Ethiopie	991	5047	13292	94	x129	Zimbabwe	x132	x89	1821	1192	x68
Iceland/Islande	5433	5267	6104	6859	7287	Chile/Chili	843	1202	582	883	x1206
Argentina/Argentine	6811	5723	6129	5209	7364	Korea Dem People's Rp	x305	x662	x455	x1143	x1942
Chile/Chili	3775	4743	6552	5542	x7511	United Arab Emirates	x165	x1161	x165	x128	x231
Brazil/Brésil	4172	4745	5740	5903	5460	Tokelau/Tokélaou			x1399		
Israel/Israël	2545	3243	4623	7706	6903	Tunisia/Tunisie	217	54	203	961	398

(VALUE AS % OF TOTAL)(VALEUR EN % DU TOTAL)

	1983	1984	1985	1986	1987	1988	1989	1990	1991	1992		1983	1984	1985	1986	1987	1988	1989	1990	1991	1992
Africa	x5.6	x5.6	x5.7	x4.6	x3.7	x4.2	x4.6	x6.2	x5.3	x5.1	Afrique	1.8	1.5	x1.3	x1.0	x0.6	x0.5	x0.6	x0.8	x1.1	x0.6
Northern Africa	x2.3	1.9	2.0	1.8	1.4	1.4	1.3	1.8	2.3	x2.2	Afrique du Nord	0.0	0.0	0.0	0.0	0.0	0.0	0.0	0.0	0.1	0.0
Americas	x39.6	46.0	47.2	x42.3	x34.0	40.6	38.8	33.0	30.1	x31.6	Amériques	x5.4	x4.8	2.5	x4.5	x5.4	x9.1	8.6	10.1	10.3	13.0
LAIA	1.1	2.2	2.8	2.0	2.2	3.0	2.4	2.9	3.6	3.6	ALAI	0.4	1.6	1.1	1.3	1.7	2.4	2.8	2.8	2.2	2.7
CACM	x0.2	0.3	0.4	x0.1	x0.2	0.2	0.2	0.2	0.3	x0.2	MCAC	x0.0	x0.0	0.0	x0.0	0.0	0.1	0.0	0.0	0.0	0.0
Asia	x13.9	x10.6	x11.1	x8.7	x10.6	x9.2	x10.9	x12.2	x15.6	x17.3	Asie	37.0	38.9	38.9	35.4	31.3	31.0	32.4	31.2	31.7	34.0
Middle East	x5.7	x3.7	x4.8	x2.8	x2.1	x2.3	x1.8	x2.3	x3.2	x3.6	Moyen–Orient	x0.2	x0.3	x0.5	x0.1	0.2	0.4	1.2	1.8	1.9	2.4
Europe	31.5	28.9	34.0	42.0	38.3	38.1	38.3	44.7	44.1	43.1	Europe	54.3	53.3	56.9	58.8	61.2	55.9	53.9	55.2	54.5	51.3
EEC	25.7	22.2	26.4	33.4	31.4	30.8	31.5	36.1	35.8	36.1	CEE	49.7	48.3	51.9	53.6	56.5	51.7	49.3	49.8	49.2	46.3
EFTA	5.6	4.9	5.5	7.0	5.9	5.6	5.4	6.9	6.9	5.9	AELE	4.6	4.6	4.5	5.1	4.5	3.7	4.5	5.2	4.9	4.8
Oceania	x1.9	x2.0	x1.6	x2.5	x2.2	x1.3	x2.0	x1.6	x1.3	x1.5	Océanie	0.3	0.2	0.2	x0.2	x0.2	0.3	x0.2	x0.3	0.2	0.2
USA/Etats–Unis d'Amer	35.1	40.1	40.4	37.0	29.2	31.7	30.0	24.2	20.7	22.1	Japan/Japon	23.1	22.6	24.1	20.7	15.5	13.3	14.6	13.3	14.0	15.1
United Kingdom	4.8	4.7	5.6	7.4	6.8	6.9	7.2	7.3	7.1	6.9	Germany/Allemagne	12.4	11.7	13.3	16.0	16.2	15.0	13.8	13.0	12.7	12.1
Germany/Allemagne	5.8	4.4	5.7	6.9	6.1	5.7	5.9	7.0	7.5	8.4	Korea Republic	11.5	13.7	12.4	12.8	13.0	13.9	12.7	11.8	11.2	11.0
France, Monac	4.9	3.9	4.5	5.6	5.7	5.8	5.4	6.5	6.1	5.9	Italy/Italie	7.8	9.1	9.8	10.1	10.7	10.7	10.3	9.4	9.5	9.2
Canada	1.9	1.8	2.3	2.1	1.6	5.0	5.4	4.8	4.5	4.9	France, Monac	11.0	9.3	9.3	8.8	9.9	8.1	7.9	7.3	8.1	6.8
Italy/Italie	2.0	2.1	2.3	3.3	3.6	3.3	3.5	4.1	3.8	3.3	United Kingdom	3.3	4.9	5.7	5.0	6.0	5.0	4.8	6.6	6.7	6.1
Netherlands/Pays–Bas	3.7	3.3	3.6	4.4	3.6	3.2	3.2	3.3	3.0	3.2	Spain/Espagne	5.1	5.9	6.2	5.9	6.0	5.6	5.2	5.7	5.3	5.8
Belgium–Luxembourg	1.9	1.4	1.9	2.5	2.1	2.1	2.1	2.4	2.5	2.7	USA/Etats–Unis d'Amer	x4.0	x2.0	x2.2	x2.6	x4.5	3.5	5.2	5.8	7.2	
Spain/Espagne	0.7	0.6	0.8	0.9	1.3	1.8	1.9	2.5	2.1	2.4	Belgium–Luxembourg	3.5	3.2	3.5	3.8	3.7	3.8	3.6	4.1	3.6	3.1
Singapore/Singapour	2.2	1.6	1.3	1.2	1.2	1.2	1.7	2.1	2.7	2.6	Austria/Autriche	2.4	2.5	2.6	2.9	2.7	2.4	2.8	3.5	3.3	2.9

6935 METAL FENCING, GAUZE, ETC / TOILES EN FER, ACIER, CUIVRE 6935

TRADE BY COMMODITY IN THOUSAND U.S. DOLLARS – COMMERCE PAR PRODUIT EN MILLIERS DE DOLLARS E.U

COUNTRIES–PAYS	IMPORTS – IMPORTATIONS					COUNTRIES–PAYS	EXPORTS – EXPORTATIONS				
	1988	1989	1990	1991	1992		1988	1989	1990	1991	1992
Total	981079	1032144	1166999	1166259	1212290	Totale	943392	1032165	1166108	1123087	1183485
Africa	x44173	x46961	x54144	x53568	x59182	Afrique	x3368	x4514	x8082	x9004	x7165
Northern Africa	15064	15462	18889	x16671	x22838	Afrique du Nord	90	303	691	402	669
Americas	x182048	x200223	190029	183428	x207100	Amériques	74643	87875	91197	87965	98086
LAIA	13546	15446	21527	29256	35230	ALAI	28971	31192	33789	28132	33062
CACM	2562	2718	2740	3113	x3622	MCAC	162	188	117	281	495
Asia	x96107	x99874	x117041	x133065	x159605	Asie	114528	145666	139603	149910	168177
Middle East	x37211	30550	x33075	x43336	x49318	Moyen-Orient	x7121	12956	x10999	x9024	x5350
Europe	594887	621057	757452	707182	753187	Europe	731092	763822	898219	847983	867953
EEC	473953	503541	616273	590302	634968	CEE	675268	704172	825470	798554	814736
EFTA	116243	112448	132561	110124	105061	AELE	42505	41794	51281	42705	43270
Oceania	x15096	x21105	x18544	x16340	x19138	Océanie	6687	x7087	7367	8181	x8238
France, Monac	129944	139321	173311	151342	150830	Germany/Allemagne	210313	223116	260470	221921	229401
Germany/Allemagne	94058	104919	137816	150337	192666	Belgium-Luxembourg	160712	150947	171841	181566	174976
USA/Etats-Unis d'Amer	124277	134276	112951	105582	119980	Italy/Italie	130391	137590	160972	158580	167339
Belgium-Luxembourg	48995	55990	77277	73046	78511	Netherlands/Pays-Bas	46329	62173	87781	91873	97215
Netherlands/Pays-Bas	66555	62180	76474	65933	61770	France, Monac	48604	54267	62379	60862	65234
Italy/Italie	38350	41385	50632	50019	49659	Japan/Japon	53071	61768	56427	55551	60791
United Kingdom	50515	49528	45998	41530	41193	United Kingdom	43547	43078	43463	43607	45049
Austria/Autriche	31375	29502	39258	38542	42523	China/Chine	29068	38456	37069	43417	55556
Sweden/Suède	25079	32664	37597	29134	23700	USA/Etats-Unis d'Amer	19583	30710	41450	45537	51233
Switz.Liecht	34369	30792	33640	25107	22061	Ireland/Irlande	20183	17523	18835	20664	16933
Former USSR/Anc. URSS	x24374	x22872	x12966	x53086		Switz.Liecht	17012	15228	18304	16694	19889
Canada	18365	19232	20719	24493	26184	Mexico/Mexique	14649	17376	17624	14585	15926
Denmark/Danemark	23553	14124	16528	16270	15586	Yugoslavia SFR	12921	17401	20965	x6304	
Singapore/Singapour	8050	11387	16304	15907	21431	Canada	22029	20968	11637	10126	10097
Spain/Espagne	9361	12209	13186	16376	17911	Korea Republic	9100	12642	11734	15098	15434
Hong Kong	10823	11666	12353	12564	14952	Spain/Espagne	10052	9790	13082	12501	11814
Norway,SVD,JM	16386	10799	11469	9925	11010	Austria/Autriche	7370	7973	10797	8898	8212
Ireland/Irlande	7584	9432	10243	9459	8353	Sweden/Suède	9847	8465	10266	8422	8674
Greece/Grèce	2592	9835	9615	9415	x11019	Poland/Pologne	x5671	x13429	x10055	x3618	x6572
Libyan Arab Jamahiriya	7424	9299	10306	x8944	x9370	Finland/Finlande	7856	9618	9467	6581	5385
Indonesia/Indonésie	6022	8202	10772	9448	10539	Hong Kong	6753	7584	9013	8366	9393
Japan/Japon	5968	8196	9415	10486	10213	Brazil/Brésil	7740	6807	7764	8577	12181
Korea Republic	6977	7577	7274	11985	11213	Singapore/Singapour	3854	5855	8619	7540	5750
Finland/Finlande	7632	7719	9477	6375	4902	Czechoslovakia	x4328	x5582	x5071	x8298	x22048
Mexico/Mexique	3317	5298	6654	9495	13798	Turkey/Turquie	1762	4002	6230	3227	2915
Australia/Australie	5714	6858	7108	7002	8392	Venezuela	5070	5665	6843	4816	3482
Saudi Arabia	5656	6513	x6210	x7868	x11507	Australia/Australie	4672	5090	4187	6682	x10184
Turkey/Turquie	3012	2518	5332	12243	14330	Malaysia/Malaisie	2766	3146	3444	4961	x4870
Malaysia/Malaisie	5202	4994	6297	7897	x9322	So. Africa Customs Un	x2663	x3803	x3591	3982	3009
Martinique	6175	6592	8399	3643	3252	Portugal	2467	2892	3711		
Romania/Roumanie	x1188	3251	5528	8021	x2029	Bulgaria/Bulgarie	x1624	x1925	x4943	x1594	x2410
Portugal	2445	4617	5193	6576	7470	New Zealand	1927	1893	3024	3255	3903
Poland/Pologne	x7353	x6228	x5076	x4266	x4499	Denmark/Danemark	2504	2488	2723	2655	3127
Thailand/Thaïlande	3835	4273	4328	6914	6975	Saudi Arabia	1344	4740	x1578	x229	x223
So. Africa Customs Un	4484	5038	5104	x4590	x5052	Trinidad and Tobago	646	1439	1882	2045	1431
Yugoslavia SFR	3238	3596	6094	x4973		Norway,SVD,JM	419	510	2447	2109	1109
Reunion/Réunion	3123	3809	4003	5905	6047	Former USSR/Anc. URSS	x752	x922	x510	x3343	
Guadeloupe	3193	3926	5496	4041	3420	Martinique	2288	2445	1419	899	397
Nigeria/Nigéria	x3512	x2564	x5067	x5739	x5303	Zimbabwe	x16		2380	2377	x184
Iran (Islamic Rp. of)	x940	x1341	x3937	x7581	x8330	United Arab Emirates	x1659	x1670	x1727	x1167	x1221
United Arab Emirates	x6697	x3478	x4390	x4511	x8054	Thailand/Thaïlande	1428	1473	1071	1054	x937
Cuba	x3246	x4130	x5678	x1358	x2038	Romania/Roumanie	x20	533	207	2485	x2263
French Polynesia	2585	5319	x2576	x2078	x1398	Argentina/Argentine	835	817	1053	1170	809
Hungary/Hongrie	x3007	x3227	x2381	4220	x2775	India/Inde	929	x548	791	1550	x452
Philippines	2308	x3027	3235	3241	5264	Jordan/Jordanie	989	1258	674	253	428
Cameroon/Cameroun	x329	1237	x695	7322	x347	Cyprus/Chypre	1143	393	507	944	36
Bolivia/Bolivie	1298	1097	2163	5851	1159	Hungary/Hongrie	x142	x158	x751	x706	x573
Iraq	x8974	x5325	x2499	x893	x66	Barbados/Barbade	524	527	494	580	x849
Venezuela	2936	1866	3613	3183	4148	Indonesia/Indonésie	19	14	173	1298	3222
China/Chine	2460	2530	3316	2804	7748	Malta/Malte	399	454	503	x401	x440

(VALUE AS % OF TOTAL)(VALEUR EN % DU TOTAL)

	1983	1984	1985	1986	1987	1988	1989	1990	1991	1992		1983	1984	1985	1986	1987	1988	1989	1990	1991	1992
Africa	x7.9	x10.0	8.5	x6.4	x4.7	x4.5	x4.6	x4.6	x4.6	x4.9	Afrique	x0.9	0.6	0.6	0.6	0.6	0.4	0.5	0.7	0.8	0.6
Northern Africa	x4.6	x5.4	6.1	x2.5	x1.9	1.5	1.5	1.6	x1.4	x1.9	Afrique du Nord	0.0	0.0	0.0	0.0	0.0	0.0	0.0	0.1	0.0	0.1
Americas	x15.2	20.4	22.3	x22.4	x19.7	18.5	x19.4	x16.3	15.8	x17.1	Amériques	20.0	24.7	22.3	x20.6	x23.9	7.9	8.5	7.9	7.9	8.3
LAIA	1.1	2.1	2.2	x1.9	x1.8	1.4	1.5	1.8	2.5	2.9	ALAI	0.1	1.7	2.7	x2.1	x2.9	3.1	3.0	2.9	2.5	2.8
CACM	x0.2	0.5	0.4	x0.3	x0.3	0.3	0.3	0.3	0.3	x0.3	MCAC	x0.0	0.1	0.0	x0.0	x0.0	0.0	0.0	0.0	0.0	0.0
Asia	x24.4	x15.6	x13.2	x9.9	x8.9	x9.8	x9.7	x10.0	x11.5	x13.2	Asie	x10.5	10.6	x9.7	7.7	9.1	12.1	14.1	11.9	13.4	14.2
Middle East	x15.6	x8.1	x7.3	x4.4	x3.2	x3.8	x3.0	x2.8	x3.7	x4.1	Moyen-Orient	x0.7	0.0	x0.1	x0.4	x0.5	x0.8	1.3	x0.9	x0.8	x0.5
Europe	50.4	51.8	54.1	59.5	59.9	60.6	60.2	64.9	60.6	62.1	Europe	67.7	63.4	67.0	70.6	64.7	77.5	74.0	77.0	75.5	73.3
EEC	39.6	41.0	42.8	46.8	47.0	48.3	48.8	52.8	50.6	52.4	CEE	63.7	57.9	61.0	65.6	60.2	71.6	68.2	70.8	71.1	68.8
EFTA	10.7	10.5	10.9	12.2	12.5	11.8	10.9	11.4	9.4	8.7	AELE	4.0	3.7	4.0	4.3	3.6	4.5	4.0	4.4	3.8	3.7
Oceania	2.2	x2.2	x1.7	x1.7	x1.8	x1.5	x2.0	x1.6	x1.4	x1.5	Océanie	0.8	0.0	0.6	0.6	0.5	0.7	x0.7	0.6	0.7	x0.7
France, Monac	9.0	10.2	11.3	12.8	12.0	13.2	13.5	14.9	13.0	12.4	Germany/Allemagne	16.7	16.1	16.9	19.2	18.2	22.3	21.6	22.3	19.8	19.4
Germany/Allemagne	9.3	8.5	8.5	10.7	9.8	9.6	10.2	11.8	12.9	15.9	Belgium-Luxembourg	17.7	16.3	16.8	18.0	16.1	17.0	14.6	14.7	16.2	14.8
USA/Etats-Unis d'Amer	10.1	13.8	16.2	15.3	12.7	12.7	13.0	9.7	9.1	9.9	Italy/Italie	9.5	8.3	9.5	10.6	10.0	13.8	13.3	13.8	14.1	14.1
Belgium-Luxembourg	3.7	4.2	4.6	4.9	4.8	5.0	5.4	6.6	6.3	6.5	Netherlands/Pays-Bas	3.6	3.4	3.9	5.0	4.9	4.9	6.0	7.5	8.2	8.2
Netherlands/Pays-Bas	7.1	6.7	5.6	6.3	6.1	6.8	6.0	6.6	4.3	4.1	France, Monac	6.0	5.7	5.6	5.1	4.2	5.2	5.3	5.4	5.4	5.5
Italy/Italie	3.7	4.0	4.3	3.8	4.5	3.9	4.0	4.3	4.3	4.1	Japan/Japon	6.7	7.8	6.9	5.3	4.1	5.6	6.0	4.8	4.9	5.1
United Kingdom	3.6	3.9	4.4	4.1	4.5	5.1	4.8	3.9	3.6	3.4	United Kingdom	5.3	4.6	4.6	4.1	3.5	4.6	4.2	3.7	3.9	3.8
Austria/Autriche	2.7	2.5	2.6	2.9	2.8	3.2	2.9	3.4	3.3	3.5	China/Chine					2.4	3.1	3.7	3.2	3.9	4.7
Sweden/Suède	2.1	2.2	1.9	2.0	2.3	2.6	3.2	3.2	2.5	2.0	USA/Etats-Unis d'Amer	3.1	2.4	2.1	1.7	1.4	2.1	3.0	3.6	4.1	4.3
Switz.Liecht	3.3	2.9	2.7	3.5	3.5	3.5	3.0	2.9	2.2	1.8	Ireland/Irlande	1.3	1.3	1.9	2.0	2.1	2.1	1.7	1.6	1.8	1.4

583

69402 IRN, STL NUTS, BOLTS, ETC

BOULONS, VIS, ECROUS FER, AC 69402

TRADE BY COMMODITY IN THOUSAND U.S. DOLLARS – COMMERCE PAR PRODUIT EN MILLIERS DE DOLLARS E.U

COUNTRIES–PAYS	IMPORTS – IMPORTATIONS					COUNTRIES–PAYS	EXPORTS – EXPORTATIONS				
	1988	1989	1990	1991	1992		1988	1989	1990	1991	1992
Total	5275246	5687280	6286784	6120790	6523313	Totale	x4582868	4386403	5111288	4841776	5219193
Africa	x152142	x146243	x165501	x140959	x133360	Afrique	x12417	x9683	x15919	x14677	x12217
Northern Africa	66742	56371	73155	70041	x57690	Afrique du Nord	4866	1595	4136	5369	1852
Americas	1886037	1910973	1886622	1829055	1996670	Amériques	x1019950	571627	824127	819447	894868
LAIA	128105	139665	163774	202898	233509	ALAI	26684	34940	46529	38027	45511
CACM	12311	12239	10254	11145	x8170	MCAC	1217	206	201	238	x269
Asia	558256	659452	782794	926385	x102617'5	Asie	1038803	1104051	1164057	1140492	x1225634
Middle East	x123920	x110062	x133266	x135503	x183665	Moyen–Orient	x10950	x9309	x10592	x8434	x9171
Europe	2474187	2733785	3265496	3020385	3181906	Europe	2397748	2600477	3016170	2791165	2999087
EEC	1924716	2131266	2544265	2417774	2551932	CEE	1929366	2108168	2440120	2283339	2464817
EFTA	532958	584671	696295	586508	602616	AELE	437335	456563	548109	492588	518222
Oceania	x117729	x150832	x146903	x133225	x143103	Océanie	x17127	x19836	x21513	x18125	21121
USA/Etats–Unis d'Amer	1273068	1269748	1246800	1174025	1294967	Germany/Allemagne	782214	849348	981947	941360	1032592
Germany/Allemagne	468244	555482	700225	721929	782692	Japan/Japon	677792	702852	748818	722062	764422
France, Monac	373987	407755	478900	435387	448622	Italy/Italie	460934	504996	570397	519553	550506
Canada	450569	462222	436281	411374	433508	USA/Etats–Unis d'Amer	x764755	326261	579131	609042	655527
United Kingdom	325558	357471	391508	349702	366807	Switz.Liecht	289953	297779	358541	316257	333100
Netherlands/Pays–Bas	234244	241672	280130	244433	253397	France, Monac	230044	269632	313071	284730	307183
Belgium–Luxembourg	189005	194666	241933	210654	225618	Canada	226640	209542	198010	171862	193292
Sweden/Suède	160203	175369	201186	169560	160950	United Kingdom	153323	161763	188855	183455	197383
Switz.Liecht	156462	166184	201707	162182	163300	China/Chine	130357	148460	147869	142683	158692
Italy/Italie	128454	143492	168947	167001	156061	Netherlands/Pays–Bas	131367	136305	157268	143450	156216
Austria/Autriche	105732	117406	153205	150044	175964	Sweden/Suède	85270	91703	100136	97654	100158
Singapore/Singapour	103412	120978	128816	134737	145851	Spain/Espagne	73678	81089	98158	92420	88497
Spain/Espagne	85280	104978	134517	143686	162342	Korea Republic	100881	93955	82904	70523	74137
Thailand/Thaïlande	53555	87182	131273	153938	175678	Belgium–Luxembourg	57429	61216	79884	71211	74580
Japan/Japon	75650	87983	117417	140575	134585	Austria/Autriche	51699	52729	70982	63668	69078
Australia/Australie	90964	119170	115481	108047	115345	Singapore/Singapour	46342	49985	55323	52339	51391
Korea Republic	50884	68367	61740	100418	85555	Hong Kong	30188	37286	36488	38404	41157
Mexico/Mexique	47040	57484	68211	96843	106902	Denmark/Danemark	23229	24602	29323	27550	33231
Denmark/Danemark	61462	60415	68894	65174	72295	Malaysia/Malaisie	8012	13537	29526	36973	33231
Malaysia/Malaisie	39199	48174	64684	80645	x64327	Yugoslavia SFR	30985	35699	27861	x15142	x45949
Finland/Finlande	53681	69750	73811	43518	38882	Brazil/Brésil	11200	16956	20132	22737	31781
Norway, SVD, JM	53044	52521	62495	56773	59570	India/Inde	12867	x21121	17618	20005	x28328
Hong Kong	38042	42091	40703	48165	54658	Thailand/Thaïlande	5843	10181	16575	24012	x29317
So. Africa Customs Un	46027	44591	41658	x32219	x30732	Ireland/Irlande	15515	16340	17381	16882	21389
Brazil/Brésil	34960	36417	40864	41100	40387	Poland/Pologne	x11193	x10723	x16701	x23028	x29852
Turkey/Turquie	25689	21522	39021	43548	63858	Australia/Australie	13778	15064	17366	14918	17803
Indonesia/Indonésie	19051	27943	34157	39252	40426	Mexico/Mexique	11635	13429	18844	9140	7485
Former USSR/Anc. URSS	x37626	x44234	x12703	x39119		Czechoslovakia	x10726	x11388	x10956	x13027	x23168
Ireland/Irlande	23548	26340	30875	31003	30680	Former USSR/Anc. URSS	x13361	x9142	x9837	x13504	
Saudi Arabia	37284	35613	x24523	x27467	x41987	Former GDR	x37349	x24129	x7108		
Portugal	21984	24111	31206	30878	35166	Bulgaria/Bulgarie	x10872	x15137	x15114	x901	x1847
Israel/Israël	18874	19308	24237	33800	35644	Sri Lanka	10734	11488	7925	11082	10815
Algeria/Algérie	18643	17024	24167	21335	x11498	Norway, SVD, JM	6319	9116	10801	10187	10991
Iran (Islamic Rp. of)	x7715	x7900	x20147	x28899	x33463	So. Africa Customs Un	x7036	x7454	x9848	x7265	x8178
Egypt/Egypte	25650	16760	17031	17724	17105	Finland/Finlande	4010	5195	7649	4821	4878
Greece/Grèce	12949	14883	17130	17927	x18252	Israel/Israël	3989	4579	5588	6089	7348
New Zealand	13414	15481	17900	14982	16640	Turkey/Turquie	5905	5199	5895	4101	6954
Yugoslavia SFR	12854	13774	20121	x12528		Hungary/Hongrie	x2772	x3398	x5709	x5014	x6393
Philippines	5899	x11627	10808	22740	12063	Romania/Roumanie	x10550	6810	4057	2355	x4836
Chile/Chili	10924	14175	15239	12303	x5908	New Zealand	3306	4620	4024	3043	3128
Venezuela	8530	6851	11276	19684	17259	Argentina/Argentine	2343	3112	3721	2461	2165
Hungary/Hongrie	x9097	x12998	x9393	14146	x12369	Philippines	57	x148	2377	4630	1011
United Arab Emirates	x16539	x9887	x15078	x11406	x15293	Portugal	1207	2028	3031	2004	2616
India/Inde	11018	x13975	12010	8772	x17923	Oman	12	974	2752	2475	
Tunisia/Tunisie	6879	7194	11402	12856	12450	Tunisia/Tunisie	137	826	2227	1868	1040
Morocco/Maroc	7388	7428	10249	11001	10465	Indonesia/Indonésie	480	821	1472	2188	2989
Argentina/Argentine	8263	6994	6963	13025	31200	Venezuela	441	580	2508	791	788
China/Chine	5899	8885	8062	9890	59763	Algeria/Algérie	4153	21	1152	2658	x16
Poland/Pologne	x14208	x12416	x5233	x8810	x14146	Lebanon/Liban	x1075	x956	x743	x984	x850
Syrian Arab Republic	6546	4853	11176	x7760	x7216	Colombia/Colombie	222	522	666	1433	1175

(VALUE AS % OF TOTAL)(VALEUR EN % DU TOTAL)

	1983	1984	1985	1986	1987	1988	1989	1990	1991	1992		1983	1984	1985	1986	1987	1988	1989	1990	1991	1992
Africa	x4.8	4.0	3.9	3.7	2.7	2.9	2.6	2.7	x2.3	x2.1	Afrique	0.2	0.2	0.4	x0.3	x0.3	x0.3	x0.3	x0.3	x0.4	x0.3
Northern Africa	2.5	1.9	2.0	2.1	1.5	1.3	1.0	1.2	1.1	x0.9	Afrique du Nord	x0.0	0.0	0.0	0.0	0.0	0.0	0.0	0.1	0.1	0.0
Americas	x33.7	42.3	41.4	x35.2	33.7	35.8	33.6	30.0	29.9	30.6	Amériques	x16.4	x16.9	7.0	22.3	x19.4	22.2	13.0	16.1	16.9	17.2
LAIA	1.1	3.1	3.4	1.6	1.5	2.4	2.5	2.6	3.3	3.6	ALAI	0.2	0.7	0.8	x0.4	x0.5	0.6	0.8	0.9	0.8	0.9
CACM	x0.1	0.1		x0.1	x0.1	0.2	0.2	0.2	0.2	x0.1	MCAC	x0.0			0.0	0.0	0.0	0.0	0.0	0.0	0.0
Asia	x14.8	13.2	x11.1	9.9	9.8	10.6	11.6	12.5	15.1	15.7	Asie	26.9	29.6	29.5	20.0	20.4	22.7	25.1	22.8	23.5	x23.5
Middle East	x5.8	x5.1	x3.5	x3.3	x2.5	x2.3	x1.9	x2.1	x2.2	x2.8	Moyen–Orient	x0.1	x0.2	x1.1	x0.3	x0.1	x0.2	0.2	x0.2	x0.2	x0.2
Europe	44.4	38.1	41.1	48.8	50.0	46.9	48.1	51.9	49.3	48.8	Europe	56.0	53.1	62.7	57.2	57.2	52.3	59.3	59.0	57.6	57.5
EEC	34.5	29.3	31.7	37.5	38.2	36.5	37.5	40.5	39.5	39.1	CEE	46.7	42.7	50.6	46.6	46.5	42.1	48.1	47.7	47.2	47.2
EFTA	9.9	8.4	9.1	11.1	11.6	10.1	10.3	11.1	9.6	9.2	AELE	9.3	9.1	10.4	10.2	10.4	9.5	10.4	10.7	10.2	9.9
Oceania	2.3	x2.4	x2.5	x2.3	x2.3	x2.3	x2.7	x2.3	x2.2	x2.2	Océanie	0.4	0.4	0.3	x0.4	0.3	x0.4	x0.4	x0.4	x0.4	0.4
USA/Etats–Unis d'Amer	24.4	30.5	29.1	25.4	25.1	24.1	22.3	19.8	19.2	19.9	Germany/Allemagne	17.8	16.2	19.0	18.7	18.8	17.1	19.4	19.2	19.4	19.8
Germany/Allemagne	8.9	7.5	8.2	10.2	9.9	8.9	9.8	11.1	11.8	12.0	Japan/Japon	23.1	25.2	23.9	15.7	13.1	14.8	16.0	14.7	14.9	14.6
France, Monac	7.1	5.6	6.2	7.2	7.5	7.1	7.2	7.6	7.1	6.9	Italy/Italie	11.9	11.1	13.1	11.7	11.3	10.1	11.5	11.2	10.7	10.5
Canada	7.4	8.0	8.5	7.2	6.3	8.5	8.1	6.9	6.7	6.6	USA/Etats–Unis d'Amer	x10.8	x10.4		x17.3	x15.0	16.7	7.4	11.3	12.6	12.6
United Kingdom	5.7	5.1	5.6	5.6	5.9	6.2	6.3	6.2	5.7	5.6	Switz.Liecht	5.6	5.6	6.8	6.8	7.0	6.3	6.8	7.0	6.5	6.4
Netherlands/Pays–Bas	3.7	3.4	3.6	5.1	4.7	4.4	4.2	4.5	4.0	3.9	France, Monac	9.6	5.1	6.2	5.4	5.5	5.0	6.1	6.1	5.9	5.9
Belgium–Luxembourg	3.2	2.7	2.8	3.3	3.3	3.6	3.4	3.8	3.4	3.5	Canada	x5.4	x5.8	6.2	x4.5	x3.8	4.9	4.8	3.9	3.5	3.7
Sweden/Suède	3.0	2.5	2.7	3.2	3.4	3.0	3.1	3.2	2.8	2.5	United Kingdom	4.0	3.7	4.5	3.6	3.7	3.3	3.7	3.7	3.8	3.8
Switz.Liecht	2.5	2.3	2.5	3.0	3.2	3.0	2.9	3.2	2.6	2.5	China/Chine					2.7	2.8	3.4	2.9	2.9	3.0
Italy/Italie	2.0	1.7	2.1	2.4	2.6	2.4	2.5	2.7	2.7	2.4	Netherlands/Pays–Bas	3.1	2.7	3.3	3.2	2.9	2.9	3.1	3.1	3.0	3.0

6953 OTHER HAND TOOLS / AUTRES OUTILS A MAIN 6953

TRADE BY COMMODITY IN THOUSAND U.S. DOLLARS – COMMERCE PAR PRODUIT EN MILLIERS DE DOLLARS E.U

IMPORTS – IMPORTATIONS

COUNTRIES–PAYS	1988	1989	1990	1991	1992
Total	4214766	4410730	4836647	4987503	5234918
Africa	x219475	x205965	x232008	x191222	x203584
Northern Africa	81569	67739	86001	x65151	x72025
Americas	1096590	1147689	1154247	1212168	x1338615
LAIA	128642	129190	143829	187111	246226
CACM	19742	27427	19364	17461	x21573
Asia	x541904	x631058	x702297	x808224	x879311
Middle East	x122401	x125104	x120751	x156486	x198929
Europe	2028700	2062700	2495074	2487352	2596062
EEC	1603041	1634103	1979092	2033350	2156667
EFTA	405007	407657	486682	435262	419788
Oceania	x111609	x166732	x148416	x133655	x143025
USA/Etats-Unis d'Amer	686229	710389	715288	717428	765062
Germany/Allemagne	335618	343925	468283	533366	537091
United Kingdom	274890	281699	308887	271977	294619
France, Monac	281039	260925	299491	297706	306803
Canada	225885	241641	232317	244461	268719
Italy/Italie	184382	201345	227039	233258	260466
Netherlands/Pays-Bas	184800	183302	224210	229923	247727
Belgium–Luxembourg	123360	128845	157414	161909	178730
Japan/Japon	102562	117070	134132	134731	134715
Sweden/Suède	110432	115060	134765	123176	117208
Switz.Liecht	116831	112213	131591	112216	110656
Spain/Espagne	68534	89558	118556	127451	132445
Australia/Australie	75015	117844	105239	95440	103628
Austria/Autriche	68930	72340	94354	99790	98518
Hong Kong	65746	73399	83989	107137	126494
Singapore/Singapour	55071	67259	75420	84452	88172
Mexico/Mexique	39760	57013	67233	83423	107823
Korea Republic	33622	46010	65959	80376	80430
Former USSR/Anc. URSS	x69969	x68077	x30733	x89553	
Finland/Finlande	54807	61018	70698	44627	38344
Denmark/Danemark	63259	53088	57890	55344	67459
Norway,SVD,JM	49500	43203	51263	50443	50364
Malaysia/Malaisie	27001	36913	49482	52369	x50337
Saudi Arabia	35178	44092	x37253	x54268	x69726
Thailand/Thaïlande	30338	34015	45467	44933	55347
Portugal	32022	31823	42747	47559	53140
Indonesia/Indonésie	25152	33334	39560	47031	36710
So. Africa Customs Un	43170	41091	45882	x28033	x29057
Greece/Grèce	26580	29598	39000	38890	x38516
Ireland/Irlande	28557	29996	35566	35878	39670
Israel/Israël	23816	22133	26735	27863	30028
Iran (Islamic Rp. of)	x10600	x19835	x22765	x30839	x44205
New Zealand	22276	23381	25312	21515	22719
China/Chine	17865	18994	19575	27212	26500
Hungary/Hongrie	x19946	x23058	x16842	x14790	x18019
Czechoslovakia	x25164	23144	18056	20088	x22656
Chile/Chili	12807	17288	18246	12307	x27343
Algeria/Algérie	14620	13678	28938	16134	x13427
Egypt/Egypte	18723	14683	21634	23640	19342
Venezuela	32444	13979	14113		30561
Yugoslavia SFR	15488	16389	22984	x11465	
Romania/Roumanie	x20719	23624	25753	1440	x4214
United Arab Emirates	x21555	x15272	x15226	x17239	x25786
Libyan Arab Jamahiriya	30101	21005	12083	x11998	x13324
Nigeria/Nigéria	x11276	x10568	x14642	x18211	x19737
India/Inde	8692	x11595	14048	12212	x18168
Brazil/Brésil	8366	11004	14051	12602	14852
Morocco/Maroc	7563	8218	12998	15828	15029
Turkey/Turquie	8764	6719	14020	16135	15536
Poland/Pologne	x11839	x11130	x3538	x21958	x26156

EXPORTS – EXPORTATIONS

COUNTRIES–PAYS	1988	1989	1990	1991	1992
Totale	3570631	3713973	4209885	4292318	4578840
Afrique	x4493	x4904	x5822	x5634	x10515
Afrique du Nord	815	911	1262	1247	2847
Amériques	490387	543827	624250	648468	x690550
ALAI	37562	41213	41246	44933	50908
MCAC	533	406	616	468	x828
Asie	724121	783649	811465	893269	988668
Moyen-Orient	10207	6438	x5423	x5922	x8318
Europe	2172673	2266738	2674623	2662289	2829007
CEE	1699838	1791279	2150159	2120147	2255389
AELE	452132	456074	499206	523094	554876
Océanie	22040	21791	23402	x23243	x28459
Germany/Allemagne	798636	829698	974373	944339	985714
USA/Etats-Unis d'Amer	386744	432440	507150	527901	555762
Japan/Japon	288642	295447	297031	314272	326035
France, Monac	226867	250443	310808	293754	330979
China/Chine	187628	190795	239134	258378	264990
United Kingdom	204402	200477	194927	238415	260834
Switz.Liecht	191693	187236	214913	206911	210485
Sweden/Suède	154813	175740	209734	203346	232729
Italy/Italie	109870	113448	139779	153303	156583
Netherlands/Pays-Bas	100128	113894	124194	147438	165010
Hong Kong	84422	92434	112170	108158	119254
Belgium–Luxembourg	60789	64340	76993	73507	81346
Spain/Espagne	63809	68643	72093	71867	74457
Canada	38655	50058	66942	60435	66123
Austria/Autriche	42592	x47317	55137	53738	x62361
India/Inde	30415	25345	33986	34409	34946
Denmark/Danemark	19384	27302	27985	26961	23667
Singapore/Singapour	28873		24100	27203	40486	38787
Ireland/Irlande		27302	27985	26961	23667
Former USSR/Anc. URSS	x19748	x28636	x23806	x27838	
Brazil/Brésil	24037	26655	23979	24881	28526
Israel/Israël	21127	22401	24487	20508	21708
Korea Republic	32377	25773	20953	17075	17685
Yugoslavia SFR	19196	18385	x18552	x12558	x12476
Poland/Pologne	x20582	x24016	50839	19008	21064
Portugal	14464	16169	18142	12997	12274
Finland/Finlande	12447	13302	17954	12441	15140
New Zealand	11217	11797	12700	12441	13126
Australia/Australie	10310	9564	10316	10712	
Former GDR	x52567	x22386	x5494		
Czechoslovakia	x18713	x8891	x9457	x7051	x9939
Romania/Roumanie	x23338	6365	9086	8345	x5227
Mexico/Mexique	4833	5886	6325	8964	7588
Greece/Grèce	3062	5564	7054	4986	x4117
Argentina/Argentine	4336	5457	6261	5547	5682
Sri Lanka	183	2003	5752	8085	5116
Norway,SVD,JM	4873	5001	4468	4335	
Malaysia/Malaisie	1942	1735	3127	7620	x6376
Turkey/Turquie	6345	2887	3779	3403	4748
Colombia/Colombie	3581	1852	2707	3813	4745
So. Africa Customs Un	x1789	x2405	x2785	x3078	x3473
Hungary/Hongrie	x5186	x1643	x2802	x3026	x3074
Thailand/Thaïlande	1700	1614	1714	3304	x3255
Barbados/Barbade	108	62	1840	2117	x5797
Malta/Malte	1462	978	1194	x1661	x1809
Venezuela	442	780	1664	1166	1473
Indonesia/Indonésie	437	702	871	1288	1123
Saudi Arabia	1559	2127	x160	x436	x163
Bulgaria/Bulgarie	x16715	x1062	x1089	x530	x893
Tunisia/Tunisie	738	677	879	932	595

(VALUE AS % OF TOTAL) (VALEUR EN % DU TOTAL)

Imports

	1983	1984	1985	1986	1987	1988	1989	1990	1991	1992
Africa	x7.0	x8.0	x7.4	x6.9	x4.8	x5.2	x4.6	x4.7	x3.9	x3.9
Northern Africa	x3.1	x3.7	3.4	x2.3	x1.6	1.9	1.5	1.8	x1.3	x1.4
Americas	x28.7	x31.1	x33.1	x30.8	x28.6	26.0	26.0	23.9	24.3	x25.5
LAIA	1.7	2.8	3.5	x3.1	x2.8	3.1	2.9	3.0	3.8	4.7
CACM	x0.3	x0.4	x0.3	x0.6	x0.6	0.5	0.6	0.4	0.4	x0.4
Asia	x20.4	x17.7	x14.5	x12.5	x11.9	x12.9	x14.4	14.5	x16.2	x16.8
Middle East	x9.8	x8.0	x5.6	x3.8	x3.1	x2.9	x2.8	x2.5	x3.1	x3.8
Europe	40.8	39.6	41.5	46.9	47.9	48.1	46.8	51.6	49.9	49.6
EEC	32.0	30.6	32.1	36.4	37.6	38.0	37.0	40.9	40.8	41.2
EFTA	8.8	8.3	8.8	9.9	9.9	9.6	9.2	10.1	8.7	8.0
Oceania		3.1	x3.7	x3.4	x2.9	x2.5	x2.6	x3.8	x3.1	x2.6	x2.7
USA/Etats-Unis d'Amer	19.4	20.6	21.8	20.1	18.9	16.3	16.1	14.8	14.4	14.6
Germany/Allemagne	7.1	6.7	6.7	7.6	7.8	8.0	7.8	9.7	10.7	10.3
United Kingdom	5.7	5.9	6.2	6.3	6.5	6.5	6.4	6.4	5.5	5.6
France, Monac	5.9	5.3	5.5	6.5	6.6	6.7	5.9	6.2	6.0	5.9
Canada	6.1	6.2	6.2	5.5	4.8	5.4	5.5	4.8	4.9	5.1
Italy/Italie	3.4	3.3	3.4	3.8	4.3	4.4	4.6	4.7	4.7	5.0
Netherlands/Pays-Bas	3.5	3.5	3.7	4.4	4.4	4.4	4.2	4.6	4.6	4.7
Belgium–Luxembourg	2.6	2.4	2.6	3.0	3.1	2.9	2.9	3.3	3.2	3.4
Japan/Japon	1.7	1.6	1.8	2.0	2.0	2.4	2.7	2.8	2.7	2.6
Sweden/Suède	2.2	2.2	2.3	2.5	2.5	2.6	2.6	2.8	2.5	2.2

Exports

	1983	1984	1985	1986	1987	1988	1989	1990	1991	1992
Afrique	x0.3	x0.2	0.3	x0.2	x0.2	0.2	0.2	0.2	0.2	x0.3
Afrique du Nord	0.0	0.0	0.0	x0.0	0.0	0.0	0.0	0.0	0.0	0.1
Amériques	x16.1	17.0	15.3	x13.7	x12.8	13.7	14.7	14.9	15.1	x15.1
ALAI	0.1	0.9	1.0	x1.2	x0.2	1.1	1.1	1.0	1.0	1.1
MCAC	x0.0	x0.0	x0.0	x0.0	x0.0	0.0	0.0	0.0	0.0	x0.0
Asie	20.1	19.8	17.6	16.9	18.6	20.3	21.1	19.2	20.8	21.6
Moyen-Orient	x0.2	x0.2	x0.3	0.5	x0.1	0.3	0.2	x0.1	x0.1	x0.2
Europe	62.6	62.1	66.2	68.6	62.2	60.8	61.0	63.5	62.0	61.8
CEE	50.4	48.6	51.7	54.1	49.0	47.6	48.2	51.1	49.4	49.3
AELE	12.3	12.2	13.2	14.2	12.8	12.7	12.3	11.9	12.2	12.1
Océanie	0.8	0.9	0.8	0.6	0.6	0.6	0.6	0.5	x0.5	x0.6
Germany/Allemagne	24.1	22.4	24.0	26.1	23.2	22.4	22.3	23.1	22.0	21.5
USA/Etats-Unis d'Amer	14.5	14.2	12.8	11.0	10.2	10.8	11.6	12.0	12.3	12.1
Japan/Japon	12.7	12.2	11.4	10.2	7.9	8.1	8.0	7.1	7.3	7.1
France, Monac	7.7	6.9	7.1	7.5	6.5	6.4	6.7	7.4	6.8	7.2
China/Chine						4.9	5.7	6.5	5.8	6.3	7.2
United Kingdom	6.0	5.8	6.4	5.5	5.5	5.3	5.1	5.7	6.0	5.8
Switz.Liecht	6.0	5.8	5.4	5.9	6.6	6.0	5.7	5.4	4.6	5.7
Sweden/Suède	5.4	5.5	5.5	5.8	5.2	5.4	5.3	4.6	5.6	5.7
Italy/Italie	5.0	5.0	5.5	5.8	5.6	5.4	5.4	5.0	4.8	4.6
Netherlands/Pays-Bas	4.4	4.3	4.3	4.6	4.3	4.3	4.7	5.0	4.7	5.1
Belgium–Luxembourg	2.4	2.3	2.5	2.9	2.9	3.1	3.1	3.3	3.6	3.4

6954 BLADES, TIPS, ETC FR TOOLS / OUTILS POUR MACHINE-OUTIL 6954

TRADE BY COMMODITY IN THOUSAND U.S. DOLLARS – COMMERCE PAR PRODUIT EN MILLIERS DE DOLLARS E.U

IMPORTS – IMPORTATIONS

COUNTRIES–PAYS	1988	1989	1990	1991	1992
Total	6179057	6467232	7261205	7642845	7721993
Africa	x209069	x208538	x214082	x195268	x183164
Northern Africa	73408	95799	91656	x79171	x59085
Americas	1212279	1411092	1386501	1742683	1532277
LAIA	228790	260071	273295	407852	375582
CACM	5172	6591	6021	5662	x6355
Asia	x944979	x1043555	x1187789	x1290082	x1428337
Middle East	x227767	x221219	x183227	x186002	x213050
Europe	3157042	3251296	4127710	4017827	4331490
EEC	2528495	2592809	3260369	3270013	3534090
EFTA	578842	616512	807668	714807	766325
Oceania	164182	x139582	x145286	x125765	x130035
Germany/Allemagne	716512	793809	1055389	1122248	1076316
USA/Etats-Unis d'Amer	590198	773646	768185	1003688	789350
France, Monac	441155	431373	527691	486828	577503
United Kingdom	353622	359950	438561	424935	421288
Italy/Italie	298814	329240	383809	352220	389546
Canada	369865	351060	316135	303275	340725
Netherlands/Pays-Bas	274444	239933	283824	254266	271101
Japan/Japon	153186	185454	228286	243458	207099
Switz.Liecht	182687	189694	240200	219098	216043
Sweden/Suède	155376	173082	258734	201292	238223
Belgium–Luxembourg	154913	169359	212951	250718	331240
Spain/Espagne	145515	132001	179420	200011	275338
Austria/Autriche	117593	128022	166454	168570	191787
Korea Republic	107213	123118	159366	171059	180202
Mexico/Mexique	71073	128022	119874	204761	193983
Singapore/Singapour	118842	124264	153048	170411	178494
Former USSR/Anc. URSS	x157462	x177182	x83024	x156063	
Thailand/Thaïlande	82289	97218	117585	121484	131261
Australia/Australie	138810	110239	118658	102287	103346
Hong Kong	68172	77469	76962	91012	109486
Brazil/Brésil	59763	44148	74557	100130	72843
Denmark/Danemark	63493	58131	81099	77156	78299
Norway,SVD,JM	66944	59888	68335	76128	74251
Indonesia/Indonésie	36412	40325	73712	83520	55605
Malaysia/Malaisie	31746	37402	63898	82774	x154726
Finland/Finlande	53634	63685	71722	47008	43306
Iran (Islamic Rp. of)	x38418	x39683	x65759	x65252	x58468
So. Africa Customs Un	77620	50827	54660	x44241	x54834
Czechoslovakia	x58337	42517	50497	x35127	x47685
China/Chine	38691	41308	34954	45084	56300
Yugoslavia SFR	45769	38492	55415	x27286	
Portugal	30938	31842	42555	43920	44584
Hungary/Hongrie	x38562	x42361	x28854	40732	x35446
Ireland/Irlande	36558	32744	37671	41001	39304
Algeria/Algérie	35135	24206	50828	31904	x14238
Iraq	x82979	x84667	x20907	x932	x232
Israel/Israël	22856	26891	31832	32227	32365
Turkey/Turquie	27769	25449	31621	32440	35251
India/Inde	26887	x29517	30027	26388	
Former GDR	x122287	x74508	x7434		x73314
Venezuela	37572	25357	20180	34717	28912
Saudi Arabia	14052	17488	x22444	x35672	x39600
Poland/Pologne	x30974	x25581	x19346		
Chile/Chili	17111	22750	21641	x23903	x25451
United Arab Emirates	x36877	x18551	x21730	19796	x20042
Libyan Arab Jamahiriya	7903	42346	4173	x22804	x45061
Bulgaria/Bulgarie	x46528	x45499	x6917	x11303	x7450
New Zealand	15758	16367	17179	x3967	2738
Greece/Grèce	12532	14428	17397	16697	18252
Philippines	7699	x18090	12009	11309	x29573 10288

EXPORTS – EXPORTATIONS

COUNTRIES–PAYS	1988	1989	1990	1991	1992
Totale	5889921	6140465	7202736	7297595	7631410
Afrique	x17516	x16380	x22143	x22004	x27396
Afrique du Nord	x2619	962	2968	1906	1740
Amériques	538387	640205	815309	864774	927206
ALAI	61534	66811	79348	102107	93515
MCAC	x81	392	429	608	x230
Asie	1179762	1307871	1334682	1674844	1782440
Moyen–Orient	x15279	x11551	x7220	x7785	x8311
Europe	3824581	3971397	4884035	4630603	4799267
CEE	2704850	2762422	3478890	3345324	3545102
AELE	1075200	1161931	1356859	1254315	1231141
Océanie	x19375	21568	x23823	x25258	x26299
Germany/Allemagne	1223722	1285212	1612217	1535150	1729870
Japan/Japon	880688	944497	923182	1222851	1277017
Sweden/Suède	520949	571662	620769	583506	551034
USA/Etats-Unis d'Amer	391541	471994	628355	646398	735146
Italy/Italie	295789	317154	433813	435892	415731
Switz.Liecht	304413	314870	400254	373947	374270
United Kingdom	315236	319921	369860	352264	376603
Netherlands/Pays-Bas	286719	310341	348870	327345	311621
Austria/Autriche	215070	229606	289857	261406	274615
France, Monac	236122	224213	257134	249550	247399
Spain/Espagne	177136	133301	238804	230047	209632
Israel/Israël	84145	101299	123565	138463	137598
Belgium–Luxembourg	100409	92646	117356	118274	144076
Canada	82573	97689	106060	115155	97674
Singapore/Singapour	58042	69713	83939	98712	109072
China/Chine	55127	68065	70106	67009	68722
Korea Republic	29158	41297	54859	60771	76554
Hong Kong	39704	46395	45728	46351	70326
Yugoslavia SFR	42819	45872	47178	x30278	
Ireland/Irlande	25085	31608	39177	39159	51312
Former USSR/Anc. URSS	x44701	x32370	x32554	x29038	
Poland/Pologne	x55370	x40433	x31630	x20638	x19904
Denmark/Danemark	27468	26901	33431	31727	34866
Brazil/Brésil	25466	30871	27518	27162	31470
Finland/Finlande	20646	30241	27921	18709	13718
Mexico/Mexique	20466	17759	20719	37760	24415
Argentina/Argentine	12760	15325	26739	30899	28117
Czechoslovakia	x28522	x21224	x17849	x14610	x28136
Australia/Australie	12550	16365	17228	18813	19876
Norway,SVD,JM	14122	15552	18053	16746	17504
So. Africa Customs Un	x14494	x13130	x17095	x17708	x23452
Bulgaria/Bulgarie	x96947	x28686	x15645	x2097	x3124
Former GDR	x46429	x32362	x11283		
Portugal	10397	10521	15773	14854	17204
Greece/Grèce	6768	10603	12455	11062	x6789
India/Inde	10490	x16030	9716	7540	x17805
Hungary/Hongrie	x13924	x6529	x8061	x13572	x13609
Romania/Roumanie	x24408	21431	x5721	155	x4018
Thailand/Thaïlande	2445	3570	6461	12502	x8882
Malaysia/Malaisie	1490	3122	7303	8625	x6386
New Zealand	3566	4385	5136	4764	5588
Cyprus/Chypre	3004	5661	3259	2891	1693
Venezuela	1996	2095	3014	2800	6783
Turkey/Turquie	5950	2367	1504	2063	3823
United Arab Emirates	x4864	x2301	x1595	x1820	x1080
Tunisia/Tunisie	998	902	2796	1573	949
Colombia/Colombie	492	437	233	2740	534
Barbados/Barbade	1716	2331	755	0	x7
Papua New Guinea	14	725	773	1333	577
Philippines	1357	x1112	1063	489	252

(VALUE AS % OF TOTAL)(VALEUR EN % DU TOTAL)

Imports

	1983	1984	1985	1986	1987	1988	1989	1990	1991	1992
Africa	x9.8	x6.6	x5.6	x5.1	x3.3	x3.4	x3.2	x3.0	x2.6	x2.4
Northern Africa	x3.7	x2.3	1.7	x1.8	1.4	1.2	1.5	1.3	x1.0	x0.8
Americas	17.2	20.7	21.7	x19.2	16.9	19.6	21.8	19.1	22.8	19.8
LAIA	2.2	4.5	4.3	x4.3	3.4	3.7	4.0	3.8	5.3	4.9
CACM	x0.1	x0.1	x0.1	x0.1	0.1	0.1	0.1	0.1	0.1	x0.1
Asia	x19.8	x18.8	x18.1	x16.6	x14.7	x15.2	x16.2	x16.4	x16.9	x18.5
Middle East	x7.3	x5.8	x5.3	x3.8	x3.2	x3.7	x3.4	x2.5	x2.4	x2.8
Europe	50.5	50.6	51.8	56.2	53.0	51.1	50.3	56.8	52.6	56.1
EEC	40.5	39.5	40.8	44.0	41.5	40.9	40.1	44.9	42.8	45.8
EFTA	10.0	10.0	9.8	11.2	10.8	9.4	9.5	11.1	9.4	9.9
Oceania	2.6	x3.4	x2.8	x2.8	x3.6	2.7	x2.2	x2.0	x1.7	x1.7
Germany/Allemagne	11.4	11.0	11.9	14.0	13.1	11.6	12.3	14.5	14.7	13.9
USA/Etats-Unis d'Amer	9.4	10.2	11.0	9.4	8.8	9.6	12.0	10.6	13.1	10.2
France, Monac	7.2	6.2	6.5	7.1	6.8	7.1	6.7	7.3	6.4	7.5
United Kingdom	5.9	7.1	6.6	5.4	5.1	5.7	5.6	6.0	5.6	5.5
Italy/Italie	4.6	4.2	4.6	5.1	5.0	4.8	5.1	5.3	4.6	5.0
Canada	5.1	5.5	5.8	4.3	3.9	6.0	5.4	4.4	4.0	4.4
Netherlands/Pays-Bas	4.7	4.4	4.6	4.8	4.6	4.4	3.7	3.9	3.3	3.5
Japan/Japon	2.1	2.4	2.4	2.3	2.2	2.5	2.9	3.1	3.2	2.7
Switz.Liecht	2.7	2.7	2.8	3.3	3.2	3.0	2.9	3.3	2.9	2.8
Sweden/Suède	2.5	3.0	2.6	2.8	2.8	2.5	2.7	3.6	2.6	3.1

Exports

	1983	1984	1985	1986	1987	1988	1989	1990	1991	1992
Afrique	1.5	0.5	0.5	x0.3	x0.4	x0.3	x0.3	x0.3	x0.3	x0.4
Afrique du Nord	0.0	0.1	0.0	x0.0	x0.0	x0.0	0.0	x0.0	x0.0	x0.0
Amériques	16.2	16.4	15.6	x10.6	x8.8	9.1	10.4	11.3	11.8	12.1
ALAI	0.8	1.8	1.4	x1.2	x1.0	1.0	1.1	1.1	1.4	1.2
MCAC	x0.0	x0.0	x0.0	x0.0	x0.0	x0.0	x0.0	x0.0	x0.0	x0.0
Asie	14.8	17.1	18.3	19.4	19.1	20.0	21.3	18.5	23.0	23.3
Moyen–Orient	x0.0	x0.0	x1.1	x0.4	x0.3	x0.3	x0.2	x0.1	x0.1	0.1
Europe	67.3	65.5	65.3	69.4	66.9	64.9	64.7	67.8	63.5	62.9
CEE	48.6	45.7	45.7	48.3	47.2	45.9	45.0	48.3	45.8	46.5
AELE	18.8	18.5	18.5	20.5	19.2	18.3	18.9	18.8	17.2	16.1
Océanie	0.3	0.3	0.4	x0.2	x0.3	0.4	0.3	x0.3	x0.3	x0.3
Germany/Allemagne	20.8	19.5	19.6	21.7	20.5	20.8	20.9	22.4	21.0	22.7
Japan/Japon	11.4	12.7	13.0	15.5	13.7	15.0	15.4	12.8	16.8	16.7
Sweden/Suède	9.6	9.9	9.8	10.3	9.6	8.8	9.3	8.6	8.0	7.2
USA/Etats-Unis d'Amer	13.6	12.8	12.4	7.8	6.6	6.6	7.7	8.7	8.9	9.6
Italy/Italie	5.4	5.2	5.2	6.4	6.6	5.5	5.2	6.0	6.0	5.4
Switz.Liecht	5.1	4.7	4.7	5.5	5.3	5.2	5.1	5.6	5.1	4.9
United Kingdom	6.7	7.1	6.7	5.5	5.4	5.4	5.2	5.1	4.8	4.9
Netherlands/Pays-Bas	4.4	4.2	4.3	4.7	4.8	4.9	5.1	4.8	4.5	4.1
Austria/Autriche	3.3	3.2	3.3	3.9	3.6	3.7	3.7	4.0	3.6	3.6
France, Monac	6.0	5.1	4.5	4.6	4.0	4.0	3.7	3.6	3.4	3.2

6973 DMSTC HEATG, COOKG APPARA — APPS CHAUF NON ELECTRIQ 6973

TRADE BY COMMODITY IN THOUSAND U.S. DOLLARS — COMMERCE PAR PRODUIT EN MILLIERS DE DOLLARS E.U

COUNTRIES–PAYS	IMPORTS – IMPORTATIONS					COUNTRIES–PAYS	EXPORTS – EXPORTATIONS				
	1988	1989	1990	1991	1992		1988	1989	1990	1991	1992
Total	1575462	1444954	1604443	1958850	2222874	Totale	1286539	1230251	1377777	1644454	1956516
Africa	x85750	x91478	x87785	x91527	x114855	Afrique	x8871	x6314	x3953	x7380	x7549
Northern Africa	46999	48218	44710	x48182	x72400	Afrique du Nord	6721	4248	1610	5315	5143
Americas	381480	307933	348797	418847	x558743	Amériques	184072	164255	207291	338818	492089
LAIA	19733	34551	26538	44638	x63521	ALAI	36505	40945	56502	152263	233753
CACM	7307	6344	6232	7138	x12600	MCAC	3003	2607	2003	2941	x4211
Asia	x340877	315001	x309870	x352886	x347609	Asie	268025	226054	252327	289280	313042
Middle East	x173819	x132042	x111244	x134869	x153402	Moyen–Orient	49420	16235	10660	18497	21483
Europe	661046	639269	790118	939516	1132377	Europe	703002	720188	832928	948908	1049746
EEC	555594	531574	651554	805205	991501	CEE	630908	649706	745779	851045	927309
EFTA	99474	99619	126204	125246	130251	AELE	63456	60328	75600	76665	90103
Oceania	x38520	x48717	x48621	x43276	x43906	Océanie	15603	x15887	15572	x12172	11883
USA/Etats–Unis d'Amer	290719	187686	230596	277050	351559	Italy/Italie	272178	286762	309133	383163	430036
Germany/Allemagne	93078	91435	124282	188215	249120	Japan/Japon	123719	107850	125848	123737	119854
Italy/Italie	83878	83404	114036	150956	213375	USA/Etats–Unis d'Amer	69109	72545	83741	108412	94846
France, Monac	110430	99968	121041	125585	141663	Germany/Allemagne	68357	65117	81839	89648	101087
United Kingdom	105842	92906	93681	110556	134047	France, Monac	42689	44550	57988	76705	66352
Hong Kong	65947	63915	82877	100485	74379	Hong Kong	48982	46638	58051	66517	62050
Belgium–Luxembourg	59359	49465	59075	72342	72072	Netherlands/Pays–Bas	44669	48973	59621	51826	74056
Saudi Arabia	58387	62213	x37907	x69685	x64756	Spain/Espagne	41983	49059	55464	45136	47509
Canada	40023	53290	56891	56464	89556	United Kingdom	29417	22731	41410	41322	53186
Netherlands/Pays–Bas	45039	45740	50222	51562	53003	Mexico/Mexique	6821	6557	23182	103764	173241
Former USSR/Anc. URSS	x20605	x13742	x3923	x95241		Belgium–Luxembourg	43208	40700	42210	47472	49653
Spain/Espagne	22273	28503	35397	45441	52441	Canada	24625	23995	33291	35267	46937
Austria/Autriche	32056	29417	36165	37894	43156	Austria/Autriche	24325	28476	27043	36904	49322
Switz.Liecht	27926	28193	35571	37473	40588	Brazil/Brésil	26268	22971	30565	32407	39473
Korea Republic	15806	23679	30001	28453	26528	Denmark/Danemark	18797	22736	25019	32391	48579
Australia/Australie	23006	27149	26696	24920	24984	China/Chine	14701	30215	21781	6216	x9880
Japan/Japon	17947	21734	23446	25666	26485	Romania/Roumanie	x23651	12817	20591	19185	19301
Sweden/Suède	16067	19935	27558	23396	21687	Ireland/Irlande	11586	12736	16058	16886	30789
Ireland/Irlande	17266	16815	24691	22415	19052	Korea Republic	18811	18725	x8336		
China/Chine	20038	25733	18875	18150	12116	Former GDR	x46540	x38575			
Libyan Arab Jamahiriya	20514	24055	15182	x15828	x10924	Yugoslavia SFR	8588	10149	11239	x20985	18839
Singapore/Singapour	16841	15474	15544	14695	13699	Switz.Liecht	8963	10333	14333	17439	19854
Turkey/Turquie	14663	11359	18227	15382	16843	Hungary/Hongrie	x11652	x5568	x9864	x21248	x34185
Mexico/Mexique	4222	7730	12730	23759	33019	Sweden/Suède	13047	12471	13179	9895	10049
Norway,SVD,JM	14229	12378	14150	15331	16062	Norway,SVD,JM	14702	10888	12067	11956	12140
Portugal	6987	10607	13026	17828	25410	Czechoslovakia	x9249	x8772	x9759	x10974	x20322
Algeria/Algérie	9143	10552	12892	14401	x41994	Poland/Pologne	x8205	x8191	x11809	x4743	x17770
United Arab Emirates	x23614	x11910	x12275	x12959	x17420	Australia/Australie	6821	7001	8349	7101	7985
New Zealand	7396	9446	13517	10703	10754	New Zealand	8746	8269	7195	4992	3829
Finland/Finlande	8297	9151	11898	10338	7590	Turkey/Turquie	40624	3422	4442	12168	15519
Nigeria/Nigéria	x9152	x7503	x10140	x12877	x11996	Singapore/Singapour	8114	6449	5604	6458	6539
Greece/Grèce	4490	6834	9218	13456	x22083	Malaysia/Malaisie	2887	4083	5657	7155	x10535
Czechoslovakia	x855	x5362	x7517	x12310	x12018	Jordan/Jordanie	6490	6538	4682	4623	4907
Lebanon/Liban	x3213	x5362	7414	9144	10458	Portugal	4277	3706	4416	6829	8733
Indonesia/Indonésie	4903	8166	7871	7959	8663	Former USSR/Anc. URSS	x7547	x5097	x3597	x4625	
Tunisia/Tunisie	8195	7375	7375	3519	x6769	Colombia/Colombie	2290	1467	3042	6697	4402
Chile/Chili	6168	15435	3753	3519		Finland/Finlande	2119	2640	2730	2108	2139
Yugoslavia SFR	3579	5496	9704	x5550		Venezuela	1142	1925	2090	2273	3165
Iraq	x40333	x7543	x10193	x2914	x11	Thailand/Thaïlande	840	1537	1909	2386	x1910
Kuwait/Koweït	x12681	13994	x5065	x1031	x10826	India/Inde	1939	x1728	1612	2227	x1441
Denmark/Danemark	6954	5898	6885	6848	9235	Tunisia/Tunisie	533	1093	1102	3357	3830
Israel/Israël	7192	5859	6163	6143	8469	Guatemala	1964	1306	1138	2345	3208
So. Africa Customs Un	8312	5579	5705	x6061	x6047	Kuwait/Koweït	x142	3987	x88	x74	x9
Malaysia/Malaisie	8077	5318	5130	6362	x7483	So. Africa Customs Un	x1215	x1269	x1421	x1361	x1789
Uruguay	2924	6862	3275	6172	2068	Indonesia/Indonésie	415	1291	1251	1329	3856
Panama	1092	2560	5075	8070	10029	Argentina/Argentine	1217	1253	687	1336	1213
Hungary/Hongrie	x5677	x2297	x2777	9369	x11918	Algeria/Algérie	3214	2447	95	11	x3
Cyprus/Chypre	4446	3908	5378	4064	7203	Trinidad and Tobago	542	814	903	764	1554
Angola	x346	x6002	x5638	x1039	x2854	Morocco/Maroc	2913	297	384	1541	776
Cameroon/Cameroun	x2885	3866	x2345	6037	x2391	Pakistan	21	400	376	1134	1142

(VALUE AS % OF TOTAL)(VALEUR EN % DU TOTAL)

	1983	1984	1985	1986	1987	1988	1989	1990	1991	1992		1983	1984	1985	1986	1987	1988	1989	1990	1991	1992
Africa	16.4	x8.9	5.5	x5.1	x4.4	x5.4	x6.3	x5.5	x4.7	x5.2	Afrique	x0.3	0.3	0.3	x0.3	x0.2	0.7	x0.5	x0.3	x0.5	x0.4
Northern Africa	6.2	x6.6	3.1	x2.5	1.7	3.0	3.3	2.8	x2.5	x3.3	Afrique du Nord	0.0	0.1	0.1	0.1	0.1	0.5	0.3	0.1	0.3	0.3
Americas	x26.2	26.3	x30.4	x26.3	x25.3	24.2	21.3	21.7	21.4	x25.1	Amériques	x12.4	x15.2	13.0	x12.7	x13.7	14.4	13.4	15.0	20.6	25.1
LAIA	0.6	1.3	x1.3	x0.7	x0.8	1.3	2.4	1.7	2.3	x2.9	ALAI	0.6	1.3	1.3	x1.9	2.8	3.3	4.1	9.3	11.9	
CACM	x0.2	0.7	0.4	0.8	0.4	0.4	0.5	0.4	0.4	x0.6	MCAC	x0.1	0.2	0.2	x0.1	0.2	0.2	0.2	0.1	0.2	x0.2
Asia	x19.2	x20.9	x18.8	x16.2	x16.8	x21.6	21.8	x19.3	x18.0	x15.7	Asie	21.1	16.1	19.6	14.2	14.5	20.8	18.4	18.3	17.6	16.0
Middle East	x13.1	x14.0	x10.6	x8.0	x7.8	x11.0	x9.1	x6.9	x6.9	x6.9	Moyen–Orient	x0.4	1.6	x1.2	x1.1	0.8	3.8	1.3	0.8	1.1	1.1
Europe	34.5	39.1	41.0	48.6	48.0	42.0	44.2	49.2	48.0	50.9	Europe	63.8	65.3	63.8	70.3	60.6	54.6	58.5	60.5	57.7	53.7
EEC	30.9	34.5	36.1	42.7	41.3	35.3	36.8	40.6	41.1	44.6	CEE	59.5	60.1	59.0	65.3	55.8	49.0	52.8	54.1	51.8	47.4
EFTA	3.6	4.3	4.6	5.6	6.2	6.3	6.9	7.9	6.4	5.9	AELE	4.3	4.1	3.8	4.2	4.2	4.9	4.9	5.5	4.7	4.6
Oceania	3.6	x4.7	x4.5	x3.8	x2.8	x2.4	x3.3	x3.0	x2.2	x2.0	Océanie	2.5	x3.2	2.3	x2.5	1.8	1.2	x1.3	1.1	x0.7	0.6
USA/Etats–Unis d'Amer	19.8	18.4	22.6	19.5	17.8	18.5	13.0	14.4	14.1	15.8	Italy/Italie	19.0	21.8	19.5	17.5	17.5	21.2	23.3	22.4	23.3	22.0
Germany/Allemagne	5.0	5.4	5.3	6.0	6.6	5.9	6.3	7.7	9.6	11.2	Japan/Japon	17.3	11.9	15.2	10.3	9.1	9.6	8.8	9.1	7.5	6.1
Italy/Italie	2.2	2.4	2.4	2.7	2.8	5.3	5.8	7.1	7.7	9.6	USA/Etats–Unis d'Amer	10.0	10.8	8.3	6.8	7.0	8.8	7.8	7.6	6.5	10.1
France, Monac	6.1	6.7	7.4	9.1	9.3	7.0	6.9	7.5	6.4	6.4	Germany/Allemagne	16.1	16.8	18.7	24.8	15.1	5.4	5.9	5.9	5.5	5.2
United Kingdom	6.2	8.2	8.5	8.5	7.0	6.7	6.4	5.8	5.6	6.0	France, Monac	9.3	7.9	6.7	7.5	7.2	5.3	5.3	5.9	5.5	3.4
Hong Kong	2.0	2.0	2.9	2.8	3.1	4.2	4.4	5.2	5.1	3.3	Hong Kong	2.8	2.7	3.3	3.9	4.0	3.8	3.8	4.2	4.0	3.2
Belgium–Luxembourg	4.0	3.7	4.2	4.9	5.4	3.8	3.4	3.7	3.7	3.7	Netherlands/Pays–Bas	4.3	3.2	2.9	2.3	3.5	4.0	4.0	3.7	3.2	3.8
Saudi Arabia	x6.0	7.1	x4.2	3.9	4.0	3.7	4.3	x2.4	x3.6	x2.9	Spain/Espagne	3.1	3.1	2.8	2.5	3.3	3.3	4.0	4.0	2.7	2.4
Canada	4.4	3.9	3.9	4.1	4.3	2.5	3.7	3.5	2.9	4.0	United Kingdom		0.3	0.3	x0.6	x1.3	0.5	0.5	1.7	6.3	8.9
Netherlands/Pays–Bas	4.1	4.8	4.9	7.3	5.3	2.9	3.2	3.1	2.6	2.4	Mexico/Mexique										

6991 LOCKSMITHS WARES, ETC — ARTICLES DE SERRURERIE 6991

TRADE BY COMMODITY IN THOUSAND U.S. DOLLARS – COMMERCE PAR PRODUIT EN MILLIERS DE DOLLARS E.U

COUNTRIES–PAYS	IMPORTS – IMPORTATIONS 1988	1989	1990	1991	1992	COUNTRIES–PAYS	EXPORTS – EXPORTATIONS 1988	1989	1990	1991	1992
Total	5638202	5997217	6978176	7253276	8322261	Totale	4970846	5396206	6544924	6909229	7935466
Africa	x199766	x170850	x213192	x202282	x228324	Afrique	x6461	x8864	x13517	x12002	x13582
Northern Africa	70117	59313	83935	x69023	x63118	Afrique du Nord	3132	3859	6497	5918	5814
Americas	x1717489	x1841881	x1885424	x1891199	x2235987	Amériques	818107	962818	1131954	1270107	1436943
LAIA	62976	58558	74140	114633	172640	ALAI	25202	28008	39582	42454	47045
CACM	13693	17342	16581	15831	x23118	MCAC	1988	2143	1933	1774	x2355
Asia	x655695	x696587	x832465	x971925	x1170225	Asie	714034	829868	948558	1080353	1337663
Middle East	x209232	x178238	x196333	x242274	x304848	Moyen–Orient	16023	x12811	x11161	x12900	x15177
Europe	2856855	3032919	3828885	3920647	4366727	Europe	3365398	3525637	4375318	4469246	5058761
EEC	2153376	2329652	2976250	3107283	3505954	CEE	2750754	2903850	3577101	3679835	4198126
EFTA	684703	678880	816760	772449	814518	AELE	595353	604587	769437	773644	835000
Oceania	x148648	x189614	x178013	x164553	x194718	Océanie	x33598	x34506	x37884	x40828	39693
USA/Etats–Unis d'Amer	1135055	1250760	1271769	1194366	1398315	Germany/Allemagne	1427753	1455280	1781199	1818796	2100022
Germany/Allemagne	408317	448675	631114	757570	870573	USA/Etats–Unis d'Amer	565639	680204	877268	1025001	1159435
United Kingdom	469801	481934	548088	525561	565928	Italy/Italie	553309	608511	730514	783178	885329
Canada	446449	464110	462595	499598	579822	Austria/Autriche	311477	312256	417470	440278	491590
France, Monac	363837	400001	515104	508028	570307	Japan/Japon	279653	346173	391844	409126	453564
Netherlands/Pays–Bas	248128	255959	315692	309583	354894	France, Monac	242450	260605	321808	315241	363773
Belgium–Luxembourg	215627	238602	293208	285190	308219	Canada	224686	252193	212810	200499	226842
Sweden/Suède	239701	226123	256382	229536	235271	United Kingdom	168696	183134	222167	214902	216785
Italy/Italie	163229	186367	230382	233793	259026	Hong Kong	158209	171974	189992	222652	288752
Austria/Autriche	145071	148853	203645	224138	252302	China/Chine	121379	136694	174923	223061	334307
Switz.Liecht	170837	171057	206061	187991	194026	Netherlands/Pays–Bas	106987	113693	155345	154953	173889
Hong Kong	139198	150175	180626	216624	263422	Switz.Liecht	113962	117075	152480	149352	151953
Spain/Espagne	101577	125689	182623	209860	256047	Spain/Espagne	81380	97497	124364	143209	176421
Australia/Australie	114215	144909	135676	128538	153130	Sweden/Suède	100869	101365	113014	109480	112848
Denmark/Danemark	93251	93311	116525	113883	124733	Denmark/Danemark	70043	75829	104872	104981	113544
Japan/Japon	79941	88701	105756	120659	129257	Belgium–Luxembourg	51597	54594	68886	73800	80934
Singapore/Singapour	70343	81696	107081	113012	141389	Singapore/Singapour	41046	51403	63533	71353	79608
Saudi Arabia	67828	64930	x70284	x98637	x112036	Korea Republic	56059	52338	54990	50093	53287
Finland/Finlande	57580	68156	72708	56363	55586	Portugal	35462	39830	51302	56336	73024
Norway,SVD,JM	64913	58750	71176	66664	70276	Norway,SVD,JM	45124	44398	49711	43230	47318
Thailand/Thaïlande	27818	38350	60560	71683	84982	Finland/Finlande	23921	29493	36761	31304	31292
Greece/Grèce	33876	41350	57985	64965	x81382	India/Inde	20251	x24129	22131	32552	x34224
Ireland/Irlande	36125	37199	49077	51793	56606	Australia/Australie	21644	22018	23381	24317	24626
Mexico/Mexique	20168	29534	41039	61892	81847	Brazil/Brésil	13900	16854	18833	21480	27129
Korea Republic	29123	34069	40334	46196	47387	Yugoslavia SFR	16809	15532	26435	x13695	
So. Africa Customs Un	41213	34380	40240	x43533	x44501	Thailand/Thaïlande	7252	13437	19673	21741	x25087
Portugal	19608	20567	36450	47058	58239	New Zealand	11573	10650	14121	15636	14868
Israel/Israël	23387	24766	32806	38168	46057	Poland/Pologne	x9791	x12445	x12150	x12384	x18275
United Arab Emirates	x45387	x26395	x29442	x34077	x52788	Israel/Israël	9391	9913	11307	14563	20060
China/Chine	20564	23676	27122	36843	53167	Ireland/Irlande	9291	9706	9893	6745	8755
Malaysia/Malaisie	15189	17446	26481	39141	x33418	Mexico/Mexique	7078	5251	10383	10001	6760
New Zealand	22009	24783	27512	22175	24925	Malaysia/Malaisie	3403	4526	6246	14292	x24139
Turkey/Turquie	11926	12219	28029	30292	34877	Hungary/Hongrie	x4163	x4814	x8021	x11390	x17401
Yugoslavia SFR	9308	14031	23637	x30553		Greece/Grèce	3786	5171	6751	7693	x5650
Nigeria/Nigéria	x16628	x16256	x24443	x26215	x36154	Former USSR/Anc. URSS	x3726	x5425	x5798	x8055	
Indonesia/Indonésie	10105	17872	19408	19147	22540	Turkey/Turquie	12046	6563	5881	6655	8995
Algeria/Algérie	12109	11319	27892	11186	x8643	So. Africa Customs Un	x2091	x3801	x4869	x5130	4856
Former USSR/Anc. URSS	x9139	x13172	x7769	x28638		Tunisia/Tunisie	2480	2849	5332	4064	2920
Czechoslovakia	x12596	16167	11251	x19547	x45786	Czechoslovakia	x2222	x2424	x3397	x4026	x12089
Libyan Arab Jamahiriya	16190	12930	15873	x14447	x8532	United Arab Emirates	x2242	x2458	x2810	x3819	x4272
Egypt/Egypte	17597	12774	13689	15733	15220	Bulgaria/Bulgarie	x7337	x4140	x4361	x524	x237
Hungary/Hongrie	x6051	x6678	x12573	21175	x25535	Argentina/Argentine	1442	1866	3450	3609	3637
Morocco/Maroc	10538	11716	12981	14812	15932	Colombia/Colombie	1325	1666	2303	4010	5207
Poland/Pologne	x3072	x3806	x5009	x30331	x46775	Philippines	130	x4642	120	2949	1451
Philippines	6573	8121	7711	11115		Venezuela	414	1334	3884	2020	2732
Tunisia/Tunisie	8231	x18546	12761	10589	11712	Malta/Malte	2438	1611	2305	x2043	x2358
Kuwait/Koweït	x12716	15532	x9071	5650	x16989	Indonesia/Indonésie	820	752	1436	3362	5817
Lebanon/Liban	x6039	x6740	x7878	x14557	x13612	Romania/Roumanie	x1781	x2436	x2785	314	x810
Cyprus/Chypre	7258	8147	9550	10005	12099	Former GDR	x4226	x2827	x1045		
Dominican Republic	x6713	x9379	x7401	x8769	x10608	Jordan/Jordanie	257	1490	1053	935	1290

(VALUE AS % OF TOTAL)(VALEUR EN % DU TOTAL)

	1983	1984	1985	1986	1987	1988	1989	1990	1991	1992		1983	1984	1985	1986	1987	1988	1989	1990	1991	1992
Africa	x6.0	x6.3	x4.5	x4.0	x3.3	x3.5	2.9	x3.1	x2.8	x2.7	Afrique	0.2	0.2	0.1	x0.2	x0.1	x0.1	x0.2	x0.2	x0.2	x0.2
Northern Africa	x3.4	x2.7	2.1	1.5	x1.4	1.2	1.0	1.2	x1.0	0.8	Afrique du Nord	0.0	0.0	0.0	0.0	0.0	0.1	0.1	0.1	0.1	0.1
Americas	27.2	33.5	35.7	x33.5	x32.4	x30.4	x30.7	x27.1	x26.1	x26.9	Amériques	x19.1	22.7	20.7	x16.6	x16.4	16.5	17.9	17.3	18.3	18.1
LAIA	2.5	3.6	3.5	x2.3	x2.7	1.1	1.0	1.1	1.6	2.1	ALAI	0.1	3.3	2.5	x2.1	x2.1	0.5	0.5	0.6	0.6	0.6
CACM	x0.2	0.4	0.4	x0.3	x0.3	0.2	0.3	0.2	0.2	x0.3	MCAC	x0.1	0.1	0.1	x0.1	x0.1	0.0	0.0	0.0	0.0	x0.0
Asia	x17.7	x15.2	x14.9	x11.6	x10.4	x11.6	x11.6	x11.9	13.4	x14.1	Asie	12.2	12.4	12.1	10.8	12.3	14.3	15.4	14.5	15.6	16.9
Middle East	x9.4	x7.2	x7.1	x4.6	x3.6	x3.7	x3.0	x2.8	x3.3	x3.7	Moyen–Orient	x0.1	x0.2	x0.7	0.6	0.7	0.3	x0.2	x0.2	x0.2	x0.2
Europe	46.7	42.1	41.9	48.5	50.3	50.7	50.6	54.9	54.1	52.5	Europe	67.9	64.0	66.4	72.0	70.0	67.7	65.3	66.9	64.7	63.7
EEC	34.4	30.7	30.6	35.3	37.0	38.2	38.8	42.7	42.8	42.1	CEE	56.6	52.6	54.5	58.5	56.4	55.3	53.8	54.7	53.3	52.9
EFTA	12.3	11.1	11.0	12.7	12.9	12.1	11.3	11.7	10.6	9.8	AELE	11.3	11.1	11.4	13.2	13.2	12.0	11.2	11.8	11.2	10.5
Oceania	x2.4	x2.9	x2.9	x2.5	x2.4	x2.6	3.1	x2.5	x2.3	x2.3	Océanie	x0.6	0.7	0.6	x0.5	0.6	x0.7	x0.6	x0.6	x0.6	0.5
USA/Etats–Unis d'Amer	15.0	19.3	21.7	21.4	20.6	20.1	20.9	18.2	16.5	16.8	Germany/Allemagne	26.3	24.2	25.5	29.6	29.1	28.7	27.0	27.2	26.3	26.5
Germany/Allemagne	8.3	6.9	6.6	7.4	7.6	7.2	7.5	9.0	10.4	10.5	USA/Etats–Unis d'Amer	15.8	15.8	14.4	11.5	11.1	11.4	13.4	14.8	14.6	
United Kingdom	5.7	5.7	5.9	6.9	7.6	8.3	8.0	7.9	7.2	6.8	Italy/Italie	12.2	12.0	12.4	12.7	12.0	11.1	11.3	11.2	11.3	11.2
Canada	8.6	8.9	9.0	7.7	7.1	7.9	7.7	6.6	6.9	7.0	Austria/Autriche	5.4	5.3	5.4	6.5	6.7	6.3	5.8	6.4	6.4	6.2
France, Monac	5.8	5.2	5.5	6.2	6.4	6.5	6.7	7.4	7.0	6.9	Japan/Japon	6.0	5.9	5.5	4.6	3.9	5.6	6.4	6.0	5.9	5.7
Netherlands/Pays–Bas	4.7	3.9	3.8	4.3	4.4	4.3	4.5	4.3	4.3	4.3	France, Monac	5.8	5.0	5.1	5.5	5.1	4.9	4.8	4.9	4.6	4.6
Belgium–Luxembourg	3.2	2.7	2.7	3.1	3.2	3.8	4.0	4.2	3.9	3.7	Canada	3.1	3.6	3.8	2.9	2.9	4.5	4.7	3.3	2.9	2.9
Sweden/Suède	4.3	4.0	4.0	4.7	4.6	4.3	3.8	3.7	3.2	2.8	United Kingdom	5.2	4.4	4.2	3.0	3.1	3.4	3.4	3.4	3.1	2.7
Italy/Italie	2.3	2.2	2.1	2.7	2.7	2.9	3.1	3.3	3.2	3.1	Hong Kong	3.6	3.8	3.4	3.2	2.9	3.2	3.2	2.9	3.2	3.6
Austria/Autriche	2.7	2.3	2.1	2.4	2.6	2.6	2.5	2.9	3.1	3.0	China/Chine					2.6	2.4	2.5	2.7	3.2	4.2

6992 IRON, STL CHAIN AND PARTS — CHAINES EN FONTE, FER 6992

TRADE BY COMMODITY IN THOUSAND U.S. DOLLARS – COMMERCE PAR PRODUIT EN MILLIERS DE DOLLARS E.U

IMPORTS – IMPORTATIONS

COUNTRIES–PAYS	1988	1989	1990	1991	1992
Total	1174202	1160781	1308408	1319184	1372316
Africa	x51752	x50361	x62085	x61698	x49214
Northern Africa	15438	18645	20375	20599	x18513
Americas	348505	348028	370213	368055	x377682
LAIA	60075	56260	68971	87136	84588
CACM	4238	5124	4752	5415	x4217
Asia	138442	x159084	209229	x214677	x271559
Middle East	x18662	x21930	x31730	x32539	x37243
Europe	493618	483132	601923	586968	619414
EEC	391301	377461	479675	475528	495233
EFTA	95442	99924	115215	106811	115157
Oceania	35143	x40820	37119	x36245	x38257
USA/Etats–Unis d'Amer	199276	203086	213246	202959	216295
France, Monac	106126	82886	104683	97400	103181
Germany/Allemagne	60675	64332	87866	96812	97011
Canada	72900	72260	70626	61524	62648
United Kingdom	55669	53545	68928	64677	64623
Netherlands/Pays–Bas	48997	50404	64059	62971	66743
Italy/Italie	37070	37619	47643	50762	56692
Singapore/Singapour	23036	28749	47397	45622	54806
Former USSR/Anc. URSS	x72475	x54862	x17540	x38052	
Belgium–Luxembourg	29664	28750	30264	33535	32546
Spain/Espagne	18978	24191	34851	29044	29461
Australia/Australie	24635	31094	26802	27199	27998
Switz.Liecht	26117	23897	28130	30505	29084
Sweden/Suède	26615	26369	30720	24150	23473
Mexico/Mexique	16524	18542	25764	34970	33451
Japan/Japon	18647	19836	23192	23902	28426
Austria/Autriche	15318	16287	22268	23727	27367
Denmark/Danemark	18370	16719	21087	19919	20218
Korea Republic	18008	17202	19860	19858	21818
Hong Kong	14250	18187	17493	21197	35629
So. Africa Customs Un	22458	17380	20219	x15557	x14822
Thailand/Thaïlande	11403	14272	17930	19988	21641
Norway,SVD,JM	12150	16883	15365	16337	23223
Finland/Finlande	13442	14944	16287	9446	9682
Indonesia/Indonésie	6720	10453	15082	14469	15487
Malaysia/Malaisie	8243	7979	12770	10856	x11550
Venezuela	17330	9764	8542	11883	13122
Brazil/Brésil	6216	7012	9334	12768	9974
Chile/Chili	6856	8151	9114	7359	x4876
Portugal	6483	7201	8657	8463	8378
Greece/Grèce	4832	7053	6810	7813	x12260
Saudi Arabia	2927	4703	x8490	x7903	x9434
Iran (Islamic Rp. of)	x1633	x2628	6643	x10451	x6767
Philippines	5056	x7447	6407	5380	7612
New Zealand	6581	6188	6891	6142	6872
Egypt/Egypte	3981	6027	4830	4640	3868
Turkey/Turquie	3179	4623	5957	4764	6498
Morocco/Maroc	3926	3757	4613	6516	7597
Hungary/Hongrie	x3736	x4041	x4833	5898	x3871
Algeria/Algérie	3858	3808	5900	4383	x1658
Argentina/Argentine	3208	2693	3358	7737	10006
Ireland/Irlande	4438	4760	4828	4133	4119
Cuba	x5049	x4806	x4028	x3808	x3841
India/Inde	3819	x3599	4712	3895	x7849
Tunisia/Tunisie	2659	3770	3840	4523	4222
Bulgaria/Bulgarie	x11154	x9216	x1545	x1243	1049
Yugoslavia SFR	4939	3823	5758	x2034	
United Arab Emirates	x5249	x2749	x4293	x4227	x5583
Colombia/Colombie	2897	2292	4383	4088	4589
Israel/Israël	3883	2844	3942	3831	4650

EXPORTS – EXPORTATIONS

COUNTRIES–PAYS	1988	1989	1990	1991	1992
Totale	999642	1035648	1176068	1159426	1238060
Afrique	x2110	x2402	x3529	x3528	x3446
Afrique du Nord	157	x101	123	50	74
Amériques	x72400	81604	103360	103343	109711
ALAI	4956	4425	5035	5903	10195
MCAC	x20	x35	x2	33	x13
Asie	301864	322179	351841	379209	407548
Moyen–Orient	1824	2284	3210	2037	2268
Europe	587462	587773	676980	640885	690633
CEE	483075	490461	570681	554825	600126
AELE	76798	73717	79089	72549	80285
Océanie	x3691	x4755	x4829	3158	3651
Japan/Japon	209915	213765	229804	242700	261057
Germany/Allemagne	190023	206768	238865	217966	234392
Italy/Italie	81970	79248	98463	102749	111510
France, Monac	95084	83103	87350	89213	104026
USA/Etats–Unis d'Amer	52977	58165	82884	82151	83239
United Kingdom	53664	55492	64213	68098	72409
Hong Kong	31995	34858	43068	51713	32716
China/Chine	26120	31473	35727	44861	68945
Austria/Autriche	32327	29869	34430	30789	34496
Spain/Espagne	23445	26517	33940	31464	30228
Yugoslavia SFR	27483	23591	27197	x13484	
Singapore/Singapour	17684	20356	22768	21070	21772
Sweden/Suède	16643	17818	21121	20636	25401
Belgium–Luxembourg	15125	17092	18318	15410	18367
Netherlands/Pays–Bas	16508	13453	18147	18262	18219
Canada	13301	18709	15415	15172	16174
Korea Republic	10459	12079	12169	11674	9936
Czechoslovakia	x11607	x10603	x10851	x8542	x10400
Former USSR/Anc. URSS	x11403	x11964	x8422	x6341	
Norway,SVD,JM	10791	11551	7774	6896	6761
Poland/Pologne	x4380	x6399	x10005	x8520	x12094
Finland/Finlande	10365	7944	9486	7485	6849
Denmark/Danemark	5000	5993	7512	6118	5905
Switz.Liecht	6509	6477	6261	6666	6706
Australia/Australie	3414	4363	3983	2848	2961
Romania/Roumanie	x55	2548	2379	5418	x56
Portugal	1999	2155	3174	4023	4319
So. Africa Customs Un	x1860	x2213	x2680	x3117	x2833
Brazil/Brésil	927	1488	1972	2475	4905
India/Inde	1217	x3756	737	1420	x7596
Thailand/Thaïlande	805	1573	2173	2018	x1444
Bulgaria/Bulgarie	x621	x2860	x2676	x218	x101
Turkey/Turquie	1167	1311	2459	1249	1258
Former GDR	x4039	x2522	x1064		
Mexico/Mexique	2557	1239	900	1321	2349
Argentina/Argentine	584	797	1013	1263	1027
Cyprus/Chypre	528	712	697	737	825
Colombia/Colombie	784	803	562	550	813
Malaysia/Malaisie	223	487	333	888	x771
Greece/Grèce	93	444	400	878	x320
Bangladesh	x807	x641	x914	13	x462
New Zealand	112	363	677	281	614
Ireland/Irlande	163	196	301	644	431
Indonesia/Indonésie	157	258	396	403	277
Venezuela	0	12	499	161	516
Zimbabwe	x4	x7	436	122	x398
Philippines	409	x20	340	154	234
Hungary/Hongrie	x11	x39	x132	x265	x420
Israel/Israël	60	338	22	33	14
Viet Nam		x95	x114	x177	

(VALUE AS % OF TOTAL)(VALEUR EN % DU TOTAL)

IMPORTS

	1983	1984	1985	1986	1987	1988	1989	1990	1991	1992
Africa	8.3	x5.2	5.7	x5.4	x3.7	x4.4	x4.3	x4.7	x4.7	x3.6
Northern Africa	2.0	1.9	2.4	1.8	1.4	1.3	1.6	1.6	1.6	x1.3
Americas	25.8	33.9	36.1	x33.0	x27.8	29.7	30.0	28.3	27.9	x27.5
LAIA	3.0	6.5	7.6	x5.0	x3.8	5.1	4.8	5.3	6.6	6.2
CACM	x0.3	0.6	0.5	x0.2	0.4	0.4	0.4	0.4	0.4	x0.3
Asia	x18.6	x16.4	x13.8	13.5	11.3	11.8	x13.8	16.0	x16.3	x19.8
Middle East	x4.6	x5.6	x2.7	x2.0	x1.8	1.6	x1.9	x2.4	x2.5	x2.7
Europe	39.1	37.4	40.1	44.4	42.9	42.0	41.6	46.0	44.5	45.1
EEC	29.6	26.7	30.1	33.7	32.8	33.3	32.5	36.7	36.0	36.1
EFTA	9.4	10.1	9.3	10.3	9.7	8.1	8.6	8.8	8.1	8.4
Oceania	3.0	x4.0	x4.2	x3.6	x3.1	3.0	x3.5	x2.9	x2.7	x2.7
USA/Etats–Unis d'Amer	16.6	19.6	21.3	20.0	16.8	17.0	17.5	16.3	15.4	15.8
France, Monac	6.3	5.4	6.1	7.3	8.7	9.0	7.1	8.0	7.4	7.5
Germany/Allemagne	4.9	4.3	4.9	5.9	5.3	5.2	5.5	6.7	7.3	7.1
Canada	5.1	6.4	5.9	5.2	4.6	6.2	6.2	5.4	4.7	4.6
United Kingdom	5.1	4.5	4.8	4.6	4.2	4.7	4.6	5.3	4.9	4.7
Netherlands/Pays–Bas	4.1	4.0	4.8	5.3	4.5	4.2	4.3	4.9	4.8	4.9
Italy/Italie	2.2	2.2	2.4	3.0	2.8	3.2	3.2	3.6	3.8	4.1
Singapore/Singapour	3.4	2.7	2.6	2.1	2.1	2.0	2.5	3.6	3.5	4.0
Former USSR/Anc. URSS	5.3	3.1		x7.3	x6.2	x4.7	x1.3	x2.9		
Belgium–Luxembourg	2.6	2.2	2.6	2.8	2.6	2.5	2.5	2.3	2.5	2.4

EXPORTS

	1983	1984	1985	1986	1987	1988	1989	1990	1991	1992
Afrique	x0.4	0.4	0.3	x0.3	x0.2	x0.2	x0.2	x0.3	x0.3	x0.2
Afrique du Nord	x0.0	0.0	0.0	x0.0	x0.0	x0.0	x0.0	0.0	0.0	0.0
Amériques	x9.4	10.4	7.9	x7.9	x6.9	x7.2	7.9	8.8	8.9	8.8
ALAI	0.1	0.5	0.2	x0.5	x0.3	0.5	0.4	0.4	0.5	0.8
MCAC	x0.0	x0.0	x0.0	x0.0	x0.0	x0.0	x0.0	x0.0	0.0	x0.0
Asie	32.3	30.1	27.6	27.9	27.1	30.2	31.1	29.9	32.7	32.9
Moyen–Orient	x0.0	0.2	x0.2	x0.1	x0.2	0.2	0.2	0.3	0.2	0.2
Europe	57.7	58.7	63.8	63.7	62.6	58.8	56.8	57.6	55.3	55.8
CEE	45.4	43.4	48.2	52.7	52.3	48.3	47.4	48.5	47.9	48.5
AELE	12.3	10.2	10.5	10.2	8.8	7.7	7.1	6.7	6.3	6.5
Océanie	0.3	0.3	x0.3	x0.3	x0.4	0.4	x0.5	x0.4	0.3	0.3
Japan/Japon	25.8	24.2	21.8	22.1	19.2	21.0	20.6	19.5	20.9	21.1
Germany/Allemagne	19.8	18.3	20.0	23.1	22.3	19.0	20.0	20.3	18.8	18.9
Italy/Italie	7.6	8.4	7.1	8.2	9.7	8.2	7.7	8.4	8.9	9.0
France, Monac	7.0	5.4	7.0	7.3	7.7	9.5	8.0	7.4	7.7	8.4
USA/Etats–Unis d'Amer	8.4	8.5	6.6	5.5	5.1	5.3	5.6	7.0	7.1	6.7
United Kingdom	6.2	5.3	6.1	5.9	5.8	5.4	5.4	5.5	5.9	5.8
Hong Kong	2.2	2.3	2.3	2.4	2.4	3.2	3.4	3.7	4.5	2.6
China/Chine						1.8	2.6	3.0	3.9	5.6
Austria/Autriche	3.7	3.2	3.8	3.5	3.8	3.2	2.9	2.9	2.7	2.8
Spain/Espagne	3.7	3.1	4.5	4.4	2.9	2.3	2.6	2.9	2.7	2.4

7111 STEAM BOILERS ETC / GENERATEURS VAPEUR EAU 7111

TRADE BY COMMODITY IN THOUSAND U.S. DOLLARS – COMMERCE PAR PRODUIT EN MILLIERS DE DOLLARS E.U

IMPORTS – IMPORTATIONS

COUNTRIES–PAYS	1988	1989	1990	1991	1992
Total	x669503	x806731	792168	x783762	x797906
Africa	x143964	185998	166841	x56665	x99425
Northern Africa	76708	139628	113123	28329	78239
Americas	138906	x147901	x118223	x137329	x96551
LAIA	90246	60979	66272	33980	x32742
CACM	5542	5152	6199	5351	x7095
Asia	210429	x272484	316372	371026	x395588
Middle East	x64809	x63787	x32740	x34019	x43359
Europe	92410	146247	148710	124472	170699
EEC	68538	54949	81536	102361	115900
EFTA	16426	52419	20617	18901	50032
Oceania	2618	x1655	x4545	x4210	x2244
China/Chine	35002	69367	102868	102763	61640
Algeria/Algérie	65102	130959	67033	13858	x1536
Indonesia/Indonésie	30120	27400	35229	56928	80432
Former USSR/Anc. URSS	x29022	x26568	x14050	x61338	
USA/Etats–Unis d'Amer	27121	36461	17196	43098	33406
Korea Republic	17083	27136	28071	38235	71338
Chile/Chili	3709	34808	45804	7322	x2782
Israel/Israël	10239	2271	30811	51773	22160
Yugoslavia SFR	3806	36126	44247	x1770	
So. Africa Customs Un	44017	30012	44691	x364	x1410
Thailand/Thaïlande	14304	19388	28659	19531	37191
Canada	5125	11539	10755	36888	12935
Sweden/Suède	4851	40007	6115	4985	6212
Dominican Republic	x797	x30356	x13709	x4181	x625
Hong Kong	11224	16248	14356	14417	18975
France, Monac	5526	6662	23786	14498	19223
Turkey/Turquie	29551	31979	8543	3868	3077
Singapore/Singapour	9119	10399	15884	17005	16025
Germany/Allemagne	6424	7927	12538	21831	19983
Czechoslovakia	x38855	13066	12848	x14162	x16203
Morocco/Maroc	866	1428	32351	5121	70951
United Kingdom	11640	7196	9290	18286	8613
Iran (Islamic Rp. of)	x1564	x4185	x7234	x22663	x16391
Mexico/Mexique	1403	5914	10293	8021	7850
Denmark/Danemark	28365	9994	4061	9320	1288
Belgium–Luxembourg	3957	6425	7954	7903	37308
Italy/Italie	2931	3031	2888	15754	10371
India/Inde	960	x20956	287	14	x1587
Malaysia/Malaisie	736	1397	2042	17298	x18114
Poland/Pologne	x5849	x5242	x6947	x8011	x9236
Switz.Liecht	5020	4550	5536	8242	30573
Bahrain/Bahreïn	x160	x17337	x557	x255	x496
Reunion/Réunion	195	7	76	15827	991
Philippines	4583	x3885	7070	4332	6311
Bangladesh	x618	x1669	x9706	x1629	x2344
Pakistan	5025	3715	2441	6804	9267
Brazil/Brésil	79847	6377	3152	2984	3941
Ecuador/Equateur	1478	8131	2190	2144	615
Saudi Arabia	2228	3815	6933	x1686	x17200
Greece/Grèce	1855	4184	5322	2614	x4276
Hungary/Hongrie	x2702	x3245	x3150	5278	x2162
Tunisia/Tunisie	2011	3557	4831	2917	3166
Spain/Espagne	2682	2175	5296	3754	3103
Ireland/Irlande	2374	3495	3590	3319	2999
Egypt/Egypte	7764	1372	4574	4244	1077
Peru/Pérou	1008	3746	3473	2522	x2681
Netherlands/Pays–Bas	2175	2920	2719	3830	6496
Finland/Finlande	3220	5305	2658	1266	1999
Iraq	x3993	x2229	x6010	x222	x76
Guatemala	2466	2086	2782	1775	x2668

EXPORTS – EXPORTATIONS

COUNTRIES–PAYS	1988	1989	1990	1991	1992
Totale	x632054	x1113738	x858730	x866294	636395
Afrique	x2716	x1350	x3869	x7985	x7635
Afrique du Nord	316	x18	9	89	114
Amériques	100199	174202	117223	125167	78259
ALAI	8417	27409	38492	22767	14173
MCAC	x107	15	x14	15	x13
Asie	85696	107820	126038	149592	169190
Moyen-Orient	1905	x599	x528	x708	x1088
Europe	257967	375115	328893	349795	375335
CEE	186553	282820	250463	229309	231997
AELE	66064	90591	73331	116131	141161
Océanie	508	755	1741	1258	817
Former USSR/Anc. URSS	x173886	x425336	x269710	x219253	
Germany/Allemagne	92955	147305	54394	105741	83637
USA/Etats–Unis d'Amer	88027	141092	68240	65115	50045
Japan/Japon	62109	75086	77411	102899	104019
United Kingdom	37608	63123	57907	18154	22381
Finland/Finlande	32297	53693	27086	44610	42530
Italy/Italie	13884	22143	67708	20148	25985
France, Monac	13391	15775	19245	25118	32223
Sweden/Suède	15394	13350	16273	28672	22804
Austria/Autriche	10579	12266	15463	27803	60068
Canada	3631	5630	10437	37174	14013
Denmark/Danemark	9573	12895	13000	24463	23995
Switz.Liecht	7032	10657	14118	13453	11023
Spain/Espagne	1961	3969	18543	13949	28633
Hong Kong	7830	14131	9760	12331	17637
Belgium–Luxembourg	8034	9556	13643	12776	9725
Colombia/Colombie	6650	15576	11198	2907	10207
Korea Republic	3370	2054	20105	5649	9167
Mexico/Mexique	470	5602	8639	13180	2444
Hungary/Hongrie	x21	x18164	x4262	x598	x1692
Netherlands/Pays–Bas	8768	7102	4691	7854	4448
China/Chine	1401	5390	2458	10809	22279
Venezuela	x3		11897	3357	60
Singapore/Singapour	2210	5639	4390	4155	7218
Czechoslovakia	x9090	x5352	x4174	x3980	x1714
Brazil/Brésil	575	5776	5552	2056	312
India/Inde	3858	x528	5687	6168	x2768
So. Africa Customs Un	x2397	x121	x3545	x7878	x3810
Yugoslavia SFR	5351	1699	5020	x4355	
Malaysia/Malaisie	2795	4094	3455	3059	x3984
Romania/Roumanie		1042	870	8118	0
Indonesia/Indonésie			1886	1609	575
Former GDR	x1969	x2806	x453		
Poland/Pologne	x2	x1796	x1033	x414	x1559
Norway,SVD,JM	759	624	392	1593	4737
Argentina/Argentine	529	326	1081	1067	837
Australia/Australie	379	580	1244	649	467
Portugal	106	250	639	723	425
Philippines		x12		1582	3
Ireland/Irlande	246	609	558	319	446
New Zealand	126	175	318	586	350
Thailand/Thaïlande	91	198	295	435	x205
Turkey/Turquie	1734	205	248	387	843
Bulgaria/Bulgarie			464	194	x194
Reunion/Réunion		477	148	7	617
Lebanon/Liban	x98	x164	x221	x179	x111
Cote d'Ivoire		x504			
Saudi Arabia	7	210		x73	x73
Peru/Pérou	185	x129	x125	x9	x19
Greece/Grèce	26	3	135	64	x100

(VALUE AS % OF TOTAL) (VALEUR EN % DU TOTAL)

IMPORTS

	1983	1984	1985	1986	1987	1988	1989	1990	1991	1992
Africa	18.8	23.2	23.8	x14.8	x10.9	x21.5	23.0	21.0	x7.2	x12.5
Northern Africa	8.6	13.6	13.4	x9.8	3.7	11.5	17.3	14.3	3.6	9.8
Americas	7.1	3.1	6.9	x13.0	14.4	20.7	x18.3	x14.9	17.5	x12.1
LAIA	3.1	0.9	x0.9	x5.8	x7.2	13.5	7.6	8.4	4.3	x4.1
CACM	x0.1			x0.3	x0.4	0.8	0.6	0.8	0.7	x0.9
Asia	x52.1	x57.7	x55.4	x50.6	x32.0	31.4	x33.8	39.9	47.3	x49.6
Middle East	x23.5	x26.8	x28.4	x25.6	x9.3	x9.7	x7.9	x4.1	x4.3	x5.4
Europe	13.4	10.4	13.6	20.8	17.8	13.8	18.1	18.8	15.9	21.4
EEC	8.2	4.7	4.3	6.1	7.9	10.2	6.8	10.3	13.1	14.5
EFTA	5.2	5.6	7.2	14.4	9.4	2.5	6.5	2.6	2.4	6.3
Oceania	x1.9	x0.1	x0.5	x0.8	x0.3	x0.4	x0.2	x0.6	x0.5	x0.3
China/Chine					4.4	5.2	8.6	13.0	13.1	7.7
Algeria/Algérie	1.1	2.6	10.1	2.5	1.8	9.7	16.2	8.5	1.8	x0.2
Indonesia/Indonésie	7.3	2.4	8.2	6.1	3.6	4.5	3.4	4.4	7.3	10.1
Former USSR/Anc. URSS	6.6	5.4			x5.1	x4.3	x3.3	x1.8	x7.8	
USA/Etats–Unis d'Amer	2.0	1.2	3.5	3.5	4.1	4.5	2.2	5.5	4.2	4.2
Korea Republic	1.5	5.0	3.8	3.5	2.6	2.6	3.4	3.5	4.9	8.9
Chile/Chili				x1.1	x0.1	0.6	4.3	5.8	0.9	x0.3
Israel/Israël	5.2	3.4	2.7	1.5	0.8	1.5	0.3	3.9	6.6	2.8
Yugoslavia SFR				x0.3	x0.1	0.6	4.5	5.6	x0.2	
So. Africa Customs Un	7.5	8.7	9.0	x1.8	x4.5	6.6	3.7	5.6	x0.0	x0.2

EXPORTS

	1983	1984	1985	1986	1987	1988	1989	1990	1991	1992
Afrique		0.2	0.2	x0.1	x0.1	0.5	x0.1	x0.4	x0.9	x1.2
Afrique du Nord	0.0	x0.0		x0.0	x0.0	x0.1	x0.0	x0.0	x0.0	x0.0
Amériques	33.3	23.8	5.3	x5.2	x5.7	15.9	15.7	13.7	14.4	12.3
ALAI	0.4	0.1	0.3	x0.7	x1.4	1.3	2.5	4.5	2.6	2.2
MCAC				x0.0	x0.0	x0.0	0.0	x0.0	0.0	x0.0
Asie	19.0	25.5	32.1	17.2	20.7	13.5	9.6	14.7	17.3	26.6
Moyen-Orient	x0.0	x0.1	x0.7	x0.1	x0.1	0.3	x0.1	x0.1	x0.1	x0.2
Europe	47.3	50.2	62.3	77.1	69.1	40.8	33.7	38.3	40.4	59.0
CEE	37.2	37.1	43.7	57.2	53.8	29.5	25.4	29.2	26.5	36.5
AELE	10.1	13.1	18.6	19.8	15.3	10.5	8.1	8.5	13.4	22.2
Océanie	x0.1	0.1	0.1	x0.3	0.1	0.1	0.1	0.2	0.1	0.1
Former USSR/Anc. URSS		x2.1	x27.5	x38.2	x31.4	x25.3				
Germany/Allemagne	10.4	10.6	17.5	27.1	26.2	14.7	13.2	6.3	12.2	13.1
USA/Etats–Unis d'Amer	32.9	23.7	5.0	3.7	3.2	13.9	12.7	7.9	7.5	7.9
Japan/Japon	18.1	23.9	18.7	14.5	16.7	9.8	6.7	9.0	11.9	16.3
United Kingdom	3.1	7.4	11.5	11.9	8.9	6.0	5.7	6.7	2.1	3.5
Finland/Finlande	1.3	5.3	6.8	5.5	4.6	5.1	4.8	3.2	5.1	6.7
Italy/Italie	14.0	10.1	3.7	9.2	6.3	2.2	2.0	7.9	2.3	4.1
France, Monac	3.6	2.2	4.1	3.4	4.2	2.1	1.4	2.2	2.9	5.1
Sweden/Suède	3.2	2.9	2.8	10.4	5.4	2.4	1.2	1.9	3.3	3.6
Austria/Autriche	5.2	4.4	7.7	3.5	5.1	1.7	1.1	1.8	3.2	9.4

7132 MOTOR VEHCL PISTN ENGINS / MOTEURS EXPL POUR VEHICULES 7132

TRADE BY COMMODITY IN THOUSAND U.S. DOLLARS – COMMERCE PAR PRODUIT EN MILLIERS DE DOLLARS E.U

IMPORTS – IMPORTATIONS

COUNTRIES–PAYS	1988	1989	1990	1991	1992
Total	12291661	14805694	15027145	14844561	16361678
Africa	x294340	x149215	x184973	x285145	x251525
Northern Africa	101340	86659	122135	62137	x56022
Americas	5433536	x7306734	6730303	6267055	7045457
LAIA	148001	124692	170856	242334	381667
CACM	x5415	x7566	x5442	x6960	x5448
Asia	561752	x876447	1200478	x1303145	x1215508
Middle East	x71531	x106460	x202646	x300299	x255285
Europe	5616201	6001418	6690198	6776382	7672935
EEC	5182539	5572740	6190652	6207584	7123174
EFTA	331528	316596	368993	383253	425862
Oceania	191499	146357	x144295	x117437	x109598
USA/Etats–Unis d'Amer	3106852	4992362	4246697	3657146	4042462
Canada	2165884	2153186	2285763	2349348	2602389
Germany/Allemagne	1752552	1877709	2300668	2478908	2782730
Spain/Espagne	737465	899204	1085102	1143764	1261663
United Kingdom	891694	899664	839791	693196	850878
France,Monac	439610	577068	600954	669511	745952
Belgium–Luxembourg	688695	593135	587044	519231	805867
Italy/Italie	395278	424816	450537	426634	356111
Thailand/Thaïlande	149716	264062	385988	302337	162622
Indonesia/Indonésie	166073	177261	253918	224828	135542
Netherlands/Pays–Bas	170531	179429	196642	168095	178778
Yugoslavia SFR	101141	111830	129397	x185036	
Former USSR/Anc. URSS	x174971	x296421	x69618	x55340	103285
Australia/Australie	180085	138140	136473	110653	103285
Austria/Autriche	78749	70779	120496	171685	230383
Finland/Finlande	92178	92120	93815	79349	84937
China/Chine	46559	75665	54793	113781	199970
So. Africa Customs Un	x174671	25861	23825	x181607	x148252
Sweden/Suède	84900	79294	77902	59046	46024
Iran (Islamic Rp. of)	x11151	x25330	x48123	x127699	x26360
Korea Republic	15068	31182	61655	100497	90226
Switz.Liecht	60624	59337	65608	63054	52510
Turkey/Turquie	17477	13133	80445	93172	127388
Portugal	50034	53212	56026	63268	114023
Algeria/Algérie	50819	45798	84520	32453	x18534
Brazil/Brésil	6859	22328	54602	61073	109156
Malaysia/Malaisie	13617	23643	54236	57775	x52085
Japan/Japon	16937	45590	61967	24673	62629
Saudi Arabia	x12293	x29272	x42524	x54310	x66445
Hong Kong	16607	12720	26127	78733	106744
Mexico/Mexique	31230	25002	28510	62325	108723
Greece/Grèce	27124	38039	46001	29361	x10094
Philippines	8019	x44233	30485	30157	34818
Singapore/Singapour	23809	29692	36896	35611	47170
Colombia/Colombie	37269	32357	30803	26153	17179
Venezuela	42933	20089	17940	30663	25965
Nigeria/Nigéria	x6974	x16123	x18050	x20329	x22488
Ireland/Irlande	16640	20372	15949	4861	4554
Syrian Arab Republic	6727	10739	15597	x12001	x12652
Peru/Pérou	8981	8135	11961	16803	x16102
Egypt/Egypte	9406	17280	14687	3786	4741
Norway,SVD,JM	14390	14759	10829	9678	11641
Bangladesh	x4459	x16104	x11919	x6721	x16561
Hungary/Hongrie	x3768	x2091	x2690	29311	x15669
Denmark/Danemark	12916	10092	11939	10756	12524
Cuba	x1672	x18301	x12329	x412	x77
Argentina/Argentine	5676	3979	6255	20556	80627
India/Inde	2153	x26473	401	1941	x11046
Tunisia/Tunisie	3380	5184	11644	11708	18507
Chile/Chili	3418	3603	12527	8427	x16099

EXPORTS – EXPORTATIONS

COUNTRIES–PAYS	1988	1989	1990	1991	1992
Totale	13372115	14524191	16593641	16813655	18502191
Afrique	x4929	x5611	x6643	x4978	x5977
Afrique du Nord	3957	3580	4322	3916	4386
Amériques	4057973	4508096	5070654	4931534	5362372
ALAI	1509590	1862514	1749835	1696320	1517445
MCAC	x59	x1	x23	x18	x10
Asie	2765944	3289475	2986205	3011629	x3680461
Moyen–Orient	x821	12818	11690	3991	6192
Europe	6319821	6474481	8280219	8613449	9243749
CEE	4857149	4908378	6296843	6790283	7053675
AELE	1449548	1541993	1954343	1820127	2186126
Océanie	x181155	131753	x151349	189132	165235
Japan/Japon	2735892	3223657	2877310	2873048	3484935
Germany/Allemagne	2035719	1615251	2277364	2729281	2688132
USA/Etats–Unis d'Amer	1194026	1216496	2006989	2320180	2897307
France,Monac	1316371	1406244	1715318	1528537	1722334
Austria/Autriche	1078508	1201094	1573272	1487774	1807344
Mexico/Mexique	1299953	1366427	1304066	1235357	1199626
United Kingdom	797805	989301	1325971	1498982	1510887
Canada	1353915	1429025	1313710	914396	947468
Spain/Espagne	287784	418081	499792	572311	576782
Brazil/Brésil	195925	481902	422785	418252	272662
Sweden/Suède	334268	301312	348636	313860	360645
Italy/Italie	207186	242473	269438	295755	380205
Australia/Australie	180910	131519	149742	188566	164905
Portugal	131840	160415	124182	67920	80498
Netherlands/Pays–Bas	55350	57311	58397	69870	64038
Former USSR/Anc. URSS	x11277	x42113	x40347	x48074	
Korea Republic	1212	13835	57424	57771	55822
Argentina/Argentine	13245	13950	22438	42137	41058
Belgium–Luxembourg	22974	16926	23825	25130	27376
Czechoslovakia	x10389	x22532	x25470	x8442	x16641
Yugoslavia SFR	13117	24107	29017	x3032	
Switz.Liecht	27227	25239	17367	6361	3383
Hong Kong	13869	8105	5966	33485	56033
Romania/Roumanie	x897	28669	14264	x823	x1743
Finland/Finlande	9151	12692	14132	11420	14082
Thailand/Thaïlande	1644	4746	9174	14230	x20031
Hungary/Hongrie	x4691	x14317	x12030	x1761	x22273
Singapore/Singapour	6305	10809	7395	8326	10560
China/Chine	3834	9786	7842	8342	29460
Turkey/Turquie	75	11037	10847	3732	5745
Indonesia/Indonésie	791	2685	4780	6174	6252
India/Inde	903	2714	3241	4762	x10469
Poland/Pologne	x4649	x3546	x1897	x3820	x3726
Tunisia/Tunisie	3046	2634	3132	2682	3298
Former GDR	x10227	x2460	x4463		
Denmark/Danemark	1893	1586	1904	2111	2538
So. Africa Customs Un	x746	x1579	x1518	x801	x1440
Norway,SVD,JM	595	1639	936	713	672
Morocco/Maroc	896	701	1015	725	974
Philippines	224	x188	291	1164	140
Kuwait/Koweït	x61	1226	x3	x1	x11
Bulgaria/Bulgarie	x163	x1139	x59	x14	x15
Ireland/Irlande	158	370	512	248	818
New Zealand	232	214	459	376	316
Norfolk Island			x886		
Pakistan	172	7	728	30	19
Chile/Chili	x142	54	422	283	x3631
Greece/Grèce	71	421	138	140	x67
Malaysia/Malaisie	210	99	235	251	x264
Bahrain/Bahreïn	x159	x1	x540	x8	x5

(VALUE AS % OF TOTAL)(VALEUR EN % DU TOTAL)

	1983	1984	1985	1986	1987	1988	1989	1990	1991	1992
Africa	2.1	x1.4	1.7	x1.9	x1.3	2.4	x1.0	x1.3	1.9	x1.5
Northern Africa	1.6	x1.1	1.3	0.9	0.8	0.8	0.6	0.8	0.4	x0.3
Americas	54.5	59.4	51.3	x46.1	x40.8	44.2	x49.4	44.8	42.3	43.0
LAIA	0.7	0.5	0.7	x1.1	x1.2	1.2	0.8	1.1	1.6	2.3
CACM	x0.0			x0.0	x0.0	x0.0	x0.1	x0.0	x0.0	x0.0
Asia	x5.8	x4.4	x4.9	4.8	x4.8	4.6	x5.9	8.0	x8.8	x7.4
Middle East	x1.4	x1.3	x1.9	x1.1	x1.0	0.6	x0.7	x1.3	x2.0	x1.6
Europe	36.8	33.7	40.9	45.0	50.4	45.7	40.5	44.5	45.6	46.9
EEC	33.9	31.4	38.6	42.5	47.5	42.2	37.6	41.2	41.8	43.5
EFTA	2.9	2.3	2.3	2.2	2.6	2.7	2.1	2.5	2.6	2.6
Oceania	0.5	x0.9	x1.3	x2.2	x2.4	1.5	1.0	x0.9	x0.8	x0.7
USA/Etats–Unis d'Amer	35.5	39.3	27.6	24.1	24.0	25.3	33.7	28.3	24.6	24.7
Canada	18.3	19.5	22.9	20.7	15.4	17.6	14.5	15.2	15.8	15.9
Germany/Allemagne	10.0	9.1	10.9	12.4	13.2	14.3	12.7	15.3	16.7	17.0
Spain/Espagne	2.5	2.9	4.0	5.0	6.4	6.0	6.1	7.2	7.7	7.7
United Kingdom	3.8	3.6	4.2	5.8	6.9	7.3	6.1	5.6	4.7	5.2
France,Monac	4.4	3.1	2.9	2.7	3.3	3.6	3.9	4.0	4.5	4.6
Belgium–Luxembourg	7.4	7.7	10.0	11.0	12.3	5.6	4.0	3.9	3.5	4.9
Italy/Italie	3.7	3.3	4.7	3.4	3.0	3.2	2.9	3.0	2.9	2.2
Thailand/Thaïlande	1.1	1.0	0.9	0.7	0.8	1.2	1.8	2.6	2.0	1.0
Indonesia/Indonésie	1.0	0.8	0.9	2.1	1.6	1.4	1.2	1.7	1.5	0.8

	1983	1984	1985	1986	1987	1988	1989	1990	1991	1992
Afrique		x0.0	0.0	x0.0	x0.0	x0.0	x0.0	x0.0	x0.0	x0.0
Afrique du Nord	0.0	0.0	0.0	0.0	0.0	0.0	0.0	0.0	0.0	0.0
Amériques	x22.8	20.6	25.8	x33.3	x28.7	30.4	31.0	30.5	29.3	29.0
ALAI	0.0	0.1	0.1	x17.5	x15.7	11.3	12.8	10.5	10.1	8.2
MCAC	x0.0	0.0	0.0	x0.0	x0.0	0.0	x0.0	0.0	0.0	0.0
Asie	11.5	16.7	17.8	16.4	19.0	20.7	22.7	18.0	17.9	x19.9
Moyen–Orient	x0.0	x0.0	x0.0	x0.0	x0.0	0.0	0.1	0.1	0.0	0.0
Europe	54.8	53.3	54.0	48.8	50.2	47.3	44.6	49.9	51.2	50.0
CEE	43.1	41.5	40.5	35.6	36.1	36.3	33.8	37.9	40.4	38.1
AELE	11.7	11.8	13.5	13.2	14.0	10.8	10.6	11.8	10.8	11.8
Océanie	2.5	x2.1	x2.4	1.4	1.7	x1.4	0.9	x0.9	1.1	0.9
Japan/Japon	10.9	16.1	17.2	16.2	18.7	20.5	22.2	17.3	17.1	18.8
Germany/Allemagne	20.3	18.5	18.4	17.4	17.8	15.2	11.1	13.7	16.2	14.5
USA/Etats–Unis d'Amer	22.8	20.4	25.6	15.7	12.9	8.9	8.4	12.1	13.8	15.7
France,Monac	7.5	8.3	9.1	7.9	8.0	9.8	9.7	10.3	9.1	9.3
Austria/Autriche	7.9	8.3	9.6	9.7	10.2	8.1	8.3	9.5	8.8	9.8
Mexico/Mexique					14.6	13.5	9.4	7.9	7.3	6.5
United Kingdom	6.4	7.2	5.9	4.1	3.8	6.0	6.8	8.0	8.9	8.2
Canada				x0.2	x0.2	10.1	9.8	7.9	5.4	5.1
Spain/Espagne	3.3	3.0	2.3	2.4	2.5	2.2	2.9	3.0	3.4	3.1
Brazil/Brésil				2.8	2.1	1.5	3.3	2.5	2.5	1.5

7133 MARINE PISTON ENGINES / MOTEURS EXPL POUR BATEAUX 7133

TRADE BY COMMODITY IN THOUSAND U.S. DOLLARS – COMMERCE PAR PRODUIT EN MILLIERS DE DOLLARS E.U

COUNTRIES–PAYS	IMPORTS – IMPORTATIONS					COUNTRIES–PAYS	EXPORTS – EXPORTATIONS				
	1988	1989	1990	1991	1992		1988	1989	1990	1991	1992
Total	1959453	1817498	1944317	x2351471	2218048	Totale	2098637	2039734	2220487	2202740	2246787
Africa	x98284	x53114	x62815	x67027	x66536	Afrique	x1737	x899	x1973	x1982	x992
Northern Africa	17587	16882	17967	x13706	x26256	Afrique du Nord	x1268	x369	x1084	x1261	475
Americas	x572327	x477570	x419049	x506943	x608165	Amériques	408781	427350	366081	358605	386827
LAIA	124522	112646	86186	86379	x112555	ALAI	23090	6675	1792	11603	15323
CACM	x5796	x7330	x3310	x5294	x5533	MCAC	x24	x62	x40	x22	x35
Asia	x325622	x360278	341846	x406997	x456189	Asie	730521	712930	742917	748780	777698
Middle East	x93622	x64151	x60058	x91931	x104506	Moyen–Orient	x1753	x1994	x898	x882	x945
Europe	830226	754485	1001134	982502	953771	Europe	845592	787483	1017314	1008098	1032526
EEC	649269	590796	797734	791617	786049	CEE	571138	498818	661884	671931	681430
EFTA	170716	159062	194670	174781	158387	AELE	271973	287439	348500	314469	344223
Oceania	x92648	x87826	x89048	x84807	x106344	Océanie	8276	9433	x9918	x9071	x11457
USA/Etats–Unis d'Amer	298893	222896	198376	253382	333061	Japan/Japon	647003	621519	637754	661451	677569
Italy/Italie	147955	147276	184429	180899	169186	USA/Etats–Unis d'Amer	368406	402818	351014	332829	353325
Former USSR/Anc. URSS	x22071	x43427	x10283	x294717		Germany/Allemagne	250979	207657	316273	349465	400023
France,Monac	91736	94717	119281	111663	98689	Sweden/Suède	193937	182123	196059	157545	147483
Canada	108952	101533	99848	121084	132457	Finland/Finlande	47547	69525	108087	99879	126767
Singapore/Singapour	67487	87714	90769	88903	77095	United Kingdom	150377	83635	78163	85314	76151
Germany/Allemagne	106237	70519	70791	121548	113203	France,Monac	53589	85786	96803	52644	48802
Netherlands/Pays–Bas	52271	60928	91966	79529	60617	Netherlands/Pays–Bas	45182	49709	58348	48328	34376
United Kingdom	80887	58475	96080	74579	74805	Former USSR/Anc. URSS	x21872	x38937	x41958	x44645	
Denmark/Danemark	53170	51235	86799	85134	94064	Poland/Pologne	x23341	x54918	x38543	x31096	x37117
Spain/Espagne	64619	67439	71793	63924	61204	Singapore/Singapour	31921	39923	40894	32017	37680
Norway,SVD,JM	51879	43317	67113	80688	81911	Italy/Italie	24809	22844	38703	48909	57702
Australia/Australie	65939	56016	58422	53446	75145	Norway,SVD,JM	20415	20948	30219	39559	31878
Finland/Finlande	47190	55457	62164	36172	21606	Denmark/Danemark	17499	18200	29013	32371	26328
Sweden/Suède	53123	48599	46952	42016	41209	Belgium–Luxembourg	15042	15002	20862	30905	25607
Japan/Japon	26031	32198	41803	34107	25607	Hong Kong	17256	21434	21170	18395	19755
Hong Kong	24318	31221	36734	38152	40639	Spain/Espagne	12387	14150	21713	21515	31638
Korea Republic	32335	30757	32032	40629	42079	Korea Republic	20720	13611	22786	20318	16788
Malaysia/Malaisie	19904	28949	29101	34852	x40963	Canada	16459	17122	12666	14040	17446
Belgium–Luxembourg	24156	12307	42818	32668	55715	Austria/Autriche	3183	13970	12555	16751	37553
Turkey/Turquie	13640	15605	18025	36601	28407	Yugoslavia SFR	2459	1214	6391	x21577	
Brazil/Brésil	7694	27013	19654	19712	39844	Australia/Australie	7579	8794	9146	8570	10545
United Arab Emirates	x39811	x21689	x16370	x24995	x23442	China/Chine	5431	9158	8693	5883	4806
New Zealand	18190	19653	17733	16393	16109	Thailand/Thaïlande	4407	3382	6432	5824	x3217
Mexico/Mexique	26227	19694	14717	13719	14960	Mexico/Mexique	17169	566	1055	10801	12651
Venezuela	44863	12619	12308	22490	16313	Former GDR	x57113	x6656	x1326		
Greece/Grèce	10362	12613	17178	15625	x34394	Brazil/Brésil	5069	5344	402	629	1233
Romania/Roumanie	x632	31340	11763	2251	x1250	Malaysia/Malaisie	799	860	1665	2096	x1068
China/Chine	14129	7128	10484	27108	41722	India/Inde	1159	x666	1904	1135	x1551
Indonesia/Indonésie	5851	14598	11923	17124	36006	Switz.Liecht	6803	776	1546	694	540
Chile/Chili	18061	22574	11230	6944	x15171	Portugal	826	444	890	1455	1312
So. Africa Customs Un	56148	12567	15123	x11632	x10022	Greece/Grèce	285	860	569	704	x37
Portugal	12166	9279	9791	19937	18880	New Zealand	415	586	534	338	798
Thailand/Thaïlande	14965	18451	9622	6840	9461	United Arab Emirates	x483	x607	x403	x408	x503
India/Inde	9023	x23234	2039	6778	x17188	Ireland/Irlande	163	531	548	320	155
Bahamas	x2561	x2894	x3459	x17479	x3266	So. Africa Customs Un	x237	x374	x350	x394	x385
Tunisia/Tunisie	4123	6624	11093	5803	2898	Libyan Arab Jamahiriya	x2	x27	x829	x200	x4
Nigeria/Nigéria	x4415	x4237	x7243	x11811	x9597	Bulgaria/Bulgarie	x293	x603	x413	x5	x3
Iran (Islamic Rp. of)	x17775	x1883	x5496	x13969	x16330	Tunisia/Tunisie	3	197	130	631	471
Yugoslavia SFR	9344	3633	4534	x13147		Czechoslovakia	x1040	x510	x35	x374	x106
Switz.Liecht	6231	6016	7731	7219	5547	Macau/Macao	20	144	265	452	373
Peru/Pérou	5569	7560	9848	2100	x5300	Kuwait/Koweït	x5	691			x17
Saudi Arabia	x5483	x6333	x7936	x4857	x9178	Oman	179	229	149	221	
Argentina/Argentine	5775	6407	4568	8076	11221	Algeria/Algérie	x3	x139	37	x417	
Ireland/Irlande	5711	6007	6809	6112		Faeroe Islds/Is Féroé	x16	x8	x437	x114	x5
Austria/Autriche	7077	4348	7234	6346	5290	Colombia/Colombie	x13	x306	x237	x523	
Colombia/Colombie	6944	7214	5354	5176	5864	Brunei Darussalam					
Morocco/Maroc	3617	4268	4894	4453	6104	Argentina/Argentine	105	353	84	27	225
Philippines	1743	x6455	3932	2883	6760	Cyprus/Chypre	58	85	215	156	141
Ecuador/Equateur	6546	4091	4106	4737	1386	Panama	x302	x301	x87	x9	x63
						Martinique	203	245	133	13	60

(VALUE AS % OF TOTAL) (VALEUR EN % DU TOTAL)

	1983	1984	1985	1986	1987	1988	1989	1990	1991	1992		1983	1984	1985	1986	1987	1988	1989	1990	1991	1992
Africa	x2.4	x2.9	x2.3	x3.5	x2.9	x5.1	x2.9	x3.3	x2.9	x3.0	Afrique				x0.0	x0.0	x0.1	x0.0	x0.1	x0.1	x0.0
Northern Africa	1.3	1.8	1.2	0.9	x0.9	0.9	0.9	0.9	x0.6	x1.2	Afrique du Nord	0.0	0.0	0.0	x0.0	x0.0	x0.0	x0.0	x0.0	x0.1	x0.0
Americas	16.5	21.3	26.7	x31.4	x27.3	x29.2	26.3	x21.5	21.5	x27.4	Amériques	x16.8	x18.2	x19.7	x21.5	19.0	19.4	21.0	16.5	16.2	17.2
LAIA	3.5	4.0	3.9	6.3	x5.2	6.4	6.2	4.4	x3.7	x5.1	ALAI	0.0	0.0	0.0	x0.3	0.2	1.1	0.3	0.1	0.5	0.7
CACM	x0.1		x0.0	x0.2	x0.4	x0.3	x0.4	x0.2	x0.2	x0.2	MCAC	x0.0	x0.0	x0.0	x0.0	x0.0	x0.0	x0.0	x0.0	x0.0	x0.0
Asia	x29.5	28.8	24.9	x17.4	x20.8	16.6	x19.8	17.6	x17.3	20.5	Asie	34.8	39.1	39.9	34.0	35.0	34.8	35.0	33.4	34.0	34.6
Middle East	x4.4	x1.6	x4.5	x3.7	x5.4	x4.8	x3.5	x3.1	x3.9	x4.7	Moyen–Orient	x0.1	x0.0	x0.2	x0.1	x0.0	x0.1	x0.1	x0.0	x0.0	x0.0
Europe	46.4	40.8	40.8	42.2	40.8	42.4	41.5	51.5	41.8	43.0	Europe	48.0	42.4	40.0	44.0	42.7	40.3	38.6	45.8	45.8	46.0
EEC	34.5	29.3	28.0	30.4	29.5	33.1	32.5	41.0	33.7	35.4	CEE	30.5	25.2	22.6	26.5	27.0	27.2	24.5	29.8	30.5	30.3
EFTA	11.8	11.3	11.9	10.6	10.7	8.7	8.8	10.0	7.4	7.1	AELE	17.6	17.2	17.4	17.5	15.6	13.0	14.1	15.7	14.3	15.3
Oceania	x5.2	x6.2	x6.1	x5.6	x5.1	x4.7	x4.9	x4.6	x3.6	x4.8	Océanie	0.4	0.3	0.3	0.6	x0.4	0.4	0.5	x0.4	x0.4	x0.5
USA/Etats–Unis d'Amer	7.8	10.1	16.0	17.1	14.0	15.3	12.3	10.2	10.8	15.0	Japan/Japon	32.6	37.1	37.3	32.0	30.8	30.8	30.5	28.7	30.0	30.2
Italy/Italie	7.6	5.6	5.0	6.1	7.6	7.6	8.1	9.5	7.7	7.6	USA/Etats–Unis d'Amer	12.5	13.3	14.3	14.6	14.4	17.6	19.7	15.8	15.1	15.7
Former USSR/Anc. URSS					x1.3	x1.1	x2.4	x0.5	12.5		Germany/Allemagne	19.7	14.0	9.2	15.6	16.0	12.0	10.2	14.2	15.9	17.8
France,Monac	4.9	3.9	4.0	5.7	4.9	4.7	5.2	6.1	4.7	4.4	Sweden/Suède	7.8	8.8	8.9	8.9	9.3	9.2	8.9	8.8	7.2	6.6
Canada	4.2	6.4	6.0	6.3	6.1	5.6	5.6	5.1	5.1	6.0	Finland/Finlande	2.8	1.6	1.5	3.7	2.4	2.3	3.4	4.9	4.5	5.6
Singapore/Singapour	3.7	3.1	2.0	1.8	2.9	3.4	4.8	4.7	3.8	3.5	United Kingdom	3.8	3.8	6.2	4.5	4.8	7.2	4.1	3.5	3.9	3.4
Germany/Allemagne	5.5	5.6	6.0	5.4	4.0	5.4	3.9	3.6	5.2	5.1	France,Monac	1.9	2.3	2.4	2.4	2.5	2.6	4.2	4.4	2.4	2.2
Netherlands/Pays–Bas	5.5	4.1	3.7	3.8	3.6	2.7	3.4	4.7	3.4	2.7	Netherlands/Pays–Bas	2.5	2.9	1.4	1.5	1.8	2.2	2.4	2.6	2.2	1.5
United Kingdom	3.8	3.2	3.1	3.7	3.6	4.1	3.2	4.9	3.2	3.4	Former USSR/Anc. URSS					x0.8	x1.0	x1.9	x1.9	x2.0	
Denmark/Danemark	1.4	2.9	2.9	1.0	2.1	2.7	2.8	4.5	3.6	4.2	Poland/Pologne					x0.8	x1.1	x2.7	x1.7	x1.4	x1.7

71332 — OTHER THAN OUTBOARD

MOT BATEAUX AUT HORSBORD 71332

TRADE BY COMMODITY IN THOUSAND U.S. DOLLARS – COMMERCE PAR PRODUIT EN MILLIERS DE DOLLARS E.U

COUNTRIES–PAYS	IMPORTS – IMPORTATIONS					COUNTRIES–PAYS	EXPORTS – EXPORTATIONS				
	1988	1989	1990	1991	1992		1988	1989	1990	1991	1992
Total	1140115	1123439	1219386	x1630771	1502267	Totale	x1468364	1475374	1630652	1615422	1635451
Africa	x80619	x33831	x48413	x41789	x48608	Afrique	x1457	x492	x2114	x1465	x647
Northern Africa	x22846	x18510	x30751	x16731	x31108	Afrique du Nord	x1268	x365	x1658	x1061	454
Americas	x174269	x196474	x174649	x252206	x341813	Amériques	x259562	290229	212698	205133	226920
LAIA	x21371	x43491	35957	37011	x62102	ALAI	20209		5605	1029	11148	14696
CACM	x768	x2368	x800	x1152	x1240	MCAC			x30	x3	x13
Asia	x239035	x274972	250175	312386	x347528	Asie	286541	322645	357492	363056	376286
Middle East	x49550	x36020	x36786	x64804	x69609	Moyen–Orient	x1280	x422	x358	x204	365
Europe	564526	496679	673434	695060	689851	Europe	814342	761168	972597	966827	989805
EEC	460089	412169	554875	568567	577702	CEE	543891	475297	621011	633528	641095
EFTA	95854	80163	111432	111772	103926	AELE	269772	285537	345728	312032	342149
Oceania	x42486	x38299	x44356	x32638	x48041	Océanie	2771	2176	x3988	x2793	x4510
Former USSR/Anc. URSS	x21785	x42920	x9529	x289143		Germany/Allemagne	247556	206618	315364	348342	399314
Italy/Italie	85235	94711	115752	118830	108190	Japan/Japon	218970	251540	271485	293409	297925
USA/Etats–Unis d'Amer	62685	67241	73364	129906	201040	USA/Etats–Unis d'Amer	x225907	269206	201404	180619	195575
Singapore/Singapour	59788	82457	81433	80938	68311	Sweden/Suède	193569	181765	195642	156806	146780
Denmark/Danemark	50423	49210	83671	81434	90314	Finland/Finlande	47449	69334	107034	99367	126356
Germany/Allemagne	89289	54235	53821	100383	88253	United Kingdom	148175	81312	74613	82645	74094
Canada	72714	66694	52449	59173	70779	France, Monac	50799	81933	83508	39613	32331
France, Monac	50240	53754	61601	58863	56103	Former USSR/Anc. URSS	x21863	x38727	x41897	x44601	
United Kingdom	63462	39404	70176	58344	58704	Poland/Pologne	x23341	x53427	x38537	x31091	x37112
Netherlands/Pays–Bas	36026	42777	65870	58667	39007	Netherlands/Pays–Bas	31321	38019	40497	33319	23022
Spain/Espagne	49165	53605	57630	43505	43465	Singapore/Singapour	29619	37966	38915	30200	35458
Norway,SVD,JM	37304	31500	54586	67940	68800	Italy/Italie	20808	19637	34837	43684	50898
Japan/Japon	22863	29491	38570	31723	22983	Norway,SVD,JM	19194	20161	29717	38906	31455
Korea Republic	30330	27542	28517	36390	37629	Denmark/Danemark	16906	17715	28669	32060	25093
Australia/Australie	35044	30204	36814	23352	38267	Belgium–Luxembourg	15042	15002	20862	30905	19755
Finland/Finlande	21020	24175	28499	18426	8802	Spain/Espagne	12345	14050	21567	21224	16029
Belgium–Luxembourg	19269	9415	31677	25785	49181	Korea Republic	20600	13611	22767	20186	17774
Turkey/Turquie	11786	13860	14850	33938	25699	Austria/Autriche	2938	13600	12302	16498	37293
Malaysia/Malaisie	9792	18785	15506	22000	x23585	Canada	13107	14888	9956	13303	16493
Sweden/Suède	25427	19332	16765	16083	17594	Yugoslavia SFR	660	330	5336	x21160	
Romania/Roumanie	x493	31338	11763	2251	x1236	China/Chine	5052	7169	8282	5523	4796
Hong Kong	14763	14725	13344	12036	19505	Hong Kong	4587	7056	5900	4648	13198
United Arab Emirates	x12101	x9758	x8835	x17130	x9786	Thailand/Thaïlande	4349	3363	6354	5723	x3216
Indonesia/Indonésie	4012	9958	8576	15938	33082	Mexico/Mexique	14565	194	458	10430	12278
China/Chine	12313	3439	7491	22015	35602	Australia/Australie	2224	1678	3624	2490	4062
Thailand/Thaïlande	13401	16133	7160	5480	8409	Former GDR	x57113	x5903	x1315		
Portugal	8913	6000	5763	14547	11537	Brazil/Brésil	5069	5142	393	606	1216
India/Inde	8404	x19568	487	5551	x13130	Italy/Italie	1159	x611	1904	1135	x1519
Chile/Chili	x3364	x10815	9823	4555	x11589	Malaysia/Malaisie	628	567	1141	1504	x731
Brazil/Brésil	7402	11179	4674	8412	29573	Switz.Liecht	6534	585	1003	416	261
Egypt/Egypte	x8239	x4584	x13743	x4903	x9236	Greece/Grèce	149	659	305	529	x34
Tunisia/Tunisie	3968	6435	10905	5655	2657	Portugal	741	208	281	926	396
Yugoslavia SFR	7864	3465	4071	x12379		Algeria/Algérie	x3	x139	x699	x417	
Peru/Pérou	2	6255	8807	1491	x3663	Tunisia/Tunisie	3	196	130	631	454
Bahamas	x50	x292	x351	x15068	x383	New Zealand	280	476	251	221	413
New Zealand	5463	4341	5187	5903	6052	Ireland/Irlande	49	142	507	281	128
Argentina/Argentine	4808	5611	3929	5197	6603	Czechoslovakia	x1040	x481	x4	x371	x106
Venezuela	1164	690	2982	10639	4280	Libyan Arab Jamahiriya	x2	x25	x829		
Ireland/Irlande	4793	4871	4942	4458	3888	Macau/Macao	20	131	250	438	309
Iran (Islamic Rp. of)	x15417	x1107	x4332	x8171	x13692	Faeroe Islds/Is Féroé	x16	x5	x435	x106	
Austria/Autriche	4908	2137	5512	4928	4571	Cape Verde/Cap–Vert			315	x6	
Philippines	1103	x5702	3537	2742	2291	Turkey/Turquie	655	176	112	19	249
Greece/Grèce	3274	4187	3971	3753	x29061	So. Africa Customs Un	x29	x75	x44	x174	x139
Morocco/Maroc	3180	3534	4253	3510	4566	Panama	x3	x254			x6
Saudi Arabia	x3072	x4140	x4665	x2376	x5365	Martinique	147	167	77	6	9
Cuba	x4551	x3787	x4258	x2914	x690	Indonesia/Indonésie		116	75	18	283
Mexico/Mexique	2908	3829	2206	4025	3438	Guadeloupe	11	10	179	13	66
Poland/Pologne	x4179	x5847	x1820	x2278	x12652	Cyprus/Chypre	38	2	103	94	77
So. Africa Customs Un	44177	2186	3626	x3477	x4119	Saudi Arabia	x238	x140		x57	0
Switz.Liecht	2212	1882	2801	2263	2196	Venezuela	x383		152	26	171

(VALUE AS % OF TOTAL)(VALEUR EN % DU TOTAL)

	1983	1984	1985	1986	1987	1988	1989	1990	1991	1992		1983	1984	1985	1986	1987	1988	1989	1990	1991	1992
Africa	x2.1	x3.3	x3.0	x3.6	x2.7	x7.1	x3.0	x4.0	x2.5	x3.3	Afrique			0.1	x0.0	x0.0	x0.1	x0.0	x0.1	x0.1	0.0
Northern Africa	x1.4	x2.4	x1.9	x2.5	x1.2	x2.0	x1.6	x2.5	x1.0	x2.1	Afrique du Nord	0.0	0.0								0.0
Americas	10.8	12.5	x13.5	x15.3	x12.7	x15.3	x17.5	x14.3	15.5	x22.8	Amériques	x12.4	x13.5	x14.2	x13.8	x13.7	x17.7	19.7	13.1	12.7	13.9
LAIA	2.1	2.8	x1.5	x3.1	x1.6	x1.9	x3.9	2.9	2.3	x4.1	ALAI	0.0	0.0	0.0	0.3	0.3	1.4	0.4	0.1	0.7	0.9
CACM	x0.1			x0.1	x0.1	x0.1	x0.1	x0.1	x0.1	x0.1	MCAC				x0.0	x0.0		x0.0			
Asia	x37.2	37.3	34.2	x26.5	x29.3	20.9	24.5	20.5	19.2	x23.1	Asie	26.5	29.3	27.3	18.3	19.5	19.5	21.9	22.0	22.5	23.0
Middle East	x4.8	x1.2	x4.9	x4.4	x6.4	x4.3	x3.2	x3.0	x4.0	x4.6	Moyen–Orient	x0.0	x0.1	x0.1	x0.1	x0.1	x0.1	x0.0	x0.0	x0.0	0.0
Europe	46.1	42.5	44.7	50.1	46.7	49.5	44.2	55.2	42.6	45.9	Europe	x60.9	x57.2	58.4	67.9	62.4	55.5	51.6	59.6	59.8	60.5
EEC	35.1	31.5	31.9	37.1	36.2	40.4	36.7	45.5	34.9	38.5	CEE	39.3	34.4	32.4	40.7	39.5	37.0	32.2	38.1	39.2	39.2
EFTA	11.0	10.8	12.7	11.3	9.6	8.4	7.1	9.1	6.9	6.9	AELE	x21.6	x22.8	x25.9	x27.1	x22.8	18.4	19.4	21.2	19.3	20.9
Oceania	x3.8	x4.4	x4.5	x4.6	x3.6	x3.8	x3.4	x3.6	x2.0	x3.2	Océanie	0.2		0.1		0.1	0.2	0.1	x0.2	x0.2	x0.3
Former USSR/Anc. URSS						x2.2	x1.9	x3.8	x0.8	17.7	Germany/Allemagne	26.5	19.6	13.6	24.5	23.9	16.9	14.0	19.3	21.6	24.4
Italy/Italie	7.2	5.0	3.9	6.0	6.8	7.5	8.4	9.5	7.3	7.2	Japan/Japon	24.7	27.8	25.5	17.5	14.3	14.9	17.0	16.6	18.2	18.2
USA/Etats–Unis d'Amer	4.2	3.5	5.6	5.1	3.5	5.5	6.0	6.0	8.0	13.4	USA/Etats–Unis d'Amer	x11.9	x13.1	x13.9	x13.3	x12.8	x15.4	18.2	12.4	11.2	12.0
Singapore/Singapour	4.7	3.8	2.7	2.9	4.5	5.2	7.3	6.7	5.0	4.5	Sweden/Suède	x10.3	x12.2	13.3	13.9	13.9	13.2	12.3	12.0	9.7	9.0
Denmark/Danemark	1.6	3.9	4.4	1.4	3.4	4.4	4.4	6.9	5.0	6.0	Finland/Finlande	3.8	2.3	2.3	5.8	3.7	3.2	4.7	6.6	6.2	7.7
Germany/Allemagne	6.4	7.1	8.2	7.8	5.1	7.8	4.8	4.4	6.2	5.9	United Kingdom	4.8	5.0	9.1	6.8	7.0	10.1	5.5	4.6	5.5	4.5
Canada	4.2	6.0	6.0	6.4	6.8	6.4	5.9	4.3	3.6	4.7	France, Monac	2.4	3.1	3.4	3.7	3.6	3.5	5.6	5.1	2.5	2.0
France, Monac	3.7	3.0	3.3	5.7	5.0	4.4	4.8	5.1	3.6	3.7	Former USSR/Anc. URSS			x1.1	x1.5	x2.6	x2.6	x2.8			
United Kingdom	3.6	2.8	3.0	4.7	4.5	5.6	3.5	5.8	3.6	3.9	Poland/Pologne			x1.2	x1.6	x3.6	x2.4	x1.9	x2.3		
Netherlands/Pays–Bas	6.2	5.3	5.2	5.8	5.2	3.2	3.8	5.4	3.6	2.6	Netherlands/Pays–Bas	2.4	3.8	1.7	2.0	2.3	2.1	2.6	2.5	2.1	1.4

7138 PISTON ENGINES NES — MOTEURS A PISTONS NDA 7138

TRADE BY COMMODITY IN THOUSAND U.S. DOLLARS – COMMERCE PAR PRODUIT EN MILLIERS DE DOLLARS E.U

COUNTRIES–PAYS	IMPORTS 1988	1989	1990	1991	1992	COUNTRIES–PAYS	EXPORTS 1988	1989	1990	1991	1992
Total	4213643	3018298	3262475	3058288	3312019	Totale	3178485	2917508	3143607	3030915	3460500
Africa	x149602	x162481	x208847	x148343	x111717	Afrique	x1842	x1100	x4924	x3903	x1881
Northern Africa	73344	78261	124930	80100	x49276	Afrique du Nord	1200	445	4142	3127	x940
Americas	x2368736	x935308	1010200	x869290	x965196	Amériques	1014445	722710	699172	628807	619113
LAIA	99645	64718	123980	110689	137413	ALAI	410513	60034	69944	51796	66804
CACM	x14000	x3983	x1697	x5479	x11786	MCAC	0		x30	x47	x50
Asia	x464913	x488488	x540682	x619758	x749527	Asie	819342	x753964	811162	836123	x952844
Middle East	x175764	x135750	x112620	x143494	x176227	Moyen–Orient	8001	4546	x4275	x3349	x3287
Europe	1091930	1273661	1380147	1287104	1362184	Europe	1302417	1368523	1580966	1506888	1869873
EEC	960727	1131939	1233556	1159524	1235506	CEE	1223531	1264633	1460475	1368848	1710806
EFTA	124958	135615	138353	115820	118569	AELE	73984	97238	112631	119195	141076
Oceania	112157	114548	x100809	x83341	x109211	Océanie	2746	x3884	2347	3785	x4240
USA/Etats–Unis d'Amer	2030313	560772	602628	509358	627586	Japan/Japon	739827	663306	706449	729592	835881
France,Monac	259356	271720	306081	284415	306251	USA/Etats–Unis d'Amer	595569	650956	617401	566181	540398
Canada	207416	289168	262854	215298	172576	Germany/Allemagne	475723	506175	529383	457936	576297
Germany/Allemagne	142766	194102	223296	236245	269335	United Kingdom	355066	376691	454272	466188	526997
United Kingdom	189275	235675	222297	172722	182573	Italy/Italie	155713	172850	213902	196571	217485
Italy/Italie	134304	140839	161192	167729	185485	France,Monac	114899	105453	116808	102576	256073
Belgium–Luxembourg	84586	93671	98079	91317	54586	Sweden/Suède	59941	72934	71113	68517	85634
Australia/Australie	90647	94700	87656	72506	95828	Brazil/Brésil	336778	58083	64871	47182	56722
Korea Republic	67697	60759	75837	116562	123345	Belgium–Luxembourg	61231	45688	60196	51520	58252
Singapore/Singapour	48323	48152	82823	118717	131178	Netherlands/Pays–Bas	40803	37045	39896	50661	47409
Netherlands/Pays–Bas	58959	73079	79491	77493	100156	India/Inde	23549	x34644	38046	34652	x31006
Saudi Arabia	91213	82603	x50701	x62795	x86135	China/Chine	9947	28082	31502	27127	32194
Japan/Japon	43876	61027	63117	46253	50638	Former USSR/Anc. URSS	x9073	x18048	x21511	x40108	
Spain/Espagne	25022	54454	55753	45433	42098	Switz.Liecht	3314	11290	26752	29078	41477
Egypt/Egypte	26038	44407	64052	13355	17528	Singapore/Singapour	11366	13855	21114	26922	25116
Indonesia/Indonésie	26923	37653	41319	42224	34055	Spain/Espagne	6856	9053	28215	23173	6883
Austria/Autriche	34605	38470	38416	38032	45867	Denmark/Danemark	11738	8475	15964	19438	18802
So. Africa Customs Un	47964	41606	38306	x28642	x18102	Yugoslavia SFR	4880	6337	7738	x18836	
Sweden/Suède	34157	38992	36488	30538	30802	Austria/Autriche	6350	9970	10575	11403	11269
Mexico/Mexique	28322	26941	39263	28082	48679	Canada	7374	8472	10695	10262	9317
Bangladesh	x13729	x42051	x31176	x15739	x14982	Former GDR	x6584	x20979	x7039		
Algeria/Algérie	18085	15328	35555	35353	x9863	Czechoslovakia	x10385	x16352	x6367	x2454	x3580
Denmark/Danemark	30308	24097	31207	30137	36796	Poland/Pologne	x7542	x4175	x3236	x8086	x7365
Malaysia/Malaisie	11402	18106	27835	30856	x40056	Hong Kong	1324	1126	5183	6798	11705
Norway,SVD,JM	23440	25995	29841	16514	17636	Bulgaria/Bulgarie	x1947	x6084	x5238	x317	x203
Ireland/Irlande	16667	22033	21557	26682	29827	Finland/Finlande	3474	2051	455	7972	362
Former USSR/Anc. URSS	x14836	x20115	x5725	x37910		Korea Republic	22400	5162	1694	3189	4400
Venezuela	11962	5091	26959	30944	17727	Australia/Australie	1977	3180	1812	3506	3832
Iran (Islamic Rp. of)	x35789	x12254	x18332	x30667	x28638	Mexico/Mexique	72471	1468	3705	3271	5555
Thailand/Thaïlande	18418	21304	20673	18366	22178	Norway,SVD,JM	903	993	3730	2206	2334
Finland/Finlande	15399	19379	23501	15772	12726	Tunisia/Tunisie	1028	8	3966	2069	373
China/Chine	11325	9996	23990	24268	76602	Turkey/Turquie	6045	1897	2231	1049	443
Philippines	8293	x15364	25115	17085	25187	Malaysia/Malaisie	819	2091	1146	1228	x1131
Turkey/Turquie	9214	9359	17376	19230	21717	Ireland/Irlande	550	1937	410	565	2055
Portugal	11115	10357	19494	13823	13857	Panama	x811	x2740		0	x402
Greece/Grèce	8370	11912	15109	13528	x14542	Saudi Arabia	1018	1752	x570	x385	x1035
Ecuador/Equateur	11918	12481	11697	14541	5429	Portugal	723	1121	1339	139	386
Switz.Liecht	17186	7090	9876	14523	11349	Hungary/Hongrie	x1249	x1530	x716	x255	x952
Brazil/Brésil	28597	4920	24602	6145	13857	Argentina/Argentine	233	317	883	973	1167
New Zealand	11284	12833	10635	8917	10705	Israel/Israël	582	180	1004	910	104
Nigeria/Nigéria	x6106	x5474	x10096	x14127	x14739	Thailand/Thaïlande	1220	518	728	826	x7509
Morocco/Maroc	13650	5952	10868	12291	12847	United Arab Emirates	x3	x271	x1084	x389	x997
Hong Kong	2213	3947	8296	12809	10148	Indonesia/Indonésie	226	253	12	1319	108
United Arab Emirates	x15536	x7883	x8247	x7828	x9729	Romania/Roumanie	x913	160	929	190	x449
Yugoslavia SFR	5940	5886	7380	x10310		New Zealand	617	527	384	260	343
India/Inde	4571	x15885	3680	3569	x18051	So. Africa Customs Un	x222	x253	x314	x590	x636
Argentina/Argentine	4936	6318	3596	10828	28575	Algeria/Algérie	x16	379	x21	560	x39
Dominican Republic	x3278	x3645	x976	x15738	x1042	Martinique	16	8	923	11	16
Hungary/Hongrie	x3269	x10528	x6326	3083	x4864	Syrian Arab Republic			2	x863	
Tunisia/Tunisie	11408	3180	6160	10494	2663	Cyprus/Chypre	144	300	121	326	11

(VALUE AS % OF TOTAL)(VALEUR EN % DU TOTAL)

	1983	1984	1985	1986	1987	1988	1989	1990	1991	1992		1983	1984	1985	1986	1987	1988	1989	1990	1991	1992
Africa	x6.3	x5.9	x2.3	x3.2	x3.4	x3.5	x5.4	x6.4	x4.8	x3.3	Afrique	0.2	x0.1	0.1	x0.0	0.0	x0.1	0.0	0.1	0.1	x0.0
Northern Africa	3.2	2.8	1.1	0.9	x1.2	1.7	2.6	3.8	2.6	x1.5	Afrique du Nord	x0.0	x0.0	x0.0	x0.0	x0.0	0.0	0.0	0.1	0.1	x0.0
Americas	22.6	30.2	64.3	x56.8	x53.1	x56.2	x31.0	30.9	x28.4	x29.2	Amériques	24.7	28.3	27.0	x50.5	x48.1	31.9	24.8	22.3	20.7	17.9
LAIA	2.2	1.6	1.4	x3.1	x2.2	2.4	2.1	3.8	3.6	4.1	ALAI	0.0	0.0	0.0	5.7	6.6	12.9	2.1	2.2	1.7	1.9
CACM	x0.0		x0.1	x0.0	x0.2	x0.3	x0.1	x0.1	x0.2	x0.4	MCAC	0.0			x0.0	x0.0	x0.0	x0.0	x0.0	x0.0	x0.0
Asia	x27.1	x27.1	x9.1	x9.9	x9.7	x11.1	x16.2	x16.6	x20.2	22.6	Asie	18.7	19.5	19.3	x14.1	15.7	25.8	x25.8	25.8	27.6	x27.6
Middle East	x16.2	x18.7	x3.3	x4.2	4.1	x4.2	x4.5	3.5	x4.7	x5.3	Moyen–Orient	x0.0	x0.0	x0.1	x0.1	x0.1	0.3	0.2	x0.1	x0.1	x0.1
Europe	40.3	32.1	21.2	27.6	26.4	25.9	42.2	42.3	42.1	41.1	Europe	56.4	51.9	53.5	35.4	33.8	41.0	46.9	50.3	49.7	54.0
EEC	35.0	27.4	18.3	23.5	23.1	22.8	37.5	37.8	37.9	37.3	CEE	50.5	46.2	49.8	32.7	31.5	38.5	43.3	46.5	45.2	49.4
EFTA	5.1	4.7	3.0	3.1	3.0	3.0	4.5	4.2	3.8	3.6	AELE	6.0	5.7	3.7	2.5	2.1	2.3	3.3	3.6	3.9	4.1
Oceania	3.7	x4.8	3.1	x2.4	x2.3	2.7	3.8	x3.1	x2.8	x3.3	Océanie				x0.0	x0.0		0.1	x0.1	0.1	x0.1
USA/Etats–Unis d'Amer	13.0	19.7	57.6	48.4	46.3	48.2	18.6	18.5	16.7	18.9	Japan/Japon	17.8	18.8	18.5	13.5	14.7	23.3	22.7	22.5	24.1	24.2
France,Monac	9.8	7.4	5.0	6.6	7.1	6.2	9.0	9.4	9.3	9.2	USA/Etats–Unis d'Amer	24.6	28.3	27.0	12.8	11.6	18.7	22.3	19.6	18.7	15.6
Canada	6.0	7.9	5.0	4.8	3.9	4.9	9.6	8.1	7.0	5.2	Germany/Allemagne	18.2	14.9	16.2	12.2	10.8	15.0	17.3	16.8	15.1	16.7
Germany/Allemagne	5.2	4.1	2.6	3.4	3.0	3.4	6.4	6.8	7.7	8.1	United Kingdom	13.0	13.1	12.2	7.1	7.2	11.2	12.9	14.5	15.4	15.2
United Kingdom	6.1	4.6	3.2	3.9	3.9	4.5	7.8	6.8	5.6	5.5	Italy/Italie	5.4	5.2	5.6	4.4	3.8	4.9	5.9	6.8	6.5	6.3
Italy/Italie	4.3	3.9	2.6	3.6	3.7	3.2	4.7	4.9	5.5	5.6	France,Monac	9.8	8.9	10.8	5.9	6.6	3.6	3.6	3.7	3.4	7.4
Belgium–Luxembourg	3.2	2.8	1.9	2.5	2.3	2.0	3.1	3.0	3.0	1.6	Sweden/Suède	4.7	5.0	2.6	1.7	1.3	1.9	2.5	2.3	2.3	2.5
Australia/Australie	3.2	3.8	2.6	2.0	1.9	2.2	3.1	2.7	2.4	2.9	Brazil/Brésil				5.0	5.9	10.6	2.0	2.1	1.6	1.6
Korea Republic	2.4	1.8	1.0	0.8	0.8	1.6	2.0	2.3	3.8	3.7	Belgium–Luxembourg	0.4	0.9	1.5	1.3	1.1	1.9	1.6	1.9	1.7	1.7
Singapore/Singapour	1.4	0.8	0.5	0.6	0.6	1.1	1.6	2.5	3.9	4.0	Netherlands/Pays–Bas	0.9	1.2	1.5	0.8	1.2	1.3	1.3	1.3	1.7	1.4

7139 PISTON ENGINE PARTS NES
PIECES POUR 713.2,3,8 7139

TRADE BY COMMODITY IN THOUSAND U.S. DOLLARS – COMMERCE PAR PRODUIT EN MILLIERS DE DOLLARS E.U

COUNTRIES–PAYS	IMPORTS – IMPORTATIONS					COUNTRIES–PAYS	EXPORTS – EXPORTATIONS				
	1988	1989	1990	1991	1992		1988	1989	1990	1991	1992
Total	11851240	11148033	11984251	12414785	13849236	Totale	11862803	12015725	13498635	13866866	14934396
Africa	x573779	x573077	x571981	x559706	x536103	Afrique	x15592	x20725	x29639	x26381	x25806
Northern Africa	182755	180350	205973	x192478	x161331	Afrique du Nord	5663	7599	10533	9077	7471
Americas	x4668051	x3906028	3801214	3662343	x4001470	Amériques	3719415	3221201	3382409	3326418	3678089
LAIA	634939	493772	541637	689915	812926	ALAI	418018	479359	512012	487182	633733
CACM	x35626	x37357	x29321	x34225	x34845	MCAC	x226	x42	x99	x675	x91
Asia	x1688770	x1753446	x2030307	x2348243	x2975726	Asie	1985744	2197105	2541575	2870593	3284731
Middle East	x605690	x505635	x630430	x647329	x740117	Moyen–Orient	33382	29536	x36652	35533	57674
Europe	4168697	4189638	5137667	5181800	5992226	Europe	5920216	6330280	7328013	7394151	7795437
EEC	3363028	3338725	4054009	4092102	4801853	CEE	5272511	5589830	6410574	6474307	6826443
EFTA	741463	790217	999889	1026960	1143008	AELE	557174	654150	827949	883225	933445
Oceania	x213302	x230896	x235173	x209938	x241919	Océanie	x42646	x53600	x65532	x84905	x80084
USA/Etats–Unis d'Amer	2502476	2120340	2136164	2008002	2177612	Germany/Allemagne	2379061	2458164	2754011	2808643	2851244
Canada	1191778	1142510	993732	820064	871837	USA/Etats–Unis d'Amer	2646074	2154410	2342577	2370874	2521572
United Kingdom	619872	715784	906366	827936	913064	Japan/Japon	1696428	1888418	2170689	2441643	2794587
Germany/Allemagne	607394	655692	829024	944273	1196630	France, Monac	939173	1052244	1168355	1252628	1491810
France, Monac	651761	720979	814732	806242	988543	United Kingdom	707699	702934	815837	717300	733922
Austria/Autriche	285875	332770	478676	511478	583795	Italy/Italie	578488	626615	722930	689378	720588
Italy/Italie	287062	298549	367146	353249	410600	Canada	646369	585387	526332	464051	520252
Spain/Espagne	561843	271265	324044	345692	405257	Brazil/Brésil	294561	342897	399170	341348	426097
Netherlands/Pays–Bas	220524	252172	333208	350811	363035	Spain/Espagne	219606	231645	272942	301231	327759
Sweden/Suède	298486	289178	310753	296098	327300	Austria/Autriche	146415	194979	266542	327445	389006
Korea Republic	276113	237986	257496	338147	375984	Sweden/Suède	194290	231856	258205	261094	231895
Former USSR/Anc. URSS	x419555	x311809	x98655	x379110		Netherlands/Pays–Bas	173212	185162	240883	264919	272868
Singapore/Singapour	201512	207382	264820	264316	289608	Denmark/Danemark	136172	170254	213904	217470	242432
Belgium–Luxembourg	181540	178326	207982	195547	177054	Singapore/Singapour	113957	136911	141655	156617	163914
Australia/Australie	173075	195337	200115	167192	190392	Switz.Liecht	94791	91183	121802	117042	136333
Mexico/Mexique	156433	134933	142413	237118	301659	Belgium–Luxembourg	80795	92624	118512	109920	115569
Thailand/Thaïlande	130199	154448	180966	170307	230600	Finland/Finlande	75563	83109	118140	107915	101373
Iran (Islamic Rp. of)	x81281	x82002	x183011	x210763	x184764	Mexico/Mexique	94762	102731	75096	94192	151862
China/Chine	62974	81249	134393	247736	357196	Former USSR/Anc. URSS	x25476	x71369	x59551	x100350	
Saudi Arabia	x155975	x140303	x139139	x180431	x223308	Hong Kong	41605	60971	72676	88749	107827
Japan/Japon	96772	127645	146105	179327	228360	Yugoslavia SFR	90317	85577	88972	x36136	
So. Africa Customs Un	201050	173201	138982	x134271	x130555	Australia/Australie	40898	51945	63505	83367	77938
Brazil/Brésil	125330	106676	144815	138372	148871	Norway,SVD,JM	46097	53022	63260	69723	74838
Turkey/Turquie	122280	114167	137893	111212	122870	Portugal	31622	34707	48864	51739	58787
Portugal	108468	117720	113776	101893	127139	Poland/Pologne	x68669	x47214	x40161	x45769	x47215
Hong Kong	61473	79587	107647	145970	196227	Greece/Grèce	14987	26061	44507	50625	x1094
Indonesia/Indonésie	66796	72163	95827	116797	131287	India/Inde	47514	x18215	49590	52436	x30261
Denmark/Danemark	66613	71780	95133	100579	111642	Korea Republic	18942	27949	29381	46212	61988
Malaysia/Malaisie	48717	67647	80553	93283	x153216	Argentina/Argentine	21678	27016	30621	40847	46305
Venezuela	156383	71583	67061	102735	78108	Turkey/Turquie	30276	25777	29458	29782	50021
India/Inde	53617	x112065	59724	47289	x146170	China/Chine	17845	18650	21202	27615	44487
Nigeria/Nigéria	x59139	x69067	x74164	x67987	x71053	Czechoslovakia	x44386	x28178	x26366	x11814	x15102
Algeria/Algérie	68350	63281	90277	52925	x27396	Former GDR	x26530	x32429	x11415		
Switz.Liecht	55392	55926	71725	71801	79041	So. Africa Customs Un	x7920	x11666	x16601	x14244	x16022
United Arab Emirates	x123392	x60448	x72668	x62393	x98789	Ireland/Irlande	11697	9418	9768	10454	10370
Norway,SVD,JM	45621	48699	66131	80133	76746	Thailand/Thaïlande	8571	8545	7953	9541	x9940
Finland/Finlande	52916	60292	68731	63235	71959	Israel/Israël	5555	5561	6649	6458	6363
Yugoslavia SFR	59202	58175	74368	x46624		Morocco/Maroc	3222	5398	7089	5174	3586
Argentina/Argentine	52678	35875	43677	76361	134834	Bulgaria/Bulgarie	x3056	x6634	x9816	x592	x872
Greece/Grèce	44494	43310	46168	51645	x91752	Colombia/Colombie	4242	3844	4013	3813	4791
Philippines	18663	x51585	26193	38472	57844	Hungary/Hongrie	x5831	x2725	x2368	x4144	x5271
Chile/Chili	x43460	x42975	31290	31093	x53433	Tunisia/Tunisie	2230	1978	2879	3063	3564
Tunisia/Tunisie	30073	27240	35551	33265	32673	Romania/Roumanie	x5228	x4261	x1790	1750	x1788
Libyan Arab Jamahiriya	42072	43160	36214	x16193	x18214	United Arab Emirates	x833	x1557	x4755	x933	x3886
Ecuador/Equateur	27736	25991	32191	35579	30893	Malaysia/Malaisie	808	1236	2004	1436	2157
Colombia/Colombie	33205	34186	32184	23709	27309	Venezuela	8	1471	2161	1184	1643
Peru/Pérou	27116	28027	33848	27402	x22989	Indonesia/Indonésie	620	569	2799	1184	1895
Former GDR	x119678	x59191	x20776			New Zealand	1420	1285	1503	1274	1895
Iraq	x59482	x55787	x17452	x1098	x283	Saudi Arabia	x1571	x1042	x1287	x1434	x2439
Czechoslovakia	x50956	21214	25202	x27253	x26946	Chile/Chili	x429	x288	528	2437	x1019

(VALUE AS % OF TOTAL)(VALEUR EN % DU TOTAL)

	1983	1984	1985	1986	1987	1988	1989	1990	1991	1992		1983	1984	1985	1986	1987	1988	1989	1990	1991	1992
Africa	x8.3	x7.0	x5.8	x6.5	x5.3	x4.8	x5.2	x4.8	x4.5	x3.8	Afrique	x0.2	0.1	x0.1	0.1	x0.1	0.1	0.2	0.2	0.2	0.2
Northern Africa	3.6	x3.1	2.9	2.6	1.9	1.5	1.6	1.7	x1.6	x1.2	Afrique du Nord	0.0	0.0				0.0	0.1	0.1	0.1	0.1
Americas	x35.3	44.2	44.2	x45.2	x40.2	x37.7	35.1	31.7	29.5	x28.9	Amériques	x42.7	46.7	44.2	x37.9	x35.1	31.4	26.8	25.1	23.9	24.7
LAIA	2.9	3.6	3.7	x10.9	x9.2	5.4	4.4	4.5	5.6	5.9	ALAI	0.0	0.1	0.1	x3.2	x3.1	3.5	4.0	3.8	3.5	4.2
CACM	x0.4		x0.4	x0.5	x0.3	x0.3	x0.3	0.2	0.3	0.3	MCAC	x0.0		x0.0	x0.0	x0.0	x0.0	x0.0	x0.0	x0.0	x0.0
Asia	x20.0	x16.2	x17.1	x13.9	x14.5	x14.2	15.8	16.9	19.0	21.5	Asie	16.9	16.7	18.5	20.2	20.6	16.7	18.3	18.8	20.7	22.0
Middle East	x8.8	x5.7	x7.9	x6.1	x5.3	x5.1	x4.5	x5.2	x5.2	x5.3	Moyen–Orient	x0.0	0.0	0.5	0.2	0.4	0.3	0.2	x0.3	0.3	0.4
Europe	34.3	30.3	30.8	32.7	33.6	35.2	37.6	42.9	41.7	43.3	Europe	39.2	35.3	37.0	41.7	42.3	49.9	52.7	54.3	53.3	52.2
EEC	27.8	24.4	24.9	25.6	26.7	28.4	29.9	33.8	33.0	34.7	CEE	36.3	32.9	34.2	38.1	38.5	44.4	46.5	47.5	46.7	45.7
EFTA	6.4	5.9	5.8	6.2	6.2	6.3	7.1	8.3	8.3	8.3	AELE	2.9	2.5	2.8	3.3	3.6	4.7	5.4	6.1	6.4	6.3
Oceania	2.1	x2.3	x2.2	x1.6	1.6	x1.8	x2.0	x1.9	x1.7	x1.7	Océanie	0.1	0.1		x0.1	x0.1	x0.4	x0.4	x0.5	x0.6	x0.5
USA/Etats–Unis d'Amer	17.2	22.9	24.0	22.5	20.6	21.1	19.0	17.8	16.2	15.7	Germany/Allemagne	15.3	14.2	14.9	17.6	17.9	20.1	20.5	20.4	20.3	19.1
Canada	14.0	17.0	15.7	10.3	9.0	10.1	10.2	8.3	6.6	6.3	USA/Etats–Unis d'Amer	24.1	26.3	25.5	20.3	18.8	18.8	15.7	16.1	17.6	18.7
United Kingdom	5.8	5.5	5.4	5.0	5.4	5.2	6.4	7.6	6.7	6.6	Japan/Japon	14.8	14.9	16.3	18.4	18.6	14.3	15.7	16.1	17.6	18.7
Germany/Allemagne	4.2	3.9	5.0	5.5	5.5	5.1	5.9	6.9	7.6	8.6	France, Monac	5.7	5.0	5.2	5.5	5.4	7.9	8.8	8.7	9.0	10.0
France, Monac	6.5	5.0	4.8	4.9	5.2	5.5	6.5	6.8	6.5	7.1	United Kingdom	6.5	5.9	6.4	6.0	4.8	5.9	6.0	6.0	5.2	4.9
Austria/Autriche	1.8	1.7	1.8	2.1	2.1	2.4	3.0	4.0	4.1	4.2	Italy/Italie	4.6	3.8	5.0	5.4	4.9	5.2	5.4	5.0	5.0	4.8
Italy/Italie	2.9	2.6	2.6	2.7	2.8	2.4	2.7	3.1	2.8	3.0	Canada	18.5	20.2	18.6	14.3	13.2	5.4	4.9	3.9	3.3	3.5
Spain/Espagne	1.3	1.5	1.4	1.8	2.4	4.7	2.4	2.7	2.8	2.9	Brazil/Brésil					1.8	1.8	2.5	2.9	2.5	2.9
Netherlands/Pays–Bas	2.1	2.1	2.0	2.1	1.9	2.3	2.3	2.8	2.8	2.6	Spain/Espagne	1.2	1.2	1.3	1.6	1.6	1.9	1.9	2.0	2.2	2.2
Sweden/Suède	3.0	2.9	2.7	2.7	2.8	2.5	2.6	2.6	2.4	2.4	Austria/Autriche	0.6	0.5	0.6	0.8	0.9	1.2	1.6	2.0	2.4	2.6

7144 REACTION ENGINES / PROPULSEURS A REACTION 7144

TRADE BY COMMODITY IN THOUSAND U.S. DOLLARS – COMMERCE PAR PRODUIT EN MILLIERS DE DOLLARS E.U

IMPORTS – IMPORTATIONS

COUNTRIES–PAYS	1988	1989	1990	1991	1992
Total	x4812869	5317166	5909865	6211091	7029072
Africa	x63584	x80048	x88830	x130703	x124636
Northern Africa	x23409	x43771	x42800	x51381	x91336
Americas	x1361077	x1775856	x2350697	x2380832	2698932
LAIA	x14554	x47069	43714	74417	68988
CACM	x46	x6679	x1521	x9210	x1672
Asia	x1107196	x916279	x870926	x792347	x1249865
Middle East	x606524	x257490	x141693	x149017	x192520
Europe	2233317	2460119	2516576	2827528	2916119
EEC	2186227	2407881	2449254	2776553	2872670
EFTA	31282	47959	64771	50881	36954
Oceania	37637	x67836	x69411	x42430	x33023
USA/Etats–Unis d'Amer	x1203754	1567798	2124919	2090918	2425447
United Kingdom	1107957	1011697	1089684	1134325	939857
France, Monac	522319	705666	592173	860613	1153426
Japan/Japon	314602	292194	323332	283677	240944
Germany/Allemagne	238626	220491	237067	238173	206049
Korea Republic	135979	176030	293532	185284	372365
Netherlands/Pays–Bas	94196	180426	166283	227232	244702
Canada	135838	139792	178501	202748	198519
Ireland/Irlande	68052	107068	95284	68154	31564
Saudi Arabia	x473829	x155802	x37543	x49480	x75785
Italy/Italie	65422	70714	67802	89620	130552
Singapore/Singapour	1623	61301	65157	75239	38521
Spain/Espagne	39731	54403	67201	62738	39505
China/Chine	38134	43073	29326	71562	98622
Belgium–Luxembourg	11765	23274	75852	19203	95246
Australia/Australie	31673	47140	41758	29418	25740
Mexico/Mexique	5050	28328	30574	57595	35026
Greece/Grèce	20936	19264	35098	60199	x10172
United Arab Emirates	x33765	x27980	x42594	x26210	x68898
Sweden/Suède	16335	22846	32135	23157	19793
Egypt/Egypte	x13149	x17043	x23089	x28797	x50946
New Zealand	4776	20534	27603	12009	7232
Iraq	x59047	x28373	x21847	x145	x62
So. Africa Customs Un	11727	5033	17293	x27434	x18637
Turkey/Turquie	98	26305	12678	3832	14497
Israel/Israël	6499	9784	8887	20242	33017
India/Inde	107	x33552	8	387	x30283
Iran (Islamic Rp. of)	x7207	x2261	x5494	x25806	x3095
Denmark/Danemark	10008	6271	13149	11442	9724
Former USSR/Anc. URSS	x486	x8	x818	x29044	
Switz.Liecht	986	10840	7615	11092	1582
Tunisia/Tunisie	3824	7594	11481	9311	33463
Kuwait/Koweït	x4323	x2600	x2025	x22592	x18564
Philippines		x27195			0
Oman	x12210	8	x10792	x12677	x1326
Portugal	7215	8608	9661	4855	11873
Iceland/Islande	3903	5616	8232	7918	2547
Nigeria/Nigéria	x7422	x7133	x4084	x10091	x4195
Brazil/Brésil	x5745	6925	6382	7536	27713
Algeria/Algérie	135	12219	1363	4929	x218
Malawi	x4040		x2658	x8765	
Romania/Roumanie	x9558	x9960	x6441	81	x4285
Poland/Pologne	x2	x5005	x5585	x5610	x30
Ethiopia/Ethiopie	x313	x176	x298	x15574	x5167
Morocco/Maroc	4421	1420	6162	6999	3197
Finland/Finlande	8145	2947	8816	656	6001
Indonesia/Indonésie	2252	6719	2635	3056	10251
Jordan/Jordanie	x5963	x5308	x5157	x1633	x5652
Argentina/Argentine	19	x1577	x5564	x4677	37
Norway, SVD, JM	1573	3230	3870	4212	540

EXPORTS – EXPORTATIONS

COUNTRIES–PAYS	1988	1989	1990	1991	1992
Totale	x3380087	5117048	5663548	6830791	7827064
Afrique	x57720	x26453	x36765	x46388	x13954
Afrique du Nord	x9477	x10484	x8227	x9212	x3621
Amériques	x131494	x1765027	x1077788	x2440445	2588481
ALAI	x9652	x32681	x24017	x77744	46684
MCAC				x4	x11
Asie	x584933	x229923	x306988	x248056	x471602
Moyen-Orient	x488692	x78362	x44296	x64781	x117426
Europe	2538471	3076100	4222036	3994882	4730814
CEE	2524304	3065041	4207852	3969760	4713692
AELE	x6881	6264	10007	x24638	15449
Océanie	18661	11173	x9343	13603	19424
United Kingdom	1571664	2328023	2603452	2170476	2629421
USA/Etats–Unis d'Amer	30048	1629269	885992	2112677	2338521
France, Monac	478041	192912	1113179	1224615	1336364
Germany/Allemagne	326631	359051	291329	306717	396842
Canada	88035	100713	156001	249749	203126
Korea Republic					
Belgium–Luxembourg	74284	123504	206290	99941	280731
Italy/Italie	39347	28732	59062	72108	124501
Ireland/Irlande	44808	41040	35036	75501	123950
Netherlands/Pays–Bas	10581	28857	37027	51007	22569
Former USSR/Anc. URSS	29203	54315	23067	36681	28750
Mexico/Mexique	x46043	x5916	x4996	x85816	
Saudi Arabia	1015	15786	16463	56671	40893
Spain/Espagne	x388203	x28184	x22766	x28894	x77149
Israel/Israël	11904	23191	23235	21970	26611
India/Inde	7569	3403	29452	23155	21587
Singapore/Singapour	3	x16065	x11336	x22438	x16007
Iraq	80	2232	9557	23623	9636
Portugal	x56660	x32274	x152		
United Arab Emirates	6073	5076	19003	5905	15045
New Zealand	x6615	x4735	x13027	x11646	x14471
Kuwait/Koweït	3283	9495	4789	11700	6704
So. Africa Customs Un	x8436	x2993	x2096	x19510	x1768
Brazil/Brésil	x269	x286	x5282	x18945	x3943
Egypt/Egypte	x7742	617	705	x14654	
Jamaica/Jamaïque	x2071	x5003	x5535	x3808	1280
Oman	3734	2281	11394		
Switz.Liecht	x7792	x6348	x5263	x1299	x3497
Iceland/Islande	1568	2781	4576	4607	1405
Pakistan	x1491		x643	x11310	
				x11917	35
Nigeria/Nigéria	x100	x568	x3639	x6997	x1329
Ecuador/Equateur	x182	x11007			
Seychelles			x10912		
Argentina/Argentine	x22	x2846	x1387	x4994	209
Sweden/Suède	3036	2337	2122	4734	9053
Romania/Roumanie	x2719	x1676	x5631	x1480	x780
Australia/Australie	6419	1678	4491	1893	12703
Greece/Grèce	265	758	3307	3706	x7473
Algeria/Algérie	x3193	x776	x2554	x3973	x65
China/Chine	2430	4920	1217	180	2887
Zambia/Zambie					
Malawi	x289	x1677	x53	x5234	
Mauritius/Maurice		x4982		x3431	x2583
Malta/Malte	7085	1397	3411	x11	x167
Cote d'Ivoire	x38335	x1989	x2436		
Tunisia/Tunisie	1359	x3319	113	x945	x634
Denmark/Danemark	5787	3085	154	1073	2166
Austria/Autriche	379	588	1308	1950	4927
Venezuela	x195		x3627		
Kenya	x1605	x1346	x1983	x214	x2780

(VALUE AS % OF TOTAL) (VALEUR EN % DU TOTAL)

	1983	1984	1985	1986	1987	1988	1989	1990	1991	1992		1983	1984	1985	1986	1987	1988	1989	1990	1991	1992
Africa	x3.1	x3.8	x3.0	x2.1	x2.0	x1.3	x1.5	x1.5	x2.1	x1.8	Afrique	x0.7	x0.7	x1.0	x0.9	x0.9	x1.7	x0.5	x0.7	x0.7	x0.2
Northern Africa	x0.7	x0.9	x2.2	x1.0	x1.0	x0.5	x0.8	x0.7	x0.8	x1.3	Afrique du Nord	x0.3	x0.4	x0.5	x0.5	x0.3	x0.3	x0.2	x0.1	x0.1	
Americas	x6.0	11.3	5.6	x33.1	x33.3	x28.2	x33.4	x39.8	x38.3	38.4	Amériques	2.1	x1.0	x1.3	x3.8	x4.2	x3.9	x34.5	x19.0	x35.7	33.1
LAIA	0.0	0.0	0.0	x0.7	x0.3	x0.9	0.7	1.2	1.0	ALAI	x0.0	x0.4	x0.2	x0.3	x0.2	x0.3	x0.6	x0.4	1.1	0.6
CACM				x0.0	x0.0	x0.0	x0.1	x0.0	x0.1	x0.0	MCAC									x0.0	x0.0
Asia	x23.7	x15.4	x24.2	x20.4	x18.7	x23.0	x17.3	x14.7	x12.8	x17.8	Asie	x3.8	x6.3	x6.2	x6.2	x7.5	x17.3	x4.5	x5.4	x3.6	x6.0
Middle East	x13.4	x4.0	x7.2	x11.5	x9.4	x12.6	x4.8	x2.4	x2.4	x2.7	Moyen-Orient	x3.1	x5.3	x5.1	x4.7	x5.8	x14.5	x1.5	x0.8	x0.9	x1.5
Europe	67.2	69.5	67.2	43.6	45.2	46.4	46.3	42.6	45.5	41.5	Europe	93.2	91.9	91.5	88.3	86.7	75.1	60.1	74.5	58.5	60.4
EEC	61.8	66.1	63.6	40.8	41.8	45.4	45.3	41.4	44.7	40.9	CEE	81.1	82.9	83.9	83.0	80.9	74.7	59.9	74.3	58.1	60.2
EFTA	5.4	3.4	3.6	2.7	2.9	0.6	0.9	1.1	0.8	0.5	AELE	12.1	9.1	7.7	5.1	5.4	0.2	0.1	0.2	x0.4	0.2
Oceania	0.1	x0.0	x0.0	x0.0	x0.0	x1.3	x1.2	x0.7	x0.5	Océanie	x0.1		x0.4	x0.1	0.6	0.2	0.2	0.2	0.2	
USA/Etats–Unis d'Amer	0.1	5.3		x30.0	x29.7	x25.0	29.5	36.0	33.7	34.5	United Kingdom	47.2	41.0	46.6	46.9	41.1	46.5	45.5	46.0	31.8	33.6
United Kingdom	28.7	28.5	28.6	18.5	17.5	23.0	19.0	18.4	18.3	13.4	USA/Etats–Unis d'Amer	1.7		0.7	0.8	0.6	0.9	31.8	15.6	30.9	29.9
France, Monac	14.3	17.9	12.8	8.8	9.5	10.9	13.3	10.0	13.9	16.4	France, Monac	15.0	18.5	19.6	21.7	18.4	14.1	3.8	19.7	17.9	17.1
Japan/Japon	8.0	10.1	14.4	7.1	6.9	6.5	5.5	5.5	4.6	3.4	Germany/Allemagne	9.2	14.0	8.1	5.1	12.5	7.0	5.1	4.5	5.1	
Germany/Allemagne	5.8	6.8	10.0	6.4	7.4	5.0	4.1	4.0	3.8	2.9	Canada						2.9				
Korea Republic				x0.1	x0.4	2.8	3.3	5.0	3.0	5.3	Korea Republic		x2.5	x3.2	2.6	2.0	2.8	3.7	2.6		
Netherlands/Pays–Bas	4.8	3.4	5.6	2.2	2.5	2.0	3.4	2.8	3.7	3.5	Belgium–Luxembourg	3.9	3.5	4.9	2.1	1.7	1.2	0.6	1.0	1.6	1.6
Canada	5.7	5.9	5.3	2.3	2.8	2.8	2.6	3.0	3.3	2.8	Italy/Italie	3.7	3.4	2.8	5.5	5.1	1.3	0.8	0.6	1.1	1.6
Ireland/Irlande	0.3	0.3	1.3	0.5	1.1	1.4	2.0	1.6	1.1	0.4	Ireland/Irlande	0.6	0.1	0.5	0.3	0.2	0.3	0.6	0.7	0.7	0.3
Saudi Arabia	x8.9		x3.3	x9.2	x6.5	x9.8	x2.9	x0.6	x0.8	x1.1	Netherlands/Pays–Bas	1.3	2.1	0.7	1.1	1.0	0.9	1.1	0.4	0.5	0.4

7148 GAS TURBINES NES / TURBINES A GAZ 7148

TRADE BY COMMODITY IN THOUSAND U.S. DOLLARS – COMMERCE PAR PRODUIT EN MILLIERS DE DOLLARS E.U

IMPORTS – IMPORTATIONS

COUNTRIES–PAYS	1988	1989	1990	1991	1992
Total	3174683	2547961	2608372	3264462	3719286
Africa	x64530	x67958	x48259	x123268	x127786
Northern Africa	x26581	x42241	x22429	x82290	x60168
Americas	x1425409	616842	x616655	x572464	690966
LAIA	x195691	103681	135953	162321	238631
CACM	x7290	x7954	x24666	x1352	x1322
Asia	x567906	x491548	x513116	x974198	x1130246
Middle East	x122395	x79381	x126170	x339507	x168720
Europe	978255	1240050	1318101	1490378	1686616
EEC	882130	1047961	1127524	1292496	1526814
EFTA	95849	166880	186178	189242	158477
Oceania	60811	63915	x71408	x98022	x77175
United Kingdom	353916	417933	445872	504599	519762
USA/Etats–Unis d'Amer	1141663	411230	360123	316358	314302
Germany/Allemagne	85375	128061	147541	181925	210591
France, Monac	117949	114119	149187	159543	140188
Netherlands/Pays–Bas	134723	116423	141995	122051	211726
Japan/Japon	58703	87819	124219	144888	108606
Singapore/Singapour	178596	77491	63449	198778	252558
Italy/Italie	69760	84662	83997	136364	127108
Brazil/Brésil	x153676	75113	109132	76290	12886
Sweden/Suède	27876	63662	90575	92854	77159
Ireland/Irlande	54352	76613	76576	89038	122010
Canada	43795	86364	56130	73119	117724
Australia/Australie	49176	54496	53311	89279	53169
Iran (Islamic Rp. of)	x19761	x7598	x32014	x154777	x27375
Spain/Espagne	37926	51390	40371	39129	90735
Norway, SVD, JM	14920	59500	37369	69955	37791
Saudi Arabia	7719	20908	x43078	x69955	x35253
Israel/Israël	31824	30972	72211	14205	46185
Hong Kong	14128	80076	7376	28275	1335
Korea Republic	7034	5415	14126	89947	356754
Philippines		x60340	37048	3226	12938
Belgium–Luxembourg	21573	36712	28336	27707	74243
United Arab Emirates	x38245	x18513	x31551	x41379	x35849
Indonesia/Indonésie	53741	7643	22551	59217	61418
Former GDR	x8800	x51110	x34664		
Switz.Liecht	23549	24801	21071	30347	21932
Venezuela	16944	15509	13562	36748	124692
Egypt/Egypte	x18728	x35547	x15495	x12016	x12544
Malaysia/Malaisie	22902	18578	16677	27272	x55406
India/Inde	6419	x27997	5142	27898	x18764
Qatar	264	x2266	1612	50599	x6349
Finland/Finlande	24479	13258	22157	13947	2346
Denmark/Danemark	4203	16003	7741	14473	5014
Mexico/Mexique	19985	5668	9603	22011	22313
Austria/Autriche	4945	5578	15005	12964	19247
Yugoslavia SFR	273	25146	215	x7384	
New Zealand	807	5296	14509	4091	13250
Libyan Arab Jamahiriya	6109	1196	247	x20481	x12616
Morocco/Maroc	5	3	438	21464	12208
Tunisia/Tunisie	722	700	2613	18209	11708
French Guiana	17	2	17636	3649	1234
Bangladesh	x5118	x1816	x17913	x1518	x538
Uruguay			0	x74	771
Oman	3616	60	5040	14520	x24249
Costa Rica	x1231	x112	x17004	x1124	x476
Former USSR/Anc. URSS	x49643	x14582		428	14310
China/Chine	13210		13504	51	15826
Martinique	147	320	1957		1434
Angola	x316	x340	x8042	x7276	x754
Portugal	2293	4833	5607	4909	4906

EXPORTS – EXPORTATIONS

COUNTRIES–PAYS	1988	1989	1990	1991	1992
Totale	4001594	3074806	3725066	3250734	3481048
Afrique	x20745	x18546	x32415	x31283	x57286
Afrique du Nord	x8554	x10402	x12663	x8602	x9813
Amériques	x2659412	x1647254	x2029051	1221662	1356867
ALAI	x19052	x10241	17088	36831	38775
MCAC	x204	x52	x60		
Asie	x155853	x243570	x234264	x353542	x409650
Moyen–Orient	x24966	x51489	x40355	x46210	x55795
Europe	1139352	1129639	1373877	1582876	1613556
CEE	999984	1009667	1296814	1505067	1554991
AELE	139368	117524	72962	72752	58483
Océanie	19126	x26432	45641	x56282	39083
USA/Etats–Unis d'Amer	2250034	1087903	1400314	702571	885450
Canada	388050	545728	608048	479570	427640
United Kingdom	429011	399611	499388	488723	632795
France, Monac	182694	201694	301533	301092	180105
Germany/Allemagne	154589	187284	178056	315712	240713
Japan/Japon	60941	114832	96270	175826	236399
Italy/Italie	87971	89776	114975	129513	174352
Ireland/Irlande	69425	43576	81786	113558	79794
Netherlands/Pays–Bas	48442	46391	78339	104716	191050
Singapore/Singapour	45518	48298	52634	81307	94239
Switz.Liecht	88677	92791	36200	25399	23313
Australia/Australie	10903	26100	42903	54748	37727
Belgium–Luxembourg	21445	24019	22380	21296	23941
United Arab Emirates	x18217	x36004	x20020	x10038	x20868
Hong Kong	8373	15873	27189	18672	608
Spain/Espagne	5172	9731	12932	26887	13265
Mexico/Mexique	2284	1104	12943	33622	34050
Sweden/Suède	46447	11913	19955	15186	12991
Norway, SVD, JM	2388	7345	10510	25527	16305
Saudi Arabia	6	300	x13604	x10407	x7518
Brunei Darussalam	x5079	x2243	x2237	x13001	x2002
Portugal	111	6203	6308	3247	7841
Austria/Autriche	1750	5357	5530	4530	5874
Oman	2570	3	10	x14933	x7125
Ethiopia/Ethiopie	x2881		x9183	x4529	x1387
So. Africa Customs Un	x3802	x2404	x3763	x6076	x40144
Israel/Israël	468	4182	2500	4984	1550
Korea Republic	4299	1093	9088	526	2469
Iraq		x9948	x11		
Former USSR/Anc. URSS	x5987	x6551		x2916	
Pakistan	9	441		8877	425
Romania/Roumanie		497	5814	x1750	x3369
Nigeria/Nigéria	x743	x1111	x1241	x5578	x446
Egypt/Egypte	x4618	x3560	x2709	x1643	x476
Iran (Islamic Rp. of)	x93	x316	x1793	x5797	x7244
Faeroe Islds/Is Féroé		x1637	x1056	x4274	
Algeria/Algérie	x1961	x1895	x3354	x1717	x3235
Venezuela	x2948	x5357	x1581	14	x2966
Sudan/Soudan	x234	x489	x4145	x1317	
Un. Rep. of Tanzania	x212	x941	x2679	x2082	x670
Brazil/Brésil	x13320	3036	2081	497	146
India/Inde	1	x4047	10	1508	x2963
Kuwait/Koweït	x2441	x2901	x1413	x1221	x2481
Tunisia/Tunisie	2	x2232	x409	1968	x1354
Libyan Arab Jamahiriya	x1740	x2226	x2045	x297	x1635
New Zealand	425	206	2610	1390	1356
Malta/Malte			3045	x461	x81
Bulgaria/Bulgarie		x871		0	
Denmark/Danemark	1125	1382	1105	321	1784
Martinique	10	146	1767	803	1518

(VALUE AS % OF TOTAL) (VALEUR EN % DU TOTAL)

	1983	1984	1985	1986	1987	1988	1989	1990	1991	1992		1983	1984	1985	1986	1987	1988	1989	1990	1991	1992
Africa	x1.8	x1.9	x1.1	x5.4	x4.3	x2.1	x2.6	x1.8	x3.8	x3.4	Afrique	x1.1	x1.0	x1.7	x1.2	x0.9	x0.5	x0.6	x0.9	x1.0	x1.7
Northern Africa	x0.8	x1.1	0.6	x3.2	x3.2	x0.8	x1.7	x0.9	x2.5	x1.6	Afrique du Nord	x0.4	x0.6	x1.3	x0.8	x0.5	x0.2	x0.3	x0.3	x0.3	x0.3
Americas	x42.3	48.2	x56.7	x55.8	x48.2	44.9	24.2	x23.7	x17.5	18.6	Amériques	63.7	65.9	65.6	63.0	64.8	66.4	53.5	54.5	37.6	39.0
LAIA	0.7	1.1	x0.7	x1.9	x2.0	x6.2	4.1	5.2	5.0	6.4	ALAI	x0.1	1.1	1.6	x0.4	x0.6	x0.5	x0.3	0.5	1.1	1.1
CACM	x0.2	x0.2	0.0	x0.3	x0.3	x0.2	x0.3	x0.9	x0.0	x0.0	MCAC	x0.0	x0.0	x0.0	x0.0	x0.1	x0.0	x0.0			
Asia	x26.7	x24.3	x19.0	x11.5	x14.1	x17.9	x19.3	x19.6	x29.9	x30.4	Asie	x5.6	x5.6	x7.0	x6.2	x7.1	x3.9	x8.0	x6.3	x10.9	x11.7
Middle East	x11.9	x4.2	x5.6	x2.6	x4.0	x3.9	x3.1	x4.8	x10.4	x4.5	Moyen–Orient	x1.4	x0.7	x1.7	x1.3	x1.7	x0.6	x1.7	x1.1	x1.4	x1.6
Europe	26.6	24.8	22.5	26.3	25.8	30.8	48.7	50.5	45.7	45.3	Europe	29.6	27.4	25.7	29.4	26.4	28.5	36.7	36.9	48.7	46.4
EEC	25.0	22.3	20.9	22.3	21.9	27.8	41.1	43.2	39.6	41.1	CEE	27.7	25.8	24.3	27.4	24.8	25.0	32.8	34.8	46.3	44.7
EFTA	1.6	2.4	1.5	x3.7	x3.8	3.0	6.5	7.1	5.8	4.3	AELE	1.9	1.6	1.3	x1.9	x1.5	3.5	3.8	2.0	2.2	1.7
Oceania	2.6	x0.9	x0.8	x1.1	x1.4	1.9	2.5	x2.7	x3.0	x2.1	Océanie	0.1	x0.0	x0.0	x0.0	x0.3	0.5	x0.9	1.2	x1.7	1.1
United Kingdom	9.4	8.8	9.5	8.8	9.5	11.1	16.4	17.1	15.5	14.0	USA/Etats–Unis d'Amer	63.5	64.7	63.8	52.0	52.6	56.2	35.4	37.6	21.6	25.4
USA/Etats–Unis d'Amer	40.2	45.9	55.1	54.8	45.2	36.0	16.1	13.8	9.7	8.5	Canada				x10.3	x11.3	9.7	17.7	16.3	14.7	12.3
Germany/Allemagne	7.0	5.5	5.4	4.0	0.3	3.7	4.5	5.7	4.9	3.8	United Kingdom	6.1	9.5	9.6	10.7	8.1	10.7	13.0	13.4	15.0	18.2
France, Monac	0.6	0.8	0.9	0.4	2.8	4.2	4.6	5.4	3.7	5.7	France, Monac	3.2	3.2	2.5	3.5	5.9	4.6	6.6	8.1	9.3	5.2
Netherlands/Pays–Bas	3.8	2.9	1.6	3.2	1.7	1.8	3.4	4.4	4.4	2.9	Germany/Allemagne	4.9	4.4	4.6	6.2	5.1	3.9	6.1	4.8	9.7	6.9
Japan/Japon	3.3	8.0	3.0	0.8	0.5	0.9	3.0	2.4	6.1	6.8	Japan/Japon	1.5	2.2	2.6	1.6	2.1	1.5	3.7	2.6	5.4	6.8
Singapore/Singapour	1.4	3.3	2.3	3.2	3.9	5.6	3.0	3.2	4.2	3.4	Italy/Italie	12.1	6.6	3.8	3.6	3.3	2.2	2.9	3.1	4.0	5.0
Italy/Italie	3.0	3.1	1.8	1.6	1.7	2.2	3.3	3.2	4.2	3.4	Ireland/Irlande	0.1	0.6	1.0	0.9	0.1	1.7	1.4	2.2	3.5	2.3
Brazil/Brésil		0.3	0.1	x0.7	x1.0	x4.8	2.9	4.2	2.3	0.3	Netherlands/Pays–Bas	1.3	1.5	1.3	2.0	1.4	1.2	1.5	2.1	3.2	5.5
Sweden/Suède	0.6	1.5	0.7	1.1	1.2	0.9	2.5	3.0	2.8	2.1	Singapore/Singapour	0.2	0.5	0.6	0.9	1.5	1.1	1.6	1.4	2.5	2.7

7162 AC MTRS, GENRTRS, GEN SETS — MOTEURS ELECTRIQUES 7162

TRADE BY COMMODITY IN THOUSAND U.S. DOLLARS – COMMERCE PAR PRODUIT EN MILLIERS DE DOLLARS E.U

IMPORTS – IMPORTATIONS

COUNTRIES–PAYS	1988	1989	1990	1991	1992
Total	6783489	8093703	9129412	10116962	11507130
Africa	x417940	x346741	x435039	x391457	x356759
Northern Africa	x216552	x164607	x218431	x190639	x139063
Americas	1361512	x1922379	x1969068	x2003092	x2467468
LAIA	345173	362766	311567	307533	537721
CACM	x13909	x25068	x25362	x29722	x41275
Asia	x1459836	x2168727	x2544441	x3223008	x4381607
Middle East	x303075	x263729	x415259	x521732	x525954
Europe	2862269	3119525	3845520	3813776	3975846
EEC	2222786	2473117	3070131	3107742	3250969
EFTA	607840	621594	749042	678657	689506
Oceania	141066	x162710	x191888	x231933	x243983
USA/Etats–Unis d'Amer	693239	1161202	1260162	1298434	1502492
Germany/Allemagne	524866	617274	815918	846562	856726
Singapore/Singapour	129569	422938	546692	666963	771248
Italy/Italie	362189	402351	470906	481805	518830
France, Monac	328742	370764	471890	457515	475710
Japan/Japon	292575	367496	401266	480372	519936
United Kingdom	338170	350316	374191	378646	399894
Canada	257716	289439	284637	284420	322726
Netherlands/Pays–Bas	202879	224660	297450	305471	323786
China/Chine	145772	291171	229066	250468	454033
Korea Republic	173605	189062	232576	273112	360335
Switz.Liecht	188563	202641	253838	216348	214857
Former USSR/Anc. URSS	x228700	x171240	x58204	x392797	
Belgium–Luxembourg	163250	177340	210322	202600	213763
Indonesia/Indonésie	104124	84195	131018	311818	445102
Spain/Espagne	116484	136969	179690	208224	205147
Sweden/Suède	152316	163241	172825	155661	153301
Australia/Australie	99736	130658	151018	191799	153396
Hong Kong	84651	148752	140502	167799	187128
Austria/Autriche	129235	122236	158267	154287	157428
Malaysia/Malaisie	37123	72360	97447	168498	x241301
Thailand/Thaïlande	50541	79234	107537	143452	144558
Denmark/Danemark	96920	102098	114285	110858	115100
Iran (Islamic Rp. of)	x81714	x38000	x92446	x178577	x203181
Saudi Arabia	33246	32412	x116254	x143237	x112570
Norway, SVD, JM	74202	55905	76621	92836	86854
Brazil/Brésil	124241	78288	82241	60690	62606
Philippines	15611	x48882	93027	70271	124171
Finland/Finlande	59452	73834	82236	53574	74057
Algeria/Algérie	126476	51209	102337	51442	x15145
Mexico/Mexique	40846	53671	63515	84676	124635
Chile/Chili	30752	87455	51286	35340	x31085
Turkey/Turquie	38255	53077	56990	63047	64227
Egypt/Egypte	x42323	x59800	x54784	54449	50741
Nigeria/Nigéria	x36942	x34194	x52553	x68701	x78013
Portugal	29311	30951	61262	53152	71524
Pakistan	26818	51539	33649	57625	73234
So. Africa Customs Un	67052	57294	51636	x29400	x36282
Venezuela	87211	46641	32402	44327	61853
Greece/Grèce	28907	33051	46366	40215	x50491
India/Inde	29649	x68559	26846	24140	x74249
Israel/Israël	33238	40599	38726	38859	48029
Lebanon/Liban	x21892	x39225	x54629	x19432	x22594
United Arab Emirates	x55956	x23211	x29095	x59549	x45917
Former GDR	x166105	x92058	x14959		
Colombia/Colombie	19567	24537	27901	37782	132078
Dominican Republic	x17299	x32844	x33981	x20692	x13381
Ireland/Irlande	31068	27344	27852	22693	19999
Argentina/Argentine	12891	39295	13969	18971	51197
Libyan Arab Jamahiriya	23113	21629	18799	x25804	x28485

EXPORTS – EXPORTATIONS

COUNTRIES–PAYS	1988	1989	1990	1991	1992
Totale	6462271	7127114	8499027	8794758	10508858
Afrique	x5452	x6301	x8702	x13836	x19623
Afrique du Nord	x2974	x3291	4478	x7249	x1730
Amériques	474528	818032	1014512	1175523	1355212
ALAI	75743	78081	75746	105205	124031
MCAC	x5	x45	x96	x72	x81
Asie	1833565	2133384	2312104	2661018	4381607
Moyen–Orient	x23116	x19515	x17030	x23582	x21375
Europe	3439496	3643006	4725611	4714683	5216142
CEE	2787180	3003784	3992446	3998951	4412912
AELE	575620	566559	644062	674557	763343
Océanie	13525	10808	x17066	x28163	x40361
Japan/Japon	1416596	1460531	1570938	1746850	1977430
Germany/Allemagne	1118056	1198093	1533710	1621900	1676215
USA/Etats–Unis d'Amer	345799	684046	851230	962696	1141403
France, Monac	495906	556070	770681	764657	823330
United Kingdom	377131	419404	596191	561950	687549
Italy/Italie	381156	435235	557141	553041	622661
Singapore/Singapour	109511	274489	278353	340375	404643
Switz.Liecht	268518	226568	212619	224141	235853
Austria/Autriche	106460	114559	146295	142860	164917
Finland/Finlande	63147	94930	150931	148674	200494
Sweden/Suède	123033	116635	121539	145628	139152
Netherlands/Pays–Bas	129827	96048	123062	145941	169245
Korea Republic	97726	109968	134204	119470	107667
Denmark/Danemark	81552	104123	140594	111850	133877
Hong Kong	66212	115500	98582	129473	478474
Czechoslovakia	x193440	x131434	x155985	x52226	x56171
Spain/Espagne	94037	90332	131270	113599	156548
Belgium–Luxembourg	93855	87099	117820	96732	104137
China/Chine	71043	68252	96498	96224	407471
Thailand/Thaïlande	32966	62784	81442	107359	x134281
Canada	50319	52595	85428	105324	88142
Former GDR	x259634	x160728	x46271		
Yugoslavia SFR	76428	72562	88539	x40357	
Brazil/Brésil	47299	59459	56205	75284	88380
Former USSR/Anc. URSS	x85700	x46235	x53281	x53480	
Bulgaria/Bulgarie	x44775	x60684	x69132	x9778	x8413
Romania/Roumanie	x54272	64771	45966	27879	x21561
Poland/Pologne	x46066	x32140	x39800	x40439	x40681
Malaysia/Malaisie	5726	9096	18391	77151	x177295
Australia/Australie	8638	9618	15678	25739	39562
Hungary/Hongrie	x11819	x19580	x10599	x17731	x16274
Norway, SVD, JM	14247	13600	12674	13253	22927
Portugal	6660	9510	13018	13077	13461
Mexico/Mexique	17245	5958	7894	19379	26425
Ireland/Irlande	8348	6825	8279	15026	24302
Turkey/Turquie	14950	6300	9413	10897	9730
India/Inde	3465	x3780	10225	6974	x8793
Argentina/Argentine	5446	5938	5076	6390	2503
Israel/Israël	6073	7108	4458	4831	4460
Jordan/Jordanie	x100	1704	1269	5601	787
Venezuela	179	1133	5379	1194	2270
Indonesia/Indonésie	176	1553	1145	4344	6812
Algeria/Algérie	x458	24	2612	4128	x43
Cyprus/Chypre	1811	1838	2363	2250	3153
So. Africa Customs Un	x613	x1620	x1923	x2202	x15904
Peru/Pérou	5138	4510	560	x485	x886
United Arab Emirates	x890	x1990	x1249	x1958	x2045
Kuwait/Koweït	x1165	4333	x235	x8	x47
Tunisia/Tunisie	1141	1650	1360	1187	785
New Zealand	491	806	1116	2195	481

(VALUE AS % OF TOTAL) (VALEUR EN % DU TOTAL)

Imports

	1983	1984	1985	1986	1987	1988	1989	1990	1991	1992
Africa	x8.6	x8.7	x7.7	x8.7	x6.0	x6.2	4.3	x4.8	x3.9	x3.1
Northern Africa	x5.4	x4.4	3.6	x4.4	x2.7	x3.2	x2.0	x2.4	x1.9	x1.2
Americas	16.6	20.3	20.9	x21.3	x18.8	20.1	x23.7	x21.5	x19.8	x21.5
LAIA	x4.0	4.3	3.2	x5.4	x4.2	5.1	4.5	3.4	3.0	4.7
CACM	x0.0			x0.2	x0.2	x0.3	x0.3	x0.3	x0.3	x0.4
Asia	x36.0	x28.5	x28.9	x23.8	x20.0	x21.5	x26.8	x27.9	x31.8	x38.0
Middle East	x18.7	x10.2	x10.4	x8.5	x5.8	x4.5	x3.3	x4.5	x5.2	x4.6
Europe	34.6	38.8	39.1	42.7	42.4	42.2	38.5	42.1	37.7	34.6
EEC	28.9	32.3	32.4	33.0	33.2	32.8	30.6	33.6	30.7	28.3
EFTA	5.7	6.5	6.7	x9.3	x8.9	9.0	7.7	8.2	6.7	6.0
Oceania	x4.1	x3.6	x3.5	x3.7	x2.4	2.0	x2.0	x2.1	x2.3	x2.1
USA/Etats–Unis d'Amer	6.9	10.5	12.4	11.4	10.6	10.2	14.3	13.8	12.8	13.1
Germany/Allemagne	6.3	7.0	7.3	8.0	7.8	7.7	7.6	8.9	8.4	7.4
Singapore/Singapour	2.2	2.6	2.1	1.7	1.7	1.9	5.2	6.0	6.6	6.7
Italy/Italie	4.1	5.0	5.4	5.4	5.3	5.3	5.0	5.2	4.8	4.5
France, Monac	5.5	5.1	5.2	5.5	5.8	4.8	4.6	5.2	4.5	4.1
Japan/Japon	1.1	2.4	1.6	1.2	1.0	4.3	4.5	4.4	4.7	4.5
United Kingdom	3.3	4.2	4.1	3.7	4.0	5.0	4.3	4.1	3.7	3.5
Canada	3.5	4.7	4.7	3.3	2.9	3.8	3.6	3.1	2.8	2.8
Netherlands/Pays–Bas	3.2	3.9	3.7	3.9	3.8	3.0	2.8	3.3	3.0	2.8
China/Chine				1.5	2.1	3.6	2.5	2.5	3.9	

Exports

	1983	1984	1985	1986	1987	1988	1989	1990	1991	1992
Afrique	x0.1	x0.0	x0.1	x0.1	x0.1	x0.1	x0.1	x0.1	x0.1	x0.2
Afrique du Nord	x0.0	x0.0	x0.0	x0.0	x0.0	x0.0	x0.0	0.1	x0.1	x0.2
Amériques	x0.2	x0.3	8.1	x10.9	x9.7	7.3	11.4	11.9	13.3	12.9
ALAI	x0.1	x0.2	0.2	x3.8	x3.6	1.2	1.1	0.9	1.2	1.2
MCAC	x0.0					.x0.0				
Asie	31.3	34.2	29.1	23.2	20.5	28.4	29.9	27.2	30.2	x35.6
Moyen–Orient	x0.3	x0.3	x0.3	x0.3	x0.3	x0.4	x0.3	x0.2	x0.3	x0.2
Europe	68.3	65.3	62.6	65.7	58.3	53.2	51.1	55.6	53.6	49.6
CEE	61.4	57.5	55.5	54.8	46.8	43.1	42.1	47.0	45.5	42.0
AELE	6.9	7.8	7.1	x9.7	x10.5	8.9	7.9	7.6	7.7	7.3
Océanie	0.1	0.1	x0.1	x0.2	0.2	0.1	x0.2	x0.3	x0.4	
Japan/Japon	28.0	30.5	24.0	19.4	14.8	21.9	20.5	18.5	19.9	18.8
Germany/Allemagne	20.2	18.0	17.3	18.1	15.6	17.3	16.8	18.0	18.4	16.0
USA/Etats–Unis d'Amer			7.9	5.9	5.3	5.4	9.6	10.0	10.9	10.9
France, Monac	11.4	11.1	10.1	9.9	9.4	7.7	7.8	9.1	8.7	7.8
United Kingdom	15.8	11.2	9.9	10.0	7.2	5.8	5.9	7.0	6.4	6.5
Italy/Italie	7.0	8.0	6.9	7.5	7.2	5.9	6.1	6.6	6.3	5.9
Singapore/Singapour	1.8	1.9	1.7	1.6	1.5	1.7	3.9	3.3	3.9	3.9
Switz.Liecht				x3.1	x3.7	4.2	3.2	2.5	2.5	2.2
Austria/Autriche	2.8	2.7	2.5	2.4	2.3	1.6	1.6	1.7	1.6	1.6
Finland/Finlande	0.9	1.3	1.4	0.9	1.6	1.0	1.3	1.8	1.7	1.9

71621 AC MTRS,INC UNIVRSL MTRS

MOT ELEC NON COUR CONTINU 71621

TRADE BY COMMODITY IN THOUSAND U.S. DOLLARS – COMMERCE PAR PRODUIT EN MILLIERS DE DOLLARS E.U

COUNTRIES–PAYS	IMPORTS – IMPORTATIONS					COUNTRIES–PAYS	EXPORTS – EXPORTATIONS				
	1988	1989	1990	1991	1992		1988	1989	1990	1991	1992
Total	4796114	5574990	6294782	6913874	7683579	Totale	4501498	4842936	5683962	5829129	6999371
Africa	x94700	x99849	x118134	x117699	x129626	Afrique	x2602	x2891	x3771	x4931	x5513
Northern Africa	x45432	x52265	x65212	x73013	x71489	Afrique du Nord	1114	x1222	x1569	x1521	x2450
Americas	950773	1301221	1408282	1512128	x1765941	Amériques	256369	373632	492073	581308	634910
LAIA	151031	165163	194938	212811	233858	ALAI	61787	65357	68653	87327	105723
CACM	x3226	x11313	x11657	x6969	x11147	MCAC	x5	x43	x27	x69	x44
Asia	829149	1254754	1441872	1791893	x2464577	Asie	1301364	1456890	1626996	1890134	x2728516
Middle East	x111256	x110513	x136669	x187549	x243273	Moyen-Orient	x16305	9499	12817	20237	x15244
Europe	2371585	2545601	3115780	3040377	3152733	Europe	2378497	2538698	3200135	3200096	3502250
EEC	1838571	2010190	2472863	2454764	2559533	CEE	1943897	2073338	2620153	2643088	2929065
EFTA	518893	519166	625159	566373	573731	AELE	367120	397065	495807	521270	539773
Oceania	x92928	111045	x113415	x107672	x107955	Océanie	x4166	4325	x5339	x4913	x5421
USA/Etats-Unis d'Amer	577600	882893	974422	1051822	1272495	Germany/Allemagne	933720	1043577	1265331	1282632	1367285
Germany/Allemagne	479545	546151	709608	744356	744264	Japan/Japon	987531	965095	1048978	1178040	1292717
Singapore/Singapour	81946	331820	436314	489755	586377	Italy/Italie	269873	321953	417874	433363	480587
Italy/Italie	307649	347118	415213	409767	427658	France, Monac	299561	317017	417032	417032	479204
Japan/Japon	259674	331993	370943	452464	468793	USA/Etats-Unis d'Amer	157753	269374	348215	402335	453386
France, Monac	259391	282484	361332	342990	365188	Singapore/Singapour	70119	213187	219578	262633	267605
United Kingdom	281148	284588	301440	286904	310072	Switz.Liecht	131170	153259	191810	205946	212516
Canada	209635	227444	214396	222481	236822	United Kingdom	135897	126585	170034	174297	177410
Netherlands/Pays-Bas	165912	169826	216508	212227	215197	Korea Republic	93492	102218	125336	107535	92043
Switz.Liecht	164585	179855	219371	194971	191495	Sweden/Suède	108974	104318	106720	110191	118262
Belgium-Luxembourg	135825	149039	168967	162732	175018	Czechoslovakia	x140103	x124349	x136059	x44681	x48428
Korea Republic	140395	147572	153455	175079	148381	Austria/Autriche	83531	85088	114336	102638	117730
Former USSR/Anc. URSS	x167112	x117599	x45124	x294532		Spain/Espagne	85691	75333	116740	106251	136744
Sweden/Suède	139213	140025	147132	135364	133257	Thailand/Thaïlande	32534	62411	81083	106570	x133902
Austria/Autriche	118498	109766	145914	140282	142987	Finland/Finlande	40187	50664	79416	98748	85958
Spain/Espagne	70741	86870	117457	127815	145641	Netherlands/Pays-Bas	85568	60331	75204	81421	101935
Australia/Australie	74287	92455	92835	91062	93466	Canada	35329	36012	74550	90707	75221
Malaysia/Malaisie	29984	57775	79296	134229	x203574	Former GDR	x247848	x153852	x44554		
Denmark/Danemark	73640	79577	97399	90313	95666	China/Chine	59136	55115	68672	72468	377493
Thailand/Thaïlande	41681	61181	87652	113779	115777	Belgium-Luxembourg	63574	59899	72545	62331	74058
Hong Kong	50082	55883	59282	72377	395813	Yugoslavia SFR	67425	68260	83655	x35342	77255
Norway,SVD,JM	55253	38142	55941	55457	60136	Denmark/Danemark	56650	54107	66910	64041	76277
Mexico/Mexique	15161	36570	46304	62595	80096	Brazil/Brésil	43749	51551	53243	66300	53319
Brazil/Brésil	28657	44117	55701	42312	37065	Romania/Roumanie	x54018	64771	45966	27516	x21180
Finland/Finlande	39519	49332	54856	37189	44009	Bulgaria/Bulgarie	x44005	x59721	x66177	x8501	x6719
Iran (Islamic Rp. of)	x30728	x19082	x43509	x67760	x87318	Hong Kong	31785	32734	39013	50092	358205
Indonesia/Indonésie	15703	32526	31575	50737	53804	Poland/Pologne	x42345	x31699	x37580	x33037	x30501
Saudi Arabia	33246	32412	x30911	x39404	x55705	Malaysia/Malaisie	5050	7950	17693	75222	x175411
China/Chine	39553	42840	20079	38744	141501	Former USSR/Anc. URSS	x19069	x20754	x14969	x17216	
Venezuela	60800	29524	26896	40651	36549	Hungary/Hongrie	x11067	x11354	x10343	x16796	x15891
Portugal	22837	23117	36484	36003	35458	Portugal	6172	8284	10404	10074	10802
Egypt/Egypte	x22010	x23921	x32113	x30518	x33005	Turkey/Turquie	x12493	5899	9100	10779	9243
Turkey/Turquie	x8094	20524	25930	35249	42103	Ireland/Irlande	7030	5806	7726	11300	22824
Israel/Israël	24567	29727	26317	23645	29252	Mexico/Mexique	8077	3464	5488	13877	22972
Greece/Grèce	19504	23944	30784	24650	x28263	India/Inde	2419	x3020	8767	6323	x4160
Chile/Chili	17797	25231	27978	25126	x18144	Argentina/Argentine	4601	5192	4450	4470	2452
So. Africa Customs Un	27104	24998	22891	x15459	x22313	Australia/Australie	3725	3707	4955	4661	5093
Former GDR	x160907	x53013	x5353			Norway,SVD,JM	3257	3531	3521	3746	5307
India/Inde	13239	x23565	13910	17375	x41857	Israel/Israël	2521	3663	3544	3569	4326
Ireland/Irlande	22379	17475	17670	17007	17107	Jordan/Jordanie	x38	1704	1269	5601	787
New Zealand	15450	16110	18299	14359	13069	Venezuela	168	549	5121	880	1918
Yugoslavia SFR	13487	15952	16733	x15698		Indonesia/Indonésie	176	1319	1134	3560	4112
Hungary/Hongrie	x10128	x12266	x12968	21022	x22170	Peru/Pérou	x500	x1198	132	x165	x137
Philippines	7542	x14712	12382	14784	14111	So. Africa Customs Un	x500	x1198	x1379	x1491	x2219
Czechoslovakia	x26950	17322	12026	x11249	x21851	Philippines	97	x275	1	2389	27
Bulgaria/Bulgarie	x28111	x28489	x2861	x2473	835	Tunisia/Tunisie	1022	229	1328	1097	616
Algeria/Algérie	x7833	x10754	x14890	x7769	x6568	Cyprus/Chypre	286	48	535	1342	1669
Poland/Pologne	x20109	x16760	x6246	x9795	x15785	United Arab Emirates	x237	x453	x605	x815	x628
Romania/Roumanie	x43108	16595	11189	4838	x2013	Colombia/Colombie	139	45	93	1403	1651
Colombia/Colombie	7437	7974	8122	14123	15850	Panama	x1362	x1162	5	x209	38

(VALUE AS % OF TOTAL)(VALEUR EN % DU TOTAL)

	1983	1984	1985	1986	1987	1988	1989	1990	1991	1992		1983	1984	1985	1986	1987	1988	1989	1990	1991	1992
Africa	x4.0	x3.5	x3.4	x3.1	x2.3	x2.0	x1.7	x1.9	x1.7	x1.7	Afrique	x0.1	x0.0	x0.0	x0.1	x0.0	x0.0	x0.0	x0.0	x0.1	x0.0
Northern Africa	x1.5	x1.3	x1.7	x1.8	x1.4	x0.9	x0.9	x1.0	x1.1	x0.9	Afrique du Nord	x0.0	x0.0	x0.0	x0.0	x0.0	x0.0	x0.0	x0.0	x0.0	x0.0
Americas	x18.1	x22.1	x25.6	x23.7	x21.8	19.8	23.3	22.4	21.8	22.9	Amériques	x0.1	x0.3	9.0	x13.2	x10.8	5.7	7.7	8.6	10.0	9.1
LAIA	x2.5	x2.6	x2.9	x3.6	x4.0	3.1	3.0	3.1	3.1	3.0	ALAI	x0.1	x0.2	0.3	x6.4	x5.5	1.4	1.3	1.2	1.5	1.5
CACM	x0.0		x0.1	x0.1	x0.2	x0.2	x0.2	x0.2	x0.1	x0.1	MCAC	x0.0									
Asia	x16.0	x13.9	x14.6	x11.3	x10.7	17.3	22.5	22.9	25.9	x32.1	Asie	16.8	18.3	19.8	16.0	13.9	28.9	30.1	28.6	32.5	x39.0
Middle East	x5.9	x3.9	x4.9	x3.8	x2.7	x2.3	x2.0	x2.2	x2.7	x3.2	Moyen-Orient	x0.2	x0.3	x0.2	x0.2	x0.3	x0.4	0.2	0.2	0.3	x0.2
Europe	50.3	49.4	53.2	59.1	53.9	49.4	45.7	49.5	44.0	41.0	Europe	58.6	57.8	71.0	70.7	58.8	52.8	52.4	56.3	54.9	50.0
EEC	42.1	41.1	44.2	45.6	42.1	38.3	36.1	39.3	35.5	33.3	CEE	51.0	50.2	61.3	56.2	46.2	43.2	42.8	46.1	45.3	41.8
EFTA	8.1	8.3	8.9	13.1	x11.3	10.8	9.3	9.9	8.2	7.5	AELE	7.6	7.6	9.7	x12.6	x11.2	8.2	8.2	8.7	8.9	7.7
Oceania	x3.8	x3.4	x3.3	x2.8	x2.3	x2.0	1.9	x1.8	x1.5	x1.4	Océanie	x0.1	0.1	x0.1	x0.1	x0.1	x0.1	x0.1	x0.1	x0.1	x0.1
USA/Etats-Unis d'Amer	11.4	14.7	17.6	15.8	14.5	12.0	15.8	15.5	15.2	16.6	Germany/Allemagne	21.8	20.1	24.8	23.2	19.6	20.7	21.5	22.3	22.0	19.5
Germany/Allemagne	10.7	10.5	11.2	12.4	11.1	10.0	9.8	11.3	10.8	9.7	Japan/Japon	12.8	13.8	14.2	11.5	8.0	21.9	19.9	18.5	20.2	18.5
Singapore/Singapour	1.9	1.9	2.0	1.4	1.4	1.7	6.0	6.9	7.1	7.6	Italy/Italie	7.9	7.9	9.9	9.9	8.1	6.0	6.6	7.4	7.4	6.9
Italy/Italie	6.5	6.7	7.8	7.7	7.3	6.4	6.2	6.6	5.9	5.6	France, Monac	9.6	9.9	12.3	10.5	8.3	6.7	6.5	7.3	7.2	6.8
Japan/Japon	0.9	1.0	1.6	1.1	1.3	5.4	6.0	5.9	6.5	6.1	USA/Etats-Unis d'Amer				8.7	5.0	4.3	3.5	5.6	6.9	6.5
France, Monac	6.8	6.0	6.5	6.7	6.3	5.4	5.1	5.7	5.0	4.8	Singapore/Singapour				x4.2	x4.5	2.9	3.2	3.4	3.5	3.0
United Kingdom	4.7	5.2	5.3	5.2	4.8	5.9	5.1	4.8	4.1	4.0	Switz.Liecht	2.1	2.2	2.3	2.0	1.6	4.4	3.9	4.5	3.8	
Canada	3.9	4.6	4.9	3.8	2.9	4.4	4.1	3.4	3.2	3.1	United Kingdom	4.9	4.6	5.1	4.0	3.0	2.6	3.0	3.0	2.5	
Netherlands/Pays-Bas	5.0	5.1	5.2	5.2	4.7	3.5	3.0	3.4	3.1	2.8	Korea Republic	0.9	1.2	2.1	1.4	1.4	2.1	2.1	2.2	1.8	1.3
Switz.Liecht				x3.8	x3.5	3.4	3.2	3.5	2.8	2.5	Sweden/Suède	2.5	3.1	4.1	3.5	2.7	2.4	2.2	1.9	1.9	1.7

71622 AC GENERATORS / GENER COURANT ALTERNATIF 71622

TRADE BY COMMODITY IN THOUSAND U.S. DOLLARS – COMMERCE PAR PRODUIT EN MILLIERS DE DOLLARS E.U

IMPORTS – IMPORTATIONS

COUNTRIES–PAYS	1988	1989	1990	1991	1992
Total	x878995	x973827	870565	943329	1198561
Africa	x77925	x79631	x73203	x60476	x27974
Northern Africa	x27287	x31596	x38957	x32783	x8189
Americas	x248743	244105	209259	x150901	x245727
LAIA	92268	146472	58217	27122	79952
CACM	x1500	x4094	x5442	x1785	x15307
Asia	x252331	x293937	x205323	x293965	x470506
Middle East	x65206	x30620	x45942	x71091	x60440
Europe	236645	273718	321433	344454	371444
EEC	178032	223125	251981	278841	299727
EFTA	43836	49661	68463	62749	69266
Oceania	x19214	18316	x36948	x82556	x76950
USA/Etats–Unis d'Amer	x128682	66948	108340	86715	104806
China/Chine	51448	126067	28386	35197	34755
France, Monac	27760	40228	54166	59399	56194
United Kingdom	28895	39602	39598	48379	45876
Australia/Australie	10415	13278	31296	76607	73603
Germany/Allemagne	19877	32027	39145	42973	46949
Korea Republic	18476	23467	33294	42577	148067
Singapore/Singapour	19130	22239	35792	31816	37968
Netherlands/Pays–Bas	14223	20931	33741	34849	41669
Italy/Italie	21054	24334	24537	33241	45300
Indonesia/Indonésie	46279	11490	9252	51397	110130
Chile/Chili	12955	62224	7520	1391	x4381
Canada	20408	19054	28876	17906	40719
Spain/Espagne	24875	23816	15955	22563	19711
So. Africa Customs Un	30061	26572	20452	x4099	x6037
Norway, SVD, JM	9272	9432	14195	24468	14662
Finland/Finlande	12566	16254	19469	11926	25817
Iran (Islamic Rp. of)	x10759	x1422	x7652	x38204	x26528
Former GDR	x5129	x37775	x9114		
Denmark/Danemark	18944	18509	11673	14732	13498
Colombia/Colombie	12130	16563	19779	6800	9429
Brazil/Brésil	29287	23559	16030	2374	15690
Japan/Japon	24686	21074	10418	7082	12195
Saudi Arabia	x13858	x6658	x16793	x11608	x6402
Libyan Arab Jamahiriya	19524	18044	15019	x873	x341
Former USSR/Anc. URSS	x30382	x19488	x5822	x7392	
Switz.Liecht	11333	7327	x4554	8226	10813
Malaysia/Malaisie	3095	4394	16934	11093	x14954
Sweden/Suède	5713	10658	10324	21739	12192
India/Inde	2621	x25978	2752	2152	x23373
Egypt/Egypte	x2525	x10188	x6096	x14299	x5122
Belgium–Luxembourg	9251	8148	13410	8004	10481
Turkey/Turquie	x21888	11782	10346	6309	6841
Mexico/Mexique	2233	10844	7309	6631	23282
Philippines	1044	x12274	6870	4960	6122
Ireland/Irlande	6788	7306	8817	2766	1495
Morocco/Maroc	250	654	10347	7783	663
Venezuela	21814	11972	1947	3201	19998
Austria/Autriche	4648	5696	5881	5349	5333
Portugal	4025	4979	5758	5178	9986
Pakistan	11066	3369	7120	5203	821
Greece/Grèce	2340	3246	5182	6757	8567
Reunion/Réunion	195	197	272	12767	3371
Thailand/Thaïlande	2529	4463	3429	4765	3623
Sudan/Soudan	x3198	x733	4414	x7068	x345
United Arab Emirates	x4971	x854	x2078	x8483	x5645
Ecuador/Equateur	2466	9268	954	974	1741
Argentina/Argentine	2636	8003	456	875	1438
Papua New Guinea	5127	3495	1992	x3271	x1105
Nigeria/Nigéria	x1395	x5394	x1772	x1489	x3122

EXPORTS – EXPORTATIONS

COUNTRIES–PAYS	1988	1989	1990	1991	1992
Totale	x900346	758677	966817	966779	1088733
Afrique	x1283	x889	x1120	x1717	x14248
Afrique du Nord	x798	x275	x135	x174	x431
Amériques	x126796	72404	128840	149467	207279
ALAI	11060	4375	4022	12516	11674
MCAC		x2	x52	x3	x5
Asie	125354	147008	161854	157007	190602
Moyen–Orient	x2376	x1341	x736	x929	x932
Europe	538955	512445	634406	611973	666627
CEE	386763	427548	594324	565026	603121
AELE	144843	81592	36674	44617	60597
Océanie	529	747	2022	x10989	4321
France, Monac	124935	144707	237550	232775	229759
Japan/Japon	102836	123427	126478	115737	144157
United Kingdom	74694	95781	126837	106856	160564
USA/Etats–Unis d'Amer	x111133	65382	119702	130718	187601
Italy/Italie	70765	77936	86444	68203	81602
Germany/Allemagne	67834	51233	67254	107749	77335
Denmark/Danemark	12675	34916	47631	21493	14973
Former USSR/Anc. URSS	x56417	x20347	x32889	x30895	
Switz.Liecht	123754	60608	10748	11059	17424
China/Chine	8345	7012	22755	14064	10405
Singapore/Singapour	7059	9607	8640	16305	20848
Netherlands/Pays–Bas	22997	9170	7828	11426	20409
Finland/Finlande	1918	6463	5727	12158	11622
Spain/Espagne	5710	6207	11724	4803	10000
Belgium–Luxembourg	5568	5793	7351	8517	6064
Norway, SVD, JM	5470	4722	6854	8951	13765
Austria/Autriche	8024	6020	7712	6542	16215
Sweden/Suède	5668	3780	5634	5907	1572
Canada	4082	2438	4996	5942	7846
Australia/Australie	402	511	1817	9642	4125
Brazil/Brésil	1853	1587	1792	7910	9089
Yugoslavia SFR	7304	3281	3386	x2094	
Mexico/Mexique	8647	1766	1779	3839	2342
Czechoslovakia	x47201	x1651	x4059	x100	x1126
Korea Republic	1270	390	435	4020	3228
Hong Kong	2241	1384	800	2295	3603
Poland/Pologne	x699	x74	x193	x4060	x4026
Israel/Israël	285	2632	742	723	99
Former GDR	x2622	x2055	x1083		
Portugal	227	429	1033	1336	1018
Ireland/Irlande	1118	801	419	1444	791
Malaysia/Malaisie	283	431	286	1398	x1174
India/Inde	181	x466	642	392	x2903
New Zealand	97	54	162	1264	150
Bulgaria/Bulgarie	x63	x667	x247	x341	x311
Greece/Grèce	240	574	253	423	x607
So. Africa Customs Un	x13	x248	x443	x505	x13174
Indonesia/Indonésie		176	11	771	2700
Colombia/Colombie	x21	15	285	499	30
Venezuela	11	584	63	62	78
Bahrain/Bahreïn	x128	x670	x1	x17	x119
Saudi Arabia	x61	x107	x374	x107	x315
Seychelles			x6	527	
Oman	x18	x8	x49	x458	x239
Hungary/Hongrie	x256	x166	x96	x205	x183
Thailand/Thaïlande	327	85	185	160	x289
United Arab Emirates	x111	x154	x89	x157	x82
Cyprus/Chypre		282		22	76
Cameroon/Cameroun				317	
Reunion/Réunion	130	170		5	274

(VALUE AS % OF TOTAL)(VALEUR EN % DU TOTAL)

	1983	1984	1985	1986	1987	1988	1989	1990	1991	1992
Africa	x2.9	x7.7	x14.6	x8.2	7.7	8.8	8.1	8.4	6.4	x2.3
Northern Africa	x0.8	x2.7	x7.0	x4.8	3.4	3.1	3.2	4.5	3.5	x0.7
Americas	x20.4	x14.7	10.5	x27.7	x20.7	x28.3	25.0	24.1	x16.0	20.5
LAIA	x9.0	x10.7	5.1	x10.3	7.0	10.5	15.0	6.7	2.9	6.7
CACM	x0.0			x0.3	x0.1	x0.4	x0.6	x0.6	x0.2	x1.3
Asia	x39.9	x42.5	x37.0	x40.2	x28.9	x28.7	x30.2	x23.6	x31.2	x39.3
Middle East	x19.2	x13.1	x12.0	x8.2	x8.3	x7.4	x3.1	x5.3	x7.5	x5.0
Europe	26.4	28.6	29.8	17.9	24.0	26.9	28.1	36.9	36.5	31.0
EEC	21.7	24.0	25.1	14.3	19.8	20.3	22.9	28.9	29.6	25.0
EFTA	4.6	4.5	4.7	x3.4	x4.2	5.0	5.1	7.9	6.7	5.8
Oceania	x10.3	x6.6	x8.0	x6.2	x8.6	1.9	x4.3	x8.7	x6.4	
USA/Etats–Unis d'Amer				x15.0	x11.8	x14.6	6.9	12.4	9.2	8.7
China/Chine					1.8	5.9	12.9	3.3	3.7	2.9
France, Monac	5.3	5.1	6.6	4.9	6.3	3.2	4.1	6.2	6.3	4.7
United Kingdom	2.2	2.6	2.4	1.3	3.0	3.3	4.1	4.5	5.1	3.8
Australia/Australie	9.4	6.2	6.4	5.6	8.0	1.2	1.4	3.6	8.1	6.1
Germany/Allemagne	2.3	2.2	1.4	1.3	2.2	2.3	3.3	4.5	4.6	3.9
Korea Republic	4.5	9.0	6.5	9.8	4.3	2.1	2.4	3.8	4.5	12.4
Singapore/Singapour	3.0	2.6	2.6	1.6	2.6	2.2	2.3	4.1	3.4	3.2
Netherlands/Pays–Bas	1.6	3.3	2.2	2.3	2.1	1.6	2.1	3.9	3.7	3.5
Italy/Italie	1.3	1.7	2.0	1.2	1.2	2.4	2.5	2.7	3.5	3.8

	1983	1984	1985	1986	1987	1988	1989	1990	1991	1992
Afrique	x0.1	x0.1	x0.0	x0.0	x0.1	x0.1	x0.1	x0.1	x0.2	x1.3
Afrique du Nord	x0.0	x0.1	x0.0	x0.0	x0.1	x0.1	x0.1	x0.0	x0.0	x0.0
Amériques	0.2	0.3	0.1	12.1	x11.3	x14.1	9.5	13.3	15.4	19.1
ALAI	x0.2	x0.2	0.1	0.7	x0.3	1.2	0.6	0.4	1.3	1.1
MCAC	x0.0							x0.0	x0.0	x0.0
Asie	x35.7	42.6	x28.8	25.4	x29.0	14.0	19.4	16.8	16.2	17.5
Moyen–Orient	x0.6	x0.1	x0.9	x0.1	x0.6	x0.3	x0.2	x0.1	x0.1	x0.1
Europe	63.2	56.6	71.0	62.3	56.6	59.9	67.5	65.6	63.3	61.2
CEE	58.3	51.0	68.3	56.0	51.0	43.0	56.4	61.5	58.4	55.4
AELE	4.9	5.6	2.7	x5.6	x5.2	16.1	10.8	3.8	4.6	5.6
Océanie	x0.2	0.1	0.1	0.1	0.3	0.1	0.1	0.2	x1.1	0.4
France, Monac	12.0	8.9	8.6	10.9	17.8	13.9	19.1	24.6	24.1	21.1
Japan/Japon	32.9	41.4	26.3	24.3	25.7	11.4	16.3	13.1	12.0	13.2
United Kingdom	25.3	12.2	13.8	14.6	13.6	8.3	12.6	13.1	11.1	14.7
USA/Etats–Unis d'Amer				x10.9	x10.8	x12.3	8.6	12.4	13.5	17.2
Italy/Italie	3.5	6.8	5.3	4.0	5.8	7.9	10.3	8.9	7.1	7.5
Germany/Allemagne	10.5	9.1	12.2	10.9	6.8	7.5	6.8	7.0	11.1	7.1
Denmark/Danemark	2.9	11.6	26.4	13.3	4.2	1.4	4.6	4.9	2.2	1.4
Former USSR/Anc. URSS	0.5	0.2			x1.8	x6.3	x2.7	x3.4	x3.2	
Switz.Liecht			x1.1	x3.3	13.7	0.0	1.1	1.1	1.6	
China/Chine					1.2	0.9	0.9	2.4	1.5	1.0

71623 GEN SETS WITH PISTN ENGN
GROUPES MOTEUR EXPLOSION 71623

TRADE BY COMMODITY IN THOUSAND U.S. DOLLARS – COMMERCE PAR PRODUIT EN MILLIERS DE DOLLARS E.U

COUNTRIES–PAYS	IMPORTS – IMPORTATIONS					COUNTRIES–PAYS	EXPORTS – EXPORTATIONS				
	1988	1989	1990	1991	1992		1988	1989	1990	1991	1992
Total	x1209164	x1624441	x1912067	x2255216	x2635151	Totale	1172166	1522252	1846312	1990743	2417092
Africa	x136544	x174404	x182281	x207797	x208150	Afrique	x1571	x2688	x1319	x3162	x1043
Northern Africa	x35151	x88006	x52842	x79358	x68376	Afrique du Nord	x1062	x1963	x267	x1531	x34
Americas	x304491	x409860	x357776	x339643	x455798	Amériques	202492	372090	x393970	444747	513033
LAIA	110572	x81998	64810	67600	223912	ALAI	2973	8509	3555	5362	6646
CACM	x9183	x9661	x8263	x20968	x14821	MCAC			x16		x31
Asia	x445417	x659359	x900228	x1138383	x1447699	Asie	407857	525751	523400	614464	814756
Middle East	x195369	x163614	x235629	x264328	x223416	Moyen–Orient	x5447	x4943	x3625	x3003	x5227
Europe	254038	300206	408308	428945	451670	Europe	522043	591863	891070	902615	1047266
EEC	206183	239802	345287	374137	391709	CEE	456520	502897	777970	790837	880725
EFTA	45111	52766	55420	49535	46509	AELE	63658	87903	111580	108670	162973
Oceania	x28923	x33406	x41654	x41834	x59075	Océanie	8416	5734	9709	12280	x30619
USA/Etats–Unis d'Amer	115639	211361	177400	159897	125191	Japan/Japon	326229	372009	395482	453072	540556
China/Chine	54771	122263	180601	176526	277777	USA/Etats–Unis d'Amer	188046	349291	383313	429643	500416
Indonesia/Indonésie	42141	40179	90191	209683	281168	United Kingdom	166540	197038	299320	280796	349575
Singapore/Singapour	28493	68879	74586	145393	146903	Germany/Allemagne	116502	103283	201125	231519	231595
Hong Kong	32524	90068	79640	92377	135919	France,Monac	71409	94346	116099	114850	114366
Saudi Arabia	x61521	x35955	x68512	x92225	x50461	Hong Kong	32186	81382	58769	77085	116666
Germany/Allemagne	25444	39096	67165	59233	65513	Singapore/Singapour	32333	51695	50135	61438	116190
France,Monac	41591	48052	56392	55127	54327	Finland/Finlande	21042	37803	65788	37769	102914
Philippines	7025	x21896	73775	50527	103937	Italy/Italie	40518	35346	52824	51474	60472
Netherlands/Pays–Bas	22744	33903	47201	58395	66919	Netherlands/Pays–Bas	21262	26547	40030	53094	46901
						Belgium–Luxembourg	24713	21408	37924	25885	24015
Former USSR/Anc. URSS	x31206	x34153	x7258	x90872	39794	Austria/Autriche	14905	23451	24247	33679	30973
Spain/Espagne	20868	26282	46279	57846	45185	Denmark/Danemark	12228	15100	26052	26315	41649
Canada	27673	42940	41365	44033	x89336	Sweden/Suède	8391	8538	9186	29530	19318
Iran (Islamic Rp. of)	x34155	x11941	x41286	x72613	x59000	Switz.Liecht	13594	12701	10061	7136	5914
Nigeria/Nigéria	x31791	x23893	x42493	x56551	63887	Canada	10908	14145	5882	8675	5075
Korea Republic	14733	18023	45827	55457	66320	Czechoslovakia	x6136	x5433	x15867	x6143	x5349
Pakistan	10775	41637	23250	48318	43946	Australia/Australie	4510	5400	8906	11436	30344
United Kingdom	28127	26126	33152	43363	45871	Korea Republic	2965	7360	8433	7915	12395
Italy/Italie	33485	30899	31156	38796	x17190	China/Chine	3562	6126	5071	9693	19573
Lebanon/Liban	x15664	x34708	x50736	x13078							
Algeria/Algérie	x8836	x33316	x23775	x37065	x8178	Former USSR/Anc. URSS	x10213	x5134	x5423	x5368	9804
Belgium–Luxembourg	18174	20152	27945	31864	28264	Spain/Espagne	2636	8793	2806	2545	3014
Dominican Republic	x16108	x29637	x31103	x16355	x11532	Brazil/Brésil	x496	x8060	x160	x17	x15
Australia/Australie	15034	24926	26887	24130	20058	Hungary/Hongrie	5519	5348	2299	556	3855
United Arab Emirates	x37369	x15371	x17524	x40183	x21781	Norway,SVD,JM	1700	1021	1499	x3101	
Turkey/Turquie	x8273	20771	20714	21489	15283	Yugoslavia SFR	x4820	x634			
Japan/Japon	8216	14429	19905	20826	38948	Former GDR	x9127				
Thailand/Thaïlande	6331	13590	16457	24907	25158	Cyprus/Chypre	1525	1508	1747	885	1408
Egypt/Egypte	x17567	x25469	x16574	x9254	x21608	Portugal	261	797	1582	1666	1641
Switz.Liecht	12646	15459	17532	13151	12550	Poland/Pologne	x3022	x367	x2027	x1295	x4406
Chile/Chili	x7418	x17283	15788	8823	x8560	Bulgaria/Bulgarie	x709	x297	x2708	x316	x555
Iraq	x20719	x19743	x17758	x619		Argentina/Argentine	697	601	588	1833	46
Sweden/Suède	7390	12558	15369	9203	7851	Mexico/Mexique	522	728	627	1663	1111
Brazil/Brésil	66297	10612	10510	16005	9851	United Arab Emirates	x542	x1382	x556	x986	x1335
Argentina/Argentine	2174	25504	6563	4520	17975	Ireland/Irlande	200	218	134	2282	686
Malaysia/Malaisie	4044	10191	12081	12530	x22773	Oman	778	1164	338	896	x1841
Portugal	2450	2855	19020	11971	26080	Malaysia/Malaisie	392	715	411	531	x710
India/Inde	13790	x19016	10184	4612	x9019	New Zealand	187	219	639	696	102
Mexico/Mexique	23453	6257	9902	15450	21257	Israel/Israël	3267	813	173	539	35
Libyan Arab Jamahiriya	21	x13262	6	x18320	x22944	Libyan Arab Jamahiriya		x10	x5	x1500	x21
Colombia/Colombie	x1853	x7978	x6397	16859	106799	India/Inde	866	x294	817	258	x1730
Israel/Israël	6617	9016	9681	11953	14152	Tunisia/Tunisie	12	1301			
Norway,SVD,JM	9677	8332	6485	12910	12056	Thailand/Thaïlande	105	287	174	629	x90
Greece/Grèce	7063	5862	8293	x9842	x13661	Saudi Arabia	x934	x250	x573	x103	x78
So. Africa Customs Un	9888	5724	6472	8655	x7932	French Guiana	1	3	2	841	328
Austria/Autriche	6089	6773	6773	6616	9108	Haiti/Haïti			x813		
Sudan/Soudan	x2954	x8466	x5704	x6616	x4897	Cameroon/Cameroun		x29		708	
Finland/Finlande	7367	8248	7912	4459	4231	Peru/Pérou		79	382	x275	x703
Angola	x2368	x6273	x10955	x3054	x3333	Turkey/Turquie	x808	394	262	57	469
Bangladesh	x4318	x6595	x7902	x5355	x5445	Kenya	11	0	591		x3

(VALUE AS % OF TOTAL)(VALEUR EN % DU TOTAL)

	1983	1984	1985	1986	1987	1988	1989	1990	1991	1992		1983	1984	1985	1986	1987	1988	1989	1990	1991	1992
Africa	x17.1	x19.5	x13.2	x20.4	x14.7	x11.3	x10.8	x9.5	x9.2	x7.9	Afrique	x0.0	x0.0	x0.1	x0.1	x0.1	x0.1	x0.2	x0.1	x0.1	x0.0
Northern Africa	x12.7	x11.7	x6.2	x9.0	x5.6	x2.9	x5.4	x2.8	x3.5	x2.6	Afrique du Nord	x0.0		x0.1	x0.1	x0.1	x0.1	x0.1	x0.0	x0.1	x0.0
Americas	x10.7	x16.3	x15.7	x19.8	x16.5	x25.2	x25.3	x18.7	x15.0	x17.3	Amériques	x0.1	x0.1	x11.2	x11.5	x11.4	17.3	24.5	x21.4	22.3	21.2
LAIA	x3.2	x3.2	x3.0	x6.1	3.1	9.1	x5.0	3.4	3.0	8.5	ALAI	x0.1	x0.1	0.1	0.2	0.2	0.3	0.6	0.2	0.3	x0.0
CACM	x0.0			x0.3	x0.5	x0.8	x0.6	x0.9	x0.0	x0.6	MCAC				x0.0	x0.0			x0.0		x0.0
Asia	x59.2	x47.9	x55.6	x41.8	x38.6	x36.8	x40.5	x47.0	x50.5	x54.9	Asie	37.9	41.8	41.7	35.1	32.0	34.8	34.5	28.3	30.9	33.7
Middle East	x34.8	x20.8	x21.5	x20.0	x13.3	x16.2	x10.1	x12.3	x11.7	x8.5	Moyen–Orient	x0.1	x0.2	x0.7	x0.3	x0.4	x0.3	x0.2	x0.2	x0.2	x0.2
Europe	12.2	14.5	13.7	15.2	19.7	21.0	18.5	21.4	19.0	17.1	Europe	61.9	58.0	46.9	53.3	54.0	44.5	38.9	48.3	45.3	43.3
EEC	10.2	11.9	10.6	11.5	14.8	17.1	14.8	18.1	16.6	14.9	CEE	57.0	51.6	41.0	48.0	42.8	38.9	33.0	42.1	39.7	36.4
EFTA	2.0	2.5	3.0	x3.3	x4.6	3.7	3.2	2.9	2.2	1.8	AELE	4.9	6.4	5.9	x5.3	11.1	5.4	5.8	6.0	5.5	6.7
Oceania	x0.8	x1.8	x1.8	x2.9	x1.9	x2.4	x2.0	x2.2	x1.9	x2.3	Océanie			x0.0	x0.0	x0.2	0.0	0.4	0.5	0.6	x1.3
USA/Etats–Unis d'Amer	2.9	6.0	7.1	8.2	6.7	9.6	13.0	9.3	7.1	4.8	Japan/Japon	36.3	39.2	36.0	30.9	25.7	27.8	24.4	21.4	22.8	22.4
China/Chine						4.5	7.5	9.4	7.8	10.5	USA/Etats–Unis d'Amer			11.1	10.9	11.0	16.0	22.9	20.8	21.6	20.7
Indonesia/Indonésie	8.7	8.4	3.9	x5.0	5.3	3.5	2.5	4.7	9.3	10.7	United Kingdom	20.2	17.0	14.2	18.5	14.2	12.9	16.2	14.1	14.5	
Singapore/Singapour	1.9	3.7	2.2	2.0	1.6	2.4	4.2	3.9	6.4	5.6	Germany/Allemagne	16.6	13.2	10.0	11.1	9.2	9.9	6.8	10.9	11.6	9.6
Hong Kong	0.7	1.6	5.3	2.1	3.2	2.7	5.5	4.2	4.1	5.2	France,Monac	9.9	10.3	8.0	7.4	6.8	6.1	6.2	6.3	5.8	4.7
Saudi Arabia	x10.0		x6.1	x6.1	x4.7	x5.1	x2.2	x3.6	4.1	x1.9	Hong Kong	0.2	0.6	3.0	1.8	3.3	2.7	5.3	3.2	3.9	4.8
Germany/Allemagne	1.1	1.0	1.5	1.4	1.8	2.1	2.4	3.5	2.6	2.5	Singapore/Singapour	1.1	1.3	1.2	1.2	1.6	2.8	3.4	2.7	3.1	4.8
France,Monac	3.2	2.0	1.7	2.1	3.2	3.0	2.9	2.4	2.7	2.1	Finland/Finlande	0.6	1.6	2.0	0.9	3.8	1.9	2.5	3.6	1.9	4.3
Philippines	1.2	0.6	4.0	0.2	x0.4	0.6	x1.3	3.9	2.2	3.9	Italy/Italie	5.3	5.8	3.8	4.6	4.9	3.5	2.3	2.9	2.6	2.5
Netherlands/Pays–Bas	1.0	1.1	1.2	1.5	2.2	1.9	2.1	2.5	2.6	2.5	Netherlands/Pays–Bas	1.4	1.1	1.3	2.1	3.2	1.8	1.7	2.2	2.7	1.9

7187 NUCLEAR REACTORS, PTS NES / REACTEURS NUCLEAIRES 7187

TRADE BY COMMODITY IN THOUSAND U.S. DOLLARS – COMMERCE PAR PRODUIT EN MILLIERS DE DOLLARS E.U

IMPORTS – IMPORTATIONS

COUNTRIES–PAYS	1988	1989	1990	1991	1992
Total	x728281	1441587	1855197	1712329	1641143
Africa	x11272	x2241	2435	x34242	x27574
Northern Africa	x1860	x1638	366	x219	804
Americas	x24505	13446	17341	23345	13664
LAIA	x15567	9164	9212	14411	2389
CACM	x4	x57	x19	x65	x335
Asia	65438	x54217	549655	391650	x185408
Middle East	6234	566	x6461	x1763	x13450
Europe	478067	1104934	1199583	1240859	1380442
EEC	192085	868784	870750	993396	1068198
EFTA	285804	236078	308709	247418	294467
Oceania	46	x40	66	x32	127
France, Monac		650246	649361	801576	830711
China/Chine	1230	2101	494096	322681	92301
Finland/Finlande	82482	85225	96436	93494	74885
Sweden/Suède	86553	90952	93264	87452	97917
Switz.Liecht	116491	59533	118905	66282	121587
Czechoslovakia		132242	71969	x35	x30946
Germany/Allemagne	105386	43243	50553	83467	108933
Spain/Espagne	36133	72299	50962	40567	42047
Belgium–Luxembourg	23968	31037	62854	25688	58438
Japan/Japon	25798	20128	35963	55707	49275
United Kingdom	5383	37498	32640	22434	12733
Former USSR/Anc. URSS	x130244	x91275			
Netherlands/Pays–Bas	20910	30385	23966	19464	15149
Romania/Roumanie	x17544	42509	13741	x3844	x989
So. Africa Customs Un	9401	502	1501	x33961	x26608
India/Inde	560	x24696	5822	35	
Uruguay	7269	8146	7801	11227	x13098
Yugoslavia SFR	178	72	20123	x44	0
Hungary/Hongrie	x160	x116	x2	18323	
Korea Republic	30214	5617	4653	7496	x12
USA/Etats–Unis d'Amer	x4510	2721	4315	2774	5646
Panama			1631	3637	3961
Italy/Italie	268	3950	365	144	116
Syrian Arab Republic	6061		4224		
Iran (Islamic Rp. of)		x58	x2128	x1668	x13193
Indonesia/Indonésie	301	454	1320	1730	1051
Cuba	x236	x433	x1367	x1059	
Venezuela	0	x19	202	2206	64
Canada	754	862	538	460	1292
Pakistan		4		x1838	
Malaysia/Malaisie	276	415	1082	229	x611
Algeria/Algérie	x1733	x1333	0	x4	0
Argentina/Argentine	4113	315	163	650	685
Dominican Republic			x2	x767	x20
Brazil/Brésil	x3253	2	594	x11	539
Saudi Arabia	x81	498	x39	x55	x186
Ethiopia/Ethiopie		25	542	5	
Austria/Autriche	152	355	36	171	30
Former GDR	x1006	x559			
Egypt/Egypte	109	181	261	6	24
Poland/Pologne		x7	x406	x1	x1
Peru/Pérou	10	x24	380	0	x20
Paraguay	x167	x340	1	x7	
Mexico/Mexique	599	92	57	107	1050
Grenada/Grenade			x251		
Singapore/Singapour	734	43	109	92	376
Israel/Israël	0	156	x83	1	1
Chile/Chili	145	224	x6	0	x17
Bolivia/Bolivie	2			x175	10
Haiti/Haïti		x173			

EXPORTS – EXPORTATIONS

COUNTRIES–PAYS	1988	1989	1990	1991	1992
Totale	x1461846	x1405878	x1459498	x1191631	1087954
Afrique		x31	x4	x177	x19
Afrique du Nord	0	x17	0	0	15
Amériques	x181978	115967	133005	127493	144512
ALAI	x3687	2459	1594	1889	1961
MCAC			x24	x50	x65
Asie	x4065	10940	11174	7343	25321
Moyen–Orient	10	1	26	x3	65
Europe	217319	792290	1060545	733367	912936
CEE	132632	731824	942321	614544	742743
AELE	67541	58821	118224	118680	170209
Océanie	8	18	2	307	93
Germany/Allemagne	92960	501916	290838	453561	456662
Former USSR/Anc. URSS	x842147	x370859	x214160	x291682	
France, Monac		190611	524186	143075	248714
USA/Etats–Unis d'Amer	162312	93519	128926	118931	136073
Sweden/Suède	67427	58711	117521	117931	168991
Poland/Pologne					
Spain/Espagne	x112826	x103134	x33221	x679	x662
Belgium–Luxembourg	6776	14387	48408	26	6018
Italy/Italie	8603	12214	33735	5637	7356
United Kingdom	1524	1101	27046	6614	6966
Canada	18510	11400	18012	5168	16665
Czechoslovakia	15978	19990	2421	6622	6124
Japan/Japon			x12	x26600	x421
Hungary/Hongrie	3923	10393	10885	4240	13344
Former GDR	x32	x3173	x4133	x3562	x3552
Argentina/Argentine	x29883	x8820	x837		
China/Chine	1748	1333	1350	1448	1845
Bulgaria/Bulgarie	39	375		2646	11288
Yugoslavia SFR	x65024		x1850	x139	x139
Romania/Roumanie	17146	1645		x144	
Uruguay	x8565	x647	x554	x284	x300
Austria/Autriche	438	893	96	398	
Netherlands/Pays–Bas	81	45	571	630	1089
Australia/Australie	3593	190	56	438	348
Israel/Israël	8	1	1	299	77
Switz.Liecht	2		x182	109	
Korea Republic	33	64	112	112	6
Singapore/Singapour		24		240	242
So. Africa Customs Un	53	132	57	35	144
Mexico/Mexique		x10	x4	x167	x2
Brazil/Brésil	2	148	17	5	46
Malaysia/Malaisie	x1492	2	87	0	0
Ecuador/Equateur	4	1	24	57	
Chile/Chili	3	x1	81		x14
Denmark/Danemark			43	x25	
Costa Rica	665	4	16	26	12
Panama			x9	x35	x64
Finland/Finlande	x1		40	x1	288
Ireland/Irlande		1	19	6	3
Syrian Arab Republic	6		25		0
New Zealand		17	24		
Tunisia/Tunisie		x17	1		16
El Salvador				x15	x1
Korea Dem People's Rp		x13			
Honduras		x13			
Sri Lanka				12	
Colombia/Colombie				x10	x41
Papua New Guinea				8	
Mauritius/Maurice				6	
Saudi Arabia	3		x2	x2	x2

(VALUE AS % OF TOTAL)(VALEUR EN % DU TOTAL)

Imports

	1983	1984	1985	1986	1987	1988	1989	1990	1991	1992
Africa	x9.3	5.4	x3.1	x0.7	x0.5	x1.6	x0.1	0.2	x2.0	x1.7
Northern Africa	0.0	0.0	0.0	x0.0	x0.0	x0.3	x0.1	0.0	x0.0	0.0
Americas	1.6	2.7	1.2	x2.2	x3.2	x3.3	0.9	1.0	1.4	0.8
LAIA	0.7	1.9	0.3	x0.8	x2.4	x2.1	0.6	0.5	0.8	0.1
CACM	x0.0		x0.0	x0.0	x0.0	x0.0	x0.0	x0.0	x0.0	x0.0
Asia	5.8	5.9	4.3	7.5	x2.8	8.9	x3.8	29.6	22.9	x11.3
Middle East	x0.5	x0.1	0.6	x0.1	x1.2	0.9	0.0	x0.3	x0.1	x0.8
Europe	83.3	86.0	91.4	89.6	71.0	65.6	76.6	64.7	72.5	84.1
EEC	58.0	55.1	67.5	64.8	50.7	26.4	60.3	46.9	58.0	65.1
EFTA	25.3	30.9	21.4	24.6	20.0	39.2	16.4	16.6	14.4	17.9
Oceania				x0.0	0.0	x0.1	x0.0	x0.0	x0.0	x0.0
France, Monac	38.4	40.5	47.6	48.7	41.8		45.1	35.0	46.8	50.6
China/Chine						0.1	0.2	0.1	26.6	18.8	5.6
Finland/Finlande	5.7	9.4	5.9	8.4	4.3	11.3	5.9	5.2	5.5	4.6
Sweden/Suède	5.1	6.5	5.6	5.8	4.9	11.9	6.3	5.0	5.1	6.0
Switz.Liecht	14.5	14.9	9.8	10.3	10.9	16.0	4.1	6.4	3.9	7.4
Czechoslovakia						15.8	9.2	3.9	x0.0	x1.9
Germany/Allemagne	6.9	3.6	1.0	1.9	1.0	3.0	2.7	4.9	6.6	6.6
Spain/Espagne	7.0	6.8	10.3	6.0	2.6	5.0	5.0	2.7	2.3	2.6
Belgium–Luxembourg	2.6	1.9	7.2	2.5	2.9	3.3	2.2	3.4	1.5	3.6
Japan/Japon	2.3	2.7	1.9	1.7	1.2	3.5	1.4	1.9	3.3	3.0

Exports

	1983	1984	1985	1986	1987	1988	1989	1990	1991	1992
Afrique			x0.1	x0.0		x0.0	x0.0	x0.0	x0.0	x0.0
Afrique du Nord	0.0		x0.1	x0.0	0.0	x0.0	x0.0	0.0	0.0	x0.0
Amériques	0.1	0.1	14.8	x18.5	9.0	x12.5	8.3	9.1	10.7	13.3
ALAI	0.1	0.1	0.0	x0.6	0.2	x0.3	0.2	0.1	0.2	0.2
MCAC				x0.0						
Asie	0.4	0.7	x0.2	x0.8	x0.2	0.3	0.7	0.8	0.7	2.3
Moyen–Orient	0.0							0.0	0.0	0.0
Europe	99.5	99.2	84.9	80.6	42.1	14.9	56.4	72.7	61.5	83.9
CEE	82.3	76.4	70.5	65.3	35.1	9.1	52.1	64.6	51.6	68.3
AELE	17.2	15.9	10.8	15.3	7.0	4.6	4.2	8.1	10.0	15.6
Océanie							x0.0			
Germany/Allemagne	41.2	44.8	26.9	46.7	23.2	6.4	35.7	19.9	38.1	42.0
Former USSR/Anc. URSS			x39.0	x57.6		x26.4	x14.7	x24.5		
France, Monac	4.9	3.5	7.4	12.3	6.7		13.6	35.9	12.0	22.9
USA/Etats–Unis d'Amer	4.7	8.2	14.8	6.0	8.8	11.1	6.7	8.8	10.0	12.5
Sweden/Suède			6.0		1.5	4.6	8.1	9.9	15.5	
Poland/Pologne	0.1		0.1	1.5	0.2	x3.9	x7.7	x2.3	x0.1	x0.1
Spain/Espagne	33.0	25.0	10.3	6.0	2.6	5.0	0.5	0.9	3.3	0.6
Belgium–Luxembourg	0.2	0.3	34.9	3.1	2.2	0.6	2.3	0.5	0.7	
Italy/Italie	2.1	2.8	0.1	0.1	0.1	0.1	1.9	0.6	0.6	
United Kingdom			1.1	1.4	0.8	1.3	0.8	1.2	0.4	1.5

7188 WIND, WATER, ETC ENGINES

MOT MACHINES MOTRICES NDA 7188

TRADE BY COMMODITY IN THOUSAND U.S. DOLLARS – COMMERCE PAR PRODUIT EN MILLIERS DE DOLLARS E.U

COUNTRIES-PAYS	IMPORTS – IMPORTATIONS					COUNTRIES-PAYS	EXPORTS – EXPORTATIONS				
	1988	1989	1990	1991	1992		1988	1989	1990	1991	1992
Total	x2442478	x2054005	1853458	1884996	1867879	Totale	x2158252	x2228593	x2384097	x2239596	1899664
Africa	x70018	x49882	x46662	x49054	x49238	Afrique	x4527	x1173	x4389	x4530	x3216
Northern Africa	9692	11998	8480	17823	x8498	Afrique du Nord	x2800	x90	664	x3072	x246
Americas	578786	358165	420593	415932	x437255	Amériques	215839	163209	220754	281821	282187
LAIA	297296	85900	87315	106900	104054	ALAI	21708	9497	9658	18493	28761
CACM	811	3072	37566	3707	x10440	MCAC	x27	0	x23	2	x10
Asia	x325548	x327371	339337	369821	x389209	Asie	224010	272958	277499	352928	x310548
Middle East	x159385	128079	x50964	x57651	x54714	Moyen-Orient	x2719	x841	x3170	x1374	x3421
Europe	735735	749300	917981	875841	914485	Europe	1045718	1088696	1238177	1193379	1262873
EEC	462914	510142	630511	624187	652422	CEE	761649	791428	924711	886760	948841
EFTA	203876	219544	271195	242097	254935	AELE	265249	286994	297388	297916	310214
Oceania	x38304	x43883	x48065	x41918	x56414	Océanie	x2736	x4087	4300	x5935	13981
USA/Etats-Unis d'Amer	214686	182892	180549	186369	207359	Germany/Allemagne	394157	435961	485966	444024	465225
Former USSR/Anc. URSS	x358093	x352819	x19518	x112994	181976	Former USSR/Anc. URSS	x201296	x365239	x326883	x380704	
Germany/Allemagne	105409	129956	170948	172219		Japan/Japon	175162	233702	253292	327883	263578
United Kingdom	98941	103437	114370	100762	99145	USA/Etats-Unis d'Amer	165905	121730	171203	226166	196315
France, Monac	73230	76456	105371	108671	100301	United Kingdom	105237	109720	139844	134697	133719
Canada	62162	78728	102991	105711	105332	Czechoslovakia	x66784	x202476	x153971	x6770	x11910
Korea Republic	46236	67541	89654	111403	63008	France, Monac	110160	89766	123939	139167	144500
Switz.Liecht	57886	60275	73964	72978	74454	Switz.Liecht	98548	113767	93080	117290	92370
Austria/Autriche	52459	60493	74495	71148	84431	Sweden/Suède	92341	81921	92666	81754	94185
Netherlands/Pays-Bas	73892	62489	71136	66510	79839	Poland/Pologne	x80934	x83382	x123560	x4202	x2644
Japan/Japon	38038	52486	77630	68303	70027	Austria/Autriche	49804	67638	77228	65599	86423
Italy/Italie	40709	54606	62161	51496	57903	Netherlands/Pays-Bas	57016	57872	65001	62112	63602
Sweden/Suède	49253	53171	58105	52843	45225	Italy/Italie	49870	50020	58165	55526	72752
Spain/Espagne	29059	37543	41769	60686	38300	Canada	28032	22861	27868	23960	22697
Australia/Australie	30895	35977	42421	34670	42869	Spain/Espagne	13417	22861	27868	23960	22697
Belgium-Luxembourg	20825	22880	34522	28868	29615	Bulgaria/Bulgarie	x179661	x31118	x23487	x2433	x3101
Poland/Pologne	x43764	x41815	x31248	x4395	x6236	Finland/Finlande	9470	13288	18697	17029	15351
Norway, SVD, JM	25422	22455	28741	25211	27783	Norway, SVD, JM	15030	10314	15689	16193	21875
Finland/Finlande	17634	22111	31632	17656	22057	Denmark/Danemark	9169	9254	13389	13558	15453
Kuwait/Koweït	x694	70100	x425	x373	x734	Yugoslavia SFR	15041	10236	16008	x8551	
Brazil/Brésil	253774	21175	21804	24831	15297	Israel/Israël	31613	23839	3555	2117	2800
Former GDR	x114696	x64110	x1024			Belgium-Luxembourg	15987	11942	6658	9367	18431
Chile/Chili	8053	20893	26224	9643	x7341	Brazil/Brésil	11307	5396	6104	8935	11104
Turkey/Turquie	39836	9808	21565	23130	17375	Hungary/Hongrie	x10504	x3931	x6026	x6358	x5869
India/Inde	9363	x20055	18348	13273	x53031	Former GDR	x122054	x10828	x2413		
China/Chine	18513	11872	16299	23086	50749	Australia/Australie	2232	3877	3946	5006	13147
Pakistan	619	2834	18107	26447	7744	Korea Republic	2630	4059	4411	4063	5379
Indonesia/Indonésie	18994	18287	18617	8804	17215	China/Chine	3070	3337	3594	5577	11722
Iran (Islamic Rp. of)	x3773	x6471	x16297	x20620	x19196	Mexico/Mexique	6441	2631	1519	7657	15613
Yugoslavia SFR	67891	18518	15578	x8150		Singapore/Singapour	2037	2437	3904	4656	4576
So. Africa Customs Un	23389	13525	17824	x10537	x9851	Hong Kong	2589	2627	3442	4071	10205
Saudi Arabia	33754	28344	x5028	x4630	x7510	Ireland/Irlande	6258	3098	2678	2629	9170
Bulgaria/Bulgarie	x66885	x33686	x2366	x784	879	Romania/Roumanie	x4189	x1495	x2639	536	x3336
Bolivia/Bolivie	998	11077	1810	23941	1029	So. Africa Customs Un	x165	x470	x3162	x596	x2501
Denmark/Danemark	9264	9208	x8777	5639	x3915	Argentina/Argentine	3721	1230	1238	1501	1547
Hungary/Hongrie	x22449	x20084	x8777	18817	17973	Malaysia/Malaisie	853	690	1073	2110	x647
Mexico/Mexique	15289	6993	7091	1521	x3610	Portugal	375	912	1183	1683	2964
Costa Rica	229	1687	28618	11693	24566	United Arab Emirates	x1638	x236	x2604	x365	x2906
Hong Kong	8972	9629	10107	11693	24566	Libyan Arab Jamahiriya	x20		x2	x2371	x3
Malaysia/Malaisie	2167	3610	4295	22007	x12657	India/Inde	1414	x1161	848	254	x4150
Portugal	6352	6586	6958	13147	22479	Jamaica/Jamaïque	22	1637	16		42
Singapore/Singapour	6790	4866	13456	8291	9395	French Guiana		6	1384	2	
Colombia/Colombie	4942	10129	9515	6432	11942	Turkey/Turquie	45	276	240	548	204
Venezuela	5762	2968	7366	14298	28796	Pakistan	1655	126	95	763	122
Czechoslovakia	x85983	2646	11968	x5825	x9801	Tunisia/Tunisie	152	62	63	588	106
Ireland/Irlande	3984	4437	8222	6712	12758	New Zealand	414	186	231	260	185
Romania/Roumanie	x2112	10183	5521	2399	x424	Algeria/Algérie	x3	x14	550	47	
Egypt/Egypte	2081	4817	3898	7679	1916	Venezuela	x195	0	458	26	27
New Zealand	4099	4868	4755	5855	8629	Papua New Guinea	10	18	114	326	638
Argentina/Argentine	4945	4686	4756	4545	5489	Bahrain/Bahreïn	x197	x29	x252	x103	x120

(VALUE AS % OF TOTAL) (VALEUR EN % DU TOTAL)

	1983	1984	1985	1986	1987	1988	1989	1990	1991	1992		1983	1984	1985	1986	1987	1988	1989	1990	1991	1992
Africa	x10.4	x4.2	x7.8	x5.7	x3.6	x2.9	x2.5	x2.6	x2.6	x2.6	Afrique	x0.2	x0.1	x0.2	x0.1	x0.1	x0.2	x0.0	x0.2	x0.2	x0.1
Northern Africa	7.0	x2.0	4.2	2.6	0.9	0.4	0.6	0.5	0.9	x0.5	Afrique du Nord	x0.1	x0.0	x0.0	x0.0	x0.0	x0.1	0.0	0.0	x0.1	x0.0
Americas	19.0	25.0	25.4	28.8	17.2	23.7	17.4	22.7	22.1	x23.4	Amériques	x11.0	14.8	16.0	15.2	6.7	10.0	7.3	9.3	12.6	14.9
LAIA	5.5	8.7	7.2	16.0	8.6	12.2	4.2	4.7	5.7	5.6	ALAI	0.1	0.4	0.7	0.9	0.6	1.0	0.4	0.4	0.8	1.5
CACM	0.0	0.1	0.1	0.0	x0.1	0.0	0.1	2.0	0.2	0.6	MCAC	x0.0		0.0	0.0	0.0	0.0	0.0	0.0	0.0	0.0
Asia	x25.2	x32.6	x28.6	x23.7	x18.9	x13.3	x15.9	18.3	19.6	x20.9	Asie	29.3	28.5	18.7	14.9	x11.5	10.4	12.3	11.7	15.7	x16.3
Middle East	x7.1	x10.2	x7.1	x10.7	x4.2	x6.5	6.2	x2.7	x3.1	x2.9	Moyen-Orient	x0.2	x0.7	x0.1	x0.1	x1.8	x0.1	x0.1	x0.1	x0.1	x0.2
Europe	40.0	33.8	33.2	36.8	28.6	30.1	36.5	49.5	46.5	49.0	Europe	59.2	56.2	64.7	69.6	49.6	48.5	48.9	51.9	53.3	66.5
EEC	30.4	24.8	23.9	25.5	20.4	19.0	24.8	34.0	33.1	34.9	CEE	51.0	46.0	52.9	53.5	38.0	35.3	35.5	38.8	39.6	49.9
EFTA	9.6	8.0	8.2	x10.7	x8.0	8.3	10.7	14.6	12.8	13.6	AELE	8.2	8.8	9.5	x15.6	x11.2	12.3	12.9	12.5	13.3	16.3
Oceania	5.4	x4.3	5.0	x4.9	x4.2	x1.5	x2.1	x2.5	x2.2	x3.1	Océanie	0.3	0.3	0.3	x0.3	x0.2	x0.1	x0.2	x0.2	x0.2	0.7
USA/Etats-Unis d'Amer	10.2	12.6	14.9	10.8	7.1	8.8	8.9	9.7	9.9	11.1	Germany/Allemagne	24.9	23.9	26.4	27.6	18.7	18.3	19.6	20.4	19.8	24.5
Former USSR/Anc. URSS			x15.1	x14.7	x17.2	x1.1	x6.0				Former USSR/Anc. URSS						x2.6	x9.3	x16.4	x13.7	x17.0
Germany/Allemagne	8.3	6.2	6.7	6.9	5.0	4.3	6.3	9.2	9.1	9.7	Japan/Japon	18.7	17.3	9.7	9.6	4.6	10.5	10.6	10.6	14.6	13.9
United Kingdom	3.5	5.6	4.8	4.6	4.3	4.1	5.0	6.2	5.3	5.3	USA/Etats-Unis d'Amer	10.2	11.6	14.4	13.4	5.7	7.7	5.5	7.2	10.1	10.3
France, Monac	5.3	3.9	4.2	4.7	2.9	3.0	3.7	5.7	5.8	5.4	United Kingdom	6.9	5.8	8.0	7.0	4.8	4.9	5.9	6.0	7.0	
Canada	2.7	2.7	2.4	1.7	1.1	1.5	3.8	5.6	5.6	5.6	Czechoslovakia					9.3	x3.1	x9.1	x6.5	x0.3	x0.6
Korea Republic	5.3	12.8	12.0	6.9	6.7	1.9	3.3	4.8	5.9	3.4	France, Monac	8.3	7.7	7.2	6.8	6.7	5.1	4.0	5.2	6.2	7.6
Switz.Liecht			x2.3	x1.7	2.4	2.9	4.0	3.9	4.0	4.0	Switz.Liecht				x4.8	x3.6	4.6	5.1	3.9	5.2	4.9
Austria/Autriche	2.9	2.5	2.4	2.8	2.0	2.1	2.9	4.0	3.8	4.5	Sweden/Suède	3.9	4.9	4.8	4.6	3.2	4.3	3.7	3.9	3.7	5.0
Netherlands/Pays-Bas	3.8	2.4	2.2	3.0	3.2	3.0	3.0	3.8	3.5	4.3	Poland/Pologne					x3.2	x3.7	x3.7	x5.2	x0.2	x0.1

7211 CULTIVATING MACHINERY / MACH PREPARATION DU SOL 7211

TRADE BY COMMODITY IN THOUSAND U.S. DOLLARS – COMMERCE PAR PRODUIT EN MILLIERS DE DOLLARS E.U

IMPORTS – IMPORTATIONS

COUNTRIES–PAYS	1988	1989	1990	1991	1992
Total	1514160	1791986	1867842	x1831781	1559834
Africa	x102965	x117542	x77448	x104108	x68579
Northern Africa	57043	32705	38243	x33842	x27209
Americas	x347405	x559970	545522	x411025	x419181
LAIA	29922	34956	39195	40660	53100
CACM	9121	7553	5271	5597	x6470
Asia	x87503	x100180	x128891	x113181	x119254
Middle East	x30776	x34630	x40455	x41465	x46214
Europe	782976	847478	1013012	877827	892410
EEC	639217	684560	822487	725778	760562
EFTA	136865	153811	183731	145680	124015
Oceania	x17666	x29249	x29843	x16431	x24832
USA/Etats–Unis d'Amer	189222	382172	381676	261172	252108
France, Monac	189408	189060	202861	155159	157211
Germany/Allemagne	102095	116958	158557	183092	189919
United Kingdom	118547	127651	143315	110120	123524
Former USSR/Anc. URSS	x63936	x55329	x23940	x275582	
Canada	105532	118690	109204	90471	99280
Netherlands/Pays–Bas	53987	57869	74826	65416	69995
Belgium–Luxembourg	37948	41800	50956	43756	45588
Italy/Italie	30979	37451	43347	38612	38369
Austria/Autriche	31468	31831	41286	42958	40130
Denmark/Danemark	27259	29786	45084	33158	29869
Sweden/Suède	35097	39627	40699	27467	30316
Spain/Espagne	31788	30355	38048	37549	34015
Finland/Finlande	19777	31109	43560	26216	6690
Switz.Liecht	29196	32195	34129	25215	23408
Korea Republic	19391	27488	40095	21534	20334
Ireland/Irlande	24443	27833	31771	28819	35818
Norway,SVD,JM	20262	18494	23456	23021	22620
Saudi Arabia	12556	21718	x18869	x20400	x19539
Australia/Australie	14575	24354	24134	11910	18269
Czechoslovakia	x34440	22262	22786	x11181	x17080
Kenya	3261	26132	1508	25318	x1765
Portugal	12635	15261	19330	15712	13705
Japan/Japon	13493	14496	16925	17405	19252
Poland/Pologne	24021	22949	14481	10133	x5939
Mexico/Mexique	11410	12535	14549	16339	20694
Greece/Grèce	10127	10535	14390	14384	x22548
Libyan Arab Jamahiriya	43629	20750	11622	x2417	x2289
Algeria/Algérie	3028	1689	10515	17373	x2983
Hungary/Hongrie	x13252	x11087	x9127	6290	x5030
Iran (Islamic Rp. of)	x5724	x2641	x11975	x10544	x15640
Nigeria/Nigéria	x6710	x7612	x8145	x6811	x4279
Former GDR	x37168	x19997	x1016		
Yugoslavia SFR	5670	7619	5776	x4974	
So. Africa Customs Un	6799	4775	3858	x6767	x8062
Thailand/Thaïlande	3516	3741	7601	3951	4994
Uruguay	3546	4949	5700	4606	4278
Cote d'Ivoire	x3265	x7824	x3252	4012	x5062
Sudan/Soudan	x4387	x4367	x5428	x2792	x11523
Tunisia/Tunisie	2400	2903	3438	6114	6457
Morocco/Maroc	2546	2381	4963	4827	2979
Indonesia/Indonésie	2189	2548	4976	4249	2535
Burkina Faso	x634	x7733	x251	x3306	x486
New Zealand	1763	3026	4127	2985	4495
Malaysia/Malaisie	1953	2340	2947	4524	x4297
Uganda/Ouganda	x3183	x5836	x2896	x1046	x960
Singapore/Singapour	2231	2519	3139	4094	3722
Venezuela	4044	3670	2563	3462	3386
Chile/Chili	3051	3534	3097	2603	x6898
Un. Rep. of Tanzania	x4411	x4444	x2319	x2443	x2037

EXPORTS – EXPORTATIONS

COUNTRIES–PAYS	1988	1989	1990	1991	1992
Totale	1626319	1755662	1897576	1654153	1597140
Afrique	x1160	x2202	x7267	x5594	x2553
Afrique du Nord	536	347	936	2336	1440
Amériques	399358	490133	499237	410642	419043
ALAI	40795	43163	38212	43435	45490
MCAC	24	x63	x85	x236	x165
Asie	57554	57166	67652	82386	89448
Moyen–Orient	5597	4610	x1283	1808	3399
Europe	952767	1013615	1221680	1089004	1032703
CEE	791492	853233	1003705	932959	878459
AELE	x145547	x153817	x201654	x150756	x149138
Océanie	15582	x15216	x14741	x9696	15239
Italy/Italie	209414	263049	295016	257789	267648
Canada	191132	279678	273914	172093	153153
Germany/Allemagne	199728	211045	242447	238801	194329
USA/Etats–Unis d'Amer	166060	167119	186886	194785	219899
France, Monac	107924	118915	148909	139833	133256
United Kingdom	76268	90904	119600	112342	89977
Netherlands/Pays–Bas	98918	93348	108357	91831	99271
Norway,SVD,JM	62081	69293	84217	64980	64754
Sweden/Suède	x46752	x47283	x69690	x46249	x40680
Japan/Japon	30587	30310	36422	46390	45328
Denmark/Danemark	57358	25697	31988	31281	28147
Brazil/Brésil	29382	25787	24617	29390	32853
Austria/Autriche	21128	21557	29557	23952	28640
Spain/Espagne	20633	24206	24220	25561	23423
Czechoslovakia	x41661	x43929	x19861	x7907	x11472
Former USSR/Anc. URSS	x51060	x30462	x18050	x17994	
Romania/Roumanie	x582	35440	16174	14143	x1206
Belgium–Luxembourg	13820	16738	20014	21600	21209
Former GDR	x81987	x40987	x10420		
Finland/Finlande	11991	12111	13781	10559	10774
Mexico/Mexique	6153	12012	8363	9287	8789
Yugoslavia SFR	15728	6560	16209	x5199	
Australia/Australie	12529	10431	10393	7128	11110
China/Chine	4018	6278	9425	10912	9762
Ireland/Irlande	5012	6435	10086	7116	12622
Hungary/Hongrie	x4526	x6742	x7709	x8256	x9931
Bulgaria/Bulgarie	x8490	x12355	x8837	x1238	x659
Israel/Israël	6505	7146	6871	6841	8090
Poland/Pologne	11593	7417	5949	7282	x14855
Korea Republic	5428	3701	6912	9059	16306
Switz.Liecht	3581	3573	4438	5008	4286
Portugal	2163	2506	2698	6476	8067
New Zealand	3049	4762	4303	2398	4047
Argentina/Argentine	3952	4032	3378	2107	2017
India/Inde	2383	x1560	2456	2635	x1936
Singapore/Singapour	924	932	2477	2821	2814
Colombia/Colombie	1165	1212	1685	2236	1440
Zimbabwe	x4	x4	2268	1644	x19
Turkey/Turquie	3949	1612	848	1444	3133
Saudi Arabia	1418	2724	x273	0	x67
Senegal/Sénégal		1012	1512	x9	
Malaysia/Malaisie	505	882	662	649	x330
Hong Kong	263	678	509	669	645
Algeria/Algérie	314	35	x5	1761	x2
Kenya	37	x246	1519	x8	x8
So. Africa Customs Un	x535	x468	x636	x612	x814
Thailand/Thaïlande	1145	818	436	353	x455
Tunisia/Tunisie	211	308	576	449	1427
Greece/Grèce	253	391	370	328	
Cameroon/Cameroun			37	903	x511

(VALUE AS % OF TOTAL) (VALEUR EN % DU TOTAL)

	1983	1984	1985	1986	1987	1988	1989	1990	1991	1992		1983	1984	1985	1986	1987	1988	1989	1990	1991	1992
Africa	x11.7	x9.5	x15.2	x11.5	x7.0	x6.8	x6.6	x4.1	x5.7	x4.4	Afrique	x0.5	0.5	0.5	x0.3	x0.3	x0.0	x0.1	x0.3	x0.3	x0.2
Northern Africa	7.2	x3.4	6.2	5.0	x3.2	3.8	1.8	2.0	x1.8	x1.7	Afrique du Nord	0.0	x0.0	0.0	0.0	0.1	0.0	0.0	0.1	0.1	0.1
Americas	x27.3	34.4	27.7	x26.8	x25.3	x23.0	x31.3	29.2	x22.4	x26.8	Amériques	30.1	33.7	29.3	25.5	22.5	24.6	27.9	26.3	24.8	26.3
LAIA	0.6	4.5	4.2	x3.1	x2.3	2.0	2.0	2.1	2.2	3.4	ALAI	0.1	3.0	3.7	2.7	2.3	2.5	2.5	2.0	2.6	2.8
CACM	x0.2	0.5	0.8	x0.4	1.7	0.6	0.4	0.3	0.3	x0.4	MCAC	x0.0	0.0	0.0	0.0	0.0	x0.0	0.0	0.0	0.0	0.0
Asia	x14.1	x11.8	x9.9	x6.6	x7.2	x5.8	x5.6	x6.9	x6.2	x7.7	Asie	6.8	5.8	5.0	4.4	2.8	3.6	3.2	3.6	5.0	5.6
Middle East	x10.5	x9.4	x7.3	x3.4	2.3	x2.0	x1.9	x2.2	x2.3	x3.0	Moyen–Orient	x0.1	1.0	0.5	0.3	0.3	0.3	0.3	x0.1	0.1	0.2
Europe	45.2	41.8	45.0	53.8	49.1	51.7	47.3	54.2	47.9	57.2	Europe	60.8	58.6	63.5	68.9	59.4	58.6	57.7	64.4	65.8	64.7
EEC	36.1	33.3	36.4	43.1	39.8	42.2	38.2	44.0	39.6	48.8	CEE	51.6	48.7	53.8	58.7	51.3	48.7	48.5	52.9	56.4	55.0
EFTA	9.1	8.1	8.2	9.8	8.7	9.0	8.6	9.8	8.0	8.0	AELE	9.2	9.2	9.0	9.9	8.0	x8.9	x8.8	x10.6	x9.1	x9.3
Oceania	1.8	x2.7	x2.2	x1.3	x0.9	x1.2	x1.6	x1.6	x0.9	x1.6	Océanie	1.8	1.4	x1.7	x1.0	x0.7	1.0	x0.9	x0.8	x0.6	0.9
USA/Etats–Unis d'Amer	15.2	16.5	11.4	13.0	13.8	12.5	21.3	20.4	14.3	16.2	Italy/Italie	13.1	12.7	13.8	14.6	13.2	12.9	15.0	15.5	15.6	16.8
France, Monac	10.6	9.1	9.9	12.0	11.4	12.5	10.6	10.9	8.5	10.1	Canada	10.1	9.5	7.3	8.4	8.9	11.8	15.9	14.4	10.4	9.6
Germany/Allemagne	7.0	5.4	5.8	7.3	6.6	6.7	6.5	8.5	10.0	12.2	Germany/Allemagne	11.5	10.6	12.0	13.8	12.1	12.3	12.0	12.8	14.4	12.2
United Kingdom	7.3	7.4	7.7	7.6	6.9	7.8	7.1	7.7	6.0	7.9	USA/Etats–Unis d'Amer	19.8	21.2	18.2	14.1	11.1	10.2	9.5	9.8	11.8	13.8
Former USSR/Anc. URSS					x3.8	x4.2	x3.1	x1.3	x15.0		France, Monac	7.2	6.4	7.4	8.2	7.3	6.6	6.8	7.8	8.5	8.3
Canada	10.8	12.1	10.6	9.1	6.1	7.0	6.6	5.8	4.9	6.4	United Kingdom	5.6	6.0	6.8	6.9	6.1	4.7	5.2	6.3	6.8	5.6
Netherlands/Pays–Bas	2.8	2.8	3.2	4.4	3.8	3.6	3.2	4.0	3.6	4.5	Netherlands/Pays–Bas	5.6	5.0	5.5	6.7	6.0	6.1	5.3	5.7	5.6	6.2
Belgium–Luxembourg	1.8	1.8	1.9	2.5	2.2	2.5	2.3	2.7	2.4	2.9	Norway,SVD,JM	4.9	4.7	4.3	4.6	3.7	3.8	3.9	4.4	3.9	4.1
Italy/Italie	1.5	1.6	1.8	2.2	2.4	2.0	2.1	2.3	2.1	2.5	Sweden/Suède	1.9	2.3	2.3	2.7	2.1	x2.9	x2.7	x3.7	x2.8	x2.5
Austria/Autriche	1.5	1.4	1.4	1.8	2.0	2.1	1.8	2.2	2.3	2.6	Japan/Japon	5.2	3.8	2.7	2.4	1.3	1.9	1.7	1.9	2.8	2.8

7212 HARVESTING ETC MACHINES / ENGINS POUR LA RECOLTE 7212

TRADE BY COMMODITY IN THOUSAND U.S. DOLLARS – COMMERCE PAR PRODUIT EN MILLIERS DE DOLLARS E.U

IMPORTS – IMPORTATIONS

COUNTRIES–PAYS	1988	1989	1990	1991	1992
Total	4473643	4596777	4818784	x5575139	4475077
Africa	x135577	x136835	x140111	x144337	x147679
Northern Africa	53961	x42981	x59683	x76954	x82465
Americas	1063170	966974	1014678	868783	x893227
LAIA	176538	128485	125123	144232	136755
CACM	11937	10102	9155	9124	x12893
Asia	x243828	x282506	x390255	x348393	x464251
Middle East	x89100	x105896	x129452	x86939	x109321
Europe	2552843	2639055	2895664	2625005	2765439
EEC	2147077	2192362	2339478	2198401	2371017
EFTA	394420	431714	526751	407917	377953
Oceania	x113121	x150684	x139609	x82903	x114897
France,Monac	732342	727865	688160	597150	655545
Former USSR/Anc. URSS	x170790	x140630	x25447	x1428635	
Canada	343403	433206	460087	404960	429911
Germany/Allemagne	249953	274518	364723	488557	526003
USA/Etats–Unis d'Amer	509716	371184	397913	285219	288560
United Kingdom	336101	349523	324203	279677	314781
Netherlands/Pays–Bas	172629	171949	202932	168589	200494
Belgium–Luxembourg	164477	164587	175329	153189	197856
Italy/Italie	150853	155125	170013	152068	145660
Spain/Espagne	134949	157651	161884	151966	127177
Austria/Autriche	86846	96689	131699	120609	121868
Sweden/Suède	111781	114298	124819	82450	85519
Australia/Australie	99526	129800	112316	64526	90030
Denmark/Danemark	93123	82936	127065	92625	87411
Switz.Liecht	92424	102213	108154	81256	83305
Korea Republic	19138	39866	92474	121070	153464
Finland/Finlande	54049	74908	104153	68341	35329
Japan/Japon	62698	71424	73537	66213	59506
Czechoslovakia	x36534	86762	80696	x18383	x29514
Mexico/Mexique	50432	59337	60085	57429	48605
Ireland/Irlande	45538	58109	62368	54850	55613
Norway,SVD,JM	45898	38415	52751	50101	48231
Romania/Roumanie	x7081	65110	60529	11837	x15530
Hungary/Hongrie	x43846	x56106	x46690	30572	x17558
China/Chine	28961	28760	46205	30615	57874
Saudi Arabia	28710	24764	x46146	x30879	x50551
Iran (Islamic Rp. of)	x3065	x40705	x27803	x30297	x30883
So. Africa Customs Un	41404	43922	26873	x22295	x21706
Portugal	31631	26620	36428	26007	24642
Greece/Grèce	35481	23478	26374	33724	x35834
Yugoslavia SFR	10102	14346	28888	x17765	
New Zealand	10760	16591	24191	14541	20475
Former GDR	x70595	x43998	x10058		
Argentina/Argentine	7668	12681	13844	21938	34777
Morocco/Maroc	15068	15616	13004	15424	11810
Iraq	x36618	x20324	x23308	x248	x50
Sudan/Soudan	x3139	x12247	x22849	x8689	x11069
Turkey/Turquie	3340	8513	17612	15477	14780
Poland/Pologne	19728	14261	9402	10286	x15559
Chile/Chili	11792	10644	10095	12483	x11500
Algeria/Algérie	4722	5281	7154	19239	x24633
Colombia/Colombie	4756	11848	8179	8221	2975
Tunisia/Tunisie	4071	1715	5773	17986	25644
Bulgaria/Bulgarie	x16194	x13315	x4591	x5700	8497
Brazil/Brésil	1468	2836	3916	15933	11262
Israel/Israël	9866	6680	9749	6182	8616
Libyan Arab Jamahiriya	16214	5508	5980	x10589	x824
Venezuela	84959	9560	4450	8034	10742
Indonesia/Indonésie	2302	4286	11773	5203	5280
Uruguay	5267	8300	5896	6813	7038

EXPORTS – EXPORTATIONS

COUNTRIES–PAYS	1988	1989	1990	1991	1992
Totale	x4664178	4494120	4853090	4717377	4613655
Afrique	x5467	x5570	x4390	x4584	x2582
Afrique du Nord	3746	x2307	1339	1933	x1172
Amériques	892390	1058326	1166791	1112547	1191289
ALAI	45315	62217	48557	43537	49124
MCAC	1512	1429	2520	2560	x2699
Asie	306004	245367	260060	268365	x298663
Moyen–Orient	8307	4471	x2902	5963	4785
Europe	2567705	2670618	3057558	2987492	2990832
CEE	2337092	2447418	2797404	2764695	2752039
AELE	220354	x214285	x237970	x212164	x230362
Océanie	x43505	x37853	44006	x37789	44887
Germany/Allemagne	828013	855943	948557	1197117	1094343
USA/Etats–Unis d'Amer	731097	837181	989405	973215	1044492
France,Monac	288010	335246	410541	353889	396849
Belgium–Luxembourg	351804	352655	398603	309375	305971
Italy/Italie	311946	331048	344865	290686	327070
Japan/Japon	282363	226344	244164	246554	270464
United Kingdom	222865	205607	239637	212429	199070
Netherlands/Pays–Bas	185560	200739	238486	204667	233061
Former USSR/Anc. URSS	x28436	x144774	x153437	x207493	
Denmark/Danemark	126542	133846	168256	148809	142591
Canada	111101	156823	125799	92381	94213
Former GDR	x702416	x254750	x77013		
Austria/Autriche	65461	70729	89840	89251	97477
Sweden/Suède	x77655	x57632	x63333	x54642	x62371
Hungary/Hongrie	x59672	x33726	x48762	x67458	x47891
Norway,SVD,JM	29725	46506	50342	40334	38241
Brazil/Brésil	36792	55457	42500	32404	38421
Spain/Espagne	15411	25331	39493	37004	40746
Australia/Australie	31931	24294	33785	29876	34571
Czechoslovakia	x20622	x25685	x22581	x13023	x16468
Finland/Finlande	30527	25576	20540	13678	17136
Switz.Liecht	16955	13839	13915	14132	15035
Yugoslavia SFR	10198	8905	22114	x10492	
New Zealand	11533	13539	10208	7908	10295
Poland/Pologne	18019	5909	5085	13907	x19056
Ireland/Irlande	5911	6122	7698	8978	9693
Bulgaria/Bulgarie	x9469	x8901	x9195	x1055	x1070
China/Chine	8170	6022	3914	2879	6749
Turkey/Turquie	7506	3981	2327	5664	3613
Mexico/Mexique	1910	1227	2310	7687	6979
Romania/Roumanie	x10472	2641	4212	3660	x913
Argentina/Argentine	4850	3887	2537	2570	2403
Singapore/Singapour	1747	2229	3037	2429	1964
Korea Republic	1117	1622	1803	4188	1964
Costa Rica	1282	1344	2367	2406	x2591
So. Africa Customs Un	x976	x2500	x907	x1060	x1215
Hong Kong	914	1651	1459	1195	2541
India/Inde	425	x318	1361	2340	x351
Thailand/Thaïlande	519	1435	381	1296	x942
Algeria/Algérie	3724	626	1233	597	x908
Colombia/Colombie	1396	1143	783	409	738
Greece/Grèce	188	694	534	741	x803
Zimbabwe		0	481	1448	x48
Portugal	842	186	734	999	1843
Israel/Israël	1695	532	331	904	5585
Sudan/Soudan		x1560			
Kenya	118	0	1523	x1	x1
Malaysia/Malaisie	475	356	437	310	x346
Venezuela	21	398	283	213	190
Cuba	x241		x276	x599	x564

(VALUE AS % OF TOTAL)(VALEUR EN % DU TOTAL)

IMPORTS

	1983	1984	1985	1986	1987	1988	1989	1990	1991	1992
Africa	x6.1	x4.5	x3.8	x4.7	x4.5	x3.0	x3.0	x2.9	x2.6	3.3
Northern Africa	x3.2	x1.6	1.7	2.1	2.5	1.2	x0.9	x1.2	x1.4	x1.8
Americas	x25.5	31.5	34.4	x29.5	x25.6	23.8	21.0	21.1	15.6	x20.0
LAIA	1.2	4.2	7.8	x4.2	x2.5	3.9	2.8	2.6	2.6	3.1
CACM	x0.3	0.7	0.5	x0.2	x0.8	0.3	0.2	0.2	0.2	x0.3
Asia	x9.3	x7.8	x6.8	x5.3	4.7	x5.4	6.1	8.1	6.3	10.4
Middle East	x5.6	x4.7	x4.2	x2.7	x1.3	x2.0	x2.3	x2.7	x1.6	x2.4
Europe	55.6	49.7	50.7	58.7	52.5	57.1	57.4	60.1	47.1	61.8
EEC	45.7	40.6	41.2	48.4	43.7	48.0	47.7	48.5	39.4	53.0
EFTA	9.9	8.4	8.7	9.8	8.6	8.8	9.4	10.9	7.3	8.4
Oceania	3.5	x6.5	x4.4	x1.7	x1.5	x2.6	x3.3	x2.9	x1.5	x2.6
France,Monac	14.9	12.8	12.2	14.4	13.9	16.4	15.8	14.3	10.7	14.6
Former USSR/Anc. URSS			x4.0	x3.8	x3.1	x0.5	x25.6			
Canada	12.7	13.7	11.9	12.2	10.2	7.7	9.4	9.5	7.3	9.6
Germany/Allemagne	6.2	5.3	4.9	6.0	5.6	5.6	6.0	7.6	8.8	11.8
USA/Etats–Unis d'Amer	10.7	12.3	13.1	12.0	11.3	11.4	8.1	8.3	5.1	6.4
United Kingdom	9.8	8.6	9.3	8.9	6.8	7.5	7.6	6.7	5.0	7.0
Netherlands/Pays–Bas	3.2	2.9	3.1	3.9	3.8	3.9	3.7	4.2	3.0	4.5
Belgium–Luxembourg	2.7	2.3	2.3	3.0	3.2	3.7	3.6	3.6	2.7	4.4
Italy/Italie	2.9	2.8	2.7	3.1	3.0	3.4	3.4	3.5	2.7	3.3
Spain/Espagne	1.7	1.8	2.0	2.8	2.9	3.0	3.4	3.4	2.7	2.8

EXPORTS

	1983	1984	1985	1986	1987	1988	1989	1990	1991	1992
Afrique	x0.0	x0.0	0.1	x0.0	x0.0	0.1	x0.1	x0.1	x0.1	x0.0
Afrique du Nord			0.0	0.0		0.1	0.1	0.0	0.0	0.0
Amériques	x28.7	30.3	27.6	x21.7	x17.4	19.2	23.5	24.1	23.6	25.8
ALAI	0.0	1.2	1.0	1.1	0.8	1.0	1.4	1.0	0.9	1.1
MCAC	x0.0	0.0	0.0	0.0	0.0	0.0	0.0	0.1	0.1	x0.1
Asie	7.0	9.3	9.6	10.0	8.9	6.6	5.4	5.3	5.6	x6.5
Moyen–Orient	x0.0	x0.1	0.1	0.3	0.4	0.2	0.1	x0.1	0.1	0.1
Europe	63.2	59.4	61.7	67.4	51.8	55.1	59.4	63.0	63.3	64.8
CEE	59.4	55.6	57.4	62.2	47.6	50.1	54.5	57.6	58.6	59.6
AELE	3.8	3.6	3.9	5.0	4.0	x4.7	x4.8	x4.9	x4.5	x5.0
Océanie	1.0	1.0	x0.8	x0.8	0.9	x0.8	0.9	0.9	x0.8	1.0
Germany/Allemagne	24.8	21.8	21.8	25.2	17.7	17.8	19.0	19.5	25.4	23.7
USA/Etats–Unis d'Amer	23.3	24.2	22.1	17.6	14.2	15.7	18.6	20.4	20.6	22.6
France,Monac	8.5	8.6	8.1	7.8	5.9	6.2	7.5	8.5	7.5	8.6
Belgium–Luxembourg	7.5	7.2	7.7	7.9	6.9	7.5	7.8	8.2	6.6	6.6
Italy/Italie	6.6	6.2	7.0	7.5	5.7	6.7	7.4	7.1	6.2	7.1
Japan/Japon	6.9	9.0	9.4	9.6	8.3	6.1	5.0	5.0	5.2	5.9
United Kingdom	3.8	4.0	4.3	4.4	4.3	4.8	4.6	4.9	4.5	4.3
Netherlands/Pays–Bas	4.4	4.5	4.5	5.1	4.1	4.0	4.5	4.9	4.3	5.1
Former USSR/Anc. URSS						x0.4	x0.6	x3.2	x3.2	x4.4
Denmark/Danemark	3.4	2.8	3.5	3.7	2.6	2.7	3.0	3.5	3.2	3.1

605

72122 COMBINE HARVESTR–THRESHR

MOISSONNEUSES–BATTEUSES 72122

TRADE BY COMMODITY IN THOUSAND U.S. DOLLARS – COMMERCE PAR PRODUIT EN MILLIERS DE DOLLARS E.U

COUNTRIES–PAYS	IMPORTS – IMPORTATIONS					COUNTRIES–PAYS	EXPORTS – EXPORTATIONS				
	1988	1989	1990	1991	1992		1988	1989	1990	1991	1992
Total	x1026167	x1040455	1141661	878343	838908	Totale	x1372251	1039144	1170051	899579	866144
Africa	x28887	x31900	x44374	x50109	x42629	Afrique	x855	x1860	x414	x186	x850
Northern Africa	x12375	x8708	x24050	x35219	x30974	Afrique du Nord	732	x1834	x48	x125	x850
Americas	x141877	188121	206135	173361	x190185	Amériques	x120889	x193344	228665	x197128	233942
LAIA	28159	43478	43298	38165	36063	ALAI	x6311	x3219	1875	2564	1249
CACM	x1324	x1935	x1744	x2068	x4041	MCAC	x63				x34
Asia	x99628	x81438	x145506	x91278	x161621	Asie	x21228	30188	72867	88366	x104255
Middle East	x52842	x31006	x47173	x23871	x46506	Moyen–Orient	x5045	1311	385	x199	x155
Europe	588665	581627	671845	484327	409488	Europe	684765	693895	795857	556059	522938
EEC	501223	496918	547205	413768	359017	CEE	640078	663861	764176	541401	503649
EFTA	85607	83689	121333	68837	49260	AELE	x40947	27452	x20205	x14297	18227
Oceania	26147	27254	32306	x5220	x17405	Océanie	2908	428	67	218	96
France,Monac	188917	197539	224577	153384	111358	Germany/Allemagne	325460	353275	401499	296101	257602
Canada	52758	109841	119523	107401	125166	USA/Etats–Unis d'Amer	106771	180528	212478	185755	224130
United Kingdom	102079	101329	91801	80564	70335	Belgium–Luxembourg	179135	186805	222006	146843	134836
Former USSR/Anc. URSS	x116838	x95034	x10532	x48947		Japan/Japon	13297	28406	71875	87620	100225
Spain/Espagne	54712	54847	49764	36199	25409	Italy/Italie	67943	60462	53879	27831	39337
Germany/Allemagne	23853	30183	38382	55177	87668	Former GDR	x500894	x105450	x30300		
Italy/Italie	45484	41472	40172	34287	17909	Denmark/Danemark	22432	25597	40595	35094	37467
Korea Republic	4423	16308	53498	37796	57602	Former USSR/Anc. URSS	x17791	x11102	x36709	x50935	
Denmark/Danemark	33254	28786	48292	20200	16990	United Kingdom	35585	30719	37171	24885	23246
USA/Etats–Unis d'Amer	56931	27131	36008	22827	21058	Finland/Finlande	22460	19032	8926	5670	8704
Finland/Finlande	14578	20059	37394	19624	3770	Canada	7632	9528	14312	8199	8529
Austria/Autriche	21936	20914	28562	21858	22683	Austria/Autriche	4403	4638	6613	5505	6698
China/Chine	19741	16160	29439	19808	43835	Yugoslavia SFR	3680	2582	11476	x360	
Australia/Australie	26105	27016	32209	4673	16260	France, Monac	6038	3698	3599	5003	7536
Belgium–Luxembourg	22382	20367	24546	12826	11788	Netherlands/Pays–Bas	2026	2141	3486	3997	2338
Mexico/Mexique	18087	24645	20421	12517	14593	Sweden/Suède	x13445	x2810	x3479	x2726	x2032
Sweden/Suède	22381	20021	26530	7452	5139	Romania/Roumanie	x8166		x4501	3475	x52
Saudi Arabia	x15551	x10678	x24538	x17471	x31766	Spain/Espagne	628	543	1200	1539	574
Switz.Liecht	15244	17164	19660	11022	12654	Mexico/Mexique	110	452	419	2181	934
Argentina/Argentine	x805	8946	11557	16560	14815	Bulgaria/Bulgarie	x6799	x2176		x8	x16
Hungary/Hongrie	x12827	x14863	x15104	6469	x3888	Czechoslovakia	x593		x282	x1602	x161
Japan/Japon	14405	15834	12987	6978	7621	Colombia/Colombie	1276	1056	642	14	
Czechoslovakia	x1821	15677	11861	x4766	6307	Poland/Pologne	x7255	x518	x185	x939	x917
Sudan/Soudan	x1859	x5886	x18349	x6479	x7931	Sudan/Soudan	x1560				
So. Africa Customs Un	11062	16290	7882	x3399	x2640	Norway, SVD,JM	364	805	531	29	274
Netherlands/Pays–Bas	12589	9471	11319	5233	4454	Turkey/Turquie	x4496	942	284	33	
Norway, SVD, JM	11467	5433	9181	8845	5015	Switz.Liecht	275	167	655	368	518
Portugal	11681	6018	9405	4470	1113	Argentina/Argentine	x98	519	445	152	215
Greece/Grèce	3270	2783	4425	8272	x10164	Hungary/Hongrie	x107	x184	x205	x662	x2916
Tunisia/Tunisie	1253	65	2228	12413	17774	China/Chine	2267	225	347	421	1238
Paraguay	3167	6186	4587	1881	815	Greece/Grèce	98	518	257	92	x11
Syrian Arab Republic	3847	3397	7506	x1364	x2586	Uruguay		x818			
Ireland/Irlande	3002	4125	4522	3146	1829	Cuba				x587	
Iraq	x32060	x576	x10631			Australia/Australie	2559	310		218	96
Turkey/Turquie	x78	4231	2353	3993	4231	Jordan/Jordanie	539	370	52	103	59
Iran (Islamic Rp. of)		x9798	x39	x76	x5990	Brazil/Brésil	x4827	308	120	31	1
Poland/Pologne	x7107	x1310	x1797	x6673	x1394	Portugal	490		345	3	547
Zimbabwe	x70	x632	2035	6635	x1315	Kenya			317		
Algeria/Algérie	3	927	289	6703	x26	Algeria/Algérie	728	256	x35	18	x726
Libyan Arab Jamahiriya	x4072	x331	x5	x7150	x3	Ireland/Irlande	243	103	140	14	154
Egypt/Egypte	5187	1500	3179	2474	5240	Korea Republic	88	118	80	27	100
Yugoslavia SFR	1821	1020	3307	x1731		Chile/Chili			x221		
Zambia/Zambie	x894	x1813	x2673	x816	x3933	New Zealand	349	118	67		
Bulgaria/Bulgarie	x1059	x2055		x3188	1771	Malaysia/Malaisie			130		x46
Cote d'Ivoire	x342	x2063	x2441	x17	x36	Ecuador/Equateur				x124	
Suriname/Suriname		x2005	x2113		x190	Bolivia/Bolivie		x66	x23	x28	
Romania/Roumanie	x17		x42	3835	x2133	Israel/Israël	x45	63		x51	216
Chile/Chili	x302	x174	1808	1630	x256	Libyan Arab Jamahiriya		x17	x13	x62	x8
Ecuador/Equateur	339	174	1600	1834	3	Saudi Arabia	x8	0	x44	x44	
Venezuela	3414	1665	90	1798	70	So. Africa Customs Un	x123	x26	x26	x28	x46

(VALUE AS % OF TOTAL)(VALEUR EN % DU TOTAL)

	1983	1984	1985	1986	1987	1988	1989	1990	1991	1992		1983	1984	1985	1986	1987	1988	1989	1990	1991	1992
Africa	x5.8	x3.6	3.7	x5.9	5.7	2.8	3.1	3.9	x5.7	5.1	Afrique		x0.0	0.1	x0.0		x0.1	x0.2	x0.0	x0.0	x0.1
Northern Africa	x3.1	x1.4	1.5	x3.0	4.2	1.2	0.8	x2.1	4.0	3.7	Afrique du Nord	0.0		0.1			0.1	x0.2	x0.0	x0.0	x0.1
Americas	x24.1	x26.1	x33.8	x26.2	22.8	x13.5	18.1	18.0	19.7	x22.6	Amériques	x28.5	x31.7	x30.4	x22.3	16.4	x8.8	x18.6	19.6	x22.0	27.0
LAIA	x1.8	x3.5	x10.6	x3.3	x1.0	2.7	4.2	3.8	4.3	4.3	ALAI	x1.9	x0.7	x0.8	x0.5	x0.3	x0.5	x0.3	0.2	0.3	0.1
CACM	x0.3	x0.6	x0.2	x0.1	x1.4	x0.1	x0.2	x0.2	x0.2	x0.5	MCAC						x0.0				x0.0
Asia	x10.3	x8.6	x7.9	x4.4	6.1	x9.7	7.9	x12.7	x10.4	x19.2	Asie	x3.6	x4.2	x2.9	x2.0	x1.1	x1.6	2.9	6.2	9.8	x12.0
Middle East	x7.6	x6.7	x4.1	x2.8	x5.1	x5.3	x3.0	x4.1	x2.7	5.5	Moyen–Orient	x0.1	x0.1	x0.0	0.2	x0.0	x0.4	0.1	x0.0	x0.0	x0.0
Europe	38.3	35.1	48.6	62.1	52.1	57.4	55.9	58.8	55.1	48.8	Europe	55.2	57.5	66.7	75.7	47.5	49.9	66.8	68.0	61.8	60.4
EEC	30.6	28.4	39.6	50.7	44.5	48.8	47.8	47.9	47.1	42.8	CEE	53.2	55.4	63.6	70.9	44.4	46.6	63.9	65.3	60.2	58.1
EFTA	7.2	6.5	8.7	11.4	x7.5	8.3	8.0	10.6	7.8	5.9	AELE	1.9	2.2	3.0	4.6	2.8	x3.0	3.0	1.7	x1.6	2.1
Oceania	4.0	8.9	x5.9	x1.0	0.3	2.5	2.6	2.8	x0.6	x2.1	Océanie	0.4			x0.0		0.2				
France, Monac	9.6	9.6	12.8	16.9	15.5	18.4	19.0	19.7	17.5	13.3	Germany/Allemagne	30.1	31.4	34.9	41.9	22.8	23.7	34.0	34.3	32.9	29.7
Canada	12.4	13.0	13.0	16.0	14.1	5.1	10.6	10.5	12.2	14.9	USA/Etats–Unis d'Amer	18.7	23.4	23.4	19.2	7.8	7.8	17.4	18.2	20.6	25.9
United Kingdom	10.5	8.5	13.0	11.3	7.1	9.9	9.7	8.0	9.2	8.4	Belgium–Luxembourg	12.8	13.5	15.1	15.8	13.2	13.1	18.0	19.0	16.3	15.6
Former USSR/Anc. URSS	17.5	17.8			x8.4	x11.4	x9.1	x0.9			Japan/Japon	3.4	4.0	2.8	1.8	0.8	0.1	2.7	6.1	9.7	11.6
Spain/Espagne	1.8	2.6	3.5	6.1	6.8	5.3	5.3	4.4	4.1	3.0	Italy/Italie	5.1	5.3	7.3	7.0	4.0	5.0	5.8	4.6	3.1	4.5
Germany/Allemagne	1.9	1.6	1.8	2.6	2.8	2.9	3.4	3.4	6.3	10.5	Former GDR					x31.1	x36.5	x10.1	x2.6		
Italy/Italie	2.2	1.7	1.8	2.6	4.0	4.4	4.0	3.5	3.9	2.1	Denmark/Danemark	1.0	1.3	3.2	3.1	x1.2	1.6	2.5	3.5	3.9	4.3
Korea Republic	1.7	1.4	0.3	0.2	0.1	1.6	1.6	4.7	4.3	6.9	Former USSR/Anc. URSS	12.3	6.5			x0.2	x1.3	x1.1	x3.1	x5.7	
Denmark/Danemark	1.9	1.7	3.7	7.6	3.2	3.2	2.8	4.2	2.3	2.0	United Kingdom	2.6	1.0	1.5	2.7	2.8	2.6	3.0	3.2	2.8	2.7
USA/Etats–Unis d'Amer	9.2	8.6	9.2	6.0	5.9	5.5	2.6	3.2	2.6	2.5	Finland/Finlande	1.2	1.4	1.5	2.0	1.4	1.6	1.8	0.8	0.6	1.0

72129 PTS NES OF MACHY OF 7212

PIECES POUR MACH 721.2 72129

TRADE BY COMMODITY IN THOUSAND U.S. DOLLARS – COMMERCE PAR PRODUIT EN MILLIERS DE DOLLARS E.U

IMPORTS – IMPORTATIONS

COUNTRIES–PAYS	1988	1989	1990	1991	1992
Total	x884156	967877	1016660	x1153154	984648
Africa	x26077	x25605	x29595	x26717	x24174
Northern Africa	x10866	x9918	x11823	x16476	x12086
Americas	x223575	x276982	x271826	x200984	x224939
LAIA	21039	12003	9750	11015	13756
CACM	x4121	x2530	x2469	x1333	x2532
Asia	x35482	x60750	x64431	x84801	x92456
Middle East	x14854	x37056	x32689	x23432	x28561
Europe	481394	482245	575603	546165	604485
EEC	422292	418259	499473	480616	542988
EFTA	56005	58557	67344	58274	56775
Oceania	x15176	x18054	x17924	x11722	x15995
USA/Etats-Unis d'Amer	85598	148950	153204	109239	114298
France, Monac	130908	130914	127486	113732	134279
Germany/Allemagne	68450	72439	107580	126420	134944
Former USSR/Anc. URSS	x18608	x11850	x4836	x263768	
Canada	107147	108068	99445	71462	85374
United Kingdom	62276	60001	68087	58949	64463
Belgium–Luxembourg	47218	44406	52302	51199	64757
Netherlands/Pays–Bas	45590	42084	55216	43546	58393
Denmark/Danemark	20549	18386	28445	25265	19549
Czechoslovakia	x6320	27126	34323	x5940	x6873
Iran (Islamic Rp. of)	x2786	x26467	x22599	x15632	x17573
Italy/Italie	20671	19556	23503	18910	22094
Spain/Espagne	12529	14918	17428	21251	19439
Sweden/Suède	16945	16307	18281	15768	15751
Austria/Autriche	12308	13891	17850	17117	17566
Korea Republic	1384	1859	4400	41422	40561
Switz.Liecht	14657	15629	15937	13216	12564
Hungary/Hongrie	x16989	x20849	x13759	9243	x6496
Former GDR	x45445	x39060	x868		
Ireland/Irlande	9338	9476	11895	13836	14380
Australia/Australie	11668	13880	12918	7938	11798
China/Chine	6043	9128	13244	4164	4090
Japan/Japon	5586	7976	7527	9308	7888
Norway, SVD, JM	5953	6824	8259	6599	7327
Yugoslavia SFR	3052	5305	8669	x7043	
Algeria/Algérie	4352	3977	5624	9480	x5881
Saudi Arabia	x6206	x6434	x6641	x4343	x7610
Finland/Finlande	5782	5548	6546	4959	3082
So. Africa Customs Un	6193	6349	4403	x5811	x5017
Mexico/Mexique	4058	4242	4934	5289	5272
Greece/Grèce	2344	3433	4152	4693	x7585
New Zealand	2833	3590	4520	2797	3127
Portugal	2420	2646	3377	2815	3105
Cuba	x1974	x1432	x1637	x5075	x4822
Sudan/Soudan	x977	x2863	x2802	x1827	x1477
Poland/Pologne	x3354	x2089	x1299	x2467	x1782
Bulgaria/Bulgarie	x10671	x3180	x1448	2339	3890
Malaysia/Malaisie	1578	1428	1940	x1135	x2233
Dominican Republic	x919	x1364	x2857	1247	x1907
Venezuela	12867	2825	861		1406
Ethiopia/Ethiopie	2245	2746	1724	425	x875
Nigeria/Nigéria	x1657	x1272	x2095	x778	x785
Libyan Arab Jamahiriya	x2619	x1381	x1414	x1306	x690
Iraq	x4162	x2533	x995	x238	x50
Israel/Israël	1224	1034	1188	1104	1431
Zambia/Zambie	x738	x417	x2643	x244	x913
Egypt/Egypte	1779	617	704	1949	2090
Argentina/Argentine	x644	1843	443	869	1119
Mozambique	x47	x47	x3005	x86	x128
Singapore/Singapour	646	731	1092	1155	1902

EXPORTS – EXPORTATIONS

COUNTRIES–PAYS	1988	1989	1990	1991	1992
Totale	x956925	x984189	x1087386	x1063178	1005984
Afrique	x230	x228	x328	x969	x715
Afrique du Nord	61	33	70	490	x54
Amériques	x237878	192558	232277	194816	216571
ALAI	x7115	6363	6550	3326	2635
MCAC	x10	x77	114	x85	x5
Asie	26826	34454	37068	41261	38811
Moyen–Orient	x188	219	731	1059	2169
Europe	535364	537940	630838	656769	692013
CEE	503748	506455	588682	613555	648436
AELE	x29207	x28366	x37996	x36554	x40806
Océanie	9385	x7543	15936	x9059	9439
Germany/Allemagne	169595	170215	184060	249207	244297
USA/Etats–Unis d'Amer	195545	136444	192589	162213	183424
Former USSR/Anc. URSS	x1629	x104890	x90112	x109870	
Belgium–Luxembourg	90494	72961	81173	62689	71426
France, Monac	54825	58626	74095	71986	83411
United Kingdom	50479	52402	76272	66027	68964
Netherlands/Pays–Bas	61746	60632	63511	59685	72472
Italy/Italie	48190	57201	53356	48858	52206
Canada	34396	49658	32995	29177	30470
Hungary/Hongrie	x37415	x24869	x36480	x36938	x31447
Former GDR	x97277	x65851	x27985		
Japan/Japon	21819	26793	30881	33992	30021
Denmark/Danemark	19871	21711	29188	29080	29745
Spain/Espagne	7291	10969	24614	23727	22836
Sweden/Suède	x10768	x8345	x10361	x12890	x15857
Austria/Autriche	6876	7291	12043	10292	12313
Australia/Australie	7602	5922	14166	8052	8169
Norway, SVD, JM	5485	5786	7214	5779	6023
Czechoslovakia	x5337	x6882	x5481	x2926	x4685
Poland/Pologne	x2884	x1720	x3324	x10079	x11175
Yugoslavia SFR	2409	3109	4160	x6660	1788
Brazil/Brésil	x5864	5802	5626	2381	4348
Switz.Liecht	3236	3787	4643	5198	x468
Bulgaria/Bulgarie	x2647	x6150	x6487	x479	2265
Finland/Finlande	2842	2097	3736	1038	3093
Ireland/Irlande	2844	4660	2518	2082	2827
China/Chine	1158	1643	2166	2082	2827
Korea Republic	914	1143	1005	3095	982
New Zealand	1782	1617	1770	1003	1247
Singapore/Singapour	646	746	1062	727	711
Romania/Roumanie	x53	x1104	x1072	13	x662
Turkey/Turquie	x133	202	646	1029	1695
Mexico/Mexique	360	230	504	646	672
India/Inde	73	x68	683	231	x211
Israel/Israël	27	106	46	747	1285
Hong Kong	85	551	74	169	210
Argentina/Argentine	x844	280	233	180	126
So. Africa Customs Un	x146	x123	x114	x421	x634
Egypt/Egypte			19	453	23
Portugal	97	68	184	139	129
El Salvador	x6	x67	100	x53	x2
Malaysia/Malaisie	154	69	42	73	x76
Greece/Grèce	1	27	62	75	x123
Thailand/Thaïlande	39	71	17	54	x37
Colombia/Colombie	38	31	62	44	12
Chile/Chili	0	x100	x31	x5	
Kenya	1	x2	72	x1	
Indonesia/Indonésie	2				75
Saudi Arabia	x23	x4	x68	x1	x49
Algeria/Algérie	61	30	6	36	x12

(VALUE AS % OF TOTAL)(VALEUR EN % DU TOTAL)

	1983	1984	1985	1986	1987	1988	1989	1990	1991	1992		1983	1984	1985	1986	1987	1988	1989	1990	1991	1992
Africa	x4.4	x4.4	x4.5	x7.5	x5.8	x2.9	x2.7	x2.9	x2.3	x2.4	Afrique	x0.0		x0.0	x0.0	x0.0	x0.0	x0.0	x0.0	0.1	0.1
Northern Africa	x2.8	x1.9	x2.6	x2.6	x2.5	x1.2	x1.2	x1.2	1.4	x1.2	Afrique du Nord		0.0		0.0	0.0	0.0	0.0	0.0	0.0	x0.0
Americas	x39.9	x46.2	x39.6	x33.6	x26.8	x25.3	28.7	26.8	x17.5	22.9	Amériques	x45.1	x47.0	x35.0	x28.3	x19.4	x24.8	19.6	21.3	18.3	21.6
LAIA	x2.1	x4.3	x7.3	x3.6	x2.0	2.4	1.2	1.0	1.0	1.4	ALAI	x1.3	x2.9	x0.4	x0.6	x0.2	x0.7	0.6	0.6	0.3	0.3
CACM	x0.5	x0.7	x0.7	x0.4	x0.6	x0.3	x0.3	x0.2	x0.1	x0.3	MCAC	x0.0	x0.0	x0.0	x0.0	0.0	0.0	0.0	0.0	0.0	x0.0
Asia	x5.6	x5.0	x5.3	x4.5	x4.5	x4.0	6.2	6.4	7.4	9.3	Asie	1.6	2.3	2.3	3.5	3.4	2.8	3.5	3.4	3.9	3.8
Middle East	x3.9	x3.6	x3.5	x2.4	x1.8	x1.7	3.8	3.2	x2.0	2.9	Moyen–Orient	x0.0	x0.0	0.1	0.2	0.0	0.0	0.0	0.1	0.1	0.2
Europe	48.5	41.5	47.9	52.7	49.3	54.4	49.8	56.6	47.4	61.4	Europe	51.9	49.8	61.8	67.1	52.7	55.9	54.7	58.0	61.8	68.8
EEC	42.8	37.1	41.5	46.4	43.2	47.8	43.2	49.1	41.7	55.1	CEE	48.8	47.4	58.7	63.8	50.3	52.6	51.5	54.1	57.7	64.5
EFTA	4.6	3.8	5.1	5.7	5.7	6.3	6.1	6.6	5.1	5.8	AELE	2.3	1.9	2.5	2.9	2.0	x3.1	x2.9	x3.5	x3.4	x4.1
Oceania	1.6	x3.0	x2.7	x1.6	x1.4	x1.7	x1.9	x1.7	x1.0	1.6	Océanie	1.3	1.0	0.8	1.1	1.0	x0.8	1.5	x0.9	0.9	0.9
USA/Etats–Unis d'Amer	17.8	21.3	10.0	8.9	7.6	9.7	15.4	15.1	9.5	11.6	Germany/Allemagne	20.5	17.0	20.6	23.5	17.5	17.7	17.3	16.9	23.4	24.3
France, Monac	15.2	12.6	12.6	12.4	12.3	14.8	13.5	12.5	9.9	13.6	USA/Etats–Unis d'Amer	35.5	35.8	29.4	23.9	17.0	20.4	13.9	17.7	15.3	18.2
Germany/Allemagne	7.5	6.6	7.6	9.0	7.4	7.7	7.5	10.6	11.0	13.7	Former USSR/Anc. URSS					x0.3	x0.2	x10.7	x8.3	x10.3	
Former USSR/Anc. URSS					x1.8	x2.1	x1.2	x0.5	x22.9		Belgium–Luxembourg	6.1	6.8	8.5	9.2	7.5	9.5	7.4	7.5	5.9	7.1
Canada	17.6	18.8	20.0	18.6	15.1	12.1	11.2	9.8	6.2	8.7	France, Monac	7.3	6.8	8.5	8.1	5.4	5.7	6.0	6.8	6.8	8.3
United Kingdom	7.9	6.1	7.5	8.6	7.5	7.0	6.2	6.7	5.1	6.5	United Kingdom	4.7	4.9	5.6	6.0	5.7	5.3	5.3	7.0	6.2	6.9
Belgium–Luxembourg	3.8	3.3	3.6	3.6	3.9	5.3	4.6	5.1	4.4	6.6	Netherlands/Pays–Bas	3.8	4.0	5.2	6.0	4.6	6.5	6.2	5.8	5.6	7.2
Netherlands/Pays–Bas	3.5	3.5	3.8	4.0	4.6	5.2	4.3	5.4	3.8	5.9	Italy/Italie	4.1	5.2	6.4	7.2	6.4	6.8	5.8	4.9	4.6	5.2
Denmark/Danemark	1.5	1.5	2.3	3.0	2.4	2.3	1.9	2.8	2.2	2.0	Canada	x8.3	x8.2	5.3	x3.1	x1.9	3.6	5.0	3.0	2.7	3.0
Czechoslovakia					x3.4	x0.7	2.8	3.4	x0.5	x0.7	Hungary/Hongrie					x4.4	x3.9	x2.5	x3.4	x3.5	x3.1

607

7223 TRACK-LAYING TRACTORS / TRACTEURS A CHENILLES 7223

TRADE BY COMMODITY IN THOUSAND U.S. DOLLARS – COMMERCE PAR PRODUIT EN MILLIERS DE DOLLARS E.U

COUNTRIES-PAYS	IMPORTS – IMPORTATIONS					COUNTRIES-PAYS	EXPORTS – EXPORTATIONS				
	1988	1989	1990	1991	1992		1988	1989	1990	1991	1992
Total	x859239	x700259	x639646	x689584	x650311	Totale	766721	851935	736101	738403	623025
Africa	x98344	x48611	x80574	x33739	x34741	Afrique	x50	x565	1246	x34	x135
Northern Africa	41191	x16844	39298	x5809	x6532	Afrique du Nord	x19		x83	x1	
Americas	x240004	x275487	267389	206667	x252214	Amériques	410087	500178	348634	x415326	387139
LAIA	50763	63385	79421	75815	62719	ALAI	42940	59610	11837	4939	6844
CACM	x9624	x4555	x1640	x3628	x4356	MCAC			x60	x188	x118
Asia	x198305	x154359	x222904	x310535	x296773	Asie	246783	188265	192138	162328	x198422
Middle East	x98211	x61019	x96072	x172102	x181663	Moyen–Orient	11183	3201	185	582	x26
Europe	57609	46100	46698	48775	53664	Europe	90909	63581	130750	65171	24910
EEC	32366	24693	27819	24981	x23837	CEE	27022	22137	31435	54526	17685
EFTA	17270	18046	14460	22986	29627	AELE	6733	5769	8693	10574	7067
Oceania	13765	x13209	x2932	x10835	x7096	Océanie	840	232	161	220	651
USA/Etats–Unis d'Amer	150818	179095	170367	103888	166824	USA/Etats–Unis d'Amer	361612	435205	327791	398485	363256
Former USSR/Anc. URSS	x181210	x138023	x17134	x75927		Japan/Japon	212914	182241	186938	158497	163862
Kuwait/Koweït	x1413	x849	x74544	x76895	x77759	Former USSR/Anc. URSS	x4094	x53596	x49979	x81949	
Thailand/Thaïlande	35585	34448	52523	52098	37113	Yugoslavia SFR	57154	35673	90615	x69	
Japan/Japon	54019	42443	54792	33612	17572	Italy/Italie	23190	18144	20093	47410	11735
Mexico/Mexique	6273	18451	40968	39489	26611	Brazil/Brésil	41913	57692	7699	3469	5280
Uruguay	18862	16610	17599	17770	15	Romania/Roumanie	x1648	35706	x4178	317	x858
Libyan Arab Jamahiriya	35020	11877	34969	x545	x178	Poland/Pologne	x7358	x7809	x6845	x12110	x10815
United Arab Emirates	x48753	x13340	x9566	x22078	x14902	Canada	5487	5287	8486	11704	16719
Saudi Arabia	20899	20527	x3753	x19534	x5981	Austria/Autriche	4054	4127	5850	7598	2543
Spain/Espagne	21302	14656	14013	14905	10188	United Kingdom	1778	1344	8017	4703	3738
Iran (Islamic Rp. of)	x4172	x47	x2410	x40361	x79065	Mexico/Mexique	750	1903	2864	822	529
Canada	22597	20437	8271	7651	6270	Czechoslovakia	x4594	x1743	x1826	x923	x75
Austria/Autriche	10564	13621	9635	10730	20312	France,Monac	1052	1437	1920	931	770
Israel/Israël	x973	x1137	x1434	x29534	x2645	Sweden/Suède	1870	862	1350	1201	1505
So. Africa Customs Un	25200	9808	15662	x6388	x2862	Saudi Arabia	3517	3201			
Poland/Pologne	x10696	x22284	x489	x873	x474	Finland/Finlande	766	603	1345	1227	1022
Iraq	x960	x21890	x865			India/Inde	1627		1523	1442	
China/Chine	2407	4803	3328	12708	43448	Singapore/Singapour	92	89	2105	627	1676
Venezuela	9541	6134	7728	6813	5009	Germany/Allemagne	380	953	1094	358	1080
Switz.Liecht	474	145	2939	10769	8390	Thailand/Thaïlande	1198	426	1003	494	
Australia/Australie	6169	9229	2041	2341	3390	Korea Republic	19347	1796	59		
Nigeria/Nigéria	x3054	x3064	x6856	x2993	x7162	China/Chine	324	297			
Peru/Pérou	657	7598	2700	210	x899	Cyprus/Chypre	90		99	581	3242
Colombia/Colombie	6410	4505	3352	2398	6297	Argentina/Argentine	x171	10	185	545	
Italy/Italie	3476	2679	5633	1724	3629	Switz.Liecht			61	x623	563
Bolivia/Bolivie	1120	2913	2455	4653	1617	Spain/Espagne	25	29	131	523	1997
Panama	x370	x98	3480	5901	8474	Chile/Chili	14			680	42
Portugal	2820	2713	4390	1961	1032	Cote d'Ivoire		x488	x662		x28
Gabon	x2882	x3062	x2992	x2794	x1901	Cape Verde/Cap–Vert			472		
Papua New Guinea	3154	2044	649	x5846	x2729	Belgium–Luxembourg	191	115	178	74	176
Turkey/Turquie	11358		163	x8280	110	Mauritius/Maurice			362		
Yugoslavia SFR	7882	3357	4357	x586		Albania/Albanie			x318	x8	
Cuba		x1376	x1296	x5022		Kenya	28		287		
Philippines	1417	x5800	1577	296	759	Former GDR	x357	x259	x28		
Singapore/Singapour	216	1300	3801	1910	1516	Bolivia/Bolivie			x284		40
France,Monac	1791	1989	2230	2780	3378	Netherlands/Pays–Bas	29	87	98	73	77
Pakistan	37		863	x3711		Malaysia/Malaisie	73	214			x103
Argentina/Argentine	1249	1928	1732	879	5577	Martinique			212		
Indonesia/Indonésie	193	671	3510	348	94	Fiji/Fidji				193	
Algeria/Algérie	877	876	2459	1166	x4374	Norway,SVD,JM	18	148	16	25	
Paraguay	x368	2072	1395	1013	715	New Zealand	144	118	67		38
United Kingdom	2112	1468	819	1981	306	Portugal	38	34		144	47
Guyana	x301	x2047		x2039	x1181	Panama	x12	x54	123		195
Ghana	x1292	x1061	x2078	x947	x827	Costa Rica			x38	x106	x40
Ecuador/Equateur	1532	2984	828	272	9621	Venezuela	x106		x125	18	58
Tunisia/Tunisie	18	x3376	58	512	35	Papua New Guinea			114	3	244
Zaire/Zaïre	x3183	x1088	x1528	x946	x7	Lao People's Dem. Rp.		x2	x133		
Un. Rep. of Tanzania	x5767	x2341	x615	x547	x175	Hong Kong				41	
Cote d'Ivoire	x1254	x1131	x474	x1893	x3877	Denmark/Danemark	286	23	91	100	12

(VALUE AS % OF TOTAL)(VALEUR EN % DU TOTAL)

	1983	1984	1985	1986	1987	1988	1989	1990	1991	1992		1983	1984	1985	1986	1987	1988	1989	1990	1991	1992
Africa	x8.6	x9.5	x6.8	x11.7	x5.7	x11.4	x6.9	x12.5	x4.9	x5.3	Afrique	0.1	x0.0	0.3	x0.0	x0.1	x0.0	x0.1	0.2	x0.0	x0.0
Northern Africa	x0.7	x2.7	x1.1	x1.6	x1.1	4.8	x2.4	6.1	x0.8	x1.0	Afrique du Nord	x0.0			0.1		x0.0	x0.0	x0.0		
Americas	x23.6	x35.8	x61.7	x43.7	x29.7	27.9	x39.3	41.8	30.0	x38.8	Amériques	x23.0	x23.6	x42.4	40.1	x31.2	53.5	58.7	47.4	x56.3	62.1
LAIA	x10.9	x6.7	x6.8	6.2	x3.7	5.9	9.1	12.4	11.0	9.6	ALAI	x0.6	1.8	x2.4	2.3	x3.9	5.6	7.0	1.6	0.7	1.1
CACM	x0.3	x2.4	x2.9	x0.6	x0.5	x1.1	x0.7	x0.3	x0.5	x0.7	MCAC				x0.0				x0.0	x0.0	x0.0
Asia	x53.4	x35.8	x13.4	x21.8	x15.7	x23.1	22.0	x34.9	x45.1	x45.6	Asie	49.4	42.9	x51.3	52.3	50.8	32.2	22.1	26.1	22.0	x31.8
Middle East	x45.4	x25.3	x7.5	x14.0	x9.1	x11.4	x8.7	x15.0	x25.0	27.9	Moyen–Orient			x0.1	x0.0		1.5	0.4	0.0	0.1	x0.0
Europe	x13.8	17.0	x17.0	x21.9	14.5	6.7	6.6	7.3	7.1	8.3	Europe	3.9	4.6	6.0	7.5	x7.7	11.9	7.5	17.8	8.8	4.0
EEC	2.5	3.8	2.8	3.8	2.7	3.8	3.5	4.3	3.6	x3.7	CEE	2.7	3.2	3.5	4.3	3.9	3.5	2.6	4.3	7.4	2.8
EFTA	9.0	11.2	10.9	13.7	10.5	2.0	2.6	2.3	3.3	4.6	AELE	1.3	1.3	2.5	2.6	2.6	0.9	0.7	1.2	1.4	1.1
Oceania	x0.6	x1.8	1.1	0.9	x0.5	1.6	x1.8	x0.4	x1.5	x1.0	Océanie		0.1		x0.1	x0.1	0.1				0.1
USA/Etats–Unis d'Amer	4.1	13.4	12.2	21.6	5.9	17.6	25.6	26.6	15.1	25.7	USA/Etats–Unis d'Amer	21.4	21.5	40.0	37.3	26.6	47.2	51.1	44.5	54.0	58.3
Former USSR/Anc. URSS					x14.4	x21.1	x19.7	x2.7	x11.0		Japan/Japon	49.3	42.8	51.2	51.7	49.4	27.8	21.4	25.4	21.5	26.3
Kuwait/Koweït	x0.1	x0.1	x0.4	x2.7	x0.0	x0.2	x0.1	x11.7	x11.2	x12.0	Former USSR/Anc. URSS	23.5	28.8		x0.2	x0.5	x0.6	x6.3	x6.8	x11.1	
Thailand/Thaïlande	5.8	7.2	3.6	2.0	2.2	4.1	4.9	8.2	7.6	5.7	Yugoslavia SFR	x0.0	x0.0	0.1	x1.2	7.5	4.2	12.3	x0.0		
Japan/Japon	1.4	2.0	1.7	3.0	2.7	6.3	6.1	8.6	4.9	2.7	Italy/Italie	2.2	2.0	2.1	2.9	2.5	3.0	2.1	2.7	6.4	1.9
Mexico/Mexique	x0.4	x0.0	x0.0	x0.0	x0.3	0.7	2.6	6.4	5.7	4.1	Brazil/Brésil	x0.6	x1.5	x1.3	2.2	2.7	5.5	6.8	1.0	0.5	0.8
Uruguay	x0.0	x0.0	x0.0	0.1	0.0	0.0	2.2	2.4	2.8	0.0	Romania/Roumanie					x0.4	x0.2	4.2	0.6	0.0	x0.1
Libyan Arab Jamahiriya	x0.3	x2.4	x0.0	x0.5	x0.0	4.1	1.7	5.5	x0.1	x0.0	Poland/Pologne				x0.2	x0.7	x1.0	x0.9	x0.9	x1.6	x1.7
United Arab Emirates	x1.6	x1.2	x1.1	x1.1	x0.9	x5.7	x1.9	x1.5	x3.2	x2.3	Canada				x0.2	0.5	0.7	0.6	1.2	1.6	2.7
Saudi Arabia	x6.7		x1.6	x0.9	x0.4	2.4	2.9	x0.6	x2.8	x0.9	Austria/Autriche	0.1	0.2	0.4	0.4	0.4	0.5	0.5	0.8	1.0	0.4

608

7224 WHEELED TRACTORS NES / TRACTEURS A ROUES 7224

TRADE BY COMMODITY IN THOUSAND U.S. DOLLARS – COMMERCE PAR PRODUIT EN MILLIERS DE DOLLARS E.U

IMPORTS – IMPORTATIONS

COUNTRIES-PAYS	1988	1989	1990	1991	1992
Total	5620526	5751370	6341941	5409012	5409438
Africa	x426249	x314556	x365762	x374787	x318575
Northern Africa	x139588	x86622	x192471	x240098	x174227
Americas	x1841744	x1811495	x1946355	x1652239	x1738024
LAIA	275197	200624	159420	177686	x215489
CACM	x19885	x26463	x19518	x27181	x31992
Asia	x420824	x499148	x592406	x570005	x656879
Middle East	x120309	x130591	x98784	x145719	x157411
Europe	2573234	2697276	3090980	2512655	2506610
EEC	1952066	2022664	2377821	2070073	2108017
EFTA	579972	620869	660546	430015	371108
Oceania	x161927	x246473	x247304	x97769	x146565
USA/Etats–Unis d'Amer	1150399	1138811	1384800	1067993	1098847
France, Monac	598162	599980	680130	544287	477436
Canada	356761	410459	359229	337645	363465
Germany/Allemagne	174892	172455	318666	393905	426980
United Kingdom	303970	296465	297993	228544	240432
Spain/Espagne	180919	216404	179041	198065	167392
Netherlands/Pays–Bas	158843	159073	198555	161201	214945
Finland/Finlande	131351	184558	209156	87491	47648
Australia/Australie	139117	211729	196222	62984	97135
Thailand/Thaïlande	81515	124375	192615	97638	103186
Sweden/Suède	138148	166206	133197	71853	68792
Portugal	115096	120696	128607	105736	91998
Belgium–Luxembourg	120128	118740	141892	93541	120520
Denmark/Danemark	97334	105763	138329	96971	78609
Austria/Autriche	99980	88220	124166	119147	122535
Italy/Italie	89298	91040	126571	108396	126153
Switz.Liecht	106395	117387	104486	76761	73920
Japan/Japon	71390	88962	109058	89278	96710
Greece/Grèce	51785	67193	93620	84439	x100963
Former USSR/Anc. URSS	x7792	x24478	x36192	x163766	
Norway,SVD,JM	99384	60356	85151	67671	52982
Ireland/Irlande	61639	74855	74417	54989	62589
So. Africa Customs Un	155480	84505	51997	x20363	x27425
Korea Republic	8583	25545	57000	71017	81845
Algeria/Algérie	3798	7069	38498	85661	x4686
Mexico/Mexique	48541	43741	42267	44073	43363
Iran (Islamic Rp. of)	x1711	x42919	x20564	x63394	x58051
Pakistan	64548	54508	29882	40823	61060
Yugoslavia SFR	39777	52817	51211	x11447	
Morocco/Maroc	22668	26576	29729	53646	19335
Saudi Arabia	x26655	x25885	x43393	x34986	x35034
Venezuela	124762	38108	12506	46305	46781
New Zealand	18064	27243	44454	24493	40347
Libyan Arab Jamahiriya	x44931	x15992	x41596	x27874	x36836
Former GDR	x100786	x75087	x1300		
Tunisia/Tunisie	10200	8666	24791	x5294	x2965
Poland/Pologne	x44171	x29781	x35406	24764	x6482
Hungary/Hongrie	x21405	x30861	x13795	24764	15013
Colombia/Colombie	26462	32568	24633	10791	x28953
Malaysia/Malaisie	14890	20170	24143	22760	
Egypt/Egypte	52162	19829	31716	x8239	x10879
Chile/Chili	25150	22429	12852	23339	x35107
Nigeria/Nigéria	x16842	x22458	x8916	x21499	x10098
Sudan/Soudan	x5829	x8491	x17305	x22410	x35958
Israel/Israël	20609	8862	11783	26933	20421
Syrian Arab Republic	x25170	x11719	x13736	x18970	x16991
Kenya	22720	x15608	14346	x10507	x7327
Indonesia/Indonésie	9596	10090	12636	15534	15251
Peru/Pérou	14635	19984	17044	896	x6021
Uruguay	x15226	x9615	x14901	x12314	19248

EXPORTS – EXPORTATIONS

COUNTRIES-PAYS	1988	1989	1990	1991	1992
Totale	x6048192	6075878	6637400	5417991	5047302
Afrique	x12756	x5185	x13292	x19298	x28140
Afrique du Nord	11390	x4036	x9787	x13335	x24360
Amériques	1012096	997804	879921	791936	851445
ALAI	207647	113813	46619	45177	69920
MCAC	x26	x59	x35		x12
Asie	503405	464017	420533	428279	x513389
Moyen–Orient	x378	8442	x1363	872	x818
Europe	3523788	3647020	4509524	3604365	3472862
CEE	3278579	3419001	4250256	3367504	3265176
AELE	221199	207747	239329	189198	194335
Océanie	6142	4618	4149	4838	7843
Germany/Allemagne	1051378	1154805	1496215	1247282	1163198
United Kingdom	1026422	1023876	1365167	954416	975828
Italy/Italie	722616	795616	780549	720938	646887
USA/Etats–Unis d'Amer	560928	589042	632980	627611	655213
Japan/Japon	484440	434359	371388	376853	464811
Former USSR/Anc. URSS	x386381	x370305	x353238	x386834	
Czechoslovakia	x497422	x464328	x366895	x95857	x104908
France, Monac	301922	284974	347880	270498	282177
Canada	242204	294522	199792	118509	126126
Belgium–Luxembourg	124970	101235	183977	109914	111744
Finland/Finlande	99242	98389	110767	85060	82744
Austria/Autriche	76270	78618	90207	72005	73214
Romania/Roumanie	x60932	80588	58270	51143	x25160
Brazil/Brésil	178500	101108	34539	43026	67920
Netherlands/Pays–Bas	22003	27134	39540	35872	47168
China/Chine	6344	13103	39984	40948	33775
Yugoslavia SFR	24007	20247	19705	x47585	
Poland/Pologne	x15946	x28196	x23066	x31110	x39233
Switz.Liecht	19500	16304	17927	14708	13280
Denmark/Danemark	14888	14170	15919	15011	15675
Sweden/Suède	22375	11513	17863	15545	21440
Spain/Espagne	9197	9635	13026	5372	11045
Mexico/Mexique	22611	9774	11058	669	1008
Ireland/Irlande	4962	6600	6871	6105	6973
Libyan Arab Jamahiriya		x987	x7683	x10703	x24281
Bulgaria/Bulgarie		x4337	x4315	x981	x690
Singapore/Singapour	1881	1857	2480	4860	3135
Former USSR	x28544	x7117	x1931		
Hungary/Hongrie	x779	x2366	x2266	x3266	x3631
Australia/Australie	2161	2328	2546	2882	5623
Algeria/Algérie	11305	2980	2047	2460	x20
Norway,SVD,JM	3741	2924	2511	1740	3561
Korea Republic	5092	2844	1822	1540	1306
Turkey/Turquie		4506	367	553	395
New Zealand	3824	1752	1261	1924	1266
Argentina/Argentine	5966	2423	668	1174	667
Portugal	68	890	754	2066	3653
Cameroon/Cameroun	x103	206		3215	
So. Africa Customs Un	x302	x316	x352	x2237	x2435
India/Inde	593	x1252	1150	425	x828
Malaysia/Malaisie	537	884	725	635	x695
Jordan/Jordanie	x2	1626	447	160	29
Kuwait/Koweït		1875			
Thailand/Thaïlande	906	627	160	1025	x361
Kenya	200		1318		x23
Hong Kong	9		154	372	743	282
Mauritius/Maurice			764	452	541
Papua New Guinea	54	507	288	2	857
United Arab Emirates	x158	x184	x386	x82	x287
Venezuela	x199	293	178	144	197

(VALUE AS % OF TOTAL)(VALEUR EN % DU TOTAL)

Imports

	1983	1984	1985	1986	1987	1988	1989	1990	1991	1992
Africa	x8.9	x7.4	x6.4	x7.8	x6.5	x7.6	x5.5	x5.7	x7.0	x5.9
Northern Africa	x4.9	x4.7	x3.1	x3.8	x2.7	x2.5	x1.5	x3.0	x4.4	x3.2
Americas	x33.8	x39.5	x37.5	x38.4	x34.3	x32.8	x31.5	x30.7	x30.6	x32.1
LAIA	x2.8	x2.2	x4.2	x5.2	x4.6	4.9	3.5	2.5	3.3	x4.0
CACM	x0.3	x0.7	x0.4	x0.4	x0.4	x0.4	x0.5	x0.3	x0.5	x0.6
Asia	x13.3	x8.3	x9.0	x8.0	x7.0	x7.5	x8.7	x9.3	x10.5	x12.2
Middle East	x7.3	x1.9	x4.3	x3.7	x1.7	x2.1	x2.3	x1.6	x2.7	x2.9
Europe	40.5	38.0	40.5	43.8	47.9	45.8	46.9	48.7	46.5	46.3
EEC	31.1	29.2	31.0	32.9	36.5	34.7	35.2	37.5	38.3	39.0
EFTA	8.2	8.0	9.0	10.4	x10.8	10.3	10.8	10.4	7.9	6.9
Oceania	x3.5	x6.8	x6.7	x2.1	1.9	2.9	x4.3	3.9	1.8	x2.7
USA/Etats–Unis d'Amer	18.6	23.6	22.0	20.6	21.0	20.5	19.8	21.8	19.7	20.3
France, Monac	10.6	9.6	9.0	9.4	10.6	10.6	10.4	10.7	10.1	8.8
Canada	11.7	11.9	11.5	8.8	7.7	6.3	7.1	5.7	6.2	6.7
Germany/Allemagne	2.8	2.2	2.5	3.1	3.6	3.1	3.0	5.0	7.3	7.9
United Kingdom	5.7	4.6	5.1	4.0	4.8	5.4	5.2	4.7	4.2	4.4
Spain/Espagne	0.8	0.8	1.1	1.9	2.9	3.2	3.8	2.8	3.7	3.1
Netherlands/Pays–Bas	2.8	2.6	3.1	4.0	3.6	2.8	2.8	3.1	3.0	4.0
Finland/Finlande	2.7	2.6	2.3	2.3	2.1	2.3	3.2	3.3	1.6	0.9
Australia/Australie	2.5	5.5	5.2	1.7	1.4	2.5	3.7	3.1	1.2	1.8
Thailand/Thaïlande	0.7	0.8	0.6	0.6	0.9	1.5	2.2	3.0	1.8	1.9

Exports

	1983	1984	1985	1986	1987	1988	1989	1990	1991	1992
Afrique	x0.1	0.1	x0.0	x0.0	x0.2	x0.1	x0.2	x0.3	x0.5	
Afrique du Nord	x0.0	0.0	0.0	0.0	0.0	0.2	x0.1	x0.1	x0.2	x0.5
Amériques	x17.5	x19.6	x17.4	x15.9	x15.0	16.8	16.4	13.2	14.6	16.9
ALAI	x2.4	x2.3	x2.0	2.4	2.5	3.4	1.9	0.7	0.8	1.4
MCAC	x0.0	x0.0	x0.0	x0.0	x0.0	x0.0	x0.0	x0.0		x0.0
Asie	x11.6	x13.0	13.7	x13.1	11.1	8.3	7.6	6.3	7.9	x10.2
Moyen–Orient	x1.3	x0.5	0.9	x0.1	x0.1	x0.0	x0.1	x0.0	x0.0	x0.0
Europe	70.8	67.2	68.7	70.9	65.6	58.3	60.0	67.9	66.5	68.8
CEE	66.1	62.5	63.0	64.2	60.0	54.2	56.3	64.0	62.2	64.7
AELE	3.4	3.0	3.8	4.4	3.9	3.7	3.4	3.6	3.5	3.9
Océanie	0.1	0.1		x0.1	0.1	0.1	0.1	0.1	0.1	0.1
Germany/Allemagne	23.4	20.2	22.9	23.0	19.6	17.4	19.0	22.5	23.0	23.0
United Kingdom	17.3	18.9	16.2	16.9	17.7	17.0	16.9	20.6	17.6	19.3
Italy/Italie	15.5	13.0	14.5	14.9	13.2	11.9	13.1	11.8	13.3	12.8
USA/Etats–Unis d'Amer	15.1	17.3	15.3	10.8	9.2	9.3	9.7	9.5	11.6	13.0
Japan/Japon	10.2	12.4	12.7	12.9	10.4	8.0	7.1	5.6	7.0	9.2
Former USSR/Anc. URSS						x6.1	x6.4	x6.1	x5.3	x7.1
Czechoslovakia						0.5	x8.2	x7.6	x5.5	x1.8	x2.1
France, Monac	7.2	7.3	6.8	6.5	6.2	5.0	4.7	5.2	5.0	5.6
Canada				x2.7	x3.3	4.0	4.8	3.0	2.2	2.5
Belgium–Luxembourg	1.0	1.2	1.1	1.7	1.8	2.1	1.7	2.8	2.0	2.2

72341 SELF-PROPELLD DOZERS,ETC — BULLDOZERS 72341

TRADE BY COMMODITY IN THOUSAND U.S. DOLLARS – COMMERCE PAR PRODUIT EN MILLIERS DE DOLLARS E.U

IMPORTS – IMPORTATIONS

COUNTRIES–PAYS	1988	1989	1990	1991	1992
Total	x1506936	x1683160	1795615	x1860438	x1638811
Africa	x125817	x134874	x215510	x157429	x156154
Northern Africa	44184	55219	129542	51467	x64715
Americas	x443497	x371618	x427645	407683	x478871
LAIA	80442	80155	115715	184773	221165
CACM	x5242	x10605	x3165	x4625	x23749
Asia	280729	x462352	x532435	x733668	x587944
Middle East	x38367	x105650	x103164	x305906	x147067
Europe	386903	414581	419169	327678	327633
EEC	346366	373191	369360	297648	308186
EFTA	32370	32459	37322	27624	18363
Oceania	70874	x123276	x118648	x72649	x78505
Canada	160837	159803	163787	125108	92007
Malaysia/Malaisie	90447	132431	127779	110092	x31162
Indonesia/Indonésie	54767	80930	111391	108533	64503
Former USSR/Anc. URSS	x55663	x72206	x58754	x147636	128604
USA/Etats-Unis d'Amer	x171540	89116	98988	62383	x55392
Iran (Islamic Rp. of)	x16633	x10544	x52160	x186829	48476
Australia/Australie	52176	92367	93792	52483	147475
Germany/Allemagne	48981	46615	62718	95222	18394
Spain/Espagne	47773	65805	83999	49445	30015
France, Monac	71412	74872	71656	40158	
Singapore/Singapour	38551	57275	62419	53692	46479
Mexico/Mexique	2782	11813	49219	104558	131325
United Kingdom	58655	54482	46950	27280	25750
Korea Republic	5112	18224	53960	45017	18340
Algeria/Algérie	1761	23706	51656	19291	x11509
Italy/Italie	36092	30042	28101	22521	24972
Belgium–Luxembourg	13348	28327	27615	23498	17459
Thailand/Thaïlande	4511	10442	32451	28566	38759
Portugal	35362	34820	15519	13231	8093
United Arab Emirates	x9646	x11892	x14053	x29862	x26646
Netherlands/Pays–Bas	17978	19883	20293	14728	16352
Libyan Arab Jamahiriya	30313	11595	35920	x6018	x4092
Chile/Chili	x7346	x8816	24674	17781	x15007
Philippines	4580	x10451	8005	28436	20662
China/Chine	14038	17710	8939	19235	142088
Papua New Guinea	13933	20539	12467	x12471	x21422
Colombia/Colombie	19210	19788	14655	10180	12917
Venezuela	30155	13202	8968	21608	24533
Czechoslovakia	x5219	15806	18204	x9435	x4581
Saudi Arabia	x1547	x2218	x4904	x34845	x17937
Cuba	x17039	x8777	x18535	x14099	x389
So. Africa Customs Un	18556	16908	12063	x11468	x10293
Jordan/Jordanie	1614	24473	6229	9259	25636
Poland/Pologne	x47646	x36156	x1981	x517	x293
Turkey/Turquie		7318	13216	17568	7562
Tunisia/Tunisie	1896	5170	17668	10937	5781
Bulgaria/Bulgarie	x37318	x32551	x386	x227	2149
Kenya	3584	x5443	4695	x21816	x18959
Syrian Arab Republic		x27482	x1145	x1761	x1919
Pakistan	12230	14930	4887	8675	29948
Bolivia/Bolivie	4342	9264	9685	9415	5519
Egypt/Egypte	7091	6891	13136	7305	16276
Nigeria/Nigéria	x3749	x5836	x7246	x13032	x15102
Austria/Autriche	6678	7582	9069	7781	8918
Ghana	x2758	x7148	x7324	x9511	x1992
Sweden/Suède	7156	7752	9742	6387	1656
Guyana	x55	x2851	x17310	x3408	x1238
Kuwait/Koweït		3191	x616	x19549	x1550
Yugoslavia SFR	7958	8646	12284	x2363	
Zimbabwe	x314	x1267	7268	9554	x1451

EXPORTS – EXPORTATIONS

COUNTRIES–PAYS	1988	1989	1990	1991	1992
Totale	x1414747	1234644	1435629	1545897	1402224
Afrique	x4797	x3979	x3880	x26583	x4946
Afrique du Nord	x770	x359	x581	x502	x556
Amériques	x495439	330047	461942	530711	529489
ALAI	x51957	94024	82532	99379	158262
MCAC			x95	x85	x118
Asie	389161	439732	523960	572086	x501122
Moyen–Orient	x7807	21334	x10811	x8660	x7003
Europe	297964	323874	314210	317832	329027
CEE	251746	269851	266554	266606	276623
AELE	31476	35396	44759	50923	51937
Océanie	2487	6180	6099	9604	28167
Japan/Japon	331924	357293	447807	514568	436657
USA/Etats–Unis d'Amer	x378859	190427	326371	387991	332829
France, Monac	92994	105051	100605	104571	144537
Brazil/Brésil	x46262	89473	79804	96910	146789
Former USSR/Anc. URSS	x88892	x68581	x60711	x79088	
Italy/Italie	63792	65301	66646	58693	46100
Canada	58344	44672	52341	42564	36984
Germany/Allemagne	39794	38896	42680	45464	26555
Poland/Pologne	x50253	x47670	x45732	x3521	x3934
Austria/Autriche	22691	26227	30268	39566	40155
United Kingdom	15354	20627	20655	25688	30743
Belgium–Luxembourg	18769	20536	18321	14465	11450
China/Chine	6749	14651	21973	14561	5561
Korea Republic	14457	17700	24668	8005	2574
Netherlands/Pays–Bas	17629	16462	14366	12949	12907
Singapore/Singapour	16957	14982	12515	12887	10977
Jordan/Jordanie	x503	13020	6064	5202	4424
Yugoslavia SFR	14616	18532	2771	x304	
Cameroon/Cameroun	x33	x73	x166	21136	x171
Czechoslovakia	x668	x1744	x13774	x4133	x4771
Sweden/Suède	5195	4752	7009	7471	6963
Former GDR	x84624	x12764	x1611		
Malaysia/Malaisie	3714	5079	2399	6153	x2094
Australia/Australie	1491	2583	2697	6485	16244
Norway,SVD,JM	1820	2102	3765	1537	1336
Finland/Finlande	1539	1802	3127	1471	2109
Sri Lanka	250	5052	869	226	
Hong Kong	3102	1488	2109	2534	16620
Romania/Roumanie	x246	x72	3449	2336	x670
Mexico/Mexique	5647	3997	442	1383	10067
Papua New Guinea	683	1476	1840	2066	10834
So. Africa Customs Un	x923	x909	x714	x3184	x2952
India/Inde	3065	x1305	25	x3169	x217
New Zealand	312	2121	1403	844	823
Denmark/Danemark	1428	1264	1665	1434	937
Saudi Arabia	x3157	x1085	x2355	x815	x685
United Arab Emirates	x2368	x1764	x1571	x712	x1489
Oman	1305	1685	287	1125	
Ireland/Irlande	934	853	606	1213	1245
Kuwait/Koweït	x103	2459			
Cyprus/Chypre	114	1115	495	627	366
Portugal	67	516	747	974	173
Argentina/Argentine		428	914	851	280
Switz.Liecht	232	513	590	877	1374
Spain/Espagne	519	319	192	1154	1851
Indonesia/Indonésie	32	388	408	514	323
Panama	x5880	x759	x283	x23	x2
Kenya	8		716	x285	
Thailand/Thaïlande	1079	409	173	364	x369
Nigeria/Nigéria	x74	x265	x32	x577	x371

(VALUE AS % OF TOTAL)(VALEUR EN % DU TOTAL)

	1983	1984	1985	1986	1987	1988	1989	1990	1991	1992		1983	1984	1985	1986	1987	1988	1989	1990	1991	1992
Africa	x26.5	x18.9	x22.2	x12.4	x8.6	x8.3	x8.0	x12.0	x8.4	9.5	Afrique	x0.6	x0.7	x1.7	x0.9	x0.7	x0.4	x0.3	x0.2	x1.7	x0.3
Northern Africa	17.5	8.8	15.0	4.1	2.4	2.9	3.3	7.2	2.8	x3.9	Afrique du Nord	x0.0	x0.0	x0.0	x0.0	x0.1	x0.1	x0.0	x0.0	x0.0	x0.3
Americas	x13.1	x23.4	9.9	x23.1	x17.5	29.5	x22.1	x23.8	21.9	29.3	Amériques	x34.9	x28.7	x2.7	x25.9	x27.8	x35.0	26.7	32.2	34.4	37.8
LAIA	x6.0	x3.7	x2.6	4.4	5.0	5.3	4.8	6.4	9.9	13.5	ALAI	x0.0	x0.1	x0.1	x1.2	x2.6	x3.7	7.6	5.7	6.4	11.3
CACM	x0.1			x0.5	x0.3	x0.6	x0.2	x0.2	x1.4		MCAC					x0.0			x0.0	x0.0	x0.0
Asia	x40.8	x27.0	x31.4	32.2	29.4	18.6	x27.5	x29.6	x39.5	35.9	Asie	39.5	x35.5	x57.1	x40.6	x24.6	27.5	35.6	36.5	37.0	x35.7
Middle East	x10.8	x12.7	x20.6	x23.2	x14.4	x2.5	x6.3	x5.7	x16.4	x9.0	Moyen–Orient	x1.1	x1.0	x1.5	x1.3	x1.7	x0.8	x1.0	x0.8	x0.6	x0.5
Europe	14.9	20.1	21.4	25.2	26.6	25.7	24.6	23.3	17.6	20.0	Europe	x24.6	x34.9	x38.3	x32.4	x31.8	21.1	26.2	21.9	20.6	23.5
EEC	12.9	17.8	19.4	21.8	23.6	23.0	22.2	20.6	16.0	18.8	CEE	19.5	26.4	29.4	24.8	23.8	17.5	21.9	18.6	17.2	19.7
EFTA	x2.0	x2.2	x1.9	x3.2	x2.9	2.1	1.9	2.1	1.5	1.1	AELE	x5.1	x8.5	x8.9	x7.5	x7.8	2.2	2.9	3.1	3.3	3.7
Oceania	4.6	10.7	x15.1	x7.2	x3.0	4.7	7.3	6.6	x3.9	4.8	Océanie	0.3		0.3	0.3	0.1	0.5	0.4	0.4	0.6	2.0
Canada	2.7	4.9	6.8	6.3	3.4	10.7	9.5	9.1	6.7	5.6	Japan/Japon	32.0	30.6	50.3	35.2	21.0	23.5	28.9	31.2	33.3	31.1
Malaysia/Malaisie	16.3	7.4	2.8	0.6	2.5	6.0	7.9	7.1	5.9	x1.9	USA/Etats–Unis d'Amer	x17.3	x12.0		x22.7	x23.0	x26.8	15.4	22.7	25.1	23.7
Indonesia/Indonésie			2.3	3.1	4.8	3.6	4.8	6.2	5.8	3.9	France, Monac	2.7	4.7	5.1	4.7	8.3	6.6	8.5	7.0	6.8	10.3
Former USSR/Anc. URSS				x9.7	x4.3	x3.3	x4.3	x3.3	x7.9		Brazil/Brésil				x1.2	x2.5	x3.3	7.2	5.6	6.3	10.5
USA/Etats–Unis d'Amer	x4.1	x14.3		x11.9	x8.7	x11.4	5.3	5.5	3.4	7.8	Former USSR/Anc. URSS					x4.4	x6.3	x5.6	x4.2	x5.1	
Iran (Islamic Rp. of)	x3.4	x4.3	x2.7	x1.4	x1.9	x1.1	x0.6	x2.9	x10.0	x3.4	Italy/Italie	5.2	9.8	9.3	7.2	6.4	4.5	5.3	4.6	3.8	3.3
Australia/Australie	3.0	8.4	12.9	5.9	1.5	3.5	5.5	5.2	2.8	3.0	Canada	x17.6	x16.2	x2.5	x2.0	x2.3	4.1	3.6	3.6	2.8	2.6
Germany/Allemagne	2.5	3.6	3.2	4.6	3.4	3.3	2.8	3.5	5.1	9.0	Germany/Allemagne	5.5	4.8	7.2	4.9	4.1	2.8	3.2	3.0	2.9	1.9
Spain/Espagne	1.5	1.7	2.0	2.7	3.2	3.2	3.9	4.7	2.7	1.1	Poland/Pologne					x1.0	x3.6	x3.9	x3.2	x0.2	x0.3
France, Monac	2.6	2.8	3.6	5.5	6.4	4.7	4.4	4.0	2.2	1.8	Austria/Autriche	x4.9	x8.0	x8.1	x6.3	x6.9	1.6	2.1	2.1	2.6	2.9

72342 SLFPRP SHOVELS, EXCAVATRS / PELLES MECANIQUES 72342

TRADE BY COMMODITY IN THOUSAND U.S. DOLLARS – COMMERCE PAR PRODUIT EN MILLIERS DE DOLLARS E.U

IMPORTS – IMPORTATIONS

COUNTRIES-PAYS	1988	1989	1990	1991	1992
Total	x6769499	7987500	8226367	7132427	7332235
Africa	x159255	x299383	x384167	x301183	x302794
Northern Africa	x56756	x95960	x117921	x117350	x109804
Americas	x2146669	x2278245	2078097	1430964	x1682426
LAIA	188736	241472	254510	386533	x489954
CACM	x7130	x19433	x13814	x17358	x21376
Asia	x567875	x900220	1206857	1460365	x1629438
Middle East	x162541	x188970	x206537	x457841	x405515
Europe	3298314	3659462	4026179	3398981	3440443
EEC	2609766	2933317	3254838	2919451	3076437
EFTA	660974	680024	719173	457094	350545
Oceania	243612	x377651	x298184	x184275	x227279
USA/Etats-Unis d'Amer	x1256989	1326352	1240490	620627	783839
Germany/Allemagne	380172	448836	663069	916043	1278917
Canada	658764	632829	520537	346788	349532
France, Monac	483856	534116	527086	386322	344114
Spain/Espagne	372379	442332	545776	386302	160851
Italy/Italie	315497	369548	439509	401726	378850
United Kingdom	492736	513266	369071	233776	266253
Australia/Australie	204649	319021	247406	137208	178575
Thailand/Thaïlande	111128	168678	255344	212386	186606
Netherlands/Pays-Bas	180295	201876	227862	197965	211708
Former USSR/Anc. URSS	x131455	x155501	x110840	x308292	160965
Belgium-Luxembourg	163782	164440	188250	150730	66174
Switz.Liecht	161802	172064	175507	108493	173246
Austria/Autriche	131769	117262	175543	151655	x115263
Malaysia/Malaisie	33264	113905	140911	80561	31297
Sweden/Suède	130342	158248	154323	115366	129910
Portugal	107918	114325	134320	118815	92529
Indonesia/Indonésie	34989	88223	143641	121390	97112
Singapore/Singapour	53195	91186	132611	121390	13242
Finland/Finlande	111330	160701	131795	41275	13242
Korea Republic	32971	67591	137102	105649	44858
Mexico/Mexique	27480	45496	94610	163474	198839
Iran (Islamic Rp. of)	x9847	x28545	x39746	x199090	x143817
So. Africa Customs Un	12318	91074	101109	x69986	x62080
Chile/Chili	59862	85674	74341	58630	x81817
Norway, SVD, JM	121071	68254	74019	65591	60117
Turkey/Turquie	40305	53023	62789	78378	75799
Israel/Israël	31634	19836	46693	127172	82810
Japan/Japon	35536	56584	63292	40521	5432
Denmark/Danemark	60907	56732	56781	46021	55471
Former GDR	x83757	x132536	x19305		
Ireland/Irlande	33114	52200	58119	33113	31073
Saudi Arabia	x16341	x10583	x36831	x89068	x70144
Venezuela	44274	39480	20495	75276	63118
Greece/Grèce	19112	35644	44994	52088	x58326
United Arab Emirates	x44044	x26629	x28400	x50607	x46217
Yugoslavia SFR	19955	40769	46331	x18066	
Egypt/Egypte	x17972	x34874	x33206	35317	x26941
Hong Kong	26018	23311	25136	49257	262976
Romania/Roumanie			49331	36376	5623
Colombia/Colombie	36401	28044	31152	27144	48101
China/Chine	14630	22343	19965	42280	216271
Algeria/Algérie	16629	23058	44893	14377	x13717
New Zealand	21435	26357	32653	22296	31723
Tunisia/Tunisie	6484	21663	22043	27235	31991
Poland/Pologne	x21771	x30298	x25722	x12695	x8667
Hungary/Hongrie	x20772	x36193	x16738	14390	x15699
Bulgaria/Bulgarie	x50287	x48449	x3626	x3584	3079
Zambia/Zambie	x2907	x7716	x36311	x6051	x14992
Brazil/Brésil	x2198	7135	10697	31681	39665

EXPORTS – EXPORTATIONS

COUNTRIES-PAYS	1988	1989	1990	1991	1992
Totale	x6932104	7739211	8277890	6995059	7596990
Afrique	x25328	x20249	x10785	x22122	x5978
Afrique du Nord	20923	17030	6121	x4772	x636
Amériques	x947461	1131829	1239474	1205587	1122557
ALAI	x31850	85096	40501	29951	45402
MCAC		x155	x462	x47	x129
Asie	1899880	2012750	2073456	1724901	2443799
Moyen-Orient	x10243	x12617	x12861	x9259	x7278
Europe	3713004	4273905	4771994	3929072	3968609
CEE	3215187	3699485	4099692	3396247	3401774
AELE	484579	539006	650095	531501	565961
Océanie	3613	11145	15938	12804	x31880
Japan/Japon	1808589	1921831	1977365	1597666	2097005
USA/Etats-Unis d'Amer	x763640	864756	997140	1019187	999951
Belgium-Luxembourg	754902	908457	1020663	768709	781724
Germany/Allemagne	766605	866595	845997	719324	661249
France, Monac	753108	742759	863129	647044	670018
United Kingdom	504518	696574	790888	708603	721087
Sweden/Suède	332950	348940	405622	335956	327352
Italy/Italie	273039	309035	382763	354749	351529
Canada	144404	180424	199451	154710	76052
Netherlands/Pays-Bas	112050	129315	127483	123663	136854
Austria/Autriche	99579	105454	137841	131634	164075
Former USSR/Anc. URSS	x232880	x91237	x61739	x70517	
Brazil/Brésil	x25681	84008	33812	25970	40906
Finland/Finlande	14881	27552	62044	30618	39980
Korea Republic	32566	33069	35766	45490	102541
Poland/Pologne	x10883	x56610	x41290	x7905	x7420
Former GDR	x60355	x84216	x8799		
Norway, SVD, JM	26916	45398	27132	15699	12864
Denmark/Danemark	23197	21386	30968	33373	32062
Spain/Espagne	19790	17695	29220	32849	36083
Singapore/Singapour	22204	27791	25345	26385	26761
Romania/Roumanie	x13	29912	31507	8986	x659
Hong Kong	15419	11463	13014	34650	180097
Czechoslovakia	x37239	x26352	x20136	x11748	x14514
Yugoslavia SFR	13141	35286	21655	x1138	
Switz.Liecht	10253	11661	17457	17530	21448
Australia/Australie	2264	5856	9139	10282	30408
Algeria/Algérie	20507	15746	5821	3699	x34
Ireland/Irlande	7365	6405	7260	5657	8165
Cyprus/Chypre	114	3417	6983	2512	765
Papua New Guinea	77	3511	5650	1624	199
Malaysia/Malaisie	4035	2789	2793	3797	x4073
Mauritius/Maurice		x61	449	6587	531
China/Chine	1252	1456	1162	3962	17036
So. Africa Customs Un	x975	x1265	x1408	x3420	x4099
Cameroon/Cameroun		x216	x95	5397	x148
Oman	2646	3259	524	1343	x9
Argentina/Argentine	x162	317	3764	1020	505
United Arab Emirates	x3019	x1767	x1868	x1452	x2175
Portugal	471	1059	1495	2074	2609
Saudi Arabia	x2961	x1703	x1809	x642	x473
Hungary/Hongrie	x1448	x898	x2080	x1068	x893
Sri Lanka	2230	113	3501	266	58
New Zealand	1272	1723	1149	781	1115
Turkey/Turquie	78	685	628	1431	535
Mexico/Mexique	3237	640	1148	577	2775
Colombia/Colombie	x130		x175	2027	194
Jordan/Jordanie	x827	x1104	x649	x107	x27
Egypt/Egypte	x52	x1168	x192	x433	x363
India/Inde	3007	x93	967	559	x607

(VALUE AS % OF TOTAL)(VALEUR EN % DU TOTAL)

	1983	1984	1985	1986	1987	1988	1989	1990	1991	1992		1983	1984	1985	1986	1987	1988	1989	1990	1991	1992
Africa	x10.2	x8.5	5.5	x4.0	x3.1	x2.4	x3.7	x4.6	x4.2	x4.1	Afrique	x0.1	x0.1	x0.2	x0.2	x0.4	x0.2	x0.1	x0.3	x0.1
Northern Africa	4.3	3.0	2.0	x1.2	x0.6	x0.8	x1.2	x1.4	x1.6	x1.5	Afrique du Nord	x0.0	x0.0	x0.0	x0.0	0.3	0.2	0.1	x0.1	x0.1
Americas	19.6	x35.5	x19.7	x38.9	x34.2	x31.7	x28.5	25.3	20.1	x23.0	Amériques	x14.1	x13.0	x1.0	x12.1	x11.7	x13.7	14.6	15.0	17.3	14.8
LAIA	x3.1	x3.9	x2.3	x2.3	2.8	3.0	3.1	5.4	x6.7		ALAI	x0.1	x0.0	0.5	x0.1	x0.2	x0.5	1.1	0.5	0.4	0.6
CACM	x0.0		x0.0	x0.0	x0.0	x0.2	x0.2	x0.2	x0.2	x0.3	MCAC	x0.1	x0.0	x0.2		x0.0					
Asia	x26.8	x15.9	x18.5	x8.8	7.6	8.4	x11.3	14.6	x20.5	x22.2	Asie	31.0	34.6	40.1	31.7	28.4	27.4	26.0	25.1	24.6	32.2
Middle East	x13.8	x8.1	x12.3	x6.3	x3.3	x2.4	x2.4	x2.5	x6.4	5.5	Moyen-Orient	x0.2	x0.0	x0.2	x0.1	x0.2	x0.2	x0.2	x0.2	x0.1	x0.1
Europe	40.1	35.1	48.3	44.3	45.1	48.7	45.8	48.9	47.7	46.9	Europe	54.6	52.1	55.1	57.1	58.6	55.2	53.6	57.6	56.2	52.2
EEC	29.0	25.6	36.2	31.7	33.7	38.6	36.7	39.6	40.9	42.0	CEE	52.4	49.4	55.9	48.9	49.7	46.4	47.8	49.5	48.6	44.8
EFTA	x11.1	x9.4	12.1	x11.8	x11.2	9.8	8.5	8.7	6.4	4.8	AELE	x2.3	x2.7	x2.8	x7.0	x7.4	7.0	7.0	7.9	7.6	7.4
Oceania	x3.2	x5.0	x8.0	3.9	x2.6	3.6	x4.7	x3.6	x2.5	x3.1	Océanie	0.1		x0.1	x0.0	x0.1	0.1	0.1	0.2	0.2	x0.4
USA/Etats-Unis d'Amer	x7.7	x21.5		x23.8	x21.1	x18.6	16.6	15.1	8.7	10.7	Japan/Japon	28.8	32.9	38.1	30.6	27.2	26.1	24.8	23.9	22.8	27.6
Germany/Allemagne	4.0	3.7	4.8	4.2	3.8	5.6	5.6	8.1	12.8	17.4	USA/Etats-Unis d'Amer	x11.7	x7.5		x11.6	x10.8	x11.0	11.2	12.0	14.6	13.2
Canada	8.4	9.9	16.9	12.3	9.0	9.7	7.9	6.3	4.9	4.8	Belgium-Luxembourg	6.3	6.2	8.3	7.3	7.1	10.9	11.1	12.3	11.0	10.3
France, Monac	2.9	2.2	3.9	4.2	4.8	7.1	6.7	6.4	5.4	4.7	Germany/Allemagne	12.3	12.4	10.5	9.5	9.0	10.9	10.4	10.4	9.3	8.7
Spain/Espagne	2.6	1.8	3.0	3.9	5.3	5.5	5.5	6.6	5.4	2.2	France, Monac	16.5	12.3	13.5	14.6	14.0	10.9	9.0	9.6	10.1	9.5
Italy/Italie	4.7	4.0	5.6	5.3	6.0	4.7	4.6	5.3	5.6	5.2	United Kingdom	8.3	7.9	9.9	8.1	11.7	5.8	4.5	4.8	4.8	4.3
United Kingdom	8.5	7.7	9.5	5.9	6.4	7.3	6.4	4.5	3.3	3.6	Sweden/Suède			x4.4	x4.3	x4.8	4.8	4.5	4.9	5.1	4.6
Australia/Australie	2.3	3.9	7.0	4.3	3.3	3.0	4.0	3.0	1.9	2.4	Italy/Italie	5.7	5.9	5.7	5.8	4.7	3.9	4.0	4.6	5.1	4.6
Thailand/Thaïlande	1.8	1.1	1.1	0.5	1.0	1.6	2.1	3.1	3.0	2.5	Canada	x2.1	x5.3	x0.5	x0.4	x0.6	2.1	2.3	2.4	2.2	1.0
Netherlands/Pays-Bas	2.7	3.4	4.9	3.9	3.0	2.7	2.5	2.8	2.8	2.9	Netherlands/Pays-Bas	2.1	3.1	3.4	1.9	1.9	1.6	1.7	1.5	1.8	1.8

611

7243 SEWING MACHS, NEEDLES ETC / MACHINES A COUDRE, PIECES 7243

TRADE BY COMMODITY IN THOUSAND U.S. DOLLARS – COMMERCE PAR PRODUIT EN MILLIERS DE DOLLARS E.U

IMPORTS – IMPORTATIONS

COUNTRIES–PAYS	1988	1989	1990	1991	1992
Total	x3536571	x3915731	3882358	x4213318	4243713
Africa	x194061	x186511	248188	x197380	x199978
Northern Africa	96968	107474	157768	128191	114103
Americas	756819	784894	797898	937805	x1111482
LAIA	142249	164387	192729	251615	259092
CACM	12695	14755	12647	13758	x35906
Asia	1001762	1137934	1310069	1452025	x1761201
Middle East	x102965	x104387	x154240	x149019	x160984
Europe	1007477	1000592	1171001	1055543	956956
EEC	844285	846307	986796	906618	809638
EFTA	114764	113018	135013	122170	117515
Oceania	84205	96807	x83247	x78579	x75966
USA/Etats–Unis d'Amer	507143	517175	503206	586277	710067
Former USSR/Anc. URSS	x286270	x532891	x137393	x367836	
Hong Kong	286119	270815	277261	382340	447548
China/Chine	185281	216177	205131	302555	438661
Germany/Allemagne	149216	159926	203238	224395	215801
Italy/Italie	159826	152671	163897	134229	114592
Japan/Japon	117295	135630	164496	148856	181301
France, Monac	123448	123605	139759	117701	110594
Singapore/Singapour	67879	103196	132129	97004	100386
United Kingdom	135070	115409	111384	92335	101753
Spain/Espagne	63176	62207	70873	105749	57555
Korea Republic	66041	74257	90434	70379	56295
Netherlands/Pays–Bas	64879	66807	93975	71093	58101
Turkey/Turquie	34197	49089	94853	67169	68183
Brazil/Brésil	24285	42921	74810	89388	45399
Australia/Australie	67718	75782	65419	64789	60092
Portugal	57056	60720	84097	58821	56379
Canada	66978	65820	67097	60847	68229
Mexico/Mexique	31412	64605	60990	63846	92677
Tunisia/Tunisie	23877	43131	81702	57211	50892
Thailand/Thaïlande	40629	46201	53860	65447	69200
Belgium–Luxembourg	42446	47855	57468	53877	
Malaysia/Malaisie	29445	47615	52927	50892	48767
Czechoslovakia	x48561	33734	49263	x46880	x37240
So. Africa Customs Un	54760	49008	47147	x28379	x59573
Indonesia/Indonésie	10786	35467	50864	x28379	x27225
Morocco/Maroc	28219	32836	41625	35983	26871
Yugoslavia SFR	42155	35121	45326	38910	27433
Switz. Liecht	29859	30168	35702	x23106	
Austria/Autriche	28791	28242	39806	30848	32927
Poland/Pologne	x30476	x36143	x28843	x30026	x26122
Greece/Grèce	27081	34960	34533	25325	x20746
India/Inde	23957	x28179	36291	18211	x54339
Sweden/Suède	24092	22002	24289	23183	20960
Finland/Finlande	22421	23431	23372	18648	13507
Romania/Roumanie	x44485	28052	27090	10180	x21914
Hungary/Hongrie	x10965	x17599	x16289	29996	x20470
Egypt/Egypte	21795	14626	23714	21922	23938
Bulgaria/Bulgarie	x33268	x46144	x7864	x6233	8289
Pakistan	8324	10220	19177	24713	27510
Argentina/Argentine	7745				
Philippines		5792	7313	36716	51762
Denmark/Danemark	15632	x22470	16102	10920	13132
Sri Lanka	15341	14588	17148	17200	19246
United Arab Emirates	9224	9650	11090	27340	37561
Colombia/Colombie	x27934	x10144	x18859	x15146	x23899
Israel/Israël	14322	13467	15017	15470	18580
Bangladesh	12785	10243	14345	16737	21884
New Zealand	x3554	x3702	x10864	x25909	x44303
Iran (Islamic Rp. of)	10525	13040	11965	10510	11597
	x2871	x5901	x5280	x23815	x24197

EXPORTS – EXPORTATIONS

COUNTRIES–PAYS	1988	1989	1990	1991	1992
Totale	2930980	3150146	3338015	3288708	3602884
Afrique	x1319	x1890	x3631	x2885	x8357
Afrique du Nord	91	252	1747	1196	6001
Amériques	284159	292021	285500	294938	331333
ALAI	86886	99253	99541	105395	100831
MCAC	x13	x288	184	49	x247
Asie	1359993	1529330	1612751	1747167	2036186
Moyen–Orient	11115	x5056	x5407	x7764	x8422
Europe	1125901	1206397	1351253	1179671	1177259
CEE	965457	1030203	1138984	984754	981414
AELE	153625	168028	206083	192757	192210
Océanie	x3401	x4198	4513	4566	x4769
Japan/Japon	980269	1084118	1094779	1159005	1284560
Germany/Allemagne	636770	659047	758986	668392	656505
Hong Kong	241992	259446	276811	333624	429530
USA/Etats–Unis d'Amer	187261	180742	178778	180501	221453
Italy/Italie	141276	160300	151252	121887	128054
Switz. Liecht	93431	102601	127517	114382	120622
Brazil/Brésil	84813	95644	89625	95396	90401
China/Chine	35098	53705	83839	93348	124310
Singapore/Singapour	44799	58671	65481	65009	69501
Korea Republic	38091	52643	68734	66536	83503
Sweden/Suède	50070	51172	55912	60027	47931
Netherlands/Pays–Bas	54097	58695	63031	43929	43160
United Kingdom	42082	40871	46455	37819	42135
France, Monac	34611	44379	43361	36212	34275
Belgium–Luxembourg	29944	33997	42102	36678	35159
Former GDR	x125538	x56354	x14309		
Poland/Pologne	x14988	x18018	x25938	x16788	x11851
Former USSR/Anc. URSS	x3500	x23146	x16682	x19701	
Czechoslovakia	x11559	x13351	x14904	x17525	x28365
Portugal	10580	9624	11905	15270	16772
Austria/Autriche	7565	9467	15920	10908	14849
Spain/Espagne	5399	10560	9526	11873	12245
Denmark/Danemark	9125	10266	10514	9995	10943
Canada	5754	6135	6663	7009	7923
Thailand/Thaïlande	1239	3962	6162	9135	x23067
Mexico/Mexique	1293	2576	8175	8180	8359
Finland/Finlande	1810	4010	4910	6269	7667
Yugoslavia SFR	6446	7878	5471	x1686	
India/Inde	2503	x3058	3834	5252	x3563
Australia/Australie	2130	3038	3906	4091	3918
Romania/Roumanie	x371	4759	4055	1673	x1241
Malaysia/Malaisie	1009	3398	2817	2542	x2725
Turkey/Turquie	9738	714	1859	4984	4977
Panama	x3569	x5236	19	x1681	115
Israel/Israël	1897	3113	2171	1273	1295
Cyprus/Chypre	324	2156	1841	1192	1615
Hungary/Hongrie	x204	x655	x593	x3652	x3411
Bulgaria/Bulgarie	x46	x26	x3886	x140	x83
Norway, SVD, JM	745	774	1822	1172	1079
Ireland/Irlande	1271	1882	944	725	818
Greece/Grèce	301	581	908	1974	x1349
United Arab Emirates	x563	x1191	x868	x1133	x1437
Macau/Macao	639	874	1072	1218	1532
So. Africa Customs Un	x790	x871	x1174	x993	x874
Colombia/Colombie	126	142	1036	1306	512
Korea Dem People's Rp	x300	x687	x693	x934	x828
New Zealand	1177	1126	497	382	436
Tunisia/Tunisie	73	112	986	376	1615
Mauritius/Maurice	x231	x531	318	476	937
Indonesia/Indonésie	631	448	154	610	1007

(VALUE AS % OF TOTAL) (VALEUR EN % DU TOTAL)

	1983	1984	1985	1986	1987	1988	1989	1990	1991	1992
Africa	x7.6	x6.6	x6.0	x6.0	x3.9	x5.4	x4.8	6.4	x4.7	x4.7
Northern Africa	x5.0	3.9	3.2	3.3	x1.9	2.7	2.7	4.1	3.0	2.7
Americas	x26.6	30.7	32.0	x30.2	22.7	21.4	20.1	20.6	22.3	x26.2
LAIA	2.4	3.9	5.6	x5.5	4.1	4.0	4.2	5.0	6.0	6.1
CACM	x0.4	0.4	0.5	0.6	x0.4	0.4	0.4	0.4	0.3	x0.8
Asia	x19.7	20.4	20.5	20.2	x27.4	28.3	29.0	33.7	34.4	x41.5
Middle East	x4.1	x4.1	x4.7	x3.9	x2.7	x2.9	2.7	x4.0	x3.5	x3.8
Europe	35.6	32.5	37.0	40.1	31.0	28.5	25.6	30.2	25.1	22.5
EEC	30.9	26.3	30.0	33.0	26.0	23.9	21.6	25.4	21.5	19.1
EFTA	4.7	4.1	4.5	4.9	3.5	3.2	2.9	3.5	2.9	2.8
Oceania	3.4	x4.1	x4.4	x3.5	x2.1	2.4	2.5	x2.2	x1.9	x1.8
USA/Etats–Unis d'Amer	20.1	22.7	21.9	20.4	15.4	14.3	13.2	13.0	13.9	16.7
Former USSR/Anc. URSS	7.2	5.6		x7.5	x8.1	x13.6	x3.5	x8.7		
Hong Kong	4.9	5.3	5.8	6.6	7.1	8.1	6.9	7.1	9.1	10.5
China/Chine				4.2	5.2	5.5	5.3	7.2	10.3	10.3
Germany/Allemagne	5.6	5.0	5.6	5.8	4.6	4.2	4.1	5.2	5.3	5.1
Italy/Italie	4.2	3.7	4.8	5.3	4.8	4.5	3.9	4.2	3.2	2.7
Japan/Japon	2.1	1.9	2.0	2.5	2.4	3.3	3.5	4.2	3.5	4.3
France, Monac	6.3	4.7	5.2	5.8	4.1	3.5	3.2	3.6	2.8	2.6
Singapore/Singapour	1.6	1.5	1.2	1.2	1.3	1.9	2.6	3.4	2.3	2.4
United Kingdom	5.1	4.9	5.0	4.7	3.5	3.8	2.9	2.9	2.2	2.4

	1983	1984	1985	1986	1987	1988	1989	1990	1991	1992
Afrique	0.1	x0.0	0.1	x0.1	x0.0	x0.0	x0.0	x0.1	x0.1	x0.2
Afrique du Nord	0.0	0.0	0.0	x0.0	0.0	0.0	0.0	0.1	0.0	0.2
Amériques	x10.0	10.6	11.2	9.6	8.6	9.7	9.2	8.6	9.0	9.2
ALAI	x0.0	3.1	3.5	2.9	2.6	3.0	3.2	3.0	3.2	2.8
MCAC	x0.0	0.0	x0.0	x0.0	0.0	0.0	x0.0	0.0	0.0	x0.0
Asie	42.1	44.7	44.5	43.4	44.0	46.4	48.5	48.4	53.1	56.5
Moyen–Orient	x0.1	0.1	x1.8	0.3	1.1	0.4	x0.2	x0.2	x0.2	x0.2
Europe	46.8	43.7	44.1	46.0	41.3	38.4	38.3	40.5	35.9	32.7
CEE	38.5	35.5	36.4	38.9	35.0	32.9	32.7	34.1	29.9	27.2
AELE	8.3	7.3	7.0	7.7	6.1	5.2	5.3	6.2	5.9	5.3
Océanie	x0.1	x0.1	0.1	0.0	0.1	x0.1	x0.1	0.1	0.1	x0.1
Japan/Japon	35.8	36.7	34.8	35.1	32.6	33.4	34.4	32.8	35.2	35.7
Germany/Allemagne	24.4	22.1	23.4	25.6	22.6	21.7	20.9	22.7	20.3	18.2
Hong Kong	4.0	5.1	5.6	5.8	7.3	8.3	8.2	8.3	10.1	11.9
USA/Etats–Unis d'Amer	9.7	7.4	7.7	6.6	5.9	6.4	5.7	5.4	5.5	6.1
Italy/Italie	7.6	6.7	6.4	6.7	6.4	4.8	5.1	4.5	3.7	3.6
Switz. Liecht	5.3	4.5	4.3	4.8	3.9	3.2	3.3	3.8	3.5	3.3
Brazil/Brésil		2.8	3.3	2.7	2.4	2.9	3.0	2.7	2.9	2.5
China/Chine					1.0	1.2	1.7	2.5	2.8	3.5
Singapore/Singapour	1.0	1.2	1.2	0.8	1.1	1.5	1.9	2.0	2.0	1.9
Korea Republic	0.7	0.8	0.6	0.8	1.0	1.3	1.7	2.1	2.0	2.3

612

72431 SEWING MACHINES / MACHINES A COUDRE 72431

TRADE BY COMMODITY IN THOUSAND U.S. DOLLARS – COMMERCE PAR PRODUIT EN MILLIERS DE DOLLARS E.U

IMPORTS – IMPORTATIONS

COUNTRIES–PAYS	1988	1989	1990	1991	1992
Total	x2822355	x3256614	3213257	x3529664	x3536333
Africa	x161735	x161616	218964	x166803	x167368
Northern Africa	82055	93715	141546	111050	96870
Americas	x536764	x594535	x634789	x776918	x922661
LAIA	x63995	99690	140249	206004	216627
CACM	x12580	x17180	x18225	x24703	x38390
Asia	858032	991893	1131435	1251694	x1513613
Middle East	x87529	x88777	x134148	x128489	x133544
Europe	791344	785995	925210	836016	742431
EEC	667504	666099	785113	724578	636821
EFTA	91613	89908	103355	91173	83215
Oceania	76690	88867	x76487	x68994	
USA/Etats-Unis d'Amer	388005	409211	399982	475089	582467
Former USSR/Anc. URSS	x255980	x502948	x117491	x321059	
Hong Kong	253495	236460	236762	331127	386369
China/Chine	172013	202444	190137	275232	402587
Germany/Allemagne	109700	113376	147228	167553	160301
Italy/Italie	125047	125893	134662	111157	95052
Japan/Japon	94335	104139	130215	116610	144115
France, Monac	100089	99560	111882	94862	87904
Singapore/Singapour	59083	91126	114193	80507	80639
United Kingdom	102130	79554	78467	64196	77908
Spain/Espagne	53602	52923	59118	94975	46461
Netherlands/Pays-Bas	52252	53281	79644	57748	47042
Australia/Australie	62322	70006	60563	59597	55162
Korea Republic	42410	58982	75194	54516	53186
Turkey/Turquie	x27370	42633	84229	51874	47726
Portugal	51166	54398	75606	48917	42066
Tunisia/Tunisie	19327	37122	73211	55811	
Canada	51122	51086	55012	50755	59359
Thailand/Thaïlande	38465	43631	49387	61146	
Brazil/Brésil	x12929	23070	55321	71930	37935
Mexico/Mexique	21768	50296	45852	47002	71161
Malaysia/Malaisie	25896	43727	48486	46288	x33490
Belgium-Luxembourg	31364	36805	45339	41902	37461
Czechoslovakia	x38645	27573	40583	x42908	x54632
Indonesia/Indonésie	8986	32772	45442	32783	23740
So. Africa Customs Un	49127	44034	42198	x24054	x22817
Morocco/Maroc	26309	30559	38421	35958	24748
Greece/Grèce	24371	31802	30301	21827	x16354
Austria/Autriche	23801	23572	32768	25782	27725
Yugoslavia SFR	27330	24788	34001	x17270	
Poland/Pologne	x21808	x26802	x22444	x25256	x21981
Switz.Liecht	21097	21625	21834	22453	20821
India/Inde	15618	x23320	28692	12922	x48551
Finland/Finlande	19984	21223	21135	17211	12219
Romania/Roumanie	x27991	22261	23935	8987	x18051
Egypt/Egypte	18326	12874	21134	19557	20874
Hungary/Hongrie	x7169	x13702	x13215	23217	x17459
Pakistan	6298	8460	16786	22950	24299
Sweden/Suède	18408	15420	17341	15261	13611
Bulgaria/Bulgarie	x19464	x33645	x6335	x4541	7449
Argentina/Argentine	x3135	4538	5865	33367	46011
Denmark/Danemark	12845	12767	14885	14750	16449
Sri Lanka	7099	8251	9138	23866	32945
United Arab Emirates	x25559	x8495	x17355	x13626	x20185
Philippines	13842	x20155	13607	4727	3880
Bangladesh	x2473	x2858	x9441	x22820	x39738
Israel/Israël	10215	8072	11154	14339	18800
New Zealand	9168	11718	10548	9199	10294
Chile/Chili	6283	9947	8921	9475	x12793
Saudi Arabia	12927	11588	x6843	x9832	x11459

EXPORTS – EXPORTATIONS

COUNTRIES–PAYS	1988	1989	1990	1991	1992
Totale	2311365	2583902	2729954	2689389	2930363
Afrique	x1053	x1661	x3221	x2455	x7565
Afrique du Nord	89	230	1661	1069	5520
Amériques	x184921	216664	227625	233638	267581
ALAI	x73089	93741	93236	96440	91312
MCAC	x756	x254	x53	x276	x24
Asie	1188065	1347916	1417956	1520129	1759759
Moyen-Orient	x9272	x4189	4423	6173	6859
Europe	827387	917702	1009857	876109	850375
CEE	689407	764769	829289	710697	688287
AELE	133344	146996	177548	163889	158959
Océanie	x2351	x3300	3523	3129	3722
Japan/Japon	843329	944407	955029	999866	1108056
Germany/Allemagne	446322	474553	543519	481491	451653
Hong Kong	230855	245851	257507	308167	395562
USA/Etats-Unis d'Amer	106367	117428	127656	129939	167879
Italy/Italie	108083	128826	115464	91045	98013
Switz.Liecht	81260	90274	111533	96629	99513
Brazil/Brésil	x71499	91470	84825	87964	82272
China/Chine	28087	43999	70865	77316	97730
Singapore/Singapour	41848	54775	58900	58592	61699
Korea Republic	29402	42941	57036	54085	67736
Sweden/Suède	46126	47248	50130	54796	42378
Netherlands/Pays-Bas	40578	45399	47696	31305	30527
United Kingdom	32343	34835	38789	30610	33990
France, Monac	27974	36800	33404	26522	26423
Belgium-Luxembourg	20521	25329	31285	26316	24394
Former USSR/Anc. URSS	x2412	x22930	x16417	x19283	
Former GDR	x86128	x46085	x11662		
Poland/Pologne	x14148	x16050	x24077	x15676	x10911
Czechoslovakia	x4400	x6841	x10090	x15386	x26536
Spain/Espagne	4603	9495	8422	10596	11248
Austria/Autriche	3759	6078	11495	8133	11832
Denmark/Danemark	5731	6358	7019	6807	7784
Mexico/Mexique	1222	2091	8055	7978	7974
Thailand/Thaïlande	601	3336	5647	8071	x11809
Canada	3580	3260	4799	5471	6291
Yugoslavia SFR	4278	5654	2338	x1115	
Finland/Finlande	1607	2748	3031	3310	4782
Morocco/Maroc	x293	4229	3886	537	x908
Romania/Roumanie	1386	2439	3089	2754	2951
Australia/Australie	1891	857	2017	3668	2616
Portugal					
Israel/Israël	1882	3064	2147	1272	1274
Turkey/Turquie	x8247	463	1469	4405	4564
India/Inde	810	x2017	2119	2159	x2414
Malaysia/Malaisie	538	1763	1561	1860	x2198
Cyprus/Chypre	322	2128	1839	1188	1484
Panama	x656	x1636	x1624	x1280	x1347
Hungary/Hongrie	x162	x499	x451	x2941	x2915
Greece/Grèce	256	554	875	1880	x983
Norway, SVD, JM	587	644	1356	1020	422
Ireland/Irlande	1105	1763	800	452	656
Macau/Macao	605	829	973	1130	1499
So. Africa Customs Un	x556	x692	x944	x777	x695
Korea Dem People's Rp	x123	x589	x654	x870	x652
Bulgaria/Bulgarie	x46	x26	x1879	x106	x62
Tunisia/Tunisie	72	111	984	371	1551
New Zealand	880	834	328	289	367
United Arab Emirates	x231	x661	x304	x313	x546
Mauritius/Maurice	x225	x519	258	391	875
Egypt/Egypte	0	115	90	557	3428
Morocco/Maroc	16	3	585	138	536

(VALUE AS % OF TOTAL) (VALEUR EN % DU TOTAL)

	1983	1984	1985	1986	1987	1988	1989	1990	1991	1992		1983	1984	1985	1986	1987	1988	1989	1990	1991	1992
Africa	x7.0	x7.3	6.5	6.3	x4.0	x5.7	x5.0	6.8	x4.7	x4.7	Afrique	x0.1	x0.0	x0.1	x0.1	x0.0	x0.0	x0.0	0.1	0.1	x0.2
Northern Africa	x4.5	4.4	3.5	3.4	x2.0	2.9	2.9	4.4	3.1	2.7	Afrique du Nord	0.0	0.0	0.0	0.0	0.0	0.0	0.0	0.1	0.0	0.2
Americas	x25.7	x28.6	x30.5	x27.5	x20.0	x19.1	18.2	19.8	x22.0	x26.1	Amériques	x10.4	x8.5	x9.2	7.9	x7.2	x8.0	8.4	8.4	8.7	9.1
LAIA	x2.8	x2.8	x4.6	x3.5	x2.6	x2.3	3.1	4.4	5.8	6.1	ALAI	x2.7	x3.2	x3.9	x3.1	x2.8	x3.2	3.6	3.4	3.6	3.1
CACM	x0.5	x0.4	x0.5	x0.5	x0.4	x0.4	x0.5	x0.6	x0.7	x1.1	MCAC	x0.0	x0.0	x0.0	x0.0	x0.0	x0.0	x0.0	x0.0	x0.0	x0.0
Asia	x20.3	21.2	20.8	21.1	x29.3	30.4	30.4	35.2	35.5	x42.8	Asie	45.4	49.6	48.3	47.4	48.2	51.4	52.2	52.0	56.5	60.1
Middle East	x4.8	x4.3	x4.4	x4.3	x2.9	x3.1	x2.7	x4.2	x3.6	x3.8	Moyen-Orient	x0.3	x0.4	x0.2	x0.1	x0.1	x0.4	x0.2	0.2	0.2	0.2
Europe	35.3	31.5	36.9	40.9	30.7	28.0	24.1	28.8	23.7	21.0	Europe	43.9	41.8	42.2	44.5	38.9	35.8	35.5	37.0	32.6	29.0
EEC	29.2	25.6	30.2	33.8	25.7	23.7	20.5	24.4	20.5	18.0	CEE	34.0	32.6	34.0	35.7	32.0	29.8	29.8	30.4	26.4	23.5
EFTA	4.6	4.1	4.6	5.0	3.5	3.2	2.8	3.2	2.6	2.4	AELE	9.2	8.3	7.8	8.6	6.6	5.8	5.7	6.5	6.1	5.4
Oceania	3.7	x4.8	x5.3	x4.1	x2.4	2.7	2.7	x2.4	x2.0	x2.0	Océanie	x0.1	x0.1	x0.1	x0.0	0.1	x0.1	x0.1	0.1	0.1	0.1
USA/Etats-Unis d'Amer	19.0	22.1	21.7	19.8	14.7	13.7	12.6	12.4	13.5	16.5	Japan/Japon	38.3	40.3	38.8	38.3	35.7	36.5	36.5	35.0	37.2	37.8
Former USSR/Anc. URSS	8.1	6.6			x8.6	x9.1	15.4	x3.7	x9.1		Germany/Allemagne	20.3	19.3	21.1	22.8	20.2	19.3	18.4	19.9	17.9	15.4
Hong Kong	5.2	5.8	6.5	7.6	7.9	9.0	7.3	7.4	9.4	10.9	Hong Kong	4.8	6.2	6.8	7.1	8.9	10.0	9.5	9.4	11.5	13.5
China/Chine					4.8	6.1	6.2	5.9	7.8	11.4	USA/Etats-Unis d'Amer	7.6	5.2	5.2	4.6	4.1	4.6	4.5	4.7	4.8	5.7
Germany/Allemagne	4.9	4.5	5.0	5.2	4.0	3.9	3.5	4.6	4.7	4.5	Italy/Italie	8.1	7.0	6.6	6.9	6.3	4.7	5.0	4.2	3.4	3.3
Italy/Italie	4.0	3.7	5.0	5.4	4.7	4.4	3.9	4.2	3.1	2.7	Switz.Liecht	5.9	5.1	4.7	5.3	4.2	3.5	3.5	4.1	3.6	3.4
Japan/Japon	2.1	1.9	2.1	2.5	2.3	3.3	3.2	4.1	3.3	4.1	Brazil/Brésil	x2.7	x3.1	x3.9	x3.0	x2.7	x3.1	3.5	3.1	3.3	2.8
France, Monac	6.1	4.5	5.2	6.2	4.2	3.5	3.1	3.5	2.7	2.5	China/Chine						1.0	1.7	2.6	2.9	3.3
Singapore/Singapour	1.7	1.6	1.3	1.2	1.4	2.1	2.8	3.6	2.3	2.3	Singapore/Singapour	1.2	1.5	1.4	0.9	1.3	1.8	2.1	2.2	2.2	2.1
United Kingdom	5.0	5.0	5.2	4.8	3.4	3.6	2.4	2.4	1.8	2.2	Korea Republic	0.6	0.8	0.6	0.7	1.0	1.3	1.7	2.1	2.0	2.3

613

7244 SPINNING, EXTRDNG, ETC MCH — MACH POUR LE FILAGE 7244

TRADE BY COMMODITY IN THOUSAND U.S. DOLLARS – COMMERCE PAR PRODUIT EN MILLIERS DE DOLLARS E.U

IMPORTS – IMPORTATIONS

COUNTRIES–PAYS	1988	1989	1990	1991	1992
Total	x5725194	x6370023	6157372	x6138173	x6279534
Africa	x255905	x310533	x305134	x240932	x265489
Northern Africa	80447	128200	111525	120322	91998
Americas	1236426	1166121	1295037	941965	1111564
LAIA	421966	374567	489268	379414	407672
CACM	7361	10595	10016	7256	x14160
Asia	1632711	2320050	2681055	3071385	x3741299
Middle East	x139484	x149959	x377608	x319228	x556977
Europe	1399201	1321152	1414180	1081439	1048786
EEC	1205060	1084013	1156502	912137	898059
EFTA	161511	169912	221909	150880	138790
Oceania	41675	x62429	x24496	x23774	x35437
USA/États-Unis d'Amer	738819	722501	741488	518721	665061
Indonesia/Indonésie	128769	238576	576942	903053	459056
Former USSR/Anc. URSS	x720294	x776032	x235643	x652356	
China/Chine	364396	693263	352229	340510	787676
Korea Republic	343043	388233	416256	412536	467902
Thailand/Thaïlande	156058	256037	260273	262457	230476
Pakistan	166580	169031	168690	440662	487948
Italy/Italie	257559	202333	244788	198555	180284
Turkey/Turquie	107832	111800	284837	213277	310315
Germany/Allemagne	173891	192992	226165	169213	179027
Mexico/Mexique	97193	120490	201431	150664	150154
India/Inde	53367	x138264	156035	88814	101710
United Kingdom	118842	104512	137932	129261	93873
Brazil/Brésil	105694	106884	152503	111423	139262
France, Monac	135638	125680	131299	108746	86136
Switz.Liecht	101567	110867	137984	84282	68234
Japan/Japon	91489	98993	115244	103064	54802
Portugal	121086	109036	109886	60458	69640
Belgium–Luxembourg	103499	88536	90430	81105	53879
Spain/Espagne	154717	108160	82974	58210	
Czechoslovakia	x134843	95264	72249	x28723	x35377
So. Africa Customs Un	74429	63582	82413	x38054	x55740
Iran (Islamic Rp. of)	x21468	x20900	x76319	x81316	x205037
Bulgaria/Bulgarie	x58991	x123219	x29195	x21587	4471
Austria/Autriche	34996	38865	71921	55041	43370
Romania/Roumanie	x20591	53674	64851	45804	x18163
Greece/Grèce	67513	66927	53901	40568	x45614
Hong Kong	68928	61672	53984	40455	73548
Malaysia/Malaisie	17880	34068	68425	42202	x134789
Canada	66214	55911	52793	29925	22896
Netherlands/Pays-Bas	42349	46961	44300	41096	40014
Morocco/Maroc	47833	48035	48194	36975	33743
Egypt/Egypte	21179	40991	33998	46955	32256
Philippines	34846	x27532	48781	41339	43868
Yugoslavia SFR	30310	65234	35040	x13518	
Australia/Australie	38661	60287	21397	22298	32187
Nigeria/Nigéria	x35375	x22977	x33548	x37830	x58552
Argentina/Argentine	45355	41019	21339	30789	53987
Colombia/Colombie	42014	40882	35280	14494	24852
Bangladesh	x22641	x20875	x30306	x37053	x48482
Former GDR	x156859	x63853	x6797		
Poland/Pologne	x43742	x36293	x12291	x20344	x13882
Hungary/Hongrie	x23199	x40892	x15718	9515	x4950
Tunisia/Tunisie	4233	24778	7380	30104	15752
Ireland/Irlande	15276	22695	21204	16488	21153
Singapore/Singapour	11156	11194	29559	15521	19984
Venezuela	73209	30455	8936	15182	18732
Peru/Pérou	15865	7414	22343	22485	x17819
Chile/Chili	22452	17761	23247	9307	x20149
Zimbabwe	x7043	x13251	15312	13606	x13068

EXPORTS – EXPORTATIONS

COUNTRIES–PAYS	1988	1989	1990	1991	1992
Totale	5863520	6106728	6407903	5944864	6346516
Afrique	x1603	x9526	x2988	x1714	x2303
Afrique du Nord	563	x8838	264	x184	665
Amériques	256599	x303807	304860	313220	313672
ALAI	5519	9251	12825	22417	20644
MCAC	x27	x4849	x156	668	95
Asie	1220560	x1450402	1650900	1876513	1857001
Moyen–Orient	x362	x1059	x948	366	1620
Europe	3739850	3768998	4182940	3652661	4125488
CEE	3048538	3059193	3421667	3034842	3530946
AELE	689667	705032	758732	615598	594132
Océanie	6513	x12747	x4279	x6997	x9130
Germany/Allemagne	1865572	1763699	2032152	1754579	2185868
Japan/Japon	1011080	1233232	1382102	1572751	1598756
Switz.Liecht	653280	675991	710382	570966	556842
Italy/Italie	495920	577243	604121	611199	610100
United Kingdom	282831	269787	314327	280594	283066
USA/États-Unis d'Amer	244613	280834	287002	285266	287741
France, Monac	245097	265965	291854	241538	282303
Czechoslovakia	x335965	x323076	x169517	x26384	x20906
China/Chine	44268	69639	76288	74731	62204
Belgium–Luxembourg	69097	75319	57178	45920	60877
Spain/Espagne	43166	59165	63382	55565	53340
Former USSR/Anc. URSS	x126668	x89822	x33246	x45997	
Korea Republic	19668	31342	36965	99443	72205
India/Inde	44258	x43606	63603	47388	x25047
Hong Kong	62294	43538	49369	48031	77580
Netherlands/Pays-Bas	35085	32479	42173	29520	39236
Austria/Autriche	24695	18643	38690	32575	29606
Singapore/Singapour	19443	23980	36278	28375	7868
Poland/Pologne	x45513	x47581	x19823	x15782	x14372
Former GDR	x97295	x62290	x18145		
Romania/Roumanie	x19396	20759	14752	1664	x299
Brazil/Brésil	3952	7099	9626	16357	12929
Denmark/Danemark	6586	7076	10145	9178	10196
Sweden/Suède	9112	8304	6171	6266	4833
Bulgaria/Bulgarie	x9496	x13381	x3278	x797	x860
Canada	6384	7424	4846	4746	5077
New Zealand	4468	12021	1769	1642	7512
Ireland/Irlande	2446	4326	2757	3622	3316
Hungary/Hongrie	x4632	x4336	x3177	x3127	x2485
Yugoslavia SFR	946	4536	1970		x2179
Sudan/Soudan	x9	x8471			
Finland/Finlande	787	1939	2096	3156	1662
Mexico/Mexique	767	994	1995	3892	6358
Greece/Grèce	1294	2879	2236	1426	x925
Australia/Australie	2045	723	1454	4297	1607
El Salvador	x4	x4823	6	654	x1
Israel/Israël	17285	1590	2694	851	2140
Portugal	1446	1254	1341	1700	1719
So. Africa Customs Un	x916	x589	x1765	x1202	x1214
Norway, SVD, JM	1441	137	492	2352	1167
Thailand/Thaïlande	312	543	265	1341	x907
Tokelau/Tokélaou			x1056	x1056	
Indonesia/Indonésie	34	530	618	665	4029
Chile/Chili	0	576	60	770	x238
Argentina/Argentine	478	296	451	638	839
Pakistan	345	395	703	285	317
Korea Dem People's Rp	x43	x90	x8	x1140	x18
Iceland/Islande	351	17	901	283	22
Malaysia/Malaisie	935	164	383	470	x1873
Macau/Macao	232	618	199	175	872

(VALUE AS % OF TOTAL) (VALEUR EN % DU TOTAL)

Imports

	1983	1984	1985	1986	1987	1988	1989	1990	1991	1992
Africa	x5.4	x6.7	x7.7	x8.2	x3.9	x4.5	x4.9	x4.9	x3.9	x4.2
Northern Africa	x2.9	2.3	2.7	x2.5	x1.3	1.4	2.0	1.8	2.0	1.5
Americas	25.6	26.9	25.9	x26.1	x19.0	21.6	18.3	21.0	15.3	17.7
LAIA	3.3	5.1	7.3	x8.7	x6.3	7.4	5.9	7.9	6.2	6.5
CACM	x0.4	0.3	0.5	x0.4	x0.2	0.1	0.2	0.2	0.1	x0.2
Asia	26.9	26.9	32.4	30.7	34.5	28.6	36.5	43.5	50.1	x59.6
Middle East	x2.0	x8.0	x8.4	x9.2	x4.2	2.4	2.4	x6.1	x5.2	x8.9
Europe	32.2	27.7	32.3	33.5	22.8	24.4	20.7	23.0	17.6	16.7
EEC	27.5	22.9	25.4	27.5	19.7	21.0	17.0	18.8	14.9	14.3
EFTA	4.7	3.4	4.1	3.7	2.3	2.8	2.7	3.6	2.5	2.2
Oceania	1.2	x0.9	x1.8	1.6	x0.7	0.7	x1.0	x0.4	x0.4	x0.6
USA/États-Unis d'Amer	20.0	19.7	16.1	14.8	11.6	12.9	11.3	12.0	8.5	10.6
Indonesia/Indonésie	3.6	2.2	4.4	3.1	1.7	2.2	3.7	9.4	14.7	7.3
Former USSR/Anc. URSS	8.7	10.9			x13.4	x12.6	x12.2	x3.8	x10.6	
China/Chine					9.7	6.4	10.9	5.7	5.5	12.5
Korea Republic	6.9	5.6	5.9	4.7	8.8	6.0	6.1	6.8	6.7	7.5
Thailand/Thaïlande	1.5	2.0	0.7	0.9	2.4	2.7	4.0	4.2	4.3	3.7
Pakistan	3.4	3.0	2.8	3.2	1.5	2.9	2.7	2.7	7.2	7.8
Italy/Italie	4.7	4.6	5.3	5.7	4.3	4.5	3.2	4.0	3.2	2.9
Turkey/Turquie		6.4	6.4	6.7	4.3	1.9	1.8	4.6	3.5	4.9
Germany/Allemagne	5.0	3.9	4.9	4.5	2.9	3.0	3.0	3.7	2.8	2.9

Exports

	1983	1984	1985	1986	1987	1988	1989	1990	1991	1992
Afrique	x0.0	x0.0	0.0	x0.0	x0.0	x0.0	x0.1	x0.0	x0.0	x0.0
Afrique du Nord	x0.0	x0.0	0.0	0.0	x0.0	x0.0	x0.1	x0.0	0.0	0.0
Amériques	x6.6	7.5	7.0	x5.9	4.0	4.4	x5.0	4.8	5.3	4.9
ALAI	x0.0	0.3	0.2	x0.1	0.1	0.1	0.2	0.2	0.4	0.3
MCAC	x0.0	0.0	0.0	x0.0	0.0	x0.0	0.1	0.0	0.0	0.0
Asie	20.3	19.4	19.6	19.9	19.4	20.8	x23.7	25.8	31.6	29.2
Moyen–Orient	x0.0	x0.0	x0.1	0.0	0.0	x0.0	x0.0	x0.0	0.0	0.0
Europe	72.8	72.9	73.1	74.0	65.3	63.8	61.7	65.3	61.4	65.0
CEE	58.3	58.5	59.3	59.5	52.6	52.0	50.1	53.4	51.0	55.6
AELE	14.6	14.3	13.7	14.5	12.7	11.8	11.5	11.8	10.4	9.4
Océanie	0.2	x0.1	x0.2	x0.2	0.3	0.1	x0.2	x0.1	x0.1	x0.1
Germany/Allemagne	32.2	33.9	34.6	35.3	31.5	31.8	28.9	31.7	29.5	34.4
Japan/Japon	18.8	17.5	17.1	18.0	17.0	17.2	20.2	21.6	26.5	25.2
Switz.Liecht	13.7	13.4	12.9	13.7	12.1	11.1	11.1	11.1	9.6	8.8
Italy/Italie	10.2	9.4	9.6	9.9	8.8	8.5	9.5	9.4	10.3	9.6
United Kingdom	6.7	6.3	6.6	5.4	4.6	4.8	4.4	4.9	4.7	4.5
USA/États-Unis d'Amer	6.6	7.2	6.8	5.8	3.9	4.2	4.6	4.9	4.8	4.5
France, Monac	5.3	5.5	5.1	5.3	4.9	4.2	4.4	4.6	4.1	4.4
Czechoslovakia						5.3	x5.7	x5.3	x2.6	x0.3
China/Chine						0.6	0.8	1.1	1.2	1.0
Belgium–Luxembourg	2.1	1.8	2.4	2.0	1.3	1.2	1.2	0.9	0.8	1.0

72443 SPINNING, REELING, ETC MCH — MACH POUR LA FILATURE 72443

TRADE BY COMMODITY IN THOUSAND U.S. DOLLARS – COMMERCE PAR PRODUIT EN MILLIERS DE DOLLARS E.U

COUNTRIES–PAYS	1988	1989	1990	1991	1992	COUNTRIES–PAYS	1988	1989	1990	1991	1992
	IMPORTS – IMPORTATIONS						EXPORTS – EXPORTATIONS				
Total	x2323109	x2657561	2473353	2203017	x2491563	Totale	2565661	2558280	2612867	2364588	2517437
Africa	x106480	x117858	x127946	x91300	x96067	Afrique	x154	x8742	x494	x638	x1096
Northern Africa	34550	50830	47506	51818	44198	Afrique du Nord	x4	x8471	206	2	627
Americas	x610702	535352	541334	330459	441215	Amériques	x26306	x33480	23076	33229	20796
LAIA	x170447	142689	199435	135112	134532	ALAI	x1151	2685	1784	5291	3311
CACM	x8576	x7689	x5835	x3862	x4411	MCAC	x2		x114	x164	x8
Asia	709842	1133456	1260468	1254198	x1605806	Asie	658357	767601	910991	993916	973107
Middle East	x54412	x72212	x181162	x153677	x303744	Moyen–Orient	x22	x527	x164	x3	x276
Europe	517156	447931	453788	324574	323124	Europe	1498678	1422306	1535539	1309110	1509520
EEC	466053	391497	369889	274270	285172	CEE	1342509	1244696	1324912	1154318	1372070
EFTA	45735	43184	76373	45648	36619	AELE	155762	177513	209863	154749	137428
Oceania	x13618	10485	x5508	2199	x5857	Océanie	1506	529	x1755	x1120	350
USA/Etats–Unis d'Amer	411746	366240	326742	184094	298671	Germany/Allemagne	987471	834073	920433	734843	971260
Indonesia/Indonésie	49954	121107	330742	366801	207548	Japan/Japon	570856	671613	776398	875866	865370
China/Chine	184405	375177	164635	152556	245781	Italy/Italie	208290	223662	211344	223075	241086
Former USSR/Anc. URSS	x241456	x290324	x50601	x167716		Switz.Liecht	142555	166788	189985	138950	122744
Korea Republic	177122	196351	187844	119711	187175	Czechoslovakia	x236459	x235181	x120141	x15980	x11279
Pakistan	65029	100905	81784	206445	251512	France, Monac	35826	66086	71878	67291	53977
Thailand/Thaïlande	79835	117368	117069	117814	109175	United Kingdom	59347	58839	63022	81519	52577
Turkey/Turquie	x46838	53840	136415	107272	177487	China/Chine	29682	53269	62346	55799	34125
Italy/Italie	96879	77186	71809	53704	68836	USA/Etats–Unis d'Amer	24144	29481	19426	26599	15357
Mexico/Mexique	31680	41518	88136	49597	53030	Spain/Espagne	17901	24124	22026	25668	18885
India/Inde	8303	x60374	60432	39179	x117363	India/Inde	22476	x8765	37194	22848	x5193
Brazil/Brésil	x33807	42832	65987	41806	22069	Former USSR/Anc. URSS	x102434	x46525	x10442	x8612	
Portugal	63327	60368	55045	27231	27453	Belgium–Luxembourg	22574	27494	20338	11270	23932
France, Monac	62738	49174	53216	35666	68891	Hong Kong	24741	17857	18502	17736	21878
Germany/Allemagne	29290	43800	50717	38688	28879	Korea Republic	8301	13006	14764	18455	39746
Spain/Espagne	67685	49218	35183	28489	21187	Austria/Autriche	11194	8902	17151	13352	13227
United Kingdom	40624	26190	34181	40375	24039	Former GDR	x17627	x17664	x7774		
Belgium–Luxembourg	43091	34294	32409	28828	20905	Denmark/Danemark	4804	5918	8660	7989	7905
Austria/Autriche	16482	19884	36487	27867	24199	Poland/Pologne	x7153	x10239	x1913	x1216	x1060
So. Africa Customs Un	35269	30293	44056	x7603	x9704	Bulgaria/Bulgarie	x2848	x11873	x731	x78	x205
Iran (Islamic Rp. of)	x3095	x11074	x36521	x33613	x109688	Netherlands/Pays–Bas	5631	3790	6567	627	235
Switz.Liecht	21339	18232	37061	16363	9387	Sudan/Soudan		x8471			
Malaysia/Malaisie	4741	11516	39083	12930	x73406	Brazil/Brésil	x594	2109	1186	2638	2505
Japan/Japon	23677	15454	21693	24918	11852	Romania/Roumanie	x14138	3054	1750	1170	2117
Hong Kong	28246	26883	19241	14096	22332	Canada	1003	399	1260	1842	394
Bulgaria/Bulgarie	x30783	x54564	x4710	x8	87	Finland/Finlande	334	195	1072	347	780
Philippines	11785	x11398	26709	20813	17290	Sweden/Suède	1254	1525		2233	156
Morocco/Maroc	23343	19801	20930	14588	14127	Mexico/Mexique	72	274	331	421	19
Greece/Grèce	35899	28442	17166	8716	x15861	Israel/Israël	32	969	983	1454	1628
Egypt/Egypte	7572	15678	12439	17313	17725	Ireland/Irlande	229	138	421		
Czechoslovakia	x39992	15142	16883	x9040	x6625	Singapore/Singapour	1721	821	303	866	1460
Bangladesh	x7003	x5933	x15410	x15701	x12889	New Zealand	1378	442	558	403	304
Tunisia/Tunisie	1556	14814	3157	17138	7797	Tokelau/Tokélaou			x646		x351
Canada	19290	18571	8963	6188	3101	Greece/Grèce	212	457	183	492	x23
Argentina/Argentine	x11036	14094	8111	11188	20717	Hungary/Hongrie	x3	x1089	x5	x37	x5
Colombia/Colombie	18319	14393	11358	4486	13112	Korea Dem People's Rp				x1093	
Netherlands/Pays–Bas	12098	14065	7082	7893	4519	So. Africa Customs Un	x141	x271	x10	x590	x260
Former GDR	x31197	x26764	x1684			Panama		x752	2	x4	3
Nigeria/Nigéria	x16425	x4733	x8598	x13679	x26082	Yugoslavia SFR	407	98	604	x29	
Peru/Pérou	8084	3997	11690	10813	x7328	Thailand/Thaïlande	217	183	13	524	x464
Hungary/Hongrie	x4229	x13126	x8365	4854	x823	Macau/Macao	125	442	182	89	750
Yugoslavia SFR	5366	13249	7275	x1941		Australia/Australie	128	88	550	68	47
Zimbabwe	x2617	x4700	6407	8672	x8116	Iceland/Islande	132	12	282	236	22
Poland/Pologne	x17260	x12287	x1756	x5178	x3672	Argentina/Argentine	x310	172	262	72	343
Venezuela	53001	13593	782	3617	5254	Kenya		x276	276		
Australia/Australie	13387	10279	5036	1998	5257	Lebanon/Liban		x276			x53
Saudi Arabia	3015	3271	x3109	x10276	x11943	Venezuela				270	50
Chile/Chili	8339	7569	5482	2937	x6634	Portugal	223	116	41	89	235
Zambia/Zambie	x2333	x6185	x4638	x4081	x1903	Norway, SVD, JM	294	91	113	22	261
Ireland/Irlande	4560	5913	6692	2182	2697	Malaysia/Malaisie	57	44	122	45	x16

(VALUE AS % OF TOTAL) (VALEUR EN % DU TOTAL)

	1983	1984	1985	1986	1987	1988	1989	1990	1991	1992		1983	1984	1985	1986	1987	1988	1989	1990	1991	1992
Africa	x5.0	x7.0	x8.5	x7.5	x3.1	x4.6	x4.4	x5.2	x4.1	3.9	Afrique	x0.0	x0.1	x0.0	x0.0	x0.0	x0.0	x0.3	x0.0	x0.0	x0.0
Northern Africa	2.9	3.0	3.9	1.6	x0.7	1.5	1.9	1.9	2.4	1.8	Afrique du Nord			0.1				0.3			
Americas	x34.7	x36.7	x27.7	x31.7	x21.0	20.2	20.2	21.9	15.0	17.7	Amériques	0.7	x1.7	x1.1	x1.0	x0.7	x1.0	x1.3	0.9	1.4	0.8
LAIA	x4.3	x5.3	x5.0	x10.0	x6.4	x7.3	5.4	8.1	6.1	5.4	ALAI	0.0	x0.0	x0.0	x0.1	x0.0	x0.0	0.1	0.1	0.2	0.1
CACM	x0.1			x0.5	x0.2	x0.4	0.3	x0.2	x0.2	x0.2	MCAC					x0.0			x0.0	x0.0	x0.0
Asia	30.5	28.6	32.9	x29.6	x41.9	30.6	42.6	51.0	57.0	x64.4	Asie	23.0	25.4	25.2	25.5	24.4	25.7	30.0	34.9	42.1	38.7
Middle East	x1.0	x1.6	x7.9	x10.5	x4.9	x2.3	x2.7	x7.3	x7.0	x12.2	Moyen–Orient	x0.0	x0.0	x0.0	x0.0	x0.0	x0.0	x0.0	x0.0	x0.0	x0.0
Europe	28.9	26.8	28.8	30.5	20.0	22.3	16.9	18.3	14.7	13.0	Europe	76.2	72.9	73.5	73.4	63.9	58.4	55.6	58.5	55.4	60.0
EEC	24.1	23.8	23.9	24.6	17.5	20.1	14.7	15.0	12.4	11.4	CEE	63.5	62.3	63.1	62.1	54.8	52.3	48.7	50.7	48.8	54.5
EFTA	4.8	3.0	4.9	4.1	2.1	2.0	1.6	3.1	2.1	1.5	AELE	12.6	10.6	10.3	11.3	9.1	6.1	6.9	8.0	6.5	5.5
Oceania	0.8	x0.9	2.1	x0.6	x0.3	0.6	0.4	x0.2	0.1	x0.2	Océanie		x0.0	x0.2	0.1		0.1		x0.0	x0.0	
USA/Etats–Unis d'Amer	28.5	29.4	20.5	19.9	13.7	17.7	13.8	13.2	8.4	12.0	Germany/Allemagne	40.3	42.3	42.7	42.8	39.4	38.5	32.6	35.2	31.1	38.6
Indonesia/Indonésie	5.6	2.9	1.9	1.3	1.1	2.2	4.6	13.4	16.6	8.3	Japan/Japon	21.9	23.8	23.3	24.1	22.0	22.2	26.3	29.7	37.0	34.4
China/Chine					11.9	7.9	14.1	6.7	6.9	9.9	Italy/Italie	12.0	9.8	10.8	9.6	8.3	8.1	8.7	8.1	9.4	9.6
Former USSR/Anc. URSS					x10.1	x10.4	x10.9	x2.0	x7.6		Switz.Liecht	11.9	10.0	9.6	10.5	8.5	6.5	7.3	5.9	4.9	
Korea Republic	9.4	10.4	8.9	6.0	13.4	7.6	7.4	7.6	5.4	7.5	Czechoslovakia					3.4	x9.2	x9.2	x4.6	x0.7	x0.4
Pakistan	3.2	3.9	3.1	3.0	1.6	2.8	3.8	3.3	9.4	10.1	France, Monac	3.8	3.0	3.0	2.7	2.3	1.4	2.6	2.8	2.8	2.1
Thailand/Thaïlande	3.3	4.0	1.4	1.6	3.1	3.4	4.4	4.7	5.3	4.4	United Kingdom	4.7	3.7	4.2	4.2	2.7	2.3	2.3	2.4	3.4	2.1
Turkey/Turquie				6.1	7.3	2.9	x2.0	2.0	5.5	7.1	China/Chine					0.9	1.2	2.1	2.4	2.4	1.4
Italy/Italie	4.0	5.1	5.1	4.6	3.8	4.2	2.9	2.9	2.4	2.8	USA/Etats–Unis d'Amer	0.7	1.6	1.1	0.8	0.9	0.9	1.2	0.7	1.1	0.6
Mexico/Mexique				x2.0	x1.0	1.4	1.6	3.6	2.3	2.1	Spain/Espagne	0.5	0.5	0.7	0.7	0.6	0.7	0.9	0.8	1.1	0.8

72449 PTS NES OF MACHS OF 7244
PIECES DES MACH DU 724.4 72449

TRADE BY COMMODITY IN THOUSAND U.S. DOLLARS – COMMERCE PAR PRODUIT EN MILLIERS DE DOLLARS E.U

IMPORTS – IMPORTATIONS

COUNTRIES–PAYS	1988	1989	1990	1991	1992
Total	x1779166	x1819554	1700050	1760247	1654298
Africa	x66134	x86545	x71497	x75834	x116622
Northern Africa	x9495	x18357	x12431	x25220	x28153
Americas	x359958	x314869	317308	327566	x339988
LAIA	x111133	98629	98817	91487	100927
CACM	x4055	x4254	x4989	x7019	x5698
Asia	381315	x453623	499070	583694	x644912
Middle East	x30631	x22511	x39671	x54527	x68411
Europe	546992	525634	602651	507675	510752
EEC	444221	421434	496863	425259	424873
EFTA	86255	92144	96860	74645	79047
Oceania	x11709	x13610	x11868	x11511	x15100
Former USSR/Anc. URSS	x302181	x301628	x95819	x212369	
USA/Etats–Unis d'Amer	209289	179038	189505	208010	217769
Germany/Allemagne	112695	117022	133707	104199	122927
Italy/Italie	100480	80365	118774	105320	76607
Indonesia/Indonésie	37973	53570	61169	96412	70576
Thailand/Thaïlande	19274	63600	57453	81345	81345
Switz.Liecht	66524	72873	74265	55200	72301
China/Chine	53002	68781	52642	71680	62805
Japan/Japon	50692	55010	68356	58491	126912
United Kingdom	49490	53545	56298	48078	44809
India/Inde	40770	x46516	69968	37822	x64936
France, Monac	44827	43448	52802	45835	49094
Korea Republic	40591	39163	48320	54271	62778
Pakistan	43165	40717	36456	52324	43939
Brazil/Brésil	x44139	41838	44971	39063	30043
Romania/Roumanie	x17113	36467	51753	17488	x4055
Belgium–Luxembourg	27384	27739	33319	35562	31523
Netherlands/Pays–Bas	24242	25976	25955	27595	22003
Spain/Espagne	44700	28367	26997	18278	20857
Canada	33919	30754	23030	17391	14852
Hong Kong	20246	20290	21051	20470	28396
Czechoslovakia	x29845	22045	29341	x9467	x13300
Mexico/Mexique	8948	18023	21626	20700	28686
Turkey/Turquie	x21787	12196	21809	19198	25631
So. Africa Customs Un	17030	14702	16493	x19310	x37658
Portugal	18158	14049	18572	12630	12324
Austria/Autriche	12192	10828	17855	16150	12206
Greece/Grèce	10056	12005	15331	13745	x15028
Iran (Islamic Rp. of)	x4109	x4996	x9666	x25435	x31436
Malaysia/Malaisie	7953	15429	11694	9474	x9727
Nigeria/Nigéria	x9708	x12026	x13854	x10649	x20213
Poland/Pologne	x12303	x17197	x8535	x8921	x4616
Australia/Australie	10240	12308	10200	10493	13550
Philippines	12112	x7310	9556	14170	11298
Ireland/Irlande	9143	9221	9208	11652	12275
Bulgaria/Bulgarie	x15738	x23792	x2504	x3037	2780
Argentina/Argentine	x11175	10318	7830	10079	10422
Colombia/Colombie	12829	10468	9909	5205	5872
Yugoslavia SFR	14244	10119	8586	x5776	
Bangladesh	x13406	x7812	x4825	x10429	x9183
Singapore/Singapour	4977	5605	7626	9025	15589
Egypt/Egypte	2584	4295	436	x17442	x18868
Cote d'Ivoire	x3336	x15804	x2444	x2725	x5015
Venezuela	x19524	x9572	3899	5267	6161
Former GDR	x24388	x14313	x3760		
Denmark/Danemark	3048	9696	5899	2367	3347
Hungary/Hongrie	x11128	x9792	x5573	2561	x2424
Sudan/Soudan	x1683	x6961	x6055	x1605	x994
Israel/Israël	3068	2717	3714	8151	3521
Morocco/Maroc	2545	4407	2859	3572	3615

EXPORTS – EXPORTATIONS

COUNTRIES–PAYS	1988	1989	1990	1991	1992
Totale	1577744	1692038	1784051	1629910	1815520
Afrique	x898	x327	x860	x874	x892
Afrique du Nord	521	6	42	x180	x70
Amériques	x182221	180685	194559	186429	225406
ALAI	x3439	3045	5633	8410	12657
MCAC	x17	x20	x28	x42	x6
Asie	226132	x262603	274246	286171	x302012
Moyen–Orient	x260	x446	x178	246	354
Europe	1017477	1090217	1226684	1110572	1269265
CEE	803679	880289	975312	904535	1042228
AELE	213434	208651	250883	205275	226708
Océanie	1811	x646	x822	x1229	x1462
Germany/Allemagne	477565	504952	562994	531966	628550
Switz.Liecht	200104	195972	233410	188057	212808
Japan/Japon	149504	187092	193878	195070	226427
USA/Etats–Unis d'Amer	174380	174473	186402	176125	210813
United Kingdom	109686	115602	125019	116059	107015
Italy/Italie	83709	105658	115876	111700	110475
France, Monac	67697	77218	95135	75000	115887
Czechoslovakia	x93223	x82212	x43979	x9230	x8798
Netherlands/Pays–Bas	26118	25012	30403	26664	36625
Belgium–Luxembourg	22696	28200	23450	23657	20437
Former USSR/Anc. URSS	x12088	x24612	x16631	x25719	
Singapore/Singapour	16510	21786	23578	19658	4887
India/Inde	16514	x18080	20654	19046	x17786
Spain/Espagne	11696	18131	17457	15461	19940
Korea Republic	3975	9892	10941	24282	10360
Hong Kong	13752	14394	14748	15941	27436
Former GDR	x27423	x26818	x6357		
Austria/Autriche	7316	6555	12711	10179	10693
China/Chine	8490	9799	8089	10144	11682
Poland/Pologne	x6707	x9379	x9345	x4710	x4542
Romania/Roumanie	x407	10718	6953	1181	x66
Sweden/Suède	5791	5629	4568	4591	2962
Brazil/Brésil	x2547	2228	4508	6803	7779
Hungary/Hongrie	x4553	x3136	x3170	x3076	x2422
Canada	4375	2943	2449	1839	1919
Ireland/Irlande	2039	2236	1012	1375	1394
Greece/Grèce	829	1598	1997	635	x556
Denmark/Danemark	1070	943	1174	996	734
Mexico/Mexique	645	540	847	1387	4285
Portugal	574	740	796	1023	616
Norway, SVD, JM	140	14	129	2301	226
Yugoslavia SFR	254	1042	406	x738	
Bulgaria/Bulgarie	x4803	x683	x445	x719	x654
Indonesia/Indonésie	7	530	618	665	821
Australia/Australie	1258	213	449	868	383
New Zealand	553	430	369	356	1069
So. Africa Customs Un	x262	x230	x472	x413	x609
Pakistan	72	176	594	149	139
Thailand/Thaïlande	21	39	190	473	x195
Finland/Finlande	83	480	61	146	21
Turkey/Turquie	x154	241	105	225	323
Malaysia/Malaisie	253	117	254	196	x1682
Malta/Malte	90	232	80	x23	x160
Zimbabwe	x1	x2	184	76	0
Israel/Israël	16730	103	114	7	15
Nepal/Népal			x209		
Chile/Chili	0	145	43	17	x14
United Arab Emirates	x85	x184	x11	x5	x2
Argentina/Argentine	x69	35	69	85	436
Egypt/Egypte	519	5	x6	x178	x57

(VALUE AS % OF TOTAL)(VALEUR EN % DU TOTAL)

	1983	1984	1985	1986	1987	1988	1989	1990	1991	1992		1983	1984	1985	1986	1987	1988	1989	1990	1991	1992
Africa	x6.6	x7.5	x5.8	x7.0	x4.4	x3.8	x4.7	x4.2	x4.3	x7.1	Afrique	x0.0	x0.0	x0.0	x0.0	x0.0	x0.0	x0.0	x0.0	x0.0	x0.0
Northern Africa	x1.8	x1.3	x1.1	x1.5	x0.7	x0.5	x1.0	x0.7	x1.4	1.7	Afrique du Nord	x0.0	0.0	0.0	0.0	0.0	0.0	0.0	0.0	0.0	0.0
Americas	x23.2	x26.7	x22.4	x27.8	x19.6	x20.3	x17.3	18.7	18.6	x20.6	Amériques	x13.7	x15.2	x15.7	x14.3	x9.9	x11.5	10.7	10.9	11.4	12.4
LAIA	x2.5	x2.3	x3.4	x10.0	x7.0	x6.2	5.4	5.8	5.2	6.1	ALAI	0.0	0.0	0.0	x0.2	x0.2	0.2	0.2	0.3	0.5	0.7
CACM	x0.9			x0.4	x0.4	x0.2	x0.2	x0.3	x0.4	x0.3	MCAC	x0.0	x0.0	x0.0	x0.0	x0.0	x0.0	x0.0	x0.0	x0.0	x0.0
Asia	28.7	24.7	31.4	25.9	21.2	21.4	25.0	29.3	33.2	x39.0	Asie	14.3	15.0	14.5	14.8	13.7	14.3	x15.6	15.4	17.6	x16.7
Middle East	x3.0	x2.6	x3.6	x2.1	x0.7	x1.7	x1.2	x2.3	x3.1	4.1	Moyen–Orient	x0.0	x0.0	x0.0	x0.0	x0.0	x0.0	x0.0	x0.0	x0.0	x0.0
Europe	40.8	40.3	39.5	37.4	28.8	30.7	28.9	35.4	28.8	30.9	Europe	71.8	69.7	69.8	70.8	67.1	64.5	64.4	68.8	68.1	69.9
EEC	34.4	34.3	34.1	31.4	23.6	25.0	23.2	29.2	24.2	25.7	CEE	54.7	52.7	53.0	52.8	50.6	50.9	52.0	54.7	55.5	57.4
EFTA	6.4	6.1	5.1	4.3	3.9	4.8	5.1	5.7	4.2	4.8	AELE	17.0	17.0	16.8	18.0	16.5	13.5	12.3	14.1	12.6	12.5
Oceania	x0.7	x0.8	x0.9	x0.9	x0.5	x0.7	x0.7	x0.7	x0.7	x0.9	Océanie	0.1	0.1				0.1	x0.0	0.1	x0.1	x0.1
Former USSR/Anc. URSS					x19.2	x17.0	x16.6	x5.6	x12.1		Germany/Allemagne	29.2	27.9	29.1	30.3	29.3	30.3	29.8	31.6	32.6	34.6
USA/Etats–Unis d'Amer	17.4	21.6	15.8	14.1	10.8	11.8	9.8	11.1	11.8	13.2	Switz.Liecht	16.1	16.0	16.0	17.4	15.9	12.7	11.6	13.1	11.5	11.7
Germany/Allemagne	9.2	8.3	8.3	7.5	5.5	6.3	6.4	7.9	5.9	7.4	Japan/Japon	12.0	11.7	11.1	11.7	10.4	9.5	11.1	10.9	12.0	12.5
Italy/Italie	5.5	7.1	8.0	7.8	5.6	5.6	4.4	7.0	6.0	4.6	USA/Etats–Unis d'Amer	13.7	15.2	15.7	14.0	9.6	11.1	10.3	10.4	10.8	11.6
Indonesia/Indonésie	2.0	3.4	2.4	4.4	2.7	2.1	2.9	3.6	5.5	4.3	United Kingdom	9.5	9.1	8.6	7.1	6.6	7.0	6.8	7.0	7.1	5.9
Thailand/Thaïlande	0.0	0.0	0.0	0.0	1.4	1.1	3.5	3.4	4.6	4.4	Italy/Italie	6.3	6.5	5.7	5.9	5.3	5.3	6.2	6.5	6.9	6.1
Switz.Liecht	5.5	5.1	4.2	3.7	3.4	3.7	4.0	4.4	3.1	3.8	France, Monac	4.9	5.0	5.0	4.8	5.4	4.3	4.6	5.3	4.6	6.4
China/Chine					4.4	3.0	3.8	3.1	4.1	7.7	Czechoslovakia				7.6	x5.9	x4.9	x2.5	x0.6	x0.5	
Japan/Japon	1.5	2.0	2.2	1.5	2.1	2.8	3.0	4.0	3.3	2.7	Netherlands/Pays–Bas	1.7	1.4	1.4	1.7	1.5	1.7	1.5	1.7	1.6	2.0
United Kingdom	5.2	4.4	4.1	3.5	3.1	2.8	2.9	3.3	2.7	3.6	Belgium–Luxembourg	2.1	1.7	2.1	2.2	1.6	1.4	1.7	1.3	1.5	1.1

7245 WEAVING, FELT MFG, ETC MCH — METIERS A TISSER, PIECES 7245

TRADE BY COMMODITY IN THOUSAND U.S. DOLLARS – COMMERCE PAR PRODUIT EN MILLIERS DE DOLLARS E.U

COUNTRIES-PAYS	IMPORTS 1988	1989	1990	1991	1992	COUNTRIES-PAYS	EXPORTS 1988	1989	1990	1991	1992
Total	x4627656	x4880858	4986707	4889049	5685501	Totale	4181795	4115356	4603747	4323719	5148005
Africa	x191292	x189697	255699	x210365	x224735	Afrique	x1033	x1390	x3318	x3853	x8275
Northern Africa	87299	86385	132549	114603	128568	Afrique du Nord	x33	315	887	506	926
Americas	816647	802458	847745	750425	x870102	Amériques	x119819	112484	x137691	129643	x142247
LAIA	334799	331803	365657	341266	363580	ALAI	2052	3278	5230	6345	3249
CACM	7484	7304	5425	6375	x20059	MCAC	x199	812	x93	59	x543
Asia	1316066	1631713	2092580	2297524	x3324226	Asie	1017833	1160114	1387884	1656141	2065097
Middle East	148974	206777	x384869	x321362	x535671	Moyen-Orient	1799	x873	x954	x1424	x2692
Europe	1380863	1262904	1500353	1163552	1154661	Europe	2542743	2581671	2935220	2431014	2874924
EEC	1257959	1144899	1349131	1066538	1072768	CEE	1754286	1875215	2122708	1841311	2197120
EFTA	98961	93009	119940	82179	69965	AELE	787421	705245	811048	588909	677266
Oceania	x35312	38472	x33288	x31334	x29631	Océanie	x2215	x5176	x5486	5536	x2591
USA/Etats-Unis d'Amer	406093	407949	427208	365886	444597	Japan/Japon	833724	952782	1147061	1359652	1609431
Former USSR/Anc. URSS	x451437	x672053	x126538	x342565		Germany/Allemagne	825161	870574	1066567	1026046	1240695
China/Chine	413482	462736	281965	389260	1199297	Italy/Italie	611894	658381	666052	488191	639453
Korea Republic	212961	259632	368828	416895	290763	Switz.Liecht	696801	597471	675945	485730	577530
Indonesia/Indonésie	67235	150687	350870	417115	228631	Hong Kong	129136	131133	119961	153038	285642
Italy/Italie	299963	251703	322650	267122	251613	United Kingdom	116105	127701	136799	123881	118060
Turkey/Turquie	118671	164999	301413	181204	256418	USA/Etats-Unis d'Amer	112733	100084	123270	114143	125997
France, Monac	182446	177605	224145	185243	166996	Spain/Espagne	76207	105809	96339	78010	56422
Hong Kong	130373	157180	142531	186021	282705	France, Monac	92972	78040	112134	81804	97387
Germany/Allemagne	171061	146692	175926	145163	126883	Austria/Autriche	61322	76031	92570	75661	79186
Thailand/Thaïlande	87837	105482	160151	198586	153645	Former USSR/Anc. URSS	x57142	x94376	x52629	x61689	x50004
United Kingdom	186649	146856	145995	141208	195879	Czechoslovakia	x218299	x111141	x64998	x32234	106882
Brazil/Brésil	69280	97552	144183	111136	75555	Korea Republic	27792	19528	58133	81883	12477
Portugal	125958	125867	132702	92745	91685	Sweden/Suède	22123	44733	28614	16848	
Mexico/Mexique	120390	132162	108241	93398	118498	Former GDR	x219507	x46913	x13471	23896	19169
Spain/Espagne	114232	126680	120842	77440	81286	Singapore/Singapour	12879	17433	17847	20618	31588
Japan/Japon	93564	109770	118555	95346	92312	China/Chine	5950	8753	24175	18920	16660
Belgium-Luxembourg	79984	72576	96028	73029	58700	Belgium-Luxembourg	9951	14958	17638	10093	13517
Pakistan	38417	40455	75811	88272	186427	Netherlands/Pays-Bas	9580	8129	10644	7020	4160
Malaysia/Malaisie	28257	41200	72188	69902	x76946	Norway, SVD, JM	4534	9055	10597	8930	12359
So. Africa Customs Un	56159	57697	72690	x31496	x24041	Canada	4380	7323	8197	7682	8993
Greece/Grèce	46510	48523	58717	37716	x47252	Portugal	5821	5485	7914	7904	x1057
Iran (Islamic Rp. of)	x5711	x6571	x44097	x90138	x179653	India/Inde	1572	x583	8381	3295	3864
Canada	66382	54110	47767	30144	34634	Finland/Finlande	2511	3133	3322	2551	2403
Morocco/Maroc	24198	31968	60276	38625	32193	Denmark/Danemark	3829	2859	3167	4329	1804
Poland/Pologne	x38036	x51364	x25710	x41292	x23451	Australia/Australie	922	1483	2717	3829	1411
Austria/Autriche	37070	37568	43594	35353	31099	Mexico/Mexique	966	1846	2801	2349	2791
Egypt/Egypte	40482	28419	34368	42823	54071	Israel/Israël	1147	1044	5457	1590	2707
Romania/Roumanie	x713	45259	44618	13263	x13864	Ireland/Irlande	2317	1827	2639	1207	633
Czechoslovakia	x106393	53831	35129	x14160	x27983	New Zealand	1277	2580	2756		
Netherlands/Pays-Bas	25331	27142	45830	28754	31137	Greece/Grèce	449	1451	2816	1784	x1422
Bulgaria/Bulgarie	x80503	x83270	x8870	30740	4452	Poland/Pologne	x2066	x988	x1615	x2808	x2282
Switz.Liecht	33504	31890	36199	16429	22034	Argentina/Argentine	488	1135	1232	1863	588
India/Inde	23911	x28849	50423	x7966	x119837	Korea Dem People's Rp	x110	x148	x230	x3228	x1123
Australia/Australie	32669	34501	28787	27796	24653	So. Africa Customs Un	x740	x570	x1498	x5750	
Argentina/Argentine	28121	30590	14319	43163	70399	Macau/Macao	1879	927	1415	423	1056
Colombia/Colombie	16572	24947	24505	26897	40020	Malaysia/Malaisie	749	938	691	1108	x1385
Singapore/Singapour	14760	21026	20982	25307	22502	Thailand/Thaïlande	304	276	1564	830	x1681
Yugoslavia SFR	23157	23236	30554	x12604		Mauritius/Maurice	x153	x103	1231	1311	1408
Tunisia/Tunisie	10820	18011	21650	24662	32256	Andorra/Andorre	x926	x1137	x1283	x165	x119
Israel/Israël	18657	12691	27237	24168	36584	Hungary/Hongrie	x431	x625	x604	x585	x869
Chile/Chili	15344	20611	14075	21827	x24698	Morocco/Maroc	1	242	780	430	286
Philippines	17145	x19308	18600	14181	28254	Romania/Roumanie		477	795	167	x286
Hungary/Hongrie	x15348	x17223	x13805	16411	x12140	Pakistan	423	224	834	243	134
Syrian Arab Republic	4707	7451	12331	x27370	x60533	Panama	x354	x406	x809	x60	x91
Nigeria/Nigéria	x13650	x12058	x8029	x25102	x40813	Tokelau/Tokélaou					
Peru/Pérou	14369	5676	23106	14475	x8180	Turkey/Turquie	1627	198	362	405	1781
Sweden/Suède	14115	7940	19915	9537	9874	Colombia/Colombie	23	5	569	287	223
Mauritius/Maurice	x14686	x16299	9769	9996	10980	Yugoslavia SFR	111	23	152	x610	
Former GDR	x194820	x32602	x2181			Mali	x94		x339	x437	

(VALUE AS % OF TOTAL)(VALEUR EN % DU TOTAL)

	1983	1984	1985	1986	1987	1988	1989	1990	1991	1992		1983	1984	1985	1986	1987	1988	1989	1990	1991	1992
Africa	10.3	x8.8	7.9	x5.7	x4.0	x4.1	3.9	5.2	x4.3	x3.9	Afrique	x0.0	x0.1	0.1	x0.0	x0.0	x0.0	x0.0	x0.1	0.1	x0.1
Northern Africa	7.3	5.2	5.6	3.0	2.1	1.9	1.8	2.7	2.3	2.3	Afrique du Nord	0.0	x0.0	0.0	0.0	0.0	0.0	0.0	0.0	0.0	0.0
Americas	27.2	29.0	26.4	x26.0	x19.5	17.6	16.5	17.0	15.3	x15.3	Amériques	2.6	2.8	3.3	x2.2	x1.9	x2.9	x2.7	x3.0	3.0	x2.8
LAIA	2.4	5.2	7.9	x9.0	7.7	7.2	6.8	7.3	7.0	6.4	ALAI	0.1	0.1	0.1	x0.0	0.0	0.1	0.1	0.1	0.1	0.1
CACM	x0.1	0.5	0.5	x0.2	x0.3	0.2	0.1	0.1	0.1	x0.4	MCAC						x0.0	0.0	x0.0	0.0	x0.0
Asia	21.3	23.5	22.5	23.9	27.0	28.4	33.4	41.9	46.9	x58.5	Asie	19.6	23.3	24.8	22.0	22.2	24.4	28.2	30.1	38.3	40.1
Middle East	x2.9	x6.1	x1.4	x6.4	2.8	3.2	4.2	x7.7	x6.6	x9.4	Moyen-Orient	x0.0	x0.0	0.0	0.1	0.0	0.0	0.0	0.0	0.0	0.1
Europe	40.0	37.4	41.5	43.5	29.6	29.8	25.9	30.1	23.8	20.3	Europe	77.7	73.8	71.8	75.7	64.0	60.8	62.7	63.8	56.2	55.8
EEC	35.6	31.0	35.3	38.6	26.7	27.2	23.5	27.1	21.8	18.9	CEE	46.7	44.9	45.6	49.9	46.0	42.0	45.6	46.1	42.6	42.7
EFTA	4.4	3.8	3.9	3.5	1.9	2.1	1.9	2.4	1.7	1.2	AELE	30.9	28.9	26.1	25.7	19.4	18.8	17.1	17.6	13.6	13.2
Oceania	1.2	x1.4	x1.8	x1.0	x0.8	0.8	0.8	x0.7	0.6	x0.5	Océanie				x0.0		x0.1	x0.1	x0.1	0.1	x0.0
USA/Etats-Unis d'Amer	22.7	21.7	16.4	15.2	10.4	8.8	8.4	8.6	7.5	7.8	Japan/Japon	17.1	20.7	21.3	19.8	18.7	19.9	23.2	24.9	31.4	31.3
Former USSR/Anc. URSS				x8.5	x9.8	x13.8	x2.5	x7.0			Germany/Allemagne	22.4	20.2	20.7	22.7	19.3	19.7	21.2	23.2	23.7	24.1
China/Chine					7.6	8.9	9.5	5.7	8.0	21.1	Italy/Italie	9.6	10.2	11.6	12.3	12.4	14.6	16.0	14.5	11.3	12.4
Korea Republic	3.6	5.4	3.3	4.3	5.2	4.6	5.3	7.4	8.5	5.1	Switz.Liecht	27.9	25.8	22.7	22.8	17.2	14.5	14.5	14.7	11.2	11.2
Indonesia/Indonésie	2.6	1.8	1.4	1.6	1.0	1.5	3.1	7.0	8.5	4.0	Hong Kong	1.3	1.1	2.3	1.5	2.3	3.1	3.2	2.6	3.5	5.5
Italy/Italie	7.2	8.0	8.3	9.7	6.8	6.5	5.2	6.5	5.5	4.4	United Kingdom	5.3	4.0	3.8	3.5	2.8	2.8	3.1	3.0	2.9	2.3
Turkey/Turquie		4.1	3.4	3.6	2.3	2.6	3.4	6.0	3.7	4.5	USA/Etats-Unis d'Amer	2.5	2.7	3.1	2.1	1.9	2.7	2.4	2.7	2.6	2.4
France, Monac	5.9	4.9	5.7	5.3	4.0	3.9	3.6	4.5	3.8	2.9	Spain/Espagne	1.4	1.8	2.3	2.7	2.2	2.6	2.1	1.8	1.1	
Hong Kong	2.4	1.9	4.0	4.5	3.6	2.8	3.2	2.9	3.8	5.0	France, Monac	3.1	3.8	2.7	2.7	1.9	2.2	1.9	2.4	1.9	1.9
Germany/Allemagne	6.5	5.0	5.9	6.4	3.7	3.7	3.0	3.5	3.0	2.2	Austria/Autriche	1.7	2.0	2.3	2.0	1.5	1.5	1.8	2.0	1.7	1.5

617

72451 WEAVING MACHINES (LOOMS)

METIERS A TISSER 72451

TRADE BY COMMODITY IN THOUSAND U.S. DOLLARS – COMMERCE PAR PRODUIT EN MILLIERS DE DOLLARS E.U

COUNTRIES–PAYS	IMPORTS – IMPORTATIONS					COUNTRIES–PAYS	EXPORTS – EXPORTATIONS				
	1988	1989	1990	1991	1992		1988	1989	1990	1991	1992
Total	x1997767	1871290	2128803	1796016	2121761	Totale	1814583	1676999	1853316	1612315	1853437
Africa	x83357	x97799	x121082	x83709	x91377	Afrique	x387	x397	x522	x1474	x1223
Northern Africa	40322	37071	73801	35553	38388	Afrique du Nord	x12	27	81	x351	479
Americas	x409770	336451	372907	284645	318023	Amériques	x23061	14784	22888	15891	x16710
LAIA	x199751	152456	138411	127553	122076	ALAI	x894	2527	2550	2601	966
CACM	x3199	x1225	x1698	x4013	x9432	MCAC			x96	x117	x117
Asia	631472	760168	975834	1020770	x1436065	Asie	373029	437386	553076	708190	791742
Middle East	x85387	100879	179626	x92363	x178531	Moyen–Orient	x1282	191	x196	x246	1506
Europe	535155	489149	577995	339287	259455	Europe	1161183	1046057	1178873	808230	1002804
EEC	490889	441264	520564	311335	244475	CEE	532273	507911	576374	394688	502876
EFTA	33086	38742	46881	26250	13794	AELE	628909	538048	602403	413316	499928
Oceania	12033	10543	7669	x4769	3962	Océanie	175	x2716	x1442	667	166
Indonesia/Indonésie	42380	99416	217469	298896	124144	Japan/Japon	321448	379675	465512	620259	682347
Korea Republic	107884	134108	174026	240969	161180	Switz.Liecht	591213	495519	542824	371219	453293
USA/Etats–Unis d'Amer	182659	166505	217657	143596	179613	Italy/Italie	296690	271431	270536	147862	220311
China/Chine	192673	200940	95323	92075	517974	Germany/Allemagne	165986	164394	210001	190509	230477
Turkey/Turquie	x75236	92449	161295	54627	80334	Former USSR/Anc. URSS	x55098	x93228	x52229	x58846	
Italy/Italie	111520	100034	109715	68252	67555	Czechoslovakia	x181797	x75700	x41047	x18344	x38615
Germany/Allemagne	104819	87777	106688	69695	45247	France, Monac	38094	37400	52524	26550	26405
France, Monac	78208	71419	102341	66905	50145	Hong Kong	36046	35681	38127	41570	62137
Thailand/Thaïlande	50202	47916	77960	81317	76030	Austria/Autriche	16171	23245	37270	24928	31976
Hong Kong	45364	62136	55355	51850	69149	Korea Republic	6894	15780	22531	26272	29764
Pakistan	30546	28479	47854	66900	120761	United Kingdom	22134	23829	19364	16951	14426
Japan/Japon	34752	47499	54458	40821	38233	Sweden/Suède	18284	16185	18372	12696	9754
Brazil/Brésil	x35491	45677	58269	32548	36093	USA/Etats–Unis d'Amer	21468	11965	17429	10419	12360
Mexico/Mexique	88162	49409	36263	42414	38541	China/Chine	3282	4607	18307	14844	12411
Portugal	53645	51346	51437	23913	20779	Spain/Espagne	1238	857	12272	6076	3423
Belgium–Luxembourg	37160	37039	57496	29197	18499	Belgium–Luxembourg	3239	5780	5947	2333	1730
Spain/Espagne	45578	38918	46154	19890	12682	Former GDR	x18656	x6330	x3189		
Former USSR/Anc. URSS	x73260	x25460	x15560	x43477		Netherlands/Pays–Bas	3675	2212	2818	2630	5739
United Kingdom	42690	33914	25329	19931	20751	Norway, SVD, JM	1700	2107	2492	2065	2271
Romania/Roumanie		40242	31451	6271	x4582	Canada	416	129	2630	2752	3262
Morocco/Maroc	10305	13074	40487	13921	8860	Finland/Finlande	1542	993	1445	2409	2635
Malaysia/Malaisie	10173	12705	25562	29137	x36547	Mexico/Mexique	110	1292	1213	1237	635
Czechoslovakia	x65209	37394	17431	x4873	x3525	India/Inde	1047	x58	1561	2053	x281
So. Africa Customs Un	15074	30100	16369	x9044	x10145	Argentina/Argentine	x621	1104	1108	1064	98
Bulgaria/Bulgarie	x27333	x47094	x690	x111	2653	Ireland/Irlande	469	600	1351	1188	79
India/Inde	12427	x12717	27725	7132	x73760	Singapore/Singapour	451	321	2048	644	643
Austria/Autriche	16609	17581	19085	10708	3735	Israel/Israël	142	186	2402	332	914
Egypt/Egypte	18910	13266	17896	15312	18604	New Zealand	155	1418	1018	302	148
Switz.Liecht	9616	12778	16900	11450	8085	Greece/Grèce	210	1020	1018	501	x69
Iran (Islamic Rp. of)	x546	x671	x6621	x32134	x82971	Korea Dem People's Rp		x12		x1497	
Colombia/Colombie	7737	13600	11283	13837	20132	Pakistan	423	217	812	243	133
Canada	23925	16000	14518	7791	5764	Tokelau/Tokélaou		x1078			
Argentina/Argentine	x17085	19525	4517	11989	15055	Australia/Australie	19	220	419	365	19
Nigeria/Nigéria	x12300	x10652	x4252	x21082	x33102	Thailand/Thaïlande	117	1	959	41	x748
Chile/Chili	x3262	x10975	6468	7737	x3319	Mali			x339	x437	
Greece/Grèce	6218	12067	9374	3641	x2125	So. Africa Customs Un	x364	x2	x100	x625	x482
Netherlands/Pays–Bas	7350	6470	8640	8399	5351	Poland/Pologne	x1199	x40	x30	x627	x856
Tunisia/Tunisie	6172	8097	7619	6095	8681	Denmark/Danemark	352	345	303	47	33
Australia/Australie	11896	10028	7000	4492	3589	Bangladesh			x497	x11	
Poland/Pologne	x12110	x11803	x4741	x3258	x1359	Romania/Roumanie		x363	14	38	x154
Yugoslavia SFR	10467	7410	10518	x1637		Malaysia/Malaisie	227	270	52	79	x774
Zimbabwe	x151	x2443	4853	12046	x3936	Turkey/Turquie	x1188	178	91	125	1410
Peru/Pérou	7928	3053	8664	7354	x3288	Panama	x282	x162	x166		
Philippines	8210	x4990	4750	2557	8098	Portugal	185	43	240	40	x5
Former GDR	x139376	x11142	x1041			Brazil/Brésil	x161	x50	124	x147	184
Israel/Israël	2948	1662	7270	2978	8123	Yugoslavia SFR	1		90	x207	21
Hungary/Hongrie	x8526	x4047	x2209	4690	x760	Nigeria/Nigéria		x283			
Venezuela	33855	7022	1415	2215	1889	Philippines		x155	0		
Sweden/Suède	3511	1800	5535	3099	635	Morocco/Maroc	0		79	88	286
Mauritius/Maurice	x2953	x8147	1747	356	738	Macau/Macao	1664	198		0	3

(VALUE AS % OF TOTAL)(VALEUR EN % DU TOTAL)

	1983	1984	1985	1986	1987	1988	1989	1990	1991	1992		1983	1984	1985	1986	1987	1988	1989	1990	1991	1992
Africa	x10.1	x11.3	x7.0	x6.4	x4.8	x4.2	x5.2	x5.7	x4.7	x4.3	Afrique	0.1	x0.0	x0.0	x0.0	x0.0	x0.0	x0.0	x0.0	x0.1	x0.0
Northern Africa	8.6	x5.0	3.5	2.7	2.4	2.0	2.0	3.5	2.0	1.8	Afrique du Nord	0.0	0.0	x0.0	0.0	0.0	0.0	0.0	0.0	x0.0	0.0
Americas	x32.7	x31.5	x29.1	x26.9	x19.9	x20.5	18.0	17.5	15.8	15.0	Amériques	x0.9	0.8	x1.0	x1.2	0.8	x1.3	0.9	1.3	1.0	x0.9
LAIA	x4.4	x4.5	x8.6	x11.5	x7.4	x10.0	8.1	6.5	7.1	5.8	ALAI	0.0	0.0	x0.3	0.1	0.1	0.0	0.1	0.1	0.2	0.1
CACM	x0.1	x0.5	x0.1	x0.1	x0.7	x0.2	x0.1	x0.1	x0.2	x0.4	MCAC					x0.0			x0.0	x0.0	x0.0
Asia	x22.1	x22.4	x24.8	x27.7	34.8	31.6	40.6	45.8	56.8	x67.7	Asie	16.0	23.6	22.2	17.9	21.1	20.5	26.1	29.8	43.9	42.8
Middle East	x6.9	x6.3	x8.4	x8.1	3.5	x4.3	5.4	8.4	x5.1	x8.4	Moyen–Orient	x0.0	x0.0	0.1	0.0	x0.0	x0.1	0.0	x0.0	x0.0	0.1
Europe	34.6	34.3	37.6	38.8	29.3	26.8	26.1	27.2	18.9	12.2	Europe	83.0	75.5	75.8	80.9	66.6	64.0	62.4	63.6	50.1	54.1
EEC	28.8	27.7	31.6	34.2	26.8	24.6	23.6	24.5	17.3	11.5	CEE	25.6	23.4	26.1	x35.9	x33.1	29.3	30.3	31.1	24.5	27.1
EFTA	4.3	3.9	3.9	3.3	2.0	1.7	2.1	2.2	1.5	0.7	AELE	57.4	52.0	49.6	45.0	33.5	32.1	32.5	25.6	27.0	
Oceania	0.5	0.6	1.6	x0.3	x0.5	0.6	0.6	0.4	x0.3	0.2	Océanie				x0.0				x0.2	x0.1	
Indonesia/Indonésie			2.1	1.8	1.5	2.1	5.3	10.2	16.6	5.9	Japan/Japon	14.6	21.2	19.3	16.3	18.9	17.7	22.6	25.1	38.5	36.8
Korea Republic	4.3	7.3	4.0	5.0	6.8	5.4	7.2	8.2	13.4	7.6	Switz.Liecht	53.5	47.8	44.8	41.7	31.2	32.6	29.5	29.3	23.0	24.5
USA/Etats–Unis d'Amer	26.4	25.4	18.5	14.1	11.2	9.1	8.9	10.2	8.0	8.5	Italy/Italie	6.9	7.0	11.5	11.6	12.9	16.4	16.2	14.6	9.2	11.9
China/Chine			10.0	9.6	10.7	4.5	5.1	24.4	Germany/Allemagne	11.6	9.8	8.6	10.1	8.8	9.1	9.8	11.3	11.8	12.4
Turkey/Turquie	x3.5	x5.1	4.5	3.8	3.2	x3.8	4.9	7.6	3.0	3.8	Former USSR/Anc. URSS		x4.7	x5.6	x2.8	x3.6					
Italy/Italie	5.8	7.9	6.4	6.2	5.8	5.6	5.3	5.2	3.8	3.2	Czechoslovakia		x4.8	x10.0	x4.5	x2.2	x1.1	x2.1			
Germany/Allemagne	8.1	6.3	8.0	9.1	5.7	5.2	4.7	5.0	3.9	2.1	France, Monac	4.2	4.8	3.4	3.5	2.1	2.1	2.2	2.8	1.6	1.4
France, Monac	3.4	3.4	4.6	4.1	3.9	3.9	3.8	4.8	3.7	2.4	Hong Kong	0.5	0.3	1.4	0.9	1.0	2.0	2.1	2.1	2.6	3.4
Thailand/Thaïlande	2.1	1.6	0.6	0.6	1.6	2.5	2.6	3.7	4.5	3.6	Austria/Autriche	1.8	2.4	3.1	2.0	1.2	0.9	1.4	2.0	1.5	1.7
Hong Kong	1.2	0.7	1.9	3.2	3.6	2.3	3.3	2.6	2.9	3.3	Korea Republic	0.4	0.5	0.7	0.2	0.3	0.4	0.9	1.2	1.6	1.6

72469 LOOM, KNT MCH ETC PTS NES

PIECES 724.51,52,53,61 72469

TRADE BY COMMODITY IN THOUSAND U.S. DOLLARS – COMMERCE PAR PRODUIT EN MILLIERS DE DOLLARS E.U

COUNTRIES–PAYS	IMPORTS – IMPORTATIONS					COUNTRIES–PAYS	EXPORTS – EXPORTATIONS				
	1988	1989	1990	1991	1992		1988	1989	1990	1991	1992
Total	x1946622	x1745512	1659668	1559485	1635195	Totale	1533324	1421632	1631753	1506893	1656941
Africa	x122885	x102010	x105374	x91131	x105893	Afrique	x922	x1065	x2043	x1700	x1652
Northern Africa	43780	x36915	41557	39607	42376	Afrique du Nord	494	533	1508	699	843
Americas	x369164	314501	x322017	307446	x345227	Amériques	92282	59695	x73674	73729	76498
LAIA	101865	87056	84061	81608	76407	ALAI	1111	1110	957	1388	1496
CACM	x6147	x4659	x4924	x4150	x4611	MCAC	x63	x7	x160	x109	x173
Asia	324050	x307566	358766	393422	x444360	Asie	249083	183219	201986	211071	246892
Middle East	x70519	x37669	x54785	x60199	x64472	Moyen–Orient	70366	x296	x439	x682	x686
Europe	656766	640133	780513	658116	706198	Europe	1103108	1121850	1308306	1203377	1320759
EEC	541935	527592	648068	551431	593606	CEE	759561	806598	915160	840264	953650
EFTA	99270	100812	122581	99684	105013	AELE	342693	313670	391250	362070	365901
Oceania	x11669	x13468	x10575	x9723	10790	Océanie	x327	x498	x640	x1057	470
USA/Etats–Unis d'Amer	224716	193401	203094	199666	241217	Germany/Allemagne	353951	363419	408187	395571	464256
Italy/Italie	140999	135812	170396	134146	145603	Switz.Liecht	324193	294066	361120	337147	336297
Germany/Allemagne	107049	105054	128299	126114	134772	Italy/Italie	155749	186056	204100	165284	195980
Former USSR/Anc. URSS	x312492	x240076	x36694	x72238	80579	Japan/Japon	116201	116771	124456	130203	149446
Belgium–Luxembourg	71547	68461	90827	80062	80579	France, Monac	78548	77846	96292	83256	94726
Switz.Liecht	70236	72007	89205	72201	73545	United Kingdom	60387	65286	71126	75260	78212
France, Monac	68579	69096	93058	70138	73962	Belgium–Luxembourg	57212	60475	74568	68502	71643
Japan/Japon	55724	57450	69337	72779	77983	USA/Etats–Unis d'Amer	74603	40653	54869	54233	59124
United Kingdom	69007	59557	61258	57622	62555	Hong Kong	28626	30243	32808	40025	48771
China/Chine	39321	58739	44533	60442	79740	Netherlands/Pays–Bas	20278	20532	26509	18536	16644
Hong Kong	39963	41488	44909	53553	65055	Canada	16438	17782	17640	17995	15692
Spain/Espagne	35787	38606	37955	26630	29251	Czechoslovakia	x24159	x18481	x24690	x5846	x6714
Brazil/Brésil	16509	25742	33870	32017	21198	Austria/Autriche	10958	11533	18983	14700	19372
Korea Republic	21384	22761	28659	32197	36293	China/Chine	11685	14175	14789	16009	21063
Canada	33254	27994	28480	20545	20134	Korea Republic	11355	13943	14887	15672	20593
Indonesia/Indonésie	13737	17095	27240	31775	24490	Portugal	11597	11375	13612	16447	17553
Turkey/Turquie	34789	17614	29489	25436	26877	Spain/Espagne	14675	14200	11796	10630	10445
Portugal	16416	17667	22733	20110	20578	Former USSR/Anc. URSS	x19532	x14752	x5421	x6735	
Egypt/Egypte	26581	15288	21602	23592	27557	Sweden/Suède	6669	7264	9561	9491	8938
Mexico/Mexique	26135	17933	19031	18979	20578	Former GDR	x33454	x14418	x4617		
Poland/Pologne	x30103	x35586	x10891	x7737	x5308	Ireland/Irlande	5866	5983	7436	5323	2730
Austria/Autriche	16499	15956	20032	17534	18363	India/Inde	3106	x3667	8335	5293	x2171
Thailand/Thaïlande	11880	14124	21551	17405	14487	Poland/Pologne	x8672	x4008	x2531	x1415	x1218
So. Africa Customs Un	18598	16079	17566	x16936	x16531	Singapore/Singapour	3163	2303	2579	1686	2429
Netherlands/Pays–Bas	13788	12935	17501	13858	15454	Hungary/Hongrie	x1205	x2015	x1770	x1686	x2471
Czechoslovakia	x30250	15803	18888	8930	x10049	Albania/Albanie	795	1480	1858	x911	
Iran (Islamic Rp. of)	x4348	x6159	x10098	x24876	x23121	Yugoslavia SFR	1227	1336	1327	994	997
Romania/Roumanie	x16798	x33877	x5984	877	x1792	Denmark/Danemark	x519	x1524	x1194	x156	x138
Malaysia/Malaisie	5517	8867	10752	20887	x10296	Bulgaria/Bulgarie	814	692	754	604	811
India/Inde	29422	x15504	14576	9185	x17444	Norway, SVD,JM					
Nigeria/Nigéria	x9690	x10103	x10502	x11252	x15575	Australia/Australie	257	394	608	973	437
Ireland/Irlande	5664	7753	12259	9922	14864	Indonesia/Indonésie	9	13	1811	37	170
Greece/Grèce	9693	9230	10759	9208	x12240	Tunisia/Tunisie	416	401	675	655	706
Australia/Australie	10074	11704	8755	7833	8940	Brazil/Brésil	481	406	457	805	1062
Yugoslavia SFR	15549	11671	9635	x6635		So. Africa Customs Un	x263	x454	807	x821	x541
Pakistan	6421	10273	7284	8089	13044	Pakistan	288	349	x369	302	396
Ethiopia/Ethiopie	21836	11441	9861	1725	x1759	Israel/Israël	3932	959	385	58	184
Philippines	10976	x6016	11779	4661	9381	Mexico/Mexique	581	594	372	362	327
Bulgaria/Bulgarie	x14692	x17953	x2260	x2116	2360	Finland/Finlande	58	116	833	126	483
Hungary/Hongrie	x9728	x9209	x5422	7353	x3115	Turkey/Turquie	70315	225	297	550	546
Venezuela	24249	14433	4157	3381	3773	Malaysia/Malaisie	137	242	386	308	x335
Singapore/Singapour	6605	6712	7611	7641	8823	Algeria/Algérie	x2	78	827	x1	
Algeria/Algérie	6965	7405	8900	5467	x3058	Greece/Grèce	70	90	206	463	x464
Sweden/Suède	6673	7249	7808	6345	9010	Thailand/Thaïlande	87	183	185	171	x421
Argentina/Argentine	10327	5415	5887	6449	10977	Romania/Roumanie	x62	x106	x165	116	x129
Israel/Israël	6601	5662	7541	6420	8613	Korea Dem People's Rp	x52	x7	x12	x357	x150
Peru/Pérou	6626	6052	7082		x3251	Andorra/Andorre	x58	x102	x38	x129	x50
Colombia/Colombie	x8652	x6286	x7848	4456	3990	Costa Rica	x7		x154	x94	x172
Former GDR	x46215	x13721	x1301		x5073	Bangladesh		x4	x6	221	
Chile/Chili	5689	7974	2927	3636		New Zealand	61	83	28	77	33

(VALUE AS % OF TOTAL)(VALEUR EN % DU TOTAL)

	1983	1984	1985	1986	1987	1988	1989	1990	1991	1992		1983	1984	1985	1986	1987	1988	1989	1990	1991	1992
Africa	x17.1	x13.1	x11.0	x8.7	x5.7	x6.4	x5.8	x6.4	x5.9	x6.5	Afrique	x0.3	x0.2	x0.2	x0.1	0.0	0.0	0.0	0.1	x0.2	x0.1
Northern Africa	9.6	6.4	5.7	3.4	1.9	2.2	x2.1	2.5	2.5	2.6	Afrique du Nord	0.0	0.0	0.1	0.0	0.0	0.0	0.0	0.1	0.0	0.1
Americas	x28.2	x29.0	x26.5	x29.1	19.6	19.0	18.0	x19.4	19.7	x21.1	Amériques	x7.4	x8.2	6.6	x6.1	x4.9	6.0	4.2	x4.5	4.9	4.6
LAIA	x6.4	3.2	3.5	x5.7	x4.6	5.2	5.0	5.1	5.2	4.7	ALAI	x0.0	0.1	0.1	0.0	0.1	0.1	0.1	0.1	0.1	0.1
CACM	x0.5		0.4	0.4	x0.3	0.3	x0.3	x0.3	0.3	0.3	MCAC		0.0		0.0	0.0	0.0	0.0	0.0	0.0	0.0
Asia	x18.4	x19.3	x19.7	18.4	14.5	16.6	x17.6	21.6	25.2	x27.2	Asie	12.8	12.7	13.3	11.5	10.8	16.2	12.9	12.4	14.0	14.9
Middle East	x4.3	x3.4	x4.1	x2.2	x0.9	x3.6	x2.2	x3.3	x3.9	x3.9	Moyen–Orient	x0.0	x0.0	0.3	x0.0	4.6	x0.0	x0.0	x0.0	x0.0	x0.0
Europe	35.3	37.4	41.4	42.7	33.1	33.7	36.7	47.0	42.2	43.2	Europe	79.6	78.9	79.9	82.3	69.5	71.9	78.9	80.2	79.9	79.7
EEC	27.9	29.5	33.1	33.9	26.7	27.8	30.2	39.0	35.4	36.3	CEE	52.0	52.2	53.8	55.9	47.3	49.5	56.7	56.1	55.8	57.6
EFTA	7.4	7.9	8.3	7.2	5.7	5.1	5.8	7.4	6.4	6.4	AELE	27.6	26.6	26.0	26.4	22.1	22.3	24.0	24.0	24.0	22.1
Oceania	x1.0	x1.3	x1.4	x1.1	x0.8	0.6	x0.8	x0.6	x0.6	0.7	Océanie						x0.0	x0.0	0.0	x0.0	x0.1
USA/Etats–Unis d'Amer	16.1	19.1	17.4	16.8	11.0	11.5	11.1	12.2	12.8	14.8	Germany/Allemagne	25.8	26.3	26.1	28.0	23.5	23.1	25.6	25.0	26.3	28.0
Italy/Italie	5.9	6.8	8.5	8.9	7.2	7.2	7.8	10.3	8.6	8.9	Switz.Liecht	26.4	24.9	24.1	24.7	20.9	21.1	20.7	22.1	22.4	20.3
Germany/Allemagne	6.4	6.6	7.2		5.3	5.5	6.0	7.7	8.1	8.2	Italy/Italie	7.6	8.2	9.2	9.6	8.4	10.2	13.1	12.5	11.0	11.8
Former USSR/Anc. URSS				x17.7	x16.1	x13.8	x2.2	x4.6			Japan/Japon	10.4	10.2	10.1	9.2	7.6	7.6	8.2	7.6	8.6	9.0
Belgium–Luxembourg	3.0	3.3	3.3	3.4	3.1	3.7	3.9	5.5	5.1	4.9	France, Monac	4.5	4.9	5.1	5.5	5.0	5.1	5.5	5.9	5.5	5.7
Switz.Liecht	4.7	5.0	5.1	4.5	3.7	3.6	4.1	5.4	4.6	4.5	United Kingdom	5.9	5.3	5.4	4.5	3.9	4.6	4.6	4.4	5.0	4.7
France, Monac	3.8	4.1	4.1	4.6	3.5	3.5	4.0	5.6	4.5	4.5	Belgium–Luxembourg	3.9	3.8	3.9	4.3	3.5	3.7	4.3	4.6	4.5	4.3
Japan/Japon	3.2	3.9	3.9	3.5	3.1	2.9	3.3	4.2	4.7	4.8	USA/Etats–Unis d'Amer	7.4	8.2	6.6	5.3	4.1	4.9	2.9	3.4	3.6	3.6
United Kingdom	4.2	4.4	4.8	4.2	3.1	3.5	3.4	4.1	3.7	3.8	Hong Kong	1.4	1.4	1.5	1.4	1.6	1.9	2.1	2.0	2.7	2.9
China/Chine					1.9	2.0	3.4	3.4	3.9	4.9	Netherlands/Pays–Bas	2.0	1.3	1.4	1.4	1.5	1.3	1.4	1.6	1.2	1.0

7252 PAPER ETC PRODCT MFG MCH

TRADE BY COMMODITY IN THOUSAND U.S. DOLLARS – COMMERCE PAR PRODUIT EN MILLIERS DE DOLLARS E.U

COUNTRIES–PAYS	1988	1989	1990	1991	1992	COUNTRIES–PAYS	1988	1989	1990	1991	1992
Total	1901566	1916164	2328937	2439968	2234792	Totale	1778602	1840837	2322994	2342543	2124751
Africa	x59307	x52699	x54084	x66457	x74605	Afrique	x178	x565	x1031	x2043	x2117
Northern Africa	14279	17186	20335	x22859	34859	Afrique du Nord	x16	x181	304	437	375
Americas	327849	397050	440920	367598	434128	Amériques	138098	149299	225585	204441	209399
LAIA	55776	53859	102866	92460	135823	ALAI	1866	3383	5042	8176	6780
CACM	3704	6666	10196	7204	x6728	MCAC	60	30	x546	27	x88
Asia	276569	326466	440504	546821	x565129	Asie	136704	156291	179886	250769	259103
Middle East	x30355	x19716	x25697	x46149	x60798	Moyen–Orient	x196	x480	x319	x373	1420
Europe	943445	973592	1251796	1277056	1068447	Europe	1450261	1499489	1898157	1874857	1645500
EEC	790743	804122	1025420	1088631	910963	CEE	1079240	1134011	1409877	1413585	1223555
EFTA	146076	164725	218163	177813	144905	AELE	370810	364366	487659	460734	421408
Oceania	x53084	44313	x34979	x30201	x31683	Océanie	x2177	4781	4238	4080	4352
USA/Etats–Unis d'Amer	194554	266685	242868	222700	253143	Germany/Allemagne	630161	687524	898670	886212	732811
Germany/Allemagne	153451	141258	221406	233248	188487	Switz.Liecht	272729	265229	359166	355430	316300
France, Monac	160159	154040	211705	211534	153871	USA/Etats–Unis d'Amer	119068	125523	181942	170276	172056
Italy/Italie	112875	128466	164589	143387	140297	Italy/Italie	150217	145120	163311	152269	137006
Japan/Japon	86264	96492	141557	147464	98908	Japan/Japon	104214	118730	134089	188983	161267
United Kingdom	144337	135680	107625	133287	106425	United Kingdom	89826	96188	118534	140818	115431
Netherlands/Pays–Bas	60294	57139	76361	125088	81430	France, Monac	108692	107015	109397	105096	100522
Former USSR/Anc. URSS	x155594	x80884	x78992	x96091		Finland/Finlande	46045	43938	64436	26642	34778
Spain/Espagne	68228	73920	92555	81546	95299	Spain/Espagne	42914	34872	48873	49274	51986
Belgium–Luxembourg	53284	54259	77668	83685	74736	Sweden/Suède	30633	34903	35285	42991	39104
Korea Republic	30468	50269	66581	86704	53313	Netherlands/Pays–Bas	25018	27013	28508	31293	35813
Canada	70139	66091	80350	38864	34002	Canada	16895	20060	37976	25863	30183
Sweden/Suède	39450	43273	63357	41161	30093	Hong Kong	18860	20293	19043	33368	54621
Switz.Liecht	40316	42758	51797	42354	30338	Austria/Autriche	11241	14194	21924	15056	15822
Austria/Autriche	28016	26820	55305	40034	50822	Belgium–Luxembourg	15374	13836	18113	17896	16310
Finland/Finlande	29372	42231	37076	38817	26129	Denmark/Danemark	9185	12280	12132	20310	22399
Malaysia/Malaisie	11164	19818	42596	42902	x35810	Norway, SVD, JM	10136	6060	6848	20615	15403
China/Chine	40322	34378	28301	39460	145506	Former GDR	x35246	x22445	x10181		
Mexico/Mexique	20893	23653	42009	34404	50524	Ireland/Irlande	7487	9472	11468	9665	9930
Indonesia/Indonésie	4713	11997	28364	52126	25227	Singapore/Singapour	3880	5603	11181	9947	11787
Hong Kong	30566	34849	21311	35802	49341	China/Chine	1800	3617	6119	5266	10334
Thailand/Thaïlande	12906	22395	28760	37677	31379	Korea Republic	2431	3851	3689	5741	13559
Australia/Australie	43675	38221	26722	23470	23437	Australia/Australie	1603	2483	3257	3140	3044
Portugal	14144	20374	32101	31949	21482	Czechoslovakia	x5166	x4082	x2954	x1527	x2111
Singapore/Singapour	9815	17594	29855	35991	30193	Argentina/Argentine	570	646	1198	5249	2671
Brazil/Brésil	7250	8848	36885	23781	24192	Former USSR/Anc. URSS	x5256	x2312	x298	x3048	
Denmark/Danemark	13005	17749	18388	26059	33591	Malaysia/Malaisie	837	731	1965	2486	x1447
So. Africa Customs Un	29456	23920	15146	x21116	x18485	New Zealand	570	2298	972	939	1293
Czechoslovakia	x34719	17696	6633	x19970	x31436	India/Inde	2133	x570	1403	1530	x2115
Turkey/Turquie	12442	7659	11772	20807	25033	Brazil/Brésil	408	941	944	1230	2431
Hungary/Hongrie	x4655	x6547	x6736	24366	x9556	Pakistan	3	72	638	1967	972
Norway, SVD, JM	8165	9452	10454	15195	7134	Venezuela		193	2257	93	204
Ireland/Irlande	7579	9460	12781	9645	6895	Mexico/Mexique	305	1053	518	842	1023
Greece/Grèce	3387	11776	10241	9203	x8451	Israel/Israël	1900	1124	918	164	262
Israel/Israël	10566	5458	11203	10710	11344	Yugoslavia SFR	202	1029	621	x492	
Chile/Chili	3488	5097	8598	12075	x9730	Thailand/Thaïlande	296	996	275	810	x987
Poland/Pologne	x4017	x6122	x8427	x9393	x14755	So. Africa Customs Un	x140	x263	x493	x1102	x891
Yugoslavia SFR	5764	4145	7456	x10002		Hungary/Hongrie	x444	x670	x327	x815	x224
Saudi Arabia	9602	2617	x4170	x10901	x9596	Portugal	256	606	629	297	894
New Zealand	9093	4800	7224	5086	7140	Poland/Pologne	x1089	x211		x319	x953	x1919
Morocco/Maroc	1394	4051	4881	7697	9244	Colombia/Colombie	479	353	103	635	241
Egypt/Egypte	4004	4599	5335	5703	5323	Greece/Grèce	111	84	242	454	x452
Argentina/Argentine	8372	5508	4820	4504	20083	Bulgaria/Bulgarie	x3982	x692			x25
Colombia/Colombie	2992	6576	2912	4087	9498	Costa Rica	x7	5	x529	1	x29
Venezuela	7597	2611	4666	5585	15651	Turkey/Turquie	65	131	229	114	1295
Zimbabwe	x592	x1458	4767	6124	x669	Tunisia/Tunisie		x5	138	196	5
Philippines	2143	x3952	4187	3972	4551	Philippines		x92	181	51	126
Tunisia/Tunisie	1418	4784	4396	2908	17386	Nigeria/Nigéria	62			x238	
Nigeria/Nigéria	x4064	x1816	x3553	x6077	x5240	Sao Tome and Principe	3	x57		x230	
Costa Rica	1220	1589	6224	3426	x1874	Algeria/Algérie		x176	x43		

(VALUE AS % OF TOTAL)(VALEUR EN % DU TOTAL)

	1983	1984	1985	1986	1987	1988	1989	1990	1991	1992		1983	1984	1985	1986	1987	1988	1989	1990	1991	1992
Africa	x5.9	x4.4	x3.8	x2.7	x1.9	3.1	2.7	2.4	2.8	3.3	Afrique	x0.1	0.1	0.1	x0.0	x0.0	x0.0	x0.0	x0.0	x0.1	x0.1
Northern Africa	2.2	1.5	1.4	1.3	0.7	0.8	0.9	0.9	x0.9	1.6	Afrique du Nord		x0.0		x0.0		x0.0	0.0	0.0	0.0	0.0
Americas	x21.9	26.1	x26.4	25.6	x18.9	17.2	20.8	19.0	15.0	19.4	Amériques	7.8	10.7	x8.6	x7.2	x6.9	7.7	8.1	9.7	8.8	9.8
LAIA	x4.0	1.6	1.0	x3.1	x2.2	2.9	2.8	4.4	3.8	6.1	ALAI	0.0	0.0	0.1	0.0	0.1	0.1	0.2	0.2	0.3	0.3
CACM	x0.1	x0.2	x0.4	x0.2	x0.2	0.2	0.3	0.4	x0.3	x0.3	MCAC				x0.0		0.0	0.0	0.0	0.0	0.0
Asia	x13.9	13.8	15.2	13.9	13.2	14.5	17.0	19.0	22.4	x25.3	Asie	6.7	9.1	10.0	8.6	7.8	7.7	8.5	7.7	10.7	12.2
Middle East	x2.8	x2.7	x2.0	x2.7	x1.4	1.6	1.0	x1.1	x1.9	x2.7	Moyen–Orient	x0.0	x0.0		x0.0		x0.0	x0.0	x0.0	x0.0	0.1
Europe	46.2	44.1	49.9	53.2	54.2	49.6	50.8	53.7	52.3	47.8	Europe	85.4	79.3	81.2	84.1	83.1	81.5	81.5	81.7	80.0	77.4
EEC	37.1	34.9	39.5	41.5	42.7	41.6	42.0	44.0	44.6	40.8	CEE	66.5	61.1	62.4	65.5	63.6	60.7	61.6	60.7	60.3	57.6
EFTA	9.1	9.2	10.4	11.0	10.7	7.7	8.6	9.4	7.3	6.5	AELE	18.9	18.2	18.8	18.5	19.5	20.8	19.8	21.0	19.7	19.8
Oceania	4.1	x3.8	4.9	x4.6	x2.9	2.8	2.3	x1.5	x1.3	x1.4	Océanie		0.7		0.1	x0.1	0.1	0.3	0.2	0.2	0.2
USA/Etats–Unis d'Amer	13.5	19.0	17.2	17.6	11.9	10.2	13.9	10.4	9.1	11.3	Germany/Allemagne	39.6	36.1	36.8	40.4	39.5	35.4	37.3	38.7	37.8	34.5
Germany/Allemagne	6.8	5.9	11.4	8.8	7.5	8.1	7.4	9.5	9.6	8.4	Switz.Liecht	14.4	13.9	14.1	14.6	14.0	15.3	14.4	15.5	15.2	14.9
France, Monac	6.7	6.4	6.6	6.3	7.3	8.4	8.0	9.1	8.7	6.9	USA/Etats–Unis d'Amer	7.8	10.7	8.5	5.8	5.8	6.7	6.8	7.8	7.3	8.1
Italy/Italie	4.5	5.4	4.7	5.8	7.1	5.9	6.7	7.1	5.9	6.3	Italy/Italie	7.4	7.9	7.0	6.0	6.7	8.5	7.9	7.0	6.5	6.4
Japan/Japon	3.4	3.8	5.9	5.2	3.7	4.5	5.0	6.1	6.0	4.4	Japan/Japon	11.2	9.6	10.3	10.1	9.7	8.4	7.9	7.0	6.5	6.4
United Kingdom	7.5	7.9	7.5	6.6	6.1	7.6	7.1	4.6	5.5	4.8	United Kingdom	5.4	8.1	8.1	7.1	6.1	5.9	6.4	5.8	8.1	7.6
Netherlands/Pays–Bas	3.5	3.0	3.4	5.1	4.7	3.2	3.0	3.3	5.1	3.6	France, Monac	5.2	4.6	4.6	3.8	4.0	5.1	5.2	5.1	6.0	5.4
Former USSR/Anc. URSS	7.9	7.9		x5.9	x8.2	x4.2	x3.4	x3.9			Finland/Finlande	0.9	0.7	1.4	1.0	1.7	2.6	2.4	2.8	1.1	1.6
Spain/Espagne	1.4	1.3	1.4	2.1	3.5	3.6	3.9	4.0	3.3	4.3	Spain/Espagne	1.8	2.5	1.8	1.8	2.1	2.4	1.9	2.1	2.1	2.4
Belgium–Luxembourg	3.0	2.5	2.1	2.8	3.2	2.8	2.8	3.3	3.4	3.3	Sweden/Suède	3.1	2.7	2.4	1.8	2.3	1.7	1.9	1.5	1.8	1.8

7264 PRINTING PRESSES / MACHINES A IMPRIMER 7264

TRADE BY COMMODITY IN THOUSAND U.S. DOLLARS – COMMERCE PAR PRODUIT EN MILLIERS DE DOLLARS E.U

IMPORTS – IMPORTATIONS

COUNTRIES–PAYS	1988	1989	1990	1991	1992
Total	3554659	4382425	4963861	5029330	4529968
Africa	x48226	x73456	x85180	x92391	x97994
Northern Africa	x11461	x16750	x34924	x30555	x38451
Americas	661199	1001306	1085562	1136445	x1228583
LAIA	93307	104396	286231	316466	383905
CACM	13199	17262	x11130	12502	x15188
Asia	538948	661665	921323	1031306	x1175881
Middle East	x29425	x57498	x66241	x77563	x180242
Europe	1978907	2244174	2524307	2216800	1883616
EEC	1626764	1851480	2047798	1837928	1462391
EFTA	337850	373245	450555	358144	407896
Oceania	x134873	x133093	x99067	x255450	x62655
USA/Etats-Unis d'Amer	414839	690043	607532	667425	663979
France, Monac	308391	411668	520135	384346	259815
United Kingdom	451473	520233	430329	286211	227459
Italy/Italie	221377	227138	260697	291012	143591
Spain/Espagne	184538	244453	263959	231318	
Former USSR/Anc. URSS	x123655	x235193	x198999	x240758	
Korea Republic	126455	174510	230704	254559	213823
Netherlands/Pays-Bas	157706	131424	180878	219445	202974
Japan/Japon	146957	146059	167418	200485	120456
Canada	133791	181374	166378	128048	153493
Australia/Australie	117264	110930	64107	242486	51569
Germany/Allemagne	92214	103522	118341	147822	139379
Belgium-Luxembourg	91935	104080	137965	107125	105402
Brazil/Brésil	37821	41352	165359	129840	87577
Switz.Liecht	87368	87419	134364	113198	97637
Sweden/Suède	102555	135188	118236	59515	178308
Austria/Autriche	57709	67738	107410	118391	75015
Hong Kong	86300	78362	86101	115564	187068
Mexico/Mexique	33257	48206	88783	94653	119806
Finland/Finlande	53219	61293	70396	41600	40489
Malaysia/Malaisie	13661	29890	75436	65923	x56104
Indonesia/Indonésie	11793	20563	62796	84607	40589
Singapore/Singapour	26042	50172	56098	60754	61237
Denmark/Danemark	56130	39679	45987	63310	38452
Thailand/Thaïlande	18309	30633	63773	51697	69226
Portugal	25804	32597	46794	61699	43052
China/Chine	37151	26490	48237	40924	151538
Turkey/Turquie		23397	32889	31653	47073
So. Africa Customs Un	17370	36148	23352	x24118	x30922
New Zealand	17114	21748	34118	12170	9850
Ireland/Irlande	20620	21860	20665	23020	20832
Israel/Israël	15956	9645	13406	39978	29908
Norway, SVD, JM	34540	17908	19508	23628	15327
Greece/Grèce	16576	14826	22058	22618	x31330
India/Inde	17537	x15873	28489	13052	x23017
Czechoslovakia	x33140	8104	26953	x18606	x36711
Yugoslavia SFR	9339	8556	23122	x19514	
Chile/Chili	20	50	9119	30456	x41659
Poland/Pologne	x15356	x13491	x5363	x20542	x18621
Saudi Arabia	x5952	x9887	x10589	x12669	x34355
Hungary/Hongrie	x10016	x7775	x10475	12222	x16105
Argentina/Argentine	12466	6906	4581	17755	65097
Egypt/Egypte	x2903	x4542	x13009	x11519	x18925
Morocco/Maroc	2764	4325	12826	8982	10084
Venezuela	4538	1763	10064	12538	35508
Nigeria/Nigéria	x3557	x2501	x6625	x12073	x9654
United Arab Emirates	x7930	x6589	x8290	x6022	x16065
Philippines	1487	x8649	5894	5439	8077
Kuwait/Koweït	x339	x9911	x2759	x4321	x13443
Costa Rica	2451	7236	5608	3115	x3970

EXPORTS – EXPORTATIONS

COUNTRIES–PAYS	1988	1989	1990	1991	1992
Totale	3940555	4676949	5198720	4599288	4942246
Afrique	x4472	x1667	x1286	x5992	x1196
Afrique du Nord	21	x323	5	x382	88
Amériques	225116	x331468	491665	424988	x444894
ALAI	3236	4239	6870	9404	x5572
MCAC	x50	x51	x19	82	x18
Asie	669099	797030	849822	952208	1011081
Moyen-Orient	x359	x271	x1098	2930	2241
Europe	2584474	3240561	3679929	3175186	3455456
CEE	2301185	2913175	3329253	2859666	3021038
AELE	282975	325826	350612	315336	433965
Océanie	8428	13086	11428	13053	14165
Germany/Allemagne	1861788	2422544	2725746	2331194	2468159
Japan/Japon	630712	754040	796500	874568	865460
USA/Etats-Unis d'Amer	208595	302396	454569	391016	399103
Switz.Liecht	180092	208118	217058	211972	312447
United Kingdom	191011	206411	219401	167663	180389
Italy/Italie	92876	120657	158133	133347	134740
Former GDR	x359119	x180759	x75243		
Netherlands/Pays-Bas	66029	70043	83158	75562	79183
Sweden/Suède	71218	80652	74838	48754	42739
Czechoslovakia	x87589	x100668	x79989	x18093	x15221
France, Monac	43400	50656	62229	77059	80782
Austria/Autriche	16009	20616	43566	44448	63738
Denmark/Danemark	29044	25181	41155	38116	36809
Hong Kong	20437	22048	25913	35193	105274
Canada	12597	23866	30184	24141	39236
Belgium-Luxembourg	10099	8319	21792	13783	13100
Spain/Espagne	4067	5860	11557	17585	25413
Singapore/Singapour	2928	7958	10421	15533	13911
Former USSR/Anc. URSS	x2114	x10748	x8956	x8975	
Australia/Australie	4589	7299	9875	11098	11959
Norway, SVD, JM	12273	11991	8619	6499	6168
Korea Republic	3831	4768	7286	13136	13361
Finland/Finlande	3165	4417	6531	3612	8855
Argentina/Argentine	1359	3360	5365	4931	1350
India/Inde	4983	x1855	4261	7248	x3043
Ireland/Irlande	2780	3340	5357	3933	1994
New Zealand	3840	5787	1553	1953	2206
Malaysia/Malaisie	2188	3869	1809	1749	x2661
Liberia/Libéria			x136	x4614	
China/Chine	2973	1543	1191	682	3393
Mexico/Mexique	640	106	251	2909	814
Turkey/Turquie		61		2626	189
Brazil/Brésil	964	439	856	1270	1573
So. Africa Customs Un	x4072	x1261	x587	x486	x488
Portugal	42	139	550	1133	185
Malta/Malte	297	1459		x31	x89
Thailand/Thaïlande	384	234	773	361	x286
Hungary/Hongrie	x145	x872	x321	x122	x137
Saudi Arabia	x92	x61	x695	x114	x109
Israel/Israël	303	298	351	185	179
Dominican Republic		x825			
Egypt/Egypte		x323		x379	
Romania/Roumanie				x630	
Macau/Macao		2		398	357
Greece/Grèce	50	24	176	291	x284
Nigeria/Nigéria		x13		x446	
Cyprus/Chypre	134	132	116	141	1906
Colombia/Colombie	245	290	29	57	119
Panama	x85	x58	1	x292	28
Chile/Chili	10	0	206	125	x1508

(VALUE AS % OF TOTAL)(VALEUR EN % DU TOTAL)

	1983	1984	1985	1986	1987	1988	1989	1990	1991	1992
Africa	x5.0	x5.6	x3.7	x2.4	x2.0	x1.4	x1.7	x1.7	x1.9	x2.2
Northern Africa	1.0	0.9	0.7	x1.0	0.6	0.3	0.4	0.7	0.6	0.8
Americas	x27.7	x31.3	x34.2	x3.1	x21.0	18.6	22.9	21.9	22.6	x27.1
LAIA	x2.0	0.3	1.5	x2.9	2.7	2.6	2.4	5.8	6.3	8.5
CACM	x0.1			x0.3	0.2	0.4	0.4	x0.2	0.2	x0.3
Asia	x17.2	13.9	x12.8	11.9	13.3	15.2	15.1	18.5	20.5	x25.9
Middle East	x3.6	x1.9	x2.2	x1.6	x0.9	x0.8	x1.3	x1.5	x1.5	x4.0
Europe	45.9	43.7	44.8	50.5	54.1	55.7	51.2	50.9	44.1	41.6
EEC	35.9	35.0	36.4	41.0	44.2	45.8	42.2	41.3	36.5	32.3
EFTA	9.9	8.7	8.4	9.2	9.4	9.5	8.5	9.1	7.1	9.0
Oceania	x4.2	x5.5	x4.6	x5.0	x2.6	x3.8	x3.0	x2.0	x5.1	x1.4
USA/Etats-Unis d'Amer	21.6	25.2	27.9	22.5	14.3	11.7	15.7	12.2	13.3	14.7
France, Monac	9.7	7.6	7.4	8.1	9.3	8.7	9.4	10.5	7.6	5.7
United Kingdom	6.4	9.5	9.5	8.6	10.7	12.7	11.9	8.7	5.7	5.5
Italy/Italie	4.2	3.8	3.2	3.9	5.2	6.2	5.2	5.3	5.8	5.0
Spain/Espagne	1.9	2.0	3.1	3.1	4.8	5.2	5.6	5.3	4.6	3.2
Former USSR/Anc. URSS					x3.2	x3.5	x5.4	4.0	x4.8	
Korea Republic	1.6	1.6	1.0	1.7	2.6	3.6	4.0	4.6	5.1	4.7
Netherlands/Pays-Bas	3.4	3.5	4.1	4.5	4.7	4.4	3.6	3.6	4.4	4.5
Japan/Japon	5.3	4.2	4.0	4.3	3.7	4.1	3.3	3.4	4.0	2.7
Canada	3.4	5.2	4.3	4.2	3.5	3.8	4.1	3.4	2.5	3.4

	1983	1984	1985	1986	1987	1988	1989	1990	1991	1992
Afrique	0.1	x0.2	0.1	x0.2	x0.0	x0.1	x0.0	x0.0	x0.1	x0.0
Afrique du Nord		0.0	0.0	0.0	0.0	x0.0	0.0	0.0	0.0	0.0
Amériques	x7.3	6.7	4.0	x2.7	x3.9	5.7	x7.1	9.4	9.2	x9.0
ALAI	0.0	0.0	0.1	x0.1	x0.2	0.1	0.1	0.1	0.2	x0.1
MCAC	0.0	0.0	0.0	0.0	0.0	x0.0	0.0	0.0	0.0	x0.0
Asie	14.7	19.3	20.0	19.5	14.7	17.0	17.0	16.3	20.7	20.4
Moyen-Orient	x0.1	x0.0	0.0	0.0	0.0	x0.0	x0.0	x0.0	0.1	0.0
Europe	77.8	73.7	75.8	77.5	73.1	65.6	69.3	70.8	69.0	69.9
CEE	70.0	66.0	68.1	69.6	66.5	58.4	62.3	64.0	62.2	61.1
AELE	7.7	7.7	7.7	7.9	6.5	7.2	7.0	6.8	6.9	8.8
Océanie						0.2	0.3	0.2	0.3	0.3
Germany/Allemagne	54.5	48.8	50.2	52.9	52.5	47.2	51.8	52.4	50.7	49.9
Japan/Japon	14.0	18.4	19.1	19.0	14.2	16.0	16.1	15.3	19.0	17.5
USA/Etats-Unis d'Amer	7.3	6.7	3.9	2.5	3.6	5.3	6.5	8.7	8.5	8.1
Switz.Liecht	4.8	5.1	5.0	5.5	4.4	4.6	4.4	4.2	4.6	6.3
United Kingdom	3.3	5.2	5.9	4.4	4.3	4.8	4.4	4.3	3.6	3.6
Italy/Italie	5.5	4.7	4.4	4.1	3.1	2.4	2.6	3.0	2.9	2.7
Former GDR						x8.0	x9.1	x3.9	x1.4	
Netherlands/Pays-Bas	2.1	2.0	1.8	2.0	1.9	1.7	1.5	1.6	1.6	1.6
Sweden/Suède	2.8	2.5	2.6	2.2		1.8	1.7	1.4	1.1	0.9
Czechoslovakia						0.2	x2.2	x2.2	x1.5	x0.4	x0.3

72641 ROTARY PRINTING PRESSES / MACH IMPRIMER ROTATIVES 72641

TRADE BY COMMODITY IN THOUSAND U.S. DOLLARS – COMMERCE PAR PRODUIT EN MILLIERS DE DOLLARS E.U

IMPORTS – IMPORTATIONS

COUNTRIES–PAYS	1988	1989	1990	1991	1992
Total	3538694	4386858	4945417	4997138	4529097
Africa	x46255	x73639	x76855	x88422	x97017
Northern Africa	x10084	x16967	x26613	x26615	x37474
Americas	x666200	x1021464	1091127	1128883	x1228689
LAIA	x107487	x131352	296128	315885	383905
CACM	x5764	x9596	x7708	x7198	x15664
Asia	523909	655034	905669	1010743	x1175881
Middle East	x29355	x57506	x66007	x77543	x180242
Europe	1974962	2234690	2524307	2216751	1883616
EEC	1626764	1851480	2047798	1837928	1462391
EFTA	337850	373245	450555	358144	407896
Oceania	x134862	x133299	x99067	x255450	x62655
USA/Etats–Unis d'Amer	414839	690043	607532	667425	663979
France, Monac	308391	411668	520135	384346	259815
United Kingdom	451473	520233	430329	286211	250104
Italy/Italie	221377	227138	260697	291012	227459
Spain/Espagne	184538	244453	263959	231318	143591
Former USSR/Anc. URSS	x123655	x235193	x198972	x240727	
Korea Republic	126455	174510	230704	254559	213823
Netherlands/Pays–Bas	157706	131424	180878	219445	202974
Japan/Japon	146957	146059	167418	200485	120456
Canada	133791	181374	166378	128048	153493
Australia/Australie	117264	110930	64107	242486	51569
Germany/Allemagne	92214	103522	118341	147822	139379
Belgium–Luxembourg	91935	104080	137955	107125	105402
Brazil/Brésil	37814	41352	165359	129840	87577
Switz.Liecht	87368	87419	134364	113198	97637
Sweden/Suède	102555	135188	118236	59515	178308
Austria/Autriche	57709	67738	107410	118391	75015
Hong Kong	78561	73252	78033	106822	187068
Mexico/Mexique	33243	48206	88783	94653	119806
Finland/Finlande	53219	61293	70396	41600	40489
Malaysia/Malaisie	13661	29890	75436	65923	x56104
Indonesia/Indonésie	10561	20563	62796	84607	40589
Singapore/Singapour	25665	50172	56098	60754	61237
Denmark/Danemark	56130	39679	45987	63310	38452
Thailand/Thaïlande	18309	30633	63773	51697	69226
Portugal	25804	32597	46794	61699	43052
China/Chine	32046	25237	40952	29133	151538
Turkey/Turquie		22397	32889	31653	47073
So. Africa Customs Un	17370	36148	23352	x24118	x30922
New Zealand	17114	21748	34118	12170	9850
Ireland/Irlande	20620	21860	20665	23020	20832
Israel/Israël	15956	9645	13406	39978	29908
Norway,SVD,JM	34540	17908	19508	23628	15327
Greece/Grèce	16576	14826	22058	22618	x31330
India/Inde	17537	x15820	28489	13052	x23017
Czechoslovakia	x33140	8104	26953	x18606	x36711
Yugoslavia SFR	9339	8556	23122	x19468	
Chile/Chili	x3792	x8251	9119	30456	x41659
Poland/Pologne	x15356	x13491	x5363	x20527	x18621
Venezuela	x11545	x15885	10064	12538	35508
Saudi Arabia	x5929	x9884	x10587	x12667	x34355
Hungary/Hongrie	x10016	x7775	x10473	12222	x16105
Colombia/Colombie	x5353	x7306	x11087	11765	19508
Argentina/Argentine	12466	6906	4579	17739	65097
Egypt/Egypte	x2896	x4507	x12995	x11491	x18925
Nigeria/Nigéria	x3095	x2499	x6625	x12059	x9654
United Arab Emirates	x7921	x6584	x8279	x6020	x16065
Philippines	1451	x8623	5852	5439	8077
Kuwait/Koweit	x339	x9911	x2759	x4321	x13443
Morocco/Maroc	2363	3753	7313	5147	9107

EXPORTS – EXPORTATIONS

COUNTRIES–PAYS	1988	1989	1990	1991	1992
Totale	x3922700	4669168	5188622	4591342	4942095
Afrique	x4438	x1667	x1238	x5992	x1195
Afrique du Nord	10		x323	2	x382	87
Amériques	x216756	x331059	491622	424827	x444785
ALAI	3000	3950	6866	9331	x5561
MCAC	x39	x7	x3	x4	x14
Asie	660567	792413	843511	944599	1011081
Moyen–Orient	x331	x271	x1098	2930	2241
Europe	2584167	3239092	3679929	3175186	3455456
CEE	2301185	2913175	3329253	2859666	3021038
AELE	282975	325826	350612	315336	433965
Océanie	8428	13086	11428	13051	14165
Germany/Allemagne	1861788	2422544	2725746	2331194	2468159
Japan/Japon	630712	754040	796500	874568	865460
USA/Etats–Unis d'Amer	x200580	302396	454569	391016	399103
Switz.Liecht	180092	208118	217058	211972	312447
United Kingdom	191011	206411	219401	167663	180389
Italy/Italie	92876	120657	158133	133347	134740
Former GDR	x359119	x180759	x75243		
Netherlands/Pays–Bas	66029	70043	83158	75562	79183
Sweden/Suède	71218	80652	74838	48754	42739
Czechoslovakia	x86968	x99382	x76292	x17919	x15180
France, Monac	43400	50656	62229	77059	80782
Austria/Autriche	16009	20616	43566	44448	63738
Denmark/Danemark	29044	25181	41155	38116	36809
Canada	12597	23866	30184	24141	39236
Hong Kong	12412	18133	20224	27843	105274
Belgium–Luxembourg	10099	8319	21792	13783	13100
Spain/Espagne	4067	5860	11557	17585	25413
Singapore/Singapour	2763	7958	10421	15533	13911
Former USSR/Anc. URSS	x2114	x10748	x8956	x8975	
Australia/Australie	4589	7299	9875	11098	11959
Norway,SVD,JM	12273	11991	8619	6499	6168
Korea Republic	3831	4768	7286	13136	13361
Finland/Finlande	3165	4417	6531	3612	8855
Argentina/Argentine	1357	3359	5337	4931	1350
India/Inde	4983	x1842	4261	7248	x3043
Ireland/Irlande	2780	3340	5357	3933	1994
New Zealand	3840	5787	1553	1953	2206
Malaysia/Malaisie	2188	3869	1809	1749	x2661
Liberia/Libéria			x136	x4614	
Mexico/Mexique	640	106	251	2909	814
Turkey/Turquie		61		2626	189
Brazil/Brésil	964	439	856	1270	1573
So. Africa Customs Un	x4062	x1261	x586	x486	x488
China/Chine	2659	854	570	423	3393
Portugal	42	139	550	1133	185
Thailand/Thaïlande	384	234	773	361	x286
Hungary/Hongrie	x145	x872	x321	x122	x137
Saudi Arabia	x92	x61	x695	x114	x109
Israel/Israël	303	298	351	185	179
Dominican Republic	x825				
Egypt/Egypte		x323		x379	
Romania/Roumanie				x630	
Macau/Macao		2	165	398	357
Greece/Grèce	50	24	176	291	x284
Nigeria/Nigéria		x13		x446	
Cyprus/Chypre	106	132	116	141	1906
Chile/Chili		x10	206	125	x1508
Panama		x6		x283	x5
Reunion/Réunion	119	47	171	41	74
Oman	7		x198		

(VALUE AS % OF TOTAL) (VALEUR EN % DU TOTAL)

Imports

	1983	1984	1985	1986	1987	1988	1989	1990	1991	1992
Africa	x5.0	x5.6	x3.6	x2.3	x1.9	x1.3	x1.7	x1.6	x1.8	x2.2
Northern Africa	x0.9	x0.8	0.5	x1.0	x0.5	x0.3	x0.4	x0.5	x0.5	x0.8
Americas	x28.3	x32.0	x35.1	x30.8	x21.3	x18.8	x23.3	22.0	22.6	x27.1
LAIA	x2.0	x0.3	x1.6	x3.1	x2.7	x3.0	x3.0	6.0	6.3	8.5
CACM	x0.1			x0.2	x0.2	x0.2	x0.2	x0.2	x0.1	x0.3
Asia	x16.8	x13.2	x11.9	x11.4	13.0	14.8	14.9	18.4	20.2	x25.9
Middle East	x3.5	x1.8	x1.9	x1.1	x0.7	x0.8	x1.3	x1.3	x1.6	x4.0
Europe	45.9	43.9	44.7	50.4	54.1	55.8	50.9	51.0	44.4	41.6
EEC	35.7	35.0	36.2	40.8	44.1	46.0	42.2	41.4	36.8	32.3
EFTA	x10.1	x8.9	x8.5	x9.3	x9.6	9.5	8.5	9.1	7.2	9.0
Oceania	x4.1	x5.5	x4.6	x5.1	x2.6	x3.8	x3.0	x2.0	x5.1	x1.4
USA/Etats–Unis d'Amer	22.2	25.7	28.6	23.0	14.6	11.7	15.7	12.3	13.4	14.7
France, Monac	9.2	7.4	6.9	7.7	8.8	8.7	9.4	10.5	7.7	5.7
United Kingdom	6.4	9.6	9.7	8.7	10.9	12.8	11.9	8.7	5.7	5.5
Italy/Italie	4.2	3.8	3.1	3.9	5.3	6.3	5.2	5.3	5.8	5.0
Spain/Espagne	2.0	2.0	3.2	3.1	4.9	5.2	5.6	5.3	4.6	3.2
Former USSR/Anc. URSS					x3.2	x3.5	x5.4	x4.0	x4.8	
Korea Republic	1.5	1.5	0.8	1.7	2.6	3.6	4.0	4.7	5.1	4.7
Netherlands/Pays–Bas	3.5	3.5	4.2	4.6	4.8	4.5	3.0	3.7	4.4	4.5
Japan/Japon	5.3	4.2	3.9	4.4	3.7	4.2	3.3	3.4	4.0	2.7
Canada	3.4	5.4	4.4	4.2	3.5	3.8	4.1	3.4	2.6	3.4

Exports

	1983	1984	1985	1986	1987	1988	1989	1990	1991	1992
Afrique	x0.1	x0.2	x0.1	x0.2	x0.0	x0.1	x0.0	x0.0	x0.1	x0.0
Afrique du Nord			0.0		0.0	0.0		x0.0	x0.0	x0.0
Amériques	x7.4	x6.7	x4.0	x2.7	x3.9	x5.5	x7.1	9.4	9.2	x9.0
ALAI		0.0	x0.1	x0.1	x0.2	0.1	0.1	0.1	0.2	x0.1
MCAC						x0.0	x0.0	x0.0	x0.0	x0.0
Asie	14.8	19.3	19.9	19.6	14.6	16.9	17.0	16.3	20.6	20.4
Moyen–Orient	x0.0							x0.0	0.1	0.0
Europe	77.7	73.7	75.9	77.5	73.1	65.9	69.4	70.9	69.2	69.9
CEE	70.6	66.4	68.7	70.2	67.1	58.7	62.4	64.2	62.3	61.1
AELE	x7.0	x7.3	x7.2	x7.3	x6.0	7.2	7.0	6.8	6.9	8.8
Océanie						0.2		0.2	0.3	0.3
Germany/Allemagne	55.3	49.4	51.1	53.8	53.2	47.5	51.9	52.5	50.8	49.9
Japan/Japon	14.1	18.4	19.0	14.1	14.1	16.1	16.1	15.4	19.0	17.5
USA/Etats–Unis d'Amer	x7.4	x6.7	x3.9	x2.5	x3.6	x5.1	6.5	8.8	8.5	8.1
Switz.Liecht	x4.0	x4.7	x4.4	x4.8	x3.8	4.6	4.5	4.2	4.6	6.3
United Kingdom	3.3	5.3	6.0	5.4	4.3	4.9	4.4	4.2	3.7	3.7
Italy/Italie	5.4	4.5	4.0	3.8	2.9	2.4	2.6	3.0	2.9	2.7
Former GDR					x8.2	x9.2	x3.9	x1.5		
Netherlands/Pays–Bas	2.1	2.1	1.8	2.0	1.9	1.7	1.5	1.6	1.6	1.6
Sweden/Suède	2.9	2.5	2.6	2.2	2.0	1.8	1.7	1.4	1.1	0.9
Czechoslovakia					x0.2	x2.2	x2.1	x1.5	x0.4	x0.3

7281 MACH–TOOLS FR SPCL INDUS

MACH–OUTILS SPEC IND PART 7281

TRADE BY COMMODITY IN THOUSAND U.S. DOLLARS – COMMERCE PAR PRODUIT EN MILLIERS DE DOLLARS E.U

COUNTRIES–PAYS	1988 (IMP)	1989	1990	1991	1992	COUNTRIES–PAYS	1988 (EXP)	1989	1990	1991	1992
Total	x4294640	x4809512	5417254	x5779748	x5144202	Totale	4084623	4176587	5146831	4885046	4842698
Africa	x111820	x132734	x142045	x147491	x157267	Afrique	x1706	x1497	x2484	x2215	x2023
Northern Africa	31942	33021	38326	x50055	x63638	Afrique du Nord	351	x352	x277	x382	314
Americas	986355	949037	922937	836349	x1003760	Amériques	546747	380639	423079	379816	415222
LAIA	99151	95540	99927	129604	x176641	ALAI	19262	14881	15518	13883	19684
CACM	11073	14605	22675	15441	x11190	MCAC	290	195	97	190	x529
Asia	704639	865038	1181556	1224456	x1334025	Asie	514368	468395	533810	609317	655773
Middle East	x53740	x65602	x99708	x111195	x152832	Moyen–Orient	x3859	x3961	2467	x2530	x6321
Europe	1824604	2051779	2634893	2507126	2369580	Europe	2930468	3255709	4116780	3826512	3714217
EEC	1370283	1510191	1985417	1948630	1908842	CEE	2468524	2777983	3462060	3218600	3149604
EFTA	423451	494135	597046	513944	417495	AELE	457447	468231	646650	588923	554071
Oceania	72046	x100856	x78618	x62685	x67157	Océanie	14298	x14651	x27586	32570	21198
USA/Etats–Unis d'Amer	633287	600085	587731	524831	639044	Italy/Italie	1071051	1257680	1575681	1541413	1524518
Former USSR/Anc. URSS	x308501	x512387	x222911	x802491		Germany/Allemagne	972557	1051382	1288169	1107400	1064611
Germany/Allemagne	252122	296980	433576	515617	539348	Japan/Japon	384159	340320	394291	472405	470882
France,Monac	249749	267647	374879	348130	326217	USA/Etats–Unis d'Amer	472106	315910	346325	319216	344508
Spain/Espagne	165820	204295	262693	220414	199993	Switz.Liecht	156924	159413	211080	212704	194144
Indonesia/Indonésie	138216	149766	272129	194676	135148	Austria/Autriche	137846	154401	222358	206271	219684
Malaysia/Malaisie	76379	117575	177206	261188	x215119	France,Monac	136985	152812	190531	183334	166309
United Kingdom	223896	210599	205549	138142	158658	United Kingdom	94360	95311	120744	111845	110854
Canada	220526	216103	190184	144603	150268	Sweden/Suède	74159	82146	110125	98175	76312
Belgium–Luxembourg	135341	136948	175316	191094	159851	Belgium–Luxembourg	71013	83395	96239	86737	94684
Austria/Autriche	112204	132449	160347	169108	161578	Netherlands/Pays–Bas	51482	55735	78591	77420	75813
Italy/Italie	104088	117483	156141	173856	167666	Finland/Finlande	79182	62394	85284	60922	49394
Switz.Liecht	130502	139801	163402	140432	116429	Canada	54338	49103	60691	46273	49641
Japan/Japon	80948	114534	138195	130946	88851	Spain/Espagne	32293	38412	57672	54082	63699
Netherlands/Pays–Bas	93615	100862	135607	128500	125772	Singapore/Singapour	28623	35412	47275	56970	47630
Korea Republic	70986	71498	129546	103380	92056	Hong Kong	48918	56128	37703	37447	58095
Singapore/Singapour	84653	104976	125357	98097	70132	Denmark/Danemark	24539	27856	31186	32853	29857
Sweden/Suède	86840	105859	125153	94942	28188	Korea Republic	13995	18535	28180	13709	29923
Finland/Finlande	46698	84736	94540	49942	224510	Australia/Australie	10168	10015	23731	25564	16271
China/Chine	67506	83511	60440	79475		Norway,SVD,JM	9306	9772	17754	10844	14530
Portugal	42467	57398	82219	76620	94119	Portugal	7602	9715	14247	13502	11975
Czechoslovakia	x66278	49381	84461	x71704	x89357	Yugoslavia SFR	4780	9549	7811	x18260	
Denmark/Danemark	56097	50355	69634	62460	62211	Brazil/Brésil	16093	11494	10398	8548	12425
Australia/Australie	51687	78784	58884	37453	48058	Poland/Pologne	x15023	x9211	x9125	x11303	x13838
Thailand/Thaïlande	31138	35092	51453	70564	85387	Czechoslovakia	x3560	x8752	x10832	x6111	x11248
Poland/Pologne	x43731	x44070	x46278	x57994	x52004	Former GDR	x15855	x18884	x5355		
Greece/Grèce	24691	36376	49361	57384	x39737	Former USSR/Anc. URSS	x5861	x7785	x6366	x6773	
Hong Kong	47305	50418	47715	44831	62568	Israel/Israël	26858	4860	7208	8431	11744
Norway,SVD,JM	44853	30378	52381	55042	39927	Bulgaria/Bulgarie	x24098	x9471	x8778	x1691	x2534
Yugoslavia SFR	24945	38655	44777	x39789		Ireland/Irlande	5624	5005	6778	7753	5358
Mexico/Mexique	25832	35562	35169	43845	51819	China/Chine	1224	3753	6604	7786	20388
Ireland/Irlande	22398	31247	40442	36413	35269	New Zealand	3823	4348	3637	6766	4653
Hungary/Hongrie	x27230	x30098	x48288	24520	x23542	Malaysia/Malaisie	3888	3058	4495	5654	x5921
So. Africa Customs Un	28388	34259	34712	x30448	x23865	Hungary/Hongrie	x794	x1503	x2551	x2865	x3521
Turkey/Turquie	10889	12625	41821	33659	33397	Mexico/Mexique	2030	1897	2914	1828	3117
India/Inde	16931	x32679	28223	24178	x71929	Romania/Roumanie	x11847	1	83	6253	x3127
Romania/Roumanie	x5372	8777	26327	38400	x40720	Argentina/Argentine	890	1316	1922	2479	3078
Bulgaria/Bulgarie	x32380	x38908	x17630	x6142	6207	Greece/Grèce	547	680	2223	2262	x1928
Chile/Chili	19076	20319	22712	18690	x26580	Turkey/Turquie	1780	1511	1556	1715	3925
Saudi Arabia	5824	10681	x16978	x31425	x37262	India/Inde	1552	x297	2376	1669	x1089
Brazil/Brésil	13805	12830	17735	24699	52710	Thailand/Thaïlande	1089	1276	1465	1584	x1927
New Zealand	14977	18392	15280	16261	13090	So. Africa Customs Un	x789	x851	x877	x962	x801
Iran (Islamic Rp. of)	x4255	x6183	x16441	x25980	x45636	Kuwait/Koweït	x15	1046	x20	0	x5
Israel/Israël	14373	12545	13831	21489	19488	Philippines	68	x42	461	444	134
Former GDR	x110521	x25913	x10121			Jordan/Jordanie	917	255	342	464	1079
Philippines	9003	x12592	14214	8735	10459	Colombia/Colombie	32	109	44	53	
Libyan Arab Jamahiriya	9653	6203	7559	x19710	x7954	Korea Dem People's Rp	x33	x63	x399	x90	x88
Morocco/Maroc	5770	7881	12091	10072	11145	Lebanon/Liban	x59	x314	x115	x117	x487
Costa Rica	1302	4183	14001	6252	x1884	Tunisia/Tunisie	291	203	168	137	43
Venezuela	18382	12488	3633	8180	10144	Papua New Guinea	39	175	51	227	16

(VALUE AS % OF TOTAL)(VALEUR EN % DU TOTAL)

	1983	1984	1985	1986	1987	1988	1989	1990	1991	1992		1983	1984	1985	1986	1987	1988	1989	1990	1991	1992
Africa	x9.0	x7.3	x5.7	x4.6	x3.0	2.6	x2.7	2.6	x2.5	x3.1	Afrique	x0.0		x0.1	x0.0	x0.0	x0.0	x0.0	x0.0	x0.0	x0.0
Northern Africa	x4.5	4.0	3.1	1.7	x0.8	0.7	0.7	0.7	x0.9	x1.2	Afrique du Nord		0.0	0.0	0.0	0.0	0.0	0.0	0.0	0.0	0.0
Americas	19.7	27.2	29.1	x33.5	x25.4	23.0	19.8	17.1	14.5	x19.5	Amériques	16.9	18.5	17.2	13.9	x13.5	13.4	9.1	8.2	7.8	8.5
LAIA	1.8	2.4	2.3	x4.1	2.2	2.3	2.0	1.8	2.2	x3.4	ALAI	0.1	0.6	0.6	0.5	0.4	0.5	0.4	0.3	0.3	0.4
CACM	x0.1	0.4	0.8	x0.5	x0.4	0.3	0.3	0.4	0.3	x0.2	MCAC	x0.0	0.0	x0.0	x0.0	x0.0	0.0	0.0	0.0	0.0	0.0
Asia	x24.4	18.0	x14.9	10.6	13.2	16.4	17.9	21.8	21.1	x25.9	Asie	11.6	8.3	9.3	8.9	9.0	12.6	11.3	10.4	12.4	13.6
Middle East	x5.7	x4.4	4.0	x2.1	x1.1	1.3	x1.4	x1.9	x1.0	x3.0	Moyen–Orient	x0.1	x0.2	x0.1	0.3	x0.1	x0.1	x0.1	0.0	x0.1	x0.1
Europe	44.9	44.2	46.8	48.5	45.2	42.5	42.7	48.6	43.4	46.1	Europe	71.2	72.9	73.2	77.0	74.9	71.7	78.0	80.0	78.3	76.7
EEC	32.5	30.8	32.5	33.4	31.7	31.9	31.4	36.6	33.7	37.1	CEE	58.1	58.7	59.4	64.3	62.7	60.4	66.5	67.3	65.9	65.0
EFTA	12.4	12.0	12.6	12.7	12.1	9.9	10.3	11.0	8.9	8.1	AELE	13.1	14.2	13.7	12.6	12.1	11.2	11.2	12.6	12.1	11.4
Oceania	2.0	x3.1	x3.5	x2.7	x1.8	1.7	x2.1	x1.5	x1.1	x1.3	Océanie	0.3	0.3	x0.1	x0.2	0.2	0.3	x0.3	x0.5	0.7	0.4
USA/Etats–Unis d'Amer	12.2	17.7	19.8	17.7	14.1	14.7	12.5	10.8	9.1	12.4	Italy/Italie	22.5	22.9	24.6	26.3	26.2	26.2	30.1	30.6	31.6	31.5
Former USSR/Anc. URSS					x5.6	x7.2	x10.7	x4.1	x13.9		Germany/Allemagne	22.3	23.2	22.4	26.3	24.5	23.8	25.2	25.0	22.7	22.0
Germany/Allemagne	7.7	6.9	7.1	7.2	6.0	5.9	6.2	8.0	8.9	10.5	Japan/Japon	9.4	6.8	7.1	7.0	7.1	8.1	7.7	9.7	9.7	
France,Monac	6.0	5.3	5.7	6.2	5.8	5.8	5.6	6.9	6.0	6.3	USA/Etats–Unis d'Amer	15.0	14.6	14.0	11.4	10.7	11.6	7.6	6.7	6.5	7.1
Spain/Espagne	1.5	1.4	1.7	2.6	3.9	3.9	4.2	4.8	3.8	3.9	Switz.Liecht	3.5	3.8	3.4	3.6	4.1	3.8	3.8	4.3	4.2	4.5
Indonesia/Indonésie	8.0	3.5	1.7	1.6	2.1	3.2	3.1	5.0	3.4	x4.2	Austria/Autriche	3.3	3.3	3.6	3.9	3.7	3.4	3.7	3.7	3.8	3.4
Malaysia/Malaisie	2.0	1.4	1.3	0.6	0.4	1.8	2.4	3.3	4.5		France,Monac	4.9	4.4	4.6	3.8	3.4	3.4	2.7	2.3	2.3	2.3
United Kingdom	5.8	6.6	6.2	5.3	4.9	5.2	4.4	3.4	2.4	3.1	United Kingdom	3.7	3.3	3.1	2.7	2.8	2.3	2.3	2.3	2.3	
Canada	4.8	5.8	5.5	5.5	5.1	5.1	4.5	3.5	2.5	2.9	Sweden/Suède	2.8	2.7	2.5	2.3	2.2	1.8	2.0	2.1	2.0	1.6
Belgium–Luxembourg	2.6	2.3	2.8	2.8	3.3	3.2	2.8	3.2	3.3	3.1	Belgium–Luxembourg	1.6	1.6	1.5	2.0	2.2	1.7	2.0	1.9	1.8	2.0

7283 OTHR MINERAL WORKG MACHY

MACH TRIER, CRIBLER, BROYER 7283

TRADE BY COMMODITY IN THOUSAND U.S. DOLLARS – COMMERCE PAR PRODUIT EN MILLIERS DE DOLLARS E.U

COUNTRIES–PAYS	1988	1989	1990	1991	1992	COUNTRIES–PAYS	1988	1989	1990	1991	1992
	IMPORTS – IMPORTATIONS						EXPORTS – EXPORTATIONS				
Total	x3277077	x3568150	3863984	x4780705	x4885506	Totale	2909150	3255365	3956035	4151863	4670646
Africa	x195458	x241314	x333193	x349281	x492077	Afrique	x46792	x43004	x56356	x66988	x39566
Northern Africa	85141	121724	188729	217451	x275094	Afrique du Nord	13591	5884	13073	19735	2317
Americas	680940	740924	703988	608092	770019	Amériques	358719	421987	519398	559815	657071
LAIA	239882	210253	224355	231199	417291	ALAI	23632	27716	24365	40697	47958
CACM	10712	11400	10510	4979	x11792	MCAC	x57	x93	x207	x84	x70
Asia	x615006	x673259	x797180	1348792	x1670681	Asie	247011	x289029	282016	363426	375385
Middle East	x165674	x122674	x165672	x241026	x390936	Moyen–Orient	x11689	10335	x12548	x11936	16553
Europe	1118122	1348205	1701071	1664858	1751266	Europe	2002779	2271284	2899285	2965040	3482263
EEC	849152	1048056	1327146	1345275	1461726	CEE	1721314	1962215	2505170	2601083	3033120
EFTA	252119	273976	346531	293028	272200	AELE	272776	282486	374675	354160	438569
Oceania	79036	74660	x77756	x66470	x68646	Océanie	39998	53053	50018	x55949	62822
Former USSR/Anc. URSS	x355204	x341641	x135705	x657857		Germany/Allemagne	684198	786752	1010017	1010278	1111411
USA/Etats-Unis d'Amer	245403	303504	252398	224271	209582	USA/Etats-Unis d'Amer	274028	348112	433768	460060	543285
Germany/Allemagne	119216	153221	232094	364702	486041	Italy/Italie	298320	324001	400908	422335	534450
France, Monac	165284	199929	245322	203707	176923	United Kingdom	217095	256100	311452	341748	421069
United Kingdom	161659	180856	176166	140231	149117	France, Monac	175773	229771	285918	308613	350567
Thailand/Thaïlande	56692	52875	126194	261932	188950	Japan/Japon	163040	153741	178468	243911	194005
Canada	137926	163548	161925	102913	91765	Denmark/Danemark	145976	141050	211038	212526	267380
Spain/Espagne	93300	108848	140833	145566	133339	Belgium–Luxembourg	59246	81695	109608	104063	113062
Belgium-Luxembourg	73146	101637	147308	132542	134015	Switz.Liecht	100373	74661	109453	110650	125952
Korea Republic	55680	73021	92498	178133	139374	Sweden/Suède	78099	79879	104006	98355	115868
China/Chine	105172	112030	83527	104787	212873	Netherlands/Pays-Bas	65298	61797	95491	71529	76198
Netherlands/Pays-Bas	73080	79907	120396	97189	102563	Finland/Finlande	54132	72781	82686	60759	69814
Italy/Italie	57617	87760	86971	120317	131116	Spain/Espagne	46626	55490	54632	100034	127966
Indonesia/Indonésie	33461	46764	63246	174600	219449	Former USSR/Anc. URSS	x81450	x58408	x48229	x92316	
Algeria/Algérie	28033	60608	106615	86399	x71862	Austria/Autriche	32228	44975	66371	73684	115742
Switz.Liecht	69062	66405	85351	79514	72933	Canada	59707	44210	60467	57955	65302
Mexico/Mexique	31764	58792	75457	96145	153989	Australia/Australie	32967	45677	42232	49732	52501
Sweden/Suède	48121	58704	97517	62388	58671	So. Africa Customs Un	x29142	x30239	x39992	x35097	x35850
Austria/Autriche	51271	59705	77681	78815	85174	Czechoslovakia	x28989	x33211	x55075	x15326	x26144
Portugal	42001	51186	83156	59566	65322	Singapore/Singapour	23715	30186	25369	36302	35144
Malaysia/Malaisie	22994	36962	51941	98269	x78142	Former GDR	x76763	x56284	x20264		
Singapore/Singapour	27867	36113	56370	68644	63532	Ireland/Irlande	24194	20864	20142	20450	24200
Turkey/Turquie	61205	40334	40893	74434	75266	Brazil/Brésil	15458	16373	15310	27314	33174
Australia/Australie	48624	47694	56205	43267	47241	Philippines	6891	x49500	4599	4267	3077
Chile/Chili	41315	35366	67991	37373	x31933	China/Chine	8703	11801	22635	20970	24175
Venezuela	106236	57925	29025	47118	122062	Yugoslavia SFR	8380	26204	19261	x9718	
Norway, SVD, JM	54786	44460	41528	45038	40917	Korea Republic	19019	14915	17760	11546	36307
Iran (Islamic Rp. of)	x36105	x12523	x37820	x74334	x183071	Hong Kong	6667	7117	10187	21610	54112
Japan/Japon	25978	34841	43896	44221	50252	Algeria/Algérie	12925	5077	12092	18292	x75
Czechoslovakia	x56524	34942	55533	x30537	x54750	Norway, SVD, JM	7924	10179	12158	10672	11149
Morocco/Maroc	18021	16978	31093	65498	142725	Poland/Pologne	x15621	x8341	x7336	x14237	x12261
Finland/Finlande	26778	43620	43167	24101	13014	Romania/Roumanie	x1241	11852	6019	8815	x2247
Denmark/Danemark	32621	27558	41019	32271	35324	Malaysia/Malaisie	4059	6160	5998	6719	x5882
India/Inde	15958	x54665	20468	14554	x84180	New Zealand	6758	7128	6801	4580	6175
Saudi Arabia	8033	13959	x34325	x37372	x60292	Turkey/Turquie	4632	2346	8418	7560	12315
Ireland/Irlande	15776	31832	27522	25981	27764	Mexico/Mexique	5302	6132	5216	6438	7304
Israel/Israël	22361	13365	20924	48842	52880	Hungary/Hongrie	x8258	x2691	x4669	x8582	x9978
So. Africa Customs Un	16954	23617	25509	x29439	x16994	Portugal	4194	4373	5209	5557	5122
Poland/Pologne	x18721	x23564	x27582	x26507	x51002	Bulgaria/Bulgarie	x1528	x6220	x7370	x1313	x1739
Greece/Grèce	15453	25322	26359	23203	x20202	Cameroon/Cameroun	x81	4260	x345	9705	x132
Philippines	14847	x14034	26071	33557	20785	Argentina/Argentine	1747	2450	1946	2723	2645
Yugoslavia SFR	12526	22995	22010	x23006		Saudi Arabia	2319	3182	x1577	x1262	x779
Hong Kong	14660	15554	21699	26437	78792	India/Inde	1852	x1707	1506	2414	x2545
Nigeria/Nigéria	x11146	x8065	x19086	x30359	x68486	Greece/Grèce	394	323	754	3951	x1694
Libyan Arab Jamahiriya	10908	16188	12601	x27679	x24073	Thailand/Thaïlande	429	1440	1113	1665	x282
Egypt/Egypte	19350	15866	19548	14429	14138	Chile/Chili	838	1318	852	1794	x1266
Bulgaria/Bulgarie	x53562	x39812	x5906	x3726	3086	Mozambique	x684	x1379	x1154	x788	x513
Brazil/Brésil	20773	20621	17112	11618	19475	Indonesia/Indonésie	121	898	729	1648	1542
Tunisia/Tunisie	7051	9633	13387	20286	17535	Peru/Pérou	123	328	487	x1905	x1086
Papua New Guinea	18510	18020	9714	x13918	x13216	Papua New Guinea	247	222	949	1343	3917

(VALUE AS % OF TOTAL)(VALEUR EN % DU TOTAL)

	1983	1984	1985	1986	1987	1988	1989	1990	1991	1992		1983	1984	1985	1986	1987	1988	1989	1990	1991	1992
Africa	x19.8	x14.2	x14.0	x15.4	x7.4	5.9	6.8	8.7	7.3	10.0	Afrique	0.5	0.7	0.9	1.0	1.0	1.6	1.3	1.4	1.6	0.9
Northern Africa	x13.9	x9.2	9.5	9.8	3.5	2.6	3.4	4.9	4.5	x5.6	Afrique du Nord	x0.0	x0.0	x0.0	x0.1	0.0	0.5	0.2	0.3	0.5	0.0
Americas	13.8	20.9	22.9	24.9	17.0	20.8	20.8	18.2	12.7	15.8	Amériques	x12.8	13.5	13.0	x11.7	x10.6	12.4	13.0	13.1	13.5	14.0
LAIA	3.7	7.5	6.1	x7.0	x5.0	7.3	5.9	5.8	4.8	8.5	ALAI	0.1	1.1	1.2	x0.9	x0.8	0.9	0.9	0.6	1.0	1.0
CACM	x0.1	0.6	0.5	x0.7	x0.3	0.3	0.3	0.3	0.1	x0.2	MCAC	x0.0	x0.0	x0.0	x0.0	x0.0	0.0	0.0	0.0	0.0	0.0
Asia	x37.5	x32.8	x29.4	x29.4	x24.7	x18.8	x18.9	x20.7	28.2	x34.2	Asie	x11.5	11.6	11.2	x10.0	x8.7	8.5	x8.8	7.1	8.8	8.1
Middle East	x23.2	x18.4	x15.4	x10.0	x4.7	x5.1	x3.4	x4.3	x5.0	x8.0	Moyen–Orient	x1.1	x0.4	x0.4	x0.4	x0.3	x0.4	0.3	x0.3	0.3	0.4
Europe	26.8	28.8	30.8	35.7	30.1	34.1	37.8	44.0	34.8	35.8	Europe	74.1	73.1	74.0	75.8	65.7	68.8	69.8	73.3	71.4	74.6
EEC	20.8	21.8	22.1	25.6	22.7	25.9	29.4	34.3	28.1	29.9	CEE	67.0	65.7	66.0	67.7	56.7	59.2	60.3	63.3	62.6	64.9
EFTA	6.0	6.0	7.7	8.7	6.7	7.7	7.7	9.0	6.1	5.6	AELE	7.1	6.5	7.5	7.9	8.8	9.4	8.7	9.5	8.5	9.4
Oceania	2.0	3.3	2.7	x3.2	x1.6	2.4	2.1	x2.0	1.4	x1.4	Océanie	1.0	0.9	0.9	x1.6	x1.3	1.6	1.2	1.2	x1.3	1.4
Former USSR/Anc. URSS					x12.4	x10.8	x9.6	x3.5	x13.8		Germany/Allemagne	26.6	24.8	26.0	28.1	22.9	23.5	24.2	25.5	24.3	23.8
USA/Etats-Unis d'Amer	4.9	6.9	9.5	10.0	7.2	7.5	8.5	6.5	4.7	4.3	USA/Etats-Unis d'Amer	11.7	11.5	10.9	9.4	8.6	9.4	10.7	11.0	11.1	11.6
Germany/Allemagne	3.6	3.8	3.5	4.1	3.4	3.6	4.3	6.0	7.6	9.9	Italy/Italie	9.3	10.8	9.6	10.3	9.4	10.3	10.0	10.1	10.2	11.4
France, Monac	3.7	3.9	4.1	5.0	4.3	5.0	5.6	6.3	4.3	3.6	United Kingdom	9.4	9.1	10.4	8.5	7.5	7.9	7.9	7.9	8.2	9.0
United Kingdom	4.0	4.9	4.5	4.7	4.1	4.9	5.1	4.6	2.9	3.1	France, Monac	10.6	9.3	9.0	8.6	6.3	6.0	7.1	7.2	7.4	7.5
Thailand/Thaïlande	0.4	0.7	2.5	4.0	0.7	1.7	1.5	3.3	5.5	3.9	Japan/Japon	8.1	8.3	8.7	7.9	6.7	5.6	4.7	4.5	5.9	4.2
Canada	3.7	4.9	5.9	6.0	3.7	4.2	4.6	4.2	2.2	1.9	Denmark/Danemark	5.4	5.3	4.5	5.6	5.4	5.0	4.3	5.3	5.1	5.7
Spain/Espagne	0.8	0.9	0.7	1.4	2.0	2.8	3.1	3.6	3.0	2.7	Belgium–Luxembourg	2.3	2.3	2.5	2.9	2.0	2.5	2.8	2.8	2.5	2.4
Belgium-Luxembourg	1.7	1.8	2.2	2.7	2.1	2.2	2.8	3.8	2.8	2.7	Switz.Liecht	2.2	1.7	2.0	2.1	2.9	3.5	2.3	2.8	2.7	2.7
Korea Republic	1.4	2.1	1.7	1.6	1.7	1.7	2.0	2.4	3.7	2.9	Sweden/Suède	2.3	2.5	3.0	3.2	2.8	2.7	2.5	2.6	2.4	2.5

72832 MINRL CRUSHING ETC MACHY

TRADE BY COMMODITY IN THOUSAND U.S. DOLLARS – COMMERCE PAR PRODUIT EN MILLIERS DE DOLLARS E.U

COUNTRIES–PAYS	IMPORTS – IMPORTATIONS					COUNTRIES–PAYS	EXPORTS – EXPORTATIONS				
	1988	1989	1990	1991	1992		1988	1989	1990	1991	1992
Total	x545080	x694859	691425	x920530	x876020	Totale	x476340	579658	680407	836411	855806
Africa	x52026	x76457	x106415	x119691	x98943	Afrique	x3022	x7469	x6431	x10994	x2997
Northern Africa	25952	44476	75112	93281	x59730	Afrique du Nord	x18	1348	1968	2888	x870
Americas	x166576	197563	143581	139493	154585	Amériques	x64682	63428	64444	x98900	115549
LAIA	100080	77558	75058	69743	102624	ALAI	x6214	5868	4482	8911	10348
CACM	9513	10279	8945	3839	x2168	MCAC	x37	13	x78	x92	x91
Asia	x73077	x125547	131191	x281540	309596	Asie	79914	x105951	87545	120985	86055
Middle East	x17633	x19315	x18422	x46488	x60538	Moyen–Orient	x907	x3214	x1870	x1937	x1341
Europe	141264	188855	262221	265681	288155	Europe	290010	358567	490127	586236	626298
EEC	98135	134893	193099	210228	247146	CEE	239180	281170	400127	490756	502578
EFTA	41224	48298	67195	44644	37728	AELE	50002	61414	88306	94880	121733
Oceania	x22854	21313	x22311	x14334	x12438	Océanie	7020	10531	9965	7945	15942
Former USSR/Anc. URSS	x71415	x74167	x16848	x94761		Germany/Allemagne	89520	121343	149380	179243	187277
Korea Republic	10190	37304	37075	79074	59499	Japan/Japon	59173	44394	63767	100251	54727
USA/Etats–Unis d'Amer	x33238	82399	27833	36026	25092	France, Monac	40996	54332	56833	92523	80291
Germany/Allemagne	15976	23015	42164	74059	123417	USA/Etats–Unis d'Amer	x50253	49191	55092	80311	97411
Algeria/Algérie	10498	25552	53918	53249	x10515	United Kingdom	37682	42527	65606	73269	102942
Chile/Chili	22915	18109	41085	17998	x7952	Denmark/Danemark	31842	20698	66918	54523	40171
Mexico/Mexique	4464	23313	23345	29675	57241	Sweden/Suède	23404	25598	33147	35894	42244
France, Monac	14498	24773	22654	25274	16610	Italy/Italie	24012	26832	35600	31247	34131
Canada	18682	22110	22687	14864	14769	Finland/Finlande	15125	19046	27132	31387	32283
Belgium–Luxembourg	7786	14493	22831	20635	9998	Spain/Espagne	6934	4561	7171	33033	38394
Italy/Italie	8071	16113	16471	24874	25550	Philippines	580	x44266	15	27	54
United Kingdom	15681	18791	18650	17014	20791	Austria/Autriche	2116	5779	15188	16964	34239
Morocco/Maroc	11088	8919	14536	30227	37611	Czechoslovakia	x11657	x14661	x16799	x2116	x5726
Malaysia/Malaisie	6919	5769	20577	23074	x22840	Belgium–Luxembourg	1770	4712	7306	14388	6555
Thailand/Thaïlande	3003	5996	8248	34962	17136	Netherlands/Pays–Bas	6110	5728	10371	8291	6256
Sweden/Suède	6396	10027	26212	12294	9810	Former USSR/Anc. URSS	x1908	x12267	x2461	x8012	
Spain/Espagne	15561	11219	22049	13996	13745	Canada	8157	8256	4586	9269	7584
Australia/Australie	16596	16605	18063	10467	8542	China/Chine	2464	3885	9610	8384	8892
Netherlands/Pays–Bas	7564	11591	17356	12887	15277	Switz.Liecht	6042	5967	7381	6505	9021
China/Chine	15693	19480	8584	13349	22407	Yugoslavia SFR	751	15937	1743	x556	
Indonesia/Indonésie	2077	4826	8564	25978	46422	Brazil/Brésil	x5639	4864	4052	5893	9029
Switz.Liecht	10130	10934	16221	11759	8215	Norway,SVD,JM	3315	5023	5459	4115	3916
Portugal	4374	6384	20846	11422	12931	Singapore/Singapour	4047	4400	5779	4106	8096
Venezuela	61258	22484	1546	13709	7824	New Zealand	5381	6153	4780	3336	4658
Singapore/Singapour	4859	6171	12794	16971	13154	Australia/Australie	1639	4352	5137	3815	8215
Iran (Islamic Rp. of)	x2360	x3467	x8116	x20762	x38126	So. Africa Customs Un	x1947	x2345	x4025	x3356	x1981
Austria/Autriche	8135	8909	10537	8644	10262	Korea Republic	9938	2823	3563	1874	8234
Turkey/Turquie	x10308	7475	4793	12396	13326	Cameroon/Cameroun	x52	3409	0	4542	x132
Norway,SVD,JM	11397	7592	8624	6589	6354	Algeria/Algérie		1346	1949	2819	x65
Finland/Finlande	4837	10552	5255	3240	2428	Hong Kong	728	1594	2030	2299	2192
Yugoslavia SFR	1026	5391	1792	x10637		Former GDR	x16492	x3658	x970		
India/Inde	484	x12800	1898	1650	x15147	Bulgaria/Bulgarie		x2704	x1333	x205	x326
So. Africa Customs Un	3632	6116	3656	x4090	x1406	Saudi Arabia	x200	x2514	x663	x520	x440
Ghana	x960	x8496	x4447	x760	x2319	Greece/Grèce	30	39	350	2900	x518
Japan/Japon	2204	1991	1746	9692	11489	Malaysia/Malaisie	666	899	447	1795	x1271
Nigeria/Nigéria	x327	x782	x4946	x7655	x11110	Turkey/Turquie	x30	104	1162	1089	656
Colombia/Colombie	3259	7462	1322	2890	2995	Argentina/Argentine	346	556	237	980	421
Israel/Israël	1960	1373	3120	6397	5644	Ireland/Irlande	218	309	201	1245	5640
Ireland/Irlande	1470	3124	3250	4130	3350	Venezuela		51	14	x911	61
Libyan Arab Jamahiriya	1253	3600	2898	x3820	x3862	Hungary/Hongrie	x1408	x117	x319	x523	x945
Philippines	1076	x1471	3877	4638	5342	Papua New Guinea			24	47	3066
Denmark/Danemark	4996	2352	3904	3561	1845	Mexico/Mexique	144	275	67	385	498
Pakistan	919	380	543	8831	20684	India/Inde	827	x161	275	263	x898
Tunisia/Tunisie	839	3919	943	4051	5353	Portugal	65	88	341	94	403
Greece/Grèce	2158	3037	2923	2376	x3631	Chile/Chili	74	x53	4	379	x68
Papua New Guinea	3109	3877	2669	x1558	x2649	Poland/Pologne	x236	x76	x13	x306	x310
Hong Kong	2967	2863	3430	1774	5005	Peru/Pérou	2	x43	22	x320	x241
Guadeloupe	215	46	2470	5193	2694	Romania/Roumanie		x229		132	490
Honduras	1204	4861	1807	877	1279	Cyprus/Chypre	221	122	6	222	11
Saudi Arabia	x529	x2840	x482	x4078	x3444	Oman	105	304			

(VALUE AS % OF TOTAL)(VALEUR EN % DU TOTAL)

	1983	1984	1985	1986	1987	1988	1989	1990	1991	1992		1983	1984	1985	1986	1987	1988	1989	1990	1991	1992
Africa	x26.9	x21.6	23.5	x19.5	x6.9	x9.6	x11.0	x15.4	x13.0	x11.3	Afrique	0.5	0.6	x1.2	x0.3	x0.6	x0.6	x1.3	x1.0	x1.3	x0.3
Northern Africa	21.1	17.6	17.9	x13.2	3.1	4.8	6.4	10.9	10.1	x6.8	Afrique du Nord	x0.0			x0.0	x0.1	x0.0	0.2	0.3	0.3	x0.1
Americas	x13.2	x12.7	x8.1	x15.7	9.5	x30.5	28.4	20.8	15.1	17.7	Amériques	x18.9	x16.7	x2.0	x8.1	x11.8	13.6	10.9	9.5	x11.8	13.5
LAIA	x10.3	x9.8	4.7	4.9	x4.1	18.4	11.2	10.9	7.6	11.7	ALAI	x0.4	x1.0	x1.9	x1.3	x1.9	x1.3	1.0	0.7	1.1	1.2
CACM	x0.1	x0.7	x0.4	x0.3	x0.1	1.7	1.5	1.3	0.4	x0.2	MCAC			x0.0		x0.0	x0.0	0.0	0.0	x0.0	0.0
Asia	x37.8	x43.8	x34.6	x23.7	x46.8	x13.4	x18.1	19.0	x30.5	x35.4	Asie	x14.3	x18.1	27.7	21.0	14.1	16.8	x18.3	12.9	14.5	10.1
Middle East	x20.0	x21.7	x14.1	x13.3	x2.7	x3.2	x2.8	x2.7	x5.1	x6.9	Moyen–Orient	x1.8	x1.3	x0.0	x0.1	x0.2	x0.0	x0.6	x0.3	x0.2	x0.2
Europe	19.4	17.0	27.6	32.6	19.9	25.9	27.2	37.9	28.9	32.9	Europe	63.6	62.4	68.1	69.6	67.0	60.9	61.9	72.0	70.1	73.2
EEC	12.0	10.2	15.9	17.4	11.2	18.0	19.4	27.9	22.8	28.2	CEE	54.0	52.8	55.1	58.2	52.5	50.2	50.2	58.8	58.7	58.7
EFTA	6.0	6.3	11.1	14.8	8.3	7.6	7.0	9.7	4.8	4.3	AELE	9.4	9.2	12.1	11.2	14.5	10.5	10.6	13.0	11.3	14.2
Oceania	2.7	4.9	x6.3	x8.5	x2.4	x4.2	3.1	x3.2	x1.5	x1.4	Océanie	0.8	0.8	1.1	0.9	x1.5	1.5	1.8	1.5	1.0	1.9
Former USSR/Anc. URSS					x8.5	x13.1	x10.7	x2.4	x10.3		Germany/Allemagne	17.9	16.1	22.8	25.2	20.9	18.8	20.9	22.0	21.4	21.9
Korea Republic		2.7	6.1	3.7	1.0	1.4	1.9	5.4	8.6	6.8	Japan/Japon	11.0	14.4	23.6	18.0	11.0	12.4	7.7	9.4	12.0	6.4
USA/Etats–Unis d'Amer				x6.7	x3.0	x6.1	11.9	4.0	3.9	2.9	France, Monac	14.4	10.6	7.4	7.2	10.9	8.6	9.4	8.4	11.1	9.4
Germany/Allemagne	1.3	1.6	2.1	2.6	1.4	2.9	3.3	6.1	8.0	14.1	USA/Etats–Unis d'Amer	18.2	15.4		x6.5	x9.5	x10.5	8.5	8.1	9.6	11.4
Algeria/Algérie	x0.9	x2.1	x0.1	x0.1	1.5	4.2	2.6	5.9	2.0	x0.9	Denmark/Danemark	4.8	7.6	5.5	8.4	2.9	6.7	3.6	9.8	6.5	4.7
Chile/Chili	x3.7	x2.7	x0.4	x0.1	1.0	0.8	3.4	3.4	3.2	6.5	Sweden/Suède	3.4	4.2	6.9	4.8	6.6	4.9	4.4	4.9	4.3	4.9
Mexico/Mexique			1.3	2.8	3.1	1.7	2.7	3.6	3.3	2.7	Italy/Italie	3.7	4.2	4.4	8.0	4.6	5.0	4.6	5.2	3.7	4.0
France, Monac	1.1		1.5	2.8	3.1	2.0	3.4	3.2	3.3	1.9	Finland/Finlande	1.3	1.1	2.0	2.5	3.4	3.2	3.3	4.0	3.8	3.8
Canada	1.0		2.1	2.8	3.1	2.0	3.4	3.3	1.6	1.7	Spain/Espagne	2.2	1.6	2.7	1.3	3.9	1.5	0.8	1.1	3.9	4.5
Belgium–Luxembourg	0.9	0.9	2.2	2.0	1.2	1.4	2.1	3.3	2.2	1.1											

7284 MACHY FOR SPCL INDUS NES

TRADE BY COMMODITY IN THOUSAND U.S. DOLLARS – COMMERCE PAR PRODUIT EN MILLIERS DE DOLLARS E.U

IMPORTS – IMPORTATIONS

COUNTRIES–PAYS	1988	1989	1990	1991	1992
Total	x25883730	x28490899	30100204	x34407732	31229149
Africa	x798050	x713654	x812329	x812994	x949732
Northern Africa	273617	244137	338778	x342069	x386470
Americas	5660626	5243472	5257251	5490576	5943247
LAIA	972581	1066095	1166133	1411049	1919808
CACM	21877	24461	29692	22501	x62065
Asia	7459077	9275237	10249703	12201328	11508625
Middle East	x554850	x510292	x794998	x895389	x1179311
Europe	8065423	8979566	11486871	11438988	11665504
EEC	6516672	7352026	9447144	9645664	9844917
EFTA	1410925	1478517	1869079	1637164	1686769
Oceania	x388632	x437741	x524628	x407951	x391102
China/Chine	2730540	3429893	3605730	4501334	2921584
USA/Etats–Unis d'Amer	3652552	3210265	3045406	2973055	3031771
Former USSR/Anc. URSS	x2202489	x2741873	x1032408	x3456023	
Germany/Allemagne	1204862	1426007	1886687	2265245	2160706
Korea Republic	1153105	1730083	1592348	1777592	1605116
France, Monac	1155499	1398085	1703095	1763381	1670542
United Kingdom	1292990	1447530	1710389	1497349	1698216
Canada	942702	867201	922523	995618	834993
Italy/Italie	701768	719575	997590	964714	1025909
Japan/Japon	580956	706860	929247	967434	990939
Belgium–Luxembourg	531676	635147	840431	898120	873787
Spain/Espagne	623106	636515	813128	800879	793673
Netherlands/Pays–Bas	559587	605627	822933	737507	864734
Malaysia/Malaisie	383164	541249	676711	879803	x1030702
Singapore/Singapour	570209	588036	680644	784301	832888
Thailand/Thaïlande	356698	527267	543028	768957	679533
Mexico/Mexique	229017	431055	507239	768957	679533
Switz.Liecht	365511	410413	536720	477040	463667
Austria/Autriche	318622	333872	466679	454148	489243
Indonesia/Indonésie	262853	361351	398644	486081	544004
Australia/Australie	328152	388927	438673	335917	312288
Sweden/Suède	355658	369810	434468	330886	343759
Hong Kong	299631	343578	306508	396215	629419
Turkey/Turquie	210867	130171	308262	323636	298345
Venezuela	342306	290997	153722	286517	461865
Czechoslovakia	x377149	253900	243667	x193054	x312293
Finland/Finlande	201650	220845	253373	193581	162999
Brazil/Brésil	152465	170165	217255	268661	262904
Philippines	139620	x92969	286448	233258	247700
Poland/Pologne	x116603	x152514	x217554	x242352	x227933
Denmark/Danemark	154859	159704	223390	225676	206624
India/Inde	128438	x248193	194455	129109	x323555
Portugal	143164	152950	191452	222404	223789
So. Africa Customs Un	296722	205594	177621	x174258	x176482
Norway, SVD, JM	163194	138932	172555	173453	221813
Iran (Islamic Rp. of)	x77246	x58136	x133558	x268731	x420997
Yugoslavia SFR	127723	139451	151437	x133268	
Bulgaria/Bulgarie	x232141	x317773	x54281	x41349	22810
Ireland/Irlande	83298	88025	135425	150566	172219
Hungary/Hongrie	x97582	x113882	x124618	98826	x143425
Greece/Grèce	65863	82860	122624	119823	x154718
Saudi Arabia	91596	66094	x110297	x138866	x217322
Israel/Israël	113215	73781	101360	136606	195363
Pakistan	111954	63376	64525	159664	197125
Algeria/Algérie	52832	45915	116857	116064	x124203
Former GDR	x433773	x221575	x50184		
Colombia/Colombie	62028	59816	134398	73080	77204
Iraq	x81169	x136671	x116432	x10158	x4094
Egypt/Egypte	130590	90555	89339	82933	110209
Nigeria/Nigéria	x74170	x82350	x83353	x81177	x152122

EXPORTS – EXPORTATIONS

COUNTRIES–PAYS	1988	1989	1990	1991	1992
Totale	21577359	24616202	28203561	30060298	30014031
Afrique	x9767	x15386	x22002	x15787	x20444
Afrique du Nord	x2035	x2460	x2206	x928	x1908
Amériques	3636977	4180989	4373911	4774300	4754764
ALAI	64630	64567	85223	120048	125237
MCAC	280	58	282	416	x407
Asie	5060060	6413811	6310277	7905586	7101755
Moyen–Orient	x17059	x14551	x15633	x25894	x52909
Europe	12205875	13420513	17028300	16909718	17932740
CEE	9885068	10868533	13756663	13779907	14741198
AELE	2265574	2474570	3210880	3104337	3170345
Océanie	x63654	75380	x91985	x111824	x105183
Germany/Allemagne	4782846	4861863	6164444	5955114	6425100
Japan/Japon	3547872	4441059	4046992	4869295	5087194
USA/Etats–Unis d'Amer	3117928	3576727	3808071	4136824	4054457
Italy/Italie	2227979	2798950	3482422	3648450	3785624
Switz.Liecht	947076	1002587	1360583	1279283	1291107
China/Chine	489251	837550	1085586	1638975	152385
France, Monac	832458	951874	1256032	1215960	1414445
United Kingdom	942529	1011240	1196665	1193626	1280327
Austria/Autriche	573478	614195	817933	824684	889751
Netherlands/Pays–Bas	553366	594187	752959	878913	895301
Sweden/Suède	460806	535642	620925	613452	611863
Canada	445600	533973	474207	511581	565117
Hong Kong	387928	441505	371507	471519	712890
Belgium–Luxembourg	247508	316211	453335	428673	392961
Finland/Finlande	216234	235902	322149	281792	271406
Singapore/Singapour	215667	265115	258886	312098	356429
Former USSR/Anc. URSS	x156609	x254626	x211511	x254198	
Denmark/Danemark	157710	170504	224528	227613	231651
Korea Republic	158614	149091	203660	238429	219108
Israel/Israël	151816	174383	184972	198563	403100
Spain/Espagne	112903	130715	174413	184782	233003
Norway, SVD, JM	67777	86194	88991	104891	106059
Australia/Australie	47211	59336	72922	84322	95555
Former GDR	x234316	x145046	x27254		
Yugoslavia SFR	51550	72591	60000	x24040	
Malaysia/Malaisie	39597	56633	44308	54251	x65325
India/Inde	30640	x7785	65499	46956	x10309
Mexico/Mexique	21767	25415	35627	49351	46228
Czechoslovakia	x48387	x37704	x44664	x19976	x24609
Hungary/Hongrie	x29156	x23075	x25709	x39488	x40275
Poland/Pologne	x85666	x25000	x29251	x26745	x24361
Brazil/Brésil	27238	21950	19538	29558	48164
Ireland/Irlande	17800	16766	28978	25012	45996
Thailand/Thaïlande	12889	12561	23866	29157	45996
Bulgaria/Bulgarie	x29979	x23316	x36381	x1747	x2399
New Zealand	15002	15460	18725	13607	9075
Argentina/Argentine	10585	11374	19843	16496	13254
Portugal	8144	11674	14055	16697	28406
So. Africa Customs Un	x4809	x9961	x11459	x11369	x13831
Venezuela	1616	3349	5922	18004	7888
Saudi Arabia	2414	2894	x6175	x14671	x33527
Greece/Grèce	1826	4548	8832	5068	x8385
Turkey/Turquie	7907	4594	4236	4229	10344
Philippines	3732	x2469	1172	8027	1133
United Arab Emirates	x3288	x4159	x3072	x3509	x2154
Korea Dem People's Rp	x98	x5946	x1962	x2567	x3692
Pakistan	2914	2432	3425	2519	4711
American Samoa	x1056		x72	x8145	
Chile/Chili	545	1103	2789	2914	x5642
Malta/Malte	3585	4375	554	x728	x1484

(VALUE AS % OF TOTAL)(VALEUR EN % DU TOTAL)

	1983	1984	1985	1986	1987	1988	1989	1990	1991	1992		1983	1984	1985	1986	1987	1988	1989	1990	1991	1992
Africa	x8.7	x8.0	5.7	x5.2	x3.0	3.0	2.5	2.7	2.4	3.1	Afrique	x0.1	x0.1	x0.1	x0.1	x0.0	x0.0	x0.1	x0.1	x0.0	x0.0
Northern Africa	x5.7	x3.9	2.8	x2.8	x1.5	1.1	0.9	1.1	x1.0	x1.2	Afrique du Nord	x0.0	x0.0	x0.0	x0.0	x0.0	x0.0	x0.0	x0.0	x0.0	x0.0
Americas	20.3	26.3	28.2	x27.6	x21.4	21.9	18.4	17.5	15.9	19.0	Amériques	x19.7	23.5	21.3	x16.6	x14.5	16.8	17.0	15.5	15.9	15.9
LAIA	2.6	3.7	4.8	x4.8	x3.5	3.8	3.7	3.9	4.1	6.1	ALAI	0.0	0.4	0.4	x0.2	x0.2	0.3	0.3	0.3	0.4	0.4
CACM	x0.2	0.2	0.2	x0.1	x0.2	0.1	0.1	0.1	0.1	0.2	MCAC	x0.0	x0.0	x0.0	x0.0	x0.0	x0.0	x0.0	x0.0	x0.0	x0.0
Asia	x34.3	31.4	27.1	26.9	26.6	28.8	32.5	34.0	35.5	x36.9	Asie	14.7	16.6	19.4	17.7	18.2	23.4	26.0	22.4	26.3	23.7
Middle East	x8.9	x9.6	x4.3	x3.8	x1.6	x2.1	x1.8	x2.6	x2.6	x3.8	Moyen–Orient	x0.0	x0.1	x0.6	x0.1	x0.2	x0.1	x0.1	x0.1	x0.1	x0.2
Europe	34.5	32.3	36.4	38.0	33.5	31.2	31.5	38.2	33.2	37.4	Europe	65.3	59.6	59.1	65.3	62.1	56.6	54.5	60.4	56.3	59.7
EEC	27.5	25.3	28.7	30.2	26.6	25.2	25.8	31.4	28.0	31.5	CEE	53.2	48.2	48.5	54.3	51.2	45.8	44.2	48.8	45.8	49.1
EFTA	7.1	6.0	6.8	6.9	6.2	5.5	5.2	6.2	4.8	5.4	AELE	12.1	11.0	10.2	11.0	10.7	10.5	10.1	11.4	10.3	10.6
Oceania	2.2	x2.0	x2.5	x2.3	x1.5	x1.5	x1.5	x1.7	x1.2	x1.2	Océanie	0.2	0.2	x0.2	x0.2	x0.2	x0.3	0.3	x0.3	x0.3	x0.3
China/Chine					11.1	10.5	12.0	12.0	13.1	9.4	Germany/Allemagne	22.8	21.9	22.0	25.6	23.7	22.2	19.8	21.9	19.8	21.4
USA/Etats–Unis d'Amer	12.1	17.1	17.2	16.4	13.0	14.1	11.3	10.1	8.6	9.7	Japan/Japon	11.2	14.2	15.4	15.0	14.8	16.4	18.0	14.3	16.2	16.9
Former USSR/Anc. URSS			x8.3	x8.5	x9.6	x3.4	x10.0				USA/Etats–Unis d'Amer	17.6	20.8	18.8	14.3	12.3	14.4	14.5	13.5	13.8	13.5
Germany/Allemagne	6.2	5.4	6.4	6.8	5.5	4.7	5.0	6.3	6.6	6.9	Italy/Italie	10.4	9.0	9.5	11.5	11.2	10.3	11.4	12.3	12.1	12.6
Korea Republic	3.1	3.7	4.6	4.8	4.0	4.5	6.1	5.3	5.2	5.1	Switz.Liecht	5.2	4.9	5.0	5.6	5.6	4.4	4.1	4.8	4.3	4.3
France, Monac	4.7	4.2	4.8	5.3	4.4	4.5	4.9	5.7	5.1	5.3	China/Chine						0.3	2.3	3.4	3.8	0.5
United Kingdom	5.6	5.5	6.2	5.6	5.5	5.0	5.1	4.7	4.4	5.4	France, Monac	6.0	4.2	3.7	4.2	3.9	3.9	3.9	4.5	4.0	4.7
Canada	4.7	4.8	5.7	5.8	4.5	3.6	3.0	3.1	2.9	2.7	United Kingdom	7.8	6.7	7.1	6.9	5.9	4.4	4.1	4.2	4.0	4.3
Italy/Italie	2.4	2.4	2.8	3.1	2.8	2.7	2.5	3.3	2.8	3.3	Austria/Autriche	2.6	1.9	1.3	1.2	1.2	2.7	2.5	2.9	2.7	3.0
Japan/Japon	3.0	2.9	2.8	2.3	2.0	2.2	2.5	3.1	2.8	3.2	Netherlands/Pays–Bas	3.5	3.7	3.5	3.3	3.4	2.6	2.4	2.7	2.9	3.0

72842 RUBBER, PLASTICS WRKG MCH

TRADE BY COMMODITY IN THOUSAND U.S. DOLLARS – COMMERCE PAR PRODUIT EN MILLIERS DE DOLLARS E.U

IMPORTS – IMPORTATIONS

COUNTRIES–PAYS	1988	1989	1990	1991	1992
Total	x5880686	x6811242	6812624	x7119819	x6859043
Africa	x229649	x246136	x271633	x201210	x249341
Northern Africa	125956	x119206	x141330	x80382	x93023
Americas	1138837	1177588	1297650	1251084	1396933
LAIA	341551	306715	409387	431130	523567
CACM	x6517	x8100	x9202	x9121	x18431
Asia	1495395	1825836	2067891	2105914	x2753165
Middle East	x154106	x117105	x236905	x204267	x290407
Europe	1949951	1984533	2507801	2332662	2196999
EEC	1652593	1685424	2113072	2042400	1935039
EFTA	267935	264578	350928	259931	238587
Oceania	x68545	101073	x99582	x50791	x67336
Former USSR/Anc. URSS	x648059	x1145886	x370252	x1028385	
USA/Etats–Unis d'Amer	637261	691498	688198	676604	729019
China/Chine	463574	536917	517005	570946	889348
France, Monac	320309	362396	444586	417981	399851
Germany/Allemagne	215853	239933	336645	388670	354382
United Kingdom	375236	349582	333681	276474	291972
Korea Republic	135164	264352	265852	207077	231472
Spain/Espagne	195069	192430	280277	234585	219709
Malaysia/Malaisie	116683	174122	206878	226209	x254461
Italy/Italie	179931	173435	222893	207410	202302
Thailand/Thaïlande	123458	144183	164270	221544	206858
Mexico/Mexique	76873	137660	167141	196003	242185
Belgium–Luxembourg	132347	149054	158215	188269	153232
Indonesia/Indonésie	40080	124076	174499	164402	237529
Canada	142523	156972	169996	112504	114009
Singapore/Singapour	95714	120370	133519	139899	147951
Hong Kong	139448	147154	103406	131231	215619
Netherlands/Pays–Bas	120186	95892	146514	127750	143651
Japan/Japon	106305	85584	129317	123729	95704
Switz.Liecht	64195	80648	105453	81212	85672
Czechoslovakia	x99934	104807	82835	x62267	x74931
Brazil/Brésil	42364	57746	77249	98378	73159
Sweden/Suède	96247	75000	91405	56048	45434
Australia/Australie	58504	91017	83510	43214	49599
Austria/Autriche	53910	56858	76283	71708	73034
Turkey/Turquie	x71873	19630	89769	x54016	x63671
So. Africa Customs Un	60790	73159	66466	55094	68685
Portugal	39893	39771	58854	58448	46144
Denmark/Danemark	31924	34651	53040	59487	x19818
Egypt/Egypte	73244	63554	64601	x17588	
Colombia/Colombie	22837	23829	92017	22903	32673
India/Inde	31537	x58027	47712	24622	x41591
Bulgaria/Bulgarie	x78286	x104057	x14358	x9491	4254
Finland/Finlande	34568	37387	57374	26635	14987
Poland/Pologne	x15601	x33887	x43306	x40240	x67028
Venezuela	134428	53535	33281	28473	42818
Greece/Grèce	21796	27656	44220	41782	x30346
Iran (Islamic Rp. of)	x27469	x16753	x36779	x51970	x117568
Yugoslavia SFR	27392	32633	41013	x26855	
Iraq	x17571	x46205	x51876	x519	
Hungary/Hongrie	x27280	x37439	x32578	27660	x29826
Ireland/Irlande	20067	20624	34148	41544	24765
Israel/Israël	25505	15673	21888	43455	69151
Saudi Arabia	x20600	x14946	x28950	x35465	x59149
Nigeria/Nigéria	x15736	x24757	x28362	x19935	x46604
Philippines	13296	x15801	34511	17682	26727
Algeria/Algérie	x18027	x18280	x26074	x22429	x34028
Norway, SVD, JM	16306	13393	19796	21759	18457
Chile/Chili	x8893	x12866	15717	24298	x30688
Morocco/Maroc	8774	12647	20912	18666	16493

EXPORTS – EXPORTATIONS

COUNTRIES–PAYS	1988	1989	1990	1991	1992
Totale	5143837	5603871	6374689	5897292	6508618
Afrique	x1476	x2036	x4335	x1903	x1263
Afrique du Nord	x136	x206	x458	x246	x159
Amériques	385811	460197	522858	511609	624921
ALAI	21602	21035	23525	40496	42682
MCAC	x434	x184	x313	x185	x181
Asie	1219783	1473785	1347876	1440969	1724023
Moyen–Orient	x2071	x3135	2818	2264	6396
Europe	3437581	3601380	4450431	3895761	4135097
CEE	2837995	2945337	3616258	3145381	3371446
AELE	588908	624548	819316	748252	760158
Océanie	x8663	x9334	11079	15969	12765
Germany/Allemagne	1740646	1615854	2073398	1706425	1912545
Japan/Japon	844179	1015479	879672	954620	1090745
Italy/Italie	561088	671393	708846	671554	668293
Austria/Autriche	299002	308488	389543	364141	371749
USA/Etats–Unis d'Amer	264446	321064	374774	334426	424781
Switz.Liecht	235989	263762	369229	320563	302686
France, Monac	223199	267447	340845	316881	347211
Hong Kong	253487	285410	221128	266199	396863
United Kingdom	134677	200349	220468	185162	149268
Canada	96504	116883	120416	134986	154712
Netherlands/Pays–Bas	85710	86731	125175	122219	142697
Belgium–Luxembourg	40292	52131	74292	66974	58014
Singapore/Singapour	39535	60014	60046	63903	75904
Korea Republic	26821	32942	58861	60099	56468
China/Chine	23787	41083	59867	45530	56898
Sweden/Suède	28721	33703	46351	49167	63398
Spain/Espagne	27234	26868	37583	46791	47304
India/Inde	12062	x2539	38514	21745	x2353
Denmark/Danemark	18361	17955	23343	21302	34839
Former USSR/Anc. URSS	x25494	x17957	x17411	x20922	
Yugoslavia SFR	10651	30457	14537	x2012	
Malaysia/Malaisie	7999	17221	13071	9371	x18896
Brazil/Brésil	8946	9030	8741	13813	27053
Former GDR	x41153	x24877	x6554		
Thailand/Thaïlande	5888	6711	10717	13076	x12804
Finland/Finlande	18250	13683	7623	8341	13089
Australia/Australie	6228	4751	7531	13528	11006
Argentina/Argentine	3734	6626	7480	8443	5998
Czechoslovakia	x11623	x7069	x7535	x5268	x6007
Norway, SVD, JM	6901	4911	6204	6040	9110
Mexico/Mexique	7706	4716	5217	6889	5441
Venezuela	50	141	1353	10478	675
Israel/Israël	2090	8159	1420	1085	2179
New Zealand	2354	4558	3547	2390	1757
Greece/Grèce	460	1063	5626	2755	x3032
Portugal	1945	2686	3451	2917	4465
Poland/Pologne	x1574	x3817	x2324	x2480	x2721
Ireland/Irlande	4383	2859	3232	2402	3778
Turkey/Turquie	x1297	2093	2432	1869	5495
Panama	x775	x168	x3286	x1498	x2089
Hungary/Hongrie	x9004	x1495	x1478	x1422	x1334
So. Africa Customs Un	x698	x1250	x1738	x1398	x817
Bulgaria/Bulgarie	x1537	x1866	x2286	x232	x341
Korea Dem People's Rp			x105	x91	x2210	x2306
Macau/Macao	1443	424	1250	316	314
Malta/Malte	x26	x896	219	x48	x170
Saudi Arabia	x233	x705	x236	x169	
Cameroon/Cameroun			x1040	x3	
Romania/Roumanie	x138	56	523	473	x144
Philippines	123	x543	39	435	275

(VALUE AS % OF TOTAL)(VALEUR EN % DU TOTAL)

	1983	1984	1985	1986	1987	1988	1989	1990	1991	1992		1983	1984	1985	1986	1987	1988	1989	1990	1991	1992
Africa	x6.3	x6.4	x4.7	x8.0	x4.6	3.9	x3.6	x4.0	x2.9	3.6	Afrique	x0.0	x0.0	x0.0	x0.0	x0.0	x0.0	x0.0	x0.0	x0.0	x0.0
Northern Africa	x5.5	x4.9	x2.7	x5.2	x2.9	2.1	x1.8	x2.1	x1.1	x1.4	Afrique du Nord	x0.0	x0.0	0.0	x0.0	x0.0	x0.0	x0.0	x0.0	x0.0	x0.0
Americas	x15.8	x20.6	x29.6	x28.3	x20.5	19.4	17.3	19.1	17.6	20.4	Amériques	x7.4	x7.6	x6.5	x6.1	6.0	7.5	8.2	8.2	8.7	9.6
LAIA	x5.1	x4.1	x7.2	x6.9	x4.9	5.8	4.5	6.0	6.1	7.6	ALAI	x0.2	x0.2	x0.2	0.4	0.3	0.4	0.4	0.4	0.7	0.7
CACM	x0.2	x0.2	x0.4	x0.1	x0.1	0.1	x0.1	x0.1	x0.1	x0.3	MCAC	x0.0			x0.0	x0.0	x0.0	x0.0	x0.0	x0.0	x0.0
Asia	x19.3	x19.0	x18.0	x15.7	22.4	25.4	26.8	30.3	29.5	x40.1	Asie	16.5	22.0	25.6	21.5	21.9	23.8	26.3	21.1	24.4	26.5
Middle East	x8.3	x7.9	x3.1	x2.3	x0.8	x2.6	x1.7	x3.5	x2.9	x4.2	Moyen–Orient	x0.0	x0.1	x0.0	x0.0	x0.0	x0.0	x0.0	x0.0	x0.0	0.1
Europe	33.4	35.1	44.4	45.3	36.3	33.2	29.1	36.8	32.8	32.0	Europe	76.1	70.4	67.9	72.1	68.5	66.8	64.3	69.8	66.1	63.5
EEC	26.4	28.2	35.8	36.3	29.9	28.1	24.7	31.0	28.7	28.2	CEE	62.9	59.3	58.6	63.1	59.7	55.2	52.6	56.7	53.3	51.8
EFTA	x6.0	5.9	x7.5	8.1	x5.7	4.6	3.9	5.2	3.7	3.5	AELE	x12.8	x10.8	x9.0	x8.5	8.8	11.4	11.1	12.9	12.7	11.7
Oceania	x1.9	x2.6	x3.2	x2.8	x1.4	x1.2	1.5	x1.4	x0.7	x1.0	Océanie	0.1			x0.2	x0.2	x0.2	x0.2	x0.2	0.3	0.2
Former USSR/Anc. URSS	23.2	16.2			x10.8	x11.0	x16.8	x5.4	x14.4		Germany/Allemagne	37.0	37.1	38.6	37.0	33.8	28.8	32.5	28.9	29.4	
USA/Etats–Unis d'Amer	6.6	11.7	6.4	15.4	11.6	10.8	10.2	10.1	9.5	10.6	Japan/Japon	14.0	18.3	20.4	17.5	16.8	16.4	18.1	13.8	16.2	16.8
China/Chine					8.3	7.9	7.9	7.6	8.0	13.0	Italy/Italie	13.8	11.7	12.6	13.5	11.9	10.9	12.0	11.1	11.4	10.3
France, Monac	6.1	6.4	7.6	8.0	6.3	5.4	5.3	6.5	5.9	5.8	Austria/Autriche	5.9	x4.1	x2.6	x2.7	x2.2	5.8	5.5	6.1	6.2	5.7
Germany/Allemagne	4.1	3.5	5.8	5.9	4.6	3.7	3.5	4.9	4.9	5.2	USA/Etats–Unis d'Amer	5.8	6.1	5.3	4.7	5.1	5.7	5.9	5.7	6.5	6.5
United Kingdom	6.3	7.1	7.5	6.4	6.1	6.4	5.1	4.9	3.9	4.3	Switz.Liecht	5.5	5.4	5.1	5.1	5.4	4.3	4.8	5.3	5.4	5.3
Korea Republic	2.0	3.1	4.1	3.2	3.2	2.3	3.9	3.9	2.9	3.4	France, Monac	5.9	4.7	3.8	4.5	3.7	4.9	4.8	5.3	5.5	6.1
Spain/Espagne	1.7	1.4	2.5	3.2	3.4	3.3	2.8	4.1	3.3	3.2	Hong Kong	1.6	2.2	3.9	3.1	4.1	3.5	3.5	4.5	6.1	
Malaysia/Malaisie	1.4	1.3	1.2	0.6	0.7	2.0	2.6	3.0	3.2	x3.7	United Kingdom	2.9	2.4	3.2	2.6	2.7	2.6	3.6	3.5	3.1	2.3
Italy/Italie	1.8	2.2	2.5	3.6	2.8	3.1	2.5	3.3	2.9	2.9	Canada	x1.4	x1.1	x0.9	x1.0	x1.2	1.9	2.1	1.9	2.3	2.4

7361 METAL CUTTING MACH–TOOLS / MACH–OUT ENLEVEMENT METAL 7361

TRADE BY COMMODITY IN THOUSAND U.S. DOLLARS – COMMERCE PAR PRODUIT EN MILLIERS DE DOLLARS E.U

COUNTRIES–PAYS	1988	1989	1990	1991	1992	COUNTRIES–PAYS	1988	1989	1990	1991	1992
Total	x11195212	x10895966	10485277	x10873949	8139978	Totale	x9772881	9826729	10573289	9285759	7903559
Africa	x157495	x198681	x256580	x160886	x124974	Afrique	x2606	x3844	x5882	x6899	x10784
Northern Africa	x64602	x91673	x124602	x82515	x61869	Afrique du Nord	399	x196	x1093	x1073	x325
Americas	2262702	2063913	1900054	1771834	1655474	Amériques	531119	577291	615500	627864	715016
LAIA	417795	358466	347560	406023	427285	ALAI	46350	49750	62684	55520	36458
CACM	8954	10351	11811	14371	x8302	MCAC	279	114	60	48	x67
Asia	x1825853	x2012666	2263902	2472529	x2531973	Asie	2056544	2486647	2540322	2463541	2177006
Middle East	x436287	x287947	x283703	x346671	x357797	Moyen–Orient	10482	5485	7162	x4999	x5062
Europe	3504995	3774236	4995304	4277505	3531212	Europe	5301477	5393859	6495145	5665261	4779884
EEC	2756480	3029449	4081884	3584456	2943159	CEE	3745369	3836154	4602531	4226936	3610937
EFTA	652975	686574	838380	654105	567067	AELE	1463454	1408490	1781320	1415639	1156048
Oceania	x107833	x118404	x101631	x77213	x68065	Océanie	x7468	x10316	x14241	x13707	x13448
Former USSR/Anc. URSS	x2023074	x1838287	x538583	x1916257		Germany/Allemagne	2056748	2137951	2448539	2410850	2052566
USA/Etats–Unis d'Amer	1588288	1436154	1310274	1160745	1041375	Japan/Japon	1755824	2083786	2104897	2023169	1713269
Germany/Allemagne	781537	897935	1282284	1215710	945769	Switz.Liecht	1165689	1090188	1377655	1112276	920789
France, Monac	558145	622001	866503	682016	565022	Italy/Italie	659002	656733	792072	738054	658655
Italy/Italie	416951	463955	610348	501724	400008	USA/Etats–Unis d'Amer	455343	501172	520830	542305	635958
Korea Republic	395027	414941	482492	477576	467796	United Kingdom	433876	375364	475550	369737	288037
United Kingdom	401446	423931	413567	435607	317951	Czechoslovakia	x535370	x428199	x317990	x121805	x102444
Japan/Japon	248868	314305	396244	373976	288660	Spain/Espagne	178069	217068	307385	242896	174027
Switz.Liecht	226232	244832	322509	237270	169189	Former USSR/Anc. URSS	x348156	x268836	x211733	x219940	
China/Chine	226690	243050	261686	266393	416937	France, Monac	191404	197969	235840	212689	199427
Belgium–Luxembourg	176601	199940	282955	225517	220896	Austria/Autriche	158286	179825	228567	153620	130671
Thailand/Thaïlande	101502	190180	210277	278329	214144	China/Chine	112683	160334	180943	165112	154820
Canada	231395	242351	219832	175848	170570	Belgium–Luxembourg	99420	128991	190788	123033	114233
Austria/Autriche	161999	150534	216987	202833	249977	Sweden/Suède	114293	124720	154105	138387	95666
Netherlands/Pays–Bas	140692	141286	207584	183989	170554	Bulgaria/Bulgarie	x215512	x215612	x162047	x26514	x25743
Spain/Espagne	137993	135001	218937	157420	161882	Former GDR	x614135	x255079	x71405		
Sweden/Suède	170331	191925	178812	126527	92519	Yugoslavia SFR	92484	149209	110979	x22682	
Mexico/Mexique	154148	156463	126273	138807	219332	Singapore/Singapour	39314	79994	65578	79399	78544
Singapore/Singapour	109594	121062	141692	148931	146882	Hong Kong	57772	69182	67240	81514	121307
Iran (Islamic Rp. of)	x130588	x80461	x147161	x179478	x200329	Romania/Roumanie	x46296	69496	58821	72340	x22838
Brazil/Brésil	114250	108228	139034	139895	86325	Poland/Pologne	x93730	x93019	x61587	x42033	x35033
Malaysia/Malaisie	32686	62566	121222	190510	x177809	Netherlands/Pays–Bas	64588	59394	77979	57076	59990
Czechoslovakia	x243425	146286	144350	x65396	x143176	Korea Republic	42985	60810	53137	55175	62822
Indonesia/Indonésie	73120	101103	107106	138138	95326	Denmark/Danemark	44877	39144	47594	45574	43864
Former GDR	x583853	x291083	x32618			Brazil/Brésil	19353	20930	33302	33293	19272
India/Inde	57864	x121822	115769	79544	x137875	Canada	28203	25357	31500	28884	42094
Poland/Pologne	x134462	x131551	x108154	x59333	x41056	Hungary/Hongrie	x20467	x24528	x18616	x25855	x21354
Hong Kong	88312	98195	87724	94399	132495	India/Inde	21354	x12411	26929	21755	x8252
Australia/Australie	95844	108946	89228	69086	58933	Argentina/Argentine	23974	22052	19052	8722	3041
Turkey/Turquie	84111	51249	70324	127001	91712	Thailand/Thaïlande	7990	2624	20190	23805	x20530
Denmark/Danemark	61155	63618	85885	70832	62991	Ireland/Irlande	9891	11847	13918	14748	12387
Finland/Finlande	63068	76949	89361	48335	23919	Finland/Finlande	16896	8311	16585	7815	6994
Bulgaria/Bulgarie	x240123	x180008	x23606	x9724	2777	Australia/Australie	4385	7427	12839	12018	11865
Romania/Roumanie	x62934	93140	74157	29269	x10207	Portugal	6244	8195	8884	7757	5589
So. Africa Customs Un	64958	75026	78357	x31184	x28754	Mexico/Mexique	2441	5905	6500	11006	12021
Portugal	52301	44726	73518	65069	61664	Turkey/Turquie	9211	4338	6360	3028	3400
Yugoslavia SFR	94044	57093	72321	x35250		Norway,SVD,JM	8286	5430	4394	3541	1927
Iraq	x183018	x121918	x35039	x757		Israel/Israël	4091	5574	5603	1682	3738
Algeria/Algérie	19259	46558	66560	30870	x268	Greece/Grèce	1251	3498	3984	4520	x2162
Hungary/Hongrie	x44261	x46090	x37156	32866	x30443	Malaysia/Malaisie	2981	2298	4261	4635	x4295
Argentina/Argentine	22443	17444	20994	54629	45842	So. Africa Customs Un	x1438	x2525	x3777	x2840	x7188
Norway,SVD,JM	30185	21758	29773	37477	30460	New Zealand	2871	2757	968	1417	1305
Israel/Israël	25360	19138	27631	38596	30798	Venezuela	20	275	3250	1247	1119
Venezuela	76780	34602	15863	30717	31766	Korea Dem People's Rp	x782	x758	x1165	x1365	x823
Ireland/Irlande	14503	21727	23392	19932	12630	Pakistan	63	2842	193	88	2515
Greece/Grèce	15114	15328	16911	26640	x23792	Cameroon/Cameroun		50	x4	2072	
Egypt/Egypte	x11825	x13557	x18199	x24016	x19293	Indonesia/Indonésie	43	205	1777	43	78
Saudi Arabia	16018	16275	x12724	x18112	x24322	Syrian Arab Republic	44	62	63	x1119	x9
Chile/Chili	18439	17502	12540	16135	x16463	Uruguay	5	x60	440	528	25
Colombia/Colombie	13151	14388	21813	9645	15101	Algeria/Algérie	321	6	243	706	x139

(VALUE AS % OF TOTAL)(VALEUR EN % DU TOTAL)

	1983	1984	1985	1986	1987	1988	1989	1990	1991	1992		1983	1984	1985	1986	1987	1988	1989	1990	1991	1992
Africa	x4.4	x3.2	x2.5	x2.6	x1.6	x1.4	x1.8	x2.4	x1.5	1.5	Afrique	x0.0	x0.1	x0.1	x0.0	x0.0	x0.0	x0.0	x0.0	x0.0	x0.1
Northern Africa	x1.6	x1.1	x1.4	x1.1	x0.8	x0.6	x0.8	x1.2	x0.8	0.8	Afrique du Nord	0.0	x0.0	x0.0	x0.0	x0.0	0.0	x0.0	x0.0	x0.0	x0.0
Americas	x29.8	x38.4	x40.2	x35.4	x22.4	20.3	18.9	18.1	16.3	20.3	Amériques	x9.3	x9.8	x9.5	x8.4	x6.4	5.4	5.9	5.8	6.8	9.1
LAIA	x2.1	x2.1	x2.0	1.9	2.8	3.7	3.3	3.3	3.7	5.2	ALAI	x0.1	x0.1	x0.1	0.2	0.3	0.5	0.5	0.6	0.6	0.5
CACM	x0.1		x0.1	0.1	0.1	0.1	0.1	0.1	0.1	x0.1	MCAC	0.0	0.0	0.0	0.0	0.0	0.0	0.0	0.0	0.0	0.0
Asia	x21.8	x17.6	16.4	13.6	14.2	16.3	x18.5	21.5	22.7	x31.1	Asie	26.0	32.5	35.3	32.5	25.3	21.0	25.3	24.1	26.5	27.5
Middle East	x6.2	x3.2	x3.0	x2.5	x2.2	x3.9	x2.6	x2.7	x3.2	x4.4	Moyen–Orient	x0.1	x0.0	0.1	x0.1	0.1	0.1	0.1	0.1	x0.1	x0.1
Europe	41.9	38.6	38.6	46.5	31.3	34.6	47.6	39.3	43.4		Europe	64.6	57.5	55.0	59.0	52.0	54.2	54.9	61.4	61.0	60.5
EEC	32.7	30.2	29.9	35.9	28.4	24.6	27.8	38.9	33.0	36.2	CEE	48.0	42.0	39.3	42.0	36.4	38.3	39.0	43.5	45.5	45.7
EFTA	8.7	7.9	8.2	10.3	7.8	5.8	6.3	8.0	6.0	7.0	AELE	16.2	15.1	15.5	16.8	15.4	15.0	14.3	16.8	15.2	14.6
Oceania	x2.0	2.0	2.3	x1.8	1.2	x0.9	x1.1	x0.9	0.7	x0.8	Océanie			0.1	x0.0		x0.1	0.1	0.1	x0.1	0.2
Former USSR/Anc. URSS					x13.3	x18.1	x16.9	x5.1	x17.6		Germany/Allemagne	26.8	24.1	21.5	24.6	21.8	21.0	21.8	23.2	26.0	26.0
USA/Etats–Unis d'Amer	24.3	32.9	34.5	30.5	16.9	14.2	13.2	12.5	10.7	12.8	Japan/Japon	24.2	30.5	32.7	30.8	23.0	18.0	21.2	19.9	21.8	21.7
Germany/Allemagne	9.3	8.4	9.7	12.5	9.4	7.0	8.2	12.2	11.2	11.6	Switz.Liecht	12.9	11.3	12.4	13.6	12.3	11.9	11.1	13.0	12.0	11.7
France, Monac	7.3	5.6	5.5	5.3	5.0	5.0	5.7	8.3	6.3	6.9	Italy/Italie	7.9	6.2	7.1	7.0	5.8	6.7	6.7	7.5	7.9	8.3
Italy/Italie	3.9	3.7	3.3	6.5	5.3	3.7	4.3	5.8	4.6	6.9	USA/Etats–Unis d'Amer	6.4	5.5	6.0	5.2	4.5	4.7	5.1	4.9	5.8	8.0
Korea Republic	3.4	2.7	3.4	3.8	3.5	3.5	3.8	4.6	4.4	5.7	United Kingdom	4.9	4.4	4.1	3.4	3.5	4.4	3.8	4.5	4.0	3.6
United Kingdom	5.3	5.9	5.4	5.5	3.4	3.6	3.9	3.9	4.0	3.9	Czechoslovakia					2.7	x5.5	x4.4	x3.0	x1.3	x1.3
Japan/Japon	3.4	3.4	3.3	3.2	1.6	2.2	2.9	3.8	3.4	3.5	Spain/Espagne	1.6	1.9	2.3	1.9	1.8	1.8	2.2	2.9	2.6	2.2
Switz.Liecht	2.6	2.6	2.9	4.0	3.0	2.0	2.2	3.1	2.2	2.1	Former USSR/Anc. URSS					x3.2	x3.6	x2.7	x2.0	x2.4	
China/Chine					2.8	2.0	2.2	2.5	2.4	5.1	France, Monac	4.7	3.6	2.3	2.5	1.8	2.0	2.0	2.2	2.3	2.5

73613 LATHES, METALWORKING / TOURS A METAUX 73613

TRADE BY COMMODITY IN THOUSAND U.S. DOLLARS – COMMERCE PAR PRODUIT EN MILLIERS DE DOLLARS E.U

IMPORTS – IMPORTATIONS

COUNTRIES–PAYS	1988	1989	1990	1991	1992
Total	x3189244	x3317748	3242213	3052994	2287883
Africa	x50793	x66883	x79584	x43614	x34005
Northern Africa	x20284	x31700	37918	x21697	x18026
Americas	601770	710871	640988	603220	556567
LAIA	119021	91133	95027	144343	120692
CACM	x753	x890	x1011	x1595	x1764
Asia	x462602	x458111	x470152	525740	x527739
Middle East	x209772	x105884	x85986	x104089	x113347
Europe	1102403	1349498	1782581	1414489	1079230
EEC	858192	1077903	1443450	1175633	907426
EFTA	224773	258833	318243	230201	166822
Oceania	x39214	x38570	x34373	x22175	x25493
USA/Etats–Unis d'Amer	409699	536625	476177	405094	385040
Germany/Allemagne	223611	296809	429127	398418	263820
Former USSR/Anc. URSS	x560154	x435227	x118867	x383673	
France, Monac	161303	201994	295689	199636	147567
Italy/Italie	133201	166582	193852	157953	126974
United Kingdom	148617	161162	151438	141092	103219
Belgium–Luxembourg	73500	116791	170262	109406	114802
Switz. Liecht	89237	106957	153892	99066	60662
Korea Republic	60578	64290	74411	68239	81467
Thailand/Thaïlande	42677	61614	62396	72275	53449
Sweden/Suède	65162	75200	69043	51395	26549
Canada	68556	78187	65796	49849	47662
Netherlands/Pays–Bas	39494	46720	68904	67288	55959
Spain/Espagne	41713	47128	75383	47135	52148
China/Chine	38315	45634	47771	51616	70266
Austria/Autriche	41597	34822	51298	48834	60520
Singapore/Singapour	30311	37918	42628	51626	49199
Former GDR	x222591	x115785	x15531		
Mexico/Mexique	36866	29738	40545	51774	53969
Iran (Islamic Rp. of)	x54837	x23190	x44106	x52927	x60754
Japan/Japon	26849	33660	38602	40673	33203
Indonesia/Indonésie		31470	35271	38692	20418
Brazil/Brésil	29716	31331	25596	37196	21569
Malaysia/Malaisie	10063	17439	32286	x19007	x43938
Czechoslovakia	x51927	41587	30064	29106	x40055
Australia/Australie	35469	36304	30861	19138	23085
Finland/Finlande	18501	32131	34471	16901	9848
Turkey/Turquie	x23698	19410	23613	39882	35470
Denmark/Danemark	18319	21764	33390	23958	20560
Poland/Pologne	x28373	x26743	x35087	x17059	x10386
Hong Kong	18357	19899	27092	19547	22743
Iraq	x120038	x53766	x10242	x32	x8
Romania/Roumanie	x21134	30478	21053	6475	x5302
So. Africa Customs Un	23423	25483	24216	x8023	x6764
Algeria/Algérie	9659	17804	25390	8690	x7022
Bulgaria/Bulgarie	x37788	x33205	x7058	x6011	481
Portugal	11048	9732	13861	18809	12492
India/Inde	5827	x23936	8562	9026	x11339
Yugoslavia SFR	18963	12596	20558	x7208	
Argentina/Argentine	7995	6764	7597	23532	14445
Venezuela	29122	12378	5809	14505	14544
Norway, SVD, JM	9958	9509	9306	13709	8985
Israel/Israël	9238	5216	7700	15269	8986
Hungary/Hongrie	x9409	x10741	x5895	11531	x8626
Ireland/Irlande	4024	5488	7035	5846	3511
Colombia/Colombie	5455	5934	5752	3817	5977
Chile/Chili	1906	1397	5447	6092	x6223
Greece/Grèce	3364	4327	4508	6092	x6375
Egypt/Egypte	x4186	x3819	x3400	x5424	x3437
Tunisia/Tunisie	3282	3777	5887	2610	2576

EXPORTS – EXPORTATIONS

COUNTRIES–PAYS	1988	1989	1990	1991	1992
Totale	x2970334	3173103	3341840	2739251	2221792
Afrique	x569	x1384	x1671	x1694	x2137
Afrique du Nord	x201	x89	x342	778	x59
Amériques	102303	106926	150298	115977	108249
ALAI	30743	34708	40957	32295	18896
MCAC	x10	x30	x23	x502	x1
Asie	888659	1110654	1120810	913050	803747
Moyen–Orient	x4710	1991	2376	x2183	x549
Europe	1437078	1457282	1740004	1521816	1222595
CEE	1108500	1134773	1361636	1209063	1010679
AELE	309031	289184	363128	307064	208544
Océanie	1559	x1736	x2375	x1549	x2024
Japan/Japon	782951	940115	945279	761742	650203
Germany/Allemagne	627564	639986	702220	679427	574982
Switz. Liecht	207237	179582	215153	188718	131188
Italy/Italie	130207	136887	187047	190972	146083
United Kingdom	177887	151989	188999	127998	104833
Belgium–Luxembourg	59340	95598	138131	83962	67054
Austria/Autriche	78331	85220	116537	90184	63345
Bulgaria/Bulgarie	x133791	x143766	x99130	x15147	x14081
Czechoslovakia	x144939	x126110	x81306	x38533	x36820
USA/Etats–Unis d'Amer	65976	66226	102048	76513	81147
China/Chine	36377	64520	84634	66922	63721
Former USSR/Anc. URSS	x109859	x79309	x64941	x70532	
France, Monac	60063	56363	75059	63919	60092
Spain/Espagne	37176	36652	52476	47689	37416
Poland/Pologne	x51691	x49341	x37452	x26099	x21947
Korea Republic	33051	43962	34556	32562	43848
Romania/Roumanie	x7381	34086	22410	28591	x6614
Sweden/Suède	19290	22967	29971	24307	12138
Brazil/Brésil	13515	17738	28600	22514	12663
Singapore/Singapour	7480	36912	14908	16690	16806
Former GDR	x84989	x47999	x13794		
Hong Kong	12213	17214	22697	19323	20921
Yugoslavia SFR	19544	33325	15240	x5687	
Netherlands/Pays–Bas	13091	12749	13309	12256	16202
Argentina/Argentine	16078	14479	9612	4490	1550
Hungary/Hongrie	x7715	x14507	x7648	x6263	x3569
India/Inde	9843	x4011	10940	9890	x4239
Canada	5233	5519	7131	6634	7817
Mexico/Mexique	1024	2331	1617	4637	3805
Denmark/Danemark	2356	3489	2246	1565	2715
Thailand/Thaïlande	817	928	3255	880	x866
Turkey/Turquie	x4272	1835	2168	809	253
Australia/Australie	709	959	2008	1233	1216
Norway, SVD, JM	1773	1203	915	1459	841
Finland/Finlande	2400	212	552	2395	1031
So. Africa Customs Un	x182	x1092	x1198	x818	x602
Malaysia/Malaisie	688	300	695	1747	x975
Ireland/Irlande	418	721	1583	305	648
Korea Dem People's Rp	x286	x203	x851	x898	x675
Portugal	396	340	499	812	641
New Zealand	850	742	310	251	684
Syrian Arab Republic		x61	x5	x1030	x8
Uruguay	x1		x462	x526	x52
Algeria/Algérie	x166		224	677	x52
Israel/Israël	203	381	380	10	559
Venezuela	x17	x30	631	12	312
Costa Rica			x70	x500	
Panama	x333	x422	1		x283
Greece/Grèce	3		66	157	x13
Zimbabwe	x162	x135	57	0	x1262

(VALUE AS % OF TOTAL)(VALEUR EN % DU TOTAL)

Imports

	1983	1984	1985	1986	1987	1988	1989	1990	1991	1992
Africa	x3.6	x6.1	x5.1	x2.7	x1.8	x1.6	x2.0	x2.4	x1.5	x1.5
Northern Africa	x0.9	1.3	2.7	x1.0	0.8	0.6	x1.0	1.2	x0.7	x0.8
Americas	x29.4	x35.5	x38.0	x31.8	x20.4	18.9	21.4	19.8	19.8	24.3
LAIA	x2.8	x1.9	x2.2	x2.3	x2.5	3.7	2.7	2.9	4.7	5.3
CACM	x0.0		x0.0		x0.0	x0.0	x0.0	x0.0	x0.1	x0.1
Asia	x18.0	x15.6	x10.1	x10.3	x10.9	x14.5	x13.8	x14.5	17.2	x23.0
Middle East	x5.8	x3.1	x2.6	x2.6	x2.6	x6.6	x3.2	x2.7	x3.4	x5.0
Europe	46.5	40.6	43.8	53.2	38.1	34.6	40.7	55.0	46.3	47.2
EEC	36.2	32.0	33.9	41.0	29.6	26.9	32.5	44.5	38.5	39.7
EFTA	x9.8	x8.1	x9.5	x11.8	x8.2	7.0	7.8	9.8	7.5	7.3
Oceania	2.5	2.1	2.9	x2.1	x1.4	x1.2	x1.2	x1.0	x0.7	x1.1
USA/Etats–Unis d'Amer	22.7	29.9	31.3	26.2	14.6	12.8	16.2	14.7	13.3	16.8
Germany/Allemagne	8.9	7.8	9.7	13.2	9.1	7.0	8.9	13.2	13.1	11.5
Former USSR/Anc. URSS					x13.2	x17.6	x13.1	x3.7	x12.6	
France, Monac	8.1	6.0	6.2	7.2	5.3	5.1	6.1	9.1	6.5	6.4
Italy/Italie	3.2	2.2	3.0	4.7	4.9	4.2	5.0	6.0	5.2	5.5
United Kingdom	8.2	8.4	8.0	7.6	4.9	4.7	4.9	4.7	4.6	4.5
Belgium–Luxembourg	2.4	1.9	1.6	1.8	1.4	2.3	3.5	5.3	3.6	5.0
Switz. Liecht	x2.8	x2.7	x3.1	x4.4	x3.0	2.8	3.2	4.7	3.2	2.7
Korea Republic	1.5	3.2	1.5	2.2	2.0	1.9	1.9	2.3	2.2	3.6
Thailand/Thaïlande	0.8	0.9	1.3	0.4	0.5	1.3	1.9	1.9	2.4	2.3

Exports

	1983	1984	1985	1986	1987	1988	1989	1990	1991	1992
Afrique		x0.2	x0.2	x0.1	x0.0	x0.0	x0.0	x0.0	x0.1	x0.1
Afrique du Nord		0.0		x0.0	x0.0	x0.0	x0.0	x0.0	0.0	x0.0
Amériques	x6.4	x7.2	x5.4	x5.2	x3.7	3.4	3.4	4.5	4.2	4.9
ALAI	x0.1	x0.2	x0.1	0.6	0.6	1.0	1.1	1.2	1.2	0.9
MCAC				x0.0		x0.0			x0.0	x0.0
Asie	29.5	38.4	42.6	40.4	30.4	30.0	35.0	33.5	33.3	36.2
Moyen–Orient	x0.0		x0.0	0.1	x0.1	x0.1	0.1	x0.1	x0.1	x0.0
Europe	x64.0	x54.1	x51.8	x54.3	x47.6	48.4	45.9	52.1	55.6	55.0
CEE	51.1	41.3	40.5	40.5	36.1	37.3	35.8	40.7	44.1	45.5
AELE	x12.4	x12.2	x11.1	x13.6	x10.3	10.4	9.1	10.9	11.2	9.4
Océanie							0.1	x0.1	x0.1	x0.1
Japan/Japon	26.8	36.0	39.3	37.6	26.8	26.4	29.6	28.3	27.8	29.3
Germany/Allemagne	31.6	26.2	23.8	25.5	23.3	21.1	20.2	21.0	24.8	25.9
Switz. Liecht	x7.9	x7.3	x7.0	x8.4	x6.6	7.0	5.7	6.4	6.9	5.9
Italy/Italie	7.2	4.7	5.7	4.3	4.1	4.4	4.3	5.6	7.0	6.6
United Kingdom	5.7	5.1	5.7	4.3	4.1	6.0	4.8	5.7	4.7	4.7
Belgium–Luxembourg	1.2	0.7	1.0	0.9	0.6	2.0	3.0	4.1	3.1	3.0
Austria/Autriche	x3.2	x3.6	x2.6	x3.5	x2.8	2.6	2.7	3.5	3.3	2.9
Bulgaria/Bulgarie			x2.6	x4.5	x4.5	x3.0	x0.6	x0.6		
Czechoslovakia			x2.6	x4.9	x4.0	x2.4	x1.4	x1.7		
USA/Etats–Unis d'Amer	4.7	4.4	4.3	3.6	2.5	2.2	2.1	3.1	2.8	3.7

73614 REAMING ETC MCHS, MTLWRKG — MACH POUR ALESER FRAISER 73614

TRADE BY COMMODITY IN THOUSAND U.S. DOLLARS – COMMERCE PAR PRODUIT EN MILLIERS DE DOLLARS E.U

IMPORTS – IMPORTATIONS

COUNTRIES–PAYS	1988	1989	1990	1991	1992
Total	x2025419	x2012011	1837943	x1811360	x1384930
Africa	x38580	x61376	x68284	x34340	x29701
Northern Africa	x12945	x27805	x31533	x14427	x14021
Americas	214489	290935	266227	263160	218135
LAIA	49737	38627	77481	66692	51749
CACM	x1047	x776	x1244	x790	x2053
Asia	x296503	x350034	x364772	379732	x443396
Middle East	x84653	x85498	x76878	x65378	x94661
Europe	741691	749299	948884	797915	629551
EEC	561947	588901	752066	667193	523380
EFTA	150574	145381	182835	125723	100899
Oceania	x19529	x21689	x19808	x20611	x11567
Former USSR/Anc. URSS	x532816	x395469	x84538	x281608	
Germany/Allemagne	167748	196466	273332	270561	193437
USA/Etats–Unis d'Amer	105306	200313	146800	150323	119429
France, Monaco	104328	103197	144099	126830	83332
Italy/Italie	86332	103733	123865	87835	67526
Korea Republic	65108	90245	89416	99867	82021
United Kingdom	73193	72587	60120	48829	52285
Austria/Autriche	46776	42352	59324	47071	52536
Switz.Liecht	46851	53261	55757	37972	31756
China/Chine	32408	46153	47274	47127	91773
Canada	52779	49818	40005	41414	43550
Netherlands/Pays–Bas	33801	32698	50017	43335	42937
Brazil/Brésil	18207	11149	51376	40350	11802
Thailand/Thaïlande	14076	23594	25842	50601	41329
Belgium–Luxembourg	35817	31672	36019	30187	23492
Iran (Islamic Rp. of)	x29461	x25551	x31379	x38727	x61482
Sweden/Suède	33709	29240	41181	19756	7562
Czechoslovakia	x35498	41878	32422	x15103	x33520
India/Inde	14881	x26602	35670	11767	x22553
Japan/Japon	16217	17806	24783	17570	17306
Poland/Pologne	x30544	x30432	x18224	x11445	x12979
Iraq	x33931	x41505	x16529	x2	
Hong Kong	18620	22974	15575	18283	28841
Spain/Espagne	23475	12901	19248	24264	26051
Australia/Australie	17667	19454	17518	19127	8960
Indonesia/Indonésie	22006	11705	16265	27326	18839
So. Africa Customs Un	18657	24371	20630	x7985	x5508
Turkey/Turquie	x17405	11380	20909	19653	16551
Portugal	18665	12388	23555	15559	14802
Malaysia/Malaisie	5203	10190	15966	22674	x21662
Finland/Finlande	16035	17494	18228	10220	1917
Denmark/Danemark	13128	15737	14987	14314	11426
Romania/Roumanie	x718	19012	21599	747	x504
Algeria/Algérie	3056	18512	16430	4755	x4319
Mexico/Mexique	6340	11224	13467	14461	18465
Yugoslavia SFR	28993	14724	12968	x4172	
Bulgaria/Bulgarie	x50485	x22435	x4228	x794	847
Former GDR	x55167	x20154	x2583		
Norway,SVD,JM	7081	2976	8192	10544	5972
Hungary/Hongrie	x8630	x8735	x6347	5902	x4720
Israel/Israël	3980	4336	8323	5717	6526
Ireland/Irlande	3951	5708	5481	3326	1604
Singapore/Singapour	15403	3896	4596	4854	6477
Venezuela	12762	6878	2165	2941	4405
Tunisia/Tunisie	2389	3787	6129	1219	1362
Saudi Arabia	x1983	x4284	x3847	x2540	x5307
Egypt/Egypte	x2042	x3246	x2451	x4796	x4177
Argentina/Argentine	4492	3428	3126	3498	8900
Colombia/Colombie	2814	3153	3730	1505	3239
Kenya	215	x384	4485	x2582	x276

EXPORTS – EXPORTATIONS

COUNTRIES–PAYS	1988	1989	1990	1991	1992
Totale	x2019855	x1876805	x1939705	1566401	1311416
Afrique	x687	x837	x945	x3192	x1979
Afrique du Nord	x401	x55	x105	9	12
Amériques	75799	69194	90491	86789	102239
ALAI	3704	5148	6195	6696	1922
MCAC		x5		x1	x22
Asie	206779	230027	225022	254270	221588
Moyen–Orient	x2989	1189	2230	139	869
Europe	1152029	1139729	1308320	1068147	903373
CEE	896508	900890	1011585	854705	724314
AELE	241268	211721	274413	205837	175054
Océanie	1197	1193	x2362	x1096	2249
Germany/Allemagne	458601	464557	455433	403543	357101
Japan/Japon	161085	175273	164164	197611	162889
Switz.Liecht	187676	154423	205896	172495	142841
Italy/Italie	168351	161057	201284	166359	146644
Spain/Espagne	94178	118203	183908	133953	86936
Czechoslovakia	x237401	x188502	x163021	x56955	x49865
Former USSR/Anc. URSS	x122308	x94458	x66892	x64398	
United Kingdom	88661	75337	82091	67266	63857
USA/Etats–Unis d'Amer	62598	59578	77283	74876	83802
France, Monaco	51326	56981	58783	53398	45151
Austria/Autriche	39519	47393	54628	27874	26629
Former GDR	x152794	x78994	x19995		
China/Chine	19760	27750	34617	24646	22340
Bulgaria/Bulgarie	x30868	x27440	x27086	x3388	x2920
Yugoslavia SFR	14254	27117	22067	x7603	
Poland/Pologne	x26069	x24946	x13937	x8772	x6577
Romania/Roumanie	x11589	20028	19160	8152	x10175
Hong Kong	10222	15052	11720	14767	25212
Denmark/Danemark	11395	6890	11517	13249	9939
Belgium–Luxembourg	14793	8977	10494	8347	6344
Netherlands/Pays–Bas	8439	8366	7565	7505	7959
Sweden/Suède	8647	6495	8595	3880	4457
Korea Republic	2292	4269	4131	8071	6807
Canada	9348	4249	6921	5212	16478
Hungary/Hongrie	x2335	x1456	x2476	x11242	x10450
India/Inde	2327	x4404	4161	4426	977
Argentina/Argentine	2709	3865	3561	1130	383
Norway,SVD,JM	2480	2817	1999	1320	380
Singapore/Singapour	7286	871	905	3234	1423
Brazil/Brésil	439		214	337	3949	683
Finland/Finlande	2945	580	3295	268	747
Australia/Australie	786	641	2143	822	2149
Turkey/Turquie	x2853	1144	2155	127	818
Mexico/Mexique	426	729	918	1227	650
Cameroon/Cameroun				2072	
Venezuela	x3	190	1337	357	121
So. Africa Customs Un	x193	x672	x572	x557	x1611
Malaysia/Malaisie	433	480	656	652	x527
Portugal	66	283	335	754	154
Indonesia/Indonésie		44	1275	4	0
New Zealand	410	552	202	271	100
Israel/Israël	122	318	357	282	257
Ireland/Irlande	594	239	148	275	51
Korea Dem People's Rp	x200	x256	x89	x312	x23
Ghana				x551	
Sri Lanka			388	55	81
Thailand/Thaïlande	65	4	286	41	x85
Panama	x136	x171	x65	x1	
Malta/Malte			167	x1	x12
Kenya			130		

(VALUE AS % OF TOTAL) (VALEUR EN % DU TOTAL)

Imports

	1983	1984	1985	1986	1987	1988	1989	1990	1991	1992
Africa	x1.8	x1.5	x1.0	x3.8	x1.9	x1.9	x3.0	x3.7	x1.9	x2.1
Northern Africa	x1.0	x1.0	x0.5	x1.1	x1.0	x0.6	x1.4	x1.7	x0.8	x1.0
Americas	x15.8	x23.4	x26.1	x17.1	x9.2	10.6	14.4	14.5	14.5	15.8
LAIA	x1.9	x3.1	x2.8	x2.2	x2.3	2.5	1.9	4.2	3.7	3.7
CACM	x0.1			x0.1	x0.0	x0.1	x0.0	x0.1	x0.0	x0.1
Asia	x20.7	x17.2	x14.9	x9.8	x12.7	14.6	x17.4	x19.8	21.0	x32.0
Middle East	x12.1	x7.2	x3.3	x3.1	x2.9	x4.2	x4.2	x4.2	x3.6	x6.8
Europe	59.8	x55.9	x56.2	x67.6	42.8	36.6	37.2	51.6	44.1	45.5
EEC	44.4	40.6	42.4	50.2	33.0	27.7	29.3	40.9	36.8	37.8
EFTA	x14.4	x13.6	x12.9	x16.6	x9.5	7.4	7.2	9.9	6.9	7.3
Oceania	x1.7	x2.0	1.8	x1.6	x1.0	x1.1	x1.0	x1.1	x1.0	x0.8
Former USSR/Anc. URSS					x19.5	x26.3	x19.7	x4.6	x15.5	
Germany/Allemagne	15.3	12.4	15.5	19.6	10.8	8.3	9.8	14.9	14.9	14.0
USA/Etats–Unis d'Amer	10.6	17.4	20.3	11.9	4.9	5.2	10.0	8.0	8.3	8.6
France, Monaco	9.8	7.5	7.7	9.1	5.8	5.2	5.1	7.0	7.0	6.0
Italy/Italie	4.7	4.0	4.0	4.8	4.8	4.3	5.2	6.7	4.8	4.9
Korea Republic	1.4	2.4	4.7	2.3	2.3	3.2	4.5	4.9	5.5	5.9
United Kingdom	5.7	6.4	5.6	5.4	3.1	3.6	3.6	3.3	2.7	3.8
Austria/Autriche	x3.5	x2.9	x3.2	x3.9	x2.4	2.3	2.1	3.2	2.6	3.9
Switz.Liecht	x4.4	x4.5	x4.5	x6.1	x3.6	2.3	2.6	3.0	2.1	2.3
China/Chine					2.1	1.6	2.3	2.6	2.6	6.6

Exports

	1983	1984	1985	1986	1987	1988	1989	1990	1991	1992
Afrique	x0.0	x0.0		x0.0	x0.0	x0.0	x0.0	x0.0	x0.2	x0.1
Afrique du Nord	x0.0	x0.0	x0.0	x0.0	x0.0	x0.0	x0.0	x0.0	0.0	0.0
Amériques	x8.1	x9.2	x9.1	x4.6	x3.7	3.8	3.7	4.6	5.5	7.7
ALAI	x0.0	x0.0	0.1	0.1	0.1	0.2	0.3	0.3	0.4	0.1
MCAC		x0.0					x0.0		0.0	0.0
Asie	9.5	12.4	13.2	9.3	8.9	10.3	12.3	11.6	16.2	16.9
Moyen–Orient	x0.0	x0.0	0.0	0.2	0.2	x0.1	0.1	0.1	0.0	0.1
Europe	x82.4	78.4	x77.6	x86.1	x63.6	57.0	60.7	67.4	68.2	68.9
CEE	66.1	66.3	63.3	70.1	49.2	44.4	48.0	52.2	54.6	55.2
AELE	x15.8	x11.9	x14.1	x15.8	x14.2	11.9	11.3	14.1	13.1	13.3
Océanie						0.1	0.1	x0.1	x0.1	0.2
Germany/Allemagne	36.2	36.7	30.5	37.0	26.3	22.7	24.8	23.5	25.8	27.2
Japan/Japon	8.2	10.7	10.8	7.9	7.0	8.0	9.3	8.5	12.6	12.4
Switz.Liecht	x13.3	x9.4	x11.7	x13.0	x10.9	9.3	8.2	10.6	11.0	10.9
Italy/Italie	10.8	10.5	14.3	15.0	9.2	8.3	8.6	10.4	10.6	11.2
Spain/Espagne	4.6	5.6	6.4	5.8	5.0	4.7	6.3	9.5	8.6	6.6
Czechoslovakia						x6.1	x11.8	x10.0	x8.4	x3.8
Former USSR/Anc. URSS						x4.7	x6.1	x5.0	x3.4	x4.1
United Kingdom	6.7	5.8	6.3	4.9	4.9	4.4	4.0	4.2	4.3	4.9
USA/Etats–Unis d'Amer	4.9	5.8	4.8	3.8	2.9	3.1	3.2	4.0	4.8	6.4
France, Monaco	5.1	6.0	3.6	3.8	2.2	2.5	3.0	3.0	3.4	3.4

7362 METAL FORMING MACH–TOOLS / MACH–OUTILS DEFORM METAL 7362

TRADE BY COMMODITY IN THOUSAND U.S. DOLLARS – COMMERCE PAR PRODUIT EN MILLIERS DE DOLLARS E.U

IMPORTS – IMPORTATIONS

COUNTRIES–PAYS	1988	1989	1990	1991	1992
Total	x4041279	x4256668	4413248	x5095167	4419133
Africa	x81550	x110348	x140206	x138610	x82798
Northern Africa	x40758	x64245	x92337	x74435	x42056
Americas	632036	718115	744062	706470	755988
LAIA	117150	150207	205755	217252	301836
CACM	x1899	x1706	x2276	x2374	x3118
Asia	x742248	x881753	988313	1178045	x1588934
Middle East	x108384	x92781	x85743	x118340	x190547
Europe	1303945	1488145	2035498	1879246	1860370
EEC	1016488	1201705	1662653	1607322	1595278
EFTA	266960	266929	349780	247390	237275
Oceania	x60495	x58095	x64928	x38257	x30756
Former USSR/Anc. URSS	x835254	x698785	x288115	x1050725	379659
USA/Etats–Unis d'Amer	349213	450726	396904	374818	407003
Germany/Allemagne	219154	260864	392003	314464	253457
France,Monac	178121	207236	350231	314422	299923
Korea Republic	112900	197311	190415	237422	223873
United Kingdom	187237	208579	240225	169308	169298
Italy/Italie	131383	158435	184440	164081	169259
Spain/Espagne	95116	133424	179865	190376	182625
China/Chine	155465	138146	130493	143049	289956
Japan/Japon	84861	105602	123685	149118	169259
Canada	156508	106308	129835	104054	65037
Mexico/Mexique	38322	82658	124762	124796	196584
Malaysia/Malaisie	28646	55890	119068	137827	x139750
Thailand/Thaïlande	59594	78962	94510	130355	136763
Belgium–Luxembourg	66228	73599	105294	113802	126724
Netherlands/Pays–Bas	71687	79250	106255	103031	131653
Switz.Liecht	75652	80093	115508	78817	67900
Austria/Autriche	56624	52520	78486	80118	87998
Singapore/Singapour	60847	62783	63528	78218	86874
Sweden/Suède	80847	72077	78955	48215	48221
Indonesia/Indonésie	37766	34155	65676	80221	97968
Poland/Pologne	x70056	x59111	x65909	x29925	x30251
Australia/Australie	54159	53328	59186	31335	24775
Brazil/Brésil	24662	30959	49848	61240	56991
Hong Kong	44759	45507	33367	50303	83526
Czechoslovakia	x62953	50426	39993	x38263	x46899
Finland/Finlande	30380	44305	55372	22342	15321
Algeria/Algérie	14665	34559	51838	26916	x9268
Iran (Islamic Rp. of)	x39503	x20025	x22737	x65706	x91329
Denmark/Danemark	29147	23488	32689	40533	27250
India/Inde	19687	x35281	41948	16177	x44812
Bulgaria/Bulgarie	x102754	x81127	x4040	x6090	6450
Portugal	21282	21409	38259	28465	44884
So. Africa Customs Un	21263	28336	26845	x28073	x12174
Former GDR	x125300	x70858	x10364		
Turkey/Turquie	19926	18806	17410	x22821	
Yugoslavia SFR	8922	24554	18840	12168	11251
Ireland/Irlande	22820	17502	21171	16396	17113
Norway,SVD,JM					
Hungary/Hongrie	x11745	x15883	x16099	18880	x14644
Egypt/Egypte	x10608	x16775	x17679	x14184	x10097
Romania/Roumanie	x12851	23946	13939	10626	x1924
Venezuela	29606	18931	11011	11658	22810
Israel/Israël	13932	9359	12579	18830	19270
Greece/Grèce	8212	10867	14553	15016	x17260
Saudi Arabia	x10389	x11404	x14975	x13780	x25004
Iraq	x44876	x28415	x11170	x158	x8
Philippines	3376	x12098	10994	6865	10843
Morocco/Maroc	4228	3402	12324	9401	9764
Libyan Arab Jamahiriya	x8087	x4747	x4943	x13736	x5505

EXPORTS – EXPORTATIONS

COUNTRIES–PAYS	1988	1989	1990	1991	1992
Totale	3665801	3706540	4466969	4187205	4245435
Afrique	x1388	x2576	x1718	x3079	x2800
Afrique du Nord	x34	7	x92	369	25
Amériques	321739	336463	429881	409332	486382
ALAI	34514	20886	23968	35610	50064
MCAC		x68	x220	x218	x9
Asie	904927	843213	850755	987717	1031230
Moyen–Orient	x493	8577	11605	11363	11007
Europe	2009393	2211611	2980732	2651137	2670279
CEE	1557923	1735090	2235209	2111589	2151775
AELE	355184	394485	604337	528488	509031
Océanie	x8995	10478	x12304	13707	x19061
Germany/Allemagne	768299	812777	1002266	995358	1074737
Japan/Japon	822324	727457	718658	812543	820035
Italy/Italie	287294	367276	472946	451253	433130
USA/Etats–Unis d'Amer	249795	279479	344292	318471	380703
Switz.Liecht	208494	239975	326006	304499	256329
Belgium–Luxembourg	109755	136696	191236	184096	146414
France,Monac	120020	131858	198744	138139	172530
United Kingdom	122083	119012	145571	129048	121043
Sweden/Suède	87115	77753	116952	87955	102276
Austria/Autriche	34806	43268	107888	91709	110140
Yugoslavia SFR	96278	82027	141173	x10967	
Netherlands/Pays–Bas	57564	64398	88072	76703	74443
Spain/Espagne	48655	55071	77872	78302	78162
Former USSR/Anc. URSS	x70658	x59924	x57483	x76202	
Former GDR	x205058	x123092	x28536		
Canada	37038	35412	61249	53426	55523
Hong Kong	43612	45441	39526	62546	98990
Czechoslovakia	x107735	x67013	x45726	x30316	x21995
Denmark/Danemark	31936	35018	44440	46390	37117
Finland/Finlande	20471	28993	43852	40268	36483
Singapore/Singapour	11737	24567	20249	35068	31766
China/Chine	11769	20907	20817	24839	32263
Korea Republic	3579	6345	16271	25362	26156
Bulgaria/Bulgarie	x17189	x33619	x10188	x1486	x2014
Romania/Roumanie	x4860	5125	1869	22007	37924
Brazil/Brésil	20385	6381	35648	3430	x1629
Portugal	7075	9196	10745	9654	7700
Turkey/Turquie		7909	10933	10468	x10287
Mexico/Mexique	5563	8332	10340	6849	7484
Poland/Pologne	x8658	x9153	x7321	x6355	x7179
Argentina/Argentine	8151	5677	11332	5723	3772
New Zealand	5586	5802	6630	7905	4976
Norway,SVD,JM	4299	4496	9625	4041	3795
Israel/Israël	3348	4611	7666	4972	1622
Australia/Australie	3407	4559	5640	5802	14056
Hungary/Hongrie	x5191	x4274	x5195	x4444	x2863
Malaysia/Malaisie	1062	2308	4073	4001	x2950
India/Inde	5525	x1891	3100	4441	x2638
Ireland/Irlande	5128	2855	2502	2136	2606
Korea Dem People's Rp	x47	x27	x6251	x19	x277
So. Africa Customs Un	x900	x1882	x1013	x2308	x2212
Thailand/Thaïlande	1047	915	1636	1522	x2686
Greece/Grèce	112	935	815	511	x3892
Albania/Albanie	x9		x1481		0
Bermuda/Bermudes				x1445	
Colombia/Colombie	396	272	95	622	285
Philippines	218	x60	415	415	9
Indonesia/Indonésie	3	81	335	327	121
Oman	328	18	322	379	
Chad/Tchad	x574				

(VALUE AS % OF TOTAL) (VALEUR EN % DU TOTAL)

	1983	1984	1985	1986	1987	1988	1989	1990	1991	1992		1983	1984	1985	1986	1987	1988	1989	1990	1991	1992
Africa	x10.2	x6.9	x5.2	x5.8	x2.4	x2.0	x2.6	x3.2	x2.8	x1.9	Afrique			x0.1	x0.1	x0.1	x0.0	x0.1	x0.0	x0.1	x0.1
Northern Africa	x4.3	3.8	3.3	x4.4	1.6	x1.0	x1.5	x2.1	x1.5	x1.0	Afrique du Nord	0.0	0.0	x0.0	x0.0	x0.0	x0.0	x0.0	x0.0	0.0	0.0
Americas	x23.0	29.2	x29.3	x35.5	x20.2	15.6	16.9	16.8	13.9	17.1	Amériques	x8.1	x8.6	x8.1	7.7	7.2	8.8	9.1	9.6	9.8	11.5
LAIA	3.2	3.3	x3.2	2.3	x3.3	2.9	3.5	4.7	4.3	6.8	ALAI	x0.1	x0.2	x0.2	0.7	0.6	0.9	0.6	0.5	0.9	1.2
CACM	x0.0			x0.1	x0.1	x0.0	x0.0	x0.0	x0.0	x0.1	MCAC	x0.0			x0.0			x0.0	x0.0	x0.0	x0.0
Asia	x22.2	x21.7	x23.3	x15.0	x18.7	18.3	20.7	22.4	23.1	x36.0	Asie	17.9	26.8	28.4	35.0	30.4	24.7	22.8	19.1	23.6	24.3
Middle East	x8.0	x4.3	x5.7	x2.7	x2.2	x2.7	x2.2	x1.9	x2.3	x4.3	Moyen–Orient	x0.0	x0.1	x0.1	0.1	0.1	x0.0	0.2	0.3	0.3	0.3
Europe	42.5	39.0	39.0	40.6	40.6	32.3	35.0	46.1	36.9	42.1	Europe	73.8	64.1	63.1	57.1	51.0	54.8	59.7	66.7	63.3	62.9
EEC	31.1	29.8	28.7	31.2	22.8	25.2	28.2	37.7	31.5	36.1	CEE	57.8	50.2	50.3	46.1	41.1	42.5	46.8	50.0	50.4	50.7
EFTA	11.1	9.2	9.8	9.2	7.5	6.6	6.3	7.9	4.9	5.4	AELE	15.7	13.8	12.6	10.9	9.7	9.7	10.6	13.5	12.6	12.0
Oceania	x2.0	x2.7	x3.2	x3.1	x2.1	x1.5	x1.3	x1.4	x0.7	x0.7	Océanie	0.2	0.3	x0.3	x0.3	x0.3	x0.3	x0.3	x0.3	0.3	x0.4
Former USSR/Anc. URSS					x16.7	x20.7	x16.4	x6.5	x20.6		Germany/Allemagne	29.9	25.1	26.5	24.7	21.3	21.0	21.9	22.4	23.8	25.3
USA/Etats–Unis d'Amer	16.1	21.4	20.8	24.2	13.1	8.6	10.6	9.0	7.4	8.6	Japan/Japon	16.6	25.3	25.9	33.5	28.5	22.4	19.6	16.1	19.4	19.3
Germany/Allemagne	8.1	7.6	7.7	9.1	6.1	5.4	6.1	8.9	9.0	6.2	Italy/Italie	9.1	8.3	8.6	8.3	7.3	7.8	9.9	10.6	10.8	10.2
France,Monac	7.1	6.3	5.3	5.9	4.1	4.4	4.9	7.9	6.2	6.8	USA/Etats–Unis d'Amer	7.9	8.4	7.9	6.4	6.0	6.8	7.5	7.7	7.6	9.0
Korea Republic	2.0	2.5	4.9	5.3	3.5	2.8	4.6	4.3	4.7	5.1	Switz.Liecht	6.8	6.6	7.0	6.3	6.2	5.7	6.5	7.3	7.3	6.0
United Kingdom	5.4	5.6	5.0	3.8	3.0	4.6	4.9	5.4	3.3	3.2	Belgium–Luxembourg	3.2	3.5	3.1	3.4	3.0	3.0	3.7	4.3	4.4	3.4
Italy/Italie	2.9	2.3	2.3	2.6	2.6	3.3	3.7	4.2	3.2	3.8	France,Monac	4.3	3.7	3.2	2.8	2.5	3.3	3.2	4.4	3.3	4.1
Spain/Espagne	1.4	0.8	1.1	1.7	2.2	2.4	3.1	4.1	3.7	4.1	United Kingdom	5.6	4.4	3.8	2.8	3.0	3.3	3.2	3.3	3.1	2.9
China/Chine					4.7	3.8	3.2	3.0	2.8	6.6	Sweden/Suède	3.5	3.0	3.3	2.1	1.7	2.4	2.1	2.6	2.1	2.4
Japan/Japon	2.3	3.7	3.5	2.5	2.6	2.1	2.5	2.8	2.9	3.8	Austria/Autriche	4.3	3.5	1.3	2.0	1.1	0.9	1.2	2.4	2.2	2.6

7372 ROLLING MILLS AND ROLLS — LAMINOIRS CYLINDRES PIEC 7372

TRADE BY COMMODITY IN THOUSAND U.S. DOLLARS – COMMERCE PAR PRODUIT EN MILLIERS DE DOLLARS E.U

COUNTRIES–PAYS	1988	1989	1990	1991	1992	COUNTRIES–PAYS	1988	1989	1990	1991	1992
	IMPORTS – IMPORTATIONS						EXPORTS – EXPORTATIONS				
Total	2065319	x2152650	1874680	x2721943	x2275615	Totale	1465217	1771289	2047737	2382261	2083758
Africa	41019	x62214	x95714	x49784	x64718	Afrique	x2105	x1355	x1106	x889	x918
Northern Africa	14781	19816	14239	13261	x27973	Afrique du Nord	x147	x458	2	x59	x31
Americas	540056	452960	412143	382839	283648	Amériques	148041	268623	289133	229727	231827
LAIA	188717	221277	167835	164854	113951	ALAI	10499	16338	19699	22079	26207
CACM	411	4672	2092	2571	x2416	MCAC	22	x26	x6	x3	0
Asia	771203	709747	476886	929482	x968378	Asie	311120	332710	296251	486803	x282387
Middle East	x34754	x40116	x56521	x153202	x165967	Moyen–Orient	5704	x718	x566	x738	x1181
Europe	442523	610827	717380	989781	895249	Europe	909698	1013344	1345527	1547847	1543707
EEC	369809	511383	615133	842216	808726	CEE	805976	878505	1155146	1377270	1374521
EFTA	50756	70649	87749	139416	80420	AELE	97448	125497	169566	152845	162034
Oceania	25778	21570	16243	x26562	x41919	Océanie	2478	x1745	6602	7335	3549
Korea Republic	119679	311226	146197	336128	241129	Germany/Allemagne	254570	335651	390533	486186	437569
Former USSR/Anc. URSS	x172092	x206535	x52665	x270242		Japan/Japon	277284	308139	270599	444672	239395
China/Chine	468881	217542	102779	164969	185217	Italy/Italie	133741	202214	233064	336489	344798
USA/Etats–Unis d'Amer	269154	148009	175589	135845	107035	USA/Etats–Unis d'Amer	128092	245412	255760	188009	186682
Belgium–Luxembourg	97534	121978	129485	168769	193797	United Kingdom	200117	114669	175681	153629	141465
Italy/Italie	39884	66294	78504	237014	88745	France, Monac	104341	93116	138890	208105	206261
Germany/Allemagne	76253	88311	121771	141652	136009	Belgium–Luxembourg	67346	87219	126083	124906	163827
France, Monac	58847	57597	106271	126657	160279	Sweden/Suède	61473	72099	98924	75035	75213
Venezuela	58061	155563	74921	46776	18535	Austria/Autriche	29971	45488	55025	70884	77108
United Kingdom	33776	72231	74179	66529	50132	Romania/Roumanie	x719	78766	43951	31824	x2584
Canada	78981	75924	62606	73005	57907	Former USSR/Anc. URSS	x63255	x51005	x32441	x53435	
Spain/Espagne	19939	60374	43834	44113	97637	Spain/Espagne	26548	23015	59794	40862	61623
Indonesia/Indonésie	49612	15912	44060	73047	110044	Netherlands/Pays–Bas	13904	17388	24170	19574	12151
Iran (Islamic Rp. of)	x6557	x19921	x14471	x94764	x110936	Korea Republic	15222	13037	11558	21810	21210
So. Africa Customs Un	13019	36927	70750	x21413	x25115	Yugoslavia SFR	6274	6963	20815	x17721	
Mexico/Mexique	41973	31402	27068	66489	52627	Brazil/Brésil	7887	12812	15098	16466	21355
Sweden/Suède	14781	22041	35349	63135	36982	Canada	9172	6234	13324	19289	18705
Japan/Japon	40350	20943	31323	42268	43808	Poland/Pologne	x10338	x14408	x15681	x5582	x5313
Netherlands/Pays–Bas	31648	29086	34428	26518	34259	Switz.Liecht	4282	4747	10957	5205	5760
Malaysia/Malaisie	4461	29744	25420	31455	x54850	Czechoslovakia	x5649	x2727	x6769	x10956	x9963
Turkey/Turquie	20901	8892	26514	45892	18689	Denmark/Danemark	4155	4285	5606	5533	4931
Thailand/Thaïlande	7513	18547	6704	48749	50750	Australia/Australie	2382	1676	6594	6059	1483
India/Inde	11415	x28267	22633	17125	x72560	Hungary/Hongrie	x38	x601	x3162	x7266	x3069
Bulgaria/Bulgarie	x13936	x15570	x22501	x28929	2593	China/Chine	3929	1551	1532	7688	6935
Austria/Autriche	12370	15143	26882	21321	18041	Mexico/Mexique	1949	2960	3566	4147	3564
Finland/Finlande	12764	23194	12441	21599	12549	Former GDR	x11776	x4307	x6149		
Australia/Australie	14667	16746	13851	24930	39533	India/Inde	1984	x1009	3026	3413	x3723
Czechoslovakia	x15824	21828	24293	x9185	x5386	Finland/Finlande	1275	2465	4088	676	2553
Yugoslavia SFR	21768	28661	14367	x8117		Singapore/Singapour	1245	2236	2792	2143	697
Brazil/Brésil	22423	7114	7355	32686	21305	Hong Kong	1896	2854	1205	1787	3772
Poland/Pologne	x9365	x17089	x23963	x6049	x5424	Israel/Israël	2600	2335	1946	1234	2158
Romania/Roumanie	x8435	10102	24374	10262	x4789	Thailand/Thaïlande	569	39	1599	1764	x2058
Switz.Liecht	5951	6810	8195	28725	7236	Bulgaria/Bulgarie		x1698	x966	x585	x441
Philippines	17652	x6769	14930	18518	6525	Argentina/Argentine	653	510	1031	1071	1036
Singapore/Singapour	3242	5749	12199	21394	7736	So. Africa Customs Un	x1185	x763	x885	x788	x881
Greece/Grèce	4009	8055	9213	15971	x22438	Malta/Malte	0	x2360		x11	x706
Argentina/Argentine	40848	10259	14213	7731	13363	Malaysia/Malaisie	625	530	796	809	x635
Algeria/Algérie	9636	15683	8753	6586	x12273	Norway, SVD,JM	448	697	573	862	1400
Hungary/Hongrie	x7202	x4947	x6444	18828	x1718	Greece/Grèce	497	461	792	732	x823
Colombia/Colombie	6677	6582	20178	2327	2448	Ireland/Irlande	391	447	488	613	1033
Chile/Chili	2330	4231	19160	4109	x4166	Turkey/Turquie	5249	538	254	598	972
Saudi Arabia	2659	4826	x7797	x9888	x32881	New Zealand	95	66	1	1268	2058
Former GDR	x17807	x19024	x2046			Jamaica/Jamaïque	238	606	1	266	x17
Portugal	2780	2898	11510	6063	2890	Portugal	366	39	252	266	x17
Pakistan	5550	6981	9124	4141	4411	Philippines	14	x162	43	642	41
Denmark/Danemark	2371	3112	4133	5556	16665	Algeria/Algérie	x139	x307	267	269	215
Norway, SVD,JM	4861	3432	4684	4634	5606	Sri Lanka		21	1	x58	x10
Peru/Pérou	1865	5145	3639	2961	x550	Myanmar	x2	x26	x123	x121	x139
Mongolia/Mongolie	x38			x11207	x5294	Indonesia/Indonésie		1	185	60	146
Egypt/Egypte	2999	2268	3201	3934	5856	Chile/Chili	6	35		x203	x5

(VALUE AS % OF TOTAL) (VALEUR EN % DU TOTAL)

	1983	1984	1985	1986	1987	1988	1989	1990	1991	1992		1983	1984	1985	1986	1987	1988	1989	1990	1991	1992
Africa	x22.8	x6.9	4.6	x4.4	3.6	2.0	x2.9	x5.1	x1.8	x2.8	Afrique	x0.1	x0.2		x0.2	x0.2	x0.2	x0.0	x0.0	x0.0	x0.0
Northern Africa	x17.5	x3.9	2.4	1.8	x2.4	0.7	0.9	0.8	0.5	x1.2	Afrique du Nord	x0.0	x0.0	0.0	x0.1	0.0	0.0	0.0	x0.0	x0.0	x0.0
Americas	25.9	33.7	28.1	x33.4	x29.8	26.2	21.0	22.0	14.1	12.4	Amériques	11.5	13.4	14.0	14.1	x7.2	10.1	15.2	14.1	9.6	11.2
LAIA	4.7	15.4	10.1	x13.9	x17.5	9.1	10.3	9.0	6.1	5.0	ALAI	x0.0	1.7	1.3	0.9	0.4	0.7	0.9	0.9	0.9	1.3
CACM	x0.1	x0.6	x0.2	x0.1	x0.0	0.0	0.2	0.1	0.1	x0.1	MCAC	0.0	0.0	0.0	0.0	0.0	0.0	0.0	0.0	0.0	0.0
Asia	x18.3	x22.2	x25.2	24.1	23.6	37.3	32.9	25.4	34.1	x42.6	Asie	22.1	17.9	30.3	27.5	17.0	21.2	18.8	14.5	20.4	x13.6
Middle East	x3.1	x9.4	x5.9	x5.3	2.5	x1.7	x1.9	x3.0	x5.6	x7.3	Moyen–Orient	x0.1	x0.0	x0.9	x0.0	0.0	0.4	0.0	0.0	0.0	x0.1
Europe	32.2	36.2	34.1	32.2	24.2	21.4	28.4	38.3	36.4	39.3	Europe	66.3	68.5	55.5	58.1	65.7	62.1	57.2	65.7	65.0	74.1
EEC	27.4	27.0	27.4	26.0	19.3	17.9	23.8	32.8	30.9	35.5	CEE	58.9	57.8	47.7	50.7	58.3	55.0	49.6	56.4	57.8	66.0
EFTA	4.7	4.3	5.1	4.5	4.2	2.5	3.3	4.7	5.1	3.5	AELE	7.3	9.2	7.2	7.3	7.3	6.7	7.1	8.3	6.4	7.8
Oceania	0.7	1.1	8.0	x5.9	3.5	1.2	1.0	0.9	x1.0	x1.8	Océanie	0.1		0.1			0.2	x0.1	0.3	0.3	0.2
Korea Republic	4.1	4.3	9.6	12.0	3.7	5.8	14.5	7.8	12.3	10.6	Germany/Allemagne	20.0	16.7	16.1	19.9	17.0	17.4	18.9	19.1	20.4	21.0
Former USSR/Anc. URSS					x9.0	x8.3	x9.6	x2.8	x9.9		Japan/Japon	21.2	16.8	29.4	27.1	16.5	18.9	17.4	13.2	18.7	11.5
China/Chine					11.4	22.7	10.1	5.5	6.1	8.1	Italy/Italie	13.5	9.9	7.3	7.8	12.0	9.1	11.4	11.4	14.1	16.5
USA/Etats–Unis d'Amer	13.7	9.3	11.1	11.8	8.4	13.0	6.9	9.4	5.0	4.7	USA/Etats–Unis d'Amer	11.5	11.7	12.7	12.9	6.5	8.7	13.9	12.5	7.9	9.0
Belgium–Luxembourg	6.1	5.8	5.6	5.0	5.6	4.7	5.7	6.9	6.2	8.5	United Kingdom	11.9	19.2	7.1	10.5	17.0	13.7	6.5	8.6	6.4	6.8
Italy/Italie	3.4	2.6	4.8	2.3	1.9	1.9	3.1	4.2	8.7	3.9	France, Monac	3.5	4.1	7.4	4.8	7.2	7.1	5.3	6.8	8.7	9.9
Germany/Allemagne	5.2	4.9	6.4	6.3	3.9	3.7	4.1	6.5	5.2	6.0	Belgium–Luxembourg	8.5	5.6	5.5	5.3	4.1	4.6	4.9	6.2	5.2	7.9
France, Monac	3.8	5.1	4.1	3.9	2.6	2.8	2.7	5.7	4.7	7.0	Sweden/Suède	4.2	4.9	4.8	4.5	3.6	4.2	4.1	4.8	3.1	3.6
Venezuela	2.3	3.3	2.2	3.0	2.9	2.8	7.2	4.0	1.7	0.8	Austria/Autriche	2.8	4.1	1.8	2.5	3.2	2.0	2.6	2.7	3.0	3.7
United Kingdom	2.9	2.5	3.7	2.5	2.2	1.6	3.4	4.0	2.4	2.2	Romania/Roumanie					x0.1	x0.0	4.4	2.1	1.3	x0.1

73729 ROLL–MILL PTS NES, ROLLS / CYLINDRES DE LAMINOIRS 73729

TRADE BY COMMODITY IN THOUSAND U.S. DOLLARS – COMMERCE PAR PRODUIT EN MILLIERS DE DOLLARS E.U

IMPORTS – IMPORTATIONS

COUNTRIES–PAYS	1988	1989	1990	1991	1992
Total	x1261637	x1325082	1257995	x1812423	x166/2/4
Africa	x33658	x41846	x36651	x40790	x57990
Northern Africa	x16744	x27596	x12482	x11674	x27040
Americas	x246783	262724	263892	262914	234927
LAIA	x79660	61288	65087	80146	91105
CACM	x254	x1446	x911	x2756	x712
Asia	395896	x310129	239233	x447367	x549132
Middle East	x30282	x37229	x28276	x114965	x144209
Europe	406129	500666	625530	789861	776558
EEC	341429	426698	553529	719624	716470
EFTA	x44766	x47531	60263	62135	54361
Oceania	21395	17156	14888	x12787	x32053
Belgium–Luxembourg	95710	120603	126253	160614	191458
USA/Etats–Unis d'Amer	x95063	124112	134867	110645	88715
Former USSR/Anc. URSS	x100430	x135043	x8754	x204668	
Germany/Allemagne	71154	87104	120541	136465	120025
Italy/Italie	38507	61573	74914	206303	82535
China/Chine	229324	148829	73757	117278	109089
France, Monac	47010	55386	94908	112337	152274
Canada	69501	73332	59473	65925	52846
Korea Republic	42002	53050	54103	58573	87617
United Kingdom	30012	38183	47617	33838	43470
Iran (Islamic Rp. of)	x6430	x19919	x13675	x74814	x107645
Netherlands/Pays–Bas	30628	25953	31851	24783	32784
Mexico/Mexique	37928	28321	20061	33329	35371
Spain/Espagne	18367	23274	36156	21937	48124
Indonesia/Indonésie	43642	12799	13394	38119	55990
Sweden/Suède	13375	17576	22865	16276	16839
India/Inde	10724	x20422	20071	14870	x49172
Czechoslovakia	x6992	20054	22252	x8239	x4204
Bulgaria/Bulgarie	x7623	x11297	x15821	x23150	2569
Austria/Autriche	11716	14889	17802	16853	16541
Venezuela	19662	10524	19769	19105	18393
Turkey/Turquie	x16354	8620	6361	31600	13629
Yugoslavia SFR	19278	25681	11589	x8070	
Thailand/Thaïlande	1801	5678	4094	33218	27049
So. Africa Customs Un	12234	9305	17952	x14407	x19610
Japan/Japon	9921	9143	9865	21132	10442
Finland/Finlande	11735	8020	8824	20393	10681
Australia/Australie	10422	12399	12539	11373	29811
Poland/Pologne	x9349	x7883	x20352	x5439	x4291
Argentina/Argentine	x11100	9762	13957	7722	13256
Algeria/Algérie	9335	14234	8442	6551	x12256
Philippines	16402	x5088	9759	12315	6079
Greece/Grèce	3262	7970	6725	11978	x21854
Malaysia/Malaisie	1794	7319	8908	10252	x42268
Hungary/Hongrie	x7194	x3913	x6300	13422	x1653
Brazil/Brésil	x3789	4275	4887	13072	17624
Portugal	2317	2716	10477	4783	2479
Libyan Arab Jamahiriya	x6746	x12339	x1894	x1788	x8319
Switz.Liecht	3684	3844	6685	5238	5080
Pakistan	3467	2884	8331	3431	3759
Saudi Arabia	x4481	x4911	x3545	x6125	x20762
Singapore/Singapour	2123	2779	3983	7162	5059
Romania/Roumanie	x8435	x6591	x3225	3786	x2106
Norway,SVD,JM	4243	3203	4085	3372	5220
Mongolia/Mongolie	x38			x9989	x5294
Chile/Chili	2046	2723	3569	3297	x3688
Denmark/Danemark	1739	2568	2563	4181	15736
Former GDR	x17673	x7566	x1067		
Ghana	x355	x183	x1378	x6542	x890
New Zealand	10901	4513	2132	1258	2118

EXPORTS – EXPORTATIONS

COUNTRIES–PAYS	1988	1989	1990	1991	1992
Totale	961682	1303129	1466886	1837764	1695915
Afrique	x742	x1189	x968	x858	x819
Afrique du Nord	x143	x458	2	x59	x26
Amériques	x42467	143743	223282	181628	179317
ALAI	x5447	15969	19451	21894	25276
MCAC	x2		x2		x2
Asie	x231162	268661	214037	347162	x204728
Moyen–Orient	x5334	x524	x384	x478	x1118
Europe	606012	812623	970111	1207481	1290996
CEE	514360	707387	839937	1060331	1165422
AELE	87875	96880	115978	131067	118423
Océanie	2324	x1205	572	2461	1445
Germany/Allemagne	167925	219714	246350	310327	323577
Japan/Japon	204624	252801	196450	322844	186324
Italy/Italie	97959	178918	169256	243348	306546
USA/Etats–Unis d'Amer	30320	121709	191131	141346	137120
France, Monac	74600	85128	128721	186187	195678
United Kingdom	77667	101960	112999	146803	130287
Belgium–Luxembourg	65967	87101	125840	124087	162824
Sweden/Suède	53706	56130	71207	63623	66685
Austria/Autriche	29944	34945	38596	61452	46527
Former USSR/Anc. URSS	x54078	x48401	x30176	x47540	
Spain/Espagne	13447	17728	33679	26431	31148
Netherlands/Pays–Bas	13461	14121	19034	18901	11807
Brazil/Brésil	x3845	12698	15068	16344	20743
Romania/Roumanie	x719	x7912	x578	31811	x2266
Canada	6450	5721	12518	18141	16733
Yugoslavia SFR	3776	5977	14182	x16073	
Poland/Pologne	x7393	x13404	x15343	x5528	x5249
Korea Republic	11447	7966	7805	12088	4747
Switz.Liecht	3657	4496	5047	5108	4472
Czechoslovakia	x5310	x812	x1951	x8648	x8063
Mexico/Mexique	1110	2791	3558	4135	3449
Former GDR	x11438	x3231	x5874		
Hungary/Hongrie	x38	x250	x3159	x4051	x2591
Denmark/Danemark	2172	1842	2969	2337	1665
India/Inde	1893	x851	2531	2820	x3651
China/Chine	3913	1483	1503	3136	3002
Israel/Israël	2458	2335	1890	1234	1750
Australia/Australie	2228	1144	564	2454	1350
Singapore/Singapour	132	939	780	1845	488
Bulgaria/Bulgarie		x1698	x837	x585	x441
Hong Kong	579	1059	590	1468	1960
Malta/Malte		x2360	x846	x11	x706
So. Africa Customs Un	x595	x729	x761	x787	
Argentina/Argentine	x487	424	822	1068	944
Malaysia/Malaisie	577	469	760	590	x439
Greece/Grèce	497	461	605	732	x823
Norway,SVD,JM	399	676	554	507	467
Ireland/Irlande	306	384	455	567	1027
Finland/Finlande	170	634	574	193	272
Turkey/Turquie	x5249	416	235	345	909
Thailand/Thaïlande	144	23	726	174	x690
Portugal	356	30	43	612	41
Philippines	14	x162	252	269	215
Jamaica/Jamaïque	238	336	114	216	x17
Algeria/Algérie	x139	x307		x58	x10
Myanmar	x2	x26	x123	x121	x139
Indonesia/Indonésie			185	60	102
Chile/Chili	6	35		x191	x5
Iceland/Islande				183	
Bahrain/Bahreïn	x17	x39	x75	x31	x29

(VALUE AS % OF TOTAL) (VALEUR EN % DU TOTAL)

	1983	1984	1985	1986	1987	1988	1989	1990	1991	1992		1983	1984	1985	1986	1987	1988	1989	1990	1991	1992
Africa	x11.6	x8.2	x5.0	x6.1	x5.0	x2.7	x3.2	x2.9	x2.3	x3.5	Afrique	x0.1	x0.2	x0.0	x0.2	x0.1	x0.1	x0.1	x0.1	x0.0	x0.0
Northern Africa	x9.0	x3.8	1.5	1.9	3.4	1.3	2.1	1.0	0.6	1.6	Afrique du Nord	x0.0	x0.0	0.0	x0.1	0.0	x0.0	0.0	x0.0	x0.0	x0.0
Americas	x47.7	x29.9	30.6	33.2	21.2	19.5	19.8	20.9	14.5	14.1	Amériques	x6.5	x7.2	x5.7	x4.3	x2.6	x4.4	11.1	15.2	9.9	10.6
LAIA	x29.9	x7.3	x8.6	x6.9	x8.4	x5.0	4.6	5.2	4.4	5.5	ALAI	x4.1	x3.4	x1.9	x1.3	x0.5	x0.5	1.2	1.3	1.2	1.5
CACM	x0.7	x0.7	x0.7	x0.2	x0.0	x0.0	x0.1	x0.1	x0.2	x0.0	MCAC						x0.0		x0.0		x0.0
Asia	x11.1	x21.1	x19.7	x13.5	x14.7	31.4	x23.4	19.0	x24.7	x33.0	Asie	23.6	20.4	33.7	32.0	21.2	x24.0	20.6	14.6	18.9	x12.1
Middle East	x3.1	x12.3	x6.8	x3.2	x2.3	x2.4	2.8	x2.2	x6.3	x8.6	Moyen–Orient	x0.0	x0.0	x0.0	x0.0	x0.0	x0.6	x0.0	x0.0	x0.0	x0.1
Europe	29.0	39.3	43.4	45.2	34.1	32.2	37.8	49.7	43.6	46.6	Europe	69.7	72.2	60.6	63.4	64.5	63.0	62.4	66.1	65.7	76.1
EEC	23.2	32.9	35.5	37.5	28.5	27.1	32.2	44.0	39.7	43.0	CEE	60.3	61.7	51.7	53.2	55.2	53.5	54.3	57.3	57.7	68.7
EFTA	3.0	4.3	4.4	4.5	3.0	3.5	3.6	4.8	3.4	3.3	AELE	6.6	9.6	7.5	8.8	7.6	9.1	7.4	7.9	7.1	7.0
Oceania	x0.5	x1.5	1.2	x1.9	4.6	1.7	1.3	1.2	x0.7	x1.9	Océanie						0.2	x0.1		0.1	0.1
Belgium–Luxembourg	5.5	7.6	7.8	7.7	8.4	7.6	9.1	10.0	8.9	11.5	Germany/Allemagne	17.7	21.4	16.6	18.9	16.6	17.5	16.9	16.8	16.9	19.1
USA/Etats–Unis d'Amer	x10.5	x11.0	x13.4	x15.2	x7.8	x7.5	9.4	10.7	6.1	5.3	Japan/Japon	22.8	19.4	32.8	31.5	20.4	21.3	19.4	13.4	17.6	11.0
Former USSR/Anc. URSS					x11.8	x8.0	x10.2	x0.7	x11.3		Italy/Italie	17.2	13.0	7.7	9.0	14.5	10.2	13.7	11.5	13.2	18.1
Germany/Allemagne	4.8	7.2	8.4	9.3	5.8	5.6	6.6	9.6	7.5	7.2	USA/Etats–Unis d'Amer	2.4	3.8	3.8	3.0	2.0	3.2	9.3	13.0	7.7	8.1
Italy/Italie	2.9	3.7	4.2	3.4	2.7	3.1	4.6	6.0	11.4	5.0	France, Monac	4.3	5.2	7.2	5.7	7.0	7.8	6.5	8.8	10.1	11.5
China/Chine					4.8	18.2	11.2	5.9	6.5	6.5	United Kingdom	8.3	10.6	8.8	8.8	8.2	8.1	7.8	7.7	8.0	7.7
France, Monac	2.8	6.2	5.4	5.8	3.9	3.7	4.2	7.5	6.2	9.1	Belgium–Luxembourg	11.6	8.9	7.0	8.1	6.2	6.9	6.7	8.6	6.8	9.6
Canada	6.2	10.5	8.1	10.3	4.8	5.5	5.5	4.7	3.6	3.2	Sweden/Suède	4.4	5.9	4.5	5.0	4.6	5.6	4.3	4.9	3.5	3.9
Korea Republic	2.2	2.6	2.0	2.4	2.6	3.3	4.0	4.3	3.2	5.3	Austria/Autriche	2.0	3.4	2.1	2.7	2.5	3.1	2.7	2.6	3.3	2.7
United Kingdom	2.5	3.7	5.2	3.3	3.1	2.4	2.9	3.8	1.9	2.6	Former USSR/Anc. URSS					x5.4	x5.6	x3.7	x2.1	x2.6	

7373 WELDING, BRAZING, ETC MCHS / MACH SOUDAGE ETC PIECES 7373

TRADE BY COMMODITY IN THOUSAND U.S. DOLLARS – COMMERCE PAR PRODUIT EN MILLIERS DE DOLLARS E.U

COUNTRIES–PAYS	1988	1989	1990	1991	1992	COUNTRIES–PAYS	1988	1989	1990	1991	1992
	IMPORTS – IMPORTATIONS						EXPORTS – EXPORTATIONS				
Total	x3647743	x3206983	3321836	x4045043	3573323	Totale	3014809	3084799	3332369	3567121	3623270
Africa	x66897	x77486	x89720	x93689	x86773	Afrique	x1780	x1661	x1884	x3178	x4436
Northern Africa	26058	31539	41108	42710	x30616	Afrique du Nord	x203	x31	x530	505	x317
Americas	574734	671246	545070	671342	659236	Amériques	363525	381950	461011	x479333	x491697
LAIA	66214	86728	115841	135349	182810	ALAI	7082	7732	11869	10047	9187
CACM	2714	2426	2907	1940	x5930	MCAC	x41	x148	x785	x1094	x1522
Asia	563728	638989	688668	812505	x863452	Asie	599584	759043	563980	757517	783678
Middle East	x60816	x64716	x73400	x100752	x122574	Moyen–Orient	x2198	5100	x1002	x1345	x1770
Europe	1320941	1368914	1714483	1726762	1832636	Europe	1902481	1808171	2206626	2258049	2316992
EEC	1081323	1119556	1412050	1463047	1612810	CEE	1383443	1277609	1575203	1663577	1657400
EFTA	213794	223006	275679	244849	204490	AELE	505954	522116	619103	590904	653382
Oceania	x46010	43931	x44222	x38464	x35674	Océanie	x7100	9235	10243	x7182	11193
USA/Etats–Unis d'Amer	343178	405755	312433	429800	361540	Germany/Allemagne	581701	589197	709396	784279	797748
Former USSR/Anc. URSS	x789323	x268438	x71820	x631763		Japan/Japon	478541	623855	410603	600367	601122
Germany/Allemagne	173738	203917	305748	358078	370465	USA/Etats–Unis d'Amer	321309	342896	408466	417509	432108
United Kingdom	278577	240944	259711	290885		Switz.Liecht	228940	254068	304821	309653	326767
France, Monac	164925	178671	220332	214838	204786	Italy/Italie	271599	223487	285105	299070	261623
Korea Republic	131384	143911	133401	153760	151749	United Kingdom	138938	135231	178329	179981	163552
Spain/Espagne	106941	126616	128929	151513	189919	France, Monac	222686	129146	155166	155245	189708
Belgium–Luxembourg	91158	92435	136744	168017	204326	Sweden/Suède	140219	132860	146172	132505	163065
Italy/Italie	103181	106792	145102	133987	140407	Netherlands/Pays–Bas	67837	89049	112611	114057	119119
Canada	155182	163653	101865	94070	100362	Austria/Autriche	96375	84608	105749	101841	117105
Netherlands/Pays–Bas	91801	95022	122847	114278	120848	Hong Kong					
China/Chine	95606	105032	94191	100504	88370	Former USSR/Anc. URSS	70586	87633	81673	84192	107316
Switz.Liecht	68135	67883	82800	76467	56989	Belgium–Luxembourg	x23530	x48034	x42626	x48743	
Japan/Japon	54095	62081	79744	83075	55975	Finland/Finlande	27835	33491	48059	51406	46528
Hong Kong	56995	62855	72924	77750	95632	Denmark/Danemark	34402	40186	49445	33202	31434
Singapore/Singapour	45710	52577	74497	82748	83493	Canada	35592	36094	43090	40004	38883
Sweden/Suède	60114	62604	66605	60185	42426	Spain/Espagne	34514	30502	39052	48425	47622
Malaysia/Malaisie	20568	45794	51307	82989	x109238	Singapore/Singapour	25499	26909	31228	26890	27336
Austria/Autriche	44893	41384	65163	63510	57397	Poland/Pologne	13392	17697	25804	31845	25672
Mexico/Mexique	26072	44579	55176	68729	100182	Korea Republic	x27534	x31870	x14482	x3049	x3695
Poland/Pologne	x30179	x26212	x102068	x28383	x32492	Norway, SVD, JM	22322	11009	22377	13719	10778
Thailand/Thailande	34777	35634	43934	55708	63510	Ireland/Irlande	6014	10395	12912	14703	15003
Australia/Australie	34141	35359	34766	30244	26106	Czechoslovakia	10886	13503	9503	10036	9081
Denmark/Danemark	26124	30231	35014	31468	27830	Australia/Australie	x7246	x14361	x14857	x1603	x3156
Czechoslovakia	x93130	25308	38964	x28477	x37089	China/Chine	5895	8344	9251	6224	8198
Finland/Finlande	22395	31286	36947	21732	20878	Former GDR	6324	5344	7466	8939	14858
Portugal	23191	22421	30575	28600	32022	Hungary/Hongrie	x48680	x16620	x4248		
Indonesia/Indonésie	25126	15248	24566	39727	34822	Yugoslavia SFR	x6432	x5013	x7961	x7739	x7819
Brazil/Brésil	11488	20466	28835	27169	25457	Malaysia/Malaisie	8623	6063	9808	x3534	
So. Africa Customs Un	16863	22304	24028	x27453	x24222	Mexico/Mexique	2600	2796	6687	7345	x11355
Norway, SVD, JM	17024	19026	22338	21716	25520	Bulgaria/Bulgarie	2016	3002	6955	4699	3237
Turkey/Turquie	11300	9740	21355	24509	18361	Israel/Israël	x2125	x7251	x4123	x605	x475
Algeria/Algérie	8710	14419	15973	21015	x11217	Thailand/Thailande	1139	2791	4409	3036	745
Iran (Islamic Rp. of)	x12061	x8750	x15995	x25278	x37328	Brazil/Brésil	1493	1401	2016	3791	x6075
Bulgaria/Bulgarie	x28488	x42010	x4805	x3002	1932	Portugal	2837	2241	2169	2535	3670
Yugoslavia SFR	16777	16486	15048	x16259		Argentina/Argentine	722	1220	2438	2297	3385
Saudi Arabia	8435	8334	x12036	x21335	x30964	Malta/Malte	1738	2124	2141	1638	1105
Ireland/Irlande	12082	11548	13560	15638	14892	India/Inde	4423	2361	2483	x17	x410
India/Inde	13246	x21236	12788	6019	x18231	So. Africa Customs Un	709	x884	1430	1946	x1490
Greece/Grèce	9606	10959	13488	14274	x16431	Saudi Arabia	x1227	x1077	x1025	x2095	x3786
Venezuela	18411	10018	10086	18443	22009	New Zealand	679	2969	x183	x524	x625
Israel/Israël	13287	9168	12758	15727	16558	Romania/Roumanie	1130	730	764	676	2571
Hungary/Hongrie	x16369	x13915	x14653	7956	x18579	Costa Rica	x24791	1590	327	123	x130
Former GDR	x115893	x28397	x4265			Dominican Republic	35	131	x769	x1085	x1466
Iraq	13580	x23265	x5874	x832	x7	Turkey/Turquie	x158	x460	x606	x612	x938
Philippines	6682	x14779	8208	6960	8936	Kuwait/Koweït	968	416	334	412	763
United Arab Emirates	x10189	x7052	x9412	x12066	x19239	Colombia/Colombie	x24	1057	x24	x2	
Malta/Malte	7951	9492	11226	x2120	x2344	Greece/Grèce	11	102	37	903	196
Egypt/Egypte	5563	4696	7137	7494	6369	United Arab Emirates	148	281	279	313	x436
New Zealand	8636	6209	6867	5976	7523	Jamaica/Jamaïque	x177	x477	x83	x239	x227
							2	12	56	688	x1

(VALUE AS % OF TOTAL)(VALEUR EN % DU TOTAL)

	1983	1984	1985	1986	1987	1988	1989	1990	1991	1992		1983	1984	1985	1986	1987	1988	1989	1990	1991	1992
Africa	x3.9	x5.4	x4.7	x4.6	x2.8	x1.9	x2.4	x2.7	x2.3	x2.5	Afrique	x0.0	x0.0	x0.0	x0.0	x0.0	x0.0	x0.0	x0.0	x0.1	x0.1
Northern Africa	2.6	2.5	2.6	x2.6	x1.3	0.7	1.0	1.2	1.1	x0.9	Afrique du Nord	x0.0	x0.0	x0.0	x0.0	x0.0	x0.0	x0.0	x0.0	0.0	0.0
Americas	x20.6	x23.9	x28.4	x27.9	x18.8	15.8	21.0	16.4	16.6	18.4	Amériques	17.2	x16.2	x13.7	x14.0	x13.1	12.1	12.4	13.8	x13.5	x13.5
LAIA	2.0	1.9	1.6	x3.5	x2.9	1.8	2.7	3.5	3.3	5.1	ALAI	0.2	0.1	0.1	0.3	0.2	0.2	0.3	0.4	0.3	0.3
CACM	x0.2	x0.5	x0.6	x0.1	x0.2	0.1	0.1	0.1	0.0	x0.2	MCAC	x0.0	x0.0	x0.0	x0.0	x0.0	x0.0	x0.0	x0.0	0.0	x0.0
Asia	x24.2	x22.4	x17.5	14.1	17.7	15.4	19.9	20.7	20.0	24.1	Asie	13.0	18.3	20.3	16.5	19.2	19.9	24.6	17.0	21.2	21.6
Middle East	x7.4	x5.8	x5.0	x3.1	x2.1	x1.7	x2.0	x2.2	x2.5	x3.4	Moyen–Orient	x0.2	x0.1	x0.2	x0.1	x0.1	x0.1	0.2	x0.0	0.0	0.0
Europe	48.5	45.9	47.4	51.1	41.6	36.2	42.7	51.6	42.7	51.3	Europe	68.8	64.6	65.5	69.0	62.9	63.1	58.6	66.2	63.3	63.9
EEC	40.0	37.4	38.3	40.6	33.1	29.6	34.9	42.5	36.2	45.1	CEE	50.0	49.5	51.2	53.4	47.6	45.9	41.4	47.3	46.6	45.7
EFTA	8.5	8.3	8.6	9.7	7.9	5.9	7.0	8.3	6.1	5.7	AELE	18.7	15.1	14.3	15.5	15.1	16.8	16.9	18.6	16.6	18.0
Oceania	2.7	x2.6	x2.0	x2.4	x1.7	x1.3	1.4	x1.4	x1.0	x1.0	Océanie	0.9	x0.7	0.5	x0.4	0.5	x0.2	0.3	0.3	x0.2	0.3
USA/Etats–Unis d'Amer	10.6	15.1	19.1	15.9	11.1	9.4	12.7	9.4	10.6	10.1	Germany/Allemagne	20.6	21.7	20.5	22.0	22.8	19.3	19.1	21.3	22.0	22.0
Former USSR/Anc. URSS					x7.2	x21.6	x8.4	x2.2	x15.6		Japan/Japon	9.7	14.0	16.0	13.6	13.4	15.9	20.2	12.3	16.8	16.6
Germany/Allemagne	9.2	7.4	7.9	9.6	6.8	4.8	6.4	9.2	8.9	10.4	USA/Etats–Unis d'Amer	17.0	16.0	13.6	11.5	10.6	10.7	11.1	12.3	11.7	11.9
United Kingdom	8.9	8.2	8.2	7.3	5.5	7.6	7.5	7.8	5.3	5.7	Switz.Liecht	11.5	6.8	6.1	7.1	7.8	7.6	8.2	9.1	8.7	9.0
France, Monac	6.2	5.1	6.2	6.2	5.2	4.5	5.6	6.6	5.3	5.7	Italy/Italie	8.8	8.6	10.0	11.6	9.8	9.0	8.7	8.6	8.4	7.2
Korea Republic	2.4	3.7	4.3	2.9	2.9	4.5	4.5	4.0	4.3	4.2	United Kingdom	6.0	5.8	6.0	6.4	4.6	4.4	5.4	5.0	4.5	
Spain/Espagne	2.0	2.0	1.7	2.0	2.5	2.9	3.9	3.9	3.7	5.3	France, Monac	7.4	5.8	7.5	6.2	4.1	7.4	4.7	4.7	4.4	5.2
Belgium–Luxembourg	3.3	3.8	3.4	3.1	2.7	2.9	2.9	4.1	4.2	5.7	Sweden/Suède	4.0	4.8	4.7	4.2	3.7	4.7	4.3	4.4	3.7	4.5
Italy/Italie	3.7	3.5	3.6	4.8	4.3	2.8	3.3	4.4	3.3	3.9	Netherlands/Pays–Bas	4.0	3.8	3.4	3.4	3.0	2.3	2.9	3.4	3.2	3.3
Canada	6.4	4.9	6.0	7.6	3.9	4.3	5.1	3.1	2.3	2.8	Austria/Autriche	2.0	1.9	1.8	2.4	2.1	3.2	2.7	3.2	2.9	3.2

73732 ELECTRIC WELDERS, ETC

MACH ELECT POUR SOUDER 73732

TRADE BY COMMODITY IN THOUSAND U.S. DOLLARS – COMMERCE PAR PRODUIT EN MILLIERS DE DOLLARS E.U

IMPORTS – IMPORTATIONS

COUNTRIES–PAYS	1988	1989	1990	1991	1992
Total	x3472073	x3053480	3153615	x3883303	3435136
Africa	x58373	x70323	x82198	x87481	x81701
Northern Africa	21701	27012	37384	38825	x28795
Americas	547192	x662758	525222	651053	636991
LAIA	64449	89747	107832	128716	174244
CACM	1783	x1566	x2206	x1350	x6182
Asia	505716	582097	627349	759585	x813273
Middle East	x49483	x56976	x68590	x96091	x116669
Europe	1268803	1316011	1649433	1666900	1780273
EEC	1041715	1080680	1363894	1415524	1569112
EFTA	202361	209782	259653	233165	196365
Oceania	x43201	41206	x41139	x36972	x33716
USA/Etats–Unis d'Amer	325925	401635	306805	421938	353047
Former USSR/Anc. URSS	x780518	x257073	x68585	x617452	358088
Germany/Allemagne	165341	197203	253969	227783	286842
United Kingdom	272007	232821	212887	208368	197851
France, Monac	159058	173285	125573	149045	186067
Spain/Espagne	103838	122954	132866	163769	201194
Belgium–Luxembourg	87744	88586	107524	144338	133964
Korea Republic	113548	126425	107524	129617	137918
Italy/Italie	100192	104244	141820	120195	95735
Canada	149579	159110	97927	90126	95735
Netherlands/Pays–Bas	85261	90491	113325	105946	112653
China/Chine	82777	90824	82119	81207	78102
Switz.Liecht	65628	65513	79310	73716	55216
Japan/Japon	52068	59600	77254	78289	54212
Hong Kong	54230	59942	69904	75333	94727
Singapore/Singapour	42556	50601	72404	80693	78975
Sweden/Suède	56893	60056	63377	58501	40752
Malaysia/Malaisie	19538	43624	48892	79491	x107224
Mexico/Mexique	24022	43498	53598	66742	97563
Austria/Autriche	42453	39302	60655	60195	54697
Poland/Pologne	x25333	x22926	x97046	x26047	x30672
Thailand/Thaïlande	33664	34145	41391	53625	61117
Australia/Australie	32592	33948	32981	29344	24861
Denmark/Danemark	25629	28707	33261	27836	27445
Czechoslovakia	x83710	23083	37860	x25704	x33106
Finland/Finlande	20608	26862	34918	20362	20132
Portugal	22326	21580	29636	27855	31058
Indonesia/Indonésie	22725	14232	22148	37317	32861
Brazil/Brésil	10271	19753	24862	25781	24237
So. Africa Customs Un	15035	21562	21893	x26401	x22832
Norway, SVD, JM	15617	17268	19649	19249	24374
Turkey/Turquie	9074	8773	20354	23457	16575
Algeria/Algérie	7776	12409	14800	18892	x10929
Yugoslavia SFR	16187	15965	14280	x15777	
Iran (Islamic Rp. of)	x10944	x7664	x14432	x23298	x32623
Bulgaria/Bulgarie	x25608	x34806	x4464	x2446	1807
Ireland/Irlande	11776	11112	12995	15248	14428
Saudi Arabia	4375	4290	x11691	x20571	x30173
Israel/Israël	12609	8822	12376	14792	15785
Greece/Grèce	8541	9698	12255	12653	x15568
India/Inde	11929	x17992	10958	5597	x17846
Venezuela	15509	7910	9182	16479	18883
Hungary/Hongrie	x15734	x12720	x12956	6965	x18158
Former GDR	x115841	x28341	x4263	6651	8340
Philippines	6092	x13810	7330	x5009	x818
Iraq	x10305	x21679	x9132	x11771	x19094
United Arab Emirates	x8180	x6506	11106	5429	x12041
Chile/Chili	x7040	x9524	11153	x2063	x2322
Malta/Malte	7569	9263	6235	5677	6955
New Zealand	8187	5703	6235	5677	6955

EXPORTS – EXPORTATIONS

COUNTRIES–PAYS	1988	1989	1990	1991	1992
Totale	2800847	2937370	3180993	3423318	3496356
Afrique	x1655	x1558	x1483	x2823	x4176
Afrique du Nord	x189	x19	x521	430	x299
Amériques	278793	357664	442938	x460157	x473136
ALAI	5610	7315	10938	8879	8324
MCAC	38	x140	x781	x1087	x1491
Asie	575395	744336	545515	734605	769795
Moyen–Orient	x968	x2627	x936	x1168	x1611
Europe	1803614	1713928	2097326	2161313	2223444
CEE	1293640	1190185	1475011	1577256	1572872
AELE	497109	515399	610120	580526	644500
Océanie	x6867	8931	x9882	x6850	10876
Germany/Allemagne	520090	530390	634770	723636	736822
Japan/Japon	461789	615714	397684	583552	591226
USA/Etats–Unis d'Amer	239508	321859	392366	400491	415227
Switz.Liecht	226149	251108	300583	304453	322942
Italy/Italie	263325	217964	281814	295559	258657
United Kingdom	135422	131078	175262	175869	159517
France, Monac	216780	122784	148916	150228	184338
Sweden/Suède	137273	130689	143890	129385	159628
Netherlands/Pays–Bas	63106	83527	107864	108880	114175
Austria/Autriche	93640	83541	104282	99881	115607
Hong Kong	69030	86307	80329	83136	106223
Belgium–Luxembourg	27358	32951	47529	50766	45856
Former USSR/Anc. URSS	x21803	x44461	x39031	x44585	
Finland/Finlande	34160	39743	48632	32162	31375
Denmark/Danemark	34864	35593	42602	39561	38743
Canada	33109	27712	38060	47451	46840
Spain/Espagne	24187	26411	29964	26114	25860
Singapore/Singapour	12157	16265	24589	30609	24446
Poland/Pologne	x26457	x30393	x14128	x3032	x3678
Korea Republic	21860	10261	21750	13228	10440
Norway, SVD, JM	5882	10317	12729	14645	14949
Czechoslovakia	x6440	x14276	x14853	x1581	x3029
Australia/Australie	5750	8113	9026	5917	7902
Hungary/Hongrie	x6411	x4958	x7941	x7650	x7625
Yugoslavia SFR	8404	5963	9690	x3497	
China/Chine	3890	4918	6076	6740	14309
Former GDR	x46496	x12793	x3607		
Malaysia/Malaisie	2529	2727	6294	7254	x11128
Ireland/Irlande	7674	8054	3619	4081	5167
Mexico/Mexique	1643	2892	6828	4396	3162
Israel/Israël	1132	2740	4364	3005	729
Bulgaria/Bulgarie	x2125	x2481	x3962	x600	x467
Thailand/Thaïlande	1353	1396	1932	3690	x5807
Brazil/Brésil	2042	2074	1784	2376	3179
Portugal	699	1156	2393	2217	3302
Argentina/Argentine	1634	2062	1887	1619	1087
Malta/Malte	4423	2360	2480	x17	x410
So. Africa Customs Un	x1148	x1004	x647	x1845	x3555
India/Inde	460	x882	1117	1249	x1467
Romania/Roumanie	x24791	1590	327	123	x130
New Zealand	1050	660	716	656	2554
Costa Rica	35	x131	x769	x1084	x1466
Dominican Republic	x158	x460	x606	x612	x938
Saudi Arabia	296	564	x182	x523	x623
Kuwait/Koweït	x24	1036	x24	x2	
Turkey/Turquie	445	369	276	359	612
Greece/Grèce	134	276	277	313	x436
Jamaica/Jamaïque	2	12	56	688	x1
United Arab Emirates	x71	x471	x79	x172	x225
Korea Dem People's Rp	x6	0	x134	x541	x1331

(VALUE AS % OF TOTAL) (VALEUR EN % DU TOTAL)

	1983	1984	1985	1986	1987	1988	1989	1990	1991	1992
Africa	x3.5	x5.1	4.7	4.5	x2.7	1.6	x2.3	2.6	x2.3	x2.4
Northern Africa	2.6	x2.3	2.7	2.8	x1.3	0.6	0.9	1.2	1.0	x0.8
Americas	x18.7	x22.1	x26.9	x25.6	x18.1	15.8	x21.7	16.6	16.8	18.6
LAIA	x2.9	1.8	1.4	1.4	2.4	1.9	2.9	3.4	3.3	5.1
CACM	x0.1	x0.3	x0.4	x0.1	x0.1	0.1	x0.1	x0.1	x0.0	x0.2
Asia	x23.9	x21.7	x17.7	14.5	17.5	14.6	19.0	19.9	19.6	x23.6
Middle East	x7.3	x5.2	x4.7	x3.2	x1.7	x1.4	x1.9	x2.2	x2.5	x3.4
Europe	48.9	45.8	48.8	53.0	42.0	36.5	43.1	52.3	42.9	51.8
EEC	40.6	37.8	40.1	43.1	34.2	30.0	35.4	43.2	36.5	45.7
EFTA	8.1	7.8	8.2	9.7	7.6	5.8	6.9	8.2	6.0	5.7
Oceania	2.8	x2.4	x2.0	x2.4	x1.7	x1.3	1.4	x1.3	x1.0	x1.0
USA/Etats–Unis d'Amer	11.3	15.6	20.1	17.8	12.1	9.4	13.2	9.7	10.9	10.3
Former USSR/Anc. URSS	2.3	2.8			x7.7	x22.5	x8.4	x2.2	x15.9	
Germany/Allemagne	9.5	7.5	8.4	10.3	7.1	4.8	6.5	9.4	8.9	10.4
United Kingdom	9.1	8.5	8.7	7.9	5.6	7.6	7.8	8.1	5.9	8.4
France, Monac	6.5	5.4	6.7	6.8	5.6	4.6	5.7	6.8	5.4	5.8
Spain/Espagne	2.0	2.1	1.9	2.3	2.6	3.0	4.0	4.2	3.8	5.4
Belgium–Luxembourg	3.2	3.8	3.7	3.3	2.7	2.5	2.9	4.2	3.7	3.9
Korea Republic	2.4	3.8	2.6	3.0	2.5	3.3	4.1	3.4	3.3	4.0
Italy/Italie	3.7	3.4	3.7	5.0	4.3	2.9	3.4	4.5	3.1	2.8
Canada	3.5	3.4	4.2	5.7	2.8	4.3	5.2	3.1	2.3	2.8

	1983	1984	1985	1986	1987	1988	1989	1990	1991	1992
Afrique	x0.0	x0.0	x0.0	x0.0	x0.0	x0.0	x0.0	x0.0	x0.1	x0.1
Afrique du Nord	x0.0	x0.0	x0.0	x0.0	x0.0	x0.0	x0.0	x0.0	0.0	x0.0
Amériques	x14.4	x14.1	x11.5	x12.4	x11.7	9.9	12.2	13.9	x13.5	x13.5
ALAI	x0.1	x0.1	x0.1	x0.2	x0.1	0.2	0.2	0.3	0.3	0.2
MCAC	x0.0	x0.0	x0.0	x0.0	x0.0	0.0	x0.0	x0.0	x0.0	x0.0
Asie	13.4	19.4	21.4	17.5	20.4	20.5	25.4	17.1	21.4	22.0
Moyen–Orient	x0.2	x0.1	x0.1	x0.1	x0.1	x0.1	x0.1	x0.0	x0.1	x0.1
Europe	69.8	64.6	66.4	69.8	63.1	64.4	58.3	65.9	63.1	63.6
CEE	49.6	48.8	51.1	53.3	47.1	46.2	40.5	46.4	46.1	45.0
AELE	20.2	15.8	15.3	16.4	16.0	17.7	17.5	19.2	17.0	18.4
Océanie	1.0	x0.7	x0.4	x0.4	0.5	x0.5	0.3	x0.3	x0.2	0.3
Germany/Allemagne	19.0	20.5	19.2	20.5	21.7	18.6	18.1	20.0	21.1	21.1
Japan/Japon	9.8	14.6	16.8	14.3	17.0	16.5	21.0	12.5	17.0	16.9
USA/Etats–Unis d'Amer	14.2	13.9	11.4	9.9	9.0	8.6	11.0	12.3	11.7	11.9
Switz.Liecht	12.6	7.3	6.6	6.8	8.4	8.1	8.5	9.4	8.9	9.2
Italy/Italie	9.3	9.0	10.8	12.4	10.3	9.4	7.4	8.9	8.6	7.4
United Kingdom	6.3	5.9	6.2	6.8	4.5	4.8	4.5	5.5	5.1	4.6
France, Monac	7.3	5.5	7.6	6.3	4.1	7.7	4.2	4.7	4.4	5.3
Sweden/Suède	4.2	4.9	5.0	4.3	3.8	4.9	4.4	4.5	3.8	4.6
Netherlands/Pays–Bas	4.5	4.2	3.7	3.6	3.1	2.3	2.8	3.4	3.2	3.3
Austria/Autriche	2.2	2.1	2.0	2.6	2.3	3.3	2.8	3.3	2.9	3.3

7413 INDUS FURNACES ETC, PARTS

FOURS IND, LABOR, PIECES 7413

TRADE BY COMMODITY IN THOUSAND U.S. DOLLARS — COMMERCE PAR PRODUIT EN MILLIERS DE DOLLARS E.U

IMPORTS – IMPORTATIONS

COUNTRIES—PAYS	1988	1989	1990	1991	1992
Total	x2905494	x3234017	3364381	x4027066	x3617230
Africa	x93359	x114927	267805	x176046	x135666
Northern Africa	47806	48610	189525	x99904	x67486
Americas	468313	600248	534587	559632	654517
LAIA	196546	229126	172938	176979	296720
CACM	6880	9692	7046	5554	x6374
Asia	x615302	x843099	885815	1347654	x1314861
Middle East	x129049	x126915	x138569	x174665	x259005
Europe	1010593	1078212	1374465	1309180	1317120
EEC	792418	829685	1097462	1077361	1095468
EFTA	184846	181367	243425	197580	196525
Oceania	x22457	x21939	x29344	x24258	x37505
Former USSR/Anc. URSS	x381071	x348649	x137561	x453633	
Korea Republic	206828	305162	219515	388720	336944
USA/Etats-Unis d'Amer	155257	245392	224994	257037	240059
Germany/Allemagne	150404	142018	208509	239239	253693
France, Monac	161159	158425	194893	211225	203453
Thailand/Thaïlande	40299	61302	107563	273052	149626
Italy/Italie	89613	108171	182026	141391	161914
United Kingdom	118927	130984	141262	134770	107552
Canada	98388	102881	114480	102932	97222
Belgium–Luxembourg	67750	74737	108809	105347	96078
Spain/Espagne	80657	86797	91539	92951	118481
Algeria/Algérie	17587	29673	159764	63405	x37691
Malaysia/Malaisie	31540	40051	77702	117595	x98798
Netherlands/Pays-Bas	63521	59874	84314	76780	71057
Japan/Japon	52202	64046	73902	81401	66411
Indonesia/Indonésie	7847	43231	67487	97448	75654
Mexico/Mexique	97176	59251	63088	84936	176417
China/Chine	46422	64953	68335	55816	103828
Switz.Liecht	51537	42883	61466	66299	69925
Sweden/Suède	57073	58158	70308	38184	41064
Poland/Pologne	59342	55867	59886	50581	x24717
Iran (Islamic Rp. of)	x47062	x32172	x50966	x78458	x92468
Austria/Autriche	39859	38921	61290	56860	53742
Venezuela	23889	68008	46873	32025	34632
Singapore/Singapour	33418	39376	39120	66420	47374
Czechoslovakia	x123107	39975	35993	x66919	x78569
Yugoslavia SFR	32724	66342	31452	x30386	
Turkey/Turquie	28629	28014	41039	42901	59566
So. Africa Customs Un	22982	35631	39523	x31213	x24170
Portugal	21578	27864	36152	36890	26685
Former GDR	x66962	x83438	x6661		
Chile/Chili	11876	37454	25609	14976	x15179
Brazil/Brésil	25461	29983	19766	20248	28989
Finland/Finlande	17769	20800	30761	18025	13561
Bulgaria/Bulgarie	x48013	x48349	x8904	x11876	19949
India/Inde	21287	x37512	16943	14323	x80915
Norway, SVD, JM	17482	20079	19059	17665	16929
Australia/Australie	18711	17019	19696	18180	29924
Greece/Grèce	11307	17967	22606	13733	x16940
Hong Kong	14031	17859	13701	22318	42952
Hungary/Hongrie	x9686	x9678	x20706	21787	x19079
Israel/Israël	17189	12089	18781	19237	22753
Saudi Arabia	2065	14721	x14453	x19863	x67965
Iraq	x34260	x31742	x15129	x81	x82
Philippines	4140	x17688	15541	13478	10533
Denmark/Danemark	16691	13257	15250	13027	19121
Ireland/Irlande	10811	9591	12103	12007	20494
Argentina/Argentine	23715	16212	3758	4779	20642
Morocco/Maroc	13270	6656	9918	6932	8547
Bahrain/Bahreïn	x2705	x5688	x4299	x11866	x11702

EXPORTS – EXPORTATIONS

COUNTRIES—PAYS	1988	1989	1990	1991	1992
Totale	2762723	3077705	3454158	3577448	3351564
Afrique	x2948	x3596	x3471	x4177	x6713
Afrique du Nord	929	159	362	773	431
Amériques	445961	543416	569307	587190	529209
ALAI	9557	19002	20478	46482	23136
MCAC	398	826	1204	794	x120
Asie	352723	400156	330271	546640	489743
Moyen–Orient	5263	8275	x3559	10702	17405
Europe	1716897	1908791	2441270	2360080	2281970
CEE	1446498	1630478	2073421	2051005	1974476
AELE	256480	274921	356146	305307	305637
Océanie	x10705	13618	16457	x18193	x14691
Germany/Allemagne	575745	606575	798919	785339	697316
USA/Etats-Unis d'Amer	400119	491165	514541	494793	464211
Japan/Japon	306305	349206	268668	457752	380433
Italy/Italie	269450	288032	389207	393590	403062
France, Monac	194520	249299	304408	297975	251787
United Kingdom	208514	220504	272975	262296	233764
Austria/Autriche	75484	93147	128291	129359	101790
Belgium–Luxembourg	59876	96009	104907	127688	173263
Switz.Liecht	80742	83141	101059	95021	100971
Netherlands/Pays-Bas	63272	75625	73323	73856	84600
Former USSR/Anc. URSS	x66041	x142358	x38171	x35789	
Sweden/Suède	77647	57871	71042	48897	60651
Spain/Espagne	38380	51099	51803	64892	83295
Denmark/Danemark	32248	34890	50890	29268	38773
Canada	35579	32273	33030	44877	39204
Norway, SVD, JM	11149	32312	30094	18494	24637
Poland/Pologne	33871	22420	18640	17828	x11584
Singapore/Singapour	15683	16564	13052	23671	18143
Brazil/Brésil	5042	13387	9491	25731	13267
Hong Kong	13591	11674	13965	22356	42490
Finland/Finlande	11458	8451	25660	13355	17588
Australia/Australie	8460	9708	14794	16107	13183
Korea Republic	6322	5932	13549	14831	15318
Czechoslovakia	x16352	x4455	x25281	x3319	x13369
Former GDR	x86135	x23766	x4213		
Ireland/Irlande	1349	1748	12735	12118	4048
Portugal	2969	6601	13632	3607	3613
Turkey/Turquie	4350	6743	2648	9738	15590
Yugoslavia SFR	13915	3246	10876	x3729	
China/Chine	1249	2858	7709	6046	4867
Venezuela		5	79	136	12709	327
Mexico/Mexique	909	2622	6662	3237	3939
Bulgaria/Bulgarie	x23775	x4931	x4654	x670	x454
Argentina/Argentine	2501	2627	3659	3935	4856
So. Africa Customs Un	x1761	x3330	x2889	x3203	x6205
India/Inde	978	x1753	4587	2229	x849
Hungary/Hongrie	x5281	x2738	x2384	x3235	x3734
Romania/Roumanie	x2033	7459	39	327	x98
New Zealand	2242	3895	1523	2048	1449
Malaysia/Malaisie	1194	1712	2456	3092	x2824
Israel/Israël	1013	1345	910	1587	2053
Thailand/Thaïlande	356	515	1066	1547	x2197
Indonesia/Indonésie	652	9	270	2691	1008
Costa Rica	332	800	1177	714	x20
Lebanon/Liban	x291	x666	x354	x85	x574
Greece/Grèce	173	96	621	376	x954
Tunisia/Tunisie	869	119	318	610	241
Colombia/Colombie	429	71	289	542	499
Andorra/Andorre			x751	x3	x3
Saudi Arabia	230	305	x152	x269	x271

(VALUE AS % OF TOTAL)(VALEUR EN % DU TOTAL)

	1983	1984	1985	1986	1987	1988	1989	1990	1991	1992
Africa	x15.7	x11.0	10.4	x6.8	4.2	3.2	3.6	8.0	x4.4	x3.8
Northern Africa	x5.2	x5.5	7.2	4.7	2.4	1.6	1.5	5.6	x2.5	x1.9
Americas	x20.8	x18.5	x19.9	x16.4	x14.5	16.1	18.6	15.9	13.9	18.1
LAIA	x10.1	x4.3	x5.1	x4.6	x4.9	6.8	7.1	5.1	4.4	8.2
CACM	x0.2	x0.2	x0.2	x0.1	x0.2	0.2	0.3	0.2	0.1	x0.2
Asia	x26.2	x27.9	x25.1	30.7	20.7	x21.2	x26.1	26.4	33.5	x36.4
Middle East	x11.9	x8.6	x7.4	x6.1	x3.3	4.4	3.9	x4.1	x4.3	x7.2
Europe	33.2	41.1	43.1	44.9	38.0	34.8	33.3	40.9	32.5	36.4
EEC	26.4	33.7	34.6	34.6	29.2	27.3	25.7	32.6	26.8	30.3
EFTA	5.9	6.5	7.8	8.8	7.9	6.4	5.6	7.2	4.9	5.4
Oceania	4.1	x1.6	x1.5	x1.2	x0.8	x0.7	x0.7	x0.9	x0.6	x1.0
Former USSR/Anc. URSS					x11.7	x13.1	x10.8	x4.1	x11.3	
Korea Republic	2.6	4.4	4.9	15.6	7.9	7.1	9.4	6.5	9.7	9.3
USA/Etats-Unis d'Amer	6.2	8.5	8.9	7.3	6.1	7.3	7.6	6.7	6.4	6.6
Germany/Allemagne	4.8	6.4	7.1	7.5	5.3	5.2	4.4	6.2	5.9	7.0
France, Monac	5.3	6.3	7.3	7.4	6.2	5.5	4.9	5.8	5.2	5.6
Thailand/Thaïlande	0.9	1.2	1.3	0.4	0.6	1.4	1.9	3.2	6.8	4.1
Italy/Italie	3.5	3.5	4.1	4.2	3.8	3.1	3.3	5.4	3.5	4.5
United Kingdom	4.0	5.9	6.2	4.6	3.7	4.1	4.1	4.2	3.3	3.0
Canada	3.3	4.7	5.2	3.6	2.5	3.4	3.2	3.4	2.6	3.0
Belgium–Luxembourg	2.7	3.8	2.8	3.2	2.6	2.3	2.3	3.2	2.6	2.7

	1983	1984	1985	1986	1987	1988	1989	1990	1991	1992
Afrique	x0.1	0.1	0.1	x0.0	x0.2	x0.1	x0.1	x0.1	x0.1	x0.2
Afrique du Nord	x0.0	0.0	0.0	0.0	0.1	0.0	0.0	0.0	0.0	0.0
Amériques	x18.3	x18.1	x19.2	18.4	13.6	16.2	17.6	16.5	16.4	15.8
ALAI	x1.4	x0.8	x0.6	0.3	0.5	0.3	0.6	0.6	1.3	0.7
MCAC	x0.0	x0.0	0.0	0.0	0.0	0.0	0.0	0.0	0.0	0.0
Asie	14.0	14.8	13.1	13.4	11.9	12.7	13.0	9.6	15.2	14.6
Moyen–Orient	x0.1	x0.1	x0.1	x0.1	0.1	0.2	0.3	x0.1	0.3	0.5
Europe	67.4	66.6	67.3	68.0	62.9	62.1	62.0	70.7	66.0	68.1
CEE	55.9	54.8	56.3	54.1	52.4	52.4	53.0	60.0	57.3	58.9
AELE	9.8	9.9	9.2	9.8	7.9	9.3	8.9	10.3	8.5	9.1
Océanie	0.2	0.4	0.3	x0.2	0.2	x0.4	0.4	0.5	x0.5	x0.4
Germany/Allemagne	20.8	22.0	22.2	24.6	21.8	20.8	19.7	23.1	22.0	20.8
USA/Etats-Unis d'Amer	14.7	14.9	16.3	15.7	11.0	14.5	16.0	14.9	13.8	13.9
Japan/Japon	12.9	13.6	11.8	12.2	10.6	11.1	11.3	7.8	12.8	11.4
Italy/Italie	10.9	9.7	8.5	8.6	10.9	9.8	9.4	11.3	11.0	12.0
France, Monac	7.3	8.1	9.8	8.1	7.8	7.0	8.1	8.8	8.3	7.5
United Kingdom	7.0	6.7	7.0	6.4	6.0	7.5	7.2	7.9	7.3	7.0
Austria/Autriche	2.1	2.5	2.1	2.6	1.9	2.7	3.0	3.7	3.6	3.0
Belgium–Luxembourg	3.9	3.2	3.3	3.0	2.7	2.2	3.1	3.0	3.6	5.2
Switz.Liecht	2.7	3.3	2.7	3.4	2.3	2.9	2.7	2.9	2.7	3.0
Netherlands/Pays-Bas	2.6	1.9	2.1	3.1	2.8	2.3	2.5	2.1	2.1	2.5

74131 INDUS FURNACES ETC ELCTR / FOURS ELECTRIQUES 74131

TRADE BY COMMODITY IN THOUSAND U.S. DOLLARS – COMMERCE PAR PRODUIT EN MILLIERS DE DOLLARS E.U

COUNTRIES–PAYS	IMPORTS – IMPORTATIONS					COUNTRIES–PAYS	EXPORTS – EXPORTATIONS				
	1988	1989	1990	1991	1992		1988	1989	1990	1991	1992
Total	x1703909	x1763481	1617107	x1901664	1731344	Totale	1523323	1544116	1641510	1699853	1547745
Africa	x30337	x41420	x44820	x48933	x46130	Afrique	x1342	x2777	x1498	x1911	x2340
Northern Africa	11217	9948	16749	x15096	x27161	Afrique du Nord	104	x61	16	50	116
Americas	266860	332703	282912	282824	329300	Amériques	325562	341193	340695	340296	x276493
LAIA	129572	125183	86628	85727	149687	ALAI	3442	12235	8653	35110	9839
CACM	3497	3760	4000	2692	x2687	MCAC	397	833	1120	790	73
Asia	x360574	x451838	443098	634722	x587875	Asie	166572	202948	173496	263735	255649
Middle East	x56876	x76455	x63380	x66804	x74755	Moyen–Orient	1475	x1693	x948	1201	x3354
Europe	534887	546494	693985	656334	678336	Europe	908373	947247	1091629	1069736	999157
EEC	420643	423279	536770	529833	557922	CEE	729589	772619	867089	906094	795021
EFTA	97164	110279	142979	113355	112922	AELE	178024	173604	223118	163149	203513
Oceania	8374	11073	x11664	x12451	x20340	Océanie	x6264	8269	7983	x8663	x5802
Former USSR/Anc. URSS	x278688	x220537	x64699	x205076		Germany/Allemagne	341543	350498	429808	457640	374730
USA/Etats–Unis d'Amer	86304	147679	139673	154449	137384	USA/Etats–Unis d'Amer	312488	318834	319695	289425	251985
Korea Republic	119388	141559	88778	144697	142912	Japan/Japon	133162	172102	135080	202722	198861
France,Monac	101738	105276	106854	122930	130026	United Kingdom	127895	118333	138091	130034	130415
Germany/Allemagne	100716	83442	124077	125278	137895	France,Monac	109060	124326	103536	90844	89821
United Kingdom	74752	68227	80690	83110	69012	Italy/Italie	66554	73631	102299	114683	88653
Italy/Italie	42593	44189	77133	109386	97723	Switz.Liecht	65989	71404	88509	79335	84037
Thailand/Thaïlande	15493	21146	36831	49659	51328	Netherlands/Pays–Bas	42831	48087	43535	48456	48103
China/Chine	40788	51852	57825	76394	x46982	Sweden/Suède	62296	42685	54545	32943	41869
Malaysia/Malaisie	20751	22297	48505			Austria/Autriche	41511	31444	49498	33730	53781
Japan/Japon	38719	40212	41385	50713	42668	Spain/Espagne	19206	27785	13295	27714	28713
Canada	43880	50789	46270	34569	34427	Belgium–Luxembourg	9002	17272	17204	28355	27061
Venezuela	19235	58423	39639	25625	12296	Norway,SVD,JM	5005	24034	21541	10546	14567
Belgium–Luxembourg	23197	33136	44045	40869	50545	Hong Kong	12189	11031	11718	21039	23792
Spain/Espagne	22007	32556	39552	41889	45277	Singapore/Singapour	15056	10998	7618	17852	11582
Switz.Liecht	30473	26540	42469	41810	49546	Canada	8954	9170	11179	14814	12222
Sweden/Suède	24815	36957	44564	21949	22611	Brazil/Brésil	1664	9994	4267	19773	6942
Poland/Pologne	x40316	x34422	x39993	x18793	x10662	Former USSR/Anc. URSS	x8273	x4397	x14628	x11321	
Indonesia/Indonésie		21409	26562	44703	29282	Denmark/Danemark	11499	7831	10666	6183	4621
Netherlands/Pays–Bas	30554	26772	31431	28598	28527	Korea Republic	1506	3362	7605	11891	11658
Singapore/Singapour	28876	28683	22414	34302	27309	Australia/Australie	5174	7049	7283	8345	5336
Austria/Autriche	21598	22000	30011	32582	27843	Former GDR	x61774	x19744	x2496		
Iran (Islamic Rp. of)	x16620	x18617	x30285	x33045	x34721	Finland/Finlande	3224	4037	9026	6596	9259
Mexico/Mexique	74506	19229	23668	39012	107793	Poland/Pologne	x12510	x12191	x2531	x2111	x2031
Former GDR	x58349	x66078	x4800			China/Chine	720	1534	7335	5624	2413
Czechoslovakia	x85573	15668	14708	x30719	x30600	Portugal	1456	4327	7421	1487	1272
Turkey/Turquie	8484	16266	18025	19075	20517	Venezuela		29	0	12647	241
So. Africa Customs Un	10684	20801	10628	x20672	x6577	Bulgaria/Bulgarie	x23775	x2481	x3347	x314	x363
Hong Kong	11820	13950	11133	20429	21754	Mexico/Mexique	163	1088	3231	1617	1327
Brazil/Brésil	16901	24296	11785	8102	11212	So. Africa Customs Un	x986	x2634	x1295	x1708	x2200
Bulgaria/Bulgarie	x31365	x34042	x3527	x4604	17663	Malaysia/Malaisie	936	1055	1308	1273	x1494
Israel/Israël	10311	7950	15151	16137	16239	Hungary/Hongrie	x4038	x1185	x1515	x832	x465
Yugoslavia SFR	16975	12819	13352	x11714		Czechoslovakia	x3354	x1573	x1577	x348	x5443
Norway,SVD,JM	9548	14425	11943	8773	7853	Argentina/Argentine	755	800	939	852	960	996
India/Inde	6945	x12363	10957	8020	x25396	Costa Rica	332	800	1119	714	x3
Finland/Finlande	10157	9925	13630	7771	4892	Turkey/Turquie	1023	977	600	984	2585
Portugal	5215	7452	9374	11303	10877	New Zealand	1087	1205	596	285	440
Denmark/Danemark	11113	10021	8998	8860	12713	Ireland/Irlande	449	492	1051	433	1244
Australia/Australie	6531	8619	7950	9821	17393	Yugoslavia SFR	759	878	597	x458	
Iraq	x23345	x20110	x5533	x11		India/Inde	266	x401	358	924	x504
Hungary/Hongrie	x4018	x5146	x10412	6360	x5587	Israel/Israël	853	378	497	580	1024
Saudi Arabia	997	12314	x3789	x5585	x7261	Thailand/Thaïlande	303	237	572	502	x611
Greece/Grèce	3761	7772	7606	5297	x3837	Romania/Roumanie	x1485	x111	x751		x4
Chile/Chili	8008	12403	3675	2746	x6739	Andorra/Andorre				x115	x3
Philippines	2122	x9903	4146	3737	2769	Greece/Grèce	94	37	184	265	x387
Korea Dem People's Rp	x2279	x1526	x12923	x936	x1664	Pakistan	39	45	394	44	
Ireland/Irlande	4994	4435	7010	3583	10069	Colombia/Colombie	194	12	246	87	239
Algeria/Algérie	2072	2716	4002	2526	x14712	Lebanon/Liban	x11	x279	x23	x36	x206
Colombia/Colombie	2232	5932	1836	1439	3230	Saudi Arabia	194	253	x64	x3	x19
Morocco/Maroc	1283	1484	4857	2196	2181	Jordan/Jordanie	209	60	38	94	120

(VALUE AS % OF TOTAL)(VALEUR EN % DU TOTAL)

	1983	1984	1985	1986	1987	1988	1989	1990	1991	1992		1983	1984	1985	1986	1987	1988	1989	1990	1991	1992
Africa	x10.4	x4.6	x5.1	x3.7	x2.3	1.8	x2.4	2.8	x2.6	x2.7	Afrique	x0.1	0.1	x0.1	x0.0	x0.1	x0.1	x0.2	x0.1	x0.1	x0.1
Northern Africa	x1.3	x1.7	2.2	x1.9	x1.2	0.7	0.6	1.0	x0.8	x1.6	Afrique du Nord	x0.0	0.0	0.0	0.0	0.0	0.0	0.0	0.0	0.0	0.0
Americas	x19.5	x16.9	x17.8	x20.5	x14.3	15.6	18.9	17.5	14.8	19.0	Amériques	x24.6	x24.2	x24.2	22.1	19.2	24.2	22.1	20.8	20.0	x17.9
LAIA	x7.4	2.0	x2.9	x9.6	5.0	7.6	7.1	5.4	4.5	8.6	ALAI	x1.0	x0.9	x0.4	0.0	0.4	0.6	0.8	0.5	2.1	0.6
CACM	x0.1			x0.1	0.2	0.2	0.2	0.2	0.1	0.1	MCAC	0.0	0.0	0.0	0.0	0.0	0.0	0.1	0.1	0.0	0.0
Asia	x25.4	33.2	26.4	21.0	19.0	x21.2	x25.6	27.4	33.4	x34.0	Asie	10.6	14.5	14.1	12.7	10.2	10.9	13.2	10.6	15.6	16.5
Middle East	x6.4	x8.9	x4.6	x3.9	x2.3	x3.3	x4.3	x3.9	x3.5	4.3	Moyen–Orient	x0.1	0.0	x0.1	x0.0	0.0	0.1	x0.1	x0.1	0.1	x0.2
Europe	43.1	44.1	48.9	53.6	38.9	31.4	31.0	42.9	34.5	39.2	Europe	64.3	60.7	61.2	64.9	62.9	59.6	61.3	66.5	62.9	64.6
EEC	34.5	36.3	38.7	40.3	29.3	24.7	24.0	33.2	27.9	32.2	CEE	47.6	46.9	47.7	51.3	51.1	47.9	50.0	52.8	53.3	51.4
EFTA	8.6	7.8	10.2	10.6	7.9	5.7	6.3	8.8	6.0	6.5	AELE	16.7	13.8	13.6	13.5	11.8	11.7	11.2	13.6	9.6	13.1
Oceania	1.6	x1.3	x1.8	x1.2	x0.9	0.5	0.7	x0.7	x0.6	x1.2	Océanie	0.3	0.4	0.4	x0.3	0.4	x0.4	0.5	0.5	x0.5	0.4
Former USSR/Anc. URSS				x10.5	x16.4	x12.5	x4.0	x10.8			Germany/Allemagne	23.9	23.3	23.1	26.3	26.0	22.4	22.7	26.2	26.9	24.2
USA/Etats–Unis d'Amer	7.0	9.0	8.6	6.4	5.9	5.1	8.4	8.6	8.1	7.9	USA/Etats–Unis d'Amer	21.7	20.8	21.3	19.3	16.1	20.5	20.6	19.5	17.0	16.3
Korea Republic	2.3	5.2	4.9	5.2	4.8	7.0	8.0	5.5	7.6	8.3	Japan/Japon	9.4	12.8	12.1	10.9	8.1	8.7	11.1	8.2	11.9	12.8
France,Monac	8.0	8.3	9.6	9.6	7.4	6.0	6.0	6.6	6.5	7.5	United Kingdom	9.2	9.1	10.1	7.5	7.2	8.4	7.7	8.4	7.6	8.4
Germany/Allemagne	7.3	8.1	8.5	10.0	6.0	5.9	4.7	7.7	6.6	8.0	France,Monac	4.8	5.8	4.9	6.6	7.1	7.2	8.1	6.2	6.7	5.7
United Kingdom	5.8	7.8	8.0	6.3	4.6	4.4	3.9	5.0	4.4	4.0	Italy/Italie	3.8	4.2	4.6	4.1	4.4	4.4	4.8	6.2	6.7	5.7
Italy/Italie	3.2	3.8	4.1	4.8	3.1	2.5	2.5	4.8	3.1	3.4	Switz.Liecht	5.2	5.6	5.0	5.7	5.7	4.3	4.6	5.4	4.7	5.4
Thailand/Thaïlande	0.8	1.0	0.8	0.4	0.5	0.9	1.2	2.3	5.8	5.6	Netherlands/Pays–Bas	3.9	2.5	3.0	4.7	4.2	2.8	3.1	2.7	2.9	3.1
China/Chine					2.7	2.4	2.9	3.6	2.6	3.0	Sweden/Suède	7.1	5.4	5.5	4.3	3.7	4.1	2.8	3.3	1.9	2.7
Malaysia/Malaisie	1.4	5.6	1.5	0.8	0.6	1.2	1.3	3.0	4.0	x2.7	Austria/Autriche	3.0	2.0	2.0	2.8	1.9	2.7	2.0	3.0	2.0	3.5

74132 INDUST FURNACES NONELECT — FOURS NON ELECTRIQUES 74132

TRADE BY COMMODITY IN THOUSAND U.S. DOLLARS — COMMERCE PAR PRODUIT EN MILLIERS DE DOLLARS E.U

IMPORTS – IMPORTATIONS

COUNTRIES–PAYS	1988	1989	1990	1991	1992
Total	x1201246	x1474609	1748063	x2116231	x1878548
Africa	x63022	x73506	222985	x131834	x85960
Northern Africa	36590	38662	172776	84808	x40325
Americas	201488	267621	251675	276808	325216
LAIA	66974	103944	86310	91252	147033
CACM	3383	5932	3045	2862	x3686
Asia	x254332	x392790	443505	714381	x729280
Middle East	x72006	x52439	x75977	x109310	x186545
Europe	475727	531717	680480	652846	638785
EEC	371776	406406	560693	547527	537545
EFTA	87683	71089	100446	84226	83603
Oceania	x14083	x10459	x17680	x11807	x17164
Korea Republic	87439	163603	130737	244023	194032
Former USSR/Anc. URSS	x102383	x128113	x72863	x248557	
USA/Etats-Unis d'Amer	68953	97712	85321	102588	102676
Thailand/Thaïlande	24806	40156	70732	163666	51903
Germany/Allemagne	49688	58576	84432	113961	115798
Italy/Italie	47020	63982	104892	83275	102770
Algeria/Algérie	15515	26957	155762	60879	x22979
France, Monac	59421	53149	88039	88296	73427
Canada	54507	52091	68210	68363	62796
United Kingdom	44174	62757	60572	51660	38540
Belgium–Luxembourg	44553	41601	64765	64478	45533
Spain/Espagne	58649	54242	51986	51062	73203
Netherlands/Pays-Bas	32967	33102	52883	48182	42530
Mexico/Mexique	22670	40021	39420	45924	68624
Indonesia/Indonésie	7847	21822	40925	52744	46371
Yugoslavia SFR	15749	53523	18099	x18672	
Malaysia/Malaisie	10789	17753	29197	41201	x51817
Japan/Japon	13484	23833	32518	30688	23743
Iran (Islamic Rp. of)	x30275	x13555	x20553	x45350	x57684
Portugal	16363	20412	26778	25586	15809
Austria/Autriche	18261	16920	31278	24278	25899
Poland/Pologne	x19025	x21446	x19893	x22461	x14055
Sweden/Suède	32258	21201	25744	16235	18453
Czechoslovakia	x37535	9874	21285	x30221	x41990
Switz.Liecht	21064	16343	18996	24489	20380
Singapore/Singapour	4541	10693	16706	32119	20065
Chile/Chili	3867	25051	21934	12229	x8440
Turkey/Turquie	20145	11747	23014	23826	39048
So. Africa Customs Un	12298	14830	28895	x10542	x17592
Finland/Finlande	7812	10875	17131	10254	8669
India/Inde	14342	x25149	5986	6303	x55519
Greece/Grèce	7546	10194	15000	8436	x13103
Hungary/Hongrie	x5668	x4532	x10293	15427	x13475
China/Chine	5634	13101	10510	6158	52500
Philippines	2018	x7784	11395	9741	7764
Australia/Australie	12180	8400	11746	8359	12531
Saudi Arabia	1068	2407	x10664	x14278	x60703
Bulgaria/Bulgarie	x16648	x14307	x5377	x7238	2286
Brazil/Brésil	8560	5687	7981	12145	17778
Venezuela	4654	9584	7234	6400	22336
Norway,SVD,JM	7934	5654	7116	8892	9076
Iraq	x10915	x11633	x9596	x70	x81
Former GDR	x8613	x17359	x1861		
Ireland/Irlande	5816	5156	5093	8424	10424
Bahrain/Bahreïn	x2582	x5217	x3883	x8829	x10943
Argentina/Argentine	19791	14777	1959	1080	16330
Morocco/Maroc	11987	5172	5061	4736	6366
Denmark/Danemark	5578	3236	6253	4167	6408
Colombia/Colombie	4348	6458	3026	2899	4719
Zimbabwe	x403	x663	1356	9422	x1117

EXPORTS – EXPORTATIONS

COUNTRIES–PAYS	1988	1989	1990	1991	1992
Totale	1239413	1533783	1812786	1870559	1803171
Afrique	x1606	x841	x1973	x2267	x4376
Afrique du Nord	825	120	346	723	317
Amériques	120414	202285	228611	246937	252753
ALAI	6115	6787	11825	11372	13301
MCAC	x16	x26	84	x47	x59
Asie	186150	197206	156799	282926	234094
Moyen–Orient	3788	6582	x2634	9522	14050
Europe	808524	961544	1349642	1290344	1282813
CEE	716910	857859	1206332	1144912	1179455
AELE	78456	101317	133028	142158	102123
Océanie	4441	5350	8475	9530	8889
Germany/Allemagne	234202	256077	369111	327699	322586
Italy/Italie	202896	214402	286908	278906	314409
USA/Etats-Unis d'Amer	87632	172331	194845	205367	212226
Japan/Japon	173142	177104	133588	255030	181573
France, Monac	85460	124973	200873	207132	161966
United Kingdom	80619	102171	134884	132262	103349
Belgium–Luxembourg	50874	78737	87704	99333	146202
Austria/Autriche	33973	61703	78793	95630	48009
Former USSR/Anc. URSS	x57767	x137961	x23543	x24467	
Spain/Espagne	19175	23314	38508	37178	54582
Denmark/Danemark	20749	27059	40224	23085	34152
Netherlands/Pays-Bas	20442	27538	29788	25400	36497
Canada	26625	23103	21851	30062	26982
Sweden/Suède	15351	15186	16497	15955	18782
Switz.Liecht	14753	11737	12550	15687	16934
Poland/Pologne	x21361	x10229	x16108	x8630	x9553
Czechoslovakia	x12997	x2882	x23704	x2555	x7511
Finland/Finlande	8235	4414	16634	6939	8329
Norway,SVD,JM	6144	8277	8553	7948	10069
Ireland/Irlande	901	1256	11684	11686	2805
Australia/Australie	3286	2659	7511	7762	7847
Singapore/Singapour	626	5566	5434	5819	6561
Turkey/Turquie	3327	5765	2048	8754	13005
Yugoslavia SFR	13157	2368	10279	x3271	
Brazil/Brésil	3378	3393	5224	5957	6325
Korea Republic	4817	2570	5943	2941	3660
Portugal	1513	2274	6211	2120	2341
Romania/Roumanie	x548	7459	39	327	x4
Argentina/Argentine	1746	1688	2806	2975	3860
India/Inde	712	x1352	4230	1305	x344
Mexico/Mexique	746	1534	3431	1621	2612
Former GDR	x24361	x4022	x1717		
New Zealand	1155	2690	927	1764	1009
Hungary/Hongrie	x1243	x1554	x869	x2235	x3101
Hong Kong	1402	643	2247	1317	18698
Bulgaria/Bulgarie		2451	1307	x342	x76
So. Africa Customs Un	x775	x696	x1594	x1494	x4005
Malaysia/Malaisie	257	657	1148	1819	x1330
Indonesia/Indonésie	652	9	270	2691	844
Israel/Israël	160	967	414	1006	1028
China/Chine	529	1324	374	422	2453
Thailand/Thaïlande	53	278	495	1045	x1585
Tunisia/Tunisie	769	108	306	586	168
Lebanon/Liban	x281	x387	x331	x49	x368
Greece/Grèce	80	59	438	111	x566
Colombia/Colombie	235	59	43	455	260
United Arab Emirates	x103	x249	x56	x108	x86
Saudi Arabia	36	52	x88	x266	x252
Iran (Islamic Rp. of)		x8	x18	x234	x23
Venezuela	5	50	136	62	86

(VALUE AS % OF TOTAL)(VALEUR EN % DU TOTAL)

	1983	1984	1985	1986	1987	1988	1989	1990	1991	1992
Africa	x23.1	x18.6	16.2	x9.6	6.7	x5.2	x5.0	12.8	x6.2	x4.5
Northern Africa	x9.6	x10.0	12.6	x7.5	x4.0	3.0	2.6	9.9	4.0	x2.1
Americas	14.1	21.4	22.1	x16.6	x14.4	16.8	18.2	14.4	13.1	17.3
LAIA	3.6	8.0	7.6	x4.8	x4.7	5.6	7.0	4.9	4.3	7.8
CACM	x0.1	0.5	0.4	x0.1	x0.2	0.3	0.4	0.2	0.1	x0.2
Asia	x29.0	x21.2	x23.8	39.2	23.2	x21.2	26.6	25.4	33.8	x38.8
Middle East	x17.2	x8.1	x10.4	x8.0	x4.6	x3.6	x4.3	x5.2	x9.9	
Europe	26.7	37.0	36.8	33.1	37.1	39.6	36.1	38.9	30.8	34.0
EEC	22.5	30.2	30.1	25.5	28.7	30.9	27.6	32.1	25.9	28.6
EFTA	4.2	5.0	5.8	6.2	7.7	7.3	4.8	5.7	4.0	4.5
Oceania	7.2	x1.8	x1.2	x1.2	x0.6	x0.7	1.0	0.9	x0.6	x0.9
Korea Republic	3.3	3.4	4.9	26.1	11.9	7.3	11.1	7.5	11.5	10.3
Former USSR/Anc. URSS						x13.1	x8.5	x8.7	x4.2	x11.7
USA/Etats-Unis d'Amer	6.3	7.9	9.1	7.7	6.2	5.7	6.6	4.9	4.8	5.5
Thailand/Thaïlande	1.1	1.4	1.9	0.4	0.8	2.1	2.7	4.0	7.7	2.8
Germany/Allemagne	3.1	4.4	5.6	4.1	4.3	4.1	4.0	4.8	5.4	6.2
Italy/Italie	4.2	3.2	4.1	3.1	4.7	3.9	4.3	6.0	3.9	5.5
Algeria/Algérie	3.5	4.0	7.3	2.5	1.4	1.3	1.8	8.9	2.9	x1.2
France, Monac	3.4	3.9	4.8	4.3	4.6	4.9	3.6	5.0	4.2	3.9
Canada	2.5	3.9	4.5	3.1	2.1	4.5	3.5	3.9	3.2	3.3
United Kingdom	2.8	3.6	4.2	2.4	2.5	3.7	4.3	3.5	2.4	2.1

	1983	1984	1985	1986	1987	1988	1989	1990	1991	1992
Afrique				x0.0	x0.1	x0.2	x0.0	x0.1	x0.1	x0.2
Afrique du Nord	0.0		0.0	x0.0	0.1	0.1	0.0	0.1	0.0	0.0
Amériques	x11.3	x11.3	x13.8	x14.2	x7.9	9.7	13.1	12.7	13.2	14.1
ALAI	0.2	0.8	0.7	x0.4	0.4	0.5	0.4	0.7	0.6	0.7
MCAC				x0.0	x0.0	x0.0	x0.0	0.0	x0.0	0.0
Asie	18.1	15.1	x12.0	15.1	14.0	15.0	12.8	8.7	15.1	13.0
Moyen–Orient	x0.1	x0.1	x0.2	x0.1	x0.1	0.3	0.4	x0.1	0.5	0.8
Europe	70.5	73.3	73.9	70.6	65.2	65.2	62.7	74.5	69.0	71.1
CEE	67.1	63.7	65.8	65.2	58.2	57.8	55.9	66.5	61.2	65.4
AELE	3.4	5.6	4.4	5.4	3.8	6.3	6.6	7.3	7.6	5.7
Océanie	0.2	0.3	x0.1	0.1	0.4	0.3	0.5	0.5	0.5	
Germany/Allemagne	18.8	20.4	21.3	23.5	17.2	18.9	16.7	20.4	17.5	17.9
Italy/Italie	18.6	15.9	12.7	10.7	18.6	16.4	14.0	15.8	14.9	17.4
USA/Etats-Unis d'Amer	8.4	8.4	10.8	11.4	5.6	7.1	11.2	10.7	11.0	11.8
Japan/Japon	17.2	14.4	11.5	14.4	13.4	14.0	11.5	7.4	13.6	10.1
France, Monac	10.1	10.7	15.2	10.4	8.8	6.9	8.1	11.1	11.1	9.0
United Kingdom	5.1	3.9	3.5	5.2	4.7	6.5	6.7	7.4	7.1	5.7
Belgium–Luxembourg	6.9	5.8	5.8	5.8	4.4	4.1	5.1	4.8	5.3	8.1
Austria/Autriche	1.3	2.9	2.3	2.4	1.8	2.7	4.0	4.3	5.1	2.7
Former USSR/Anc. URSS					x4.2	x4.7	x9.0	x1.3	x1.3	
Spain/Espagne	4.3	2.0	2.6	2.0	1.2	1.5	1.5	2.1	2.0	3.0

7414 NONDOM REFRIG EQUIPT, PTS — MAT PRODUCTION DU FROID 7414

TRADE BY COMMODITY IN THOUSAND U.S. DOLLARS – COMMERCE PAR PRODUIT EN MILLIERS DE DOLLARS E.U

Imports – Importations

COUNTRIES–PAYS	1988	1989	1990	1991	1992
Total	3949337	4181027	4426967	x4952129	x5242931
Africa	x171570	x188325	x178346	x198769	x199256
Northern Africa	58850	87504	81496	x92737	x83023
Americas	460334	565201	x548562	547150	x631957
LAIA	110539	95071	112884	133641	x193102
CACM	26886	31934	27769	36922	x37014
Asia	x1068913	979907	x948786	x1014494	x1315530
Middle East	x227008	x151646	x194909	x215608	x288607
Europe	1882986	2023983	2502506	2606417	2859613
EEC	1542546	1676105	2078792	2199236	2458293
EFTA	319572	326440	388772	373625	368902
Oceania	x60063	x70299	x76435	x61559	x63468
Germany/Allemagne	346006	394862	527772	593711	692140
France, Monac	294710	314872	391161	383944	392723
United Kingdom	241393	263634	296216	326886	327932
Former USSR/Anc. URSS	x170916	x265115	x91982	x424015	
USA/Etats–Unis d'Amer	119769	225578	212405	215818	242995
Spain/Espagne	149270	168420	157384	147390	140750
Canada	156274	170567	157384	157831	253300
Japan/Japon	135981	169002	144277	160667	193608
Italy/Italie	119846	146205	144896	144896	185998
Netherlands/Pays–Bas	110102	107906	153902	168444	
Korea Republic	76316	122605	140606	131965	218584
Belgium–Luxembourg	93058	96607	141427	139966	165453
China/Chine	214170	180732	74330	73858	109285
Switz. Liecht	92925	96321	113213	107918	106870
Hong Kong	216141	121364	78957	92155	55662
Singapore/Singapour	69853	74750	99751	107918	126627
Austria/Autriche	65336	67619	90146	98490	104567
Sweden/Suède	74905	79160	91197	73683	72891
Denmark/Danemark	53967	60563	59854	59523	61653
Thailand/Thaïlande	32807	43746	62387	73795	63047
Saudi Arabia	45271	35932	x56095	x71341	x102972
Portugal	35147	40821	60433	58220	71910
Mexico/Mexique	19582	32974	46510	63251	84210
Norway, SVD, JM	49626	39252	47287	56056	54541
Australia/Australie	43555	56784	49802	35070	38204
Ireland/Irlande	39182	36644	47676	51412	48019
Greece/Grèce	59867	45571	43054	40646	x75863
Indonesia/Indonésie	20570	29153	50259	47475	39884
Finland/Finlande	30383	40283	43979	34341	26224
So. Africa Customs Un	46821	38042	33018	x34085	x35937
Turkey/Turquie	26439	21388	37285	36113	36032
Israel/Israël	18255	21742	26469	29178	33256
Yugoslavia SFR	16034	16512	28741	x28605	
Poland/Pologne	22265	18211	14090	39339	x62350
Libyan Arab Jamahiriya	14631	26409	22191	x20812	x12313
Iran (Islamic Rp. of)	x7531	x8943	x21724	x37939	x43973
Czechoslovakia	x34931	18716	22231	x26309	x68054
Malaysia/Malaisie	12551	14263	21076	30172	x42307
Morocco/Maroc	11669	19574	18702	23576	21771
United Arab Emirates	x58731	x18379	x19843	x22883	x38542
Chile/Chili	21273	15302	18829	22130	x25551
Philippines	13712	x16472	23153	14708	24806
Hungary/Hongrie	x8823	x10212	x16901	25473	x26731
Tunisia/Tunisie	8060	11265	15187	25134	21311
Bulgaria/Bulgarie	x30053	x24589	x19791	x4329	6457
Egypt/Egypte	19234	9436	14222	12893	13099
Algeria/Algérie	4231	17948	8861	7569	x12708
Iraq	x35562	x24159	x9639	x300	x44
Kuwait/Koweït	x21434	6787	x15605	x10372	x27141
New Zealand	5596	7184	9065	10873	10245

Exports – Exportations

COUNTRIES–PAYS	1988	1989	1990	1991	1992
Totale	4142607	4134696	4577019	4753028	5465122
Afrique	x2207	x2758	x2493	x6074	x6773
Afrique du Nord	318		x261	506	2987	2480
Amériques	922185	837926	879076	958930	1183473
ALAI	47983	29838	39004	38130	63345
MCAC	8266	9028	3745	9213	x10868
Asie	783468	711830	635033	664584	x965448
Moyen–Orient	x22166	x9483	x7840	x7822	x8150
Europe	2220424	2422150	2950365	3056296	3258624
CEE	1891072	2087677	2512119	2680551	2868631
AELE	310084	319346	423197	366593	380577
Océanie	17231	x19702	x18769	27751	x31262
USA/Etats–Unis d'Amer	809203	747162	779226	867987	1051447
Italy/Italie	530404	570355	659818	705567	757525
Japan/Japon	519895	531238	530383	543746	710929
France, Monac	375892	438754	531377	525534	542991
Germany/Allemagne	301062	298010	371410	478274	479894
Denmark/Danemark	176235	243392	269131	257506	348260
Sweden/Suède	164242	162369	196229	181007	186122
United Kingdom	159312	145918	189603	188969	160917
Ireland/Irlande	130226	147783	175364	194779	192372
Netherlands/Pays–Bas	102366	104872	133124	133034	138471
Belgium–Luxembourg	59584	69220	83009	89364	105839
Spain/Espagne	43830	53510	76883	80097	110117
Finland/Finlande	41482	53708	82455	56014	55788
Austria/Autriche	45595	45848	65583	65874	78965
Canada	55514	49978	55875	42191	56628
Hong Kong	146172	75306	32973	30850	38384
Singapore/Singapour	58869	64439	32768	39205	51010
Norway, SVD, JM	28293	31501	36300	33761	30907
Switz. Liecht	30394	25902	42616	29923	28709
Bulgaria/Bulgarie	x46241	x44390	x31364	x2241	x1275
Former GDR	x84783	x46028	x11874		
Portugal	10331	13031	19727	24209	29892
Poland/Pologne	x9572	x17812	x15494	x12336	x1759
Former USSR/Anc. URSS	21828	10687	14852	16482	37163
Mexico/Mexique	19190	15056	14847	x9117	
Yugoslavia SFR	18669	11623	13596	13695	18877
Brazil/Brésil	10505	9984	10572	15720	18724
Australia/Australie	6640	9651	8163	12017	12454
New Zealand	x27103	x7391	x10056	x12354	x15015
Hungary/Hongrie	10511	9738	7533	6820	14630
Korea Republic	12479	9195	7374	7247	14736
China/Chine	5688	3178	5964	12516	x95402
Thailand/Thaïlande	2977	4378	4832	8413	x27104
Malaysia/Malaisie	3392	2469	5199	5681	4289
Argentina/Argentine	2440	4378	4417	174	176
Venezuela	2923	2894	3082	2874	3129
Israel/Israël	1831	2832	2673	3218	x2354
Greece/Grèce	3318	3895	1532	2135	x1073
Costa Rica	3520	4666	23	2579	x4707
El Salvador					
India/Inde	1327	x1204	1971	4058	x548
United Arab Emirates	x2836	x2391	x2189	x2165	x1023
Guatemala	739	403	2167	4130	4264
Czechoslovakia	x8078	x2883	x2531	x911	x1171
Cyprus/Chypre	1386	2514	2979	711	489
Turkey/Turquie	16722	1628	1172	2741	4315
So. Africa Customs Un	x1781	x1975	x1123	x2398	x3978
Romania/Roumanie	x3210	x2516	x871	81	x324
Kuwait/Koweït	x143	2626	x522	x228	x177
Colombia/Colombie	1400	612	675	1689	1989

(VALUE AS % OF TOTAL) (VALEUR EN % DU TOTAL)

Imports

	1983	1984	1985	1986	1987	1988	1989	1990	1991	1992
Africa	x8.1	x8.8	x7.5	x7.5	x5.4	x4.4	x4.5	x4.0	x4.0	x3.8
Northern Africa	x4.3	x4.2	3.2	x2.8	x2.1	1.5	2.1	1.8	x1.9	1.6
Americas	x9.3	14.8	15.2	x15.0	x11.6	11.7	13.5	x12.4	11.1	12.1
LAIA	2.3	3.8	3.7	x3.1	x2.5	2.8	2.3	2.5	2.7	x3.7
CACM	x0.3	0.5	0.6	x0.5	x0.6	0.7	0.8	0.6	0.7	x0.7
Asia	x34.9	x24.5	x26.5	x17.4	x20.9	x27.1	23.5	x21.5	x20.5	x25.1
Middle East	x24.5	x10.6	x14.6	x7.0	x5.1	x5.7	3.6	x4.4	x4.4	x5.5
Europe	45.8	49.5	48.5	58.2	52.8	47.7	48.4	56.5	52.6	54.5
EEC	38.2	40.6	40.1	47.2	43.3	39.1	40.1	47.0	44.4	46.9
EFTA	7.5	8.4	7.8	9.9	8.8	8.1	7.8	8.8	7.5	7.0
Oceania	x1.9	x2.4	x2.3	x1.9	x1.5	1.5	x1.7	x1.7	x1.2	x1.2
Germany/Allemagne	10.5	11.4	10.9	11.6	9.6	8.8	9.4	11.9	12.0	13.2
France, Monac	8.1	8.3	8.5	9.5	8.7	7.5	7.5	8.8	7.8	7.5
United Kingdom	6.4	7.1	6.7	7.1	6.1	6.1	6.3	6.7	6.6	6.3
Former USSR/Anc. URSS					x5.5	x4.3	x6.3	x2.1	x8.6	
USA/Etats–Unis d'Amer	1.5	2.7	4.6	4.7	3.0	3.0	5.4	4.4	3.7	4.2
Spain/Espagne	1.9	1.8	2.3	4.2	5.4	3.8	4.0	4.8	3.0	2.7
Canada	3.8	6.0	5.1	4.4	3.8	4.0	4.1	3.6	3.3	4.8
Japan/Japon	1.9	3.1	3.2	3.4	2.7	3.4	4.0	3.3	3.3	3.7
Italy/Italie	1.9	2.2	2.2	2.9	3.0	3.5	3.5	3.3	3.0	3.5
Netherlands/Pays–Bas	2.9	3.1	2.9	3.7	3.4	2.8	2.6	3.5	3.4	3.5

Exports

	1983	1984	1985	1986	1987	1988	1989	1990	1991	1992
Afrique	0.1	x0.0	0.1	x0.0	x0.0	x0.0	x0.0	x0.0	x0.2	x0.2
Afrique du Nord		x0.0	0.0	0.0	0.0	0.0	0.0	0.0	0.1	0.0
Amériques	x35.6	35.1	24.5	x19.7	x19.4	22.3	20.3	19.2	20.1	21.7
ALAI	0.3	0.6	0.9	x0.7	x0.7	1.2	0.7	0.9	0.8	1.2
MCAC	x0.0	0.1	0.1	x0.0	x0.1	0.2	0.2	0.1	0.2	x0.2
Asie	11.6	13.8	17.0	15.8	13.5	18.9	17.2	13.9	14.0	x17.7
Moyen–Orient	x0.2	0.4	x0.7	0.7	x0.4	x0.5	x0.2	x0.2	x0.2	x0.1
Europe	52.2	50.3	58.1	64.3	61.3	53.6	58.6	64.5	64.3	59.6
CEE	46.2	44.1	50.4	56.4	53.8	45.6	50.5	54.9	56.4	52.5
AELE	6.0	5.7	6.9	7.6	7.3	7.5	7.7	9.2	7.7	7.0
Océanie	x0.5	0.3	0.3	x0.3	x0.4	0.4	x0.5	x0.4	0.6	0.6
USA/Etats–Unis d'Amer	32.2	31.1	19.8	15.7	15.7	19.5	18.1	17.0	18.3	19.2
Italy/Italie	15.6	14.0	15.3	18.4	17.5	12.8	13.8	14.4	14.8	13.9
France, Monac	9.9	11.9	14.6	13.7	11.2	12.5	12.8	11.6	11.4	13.0
Japan/Japon	11.9	12.8	13.7	11.2	12.5	12.8	12.5	10.6	11.1	9.9
Germany/Allemagne	7.3	7.0	8.5	9.8	9.5	7.3	7.2	8.1	10.1	8.8
Denmark/Danemark	4.0	3.8	4.5	5.3	4.5	4.3	5.9	5.9	5.4	6.4
Sweden/Suède	3.0	2.8	3.3	3.6	3.5	4.0	3.9	4.3	3.8	3.4
United Kingdom	3.8	3.8	4.3	4.0	4.1	3.8	3.5	4.1	4.0	2.9
Ireland/Irlande	2.1	1.9	2.9	3.1	3.1	3.1	3.6	3.8	4.1	3.5
Netherlands/Pays–Bas	2.3	2.0	2.7	2.7	2.5	2.5	2.5	2.9	2.8	2.5

74141 REFRIG EQUIP NONDOMESTIC / REFIG INDUSTRIELS 74141

TRADE BY COMMODITY IN THOUSAND U.S. DOLLARS – COMMERCE PAR PRODUIT EN MILLIERS DE DOLLARS E.U

IMPORTS – IMPORTATIONS

COUNTRIES–PAYS	1988	1989	1990	1991	1992
Total	x2673499	2887814	3049265	x3380273	x3643557
Africa	x114222	x117927	x113998	x124551	x124625
Northern Africa	29178	46612	45485	x58919	x45356
Americas	x352960	x357481	x345756	x333473	x395336
LAIA	80609	72592	79754	95336	137255
CACM	x3426	x8436	x9686	x8801	x13170
Asia	x677491	x748432	x723278	x793266	x1031170
Middle East	x155799	x127533	x135994	x151522	x208941
Europe	1268522	1354279	1695577	1794963	1926080
EEC	1075919	1158263	1401469	1514770	1646680
EFTA	179786	182118	x272751	x260022	x258007
Oceania	x30641	x35479	x46793	x42543	x45957
Germany/Allemagne	225930	261089	338248	410893	447931
France, Monac	212260	227743	281932	287430	289052
United Kingdom	160728	173154	199668	214085	215810
Former USSR/Anc. URSS	x134516	x221088	x76216	x215822	
Spain/Espagne	122192	131231	154775	158423	167642
Japan/Japon	126453	159061	130255	144620	234780
Korea Republic	74191	119576	137818	126616	212328
Canada	123109	132907	121385	112399	106337
Italy/Italie	92201	108533	98927	111156	132844
Netherlands/Pays–Bas	77088	75588	111330	114612	136133
USA/Etats–Unis d'Amer	x120142	117922	98120	81875	105864
Belgium–Luxembourg	69794	71314	92747	91655	98281
Switz. Liecht	71128	72395	85358	81436	79589
Hong Kong	117530	93716	50442	63704	33458
Singapore/Singapour	44775	46708	63945	77260	83873
China/Chine	71889	86638	45967	51929	75891
Sweden/Suède	44163	49653	58884	44977	45266
Thailand/Thaïlande	22016	32416	50726	59407	45091
Saudi Arabia	45271	35932	x38847	x52910	x76757
Austria/Autriche			x60111	x65720	x72102
Portugal	21499	28748	41013	40425	49313
Norway, SVD, JM	39251	28587	34836	40816	40442
Mexico/Mexique	10816	24411	29389	43066	59154
Indonesia/Indonésie	13115	20358	36079	35469	23374
Denmark/Danemark	23384	27577	30470	29523	27829
Greece/Grèce	50553	32632	26604	26779	x60118
Finland/Finlande	20990	28478	31201	25023	17693
So. Africa Customs Un	41284	32723	26559	x23504	x26370
Ireland/Irlande	20290	20654	25755	29790	21727
Australia/Australie	22981	25642	25604	23709	27042
Turkey/Turquie	21686	16272	28453	25698	27329
Israel/Israël	14932	18783	22336	25460	28666
Poland/Pologne	x12416	x9325	x9474	x38705	x48390
Morocco/Maroc	8722	15865	14716	18000	17437
United Arab Emirates	x51567	x14005	x16286	x17507	x30350
Czechoslovakia	x27665	11299	16460	x15180	x48230
Yugoslavia SFR	8768	9624	16513	x16763	
Kuwait/Koweït	x16248	x19317	x13431	x9423	x24089
Chile/Chili	16865	10665	14535	16669	x12123
Malaysia/Malaisie	6090	8293	12144	20103	x28751
Philippines	9159	x10496	15188	12230	17125
Tunisia/Tunisie	5338	8171	10927	15670	8296
Iran (Islamic Rp. of)	x2679	x2780	x10398	x21234	x25486
Libyan Arab Jamahiriya	8979	14030	10061	x9958	x5795
Hungary/Hongrie	x4325	x6768	x9339	16524	x13044
Cyprus/Chypre	1831	9800	10386	3493	5652
Iraq	x3538	x15464	x6161	x276	x36
Bulgaria/Bulgarie	x26594	x11801	x7170	x2699	4225
Colombia/Colombie	5327	6266	9291	5206	6386
Argentina/Argentine	7669	5710	3662	8958	22618

EXPORTS – EXPORTATIONS

COUNTRIES–PAYS	1988	1989	1990	1991	1992
Totale	x2716236	2806492	3240844	3264489	3922384
Afrique	x1398	x1429	x2027	x5057	x3900
Afrique du Nord	x181	x246	x535	2615	1738
Amériques	x570843	559456	606086	669352	849683
ALAI	21103	19157	27944	27487	41527
MCAC	x21	x319	x156	x137	x397
Asie	534240	496772	462586	462786	x738909
Moyen–Orient	x5674	x5951	x6839	x5153	x4702
Europe	1484208	1647021	2097070	2098330	2307340
CEE	1276024	1436002	1759123	1807303	2002370
AELE	197628	202204	x327865	x284605	x297324
Océanie	x9989	x12301	x12113	16064	x15463
USA/Etats–Unis d'Amer	x518293	514621	548504	613885	773157
Italy/Italie	343503	383401	461810	480835	511530
Japan/Japon	404742	392307	406627	401455	552639
France, Monac	291977	329893	412142	407348	418624
Germany/Allemagne	201236	205735	253113	292656	333135
Denmark/Danemark	114796	169496	181219	155134	250230
Ireland/Irlande	115079	133037	163294	170920	167069
Sweden/Suède	130411	125478	159128	142994	146508
United Kingdom	94362	82645	117717	116197	93575
Netherlands/Pays–Bas	56721	58674	69532	72686	75960
Finland/Finlande	33822	45570	70996	49376	50740
Spain/Espagne	26102	35111	47854	50810	81106
Austria/Autriche			x52588	x54369	x60496
Singapore/Singapour	45958	44916	24037	28247	35622
Belgium–Luxembourg	21675	24738	32352	35528	44573
Canada	31009	24161	28848	26890	33581
Switz. Liecht	23190	20461	31548	24644	24283
Hong Kong	67607	39315	12733	9380	23626
Portugal	9077	12362	18495	22209	24783
Bulgaria/Bulgarie	x26117	x28241	x23674	x1133	x318
Norway, SVD, JM	10128	10679	13591	13222	15223
Former GDR	x39586	x28402	x7464		
Mexico/Mexique	4490	8610	12112	13778	27767
Poland/Pologne	x16315	x15588	x15731	x1308	x841
Brazil/Brésil	12937	8113	10636	8520	10183
Former USSR/Anc. URSS	x2472	x10229	x9781	x5132	
New Zealand	5306	8584	7184	9278	8098
Yugoslavia SFR	10478	8746	9902	x6388	
Australia/Australie	4637	3707	4896	6771	7285
Hungary/Hongrie	x24536	x4896	x3867	x4996	x5388
China/Chine	2978	5435	4154	3358	8367
Thailand/Thaïlande	897	1460	2049	8878	x89464
Argentina/Argentine	2491	1926	3984	4444	2360
Korea Republic	3467	4499	2516	3162	3291
United Arab Emirates	x2727	x2212	x2122	x2000	x838
Cyprus/Chypre	1377	2487	2960	674	406
Greece/Grèce	1497	911	1596	2979	x1785
Israel/Israël	1744	1524	1962	799	1582
So. Africa Customs Un	x1137	x1023	x756	x1828	x1926
Tunisia/Tunisie	105	133	322	2375	1578
India/Inde	593	x277	981	1499	x343
Czechoslovakia	x6527	x1830	x267	x315	x534
Turkey/Turquie	652	436	649	1237	3129
Malaysia/Malaisie	365	483	624	597	x18387
Venezuela	149	382	826	174	176
Kuwait/Koweït	x103	x589	x470	x228	
Trinidad and Tobago	124	527	186	348	240
Jordan/Jordanie	x9	2	39	594	136
Colombia/Colombie	717	65	185	320	238
Dominican Republic		x138	x239	x189	x219

(VALUE AS % OF TOTAL)(VALEUR EN % DU TOTAL)

	1983	1984	1985	1986	1987	1988	1989	1990	1991	1992		1983	1984	1985	1986	1987	1988	1989	1990	1991	1992
Africa	x6.3	x7.9	x7.5	x5.7	x4.3	x4.2	x4.1	x3.8	x3.7	x3.4	Afrique		0.1		0.1	x0.0	x0.0	x0.0	x0.0	x0.0	x0.1
Northern Africa	x2.6	x3.0	2.5	x1.5	x1.0	1.1	1.6	1.5	x1.7	x1.2	Afrique du Nord		x0.0		x0.0	x0.0	x0.0	x0.0	x0.0	x0.2	x0.1
Americas	6.5	8.8	x9.7	x11.7	9.8	13.2	12.4	11.3	x9.8	x10.8	Amériques	x35.5	35.4	x18.5	x15.4	x16.5	x21.0	19.9	18.7	20.5	21.7
LAIA	2.1	2.0	1.5	x2.0	1.9	3.0	2.5	2.6	2.8	3.8	ALAI	0.0	0.1		x0.6	0.5	0.8	0.7	0.9	0.8	1.1
CACM	x0.2			x0.2	x0.3	x0.1	x0.3	x0.3	x0.3	x0.4	MCAC	x0.0			x0.0	x0.1	x0.0	x0.0	x0.0	x0.0	x0.0
Asia	x35.0	x23.1	x30.8	x19.2	x20.4	x25.4	x26.0	x23.7	x23.4	x28.3	Asie	12.5	14.8	19.1	17.3	15.4	19.7	17.7	14.3	14.2	x18.8
Middle East	x25.3	x8.5	x17.1	x6.8	x4.5	x5.8	x4.4	x4.5	x4.5	x5.7	Moyen–Orient	x0.2	0.2	0.5	0.9	x0.2	x0.2	x0.2	x0.2	x0.2	x0.1
Europe	40.0	45.7	50.0	61.4	56.5	47.4	46.9	55.6	53.1	52.9	Europe	50.9	49.5	62.1	67.0	64.5	54.6	58.7	64.7	64.3	58.8
EEC	33.8	38.0	41.9	50.1	46.8	40.2	40.1	46.0	44.8	45.2	CEE	45.5	44.3	54.9	59.1	57.2	47.0	51.2	54.3	55.4	51.0
EFTA	6.1	7.7	7.9	10.4	9.2	6.7	6.3	x8.9	x7.7	x7.1	AELE	5.4	5.1	7.2	7.7	7.3	7.2	x10.1	x8.7		7.6
Oceania	x1.2	x1.9	x2.0	x2.0	x1.5	x1.2	x1.2	x1.5	x1.2	x1.2	Océanie	0.2	0.3	0.4	0.3	x0.3	x0.4	x0.4	x0.4	0.5	x0.4
Germany/Allemagne	9.8	10.2	11.3	11.5	9.8	8.5	9.0	11.1	12.2	12.3	USA/Etats–Unis d'Amer	35.2	35.1	x18.0	x14.5	x15.6	x19.1	18.3	16.9	18.8	19.7
France, Monac	7.7	8.6	10.0	11.0	10.2	7.9	7.9	9.2	8.5	7.9	Italy/Italie	16.7	14.7	17.6	20.2	19.5	12.6	13.7	14.2	14.7	13.0
United Kingdom	4.9	6.1	6.4	6.9	5.9	6.0	6.0	6.5	6.3	5.9	Japan/Japon	10.8	13.1	16.8	15.0	13.1	14.9	14.0	12.5	12.3	14.1
Former USSR/Anc. URSS	10.9	12.6		x5.1	x5.0	x7.7	x2.5	x6.4			France, Monac	9.1	10.6	12.3	11.7	11.6	10.7	11.8	12.7	12.5	10.7
Spain/Espagne	1.8	1.9	2.8	5.5	7.1	4.6	4.5	5.1	4.7	4.6	Germany/Allemagne	7.1	6.8	9.2	9.9	9.8	7.4	7.3	7.8	9.0	8.5
Japan/Japon	2.0	3.9	4.3	4.8	3.8	4.7	5.5	4.3	4.3	6.4	Denmark/Danemark	4.2	4.1	5.1	5.7	4.6	4.2	6.0	5.6	4.8	6.4
Korea Republic	0.9	1.8	2.0	1.2	2.1	2.8	4.1	4.5	3.7	5.8	Ireland/Irlande	2.6	2.3	3.7	3.9	4.3	4.2	4.7	5.0	5.2	4.3
Canada	3.1	5.6	4.9	4.6	4.1	4.6	4.4	4.0	3.3	2.9	Sweden/Suède	2.6	2.5	3.0	3.4	3.4	4.8	4.5	5.0	5.2	4.3
Italy/Italie	1.7	2.2	2.4	3.3	3.4	3.4	3.8	3.2	3.3	3.6	United Kingdom	3.0	3.1	3.6	3.5	3.4	3.5	2.9	3.6	3.6	3.7
Netherlands/Pays–Bas	2.5	3.0	3.1	4.0	3.6	2.9	2.6	3.7	3.3	3.7	Netherlands/Pays–Bas	1.4	1.3	1.5	2.0	1.7	2.1	2.1	2.1	2.2	1.9

7415 AIR–CONDITIONING MACHNRY / GROUPES CONDITION AIR 7415

TRADE BY COMMODITY IN THOUSAND U.S. DOLLARS – COMMERCE PAR PRODUIT EN MILLIERS DE DOLLARS E.U

IMPORTS – IMPORTATIONS

COUNTRIES–PAYS	1988	1989	1990	1991	1992
Total	4564973	5202726	5541318	6340773	x7826181
Africa	x171486	x190499	x232278	x200511	x240222
Northern Africa	52831	80392	97990	x57541	x64457
Americas	1549483	x1683768	x1593203	1479115	x1723735
LAIA	76888	102849	120500	167355	239149
CACM	4906	7649	7668	9369	x13307
Asia	x1537655	x1609922	x1621778	x2281977	x3400111
Middle East	x504709	x543851	x552475	x542446	x728995
Europe	1009688	1369319	1833679	1941805	2248193
EEC	825640	1154808	1530183	1666358	1956988
EFTA	166580	195901	272896	255966	266601
Oceania	x69003	x118134	x105342	x141382	x128797
Canada	630429	761638	705150	639898	696295
USA/Etats–Unis d'Amer	794764	755224	687704	596641	717575
Hong Kong	431847	414676	298360	245867	219596
United Kingdom	187412	237966	225684	281753	387088
Spain/Espagne	92959	132287	226861	252069	327847
Germany/Allemagne	132996	152026	177178	256910	355188
Singapore/Singapour	133335	158764	169922	245449	254872
France,Monac	118050	142148	200288	x214063	x295832
Saudi Arabia	106639	109768	x183769	187011	296754
China/Chine	216341	170586	121621		
Former USSR/Anc. URSS	x109349	x151853	x89293	x230657	241367
Italy/Italie	90689	118554	161182	102481	x79503
Greece/Grèce	18688	158778	95278	221219	211201
Japan/Japon	48258	64978	66349	221219	x143174
United Arab Emirates	x176686	x112150	x114883	x102551	145060
Netherlands/Pays–Bas	67971	80647	111956	125916	117019
Indonesia/Indonésie	51964	74202	107053	127605	128348
Belgium–Luxembourg	60913	67620	105548	117574	97749
Australia/Australie	50099	91876	77921	113261	85811
Sweden/Suède	48738	63644	88132	83206	
Mexico/Mexique	26613	54085	68275	90352	115840
Portugal	23236	27044	62669	91466	123758
Kuwait/Koweït	x48348	102760	x48579	x28363	x68984
Malaysia/Malaisie	28074	33514	48334	68562	x102584
Switz.Liecht	37357	40298	58232	51243	55613
Thailand/Thaïlande	28369	29706	42832	57613	52142
Turkey/Turquie	22072	32575	44902	42613	50843
Finland/Finlande	23652	30992	45309	41861	36256
Norway,SVD,JM	31896	34973	42293	36059	39581
Iran (Islamic Rp. of)	x9701	x25272	x37322	x50115	x68948
Austria/Autriche	24694	25742	38777	43401	49118
Iraq	x51654	x59906	x34058	x12779	x1634
Nigeria/Nigéria	x20968	x25833	x33884	x43825	x57895
Libyan Arab Jamahiriya	24693	41572	39157	x18987	x18998
So. Africa Customs Un	28319	23051	21113	x42124	x45619
Oman	22236	25572	27260	28614	x26473
Macau/Macao	15454	12977	15910	41514	53676
Ireland/Irlande	16592	17972	26257	25730	30703
Czechoslovakia	x18882	19681	27865	x17609	x29041
Qatar	19765	21019	21457	18951	x18759
Brazil/Brésil	14936	19487	18409	20149	24327
Israel/Israël	21518	16547	18661	18116	20967
Philippines	6022	x22744	14488	16026	16516
Korea Republic	15916	15968	15034	21376	22918
Denmark/Danemark	16135	19766	16101	15845	18844
Algeria/Algérie	7239	12037	10058	15049	17377
Cyprus/Chypre	6100	22487	20480	x13671	
Yugoslavia SFR	10746	10221	19078	13060	11541
New Zealand	9411	14901	16090	13060	4374
Bulgaria/Bulgarie	x74076	x33452	x8610	x917	

EXPORTS – EXPORTATIONS

COUNTRIES–PAYS	1988	1989	1990	1991	1992
Totale	4107044	4893039	5565152	6188845	7828712
Afrique	x3227	x19071	x24345	x14102	x4215
Afrique du Nord	2005	12156	22209	10667	1479
Amériques	1087193	1464754	1723338	1665445	1804706
ALAI	87361	141587	133330	68243	73214
MCAC	x21	x13	x97	x21	x86
Asie	1814514	1988838	2037981	2816855	x4183970
Moyen–Orient	x28947	65744	x31094	x25153	x28188
Europe	1130565	1309157	1691997	1611962	1801330
CEE	946925	1118568	1425600	1398605	1576095
AELE	176585	182244	254006	211959	221082
Océanie	x16519	20500	20114	29396	x25579
USA/Etats–Unis d'Amer	954489	1271517	1525863	1528791	1633425
Japan/Japon	1063067	1154713	1275969	1527446	2246550
Italy/Italie	220370	290159	389890	377375	452903
Germany/Allemagne	223526	255973	326894	338425	379494
Malaysia/Malaisie	176594	226689	203904	403762	x473868
France,Monac	174833	223283	267254	255871	284074
Singapore/Singapour	177445	179617	166706	231202	330670
Hong Kong	160235	166878	130872	277091	636384
United Kingdom	141985	131979	174190	154424	166352
Thailand/Thaïlande	28035	31994	76641	193129	x204812
Korea Republic	141393	110713	98239	90130	166655
Switz.Liecht	78877	71398	95398	78352	72833
Spain/Espagne	44451	60022	71794	75549	81808
Netherlands/Pays–Bas	45290	52756	69001	75056	87915
Canada	43894	50235	63412	68138	96737
Brazil/Brésil	69468	82988	62001	35023	30852
Sweden/Suède	35057	38057	62186	56677	59450
Austria/Autriche	42119	41448	56374	56309	65767
Denmark/Danemark	24096	36096	47813	43830	49510
Former USSR/Anc. URSS	x15857	x44362	x40082	x41251	
Israel/Israël	24753	38941	41358	38772	47238
Ireland/Irlande	41088	35297	32131	30625	29865
Venezuela	18	37749	51756	1108	2061
Belgium–Luxembourg	23978	25105	32926	29827	30286
Finland/Finlande	17333	29173	33555	14829	14634
Mexico/Mexique	15475	18486	14301	26958	34771
Australia/Australie	12765	13682	14508	22700	18728
Saudi Arabia	13138	28410	x13012	x8988	x12739
Algeria/Algérie	1796	11268	18858	7166	x61
Portugal	6823	6896	11689	13122	11117
Bulgaria/Bulgarie	x4211	x17182	x13543	x537	x566
Cyprus/Chypre	2638	12263	6899	6214	4000
Former GDR	x26085	x17716	x5109		
Yugoslavia SFR	6851	7812	12310	x1349	
China/Chine	7104	6880	3737	9644	22513
New Zealand	3635	6697	5363	6503	6232
Poland/Pologne	7581	7065	5202	5794	x2482
United Arab Emirates	x6454	x7012	x5942	x4167	x5430
Kuwait/Koweït	x1439	14093	x1109	x12	x15
Philippines	1425	1715	6128	6651	6803
Norway,SVD,JM	3199	2169	6494	5793	8398
Argentina/Argentine	2358	2336	4843	4464	2757
Macau/Macao	4409	3084	648	7169	11961
Greece/Grèce	484	1001	2019	4501	x2771
Hungary/Hongrie	x326	x2550	x1291	x2796	x4557
Mali	x121	x5374			
India/Inde	812	x874	1558	2771	x1340
Egypt/Egypte	113	622	2871	1436	754
So. Africa Customs Un	x762	x1009	x1559	x2358	x2483
Czechoslovakia	x930	x1799	x2108	x696	x1191

(VALUE AS % OF TOTAL)(VALEUR EN % DU TOTAL)

IMPORTS

	1983	1984	1985	1986	1987	1988	1989	1990	1991	1992
Africa	x7.2	x6.9	x7.0	x6.8	x4.9	x3.7	x3.6	x4.2	x3.2	x3.1
Northern Africa	x4.1	x3.3	3.3	2.7	1.8	1.2	1.5	1.8	0.9	0.8
Americas	18.9	24.7	28.1	x34.8	34.3	33.9	x32.4	28.7	23.3	x22.1
LAIA	1.8	2.5	2.5	4.3	3.5	1.7	2.0	2.2	2.6	3.1
CACM	x0.1	0.1	0.1	0.3	x0.2	0.1	0.1	0.1	0.1	x0.1
Asia	x53.8	x48.2	x44.7	x34.1	33.1	x33.7	x31.0	x29.2	x36.0	x43.5
Middle East	x36.4	x29.6	x26.9	x16.8	x13.2	x11.1	x10.5	10.0	8.6	x9.3
Europe	17.2	18.2	18.4	22.7	22.5	22.1	26.3	30.6	30.6	28.7
EEC	14.8	15.3	15.1	18.5	18.7	18.1	22.2	27.6	26.3	25.0
EFTA	2.4	2.5	2.6	3.6	3.4	3.6	3.8	4.9	4.0	3.4
Oceania	x3.0	x2.0	x1.7	x1.7	x1.1	x1.5	x2.3	x1.9	x2.2	x1.6
Canada	6.5	7.7	7.3	6.7	6.4	13.8	14.6	12.7	10.1	8.9
USA/Etats–Unis d'Amer	9.4	12.5	16.7	21.1	22.2	17.4	14.5	12.4	9.4	9.2
Hong Kong	6.8	8.4	8.8	8.5	8.2	9.5	8.0	7.1	10.4	15.5
United Kingdom	3.4	4.2	4.2	4.7	4.5	4.1	4.4	4.1	4.3	3.9
Spain/Espagne	0.5	0.5	0.4	0.8	1.5	2.0	2.5	4.1	4.0	4.2
Germany/Allemagne	3.5	3.4	3.1	3.8	3.8	2.9	2.9	3.2	4.1	4.5
Singapore/Singapour	2.7	2.5	1.9	1.5	2.1	2.9	3.1	3.0	3.9	3.3
France,Monac	2.6	2.2	2.3	2.8	2.6	2.7	3.3	x3.3	x3.4	x3.8
Saudi Arabia	x19.9	15.4	x13.0	5.8	5.3	2.3	2.1	x3.3	x3.4	x3.8
China/Chine					3.5	4.7	3.3	2.2	2.9	3.8

EXPORTS

	1983	1984	1985	1986	1987	1988	1989	1990	1991	1992
Afrique	x0.1	x0.1	0.2	x0.1	x0.2	x0.1	x0.4	x0.4	x0.2	x0.0
Afrique du Nord	x0.0	0.0	0.1	0.1	0.1	0.0	0.2	0.4	0.2	0.0
Amériques	27.0	29.7	x37.2	x36.5	x33.4	26.5	29.9	31.0	26.9	23.1
ALAI	0.1	1.7	2.3	4.3	5.6	2.1	2.9	2.4	1.1	0.9
MCAC	x0.0	x0.0	x0.0	x0.0	x0.0	x0.0	x0.0	x0.0	x0.0	x0.0
Asie	42.9	42.4	37.1	34.1	37.0	44.2	40.7	36.6	45.5	x53.4
Moyen–Orient	x0.4	x0.5	x0.7	x0.4	x0.4	x0.7	1.3	x0.6	x0.4	x0.4
Europe	29.3	27.2	25.3	28.9	26.3	27.5	26.8	30.4	26.0	23.0
CEE	25.9	24.2	22.5	25.3	22.9	23.1	22.9	25.6	22.6	20.1
AELE	3.5	2.9	2.5	3.5	3.4	4.3	4.3	4.6	3.4	2.8
Océanie	0.6	0.6	x0.4	x0.4	0.6	x0.4	0.4	0.4	0.5	x0.3
USA/Etats–Unis d'Amer	26.9	28.0	34.9	30.3	26.1	23.2	26.0	27.4	24.7	20.9
Japan/Japon	37.3	35.5	29.2	25.9	24.8	25.9	23.6	22.9	24.7	28.7
Italy/Italie	6.1	5.8	5.1	5.8	5.7	5.4	5.9	7.0	6.1	5.8
Germany/Allemagne	4.8	4.3	5.1	6.4	5.6	5.4	5.2	5.9	5.5	4.8
Malaysia/Malaisie	1.4	1.5	1.5	2.7	4.0	4.3	4.6	4.8	6.5	x6.1
France,Monac	6.5	6.1	5.1	5.8	4.6	4.3	4.6	4.8	4.1	3.6
Singapore/Singapour	0.8	0.7	0.7	0.8	2.4	4.3	3.7	3.0	3.7	8.1
Hong Kong	1.7	2.8	3.9	2.6	2.6	3.9	3.4	2.4	4.5	2.1
United Kingdom	4.6	4.0	3.5	3.1	3.2	3.5	2.7	3.1	2.5	2.1
Thailand/Thaïlande	0.3	0.4	0.3	0.3	0.3	0.7	0.7	1.4	3.1	x2.6

7421 RECIPROCATING PUMPS NES

TRADE BY COMMODITY IN THOUSAND U.S. DOLLARS – COMMERCE PAR PRODUIT EN MILLIERS DE DOLLARS E.U

IMPORTS – IMPORTATIONS

COUNTRIES–PAYS	1988	1989	1990	1991	1992
Total	x990676	x923322	939133	x1045375	980160
Africa	x77494	x25621	x28978	x32732	x29578
Northern Africa	x22228	x12117	x15769	x17458	x12949
Americas	195417	182083	130783	148346	x177458
LAIA	131034	85676	34379	49807	50117
CACM	x648	x1609	x650	x659	x1461
Asia	x129553	x145003	214401	266662	x242067
Middle East	x51651	x29269	x33512	x47902	x50217
Europe	419818	422240	509676	454996	482179
EEC	321245	326258	390361	372660	397322
EFTA	85890	83238	102759	77668	81073
Oceania	x26348	x29661	x28813	x26429	x30180
Germany/Allemagne	74650	78229	88483	108732	123939
Korea Republic	20620	34083	101319	132533	77544
Former USSR/Anc. URSS	x92634	x89742	x10868	x103084	
France, Monac	70114	53310	66750	58930	57896
USA/Etats-Unis d'Amer	30478	56038	58805	62009	84904
United Kingdom	51051	49625	55613	44337	38945
Italy/Italie	43537	51488	54054	42493	44018
Netherlands/Pays-Bas	26588	30023	43733	44585	56414
Canada	26474	31853	33543	32236	36808
Sweden/Suède	41693	32062	36741	27656	25752
Japan/Japon	32188	30319	31536	30759	26013
Spain/Espagne	22597	28380	32923	28970	32124
Australia/Australie	22889	27807	25836	23732	26588
Switz.Liecht	17653	22307	29757	20202	18865
Belgium-Luxembourg	16451	18898	27784	23866	23016
Chile/Chili	24567	30900	4035	3560	x3281
Finland/Finlande	11962	14081	15148	8406	10390
Mexico/Mexique	12974	5990	12047	19507	25396
Singapore/Singapour	6189	8314	11794	15025	16358
Venezuela	46220	21490	3674		8271
Yugoslavia SFR	12424	12506	16003	x4289	
Denmark/Danemark	10583	9247	11856	10069	10715
Norway, SVD, JM	8562	7819	10202	12105	15189
Argentina/Argentine	13169	8661	4641	13386	6264
Indonesia/Indonésie	2449	13354	5209	7845	10324
Austria/Autriche	5602	6745	10701	8814	10520
Iran (Islamic Rp. of)	x4898	x3355	x9866	x12788	x19032
Turkey/Turquie	30785	4775	8645	8179	7779
Saudi Arabia	x3182	x6172	x4056	x10864	x10407
Thailand/Thaïlande	1875	3278	8052	9734	14422
Algeria/Algérie	x8328	x4584	x6997	x9025	x3050
So. Africa Customs Un	47025	5726	6294	x7128	x7713
Hungary/Hongrie	x11778	x12401	x5408	580	x4874
Malaysia/Malaisie	1910	5431	4885	6836	x11521
Israel/Israël	3326	3126	4340	7727	5923
Portugal	3200	4141	4268	5980	5405
Czechoslovakia	x16392	3856	5525	x4259	x5557
Egypt/Egypte	x3198	x3048	4351	x4605	x6422
Colombia/Colombie	4825	5562	4792	1468	1807
India/Inde	704	x7922	2555	1214	x10821
Bulgaria/Bulgarie	x14653	x9705	x1150	x633	438
Poland/Pologne	x2822	x1810	x2181	x7250	x5226
China/Chine	3130	2085	6193	2830	10298
Ecuador/Equateur	7595	7528	1645	775	625
Oman	2108	2324	1163	6130	x647
United Arab Emirates	x3869	x2073	x3915	x2726	x7273
Brazil/Brésil	13427	3811	2124	1771	1255
Greece/Grèce	969	1731	2468	2691	x3617
Iraq	x4319	x4853	x1909	x11	x32
New Zealand	3101	1574	2414	2260	1986

EXPORTS – EXPORTATIONS

COUNTRIES–PAYS	1988	1989	1990	1991	1992
Totale	846190	932558	1097991	1114675	1089546
Afrique	x317	x811	x1026	x1046	x721
Afrique du Nord	x119	83	x131	x174	x291
Amériques	86112	139088	141866	x173155	164909
ALAI	20536	6097	7247	3550	3194
MCAC	x12	x18	x104	x2	x3
Asie	x110377	x127049	148143	181507	x186973
Moyen-Orient	x7002	x1520	x2420	x1824	x1326
Europe	617200	648229	794884	745422	727535
CEE	552033	580286	714980	682986	660707
AELE	54961	59508	76974	62178	66543
Océanie	1988	x1820	x2046	5706	5532
Germany/Allemagne	421932	448845	548598	509908	497645
USA/Etats-Unis d'Amer	62234	128226	132310	166472	158456
Japan/Japon	98919	117597	135766	168656	173907
Sweden/Suède	42658	49036	62171	46561	53036
United Kingdom	32399	38632	46527	48450	48406
France, Monac	43414	37299	29652	27823	24909
Netherlands/Pays-Bas	26000	20535	33280	38524	42045
Italy/Italie	11032	17293	35673	35089	27740
Switz.Liecht	5517	6047	11189	10511	9248
Denmark/Danemark	8839	8557	9248	7616	7141
Belgium-Luxembourg	5340	5689	7798	10754	7830
Czechoslovakia	x11905	x8049	x4174	x1424	x2005
Singapore/Singapour	2543	3011	5759	3277	4340
Yugoslavia SFR	10200	8411	2904	x198	
Spain/Espagne	2641	2518	3157	4181	4338
Former USSR/Anc. URSS	x5724	x885	x4151	x4460	
Canada	2508	4381	1854	2422	3116
Australia/Australie	1776	1699	1704	4987	5287
Austria/Autriche	3011	1702	2261	3510	2859
Argentina/Argentine	2231	3069	2719	1231	1248
Thailand/Thaïlande	54	438	1875	4213	x402
Former GDR	x11703	x5153	x1208		
Brazil/Brésil	17697	1640	1723	1327	540
Hong Kong	309	1878	1238	1476	3717
Finland/Finlande	2333	2122	615	656	783
China/Chine	883	755	648	1395	1594
United Arab Emirates	x1024	x803	x877	x1052	x828
Venezuela	23	669	1530	93	999
Norway, SVD, JM	1443	601	738	936	617
Mexico/Mexique	136	45	1202	768	270
Portugal	280	594	825	269	291
Hungary/Hongrie	x273	x358	x142	x1047	x503
So. Africa Customs Un	x151	x473	x360	x332	x285
Turkey/Turquie	4956	37	774	292	271
Poland/Pologne	x159	x107	x54	x825	x1064
Bulgaria/Bulgarie	x87	x683	x199	x60	x58
Korea Republic	253	482	162	254	442
Panama	x605	x151	12	x677	x10
New Zealand	211	113	277	436	159
Israel/Israël	51	x707	23	18	30
Ireland/Irlande	148	215	199	329	127
Cote d'Ivoire		x26	x335	x376	
Malaysia/Malaisie	281	382	125	101	x671
Saudi Arabia	x430	x137	x306	x163	x189
Oman	154	218	145	218	x15
Chile/Chili	152	511	11	18	x60
Romania/Roumanie	x344	x325	x96	26	x245
India/Inde	67	x179	38	139	x492
Jamaica/Jamaïque	62	127	202		
Kuwait/Koweït	x70	x161	x54		x6

(VALUE AS % OF TOTAL)(VALEUR EN % DU TOTAL)

IMPORTS

	1983	1984	1985	1986	1987	1988	1989	1990	1991	1992
Africa	x6.2	x3.6	x2.7	x5.3	x3.0	x7.8	x2.8	x3.1	x3.1	x3.0
Northern Africa	x3.6	x1.2	x1.1	x2.7	x1.3	x2.2	x1.3	x1.7	x1.7	x1.3
Americas	6.0	5.9	7.1	8.1	6.8	19.7	19.7	13.9	14.2	x18.1
LAIA	3.4	2.3	3.6	6.0	5.2	13.2	9.3	3.7	4.8	5.1
CACM	x0.0			0.1	x0.1	0.1	x0.2	x0.1	x0.1	x0.1
Asia	x19.2	x14.3	x15.9	x12.2	x10.4	13.1	x15.7	22.8	25.5	x24.7
Middle East	x10.1	x4.6	x8.5	x7.0	x5.8	x5.2	x3.2	x3.6	x4.6	x5.1
Europe	66.1	73.2	71.6	72.4	64.5	42.4	45.7	54.3	43.5	49.2
EEC	55.7	62.4	60.0	55.7	51.0	32.4	35.3	41.6	35.6	40.5
EFTA	10.4	10.7	11.5	x15.8	x13.0	8.7	9.0	10.9	7.4	8.3
Oceania	x2.5	x3.0	x2.6	x1.9	x1.8	x2.7	x3.2	x3.1	x2.5	x3.1
Germany/Allemagne	10.5	10.2	10.6	11.6	9.8	7.5	8.5	9.4	10.4	12.6
Korea Republic	0.4	0.3	0.5	0.3	0.5	2.1	3.7	10.8	12.7	7.9
Former USSR/Anc. URSS					x10.3	x9.4	x9.7	x1.2	x9.9	
France, Monac	11.5	15.9	16.2	15.1	14.0	7.1	5.8	7.1	5.6	5.9
USA/Etats-Unis d'Amer	1.8	1.9	2.1	0.9	0.8	3.1	6.1	6.3	5.9	8.7
United Kingdom	8.7	11.9	10.8	7.2	6.3	5.2	5.4	5.9	4.2	4.0
Italy/Italie	10.1	9.5	9.2	9.6	8.7	4.4	5.6	5.8	4.1	4.5
Netherlands/Pays-Bas	4.9	4.7	4.0	3.8	3.7	2.7	3.3	4.7	4.3	5.8
Canada	0.6	1.6	1.3	0.7	0.4	2.7	3.4	3.6	3.1	3.8
Sweden/Suède	8.6	8.9	8.7	7.9	7.2	4.2	3.5	3.9	2.6	2.6

EXPORTS

	1983	1984	1985	1986	1987	1988	1989	1990	1991	1992
Afrique	x0.0	x0.2	x0.0	x0.0	x0.0	x0.0	x0.1	x0.1	x0.1	x0.0
Afrique du Nord	x0.0	x0.0	x0.0	x0.0	x0.0	x0.0	x0.0	x0.0	x0.0	x0.0
Amériques	x10.2	x9.7	9.7	7.1	4.6	10.2	14.9	12.9	x15.6	15.1
ALAI	0.0	0.0	0.2	1.0	0.8	2.4	0.7	0.7	0.3	0.3
MCAC						x0.0	x0.0	x0.0	x0.0	x0.0
Asie	x8.4	8.2	x8.1	6.2	6.5	x13.0	x13.6	13.5	16.3	x17.2
Moyen-Orient	x0.6	x0.1	x0.6	x0.2	x0.3	x0.8	x0.2	x0.2	x0.2	x0.1
Europe	81.3	81.7	82.1	86.5	84.0	72.9	69.5	72.4	66.9	66.8
CEE	78.7	78.4	79.4	80.6	77.8	65.2	62.2	65.1	61.3	60.6
AELE			2.6	3.3	2.7	x5.7	6.0	6.5	6.4	7.0	5.6	6.1
Océanie		0.1	x0.0	x0.0	x0.1	0.2	x0.2	x0.2	0.5	0.5
Germany/Allemagne	55.3	57.0	58.4	60.9	57.4	49.9	48.1	50.0	45.7	45.7
USA/Etats-Unis d'Amer	10.2	9.7	9.5	5.9	3.6	7.4	13.7	12.1	14.9	14.5
Japan/Japon	7.1	7.3	7.0	5.7	6.0	11.7	12.6	12.4	15.1	16.0
Sweden/Suède	2.4	3.0	2.6	2.6	2.4	5.0	5.3	5.7	4.2	4.9
United Kingdom	8.2	7.1	7.5	5.6	5.0	3.8	4.1	4.2	4.3	4.4
France, Monac	5.1	4.4	4.1	4.2	5.3	5.1	4.0	2.7	2.5	2.3
Netherlands/Pays-Bas	2.9	2.4	2.0	2.2	2.4	3.1	2.2	3.0	3.5	3.9
Italy/Italie	4.3	4.2	4.2	3.8	3.5	1.3	1.9	3.2	3.1	2.5
Switz.Liecht				x1.9	x2.0	0.7	0.6	1.0	0.9	0.8
Denmark/Danemark	0.7	0.7	0.7	0.6	0.5	1.0	0.9	0.8	0.7	0.7

7422 CENTRIFUGAL PUMPS NES

POMPES CENTRIF NON 742.81 7422

TRADE BY COMMODITY IN THOUSAND U.S. DOLLARS – COMMERCE PAR PRODUIT EN MILLIERS DE DOLLARS E.U

IMPORTS – IMPORTATIONS

COUNTRIES–PAYS	1988	1989	1990	1991	1992
Total	x1788463	x1774827	x1854495	x2121857	x2316232
Africa	x127042	x109865	x128312	x129321	x123770
Northern Africa	x59713	x57537	x68695	x75273	x53640
Americas	x199978	x254757	x296684	335086	x344860
LAIA	58793	x67347	99635	122024	117480
CACM	x8325	x4987	x4240	x4811	x5348
Asia	x444986	x384836	x485702	x553797	x764985
Middle East	x152053	x131550	x166394	x177320	x276251
Europe	635770	660904	849647	890885	979351
EEC	503524	518643	663647	723294	801477
EFTA	120131	126330	168803	153904	164687
Oceania	x20014	x25306	x31967	x36098	x37178
Germany/Allemagne	109529	116732	156376	190042	223822
Former USSR/Anc. URSS	x269822	x260210	x26113	x130133	
USA/Etats–Unis d'Amer	82162	114158	110744	124981	141239
France, Monac	67143	77839	77302	94378	120163
Italy/Italie	62353	66611	76063	97104	101512
Korea Republic	41423	45819	86047	77239	89640
Netherlands/Pays–Bas	60990	63573	79564	68145	84187
United Kingdom	73842	70524	71653	64449	77490
Spain/Espagne	56087	50654	67991	67742	69738
Canada	39535	56866	46793		68616
Sweden/Suède	41676	45441	58160	49803	46721
Saudi Arabia	x58952	x44608	x45554	x57915	x117530
Switz.Liecht	36158	39759	53422	46127	45311
Thailand/Thaïlande	29978	32892	38827	56905	81492
Belgium–Luxembourg	33963	31520	43476	46194	48241
Indonesia/Indonésie	30525	14876	33773	56111	113019
Japan/Japon	18981	19855	48965	32968	30363
China/Chine	40436	46139	25323	29903	29681
Iran (Islamic Rp. of)	x15123	x10490	x29206	x47667	x59652
Mexico/Mexique	11802	19786	28802	28862	45344
Hong Kong	23045	21594	24080	24664	31273
Malaysia/Malaisie	9272	12070	18419	38145	x38098
United Arab Emirates	x34610	x18394	x25378	x20788	x43843
Libyan Arab Jamahiriya	x25392	x20815	x20941	x22172	x17123
Australia/Australie	13757	17112	19470	25857	24212
Egypt/Egypte	x22211	x20742	x15117	x23132	x15578
Chile/Chili	x6864	x11064	29404	18224	x13036
Austria/Autriche	11353	12462	19327	25519	34068
Denmark/Danemark	14636	13675	17608	20193	25812
Venezuela	8462	9724	13156	28407	20861
Finland/Finlande	14391	14186	18267	16461	18066
Hungary/Hongrie	x15426	x20372	x16781	11225	x15518
Israel/Israël	10947	13980	17970	15788	21899
Portugal	12755	12441	16417	18381	21580
Norway,SVD,JM	14227	13082	18030	14557	18745
Algeria/Algérie	8712	8758	20152	16480	x11295
Yugoslavia SFR	11472	15396	16316	x12503	
Iraq	x13128	x24106	x19555	x325	x164
So. Africa Customs Un	18026	13066	16915	x13957	x12566
India/Inde	3522	x27150	5872	4118	x23756
Nigeria/Nigéria	x11115	x9752	x14369	x12974	x17947
Greece/Grèce	7291	9340	13582	13263	x22832
Turkey/Turquie	2699	6442	8593	17308	12330
Poland/Pologne	x5010	x4887	x5765	x16945	x26225
Oman	5010	4161	17756	5400	x3089
Czechoslovakia	x14520	6496	9450	x11069	x17123
New Zealand	5235	7226	11328	8417	10712
Colombia/Colombie	6437	8568	7423	10447	6296
Bulgaria/Bulgarie	x29611	x18467	x1631	x5596	3706
Former GDR	x23607	x23635	x218		

EXPORTS – EXPORTATIONS

COUNTRIES–PAYS	1988	1989	1990	1991	1992
Totale	1670303	1716878	2066013	2267341	2553864
Afrique	x1030	x2259	x1288	x1586	x3974
Afrique du Nord	x581	x232	x146	x608	1354
Amériques	139759	176970	195806	259733	304507
ALAI	10133	11983	13259	18472	20058
MCAC	x2	x10	x32	x106	x139
Asie	314624	271206	327294	385843	x457359
Moyen–Orient	x2791	4377	x8418	x8146	x8983
Europe	1187634	1225899	1509731	1599832	1774222
CEE	922539	957240	1163400	1256096	1418441
AELE	245808	258426	337828	341878	354604
Océanie	4869	6056	x7763	8472	x7338
Germany/Allemagne	383301	435854	508621	536478	605458
Japan/Japon	261363	236336	278686	333678	406560
USA/Etats–Unis d'Amer	118796	152242	159008	215525	252026
France, Monac	109806	124456	170139	177902	206267
Sweden/Suède	125351	138014	174907	158658	173393
Denmark/Danemark	100947	98656	136699	155143	159795
United Kingdom	121492	108635	126532	148964	200288
Italy/Italie	84125	68827	71093	82396	87487
Netherlands/Pays–Bas	61589	50728	60234	76123	69983
Switz.Liecht	34760	34245	46169	52388	53725
Norway,SVD,JM	38351	31204	38673	60113	63095
Finland/Finlande	30024	33338	49583	40206	32816
Spain/Espagne	24311	26727	39598	32437	36950
Ireland/Irlande	20328	24140	30975	26761	30211
Austria/Autriche	17321	21623	28495	30514	31575
Canada	10509	11964	23469	25420	32236
Belgium–Luxembourg	13720	15352	16216	17746	18688
China/Chine	6986	13779	10715	12951	14379
Korea Republic	3998	5437	10583	13005	10299
India/Inde	3739	x4223	11667	8566	x3497
Bulgaria/Bulgarie	x468	x12790	x11138	x245	x300
Brazil/Brésil	3854	4854	6255	10449	10579
Yugoslavia SFR	19287	10217	8503	x1816	
Australia/Australie	4781	5415	7224	7702	6725
Former USSR/Anc. URSS	x5318	x7851	x4365	x5164	6124
Hong Kong	4912	5793	5553	4721	5503
Cyprus/Chypre	1779	3210	4460	4452	
Czechoslovakia	x8582	x7348	x2511		
Former GDR	x5173	x3027	x3918	x1606	x1723
Argentina/Argentine	1913	2793	2479	2900	3449
Hungary/Hongrie	x618	x2883	x2023	x3263	x3587
Colombia/Colombie	1456	1563	1321	2765	3676
Greece/Grèce	1511	2696	2339	453	x880
Turkey/Turquie	308	594	1471	1930	1972
Portugal	1408	1168	954	1693	2432
Peru/Pérou	2036	1033	1694	x740	x296
So. Africa Customs Un	x291	x1805	x685	x677	x673
Mexico/Mexique	742	1160	631	1195	1210
Malaysia/Malaisie	779	902	1006	781	x929
Indonesia/Indonésie	130	53	81	2404	3706
New Zealand	88	639	536	511	387
Oman	78	112	1124	307	x641
Romania/Roumanie	x2087	x179	x2	1022	x19
Poland/Pologne	x140	x409	x173	x575	x834
Venezuela	5	484	582	56	285
Jordan/Jordanie	x53	x1	x502	x491	x2
United Arab Emirates	x239	x189	x435	x248	x88
Thailand/Thaïlande	314	125	286	374	x2152
Chile/Chili	x126	x79	272	362	x192
Korea Dem People's Rp		x5	x106	x451	x54

(VALUE AS % OF TOTAL)(VALEUR EN % DU TOTAL)

	1983	1984	1985	1986	1987	1988	1989	1990	1991	1992
Africa	x9.0	x8.2	x7.2	x10.2	x6.7	x7.1	x6.2	x6.9	x6.1	x5.3
Northern Africa	x5.5	x3.5	x3.2	x5.1	x3.0	x3.3	x3.2	x3.7	x3.5	x2.3
Americas	10.2	15.6	14.2	x13.7	x12.5	x11.2	x14.3	x16.0	15.8	x14.9
LAIA	3.1	4.6	4.8	x4.7	3.3	3.3	3.8	5.4	5.8	5.1
CACM	x0.3		x0.2	x0.7	x0.4	x0.5	x0.3	x0.2	x0.2	x0.2
Asia	x48.5	x32.0	x40.9	x32.7	x26.5	x24.9	x21.7	x26.2	x26.1	x33.1
Middle East	x32.2	x12.6	x22.7	x20.1	x10.7	x8.5	x7.4	x9.0	x8.3	x11.9
Europe	29.5	24.2	35.1	41.3	41.0	35.5	37.2	45.8	42.0	42.3
EEC	24.8	33.7	29.6	30.2	29.9	28.2	29.2	35.8	34.1	34.6
EFTA	4.7	6.6	5.4	x10.1	x10.0	6.7	7.1	9.1	7.3	7.1
Oceania	x2.8	x3.8	x2.7	x1.9	x2.2	x1.2	x1.5	x1.8	x1.7	x1.6
Germany/Allemagne	6.5	8.8	7.3	7.6	8.0	6.1	6.6	8.4	9.0	9.7
Former USSR/Anc. URSS					x7.6	x15.1	x14.7	x1.4	x6.1	
USA/Etats–Unis d'Amer	5.3	8.9	7.6	6.2	6.0	4.6	6.4	7.0	6.0	6.1
France, Monac	2.0	2.4	2.3	2.1	2.3	3.8	4.4	4.2	4.4	4.4
Italy/Italie	2.5	3.5	3.3	2.8	3.5	3.5	3.8	4.2	4.6	3.9
Korea Republic	1.4	2.1	1.6	1.9	2.3	2.3	2.6	4.6	3.6	3.6
Netherlands/Pays–Bas	4.1	5.5	4.6	5.3	5.3	3.4	3.6	4.3	3.6	3.6
United Kingdom	4.2	6.7	6.3	6.3	4.3	4.1	4.0	3.9	3.0	3.0
Spain/Espagne	1.7	2.0	1.7	2.0	2.5	3.1	2.9	3.7	3.0	3.0
Canada	1.0	1.8	1.4	1.3	1.1	2.2	3.2	2.5	3.2	3.0

	1983	1984	1985	1986	1987	1988	1989	1990	1991	1992
Afrique	x0.0	x0.1	0.1	0.1	x0.0	x0.1	x0.0	x0.0	x0.1	
Afrique du Nord	0.0	0.0	0.0	0.0	0.0	0.0	0.0	0.0	0.1	
Amériques	13.8	12.3	10.3	9.9	x8.7	8.3	10.3	9.4	11.4	11.9
ALAI	0.1	0.1	0.4	0.8	x0.8	0.6	0.7	0.6	0.8	0.8
MCAC				x0.0		x0.0				
Asie	25.7	24.8	24.2	21.1	20.6	18.9	15.8	15.9	17.0	x17.9
Moyen–Orient	x0.1	x0.2	x0.2	x0.2	0.4	x0.2	0.3	x0.4	0.4	x0.4
Europe	60.0	62.2	65.1	68.4	67.6	71.1	71.4	73.1	70.6	69.5
CEE	52.0	51.0	53.9	56.1	53.9	55.2	55.8	56.3	55.4	55.5
AELE	7.9	11.2	11.2	12.3	13.7	14.7	15.1	16.4	15.1	13.9
Océanie	0.5	0.6	0.3	x0.4	0.4	0.3	0.4	x0.4	0.4	x0.3
Germany/Allemagne	21.9	21.5	22.5	24.1	25.4	22.9	25.4	24.6	23.7	23.7
Japan/Japon	23.2	22.1	21.6	18.2	17.1	15.6	13.8	13.5	14.7	15.9
USA/Etats–Unis d'Amer	13.7	12.2	9.9	8.1	7.0	7.1	8.9	7.7	9.5	9.9
France, Monac	5.1	5.4	5.3	4.8	5.4	6.6	7.2	8.2	7.8	8.1
Sweden/Suède	5.0	5.8	6.7	7.0	7.6	7.5	8.0	8.5	7.0	6.8
Denmark/Danemark	4.3	5.3	5.5	6.5	6.5	6.0	5.7	6.6	6.8	6.3
United Kingdom	6.9	6.9	8.7	10.5	10.4	7.3	6.3	6.1	6.6	7.8
Italy/Italie	5.2	4.6	4.1	3.3	3.1	5.0	4.0	3.4	3.6	3.4
Netherlands/Pays–Bas	5.1	2.9	2.9	3.4	3.5	3.7	3.0	3.0	2.9	2.7
Switz.Liecht				x1.2	x1.3	2.1	2.0	2.2	2.3	2.1

643

7431 PUMPS FOR GASES ETC / POMPES AIR A VIDE, COMPRES 7431

TRADE BY COMMODITY IN THOUSAND U.S. DOLLARS – COMMERCE PAR PRODUIT EN MILLIERS DE DOLLARS E.U

IMPORTS – IMPORTATIONS

COUNTRIES–PAYS	1988	1989	1990	1991	1992
Total	6381862	7030138	7483977	8359441	8771057
Africa	x229017	x242108	x280925	x277975	x263700
Northern Africa	75433	95620	110334	x137162	x114271
Americas	1467162	1961331	1969455	1978978	2022349
LAIA	290650	315423	356974	462297	541838
CACM	17829	19470	16252	21739	x21303
Asia	1549106	1685077	x1690413	x2209176	x2751175
Middle East	x248806	x191520	x322765	x385674	x533129
Europe	2457145	2600150	3154635	3231680	3417695
EEC	1990326	2081376	2606293	2728309	2888235
EFTA	397524	416984	486445	463801	487250
Oceania	210522	x220678	x218728	x315797	x201977
USA/Etats-Unis d'Amer	898633	1323487	1291609	1161911	1140660
Germany/Allemagne	442923	482144	637349	728615	778986
Italy/Italie	340446	372447	412077	444985	483454
France, Monac	345519	352554	443092	424752	443379
Korea Republic	213294	271256	344227	449398	310693
United Kingdom	265396	242409	305901	352676	397824
Canada	229461	272727	267203	298270	292615
Spain/Espagne	194890	216854	287206	280778	280153
China/Chine	334048	396342	119201	137088	244521
Australia/Australie	184205	193265	186310	271785	173297
Former USSR/Anc. URSS	x241613	x212233	x97625	x239236	
Japan/Japon	130209	151809	177887	210750	215628
Sweden/Suède	151104	162557	175213	159271	165249
Singapore/Singapour	146140	141256	154940	178681	208849
Netherlands/Pays-Bas	132774	128024	151904	156372	148612
Thailand/Thaïlande	97505	109368	148695	170364	212461
Malaysia/Malaisie	75159	81616	121261	193494	x203830
Hong Kong	141594	125202	69919	182242	364366
Mexico/Mexique	75229	107278	110780	151023	179060
Indonesia/Indonésie	60195	70144	100766	152702	180892
Denmark/Danemark	81694	89324	107064	107259	115024
Switz.Liecht	86123	93542	108036	97083	88846
Belgium-Luxembourg	75750	74157	122689	100413	101170
Iran (Islamic Rp. of)	x49008	x43903	x100908	x123362	x127016
Austria/Autriche	58629	66330	83738	99189	119368
So. Africa Customs Un	94431	83807	85425	x67412	x67434
Venezuela	77162	45969	66708	118074	
Saudi Arabia	46832	29268	x86294	x102116	x188787
Portugal	59343	59040	78039	78302	84762
Yugoslavia SFR	65519	96982	58429	x35851	
Brazil/Brésil	42718	66814	72258	48304	46930
Norway, SVD, JM	51446	36429	60399	63463	58041
Finland/Finlande	48377	56622	57361	42426	53974
Israel/Israël	44773	45183	45042	52077	60807
Algeria/Algérie	28363	41590	52783	36987	x20845
Turkey/Turquie	45166	28505	44595	55045	79095
Argentina/Argentine	36687	29609	30490	61451	102736
Greece/Grèce	26855	37635	32953	32763	x37901
Philippines	20706	x33361	31798	25106	33243
Hungary/Hongrie	x19452	x18866	x20728	44950	x27593
Chile/Chili	19544	25192	27069	28448	x22674
United Arab Emirates	x50948	x23466	x21461	x31320	x38824
Ireland/Irlande	24736	26788	28018	21392	16970
India/Inde	11071	x36271	16574	16673	x73065
New Zealand	18837	21595	26079	20312	21376
Colombia/Colombie	20204	19055	23015	21535	34636
Iraq	x19963	x31239	x27651	x3557	x142
Poland/Pologne	x15095	x11934	x12145	x38352	x41165
Nigeria/Nigéria	x16638	x14263	x19840	x22959	x30030
Egypt/Egypte	11770	6129	8601	38262	39174

EXPORTS – EXPORTATIONS

COUNTRIES–PAYS	1988	1989	1990	1991	1992
Totale	6029612	6474953	7055605	7447349	8283383
Afrique	x9477	x14257	x21583	x7240	x4964
Afrique du Nord	7817	11775	x17418	3008	x1004
Amériques	835759	1080713	1240163	1441277	1649297
ALAI	224003	244867	232736	264285	284275
MCAC	x205	x22	56	157	x189
Asie	2109729	2275372	2131682	2348190	x2889502
Moyen-Orient	11989	25078	x22823	x38629	x45356
Europe	2946186	2973687	3573776	3587466	3697795
CEE	2627904	2686722	3193715	3221983	3297651
AELE	276763	269863	362472	354728	390927
Océanie	x8266	x10236	11102	10470	11621
Japan/Japon	1583461	1683376	1577672	1633056	1894409
Germany/Allemagne	818107	873420	1101591	1148772	1223103
USA/Etats-Unis d'Amer	557986	757726	932880	1121943	1295366
Italy/Italie	611298	659615	688961	737360	702054
France, Monac	425253	435930	528608	494286	538259
United Kingdom	431333	413509	519565	476533	433045
Singapore/Singapour	261658	310846	322843	394465	419615
Brazil/Brésil	190275	219639	213254	245554	268950
Switz.Liecht	185251	174058	251589	248981	287277
Spain/Espagne	106475	106086	96462	104525	109478
Netherlands/Pays-Bas	81331	70399	111577	111794	131568
Hong Kong	135078	115565	64201	95598	234841
Austria/Autriche	76848	77988	80679	86876	85681
Belgium-Luxembourg	61859	61420	71611	75937	76925
Canada	52557	75248	73917	54130	68179
Korea Republic	39019	40931	56383	93906	163666
Denmark/Danemark	87645	58102	62462	63927	
Malaysia/Malaisie	28957	60198	43996	44425	74034
Former USSR/Anc. URSS	x4776	x11996	x19414	x29021	x65933
Bulgaria/Bulgarie	x8002	x38053	x19138	x3120	x2769
Czechoslovakia	x24082	x29647	x19503	x6528	x8881
India/Inde	23842	x17282	18987	12968	x13734
Yugoslavia SFR	41367	16774	17491	x10505	
Turkey/Turquie	9129	20018	8456	9817	4652
Saudi Arabia	622	1379	x12130	x24293	x36706
Thailand/Thaïlande	12231	8888	9857	18146	x25407
Finland/Finlande	8071	10180	18563	7774	9457
China/Chine	10683	10614	13117	11402	17417
Argentina/Argentine	10391	14622	9675	6140	5995
Norway, SVD, JM	6592	7638	11642	1010	8512
Mexico/Mexique	23193	10035	8461	10048	7892
Former GDR	x72724	x22509	x6007		
Australia/Australie	5872	6265	6450	7749	6907
Algeria/Algérie	6732	11253	5564	2582	x272
Hungary/Hongrie	x7868	x7076	x4173	x6550	x9250
Portugal	1283	2611	7520	5568	6440
Poland/Pologne	x1562	x4601	x4224	x6391	x8818
Ireland/Irlande	3177	5182	5027	2877	2070
Romania/Roumanie	x1157	6805	4835	1090	x457
Egypt/Egypte	x1010	x207	x11340	1	29
New Zealand	2126	3695	3817	2434	3057
So. Africa Customs Un	x445	x976	x3052	x2579	x2846
United Arab Emirates	x860	x761	x804	x2417	x2575
Korea Dem People's Rp	x70	x52	x153	x2930	x5324
Israel/Israël	1418	919	679	802	1010
Colombia/Colombie	12	8	14	1836	161
Kuwait/Koweït	x77	1724	x126	x5	x23
Anguilla		1650			
Venezuela	15	280	1030	320	316
Jordan/Jordanie	168	265	119	1046	342

(VALUE AS % OF TOTAL)(VALEUR EN % DU TOTAL)

	1983	1984	1985	1986	1987	1988	1989	1990	1991	1992
Africa	x7.6	x7.4	x5.6	x5.8	x4.2	x3.6	x3.5	x3.7	x3.3	x3.0
Northern Africa	x4.1	4.3	3.1	2.9	x1.4	1.2	1.4	1.5	x1.6	x1.3
Americas	16.7	22.4	28.4	25.9	x24.0	23.0	27.9	26.3	23.7	23.0
LAIA	4.0	3.3	5.6	4.4	x5.2	4.6	4.5	4.8	5.5	6.2
CACM	x0.2	x0.0	x0.0	x0.2	x0.3	0.3	0.3	0.2	0.3	x0.2
Asia	x28.1	x24.1	x20.6	x17.2	18.6	24.2	24.0	x22.6	x26.4	x31.4
Middle East	x13.3	x8.6	x6.7	x5.8	x3.5	3.9	x2.7	x4.3	x4.3	x6.1
Europe	40.4	39.8	41.0	46.9	43.4	38.5	37.0	42.2	38.7	39.0
EEC	33.0	32.4	33.3	36.6	35.0	31.2	29.6	34.8	32.6	32.9
EFTA	7.3	7.4	7.6	9.3	x8.5	6.2	5.9	6.5	5.5	5.6
Oceania	5.3	x4.2	x4.4	x4.3	x4.7	3.3	x3.2	x2.9	x3.8	x2.3
USA/Etats-Unis d'Amer	8.4	14.7	18.3	16.9	15.0	14.1	18.8	17.3	13.9	13.0
Germany/Allemagne	8.3	8.1	8.7	9.5	8.4	6.9	6.9	8.5	8.7	8.9
Italy/Italie	5.5	5.1	4.6	5.8	5.8	5.3	5.5	5.5	5.3	5.5
France, Monac	6.0	5.4	5.5	6.1	5.6	5.4	5.0	5.9	5.1	5.1
Korea Republic	1.5	2.8	5.7	2.6	2.8	3.3	3.9	4.6	5.4	3.5
United Kingdom	4.4	4.5	5.8	4.8	4.7	4.2	3.4	4.1	4.2	4.5
Canada	3.5	4.1	4.2	3.4	2.9	3.6	3.9	3.6	3.6	3.3
Spain/Espagne	2.3	2.1	1.9	2.6	2.9	3.1	3.1	3.8	3.4	3.2
China/Chine					3.3	5.2	5.6	1.6	1.6	2.8
Australia/Australie	4.0	3.1	3.7	3.4	4.2	2.9	2.7	2.5	3.3	2.0

	1983	1984	1985	1986	1987	1988	1989	1990	1991	1992
Afrique	x0.2	x0.0	x0.1	x0.1	x0.1	x0.1	x0.2	x0.3	x0.1	x0.0
Afrique du Nord	x0.0	x0.0	x0.0	x0.0	x0.0	0.1	0.2	0.2	0.0	x0.0
Amériques	x24.1	14.7	14.0	11.5	12.6	13.8	16.7	17.6	19.4	19.9
ALAI	0.0	0.2	0.2	2.8	3.0	3.7	3.8	3.3	3.5	3.4
MCAC	x0.0	x0.0	x0.0	x0.0	x0.0	0.0	0.0	0.0	0.0	x0.0
Asie	21.8	29.1	30.7	27.5	26.2	35.0	35.1	30.2	31.5	x34.9
Moyen-Orient	x0.2	x0.1	x0.2	x0.1	x0.2	0.2	0.4	x0.3	x0.5	x0.5
Europe	53.4	55.4	54.9	60.8	59.1	48.9	45.9	50.7	48.2	44.6
CEE	52.0	53.8	52.6	54.9	53.7	43.6	41.5	45.3	43.3	39.8
AELE	1.5	1.6	2.3	x5.7	x5.3	4.6	4.2	5.1	4.8	4.7
Océanie	0.2	0.2	0.2	x0.1	x0.2	x0.1	x0.2	0.1	0.1	0.1
Japan/Japon	16.9	23.2	24.3	22.3	20.2	26.3	26.0	22.4	21.9	22.9
Germany/Allemagne	14.8	15.1	16.7	18.3	17.5	13.6	13.5	15.6	15.4	14.8
USA/Etats-Unis d'Amer	22.8	13.2	12.2	7.7	8.8	9.3	11.7	13.2	15.1	15.6
Italy/Italie	17.0	17.1	12.8	13.2	13.4	10.1	10.2	9.8	9.9	8.5
France, Monac	8.3	8.5	9.4	9.7	9.0	7.1	6.7	7.5	6.6	6.5
United Kingdom	6.6	7.0	7.7	7.3	7.0	7.2	6.4	7.4	6.4	5.2
Singapore/Singapour	3.7	4.3	3.7	3.5	3.8	4.3	4.8	4.6	5.3	5.1
Brazil/Brésil	x0.0	x0.0	x0.0	2.4	2.5	3.2	3.4	3.0	3.3	3.2
Switz.Liecht				x2.8	x2.4	3.1	2.7	3.6	3.3	3.5
Spain/Espagne	1.4	1.6	1.7	1.5	2.0	1.8	1.6	1.4	1.4	1.3

7432 PUMP, COMPRESSOR PRTS NES

TRADE BY COMMODITY IN THOUSAND U.S. DOLLARS – COMMERCE PAR PRODUIT EN MILLIERS DE DOLLARS E.U

COUNTRIES–PAYS	IMPORTS – IMPORTATIONS					COUNTRIES–PAYS	EXPORTS – EXPORTATIONS				
	1988	1989	1990	1991	1992		1988	1989	1990	1991	1992
Total	x666810	239143	209121	92651	15020	Totale	x632670	x137218	x101757	x57479	x14005
Africa	91655	106637	117506	x32865	14619	Afrique	x818	x195	x1372	x137	x19
Northern Africa	74520	103126	112410	31150	14619	Afrique du Nord	574	114	1358	121	14
Americas	x396672	x76747	x34304	x15446	383	Amériques	x455826	x87464	x55226	x22615	x7314
LAIA	108543	70764	26401	14530	383	ALAI	x25781	x13080	x13232	x1371	x455
CACM	x3216		2864			MCAC	x1		x36		
Asia	x169262	x54605	x54533	x43434	x12	Asie	x165531	x44547	x42728	x24549	x2403
Middle East	x35333	744	1673	x3	x12	Moyen-Orient	8560	x300	x70	x140	x132
Europe				x329		Europe				x8751	x4092
EEC				x329		CEE				x8716	x4071
EFTA						AELE					
Oceania	3246	830	888		x5	Océanie	88		4	3	9
Algeria/Algérie	23684	51323	65179	17462		USA/Etats-Unis d'Amer	404434	x73761	x41686	x21198	x6822
China/Chine	34670	40159	33124	33969		Japan/Japon	x146665	x33202	x33416	x17406	x2255
Egypt/Egypte	36343	37748	33176	11588	12472	Hong Kong	1933	9963	6716	4680	
Venezuela	55552	39650	x5			Brazil/Brésil	x16896	x8781	x8464	x8716	x4071
Hong Kong	6497	6952	10697	9311		Germany/Allemagne			4537	x42	x65
Argentina/Argentine	7979	7376	8998	9066		Argentina/Argentine	3421	3809	2458	2302	
Libyan Arab Jamahiriya	9654	8606	11904			China/Chine	1025	947	1386	x1277	
Colombia/Colombie	7651	9932	9323			Former USSR/Anc. URSS	x1634	x2165	x48	x133	x157
Peru/Pérou	3258	4349	6090	3640		Czechoslovakia	x354	x1507	1353	113	
Chile/Chili	6241	7310	x119		x3	Algeria/Algérie	16	3			
Morocco/Maroc	2644	2295	2150	2101	2147	Poland/Pologne	x558	x546	x378	x10	
Philippines	6677	x25	6007			Canada	x25321	x502	x234	x45	x37
Trinidad and Tobago	2406	3183	2742			Former GDR	x2597	x323	x327		
India/Inde	x8588	x2639	x3007			Hungary/Hongrie	x176	x261	x201	x5	x6
Ethiopia/Ethiopie	725	1425	2653	1348		Lebanon/Liban		x296			
Pakistan	4392	3658		x22		Venezuela	5	287	0	x130	x132
Bolivia/Bolivie	1361	570	1227	1766		Saudi Arabia	x9	x2	x70		
Tunisia/Tunisie	2147	3154	2835			Bulgaria/Bulgarie	x34	x178	x3	x8	x2
El Salvador	x1099		1668			India/Inde	x1221	x124	x20		3
Qatar	1869	738				Uruguay	x8	x11	x136		
Senegal/Sénégal		620	1562			Tunisia/Tunisie	558	111	x4		
Former USSR/Anc. URSS	x5249	x182	x1255	x578		Peru/Pérou	0	104	0		
USA/Etats-Unis d'Amer	204904	x375	x677	x849		Mexico/Mexique	5417	x68	x25	x7	0
Jamaica/Jamaïque	993	950	913	x1		Anguilla		x97			
Papua New Guinea	709	830	888			Albania/Albanie			x78		
Ecuador/Equateur	978	1243				Chile/Chili	33	12	x45	x12	x1
Albania/Albanie	x170	x141	x635			Israel/Israël	x271	x10	x21	x12	x12
Cameroon/Cameroun		749		x8		Senegal/Sénégal		35		x6	
Djibouti	175	149	301	288		Trinidad and Tobago	15	6	35		
Panama	642	698				Romania/Roumanie	x5052	x31	x6		x4
Mexico/Mexique	15865	x185	x367	x59		Yugoslavia SFR				x35	
Canada	x73816	x469	x45	x28		El Salvador	x1		29		
Barbados/Barbade	296	284	161	37		So. Africa Customs Un	x164	x20	x4	x3	x3
Cuba	x21	x11	x437			Philippines	1		26		
Togo	117	172	240			Djibouti	x65	x9	9	7	x2
Brazil/Brésil	x9175	x115	x237			Bolivia/Bolivie	x1		23		
Germany/Allemagne				x329		Colombia/Colombie	0	7	0	x9	x9
Sri Lanka	538	272				Barbados/Barbade	15	15	1	0	
Seychelles	105	128	90	41		Cameroon/Cameroun	0	13	0	x10	
Japan/Japon	x18380	x148	x17	x50		Turkey/Turquie	8537				
Central African Rep.	x11	178		0		Morocco/Maroc			0	8	
Cape Verde/Cap-Vert	36	45	87			Papua New Guinea	12		4	3	9
Mauritius/Maurice			x108			Guatemala	0		x6		
Uruguay	x335	x35	x32		380	Panama	x72	x3	0	0	0
Saint Lucia/St. Lucie	27		57			Togo		3			
Nepal/Népal	x15			x55		Jordan/Jordanie		x2			12
Guatemala	x888		x29			Egypt/Egypte	0	1	1	2	
Gambia/Gambie		x27	x14	x10		Saint Lucia/St. Lucie					
Nigeria/Nigéria	x217	x4	x9	x8		Jamaica/Jamaïque	16	1			
Bangladesh	x76	x9				Sri Lanka	14	1			

(VALUE AS % OF TOTAL)(VALEUR EN % DU TOTAL)

	1983	1984	1985	1986	1987	1988	1989	1990	1991	1992		1983	1984	1985	1986	1987	1988	1989	1990	1991	1992
Africa	x6.4	x10.1	x7.8	x8.1	x6.7	13.8	44.6	56.2	x35.5	97.3	Afrique	x0.5	x0.6	x0.2	x0.2	x0.3	x0.1	x0.1	x1.3	x0.2	x0.1
Northern Africa	x3.2	6.2	5.2	x4.4	x3.6	11.2	43.1	53.8	33.6	97.3	Afrique du Nord	x0.0	x0.2	x0.1	x0.1	x0.1	0.1	0.1	1.3	0.2	0.1
Americas	21.2	26.7	x28.7	x27.1	x26.5	x59.5	x32.1	x16.4	x16.6	2.6	Amériques	x9.5	x10.1	32.9	x27.4	x24.7	x72.0	x63.7	x54.3	x39.4	x52.2
LAIA	2.7	2.2	2.7	x7.7	x9.5	16.3	29.6	12.6	15.7	2.6	ALAI	0.1	0.1	0.2	x1.4	x1.6	4.1	x9.5	13.0	x2.4	x3.2
CACM	x0.1		x0.0	x0.2	x0.2	x0.5		1.4			MCAC	x0.0			x0.0	x0.0	x0.0		x0.0		
Asia	x28.9	x19.7	x20.1	x19.2	x18.1	x25.3	22.9	x26.1	x46.9	x0.1	Asie	x12.1	11.4	x7.6	7.5	7.7	x26.1	x32.5	x42.0	x42.7	x17.2
Middle East	x6.4	x3.9	x8.4	x7.0	x5.4	x5.3	0.3	0.8	x0.0	x0.1	Moyen-Orient	x0.5	x0.2	x0.9	x0.1	1.2	1.4	x0.2	x0.1	x0.2	x0.9
Europe	40.7	41.1	41.2	44.0	42.7					x0.4	Europe	75.9	76.0	59.1	64.7	65.9				x15.2	x29.2
EEC	36.9	36.5	37.3	36.6	35.9					x0.4	CEE	72.7	72.8	56.8	56.3	57.6				x15.2	x29.1
EFTA	3.7	4.5	3.9	x5.1	x4.9						AELE	3.2	3.2	2.4	x8.3	x8.2					
Oceania	3.0	x2.6	x2.0	x1.6	x1.6	0.5	0.3	0.4		x0.0	Océanie	0.4	0.4	0.2	x0.2	x0.4					0.1
Algeria/Algérie			3.6	2.4	1.4	3.6	21.5	31.2	18.8		USA/Etats-Unis d'Amer	9.4	9.9	32.7	23.5	21.0	63.9	x53.8	x41.0	x36.9	x48.7
China/Chine					1.0	1.7	5.2	16.8	15.8	36.7	Japan/Japon	10.8	10.2	5.9	6.0	5.5	x23.2	x24.2	x32.8	x30.3	x16.1
Egypt/Egypte	2.0	1.8	1.8	1.9	1.7	5.5	15.8	15.9	12.5	83.0	Hong Kong	0.1	0.3	0.0	0.0	0.0	0.3	7.3	6.6	8.1	
Venezuela	0.3	0.5	0.3	4.5	3.0	8.3	16.6	x0.0			Brazil/Brésil	x0.0	x0.0	x0.0	x1.0	x1.1	x2.7	x6.4	x8.3	x15.2	x29.1
Hong Kong	0.3	0.3	0.2	0.3	0.3	1.0	2.9	5.1	10.0		Germany/Allemagne	22.3	19.7	15.3	16.4	16.5			4.5	x0.1	x0.5
Argentina/Argentine	0.8	0.5	0.7	0.7	0.6	1.2	3.1	4.3	9.8		Argentina/Argentine	0.1	0.1	0.1	x0.2	0.5	2.8	2.8	4.5	4.0	
Libyan Arab Jamahiriya	x0.6	x0.4	0.6	x0.7	x0.5	1.4	3.6	5.7			China/Chine					x0.0	0.2	0.2	0.7	2.4	
Colombia/Colombie	0.7	0.8	0.7	x0.5	0.5	1.1	4.2	4.5			Former USSR/Anc. URSS	1.6	1.6			x0.3	x0.3	x1.6	x1.4	x2.2	
Peru/Pérou	0.6	0.2	0.6	0.4	0.3	0.5	1.8	2.9	3.9		Czechoslovakia					x0.0	x0.1	x1.1	x0.0	x0.2	x1.1
Chile/Chili	x0.0	x0.0	x0.1	x0.0	x0.4	0.9	3.1	x0.1		x0.0	Algeria/Algérie		x0.0		x0.0		x0.0	0.0	1.3	0.2	

7434 FANS,BLOWERS,ETC,PARTS — VENTILATEURS,SIMIL,PIECES 7434

TRADE BY COMMODITY IN THOUSAND U.S. DOLLARS – COMMERCE PAR PRODUIT EN MILLIERS DE DOLLARS E.U

IMPORTS – IMPORTATIONS

COUNTRIES–PAYS	1988	1989	1990	1991	1992
Total	2114966	1610133	1897095	1965647	2139645
Africa	x44799	x34117	x41869	x37978	x32011
Northern Africa	13532	15125	19286	15827	x12123
Americas	920976	335372	378163	356969	421064
LAIA	75064	29328	70590	61488	72104
CACM	x1556	916	x1324	1206	x1994
Asia	291778	322887	355272	363044	x459231
Middle East	x73738	x66361	x59149	x49641	x87335
Europe	779182	820906	1046735	1066639	1161532
EEC	592127	619174	808821	849966	942571
EFTA	182345	196294	230837	210443	214498
Oceania	39895	x46784	x46122	x48256	x45991
USA/Etats–Unis d'Amer	794758	249616	236940	220572	247873
Germany/Allemagne	98816	111992	172476	196635	246545
France,Monac	117491	118828	156014	150338	157143
United Kingdom	115538	99590	111703	115750	111450
Italy/Italie	72417	78151	95235	95744	97913
Netherlands/Pays–Bas	63244	66635	86598	93468	108902
Spain/Espagne	39718	50873	63613	75754	87897
Sweden/Suède	56038	58845	64193	60585	56532
Japan/Japon	35268	44800	62470	74633	85854
Korea Republic	51461	50892	58380	68163	55513
Canada	42408	49538	59999	65442	91238
Belgium–Luxembourg	37267	39998	54115	54650	60102
Austria/Autriche	36380	40410	52946	52391	57481
Switz.Liecht	43594	43859	52292	49447	52507
China/Chine	32456	56949	49385	34272	35262
Former USSR/Anc. URSS	x22421	x31883	x16907	x79375	
Australia/Australie	30457	37093	35394	38453	37228
Finland/Finlande	29885	35974	39405	26542	23704
Hong Kong	29634	25671	30699	39975	46586
Singapore/Singapour	29646	26168	25659	35280	31598
Mexico/Mexique	21830	13647	41383	20833	35591
Denmark/Danemark	19654	18314	24203	22495	23470
Norway,SVD,JM	15730	16432	21275	20567	23378
Saudi Arabia	27689	29378	x11337	x14850	x19557
Greece/Grèce	9937	15443	18311	19122	x19577
Portugal	11290	13122	18061	19222	21611
Thailand/Thaïlande	10805	13628	17877	16364	22404
Indonesia/Indonésie	5971	8578	16867	17895	24137
Israel/Israël	8652	10134	15296	10840	12995
Syrian Arab Republic	14662	11648	23193	x1285	x2026
So. Africa Customs Un	21269	11391	13963	x10061	x10706
Brazil/Brésil	42456	5801	9960	12912	15233
New Zealand	7978	8414	8742	7879	6751
Turkey/Turquie	7859	4702	7399	11896	12827
Algeria/Algérie	7390	6840	8932	6658	x3267
Ireland/Irlande	6755	6227	8490	6787	7961
Iran (Islamic Rp. of)	x5363	x5710	x3513	x9417	x28775
Malaysia/Malaisie	2201	5777	5040	7078	x21674
Yugoslavia SFR	4102	4983	5978	x5247	
Chile/Chili	x2462	x2169	8553	5348	x4841
Venezuela	550	695	2615	11757	4338
Czechoslovakia	x4147	5466	4714	x3486	x4058
Philippines	4505	x3786	6071	3202	4850
United Arab Emirates	x6637	x3865	x4691	x3848	x8324
Hungary/Hongrie	x2777	x4766	x3449	3885	x6423
Morocco/Maroc	2148	3132	3887	3434	3023
Argentina/Argentine	3669	2257	3051	5002	6965
Tunisia/Tunisie	2451	3550	2312	2888	3612
Iraq	x4547	x4872	x2781	x60	x3
Poland/Pologne	x1975	x1296	x1059	x4855	x6278

EXPORTS – EXPORTATIONS

COUNTRIES–PAYS	1988	1989	1990	1991	1992
Totale	1499941	1430261	1671973	1764078	1959595
Afrique	x1092	x514	x568	x1385	x2212
Afrique du Nord	97	x53	x23	x69	630
Amériques	200977	135377	164866	157072	182755
ALAI	24159	5876	7746	6026	6474
MCAC	1	x18	x100	x13	x24
Asie	398348	371590	386175	441090	x492155
Moyen–Orient	951	1371	x1251	x2199	x1483
Europe	860921	902833	1105748	1148038	1267566
CEE	807799	853928	1036941	1088385	1196575
AELE	51959	47482	67565	57547	68060
Océanie	3144	x3783	4152	5296	x6716
Germany/Allemagne	383744	390990	450295	461176	482593
Japan/Japon	324937	290701	295071	330034	340285
Italy/Italie	219869	250640	321111	336929	403030
USA/Etats–Unis d'Amer	131741	87494	121567	127003	149865
France, Monac	63136	63313	76373	83415	74538
United Kingdom	48750	47787	60993	65180	74830
Netherlands/Pays–Bas	33434	38316	46310	54936	67782
Thailand/Thaïlande	25937	27851	38232	42694	x56533
Hong Kong	28585	27001	33686	44430	31472
Canada	44922	41603	33020	23976	26278
Switz.Liecht	27682	25742	36759	32304	33669
Spain/Espagne	14848	22284	26868	34913	40973
Denmark/Danemark	22188	19493	28281	27180	26807
Belgium–Luxembourg	21134	19262	24775	22201	23230
Austria/Autriche	13968	15378	17356	16847	27597
China/Chine	4484	12301	7174	8422	42111
Singapore/Singapour	10821	8721	6488	8316	8221
Finland/Finlande	7701	4663	9542	4583	2615
Former USSR/Anc. URSS	x8036	x6764	x2931	x1373	
Hungary/Hongrie	x187	x1619	x3168	x6167	x6738
Mexico/Mexique	2795	3754	4099	1985	1546
Norway,SVD,JM	2608	1699	3909	3813	4178
New Zealand	1520	2183	2583	3073	4043
Korea Republic	1500	1344	2421	2289	4418
Czechoslovakia	x7744	x1343	x1728	x2963	x582
Brazil/Brésil	20478	1424	2107	2096	
Former GDR	x15307	x4123	x1346		3562
Australia/Australie	1534	1591	1549	2175	2667
Yugoslavia SFR	1099	1345	1134	x2039	
Saudi Arabia	656		1093	x820	
				x1895	x906
Poland/Pologne	x3486	x1807	x777	x535	x630
Malaysia/Malaisie	737	592	997	1158	x4837
Panama	x63	x105	2269	1	5
Portugal	303	623	471	1155	1500
Ireland/Irlande	303	615	751	803	140
So. Africa Customs Un	x377	x294	x330	x1191	x1184
Greece/Grèce	90	605	712	498	x1205
Uruguay		x262	x596	x638	x109
India/Inde	176	x943	140	201	x683
Israel/Israël	83	161	480	494	1683
Argentina/Argentine	804	245	516	341	684
Romania/Roumanie	x441	476	437	75	x213
Colombia/Colombie	15	52	64	607	268
Venezuela	1	29	296	294	99
Indonesia/Indonésie			178	108	264
Philippines	46	x252	2	256	
Sri Lanka	43			197	90
Turkey/Turquie	156	82	1	294	9
Ethiopia/Ethiopie	x305	x115	x74	x34	x22
Syrian Arab Republic	4	9	161	x51	

(VALUE AS % OF TOTAL)(VALEUR EN % DU TOTAL)

	1983	1984	1985	1986	1987	1988	1989	1990	1991	1992		1983	1984	1985	1986	1987	1988	1989	1990	1991	1992
Africa	x3.5	x2.4	x2.2	x3.2	x2.5	x2.1	x2.1	x2.2	x1.9	x1.5	Afrique	x0.2	x0.0	x0.1	x0.0	x0.0	x0.0	x0.0	x0.0	x0.1	x0.2
Northern Africa	x1.5	x1.2	0.8	x1.3	x0.7	0.6	0.9	1.0	0.8	x0.6	Afrique du Nord	x0.0	x0.0	x0.0	x0.0	x0.0	x0.0	x0.0	x0.0	x0.0	0.0
Americas	48.3	56.4	50.4	43.6	x41.1	43.6	20.8	20.0	18.2	19.6	Amériques	x11.6	x30.8	9.0	x14.1	x14.8	13.4	9.4	9.8	8.9	9.3
LAIA	2.2	2.3	3.6	1.9	4.0	3.5	1.8	3.7	3.1	3.4	ALAI	x0.0	x0.0	0.2	x3.2	x4.3	1.6	0.4	0.5	0.3	0.3
CACM	x0.1	x0.0	x0.0	x0.0	x0.1	x0.1	0.1	x0.1	0.1	x0.1	MCAC	x0.0	x0.0		x0.0						
Asia	x14.4	x13.3	x13.3	x13.2	11.3	13.8	20.0	18.7	18.4	21.4	Asie	x16.3	16.5	19.4	16.2	17.5	26.6	25.9	23.1	25.0	x25.2
Middle East	x5.7	x4.9	x5.0	x3.8	x2.5	x2.5	x4.1	x2.5	x2.5	x4.1	Moyen–Orient	x0.3	x0.1	x0.4	x0.1	x0.1	0.1	0.1	x0.1	x0.1	x0.1
Europe	29.0	24.6	32.1	39.2	39.1	36.8	51.0	55.2	54.3	54.3	Europe	71.7	52.5	71.3	69.5	65.2	57.4	63.1	66.1	65.1	64.7
EEC	17.7	15.6	20.6	25.0	25.6	28.0	38.5	42.6	43.2	44.1	CEE	44.7	35.1	50.2	45.5	43.2	53.9	59.7	62.0	61.7	61.1
EFTA	11.3	9.0	11.5	13.6	13.2	8.6	12.2	12.2	10.7	10.0	AELE	27.0	17.3	21.1	x24.0	x21.9	3.5	3.3	4.0	3.3	3.5
Oceania	x2.4	x1.8	x2.0	x1.7	x1.9	1.9	x2.9	x2.4	x2.5	x2.2	Océanie	x0.2	x0.1	x0.1	0.2	x0.2	0.2	x0.3	0.2	0.3	x0.3
USA/Etats–Unis d'Amer	44.8	53.0	45.3	40.0	35.5	37.6	15.5	12.5	11.2	11.6	Germany/Allemagne	21.8	16.2	22.8	21.3	20.9	25.6	27.3	26.9	26.1	24.6
Germany/Allemagne	3.9	2.8	3.6	4.8	5.2	4.7	7.0	9.1	10.0	11.5	Japan/Japon	14.7	15.1	17.5	15.0	15.4	21.7	20.3	17.6	18.7	17.4
France,Monac	3.9	3.3	4.2	5.3	5.3	5.6	7.4	8.2	7.6	7.3	Italy/Italie		2.0	17.5	15.0	15.4	14.7	17.5	19.2	19.1	17.4
United Kingdom	2.8	2.8	3.6	3.8	4.2	5.5	6.2	5.9	5.9	5.2	USA/Etats–Unis d'Amer	11.5	30.8	6.3	6.3	6.1	8.8	6.1	7.3	7.2	20.6
Italy/Italie		1.1	2.5	2.9	3.0	3.4	4.9	5.0	4.9	4.6	United Kingdom	7.4	5.4	6.5	5.1	6.0	8.8	6.1	7.3	7.2	7.6
Netherlands/Pays–Bas	2.2	1.9	2.3	2.7	2.4	3.0	4.1	4.6	4.8	5.1	France,Monac	3.4	4.8	6.1	5.3	3.8	4.2	4.4	4.6	4.7	3.8
Spain/Espagne	1.2	0.9	1.0	1.4	1.6	1.9	3.2	3.4	3.9	4.1	Netherlands/Pays–Bas	3.4	2.6	2.8	2.7	2.0	3.3	3.3	3.6	3.7	3.8
Sweden/Suède	2.3	2.0	2.6	2.6	2.6	2.6	3.7	3.4	3.1	2.6	Thailand/Thaïlande	0.0	0.0	0.0	0.3	0.8	1.7	1.9	2.3	2.4	x2.9
Japan/Japon	3.3	2.5	2.6	2.1	2.0	1.7	2.8	3.3	3.8	4.0	Hong Kong	0.2	0.3	0.0	0.2	0.3	1.9	1.9	2.0	2.5	1.6
Korea Republic	0.9	1.3	1.3	2.2	2.4	2.4	3.2	3.1	3.5	2.6	Canada			x5.5	x4.5	3.0	2.9	2.0	1.4	1.3	

7436 GAS, LIQUID FILTERS ETC

APP POUR FILT DES LIQUIDES 7436

TRADE BY COMMODITY IN THOUSAND U.S. DOLLARS – COMMERCE PAR PRODUIT EN MILLIERS DE DOLLARS E.U

COUNTRIES–PAYS	IMPORTS – IMPORTATIONS					COUNTRIES–PAYS	EXPORTS – EXPORTATIONS				
	1988	1989	1990	1991	1992		1988	1989	1990	1991	1992
Total	3959886	4436158	5264220	5831277	6331808	Totale	3734247	3956744	4962549	5458034	6040638
Africa	x186116	x193203	x232288	x211502	x214348	Afrique	x8221	x7301	x18991	x30113	x67983
Northern Africa	93568	73012	109494	122113	x75090	Afrique du Nord	2490	1866	4064	4945	2486
Americas	913180	1073200	1207243	1327169	x1437946	Amériques	995782	1009658	1304855	1686647	1661321
LAIA	124377	151741	213179	223935	281518	ALAI	15252	23556	45573	45951	39385
CACM	12437	11648	8765	14288	x15431	MCAC	1196	1242	1038	1140	x1387
Asia	x669570	x785156	x887105	x1027953	x1254244	Asie	535817	589764	576162	680821	x788053
Middle East	x132894	x129179	x211070	x218026	x253393	Moyen–Orient	6827	7657	9791	10473	x13670
Europe	1740190	1957799	2632539	2812554	3143522	Europe	2138656	2284611	3011584	3019519	3483407
EEC	1343915	1534507	2079565	2309241	2563378	CEE	1877459	2013197	2642869	2665844	3086937
EFTA	369938	405117	508064	476833	550765	AELE	241236	251638	344195	337264	380426
Oceania	101774	x119930	x126648	x121975	x133353	Océanie	10845	x15606	x13387	15249	x22333
USA/Etats–Unis d'Amer	379361	481806	562172	613058	610913	USA/Etats–Unis d'Amer	847390	829949	1073117	1448972	1428479
Germany/Allemagne	329848	386546	570519	643561	749266	Germany/Allemagne	759027	819654	1119036	1087220	1205279
Canada	374565	406416	399392	434204	485124	Japan/Japon	404133	441647	419150	484200	557890
France, Monac	241379	272844	363440	434204	301953	United Kingdom	310338	340477	407749	406349	405801
United Kingdom	169353	206577	255883	259416	241284	France, Monac	261149	262952	359739	344530	409231
Italy/Italie	139877	182430	225245	242463	221890	Italy/Italie	229919	251962	309594	338007	379708
Netherlands/Pays–Bas	146712	153089	193687	217909	222130	Canada	131084	153689	184211	189221	190288
Former USSR/Anc. URSS	x193620	x221102	x116632	x222130	202522	Netherlands/Pays–Bas	114576	123198	175190	195155	207736
Belgium–Luxembourg	127934	131893	197826	199568	183579	Austria/Autriche	87944	108567	133737	136576	137754
Korea Republic	148097	153929	157916	145792		Switz.Liecht	108669	98624	115249	134699	150179
Japan/Japon	79385	89587	128437	172845	164430	Spain/Espagne	75755	74984	106488	121466	134374
Sweden/Suède	104811	108598	133384	122101	138467	Belgium–Luxembourg	63563	78797	93775	93925	241938
Switz.Liecht	94951	105070	125512	120911	132840	Denmark/Danemark	47700	42141	58420	64406	87299
Spain/Espagne	80817	80416	119380	148494	171115	Finland/Finlande	37876	38743	37890	51513	61089
Austria/Autriche	77106	85951	119075	120046	138384	Singapore/Singapour	24155	27130	34478	40409	39740
Australia/Australie	78938	98970	100007	99003	109348	Israel/Israël	26330	35768	22338	26349	31191
Singapore/Singapour	72387	87191	82199	87931	110902	Hong Kong	17067	18007	28533	35644	32534
Mexico/Mexique	32217	52866	65839	104926	139153	Korea Republic	19756	15269	29149	25368	32166
Indonesia/Indonésie	40109	64383	53264	104323	122137	Norway,SVD,JM	19834	19717	24449	x16345	
Malaysia/Malaisie	39186	44643	64542	78034	x93991	Yugoslavia SFR					
China/Chine	51797	73550	53815	58800	95671	Brazil/Brésil	6472	10078	29476	13526	16931
Finland/Finlande	41538	52819	69506	59796	82355	Ireland/Irlande	14541	16428	10137	11839	10791
Norway,SVD,JM	48370	48801	57010	50416	55232	So. Africa Customs Un	x5001	x4592	x12605	x20382	x64964
Algeria/Algérie	57808	28859	57759	56368	x17055	Mexico/Mexique	5136	5389	7300	23024	10565
Portugal	40314	36209	47582	55105	64391	Former USSR/Anc. URSS	x9263	x14536	x10882	x8684	
Saudi Arabia	379	782	x73477	x62832	x78425	Australia/Australie	8656	13688	9768	10218	18201
Denmark/Danemark	x26974	34194	46966	43739	51628	Czechoslovakia	x13642	x19100	x10380	14800	x17815
Turkey/Turquie	27762	32444	39997	51708	52141	Malaysia/Malaisie	8777	5481	5141	6606	7488
Chile/Chili	20675	36680	53391	26991	x23354	Turkey/Turquie	4626	4199	6606	6881	x6366
Thailand/Thaïlande	23604	29678	33740	52189	52905	Poland/Pologne	x4653	x3878	x3811	x7398	x9209
Hong Kong	32062	35839	36029	40709	46723	Thailand/Thaïlande	5816	4558	4711	5619	x6717
Greece/Grèce	22906	30530	39106	38457	x38689	Hungary/Hongrie	x2587	x2825	x3313	x6405	5088
So. Africa Customs Un	37623	40861	37854	x25695	x27209	Argentina/Argentine	2362	5266	3715	3111	x1027
Iran (Islamic Rp. of)	x16602	x10423	x28896	x41699	x37164	Bulgaria/Bulgarie	x945	x2965	x7243	x1183	4598
Czechoslovakia	x48666	22973	18635	x34953	x56535	Venezuela	650	2010	4298	5010	9352
Brazil/Brésil	8401	18685	33282	22912	27451	Indonesia/Indonésie	1490	2877	3717	4037	4108
Israel/Israël	18176	21741	23900	26234	34139	New Zealand	2114	1895	3558	4957	2435
Yugoslavia SFR	25507	17730	30062	x20799		Tunisia/Tunisie	2325	1598	3309	3550	
Ireland/Irlande	17801	19779	19932	26326	35518	Former GDR	x13735	x6483	x1957		
Nigeria/Nigéria	x12976	x19522	x30052	x16244	x32110	China/Chine	515	3684	2075	2669	9665
Iraq	x25361	x34595	x25725	x1961	x835	Philippines	1768	x1636	2033	3287	2859
Hungary/Hongrie	x12431	x15484	x20345	26352	x21471	Cyprus/Chypre	1407	1759	1750	2371	3132
Venezuela	28183	13061	23973	24700	33926	Portugal	332	1990	1830	1972	3143
United Arab Emirates	x38597	x22188	x17025	x20722	x32005	India/Inde	701	x1865	907	1702	x2879
Poland/Pologne	x7753	x7212	x12428	x38264	x60386	Cameroon/Cameroun	0	129	0	4144	x10
New Zealand	16104	14915	19128	17884	18326	Costa Rica	1017	1182	876	1038	x930
Libyan Arab Jamahiriya	9211	13341	12755	x15993	x13600	Greece/Grèce	559	615	912	975	x1638
Bulgaria/Bulgarie	x62876	x28835	x8005	x4199	6677	Saudi Arabia	2	29	x1141	x870	x916
India/Inde	10642	x23437	10532	5231	x32160	Jamaica/Jamaïque	264	534	494	746	x630
Egypt/Egypte	12783	11279	12287	15277	12248	Chile/Chili	409	478	350	554	x1171

(VALUE AS % OF TOTAL)(VALEUR EN % DU TOTAL)

	1983	1984	1985	1986	1987	1988	1989	1990	1991	1992		1983	1984	1985	1986	1987	1988	1989	1990	1991	1992
Africa	x8.6	x9.1	7.5	x6.5	x4.4	4.7	x4.3	x4.4	x3.6	x3.4	Afrique	0.3	0.2	0.3	x0.2	x0.2	x0.2	0.2	0.4	0.6	x1.1
Northern Africa	x3.0	x4.5	3.8	x3.3	x2.1	2.4	1.6	2.1	2.1	x1.2	Afrique du Nord	0.0	0.0	0.0	0.1	0.0	0.1	0.0	0.1	0.1	0.0
Americas	14.9	16.6	x17.6	x16.4	x17.5	23.0	24.2	23.0	22.8	x22.7	Amériques	26.8	24.9	24.9	x21.1	x22.1	26.7	25.6	26.3	30.9	27.5
LAIA	2.8	2.8	2.0	2.5	x4.6	3.1	3.4	4.0	3.8	4.4	ALAI	0.1	0.1	0.2	x0.4	x0.5	0.4	0.6	0.9	0.8	0.7
CACM	x0.1	x0.1	x0.1	x0.1	x0.2	0.3	0.3	0.2	0.3	x0.2	MCAC	x0.0	x0.0	x0.0	x0.0	x0.0	0.0	0.0	0.0	0.0	x0.0
Asia	x31.3	x24.4	x25.9	x22.5	x18.9	x16.9	x17.7	x16.9	x17.6	19.8	Asie	11.7	12.8	11.8	10.4	8.6	14.4	14.9	11.6	12.5	x13.1
Middle East	x17.2	x10.4	x11.4	x7.3	x4.9	x3.4	x2.9	x4.0	x3.7	x4.0	Moyen–Orient	x0.1	x0.1	1.1	0.9	0.6	0.2	0.2	0.2	0.2	x0.2
Europe	42.2	46.3	45.5	51.7	47.5	43.9	44.1	50.0	48.2	49.6	Europe	60.8	61.7	62.8	68.1	67.1	57.3	57.7	60.7	55.3	57.7
EEC	29.9	32.8	32.5	35.4	33.1	33.9	34.6	39.5	39.6	40.5	CEE	52.5	52.7	53.7	54.1	53.4	50.3	50.9	53.3	48.8	51.1
EFTA	12.3	13.5	13.0	15.7	14.0	9.3	9.1	9.7	8.2	8.7	AELE	8.4	9.0	9.1	x13.6	x13.3	6.5	6.4	6.9	6.2	6.3
Oceania	x3.1	x3.5	x3.5	x2.9	x2.7	2.6	x2.7	x2.4	x2.1	x2.1	Océanie	0.3	0.4	0.3	x0.3	x0.3	0.3	x0.4	x0.3	0.3	x0.4
USA/Etats–Unis d'Amer	7.2	9.3	11.2	9.9	9.9	9.6	10.9	10.7	10.5	9.6	USA/Etats–Unis d'Amer	26.4	24.7	24.7	18.6	19.0	22.7	21.0	21.6	26.5	23.6
Germany/Allemagne	6.2	7.1	7.7	9.3	8.0	8.3	8.7	10.8	11.0	11.8	Germany/Allemagne	19.3	20.5	20.9	23.7	22.8	20.3	20.7	22.5	19.9	20.0
Canada	4.0	3.8	3.7	3.0	2.2	9.5	9.2	7.6	7.7	7.9	Japan/Japon	9.7	10.2	8.6	7.3	5.6	10.8	11.2	8.4	8.9	9.2
France, Monac	6.9	6.8	6.3	7.0	6.6	6.1	6.2	6.9	7.4	7.7	United Kingdom	9.1	9.0	8.8	7.9	7.6	8.3	8.6	8.2	7.4	6.7
United Kingdom	3.7	4.2	4.2	3.9	3.6	4.3	4.7	4.9	4.4	4.8	France, Monac	11.0	8.7	8.7	7.6	7.8	7.0	6.6	7.2	6.3	6.8
Italy/Italie	2.9	3.4	3.5	3.9	3.9	3.5	4.1	4.3	4.2	3.8	Italy/Italie	5.5	6.4	6.4	6.2	6.8	6.2	6.4	6.2	6.2	6.3
Netherlands/Pays–Bas	3.1	3.7	3.6	3.7	3.7	3.7	3.5	3.7	3.7	3.5	Canada					x2.0	x2.4	3.5	3.9	3.7	3.5	3.2
Former USSR/Anc. URSS			x5.3	x4.9	x5.0	x2.2	x3.8				Netherlands/Pays–Bas	2.9	2.7	2.6	3.0	2.8	3.1	3.1	3.5	3.6	3.4
Belgium–Luxembourg	2.6	2.8	2.5	2.6	2.5	3.2	3.3	3.8	3.4	3.2	Austria/Autriche	2.4	3.2	3.3	4.1	3.8	2.4	2.7	2.7	2.5	2.3
Korea Republic	2.6	3.1	3.6	4.9	4.4	3.7	3.5	3.0	2.5	2.9	Switz.Liecht	4.1	4.6	4.7	5.5	4.9	2.9	2.5	2.3	2.5	2.5

7441 FORK LIFT TRCKS, ETC, PTS / CHARIOTS POUR USINES ETC 7441

TRADE BY COMMODITY IN THOUSAND U.S. DOLLARS – COMMERCE PAR PRODUIT EN MILLIERS DE DOLLARS E.U

IMPORTS – IMPORTATIONS

COUNTRIES–PAYS	1988	1989	1990	1991	1992
Total	4257108	4676967	5105866	5226464	4870868
Africa	x133030	x121572	x169254	x171021	x193354
Northern Africa	46423	55131	68586	x68190	x80057
Americas	1272825	1122138	977934	778769	x886878
LAIA	107162	94396	131164	151775	219509
CACM	8219	8315	7945	8103	x10680
Asia	x342192	x584126	732430	x1145319	x1128080
Middle East	x77389	x102216	x114102	x272631	x256881
Europe	2040221	2229834	2823183	2636459	2489776
EEC	1698964	1895185	2396004	2309247	2230292
EFTA	328252	321544	414641	316052	243046
Oceania	x101639	x142547	x130941	x95803	x104175
USA/Etats–Unis d'Amer	894682	727030	596466	438734	495008
France, Monac	337125	383234	500187	411822	373070
Germany/Allemagne	192190	250345	410267	540821	522135
United Kingdom	347893	355532	372579	260004	299624
Netherlands/Pays–Bas	201098	203348	257641	307890	257705
Spain/Espagne	185159	236090	259843	237617	189807
Singapore/Singapour	59996	169695	220583	264916	251327
Former USSR/Anc. URSS	x187951	x210759	x80592	x339705	
Canada	234502	252933	204036	154286	135920
Italy/Italie	173663	166838	207493	217784	218296
Belgium–Luxembourg	141045	165888	215999	187917	197846
Korea Republic	19796	52129	93655	175933	110486
Switz.Liecht	86642	87466	109987	99525	69216
Australia/Australie	83543	112922	95795	63529	72450
Austria/Autriche	61668	63982	92987	94963	81783
Sweden/Suède	85806	88945	100703	44864	32158
Romania/Roumanie	x1615	108819	99093	3529	x3062
Mexico/Mexique	48815	42503	62158	77989	97889
Thailand/Thaïlande	24649	44056	52468	76761	72481
Portugal	41555	49440	63251	58869	67877
Malaysia/Malaisie	18712	37322	56904	72195	x136267
Saudi Arabia	14026	17507	x25832	x121404	x83560
Indonesia/Indonésie	21790	27241	50982	80198	48927
Finland/Finlande	34329	44864	60283	29256	13938
Hong Kong	35585	41322	40818	50090	70256
Czechoslovakia	x33492	57835	61255		x18409
Denmark/Danemark	44523	36976	48661	x13029	
Norway, SVD, JM	54263	32301	43034	40956	45665
China/Chine	25281	31214	31346	41096	41087
Ireland/Irlande	21911	27019	32796	44715	44535
				23696	23330
Iran (Islamic Rp. of)	x11611	x11484	x21565	x48755	x63963
Israel/Israël	21818	16668	19200	36567	33586
Greece/Grèce	12802	20475	27288	21871	x34935
Chile/Chili	12076	16390	32968	19573	x27622
United Arab Emirates	x12922	x19645	x21004	x28122	x41336
Hungary/Hongrie	x25554	x27662	x16515	24458	x27698
So. Africa Customs Un	16878	11567	18685	x32011	x35027
Algeria/Algérie	21927	18453	26806	16761	x31119
New Zealand	7055	19569	24030	17371	22107
Turkey/Turquie	9804	14018	17194	23876	21399
Philippines	13131	x20608	21650	11323	20427
Former GDR	x75748	x46318	x5035		
Venezuela	19700	14123	11695	23613	32642
Japan/Japon	6955	10896	6457	28709	38922
Poland/Pologne	x19454	x16531	x8209	x16979	x17832
Kuwait/Koweit	x2969	7590	x3763	x25733	x19568
Morocco/Maroc	6549	7572	14266	12577	10647
Iraq	x18092	x21160	x10228	x2788	x343
Egypt/Egypte	7426	8832	8747	13165	13173
Libyan Arab Jamahiriya	6649	10662	3034	x16293	x9190

EXPORTS – EXPORTATIONS

COUNTRIES–PAYS	1988	1989	1990	1991	1992
Totale	x5174919	x5489798	5647754	5075485	4899701
Afrique	x5299	x5402	x5112	x6068	x8300
Afrique du Nord	x3294	x959	x1354	x306	x1381
Amériques	518766	570140	640200	683551	615170
ALAI	26251	71948	72843	53778	69422
MCAC	x169	x136	x113	x224	x64
Asie	1187805	1478811	1403223	1398177	1423584
Moyen–Orient	x14227	x15235	x7363	x3496	x2480
Europe	2156177	2413178	2976020	2820630	2756159
CEE	1803272	2023530	2502811	2362930	2304717
AELE	346217	382913	461381	452926	445690
Océanie	7849	x7929	7037	9626	15556
Japan/Japon	941817	1076234	1053307	1060779	1021786
Germany/Allemagne	637474	717134	898805	773245	822489
United Kingdom	561268	599296	724209	688647	589804
USA/Etats–Unis d'Amer	407388	419789	492195	567271	464763
Bulgaria/Bulgarie	x1157783	x832978	x483179	x57750	x43167
France, Monac	182820	219471	298305	348780	314481
Sweden/Suède	219090	228018	276948	262693	261161
Korea Republic	168993	253889	213423	183781	219312
Italy/Italie	169338	201356	230389	206352	202374
Netherlands/Pays–Bas	134644	165151	193984	187847	195505
Finland/Finlande	63102	75758	102695	98329	86575
Singapore/Singapour	30151	87426	81225	93818	102225
Canada	84001	77295	74561	61022	79956
Belgium–Luxembourg	68240	63019	67845	68251	75359
Former USSR/Anc. URSS	x24392	x67393	x57963	x68608	
Mexico/Mexique	17125	64793	64024	44123	45667
Austria/Autriche	29226	40046	42466	54669	60668
Spain/Espagne	15697	24827	49194	56852	70535
Czechoslovakia	x54920	x54841	x50992	x17851	
Hong Kong	17878	23232	22474	27151	x27851
Denmark/Danemark	19891	19757	25644		43561
Former GDR	x26717	x49928	x15596	20131	19475
Norway, SVD, JM	23022	26792	20848	17511	21693
Switz.Liecht	11752	12300	18411	19724	15594
Ireland/Irlande	13099	12958	13584	11056	12097
China/Chine	6598	11831	12582	12995	14123
Poland/Pologne	x33474	x8324	x7883	x6618	x6143
Yugoslavia SFR	6684	6649	11546	4602	
Brazil/Brésil	9093	6844	7838	5937	21479
Australia/Australie	5924	5891	6335	8071	11832
Malaysia/Malaisie	2321	3137	4851	7075	x9258
Kuwait/Koweit	x6861	x8701	x2256	x53	
India/Inde	2198	x3776	3136	3048	x1184
Indonesia/Indonésie	820	1653	2001	2406	1384
So. Africa Customs Un	x725	x2294	x1899	x1662	x5716
Turkey/Turquie	1127	2304	1623	1132	797
Saudi Arabia	1251	1223	2696	1025	x431
Romania/Roumanie	x108	46		4024	x1330
Hungary/Hongrie	x1626	x829	x548	x2583	x2441
Cameroon/Cameroun		216	x205	3379	x19
New Zealand	1888	1243	669	1269	3499
United Arab Emirates	x3027	x2057	x237	x687	x391
Thailand/Thaïlande	913	1373	613	899	x1293
Portugal	695	507	748	1618	1596
Colombia/Colombie	1	12	10	2094	563
Korea Dem People's Rp	x132	x157	x150	x1636	x4009
Egypt/Egypte	0	x681	x1103	64	4
Chile/Chili	10	25	100	1394	x489
Macau/Macao		1	946	486	206
Argentina/Argentine	17	262	666	211	1022

(VALUE AS % OF TOTAL)(VALEUR EN % DU TOTAL)

	1983	1984	1985	1986	1987	1988	1989	1990	1991	1992
Africa	x8.4	x5.6	x4.8	x4.8	x3.6	x3.1	x2.6	x3.3	x3.3	x4.0
Northern Africa	5.3	x3.0	2.3	x1.8	x1.4	1.1	1.2	1.3	x1.3	x1.6
Americas	24.8	39.4	39.8	x37.7	x31.1	29.9	24.0	19.2	14.9	x18.3
LAIA	1.0	1.6	2.5	x2.1	1.9	2.5	2.0	2.6	2.9	4.5
CACM	x0.2	0.2	0.2	x0.2	0.2	0.2	0.2	0.2	0.2	x0.2
Asia	x18.7	x12.2	x10.8	x6.9	6.8	x8.1	x12.5	14.3	x21.9	x23.2
Middle East	x10.2	x6.0	x2.5	x2.3	x1.2	x1.8	x2.2	x2.2	x5.2	x5.3
Europe	45.7	39.9	40.9	47.8	46.7	47.9	47.7	55.3	50.4	51.1
EEC	38.4	32.9	33.9	39.9	38.8	39.9	40.5	46.9	44.2	45.8
EFTA	7.2	6.7	6.7	7.6	7.7	7.7	6.9	8.1	6.0	5.0
Oceania	2.3	x2.8	x3.8	x2.9	2.4	x2.4	x3.0	x2.5	x1.8	x2.1
USA/Etats–Unis d'Amer	11.3	23.1	24.6	23.7	19.0	21.0	15.5	11.7	8.4	10.2
France, Monac	7.9	6.0	6.5	7.9	8.2	7.9	8.2	9.8	7.9	7.7
Germany/Allemagne	5.4	4.6	4.7	5.4	5.2	4.5	5.4	8.0	10.3	10.7
United Kingdom	9.6	9.0	9.0	9.6	8.3	8.2	7.6	7.3	5.0	6.2
Netherlands/Pays–Bas	3.9	3.7	4.3	5.0	4.5	4.7	4.3	5.0	5.9	5.3
Spain/Espagne	1.9	1.4	1.4	2.3	3.1	4.3	5.0	5.1	4.5	3.9
Singapore/Singapour	1.3	0.8	0.6	0.6	0.7	1.4	3.6	4.3	5.1	5.2
Former USSR/Anc. URSS				x2.2	x4.4	x4.5	1.6	x6.5		
Canada	9.7	11.8	10.5	10.2	9.1	5.5	5.4	4.0	3.0	2.8
Italy/Italie	3.7	2.9	2.8	5.4	3.7	4.1	3.6	4.1	4.2	4.5

	1983	1984	1985	1986	1987	1988	1989	1990	1991	1992
Afrique	x0.2	x0.1	x0.1	x0.0	x0.0	x0.1	x0.1	x0.1	x0.1	x0.2
Afrique du Nord	x0.0	x0.0	x0.0	x0.0	x0.0	x0.0	x0.0	x0.0	x0.0	x0.0
Amériques	x16.7	17.6	15.2	x12.3	x9.1	10.0	10.4	11.3	13.5	12.5
ALAI	0.0	0.4	0.5	x0.3	x0.3	0.5	1.3	1.3	1.1	1.4
MCAC	x0.0	x0.0	x0.0	x0.0	x0.0	x0.0	x0.0	x0.0	x0.0	x0.0
Asie	27.0	32.2	33.5	29.2	21.4	22.9	26.9	24.9	27.5	29.1
Moyen–Orient	x0.1	x0.3	x0.4	x0.4	x0.0	x0.3	x0.3	x0.1	x0.1	x0.1
Europe	55.9	49.9	51.0	58.4	42.6	41.7	44.0	52.7	55.6	56.3
CEE	46.9	41.6	42.1	49.1	35.2	34.8	36.9	44.3	46.6	47.0
AELE	9.0	8.0	8.8	x0.1	7.4	6.7	7.0	8.2	8.9	9.1
Océanie	0.2	0.2	0.2	x0.1	x0.1	0.2	x0.1	0.1	0.2	0.3
Japan/Japon	26.3	30.9	29.8	25.3	18.3	18.2	19.6	18.7	20.9	20.9
Germany/Allemagne	17.1	14.8	15.1	17.8	13.5	12.3	13.1	15.9	15.2	16.8
United Kingdom	13.0	12.7	13.3	16.9	11.1	10.8	10.9	12.8	13.6	12.0
USA/Etats–Unis d'Amer	13.8	13.3	11.5	9.6	6.8	7.9	7.6	8.7	11.2	9.5
Bulgaria/Bulgarie					x23.6	x22.4	x15.2	x8.6	x1.1	x0.9
France, Monac	6.4	4.8	4.2	3.8	2.8	3.5	4.0	5.3	6.9	6.4
Sweden/Suède	6.0	5.5	6.0	6.4	5.1	4.2	4.2	4.9	5.2	5.3
Korea Republic	0.1	0.6	2.9	2.8	2.4	3.3	4.6	3.8	3.6	4.5
Italy/Italie	3.2	2.9	3.1	3.8	3.0	3.5	3.7	4.1	4.1	4.1
Netherlands/Pays–Bas	4.3	3.5	3.1	3.2	2.2	2.6	3.0	3.4	3.7	4.0

74411 FORK LIFT TRUCKS ETC / CHARIOTS POUR LES GARES 74411

TRADE BY COMMODITY IN THOUSAND U.S. DOLLARS – COMMERCE PAR PRODUIT EN MILLIERS DE DOLLARS E.U

COUNTRIES–PAYS	IMPORTS – IMPORTATIONS					COUNTRIES–PAYS	EXPORTS – EXPORTATIONS				
	1988	1989	1990	1991	1992		1988	1989	1990	1991	1992
Total	3791578	4527390	4959373	5079899	4742225	Totale	x4783103	x5248211	5408172	4840882	4767805
Africa	x111641	x118859	x152983	x158063	x184507	Afrique	x5341	x5394	x5027	x5970	x8258
Northern Africa	x37198	x57047	x57848	x60784	x76051	Afrique du Nord	x3417	x958	x1349	x270	x1379
Americas	x942758	x1075859	948210	759957	x866337	Amériques	x294679	476556	561594	596781	559265
LAIA	74733	88198	127183	148851	213439	ALAI	x22767	71278	72327	53105	69151
CACM	x8514	x9444	x9163	x9801	x10254	MCAC	x120	x76	x52	x185	x3
Asia	x307140	x556239	691008	x1087520	x1071657	Asie	1175858	1472182	1392418	1382757	1414020
Middle East	x69793	x93676	x105759	x258623	x245103	Moyen–Orient	x13856	x14960	x6345	x3456	x2420
Europe	1970162	2174752	2771811	2593765	2450406	Europe	2039945	2302934	2882718	2701125	2696362
EEC	1641446	1848779	2355514	2274439	2197339	CEE	1697863	1923214	2421805	2253148	2250120
EFTA	316561	313275	404037	308635	237189	AELE	335496	373100	449305	443431	440790
Oceania	x99064	x139842	x129333	x94598	x102904	Océanie	7075	x6169	5498	8478	13765
USA/Etats–Unis d'Amer	607408	702479	583759	432664	490325	Japan/Japon	939085	1075584	1052553	1059201	1020475
France,Monac	328144	375739	492960	406541	367624	Germany/Allemagne	621948	703891	884786	761073	809261
Germany/Allemagne	187615	245533	405389	533685	514475	United Kingdom	538488	579433	706798	627187	576439
United Kingdom	328638	342189	362512	252543	292488	Bulgaria/Bulgarie	x1122826	x818235	x432181	x50840	x39401
Netherlands/Pays–Bas	199535	201363	255593	306163	256451	USA/Etats–Unis d'Amer	196377	336657	419998	481893	410111
Spain/Espagne	183506	234874	258573	236540	188725	France,Monac	174001	210421	292492	344991	309989
Singapore/Singapour	52400	165321	215086	258062	245462	Sweden/Suède	210817	220592	268822	255864	259316
Former USSR/Anc. URSS	x184960	x209612	x80031	x332564		Korea Republic	167713	253119	212356	181189	217289
Canada	227585	245656	198267	150656	131755	Italy/Italie	154695	175984	218127	192624	191276
Italy/Italie	167586	161567	201542	212306	214224	Netherlands/Pays–Bas	130305	162905	192205	186430	193920
Belgium–Luxembourg	132656	158319	210969	184758	195563	Finland/Finlande	62280	75105	100862	98002	86229
Korea Republic	18829	51443	93014	167727	81520	Singapore/Singapour	26907	85743	78159	89914	97578
Switz.Liecht	83508	83913	106346	95652	66256	Canada	74545	67761	68907	60366	79039
Australia/Australie	82882	112250	95147	63240	72233	Former USSR/Anc. URSS	x24044	x66737	x57778	x68400	
Austria/Autriche	61311	63883	92872	94829	81634	Mexico/Mexique	15428	64237	63686	43797	45534
Sweden/Suède	79584	85556	96263	42735	30757	Austria/Autriche	28730	39335	41698	54136	60097
Romania/Roumanie	x1401	108819	99093	415	x3053	Belgium–Luxembourg	32548	35373	41753	54876	67135
Mexico/Mexique	25693	41750	61625	77522	97510	Spain/Espagne	14784	23828	47689	54620	69077
Portugal	41488	49345	62923	58590	67613	Czechoslovakia	x54502	x54314	x50733	x17552	x27546
Thailand/Thaïlande	23998	42860	50725	74780	71025	Hong Kong	17548	22266	21698	25734	43393
Malaysia/Malaisie	17561	36449	53229	68521	x135076	Norway,SVD,JM	22732	26589	20583	17227	21237
Saudi Arabia	11427	14402	x24348	x117838	x80456	Denmark/Danemark	17374	18136	24006	18992	18618
Indonesia/Indonésie	19916	26662	49187	79061	47427	Former GDR	x25555	x37147	x12265		
Finland/Finlande	33874	44526	59873	28671	13419	Switz.Liecht	10913	11479	17327	18201	13911
Hong Kong	32987	38496	37981	45683	70068	Ireland/Irlande	13008	12737	13108	10696	12002
Czechoslovakia	x33043	53154	56109	x11797	x17801	China/Chine	6001	10311	10854	9949	13427
Denmark/Danemark	39797	34198	46425	39383	44166	Yugoslavia SFR	6584	6559	11326	x4391	
Norway,SVD,JM	52717	31421	43579	40422	40267	Poland/Pologne	x31552	x7777	x7533	x6401	x6007
Ireland/Irlande	20475	25314	31725	22234	22125	Brazil/Brésil	x7181	6844	7838	5855	21466
China/Chine	18114	25055	21038	31620	42442	Australia/Australie	5209	4397	4972	6983	10114
Israel/Israël	21328	16592	19140	36502	33380	Malaysia/Malaisie	2271	2719	4475	6959	x9151
Iran (Islamic Rp. of)	x11191	x10385	x17887	x41743	x58000	Kuwait/Koweït	x6859	8664	x2256	x53	
Greece/Grèce	12006	20336	26903	21696	x33887	Indonesia/Indonésie	161	1580	1997	2377	1312
Chile/Chili	10951	15211	32825	19530	x27061	So. Africa Customs Un	x657	x2292	x1878	x1630	x5704
Hungary/Hongrie	x25479	x26652	x16495	23745	x27342	India/Inde	327	x3556	1496	401	x1144
United Arab Emirates	x12231	x18383	x18950	x26463	x40451	Turkey/Turquie	812	2217	1622	1132	794
So. Africa Customs Un	10285	11492	18596	x31081	x33898	Saudi Arabia	893	1084	x1694	x1024	x421
New Zealand	6861	19471	23887	17321	22019	Cameroon/Cameroun		212	x205	3379	x19
Turkey/Turquie	7154	13876	16981	23713	21358	Hungary/Hongrie	x1624	x720	x426	x2472	x2009
Philippines	10481	x20273	19147	10132	20156	New Zealand	1831	1193	502	1245	3444
Venezuela	16532	12270	10825	23311	31620	United Arab Emirates	x3023	x2053	x223	x659	x357
Japan/Japon	6542	10546	6018	28468	38387	Thailand/Thaïlande	309	1336	597	880	x1266
Former GDR	x75006	x39283	x4913			Portugal	606	475	736	1534	1410
Egypt/Egypte	x10654	x21414	x8794	12551	11662	Colombia/Colombie	x17	0	1910	443	
Poland/Pologne	x18339	x16506	x8126	x16503	x16938	Korea Dem People's Rp	x108	x157	x118	x1636	x4009
Algeria/Algérie	10842	10920	18562	10946	18881	Egypt/Egypte	x129	x680	x1099	64	4
Kuwait/Koweït	x2828	6947	x3488	x25124		Chile/Chili	10	25	100	1394	x489
Iraq	x17301	x20318	x10204	x2788	x343	Macau/Macao		1	946	486	206
Morocco/Maroc	6008	7018	12103	11909	10056	French Guiana	1		94	854	401
Libyan Arab Jamahiriya	6625	9805	3028	x16128	x8854	Jordan/Jordanie	x392	x537	248	88	85

(VALUE AS % OF TOTAL)(VALEUR EN % DU TOTAL)

	1983	1984	1985	1986	1987	1988	1989	1990	1991	1992		1983	1984	1985	1986	1987	1988	1989	1990	1991	1992
Africa	x6.0	x4.0	x5.1	x4.6	3.7	x3.0	2.7	x3.1	3.1	3.9	Afrique	x0.1	x0.0	x0.1	x0.0	x0.1	x0.1	x0.1	x0.1	x0.1	x0.2
Northern Africa	x3.9	x2.3	x2.6	1.7	x1.5	1.0	1.3	1.2	1.2	1.6	Afrique du Nord	x0.1	x0.0	x0.1	x0.0	x0.1	x0.1	x0.0	x0.0	x0.0	x0.0
Americas	x13.2	x25.3	x38.9	x36.5	x29.6	x24.8	x23.7	19.2	15.0	x18.3	Amériques	x11.0	x10.2	x8.4	x7.1	x5.8	6.2	9.1	10.3	12.3	11.8
LAIA	x1.2	x0.9	x1.7	x1.6	x1.9	2.0	1.9	2.6	2.9	4.5	ALAI	x0.4	x0.4	x0.5	x0.2	x0.5	0.5	1.4	1.3	1.1	1.5
CACM	x0.1	x0.1	x0.2	x0.2	x0.2	0.2	0.2	0.2	0.2	0.2	MCAC	x0.0	x0.0	x0.0	x0.0	x0.0	x0.0	x0.0	x0.0	x0.0	x0.0
Asia	x17.2	x9.6	x11.2	x7.3	x7.2	x8.1	12.3	13.9	x21.4	x22.6	Asie	x33.8	x39.8	40.7	34.7	24.4	24.6	28.1	25.8	28.6	29.6
Middle East	x10.4	x4.4	x4.8	x2.6	x1.3	x1.8	2.1	2.1	x5.1	x5.2	Moyen–Orient	x0.9	x0.2	x0.2	x0.4	x0.2	x0.3	x0.3	x0.1	x0.1	x0.1
Europe	29.1	27.9	40.9	48.5	47.9	52.0	48.0	55.9	51.1	51.7	Europe	55.0	49.8	50.6	58.1	41.3	42.6	43.9	53.3	55.8	56.6
EEC	23.7	22.6	33.3	39.8	39.0	43.3	40.8	47.5	44.8	46.3	CEE	44.8	41.0	41.4	48.7	33.8	35.5	36.4	44.8	46.5	47.2
EFTA	5.2	5.2	7.5	8.5	8.6	8.3	6.9	8.1	6.1	5.0	AELE	9.8	8.5	9.1	9.2	7.4	7.0	7.1	8.3	9.2	9.2
Oceania	x1.4	x2.0	x3.9	x3.0	x2.3	x2.6	x3.1	x2.6	x1.9	x2.2	Océanie	x0.1	0.1	0.1	0.1	0.0	0.1	0.1	0.1	0.2	0.3
USA/Etats–Unis d'Amer	8.4	18.4	28.2	25.8	20.3	16.0	15.5	11.8	8.5	10.3	Japan/Japon	32.4	38.4	36.7	30.2	21.0	19.6	20.5	19.5	21.9	21.4
France,Monac	5.1	4.3	6.8	8.7	8.7	8.7	8.3	9.9	8.0	7.8	Germany/Allemagne	16.6	14.9	15.3	18.1	13.4	13.0	13.4	16.4	15.7	17.0
Germany/Allemagne	3.0	2.9	4.4	5.0	5.0	4.9	5.4	8.2	10.5	10.8	United Kingdom	13.0	13.1	13.5	18.3	11.0	11.0	13.1	13.0	12.1	
United Kingdom	5.0	5.3	7.3	7.6	6.2	8.7	7.6	7.3	5.0	6.2	Bulgaria/Bulgarie					x25.5	x23.5	15.6	x8.0	x1.1	x0.8
Netherlands/Pays–Bas	2.3	2.6	4.3	5.1	4.7	5.3	4.4	5.2	6.0	5.4	USA/Etats–Unis d'Amer	7.8	6.2	5.2	5.2	4.1	4.1	6.4	7.8	10.0	8.6
Spain/Espagne	1.6	1.2	1.9	3.0	4.0	4.8	5.2	5.2	4.7	4.0	France,Monac	6.8	5.7	6.0	6.3	5.0	4.4	4.2	5.0	7.1	6.5
Singapore/Singapour	1.0	0.7	0.7	0.7	0.7	1.4	3.7	4.3	5.1	5.2	Sweden/Suède	6.3	5.7	5.4	6.3	2.7	3.5	4.8	3.9	3.7	4.6
Former USSR/Anc. URSS	33.2	31.3			x2.2	x4.9	x4.6	x1.6	x6.5		Korea Republic	0.0	0.0	0.7	3.4	3.2	3.2	3.4	4.0	4.0	4.0
Canada	2.5	3.7	6.5	7.0	6.5	6.0	5.4	4.0	3.0	2.8	Italy/Italie	3.4	3.2	3.4	4.0	3.2	3.2	3.4	4.0	4.0	4.0
Italy/Italie	2.5	2.1	3.1	3.8	4.1	4.4	3.6	4.1	4.2	4.5	Netherlands/Pays–Bas	3.2	2.7	2.4	2.3	1.6	2.7	3.1	3.6	3.9	4.1

649

7442 LIFTING, LOADING MACHINES / APP LEVAGE, MANUTENTION 7442

TRADE BY COMMODITY IN THOUSAND U.S. DOLLARS – COMMERCE PAR PRODUIT EN MILLIERS DE DOLLARS E.U

COUNTRIES–PAYS	IMPORTS – IMPORTATIONS 1988	1989	1990	1991	1992	COUNTRIES–PAYS	EXPORTS – EXPORTATIONS 1988	1989	1990	1991	1992
Total	x8204573	x8829939	9657131	x10880109	10307205	Totale	8012663	8013830	9516040	9846417	10088136
Africa	x382039	x322474	x413563	x398563	x366257	Afrique	x19685	x19085	x19880	x42038	x23254
Northern Africa	135841	163725	254038	181442	x135106	Afrique du Nord	11950	5780	7959	6726	5970
Americas	1486088	1794180	1686323	1751121	x1797604	Amériques	1209698	791375	1038210	1106405	1269675
LAIA	310133	371111	318968	428406	565540	ALAI	69722	53022	57611	78078	85508
CACM	11857	18926	14819	17316	x15638	MCAC	155	303	142	211	x182
Asia	1436825	1635390	2072373	2543797	x2933322	Asie	1306257	1486605	1520708	1954867	1971999
Middle East	x299571	x286610	x297227	x382715	x528518	Moyen–Orient	27239	27250	x13476	x8336	x11376
Europe	3326629	3769615	4770275	4847295	4836299	Europe	4718264	5219599	6606612	6543919	6670125
EEC	2414113	2795683	3588099	3819722	3899240	CEE	3526557	3924810	5052984	5116944	5188610
EFTA	873265	922223	1144564	982002	896674	AELE	1121513	1226236	1473071	1406942	1464368
Oceania	156908	x200759	x189387	x153964	x160536	Océanie	31818	x38346	44176	53064	68777
USA/Etats–Unis d'Amer	773365	1017644	932310	893802	862546	Germany/Allemagne	1517812	1632599	2062145	2123486	2089039
Former USSR/Anc. URSS	x1027912	x828003	x348340	x1043402		Japan/Japon	968977	1132137	1124826	1430761	1401569
France, Monac	527245	592771	721494	700860	665465	France, Monac	513758	590931	807881	824753	837427
Germany/Allemagne	369919	427950	678686	905067	1026223	USA/Etats–Unis d'Amer	970066	571706	770694	821501	958068
United Kingdom	474704	571226	569449	479602	505998	Italy/Italie	465985	560107	723399	683862	692224
Belgium–Luxembourg	227718	267200	383666	403186	366272	Sweden/Suède	428021	461619	499232	510559	482545
Korea Republic	192124	282787	337107	388963	404010	United Kingdom	334931	356513	461846	484717	482620
Canada	330445	316253	332134	340280	292905	Netherlands/Pays–Bas	226709	268072	362498	364435	382266
Netherlands/Pays–Bas	249123	266804	355732	341722	341389	Austria/Autriche	200498	235566	321214	316851	361572
Spain/Espagne	196834	238883	331585	387006	362421	Finland/Finlande	243862	265540	340548	228519	247927
Italy/Italie	186647	224629	297634	337211	356784	Denmark/Danemark	215990	221948	261735	262948	278435
Switz. Liecht	261612	256671	327167	266780	247989	Switz. Liecht	175123	173726	208209	223473	246101
Sweden/Suède	217108	266555	310453	244327	206469	Canada	150822	155403	207079	200839	223531
Hong Kong	172133	192319	246764	213360	248091	Belgium–Luxembourg	167746	155403	207079	200839	223531
Austria/Autriche	153606	162979	220071	240268	233385	Korea Republic	103650	134150	180397	159914	169472
China/Chine	179721	210660	177227	207721	292175	Spain/Espagne	104773	113634	112499	153003	173908
Malaysia/Malaisie	62894	121439	176939	249088	x311129	Norway, SVD, JM	97310	100876	115628	136396	192858
Thailand/Thaïlande	68678	97982	166492	264166	250802	China/Chine	73573	89198	103338	127349	126002
Japan/Japon	99192	130450	201569	189395	188975	Bulgaria/Bulgarie	x155932	x159527	x118160	x19172	x18684
Singapore/Singapour	134422	85499	141108	280760	263564	Hong Kong	59260	70969	62796	89169	88341
Mexico/Mexique	74544	117002	137117	187319	314754	Singapore/Singapour	72161	47404	73929	86773	89787
Indonesia/Indonésie	97505	91122	137180	181388	190909	Yugoslavia SFR	69871	68146	80415	x19376	89701
Australia/Australie	109591	152499	147270	108526	115954	Former USSR/Anc. URSS	x76328	x52457	x52967	x53642	
Finland/Finlande	99589	131582	153103	104328	71863	Ireland/Irlande	39519	43756	60308	49575	45596
Norway, SVD, JM	131093	96785	126252	117173	128192	Czechoslovakia	x84609	x72497	x31802	x17388	x23264
Algeria/Algérie	38235	73171	135646	79330	x37521	Brazil/Brésil	49870	27538	35724	42273	49966
Chile/Chili	71822	134015	80963	55628	x55349	Former GDR	x337163	x74355	x17311		
Saudi Arabia	50538	82498	x66446	x107197	x125520	Poland/Pologne	x43368	x35818	x27612	x24015	x23450
Denmark/Danemark	83219	73815	79213	94655	97461	Romania/Roumanie	x19436	42255	23213	10073	x995
Portugal	52659	65664	78699	83653	94771	Australia/Australie	14016	14913	17312	34403	52472
Turkey/Turquie	93172	64602	70206	83814	113333	New Zealand	17303	20948	23294	16434	11192
Israel/Israël	33409	35366	62300	84414	80278	Hungary/Hongrie	x10095	x21909	x15383	x21833	x17909
Czechoslovakia	x139562	47117	51079	x44678	x75420	Malaysia/Malaisie	15331	18896	13913	15782	x10144
Ireland/Irlande	28875	37875	53098	48085	38826	Portugal	9673	12830	15099	18134	15916
Iran (Islamic Rp. of)	x35161	x16974	x46515	x66973	x118042	Mexico/Mexique	10320	13438	11556	13787	10518
Philippines	14661	x35529	57306	37051	37154	Argentina/Argentine	6702	8522	7253	18187	19888
Venezuela	57205	31855	15301	81705	48489	So. Africa Customs Un	x6167	x9073	x8141	x12136	x12628
So. Africa Customs Un	129693	35607	40230	x46892	x51394	Saudi Arabia	19082	15922	x5654	x3011	x2802
United Arab Emirates	x39732	x30551	x43680	x45138	x77215	India/Inde	5162	x3010	10968	7911	x15707
Morocco/Maroc	35399	29510	45067	39555	42719	Cameroon/Cameroun	x38	1254	x210	19421	x41
Poland/Pologne	x39734	x25555	x28952	x55511	x87622	Thailand/Thaïlande	1753	3301	6591	6258	x4005
Greece/Grèce	17171	28867	38841	38164	x43628	Greece/Grèce	1220	3028	2047	8724	x2757
Bulgaria/Bulgarie	x88694	x76556	x12377	x6526	8250	Morocco/Maroc	4243	4198	4760	4646	4903
Yugoslavia SFR	22317	38701	23305	x33066		Sri Lanka	1164	760	601	10619	343
Brazil/Brésil	34583	31256	27483	35055	36522	Panama	x452	x8254	32	x2280	49
Romania/Roumanie	x4341	42599	32354	12127	x4662	Israel/Israël	2587	1019	2131	3991	1468
New Zealand	31218	29962	26829	29616	36325	Papua New Guinea	107	1322	3142	1785	4847
Iraq	x30790	x51077	x32942	x652	x129	Turkey/Turquie	2511	3024	798	2126	5793
Former GDR	x93272	x61195	x21294			United Arab Emirates	x1658	x1686	x1666	x1140	x1468
Hungary/Hongrie	x19995	x25011	x29730	21601	x36636	Oman	2030	3148	340	850	x62

(VALUE AS % OF TOTAL) (VALEUR EN % DU TOTAL)

	1983	1984	1985	1986	1987	1988	1989	1990	1991	1992		1983	1984	1985	1986	1987	1988	1989	1990	1991	1992
Africa	x10.2	x9.1	x9.3	x8.2	x4.5	x4.7	x3.6	x4.3	x3.6	x3.6	Afrique	x0.3	x0.2	x0.2	x0.3	x0.3	x0.3	x0.2	x0.2	x0.4	x0.2
Northern Africa	x6.5	5.2	5.2	x4.1	2.0	1.7	1.9	2.6	1.7	x1.3	Afrique du Nord	x0.1	x0.0	x0.0	0.1	0.1	0.1	0.1	0.1	0.1	0.1
Americas	14.6	17.6	20.4	x22.6	x18.8	18.2	20.3	17.5	16.1	x17.4	Amériques	x16.7	22.2	20.8	x17.0	x15.7	15.1	9.9	10.9	11.3	12.6
LAIA	2.8	3.0	1.9	x4.3	x3.6	3.8	4.2	3.3	3.9	5.5	ALAI	0.1	0.2	0.1	x1.6	x1.4	0.9	0.7	0.6	0.8	0.8
CACM	x0.1			x0.2	x0.2	0.1	0.2	0.2	0.2	x0.2	MCAC	x0.0									
Asia	x32.6	29.0	x28.2	20.6	18.4	17.5	18.5	21.4	23.4	x28.4	Asie	20.1	20.6	x20.5	x20.6	16.3	16.3	18.5	15.9	19.9	19.5
Middle East	x11.5	x8.5	x10.0	x7.1	x4.6	x3.7	x3.2	x3.1	x3.5	x5.1	Moyen–Orient	x0.4	x0.4	x0.9	x0.7	x0.4	0.3	0.3	x0.1	x0.1	x0.1
Europe	33.8	34.4	39.4	45.7	41.7	40.5	42.7	49.4	44.6	46.9	Europe	62.5	56.6	58.2	61.9	58.4	58.9	65.1	69.4	66.5	66.1
EEC	24.3	23.9	27.4	31.9	28.7	29.4	31.7	37.2	35.1	37.8	CEE	46.3	41.8	42.9	45.2	42.5	44.0	49.0	53.1	52.0	51.4
EFTA	9.5	10.5	12.0	13.1	12.5	10.6	10.4	11.9	9.0	8.7	AELE	16.2	14.8	15.3	16.5	15.7	14.0	15.3	15.5	14.3	14.5
Oceania	2.3	x2.2	2.7	x2.9	x2.0	1.9	x2.3	x2.0	x1.4	x1.6	Océanie	0.3	x0.4	x0.4	x0.3	0.4	0.4	x0.4	0.4	0.5	0.7
USA/Etats–Unis d'Amer	8.5	11.6	14.6	14.3	11.2	9.4	11.5	9.7	8.2	8.4	Germany/Allemagne	18.9	17.5	18.7	20.8	19.6	18.9	20.4	21.7	21.6	20.7
Former USSR/Anc. URSS	6.5	7.6		x10.9	x12.5	x9.4	x3.6	x9.6		8.4	Japan/Japon	17.3	17.1	16.4	17.7	13.3	12.1	14.1	11.8	14.5	13.9
France, Monac	5.6	5.4	6.4	7.7	6.8	6.4	6.7	7.5	6.4	6.5	France, Monac	9.8	7.3	7.6	7.2	6.1	6.4	7.4	8.5	8.4	8.3
Germany/Allemagne	4.6	4.0	4.2	5.2	4.8	4.5	4.8	7.0	8.3	10.0	USA/Etats–Unis d'Amer	9.8	14.2	14.1	10.3	9.5	12.1	7.1	8.1	8.3	9.5
United Kingdom	4.2	4.8	5.3	5.4	4.5	5.8	6.5	5.9	4.4	4.9	Italy/Italie	5.3	5.2	5.0	5.6	5.5	5.8	7.0	7.6	6.9	6.9
Belgium–Luxembourg	2.3	2.3	2.5	3.1	2.8	3.0	4.0	3.7	3.7	3.6	Sweden/Suède	5.0	5.5	5.1	5.3	5.4	5.3	5.8	5.2	5.2	4.8
Korea Republic	3.3	4.2	3.8	3.4	2.3	3.2	3.5	3.6	3.9	3.9	United Kingdom	4.8	5.0	4.6	3.8	3.4	4.2	4.4	5.2	4.9	4.8
Canada	2.1	2.5	3.2	3.0	2.9	4.0	3.6	3.4	3.1	2.8	Netherlands/Pays–Bas	2.2	2.4	2.5	2.8	2.6	2.8	3.3	3.8	3.7	3.8
Netherlands/Pays–Bas	2.2	2.5	3.2	3.9	3.3	3.0	3.0	3.7	3.1	3.3	Austria/Autriche	2.9	2.5	2.4	2.8	2.5	2.9	3.4	3.2	3.2	3.6
Spain/Espagne	1.1	1.1	1.2	1.7	2.1	2.4	2.7	3.4	3.6	3.5	Finland/Finlande	3.5	3.2	3.9	3.8	3.7	3.0	3.3	3.6	2.3	2.5

74422 SHIP DERRICKS, CRANES ETC / GRUES, PONTS ROULANTS 74422

TRADE BY COMMODITY IN THOUSAND U.S. DOLLARS – COMMERCE PAR PRODUIT EN MILLIERS DE DOLLARS E.U

IMPORTS – IMPORTATIONS

COUNTRIES–PAYS	1988	1989	1990	1991	1992
Total	x1010104	x1063966	1297766	1499779	x1345941
Africa	x54201	x48587	x93441	x69299	x68180
Northern Africa	x36888	x21931	68496	x30495	x32149
Americas	x114105	x178783	x162059	x125087	x150977
LAIA	36752	49199	24602	23896	55113
CACM	x8262	x3237	x345	x1937	x1572
Asia	x273971	x284388	479220	662094	x605544
Middle East	x69465	x61708	x51476	x75231	x126743
Europe	298329	389635	505203	516310	485834
EEC	183064	262371	362364	411045	396115
EFTA	113163	124450	137738	101448	87683
Oceania	10844	x6773	x7227	x10402	x19883
Germany/Allemagne	46504	59244	125463	175484	204211
Former USSR/Anc. URSS	x204567	x123524	x33001	x107953	155279
Singapore/Singapour	27773	24172	53105	179833	
USA/Etats–Unis d'Amer	41799	89880	89003	64585	51193
Hong Kong	51428	69198	113278	56788	37921
Korea Republic	12150	16982	57304	74627	46912
Belgium–Luxembourg	21953	33137	57801	52896	36864
Switz.Liecht	56806	50370	53314	28118	19937
France/Monac	30521	39999	40849	49497	31321
United Kingdom	33837	59457	37943	30974	14052
Thailand/Thaïlande	9107	18559	41807	61620	33936
China/Chine	34313	31874	31514	58519	42992
Netherlands/Pays–Bas	19424	21666	42988	30863	30099
Malaysia/Malaisie	5450	9315	22262	53906	x53154
Spain/Espagne	9453	26769	28761	27785	29280
Sweden/Suède	15624	30703	28831	17264	10428
Indonesia/Indonésie	34576	19303	17934	34689	40498
Austria/Autriche	13857	15021	23629	30828	24210
Israel/Israël	2940	3132	29953	32067	30628
Algeria/Algérie	5817	8336	44166	10461	x2296
Canada	15845	19960	19510	17425	19372
Italy/Italie	11420	12256	17467	25908	23801
Norway, SVD, JM	17892	11013	20973	19388	30392
Turkey/Turquie	26336	15051	10135	16426	23374
Iraq	x15923	x25311	x13961	x99	x42
Japan/Japon	1370	6538	14422	13966	6551
Philippines	1122	6301	22499	3227	5759
Finland/Finlande	7421	15936	10292	4936	1158
Saudi Arabia	x3891	x5805	x8111	x15171	x18870
Morocco/Maroc	10377	3014	14804	8513	7935
Chile/Chili	9035	17935	4608	2570	x11697
Venezuela	7285	7223	5948	10642	7533
United Arab Emirates	x7713	x5613	x7497	x9064	x22310
Iran (Islamic Rp. of)	x3001	x1402	x6842	x11807	x35080
Egypt/Egypte	x15307	x4959	x6170	6170	x8552
Romania/Roumanie	x166	8492	8995	632	x42
India/Inde	8781	x6306	8943	1267	x17611
Czechoslovakia	x14252	7970	4994	x1956	x2253
Nigeria/Nigéria	x1542	x2113	x3752	x8024	x8345
Portugal	1787	2899	4361	6397	11130
Denmark/Danemark	5108	4074	2871	6685	10191
Mexico/Mexique	5587	3875	3694	5886	21627
Bangladesh	x2286	x2144	x6614	x2284	x901
Brazil/Brésil	x1483	8444	1795	768	2072
Mozambique	1101	x75	x383	x9899	x163
Argentina/Argentine	x476	3207	3261	3778	268
Guadeloupe	1297	1249	7478	1214	576
Pakistan	8745	6465	1826	1556	2186
French Guiana	1514	4817	2806	1022	913
Reunion/Réunion	1953	4014	2221	2366	3017

EXPORTS – EXPORTATIONS

COUNTRIES–PAYS	1988	1989	1990	1991	1992
Totale	x923721	871234	1145465	1237091	1127101
Afrique	x7375	x3120	x3969	x20101	x2505
Afrique du Nord	6893	x903	x2064	x2010	x568
Amériques	x132819	74511	99588	105714	116952
ALAI	x7837	4134	3590	7788	2867
MCAC					
Asie	141523	151576	194250	270861	199198
Moyen–Orient	x8706	x6778	x8649	x3998	x2774
Europe	487201	598064	804684	787642	777453
CEE	403084	497675	689914	685786	639690
AELE	70659	89228	100671	96532	135762
Océanie	2361	2004	4254	15494	22365
France, Monac	102442	158328	237313	218344	207368
Germany/Allemagne	152183	179308	206150	181718	175567
Italy/Italie	44669	74270	106061	127022	100922
Japan/Japon	53196	66978	75809	135742	107738
USA/Etats–Unis d'Amer	117041	61684	81581	88506	104717
Austria/Autriche	24920	24919	46177	45034	58801
United Kingdom	14158	16790	38381	58976	50338
Netherlands/Pays–Bas	17025	24865	38599	32226	23137
Singapore/Singapour	28595	19914	36787	36651	28173
Korea Republic	32750	28440	26518	13930	13819
Norway, SVD, JM	11006	23623	21030	22022	19889
Finland/Finlande	25303	28721	22227	14345	35327
China/Chine	1756	6809	22404	34294	30491
Former USSR/Anc. URSS	x10185	x16768	x24004	x18401	16463
Ireland/Irlande	14060	12929	23618	29329	8127
Hong Kong	5530	9285	15048	13961	
Belgium–Luxembourg	7128	10289	13524	13251	11636
Denmark/Danemark	40777	4128	16620	13251	
Yugoslavia SFR	13459	11158	14100	x5218	
Canada	7413	8534	13524	7999	9109
Spain/Espagne	9129	11686	6327	9898	35333
Malaysia/Malaisie	6158	11152	5873	4266	x3168
Sweden/Suède	6146	7532	6222	7248	13152
Switz.Liecht	3284	4433	5014	7882	8593
Former GDR	x130890	x12948	x3476		
Cameroon/Cameroun		67	x136	15353	x40
Australia/Australie	1913	787	2280	11810	18103
Hungary/Hongrie	x701	x3731	x2055	x8352	x165
Poland/Pologne	x1746	x3800	x4533	x4878	x5082
Portugal	1416	4195	3242	4478	4713
Saudi Arabia	x4135	x2421	x4662	x1795	x747
Greece/Grèce	96	887	79	7209	x252
Argentina/Argentine	x2461	1719	1228	5036	262
India/Inde	1105	x820	1126	4671	x2137
Romania/Roumanie		2051	1695	2401	x172
Brazil/Brésil	x4163	1697	1611	2553	1137
Czechoslovakia	x7835	x206	x2575	x2617	x2448
New Zealand	343	286	1734	3146	427
So. Africa Customs Un	x104	x812	x1193	x2338	x1132
Oman	1932	2818	146	717	x50
Israel/Israël	1475	204	919	2483	180
Bulgaria/Bulgarie	x1086	x2456	x383	x629	x759
United Arab Emirates	x1020	x995	x1329	x554	x693
Egypt/Egypte	x145	x264	x981	x1366	x357
Thailand/Thaïlande	125	110	145	1938	x479
Sri Lanka				x2102	x4
Bangladesh	509	576	594	1002	146
Algeria/Algérie	5750	609	1017	462	x211
Papua New Guinea	58	916	235	535	3736
Cape Verde/Cap–Vert		1025	94	x81	

(VALUE AS % OF TOTAL) (VALEUR EN % DU TOTAL)

IMPORTS

	1983	1984	1985	1986	1987	1988	1989	1990	1991	1992
Africa	x10.4	x8.1	x5.0	x13.2	x5.3	x5.3	x4.5	x7.2	x4.6	x5.0
Northern Africa	x6.3	x4.5	1.7	x5.9	x1.9	x3.7	2.1	5.3	2.0	x2.4
Americas	x8.6	x8.2	x12.1	x13.0	x12.9	x11.3	x16.8	x12.5	x8.4	x11.2
LAIA	x3.6	x2.4	x2.1	x4.7	x2.1	3.6	4.6	1.9	1.8	x4.1
CACM	x0.1		x0.2	x0.2	x0.0	x0.2	x0.0	x0.0	x0.1	x0.1
Asia	x44.4	x44.1	x40.3	x23.2	x19.0	x27.1	x26.7	36.9	44.2	x45.0
Middle East	x17.8	x14.4	x13.9	x9.0	x4.9	x6.9	x5.8	x4.0	x5.0	x9.4
Europe	34.7	37.2	40.6	x48.5	x41.6	29.5	36.6	38.9	34.4	36.1
EEC	25.5	26.1	26.0	26.3	26.3	18.1	24.7	27.9	27.4	29.4
EFTA	x9.1	x10.9	x14.5	x15.0	x14.4	11.2	11.7	10.6	6.8	6.5
Oceania	x1.9	x2.4	x1.9	x2.1	x1.9	1.1	x0.7	x0.5	x0.7	x1.5
Germany/Allemagne	7.9	6.1	4.2	6.5	5.8	4.6	5.6	9.7	11.7	15.2
Former USSR/Anc. URSS					x14.8	x20.3	x11.6	x2.7	x7.2	
Singapore/Singapour	8.4	6.6	3.5	1.6	1.6	2.7	2.3	4.1	12.0	11.5
USA/Etats–Unis d'Amer	1.1	3.4	5.1	3.7	5.3	4.1	8.4	6.9	4.3	3.8
Hong Kong	1.4	1.6	3.2	1.9	1.8	5.1	6.5	8.7	3.8	2.8
Korea Republic	3.3	7.2	6.2	4.1	1.4	1.2	1.6	4.4	5.0	3.5
Belgium–Luxembourg	2.7	2.5	2.3	3.0	2.6	2.2	3.1	4.5	3.5	2.7
Switz.Liecht	x2.7	x3.1	x3.9	x5.1	x4.0	5.6	4.7	4.1	1.9	1.5
France/Monac	3.2	3.5	4.2	6.2	4.0	3.1	3.8	3.1	3.3	2.3
United Kingdom	4.1	6.3	5.1	4.9	3.9	3.3	5.6	2.9	2.1	1.0

EXPORTS

	1983	1984	1985	1986	1987	1988	1989	1990	1991	1992
Afrique	x0.1	x0.0	x0.2	x0.3	x0.6	x0.8	x0.4	x0.3	1.6	x0.2
Afrique du Nord	x0.0	x0.0	x0.0	x0.0	x0.3	0.7	x0.1	x0.2	x0.2	x0.1
Amériques	x12.4	x9.8	10.0	x7.3	x7.4	x14.4	8.6	8.7	8.5	10.4
ALAI	x0.2	x0.3	0.3	x0.2	x0.1	x0.8	0.5	0.3	0.6	0.3
MCAC	x0.0			x0.0	x0.0					
Asie	x23.6	25.8	26.4	x30.2	15.0	15.3	17.4	17.0	21.9	17.7
Moyen–Orient	x0.6	x0.2	x1.3	x1.7	x0.7	x0.9	x0.7	x0.8	x0.3	x0.2
Europe	63.5	63.8	62.8	61.7	64.4	52.7	68.6	70.2	63.7	69.0
CEE	44.6	43.1	45.1	46.0	45.3	43.6	57.1	60.2	55.4	56.8
AELE	x18.9	x20.7	x17.6	x15.7	x18.7	7.6	10.2	8.8	7.8	12.0
Océanie	0.4	0.6	0.6	0.6	0.6	0.2	0.2	0.4	1.2	1.9
France, Monac	11.3	9.9	9.1	8.1	8.6	11.1	18.2	20.7	17.6	18.4
Germany/Allemagne	14.7	13.9	16.6	16.0	14.4	16.5	20.6	18.0	14.7	15.6
Italy/Italie	5.5	6.7	7.3	7.6	8.7	4.8	8.5	9.3	10.3	9.0
Japan/Japon	19.6	19.1	18.8	25.3	11.2	5.8	7.7	6.6	11.0	9.6
USA/Etats–Unis d'Amer	10.9	8.2	7.7	4.8	5.0	12.7	7.1	7.1	7.2	9.3
Austria/Autriche	x5.9	x5.9	x5.6	x5.2	x5.2	2.7	2.9	4.0	3.6	5.2
United Kingdom	5.9	6.4	6.8	5.5	4.4	1.5	1.9	3.4	4.8	4.5
Netherlands/Pays–Bas	2.3	1.5	1.9	1.4	1.8	2.9	3.4	3.2	2.6	2.1
Switz.Liecht	2.2	3.5	3.1	1.4	1.3	3.1	3.3	3.2	3.0	2.5
Singapore/Singapour	3.1	2.3	3.2	3.0	2.9	3.1	1.7	3.2	3.0	2.5
Korea Republic	0.2	0.7	0.5	0.2	0.7	3.5	3.3	2.3	1.1	1.2

7451 POWER TOOLS NONELEC, PTS / OUT MACH PNEUM A MOTEUR 7451

TRADE BY COMMODITY IN THOUSAND U.S. DOLLARS – COMMERCE PAR PRODUIT EN MILLIERS DE DOLLARS E.U

IMPORTS – IMPORTATIONS

COUNTRIES–PAYS	1988	1989	1990	1991	1992
Total	1966990	2011506	2149420	2113728	2330408
Africa	x53404	x42351	x50737	x41353	x48841
Northern Africa	12803	10106	14372	x10960	x8929
Americas	703662	692069	652818	638538	x718842
LAIA	57532	64558	62951	75245	107537
CACM	4390	5085	5179	4785	x9363
Asia	176367	216274	254911	262111	x295877
Middle East	x33575	x34443	x30777	x37630	x43247
Europe	857581	888308	1050670	997259	1145334
EEC	675748	691617	803824	812657	950925
EFTA	160585	175976	202953	168394	184213
Oceania	x79073	x90440	x81995	x72059	x81083
USA/Etats–Unis d'Amer	495863	469368	447073	428589	464821
France,Monac	198033	191176	178270	177901	202927
Germany/Allemagne	100466	113415	161319	177218	173978
Canada	137584	142925	127248	119541	126780
United Kingdom	109755	110036	122682	106594	124713
Italy/Italie	77294	90349	114251	116783	128145
Spain/Espagne	53123	57789	69809	72309	70950
Australia/Australie	63250	73615	64364	54675	61804
Netherlands/Pays–Bas	40758	44428	58862	57837	73921
Sweden/Suède	46724	52239	56867	51114	71754
Japan/Japon	34927	42310	43388	43387	42019
Korea Republic	24099	35617	45709	40839	41166
Belgium–Luxembourg	39556	34145	40198	40822	103416
Finland/Finlande	32288	42269	44492	28345	22601
Switz.Liecht	32930	34677	42659	33388	29558
Former USSR/Anc. URSS	x18105	x30438	x17427	x57360	
Singapore/Singapour	24110	29741	37382	35329	49790
Austria/Autriche	25153	27922	35378	33681	32941
Indonesia/Indonésie	15213	18745	31510	36559	34364
Malaysia/Malaisie	16791	21130	31407	31345	x35560
Yugoslavia SFR	19883	19277	42862	x15332	
Mexico/Mexique	17565	23521	22842	28760	35731
Norway,SVD,JM	22588	18291	22835	21084	26720
Portugal	19953	16890	21236	23137	26644
Denmark/Danemark	18747	15013	17336	17001	20841
Czechoslovakia	x25517	11344	22106	x11925	x14512
So. Africa Customs Un	16974	12802	17596	x13433	x14152
Greece/Grèce	10874	11879	12832	15090	x17534
New Zealand	11405	12243	12801	11047	13412
Hungary/Hongrie	x12556	x13986	x8974	7287	x7910
Poland/Pologne	x7191	x5231	x3951	x20452	x14624
Iran (Islamic Rp. of)	x3402	x6346	x8167	x13252	x10396
Thailand/Thaïlande	5325	6434	8868	11079	12206
Chile/Chili	7820	10161	7069	7899	x12674
Turkey/Turquie	7767	5819	9489	7356	8524
Saudi Arabia	6862	9021	x4784	x8299	x13105
Brazil/Brésil	4650	6710	7673	7436	7903
Hong Kong	5226	5801	6960	8799	12297
Ireland/Irlande	7188	6498	7030	7965	7856
Former GDR	x25494	x14131	x3202		
Israel/Israël	4798	4306	5749	6335	8130
Colombia/Colombie	4188	5793	5882	4500	8033
China/Chine	3086	4322	5300	5382	7610
Peru/Pérou	5423	5648	5641	3583	x2097
Venezuela	8051	4038	3380	7336	8215
Argentina/Argentine	2825	1823	3084	6877	21418
Algeria/Algérie	3577	2859	4347	3473	x1847
Philippines	1813	x6304	1995	1523	2370
Bulgaria/Bulgarie	x7963	x5115	x1322	x1993	639
United Arab Emirates	x7010	x2481	x2520	x2844	x3983

EXPORTS – EXPORTATIONS

COUNTRIES–PAYS	1988	1989	1990	1991	1992
Totale	1740198	1813504	1991561	1920196	2129681
Afrique	x3838	x5956	x4340	x3561	x2581
Afrique du Nord	x208	x96	45	46	195
Amériques	400661	394381	413134	417246	428172
ALAI	8919	9747	12969	16873	18364
MCAC	x98	x23	18	x20	x13
Asie	384813	x459675	446668	490019	x553800
Moyen–Orient	x621	x1780	x367	x430	x880
Europe	936911	918493	1109991	989071	1130496
CEE	589209	576759	708133	606040	735976
AELE	344511	338748	398485	380569	390650
Océanie	4385	6752	9273	9950	11573
Japan/Japon	364546	433179	416141	459587	519832
USA/Etats–Unis d'Amer	353202	343004	354190	365686	375321
Germany/Allemagne	312079	308794	385714	313645	357973
Sweden/Suède	304605	304328	354316	340060	351566
Italy/Italie	100195	87277	119271	104802	110655
United Kingdom	94320	97245	104362	94998	106035
Canada	38190	41173	45826	34481	34296
France, Monac	30498	33309	42683	36226	39866
Netherlands/Pays–Bas	26873	26682	32765	31776	37718
Switz.Liecht	21827	21723	28179	24996	25493
Singapore/Singapour	12320	13817	17728	15447	14184
Brazil/Brésil	7193	7971	11326	14436	16590
Belgium–Luxembourg	13349	12869	9958	10597	67596
Austria/Autriche	12892	8488	11047	11014	9072
Australia/Australie	3620	5993	7982	8437	10321
Romania/Roumanie	x118	16798	x15	379	x171
Denmark/Danemark	6174	5022	5962	5873	6668
Former USSR/Anc. URSS	x6899	x4900	x4792	x7146	
Spain/Espagne	4317	4437	5817	5169	6453
So. Africa Customs Un	x3479	x5742	x4113	x2820	x1781
India/Inde	2289	x3984	3336	5120	x4316
Finland/Finlande	3553	2861	3306	3025	3499
Yugoslavia SFR	3061	2956	3369	x2408	
Hong Kong	1719	1799	2028	2892	6478
Korea Republic	1260	2527	2252	1863	2191
China/Chine	851	1035	2433	2503	2772
Former GDR	x1409	x4267	x1099		
Norway,SVD,JM	1630	1347	1636	1474	1020
Czechoslovakia	x590	x1493	x1115	x1543	1971
Malaysia/Malaisie	561		920	1330	1266	x1171
Ireland/Irlande	786	847	767	1671	1082
New Zealand	725	594	1097	1485	1195
Mexico/Mexique	1021	723	814	1302	1117
Hungary/Hongrie	x171	x443	x719	x1114	x449
Portugal	585	190	647	1196	1800
Argentina/Argentine	567	697	763	296	284
Indonesia/Indonésie	32	284	340	556	338
Israel/Israël	302	235	483	72	232
Kuwait/Koweït		686	x2		x13
Bulgaria/Bulgarie	x275	x306	x289	x23	x64
Saudi Arabia	254	377	x103	x3	x15
Ecuador/Equateur	25	x3	10	415	1
Oman	7	x417	x2	x1	x3
Cameroon/Cameroun	x3	44			
United Arab Emirates	x57	x150	x118	x127	x288
Greece/Grèce	32	87	188	86	x130
Panama	x130	x253	4	x60	x89
Poland/Pologne	x126	x39	x127	x143	x359
Papua New Guinea	6	142	152	2	41
Turkey/Turquie	200	31	85	179	247

(VALUE AS % OF TOTAL) (VALEUR EN % DU TOTAL)

	1983	1984	1985	1986	1987	1988	1989	1990	1991	1992
Africa	x4.1	x3.2	x4.5	x4.0	x3.6	x2.8	x2.1	x2.3	x1.9	x2.1
Northern Africa	x1.6	x0.9	1.4	x0.6	x0.5	0.7	0.5	0.7	x0.5	x0.4
Americas	x38.3	43.5	44.3	x43.4	x40.0	35.8	34.4	30.4	30.2	x30.9
LAIA	2.0	3.3	3.9	5.2	x4.3	2.9	3.2	2.9	3.6	4.6
CACM	x0.4	0.5	0.4	x0.3	x0.2	0.2	0.3	0.2	0.2	x0.4
Asia	x12.1	10.1	x10.2	7.8	x8.7	8.9	10.7	11.9	12.4	x12.7
Middle East	x3.6	x3.1	x2.8	x1.7	x1.5	x1.7	x1.7	x1.4	x1.8	x1.9
Europe	41.6	37.8	36.3	41.4	41.3	43.6	44.2	48.9	47.2	49.1
EEC	33.2	29.0	27.4	31.1	31.2	34.4	34.4	37.4	38.4	40.8
EFTA	8.4	7.7	7.4	8.5	8.5	8.2	8.7	9.4	8.0	7.9
Oceania	3.8	x5.2	x4.7	x3.4	x3.1	x4.0	x4.5	x3.8	x3.4	x3.5
USA/Etats–Unis d'Amer	25.6	29.1	30.7	28.6	27.1	25.2	23.3	20.8	20.3	19.9
France,Monac	10.2	8.6	7.3	9.1	9.1	10.1	9.5	8.3	8.4	8.7
Germany/Allemagne	5.1	4.6	4.5	4.9	4.8	5.1	5.6	7.5	8.4	7.5
Canada	9.9	10.2	8.9	8.7	7.7	7.0	7.1	5.9	5.7	5.4
United Kingdom	5.6	5.0	4.5	4.6	4.9	5.6	5.5	5.7	5.0	5.4
Italy/Italie	3.8	3.4	3.4	3.5	3.4	3.9	4.5	5.3	5.5	5.5
Spain/Espagne	1.9	1.6	1.7	2.1	2.3	2.7	2.9	3.2	3.4	3.0
Australia/Australie	2.9	4.1	3.8	2.6	2.3	3.2	3.7	3.0	2.6	2.7
Netherlands/Pays–Bas	1.8	1.8	2.0	2.2	2.1	2.1	2.2	2.7	2.7	3.2
Sweden/Suède	1.8	1.8	1.8	2.1	2.3	2.4	2.6	2.6	2.4	3.1

	1983	1984	1985	1986	1987	1988	1989	1990	1991	1992
Afrique	0.7	1.0	0.6	0.1	0.1	0.2	0.3	0.2	0.1	x0.1
Afrique du Nord	0.0	0.0	0.0	0.0	0.0	0.0	0.0	0.0	0.0	0.0
Amériques	x26.4	26.3	23.6	22.8	x23.5	23.0	21.8	20.8	21.9	20.1
ALAI	x0.1	0.4	0.3	x2.0	x2.0	0.5	0.5	0.7	0.9	0.9
MCAC	0.0	0.0	0.0	x0.0	x0.0	0.0	0.0	0.0	0.0	x0.0
Asie	18.3	20.3	x19.7	18.5	16.8	22.1	x25.3	22.4	25.5	x26.0
Moyen–Orient	x0.2	x0.0	x0.2	x0.0	0.2	x0.0	x0.1	x0.0	x0.0	x0.0
Europe	54.3	52.0	55.9	58.2	58.6	53.8	50.6	55.7	51.5	53.1
CEE	31.7	29.9	34.7	37.2	36.8	33.9	31.8	35.6	31.6	34.6
AELE	22.6	21.9	21.0	20.8	21.6	19.8	18.7	20.0	19.8	18.3
Océanie	0.3	x0.3	0.2	0.3	0.2	0.2	0.4	0.5	0.5	0.5
Japan/Japon	17.2	19.4	18.7	17.8	15.7	20.9	23.9	20.9	23.9	24.4
USA/Etats–Unis d'Amer	21.0	21.4	19.5	17.2	18.5	20.3	18.9	17.8	19.0	17.6
Germany/Allemagne	16.5	16.1	19.3	20.9	20.1	17.9	17.0	19.4	16.3	16.8
Sweden/Suède	19.2	18.6	18.3	18.1	19.2	17.5	16.8	17.8	17.7	16.5
Italy/Italie	4.7	5.0	5.6	6.4	6.4	5.8	4.8	6.0	5.5	5.2
United Kingdom	6.5	5.6	6.2	5.9	5.7	5.4	5.4	5.2	4.9	5.0
Canada	5.2	4.5	3.8	3.6	3.0	2.2	2.3	2.3	1.8	1.6
France,Monac	2.3	1.7	1.7	1.7	1.8	1.8	2.1	1.9	1.9	1.9
Netherlands/Pays–Bas	1.0	0.9	1.0	1.3	1.4	1.5	1.5	1.6	1.7	1.8
Switz.Liecht	1.5	1.2	1.4	1.4	1.3	1.3	1.2	1.4	1.3	1.2

74511 POWER HAND TOOLS NONELEC

TRADE BY COMMODITY IN THOUSAND U.S. DOLLARS – COMMERCE PAR PRODUIT EN MILLIERS DE DOLLARS E.U

IMPORTS – IMPORTATIONS

COUNTRIES–PAYS	1988	1989	1990	1991	1992
Total	1563080	1529165	1607519	1587769	1732464
Africa	x39841	x30433	x38267	x31675	x33175
Northern Africa	10528	8561	x12580	8731	x7224
Americas	x602017	517638	491823	496066	x554187
LAIA	41505	49611	48686	60667	86069
CACM	x3315	x4415	x3431	x4530	x6237
Asia	x131784	x161600	191016	185296	x214400
Middle East	x23633	x19502	x20024	x21306	x29272
Europe	642928	675226	776307	736273	840674
EEC	502000	522569	579046	594824	698165
EFTA	x124570	x134965	x156750	x128193	x134880
Oceania	x68834	x79451	70438	x61973	x69239
USA/Etats–Unis d'Amer	464591	356854	346840	337166	358834
France,Monac	160452	155088	141571	138031	157529
Germany/Allemagne	69583	82124	117010	130652	123820
Canada	86846	99231	85331	85522	94894
Italy/Italie	59820	70616	86518	87675	101689
United Kingdom	69441	71458	70615	64749	77725
Australia/Australie	56183	65564	55823	47952	54223
Spain/Espagne	44936	46782	53758	57492	57035
Netherlands/Pays–Bas	30956	34653	39099	38670	57866
Korea Republic	21920	32851	42513	36817	36768
Sweden/Suède	x30101	x33561	x39021	x33392	x48086
Japan/Japon	28846	33722	32882	34411	33420
Finland/Finlande	28085	36327	38189	23756	18057
Former USSR/Anc. URSS	x14238	x27980	x12372	x50291	
Switz.Liecht	25862	27160	32107	26275	23482
Austria/Autriche	21524	24282	30124	29316	28316
Belgium–Luxembourg	24956	23018	26084	28725	66633
Singapore/Singapour	17582	21722	25745	24707	36375
Malaysia/Malaisie	13017	17211	25721	26044	x29193
Yugoslavia SFR	15460	16685	39743	x12540	
Mexico/Mexique	14648	19967	19584	25016	31501
Portugal	16904	14189	17443	14777	16399
Norway,SVD,JM	18210	13138	16701	13444	9933
Indonesia/Indonésie	6423	9314	16898	13341	16155
Denmark/Danemark	13056	11546	12370	12861	x13951
Greece/Grèce	8735	9310	10410	x10308	x10310
So. Africa Customs Un	12531	9146	12886	11180	11225
New Zealand	9714	10546	11180	9262	6525
Czechoslovakia	x18608	6958	12404	x5410	x6525
Hungary/Hongrie	x8864	x10872	x6796	5213	x4383
Thailand/Thaïlande	4479	5607	7438	9652	10260
Chile/Chili	6068	8357	5717	6659	x7171
Turkey/Turquie	x5303	5074	8132	6263	6809
Poland/Pologne	x4503	x3530	x3358	x11701	x8597
Hong Kong	4541	4959	6141	7447	9942
Israel/Israël	3872	3622	4723	5246	7047
Colombia/Colombie	3248	4662	4954	3563	6786
Brazil/Brésil	x1449	3763	4436	4639	5309
Ireland/Irlande	3162	3785	4169	4392	3649
Former GDR	x24458	x9876	x2457		
Venezuela	7078	3254	2531	5959	7105
Saudi Arabia	x5762	x3581	x3094	x4473	x8946
China/Chine	2652	2740	4393	3466	5647
Iran (Islamic Rp. of)	x1462	x3287	x2610	x4615	x5172
Argentina/Argentine	x657	1415	2675	6332	18907
Algeria/Algérie	3050	2318	3801	2717	x1212
Peru/Pérou	3642	2880	3418	1692	x920
Philippines	788	x5210	1016	739	1299
Libyan Arab Jamahiriya	4363	1730	3502	x1114	x807
Romania/Roumanie	x62	1481	1300	3062	x612

EXPORTS – EXPORTATIONS

COUNTRIES–PAYS	1988	1989	1990	1991	1992
Totale	x1259636	x1390894	x1499076	x1479234	x1623503
Afrique	x2202	x3626	x2136	x2095	x1750
Afrique du Nord	x202	x84	x120	41	166
Amériques	x211821	262871	264683	290118	293535
ALAI	x5359	8237	10874	15072	16864
MCAC	x40	x35	x3	x12	
Asie	338172	x406672	399044	437438	x495244
Moyen–Orient	x482	x297	x273	x265	x639
Europe	x696741	x687753	x822797	x737142	x826340
CEE	430068	421332	519356	453596	531366
AELE	x264392	x264352	x301323	x281999	x292406
Océanie	2364	4135	4150	x3756	4626
Japan/Japon	322431	386782	375321	415039	470967
Germany/Allemagne	241014	242907	306455	254373	288932
Sweden/Suède	x243058	x244200	x272733	x254755	x266043
USA/Etats–Unis d'Amer	191573	237576	230884	258716	264173
Italy/Italie	71041	60594	62840	61541	71625
United Kingdom	56269	56346	31955	25853	30830
France,Monac	21755	23163	25341	25341	26543
Netherlands/Pays–Bas	21547	20811	25865	25865	12345
Canada	14633	16808	22808	16185	
Switz.Liecht	14320	14130	19288	17204	17513
Singapore/Singapour	9673	11248	13439	11333	9752
Brazil/Brésil	x4231	6897	10161	13444	15490
Belgium–Luxembourg	10083	9717	6410	6157	32172
Austria/Autriche	4502	5226	7842	8262	6623
Romania/Roumanie	x117	16798	x15	88	x10
Former USSR/Anc. URSS	x6665	x4127	x4196	x6456	
Denmark/Danemark	5094	4079	4743	4724	5159
Spain/Espagne	2700	3415	4072	4126	5152
India/Inde	1965	x3502	2803	4400	x3626
Australia/Australie	1805	3642	3236	3058	4014
So. Africa Customs Un	x1878	x3439	x1887	x1473	x992
Yugoslavia SFR	2262	2052	2113	x1493	
Hong Kong	1452	1548	1888	2152	4367
Korea Republic	883	1867	1886	1556	1895
Former GDR	x866	x3544	x1001		
China/Chine	608	537	1775	1492	1773
Malaysia/Malaisie	414	709	1164	1032	x832
Czechoslovakia	x309	x893	x563	x1169	x1615
Finland/Finlande	1976	554	778	1189	1744
New Zealand	522	329	748	663	578
Mexico/Mexique	967	648	395	670	908
Norway,SVD,JM	532	242	680	590	483
Portugal	534	153	461	604	747
Turkey/Turquie	x50	x141	x110	x874	x61
Hungary/Hongrie	x62	436	264	160	166
Argentina/Argentine	13	64	108	666	135
Ireland/Irlande	x275	x306	x289	x23	x48
Bulgaria/Bulgarie		x3	10	415	1
Ecuador/Equateur	x3	44		353	
Cameroon/Cameroun	47	16	301	32	36
Israel/Israël					
United Arab Emirates	x51	x144	x98	x67	x262
Papua New Guinea	6	141	139	x14	19
Greece/Grèce	19	81	141	51	x126
Colombia/Colombie	2	1	6	214	11
Venezuela	1	163	24	20	10
Poland/Pologne	x54	x29	x91	70	x1335
Thailand/Thaïlande	17	71	46	46	196
Turkey/Turquie	x55	29	50	104	196
Panama	x116	x113	x53	x13	x75
Chile/Chili	46	79	7	68	x107

(VALUE AS % OF TOTAL)(VALEUR EN % DU TOTAL)

	1983	1984	1985	1986	1987	1988	1989	1990	1991	1992		1983	1984	1985	1986	1987	1988	1989	1990	1991	1992
Africa	x4.3	x3.7	x4.3	x3.7	x3.1	x2.5	x2.0	x2.4	x1.9	x1.9	Afrique	x0.2	0.2	x0.3	x0.1	x0.1	x0.1	x0.2	x0.1	x0.1	x0.1
Northern Africa	x1.4	x0.9	x1.0	x0.6	x0.5	0.7	0.6	x0.8	0.5	x0.4	Afrique du Nord										
Americas	x38.5	x43.3	x45.5	x43.8	x40.4	x38.5	33.8	30.6	31.2	x32.0	Amériques	x19.5	x18.4	16.9	x14.8	x16.5	x16.8	18.9	17.6	19.6	18.0
LAIA	x2.5	x3.0	x3.5	x3.0	x2.3	2.7	3.2	3.0	3.8	5.0	ALAI	x0.5	x0.4	x0.3	x1.0	x2.6	x0.4	0.6	0.7	1.0	1.0
CACM	x0.6	x0.4	x0.2	x0.2	x0.2	x0.3	x0.3	x0.2	x0.3	x0.4	MCAC				x0.0	x0.0			x0.0	x0.0	
Asia	x12.2	x10.2	x10.0	x7.6	x8.8	8.4	x10.5	11.8	11.7	x12.3	Asie	x23.5	26.1	24.3	23.0	20.2	26.8	x29.2	26.7	29.6	x30.5
Middle East	x3.7	x3.3	x2.9	x1.6	x1.3	1.5	x1.3	x1.2	x1.3	x1.7	Moyen–Orient	x0.2	x0.0	x0.0	x0.0	x0.0	x0.0	x0.0	x0.0	x0.0	x0.0
Europe	40.9	36.9	34.9	41.1	40.7	41.1	44.2	48.3	46.4	48.5	Europe	x56.6	x55.1	x58.2	x62.0	x62.5	x55.3	x49.4	x54.9	x49.8	x50.9
EEC	31.8	28.0	26.1	30.9	30.7	32.1	32.5	36.0	37.5	40.3	CEE	32.3	30.7	35.0	38.3	38.3	34.1	30.3	34.6	30.7	32.7
EFTA	x8.3	x7.9	7.4	x8.7	x8.4	x8.0	x8.8	x9.8	x8.1	x7.8	AELE	x24.0	x24.1	x23.0	x23.5	x24.1	x21.0	x19.0	x20.1	x19.1	x18.0
Oceania	x4.1	x6.0	x5.3	x3.8	x3.5	x4.4	x5.2	4.4	x3.9	x4.0	Océanie	0.2	0.2	0.2	0.1	0.3	0.2	0.3	0.3	x0.3	0.3
USA/Etats–Unis d'Amer	29.5	33.8	36.1	34.8	32.7	29.7	23.3	21.6	21.2	20.7	Japan/Japon	22.3	25.1	23.3	22.2	19.2	25.6	27.8	25.0	28.1	29.0
France,Monac	10.9	9.1	7.6	9.7	9.5	10.3	10.1	8.8	8.7	9.1	Germany/Allemagne	18.5	17.8	21.2	23.4	22.0	19.1	17.5	20.4	17.2	17.8
Germany/Allemagne	4.5	4.2	3.9	4.4	4.5	5.4	5.4	7.3	8.2	7.1	Sweden/Suède	x21.2	x21.6	x20.7	x21.2	x22.1	x19.3	x17.6	x18.2	x17.5	16.3
Canada	5.4	5.7	5.2	5.2	4.7	5.6	6.5	5.3	5.4	5.5	USA/Etats–Unis d'Amer	16.7	16.3	15.5	12.5	12.9	15.2	17.1	15.4	17.5	16.3
Italy/Italie	3.2	2.9	3.1	3.4	3.2	3.8	4.6	5.4	5.5	5.9	Italy/Italie	5.2	5.6	6.2	6.7	7.0	5.6	4.4	5.1	4.2	4.3
United Kingdom	4.8	4.4	3.9	4.4	4.6	4.4	4.7	4.4	4.1	4.5	United Kingdom	4.8	4.2	4.3	4.7	4.5	4.1	4.4	2.1	1.7	1.9
Australia/Australie	3.2	4.8	4.4	3.0	2.6	3.6	4.3	3.5	3.0	3.1	France,Monac	2.1	1.5	1.6	1.7	1.5	1.7	1.7	2.1	1.7	1.9
Spain/Espagne	2.2	1.8	1.9	2.4	2.5	2.9	3.1	3.3	3.6	3.3	Netherlands/Pays–Bas	1.0	1.1	1.1	1.4	1.5	1.5	1.7	1.7	1.7	1.6
Netherlands/Pays–Bas	1.8	1.8	1.9	2.1	2.1	2.0	2.3	2.4	2.4	3.3	Canada	2.2	1.7	1.1	1.1	0.9	1.2	1.2	1.5	1.1	0.8
Korea Republic	1.1	1.1	1.1	1.1	1.6	1.4	2.1	2.6	2.3	2.1	Switz.Liecht	1.3	1.2	1.3	1.4	1.3	1.1	1.1	1.3	1.2	1.1

74522 PACKAGNG, BOTTLNG, ETC MCH — MACH NETT BOUTEILLES, ETC 74522

TRADE BY COMMODITY IN THOUSAND U.S. DOLLARS – COMMERCE PAR PRODUIT EN MILLIERS DE DOLLARS E.U

IMPORTS – IMPORTATIONS

COUNTRIES–PAYS	1988	1989	1990	1991	1992
Total	4470115	4735376	5389530	x6213485	6114555
Africa	x188778	x173437	x213489	x225483	x218277
Northern Africa	60090	74849	88934	97514	x88519
Americas	916020	800852	883125	1016912	1242597
LAIA	135345	135925	212487	325134	493116
CACM	16179	14310	22190	19917	x24060
Asia	689878	x877643	965058	1003782	x1228888
Middle East	x80472	x98454	x134988	x154478	x247896
Europe	2175466	2313431	2898909	3077556	2970675
EEC	1717761	1861708	2335265	2465733	2412889
EFTA	418220	421897	504955	540885	500189
Oceania	x103910	x121870	x118536	x104399	x118549
France, Monac	399552	409686	527800	549467	491798
USA/Etats-Unis d'Amer	602780	467285	463461	496481	550032
Germany/Allemagne	221148	248635	385258	458978	435487
United Kingdom	304053	336330	373652	307121	374985
Former USSR/Anc. URSS	x196372	x286600	x170158	x541869	
Spain/Espagne	163431	202378	256386	290971	246069
Japan/Japon	135099	217136	270515	193397	210743
Netherlands/Pays-Bas	172293	166006	196000	231069	211213
Italy/Italie	137431	153222	193986	202691	187038
Belgium-Luxembourg	130053	157265	172562	198948	206665
Canada	138980	159202	165157	145896	153953
Korea Republic	80938	107397	162295	200287	173567
Switz.Liecht	128653	133463	163014	162834	159588
Austria/Autriche	97514	89284	125422	152084	142501
China/Chine	178562	180883	84930	96605	175581
Mexico/Mexique	39981	56713	104025	170312	239476
Australia/Australie	85574	105539	95318	88649	100279
Sweden/Suède	85548	79867	94847	102888	86067
Finland/Finlande	52841	70833	73135	68958	59550
Portugal	55957	53759	80799	72165	80245
Denmark/Danemark	71998	54882	57810	67415	68088
Thailand/Thaïlande	40114	42599	61825	71622	61824
So. Africa Customs Un	50986	44519	62054	x63881	x48869
Turkey/Turquie	25720	30145	62924	69760	95051
Czechoslovakia	x86085	35413	58718	x64041	x124444
Greece/Grèce	34012	48278	53859	50515	x64611
Yugoslavia SFR	33693	25393	55301	x67430	
Poland/Pologne	x14190	x17265	x17711	x109867	x149945
Norway, SVD, JM	47233	44542	46333	51430	48669
Malaysia/Malaisie	23860	35575	39139	54048	x47832
Brazil/Brésil	15499	29210	41554	56578	70881
Hungary/Hongrie	x23265	x28076	x36573	51213	x30526
Indonesia/Indonésie	28338	26134	33943	55399	58916
Hong Kong	27128	29713	41887	42115	65511
Singapore/Singapour	28927	36283	36807	38504	43683
Ireland/Irlande	27832	31268	37153	36392	46691
Philippines	18125	x32402	28434	25413	36448
Israel/Israël	24525	23135	22680	33202	37029
Algeria/Algérie	19260	17291	22443	34818	x17605
Bulgaria/Bulgarie	x47093	x47020	x15609	x8431	8192
Morocco/Maroc	12891	19677	21615	25139	22260
Soudi Arabia	13262	16888	x18162	x25172	x33237
Chile/Chili	6931	10509	18648	28293	x31746
Iran (Islamic Rp. of)	x10155	x8648	x19469	x27588	x60578
India/Inde	9169	x28429	15175	11178	15570
Egypt/Egypte	20837	17476	17047	19287	x27371
Venezuela	32250	13451	12233	24389	29883
New Zealand	16791	13006	21226	13411	43236
Former GDR	x24328	x31758	x10128		13860
Tunisia/Tunisie	5482	9051	18521	11867	12907

EXPORTS – EXPORTATIONS

COUNTRIES–PAYS	1988	1989	1990	1991	1992
Totale	4539382	4677943	5521125	5825155	6208446
Afrique	x1459	x2229	x3451	x5985	x3292
Afrique du Nord	x205	x405	x746	207	x256
Amériques	x366126	473513	535559	609286	639948
ALAI	x39848	56475	52065	64943	112841
MCAC	261	392	507	256	x302
Asie	267858	298829	304738	383983	402469
Moyen-Orient	x1109	x4935	x2131	x2595	4469
Europe	3505582	3678099	4621734	4801347	5136621
CEE	3003036	3140463	3891226	4122206	4463881
AELE	493454	530475	721088	676394	668229
Océanie	8017	9875	x11556	12864	14931
Germany/Allemagne	1441973	1479732	1798104	1918318	2091182
Italy/Italie	883604	941540	1246726	1318624	1429735
USA/Etats-Unis d'Amer	276264	364521	423191	476553	452935
Switz.Liecht	232029	218076	316062	296004	344879
Sweden/Suède	201872	239056	296970	277885	212436
Japan/Japon	219892	230733	237452	304371	291683
France, Monac	174815	189682	229879	244673	271224
Netherlands/Pays-Bas	169526	172509	232603	236946	218567
United Kingdom	162710	177409	157346	149941	167848
Spain/Espagne	59154	61485	79591	91749	109616
Denmark/Danemark	57923	67081	74643	86961	101025
Canada	47385	51830	58735	67121	72568
Belgium-Luxembourg	48739	43855	62828	62192	65646
Austria/Autriche	30190	39347	61388	61206	69758
Bulgaria/Bulgarie	x173542	x126139	x16246	x1225	x151
Brazil/Brésil	20015	31406	25610	37882	80162
Finland/Finlande	18774	23533	34785	29623	28412
Hong Kong	24482	30919	25525	29946	54173
Argentina/Argentine	x17080	21494	21861	21402	23079
Singapore/Singapour	9853	13282	16472	23267	17522
Former GDR	x99429	x32995	x8994		
Czechoslovakia	x31945	x25915	x8766	x2570	x5161
Norway, SVD, JM	10578	10402	11882	11676	12731
Romania/Roumanie	x78434	x21092	4916	1	
Australia/Australie	4350	5616	7824	8130	9054
Korea Republic	4017	6387	7765	6499	13404
Yugoslavia SFR	8804	7091	9253	x2727	
Thailand/Thaïlande	750	2497	4529	7627	x8013
Former USSR/Anc. URSS	x4401	x6823	x3085	x3611	
Portugal	1567	2386	4024	6279	4364
New Zealand	3556	4255	3694	4697	5841
Ireland/Irlande	2693	3520	4568	3863	2319
China/Chine	2428	6281	2412	2638	5364
Mexico/Mexique	2374	3305	2910	4382	6757
India/Inde	3483	1331	4351	1646	x1694
Malaysia/Malaisie	1179	1768	2079	3431	x4336
So. Africa Customs Un	x969	x1249	x1030	x4147	x2221
Poland/Pologne	x1869	x1406	x1119	x2617	x2073
Greece/Grèce	332	1263	913	2660	x2354
Hungary/Hongrie	x720	x1028	x960	x1667	x2705
Cyprus/Chypre	179	1303	877	943	829
Lebanon/Liban	x128	x2462	x116	x175	x198
Israel/Israël	469	347	1056	861	477
Turkey/Turquie	215	660	481	915	3027
Cameroon/Cameroun	x1	128		1413	
Indonesia/Indonésie	61	261	94	865	796
Colombia/Colombie	153	96	562	460	1321
Venezuela	28	65	701	193	338
Mauritania/Mauritanie	x179		x950		
Panama	x2015	x166	x570	x155	x579

(VALUE AS % OF TOTAL) (VALEUR EN % DU TOTAL)

Imports

	1983	1984	1985	1986	1987	1988	1989	1990	1991	1992
Africa	x8.5	x7.5	x8.5	x8.1	x5.2	x4.2	x3.6	x4.0	x3.6	x3.6
Northern Africa	4.0	3.3	2.6	x2.8	x1.5	1.3	1.6	1.7	1.6	x1.4
Americas	22.6	25.3	26.0	x26.3	x20.7	20.5	16.9	16.4	16.3	20.3
LAIA	3.6	2.7	2.5	x2.6	x2.6	3.0	2.9	3.9	5.2	8.1
CACM	x0.1			x0.2	x0.2	0.4	0.3	0.4	0.3	x0.4
Asia	x14.6	x14.3	x13.3	x11.9	15.0	15.5	x18.6	17.9	16.1	x20.1
Middle East	x3.6	x3.4	x4.1	x3.2	x2.1	x1.8	x2.1	x2.5	x2.5	x4.1
Europe	51.5	50.0	49.0	50.6	48.7	48.7	48.9	53.8	49.5	48.6
EEC	40.0	39.1	37.9	37.9	36.8	38.4	39.3	43.3	39.7	39.5
EFTA	11.4	10.9	11.0	11.6	11.0	9.4	8.9	9.4	8.7	8.2
Oceania	2.7	x2.8	3.3	x3.1	x2.3	x2.3	x2.6	x2.2	1.6	x2.0
France, Monac	8.9	9.1	9.2	9.0	8.5	8.9	8.7	9.8	8.8	8.0
USA/Etats-Unis d'Amer	15.2	17.6	18.9	18.3	14.1	13.5	9.9	8.6	8.0	9.0
Germany/Allemagne	6.1	6.1	5.9	5.7	5.3	4.9	5.3	7.1	7.4	7.1
United Kingdom	9.9	9.1	8.7	7.9	6.3	6.8	7.1	6.9	4.9	7.1
Former USSR/Anc. URSS					x4.4	x4.4	x6.1	x3.2	x8.7	6.1
Spain/Espagne	2.5	2.6	2.1	2.2	3.5	3.7	4.3	4.8	4.7	4.0
Japan/Japon	2.7	2.3	2.3	2.3	2.4	3.0	4.6	5.0	3.1	3.4
Netherlands/Pays-Bas	3.8	3.3	3.6	3.4	3.7	3.9	3.5	3.6	3.7	3.5
Italy/Italie	2.5	2.6	2.6	2.8	2.7	3.1	3.2	3.6	3.3	3.1
Belgium-Luxembourg	2.6	2.6	2.4	2.6	2.6	2.9	3.3	3.2	3.2	3.4

Exports

	1983	1984	1985	1986	1987	1988	1989	1990	1991	1992
Afrique	x0.1	x0.0	0.1	x0.0	x0.0	x0.0	x0.0	x0.0	x0.1	x0.0
Afrique du Nord	x0.0	x0.0	x0.0	x0.0	x0.0	x0.0	x0.0	x0.0	0.0	x0.0
Amériques	x10.4	x10.6	x9.7	x7.9	x6.7	x8.0	10.1	9.7	10.4	10.3
ALAI	x0.3	x0.4	x0.5	x1.1	x0.9	x0.9	1.2	0.9	1.1	1.8
MCAC	x0.0	x0.0	x0.0	x0.0	x0.0	x0.0	0.0	0.0	0.0	x0.0
Asie	5.2	6.1	6.6	6.3	5.1	5.9	6.3	5.5	6.6	6.5
Moyen-Orient	x0.0	x0.0	x0.0	x0.0	x0.0	x0.1	x0.0	x0.0	x0.0	0.1
Europe	84.1	83.0	83.4	85.6	77.5	77.2	78.6	83.7	82.4	82.7
CEE	69.0	68.3	68.9	71.3	64.5	66.2	67.1	70.5	70.8	71.9
AELE	15.1	14.8	14.5	14.3	13.0	10.9	11.3	13.1	11.6	10.8
Océanie	x0.1	0.2	0.1	x0.1	x0.2	0.2	0.2	x0.2	0.2	0.2
Germany/Allemagne	32.9	33.8	34.3	35.7	32.2	31.8	31.6	32.6	32.9	33.7
Italy/Italie	19.8	19.7	19.8	21.4	18.9	19.5	20.1	22.6	22.6	23.0
USA/Etats-Unis d'Amer	8.4	8.5	7.5	5.4	4.6	6.1	7.8	7.7	8.2	7.3
Switz.Liecht	8.2	7.4	7.7	7.7	7.3	5.1	4.7	5.7	5.1	5.6
Sweden/Suède	5.5	6.1	5.4	5.0	4.3	4.4	5.1	5.4	4.8	3.4
Japan/Japon	4.6	5.4	5.8	5.6	4.1	4.8	4.9	4.3	5.2	4.7
France, Monac	4.2	3.9	4.1	3.4	3.7	3.9	4.1	4.2	4.2	4.4
Netherlands/Pays-Bas	4.0	3.6	3.5	3.8	3.7	3.7	3.7	4.2	4.1	3.5
United Kingdom	4.5	3.7	3.5	3.4	2.5	3.6	3.8	2.8	2.6	2.7
Spain/Espagne	0.9	0.9	0.9	1.0	1.1	1.3	1.3	1.4	1.6	1.8

74527 SPRAYING MACHINERY
APP PROJETER ETC LIQUID 74527

TRADE BY COMMODITY IN THOUSAND U.S. DOLLARS – COMMERCE PAR PRODUIT EN MILLIERS DE DOLLARS E.U

COUNTRIES–PAYS	1988	1989	1990	1991	1992	COUNTRIES–PAYS	1988	1989	1990	1991	1992
Total	3075662	3387921	3772087	4078152	x4113647	Totale	2876638	3323094	3766001	3917001	3944623
Africa	x168014	x137651	x143868	x154017	x152937	Afrique	x2256	x3522	x3779	x6605	x5156
Northern Africa	69113	61464	64079	x70823	x51061	Afrique du Nord	533	1558	902	4204	1522
Americas	582411	707730	679393	722385	788875	Amériques	650189	784516	858596	947358	974789
LAIA	83317	129964	127318	159939	237359	ALAI	32404	47100	24038	26195	29720
CACM	14574	12281	12570	11902	x15926	MCAC	466	228	367	616	x1410
Asia	x516734	x533191	x679305	x748983	x825436	Asie	238070	258585	273835	327801	340757
Middle East	x200971	x141953	x207703	x233844	x269693	Moyen–Orient	x3917	x4196	x2991	x2130	x3318
Europe	1495062	1645537	2051974	2071046	2134040	Europe	1941647	2126322	2538258	2555866	2588382
EEC	1181840	1295955	1619969	1652379	1752451	CEE	1632945	1817578	2136502	2164776	2208722
EFTA	295620	330453	407467	393260	353728	AELE	286287	290929	383723	387181	374613
Oceania	80152	x95463	x92220	x85724	x93436	Océanie	11013	x10701	x11829	x17808	x15452
France,Monac	326564	335193	374791	370636	377201	Germany/Allemagne	769028	874227	1010515	1044299	1060535
USA/Etats–Unis d'Amer	298031	343392	331028	329310	334453	USA/Etats–Unis d'Amer	572993	667663	775719	868705	892863
Germany/Allemagne	185591	213502	290533	327642	368897	Italy/Italie	229677	257404	296491	299984	308632
United Kingdom	176363	183000	215684	199296	203416	France,Monac	151275	179478	231944	222758	217890
Canada	166236	197346	186160	198705	181096	United Kingdom	197396	186347	216792	225276	222252
Spain/Espagne	95961	140528	201839	194609	177650	Switz.Liecht	169112	169232	214679	218510	212455
Belgium–Luxembourg	98965	106516	135893	152180	155767	Japan/Japon	145586	158729	158203	202155	201174
Italy/Italie	104420	109801	133023	142614	154064	Denmark/Danemark	145443	154828	173018	150616	162610
Netherlands/Pays–Bas	111661	108350	134867	140019	171604	Netherlands/Pays–Bas	72465	76561	103253	106717	123071
Former USSR/Anc. URSS	x85869	x135753	x44938	x201145		Austria/Autriche	47555	47865	69767	71980	72713
Japan/Japon	87845	109869	125805	135793	114641	Canada	42791	68878	57933	51479	50509
Switz.Liecht	84648	90189	109330	97193	99084	Sweden/Suède	47563	48896	58900	62953	59784
Korea Republic	51316	58917	106087	96767	93010	Belgium–Luxembourg	31605	36942	49262	52735	54078
Saudi Arabia	111391	58917	x105936	x124876	x138383	Spain/Espagne	28548	41898	44473	51302	51183
Sweden/Suède	73662	81975	88068	81410	76973	Former USSR/Anc. URSS	x2781	x47778	x38759	x43756	
Austria/Autriche	59001	67526	89728	92074	93589	Israel/Israël	31370	32875	35267	44664	45218
Australia/Australie	61761	77930	70644	65927	72908	Hong Kong	24732	21985	23279	23748	40164
Mexico/Mexique	27879	46707	51226	74426	104169	Brazil/Brésil	25804	39827	12768	15918	18457
Norway,SVD,JM	35433	34419	54975	78672	52258	Norway,SVD,JM	15907	13136	28652	25251	20872
Finland/Finlande	40609	54342	63153	41117	29373	Former GDR	x11134	x56371	x9030		
Thailand/Thaïlande	20451	26038	39056	73735	60730	Singapore/Singapour	11788	15206	15573	25746	20595
Portugal	26733	32575	45968	45057	51056	Korea Republic	11084	13771	15028	14440	8023
Czechoslovakia	x43739	43569	44388	x30184	x52709	Yugoslavia SFR	22362	17761	17938	x3848	
Denmark/Danemark	28333	33069	41984	37199	46444	Finland/Finlande	6143	11710	11715	8487	8741
Singapore/Singapour	25595	30118	37151	40107	40688	Australia/Australie	8361	8886	9455	10569	11165
Malaysia/Malaisie	15320	24196	35495	41888	x41757	Bulgaria/Bulgarie	x902	x14062	x12481	x278	x415
China/Chine	41251	31776	30274	30528	78693	Hungary/Hongrie	x7749	x8974	x6898	x6849	x7444
So. Africa Customs Un	33331	24591	27560	x33472	x35659	Czechoslovakia	x7954	x9393	x8815	x3470	x5815
Hungary/Hongrie	x15921	x33868	x19367	25007	x28525	Malaysia/Malaisie	2412	4721	4845	5907	x4109
Hong Kong	22539	21435	27311	25784	41254	China/Chine	4878	5245	4882	4248	11030
Greece/Grèce	14574	19727	27141	25774	x31792	Ireland/Irlande	2524	3494	5604	5258	3392
Indonesia/Indonésie	12309	10075	33729	27129	24361	Mexico/Mexique	3270	3511	6285	4459	5463
Iran (Islamic Rp. of)	x11600	x12503	x16167	x41697	x43035	Greece/Grèce	4188	5274	3810	4295	x3307
Ecuador/Equateur	4595	42340	14811	11397	14736	Poland/Pologne	x2787	x2427	x3466	x6949	x6144
Yugoslavia SFR	14794	16283	21422	x21243		Korea Dem People's Rp	x30	x9	x8771	x10	x87
Poland/Pologne	x11606	x11617	x8971	x33051	x28174	New Zealand	2444	1760	2332	2821	4191
United Arab Emirates	x28881	x16907	x14952	x18089	x27044	India/Inde	1063	x974	3367	2356	x1171
Iraq	x15683	x19531	x29466	x732	x158	Argentina/Argentine	x1188	1573	2394	2610	2103
Ireland/Irlande	12674	13695	18245	17354	14561	Colombia/Colombie	2061	1894	1693	2826	2620
Algeria/Algérie	16108	13324	13984	21171	x7702	Tunisia/Tunisie	481	1368	777	3733	1302
New Zealand	13424	14357	17341	15855	16394	So. Africa Customs Un	x971	x1300	x1756	x1637	x2400
Turkey/Turquie	9379	7266	16975	20612	24597	Nauru			x3	x4354	x17
Israel/Israël	13992	11640	14785	15666	19420	Portugal	796	1123	1341	1536	1771
Egypt/Egypte	14303	14403	13653	13280	11155	Turkey/Turquie	596	1934	933	1690	x2287
Brazil/Brésil	6289	5666	11025	21634	35689	Thailand/Thaïlande	393	384	949	x891	x933
Libyan Arab Jamahiriya	25036	16004	8099	x12474	x14071	Saudi Arabia	1448	971	x987	374	2255
India/Inde	5818	x21547	8595	6340	x13364	Indonesia/Indonésie	183	293	590	x492	x454
Morocco/Maroc	7683	8188	16829	10818	9503	United Arab Emirates	x275	x445	x492	x199	x454
Bulgaria/Bulgarie	x39579	x27631	x4260	x2523	1998	Kenya	512	x54	703	x232	x207
Venezuela	18883	7327	8627	13083	15407	Venezuela	61	88	774	106	354

(VALUE AS % OF TOTAL)(VALEUR EN % DU TOTAL)

	1983	1984	1985	1986	1987	1988	1989	1990	1991	1992		1983	1984	1985	1986	1987	1988	1989	1990	1991	1992
Africa	x8.3	7.8	7.8	x11.5	x9.5	5.5	4.0	3.8	3.8	3.8	Afrique	x0.2	x0.1	0.1	0.1	x0.1	x0.0	0.1	0.1	0.1	0.2
Northern Africa	x3.8	3.6	2.5	x3.2	x2.1	2.2	1.8	1.7	x1.7	1.2	Afrique du Nord		x0.0								
Americas	13.9	18.7	22.8	x22.7	x19.2	18.9	20.9	18.0	17.7	19.1	Amériques	x34.2	33.9	x26.0	22.5	x22.1	22.6	23.6	22.8	24.2	24.7
LAIA	x1.6	3.6	5.0	x4.0	x3.2	2.7	3.8	3.4	3.9	5.8	ALAI	x0.1	0.7	0.8	x1.2	x1.2	1.1	1.4	0.6	0.7	0.8
CACM	x0.5	0.7	0.8	x0.3	x0.6	0.5	0.4	0.3	0.3	x0.4	MCAC	x0.0	0.0	0.0	0.0	0.0	0.0	0.0	0.0	0.0	0.0
Asia	x37.2	31.7	x23.3	x16.2	x18.8	x16.8	15.8	x18.0	x18.4	20.1	Asie	7.1	8.0	9.3	8.7	8.4	8.3	7.8	7.2	8.4	8.6
Middle East	x28.1	22.2	x13.4	x7.4	x7.0	6.5	4.2	x5.5	x5.7	x6.6	Moyen–Orient	x0.2	x0.2	x0.3	x0.1	x0.1	x0.1	x0.1	x0.1	x0.1	x0.1
Europe	38.0	38.5	42.4	46.7	44.5	48.6	48.6	54.4	50.8	51.9	Europe	57.9	57.5	64.0	68.4	68.0	67.5	64.0	67.4	65.3	65.6
EEC	29.6	29.7	32.9	35.3	38.4	38.4	38.3	42.9	40.5	42.6	CEE	49.5	48.0	54.1	58.6	57.5	56.8	54.7	56.7	55.3	56.0
EFTA	8.3	8.2	9.0	10.5	10.0	9.6	9.8	10.8	9.6	8.6	AELE	8.4	8.7	9.3	9.7	10.4	10.0	8.8	10.2	9.9	9.5
Oceania	x2.6	x3.3	x3.6	x2.9	x2.6	2.6	2.8	x2.4	x2.1	x2.3	Océanie	0.7	0.5	x0.4	x0.4	x0.5	0.4	x0.3	x0.3	x0.4	x0.4
France,Monac	6.7	6.6	7.8	8.8	9.1	10.6	9.9	9.9	9.1	9.2	Germany/Allemagne	21.9	20.1	23.0	27.0	26.6	26.7	26.3	26.8	26.7	26.9
USA/Etats–Unis d'Amer	7.5	9.2	11.5	10.9	10.2	9.7	10.1	8.8	8.1	8.1	USA/Etats–Unis d'Amer	32.5	31.1	22.7	18.0	18.2	19.9	20.1	20.6	22.2	22.6
Germany/Allemagne	5.7	5.5	5.7	6.4	6.0	6.3	7.7	8.0	8.0	9.0	Italy/Italie	6.4	6.3	7.7	7.7	8.2	8.0	7.7	7.9	7.7	7.8
United Kingdom	5.5	5.8	6.5	5.8	4.8	5.7	5.4	5.7	4.9	4.9	France,Monac	5.0	5.9	5.5	5.7	5.0	5.3	5.4	6.2	5.7	5.5
Canada	3.7	4.5	4.9	6.3	3.7	5.4	5.8	4.9	4.9	4.4	United Kingdom	7.7	6.6	8.1	6.9	6.7	6.9	5.6	5.8	5.7	5.5
Spain/Espagne	1.7	1.4	1.5	2.0	2.5	3.1	4.1	5.4	4.8	4.3	Switz.Liecht	5.1	5.0	5.1	5.9	5.9	5.1	5.7	5.6	5.4	5.4
Belgium–Luxembourg	2.4	2.2	2.5	3.1	2.5	3.2	3.1	3.6	3.5	3.8	Japan/Japon	4.8	5.5	6.5	6.3	5.1	4.5	4.8	4.2	5.2	5.1
Italy/Italie	2.2	2.5	2.5	2.8	3.1	3.4	3.2	3.5	3.5	3.7	Denmark/Danemark	4.4	4.4	5.3	6.0	5.9	5.1	4.7	4.6	3.8	4.1
Netherlands/Pays–Bas	3.0	3.1	3.2	3.4	3.6	3.6	3.2	3.6	3.4	4.2	Netherlands/Pays–Bas	2.1	2.1	2.0	2.4	2.5	2.5	2.3	2.7	2.7	3.1
Former USSR/Anc. URSS					x2.4	x2.8	x4.0	x1.2	x4.9		Austria/Autriche	1.3	1.5	1.7	1.6	1.8	1.7	1.4	1.9	1.8	1.8

655

7491 BALL, ROLLER, ETC BEARINGS / ROULEMENTS BILLES ETC 7491

TRADE BY COMMODITY IN THOUSAND U.S. DOLLARS – COMMERCE PAR PRODUIT EN MILLIERS DE DOLLARS E.U

COUNTRIES-PAYS	IMPORTS - IMPORTATIONS					COUNTRIES-PAYS	EXPORTS - EXPORTATIONS				
	1988	1989	1990	1991	1992		1988	1989	1990	1991	1992
Total	7065736	7679952	8466565	8016023	7778864	Totale	6406964	7032782	8256802	7481717	7424420
Africa	x228783	x217675	x273872	x224859	x200590	Afrique	x5661	x6963	x7824	x8427	x9117
Northern Africa	67470	75933	86755	84851	x65693	Afrique du Nord	x171	131	192	1042	x583
Americas	1779982	1854820	1806839	1755175	1833994	Amériques	x573497	660010	860249	862218	823159
LAIA	426524	422123	459198	478434	493375	ALAI	33769	61652	65924	53025	57871
CACM	16035	16403	14651	15781	x8270	MCAC	x66	155	x41	122	x244
Asia	1156709	x1383453	1622952	1736463	x1846835	Asie	1761736	2066374	2309986	2260403	x2433516
Middle East	x146595	x129429	x190662	x202012	x217062	Moyen-Orient	x1061	5415	x6171	x3857	x5993
Europe	3111900	3498240	4377181	3842601	3704227	Europe	3424368	3727230	4579945	4049069	3992299
EEC	2571050	2886397	3595340	3230728	3133995	CEE	2903450	3169043	3869309	3468300	3441646
EFTA	464005	538550	696273	576746	543348	AELE	497859	523952	675447	565489	545223
Oceania	123563	148103	138753	x111134	x105384	Océanie	14101	x14237	18453	x18798	16817
Germany/Allemagne	738644	863496	1126670	1098736	1054724	Germany/Allemagne	1382160	1486244	1796209	1585258	1551833
USA/Etats-Unis d'Amer	961860	999269	920016	855892	934838	Japan/Japon	1217019	1382006	1458144	1465646	1542262
Italy/Italie	480163	550872	667786	565230	540542	France, Monac	542491	604893	731973	660409	660411
France, Monac	418406	467516	609108	521772	497348	USA/Etats-Unis d'Amer	413122	467880	686470	688449	637912
United Kingdom	385352	404993	448263	397317	393176	Italy/Italie	408734	439951	540798	515014	515660
Canada	357909	395360	388551	380136	376475	United Kingdom	372126	383859	484786	431517	410203
Singapore/Singapour	258120	307515	351037	372113	376102	Singapore/Singapour	251865	294728	312583	331613	368703
Japan/Japon	216732	240981	275816	301057	266774	Sweden/Suède	298853	302969	340254	292379	289192
Korea Republic	167012	210171	243466	300666	278994	Thailand/Thaïlande	139346	158048	220507	231824	x222471
Sweden/Suède	202855	228814	239236	212195	198926	Austria/Autriche	111506	134148	224665	191005	184728
Spain/Espagne	177791	203787	252154	221381	213360	China/Chine	94716	128161	182752	113906	149264
Former USSR/Anc. URSS	x324491	x301958	x116922	x237711		Canada	109878	123127	107350	120474	126861
Belgium-Luxembourg	148857	158225	191628	171993	167794	Romania/Roumanie	x131876	153552	101321	63637	x33125
Austria/Autriche	85929	103919	195844	174547	171421	Former USSR/Anc. URSS	x113413	x96918	x101384	x103326	
Brazil/Brésil	154681	152344	169336	135541	135055	Czechoslovakia	x159539	x151098	x111408	x38417	x37168
Netherlands/Pays-Bas	122287	131320	163042	137680	150573	Spain/Espagne	57496	87406	108271	104387	109306
Mexico/Mexique	99903	122518	128124	151412	157491	Switz.Liecht	84361	83194	105340	78771	67591
Switz.Liecht	100631	117722	156908	114699	103080	Netherlands/Pays-Bas	74377	81284	96769	77177	91159
Thailand/Thaïlande	84522	105544	120682	146015	164221	Poland/Pologne	x64958	x76563	x104413	x44120	x49202
Australia/Australie	102239	122561	112677	91062	83099	Hong Kong	43954	64246	81328	70921	78918
So. Africa Customs Un	94526	97155	121073	x86161	x83864	Belgium-Luxembourg	44337	60782	71419	66252	73384
Hong Kong	55471	95182	113144	x90903	109958	Brazil/Brésil	21427	41489	42560	39151	41161
India/Inde	73804	x84134	99768	76870	x118470	Korea Republic	10423	23260	41229	33344	47445
Turkey/Turquie	76874	61171	91466	83791	90303	Hungary/Hongrie	x26906	x26374	x36035	x30659	47290
Malaysia/Malaisie	39247	53344	65608	72611	x73971	Yugoslavia SFR	23040	34212	34603	x15256	x26462
Yugoslavia SFR	75535	72096	84042	x34160		Portugal	19231	20711	29855	24173	24967
Finland/Finlande	47119	58473	67208	43266	38758	Former GDR	x86733	x43116	x10395		
Denmark/Danemark	36994	42528	55405	43495	43309	Australia/Australie	13542	13410	17610	17822	15898
China/Chine	30573	42003	38069	52313	100762	Mexico/Mexique	7664	12995	18201	9899	11910
Venezuela	56911	35046	38769	50831	48773	Bulgaria/Bulgarie	x44176	x10330	x15389	x2634	x3529
Argentina/Argentine	39054	30554	30931	55017	85395	So. Africa Customs Un	x2454	x6581	x6224	x7010	x7817
Bulgaria/Bulgarie	x123090	x97378	x8246	x8804	7744	Argentina/Argentine	4549	6864	4756	2708	3447
Portugal	33532	32120	42432	36348	35635	India/Inde	890	x4449	2424	3011	x7644
Czechoslovakia	x44002	36437	43670	x30101	x32203	Turkey/Turquie	613	4266	3550	1358	1506
Iran (Islamic Rp. of)	x13227	x12401	x28479	x55110	x45665	Denmark/Danemark	1616	2186	4804	2062	3190
Norway, SVD, JM	25530	27728	34607	29640	28793	Malaysia/Malaisie	815	1626	2844	4569	x7153
Algeria/Algérie	26474	34915	30986	25183	x10306	Finland/Finlande	2039	1999	3389	1901	2342
Poland/Pologne	x50027	x41481	x19468	x26388	x23538	Panama	x16597	x6935	8		5
Colombia/Colombie	29619	29513	30748	24776	27689	Ireland/Irlande	648	1327	4081	930	451
Hungary/Hongrie	x22988	x26897	x24666	30984	x19314	Norway, SVD, JM	1100	1630	1799	1432	1370
Greece/Grèce	20670	23508	29011	27453	x27991	Israel/Israël	1036	1398	1622	529	1168
Chile/Chili	21039	24639	26278	26943	x14652	United Arab Emirates	x160	x156	x1628	x858	x2470
Israel/Israël	16933	19032	25239	29502	31119	New Zealand	498	724	784	919	793
Romania/Roumanie	x21961	28616	27954	10729	x4549	Philippines	x1895	5	36	62	
Egypt/Egypte	15742	15160	22267	22886	22086	Greece/Grèce	234	399	344	1122	x1082
Indonesia/Indonésie	16715	17498	20403	20036	27261	Jordan/Jordanie	78	401	102	847	624
Philippines	10328	x19469	20032	16621	16022	Saudi Arabia	57	31	x643	x492	x852
United Arab Emirates	x21349	x12613	x19731	x22963	x30486	Korea Dem People's Rp	x67	x189	x119	x716	x425
New Zealand	14625	18713	19780	16454	18871	Tunisia/Tunisie	21	16	75	777	357
Afghanistan	x8549	x18857	x20397	x11878	x20441	Indonesia/Indonésie	465	730	52	84	93

(VALUE AS % OF TOTAL) (VALEUR EN % DU TOTAL)

	1983	1984	1985	1986	1987	1988	1989	1990	1991	1992		1983	1984	1985	1986	1987	1988	1989	1990	1991	1992
Africa	x4.8	x3.5	3.7	x3.7	x2.7	x3.2	x2.9	x3.2	x2.8	x2.6	Afrique	x0.1	x0.0	x0.1	x0.0	x0.0	x0.1	x0.1	x0.1	x0.1	x0.1
Northern Africa	1.7	1.1	1.2	1.2	0.9	1.0	1.0	1.0	1.0	x0.8	Afrique du Nord	x0.0	x0.0	x0.0	x0.0	0.0	0.0	0.0	0.0	0.0	0.0
Americas	25.5	33.4	32.8	x28.1	x23.8	25.2	24.2	21.4	21.9	23.6	Amériques	x12.6	x14.2	12.9	9.9	8.8	9.0	9.4	10.4	11.5	11.1
LAIA	3.1	7.9	8.4	7.3	x6.1	6.0	5.5	5.4	6.0	6.3	ALAI	0.0	0.5	0.4	0.3	x0.3	0.5	0.9	0.8	0.7	0.8
CACM	x0.1	0.5	0.4	x0.1	0.1	0.2	0.2		0.2	0.1	MCAC	x0.0	0.0	0.0	0.0	0.0	0.0	0.0	0.0	0.0	0.0
Asia	15.9	15.2	15.6	15.6	15.7	16.4	x18.0	19.2	21.6	x23.7	Asie	24.6	27.2	27.3	26.2	23.6	27.5	29.4	28.0	30.2	x32.8
Middle East	x2.0	x2.8	x2.5	x2.3	x2.1	x2.1	x1.7	x2.3	x2.5	x2.8	Moyen-Orient	x0.1	x0.1	x0.2	x0.0	x0.0	0.1	x0.1	x0.1	x0.1	x0.1
Europe	49.1	43.5	45.7	50.6	46.9	44.0	45.6	51.7	47.9	47.6	Europe	57.8	54.2	59.5	63.8	56.5	53.4	53.0	55.5	54.1	53.8
EEC	41.1	34.8	36.7	41.5	38.9	36.4	37.6	42.5	40.3	40.3	CEE	47.9	44.8	49.5	53.3	47.8	45.3	45.1	46.9	46.4	46.4
EFTA	8.0	6.8	7.3	8.1	7.2	6.6	7.0	8.2	7.2	7.0	AELE	9.9	9.1	9.7	10.3	8.5	7.8	7.5	8.2	7.6	7.3
Oceania	2.1	x2.4	2.2	x2.0	2.0	1.8	1.9	1.7	x1.3	x1.3	Océanie	x0.1	x0.1	0.1	x0.1	0.2	0.2	x0.2	x0.2	x0.3	0.2
Germany/Allemagne	11.8	10.1	11.0	12.8	11.5	10.5	11.2	13.3	13.7	13.6	Germany/Allemagne	24.2	22.4	24.2	26.2	22.9	21.6	21.1	21.8	21.2	20.9
USA/Etats-Unis d'Amer	15.7	18.2	17.4	14.9	12.4	13.6	13.0	10.9	10.7	12.0	Japan/Japon	19.1	21.1	20.1	20.0	16.9	19.0	19.7	17.7	19.6	20.8
Italy/Italie	6.7	6.1	6.6	7.7	7.5	6.8	7.2	7.9	7.1	6.9	France, Monac	8.2	7.8	8.8	9.5	9.0	8.5	8.6	8.9	8.8	8.9
France, Monac	7.4	5.8	6.0	6.6	6.3	5.9	6.1	7.2	6.5	6.4	USA/Etats-Unis d'Amer	9.8	10.9	9.9	7.3	6.6	6.4	6.7	8.3	9.2	8.6
United Kingdom	5.6	5.2	5.6	5.4	5.4	5.5	5.3	5.3	5.0	5.1	Italy/Italie	6.3	6.3	7.3	8.1	7.1	6.4	6.3	6.5	6.9	6.9
Canada	6.0	6.3	5.8	5.3	4.5	5.1	5.1	4.6	4.7	4.8	United Kingdom	5.8	5.4	6.0	6.0	5.3	5.8	5.5	5.9	5.8	5.5
Singapore/Singapour	2.8	2.7	2.5	3.0	3.1	3.7	4.0	4.1	4.6	4.8	Singapore/Singapour	4.2	4.3	3.9	3.8	3.3	3.9	4.2	3.8	4.4	5.0
Japan/Japon	2.4	3.1	3.2	3.2	2.9	3.1	3.1	3.3	3.8	3.4	Sweden/Suède	5.7	5.3	5.6	5.9	5.1	4.7	4.3	4.1	3.9	3.9
Korea Republic	1.5	1.2	1.3	1.8	2.1	2.4	2.7	2.9	3.8	3.6	Thailand/Thaïlande	0.3	1.2	2.0	1.6	1.8	2.2	2.2	2.7	3.1	x3.0
Sweden/Suède	3.5	2.9	2.9	3.2	3.3	2.9	3.0	2.8	2.6	2.6	Austria/Autriche	2.3	2.1	2.4	2.5	1.9	1.7	1.9	2.7	2.6	2.5

7492 COCKS, VALVES ETC NES / ART ROB, SIM POUR TUYAUX 7492

TRADE BY COMMODITY IN THOUSAND U.S. DOLLARS – COMMERCE PAR PRODUIT EN MILLIERS DE DOLLARS E.U

IMPORTS – IMPORTATIONS

COUNTRIES–PAYS	1988	1989	1990	1991	1992
Total	11453741	11839187	13525855	15457131	16452560
Africa	x408748	x383735	x508841	x473668	x535883
Northern Africa	192492	174719	242505	213836	x223588
Americas	2492773	2592462	2914634	3247714	3581127
LAIA	359956	394952	501201	636009	662216
CACM	20052	21862	19871	21370	x19828
Asia	x1786977	x1932779	x2376951	x2887997	x3452705
Middle East	x470183	x422571	x604628	x773162	x1075999
Europe	5193323	5538877	6991062	7329230	8282035
EEC	4071666	4373611	5547921	6001532	6825893
EFTA	1047023	1088811	1355781	1260924	1376336
Oceania	273022	308792	x327768	x334587	x338365
USA/Etats–Unis d'Amer	1530103	1497051	1706885	1830240	2138620
Germany/Allemagne	854817	941956	1280722	1589743	1882066
France, Monac	714172	756702	960149	997299	1034246
United Kingdom	715697	760205	850219	899680	1014124
Former USSR/Anc. URSS	x905698	x816605	x252595	x989746	
Canada	528395	609369	616767	675207	680992
Netherlands/Pays–Bas	494249	499868	608964	647570	743960
Italy/Italie	451450	484788	602162	618605	707117
Belgium–Luxembourg	317721	348494	504164	475940	575690
Japan/Japon	309887	368642	408035	420281	392609
Korea Republic	287298	303965	379052	482049	517192
Austria/Autriche	242387	251915	341689	356823	404013
Switz.Liecht	258115	280292	336338	312494	320569
Spain/Espagne	215268	248256	323014	341413	358012
Singapore/Singapour	170683	223386	267973	331646	380114
Sweden/Suède	248487	255090	300296	266503	275482
Australia/Australie	223741	258499	265902	276716	276526
Norway,SVD,JM	159424	149306	203520	195312	236771
Mexico/Mexique	117305	125523	153407	211352	283953
Denmark/Danemark	139478	136760	168702	171521	193781
Saudi Arabia	83596	81898	x159400	x230852	x362890
Iran (Islamic Rp. of)	x89577	x98122	x140617	x226036	x271184
Finland/Finlande	131168	144283	165545	120974	131372
Malaysia/Malaisie	58460	70726	105617	198992	x166059
Indonesia/Indonésie	84508	86820	113713	155812	230782
So. Africa Customs Un	106884	95816	124865	x103727	x104893
Venezuela	65278	62716	87308	151271	115801
Thailand/Thaïlande	74214	82633	98816	115399	141988
China/Chine	88902	96609	96719	97033	131499
Greece/Grèce	58261	81223	102259	97636	x126066
Brazil/Brésil	70203	78348	100158	101940	92924
Hong Kong	69140	76053	85803	103818	142143
Portugal	62500	67364	86473	98967	117777
Algeria/Algérie	58787	50759	95760	70709	x57589
India/Inde	74624	x84394	70364	62175	x107424
Yugoslavia SFR	67177	68889	78715	x57417	
Turkey/Turquie	50487	43045	70741	84263	111824
United Arab Emirates	x94951	x47881	x61606	x78663	x135031
Ireland/Irlande	48053	47995	61094	63158	73054
Israel/Israël	45125	48264	58805	63368	73764
Czechoslovakia	x97186	46434	54875	x57542	x79199
Chile/Chili	31555	40651	60711	55802	x36859
Hungary/Hongrie	x50886	x52907	x46491	54350	x50811
New Zealand	36503	38474	48082	46641	48464
Libyan Arab Jamahiriya	35949	41547	44984	45045	x51434
Poland/Pologne	x35432	x31667	x23570	x70860	x111890
Egypt/Egypte	54154	38759	43551	39467	41627
Colombia/Colombie	25324	38704	43299	32552	41376
Nigeria/Nigéria	x24600	x28706	x37708	x46791	x84357
Iraq	x53769	x60786	x36279	x639	x178

EXPORTS – EXPORTATIONS

COUNTRIES–PAYS	1988	1989	1990	1991	1992
Totale	9275605	10216923	12068658	13115493	14612094
Afrique	x12554	x8861	x11944	x15907	x23026
Afrique du Nord	7484	x2200	x4101	6201	x5070
Amériques	1073397	1302432	1618155	1809080	2032563
ALAI	84524	100771	121645	150731	163126
MCAC	1991	1875	1553	1845	x1707
Asie	1194825	1359456	1435662	1776422	x2086354
Moyen–Orient	x11960	x6979	x6979	x11176	x20571	x30391
Europe	6638979	7124306	8724666	9328211	10284619
CEE	5675870	6094671	7473258	8181112	9072555
AELE	833272	885356	1127339	1094205	1160036
Océanie	x36971	x40775	x45681	x52302	x59573
Germany/Allemagne	2061885	2232115	2669125	2702893	3073444
Italy/Italie	1242071	1390950	1713133	2035302	2296706
USA/Etats–Unis d'Amer	827118	1000430	1254110	1373252	1552263
Japan/Japon	931503	1035089	1099454	1312895	1488427
France, Monac	733438	811187	959707	1067414	1219027
United Kingdom	718052	738414	915482	951984	1015534
Switz.Liecht	353790	352835	456087	453891	475562
Netherlands/Pays–Bas	289720	289530	389226	410856	442904
Denmark/Danemark	320505	296933	379297	412541	474291
Spain/Espagne	161783	183332	254006	382152	314279
Sweden/Suède	201071	231851	276852	269524	282355
Canada	158296	196900	238440	281673	314635
Austria/Autriche	157261	156566	198216	201796	236878
Finland/Finlande	101379	122866	164693	140180	136829
Belgium–Luxembourg	108178	110423	144928	156074	165502
Yugoslavia SFR	129351	144198	123713	x51933	
Singapore/Singapour	78894	88593	95191	117339	127317
Korea Republic	80769	97846	82658	106743	135699
Czechoslovakia	x99613	x76245	x66558	x27043	x40132
Romania/Roumanie	x12646	107201	37534	22516	x11706
China/Chine	25080	37563	47148	81455	108747
Mexico/Mexique	31392	37081	50509	64229	75341
Hong Kong	28603	37976	36613	48191	76947
Poland/Pologne	x38422	x38639	x48120	x35255	x37859
Brazil/Brésil	34420	41336	39221	38018	45412
Ireland/Irlande	28203	28012	32473	40233	44052
Former GDR	x125409	x77510	x23058		
Australia/Australie	23612	26848	33146	36758	45677
Norway,SVD,JM	19770	21204	31473	28815	28410
Hungary/Hongrie	x16875	x24644	x26188	x26993	x32096
Argentina/Argentine	15514	16034	22559	38720	31938
Israel/Israël	20190	20548	24897	30762	28246
Bulgaria/Bulgarie	x4600	x23569	x19318	x4647	x4165
Former USSR/Anc. URSS	x21514	x23569	x11773	x17118	
Thailand/Thaïlande	6695	7498	13539	26962	x35829
Portugal	10408	12389	13586	18446	21358
New Zealand	13129	13751	12182	15160	13663
India/Inde	5426	15764	11150	12908	x29488
So. Africa Customs Un	3929	x5877	x6493	x8797	x15516
Turkey/Turquie	4904	2986	5385	10166	15504
Indonesia/Indonésie	1163	3925	4716	8296	10666
Malaysia/Malaisie	3020	3090	6268	6832	x9225
Venezuela	1332	3209	5685	3273	5262
Saudi Arabia	522	1323	x3379	x5264	x9053
Greece/Grèce	1629	1387	2296	3217	x5459
Philippines	878	x3173	1496	1849	2552
Chile/Chili	1023	1198	2124	2928	x1990
Colombia/Colombie	448	1300	1289	3397	1873
Tunisia/Tunisie	1817	1220	1603	2656	1990
Costa Rica	1219	1218	942	1268	x719

(VALUE AS % OF TOTAL)(VALEUR EN % DU TOTAL)

	1983	1984	1985	1986	1987	1988	1989	1990	1991	1992		1983	1984	1985	1986	1987	1988	1989	1990	1991	1992
Africa	x6.1	x6.6	x6.1	x5.8	x3.4	x3.5	x3.2	x3.7	x3.1	x3.2	Afrique	x0.1	x0.1	x0.1	x0.1	x0.2	x0.1	x0.1	x0.1	x0.2	x0.2
Northern Africa	x3.1	3.0	2.9	3.0	1.7	1.7	1.5	1.8	1.4	x1.4	Afrique du Nord	0.0	0.0	0.0	0.0	0.0	0.1	0.0	0.0	0.0	0.0
Americas	14.5	20.3	22.9	x22.3	x19.4	21.8	21.9	21.0	21.0	21.7	Amériques	15.4	15.9	13.8	x12.0	x11.6	11.5	12.7	13.4	13.8	13.9
LAIA	2.4	3.9	4.2	x4.4	x3.8	3.1	3.3	3.7	4.1	4.0	ALAI	0.2	1.1	1.1	x1.1	x1.3	0.9	1.0	1.0	1.1	1.1
CACM	x0.1	0.2	0.1	0.1	x0.2	0.2	0.1	0.1	0.1	x0.1	MCAC	x0.0	0.0	0.0	0.0	0.0	0.0	0.0	0.0	0.0	x0.0
Asia	x29.1	x24.8	x22.2	x18.8	15.9	x15.6	16.3	17.6	18.7	x21.0	Asie	x15.1	14.4	13.4	12.4	11.8	12.9	13.3	11.9	13.5	x14.3
Middle East	x14.2	x10.6	x9.3	x7.5	x5.0	x4.1	x3.6	x4.5	x5.0	6.5	Moyen–Orient	x0.4	x0.2	x0.9	x0.4	x0.5	x0.1	x0.1	x0.1	x0.2	x0.2
Europe	45.8	44.2	46.1	50.6	46.6	45.3	46.8	51.7	47.4	50.3	Europe	69.1	69.3	72.4	75.1	71.7	71.6	69.7	72.3	71.1	70.4
EEC	36.3	33.8	35.7	39.2	36.1	35.5	36.9	41.0	38.8	41.5	CEE	60.6	57.4	60.8	64.4	61.4	61.2	59.7	61.9	62.4	62.1
EFTA	9.5	9.6	9.5	10.7	9.9	9.1	9.2	10.0	8.2	8.4	AELE	8.6	8.9	9.2	9.1	10.0	9.0	8.7	9.3	8.3	7.9
Oceania	3.1	x3.2	x2.8	x2.5	x2.3	2.4	2.6	x2.4	x2.2	x2.1	Océanie	0.3	x0.3	0.3	x0.3	x0.3	x0.4	x0.4	x0.4	x0.4	x0.4
USA/Etats–Unis d'Amer	8.3	12.0	14.2	14.3	12.6	13.4	12.6	12.6	11.8	13.0	Germany/Allemagne	21.0	20.2	20.9	23.5	23.1	22.2	21.8	22.1	20.6	21.0
Germany/Allemagne	7.8	7.5	7.8	8.8	7.9	7.5	8.0	9.5	10.3	11.4	Italy/Italie	13.4	13.6	13.1	13.5	14.1	13.4	13.6	14.2	15.5	15.7
France, Monac	6.8	6.0	6.2	6.8	6.5	6.2	6.4	7.1	6.5	6.3	USA/Etats–Unis d'Amer	13.8	13.2	11.3	9.4	9.2	8.9	9.8	10.4	10.5	10.6
United Kingdom	6.7	6.5	7.0	6.9	6.2	6.2	6.4	6.4	5.8	6.2	Japan/Japon	13.1	12.4	10.6	10.3	9.3	10.0	10.1	9.1	10.0	10.2
Former USSR/Anc. URSS	1.3	0.8			x9.4	x7.9	x6.9	x1.9	x0.4		France, Monac	9.5	9.1	9.5	9.6	8.3	7.9	7.9	8.0	8.1	8.3
Canada	2.8	3.3	3.7	2.8	2.3	4.6	5.1	4.6	4.4	4.1	United Kingdom	9.0	8.2	8.4	8.1	7.4	7.7	7.2	7.6	7.3	6.9
Netherlands/Pays–Bas	4.1	4.0	4.6	5.0	4.5	4.3	4.2	4.5	4.0	4.3	Switz.Liecht	3.4	3.4	3.6	4.1	4.2	3.8	3.5	3.8	3.5	3.3
Italy/Italie	3.3	3.1	3.3	4.0	3.9	3.9	4.1	4.5	4.0	3.5	Netherlands/Pays–Bas	2.8	2.6	2.7	3.1	3.0	3.1	2.8	3.2	3.1	3.0
Belgium–Luxembourg	2.7	2.6	2.8	2.9	2.6	2.8	2.9	3.7	3.1	3.5	Denmark/Danemark	2.8	3.0	3.2	3.4	2.3	2.9	3.1	3.1	3.1	3.2
Japan/Japon	2.7	2.8	2.6	2.2	2.1	2.7	3.1	3.0	2.7	2.4	Spain/Espagne	1.4	1.4	1.8	1.7	1.7	1.7	1.8	2.1	2.9	2.2

7493 SHAFT, CRANK, PULLEY ETC — ARBRES TRANS, VILEBREQUINS 7493

TRADE BY COMMODITY IN THOUSAND U.S. DOLLARS — COMMERCE PAR PRODUIT EN MILLIERS DE DOLLARS E.U

IMPORTS – IMPORTATIONS

COUNTRIES–PAYS	1988	1989	1990	1991	1992
Total	7289763	8330029	9786102	9718787	9884010
Africa	x385123	x367922	x466846	x337799	x334296
Northern Africa	144554	146805	197763	172156	x163395
Americas	1679332	2321592	2541766	2673356	2804935
LAIA	576285	554720	623214	700091	654851
CACM	12256	14250	11183	10356	x10731
Asia	1160859	x1267832	1614881	1750380	x1940783
Middle East	x249324	x213355	x336446	x378162	x420400
Europe	3514834	3840423	4761683	4434537	4496074
EEC	2654567	2935269	3602971	3449472	3473840
EFTA	786983	838912	1079589	950394	993672
Oceania	193861	240321	x265546	x227324	x227021
USA/Etats–Unis d'Amer	601471	1224056	1360001	1458964	1594338
Germany/Allemagne	572319	667896	864760	890439	909239
France, Monac	491297	528336	655587	621002	661151
United Kingdom	467317	517473	614844	541681	516140
Canada	460991	498007	508707	466376	513234
Italy/Italie	304266	325101	388121	369772	349212
Netherlands/Pays–Bas	273885	306752	384909	378892	381688
Austria/Autriche	216519	243206	344362	342016	381754
Korea Republic	204099	268461	278394	332663	308616
Belgium–Luxembourg	228773	242015	295613	254419	250223
Sweden/Suède	239425	249305	289730	234139	238319
Australia/Australie	161774	208376	232517	201184	198521
Mexico/Mexique	168846	181264	198399	261220	282458
Japan/Japon	144279	166801	227682	244335	271121
Switz.Liecht	166845	180782	241985	205336	199477
Singapore/Singapour	165646	183513	220002	219817	209303
Spain/Espagne	162679	180597	209315	216689	204123
Brazil/Brésil	146265	159124	182177	164563	133945
Former USSR/Anc. URSS	x171617	x162524	x52202	x219687	
So. Africa Customs Un	171345	151056	163622	x76776	x78294
India/Inde	115948	x97092	150451	102897	x124189
Thailand/Thaïlande	64447	89041	109090	115588	145912
Turkey/Turquie	86625	71873	113716	116732	136377
Finland/Finlande	92385	103380	116076	81995	85687
Iran (Islamic Rp. of)	x30614	x41444	x96908	x148242	x119823
Denmark/Danemark	76909	77924	96324	96656	101159
Venezuela	114814	71625	82478	113297	91332
Norway, SVD, JM	67416	58318	82320	81544	83882
Indonesia/Indonésie	49438	55394	74376	76383	86277
Algeria/Algérie	69050	60893	82664	56446	x40334
Malaysia/Malaisie	34054	49536	63964	76542	x130695
Yugoslavia SFR	72020	65163	77732	x32433	
Chile/Chili	41319	47674	59358	48252	x31659
Hong Kong	48932	44884	48758	55054	86671
Portugal	38494	40297	46084	40773	42671
China/Chine	25404	22746	35917	64764	79119
Egypt/Egypte	31896	37215	42639	41022	44304
Argentina/Argentine	43317	30121	32959	53672	63535
Saudi Arabia	23586	24096	x39980	x47610	x66866
Tunisia/Tunisie	22932	24926	40520	37001	40365
Colombia/Colombie	32290	32023	31639	26342	25155
Israel/Israël	27132	22834	27856	31743	34176
Greece/Grèce	21365	26359	28068	22058	x40850
Czechoslovakia	x54137	24760	33628	x17633	x19406
Morocco/Maroc	17996	19635	25352	25378	25980
New Zealand	20361	21965	25308	20827	21089
Philippines	10261	x31661	14858	17456	20634
Hungary/Hongrie	x19557	x19162	x19394	24495	x22019
United Arab Emirates	x40302	x17294	x24666	x17626	x30812
Nigeria/Nigéria	x16685	x16122	x20267	x22789	x26932

EXPORTS – EXPORTATIONS

COUNTRIES–PAYS	1988	1989	1990	1991	1992
Totale	6779154	7538707	8758621	8495061	8923756
Afrique	x8932	x11054	x17244	x18391	x25186
Afrique du Nord	1370	1676	3369	4290	7777
Amériques	635694	949632	1202448	1278504	1388195
ALAI	95433	113907	198772	207428	191002
MCAC	x53	x131	25	67	x345
Asie	1568661	1745642	1835422	1966208	x2176205
Moyen-Orient	18008	x8623	x17128	x25568	x21421
Europe	4261820	4556319	5506202	5084174	5227085
CEE	3650595	3917504	4744837	4395627	4572190
AELE	551037	560315	697381	655114	633892
Océanie	x18837	25721	26435	x25027	40896
Germany/Allemagne	1929018	2026500	2458463	2315579	2465961
Japan/Japon	1350373	1488050	1598347	1708748	1815472
USA/Etats–Unis d'Amer	310580	591719	788988	808157	908445
Italy/Italie	430045	475754	576511	608587	645489
United Kingdom	462341	500708	575466	512973	479188
France, Monac	388729	407460	535783	434061	454465
Austria/Autriche	185293	202497	267351	245003	249447
Belgium–Luxembourg	210450	232483	258549	223684	209874
Canada	225990	239171	213673	260914	287810
Switz.Liecht	208364	189521	232191	239729	223938
Spain/Espagne	89663	118162	147762	132698	136123
Netherlands/Pays–Bas	91160	104971	135185	120199	122867
Sweden/Suède	104921	109330	120178	106222	104009
Brazil/Brésil	67188	77121	102233	127367	107793
Singapore/Singapour	117683	123445	87822	89973	106680
Mexico/Mexique	19560	26254	83477	67252	68988
Yugoslavia SFR	60055	78296	63920	x33122	
Former USSR/Anc. URSS	x47942	x58939	x49457	x64101	
Finland/Finlande	40490	48851	62008	47481	39604
China/Chine	23341	43411	47565	52502	66202
Czechoslovakia	x66725	x69623	x38817	x12345	x25736
Denmark/Danemark	34126	34892	43164	35902	48383
Hong Kong	18228	23910	28430	41449	64172
Korea Republic	29697	30784	33457	27219	37275
Poland/Pologne	x23832	x30823	x30900	x22996	x20984
Former GDR	x117320	x57926	x22632		
Australia/Australie	14561	22046	21888	21973	37659
Norway, SVD, JM	11961	10116	15651	16660	16887
Hungary/Hongrie	x8642	x10424	x15601	x14772	x13314
So. Africa Customs Un	x5573	x7931	x11485	x11582	x15361
Saudi Arabia	814	1319	x11215	x17357	x10612
India/Inde	3444	x15890	6302	5201	x18234
Bulgaria/Bulgarie				x809	x1037
Argentina/Argentine	x8821	x16471	x9304	9525	11128
Ireland/Irlande	5890	7545	8358		
Israel/Israël	10480	10375	7427	6165	4025
Romania/Roumanie	3427	5792	7428	6065	6263
Portugal	x11918	6131	3823	7568	x4952
Malaysia/Malaisie	3796	5631	5305	4530	5295
Turkey/Turquie	2191	2073	5719	5013	x5954
New Zealand	14644	5091	3376	2658	4300
Thailand/Thaïlande	4147	3340	3238	2572	2985
Tunisia/Tunisie	1826	2577	2151	3102	x33564
Chile/Chili	590	708	2281	2941	6426
Panama	2105	1894	1738	1427	x1436
United Arab Emirates	x3077	x3946	0	x987	3
Greece/Grèce	x622	x897	x821	x1445	x3379
Venezuela	786	568	1222	1248	x519
Colombia/Colombie	1	379	2248	121	383
Jordan/Jordanie	597	430	585	1627	908
	23	297	209	2045	1599

(VALUE AS % OF TOTAL)(VALEUR EN % DU TOTAL)

IMPORTS

	1983	1984	1985	1986	1987	1988	1989	1990	1991	1992
Africa	x8.7	x8.0	x7.0	x5.9	x4.4	x5.3	x4.4	x4.8	x3.5	x3.4
Northern Africa	3.4	3.0	2.9	2.8	2.2	2.0	1.8	2.0	1.8	x1.7
Americas	12.7	19.4	21.4	x18.5	x17.9	23.1	27.9	26.0	27.5	28.4
LAIA	3.5	9.0	10.1	x7.2	6.7	7.9	6.7	6.4	7.2	6.6
CACM	x0.1	0.1	0.1	x0.1	x0.1	0.2	0.2	0.1	0.1	x0.1
Asia	x19.5	19.0	x17.6	15.8	16.1	16.0	x15.2	16.5	x18.0	x19.6
Middle East	x4.5	x4.9	x5.0	x3.8	x3.4	x3.4	x2.6	x3.4	x3.9	x4.3
Europe	55.5	50.0	50.8	56.7	53.4	48.2	46.1	48.7	45.6	45.5
EEC	42.4	37.0	37.5	42.0	39.5	36.4	35.2	36.8	35.5	35.1
EFTA	13.1	11.4	11.7	13.7	13.1	10.8	10.1	11.0	9.8	10.1
Oceania	3.6	x3.8	3.2	x3.1	2.7	2.7	2.9	x2.7	x2.4	x2.3
USA/Etats-Unis d'Amer	5.5	6.6	7.7	8.4	8.5	8.3	14.7	13.9	15.0	16.1
Germany/Allemagne	7.9	6.7	7.3	9.5	8.7	7.9	8.0	8.8	9.2	9.2
France, Monac	9.2	7.5	7.2	7.9	6.9	6.7	6.3	6.7	6.4	6.7
United Kingdom	6.5	6.4	7.0	6.6	6.5	6.4	6.2	6.3	5.6	5.2
Canada	2.8	3.0	2.9	2.5	2.2	6.3	6.0	5.2	4.8	5.2
Italy/Italie	4.8	4.3	3.9	4.8	4.5	4.2	3.9	4.0	3.8	3.5
Netherlands/Pays–Bas	4.8	4.3	4.1	4.6	4.6	3.8	3.7	3.9	3.9	3.9
Austria/Autriche	3.1	2.7	3.0	3.7	3.6	3.0	2.9	3.5	3.5	3.9
Korea Republic	2.9	2.9	3.0	2.9	2.9	2.8	3.2	2.8	3.4	3.1
Belgium–Luxembourg	3.4	2.9	3.2	3.5	3.4	3.1	2.9	3.0	2.6	2.5

EXPORTS

	1983	1984	1985	1986	1987	1988	1989	1990	1991	1992
Afrique	x0.3	x0.1	x0.2	x0.2	x0.2	x0.1	x0.1	x0.2	x0.2	x0.3
Afrique du Nord	x0.0	x0.0	x0.0	x0.0	x0.0	x0.0	x0.0	x0.0	0.1	0.1
Amériques	9.2	11.2	10.7	7.7	x7.1	9.4	12.6	13.7	15.1	15.6
ALAI	0.3	2.1	0.0	1.2	x1.3	1.4	1.5	2.3	2.4	2.1
MCAC	x0.0	0.0	0.0	0.0	0.0	0.0	0.0	0.0	0.0	x0.0
Asie	18.3	18.7	18.4	17.9	17.7	23.2	23.1	20.9	23.2	x24.4
Moyen-Orient	x0.2	x0.1	1.0	x0.2	0.6	0.3	x0.1	x0.2	x0.3	x0.2
Europe	71.8	69.6	70.5	74.1	70.5	62.9	60.4	62.9	59.8	58.6
CEE	61.9	58.0	58.9	62.7	59.7	53.9	52.0	54.2	51.7	51.2
AELE	9.9	9.8	10.6	10.9	10.4	8.1	7.4	8.0	7.7	7.1
Océanie	0.4	x0.3	0.2	x0.2	x0.3	0.3	0.3	x0.3	0.5	
Germany/Allemagne	31.9	28.7	29.3	33.4	32.7	28.5	26.9	28.1	27.3	27.6
Japan/Japon	15.4	16.1	15.2	15.6	14.5	19.9	19.7	18.2	20.1	20.3
USA/Etats-Unis d'Amer	8.0	8.2	8.7	5.8	5.2	4.6	7.8	9.0	9.5	10.2
Italy/Italie	6.5	6.7	6.9	7.3	7.2	6.3	6.3	6.6	7.2	7.2
United Kingdom	8.6	8.0	7.8	6.7	6.6	6.8	6.6	6.6	6.0	5.4
France, Monac	7.4	7.1	7.1	7.6	6.1	5.7	5.4	6.1	5.1	5.1
Austria/Autriche	3.1	2.9	2.9	3.4	3.2	2.7	2.7	3.1	2.9	2.8
Belgium–Luxembourg	3.7	3.5	3.6	3.7	3.5	3.1	3.1	3.0	2.6	2.4
Canada	0.8	0.8	0.8	0.6	0.6	3.3	3.2	2.4	3.1	3.2
Switz.Liecht	3.9	3.4	3.6	4.1	3.8	3.1	2.5	2.7	2.8	2.5

74991 FOUNDRY MOULDS ETC NES / MOULES POUR METAUX 74991

TRADE BY COMMODITY IN THOUSAND U.S. DOLLARS – COMMERCE PAR PRODUIT EN MILLIERS DE DOLLARS E.U

IMPORTS – IMPORTATIONS

COUNTRIES–PAYS	1988	1989	1990	1991	1992
Total	3213366	3460326	3979949	4690138	5147097
Africa	x100601	x93996	x126259	x105308	x110009
Northern Africa	48386	46921	67493	55813	x49870
Americas	751107	886972	840888	1030002	1163877
LAIA	176295	218098	247103	263736	387027
CACM	4479	4462	4934	3663	x5565
Asia	781392	907403	1033467	1260650	x1540245
Middle East	x56000	x56335	x70067	x90386	x97359
Europe	1303651	1345384	1839952	2006297	2232882
EEC	1091205	1134217	1546565	1699929	1911821
EFTA	192147	190251	270196	278449	298512
Oceania	36355	31531	x35316	x29352	x37227
USA/Etats-Unis d'Amer	419801	516477	477295	638794	594635
Germany/Allemagne	321421	322463	455925	533071	586329
France, Monac	184256	199137	281080	321465	353678
China/Chine	188506	220058	213596	257266	408325
United Kingdom	154246	175905	157871	177987	215840
Belgium-Luxembourg	104903	111350	164922	169004	175438
Netherlands/Pays-Bas	109637	110703	155617	148728	177644
Former USSR/Anc. URSS	x113153	x128973	x62581	x220753	
Mexico/Mexique	69207	103320	123970	141376	219087
Malaysia/Malaisie	72345	89275	124561	152855	x202329
Canada	142317	139635	103542	115693	165368
Hong Kong	79423	102920	107082	131281	162904
Singapore/Singapour	89209	97566	94109	126162	133360
Italy/Italie	72288	72448	116484	127431	152614
Japan/Japon	63031	82476	101368	129826	122166
Spain/Espagne	70861	65031	116113	110462	136956
Austria/Autriche	61676	69402	95969	113585	119270
Thailand/Thaïlande	49032	72995	96622	95040	120158
Korea Republic	79455	82842	84301	92120	94542
Brazil/Brésil	32373	71041	81310	74792	95526
Switz.Liecht	62795	57048	81194	87625	94278
Sweden/Suède	41279	42254	59762	50578	50341
Indonesia/Indonésie	23971	25770	40202	63732	68607
Denmark/Danemark	26586	29487	32651	54799	45113
Turkey/Turquie	20934	20221	46881	25600	x43610
India/Inde	33390	x30024	46688	51008	43555
Israel/Israël	19763	21692	24827	51008	29372
Australia/Australie	28951	24762	28694	23273	29634
Ireland/Irlande	23688	19989	24449	30088	x24646
So. Africa Customs Un	27157	24177	25070	x18799	
Venezuela	48671	24054	15590	17172	30993
Portugal	12223	14426	17756	21942	27232
Algeria/Algérie	13957	14037	17430	19410	x13504
Greece/Grèce	11096	13277	16998	19690	x11343
Yugoslavia SFR	16002	14817	14900	x19839	
Norway, SVD, JM	12259	9818	19897	16192	18615
Philippines	8932	x12780	11489	21378	18235
Former GDR	x75422	x33951	x9237		
Egypt/Egypte	14598	11847	14618	12374	13268
Czechoslovakia	x26154	11624	12133	x14151	x29752
Finland/Finlande	13316	10888	13028	10025	15634
Iran (Islamic Rp. of)	x9113	x4448	x10750	x16826	x20806
Libyan Arab Jamahiriya	8196	8892	18421	x3915	x3357
Argentina/Argentine	10391	6992	9674	9029	19458
Saudi Arabia	5996	10157	x7624	x7725	x13601
Morocco/Maroc	7102	6980	7812	10333	9138
Hungary/Hongrie	x7960	x7695	x10453	6394	x13799
Tunisia/Tunisie	4387	4610	9156	9764	10542
Poland/Pologne	x2768	x3323	x4495	x15357	x14780
Nigeria/Nigéria	x6807	x5331	x7521	x9756	x9266

EXPORTS – EXPORTATIONS

COUNTRIES–PAYS	1988	1989	1990	1991	1992
Totale	3218500	3412229	4013103	4402242	4952760
Afrique	x4759	x2338	x2567	x6466	x8280
Afrique du Nord	x1218	538	x629	x860	x759
Amériques	525898	557856	597585	620128	752940
ALAI	38590	49747	67371	54112	82959
MCAC	323	112	197	356	x405
Asie	893741	1018416	1012760	1306977	1421293
Moyen-Orient	35517	3956	5529	x4351	x4871
Europe	1735446	1789583	2343130	2418576	2710913
CEE	1500353	1535805	2021011	2109322	2353512
AELE	216614	231723	301064	301079	347743
Océanie	x9469	x10153	x9280	x10204	16395
Japan/Japon	587942	660664	609179	842149	912143
Germany/Allemagne	535532	547827	702592	706586	837820
Italy/Italie	294744	286790	380023	437648	444040
USA/Etats-Unis d'Amer	272871	291588	286617	287197	380612
Canada	212500	216098	243009	269942	286821
France, Monac	180489	194587	247557	274436	295170
Hong Kong	153482	187873	206635	211635	251188
Belgium-Luxembourg	126803	128668	174695	187952	205018
Switz.Liecht	105617	109749	155139	148101	163464
Portugal	84336	87704	130769	139568	163681
Netherlands/Pays-Bas	97983	92469	130701	115203	139233
Korea Republic	56706	83358	105322	128118	126704
Austria/Autriche	82137	88424	101878	112700	131259
United Kingdom	78421	89132	109311	100956	112317
Spain/Espagne	67809	67915	92202	96049	90907
Singapore/Singapour	34374	37923	46044	59202	56440
Mexico/Mexique	30572	38218	44566	40434	66013
Finland/Finlande	23501	29734	40251	39124	48174
Sweden/Suède	20471	21833	28484	27852	35760
Yugoslavia SFR	16221	20131	18370	x4332	
Poland/Pologne	x25983	x13491	x16620	x11075	x13434
Malaysia/Malaisie	8333	12034	11856	15927	x14937
China/Chine	4654	6179	14518	16907	30491
Hungary/Hongrie	x5258	x6220	x13213	x17237	x19043
Ireland/Irlande	8251	8257	8972	8962	13009
Denmark/Danemark	7262	7743	8113	9160	14748
Australia/Australie	4726	7168	10662	5062	5933
Thailand/Thaïlande	5545	5383	6154	8942	x11132
Israel/Israël	2418	15827	1318	2778	4395
Norway, SVD, JM	3574	4550	4901	7365	11327
Brazil/Brésil	3264	3591	9786	2993	8103
Czechoslovakia	x4788	x3968	x6530	x5372	x8397
Venezuela	361	3338	7732	1606	1063
Argentina/Argentine	2269	2353	3642	5813	5345
Former USSR/Anc. URSS	x3824	x3108	x3499	x4692	
Philippines	93	x865	279	8569	1654
Greece/Grèce	2484	2720	3940	3039	x4043
Bulgaria/Bulgarie	x927	x1304	x6750	x1398	x1463
Turkey/Turquie	32744	2184	3801	2999	2775
Malta/Malte	2223	1923	2673	x3843	x4383
Panama	x1351	8	133	x7968	137
So. Africa Customs Un	x2069	x1292	x1157	x4914	x5891
India/Inde	1052	1466	1861	3772	x2433
Macau/Macao	3000	x11	1992	2292	2617	1923
Former GDR	x8406	x5349	x927		
New Zealand	2190	2369	1117	982	1647
Colombia/Colombie	442	1123	931	2047	1381
Indonesia/Indonésie	103	156	1013	1117	1307
Uruguay	981	999	191	304	170
Korea Dem People's Rp	x395	x406	x373	x669	x1118

(VALUE AS % OF TOTAL)(VALEUR EN % DU TOTAL)

IMPORTS

	1983	1984	1985	1986	1987	1988	1989	1990	1991	1992
Africa	x7.5	x7.0	x6.0	x4.2	x3.6	3.1	2.7	3.2	2.2	x2.2
Northern Africa	x4.9	3.4	3.0	2.2	2.0	1.5	1.4	1.7	1.2	x1.0
Americas	22.6	31.1	32.1	x29.8	x23.7	23.4	25.7	21.1	22.0	22.6
LAIA	3.1	10.3	9.9	x9.9	x7.3	5.5	6.3	6.2	5.6	7.5
CACM	x0.2	0.4	0.3	x0.2	x0.1	0.1	0.1	0.1	0.1	x0.1
Asia	x23.5	20.8	x20.8	19.3	23.0	24.3	26.2	26.0	26.9	x29.9
Middle East	x6.1	x5.3	x4.9	x3.2	x2.7	1.7	1.6	1.8	1.9	1.9
Europe	44.1	38.6	39.4	45.0	41.6	40.6	38.9	46.2	42.8	43.4
EEC	37.5	31.5	32.1	37.0	33.9	34.0	32.8	38.9	36.2	37.1
EFTA	6.6	6.1	6.4	7.1	6.8	6.0	5.5	6.8	5.9	5.8
Oceania	2.3	x2.5	x1.8	x1.7	x1.0	1.1	0.9	x0.9	x0.6	0.7
USA/Etats-Unis d'Amer	16.4	17.6	18.9	17.5	14.3	13.1	14.9	12.0	13.6	11.6
Germany/Allemagne	11.6	9.3	9.6	11.4	10.8	10.0	9.3	11.5	11.4	11.4
France, Monac	6.4	6.2	6.1	6.3	5.7	5.7	5.8	7.1	6.9	6.9
China/Chine				5.2	5.9	6.4	5.4	5.5	7.9	
United Kingdom	6.3	6.2	4.3	4.8	4.2	4.8	5.1	4.0	3.8	4.2
Belgium-Luxembourg	3.3	2.3	2.7	2.8	2.5	3.3	3.2	4.1	3.6	3.4
Netherlands/Pays-Bas	3.1	2.8	3.4	4.2	3.8	3.4	3.1	3.9	3.2	3.5
Former USSR/Anc. URSS					x4.4	x3.5	x3.7	x1.6	x4.7	
Mexico/Mexique		4.5	5.5	x5.0	x3.2	2.2	3.0	3.1	3.0	4.3
Malaysia/Malaisie	2.7	2.4	2.0	1.6	1.4	2.3	2.6	3.1	3.3	x3.9

EXPORTS

	1983	1984	1985	1986	1987	1988	1989	1990	1991	1992
Afrique	x0.2	x0.1	x0.2	x0.1	x0.2	0.1	0.1	0.1	0.1	0.1
Afrique du Nord	0.0	0.0	0.0	0.0	0.0	0.0	0.0	0.0	0.0	0.0
Amériques	x25.2	27.7	25.7	x19.7	x16.6	16.4	16.4	14.9	14.1	15.2
ALAI	0.2	2.1	2.1	x0.4	x0.4	1.2	1.5	1.7	1.2	1.7
MCAC	x0.0	0.0	0.0	0.0	0.0	0.0	0.0	0.0	0.0	0.0
Asie	17.3	17.5	22.1	23.4	25.9	27.7	29.8	25.2	29.7	28.7
Moyen-Orient	x0.2	x0.5	2.2	0.8	2.3	1.1	0.1	0.1	x0.1	x0.1
Europe	57.0	54.3	51.5	56.5	55.3	53.9	52.4	58.4	54.9	54.7
CEE	50.6	46.6	44.2	49.6	47.3	46.6	45.0	50.4	47.9	47.5
AELE	6.4	6.7	6.5	6.8	7.8	6.7	6.8	7.5	6.8	7.0
Océanie	0.3	0.3	0.6	x0.3	0.3	x0.3	x0.3	x0.2	x0.2	0.3
Japan/Japon	11.3	11.3	13.5	16.0	16.4	18.3	19.4	15.2	19.1	18.4
Germany/Allemagne	16.0	14.4	14.5	14.6	15.6	16.6	16.1	17.5	16.0	16.9
Italy/Italie	10.7	9.8	9.7	10.8	9.2	9.2	8.4	9.5	9.9	9.0
USA/Etats-Unis d'Amer	15.4	15.0	13.9	10.6	9.2	8.5	8.5	7.1	6.5	7.7
Canada	9.6	10.5	9.5	8.6	7.0	6.6	6.3	6.1	6.1	5.8
France, Monac	7.6	6.1	5.5	6.4	5.7	5.6	5.7	6.2	6.2	6.0
Hong Kong	2.2	2.7	3.3	3.6	3.9	4.8	5.5	5.1	4.8	5.1
Belgium-Luxembourg	4.1	3.8	3.7	4.0	3.8	3.9	3.8	4.4	4.3	4.1
Switz.Liecht	3.2	3.3	3.1	3.1	3.8	3.3	2.7	3.9	3.4	3.3
Portugal	2.3	2.9	2.9	2.4	2.7	2.6	2.6	3.3	3.2	3.3

7511 TYPEWRITERS, CHEQUE-WRTRS — MACHINES A ECRIRE 7511

TRADE BY COMMODITY IN THOUSAND U.S. DOLLARS – COMMERCE PAR PRODUIT EN MILLIERS DE DOLLARS E.U

COUNTRIES–PAYS	1988	1989	1990	1991	1992	COUNTRIES–PAYS	1988	1989	1990	1991	1992
Total	1511793	1366582	1335690	1212834	1012852	Totale	1655182	1361323	1264255	1144993	951672
Africa	x48463	x48136	x45989	x31911	x34323	Afrique	x281	x611	x1725	x688	x738
Northern Africa	8550	10263	14161	x8839	x10590	Afrique du Nord	18	121	849	109	111
Americas	498807	479623	379506	323034	x282477	Amériques	220760	159345	162315	197168	185879
LAIA	55746	43858	47642	73746	x80909	ALAI	58122	44773	50380	58678	53893
CACM	7181	6174	5485	4427	x4552	MCAC	x10	x36	x6	x9	x13
Asia	162183	144895	167103	176912	x160161	Asie	589741	616666	560993	525550	447911
Middle East	x22790	x21437	x23045	x32728	x31048	Moyen-Orient	x512	x771	x467	x293	x173
Europe	719350	603059	668762	581171	486310	Europe	605250	463181	471765	397321	301197
EEC	574028	484429	567600	506451	427808	CEE	540107	421935	440543	370658	282801
EFTA	139181	106375	93085	69288	54734	AELE	52465	28297	18050	14570	14106
Oceania	51838	x42990	x39797	x30737	x21088	Océanie	4811	2050	x2698	x2875	x2668
USA/Etats-Unis d'Amer	370788	366873	287676	211770	169783	Japan/Japon	402282	328042	284178	232470	156343
Germany/Allemagne	114812	103926	135641	167286	137755	Singapore/Singapour	119527	203184	197570	197770	174235
Spain/Espagne	58272	61742	86516	73668	56108	Germany/Allemagne	197072	146675	144958	124471	96878
France, Monac	86317	73160	83243	60228	63460	USA/Etats-Unis d'Amer	155237	108204	109981	137129	131067
Netherlands/Pays-Bas	81336	63054	81884	59609	36946	United Kingdom	76113	71609	90712	107627	83188
United Kingdom	106017	80229	64842	54002	48136	Italy/Italie	139217	90142	93256	62221	49625
Italy/Italie	68233	53071	57459	52227	50126	Korea Republic	42918	64568	52423	55913	60893
Canada	58697	56918	32669	26639	22554	Netherlands/Pays-Bas	53175	46035	55795	37426	24356
Switz.Liecht	59007	37199	28768	21415	15569	France, Monac	66377	59122	36998	26632	22713
Hong Kong	28671	30767	27572	26411	29268	Former GDR	x110267	x66868	x18239		
Singapore/Singapour	27655	22826	29904	31591	28942	Bulgaria/Bulgarie	x117741	x39198	x35497	x5414	x4681
Australia/Australie	41260	31862	25156	21557	15697	Mexico/Mexique	28794	22349	26179	31211	27912
Mexico/Mexique	13354	18365	20925	31746	27430	Brazil/Brésil	29183	22186	24076	27374	24771
Austria/Autriche	23139	21766	24635	22192	17707	Hong Kong	18128	16007	18050	22272	28449
Former USSR/Anc. URSS	x17778	x22724	x8211	x32709		Yugoslavia SFR	12674	12941	13185	x12075	
Sweden/Suède	25968	23133	20958	12618	12562	Sweden/Suède	15475	13652	10333	8881	6099
Belgium-Luxembourg	25316	16235	20402	14959	12133	Former USSR/Anc. URSS	x577	x9559	x7570	x9210	
Indonesia/Indonésie	9305	11238	23365	16049	13467	China/Chine	4658	2989	5977	9172	12697
China/Chine	25754	16331	17198	16852	7964	Spain/Espagne	2592	1852	11420	4772	1240
Thailand/Thaïlande	10064	10818	14236	16904	16790	Austria/Autriche	25692	9177	2393	3308	2350
Denmark/Danemark	15708	13597	18155	9070	8255	Belgium-Luxembourg	3224	4213	3249	3396	3268
Czechoslovakia	x6003	14429	17984	x7871	x13566	Switz.Liecht	10009	4362	4053	1792	4851
Finland/Finlande	17919	16954	11548	8256	4601	Czechoslovakia	x3138	x2098	x2001	x5122	x6988
Korea Republic	8432	8599	10444	14486	9044	Canada	5948	4646	1879	1245	790
Portugal	11243	11469	11191	9310	8280	Australia/Australie	4277	1841	2287	2689	2510
New Zealand	8778	9656	13284	7734	3892	Ireland/Irlande	370	130	3023	2455	53
So. Africa Customs Un	20981	16210	7865	x4672	x4142	Indonesia/Indonésie	19		130	4316	13189
Yugoslavia SFR	5234	11525	7040	x4019		India/Inde	878	x376	1673	2276	x949
Turkey/Turquie	6863	5855	7687	8745	5704	Poland/Pologne	1516	1442	1304	1464	x1511
Poland/Pologne	1662	4610	2248	13510	x6753	Portugal	345	1642	666	1206	918
Venezuela	18175	5042	4184	10048	13034	Finland/Finlande	350	814	755	474	512
Colombia/Colombie	5570	7060	6732	4371	4160	Panama	x1346	x1473	7		6
Philippines	4294	x6747	6317	4819	6041	Denmark/Danemark	1621	503	454	437	358
Norway, SVD, JM	10633	6671	6802	4085	3941	So. Africa Customs Un	x88	x356	x521	x390	x443
Chile/Chili	6439	5432	4889	6203	x10262	Tunisia/Tunisie	1	108	836	84	32
Brazil/Brésil	1162	1694	5691	8831	5779	Norway, SVD, JM	937	290	475	115	293
Japan/Japon	13003	5132	4271	6438	3513	New Zealand	495	190	393	170	79
Iran (Islamic Rp. of)	x495	x1522	x2988	x9072	x6792	Malaysia/Malaisie	388	359	108	237	x401
Saudi Arabia	4004	4092	x2985	x6418	x3826	Korea Dem People's Rp	x152	x37	x4	x546	x188
Nigeria/Nigéria	x3191	x2889	x6395	x3756	x4357	Pakistan	126	157	196	139	170
Ireland/Irlande	3221	4291	5194	3356	3611	United Arab Emirates	x41	x153	x220	x109	x96
Hungary/Hongrie	x2084	x1654	x3037	7242	x5494	Kuwait/Koweït	x108	416	x3		
Malaysia/Malaisie	4038	3017	4569	3963	x7396	Thailand/Thaïlande	90	85	149	93	x183
Romania/Roumanie	x80	1778	2640	7005	x1793	Hungary/Hongrie	x87	x89	x64	x173	x97
United Arab Emirates	x5173	x3198	x4375	x2389	x7249	Nigeria/Nigéria	x8	x9	x249	x8	x7
Greece/Grèce	3553	3655	3073	2736	x2998	Romania/Roumanie	x897	x217	x12	x8	x1
Libyan Arab Jamahiriya	828	3291	3192	x1652	x611	Chile/Chili	x74	x142	7	56	x902
Morocco/Maroc	2297	2728	2641	2605	2739	Jordan/Jordanie	258	49	93	38	4
Argentina/Argentine	3698	1074	924	5425	10273	Venezuela	0			24	44
Peru/Pérou	2879	2264	1505	3343	x3565	Jamaica/Jamaïque	3	57	2	x82	x63

(VALUE AS % OF TOTAL) (VALEUR EN % DU TOTAL)

	1983	1984	1985	1986	1987	1988	1989	1990	1991	1992		1983	1984	1985	1986	1987	1988	1989	1990	1991	1992
Africa	x4.4	x3.3	4.7	x3.7	x3.3	x3.2	x3.5	x3.5	x2.6	x3.4	Afrique	x0.0	x0.0	x0.0	x0.0	x0.0	x0.0	x0.0	x0.1	x0.0	x0.0
Northern Africa	1.8	1.0	2.6	1.3	0.6	0.6	0.8	1.1	x0.7	x1.0	Afrique du Nord	x0.0	x0.0	x0.0	x0.0	x0.0	x0.0	x0.0	0.1	x0.0	x0.0
Americas	33.1	39.4	38.5	x44.1	x33.5	33.0	35.1	28.4	26.7	x27.9	Amériques	x15.6	16.5	16.4	x9.7	x8.8	13.3	11.7	12.8	17.2	19.6
LAIA	1.9	2.8	4.3	4.7	x3.9	3.7	3.2	3.6	6.1	x8.0	ALAI	x0.0	4.0	4.5	5.0	x4.7	3.5	3.3	4.0	5.1	5.7
CACM	x0.1	0.3	0.3	x0.2	x0.4	0.5	0.5	0.4	0.4	x0.4	MCAC	0.0	0.0	0.0	0.0	x0.0	0.0	0.0	0.0	0.0	0.0
Asia	x10.6	9.9	x9.7	7.7	9.9	10.8	10.6	12.5	14.6	x15.8	Asie	38.4	46.4	42.9	43.2	32.5	35.6	45.3	44.4	45.9	47.0
Middle East	x2.8	x2.1	x2.8	x1.5	x1.4	x1.5	x1.6	x1.7	x2.7	x3.1	Moyen-Orient	x0.0	x0.0	x0.0	x0.0	x0.1	x0.0	x0.1	x0.0	x0.0	x0.0
Europe	43.0	39.1	43.8	42.0	48.1	47.6	44.1	50.1	47.9	48.0	Europe	45.9	36.9	40.6	46.9	41.0	36.6	34.0	37.3	34.7	31.6
EEC	34.6	31.7	34.2	32.5	37.7	38.0	35.4	42.5	41.8	42.2	CEE	40.1	31.7	36.2	41.0	36.6	32.6	31.0	34.8	32.4	29.7
EFTA	8.3	7.1	9.0	8.8	9.9	9.2	7.8	7.0	5.7	5.4	AELE	5.8	4.3	3.5	5.0	3.2	3.2	2.1	1.4	1.3	1.5
Oceania	x2.8	x3.3	x3.3	x2.7	3.4	x3.1	x3.0	x2.5	x1.9	x1.6	Océanie	0.1	0.1	x0.0	0.2	0.3	0.1	x0.2	x0.2	x0.3	
USA/Etats-Unis d'Amer	27.5	31.4	27.7	34.2	23.1	24.5	26.8	21.5	17.5	16.8	Japan/Japon	32.5	40.5	38.3	38.5	23.8	24.3	24.1	22.5	20.3	16.4
Germany/Allemagne	8.1	7.4	6.4	5.9	7.8	7.6	7.6	10.2	13.8	13.6	Singapore/Singapour	5.0	5.1	3.6	3.2	5.2	7.2	14.9	15.6	17.3	18.3
Spain/Espagne	1.3	1.0	1.7	2.1	3.6	3.9	4.5	6.5	6.1	5.5	Germany/Allemagne	17.3	13.7	18.8	19.8	13.9	11.9	10.8	11.5	10.9	10.2
France, Monac	7.6	6.1	7.2	7.0	7.8	5.7	5.4	6.2	5.0	6.3	USA/Etats-Unis d'Amer	11.6	10.7	11.6	4.4	3.9	9.4	7.9	8.7	12.0	13.8
Netherlands/Pays-Bas	2.0	2.2	2.3	3.1	2.9	5.4	4.6	6.1	4.9	3.6	United Kingdom	1.1	0.9	1.1	0.4	2.8	4.6	5.3	7.2	9.4	8.7
United Kingdom	9.1	8.2	8.7	6.9	6.8	7.0	5.9	4.9	4.5	4.8	Italy/Italie	10.5	9.8	8.7	9.6	9.5	8.4	6.6	7.4	5.4	5.2
Italy/Italie	2.9	3.2	4.1	3.4	4.3	4.5	3.9	4.3	4.3	4.9	Korea Republic	0.0	0.1	0.1	0.4	1.7	2.6	4.7	4.1	4.9	6.4
Canada	3.1	4.3	5.5	4.3	5.0	3.9	4.2	2.4	2.2	2.2	Netherlands/Pays-Bas	7.3	2.8	3.6	3.8	3.9	3.2	3.4	4.4	3.3	2.6
Switz.Liecht	2.5	2.2	3.1	3.3	4.1	3.9	2.7	2.2	1.8	1.5	France, Monac	2.4	2.5	2.7	3.8	4.2	4.0	4.3	2.9	2.3	2.4
Hong Kong	1.3	1.4	1.7	1.5	2.7	1.9	2.3	2.1	2.2	2.9	Former GDR						x8.0	x6.7	x4.9	x1.4	

75111 ELEC TYPEWRITERS, NORMAL — MACH ECRIRE ELECTRIQUES 75111

TRADE BY COMMODITY IN THOUSAND U.S. DOLLARS – COMMERCE PAR PRODUIT EN MILLIERS DE DOLLARS E.U

IMPORTS – IMPORTATIONS

COUNTRIES–PAYS	1988	1989	1990	1991	1992
Total	x1315470	1200506	1160994	1040703	869879
Africa	x27182	x34114	x33953	x22357	x24775
Northern Africa	x4542	x4672	x8979	x4604	x5468
Americas	x468539	x457130	354281	293217	x249316
LAIA	43909	32724	34127	52324	55682
CACM	x1063	x3299	x2962	x1871	x2059
Asia	x89051	x80997	95669	x102796	x98940
Middle East	x17473	x14986	x17900	x25030	x23154
Europe	650489	545698	608732	528440	449976
EEC	509638	430352	510382	455330	393218
EFTA	135769	103963	91197	67955	53630
Oceania	x49690	x41865	x38446	x30238	x20703
USA/Etats–Unis d'Amer	x359548	357063	280232	207247	165321
Germany/Allemagne	98214	91921	121512	148421	127308
France, Monac	80954	67239	76112	57305	62372
Netherlands/Pays–Bas	78034	60668	79060	57937	36346
Spain/Espagne	49795	53894	76742	65013	49379
United Kingdom	96418	72801	59514	50313	45693
Italy/Italie	54849	40175	45484	41696	40680
Canada	57690	56272	32016	26441	22244
Switz.Liecht	58224	36931	28362	21144	15444
Australia/Australie	39563	31026	24086	21388	15598
Austria/Autriche	21647	20522	23628	21442	17162
Former USSR/Anc. URSS	x17538	x21792	x7786	x30921	
Mexico/Mexique	10827	15536	17248	26171	23795
Sweden/Suède	25425	22730	20776	12518	12481
Hong Kong	18147	18241	16968	16331	16646
Singapore/Singapour	14907	15066	17464	17360	17785
Belgium–Luxembourg	21775	14889	18587	13375	11281
Denmark/Danemark	15310	13491	18032	9030	8252
Finland/Finlande	17556	16616	11431	8093	4571
Czechoslovakia	x5941	10908	16915	x6091	x12184
New Zealand	8628	9575	13200	7715	3841
Korea Republic	7339	7612	9587	13211	8266
So. Africa Customs Un	10547	15549	7294	x4314	x3847
Portugal	9067	9316	9162	7416	6537
Thailand/Thaïlande	5281	6300	8198	9583	8877
Indonesia/Indonésie	2487	3313	11367	7741	5406
Yugoslavia SFR	4232	10729	6345	x3862	
Poland/Pologne	x1603	x4229	x2005	x13878	x6628
Norway, SVD, JM	10423	6512	6628	4016	3617
Venezuela	17909	4940	2962	8016	8890
Japan/Japon	12674	4768	3934	5773	3199
Colombia/Colombie	3783	5656	4492	3381	3247
Turkey/Turquie	x5858	4334	5360	3829	2366
Iran (Islamic Rp. of)	x494	x1477	x2984	x8824	x6726
Nigeria/Nigéria	x2360	x2428	x5881	x2925	x3499
Chile/Chili	4385	3486	3338	4112	x5469
Hungary/Hongrie	x1924	x1311	x2730	6655	x5253
Brazil/Brésil	x157	166	3763	6608	2524
Ireland/Irlande	2747	2928	3667	3100	3078
Saudi Arabia	x2937	x2233	x2000	x5186	x2753
United Arab Emirates	x3905	x2696	x3613	x1997	x6628
Greece/Grèce	2475	3030	2510	1723	x2292
Panama	x1922	x3219	1380	1547	1587
Malaysia/Malaisie	2361	1726	2635	1726	x3937
China/Chine	2716	2302	2073	1493	6061
Romania/Roumanie	x80	x123	x159	5411	x1429
Morocco/Maroc	1372	1587	1528	1230	1423
Philippines	852	x1746	1636	906	1324
Algeria/Algérie	x651	x279	x2916	x1045	x1848
Kuwait/Koweït	x929	x1055	x604	x2060	x1378

EXPORTS – EXPORTATIONS

COUNTRIES–PAYS	1988	1989	1990	1991	1992
Totale	x1352411	1169468	1084823	988101	818308
Afrique	x226	x375	x795	x548	x527
Afrique du Nord	x17	x9	51	79	45
Amériques	x182218	116297	110959	139848	131157
ALAI	x11746	7730	6140	8871	6602
MCAC	0	x26	x4	x4	0
Asie	548295	582668	524378	481581	397940
Moyen–Orient	x217	x250	x346	x171	x94
Europe	563990	419019	424585	354171	279194
CEE	511789	391559	406803	339732	264686
AELE	52160	27420	17710	14255	13714
Océanie	4594	1872	2553	x2629	x2530
Japan/Japon	391995	322370	277187	224203	149121
Singapore/Singapour	114040	199845	193649	194913	171868
Germany/Allemagne	187700	138473	138097	112523	92146
USA/Etats–Unis d'Amer	x163936	102908	102920	129682	123737
United Kingdom	74047	67825	82411	100093	78124
Italy/Italie	127458	76491	78477	54681	43010
Korea Republic	32402	53963	43550	43856	43070
Netherlands/Pays–Bas	52416	45295	55349	36869	24138
France, Monac	64943	57274	35801	26218	22054
Former GDR	x43021	x38355	x13370		
Sweden/Suède	15384	13571	10263	8796	5852
Former USSR/Anc. URSS	x193	x8503	x7203	x8806	
Hong Kong	9052	5511	7500	11358	15553
Spain/Espagne	548	722	11197	4518	1129
Austria/Autriche	25577	8608	2238	3139	2289
Mexico/Mexique	4488	4107	4009	5575	3469
Switz.Liecht	9968	4337	4037	1768	4817
Belgium–Luxembourg	2570	3738	2633	2743	3035
Brazil/Brésil	x7127	3510	2026	3232	2338
Canada	5768	4590	1862	1220	784
Australia/Australie	4100	1677	2164	2450	2390
Indonesia/Indonésie		89	4264	13046	
Ireland/Irlande	316	75	2057	876	43
China/Chine	32	258	808	1351	4377
Portugal	208	1191	376	779	517
Bulgaria/Bulgarie	x8065	x1467	x377	x213	x21
India/Inde	130	x44	912	949	x129
Finland/Finlande	342	623	725	461	508
Denmark/Danemark	1583	465	394	420	333
So. Africa Customs Un	x62	x322	x432	x337	x389
Poland/Pologne	x257	x526	x288	x103	x224
Panama	x732	x891	3	0	4
Norway, SVD, JM	885	281	446	92	248
New Zealand	490	190	378	167	63
Czechoslovakia	x1401	279	x320	x267	x103	x6646
Malaysia/Malaisie	298	279	99	232	x340
United Arab Emirates	x29	x120	x193	x78	x53
Nigeria/Nigéria	x7	x8	x249	x8	x6
Yugoslavia SFR	41	32	46	x180	
Korea Dem People's Rp	x50	x24	x4	x178	x79
Hungary/Hongrie	x35	x68	x44	x92	x67
Jordan/Jordanie		46	88	38	4
Pakistan		14	153		37
Venezuela		43	95	23	44
Thailand/Thaïlande	64	51	32	66	x181
Jamaica/Jamaïque	3	55	2	x56	
Tunisia/Tunisie	x11	6	42	62	27
Liberia/Libéria				x110	
Cyprus/Chypre	32	30	39	33	29
Macau/Macao	1	13	48	24	21

(VALUE AS % OF TOTAL)(VALEUR EN % DU TOTAL)

IMPORTS

	1983	1984	1985	1986	1987	1988	1989	1990	1991	1992
Africa	x4.4	x3.1	x3.6	x2.6	x2.7	x2.1	x2.8	x2.9	x2.1	x2.8
Northern Africa	x1.5	x0.4	0.5	0.6	0.6	x0.4	0.4	0.8	x0.4	x0.6
Americas	x39.3	x45.0	x10.1	x48.0	x36.7	x35.6	x38.0	30.5	28.2	x28.7
LAIA	x1.9	x2.5	x5.7	x4.3	x3.8	3.3	2.7	2.9	5.0	6.4
CACM	x0.1	x0.1	x0.1	x0.1	x0.1	x0.3	x0.3	x0.3	x0.2	x0.2
Asia	x7.9	x6.1	x8.6	x4.7	x6.4	x6.8	x6.8	8.2	x9.9	x11.4
Middle East	x3.3	x1.9	x2.0	x1.2	x0.9	x1.3	x1.2	x1.5	x2.4	x2.7
Europe	45.6	42.4	71.8	41.8	48.5	49.4	45.5	52.4	50.8	51.7
EEC	35.2	33.9	55.5	31.3	36.6	38.7	35.8	44.0	43.8	45.2
EFTA	x9.9	x8.2	x15.5	x9.8	x11.3	10.3	8.7	7.9	6.5	6.2
Oceania	x2.8	x3.4	x5.9	x2.8	x3.0	x3.8	x3.5	x3.3	x2.9	x2.3
USA/Etats–Unis d'Amer	x34.8	x39.2		x41.0	x29.5	x27.3	29.7	24.1	19.9	19.0
Germany/Allemagne	6.7	7.8	10.3	4.4	5.5	7.5	7.7	10.5	14.3	14.6
France, Monac	8.2	6.6	11.3	7.5	8.8	6.2	5.6	6.6	5.5	7.2
Netherlands/Pays–Bas	1.9	2.4	4.0	3.2	3.1	5.9	5.1	6.8	5.6	4.2
Spain/Espagne	1.2	2.0	2.8	2.1	3.8	3.8	4.5	6.6	6.2	5.7
United Kingdom	10.6	9.4	14.6	6.6	6.7	7.3	6.1	5.1	4.8	5.3
Italy/Italie	2.6	2.7	6.0	3.3	4.2	4.2	3.3	3.9	4.0	4.7
Canada	2.1	2.6	3.6	2.2	3.0	4.4	4.7	2.8	2.5	2.6
Switz.Liecht	x3.1	x2.7	x4.8	x3.6	x4.7	4.4	3.1	2.4	2.0	1.8
Australia/Australie	2.4	2.7	4.7	2.3	2.2	3.0	2.6	2.1	2.1	1.8

EXPORTS

	1983	1984	1985	1986	1987	1988	1989	1990	1991	1992
Afrique	x0.0	x0.0	x0.0	x0.0	x0.0	x0.0	x0.0	x0.0	x0.0	x0.0
Afrique du Nord										
Amériques	x15.9	x11.6	x2.0	x5.1	x6.8	x13.4	10.0	10.3	14.1	16.0
ALAI	x2.5	x0.9	x1.8	x1.6	x2.3	x0.9	0.7	0.6	0.9	0.8
MCAC						x0.0	x0.0	x0.0	x0.0	0.0
Asie	37.1	49.5	49.8	45.5	39.9	40.6	49.9	48.4	48.7	48.6
Moyen–Orient	x0.0	x0.0	x0.0	x0.1	x0.0	x0.0	x0.0	x0.0	x0.0	x0.0
Europe	46.7	38.8	48.0	43.7	48.1	41.7	35.8	39.1	35.8	34.1
CEE	40.5	33.8	43.5	43.7	43.8	37.8	33.5	37.5	34.4	32.3
AELE	x6.1	x4.9	x4.5	x5.6	x4.3	3.9	2.3	1.6	1.4	1.7
Océanie	x0.2	x0.1	x0.1	x0.1	x0.2	0.3	x0.2	0.2	x0.3	x0.3
Japan/Japon	31.5	43.4	44.8	41.1	29.0	29.0	27.6	25.6	22.7	18.2
Singapore/Singapour	5.2	5.7	4.5	3.5	6.9	8.4	17.1	17.9	19.7	21.0
Germany/Allemagne	17.0	14.3	22.5	21.1	16.9	13.9	11.8	12.7	11.4	11.3
USA/Etats–Unis d'Amer	x9.7	x8.8		x3.2	x4.3	x12.1	8.8	9.5	10.1	9.5
United Kingdom	1.6	0.9	1.2	2.9	5.5	5.5	5.8	7.6	10.1	9.5
Italy/Italie	11.0	10.7	10.5	10.2	11.9	9.4	6.5	7.2	5.5	5.3
Korea Republic	0.0	0.0	0.0	0.2	1.7	2.4	4.6	4.0	4.4	5.3
Netherlands/Pays–Bas	8.0	3.3	4.6	4.4	5.2	3.9	5.1	3.7	2.9	
France, Monac	2.5	2.8	3.3	4.1	3.8	4.8	4.9	3.3	2.7	2.7
Former GDR					x4.8	x3.2	x3.3	x1.2		

7512 CALCULATNG, ACCTG, ETC MCH — MACHINE A CALCULER ETC 7512

TRADE BY COMMODITY IN THOUSAND U.S. DOLLARS – COMMERCE PAR PRODUIT EN MILLIERS DE DOLLARS E.U

IMPORTS – IMPORTATIONS

COUNTRIES–PAYS	1988	1989	1990	1991	1992
Total	2540970	2834297	2898161	2991368	2860631
Africa	x50916	x48164	x52063	x40932	x41291
Northern Africa	9865	10685	15588	10167	x9730
Americas	822737	1040237	971427	955118	1121976
LAIA	43469	59021	66040	97735	131735
CACM	5391	5864	4510	4724	x4270
Asia	549615	569649	591164	655547	655012
Middle East	x41937	x44066	x43504	x49965	x49538
Europe	1009869	1021472	1180947	1143480	950815
EEC	863150	872623	1011151	1006637	824018
EFTA	139472	139086	154755	129415	119140
Oceania	x66260	x77969	x50631	x42721	x51241
USA/Etats–Unis d'Amer	674849	861805	750010	729814	854298
Germany/Allemagne	176932	211014	260160	290577	220672
Hong Kong	166606	170451	192694	210067	277838
United Kingdom	204946	188977	202905	151499	117489
France, Monac	153962	155722	181161	155740	143788
Japan/Japon	131712	136089	110299	138288	112693
Canada	91574	106221	141776	113131	122676
Italy/Italie	107036	90126	106919	110026	97131
Spain/Espagne	76116	88379	96244	107378	87904
Singapore/Singapour	51995	58043	81549	97606	101293
China/Chine	101609	82172	72350	74326	21410
Netherlands/Pays–Bas	52870	48950	59226	55070	51946
Australia/Australie	54072	62645	38411	31220	41557
Former USSR/Anc. URSS	x8145	x31867	x10795	x75352	
Korea Republic	25452	36741	43311	37461	41529
Sweden/Suède	32545	34868	41515	37577	33603
Belgium–Luxembourg	34953	32264	33915	41598	34876
Switz.Liecht	36359	35503	35626	32525	33781
Austria/Autriche	28852	30827	36253	32345	27663
Mexico/Mexique	13900	26036	28871	42364	64361
Greece/Grèce	9380	9424	20854	47134	x19650
Czechoslovakia	x7037	29770	27640	x11118	x11423
So. Africa Customs Un	27248	22735	22496	x17661	x18269
Finland/Finlande	22659	22146	23888	11576	7851
Portugal	17428	15816	19936	19316	23696
Denmark/Danemark	19300	16515	17371	16756	18860
Norway, SVD, JM	17577	14906	16351	13602	14791
Hungary/Hongrie	x1214	x3375	x6680	33714	x19705
Poland/Pologne	17067	8397	4951	26786	x5361
Malaysia/Malaisie	9192	11255	12243	16546	x17435
Ireland/Irlande	10227	15437	12460	14326	8006
United Arab Emirates	x14641	x12639	x11027	11542	x13751
New Zealand	9314	12511	9768	x9191	7472
Brazil/Brésil	2915	8730	10383	8880	5113
Saudi Arabia	9322	10810	x5761	9572	x10913
Yugoslavia SFR	4271	6869	12516	x8837	
Thailand/Thaïlande	4402	5618	9048	x5025	
Argentina/Argentine	2327	1493	3502	8827	10462
Iran (Islamic Rp. of)	x354	x2685	x2651	16820	29784
Chile/Chili	5002	6048	5588	x15838	x5401
Venezuela	11681	7074	4441	7860	10292
Israel/Israël	7072	6060	6372	6272	
Philippines	2861	x4658	7037	6555	7204
Indonesia/Indonésie	1530	5083	6632	2180	3823
Egypt/Egypte	5380	3565	6339	3968	2315
Turkey/Turquie	819	2991	6434	4337	3767
Paraguay	772	2599	6368	3890	5862
Colombia/Colombie	2977	3635	3350	3928	1517
Syrian Arab Republic	5131	3628	5414	x1213	3375
Kuwait/Koweït	x2727	4337	x1704	x2868	x1019
					x3423

EXPORTS – EXPORTATIONS

COUNTRIES–PAYS	1988	1989	1990	1991	1992
Totale	2172819	2190464	2288832	2373805	2419570
Afrique	x1030	x689	x1566	x1480	x3143
Afrique du Nord	x26	46	197	46	13
Amériques	154535	209446	292623	246747	276975
ALAI	14999	23823	26279	20906	18503
MCAC	x43	x43	x35	x4	x42
Asie	1345885	1369582	1427470	1588743	x1599604
Moyen–Orient	x1742	x1789	1853	x2072	x2030
Europe	456292	452873	490560	483791	523697
CEE	365278	368234	402475	383890	425306
AELE	90829	84562	87928	99458	97043
Océanie	5055	3834	4138	x4516	x4384
Japan/Japon	838337	801313	757709	763123	576619
Hong Kong	240218	245033	263817	293090	318554
USA/Etats–Unis d'Amer	103066	152179	210794	191985	208701
China/Chine	127361	130345	146961	164809	194415
Germany/Allemagne	167004	160239	155553	92319	92246
Italy/Italie	63687	65778	78900	156285	154918
Singapore/Singapour	86663	83923	101665	96548	129963
United Kingdom	67348	77698	87137	69171	92287
Malaysia/Malaisie	889	30667	66435	109199	x140360
Thailand/Thaïlande	387	19952	41270	115814	x195823
Korea Republic	49551	55190	46814	43233	40789
Bulgaria/Bulgarie	x123967	x88893	x44202	x4234	x4207
Canada	35456	32079	53611	33754	49448
Switz.Liecht	32347	29690	32801	37680	38707
Sweden/Suède	38166	33023	30484	30539	24842
France, Monac	32022	28844	37763	26069	44967
Former USSR/Anc. URSS	x44636	x32134	x23650	x25328	
Brazil/Brésil	13386	22827	25514	20396	16124
Netherlands/Pays–Bas	10758	15183	15706	18495	18516
Belgium–Luxembourg	12559	8933	12209	13365	13194
Norway, SVD, JM	9243	9281	11903	10970	12247
Austria/Autriche	6112	6598	9585	15211	17586
Former GDR	x33842	x19181	x2612		
Romania/Roumanie	x5	x10		16360	x25
Finland/Finlande	4960	5969	3154	5059	3649
Spain/Espagne	2770	2722	7079	2969	2865
Hungary/Hongrie	x19	x9673	x553	x1633	x1640
Australia/Australie	3355	2444	3474	3781	2304
Ireland/Irlande	2323	3382	3026	2213	1779
Denmark/Danemark	2872	2098	2639	1822	2061
Poland/Pologne	2970	4087	1409	926	x5734
Portugal	3807	2874	1925	906	919
Panama	x808	x1149	x1818	0	36
New Zealand	1629	1368	637	713	2045
So. Africa Customs Un	x75	x406	x438	x995	x1026
Israel/Israël	140	773	589	255	290
Mexico/Mexique	1450	725	513	370	139
Oman			488	431	
Cyprus/Chypre	1226	349	577	384	425
Greece/Grèce	129	483	537	275	x1553
Turkey/Turquie	31	26	377	622	1002
United Arab Emirates	x85	x344	x159	x466	x435
Reunion/Réunion	32	31	509	327	498
Malta/Malte	24	60	3	x285	x790
Macau/Macao	50	67	25	252	22
Kuwait/Koweït	x8	330	x5	x3	x18
Korea Dem People's Rp	x19	x20	x168	x136	x157
India/Inde	478	x41	86	171	x96
Colombia/Colombie	x21	198	x84	5	x2
Mali	x1	x229	x35		x54

(VALUE AS % OF TOTAL)(VALEUR EN % DU TOTAL)

	1983	1984	1985	1986	1987	1988	1989	1990	1991	1992
Africa	x3.6	x2.5	x2.3	x2.0	x1.7	x2.0	x1.7	x1.8	x1.4	x1.4
Northern Africa	x1.1	x0.7	1.0	0.5	0.4	0.4	0.4	0.5	0.3	x0.3
Americas	35.5	42.5	42.7	x38.5	x34.7	32.4	36.7	33.5	31.9	39.3
LAIA	1.4	1.4	1.9	x2.8	x2.1	1.7	2.1	2.3	3.3	4.6
CACM	x0.1			x0.4	x0.4	0.2	0.2	0.2	0.2	x0.1
Asia	x11.1	10.9	x14.8	12.0	16.8	21.7	20.1	20.4	21.9	22.9
Middle East	x2.8	x2.5	x3.0	x1.6	x1.1	x1.7	x1.6	x1.7	x1.7	1.7
Europe	39.3	40.6	37.2	45.1	42.1	39.7	36.0	40.7	38.2	33.2
EEC	33.1	34.3	31.5	38.8	36.2	34.0	30.8	34.9	33.7	28.8
EFTA	6.2	6.3	5.6	6.1	5.8	5.5	4.9	5.3	4.3	4.2
Oceania	x2.5	x3.5	x3.3	x2.5	x2.6	x2.6	x2.8	x1.8	x1.4	x1.8
USA/Etats–Unis d'Amer	29.9	37.0	37.1	31.3	28.6	26.6	30.4	25.9	24.4	29.9
Germany/Allemagne	8.2	7.8	7.3	8.9	8.0	7.0	7.4	9.0	9.7	7.7
Hong Kong	2.8	3.9	5.4	3.9	5.2	6.6	6.0	6.6	7.0	9.7
United Kingdom	7.0	6.4	5.8	7.1	6.6	6.7	7.0	7.0	5.1	4.1
France, Monac	6.6	5.9	5.3	6.7	6.3	6.1	5.5	6.3	5.2	5.0
Japan/Japon	0.7	0.6	0.8	2.0	3.9	5.2	4.8	3.8	4.6	3.9
Canada	3.9	3.9	3.3	3.4	2.9	3.6	3.7	4.9	3.8	4.3
Italy/Italie	4.3	7.7	6.4	6.9	6.6	4.2	3.2	3.7	3.7	3.4
Spain/Espagne	1.8	1.6	1.8	3.2	2.8	3.0	3.1	3.3	3.6	3.1
Singapore/Singapour	0.4	0.3	2.1	1.8	1.7	2.0	2.0	2.8	3.3	3.5

	1983	1984	1985	1986	1987	1988	1989	1990	1991	1992
Afrique	x0.0	x0.0	x0.0	x0.0	x0.0	x0.0	x0.0	x0.0	x0.0	x0.1
Afrique du Nord	x0.0	x0.0	0.0	x0.0	x0.0	x0.0	x0.0	x0.0	0.0	0.0
Amériques	x9.2	x7.9	x6.7	x6.4	x6.1	7.1	9.5	12.8	10.4	11.5
ALAI	0.0	0.0	0.0	x0.5	x0.3	0.7	1.1	1.1	0.9	0.8
MCAC	x0.0	x0.0	x0.0	x0.0	x0.0	x0.0	x0.0	x0.0	x0.0	x0.0
Asie	74.6	78.3	78.6	73.8	63.4	62.0	62.5	62.3	67.0	x66.1
Moyen–Orient	x0.1	x0.1	x0.1	x0.1	x0.1	x0.1	x0.1	0.1	x0.1	x0.1
Europe	16.1	13.7	14.7	19.8	21.8	21.0	20.7	21.4	20.4	21.6
CEE	12.0	9.9	10.6	15.0	17.2	16.8	16.8	17.6	16.2	17.6
AELE	4.1	3.8	4.1	4.8	4.6	4.2	3.9	3.8	4.2	4.0
Océanie		x0.0		x0.1	0.2	0.2	0.2	0.2	x0.2	x0.2
Japan/Japon	65.7	69.1	67.1	61.3	44.1	38.6	36.6	33.1	32.1	23.8
Hong Kong	6.1	6.9	7.1	8.8	9.8	11.1	11.2	11.5	12.3	13.2
USA/Etats–Unis d'Amer	7.9	6.9	5.7	5.1	4.9	4.7	6.9	9.2	8.1	8.6
China/Chine					4.4	5.9	6.0	6.4	6.9	8.0
Germany/Allemagne	4.3	4.2	4.6	7.6	8.6	7.7	7.3	6.8	3.9	3.8
Italy/Italie	4.3	2.4	2.2	2.1	2.6	2.9	3.0	3.4	6.6	6.4
Singapore/Singapour	0.8	0.2	2.6	2.2	2.9	4.0	3.8	4.4	4.1	5.4
United Kingdom	1.3	1.5	2.1	2.7	2.9	3.1	3.5	3.8	2.9	3.8
Malaysia/Malaisie	0.0	0.0	0.0	0.0	0.0	0.0	1.4	2.9	4.6	x5.8
Thailand/Thaïlande	0.0	0.0	0.0	0.0	0.0	0.0	0.9	1.8	4.9	x8.1

75121 CALCULATING MACHINES / MACHINES A CALCULER 75121

TRADE BY COMMODITY IN THOUSAND U.S. DOLLARS – COMMERCE PAR PRODUIT EN MILLIERS DE DOLLARS E.U

IMPORTS – IMPORTATIONS

COUNTRIES–PAYS	1988	1989	1990	1991	1992
Total	1642081	1758493	1717540	1865026	1714724
Africa	x28610	x23597	x26146	x18594	x19739
Northern Africa	6436	5890	7845	7684	6715
Americas	x531254	x596387	x539193	x588428	x649947
LAIA	x32993	34409	39341	58965	x57831
CACM	x2039	x2254	x1795	x1767	x2305
Asia	499099	503721	502269	572260	543234
Middle East	x31685	x33666	x29402	x31680	x33511
Europe	530291	542468	592537	566765	470457
EEC	455809	469455	515131	508754	415877
EFTA	72809	66775	67125	55123	50678
Oceania	x26669	x30146	x23619	x19686	x19431
USA/Etats-Unis d'Amer	439712	496609	441793	464130	533227
Hong Kong	161029	166237	185906	202020	265591
Germany/Allemagne	115816	118630	136062	148138	113755
Japan/Japon	127224	128746	103515	132233	100294
France, Monac	93676	90817	105950	98058	85002
Italy/Italie	75366	71614	77979	89430	64665
Singapore/Singapour	47433	53186	73586	85955	91021
China/Chine	99158	75405	66260	67051	3366
United Kingdom	64581	73393	70397	52141	48805
Canada	46176	51838	43389	48678	40764
Spain/Espagne	36157	44756	45429	40149	33786
Former USSR/Anc. URSS	x6987	x28322	x9533	x69878	
Netherlands/Pays-Bas	24451	27658	31267	29481	24935
Belgium–Luxembourg	20305	18210	19198	22073	18546
Korea Republic	12285	18365	17515	22636	18872
Australia/Australie	21174	24114	18374	15218	14677
Switz.Liecht	21065	20091	18323	16073	14201
Austria/Autriche	17412	15240	17557	15423	12700
Czechoslovakia	x457	23547	16593	x5930	x4361
Sweden/Suède	16809	16190	15550	12063	12590
Mexico/Mexique	7438	11067	11771	18329	18975
Malaysia/Malaisie	7804	9034	9973	14010	x12124
Panama	x7473	x8194	x10322	x11486	x13475
United Arab Emirates	x12973	x11820	x9438	x8129	x12382
Portugal	9204	8528	10139	10563	12513
Brazil/Brésil	x8108	8627	10352	9489	4390
Finland/Finlande	8636	9024	8500	5590	4052
So. Africa Customs Un	14857	8228	10550	x4245	x5047
Greece/Grèce	5982	5926	7337	9342	x4042
Denmark/Danemark	8591	7313	8120	7135	8155
Poland/Pologne	x14211	x7171	x3523	x11378	x3064
Saudi Arabia	x5967	x5968	4700	x7208	x8209
Norway, SVD, JM	8055	5772	6558	5256	6652
Chile/Chili	4986	6015	3901	6116	x7769
Yugoslavia SFR	620	5083	8945	x1495	
Argentina/Argentine	x2393	138	1690	12437	15135
Hungary/Hongrie	x429	x1342	x2802	8756	x2089
Paraguay	668	2461	6143	3628	1193
New Zealand	4163	4696	4028	3077	3659
Israel/Israël	4015	3271	3487	4354	4850
Venezuela	6911	2982	2547	5227	6179
Iran (Islamic Rp. of)	x257	x2380	x2428	x5743	x3776
Egypt/Egypte	3434	2880	3659	3514	2990
Thailand/Thaïlande	2621	2663	3739	3519	3450
Turkey/Turquie	x87	2680	2708	2795	1976
Ireland/Irlande	1681	2610	3251	2245	1673
Indonesia/Indonésie	442	2885	2570	816	219
Bangladesh	x680	x3338	x1347	x1557	x1011
Kuwait/Koweït	x1893	x2297	x1306	x2061	x2268
Philippines	1261	x2100	1354	1543	2077

EXPORTS – EXPORTATIONS

COUNTRIES–PAYS	1988	1989	1990	1991	1992
Totale	1154602	1220226	1255399	1396433	x1448912
Afrique	x839	x284	x607	x264	x1369
Afrique du Nord	x25	35	171	39	11
Amériques	x52411	73322	90176	82828	x79104
ALAI	x11583	22579	25666	20553	17098
MCAC	x14	0	x11	0	x12
Asie	914580	949097	974920	1108779	x1196641
Moyen–Orient	1330	x1222	1355	x1220	x816
Europe	149845	152642	177229	173207	162533
CEE	142894	147340	168666	163654	153885
AELE	6812	5292	8513	9252	8063
Océanie	2902	2171	2588	x2982	2991
Japan/Japon	423531	423790	352679	320463	235079
Hong Kong	235974	237146	252572	280009	305148
China/Chine	127357	130018	146424	162580	188994
Singapore/Singapour	81531	56990	73525	84683	110349
Malaysia/Malaisie	819	30445	66115	109150	x130294
Italy/Italie	58407	59819	70188	74862	72889
Thailand/Thaïlande	306	19899	41213	115764	x195713
USA/Etats-Unis d'Amer	38662	48187	61323	59658	57862
Germany/Allemagne	47456	45644	48517	40040	31893
Korea Republic	43201	49037	40696	34033	29698
Brazil/Brésil	x11278	22259	25273	20295	15807
United Kingdom	12062	15694	22133	17924	18903
Netherlands/Pays-Bas	8034	10896	10684	11742	11162
Former USSR/Anc. URSS	x9127	x13643	x5213	x5606	
France, Monac	8881	7436	8467	6137	6173
Belgium–Luxembourg	5891	5362	6132	10120	8674
Former GDR	x20170	x15841	x2612		
Romania/Roumanie	x5	x10		16360	x25
Poland/Pologne	x131	x4087	x1403	x5684	x5557
Hungary/Hongrie	x7	x9230	x65	x593	x581
Austria/Autriche	961	1648	3314	4795	2175
Bulgaria/Bulgarie		x7838	x557	x119	x93
Switz.Liecht	2873	1619	2297	3266	4792
Australia/Australie	1368	933	2032	2404	1281
Canada	1795	1798	1659	1422	2021
Sweden/Suède	2489	1713	2410	754	527
Panama	x325	x742	x1492	x1177	x2102
Spain/Espagne	754	1062	923	1222	1029
New Zealand	1472	1232	546	571	1705
Oman			488	665	354
Denmark/Danemark	973	459	440	507	935
Portugal	181	370	479	557	677
Cyprus/Chypre	1203	288	529	344	375
Ireland/Irlande	157	122	413	425	1177
Greece/Grèce	98	476	290	118	x373
United Arab Emirates	x62	x319	x129	x369	x303
Norway, SVD, JM	376	226	330	162	283
Finland/Finlande	112	85	162	274	287
Israel/Israël	51	12	6	x380	7
Macau/Macao	45	62	23	250	19
Korea Dem People's Rp	x9	x3	x165	x135	x147
Malta/Malte			3	x283	x301
Mexico/Mexique	146	66	133	72	67
Mali			x229	x35	x54
Viet Nam		x239	x10	x10	x9
Colombia/Colombie	x21	191	0	x62	x2
So. Africa Customs Un	x15	x77	x71	x92	x102
Tunisia/Tunisie	17	35	150	34	9
Brunei Darussalam	x29	x144	x53		
India/Inde	378	x12	79	87	x60

(VALUE AS % OF TOTAL) (VALEUR EN % DU TOTAL)

	1983	1984	1985	1986	1987	1988	1989	1990	1991	1992
Africa	x2.7	x3.0	x2.5	x1.6	x1.2	x1.7	x1.4	x1.5	x1.0	x1.2
Northern Africa	x1.3	0.7	0.9	0.4	0.3	0.4	0.3	0.5	0.4	0.4
Americas	x41.5	x46.2	x45.1	x39.4	x34.6	x32.4	33.9	31.3	x31.6	37.9
LAIA	x1.2	x1.4	x2.2	x3.1	x1.9	2.0	2.0	2.3	3.2	x3.4
CACM	x0.1		x0.1	0.2	x0.1	x0.1	x0.1	x0.1	x0.1	x0.1
Asia	x13.1	13.2	x17.9	16.7	25.0	30.4	28.6	29.2	30.7	31.6
Middle East	x4.0	x3.3	x3.4	x1.9	x1.5	x1.9	x1.9	x1.7	x1.7	x2.0
Europe	40.6	35.5	32.6	40.4	35.9	32.3	30.8	34.5	30.4	27.4
EEC	34.1	28.0	28.0	34.9	31.0	27.7	26.7	30.0	27.3	24.3
EFTA	6.4	5.5	4.5	5.4	4.8	4.4	3.8	3.9	3.0	3.0
Oceania	x2.2	x2.1	x1.9	x1.8	x1.7	x1.6	x1.7	x1.4	x1.1	x1.2
USA/Etats-Unis d'Amer	35.3	40.5	39.6	31.9	29.3	26.8	28.2	25.7	24.9	31.1
Hong Kong	4.3	5.8	7.9	6.2	8.2	9.8	9.5	10.8	10.8	15.5
Germany/Allemagne	9.2	7.9	7.4	9.5	8.2	7.1	6.7	7.9	7.9	6.6
Japan/Japon	0.9	0.8	1.1	3.2	6.0	7.7	7.3	6.0	7.1	5.8
France, Monac	7.0	5.7	4.9	6.9	6.1	5.7	5.2	6.2	5.3	5.0
Italy/Italie	5.2	5.8	5.6	5.7	5.4	4.6	4.1	4.5	4.8	3.8
Singapore/Singapour	0.3	0.2	3.0	2.8	2.5	2.9	3.0	4.3	4.6	5.3
China/Chine					4.4	6.0	4.3	3.9	3.6	0.2
United Kingdom	5.9	4.4	4.2	5.0	4.3	3.9	4.2	4.1	2.8	2.8
Canada	4.6	4.0	3.2	3.4	2.8	2.8	2.9	2.5	2.6	2.4

	1983	1984	1985	1986	1987	1988	1989	1990	1991	1992
Afrique	x0.0	x0.0	x0.0	x0.0	x0.0	x0.1	x0.0	x0.0	x0.0	x0.1
Afrique du Nord	x0.0	x0.0	x0.0	x0.0	x0.0	0.0	0.0	0.0	0.0	0.0
Amériques	x5.2	x3.9	x3.1	x3.3	x3.1	x4.5	6.0	7.2	6.0	x5.4
ALAI	x0.0		x0.0	x0.0	x0.3	x1.0	1.8	2.0	1.5	1.2
MCAC	x0.0	x0.0	x0.0	x0.0	x0.0	x0.0	0.0	x0.0	0.0	x0.0
Asie	82.0	86.8	87.6	85.6	79.0	79.2	77.3	77.7	79.4	x82.6
Moyen–Orient	x0.0	x0.1	x0.1	x0.1	x0.1	0.1	x0.1	0.1	x0.1	x0.1
Europe	12.8	9.2	9.2	11.1	11.7	13.0	12.4	14.1	12.4	11.2
CEE	11.9	8.7	8.8	10.6	11.1	12.4	12.0	13.4	11.7	10.6
AELE	0.9	0.5	0.5	0.5	0.6	0.6	0.4	0.7	0.7	0.6
Océanie		x0.0		0.0	0.2	0.2	0.2	0.2	x0.2	0.2
Japan/Japon	68.3	72.8	69.7	62.8	43.3	36.7	34.5	28.1	22.9	16.2
Hong Kong	9.5	10.8	11.0	16.1	18.2	20.4	19.3	20.1	20.1	21.1
China/Chine					8.4	11.0	10.6	11.7	11.6	13.0
Singapore/Singapour	1.3	0.2	4.1	4.0	5.4	7.1	4.6	5.9	6.1	7.6
Malaysia/Malaisie	0.0	0.0	0.0	0.0	0.1	0.1	2.5	5.3	7.8	x9.0
Italy/Italie	6.1	3.4	3.1	3.3	4.4	5.1	4.9	5.6	5.4	5.0
Thailand/Thaïlande	0.0	0.0	0.0	0.0	0.0	0.0	1.6	3.3	8.3	x13.5
USA/Etats-Unis d'Amer	4.6	3.5	2.9	2.9	2.7	3.3	3.9	4.9	4.3	4.0
Germany/Allemagne	3.3	3.1	3.6	4.6	4.2	4.1	3.7	3.9	2.9	2.2
Korea Republic	2.8	2.8	2.5	2.3	3.3	3.7	4.0	3.2	2.4	2.0

75182 PHOTO,THERMOCOPY APPARAT / APPAREILS DE PHOTOCOPIE 75182

TRADE BY COMMODITY IN THOUSAND U.S. DOLLARS – COMMERCE PAR PRODUIT EN MILLIERS DE DOLLARS E.U

IMPORTS – IMPORTATIONS

COUNTRIES–PAYS	1988	1989	1990	1991	1992
Total	4737001	5381157	5926479	6520763	6626311
Africa	x108488	x102488	x116723	x115812	x119854
Northern Africa	27503	26798	34845	32675	x33937
Americas	x1578481	1692150	1625823	1696076	2022585
LAIA	86487	108109	120447	205352	242521
CACM	x4289	x3345	x4183	x4091	x5343
Asia	233089	x322491	x397545	x544932	x597213
Middle East	x35486	x42110	x80006	x106677	x101227
Europe	2490340	2872192	3507522	3729893	3695068
EEC	2144664	2481840	3066087	3356725	3309130
EFTA	335076	378787	423515	361748	376020
Oceania	x151654	x169553	x154012	x143763	x154417
USA/Etats-Unis d'Amer	1276454	1357733	1312263	1275002	1524771
Germany/Allemagne	498206	562927	731377	868528	836568
France,Monac	428851	458543	555788	593937	583520
Netherlands/Pays–Bas	178813	351698	511672	643914	627201
United Kingdom	356557	375896	404292	401960	401869
Italy/Italie	305263	334412	393949	388874	410247
Spain/Espagne	148979	166838	213395	206655	192561
Canada	198295	207879	173502	193119	232878
Former USSR/Anc. URSS	x112209	x164762	x57782	x206885	
Australia/Australie	121091	138076	124680	116650	123631
Switz.Liecht	92794	108383	114575	97600	105017
Sweden/Suède	94981	103562	111013	89936	88949
Belgium–Luxembourg	73541	77738	95018	104701	108919
Hong Kong	52746	57268	70519	122816	172482
Singapore/Singapour	39702	59606	70277	108358	102030
Mexico/Mexique	37752	54568	74211	108145	121547
Denmark/Danemark	96137	89016	82479	63362	64987
Austria/Autriche	54666	63120	80099	72043	71147
Finland/Finlande	45171	61503	61583	42388	55135
Norway,SVD,JM	45240	40939	54536	57607	60823
So. Africa Customs Un	56333	41157	42624	x40957	x36524
Portugal	31890	32381	43500	47710	53468
Japan/Japon	15066	43338	45948	34067	30696
Czechoslovakia	x16094	21425	45805	x18815	x13704
New Zealand	25114	26927	23419	22100	24586
Thailand/Thaïlande	13216	19060	26495	24503	33945
Korea Republic	10049	13598	25383	29363	17688
Saudi Arabia	856	827	x20505	x40202	x31527
China/Chine	23293	17974	16115	26578	34448
Greece/Grèce	12767	16322	18851	21491	x15794
Brazil/Brésil	1804	18121	12392	26059	31561
Malaysia/Malaisie	10249	14610	18271	23162	x24732
Indonesia/Indonésie	7972	13919	18828	20043	13848
Hungary/Hongrie	x9331	x8808	x12298	28931	x9713
Ireland/Irlande	13659	16068	15766	15595	13996
Turkey/Turquie	x1267	10112	18281	14192	16470
Venezuela	16400	9368	7442	22644	23814
Egypt/Egypte	14703	8299	11608	17060	15177
Yugoslavia SFR	9183	10312	15673	x9524	
Israel/Israël	10820	9793	11575	13632	19477
United Arab Emirates	x14342	x8424	x12885	x13304	x16989
Argentina/Argentine	x10541	4698	7755	18813	38309
Iran (Islamic Rp. of)	x849	x1382	x12121	x14302	x16936
Algeria/Algérie	6967	6738	14224	5618	x7447
Poland/Pologne	x9481	x5228	x2783	x17892	x7745
Colombia/Colombie	7142	8343	8256	7368	6608
Nigeria/Nigéria	x4133	x5133	x6742	x10284	x13114
Chile/Chili	6716	7798	5049	9215	x8110
Kuwait/Koweït	x3084	7700	x2403	x9810	x5908
Macau/Macao	1508	1617	3784	12851	5813

EXPORTS – EXPORTATIONS

COUNTRIES–PAYS	1988	1989	1990	1991	1992
Totale	4778584	5252126	5744073	6297881	6548315
Afrique	x901	x1936	x3248	x5637	x4320
Afrique du Nord	x53	x729	1556	3614	3422
Amériques	302269	345096	395352	507304	566581
ALAI	55069	53856	58495	93452	143299
MCAC	x3	x13	x15	x7	
Asie	2574728	2701044	2744246	3002276	3229874
Moyen–Orient	x794	2373	x1177	x1270	x1029
Europe	1889390	2193926	2588349	2767331	2733285
CEE	1857489	2153050	2522524	2708889	2684163
AELE	31736	40517	65016	58135	48820
Océanie	5832	4796	9006	x8535	7190
Japan/Japon	2323887	2397201	2433780	2627292	2737428
Netherlands/Pays–Bas	563972	685617	938177	988288	1017346
Germany/Allemagne	519807	551488	652041	594900	639456
France, Monac	209914	551488	300080	374558	517197
United Kingdom	393257	382717	336240	395247	477264
USA/Etats-Unis d'Amer	242658	286252	330334	404437	416269
Hong Kong	187560	253540	241275	275971	310375
Italy/Italie	66345	142946	148153	163554	135009
Mexico/Mexique	54749	53325	58243	93327	142227
Denmark/Danemark	79958	72287	56161	30497	23075
Singapore/Singapour	15826	22663	30186	58299	73372
Sweden/Suède	20960	20551	26756	22397	19559
Korea Republic	28663	13859	22735	18663	25596
Austria/Autriche	4099	10034	24226	20171	18590
Belgium–Luxembourg	20949	13292	10992	12576	16792
Switz.Liecht	2974	5794	10206	11597	6679
Canada	3609	3591	6011	9175	6953
India/Inde	14066	x1038	7277	8300	x641
Australia/Australie	4538	2748	6432	6521	5500
China/Chine	1751	6455	4120	3266	28337
Spain/Espagne	2182	3054	4496	4903	7777
Macau/Macao	84	187	852	6413	2864
Finland/Finlande	890	2156	1590	2402	2705
New Zealand	1218	1925	2378	1675	1642
Norway, SVD, JM	2813	1981	2238	1566	1286
Poland/Pologne	x2023	x1830	x1010	x2896	x2978
Egypt/Egypte	2	x444	1392	3097	2803
Hungary/Hongrie	x5	x12	x486	x2996	x3183
Malaysia/Malaisie	1923	2282	819	365	x191
Portugal	361	853	1210	1232	1095
Bulgaria/Bulgarie	x613	x1980	x691	x145	x386
So. Africa Customs Un	x181	x884	x904	x572	x438
Israel/Israël	5	940	843	449	1790
Former USSR/Anc. URSS	x417	x1089	x549	x436	
Kuwait/Koweït	x11	1754	x78	x5	x7
Thailand/Thaïlande	61	108	707	931	x46074
Niger		x116	x309	x1135	x299
Ireland/Irlande	706	676	429	370	1317
Cyprus/Chypre	291	263	551	481	423
Panama	x774	x1219	3	4	4
Yugoslavia SFR	x16989	147	359	688	x153
Czechoslovakia	x1250	x276	x484	x317	x506
Philippines		x331	105	551	x2
Tunisia/Tunisie	27	261	151	476	617
Korea Dem People's Rp	x18	x54	x339	x410	x2041
United Arab Emirates	x130	x68	x188	x362	x393
Romania/Roumanie		x15	x539	x8	x13
Oman	49	126	250	165	
Fiji/Fidji	57	117	190	153	40
Brazil/Brésil	168	257	45	72	43

(VALUE AS % OF TOTAL) (VALEUR EN % DU TOTAL)

IMPORTS

	1983	1984	1985	1986	1987	1988	1989	1990	1991	1992
Africa	x2.7	x2.8	x2.0	x2.3	x2.1	x2.3	x1.9	x2.0	x1.7	x1.9
Northern Africa	1.1	1.0	0.8	0.5	0.5	0.6	0.5	0.6	0.5	x0.5
Americas	x31.4	x37.2	x40.0	x40.0	x34.6	x33.3	31.5	27.5	26.0	30.5
LAIA	x1.2	x0.6	x1.1	x1.5	x1.6	1.8	2.0	2.0	3.1	3.7
CACM	x0.0			x0.1	x0.1	x0.1	x0.1	x0.1	x0.1	x0.1
Asia	x7.3	5.5	x7.1	4.3	4.6	4.9	x6.0	x6.7	x8.3	x9.1
Middle East	x1.9	x1.5	x1.5	x0.9	x0.9	x0.7	x0.8	x1.3	x1.6	x1.5
Europe	56.2	51.5	48.0	51.0	52.0	52.6	53.4	59.2	57.2	55.8
EEC	49.2	44.9	41.9	43.3	44.3	45.3	46.1	51.7	51.5	49.9
EFTA	6.9	6.6	6.0	7.5	7.4	7.1	7.0	7.1	5.5	5.7
Oceania	x2.4	x3.0	x3.1	x2.5	x3.0	x3.2	x3.2	x2.6	x2.2	x2.3
USA/Etats-Unis d'Amer	25.0	30.9	34.3	33.6	28.5	26.9	25.2	22.1	19.6	23.0
Germany/Allemagne	13.1	11.7	11.6	10.5	10.1	10.5	10.5	12.3	13.3	12.6
France,Monac	10.0	8.2	7.4	8.5	8.9	9.1	8.5	9.4	9.1	8.8
Netherlands/Pays–Bas	4.6	4.0	3.4	3.9	3.8	6.5	8.6	8.6	9.9	9.5
United Kingdom	10.2	8.5	8.4	7.5	7.2	7.5	7.0	6.8	6.2	6.1
Italy/Italie	5.1	5.6	5.5	6.0	6.9	6.4	6.2	6.6	6.0	6.2
Spain/Espagne	2.3	2.4	2.2	2.6	2.8	3.1	3.1	3.6	3.2	2.9
Canada	4.8	5.5	4.3	4.2	4.0	4.2	3.9	2.9	3.0	3.5
Former USSR/Anc. URSS				x2.2	x2.4	x3.1	x1.0	x3.2		
Australia/Australie	2.0	2.5	2.6	2.0	2.3	2.6	2.6	2.1	1.8	1.9

EXPORTS

	1983	1984	1985	1986	1987	1988	1989	1990	1991	1992
Afrique	x0.0	x0.0	x0.0	x0.0	x0.0	x0.0	x0.0	x0.0	x0.1	x0.1
Afrique du Nord	x0.0	x0.0	x0.0	x0.0	x0.0	x0.0	x0.0	x0.0	0.1	0.1
Amériques	x10.8	7.7	x4.9	x4.1	x5.5	6.4	6.6	6.9	8.1	8.7
ALAI	x0.0	x0.0	x0.0	x0.0	x0.1	1.2	1.0	1.0	1.5	2.2
MCAC	x0.0		x0.0							
Asie	59.8	63.2	70.3	64.9	57.4	53.8	51.5	47.8	47.6	49.3
Moyen–Orient	x0.0	x0.0	x0.0	x0.0	x0.0	x0.8	x0.0	x0.0	x0.0	x0.0
Europe	29.3	29.0	24.8	30.9	36.8	39.5	41.8	45.1	43.9	41.7
CEE	28.0	28.0	23.8	29.6	35.3	38.9	41.0	43.9	43.0	41.0
AELE	1.3	1.0	1.0	1.3	1.5	0.7	0.8	1.1	0.9	0.7
Océanie	0.1			x0.0	0.2	0.1	0.1	0.2	x0.1	0.1
Japan/Japon	57.3	60.8	66.1	61.8	53.7	48.6	45.6	42.4	41.7	41.8
Netherlands/Pays–Bas	11.7	14.4	9.3	10.6	11.6	11.8	13.1	16.3	15.7	15.5
Germany/Allemagne	6.3	5.4	6.5	8.1	10.9	10.9	10.5	11.4	9.4	9.8
France,Monac	1.4	1.1	3.0	4.2	4.4	5.7	6.5	8.2	7.3	7.3
United Kingdom	7.2	5.4	3.6	4.8	5.8	8.2	7.3	5.9	6.3	5.6
USA/Etats-Unis d'Amer	10.7	7.6	4.9	3.8	5.2	5.1	5.5	5.8	6.4	6.4
Hong Kong	1.6	1.6	3.2	2.1	2.7	3.9	4.8	4.2	4.4	4.7
Italy/Italie	0.5	0.4	0.3	0.4	0.8	1.4	2.7	2.6	2.6	2.1
Mexico/Mexique				x0.1	x0.1	1.1	1.0	1.0	1.5	2.2
Denmark/Danemark	0.6	0.6	0.7	0.7	1.1	1.7	1.4	1.0	0.5	0.4

7522 DIGITAL COMPUTERS / MACH DIGITALES COMPLETES 7522

TRADE BY COMMODITY IN THOUSAND U.S. DOLLARS – COMMERCE PAR PRODUIT EN MILLIERS DE DOLLARS E.U

COUNTRIES–PAYS	IMPORTS – IMPORTATIONS					COUNTRIES–PAYS	EXPORTS – EXPORTATIONS				
	1988	1989	1990	1991	1992		1988	1989	1990	1991	1992
Total	x8606162	7838803	7954003	8167541	8220685	Totale	8712711	8683563	8741062	9074423	9840510
Africa	x379211	x302746	x290295	x129477	x136808	Afrique	x4420	x3085	x3020	x2836	x4140
Northern Africa	x52071	x93266	x91360	x57643	x34772	Afrique du Nord	x595	394	x203	x553	x1505
Americas	x1644691	x946593	957959	1413891	2187238	Amériques	3063096	2835815	2540713	2314699	2429330
LAIA	x88415	x158151	235725	350312	378547	ALAI	160052	295482	251810	287209	231577
CACM	x4955	x7047	x6941	x8787	x13248	MCAC	x472	x258	x16	x233	x144
Asia	804605	991519	1158320	1180092	x1322452	Asie	2137969	2654923	2906196	3878883	4617778
Middle East	x68694	168041	x179410	x144667	x194696	Moyen–Orient	x4831	x7447	x5830	x13142	x23146
Europe	4570130	4028991	4408924	4100549	3822627	Europe	3111797	2827975	3070216	2702857	2664142
EEC	3849163	3324357	3737196	3586561	3345030	CEE	2929601	2664860	2911864	2576895	2548327
EFTA	697293	689474	649770	495737	461360	AELE	177588	157346	149941	125271	114448
Oceania	x462684	x704322	x636816	x623639	x628609	Océanie	22045	x33671	47064	x88713	89436
France, Monac	809284	902734	1008369	919370	837210	USA/Etats–Unis d'Amer	2817087	2504808	2264258	2005858	2076329
United Kingdom	869615	888224	886216	927097	970252	Japan/Japon	1382792	1485442	1618690	1669990	2408448
Germany/Allemagne	773897	634761	770997	773857	717989	Ireland/Irlande	1122368	1257863	1259485	768319	709542
Australia/Australie	376843	596050	538169	523554	542592	Singapore/Singapour	209255	572388	802324	1553907	1699022
USA/Etats–Unis d'Amer	x1300511	491213	403632	705352	1429051	United Kingdom	467436	470109	508761	776389	817754
Former USSR/Anc. URSS	x548137	x616086	x251816	x561778		Germany/Allemagne	586376	333614	509420	591210	505508
Singapore/Singapour	208264	230836	362826	360177	363334	Korea Republic	454685	512449	347205	482542	263029
Italy/Italie	293420	294915	347352	297185	210973	France, Monac	342339	410885	417495	249998	257844
Canada	223255	256525	274336	294704	330739	Mexico/Mexique	158133	291517	248735	284368	229997
Spain/Espagne	196354	194086	266904	192200	179169	Belgium–Luxembourg	103045	113182	116744	79872	53673
China/Chine	216308	198405	171122	210090	219350	Former USSR/Anc. URSS	x192940	x140685	x46093	x53887	
Finland/Finlande	199299	234167	208905	104535	50934	Hong Kong	34320	59864	70413	110193	176631
Sweden/Suède	171595	151608	141986	128125	143774	Australia/Australie	18787	29212	41345	78866	85718
Belgium–Luxembourg	145251	153151	142586	108712	95693	Sweden/Suède	56699	65291	45385	32068	24507
Czechoslovakia	x62423	139163	205492	x49256	x40040	Switz.Liecht	60609	42065	39565	32712	23277
So. Africa Customs Un	289667	173722	150097	x22055	x33674	Italy/Italie	41486	36054	40642	35536	42840
Switz.Liecht	190297	121698	108066	99071	112526	Poland/Pologne	x17910	x22941	x56131	x11527	x11511
Korea Republic	96021	98654	84126	117673	81209	Former GDR	x6703	x79883	x10067		
Norway,SVD,JM	89721	113966	95147	82619	84491	Bulgaria/Bulgarie	x145074	x46637	x29999	x76	x132
Japan/Japon	45247	63825	117695	109888	138613	Norway,SVD,JM	39215	17918	26724	31727	21540
New Zealand	81915	100238	92307	93037	78354	Netherlands/Pays–Bas	239526	16976	15235	43890	110120
Netherlands/Pays–Bas	544779	65996	71272	127751	141547	Canada	83264	32736	19838	16432	116789
Mexico/Mexique	20936	58761	82542	106085	141070	Denmark/Danemark	17166	15512	29297	19543	21789
Portugal	69093	61637	76384	99565	70629	Finland/Finlande	12549	26550	25710	10958	15569
Austria/Autriche	35843	60528	83464	68968	57851	India/Inde	40697	x914	30776	18515	x4901
Denmark/Danemark	77816	62861	62579	73330	78266	Hungary/Hongrie	x7958	x6891	x21065	x20694	x22155
Turkey/Turquie		63823	92108	37167	29285	Austria/Autriche	8455	5494	12509	17742	29496
Indonesia/Indonésie	40395	44581	69216	59874	40723	China/Chine	6241	7565	16002	10615	18043
Algeria/Algérie	27800	69557	63182	34161	x11975	Romania/Roumanie		25607	5770	9	x28
Ireland/Irlande	48484	42115	77590	40525	25079	Spain/Espagne	8935	7956	11855	9020	23936
Venezuela	x26435	x23714	49854	86352	63919	Thailand/Thaïlande	1358	2816	10832	14443	x1994
Thailand/Thaïlande	22729	33024	31914	49326	55844	New Zealand	3224	3916	5508	9594	2725
Israel/Israël	35503	40254	38586	27661	15677	Yugoslavia SFR	4342	5404	8206	x377	
Peru/Pérou	x3095	31155	29824	42916	x5368	Czechoslovakia	x2777	x5448	x4728	x242	x1858
Poland/Pologne	x17991	x17926	x15069	x59495	x46742	Bahrain/Bahreïn	x1935	x258	x1985	x6396	x12451
Saudi Arabia	13641	16780	x30138	x42422	x80988	Portugal	847	2498	2824	2951	4563
Hong Kong	9330	17831	33723	33646	64872	United Arab Emirates	x997	x1006	x1593	x5165	x9034
Greece/Grèce	21172	23876	26947	26988	x18224	Cuba		x1046	x2507	x2515	x2491
Chile/Chili	x13714	x8784	32421	29411	x22067	Kuwait/Koweït	x386	5302	x123	x54	x177
Romania/Roumanie	x3196	48563	11197	9866	x5793	Peru/Pérou		2813	2354	x11	x3
Colombia/Colombie	x13313	x16386	x12110	37528	35775	So. Africa Customs Un	x823	x1119	x1538	x1125	x1345
India/Inde	23444	x38968	15583	10338	x30651	Korea Dem People's Rp	x904	x897	x1227	x1285	x1411
Kuwait/Koweït	x4222	40070	x7685	x7885	x12860	Jamaica/Jamaïque	485	657	1386	1053	x15
Hungary/Hongrie	x10676	x7854	x11343	31851	x20305	Malaysia/Malaisie	434	736	995	795	x12927
Brazil/Brésil	4783	9295	10257	19751	88958	Israel/Israël	1729	1822	287	98	640
Pakistan	10577	14735	11954	12198	15441	Brazil/Brésil	1772	243	176	1388	441
Egypt/Egypte	x16357	x12913	x15372	x10204	x9194	Pakistan	11	1627	87	74	17
Yugoslavia SFR	18374	9520	13134	x14940		Philippines	92	x9	x307	405	1023	40
Iran (Islamic Rp. of)	x2060	x4001	x8017	x23424	x26614	Viet Nam		x775	x775	x775	
Malaysia/Malaisie	9048	15852	6772	12326	x66321	Cyprus/Chypre	570	359	517	629	315

(VALUE AS % OF TOTAL)(VALEUR EN % DU TOTAL)

	1983	1984	1985	1986	1987	1988	1989	1990	1991	1992		1983	1984	1985	1986	1987	1988	1989	1990	1991	1992
Africa	x0.5	x0.7	x0.2	3.1	x1.8	x4.4	x3.8	x3.7	x1.6	x1.7	Afrique	x0.0	x0.0	x0.0	x0.0	x0.0	x0.0	x0.0	x0.0	x0.0	x0.0
Northern Africa	x0.3	x0.2	x0.2	1.7	x0.8	x0.6	x1.2	x1.1	x0.7	x0.4	Afrique du Nord	x0.0	x0.0	x0.0	x0.0	x0.0	x0.0	x0.0	0.0	x0.0	x0.0
Americas	x26.7	x30.4	x25.2	x24.2	x24.7	x19.1	x12.0	12.0	17.3	26.6	Amériques	x37.4	x35.7	x36.5	x34.9	x32.8	35.2	32.6	29.0	25.5	24.7
LAIA	x3.3	x2.7	x0.5	x1.8	x1.3	x1.0	x2.0	3.0	4.3	4.6	ALAI	x0.4	x0.6	x0.7	x0.0	x1.7	1.8	3.4	2.9	3.2	2.4
CACM	0.1	x0.1	x0.1	x0.1	x0.1	x0.1	x0.1	x0.1	x0.1	x0.2	MCAC	x0.0			x0.0	x0.0	x0.0	x0.0	x0.0	x0.0	x0.0
Asia	x10.6	9.9	x11.3	x8.5	x11.3	9.3	12.6	14.6	14.5	x16.1	Asie	17.7	19.0	14.3	15.0	18.2	24.5	30.5	33.2	42.7	46.9
Middle East	x3.2	x0.8	x2.4	x2.3	x1.9	x0.8	2.1	x2.3	x1.8	x2.4	Moyen–Orient	x0.1	x0.1	x0.1	x0.1	x0.1	x0.1	x0.1	x0.1	x0.1	x0.2
Europe	56.4	51.7	55.1	58.1	51.6	53.1	51.4	55.4	50.2	46.5	Europe	44.9	45.2	49.2	49.6	46.1	35.7	32.6	35.1	29.8	27.1
EEC	54.9	50.0	53.0	48.3	42.9	44.7	42.4	47.0	43.9	40.7	CEE	43.7	44.2	48.3	48.9	45.2	33.6	30.7	33.3	28.4	25.9
EFTA	1.2	1.4	1.6	x9.4	x8.5	8.1	8.8	8.2	6.1	5.6	AELE	1.2	1.0	0.9	x1.0	x0.9	2.0	1.8	1.7	1.4	1.2
Oceania	5.9	x7.2	x7.8	x6.0	x5.6	x5.3	x9.0	x8.0	x7.6	7.7	Océanie	x0.0	x0.0	0.3	x0.2	0.3	x0.4	0.5	x1.0	0.9	
France, Monac	10.7	11.9	11.5	10.8	9.1	9.4	11.5	12.7	11.3	10.2	USA/Etats–Unis d'Amer	36.9	35.1	35.7	34.3	30.0	32.3	28.8	25.9	22.1	21.1
United Kingdom	10.5	7.7	8.6	9.4	10.0	10.1	11.3	11.1	11.4	11.8	Japan/Japon	15.7	15.2	9.1	10.2	11.8	15.9	17.1	18.5	18.4	24.5
Germany/Allemagne	12.1	11.6	12.0	9.7	8.8	9.0	8.1	9.7	9.5	8.7	Ireland/Irlande	19.7	21.6	24.2	26.6	25.1	12.9	14.5	14.4	8.5	7.2
Australia/Australie	4.7	5.9	6.5	5.0	4.6	4.4	7.6	6.8	6.4	6.6	Singapore/Singapour	0.4	1.4	1.5	1.1	1.7	2.4	6.6	9.2	17.1	17.3
USA/Etats–Unis d'Amer				x8.1	x10.7	x15.1	6.3	5.1	8.6	17.4	United Kingdom	2.0	2.3	2.6	2.1	2.6	5.4	5.4	5.8	8.6	8.3
Former USSR/Anc. URSS				x4.3	x6.4	x6.4	x7.9	x3.2	x6.9		Germany/Allemagne	13.2	12.1	11.7	3.3	4.1	5.2	5.9	4.0	5.3	2.7
Singapore/Singapour	1.6	2.0	2.0	1.7	1.9	2.4	2.9	4.6	4.4	4.4	Korea Republic	0.6	1.1	1.7	3.3	2.3	3.9	4.7	4.8	2.8	2.6
Italy/Italie	1.0	1.7	2.3	0.5	0.3	3.4	3.8	4.4	3.6	2.6	France, Monac	1.8	2.0	2.6	2.7	2.3	3.9	4.7	4.8	2.8	2.6
Canada	22.9	27.2	19.7	13.8	12.3	2.6	3.3	3.4	3.4	4.0	Mexico/Mexique	x0.3	x0.4	0.4	x0.0	x1.7	1.8	3.4	2.8	3.1	2.3
Spain/Espagne	2.0	2.4	3.1	3.2	2.8	2.3	2.5	3.4	2.4	2.2	Belgium–Luxembourg	0.5	0.3	0.4	0.5	0.5	1.2	1.3	1.3	0.9	0.5

7523 DIGITL CENTRL PROCESSORS — UNITES CENTRALES 7523

TRADE BY COMMODITY IN THOUSAND U.S. DOLLARS – COMMERCE PAR PRODUIT EN MILLIERS DE DOLLARS E.U

IMPORTS – IMPORTATIONS

COUNTRIES–PAYS	1988	1989	1990	1991	1992
Total	x14730051	18671638	20777391	23513989	23806900
Africa	x178301	x153710	x199898	x254675	x269083
Northern Africa	x34406	x57060	x71978	x82908	x61188
Americas	x2650170	x3907080	x3591030	5019097	x5196612
LAIA	x339866	x278801	x241856	360770	524119
CACM	x9247	x13242	x14939	x15190	x22637
Asia	x1685544	x2253166	2507584	2754402	x3201560
Middle East	x86807	x119549	x180614	x290109	x302859
Europe	9270601	11262659	13843527	14541313	14617671
EEC	7637180	9316921	11619587	12417782	12593385
EFTA	1583253	1889137	2187613	2085933	1982503
Oceania	x352594	x361340	x335564	x241810	x264235
Germany/Allemagne	1810100	2410797	3219817	3769727	4008630
USA/Etats–Unis d'Amer	x1312594	2360619	2178330	3355187	3284627
United Kingdom	1594065	1873669	2015775	2079755	2065838
France, Monac	1533844	1632455	1953621	2050705	2213785
Japan/Japon	1091413	1425944	1528615	1557479	1696267
Netherlands/Pays–Bas	944902	1244242	1519658	1468700	1580101
Canada	972329	1232399	1129860	1259121	1324687
Italy/Italie	711726	792685	1018792	1165838	1030893
Switz. Liecht	612227	729207	828933	799259	801675
Spain/Espagne	512764	599538	785900	747446	586061
Sweden/Suède	424762	489520	563026	500695	435957
Belgium–Luxembourg	279319	368379	516425	470854	411789
Former USSR/Anc. URSS	x425738	x524943	x184728	x485915	
Austria/Autriche	295822	327537	413617	440513	378974
Korea Republic	171742	285892	330733	376316	332257
Denmark/Danemark	127301	161774	314107	390750	363927
Australia/Australie	297236	316589	283164	182911	215224
Hong Kong	209810	216269	259394	284140	523662
Norway, SVD, JM	126466	215360	244238	207370	192213
Finland/Finlande	120552	125203	134579	135100	170921
Portugal	56519	81030	115958	183769	211829
Ireland/Irlande	52752	138252	141336	69125	64231
Mexico/Mexique	118177	44140	84704	174512	217898
Brazil/Brésil	72238	110775	63139	92349	101129
Turkey/Turquie		29204	65174	119321	118469
Singapore/Singapour	39760	41109	86309	82021	85743
So. Africa Customs Un	88517	42499	59049	x95883	x97718
Czechoslovakia	x68331	54921	46372	x87543	x109785
Saudi Arabia	x30817	x24149	x33441	x97675	x60660
Poland/Pologne	x23188	x30784	x26543	x73185	x88472
New Zealand	53555	40957	44946	44232	39738
Yugoslavia SFR	43261	47902	28861	x30468	
Thailand/Thaïlande	15056	16201	31914	40987	40909
Venezuela	x78998	x39568	22898	21180	20563
Egypt/Egypte	x16372	x19515	x29350	x26169	x25127
Chile/Chili	x15229	x26815	17059	30170	x46141
Malaysia/Malaisie	17471	12500	18726	42448	x65394
Colombia/Colombie	x20694	x26544	x35107	11133	12996
Algeria/Algérie	x6715	x18664	x23293	x28166	x15842
Hungary/Hongrie	x9388	x15002	x29338	24943	x41717
Former GDR	x34587	x61375	x5358		
United Arab Emirates	x22452	x29234	x18419	x18101	x32613
Israel/Israël	12302	13678	24626	24440	25782
Bulgaria/Bulgarie	x10648	x36742	x7034	x14779	5819
India/Inde	884	x49882	2264	1477	x42431
Greece/Grèce	13889	14101	18199	21112	
Iran (Islamic Rp. of)	x2937	x5344	x18288	x25256	x56301
China/Chine	12991	19595	11236	13250	x45800
Tunisia/Tunisie	7789	11915	11933	16203	44218
Indonesia/Indonésie	7760	9623	15523	14291	16331
					15622

EXPORTS – EXPORTATIONS

COUNTRIES–PAYS	1988	1989	1990	1991	1992
Totale	12272965	16133673	17251628	18509643	19498722
Afrique	x2484	x2614	x7423	x4994	x5314
Afrique du Nord	x394	x260	x222	x886	x416
Amériques	2899426	5055686	5866192	6440327	6735772
ALAI	85833	75587	56261	102345	63488
MCAC	x466	x136	x14	x78	x355
Asie	2392797	2238113	1933244	2088529	1976859
Moyen–Orient	x2839	x9828	x13014	x10164	x17410
Europe	6457653	8593649	9382940	9919097	10738660
CEE	6233544	8299750	8962892	9394297	10097511
AELE	217720	289569	417715	523778	640346
Océanie	x45815	x40919	x43873	x47648	x33720
USA/Etats–Unis d'Amer	2332123	4547383	5396417	5762174	6115772
United Kingdom	2923571	3911239	3459588	2813183	3089313
Germany/Allemagne	1030854	1517287	1721126	1682961	1530020
Japan/Japon	1199667	1199893	1053203	1203922	1205187
Ireland/Irlande	547142	796711	1075504	826555	891689
Italy/Italie	647395	583494	782217	1285438	1308125
Netherlands/Pays–Bas	270711	612237	790859	1138235	1192544
France, Monac	573525	642563	785126	976015	1508724
Hong Kong	478167	507678	510927	574841	470284
Canada	479916	429117	412532	570323	550618
Korea Republic	484908	460751	285795	232766	71763
Spain/Espagne	77258	67499	100963	375461	319350
Belgium–Luxembourg	117889	138330	163278	151439	132179
Switz. Liecht	57167	88673	138765	135275	150853
Austria/Autriche	30745	37290	77639	135616	112288
Denmark/Danemark	43878	28321	79310	138752	118820
Finland/Finlande	37008	54696	55738	120957	259472
Sweden/Suède	50862	62336	56118	82814	71619
Norway, SVD, JM	41929	46567	89445	49115	46088
Bulgaria/Bulgarie	x347505	x175853	x1989	x287	x578
Brazil/Brésil	77335	58098	29726	73900	42886
Singapore/Singapour	222303	45372	51822	54386	138766
Australia/Australie	45354	39871	42598	42660	30309
Mexico/Mexique	6711	16424	26291	26817	18995
Former USSR/Anc. URSS	x24471	x14128	x3040	x2691	
Saudi Arabia	x146	x5202	x8001	x5861	x7899
China/Chine	896	5364	10915	1544	6042
Poland/Pologne	x47555	x3404	x6967	x1319	x1040
Portugal	1048	914	4073	5809	5180
Hungary/Hongrie	x17464	x1977	x4324	x4167	x4997
Israel/Israël	210	2434	1374	6341	5454
So. Africa Customs Un	x586	x1595	x4574	x2246	x1672
New Zealand	429	952	1146	4793	3311
Yugoslavia SFR	6220	4137	2145	x227	
United Arab Emirates	x278	x1721	x1930	x2105	x6064
Thailand/Thaïlande	269	3444	35	1288	x19167
Bahamas	x851	x2078	x632	x1908	x4506
Former GDR	x29428	x4406	x157		
Malaysia/Malaisie	1604	1445	1530	1553	x27563
Czechoslovakia	x5828	x2260	x1428	x581	x1757
India/Inde	238	x1084	2529	413	x12724
Greece/Grèce	274	1156	848	1078	x1568
Iran (Islamic Rp. of)	x8	x483	x1618	x930	x1121
Korea Dem People's Rp	x1306	x590	x953	x1189	x1316
Panama	x60	x43	x118	x1962	x506
Cyprus/Chypre	82	614	586	443	337
Bahrain/Bahreïn	x1859	x632	x401	x422	x659
Ecuador/Equateur			x15	x1338	
Montserrat		x1080			
Nigeria/Nigéria	x146	x170	x460	x278	x255

(VALUE AS % OF TOTAL) (VALEUR EN % DU TOTAL)

Imports

	1983	1984	1985	1986	1987	1988	1989	1990	1991	1992
Africa	x0.2	x0.3	x0.6	x1.9	x1.4	x1.2	x0.8	x1.0	x1.1	x1.1
Northern Africa	x0.1	x0.1	x0.2	x0.5	x0.4	x0.2	x0.3	x0.3	x0.4	x0.3
Americas	x4.1	x3.9	x2.5	x16.8	x12.5	x18.0	x20.9	x17.3	21.3	x21.9
LAIA	x3.8	x3.3	x2.0	x1.7	x1.9	x2.3	x1.5	x1.2	1.5	2.2
CACM	x0.1	x0.1	x0.1	x0.1	x0.1	x0.1	x0.1	x0.1	x0.1	x0.1
Asia	x15.6	x16.7	x14.8	x12.2	x10.7	x11.4	x12.1	12.1	11.7	x13.4
Middle East	x0.6	x0.6	x2.1	x1.1	x1.3	x0.6	x0.6	x0.9	x1.2	x1.3
Europe	77.6	76.2	78.2	66.2	68.4	62.9	60.3	66.6	61.8	61.4
EEC	73.6	72.4	74.5	58.3	61.2	51.8	49.9	55.9	52.8	52.9
EFTA	3.4	3.5	3.2	x7.5	x6.8	10.7	10.1	10.5	8.9	8.3
Oceania	x2.4	x2.9	x3.9	x2.8	x2.3	x2.4	x1.9	x1.6	x1.1	x1.1
Germany/Allemagne	19.2	17.1	18.5	16.6	16.2	12.3	12.9	15.5	16.0	16.8
USA/Etats–Unis d'Amer				x11.7	x7.8	x8.9	12.6	10.5	14.3	13.8
United Kingdom	25.2	23.1	19.7	12.7	13.5	10.8	10.0	9.7	8.8	8.7
France, Monac	8.9	10.4	12.5	10.5	11.4	10.4	8.7	9.4	8.7	9.3
Japan/Japon	8.9	10.5	9.7	7.1	6.3	7.4	7.6	7.4	6.6	7.1
Netherlands/Pays–Bas	4.7	4.7	4.8	3.9	5.0	6.4	6.7	7.3	6.2	6.6
Canada				x3.1	x2.5	6.6	6.6	5.4	5.4	5.6
Italy/Italie	5.7	7.9	8.6	6.1	5.6	4.8	4.2	4.9	5.0	4.3
Switz. Liecht				x2.6	x2.4	4.2	3.9	4.0	3.4	3.4
Spain/Espagne	4.4	3.3	4.0	3.2	3.5	3.5	3.2	3.8	3.2	2.5

Exports

	1983	1984	1985	1986	1987	1988	1989	1990	1991	1992
Afrique	x0.0	x0.0	x0.0	x0.0	x0.0	x0.0	x0.0	x0.0	x0.0	x0.0
Afrique du Nord	x0.0	x0.0	x0.0	x0.0	x0.0	x0.0	x0.0	x0.0	x0.0	x0.0
Amériques	x41.4	x42.1	x32.2	24.7	x25.1	23.6	31.3	34.0	34.8	34.6
ALAI	x0.9	x2.2	x1.8	1.7	x1.7	0.7	0.5	0.3	0.6	0.3
MCAC										
Asie	8.6	10.0	15.3	21.0	21.4	19.5	13.9	11.2	11.2	10.1
Moyen–Orient	x0.1	x0.0	x0.0	x0.0	x0.0	x0.0	x0.1	x0.1	x0.1	x0.1
Europe	50.1	47.8	52.4	54.1	50.9	52.6	53.3	54.4	53.6	55.1
CEE	49.6	47.4	51.7	52.5	49.2	50.8	51.4	52.0	50.8	51.8
AELE	0.5	0.4	0.7	x1.6	x1.6	1.8	1.8	2.4	2.8	3.3
Océanie			x0.0	x0.2	x0.2	x0.4	x0.3	x0.3	x0.3	x0.2
USA/Etats–Unis d'Amer	40.4	39.9	30.4	22.8	23.0	19.0	28.2	31.3	31.1	31.4
United Kingdom	17.4	18.3	15.2	11.9	13.9	23.8	24.2	20.1	15.2	15.8
Germany/Allemagne	12.0	7.5	9.1	10.2	11.4	8.4	9.4	10.0	9.1	7.8
Japan/Japon	6.2	6.5	11.6	13.7	12.0	9.8	7.4	6.1	6.5	6.2
Ireland/Irlande	2.5	2.9	2.3	1.6	1.7	4.5	4.9	6.2	4.5	4.6
Italy/Italie	0.4	0.6	7.7	7.7	5.0	5.3	3.6	4.5	6.9	6.7
Netherlands/Pays–Bas	2.0	1.5	2.1	1.6	1.9	2.2	3.8	4.6	6.1	6.1
France, Monac	11.4	8.2	8.4	13.2	9.3	4.7	4.0	4.6	5.3	7.7
Hong Kong	2.0	2.3	1.2	2.7	3.6	3.9	3.1	3.0	3.1	2.4
Canada				x0.2	x0.4	3.9	2.7	2.4	3.1	2.8

7525 ADP PERIPHERAL UNITS / UNITES PERIPHERIQUES 7525

TRADE BY COMMODITY IN THOUSAND U.S. DOLLARS – COMMERCE PAR PRODUIT EN MILLIERS DE DOLLARS E.U

COUNTRIES–PAYS	IMPORTS – IMPORTATIONS					COUNTRIES–PAYS	EXPORTS – EXPORTATIONS				
	1988	1989	1990	1991	1992		1988	1989	1990	1991	1992
Total	x17217919	17963302	20568958	23105848	27011279	Totale	x17511528	18417674	22263747	24068995	28961370
Africa	x207391	x184857	x189252	x151032	x190636	Afrique	x2632	x3184	x2608	x3529	x7546
Northern Africa	x15273	x22147	x28409	x29733	x43370	Afrique du Nord	x290	x345	x425	x511	x621
Americas	x6560280	x6487219	x7005821	8227289	10002456	Amériques	x3293351	3027896	3297511	3584274	4017313
LAIA	x183479	x277799	367056	583196	715518	ALAI	190881	183948	161822	172174	117203
CACM	x1986	x12194	x10773	x13712	x14926	MCAC	x109	x68	x37	x327	x160
Asia	1618866	1942690	2581963	3034020	3484392	Asie	9581346	10309384	12882129	13962056	18334837
Middle East	x80060	x118383	x172704	x199334	x245947	Moyen–Orient	x4555	x10461	19407	x16281	x16500
Europe	8136480	8461321	10155777	10769872	12740290	Europe	4272318	4853118	5947854	6436546	6542137
EEC	6560139	6914573	8393726	9023125	10914688	CEE	3498177	3978865	4909543	5539936	5710134
EFTA	1533500	1492976	1699330	1702512	1777901	AELE	771403	872806	1036586	891109	830172
Oceania	x291973	x349123	x366296	x366493	x406874	Océanie	x17633	x20436	x38735	x49502	x18661
USA/Etats–Unis d'Amer	x5627026	5363869	5785742	6656706	8133344	Japan/Japon	5101678	5085889	5562214	6302005	7301878
Germany/Allemagne	1549787	1686567	2336646	2849655	3823752	Singapore/Singapour	3257622	3951800	5609581	5646761	7563535
United Kingdom	1556529	1584724	1692472	1694512	2004232	USA/Etats–Unis d'Amer	x2899025	2691164	2954781	3216006	3640137
France, Monac	1138947	1331463	1486209	1466811	1813069	United Kingdom	623475	890898	1356318	1551362	1451882
Singapore/Singapour	577267	759236	1144943	1352768	1608647	Germany/Allemagne	997056	1138344	1251954	1227326	1363491
Netherlands/Pays–Bas	870433	834822	1015160	1045145	1140432	Korea Republic	839666	915996	1181496	1245341	1603617
Canada	730354	799486	809435	927481	1086516	France, Monac	938518	925656	986300	1323278	1284607
Italy/Italie	535437	535033	663908	747226	830641	Sweden/Suède	572693	639361	703604	580907	453913
Hong Kong	356515	381237	524639	657892	458599	Netherlands/Pays–Bas	567838	567133	605311	614802	707885
Sweden/Suède	461824	497954	482760	496693	543421	Hong Kong	313647	293495	350714	422195	425816
Switz.Liecht	461430	447922	521334	494894	502028	Italy/Italie	92047	147004	273818	352744	438816
Spain/Espagne	315181	334221	396002	448708	429548	Canada	187162	150911	176777	193345	254105
Australia/Australie	272961	296891	319081	311221	343887	Belgium–Luxembourg	96096	110539	156201	182403	190810
Belgium–Luxembourg	246695	270849	324253	313470	333933	Spain/Espagne	88104	108831	156997	161120	179910
Austria/Autriche	228031	240044	315265	337815	356756	Finland/Finlande	70128	82762	144956	121012	183652
Former USSR/Anc. URSS	x227451	x377174	x145976	x356528		Argentina/Argentine	86614	96345	94667	101446	56401
Japan/Japon	181611	208445	214751	235030	297850	Philippines	18976	x5489	61082	165334	174795
Finland/Finlande	160412	197075	213011	166344	152484	China/Chine	26382	33569	68657	128362	251849
Mexico/Mexique	35100	91281	191948	271014	340207	Switz.Liecht	65572	77798	76506	68021	81684
Korea Republic	123815	138306	170735	223310	227726	Austria/Autriche	40840	60156	73916	77820	80739
Denmark/Danemark	139338	138299	186586	185797	241053	Ireland/Irlande	58102	53430	80351	76012	34830
China/Chine	189285	148026	169227	156263	120789	Poland/Pologne	x121200	x147070	x50605	x11057	x10778
Norway,SVD,JM	209696	105290	159078	199028	214512	Mexico/Mexique	11206	35534	52123	53468	41934
Portugal	113277	102962	136471	133318	141746	Denmark/Danemark	34824	31797	37209	42458	51249
Ireland/Irlande	85391	84801	144327	110152	92858	Norway,SVD,JM	21853	12619	38160	43319	30154
So. Africa Customs Un	162953	127108	121886	x74397	x85231	Brazil/Brésil	92729	50343	14585	16723	17260
Turkey/Turquie		40803	92886	95161	99494	Australia/Australie	17418	18524	35457	26431	14579
Argentina/Argentine	37132	43827	37761	120791	155921	Hungary/Hongrie	x39234	x12280	x14911	x14630	x23435
Brazil/Brésil	79570	58980	56558	73490	95611	Turkey/Turquie		7154	17825	13305	10269
Thailand/Thaïlande	29396	40493	53953	65527	143647	Bulgaria/Bulgarie	x77377	x15727	x17071	x1835	x1935
Czechoslovakia	x66684	50338	51170	x57645	x74122	Former GDR	x58815	x21826	x4192	16294	x403189
Yugoslavia SFR	39360	48308	57663	x39423		Thailand/Thaïlande	3931	847	4671	x12352	x20090
New Zealand	17832	50172	43235	47504	58172	Korea Dem People's Rp	x1487	x1572	x7351	8202	5372
Hungary/Hongrie	x17565	x22730	x32776	77531	x43577	Portugal	2008	5067	4854	13358	4022
Poland/Pologne	x16889	x25909	x27482	x56059	x51501	New Zealand	176	1453	3148	4913	4106
Venezuela	x16861	x30621	24995	38815	43202	Israel/Israël	4319	3960	6857	1013	5138
Philippines	20134	x21051	38072	30008	148735	India/Inde	8144	x5281	8294	4515	
Saudi Arabia	x15388	x20097	x26378	x42028	x49484	Former USSR/Anc. URSS	x32807	x4314	x5641	x9606	
India/Inde	11473	x67317	7862	6367	x49382	American Samoa			x26	x4661	
Chile/Chili	x6855	x19883	22047	37514	x38569	Yugoslavia SFR	1992	989	1791		
Israel/Israël	17379	21303	26630	26429	30680	So. Africa Customs Un	x1339	x1316	x1400	x1976	x1686
Indonesia/Indonésie	17881	19835	29070	24207	18524	Czechoslovakia	x4525	x775	x2101	x642	x4534
United Arab Emirates	x30965	x21653	x23383	x21182	x31747	Dominican Republic		x141	x2798	x319	x5
Colombia/Colombie	x2258	x17013	x17926	23282	22738	Romania/Roumanie	x10284	x1666	x389	x301	x193
Greece/Grèce	9124	10833	11693	28330	x63426	United Arab Emirates	x350	x766	x524	x841	x1827
Malaysia/Malaisie	2009	1382	13878	29736	x106498	Malaysia/Malaisie	x33	x485	x464	x1094	x3086
Panama	x1287	x9761	x8554	x18756	x25105	Malaysia/Malaisie	190	382	782	553	x551886
Tunisia/Tunisie	6193	10801	13415	12732	15606	Bahrain/Bahreïn	x1322	x1171	x165	x373	x392
Bulgaria/Bulgarie	x18246	x22298	x7826	x5629	8328	Bahamas	x15886	x584	x310	x488	x590
Former GDR	x54642	x31258	x1301			Saudi Arabia	x269	x311	x290	x664	x1068

(VALUE AS % OF TOTAL) (VALEUR EN % DU TOTAL)

	1983	1984	1985	1986	1987	1988	1989	1990	1991	1992		1983	1984	1985	1986	1987	1988	1989	1990	1991	1992
Africa	x0.2	x0.2	x0.2	x0.9	x0.7	x1.2	x1.0	x0.9	x0.6	x0.7	Afrique	x0.0	x0.0	x0.0	x0.0	x0.0	x0.0	x0.0	x0.0	x0.0	x0.0
Northern Africa	x0.1	x0.1	x0.1	x0.1	x0.1	x0.1	x0.1	x0.1	x0.1	x0.2	Afrique du Nord	x0.0	x0.0	x0.0	x0.0	x0.0	x0.0	x0.0	x0.0	x0.0	x0.0
Americas	x17.1	x17.3	x14.3	x33.1	x32.5	38.1	36.1	34.1	35.6	37.0	Amériques	x32.8	x28.5	x1.8	x27.7	x24.4	x18.8	16.4	14.8	14.9	13.8
LAIA	x2.7	x2.3	x1.1	x0.8	x0.7	x1.1	1.5	1.8	2.5	2.6	ALAI	x1.0	x1.1	x1.8	x0.8	x0.5	1.1	1.0	0.7	0.7	0.4
CACM	x0.0	x0.0	x0.0	x0.0	x0.0	x0.0	x0.1	x0.1	0.1	0.1	MCAC	x0.0	x0.0	x0.0	x0.0	x0.0	x0.0	x0.0	x0.0	x0.0	x0.0
Asia	x9.8	9.0	9.6	6.3	6.9	9.4	10.8	12.6	13.1	12.9	Asie	26.3	34.9	47.3	37.9	37.5	54.8	55.9	57.8	58.0	63.3
Middle East	x2.0	x0.6	x0.8	x0.7	x0.6	x0.5	x0.7	x0.8	x0.9	0.9	Moyen–Orient	x0.0	x0.0	x0.0	x0.0	x0.0	x0.1	0.1	0.1	x0.1	x0.1
Europe	69.1	68.9	70.8	56.4	54.4	47.3	47.1	49.4	46.6	47.2	Europe	40.9	36.6	50.8	34.2	34.4	26.4	26.7	26.7	26.7	22.6
EEC	66.1	65.4	67.0	49.8	48.7	38.1	38.5	40.8	39.1	40.4	CEE	40.2	35.9	49.5	30.5	31.3	20.0	21.6	22.1	23.1	19.7
EFTA	2.7	3.2	3.5	6.4	x6.4	8.9	8.3	8.3	7.4	6.6	AELE	0.6	0.7	1.3	x3.7	x3.1	4.4	4.7	4.7	3.7	2.9
Oceania	3.8	x4.6	x5.1	x3.3	x2.6	x1.7	1.9	x1.8	x1.6	x1.5	Océanie				x0.1	x0.1	x0.1	x0.1	x0.1	x0.2	x0.1
USA/Etats–Unis d'Amer				x24.2	x24.0	x32.7	29.9	28.1	28.8	30.1	Japan/Japon	24.5	30.5	38.2	30.7	28.6	29.1	27.6	25.0	26.2	25.2
Germany/Allemagne	13.3	13.4	13.8	10.7	9.9	9.0	9.4	11.4	12.3	14.2	Singapore/Singapour	0.4	2.3	7.4	6.3	7.7	18.6	21.5	25.2	23.5	26.1
United Kingdom	18.3	18.1	18.2	11.8	11.7	9.0	8.8	8.2	7.3	7.4	USA/Etats–Unis d'Amer	31.8	27.4		x26.6	x23.5	x16.6	14.6	13.3	13.4	12.6
France, Monac	11.7	10.8	10.8	8.3	7.9	6.6	7.4	7.2	6.3	6.7	United Kingdom	9.0	7.4	8.8	4.7	5.9	3.6	4.8	6.1	6.4	5.0
Singapore/Singapour	1.0	1.5	1.8	1.1	1.2	3.4	4.2	5.6	5.9	6.0	Germany/Allemagne	9.5	9.5	15.4	11.0	9.4	5.7	6.2	5.6	5.1	4.7
Netherlands/Pays–Bas	5.7	6.0	6.0	4.8	4.5	4.6	4.9	4.5	4.2	4.2	Korea Republic	0.7	0.2	0.1	0.0	0.1	4.8	5.3	5.3	5.2	5.5
Canada	14.2	14.8	13.1	8.0	7.6	4.2	4.5	3.9	4.0	4.0	France, Monac	5.0	3.6	4.3	2.9	4.9	5.4	5.0	4.4	5.5	4.4
Italy/Italie	7.4	7.6	8.5	6.2	6.1	3.1	3.0	3.2	3.2	3.1	Sweden/Suède				x2.4	x1.9	3.3	3.5	3.2	2.4	1.6
Hong Kong	1.3	1.9	1.5	0.9	1.1	2.1	2.1	2.6	2.8	1.7	Netherlands/Pays–Bas	3.7	4.2	5.5	3.7	3.1	3.2	3.1	2.7	2.6	2.4
Sweden/Suède				x1.3	x1.5	2.7	2.8	2.3	2.1	2.0	Hong Kong	0.6	1.8	1.5	0.8	0.9	1.8	1.6	1.6	1.8	1.5

7528 OFF-LINE DATA PROC EQUIP

TRADE BY COMMODITY IN THOUSAND U.S. DOLLARS – COMMERCE PAR PRODUIT EN MILLIERS DE DOLLARS E.U

COUNTRIES–PAYS	IMPORTS – IMPORTATIONS					COUNTRIES–PAYS	EXPORTS – EXPORTATIONS				
	1988	1989	1990	1991	1992		1988	1989	1990	1991	1992
Total	6090280	7701440	8459856	8305534	8121779	Totale	x5987692	5328458	5705189	4690022	4821926
Africa	x76435	x59351	x60874	x80554	x93745	Afrique	x2657	x2537	x5136	x4328	x5320
Northern Africa	x12204	x20418	x18700	x25434	x27087	Afrique du Nord	x129	x258	x450	x554	x574
Americas	x385588	x1618312	1692813	1703269	1954030	Amériques	x2404023	1118293	1390677	1460639	1459158
LAIA	61197	x131388	137218	186162	260192	ALAI	8561	35687	13234	19012	64540
CACM	x749	x2409	x1965	x2245	x5448	MCAC	x17	x15	x46	x97	x89
Asia	585406	801222	981917	1043010	957491	Asie	608161	798553	907290	998364	x1235294
Middle East	x25975	x56682	x72965	x82670	x79190	Moyen-Orient	x2364	x3824	x7241	x6214	x5508
Europe	4644209	4888881	5492479	5202424	4929820	Europe	2834913	3282655	3321342	2163252	2085116
EEC	4247381	4466811	5024212	4750382	4491150	CEE	2579277	3043328	3081510	1971657	1880477
EFTA	388380	412471	447089	439332	421966	AELE	252984	237001	238533	190921	203751
Oceania	175107	141834	147805	x130460	x141494	Océanie	x54388	42934	x39035	x41461	x27375
USA/Etats–Unis d'Amer	1652	1168856	1309558	1266468	1476382	USA/Etats–Unis d'Amer	x2236014	974125	1220697	1300225	1217470
United Kingdom	773234	914258	1032350	1065606	1125291	Italy/Italie	939173	1150985	1002401	178529	77161
Germany/Allemagne	729062	954805	986875	798760	588843	Netherlands/Pays–Bas	388726	449001	531964	382780	364107
Italy/Italie	979364	804799	762236	793731	753275	Japan/Japon	415074	419233	446598	477812	413519
Netherlands/Pays–Bas	421141	466853	709562	571062	550291	United Kingdom	414952	418115	450393	399104	443848
France,Monac	492000	437839	536194	440756	453578	Spain/Espagne	205130	384440	372439	273170	176753
Spain/Espagne	381990	391404	436969	433308	405864	France,Monac	295428	267630	265624	268631	322198
Belgium–Luxembourg	240251	245848	300404	343673	354637	Germany/Allemagne	200982	243526	271087	234468	243606
Japan/Japon	236119	266156	313891	308507	278168	Israel/Israël	119921	210915	241608	236344	324569
Canada	314858	288450	229998	234661	196489	Canada	158435	106732	154752	138859	174416
Israel/Israël	139394	137142	183652	261950	262573	Belgium–Luxembourg	83500	75762	102103	111343	128954
Sweden/Suède	76906	108611	125994	140779	123372	Austria/Autriche	20029	67247	112426	69050	94583
Malaysia/Malaisie	70834	112551	129227	121812	x19216	Korea Republic	43744	61255	76776	82526	117704
Switz.Liecht	91278	100348	101504	86136	96458	Singapore/Singapour	1229	41139	89169	89375	138673
Greece/Grèce	48281	87915	84067	95529	x11231	Sweden/Suède	101726	67499	69451	59678	54362
Former USSR/Anc. URSS	x156090	x134499	x48029	x81765		Denmark/Danemark	30147	26137	49438	49193	60143
Korea Republic	48213	79272	92643	88460	91447	Malaysia/Malaisie	4786	22713	25941	75102	x94424
Norway,SVD,JM	102412	79784	89614	77963	82368	Norway,SVD,JM	78130	72440	20359	17766	15788
Singapore/Singapour	2166	75239	102715	63030	65503	Ireland/Irlande	18269	26476	30152	50663	46997
Ireland/Irlande	42375	54219	74581	104316	133870	Switz.Liecht	34872	20758	27692	39086	31636
Austria/Autriche	53005	60970	68110	86245	77925	Australia/Australie	43870	23895	22832	26695	19288
Denmark/Danemark	95063	78246	63947	66184	69745	Poland/Pologne	x10949	x41679	x23561	x4882	x4938
New Zealand	90642	73001	68100	61696	57123	New Zealand	9528	18401	15518	14180	7798
Australia/Australie	66802	60095	69584	65098	81565	Hong Kong	14079	13810	13747	15250	23742
Finland/Finlande	62764	61574	61015	47075	40533	Former USSR/Anc. URSS	x27220	x15684	x12079	x13768	
Brazil/Brésil	6321	54574	55617	49957	94585	Brazil/Brésil	19	18061	8020	13522	25156
Argentina/Argentine	30336	36912	25971	65176	32871	Portugal	2615	776	5083	21429	15424
Thailand/Thaïlande	21877	26233	37952	61230	75371	Mexico/Mexique	8014	16845	4480	2934	23191
Portugal	44620	30626	37027	37456	44525	Finland/Finlande	18195	9030	8603	5340	7355
Turkey/Turquie		23953	41008	36606	30315	Hungary/Hongrie	x6680	x11038	x2929	x2837	x4277
Czechoslovakia	x24221	28220	21522	x17018	x15296	Former GDR	x12562	x13852	x2201		
Venezuela	x3122	x7788	15552	28370	24714	Thailand/Thaïlande	5236	7164	3430	1365	x77696
Hungary/Hongrie	x4966	x7306	x7661	23923	x7937	India/Inde	59	x6806	357	2902	x10010
Hong Kong	6092	6909	13370	16369	23342	Philippines	1	x8260	1	223	24
Cyprus/Chypre	5257	9404	11324	14815	20139	Indonesia/Indonésie	166	38	25	7996	26544
Mexico/Mexique	15436	13494	11543	10188	54384	So. Africa Customs Un	x1278	x1374	x3243	x2816	x2769
Reunion/Réunion	16074	15271	9820	8300	11075	China/Chine	706	2856	933	2024	1472
So. Africa Customs Un	x25876	3489	5435	x23784	x19470	Bahrain/Bahreïn	x91	x233	x4058	x776	x370
Yugoslavia SFR	5363	5318	14590	x8946		Cyprus/Chypre	311	1324	916	2201	2226
Paraguay	x160	2653	8731	16100	25963	Greece/Grèce	355	478	826	2347	x1288
Saudi Arabia	x4389	x8062	x5760	x13510	x7444	Yugoslavia SFR	2561	2072	961	x390	
Morocco/Maroc	5048	9617	9081	7770	8633	Saudi Arabia	x462	x593	x772	x1267	x646
Indonesia/Indonésie	13057	8635	7599	9365	8324	Dominican Republic	x4	x657	x770	x1099	x33
Chile/Chili	x2424	x5792	11604	8038	x6917	Korea Dem People's Rp	x314	x91	x1017	x863	x910
Egypt/Egypte	x5419	x7678	x5229	12177	x6996	United Arab Emirates	x786	x742	x757	x331	x818
Poland/Pologne	x7153	x5479	x3969	x13995	x11459	Argentina/Argentine	403	18	147	1327	10214
Pakistan	6516	9073	8586	5391	10747	Czechoslovakia	x3639	x364	x666	x417	x321
India/Inde	8675	x7847	7394	6727	x7662	Papua New Guinea	159	505	249	397	114
Martinique	2163	5212	4697	5967	4932	Panama	x16	x303	x154	x614	x834
Papua New Guinea	7640	6856	7808	x778	x509	Reunion/Réunion	395	432	486	136	186

(VALUE AS % OF TOTAL)(VALEUR EN % DU TOTAL)

	1983	1984	1985	1986	1987	1988	1989	1990	1991	1992		1983	1984	1985	1986	1987	1988	1989	1990	1991	1992
Africa	x1.5	1.3	x1.4	x1.9	x2.1	x1.2	x0.7	x0.8	x1.0	x1.1	Afrique	0.2	0.1	0.3	x0.0	x0.0	x0.0	x0.0	x0.1	x0.1	x0.2
Northern Africa	0.8	0.6	0.5	x0.8	x1.1	x0.2	x0.3	x0.2	x0.3	x0.3	Afrique du Nord	x0.1	0.1	x0.1	x0.0	x0.0	x0.0	x0.0	x0.0	x0.0	x0.0
Americas	x5.7	4.0	14.7	5.4	x4.7	x6.3	x21.0	20.0	20.5	24.1	Amériques	25.6	x5.9	x5.5	x38.6	x23.0	x40.2	21.0	24.4	31.2	30.3
LAIA	x4.7	3.5	13.9	4.7	x4.0	1.0	x1.7	1.6	2.2	3.2	ALAI	25.5	x5.6	x5.4	x0.1	x0.4	0.1	0.7	0.2	0.4	1.3
CACM	x0.0	x0.0	x0.0	x0.0	x0.0	x0.0	x0.0	x0.0	x0.0	x0.1	MCAC				x0.0	x0.0	x0.0	x0.0	x0.0	x0.0	x0.0
Asia	25.4	31.5	39.9	40.8	31.6	9.6	10.4	11.6	12.6	11.8	Asie	30.8	58.0	54.7	30.6	26.7	10.1	15.0	15.9	21.3	x25.6
Middle East	x1.1	x0.3	x0.8	x0.6	x1.3	x0.4	x0.7	x0.9	x1.0	x1.0	Moyen-Orient	x0.2	x0.1	x0.1	x0.1	x0.1	x0.0	x0.1	x0.1	x0.1	x0.1
Europe	63.5	60.1	41.3	49.3	54.4	76.3	63.5	64.9	62.6	60.7	Europe	42.6	35.5	39.2	30.3	20.4	47.3	61.6	58.2	46.1	43.2
EEC	52.4	50.3	35.8	39.9	46.0	69.7	58.0	59.4	57.2	55.3	CEE	40.7	34.4	35.8	19.2	12.5	43.1	57.1	54.0	42.0	39.0
EFTA	10.9	9.7	5.1	x9.1	x8.1	6.4	5.4	5.3	5.3	5.2	AELE	1.7	1.1	3.4	x11.1	x7.8	4.4	4.4	4.2	4.1	4.2
Oceania	4.0	x3.0	x2.7	x2.7	x1.9	2.9	1.8	1.7	x1.5	x1.7	Océanie	0.9	0.3	0.3	x0.4	x0.5	x0.9	0.8	x0.7	x0.9	x0.6
USA/Etats–Unis d'Amer			0.3	0.2	0.2	0.0	15.2	15.5	15.2	18.2	USA/Etats–Unis d'Amer				x37.9	x22.2	x37.3	18.3	21.4	27.7	25.2
United Kingdom	2.5	2.5	4.2	3.5	7.3	12.7	11.9	12.2	12.8	13.9	Italy/Italie	6.1	3.0	5.7	2.2	1.6	15.7	21.6	17.6	3.8	1.6
Germany/Allemagne	5.8	7.2	8.0	13.3	12.3	12.0	12.4	11.7	9.6	7.3	Netherlands/Pays–Bas	0.5	0.3	0.4	0.2	0.1	6.5	8.4	9.3	8.2	7.6
Italy/Italie	9.0	4.0	6.9	7.8	12.0	16.1	10.4	9.0	9.6	9.3	Japan/Japon	14.1	11.9	10.8	6.2	3.8	6.9	7.9	7.8	10.2	8.6
Netherlands/Pays–Bas	1.0	1.1	0.8	0.4	0.6	6.9	6.1	8.4	6.9	6.8	United Kingdom	3.9	4.3	6.0	2.1	2.0	6.9	7.8	7.9	8.5	9.2
France,Monac	27.0	20.7	9.7	8.2	7.4	8.1	5.7	6.3	5.3	5.6	Spain/Espagne	0.3	0.0	0.3	0.0	0.2	3.4	7.2	6.5	5.8	3.7
Spain/Espagne	2.7	4.3	2.2	1.3	1.3	6.3	5.1	5.2	5.2	5.0	France,Monac	20.8	18.1	15.3	9.1	5.2	4.9	5.0	4.7	5.7	6.7
Belgium–Luxembourg	1.5	1.8	0.9	1.3	1.4	3.9	3.2	3.6	4.1	4.4	Germany/Allemagne	5.0	5.1	5.8	3.5	2.4	3.4	4.4	4.8	5.0	5.1
Japan/Japon	6.5	8.0	5.8	7.5	8.3	3.9	3.5	3.7	3.7	3.4	Israel/Israël			x0.1	x0.1	x0.1	2.0	4.0	4.2	5.0	6.7
Canada	0.1	0.0	0.0	0.0	0.0	5.2	3.7	2.7	2.8	2.4	Canada			x0.6	x0.4	2.6	2.0	2.7	3.0	3.6	

7611 COLOUR TV RECEIVERS / RECEPTEURS COULEUR 7611

TRADE BY COMMODITY IN THOUSAND U.S. DOLLARS – COMMERCE PAR PRODUIT EN MILLIERS DE DOLLARS E.U

IMPORTS – IMPORTATIONS

COUNTRIES–PAYS	1988	1989	1990	1991	1992
Total	10833331	13046876	16644136	17970665	14976444
Africa	x128965	x149324	x131825	x136434	x176280
Northern Africa	67085	51711	16805	x22226	x37300
Americas	x1856394	x3092415	2805433	2877237	x3622190
LAIA	x190094	x286378	332492	438629	718196
CACM	x5858	x10618	x13526	x18187	x18697
Asia	1827474	x1938904	x2398702	x3174481	x3708554
Middle East	x377967	x330834	x422913	x584369	x624032
Europe	6682027	7340569	10672696	10588777	7141000
EEC	5593760	6156676	9108932	9273830	6303031
EFTA	1048755	1068579	1292108	1243750	812219
Oceania	x54494	x118844	x137248	x139602	x114690
Germany/Allemagne	1293769	1410284	2828954	3049751	1863607
USA/Etats–Unis d'Amer	1320604	2369063	2150286	2062435	2517277
Italy/Italie	997353	1072044	1492198	1442905	894698
France, Monac	975606	939824	1241967	1398779	882207
United Kingdom	795155	934805	1090534	913030	636186
Netherlands/Pays–Bas	742899	620826	900354	831933	568843
Hong Kong	570036	519744	784428	1037825	1569307
Singapore/Singapour	335965	346896	639287	873085	620009
Spain/Espagne	208505	469075	571045	662612	657373
Switz.Liecht	340135	313689	380472	338206	214479
Sweden/Suède	321884	320046	363854	344227	232322
Belgium–Luxembourg	245452	260196	354475	338714	275277
Former USSR/Anc. URSS	x105036	x165337	x172620	x585490	
Canada	251894	304506	272731	318329	326398
Austria/Autriche	236873	235559	296927	311152	190733
Japan/Japon	111881	248145	158546	285429	382017
Portugal	126379	150404	249718	272600	200061
Mexico/Mexique	110492	188195	205756	242317	338311
Poland/Pologne	x82249	x90872	x158649	x282650	x83820
Denmark/Danemark	109109	147279	176415	191458	138476
China/Chine	262637	255517	138286	115542	54569
United Arab Emirates	x122175	x94580	x172430	x214960	x272892
Yugoslavia SFR	35515	111082	261633	x63273	
Saudi Arabia	149146	114981	x110143	x169538	x150546
Finland/Finlande	55454	109114	137972	129875	64152
Greece/Grèce	56128	113364	145194	106369	x132470
Norway,SVD,JM	91885	84824	105585	110490	100649
Czechoslovakia	x52348	96334	92151	x27830	x30079
Australia/Australie	18575	65624	71433	57566	29274
New Zealand	29928	45173	54270	69355	72751
Ireland/Irlande	43204	38575	58079	65618	53834
Israel/Israël	37166	33503	57009	67712	79132
Thailand/Thaïlande	17449	33049	55714	63363	86143
Romania/Roumanie	x772	21659	34860	91964	x23336
Chile/Chili	x33945	x46727	41602	58034	x87483
Hungary/Hongrie	x15069	x16979	x28752	56701	x27964
Nigeria/Nigéria	x13238	x19448	x32736	x42080	x43155
Panama	x58390	x83292	90	107	265
Korea Republic	8605	21145	36816	24596	14148
Kuwait/Koweït	x31312	30672	x26330	x19095	x31462
Cyprus/Chypre	15266	17838	25210	23927	28475
Venezuela	x19422	x18772	23876	23277	34907
Viet Nam	x20620	x21211	x27821	x15808	x105721
Lebanon/Liban	x20562	x15133	x21002	x27616	x24296
Iran (Islamic Rp. of)	x2339	x2366	x9223	x50401	x72791
Malaysia/Malaisie	24514	24698	14325	18637	x66675
Turkey/Turquie	29	2930	22355	27237	14022
So. Africa Customs Un	1189	17269	19204	x13218	x25186
Paraguay	x3138	5063	16614	26601	34161
Brazil/Brésil	5299	9801	22414	15281	12129

EXPORTS – EXPORTATIONS

COUNTRIES–PAYS	1988	1989	1990	1991	1992
Totale	9836127	11162815	15061868	16190056	14600544
Afrique	x6213	x7358	x11329	x8557	x19964
Afrique du Nord	4034	5149	x6311	5815	1541
Amériques	x369200	x637526	626643	x713290	x787066
ALAI	27485	51613	33712	31819	x19147
MCAC	x363	x29	x26	x71	x155
Asie	4759585	5008173	6723912	7734057	x8639305
Moyen–Orient	x12494	95245	222504	280614	221973
Europe	4461093	5123740	7460847	7488397	5121025
CEE	3580184	4203831	6097235	6274895	4512051
AELE	867821	904573	1324393	1166320	562737
Océanie	4802	x4928	6181	x8428	x4894
Germany/Allemagne	1415658	1814523	2185544	1977242	990174
Japan/Japon	1724882	1626060	2028858	2143423	2351619
Korea Republic	1174427	1168413	1351217	1504691	1448357
Singapore/Singapour	888848	982930	1324790	1382889	1302416
United Kingdom	516913	672910	1102818	1450830	985594
Austria/Autriche	554054	634732	1004510	912091	371111
France, Monac	287477	413289	803475	958666	817810
Belgium–Luxembourg	571241	505315	717178	609103	469493
Hong Kong	503665	424544	553621	686981	984641
USA/Etats–Unis d'Amer	x266848	484378	534353	624611	717576
Malaysia/Malaisie	180618	330834	512913	697224	x884339
Italy/Italie	327351	335626	478814	387736	414883
China/Chine	250822	275198	442351	479400	528564
Spain/Espagne	96910	125911	304681	425261	445822
Netherlands/Pays–Bas	238331	201923	327294	276743	236216
Thailand/Thaïlande	8234	71128	253203	465307	x685254
Former USSR/Anc. URSS	x132350	x272752	x174058	x206830	
Finland/Finlande	193916	170267	206246	151412	122775
Turkey/Turquie	1	69054	197473	243676	190777
Denmark/Danemark	78086	90237	110593	111748	96978
Sweden/Suède	97167	76302	83127	77259	52310
Portugal	43004	41288	62250	73628	51306
Canada	61771	81309	56194	28951	46438
Hungary/Hongrie	x33369	x33949	x42780	x25486	x21318
Brazil/Brésil	25432	30025	31991	30109	264
Korea Dem People's Rp	x9008	x6824	x16164	x52197	x88185
				31205	x35659
Malta/Malte					x38111
Switz.Liecht	17742	16725	24608	20106	11961
Panama	x12300	x19291	7	x26131	9
Philippines	226	x24029	6717	14482	14002
Former GDR	x50417	x32455	x9013		
Cyprus/Chypre	6906	10615	16847	11942	12850
Yugoslavia SFR	13050	14795	7819	x11492	
United Arab Emirates	x2446	x1549	x4543	x17235	x13771
Mexico/Mexique	1852	20300	708	967	2138
Romania/Roumanie	x1511	19813	453	1329	x2153
Czechoslovakia	x13268	x14592	x4572	x2416	x3260
India/Inde	4674	x1394	7941	10643	x10940
Norway,SVD,JM	4933	6530	5902	5446	4571
Australia/Australie	3681	4223	4727	4262	4072
Macau/Macao	939	822	1118	10337	2208
Tunisia/Tunisie	3719	5129	3079	3711	282
Kuwait/Koweït	x296	10650	x22	x142	x77
Ireland/Irlande	4875	2570	4399	3711	2312
Indonesia/Indonésie	55	456	2078	5354	114838
Bulgaria/Bulgarie	x2578	x5862	x1236	x118	x175
Oman	650	1394	1657	3727	x497
New Zealand	964	509	1332	3851	693
Saudi Arabia	1266	1115	x1476	x2105	x1887
Poland/Pologne	x1667	x1668	x839	x1143	x1262

(VALUE AS % OF TOTAL) (VALEUR EN % DU TOTAL)

IMPORTS

	1983	1984	1985	1986	1987	1988	1989	1990	1991	1992
Africa	x1.7	x1.8	x1.4	x1.6	x1.9	x1.2	x1.1	x0.8	x0.8	x1.2
Northern Africa	1.1	1.0	0.8	0.4	0.8	0.6	0.4	0.1	x0.1	x0.2
Americas	30.3	37.7	35.5	33.5	x24.1	x17.1	x23.7	16.9	16.0	x24.2
LAIA	1.1	1.3	1.1	x1.3	x1.2	x1.8	x2.2	2.0	2.4	4.8
CACM	x0.0	x0.1	x0.1	x0.1	x0.1	x0.1	x0.1	x0.1	x0.1	x0.1
Asia	x18.7	x12.2	x17.3	x12.4	x17.1	16.9	x14.9	x14.4	x17.7	x24.8
Middle East	x9.5	x3.3	x5.5	x4.2	x3.8	x3.5	x2.5	x2.5	x3.3	x4.2
Europe	47.7	46.2	44.2	51.2	52.9	61.7	56.3	64.1	58.9	47.7
EEC	39.2	37.5	36.2	42.0	43.6	51.6	47.2	54.7	51.6	42.1
EFTA	8.4	8.6	7.9	8.5	8.7	9.7	8.2	7.8	6.9	5.4
Oceania	x1.6	x2.1	x1.6	x1.4	x1.4	x0.5	x0.9	x0.9	x0.8	x0.8
Germany/Allemagne	9.0	8.5	7.0	9.1	10.9	11.9	10.8	17.0	17.0	12.4
USA/Etats–Unis d'Amer	22.6	29.3	28.2	25.8	18.3	12.2	18.2	12.9	11.5	16.8
Italy/Italie	8.1	7.7	8.5	8.8	8.7	9.2	8.2	9.0	8.0	6.0
France, Monac	3.5	3.9	4.5	7.0	7.1	9.0	7.2	7.5	7.8	5.9
United Kingdom	9.2	8.1	6.3	6.3	5.4	7.3	7.2	6.6	5.1	4.2
Netherlands/Pays–Bas	5.0	4.7	4.9	5.0	5.4	6.9	4.8	5.4	4.6	3.8
Hong Kong	2.4	3.3	6.3	3.3	4.0	5.3	4.0	4.7	5.8	10.5
Singapore/Singapour	3.1	3.2	3.5	3.0	3.1	3.1	2.7	3.8	4.9	4.1
Spain/Espagne	0.5	0.4	0.4	0.7	1.0	1.9	3.6	3.4	3.7	4.4
Switz.Liecht	x2.5	x2.3	x2.1	x2.7	x2.8	3.1	2.4	2.3	1.9	1.4

EXPORTS

	1983	1984	1985	1986	1987	1988	1989	1990	1991	1992
Afrique		x0.0	x0.0	x0.0	x0.0	x0.1	x0.1	x0.1	x0.0	x0.1
Afrique du Nord						0.0	0.0			
Amériques	x0.1	x0.1	x0.0	x6.7	6.4	x3.7	x5.7	4.1	x4.4	x5.4
ALAI	x0.0	x0.0	x0.0	x3.7	3.9	0.3	0.5	0.2	0.2	x0.1
MCAC	x0.0			x0.0	x0.0	x0.0	x0.0	x0.0	x0.0	x0.0
Asie	60.3	65.0	69.3	50.7	48.6	48.4	44.9	44.7	47.7	x59.2
Moyen–Orient	x0.4	x0.2	x0.3	x0.3	x0.2	x0.1	0.9	1.5	1.7	1.5
Europe	39.5	34.8	30.5	42.5	42.8	45.4	45.9	49.5	46.3	35.1
CEE	33.9	28.3	25.2	34.8	34.9	36.4	37.7	40.5	38.8	30.9
AELE	5.6	6.5	5.3	7.7	7.8	8.8	8.1	8.8	7.2	3.9
Océanie	x0.0			0.1		x0.0			x0.1	x0.0
Germany/Allemagne	17.9	14.0	12.0	16.4	12.5	14.4	16.3	14.5	12.2	6.8
Japan/Japon	40.8	45.5	50.7	29.9	20.5	17.5	14.6	13.5	13.2	16.1
Korea Republic	9.4	9.9	7.1	9.7	11.6	11.9	10.5	9.0	9.3	9.9
Singapore/Singapour	7.1	5.7	5.6	6.9	8.0	9.0	8.8	8.8	8.5	8.9
United Kingdom	2.5	3.0	3.0	3.9	4.7	5.3	6.0	7.3	9.0	6.8
Austria/Autriche	3.2	1.7	1.5	2.5	3.0	5.6	5.7	6.7	5.6	2.5
France, Monac	0.9	0.9	0.7	1.7	2.8	2.9	3.7	5.3	5.9	5.6
Belgium–Luxembourg	5.3	4.4	3.8	5.3	6.9	5.8	4.5	4.8	3.8	3.2
Hong Kong	1.9	3.0	4.5	3.0	4.1	5.1	3.8	3.7	4.2	6.7
USA/Etats–Unis d'Amer				x2.1	x1.9	x2.7	4.3	3.5	3.9	4.9

7612 MONOCHROME TV RECEIVERS / RECEPTEURS NOIR ET BLANC 7612

TRADE BY COMMODITY IN THOUSAND U.S. DOLLARS – COMMERCE PAR PRODUIT EN MILLIERS DE DOLLARS E.U

IMPORTS – IMPORTATIONS

COUNTRIES–PAYS	1988	1989	1990	1991	1992
Total	x568257	610856	558238	546184	x611058
Africa	x12059	x11828	x21980	x26927	x40750
Northern Africa	2434	1281	1612	3977	x6040
Americas	x155477	x284806	222334	203510	x214015
LAIA	x29050	x58720	69873	74916	x77416
CACM	x2217	x4484	x3309	x2748	x2975
Asia	x145940	x135070	x147917	x170371	x194192
Middle East	x48493	x10392	x27709	x33005	x37430
Europe	241222	158480	157390	131869	151581
EEC	216090	141010	139467	118687	136993
EFTA	22115	15756	14435	11748	13400
Oceania	7159	5539	x3441	x5949	x4112
USA/Etats–Unis d'Amer	102966	190478	142731	117118	122300
Hong Kong	49890	70849	70010	71778	76948
France, Monac	59987	27237	23964	21664	25395
Paraguay	x1135	9084	33047	30300	19010
United Kingdom	40071	28419	22614	16634	23775
Mexico/Mexique	18418	24652	19813	19050	15168
Spain/Espagne	20974	17226	22889	17786	17921
Germany/Allemagne	31202	21979	17811	16581	22641
Italy/Italie	32757	18052	17415	15426	14223
Japan/Japon	14102	11234	8569	14148	10620
United Arab Emirates	x4489	x3046	x13667	x10520	x20710
Netherlands/Pays–Bas	11162	8096	11028	7685	8607
Chile/Chili	x5474	x14803	2800	4870	x12978
Greece/Grèce	4207	7421	7823	6655	x4854
Panama	x9580	x20134	57	46	134
Belgium–Luxembourg	7311	5089	6785	7873	11067
Canada	10195	8916	4287	5947	6456
Thailand/Thaïlande	4931	5792	8989	2909	6981
Singapore/Singapour	5067	2915	7033	7006	7411
Portugal	5517	4426	5696	6699	6104
Viet Nam	x1046	x1869	x6005	x8825	x15089
Brazil/Brésil	1779	4337	7060	4714	3033
Nigeria/Nigéria	x3977	x2180	x7857	x5438	x10470
Sri Lanka	4393	4786	2981	7080	5076
Pakistan	14	855	4313	9318	10027
Korea Dem People's Rp	x1964	x5847	x1734	x4000	x6050
Bangladesh	x4489	x6259	x2776	x2538	x3763
Switz.Liecht	7974	4244	3703	3466	3071
Saudi Arabia	x8303	x2290	x4496	x4490	x3387
So. Africa Customs Un	16	335	2800	x7886	x5802
China/Chine	5708	6556	1648	2632	3807
Argentina/Argentine	111	280	397	9782	18074
Sweden/Suède	4340	4542	3214	2479	2983
Iran (Islamic Rp. of)	x12	x23	x948	x8807	x8344
Australia/Australie	6248	4430	2467	2861	2120
Venezuela	x138	x2536	4443	2545	4307
Former USSR/Anc. URSS	x3514	x3738	x2325	x3208	
Czechoslovakia	x220	7148	764	x1241	
Austria/Autriche	3563	2481	2750	2149	x1190
Zaïre/Zaïre	x1291	x3310	x3157	x887	3495
Norway,SVD,JM	4014	2631	2545	1715	x557
Lebanon/Liban	x2576	x965	x3097	x2477	2683
Ghana	x499	x739	x2065	x3490	x1613
Yugoslavia SFR	2613	1413	3239	x1052	x2904
Turkey/Turquie	516	2072	2326	940	
Israel/Israël	2021	1976	1776	1497	1383
Guatemala	x1399	x2267	x1504	x1460	1432
Oman	242	341	994	3605	x1571
Ireland/Irlande	1733	1785	2002	884	x92
Finland/Finlande	2134	1247	1686	1548	1033
					970

EXPORTS – EXPORTATIONS

COUNTRIES–PAYS	1988	1989	1990	1991	1992
Totale	x882075	596597	599547	619401	640709
Afrique	x3832	x4154	x5007	x3566	x5722
Afrique du Nord	3592	3949	4245	2941	x2667
Amériques	x26632	x62627	55588	x63708	x64370
ALAI	x560	4489	499	318	x5289
MCAC	x1	0		x5	0
Asie	529297	410931	414273	462031	478383
Moyen–Orient	58695	x920	x1656	x9910	x4270
Europe	91630	75957	94886	69308	89762
CEE	84091	67652	83621	62915	82685
AELE	5588	6422	9284	6234	7064
Océanie	162	487		360	261
			121		
Korea Republic	246820	193631	155780	128293	88170
China/Chine	42761	85110	113840	145228	190953
Hong Kong	113010	77735	74617	89033	104034
USA/Etats–Unis d'Amer	x22781	52826	54561	57296	58352
Japan/Japon	53881	40093	42479	44388	50598
Former USSR/Anc. URSS	x184422	x17816	x18785	x16193	
Italy/Italie	19424	17068	19657	13447	25515
Germany/Allemagne	16623	15401	13702	11364	12044
Malaysia/Malaisie	32	5319	10482	19424	x19127
United Kingdom	11622	5785	14487	12399	12305
Netherlands/Pays–Bas	8606	8701	10362	6099	8394
Portugal	15293	10837	8275	4963	6334
Singapore/Singapour	7130	1742	7257	6986	8273
Belgium–Luxembourg	5910	4268	6773	4604	5879
Romania/Roumanie	x18583	x13970	x987	404	x721
Sweden/Suède	3209	4385	5391	4388	5040
Poland/Pologne	x3992	x5434	x5338	x2450	x528
France, Monac	3741	2390	5974	4141	5967
Indonesia/Indonésie	1242	272	4274	5819	789
India/Inde	1690	x474	1799	7137	x3838
Panama	x659	x2812	5	x5311	1
Algeria/Algérie	1769	1700	3045	2899	x2630
Oman	4	97	715	6289	x5
Ireland/Irlande	1202	1370	2684	2630	2486
Philippines	715	x3519	917	1268	2618
Korea Dem People's Rp	x1864	x1361	x529	x3595	x4935
Spain/Espagne	1007	1168	937	2746	2922
Czechoslovakia	x5102	x975	x2863	x792	x456
United Arab Emirates	x263	x218	x2863	x792	x456
Former GDR	x17508	x3185	x817	x3574	x4184
Yugoslavia SFR	1944	1883	1981	x159	
Switz.Liecht	1149	1328	1894	745	417
Brazil/Brésil	x1	3904	7	3	16
Canada	2603	2471	496	739	543
Morocco/Maroc	1819	2247	1199	28	37
Thailand/Thaïlande	1365	745	600	912	x470
Finland/Finlande	591	217	1421	215	324
Denmark/Danemark	614	544	708	495	833
Austria/Autriche	276	194	406	646	638
Hungary/Hongrie	x914	x772	x192	x264	x157
Bulgaria/Bulgarie	x1	x290	x609	x326	x348
So. Africa Customs Un	x59	x177	x390	x417	x379
Mexico/Mexique	105	91	358	294	596
Norway,SVD,JM	363	297	171	241	639
Australia/Australie	82	405	100	139	139
Kuwait/Koweït	x7	536	0	x20	
Chile/Chili	0	x423	70	4	x4531
Kenya	0	0	222	x49	x2
New Zealand	65	40	16	202	106
Greece/Grèce	50	120	64	27	x6

(VALUE AS % OF TOTAL)(VALEUR EN % DU TOTAL)

	1983	1984	1985	1986	1987	1988	1989	1990	1991	1992
Africa	x2.5	x1.8	x2.0	x3.1		x2.1	x2.0	x3.9	x4.9	6.6
Northern Africa	1.8	1.3	1.1	1.3	0.5	0.4	0.2	0.3	0.7	x1.0
Americas	x46.5	60.1	x60.2	x59.2	x46.2	27.3	x46.6	39.8	37.2	x35.1
LAIA	0.4	0.2	x1.1	x3.0	x4.7	x5.1	x9.6	12.5	13.7	12.7
CACM	x0.1	x0.1	x0.4	x0.4	x0.8	x0.4	x0.7	x0.6	x0.5	x0.5
Asia	x14.3	14.8	x9.0	13.9	16.8	x25.6	22.1	26.5	x31.2	x31.8
Middle East	x3.9	x1.0	x1.5	x1.4	x2.5	8.5	x1.7	x5.0	x6.0	x6.1
Europe	35.9	22.6	28.3	23.2	33.4	42.4	25.9	28.2	24.1	24.8
EEC	28.6	20.5	25.8	20.2	29.7	38.0	23.1	25.0	21.7	22.4
EFTA	x7.3	x2.1	x2.4	x2.9	x3.6	3.9	2.6	2.6	2.2	2.2
Oceania	0.9	x0.7	x0.5	x0.7	x1.5	1.2	0.9	x0.7	x1.1	x0.7
USA/Etats–Unis d'Amer	42.4	56.7	57.4	50.9	34.3	18.1	31.2	25.6	21.4	20.0
Hong Kong	1.5	0.6	1.8	3.6	6.3	8.8	11.6	12.5	13.1	12.6
France, Monac	2.7	3.3	3.8	3.4	8.7	10.6	4.5	4.3	4.0	4.2
Paraguay		x0.0		x0.1	x0.1	x0.2	1.5	5.9	5.5	3.1
United Kingdom	8.4	5.1	3.9	4.1	4.8	7.1	4.7	4.1	3.0	3.9
Mexico/Mexique				x0.4	x0.8	3.2	4.0	3.5	3.5	2.5
Spain/Espagne	1.4	0.6	0.6	0.8	2.6	3.7	2.8	4.1	3.3	2.9
Germany/Allemagne	7.0	4.1	4.6	4.4	4.8	5.5	3.6	3.2	3.0	3.7
Italy/Italie	3.5	3.1	5.3	2.7	3.5	5.8	3.0	3.1	2.8	2.3
Japan/Japon	0.4	0.5	0.3	1.2	2.4	2.5	1.8	1.5	2.6	1.7

	1983	1984	1985	1986	1987	1988	1989	1990	1991	1992
Afrique	x0.0	x0.0	0.4	0.6	0.6	0.4	0.7	0.9	0.6	0.9
Afrique du Nord	x0.0	0.0	0.4	0.6	0.6	0.4	0.7	0.7	0.5	0.4
Amériques	x0.2	x0.1	x0.1	3.1	1.4	3.0	10.5	9.3	x10.3	x10.1
ALAI		0.1	0.0	x0.8	x0.5	x0.1	x0.8	x0.1	x0.1	x0.8
MCAC			x0.0				x0.0	x0.0		
Asie	66.6	89.6	87.2	86.1	64.4	60.0	68.9	69.1	74.6	74.7
Moyen–Orient	x0.4	x0.0	x0.3	x0.2	x0.1	6.7	x0.3	x1.6	x0.7	
Europe	33.3	10.3	12.4	x10.1	8.6	10.4	12.7	15.8	11.2	14.0
CEE	16.8	9.8	11.6	7.6	7.4	9.5	11.3	13.9	10.2	12.9
AELE	16.5	x0.4	0.7	x0.9	0.5	0.6	1.1	1.5	1.1	1.1
Océanie								0.1		0.1
Korea Republic	35.2	55.3	52.5	51.4	41.8	28.0	32.5	26.0	20.7	13.8
China/Chine					3.0	4.8	14.3	19.0	23.4	29.8
Hong Kong	2.8	1.2	1.3	3.3	6.0	12.8	13.0	12.4	14.4	16.2
USA/Etats–Unis d'Amer				x1.4	x0.6	x2.6	8.9	9.1	9.3	9.1
Japan/Japon	23.3	28.3	30.3	28.4	11.5	6.1	6.7	7.1	7.2	7.9
Former USSR/Anc. URSS					x21.5	x20.9	x3.0	x3.1	x2.6	
Italy/Italie	2.1	1.0	3.2	0.8	x0.9	2.2	2.9	3.3	2.2	4.0
Germany/Allemagne	5.8	1.1	1.4	1.3	1.1	1.9	2.6	2.3	1.8	1.9
Malaysia/Malaisie	0.5	1.3	0.0	0.0	0.0	0.0	0.9	1.7	3.1	x3.0
United Kingdom	0.5	0.2	0.1	0.2	0.4	1.3	1.0	2.4	2.0	1.9

7621 MTR VEHC RADIO RECEIVERS / RECEPTEURS RADIO AUTO 7621

TRADE BY COMMODITY IN THOUSAND U.S. DOLLARS – COMMERCE PAR PRODUIT EN MILLIERS DE DOLLARS E.U

IMPORTS – IMPORTATIONS

COUNTRIES-PAYS	1988	1989	1990	1991	1992
Total	4421803	4036407	4258052	4469005	4802257
Africa	x28905	x21686	x27005	x35362	x34688
Northern Africa	x2441	x3007	x1787	x2519	x3286
Americas	2517932	2042675	1836329	1880517	x2025075
LAIA	70161	72603	37805	60745	x64912
CACM	x174	x1925	x2202	x1801	x1803
Asia	x253294	x261554	x311449	376967	x492376
Middle East	x40291	x39439	x51840	x61331	x68556
Europe	1529378	1603217	1995213	2101521	2169093
EEC	1300325	1369068	1719184	1867254	1947825
EFTA	222865	222273	259781	225283	216402
Oceania	x80517	x87207	x74518	x23533	x65334
USA/Etats-Unis d'Amer	2129095	1652873	1506562	1517978	1658596
Germany/Allemagne	371495	394013	548421	652117	692353
United Kingdom	317516	335025	344095	298615	289651
Canada	308590	303466	278443	285343	284237
Italy/Italie	161371	176098	227278	257481	265043
France, Monac	163510	156169	228741	231004	233643
Netherlands/Pays-Bas	81164	84743	117528	155858	157769
Spain/Espagne	98425	103611	108445	115590	122768
Hong Kong	55551	68878	83528	112253	142763
Singapore/Singapour	54976	54694	79660	115344	132903
Belgium-Luxembourg	63653	70930	81674	91954	99545
Sweden/Suède	75498	69928	76872	64409	64197
Switz.Liecht	60056	60312	66178	65204	59969
Austria/Autriche	38067	46108	65800	53887	52033
Australia/Australie	72175	76375	62921	15608	54714
Japan/Japon	21909	32764	36260	30445	67756
Korea Republic	58914	35431	28008	25795	11036
Finland/Finlande	30516	32415	31335	22461	20406
Portugal	18385	22024	29201	29803	41235
Chile/Chili	28801	42359	5955	9044	x12310
So. Africa Customs Un	22063	13971	17503	x18869	x19920
Mexico/Mexique	15524	14781	11162	23649	20664
Norway, SVD, JM	17524	12831	18698	18053	18724
Former USSR/Anc. URSS	x4424	x10020	x2224	x34938	21775
Denmark/Danemark	14414	11478	15691	17746	21775
United Arab Emirates	x16834	x10866	x13653	x15908	x31381
Malaysia/Malaisie	6542	10745	14215	12777	x25532
Saudi Arabia	x12283	x11837	x9887	x15327	x15075
Lebanon/Liban	x2734	x5055	x14744	x14582	x6591
New Zealand	7462	9835	10675	6417	8941
Ireland/Irlande	6396	8809	9522	8110	6900
Panama	x6132	x7893	8069	10159	10629
Yugoslavia SFR	2243	8385	12594	x4465	
Thailand/Thaïlande	7126	7644	10566	6368	12376
Greece/Grèce	3995	6169	8588	8976	x17144
Paraguay	x269	4425	11384	7614	3894
Israel/Israël	5418	4516	5939	8820	14628
Poland/Pologne	x1933	x2379	x3438	x7758	x7814
Brazil/Brésil	10295	3978	3869	5092	5983
Cyprus/Chypre	2828	3876	3836	4583	5811
Andorra/Andorre	x3606	x3322	x3202	x4257	x2391
Venezuela	13028	4326	1948	3625	4724
Oman	1249	2619	1722	4918	x504
Peru/Pérou	4	406	1899	6451	x61
Hungary/Hongrie	x1262	x1049	x1789	5721	x2214
Czechoslovakia	x2140	2051	4316	x634	x4617
Reunion/Réunion	1803	1690	2023	2057	2772
Kuwait/Koweït	x2431	2824	x1852	x818	x1255
Nigeria/Nigéria	x1019	x476	x1206	x2991	x3344
Indonesia/Indonésie	38	1695	694	2080	7477

EXPORTS – EXPORTATIONS

COUNTRIES-PAYS	1988	1989	1990	1991	1992
Totale	3002816	3335033	3712046	3872081	4358586
Afrique	x275	x985	x742	x431	x1499
Afrique du Nord	x9	5	x26	x4	23
Amériques	x333816	606260	621148	600612	619502
ALAI	408	366264	312902	281306	322591
MCAC	x96	x3	x17	x83	x9
Asie	2018671	2036112	2220879	2410614	x2688183
Moyen-Orient	3577	x3617	x4883	x4949	x5969
Europe	645136	684364	866303	859417	1048624
CEE	620349	652394	821355	825837	1007070
AELE	24788	31967	44915	33304	41472
Océanie	1500	525	x1110	x698	x321
Japan/Japon	1050421	1010121	1088632	1185018	1285245
Korea Republic	618479	590063	619021	537754	478372
Germany/Allemagne	299142	300674	350358	328253	340156
Brazil/Brésil	80	360092	309208	273733	316133
USA/Etats-Unis d'Amer	x254763	146425	253105	288879	291947
Singapore/Singapour	165274	192019	194152	180451	232061
Malaysia/Malaisie	82289	117271	146244	227045	x271121
France, Monac	125289	158303	182045	148521	184497
Portugal	60339	70951	129658	129322	270018
Hong Kong	67883	74355	89221	136331	179448
Belgium-Luxembourg	69772	62590	76550	94708	108621
China/Chine	28740	42473	68077	77119	137121
Canada	76724	92346	55067	29505	4886
Netherlands/Pays-Bas	32903	38682	49488	87259	70986
Austria/Autriche	15649	20138	31446	23174	28147
United Kingdom	25379	15769	25764	22292	19455
Indonesia/Indonésie	74	464	8983	49562	70972
Sweden/Suède	5494	7614	7794	5824	8367
Mexico/Mexique	235	6109	3511	7404	4003
Spain/Espagne	836	882	1583	9158	3366
Italy/Italie	5342	2632	4113	3880	6836
Switz.Liecht	1519	2328	3689	2410	2950
Philippines		x1273	83	5343	20489
Korea Dem People's Rp	x1136	x942	x982	x4368	x3061
Cyprus/Chypre	2277	1050	1627	1851	3462
Former GDR		x3675	x846		
United Arab Emirates	x150	x828	x1331	x1782	x1924
Oman	691	1148	1821	818	x26
Denmark/Danemark	780	1080	980	1458	2309
India/Inde	150	x2869	454	13	x107
Finland/Finlande	958	1324	686	928	995
Thailand/Thaïlande	191	149	96	2386	x3789
Ireland/Irlande	548	826	808	925	801
Czechoslovakia	x1	x1840	x371	x99	x131
Australia/Australie	1414	385	997	467	269
Norway, SVD, JM	1168	563	621	539	705
Panama	x1773	x1199	33	296	54
Mozambique	0		x522		
Iceland/Islande		x756	x679	x429	x308
Poland/Pologne	x695	x374	x494	x217	x212
Former USSR/Anc. URSS	x2591	x540	x124	x81	
New Zealand	85	116	78	229	32
Kuwait/Koweït	0	334	x78		
Lebanon/Liban	x2	x27		x305	x411
Israel/Israël	425	263	38	15	406
Yugoslavia SFR			4	x276	
Jordan/Jordanie	1	86	18	x39	x77
Hungary/Hongrie	x4	x197	x27	x252	0
Belize/Bélize				x3	0
Pakistan		x231			

(VALUE AS % OF TOTAL)(VALEUR EN % DU TOTAL)

	1983	1984	1985	1986	1987	1988	1989	1990	1991	1992		1983	1984	1985	1986	1987	1988	1989	1990	1991	1992
Africa	x0.8	x1.0	x0.5	x0.8	x0.6	x0.7	x0.5	x0.6	x0.8	x0.7	Afrique	x0.0	x0.0	x0.0	x0.0	x0.0	x0.0	x0.0	x0.0	x0.0	x0.0
Northern Africa	0.0	0.0	x0.0	0.0	0.0	x0.1	0.1	x0.1	0.1	0.1	Afrique du Nord	0.0	0.0	0.0	0.0	0.0	0.0	0.0	0.0	0.0	0.0
Americas	56.0	63.8	64.7	x56.5	x52.9	56.9	50.6	43.1	42.1	x42.2	Amériques	x0.0	x0.0	x0.0	24.8	24.4	x11.1	18.2	16.7	15.5	14.2
LAIA	0.1	0.0	0.0	x0.7	x0.6	1.6	1.8	0.9	1.4	x1.4	ALAI	0.0	0.0	0.0	15.9	18.3	0.0	11.0	8.4	7.3	7.4
CACM	x0.0	x0.0	x0.0	0.1	0.1	x0.0	x0.0	x0.0	x0.0	x0.0	MCAC					x0.0					
Asia	x4.6	2.9	x2.8	3.5	4.7	5.7	6.5	x7.3	8.5	10.2	Asie	78.1	81.6	77.1	55.4	56.7	67.2	61.1	59.8	62.2	x61.7
Middle East	x1.3	x0.4	x0.8	0.6	0.8	0.9	1.0	x1.2	x1.4	1.4	Moyen-Orient	x0.2	0.1	x0.1	x0.1	0.1	0.1	x0.1	x0.1	x0.1	0.1
Europe	36.6	30.1	29.9	37.8	39.9	34.6	39.7	46.9	47.0	45.2	Europe	21.8	18.3	22.9	19.7	18.7	21.5	20.5	23.3	22.2	24.1
EEC	22.3	18.4	20.0	25.8	28.0	29.4	33.9	40.4	41.8	40.6	CEE	19.9	17.1	21.4	18.6	17.6	20.7	19.6	22.1	21.3	23.1
EFTA	14.0	11.5	9.8	11.9	11.8	5.0	5.5	6.1	5.0	4.5	AELE	1.9	1.3	1.4	1.1	1.1	0.8	1.0	1.2	0.9	1.0
Oceania	x1.9	x2.2	x2.1	1.5	1.4	x1.8	x2.1	1.7	x0.5	1.3	Océanie	x0.0			x0.0		x0.0		x0.0	x0.0	x0.0
USA/Etats-Unis d'Amer	47.7	53.9	55.3	47.5	46.6	48.1	40.9	35.4	34.0	34.5	Japan/Japon	58.1	60.8	58.6	40.1	33.7	35.0	30.3	29.3	30.6	29.5
Germany/Allemagne	7.5	6.7	6.6	8.4	8.8	8.4	9.8	12.9	14.6	14.4	Korea Republic	12.5	13.8	11.8	10.1	15.3	20.6	17.7	16.7	13.9	11.0
United Kingdom	5.3	4.5	4.7	6.0	6.8	7.2	8.3	8.1	6.7	6.0	Germany/Allemagne	9.9	8.9	10.3	8.6	8.3	10.0	9.0	9.4	8.5	7.8
Canada	8.1	9.7	6.3	7.9	5.5	7.0	7.5	6.5	6.4	5.9	Brazil/Brésil				0.0	0.0	10.8	8.3	7.1	7.3	
Italy/Italie	0.3	0.6	2.0	2.4	3.2	3.6	4.4	5.4	5.8	5.5	USA/Etats-Unis d'Amer				x6.3	x5.1	x8.5	4.4	6.8	7.5	6.7
France, Monac	4.3	2.9	2.5	3.2	3.4	3.7	3.9	5.4	5.2	4.9	Singapore/Singapour	4.8	4.2	3.7	2.5	3.5	5.5	5.8	5.2	4.7	5.3
Netherlands/Pays-Bas	2.0	1.4	1.4	1.9	1.8	1.8	2.1	2.8	3.5	3.3	Malaysia/Malaisie	0.6	1.0	1.5	1.7	2.4	2.7	3.5	3.9	5.9	x6.2
Spain/Espagne	0.8	0.7	0.9	1.4	1.6	2.2	2.6	2.5	2.6	2.6	France, Monac	4.7	3.5	4.7	4.2	3.6	4.2	4.7	4.9	3.8	4.2
Hong Kong	0.7	0.4	0.3	0.4	0.9	1.3	1.7	2.0	2.5	3.0	Portugal	1.5	1.6	2.6	2.1	2.1	2.0	2.1	3.5	3.3	6.2
Singapore/Singapour	1.7	1.4	1.0	1.1	1.2	1.2	1.4	1.9	2.6	2.8	Hong Kong	2.0	1.7	1.4	0.9	1.4	2.3	2.2	2.4	3.5	4.1

7622 PORTABLE RADIO RECEIVERS / RECEPT PORTATIFS RADIO 7622

TRADE BY COMMODITY IN THOUSAND U.S. DOLLARS – COMMERCE PAR PRODUIT EN MILLIERS DE DOLLARS E.U

COUNTRIES–PAYS	IMPORTS – IMPORTATIONS					COUNTRIES–PAYS	EXPORTS – EXPORTATIONS				
	1988	1989	1990	1991	1992		1988	1989	1990	1991	1992
Total	3902182	4723260	5219769	5822788	5804070	Totale	3834082	4224341	4753905	4894593	x4916722
Africa	x95931	x97442	x142137	x165293	x158519	Afrique	x584	x1921	x2766	x1709	x5325
Northern Africa	x8753	x12350	x9698	x8077	x6993	Afrique du Nord	x3	x38	x524	x423	x440
Americas	x901710	x1648063	x1447194	1840021	x1908752	Amériques	x99119	84340	x77885	x109704	x106846
LAIA	x43365	x58998	45744	146584	x132292	ALAI	1861	17818	1806	8359	x6863
CACM	x1948	x4351	x3987	x8796	x8640	MCAC	x11	x17	x142	x31	x53
Asia	x1525747	1689873	1985063	2231407	x2400698	Asie	3418718	3842000	4332198	4514981	x4561731
Middle East	x248023	x156512	x191291	x237257	x279644	Moyen–Orient	24005	x9517	x4402	x2721	x5474
Europe	1211152	1130426	1506084	1366974	1220952	Europe	277194	257420	310482	253931	234563
EEC	1058460	980411	1312434	1213135	1098511	CEE	202046	181862	256615	224846	215224
EFTA	138952	131084	169518	145220	117197	AELE	74370	74964	52300	28915	19258
Oceania	x81211	71312	x75813	x84824	x88502	Océanie	1982	2639	2163	x2490	x3693
USA/Etats–Unis d'Amer	722643	1439745	1305078	1557462	1649845	Hong Kong	958235	1151797	1508502	1746361	1789603
Hong Kong	620867	846789	1124219	1289038	1351218	Singapore/Singapour	805770	908223	966030	1003273	869790
Singapore/Singapour	388897	391768	440575	427933	465015	Malaysia/Malaisie	403364	586347	647468	618083	x994722
Germany/Allemagne	261795	267837	418174	351512	288219	Japan/Japon	503673	400243	414310	564330	424063
United Kingdom	219091	186834	218351	193232	194736	Korea Republic	440843	391613	338482	209400	126225
France, Monac	181991	174084	220255	200923	192004	Israel/Israël	230944	228871	195132	150500	102438
Japan/Japon	193076	212112	142960	189213	181556	China/Chine	44074	114458	214457	177535	180738
Italy/Italie	119136	94734	125608	139858	126213	Netherlands/Pays–Bas	56736	59198	97634	75632	76319
Netherlands/Pays-Bas	85555	86469	130818	118335	96698	USA/Etats–Unis d'Amer	x94117	61389	73727	91406	98012
Spain/Espagne	99159	90014	97105	108860	92476	Germany/Allemagne	61121	56686	66026	53711	46293
United Arab Emirates	x108993	x69298	x100315	x117314	x158918	United Kingdom	23298	23177	42005	40161	35672
Canada	86727	85743	85525	115348	110065	Austria/Autriche	60882	55482	30594	9588	4232
Nigeria/Nigéria	x35551	x42443	x79888	x98492	x86174	Indonesia/Indonésie	830	14029	18864	22293	31420
Saudi Arabia	x88593	x58484	x62774	x86248	x75720	Belgium–Luxembourg	26770	15341	21558	17427	23537
Australia/Australie	60218	55723	59701	66719	72933	Poland/Pologne	x15843	x21002	x21732	x7247	x4277
Former USSR/Anc. URSS	x39286	x39472	x18212	x96782		Thailand/Thaïlande	588	9681	20505	16957	x30109
Malaysia/Malaisie	40722	44330	49203	45680	x71756	Finland/Finlande	7361	14007	13408	12028	7934
Austria/Autriche	29874	35190	60625	38511	27110	France, Monac	10360	9393	9608	20034	14641
Belgium–Luxembourg	44100	38459	48088	44083	51356	Philippines	60	x24250	344	531	489
Switz.Liecht	42117	39350	43238	45626	35806	Spain/Espagne	14185	7608	7294	3342	3273
Sweden/Suède	36990	32784	38066	34304	30999	Portugal	4257	3970	7598	6209	5778
Argentina/Argentine	147	60	1946	75993	38783	Brazil/Brésil	2	13895	1465	638	145
Poland/Pologne	x14792	x15632	x19734	x22690	x12689	Former USSR/Anc. URSS	x9813	x6312	x3675	x4277	
Portugal	14572	10637	19386	23324	19690	Italy/Italie	2998	4369	2773	6312	7867
Panama	x40505	x50934	440	1148	1217	Panama	x1843	x2996	0	x7904	1
Greece/Grèce	15935	14841	14306	13909	x19454	Sweden/Suède	3035	2285	4030	2955	2046
Yugoslavia SFR	10232	16322	20154	x5542		Former GDR	x10755	x7042	x1429		
Chile/Chili	x14846	x28601	4493	8736	x36897	Mexico/Mexique	602	90	86	7500	395
Finland/Finlande	13303	13798	15165	12175	9933	Switz.Liecht	1744	1856	2378	3317	2480
Paraguay	x11831	4833	15785	17046	8817	United Arab Emirates	x1862	x1979	x2929	x1677	x4459
Denmark/Danemark	11758	10766	12781	12284	10258	Australia/Australie	1901	2250	1845	2314	3264
Mexico/Mexique	8706	13902	9701	12141	10361	Canada	1132	2010	2123	1844	1636
Norway,SVD,JM	15778	9116	11386	13344	12268	Turkey/Turquie	20589	5808	54	2	
New Zealand	15447	9291	11915	12575	9086	Denmark/Danemark	2008	1884	1785	1830	1662
Brazil/Brésil	621	5676	8061	18642	22416	India/Inde	347	x1037	1515	1900	x4239
So. Africa Customs Un	13432	3401	8179	x18954	x16264	Norway,SVD,JM	1347	1334	1890	1027	2567
Israel/Israël	7603	6617	9274	11407	12805	Venezuela	1222	3780	81	84	1
Bulgaria/Bulgarie	x25299	x18511	x6188	x2573	1301	Cyprus/Chypre	907	808	1062	473	291
Lebanon/Liban	x1936	x5319	x6695	x8511	x4861	Yugoslavia SFR	771	593	1547	x74	
Ireland/Irlande	5369	5737	7562	6813	7407	Macau/Macao	4922	925	396	243	19
Czechoslovakia	x2881	6563	6685	x2480	x3636	So. Africa Customs Un	x67	x563	x470	x506	x1053
Egypt/Egypte	x3036	x5124	x4423	x6063	x4502	Bulgaria/Bulgarie	x2	x203	x1267	x11	x26
Kuwait/Koweït	x26080	3135	x8138	x3359	x10824	Korea Dem People's Rp	x975	x314	x426	x649	x1173
Hungary/Hongrie	x2191	x3713	x5603	4885	x4340	Viet Nam	x43	x6	x1126	x2	
Korea Republic	3374	2071	5483	6263	8429	Hungary/Hongrie	x5	x797	x46	x184	x166
Qatar	5646	4062	3532	5371	x2395	Cote d'Ivoire		x770	x3	x93	x83
Romania/Roumanie	x723	x1269	6691	4754	x2010	Egypt/Egypte	0	x17	x391	x369	
Zaire/Zaïre	x2855	x6044	x5166	x1302	x1737	Pakistan		x568	x150	x43	x369
Sri Lanka	5725	3728	3206	4544	3499	Mali	x1	0	x553	x202	x136
Uruguay	x2133	x3602	x2149	x5649	5206	Romania/Roumanie	x66	621	x89	9	x56

(VALUE AS % OF TOTAL)(VALEUR EN % DU TOTAL)

	1983	1984	1985	1986	1987	1988	1989	1990	1991	1992		1983	1984	1985	1986	1987	1988	1989	1990	1991	1992
Africa	x1.8	x1.4	x1.0	x1.9	x1.9	x2.4	x2.1	x2.8	x2.8	x2.8	Afrique	x0.1	0.0		x0.0	x0.0	x0.0	x0.0	x0.0	x0.0	x0.1
Northern Africa	x0.5	x0.5	0.1	x0.2	x0.2	x0.2	x0.3	x0.2	x0.1	x0.1	Afrique du Nord		0.0	0.0	x0.0	x0.0	x0.0	x0.0	x0.0	x0.0	x0.0
Americas	33.2	43.8	x41.9	x28.1	x24.1	x23.1	34.9	x27.7	31.6	x32.9	Amériques				x0.0	x0.7	x2.6	x1.6	x2.2	x2.1	
LAIA	0.2	0.6	x0.4	x1.4	x1.1	1.1	x1.2	0.9	2.5	x2.3	ALAI	x0.0		0.0	0.0	0.0	0.4	0.0	0.0	0.2	0.1
CACM	x0.0	x0.0	x0.0	x0.0	x0.1	x0.0	x0.0	x0.1	x0.2	x0.1	MCAC				x0.0	x0.0	x0.0	x0.0	x0.0	x0.0	x0.0
Asia	x32.3	x23.3	x25.4	x30.5	x33.4	x39.1	35.7	38.0	38.3	x41.3	Asie	92.8	93.8	92.6	89.8	89.7	89.2	91.0	91.1	92.2	x92.8
Middle East	x11.8	x4.1	x6.9	x6.3	x5.5	x6.4	3.3	x3.7	x4.1	4.8	Moyen–Orient	0.1	x0.1	x0.4	x0.4	x0.2	0.6	x0.2	x0.1	x0.1	x0.1
Europe	30.4	28.5	28.8	37.7	36.1	31.0	23.9	28.9	23.5	21.0	Europe	7.1	6.2	7.3	9.5	8.8	7.2	6.1	6.5	5.2	4.8
EEC	26.9	24.7	25.2	33.0	31.8	27.1	20.8	25.1	20.8	18.9	CEE	3.7	3.0	3.5	5.9	6.5	5.3	4.3	5.4	4.6	4.4
EFTA	3.3	3.7	3.4	x4.3	4.0	3.6	2.8	3.2	2.5	2.0	AELE	3.4	3.2	3.8	3.6	2.3	1.9	1.8	1.1	0.6	0.4
Oceania	x2.2	x3.0	3.0	x1.9	x1.8	x2.0	1.5	x1.5	x1.5	x1.5	Océanie		x0.0	x0.0		0.1	0.1			x0.0	x0.1
USA/Etats–Unis d'Amer	32.8	43.0	41.3	27.2	22.4	19.4	18.5	30.5	25.0	26.7	28.4	Hong Kong	18.9	19.4	16.2	18.6	25.9	25.0	27.3	31.7	35.7	36.4
Hong Kong	5.4	5.9	7.5	9.2	13.2	15.9	17.9	21.5	22.1	23.3	Singapore/Singapour	15.6	15.5	15.2	16.5	20.1	21.0	21.5	20.3	20.5	17.7
Singapore/Singapour	7.2	6.7	5.9	7.3	7.4	10.0	8.3	8.4	7.3	8.0	Malaysia/Malaisie	3.2	3.8	5.4	6.8	8.3	10.5	13.9	13.6	12.6	x20.2
Germany/Allemagne	8.7	8.0	7.1	9.4	7.5	6.7	5.7	8.0	6.0	5.0	Japan/Japon	49.4	48.6	47.7	37.5	21.7	13.1	9.5	8.7	11.5	8.6
United Kingdom	5.8	5.9	7.7	6.3	5.6	5.6	4.0	4.2	3.3	3.4	Korea Republic	4.9	5.6	7.1	9.2	12.4	11.5	9.3	7.1	4.3	2.6
France, Monac	5.4	4.6	3.6	4.8	4.8	4.7	4.2	3.5	3.3		Israel/Israël			x0.0	x0.0	6.0	5.4	4.1	3.1	2.1	
Japan/Japon	1.8	1.9	1.5	2.9	4.3	4.9	4.5	2.7	3.2	3.1	China/Chine				0.4	1.1	2.7	4.5	3.6	3.7	
Italy/Italie	0.6	0.8		2.6	3.2	3.1	2.0	2.4	2.4	2.2	Netherlands/Pays–Bas	0.8	0.6	0.9	1.1	1.6	1.5	1.4	2.1	1.5	1.6
Netherlands/Pays–Bas	2.2	1.8	1.8	2.1	2.6	2.2	1.8	2.5	2.0	1.7	USA/Etats–Unis d'Amer				x0.5	0.5	x2.5	1.5	1.5	1.9	2.0
Spain/Espagne	2.5	1.9	3.3	5.1	5.5	2.5	1.9	1.9	1.9	1.6	Germany/Allemagne	1.1	1.1	1.3	2.0	2.0	1.6	1.3	1.4	1.1	0.9

672

7628 OTHER RADIO RECEIVERS / AUTRES RECEPT RADIO 7628

TRADE BY COMMODITY IN THOUSAND U.S. DOLLARS – COMMERCE PAR PRODUIT EN MILLIERS DE DOLLARS E.U

IMPORTS – IMPORTATIONS

COUNTRIES–PAYS	1988	1989	1990	1991	1992
Total	5336661	4569345	4904235	5725386	5590944
Africa	x42923	x31679	x42992	x34894	x40597
Northern Africa	5940	x5473	x5766	7816	x9745
Americas	x2546301	x1407739	1342174	1726853	2022179
LAIA	x182293	150056	193308	360838	476633
CACM	x1195	x1680	x1231	x1161	x3065
Asia	1203484	1464049	1504807	1738203	1334586
Middle East	x165389	142355	x60304	x98435	x101330
Europe	1458132	1513426	1887857	2026232	2045723
EEC	1277086	1340535	1661096	1807400	1843998
EFTA	168172	154821	186054	210771	197337
Oceania	x64244	x72639	x80542	x82425	x126461
USA/Etats-Unis d'Amer	2206465	1078779	1024537	1199927	1372590
China/Chine	549145	659120	683712	637229	32371
Germany/Allemagne	310209	339309	535762	540217	557045
Hong Kong	186157	319206	432318	607440	652600
United Kingdom	302210	292301	240275	253403	305654
France,Monac	177049	209638	266178	277974	260836
Netherlands/Pays-Bas	134047	131245	176018	200611	178080
Spain/Espagne	144939	139986	147362	211546	183176
Japan/Japon	138712	176172	115151	109852	169821
Canada	125096	145018	105091	145335	148041
Mexico/Mexique	92265	99591	106016	179730	223283
Singapore/Singapour	84062	76674	107116	172209	238678
Italy/Italie	91434	93641	109035	135663	136620
Belgium–Luxembourg	50766	77428	111535	96860	100506
Switz.Liecht	51555	45504	59331	81123	63203
Australia/Australie	46324	56555	62138	62447	98573
Former USSR/Anc. URSS	x7594	x48106	x16254	x77717	
Austria/Autriche	44320	42462	50635	46931	42941
Saudi Arabia	119078	86941	x16153	x31292	x29099
Sweden/Suède	40994	35749	43942	50225	56554
Thailand/Thaïlande	13432	21229	38911	40916	56537
Portugal	25153	20530	30159	44120	54396
Malaysia/Malaisie	30432	28906	32220	30713	x24466
Chile/Chili	x15100	x18621	24723	43626	x38160
Denmark/Danemark	26473	22349	27377	29944	38873
Paraguay	x497	7128	1085	65478	151085
Argentina/Argentine	49	102	x10108	x19985	x36505
United Arab Emirates	x11129		x19985	x36505	x39604
Yugoslavia SFR	11486	16785	38460	x5920	
Finland/Finlande	16074	21717	19401	17415	13615
Panama	x17579	x26611	11191	10897	11827
New Zealand	13925	14322	16274	15876	23933
Israel/Israël	10822	9674	15146	20208	27130
Brazil/Brésil	14695	7738	13495	20826	17230
Czechoslovakia	x3493	16147	18994	x9853	x12895
So. Africa Customs Un	24818	8253	16613	16197	20232
Norway,SVD,JM	14336	8586	11803	14016	11900
Ireland/Irlande	11061	9287	11941	10859	x8248
Poland/Pologne	x2503	x9243	x6444	x14928	
Korea Republic	1484	14670	7980	7189	5177
Kuwait/Koweït	x5991	22427	x1545	x3773	x4037
Venezuela	33591	12329	5763	7758	10309
Nigeria/Nigéria	x4849	x7550	x5008	6125	x4494
Hungary/Hongrie	x4139	2022	x2664	13695	x3084
Greece/Grèce	3747	4822	5454	6204	x16913
Cyprus/Chypre	3436	5468	5248	4879	4133
Iraq	x6166	x6274	x3905	x4534	x43
Turkey/Turquie	2970	474	4819	8168	5409
Oman	4468	4872	5331	1687	x1000
Philippines	1118	x5577	3534	1570	1410

EXPORTS – EXPORTATIONS

COUNTRIES–PAYS	1988	1989	1990	1991	1992
Totale	3449677	3623062	4391688	5588534	x5967834
Afrique	x1599	x614	x950	x569	x14442
Afrique du Nord	250	x145	x180	x210	5
Amériques	x514849	x65370	66129	x83667	x106196
ALAI	381894	5124	6455	x935	x15916
MCAC	x477	x30	x5	x31	x1
Asie	2556868	3201829	3908661	5054796	x5302194
Moyen-Orient	4543	33699	28079	16909	9471
Europe	343036	331191	399341	441493	539653
CEE	334684	317826	371038	384878	471633
AELE	7762	13327	28152	56514	67902
Océanie	x1155	x1313	x1975	x1612	x1795
China/Chine	794197	995368	1145888	1314033	1166345
Japan/Japon	657444	770088	970800	1368106	1191782
Hong Kong	238629	403354	521259	635778	640657
Singapore/Singapour	308195	358646	415673	524717	642739
Korea Republic	366049	339044	419833	483128	579372
Malaysia/Malaisie	120562	217794	305720	618057	x898011
Netherlands/Pays-Bas	36470	52707	87387	85739	105236
Germany/Allemagne	64841	60160	81570	83111	88399
United Kingdom	61586	69993	54211	48700	84489
USA/Etats-Unis d'Amer	x103721	37469	54392	76966	76931
Belgium–Luxembourg	101500	62631	56061	44301	49721
Israel/Israël	38562	45946	51072	27105	36268
Denmark/Danemark	25598	30915	28618	50269	48698
France,Monac	16285	16449	29860	49944	56097
Philippines	14675	x11470	28047	38062	32729
Austria/Autriche	1243	7311	19604	50369	56616
Turkey/Turquie	241	20680	21305	12666	4642
Portugal	12875	13963	20157	15642	19306
Italy/Italie	1158	14793	9775	5815	x10877
Thailand/Thaïlande	17081	14276	4700	5211	12628
Canada					
Korea Dem People's Rp	x4229	x2193	x2600	x17767	x35422
Poland/Pologne	x8156	x10267	x7485	x3862	x3141
Spain/Espagne	6836	6539	10103	2845	8181
Indonesia/Indonésie	6273	4084	9509	4728	54474
Cyprus/Chypre	3286	5211	5114	3144	3503
Former GDR	x9379	x7500	x3074		
Switz.Liecht	2156	1675	4489	3293	4893
Italy/Italie	5293	3044	2162	4005	5809
Sweden/Suède	3784	3582	2745	1828	3640
Former USSR/Anc. URSS	x11254	x3354	x2733	x2043	
Panama	x10878	x7729	39	193	172
Venezuela	x2	2611	3517	54	94
Kuwait/Koweït	x29	5915	0	x8	0
India/Inde	493	x4379	48	233	x2914
Australia/Australie	1004	1128	1759	1527	862
Brazil/Brésil	380475	1548	2749	28	787
United Arab Emirates	x555	x1329	x1632	x556	x950
Ireland/Irlande	3392	1361	892	202	5647
Norway,SVD,JM	426	383	706	579	1420
Hungary/Hongrie	x248	x994	x251	x377	x233
Finland/Finlande	153	376	606	445	1333
Macau/Macao	1820	874	223	44	822
Jamaica/Jamaïque	341	591	376	19	x251
Romania/Roumanie	x2030	x520	x201	52	x67
Chile/Chili	x527	x666	2	54	x14035
Bulgaria/Bulgarie	x7	x149	x668	x2	x11
Kenya	4		406	0	0
Sudan/Soudan		x130	x138	x180	
Mexico/Mexique	882	294	39	89	128
New Zealand	46	126	198	70	880

(VALUE AS % OF TOTAL)(VALEUR EN % DU TOTAL)

	1983	1984	1985	1986	1987	1988	1989	1990	1991	1992		1983	1984	1985	1986	1987	1988	1989	1990	1991	1992
Africa	1.4	x0.9	0.7	0.5	0.5	x0.8	0.7	x0.8	0.6	0.7	Afrique	x0.0	0.1	0.1	x0.1	x0.0	x0.0	x0.0	x0.0	x0.0	0.2
Northern Africa	0.8	0.2	0.3	0.1	0.0	0.1	0.1	0.1	0.1	0.2	Afrique du Nord	x0.0	x0.0		x0.0	x0.0	x0.0	x0.0	x0.0	x0.0	0.0
Americas	51.1	56.4	58.9	x54.0	x47.8	x47.7	x30.8	27.3	30.2	36.2	Amériques	x0.4	x0.3	x0.3	x16.1	14.0	x14.9	x1.8	1.5	x1.5	x1.8
LAIA	1.2	0.6	1.9	x1.8	x1.5	x3.4	3.3	3.9	6.3	8.5	ALAI	x0.0		0.1	14.9	12.7	11.1	0.1	0.1	x0.0	x0.3
CACM	x0.0		0.0	0.0	0.0	x0.0	x0.0	x0.0	x0.0	x0.0	MCAC	x0.0		x0.0					x0.0	x0.0	x0.0
Asia	x8.2	8.5	8.5	x11.0	19.8	22.5	32.1	30.7	30.4	23.8	Asie	82.1	84.5	81.9	62.8	70.0	74.2	88.4	89.0	90.5	x88.9
Middle East	x2.1	x0.5	0.9	x2.9	x0.9	x3.1	3.1	x1.2	x1.7	1.8	Moyen-Orient	x0.0	x0.0	x0.1	x0.2	0.1	0.1	0.9	0.6	0.3	0.2
Europe	37.6	32.2	30.2	32.9	29.7	27.3	33.1	38.5	35.4	36.6	Europe	17.6	15.0	17.6	20.9	15.5	9.9	9.1	9.1	7.9	9.0
EEC	35.5	30.3	28.0	29.6	27.0	23.9	29.3	33.9	31.6	33.0	CEE	17.3	14.8	17.4	20.3	15.0	9.7	8.8	8.4	6.9	7.9
EFTA	2.1	1.9	2.2	x3.1	x2.6	3.2	3.4	3.8	3.7	3.5	AELE	0.3	0.2	0.2	x0.6	x0.5	0.2	0.4	0.6	1.0	1.1
Oceania	x1.7	x2.1	x1.8	x1.6	x1.7	x1.2	x1.6	x1.6	x1.5	x2.3	Océanie		x0.1	x0.0	x0.0	x0.0	x0.0	x0.0	x0.0	x0.0	x0.0
USA/Etats-Unis d'Amer	42.2	45.8	49.3	46.4	41.8	41.3	23.6	20.9	21.0	24.6	China/Chine						20.0	23.0	27.5	26.1	23.5	19.5
China/Chine					12.2	10.3	14.4	13.9	11.1	0.6	Japan/Japon	52.4	48.3	50.3	37.3	23.4	19.1	21.3	22.1	24.5	20.0
Germany/Allemagne	10.9	9.5	7.9	7.3	7.4	5.8	7.4	10.9	9.4	10.0	Hong Kong	10.8	13.8	10.4	8.3	7.2	6.9	11.1	11.9	11.4	10.7
Hong Kong	3.3	5.2	4.6	4.8	3.8	3.5	7.0	8.8	10.6	11.7	Singapore/Singapour	4.4	5.1	5.9	3.8	5.2	8.9	9.9	9.5	9.4	10.8
United Kingdom	7.7	7.2	6.8	8.4	6.9	5.7	6.4	4.9	4.4	5.5	Korea Republic	10.2	14.4	12.5	10.7	10.7	10.6	9.4	9.6	8.6	9.7
France,Monac	4.5	3.3	3.9	4.5	3.9	3.3	4.6	5.4	4.9	4.7	Malaysia/Malaisie	1.9	1.7	1.8	1.6	2.9	3.5	6.0	7.0	11.1	x15.0
Netherlands/Pays-Bas	3.0	2.2	2.4	3.5	3.1	2.5	2.9	3.6	3.5	3.2	Netherlands/Pays-Bas	1.1	0.9	1.1	1.4	1.1	1.5	2.0	1.5	1.5	1.8
Spain/Espagne	0.9	0.7	0.3	0.9	0.7	2.7	3.1	3.0	3.7	3.3	Germany/Allemagne	4.1	3.3	3.5	3.2	2.6	1.9	1.7	1.9	1.5	1.5
Japan/Japon	0.5	0.7	0.4	0.6	0.9	2.6	3.9	2.3	1.9	3.0	United Kingdom	1.5	1.7	2.4	3.2	2.6	1.8	1.9	1.2	0.9	1.4
Canada	7.5	9.7	7.5	4.9	3.9	2.3	3.2	2.1	2.5	2.6	USA/Etats-Unis d'Amer				x1.0	0.9	x3.0	1.0	1.2	1.4	1.3

673

7631 ELECTRIC GRAMOPHONES ETC

TRADE BY COMMODITY IN THOUSAND U.S. DOLLARS – COMMERCE PAR PRODUIT EN MILLIERS DE DOLLARS E.U

IMPORTS – IMPORTATIONS

COUNTRIES–PAYS	1988	1989	1990	1991	1992
Total	1137889	529358	493227	496912	371552
Africa	x6769	x6778	11538	x6712	x6782
Northern Africa	173	1938	3963	1035	x1593
Americas	709944	144224	111295	132729	128760
LAIA	17153	26470	37296	58859	56990
CACM	2443	2374	2723	4574	x2661
Asia	169757	144592	144923	169466	93482
Middle East	x18812	12031	x2158	x3421	x2186
Europe	237090	221031	214658	169801	135337
EEC	193397	179033	175358	139886	117702
EFTA	39355	37173	37552	29099	17260
Oceania	13282	10963	x8297	x6550	x5825
Singapore/Singapour	79615	62538	82952	128616	62608
USA/Etats–Unis d'Amer	676385	102071	63107	57935	60795
Germany/Allemagne	43201	39141	41033	37687	30260
United Kingdom	40882	48201	38467	25402	23927
Mexico/Mexique	6214	10744	21980	31151	38950
France, Monac	27447	23249	25223	13986	11276
Hong Kong	22788	26214	18079	9969	7522
Spain/Espagne	19922	16718	19855	16492	13460
Italy/Italie	21741	16923	17084	14793	12103
Netherlands/Pays–Bas	17091	13586	12514	11509	7582
Japan/Japon	23816	12878	12418	9248	5897
Korea Republic	16308	15940	14922	2265	1597
Belgium–Luxembourg	13166	12576	9927	8918	7536
Uruguay	6700	8687	11672	10773	992
Switz. Liecht	14030	11072	11195	7699	4439
Sweden/Suède	10030	10356	10045	7702	4279
Malaysia/Malaisie	4184	7582	9112	9597	x3247
Finland/Finlande	6855	7681	7057	5325	3017
Canada	11392	8368	5045	5003	4982
Australia/Australie	8665	8056	5656	4410	3258
Austria/Autriche	4290	5480	6388	5963	4105
Denmark/Danemark	4327	3224	4274	3805	3118
Saudi Arabia	6406	9902	x301	x484	x376
Portugal	3325	2905	3761	3593	3574
Argentina/Argentine	649	255	263	9349	8605
Former USSR/Anc. URSS	x306	x415	x275	x7192	
Norway, SVD, JM	2839	2378	2682	2207	1356
So. Africa Customs Un	4063	1364	3823	x1927	x3363
Panama	x872	x2031	1922	2361	2223
New Zealand	3897	2398	2003	1731	2163
Israel/Israël	1796	2003	1905	1812	1538
Ireland/Irlande	1253	1271	1593	2210	2087
Brazil/Brésil	x1037	2681	719	1617	605
Ethiopia/Ethiopie	822	1895	1630	1427	x1
Venezuela	927	588	813	3530	4268
Greece/Grèce	1041	1239	1627	1491	x2780
Libyan Arab Jamahiriya	129	1446	2379	x1	x3
China/Chine	1121	2645	659	489	1121
Netherlands Antilles	601	1093		2531	
Costa Rica	354	669	1128	1434	x274
Thailand/Thaïlande	386	596	1280	1342	2660
Malta/Malte	3401	2974	140	x35	x55
Hungary/Hongrie	x40	x317	x270	2457	x289
Paraguay	12	565	964	1455	1350
Egypt/Egypte	1	462	1443	991	106
Chile/Chili	1215	2420	192	228	x1172
Yugoslavia SFR	663	823	1351	x564	
Guatemala	809	641	836	854	x571
Poland/Pologne	x131	x28	x386	x1697	x256
Nicaragua	177	88	458	1553	1224

EXPORTS – EXPORTATIONS

COUNTRIES–PAYS	1988	1989	1990	1991	1992
Totale	568485	605053	517610	510774	x374929
Afrique	x158	x55	x182	x202	x1104
Afrique du Nord	x128	x4	x24	x10	x11
Amériques	x42530	x59862	x55933	46134	x53088
ALAI	x1483	1802	x315	310	x974
MCAC	x24	x25	x3	x6	x31
Asie	418132	444133	368721	380289	x252938
Moyen–Orient	3409	x350	x886	x904	x990
Europe	83854	78380	75586	68201	65573
CEE	79982	76151	73097	65966	63780
AELE	3746	2164	2461	2179	1713
Océanie	x486	x714	775	496	410
Malaysia/Malaisie	54060	96951	114048	133280	x59391
Korea Republic	131298	167165	73156	97665	94006
Japan/Japon	156933	121125	98060	85094	64812
USA/Etats–Unis d'Amer	38450	54149	55097	44459	51462
Singapore/Singapour	64677	37064	56072	27109	17603
Germany/Allemagne	34622	38271	34618	32923	28442
United Kingdom	18802	17940	20485	16027	21436
China/Chine	447	9563	12348	26503	4332
Former USSR/Anc. URSS	x352	x12221	x10859	x13017	
Hong Kong	6822	11325	7146	3649	2507
Belgium–Luxembourg	7549	5726	3938	4664	2025
Denmark/Danemark	6792	5294	4238	2165	1831
Netherlands/Pays–Bas	4034	3418	3903	4189	3309
Poland/Pologne	x9933	x5860	x3082	x915	x505
Thailand/Thaïlande	6	112	6147	3187	x419
Italy/Italie	5911	3601	2801	2655	2708
France, Monac	2031	1615	2348	2715	3321
Czechoslovakia	x3056	x1520	x2157	x1486	x1279
Switz. Liecht	2837	1106	1432	1132	883
Panama	x2013	x3533	8	2	.55
Former GDR	x9933	x2248	x231		
Canada	543	274	491	1341	451
Australia/Australie	429	703	746	484	293
Mexico/Mexique	811	1458	106	122	100
Sweden/Suède	380	424	613	521	488
Korea Dem People's Rp	x213	x87	x35	x980	x3372
Saudi Arabia	113	144	x513	x389	x387
Indonesia/Indonésie		93	20	894	731
Austria/Autriche	203	340	193	292	165
Philippines	39	x72	7	700	4077
Spain/Espagne	97	43	359	261	366
Sri Lanka	0	0	646	1	
Ireland/Irlande	116	144	199	177	82
United Arab Emirates	x161	x89	x159	x263	x385
Cyprus/Chypre	248	105	186	217	211
Finland/Finlande	137	224	181	95	151
Israel/Israël	129	76	122	223	132
Greece/Grèce	15	76	178	34	x68
Brazil/Brésil	x49	166	70	21	86
Norway, SVD, JM	189	69	41	137	25
Portugal	12	25	30	155	190
Colombia/Colombie	x18	0	32	156	40
India/Inde	93	x146	10	24	x565
Paraguay	x340	x118	0	x2	x1
Yugoslavia SFR	15	40	23	x35	
So. Africa Customs Un	x4	x17	x27	x47	x40
Bulgaria/Bulgarie	x44	x37	x48	x2	x2
Macau/Macao	7	4	6	72	0
Kenya	0	x8	46	x24	x24
Peru/Pérou	0	3	x74		

(VALUE AS % OF TOTAL)(VALEUR EN % DU TOTAL)

	1983	1984	1985	1986	1987	1988	1989	1990	1991	1992		1983	1984	1985	1986	1987	1988	1989	1990	1991	1992
Africa	x1.2	x1.2	x0.4	x0.3	x0.3	x0.6	x1.3	2.4	x1.4	x1.8	Afrique	x0.0	x0.0	x0.0	x0.0	x0.0	x0.0	x0.0	x0.0	x0.0	x0.3
Northern Africa	x0.0	0.0	0.0	x0.0	x0.0	x0.0	0.4	0.8	0.2	x0.4	Afrique du Nord	x0.0	x0.0	x0.0	x0.0	x0.0	x0.0	x0.0	x0.0	x0.0	x0.0
Americas	30.7	42.5	49.5	x41.4	x37.1	62.3	27.3	22.5	26.7	34.7	Amériques	x2.3	x3.3	x4.3	x3.7	x3.7	x7.5	x9.9	x10.8	9.1	x14.1
LAIA	1.1	0.8	0.9	x1.0	x1.0	1.5	5.0	7.6	11.8	15.3	ALAI	x0.0	0.0	x0.0	x0.2	x0.5	x0.3	0.3	x0.1	0.1	x0.3
CACM	x0.0		x0.0	x0.0	x0.0	0.2	0.4	0.6	0.9	x0.7	MCAC	x0.0									
Asia	12.0	10.4	5.6	4.4	8.0	15.0	27.3	29.4	34.1	25.2	Asie	73.5	70.0	60.3	42.5	38.7	73.5	73.4	71.3	74.5	x67.4
Middle East	x2.8	1.3	x0.4	0.5	x1.7	2.3	x0.4	0.7	x0.6		Moyen–Orient	x0.3	x0.1	x0.4	x0.4	x0.2	0.6	x0.1	x0.2	x0.2	x0.3
Europe	53.8	43.4	42.0	52.2	52.8	20.8	41.8	43.5	34.2	36.4	Europe	24.2	26.7	35.4	53.7	45.8	14.8	13.0	14.6	13.4	17.5
EEC	46.8	38.3	36.2	45.4	45.7	18.7	33.8	35.6	28.2	31.7	CEE	23.8	26.4	34.9	52.7	44.6	14.1	12.6	14.1	12.9	17.0
EFTA	7.0	5.0	5.8	6.7	6.8	3.5	7.0	7.6	5.9	4.6	AELE	0.4	0.3	0.5	1.0	1.2	0.7	0.4	0.5	0.4	0.5
Oceania	x2.3	x2.5	x2.4	x1.7	x1.1	1.2	2.1	x1.7	x1.3	x1.6	Océanie		x0.0	x0.1	x0.1	x0.1	0.1	0.1	0.1		
Singapore/Singapour	0.5	0.6	0.6	0.9	1.6	7.0	11.8	16.8	25.9	16.9	Malaysia/Malaisie	0.0	0.0	0.0	0.0	0.0	9.5	16.0	22.0	26.1	x15.8
USA/Etats–Unis d'Amer	29.0	40.7	47.6	37.9	34.5	59.4	19.3	12.8	11.7	16.4	Korea Republic	7.3	5.9	2.3	4.7	8.6	23.1	27.6	14.1	19.1	25.1
Germany/Allemagne	13.2	11.9	10.1	13.1	14.0	3.8	7.4	8.3	7.6	8.1	Japan/Japon	65.6	63.7	57.1	36.6	27.1	27.6	20.0	18.9	16.7	17.3
United Kingdom	6.6	6.8	7.7	9.0	8.8	3.6	9.1	7.8	5.1	6.4	USA/Etats–Unis d'Amer	2.0	2.2	3.9	3.1	3.0	6.8	8.9	10.6	8.7	13.7
Mexico/Mexique				x0.5	x0.6	0.5	2.0	4.5	6.3	10.5	Singapore/Singapour	0.2	0.1	0.1	0.5	2.1	11.4	6.1	10.8	5.3	4.7
France, Monac	10.8	6.6	5.7	7.0	7.0	2.4	4.4	5.1	2.8	3.0	Germany/Allemagne	5.7	6.5	6.6	6.9	8.6	6.1	6.3	6.7	6.4	7.6
Hong Kong	1.0	1.2	1.4	1.3	1.9	2.0	5.0	3.7	2.0	2.0	United Kingdom	3.5	2.8	2.8	2.8	2.9	3.3	3.0	4.0	3.1	5.7
Spain/Espagne	1.6	1.1	0.6	1.0	1.8	1.8	3.2	4.0	3.3	3.6	China/Chine					0.0	0.1	1.6	2.4	5.2	1.2
Italy/Italie	4.8	3.7	3.0	3.0	3.4	1.9	3.2	3.5	3.0	3.3	Former USSR/Anc. URSS						x0.0	x0.1	x2.0	x2.1	x2.5
Netherlands/Pays–Bas	5.8	4.6	5.8	7.8	6.6	1.5	2.6	2.5	2.3	2.0	Hong Kong	0.1	0.2	0.4	0.3	0.7	1.2	1.9	1.4	0.7	0.7

76318 OTH ELEC GRAMOPHONES ETC

TRADE BY COMMODITY IN THOUSAND U.S. DOLLARS – COMMERCE PAR PRODUIT EN MILLIERS DE DOLLARS E.U

IMPORTS – IMPORTATIONS

COUNTRIES-PAYS	1988	1989	1990	1991	1992
Total	1101353	466973	433689	437513	317615
Africa	x6553	x4772	x7494	x5420	x6449
Northern Africa	x80	x36	x201	x123	x1486
Americas	696688	x120436	81061	94536	94316
LAIA	8211	15601	25308	47619	52212
CACM	x39	x994	x936	x1943	x2285
Asia	162460	134277	143894	168196	90793
Middle East	x12952	x2986	x1905	x3302	x2053
Europe	223032	196249	191093	152201	119825
EEC	185481	161170	158809	127590	106303
EFTA	36613	33228	30565	23818	13225
Oceania	11573	9557	x7645	x5819	x4980
Singapore/Singapour	79607	62530	82950	128547	62402
USA/Etats-Unis d'Amer	676385	93337	49652	39234	35372
Germany/Allemagne	42856	38342	40438	37347	29685
United Kingdom	37199	35704	31000	23384	22575
Mexico/Mexique	6160	10605	21518	30558	34858
Hong Kong	22583	25997	18055	9932	6406
France,Monac	25614	21218	21093	11652	9488
Spain/Espagne	19821	16476	19409	15868	12627
Italy/Italie	21266	16533	16092	13110	10087
Japan/Japon	22932	12514	12046	9079	5765
Korea Republic	16300	15864	14879	2212	1572
Netherlands/Pays-Bas	16348	12633	11037	9159	5763
Belgium-Luxembourg	12639	11936	9088	6637	5684
Sweden/Suède	9832	9702	9176	7140	3810
Malaysia/Malaisie	3967	7478	9013	9181	x2965
Switz.Liecht	12264	9104	7619	5565	3500
Finland/Finlande	6498	7012	5784	3946	1795
Australia/Australie	7369	6941	5468	4314	3254
Austria/Autriche	4014	4908	5387	5128	3060
Canada	10395	6633	2893	2648	1623
Denmark/Danemark	4169	3091	4065	3540	2434
Portugal	3320	2899	3734	3575	3412
Argentina/Argentine	649	255	262	9275	8175
Former USSR/Anc. URSS	x306	x391	x266	x6966	
So. Africa Customs Un	4034	1353	3808	x1843	x3315
Norway,SVD,JM	2695	2297	2415	1837	996
Israel/Israël	1788	1998	1854	1780	1368
Brazil/Brésil	x158	2679	719	1615	577
Panama	x759	x2031	1213	1753	1774
New Zealand	3646	2155	1567	1119	1330
Venezuela	330	365	811	3470	4174
Ethiopia/Ethiopie	818	1828	1429	1238	x1
Greece/Grèce	1038	1239	1624	1445	x2734
Ireland/Irlande	1211	1100	1229	1874	1814
China/Chine	1119	2641	659	488	1120
Thailand/Thaïlande	299	531	1243	1272	2591
Hungary/Hongrie	x40	x313	x254	2433	x277
Paraguay	x53	560	964	1438	1299
Yugoslavia SFR	663	823	1351	x558	
Poland/Pologne	x131	x28	x384	x1679	x256
Qatar	x198	316	37	1352	x29
Saudi Arabia	x577	x888	x294	x477	x369
Czechoslovakia	x38	616	932	x90	x273
United Arab Emirates	x6592	x385	x637	x513	x388
Cyprus/Chypre	507	445	449	549	324
Macau/Macao	273	189	471	754	60
Guatemala	x24	x624	x361	x415	x569
Philippines	14	x520	50	821	594
Andorra/Andorre	x207	x974	x214	x186	x35
Nicaragua			x52	x1185	x1224

EXPORTS – EXPORTATIONS

COUNTRIES-PAYS	1988	1989	1990	1991	1992
Totale	518350	566811	482019	472053	x330428
Afrique	x156	x55	x175	x193	x1100
Afrique du Nord	x129	x4	x18	x10	x8
Amériques	x10864	x45129	x43370	x33078	x40557
ALAI	1031	1631	x195	76	x879
MCAC	x5	x19	x2	x28	x5
Asie	417547	443331	368128	378230	x246570
Moyen-Orient	x3767	x986	x780	x854	x949
Europe	66103	55730	53309	44854	40067
CEE	62488	53667	50952	42743	38654
AELE	3600	2044	2331	2056	1333
Océanie	x458	x700	650	345	322
Malaysia/Malaisie	53711	96938	113971	132207	x59330
Korea Republic	131137	166351	73123	97614	90543
Japan/Japon	156888	121008	97622	85071	64795
Singapore/Singapour	64674	36715	55997	27107	17413
USA/Etats-Unis d'Amer	x7778	40883	42741	32387	39217
Germany/Allemagne	19141	19062	16788	14033	11258
China/Chine	447	9563	12348	26503	4332
United Kingdom	17751	16061	17806	13999	16715
Former USSR/Anc. URSS	x350	x12220	x10844	x13000	
Hong Kong	6438	11229	7111	3627	2507
Belgium-Luxembourg	7333	5368	3603	4200	1504
Denmark/Danemark	6767	5289	4234	2162	1702
Netherlands/Pays-Bas	3899	3331	3769	3996	3182
Poland/Pologne	x9933	112	6147	3177	x419
Thailand/Thaïlande	6	2831	2058	1419	831
Italy/Italie	5386	2135	2823	2354	2823
France,Monac	2009	1515	2135	2354	2823
Czechoslovakia	x3056	x1520	x2157	x1486	x1279
Switz.Liecht	2763	1047	1400	1082	621
Former GDR	x9833	x2209	x230		
Panama	x1522	x2317	8	1	54
Australia/Australie	405	690	622	334	238
Saudi Arabia	x471	x784	x463	47	x358
Mexico/Mexique	766	1445	35	47	50
Sweden/Suède	325	396	570	488	414
Canada	516	256	422	573	293
Korea Dem People's Rp	x213	x60	x30	x965	x3359
Indonesia/Indonésie		93	20	894	731
Austria/Autriche	201	323	165	262	129
Spain/Espagne	75	39	351	261	366
Sri Lanka	0	0	645	1	79
Ireland/Irlande	115	143	178	164	210
Cyprus/Chypre	248	102	147	217	x376
United Arab Emirates	x161	x89	x142	x233	147
Finland/Finlande	122	208	165	88	x564
India/Inde	91	x145	x279	24	82
Brazil/Brésil	x13	166	70	21	23
Norway,SVD,JM	189	69	31	134	190
Portugal	12	25	30	155	66
Israel/Israël	129	65	39	71	1561
Philippines	38	x61	x46	41	x2
Bulgaria/Bulgarie	x44	x37	6	x2	0
Macau/Macao	7	4	x74	72	x40
So. Africa Customs Un	x2	x17	x27	x40	x22
Peru/Pérou	0	3	46	x22	x22
Kenya	0	x8	21	x35	x27
Yugoslavia SFR	14	19	27	x29	x27
Hungary/Hongrie	x7		2	47	130
Mauritius/Maurice	x10				
Djibouti	x5	x5	x23	x20	x4

(VALUE AS % OF TOTAL)(VALEUR EN % DU TOTAL)

	1983	1984	1985	1986	1987	1988	1989	1990	1991	1992		1983	1984	1985	1986	1987	1988	1989	1990	1991	1992
Africa	x1.3	x1.2	x0.4	x0.3	x0.3	x0.6	x1.0	x1.7	x1.2	x2.0	Afrique	x0.0	x0.0	x0.0	x0.0	x0.0	x0.0	x0.0	x0.0	x0.0	x0.3
Northern Africa	x0.0	0.0	0.0	0.0	0.0	0.0	0.0	0.0	0.0	x0.5	Afrique du Nord	x0.0	x0.0	x0.0	x0.0	x0.0	x0.0	x0.0	x0.0	x0.0	x0.0
Americas	31.0	43.9	50.4	x41.2	x37.0	63.3	x25.8	18.7	21.6	29.6	Amériques	x1.6	x2.5	x3.4	x2.8	x2.7	x2.1	x8.0	x9.0	x7.0	x12.3
LAIA	1.1	0.7	0.8	x0.4	x0.3	0.7	3.3	5.8	10.9	16.4	ALAI	x0.0	0.0	0.0	x0.2	x0.5	0.2	0.3	0.0	0.0	0.3
CACM	x0.0					x0.0	x0.2	x0.2	x0.4	x0.7	MCAC	x0.0			x0.0		x0.0	x0.0	x0.0	x0.0	x0.0
Asia	x11.9	x8.1	x4.5	4.3	x8.0	14.7	28.7	33.2	38.5	28.5	Asie	75.1	70.6	x61.3	42.9	40.0	80.6	78.3	76.4	80.1	x74.6
Middle East	x2.9	x1.3	x0.8	x0.5	x1.7	1.2	x0.6	x0.4	x0.8	x0.6	Moyen-Orient	0.3	x0.1	x0.4	x0.4	x0.2	x0.7	x0.2	x0.2	x0.2	x0.3
Europe	53.6	44.3	42.4	52.4	52.9	20.3	42.0	44.1	34.8	37.7	Europe	23.4	26.9	35.2	54.2	45.2	12.8	9.8	11.1	9.5	12.1
EEC	46.5	39.1	36.5	45.7	46.0	16.8	34.5	36.6	29.2	33.5	CEE	23.0	26.6	34.7	53.3	43.9	12.1	9.5	10.6	9.1	11.7
EFTA	x7.0	x5.1	x5.8	x6.7	x6.8	3.3	7.1	7.0	5.4	4.2	AELE	x0.4	x0.3	x0.5	x1.0	x1.2	0.7	0.4	0.5	0.4	0.4
Oceania	x2.3	x2.5	x2.5	x1.7	x1.8	1.1	2.0	x1.7	x1.3	x1.5	Océanie	x0.0	x0.0	x0.0	x0.1	x0.0	x0.1	x0.1	x0.1	x0.1	0.1
Singapore/Singapour	0.5	0.6	0.6	0.9	1.6	7.2	13.4	19.1	29.4	19.6	Malaysia/Malaisie	0.0	0.0	0.0	0.0	0.0	10.4	17.1	23.6	28.0	x18.0
USA/Etats-Unis d'Amer	29.4	42.2	48.5	38.4	35.1	61.4	20.0	11.4	9.0	11.1	Korea Republic	7.4	2.4	1.1	3.7	8.9	25.3	29.3	15.2	20.7	27.4
Germany/Allemagne	13.3	12.3	10.3	13.3	14.2	3.9	8.2	9.3	8.5	9.3	Japan/Japon	67.0	67.8	59.3	38.0	28.0	30.3	21.3	20.3	18.0	19.6
United Kingdom	6.1	6.6	7.6	8.9	8.7	3.4	7.6	7.1	5.3	7.1	Singapore/Singapour	0.2	0.1	0.1	0.5	2.1	12.5	6.5	11.6	5.7	5.3
Mexico/Mexique				x0.0	x0.1	0.6	2.3	5.0	7.0	11.0	USA/Etats-Unis d'Amer	x1.2	x2.2	x3.1	x2.2	x1.9	6.5	7.2	8.9	6.9	11.9
Hong Kong	1.0	0.5	1.4	1.3	2.0	2.1	5.6	4.2	2.3	2.0	Germany/Allemagne	4.7	5.5	5.4	4.1	6.1	3.7	3.4	3.5	3.0	3.4
France,Monac	10.8	6.8	5.8	7.1	7.1	2.3	4.5	4.9	2.7	3.0	China/Chine					0.0	0.1	1.7	2.6	5.6	5.1
Spain/Espagne	1.6	1.1	0.6	1.0	1.8	1.8	3.5	4.5	3.6	4.0	United Kingdom	3.5	2.8	2.8	2.8	2.9	3.4	3.7	3.7	3.0	5.1
Italy/Italie	4.8	3.8	3.0	3.0	3.4	1.9	3.5	3.7	3.0	3.2	Former USSR/Anc. URSS					x0.0	x0.1	x2.2	x2.2	x2.8	
Japan/Japon	0.2	0.2	0.1	0.6	1.1	2.1	2.7	2.8	2.1	1.8	Hong Kong	0.1	0.2	0.4	0.3	0.7	1.2	2.0	1.5	0.8	0.8

675

7638 OTHR SOUND APPARATUS ETC
AUT APP D'ENREGIS,REPROD 7638

TRADE BY COMMODITY IN THOUSAND U.S. DOLLARS – COMMERCE PAR PRODUIT EN MILLIERS DE DOLLARS E.U

COUNTRIES–PAYS	IMPORTS – IMPORTATIONS					COUNTRIES–PAYS	EXPORTS – EXPORTATIONS				
	1988	1989	1990	1991	1992		1988	1989	1990	1991	1992
Total	13366580	13605946	13627346	14648980	18032223	Totale	14094405	14350790	15328476	15392769	17687383
Africa	x132177	x102276	x133502	x153307	x160003	Afrique	x949	x1735	x4515	x2852	x4349
Northern Africa	28128	20729	19921	x26506	x28461	Afrique du Nord	x155	x169	x280	x506	x541
Americas	5487096	5896087	5537221	5815523	6941093	Amériques	x474816	x514065	522261	x577731	x664416
LAIA	232482	383836	405018	391663	532576	ALAI	2205	5325	4207	3356	x11433
CACM	224	318	632	509	x7570	MCAC	x78	x456	x46	x117	x27
Asia	2469383	2652390	2920472	3319459	4062116	Asie	11852218	12194623	12892936	13046762	x13640515
Middle East	x452310	x333649	x347105	x426144	x362959	Moyen–Orient	x18051	x31806	x22595	x26572	x25556
Europe	4532731	4003207	4301736	4111146	6418990	Europe	1735376	1613664	1878313	1742510	3348134
EEC	4071257	3535013	3786236	3688699	5792247	CEE	1559182	1419165	1627497	1536662	2739476
EFTA	427577	381518	395437	379891	605791	AELE	176167	194143	250391	203954	608136
Oceania	x308032	x371882	x326992	x307327	x316311	Océanie	12205	x11091	14469	x8876	x8456
USA/Etats-Unis d'Amer	4822489	4970168	4694979	4896379	5828969	Japan/Japon	8972350	8849214	9041585	8601746	7800617
Hong Kong	937224	993175	1128002	1287562	1738484	Korea Republic	1634016	1465982	1334818	1446692	1385377
Germany/Allemagne	1097019	959590	999027	1123405	1627247	Singapore/Singapour	623663	823859	1053250	1108675	1348195
Singapore/Singapour	522973	642601	850048	852800	875517	Hong Kong	459064	614651	746659	760861	890288
United Kingdom	809599	708439	716349	645275	988050	USA/Etats–Unis d'Amer	434846	460673	488101	557965	630656
France,Monac	604179	464974	555347	515408	944439	United Kingdom	396667	402621	512823	602175	x1284048
Canada	409611	518239	412977	497563	537132	Malaysia/Malaisie	85296	175180	308727	453435	528573
Italy/Italie	444858	377897	414290	381680	645646	Germany/Allemagne	624921	393023	343696	309351	1057896
Former USSR/Anc. URSS	x208854	x319529	x147216	x622138		Thailand/Thaïlande	13285	147265	262640	352240	x433093
Netherlands/Pays–Bas	282332	318333	380836	352694	578471	France,Monac	125890	170538	269118	299996	452497
Spain/Espagne	408393	313897	305209	307051	413792	Belgium–Luxembourg	214673	225695	234518	178506	238350
Australia/Australie	241131	299798	267157	254921	255671	Netherlands/Pays–Bas	106473	145003	155648	172836	284819
Japan/Japon	147489	214616	160500	210817	259931	Austria/Autriche	62249	105703	145559	111683	499281
Korea Republic	225036	197377	173385	177432	192833	China/Chine	28654	68371	104274	89605	321762
Belgium–Luxembourg	164652	181161	198123	166806	250981	Switz.Liecht	75243	70713	82398	67996	75583
United Arab Emirates	x237217	x122593	x182114	x212526	x186255	Portugal	19951	15554	36346	45609	36611
Mexico/Mexique	97414	147655	124487	164013	195632	Denmark/Danemark	27162	30593	27684	23771	49287
Poland/Pologne	x90022	x83890	x122395	x196182	x75640	Italy/Italie	26654	27221	26585	21496	28840
Switz.Liecht	127521	120040	141381	127135	190716	Canada	12432	14457	28730	12810	17963
Saudi Arabia	117002	117679	x79541	x109803	x95636	Spain/Espagne	13261	5347	16400	27153	59400
Sweden/Suède	89429	96590	102654	104673	158902	Korea Dem People's Rp	x5717	x6070	x7146	x31556	x45105
Paraguay	11313	66710	136667	90305	22782	Norway,SVD,JM	12987	9829	12481	11073	11791
Brazil/Brésil	57249	100093	84465	55187	51760	Panama	x24546	x32316	14	129	242
Denmark/Danemark	75046	70675	86718	79565	130939	Australia/Australie	9428	10083	11953	7020	5631
Austria/Autriche	73747	71017	76122	71156	125610	Cyprus/Chypre	11112	11682	10498	5638	3828
Portugal	114219	74988	69430	64719	136252	United Arab Emirates	x4350	x4755	x7009	x13490	x17133
Yugoslavia SFR	23988	74815	103556	x29197		Sweden/Suède	9670	5747	8367	7462	12486
China/Chine	39663	48811	52677	87064	213924	Former USSR/Anc. URSS	x5112	x4305	x6293	x9006	
Thailand/Thaïlande	38010	40834	67735	61191	79100	Philippines	521	x2539	117	13833	22378
Hungary/Hongrie	x23038	x26577	x48822	80590	x16373	Poland/Pologne	x7100	x7286	x5982	x979	x559
New Zealand	56636	64555	49211	41532	45481	Ireland/Irlande	3515	3428	4421	4386	3035
Finland/Finlande	92096	62786	37400	32309	55333	India/Inde	7450	x528	4879	3571	x1027
So. Africa Customs Un	61588	32157	44643	x52805		Finland/Finlande	16015	2120	1580	4919	8134
Israel/Israël	29783	25385	48274	41905	42836	Indonesia/Indonésie	127	1347	1931	5218	76148
Ireland/Irlande	34744	40027	40267	33384	40974	Oman	978	1631	2849	3531	x9
Malaysia/Malaisie	22341	24393	36171	50713	x107726	Israel/Israël	2281	4045	2643	1319	3516
Czechoslovakia	x14378	42601	55263	x12941	x14974	Hungary/Hongrie	x2841	x1776	x2110	x2927	x19220
Chile/Chili	24359	43091	31035	33324	x53492	Mexico/Mexique	1694	1352	2650	2713	2126
Norway,SVD,JM	41351	29045	35617	41521	71372	Turkey/Turquie	20	5073	298	1226	846
Nigeria/Nigéria	x17835	x13944	x32591	x39258	x40900	Kuwait/Koweït	x118	6211	x124	x23	x55
Bangladesh	x18819	x51455	x19886	x12235	x7578	Saudi Arabia	730	1756	x1594	x1679	x2306
Bulgaria/Bulgarie	x45443	x56432	x16180	x9270	19518	Macau/Macao	1341	1685	464	2375	2841
Macau/Macao	9152	6595	3434	69008	63555	New Zealand	1835	760	2346	1411	2738
Greece/Grèce	36215	25049	20640	18713	x35455	Czechoslovakia	x1153	x971	x1329	x981	x1626
Kuwait/Koweït	x33472	24312	x16020	x14368	x21681	Antigua and Barbuda					x2672
Romania/Roumanie	x15364	12139	12658	20778	x6756	Brazil/Brésil	118	2045	252	129	49
Former GDR	x39644	x38603	x3961			So. Africa Customs Un	x232	x544	x964	x517	x1597
Cyprus/Chypre	15773	15491	15603	10754	7429	Venezuela	x3	1782	26	154	275
Turkey/Turquie	714	7539	13035	18805	14003	Yugoslavia SFR	14	124	80	x1699	
India/Inde	3974	x35725	1769	1069	x11049	Sri Lanka	113	91	1123	140	11

(VALUE AS % OF TOTAL)(VALEUR EN % DU TOTAL)

	1983	1984	1985	1986	1987	1988	1989	1990	1991	1992		1983	1984	1985	1986	1987	1988	1989	1990	1991	1992
Africa	x2.1	x1.9	x0.9	x1.0	x0.9	x1.0	0.7	x1.0	x1.1	0.9	Afrique	x0.0	x0.0	x0.1	x0.0	x0.0	x0.0	x0.0	x0.0	x0.0	x0.0
Northern Africa	0.4	0.6	0.3	0.2	0.2	0.2	0.2	0.1	0.2	0.2	Afrique du Nord	x0.0	x0.0	x0.0	x0.0	x0.0	x0.0	x0.0	x0.0	x0.0	x0.0
Americas	37.9	49.7	x58.2	x54.5	x43.1	41.0	43.3	40.7	39.7	38.5	Amériques	x2.8	x2.5	x3.2	x2.4	x2.9	x3.4	x3.6	3.4	x3.7	x3.8
LAIA	0.4	0.2	0.3	x1.9	x1.7	1.7	2.8	3.0	2.7	3.0	ALAI	x0.0	x0.0	x0.0	x0.0	x0.1	x0.0	x0.0	x0.0	x0.0	x0.1
CACM	x0.0			x0.0	0.0	0.0	0.0	0.0	0.0	0.0	MCAC	x0.0	x0.0	x0.0	x0.0	x0.0	x0.0	x0.0	x0.0	x0.0	x0.0
Asia	x13.7	13.2	x9.7	8.8	11.6	18.4	19.5	21.4	22.6	22.5	Asie	88.5	88.8	86.3	83.8	80.2	84.1	85.0	84.1	84.8	x77.1
Middle East	x4.5	x3.5	x2.1	x1.8	x2.3	x3.4	x2.5	x2.5	x2.9	x2.0	Moyen–Orient	x0.2	x0.1	x0.2	x0.2	x0.2	x0.1	x0.2	x0.1	x0.2	x0.1
Europe	42.1	31.6	29.0	33.7	39.6	33.9	29.4	31.6	28.1	35.6	Europe	8.8	8.7	10.4	13.8	16.8	12.3	11.2	12.3	11.3	18.9
EEC	38.7	28.0	25.9	29.3	34.3	30.5	26.0	27.8	25.2	32.1	CEE	7.8	8.1	9.8	11.6	14.1	11.1	9.9	10.6	10.0	15.5
EFTA	3.3	3.6	3.0	x4.2	x5.1	3.2	2.8	2.9	2.6	3.4	AELE	0.9	0.7	0.6	x2.1	x2.7	1.2	1.4	1.6	1.3	3.4
Oceania	x4.3	x3.7	x2.3	x2.1	x2.0	x2.3	x2.8	x2.4	x2.1	x1.8	Océanie	x0.0			x0.0	x0.1	0.1	x0.1	0.1	x0.1	x0.0
USA/Etats-Unis d'Amer	33.3	44.6	54.2	49.3	38.2	36.1	36.5	34.5	33.4	32.3	Japan/Japon	83.2	83.0	79.0	74.1	65.1	63.7	61.7	59.0	55.9	44.1
Hong Kong	2.3	4.0	3.2	2.5	3.2	7.0	7.3	8.3	8.8	9.6	Korea Republic	1.2	1.2	3.1	5.4	8.9	11.6	10.2	8.7	9.4	7.8
Germany/Allemagne	10.4	8.4	6.9	6.9	8.3	8.2	7.1	7.3	7.7	9.0	Singapore/Singapour	1.9	2.1	1.6	1.6	2.7	4.4	5.7	6.9	7.2	7.6
Singapore/Singapour	3.8	3.0	2.3	2.4	3.0	3.9	4.7	6.2	5.8	4.9	Hong Kong	1.8	2.4	2.4	2.3	2.6	3.3	4.3	4.9	4.9	5.0
United Kingdom	13.4	7.1	7.2	5.9	6.8	6.1	5.2	5.3	4.4	5.5	USA/Etats–Unis d'Amer	2.6	2.3	3.1	2.3	2.6	3.1	3.2	3.2	3.6
France,Monac	4.5	3.8	4.6	5.3	4.5	3.4	4.1	3.5	5.2		United Kingdom	1.3	1.8	2.0	2.1	2.8	2.8	3.3	2.9	3.0
Canada	4.0	4.8	3.5	3.1	3.1	3.8	3.0	3.4	3.0		Malaysia/Malaisie	0.1	0.1	0.1	0.1	0.4	0.6	1.2	2.0	3.9	x7.3
Italy/Italie	1.5	1.5	1.9	3.3	4.6	3.3	2.8	3.0	2.6	3.6	Germany/Allemagne	3.9	4.3	5.6	7.2	8.4	4.4	2.7	2.2	2.0	6.0
Former USSR/Anc. URSS					x1.5	x1.6	x2.3	x1.1	x4.2		Thailand/Thaïlande	0.0	0.0	0.0	0.0	0.1	1.0	1.7	2.3	x2.4
Netherlands/Pays–Bas	3.3	2.8	2.6	2.9	3.1	2.1	2.3	2.8	2.4	3.2	France,Monac	0.4	0.3	0.3	0.4	0.5	0.9	1.2	1.8	1.9	2.6

76381 TV IMAGE, SND RECRDRS ETC — APP ENREG, REPRO IMAG, SON 76381

TRADE BY COMMODITY IN THOUSAND U.S. DOLLARS – COMMERCE PAR PRODUIT EN MILLIERS DE DOLLARS E.U

COUNTRIES–PAYS (Imports)	1988	1989	1990	1991	1992	COUNTRIES–PAYS (Exports)	1988	1989	1990	1991	1992
Total	8241729	8097884	7420645	x8050400	10870765	Totale	9295280	9077333	9691753	9515895	11082697
Africa	x102370	x68432	x93102	x112263	x109462	Afrique	x391	x1384	x2593	x1386	x2568
Northern Africa	23478	14501	15392	x18732	x16214	Afrique du Nord	x125	x141	x170	x134	x169
Americas	x3465806	x3842716	3336693	3425977	4086992	Amériques	x230743	x237359	196936	x220249	x219941
LAIA	204230	347314	359962	333804	426115	ALAI	956	4779	3255	2328	x7484
CACM	x263	250	589	449	x2801	MCAC	x2	x96	x6	x76	x19
Asia	x1781411	1715630	x1872337	x2193593	x2745784	Asie	8047539	8096558	8709116	8602983	x8582208
Middle East	x380148	x270206	x301432	x366973	x299923	Moyen–Orient	x15545	27705	x19116	x23452	x21041
Europe	2326003	1691229	1541989	1273747	3624171	Europe	1005649	733880	770248	680416	x2269365
EEC	2169245	1537654	1315014	1141037	3277915	CEE	978384	719020	701058	621005	1834625
EFTA	132766	76197	x118868	x100112	x332269	AELE	27240	14643	x69138	x58076	x434312
Oceania	x215796	x252534	x215628	x198899	x201057	Océanie	x6995	x6255	7362	x4916	5332
USA/Etats–Unis d'Amer	2951166	3091032	2762324	2827906	3352958	Japan/Japon	6202759	6091041	6395090	5749019	4964373
Hong Kong	739949	680923	717916	888985	1256085	Korea Republic	1321641	1238519	1139935	1279250	1180981
Singapore/Singapour	410759	420504	554880	547070	568555	Singapore/Singapour	319476	384177	578169	636657	859041
Former USSR/Anc. URSS	x166199	x286646	x132243	x564581		United Kingdom	318273	315561	392732	319790	386825
United Kingdom	403389	312734	271317	277012	598854	Hong Kong	161805	190771	230918	238475	300419
Germany/Allemagne	499236	370005	244533	239036	748168	Thailand/Thaïlande	6596	112169	206538	280614	x363496
Canada	216975	299053	204748	251820	286333	USA/Etats–Unis d'Amer	203032	193882	174010	185101	204944
Italy/Italie	294131	216090	198100	137212	413409	Malaysia/Malaisie	6541	27355	101005	339387	x750837
Australia/Australie	171233	204180	178203	166231	164020	Germany/Allemagne	475278	185547	59171	60654	799016
Spain/Espagne	327229	215492	172135	146788	272144	France, Monac	75291	76135	102479	106147	266024
France, Monac	335713	147717	180217	150804	592555	Netherlands/Pays–Bas	33982	67878	64651	60369	163874
United Arab Emirates	x208796	x107285	x165769	x194838	x164056	Belgium–Luxembourg	40197	48774	48760	36801	120451
Poland/Pologne	x81645	x79417	x114521	x178407	x64946	Austria/Autriche			x54786	x45436	x407195
Mexico/Mexique	76750	123687	102762	141396	171196	China/Chine	4805	13668	29157	18579	20846
Paraguay	11206	65142	132731	86595	20978	Panama	x22243	x30275	0	x26739	1
Netherlands/Pays–Bas	58280	84929	93589	69260	322822	Spain/Espagne	11807	3707	14225	25274	51458
Saudi Arabia	89380	82327	x65797	x90140	x76666	Korea Dem People's Rp	x5371	x5906	x6715	x30486	x44582
Brazil/Brésil	53057	93255	74463	44603	25333	Italy/Italie	14563	16256	14633	8992	16493
Japan/Japon	68509	93581	53254	56570	81597	Canada	4267	7817	18948	2969	3933
Yugoslavia SFR	18490	69366	96439	x23102		Switz.Liecht	8193	9900	9455	7944	15976
China/Chine	32358	38696	47140	82885	200807	Cyprus/Chypre	10605	10718	9523	4792	3130
Belgium–Luxembourg	83205	68611	52155	40538	122359	United Arab Emirates	x3586	x3698	x6107	x12872	x15835
Thailand/Thaïlande	32561	33755	57354	52454	66819	Australia/Australie	5100	5584	5453	4015	2881
Hungary/Hongrie	x17162	x19637	x44682	73074	x11029	Sweden/Suède	3482	2236	3485	3392	8015
Denmark/Danemark	32124	34771	42285	33367	79682	Oman	895	1602	2841	3508	x9
Austria/Autriche			x58910	x51060	x98111	Denmark/Danemark	1834	2652	2660	1373	26928
New Zealand	36676	43731	30651	24551	26589	Turkey/Turquie	1	5047	289	1220	834
Israel/Israël	25382	20729	41759	35437	35055	Kuwait/Koweït	x50	5645	x123	x2	x54
Chile/Chili	23267	41489	27995	27057	x42006	Former USSR/Anc. URSS	x2610	x415	x1911	x3426	
Panama	x81473	x94757	282	228	443	Mexico/Mexique	543	967	2155	1927	1387
Korea Republic	30805	30601	28514	30151	27548	Ireland/Irlande	1754	1864	1055	1146	1013
Czechoslovakia	x4866	36558	43490	x6777	x6484	Macau/Macao	1303	1545	371	2020	2517
Portugal	82177	42706	22964	17445	84938	Indonesia/Indonésie	40	47	680	2926	72254
Switz.Liecht	30241	23670	33539	25275	104475	New Zealand	1145	545	1810	808	2374
Bangladesh	x18423	x50718	x19586	x11876	x7133	Israel/Israël	1010	1725	481	938	1185
Nigeria/Nigéria	x16769	x12701	x30891	x36310	x38037	Hungary/Hongrie	x139	x27	x1002	x1714	x2437
Malaysia/Malaisie	16135	18619	25231	34480	x59350	Norway,SVD,JM	663	899	1029	777	1399
Macau/Macao	8778	5941	3059	66919	58721	Antigua and Barbuda				x2672	
Bulgaria/Bulgarie	x39652	x51394	x14324	x8443	14692	Finland/Finlande	14899	1578	384	526	1642
Ireland/Irlande	23676	26171	24758	19254	24319	Brazil/Brésil	22	1936	12	89	21
So. Africa Customs Un	45090	14664	21165	x33079	x24362	India/Inde	388	x135	845	1043	x294
Kuwait/Koweït	x30399	23121	x14446	x12210	x19103	Poland/Pologne	x298	x632	x1208	x135	x259
Finland/Finlande	69128	34721	6966	4954	33980	Czechoslovakia	x126	x75	x1195	x616	x503
Greece/Grèce	30085	18429	12963	10321	x18665	Venezuela	x3	1782	1	87	139
Former GDR	x28697	x36645	x3660			So. Africa Customs Un	x35	x495	x767	x314	x1299
Romania/Roumanie	x11914	x16799	7107	14358	x5816	Yugoslavia SFR	14	97	12	x1312	
Cyprus/Chypre	14007	13293	13018	7792	4715	Portugal	5394	536	464	418	2437
Sweden/Suède	15552	11298	10615	8625	61925	Argentina/Argentine	312	31	966	195	503
Oman	7485	7474	8628	14081	x5314	Bangladesh		x1093		7	
India/Inde	1665	x27640	1416	667	x6705	Saudi Arabia	181	671	x140	x250	x517

(VALUE AS % OF TOTAL)(VALEUR EN % DU TOTAL)

	1983	1984	1985	1986	1987	1988	1989	1990	1991	1992		1983	1984	1985	1986	1987	1988	1989	1990	1991	1992
Africa	x2.1	x2.0	x0.8	x1.1	x1.0	x1.2	x0.9	x1.3	x1.4	x1.0	Afrique	x0.0	x0.1	x0.1	x0.0	x0.0	x0.0	x0.0	x0.0	x0.0	x0.0
Northern Africa	0.3	0.6	0.4	0.3	0.2	0.3	0.2	0.2	x0.2	x0.1	Afrique du Nord	x0.0	x0.0	x0.0	x0.0	x0.0	x0.0	x0.0	x0.0	x0.0	x0.0
Americas	34.5	49.8	58.7	x54.6	x40.0	x42.0	x47.5	45.0	42.6	37.6	Amériques	x1.2	x1.4	x2.3	x1.8	x1.9	x2.5	x2.6	2.0	x2.3	x2.0
LAIA	0.4	0.2	0.3	x2.0	x1.8	2.5	4.3	4.9	4.1	3.9	ALAI	x0.0	0.0	0.0	0.0	0.0	0.0	0.1	0.0	0.0	x0.1
CACM	x0.0										MCAC	x0.0	x0.0	x0.0	x0.0	x0.0	x0.0	x0.0	x0.0	x0.0	x0.0
Asia	x14.1	13.3	x9.6	8.3	x11.7	21.6	21.2	x25.3	x27.2	x25.3	Asie	91.0	90.0	86.8	83.4	78.6	86.5	89.2	89.9	90.4	x77.4
Middle East	x5.1	x3.5	x2.3	x1.8	x2.8	4.6	3.3	4.1	x4.6	2.8	Moyen–Orient	x0.2	x0.1	x0.2	x0.2	x0.2	x0.2	0.3	x0.2	x0.2	x0.2
Europe	44.1	30.6	28.4	33.7	41.7	28.2	20.9	20.8	15.8	33.3	Europe	7.9	8.5	10.9	14.9	19.3	10.8	8.1	7.9	7.2	x20.5
EEC	41.1	26.8	25.6	29.3	35.9	26.3	19.0	17.7	14.2	30.2	CEE	7.4	8.2	10.6	13.2	16.9	10.5	7.9	7.2	6.5	16.6
EFTA	x2.9	x3.7	x2.8	x4.3	x5.6	1.6	0.9	x1.6	x1.2	x3.1	AELE	x0.5	x0.3	x0.4	x1.7	x2.5	0.3	0.2	x0.7	x0.6	x3.9
Oceania	x5.2	x4.4	x2.3	x2.2	x2.2	x2.6	x3.2	x2.9	x2.5	x1.9	Océanie	x0.0			x0.0	x0.1	x0.0	x0.1	x0.1	x0.1	
USA/Etats–Unis d'Amer	29.8	44.3	54.6	49.2	35.4	35.8	38.2	37.2	35.1	30.8	Japan/Japon	88.8	86.8	80.7	74.5	64.4	66.7	67.1	66.0	60.4	44.8
Hong Kong	2.3	4.2	3.4	2.8	3.9	9.0	8.4	9.7	11.0	11.6	Korea Republic	0.0	0.0	2.5	5.5	9.8	14.2	13.6	11.8	13.4	10.7
Singapore/Singapour	4.5	3.6	2.5	2.6	3.4	5.0	5.2	7.5	6.8	5.2	Korea Republic	1.2	1.5	1.2	1.3	2.1	3.4	4.2	6.0	6.7	7.8
Former USSR/Anc. URSS				x1.8	x2.0	x3.5	x1.8	x7.0			Singapore/Singapour	1.4	2.0	2.2	2.4	3.3	3.5	4.1	3.4	3.5	
United Kingdom	15.6	7.5	7.4	5.9	7.1	4.9	3.9	3.7	3.4	5.5	United Kingdom	0.8	1.5	2.0	1.8	1.8	1.7	2.1	2.4	2.5	2.7
Germany/Allemagne	10.9	8.8	6.7	6.3	8.3	6.1	4.6	3.3	3.0	6.9	Hong Kong	0.0	0.0	0.0	0.0	0.0	0.1	1.2	2.1	2.9	x3.3
Canada	4.1	5.2	3.7	3.4	2.5	2.6	2.7	2.8	3.1	2.6	Thailand/Thaïlande	0.0	0.0	2.1	1.7	1.7	2.2	2.1	1.8	1.9	1.8
Italy/Italie	0.9	1.2	1.6	3.3	5.4	3.6	2.7	2.7	1.7	3.8	USA/Etats–Unis d'Amer	1.1	1.3	2.1	2.4	1.8	2.1	2.1	0.3	1.0	x6.8
Australia/Australie	4.6	3.5	1.9	1.5	1.6	2.1	2.5	2.4	2.1	1.5	Malaysia/Malaisie	0.0	0.0	0.1	0.1	0.2	0.1	0.1	1.6	3.6	7.2
Spain/Espagne	4.3	0.4	1.8	2.8	2.3	4.0	2.7	2.3	1.8	2.5	Germany/Allemagne	4.2	4.8	6.5	8.7	10.6	5.1	2.0	0.6	0.6	x2.4
											France, Monac	0.3	0.2	0.3	0.4	0.5	0.8	0.8	1.1	1.1	2.4

76388 DICTATING MACHINES ETC / MACHINES A DICTER 76388

TRADE BY COMMODITY IN THOUSAND U.S. DOLLARS – COMMERCE PAR PRODUIT EN MILLIERS DE DOLLARS E.U

COUNTRIES-PAYS	1988	1989	1990	1991	1992	COUNTRIES-PAYS	1988	1989	1990	1991	1992
IMPORTS – IMPORTATIONS						**EXPORTS – EXPORTATIONS**					
Total	5130358	5557411	6210070	6597504	7157453	Totale	4736285	5167572	5636803	5904297	6601273
Africa	x30407	x34829	x40911	x40434	x49679	Afrique	x547	x357	x1925	x1466	x1765
Northern Africa	4650	6228	4530	7761	x12245	Afrique du Nord	x29	x29	x115	x372	x372
Americas	x2108904	x2156023	2200495	2389538	x2853648	Amériques	x244093	x276706	x325352	384221	x444475
LAIA	28244	36483	45026	57851	106010	ALAI	1270	547	952	1028	x3949
CACM	x198	68	43	60	x4769	MCAC	x76	x360	x67	x41	x9
Asia	684167	939258	1051028	1127300	1317825	Asie	3804104	4097940	4183872	4444482	x5058392
Middle East	x68085	x65436	x48027	x60604	x64536	Moyen-Orient	x1931	x3976	x3532	x3824	x4623
Europe	2132955	2240960	2759748	2837399	2794820	Europe	667478	774080	1108065	1062093	1078769
EEC	1902012	1997377	2471222	2547662	2514332	CEE	580797	700145	926439	915657	904851
EFTA	221064	234304	276569	279779	273523	AELE	86679	73797	x181252	x145878	x173824
Oceania	x92277	x119346	x111363	x108426	x115256	Océanie	5210	x4831	x7107	x3960	x3124
USA/Etats-Unis d'Amer	1871323	1879137	1932655	2068472	2476011	Japan/Japon	2769591	2758173	2646495	2852728	2836244
Germany/Allemagne	597783	589585	754494	884369	879079	Hong Kong	297260	423880	515741	522386	589869
United Kingdom	406210	395704	445033	368263	389196	Singapore/Singapour	304187	439682	475082	472018	489153
Hong Kong	197275	312252	410086	398577	482399	USA/Etats-Unis d'Amer	231834	266791	314090	372863	425712
France,Monac	268466	317258	375130	364603	351884	Germany/Allemagne	149643	207476	284525	248697	258880
Singapore/Singapour	112215	222097	295168	305731	306963	Malaysia/Malaisie	78755	147824	207722	262787	x533211
Netherlands/Pays-Bas	224052	233405	287247	283435	255649	Korea Republic	312375	227462	194883	167442	204396
Canada	192636	219186	208229	245742	250799	Belgium-Luxembourg	174476	176921	185758	141705	117899
Italy/Italie	150727	161806	216190	244468	232238	France,Monac	50599	94403	166639	193849	186473
Korea Republic	194230	166777	144870	147281	165285	United Kingdom	78394	87059	120091	133645	141748
Spain/Espagne	81164	98406	133074	160262	141648	Netherlands/Pays-Bas	72491	77125	90997	112467	120945
Belgium-Luxembourg	81447	112550	145968	126268	128621	China/Chine	23849	54702	75117	71026	300916
Japan/Japon	78980	121035	107246	154247	178334	Switz.Liecht	67050	60813	72944	60052	59607
Switz.Liecht	97280	96371	107842	101860	86241	Thailand/Thaïlande	6688	35097	56102	71626	x69597
Sweden/Suède	73876	85292	92039	96048	96977	Austria/Autriche			x90773	x66247	x92085
Australia/Australie	69898	95617	88954	88690	91651	Portugal	14557	15018	35882	45191	x92085
Denmark/Danemark	42922	35904	44433	46467	43574	Denmark/Danemark	25328	27941	25024	22398	34173
Portugal	32042	32283	46467	47274	51314	Italy/Italie	12091	10964	11952	12503	22359
Former USSR/Anc. URSS	x41799	x31938	x14973	x57558		Norway,SVD,JM	12324	8930	11451	10296	12347
Finland/Finlande	22968	28065	30434	27355	21354	Canada	8164	6641	9782	9841	14030
Norway,SVD,JM	26184	23259	27558	32238	38858	Philippines	499	x2513	47	13829	22378
Saudi Arabia	27622	35352	x13690	x19629	x18928	Australia/Australie	4328	4499	6500	3005	2750
Mexico/Mexique	20664	23968	21725	22616	24436	Former USSR/Anc. URSS	x2502	x3890	x4382	x5579	
So. Africa Customs Un	16497	17493	23477	x19054	x21112	Sweden/Suède	6188	3512	4882	4070	4470
New Zealand	19960	20824	18560	16981	18892	Poland/Pologne	x6788	x6652	x4773	x843	x281
United Arab Emirates	x28373	x15258	x16536	x17688	x22199	Ireland/Irlande	1761	1564	3366	3239	2022
Ireland/Irlande	11068	13856	15508	14129	16654	India/Inde	7062	x393	4033	2527	x734
Austria/Autriche			x17212	x20096	x27499	Finland/Finlande	1116	542	1197	4392	6493
Malaysia/Malaisie	6206	5774	10940	16233	x48376	Spain/Espagne	1454	1640	2176	1879	7942
Poland/Pologne	x8336	x4207	x7874	x16803	x10436	Israel/Israël	1271	2320	2163	381	2331
Brazil/Brésil	4192	6838	10002	10584	26427	Indonesia/Indonésie	87	1300	1252	2292	3895
Thailand/Thaïlande	5449	7079	10382	8738	12281	Hungary/Hongrie	x2701	x1701	x1108	x1179	x13328
Panama	x8473	x11619	6717	7758	7216	Saudi Arabia	549	1085	1442	1425	1786
Romania/Roumanie	x2707	12139	5551	6420	x774	Cyprus/Chypre	508	964	975	846	698
Czechoslovakia	x8883	6043	11773	x5377	x7002	United Arab Emirates	x662	x912	x902	x618	x1298
Greece/Grèce	6130	6620	7677	8392	x16790	Panama	x2302	x2041	14	129	241
China/Chine	7304	10115	5536	4179	13118	Mexico/Mexique	1151	385	495	786	740
Yugoslavia SFR	5498	5450	7118	x6095		Korea Dem People's Rp	x346	x164	x432	x1069	x519
Hungary/Hongrie	x5697	x6232	x4140	7516	x3071	Czechoslovakia	x1021	x890	x134	x361	x1114
Israel/Israël	4401	4656	6515	6468	7780	New Zealand	690	215	536	603	365
Turkey/Turquie	195	1464	5795	9234	5666	Sri Lanka	1	90	1123	30	8
Indonesia/Indonésie	1355	3435	4723	8057	4372	Zimbabwe		x2	555	351	x816
Philippines	50	x5206	753	8526	16592	Iceland/Islande	1		5	x821	x776
Chile/Chili	1093	1602	3040	6267	x11132	Kuwait/Koweït	x3	566	x2	x22	x1
Andorra/Andorre	x3888	x3518	x3980	x2959	x2685	Macau/Macao	38	140	93	354	325
Morocco/Maroc	2219	3866	2414	3891	4726	Kenya	2	x69	456	x24	x24
Paraguay	107	1569	3936	3710	1805	Former GDR	x1571	x471	x35		
India/Inde	2309	x8082	353	402	x4345	Lebanon/Liban	x16	x5	x21	x471	x627
Venezuela	55	34	2680	5880	10217	Yugoslavia SFR	0	27	68	x387	
Cyprus/Chypre	1767	2198	2585	2962	2714	So. Africa Customs Un	x197	x50	x197	x203	x284

(VALUE AS % OF TOTAL) (VALEUR EN % DU TOTAL)

	1983	1984	1985	1986	1987	1988	1989	1990	1991	1992		1983	1984	1985	1986	1987	1988	1989	1990	1991	1992
Africa	x2.0	x1.6	x0.9	x0.8	x0.6	x0.6	x0.6	x0.7	x0.6	x0.7	Afrique	x0.0	x0.0	x0.0	x0.0	x0.0	x0.0	x0.0	x0.0	x0.0	x0.0
Northern Africa	x0.6	x0.4	0.2	x0.1	x0.1	0.1	0.1	0.1	0.1	x0.2	Afrique du Nord	x0.0	x0.0	x0.0	x0.0	x0.0	x0.0	x0.0	x0.0	x0.0	x0.0
Americas	47.0	x49.2	x56.2	x53.8	x49.9	x41.1	x38.8	35.5	36.2	x39.9	Amériques	x7.4	x6.1	x6.3	4.4	5.2	5.2	5.4	5.7	6.5	x6.8
LAIA	0.4	0.1	0.3	x1.6	x1.3	0.6	0.7	0.7	0.9	1.5	ALAI	x0.0	x0.0	0.0	0.2	0.2	0.0	0.0	0.0	0.0	x0.1
CACM	x0.0			x0.0	x0.0	0.0	0.0	0.0	0.0	x0.1	MCAC	x0.0	x0.0		x0.0	x0.0	x0.0	x0.0	x0.0	x0.0	x0.0
Asia	x12.7	12.8	9.7	10.4	11.7	13.3	16.9	16.9	17.1	18.4	Asie	81.1	84.3	84.9	85.4	84.0	80.3	79.3	74.2	75.3	x76.6
Middle East	x2.8	x3.2	x1.4	x1.6	x1.0	x1.3	x1.2	x0.8	x0.9	x0.9	Moyen-Orient	x0.1	x0.1	x0.0	x0.0	x0.0	x0.1	x0.1	x0.1	x0.1	x0.1
Europe	36.4	34.5	30.9	33.3	35.1	41.6	40.3	44.4	43.0	39.0	Europe	11.5	x9.6	8.8	x10.1	x10.4	14.1	15.0	19.7	18.0	16.3
EEC	32.0	31.1	27.1	29.1	31.1	37.1	35.9	39.8	38.6	35.1	CEE	9.2	7.6	7.3	7.1	7.3	12.3	13.5	16.4	15.5	13.7
EFTA	x4.3	x3.4	3.8	x4.0	x3.8	4.3	4.2	4.5	4.2	3.8	AELE	x2.3	x2.0	x1.4	x3.0	x3.1	1.8	1.4	x3.2	x2.5	x2.6
Oceania	x1.8	x2.3	x1.7	x1.5	x1.8	x2.2	x1.8	x1.6	x1.6		Océanie		x0.0	x0.0	x0.1	0.1	x0.1	x0.1	x0.1	x0.1	x0.0
USA/Etats-Unis d'Amer	42.8	45.3	52.8	49.5	46.3	36.5	33.8	31.1	31.4	34.6	Japan/Japon	66.6	69.4	73.3	73.4	66.8	58.5	53.4	47.0	48.3	43.0
Germany/Allemagne	9.1	7.4	7.9	8.9	8.6	11.7	10.6	12.1	13.4	12.3	Hong Kong	4.8	5.3	3.5	4.0	4.6	6.3	8.2	9.1	8.8	8.9
United Kingdom	7.4	5.8	6.5	5.8	6.3	7.9	7.1	7.2	5.6	5.4	Singapore/Singapour	4.3	4.0	2.7	2.5	4.6	6.4	8.5	8.4	8.0	7.4
Hong Kong	2.3	3.4	2.3	1.5	1.7	3.8	5.6	6.6	6.0	6.7	USA/Etats-Unis d'Amer	7.1	5.2	6.1	4.2	4.9	5.2	5.6	6.3	6.4	6.4
France,Monac	5.8	3.8	3.7	4.2	3.9	5.2	5.7	6.0	5.5	4.9	Germany/Allemagne	3.0	2.3	2.6	3.0	3.0	3.2	4.0	5.0	4.2	3.9
Singapore/Singapour	2.0	1.5	1.3	1.7	2.0	2.2	4.0	4.8	4.6	4.3	Malaysia/Malaisie	0.3	0.2	0.2	0.1	1.1	1.7	2.9	3.7	4.5	x8.1
Netherlands/Pays-Bas	2.9	2.2	2.7	2.7	2.6	4.4	4.2	4.6	4.3	3.6	Korea Republic	4.9	5.3	5.1	5.0	6.0	6.6	4.4	3.5	2.8	3.1
Canada	3.6	3.6	2.8	2.3	2.0	3.8	3.9	3.4	3.7	3.5	Belgium-Luxembourg	2.2	1.9	1.1	0.9	0.7	3.7	3.4	3.3	2.4	1.8
Italy/Italie	2.9	2.4	2.8	3.3	2.9	2.9	2.9	3.5	3.7	3.2	France,Monac	0.8	0.6	0.6	0.5	0.5	1.1	1.8	3.0	3.3	2.8
Korea Republic	3.6	3.6	3.3	3.9	4.7	3.8	3.0	2.3	2.2	2.3	United Kingdom	1.0	1.2	1.4	1.3	1.4	1.7	1.7	2.1	2.3	2.1

7641 LINE TELEPHONE, ETC EQUIP

TRADE BY COMMODITY IN THOUSAND U.S. DOLLARS – COMMERCE PAR PRODUIT EN MILLIERS DE DOLLARS E.U

COUNTRIES–PAYS	IMPORTS – IMPORTATIONS					COUNTRIES–PAYS	EXPORTS – EXPORTATIONS				
	1988	1989	1990	1991	1992		1988	1989	1990	1991	1992
Total	11285641	11378107	11660757	13654271	15098386	Totale	10915945	11329274	11762796	11752491	14356823
Africa	x397552	x414541	x594000	x602502	x524631	Afrique	x2703	x5600	x9758	x7319	x15298
Northern Africa	151851	191783	258211	246043	x171967	Afrique du Nord	x181	x432	1942	963	942
Americas	4409067	x3775107	3757365	4050311	4530925	Amériques	1809352	x1813519	1853011	1869854	2296203
LAIA	489050	422627	598528	708077	879712	ALAI	50767	30859	41467	43929	47399
CACM	42714	42859	33503	36738	x61982	MCAC	135	259	264	72	x646
Asia	x1982689	x2210713	2401234	x3074103	x4047835	Asie	5609682	5389529	5084941	5453335	x6612787
Middle East	x618738	x445773	x358539	x595244	x831713	Moyen–Orient	x13095	x10270	16308	x24261	x32856
Europe	3512799	3710658	4141416	4691258	5156878	Europe	3385044	3964370	4699920	4293561	5238269
EEC	2855445	3012767	3348677	3888171	4388206	CEE	2060463	2541344	3036764	3453085	4322230
EFTA	628000	663804	708307	739367	714049	AELE	1294922	1402570	1620981	831324	876486
Oceania	x306297	x392500	x340789	x338271	x378822	Océanie	x21042	x38930	x48077	x86462	x171246
USA/Etats–Unis d'Amer	3441917	2764854	2609837	2740622	2925454	Japan/Japon	4437460	3928167	3290265	3366560	3582870
Germany/Allemagne	492602	609891	793596	1119789	1442982	USA/Etats–Unis d'Amer	1522575	1547797	1461441	1429733	1823190
United Kingdom	784273	717401	599029	606251	810318	Germany/Allemagne	925109	932554	1069530	1419529	1889670
Former USSR/Anc. URSS	x591500	x798255	x322754	x682973		Sweden/Suède	874774	867642	873245	253907	263594
Italy/Italie	427302	405107	565048	655736	529392	Hong Kong	472500	565665	626099	619859	750289
Hong Kong	368354	461415	504046	558162	765497	France, Monac	299281	436912	568923	697765	911053
Japan/Japon	242753	391952	417307	484471	417911	United Kingdom	264221	508134	533678	494002	612625
Canada	358690	390580	379918	446844	567403	Korea Republic	371993	419279	445992	465911	456380
Netherlands/Pays–Bas	297586	301063	332225	358474	339464	Finland/Finlande	164926	322670	459367	200081	233981
China/Chine	310093	270087	339672	374491	636298	Canada	226394	224316	343680	389315	416751
Spain/Espagne	199991	288147	310521	327674	345197	Netherlands/Pays–Bas	252556	278950	406805	270872	202368
Singapore/Singapour	139772	181011	326360	379673	451450	Singapore/Singapour	241273	222863	244763	244515	330572
Belgium–Luxembourg	198189	224349	263433	266589	259920	Malaysia/Malaisie	19417	91130	185780	269399	x513628
France, Monac	176306	215317	202647	268421	342864	Italy/Italie	118390	172872	185789	173167	200584
Australia/Australie	191228	240919	198074	200605	276264	Thailand/Thaïlande	9444	78739	157874	247954	x339567
Sweden/Suède	155028	192127	195823	236948	214396	Belgium–Luxembourg	90389	86541	121489	129784	155064
Mexico/Mexique	67802	107621	219168	258806	291865	Switz.Liecht	107909	78650	119415	139238	123159
Switz.Liecht	202677	187739	184746	201821	189408	Austria/Autriche	84773	64023	105513	163173	180760
Austria/Autriche	99119	113622	147400	132694	146504	China/Chine	33056	60637	87130	114277	398560
New Zealand	98810	143276	127663	119963	79138	Spain/Espagne	26751	31968	33459	143520	188418
Colombia/Colombie	142499	98795	126304	127472	116461	Norway,SVD,JM	62529	69568	63440	74925	74882
Indonesia/Indonésie	29827	62500	93729	182055	264382	Denmark/Danemark	47173	37128	67864	48572	58607
Saudi Arabia	76218	127914	x84399	x124181	x111666	Australia/Australie	15128	40506	24665	47182	160333
Denmark/Danemark	119174	101255	103836	87925	73542	Ireland/Irlande	33975	41845	x8527	65943	
Iran (Islamic Rp of)	x45559	x24345	x60656	x200638	x412549	Yugoslavia SFR	29023	19844	x23532	x17912	
Korea Republic	65406	74236	104486	101816	110641	Former USSR/Anc. URSS	x19564	x28582	x18486		
Turkey/Turquie	261074	131570	60835	80088	60243	Former GDR	x40374	x51259	28625	23342	23643
Finland/Finlande	74706	89004	102028	80692	62873	Brazil/Brésil	40526	17472	23480	27742	31943
Morocco/Maroc	36090	73207	64438	130809	82938	Thailand/Thaïlande	2476	15298	11739	29672	85366
Chile/Chili	36071	73572	100029	81759	x57805	Israel/Israël	8118	5965			
Malaysia/Malaisie	32948	46026	61060	136986	x106768	Philippines	1	x165	9821	29961	52271
Portugal	78299	59479	85307	98495	114725	Mexico/Mexique	8299	11691	9018	16884	18022
Thailand/Thaïlande	66324	66933	95652	76357	103127	Indonesia/Indonésie	27	1831	5945	29809	54384
So. Africa Customs Un	109796	72271	85170	x74786	x102348	Turkey/Turquie	4576	3637	11046	11850	17300
Norway,SVD,JM	89662	77101	72974	80837	95688	Czechoslovakia	x8628	x12867	x6117	x5125	x7640
United Arab Emirates	x138004	x73170	x47739	x66380	x81564	Hungary/Hongrie	x3328	x8022	x5382	6237	x6071
Nigeria/Nigéria	x11462	x17785	x59369	x107412	53893	Romania/Roumanie	x75	7710	5404	6121	x397
Algeria/Algérie	47383	51886	65248	38349	x36664	New Zealand	5445	6740	5589	4606	5122
Egypt/Egypte	61251	53910	88188	7171	11747	Poland/Pologne	11380	8107	5234	4606	x5979
Greece/Grèce	51388	50449	45103	49630	x80852	Cyprus/Chypre	713	1433	2617	6629	7561
Ireland/Irlande	30335	40311	47932	49185	48950	So. Africa Customs Un	x956	x2581	x1614	x4630	x5822
Kenya	14361	x22914	72746	x36445	x13377	Panama	x4347	x5385	711	63	1652
Czechoslovakia	x34445	18086	55367	x55419	x150547	Dominican Republic	x247	x1486	x4075	x4454	
Philippines	6331	x47131	4532	74446	60385	Macau/Macao	1371	1667	1269	2782	2459
Venezuela	127929	50544	30250	42486	165349	India/Inde	494	x1322	998	3051	x4892
Yugoslavia SFR	18529	19058	52669	x51038		Argentina/Argentine	1167	445	1601	2479	2899
Israel/Israël	34663	37495	39633	42064	57052	Bulgaria/Bulgarie	x4742	x777	x2926	x708	x715
Hungary/Hongrie	x15234	x15825	x27531	65563	x97597	United Arab Emirates	x2617	x765	x748	x2073	x4473
Ecuador/Equateur	15016	20155	16838	65373	10926	Pakistan	787	577	320	2646	281
Jamaica/Jamaïque	7990	24406	53851	22883	x8509	Korea Dem People's Rp	x401	x780	x278	x2377	x4949

(VALUE AS % OF TOTAL)(VALEUR EN % DU TOTAL)

	1983	1984	1985	1986	1987	1988	1989	1990	1991	1992		1983	1984	1985	1986	1987	1988	1989	1990	1991	1992
Africa	x7.1	x6.0	x6.2	x6.7	x3.8	x3.5	x3.6	x5.1	x4.4	x3.5	Afrique	x0.1	x0.1	0.1	x0.0	x0.0	x0.0	x0.0	x0.1	x0.0	x0.1
Northern Africa	x3.3	4.0	2.6	1.9	x1.1	1.3	1.7	2.2	1.8	x1.1	Afrique du Nord	0.0	x0.0	x0.0	x0.0	x0.0	x0.0	x0.0	0.0	0.0	0.0
Americas	41.3	52.1	52.4	x50.3	x42.4	39.1	x33.1	32.2	29.6	30.0	Amériques	28.0	x30.8	29.4	x25.7	x20.4	16.6	x16.0	15.7	15.9	16.0
LAIA	4.7	4.8	3.4	x7.1	x6.2	4.3	3.7	5.1	5.2	5.8	ALAI	0.0	x0.0	x0.0	x1.4	x1.2	0.5	0.3	0.4	0.4	0.3
CACM		x0.3		0.3	0.6	0.4	0.4	0.3	0.3	0.4	MCAC	x0.0	x0.0	x0.0	x0.0	x0.0	x0.0	x0.0	x0.0	x0.0	x0.0
Asia	x30.8	21.8	x17.1	x15.9	x15.9	x17.5	x19.5	20.6	x22.6	x26.8	Asie	31.4	31.4	34.9	38.6	42.3	51.4	47.5	43.3	46.4	x46.1
Middle East	x15.5	x9.8	x6.1	x5.9	x4.7	x5.5	x3.9	3.1	x4.4	x5.5	Moyen–Orient	x0.0	x0.0	x0.1	x0.1	x0.1	x0.1	x0.1	x0.1	x0.2	x0.2
Europe	17.5	16.8	19.3	22.9	25.8	31.1	32.6	35.5	34.4	34.2	Europe	40.2	37.6	35.5	35.6	33.7	31.0	35.0	40.0	36.5	36.5
EEC	13.7	13.3	15.3	17.1	20.3	25.3	26.5	28.7	28.5	29.1	CEE	26.6	24.1	23.0	23.3	21.8	18.9	22.4	25.8	29.4	30.1
EFTA	3.7	3.5	3.9	5.3	5.2	5.6	5.8	6.1	5.4	4.7	AELE	13.6	13.6	12.5	12.2	11.9	11.9	12.4	13.8	7.1	6.1
Oceania	3.4	x3.3	x5.0	x4.2	x3.4	x2.7	x3.5	2.9	x2.4	x2.6	Océanie	0.4		x0.1	x0.1	x0.1	x0.2	x0.3	x0.4	x0.7	x1.2
USA/Etats–Unis d'Amer	32.2	43.2	45.1	38.9	31.8	30.5	24.3	22.4	20.1	19.4	Japan/Japon	20.0	23.1	26.4	28.7	31.7	40.7	34.7	28.0	28.6	25.0
Germany/Allemagne	1.8	1.7	2.0	2.6	3.3	4.4	5.4	6.8	8.2	9.6	USA/Etats–Unis d'Amer	17.8	17.2	17.4	15.7	12.4	13.9	13.7	12.4	12.2	12.7
United Kingdom	3.9	4.3	4.9	5.4	6.1	6.9	6.3	5.1	4.4	5.4	Germany/Allemagne	10.2	9.4	9.7	9.7	9.9	8.5	8.2	9.1	12.1	13.2
Former USSR/Anc. URSS					x7.7	x5.2	x7.0	x2.8	x5.0		Sweden/Suède	9.7	10.4	9.9	8.6	7.4	8.0	7.7	7.4	2.2	2.2
Italy/Italie	1.7	1.5	1.8	2.1	2.6	3.8	3.6	4.8	4.8	3.5	Hong Kong	6.1	4.6	4.1	4.4	3.7	4.3	5.0	5.3	5.3	5.2
Hong Kong	1.7	1.8	2.5	2.7	3.2	3.3	4.1	4.3	4.1	5.1	France, Monac	6.2	4.8	4.5	3.8	2.5	2.7	3.9	4.8	5.9	6.3
Japan/Japon	0.8	0.9	1.2	1.4	1.5	2.2	3.4	3.6	3.5	2.8	United Kingdom	3.0	3.0	3.5	2.8	2.3	2.4	4.5	4.5	4.2	4.3
Canada	2.6	2.9	2.9	2.7	2.6	3.2	3.4	3.3	3.3	3.8	Korea Republic	3.8	2.6	2.4	3.4	4.3	3.4	3.7	3.8	4.0	3.2
Netherlands/Pays–Bas	1.3	1.4	1.9	2.0	2.3	2.6	2.6	2.8	2.6	2.2	Finland/Finlande	0.8	0.7	0.5	1.1	2.0	1.5	2.8	3.9	1.7	1.6
China/Chine					2.9	2.7	2.4	2.9	2.7	4.2	Canada	10.1	13.4	11.9	8.7	6.7	2.1	2.0	2.9	3.3	2.9

679

7642 MICROPH,LOUDSPKR,AMPLIFR

MICRO,HAUT–PARLEUR,AMPLI 7642

TRADE BY COMMODITY IN THOUSAND U.S. DOLLARS – COMMERCE PAR PRODUIT EN MILLIERS DE DOLLARS E.U

COUNTRIES–PAYS	1988	1989	1990	1991	1992	COUNTRIES–PAYS	1988	1989	1990	1991	1992
	IMPORTS – IMPORTATIONS						EXPORTS – EXPORTATIONS				
Total	3908652	4063516	4544335	4811736	5066580	Totale	2926295	3187149	3756586	4052233	4369222
Africa	x44254	x38049	x47906	x42224	x48836	Afrique	x6730	x5556	x5059	x7692	x7744
Northern Africa	12106	10444	11351	x8863	x10250	Afrique du Nord	5093	4676	4666	5344	4448
Americas	1340179	1208755	1173881	1164575	1389336	Amériques	x341339	x440799	551638	655127	x730273
LAIA	56448	67952	69141	108613	138415	ALAI	5938	4518	10406	12437	x14230
CACM	4723	5599	4793	4960	x4059	MCAC	x153	63	x158	x117	x124
Asia	635707	829027	1031653	1203393	1283989	Asie	1669163	1751023	1974067	2187940	x2405869
Middle East	x65899	x59251	x59131	x70792	x95300	Moyen–Orient	x2437	x2601	x3183	x3360	x4061
Europe	1645712	1768040	2161352	2275759	2246686	Europe	836629	933485	1175163	1168090	1205626
EEC	1379228	1497557	1854294	1976749	1969165	CEE	762641	856296	1083853	1082308	1114147
EFTA	259822	262925	296417	287408	271325	AELE	66475	68543	89035	85048	90820
Oceania	x71061	x83242	x78697	x71416	x75951	Océanie	5076	x2973	x3938	x3802	x4974
USA/Etats–Unis d'Amer	1100429	942635	926863	860918	1039051	Japan/Japon	1143145	1059744	1134960	1220487	1227268
Germany/Allemagne	404024	429526	553221	599171	619204	USA/Etats–Unis d'Amer	305860	404021	504371	599317	667498
Hong Kong	180222	220185	283064	325261	317522	Korea Republic	256576	293038	308880	298346	321047
Japan/Japon	173310	240472	275364	304593	311459	Germany/Allemagne	158048	185063	224195	226212	227941
France,Monac	200467	232128	293844	261886	265599	United Kingdom	166179	175839	219695	208922	220632
United Kingdom	193226	219654	247468	287496	240612	Hong Kong	85839	132235	167153	211414	205400
Singapore/Singapour	118471	178351	245701	303562	279161	Singapore/Singapour	98245	131709	182130	194793	218963
Netherlands/Pays–Bas	161650	168997	215039	211133	231366	Belgium–Luxembourg	88998	95807	134037	143005	113190
Italy/Italie	155075	163445	189509	219471	209346	Denmark/Danemark	91535	105452	124914	116423	134773
Canada	166182	178998	160987	176437	183365	Netherlands/Pays–Bas	68979	83879	113610	126972	137299
Spain/Espagne	104448	117541	136665	160472	156520	Italy/Italie	67394	72727	97759	91370	99738
Belgium–Luxembourg	71165	75907	106321	112639	105222	China/Chine	29155	46429	66130	79030	123411
Switz.Liecht	77679	80230	86939	87389	75477	France,Monac	61185	60953	68484	61543	73560
Sweden/Suède	77143	75538	78559	73612	68168	Malaysia/Malaisie	31829	39029	51792	93377	x175124
Australia/Australie	56647	68366	62726	56876	60687	Spain/Espagne	19935	26080	36583	48111	52209
Austria/Autriche	47936	49879	65734	66348	66143	Ireland/Irlande	23505	32975	38305	36802	33587
Malaysia/Malaisie	24445	40232	54266	68857	x69140	Thailand/Thaïlande	12718	25545	35485	46312	x69258
Former USSR/Anc. URSS	x131718	x112346	x16981	x29229		Canada	23532	24395	35873	42483	47941
Denmark/Danemark	48139	43307	52943	54507	57163	Austria/Autriche	24344	23494	32143	33558	39377
Mexico/Mexique	26862	39966	40346	65461	72451	Portugal	16835	17446	26212	22796	21082
Thailand/Thaïlande	22575	28291	39913	40707	52526	Poland/Pologne	30158	23163	18809	14098	x6711
Portugal	24324	26878	34182	42041	47278	Switz.Liecht	14085	13677	20347	17779	17372
Finland/Finlande	32018	35890	36776	26814	22982	Sweden/Suède	9935	13792	15705	13022	15379
Norway,SVD,JM	23388	20053	26840	31203	36552	Norway,SVD,JM	13485	12173	14186	15264	13553
Korea Republic	17659	19320	24433	33472	47630	Indonesia/Indonésie	1159	3653	9488	23074	39110
Saudi Arabia	25865	25924	x14370	x20677	x18742	Philippines	5956	x12805	10369	9291	12532
Turkey/Turquie	11620	8827	21271	21718	23395	Czechoslovakia	x9088	x14610	x11594	x2900	x3391
China/Chine	11956	11179	17461	21339	68743	Hungary/Hongrie	x6498	x7989	x9526	x6218	x4206
Greece/Grèce	9035	12211	16420	18724	x27439	Finland/Finlande	4624	5406	6653	5425	5138
So. Africa Customs Un	19377	14218	18451	x14362	x14804	Mexico/Mexique	2420	1354	7611	7966	5588
New Zealand	11765	12577	12655	11208	11180	Tunisia/Tunisie	3610	3187	4032	5179	4358
United Arab Emirates	x15675	x9014	x10328	x12549	x16727	Former USSR/Anc. URSS	x2180	x2887	x3611	x5882	
Indonesia/Indonésie	4281	7761	11299	10873	12272	Yugoslavia SFR	7466	8631	2075	x413	
Ireland/Irlande	7676	7962	8683	9209	9416	Brazil/Brésil	3222	2939	2504	3983	5203
Poland/Pologne	1225	1741	9273	13673	x7924	India/Inde	983	x3330	2903	3170	x4002
Israel/Israël	6326	6049	8357	9650	11279	Australia/Australie	3582	2077	3034	3346	4344
Yugoslavia SFR	4280	5011	7856	x9132		Panama	x5332	x6423	14	4	9
Romania/Roumanie	x3505	8178	12825	642	x649	Former GDR	x15089	x3436	x1337		
Colombia/Colombie	7572	8094	8538	4601	2904	Korea Dem People's Rp	x580	x471	x712	x2515	x3088
Chile/Chili	4629	7056	5521	7611	x8997	Cyprus/Chypre	558	761	1299	1541	2505
Argentina/Argentine	5061	3133	2249	11566	33769	Bulgaria/Bulgarie	x4121	x1175	x1721	x478	x420
Czechoslovakia	x21483	4564	4501	x5840	x8609	Saudi Arabia	251	75	x1374	x1311	x700
Philippines	1330	x7255	3710	3384	4967	New Zealand	1272	851	767	374	603
Brazil/Brésil	2667	3701	4688	5049	4787	Morocco/Maroc	1472	1250	506	1	1
Hungary/Hongrie	x1246	x1725	4960	4194	x3568	Macau/Macao	50	43	198	1351	1194
Venezuela	6930	2448	2687	5547	9493	Jamaica/Jamaïque	72	473	394	576	x126
Cyprus/Chypre	2328	2641	3874	3713	4950	Israel/Israël	409	162	355	708	1139
Nigeria/Nigéria	x2660	x2426	x2938	x4542	x5043	United Arab Emirates	x143	x241	x348	x330	x407
Reunion/Réunion	2852	2923	2985	3497	4082	So. Africa Customs Un	x130	x225	x119	x507	x456
Kuwait/Koweït	x3317	3049	x1610	x2856	x3333	Brunei Darussalam	x15	x14	x107	x590	x136

(VALUE AS % OF TOTAL)(VALEUR EN % DU TOTAL)

	1983	1984	1985	1986	1987	1988	1989	1990	1991	1992		1983	1984	1985	1986	1987	1988	1989	1990	1991	1992
Africa	2.6	x2.2	x1.2	x1.2	0.9	x1.1	0.9	x1.0	0.9	x1.0	Afrique	x0.2	0.1	0.3	x0.2	x0.2	x0.2	0.2	x0.1	x0.2	x0.2
Northern Africa	1.2	0.6	0.4	0.3	0.3	0.3	0.3	0.2	x0.2	x0.2	Afrique du Nord	0.1	0.1	0.2	0.2	0.2	0.2	0.1	0.1	0.1	0.1
Americas	33.2	40.6	46.2	x39.9	x35.3	34.3	29.7	25.8	24.2	27.4	Amériques	x11.1	x10.3	x9.2	x9.0	x9.6	x11.7	x13.8	14.7	16.1	x16.7
LAIA	0.9	0.6	0.7	x1.2	x1.1	1.4	1.7	1.5	2.3	2.7	ALAI	0.0	x0.0	x0.0	x0.0	0.6	0.8	0.1	0.3	0.3	x0.3
CACM	x0.1			x0.1	x0.1	0.1	0.1	0.1	0.1	x0.1	MCAC	x0.1	x0.0	x0.0	x0.0	x0.0	x0.0	0.0	x0.0	x0.0	x0.0
Asia	x15.2	14.6	x12.4	13.6	14.3	16.3	20.4	22.7	25.0	25.4	Asie	62.3	65.5	66.1	62.4	59.7	57.1	55.0	52.5	54.0	x55.0
Middle East	x3.9	x2.3	x2.0	x2.0	x1.6	x1.7	1.5	x1.3	x1.5	1.9	Moyen–Orient	x0.1	x0.1	x0.1	x0.1	x0.1	x0.1	x0.1	x0.1	x0.1	x0.1
Europe	46.8	40.3	37.9	43.4	42.5	42.1	43.5	47.6	47.3	44.3	Europe	26.4	22.8	24.3	28.2	27.4	28.6	29.3	31.3	28.8	27.6
EEC	39.2	33.5	31.1	35.7	35.4	35.3	36.9	40.8	41.1	38.9	CEE	24.2	20.9	22.1	25.8	24.9	26.1	26.9	28.8	26.7	25.5
EFTA	7.5	6.7	6.7	7.5	6.9	6.6	6.5	6.5	6.0	5.4	AELE	2.1	1.9	2.2	2.4	2.4	2.3	2.2	2.4	2.1	2.1
Oceania	x2.2	x2.4	x2.4	x1.8	x1.8	x1.9	x2.1	x1.8	x1.5	1.5	Océanie	0.1	0.2	x0.2	x0.2	x0.1	0.2	x0.1	x0.1	x0.1	x0.1
USA/Etats–Unis d'Amer	27.3	34.2	40.1	33.4	29.9	28.2	23.2	20.4	17.9	20.5	Japan/Japon	53.4	56.5	56.8	52.3	44.7	39.1	33.3	30.2	30.1	28.1
Germany/Allemagne	11.3	10.2	9.8	11.2	11.0	10.3	10.6	12.2	12.5	12.2	USA/Etats–Unis d'Amer	10.6	9.6	8.7	7.9	8.3	10.5	12.7	13.4	14.8	15.3
Hong Kong	4.2	4.4	3.3	3.8	4.2	4.6	5.4	6.2	6.8	6.3	Korea Republic	5.8	6.4	5.7	6.8	9.4	8.8	9.2	8.2	7.4	7.3
Japan/Japon	2.3	2.6	2.5	3.3	3.7	4.4	5.9	6.1	6.3	6.3	Germany/Allemagne	5.0	4.3	5.0	5.5	5.4	5.8	6.0	6.0	5.2	5.2
France,Monac	7.2	5.5	4.6	5.5	5.3	5.1	5.7	6.5	5.4	6.1	United Kingdom	3.7	3.4	4.3	4.7	5.3	5.7	5.5	5.8	5.2	5.0
United Kingdom	5.7	5.0	4.6	4.7	4.5	4.9	5.4	5.4	6.0	5.2	Hong Kong	1.2	1.5	1.6	1.5	2.2	2.9	4.1	4.4	5.2	4.7
Singapore/Singapour	2.0	2.5	2.0	1.9	2.1	3.0	4.4	5.4	6.0	4.7	Singapore/Singapour	1.2	1.3	1.2	1.0	1.6	3.4	4.1	4.8	4.8	5.0
Netherlands/Pays–Bas	4.8	3.9	3.8	4.4	4.3	4.1	4.2	4.7	4.4	5.5	Belgium–Luxembourg	4.8	3.6	3.1	4.8	3.2	3.0	3.0	3.6	3.5	2.6
Italy/Italie	4.0	3.5	3.4	3.6	3.9	4.0	4.0	4.2	4.6	4.1	Denmark/Danemark	2.3	2.1	2.4	2.9	2.9	3.1	3.3	3.3	2.9	3.1
Canada	4.7	5.6	5.0	4.6	3.5	4.3	4.4	3.5	3.7	3.6	Netherlands/Pays–Bas	2.8	2.8	2.5	2.1	2.2	2.4	2.6	3.0	3.1	3.1

7643 TV, RADIO TRANSMITTRS ETC
APP EMET TELE RADIO 7643

TRADE BY COMMODITY IN THOUSAND U.S. DOLLARS – COMMERCE PAR PRODUIT EN MILLIERS DE DOLLARS E.U

COUNTRIES–PAYS	IMPORTS – IMPORTATIONS					COUNTRIES–PAYS	EXPORTS – EXPORTATIONS				
	1988	1989	1990	1991	1992		1988	1989	1990	1991	1992
Total	x3888217	6284340	7238639	7779540	9660891	Totale	4161297	5363340	7065330	8148820	9815174
Africa	x181367	x205756	x215921	x262597	x355762	Afrique	x2624	x3789	x2304	x9121	x4541
Northern Africa	x63063	x64394	x70409	x79937	x155352	Afrique du Nord	673	x881	667	x455	x503
Americas	1018552	x2983175	3272480	3239729	3938547	Amériques	x524501	x1267057	1914598	2210674	2649115
LAIA	137714	246168	369494	447967	688174	ALAI	3351	x5174	7781	19580	18448
CACM	1368	1133	x6285	1193	x8809	MCAC	x102	x50	x134	x275	x158
Asia	x919261	x1034717	x1454045	x1796400	x2631284	Asie	1596061	2075857	2473250	2892132	x4039066
Middle East	x370706	x213734	x284338	x457988	x322910	Moyen–Orient	x4597	6192	x5624	x4878	x8478
Europe	1446821	1715289	2044966	2120620	2410812	Europe	1955480	1909596	2570529	2975676	3093353
EEC	1018669	1282067	1463489	1480984	1759014	CEE	1254689	1361467	1842166	2166559	2061491
EFTA	407212	409905	556097	587777	601739	AELE	685497	538565	720717	806744	1029947
Oceania	147359	x194289	x196336	x175484	x224476	Océanie	23550	x45587	67821	42417	x22688
USA/Etats–Unis d'Amer	601693	2400598	2570007	2504851	2902016	USA/Etats–Unis d'Amer	372269	1057447	1642154	1953144	2346021
United Kingdom	369165	541044	486435	364729	424196	Japan/Japon	998748	1189848	1375087	1778248	2188621
Canada	246964	308922	297348	245234	298843	United Kingdom	335850	428020	573185	731427	665977
France, Monac	158859	183826	230223	250142	296440	Germany/Allemagne	386743	339500	452570	493985	497681
Sweden/Suède	139329	154939	194108	178333	196001	France, Monac	247375	262714	389621	514754	419142
Germany/Allemagne	107212	147511	163507	211298	367219	Sweden/Suède	417178	284802	374519	468714	550801
Hong Kong	95770	125229	176784	218847	753840	Singapore/Singapour	52135	167512	260512	299750	278745
China/Chine	136576	178619	164096	160494	373816	Canada	147173	201461	263291	236821	281712
Italy/Italie	89875	102107	186725	212801	163249	Korea Republic	233255	255677	222735	177358	209187
Japan/Japon	39025	82291	197782	220551	136396	Finland/Finlande	117349	133177	186576	191199	327282
						Italy/Italie	106514	126952	158803	208090	233084
Mexico/Mexique	44605	70456	171622	219673	308214	Israel/Israël	119541	153379	181838	131509	151040
Singapore/Singapour	35770	93996	164375	162504	250708	Denmark/Danemark	129600	157069	174424	122939	119141
Australia/Australie	98220	138483	140323	127119	177611	Hong Kong	109181	131699	144700	137652	622951
Spain/Espagne	78920	110018	127813	151099	158418	Malaysia/Malaisie	59554	94249	122592	173086	x290641
Switz.Liecht	95493	83369	131086	161020	156155	Philippines	15022	x50193	113389	113508	142255
Thailand/Thaïlande	81929	96218	122997	144560	159974	Norway, SVD, JM	41793	46334	68762	67155	77375
Korea Republic	42371	33749	92057	198393	217040	Switz.Liecht	89131	59278	65183	55906	54633
Netherlands/Pays–Bas	71520	78398	107509	117613	89727	Australia/Australie	13047	29064	52911	24378	4666
Saudi Arabia	x24262	x57281	x74067	x145432	x40786	Thailand/Thaïlande	385	20354	28760	53609	x61106
Finland/Finlande	53769	79085	97504	90029	64949						
						Belgium–Luxembourg	17462	23286	26809	28952	32919
Former USSR/Anc. URSS	x120136	x91060	x13156	x118125		Austria/Autriche	20046	14964	25665	23770	19819
Indonesia/Indonésie	35229	54577	99762	41810	100232	Spain/Espagne	12402	7752	23854	25825	40940
Norway, SVD, JM	64318	47592	69500	71842	91122	Netherlands/Pays–Bas	17054	10958	20916	16814	26799
Turkey/Turquie	83030	37810	67539	75079	46352	New Zealand	10032	16191	14075	17732	17687
Austria/Autriche	49871	40211	58336	78616	84918	China/Chine	2017	5447	16836	20227	84015
Malaysia/Malaisie	20233	32904	55341	60642	x104951	Former USSR/Anc. URSS	x23003	x17415	x12105	x12051	
United Arab Emirates	x139296	x44038	x52622	x52208	x47173	Ireland/Irlande	1244	1640	5746	22387	24223
Denmark/Danemark	51668	44767	54820	44490	51908	Bulgaria/Bulgarie	x117	x16311	x9653	x64	x35
Belgium–Luxembourg	60619	29440	48733	51140	69306	Mexico/Mexique	1740	1077	2057	16204	14818
Chile/Chili	x14367	x34245	48708	43933	x46186	Portugal	x25090	x9715	x3621	x2230	1358
New Zealand	26166	49019	43603	32205	35598	Yugoslavia SFR	14957	9028	7276	662	
Brazil/Brésil	4106	22220	47652	46286	93044	Former GDR	x2106	x6298	x2981	x2620	x83
Iran (Islamic Rp. of)	x39307	x18448	x25389	x69229	x87187	Czechoslovakia	6271	7039	3883	850	x3205
So. Africa Customs Un	25860	44309	32726	x34999	x50618	Poland/Pologne	x2329	x3701	x4845	x3201	x2973
Venezuela	28840	34274	19857	38226	99364	Hungary/Hongrie	2641	4203	1811	2669	1342
India/Inde	16968	x57849	14600	11691	x31802	Turkey/Turquie	328	2182	3313	1933	1140
Colombia/Colombie	11731	32635	32309	18509	20829	Brazil/Brésil	x13			x6619	x1509
Uruguay	21267	23451	25517	33009	3425	Mali		1052	2122	1358	2307
Portugal	20659	19883	25566	36477	76285	Cyprus/Chypre	653				
Kuwait/Koweït	x21357	4429	x16234	x61136	x41271	Greece/Grèce	266	2910	439	723	x227
Israel/Israël	20605	18378	24398	38413	48081	Argentina/Argentine	988	662	981	715	406
Algeria/Algérie	27834	20111	22082	25060	x30057	Saint–Kitts–Nevis	88	x1055	x550	x8	x5
Nigeria/Nigéria	x6490	x11646	x26737	36648	x26479	Kenya	13	x1409	43	x4	x36
Philippines	1616	x19178	7358	x39382	50644	India/Inde	972	x742	215	490	x753
Yugoslavia SFR	14572	11061	11277	24021	16313	Chile/Chili	x236	x1022	141	119	x1165
Ireland/Irlande	6570	15859	20783	17691	x25260	Panama	x1166	x990	176	84	457
Egypt/Egypte	x22851	x17397	x20819	33317	86735	Korea Dem People's Rp	x450	x9	x27	x1099	x290
Argentina/Argentine	1992	13550	7148	x29729		Uruguay	2	9	822	269	0
Poland/Pologne	12260	24037	5957	23484		So. Africa Customs Un	x122	x318	x404	x355	x748
Kenya	3349	x6324	5144	x32891	x30603						

(VALUE AS % OF TOTAL) (VALEUR EN % DU TOTAL)

	1983	1984	1985	1986	1987	1988	1989	1990	1991	1992		1983	1984	1985	1986	1987	1988	1989	1990	1991	1992
Africa	x8.7	x9.1	x7.6	x9.8	x6.7	4.7	3.3	3.0	x3.3	3.7	Afrique	x0.1	x0.2	x0.2	x0.1	x0.1	x0.1	x0.1	x0.0	x0.1	x0.0
Northern Africa	x3.8	x3.8	x3.1	x3.1	x2.1	1.6	1.0	1.0	x1.0	1.6	Afrique du Nord	x0.0	x0.0	x0.0	x0.0	x0.0	0.0	0.0	0.0	x0.0	0.0
Americas	24.7	32.6	34.1	x33.8	x28.9	26.2	x47.5	45.2	41.7	40.7	Amériques	x16.8	14.7	18.6	x14.4	10.9	x12.6	x23.7	27.1	27.2	27.0
LAIA	3.1	2.8	1.5	x5.0	x2.8	3.5	3.9	5.1	5.8	7.1	ALAI	0.0	0.0	0.0	x0.8	x0.0	0.6	0.1	0.1	0.2	0.2
CACM	x0.1			x0.1	x0.0	0.1	0.0	0.0	0.0	0.1	MCAC	x0.0	x0.0	x0.0	x0.0	x0.0	x0.0	x0.0	x0.0	x0.0	x0.0
Asia	x34.1	x25.5	x23.2	x17.3	x19.5	x23.6	16.5	x20.1	x23.1	x27.2	Asie	33.2	38.4	40.3	42.4	39.6	38.4	38.7	35.0	35.5	x41.1
Middle East	x22.5	x16.3	x14.9	x9.1	x8.0	x9.5	x3.4	x3.9	x5.9	x3.3	Moyen–Orient	x0.2	x0.6	x0.6	x0.4	x0.3	x0.1	x0.1	x0.1	x0.1	x0.1
Europe	28.4	28.8	30.9	34.5	35.3	37.2	27.3	28.3	27.3	25.0	Europe	49.4	46.2	40.7	42.9	47.1	47.0	35.1	36.4	36.5	31.5
EEC	20.8	21.2	22.1	21.9	22.4	26.2	20.4	20.2	19.0	18.2	CEE	45.3	42.3	35.6	36.5	40.8	30.2	25.4	26.1	26.6	21.0
EFTA	7.5	7.6	8.7	11.2	x12.0	10.5	6.5	7.7	7.6	6.2	AELE	4.1	4.0	5.0	x6.4	6.3	16.5	10.0	10.2	9.9	10.5
Oceania	x4.2	x3.8	x4.2	x4.7	x4.3	3.8	x3.1	x2.7	x2.2	x2.3	Océanie	0.5	0.5	0.7	x0.2	x0.0	x0.8	0.9	0.9	0.5	x0.2
USA/Etats–Unis d'Amer	9.2	16.3	17.4	13.7	13.1	15.5	38.2	35.5	32.2	30.0	USA/Etats–Unis d'Amer	16.8	14.7	18.5	12.0	8.9	8.9	19.7	23.2	24.0	23.9
United Kingdom	7.0	7.8	7.8	7.0	7.9	9.5	8.6	6.7	4.7	4.4	Japan/Japon	23.8	28.5	30.0	31.9	28.8	24.0	22.2	19.5	21.8	22.3
Canada	11.4	12.6	14.6	14.0	12.1	6.4	4.9	4.1	3.2	3.1	United Kingdom	15.3	15.4	12.3	10.2	8.2	8.1	8.0	8.1	9.0	6.8
France, Monac	2.7	2.4	2.7	2.9	3.1	4.1	2.9	3.2	3.2	3.1	Germany/Allemagne	9.1	9.0	8.7	11.1	17.8	9.3	6.3	6.4	6.1	5.1
Sweden/Suède	3.0	2.9	3.4	3.5	3.5	3.6	2.5	2.7	2.3	2.0	France, Monac	11.2	7.2	6.5	5.8	7.2	5.9	4.9	5.5	6.3	4.3
Germany/Allemagne	2.5	2.3	2.7	2.5	2.6	2.8	2.3	2.3	2.7	3.8	Sweden/Suède	1.7	1.9	1.8	1.4	1.8	10.0	5.3	5.3	5.8	5.6
Hong Kong	0.8	0.9	1.7	1.8	2.0	2.5	2.0	2.4	2.8	7.8	Singapore/Singapour	0.2	0.3	1.0	x1.5	x1.3	3.5	3.1	3.7	3.7	2.9
China/Chine						3.5	2.8	2.3	2.1	3.9	Canada	3.4	3.1	3.4	3.5	4.0	5.6	4.8	3.2	2.2	2.1
Italy/Italie	2.0	2.0	2.0	2.2	2.0	2.3	1.6	2.6	2.7	1.7	Korea Republic	1.2	1.0	2.1	2.3	2.6	2.8	2.5	2.6	2.3	3.3
Japan/Japon	3.4	1.9	0.7	0.8	0.9	1.0	1.3	2.7	2.8	1.4	Finland/Finlande										

76483 RADAR APPARATUS ETC
APP DE RADIOGUIDAGE ETC 76483

TRADE BY COMMODITY IN THOUSAND U.S. DOLLARS – COMMERCE PAR PRODUIT EN MILLIERS DE DOLLARS E.U

COUNTRIES–PAYS	1988	1989	1990	1991	1992	COUNTRIES–PAYS	1988	1989	1990	1991	1992
	IMPORTS – IMPORTATIONS						EXPORTS – EXPORTATIONS				
Total	2108642	1966294	2217473	2142753	2053111	Totale	2170864	2308947	2622545	2416170	2355428
Africa	x62436	x35187	x53411	x58344	x57382	Afrique	x1982	x714	x1283	x989	x9333
Northern Africa	13347	2729	11406	x8854	x13229	Afrique du Nord	x56	185	x7	x90	x921
Americas	x410269	x418956	404298	x416947	x412439	Amériques	505194	710502	705720	724155	x629953
LAIA	x30145	x42082	29847	29955	56011	ALAI	x199	1479	4256	4316	x3047
CACM	x1998	x1335	x1215	x9733	x8354	MCAC	0		x3		
Asia	x521780	x406406	x613303	x532329	x610926	Asie	445098	442670	529214	622037	x711780
Middle East	x198937	x139587	x140108	x94667	x104109	Moyen–Orient	x1707	x1153	x3529	x3379	x5597
Europe	981144	973299	1055621	959495	871498	Europe	1159942	1128991	1361870	1033769	987073
EEC	840324	799764	906589	778727	724921	CEE	1065589	998580	1254558	936598	913293
EFTA	127588	162627	138174	174695	141034	AELE	94203	130068	107262	96965	73655
Oceania	x67284	x53468	63907	x110286	x86805	Océanie	x7332	x10203	x15877	15794	15376
Germany/Allemagne	224859	186585	268539	214597	150462	USA/Etats–Unis d'Amer	425120	623062	638376	644321	549670
USA/Etats–Unis d'Amer	232702	223141	188415	227742	240299	Japan/Japon	323460	324905	352352	347763	344558
United Kingdom	191911	182858	189057	235314	204875	United Kingdom	366580	297181	296311	260112	296587
Canada	134668	139846	169412	143875	102677	France, Monac	241151	259629	300512	227456	213445
France, Monac	188060	164213	141172	120154	143105	Italy/Italie	109237	133753	278769	203992	100127
Singapore/Singapour	15251	22231	145488	90691	97908	Germany/Allemagne	202600	170074	149343	147530	165654
Netherlands/Pays–Bas	39249	87687	96362	59672	79858	Netherlands/Pays–Bas	59959	60757	150777	31837	67147
Italy/Italie	89423	56896	103149	41041	59838	Canada	76593	77830	60474	74291	76147
Switz.Liecht	41297	71875	53069	68227	54877	Switz.Liecht	42447	70557	61306	55919	35159
Japan/Japon	59039	51985	52978	67903	96256	Singapore/Singapour	5499	25170	45200	56534	74318
China/Chine	60009	28691	73609	65588	54243	Hong Kong	23559	25185	27160	72159	103629
Korea Republic	61521	32890	63428	61456	66989	Korea Republic	42790	37047	41456	44734	57568
Saudi Arabia	x24612	x58552	x47311	x51298	x31884	Belgium–Luxembourg	49523	49784	42353	19764	12569
Indonesia/Indonésie	30007	33686	59712	58432	81679	Sweden/Suède	43951	35973	30809	27781	17778
Australia/Australie	32507	33312	35448	72930	65743	Malaysia/Malaisie	2124	2253	31124	45245	x64439
Former USSR/Anc. URSS	x52149	x65526	x18826	x38512		Denmark/Danemark	21714	16587	22994	24528	18718
Spain/Espagne	39986	57826	33772	31070	24686	Philippines	23461	x1236	26032	25078	24570
Sweden/Suède	28967	21310	36244	53485	32264	Norway,SVD,JM	6084	22351	12066	8548	17228
Hong Kong	14506	19645	30103	60223	53038	Australia/Australie	4886	9600	15028	14569	13330
Belgium–Luxembourg	31462	34437	32760	33079	21482	Former USSR/Anc. URSS	x13343	x6918	x3122	x18033	
Finland/Finlande	23763	38067	21238	26126	15880	China/Chine	20811	18854	1285	6348	29662
New Zealand	25033	14319	21034	33090	14983	Ireland/Irlande	8804	6729	5878	11490	14500
Denmark/Danemark	13493	16205	24556	21755	13840	Israel/Israël	44	2507	306	19184	4889
Norway,SVD,JM	26692	20896	17388	16055	20960	Spain/Espagne	1686	2481	6496	6214	22646
Thailand/Thaïlande	37855	29999	14498	6212	6355	Bulgaria/Bulgarie	x21360	x5940	x3393	x1090	x1193
Iraq	x38979	x5757	x43378	x10		Jamaica/Jamaique	3051	6962	2184	449	
United Arab Emirates	x88123	x3958	x24080	x19565	x30587	Austria/Autriche	1013	835	2376	3584	2920
Jordan/Jordanie	x12884	x42383	2437	2687	4078	Brazil/Brésil	18	932	2440	2001	1101
Brazil/Brésil	7253	23529	13111	9393	6774	Poland/Pologne	x9508	x2892	x1905	x128	x61
Turkey/Turquie	x15487	13278	12686	11846	17651	Greece/Grèce	4148	1383	835	2640	x1503
So. Africa Customs Un	21269	8932	15881	x10568	x8683	India/Inde	155	x3311	366	27	x278
Malaysia/Malaisie	3436	6879	9755	11864	x19249	Mexico/Mexique	84	534	692	2246	1414
Pakistan	24126	16257	8616	861	740	United Arab Emirates	x853	x484	x1301	x600	x378
Kenya	9466	x5984	4610	x14476	x293	Cyprus/Chypre	26	155	788	1340	729
Austria/Autriche	4524	8532	7949	8054	15005	Jordan/Jordanie	x112	x110	1062	1034	419
Yugoslavia SFR	12325	10280	9418	x4528		Finland/Finlande	681	297	570	1134	533
India/Inde	6595	x14278	5266	4444	x17378	New Zealand	922	247	577	1068	1785
Poland/Pologne	x1563	x4570	x6199	x12182	x4407	Portugal	188	222	289	1035	397
Portugal	4640	3765	7907	7510	6489	Indonesia/Indonésie			82	1063	156
Ireland/Irlande	4333	3075	8642	5661	5702	Thailand/Thaïlande	665	639	136	210	x761
Greece/Grèce	12908	6217	1068	8874	x14583	Venezuela	x5		939	23	
Mexico/Mexique	2931	3708	5281	6734	15823	Panama	x17	x304	32	x318	x165
Israel/Israël	3488	2916	4230	5076	5837	So. Africa Customs Un	x273	x119	x220	x313	x475
Kuwait/Koweït	x1299	x5297	x2512	x4399	x3313	French Guiana	34	604	20	3	239
Ethiopia/Ethiopie	2850	6406	3168	1895	x308	Yugoslavia SFR	106	215	0	x166	
Argentina/Argentine	2119	1567	2521	5993	11505	Korea Dem People's Rp	x107	x41	x50	x276	x987
Papua New Guinea	4328	4022	5183	x768	x3410	Ethiopia/Ethiopie	x4		x233	x126	x18
Honduras	x1400	x174	x271	x9163	x140	Martinique		47	234	28	190
Egypt/Egypte	10378	1297	6906	1160	5569	Mauritius/Maurice			239	64	33
Trinidad and Tobago	895	478	7397	1420	859	Guinea/Guinée		x59	x238		x1

(VALUE AS % OF TOTAL)(VALEUR EN % DU TOTAL)

	1983	1984	1985	1986	1987	1988	1989	1990	1991	1992		1983	1984	1985	1986	1987	1988	1989	1990	1991	1992
Africa	x6.4	x5.6	x3.3	x3.9	x4.7	x3.0	x1.8	x2.4	x2.7	x2.8	Afrique	x0.2	x0.2	x0.2	x0.1	x0.1	x0.0	x0.0	x0.0	x0.0	x0.4
Northern Africa	x4.3	x2.3	0.6	x0.5	x1.6	0.6	0.1	0.5	x0.4	x0.6	Afrique du Nord	x0.1	x0.0	x0.0	x0.0	x0.0	x0.0	x0.0	x0.0	x0.0	x0.0
Americas	12.3	15.6	21.8	25.0	x23.4	x19.4	x21.3	18.2	x19.4	x20.1	Amériques	22.8	25.2	x21.3	x21.7	x16.9	23.3	30.8	26.9	29.9	x26.8
LAIA	0.7	0.7	2.3	x1.9	x2.0	x1.4	x2.1	1.3	1.4	2.7	ALAI			x0.0	x0.0	x0.0	x0.0	0.1	0.2	0.2	x0.1
CACM	x0.0			x0.6	x0.8	x0.1	x0.1	x0.1	x0.5	x0.4	MCAC	x0.0			x0.0	x0.0	x0.0	x0.0	x0.0		
Asia	x31.1	x33.3	x30.9	x26.1	x24.3	x24.1	x24.8	20.7	x27.5	x24.8	Asie	23.7	24.1	24.6	24.6	28.4	20.5	19.2	20.1	25.8	x29.8
Middle East	x16.8	x16.4	x16.2	x9.8	x8.4	x9.4	x7.1	x6.3	x4.4	x5.1	Moyen–Orient	x0.3	x0.2	x0.5	x0.3	x0.7	x0.1	x0.0	x0.1	x0.1	x30.2
Europe	48.2	43.0	41.3	44.8	41.9	46.5	49.5	47.6	44.8	42.4	Europe	53.1	50.1	53.4	53.0	51.6	53.4	48.9	51.9	42.8	x0.2
EEC	42.9	35.9	31.7	34.5	33.2	39.9	40.7	40.9	36.3	35.3	CEE	49.6	46.5	49.1	46.9	45.5	49.1	43.2	47.8	38.8	41.9
EFTA	x5.3	x7.1	x9.4	x8.0	x7.2	6.1	8.3	6.2	8.2	6.9	AELE	x3.5	x3.6	x4.4	x6.0	x5.9	4.3	5.6	4.1	4.0	38.8
Oceania	x1.9	2.4	x2.6	x2.1	x1.8	x3.2	x2.7	2.8	x5.1	x4.2	Océanie	x0.2	x0.3	x0.4	x0.4	x0.4	x0.4	x0.6	0.6	0.6	3.1
Germany/Allemagne	13.6	9.9	7.1	9.1	8.1	10.7	9.5	12.1	10.0	7.3	USA/Etats–Unis d'Amer	22.7	25.2	21.2	19.5	15.1	19.6	27.0	24.3	26.7	23.3
USA/Etats–Unis d'Amer	6.8	9.4	13.4	14.8	15.3	11.0	11.3	8.5	10.6	11.7	Japan/Japon	19.5	19.0	20.0	18.5	19.9	14.9	14.1	13.4	14.4	14.6
United Kingdom	11.2	8.9	7.2	7.7	7.4	9.1	9.3	8.5	11.0	10.0	United Kingdom	14.9	7.9	9.7	9.7	8.8	16.9	12.9	11.3	10.8	12.6
Canada	4.4	5.2	5.8	7.1	7.5	6.4	7.1	7.6	6.7	5.0	France, Monac	12.1	9.1	11.1	9.3	13.2	11.1	11.2	11.5	10.8	12.6
France, Monac	6.5	6.5	6.4	6.6	7.1	8.9	8.4	6.4	5.6	7.0	Italy/Italie	10.1	15.3	14.9	13.1	5.9	5.0	11.2	11.5	9.4	9.1
Singapore/Singapour	1.4	1.3	2.3	0.9	-0.7	0.7	1.1	6.6	4.2	4.8	Germany/Allemagne	8.3	8.1	6.8	8.1	8.8	9.3	7.4	5.7	6.1	7.0
Netherlands/Pays–Bas	2.7	1.6	1.8	2.9	2.1	1.9	4.5	4.3	2.8	3.9	Netherlands/Pays–Bas	1.0	3.5	3.6	4.0	2.8	2.6	5.7	6.1	1.3	2.9
Italy/Italie	4.0	4.8	5.8	4.4	3.4	4.2	2.9	4.7	1.9	2.9	Canada				x1.8	x1.4	3.5	3.4	2.3	3.1	3.2
Switz.Liecht	x2.1	x2.9	x3.2	x3.3	x1.9	2.0	3.7	2.4	3.2	2.7	Switz.Liecht	x1.4	x1.5	x1.4	x2.9	x3.0	2.0	3.1	2.3	2.3	1.5
Japan/Japon	2.5	3.0	1.8	2.4	1.3	2.8	2.6	2.4	3.2	4.7	Singapore/Singapour	0.3	0.4	0.5	0.3	0.2	0.3	1.1	1.7	2.3	3.2

7711 TRANSFORMERS, ELECTRICAL

TRADE BY COMMODITY IN THOUSAND U.S. DOLLARS – COMMERCE PAR PRODUIT EN MILLIERS DE DOLLARS E.U

IMPORTS – IMPORTATIONS

COUNTRIES–PAYS	1988	1989	1990	1991	1992
Total	3077536	3201449	3788823	4244272	x4408696
Africa	x197177	x192171	x230954	x155666	x191480
Northern Africa	111140	103266	129416	x63509	x97139
Americas	x714309	x761088	x862504	x887057	x954622
LAIA	198778	202879	212852	209725	275282
CACM	x14631	x16238	x30795	x21858	x28566
Asia	1055840	x1117118	x1328818	x1670993	x1732476
Middle East	x202348	x175964	x225221	x233565	x280326
Europe	905815	995041	1264275	1341001	1428754
EEC	667831	746942	955550	1035604	1134306
EFTA	232044	237109	297757	294370	280393
Oceania	x46570	x41443	x54813	x69185	x57529
USA/Etats–Unis d'Amer	399279	430861	462829	501217	528812
Japan/Japon	178416	210794	254064	295204	259498
Singapore/Singapour	199010	195722	245403	311897	265636
Germany/Allemagne	159514	172636	224110	282793	328953
Hong Kong	176455	192307	198471	178843	180562
France, Monac	109388	133373	165929	151591	171470
United Kingdom	110767	123482	152929	117925	88479
Canada	73071	77862	118922	118064	75136
Sweden/Suède	88757	81223	91678	81064	104087
Thailand/Thaïlande	32851	50374	86402	112952	104087
Belgium–Luxembourg	58220	63928	89141	80190	93528
Netherlands/Pays–Bas	70815	61069	89435	79268	82147
Austria/Autriche	44237	54556	79526	93218	76225
Spain/Espagne	36368	49994	74462	99776	90854
Italy/Italie	59966	65389	77648	81009	82579
Malaysia/Malaisie	38649	36527	57060	111655	x100004
Switz.Liecht	53331	52508	71808	69658	71026
China/Chine	66555	65176	53070	73469	98564
Saudi Arabia	85890	45281	x90319	x53249	x70602
Brazil/Brésil	66273	53849	61961	68645	66110
Indonesia/Indonésie	31142	37431	51981	91866	123506
Korea Republic	56831	46697	52955	52241	72309
Former USSR/Anc. URSS	x69019	x35203	x16168	x91012	
Mexico/Mexique	36238	33913	39730	66628	100403
Venezuela	44689	70535	35715	23973	39996
Iran (Islamic Rp. of)	x20409	x17296	x44749	x65206	x80028
Denmark/Danemark	34297	36530	40469	27958	37427
Egypt/Egypte	50868	38371	53076	8315	8814
Algeria/Algérie	13100	31184	38159	19930	x51121
Australia/Australie	30778	30499	30258	26845	29970
Philippines	8126	x21717	29526	35075	60195
Finland/Finlande	22833	28437	29342	25356	25439
Pakistan	16932	13349	23126	42300	14653
Turkey/Turquie			21819	24869	28563	16892
Norway, SVD, JM	21265	17668	23146	20991	28446
Iraq	x13584	x43968	x15960	x1573	x627
Libyan Arab Jamahiriya	39372	18323	21404	x17977	x19012
Ireland/Irlande	11298	16011	17190	20775	27313
Portugal	9756	14091	14940	23231	28842
United Arab Emirates	x31743	x11228	x16977	x21941	x68248
India/Inde	11340	x28809	13830	5624	x43729
Colombia/Colombie	15341	16761	20987	x7953	x7237
So. Africa Customs Un	16289	16077	x10738	x14268	x19554
Nigeria/Nigéria	x13447	x16773	x8081	x13189	x21488
Bangladesh	x17464	x17173	13309	x13160	x19619
Czechoslovakia	x24461	11729	26322	5122	x7999
Chile/Chili	x3280	x6682	12001	12807	15720
Israel/Israël	8828	9278			
Former GDR	x49002	x32518	x1057		
Kenya	8775	x9022	13219	x9187	x2622

EXPORTS – EXPORTATIONS

COUNTRIES–PAYS	1988	1989	1990	1991	1992
Totale	2740269	2941340	3472746	3700490	3902281
Afrique	x3294	x10177	x14539	x19011	x15326
Afrique du Nord	1223	7766	10956	16431	12679
Amériques	302469	x294653	336464	376100	419584
ALAI	39471	39676	41133	54199	92676
MCAC	x757	x996	x1410	x2591	x2656
Asie	963372	1043861	1140763	1356359	x1449317
Moyen–Orient	x2380	x21031	x30160	x32601	48293
Europe	1268147	1389145	1790779	1825558	1964048
CEE	929941	1025176	1305397	1390359	1546581
AELE	294282	311766	436790	413752	389227
Océanie	6692	3844	x15708	x9289	x13551
Japan/Japon	498812	470624	491794	544676	489010
Germany/Allemagne	332219	320420	423707	412105	431189
France, Monac	137213	175570	236224	253620	307136
USA/Etats–Unis d'Amer	165484	167375	204238	225921	215089
Korea Republic	155070	165755	188396	200157	188787
Belgium–Luxembourg	103783	121184	145737	168468	181034
Italy/Italie	88418	113141	137144	182819	178417
Malaysia/Malaisie	69941	109961	131512	158770	x155856
Hong Kong	84106	107635	120329	144304	185649
Austria/Autriche	73715	98336	129634	119387	105063
United Kingdom	96670	100880	124032	119250	144703
Singapore/Singapour	125060	101499	94791	141426	124940
Sweden/Suède	98550	85381	138822	109759	106294
Switz.Liecht	73863	71516	85411	97265	115977
Canada	89340	79467	83730	89994	104930
Netherlands/Pays–Bas	68894	74853	77024	83143	84216
Former USSR/Anc. URSS	x47526	x89415	x68472	x72361	
Portugal	29724	34622	60309	63951	84209
China/Chine	18153	44202	43590	64243	168831
Spain/Espagne	25026	38632	49948	53180	82786
Yugoslavia SFR	43477	51776	47895	x21104	31190
Finland/Finlande	25745	28328	46168	45007	30702
Norway, SVD, JM	22409	28205	36745	42311	x8421
Poland/Pologne	x60566	x54453	x37342	x13283	24024
Ireland/Irlande	23388	23365	23774	28425	26496
Denmark/Danemark	24499	22387	27115	23206	x55388
Thailand/Thaïlande	837	6537	20747	38645	43792
Turkey/Turquie		13346	23474	26687	x7006
Bulgaria/Bulgarie	x14593	x17974	x34865	x6051	23913
Mexico/Mexique	16149	15431	19871	22205	
Brazil/Brésil	9489	11204	8824	20181	56769
Romania/Roumanie	x9863	12188	17226	7658	x7462
Tunisia/Tunisie	689	6171	9068	14291	11739
Australia/Australie	3066	2489	13418	7545	12026
Hungary/Hongrie	x2278	x4318	x7397	x11167	x8643
Former GDR	x58982	x15197	x6357		
Philippines	117	x6664	4819	9935	3994
Argentina/Argentine	4552	5878	5482	6939	7119
Israel/Israël	4970	4542	4926	5782	4814
Czechoslovakia	x2486	x6087	x2834	x3430	x8872
Indonesia/Indonésie	975	376	4505	7167	15336
India/Inde	994	x2341	2645	6620	x5336
Colombia/Colombie	3525	3903	2758	2365	1562
Lebanon/Liban	x1081	x3045	x3473	x1983	x1719
Saudi Arabia	420	2370	2141	x3254	x561
Saint–Kitts–Nevis	3350	x2647	x2713	x1375	x1581
Venezuela	3451	1295	3395	856	1693
Costa Rica	x757	x992	x1210	x2476	x2519
New Zealand	3544	1338	1588	1722	1428
So. Africa Customs Un	x617	x1044	x1968	x1506	x1671

(VALUE AS % OF TOTAL) (VALEUR EN % DU TOTAL)

	1983	1984	1985	1986	1987	1988	1989	1990	1991	1992		1983	1984	1985	1986	1987	1988	1989	1990	1991	1992
Africa	x9.2	x7.4	x8.8	x7.3	x6.1	x6.4	x6.0	x6.1	x3.7	x4.4	Afrique	0.5	0.5	x0.3	x0.1	x0.1	x0.1	x0.3	x0.5	x0.5	x0.3
Northern Africa	5.6	5.0	5.7	3.8	3.6	3.6	3.2	3.4	1.5	x2.2	Afrique du Nord	0.4	0.4	x0.3	0.1	0.0	0.0	0.3	0.3	0.4	0.3
Americas	x19.2	x21.4	x26.3	x23.1	19.7	x23.2	x23.8	x22.8	20.9	x21.7	Amériques	x12.1	10.3	x11.8	13.1	10.2	x10.0	9.7	10.1	10.8	
LAIA	x7.8	x4.7	x5.9	6.5	6.5	6.3	5.9	4.9	6.2		ALAI	x2.4	x2.4	x3.0	x2.7	x2.5	1.4	1.3	1.2	1.5	2.4
CACM	0.7	0.3	0.6	0.4	0.6	0.5	0.5	0.8	x0.5	0.6	MCAC	x0.0	x0.0	x0.0	x0.0	x0.0	x0.0	x0.0	x0.0	x0.1	x0.1
Asia	x42.2	40.8	x35.9	37.8	35.5	34.3	x34.9	35.0	39.4	39.3	Asie	30.8	38.0	37.0	33.6	32.2	35.2	35.5	32.8	36.7	x37.2
Middle East	x25.3	x17.9	x13.4	x12.6	9.9	6.6	5.5	5.9	5.5	6.4	Moyen–Orient	x0.6	x0.2	x0.1	x0.2	x0.1	x0.7	x0.9	x0.9	1.2	
Europe	20.5	22.1	26.8	30.2	30.5	29.4	31.1	31.6	31.6	32.4	Europe	55.1	50.1	50.7	53.0	48.7	46.3	47.2	51.6	49.3	50.3
EEC	14.7	16.6	19.6	22.1	22.1	21.7	23.3	25.2	24.4	25.7	CEE	42.2	39.5	38.7	39.3	34.9	33.9	34.9	37.6	37.6	39.6
EFTA	x5.7	x5.3	x7.0	x7.8	x8.1	7.5	7.4	7.9	6.9	6.4	AELE	12.2	9.5	10.5	12.0	12.6	10.7	10.6	12.6	11.2	10.0
Oceania	x2.0	1.6	x2.2	1.7	1.6	1.5	1.3	1.5	1.6	x1.3	Océanie	0.2	0.3	x0.4	x0.2	x0.2	0.1	x0.1	x0.4	x0.3	x0.3
USA/Etats–Unis d'Amer	7.2	10.9	15.6	11.9	10.6	13.0	13.5	12.2	11.8	12.0	Japan/Japon	20.0	23.0	22.5	19.8	17.9	18.2	16.0	14.2	14.7	12.5
Japan/Japon	3.0	3.6	4.6	4.2	4.4	5.8	6.6	6.7	7.0	5.9	Germany/Allemagne	13.1	13.7	14.6	15.4	11.8	12.1	10.9	12.2	11.1	11.0
Singapore/Singapour	3.1	3.5	4.6	5.0	5.0	6.5	6.1	6.5	7.3	6.0	France, Monac	10.1	8.6	7.4	6.2	6.2	5.0	6.0	6.8	6.9	7.9
Germany/Allemagne	3.3	3.4	4.2	4.9	4.7	5.2	5.4	5.9	6.7	7.5	USA/Etats–Unis d'Amer	9.5	7.6	8.6	6.7	4.8	6.0	5.7	5.9	6.1	5.5
Hong Kong	2.4	3.2	3.4	4.4	4.6	5.7	6.0	5.2	6.2	5.8	Korea Republic	4.3	5.4	6.1	5.2	5.7	5.6	5.4	5.4	5.4	4.8
France, Monac	2.7	2.6	3.0	4.0	4.0	4.0	4.2	4.4	4.2	4.1	Belgium–Luxembourg	4.8	3.9	3.5	4.4	3.8	4.1	4.2	4.9	4.6	4.6
United Kingdom	2.8	3.8	4.1	3.8	3.6	3.6	3.9	4.0	3.6	3.9	Italy/Italie	5.7	5.2	4.0	3.4	3.4	3.2	3.8	3.9	4.9	4.6
Canada	2.2	2.3	3.0	2.2	2.0	2.4	2.4	3.1	2.8	2.0	Malaysia/Malaisie	1.6	3.2	2.6	3.0	2.1	2.6	3.7	3.8	4.3	x4.0
Sweden/Suède	2.4	2.1	3.0	2.8	2.8	2.9	2.5	2.4	1.9	1.7	Hong Kong	1.4	1.9	2.1	2.0	3.1	3.7	3.5	3.9	3.9	4.8
Thailand/Thaïlande	1.2	1.0	0.8	1.2	0.9	1.1	1.6	2.3	2.7	2.4	Austria/Autriche	2.6	2.2	2.5	3.3	3.5	2.7	3.3	3.7	3.2	2.7

77111 LIQUID DIELEC TRANSFRMRS / TRANSFO DIELEC LIQUIDE 77111

TRADE BY COMMODITY IN THOUSAND U.S. DOLLARS – COMMERCE PAR PRODUIT EN MILLIERS DE DOLLARS E.U

IMPORTS – IMPORTATIONS

COUNTRIES–PAYS	1988	1989	1990	1991	1992
Total	x837756	x827717	x941925	x1031194	x1177924
Africa	x76856	x126354	x79147	x88511	x119231
Northern Africa	x33142	x70199	x34413	x41353	x59629
Americas	x199787	x193175	x259947	x244542	x252408
LAIA	x78078	x68367	82156	62043	88053
CACM	x1534	x6360	x13052	x10592	x15335
Asia	x252913	x255544	x302956	x366463	x452922
Middle East	x138192	x116956	x154200	x147893	x196489
Europe	191303	197467	264119	271709	316669
EEC	128181	130629	183424	189476	236880
EFTA	61235	58896	75666	76572	73495
Oceania	x13607	x8190	x14350	x23042	x17057
USA/Etats–Unis d'Amer	x95714	84094	95854	92455	93743
Saudi Arabia	x51950	x36779	x69203	x38382	x53619
Germany/Allemagne	33941	28955	48079	54942	76812
Canada	14260	18452	51051	62069	36710
Iran (Islamic Rp. of)	x14956	x10625	x31824	x46427	x50059
Sweden/Suède	28620	23651	30543	28774	22175
Hong Kong	17055	25826	21081	34951	17203
China/Chine	23069	23545	21934	34736	31949
Belgium–Luxembourg	15881	20310	33660	23772	30115
France, Monac	17440	15592	22825	25689	27168
Indonesia/Indonésie	13511	18593	13334	28468	42527
Thailand/Thaïlande	8464	8186	12559	38244	31937
Venezuela	x21341	x19332	24832	12605	14761
Former USSR/Anc. URSS	x34456	x13281	x8629	x30214	
Algeria/Algérie	x6774	x32888	x9511	x9520	x39262
Switz.Liecht	15060	12296	19816	19669	20805
Denmark/Danemark	22233	23904	15572	10585	19769
Philippines	5813	x12066	24891	12309	19045
United Kingdom	12151	11176	16143	19871	25455
Singapore/Singapour	306	10726	15776	18584	13545
Iraq	x9156	x31448	x12279	x982	x480
Mexico/Mexique	4827	11396	11624	19708	46830
Egypt/Egypte	x15676	x21973	x7098	x13576	x5991
Brazil/Brésil	x29656	20737	11966	8896	5434
Spain/Espagne	2803	7232	13381	19383	15236
Netherlands/Pays–Bas	13158	7578	16710	14296	14398
Libyan Arab Jamahiriya	x8514	x8774	x14561	x13227	x10861
United Arab Emirates	x25813	x6673	x11755	x15315	x58890
Austria/Autriche	5615	6752	11609	13663	11186
Bangladesh	x15899	x15250	x5529	x10068	x20283
Malaysia/Malaisie	7440	3538	4711	20180	x29186
Former GDR	x45124	x27296	x966		
Bahrain/Bahreïn	x3781	x3808	x1654	x22453	x9514
Finland/Finlande	7034	9850	8684	7762	7117
Nigeria/Nigéria	x11187	x12941	x5595	x7130	x10649
Chile/Chili	x476	x3260	18356	2307	x4440
Italy/Italie	6178	7279	7343	7973	9966
Kuwait/Koweït	x11851	x9905	x10871	x783	x7933
Colombia/Colombie	x10103	x5318	x5457	9761	8465
Turkey/Turquie		8110	5094	4652	1377
Korea Republic	8638	5714	6540	4913	5746
Kenya	483	x5493	2659	x8416	x1137
New Caledonia	x3267	x2110	x2246	x11317	x9294
India/Inde	1284	x9571	4414	754	x28623
Greece/Grèce	3027	6010	4649	3005	x3656
Japan/Japon	4715	1955	5387	6011	6036
Ecuador/Equateur	x8656	x6512	4302	2366	1707
Zimbabwe	x238	x4264	2456	5330	x14678
Australia/Australie	7586	5330	4156	2493	961
Norway,SVD,JM	3815	4955	3283	3711	9771

EXPORTS – EXPORTATIONS

COUNTRIES–PAYS	1988	1989	1990	1991	1992
Totale	890152	985233	1182892	1194763	1310817
Afrique	x456	x2171	x9828	x12444	x9888
Afrique du Nord	x16	x1138	x8816	12003	9386
Amériques	x65189	113701	114256	132714	202796
ALAI	x2930	14790	15997	33186	75898
MCAC			x167	x49	x114
Asie	205510	203169	240956	260309	252600
Moyen–Orient	x2111	x14543	x25070	x24840	34472
Europe	539403	549392	714338	718671	832671
CEE	371144	395861	506835	564402	671328
AELE	132207	108356	169617	143454	146863
Océanie	x2602	1677	4736	x4326	6361
Japan/Japon	164361	139535	160358	165684	151337
Germany/Allemagne	112544	95334	142282	131185	137390
France, Monac	62551	80084	102800	128959	183421
Belgium–Luxembourg	74647	85758	93992	109424	118379
USA/Etats–Unis d'Amer	x19150	65119	66262	61439	74615
Former USSR/Anc. URSS	x12062	x68542	x52360	x55282	
Italy/Italie	37489	40693	44460	79406	66758
Sweden/Suède	45889	33056	72088	31813	28250
United Kingdom	38139	33813	47358	38981	70602
Austria/Autriche	34544	33106	38549	43084	42983
Korea Republic	34997	35466	38486	31119	36506
Canada	42875	32958	31469	37764	51430
Yugoslavia SFR	35919	44974	37821	x10815	
Netherlands/Pays–Bas	14740	27228	26961	29666	28691
Finland/Finlande	18631	19301	26572	24602	19765
Switz.Liecht	27360	18113	20086	29172	40772
Turkey/Turquie		11752	19479	19755	31309
Portugal	7519	6129	20806	18491	35552
Ireland/Irlande	15795	14853	14689	14398	15402
Poland/Pologne	x22831	x24430	x12164	x5529	x1788
Romania/Roumanie	x5635	12188	17226	4864	x1854
Singapore/Singapour	101	4570	9224	20433	10143
Norway, SVD,JM	5783	4781	12314	14762	15093
Brazil/Brésil	x91	6848	4812	16146	48574
Spain/Espagne	1285	5716	7605	6864	7949
Mexico/Mexique	x945	3943	5608	9463	19393
Bulgaria/Bulgarie	x2488	x5701	x12716	x236	x1711
Tunisia/Tunisie	x6	x2	7245	10632	8012
Denmark/Danemark	6402	6183	5652	5243	6233
China/Chine	811	1054	2610	5219	12441
Argentina/Argentine	676	3274	1289	4063	4698
Australia/Australie	718	835	4073	3308	6035
Thailand/Thaïlande	131	1685	2205	3371	x1341
Lebanon/Liban	x1017	x1841	x3065	x1837	x1580
Former GDR	x33648	x3542	x2417		
Hong Kong	1623	2286	730	2842	2706
India/Inde	555	x365	1285	3777	x419
Saudi Arabia	x564	x14	2094	x3187	x392
Venezuela	x1211	x325	3253	469	986
Egypt/Egypte		x938	x1505	x1245	1245
Colombia/Colombie	x6	x401	x972	2045	1326
Israel/Israël	667	1620	137	1191	1066
New Zealand	1881	836	663	1010	326
Greece/Grèce	33	70	230	1784	x952
Bangladesh	x4	x1737	x15	55	
Czechoslovakia	x196	x55	x1169	x346	x460
Hungary/Hongrie	x132	x666	x729	x41	x638
So. Africa Customs Un	x343	x605	x622	x195	x344
Pakistan			28	x1126	
Peru/Pérou	0	x58	x996		x819

(VALUE AS % OF TOTAL)(VALEUR EN % DU TOTAL)

IMPORTS

	1983	1984	1985	1986	1987	1988	1989	1990	1991	1992
Africa		x12.2	x11.4	x12.8	x15.5	x12.9	x9.1	x15.3	x8.4	x8.6	x10.1
Northern Africa	x6.0	x5.5	x6.3	x7.4	x7.4	x4.0	x8.5	x3.7	x4.0	x5.1
Americas	x20.8	x24.4	x30.6	x21.9	x18.1	x23.8	x23.3	x27.6	x23.7	21.5
LAIA	x13.1	x12.9	x11.0	x8.4	x7.4	x9.3	8.3	8.7	6.0	7.5
CACM	x1.1	x0.2	x1.2	x0.8	x0.4	x0.2	x0.8	x1.4	x1.0	x1.3
Asia	x54.0	x50.3	x39.5	x40.1	x34.4	30.2	30.8	x32.1	x35.6	38.5
Middle East	x47.6	x42.0	x30.7	x30.1	x23.8	x16.5	14.1	x14.1	x14.3	16.7
Europe	11.1	12.2	14.8	20.2	21.6	22.8	23.9	28.0	26.3	26.9
EEC	5.9	7.5	8.8	12.5	13.5	15.3	15.8	19.5	18.4	20.1
EFTA	x5.1	x4.4	5.9	x7.3	7.3	7.1	8.0	7.4	6.2	
Oceania	x1.8	x1.7	x2.1	x2.2	x1.7	x1.6	x0.9	x1.5	x2.2	x1.4
USA/Etats–Unis d'Amer	x3.6	x8.5	x12.5	x7.8	8.1	x11.4	10.2	10.2	9.0	8.0
Saudi Arabia	x25.2	x25.0	x11.8	x11.0	x7.1	x6.2	x4.4	x7.3	x3.7	4.6
Germany/Allemagne	1.4	2.3	1.8	2.7	3.4	4.1	3.5	5.1	5.3	6.5
Canada	0.5	0.9	x3.5	x1.0	x0.3	1.7	2.2	5.4	6.0	3.1
Iran (Islamic Rp. of)	x2.7	x4.1	x2.9	x4.1	x5.9	x1.8	x1.3	x3.4	x4.5	x4.2
Sweden/Suède	3.2	2.4	3.7	3.7	3.2	3.4	2.9	3.2	2.8	1.9
Hong Kong	0.7	1.3	2.2	2.3	1.2	2.0	3.1	2.2	3.4	1.5
China/Chine					2.0	2.8	2.8	2.3	3.4	2.7
Belgium–Luxembourg	1.0	0.9	1.1	1.6	1.9	1.9	2.5	3.6	2.3	2.6
France, Monac	0.6	0.8	1.2	1.8	2.4	2.1	1.9	2.4	2.5	2.3

EXPORTS

	1983	1984	1985	1986	1987	1988	1989	1990	1991	1992
Afrique	x0.0	0.3	0.1	0.1	0.0	0.0	0.3	0.9	1.0	0.7
Afrique du Nord	x0.0	0.1	0.1	0.0	0.0	0.0	0.1	0.8	1.0	0.7
Amériques	x4.3	x1.2	x1.8	x2.2	x1.7	x7.4	11.6	9.7	11.1	15.5
ALAI	x0.4	x0.0	x0.3	x0.0	x0.1	x0.3	1.5	1.4	2.8	5.8
MCAC	x0.0							x0.0	x0.0	x0.0
Asie	x32.4	38.2	39.8	35.1	32.8	23.0	20.6	20.4	21.8	19.2
Moyen–Orient	x0.9	x0.0	x0.2	x0.2	x0.3	x0.2	x1.5	x2.1	x2.1	2.6
Europe	63.2	60.2	58.1	62.5	60.5	60.6	55.8	60.4	60.2	63.5
CEE	49.0	47.3	44.4	48.0	39.3	41.7	40.2	42.8	47.2	51.2
AELE	13.5	11.7	12.6	x13.3	15.2	14.9	11.0	14.3	12.0	11.2
Océanie	0.2	0.1	0.1	0.1	x0.2	0.3	0.2	0.4	x0.4	0.5
Japan/Japon	28.0	32.8	33.2	29.3	26.7	18.5	14.2	13.6	13.9	11.5
Germany/Allemagne	13.2	13.1	13.5	16.6	10.9	12.6	9.7	12.0	11.0	10.5
France, Monac	14.8	13.8	13.5	10.7	8.9	9.9	8.1	8.7	10.8	14.0
Belgium–Luxembourg	7.6	6.6	6.0	8.7	7.6	8.4	8.7	7.9	9.2	9.0
USA/Etats–Unis d'Amer	x3.8	x1.2	x1.4	x2.0	x1.4	2.2	6.6	5.6	5.1	5.7
Former USSR/Anc. URSS					x3.2	x1.4	x7.0	x4.6		
Italy/Italie	4.0	4.1	3.3	2.1	2.4	4.2	4.1	3.8	6.6	5.1
Sweden/Suède	5.7	4.5	5.2	2.8	4.9	5.2	3.4	6.1	2.7	2.2
United Kingdom	5.4	5.6	6.7	6.7	4.2	4.3	3.4	4.0	3.3	5.4
Austria/Autriche	4.3	3.3	3.4	4.4	5.1	3.9	3.4	3.3	3.6	3.3

77121 STATIC CONVERTERS ETC / CONVERTISSEURS STATIQUES 77121

TRADE BY COMMODITY IN THOUSAND U.S. DOLLARS – COMMERCE PAR PRODUIT EN MILLIERS DE DOLLARS E.U

COUNTRIES–PAYS	IMPORTS – IMPORTATIONS 1988	1989	1990	1991	1992	COUNTRIES–PAYS	EXPORTS – EXPORTATIONS 1988	1989	1990	1991	1992
Total	3564971	3216585	4005062	4349914	4696154	Totale	2470158	2855637	3755490	3908657	4531751
Africa	x65358	x57569	x69939	x62050	x62094	Afrique	x2946	x2619	x4967	x5292	x4832
Northern Africa	x12908	x17748	x17423	x17036	x15644	Afrique du Nord	1029	1154	2697	2122	2366
Americas	1473203	x943045	1040663	1146215	1393411	Amériques	x193576	359607	491228	507145	593173
LAIA	60052	80754	104167	144685	164779	ALAI	2496	5563	30014	21376	33852
CACM	x1205	x2498	x1581	x2044	x4148	MCAC	x511	x567	x540	x1093	x2125
Asia	554340	x589242	666962	889781	x1053303	Asie	996327	1083492	1180048	1479416	x1876282
Middle East	x54704	x50883	x52500	x67009	x81026	Moyen–Orient	x4165	x4282	x15728	x21754	x19519
Europe	1258841	1459786	2004330	2081966	2066563	Europe	1244255	1346833	1967030	1877231	2023312
EEC	989666	1151838	1595395	1674520	1642547	CEE	944950	1045408	1531829	1449956	1535079
EFTA	263762	300806	398893	399717	417143	AELE	293037	296209	432111	423254	483392
Oceania	x63777	x63742	x179184	x79769	x81513	Océanie	x4905	x3377	x5946	x5188	x7536
USA/Etats–Unis d'Amer	1335348	751117	788859	835080	1040955	Germany/Allemagne	463369	545491	810585	701470	705101
Germany/Allemagne	276429	327889	460485	492303	469022	Japan/Japon	517637	548455	539984	713504	765819
United Kingdom	204813	252824	342210	297220	269111	Hong Kong	339460	366566	362285	405924	507081
France, Monac	206791	217720	308203	341438	320904	USA/Etats–Unis d'Amer	143949	92347	186855	256571	427135
Japan/Japon	130558	172815	208117	286211	287660	France, Monac	106176	133344	160251	150614	260405
Hong Kong	120234	139909	166999	216511	330638	United Kingdom	127808	90520	147303	125114	158406
Netherlands/Pays–Bas	112364	126194	164332	163274	163274	Sweden/Suède	81330	105211	131158	114936	131501
Canada	67983	98399	135799	154005	171813	Netherlands/Pays–Bas	94574	105211	131158	127964	127059
Switz.Liecht	71831	93217	120696	114482	124712	Singapore/Singapour	71901	54777	92456	127964	121408
Singapore/Singapour	109043	72903	88958	140649	116980	Finland/Finlande	44151	63172	94535	110194	119939
Italy/Italie	77236	73104	105745	121416	125954	Switz.Liecht	84978	59126	77879	100669	141144
Sweden/Suède	82436	83540	89911	101702	90961	Canada	45994	54077	91988	87200	127984
Austria/Autriche	43467	57619	104867	112485	112389	Korea Republic	36478	57080	64649	84277	79399
Spain/Espagne	34323	56898	84510	102548	102850	Italy/Italie	46059	51815	80294	72850	90550
Belgium–Luxembourg	40969	53858	66281	77723	88995	Denmark/Danemark	50260	51572	73953	77136	81017
Korea Republic	56248	56248	61328	62091	63423	Austria/Autriche	59500	57930	79872	60087	67485
Australia/Australie	46467	51236	61691	60795	68636	China/Chine	12940	27388	82628	78815	157677
Mexico/Mexique	48547	34339	53776	81944	87782	Belgium–Luxembourg	28495	33830	48936	43649	58180
Former USSR/Anc. URSS	14588	x76320	x24131	x63573	x65920	Czechoslovakia	x17097	x23517	x69664	x12761	x2207
New Zealand	x92721	x76320	111810	9771	6865	Norway, SVD, JM	23049	25455	32520	27190	23319
Finland/Finlande	7396	7284	50459	36852	43778	Ireland/Irlande	21797	25434	31627	21937	23398
Norway, SVD, JM	34900	33810	31730	32733	44085	Malaysia/Malaisie	11565	9518	14954	32567	x163012
China/Chine	30185	31681	31508	22607	45681	Mexico/Mexique	559	2713	25739	14005	27473
Malaysia/Malaisie	37179	28987	22661	38405	x40792	Saudi Arabia	x767	x470	x12953	x18275	x15669
Denmark/Danemark	7727	13788	25623	26878	34400	Bulgaria/Bulgarie	x2435	x15304	x12711	x1394	x1716
So. Africa Customs Un	18808	18976	29750	x14744	x16320	Hungary/Hongrie	x1681	x1113	x2881	x17507	x19323
Brazil/Brésil	31832	22622	17068	26758	36899	Spain/Espagne	4973	5003	6425	8765	27410
Portugal	18698	19442	20189	25127	38616	Former USSR/Anc. URSS	x719	x2870	x14048	x1551	
Indonesia/Indonésie	5409	8226	12226	24812	25960	Israel/Israël	1376	3208	5041	4438	5881
Ireland/Irlande	15685	11698	15538	21026	19349	Former GDR	x2028	x8930	x3236		
	10811										
Turkey/Turquie	x6552	7728	16362	17264	14270	Poland/Pologne	x3269	x7612	x3348	x1132	x3112
Saudi Arabia	x15502	x11218	x9801	x15943	x16586	Australia/Australie	3120	2834	5325	2642	2947
Chile/Chili	x3359	x8586	14605	12760	x7763	Thailand/Thaïlande	344	209	880	7896	x40941
Thailand/Thaïlande	8583	10230	10046	14917	19261	Yugoslavia SFR	5327	4028	1736	x2453	
Iran (Islamic Rp. of)	x8512	x8083	x8146	x15266	x25427	Brazil/Brésil	750	1624	3059	3301	4990
Czechoslovakia	x13757	5755	6214	x9945	x14963	Philippines	260	x7114	490	260	433
Egypt/Egypte	x7828	x8693	x8036	4771	3340	Tunisia/Tunisie	939	1038	2493	1996	2111
Yugoslavia SFR	4763	6061	8228	x6577	8271	India/Inde	65	x4365	187	768	x13338
Venezuela	9342	6349	5524	8437		Portugal	1424	1298	1682	1903	1562
United Arab Emirates	x10943	x7326	x7161	x5818	x7193	Turkey/Turquie	x235	1429	1712	1641	1507
India/Inde	1125	x14905	1187	3432	x13064	So. Africa Customs Un	x1211	x1024	x1868	x1462	x1341
Argentina/Argentine	7099	6048	5259	7551	16912	Malta/Malte	x937	x1158	1331	x1518	x1982
Poland/Pologne	x2439	x2773	x3741	x12138	x12043	New Zealand	443	479	544	2492	4557
Philippines	1722	x10283	3529	3645	7918	Argentina/Argentine	926	1009	1007	1269	848
Hungary/Hongrie	x6929	x6041	x8056	3196	x10031	Colombia/Colombie	138	132	44	2603	127
Algeria/Algérie	x3057	x6034	x5629	x4835	x4757	Lebanon/Liban	x326	x639	x365	x1416	x1593
New Caledonia	x5185	x3270	x3153	x7923	x4679	Costa Rica	x500	x565	x526	x1075	x2121
Greece/Grèce	1712	4351	3232	4510	x10073	Madagascar	x6	x32	34	1156	x133
Iraq	x7980	x7864	x3205	x497	x235	Macau/Macao	84		535	458	27
Cameroon/Cameroun	x420	x642	x1318	8877	x764	Former Democratic Yemen	x1	x884			

(VALUE AS % OF TOTAL) (VALEUR EN % DU TOTAL)

	1983	1984	1985	1986	1987	1988	1989	1990	1991	1992		1983	1984	1985	1986	1987	1988	1989	1990	1991	1992
Africa	x2.4	x2.8	x2.3	x2.2	x1.7	x1.8	x1.8	x1.7	x1.4	x1.3	Afrique	x0.1	x0.0	x0.0	x0.0	x0.1	x0.1	x0.1	x0.1	x0.1	x0.1
Northern Africa	x0.6	x1.1	x0.4	x0.7	x0.5	x0.4	x0.4	x0.4	x0.4	x0.3	Afrique du Nord	x0.0	x0.0	x0.0	x0.0	0.0	0.0	0.0	0.1	0.1	0.1
Americas	35.1	x46.3	x44.6	x39.3	x40.7	41.4	x29.3	26.0	26.3	29.6	Amériques	x21.1	x22.3	x17.1	x16.1	x18.0	x7.8	12.6	13.1	13.0	13.0
LAIA	x2.2	x3.4	x2.9	x2.6	x2.6	1.7	2.5	2.6	3.3	3.5	ALAI	x9.6	x11.2	x8.0	x7.7	x9.0	0.1	0.2	0.8	0.5	0.7
CACM	x0.1	x0.1	x0.1	x0.1	x0.1	x0.0	x0.0	x0.1	x0.0	x0.1	MCAC	x0.0	x0.0	x0.0	x0.0	x0.0	x0.0	x0.0	x0.0	x0.0	x0.0
Asia	x22.1	14.7	x12.7	x13.5	13.8	15.5	x18.3	16.6	20.4	x22.4	Asie	26.5	31.0	33.5	29.8	28.8	40.3	37.9	31.4	37.9	x41.4
Middle East	x6.7	x2.9	x2.9	x2.2	x1.5	1.5	x1.6	x1.3	x1.5	x1.7	Moyen–Orient	x0.1	x0.0	x0.0	x0.0	x0.1	x0.1	x0.4	x0.4	x0.4	x0.4
Europe	39.0	34.6	38.6	42.9	39.2	35.3	45.4	50.0	47.9	44.0	Europe	47.9	42.4	49.3	53.9	52.4	50.4	47.2	52.4	48.0	44.6
EEC	27.8	27.1	30.9	34.0	31.2	27.8	35.8	39.8	38.5	35.0	CEE	37.4	32.1	38.6	40.4	39.8	38.3	36.6	40.8	37.1	33.9
EFTA	10.9	x7.3	x7.5	x8.7	x7.8	7.4	x9.4	10.0	9.2	8.9	AELE	x10.2	x10.2	x10.5	x13.1	x12.4	11.9	10.4	11.5	10.8	10.7
Oceania	x1.5	x1.5	x1.9	x2.1	x1.7	x1.8	x2.0	x4.4	x1.8	x1.7	Océanie	x0.1	0.2	x0.1	x0.1	x0.2	x0.2	x0.1	x0.2	x0.1	x0.2
USA/Etats–Unis d'Amer	28.8	38.9	38.5	33.8	36.1	37.5	23.4	19.7	19.2	22.2	Germany/Allemagne	18.3	15.2	18.8	20.2	20.1	18.8	19.1	21.6	17.9	15.6
Germany/Allemagne	7.3	6.8	8.3	10.1	9.1	7.8	10.2	11.5	11.3	10.0	Japan/Japon	20.6	24.2	28.2	24.6	22.1	21.0	19.2	14.4	18.3	16.9
United Kingdom	6.9	7.3	7.3	6.6	6.6	5.7	7.9	8.5	6.8	6.8	Hong Kong	3.2	3.4	2.6	2.4	3.1	12.8	12.8	9.6	10.4	11.2
France, Monac	4.0	3.4	4.3	6.4	6.5	5.8	6.8	7.7	7.8	6.8	USA/Etats–Unis d'Amer	11.5	9.9	8.6	6.3	5.5	5.8	10.5	5.0	6.6	5.7
Japan/Japon	2.5	1.6	2.6	2.9	2.8	3.7	5.4	5.2	6.6	6.1	France, Monac	4.9	4.9	5.5	5.9	6.6	4.3	4.3	5.0	6.6	5.7
Hong Kong	2.0	1.6	1.2	1.2	1.4	3.4	4.3	4.2	5.0	7.0	United Kingdom	5.0	4.5	4.1	4.1	4.1	5.2	4.7	3.9	3.9	3.5
Netherlands/Pays–Bas	4.4	4.5	5.0	4.5	3.5	3.2	3.9	4.1	3.5	3.8	Sweden/Suède	1.9	1.7	2.0	2.6	1.7	3.3	3.7	3.5	2.9	2.9
Canada	3.4	3.6	2.7	2.2	2.2	2.0	2.9	3.0	2.6	2.7	Netherlands/Pays–Bas	1.5	2.5	2.0	2.1	2.5	2.9	1.9	2.5	3.3	2.7
Switz.Liecht	x1.6	x1.5	x1.9	x2.4	x2.2	2.0	2.9	3.0	2.6	2.7	Singapore/Singapour	0.9	1.1	1.4	2.2	1.9	1.8	2.2	2.5	2.8	2.6
Singapore/Singapour	2.3	3.5	2.5	3.2	3.2	3.1	2.3	2.2	3.2	2.5	Finland/Finlande	0.9	1.1	1.4	2.2	1.9	1.8	2.2	2.5	2.8	2.6

685

7721 SWITCHGEAR ETC
APP COUPURE, SECTIONMNT 7721

TRADE BY COMMODITY IN THOUSAND U.S. DOLLARS – COMMERCE PAR PRODUIT EN MILLIERS DE DOLLARS E.U

COUNTRIES–PAYS	IMPORTS – IMPORTATIONS					COUNTRIES–PAYS	EXPORTS – EXPORTATIONS				
	1988	1989	1990	1991	1992		1988	1989	1990	1991	1992
Total	22392111	23469513	27264332	29284610	32474136	Totale	21132431	22858332	26499422	28276400	31368262
Africa	x884087	x893053	x1060659	x952295	x994767	Afrique	x58089	x64203	x75413	x100538	x97824
Northern Africa	341316	378830	488766	414169	x422841	Afrique du Nord	47982	51083	58707	81409	69427
Americas	5474201	5679905	6058653	6313186	x7247257	Amériques	x3123365	x3584547	x4208835	x4345044	x4768687
LAIA	742493	751414	871477	977194	1259681	ALAI	96158	134764	134250	137637	147964
CACM	25229	33013	29986	32846	x54978	MCAC	10308	12505	14539	16393	x17155
Asia	x4437626	x4733081	x5796391	x6989674	x8433842	Asie	5007971	5552823	5788527	6852779	x7727369
Middle East	x845632	x646920	x1051535	x1196757	x1596936	Moyen-Orient	x35838	x37125	x40166	x36196	x50638
Europe	9750894	10615100	13308893	13370679	14797196	Europe	12173471	12963482	15973203	16633961	18436754
EEC	7613978	8404842	10616147	10781590	12094422	CEE	9975087	10791391	13298089	13945028	15608714
EFTA	2010830	2098313	2555345	2452527	2562032	AELE	2057792	2046382	2521798	2621249	2711694
Oceania	x455135	x488858	x552036	x500074	x548756	Océanie	x70262	x82214	x108218	x132275	x144080
USA/Etats-Unis d'Amer	3399693	3576623	3794823	3930993	4482766	Germany/Allemagne	4703838	5120745	6151178	6320816	7058165
Germany/Allemagne	1760323	1943999	2476888	2607216	2857807	Japan/Japon	3922691	4158664	4210013	4939881	5362299
United Kingdom	1371174	1513276	1786395	1719404	1931236	USA/Etats-Unis d'Amer	2672999	3094948	3577507	3651526	3982757
Italy/Italie	1192153	1267282	1605214	1555495	1710848	France, Monac	2134590	2283867	2965762	3084665	3551177
France, Monac	996595	1121434	1414606	1438655	1603287	United Kingdom	1132990	1135567	1393456	1487479	1532412
Canada	1121943	1122936	1143440	1169323	1240557	Switz.Liecht	1137596	1125680	1390201	1449153	1502090
Netherlands/Pays-Bas	655248	688946	897840	923410	1006165	Italy/Italie	877353	982587	1104710	1212985	1317132
Singapore/Singapour	587725	638320	777013	940038	1013113	Netherlands/Pays-Bas	368294	422094	588635	687482	753488
Japan/Japon	592211	661890	797377	873616	838271	Singapore/Singapour	334158	448317	467486	534651	594166
Korea Republic	696322	698380	743812	833881	795857	Hong Kong	337317	420941	467798	561410	679453
Belgium-Luxembourg	562551	630990	800081	777378	857413	Sweden/Suède	464888	403502	463107	492616	489618
Spain/Espagne	474887	579865	763611	842706	894577	Austria/Autriche	281933	314068	432415	453810	495970
Switz.Liecht	584178	624465	774986	744596	759456	Belgium-Luxembourg	293729	314026	396290	387761	469731
Hong Kong	510816	592783	655333	843869	999895	Canada	260893	266368	393443	432694	473475
Sweden/Suède	547424	560576	644045	598610	610287	Spain/Espagne	166730	205081	267638	297337	392163
Former USSR/Anc. URSS	x781577	x582982	x238191	x858432		Malaysia/Malaisie	92194	136993	175579	259077	x266881
Austria/Autriche	396284	439847	584472	606112	651459	Korea Republic	143264	159402	183832	211031	x266881
Malaysia/Malaisie	219350	299243	472990	637736	x647941	Finland/Finlande	111738	136691	153767	144952	222980
Australia/Australie	339656	368426	402564	351372	380536	Ireland/Irlande	110238	110913	146591	170450	133944
Thailand/Thaïlande	203895	252134	347660	499477	559565	Denmark/Danemark	95336	99796	136755	127740	139696
Mexico/Mexique	174891	233388	297895	383530	611205	Portugal	72732	95047	120731	148013	137172
Ireland/Irlande	180888	213283	290893	319280	484699	China/Chine	62495	79659	102480	154257	326227
Norway, SVD, JM	248574	214221	262184	277408	295353	Yugoslavia SFR	238295	115851	122402	x46947	
China/Chine	245353	237876	212725	299067	571580	Poland/Pologne	x146928	x123639	x84901	x46947	
Finland/Finlande	224282	242088	274928	208384	231557	Australia/Australie	47134	62873	86832	x73933	x78865
So. Africa Customs Un	258327	237302	249147	x229926	x217075	Norway, SVD, JM	61525	65671	82230	106682	114237
Denmark/Danemark	223331	212702	253948	241030	262196	Brazil/Brésil	52102	67949	75604	80690	90035
Brazil/Brésil	254871	234535	257679	205249	217628	Dominican Republic	x53748	x55590	x70262	x93740	95161
Portugal	142169	159023	231697	261487	300503	Former USSR/Anc. URSS	x74417	x82359	x72840	x51244	x135049
Turkey/Turquie	146420	120640	226994	264363	233510	Bulgaria/Bulgarie	x172617	x122423	x57831	x11786	x11320
Saudi Arabia	2757	4992	x301851	x296835	x406522	Israel/Israël	46331	51973	77969	58116	59435
Iran (Islamic Rp. of)	x120351	x96552	x181652	x307943	x411417	Former GDR	x228295	x135251	x34122		
Israel/Israël	138906	168772	179375	232763	262529	Tunisia/Tunisie	45699	47180	48646	64123	57546
Indonesia/Indonésie	113572	113245	201729	252339	506799	Romania/Roumanie	x14316	80702	45177	17324	x5304
Algeria/Algérie	81215	136073	177931	98935	x77199	Thailand/Thaïlande	10723	37051	26582	51698	x81081
India/Inde	115287	x182708	124187	76883	x322252	Mexico/Mexique	28715	48185	25551	28737	25936
Philippines	59065	x116665	108348	153441	155863	Czechoslovakia	x41085	x46030	x23496	x26379	x49248
United Arab Emirates	x149200	x89444	x87264	x109071	x313217	Hungary/Hongrie	x21617	x20611	x26862	x31156	x48754
Yugoslavia SFR	99096	87039	102097	x95549		India/Inde	17635	x15432	27373	26782	x27827
Iraq	x188333	x158706	x97517	x17571	x5780	Greece/Grèce	19258	21668	26342	20300	x25868
Czechoslovakia	x102553	91531	83623	x92176	x201043	New Zealand	22445	19091	20845	25216	28750
Greece/Grèce	54660	74044	94904	95528	x185691	Malta/Malte	x5618	x8908	29464	x19328	x33941
Egypt/Egypte	122271	66564	81830	108111	137130	Costa Rica	10050	12395	14460	16187	x16751
Chile/Chili	50055	74983	105919	73294	x63377	Argentina/Argentine	7144	8883	14840	17517	10769
Venezuela	97867	60560	71084	118890	134754	So. Africa Customs Un	x6963	x10801	x12863	x16418	x21956
Hungary/Hongrie	x70499	x68369	x71256	94402	x104168	Turkey/Turquie	12415	7747	12954	11672	18764
Libyan Arab Jamahiriya	56208	70847	98534	61375	x59477	Cyprus/Chypre	10135	10614	9343	8801	9963
Bulgaria/Bulgarie	x174890	x172428	x20491	x31965	14825	Morocco/Maroc	2123	2975	9624	15173	9292
New Zealand	68193	71103	77277	73194	75560	Haiti/Haïti	x13511	x9396	x9640	x5035	x2273
Tunisia/Tunisie	46053	55684	72812	80103	91483	Colombia/Colombie	5633	4949	5673	8476	9620

(VALUE AS % OF TOTAL)(VALEUR EN % DU TOTAL)

	1983	1984	1985	1986	1987	1988	1989	1990	1991	1992		1983	1984	1985	1986	1987	1988	1989	1990	1991	1992
Africa	x7.1	x8.3	x6.3	x6.0	x4.4	x4.0	x3.8	x3.9	x3.3	x3.1	Afrique	0.3	0.2	0.2	x0.2	x0.2	x0.2	x0.2	x0.2	x0.4	x0.3
Northern Africa	4.0	5.1	3.7	2.7	2.1	1.5	1.6	1.8	1.4	x1.3	Afrique du Nord	0.2	0.1	0.1	0.2	0.2	0.2	0.2	0.2	0.3	x0.2
Americas	x20.0	x25.1	x24.7	x22.2	x22.3	24.5	24.2	22.2	21.5	x22.3	Amériques	x17.7	x20.2	x18.9	x13.7	x15.2	x14.8	x15.7	x15.9	x15.3	x15.2
LAIA	x5.3	x6.2	x5.9	x4.0	x4.8	3.3	3.2	3.3	3.3	3.9	ALAI	x1.8	x2.1	x2.2	x0.4	x2.8	0.5	0.6	0.5	0.5	0.5
CACM	x0.2	x0.2	x0.2	x0.1	x0.2	0.1	0.1	0.1	0.1	x0.2	MCAC	x0.0	x0.0	x0.0	x0.0	x0.1	0.1	0.1	0.1	0.1	x0.1
Asia	x30.7	22.6	x24.4	x23.3	x20.7	19.9	x20.1	21.3	23.9	x26.0	Asie	20.3	23.5	22.1	20.3	23.7	24.3	21.9	24.3	x24.7	
Middle East	x16.4	x6.0	x10.2	x8.8	x5.9	x3.8	x2.8	x3.9	x4.1	x4.9	Moyen-Orient	x0.2	x0.2	x0.2	x0.1	x0.3	x0.2	x0.2	x0.2	x0.1	x0.2
Europe	38.1	40.4	42.1	46.1	44.4	43.5	45.2	48.8	45.2	45.6	Europe	61.3	55.7	58.5	62.2	59.9	57.6	56.7	60.3	58.8	58.8
EEC	29.7	31.6	32.8	35.9	34.7	34.0	35.8	38.9	36.8	37.2	CEE	50.2	45.5	48.1	50.8	48.9	47.2	47.2	50.2	49.3	49.8
EFTA	7.7	8.0	8.5	9.4	9.1	9.0	8.9	9.4	8.4	7.9	AELE	10.2	9.2	9.4	10.5	10.3	9.7	9.0	9.5	9.3	8.6
Oceania	2.3	x2.4	x2.4	x2.4	x2.0	x2.1	x2.1	x2.1	x1.7	x1.7	Océanie	0.2	0.3	x0.3	x0.2	x0.3	x0.3	x0.4	x0.4	x0.5	x0.5
USA/Etats-Unis d'Amer	11.1	15.1	15.2	14.7	14.5	15.2	15.2	13.9	13.4	13.8	Germany/Allemagne	20.5	19.0	20.9	23.3	23.1	22.3	22.4	23.2	22.4	22.5
Germany/Allemagne	7.3	7.8	8.3	9.3	8.7	7.9	8.3	9.1	8.9	8.8	Japan/Japon	14.7	17.3	16.1	17.3	16.6	18.6	18.2	15.9	17.5	17.1
United Kingdom	5.6	6.7	6.7	6.7	6.5	6.1	6.4	6.6	5.9	5.9	USA/Etats-Unis d'Amer	15.0	16.8	15.3	12.3	11.4	12.6	13.5	13.5	12.9	12.7
Italy/Italie	3.4	3.9	4.1	4.8	5.0	5.3	5.4	5.9	5.3	5.3	France, Monac	11.8	10.8	10.5	11.3	10.5	10.1	10.0	11.2	10.9	11.3
France, Monac	4.0	3.9	4.1	4.6	4.5	4.8	5.2	4.9	4.9	4.9	United Kingdom	6.5	6.1	6.4	6.1	5.4	5.0	5.3	5.3	4.9	
Canada	2.4	2.8	2.6	2.4	2.0	5.0	4.8	4.2	4.0	3.8	Switz.Liecht	5.2	5.3	6.0	6.0	5.4	4.9	5.2	5.1	4.8	
Netherlands/Pays-Bas	2.8	3.0	3.2	3.4	3.1	2.9	2.9	3.3	3.2	3.1	Italy/Italie	5.2	4.0	4.3	4.2	4.2	4.3	4.3	4.3	4.2	
Singapore/Singapour	2.3	2.5	2.2	2.3	2.3	2.6	2.7	2.8	3.2	3.2	Netherlands/Pays-Bas	2.5	2.1	2.1	2.2	1.8	1.7	1.8	2.2	2.4	2.4
Japan/Japon	2.6	3.2	2.9	2.7	2.4	2.6	2.8	2.9	3.0	2.6	Singapore/Singapour	1.5	1.5	1.4	1.2	1.2	1.6	2.0	1.8	1.9	1.9
Korea Republic	2.0	2.3	2.2	3.2	2.8	3.1	3.0	2.7	2.8	2.5	Hong Kong	0.6	0.8	0.8	0.9	1.1	1.6	1.8	1.8	2.0	2.2

7723 FIXED, VARIABLE RESISTORS / POTENTIOMETRES PIECES 7723

TRADE BY COMMODITY IN THOUSAND U.S. DOLLARS – COMMERCE PAR PRODUIT EN MILLIERS DE DOLLARS E.U

IMPORTS – IMPORTATIONS

COUNTRIES–PAYS	1988	1989	1990	1991	1992
Total	2079291	2152237	2429210	2583698	2729284
Africa	31454	x33045	37330	x24851	x25157
Northern Africa	17022	18674	23635	17150	15169
Americas	479485	x492535	511251	498201	571545
LAIA	75811	63494	74995	71813	76286
CACM	x6023	x6370	x3508	x1618	x2411
Asia	633022	688105	817080	991135	x1093952
Middle East	x9883	x20394	x26175	x30745	x31170
Europe	861781	852215	1007916	1027155	999109
EEC	725148	715972	851741	886090	851233
EFTA	131069	129915	150245	137828	142771
Oceania	x22618	x26826	x26043	x22794	x25891
USA/Etats–Unis d'Amer	342128	366136	375267	366467	427928
Germany/Allemagne	238289	241932	325983	365155	315324
Singapore/Singapour	157822	184674	213538	233497	267377
Hong Kong	140488	142402	172073	196818	203162
Malaysia/Malaisie	49911	73411	119617	191966	x138437
United Kingdom	134235	125699	132708	126541	137471
France, Monac	114923	115044	138112	127027	129250
Korea Republic	130836	107776	106951	116631	118726
Italy/Italie	95354	91525	104174	99080	99613
Japan/Japon	54971	60265	69079	76890	77137
Canada	50352	47744	50341	50967	58382
Austria/Autriche	29682	34832	44969	43894	43814
Netherlands/Pays–Bas	41790	40024	40125	41643	43540
Switz.Liecht	35806	35151	39535	38433	37019
Sweden/Suède	35471	37219	38936	34353	37563
Spain/Espagne	30850	33024	35354	37794	41640
Brazil/Brésil	17940	31424	38216	33376	32401
Thailand/Thailande	11316	20065	35195	44894	60577
China/Chine	32557	31760	20932	29572	102312
Portugal	18137	18283	23347	26358	22221
Australia/Australie	19730	23818	23549	20102	21546
Belgium–Luxembourg	22699	18737	20543	22318	20886
Ireland/Irlande	13600	17929	16163	26280	26382
India/Inde	20139	x19411	21890	14277	x28280
Turkey/Turquie		9911	17657	22466	19090
Mexico/Mexique	34441	14518	15478	17563	21796
Finland/Finlande	22902	15131	18448	12458	16258
Israel/Israël	12347	12176	14992	18481	23290
Denmark/Danemark	13568	12181	12824	10690	12442
Former USSR/Anc. URSS	x14520	x19703	x8680	x6150	
Indonesia/Indonésie	9426	6646	12392	12302	21139
Philippines	1038	x7267	2024	19653	14834
So. Africa Customs Un	12049	10606	10755	x4838	x6384
Norway,SVD,JM	6867	7124	8023	8353	7870
Romania/Roumanie	x727	11367	7654	1153	x261
Tunisia/Tunisie	2377	5179	7276	7138	6135
Egypt/Egypte	8193	7816	7905	3173	5740
Hungary/Hongrie	x3438	x4628	x6109	7728	x6897
Argentina/Argentine	9236	5175	4970	8045	14114
Yugoslavia SFR	5403	6069	5576	x3045	
Venezuela	3300	2379	6391	5322	3995
Colombia/Colombie	6903	5836	4961	3289	2585
Iran (Islamic Rp. of)	x4222	x4111	x4223	x4114	x5248
Former GDR	x18233	x10924	x1279		
Algeria/Algérie	4135	3833	3851	3809	x1357
Costa Rica	x5876	6315	x3326	x1586	x2242
Czechoslovakia	x3558	4407	4068	x2477	x4056
Dominican Republic	x2031	x4715	x2142	x1088	x1007
Greece/Grèce	1703	1596	2407	3205	x2464
Bulgaria/Bulgarie	x7543	x5934	x775	x296	114

EXPORTS – EXPORTATIONS

COUNTRIES–PAYS	1988	1989	1990	1991	1992
Totale	1942838	1973666	2126203	2276083	2497802
Afrique	x4245	x5000	x5761	x4514	x5180
Afrique du Nord	4084	4670	5385	4298	4980
Amériques	x301619	x330921	x300966	x295011	x334340
ALAI	15843	22435	16084	20618	20672
MCAC	x11237	x20142	x8952	x9714	x15269
Asie	923524	937983	1006288	1140062	x1270717
Moyen–Orient	x66	x337	x569	x293	x646
Europe	689349	676677	799018	818640	872921
CEE	583887	579493	678616	677383	721522
AELE	99737	91731	113327	135893	146166
Océanie	235	x302	x263	x611	x192
Japan/Japon	716545	674217	700237	751025	809888
USA/Etats–Unis d'Amer	250026	263799	255711	247404	265754
Germany/Allemagne	195095	180361	235485	255162	266727
United Kingdom	101999	96795	103217	104173	114018
Singapore/Singapour	62693	81378	88511	115686	124718
Austria/Autriche	73582	67563	80067	102132	111474
Ireland/Irlande	55363	54556	67720	64078	97066
France, Monac	48494	47218	59912	61976	61486
Netherlands/Pays–Bas	62937	56389	63806	48892	50257
Malaysia/Malaisie	26596	36905	53705	70017	x78921
Hong Kong	38598	49211	48043	61775	72500
Belgium–Luxembourg	47388	48954	56133	49584	45288
Korea Republic	35877	44545	44605	42729	40588
Israel/Israël	24031	26467	33026	42313	53353
Spain/Espagne	18924	40544	29075	30462	31466
China/Chine	12003	17967	25928	31915	50530
Italy/Italie	22849	21915	23781	22237	26949
Switz.Liecht	20984	18696	22653	25597	27698
Portugal	20925	17934	22087	23763	19981
Brazil/Brésil	15356	18092	14025	17811	17186
Denmark/Danemark	9861	14656	17360	16985	8151
Costa Rica	x11222	x20115	x8938	x9713	x15260
Thailand/Thailande	4874	4745	9057	15571	x20688
Canada	11144	11339	9022	5651	6666
Barbados/Barbade	6339	7669	8562	9592	x22368
Former USSR/Anc. URSS	x3111	x9116	x5305	x5877	
Yugoslavia SFR	5709	5440	7071	5433	x5353
Sweden/Suède	4351	4321	5215	4237	5935
Tunisia/Tunisie	4074	4653	5099		4734
Hungary/Hongrie	x363	x1011	x2996	x6290	x7858
Poland/Pologne	x5468	x3784	x2511	x2197	x2382
Former GDR	x8653	x4878	x1386		
Czechoslovakia	x1823	x2293	x1144	x2652	x3793
India/Inde	1687	x850	2283	2934	x2099
Mexico/Mexique	341	1596	1666	2576	3241
Finland/Finlande	358	668	3273	1004	458
Norway,SVD,JM	461	484	2120	1727	600
Philippines	1	x332		3917	14299
Panama	x2482	x2641	196	x184	252
Venezuela	16	2555	56	3	26
Saint–Kitts–Nevis	15	x402	x1048	x816	x1488
Sri Lanka	108	509	0	1450	1914
Haiti/Haïti	x1012	x686	x652	x337	x779
Romania/Roumanie	x328	1511	x116	24	x181
Dominican Republic	x318	x813	x612	x91	x111
Saint Lucia/St. Lucie	x3150	x859	0	581	x875
Australia/Australie	180	266	223	564	138
Bulgaria/Bulgarie	x4103	x180	x437	x206	x240
Korea Dem People's Rp	x327	x202	x94	x256	x340
Viet Nam		x260	x112	x140	x114

(VALUE AS % OF TOTAL) (VALEUR EN % DU TOTAL)

Imports

	1983	1984	1985	1986	1987	1988	1989	1990	1991	1992
Africa	2.1	x1.0	1.3	1.7	1.6	1.5	x1.5	1.5	x1.0	x0.9
Northern Africa	1.6	0.6	0.9	1.2	1.2	0.8	0.9	1.0	0.7	0.6
Americas	x27.8	33.1	29.0	x23.2	23.7	23.1	22.9	21.0	19.3	20.9
LAIA	x6.4	x6.7	5.8	3.8	6.1	3.6	3.0	3.1	2.8	2.8
CACM	x0.7	x0.3	x0.3	x0.3	x0.5	x0.3	x0.3	x0.1	x0.1	x0.1
Asia	20.2	20.6	19.0	21.5	24.3	30.4	32.0	33.7	38.4	x40.1
Middle East	x1.6	x1.2	x1.5	x1.2	x0.9	x0.5	x0.9	x1.1	x1.2	x1.1
Europe	48.9	44.2	49.2	52.4	46.4	41.4	39.6	41.5	39.8	36.6
EEC	36.4	32.2	35.3	38.2	33.7	34.9	33.3	35.1	34.3	31.2
EFTA	11.9	11.6	13.5	13.8	12.4	6.3	6.0	6.2	5.3	5.2
Oceania	1.0	x1.1	x1.4	x1.2	x1.0	x1.1	x1.2	x1.1	x0.9	x0.9
USA/Etats–Unis d'Amer	18.5	23.7	20.1	16.5	15.0	16.5	17.0	15.4	14.2	15.7
Germany/Allemagne	9.9	10.1	12.1	12.4	11.0	11.5	11.2	13.4	14.1	11.6
Singapore/Singapour	4.2	4.8	3.7	5.0	5.1	7.6	8.6	8.8	9.0	9.8
Hong Kong	3.8	4.0	3.0	4.2	5.4	6.8	6.6	7.1	7.6	7.4
Malaysia/Malaisie	3.4	3.9	2.8	1.6	1.8	2.4	3.4	4.9	7.4	x5.1
United Kingdom	5.7	5.7	5.9	6.3	5.7	6.5	5.8	5.5	4.9	5.0
France, Monac	5.7	5.8	5.5	5.8	5.2	5.5	5.3	5.7	4.9	4.7
Korea Republic	3.1	3.5	3.6	5.1	5.3	6.3	5.0	4.4	4.5	4.3
Italy/Italie	8.0	3.8	4.3	4.5	4.3	4.6	4.3	4.3	3.8	3.6
Japan/Japon	1.9	2.2	2.3	2.1	2.2	2.6	2.8	2.8	3.0	2.8

Exports

	1983	1984	1985	1986	1987	1988	1989	1990	1991	1992
Afrique	0.4	0.1	0.1	x0.2	x0.2	x0.2	x0.2	x0.3	x0.2	x0.2
Afrique du Nord	0.4	0.1	0.1	0.2	0.2	0.2	0.2	0.3	0.2	0.2
Amériques	x24.5	x24.9	22.2	x17.4	x18.1	15.5	16.7	x14.2	x12.9	x13.4
ALAI	x5.7	x5.3	5.1	0.9	x4.4	0.8	1.1	0.9	0.9	0.8
MCAC	x1.3	x0.5	x0.3	x0.7	x0.6	x0.6	x1.0	x0.4	x0.4	x0.6
Asie	31.2	36.4	33.6	37.6	39.9	47.5	47.5	47.3	50.1	x50.9
Moyen–Orient	x0.0	x0.0	x0.0	x0.0	x0.0	x0.0	x0.0	x0.0	x0.0	x0.0
Europe	43.7	38.4	44.0	44.8	40.0	35.5	34.3	37.6	36.0	34.9
CEE	32.1	28.4	32.3	32.9	29.1	30.1	29.4	31.9	29.8	28.9
AELE	9.4	8.8	11.3	11.2	10.1	5.1	4.6	5.3	6.0	5.9
Océanie	x0.2	0.2	0.2	x0.0	x0.0	x0.0	x0.0	x0.0	x0.0	x0.0
Japan/Japon	24.6	27.3	25.0	30.4	30.2	36.9	34.2	32.9	33.0	32.4
USA/Etats–Unis d'Amer	17.1	18.5	16.4	14.8	12.4	12.9	13.4	12.0	10.9	10.6
Germany/Allemagne	10.0	7.5	8.6	9.5	8.8	10.0	9.1	11.1	11.2	10.7
United Kingdom	5.5	4.8	6.5	4.8	5.0	5.3	4.9	4.9	4.6	4.6
Singapore/Singapour	1.7	1.9	1.9	1.7	3.1	3.2	4.1	4.2	5.1	5.0
Austria/Autriche	6.1	5.5	6.9	6.3	5.6	3.8	3.4	3.8	4.5	4.5
Ireland/Irlande	1.7	2.0	1.3	1.4	1.9	2.8	2.8	3.2	2.8	3.9
France, Monac	2.3	2.3	3.1	3.6	3.3	2.5	2.4	2.8	2.7	2.5
Netherlands/Pays–Bas	5.6	4.9	5.4	5.4	3.5	3.2	2.9	3.0	2.1	2.0
Malaysia/Malaisie	1.1	2.5	1.8	1.1	1.0	1.4	1.9	2.5	3.1	x3.2

7731 INSULATED WIRE, CABLE ETC / FILS, CABLES ISOLES ELECT 7731

TRADE BY COMMODITY IN THOUSAND U.S. DOLLARS – COMMERCE PAR PRODUIT EN MILLIERS DE DOLLARS E.U

COUNTRIES–PAYS	IMPORTS – IMPORTATIONS					COUNTRIES–PAYS	EXPORTS – EXPORTATIONS				
	1988	1989	1990	1991	1992		1988	1989	1990	1991	1992
Total	10534012	11885703	13360297	14844857	16234160	Totale	8546695	9929507	11662180	12404058	14233497
Africa	x399550	x362146	x442593	x425735	x488150	Afrique	x42810	x54665	x104083	x126323	x188490
Northern Africa	191935	169359	213731	215625	x275578	Afrique du Nord	28489	40646	84438	111024	172089
Americas	3510095	3817145	3935458	3981972	4665345	Amériques	2023276	2464603	2472703	2676949	3063748
LAIA	188336	214727	241782	294645	448552	ALAI	270392	421152	285528	256553	282704
CACM	14844	14964	19662	18676	x16803	MCAC	9517	12157	10822	10457	x10222
Asia	x1873722	x2307166	x2788445	x3369596	x3799402	Asie	1755127	1969359	2328978	2782054	x3559972
Middle East	x537739	x492296	x601428	x676197	x681995	Moyen–Orient	x147341	x136058	x182175	x209329	x260433
Europe	3855868	4529061	5678315	6024003	6786371	Europe	4256129	4922884	6278835	6360371	6936894
EEC	3111544	3702834	4678343	5042202	5731142	CEE	3352299	3834395	5000240	5238705	5778952
EFTA	696285	771756	941627	925813	951604	AELE	708554	852710	1031252	1005537	1058950
Oceania	x156805	x193520	x227428	x304337	x236911	Océanie	32629	56272	81162	x89130	x82763
USA/Etats–Unis d'Amer	2632150	2795397	2881704	2853557	3351137	USA/Etats–Unis d'Amer	1456499	1705442	1887365	2172307	2501990
Germany/Allemagne	908670	1083195	1502083	1841479	2270841	Germany/Allemagne	1096646	1228969	1525199	1580668	1703413
United Kingdom	597131	695930	746246	755392	827718	Japan/Japon	826536	901979	946564	1056898	1148822
France, Monac	504832	603101	738411	794118	838888	France, Monac	486915	581413	683967	744149	849974
Canada	594688	702981	678110	702370	764611	United Kingdom	369943	417967	683000	574687	518015
Hong Kong	354544	462070	566359	588396	669892	Italy/Italie	395393	459671	569539	619689	685236
Former USSR/Anc. URSS	x546686	x517560	x177481	x556282		Austria/Autriche	263781	294995	403064	440053	463842
Singapore/Singapour	267738	312440	374588	462778	514748	Belgium–Luxembourg	283703	309289	349896	356283	353968
Netherlands/Pays–Bas	304236	307087	410014	383920	421928	Portugal	110558	193334	310182	368360	513303
Japan/Japon	150651	222204	344856	467457	522500	Spain/Espagne	158427	173191	292076	394417	536551
Belgium–Luxembourg	231147	275362	321680	341922	366222	Hong Kong	181231	232017	278633	345715	458124
Sweden/Suède	234537	259586	310604	286195	281762	Canada	278190	314610	271419	224821	254217
Spain/Espagne	123057	220890	255874	283242	294192	Ireland/Irlande	185591	229733	275663	242585	254348
Austria/Autriche	160263	191999	251668	275717	306932	Sweden/Suède	163384	193852	257431	252816	241095
Italy/Italie	160749	197425	281233	233203	256641	Mexico/Mexique	190553	293440	151659	156912	170768
Malaysia/Malaisie	66411	118209	193662	275018	x237068	Netherlands/Pays–Bas	193484	148754	195742	255699	244634
China/Chine	119720	179133	192613	205292	339201	Yugoslavia SFR	193213	233708	244923	x113673	
Switz.Liecht	146768	153484	182145	166117	157123	Korea Republic	216228	161381	156301	274354	346860
Portugal	68972	101956	174469	159587	176109	Thailand/Thaïlande	75055	137562	178378	188817	x261270
Australia/Australie	85285	129512	144628	144204	159263	Singapore/Singapour	108788	134675	156712	191735	180335
Thailand/Thaïlande	75071	109073	129363	163930	196725	Philippines	57905	x99593	158131	183219	267876
Iran (Islamic Rp. of)	x38500	x43699	x122193	x234141	x184796	Poland/Pologne	x62867	x133193	x140098	x136470	x119760
Saudi Arabia	166814	149801	x128924	x114191	x143150	Finland/Finlande	138516	153422	155481	96418	119155
Denmark/Danemark	120051	106858	114246	112883	126102	Switz.Liecht	107535	112020	141045	150564	119200
Mexico/Mexique	75370	86920	92773	135934	190651	Malaysia/Malaisie	43414	81195	111532	147943	x156744
Ireland/Irlande	82020	92519	110347	111062	114117	Turkey/Turquie	112931	44115	102720	133626	214640
Korea Republic	92020	97356	78987	115931	114204	China/Chine	46606	61716	84107	113995	418370
Finland/Finlande	69081	88919	101295	97925	98176	Norway, SVD, JM	35279	98398	74211	113995	418370
Norway, SVD, JM	78957	70671	88268	89000	98208	Brazil/Brésil	45053	72932	77689	65632	60761
Indonesia/Indonésie	40747	70229	72957	81596	120953	Hungary/Hongrie	x8590	x22929	x47142	x107097	x172386
Philippines	22772	x49176	65107	93573	88911	Czechoslovakia	x72416	x64203	x70968	x36225	x97156
Turkey/Turquie	32191	44845	80594	81980	135827	Former USSR/Anc. URSS	x21034	x46081	x42155	x77537	
United Arab Emirates	x90080	x43423	x61883	x87030	x99288	Denmark/Danemark	39934	43319	51600	60260	54305
Iraq	x85026	x87694	x64399	x15173	x1325	Greece/Grèce	31706	48755	63376	41908	x65205
Pakistan	51171	32701	38364	82337	96309	Former GDR	x248273	x115182	x34320		
New Zealand	21466	28711	27281	96508	30325	Tunisia/Tunisie	13256	19364	58603	65248	117272
Brazil/Brésil	44142	40781	51905	55298	50341	Australia/Australie	23301	29095	40316	60062	51907
Egypt/Egypte	70756	46382	52359	48444	66295	Bulgaria/Bulgarie	x11629	x60515	x51074	x9816	x6708
Libyan Arab Jamahiriya	44814	38100	61382	41472	x30990	New Zealand	9029	26671	40335	27217	25915
Hungary/Hongrie	x28928	x26062	x29494	81875	x95572	Morocco/Maroc	12959	19330	23518	36567	47979
Israel/Israël	30020	31386	39834	59868	61939	India/Inde	38101	x2701	41369	29582	x9856
India/Inde	23580	x74241	33889	19218	x86119	Israel/Israël	12002	16429	27427	23809	26243
Poland/Pologne	x40527	x52577	x30172	x44485	x55078	Bahrain/Bahreïn	x8833	x20476	x20732	x21405	x806
Yugoslavia SFR	35817	40475	44101	x39247		Venezuela	8689	17264	24348	14685	7027
Algeria/Algérie	44740	46233	35597	41958	x59919	Kuwait/Koweit	x1910	26749	x14761	x11010	x1918
Oman	27037	27174	35154	33676	x8967	Saudi Arabia	9185	17327	x10543	x16681	x17312
So. Africa Customs Un	45666	32180	38378	x24293	x32008	Argentina/Argentine	6101	15400	13039	15206	5065
Tunisia/Tunisie	18383	12287	35596	44925	71309	Peru/Pérou	13421	14500	11715	x9834	x5993
Chile/Chili	12059	31102	34365	24394	x22547	United Arab Emirates	x9870	x11606	x10818	x9311	x15691
Qatar	x15869	x12502	x36432	34584	x23002	So. Africa Customs Un	x6090	x12255	x8021	x8638	x12053

(VALUE AS % OF TOTAL)(VALEUR EN % DU TOTAL)

	1983	1984	1985	1986	1987	1988	1989	1990	1991	1992		1983	1984	1985	1986	1987	1988	1989	1990	1991	1992
Africa	8.9	7.2	x7.0	x5.6	x4.0	3.8	3.1	3.3	x2.9	x3.0	Afrique	0.2	x0.5	0.3	x0.3	x0.4	0.5	x0.5	0.9	x1.0	x1.3
Northern Africa	5.8	4.0	3.9	3.1	2.1	1.8	1.4	1.6	1.5	x1.7	Afrique du Nord	0.1	0.2	0.2	0.3	0.4	0.3	0.4	0.7	0.9	1.2
Americas	20.8	29.1	33.1	x35.7	x33.5	33.3	32.1	29.4	26.9	28.8	Amériques	x16.8	23.7	23.8	x29.2	x20.7	23.9	24.8	21.2	21.6	21.6
LAIA	1.0	4.5	3.8	x7.5	x7.1	1.8	1.8	1.8	2.0	2.8	ALAI	3.2	5.5	4.9	x13.2	x2.3	3.2	4.2	2.4	2.1	2.0
CACM	x0.2	0.3	0.3	x0.2	x0.3	0.1	0.1	0.1	0.1	x0.1	MCAC	0.1	0.1	0.1	x0.1	x0.1	0.1	0.1	0.1	0.1	x0.1
Asia	x38.5	31.3	x24.4	x20.3	x18.1	x17.8	x19.4	x20.9	x22.7	x23.4	Asie	23.5	21.0	19.6	18.3	19.1	20.5	19.8	20.0	22.4	x25.1
Middle East	x23.1	x16.6	x12.2	x8.9	x5.9	x4.5	x4.1	x4.5	4.6	4.2	Moyen–Orient	x0.5	x1.6	x1.4	x1.6	x2.9	x1.7	x1.4	x1.6	x1.7	1.8
Europe	28.9	29.9	34.3	36.9	35.2	36.6	38.1	42.5	40.6	41.8	Europe	58.6	54.0	56.0	51.8	54.5	49.8	49.6	53.8	51.3	48.7
EEC	23.5	23.7	27.2	29.3	28.1	29.5	31.2	35.0	34.0	35.3	CEE	48.4	42.2	41.4	43.0	39.2	38.6	42.9	42.2	40.6	
EFTA	5.3	5.3	6.2	7.1	6.6	6.6	6.5	7.0	6.2	5.9	AELE	10.3	8.2	8.5	8.9	9.8	8.3	8.6	8.8	8.1	7.4
Oceania	1.4	1.3	x1.3	x1.6	x1.2	x1.5	x1.6	x1.7	2.0	x1.5	Océanie	x0.5	x0.4	0.3	x0.3	x0.3	0.4	0.6	0.7	x0.7	x0.5
USA/Etats–Unis d'Amer	15.7	20.7	26.1	25.1	23.8	25.0	23.5	21.6	19.2	20.6	USA/Etats–Unis d'Amer	14.0	15.3	16.2	13.9	16.5	17.0	17.2	16.2	17.5	17.6
Germany/Allemagne	6.1	5.8	6.9	7.9	8.4	8.6	9.1	11.2	12.4	14.0	Germany/Allemagne	13.1	11.6	12.8	13.0	13.6	12.8	12.4	13.1	12.7	12.0
United Kingdom	4.2	4.8	5.4	5.3	5.0	5.7	5.9	5.6	5.1	5.1	Japan/Japon	18.0	14.7	13.8	11.9	10.0	9.7	9.1	8.1	8.5	8.1
France, Monac	5.0	4.5	4.8	5.1	4.8	4.8	5.1	5.5	5.3	5.2	France, Monac	8.9	7.8	8.4	6.4	6.3	5.7	5.9	5.9	6.0	6.0
Canada	3.1	2.5	1.7	1.5	1.4	5.6	5.9	5.1	4.7	4.7	United Kingdom	8.3	6.1	7.2	4.9	4.6	4.3	4.2	5.9	4.6	3.6
Hong Kong	2.6	2.7	2.5	2.5	2.6	3.4	3.9	4.2	4.0	4.1	Italy/Italie	6.9	6.4	4.8	5.1	5.2	4.6	4.6	4.9	5.0	4.8
Former USSR/Anc. URSS	1.6	1.3		x6.4	x5.2	x4.4	x1.3	x3.7			Austria/Autriche	1.9	2.0	2.1	2.1	2.9	3.1	3.0	3.5	3.5	3.3
Singapore/Singapour	3.9	2.9	3.0	2.8	2.2	2.6	2.8	3.1	3.1	3.2	Belgium–Luxembourg	3.1	2.6	2.5	2.8	3.2	3.3	3.1	3.0	2.9	2.5
Netherlands/Pays–Bas	2.5	2.9	3.6	3.6	2.9	2.9	2.6	3.1	2.6	2.6	Portugal	0.6	0.7	1.1	1.3	1.8	1.3	1.9	2.7	3.0	3.6
Japan/Japon	0.9	1.0	1.1	1.0	1.1	1.4	1.9	2.6	3.1	3.2	Spain/Espagne	2.4	2.1	1.9	2.0	2.4	1.9	1.7	2.5	3.2	3.8

7732 ELECTRC INSULATING EQUIP / Equip ISOL ELECTRIQUE 7732

TRADE BY COMMODITY IN THOUSAND U.S. DOLLARS – COMMERCE PAR PRODUIT EN MILLIERS DE DOLLARS E.U

IMPORTS – IMPORTATIONS

COUNTRIES-PAYS	1988	1989	1990	1991	1992
Total	1279349	1336696	1548197	1707624	1868466
Africa	x62623	x58429	x91332	x80424	x97977
Northern Africa	28250	30187	56336	49781	x58515
Americas	290674	276234	258364	281879	303308
LAIA	85515	65179	71782	91280	108196
CACM	2643	2890	2594	2561	x4187
Asia	304290	x330532	x394929	488338	x559329
Middle East	x72895	x76222	x78897	x85249	x91098
Europe	563351	611698	756530	783803	846832
EEC	452042	502145	623263	634855	702686
EFTA	101367	99017	122295	126360	134561
Oceania	x30123	x34284	x30137	x40382	x28757
Germany/Allemagne	108973	113447	142176	141793	136589
USA/Etats-Unis d'Amer	102828	101127	98728	91399	105547
France,Monac	74088	84995	100820	91694	79298
Canada	90679	96614	75938	83138	72014
Belgium-Luxembourg	61487	67258	76891	70960	70104
United Kingdom	61223	57182	67489	74732	79827
Italy/Italie	48262	57476	69726	67399	99884
Spain/Espagne	30052	44061	60332	72683	67678
Philippines	22572	x38988	44306	62340	66901
Singapore/Singapour	37306	39056	42813	57146	49011
Korea Republic	27690	32350	40806	62423	59388
Thailand/Thaïlande	28461	35745	47756	43032	59242
Portugal	15237	26529	40412	53249	55167
Mexico/Mexique	23644	25726	31923	47731	x49298
Malaysia/Malaisie	18887	20388	32178	45314	39072
Austria/Autriche	24973	23051	30314	39525	34895
Sweden/Suède	26309	26499	32832	31503	31112
Switz.Liecht	25265	25496	33100	30164	37090
Netherlands/Pays-Bas	25260	23695	31350	32467	31855
China/Chine	20467	20568	25260	31653	30509
Turkey/Turquie	7491	18592	23169	31051	50055
Indonesia/Indonésie	31564	17004	20080	32378	19347
Australia/Australie	22168	21454	20503	26506	20567
Saudi Arabia	35263	24772	x27610	x14143	x20705
Japan/Japon	11926	11238	16070	20873	12336
Hong Kong	4889	7933	16695	18031	x21341
Iran (Islamic Rp. of)	x4515	x8858	x5101	x28029	x15487
So. Africa Customs Un	14099	12826	15147	x13441	16663
Norway,SVD,JM	13514	12704	13543	14044	
Yugoslavia SFR	8442	8699	9731	x21685	
Egypt/Egypte	11210	5726	14604	18748	25544
Ireland/Irlande	10312	10698	13267	12321	12653
Denmark/Danemark	13093	10721	13200	11855	21980
Finland/Finlande	10871	10813	11849	10269	12317
Brazil/Brésil	14582	11310	12613	8953	9250
Venezuela	28954	9961	8214	12866	11199
Israel/Israël	9032	6688	10770	11187	10413
India/Inde	10539	x13363	7281	6019	x17773
Algeria/Algérie	5441	3585	18669	4241	x8874
Tunisia/Tunisie	3096	5424	7253	13769	10881
Former USSR/Anc. URSS	x4498	x6270	x3376	x14223	9897
Morocco/Maroc	4205	6619	8774	8181	10528
Colombia/Colombie	4471	6206	5839	9810	4274
New Zealand	4260	9075	5296	7161	x7956
Greece/Grèce	4055	6083	7600	5702	x238
Iraq	x11517	x15617	x2226	x575	x3053
Libyan Arab Jamahiriya	4141	7901	6649	x3729	x13120
Czechoslovakia	x3984	7080	5531	x5540	x13094
Hungary/Hongrie	x3717	x3670	x5537	8115	x6331
Chile/Chili	2912	4175	6085	3174	

EXPORTS – EXPORTATIONS

COUNTRIES-PAYS	1988	1989	1990	1991	1992
Totale	1358232	1388387	1588055	1685313	1941953
Afrique	x1040	x490	x852	x615	x1004
Afrique du Nord	87	76	x23	62	x337
Amériques	235341	248117	244955	311979	369948
ALAI	20121	25561	24544	26076	24110
MCAC	x22	19	x12	27	x14
Asie	333430	x401904	431437	440796	x499382
Moyen-Orient	4902	4944	x1566	x1226	x2252
Europe	657122	688656	873147	905546	1047762
CEE	559063	581863	736368	766945	894735
AELE	83497	91651	126876	132156	146260
Océanie	4585	4608	x6732	x7998	7330
Japan/Japon	292307	332989	348248	354224	412502
Germany/Allemagne	206038	210272	262847	282672	332075
USA/Etats-Unis d'Amer	204325	214223	210667	276698	336335
Belgium-Luxembourg	90369	110044	137971	152128	158183
United Kingdom	117491	112415	133255	126121	129311
France,Monac	81984	82308	116666	106001	141728
Switz.Liecht	43460	50275	71676	72937	65978
Austria/Autriche	19270	21326	35767	38874	55047
Spain/Espagne	16127	17901	28081	39485	48969
Italy/Italie	24155	22241	28778	33285	47292
Singapore/Singapour	5935	16073	22113	17762	20067
China/Chine	11902	15960	16364	22160	24024
Brazil/Brésil	14604	17308	15824	17297	15265
Sweden/Suède	11226	12762	12934	13159	17203
Thailand/Thaïlande	1124	8146	12570	14627	x7330
Netherlands/Pays-Bas	9608	10283	11441	12208	15005
Yugoslavia SFR	14523	15021	9875	x6425	
Denmark/Danemark	10302	9867	11119	9311	14146
Hong Kong	6307	6893	12806	10584	9679
India/Inde	5870	x8994	10322	9486	x8437
Former USSR/Anc. URSS	x9287	x11057	x7745	x7912	9482
Canada	10657	8183	9511	8919	
Former GDR	x87141	x5495	x6142	x3448	x6657
Czechoslovakia	x23188	5527	4601	4906	6265
Norway,SVD,JM	7963	4961	4683	4006	4945
Portugal	1835		4006	6796	8746
Korea Republic	2569	2763	4333	5516	4624
Australia/Australie	1720	2106	x5098	x678	x792
Bulgaria/Bulgarie	x3770	x4859	x2799	x3550	x4712
Hungary/Hongrie	x1794	x1900	2351	2129	1603
Venezuela	1383	2837	2345	2424	2611
New Zealand	2865	2492	2534	2754	3020
Mexico/Mexique	1665	1854	2104	2939	2693
Colombia/Colombie	1758	1916	1832	2872	x3959
Malaysia/Malaisie	1518	1605	x1825	x2631	x3466
Poland/Pologne	x790	x1837	1897	2280	1768
Finland/Finlande	1579	1760	x324	x210	x159
Saudi Arabia	3573	3913	1337	1292	2563
Ireland/Irlande	1126	1384	1244	501	732
Argentina/Argentine	255	1304	690	672	284
Pakistan	656	724	658	765	1716
Turkey/Turquie	783	440	4	79	212
Israel/Israël	296	x1719	x762	x60	x41
Korea Dem People's Rp	x4	x762	x728	x475	x573
So. Africa Customs Un	x557	x348	x227	160	x827
Romania/Roumanie	x745	804	365	450	x776
Chile/Chili	396	328	x280	x238	x262
United Arab Emirates	x336	x360	170	435	x517
Greece/Grèce	28	185	124	76	194
Philippines	24	x283			

(VALUE AS % OF TOTAL)(VALEUR EN % DU TOTAL)

Imports

	1983	1984	1985	1986	1987	1988	1989	1990	1991	1992
Africa	x7.2	x8.2	6.7	x4.8	x4.4	4.9	x4.4	x5.9	x4.7	x5.2
Northern Africa	x4.4	x4.7	3.8	1.7	2.2	2.2	2.3	3.6	2.9	3.1
Americas	15.0	25.4	25.8	x23.1	x22.4	22.7	20.7	16.7	16.5	16.3
LAIA	2.9	8.0	9.0	x8.2	x9.6	6.7	4.9	4.6	5.3	5.8
CACM	x0.3	0.6	0.2	0.4	0.6	0.2	0.2	0.2	0.1	x0.2
Asia	x44.6	32.4	x30.1	x29.6	x28.3	23.7	x24.7	x25.5	28.6	x30.0
Middle East	x24.6	x13.6	x13.5	x14.2	x7.3	x5.7	x5.7	x5.1	x5.0	x4.9
Europe	30.2	30.7	33.9	39.8	38.3	44.0	45.8	48.9	45.9	45.3
EEC	22.7	22.9	25.7	30.1	29.2	35.3	37.6	40.3	37.2	37.6
EFTA	7.5	6.9	7.4	9.1	8.5	7.9	7.4	7.9	7.4	7.2
Oceania	2.9	x3.4	x3.5	x2.9	x2.4	2.4	x2.6	x2.0	x2.4	x1.6
Germany/Allemagne	4.1	3.7	4.4	4.8	5.7	8.5	8.5	9.2	8.3	7.3
USA/Etats-Unis d'Amer	5.7	9.5	9.7	8.5	7.5	8.0	7.6	6.4	5.4	5.6
France,Monac	4.1	4.0	5.5	6.8	5.6	5.8	6.4	6.5	5.4	5.6
Canada	4.1	4.7	5.2	4.3	4.0	7.1	7.2	4.9	4.9	4.2
Belgium-Luxembourg	3.7	4.2	4.2	4.8	4.5	4.8	5.0	5.0	4.2	3.9
United Kingdom	3.3	3.6	3.6	3.4	3.1	4.8	4.3	4.4	4.4	4.3
Italy/Italie	2.5	2.6	3.0	3.4	3.6	3.8	4.3	4.5	3.9	4.3
Spain/Espagne	1.2	1.0	1.1	2.1	2.2	2.3	3.3	3.9	4.3	5.3
Philippines	1.3	0.4	0.7	0.9	x0.6	1.8	x2.9	2.9	3.3	3.6
Singapore/Singapour	1.6	1.7	1.8	1.8	2.4	2.9	2.9	2.8	3.3	3.6

Exports

	1983	1984	1985	1986	1987	1988	1989	1990	1991	1992
Afrique	x0.1	x0.1	0.1	x0.1	x0.1	x0.0	x0.0	x0.0	x0.0	x0.0
Afrique du Nord	0.0		0.0		0.0	0.0	0.0	0.0	0.0	0.0
Amériques	27.3	26.2	24.6	20.1	x16.6	17.3	17.9	15.5	18.5	19.0
ALAI	0.2	1.6	2.4	x2.3	1.8	1.5	1.8	1.5	1.5	1.2
MCAC	x0.0	0.0	0.0	0.0	x0.1	0.0	0.0	0.0	0.0	x0.0
Asie	x32.3	32.5	x31.9	28.5	23.2	24.5	x28.9	27.1	26.1	x25.8
Moyen-Orient	x0.4	x0.4	x0.5	x0.4	0.3	0.4	0.4	x0.1	x0.1	x0.1
Europe	39.9	40.8	42.9	50.9	43.9	48.4	49.6	55.0	53.7	54.0
CEE	33.8	33.4	34.6	41.8	35.5	41.2	41.9	46.4	45.5	46.1
AELE	6.0	5.9	6.0	8.0	7.5	6.1	6.6	8.0	7.8	7.5
Océanie	0.4	0.4	0.4	0.4	0.4	0.3	0.3	x0.4	x0.5	0.4
Japan/Japon	30.2	30.2	29.8	26.5	20.5	21.5	24.0	21.9	21.0	21.2
Germany/Allemagne	10.3	11.3	12.6	17.3	14.5	15.2	15.1	16.6	16.8	17.1
USA/Etats-Unis d'Amer	26.5	24.0	21.5	16.4	14.1	15.0	15.4	13.3	16.4	17.3
Belgium-Luxembourg	1.5	1.4	1.6	2.5	2.0	6.7	7.9	8.7	9.0	8.1
United Kingdom	8.3	7.6	7.2	7.3	6.2	8.7	8.1	8.4	7.5	6.7
France,Monac	8.1	7.1	7.8	9.2	7.2	6.0	5.9	7.3	6.3	7.3
Switz.Liecht	2.9	2.8	2.9	4.0	4.2	3.2	3.6	4.5	4.3	3.4
Austria/Autriche	1.4	1.5	1.4	1.9	1.5	1.4	1.5	2.3	2.3	2.8
Spain/Espagne	0.6	1.3	1.0	1.0	1.1	1.2	1.3	1.8	2.3	2.5
Italy/Italie	3.7	3.1	3.0	3.1	2.9	1.8	1.6	1.8	2.0	2.4

7741 ELECTRO–MEDICAL EQUIPMNT
APP ELECTRICITE MEDICALE 7741

TRADE BY COMMODITY IN THOUSAND U.S. DOLLARS – COMMERCE PAR PRODUIT EN MILLIERS DE DOLLARS E.U

COUNTRIES–PAYS	IMPORTS – IMPORTATIONS					COUNTRIES–PAYS	EXPORTS – EXPORTATIONS				
	1988	1989	1990	1991	1992		1988	1989	1990	1991	1992
Total	2955431	2738953	3092041	x3628670	3560518	Totale	3356331	2883387	3552465	4078986	4399504
Africa	x54062	x38009	x46055	x80466	x77117	Afrique	x955	x684	x607	x755	x1034
Northern Africa	x18464	x20036	x18594	x37417	x31124	Afrique du Nord	x191	x42	x102	x69	x143
Americas	1171476	853370	x981750	1077147	x1065660	Amériques	x1619877	1061018	1268853	1457312	x1633984
LAIA	98460	71742	68235	109001	x118706	ALAI	5838	4270	3752	3321	3098
CACM	x5329	x4215	x16055	x2907	x5706	MCAC	x21	x9	x26	x52	x110
Asia	499687	x500420	x593931	x649040	x765279	Asie	666569	746838	1010112	1201531	1150099
Middle East	x34712	x47062	x78559	x87078	x109269	Moyen–Orient	x221	x2392	x652	x564	x1164
Europe	944754	989201	1189368	1272603	1496303	Europe	1012265	1039755	1252249	1403923	1593604
EEC	761187	805859	980835	1051248	1257866	CEE	855026	848576	1018418	1147500	1339965
EFTA	170956	168603	175655	208434	230153	AELE	156771	191011	233369	256127	253368
Oceania	x38783	x53864	x65797	x73473	x75081	Océanie	x13490	x8735	x9228	x11138	16152
USA/Etats–Unis d'Amer	910572	611762	740738	832475	814921	USA/Etats–Unis d'Amer	1599170	1043227	1255402	1441600	1606280
Former USSR/Anc. URSS	x163527	x223982	x138467	x411272		Japan/Japon	582690	667558	895177	1056197	973442
Germany/Allemagne	202780	210595	245192	304963	392631	Germany/Allemagne	341820	372436	417281	461699	609282
France, Monac	151085	175847	223635	209984	223452	United Kingdom	164783	171328	191105	181578	209884
Japan/Japon	169170	148877	159992	163285	192879	Netherlands/Pays–Bas	113043	83158	112985	177789	174643
Canada	134714	136259	137510	123209	117712	France, Monac	90389	79778	123754	144649	131979
China/Chine	110269	96328	110664	140886	106079	Denmark/Danemark	102642	92398	113543	112458	119474
Italy/Italie	92695	84741	115368	125022	147869	Finland/Finlande	36403	47423	60361	71302	73807
Netherlands/Pays–Bas	89089	93766	120676	109869	149241	Hong Kong	30397	42201	57846	75702	115256
United Kingdom	85573	91640	98719	105248	128364	Sweden/Suède	45998	48902	57112	51353	54012
Spain/Espagne	53884	65168	81045	96824	81773	Switz.Liecht	41259	40003	49809	64540	58441
Hong Kong	32693	42096	57469	82207	134819	Italy/Italie	26120	28899	32489	46943	58188
Switz.Liecht	55687	49152	56128	64039	72935	Austria/Autriche	7428	22339	34876	39518	37542
Australia/Australie	33980	47452	56382	64554	64485	Norway, SVD, JM	25602	32204	31080	29400	29241
Korea Republic	24762	34990	53353	67917	58108	Singapore/Singapour	17829	9433	16240	20396	18319
Austria/Autriche	31356	35155	43538	59120	71913	China/Chine	1767	3725	17674	18109	4553
Belgium–Luxembourg	43546	44698	48215	41422	48017	Belgium–Luxembourg	9549	11557	14489	13038	12654
India/Inde	47026	x54832	50343	26847	x57834	Korea Republic	7735	8307	12619	15893	22426
Mexico/Mexique	26319	27296	41201	60237	62984	Canada	13780	13236	9507	11893	24097
Sweden/Suède	45149	43008	31904	38433	44159	Australia/Australie	12796	8013	8409	10490	15132
Norway, SVD, JM	24026	22660	22160	26130	24853	Israel/Israël	8186	10199	4949	7222	10261
Singapore/Singapour	20686	18510	21071	18877	23418	Ireland/Irlande	2894	4679	6065	3467	13893
Finland/Finlande	14078	17909	21112	19431	15219	Poland/Pologne	x8580	x9140	x4176	x487	x1869
Yugoslavia SFR	11822	14203	31714	x12142		Spain/Espagne	2458	3077	4465	3645	5636
Iran (Islamic Rp. of)	x3953	x6062	x27348	x24491	x36706	Former GDR	x22123	x9607	x1392		
Romania/Roumanie	x1530	x1105	45808	632	x2390	Mexico/Mexique	423	2683	2120	2455	2016
So. Africa Customs Un	24185	8012	14600	x29479	x27497	Malaysia/Malaisie	820	1128	2305	3132	x2893
Thailand/Thaïlande	16605	11612	18358	21645	23112	Former USSR/Anc. URSS	x3105	x1954	x2449		
Saudi Arabia	6082	3849	x18788	x28593	x32461	India/Inde	16519	x1224	1374	x2149	
Egypt/Egypte	x11584	x8706	x13113	x28512	x18449	Portugal	1081	931	1361	1853	x345
Poland/Pologne	x20810	x15837	x12717	x20754	x24474	Hungary/Hongrie	x4220	x1735	x849	x1128	x1898
Denmark/Danemark	14516	13670	12861	17697	21115	Argentina/Argentine	2440	1383	1342	516	517
Greece/Grèce	9190	10353	15318	15910	x28602	Bulgaria/Bulgarie	x3242	x2027	x673	x180	x351
Portugal	12694	9570	13112	18083	21476	Czechoslovakia	x1843	x1091	x1541	x183	x456
Hungary/Hongrie	x7719	x9080	x8829	21997	x18262	New Zealand	659	655	800	595	1013
Czechoslovakia	x19848	18301	x4568	x16437	x26059	Greece/Grèce	247	335	880	381	x937
Pakistan	19103	15536	11914	9830	11702	Iraq		x1490			
Turkey/Turquie		6441	11164	14832	10839	Romania/Roumanie	x62	803	335	199	x54
Malaysia/Malaisie	5434	6591	8704	10112	x12177	So. Africa Customs Un	x373	x480	x354	x428	x499
Argentina/Argentine	6389	3863	3200	18256	15112	Philippines		x79	x646	135	
Venezuela	34484	14543	3285	5626	5693	Yugoslavia SFR	454	127	463	x236	
Indonesia/Indonésie	5801	5212	8586	9498	16007	Korea Dem People's Rp	x17	x115	x293	x338	x467
Bulgaria/Bulgarie	x18819	x15263	x2651	x4393	9831	Thailand/Thaïlande	186	225	257	256	x891
Kuwait/Koweït	x5067	14711	x2792	x2333	x4560	United Arab Emirates	x37	x52	x140	x147	
Ireland/Irlande	6135	5811	6695	6225	15324	Saudi Arabia	20	x339	x270	x152	x270
Trinidad and Tobago	6450	15546	2295	382	672	Turkey/Turquie		42	60	97	53
Ecuador/Equateur	6536	10641	1313	3341	1270	Kuwait/Koweït		160	x2		x65
Dominican Republic	x1825	x4970	x8440	x1395	589	Cuba	x24	310	x19	x221	x213
United Arab Emirates	x8114	x5766	x4737	x4082	x5747	Iceland/Islande	x1	x24	x71	12	x325
Chile/Chili	5929	4651	3668	6186	x14164	Brazil/Brésil	x81	x138	28	48	275
							2804	133			

(VALUE AS % OF TOTAL)(VALEUR EN % DU TOTAL)

	1983	1984	1985	1986	1987	1988	1989	1990	1991	1992		1983	1984	1985	1986	1987	1988	1989	1990	1991	1992
Africa	6.6	x2.4	2.5	x2.5	x1.8	x1.8	x1.4	x1.5	x2.2	x2.2	Afrique	0.1	x0.1	x0.1	x0.0	x0.0	x0.0	x0.0	x0.0	x0.0	x0.0
Northern Africa	4.8	x0.8	0.7	x1.0	x0.6	x0.6	x0.7	x0.6	x1.0	0.9	Afrique du Nord	x0.0	x0.0	x0.0	x0.0	x0.0	x0.0	x0.0	x0.0	x0.0	x0.0
Americas	x26.5	38.8	42.1	x43.9	x34.8	39.7	31.1	x31.7	29.6	x29.9	Amériques	x51.8	x50.4	46.7	x43.0	x42.5	x48.3	36.8	35.7	35.7	x37.2
LAIA	1.8	3.3	2.8	x5.7	x4.5	3.2	2.6	2.2	3.0	x3.3	ALAI	0.0	0.1	0.1	x0.0	x0.6	x0.7	0.2	0.1	0.1	0.1
CACM	x0.3	0.1	0.2	x0.2	x0.2	x0.2	x0.2	0.5	x0.1	x0.2	MCAC	x0.0	x0.0	x0.0	x0.0	x0.0	x0.0	x0.0	x0.0	x0.0	x0.0
Asia	x22.4	x17.4	x16.7	x14.6	18.3	17.0	x18.3	x19.2	x17.9	21.5	Asie	17.2	21.3	23.6	22.1	21.9	19.9	25.9	28.4	29.5	26.2
Middle East	x7.5	x3.1	x3.9	x2.0	x1.4	x1.7	x1.7	x2.5	x2.4	x3.1	Moyen–Orient	x0.0	x0.1	x0.0	x0.0	x0.0	x0.0	x0.1	x0.0	x0.0	x0.1
Europe	42.0	38.8	36.5	37.0	34.3	32.0	36.1	38.5	35.1	42.0	Europe	30.5	28.0	29.2	34.5	34.0	30.2	36.1	35.3	34.4	36.2
EEC	33.7	30.5	28.5	29.4	26.9	25.8	29.4	31.7	29.0	35.3	CEE	24.0	22.4	23.0	27.9	27.6	25.5	29.4	28.7	28.1	30.5
EFTA	8.3	7.2	6.7	7.1	7.0	5.8	6.2	5.7	5.7	6.5	AELE	6.5	5.5	6.1	6.6	6.3	4.7	6.6	6.6	6.3	5.8
Oceania		2.5	x2.6	x2.2	x2.0	x1.6	x1.3	x2.0	x2.1	x2.1	Océanie	0.3	0.1	0.3	0.4	x0.4	x0.4	x0.3	x0.3	x0.3	0.4
USA/Etats–Unis d'Amer	19.0	30.0	34.4	32.9	25.9	30.8	22.3	24.0	22.9	22.9	USA/Etats–Unis d'Amer	51.8	50.3	46.6	41.7	41.1	47.6	36.2	35.3	35.3	36.5
Former USSR/Anc. URSS					x5.9	x5.5	x8.2	x4.5	x11.3		Japan/Japon	15.0	18.2	20.5	18.9	18.0	17.4	23.2	25.2	25.9	22.1
Germany/Allemagne	10.7	9.3	9.3	9.2	7.4	6.9	7.7	7.9	8.4	11.0	Germany/Allemagne	9.4	8.4	8.5	9.4	9.2	10.2	12.9	11.7	11.3	13.8
France, Monac	6.0	5.7	4.7	5.2	5.0	5.1	6.4	7.2	5.8	6.3	United Kingdom	4.0	4.3	4.9	4.9	4.9	4.9	5.4	4.5	4.5	4.8
Japan/Japon	6.1	6.0	5.1	6.4	7.3	5.7	5.4	5.2	4.5	5.4	Netherlands/Pays–Bas	3.5	3.0	2.9	5.6	6.0	3.4	2.9	3.2	4.4	4.0
Canada	5.1	4.9	4.4	3.7	2.8	4.6	5.0	4.4	3.4	3.3	France, Monac	2.0	1.5	1.3	2.5	2.0	2.7	2.8	3.5	3.5	3.0
China/Chine					3.3	3.5	3.5	3.6	3.9	3.0	Denmark/Danemark	3.7	4.4	4.5	4.8	3.1	3.2	3.2	2.8	2.7	2.7
Italy/Italie	2.6	2.2	2.3	2.5	2.3	3.1	3.1	3.7	3.4	4.2	Finland/Finlande	0.4	0.7	0.6	1.0	1.1	1.1	1.6	1.7	1.7	1.7
Netherlands/Pays–Bas	5.2	5.0	5.2	5.7	5.3	3.0	3.4	3.9	3.0	4.2	Hong Kong	1.1	1.2	1.1	0.8	0.9	0.9	1.5	1.6	1.9	2.6
United Kingdom	4.1	3.8	3.0	2.7	2.9	3.3	3.2	2.9	3.6		Sweden/Suède	3.3	2.1	2.5	2.6	1.7	1.4	1.7	1.6	1.3	1.2

7742 X-RAY APPARATUS ETC

TRADE BY COMMODITY IN THOUSAND U.S. DOLLARS – COMMERCE PAR PRODUIT EN MILLIERS DE DOLLARS E.U

IMPORTS – IMPORTATIONS

COUNTRIES-PAYS	1988	1989	1990	1991	1992
Total	3364573	3672771	4199900	4792506	5123265
Africa	x101479	x78774	x110468	x82800	x112324
Northern Africa	32551	29701	34534	x22948	x46936
Americas	1120493	1202895	1318261	1480367	1611055
LAIA	146884	165111	166569	217514	243304
CACM	3663	2277	3501	2781	x8005
Asia	x522470	x576019	x637475	x759899	x904523
Middle East	x95124	x107871	x120819	x151922	x165644
Europe	1317150	1512370	1880904	2017754	2304517
EEC	1093847	1270235	1599010	1721378	1973516
EFTA	202615	225256	256702	261861	318155
Oceania	x79010	x90033	x93399	x90401	x92621
USA/Etats-Unis d'Amer	808136	876157	978652	1100852	1194672
Germany/Allemagne	262257	280088	382135	439712	500719
France,Monac	181029	231991	290799	308980	355045
Netherlands/Pays-Bas	153509	175556	242835	245054	289260
United Kingdom	162695	182205	216676	225335	253418
Italy/Italie	154161	174923	207935	224323	231672
Japan/Japon	178844	168618	209815	210987	222478
Former USSR/Anc. URSS	x90295	x133672	x112519	x291313	
Canada	152234	139840	148495	150531	150480
Spain/Espagne	66857	97367	110004	111476	115899
Brazil/Brésil	73541	92819	105222	113088	110204
Korea Republic	54668	70713	86418	119915	99438
Belgium-Luxembourg	63280	80434	92606	97994	137790
China/Chine	86415	79932	80402	97002	148420
Australia/Australie	62199	63716	79033	79658	81018
Austria/Autriche	48569	57362	67422	69257	93964
Sweden/Suède	59705	60828	63570	64240	88548
Switz.Liecht	43997	53000	68108	63584	79687
Hong Kong	18552	25216	33924	61130	77525
So. Africa Customs Un	42134	35925	46357	x34486	x37883
Mexico/Mexique	21601	25918	31582	54977	51465
Turkey/Turquie	16879	29453	46275	32454	33411
Finland/Finlande	25786	32886	31038	33040	24171
Saudi Arabia	26793	26297	x15925	x53931	x45244
Iran (Islamic Rp. of)	x17963	x16347	x29330	x43978	x60890
India/Inde	17186	x40825	18317	17513	32146
Denmark/Danemark	18795	24312	26249	25042	30639
Norway,SVD,JM	22034	18566	25335	30474	
Yugoslavia SFR	20372	15403	24835	x33740	
Israel/Israël	21925	20946	14476	18271	25997
Czechoslovakia	x59203	17790	4209	x30899	x44791
Thailand/Thaïlande	10117	11358	16596	21884	22415
Poland/Pologne	x16670	x12325	x11003	x24030	x22906
Greece/Grèce	8220	8641	11738	22709	x34261
Singapore/Singapour	8199	12747	12675	17192	15355
Hungary/Hongrie	x15908	x11555	x17339	9575	x17365
Malaysia/Malaisie	6714	12904	13066	12408	x12147
Portugal	15344	10124	12263	15038	16259
Indonesia/Indonésie	8716	6251	14921	14466	24300
Venezuela	18789	14644	5093	8042	11360
Algeria/Algérie	4848	10940	12856	2386	x2758
Argentina/Argentine	14958	4096	3322	18147	36265
Cuba	x4300	x11502	x11447	x2308	x777
New Zealand	11911	10912	7014	6669	4770
New Caledonia	x946	x14648	x5709	3436	x4565
Bulgaria/Bulgarie	x9928	x15463	x5211	x2751	8733
Colombia/Colombie	5514	8854	7239	6898	7506
Chile/Chili	3996	4842	7175	9947	x14774
Egypt/Egypte	10502	6706	8461	5925	9315
Romania/Roumanie	x1187	8013	8843	2639	x4417

EXPORTS – EXPORTATIONS

COUNTRIES-PAYS	1988	1989	1990	1991	1992
Totale	3394815	3683157	4317709	4906660	5318343
Afrique	x1849	x2241	x1635	x2107	x2195
Afrique du Nord	x251	x242	x321	x233	x196
Amériques	521946	636534	730455	930494	954188
ALAI	3259	3021	2327	5099	12134
MCAC	x62	x18	x7	x385	x43
Asie	571315	639582	695954	794845	933635
Moyen-Orient	x2005	x1140	x1511	x2728	x4112
Europe	2168133	2323308	2852641	3158147	3406986
CEE	1942175	2076024	2525665	2846726	3080533
AELE	219042	239907	323869	308312	325860
Océanie	5585	x5781	x4316	x8086	x9194
Germany/Allemagne	1046393	1110050	1292583	1345368	1540634
USA/Etats-Unis d'Amer	478962	595137	696115	886006	906689
Japan/Japon	476983	547660	571987	649231	752063
Netherlands/Pays-Bas	336064	387503	433897	541915	454976
France, Monac	211659	206561	277522	353713	406304
United Kingdom	136947	138707	245439	310156	325311
Sweden/Suède	88829	103967	127981	124222	143351
Italy/Italie	102341	96199	123656	134241	162753
Belgium-Luxembourg	62380	88656	88826	92691	104683
Israel/Israël	71867	64335	75178	86826	102263
Finland/Finlande	63402	72267	74087	76927	69102
Switz.Liecht	42871	39610	89979	78935	78413
Spain/Espagne	29893	30098	36903	43073	49072
Canada	39330	38080	31667	38666	46328
Hong Kong	10849	11499	24979	23418	27836
Austria/Autriche	19642	20954	26792	20683	32839
Denmark/Danemark	14717	15622	20683	23233	
Former GDR	x64754	x31639	x5025		
Poland/Pologne	x11257	x15604	x14221	x853	x2006
Hungary/Hongrie	x20057	x11480	x6633	x4571	x8748
Singapore/Singapour	1887	5232	8383	8763	8835
Korea Republic	4558	5618	7080	6293	9379
Czechoslovakia	x26383	x12410	x3897	x1870	x1268
Australia/Australie	4746	4524	3336	7536	8057
Yugoslavia SFR	6868	7354	3014	x3080	7147
Norway,SVD,JM	4232	3090	4955	4810	
Former USSR/Anc. URSS	x2416	x2978	x2687	x5647	
Ireland/Irlande	990	2032	5021	1275	1644
India/Inde	827	x1290	3826	945	x1577
China/Chine	1537	1987	1211	2383	6228
So. Africa Customs Un	x508	x1682	x840	x1153	x1345
Mexico/Mexique	1327	886	1129	1414	1866
Brazil/Brésil	838	1261	735	1344	8479
Argentina/Argentine	1002	804	344	1817	933
New Zealand	617	805	910	515	970
Saudi Arabia	15	46	x385	x1421	x1327
Greece/Grèce	333	336	625	866	x932
Bulgaria/Bulgarie	x1120	x1523	x239	x42	x46
Malaysia/Malaisie	371	392	948	419	x305
Thailand/Thaïlande	166	274	604	225	x516
United Arab Emirates	x216	x351	x380	x350	x743
Portugal	458	260	510	195	1382
Turkey/Turquie	0	89	160	450	634
Colombia/Colombie	x53	18	30	380	460
American Samoa		x411			x3
Korea Dem People's Rp	x2	x74	x14	x291	x1530
Nigeria/Nigéria	x193	x2	x136	x236	x247
Nicaragua	x34	1		x367	
Cyprus/Chypre	14	145	74	118	181
Reunion/Réunion	101	94	22	218	125

(VALUE AS % OF TOTAL)(VALEUR EN % DU TOTAL)

	1983	1984	1985	1986	1987	1988	1989	1990	1991	1992
Africa	x4.1	x3.5	x2.8	x3.4	x3.0	x3.1	x2.2	x2.6	x1.7	x2.2
Northern Africa	x2.2	1.5	1.2	1.0	x0.8	1.0	0.8	0.8	x0.5	0.9
Americas	37.3	38.3	40.5	x38.0	33.6	33.3	32.8	31.4	30.9	31.5
LAIA	1.8	2.4	3.0	x5.2	x4.5	4.4	4.5	4.0	4.5	4.7
CACM	x0.1	0.2	0.2	x0.2	x0.2	0.1	0.1	0.1	0.1	x0.2
Asia	x17.9	x16.7	x15.5	x13.3	15.3	x15.6	x15.7	x15.1	x15.9	x17.6
Middle East	x8.2	x7.1	x5.1	x4.3	3.5	x2.8	x2.9	x2.9	x3.2	x3.2
Europe	38.0	38.6	37.9	42.8	39.1	39.1	41.2	44.8	42.1	45.0
EEC	32.3	32.8	32.2	36.2	32.8	32.5	34.6	38.1	35.9	38.5
EFTA	5.7	5.3	5.1	5.3	5.5	6.0	6.1	6.1	5.5	6.2
Oceania	2.8	x2.8	3.4	x2.6	x1.8	2.3	x2.4	x2.2	x1.9	x1.8
USA/Etats-Unis d'Amer	29.8	30.1	31.7	26.4	23.5	24.0	23.9	23.3	23.0	23.3
Germany/Allemagne	8.2	8.4	9.1	10.1	9.0	7.8	7.6	9.1	9.2	9.8
France,Monac	4.7	5.8	5.4	6.5	5.8	5.4	6.3	6.9	6.4	6.9
Netherlands/Pays-Bas	4.1	4.0	3.4	4.5	4.3	4.6	4.8	5.8	5.1	5.6
United Kingdom	6.9	5.9	5.2	4.8	4.1	4.8	5.0	5.2	4.7	4.9
Italy/Italie	3.2	3.6	4.0	4.5	4.6	5.3	4.6	5.0	4.7	4.7
Japan/Japon	4.1	4.2	4.3	3.9	4.0	5.3	4.6	5.0	4.4	4.3
Former USSR/Anc. URSS					x3.4	x2.7	x3.6	x2.7	x6.1	
Canada	5.3	5.2	5.3	4.7	4.2	4.5	3.8	3.5	3.1	2.9
Spain/Espagne	1.5	1.3	1.4	1.3	1.5	2.0	2.7	2.6	2.3	2.3

	1983	1984	1985	1986	1987	1988	1989	1990	1991	1992
Afrique	x0.0	x0.1	x0.0	x0.1	x0.0	x0.0	x0.0	x0.0	x0.0	x0.0
Afrique du Nord	x0.0	x0.0	x0.0	x0.0	x0.0	x0.0	x0.0	x0.0	x0.0	x0.0
Amériques	x21.2	19.8	17.4	14.1	x13.5	15.4	17.3	17.0	18.9	17.9
ALAI	0.1	0.1	0.1	0.1	x0.1	0.1	0.1	0.1	0.1	0.2
MCAC	x0.0	x0.0	x0.0	x0.0	x0.0	x0.0	x0.0	x0.0	x0.0	x0.0
Asie	15.0	17.1	x18.7	15.9	12.9	16.9	17.3	16.1	16.2	17.6
Moyen-Orient	0.1	x0.0	x0.0	x0.0	x0.0	x0.0	x0.0	x0.0	0.1	0.1
Europe	63.8	63.0	63.9	69.9	68.3	63.9	63.1	66.1	64.4	64.1
CEE	59.1	56.8	57.9	64.0	63.0	57.2	56.4	58.5	58.0	57.9
AELE	4.7	5.8	5.8	5.7	5.2	6.5	6.5	7.5	6.3	6.1
Océanie				x0.0	x0.1	0.2	x0.1	x0.1	x0.2	x0.2
Germany/Allemagne	29.9	28.1	28.0	32.6	33.9	30.8	30.1	29.9	27.4	29.0
USA/Etats-Unis d'Amer	19.1	17.8	16.1	13.2	12.5	14.1	16.2	16.1	18.1	17.0
Japan/Japon	9.0	11.5	13.7	13.0	11.7	14.1	14.9	13.2	13.2	14.1
Netherlands/Pays-Bas	12.3	13.9	14.4	12.6	10.6	9.9	10.5	10.0	11.0	8.6
France,Monac	5.5	5.6	5.6	8.3	7.2	6.2	5.6	6.4	7.2	7.6
United Kingdom	5.9	4.7	3.5	3.1	3.7	4.0	3.8	5.7	6.3	6.1
Sweden/Suède	2.4	2.9	3.1	3.6	3.7	3.0	2.8	2.9	2.5	2.7
Italy/Italie	3.1	3.0	3.1	1.9	2.0	2.3	1.8	2.4	2.1	3.1
Belgium-Luxembourg	0.9	0.8	1.9	2.3	3.0	1.8	2.4	2.1	1.9	2.0
Israel/Israël	5.6	5.1	4.3	4.3	0.7	2.1	1.7	1.7	1.8	1.9

7751 HOUSEHOLD LDRY EQUIP NES / MACH A LAVER ET SECHOIRS 7751

TRADE BY COMMODITY IN THOUSAND U.S. DOLLARS – COMMERCE PAR PRODUIT EN MILLIERS DE DOLLARS E.U

IMPORTS – IMPORTATIONS

COUNTRIES–PAYS	1988	1989	1990	1991	1992
Total	2292940	2293536	2864001	3204786	3489942
Africa	52502	x34673	50944	x47785	x62919
Northern Africa	24466	11216	15209	x16685	x20482
Americas	119681	x158645	x216467	285142	x409885
LAIA	31938	47883	56091	100236	191946
CACM	x2979	x5645	x7741	x8149	x13267
Asia	x251682	x257905	x344997	x385938	x416149
Middle East	x115648	x96488	x141379	x170537	x172025
Europe	1772518	1745108	2155126	2320515	2510446
EEC	1436791	1391938	1734411	1915299	2111621
EFTA	325299	341399	388969	385945	378359
Oceania	x28950	x34427	x45701	x43163	x40162
France, Monac	315203	302527	351459	336855	363138
Germany/Allemagne	212180	200427	298230	378732	429515
Netherlands/Pays-Bas	210486	213127	257474	299232	299925
United Kingdom	291488	234601	246445	259645	290921
Belgium–Luxembourg	126490	121886	149236	166834	184961
Sweden/Suède	92654	103714	113337	121103	108525
Spain/Espagne	52342	72698	114990	143277	174193
Canada	49431	64887	103113	123949	126408
Italy/Italie	67315	74783	82980	92108	92593
Austria/Autriche	69108	72994	85396	91361	99575
Switz.Liecht	63042	61090	73377	72624	70580
Denmark/Danemark	67187	56605	77778	68521	86058
Portugal	43127	46687	68851	80698	91082
Finland/Finlande	48220	59644	57689	43448	35643
Saudi Arabia	44946	31393	x59150	x65453	x58789
Greece/Grèce	25785	41422	55568	56695	x66349
Norway,SVD,JM	49111	41299	56218	54078	60887
Former USSR/Anc. URSS	x7048	x23436	x29281	x98292	
Hong Kong	41190	38229	50862	49127	63445
Mexico/Mexique	23357	28706	33890	53178	71091
Israel/Israël	27382	29624	41391	41979	51300
Ireland/Irlande	25187	27174	31399	32703	32886
USA/Etats-Unis d'Amer	18861	23839	24068	25971	46220
Thailand/Thaïlande	15366	19904	26673	24573	25617
Singapore/Singapour	16343	18259	23860	26164	29401
Australia/Australie	15436	16547	23234	20454	17790
United Arab Emirates	x27336	x14919	x21264	x23286	x25101
So. Africa Customs Un	19486	12914	24269	x13392	x24518
Japan/Japon	13730	14384	13398	19396	18976
Yugoslavia SFR	5660	6781	25022	x12510	
Turkey/Turquie		3423	14958	18288	16189
Malaysia/Malaisie	10427	9811	11622	12928	x24684
Indonesia/Indonésie	1299	5228	8201	20397	8298
Poland/Pologne	x28474	x19208	x5648	x8636	x11157
New Zealand	5618	8324	11989	12044	10029
Kuwait/Koweït	x12912	16173	x11069	x4923	x10444
Czechoslovakia	x12373	9678	10967	x10350	x20653
Lebanon/Liban	x6283	x6344	x8955	x14109	x15508
Korea Republic	1746	5144	12744	10827	9112
Chile/Chili	3112	7562	6649	8183	x16958
Argentina/Argentine	21	x1848	2245	17625	68005
New Caledonia	x4709	x7966	x6674	x6174	x8206
Uruguay	4229	4997	7207	8369	9344
Iran (Islamic Rp. of)	x282	x891	x2536	x15747	x16624
Iraq	x7302	x6702	x4977	x5717	
Philippines	1469	x7497	7281	2049	1006
Reunion/Réunion	4356	4992	5545	6106	5038
Cyprus/Chypre	4163	4967	5888	5373	7907
Panama	1504	1870	x7282	x6857	x10250
Egypt/Egypte	13059	7553	7254	871	1929

EXPORTS – EXPORTATIONS

COUNTRIES–PAYS	1988	1989	1990	1991	1992
Totale	2355709	2375682	2989585	3272282	3558796
Afrique	x174	x255	x551	x2002	x1596
Afrique du Nord	41	62	127	1506	1088
Amériques	182642	212204	264253	317704	366046
ALAI	7887	8811	8865	10530	22779
MCAC	x2	x2	0	x2	x6
Asie	205759	177974	240050	305190	357033
Moyen-Orient	x2073	8608	2777	2764	x1642
Europe	1924860	1909438	2410575	2566422	2801830
CEE	1843301	1843042	2314270	2463687	2692067
AELE	52058	43570	57931	71164	78542
Océanie	x7074	8269	13970	16240	26881
Italy/Italie	833067	808237	1008031	1077568	1176870
Germany/Allemagne	683919	718312	891144	937459	985222
USA/Etats-Unis d'Amer	159864	185313	237618	284705	311633
France, Monac	141119	147786	188835	186125	232789
Japan/Japon	123500	113218	122100	151728	181226
Spain/Espagne	66285	98708	103035	131388	152961
United Kingdom	75092	66451	84326	90288	91112
Korea Republic	50955	40379	59296	68233	84732
Former USSR/Anc. URSS	x11784	x49700	x49524	x59948	
Yugoslavia SFR	29484	22814	38313	x31475	
Sweden/Suède	29001	22243	30862	36314	40045
Singapore/Singapour	15606	13858	26062	33367	28172
Belgium–Luxembourg	25810	22535	20084	20133	22283
Canada	14854	17867	17487	21493	30405
Austria/Autriche	15447	13492	17501	22680	24548
Denmark/Danemark	12606	11218	13057	12271	13517
China/Chine	5735	7495	12883	15893	17560
Australia/Australie	6044	5917	8918	9136	8771
Finland/Finlande	6406	5822	7048	10081	11780
Thailand/Thaïlande	99	1880	5925	8325	x3740
Netherlands/Pays-Bas	4613	4664	4966	6297	8286
Hong Kong	4530	3393	3916	7737	8361
New Zealand	960	2348	5017	7091	18062
Malaysia/Malaisie	373	1398	4483	8575	x10243
Former GDR	x11267	x10121	x3068		
Czechoslovakia	x7791	x4681	x4799	x2061	x2926
Brazil/Brésil	6261	3358	3076	3826	6883
Philippines	1396	x1737	2056	6289	17398
Argentina/Argentine	414	2394	2455	3927	1581
Kuwait/Koweït	x191	7185	x7	x5	x6
Mexico/Mexique	746	1152	1338	2095	12093
Switz.Liecht	950	1562	1612	1395	1301
Venezuela	309	1724	1743	168	268
Poland/Pologne	x1734	x1687	x862	x878	x784
Oman	49	211	1036	1543	0
Turkey/Turquie		512	1137	703	1271
Greece/Grèce	584	2006	227	93	x221
Portugal	175	150	374	1798	8266
Bulgaria/Bulgarie	x62	x504	x193	x1509	x1431
Hungary/Hongrie	x2382	x724	x1104	x323	x200
Norway,SVD,JM	254	450	907	694	869
Korea Dem People's Rp	x1286	x88	x217	x1404	x2632
Tunisia/Tunisie	34	38	50	1165	1019
Panama	1	x163	x277	x747	x712
India/Inde	17	x286	170	611	x149
So. Africa Customs Un	x71	x181	x286	x421	x424
Romania/Roumanie	x179	123	x636	4	x69
Saudi Arabia	954	460	x184	x81	x86
Colombia/Colombie	x1	143	141	429	105
Ireland/Irlande	31	29	190	267	541

(VALUE AS % OF TOTAL)(VALEUR EN % DU TOTAL)

	1983	1984	1985	1986	1987	1988	1989	1990	1991	1992
Africa	x4.9	x4.2	2.5	x2.5	x1.9	2.2	x1.5	1.7	x1.5	x1.8
Northern Africa	x3.7	x2.3	1.5	0.7	x0.8	1.1	0.5	0.5	x0.5	x0.6
Americas	x3.8	4.8	4.8	x5.0	x3.9	5.2	x6.9	x7.5	8.9	x11.7
LAIA	0.3	0.4	0.2	x0.5	x0.5	1.4	2.1	2.0	3.1	5.5
CACM	x0.1	0.3	0.3	x0.2	x0.2	x0.1	x0.2	x0.3	x0.3	x0.4
Asia	x20.0	21.2	x18.7	x17.0	x16.2	x11.0	x11.2	x12.0	x12.0	x11.9
Middle East	x10.2	x9.5	x7.7	x5.8	x4.9	x5.0	x4.2	x4.9	x5.3	x4.9
Europe	68.6	66.6	70.7	74.2	72.2	77.3	76.1	75.2	72.4	71.9
EEC	54.5	53.0	57.2	59.3	58.1	62.7	60.7	60.6	59.7	60.5
EFTA	14.1	13.4	13.3	14.6	13.7	14.2	14.9	13.6	12.0	10.8
Oceania	x2.7	x3.1	x3.3	x1.2	x1.0	x1.2	x1.5	x1.6	x1.3	x1.1
France, Monac	8.6	8.9	10.0	11.2	13.1	13.7	13.2	12.3	10.5	10.4
Germany/Allemagne	9.5	9.8	9.4	9.7	9.1	9.3	8.7	10.4	11.8	12.3
Netherlands/Pays-Bas	9.0	7.7	8.0	8.5	8.7	9.2	9.0	9.3	9.3	8.6
United Kingdom	13.6	13.1	15.0	13.3	10.7	12.7	10.2	8.6	8.1	8.3
Belgium–Luxembourg	4.9	4.9	4.5	5.3	5.2	5.5	5.3	5.2	5.2	5.3
Sweden/Suède	3.6	3.3	4.8	5.3	3.7	3.9	4.0	4.0	3.8	3.1
Spain/Espagne	0.6	0.4	0.7	0.9	1.5	2.3	3.2	4.0	4.5	5.0
Canada	1.9	2.1	2.3	2.7	2.7	2.2	2.8	3.6	3.9	3.6
Italy/Italie	2.6	2.8	2.9	3.2	3.0	2.9	3.3	2.9	2.9	2.7
Austria/Autriche	3.1	2.6	2.6	2.8	2.8	3.0	3.2	2.9	2.9	2.9

	1983	1984	1985	1986	1987	1988	1989	1990	1991	1992
Afrique		x0.0	x0.0	x0.0	x0.0	x0.0	x0.0	x0.0	x0.0	x0.0
Afrique du Nord		0.0	0.0	0.0	0.0	0.0	0.0	0.0	0.0	0.0
Amériques	x5.6	6.0	5.2	5.6	x6.2	7.7	9.0	8.8	9.8	10.3
ALAI	0.0	0.4	0.5	0.5	x0.3	0.4	0.4	0.3	0.3	0.6
MCAC	x0.0	0.0	0.0	0.0	0.0	–x0.0	0.0	0.0	0.0	0.0
Asie	16.2	19.1	18.5	11.7	9.3	8.7	7.5	8.0	9.3	10.0
Moyen-Orient	x0.2	0.5	x0.2	x0.3	x0.1	x0.1	0.4	0.1	0.1	x0.0
Europe	77.8	74.2	75.7	82.3	82.0	81.7	80.4	80.6	78.4	78.7
CEE	75.7	72.2	73.8	78.5	78.7	78.2	77.6	77.4	75.3	75.6
AELE	2.1	1.9	2.0	2.2	1.9	2.2	1.8	1.9	2.2	2.2
Océanie	0.4	0.7	0.5	0.4	0.5	x0.3	0.3	0.5	0.5	0.8
Italy/Italie	35.8	34.4	35.8	36.5	35.1	35.4	34.0	33.7	32.9	33.1
Germany/Allemagne	24.5	22.9	25.1	28.7	28.8	29.0	30.2	29.8	28.6	27.7
USA/Etats-Unis d'Amer	4.9	5.0	4.2	4.1	4.7	6.8	7.8	7.9	8.7	8.8
France, Monac	6.3	6.5	6.5	6.4	6.5	6.0	6.2	6.3	5.7	6.5
Japan/Japon	13.3	15.4	15.8	8.6	5.4	5.2	4.2	4.1	4.6	5.1
Spain/Espagne	3.9	3.9	2.7	2.9	3.3	2.8	2.8	3.4	4.0	4.3
United Kingdom	2.7	2.8	3.0	2.4	3.1	3.2	2.6	2.8	2.8	2.6
Korea Republic	2.0	2.7	2.1	2.5	2.9	2.2	1.7	2.0	2.1	2.4
Former USSR/Anc. URSS						x0.1	x0.5	x2.1	x1.7	x1.8
Yugoslavia SFR	0.0	0.0	x1.6	x1.5	1.3	1.0	1.3	x1.0		

77511 DOMESTIC WASHING MACHINES

MACH LAVER LINGE MOINS 6 KG 77511

TRADE BY COMMODITY IN THOUSAND U.S. DOLLARS — COMMERCE PAR PRODUIT EN MILLIERS DE DOLLARS E.U

IMPORTS — IMPORTATIONS

COUNTRIES—PAYS	1988	1989	1990	1991	1992
Total	1888592	1903708	2433392	2731200	2960623
Africa	x45085	x29750	x46241	x48462	x62063
Northern Africa	x20112	x9122	x13114	x19535	x22478
Americas	x97233	x128414	x182677	x237837	x339987
LAIA	20980	40626	49057	88560	168990
CACM	x2541	x5309	x7366	x7742	x12628
Asia	x236690	x237766	x320694	x347168	x385855
Middle East	x112969	x94151	x136891	x164040	x166405
Europe	1431893	1434940	1800045	1938633	2089966
EEC	1164152	1149292	1461004	1611136	1767932
EFTA	257666	275083	308754	309040	302040
Oceania	x25027	x29365	x39641	x38275	x33697
Germany/Allemagne	181444	173133	265002	348474	388989
France,Monac	214890	218558	277063	254047	279736
United Kingdom	271620	222137	234816	249517	208668
Netherlands/Pays–Bas	153921	155311	184022	209383	138972
Belgium–Luxembourg	94598	91003	112955	126361	135833
Spain/Espagne	41379	60234	95154	118292	79080
Sweden/Suède	65567	78010	82816	88729	90508
Italy/Italie	65559	73249	80816	90351	103658
Canada	37591	48254	87450	102464	85372
Austria/Autriche	59341	62588	72586	77723	
Portugal	40163	44493	63892	73986	84282
Denmark/Danemark	52435	46158	64727	55624	72728
Switz.Liecht	48026	45702	54665	54512	53345
Saudi Arabia	44946	31393	x57658	x62503	x56223
Greece/Grèce	25401	40795	54740	55750	x65512
Finland/Finlande	42949	52113	48695	38851	31798
Former USSR/Anc. URSS	x7002	x13028	x23815	x97506	
Norway,SVD,JM	39192	34444	47493	46359	49814
Hong Kong	38333	34460	47181	45773	57727
Israel/Israël	22180	22945	35686	34450	41089
Mexico/Mexique	12464	22306	27481	43022	52917
Ireland/Irlande	22741	24220	27818	29349	29808
Thailand/Thaïlande	15366	19238	25909	24033	24769
Singapore/Singapour	15811	17924	23277	25655	28731
United Arab Emirates	x26052	x14641	x20899	x22586	x24655
Australia/Australie	12028	13027	19191	17318	13117
USA/Etats–Unis d'Amer	18861	17044	14999	13186	23410
So. Africa Customs Un	16910	10524	22121	x11878	x22744
Yugoslavia SFR	5502	5829	23900	x12246	
Japan/Japon	11115	12661	11020	17527	17716
Turkey/Turquie		2990	14535	18157	15935
Malaysia/Malaisie	10319	9585	11335	12644	x24278
Czechoslovakia	x12329	9628	10959	x10242	20149
Kuwait/Koweït	x12354	15662	x10328	x3353	x10068
New Zealand	5539	7241	10524	10650	8808
Lebanon/Liban	x6048	x5992	x8408	x13765	x14771
Korea Republic	1114	4600	11156	9212	7541
Poland/Pologne	x21230	x11193	x4827	x8242	x10954
Chile/Chili	3112	7562	6231	7920	x16047
Argentina/Argentine	21	x1708	2223	17004	66337
Uruguay	4229	4997	7207	8369	8902
New Caledonia	x4586	x7624	x6222	x5895	x7767
Iran (Islamic Rp. of)	x241	x890	x2536	x15730	x16308
Panama	x2918	x3515	x7112	x6609	x10157
Iraq	x7211	x6634	x4929	x5660	
Reunion/Réunion	4316	4965	5495	6069	4990
Philippines	1447	x7027	7278	1911	815
Cyprus/Chypre	3950	4528	5357	5032	7220
Costa Rica	x856	x2622	x5438	x5522	x8786
Egypt/Egypte	x5431	x4269	x6312	x2655	x4132

EXPORTS — EXPORTATIONS

COUNTRIES—PAYS	1988	1989	1990	1991	1992
Totale	1938891	1995898	2571124	2818623	3037671
Afrique	x74	x213	x469	x1656	x1469
Afrique du Nord	x2	x23	64	1192	1028
Amériques	145385	172460	223045	256143	285971
ALAI	7419	7489	7975	10009	22247
MCAC	x1	x2	0	x2	x4
Asie	200157	174744	236988	302751	353297
Moyen–Orient	x1738	8486	2725	2713	x1571
Europe	1551445	1574169	2038480	2179912	2368402
CEE	1480798	1514687	1955018	2088972	2274382
AELE	42052	37015	45783	59571	64202
Océanie	x7059	6952	12126	13951	23646
Italy/Italie	746531	739374	944433	1002750	1092459
Germany/Allemagne	484977	528116	671507	709916	728225
USA/Etats–Unis d'Amer	127325	153639	205725	235911	254857
France,Monac	123388	127958	177203	183093	227516
Japan/Japon	120515	96443	119538	150094	178989
Spain/Espagne	65876	65866	102065	130374	151233
Korea Republic	50913	40045	59134	67930	84227
Former USSR/Anc. URSS	x11681	x49700	x49518	x59862	
Yugoslavia SFR	28578	22253	37619	x31280	
United Kingdom	28924	24313	32509	31240	31563
Singapore/Singapour	14009	13787	26013	33255	27797
Sweden/Suède	19751	16756	20227	27356	29295
Belgium–Luxembourg	21772	18893	17665	18691	20696
Austria/Autriche	15130	13240	17007	21038	21820
China/Chine	5717	7490	12835	15893	17528
Canada	10204	11119	9062	9250	7704
Australia/Australie	6044	5917	8918	9136	8771
Finland/Finlande	6297	5734	6671	9662	11392
Thailand/Thaïlande	99	1880	5925	8325	x3724
Netherlands/Pays–Bas	4613	4664	4966	6297	8286
Hong Kong	4423	3255	3764	7432	7938
Malaysia/Malaisie	347	1394	4457	8560	x10185
Former GDR	x10977	x9981	x3068		
Denmark/Danemark	3933	3526	3898	4470	5449
Czechoslovakia	x7791	x4677	2054	6284	17398
Philippines	1396	x1737	2952	3430	6514
Brazil/Brésil	6046	2805	3173	4802	14827
New Zealand	945	1031	3173	3823	1424
Argentina/Argentine	164	1628	1703	x4	x5
Kuwait/Koweït	x39	7068	x7		
Mexico/Mexique	744	1151	1325	2094	12091
Venezuela	309	1724	1743	168	267
Poland/Pologne	x1734	x1686	x862	x869	x757
Switz.Liecht	691	865	1061	941	911
Oman	49		211	1036	1543	0
Turkey/Turquie		512	1136	703	1248
Greece/Grèce	582	1998	213	93	x221
Portugal	172	149	368	1782	8210
Bulgaria/Bulgarie	x62	x504	x193	x1509	x1431
Hungary/Hongrie	x2347	x689	x1013	x311	x151
Norway,SVD,JM	182	420	818	574	784
Korea Dem People's Rp	x797	x88	x217	x1404	x2614
Tunisia/Tunisie		x23	50	1165	1019
Panama	x403	x163	x276	x746	x701
So. Africa Customs Un	x67	x178	x279	x397	x373
India/Inde	17		170	599	x149
Romania/Roumanie	x179	123	x636	4	x69
Colombia/Colombie	0	143	141	429	105
Saudi Arabia	954	460	x160	x67	x61
Ireland/Irlande	29	29	190	266	523

(VALUE AS % OF TOTAL) (VALEUR EN % DU TOTAL)

	1983	1984	1985	1986	1987	1988	1989	1990	1991	1992		1983	1984	1985	1986	1987	1988	1989	1990	1991	1992
Africa	x5.3	x4.2	x2.3	x2.6	x2.1	x2.4	x1.6	x1.9	x1.7	x2.1	Afrique	x0.0	x0.0	x0.0	x0.0	x0.0	x0.0	x0.0	x0.0	x0.0	x0.0
Northern Africa	x4.0	x2.3	x1.3	x0.8	0.9	x1.1	x0.5	x0.5	x0.7	x0.8	Afrique du Nord	x0.0	x0.0	x0.0	x0.0	x0.0	x0.0	x0.0	0.0	0.0	0.0
Americas	x3.5	4.4	4.6	x5.0	3.9	x5.2	x6.7	x7.5	x8.7	x11.5	Amériques	x4.7	4.8	4.4	4.4	x5.2	7.5	8.7	8.7	9.1	9.4
LAIA	x0.3	0.4	0.2	x0.5	x0.5	1.1	2.1	2.0	3.2	5.7	ALAI	x0.0	0.4	0.6	0.5	x0.3	0.4	0.4	0.3	0.4	0.7
CACM	x0.1	x0.3	0.3	x0.2	x0.2	x0.1	x0.3	x0.3	x0.3	x0.4	MCAC	x0.0	x0.0	x0.0	x0.0	x0.0	x0.0	x0.0	x0.0	x0.0	x0.0
Asia	x21.0	22.7	x20.0	x18.6	17.7	x12.6	x12.5	x13.2	x12.7	x13.0	Asie	17.3	20.4	20.6	13.2	10.8	10.3	8.7	9.3	10.7	11.6
Middle East	x10.6	x10.2	x8.0	x6.4	5.5	x6.0	4.9	x5.6	x6.0	x5.6	Moyen–Orient	x0.2	0.5	x0.3	x0.3	x0.1	0.4	0.4	0.1	0.1	0.1
Europe	67.4	65.5	69.7	72.4	71.0	75.8	75.4	74.0	71.0	70.6	Europe	75.5	70.6	74.5	81.8	81.1	80.0	78.9	79.3	77.3	78.0
EEC	54.2	52.7	57.2	58.6	57.4	61.6	60.4	60.0	59.0	59.7	CEE	73.4	68.7	72.5	77.7	77.5	76.4	75.9	76.0	74.1	74.9
EFTA	13.2	12.6	12.3	13.5	13.2	13.6	14.4	12.7	11.3	10.2	AELE	2.0	1.9	2.0	2.3	2.0	2.2	1.9	1.8	2.1	2.1
Oceania	x2.9	x3.1	x3.5	x1.3	x1.1	x1.3	x1.6	x1.6	x1.4	x1.1	Océanie	0.4	0.6	0.5	0.5	0.5	x0.4	0.3	0.5	0.5	0.8
Germany/Allemagne	9.3	9.5	9.1	9.6	9.4	9.6	9.1	10.9	12.8	13.1	Italy/Italie	37.5	35.1	38.0	39.2	37.9	38.5	37.0	36.7	35.6	36.0
France,Monac	8.6	8.8	9.7	10.3	11.0	11.4	11.5	11.4	9.3	9.2	Germany/Allemagne	22.6	20.9	23.2	26.2	25.3	25.0	26.5	26.1	25.2	24.0
United Kingdom	13.9	13.6	16.0	13.9	11.7	14.4	11.7	9.6	9.1	9.4	USA/Etats–Unis d'Amer	4.2	3.9	3.5	3.5	4.4	6.6	7.7	8.0	8.4	8.4
Netherlands/Pays–Bas	9.0	7.6	7.8	8.3	8.4	8.2	8.2	7.6	7.7	7.0	France,Monac	5.8	5.7	5.5	6.4	6.6	6.4	6.4	6.9	6.5	7.5
Belgium–Luxembourg	4.4	4.3	4.4	4.4	4.8	5.0	4.8	4.6	4.6	4.7	Japan/Japon	14.2	16.4	17.6	9.7	6.3	6.2	4.8	4.6	5.3	5.9
Spain/Espagne	0.6	0.3	0.7	0.8	1.4	2.2	3.2	3.9	4.3	4.6	Spain/Espagne	4.3	4.1	3.0	3.3	3.9	3.4	3.3	4.0	4.6	5.0
Sweden/Suède	3.2	3.0	3.2	3.2	3.6	3.5	4.1	3.4	3.2	2.7	Korea Republic	2.2	2.9	2.3	2.3	2.8	2.6	2.0	2.3	2.4	2.8
Italy/Italie	2.8	3.1	3.2	3.5	3.5	3.5	3.8	3.3	3.3	3.1	Former USSR/Anc. URSS	2.1		0.0	0.0	x1.9	x1.7	1.5	1.1	1.5	x1.1
Canada	1.5	1.6	1.8	2.5	1.5	2.0	2.5	3.6	3.8	2.9	Yugoslavia SFR										
Austria/Autriche	3.1	2.7	2.6	2.8	2.9	3.1	3.3	3.0	2.8	2.9	United Kingdom	1.6	1.8	1.8	1.4	1.7	1.5	1.2	1.3	1.1	1.0

7752 DOM REFRIGERATRS, FREEZRS

TRADE BY COMMODITY IN THOUSAND U.S. DOLLARS – COMMERCE PAR PRODUIT EN MILLIERS DE DOLLARS E.U

COUNTRIES–PAYS	IMPORTS – IMPORTATIONS					COUNTRIES–PAYS	EXPORTS – EXPORTATIONS				
	1988	1989	1990	1991	1992		1988	1989	1990	1991	1992
Total	3187836	3221814	3949537	4462917	4742444	Totale	x3634176	3446587	4081451	4542092	4598421
Africa	x110711	x92400	x108106	x124635	x121088	Afrique	x17053	x7270	x16597	x20648	x24470
Northern Africa	49038	32356	x38524	x37397	x29130	Afrique du Nord	16148	5597	13042	15963	x20832
Americas	520077	448725	500007	604594	x828319	Amériques	366312	418490	513189	677415	831951
LAIA	66545	85005	101834	201538	276489	ALAI	36132	50316	69600	114072	165138
CACM	x7074	x8698	x14215	x14914	x20217	MCAC	x2486	x1444	x5725	x2116	x1780
Asia	x456568	x457589	x369960	x473548	x622170	Asie	582622	436993	421916	560862	x680571
Middle East	x240691	x192722	x154705	x234310	x280319	Moyen–Orient	32888	34992	x31352	40546	57210
Europe	1885359	2026814	2750246	2854954	2963153	Europe	1995679	2101042	2742632	2860119	2889448
EEC	1547772	1664740	2313587	2431335	2539453	CEE	1677270	1800425	2338588	2487656	2524094
EFTA	320787	347979	412622	405055	401195	AELE	195554	192620	246080	257248	285424
Oceania	x35706	x45958	x56821	x62474	x53032	Océanie	33265	25639	x32290	36692	41062
France, Monac	434465	434174	586029	538333	562812	Italy/Italie	853018	915861	1065588	1155416	1143508
Germany/Allemagne	267360	279441	507475	619236	629583	Germany/Allemagne	432901	448094	580546	593941	606662
United Kingdom	289452	277619	315472	294335	310077	USA/Etats–Unis d'Amer	299790	338163	396087	519931	615919
Spain/Espagne	132858	186430	277512	290251	297071	Denmark/Danemark	178827	195446	307002	301888	314837
USA/Etats–Unis d'Amer	329655	225540	238981	214884	265039	Former USSR/Anc. URSS	x305113	x241634	x201681	x271340	
Netherlands/Pays–Bas	155245	167089	209108	208085	213439	Korea Republic	257551	142943	175621	227746	286039
Belgium–Luxembourg	96198	102747	136240	148552	160788	Japan/Japon	235736	185178	120101	138695	142173
Former USSR/Anc. URSS	x62759	x43719	x42873	x229839		Yugoslavia SFR	122780	107876	157690	x115085	
Italy/Italie	68806	84365	101285	122758	135003	Sweden/Suède	126739	116493	122685	123156	146681
Sweden/Suède	75375	86102	110838	109752	101984	Spain/Espagne	43922	48873	104258	139392	152428
Austria/Autriche	74516	81578	94819	107362	112997	Austria/Autriche	39703	44579	84999	99717	105863
Canada	69765	78052	90808	110644	193652	France, Monac	43429	54795	71604	66950	62204
Saudi Arabia	128360	97332	x65693	x101033	x86059	United Kingdom	48073	43365	72399	73178	77598
Switz.Liecht	79646	75508	92923	87947	91681	Thailand/Thaïlande	22768	37627	48506	96655	x85590
Mexico/Mexique	46583	56651	64109	118380	128369	Hungary/Hongrie	x39498	x40979	x58148	x61082	x75244
Greece/Grèce	31162	52797	72108	87972	x93282	Portugal	17709	27319	53997	67024	83203
Japan/Japon	24907	44748	59086	89316	78257	Brazil/Brésil	26694	35988	44499	59912	90412
Norway, SVD, JM	53140	47169	53558	55171	56050	Belgium–Luxembourg	28933	30238	39460	38098	38211
Finland/Finlande	34780	55069	57497	41396	35394	Czechoslovakia	x66191	x45149	x36836	x18155	x21053
Portugal	25065	27785	40055	54264	69760	Canada	22985	24424	37630	36281	43033
Denmark/Danemark	30622	31593	41251	43148	39124	Former GDR	x144627	x75672	x19662		
China/Chine	81169	85830	20025	10101	15157	Mexico/Mexique	7684	11879	21997	43969	55900
Hungary/Hongrie	x13572	x41278	x45058	26862	x37567	Finland/Finlande	18389	24263	29061	24065	24517
Singapore/Singapour	28475	31452	30369	36990	42809	New Zealand	27686	19658	28358	26265	26833
Czechoslovakia	x54272	30937	36310	x30969	x52154	Turkey/Turquie	23613	21888	20950	28682	50592
United Arab Emirates	x55997	x29102	x27643	x37443	x47686	Poland/Pologne	x21696	x25763	x20231	x18930	x18746
Poland/Pologne	x28709	x20419	x32153	x37910	x31710	Netherlands/Pays–Bas	12070	13426	19548	23605	24824
Australia/Australie	15768	23755	30000	35714	21094	Romania/Roumanie	x58222	24295	13112	13233	x9285
Ireland/Irlande	18539	20701	27323	24403	28515	Ireland/Irlande	15146	16712	16623	16290	14402
Korea Republic	3120	19281	19598	20090	28330	Singapore/Singapour	13600	16850	17075	9631	13527
Pakistan	23208	22678	17742	9030	11142	China/Chine	3364	6750	11298	20468	32565
Kuwait/Koweït	x15656	21519	x10072	x15631	x23886	Greece/Grèce	3244	6296	7565	11875	x6218
Israel/Israël	10641	10343	12871	14169	20273	Algeria/Algérie	15666	5094	12517	7475	x8279
Yugoslavia SFR	9996	7812	16398	11585		Switz.Liecht	10386	6999	8260	9145	7193
Chile/Chili	6369	10608	10982	x11585	x17762	Philippines	8136	x5402	8669	6708	7249
New Caledonia	x9143	x10500	x12852	11542	x11685	Australia/Australie	5479	5971	3879	10409	14178
Panama	3162	6114	11447	x9127	13106	Bulgaria/Bulgarie	x3899	x3660	x5893	x3610	x6578
Malaysia/Malaisie	5921	6192	10446	11782	x12582	Korea Dem People's Rp	x519	x732	x1041	x10793	x26352
Cyprus/Chypre	7657	8885	9754	12054	14946	Hong Kong	3575	3609	2382	2922	17349
Mauritius/Maurice	x2512	x3412	6226	18048	12732	Kuwait/Koweït	x436	4984	x1485	x1418	x12
Libyan Arab Jamahiriya	21724	9016	4886	x13580	x3703	Israel/Israël	1918	1354	3212	3238	
Oman	9490	8708	7651	10652	x8499	Colombia/Colombie	502	213	1809	5457	4147
Uruguay	5670	8295	8417	10038	8991	United Arab Emirates	x2267	x2236	x2080	x2505	9889
Venezuela	459	932	3116	21948	37467	Cyprus/Chypre	1192	1967	1765	2819	x1693
Lebanon/Liban	x4221	x5645	x5880	x14170	x14881	Jordan/Jordanie	91	191	2320	3506	3013
Egypt/Egypte	14752	9165	8355	7674	5561	Trinidad and Tobago	2244	2237	1544	2200	83
Argentina/Argentine	429	446	4022	20701	55388	So. Africa Customs Un	x669	x743	x2007	x3138	1781
Reunion/Réunion	8274	7178	7559	9764	9074	Saudi Arabia	3920	2666	x1456	x706	x2702
Turkey/Turquie	739	1046	8724	13420	22273	Morocco/Maroc	270	197	243	4239	x720
Iran (Islamic Rp. of)	x509	x1665	x4029	x17369	x43779	Venezuela	166	1493	265	2519	3401

(VALUE AS % OF TOTAL)(VALEUR EN % DU TOTAL)

	1983	1984	1985	1986	1987	1988	1989	1990	1991	1992		1983	1984	1985	1986	1987	1988	1989	1990	1991	1992
Africa	x7.2	x8.7	x5.3	x3.9	x2.5	3.5	x2.8	x2.8	x2.8	x2.6	Afrique	x0.0	x0.1	x0.0	x0.0	x0.1	x0.5	x0.2	x0.4	x0.5	x0.6
Northern Africa	x3.5	x5.3	3.1	x1.5	x0.8	1.5	1.0	x1.0	x0.8	x0.6	Afrique du Nord	x0.0	x0.0	x0.0	x0.0	x0.0	0.4	0.2	0.3	0.4	0.5
Americas	x10.9	15.5	17.9	x18.0	x16.6	16.3	13.9	12.7	13.6	x17.5	Amériques	x10.4	x8.5	7.3	x8.9	x8.7	10.1	12.1	12.5	14.9	18.1
LAIA	0.4	0.6	0.2	x0.9	x0.6	2.1	2.6	2.6	4.5	5.8	ALAI	0.2	0.5	1.1	x1.9	x2.0	1.0	1.5	1.7	2.5	3.6
CACM	x0.1	0.7	0.5	0.4	x0.6	x0.2	x0.3	x0.4	x0.3	x0.4	MCAC	x0.3	0.3	0.3	x0.2	x0.2	x0.1	x0.1	x0.1	x0.0	x0.0
Asia	x20.1	22.5	x17.5	x15.2	x18.3	14.3	14.2	x9.3	x10.6	13.1	Asie	15.5	20.4	27.6	18.2	17.1	16.0	12.7	10.3	12.3	x14.8
Middle East	x13.6	x16.3	x9.7	x8.9	x6.9	x7.6	x6.0	x3.4	x5.3	x5.9	Moyen–Orient	x0.6	1.3	x0.9	x0.9	x0.4	0.9	1.0	x0.8	0.9	1.2
Europe	59.5	50.7	56.5	61.2	57.8	59.1	62.9	69.6	64.0	62.5	Europe	66.0	61.4	64.1	72.0	54.6	54.9	61.0	67.2	63.0	62.8
EEC	47.4	40.1	44.6	49.0	46.5	48.6	51.7	58.6	54.5	53.5	CEE	55.7	48.9	51.6	59.1	44.2	46.2	52.2	57.3	54.8	54.9
EFTA	12.0	9.9	11.1	11.8	10.8	10.1	10.8	10.4	9.1	8.5	AELE	10.3	8.4	8.6	9.8	7.4	5.4	5.6	6.0	5.7	6.2
Oceania	2.3	x2.6	x2.9	x1.7	x1.6	x1.1	x1.5	x1.5	x1.4	x1.1	Océanie	x1.1	x1.2	0.9	x0.8	1.0	0.9	0.7	x0.8	0.8	0.9
France, Monac	14.1	11.5	13.9	15.5	14.4	13.6	13.5	14.8	12.1	11.9	Italy/Italie	29.8	25.6	26.3	28.9	21.0	23.5	26.6	26.1	25.4	24.9
Germany/Allemagne	9.9	8.7	8.7	9.5	8.7	8.4	8.7	12.8	13.9	13.3	Germany/Allemagne	11.9	10.4	11.9	15.6	12.0	11.9	13.0	14.2	13.1	13.2
United Kingdom	10.5	8.7	9.3	8.8	8.4	9.1	8.6	8.0	6.6	6.5	Spain/Espagne										
Spain/Espagne	1.2	1.0	1.1	1.5	1.8	4.2	5.8	7.0	6.5	6.3	USA/Etats–Unis d'Amer	7.8	6.1	4.6	4.7	5.1	8.2	9.8	9.7	11.4	13.4
USA/Etats–Unis d'Amer	8.0	11.2	13.5	13.8	12.0	10.3	7.0	4.8		5.6	Denmark/Danemark	7.8	6.7	7.2	8.2	5.8	4.9	5.7	7.5	6.6	6.8
Netherlands/Pays–Bas	5.1	4.0	4.6	5.2	5.2	4.9	5.2	5.3	4.7	4.5	Former USSR/Anc. URSS	6.9	8.4				x9.2	x8.4	x7.0	x4.9	6.0
Belgium–Luxembourg	3.1	2.5	2.8	3.2	3.0	3.2	3.4	3.3	3.4	3.4	Korea Republic	1.7	2.6	3.6	4.6	5.7	7.1	4.1	4.3	5.0	6.2
Former USSR/Anc. URSS				x0.5	x2.0	x1.4	x1.1	x5.1			Japan/Japon	11.6	14.6	21.2	11.0	8.5	6.5	5.4	2.9	3.1	3.1
Italy/Italie	1.1	1.1	1.3	1.8	1.7	2.1	2.6	2.6	2.8	2.8	Yugoslavia SFR	4.1	4.0		x3.2	x3.0	3.4	3.1	3.9	x2.5	
Sweden/Suède	2.5	2.0	2.5	2.5	2.3	2.4	2.7	2.5		2.2	Sweden/Suède	6.2	5.0	5.0	5.2	4.0	3.5	3.4	3.0	2.7	3.2
											Spain/Espagne	1.9	2.1	1.7	1.8	1.5	1.2	1.4	2.6	3.1	3.3

77521 DOMESTIC REFRIGERATORS / REFRIGERATEURS 77521

TRADE BY COMMODITY IN THOUSAND U.S. DOLLARS – COMMERCE PAR PRODUIT EN MILLIERS DE DOLLARS E.U

COUNTRIES–PAYS	IMPORTS – IMPORTATIONS 1988	1989	1990	1991	1992	COUNTRIES–PAYS	EXPORTS – EXPORTATIONS 1988	1989	1990	1991	1992
Total	2315331	2381182	2891932	x3341966	x3542417	Totale	x2825191	2628531	3060413	3450707	3477208
Africa	x70798	x57321	x65660	x89616	x86862	Afrique	x16511	x7252	x15399	x19412	x22248
Northern Africa	x26264	x14993	x15888	x25003	x17604	Afrique du Nord	16072	5865	12714	15618	x19175
Americas	x432446	x397204	x428510	x516625	x692285	Amériques	332190	372331	447370	578527	692301
LAIA	49689	77273	91206	180495	238251	ALAI	35819	45140	61732	89714	128482
CACM	x6101	x7383	x13177	x13894	x16390	MCAC	x1879	x154	x3926	x37	x13
Asia	x417572	417503	x322114	x404312	x529518	Asie	570831	426241	411398	544442	x661319
Middle East	x218542	x173539	x126949	x188976	x224984	Moyen–Orient	30974	31582	x28551	34445	53792
Europe	1249873	1381322	1955291	2030613	2125817	Europe	1349262	1411236	1839876	1931111	1968686
EEC	1079395	1200386	1667885	1752148	1850341	CEE	1128273	1220473	1585258	1688818	1723450
EFTA	162588	173470	x270786	x264868	x259279	AELE	135965	129753	161043	x163469	x191739
Oceania	x28579	x37434	x46435	x51479	x40949	Océanie	21990	18420	x21864	23340	26006
France, Monac	306517	310487	435041	391208	410131	Italy/Italie	626885	675760	785068	867327	860631
Germany/Allemagne	169424	178082	297793	388750	410129	Germany/Allemagne	339865	349044	473149	471964	482656
Spain/Espagne	101372	153067	235535	232003	236114	USA/Etats–Unis d'Amer	283766	318765	368987	478536	550352
United Kingdom	179605	175346	200532	184107	210153	Former USSR/Anc. URSS	x289308	x231279	x198296	x225216	x263281
USA/Etats–Unis d'Amer	270459	195913	195416	165675	209752	Korea Republic	254538	142451	173711	225216	283282
Netherlands/Pays–Bas	115260	126738	160220	161900	164088	Japan/Japon	231913	181600	116519	134069	136510
Former USSR/Anc. URSS	x56103	75464	86911	109490	165136	Sweden/Suède	110135	102619	107248	108163	130576
Canada	67155	69330	96666	104657	114532	Yugoslavia SFR	84971	60902	93450	x78711	
Belgium–Luxembourg	64789	69330	80291	100351	106580	Spain/Espagne	19911	26974	68256	99798	117871
Italy/Italie	50445	68488				Denmark/Danemark	40155	51327	71869	65577	75433
Saudi Arabia	128360	97332	x53586	x78261	x67052	Thailand/Thaïlande	21796	36664	47887	94379	x81803
Mexico/Mexique	30405	50194	57440	108112	114881	France, Monac	26696	37075	52208	45818	41837
Sweden/Suède	48978	54862	73040	71443	66714	United Kingdom	33103	28424	53527	49958	49398
Greece/Grèce	28638	48347	60575	55952	57485	Hungary/Hongrie	x31985	x32235	x46940	x46067	x59976
Switz.Liecht	51799	48231	48662	76111	64057	Brazil/Brésil	26694	30910	38270	35415	35077
Japan/Japon	18925	37553	x63598	x71486	x77458	Belgium–Luxembourg	26145	26852	36274	x13874	x16613
Austria/Autriche				10084	8765	Czechoslovakia	x39335	x30788	x29563	28615	50535
China/Chine	81112	85759	20001	49936	63505	Turkey/Turquie	23526	21241	20941	33663	43038
Portugal	21510	24821	35899	38002	36061	Mexico/Mexique	7621	11842	20764	25885	20720
Norway,SVD,JM	36324	32674	36013			Finland/Finlande	15703	20367	24847	19958	
Denmark/Danemark	26628	28472	36083	38775	35462	Portugal	5144	11671	24634	26785	36624
Singapore/Singapour	27404	31452	30369	36990	42809	Former GDR	x96917	x46188	x12270		
Finland/Finlande	23039	35909	35652	25554	19425	Poland/Pologne	x19783	x24609	x18435	x15141	x15140
Australia/Australie	13607	20364	25573	31101	16912	Romania/Roumanie	x53185	24295	13112	11748	x8405
United Arab Emirates	x45206	x22586	x23249	x30502	x39411	New Zealand	17583	13402	18770	15093	14380
Ireland/Irlande	15207	17208	22688	20078	20056	Austria/Autriche			x20378	x26858	x33554
Czechoslovakia	x34338	21920	20264	x14917	x19586	Singapore/Singapour	12892	16850	17075	9631	13527
Korea Republic	2827	18658	18672	18890	26680	China/Chine	3358	6727	11282	20442	30198
Pakistan	22881	22489	17707	8875	11126	Netherlands/Pays–Bas	6833	6640	10540	12779	15863
Kuwait/Koweït	x12999	17277	x7925	x13618	x19798	Greece/Grèce	3205	6221	7538	11756	x5832
Poland/Pologne	x14408	x14097	x4233	x13551	x16576	Algeria/Algérie	15666	5087	12517	7451	x6865
Chile/Chili	6369	10608	9541	9590	x14906	Switz.Liecht	9803	6513	7820	7597	5957
Israel/Israël	7433	7064	9496	10477	15959	Philippines	8134	x5402	8669	6704	7244
Uruguay	5670	8295	8417	10038	7962	Canada	7277	5059	8926	5238	7348
Panama	x3415	x5025	x9641	x12059	x15573	Australia/Australie	4313	5012	3044	8234	11592
Malaysia/Malaisie	5435	5496	9765	11072	x11591	Bulgaria/Bulgarie	x3894	x3657	x5890	x3582	x6498
Cyprus/Chypre	6947	7902	8908	8478	12869	Korea Dem People's Rp	x505	x696	x1004	x10791	x26333
Venezuela	459	932	2912	21414	35782	Israel/Israël	1918	1351	3212	3238	4147
Mauritius/Maurice	x2136	x2973	5383	16506	11227	Colombia/Colombie	482	213	1809	5452	9751
New Caledonia	x6050	x7789	x9824	x6837	x8214	Kuwait/Koweït	x44	4231	x1474	x1411	x6
Libyan Arab Jamahiriya	x23810	x10188	x2382	x11826	x2341	United Arab Emirates	x2165	x2176	x2002	x2343	x1509
Yugoslavia SFR	6324	5886	10410	x7984		Hong Kong	2499	1531	2226	2561	16597
Lebanon/Liban	x3054	x5126	x5438	x12829	x13505	Trinidad and Tobago	2016	2156	1473	2112	1732
Argentina/Argentine	376	432	3878	16211	40653	So. Africa Customs Un	x324	x483	x1580	x2640	x2257
Turkey/Turquie	441	759	7673	12075	20763	Morocco/Maroc	270	192	16	4224	862
Indonesia/Indonésie	3717	6179	6274	7825	6310	Ireland/Irlande	330	485	2195	1640	2228
Bangladesh	x6826	x8000	x6833	x5150	x8253	Venezuela	166	1493	194	2510	3133
Oman	7037	6582	5042	8147	x6403	Saudi Arabia	3920	2666	x947	x250	x263
Thailand/Thaïlande	4863	5629	7454	6569	8283	El Salvador	x1664	x3	3273	x3	
Reunion/Réunion	5776	5497	6092	7574	7062	Jordan/Jordanie	x1	173	2075	831	76

(VALUE AS % OF TOTAL)(VALEUR EN % DU TOTAL)

	1983	1984	1985	1986	1987	1988	1989	1990	1991	1992		1983	1984	1985	1986	1987	1988	1989	1990	1991	1992
Africa	x6.6	x6.2	x3.9	x3.5	x2.0	x3.1	x2.5	x2.3	x2.7	x2.4	Afrique	x0.1	x0.1	x0.1	x0.0	x0.1	0.6	0.3	0.6	0.6	x0.7
Northern Africa	x2.5	x2.2	x1.5	x0.9	x0.3	x1.1	x0.6	x0.5	x0.7	x0.5	Afrique du Nord	x0.0	x0.0	x0.0	0.0	0.0	0.6	0.2	0.4	0.5	x0.6
Americas	x12.5	18.1	20.2	x19.4	x17.9	x18.7	x16.7	14.9	x15.4	x19.6	Amériques	x12.8	10.1	x8.0	10.2	x9.6	11.8	14.1	14.6	16.7	19.9
LAIA	0.4	0.7	0.2	0.1	0.9	2.1	3.2	3.2	5.4	6.7	ALAI	0.2	0.6	1.3	x2.5	x2.4	1.3	1.7	2.0	2.6	3.7
CACM	x0.1	0.9	0.7	x0.5	x0.7	0.3	0.3	x0.5	0.4	x0.5	MCAC	x0.4	0.4	0.3	x0.3	x0.1	x0.1	x0.0	x0.1	x0.0	x0.0
Asia	x23.5	x26.1	x20.3	x17.9	x21.8	x18.0	17.6	x11.1	x12.1	x15.0	Asie	21.3	28.0	34.1	23.3	21.0	20.2	16.3	13.4	15.8	x19.0
Middle East	x15.7	x18.8	x10.8	x10.0	x7.5	x9.4	x7.3	x4.4	x5.7	x6.4	Moyen–Orient	x0.7	1.8	x1.0	x1.1	x0.4	1.1	1.2	x0.9	1.0	1.5
Europe	55.1	x46.8	52.3	57.1	52.9	54.0	58.0	67.6	60.8	60.0	Europe	65.0	60.6	57.2	65.7	47.9	47.8	53.7	60.1	56.0	56.6
EEC	44.7	37.4	41.6	46.0	42.4	46.6	50.4	57.7	52.4	52.2	CEE	54.6	46.6	45.0	54.8	39.9	46.4	51.8	48.9	49.6	
EFTA	x10.4	x8.4	x9.7	x10.8	x10.0	7.0	7.3	x9.4	x7.9	x7.3	AELE	x10.4	x8.3	7.2	x8.2	5.7	4.8	4.9	5.3	x4.7	x5.5
Oceania	x2.3	x2.8	x3.2	x2.1	x1.8	x1.2	x1.6	x1.6	x1.5	x1.2	Océanie	x0.9	x1.2	0.7	x0.8	0.9	0.8	0.7	x0.7	0.7	0.7
France,Monac	13.2	10.2	12.5	14.2	13.1	13.2	13.0	15.0	11.7	11.6	Italy/Italie	32.6	26.9	26.1	29.8	21.1	22.2	25.7	25.7	25.1	24.8
Germany/Allemagne	8.6	8.0	7.9	8.6	7.5	7.3	7.5	10.3	11.6	11.6	Germany/Allemagne	12.9	11.1	11.6	16.6	12.6	13.3	13.5	15.5	13.7	13.9
Spain/Espagne	1.1	0.9	0.8	1.2	1.5	4.4	6.4	8.1	6.9	6.7	USA/Etats–Unis d'Amer	9.9	7.6	5.1	5.5	6.0	10.0	12.1	12.1	13.9	15.8
United Kingdom	9.8	7.9	8.3	7.7	7.1	7.8	7.4	6.9	5.5	5.9	Former USSR/Anc. URSS				x11.3	x10.2	x8.8	x6.5	x7.6		
USA/Etats–Unis d'Amer	9.2	12.8	14.9	14.5	12.4	11.7	8.2	6.8	5.0	5.9	Korea Republic	2.4	4.4	5.9	7.0	9.0	5.4	5.7	6.5	8.1	
Netherlands/Pays–Bas	5.0	4.0	4.6	5.2	5.2	5.0	5.3	5.5	4.8	4.6	Japan/Japon	16.0	20.0	8.2	14.2	10.5	8.2	6.9	3.8	3.9	3.9
Former USSR/Anc. URSS				x0.7	x2.4	x1.7	x1.4	x5.8			Sweden/Suède	7.6	5.7	5.5	4.9	2.7	4.3	3.9	4.9	3.1	3.8
Canada	1.2	1.6	1.9	1.8	2.1	2.9	3.2	3.0	3.3	4.7	Yugoslavia SFR			6.1	2.2	2.2	2.3	2.0	3.1	x2.3	
Belgium–Luxembourg	2.7	2.2	2.6	2.8	2.6	2.8	2.9	3.3	3.1	3.2	Spain/Espagne	1.6	1.9	1.2	1.1	1.3	0.8	0.7	1.0	2.2	3.4
Italy/Italie	1.4	1.4	1.4	2.1	1.9	2.2	2.9	2.8	3.0	3.0	Denmark/Danemark	2.7	2.4	2.3	2.0	3.0	1.4	2.0	2.3	1.9	2.2

7761 TV PICTURE TUBES / TUBES CATHODIQUES 7761

TRADE BY COMMODITY IN THOUSAND U.S. DOLLARS – COMMERCE PAR PRODUIT EN MILLIERS DE DOLLARS E.U

IMPORTS – IMPORTATIONS

COUNTRIES–PAYS	1988	1989	1990	1991	1992
Total	4025909	4042153	4085819	4956432	4418488
Africa	71732	x70795	x64098	x51999	x61502
Northern Africa	29748	x35001	x33664	x40894	x45877
Americas	213506	304523	274317	312619	403846
LAIA	76583	103137	71970	110390	190383
CACM	x1134	x1875	x2214	x803	
Asia	1924693	2005273	1953460	2457169	x2430615
Middle East	10377	108329	182947	244043	x240053
Europe	1547114	1407419	1705355	1730971	1409295
EEC	1322955	1208655	1484951	1529277	1239247
EFTA	203586	171420	191995	183214	154781
Oceania	x24020	23943	x18845	x20330	x22696
China/Chine	724915	672710	390906	420533	437983
Hong Kong	486125	324334	243660	399634	342660
Singapore/Singapour	211926	270010	328154	343212	295518
United Kingdom	269274	224140	331475	359535	236197
Malaysia/Malaisie	80089	174491	277326	336840	x322578
Germany/Allemagne	230309	222859	257426	272236	227605
Korea Republic	154834	153330	223373	289231	237270
Italy/Italie	199554	196686	220017	219476	184721
France, Monac	195642	184101	227549	222681	242577
Spain/Espagne	191977	173842	181481	213780	158076
Belgium–Luxembourg	143086	124797	187271	172314	136631
Former USSR/Anc. URSS	x128313	x119925	x29434	x330057	
Turkey/Turquie	387	90481	169325	214417	189909
USA/Etats–Unis d'Amer	84589	147029	156566	145997	145642
Japan/Japon	76817	62956	103707	156634	208951
Austria/Autriche	99324	90662	107539	103164	105561
Thailand/Thaïlande	41212	76916	100023	123645	184040
Indonesia/Indonésie	23122	35789	69848	90046	106235
Finland/Finlande	65426	55522	58572	56612	41430
Canada	48615	50704	43308	53742	66255
India/Inde	91186	x100761	9171	11306	x8317
Argentina/Argentine	47087	28056	26225	56689	130157
Netherlands/Pays–Bas	36649	32869	29833	22143	11320
Portugal	26941	23995	27402	28395	17223
Mexico/Mexique	10371	50443	10782	9100	12881
So. Africa Customs Un	38868	32622	28863	x8467	x14625
Sweden/Suède	36613	23459	23516	22020	6380
Hungary/Hongrie	x12906	x21211	x22847	23741	x10544
Brazil/Brésil	8895	14113	19962	25562	28104
Australia/Australie	19873	21682	16945	19751	21752
Yugoslavia SFR	18800	20606	26838	x9301	
Former GDR	x85198	x51173	x2022		
Denmark/Danemark	15921	17107	16728	15469	21192
Algeria/Algérie	17131	14504	13962	17200	x2100
Philippines	9251	x12520	14959	13116	22518
Iran (Islamic Rp. of)	x256	x69	x12212	x27832	x46080
Tunisia/Tunisie	7502	8314	12763	14101	20651
Poland/Pologne	x11895	x9609	x1595	x19279	x57626
Colombia/Colombie	7288	7149	10935	4954	4813
Czechoslovakia	x1785	10463	4923	x6091	x14342
Viet Nam		x3	x140	x19412	x14883
Egypt/Egypte	x514	x8368	x5261	x5239	x9677
Malta/Malte	x1756	x6729	1441	x9170	x10267
Pakistan	10528	9089	4392	3533	4989
Greece/Grèce	13230	7702	5414	2850	x3668
Bulgaria/Bulgarie	x4718	x12853	x1348	x661	3145
Saudi Arabia	9225	14423	x134	x179	x811
Romania/Roumanie	x30	4964	7387	1348	x2091
Venezuela	112	910	116	8682	10243
Libyan Arab Jamahiriya	3942	2919	956	x4068	x13182

EXPORTS – EXPORTATIONS

COUNTRIES–PAYS	1988	1989	1990	1991	1992
Totale	4574059	3940891	4177721	4648110	4443684
Afrique	x711	705	x710	x281	x672
Afrique du Nord	586	693	204	244	x382
Amériques	x207175	x251900	x317368	425551	476026
ALAI	13293	29831	19020	33747	60073
MCAC	x3	x59	1425	x298	x22
Asie	2627710	2382614	2385893	2769364	2660414
Moyen–Orient	x293	199	x754	x1623	x135
Europe	1191729	1136939	1379871	1402162	1264663
CEE	1025045	998037	1228326	1267571	1193805
AELE	158479	134905	138765	131960	70550
Océanie	17	54	203	x300	x208
Japan/Japon	1331068	1194488	984226	985012	739070
Korea Republic	637351	624322	780753	940224	866705
Italy/Italie	329942	316769	393294	426105	358717
Germany/Allemagne	271319	275876	340968	453379	454532
Singapore/Singapour	212604	254157	326623	380676	403007
Hong Kong	401747	296214	237949	309362	332629
USA/Etats–Unis d'Amer	133648	167490	248456	342630	385286
France, Monac	193569	170752	217923	215610	172929
United Kingdom	132158	157890	198142	133629	170369
Austria/Autriche	156018	133143	137374	130158	69567
Czechoslovakia	x118211	x88737	x58036	x13024	x12953
Canada	56818	45779	40769	47836	30049
Netherlands/Pays–Bas	56076	39314	43314	24869	12946
Spain/Espagne	39966	35451	32009	9376	18454
Former USSR/Anc. URSS	x169722	x30691	x18644	x24747	
India/Inde	34193	x1943	24373	39551	x2562
China/Chine	4360	5550	12163	43998	80424
Brazil/Brésil	12017	18347	8464	31765	53154
Thailand/Thaïlande	1	190	16600	33358	x39401
Poland/Pologne	x16183	x20346	x12753	x10371	x28088
Malaysia/Malaisie	280	643	866	31979	x185308
Mexico/Mexique	x232207	x26512	x2289		
Yugoslavia SFR	1168	11356	9833	1949	2212
Panama	8205	3995	12664	x2471	
Korea Dem People's Rp	x3412	x8734	x7629	x513	7
Belgium–Luxembourg	x4489	x4662	x1399	x3314	x10184
Romania/Roumanie	1736	1399	2343	4012	4423
Finland/Finlande	x9539	1425	1112	1733	x163
Hungary/Hongrie	1069	820	715	1095	396
El Salvador	x204	952	x605	x515	x468
Sweden/Suède		x59	1425	x2	0
Algeria/Algérie	923	617	391	397	459
Turkey/Turquie	586	670	199	243	x319
Portugal		64	268	771	79
Switz.Liecht	89	319	194	498	1282
Peru/Pérou	464	162	216	292	128
Yemen/Yémen		x1	587		
So. Africa Customs Un	0		x461	x99	
Jamaica/Jamaïque			x18	x410	x252
Philippines	124	x221	173	1	
Syrian Arab Republic				x367	
Australia/Australie	15	54	203	69	50
Denmark/Danemark	160	154	103	62	151
Bulgaria/Bulgarie	x650	x16	x240	x59	x29
Nicaragua				x290	x2
Uruguay	104	115	128	1	27
Vanuatu				x231	
Jordan/Jordanie	0			x225	1
Norway,SVD,JM	5	162	36	17	1

(VALUE AS % OF TOTAL) (VALEUR EN % DU TOTAL)

Imports

	1983	1984	1985	1986	1987	1988	1989	1990	1991	1992
Africa	1.8	3.0	1.6	x2.1	x1.6	1.8	x1.7	x1.6	x1.1	x1.4
Northern Africa	0.6	1.2	0.9	1.4	x1.0	0.7	x0.9	x0.8	x0.8	x1.0
Americas	x13.1	x14.8	x16.2	16.9	10.2	5.3	7.5	6.7	6.3	9.1
LAIA	x4.8	6.2	6.2	7.7	x6.1	1.9	2.6	1.8	2.2	4.3
CACM	x0.0	x0.0	x0.0	x0.0	x0.0	x0.0	x0.0	0.1	x0.0	x0.0
Asia	x16.3	x26.6	29.7	26.1	34.0	47.8	49.6	47.8	49.6	x55.0
Middle East	x4.0	x6.2	7.1	4.8	2.3	0.3	2.7	4.5	4.9	x5.4
Europe	66.6	53.1	50.7	53.5	43.3	38.4	34.8	41.7	34.9	31.9
EEC	60.3	47.4	44.9	46.0	36.2	32.9	29.9	36.3	30.9	28.0
EFTA	4.9	5.1	5.4	x7.3	x7.1	5.1	4.2	4.7	3.7	3.5
Oceania	2.2	x2.5	1.9	x1.4	1.1	x0.6	x0.5	x0.5	x0.4	x0.5
China/Chine					10.0	18.0	16.6	9.6	8.5	9.9
Hong Kong	2.4	7.0	7.2	4.6	5.9	12.1	8.0	6.0	8.1	7.8
Singapore/Singapour	3.4	2.6	4.2	5.0	5.2	5.3	6.7	8.0	6.9	6.7
United Kingdom	10.1	8.5	8.6	9.1	8.3	6.7	5.5	8.1	7.3	5.3
Malaysia/Malaisie	1.4	1.7	1.7	2.1	2.2	2.0	4.3	6.8	6.8	x7.3
Germany/Allemagne	16.5	12.9	12.3	12.5	7.8	5.7	5.5	6.3	5.5	5.2
Korea Republic	2.6	4.0	2.8	2.9	2.9	3.8	3.8	5.5	5.8	5.4
Italy/Italie	7.7	5.9	5.8	6.3	6.1	5.0	4.9	5.4	4.4	4.2
France, Monac	6.7	5.8	5.4	6.8	5.2	4.9	4.6	5.6	4.5	5.5
Spain/Espagne	4.5	2.7	2.3	3.6	3.8	4.8	4.3	4.4	4.3	3.6

Exports

	1983	1984	1985	1986	1987	1988	1989	1990	1991	1992
Afrique		x0.0	x0.0	x0.0	x0.0	x0.0	x0.0	x0.0	x0.0	x0.0
Afrique du Nord		0.0	0.0							
Amériques	x2.9	x4.4	x3.8	x4.3	x3.1	x4.6	x6.4	x7.6	9.2	10.7
ALAI	x0.4	x1.9	x1.2	0.5	0.3	0.3	0.8	0.5	0.7	1.4
MCAC	x0.0			x0.0	x0.0	x0.0	x0.0	x0.0	x0.0	x0.0
Asie	54.2	60.8	62.0	56.9	51.5	57.4	60.4	57.2	59.6	59.8
Moyen–Orient	x0.0	x0.0	x0.0	x0.0	x0.0	x0.0	x0.0	x0.0	x0.0	x0.0
Europe	42.9	34.7	34.2	38.7	32.6	26.1	28.8	33.0	30.2	28.5
CEE	42.8	34.4	34.0	35.0	28.4	22.4	25.3	29.4	27.3	26.9
AELE	0.1	0.1	0.1	x3.6	x4.1	3.5	3.4	2.9	2.8	1.6
Océanie									x0.0	x0.0
Japan/Japon	48.4	48.5	42.6	41.6	38.0	29.1	30.3	23.6	21.2	16.6
Korea Republic	1.6	5.2	9.7	9.0	9.3	13.9	15.8	18.7	20.2	19.5
Italy/Italie	9.0	8.0	8.9	10.9	8.1	7.2	8.0	9.4	9.2	8.1
Germany/Allemagne	14.8	11.0	9.6	8.5	6.9	5.9	7.0	8.2	9.8	10.2
Singapore/Singapour	3.1	3.0	3.8	4.7	4.9	4.6	6.4	7.8	8.2	9.1
Hong Kong	1.0	4.0	5.9	1.6	3.1	8.8	7.5	5.7	6.7	7.5
USA/Etats–Unis d'Amer	2.9	2.1	2.4	2.2	1.7	2.9	4.3	5.9	7.4	8.7
France, Monac	10.1	7.1	8.6	8.7	4.2	4.3	5.2	4.7	2.9	3.8
United Kingdom	4.5	4.0	3.9	3.9	4.1	4.0	5.2	4.6	3.9	
Austria/Autriche				x3.5	x4.0	3.4	3.4	3.3	2.8	1.6

7762 OTH ELECTRONIC TUBES ETC / AUT LAMPES ELECTRONIQUES 7762

TRADE BY COMMODITY IN THOUSAND U.S. DOLLARS – COMMERCE PAR PRODUIT EN MILLIERS DE DOLLARS E.U

COUNTRIES–PAYS	IMPORTS – IMPORTATIONS					COUNTRIES–PAYS	EXPORTS – EXPORTATIONS				
	1988	1989	1990	1991	1992		1988	1989	1990	1991	1992
Total	1431614	1699734	1737402	1017702	2259442	Totale	1932890	1944340	2170519	2519673	3238992
Africa	x21633	x18233	x21076	x17295	x19422	Afrique	x1315	x570	x2093	x4566	x1517
Northern Africa	x9041	x6144	x10524	x8268	x9349	Afrique du Nord	x124	x313	x1584	x862	x38
Americas	302806	510932	441846	484531	x575017	Amériques	310773	280530	281112	326334	x318673
LAIA	27995	29547	22619	26916	23048	ALAI	2536	2239	366	1131	x1073
CACM	x1171	x503	x262	x737	x785	MCAC	x51		x1	x1	x2
Asia	377763	417452	432587	488759	x769416	Asie	1039422	1208334	1336495	1675513	2390408
Middle East	x31572	x26487	x36862	x28966	x29194	Moyen–Orient	x2275	x3266	x4277	x3301	x2022
Europe	674896	711290	804942	796187	864112	Europe	472893	433922	533420	499307	522767
EEC	593877	631756	704077	707353	731483	CEE	444548	407902	503148	466507	495752
EFTA	72018	73747	93912	82505	129116	AELE	25313	23930	28940	32006	26561
Oceania	x13806	x12575	x19411	x17143	x15391	Océanie	2304	x1422	x969	2486	1491
USA/Etats–Unis d'Amer	228961	446802	386564	422160	520576	Japan/Japon	1014274	1158936	1293885	1637968	2305666
United Kingdom	196020	222566	238000	245465	274471	USA/Etats–Unis d'Amer	297111	271027	269160	313307	308185
Korea Republic	157103	176311	151963	197975	329172	France,Monac	135297	133258	162803	163604	181759
Japan/Japon	131287	142697	150170	140215	111690	United Kingdom	109531	94162	151013	123861	142834
France,Monac	105892	113867	134025	154040	147090	Germany/Allemagne	107249	103419	107362	117865	104368
Germany/Allemagne	109832	118148	113132	121066	111742	Netherlands/Pays–Bas	70071	55922	60730	44901	44304
Italy/Italie	85756	89559	105633	88763	103650	Switz.Liecht	19009	17466	22330	22034	16884
Netherlands/Pays–Bas	45266	37990	45626	40709	43686	Korea Republic	7820	16018	14595	13094	51796
Singapore/Singapour	28121	29790	35968	49218	62774	Singapore/Singapour	3861	20937	7865	11769	16209
Canada	41805	30418	29523	31984	28500	Italy/Italie	17468	15624	13625	9606	17198
Finland/Finlande	18893	22425	34573	29598	67640	Canada	10990	7049	11479	11191	9360
Sweden/Suède	27032	24100	20893	18399	22130	Former USSR/Anc. URSS	x51753	x9219	x10726	x9419	
Thailand/Thaïlande	1449	1555	20504	36679	64086	China/Chine	3810	5070	8167	5235	6371
Belgium–Luxembourg	16621	17700	19316	14194	13564	Belgium–Luxembourg	3306	3405	5058	3878	3045
Spain/Espagne	19389	19049	19316	14474	13632	Sweden/Suède	4627	3640	3454	3788	3909
Australia/Australie	9630	10891	14553	15875	15967	Czechoslovakia	x1364	x5251	x2782	x669	x900
Austria/Autriche	9573	11911	12697	13165	9582	Oman	x882	x1478	x3553	x2082	x1180
Brazil/Brésil	8811	13002	12966	11081	15802	Austria/Autriche	985	1139	1028	4534	5323
Switz.Liecht	11111	11586	16443	13178	10931	Hong Kong	1662	2762	2049	820	2156
Israël/Israël	10425	7913	13178	10924		Australia/Australie	2213	1344	923	2455	1459
Turkey/Turquie	3556	7276	12112	9535	8994	Finland/Finlande	441	1508	1804	1262	216
Ireland/Irlande	5048	4872	12304	9197	3226	Former GDR	x35727	x3319	x888		
India/Inde	4097	x11330	7795	4819	x13918	Yugoslavia SFR	2987	2077	1316	x785	
China/Chine	3448	9676	4316	9338	13949	Spain/Espagne	535	1173	1267	1242	1459
Saudi Arabia	x7689	x3948	x8745	x8092	x5614	Israël/Israël	4168	831	2673	113	31
Yugoslavia SFR	8621	5453	6522	x6173		Zimbabwe	x12		x4	x2977	x1022
Norway,SVD,JM	5279	3609	6719	7267	7413	India/Inde	1316	x112	1757	1000	x810
Former USSR/Anc. URSS	x8380	x10709	x1485	x5215		Egypt/Egypte	x16	x243	x1508	x840	
Portugal	1748	2214	6714	7521	4493	Hungary/Hongrie	x710	x800	x757	x966	x1197
Mexico/Mexique	7093	3896	5153	6915	5747	Poland/Pologne	x499	x946	x1185	x366	x1976
So. Africa Customs Un	5278	5389	5265	x4922	x3500	Thailand/Thaïlande	1	128	219	1805	x334
Denmark/Danemark	6642	3742	4943	5202	5203	Saudi Arabia	x849	x1446	x360	x292	x468
Iran (Islamic Rp. of)	x3602	x3344	x4686	x5789	x7726	Brazil/Brésil	7	1762	35	11	38
Hungary/Hongrie	x8750	x7148	x4202	2467	x11322	Mexico/Mexique	2159	287	243	1005	743
Egypt/Egypte	x4895	x3097	x5900	4790	3691	Denmark/Danemark	734	627	484	332	245
Poland/Pologne	x6194	x5013	x5671	x2843	x2129	Portugal	54	121	385	596	253
Hong Kong	3473	4190	2974	2992	3256	So. Africa Customs Un	x1021	x174	x309	x466	x132
Malaysia/Malaisie	3922	2643	3611	3485	x125316	Norway,SVD,JM	250	177	325	389	229
Greece/Grèce	1663	2050	2181	4511	x2702	Ireland/Irlande	69	140	298	419	121
Chile/Chili	5615	7292	663	734	x1422	Malaysia/Malaisie	221	40	592	122	x4895
Iraq	x4419	x6338	x1166	x2		United Arab Emirates	x26	x27	x519	x213	
Czechoslovakia	x3787	3015	3172	x1155	x994	Pakistan		21	383	38	18
Argentina/Argentine	2323	1871	1187	2440	2933	Saint Lucia/St. Lucie				434	
Indonesia/Indonésie	276	448	3339	1616	2734	Greece/Grèce	234	52	123	204	x165
United Arab Emirates	x6749	x1801	x2289	x1095	x1631	Qatar	x20	x5	x38	x313	x49
Oman	x1623	5	x2642	x2153	x494	Korea Dem People's Rp	x7	x180	0	x158	x37
Venezuela	1824	1121	1169	2071	1249	Bahrain/Bahreïn	x102	x117	x160	x18	
Romania/Roumanie	x6690	1121	1740	1466	x316	Iran (Islamic Rp. of)	x135	x162	x8	x6	
Tunisia/Tunisie	442	907	1905	1215	2174	Chile/Chili	172	155	0	9	x27
Libyan Arab Jamahiriya	x1054	x495	x1610	x1509	x2718	French Guiana	37	40	39	69	

(VALUE AS % OF TOTAL)(VALEUR EN % DU TOTAL)

	1983	1984	1985	1986	1987	1988	1989	1990	1991	1992		1983	1984	1985	1986	1987	1988	1989	1990	1991	1992
Africa	x1.9	x3.0	x2.7	x2.0	x1.6	x1.5	x1.1	x1.2	x1.0	x0.9	Afrique	x0.1	x0.0	x0.0	x0.0	x0.1	x0.0	x0.1	x0.2	x0.0	
Northern Africa	1.0	x0.3	x0.5	x0.8	x0.6	x0.6	x0.4	x0.6	x0.5	x0.4	Afrique du Nord	x0.1	x0.0	x0.0	x0.0	x0.0	x0.0	x0.0	x0.1	x0.0	x0.0
Americas	x44.8	x48.0	x24.1	x17.5	x14.6	21.1	30.1	25.4	26.7	x25.4	Amériques	x30.1	x29.4	x24.6	x21.4	x14.3	16.0	14.4	12.9	13.0	x9.8
LAIA	x2.3	x2.2	x3.2	1.3	x1.6	2.0	1.7	1.3	1.5	1.0	ALAI	x5.4	x5.6	x0.0	x0.0	x0.0	0.1	x0.0	x0.0	x0.0	x0.0
CACM	x0.1	x0.0	x0.1	x0.2	x0.3	x0.1	x0.0	x0.0	x0.0	x0.0	MCAC	x0.0	x0.0	x0.0	x0.0	x0.0	x0.0	x0.0	x0.0	x0.0	x0.0
Asia	x18.3	x17.1	x23.8	26.2	29.5	26.4	24.6	24.9	26.9	x34.0	Asie	30.8	37.2	39.4	42.2	49.1	53.8	62.1	61.5	66.5	73.8
Middle East	x3.1	x1.3	x2.4	x2.3	x1.5	x2.2	x1.6	x2.1	x1.6	x1.3	Moyen–Orient	x0.0	x0.0	x0.0	x0.1	x0.1	x0.1	x0.1	x0.1	x0.0	x0.1
Europe	34.2	31.0	48.4	53.4	50.0	47.1	41.8	46.3	43.8	38.2	Europe	38.9	33.2	35.9	36.4	29.0	24.5	22.3	24.6	19.8	16.1
EEC	31.1	28.3	44.1	46.3	44.5	41.5	37.2	40.5	38.9	32.4	CEE	36.8	31.6	34.9	34.4	26.6	23.0	21.0	23.2	18.5	15.3
EFTA	2.1	1.9	3.1	x5.8	x4.4	5.0	4.3	5.4	4.5	5.7	AELE	0.6	0.3	0.3	x1.4	x2.0	1.3	1.2	1.3	1.3	0.8
Oceania	x0.8	x0.9	x1.1	x1.0	x0.7	x0.8	x0.7	x1.1	x0.9	x0.6	Océanie	0.1	0.1		0.1	0.1	0.1	x0.1	x0.0	0.1	
USA/Etats–Unis d'Amer	37.8	41.2	15.2	12.4	10.1	16.0	26.3	22.2	23.2	23.0	Japan/Japon	26.9	33.5	35.5	38.8	46.8	52.5	59.6	59.6	65.0	71.2
United Kingdom	8.4	7.3	12.1	9.4	10.4	13.7	13.1	13.7	13.5	12.1	USA/Etats–Unis d'Amer	24.7	23.7	24.5	21.0	13.9	15.4	13.9	12.4	12.4	9.5
Korea Republic	2.2	2.9	3.7	7.5	9.9	11.0	10.4	8.7	10.9	14.6	France,Monac	10.0	8.0	9.0	8.6	8.0	7.0	6.9	7.5	6.5	5.6
Japan/Japon	7.8	8.3	12.2	10.2	8.5	9.2	8.4	8.6	7.7	4.9	United Kingdom	9.1	7.4	9.1	8.8	5.7	5.5	4.8	7.0	4.9	4.4
France,Monac	5.0	4.3	7.6	7.7	7.0	7.4	6.7	7.7	8.5	6.5	Germany/Allemagne	8.9	8.2	9.6	10.2	8.0	5.5	5.3	4.9	4.7	3.2
Germany/Allemagne	7.0	6.0	8.9	10.5	7.6	7.7	7.0	6.5	6.7	4.9	Netherlands/Pays–Bas	6.0	5.3	4.4	4.4	3.1	3.6	2.9	2.8	1.8	1.4
Italy/Italie	3.3	3.9	6.5	6.7	5.5	6.0	5.3	6.1	4.9	4.6	Switz.Liecht				x0.8	x1.0	1.0	0.9	0.9	0.9	0.5
Netherlands/Pays–Bas	3.5	3.3	4.8	4.3	3.9	3.2	2.2	2.6	2.2	1.9	Korea Republic	0.6	0.5	0.3	0.7	0.4	0.4	0.8	0.7	0.5	1.6
Singapore/Singapour	1.2	1.5	2.4	1.6	0.7	2.0	1.8	2.1	2.7	2.8	Singapore/Singapour	0.2	0.1	0.1	0.2	0.1	0.2	1.1	0.4	0.5	0.5
Canada	4.5	4.7	5.4	2.9	2.4	2.9	1.8	1.7	1.8	1.3	Italy/Italie	2.0	2.0	1.8	1.8	1.2	0.9	0.8	0.6	0.4	0.5

7763 DIODES, TRANSISTORS, ETC

TRADE BY COMMODITY IN THOUSAND U.S. DOLLARS – COMMERCE PAR PRODUIT EN MILLIERS DE DOLLARS E.U

IMPORTS – IMPORTATIONS

COUNTRIES–PAYS	1988	1989	1990	1991	1992
Total	5704882	6211433	6549952	6929568	8087832
Africa	x50950	132581	155887	x135318	x102908
Northern Africa	x21487	100417	124120	112293	72601
Americas	1186631	1296769	1429888	1464823	1720565
LAIA	102266	119374	143233	152231	155520
CACM	x4949	x3405	x1112	x1818	x2568
Asia	1825974	2134826	2289717	2772955	x3592452
Middle East	x15748	x39894	x62772	x62923	x68724
Europe	2218292	2312547	2553960	2458488	2580932
EEC	1907458	1998100	2214223	2161733	2267995
EFTA	275280	279805	320608	285747	305536
Oceania	x49513	x53778	x47456	x45609	x53826
USA/Etats–Unis d'Amer	902273	1032394	1125550	1147474	1387035
Germany/Allemagne	634922	654972	769986	780702	855976
Singapore/Singapour	360842	432194	553249	630965	693949
Hong Kong	435298	429714	438708	521229	605665
France, Monac	307269	319826	422621	412991	448976
United Kingdom	330922	391404	393048	342719	321341
Japan/Japon	242222	301158	333756	441863	430676
Korea Republic	331226	323387	384982	354679	384386
Malaysia/Malaisie	225798	203485	249366	356114	x936324
Italy/Italie	255588	264246	274765	236798	235701
Netherlands/Pays–Bas	174775	176339	153663	195305	199805
Canada	173943	139376	157841	156715	170369
Morocco/Maroc	5341	87388	105505	95750	62678
Philippines	3291	x172415	5972	95726	27591
Switz.Liecht	89904	81971	91967	88189	80832
China/Chine	105238	80182	63892	91989	77056
Sweden/Suède	71110	74727	81951	70780	81000
Spain/Espagne	59794	63090	73366	73879	131303
Thailand/Thaïlande	24798	42572	73842	93025	61118
Brazil/Brésil	44280	62125	78805	67469	
Austria/Autriche	55184	62414	76063	69216	67696
Belgium–Luxembourg	57606	48291	51295	42535	43551
Finland/Finlande	38601	45489	52187	39441	60419
Former GDR	x231412	x133323	x1713		
Turkey/Turquie		26084	45895	49851	47932
India/Inde	34139	x43462	42549	33502	x60640
Australia/Australie	38269	43992	38612	36668	40812
Mexico/Mexique	22578	31652	38066	48885	53838
Indonesia/Indonésie	13310	27438	40215	46376	40302
Israel/Israël	29940	30896	35982	38458	43451
Denmark/Danemark	29477	30922	35458	29535	36446
Ireland/Irlande	36994	27005	15626	18250	20563
So. Africa Customs Un	21815	22812	23346	x14042	x16549
Portugal	16526	17192	19505	21071	21204
Bulgaria/Bulgarie	x56827	x50982	x1995	x1744	1245
Norway, SVD, JM	19862	14769	18021	17661	19085
Hungary/Hongrie	x28511	x23726	x11168	10652	x14561
Romania/Roumanie	x9627	19540	18973	6557	x357
Poland/Pologne	x22282	x20205	x15899	x7402	x11864
Czechoslovakia	x12019	17227	16592	x8016	x8972
Yugoslavia SFR	17277	16407	16433	x8325	
Former USSR/Anc. URSS	x12670	x15752	x6025	x17849	
Argentina/Argentine	15300	9610	9243	17748	26752
Algeria/Algérie	10246	7591	8168	9148	x2495
Malta/Malte	x16645	x17462	2571	x2656	x998
New Zealand	7817	8590	6672	6935	10411
Iran (Islamic Rp. of)	x5795	x5626	x7548	x7544	x6946
Greece/Grèce	3565	4812	4891	7946	x3434
Colombia/Colombie	5666	5882	6212	4467	4017
Venezuela	9389	5974	3977	6451	6148

EXPORTS – EXPORTATIONS

COUNTRIES–PAYS	1988	1989	1990	1991	1992
Totale	5301203	6004544	6933025	7180346	7990870
Afrique	x580	x47019	x110370	x130770	x99269
Afrique du Nord	x39	46344	109732	130119	98696
Amériques	x553269	x1086027	1152196	1142440	x1212182
ALAI	9859	17978	22746	20026	21270
MCAC	x237	x7	x33	x196	x149
Asie	2879474	3089412	3253270	3901307	x4449750
Moyen–Orient	x103	x538	x1025	x797	x265
Europe	1737433	1683235	2354833	1961114	2205304
CEE	1517839	1507415	1726151	1774696	2004047
AELE	175557	142819	177252	174039	194579
Océanie	x3553	x3877	x4347	x10599	x9686
Japan/Japon	1317626	1376512	1414243	1706129	1876821
USA/Etats–Unis d'Amer	492844	1022121	1085281	1083654	1147767
Malaysia/Malaisie	490541	543285	679323	726002	x739442
Germany/Allemagne	495927	508509	586641	614870	675709
Hong Kong	421929	443997	418806	403832	467936
Korea Republic	321352	321216	330933	369679	430614
France, Monac	286097	293140	352710	358303	398912
United Kingdom	251118	260683	324512	362209	422901
Singapore/Singapour	222899	232020	232892	379404	538164
Netherlands/Pays–Bas	240323	219480	223864	229860	258131
Malta/Malte	x31825	x21486	437643	x5864	x755
Philippines	78376	x123014	85866	182146	182518
Italy/Italie	167448	139069	137755	109109	128880
Morocco/Maroc	5	46050	109555	130061	98638
Austria/Autriche	83416	73690	102046	103502	106896
China/Chine	14584	31126	47680	59813	103384
Canada	48096	42685	41537	37053	39245
Switz.Liecht	38071	36515	37761	39220	53112
Thailand/Thaïlande	883	7896	36867	62545	x93459
Ireland/Irlande	26470	30187	29587	24345	37928
Sweden/Suède	45417	27781	28656	24609	26644
Denmark/Danemark	11024	19942	27805	32939	37479
Spain/Espagne	20450	23619	26279	27170	27135
Former USSR/Anc. URSS	x34022	x24083	x18950	x22104	
Romania/Roumanie	x3293	20837	20390	1183	x1089
Mexico/Mexique	4971	11263	15715	13934	14364
Former GDR	x50832	x32682	x7202		
Belgium–Luxembourg	11102	7714	13181	13559	13344
Yugoslavia SFR	12187	11495	13760	x6499	
Brazil/Brésil	4593	6536	6868	5929	6042
Australia/Australie	3400	3222	4149	7654	7020
Czechoslovakia	x5136	x5694	x2760	x5505	x4854
Finland/Finlande	3130	2410	6008	4663	3776
Portugal	7833	5018	3722	2316	3226
India/Inde	1502	x4980	3565	1851	x3983
Bulgaria/Bulgarie	x25412	x5693	x3459	x313	x416
Israel/Israël	359	1323	377	6654	9284
Poland/Pologne	x4490	x2968	x2340	x2892	x3552
Hungary/Hongrie	x3707	x2952	x2908	x2111	x4767
Norway, SVD, JM	5524	2422	2764	2044	4151
Panama	x1830	x2765	x1937	x112	x182
New Zealand	94	231	97	2888	2636
Viet Nam		x1405	x775	x775	x775
Bangladesh	x24	x238	x592	x1178	x1268
Indonesia/Indonésie	8644	1320	8	124	158
So. Africa Customs Un	x146	x266	x387	x414	x445
Dominican Republic		x3	x257	x683	x24
Saudi Arabia	x9	x192	x742	x3	x17
Korea Dem People's Rp	x450	x328	x259	x275	x784
Haiti/Haïti	x166	x183	x221	x54	x29

(VALUE AS % OF TOTAL)(VALEUR EN % DU TOTAL)

	1983	1984	1985	1986	1987	1988	1989	1990	1991	1992
Africa	x0.8	x0.8	x0.8	x0.9	x0.6	0.9	2.2	2.4	x2.0	x1.3
Northern Africa	0.1	0.2	0.4	0.5	x0.3	x0.4	1.6	1.9	1.6	0.9
Americas	x23.9	x28.0	x29.8	26.2	x26.3	20.8	20.9	21.8	21.1	21.3
LAIA	x3.2	x2.9	2.7	1.9	x2.4	1.8	1.9	2.2	2.2	1.9
CACM	x0.0	x0.0	x0.0	x0.0	x0.1	x0.0	x0.1	0.0	0.0	0.0
Asia	30.3	25.4	21.0	21.8	22.8	32.0	34.3	34.9	40.0	x44.5
Middle East	x1.0	x0.7	x1.2	x1.1	x0.8	x0.3	x0.6	x1.0	x0.9	x0.8
Europe	44.2	44.7	47.4	50.1	43.6	38.9	37.2	39.0	35.5	31.9
EEC	37.3	36.6	38.8	39.7	33.9	33.4	32.2	33.8	31.2	28.0
EFTA	6.2	7.4	7.8	x9.5	x8.9	4.8	4.5	4.9	4.1	3.8
Oceania	x0.8	x1.0	x0.6	x0.8	x0.6	x0.9	x0.8	x0.7	x0.6	x0.6
USA/Etats–Unis d'Amer	8.5	10.7	15.6	14.5	12.4	15.8	16.6	17.2	16.6	17.1
Germany/Allemagne	11.9	11.6	12.5	12.6	10.6	11.1	10.5	11.8	11.3	10.6
Singapore/Singapour	6.0	5.1	4.1	4.6	4.2	6.3	7.0	8.4	9.1	8.6
Hong Kong	6.2	5.8	5.0	5.4	5.7	7.6	6.9	6.7	7.5	7.5
France, Monac	6.0	5.2	5.8	6.2	5.4	5.4	5.1	6.5	6.0	5.6
United Kingdom	6.6	7.2	7.8	6.7	5.3	5.8	6.3	6.0	4.9	4.0
Japan/Japon	5.1	5.8	4.0	3.7	3.1	4.2	4.8	5.1	6.4	5.3
Korea Republic	2.7	2.5	2.1	3.6	4.2	5.3	5.2	5.9	5.1	4.8
Malaysia/Malaisie	6.9	4.8	3.7	2.6	1.9	4.0	3.3	3.8	5.1	x11.6
Italy/Italie	4.0	3.9	4.1	5.1	5.2	4.5	4.3	4.2	3.4	2.9

	1983	1984	1985	1986	1987	1988	1989	1990	1991	1992
Afrique	x0.0	x0.0	x0.0	x0.0	x0.0	x0.0	x0.8	x1.6	x1.8	x1.2
Afrique du Nord	0.0	0.0	0.0	0.0	0.0	0.0	0.8	1.6	1.8	1.2
Amériques	x13.0	x14.1	x15.3	x10.9	x10.7	x10.4	x18.1	16.7	15.9	x15.2
ALAI	x2.4	x3.1	x3.5	x0.1	x2.6	0.2	0.3	0.3	0.3	0.3
MCAC	x0.0	x0.0	x0.0	x0.0	x0.0	x0.0	x0.0	0.0	0.0	0.0
Asie	55.1	52.5	45.5	44.7	40.1	54.4	51.4	46.9	54.4	x55.7
Moyen–Orient	x0.0	x0.0	x0.0	x0.0	x0.0	x0.0	x0.0	x0.0	x0.0	x0.0
Europe	31.9	33.4	39.2	44.4	44.4	32.8	28.0	34.0	27.3	27.6
CEE	29.3	30.8	35.9	38.4	38.6	28.6	25.1	24.7	24.7	25.1
AELE	2.1	2.1	2.5	x5.0	x4.9	3.3	2.4	2.6	2.4	2.4
Océanie	x0.0	0.1	x0.1	x0.1	x0.1	x0.1	x0.1	x0.1	x0.1	x0.1
Japan/Japon	11.9	14.3	15.4	17.8	16.9	24.9	22.9	20.4	23.8	23.5
USA/Etats–Unis d'Amer	10.5	10.9	11.7	10.1	7.6	9.3	17.0	15.7	15.1	14.4
Malaysia/Malaisie	22.9	17.5	10.0	9.3	6.9	9.3	9.8	9.8	10.1	x9.3
Germany/Allemagne	9.6	9.5	12.0	12.3	12.4	9.4	8.5	8.5	8.6	8.5
Hong Kong	5.8	6.1	6.7	6.3	6.4	8.0	7.4	6.0	5.6	5.9
Korea Republic	5.1	4.7	5.0	5.2	6.2	6.1	5.3	4.8	5.1	5.4
France, Monac	7.5	7.8	9.1	10.1	11.4	5.4	4.9	5.1	5.0	5.0
United Kingdom	4.2	5.8	6.4	5.9	5.3	4.7	4.3	4.7	5.0	5.3
Singapore/Singapour	4.4	4.1	4.3	3.5	4.2	3.9	3.4	3.4	5.3	6.7
Netherlands/Pays–Bas	3.9	4.2	4.5	5.6	4.7	4.5	3.7	3.2	3.2	3.2

7764 ELECTRONIC MICROCIRCUITS / MICROSTRUCTURES ELECTRON 7764

TRADE BY COMMODITY IN THOUSAND U.S. DOLLARS – COMMERCE PAR PRODUIT EN MILLIERS DE DOLLARS E.U

IMPORTS – IMPORTATIONS

COUNTRIES–PAYS	1988	1989	1990	1991	1992
Total	31048949	37560570	39839331	45032465	55149759
Africa	x109360	x94444	x83246	x66174	x65632
Northern Africa	x11978	x10684	x14089	x12628	x13758
Americas	10523982	13259265	13169829	14554705	17106884
LAIA	360390	399405	447211	451048	469530
CACM	x367	x1381	x978	x19077	x1151
Asia	8765821	11641510	13161903	16039072	x21923835
Middle East	176163	x68406	136828	162979	x186644
Europe	11216245	12086018	13119070	14022127	15716522
EEC	9917331	10696700	11868081	12471218	13921277
EFTA	1169339	1124213	1210521	1067795	1218726
Oceania	x183221	x202931	x194289	x201444	x260232
USA/Etats–Unis d'Amer	8778533	10890431	10667475	11526520	13620138
Singapore/Singapour	1922029	2419661	3057476	3666433	4371427
Germany/Allemagne	2544520	2690592	2964178	3261526	3640616
Korea Republic	1589778	2384747	2758497	3441838	4049552
Hong Kong	2238202	2392108	2704730	3247985	4291759
United Kingdom	2287974	2536557	2793730	2946303	3521788
Japan/Japon	1766345	2263316	2604153	3023064	3066380
Italy/Italie	1792980	2023176	2359385	2363001	2686092
Canada	1381635	1963043	2047808	2548977	3009476
France, Monac	1694888	1589897	1970497	2019185	1948460
Malaysia/Malaisie	653999	799491	1137056	1403607	x3986130
Netherlands/Pays-Bas	512638	572647	543808	666168	799532
Ireland/Irlande	380085	472310	432914	442625	517690
Austria/Autriche	428035	351856	415033	326376	282594
Thailand/Thaïlande	105877	217863	319131	448044	602931
Sweden/Suède	312135	333313	320370	300531	378003
Spain/Espagne	316091	328693	297048	277951	296427
Brazil/Brésil	261953	307676	312553	276465	235226
Philippines	2973	x731210	7630	145701	106671
Switz.Liecht	241542	241565	242991	231032	240912
Malta/Malte	x97751	x231109	10775	x461552	x559574
Belgium-Luxembourg	202870	240127	217610	203467	223783
Australia/Australie	173134	192301	183263	189186	244358
China/Chine	103788	122298	144488	191357	832851
Israel/Israël	91411	115840	137271	187375	224414
Portugal	94175	136343	147815	147637	150634
Finland/Finlande	107020	134938	152825	127988	213659
Turkey/Turquie	156755	54334	115897	142313	151295
India/Inde	103897	x110581	112877	84381	x163378
Denmark/Danemark	83568	95819	101653	95709	122016
Mexico/Mexique	40718	48881	89998	108447	122619
Norway,SVD,JM	79979	61962	78597	80871	102570
So. Africa Customs Un	94025	78610	63761	x46531	x44212
Former USSR/Anc. URSS	x9258	x19138	x10650	x83153	
Czechoslovakia	x21567	54139	39443	47646	x28019
Greece/Grèce	7542	10539	39443	39804	x14239
Argentina/Argentine	34274	24385	29413	x21390	84672
Yugoslavia SFR	31146	33535	35946	32013	34839
Indonesia/Indonésie	3982	9206	35946	32013	x595
Romania/Roumanie	x2150	38776	27616	3577	
Hungary/Hongrie	x25795	x25366	x13945	28938	x24938
Former GDR	x106434	x65068	x491		
Poland/Pologne	x34174	x30052	x17379	x17365	x21667
Bulgaria/Bulgarie	x50863	x43519	x2532	x871	1424
New Zealand	9237	9813	9724	10752	13446
Venezuela	15618	9437	8029	11480	12028
Iran (Islamic Rp. of)	x4381	x4690	x7019	x11896	x20533
Costa Rica	x167	x607	x230	x18812	x564
Tunisia/Tunisie	3710	4652	6912	4788	5368
Colombia/Colombie	4319	4042	5033	3494	4443

EXPORTS – EXPORTATIONS

COUNTRIES–PAYS	1988	1989	1990	1991	1992
Totale	29716157	39782266	42478878	48485985	56031553
Afrique	x8280	x3635	x4670	x8777	x25774
Afrique du Nord	x2091	x1523	x972	1087	1321
Amériques	4748881	10884921	12640186	14176186	16177144
ALAI	31639	28236	44509	43546	92583
MCAC	x200	x814	x658	x1106	x1517
Asie	16552846	20221334	20249265	24077987	x28554219
Moyen–Orient	x1318	x1305	x2203	x2010	x2549
Europe	8217416	8409456	9483010	10137501	11256053
CEE	7200243	7532847	8726887	8964180	9826938
AELE	843291	592724	753989	639928	612035
Océanie	x3696	x6552	x8038	x7689	x7780
USA/Etats–Unis d'Amer	4113803	9868645	11474153	12586976	14190823
Japan/Japon	6745032	8514491	7681905	8326755	9991269
Korea Republic	2741724	3571002	4072749	5134841	6233804
Malaysia/Malaisie	2589547	2902170	3286662	3549541	x4155923
Singapore/Singapour	2186026	2445497	2822878	3548760	4227422
Germany/Allemagne	2373449	2475096	2739698	2757807	2629732
United Kingdom	1640881	1935612	2284312	2348809	2863862
Hong Kong	1486255	1612112	1703865	1658462	2098989
France, Monac	1486363	1241490	1583726	1612148	1709450
Canada	600716	984076	1117856	1540041	1879878
Italy/Italie	818847	840207	898128	1036867	1296013
Philippines	357806	x841345	235546	1127121	374496
Netherlands/Pays-Bas	472075	535923	652830	640726	722696
Thailand/Thaïlande	343552	242703	403208	302399	263518
Austria/Autriche	508309	242703	7	x532445	x815555
Malta/Malte	x171482	x281345	217224	210797	236722
Ireland/Irlande	170446	215023	179125	149074	162244
Portugal	121191	162419	154868	166019	173986
Switz.Liecht	155991	154633	154868	166019	173986
Israel/Israël	93956	85447	133836	229532	318670
Sweden/Suède	146309	161756	146545	127679	128239
Belgium-Luxembourg	85615	78767	89037	102886	91496
Former USSR/Anc. URSS	x34553	x95505	x58202	x65270	
Spain/Espagne	15752	32541	69938	90453	97524
Finland/Finlande	16668	24690	42851	34851	35912
Brazil/Brésil	26261	22956	35054	29612	18558
Bulgaria/Bulgarie	x17776	x74469	x8162	x1070	x1213
Former GDR	x82794	x60742	x15353		
Indonesia/Indonésie		11916	18217	37650	51657
Denmark/Danemark	13251	12612	11198	12931	16312
Mexico/Mexique	2653	4748	8809	12888	71318
Poland/Pologne	x32114	x10906	x5718	x8122	x3988
Norway,SVD,JM	16010	8938	6081	8980	10380
Australia/Australie	3267	6046	7026	7282	7358
China/Chine	1629	4003	8678	3867	47039
Hungary/Hongrie	x11283	x6702	x2054	x1713	x3941
Czechoslovakia	x3588	x5907	x2886	x1652	x901
India/Inde	991	x3981	2398	2982	x3144
Greece/Grèce	2374	3157	1671	1681	x888
Korea Dem People's Rp	x4581	x1655	x846	x3077	x4999
Yugoslavia SFR	2272	2539	2063	x823	
Panama	x1825	x2204	x1929	x616	x582
So. Africa Customs Un	x1991	x667	x1381	x1659	x1159
Barbados/Barbade				3512	x4450
Romania/Roumanie	x2930	2130	x1334	16	x540
Kenya	x1329	x791	x1462	x735	x3466
Senegal/Sénégal	x292		x80	x2617	x771
Costa Rica	x58	x716	x458	x1052	x1380
Jordan/Jordanie	415	820	553	463	761
Mali	x943	x225	x153	x1398	x17759

(VALUE AS % OF TOTAL)(VALEUR EN % DU TOTAL)

Imports

	1983	1984	1985	1986	1987	1988	1989	1990	1991	1992
Africa	x0.3	x0.3	x0.3	x0.3	x0.2	x0.3	x0.2	x0.2	x0.1	x0.1
Northern Africa	x0.0	x0.0	x0.0	x0.0	x0.0	x0.0	x0.0	x0.0	x0.0	x0.0
Americas	x46.1	x44.9	38.1	34.8	x34.2	33.9	35.3	33.0	32.4	31.1
LAIA	x1.7	x1.3	x1.6	2.0	x1.9	1.2	1.1	1.1	1.0	0.9
CACM	x0.0	x0.0	x0.0	x0.0	x0.0	x0.0	x0.0	x0.0	x0.0	x0.0
Asia	24.5	23.3	23.0	26.2	27.9	28.2	31.0	33.1	35.6	x39.8
Middle East	x0.1	x0.1	x0.2	x0.2	x0.2	0.6	x0.2	0.3	0.4	x0.3
Europe	28.6	31.1	37.9	37.6	36.1	32.1	32.2	32.9	31.1	28.5
EEC	26.4	28.3	34.4	33.9	32.8	31.9	28.5	29.8	27.7	25.2
EFTA	2.0	2.6	3.2	3.4	x3.1	3.8	3.0	3.0	2.4	2.2
Oceania	x0.4	x0.5	x0.6	x0.7	x0.5	x0.6	x0.5	x0.5	x0.4	x0.5
USA/Etats–Unis d'Amer	42.4	41.1	34.6	30.9	30.3	28.3	29.0	26.8	25.6	24.7
Singapore/Singapour	5.6	4.9	6.1	6.6	6.4	6.2	6.4	7.7	8.1	7.9
Germany/Allemagne	8.3	8.4	10.3	10.3	9.1	8.2	7.2	7.4	7.2	6.6
Korea Republic	1.6	1.6	2.0	3.6	4.6	5.1	6.3	6.9	7.6	7.3
Hong Kong	7.9	7.4	5.9	6.6	7.3	7.2	6.4	6.8	7.2	7.8
United Kingdom	6.7	7.3	9.1	8.0	8.0	7.4	6.8	7.0	6.5	6.4
Japan/Japon	6.6	6.3	5.5	6.0	5.6	5.7	6.0	6.5	6.7	5.6
Italy/Italie	2.9	3.8	4.6	4.6	5.3	5.8	5.4	5.9	5.2	4.9
Canada	2.1	2.4	2.0	1.9	1.9	4.4	5.2	5.1	5.7	5.5
France, Monac	4.0	4.2	4.9	4.6	5.3	5.5	4.2	4.9	4.5	3.5

Exports

	1983	1984	1985	1986	1987	1988	1989	1990	1991	1992
Afrique	x0.0	x0.0	x0.0	x0.1	x0.1	x0.0	x0.0	x0.0	x0.0	x0.0
Afrique du Nord	x0.0	x0.0	x0.0	x0.0	x0.0	x0.0	x0.0	x0.0	x0.0	0.0
Amériques	x19.2	x17.3	17.0	15.4	x15.7	16.0	27.4	29.7	29.2	28.9
ALAI	x1.3	x0.9	x1.2	0.2	x0.2	0.1	0.1	0.1	0.1	0.2
MCAC	x0.6	x0.6	x0.4	x0.0	x0.0	x0.0	x0.0	x0.0	x0.0	x0.0
Asie	59.7	60.8	56.4	59.3	59.4	55.7	50.8	47.7	49.6	x51.0
Moyen–Orient	x0.0	x0.0	x0.0	x0.0	x0.0	x0.0	x0.0	x0.0	x0.0	x0.0
Europe	21.0	21.9	26.5	25.1	23.8	27.7	21.1	22.3	20.9	20.1
CEE	20.5	21.4	25.9	23.2	17.7	24.2	18.9	20.5	18.5	17.5
AELE	0.3	0.3	0.4	1.6	1.8	2.8	1.5	1.8	1.3	1.1
Océanie										
USA/Etats–Unis d'Amer	17.3	15.8	15.4	13.3	13.0	13.8	24.8	27.0	26.0	25.3
Japan/Japon	23.8	26.8	22.2	22.8	21.6	22.7	21.4	18.1	17.2	17.8
Korea Republic	9.0	8.3	7.0	8.1	8.8	9.2	9.0	9.6	10.6	11.1
Malaysia/Malaisie	8.7	9.1	12.1	11.5	10.4	8.7	7.3	7.7	7.3	x7.4
Singapore/Singapour	11.9	9.4	8.7	7.1	8.4	7.4	6.1	6.6	7.3	7.5
Germany/Allemagne	6.8	6.6	6.4	6.3	5.9	8.0	6.2	6.4	5.7	4.7
United Kingdom	5.2	5.4	8.2	6.7	5.7	5.5	4.9	5.4	4.8	5.1
Hong Kong	4.8	5.1	4.4	4.3	4.9	5.0	4.1	4.0	3.4	3.7
France, Monac	2.6	3.1	4.0	3.7	3.9	5.0	3.1	3.7	3.3	3.1
Canada				x1.8	x2.5	2.0	2.5	2.6	3.2	3.4

7781 BATTERIES, ACCUMULATORS
PILES ET ACCUMULATEURS 7781

TRADE BY COMMODITY IN THOUSAND U.S. DOLLARS – COMMERCE PAR PRODUIT EN MILLIERS DE DOLLARS E.U

COUNTRIES–PAYS	IMPORTS – IMPORTATIONS					COUNTRIES–PAYS	EXPORTS – EXPORTATIONS				
	1988	1989	1990	1991	1992		1988	1989	1990	1991	1992
Total	x4993812	5164363	5650755	6737003	7072842	Totale	4584564	4753042	5630016	6441470	6948474
Africa	x232230	x204115	x211601	x222716	x268316	Afrique	x10820	x18816	x18899	x25661	x16422
Northern Africa	62414	48890	43236	x49169	x45908	Afrique du Nord	3272	6247	3852	7775	8160
Americas	1120601	1105960	1169749	1325220	x1546925	Amériques	538725	614591	749944	981903	1037659
LAIA	76924	105208	145303	194115	x234953	ALAI	58991	69430	73022	97001	92257
CACM	19992	21320	18011	19424	x28791	MCAC	10495	7626	10805	13651	x16264
Asia	x782494	x858900	x966678	x1224769	x1528576	Asie	1611969	1696954	1914647	2374067	2763251
Middle East	x232792	x190916	x200491	x243938	x253950	Moyen–Orient	21281	14546	x11829	27717	x13275
Europe	2243195	2387582	2955168	3271376	3439474	Europe	2234422	2274578	2832440	2993789	3079308
EEC	1887457	2015483	2491251	2788840	2910328	CEE	1834431	1875510	2372663	2574724	2637912
EFTA	336856	350690	438662	459565	494884	AELE	282688	293752	366632	390417	408978
Oceania	x115599	x139770	x138151	x140200	x177898	Océanie	11940	14557	x22175	x24625	x23013
USA/Etats–Unis d'Amer	801880	731110	741198	826014	973580	Japan/Japon	929967	959757	1035646	1276874	1464218
Germany/Allemagne	394420	411883	550958	677152	699768	USA/Etats–Unis d'Amer	417680	497735	620684	824748	873931
France, Monac	310238	316996	382577	416096	418168	Germany/Allemagne	460539	484223	593798	640991	676559
United Kingdom	315201	325976	398585	390875	433315	France, Monac	369421	391736	499908	506590	550101
Hong Kong	220366	268710	311679	445969	537884	Belgium–Luxembourg	294668	337083	431967	482562	496639
Former USSR/Anc. URSS	x416737	x402250	x149374	x470486		United Kingdom	278250	255967	329100	354006	293961
Netherlands/Pays–Bas	220671	280521	313957	343778	347440	Hong Kong	139729	215182	254003	348092	452420
Italy/Italie	244997	253450	300539	357509	366181	Singapore/Singapour	133314	148940	157052	179048	179120
Canada	183336	206398	222383	243804	268430	Netherlands/Pays–Bas	135161	135760	164998	176068	194857
Belgium–Luxembourg	153760	155642	201348	226062	192690	Italy/Italie	125713	127576	158396	190688	194534
Spain/Espagne	113257	125398	159584	183294	224987	China/Chine	102433	121140	146895	168681	270672
Sweden/Suède	98984	104692	136552	133412	147288	Korea Republic	144701	130691	139790	152560	173222
Switz.Liecht	101823	103782	120074	132479	129410	Switz.Liecht	104166	105340	127664	134472	150889
Singapore/Singapour	85955	90137	99953	125232	149432	Spain/Espagne	92787	73608	107690	131627	128549
Japan/Japon	53309	71433	96445	121874	130704	Austria/Autriche	87458	84961	106388	114384	115233
Australia/Australie	75694	94766	88518	91307	118248	Sweden/Suède	58734	69473	92076	101993	110456
Saudi Arabia	90137	71452	x74288	x95314	x95925	Yugoslavia SFR	117267	105181	92993	x28403	
Korea Republic	47455	64345	73052	90706	110189	Indonesia/Indonésie	24262	38646	48827	90352	123965
Austria/Autriche	54026	55659	76410	84525	92090	Bulgaria/Bulgarie	x149432	x95592	x64905	x14418	x14511
Denmark/Danemark	57730	54248	63195	62872	70202	Canada	49671	36932	42800	44580	52081
Mexico/Mexique	17883	41697	62616	72459	78159	Portugal	27045	26158	35441	37345	39041
Norway, SVD, JM	44475	41597	51519	58625	63161	Denmark/Danemark	45487	33730	31893	28286	31312
Finland/Finlande	33631	41671	49915	46013	58874	India/Inde	53316	x812	52470	38685	x1145
Greece/Grèce	29049	34735	41482	44928	x58963	Mexico/Mexique	19933	23560	25408	34581	30990
Ireland/Irlande	26542	32333	42818	45315	49144	Brazil/Brésil	28595	22963	22019	36880	35566
Portugal	21591	24302	36207	40959	49470	Thailand/Thaïlande	15244	19649	23727	32424	x26104
Nigeria/Nigéria	x40371	x30343	x31537	x29103	x35646	Israel/Israël	27932	25589	22783	21252	22092
Malaysia/Malaisie	14585	16596	26750	43414	x40940	Finland/Finlande	13110	13212	23373	26368	21310
United Arab Emirates	x47256	x24479	x27470	x34175	x45422	Norway, SVD, JM	19220	20766	17124	13182	11063
Czechoslovakia	x43042	30752	26968	x18828	x37175	Malaysia/Malaisie	11155	11022	13420	25477	x19584
Chile/Chili	17426	22044	22791	30331	x40329	Former USSR/Anc. URSS	x5219	x11988	x13480	x18775	
China/Chine	13078	26935	20200	27714	101160	Australia/Australie	7930	8467	15082	18968	18814
Israel/Israël	19586	23826	21803	24374	27410	Turkey/Turquie	14307	8745	8257	21773	5122
Lebanon/Liban	x8698	x16816	x20661	x24332	x18849	Greece/Grèce	3395	7915	13257	16385	x16789
Afghanistan	x23115	x25606	x28369	x7812	x28770	Philippines	7835	x8774	6704	8746	14820
Thailand/Thaïlande	10035	14200	18896	28513	36788	Venezuela	872	10312	8273	2135	6243
New Zealand	14884	20007	20962	20562	23385	Colombia/Colombie	1996	4447	6574	9630	9381
Turkey/Turquie	11276	9132	21766	27911	25073	Czechoslovakia	x4653	x12218	x5603	x1546	x6020
India/Inde	29053	x27017	22875	8762	x30603	Ireland/Irlande	1966	1754	6215	10177	15570
So. Africa Customs Un	22070	16411	20855	x20401	x22039	New Zealand	3786	5867	6787	5043	3544
Brazil/Brésil	11344	14689	17901	19931	17586	Guatemala	5871	2059	5755	8495	9739
Yugoslavia SFR	14270	16554	19474	x15764		Argentina/Argentine	4125	5109	4966	5512	5946
Hungary/Hongrie	x8911	x9536	x13501	21687	x22955	Cameroon/Cameroun	x1818	5301	x1818	8172	
Indonesia/Indonésie	11249	9635	18457	16150	22888	Costa Rica	4519	5285	4852	5056	x5365
Argentina/Argentine	5256	5023	7286	23169	44312	So. Africa Customs Un	x2254	x3467	x4507	x3516	x4331
Poland/Pologne	5319	7748	4411	22767	x24680	Hungary/Hongrie	x2048	x2711	x4025	x4742	x4804
New Caledonia	x8392	x11071	x12053	x11471	x14740	Egypt/Egypte	1520	3284	2153	5338	5985
Kuwait/Koweït	x12976	16161	x8633	x9618	x10687	Former GDR	x10817	x7288	x1292		
Romania/Roumanie	x6429	5513	10669	16862	x22189	Poland/Pologne	4311	3692	2443	1939	x2685
Venezuela	8604	5129	9037	18323	21410	Chile/Chili	69	221	598	5266	x1433

(VALUE AS % OF TOTAL)(VALEUR EN % DU TOTAL)

	1983	1984	1985	1986	1987	1988	1989	1990	1991	1992		1983	1984	1985	1986	1987	1988	1989	1990	1991	1992
Africa	x7.5	x7.9	x5.9	x6.4	x4.7	x4.6	x3.9	x3.8	x3.3	x3.8	Afrique	x0.5	x0.4	0.3	x1.3	x0.7	x0.2	x0.4	x0.4	x0.4	x0.3
Northern Africa	x3.1	x2.4	1.8	x1.7	x1.1	1.2	0.9	0.8	x0.7	x0.6	Afrique du Nord	0.0	0.0	0.0	0.1	0.1	0.1	0.1	0.1	0.1	0.1
Americas	x19.6	24.4	25.8	x24.4	x22.8	22.4	21.5	20.7	19.7	x21.9	Amériques	x15.4	16.5	14.1	x13.7	x12.6	11.8	12.9	13.3	15.2	14.9
LAIA	1.3	2.8	3.1	x2.9	x3.4	1.5	2.0	2.6	2.9	x3.3	ALAI	0.3	2.1	2.1	x3.1	x2.5	1.3	1.5	1.3	1.5	1.3
CACM	x0.6	0.8	0.9	x0.4	x0.5	0.4	0.4	0.3	0.3	x0.4	MCAC	x0.4	0.7	0.5	x0.3	x0.3	0.2	0.2	0.2	0.2	x0.2
Asia	x21.5	x17.8	x15.8	x15.8	x13.6	x15.7	16.6	x17.1	x18.2	21.6	Asie	28.9	27.9	26.4	x29.4	31.3	35.2	35.7	34.0	36.9	39.8
Middle East	x10.1	x7.7	x6.6	x5.4	x4.1	x4.7	x3.7	x3.5	x3.6	x3.6	Moyen–Orient	x0.2	0.4	x0.5	x0.5	0.3	0.5	0.3	x0.2	0.4	x0.2
Europe	49.0	47.0	49.5	51.0	45.5	44.9	46.2	52.3	48.6	48.6	Europe	54.9	55.0	59.1	55.3	50.9	48.7	47.9	50.3	46.5	44.3
EEC	40.8	38.6	41.0	42.4	38.0	37.8	39.0	44.1	41.4	41.1	CEE	46.8	42.1	45.8	46.6	43.4	40.0	39.5	42.1	40.0	38.0
EFTA	8.1	7.6	7.7	8.2	7.1	6.7	6.8	7.8	6.8	7.0	AELE	8.0	6.9	7.2	7.6	6.5	6.2	6.2	6.5	6.1	5.9
Oceania	2.4	x2.9	x3.1	x2.5	x2.1	x2.3	x2.7	x2.4	x2.1	x2.5	Océanie	x0.2	0.2	0.2	0.3	x0.2	0.3	0.3	x0.4	x0.4	x0.3
USA/Etats–Unis d'Amer	12.1	14.4	15.8	16.1	14.7	16.1	14.2	13.1	12.3	13.8	Japan/Japon	17.6	17.7	17.3	19.9	18.5	20.3	20.2	18.4	19.8	21.1
Germany/Allemagne	8.7	8.4	9.2	9.4	8.2	7.9	8.0	9.8	10.1	9.9	USA/Etats–Unis d'Amer	13.7	12.9	10.6	9.1	8.7	9.1	10.5	11.0	12.8	12.6
France, Monac	7.3	6.3	6.5	7.3	6.5	6.2	6.1	6.8	6.2	5.9	Germany/Allemagne	12.1	11.0	12.0	13.2	10.8	10.0	10.2	10.5	10.0	9.7
United Kingdom	6.6	6.6	6.8	6.6	6.1	6.3	6.3	7.1	5.8	6.1	France, Monac	9.6	8.9	9.6	9.4	8.6	8.1	8.2	8.9	7.9	7.9
Hong Kong	3.4	3.4	2.7	3.0	3.5	4.4	5.2	5.5	6.6	7.6	Belgium–Luxembourg	7.5	6.6	7.3	6.3	7.0	6.4	7.1	7.7	7.5	7.1
Former USSR/Anc. URSS					x9.8	x8.3	x7.8	x2.6	x7.0		United Kingdom	8.0	7.1	7.0	6.8	6.8	6.1	5.4	5.8	5.5	4.2
Netherlands/Pays–Bas	5.4	5.5	5.8	5.6	4.6	4.4	5.4	5.6	5.1	4.9	Hong Kong	2.1	1.9	1.5	2.0	2.4	3.0	4.5	4.5	5.4	6.5
Italy/Italie	5.1	5.1	5.2	5.5	5.0	4.9	4.9	5.3	5.3	5.2	Singapore/Singapour	4.8	3.5	2.6	2.6	2.4	2.9	3.1	2.8	2.8	2.6
Canada	4.6	5.2	4.9	3.8	3.2	3.7	4.0	3.9	3.6	3.8	Netherlands/Pays–Bas	2.3	1.8	2.6	3.1	2.9	2.9	2.9	2.9	2.7	2.8
Belgium–Luxembourg	3.5	3.0	3.6	3.4	3.0	3.1	3.0	3.6	3.4	2.7	Italy/Italie	2.7	2.3	2.8	3.0	2.8	2.7	2.7	2.8	3.0	2.8

77811 PRIMARY BATTERIES, CELLS
PILES ELECTRIQUES, PIECES 77811

TRADE BY COMMODITY IN THOUSAND U.S. DOLLARS – COMMERCE PAR PRODUIT EN MILLIERS DE DOLLARS E.U

COUNTRIES–PAYS	IMPORTS – IMPORTATIONS					COUNTRIES–PAYS	EXPORTS – EXPORTATIONS				
	1988	1989	1990	1991	1992		1988	1989	1990	1991	1992
Total	1771155	1895642	2130819	2442040	2847491	Totale	1652742	1779976	2103147	2473923	2640899
Africa	x104723	x101290	x107925	x114719	x141579	Afrique	x5755	x11528	x11349	x12722	x4108
Northern Africa	7722	x10689	7363	x8586	x9019	Afrique du Nord	1176	2179	1281	2248	370
Americas	371309	344957	331668	394453	x512332	Amériques	227702	250852	313908	417687	416248
LAIA	28793	51477	70378	100141	x129750	ALAI	28221	31197	28588	44389	43232
CACM	13668	14034	10786	11775	x18209	MCAC	10360	7349	10656	13510	x15905
Asia	x319553	x353825	x435817	x547251	x691920	Asie	591076	654932	717222	879299	1025502
Middle East	x77754	x74336	x72910	x79810	x74223	Moyen-Orient	x3918	x2010	x1060	x1384	x1190
Europe	889323	972507	1173990	1297018	1417439	Europe	817614	849604	1043740	1141404	1177944
EEC	759577	844968	1005873	1120491	1237949	CEE	717756	747611	916638	1012887	1040825
EFTA	124950	122821	160950	168960	173514	AELE	95447	97010	121957	124491	131506
Oceania	x41320	x51073	x46537	x46349	x54662	Océanie	7553	6783	x12672	15926	x13987
USA/Etats–Unis d'Amer	253205	201679	174146	201034	273899	Belgium–Luxembourg	227879	267064	334579	372780	378367
Germany/Allemagne	134203	135326	177449	208868	317975	Japan/Japon	288416	290496	278563	321407	346050
Netherlands/Pays–Bas	104630	163984	161092	183801	184862	USA/Etats–Unis d'Amer	181122	207831	272002	356790	351011
Hong Kong	103158	119867	163413	221469	271512	Germany/Allemagne	136337	147050	166871	187142	240510
United Kingdom	138643	140150	176422	167479	188134	Hong Kong	90106	129777	151829	191011	239489
France, Monac	113168	120053	141639	161125	158298	United Kingdom	116270	97419	123848	149521	85593
Italy/Italie	97826	101880	117976	138425	136505	China/Chine	58231	82489	103704	136554	196952
Belgium–Luxembourg	81958	81646	100306	118485	85368	Netherlands/Pays–Bas	93763	90254	110631	116147	135061
Canada	58687	57632	56644	62652	75263	Switz.Liecht	85653	86047	98769	95796	103991
Singapore/Singapour	39621	45187	47438	65913	71565	Singapore/Singapour	70029	79373	91688	103905	107975
Spain/Espagne	34547	39791	54755	61641	78107	France, Monac	69142	75649	89661	90974	93619
Sweden/Suède	34056	33228	50971	52702	56073	Indonesia/Indonésie	14011	24079	35966	64547	74102
Switz.Liecht	39958	39356	44829	47798	46719	Italy/Italie	29717	25477	30117	33040	26320
Japan/Japon	17527	28659	44585	51684	57370	Spain/Espagne	17511	17183	30311	31008	40427
Mexico/Mexique	7264	25741	32932	39182	38293	Korea Republic	24219	17395	18367	17282	15336
Korea Republic	16169	22660	31581	40497	52924	Brazil/Brésil	19050	16295	13740	22720	21959
Former USSR/Anc. URSS	x30200	x52440	x19022	x18737		Israel/Israël	19491	14454	14752	19680	20089
Australia/Australie	22470	29023	24932	25025	29147	Denmark/Danemark	19732	15620	14486	12660	15636
Ireland/Irlande	17318	22219	27068	27434	27320	Sweden/Suède	3062	4550	16592	20096	20256
Austria/Autriche	20305	17689	26037	31625	29428	Australia/Australie	5444	4634	11268	14803	12674
Saudi Arabia	26673	26065	x21576	x25192	x20071	Greece/Grèce	3030	6400	10761	12911	x14104
Denmark/Danemark	21815	20050	22340	22467	23877	Malaysia/Malaisie	3102	4131	5564	9893	x8184
Nigeria/Nigéria	x30105	x22119	x18691	x17649	x17568	Thailand/Thaïlande	5927	5960	6368	6497	x9512
Norway, SVD, JM	17409	17202	19569	19714	23084	Guatemala	5790	2008	5728	8448	9718
Finland/Finlande	11932	14312	18207	15541	16667	Austria/Autriche	4757	3998	4906	7186	5273
United Arab Emirates	x20141	x13176	x15412	x18158	x21430	Colombia/Colombie	1313	3603	4874	6632	5660
Greece/Grèce	8549	11429	14532	16615	x21622	Costa Rica	4406	5223	4819	5052	x5230
Malaysia/Malaisie	5939	7593	12496	19767	x19383	Cameroon/Cameroun	x1818	5293	x1818	7953	
Afghanistan	x16012	x15198	x17336	x4692	x19347	Yugoslavia SFR	4410	4972	5017	x4026	
Chile/Chili	8010	9721	10669	15966	x26425	Argentina/Argentine	x3598	4118	4271	4492	5459
Portugal	6922	8440	12294	14151	15881	Mexico/Mexique	3010	5063	2641	4452	4019
China/Chine	5112	7279	8828	16030	66167	Portugal	2935	4095	3519	3132	3830
Argentina/Argentine	x2651	3696	5805	18479	29645	India/Inde	9204	x226	6562	3455	x403
Thailand/Thaïlande	4669	7346	8335	12046	13791	Former USSR/Anc. URSS	x105	x2749	x2484	x3900	
So. Africa Customs Un	8908	6924	9528	x10312	x10315	Philippines	4119	x3918	2296	2864	5086
Israel/Israël	7904	5865	7374	9922	11741	Canada	6781	3131	2232	2821	5514
Brazil/Brésil	2928	5373	7503	9462	6506	Ireland/Irlande	1440	1399	1856	3573	7357
Lebanon/Liban	x1780	x6336	x7233	x8345	x4001	Kenya	116	x516	4339	x666	x682
New Zealand	5657	8134	6377	6430	7103	Chile/Chili	29	186	532	4782	x1113
Turkey/Turquie	4728	3422	7051	9295	7092	Egypt/Egypte	1174	2173	1270	2047	164
Hungary/Hongrie	x3877	x4206	x6118	7817	x11319	Senegal/Sénégal		2435	2636	x2	x25
Papua New Guinea	4394	5186	5300	x4774	x7581	Norway, SVD, JM	1229	2084	1174	1119	1524
El Salvador	5427	6316	4657	4184	x8162	New Zealand	2057	2091	1274	957	948
Yemen/Yémen			x9683	4945	x6943	Ecuador/Equateur	899	927	2328	998	708
Ghana	x1230	x3305	x3817	x7154	x7695	Poland/Pologne	x153	x1867	x631	x268	x144
Togo	4610	4627	5789	3716	x6829	Bulgaria/Bulgarie	x919	x317	x281	x2153	x2296
Czechoslovakia	x4609	6032	4978	x3062	x5220	So. Africa Customs Un	x435	x674	x756	x791	x557
New Caledonia	x3646	x4639	x4303	x4255	x4941	United Arab Emirates	x664	x433	x577	x600	x720
Benin/Bénin	x5652	x3606	x4550	x4065	x4371	Macau/Macao	179	542	401	351	710
Yugoslavia SFR	2658	2563	4480	x4934		Former GDR	x319	x1025	x265		

(VALUE AS % OF TOTAL) (VALEUR EN % DU TOTAL)

	1983	1984	1985	1986	1987	1988	1989	1990	1991	1992		1983	1984	1985	1986	1987	1988	1989	1990	1991	1992
Africa	x8.3	x7.4	x6.1	x6.4	x6.9	x5.9	x5.4	x5.0	x4.7	x5.0	Afrique	x1.1	x2.6	0.7	x3.0	x1.5	x0.3	x0.6	x0.5	x0.5	x0.1
Northern Africa	x2.5	x1.5	1.0	0.9	x0.6	0.4	x0.6	0.3	x0.4	0.3	Afrique du Nord	0.1	0.1	0.0	0.0	0.1	0.1	0.1	0.1	0.1	0.0
Americas	x17.4	22.4	23.2	x21.1	x21.7	21.0	18.2	15.5	16.2	x18.0	Amériques	x15.9	19.4	17.0	x13.7	x11.3	13.8	14.1	14.9	16.8	15.8
LAIA	x1.4	3.5	3.6	x2.2	x2.0	1.6	2.7	3.3	4.1	x4.6	ALAI	x0.6	3.9	4.0	x2.6	x1.7	1.7	1.8	1.4	1.8	1.6
CACM	x1.0	1.4	1.6	x0.9	x1.0	0.8	0.7	0.5	0.5	x0.6	MCAC	x0.8	1.7	1.2	x0.8	x0.7	0.6	0.4	0.5	0.5	x0.6
Asia	x23.1	x17.8	x15.1	x16.9	x15.5	18.0	x18.6	20.4	22.4	x24.3	Asie	32.8	30.6	26.1	30.5	32.9	35.7	36.8	34.1	35.6	38.9
Middle East	x10.3	x7.0	x4.6	x4.4	x4.0	4.4	x3.9	x3.4	x3.3	x2.6	Moyen-Orient	x0.1	0.3	x0.3	x0.3	x0.2	x0.1	x0.1	x0.1	x0.1	x0.1
Europe	47.9	48.9	52.7	53.0	51.4	50.2	51.3	55.1	53.1	49.8	Europe	49.9	46.9	55.8	52.1	52.2	49.5	47.7	49.6	46.1	44.6
EEC	39.9	41.3	44.7	44.8	43.5	42.9	44.6	47.2	45.9	43.5	CEE	43.9	41.4	49.9	45.5	46.0	43.4	42.0	43.6	40.9	39.4
EFTA	8.0	7.4	7.7	8.0	7.6	7.1	6.5	7.6	6.9	6.1	AELE	6.0	5.2	5.6	6.3	5.8	5.8	5.5	5.8	5.0	5.0
Oceania	x3.3	x3.4	x3.0	x2.6	x2.4	x2.3	x2.7	x2.2	x1.9	x1.9	Océanie	0.3	0.3	0.4	0.4	x0.5	0.3	0.4	x0.6	x0.5	x0.5
USA/Etats–Unis d'Amer	11.6	13.6	14.4	15.2	15.4	14.3	10.6	8.2	8.2	9.6	Belgium–Luxembourg	11.7	11.6	14.1	10.6	13.7	13.8	15.0	15.9	15.1	14.3
Germany/Allemagne	7.9	8.1	9.4	8.4	8.7	7.6	7.1	8.3	8.6	11.2	Japan/Japon	16.5	16.7	14.9	18.5	17.1	17.5	16.3	13.2	13.0	13.1
Netherlands/Pays–Bas	7.1	7.8	7.6	7.5	6.2	5.9	8.7	7.6	7.5	6.5	USA/Etats–Unis d'Amer	14.1	13.6	11.5	10.2	8.7	11.0	11.7	12.9	14.4	13.3
Hong Kong	5.1	4.7	3.9	4.5	4.8	5.8	6.3	7.7	9.1	9.5	Germany/Allemagne	8.8	8.4	10.5	10.3	8.6	8.2	8.3	7.9	7.6	9.1
United Kingdom	6.7	7.6	7.7	7.6	7.9	7.8	7.4	8.3	6.9	6.6	Hong Kong	3.9	3.7	2.7	4.3	5.5	7.3	7.2	7.7	7.7	9.1
France, Monac	6.2	6.0	6.7	7.2	6.9	6.4	6.3	6.6	6.6	5.6	United Kingdom	10.2	9.9	9.7	8.6	8.9	7.0	5.5	5.9	6.0	3.2
Italy/Italie	4.4	4.8	5.0	5.4	5.5	5.5	5.4	5.6	5.7	4.8	China/Chine					2.8	3.5	4.6	4.9	5.5	7.5
Belgium–Luxembourg	4.1	3.8	4.5	4.5	4.2	4.6	4.3	4.7	4.9	3.0	Netherlands/Pays–Bas	3.2	2.3	4.5	5.5	5.4	5.1	5.3	4.7	4.7	5.1
Canada	2.1	2.2	2.2	1.8	1.9	3.3	3.0	2.7	2.6	2.6	Switz.Liecht	5.6	4.8	5.0	5.6	5.3	5.2	4.8	4.7	3.9	3.9
Singapore/Singapour	2.1	1.5	1.5	1.9	1.8	2.2	2.4	2.2	2.7	2.5	Singapore/Singapour	8.3	6.2	4.9	4.2	4.1	4.2	4.5	4.4	4.2	4.1

77812 ELECTRIC ACCUMULATORS / ACCUMULATEURS ELECTRIQ 77812

TRADE BY COMMODITY IN THOUSAND U.S. DOLLARS – COMMERCE PAR PRODUIT EN MILLIERS DE DOLLARS E.U

IMPORTS – IMPORTATIONS

COUNTRIES–PAYS	1988	1989	1990	1991	1992
Total	x2641875	x2894891	3090280	x3851782	3737460
Africa	x100368	x77462	x75752	x81717	x100636
Northern Africa	37375	19708	15894	x23753	x22482
Americas	x470661	689826	765194	856346	x961700
LAIA	32303	39421	56317	67895	x78783
CACM	3880	4061	4694	4836	x6518
Asia	x393319	x446001	x451636	x597200	x724273
Middle East	x145683	x106695	x118446	x152796	x166568
Europe	1171385	1217664	1546975	1727770	1761519
EEC	990981	1023327	1303706	1471518	1467271
EFTA	174079	188436	234957	246136	280741
Oceania	x68348	x82157	x84673	x87728	x116489
USA/Etats–Unis d'Amer	x315561	504234	539564	601676	675394
Germany/Allemagne	226622	242996	324255	409710	320081
Former USSR/Anc. URSS	x376702	x341792	x128393	x447485	
United Kingdom	154628	164580	203125	205681	227218
France, Monac	172596	165165	198742	209295	215428
Italy/Italie	135713	137425	164023	198089	206915
Hong Kong	100718	128572	127379	171661	232382
Canada	102528	127732	147330	196681	163938
Netherlands/Pays–Bas	109685	110427	146326	153429	180138
Spain/Espagne	63191	68327	83812	98848	154739
					122695
Belgium–Luxembourg	61628	64476	89768	95287	93299
Switz.Liecht	57678	59510	69595	77591	76659
Sweden/Suède	54075	61470	74773	69481	80514
Australia/Australie	51033	63011	59267	63026	85192
Saudi Arabia	62645	43523	x52250	x69289	x75291
Japan/Japon	32956	40162	48466	64772	68925
Singapore/Singapour	43473	41977	48608	55997	74711
Korea Republic	22531	33997	31453	40637	41891
Denmark/Danemark	29818	30479	37494	37093	43315
Austria/Autriche	21661	25107	34383	36730	46266
Norway,SVD,JM	21337	18876	27453	34842	36195
Finland/Finlande	16991	21408	26336	24834	38836
Greece/Grèce	18035	19107	22594	24524	x33130
Mexico/Mexique	7674	11378	20878	23812	28353
Portugal	10068	10550	19444	22852	29271
Czechoslovakia	x37572	16744	16242	x15177	x26906
Ireland/Irlande	8996	9796	14122	16711	21180
Lebanon/Liban	x6604	x10319	x13254	x15574	x14419
United Arab Emirates	x26652	x11161	x11971	x15770	x23665
New Zealand	8120	11271	13883	13535	15608
Malaysia/Malaisie	5103	6557	10826	20412	x17708
China/Chine	7567	19125	8754	8127	25852
Israel/Israël	7754	13664	10298	10084	10761
Chile/Chili	7831	10596	10183	11564	x11696
Thailand/Thaïlande	4794	5865	9089	14883	21186
Nigeria/Nigéria	x8088	x6391	x11598	x10308	x14990
Turkey/Turquie	4514	3566	10595	14082	11849
Romania/Roumanie	x5205	5513	10669	10965	x20226
Kuwait/Koweït	x9516	11942	x6510	x7787	x8452
Indonesia/Indonésie	2885	5246	11559	8204	7721
India/Inde	3390	x19592	3190	2147	x11437
So. Africa Customs Un	10284	7634	9541	x7531	x8893
Afghanistan	x7103	x10408	x11029	x3121	x9422
Poland/Pologne	x4345	x6373	x3292	x13846	x13072
Hungary/Hongrie	x3988	x4440	x6529	12469	x10431
Brazil/Brésil	6147	7012	8501	7335	7866
Libyan Arab Jamahiriya	19029	8610	5637	x7687	4573
Iran (Islamic Rp. of)	x2024	x2391	x4026	x11801	x9217
Iraq	x22409	x10288	x6157	x437	x137
New Caledonia	x3625	x4084	x6541	x5814	x8455

EXPORTS – EXPORTATIONS

COUNTRIES–PAYS	1988	1989	1990	1991	1992
Totale	2506288	2588692	3102633	3478078	3802376
Afrique	x2776	x5380	x6270	x11552	x11037
Afrique du Nord	1007	2697	1935	5366	7307
Amériques	207195	264552	345899	417813	473862
ALAI	18944	26479	29910	38674	29819
MCAC	154	102	43	18	x136
Asie	988975	1007391	1144327	1423801	1658498
Moyen–Orient	16467	12284	10485	25601	x9033
Europe	1204403	1215931	1527975	1593153	1630261
CEE	935043	943493	1227613	1332793	1360213
AELE	157423	172440	219751	240514	256057
Océanie	3804	6219	x8115	7520	8608
Japan/Japon	623940	649528	734438	912495	1075617
France, Monac	273877	293580	380069	384254	419108
Germany/Allemagne	275452	287405	371402	398295	384423
USA/Etats–Unis d'Amer	148128	205106	274747	336268	397026
United Kingdom	140273	134497	174679	180490	181267
Korea Republic	117154	110964	120217	134305	156814
Hong Kong	45816	78562	93346	144398	188003
Austria/Autriche	65037	68879	90061	93778	100746
Spain/Espagne	70974	53512	74923	99752	85728
Italy/Italie	48603	55337	71203	94662	106608
Belgium–Luxembourg	52442	53373	69567	81191	84819
Singapore/Singapour	61417	66850	63103	72579	68902
Yugoslavia SFR	111927	99882	80588	x19603	
Sweden/Suède	46454	56285	66326	73367	81685
Bulgaria/Bulgarie	x81315	x69849	x55550	x10878	x10812
Netherlands/Pays–Bas	32180	32242	39304	45366	46327
Canada	39315	32012	39040	41144	44651
China/Chine	43960	38277	28368	25587	71462
Portugal	22880	20725	29469	30103	32122
Switz.Liecht	16298	17456	26331	36375	44333
India/Inde	41785	x425	45095	34162	x711
Finland/Finlande	11936	12437	22224	25455	19870
Thailand/Thaïlande	8548	13307	16847	24555	x15726
Indonesia/Indonésie	9761	13940	12424	24555	
Mexico/Mexique	7291	9313	14907	21110	49010
Norway,SVD,JM	17698	17383	14804	21110	14040
Turkey/Turquie	12723	8584	8081	11521	9396
Denmark/Danemark	17699	11225	10183	8729	4565
Malaysia/Malaisie	7678	6450	7136	14871	9023
Brazil/Brésil	8793	6059	7812	13342	x10394
					12087
Israel/Israël	8436	11071	8030	1495	2003
Former USSR/Anc. URSS	x2663	x5878	x4971	x7974	
Venezuela	837	8913	5390	1758	1904
Philippines	3531	x4385	4056	5559	9447
New Zealand	1696	3775	5354	3839	2550
Czechoslovakia	x1540	x5027	x5358	x968	x5535
Ireland/Irlande	298	151	4354	6510	8161
Australia/Australie	1954	2330	2617	3523	5783
So. Africa Customs Un	x1490	x2365	x3344	x2337	x3119
Greece/Grèce	363	1445	2462	3442	x2628
Former GDR	x10096	x5778	x802		
Hungary/Hongrie	x305	x1002	x1913	x2531	x2297
Egypt/Egypte	335	1101	875	3157	5765
Poland/Pologne	x3061	x1653	x1380	x1887	x1361
Tunisia/Tunisie	122	924	897	1867	1252
Uruguay	1586	1309	1275	1049	611
Saudi Arabia	1536	1950	x451	x1003	x1365
Trinidad and Tobago	379	710	1142	1511	1947
Madagascar				9	x37
Sri Lanka	22	12	23	2652	121

(VALUE AS % OF TOTAL) (VALEUR EN % DU TOTAL)

	1983	1984	1985	1986	1987	1988	1989	1990	1991	1992
Africa	x5.5	x6.1	x6.6	x5.2	x3.2	x3.8	x2.7	x2.4	x2.1	x2.7
Northern Africa	x2.6	x2.6	2.6	x1.9	x1.0	1.4	0.7	0.5	x0.6	x0.6
Americas	x14.8	x17.5	x9.4	x18.9	x17.5	x17.8	23.8	24.7	22.3	x25.7
LAIA	x0.9	0.7	x1.1	x2.1	x1.9	1.2	1.4	1.8	1.8	x2.1
CACM	x0.1			x0.2	x0.2	0.1	0.1	0.2	0.1	x0.2
Asia	x18.8	x16.6	x20.5	x17.3	x14.6	x14.8	x15.4	x14.6	x15.5	x19.3
Middle East	x9.9	x7.7	x10.3	x7.4	x5.2	x5.5	x3.7	x3.8	x4.0	x4.5
Europe	44.9	42.3	59.3	55.7	50.1	44.3	42.1	50.1	44.9	47.1
EEC	38.1	35.5	50.1	46.7	42.1	37.5	35.3	42.2	38.2	39.3
EFTA	6.7	6.7	9.1	8.8	7.8	6.6	6.5	7.6	6.4	7.5
Oceania	x1.4	x2.5	x4.3	x2.8	x2.4	x2.5	x2.9	x2.8	x2.3	x3.1
USA/Etats–Unis d'Amer	8.0	10.2	x10.9	14.8	x11.9	17.4	17.5	15.6	18.1	
Germany/Allemagne	8.6	8.2	11.5	11.5	9.8	8.6	8.4	10.5	10.6	
Former USSR/Anc. URSS	14.6	14.9		x11.2	x14.3	x11.8	x4.2	x11.6		
United Kingdom	6.0	5.7	8.0	6.6	6.2	5.9	5.7	6.6	5.3	6.1
France, Monac	7.7	6.3	8.3	8.6	7.5	6.5	5.7	6.4	5.4	5.8
Italy/Italie	5.6	5.5	7.4	6.8	5.9	5.1	4.7	5.3	5.1	5.5
Hong Kong	1.6	2.3	2.4	3.2	3.3	3.8	4.4	4.1	5.1	6.2
Canada	5.2	6.2	7.6	4.9	3.9	3.9	4.4	4.8	4.3	4.8
Netherlands/Pays–Bas	3.9	3.9	6.3	5.1	4.6	4.2	3.8	4.7	4.0	4.1
Spain/Espagne	1.4	1.3	1.8	2.3	2.6	2.4	2.4	2.7	2.6	3.3

	1983	1984	1985	1986	1987	1988	1989	1990	1991	1992
Afrique	x0.2	0.2	0.2	x0.2	x0.2	x0.2	x0.2	x0.2	0.3	
Afrique du Nord	0.0	0.0		0.0	0.0	0.0	0.1	0.1	0.4	0.2
Amériques	12.0	x12.1	10.0	x8.7	7.5	8.3	10.3	11.1	12.1	12.4
ALAI	x0.0	x0.0	x0.1	x0.3	x0.4	0.8	1.0	1.0	1.1	0.8
MCAC	x0.0			0.0	0.0	0.0	0.0	0.0	0.0	x0.0
Asie	30.0	33.2	34.5	34.3	37.5	39.4	38.9	36.9	41.0	43.6
Moyen–Orient	x0.3	x0.1	0.9	0.8	0.5	0.7	0.5	0.3	0.7	0.2
Europe	56.9	53.7	55.4	56.8	51.4	48.1	47.0	49.2	45.8	42.9
CEE	47.5	45.1	46.4	47.1	43.3	37.3	36.4	39.6	38.3	35.8
AELE	9.4	8.7	9.0	8.8	7.3	6.3	6.7	7.1	6.9	6.7
Océanie	x0.1	0.1	0.1	0.1	x0.1	0.1	0.2	x0.3	0.2	0.2
Japan/Japon	21.5	23.8	24.2	24.9	24.1	24.9	25.1	23.7	26.2	28.3
France, Monac	13.4	13.3	14.0	13.0	12.8	10.9	11.3	12.2	11.0	11.0
Germany/Allemagne	15.0	14.3	14.4	15.5	12.7	11.0	11.1	12.0	11.5	10.1
USA/Etats–Unis d'Amer	11.6	11.8	9.7	7.6	6.3	5.9	7.9	8.9	9.7	10.4
United Kingdom	5.7	5.8	5.8	5.8	5.9	5.6	5.2	5.6	5.2	4.8
Korea Republic	2.1	2.9	3.0	2.9	4.0	4.7	4.3	3.9	3.9	4.1
Hong Kong	0.8	0.9	0.9	1.1	1.5	1.8	3.0	3.0	4.2	4.9
Austria/Autriche	3.9	3.6	3.9	3.8	3.2	2.6	2.7	2.9	2.7	2.6
Spain/Espagne	3.3	3.5	3.6	3.3	3.5	2.8	2.1	2.4	2.9	2.3
Italy/Italie	2.6	1.9	2.3	2.2	2.1	1.9	2.1	2.3	2.7	2.8

7782 ELECTRIC LAMPS, BULBS — LAMPES, TUBES ELECTRIQUES 7782

TRADE BY COMMODITY IN THOUSAND U.S. DOLLARS – COMMERCE PAR PRODUIT EN MILLIERS DE DOLLARS E.U

IMPORTS – IMPORTATIONS

COUNTRIES–PAYS	1988	1989	1990	1991	1992
Total	3562581	3651943	4077617	4179868	5498178
Africa	x97527	x104025	x103467	x83167	x96835
Northern Africa	39241	40327	43170	x31197	x38133
Americas	786146	756586	845975	953954	1903251
LAIA	114539	109484	151315	206644	1026311
CACM	11824	10365	10469	11411	x12357
Asia	464320	527559	x564241	647315	x754486
Middle East	x107532	x118346	x101076	x96450	x131482
Europe	2023437	2084557	2428257	2340588	2602073
EEC	1722129	1772094	2059670	2007993	2244636
EFTA	284348	296347	342031	319314	338403
Oceania	x90449	x97458	x86686	x95250	x106482
USA/Etats–Unis d'Amer	506600	483397	523802	567079	684748
Netherlands/Pays–Bas	368718	363718	432515	391400	385095
Germany/Allemagne	298747	313983	365623	393519	353900
France, Monac	247410	259725	306333	312347	290100
Italy/Italie	254198	244907	281789	267919	301153
United Kingdom	202385	231054	246300	238140	183192
Spain/Espagne	117388	127946	148724	154076	158559
Canada	132819	132188	133104	150705	137568
Belgium–Luxembourg	129525	122396	137778	125305	187424
Hong Kong	76786	90906	101581	151702	128272
Japan/Japon	83619	96264	113184	121330	103530
Sweden/Suède	94150	93768	108337	96948	84582
Australia/Australie	71782	75299	67245	76649	74322
Switz. Liecht	64219	66412	73103	73166	64648
Austria/Autriche	44857	47361	62899	60413	57435
Korea Republic	43431	50746	56073	59529	56942
Denmark/Danemark	50267	45858	60787	53854	59182
Singapore/Singapour	53264	46379	48499	58329	84766
Mexico/Mexique	23045	32808	50016	68053	50874
Norway,SVD,JM	41246	41620	48466	46198	42005
Finland/Finlande	37174	44924	46432	39603	36905
Thailand/Thaïlande	21029	33124	30938	33779	x40175
Saudi Arabia	37976	47434	x21569	x23160	39895
Portugal	24685	26224	33468	32448	30303
Brazil/Brésil	20717	22338	32645		846491
Greece/Grèce	16713	23823	31054	25669	x26573
Malaysia/Malaisie	16990	21450	27526	30214	x23501
So. Africa Customs Un	33901	31127	30048	x16891	x21227
Argentina/Argentine	13859	11657	20765	44659	41555
Turkey/Turquie	18764	18072	26524	27240	25955
Former USSR/Anc. URSS	x43585	x37153	x5357	x21548	
Yugoslavia SFR	13830	12577	23399	x10590	
United Arab Emirates	x16375	x15299	x14724	x15736	x24606
Venezuela	25295	10975	12921	20903	20291
China/Chine	6413	10796	14175	18784	45235
Israel/Israël	11389	12506	14883	15560	18738
Ireland/Irlande	12094	12461	11579	13315	13186
New Zealand	12285	14792	11785	15302	15511
Indonesia/Indonésie	12214	12122			17122
Philippines	4301	x9074	15320	13961	11655
Czechoslovakia	x7589	14700	16411	x5575	x10551
Egypt/Egypte	12285	9180	14835	8984	10018
Chile/Chili	8509	10439	10411	11494	x7652
Poland/Pologne	13351	7513	3461	17159	x11781
Iran (Islamic Rp. of)	x3046	x3126	x13637	x10381	x15218
India/Inde	6548	x6426	9636	9268	x11344
Morocco/Maroc	6025	6864	8868	7540	10044
Colombia/Colombie	8603	7947	8375	6750	7552
Algeria/Algérie	7880	7211	9381	5079	x4754
Hungary/Hongrie	x5498	x5018	x6312	9790	x9197

EXPORTS – EXPORTATIONS

COUNTRIES–PAYS	1988	1989	1990	1991	1992
Totale	3348650	3359396	3745028	3973654	4518373
Afrique	x3706	x3561	x5316	x10149	x10741
Afrique du Nord	x592	488	1900	3548	4694
Amériques	323266	312496	399190	498106	582160
ALAI	23939	30186	49608	66082	78649
MCAC	3993	4377	4907	4159	x4467
Asie	615334	681634	737867	861583	1030717
Moyen–Orient	7780	6270	x4649	x2758	x3504
Europe	2059675	2067303	2356510	2395209	2673889
CEE	1991780	1999206	2274602	2324956	2598965
AELE	60356	60082	73233	64901	67168
Océanie	x5638	x4489	5346	x4498	x5115
Germany/Allemagne	586728	643321	822893	855284	1020460
Netherlands/Pays–Bas	731258	657677	652953	678920	707057
Japan/Japon	372802	412520	404636	443698	479034
USA/Etats–Unis d'Amer	259879	232579	314846	404755	460997
France, Monac	185404	190060	230580	237077	266763
Belgium–Luxembourg	164925	173301	209122	198584	205907
Italy/Italie	129870	139755	153887	161700	189291
United Kingdom	142531	142279	148824	139914	143867
Hungary/Hongrie	x99092	x99191	x107019	x127405	x131320
Korea Republic	101782	93562	110790	116660	125100
Hong Kong	48291	65677	73290	118090	167414
China/Chine	35354	50236	57340	76707	127195
Spain/Espagne	39107	45599	47344	43322	55072
Poland/Pologne	41395	42902	46780	36462	x56437
Singapore/Singapour	25050	28207	30173	41424	44116
Canada	33771	44299	29290	22609	36873
Czechoslovakia	x47242	x38625	x30217	x12209	x18553
Austria/Autriche	25698	22026	26953	23497	22389
Former GDR	x97355	x52317	x16038		
Mexico/Mexique	6419	7604	23171	34626	39812
Sweden/Suède	19308	19551	22859	22662	23749
Brazil/Brésil	16000	18331	16312	22112	28949
Thailand/Thaïlande	10255	9885	17128	28653	x37755
Bulgaria/Bulgarie	x20765	x23672	x22674	x3940	x4213
Former USSR/Anc. URSS	x20485	x18850	x10623	x20528	
Switz. Liecht	10465	11585	14051	5776	14597
Philippines	4113	4595	22821		5745
Indonesia/Indonésie	4810	7939	10059	13816	24753
Romania/Roumanie	x14700	14356	7447	3563	x5225
Yugoslavia SFR	7538	7991	8632	x5001	
Denmark/Danemark	8787	3746	5136	5448	6422
Finland/Finlande	3415	4587	5801	2433	2630
Chile/Chili	569	1137	5703	5355	x4278
Australia/Australie	4100	3156	3639	3155	2850
Norway,SVD,JM	1469	2333	3569	3110	3789
Sri Lanka	46	74	1816	6706	7965
Costa Rica	2075	2412	3083	2557	x1903
Portugal	2136	1665	2203	3541	2845
So. Africa Customs Un	x1719	x1486	x1056	x4498	x4620
Argentina/Argentine	495	1603	2892	1771	1130
Malaysia/Malaisie	2381	1511	1991	2621	x3084
El Salvador	1891	1953	1782	1557	x2423
India/Inde	2009	x676	1852	2511	x2475
New Zealand	1435	1244	1578	1253	2167
United Arab Emirates	x148	x379	x2438	x1049	x1090
Turkey/Turquie	3699	1920	897	396	552
Ireland/Irlande	422	1229	1170	584	686
Egypt/Egypte	x32	2	1039	1897	2903
Mauritius/Maurice	x49	x675	860	861	84
Kenya	373	x694	962	x536	x474

(VALUE AS % OF TOTAL)(VALEUR EN % DU TOTAL)

Imports

	1983	1984	1985	1986	1987	1988	1989	1990	1991	1992
Africa	x4.3	x4.2	4.2	x3.0	2.5	2.8	2.9	2.5	2.0	x1.8
Northern Africa	x1.8	1.7	1.7	1.2	1.0	1.1	1.1	1.1	0.7	0.7
Americas	17.2	22.2	27.5	x24.8	x21.0	22.0	20.8	20.7	22.9	34.6
LAIA	2.1	4.2	4.9	x4.2	x3.8	3.2	3.0	3.7	4.9	18.7
CACM	x0.3	0.4	0.5	x0.2	0.3	0.3	0.3	0.3	0.3	x0.2
Asia	x13.9	15.3	x12.9	12.4	x12.1	13.1	14.5	x13.8	15.5	13.7
Middle East	x4.2	x6.0	x3.4	x3.6	3.2	x3.0	3.2	2.5	2.3	2.4
Europe	54.1	47.2	52.9	57.3	59.4	56.8	57.1	59.6	56.0	47.3
EEC	45.0	38.6	43.7	48.0	50.1	48.5	48.5	50.5	48.0	40.8
EFTA	9.1	8.0	8.5	9.0	9.0	8.0	8.1	8.4	7.6	6.2
Oceania	2.3	x2.8	x2.6	x2.5	x2.3	x2.6	x2.7	x2.1	x2.2	x1.9
USA/Etats–Unis d'Amer	10.8	13.6	17.7	15.6	13.4	14.2	13.2	12.8	13.6	12.5
Netherlands/Pays–Bas	9.3	8.6	10.0	11.2	10.7	10.3	10.0	10.6	9.4	7.0
Germany/Allemagne	9.0	7.5	8.3	8.7	9.1	8.4	8.6	9.0	9.4	8.3
France, Monac	6.1	5.2	5.9	6.9	7.2	6.9	7.1	7.5	7.5	6.4
Italy/Italie	6.7	5.4	6.1	6.6	7.6	7.1	6.7	6.9	6.4	5.3
United Kingdom	5.8	4.9	5.6	5.7	5.9	5.7	6.3	6.0	5.7	3.3
Spain/Espagne	1.9	1.8	2.2	2.6	3.2	3.3	3.5	3.6	3.6	2.9
Canada	3.4	3.3	3.8	3.7	2.7	3.7	3.6	3.3	3.6	2.5
Belgium–Luxembourg	3.1	2.1	2.7	3.2	3.3	3.4	3.4	3.4	3.0	3.4
Hong Kong	1.9	2.1	1.7	1.7	1.8	2.2	2.5	2.5	3.6	3.4

Exports

	1983	1984	1985	1986	1987	1988	1989	1990	1991	1992
Afrique	0.4	0.2	0.4	x0.2	x0.1	x0.2	x0.1	x0.1	x0.2	x0.2
Afrique du Nord	0.2	0.1	0.1	0.0	0.0	0.0	0.0	0.1	0.1	0.1
Amériques	x13.8	16.8	14.9	12.1	x10.2	9.7	9.3	10.7	12.6	12.9
ALAI	0.0	1.6	1.3	x1.6	x1.6	0.7	0.9	1.3	1.7	1.7
MCAC	x0.2	0.3	0.2	x0.1	0.1	0.1	0.1	0.1	0.1	x0.1
Asie	18.0	20.9	19.2	17.0	16.4	18.3	20.3	19.7	21.7	22.8
Moyen–Orient	x0.2	x0.1	0.1	0.2	0.1	0.2	0.2	x0.1	x0.1	x0.1
Europe	67.7	61.9	65.3	70.6	62.4	61.5	61.5	62.9	60.3	59.2
CEE	65.0	59.1	62.6	67.9	59.8	59.5	59.5	60.7	58.5	57.5
AELE	2.7	2.5	2.5	2.4	2.3	1.8	1.8	2.0	1.6	1.5
Océanie	x0.1	0.1	0.1	x0.1	0.2	x0.2	x0.1	0.1	x0.1	x0.1
Germany/Allemagne	21.3	20.2	19.0	21.7	19.5	17.5	19.1	22.0	21.5	22.6
Netherlands/Pays–Bas	19.7	15.2	21.7	24.9	22.1	21.8	19.6	17.4	17.1	15.6
Japan/Japon	12.5	14.2	13.1	11.5	10.0	11.1	12.3	10.8	11.2	10.6
USA/Etats–Unis d'Amer	10.8	11.8	10.3	7.7	6.6	7.8	6.9	8.4	10.2	10.2
France, Monac	6.3	6.4	6.1	6.5	5.8	5.5	5.7	6.2	6.0	5.9
Belgium–Luxembourg	5.5	5.5	4.8	4.8	3.2	4.9	5.2	5.6	5.0	4.6
Italy/Italie	5.9	5.5	4.9	4.6	3.9	3.9	4.2	4.0	4.1	4.2
United Kingdom	4.5	4.7	4.5	4.0	x3.1	x3.0	x3.0	x2.9	x3.2	x2.9
Hungary/Hongrie					3.6	4.3	4.2	4.0	3.5	3.2
Korea Republic	2.8	3.8	3.3	3.2	3.1	3.0	2.8	3.0	2.9	2.8

77821 ELEC FILAMENT LAMPS NES / LAMPES NON INFRAROUGES 77821

TRADE BY COMMODITY IN THOUSAND U.S. DOLLARS – COMMERCE PAR PRODUIT EN MILLIERS DE DOLLARS E.U

IMPORTS – IMPORTATIONS

COUNTRIES–PAYS	1988	1989	1990	1991	1992
Total	1797520	1825509	2032338	2005397	2222114
Africa	x44373	x44080	x47274	x39452	x49865
Northern Africa	12435	x13302	15441	x12130	x18941
Americas	x512057	458074	490719	528098	586591
LAIA	x38403	47875	65367	96357	94350
CACM	9401	7059	6534	7574	x7397
Asia	x207484	x235573	257436	279114	x341571
Middle East	x35334	x38900	x41778	x38928	x56718
Europe	944272	1000998	1174115	1093175	1181212
EEC	793079	845692	992418	931041	1009935
EFTA	142559	147058	166305	153899	160912
Oceania	x46738	x51205	x41906	x40440	x47557
USA/Etats–Unis d'Amer	380843	323112	337795	344591	402386
Germany/Allemagne	143960	158418	183360	183835	206082
Netherlands/Pays–Bas	155943	149082	191813	161662	157576
France, Monac	116527	129816	149745	149778	167841
Italy/Italie	116192	120280	140825	117376	117522
United Kingdom	93315	106244	108409	113911	133278
Spain/Espagne	60276	69116	79283	78903	94379
Canada	74614	71357	69705	70836	73172
Japan/Japon	55820	63718	71157	68583	70033
Hong Kong	40153	49367	55489	79731	100644
Belgium–Luxembourg	52579	53193	63857	56252	60970
Sweden/Suède	50549	50437	54307	49135	50924
Australia/Australie	36843	41104	32789	31548	37317
Switz.Liecht	28104	27492	30944	31351	30793
Austria/Autriche	23343	24729	33363	31556	33293
Denmark/Danemark	25599	22750	26874	26060	33339
Norway, SVD, JM	21129	22080	23594	23163	26191
Singapore/Singapour	22806	20883	20483	21382	24866
Finland/Finlande	17725	21024	22503	17016	26109
Korea Republic	16115	17571	18838	20127	19250
Mexico/Mexique	10785	13903	17815	24583	32544
Portugal	14215	16076	20290	18957	24517
Greece/Grèce	9273	14865	20966	18325	x15760
Brazil/Brésil	x4393	11276	17084	16302	14398
Argentina/Argentine	x2640	5598	11339	14745	26776
Malaysia/Malaisie	7761	10914	12415	14778	23539
Thailand/Thaïlande	8468	13159	10532	12826	x12555
So. Africa Customs Un	17130	12867	13960	10988	11943
Turkey/Turquie	4753	7604	13050	x7229	x9508
Former USSR/Anc. URSS	x19543	x13609	x1645	x12954	11862
Czechoslovakia	x3136	11198	14050	x1952	x6053
Yugoslavia SFR	6647	5950	13086	x6581	
Saudi Arabia	x6019	x9648	x6430	x7008	x12924
United Arab Emirates	x8307	x5292	x6660	x7337	x14325
Ireland/Irlande	5200	5853	6997	5982	5818
Venezuela	10346	5070	4433	8925	9801
New Zealand	6099	6400	5179	6199	6466
Philippines	2131	x2974	7373	6959	4154
Israel/Israël	4933	4931	5830	5809	8220
Chile/Chili	3674	4596	5154	5747	x3044
Morocco/Maroc	3381	4008	4687	4392	7146
Iran (Islamic Rp. of)	x1841	x1113	x6918	x4445	x6253
Nigeria/Nigéria	x1964	x4830	x2400	x4458	x6212
Kuwait/Koweït	x1725	7063	x1124	x967	x2703
Ecuador/Equateur	1333	1484	1380	6142	2577
Algeria/Algérie	3374	3696	2614	1853	x1947
India/Inde	1377	x3498	2667	1800	x4561
Egypt/Egypte	3050	1438	3967	2083	2191
Peru/Pérou	1404	1706	3140	2568	x1740
Panama	x1639	x2372	x2312	x2656	x3595

EXPORTS – EXPORTATIONS

COUNTRIES–PAYS	1988	1989	1990	1991	1992
Totale	x1570676	1632733	1788322	1762296	1995177
Afrique	x2051	x2239	x2812	x5794	x8226
Afrique du Nord	384	242	634	1859	4261
Amériques	x83432	131891	140273	149993	x176520
ALAI	x3342	9255	13646	20044	22587
MCAC	4115	4185	3911	3454	x3380
Asie	394277	430341	463115	494266	587158
Moyen–Orient	4315	2984	x1731	x1383	x1283
Europe	821011	834984	982750	961390	1075290
CEE	777258	793785	934528	923459	1035691
AELE	37600	35192	41276	33289	33020
Océanie	2809	x1555	x2306	x2385	x2845
Germany/Allemagne	242813	273454	379106	391673	461060
Japan/Japon	230475	253815	235670	229133	233757
Netherlands/Pays–Bas	254943	223579	228993	199090	192448
France, Monac	93588	100931	128359	136495	154877
Italy/Italie	87619	93174	100688	106290	122760
USA/Etats–Unis d'Amer	52522	82715	100821	107458	122771
Korea Republic	86611	81049	96323	97118	104578
Hungary/Hongrie	x74530	x78299	x83696	x91393	x90203
Hong Kong	34184	46790	52772	80981	108723
United Kingdom	53107	56909	50137	50372	53599
China/Chine	25288	35179	41099	61564	98085
Poland/Pologne	x38413	x39125	x44306	x34921	x30324
Spain/Espagne	20166	29734	30005	23194	33981
Canada	22016	35013	20927	18036	26610
Czechoslovakia	x42169	x34080	x28009	x9327	x16511
Austria/Autriche	21771	17864	20457	17093	14228
Former GDR	x71133	x38960	x10857		
Belgium–Luxembourg	17599	13171	13045	12373	12512
Bulgaria/Bulgarie	x12675	x16467	x17957	x2849	x3271
Sweden/Suède	11009	10655	13204	11344	13324
Philippines	3246	x2748	21137	4348	4112
Former USSR/Anc. URSS	x14664	x11246	x4997	x9903	
Romania/Roumanie	x13512	13545	7243	75	x4827
Brazil/Brésil	x2677	6268	5507	8215	12604
Thailand/Thaïlande	3964	2347	6280	10004	x22575
Yugoslavia SFR	6154	5985	6910	x4621	
Singapore/Singapour	3960	2282	3798	4055	3638
Mexico/Mexique	386	561	1934	6767	5067
Indonesia/Indonésie	1544	2191	2793	3375	6386
Finland/Finlande	2413	3433	3715	884	855
Denmark/Danemark	6020	2057	2591	2023	2808
Costa Rica	2066	2249	2428	1865	x1009
Switz.Liecht	1693	1841	1988	1758	2044
Norway, SVD, JM	714	1399	1911	2208	2570
Argentina/Argentine	x216	1377	2510	1093	785
El Salvador	1871	1934	1459	1552	x2235
Chile/Chili	57	11	2563	2213	x1092
So. Africa Customs Un	x536	x524	x500	x2416	x2672
New Zealand	903	974	1422	1020	1942
Portugal	967	459	1042	1353	1236
Australia/Australie	1890	568	837	1338	849
Malaysia/Malaisie	245	398	727	1208	x1129
Mauritius/Maurice	x49	x611	846	853	77
Uruguay		x467	x775	x900	64
Turkey/Turquie	3142	1318	399	299	279
Kenya	370	x684	462	x501	x472
Colombia/Colombie	x930	x521	x532	x579	x523
Egypt/Egypte	1	353	170	771	2430
Kuwait/Koweït	x21	0	241	991	2702
	x41	1157	0	0	0

(VALUE AS % OF TOTAL)(VALEUR EN % DU TOTAL)

	1983	1984	1985	1986	1987	1988	1989	1990	1991	1992
Africa	x5.1	x5.1	x4.1	x3.2	x2.6	x2.5	x2.4	x2.3	x2.0	x2.2
Northern Africa	x2.2	x2.1	1.4	1.0	1.0	0.7	x0.7	0.8	x0.6	x0.9
Americas	x23.5	x29.5	x34.5	x31.6	x26.9	x28.4	25.1	24.2	26.3	26.4
LAIA	x3.0	x3.4	x3.6	x3.7	x2.7	x2.1	2.6	3.2	4.8	4.2
CACM	x0.3	x0.3	x0.2	x0.2	x0.3	0.5	0.4	0.3	0.4	x0.3
Asia	x15.0	17.4	x12.3	12.7	12.5	x11.6	x12.9	12.7	13.9	x15.3
Middle East	x4.3	x7.3	x2.6	x4.1	x3.0	x2.1	x2.1	x2.1	x1.9	x2.6
Europe	54.0	44.7	46.6	50.2	53.9	52.5	54.8	57.8	54.5	53.2
EEC	41.7	34.6	36.7	40.6	44.0	44.1	46.3	48.8	46.4	45.4
EFTA	10.4	9.3	9.0	9.2	9.3	7.9	8.1	8.2	7.7	7.2
Oceania	x2.5	x3.2	x2.4	x2.3	x2.3	x2.6	x2.8	x2.1	x2.0	x2.2
USA/Etats–Unis d'Amer	16.6	22.2	26.9	23.2	20.8	21.2	17.7	16.6	17.2	18.1
Germany/Allemagne	7.4	6.6	7.1	7.4	8.4	8.0	8.7	9.0	9.2	9.3
Netherlands/Pays–Bas	9.3	7.6	7.5	9.3	9.0	8.7	8.2	9.4	8.1	7.1
France, Monac	6.2	5.3	5.3	6.0	6.6	6.5	7.1	7.4	7.5	7.6
Italy/Italie	5.6	4.2	4.6	5.3	6.3	6.5	6.6	6.9	5.9	5.3
United Kingdom	5.6	4.8	5.1	4.6	5.0	5.2	5.8	5.3	5.7	6.0
Spain/Espagne	2.0	2.0	2.3	2.8	3.2	3.4	3.8	3.9	3.9	4.2
Canada	2.8	2.9	3.0	3.1	2.6	4.2	3.9	3.4	3.5	3.3
Japan/Japon	3.2	2.9	3.3	3.0	3.0	3.1	3.5	3.5	3.4	3.2
Hong Kong	2.7	2.8	2.1	2.0	2.1	2.2	2.7	2.7	4.0	4.5

	1983	1984	1985	1986	1987	1988	1989	1990	1991	1992
Afrique	0.7	0.4	0.5	x0.2	x0.1	x0.1	x0.1	x0.1	x0.3	x0.4
Afrique du Nord	0.5	0.3	0.3	0.1	0.1	0.1	0.1	0.1	0.1	0.2
Amériques	x11.6	x13.4	x11.9	x10.3	x8.7	x5.3	8.1	7.8	8.5	x8.9
ALAI	x1.7	x2.0	x1.4	x1.0	x2.0	x0.2	0.6	0.8	1.1	1.1
MCAC		x0.1	x0.1	x0.1	0.3	0.3	0.3	0.2	0.2	x0.2
Asie	22.3	27.9	27.7	25.9	22.1	25.1	26.4	25.9	28.0	29.4
Moyen–Orient	x0.1	x0.2	x0.3	x0.1	0.1	0.3	0.2	x0.1	x0.1	x0.1
Europe	63.6	57.3	59.8	63.5	50.1	52.3	51.1	55.0	54.6	53.9
CEE	58.7	52.7	55.2	59.3	46.4	49.5	48.6	52.3	52.4	51.9
AELE	4.2	3.7	3.9	3.7	3.2	2.4	2.2	2.3	1.9	1.7
Océanie	x0.1	x0.1	0.2	x0.1	0.1	0.2	x0.1	x0.1	x0.1	x0.1
Germany/Allemagne	21.4	19.2	18.3	22.2	17.1	15.5	16.7	21.2	22.2	23.1
Japan/Japon	13.6	16.4	16.3	15.9	12.5	14.7	15.5	13.2	13.0	11.7
Netherlands/Pays–Bas	14.3	10.8	16.0	17.6	13.9	16.2	13.7	12.8	11.3	9.6
France, Monac	6.5	6.6	6.5	6.4	5.3	6.0	6.2	7.2	7.7	7.8
Italy/Italie	8.4	8.2	7.9	7.4	5.5	5.6	5.7	5.6	6.0	6.2
USA/Etats–Unis d'Amer	5.8	6.8	5.6	4.4	3.2	3.3	5.1	5.6	6.1	6.2
Korea Republic	5.1	7.3	7.2	6.7	5.5	5.5	5.0	5.4	5.5	5.2
Hungary/Hongrie					x5.1	x4.7	x4.8	x4.7	x5.2	x4.5
Hong Kong	2.7	3.2	3.0	2.4	2.1	2.2	2.9	3.0	4.6	5.4
United Kingdom	3.3	3.2	3.2	2.7	1.9	3.4	3.5	2.8	2.9	2.7

7783 AUTOMOTIVE ELECTR EQUIP / EQUIP ELECT MOTEURS EXPL 7783

TRADE BY COMMODITY IN THOUSAND U.S. DOLLARS – COMMERCE PAR PRODUIT EN MILLIERS DE DOLLARS E.U

IMPORTS – IMPORTATIONS

COUNTRIES–PAYS	1988	1989	1990	1991	1992
Total	6392570	7043848	7455426	7689075	8390485
Africa	x208140	x182082	x248237	x206841	x204187
Northern Africa	79885	67447	102443	74423	x69096
Americas	2300534	2687359	2588515	2528199	2790630
LAIA	204207	207590	226792	298328	367746
CACM	18491	19265	15323	15476	x13375
Asia	x547585	x650917	x756680	x791674	x1015109
Middle East	x125701	x114413	x159926	x174340	x226154
Europe	2943009	3174611	3684418	3797828	4194319
EEC	2373411	2580712	3070060	3224871	3580259
EFTA	540362	562960	570785	552418	594579
Oceania	x126627	x144101	x139239	x131949	x140931
USA/Etats–Unis d'Amer	1189056	1590186	1494286	1355794	1502764
Canada	857834	841736	822209	828874	881312
Germany/Allemagne	545598	617379	787943	901449	1069019
France, Monac	461884	490836	534829	536172	596126
Spain/Espagne	310709	353406	426554	461233	514471
United Kingdom	288242	341193	422813	412216	439163
Italy/Italie	266955	283946	323570	323253	341022
Belgium–Luxembourg	223911	213954	252828	257227	258457
Sweden/Suède	231514	205915	220081	211233	220552
Austria/Autriche	118798	188768	157366	157556	181472
Netherlands/Pays–Bas	146579	149334	165003	164200	179956
Australia/Australie	94463	113636	106032	101475	109934
Former USSR/Anc. URSS	x129962	x106277	x14224	x189191	123719
Japan/Japon	59264	88599	104702	99638	98348
Thailand/Thaïlande	65987	80798	99603	92561	
Mexico/Mexique	58831	62684	87662	118709	149677
Singapore/Singapour	58133	71565	92657	90807	100503
Switz./Liecht	77407	72171	84660	85595	86815
Korea Republic	80732	74119	68616	67784	79037
Malaysia/Malaisie	40358	52886	67867	83740	x114808
So. Africa Customs Un	77476	58268	57696	x75641	x72345
Brazil/Brésil	43062	50763	55478	64059	77722
Portugal	46796	49168	58339	60046	69619
Finland/Finlande	53163	55565	60149	49010	50927
Indonesia/Indonésie	32443	45421	57939	52419	53072
Hong Kong	28818	35713	43068	44533	61284
Greece/Grèce	37402	39401	45881	45144	x40253
Norway, SVD, JM	56169	37379	44392		51158
Denmark/Danemark	35352	30930	40159	51086	57948
Saudi Arabia	8859	9018	x49590	x53040	x61874
Turkey/Turquie	24693	22366	39308	47450	56388
Yugoslavia SFR	26450	28031	40660	x17909	
Algeria/Algérie	31197	22234	40448	12275	x11590
Israel/Israël	20509	20367	23729	27088	37010
Iran (Islamic Rp. of)	x11650	x10404	x22892	x32171	x38002
Venezuela	35374	19022	16084	30062	32304
Egypt/Egypte	19916	17731	25757	20706	17769
Nigeria/Nigéria	x16611	x18025	x20627	x23728	x28950
New Zealand	21801	20790	21640	18894	19571
United Arab Emirates	x38488	x21975	x19793	x18073	x25178
Tunisia/Tunisie	13572	14167	20824	20413	22564
Chile/Chili	13135	17262	15470	18310	x15152
Former GDR	x83356	x49108	x316		
Philippines	5845	x28578	8597	11099	15370
Colombia/Colombie	18258	18030	15940	14168	14401
Argentina/Argentine	10957	9356	9834	23867	56223
Hungary/Hongrie	x6801	x8830	x5457	28108	x16119
Ecuador/Equateur	12409	19200	12928	8685	7993
Ireland/Irlande	9983	11166	12141	13456	14225
Morocco/Maroc	9629	9719	12052	13627	11826

EXPORTS – EXPORTATIONS

COUNTRIES–PAYS	1988	1989	1990	1991	1992
Totale	5614394	6139551	7128079	7369712	8312807
Afrique	x5248	x6047	x8514	x10897	x8675
Afrique du Nord	1797	2089	3173	4158	x2846
Amériques	740423	1080024	1375931	1488866	1696929
ALAI	78274	97516	97377	130857	168257
MCAC	683	4092	3333	3807	x4033
Asie	1454229	1715237	1822212	1889638	x2123914
Moyen–Orient	x11149	x9477	x10956	x11620	x13498
Europe	3107721	3200392	3815296	3896479	4411997
CEE	2922754	3007668	3572647	3687272	4170012
AELE	132609	151890	187751	176639	206163
Océanie	20293	x13548	16885	x19804	x26145
Japan/Japon	1290747	1503813	1567406	1601827	1795037
Germany/Allemagne	1312916	1363643	1526680	1587655	1749504
USA/Etats–Unis d'Amer	523298	804473	1107439	1207241	1339029
France, Monac	524054	514287	643560	650127	751240
Italy/Italie	350202	367978	468566	461394	528388
Spain/Espagne	256988	253961	327135	330251	370489
Belgium–Luxembourg	216622	214041	267233	270298	287586
United Kingdom	168556	189502	226059	258978	332171
Canada	133454	161846	162874	142448	180977
Sweden/Suède	67312	80937	92565	80093	91299
Korea Republic	58439	82907	89217	67549	80664
Brazil/Brésil	60277	71700	70258	75323	95079
Austria/Autriche	42703	46722	61861	63463	81410
Hong Kong	43043	48855	51512	59900	76833
Singapore/Singapour	25730	31218	49273	66568	71936
Netherlands/Pays–Bas	45383	43393	47781	48861	61789
Yugoslavia SFR	44255	32284	54812	x32235	20509
Ireland/Irlande	25321	29695	30445	29299	
Former USSR/Anc. URSS	x27574	x19957	x20960	x29259	57172
Mexico/Mexique	14500	18955	15735	34084	
Malaysia/Malaisie	6679	8892	21015	37226	x15308
Denmark/Danemark	10038	12739	17330	31251	36439
Former GDR	x138171	x44039	x14902		
Czechoslovakia	x27219	x26455	x20501	x8203	x8334
Thailand/Thaïlande	8463	12517	19268	21666	x24851
Switz./Liecht	14785	15230	19127	18224	18877
Portugal	12460	16523	17342	18329	30781
Australia/Australie	8880	10218	13668	16952	22909
Poland/Pologne	22328	17975	14514	6902	x12992
Hungary/Hongrie	x17601	x8128	x9774	x16366	x20263
Finland/Finlande	5999	7061	11967	12388	11890
Turkey/Turquie	8737	6230	6630	6618	9069
Argentina/Argentine	2639	3668	5642	10060	8891
Dominican Republic	x3272	x10548	x4308	x4178	x4030
Israel/Israël	2353	3751	2813	8530	24480
China/Chine	x50535	x6609	x7402	x1002	x2761
Bulgaria/Bulgarie	2048	x5813	3409	4343	x8903
India/Inde	x2574	x2866	x4407	x5863	x4996
So. Africa Customs Un	840	2725	3444	6318	8698
Indonesia/Indonésie	114	2164	3747	6138	4883
Venezuela	653	4087	3330	3784	x4028
Costa Rica	4118	3913	2810	2476	1824
New Zealand	11061	3244	3144	2664	2973
Malta/Malte	7872	8475	11	x291	x293
Norway, SVD, JM	1809	1940	2230	2471	2686
United Arab Emirates	x459	x895	x1996	x3433	x1604
Tunisia/Tunisie	522	1211	1503	2508	1663
Romania/Roumanie	x3053	x1139	x1180	2294	x798
Philippines	534	x1303	995	1353	799
Morocco/Maroc	1112	790	1324	1223	518

(VALUE AS % OF TOTAL)(VALEUR EN % DU TOTAL)

Imports

	1983	1984	1985	1986	1987	1988	1989	1990	1991	1992
Africa	x5.8	x5.3	4.6	3.9	x3.1	3.2	2.6	3.4	2.7	2.5
Northern Africa	x3.4	x2.7	2.2	2.0	1.6	1.2	1.0	1.4	1.0	x0.8
Americas	32.6	39.6	39.4	x39.0	x37.2	36.0	38.1	34.7	32.9	33.2
LAIA	2.6	4.6	4.3	x5.0	x5.1	3.2	2.9	3.0	3.9	4.4
CACM	x0.2	0.4	0.4	0.2	0.2	0.3	0.3	0.2	0.2	x0.2
Asia	x12.8	x10.1	x10.9	x8.4	x7.7	x8.5	x9.2	x10.1	x10.2	x12.1
Middle East	x5.6	x3.7	x5.3	x2.1	x1.8	x2.0	x1.6	x2.1	x2.3	2.7
Europe	46.9	42.9	42.9	46.8	45.7	46.0	45.1	49.4	49.4	50.0
EEC	37.5	33.6	33.9	37.2	36.9	37.1	36.6	41.2	41.9	42.7
EFTA	9.4	8.6	8.4	9.2	8.5	8.5	8.0	7.7	7.2	7.1
Oceania	2.0	x2.1	x2.2	x1.9	x1.6	x2.0	2.0	x1.9	x1.8	1.6
USA/Etats–Unis d'Amer	12.6	15.0	16.9	19.1	18.9	18.6	22.6	20.0	17.6	17.9
Canada	16.5	18.8	17.1	13.8	12.2	13.4	11.9	11.0	10.8	10.5
Germany/Allemagne	8.7	8.2	8.5	9.5	9.4	8.5	8.8	10.6	11.7	12.7
France, Monac	8.0	6.8	6.3	7.1	7.2	7.0	7.2	7.0	7.0	7.1
Spain/Espagne	3.1	3.2	3.7	4.8	4.9	5.0	4.9	5.7	6.0	6.1
United Kingdom	5.5	4.6	4.7	4.5	4.3	4.5	4.8	5.7	5.4	5.2
Italy/Italie	4.8	4.4	4.0	4.6	4.8	4.0	4.0	4.3	4.2	4.1
Belgium–Luxembourg	2.4	2.3	2.5	2.8	2.4	3.5	3.0	3.4	3.3	3.1
Sweden/Suède	3.9	3.6	3.5	3.8	3.6	3.6	2.9	3.0	2.7	2.6
Austria/Autriche	2.2	2.0	2.1	2.2	2.0	1.9	2.7	2.1	2.0	2.2

Exports

	1983	1984	1985	1986	1987	1988	1989	1990	1991	1992
Afrique	0.2	0.1	x0.1	x0.1	x0.1	x0.1	x0.1	x0.1	x0.2	x0.1
Afrique du Nord	0.1	0.1	0.0	0.0	0.0	0.0	0.0	0.0	0.1	x0.0
Amériques	15.7	20.3	19.0	x16.0	x14.7	13.2	17.6	19.3	20.2	20.4
ALAI	0.1	2.2	2.1	x3.7	x3.3	1.4	1.6	1.4	1.8	2.0
MCAC	x0.0	0.0	0.0	0.0	0.0	0.0	0.1	0.0	0.1	0.0
Asie	27.4	27.2	27.6	27.4	24.7	25.9	28.0	25.5	25.7	x25.5
Moyen–Orient	x0.1	0.2	0.6	x0.4	x0.1	x0.2	x0.2	x0.2	x0.2	0.2
Europe	56.5	52.3	53.1	56.4	53.9	55.4	52.1	53.5	52.9	53.1
CEE	54.9	49.7	50.4	53.8	51.4	52.1	49.0	50.1	50.0	50.2
AELE	1.6	1.5	1.6	1.8	1.8	2.4	2.5	2.6	2.4	2.5
Océanie	0.2	0.2	x0.2	x0.2	x0.4	0.4	0.2	0.2	x0.3	0.3
Japan/Japon	24.8	24.9	25.1	25.5	22.9	23.0	24.5	22.0	21.7	21.6
Germany/Allemagne	22.5	21.2	21.1	25.1	24.1	23.4	22.2	21.4	21.5	21.0
USA/Etats–Unis d'Amer	14.4	16.6	15.4	11.1	10.4	9.3	13.1	15.5	16.4	16.1
France, Monac	15.0	12.6	12.4	10.4	9.4	9.3	8.4	9.0	8.8	9.0
Italy/Italie	6.2	5.5	5.8	6.3	6.6	6.2	6.0	6.6	6.3	6.4
Spain/Espagne	2.8	3.6	3.5	4.4	4.0	4.6	4.1	4.6	4.5	4.5
Belgium–Luxembourg	3.8	3.3	3.5	3.7	3.6	3.9	3.5	3.7	3.7	3.5
United Kingdom	3.8	2.8	3.1	3.0	3.0	3.0	3.1	3.2	3.5	4.0
Canada	1.2	1.5	1.4	1.0	0.8	2.4	2.6	2.3	1.9	2.2
Sweden/Suède	0.9	0.9	0.9	1.0	0.9	1.2	1.3	1.3	1.1	1.1

77831 IGNITION, STARTING EQUIP — APP ELEC ALLUM, DEMARRAGE 77831

TRADE BY COMMODITY IN THOUSAND U.S. DOLLARS – COMMERCE PAR PRODUIT EN MILLIERS DE DOLLARS E.U

IMPORTS – IMPORTATIONS

COUNTRIES–PAYS	1988	1989	1990	1991	1992
Total	3946802	4251547	4388311	4449346	4894465
Africa	x137829	x127453	x168591	x126551	x124954
Northern Africa	52890	45519	59966	45537	x43958
Americas	1481198	1616381	1490770	1425176	1564483
LAIA	134264	142900	161508	205024	245202
CACM	12383	13128	10274	10408	x8048
Asia	x359766	x430593	x485535	x502624	x648193
Middle East	x92692	x82083	x109549	x117779	x149740
Europe	1749902	1880635	2135578	2201931	2452863
EEC	1428977	1591561	1807567	1901747	2130053
EFTA	301873	270314	302153	286865	310804
Oceania	x75451	x79881	x82326	x81405	x84747
USA/Etats–Unis d'Amer	794644	929011	813313	705479	791657
Canada	518326	510814	482794	482894	503627
Germany/Allemagne	294556	351957	430568	499714	625810
France, Monac	270038	296286	303769	304490	328288
Spain/Espagne	221155	249222	289522	303131	327264
Italy/Italie	202688	216446	238713	232994	244443
United Kingdom	162352	204966	236991	243064	260740
Belgium–Luxembourg	122919	112975	131668	136268	138073
Sweden/Suède	124526	101341	104037	101899	107960
Austria/Autriche	84698	90852	109916	104931	117973
Netherlands/Pays–Bas	81664	82169	87322	82332	93197
Thailand/Thaïlande	49192	60604	74537	68839	74416
Australia/Australie	58456	64545	62708	64015	67094
Mexico/Mexique	37400	39617	59172	79010	101357
Korea Republic	64529	63208	55479	54915	64700
Former USSR/Anc. URSS	x77380	x53524	x9238	x95131	
Brazil/Brésil	36670	42519	49256	57542	62415
Singapore/Singapour	32007	41022	51453	52885	60752
Malaysia/Malaisie	27752	37253	44808	58162	x71489
Japan/Japon	23149	45451	49612	44519	64591
Indonesia/Indonésie	22085	34574	45265	48364	41443
So. Africa Customs Un	47327	37536	36268	x41572	x39418
Switz.Liecht	34444	33336	38519	35962	37277
Portugal	29839	33289	35686	34076	43051
Saudi Arabia	8545	17435	x32329	x34155	x39276
Greece/Grèce	21332	23004	25841	25533	x21626
Finland/Finlande	24725	25670	26221	20886	21559
Denmark/Danemark	17602	16299	21893	34171	41598
Turkey/Turquie	16669	16347	22781	30686	34685
Hong Kong	16438	16858	21023	23305	26641
Norway, SVD, JM	32203	17779	21460	21733	24610
Yugoslavia SFR	18034	17481	24440	x12270	
Iran (Islamic Rp. of)	x10076	x9242	x19459	x24764	x29314
Nigeria/Nigéria	x13439	x15569	x16501	x16567	x19295
Egypt/Egypte	13221	12845	17520	13581	11260
United Arab Emirates	x30271	x16312	x14657	x12938	x17815
Algeria/Algérie	21287	15111	19905	7616	x9075
Tunisia/Tunisie	9691	10042	14095	13944	14108
Former GDR	x33405	x36538	x138		
Venezuela	18166	9996	8650	16622	14154
Ecuador/Equateur	9486	15999	10735	5663	4437
New Zealand	10140	9719	11624	10135	11055
Chile/Chili	7911	10447	9198	10417	x7540
Colombia/Colombie	10892	11152	10107	8614	8956
Kenya	3901	x2309	25404	x1666	x1145
India/Inde	7539	x16636	6792	2488	x14195
Argentina/Argentine	5630	5447	5443	14794	37385
Israel/Israël	7311	6990	8183	8335	10272
Philippines	2977	x12585	3809	6033	8561
Czechoslovakia	x8516	9704	10219	x1155	x3348

EXPORTS – EXPORTATIONS

COUNTRIES–PAYS	1988	1989	1990	1991	1992
Totale	3233436	3548598	3982619	4041035	4676928
Afrique	x3169	x3911	x5436	x7424	x6763
Afrique du Nord	x451	545	891	1454	x2029
Amériques	463558	x561072	697743	759003	861447
ALAI	41273	53422	54615	69087	71792
MCAC	677	4091	3332	3796	3952
Asie	961006	1150486	1220160	1212864	x1379921
Moyen–Orient	x6393	x5217	x6543	x7328	x8188
Europe	1662387	1760405	1993614	2012064	2385236
CEE	1597143	1697587	1911172	1954887	2320531
AELE	36501	43103	47587	37810	44543
Océanie	8862	x8208	9834	x11657	x13725
Japan/Japon	877379	1027936	1070663	1062388	1195002
Germany/Allemagne	847820	900129	977404	995082	1104355
USA/Etats–Unis d'Amer	367567	426533	575420	628182	694407
France, Monac	276578	277420	316327	348952	430979
Spain/Espagne	145170	156734	188485	169994	195142
Italy/Italie	140891	147418	181193	163348	195142
United Kingdom	101319	117173	143556	160019	204561
Canada	49695	65348	59559	52835	245150
Korea Republic	36347	59488	61227	45726	86866
Brazil/Brésil	27007	33831	34991	38006	50534
Singapore/Singapour	15207	18932	36595	48417	45053
Netherlands/Pays–Bas	28100	27908	30707	29242	56264
Ireland/Irlande	23640	26627	26614	25889	40299
Yugoslavia SFR	28534	19693	34795	x19306	18147
Sweden/Suède	21227	25783	25079	19961	26725
Hong Kong	13417	17153	20875	22635	27435
Belgium–Luxembourg	13538	15964	18741	20359	23806
Portugal	12213	16232	15626	16709	28153
Denmark/Danemark	7739	10330	12308	25063	29043
Mexico/Mexique	12368	15476	13598	14781	17621
Czechoslovakia	x19598	x20754	x14179	x4117	x4750
Thailand/Thaïlande	2615	7738	13148	14860	x17903
Former USSR/Anc. URSS	x17812	x9008	x10179	x14189	
Poland/Pologne	x11452	x10919	x9286	x6871	x7988
Switz.Liecht	7254	7748	9955	8636	7172
Hungary/Hongrie	x13818	x5298	x7565	x11844	x14190
Australia/Australie	6852	6338	7775	10230	12279
Austria/Autriche	7093	7174	9163	6845	8306
Dominican Republic	x3270	x10493	x4308	x4178	x4030
Former GDR	x23575	x11454	x6906		
Bulgaria/Bulgarie	x46635	x6407	x6952	x814	x2488
So. Africa Customs Un	x1977	x2347	x3816	x5205	x4134
Costa Rica	653	4078	3330	3784	x3951
Venezuela	99	1869	2607	5996	4600
Argentina/Argentine	1124	1307	1797	5500	3221
Indonesia/Indonésie	792	2348	2686	3471	3953
China/Chine	2152	3153	1996	2693	9291
Malaysia/Malaisie	2770	3308	2505	1896	x3150
Turkey/Turquie	4255	2219	2851	2529	4065
Israel/Israël	3423	1803	2745	2406	1698
United Arab Emirates	x442	x849	x1761	x3356	x1540
India/Inde	485	x3172	1113	903	x5527
Finland/Finlande	419	1451	2335	1386	1294
New Zealand	1669	1792	1988	1281	1230
Peru/Pérou	2	0	0	x3093	x5
Norway, SVD, JM	508	946	1056	981	1045
Greece/Grèce	136	1653	209	230	x896
Tunisia/Tunisie	138	396	572	1017	1319
Colombia/Colombie	34	66	875	948	340
Saudi Arabia	378	164	x883	x694	x1627

(VALUE AS % OF TOTAL) (VALEUR EN % DU TOTAL)

Imports

	1983	1984	1985	1986	1987	1988	1989	1990	1991	1992
Africa	x6.2	x5.3	x4.9	x4.0	x3.4	x3.5	x3.0	x3.8	x2.8	x2.5
Northern Africa	x3.6	x2.7	2.2	2.0	x1.7	1.3	1.1	1.4	1.0	x0.9
Americas	x37.2	43.8	42.3	x42.2	x40.5	37.6	38.1	33.9	32.0	32.0
LAIA	2.5	4.6	4.5	x5.7	x6.0	3.4	3.4	3.7	4.6	5.0
CACM	x0.2	0.3	0.1	x0.2	0.2	0.3	0.3	0.2	0.2	0.2
Asia	x12.7	x10.1	x10.8	x8.5	x7.8	x9.1	x10.1	x11.0	x11.3	x13.2
Middle East	x5.5	x3.8	x5.2	x2.2	x2.0	x2.3	x1.9	x2.5	x2.6	x3.1
Europe	42.1	38.8	40.0	43.8	41.9	44.3	44.2	48.7	49.5	50.1
EEC	34.0	30.8	31.9	35.5	34.4	36.2	37.4	41.2	42.7	43.5
EFTA	8.1	7.4	7.4	7.9	7.1	7.6	6.4	6.9	6.4	6.4
Oceania	1.8	x1.9	x1.9	x1.6	x1.4	x1.9	x1.8	x1.9	x1.9	x1.7
USA/Etats–Unis d'Amer	14.4	16.7	18.5	20.7	20.0	20.1	21.9	18.5	15.9	16.2
Canada	19.2	21.4	18.4	14.4	13.4	13.1	12.0	11.0	10.9	10.3
Germany/Allemagne	7.1	6.7	7.4	8.5	8.0	7.5	8.3	9.8	11.2	12.8
France, Monac	6.9	6.1	6.1	6.7	6.6	6.8	7.0	6.9	6.8	6.7
Spain/Espagne	3.4	3.4	4.1	5.4	5.3	5.6	5.9	6.6	6.8	6.7
Italy/Italie	6.0	5.5	4.8	5.6	5.1	5.1	5.1	5.4	5.2	5.0
United Kingdom	5.2	4.2	4.3	3.5	3.9	4.1	4.8	5.4	5.5	5.3
Belgium–Luxembourg	1.5	1.6	1.8	1.9	1.9	3.1	2.7	3.0	3.1	2.8
Sweden/Suède	3.4	3.1	3.0	3.2	2.9	3.2	2.4	2.4	2.3	2.2
Austria/Autriche	2.4	2.2	2.3	2.3	2.1	2.1	2.1	2.5	2.4	2.4

Exports

	1983	1984	1985	1986	1987	1988	1989	1990	1991	1992
Afrique	x0.2	x0.0	x0.1	x0.0	x0.1	x0.1	x0.1	x0.1	x0.2	x0.2
Afrique du Nord	0.0	0.0	0.0	0.0	0.0	0.0	0.0	0.0	0.0	x0.0
Amériques	18.6	23.2	23.4	x20.5	x18.0	14.3	x15.8	17.5	18.8	18.4
ALAI	0.1	2.2	2.1	x4.4	x3.7	1.3	1.5	1.4	1.7	1.5
MCAC	x0.0	0.0	0.0	0.0	0.0	0.0	0.1	0.1	0.1	x0.1
Asie	29.6	28.9	28.7	29.5	28.1	29.7	32.4	30.7	30.0	x29.5
Moyen–Orient	x0.1	0.1	0.6	0.6	x0.1	x0.2	x0.1	x0.2	x0.2	x0.2
Europe	51.4	47.5	47.5	49.7	48.1	51.4	49.6	50.1	49.8	51.0
CEE	50.6	46.0	45.9	48.3	46.6	49.4	47.8	48.0	48.4	49.6
AELE	0.7	0.6	0.7	0.8	0.8	1.1	1.2	1.2	0.9	1.0
Océanie	0.2	0.2	x0.2	0.2	0.3	0.3	x0.2	0.2	x0.3	x0.3
Japan/Japon	27.1	27.0	26.4	27.7	26.3	27.1	29.0	26.9	26.3	25.6
Germany/Allemagne	23.1	22.2	22.2	26.4	25.7	26.2	25.4	24.5	24.6	23.6
USA/Etats–Unis d'Amer	16.6	18.7	18.9	14.3	12.9	11.4	12.0	14.4	15.5	14.8
France, Monac	14.3	11.6	11.3	8.3	7.6	8.6	7.8	7.9	8.6	9.2
Spain/Espagne	3.2	4.1	3.7	5.0	4.6	4.5	4.4	4.7	4.2	4.2
Italy/Italie	4.3	3.6	3.6	3.9	4.0	4.4	4.2	4.5	4.0	4.4
United Kingdom	4.5	3.2	2.5	2.6	2.3	3.1	3.3	3.6	4.0	5.2
Canada	1.9	2.3	2.2	1.6	1.4	1.5	1.8	1.5	1.3	1.9
Korea Republic	0.1	0.1	0.0	0.3	1.0	1.1	1.7	1.5	1.1	1.1
Brazil/Brésil		1.6	1.6	0.8	0.7	0.8	1.0	0.9	0.9	1.0

77832 ELECT VEHICLE LGHTNG EQU / APP ELEC ECLAIR,SIGNAL AUTO 77832

TRADE BY COMMODITY IN THOUSAND U.S. DOLLARS – COMMERCE PAR PRODUIT EN MILLIERS DE DOLLARS E.U

IMPORTS – IMPORTATIONS

COUNTRIES–PAYS	1988	1989	1990	1991	1992
Total	2443800	2793331	3067413	3240381	3494592
Africa	x70313	x54630	x79540	x80237	x79178
Northern Africa	26995	21928	42477	28886	x25138
Americas	817511	1070355	1097655	1103021	1226147
LAIA	69943	64690	65285	93304	122544
CACM	6108	6137	5049	5067	x5327
Asia	x187740	x221839	x271534	x290640	x366880
Middle East	x32931	x33772	x51057	x58152	x76377
Europe	1193107	1293976	1548840	1595897	1741456
EEC	944434	989151	1262493	1323124	1450206
EFTA	238689	292646	268621	265553	283775
Oceania	x51112	x64218	x56910	x50543	x56181
USA/Etats-Unis d'Amer	394413	661175	680972	650315	711107
Germany/Allemagne	251042	265422	357375	401735	443209
Canada	339508	330922	339414	345980	377685
France,Monac	191845	194550	231060	231682	267838
United Kingdom	125890	136227	185822	169152	178423
Spain/Espagne	89554	104184	137032	158103	187207
Belgium–Luxembourg	100992	100979	121161	120959	120385
Sweden/Suède	106988	104574	116044	109334	112592
Italy/Italie	64267	67501	84857	90259	96579
Netherlands/Pays-Bas	64915	67165	77680	81868	86759
Austria/Autriche	34100	97916	47450	52624	63498
Japan/Japon	36114	43148	55090	55119	59127
Former USSR/Anc. URSS	x52582	x52752	x4987	x94059	
Switz./Liecht	42963	38735	46141	49633	49538
Australia/Australie	36007	49091	43324	37460	42840
Singapore/Singapour	26127	30543	41203	37922	39751
Finland/Finlande	28438	29895	33928	28124	29369
Mexico/Mexique	21431	23067	28491	39699	48320
So. Africa Customs Un	30150	20733	21428	x34069	x32926
Hong Kong	12379	18854	22045	29114	34642
Thailand/Thaïlande	16795	20194	25067	23722	23932
Norway,SVD,JM	23966	19600	22932	23411	26548
Portugal	16957	15879	22653	25970	26567
Malaysia/Malaisie	12606	15633	23059	25578	x43319
Greece/Grèce	16071	16397	20040	19000	x18627
Denmark/Danemark	17750	14631	18266	16915	16349
Israel/Israël	13198	13377	15547	18754	26738
Turkey/Turquie	8024	6019	16528	16764	21703
Saudi Arabia	314	1032	x17246	x18885	x22597
Korea Republic	16203	10911	13137	12869	14338
Indonesia/Indonésie	10359	10846	12674	10769	11629
Yugoslavia SFR	8416	10550	16221	x5639	
Algeria/Algérie	9910	7123	20544	4659	x2515
Venezuela	17209	9026	7434	13440	18151
New Zealand	11662	11071	10017	8759	8516
Philippines	2868	x15993	4788	5066	6810
Hungary/Hongrie	x2101	x1512	x2410	19044	x8742
Brazil/Brésil	6391	8243	6222	6516	15308
Chile/Chili	5224	6814	6273	7893	x7613
Egypt/Egypte	6695	4886	8237	7125	6509
Ireland/Irlande	5151	6216	6546	7482	8262
Morocco/Maroc	4863	5126	6204	7296	6186
Colombia/Colombie	7366	6878	5833	5554	5445
Argentina/Argentine	5327	3910	4391	9073	18839
Tunisia/Tunisie	3882	4125	6729	6469	8456
United Arab Emirates	x8217	x5663	x5136	x5136	x7363
Bulgaria/Bulgarie	x12630	x13448	x531	x406	617
Nigeria/Nigéria	x3172	x2456	x4020	x7107	x9602
Former GDR	x49951	x12570	x178		
Iraq	x5946	x10465	x1291	x457	x81

EXPORTS – EXPORTATIONS

COUNTRIES–PAYS	1988	1989	1990	1991	1992
Totale	2380935	2590971	3145619	3333298	3635441
Afrique	x2078	x2144	x3079	x3473	x1911
Afrique du Nord	1346	1552	2282	2705	817
Amériques	276862	518961	678206	730594	835894
ALAI	37001	44094	42766	61785	96879
MCAC	x11	12	x18	x35	x81
Asie	493203	564750	602194	676763	x743979
Moyen–Orient	4756	4261	4556	4280	5298
Europe	1445334	1439988	1821681	1884415	2026760
CEE	1325611	1310081	1661475	1732384	1849481
AELE	96108	108786	140164	138829	161620
Océanie	x11431	x5340	7052	x8147	x12419
Germany/Allemagne	465096	463514	549276	592573	645149
Japan/Japon	413369	475877	496744	539439	600035
USA/Etats-Unis d'Amer	155731	377940	532019	579058	644622
France,Monac	247476	236868	327233	301175	320261
Italy/Italie	209311	220561	287374	298046	323826
Belgium–Luxembourg	203085	198077	248491	249939	263780
Spain/Espagne	111818	97227	138650	160257	175346
Canada	83759	96498	103316	89613	94112
United Kingdom	67237	72329	82503	98959	87021
Sweden/Suède	46085	55153	67486	60132	64574
Austria/Autriche	35610	39548	52698	56617	73104
Brazil/Brésil	33270	37869	35267	37317	50026
Hong Kong	29627	31702	30638	37265	49398
Korea Republic	22092	23418	27991	21823	30129
Malaysia/Malaisie	3909	5584	18510	35330	x12158
Netherlands/Pays-Bas	17283	15485	17074	19619	21490
Czechoslovakia	15721	12591	20017	x12929	
Yugoslavia SFR	10523	12286	12678	18151	15672
Singapore/Singapour					
Former GDR	x114596	x32585	x7995		
Former USSR/Anc. URSS	x9762	x10949	x10780	x15070	
Finland/Finlande	5580	5610	9633	11002	10596
Switz./Liecht	7532	7481	9172	9588	11705
Mexico/Mexique	2132	3479	2136	19303	39551
Poland/Pologne	5848	4779	6120	6806	x6948
Thailand/Thaïlande	x10892	x7055	x5228	6721	10630
Australia/Australie	2028	3880	5893	5837	x2902
Czechoslovakia	x7621	x5701	x6322	6188	7396
Denmark/Danemark	2299	2409	5022	6188	7396
Turkey/Turquie	4482	4010	3779	4089	5004
Argentina/Argentine	1515	2362	3845	4560	5670
Ireland/Irlande	1680	3068	3831	3410	2362
Hungary/Hongrie	x3783	x2830	x2210	x4368	x5919
Malta/Malte	7872	8475	9	x243	x213
India/Inde	1563	x2641	2296	3439	x3376
China/Chine	201	599	817	5837	15189
New Zealand	9392	1451	1156	1383	1743
Indonesia/Indonésie	47	377	757	2847	4746
Norway,SVD,JM	1301	993	1175	1490	1641
Portugal	247	291	1716	1620	2628
Philippines	534	x1106	995	1353	791
Tunisia/Tunisie	384	815	931	1491	343
Morocco/Maroc	960	707	1245	1153	467
Romania/Roumanie	x1472	x464	x414	2108	x380
Israel/Israël	696	2110	65	70	126
So. Africa Customs Un	x597	x519	x591	x658	x862
Venezuela	15	295	1140	142	283
Greece/Grèce	79	253	306	599	x222
Bulgaria/Bulgarie	x3900	x201	x449	x188	x273
Colombia/Colombie	64	85	362	389	310
Cyprus/Chypre	115	102	258	42	74

(VALUE AS % OF TOTAL) (VALEUR EN % DU TOTAL)

	1983	1984	1985	1986	1987	1988	1989	1990	1991	1992		1983	1984	1985	1986	1987	1988	1989	1990	1991	1992
Africa	x5.2	x5.1	x4.0	x3.9	x2.6	x2.8	x1.9	x2.6	x2.5	x2.2	Afrique	0.3	0.2	0.1	x0.0	x0.1	x0.1	x0.1	x0.1	x0.1	x0.0
Northern Africa	x3.0	x2.8	2.2	x1.9	x1.4	1.1	0.8	1.4	0.9	0.7	Afrique du Nord	0.2	0.2	0.0	0.0	0.1	0.1	0.1	0.1	0.1	0.0
Americas	24.5	31.6	34.1	33.3	x31.3	33.4	38.3	35.8	34.0	35.1	Amériques	11.0	15.2	11.2	x12.5	x13.0	11.7	20.0	21.6	22.0	23.0
LAIA	2.7	4.7	4.0	x3.6	x3.4	2.9	2.3	2.1	2.9	3.5	ALAI	0.1	2.2	2.1	x2.4	x2.6	1.6	1.7	1.4	1.9	2.7
CACM	x0.1	0.1	0.6	0.2	x0.2	0.2	0.2	0.2	0.2	x0.2	MCAC	x0.0			x0.0	0.0	0.0	0.0	0.0	0.0	0.0
Asia	x13.0	x10.1	x11.0	7.9	x7.3	x7.7	7.9	8.8	x9.0	10.5	Asie	23.9	23.9	25.6	23.0	18.7	20.7	21.7	19.2	20.3	x20.5
Middle East	x5.6	x3.6	x5.5	x2.0	x1.4	x1.3	x1.2	1.7	x1.8	x2.2	Moyen–Orient	x0.0	0.4	0.7	x0.1	0.1	0.2	0.2	0.1	0.1	0.1
Europe	55.2	50.6	48.3	52.5	52.5	48.8	46.3	50.5	49.3	49.8	Europe	64.8	60.4	63.0	64.4	60.5	60.7	55.6	57.9	56.5	55.8
EEC	43.4	39.1	37.5	40.5	41.4	48.6	35.4	41.2	40.8	41.5	CEE	61.8	56.2	58.5	60.2	56.4	55.7	50.6	52.8	52.0	50.9
EFTA	11.7	10.8	10.2	11.6	10.9	9.8	10.5	8.8	8.2	8.1	AELE	3.0	3.1	3.3	3.4	3.1	4.0	4.2	4.5	4.2	4.4
Oceania	2.2	x2.6	x2.6	x2.4	x2.0	x2.1	x2.3	x1.8	x1.5	x1.6	Océanie	0.1	0.2	0.1	x0.1	x0.4	x0.5	0.2	x0.2	x0.2	x0.3
USA/Etats-Unis d'Amer	9.4	11.9	14.0	16.2	17.1	16.1	23.7	22.2	20.1	20.3	Germany/Allemagne	21.7	19.4	19.2	20.7	19.5	17.4	17.9	17.5	17.8	17.7
Germany/Allemagne	11.4	11.0	10.6	11.3	11.9	10.3	9.5	11.7	12.4	12.7	Japan/Japon	21.3	21.2	22.9	20.9	16.9	17.4	18.4	15.8	16.2	16.5
Canada	11.6	13.9	14.6	12.7	10.1	13.9	11.8	11.1	10.7	10.8	USA/Etats-Unis d'Amer	10.9	13.0	9.1	5.5	6.4	6.5	14.6	16.9	17.4	17.7
France,Monac	9.8	8.1	6.8	7.7	8.1	7.9	7.0	7.5	7.1	7.7	France,Monac	16.2	14.3	14.3	13.4	11.7	10.4	9.1	10.4	9.0	8.8
United Kingdom	6.1	5.3	5.4	5.5	5.2	5.2	4.9	6.1	5.2	5.1	Italy/Italie	9.1	8.7	9.8	9.7	10.1	8.8	8.5	9.1	8.9	8.9
Spain/Espagne	2.7	2.9	2.9	3.4	3.8	3.7	3.7	4.5	4.9	5.4	Belgium–Luxembourg	9.5	8.4	9.1	8.8	8.3	8.5	7.6	7.9	7.5	7.3
Belgium–Luxembourg	4.1	3.6	3.6	3.6	3.4	4.1	3.6	3.9	3.7	3.4	Spain/Espagne	2.0	2.7	3.1	3.2	3.6	4.7	3.8	4.4	4.8	4.8
Sweden/Suède	4.9	4.6	4.5	5.0	4.7	4.4	3.7	3.8	3.4	3.2	Canada				x4.5	x3.9	3.5	3.7	3.3	2.7	2.6
Italy/Italie	2.4	2.3	2.6	2.6	2.9	2.6	2.4	2.8	2.8	2.8	United Kingdom	2.8	2.2	2.4	2.4	2.0	2.8	2.8	2.6	3.0	2.4
Netherlands/Pays-Bas	3.8	3.3	2.9	3.3	3.2	2.7	2.4	2.5	2.5	2.5	Sweden/Suède	1.8	1.8	2.0	2.0	1.6	1.9	2.1	2.1	1.8	1.8

7784 ELECTRO–MECH HAND TOOLS / OUTILS ELECTROMEC, PIECES 7784

TRADE BY COMMODITY IN THOUSAND U.S. DOLLARS – COMMERCE PAR PRODUIT EN MILLIERS DE DOLLARS E.U

IMPORTS – IMPORTATIONS

COUNTRIES–PAYS	1988	1989	1990	1991	1992
Total	2735024	2856437	3284626	3445193	3699232
Africa	x61566	x58413	x70402	x70552	x70638
Northern Africa	20883	19030	21593	x19425	x19448
Americas	630582	611559	560380	568572	x643829
LAIA	29103	35983	45207	65199	x90952
CACM	5439	6039	5342	5679	x5710
Asia	273385	314008	398271	498378	x624990
Middle East	x52446	x47433	x56746	x61844	x91942
Europe	1594697	1666956	2078228	2120278	2186580
EEC	1256943	1303732	1649056	1738494	1822012
EFTA	327122	353064	414013	365900	352133
Oceania	x96966	x122505	x114577	x95671	x115581
Germany/Allemagne	267964	280227	404818	482061	534889
USA/Etats–Unis d'Amer	422963	404765	367305	340141	391894
France, Monac	303744	303891	352543	337619	336153
Italy/Italie	154005	172860	218450	234941	249393
United Kingdom	195047	173291	190759	181323	178103
Canada	162049	154095	126361	141455	144480
Netherlands/Pays–Bas	102103	108964	143615	148277	143483
Belgium–Luxembourg	96886	102437	126959	132586	144475
Switz.Liecht	91834	97575	120262	102340	101975
Spain/Espagne	66092	84465	110841	111260	115561
Sweden/Suède	90308	94971	112688	94296	78359
Austria/Autriche	71646	83824	97437	101230	112621
Australia/Australie	77108	101894	89486	74368	89071
Hong Kong	48873	56638	80218	125023	196287
Singapore/Singapour	33446	41366	54767	74970	76372
Japan/Japon	30456	44315	46259	45062	44746
Finland/Finlande	37366	45863	46160	32041	24266
Thailand/Thaïlande	20505	28786	40631	50215	49038
China/Chine	40070	30664	40060	44626	43709
Denmark/Danemark	33690	30388	38633	42031	34343
Norway, SVD, JM	34027	28763	35433	33676	33055
So. Africa Customs Un	25762	25171	30295	x31150	x31166
Korea Republic	13513	20705	28754	35439	34638
Former USSR/Anc. URSS	x8710	x20642	x16622	x44034	
Portugal	18312	18709	26820	31823	37411
Greece/Grèce	12256	19166	24562	24218	x32949
Israel/Israël	18982	16813	21202	27311	33554
Mexico/Mexique	9083	15182	21598	24462	30711
Czechoslovakia	x23432	20274	22735	x15548	x21474
New Zealand	14152	15078	16262	13349	14769
Turkey/Turquie	9240	9289	19452	15532	16822
Hungary/Hongrie	x17100	x18887	x11919	12285	x11352
Malaysia/Malaisie	4533	7968	11490	19067	x32954
Saudi Arabia	12991	13742	x11860	x12010	x23063
Poland/Pologne	14318	10390	6697	17264	x19250
Ireland/Irlande	6844	9354	11054	12354	15253
Yugoslavia SFR	7870	7461	11713	x12414	
United Arab Emirates	x13571	x6902	x8490	x10783	x17763
Chile/Chili	3994	6145	7118	8504	x13743
Indonesia/Indonésie	3493	5565	7030	4976	5185
Brazil/Brésil	1658	3345	5833	7897	3092
Iran (Islamic Rp. of)	x2466	x1549	x4487	x10575	x16841
Libyan Arab Jamahiriya	7196	6359	4711	x3978	x3619
Venezuela	5685	4385	3140	7504	9466
Philippines	1509	x7772	4035	2762	5355
New Caledonia	x3240	x3701	x5133	x4470	x5447
Egypt/Egypte	5666	3961	4861	4388	6564
Bulgaria/Bulgarie	x8942	x7920	x2358	x1525	2850
Tunisia/Tunisie	3250	3033	4125	4558	4248
Reunion/Réunion	3533	3806	4437	3019	3671

EXPORTS – EXPORTATIONS

COUNTRIES–PAYS	1988	1989	1990	1991	1992
Totale	2672865	2761213	3169980	3292788	3627697
Afrique	x2371	x2739	x1528	x1825	x1533
Afrique du Nord	x121	101	x166	64	x90
Amériques	188203	226166	259709	284065	293455
ALAI	9159	16972	21981	17171	22027
MCAC	44	x27	249	23	x132
Asie	710636	729210	778590	935941	1123466
Moyen–Orient	6304	1542	x815	x1054	x651
Europe	1635684	1707274	2074308	2049980	2184885
CEE	1094835	1122121	1333268	1299605	1409762
AELE	526619	574701	727722	738415	761768
Océanie	2200	x2481	x4411	x4006	x5963
Germany/Allemagne	648239	683679	802914	767936	832543
Switz.Liecht	459549	504724	646472	655771	661616
Japan/Japon	542953	559188	569314	634850	692743
USA/Etats–Unis d'Amer	161680	196120	230852	263245	267808
United Kingdom	191384	158425	184849	192793	244672
Italy/Italie	118818	141243	167297	172661	147725
Hong Kong	72900	66763	83766	131265	205882
Netherlands/Pays–Bas	67169	65871	80318	74146	80813
Singapore/Singapour	32606	42623	52418	73951	74506
France, Monac	35603	40375	52604	46058	51175
Israel/Israël	36536	42230	42250	49029	58548
Bulgaria/Bulgarie	x80958	x62564	x40878	x7888	x12760
Sweden/Suède	29156	31188	34693	34830	37419
Austria/Autriche	25467	27610	31235	33275	44437
Belgium–Luxembourg	15025	16322	20396	20056	2,375
Spain/Espagne	13920	12471	20430	20562	24465
Yugoslavia SFR	13917	10431	13267	x11922	
Korea Republic	9649	10221	12593	11683	17152
Norway, SVD, JM	9939	8778	11996	11684	14379
China/Chine	6443	4921	10758	15011	41685
Mexico/Mexique	1299	8229	13754	4351	1060
Brazil/Brésil	6013	6915	6897	10960	16001
Former GDR	x38258	x19460	x3214		
Canada	16901	12678	6503	3288	3360
Malaysia/Malaisie	112	134	3586	15936	x30970
Finland/Finlande	2509	2400	3325	2854	3918
Australia/Australie	1344	1785	3648	2829	4895
Poland/Pologne	5580	3363	1373	2478	x2570
Czechoslovakia	x5251	x2962	x1956	x2235	x1608
Denmark/Danemark	2768	1626	2396	2101	2745
Former USSR/Anc. URSS	x900	x1833	x1935	x2101	
So. Africa Customs Un	x1788	x2533	x1169	x1468	x1191
Ireland/Irlande	1654	1332	1248	1648	1927
Ecuador/Equateur	1572	1397	953	1531	2475
Hungary/Hongrie	x306	x1829	x906	x1105	x1044
Romania/Roumanie	x2517	x1331	x1173	1163	x413
India/Inde	2848	x557	1341	1702	x292
Portugal	236	714	693	1474	1921
Thailand/Thaïlande	69	135	1009	774	x507
New Zealand	832	685	469	488	608
Indonesia/Indonésie	45	287	636	310	206
Nauru			x265	x620	x410
Former Yemen		x18	x161	x567	
Kuwait/Koweït	x49	618	x12	x4	x19
Philippines		x541		83	14
Saudi Arabia	91	470	x53	x41	x84
Turkey/Turquie	5533	203	133	146	246
Argentina/Argentine	159	145	201	132	126
United Arab Emirates	x434	x105	x138	x166	x162
Panama	x308	x260	x96	8	11

(VALUE AS % OF TOTAL)(VALEUR EN % DU TOTAL)

	1983	1984	1985	1986	1987	1988	1989	1990	1991	1992
Africa	5.9	x5.6	x2.7	x2.5	x2.2	x2.2	x2.1	x2.1	x2.0	x1.9
Northern Africa	x2.2	x1.7	1.2	x0.9	x0.6	0.8	0.7	0.7	x0.6	x0.5
Americas	16.2	21.5	25.4	x26.7	x23.2	23.1	21.4	17.0	16.5	x17.4
LAIA	0.9	1.3	1.5	x1.5	x1.3	1.1	1.3	1.4	1.9	x2.5
CACM	x0.1	0.1	0.3	x0.4	x0.1	0.2	0.2	0.2	0.2	x0.2
Asia	x14.4	x14.0	x11.7	6.9	9.6	10.0	11.0	12.2	14.5	x16.9
Middle East	x6.9	x6.4	x4.4	x2.1	x1.9	x1.9	x1.7	x1.7	x1.8	x2.5
Europe	59.7	54.1	55.3	60.0	59.4	58.3	58.4	63.3	61.5	59.1
EEC	45.6	40.6	41.7	45.2	45.4	46.0	45.6	50.2	50.5	49.3
EFTA	14.1	13.0	13.0	13.9	13.3	12.0	12.4	12.6	10.6	9.5
Oceania	3.8	x4.9	x5.0	x3.9	x3.2	x3.5	x4.3	x3.5	x2.7	x3.1
Germany/Allemagne	12.3	10.8	9.4	10.2	9.5	9.8	9.8	12.3	14.0	14.5
USA/Etats–Unis d'Amer	10.7	14.9	18.8	19.6	17.5	15.5	14.2	11.2	9.9	10.6
France, Monac	10.6	8.8	10.0	11.1	11.2	11.1	10.6	10.7	9.8	9.1
Italy/Italie	5.0	4.7	4.8	5.0	5.2	5.6	6.1	6.7	6.8	6.7
United Kingdom	6.4	6.2	6.2	6.5	6.5	7.1	6.1	5.8	5.3	4.8
Canada	4.1	4.6	4.2	4.6	3.8	5.9	5.4	3.8	4.1	3.9
Netherlands/Pays–Bas	4.0	3.6	3.8	4.2	4.2	3.7	3.8	4.4	4.3	3.9
Belgium–Luxembourg	3.2	2.9	3.2	3.3	3.6	3.5	3.6	3.9	3.8	3.9
Switz.Liecht	4.1	3.8	3.7	4.0	3.8	3.4	3.4	3.7	3.0	2.8
Spain/Espagne	1.3	1.0	1.3	1.8	2.3	2.4	3.0	3.4	3.2	3.1

	1983	1984	1985	1986	1987	1988	1989	1990	1991	1992
Afrique	x0.1	x0.0	x0.0	x0.0	x0.1	x0.1	x0.0	x0.0	x0.0	x0.0
Afrique du Nord	0.0	0.0	0.0	0.0	0.0	0.0	0.0	0.0	0.0	0.0
Amériques	8.5	9.1	7.3	x6.1	x5.8	7.1	8.2	8.2	8.6	8.1
ALAI	0.0	0.6	0.5	x0.4	x0.9	0.3	0.6	0.7	0.5	0.6
MCAC	x0.0	0.0	0.0	0.0	0.0	0.0	x0.2	0.0	0.0	x0.0
Asie	25.6	28.8	27.6	26.9	24.6	26.6	26.4	24.6	28.5	31.0
Moyen–Orient	x0.0	x0.1	x0.0	x0.1	0.3	0.2	0.1	x0.0	x0.0	x0.0
Europe	65.7	62.0	64.9	66.9	63.7	61.2	61.8	65.4	62.3	60.2
CEE	43.3	40.6	44.1	44.3	42.3	41.0	40.6	42.1	39.5	38.9
AELE	22.4	20.7	20.3	22.0	20.8	19.7	20.8	23.0	22.4	21.0
Océanie	x0.1	0.1	0.1	x0.1	0.2	0.1	x0.1	x0.1	x0.1	x0.2
Germany/Allemagne	26.7	24.5	26.9	27.7	25.7	24.3	24.8	25.3	23.3	22.9
Switz.Liecht	19.6	17.8	17.6	19.3	18.2	17.2	18.3	20.4	19.9	18.2
Japan/Japon	23.1	26.0	25.0	25.2	21.4	20.3	20.3	18.0	19.3	19.1
USA/Etats–Unis d'Amer	7.1	7.1	5.9	4.7	4.3	6.0	7.1	7.3	8.0	7.4
United Kingdom	5.8	5.1	6.1	5.4	6.2	7.2	5.7	5.8	5.9	6.7
Italy/Italie	3.4	3.5	3.3	3.2	3.8	4.4	5.1	5.3	5.2	4.1
Hong Kong	0.8	1.3	1.1	0.6	1.5	2.7	2.4	2.6	4.0	5.7
Netherlands/Pays–Bas	1.4	2.3	2.5	2.9	2.9	2.5	2.4	2.5	2.3	2.2
Singapore/Singapour	1.6	1.3	1.3	0.9	0.9	1.2	1.5	1.7	2.2	2.1
France, Monac	3.2	3.4	3.6	3.8	1.3	1.5	1.7	1.7	1.4	1.4

77884 ELECTRICAL CONDENSERS / CONDENSATEURS ELECTRIQUES 77884

TRADE BY COMMODITY IN THOUSAND U.S. DOLLARS – COMMERCE PAR PRODUIT EN MILLIERS DE DOLLARS E.U

COUNTRIES–PAYS	IMPORTS – IMPORTATIONS					COUNTRIES–PAYS	EXPORTS – EXPORTATIONS				
	1988	1989	1990	1991	1992		1988	1989	1990	1991	1992
Total	3707876	3809026	4285728	4913915	5042432	Totale	3489187	3669719	4032272	4472023	4824801
Africa	x45451	x40175	44792	x36089	x29470	Afrique	x351	x1687	x2080	x2197	x2941
Northern Africa	17990	17160	20768	21963	14416	Afrique du Nord	x47	1097	1532	1755	2149
Americas	788319	755434	793491	822177	x929297	Amériques	x481051	x626242	x650277	x716527	x820262
LAIA	125152	73027	123247	124542	135074	ALAI	15745	23336	16188	15164	36211
CACM	531	610	914	827	x20378	MCAC	x50	x28588	x35522	x40719	x43941
Asia	1299790	1429967	1682450	2122986	x2301207	Asie	1721858	1791284	1985809	2340747	x2505368
Middle East	x45439	x41941	x60377	x67168	x67264	Moyen–Orient	2864	2173	2815	x594	x1306
Europe	1454862	1458623	1661007	1678381	1682182	Europe	1196206	1188012	1359140	1363169	1450120
EEC	1203563	1207958	1386003	1439192	1433993	CEE	1011305	1014183	1153556	1149224	1237090
EFTA	240999	238848	264994	231851	240465	AELE	168034	160220	185339	201197	200714
Oceania	x36916	x41518	x39657	x35241	x41320	Océanie	2454	x2055	x3007	x5221	x5922
USA/Etats–Unis d'Amer	545376	559038	546336	564521	653011	Japan/Japon	1202891	1190973	1246941	1431969	1497703
Singapore/Singapour	372766	403794	478837	532105	578173	USA/Etats–Unis d'Amer	435569	547205	571506	636944	716400
Germany/Allemagne	345154	365630	464451	509938	473637	Germany/Allemagne	317827	337873	392225	401956	426497
Hong Kong	360467	350695	390916	531666	569696	Singapore/Singapour	172372	192118	248656	305580	321364
Malaysia/Malaisie	118792	182826	237677	374973	x262920	United Kingdom	139339	134800	171074	212154	262522
United Kingdom	221790	220097	257263	285057	316325	Hong Kong	137341	144921	142435	170916	210119
France, Monac	169294	178715	207348	212382	215080	France, Monac	146096	140526	151721	143303	142575
Korea Republic	146627	158798	153765	187254	180196	Korea Republic	116104	121115	141025	150150	153732
Italy/Italie	155032	155849	168109	163345	159209	Netherlands/Pays–Bas	169775	143057	138347	86396	95363
Canada	104613	112108	112995	125172	116895	Italy/Italie	96018	107638	115641	119871	139245
Thailand/Thaïlande	30397	57019	97606	136907	172670	Belgium–Luxembourg	67195	71777	82615	83135	74654
Japan/Japon	80604	79736	98165	105916	87451	Malaysia/Malaisie	45877	59555	72471	92637	x93570
Netherlands/Pays–Bas	128461	99575	82784	73930	72539	China/Chine	26443	50985	71703	74281	128779
Former USSR/Anc. URSS	x26744	x25533	x33326	x168888		Sweden/Suède	67834	59784	68545	65302	79983
Spain/Espagne	60473	69537	72559	72593	71940	Austria/Autriche	47138	50237	59624	73081	62931
Austria/Autriche	52358	65014	78440	69248	67284	Portugal	29948	36017	43631	41874	40400
Switz.Liecht	68869	62241	70245	62840	58897	Spain/Espagne	34051	28587	32385	63207	x83615
Sweden/Suède	73068	65354	63979	57617	58414	Thailand/Thaïlande	7103	x28587	x35507	x40655	x43921
Brazil/Brésil	80545	38196	83558	64771	50680	El Salvador	16	29251	32702	36831	31273
China/Chine	62686	56540	45848	64744	224600	Finland/Finlande	28696				
Belgium–Luxembourg	59455	53331	58138	42665	44553	Switz.Liecht	23553	20580	24019	25669	25848
Turkey/Turquie	23102	25226	40271	49981	38197	India/Inde	3373	x3831	17883	39586	x3807
India/Inde	34995	x32742	50346	22447	x45406	Canada	17133	16834	18859	17100	15500
Finland/Finlande	32358	34633	37517	28111	39863	Yugoslavia SFR	x620	x15295	x14519	x18581	
Australia/Australie	29756	34770	33051	27025	32112	Former USSR/Anc. URSS	16862	13596	20128	x12743	
Denmark/Danemark	29036	30756	32806	26424	31410	Former GDR	x70123	x28046	x7897		
Indonesia/Indonésie	9278	16369	26691	29994	42207	Czechoslovakia	x8404	x7813	x5119	x18973	x32379
Israel/Israël	19882	19485	21806	24762	26417	Brazil/Brésil	10088	10245	9009	10438	29812
Philippines	7131	x18954	12182	34267	31278	Denmark/Danemark	7358	9369	10963	8787	9111
Mexico/Mexique	14316	14670	18631	30441	36535	Dominican Republic	x7176	x6426	x6077	x4961	x1108
Portugal	15325	16242	22293	24785	23522	Mexico/Mexique	3015	9850	3915	3310	4109
Ireland/Irlande	17252	15457	15478	16300	18904	Israel/Israël	3096	4224	5959	6379	5477
So. Africa Customs Un	21777	17532	18605	x9402	x9957	Philippines	2140	x6886	1896	2595	1963
Czechoslovakia	x11023	8441	9647	x25648	x42036	Australia/Australie	2260	1872	2853	5022	5788
Norway, SVD, JM	14046	11422	14422	13830	14808	Ireland/Irlande	3697	2289	2868	3949	3296
Romania/Roumanie	x5862	18049	11372	5543	x969	Bulgaria/Bulgarie	x7386	x6045	x1215	x754	x623
Argentina/Argentine	17164	9095	9382	15982	26388	Hungary/Hongrie	x340	x1876	x1487	x4416	x5508
Hungary/Hongrie	x7783	x9832	x6434	15401	x12372	Argentina/Argentine	2487	3217	3211	1295	1539
Yugoslavia SFR	10007	11161	9739	x7028		Barbados/Barbade	2199	2065	1358	1433	x6318
Iran (Islamic Rp. of)	x6133	x5431	x9570	x7996	x16686	Tunisia/Tunisie	32	1017	1505	1595	2057
Dominican Republic	x7726	x7981	x7459	x4710	x1208	Poland/Pologne	x359	x852	x1546	x1404	x1556
Greece/Grèce	2290	2770	4772	11773	x6874	Turkey/Turquie	2779	1897	1585	43	587
Algeria/Algérie	7967	4906	7520	6839	x851	Indonesia/Indonésie		216	439	1156	1526
New Zealand	6304	6237	5090	4961	5921	Panama	x748	x846	x719	x82	x151
Egypt/Egypte	6000	6816	3957	5202	6177	Viet Nam	x998	x264	x280	x690	x1382
Tunisia/Tunisie	2162	3024	5929	5156	4162	So. Africa Customs Un	x188	x460	x388	x304	x558
Former GDR	x21385	x12318	x1600			Norway, SVD, JM	812	369	449	314	678
Pakistan	3419	5834	3286	3352	3521	Macau/Macao	904	378	423	209	196
Iraq	x8939	x4609	x4207	x1703	x149	Korea Dem People's Rp	x319	x32	x324	x569	x750
Saudi Arabia	3417	3405	x3208	x3836	x5616	Cyprus/Chypre	4	27	845	24	25

(VALUE AS % OF TOTAL)(VALEUR EN % DU TOTAL)

	1983	1984	1985	1986	1987	1988	1989	1990	1991	1992		1983	1984	1985	1986	1987	1988	1989	1990	1991	1992
Africa	x1.7	x1.3	1.2	x1.0	x0.8	x1.2	x1.1	1.0	x0.7	x0.6	Afrique		x0.0	x0.0	x0.0	x0.0	x0.0	x0.0	x0.0	x0.0	x0.0
Northern Africa	0.5	0.3	0.5	0.4	0.4	0.5	0.5	0.5	0.5	0.3	Afrique du Nord	0.0	0.0	0.0	0.0	0.0	0.0	0.0	0.0	0.0	0.0
Americas	x24.7	31.5	27.2	x25.2	x22.8	21.2	19.8	18.5	16.7	x18.5	Amériques	x22.3	23.8	19.9	x20.4	x18.6	x13.8	x17.1	x16.1	x16.0	x17.0
LAIA	1.2	6.6	5.3	x5.4	x4.5	3.4	1.9	2.9	2.5	2.7	ALAI	0.1	3.7	2.8	x5.5	0.5	0.6	0.4	0.3	0.8
CACM	x1.2			x0.6	x0.6	0.0	0.0	0.0	0.0	x0.4	MCAC	x1.3			x0.8	x0.9	x0.0	x0.8	x0.9	x0.9	x0.9
Asia	29.5	27.1	25.4	27.9	31.6	35.0	37.5	39.3	43.3	x45.7	Asie	40.6	41.9	40.1	42.0	43.0	49.4	48.8	49.3	52.4	x52.0
Middle East	x1.2	x1.5	x1.8	x1.3	x1.3	x1.2	x1.1	x1.4	x1.4	x1.3	Moyen–Orient	x0.0		x0.0	0.0	0.0	0.1	0.1	0.1	x0.0	x0.0
Europe	43.1	38.9	44.7	44.7	41.4	39.2	38.3	38.8	34.2	33.4	Europe	36.7	33.9	39.9	37.6	36.0	34.3	32.4	33.7	30.5	30.1
EEC	35.9	32.1	36.6	37.2	34.6	32.5	31.7	32.3	29.3	28.4	CEE	31.4	29.0	34.0	32.2	30.8	29.0	27.6	28.6	25.7	25.6
EFTA	7.2	6.5	7.7	7.3	6.6	6.5	6.3	6.2	4.7	4.8	AELE	5.3	4.4	5.3	5.1	4.9	4.8	4.4	4.6	4.5	4.2
Oceania	1.1	x1.2	x1.3	x1.2	x1.0	x1.0	x1.1	x0.9	x0.8	x0.9	Océanie	x0.2	x0.1	0.1	x0.0	x0.0	0.1	0.1	0.1	x0.1	x0.1
USA/Etats–Unis d'Amer	18.8	21.4	18.6	16.0	14.9	14.7	14.7	12.7	11.5	13.0	Japan/Japon	28.5	30.3	28.6	30.5	30.3	34.5	32.5	30.9	32.0	31.0
Singapore/Singapour	7.3	6.2	6.1	7.4	8.5	10.1	10.6	11.2	11.0	11.5	USA/Etats–Unis d'Amer	20.8	19.6	16.7	13.2	12.0	12.5	14.9	14.2	14.2	14.8
Germany/Allemagne	9.1	8.3	10.2	10.8	9.9	9.3	9.6	10.8	10.4	9.4	Germany/Allemagne	10.1	8.6	9.8	10.1	9.5	9.1	9.2	9.7	9.0	8.8
Hong Kong	9.5	8.5	6.5	7.9	9.1	9.7	9.2	9.1	10.8	11.3	Singapore/Singapour	4.2	3.6	3.7	3.6	4.1	4.9	5.2	6.2	6.8	6.7
Malaysia/Malaisie	2.0	2.0	2.2	2.2	2.6	3.2	4.8	5.6	7.6	x5.2	United Kingdom	3.9	4.0	4.6	4.1	4.2	4.0	3.7	4.2	4.7	5.4
United Kingdom	7.0	5.7	5.8	5.7	6.0	6.0	5.8	6.0	5.8	6.3	Hong Kong	4.3	4.5	5.0	5.0	4.2	3.8	3.8	3.2	5.0	
France, Monac	5.9	5.0	5.9	5.6	4.9	4.6	4.7	4.8	4.3	4.3	France, Monac	3.4	3.7	3.2	3.2	3.3	3.3	3.3	3.5	3.4	3.2
Korea Republic	2.6	3.0	2.8	4.0	3.8	4.0	4.2	3.6	3.8	3.6	Korea Republic	3.4	3.7	3.2	3.2	3.2	3.3	3.3	3.5	3.4	3.2
Italy/Italie	3.8	3.9	4.4	4.5	4.2	4.2	4.1	3.9	3.3	3.2	Netherlands/Pays–Bas	5.5	5.1	6.0	5.7	5.2	4.9	3.9	3.4	1.9	2.0
Canada	3.4	3.3	3.2	2.7	2.5	2.8	2.9	2.6	2.5	2.3	Italy/Italie	2.8	2.4	2.9	2.6	2.9	2.8	2.9	2.9	2.7	2.9

77887 ELECTRICAL CARBONS
PIECES CHARBON, GRAPHITE 77887

TRADE BY COMMODITY IN THOUSAND U.S. DOLLARS – COMMERCE PAR PRODUIT EN MILLIERS DE DOLLARS E.U

IMPORTS – IMPORTATIONS

COUNTRIES–PAYS	1988	1989	1990	1991	1992
Total	x1611301	x1685050	1608664	x1598547	1379191
Africa	x43033	x45951	x55575	x58259	x44898
Northern Africa	22567	25286	28586	28030	x24138
Americas	303205	386568	389376	386053	340819
LAIA	125982	158778	158682	149250	108417
CACM	2211	2516	2484	3142	x2815
Asia	284583	x343669	x342290	x355839	x366847
Middle East	x60681	x91060	x112361	x116023	x96389
Europe	555328	558929	668375	581635	540565
EEC	332762	316332	397965	361915	351740
EFTA	169178	184298	218659	183576	172159
Oceania	x23678	x31625	x36294	x40803	x40835
Former USSR/Anc. URSS	x240668	x207085	x62489	x140070	
USA/Etats–Unis d'Amer	103949	136433	148991	116749	113144
Germany/Allemagne	98751	100071	132996	120429	113758
Norway, SVD, JM	72850	91802	109498	95028	80617
Canada	60862	77031	68936	105538	106509
Venezuela	51673	75614	63245	67550	30439
France, Monac	66708	49953	67396	57103	60809
Korea Republic	40342	49307	53889	57064	62069
Turkey/Turquie	39709	51223	58362	47489	52589
Yugoslavia SFR	53279	58172	51456	x35995	
Brazil/Brésil	34007	43946	57083	44447	37147
Indonesia/Indonésie	28011	54007	44818	43077	44546
Italy/Italie	40908	38419	50028	46133	54682
United Kingdom	38296	42374	47279	41648	38240
Japan/Japon	36785	40126	39757	45998	42997
Australia/Australie	19373	24517	29377	34352	34657
Iceland/Islande	25520	23325	28360	24983	29276
Czechoslovakia	x73664	32773	30722	x12910	x12055
Sweden/Suède	28913	23998	26967	24515	25047
Switz.Liecht	24162	25531	27445	20605	20750
Iran (Islamic Rp. of)	x3484	x8852	x16158	x47131	x24310
Belgium–Luxembourg	24763	23240	27194	21402	23372
Bulgaria/Bulgarie	x50207	x55183	x8555	x5257	8776
Spain/Espagne	20896	19506	23730	22668	17347
Argentina/Argentine	15748	16656	18931	18373	19696
Malaysia/Malaisie	9666	11104	18395	21420	x21267
China/Chine	47139	33058	9555	5026	15712
Singapore/Singapour	9481	15015	14660	17397	19635
Greece/Grèce	12144	13476	14847	18728	x10657
Netherlands/Pays–Bas	13682	12638	16104	17659	17643
Austria/Autriche	11845	12745	19262	12318	10668
Egypt/Egypte	14424	13901	11818	16530	14044
Thailand/Thaïlande	10996	11965	13703	13287	15018
Bahrain/Bahreïn	x2288	x4566	x13050	x12097	x2387
Poland/Pologne	x18788	x9999	x5252	x12788	x13600
Saudi Arabia	6316	9258	x9224	x6275	x7803
Philippines	8641	x9131	7701	7744	5671
So. Africa Customs Un	8270	6922	8557	x8375	x8482
Denmark/Danemark	7498	8047	7949	7469	6327
Hong Kong	7159	7177	5998	9278	14537
Pakistan	10822	8285	7991	5862	5835
Colombia/Colombie	5960	8919	5932	5756	6924
Finland/Finlande	5888	6897	7126	6127	5801
Portugal	6455	5792	6990	5786	6483
New Zealand	3666	5523	6140	5848	5450
Hungary/Hongrie	x8259	x8005	x4657	4197	4035
Mexico/Mexique	9469	4273	4251	6569	6438
Nigeria/Nigérie	x3878	x4581	x3905	x6519	x3674
Algeria/Algérie	4825	6135	4777	3937	x1891
Qatar		x7250	x6453	245	x5012

EXPORTS – EXPORTATIONS

COUNTRIES–PAYS	1988	1989	1990	1991	1992
Totale	1229629	1291213	1355056	1272445	1303500
Afrique	x587	x1982	x1787	x1143	x1582
Afrique du Nord	5	x393	x711	40	x409
Amériques	177718	222629	238152	264904	277037
ALAI	17799	20558	15011	17027	19765
MCAC	x2	x1	0	x3	x27
Asie	297262	x271368	281636	273435	x299762
Moyen–Orient	238	310	593	x256	x170
Europe	701198	746591	798956	706339	696220
CEE	628178	671226	720406	654882	648021
AELE	72612	74561	77966	51150	47117
Océanie	991	x1162	x1327	1182	1035
Japan/Japon	262775	233889	240260	222801	238336
Germany/Allemagne	208221	225676	241288	228293	243725
USA/Etats–Unis d'Amer	142844	172668	190966	221222	230464
Italy/Italie	151149	187305	181197	161030	130518
France, Monac	129666	116641	149433	138053	131546
Spain/Espagne	40251	47589	49261	36741	40773
United Kingdom	51004	42843	43488	42686	35579
Austria/Autriche	36991	39260	43045	35233	39526
Belgium–Luxembourg	36767	39699	40161	32221	49032
Canada	17015	29235	32083	26604	26750
Poland/Pologne	x23076	x27094	x23547	x20463	x25600
Sweden/Suède	20009	20295	18202	8667	3678
Netherlands/Pays–Bas	9527	10272	13904	13408	13400
Mexico/Mexique	15746	14666	10512	11353	13716
Singapore/Singapour	9825	10274	11719	14379	10287
India/Inde	9878	x9562	10924	13642	x13900
China/Chine	8461	9307	11270	11735	23500
Switz.Liecht	13682	13432	13003	4528	3468
Former GDR	x24804	x15887	x3252		
Hong Kong	4152	5358	3656	6418	7990
Brazil/Brésil	1887	5622	4274	4942	5763
Norway, SVD, JM	1528	1525	3156	2461	345
Former USSR/Anc. URSS	x1837	x1480	x2010	x2995	
Korea Republic	1776	1746	1619	1505	2302
Ireland/Irlande	901	835	1349	2074	2560
Romania/Roumanie	x25	1629	2298	114	x1348
Indonesia/Indonésie	56	614	1232	1789	2449
Bulgaria/Bulgarie	x496	x931	x1909	x83	x70
So. Africa Customs Un	x580	x825	x888	x1017	x826
New Zealand	524	571	663	601	618
Australia/Australie	461	507	536	573	414
Yugoslavia SFR	408	804	530	x178	
Czechoslovakia	x1292	x420	x154	x789	x546
Hungary/Hongrie	x341	x38	x29	x998	x299
Malaysia/Malaisie	70	211	132	621	x287
Egypt/Egypte		x280	x641		x1
Finland/Finlande	402	51	559	261	100
Turkey/Turquie	115	160	508	92	16
Mauritius/Maurice	x2	x730	0	4	
Denmark/Danemark	496	131	187	169	459
Venezuela	0	124	46	269	70
Colombia/Colombie	85	110	126	124	125
Portugal	86	92	97	116	25
Greece/Grèce	111	143	40	91	x404
Peru/Pérou		0	0	x236	0
Thailand/Thaïlande	28	46	64	123	x300
Tunisia/Tunisie	3	111	69	39	346
French Polynesia	3	x80	x127		
Myanmar			x98	x96	x111
Zimbabwe			142	37	x26

(VALUE AS % OF TOTAL) (VALEUR EN % DU TOTAL)

	1983	1984	1985	1986	1987	1988	1989	1990	1991	1992
Africa	x4.2	x2.5	3.2	x4.8	x2.6	x2.7	x2.7	x3.4	x3.6	x3.2
Northern Africa	2.0	0.9	1.5	1.3	1.1	1.4	1.5	1.8	1.8	x1.8
Americas	24.5	29.2	30.6	x25.6	15.9	18.8	23.0	24.2	24.1	24.7
LAIA	12.2	12.0	11.7	7.3	6.8	7.8	9.4	9.9	9.3	7.9
CACM	x0.1			x0.1	x0.1	0.1	0.1	0.2	0.2	x0.2
Asia	x16.6	16.0	14.6	17.7	x18.5	17.6	x20.4	x21.3	x22.2	x26.6
Middle East	x3.5	x5.3	x4.2	x5.0	x3.7	3.8	5.4	x7.0	x7.3	x7.0
Europe	51.9	50.3	49.3	49.6	34.5	34.7	33.2	41.5	36.4	39.2
EEC	36.8	31.7	30.9	31.6	20.6	20.7	18.8	24.7	22.6	25.5
EFTA	15.1	13.3	12.9	13.9	11.0	10.5	10.9	13.6	11.5	12.5
Oceania	2.9	x1.9	x2.2	x2.1	x2.0	x1.9	2.2	2.5	x3.0	
Former USSR/Anc. URSS					x18.6	x14.9	x12.3	x3.9	x8.8	
USA/Etats–Unis d'Amer	9.1	13.2	12.6	12.0	5.8	6.5	8.1	9.3	7.3	8.2
Germany/Allemagne	11.1	10.8	9.1	9.4	5.4	6.1	5.9	8.3	7.5	8.2
Norway, SVD, JM	5.9	5.2	5.1	5.6	4.9	4.5	5.4	6.8	5.9	5.8
Canada	2.4	3.4	5.9	4.9	2.6	3.8	4.6	4.3	6.6	7.7
Venezuela	6.0	3.9	3.7	2.2	3.3	3.2	4.5	3.9	4.2	2.2
France, Monac	6.9	5.2	5.7	5.8	4.3	4.1	3.0	4.2	3.6	4.4
Korea Republic	4.1	3.4	2.9	2.9	2.1	2.5	2.9	3.3	3.6	4.5
Turkey/Turquie		2.4	2.1	2.8	2.3	2.5	3.0	3.6	3.0	3.8
Yugoslavia SFR			5.4	5.5	x4.1	x3.1	3.3	3.5	3.2	x2.3

	1983	1984	1985	1986	1987	1988	1989	1990	1991	1992
Afrique	0.1	x0.1	0.1	x0.1	x0.0	x0.0	x0.2	x0.2	x0.1	x0.2
Afrique du Nord	0.0	0.0	0.0	0.0	0.0	0.0	0.0	x0.1	0.0	0.0
Amériques	10.5	12.8	14.1	x13.7	x13.6	14.5	17.2	17.6	20.8	21.2
ALAI	0.0	1.3	1.1	x0.8	x1.0	1.4	1.6	1.1	1.3	1.5
MCAC				x0.0	x0.0	0.0	0.0	0.0	0.0	0.0
Asie	26.3	27.6	25.8	22.6	23.3	24.2	x21.0	20.8	21.5	x23.0
Moyen–Orient	x0.0	0.0	x0.1	x0.1	0.1	0.0	0.0	x0.0	0.0	x0.0
Europe	63.0	59.4	60.0	63.6	60.2	57.0	57.8	59.0	55.5	53.4
CEE	57.0	53.4	54.1	58.2	55.5	51.1	52.0	52.1	51.5	49.7
AELE	6.1	6.0	5.8	5.4	4.7	5.9	5.8	5.8	4.0	3.6
Océanie	0.1	0.1	0.1	x0.0	x0.1	0.1	x0.1	x0.1	0.1	0.1
Japan/Japon	24.5	25.7	23.9	21.2	21.0	21.4	18.1	17.7	17.5	18.3
Germany/Allemagne	15.7	13.9	14.3	17.5	17.3	16.9	17.5	17.8	17.9	18.7
USA/Etats–Unis d'Amer	10.3	10.7	11.9	11.4	11.1	11.6	13.4	14.1	17.4	17.7
Italy/Italie	14.5	12.9	13.0	13.3	12.4	12.3	14.5	13.4	12.7	10.0
France, Monac	10.2	9.6	10.4	10.2	9.9	10.5	9.0	11.0	10.8	10.1
Spain/Espagne	2.3	2.7	2.6	3.1	3.3	3.3	3.7	3.6	2.9	3.1
United Kingdom	3.5	3.1	3.1	3.3	3.2	4.1	3.8	3.5	3.4	2.7
Austria/Autriche	2.7	2.6	2.7	2.5	2.2	3.0	3.0	3.2	2.8	3.0
Belgium–Luxembourg	3.7	4.1	3.9	3.7	2.8	3.0	3.1	3.0	2.5	3.8
Canada	0.2	0.7	1.1	1.4	1.4	1.4	2.3	2.4	2.1	2.1

7821 LORRIES, TRUCKS — VEHICULES TRANSP MARCHAND 7821

TRADE BY COMMODITY IN THOUSAND U.S. DOLLARS – COMMERCE PAR PRODUIT EN MILLIERS DE DOLLARS E.U

IMPORTS – IMPORTATIONS

COUNTRIES–PAYS	1988	1989	1990	1991	1992
Total	28630734	31061294	32332239	34462333	x37190834
Africa	x1645817	x1672054	x1775585	x1402484	x1621411
Northern Africa	361762	x327110	419356	x364739	x449462
Americas	11044573	x11944381	x11654830	12106168	x13698219
LAIA	642355	551033	563957	927668	x1545731
CACM	397826	x127371	x91676	x74480	x131190
Asia	x2647091	x2781034	x3369963	x5177491	x6486910
Middle East	x1223394	x945560	x1198955	x2495371	x3072972
Europe	10720773	11705271	14066051	14040194	13624755
EEC	8226962	9141295	11166627	12097356	11809759
EFTA	2401922	2481275	2784430	1844479	1692821
Oceania	x1045131	x1416160	x1293204	x995307	x1241129
USA/Etats–Unis d'Amer	7580162	8904212	8667630	8474276	9835313
Germany/Allemagne	1206354	1383555	2344241	3665677	3444045
France, Monac	2042701	2257095	2542737	2339990	2161754
Canada	2181294	2072426	2097590	2385596	1959037
Italy/Italie	1606891	1680636	1827410	1671391	1653402
Spain/Espagne	733806	970030	981605	914362	821229
Netherlands/Pays–Bas	748346	768429	960918	1074663	1163009
Belgium–Luxembourg	701424	808277	887097	1018277	858089
Australia/Australie	786221	1081096	959925	671083	887492
Saudi Arabia	584820	435308	x665332	x1308366	x1549358
Austria/Autriche	519444	489086	706255	607252	684866
Switz.Liecht	615779	600164	677507	457252	371544
Singapore/Singapour	127354	527121	613675	585874	706623
Former USSR/Anc. URSS	x1147334	x1087645	x49702	x360579	
Finland/Finlande	381402	593885	567600	230492	143162
Portugal	422874	365408	526805	453637	679655
Sweden/Suède	563140	572163	459675	261528	174551
Denmark/Danemark	361188	335103	408041	480778	498568
So. Africa Customs Un	458523	455841	378420	x142220	x126409
China/Chine	311891	281407	290435	301518	794727
Greece/Grèce	144191	233144	324201	312354	x367437
Norway, SVD, JM	307415	215697	344438	251503	295826
Chile/Chili	174429	297190	168620	210907	x475507
Malaysia/Malaisie	91780	163578	227851	261909	x234840
Ireland/Irlande	136650	212606	265362	161524	156118
Iran (Islamic Rp. of)	x76822	x75413	x91449	313206	x449623
Israel/Israël	192888	104774	159601	192863	329864
Hong Kong	196813	149360	139160	192863	286568
New Zealand	112895	137589	175250	130162	176053
Pakistan	104146	113262	126519	164870	
United Arab Emirates	x197190	x105056	x111707	x160564	x256450
Thailand/Thaïlande	150269	69803	128766	175726	245773
Kuwait/Koweït	x86839	73261	x43953	x229381	x163417
Venezuela	216882	50921	86536	197530	335673
Korea Republic	23138	44369	72585	211121	111310
Poland/Pologne	x39041	x64264	x28488	x218214	x150843
Nigeria/Nigéria	x26038	x59546	x115019	x133349	x113230
Indonesia/Indonésie	22827	40752	152371	101806	103206
Morocco/Maroc	61866	72168	104673	103206	126702
Algeria/Algérie	5619	52873	124363	95608	x109855
Philippines	13757	x118385	51026	101689	133254
Mexico/Mexique	78509	78648	83337	99228	160420
Japan/Japon	66542	71924	89114	96146	65591
Cyprus/Chypre	59130	76930	90344	86288	96425
United Kingdom	123480	126742	98210	4705	6452
Yugoslavia SFR	66186	64210	88710	x72641	
Bulgaria/Bulgarie	x87953	x192736	x7413	x21746	36520
Zimbabwe	x53327	x40111	57794	120772	x46329
Libyan Arab Jamahiriya	203376	85436	62933	x65871	x52789
Kenya	82939	x66879	92009	x54026	x42253

EXPORTS – EXPORTATIONS

COUNTRIES–PAYS	1988	1989	1990	1991	1992
Totale	32567241	32734305	33345631	34646121	36783415
Afrique	x26079	x20876	x40660	x39034	x23389
Afrique du Nord	18195	6805	6573	8168	x1003
Amériques	9562989	9607022	9474955	10413400	12125928
ALAI	1500587	809292	486997	600944	1224446
MCAC	x404	x184	x460	x71	x135
Asie	9136830	8769117	8445581	8782826	10195512
Moyen–Orient	120960	147955	x37506	x30019	x35895
Europe	12245886	13178414	14535127	14813828	14203445
CEE	9866956	10641083	11968345	11746714	11349487
AELE	2358254	2515767	2540084	2983606	2807423
Océanie	x27763	x28070	26996	33021	33272
Japan/Japon	8846744	8426186	8182905	8395878	9596278
Canada	5395314	5765158	6185952	6150015	7715406
Germany/Allemagne	4109772	4417187	4619464	4207734	4332837
USA/Etats–Unis d'Amer	2658286	3028536	2795723	3659004	3182194
Sweden/Suède	1813931	1955252	1826546	2067615	1747874
France, Monac	1309299	1506377	1738355	1795220	1667442
Italy/Italie	1173976	1268033	1636759	1872740	1637803
Belgium–Luxembourg	1354836	1460932	1425139	1603473	1468397
Spain/Espagne	825999	837332	1087470	748716	895983
Netherlands/Pays–Bas	748849	749999	944938	967334	777679
Brazil/Brésil	732545	765432	452074	412982	608593
Austria/Autriche	256938	286599	463126	663156	782054
Former USSR/Anc. URSS	x474703	x353499	x311542	x430967	
Portugal	198168	253952	366006	393444	408256
Czechoslovakia	x527744	x451015	x328922	x102814	x127799
Switz.Liecht	134778	103003	121148	153388	135938
Denmark/Danemark	71636	69115	99066	107785	97181
Norway, SVD, JM	104177	118355	71449	36318	54939
Hong Kong	69509	62907	59551	95235	206351
Mexico/Mexique	751478	29615	21998	163574	581464
Singapore/Singapour	12394	72434	64917	77651	137803
Korea Republic	40868	32304	39968	107949	135775
Former GDR	x435490	x145306	x28785		
Finland/Finlande	48410	52530	57815	63120	86443
Bulgaria/Bulgarie	x3159	x42215	x105270	x1422	x2910
Yugoslavia SFR	18421	20017	25178	x83197	
Ireland/Irlande	54365	54644	27450	32612	36418
Romania/Roumanie	x53274	83737	19436	9205	x34924
Saudi Arabia	94233	78441	x5475	x2660	x3759
Poland/Pologne	x36362	x46622	x16606	x12165	x27746
Australia/Australie	23572	22906	21759	28508	28555
United Kingdom	19842	23517	23349	16929	25916
China/Chine	21043	15293	17950	18592	30760
India/Inde	15743	x1912	9694	36029	x15897
Kuwait/Koweït	x698	34003	x331	x1225	x1386
Turkey/Turquie		15363	12080	3609	3515
So. Africa Customs Un	x1897	x4985	x8130	x17756	x18384
Argentina/Argentine	14311	13502	10013	4569	9085
Hungary/Hongrie	x36962	x8413	x11751	x7439	x8490
Cyprus/Chypre	11380	14120	8994	2590	3110
Israel/Israël	4257	3420	12223	8000	8750
Kenya	2688		19342	x253	x260
Jordan/Jordanie	9105	534	5538	11419	5243
Thailand/Thaïlande	1400	1072	13096	3261	x7714
Cameroon/Cameroun	x113	4388	x210	8708	x93
Chile/Chili	310	211	502	12030	x17612
Malaysia/Malaisie	2446	2204	2855	5066	x10764
Oman	3592	3707	2020	4022	x1785
United Arab Emirates	x1464	x1511	x2326	x4078	x14796
Algeria/Algérie	18158	2424	1096	3904	x75

(VALUE AS % OF TOTAL)(VALEUR EN % DU TOTAL)

	1983	1984	1985	1986	1987	1988	1989	1990	1991	1992		1983	1984	1985	1986	1987	1988	1989	1990	1991	1992
Africa	x8.6	x8.1	x5.9	x5.8	x4.5	x5.7	x5.4	x5.5	x4.1	x4.3	Afrique	0.3	0.1	0.1	0.0	0.1	0.0	0.1	0.1	0.2	x0.0
Northern Africa	4.4	4.3	2.5	1.5	1.0	1.1	x1.1	1.3	x1.1	x1.2	Afrique du Nord	x0.0	0.0	0.0	0.0	0.1	0.1	0.0	0.0	0.0	0.0
Americas	36.8	45.9	51.2	x49.5	x42.5	38.6	x38.4	x36.1	35.1	x36.8	Amériques	26.8	31.0	31.8	x25.9	x27.4	29.3	29.4	28.4	30.0	32.9
LAIA	1.0	1.5	1.5	x1.6	x2.1	2.2	1.8	1.7	2.7	x4.2	ALAI	0.0	1.8	1.9	x1.8	2.4	4.6	2.5	1.5	1.7	3.3
CACM	x0.1	0.4	0.3	x0.4	x0.5	1.4	x0.4	x0.3	x0.2	x0.4	MCAC	x0.0	0.0	0.0	0.0	0.0	0.0	0.0	0.0	0.0	0.0
Asia	x24.0	x16.5	x11.7	x6.9	x8.1	x9.2	x9.0	x10.5	x15.0	x17.5	Asie	x34.3	36.6	x38.8	x38.0	29.9	28.1	26.8	25.4	25.4	27.7
Middle East	x18.2	x10.8	x7.8	x4.4	x3.3	x4.3	x3.0	x3.7	x7.2	x8.3	Moyen–Orient	x0.8	0.5	0.6	x0.2	x0.1	0.4	0.5	x0.1	x0.1	x0.1
Europe	26.1	23.2	25.4	34.5	37.3	37.4	37.7	43.5	40.7	36.6	Europe	35.2	37.2	37.5	36.0	37.5	37.6	40.3	43.6	42.8	38.6
EEC	20.6	17.8	19.1	26.1	28.9	28.7	29.4	34.5	35.1	31.8	CEE	29.6	22.6	23.3	28.6	29.9	30.2	32.5	35.9	33.9	30.9
EFTA	5.4	5.0	5.8	7.7	7.9	8.4	8.0	8.6	5.4	4.6	AELE	5.6	5.9	5.8	6.9	7.2	7.2	7.7	7.6	8.6	7.6
Oceania	x4.6	x6.3	x5.7	x3.4	x2.6	x3.6	x4.5	x4.0	x2.9	x3.3	Océanie	x0.1	x0.1	0.1	x0.0	x0.1	0.1	0.1	0.1	0.1	0.1
USA/Etats–Unis d'Amer	28.4	34.1	38.2	36.8	29.8	26.5	28.7	26.8	24.6	26.4	Japan/Japon	33.0	34.9	37.1	37.5	29.4	27.2	25.7	24.5	24.2	26.1
Germany/Allemagne	2.5	2.1	2.3	3.2	3.4	4.2	4.5	7.3	10.6	9.3	Canada	19.6	21.4	20.3	15.6	16.1	16.6	17.6	18.6	17.8	21.0
France, Monac	5.0	3.9	4.4	5.9	6.5	7.1	7.3	7.9	6.8	5.8	Germany/Allemagne	12.9	9.2	9.7	12.1	12.8	12.6	13.5	13.9	12.1	11.8
Canada	5.9	8.6	9.6	9.4	9.0	7.6	6.7	6.5	6.9	5.3	USA/Etats–Unis d'Amer	7.2	7.9	9.6	8.4	8.9	8.2	9.3	8.4	10.6	8.7
Italy/Italie	2.5	2.6	2.7	3.9	4.6	5.6	5.4	5.7	4.8	4.4	Sweden/Suède	4.3	4.9	4.4	5.4	3.7	4.0	4.6	5.2	5.2	4.8
Spain/Espagne	0.4	0.4	0.4	0.8	1.8	2.6	3.1	3.0	2.7	2.2	France, Monac	5.0	4.3	3.8	4.4	3.7	3.6	3.9	4.9	5.4	4.5
Netherlands/Pays–Bas	1.5	1.6	1.8	2.6	2.9	2.6	2.5	3.0	3.1	3.1	Italy/Italie	4.1	3.1	3.2	4.5	4.2	4.5	4.3	4.6	4.0
Belgium–Luxembourg	1.7	1.4	1.4	2.2	2.2	2.4	2.6	2.7	3.0	2.3	Belgium–Luxembourg	2.5	2.2	2.1	3.5	3.1	4.2	4.5	4.3	4.6	4.0
Australia/Australie	3.7	5.2	4.8	2.5	1.9	2.7	3.5	3.0	1.9	2.4	Spain/Espagne	1.0	0.6	1.2	1.3	1.5	2.5	2.6	3.3	2.2	2.4
Saudi Arabia	x9.4	5.1	x3.5	1.4	1.6	2.0	1.4	x2.1	x3.8	4.2	Netherlands/Pays–Bas	1.3	1.2	1.2	1.7	2.1	2.3	2.3	2.8	2.8	2.1

711

7822 SPECIAL MOTOR VEHCLS NES / VEHICULES USAGES SPECIAUX 7822

TRADE BY COMMODITY IN THOUSAND U.S. DOLLARS – COMMERCE PAR PRODUIT EN MILLIERS DE DOLLARS E.U

COUNTRIES–PAYS	1988	1989	1990	1991	1992	COUNTRIES–PAYS	1988	1989	1990	1991	1992
	IMPORTS – IMPORTATIONS						EXPORTS – EXPORTATIONS				
Total	x4252208	x4363105	4069749	3202491	2719657	Totale	2915525	3362357	4146920	3163474	2901605
Africa	x231875	x219705	x304920	x257223	x215546	Afrique	x6155	x4003	x12433	x7498	x5367
Northern Africa	85668	x81519	123288	x105821	x90090	Afrique du Nord	x316	x2135	4009	x3251	x3138
Americas	221153	x237457	314304	317641	x361304	Amériques	316770	x341651	412338	x574697	x614347
LAIA	68966	69042	103046	154249	225024	ALAI	9740	x8415	10621	12075	x9460
CACM	6739	6256	4442	4863	x4762	MCAC	x24	x37	x299	x461	38
Asia	x505796	x509268	x699426	x1058487	x1045043	Asie	x265975	281581	368149	412537	416957
Middle East	x230652	x165112	x209509	x441329	x471320	Moyen–Orient	x18514	x18489	x9329	x9987	x8843
Europe	2712533	2896886	2535162	1178551	1017249	Europe	2073858	2389467	3154558	2012952	1819213
EEC	2457517	2649879	2259521	967894	815066	CEE	1837916	2151357	2893745	1772985	1559113
EFTA	218231	228446	261152	192689	183995	AELE	232370	233555	247047	229863	253888
Oceania	x24955	x52108	x41815	x42104	x12799	Océanie	x7943	x9443	14680	20329	x10287
United Kingdom	1915562	2051850	1430395	32745	35805	Germany/Allemagne	664970	774462	989034	951361	818243
Former USSR/Anc. URSS	x186800	x235692	x118084	x299222		United Kingdom	809888	969987	1342418	212275	116233
Germany/Allemagne	100570	111293	177211	245476	238000	USA/Etats–Unis d'Amer	254085	289354	368812	533228	560859
France,Monac	110488	117163	174297	149635	94664	Japan/Japon	215495	226526	319200	337710	342909
Korea Republic	24009	34003	136858	151433	82292	Italy/Italie	152557	164108	221509	206967	198127
Netherlands/Pays–Bas	78161	97572	102131	104392	104467	France,Monac	102250	130463	206580	234410	270266
Italy/Italie	61144	58876	97225	136370	105921	Former USSR/Anc. URSS	x82434	x141786	x107266	x107800	
Spain/Espagne	60519	73771	84707	108010	73181	Austria/Autriche	82175	93308	111481	100920	92915
Belgium–Luxembourg	78434	70288	96675	90029	74167	Netherlands/Pays–Bas	46237	48360	55529	68164	57556
Japan/Japon	41303	52664	90312	101409	84164	Sweden/Suède	78291	67295	49820	31646	35015
Saudi Arabia	27449	24302	x48799	x149252	x124688	Czechoslovakia	x58154	x78950	x51000	x17522	x23294
Canada	41471	57458	90167	62973	56489	Finland/Finlande	34812	33746	36640	47552	57425
China/Chine	100865	78722	56324	75422	103481	Belgium–Luxembourg	27489	29742	33971	48602	38765
USA/Etats–Unis d'Amer	69208	66766	74238	51914	42689	Canada	52635	43240	32858	25978	41587
Sweden/Suède	44430	52880	74639	48567	31817	Switz.Liecht	24195	25325	35432	38793	53356
Austria/Autriche	42100	41970	56897	62899	74356	Denmark/Danemark	16076	24195	32831	29325	31721
Switz.Liecht	54874	54615	66819	38126	34875	Former GDR	x31292				
Iran (Islamic Rp. of)	x8799	x12207	x12508	x103401	x138692	Romania/Roumanie	x59211	x60261	x13565		
Singapore/Singapour	18564	21494	47529	56427	76412	Singapore/Singapour	12825	14166	1093	1910	x728
Thailand/Thaïlande	5969	29863	33304	52977	20800	Norway,SVD,JM	12893	13881	15779	17321	22370
Portugal	21820	26420	39134	44622	27196	Spain/Espagne	16222		13674	10953	15177
United Arab Emirates	x63880	x24685	x44987	x37223	x73623	China/Chine	2536	6162	7314	16191	21652
Finland/Finlande	36573	53672	37387	15590	9500	Australia/Australie	5689	6752	11125	11744	23136
Libyan Arab Jamahiriya	31808	31161	44313	x30968	x22689	Poland/Pologne	x11899	6563	7168	11442	7817
Mexico/Mexique	14943	13223	29465	58853	69786	Korea Republic	1362	x8272	x9615	x3781	x6772
Algeria/Algérie	15220	21087	48945	29781	x27978	Yugoslavia SFR	3283	1293	259	18787	6279
Turkey/Turquie	57597	30655	31263	35812	39426	Hong Kong	6037	3669	12446	x2413	
Israel/Israël	14013	13040	22304	62335	21657	Papua New Guinea	263	5163	3675	6049	4623
Kuwait/Koweït	x9946	9114	x5087	x81463	x37427	Jordan/Jordanie	2781	822	6677	7277	450
Greece/Grèce	14947	20029	31322	40977	x40341	Mexico/Mexique	1942	5748	2492	3277	933
Bulgaria/Bulgarie	x180174	x76515	x6747	x3332	6052	Ireland/Irlande	1351	2779	3213	4561	x552
Nigeria/Nigéria	x20325	x17562	x30305	x28294	x17399	India/Inde	1912	3417	2391	3038	2700
Norway,SVD,JM	38062	24190	24191	25712	32634	Brazil/Brésil	1558	2387	1205	4098	x220
Indonesia/Indonésie	12396	17977	29757	23312	41501	Hungary/Hongrie	x95	2952	3060	1483	613
Czechoslovakia	x26798	30759	25592	x11650	x15410	Gibraltar	x2	x1193	x1854	x4282	x3223
Australia/Australie	16093	31104	28111	6863	6222	United Arab Emirates	x6155	x4061	x236	x7041	x3733
Venezuela	16366	15202	20086	29151	48696	Algeria/Algérie	31	1153	x1676	x1389	x1673
Iraq	x23043	x29831	x29644	x2434	x148	Malaysia/Malaisie	5741	3047	3606	2074	
Hungary/Hongrie	x35388	x36074	x12792	11042	x14203	Turkey/Turquie	859	2697	1697	2034	x1895
India/Inde	2524	x39658	4293	10320	x9970	Israel/Israël	1023	1955	1400	2381	1411
Hong Kong	6934	8519	20723	24897	14344	Kenya	4		2136	789	2940
Poland/Pologne	x55328	x20600	x4957	x20528	x25787	Colombia/Colombie	x592	x132	4737	x136	
Chile/Chili	12518	14894	15871	14488	x23561	Portugal	266	287	314	4187	14
So. Africa Customs Un	14101	9030	12996	x19807	x15172	Argentina/Argentine	4844	390	1694	2430	2958
Zimbabwe	x3450	x7378	4811	27008	x1563	New Zealand	1325	1451	2702	679	3159
Pakistan	22326	13888	9377	14241	46773	Pakistan		554	753	1413	1768
Brazil/Brésil	1031	1664	6527	29212	29119	Cameroon/Cameroun	x213	420	58	2562	1338
Yugoslavia SFR	31962	16611	7388	x12215		Kuwait/Koweït	x1922	2802	x91	2545	x23
Denmark/Danemark	12020	15879	14288	5821	14129	Saudi Arabia	4880	1574	x132	x14	x47
Malaysia/Malaisie	2310	5863	14746	15018	x19227	So. Africa Customs Un	x4237	x267	x1108	x233	x3090
									x1701	x871	x580

(VALUE AS % OF TOTAL)(VALEUR EN % DU TOTAL)

	1983	1984	1985	1986	1987	1988	1989	1990	1991	1992		1983	1984	1985	1986	1987	1988	1989	1990	1991	1992
Africa	x16.5	x16.4	x21.0	x19.6	x10.7	x5.4	x5.0	x7.5	x8.0	x8.0	Afrique	x0.1	x0.1	x0.4	x0.4	x0.3	x0.2	x0.1	x0.3	x0.2	x0.2
Northern Africa	x11.3	10.1	15.1	x11.4	x5.9	2.0	x1.9	3.0	x3.3	3.3	Afrique du Nord	x0.0	x0.0	x0.0	x0.0	x0.1	x0.0	x0.1	x0.1	x0.1	x0.1
Americas	12.2	16.6	19.2	x19.1	x18.9	5.2	x5.4	7.7	9.9	x13.2	Amériques	x26.2	32.4	x32.1	29.7	x19.1	10.8	x10.2	9.9	x18.2	x21.2
LAIA	4.3	6.2	x5.6	x7.7	x3.3	1.6	1.6	2.5	4.8	8.3	ALAI	x0.4	0.5	0.8	x1.5	x0.3	0.3	x0.3	0.3	0.4	x0.3
CACM	x0.2	0.2	0.7	x0.4	x0.4	0.2	0.1	0.1	0.1	x0.2	MCAC	x0.0	0.0	x0.0	0.0	x0.0	x0.0	x0.0	x0.0	x0.0	0.0
Asia	x49.7	x40.4	x31.7	x25.8	x19.7	x11.9	x11.7	x17.2	x33.0	x38.4	Asie	x16.9	17.7	x19.1	x14.7	x8.4	9.1	8.4	8.8	13.0	14.4
Middle East	x36.8	x27.4	x22.1	x16.5	x9.3	x5.4	x3.8	x5.1	x13.8	x17.3	Moyen–Orient	x0.4	0.6	x3.4	x0.9	x0.4	x0.6	0.5	x0.2	x0.3	x0.3
Europe	16.0	20.6	27.0	34.3	29.3	63.8	66.4	62.3	36.8	37.4	Europe	53.4	46.1	48.3	54.9	47.2	71.1	71.1	76.1	63.6	62.7
EEC	11.1	14.1	16.7	22.7	20.4	57.8	60.7	55.5	30.2	30.0	CEE	46.3	39.2	41.2	46.4	38.6	63.0	64.0	69.8	56.0	53.7
EFTA	4.8	5.3	8.0	10.5	8.5	5.1	5.2	6.4	6.0	6.8	AELE	7.1	6.8	6.8	8.4	8.5	8.0	6.9	6.9	7.3	8.7
Oceania	x1.0	x1.0	1.1	x1.3	x1.0	0.6	x1.2	x1.0	1.3	x0.5	Océanie	x0.1	0.1	0.1	x0.2	x0.2	x0.2	0.2	0.4	0.6	x0.3
United Kingdom	1.5	2.7	2.5	2.3	x2.1	45.0	47.0	35.1	1.0	1.3	Germany/Allemagne	23.9	17.3	20.0	24.3	21.0	22.8	23.0	23.8	30.1	28.2
Former USSR/Anc. URSS	4.6	4.9			x6.0	x5.4	x5.4	x2.9	x9.3		United Kingdom	8.4	7.6	6.7	5.7	x3.2	27.8	28.8	32.4	6.7	4.0
Germany/Allemagne	2.2	1.8	2.5	4.6	3.8	2.4	2.6	4.4	7.7	8.8	USA/Etats–Unis d'Amer	17.1	18.8	14.7	11.6	6.7	8.7	8.6	8.8	16.9	19.3
France,Monac	1.8	2.5	2.5	3.3	3.4	2.6	2.7	4.3	4.7	3.5	Japan/Japon	15.1	15.5	13.5	12.6	7.0	7.4	6.7	7.7	10.7	11.8
Korea Republic	0.8	1.5	1.4	1.9	0.5	0.6	0.8	3.4	4.7	3.0	Italy/Italie	4.8	4.9	4.8	7.0	6.2	5.2	4.9	5.3	6.5	6.8
Netherlands/Pays–Bas	1.2	2.4	2.6	3.4	2.5	1.8	2.2	2.5	3.3	3.8	France,Monac	6.6	5.4	6.1	5.3	x4.7	4.5	3.9	5.0	7.4	9.3
Italy/Italie	1.1	1.0	2.0	3.0	2.7	1.4	1.3	2.4	4.3	3.9	Former USSR/Anc. URSS	3.3	3.5			x4.6	x2.8	x2.2	2.6	x3.4	
Spain/Espagne	0.4	0.8	0.8	1.3	1.5	1.4	1.7	2.1	3.4	2.7	Austria/Autriche	4.1	3.8	2.8	3.9	3.9	2.8	2.8	2.7	3.2	3.2
Belgium–Luxembourg	1.2	1.5	1.8	2.3	2.5	1.8	1.6	2.4	2.8	2.7	Netherlands/Pays–Bas	0.9	1.4	1.5	1.2	1.4	1.6	1.4	1.3	2.2	2.0
Japan/Japon	0.5	0.6	0.7	1.4	1.5	1.0	1.2	2.2	3.2	3.1	Sweden/Suède	1.2	1.1	1.6	1.5	2.2	2.7	2.0	1.2	1.0	1.2

7831 BUSES — VOITURES TRANSPORT COMMUN 7831

TRADE BY COMMODITY IN THOUSAND U.S. DOLLARS – COMMERCE PAR PRODUIT EN MILLIERS DE DOLLARS E.U

IMPORTS – IMPORTATIONS

COUNTRIES–PAYS	1988	1989	1990	1991	1992
Total	3887098	3936351	3169686	x3556869	x4234041
Africa	x429612	x447416	x488074	x314944	x364755
Northern Africa	103276	121514	168952	x102560	x107730
Americas	x604269	x635453	x792302	879874	x1182948
LAIA	96832	84947	139970	198684	x503537
CACM	x19882	x17872	x18343	x15302	x27444
Asia	1680034	1557336	x528421	x796368	x1162610
Middle East	1393769	1314448	x235613	x447419	x620817
Europe	994240	987983	1220699	1159870	1347904
EEC	615584	639022	791320	775264	935370
EFTA	373723	342786	412926	372679	402648
Oceania	57254	x53382	x45491	x54281	x74631
Saudi Arabia	1246985	1221183	x116717	x187284	x187153
USA/Etats–Unis d'Amer	349725	365228	460484	460963	428322
France, Monac	175413	181780	214405	184872	230028
Former USSR/Anc. URSS	x92157	x178932	x52591	x232326	
Germany/Allemagne	67924	81102	112340	167763	231699
Sweden/Suède	77498	110835	108288	99190	79958
Switz.Liecht	139499	94226	99232	103008	94096
Canada	79038	89795	94934	91524	68664
So. Africa Customs Un	112651	121308	127613	x12699	x10127
United Kingdom	104934	109228	84069	55674	84068
Norway,SVD,JM	70362	49717	102016	85792	117046
Austria/Autriche	69209	69505	80793	74466	102528
Italy/Italie	70304	69518	86364	66230	65777
Belgium–Luxembourg	63232	58944	76685	78124	96698
China/Chine	86864	69186	55134	58335	105104
Netherlands/Pays–Bas	54977	36228	69397	58897	68645
Greece/Grèce	6257	31468	64696	58424	x37984
Hong Kong	76745	33474	47826	72765	141661
Chile/Chili	42511	42289	46792	52247	x57271
Egypt/Egypte	36224	44949	55772	23877	43741
Pakistan	20062	22076	31880	47330	77552
Australia/Australie	33497	34239	31290	34250	50678
Spain/Espagne	30391	30723	20461	44507	48144
United Arab Emirates	x79930	x24073	x28527	x41801	x61027
Algeria/Algérie	7823	11172	59472	23694	x28043
Denmark/Danemark	31267	27091	32065	33100	46091
Nigeria/Nigéria	x36492	x13904	x28282	x49744	x50852
Panama	7583	3944	30694	56458	78062
Turkey/Turquie	x19202	4634	24088	61277	64169
Sri Lanka	10025	4077	20563	59211	33557
Czechoslovakia	x3659	36054	14977	x32069	x33591
Kuwait/Koweït	x9524	20872	x14045	x46986	x22094
Israel/Israël	16455	24761	22657	32169	33460
Morocco/Maroc	25863	32304	21848	17766	15463
Peru/Pérou	14134	11716	22348	34884	x100586
Philippines	804	x7350	46181	13733	17105
Libyan Arab Jamahiriya	19211	13767	22840	x27766	x8193
Poland/Pologne	x19320	x31936	x4925	x26031	x23615
Mexico/Mexique	1159	794	17507	42153	208914
Ireland/Irlande	9433	10196	21864	24572	19689
Iran (Islamic Rp. of)	x1518	x2815	x4912	x47560	x26358
Zambia/Zambie	x12191	x26150	x14134	x12966	x42249
Romania/Roumanie	x46	x28	15624	36880	x5452
Zaire/Zaïre	x17630	x41014	x7837	x3394	x3307
Bolivia/Bolivie	10252	14791	16356	16680	18470
Kenya	16075	x11766	25897	x7519	x5966
Finland/Finlande	13320	17355	19044	5967	1791
Singapore/Singapour	9976	14984	15272	10567	34824
Cameroon/Cameroun	x7039	6842	x17975	8822	x5344
Malaysia/Malaisie	4879	5659	10704	17262	x7169

EXPORTS – EXPORTATIONS

COUNTRIES–PAYS	1988	1989	1990	1991	1992
Totale	2791572	2710166	2906864	3272318	4197519
Afrique	x3286	x21658	x7196	x3669	x3745
Afrique du Nord	1249	20302	709	731	1059
Amériques	720590	650207	597300	705847	865493
ALAI	292486	220139	67469	128268	293309
MCAC			x25	x126	x97
Asie	732444	610134	681237	990940	x1579712
Moyen–Orient	83271	82402	x29258	x36666	x73101
Europe	1222218	1249252	1494192	1492156	1689561
CEE	1099064	1127663	1372345	1363036	1558374
AELE	72136	73373	85421	105308	121321
Océanie	1986	x527	x568	x645	636
Japan/Japon	565256	471126	559223	811735	1219354
Germany/Allemagne	522301	506309	577603	529224	575062
Canada	319625	279440	365647	402427	397208
Belgium–Luxembourg	246261	290077	308643	283576	355626
USA/Etats–Unis d'Amer	108034	149856	163255	174035	173026
France, Monac	139671	125056	166485	188491	178136
Netherlands/Pays–Bas	60558	65417	94951	104907	134227
Brazil/Brésil	88084	57779	56940	117887	268719
Hungary/Hongrie	x70200	x95463	x77006	x57107	x52477
Italy/Italie	40835	49798	91632	60347	134738
Mexico/Mexique	179277	157374	80	1636	9706
Spain/Espagne	21375	20498	46523	82389	78629
Finland/Finlande	42777	45263	47007	56644	66201
United Kingdom	27405	27915	46034	56748	45126
Yugoslavia SFR	50850	48058	36231	x23726	
Portugal	33967	37286	24902	33254	25107
Korea Republic	27168	17375	21530	50876	160472
India/Inde	18193	x5304	36928	x42948	x36085
Hong Kong	36083	24523	19279	35097	60594
Saudi Arabia	78855	59162	x4831	x2414	x2144
Bulgaria/Bulgarie	x487	x43388	x17375	x2752	x2763
Turkey/Turquie	x452	16716	20394	23671	49927
Austria/Autriche	11670	13498	15502	21847	24699
Former USSR/Anc. URSS	x30392	x10462	x15874	x17608	
Denmark/Danemark	6015	4873	13157	21393	26917
Sweden/Suède	12654	7642	8815	13846	19168
Morocco/Maroc	11	19958	554	613	908
China/Chine	309	4598	8963	6994	8109
Poland/Pologne	x4001	x15603	x2528	x488	x356
Argentina/Argentine	6427	4372	9350	4077	3994
Norway,SVD,JM	1999	4148	6583	6569	2951
Switz.Liecht	3036	2821	7514	6401	8302
Romania/Roumanie	x4530	11608	2923	641	x11
Czechoslovakia	x589	x1752	x10659	x664	x2737
Singapore/Singapour	577	1540	2374	3832	18930
Kuwait/Koweït	x493	3919	x1014	x1611	x1464
Oman	1058	667	707	4260	x4579
Kenya	1501		4726	x71	x76
Venezuela	17708	555	531	3094	6471
Ireland/Irlande	648	343	2168	1376	1147
United Arab Emirates	x1025	x765	x498	x2517	x4170
So. Africa Customs Un	x166	x581	x621	x1680	x1808
Malaysia/Malaisie	756	2372	113	161	x1071
Jordan/Jordanie	21	111	375	2139	3684
Philippines	33	x67	840	835	191
Chile/Chili	108	3	335	1361	x3173
Israel/Israël	26	73	730	x892	x130
Greece/Grèce	27	91	246	1332	x3659
Panama	x175	x97	315	x884	1527
Viet Nam			x1176		x577

(VALUE AS % OF TOTAL)(VALEUR EN % DU TOTAL)

Imports

	1983	1984	1985	1986	1987	1988	1989	1990	1991	1992
Africa	x12.7	x14.2	x18.2	x13.1	x8.1	x11.1	x11.4	x15.4	x8.9	x8.6
Northern Africa	x5.5	x8.6	7.1	x3.8	x3.1	2.7	3.1	5.3	x2.9	x2.5
Americas	21.5	24.6	32.7	x31.1	x28.4	15.5	16.2	25.0	24.7	x27.9
LAIA	2.3	4.0	4.0	x3.3	x3.2	2.5	2.2	4.4	5.6	x11.9
CACM	x0.5	1.3	1.0	x0.3	x0.5	x0.5	x0.6	x0.6	x0.4	x0.7
Asia	x15.1	14.7	x19.2	x12.7	x18.0	43.2	39.6	16.7	x22.4	x27.4
Middle East	x8.8	x8.1	x9.6	x7.2	x5.5	35.9	33.4	x7.4	x12.6	x14.7
Europe	20.6	18.8	27.6	40.1	37.6	25.6	25.1	38.5	32.6	31.8
EEC	13.0	11.5	16.6	24.0	21.9	15.8	16.2	25.0	21.8	22.1
EFTA	7.6	7.0	10.5	15.5	15.3	9.6	8.7	13.0	10.5	9.5
Oceania	2.8	x1.9	x2.5	x3.0	x2.1	1.5	x1.4	x1.4	x1.5	x1.7
Saudi Arabia	x4.9	3.5	x3.6	2.1	1.9	32.1	31.0	x3.7	x5.3	x4.4
USA/Etats–Unis d'Amer	13.8	14.7	21.7	19.4	17.7	9.0	9.3	14.5	13.0	10.1
France, Monac	3.9	3.6	6.0	8.3	6.9	4.5	4.6	6.8	5.2	5.4
Former USSR/Anc. URSS	27.3	25.7			x3.9	x2.4	x4.5	x1.7	x6.5	
Germany/Allemagne	1.4	1.2	1.8	3.2	3.4	2.1	2.1	3.5	4.7	5.5
Sweden/Suède	2.1	1.7	2.3	3.6	3.8	2.0	2.8	3.1	2.8	1.9
Switz.Liecht	1.7	1.8	2.3	4.3	4.0	3.6	2.4	3.1	2.9	2.2
Canada	0.1	0.0	0.0	0.0	0.3	2.0	2.3	3.0	2.6	1.6
So. Africa Customs Un	1.8	2.8	2.2	x0.3	x0.3	2.9	3.1	4.0	x0.4	x0.2
United Kingdom	3.5	3.0	2.9	3.3	2.9	2.7	2.8	2.7	1.6	2.0

Exports

	1983	1984	1985	1986	1987	1988	1989	1990	1991	1992
Afrique	x0.1	0.2	x0.1	x0.1	x0.2	x0.1	x0.8	x0.2	x0.2	x0.0
Afrique du Nord	x0.0	0.1	0.1	x0.1	0.1	0.0	0.7	0.0	0.0	0.0
Amériques	x16.3	16.5	12.5	13.3	14.4	25.8	24.0	20.6	21.6	20.6
ALAI	0.6	3.9	2.6	2.4	2.5	10.5	8.1	2.3	3.9	7.0
MCAC	x0.0	x0.0	x0.0	x0.0	x0.0	x0.0	x0.0	0.0	0.0	0.0
Asie	29.9	37.9	45.3	22.7	21.0	26.2	22.5	23.5	30.2	x37.7
Moyen–Orient	x0.5	2.2	x2.9	x2.4	x0.6	3.0	3.0	x1.0	x1.1	x1.7
Europe	51.5	43.8	41.9	63.8	59.9	43.8	46.1	51.4	45.6	40.3
CEE	47.5	38.4	36.7	56.5	53.0	39.4	41.6	47.2	41.7	37.1
AELE	4.0	2.9	2.4	6.1	6.0	2.6	2.7	2.9	3.2	2.9
Océanie				x0.0	0.1	0.1	x0.0	x0.0	x0.0	
Japan/Japon	26.6	31.4	36.9	18.2	17.8	20.2	17.4	19.2	24.8	29.0
Germany/Allemagne	22.3	19.6	18.5	26.5	24.2	18.7	18.7	19.9	16.2	13.7
Canada	9.7	7.5	5.5	6.7	7.1	11.4	10.3	12.6	12.3	9.5
Belgium–Luxembourg	10.2	7.4	7.5	14.1	14.2	8.8	10.7	10.6	8.7	8.5
USA/Etats–Unis d'Amer	5.9	4.9	4.3	4.2	4.8	3.9	5.5	5.6	5.3	4.1
France, Monac	4.8	3.4	3.7	6.7	5.3	5.0	4.6	5.7	5.8	4.2
Netherlands/Pays–Bas		1.6	1.3	1.3	2.5	2.5	2.4	3.3	3.2	3.2
Brazil/Brésil	3.2	2.3	1.6	1.9	3.2	2.1	2.0	3.6	6.4	
Hungary/Hongrie		x0.8	x2.5	x3.5	x2.6	x1.7	1.3			
Italy/Italie	3.3	3.7	2.3	2.9	2.5	1.5	1.8	3.2	1.8	3.2

7832 TRACTORS FOR TR-TRAILERS / TRACTEURS ROUTIERS 7832

TRADE BY COMMODITY IN THOUSAND U.S. DOLLARS – COMMERCE PAR PRODUIT EN MILLIERS DE DOLLARS E.U

IMPORTS – IMPORTATIONS

COUNTRIES–PAYS	1988	1989	1990	1991	1992
Total	3569169	3860330	3956367	x4529379	x4841441
Africa	x99143	x181338	x238160	x213746	x214251
Northern Africa	x13932	x21144	x57245	x70632	x61941
Americas	936357	758627	631430	494842	x767482
LAIA	165820	124101	141476	124924	x165117
CACM	x4806	x3587	x5174	x8638	x11134
Asia	187213	x210101	x282141	x537089	x736854
Middle East	x65163	x91061	x105529	x342574	x521396
Europe	2189996	2521815	2693932	2992378	2880287
EEC	2077841	2404831	2508247	2857991	2696606
EFTA	81226	86942	135192	114564	155800
Oceania	x27668	x47799	x56469	x29485	x22244
France, Monac	620283	741931	774963	883727	875993
Belgium-Luxembourg	199803	342835	375702	505291	245311
Italy/Italie	225021	291650	360869	287370	329274
Spain/Espagne	378896	335027	289077	270160	242599
Canada	437163	327880	278251	214049	375835
Netherlands/Pays-Bas	174725	199604	248368	300017	284764
Germany/Allemagne	55659	63761	181661	413569	433412
USA/Etats-Unis d'Amer	318139	288337	194533	137772	209112
United Kingdom	306409	292777	125195	76551	129678
Saudi Arabia	37659	46440	x47962	x172894	x225420
Portugal	74766	73783	88043	86238	101877
Austria/Autriche	50511	53984	92602	83049	117481
Former USSR/Anc. URSS	x33900	x79218	x14302	x91646	
So. Africa Customs Un	x5718	76817	77659	x14548	x14426
Hong Kong	45380	48448	33999	67344	104105
Poland/Pologne	x14943	x30908	x20939	x75216	x29393
Colombia/Colombie	72151	67385	52693	6112	33000
Iran (Islamic Rp. of)	x21	x1161	x1455	x108103	x213102
Mexico/Mexique	54580	21981	38578	45756	31589
Australia/Australie	24477	39683	45558	16092	12825
Yugoslavia SFR	29679	27470	48825	x18971	
Switz. Liecht	21622	29032	36831	27441	32723
Ireland/Irlande	19450	37453	38405	8462	21078
Thailand/Thailande	3381	18006	43291	18799	21110
Greece/Grèce	12109	21378	23452	24273	x29090
Chile/Chili	23616	23522	12234	27360	x32516
Singapore/Singapour	9679	13214	24953	21895	10473
Malaysia/Malaisie	5388	8937	19724	29867	x26934
Hungary/Hongrie	x8881	x9054	x14798	30106	x22990
Czechoslovakia	x5201	170	1985	x47321	x129300
Iraq	x2865	x19544	x27082		
Turkey/Turquie	x8244	4945	16781	23995	32600
Zimbabwe	x3537	x272	8050	34565	x2391
Philippines	4022	x11436	19234	9180	11120
Algeria/Algérie	77	5347	10481	23128	x21577
Libyan Arab Jamahiriya	x8790	x3363	x5262	x30102	x25868
Nigeria/Nigéria	x5152	x4249	15008	x19336	x23434
China/Chine	10373	5899	10084	22201	16592
Bulgaria/Bulgarie	x59284	x18554	x1647	x17408	6592
Zambia/Zambie	x5845	x11264	x11723	x14278	x48523
Malawi	x3970	x15615	x8176	x12892	x7876
Tunisia/Tunisie	162	7984	19329	8481	1990
United Arab Emirates	x4726	x7320	x7126	x18532	x22607
Indonesia/Indonésie	38866	7741	12137	13007	9250
Ecuador/Equateur	5138	3769	4510	21817	753
Peru/Pérou	163	991	20683	6481	x2815
Cameroon/Cameroun	x4841	6933	x6879	10365	x6917
New Zealand	1436	5088	9729	8333	5544
Sudan/Soudan	x259	x1683	x13626	x2212	2320
Cote d'Ivoire	x1598	x5265	x4050	x4656	x9045

EXPORTS – EXPORTATIONS

COUNTRIES–PAYS	1988	1989	1990	1991	1992
Totale	3569724	3624501	3853733	4494006	5032254
Afrique	x6604	x2417	x4819	x12423	x1554
Afrique du Nord	5962	x1425	x3287	x9200	x220
Amériques	1144294	828210	626267	595116	1020441
ALAI	48911	43955	26016	19554	31282
MCAC	x8	x70	x9	x25	x18
Asie	148200	151867	125681	189004	369630
Moyen-Orient	2245	4731	x687	x4083	x1314
Europe	2121477	2520752	3010508	3637120	3612590
CEE	2023766	2442914	2876236	3493078	3497851
AELE	97441	77785	133072	143997	114246
Océanie	x10130	3601	4291	1474	5942
Netherlands/Pays-Bas	687415	819881	976298	943658	809395
Germany/Allemagne	740631	890393	816371	974929	1289427
Belgium-Luxembourg	211620	279087	458656	689021	491869
USA/Etats-Unis d'Amer	382630	278123	405386	439734	772554
France, Monac	179299	220669	305275	460475	451320
Canada	712677	506061	194462	135665	215659
Italy/Italie	164917	176737	232648	270335	291384
Japan/Japon	136581	139892	108569	169832	350990
Sweden/Suède	42892	34072	69545	87299	17322
United Kingdom	19894	32996	51302	80253	43324
Former USSR/Anc. URSS	x39667	x38545	x34012	x41169	
Austria/Autriche	27918	23025	41285	41525	50321
Spain/Espagne	15243	15718	24509	59719	106187
Brazil/Brésil	47032	39533	18159	15879	28436
Czechoslovakia	x56455	x39451	x19024	x4382	x8390
Switz. Liecht	26191	20328	21200	15021	37321
Hungary/Hongrie	x28065	x15362	x11412	x10673	x10703
Romania/Roumanie	x1396	x18268	x15345	x287	x52
Denmark/Danemark	3438	4724	9564	11567	12317
Hong Kong	6898	2459	9487	7233	11902
Singapore/Singapour	1824	3988	5888	6399	3018
Mexico/Mexique	676	2270	6712	2412	1546
Australia/Australie	5743	3376	4186	1210	5691
Algeria/Algérie	5704	1104	2051	5563	x15
Poland/Pologne	x12594	x3859	x2064	x2358	x2502
Ireland/Irlande	2020	2391	920	1927	1865
Libyan Arab Jamahiriya	x12	x321	x1231	x3607	x45
Saudi Arabia	1730	3804		x213	x131
Turkey/Turquie	x72	320		2539	64
Former GDR	x243	x2169	x310		
Cameroon/Cameroun		213		1706	x25
Portugal		292	538	907	678
So. Africa Customs Un	x329	x212	x500	x989	x1039
Cyprus/Chypre	36	331	456	893	1022
Colombia/Colombie		82	601	795	570
Yugoslavia SFR	269		1115	x17	
Venezuela	344	x745	x231	40	81
Bangladesh				x994	
Finland/Finlande	52	77	810	72	371
Peru/Pérou	x68	x717	x4	x164	
Argentina/Argentine	699	533	144	86	309
Kenya			727		
Norway, SVD, JM	376	284	232	80	8910
Malaysia/Malaisie	66	264	142	126	x603
Syrian Arab Republic				x474	
China/Chine	238	169	296	5	
Greece/Grèce	11	27	156	287	x84
New Zealand	342	189	98	181	78
Israel/Israël	173		446		
Senegal/Sénégal		267	98		

(VALUE AS % OF TOTAL)(VALEUR EN % DU TOTAL)

	1983	1984	1985	1986	1987	1988	1989	1990	1991	1992
Africa	x14.4	x10.5	x12.4	x6.2	x2.5	x2.8	x4.7	x6.1	x4.7	x4.4
Northern Africa	x8.9	x2.6	x4.6	x2.2	x0.4	x0.4	x0.5	x1.4	x1.6	x1.3
Americas	7.6	16.5	19.9	x17.8	x26.9	26.3	19.7	15.9	11.0	x15.9
LAIA	3.4	5.7	10.5	3.2	5.3	4.6	3.2	3.6	2.8	x3.4
CACM	x0.2	0.4		x0.2	x0.2	x0.1	x0.1	x0.1	x0.2	x0.2
Asia	x29.6	x22.0	x7.9	x4.2	x4.7	5.2	x5.5	x7.1	x11.9	x15.2
Middle East	x27.9	x20.2	x5.9	x3.1	x2.2	x1.8	x2.4	x2.7	x7.6	x10.8
Europe	47.7	49.7	56.5	69.9	62.6	61.4	65.3	68.1	66.1	59.5
EEC	46.6	46.4	52.4	64.9	59.5	58.2	62.3	63.4	63.1	55.7
EFTA	1.1	1.1	1.5	x3.4	2.7	2.3	2.3	3.4	2.5	3.2
Oceania	0.7	x1.3	3.3	x1.8	x0.8	x0.7	x1.3	x1.4	x0.6	x0.5
France, Monac	19.4	16.7	15.6	21.4	19.7	17.4	19.2	19.6	19.5	18.1
Belgium-Luxembourg	2.9	3.3	3.5	6.2	7.6	5.6	8.9	9.5	11.2	5.1
Italy/Italie	3.0	2.9	4.4	7.4	5.5	6.3	7.6	9.1	6.3	6.8
Spain/Espagne	1.6	1.8	2.3	4.7	8.2	10.6	8.7	7.3	6.0	5.0
Canada				x5.3	x9.7	12.2	8.5	7.0	4.7	7.8
Netherlands/Pays-Bas	3.4	3.8	5.4	6.2	5.5	4.9	5.2	6.3	6.6	5.9
Germany/Allemagne	1.4	1.8	2.1	2.0	1.8	1.6	1.7	4.6	9.1	9.0
USA/Etats-Unis d'Amer	3.2	8.2	8.5	7.4	10.8	8.9	7.5	4.9	3.0	4.3
United Kingdom	12.7	14.1	16.9	14.3	8.2	8.6	7.6	3.2	1.7	2.7
Saudi Arabia	x6.7	4.5	x4.2	1.1	1.2	1.1	x1.2	x3.8	x4.7	

	1983	1984	1985	1986	1987	1988	1989	1990	1991	1992
Afrique	x0.0	x0.0	0.1	x0.1	x0.0	x0.2	x0.1	x0.1	x0.3	x0.0
Afrique du Nord									x0.2	x0.0
Amériques	x10.7	8.4	9.4	x19.7	x26.7	32.1	22.8	16.3	13.2	20.2
ALAI	x0.0	0.2	0.9	0.5	1.1	1.4	1.2	0.7	0.4	0.6
MCAC						x0.0	x0.0	x0.0	x0.0	x0.0
Asie	x3.3	x6.1	x5.6	x5.1	4.5	4.1	4.2	3.2	4.2	7.4
Moyen-Orient	x0.2	x0.1	x0.2	x0.2	x0.1	0.1	0.1	x0.1	x0.1	x0.0
Europe	85.8	85.4	84.9	74.9	63.6	59.4	69.5	78.1	80.9	71.8
CEE	80.1	76.4	81.1	71.8	61.4	56.7	67.4	74.6	77.7	69.5
AELE	5.8	9.0		3.8	x3.1	x2.2	2.1	2.7	3.5	2.3
Océanie	x0.0			x0.0	x0.1	x0.3	0.1	0.1		0.1
Netherlands/Pays-Bas	18.3	20.4	23.6	25.5	21.1	19.3	22.6	25.3	21.0	16.1
Germany/Allemagne	42.4	37.7	33.8	27.1	22.7	20.7	24.6	21.2	21.7	25.6
Belgium-Luxembourg	1.3	2.3	1.7	1.7	5.7	5.9	7.7	11.9	15.3	9.8
USA/Etats-Unis d'Amer	10.7	8.2	8.5	8.6	12.7	10.7	7.7	10.5	9.8	15.4
France, Monac	4.1	6.1	7.8	6.8	4.5	5.0	6.1	7.9	10.2	9.0
Canada				x10.6	x12.9	20.0	14.0	5.0	3.0	4.3
Italy/Italie	9.7	7.2	11.0	9.0	5.8	4.6	4.9	6.0	6.0	5.8
Japan/Japon	3.8	5.8	5.2	4.6	4.2	3.8	3.9	2.8	3.8	7.0
Sweden/Suède	3.6	7.2	0.8	0.8	0.4	1.2	0.9	1.8	1.9	0.3
United Kingdom	3.9	2.4	2.8	1.2	1.1	0.6	0.9	1.3	1.8	0.9

7841 Motor Vehicle Chassis

CHASSIS 722, 781, 782, 783 7841

TRADE BY COMMODITY IN THOUSAND U.S. DOLLARS – COMMERCE PAR PRODUIT EN MILLIERS DE DOLLARS E.U

IMPORTS – IMPORTATIONS

COUNTRIES–PAYS	1988	1989	1990	1991	1992
Total	3409151	2934454	5294850	7234736	8237888
Africa	x80320	x97775	x96065	x77973	x102645
Northern Africa	19711	25940	39250	x33343	19857
Americas	x1594082	x986297	3153097	5536216	6601318
LAIA	75657	58271	2688846	5314758	6350203
CACM	7564	2843	2122	3300	x13255
Asia	839935	943029	1257474	767098	798876
Middle East	x22896	x13338	x25837	x49876	x56947
Europe	583210	655117	747909	827794	688426
EEC	448862	491311	594426	722199	578292
EFTA	126477	150960	146615	95808	102686
Oceania	x42638	x54903	x24025	x20132	x34448
Mexico/Mexique	734	318	2620878	5213451	6171121
Thailand/Thaïlande	582000	741914	954199	542143	511401
USA/Etats–Unis d'Amer	1433886	841270	369952	122904	144830
Germany/Allemagne	49481	91257	174543	249983	167181
Spain/Espagne	108987	98808	92388	149252	99362
Belgium–Luxembourg	102947	90029	97363	123469	109030
Finland/Finlande	93885	123318	111653	65478	62163
Canada	62276	71638	87608	92201	91676
United Kingdom	61927	68212	66941	35701	50301
Philippines	82409	x23885	111598	1449	446
Israel/Israël	34092	33002	50192	52380	61012
China/Chine	51668	54655	39244	39964	38043
Portugal	29955	35286	26002	40416	31431
Netherlands/Pays–Bas	11511	27660	37926	34069	33888
Italy/Italie	42568	32925	36683	27602	27282
France, Monac	22370	26801	34931	32386	32289
Singapore/Singapour	13931	25016	38681	21603	25058
Australia/Australie	36513	48034	19933	15665	30434
Chile/Chili	12117	23732	22719	35003	x49680
Bulgaria/Bulgarie	x93458	x80268		x81	122
So. Africa Customs Un	28502	24777	27191	x17542	x11136
Colombia/Colombie	21514	22736	26834	13321	4090
Former USSR/Anc. URSS	x55584	x54754	x1048	x1346	
Hong Kong	10004	21654	11871	21517	30442
Tunisia/Tunisie	7427	15990	23242	15321	15840
Venezuela	34191	8930	6768	35908	42552
Norway, SVD, JM	11051	9757	14200	13656	13576
Denmark/Danemark	12222	8084	12545	13005	12247
Malaysia/Malaisie	11311	12523	7571	12434	x46709
Poland/Pologne	x38055	x25681	x460	x1076	x750
Turkey/Turquie	195	374	16571	9446	26079
Bangladesh	x11648	x11133	x7772	x7004	x8256
Iran (Islamic Rp. of)	x2692	x103	x370	x23665	x826
Switz.Liecht	11752	8210	9801	5849	7937
Ireland/Irlande	2929	4218	10708	7014	873
Greece/Grèce	3967	8031	4396	9303	x14409
Austria/Autriche	7095	6762	6535	7679	17316
Yugoslavia SFR	3721	5515	6486	x8790	
Hungary/Hongrie	x12907	x9306	x7937	1925	x9723
Zambia/Zambie	x1134	x8021	8305	x1558	x8861
Former GDR	x31299	x17369	x11	x3052	x2932
Kenya	8883	x7642	4282	x6955	x612
Libyan Arab Jamahiriya	9824	4554	2022	8990	5885
Ecuador/Equateur	3672		4171	8990	5885
Sri Lanka	6335	2141	4570	5731	2926
Romania/Roumanie	x33224	7020	4968	125	x70
Zimbabwe	x4889	x6387	319	5213	x18701
Mauritius/Maurice	x8184	x1842	x4378	x5675	x4235
United Arab Emirates			x1414	x6	x44
Cuba	x11974	x9995			
New Zealand	5254	5420	3116	2446	3445

EXPORTS – EXPORTATIONS

COUNTRIES–PAYS	1988	1989	1990	1991	1992
Totale	x2298887	x1935096	2095684	1751790	1768181
Afrique	x1121	x19	x258	x2375	x1152
Afrique du Nord	x29			x258	x210
Amériques	573688	242931	404715	308703	393551
ALAI	45296	75395	76115	123061	226333
MCAC	143	x4	x190	x2	0
Asie	374740	x427384	472892	387089	x400633
Moyen–Orient	213	2054	x749	x1309	x1002
Europe	872370	929433	1008091	936147	967626
CEE	592081	602112	692676	666342	643153
AELE	278792	326383	313563	269119	322631
Océanie	571	164	x2332	3016	927
Japan/Japon	350377	397673	438058	336646	386680
Germany/Allemagne	243973	255674	289411	294939	294898
Sweden/Suède	248586	296311	274041	228095	283482
USA/Etats–Unis d'Amer	483531	111495	111523	122229	147850
Czechoslovakia	x369550	x207426	x108218	x22099	x1345
Canada	44476	55990	216694	63311	19334
Italy/Italie	66187	96496	123933	96947	82216
Former USSR/Anc. URSS	x30271	x103889	x80990	x89885	
United Kingdom	100161	79013	109910	71761	88637
Brazil/Brésil	33599	53988	39859	72686	140156
Netherlands/Pays–Bas	46801	51092	52487	41712	74869
Belgium–Luxembourg	24826	23585	37890	80046	52048
France, Monac	28678	38059	45468	33792	29176
Spain/Espagne	71389	53557	23424	36554	18805
Mexico/Mexique	8520	17284	31319	44479	79443
India/Inde	15975	x14908	30703	33153	x4540
Switz.Liecht	18683	16758	21261	28304	30891
Finland/Finlande	5493	8355	8217	4867	2347
Singapore/Singapour	3856	8938	1311	9358	1258
Ireland/Irlande	3509	2618	8746	6665	615
Austria/Autriche	1166	2157	8297	6407	5234
Former GDR	x5214	x6936	x6501		
Poland/Pologne	x299	x6399	x5811	x62	x298
Hungary/Hongrie	x5917	x6633	x2494	x2314	x2568
Argentina/Argentine	2952	3508	4339	2669	6253
Romania/Roumanie	x2240	x3884	x3066	84	x70
Norway, SVD, JM	4865	2803	1747	2926	883
Australia/Australie	442	164	2202	2966	341
Portugal	1863	1092	402	x687	
Yugoslavia SFR	1496	938	1852		
Denmark/Danemark	4638	865	889	922	1331
Korea Dem People's Rp			x128	x2327	x3040
Philippines		x1968		139	
Hong Kong	354	784	642	597	983
Ethiopia/Ethiopie			0	x1864	x67
China/Chine	184	578	131	1139	2083
Malaysia/Malaisie	65	21	346	1407	x42
Peru/Pérou		x53	x89	x1615	x255
Saudi Arabia	210	282	x590	x803	x20
Chile/Chili	23	31	2	x1549	x64
Turkey/Turquie		883	6	454	824
Korea Republic	3472	112	562	451	295
Kuwait/Koweit		837			
Pakistan	116	22	230	563	705
Venezuela	x199	x496	39	13	14
Colombia/Colombie	x1		x468	23	147
Bulgaria/Bulgarie	x62906		x317	x15	x10
			201	47	38
Mauritius/Maurice	x1	x9	x2	x202	x784
So. Africa Customs Un	56	59	116	37	x217
Greece/Grèce					

(VALUE AS % OF TOTAL)(VALEUR EN % DU TOTAL)

	1983	1984	1985	1986	1987	1988	1989	1990	1991	1992		1983	1984	1985	1986	1987	1988	1989	1990	1991	1992
Africa	x11.2	x4.5	x5.1	x4.2	x2.2	x2.3	3.3	x1.8	x1.0	x1.2	Afrique	x0.0			x0.0		x0.0	x0.0	x0.0	x0.1	x0.0
Northern Africa	x0.5	x0.3	x0.3	0.3	0.3	0.6	0.9	0.7	x0.5	0.2	Afrique du Nord					x0.0	x0.0			x0.0	x0.0
Americas	x47.9	x55.7	x65.0	x61.2	x51.5	x46.8	33.6	59.5	76.5	80.2	Amériques	x39.3	45.0	41.5	x65.6	x51.6	25.0	12.6	19.4	17.6	22.3
LAIA	0.9	1.5	1.2	x1.7	x2.9	2.2	2.0	50.8	73.5	77.1	ALAI	0.0	0.4	0.2	x1.8	1.2	2.0	3.9	3.6	7.0	12.8
CACM	x0.1	0.9	1.4	x0.2	0.2	0.1	0.1	0.0	0.0	x0.2	MCAC	x0.0					0.0	0.0	0.0	x0.0	0.0
Asia	28.7	26.9	16.8	x17.9	21.7	24.7	32.1	23.8	10.6	9.7	Asie	19.3	19.1	16.0	9.6	11.8	16.3	x22.1	22.6	22.1	x22.7
Middle East	x2.5	x2.3	x2.3	x1.7	x0.3	x0.7	x0.5	x0.5	x0.7	x0.7	Moyen–Orient	x0.0	x0.0	x0.1	x0.0	x0.0	0.0	0.1	x0.0	x0.1	x0.1
Europe	11.8	11.7	11.7	14.8	14.1	17.1	22.3	14.1	11.4	8.4	Europe	41.3	35.7	42.4	24.8	24.6	37.9	48.0	48.1	53.4	54.7
EEC	9.2	9.0	8.9	11.1	11.1	13.2	16.7	11.2	10.0	7.0	CEE	32.8	26.7	29.7	16.2	14.7	25.8	31.1	33.1	38.0	36.4
EFTA	2.6	2.6	2.4	3.0	2.6	3.7	5.1	2.8	1.3	1.2	AELE	8.5	9.0	12.8	8.5	9.8	12.1	16.9	15.0	15.4	18.2
Oceania	0.4	1.1	1.5	1.9	x1.3	x1.2	x1.8	x0.4	x0.3	x0.4	Océanie			0.1						x0.1	0.1
Mexico/Mexique		0.0	0.0	x0.1	x0.1	0.0	0.0	49.5	72.1	74.9	Japan/Japon	18.0	18.4	14.7	8.2	9.9	15.2	20.6	20.9	19.2	21.9
Thailand/Thaïlande	16.3	17.2	10.1	9.6	13.0	17.1	25.3	18.0	7.5	6.2	Germany/Allemagne	18.1	13.0	12.9	8.3	7.5	10.6	13.2	13.8	16.8	16.7
USA/Etats–Unis d'Amer	41.0	46.6	57.0	53.9	42.2	42.1	28.7	7.0	1.7	1.7	Sweden/Suède	8.2	8.8	12.1	8.2	10.8	15.3	13.1	13.0	16.0	
Germany/Allemagne	0.2	0.3	0.6	0.9	0.9	1.5	3.1	3.3	3.5	2.0	USA/Etats–Unis d'Amer	39.3	44.6	41.3	27.8	21.9	21.0	5.8	5.3	7.0	8.4
Spain/Espagne	1.2	0.8	1.0	1.7	2.3	3.2	3.4	1.7	2.1	1.2	Czechoslovakia					5.0	x16.1	x10.7	x5.2	x1.3	x0.1
Belgium–Luxembourg	2.1	2.1	2.1	2.8	2.7	3.0	3.1	1.8	1.7	1.3	Canada	3.5	2.8	3.6	2.0	1.6	2.9	5.0	5.9	5.5	4.6
Finland/Finlande	1.2	1.4	1.1	1.8	1.6	2.8	4.2	2.1	0.9	0.8	Italy/Italie				x36.0	x28.5	1.9	2.9	10.3	3.6	1.1
Canada	3.2	4.3	4.5	3.7	4.4	1.8	2.4	1.7	1.3	1.1	Former USSR/Anc. URSS					x0.0	x1.3	x5.4	x3.9	x5.1	
United Kingdom	0.9	0.5	0.7	1.0	1.2	2.3	1.3	0.5	0.6		United Kingdom	7.2	7.6	8.5	3.1	2.6	4.4	4.1	5.2	4.1	5.0
Philippines	2.2	0.1	0.1	0.3	x0.2	2.4	0.8	2.1	0.0	0.0	Brazil/Brésil	0.0	0.0	0.7	1.1	1.5	2.8	1.9	4.1	7.9	

715

7851 MOTORCYCLES ETC

MOTO VELO MOTEUR AUXIL 7851

TRADE BY COMMODITY IN THOUSAND U.S. DOLLARS – COMMERCE PAR PRODUIT EN MILLIERS DE DOLLARS E.U

COUNTRIES–PAYS	1988	1989	1990	1991	1992	COUNTRIES–PAYS	1988	1989	1990	1991	1992
	IMPORTS – IMPORTATIONS						EXPORTS – EXPORTATIONS				
Total	3142253	3404317	3791805	4518690	5751507	Totale	3200382	3294453	3979105	4767128	6036074
Africa	x102405	x84383	x96151	x119159	x139356	Afrique	x1369	x1293	x2544	x1726	x1794
Northern Africa	28425	19935	20950	15761	x11087	Afrique du Nord	199	166	91	x141	x194
Americas	693995	707024	537436	744976	1149942	Amériques	244364	243999	351917	495689	x574180
LAIA	84890	67854	74195	161228	362338	ALAI	15027	30576	19822	16441	x59771
CACM	9037	6884	10170	10134	x15193	MCAC	x44	x105	x44	x65	x41
Asia	454751	x461494	599996	x809709	x1113215	Asie	2188197	2207553	2550258	3224706	4261643
Middle East	x36363	x19445	x39757	x94472	x85451	Moyen–Orient	3196	3093	x796	x966	x1619
Europe	1546041	1804655	2429640	2712248	3221575	Europe	581807	705398	966314	984989	1171547
EEC	1327388	1584909	2138703	2448712	2925713	CEE	532409	660580	904563	940169	1127247
EFTA	209622	212327	273131	246555	286440	AELE	44947	39363	52438	39849	37523
Oceania	x120426	x123909	x115345	x113093	x118280	Océanie	17770	x12584	x6958	x6776	x10294
Germany/Allemagne	318289	355483	454372	598124	854910	Japan/Japon	1973475	2027483	2266553	2841577	3637640
USA/Etats–Unis d'Amer	515172	546329	367190	492102	672529	USA/Etats–Unis d'Amer	207063	204119	325951	466332	503200
France, Monac	341459	386007	418746	491251	503771	Italy/Italie	227827	256255	331652	331043	358660
Italy/Italie	146519	204962	302274	380398	513728	Germany/Allemagne	116361	172918	218851	216601	214693
Spain/Espagne	126160	205319	298318	278653	279950	France, Monac	88358	131935	187584	193774	244706
United Kingdom	183776	201855	293851	229362	192157	Hong Kong	144026	72565	104863	225026	393887
Hong Kong	170618	90812	134067	283562	548330	Singapore/Singapour	24805	63258	117122	83898	100728
Netherlands/Pays–Bas	75929	75058	130399	167542	204541	Belgium–Luxembourg	24939	32460	65828	70333	65281
Switz.Liecht	109260	103946	148394	114652	143038	Czechoslovakia	x59829	x51289	x58520	x22301	x15948
Singapore/Singapour	36024	77022	128991	91330	111054	United Kingdom	28343	22202	43263	58459	74020
Australia/Australie	90405	100817	90773	88899	97757	Spain/Espagne	29457	27612	35488	43002	137971
Japan/Japon	80919	83170	88807	103862	103451	Austria/Autriche	36015	27270	41989	29257	22141
Belgium–Luxembourg	47578	50337	79185	115979	119208	Former USSR/Anc. URSS	x15480	x27145	x26238	x30596	
Greece/Grèce	36961	55956	85228	74105	x96337	Former GDR	x91274	x44996	x16086		
Former USSR/Anc. URSS	x214111	x206908	x835	x5259		Korea Republic	63572	62509	60855	61428	76885
Canada						Brazil/Brésil	13178	20275	20350	20038	24985
Portugal	32172	35196	55593	89562	135801	India/Inde	12913	18968	17562	12132	46324
Austria/Autriche	38366	41067	48439	60119	73121	Netherlands/Pays–Bas	8839	x4743	22615	20685	x20962
Sweden/Suède	34446	36394	43540	42710	46404	Thailand/Thaïlande	10674	11452	13786	13971	15454
Malaysia/Malaisie	17594	27959	31306	45151	x22946	Canada	7399	8006	7781	11933	x5439
Sri Lanka						Australia/Australie	21232	8161	5916	12527	10796
Mexico/Mexique	9057	24040	36036	41666	22022	Yugoslavia SFR	16802	11633	5479	5770	8499
Argentina/Argentine	50406	36449	25936	30329	57388	Indonesia/Indonésie	4389	5431	9282	x4750	
Pakistan	241	392	6515	79499	228356	Portugal	10684	4036	3219	10377	44147
Philippines	14738	22164	26463	31642	40364	Mexico/Mexique	3038	2845	5601	7589	7354
Viet Nam	12442	x17847	33316	29045	x71608	Switz.Liecht	4031	5864	2562	3777	4780
Colombia/Colombie	x9920	x13778	x34476	x30229	7598	China/Chine	1096	10042	473	1333	686
China/Chine	13488	21034	21426	22221	8869	Sweden/Suède	2750	3551	4549	3162	5803
Finland/Finlande	36673	50830	9304	3963	9631	Denmark/Danemark	1224	1466	3073	5413	21989
Iran (Islamic Rp. of)	13449	19369	22785	18087	x24953		2063	2619	3131	3298	4328
	x16746	x3755	x6691	x42674			3209	2675	2214	3499	6439
Turkey/Turquie	2285	2968	18748	29436	24276	Macau/Macao	939	1173	783	2896	3276
New Zealand	24116	17200	18100	15049	14200	Argentina/Argentine	833	1095	1235	2063	3067
Denmark/Danemark	16110	10772	14801	15106	18274	Malaysia/Malaisie	148	1283	2487	467	x1116
Burkina Faso	x13918	5460	6005	x22396	x29788	New Zealand	877	915	1426	988	1778
Bangladesh	x5934	x10013	x12183	x9983	x3637	Saudi Arabia	2293	1907	x135	x60	x26
Norway, SVD, JM	13635	11266	9678	10473	13820	Ireland/Irlande	160	179	259	1659	1600
So. Africa Customs Un	13989	8486	9647	x13225	x12480	Philippines	14	x4	256	1109	3716
Korea Republic	3829	10485	6077	9706	8948	Cyprus/Chypre	447	761	239	337	285
Yugoslavia SFR	5246	3497	11488	x8806	x19120	Cameroon/Cameroun	x160	441	x125	757	x2
Nigeria/Nigéria	x4702	x6091	x4373	x11058		Uruguay	46	313	443	450	79
Mauritius/Maurice	x1439	x2547	8394	9695	9637	Kenya	99		1179		
Dominican Republic	6450	x7224	x8151	x4482	x8171	So. Africa Customs Un	x411	x279		x13	x6
Tunisia/Tunisie	7357	6339	9642	3496	1078	Panama	x683	x753	x396	x441	x481
Ireland/Irlande	2435	3964	5937	8266	7035	Turkey/Turquie	276	171	15	38	60
Reunion/Réunion	5854	5022	5317	7569	7915	Finland/Finlande	78	59	181	284	93
Brazil/Brésil	489	809	7211	9219	8549	Nigeria/Nigéria	x161	x129	176	353	470
Morocco/Maroc	4619	3537	5191	7795	6366	Sri Lanka	136	x266	x138	x105	
Israel/Israël	6374	4430	5070	6232	10367	Poland/Pologne	x107	111	193	218	477
Czechoslovakia	x1023	5415	8818	x1179	x2270	United Arab Emirates	x96	x140	x80	x170	x340
Lao People's Dem. Rp.	x7017	x2136	x4219	x8308	x6306	Greece/Grèce	43	48	x134	x175	x203
									38	239	x1069

(VALUE AS % OF TOTAL)(VALEUR EN % DU TOTAL)

	1983	1984	1985	1986	1987	1988	1989	1990	1991	1992		1983	1984	1985	1986	1987	1988	1989	1990	1991	1992
Africa	x5.6	x5.9	x3.7	x3.9	x3.3	x3.2	x2.4	x2.6	x2.6	x2.4	Afrique	x0.1		x0.1	x0.0	x0.0	x0.0	x0.0	x0.1	x0.0	x0.0
Northern Africa	1.5	3.0	1.9	0.9	0.4	0.9	0.6	0.6	0.3	x0.2	Afrique du Nord	0.0	0.0	0.0	0.0	0.0	0.0	0.0	0.0	0.0	0.0
Americas	39.4	38.0	47.4	x40.0	x22.6	22.1	20.8	14.2	16.4	20.0	Amériques	x2.7	x3.0	3.0	x2.9	x4.6	7.6	7.4	8.8	10.4	x9.5
LAIA	1.3	1.0	0.7	x1.2	x1.5	2.7	2.0	2.0	3.6	6.3	ALAI	x0.0	0.1	0.3	0.1	0.5	0.9	0.5	0.3	1.0	
CACM	x0.1	0.1	0.2	x0.2	x0.3	0.3	0.2	0.3	0.2	x0.3	MCAC	x0.0	0.0	0.0	0.0	0.0	0.0	0.0	0.0	0.0	0.0
Asia	11.7	12.6	10.1	x7.8	x9.4	14.5	13.6	15.8	x17.9	x19.4	Asie	84.0	83.3	83.9	80.2	69.2	68.4	67.0	64.1	67.6	70.6
Middle East	x1.8	x2.6	x1.7	x1.4	x0.7	x1.2	x0.6	x1.0	x2.1	x1.5	Moyen–Orient	x0.1	0.1	x0.1	x0.0	0.1	0.1	x0.0	0.0	0.0	0.0
Europe	36.2	35.5	33.7	45.0	52.5	49.2	53.0	64.1	60.0	56.0	Europe	12.8	13.2	13.1	16.8	19.9	18.2	21.4	24.3	20.7	19.4
EEC	30.1	29.2	27.6	36.4	44.0	42.2	46.6	56.4	54.2	50.9	CEE	10.8	10.6	10.4	14.3	17.2	16.6	20.1	22.7	19.7	18.7
EFTA	6.1	6.2	6.0	8.4	8.3	6.7	6.2	7.2	5.5	5.0	AELE	1.9	2.1	2.6	2.3	2.5	1.4	1.2	1.3	0.8	0.6
Oceania	x4.0	x4.8	x5.2	x3.4	x3.5	x3.8	x3.7	x3.1	x2.5	x2.0	Océanie	x0.0			0.4	0.6	0.4	x0.2	x0.1	x0.2	
Germany/Allemagne	9.2	8.7	7.1	8.8	11.0	10.1	10.4	12.0	13.2	14.9	Japan/Japon	80.6	80.1	81.9	78.7	67.0	61.7	61.5	57.0	59.6	60.3
USA/Etats–Unis d'Amer	28.3	25.6	39.3	33.1	17.3	16.4	16.0	10.9	10.9	11.7	USA/Etats–Unis d'Amer	2.7	2.9	2.7	2.7	4.2	6.5	6.2	8.2	9.8	8.3
France, Monac	5.3	5.7	5.4	8.5	11.3	10.9	11.3	11.0	10.9	8.8	Italy/Italie	3.9	3.1	2.9	4.6	6.4	7.1	7.8	8.3	6.9	5.9
Italy/Italie	4.6	5.2	4.9	6.8	6.4	4.7	6.0	8.0	8.4	8.9	Germany/Allemagne	2.8	3.6	3.8	5.1	4.8	3.6	5.2	5.5	4.5	3.6
Spain/Espagne	0.7	0.7	0.9	1.8	3.0	4.0	6.0	7.9	6.2	4.9	France, Monac	1.8	1.7	1.6	1.9	2.4	2.8	4.0	4.7	4.1	4.1
United Kingdom	5.4	4.4	4.9	4.9	5.2	5.8	5.9	7.7	5.1	3.3	Hong Kong	2.8	2.6	1.4	0.8	1.1	4.5	2.2	2.6	4.7	6.5
Hong Kong	3.0	3.6	2.0	1.1	1.5	5.4	2.7	3.5	6.3	9.5	Singapore/Singapour	0.1	0.1	0.1	0.2	0.4	0.8	1.9	2.9	1.8	1.7
Netherlands/Pays–Bas	1.6	1.5	1.6	2.2	2.7	2.4	2.2	3.4	3.7	3.6	Belgium–Luxembourg	0.7	0.8	0.9	0.9	0.8	1.0	1.7	1.5	1.1	
Switz.Liecht	2.8	3.1	3.3	5.1	4.7	3.5	3.1	3.9	2.5	2.5	Czechoslovakia					3.2	x1.9	x1.6	x1.5	x0.5	x0.3
Singapore/Singapour	0.6	0.6	0.6	0.4	0.7	1.1	2.3	3.4	2.0	1.9	United Kingdom	1.0	0.8	0.6	1.0	1.2	0.7	1.1	1.2	1.2	

78539 PARTS, ACCES NES OF 785 — PIECES DU 785 78539

TRADE BY COMMODITY IN THOUSAND U.S. DOLLARS – COMMERCE PAR PRODUIT EN MILLIERS DE DOLLARS E.U

IMPORTS – IMPORTATIONS

COUNTRIES–PAYS	1988	1989	1990	1991	1992
Total	2505936	2610619	3445008	3914276	4369064
Africa	x93285	x91081	x95274	x105094	x130137
Northern Africa	22115	18951	21135	24043	x30656
Americas	566520	506431	567456	677132	740065
LAIA	66309	67813	71432	113614	152920
CACM	15500	15584	12741	13601	x5739
Asia	534024	557212	797104	1093637	1317238
Middle East	x18720	x17851	x27379	x42357	x52380
Europe	1097095	1293426	1886128	1950574	2100299
EEC	905459	1105081	1618556	1683355	1849158
EFTA	183237	182633	257322	251648	237027
Oceania	x47468	x44953	x45650	x55962	x50969
Germany/Allemagne	255425	316551	470271	520558	523137
USA/Etats–Unis d'Amer	367582	317697	376499	447358	476327
France, Monac	153586	200515	279529	257840	321655
Netherlands/Pays–Bas	113395	132546	199650	227941	231487
Italy/Italie	87265	121363	196786	203266	243143
Indonesia/Indonésie	118424	122271	176664	216234	203941
United Kingdom	114827	132014	171907	166164	182099
Hong Kong	37017	64149	131295	201918	276509
Thailand/Thaïlande	70813	87882	130977	162993	189242
Spain/Espagne	62569	80072	127664	127376	170626
Canada	108320	93999	94599	84562	86602
China/Chine	42855	47845	55020	159614	159876
Switz.Liecht	66977	66087	95738	97813	87094
Japan/Japon	49443	64404	81277	101862	101755
Belgium–Luxembourg	58653	61092	84060	50508	51857
Austria/Autriche	38585	36712	54897	50468	46091
Denmark/Danemark	36988	34170	50241	50468	43476
Sweden/Suède	34780	33056	46155	45597	129420
Singapore/Singapour	27379	32860	42103	47619	x104112
Malaysia/Malaisie	17727	30823	33943	47111	
Australia/Australie	37418	33561	34536	39802	40545
Korea Republic	33376	26250	34468	34280	36233
Mexico/Mexique	14644	22908	31825	40420	53638
Norway,SVD,JM	21510	23429	31116	31071	35369
Finland/Finlande	21120	23079	29061	26196	18751
India/Inde	60606	x11857	31944	24137	x10231
Former USSR/Anc. URSS	x82361	x52045	x3336	x11486	
Brazil/Brésil	15144	17093	16638	24452	30341
Pakistan	20947	14671	15916	19112	15295
Greece/Grèce	10261	13110	18139	18024	x12181
Portugal	8429	9187	14700	17534	24026
Iran (Islamic Rp. of)	x3809	x5578	x12604	x23133	x19204
Romania/Roumanie	x386	13907	26819	180	x67
Nigeria/Nigéria	x11957	x11293	x12822	x16781	x22099
Poland/Pologne	x23079	x21596	x10102	x5522	x5187
So. Africa Customs Un	12514	15653	11402	x6526	x8824
Burkina Faso	x8216	5969	10933	x15025	x19286
New Zealand	9165	10497	10222	11174	9244
Sri Lanka	7623	7719	9616	13283	8647
Philippines	5120	x9644	11884	8954	11360
Bangladesh	x12446	x9435	x7550	x8105	x9791
Chile/Chili	6105	7153	6507	10127	x6251
Former GDR	x27491	x19208	x4054		
Yugoslavia SFR	6248	3254	7020	x11984	9808
Egypt/Egypte	7781	6141	7676	8407	
Guatemala	8699	8688	5896	7302	x1066
Venezuela	8626	5744	2322	11596	18547
Tunisia/Tunisie	4054	4023	6918	7974	10272
Mali	x8647	x6616	x5312	x5636	x5321
Turkey/Turquie	2701	1403	6558	8750	20067

EXPORTS – EXPORTATIONS

COUNTRIES–PAYS	1988	1989	1990	1991	1992
Totale	2136203	2273590	3188344	3419995	3708326
Afrique	x3783	x2457	x4830	x3042	x5132
Afrique du Nord	1382	1473	1984	1558	2511
Amériques	80250	79349	146227	186330	x204140
ALAI	17069	6745	11648	8150	x11663
MCAC	x65	26	x454	215	x424
Asie	1115501	x1139985	1690254	1983482	x2229339
Moyen–Orient	2437	1628	x2521	x1421	2160
Europe	874760	948642	1283292	1231181	1251277
CEE	812519	890996	1200403	1154960	1175292
AELE	51223	50445	74739	70186	70028
Océanie	x1137	987	x1071	x1170	2343
Japan/Japon	914701	914087	1276900	1426627	1455518
Italy/Italie	345064	390964	510327	464205	494173
France, Monac	164891	167123	226298	205636	193268
Germany/Allemagne	125552	133539	187079	193291	176025
USA/Etats–Unis d'Amer	51564	65493	125340	169069	180057
Singapore/Singapour	35107	61442	112579	154810	220772
Netherlands/Pays–Bas	64545	77487	110553	123403	135574
Hong Kong	35982	50871	94411	149446	210876
India/Inde	65035	x35761	83914	102718	x69852
United Kingdom	56403	56632	79550	80054	75018
China/Chine	43250	48678	65972	76126	102965
Romania/Roumanie	x556	65364	35112	3	x74
Belgium–Luxembourg	22705	27850	34078	36515	32984
Switz.Liecht	19627	20917	33140	26747	27625
Spain/Espagne	17259	18900	24725	22130	29070
Czechoslovakia	x42589	x28067	x21606	x9622	x10787
Thailand/Thaïlande	8707	9678	18008	17161	x36765
Sweden/Suède	13884	10739	16084	17874	18266
Malaysia/Malaisie	869	2340	13243	25943	x83583
Austria/Autriche	11070	9864	13499	15350	13803
Denmark/Danemark	8487	8743	12393	15742	20262
Portugal	6340	8291	11786	12543	17637
Korea Republic	6300	8938	9007	8397	7303
Canada	11456	6558	8667	8556	10690
Yugoslavia SFR	11018	7113	8149	x5966	
Indonesia/Indonésie	2062	4116	5488	8490	35662
Finland/Finlande	2932	4421	6731	5213	4123
Philippines	87	x40	6011	9966	1167
Norway,SVD,JM	3706	4475	5283	5001	6211
Mexico/Mexique	12846	3896	3796	2323	1758
Brazil/Brésil	3817	2036	2597	2800	5328
Former GDR	x11372	x5324	x1987		
Ireland/Irlande	1172	1370	3365	683	868
Former USSR/Anc. URSS	x4345	x1591	x1354	x2159	
Israel/Israël	529	1834	1678	1543	2053
Poland/Pologne	x1324	x1299	x1920	x1585	x3577
Colombia/Colombie	37	73	3197	641	620
Turkey/Turquie	2208	1227	1345	983	1861
Morocco/Maroc	829	921	959	888	1279
Hungary/Hongrie	x586	x516	x655	x1409	x1439
Australia/Australie	923	795	699	750	1472
Tunisia/Tunisie	551	551	984	661	1230
Chile/Chili	33	104	805	1202	x1824
Kenya	29		1925		x4
Argentina/Argentine	111	144	532	705	1247
Greece/Grèce	102	98	249	756	x412
Nigeria/Nigéria	x209	x398	x406	x279	x180
Uruguay	103	422	293	261	732
New Zealand	206	192	366	412	864
So. Africa Customs Un	x265	x209	x243	x237	x1840

(VALUE AS % OF TOTAL)(VALEUR EN % DU TOTAL)

IMPORTS

	1983	1984	1985	1986	1987	1988	1989	1990	1991	1992
Africa	x8.0	5.2	x5.7	x5.1	x4.0	x3.7	x3.5	x2.7	x2.7	x3.0
Northern Africa	2.1	2.6	1.8	1.5	1.0	0.9	0.7	0.6	0.6	x0.7
Americas	26.8	35.1	34.4	x30.5	x23.5	22.6	19.4	16.5	17.3	17.0
LAIA	1.7	2.9	2.5	x2.4	x1.9	2.6	2.6	2.1	2.9	3.5
CACM	x0.1	0.3	0.7	x0.3	x0.3	0.6	0.6	0.4	0.3	x0.1
Asia	x17.1	x17.0	x19.4	19.0	18.3	21.4	21.3	23.1	28.0	30.2
Middle East	x3.9	x4.3	x5.2	x1.6	x0.6	0.7	0.7	0.8	x1.1	x1.2
Europe	43.0	37.9	37.7	43.0	45.6	43.8	49.5	54.7	49.8	48.1
EEC	29.5	29.1	28.9	32.2	36.1	42.3	47.0	43.0	43.0	42.3
EFTA	13.5	8.5	8.5	10.3	13.9	7.3	7.0	7.5	6.4	5.4
Oceania	x2.3	x2.5	x2.8	x2.4	x2.0	x1.9	x1.7	x1.3	x1.4	x1.1
Germany/Allemagne	9.8	8.1	8.1	9.9	9.2	10.2	12.1	13.7	13.3	12.0
USA/Etats–Unis d'Amer	18.7	25.3	25.2	21.2	16.4	14.7	12.2	10.9	11.4	10.9
France, Monac	3.9	4.0	4.2	4.8	4.8	6.1	7.7	8.1	6.6	7.4
Netherlands/Pays–Bas	4.1	4.8	5.2	5.0	4.6	4.5	5.1	5.8	5.8	5.3
Italy/Italie	1.3	2.3	2.0	3.5	3.7	4.7	4.7	5.7	5.5	5.6
Indonesia/Indonésie	3.2	4.5	4.2	4.3	4.0	4.6	5.1	5.0	5.5	4.7
United Kingdom	5.3	5.4	4.2	4.2	4.2	4.7	5.1	5.0	4.2	4.2
Hong Kong	1.6	1.1	0.9	1.0	1.4	1.5	2.5	3.8	5.2	6.3
Thailand/Thaïlande	3.5	3.4	2.2	1.7	1.6	2.8	3.4	3.8	4.2	4.3
Spain/Espagne	0.9	1.0	0.9	1.2	1.8	2.5	3.1	3.7	3.3	3.9

EXPORTS

	1983	1984	1985	1986	1987	1988	1989	1990	1991	1992
Afrique	0.2	x0.3	0.1	x0.1	x0.1	0.2	0.1	0.1	x0.1	x0.1
Afrique du Nord						0.1	0.1	0.1	0.0	0.1
Amériques	x2.0	2.1	1.6	x2.4	x2.0	3.8	3.5	4.6	5.5	x5.5
ALAI	x0.0	0.2	0.2	x0.2	x0.3	0.8	0.3	0.4	0.2	x0.3
MCAC	0.0	0.0	0.0	x0.0	x0.0	0.0	0.0	0.0	0.0	0.0
Asie	60.8	x59.6	57.6	57.2	57.4	52.2	x50.2	53.0	58.0	x60.1
Moyen–Orient	x0.0	x0.0	x0.0	x0.0	x0.1	0.1	0.1	x0.1	0.0	0.1
Europe	36.4	37.5	40.3	38.0	40.9	41.7	40.2	36.0	33.7	
CEE	33.9	34.7	37.7	37.3	34.6	38.0	39.2	37.6	33.8	31.7
AELE	2.5	2.3	2.4	2.7	3.1	2.4	2.2	2.3	2.1	1.9
Océanie			x0.1	x0.1	x0.1				x0.0	0.1
Japan/Japon	56.4	55.0	53.0	52.6	50.0	42.8	40.2	40.0	41.7	39.3
Italy/Italie	14.7	14.2	15.8	16.9	15.0	16.2	17.2	16.0	13.6	13.3
France, Monac	7.0	7.3	8.1	7.5	6.9	7.7	7.4	7.1	6.0	5.2
Germany/Allemagne	5.7	5.7	5.7	5.8	5.3	5.9	5.9	5.9	5.7	4.7
USA/Etats–Unis d'Amer	2.0	1.9	1.4	2.1	1.6	1.4	2.9	3.9	4.9	4.9
Singapore/Singapour	x0.6	0.4	0.7	0.6	1.0	1.6	2.7	3.5	4.5	6.0
Netherlands/Pays–Bas	2.6	3.1	3.4	2.5	2.7	3.0	3.4	3.5	3.6	5.7
Hong Kong	1.4	1.3	0.9	0.9	1.2	1.7	2.2	3.0	4.4	5.7
India/Inde	2.1	2.2	2.0	2.4	2.7	3.0	x1.6	2.6	3.0	x1.9
United Kingdom	2.2	2.3	2.4	2.3	2.2	2.6	2.5	2.5	2.3	2.0

7861 TRAILERS, TRANSP CONTAINR / REMORQUES TOUS VEHICULES 7861

TRADE BY COMMODITY IN THOUSAND U.S. DOLLARS – COMMERCE PAR PRODUIT EN MILLIERS DE DOLLARS E.U

IMPORTS – IMPORTATIONS

COUNTRIES–PAYS	1988	1989	1990	1991	1992
Total	x2950818	x2609841	3012667	x3721463	x3577929
Africa	x111112	x125145	x102974	x110562	x143113
Northern Africa	29407	x58312	37200	x53210	x56414
Americas	x796512	x380462	x405985	x476505	x608628
LAIA	68444	37125	70783	59054	x98066
CACM	2925	3929	4690	2623	x5947
Asia	x176535	221527	x251269	x403041	x353231
Middle East	x50966	x39425	x60556	x187346	x120677
Europe	1395525	1563826	2034114	2228745	2125577
EEC	1029483	1168198	1581085	1865427	1798967
EFTA	362817	390947	447692	356369	311451
Oceania	x11063	x20579	x45501	x33071	x206444
Germany/Allemagne	178807	217461	378766	761991	630643
Netherlands/Pays-Bas	266419	273664	355965	345708	365544
Former USSR/Anc. URSS	x314126	x214708	x132837	x362178	
France, Monac	196175	197193	248936	221646	226702
Canada	143277	205473	215215	244020	309361
Belgium–Luxembourg	118761	139591	174569	180132	174210
Sweden/Suède	120105	142230	147527	92718	71731
USA/Etats–Unis d'Amer	x526054	91324	87115	135910	178414
Switz.Liecht	86730	93189	120114	97893	88821
Hong Kong	48583	83077	84436	105260	104585
Denmark/Danemark	77113	78099	96608	86506	92126
United Kingdom	70809	101322	100042	56758	77342
Austria/Autriche	62254	58986	82681	97586	91756
Spain/Espagne	46596	62170	82213	75065	75826
Italy/Italie	38890	44035	63067	63060	70213
Norway, SVD, JM	59625	42932	49388	43965	48195
Saudi Arabia	19315	12976	x16624	x93634	x15872
Finland/Finlande	33216	51108	44947	19828	7746
Mexico/Mexique	56372	26160	53916	34665	60475
Portugal	16416	23845	40436	38386	49368
Japan/Japon	14696	23448	40136	34648	36582
Poland/Pologne	x11687	x18379	x12657	x60530	22697
Libyan Arab Jamahiriya	18316	29756	19859	x28691	x27158
Israel/Israël	10185	20168	23224	22835	19304
Iran (Islamic Rp. of)	x855	x5574	x2249	x57550	x32100
Ireland/Irlande	10511	18223	23767	20254	20946
Korea Republic	26344	31129	12624	11661	13981
Bermuda/Bermudes	x39488	x21906	x9447	x19679	x3113
Greece/Grèce	8986	12595	16718	15921	x16046
Czechoslovakia	x22048	15415	9232	x20372	x74210
Australia/Australie	4270	12236	19589	11715	13355
Hungary/Hongrie	x6067	x14479	x10427	11260	x16691
Vanuatu	x1039	x2205	x19135	x14712	x189173
Algeria/Algérie	2267	11254	10608	10533	x22781
Former GDR	x44670	x22732	x6087		
Bulgaria/Bulgarie	x61361	x11170	x1117	x14452	4239
Togo	12494	9122	9155	8348	x162
Sudan/Soudan	4341	x12221	x3485	x8749	x1257
United Arab Emirates	x11083	x4074	x8846	x11393	x49984
Chile/Chili	5123	5497	6141	9899	x13209
Singapore/Singapour	3879	4447	5460	11226	9925
Nigeria/Nigéria	x5839	x4959	x3096	x8280	x8073
Philippines	1710	x4526	7217	4241	4375
Ethiopia/Ethiopie	13659	8526	3875	2599	x7811
Oman	594	4077	4382	6427	x637
Iraq	x5215	x2317	x11389	x279	x68
Kuwait/Koweit	x2491	2402			5960
Un. Rep. of Tanzania	x4261	x4401	x4802	x9056	x5960
Uganda/Ouganda	x1691	x8069	x2270	x943	x273
Indonesia/Indonésie	7236	2399	3185	5570	12583

EXPORTS – EXPORTATIONS

COUNTRIES–PAYS	1988	1989	1990	1991	1992
Totale	3070846	3707726	4350294	4621683	4788792
Afrique	x6076	x8034	x19472	x10576	x3648
Afrique du Nord	2599	4479	13851	4075	x627
Amériques	194325	207718	330426	512961	x504382
ALAI	21560	20023	20424	17862	20039
MCAC	x449	x152	x197	x31	x4947
Asie	1042874	1420166	1495468	1468122	1777001
Moyen–Orient	x16207	x12078	x8165	x12870	x25533
Europe	1645846	1918342	2327092	2481757	2368134
CEE	1420713	1676935	2013106	2208149	2137264
AELE	175924	191819	237594	222882	194671
Océanie	x2969	x15019	x6876	x9689	x8577
Korea Republic	768863	1052086	1029081	946269	1119305
Germany/Allemagne	568632	671232	679826	632832	697412
France, Monac	243550	244437	353319	476925	399688
USA/Etats–Unis d'Amer	134161	149420	287122	466334	450911
Belgium–Luxembourg	129587	194820	250232	267612	231809
Netherlands/Pays-Bas	117744	138864	201021	254358	245244
United Kingdom	130407	136058	178711	227199	234996
Japan/Japon	204630	246755	183892	103968	219933
Italy/Italie	105830	135515	167931	199912	191522
China/Chine	16396	50142	104081	220141	348850
Denmark/Danemark	64473	73176	97712	97172	86499
Austria/Autriche	54337	64347	92804	109246	99260
Thailand/Thaïlande	14308	46077	88478	124987	x500
Yugoslavia SFR	49168	49427	76296	x50644	
Spain/Espagne	40698	60086	58452	37497	37679
Sweden/Suède	44673	45908	50853	51535	36450
Poland/Pologne	x43742	x25809	x62882	x49426	x58302
Finland/Finlande	59388	49691	54193	27284	31908
Czechoslovakia	x23519	x25163	x46974	x29906	x46819
Norway, SVD, JM	14917	29299	34685	31287	22971
Former USSR/Anc. URSS	x22990	x30577	x30715	x33106	
Canada	37621	35864	20647	25941	25919
India/Inde	10150	x1471	36708	19297	x10
Former GDR	x78996	x32680	x9531		
Hungary/Hongrie	x3637	x8480	x14917	x18106	x18326
Ireland/Irlande	11845	18414	15814	6377	4307
Mexico/Mexique	12568	15310	14621	10502	6950
Philippines	3948	x67	27463	8712	1559
Israel/Israël	926	3665	7689	17723	4323
Singapore/Singapour	4439	4454	6499	8735	7352
Romania/Roumanie	x3117	7871	3334	7844	x2827
New Zealand	1117	12104	2854	2825	2724
Portugal	2519	2970	6635	5765	7180
Tunisia/Tunisie	1228	2733	10644	1703	337
Australia/Australie	1508	2735	3794	6056	5387
Switz.Liecht	2608	2470	5059	3530	4078
Bulgaria/Bulgarie	2754	x7866	x2608	x190	x776
Oman	2124	2261	846	5034	x2
Brazil/Brésil	4141	3123	2322	2607	10390
Greece/Grèce	5427	1362	3453	2500	x927
Algeria/Algérie	1004	1434	3179	2299	x50
So. Africa Customs Un	x511	x1714	x2965	x1544	x2137
Kuwait/Koweit	x6517	3905	x1021	x999	x84
Argentina/Argentine	4393	1154	1592	2789	515
United Arab Emirates	x1559	x759	x1500	x2164	x2395
Cameroon/Cameroun	x12	764			x24
Saudi Arabia	2006	2030	x1384	x750	x711
Hong Kong	1693	1135	1588	1425	3302
Malaysia/Malaisie	1148	1827	880	1022	x5865
Jordan/Jordanie	1202	1058	1126	837	1058

(VALUE AS % OF TOTAL) (VALEUR EN % DU TOTAL)

	1983	1984	1985	1986	1987	1988	1989	1990	1991	1992		1983	1984	1985	1986	1987	1988	1989	1990	1991	1992
Africa	x13.9	x10.5	x10.2	x7.4	x3.5	x3.7	x4.8	x3.4	x2.9	x4.0	Afrique	1.1	x0.8	1.0	x0.2	x0.2	x0.2	x0.2	x0.5	x0.2	x0.0
Northern Africa	x10.1	x7.2	4.7	x2.9	x0.6	1.0	x2.2	1.2	x1.4	1.6	Afrique du Nord	0.4	0.1	x0.1	0.1	0.1	0.1	0.1	0.3	0.1	x0.0
Americas	x4.6	x7.8	x10.0	x26.0	x21.6	x27.0	x14.6	x13.4	x12.8	x17.0	Amériques	7.7	4.9	4.4	4.7	x4.5	6.3	5.6	7.6	11.1	x10.6
LAIA	0.9	1.5	2.1	x0.8	x0.6	2.3	1.4	2.3	1.6	x2.7	ALAI	0.7	0.4	0.5	0.7	x0.1	0.7	0.5	0.5	0.4	0.4
CACM	x0.1			x0.2	x0.2	0.1	0.2	0.2	0.1	x0.2	MCAC						x0.0	x0.0	x0.0	x0.0	x0.1
Asia	x26.6	x20.7	x12.8	x6.4	x5.9	x5.9	8.5	x8.3	x10.8	9.9	Asie	27.4	38.0	36.0	26.5	26.1	34.0	38.3	34.4	31.7	37.1
Middle East	x23.8	x16.8	x8.2	x4.3	x2.5	x1.7	x1.5	x2.0	x5.0	x3.4	Moyen–Orient	x1.7	x0.6	x0.7	x0.5	x0.4	x0.5	x0.3	x0.2	x0.3	x0.5
Europe	48.0	52.6	65.7	59.2	53.3	47.3	59.9	67.5	59.9	59.4	Europe	62.6	54.9	58.3	68.5	61.9	53.6	51.7	53.5	53.7	49.5
EEC	35.0	37.0	46.6	41.1	38.3	34.9	44.8	52.5	50.1	50.3	CEE	56.8	50.0	52.3	58.1	52.0	46.3	45.2	46.3	47.8	44.6
EFTA	13.0	15.6	19.0	17.8	14.9	12.3	15.0	14.9	9.6	8.7	AELE	5.7	4.8	5.9	8.0	7.6	5.7	5.2	5.5	4.8	4.1
Oceania	0.9	x0.6	x1.3	x1.1	x0.4	x0.4	x0.8	x1.5	x0.9	x5.8	Océanie	0.3	x0.3	x0.2	x0.1	x0.1	x0.1	x0.4	x0.2	x0.2	x0.2
Germany/Allemagne	7.1	7.6	9.4	7.5	7.2	6.1	8.3	12.6	20.5	17.6	Korea Republic	11.2	21.4	16.8	15.4	19.9	25.0	28.4	23.7	20.5	23.4
Netherlands/Pays-Bas	6.6	7.8	9.4	9.5	9.1	9.0	10.5	11.8	9.3	10.2	Germany/Allemagne	23.1	17.7	18.5	24.5	22.4	18.5	18.1	15.6	13.7	14.6
Former USSR/Anc. URSS	6.1	7.8			x11.8	x10.6	x8.2	x4.4	x9.7		France, Monac	10.3	10.0	11.7	10.1	7.6	7.9	6.6	8.1	10.3	8.3
France, Monac	8.6	6.8	9.2	8.1	7.8	6.6	7.6	8.3	6.0	6.3	USA/Etats–Unis d'Amer	7.5	4.5	3.8	3.9	4.3	4.4	4.0	6.6	10.1	9.4
Canada	2.8	3.9	4.4	3.1	3.4	4.9	7.9	7.1	6.6	8.6	Belgium–Luxembourg	4.6	4.5	5.4	6.4	6.0	4.2	5.3	5.8	5.8	4.8
Belgium–Luxembourg	3.1	3.2	3.7	4.0	4.0	4.0	5.3	5.8	4.8	4.9	Netherlands/Pays-Bas	3.2	3.0	3.0	4.1	3.8	3.8	3.7	4.6	5.5	5.1
Sweden/Suède	1.9	2.6	3.5	3.0	3.2	4.1	5.4	4.9	2.5	2.0	United Kingdom	4.2	3.4	3.1	3.7	5.0	4.2	3.7	4.1	4.9	4.9
USA/Etats–Unis d'Amer				x18.6	x14.8	x17.8	3.5	2.9	3.7	5.0	Japan/Japon	13.8	15.4	17.8	9.8	4.8	6.7	6.7	4.2	2.2	4.6
Switz.Liecht	3.7	4.3	4.6	4.2	3.6	2.9	3.6	4.0	2.6	2.5	Italy/Italie	6.0	6.3	6.5	4.7	3.0	3.4	3.7	3.9	4.3	4.0
Hong Kong	0.7	0.8	0.9	0.5	0.7	1.6	3.2	2.8	2.8	2.9	China/Chine						0.1	0.5	1.4	2.4	7.3

78613 CONTAINERS INC ROAD–RAIL

CADRES ET CONTAINERS 78613

TRADE BY COMMODITY IN THOUSAND U.S. DOLLARS – COMMERCE PAR PRODUIT EN MILLIERS DE DOLLARS E.U

COUNTRIES–PAYS	IMPORTS – IMPORTATIONS					COUNTRIES–PAYS	EXPORTS – EXPORTATIONS				
	1988	1989	1990	1991	1992		1988	1989	1990	1991	1992
Total	x1071481	x605689	x673718	x769171	x874230	Totale	1369087	1939624	2064537	1824346	2121065
Africa	x29451	x24356	x24808	x21473	x44432	Afrique	x3214	x2006	x4246	x2835	x2836
Northern Africa	x2490	x4502	x2435	x2756	x1143	Afrique du Nord	x351	x126	x104	812	319
Americas	x555866	x105852	x111146	x155276	x159444	Amériques	24657	32754	39013	36285	x44692
LAIA	16031	4274	15448	16420	x22494	ALAI	10845	4615	8833	6676	3566
CACM	1114	1134	480	503	x1290	MCAC	x445	13	91	x57	x2147
Asia	70153	121128	149491	165448	x194660	Asie	993331	1381847	1458247	1399562	1717194
Middle East	x5411	x6010	x13658	x11814	x44860	Moyen–Orient	x1185	x1411	x795	x664	16900
Europe	157038	198053	246120	255295	267872	Europe	316320	445661	467214	295122	269249
EEC	115928	154740	185529	191668	213668	CEE	257714	381365	380818	240569	226428
EFTA	40308	42576	60168	62650	50271	AELE	54352	56024	78829	51793	35898
Oceania	x2994	x9737	x37839	x26117	x200768	Océanie	x839	x8795	x1563	x3748	x3499
Former USSR/Anc. URSS	x245914	x131701	x101226	x142088	118144	Korea Republic	751918	1042849	1025135	936932	1117419
USA/Etats–Unis d'Amer	x487002	62526	68896	105032	67920	Japan/Japon	194919	237890	175483	95298	207072
Hong Kong	33520	64669	68161	83020	108801	China/Chine	15374	47901	98341	202483	322525
Germany/Allemagne	33397	51764	63373	89710	22501	Thailand/Thaïlande	14249	46006	88461	124846	x302
Netherlands/Pays–Bas	20983	27922	31919	28770	26252	Germany/Allemagne	68198	126519	74828	45027	41555
Japan/Japon	12906	15801	30259	25757	24434	Italy/Italie	37275	63908	92830	63954	86333
France, Monac	15776	16657	24257	21260	17214	Belgium–Luxembourg	27317	60252	70349	35544	21275
Israel/Israël	9487	19797	21487	19327	x3098	France, Monac	57737	35870	44159	43837	33265
Bermuda/Bermudes	x39387	x21819	x9179	x19455	11240	Spain/Espagne	23579	38136	41411	12205	5589
Sweden/Suède	10661	10791	14228	22213		Norway,SVD,JM	11425	22568	25016	23520	18114
Austria/Autriche	7905	10333	17901	16763	18098	USA/Etats–Unis d'Amer	7979	16685	24144	25355	33682
Belgium–Luxembourg	8671	11493	14817	15820	12558	Poland/Pologne	x16409	x10131	x28992	x26269	x37846
United Kingdom	14955	16599	15226	7625	6057	Sweden/Suède	16730	18527	24600	20858	8755
Denmark/Danemark	12513	15571	11859	11395	12184	Czechoslovakia	x1031	x13829	x28034	x18280	x31937
Vanuatu	x1035	x2187	x19131	x14705	x188688	Denmark/Danemark	19627	19724	21459	16294	14113
Norway,SVD,JM	9298	11624	11265	10949	12797	India/Inde	10048	x1467	36489	19227	x8
Australia/Australie	1038	6434	16334	11443	11148	Former USSR/Anc. URSS	x6643	x20130	x16596	x20389	4343
Canada	5350	7719	13036	11054		Finland/Finlande	24383	11503	23736	3447	x12204
Switz.Liecht	9644	6770	13098	9333	5868	Hungary/Hongrie	x3298	x7927	x13541	x15435	1558
Togo	12108	8297	8818	8151	x23	Philippines	3946	x12	27463	8642	
						Netherlands/Pays–Bas	7482	9420	10047	14276	13128
Italy/Italie	5224	6524	10544	7522	16693	Ireland/Irlande	7487	12587	12069	3208	1044
Mexico/Mexique	13676	1271	10391	10901	10917	United Kingdom	8318	13532	9906	4261	7623
Spain/Espagne	3517	6758	8468	6903	6156	Romania/Roumanie	x3115	x9355	x4643	6336	x2402
Korea Republic	4292	8207	5110	7971	7686	Yugoslavia SFR	4254	8230	7567	x2750	
Saudi Arabia	335	1645	x3079	x5450	x1199	Canada	5177	9766	4555	2090	3244
Singapore/Singapour	209	894	1775	7056	5987	Mexico/Mexique	6885	4037	6744	3438	2276
Poland/Pologne	x308	x6768	x539	x1152	x369	Bulgaria/Bulgarie		x6852	x2319	x85	x6
Czechoslovakia	x3281	4634	1237	x684	x5768	Austria/Autriche	1496	2472	3898	2655	3960
China/Chine	734	1244	2854	1996	2203	New Zealand	306	8480	271	48	74
Finland/Finlande	1912	2145	2625	1297	1122						
United Arab Emirates	x511	x220	x2450	x2630	x41019	Singapore/Singapour	533	1818	2220	4145	3543
Libyan Arab Jamahiriya	x832	x2848	x515	x1369	x376	Israel/Israël	254	859	2979	3684	1779
Syrian Arab Republic	2101	582	3927	x175	x61	Portugal	359	1133	3013	1154	2426
Portugal	541	258	3026	890	3447	So. Africa Customs Un	x444	x1374	x2690	x1124	x1793
Netherlands Antilles	x1233	x4137				Australia/Australie	219	223	1073	3406	3079
Iceland/Islande	887	914	1052	2095	1146	Switz.Liecht	317	915	1579	1314	726
Thailand/Thaïlande	230	828	1476	1665	994	Argentina/Argentine	x13	13	695	1780	67
Liberia/Libéria	x1	x137	x1839	x1926	x38	Indonesia/Indonésie	47		18	2463	39153
Chile/Chili	1040	1056	1127	1701	x5906	French Guiana	26	953	413	524	1426
Indonesia/Indonésie	585	423	1128	2298	6895	Greece/Grèce	335	285	748	808	x77
Jamaica/Jamaïque	3548	2158	1215	238	x133	Martinique	124	355	215	1102	422
Turkey/Turquie	416	1080	1734	748	515	Malaysia/Malaisie	598	831	377	340	x5139
Greece/Grèce	184	754	1320	1285	x482	Venezuela			21	1014	205	235
Venezuela	227	1598	573	1173	1027	Uruguay			4	91	1003	388
So. Africa Customs Un	1904	1223	1619	x358	x34413	Hong Kong	244	444	318	336	1676
Iran (Islamic Rp. of)	x547	x864	x986	x1091	x1324	Saudi Arabia	101	821	x186	x73	x35
Un. Rep. of Tanzania	x455	x778	x1466	x575	x248	Zimbabwe	x2		1059	x1	
Hungary/Hongrie	x13	x1065	x667	987	x577	Tunisia/Tunisie	33	60	87	769	274
Nigeria/Nigéria	x1473	x1965	x494	x217	x904	Cote d'Ivoire	x1717	x232	x211	x375	x472
Algeria/Algérie	733	1074	874	671	x343	Brazil/Brésil	3507	222	149	181	483

(VALUE AS % OF TOTAL)(VALEUR EN % DU TOTAL)

	1983	1984	1985	1986	1987	1988	1989	1990	1991	1992		1983	1984	1985	1986	1987	1988	1989	1990	1991	1992
Africa	x9.8	x8.0	x8.2	x4.3	x3.1	x2.8	x4.0	x3.6	x2.7	x5.0	Afrique	1.9	1.0	x1.3	x0.0	x0.3	x0.2	x0.1	x0.2	x0.2	x0.1
Northern Africa	x6.6	x2.3	x3.0	x0.7	x0.4	x0.7	x0.4	x0.4	x0.4	x0.1	Afrique du Nord	0.2	0.0	0.0	0.0	0.0	0.0	0.0	0.0	0.0	0.0
Americas	x4.2	x22.1	x23.8	x64.8	x45.2	x51.9	x17.5	x16.5	x20.1	x18.3	Amériques	x0.7	1.4	1.5	x1.3	x0.8	1.8	1.7	1.9	2.0	x2.1
LAIA	0.8	7.2	8.5	x0.8	0.3	1.5	0.7	2.3	2.1	x2.6	ALAI	0.0	0.6	0.7	x0.4	0.1	0.8	0.2	0.4	0.4	0.2
CACM	x0.1		x0.2	0.1	0.1	0.2	0.1	0.1	0.1	x0.1	MCAC	x0.0		x0.0	x0.0	0.0	x0.0	0.0	x0.0	x0.0	x0.1
Asia	x28.2	24.6	x15.7	4.4	x3.8	6.6	20.0	22.2	21.5	x22.3	Asie	65.6	70.4	63.4	59.5	66.1	72.6	71.2	70.6	76.7	80.9
Middle East	x15.1	x7.4	x3.3	x1.0	x1.2	x0.5	x1.0	x2.0	x1.5	x5.1	Moyen–Orient	x0.0	0.1	x0.1	x0.1	x0.1	x0.1	x0.1	x0.1	x0.0	0.8
Europe	54.2	43.0	48.2	23.9	17.9	14.7	32.7	36.5	33.2	30.6	Europe	31.7	26.8	33.5	39.0	29.3	23.1	23.0	22.6	16.2	12.7
EEC	39.6	30.6	37.9	17.7	13.8	10.8	25.5	27.5	24.9	24.4	CEE	29.1	24.5	29.1	32.2	24.1	18.8	19.7	18.4	13.2	10.7
EFTA	x13.8	x12.2	x10.1	x6.0	4.1	3.8	7.0	8.9	8.1	5.8	AELE	2.6	2.3	3.3	6.7	5.1	4.0	2.9	3.8	2.8	1.7
Oceania	x3.5	x2.1	x4.2	x2.7	x0.5	0.3	x1.6	x5.6	x3.4	x23.0	Océanie	0.1	x0.3	x0.2	x0.0	x0.1	0.0	x0.4	x0.1	x0.2	x0.1
Former USSR/Anc. URSS				x54.8	x27.4	x23.0	x21.7	x15.0	x18.5		Korea Republic	29.7	41.4	31.3	35.2	52.1	54.9	53.8	49.7	51.4	52.7
USA/Etats–Unis d'Amer				x39.3	x45.5	x10.3	10.2	3.3	13.7	13.5	Japan/Japon	34.5	28.3	31.3	22.0	0.2	1.1	2.5	4.8	11.1	15.2
Hong Kong	4.9	4.0	1.7	0.4	0.2	3.1	10.7	10.1	10.8	7.8	China/Chine		0.0		1.0	2.4	4.3	6.8	x0.0
Germany/Allemagne	10.8	11.1	13.3	4.8	4.9	3.1	8.5	9.4	11.7	11.7	Thailand/Thaïlande		0.0		0.9	3.6	2.5	2.0
Netherlands/Pays–Bas	4.3	3.5	2.6	3.4	2.2	2.0	4.6	4.7	3.7	2.6	Germany/Allemagne	6.3	6.6	6.1	10.1	9.2	5.0	6.5	3.6	2.5	2.0
Japan/Japon	1.0	1.5	0.5	0.3	0.6	1.2	2.6	4.5	3.3	3.0	Italy/Italie	4.4	6.2	6.7	4.3	2.7	2.7	3.3	4.5	3.5	4.1
France, Monac	5.8	3.3	9.5	3.3	2.1	1.5	2.8	3.6	3.3	2.8	Belgium–Luxembourg	1.3	1.7	3.0	3.7	2.3	2.0	3.1	3.4	1.9	1.0
Israel/Israël	0.6	2.3	2.7	0.8	0.7	0.9	3.3	3.2	2.5	2.0	France, Monac	9.9	6.1	10.2	8.4	3.7	4.2	1.8	2.1	2.4	1.6
Bermuda/Bermudes		x13.6	x12.2	x6.6	x3.9	x3.7	x3.6	x1.4	x2.5	x0.4	Spain/Espagne	3.0	1.4	1.2	1.8	1.5	1.7	2.0	2.0	0.7	0.3
Sweden/Suède	1.2	2.0	0.9	0.7	0.7	1.0	1.8	2.1	2.9	1.3	Norway,SVD,JM	0.6	0.6	0.7	0.8	0.9	0.8	1.2	1.2	1.3	0.9

79199 PARTS NES OF 7911–7915

TRADE BY COMMODITY IN THOUSAND U.S. DOLLARS – COMMERCE PAR PRODUIT EN MILLIERS DE DOLLARS E.U

PIECES 791.1 ET 5 79199

COUNTRIES–PAYS	1988	1989	1990	1991	1992	COUNTRIES–PAYS	1988	1989	1990	1991	1992
	IMPORTS – IMPORTATIONS						EXPORTS – EXPORTATIONS				
Total	x1787456	x1874243	1592836	x1905319	x2241993	Totale	x1866238	x1825444	1798307	2010252	2042566
Africa	x120214	x101789	x158334	x133307	x139391	Afrique	x1378	x3184	x9315	x5019	x7725
Northern Africa	42346	38228	74351	66924	x78534	Afrique du Nord	x34	x36	x44	x521	534
Americas	450177	x520158	391712	401892	x478416	Amériques	390631	519576	455994	479116	533498
LAIA	68911	34053	47652	60630	x63643	ALAI	32535	35352	39817	28374	46929
CACM	589	882	998	858	x812	MCAC	2		x82	x96	x65
Asia	x256855	x281752	x267677	x328481	x407685	Asie	89621	76553	93478	105592	x113845
Middle East	x51891	x59341	x51577	x111816	x103452	Moyen–Orient	402		507	316	0	x43
Europe	507285	498681	652855	882171	1134173	Europe	770380	783918	965264	1124588	1295839
EEC	318597	321495	405653	678611	935545	CEE	636993	626202	795904	926316	1123314
EFTA	162494	152851	218392	190247	188481	AELE	119622	129593	157569	195164	170676
Oceania	26780	x45101	x23186	x27192	29453	Océanie	5401	4166	x7494	x8169	4034
USA/Etats–Unis d'Amer	275148	330342	202905	205596	270571	Germany/Allemagne	348755	348479	380775	503709	627350
Canada	99276	144734	131210	130804	136392	USA/Etats–Unis d'Amer	228197	297394	277677	322852	314185
Former USSR/Anc. URSS	x258685	x294573	x17709	x81421		Former USSR/Anc. URSS	x222305	x156092	x129808	x199115	
Germany/Allemagne	57113	61492	95154	208375	226498	Canada	129886	186707	138367	127823	172213
United Kingdom	61228	68207	69078	68778	109268	France, Monac	130233	119504	159845	170910	220313
Switz.Liecht	47789	47382	80843	77396	80852	United Kingdom	84674	56559	99782	82151	85246
India/Inde	31162	x64845	63142	52582	x68844	Austria/Autriche	52170	65469	61879	78625	79315
Iran (Islamic Rp. of)	x41069	x38324	x28791	x102512	x86124	Japan/Japon	52622	40925	63729	80508	101935
Spain/Espagne	40443	44636	37736	84946	132148	Switz.Liecht	38311	37375	62638	70096	52894
Italy/Italie	54866	42160	37369	85811	78728	Czechoslovakia	x152775	x98993	x38756	x21445	x32452
Belgium–Luxembourg	20775	30315	54398	63455	115120	Romania/Roumanie	x39638	86135	35028	24816	x15177
France, Monac	32242	27011	40626	70753	123707	Netherlands/Pays–Bas	27414	36690	54764	45832	59231
Finland/Finlande	51199	43361	53521	27483	12293	Italy/Italie	18989	30779	43655	55555	52346
Austria/Autriche	31978	27123	42553	41535	54555	Sweden/Suède	25567	23352	30299	41959	37597
China/Chine	63602	40854	35583	15934	29844	Poland/Pologne	x31012	x32686	x32422	x22107	x25521
Mexico/Mexique	39998	17357	33175	38881	35025	Brazil/Brésil	23894	28943	30914	23081	41659
Netherlands/Pays–Bas	22138	23417	30206	34053	38252	Belgium–Luxembourg	15002	19582	28564	30465	31779
Australia/Australie	23217	43588	18697	23675	25687	Former GDR	x147912	x56591	x20830		
Poland/Pologne	x82691	x44873	x23723	x16238	x16166	Spain/Espagne	10248	11845	23862	27920	39130
Sweden/Suède	21342	25460	29076	30100	23937	Yugoslavia SFR	13765	28118	11791	x3052	
Egypt/Egypte	26392	20967	38098	24632	23482	China/Chine					
Korea Republic	14781	17780	39504	22807	61498	Hungary/Hongrie	16637	23559	12990	6331	4772
Hong Kong	29946	26008	20960	31410	27060	Korea Republic	x4432	x4909	x4447	x19764	x13986
Romania/Roumanie	x33638	35939	29815	5640	x6127	Australia/Australie	15880	6310	9604	9037	3474
Pakistan	16876	18521	12202	36143	44118	Mexico/Mexique	5130	4140	7446	7985	4006
Yugoslavia SFR	26148	24334	28805	x13286		India/Inde	6469	4636	7776	4035	4545
Denmark/Danemark	16171	12629	24196	29592	41468	Portugal	2928	x2475	3818	3102	x1996
Czechoslovakia	x15723	25547	19806	x17559	x20983	So. Africa Customs Un	x1108	x2692	x4355	x1990	x3524
Japan/Japon	20156	31615	13602	14615	26061	Finland/Finlande	3441	2915	2360	3545	290
Morocco/Maroc	2923	3503	15354	29872	33667	Bulgaria/Bulgarie	x10752	x2642	x5472	x521	x489
Zaire/Zaïre	x13050	x7396	x19882	x16988	x5113	Denmark/Danemark	1233	740	1116	4170	6652
Turkey/Turquie	6847	17778	13875	5533	11204	Zimbabwe	x38	x6	4203	1694	x86
Portugal	8132	7027	7504	21909	39625	Israel/Israël	116	243	59	x5269	41
Norway,SVD,JM	10187	9475	12398	13734	16845	Argentina/Argentine	2169	1609	1067	1078	662
Malaysia/Malaisie	3929	4121	9757	10399	x7910	Korea Dem People's Rp	x115	x1484	x1519		
Algeria/Algérie	10604	6080	12309	5152	x11883	Norway, SVD, JM	132	481	393	940	581
Hungary/Hongrie	x11591	x12499	x4634	5574	x4103	Singapore/Singapour	503	668	493	562	604
Un. Rep. of Tanzania	x12792	x8512	x9090	x4348	x2481	Hong Kong	144	260	713	501	560
Brazil/Brésil	6441	2845	4894	13935	5779	Ireland/Irlande	354	426	480	182	605
Zambia/Zambie	x7788	x11743	x3272	x6081	x12174	Greece/Grèce				215	508	x72
So. Africa Customs Un	11868	6542	3433	x8112	x8744	Kenya			619		
Bulgaria/Bulgarie	x7800	x9577	2325	x5458	5493	Turkey/Turquie	60	497	72		0
Indonesia/Indonésie	2197	2815	3766	9055	18354	Mozambique				x565	x565
Mauritania/Mauritanie	x3321	x2756	x8453	x3267	x2258	Libyan Arab Jamahiriya				x413	
Sudan/Soudan	x422	x3166	x5754	x4556	x5724	Malaysia/Malaisie	83	68	205	119	x154
Greece/Grèce	1124	2135	3817	6882	x26931	Senegal/Sénégal			74	x168	x56
Ireland/Irlande	4366	2467	5568	4057	3799	New Zealand	271	26	45	140	20
Thailand/Thaïlande	549	1877	3805	5466	1709	Syrian Arab Republic		2	205		
Zimbabwe	x3367	x2372	6630	2067	x1319	Mauritania/Mauritanie	x92	x200			
Venezuela	3894	3166	3446	4053	7686	Tunisia/Tunisie		12	33	108	507

(VALUE AS % OF TOTAL)(VALEUR EN % DU TOTAL)

	1983	1984	1985	1986	1987	1988	1989	1990	1991	1992		1983	1984	1985	1986	1987	1988	1989	1990	1991	1992
Africa	x21.0	x13.2	x15.2	x9.8	x6.3	x6.8	x5.4	x9.9	x7.0	x6.2	Afrique	0.4	0.3	x0.6	x0.2	x0.3	x0.1	x0.1	x0.5	x0.3	x0.4
Northern Africa	5.3	3.3	6.5	3.6	2.4	2.4	2.0	4.7	3.5	x3.5	Afrique du Nord	0.1	0.0	x0.1	0.0	0.0	x0.0	x0.0	x0.0	x0.0	0.0
Americas	27.6	41.1	45.6	x52.9	x40.0	25.1	x27.7	24.6	21.1	x21.4	Amériques	23.5	30.4	26.5	x39.4	x24.9	20.9	28.4	25.3	23.8	26.1
LAIA	1.5	7.9	6.9	x6.1	x3.0	3.9	1.8	3.0	3.2	x2.8	ALAI	0.1	1.5	1.5	1.0	0.9	1.7	1.9	2.2	1.4	2.3
CACM	x0.1	0.1	0.1	x0.1	x0.1	0.0	0.0	0.1	0.0	x0.0	MCAC	x0.0	x0.0	x0.0	x0.0	x0.0	0.0	0.0	x0.0	x0.0	0.0
Asia	20.3	x19.0	x14.7	13.1	11.3	x14.4	15.1	x16.8	x17.3	x18.2	Asie	10.6	8.8	10.7	9.2	6.7	4.8	4.2	5.2	5.3	x5.6
Middle East	x3.3	x7.2	x5.3	x3.3	x1.1	x2.9	x3.2	x3.2	x5.9	x4.6	Moyen–Orient	x0.0		x0.0			x0.0		0.0	0.0	
Europe	28.6	25.1	23.0	22.8	19.3	28.4	26.6	41.0	46.3	50.6	Europe	58.6	53.4	61.9	51.0	36.6	41.3	42.9	53.7	55.9	63.4
EEC	20.8	17.0	15.0	14.7	12.4	17.8	17.2	25.5	35.6	41.7	CEE	51.5	48.9	56.0	47.2	32.9	34.1	34.3	44.3	46.1	55.0
EFTA	7.8	5.4	5.3	7.7	6.6	9.1	8.2	13.7	10.0	8.4	AELE	7.1	3.8	4.5	3.7	3.5	6.4	7.1	8.8	9.7	8.4
Oceania	2.4	1.5	1.6	1.4	1.0	1.5	x2.4	x1.4	x1.4	1.3	Océanie	0.2	0.1	0.2	0.2	0.2	0.3	x0.4	x0.4	0.2	
USA/Etats–Unis d'Amer	13.9	18.0	20.3	28.0	26.0	15.4	17.6	12.7	10.8	12.1	Germany/Allemagne	17.8	18.4	21.8	18.2	13.2	18.7	19.1	21.2	25.1	30.7
Canada	9.0	11.9	15.2	16.5	9.9	5.6	7.7	8.2	6.9	6.1	USA/Etats–Unis d'Amer	23.4	28.9	25.0	22.8	13.1	12.2	16.3	15.4	16.1	15.4
Former USSR/Anc. URSS				x11.6	x14.5	15.7	x1.1	x4.3			Former USSR/Anc. URSS	6.7	6.9		x14.1	x11.9	x8.6	x7.2	x9.9		
Germany/Allemagne	4.0	4.8	3.4	2.3	2.3	3.2	3.3	6.0	10.9	10.1	Canada			x15.6	x10.9	7.0	10.2	7.7	6.4	8.4	
United Kingdom	1.8	0.9	1.6	1.5	1.4	3.4	3.3	4.3	3.6	4.9	France, Monac	10.8	9.6	11.9	13.2	9.4	7.0	6.6	8.9	8.5	10.8
Switz.Liecht	1.8	1.4	1.4	1.7	1.6	2.7	2.5	5.1	4.1	3.6	United Kingdom	12.7	8.7	8.5	7.8	4.3	4.5	3.1	5.5	4.1	4.2
India/Inde	4.7	2.6	2.5	2.1	2.3	1.7	x3.5	4.0	2.8	x3.1	Austria/Autriche	0.9	0.5	0.4	0.6	0.6	2.8	3.6	3.4	3.9	3.9
Iran (Islamic Rp. of)	x0.5	x5.5	x3.6	x1.1	x0.1	x2.3	x2.0	x1.8	x5.4	x3.8	Japan/Japon	9.2	7.9	9.3	7.6	5.7	2.8	2.2	3.5	4.0	5.0
Spain/Espagne	1.0	0.5	0.8	0.5	0.4	2.3	2.4	2.4	4.5	5.9	Switz.Liecht	3.1	1.8	2.3	1.4	1.6	2.1	2.0	3.5	3.5	2.6
Italy/Italie	2.4	2.2	1.9	2.0	2.3	3.1	2.2	2.3	4.5	3.5	Czechoslovakia					x4.2	x8.2	x5.4	x2.2	x1.1	x1.6

7923 AIRCRFT NES2000–15000KG / AERODYNES 2000 A 15000 KG 7923

TRADE BY COMMODITY IN THOUSAND U.S. DOLLARS – COMMERCE PAR PRODUIT EN MILLIERS DE DOLLARS E.U

IMPORTS – IMPORTATIONS

COUNTRIES–PAYS	1988	1989	1990	1991	1992
Total	x4277894	4649298	6063242	5215190	x5668060
Africa	x189895	x200998	x232434	x302947	x689243
Northern Africa	x5976	x61588	x88605	x87303	x496375
Americas	x1923341	x1696286	x2345417	x1928205	x1938816
LAIA	194188	x243321	247747	191437	239219
CACM	1053	6096	1314	2400	x2871
Asia	x193801	x322881	x694884	x642108	x971130
Middle East	x94272	x28984	x275220	x204787	x451245
Europe	1801566	2145860	2561872	2167982	1790987
EEC	1185825	1878129	1964968	1914876	1592439
EFTA	615168	266601	575656	242245	198486
Oceania	x169290	x283180	x222465	x120808	x179120
USA/Etats–Unis d'Amer	x1162882	1246757	1803397	1594773	1548816
Italy/Italie	358768	670948	863833	945167	810005
Germany/Allemagne	157861	161613	230087	392133	304765
France, Monac	216554	224426	319376	144340	132553
Spain/Espagne	26497	411026	37535	97215	39078
United Kingdom	268758	183880	200269	160361	129295
Switz.Liecht	436555	121289	200228	142504	67518
Canada	546611	164042	168170	91312	87396
Australia/Australie	143972	191632	108816	45492	70978
China/Chine	1037	65439	109044	155007	82684
Brazil/Brésil	52839	92589	93248	81586	27586
Austria/Autriche	53429	65081	120381	64352	60580
Indonesia/Indonésie	550	20081	68561	133548	11085
Mexico/Mexique	107683	75900	89496	42547	101789
Denmark/Danemark	80669	94850	76581	34447	28528
Bahrain/Bahreïn	x273		x201940	x1644	x3125
So. Africa Customs Un	40818	61287	42013	x90520	x94212
Japan/Japon	58996	64922	66330	59586	98684
Belgium–Luxembourg	47279	64662	50828	40236	25400
Norway, SVD, JM	61969	11949	123892	14647	42860
New Zealand	8291	11060	61494	70343	46036
Malaysia/Malaisie	5418	55335	68026	15736	x77055
Saudi Arabia	x1926	x5762	x23528	x96164	x323276
French Polynesia		x76990	x45809		x23228
Sweden/Suède	44049	39667	60476	15063	9784
Netherlands/Pays–Bas	19738	8692	79214	25888	51644
Philippines	26508	x62795	25198	16556	5151
Finland/Finlande	18110	27948	67142	4145	16480
Nigeria/Nigéria	x40006	x17183	x17590	x54737	x45149
Ireland/Irlande	7452	21177	25062	41725	214
Bermuda/Bermudes	x2315	x21858	x58877	x1897	x21520
Egypt/Egypte	x4453	x8614	x18134	x54515	x458743
Colombia/Colombie	7874	5789	47650	27145	37416
Thailand/Thaïlande		6154	70980	3271	23834
Greece/Grèce	x63	x50713	18904	26051	33270
Sudan/Soudan		17952			x48734
Portugal	2248	x23	56130	x2226	94
Algeria/Algérie			x70471	x66760	x555
Qatar			2618	3210	x21962
Chile/Chili	x8948	x60251			
Turkey/Turquie	28	13651	8809	32673	43766
United Arab Emirates	x39476	x1417	x38374	x5435	x10134
Bahamas	x143	x106	x20660	x23488	x23
Poland/Pologne			x74	x19338	x12587
Gabon		x16263		x39263	
Yugoslavia SFR	573	1130	21248	x10737	
Guadeloupe	3892	6158	24700	2130	5280
Angola		x1890	x23496	x4931	
Singapore/Singapour	94	1234	1816	27137	16
Malawi		x10623		x7578	x22129

EXPORTS – EXPORTATIONS

COUNTRIES–PAYS	1988	1989	1990	1991	1992
Totale	x5210280	5883274	6860806	6992799	7153481
Afrique	x11079	x2824	x11845	x13390	x2111
Afrique du Nord	x2266	285	x10	x5627	x171
Amériques	x1723764	1913840	2449838	2401338	3324119
ALAI	291093	414950	334467	240418	178929
MCAC	6	x484	x4	x25	x87
Asie	x34071	x42032	32431	x21736	x146463
Moyen–Orient	x7456	x4472	x188	x1187	x131
Europe	3371709	3812161	4301350	4332411	3645800
CEE	3016080	3408190	3802326	3809484	3163011
AELE	355535	403625	497869	522524	482774
Océanie	43968	x52994	27423	x50240	x28816
United Kingdom	1137916	1355839	1430356	1483479	894064
USA/Etats–Unis d'Amer	x1042773	949662	1349212	1282982	2287394
France, Monac	1073365	902452	946614	1119373	949988
Canada	379780	547537	752498	875662	846452
Italy/Italie	270962	503693	811680	797125	746649
Sweden/Suède	202136	299187	371817	421444	355926
Brazil/Brésil	290010	407792	297956	213349	141929
Netherlands/Pays–Bas	316272	346140	355755	207233	385704
Germany/Allemagne	87757	95601	150432	78140	104401
Spain/Espagne	100360	125104	74966	97103	54864
Former USSR/Anc. URSS	x411	x23056	x17070	x168507	
Switz.Liecht	132285	40152	87956	77051	102799
Australia/Australie	23818	43100	15114	21676	24266
Denmark/Danemark	7985	45296	17318	10816	14710
Austria/Autriche	12298	36309	9025	23078	17569
Belgium–Luxembourg	21248	33389	8320		29150
Mexico/Mexique	556	6866	23584	7507	11869
New Zealand	18992	1641	12204	28496	3109
Malaysia/Malaisie	4205	16939	22993	1680	
Finland/Finlande	2010	19599	16027	183	6369
Czechoslovakia		x25838	x25	x2169	x4549
Poland/Pologne	x25277	x832	x20818	x3008	x1606
China/Chine			6742	14970	83994
Portugal			6886	8709	
Norway, SVD, JM	6426	8265	2414	3658	84
Trinidad and Tobago			10894		26
Iceland/Islande	380	113	10630		
Argentina/Argentine	527		10594	100	x3970
Indonesia/Indonésie		x9697	9080	10	
French Polynesia		x7530			
Philippines		x4593	55	2500	80
Mauritius/Maurice					
Thailand/Thaïlande	6	5943		x5694	
Gabon	x799		x8	x4513	
Morocco/Maroc	x97	x147	x3855	x10	x171
Angola		x3674	x1		x3
Saudi Arabia	x7456		24	3500	960
Colombia/Colombie					
Japan/Japon	22369	x991	490	x1279	x7241
Haiti/Haïti		x2488			
Nigeria/Nigéria		x1969			
Yugoslavia SFR		94	345	1155	x304	0
Panama		x267	x66	x1391	x2800
Uruguay			x1639	1597	
Hong Kong	30				
Tunisia/Tunisie		285		x1114	
Zaire/Zaïre		x22	x992	x295	
Chile/Chili		x246	694	280	
Kenya	x917	x171		x980	

(VALUE AS % OF TOTAL) (VALEUR EN % DU TOTAL)

	1983	1984	1985	1986	1987	1988	1989	1990	1991	1992		1983	1984	1985	1986	1987	1988	1989	1990	1991	1992
Africa	5.6	x0.7	x9.0	4.1	3.3	x4.5	x4.3	3.8	x5.8	x12.2	Afrique	x0.5	0.9	x1.1	x0.1	0.0	x0.2	x0.0	x0.2	x0.2	x0.0
Northern Africa	0.1	x0.4	0.0	x1.9	1.1	x0.1	1.3	1.5	1.7	x8.8	Afrique du Nord	x0.0	0.0			0.0	0.0	0.0	0.0	0.0	0.0
Americas	x1.8	4.0	1.1	x24.0	x19.6	x45.0	x36.4	x38.7	x36.9	x34.2	Amériques	x0.1	x0.1	2.6	x26.0	x33.3	x33.1	32.5	35.7	34.4	46.5
LAIA	1.4	3.7	0.8	x6.6	x4.5	4.5	x5.2	4.1	3.3	4.2	ALAI				8.8	8.3	5.6	7.1	4.9	3.4	2.5
CACM	x0.3			x0.1		0.0	0.1	0.0	0.0	x0.1	MCAC				x0.0	0.0	0.0	0.0	0.0	0.0	0.0
Asia	12.9	x9.9	x21.1	x2.1	x15.6	x4.5	6.9	x11.5	x12.3	x17.1	Asie	1.9	1.6	x1.1	1.8	x1.3	x0.6	x0.1	0.5	x0.3	x2.1
Middle East	x0.4	x3.7	x0.5	x0.5	x4.8	x2.2	x2.6	x4.5	x3.9	x8.0	Moyen–Orient			x0.2		x0.3	x0.1	x0.1	x0.0	x0.0	x0.0
Europe	76.4	75.7	62.7	63.5	55.8	42.1	46.2	42.3	41.6	31.6	Europe	97.1	96.6	95.1	x71.8	x65.0	64.7	64.8	62.7	62.0	51.0
EEC	15.9	29.2	28.9	32.1	35.7	27.7	40.4	32.4	36.7	28.1	CEE	84.1	79.2	75.2	x58.2	x54.3	57.9	57.9	55.4	54.5	44.2
EFTA	60.4	46.5	33.8	31.3	20.1	14.4	5.7	9.5	4.6	3.5	AELE	12.9	17.3	20.0	13.6	10.6	6.8	6.9	7.3	7.5	6.7
Oceania	3.1	9.7	x6.0	x6.4	5.7	x4.0	x6.1	x3.7	x2.3	x3.2	Océanie	0.5	0.8	0.1	x0.2	0.3	0.8	x0.9	0.4	x0.7	x0.4
USA/Etats–Unis d'Amer				x14.6	x13.8	x27.2	26.8	29.7	30.6	27.3	United Kingdom	54.0	58.2	55.0	28.1	30.3	21.8	23.0	20.8	21.2	12.5
Italy/Italie	4.2	6.9	12.4	12.1	15.5	8.4	14.4	14.2	18.1	14.3	USA/Etats–Unis d'Amer			x15.3	x22.5	x20.0	16.1	19.7	18.3	16.0	13.3
Germany/Allemagne	4.0	2.9	5.0	4.0	7.3	3.5	3.8	7.5	5.4		France, Monac			x2.0	x2.5	7.3	9.3	11.0	12.5	11.8	
France, Monac	1.6	1.3	0.6	x4.2	x3.8	5.1	4.8	5.3	2.8	2.3	Canada				5.7	5.2	5.2	8.6	11.8	11.4	10.4
Spain/Espagne	4.8	12.3	7.4	0.4	1.1	0.6	8.8	0.6	1.9	0.7	Italy/Italie	11.9	10.4	10.9	7.6	5.6	3.9	5.1	5.4	6.0	5.0
United Kingdom	41.2	20.3	21.2	7.0	5.3	6.3	4.0	3.3	3.1	2.3	Sweden/Suède	0.2	4.4	13.9	5.7	3.9	5.1	6.5	6.9	4.3	2.0
Switz.Liecht				17.0	12.5	10.2	2.6	3.3	2.7	1.2	Brazil/Brésil				x1.8	6.1	5.9	6.9	5.9	3.0	5.4
Canada	2.8	7.4	3.5	x2.0	x0.1	12.8	3.5	2.8	1.8	1.5	Netherlands/Pays–Bas				3.5	4.0	1.7	1.6	2.2	1.1	1.5
Australia/Australie				3.5	3.1	3.4	4.1	1.8	0.9	1.3	Germany/Allemagne	5.9	5.9	7.5	2.1	1.6	1.9	2.1	1.1	1.4	0.8
China/Chine					6.6	0.0	1.4	1.8	3.0	1.5	Spain/Espagne	4.6	3.5	0.8	2.1	1.6	1.9	2.1	1.1	1.4	0.8

7924 AIRCRFT NES OVER 15000KG / AERODYNES PLUS 15000 KG 7924

TRADE BY COMMODITY IN THOUSAND U.S. DOLLARS – COMMERCE PAR PRODUIT EN MILLIERS DE DOLLARS E.U

COUNTRIES–PAYS	IMPORTS – IMPORTATIONS					COUNTRIES–PAYS	EXPORTS – EXPORTATIONS				
	1988	1989	1990	1991	1992		1988	1989	1990	1991	1992
Total	16189992	23779505	30386712	37801259	37133693	Totale	x16079003	27685813	34582721	44064221	44477385
Africa	x128128	x724904	x1536170	x1902638	x1602462	Afrique	x7591	x61499	x151179	x105308	x352391
Northern Africa	x50884	x243773	x1016973	x832298	x550043	Afrique du Nord	474	x31084	x137762	x102016	x283143
Americas	x3033838	x2985173	x2203769	x3256809	x4993682	Amériques	x6792647	13714612	18662750	23202885	24124637
LAIA	81588	x439132	x549289	x435549	x1049840	ALAI	9035	352632	220413	119942	187704
CACM		x1812	x124740	x40036	x125721	MCAC		x52	x26048		
Asia	3874433	5147305	6935162	x8286375	x10370752	Asie	x309816	675041	414589	652008	x379563
Middle East	x438256	x1077308	x836537	x1065983	x1714788	Moyen–Orient	x165263	x87402	31438	x62416	x33622
Europe	8648657	13199146	18038092	22132699	18319952	Europe	8772254	13024108	14935846	19353869	19476646
EEC	8082366	12090785	16196304	20072151	16506934	CEE	8613238	12948047	14660711	19195285	19133661
EFTA	509696	1108134	1708176	2027215	1688564	AELE	149483	75533	229537	150041	342985
Oceania	504937	1255587	1562263	1667933	x1231735	Océanie	x38239	52847	114661	117747	123396
Germany/Allemagne	3681999	5754961	6524747	9822962	8610506	USA/Etats–Unis d'Amer	x6679963	13260944	18251532	22624325	23917712
United Kingdom	2061657	2738809	4012624	2796761	2678314	Germany/Allemagne	3087432	5022391	5176346	7356771	6756437
Japan/Japon	1318711	815792	2240988	2460215	2452972	France, Monac	2573001	4531848	4794793	7482038	8385969
Spain/Espagne	633867	928895	1683540	1934405	1023309	United Kingdom	1824817	1759664	1704761	1416724	626538
Australia/Australie	409559	870519	1169253	1580638	845641	Netherlands/Pays–Bas	255349	518999	951811	1058221	1406521
USA/Etats–Unis d'Amer	x1432905	1367803	818065	1400293	2233272	Italy/Italie	494108	426973	1055203	772281	1123210
France, Monac	614178	479870	1145773	1787162	1129451	Spain/Espagne	299412	440592	491902	570762	449937
Italy/Italie	489742	599148	1017688	1578004	1542435	Former USSR/Anc. URSS	x155672	x126723	x282664	x615532	
Canada	1460597	963978	611761	1257195	1391002	Denmark/Danemark	67446	127910	423516	271978	334505
Korea Republic	961123	826282	628597	1120713	1299670	Canada	101623	95014	140787	458600	
Malaysia/Malaisie	46027	452917	765765	857634	x1116820	Malaysia/Malaisie					19200
Netherlands/Pays–Bas	301700	744694	808631	502171	772437	Singapore/Singapour		117030	131160	385498	
Singapore/Singapour	102654	788272	414591	809732	877965	Brazil/Brésil		229960	129917	57553	
Denmark/Danemark	165871	429421	492101	753506	245070	Belgium–Luxembourg	1740	128894	178700	78125	145700
Egypt/Egypte	x24181	x199530	x594149	x703057	x397634	Israel/Israël	2427	81691	43436	252933	30758
Switz.Liecht		160928	132043	1029219	605917	Egypt/Egypte	82553	150253	110368	79164	68134
Sweden/Suède	183695	319970	653179	348166	384117	Mexico/Mexique	x30871	x136614	x102016		x227054
China/Chine	157772	217905	338851	681968	872743	Norway,SVD,JM	4810	215948	12325	35184	37859
Hong Kong	124694	249758	443148	496561	545255	Korea Republic	97644	43237	133175	37090	111253
Norway,SVD,JM	158583	293038	562525	285602	416805	New Zealand	62000	68885	7600	63530	6781
Belgium–Luxembourg	89910	249167	277387	489522	153764	Switz.Liecht	9504	3245	62335	70838	99796
Bahrain/Bahrein		x294001	x246603	x256018	x175560	Jordan/Jordanie		17921	16567	100998	231723
New Zealand	87490	309947	330231	87295	326653	Sweden/Suède		63507	31438		8167
So. Africa Customs Un	21460	102890	35972	x577584	x245432	Australia/Australie	272	7792	71996	11953	
India/Inde		x518341	179491	2343	x47	Kuwait/Koweït	23183	45655	33570	10060	5294
Thailand/Thaïlande	571160	63805	537130	22234	919370	Romania/Roumanie	x7797	x23854		x62324	x25450
United Arab Emirates		x317197	x184458	x103746	x401521	Portugal		27960	20611	12528	
Turkey/Turquie	188223	134085	231440	177729	536853	Yugoslavia SFR	9246	37976	16281	4252	17050
Indonesia/Indonésie			211340	289073	87105	Papua New Guinea	9533	528	44583	x8543	
Ireland/Irlande	43443	92699	187926	205322	121075	Chile/Chili	4669	3947	3859	36849	18306
Austria/Autriche	48208	218111	79213	176174	252584	So. Africa Customs Un	2452	7790	25807		
Philippines	76180	x89315	196478	175784	193418	Japan/Japon		x30415	21510	4106	27671
Mexico/Mexique	53007	25968	202534	212049	319145	Costa Rica			x52	3821	
Former GDR		x403390				Fiji/Fidji			x26048		
Finland/Finlande	119209	63552	165574	156533	29141	Seychelles			14896		
Brazil/Brésil	x436	x311106	9157	62654	206128	Martinique			13417		
Kuwait/Koweït	x24191	x23838	x16006	x315839	x181431	Trinidad and Tobago			11047		
Chile/Chili	4063	3474	x198736	x134692	x245550	Austria/Autriche	110		10894		20
Algeria/Algérie		x14622	x252888	x28990		Greece/Grèce		3	7799		
Hungary/Hongrie		x12680		228566	x83803	Jamaica/Jamaïque			2663	5118	
Greece/Grèce		34787	10591	185618	x124471	Venezuela		5470	2029		
Kenya	32879	x105925	119853	x832	x2070	Iceland/Islande	46515	5708	x3580	x3633	
Pakistan		1527	2800	207625	8	Czechoslovakia					
Iceland/Islande		52536	115642	31520		Ireland/Irlande			x422	x3974	x20749
Cyprus/Chypre	1	162985	35494		106986	Poland/Pologne	x2636	x3022		4206	2736
Cote d'Ivoire		x43853		x141553	x571762	Niger				x372	x2
Morocco/Maroc	9686	27865	94837	55956	64755	Colombia/Colombie				x3290	
Bulgaria/Bulgarie		x19642	x56636	x99791	x111529	Tunisia/Tunisie	474	212	1147	3000	4145
Ethiopia/Ethiopie		x16092	x50790	x104429	x138019	Malta/Malte			1015		x56089
Saudi Arabia	x61871	3413	x22917	x137568	x67550	Finland/Finlande	4942	872			10

(VALUE AS % OF TOTAL)(VALEUR EN % DU TOTAL)

	1983	1984	1985	1986	1987	1988	1989	1990	1991	1992		1983	1984	1985	1986	1987	1988	1989	1990	1991	1992
Africa	x3.8	x1.1	0.9	2.6	x0.4	x0.8	3.0	x5.0	x5.0	x4.4	Afrique	x1.0	0.8	0.5	0.1	0.1	0.0	x0.2	0.4	x0.2	0.8
Northern Africa	x3.7	x0.9	x0.3	0.9	0.3	x0.3	x1.0	x3.3	x2.2	x1.5	Afrique du Nord	x1.0	0.8	0.5			0.0	x0.1	x0.4	x0.2	x0.8
Americas	0.4	x0.1	0.1	x11.2	x15.2	x18.8	x12.5	x7.2	x8.6	x13.5	Amériques	x7.0	5.0	5.4	x53.4	44.3	x42.3	49.5	54.0	52.7	54.2
LAIA	0.4	x0.0	0.0	1.9	4.0	0.5	x1.8	x1.8	x1.2	x2.8	ALAI	x0.0	0.0	0.0		0.1	1.3	0.6	0.5	0.3	0.4
CACM					0.0		x0.0	0.4	x0.1	x0.3	MCAC							x0.0	x0.1		
Asia	27.6	36.9	33.5	x35.5	x29.4	23.9	x21.7	22.8	x21.9	27.9	Asie	4.4	3.0	9.4	x3.5	x1.4	1.9	2.4	1.2	1.5	x0.8
Middle East	x0.8	12.0	x4.7	6.6	x3.5	x2.7	x4.5	x2.8	x4.0	x4.6	Moyen–Orient			x0.8	x0.5	0.7	x1.0	x0.3	0.1	x0.1	x0.1
Europe	65.3	60.6	64.2	48.2	52.0	53.4	55.5	59.4	58.6	49.3	Europe	87.6	91.2	84.5	x47.4	51.7	54.6	47.0	43.2	43.9	43.8
EEC	63.4	58.7	61.1	42.4	48.4	49.9	50.8	53.3	53.1	44.5	CEE	87.1	90.7	83.4	42.7	50.6	53.6	46.8	42.4	43.6	43.0
EFTA	2.0	2.0	3.1	x5.8	3.1	3.1	4.7	5.6	5.4	4.5	AELE	0.5	0.4	1.1	0.1	1.0	0.9	0.3	0.7	0.3	0.8
Oceania	x2.9	1.3	1.4	x2.5	3.1	3.1	5.1	4.4	x3.4		Océanie		x0.4	1.2	x0.2	0.2	0.4	0.3			0.2
Germany/Allemagne	45.5	38.0	33.7	24.4	28.7	22.7	24.2	21.5	26.0	23.2	USA/Etats–Unis d'Amer				x47.4	x40.6	x41.5	47.9	52.8	51.3	53.8
United Kingdom	7.6	10.4	14.9	4.3	7.3	12.7	11.5	13.2	7.4	7.2	Germany/Allemagne	40.0	40.9	38.0	16.2	20.6	19.2	18.1	15.0	16.7	15.2
Japan/Japon	16.2	9.5	13.5	14.7	12.2	8.1	3.4	7.4	6.5	6.6	France, Monac	35.5	36.6	31.3	14.8	17.6	16.0	16.4	13.9	17.0	18.9
Spain/Espagne	0.0	0.8	0.4	0.6	1.0	3.9	3.9	5.5	5.1	2.8	United Kingdom	5.2	4.6	7.3	7.7	8.6	11.3	6.4	4.9	3.2	1.4
Australia/Australie	2.8	1.3	0.6	0.2	2.3	2.5	3.7	3.8	4.2	2.3	Netherlands/Pays–Bas		x0.6	0.6	1.6	1.9	2.8	2.4	3.2	1.4	
USA/Etats–Unis d'Amer				x8.7	x8.9	x8.9	5.8	2.7	3.7	6.0	Italy/Italie	5.9	6.7	5.2	3.1	2.5	3.1	1.5	3.1	1.8	2.5
France, Monac	4.3	1.0	2.1	4.1	1.9	3.8	2.0	3.8	4.7	3.0	Spain/Espagne	0.1	0.7	0.0	0.1	2.5	3.1	1.5	3.1	1.8	1.0
Italy/Italie	3.0	6.7	7.8	5.8	3.9	3.0	2.5	3.3	4.2	4.2	Former USSR/Anc. URSS				x0.9	x1.0	x0.5	x0.8	x1.4		
Canada				x0.0	x1.9	9.0	4.1	2.0	3.3	3.7	Denmark/Danemark	0.2	0.4	0.4	0.3	0.4	0.5	1.2	0.6	0.8	
Korea Republic			2.2	2.9	4.2	2.9	5.9	3.5	2.1	3.0	Canada	6.9	4.9	5.4	5.9	3.7	0.6	0.3	0.4	1.0	0.0

7929 AIRCRAFT PARTS NES

TRADE BY COMMODITY IN THOUSAND U.S. DOLLARS – COMMERCE PAR PRODUIT EN MILLIERS DE DOLLARS E.U

IMPORTS – IMPORTATIONS

COUNTRIES–PAYS	1988	1989	1990	1991	1992
Total	12764650	15632993	16648491	21116422	22042335
Africa	x379678	x404551	x471595	x298692	x359202
Northern Africa	x228899	x228001	x270303	x34904	x55527
Americas	3898874	4140416	4637130	5068327	x4243536
LAIA	180930	251696	252203	197038	203224
CACM	2646	3374	3057	2035	x15764
Asia	2475558	3896116	2984184	2688728	x3948226
Middle East	x746126	1763329	x603828	x567702	x938586
Europe	5459383	6530004	7895166	12312380	12877545
EEC	4963698	5890726	7205479	11608147	12235889
EFTA	468843	598148	649591	674311	630680
Oceania	373638	x523543	x612361	x583189	x568598
USA/Etats–Unis d'Amer	2775914	2977900	3377457	3921432	3228801
Germany/Allemagne	1912157	2255957	2711345	3364281	3882884
France,Monac	1749150	1877951	2247621	3296150	739543
Canada	900252	869191	975764	890850	2329306
United Kingdom				2286405	1002630
Netherlands/Pays–Bas	447353	602795	727652	944733	x380772
Saudi Arabia	462199	1415244	x193029	x273397	548772
Belgium–Luxembourg	238717	434546	569156	657014	470969
Japan/Japon	460045	498381	582247	499720	458641
Australia/Australie	301466	396732	514334	488451	
Italy/Italie	301349	365341	478121	520017	492538
Singapore/Singapour	343911	419304	499228	410060	474332
China/Chine	235516	332446	402478	376091	604087
Spain/Espagne	219534	237336	262385	267415	326687
Switz.Liecht	191177	231210	260564	250209	228851
Korea Republic	207087	234242	261154	215304	320606
Sweden/Suède	113811	164936	178446	243573	218404
Brazil/Brésil	118593	181561	191605	134271	90486
Egypt/Egypte	x167542	x182540	x223478	5	250
India/Inde	110346	x227696	103357	59538	x412597
Israel/Israël	96984	105998	125744	143514	146257
Malaysia/Malaisie	54909	98345	112631	136115	x138799
Jordan/Jordanie	93987	88796	120713	93795	113186
Norway,SVD,JM	78900	99196	98838	86155	97544
Finland/Finlande	75776	89055	93046	74340	62242
Hong Kong	98491	94179	84479	75324	112952
So. Africa Customs Un	59390	63822	41129	x130597	x82466
Former USSR/Anc. URSS	x77314	x94561	x9090	x127551	
Ireland/Irlande	31114	47385	82819	96297	138385
Indonesia/Indonésie	63125	48076	69987	78283	85792
United Arab Emirates	x42438	x82416	x64447	x44770	x75394
Greece/Grèce	12914	13164	72030	100729	x55100
Bahrain/Bahreïn	x27008	x54402	x77381	x47668	x44781
New Zealand	44879	42494	61122	62759	72819
Philippines	10641	x23023	46919	51538	60074
Mexico/Mexique	30922	44900	46919	51538	65093
Denmark/Danemark	29433	34161	34192	54035	46450
Kuwait/Koweït	x34891	2161	x54600	x39183	x182419
Romania/Roumanie	x9335	39676	35545	7929	x2870
Yugoslavia SFR	25676	41085	22057	x13301	
Nigeria/Nigéria	x19589	x20593	x26865	x25916	x12914
Papua New Guinea	18989	26744	23899	20359	x15817
Iran (Islamic Rp. of)	x17401	x16031	x33590	x20336	x36228
Turkey/Turquie	7737	37493	22874	9485	53959
French Polynesia	6660	x53936	x6963	x6466	x6515
Portugal	21976	22091	20159	21071	21334
Pakistan	16193	10851	8229	38905	95892
Mauritius/Maurice	x2291	x2307	21113	25297	33059
Iraq	x39666	x35437	x12038		
Zimbabwe	x3929	x9028	21758	9365	x36017

EXPORTS – EXPORTATIONS

COUNTRIES–PAYS	1988	1989	1990	1991	1992
Totale	14148001	16563315	18971645	26485829	26328017
Afrique	x18908	x27477	x24240	x35708	x27551
Afrique du Nord	x5293	x8690	x8328	x20808	x10906
Amériques	8607126	10063709	11131227	11672592	10478568
ALAI	93328	106078	108347	126938	87590
MCAC	x67	x1544	x54	39	x813
Asie	934335	1182576	1368235	1561629	x1695038
Moyen–Orient	x119912	x73768	x111729	x173016	x96342
Europe	4183409	4839267	6067954	12663786	13476997
CEE	3949768	4585187	5727448	12339927	13407021
AELE	231257	245429	326680	301031	326811
Océanie	x169414	207320	257016	340477	367775
USA/Etats–Unis d'Amer	7561860	8951675	9752561	10198632	9337299
Germany/Allemagne	1768488	2009446	2444260	2942753	3705876
United Kingdom			5704747	5567278	
Canada	940775	997147	1263802	1341528	1036130
Italy/Italie	657377	760136	892619	961202	963835
France,Monac	612089	601658	730582	1126651	1383521
Netherlands/Pays–Bas	385722	474982	574042	455673	443695
Belgium–Luxembourg	232728	402017	518407	516955	647956
Japan/Japon	275235	353716	417963	522605	519851
Spain/Espagne	238815	281910	467621	496477	535940
Singapore/Singapour	178741	265387	282426	244428	300957
Australia/Australie	149870	180781	215893	292524	332386
Israel/Israël	150614	203710	174533	232994	220326
Former USSR/Anc. URSS	x211579	x165855	x101426	x203068	
Korea Republic	50407	109865	163371	172166	244651
Sweden/Suède	109334	116988	166353	155678	159229
Switz.Liecht	77641	80365	97550	94810	101402
Malaysia/Malaisie	66810	78637	97823	93152	x54281
Brazil/Brésil	83380	90883	73623	84121	47444
Ireland/Irlande	22424	26021	55286	83709	87840
Hong Kong	53622	51077	56912	51588	88838
Oman	41333	28270	35847	44819	x1254
Austria/Autriche	13249	18246	28944	33308	37802
Mexico/Mexique	7789	11113	32861	30421	34667
Denmark/Danemark	16572	14264	21551	27530	22471
New Zealand	9688	12196	x13261	x4103	x3007
Poland/Pologne	x17432	x41072	30492	25179	32072
Jordan/Jordanie	11453	540	30492	22775	235
Sri Lanka	3274	2558	25089		
Turkey/Turquie	x6424	x4500	0	x45166	
Bahrain/Bahreïn	x2184	x11043	x18296	x16985	x20214
Portugal	8038	12290	13343	19267	28497
India/Inde	8285	x15252	7919	19618	x18077
Finland/Finlande	11917	15179	17701	9711	7151
Norway,SVD,JM	19115	14651	16086	7523	21228
Romania/Roumanie	x742	27370	7038	2933	x908
Papua New Guinea	2918	5746	14183	14603	6759
Yugoslavia SFR	2379	8612	5811	x16488	
Indonesia/Indonésie	8535	7754	14374	8519	12817
China/Chine	10572	12549	7535	9966	94866
Saudi Arabia	19679	14797	x5550	x8268	x11212
United Arab Emirates	x4107	x4452	x2400	x14194	x16844
Egypt/Egypte	x1154	x5842	x1730	x12169	x4529
Fiji/Fidji	3265	8248	5030	5230	5533
Malta/Malte			8006	6341	x7116
Lebanon/Liban	x480	x3217	x4946	x5923	x3644
So. Africa Customs Un	x6201	x2793	x7127	x3857	x2874
Greece/Grèce	7514	2463	5531	4462	x11008
Pakistan	4067	4015	4207	3482	3204
Jamaica/Jamaïque	1997	4514	2417	3718	x10

(VALUE AS % OF TOTAL)(VALEUR EN % DU TOTAL)

IMPORTS

	1983	1984	1985	1986	1987	1988	1989	1990	1991	1992
Africa	x3.4	x2.3	x2.3	x3.6	x2.9	3.0	x2.6	x2.8	x1.4	x1.7
Northern Africa	x1.2	x0.6	x1.3	x1.6	x1.3	x1.8	x1.5	x1.6	x0.2	x0.3
Americas	x20.4	26.4	31.5	x32.6	x28.8	30.5	26.5	27.8	24.0	x19.2
LAIA	0.2	1.0	1.4	x2.0	x1.7	1.4	1.6	1.5	0.9	0.9
CACM	x0.1	0.0	x0.0	x0.2	0.0	0.0	0.0	0.0	0.0	x0.1
Asia	x18.4	19.6	x18.6	17.8	19.0	19.4	25.0	x18.0	x12.7	x17.9
Middle East	x4.7	x7.6	x6.8	x6.1	x5.9	x5.8	11.3	x3.6	x2.7	4.3
Europe	55.8	49.7	45.6	44.2	x46.2	42.8	41.8	47.4	58.3	58.4
EEC	50.6	45.7	41.8	39.9	x41.9	38.9	37.7	43.3	55.0	55.5
EFTA	5.2	3.7	3.3	4.0	4.1	3.7	3.8	3.9	3.2	2.9
Oceania	2.0	x2.2	x1.9	x1.8	x2.0	2.9	3.3	3.7	x2.8	x2.6
USA/Etats–Unis d'Amer	14.8	18.6	21.7	22.5	19.7	21.7	19.0	20.3	18.6	14.6
Germany/Allemagne	17.3	15.1	14.2	14.9	14.1	15.0	14.4	16.3	15.9	17.6
France,Monac	7.3	6.4	4.4	5.1	6.8	13.7	12.0	13.5	15.6	15.4
Canada	5.2	6.4	8.1	7.7	7.1	5.6	5.9	4.2	3.4	
United Kingdom	10.4	10.2	10.4	10.5	x11.1			10.8	10.6	
Netherlands/Pays–Bas	4.5	3.2	3.5	2.8	3.5	3.5	3.9	4.4	4.5	4.5
Saudi Arabia	x1.5	4.6	x3.7	4.2	3.9	3.6	9.1	x1.2	x1.3	x1.7
Belgium–Luxembourg	4.8	4.5	3.9	3.3	2.7	1.9	2.8	3.4	3.1	2.5
Japan/Japon	3.8	3.3	3.5	3.0	3.1	3.6	3.2	3.5	2.4	2.1
Australia/Australie	1.7	1.8	1.4	1.4	1.6	2.4	2.5	3.1	2.3	2.1

EXPORTS

	1983	1984	1985	1986	1987	1988	1989	1990	1991	1992
Afrique	x0.4	x0.3	x0.3	x0.2	x0.2	x0.1	x0.1	x0.1	x0.1	x0.1
Afrique du Nord	x0.2	x0.2	x0.1	x0.0	x0.0	x0.0	x0.1	x0.0	x0.1	x0.0
Amériques	x49.1	53.2	56.7	x56.5	x55.7	60.8	60.8	58.7	44.1	39.8
ALAI	x0.0	0.4	0.5	x0.3	x0.5	0.7	0.6	0.6	0.5	0.3
MCAC	x0.0	x0.0	x0.0	0.0	x0.0	0.0	0.0	0.0	0.0	x0.0
Asie	5.6	5.7	x5.3	x5.1	5.0	6.6	7.2	7.2	5.9	x6.4
Moyen–Orient	x0.8	x1.4	x0.7	x1.0	0.5	x0.8	0.4	x0.6	x0.7	x0.4
Europe	44.0	39.9	37.4	37.7	x36.4	29.6	29.2	32.0	47.8	52.2
CEE	43.3	38.8	36.3	36.4	x34.8	27.9	27.7	30.2	46.6	50.9
AELE	0.6	0.8	1.0	1.2	1.6	x1.2	1.5	1.7	1.1	1.2
Océanie	0.4	0.4	0.4	0.4	0.8	x1.2	1.3	1.4	1.3	1.3
USA/Etats–Unis d'Amer	48.8	52.7	55.9	48.6	48.7	53.4	54.0	51.4	38.5	35.5
Germany/Allemagne	13.8	10.7	8.0	7.5	9.1	12.5	12.1	12.9	11.1	14.1
United Kingdom	19.7	18.5	18.8	19.0	14.1				21.5	21.1
Canada				x7.5	6.5	6.6	6.0	6.7	5.1	3.9
Italy/Italie	4.5	4.0	3.8	3.6	4.5	4.6	4.6	4.7	3.6	3.7
France,Monac	1.1	1.1	1.1	1.2	1.5	4.3	3.6	3.9	4.3	5.3
Netherlands/Pays–Bas	1.7	1.8	1.8	2.5	2.6	2.7	2.9	3.0	1.7	1.7
Belgium–Luxembourg	1.5	1.5	1.7	1.7	1.8	1.6	2.4	2.7	2.0	2.5
Japan/Japon	1.1	0.8	1.0	1.0	1.4	1.9	2.1	2.2	2.0	2.0
Spain/Espagne	0.8	1.1	0.9	0.7	0.8	1.7	1.7	2.5	1.9	2.0

7932 SHIPS AND BOATS NES

TRADE BY COMMODITY IN THOUSAND U.S. DOLLARS – COMMERCE PAR PRODUIT EN MILLIERS DE DOLLARS E.U

NAVIRES ET BATEAUX 7932

COUNTRIES–PAYS	\multicolumn{5}{c	}{IMPORTS – IMPORTATIONS}	COUNTRIES–PAYS	\multicolumn{5}{c}{EXPORTS – EXPORTATIONS}
	1988	1989	1990	1991	1992		1988	1989	1990	1991	1992
Total	x11172001	x14056524	x16899185	x20145738	x12967302	Totale	14281641	15202138	21011161	x27084656	25819703
Africa	x299392	x570832	x3519521	x4615735	x528940	Afrique	x188863	x258067	x1331666	x4877061	x137798
Northern Africa	118920	207602	211812	x147339	x78929	Afrique du Nord	x14566	38977	14504	10136	13451
Americas	x1657285	x1551806	x2505710	x2126361	x2668935	Amériques	x1402838	x1509966	x1648835	x1528820	x1597405
LAIA	181279	193662	246260	212067	x239660	ALAI	87614	113900	169090	274881	237759
CACM	14787	13492	5391	7103	x7307	MCAC	x8935	x16693	x12507	x25865	x1805
Asia	x1723269	2250687	3450601	x2963442	x3811027	Asie	6041788	6600115	8665181	11086669	12790282
Middle East	x215339	x221950	x542920	x469245	x460654	Moyen-Orient	x16318	x28597	x87734	95332	137825
Europe	5584128	7659143	6568839	7165501	5383232	Europe	6053661	6039811	8585079	8799958	10896804
EEC	2479415	2794744	3378133	4095163	3444658	CEE	3724638	3968824	5490205	5632983	7498426
EFTA	2968228	4791953	3082657	2754045	1712714	AELE	1916518	1643757	2622603	2992540	2897207
Oceania	x150398	x475096	x376459	x353288	x493335	Océanie	130957	x161270	169415	200754	244526
Liberia/Libéria	x74084	x236106	x3152135	x4356450	x281073	Japan/Japon	3783085	4252940	5310413	6363715	7775886
Norway,SVD,JM	2242036	3754879	2198526	1688120	894470	Korea Republic	1562572	1655602	2643233	3947958	4108484
Former USSR/Anc. URSS	x1585732	x1405627	x443031	x2611358		Liberia/Libéria	x158255	x206584	x1296607	x4827348	x102857
Singapore/Singapour	661160	666340	869106	806003	1191104	Norway,SVD,JM	874576	882077	1710159	2185351	1976775
Greece/Grèce	695512	804672	519065	877164	x438867	Germany/Allemagne	949829	903015	1551105	1816470	2489365
Bahamas	9315	x321779	x907745	x791265	x1094801	USA/Etats-Unis d'Amer	536131	736347	946408	868563	850070
Sweden/Suède	335595	655075	565438	741815	374863	France,Monac	609596	738041	947322	821117	1272584
Denmark/Danemark	178675	536741	594866	452092	237419	Spain/Espagne	390235	453545	848933	832061	1072728
Germany/Allemagne	250677	267567	468526	786273	572862	Denmark/Danemark	692804	504912	624204	636477	1096382
France,Monac	376209	262668	534954	548986	770443	Finland/Finlande	614576	490494	571542	545530	511803
Italy/Italie	153730	284166	476975	539649	439164	Italy/Italie	286261	413492	522747	553399	463189
Korea Republic	189917	380028	688976	176363	762746	United Kingdom	371855	397082	460061	375678	372695
Japan/Japon	250726	261822	384026	417608	246279	Netherlands/Pays-Bas	302395	330969	360210	456857	514564
China/Chine	179739	314506	436040	255414	226137	Singapore/Singapour	464947	403293	328790	302214	307606
USA/Etats-Unis d'Amer	732207	448888	322443	232883	294565	Bahamas	15	x446327	x351245	x158929	x246391
United Kingdom	280537	235659	215268	421923	319196	Yugoslavia SFR	356660	371477	407276	x115884	
Australia/Australie	63343	294348	191300	178664	14925	Poland/Pologne	x318384	x404742	x199357	x58357	x63828
Bermuda/Bermudes	x300165	x101863	x309945	x245090	x344044	Sweden/Suède	291332	218230	264302	170049	327340
Finland/Finlande	179926	252187	198203	201918	223040	China/Chine	162630	134650	209063	284039	381657
Canada	218664	235589	222585	176171	178013	Former USSR/Anc. URSS	x34217	x31423	x98557	x395662	
Netherlands/Pays-Bas	154939	151084	176963	187412	285778	Australia/Australie	112176	101509	138654	168836	220780
Morocco/Maroc	86592	196160	187377	103844	32076	Bulgaria/Bulgarie		x87015	x267228	x44095	x34677
Spain/Espagne	307806	144310	197871	143188	217931	Canada	82096	98452	107243	100125	165515
Turkey/Turquie	16603	111992	142652	164941	158881	Brazil/Brésil	41831	57948	65882	177941	201627
Indonesia/Indonésie	19722	44122	121627	246230	181455	Portugal	43994	137439	87795	48197	133312
Saudi Arabia	2888	7512	x314687	x79032	x36977	Romania/Roumanie	x213	95118	34301	90474	x49228
Israel/Israël	23501	43431	113383	173094	124915	Belgium/Luxembourg	41630	55318	54925	57221	42437
Poland/Pologne	x41458	x3799	x12096	x306829	x70799	Turkey/Turquie	2870	12086	64801	90038	135347
Malaysia/Malaisie	28565	82365	72378	156971		Austria/Autriche	115507	22061	56086	77650	58773
Guadeloupe	34201	25237	84750	134842	84085	Mexico/Mexique	8212	25938	55728	45257	9416
Chile/Chili	56601	95984	84529	62197	x41371	Israel/Israël	16147	73591	22123	27793	12600
Thailand/Thaïlande	20673	43153	90924	96655	79836	Bermuda/Bermudes	x8964	x43126	x24147	x49290	x80
Martinique	22792	25149	137535	68022	59063	New Zealand	16478	50031	27538	28176	21704
Switz.Liecht	72243	68380	79653	73648	77866	Hong Kong	23919	28531	26999	25900	27576
New Zealand	38455	49956	77880	93443	51737	Faeroe Islds/Is Féroé	41562	22553	26898	23420	x21621
Malta/Malte	3868	2149	2022	x198804	x179411	Argentina/Argentine	12078	12198	19618	32418	21389
Portugal	32792	43514	108294	45656	68404	Ireland/Irlande	34040	23182	20943	18210	22017
Kuwait/Koweït	x125796	16555	x4260	x164696	x196725	Gibraltar	x14263	x32539	x15749	x11121	x3264
Belgium-Luxembourg	40296	47863	68572	67847	73766	Honduras	x7497	x14524	x10566	x24869	2
Gibraltar	x55799	x45624	x63340	x61000	x7603	Malta/Malte	13		582	22346	x17606
Cayman Is/Is Caïmans	x23010	x13932	x107473	x44291	x245606	Greece/Grèce	1998	11829	11961	17296	x19154
Hong Kong	53082	58301	52691	50506	83228	India/Inde	75	x213	23511	16787	x54
Argentina/Argentine	16979	49750	64301	38596	89706	Iceland/Islande	10100	21052	10229	3014	9146
India/Inde	29583	x61777	65063	16423	x220543	Cameroon/Cameroun			7137	26752	
Mexico/Mexique	40047	21092	67357	54674	28289	Chile/Chili	15028	10374	15463	7980	x997
Former GDR	x12551	x124336	x7350			Switz.Liecht	10428	9845	10286	10945	13371
Cuba	x12457	x12568	x47890	x61057	x240	Algeria/Algérie	983	29563	x438	x268	x23
French Polynesia	3498	x76936	x12206	x22277	x16770	Guadeloupe	3832	2110	5479	21893	9080
Vanuatu	x14600	x17103	x64085	x22670	x146612	Antigua and Barbuda	x9215	x9153	x7528	x10075	x587
Iceland/Islande	119897	49337	23408	30141	117381	Netherlands Antilles	x3793	x24146			

(VALUE AS % OF TOTAL)(VALEUR EN % DU TOTAL)

	1983	1984	1985	1986	1987	1988	1989	1990	1991	1992		1983	1984	1985	1986	1987	1988	1989	1990	1991	1992
Africa	x2.4	x2.8	x4.6	x7.7	x3.3	x2.7	x4.0	x20.8	x22.9	x4.0	Afrique	x1.8	1.4	x0.8	x0.9	x0.7	x1.2	x1.7	x6.4	x18.0	x0.5
Northern Africa	1.0	1.4	0.8	2.2	0.9	1.1	1.5	1.3	x0.7	x0.6	Afrique du Nord	0.0	x0.0	0.1	0.2	x0.7	x0.1	0.3	0.1	0.0	0.1
Americas	x10.7	15.7	x12.8	x28.3	x40.4	14.8	x11.1	14.8	10.5	x20.5	Amériques	11.8	x2.6	2.2	x6.9	4.5	x8.5	x9.8	x9.9	x7.8	x5.7	x6.2
LAIA	x2.5	6.9	3.7	2.1	x1.9	1.6	1.4	1.5	1.1	x1.8	ALAI	x0.2	0.9	1.5	1.7	1.4	0.6	0.7	0.8	1.0	0.9
CACM	x0.1	0.1	x0.1	x0.1	0.1	0.1	0.0	0.0	0.0	x0.1	MCAC	x0.0	0.0	0.0	x0.0	x0.1	x0.1	x0.1	x0.1	x0.1	0.1
Asia	x48.2	50.1	54.1	25.0	x12.4	15.5	16.0	20.4	14.7	x29.4	Asie	53.5	64.2	60.9	48.9	39.6	42.3	43.5	41.3	40.9	49.6
Middle East	x7.8	x4.4	x3.0	x1.4	x1.7	x1.9	x1.6	x3.2	x2.3	x3.6	Moyen-Orient	x0.1	x0.1	x0.4	x0.1	x0.2	x0.1	x0.2	x0.4	0.4	0.5
Europe	35.4	29.6	27.0	36.3	27.4	50.0	54.5	38.9	35.6	41.5	Europe	41.9	31.9	31.3	45.5	46.1	42.4	39.7	40.9	32.5	42.2
EEC	20.6	17.0	16.9	23.9	15.9	22.2	19.9	20.0	20.3	26.6	CEE	24.6	16.7	14.3	21.7	26.8	26.1	26.1	26.1	20.8	29.0
EFTA	14.2	11.6	8.9	11.1	10.0	26.6	34.1	18.2	13.7	13.2	AELE	17.3	12.8	13.7	22.9	18.2	13.4	10.8	12.5	11.0	11.2
Oceania	x3.3	x1.9	x1.5	x2.6	x1.9	1.3	x3.3	x2.2	x1.8	x3.8	Océanie	x0.2	0.1	0.2	0.2	x0.4	0.9	x1.1	0.8	0.7	0.9
Liberia/Libéria	0.0	0.0	x2.4	x2.7	x1.7	x0.7	x1.7	x18.7	x21.6	x2.2	Japan/Japon	32.9	36.9	30.4	33.6	28.5	26.5	28.0	25.3	23.5	30.1
Norway,SVD,JM	9.9	7.3	5.3	4.9	5.5	20.1	26.7	13.0	8.4	6.9	Korea Republic	19.0	25.7	28.7	11.8	7.4	10.9	10.9	12.6	14.6	15.9
Former USSR/Anc. URSS				x12.7	x14.2	11.4	x10.0	x2.6	x13.0		Liberia/Libéria	x1.3	x1.3	x0.6	x0.6	x0.6	x1.1	x1.4	x6.2	x17.8	x0.4
Singapore/Singapour	7.5	4.3	4.8	8.7	4.0	5.9	4.7	5.1	4.0	9.2	Norway,SVD,JM	5.4	4.1	7.1	12.3	10.7	6.1	5.8	8.1	8.1	7.7
Greece/Grèce	7.0	8.1	6.5	8.4	4.1	6.2	5.7	3.1	4.4	x3.4	Germany/Allemagne	6.7	5.9	4.9	9.0	6.7	5.9	7.4	6.7	9.6
Bahamas		0.1	0.1	x8.4	x9.4	0.1	x2.3	x5.4	3.9	x8.4	USA/Etats-Unis d'Amer	1.2	1.0	1.1	1.9	2.1	3.8	4.8	4.5	3.2	3.3
Sweden/Suède	1.6	2.7	2.6	4.1	2.6	3.0	4.7	3.3	3.7	2.9	France,Monac	4.6	4.4	2.2	4.2	4.3	4.3	4.8	4.5	3.2	3.3
Denmark/Danemark	0.7	0.3	0.7	1.0	0.7	1.6	3.8	3.5	2.2	1.8	Spain/Espagne	3.1	2.2	2.2	2.3	2.0	4.9	4.5	3.0	4.0	4.9
Germany/Allemagne	3.0	2.8	3.6	2.7	2.3	2.2	1.9	2.8	3.9	4.4	Denmark/Danemark	4.2	2.0	2.7	3.2	3.3	4.9	3.3	3.0	2.3	4.2
France,Monac	2.7	2.3	2.2	2.4	1.8	3.4	1.9	3.2	2.7	5.9	Finland/Finlande	7.1	5.7	3.9	7.5	3.9	4.3	3.2	2.7	2.0	2.0

79321 YACHTS, SPORTS VESSLS ETC
BATEAUX DE PLAISANCE 79321

TRADE BY COMMODITY IN THOUSAND U.S. DOLLARS – COMMERCE PAR PRODUIT EN MILLIERS DE DOLLARS E.U

COUNTRIES–PAYS	IMPORTS – IMPORTATIONS					COUNTRIES–PAYS	EXPORTS – EXPORTATIONS				
	1988	1989	1990	1991	1992		1988	1989	1990	1991	1992
Total	2696404	2407042	2855376	2773279	2529841	Totale	2400981	2624740	3432937	3202458	3119416
Africa	x22816	x14777	x32553	x27037	x25028	Afrique	x1615	x2710	x13846	x29812	x8337
Northern Africa	6314	1585	2750	x1501	x2890	Afrique du Nord	2	x227	232	x450	x208
Americas	x995191	x747594	x715711	x768070	x697821	Amériques	x579646	x750701	x948394	x929869	x956617
LAIA	16154	20391	22980	30187	64138	ALAI	x7441	5678	9917	7957	9251
CACM	1050	2780	2865	6148	x4225	MCAC	x1796	1832	1803	1038	x1916
Asia	x188552	319451	x492933	x470492	x352827	Asie	186633	167003	146504	154149	132179
Middle East	x26885	x55780	x64436	x43105	x43127	Moyen–Orient	x11584	x14523	x8674	x10246	x4619
Europe	1430676	1213043	1561176	1453101	1419116	Europe	1654287	1611292	2243610	1959702	1943881
EEC	1132348	887065	1221992	1187880	1218144	CEE	1381361	1331013	1955669	1693877	1684228
EFTA	277412	304458	297399	187738	151925	AELE	264329	269062	267402	254969	253026
Oceania	x41343	x83304	x39831	x46355	x30787	Océanie	45816	66828	49593	x116349	64882
USA/Etats–Unis d'Amer	732207	444591	318004	231291	279340	USA/Etats–Unis d'Amer	455558	632132	821686	798393	756935
Japan/Japon	118214	202113	358005	351662	221429	France, Monac	343931	355680	461515	370172	354470
France, Monac	203233	193044	273209	257191	252935	Italy/Italie	212455	268814	390877	371836	337276
Germany/Allemagne	192541	177783	242446	270344	328558	United Kingdom	355332	296959	384971	339375	361800
Canada	140687	179589	134716	141412	143705	Netherlands/Pays–Bas	178391	194710	263963	248234	327090
Italy/Italie	74885	92910	162790	198495	136749	Germany/Allemagne	88604	93358	164844	154740	166083
United Kingdom	216783	162682	171202	120148	89386	Spain/Espagne	113837	29368	173582	105533	30908
Spain/Espagne	288533	102080	121092	102283	111932	Canada	77077	96119	106381	99182	165002
Netherlands/Pays–Bas	71252	77558	123503	117790	136723	Sweden/Suède	108304	98604	94972	93048	101946
Sweden/Suède	102828	120816	113360	61818	40898	Japan/Japon	110372	84224	68464	78461	73419
Switz.Liecht	71230	68030	74506	65314	62199	Norway,SVD,JM	70779	79473	86703	55237	58641
Guadeloupe	26096	22946	71663	110858	61298	Finland/Finlande	68749	72100	61213	81559	63557
Finland/Finlande	56111	88062	80265	29602	9788	Australia/Australie	33489	44427	38937	98226	45360
Bermuda/Bermudes	x5263	x4500	x86446	x43576	x1843	Denmark/Danemark	52144	50829	57061	44106	53980
Greece/Grèce	28595	29520	46642	32774	x73819	Singapore/Singapour	27508	29689	32114	28149	27512
Martinique	20469	19172	23585	64908	43212	Belgium–Luxembourg	16404	16022	31103	32103	28484
Belgium–Luxembourg	20810	19998	42158	38860	40326	Hong Kong	23249	27388	23433	21031	10682
Hong Kong	26429	38441	30060	31279	37271	Ireland/Irlande	18032	20780	19540	17586	16150
Gibraltar	x18811	x19513	x33739	x33414	x6714	New Zealand	11817	21397	9363	17362	18969
Australia/Australie	25185	43466	19559	12881	11575	Poland/Pologne	x6911	x13098	x20171	x6066	x10838
Denmark/Danemark	28053	18601	20060	23892	16808	Austria/Autriche	8016	10324	14374	14632	15881
Singapore/Singapour	6760	9896	25091	21632	21263	Yugoslavia SFR	8063	7617	16058	x6438	13000
French Polynesia	x19831	x6801	x19767	x7724		Switz.Liecht	8480	8524	10132	10492	
Norway,SVD,JM	34270	16110	14275	13238	14085	Liberia/Libéria	x59	x13	x263	x25740	x82
Bahamas	x6162	x5122	x12511	x25825	x26508	Guadeloupe	3786	1895	2928	15181	4062
Antigua and Barbuda	x12399	x16005	x2437	x24825	x2635	Korea Republic	9740	5185	8068	5190	7922
Austria/Autriche	11903	10764	14408	17438	24454	Greece/Grèce	1140	3244	5906	8235	x4253
British Virgin Islds	x6834	x5413	x7774	x29058	x13043	So. Africa Customs Un	x1067	x1462	x12488	x2213	x5403
Yugoslavia SFR	236	1122	6597	x33984		China/Chine	3322	3159	x1914	x4698	3606
Portugal	4498	6771	11522	15908	22570	Former USSR/Anc. URSS	x983	x5220			
Mexico/Mexique	10314	11849	9586	11402	16459	Gibraltar	x528	x3471	x3373	x3720	x1315
Panama	779	332	x14666	x16901	x15644	Turkey/Turquie	x2870	933	3269	6281	3165
New Zealand	12314	13795	9350	6045	4772	Czechoslovakia	x4346	x3390	x4169	x1440	x1857
Cayman Is/Is Caïmans	x2378	x2740	x4433	x21887	x29388	Cayman Is/Is Caïmans	x69	x7722	x4	x785	x3426
United Arab Emirates	x6369	x8815	x8094	x9686	x8197	Argentina/Argentine	651	1355	3067	3797	3459
Jordan/Jordanie	x252	6780	10226	8711	327	Saudi Arabia	1677	5826	x312	856	x8
Turkey/Turquie	x5904	9541	9525	6340	3451	Brazil/Brésil	x3914	2330	2337	856	3769
Saudi Arabia	2888	7512	x9312	x8079	x12002	Portugal	1092	1250	2306	1957	3734
Ireland/Irlande	3165	6118	7369	9994	8338	United Arab Emirates	x1408	x2059	x1708	x1626	x567
Kuwait/Koweït	x5712	16555	x3309	x2507	x9534	Former GDR	x7099	x3853	x1303		
Bahrain/Bahreïn	x2320	x407	x19291	x1472	x2453	Thailand/Thaïlande	326	2278	841	1561	x2357
Former USSR/Anc. URSS	x1601	x14452	x1354	x5328		Bahamas	x7082	x17	x1791	x2628	x71
Former GDR	x12531	x11935	x7350			Bermuda/Bermudes	x911	x2574	x1272	x507	x80
Brazil/Brésil	x1167	2143	8477	8198	5955	Costa Rica	1159	1679	1677	941	x1558
So. Africa Customs Un	3803	3122	4582	x7452	x7660	Martinique	2024	561	912	2800	5851
Liberia/Libéria	x345	x121	x12562	x2194	x959	Iran (Islamic Rp. of)	x1405	x1391	x1391		x54
Malta/Malte	x1465	x283	522	x9111	x20564	Venezuela	18	203	2761	817	1310
Chile/Chili	1323	2838	2466	4265	x5517	Bulgaria/Bulgarie	x67	x3090	x30	x66	
Netherlands Antilles	x4035	x9328				Kuwait/Koweït	x152	2471	x137	x126	x52
Costa Rica	341	2067	1860	5017	x1579	Colombia/Colombie	x21	x17	x3	1729	1

(VALUE AS % OF TOTAL)(VALEUR EN % DU TOTAL)

	1983	1984	1985	1986	1987	1988	1989	1990	1991	1992		1983	1984	1985	1986	1987	1988	1989	1990	1991	1992
Africa	x1.5	x3.3	x0.9	x0.8	x0.7	x0.8	x0.6	x1.2	x1.0	x1.0	Afrique	x0.0	x0.5	x0.2	x0.4	x0.3	x0.0	x0.1	x0.4	x1.0	x0.3
Northern Africa	x0.2	x0.2	0.1	0.1	0.1	0.2	0.1	0.1	0.1	x0.1	Afrique du Nord	0.0	x0.3	x0.0	x0.0	x0.0	0.0	x0.0	x0.0	x0.0	x0.0
Americas	x46.2	x46.1	x57.4	x50.3	x44.1	36.9	x31.0	x25.1	x27.7	27.6	Amériques	x17.3	x15.1	x14.1	x19.4	x19.0	x23.3	x28.6	x27.6	x29.0	x30.7
LAIA	x1.5	x1.1	x1.5	x2.7	x0.6	0.6	0.8	0.8	1.1	2.5	ALAI	x5.8	x1.8	x3.3	x0.9	x2.5	0.3	0.2	0.3	0.2	0.3
CACM	x0.5	x0.1	x0.0	x0.1	x0.2	0.0	0.1	0.1	0.2	0.2	MCAC	x0.1	x0.1	x0.1	x0.1	x0.0	0.1	0.1	0.1	0.0	x0.1
Asia	x8.3	x16.3	x6.9	x4.1	x6.7	7.0	13.3	x17.3	x16.9	14.0	Asie	8.3	4.6	4.2	5.0	6.0	7.5	6.4	4.3	4.9	4.3
Middle East	x5.4	x13.6	x5.0	x1.6	x1.6	x1.0	x2.3	x2.3	x1.6	x1.7	Moyen–Orient	x0.2	x0.6	x0.3	x0.5	x0.5	x0.5	x0.6	x0.3	x0.3	x0.1
Europe	41.9	32.5	33.1	x43.4	42.0	51.1	50.4	54.7	52.4	56.1	Europe	x77.2	x78.2	x80.1	74.1	66.6	66.5	61.4	65.4	61.2	62.3
EEC	32.1	24.2	24.4	27.7	28.7	42.0	42.8	36.9	42.8	48.2	CEE	43.2	48.5	50.3	56.7	51.6	55.5	50.7	57.0	52.9	54.0
EFTA	x9.0	x7.3	x7.9	x11.9	x12.3	10.3	12.6	10.4	6.8	6.0	AELE	11.1	x16.0	12.3	16.3	x14.5	10.6	10.3	7.8	8.0	8.1
Oceania	x2.2	x1.8	x1.7	x1.3	x1.9	x1.5	x3.5	x1.4	x1.7	x1.2	Océanie	1.4	1.5	1.4	1.0	x1.5	1.8	2.5	1.4	x3.6	2.1
USA/Etats–Unis d'Amer	35.0	37.5	47.5	40.2	32.0	27.2	18.5	11.1	11.0	11.0	USA/Etats–Unis d'Amer	7.6	8.2	6.1	9.6	12.5	18.3	24.1	23.9	24.9	24.3
Japan/Japon	0.6	0.5	0.9	1.6	3.0	4.4	8.4	12.5	12.7	8.8	France, Monac	13.4	16.8	15.9	16.1	13.2	13.8	13.6	13.4	11.6	11.4
France, Monac	6.6	5.3	6.5	6.0	7.5	7.5	8.0	9.6	9.3	10.0	Italy/Italie	7.6	10.0	10.9	11.0	10.6	8.5	10.2	11.4	11.6	10.8
Germany/Allemagne	10.7	7.3	6.8	7.1	7.6	7.7	7.4	8.5	9.7	13.0	United Kingdom	7.6	8.9	9.2	11.2	10.8	14.3	11.3	11.2	10.6	11.6
Canada	4.0	4.4	5.0	4.3	4.5	5.2	7.5	4.7	5.1	5.7	Netherlands/Pays–Bas	8.9	6.1	7.1	8.8	7.6	7.2	7.4	7.7	7.8	10.5
Italy/Italie	3.0	1.6	1.5	2.1	2.6	2.8	3.9	5.7	7.2	5.4	Germany/Allemagne	2.3	2.8	3.0	4.5	4.3	3.6	3.6	4.8	4.8	5.3
United Kingdom	4.6	2.8	3.4	4.2	3.5	8.0	6.8	6.0	4.3	3.5	Spain/Espagne	0.9	1.4	2.1	1.9	1.2	4.6	1.1	5.1	3.3	1.0
Spain/Espagne	0.3	0.2	0.4	0.7	1.4	10.7	4.2	4.2	3.7	4.4	Canada	3.4	4.6	3.5	3.3	3.1	3.1	3.7	3.1	3.1	3.3
Netherlands/Pays–Bas	2.5	1.8	2.0	2.6	3.4	2.6	3.2	4.3	4.3	5.4	Sweden/Suède	5.0	5.6	4.9	6.3	4.4	4.4	3.8	2.8	2.9	3.3
Sweden/Suède	2.2	1.9	2.2	2.2	3.7	3.8	5.0	4.0	2.2	1.6	Japan/Japon	1.6	1.4	1.2	2.5	3.1	4.4	3.2	2.0	2.5	2.4

79322 TANKERS OF ALL KINDS — BATEAUX–CITERNES 79322

TRADE BY COMMODITY IN THOUSAND U.S. DOLLARS – COMMERCE PAR PRODUIT EN MILLIERS DE DOLLARS E.U

IMPORTS – IMPORTATIONS

COUNTRIES–PAYS	1988	1989	1990	1991	1992
Total	x3591755	x4826658	x5981022	x8029802	x6136923
Africa	x38880	x137556	x1545620	x2495021	x163382
Northern Africa	185	7609	3501	11128	11780
Americas	x1117861	x1007545	x1320410	x2082049	x3637373
LAIA	40490	84191	x70366	x47713	x262857
CACM	x494	x1630	x924	3492	4708
Asia	x518036	x516867	x653355	x1123305	x1162058
Middle East	x127668	x114046	x304797	x192291	x183623
Europe	1467708	2561644	2146888	1925717	1031060
EEC	181509	541853	817001	805890	x528200
EFTA	1282071	2012822	1303207	1019066	454567
Oceania	x9846	x150753	x153074	18872	x143049
Liberia/Libéria	x37960	x116259	x1539851	x2483826	x151603
Norway,SVD,JM	1250051	1766761	1047822	847621	347104
Panama	x839515	x685158	x962252	x1588715	x2437852
Former USSR/Anc. URSS	x439424	x452294	x161674	x384838	
Singapore/Singapour	259241	266952	149663	375797	524359
Greece/Grèce	79263	167164	198025	332869	x104790
Denmark/Danemark	14131	244069	202094	190117	104914
Sweden/Suède	25489	246061	198545	171445	39336
Bahamas	x232799	x193564	x146172	x244244	x508295
Italy/Italie	44868	78361	253203	169294	49162
Australia/Australie		150420	140614	18872	
Saudi Arabia	x145		x300067	x4096	x1445
Bermuda/Bermudes		x11509	x112861	x145253	x219862
Kuwait/Koweït	x114012	x78393		x161872	x180000
India/Inde		x1958	x38956	x149437	x177858
Japan/Japon	26115	45399		x139150	x142176
Malaysia/Malaisie	801	30200	43436	99242	x16579
France,Monac	15920	16545	73836	58592	117981
Indonesia/Indonésie	2991	45	84840	22584	15842
Malta/Malte	x786	x797	155	x100179	x48294
Chile/Chili	35352	64263	19004	10420	
Korea Republic	78743	15151	13530	41914	71717
Venezuela	x11		x35223	x35185	x247946
Thailand/Thaïlande	2104	16172	14123	35160	16319
Germany/Allemagne	10836	19036	18428	27856	1962
Finland/Finlande			56840		67677
Portugal	4100	2222	52184	1200	14874
Turkey/Turquie	x1445	35653	4730	14429	1830
Bhutan/Bhoutan				x51500	
USA/Etats-Unis d'Amer	x4	19	x1	x43944	25
China/Chine	14725	26019	1372	15779	12551
Gibraltar	x2139	x5352	x26525	x582	
Netherlands/Pays-Bas	4157	3315	9725	15882	31379
Argentina/Argentine		19041	6069	1017	203
United States Virg Is			x26057		
Belgium-Luxembourg	7306	5551	9505	9973	12409
Canada		13960		7849	x200902
British Virgin Islds		x16293			
Ethiopia/Ethiopie		x13410			
Libyan Arab Jamahiriya				x11128	x11440
United Arab Emirates	x33				
Pacific Isld (Tr Terr.)			x9001	x10013	x348
Mexico/Mexique	2021	167	8497	87	
Egypt/Egypte	185	6029	275		340
Honduras	x494	x1630	x924	x3492	x4708
United Kingdom	826	5589			
Algeria/Algérie			x3226		
Hong Kong		1580	2004	431	691
Cape Verde/Cap-Vert	134	805	2060		
Iran (Islamic Rp. of)	x11991			x1879	

EXPORTS – EXPORTATIONS

COUNTRIES–PAYS	1988	1989	1990	1991	1992
Totale	x3607516	x3789120	x5768544	x9319198	8794051
Afrique	x125565	x159682	x711377	x2089664	x53899
Afrique du Nord	1025	29563	x155	19	
Amériques	x439034	x556863	x222624	x224028	x233480
ALAI	375	9238	x8661	138344	133747
MCAC	x189	x858	x414	x1373	x729
Asie	2168052	2100177	2896560	5576852	6485208
Moyen-Orient		x12444	x26945	x5	4000
Europe	859898	955902	1851891	1414594	2002129
CEE	483518	486573	864933	640740	1250756
AELE	174682	339704	765738	671286	602395
Océanie			7571	5294	7106
Japan/Japon	1100000	1294237	1945640	3195139	4203478
Korea Republic	965413	689343	791392	2212596	2018039
Liberia/Libéria	x124394	x129689	x691260	x2085407	x53899
Norway,SVD,JM	121538	268412	618216	628835	477456
Denmark/Danemark	331093	226057	441091	13957	314307
Panama	x327923	x320266	x187179	x52988	x60715
Spain/Espagne	56288	55460	160390	269593	495989
Germany/Allemagne	10629	70105	148805	199011	153795
Yugoslavia SFR	201690	100176	218357	x84820	
Singapore/Singapour	94083	81792	130443	65660	36453
Bahamas	x95057	x207720	x24647	x18947	x36845
Finland/Finlande	45695	65295	65453	35178	9492
Italy/Italie	18339	52887	42362	59615	42285
China/Chine	8544	22139	1990	103448	221321
Brazil/Brésil			x2247	116992	133544
Sweden/Suède	7428	5984	82039	7263	115447
France,Monac	51179	16451	55418	14229	81023
Netherlands/Pays-Bas	9924	8253	12845	64378	66953
Former USSR/Anc. URSS	x8798		x77892	x215	
Portugal	4505	50723		1626	94901
Gibraltar		x28980	x2862	x7401	
Algeria/Algérie	983	29563			
Bermuda/Bermudes		x16719		x9843	
Mexico/Mexique	1	6180	1513	17000	
Belgium-Luxembourg	1286	5510	1257	17629	216
United Arab Emirates		x16568			
Mauritius/Maurice		x14831			
Bulgaria/Bulgarie		x2805	x10591	x7469	
Australia/Australie		7571	5294		7106
Kuwait/Koweït		x11802			
Turkey/Turquie		642	10370	0	4000
Malta/Malte	x7	x469		x9722	x802
Romania/Roumanie		8925	x101		
Argentina/Argentine	360	1850	4900	350	
Mali		x5131			
Ghana				x4237	
Colombia/Colombie				4000	
Greece/Grèce	230	893	2303	544	
Antigua and Barbuda		x1860	x1242	x277	
Poland/Pologne	x6168			x3256	x4311
Honduras					
USA/Etats-Unis d'Amer	x189	x858	x414	x1373	x729
Chile/Chili	x2816	150	482	x1282	1418
Belize/Bélize	14	1207		x2	
United Kingdom				x975	
Faeroe Islds/Is Féroé	45	233	463	147	1221
So. Africa Customs Un				625	
Sri Lanka	x147	x430			
Egypt/Egypte	42	218			
India/Inde			x155	19	
				98	

(VALUE AS % OF TOTAL)(VALEUR EN % DU TOTAL)

Imports

	1983	1984	1985	1986	1987	1988	1989	1990	1991	1992
Africa	1.9	1.9	x13.7	x13.9	x9.6	x1.1	x2.8	x25.8	x31.1	x2.7
Northern Africa	x0.1	1.7	x1.2	x3.2	x3.5	0.0	0.2	x0.1	x0.1	x0.2
Americas	x12.9	x15.0	x12.4	x13.1	x19.1	x31.1	x20.9	x22.1	x25.9	x59.3
LAIA	x12.4	x13.8	x10.6	x6.2	x7.1	1.1	1.7	x1.2	x0.6	x4.3
CACM	x0.0	x0.0	x0.0	x0.0	x0.0	x0.0	x0.0	x0.0	x0.0	x0.1
Asia	x23.7	x40.7	x13.9	20.8	x18.8	x14.4	x10.7	x10.9	x14.0	x18.9
Middle East	x12.4	x3.1	x2.8	x2.7	x4.3	x3.6	x2.4	x4.7	x2.4	x3.0
Europe	61.5	37.8	55.1	51.1	39.6	40.9	53.1	35.9	24.0	16.8
EEC	22.5	18.3	20.7	37.0	14.8	5.1	11.2	13.7	10.0	x8.6
EFTA	37.3	17.6	27.1	13.4	24.3	35.7	41.7	21.8	12.7	7.4
Oceania		4.6		x1.2	x6.7	x0.3	x2.6	x0.2	0.2	x2.3
Liberia/Libéria		0.0	x11.8	x8.2	x5.9	x1.1	x2.4	x25.7	x30.9	x2.5
Norway,SVD,JM	32.4	14.5	26.1	13.1	24.1	34.8	36.6	17.5	10.6	5.7
Panama	x0.0	x0.0	x0.0	x0.0	x23.4	x14.2	x16.1	x19.8	x19.8	x39.7
Former USSR/Anc. URSS				x6.1	x12.2	x9.4	x2.7	x4.8		
Singapore/Singapour	6.3	1.7	3.6	5.0	9.1	7.2	5.5	2.5	4.7	8.5
Greece/Grèce	9.9	14.8	8.9	11.3	8.1	2.2	3.5	3.3	4.1	1.7
Denmark/Danemark	1.2	0.3		0.4	0.0	0.4	5.1	3.4	2.4	1.7
Sweden/Suède	25489	3.0	0.2	0.0	0.2	0.7	5.1	3.3	2.1	0.6
Bahamas	x0.1	x0.1	x0.6	x0.7	x11.8	x6.5	x4.0	x2.4	x3.0	x8.3
Italy/Italie	1.1	0.5	4.2	4.3	3.8	1.2	1.6	4.2	2.1	0.8

Exports

	1983	1984	1985	1986	1987	1988	1989	1990	1991	1992
Afrique	x3.3	x3.4	0.9	x1.6	x1.7	x3.5	x4.2	x12.3	x22.4	x0.6
Afrique du Nord			0.7	0.0	0.0	0.0	0.8	x0.0	0.0	
Amériques	x1.9	2.1	x0.3	x2.6	x10.5	x12.2	x14.7	x3.9	x2.4	x2.6
ALAI	x0.2	0.0	0.0	x0.1	x0.3	0.0	x0.2	x0.2	1.5	1.5
MCAC										
Asie	48.3	56.5	47.1	44.1	53.1	60.1	55.5	50.2	59.9	73.7
Moyen-Orient	x0.2	x0.0	x0.1	x0.6	0.0		x0.3	x0.5	x0.0	
Europe	46.4	38.0	51.8	51.7	32.2	23.8	25.2	32.1	15.2	22.8
CEE	20.6	16.8	11.6	17.0	16.8	13.4	12.8	15.0	6.9	14.2
AELE	25.8	21.2	39.9	34.2	15.4	4.8	9.0	13.3	7.2	6.9
Océanie						0.1		0.2	0.1	0.1
Japan/Japon	38.8	36.1	31.4	33.8	37.2	30.5	34.2	33.7	34.3	47.8
Korea Republic	8.4	19.2	14.0	8.4	7.6	26.8	18.2	13.7	23.7	22.9
Liberia/Libéria	x3.2	x3.4	x0.1	x1.6	x1.6	x3.4	x3.4	x12.0	x22.4	x0.6
Norway,SVD,JM	11.8	9.3	31.3	29.7	11.2	3.4	7.1	10.7	6.7	5.4
Denmark/Danemark	3.9	1.8	1.6	3.0	6.2	9.2	6.0	7.6	0.1	3.6
Panama	x0.1		x0.3	x0.0	x4.8	x9.1	x6.0	x3.2	x0.6	x0.7
Spain/Espagne	2.3	3.4	0.0	0.3	1.3	1.6	1.5	2.8	2.9	5.6
Germany/Allemagne	2.4	3.4	2.1	5.6	4.7	0.3	1.9	2.6	2.1	1.7
Yugoslavia SFR				x0.5	5.6	2.6	3.8	x0.9		
Singapore/Singapour	0.8	1.2	1.6	1.2	2.6	2.6	2.2	2.3	0.7	0.4

726

79323 OTHER CARGO VESSELS

TRADE BY COMMODITY IN THOUSAND U.S. DOLLARS – COMMERCE PAR PRODUIT EN MILLIERS DE DOLLARS E.U

COUNTRIES–PAYS	IMPORTS – IMPORTATIONS					COUNTRIES–PAYS	EXPORTS – EXPORTATIONS				
	1988	1989	1990	1991	1992		1988	1989	1990	1991	1992
Total	x5415963	x6132376	x10060770	x12241820	x9641030	Totale	7258605	x8649268	x11319827	x13907247	13773999
Africa	x121325	x195050	x1615728	x1672323	x253743	Afrique	x46901	x84876	x611864	x2749159	x61977
Northern Africa	48557	30406	x25540	x9683	x53249	Afrique du Nord	x12997	6530	5282	5899	12250
Americas	x993884	x372807	x3170088	x3000658	x3908750	Amériques	x494384	x1176573	x1007369	x640805	x985903
LAIA	x49778	x31323	x107865	86920	x77139	ALAI	x42270	80715	139151	120867	88819
CACM	840	270	346	437	x2763	MCAC	x713	x944	x4379	x1300	x5028
Asia	853981	1315789	2163000	1560047	2386019	Asie	3572880	4180813	5441510	5206250	6102688
Middle East	x33756	x107263	x153097	x220858	x219971	Moyen-Orient	x3696	x15301	51485	84780	128141
Europe	2364260	3643330	2730793	3608449	2761253	Europe	2763562	2669724	3757455	4823232	6350530
EEC	1067898	1272034	1294707	1992435	x1645224	CEE	1563217	1794246	2267264	2880048	4173672
EFTA	1244915	2347824	1431491	1479571	993289	AELE	1020158	612805	1288125	1901612	1853315
Oceania	x69732	x119961	x106495	x205207	x253986	Océanie	45726	x64897	99657	64328	160822
Panama	430	31	x1870443	x2162584	x2800396	Japan/Japon	2498792	2797323	3221745	3006795	3446322
Norway,SVD,JM	897664	1911961	1120546	792756	522188	Korea Republic	574358	896393	1758832	1699855	2071116
Liberia/Libéria	x34642	x115967	x1522943	x1647689	x117664	Liberia/Libéria	x33803	x76653	x605085	x2716200	x48876
Former USSR/Anc. URSS	x857207	x360082	x261599	x1888442		Germany/Allemagne	805284	694062	1160712	1377118	2136223
Singapore/Singapour	392181	389492	694251	408164	645482	Norway,SVD,JM	337961	317123	714487	1337932	1257896
Bahamas	x213857	x122443	x748648	x520649	x557969	Panama	x290649	x747273	x446296	x293123	x568599
Greece/Grèce	586287	605680	274308	511521	x259977	France,Monac	195796	314109	381324	422473	819570
Sweden/Suède	198614	271544	243953	504781	288132	Finland/Finlande	404032	161369	444171	428696	438560
Korea Republic	64739	277747	581005	104762	689357	Denmark/Danemark	191366	179021	103197	560871	724321
Denmark/Danemark	136062	273974	371369	236159	113950	Spain/Espagne	157855	226264	338396	215060	264921
China/Chine	139458	257248	391166	205951	186155	Bahamas	x130625	x238590	x324351	x137354	x209475
Germany/Allemagne	44239	70224	203129	436655	231078	Singapore/Singapour	340911	291736	166233	208143	243633
France,Monac	128782	35858	174813	218742	398494	Yugoslavia SFR	146906	262520	170472	x24626	
Finland/Finlande	122065	162700	57561	172217	145476	China/Chine	132188	89816	184552	141135	153895
United Kingdom	25645	20268	30897	295254	220467	Poland/Pologne	x215177	x269556	x82105	x33948	x33635
Italy/Italie	33977	112856	60925	171588	253220	Bulgaria/Bulgarie		x86948	x261333	x33467	x27130
Turkey/Turquie	x9252	66799	128397	144172	153586	Former USSR/Anc. URSS	x22135	x22903	x18595	x264562	
Israel/Israël	20823	41405	112252	171625	122083	Sweden/Suède	165677	107350	84277	69593	109921
Poland/Pologne	x41038		x129	x305030	x69318	Netherlands/Pays-Bas	87205	92797	63092	104158	88549
Indonesia/Indonésie	5468	24383	26982	221993	163483	Italy/Italie	42703	80822	48610	118454	74214
Bermuda/Bermudes	x289813	x85854	x110567	x56261	x122339	Romania/Roumanie	x173	86193	34301	90470	x49218
Australia/Australie	35066	31261	29076	141245	1021	United Kingdom	13063	95714	70509	32751	6273
Thailand/Thaïlande	18104	25726	73367	58020	60596	Portugal	x15787	45867	62044	58469	61929
Netherlands/Pays-Bas	62125	66104	41197	45472	107561	Brazil/Brésil	40917	29416	82514	51571	158595
Spain/Espagne	11265	33792	76190	40056	15261	Australia/Australie		10466	51041	83744	127662
Malaysia/Malaisie	27161	51445	26545	51606	x156559	Turkey/Turquie	16102	73574	22122	27778	12571
Cayman Is/Is Caïmans	x14028	x11137	x95458	x21418	x215428	Israel/Israël	107461	11724	41712	63008	42549
India/Inde	6206	x50565	63791	12937	x37840	Austria/Autriche	3803	45204	40695	21525	45692
Martinique	2249	4942	113903	3025	15236	USA/Etats-Unis d'Amer	506	18835	49816	27101	8905
Cuba	x12400	x12400	x47688	x60694		Mexico/Mexique					
Former GDR	x20	x112402				Bermuda/Bermudes	x8053	x23882	x22874	x38940	
Japan/Japon	93454	14311	26021	65484	24850	Belgium-Luxembourg	22505	33136	21446	7440	13037
Portugal	x6896	x16712	43214	18965	21478	New Zealand	4640	28504	16265	10733	785
Vanuatu	x1615	x1055	62116	x14848	x76388	Argentina/Argentine	11057	8993	7428	28271	17929
Malta/Malte	19441	7791	1345	x89051	x110500	India/Inde	28	x179	23330	16634	
Mexico/Mexique		x10118	46517	35880	4425	Malta/Malte	x6	x64	21240	x13609	x16152
Saudi Arabia	9732	16110	x4	x55598	x20801	Cameroon/Cameroun				26680	
Canada	x34783	x20755	34415	11257	832	Netherlands Antilles	x3323	x24055			
Gibraltar	12071	18308	x3076	x27004	x890	Antigua and Barbuda	x2113	x6317	x6286	x9798	
Belgium-Luxembourg			16648	15872	20962	St Vincent & Grenadines	x1851	x6181	x4807	x9740	x7822
Mauritius/Maurice	x145	x21476	26420	0		Chile/Chili	x10279	x883	15180	3450	4018
St Vincent & Grenadines	x3894	x18358	x8358	x19955	x22131	Iceland/Islande	3101	13918	3355	1941	x14868
French Polynesia		x44383	x12	x725	x5202	Greece/Grèce	628	7621	3532	7665	x50989
Morocco/Maroc	24677	29554	11502	2643	14962	Cayman Is/Is Caïmans	x5137	x593	x13286	x989	12204
Chile/Chili	x13090	x6257	12852	19641	x23144	Morocco/Maroc	3694	6527	3663	3886	x2256
Guadeloupe	7555	1890	12930	23452	22744	Malaysia/Malaisie	1971	6010	600	4759	x1687
Philippines	7805	x35332	1357	481	15577	Gibraltar	x13735	x88	x9514		5018
Bangladesh	x11244	x15271	x24	x20029	x3997	Guadeloupe		212	2551	6713	
Antigua and Barbuda	x2391	x19068	x10049	x5893	x10440	Former GDR	x96773	x4833	x4592		x25
New Zealand	9445	4265	3071	22698	2105	Thailand/Thaïlande	3807	977	5132	3043	

(VALUE AS % OF TOTAL)(VALEUR EN % DU TOTAL)

	1983	1984	1985	1986	1987	1988	1989	1990	1991	1992		1983	1984	1985	1986	1987	1988	1989	1990	1991	1992
Africa	x0.5	x0.7	x3.3	x7.8	x4.4	2.2	x3.2	x16.1	x13.7	x2.6	Afrique	x1.7	x1.1	x0.9	x0.8	x0.5	0.6	x1.0	x5.4	x19.8	x0.4
Northern Africa	0.1	0.5	0.9	x4.3	x1.5	0.9	0.5	x0.3	x0.1	x0.6	Afrique du Nord	0.0		x0.0	0.4	x0.0	0.2	0.1	0.0	0.0	0.1
Americas	x4.5	x6.9	x4.6	x15.8	x33.0	x18.4	6.1	x31.6	x24.5	x40.6	Amériques	x1.8	x1.0	x6.6	x1.6	x4.8	x3.6	x13.6	x8.9	x4.7	x7.1
LAIA	x4.0	x3.2	x3.0	x3.8	x1.4	x0.9	0.5	x1.1	0.7	x0.8	ALAI	x0.8	x0.2	x1.7	1.2	x0.2	x0.5	0.9	1.2	0.9	0.6
CACM		x0.0	0.0	0.0	0.0	0.1	0.0	0.0	0.0	x0.0	MCAC	x0.0	x0.0	x0.0	x0.0	x0.0	x0.0	0.0	x0.0	x0.0	x0.0
Asia	x69.4	67.1	72.1	40.6	x22.8	15.8	21.4	21.5	12.7	24.7	Asie	66.2	78.4	74.5	66.6	56.7	49.2	48.3	48.1	37.4	44.3
Middle East	x8.9	x1.8	x1.7	0.5	x3.4	x0.6	x1.7	x1.5	x1.4	x2.3	Moyen-Orient	x0.1	x0.0	x0.5	x0.2	x0.0	x0.1	x0.2	0.5	0.6	0.9
Europe	22.0	24.5	18.7	31.7	28.1	28.0	59.4	27.1	29.5	28.6	Europe	30.2	19.5	x18.0	x30.9	34.3	38.1	30.9	33.2	34.7	46.1
EEC	13.9	12.7	10.8	19.6	17.7	19.7	20.7	12.9	16.3	x17.1	CEE	17.3	10.3	8.5	9.8	11.8	21.5	20.7	20.0	20.7	30.3
EFTA	7.7	11.3	7.5	11.1	10.3	23.0	38.3	14.2	12.1	10.3	AELE	12.4	8.5	6.6	15.3	18.5	14.1	7.1	14.1	13.7	13.5
Oceania	x3.6	x1.0	x1.3	x4.1	x1.7	x1.3	x2.0	x1.0	x1.6	x2.6	Océanie	x0.0				x0.1	0.6	x0.8	0.9	0.4	1.2
Panama	x0.0	x0.0	x0.0	x0.0	0.0	0.0	x0.0	x18.6	x17.7	x29.0	Japan/Japon	37.9	43.3	36.0	45.0	41.3	34.4	32.3	28.5	21.6	25.0
Norway,SVD,JM	3.8	6.3	3.5	2.3	4.2	16.6	31.2	11.1	6.5	5.4	Korea Republic	24.9	31.7	37.2	17.7	11.3	7.9	10.4	15.5	12.2	15.0
Liberia/Libéria	0.0	0.0	x2.2	x3.0	x2.4	x0.6	x1.9	15.1	13.5	x1.2	Germany/Allemagne	x1.7	x1.1	x0.8	x0.4	x0.4	x0.4	x0.9	x0.5	x19.5	x0.4
Former USSR/Anc. URSS					x0.0	x15.8	x5.9	x2.6	x15.4		Norway,SVD,JM	5.2	2.3	2.0	2.6	4.4	11.1	8.0	10.3	9.9	15.5
Singapore/Singapour	9.8	6.6	6.4	17.7	7.5	7.2	6.4	6.9	3.3	6.0	Panama	3.0	2.3	2.7	7.1	11.9	4.7	3.7	6.3	9.6	9.1
Bahamas	x0.1	x0.0	x0.0	x0.2	x3.9	x2.0	x2.0	x7.4	x4.3	x5.8	Panama	x1.1	x0.0	x4.8	x0.0	x3.4	x4.0	x8.6	x3.9	x2.1	x4.1
Greece/Grèce	4.2	5.0	3.8	11.0	6.5	10.8	9.9	2.4	4.2	3.0	France,Monac	x0.0	1.2	0.5	0.8	1.3	2.7	3.6	3.4	3.0	6.0
Sweden/Suède	1.7	3.1	3.3	7.9	5.3	3.7	4.4	2.4	4.1	3.0	Finland/Finlande	5.3	4.6	2.1	5.1	3.4	5.6	1.9	3.9	3.1	3.2
Korea Republic	30.4	45.8	55.7	12.5	5.4	1.2	4.5	5.8	0.9	7.2	Denmark/Danemark	3.3	2.0	2.0	1.4	2.6	2.1	0.9	4.0	5.3	1.9
Denmark/Danemark	0.4	0.0	0.3	0.5	0.2	2.5	4.5	3.7	1.9	1.2	Spain/Espagne	2.9	1.6	2.2	1.7	1.2	2.2	2.6	3.0	1.5	1.9

7938 TUGS, SPECIAL VESSELS ETC — REMORQUEURS, BATEAUX SPEC 7938

TRADE BY COMMODITY IN THOUSAND U.S. DOLLARS – COMMERCE PAR PRODUIT EN MILLIERS DE DOLLARS E.U

IMPORTS – IMPORTATIONS

COUNTRIES–PAYS	1988	1989	1990	1991	1992
Total	x1939606	x2392040	x2456019	x2573456	x1559725
Africa	x60435	x186944	x246623	x245771	x169854
Northern Africa	x8819	9912	5950	x16742	x23348
Americas	198371	x252472	145922	x100402	x295352
LAIA	104006	58308	102273	51777	173419
CACM	1099	1635	7147	3608	x48545
Asia	413543	x926912	1299037	x1470280	x707524
Middle East	x30613	x60667	x200860	x270569	x94689
Europe	218495	247997	533394	485068	304744
EEC	166410	123515	217882	288419	269103
EFTA	46963	116480	307040	192531	33943
Oceania	x69393	x246951	x26006	x160941	x79806
Malaysia/Malaisie	117060	170738	428388	601182	
Indonesia/Indonésie	177092	370890	303482	306322	x41974
Former USSR/Anc. URSS	x840018	x512701	x182780	x104806	297968
Norway, SVD, JM	19787	5928	280696	173905	
Australia/Australie	64530	226795	21918	153026	8006
India/Inde	15508	x116517	180374	30849	6107
USA/Etats–Unis d'Amer	10582	145397	14345	16578	x1280
United Arab Emirates	x2383	x7623	x139941	x20651	25679
China/Chine	13785	64728	48907	50655	x17939
Kuwait/Koweït	x483	1140	x5504	x155987	32872
Nigeria/Nigéria	x4667	x43716	x31593	x83574	x12379
United Kingdom	52484	62406	40848	44338	x108933
Singapore/Singapour	9450	47043	45044	49771	88569
Liberia/Libéria	x129	x10483	x115056	x6963	37592
Finland/Finlande	4851	98818	8982	8191	x6
Korea Republic	11095	19722	55287	32713	4391
Denmark/Danemark	35368	1403	42747	61170	43569
Congo	x8075	x48932	x24079	x32296	1516
Spain/Espagne	3948	6517	21978	65127	x963
Saudi Arabia	9019	24673	x28826	x27144	54123
Venezuela	6248	2193	57568	8302	x42270
Mexico/Mexique	44848	10378	24669	32295	116015
Netherlands/Pays–Bas	19429	12055	28104	25205	4279
Viet Nam	x11	x41909	x71	x18402	20779
Italy/Italie	7824	8836	20187	30232	x36357
France, Monac	16535	11703	23472	22361	36560
Turkey/Turquie	1059	7059	16873	22903	26361
Angola	x3298	x1695	x6896	x35959	18633
Cote d'Ivoire	x436	x14172	x9451	x19805	x13912
Cameroon/Cameroun	x54	30577	x430	8407	x2492
Japan/Japon	2794	6122	8819	23696	x317
Hong Kong	5822	7845	8379	19677	15476
Bangladesh	x4984	x850	x266	x33218	29855
Thailand/Thaïlande	22719	10193	8678	14542	x4512
Germany/Allemagne	7907	7313	9015	15776	56855
Bahrain/Bahreïn	x102	x961	x376	x28880	8586
Belgium–Luxembourg	14240	7940	9751	11329	x870
Sweden/Suède	11667	7022	14181	7130	12730
Brazil/Brésil	1292	25379	653	1575	15229
Gabon	x21883	x395	x1415	x24792	4625
Equatorial Guinea	53	66	24715	x14	x13154
Bermuda/Bermudes	x213	x20227	x3302	x30	
Romania/Roumanie		12894	5539	3826	x199
Canada	47816	7146	4824	9506	x390
Portugal	2898	2110	9780	5607	4261
Iraq	x975	x16772	x53		6443
Mozambique	x927	x7707	x8882	x13	
Chile/Chili	4356	3996	7730	2953	x85
Iran (Islamic Rp. of)	x9930	x1169	x3588	x9505	x1681
Ghana	x1875	x7738	x453	x5966	x237

EXPORTS – EXPORTATIONS

COUNTRIES–PAYS	1988	1989	1990	1991	1992
Totale	1455990	x1906066	1958110	x3589204	1914034
Afrique	x760	x27180	x66357	x1298789	x12516
Afrique du Nord	x197	x558	211	435	x79
Amériques	x186674	x244234	256470	x271873	x507339
ALAI	5421	x17242	36414	32607	3517
MCAC	x231	129	x508	x1015	x1705
Asie	585464	468803	824509	1279077	642597
Moyen–Orient	x1503	x2231	x2367	x3576	x44672
Europe	659380	831704	734873	603262	708934
CEE	287546	383156	463600	527116	662456
AELE	251751	348797	251624	75559	44008
Océanie	4342	53191	x3052	17425	31222
Liberia/Libéria	x118	x123	x39867	x1285661	x12289
Malaysia/Malaisie	83335	112896	317516	547858	x12245
Japan/Japon	155342	152674	226156	346241	166061
USA/Etats–Unis d'Amer	149038	156284	213030	191301	494838
Korea Republic	196154	104134	143655	176530	1136
Former USSR/Anc. URSS	x2556	x263179	x48992	x90000	
Netherlands/Pays–Bas	71159	111958	114801	144585	149306
Germany/Allemagne	31854	72058	139633	73619	43574
Norway, SVD, JM	81959	138566	71978	50252	26067
United Kingdom	55198	69673	76886	111739	110998
Finland/Finlande	160991	85833	153463	11977	3857
France, Monac	62627	69750	22525	118101	249663
Sweden/Suède	8506	119894	25714	12581	13625
Indonesia/Indonésie	15042	8281	56582	90191	46055
Singapore/Singapour	123157	73327	47573	16720	327866
Denmark/Danemark	15846	28959	60227	33491	26375
Yugoslavia SFR	120079	99741	19589	x105	
Panama	x28384	x66843	229	x24187	13
Australia/Australie	2630	52320	1973	12907	27118
Thailand/Thaïlande	839	1341	554	60114	x481
China/Chine	9626	9275	13788	25408	42275
Mexico/Mexique	5211	8031	22483	12390	1615
Italy/Italie	6540	12461	13623	13166	12300
Spain/Espagne	1710	4857	16774	11714	3381
Cameroon/Cameroun	x1	20472		7992	0
Hungary/Hongrie	x96	x1954	x5234	x21099	x4297
Equatorial Guinea	20	6	23852		
Belgium–Luxembourg	38994	9176	6302	5135	40793
Poland/Pologne	x5615	x3912	x9339	x6010	x6679
Colombia/Colombie	39	124	59	16677	10
Canada	3564	2095	3805	10399	3378
India/Inde	2	x15	12067	2707	x77
Ireland/Irlande	3336	2991	5871	5118	3946
Former GDR	x3917	x10744	x1237		
Greece/Grèce	9	69	516	9956	x281
Romania/Roumanie	x6901	550	8110	1598	x139
Bermuda/Bermudes			x1504	x8569	x602
Brazil/Brésil	148	1273	8078	692	1164
Hong Kong	423	4061	342	4379	1112
Portugal	274	1204	6440	493	21839
Chile/Chili	x22	x7274	1	115	x82
Congo		x2163	x2241	x2058	
New Zealand	1515	810	804	4480	2869
Argentina/Argentine	0	3	5741	50	614
Austria/Autriche	103	4445	249	645	217
Pakistan				4279	227
Israel/Israël	4	440	3170	6	2
United Arab Emirates	x565	x723	x1075	x1601	x42259
Trinidad and Tobago	18	1340	745	1202	1143
Uruguay				x2516	x20

(VALUE AS % OF TOTAL) (VALEUR EN % DU TOTAL)

	1983	1984	1985	1986	1987	1988	1989	1990	1991	1992
Africa	x2.0	x8.9	x12.2	x3.8	x7.0	x3.1	x7.8	x10.0	x9.6	x10.9
Northern Africa	x0.9	x5.3	1.9	0.6	x0.3	x0.5	0.4	0.2	0.7	x1.5
Americas	27.4	14.4	15.5	x6.5	x12.6	10.2	x10.6	6.0	x3.9	18.9
LAIA	2.2	12.7	10.0	x3.3	x3.9	5.4	2.4	4.2	2.0	11.1
CACM	x0.0	0.0	0.4	x0.0	0.1	0.1	0.3	0.1	0.1	x3.1
Asia	x38.6	49.3	x48.2	36.2	x33.8	21.4	x38.6	52.9	x57.1	x45.3
Middle East	x12.6	x14.4	x7.4	x5.3	x2.4	x1.6	x2.5	x8.2	x10.5	x6.1
Europe	29.5	27.2	23.4	49.8	27.9	11.3	10.4	21.7	18.8	19.5
EEC	18.8	19.8	15.6	30.1	13.7	8.6	5.2	8.9	11.2	17.3
EFTA	10.7	7.0	7.2	19.5	14.0	2.4	4.9	12.5	7.5	2.2
Oceania	2.6	x0.3	x0.7	x3.7	2.0	x3.5	x10.3	x1.0	x6.2	5.1
Malaysia/Malaisie	6.4	12.5	15.9	6.4	8.2	6.0	7.1	17.4	23.4	x2.7
Indonesia/Indonésie	11.6	13.2	18.0	15.5	9.4	15.5	12.4	11.9	19.1	
Former USSR/Anc. URSS				x15.9	x43.3	x21.4	x7.4	x4.1		
Norway, SVD, JM	7.9	5.4	6.3	18.4	12.9	1.0	0.2	11.4	6.8	0.5
Australia/Australie	1.7	0.1	0.1	1.1	1.7	3.3	9.5	0.9	5.9	0.4
India/Inde	2.0	1.3	2.1	6.2	1.9	0.8	x4.9	7.3	1.2	x0.1
USA/Etats–Unis d'Amer	10.0	x0.9	1.5	1.0	2.3	0.5	0.1	6.1	0.0	x0.1
United Arab Emirates	x3.6	x0.4	x0.1	x0.7	x0.1	x0.3	x5.7	x0.8	x0.1	1.6
China/Chine					3.0	0.7	2.7	2.0	2.0	x1.2
Kuwait/Koweït		0.4	x2.3	x2.7	x0.1	x0.0	0.0	x0.2	x6.1	x0.8

	1983	1984	1985	1986	1987	1988	1989	1990	1991	1992
Afrique	x0.8	x1.1	x0.8	x1.1	x3.3	x0.1	x1.4	x3.4	x36.2	x0.7
Afrique du Nord	0.0	x1.1	0.7	x0.0	x0.1	0.0	x0.0	0.0	0.0	0.0
Amériques	x9.3	2.9	x10.6	3.8	x9.9	x12.8	x12.8	13.1	x7.6	x26.5
ALAI	x0.0	1.7	3.6	0.8	1.6	0.4	x0.9	1.9	0.9	0.2
MCAC	x0.0	0.0	0.0	x0.0	0.0	x0.0	0.0	x0.0	0.0	x0.1
Asie	53.7	49.6	43.9	52.3	47.3	40.2	24.6	42.1	35.6	33.6
Moyen–Orient	x0.1	0.0	0.0	x0.1	x0.1	x0.1	x0.1	x0.1	x0.1	x2.3
Europe	36.0	46.2	44.5	42.9	37.7	45.3	43.6	37.5	16.8	37.0
CEE	23.1	27.9	18.1	27.4	29.7	19.7	20.1	23.7	14.7	34.6
AELE	13.0	15.6	13.7	15.5	8.0	17.3	18.3	12.9	2.1	2.3
Océanie	x0.0	0.1	0.1	x0.4	0.3	2.8	x0.1	0.5	1.7	
Liberia/Libéria	x0.0	x0.1	x0.0	x0.2	x0.0	x0.0	x2.0	x0.0	x35.8	x0.6
Malaysia/Malaisie	0.7	3.5	5.7	3.5	13.3	5.7	5.9	16.2	15.3	0.6
Japan/Japon	22.9	30.4	32.4	29.8	22.4	10.7	8.0	11.5	9.6	8.7
USA/Etats–Unis d'Amer	7.1	1.1	4.5	2.6	2.5	10.2	8.2	10.9	5.3	25.9
Korea Republic	19.5	6.0	4.5	15.5	7.6	13.5	5.5	7.3	4.9	0.1
Former USSR/Anc. URSS					x0.6	x0.2	x13.8	x2.5	x2.5	
Netherlands/Pays–Bas	6.8	2.3	3.7	6.2	7.5	4.9	5.9	4.0	7.8	
Germany/Allemagne	3.0	2.7	4.5	5.2	5.4	2.2	3.8	7.1	2.1	2.3
Norway, SVD, JM	6.6	2.6	1.6	2.3	7.3	5.6	7.3	3.7	1.4	1.4
United Kingdom	2.5	7.8	2.6	2.3	9.6	3.8	3.7	3.9	3.1	5.8

79382 SPECL PURPOSE VESSLS ETC
BAT–PHARES,–POMPES, DRAGUES 79382

TRADE BY COMMODITY IN THOUSAND U.S. DOLLARS – COMMERCE PAR PRODUIT EN MILLIERS DE DOLLARS E.U

COUNTRIES–PAYS	IMPORTS – IMPORTATIONS					COUNTRIES–PAYS	EXPORTS – EXPORTATIONS				
	1988	1989	1990	1991	1992		1988	1989	1990	1991	1992
Total	x1402319	x1720394	x2030675	x1951756	x1073693	Totale	x1305414	x1427787	1490357	x3005304	1418644
Africa	x33757	x144793	x189404	x163045	x115077	Afrique	x164	15983	x39914	x1294373	x12292
Northern Africa	x4213	5740	1957	x1904	1299	Afrique du Nord		x558	45	235	
Americas	142305	x213150	x130264	40272	x248788	Amériques	x344834	x191736	191572	x184503	x443236
LAIA	65671	47295	77315	24574	148103	ALAI	2213	x11452	33022	19285	1739
CACM	243	1484	x277	x1066	x48816	MCAC	x13		0		x1421
Asia	321597	x828829	1143078	x1233889	488705	Asie	534098	407447	720357	1134624	515499
Middle East	x2432	x27506	x161610	x204797	x52098	Moyen–Orient	x296	x1373	470	x362	x37629
Europe	111171	156600	402492	358808	166407	Europe	414309	520328	502949	293536	422600
EEC	96770	61721	118456	185550	158533	CEE	141142	220269	266955	242963	401477
EFTA	13413	94157	284017	172446	7874	AELE	235153	245353	235165	50494	21123
Oceania	63745	x207665	x18332	x138390	x53507	Océanie	2365	42373	x1311	5156	19883
Malaysia/Malaisie	106553	164479	425807	583435	x17671	Liberia/Libéria			x39867	x1285661	x12289
Indonesia/Indonésie	157586	363395	292308	295584	265635	Malaysia/Malaisie	78556	108705	308446	546380	
Norway, SVD, JM	1522	255	275084	163091	2275	Japan/Japon	136641	127031	184614	269270	131315
Australia/Australie	61992	207505	17490	137872	1342	USA/Etats–Unis d' Amer	x313465	114173	157248	134053	437660
Former USSR/Anc. URSS	x591224	x158960	x146186	x13017		Korea Republic	195744	96927	143029	157001	3
India/Inde	13896	x107911	157155	29996		Former USSR/Anc. URSS	x1056	x243930	x26586	x74282	
Kuwait/ Koweït	x230	880		x154447	x1163	Norway, SVD, JM	74480	127962	63623	41087	13660
USA/Etats–Unis d' Amer	5375	135351	5684	6633	14360	Netherlands/Pays–Bas	25780	77397	64620	71031	82323
United Arab Emirates	x117	x662	x138664	x377	x2850	Germany/Allemagne	8960	42600	110744	32907	14560
China/Chine	7217	58031	43662	26316	17568	France, Monac	48920	57567	8790	94108	181241
Nigeria/Nigéria	x1364	x40599	x29310	x56762	x89281	Finland/Finlande	158207	1012	153174	4624	3094
Liberia/Libéria		x10480	x112080			Indonesia/Indonésie		3838	56427	90181	27808
Congo		x48855	x23725	x30964	x114	Sweden/Suède	2405	116221	18174	4643	4266
Denmark/Danemark	33984	257	40769	58917	119	Singapore/Singapour	117137	65676	20929	1408	300644
Finland/Finlande	2045	88679	2112	3780	1557	Panama	x27389	x63999	3	x21610	7
United Kingdom	26160	41988	17878	22285	66840	United Kingdom	25594	29218	22549	31627	58976
Spain/Espagne	2467	2136	15178	57727	45378	Thailand/Thaïlande	643	1302	401	59761	
Singapore/Singapour	50	38619	18838	14462	4747	Yugoslavia SFR	38013	54707	829	x79	
Korea Republic	5027	14767	33073	16545	32572	Australia/Australie	1870	42317	717	4115	19592
Venezuela	1475	2013	54824	5638	108463	Denmark/Danemark	16	1468	32196	1085	1288
Panama	90	3	x44508	14	3	Spain/Espagne	525	2980	15390	7663	2279
Angola	x598	x833	x6397	x35821	x13274	Mexico/Mexique	2170	3387	22248	6	634
Viet Nam		x41810				Cameroon/Cameroun			13307	7935	
Cameroon/Cameroun		27119		7889		Hungary/Hongrie		x1796	x5168	x14114	x4223
Bangladesh	x2843	x850	x208	x33003	x2033	Colombia/Colombie	33	124	59	16661	6
Mexico/Mexique	37671	5366	11457	15799	3036	China/Chine	4848	2535	2814	8632	17767
France, Monac	4506	5000	16579	8906	12589	Italy/Italie	1281	7117	1904	2015	1836
Bahrain/Bahreïn		x751	x38	x28750	x658	Canada	1737	601	530	8282	480
Brazil/Brésil	1272	24911	33	989	2902	Chile/Chili		x7231		x4	x1
Netherlands/Pays–Bas	6712	4511	10373	10430	7470	Poland/Pologne	x3372	x826	x2361	x3132	x859
Turkey/Turquie	31	6104	3962	10627	8192	Belgium–Luxembourg	30024	1675	2154	2351	36285
Gabon	x20456	x155	x973	x19349	x10992	Portugal			5758		21730
Bermuda/Bermudes		x20147			x15	Argentina/Argentine			5603	50	95
Iraq	x662	x16445				Brazil/Brésil	11	73	5078	2	1003
Italy/Italie	6147	1122	3926	9727	10180	Ireland/Irlande	42	247	2851	174	958
Germany/Allemagne	2882	3019	3157	7959	3820	Former GDR	x6	x3245	x1		
Hong Kong	1490		1064	12171	16110	Trinidad and Tobago	16	1332	738	1149	1132
Sweden/Suède	2002	2729	5789	4259	312	Israel/Israël	1		3170	6	
Belgium–Luxembourg	7981	2257	3636	6202	9709	Uruguay				x2516	
Iran (Islamic Rp. of)	x370		x1919	x8889		Romania/Roumanie	x5176			1560	
Cote d'Ivoire	x329	x4076	x2348	x4360		New Zealand	312	56	486	1015	235
Romania/Roumanie		7115		3627	x51	Senegal/Sénégal		1222			
Myanmar	x1384	x2762		x7414		United Arab Emirates	x43	x654		x337	x37277
Thailand/Thaïlande	22231	630	8015	1074	56036	Nigeria/Nigéria		x897	0	700	
Canada	42699	2763	669	6270	980	Philippines			470		
Saudi Arabia	742	x1230	x7033	x1182	x38819	Cyprus/Chypre	231	229		605	20
Ecuador/Equateur	6	832	8419		308	Hong Kong	232	58	23		
Mozambique	x300	x93	x8511		x62	Egypt/Egypte		x558		x3	
Portugal	1680	415	5954	2074	655	Venezuela		x504		47	
Ghana	x823	x1923	x410	x5510		Turkey/Turquie		490			0

(VALUE AS % OF TOTAL)(VALEUR EN % DU TOTAL)

	1983	1984	1985	1986	1987	1988	1989	1990	1991	1992		1983	1984	1985	1986	1987	1988	1989	1990	1991	1992
Africa	x1.4	x4.0	x11.4	x4.8	x8.1	x2.4	x8.4	x9.3	x8.3	x10.7	Afrique	x1.0	x1.3	x0.9	0.8	x3.4	x0.0	1.1	x2.7	x43.1	x0.9
Northern Africa	x0.8	x1.2	2.3	2.5	1.0	x0.3	0.3	0.1	0.1	0.1	Afrique du Nord		x1.2	0.9		x0.2		x0.0	x0.0	x0.0	
Americas	23.5	x18.0	12.1	2.3	x13.1	10.1	x12.4	x6.4	2.1	x23.1	Amériques	x10.9	2.7	x6.6	x6.8	x20.3	x26.4	13.4	12.9	x6.1	x31.3
LAIA	2.5	13.6	9.1	1.2	x3.8	4.7	2.7	3.8	1.3	13.8	ALAI	0.0	1.4	3.4	0.2	0.1	0.2	x0.8	2.2	0.6	0.1
CACM	x0.0	0.0	0.5	0.0	0.0	0.0	0.1	x0.0	x0.1	x4.5	MCAC	0.0	0.0	0.0			x0.0		x0.0		x0.1
Asia	x38.2	47.3	49.7	x38.3	x40.6	22.9	x48.2	56.3	x63.2	45.5	Asie	52.4	52.0	52.0	53.7	51.3	40.9	28.5	48.3	37.8	36.4
Middle East	x10.0	x9.4	x5.3	4.4	x1.9	x0.2	x1.6	x8.0	x10.5	x4.9	Moyen–Orient	x0.1	x0.1	x0.0	x0.6	x0.0	x0.0	x0.1	0.0	x0.0	x2.7
Europe	34.0	30.6	26.2	50.8	29.3	7.9	9.1	19.8	18.4	15.5	Europe	35.7	43.9	40.5	38.6	23.6	31.7	36.4	33.7	9.8	29.8
EEC	21.2	23.4	17.7	30.3	14.1	6.9	3.6	5.8	9.5	14.8	CEE	22.0	26.6	13.5	22.7	19.0	10.8	15.4	17.9	8.1	28.3
EFTA	12.8	7.1	8.0	20.4	15.1	1.0	5.5	14.0	8.8	0.7	AELE	13.7	15.7	14.7	16.0	4.6	18.0	17.2	15.8	1.7	1.5
Oceania	3.0	x0.0	0.5	x3.8	2.0	4.5	x12.1	x0.9	x7.1	4.9	Océanie		0.1			0.4	0.2	3.0	x0.1	0.2	1.4
Malaysia/Malaisie	7.5	15.6	19.2	6.3	10.8	7.6	9.6	21.0	29.9	x1.6	Liberia/Libéria		x0.1			x0.4		x2.7	x42.8	x0.9	
Indonesia/Indonésie	12.8	16.7	20.9	16.5	10.2	11.2	21.1	14.4	15.1	24.7	Malaysia/Malaisie	0.8	3.9	7.0	3.4	15.7	6.0	7.6	20.7	18.2	
Norway, SVD, JM	9.7	5.6	7.9	20.1	14.7	0.1	0.0	13.5	8.4	0.2	Japan/Japon	24.6	33.2	39.8	30.5	23.6	10.5	8.9	12.4	9.0	9.3
Australia/Australie	2.1		0.1	1.1	1.9	4.4	12.1	0.9	7.1	0.1	USA/Etats–Unis d' Amer	8.5	1.2		x6.6	x13.8	x24.0	8.0	10.6	4.5	30.9
Former USSR/Anc. URSS					x7.0	x42.2	x9.2	x7.2	x0.7		Korea Republic	14.7	5.4	3.9	17.2	9.1	15.0	6.8	9.6	5.2	0.0
India/Inde	2.0	0.0	6.0		2.8	1.0	x6.3	7.7	1.5		Former USSR/Anc. URSS					x0.5	x0.1	x17.1	x1.8	x2.5	
Kuwait/ Koweït	x0.1	x0.5	x2.4	x3.0	x0.0	x0.0	0.1		x7.9	x0.1	Norway, SVD, JM	7.7	2.5	1.6	2.1	4.2	5.7	9.0	4.3	1.4	1.0
USA/Etats–Unis d' Amer	2.2	1.0	1.4	0.6	2.9	0.4	7.9	0.3	0.3	1.3	Netherlands/Pays–Bas	4.6	1.5	2.4	4.5	3.4	2.0	5.4	4.3	2.4	5.8
United Arab Emirates	x3.3	x0.4	x0.0	0.0	x0.6	x0.0	x0.0	x6.8	x0.0	x0.3	Germany/Allemagne	3.3	2.3	3.8	3.7	2.8	0.7	3.0	7.4	1.1	1.0
China/Chine					3.5	0.5	3.4	2.2	1.3	1.6	France, Monac	10.5	14.0	2.0	9.0	3.6	3.7	4.0	0.6	3.1	12.8

8121 CENTRAL HEATING EQUIPMNT

CHAUDIERES, RADIATEURS 8121

TRADE BY COMMODITY IN THOUSAND U.S. DOLLARS – COMMERCE PAR PRODUIT EN MILLIERS DE DOLLARS E.U

COUNTRIES–PAYS	IMPORTS – IMPORTATIONS					COUNTRIES–PAYS	EXPORTS – EXPORTATIONS				
	1988	1989	1990	1991	1992		1988	1989	1990	1991	1992
Total	1675034	1726289	2133936	2728629	3160585	Totale	1699944	1787464	2277661	2731055	3277879
Africa	x13430	x17651	x14746	x13858	x18404	Afrique	x140	x3234	x1774	x349	x308
Northern Africa	10861	12956	8809	x8475	x10128	Afrique du Nord	x3	2422	x63	x8	68
Americas	x98796	x95300	x110333	x139419	x177839	Amériques	111955	99703	116337	150933	174769
LAIA	2485	4551	5617	5448	x11754	ALAI	488	5478	1660	1297	1006
CACM	x402	130	336	129	x912	MCAC			x21	x4	x4
Asia	66097	x66796	116022	x126798	x146545	Asie	28254	19004	35072	47362	52844
Middle East	x19107	x20177	x32239	x51752	x74184	Moyen–Orient	6330	5722	9594	12578	20385
Europe	1419242	1464286	1850299	2338926	2749548	Europe	1548662	1628591	2097568	2483122	2999786
EEC	1239581	1283001	1606359	2097626	2465021	CEE	1369055	1434528	1810318	2148208	2611397
EFTA	170039	173454	229702	225830	265914	AELE	171501	183847	273986	325224	374040
Oceania	x11960	12501	x15962	x16761	x18587	Océanie	1666	1515	2520	3646	3166
Germany/Allemagne	307390	350631	489796	850499	971535	Germany/Allemagne	501755	538472	654046	715972	890232
United Kingdom	223833	198213	219386	239489	255781	France, Monac	275753	272540	350495	400880	471975
France, Monac	174735	169829	203367	218785	244547	Italy/Italie	191648	225502	294033	395749	492422
Netherlands/Pays-Bas	176210	172390	195600	215699	262540	Belgium–Luxembourg	161365	167700	208498	249533	297842
Italy/Italie	141278	128852	150158	173362	208310	Netherlands/Pays–Bas	107517	98645	142400	192793	241169
Belgium–Luxembourg	100089	98263	124304	141192	180500	Switz.Liecht	62639	66659	113489	140827	160904
Spain/Espagne	60208	90316	112576	150296	214091	USA/Etats–Unis d'Amer	84018	70139	101892	137705	157856
Austria/Autriche	66322	64824	85127	97586	127510	Austria/Autriche	40654	52005	71545	102260	109771
Switz.Liecht	58958	60258	76113	76199	90628	Denmark/Danemark	45371	48788	64371	74903	90547
Canada	47970	57649	64091	84590	104939	United Kingdom	40896	46430	56810	60993	65666
Greece/Grèce	14583	28517	53177	40042	x52603	Finland/Finlande	27656	26984	44038	42734	57227
Former USSR/Anc. URSS	x50817	x56705	x13342	x45640		Ireland/Irlande	40904	30882	33087	46432	48785
USA/Etats–Unis d'Amer	x43181	29339	36047	44074	52993	Sweden/Suède	36317	33204	36781	33733	37871
Sweden/Suède	25568	27325	44151	31653	31687	Canada	27436	23716	12755	11906	15800
Korea Republic	10661	24751	44405	28868	22058	Romania/Roumanie		26531	13866	2236	x262
Ireland/Irlande	21312	23675	26663	37119	32962	Yugoslavia SFR	8106	10110	13247	x9490	
Denmark/Danemark	15782	16548	24224	22014	29283	Japan/Japon	9425	5810	9594	16139	13223
Finland/Finlande	9242	13478	15368	10984	8276	Turkey/Turquie	6159	5432	8747	11861	19964
Australia/Australie	10096	10599	13807	15130	16581	Czechoslovakia	x5728	x4601	x2744	x17138	x31435
Turkey/Turquie	379	2292	14091	18874	16933	Spain/Espagne	3672	5262	5956	10446	11659
Yugoslavia SFR	6360	5046	10422	x12345		Norway, SVD, JM	4233	4986	8133	5664	8269
Romania/Roumanie	x271	1720	32	23326	x3044	Korea Republic	4840	2353	4320	9046	8062
Czechoslovakia	x2772	5739	9080	x9708	x17508	Hungary/Hongrie	x1373	x2092	x5656	x7169	x7414
Portugal	4160	5769	7109	9130	12868	Former USSR/Anc. URSS	x224	x48	x86	x13029	
Norway, SVD, JM	8109	5500	6984	7078	5386	India/Inde	4883	x49	5817	4058	x2058
India/Inde	8025	x1251	8529	8689	x4723	Mexico/Mexique	46	5242	1379	664	545
Indonesia/Indonésie	4683	2548	7743	5004	11243	Australia/Australie	1083	1314	1932	3240	2105
Japan/Japon	6230	4277	6341	4142	4582	Singapore/Singapour	219	1255	3007	2048	2734
Cyprus/Chypre	3262	3638	5359	4848	10969	Poland/Pologne	x19	x133	x220	x5216	x6612
Hungary/Hongrie	x2452	x2908	x2167	6899	x7771	China/Chine	119	876	1310	2220	4294
Iran (Islamic Rp of)	x1001	x1975	x2245	x7484	x5168	Bulgaria/Bulgarie	x16	x738	x1787	x856	x1282
Israel/Israël	3015	3392	4457	3486	7243	Malaysia/Malaisie	1866	1619	526	471	x885
Malaysia/Malaisie	2942	1553	3453	6028	x5870	Algeria/Algérie			2416	x23	
Singapore/Singapour	566	2593	3219	5173	6478	So. Africa Customs Un	x128	x728	x1020	x236	x121
Jordan/Jordanie	5313	x4289	3190	3249	6859	Former GDR	x1908	x1274	x32		
Algeria/Algérie	6886	4879	4237	1583	x3490	New Zealand	583	199	586	401	982
Saudi Arabia	1350	1929	x2549	x5808	x17176	Hong Kong	344	756	192	166	521
Syrian Arab Republic	1302	1478	1405	x6956	x9599	Israel/Israël	135	413	258	354	332
Thailand/Thaïlande	904	535	534	7143	1068	Greece/Grèce	92	264	282	174	x601
Mexico/Mexique	1112	2627	2459	2686	5087	Portugal	84	43	339	333	499
China/Chine	6520	3516	2108	1983	3475	United Arab Emirates	x88	x76	x357	x204	x20
Poland/Pologne	x184	x138	x253	x6823	x20394	Brazil/Brésil	128	110	88	240	112
Libyan Arab Jamahiriya	x846	4103	234	x2803	x821	Bahrain/Bahrein	x2	x82	x157	x198	x57
Tunisia/Tunisie	1827	2088	2217	2451	4298	Chile/Chili	97	x3	116	285	x76
Iceland/Islande	1840	2068	1959	2331	2428	Indonesia/Indonésie	3	10	127	238	13
Andorra/Andorre	x1351	x1705	x2315	x1979	x1897	Niger			x75	x251	
Greenland/Groenland	2137	1661	1592	1387	1124	Netherlands Antilles	x4	x356		x44	
Chile/Chili	859	884	1324	1592	x2019	Saudi Arabia	23		x101	x197	x210
Morocco/Maroc	964	1308	1371	1058	1078	Korea Dem People's Rp		x17	x266	x10	0
Lebanon/Liban	x1067	x985	x678	x1528	x4197	Zimbabwe			251	13	x7

(VALUE AS % OF TOTAL)(VALEUR EN % DU TOTAL)

	1983	1984	1985	1986	1987	1988	1989	1990	1991	1992		1983	1984	1985	1986	1987	1988	1989	1990	1991	1992
Africa	3.2	3.6	2.4	x1.4	x0.8	x0.8	x1.0	x0.7	x0.5	x0.6	Afrique				x0.0	x0.0	x0.0	x0.1	x0.0	x0.0	x0.0
Northern Africa	2.8	3.3	2.1	1.1	0.7	0.6	0.8	0.4	x0.3	x0.3	Afrique du Nord	0.0			x0.0	x0.0	x0.0	x0.0	x0.0	x0.0	0.0
Americas	x3.6	4.4	4.6	x9.8	x8.1	x5.9	5.5	x5.2	x5.1	x5.6	Amériques	10.2	12.0	11.6	x9.3	8.2	6.6	5.6	5.1	5.5	5.3
LAIA	0.1	0.2	0.3	x0.6	x0.9	0.1	0.3	0.3	0.2	x0.4	ALAI	0.0	0.0	0.0	0.0	0.0	0.3	0.3	0.1	0.0	0.0
CACM	x0.0	0.0	0.0	0.0	x0.0	0.0	0.0	0.0	0.0	x0.0	MCAC				x0.0	0.0			x0.0	x0.0	0.0
Asia	x6.0	x4.9	x9.6	x3.5	x4.0	4.0	x3.8	5.4	x4.7	x4.7	Asie	x0.4	1.0	1.3	1.6	1.2	1.7	1.0	1.5	1.7	1.6
Middle East	x4.0	x2.8	x7.6	x1.7	1.1	x1.1	x1.2	x1.5	1.9	x2.3	Moyen–Orient	x0.0	0.3	0.2	0.3	0.3	0.4	0.3	0.4	0.5	0.6
Europe	86.2	86.0	82.3	84.7	80.8	84.7	84.8	86.7	85.7	87.0	Europe	89.3	86.8	87.1	89.0	89.7	91.1	91.1	92.1	90.9	91.5
EEC	77.0	75.1	72.5	74.5	70.9	74.0	74.3	75.3	76.9	78.0	CEE	74.5	72.9	74.5	76.6	78.9	80.5	80.3	79.5	78.7	79.7
EFTA	9.1	9.9	9.1	9.8	9.5	10.2	10.0	10.8	8.3	8.4	AELE	14.8	12.3	11.3	12.0	10.4	10.1	10.3	12.0	11.9	11.4
Oceania	1.0	x0.9	1.1	x0.7	x0.5	x0.7	0.8	x0.8	x0.6	x0.6	Océanie				0.1		0.1	0.1	0.1	0.1	0.1
Germany/Allemagne	24.0	21.8	18.7	19.6	17.2	18.4	20.3	23.0	31.2	30.7	Germany/Allemagne	16.5	16.3	19.2	20.4	27.6	29.5	30.1	28.7	26.2	27.2
United Kingdom	12.6	12.6	11.8	12.2	11.6	13.4	11.5	10.3	8.8	8.1	France, Monac	15.7	16.0	15.9	18.0	16.3	16.2	15.2	15.4	14.7	14.4
France, Monac	11.6	10.6	11.9	11.5	10.3	10.4	9.8	9.5	8.0	7.7	Italy/Italie	12.0	11.2	11.6	11.5	10.8	11.3	12.6	12.9	14.5	15.0
Netherlands/Pays–Bas	9.0	8.6	8.6	7.4	9.2	10.5	10.0	9.2	7.9	8.3	Belgium–Luxembourg	14.1	13.0	11.3	11.6	9.9	9.5	9.4	9.2	9.1	9.1
Italy/Italie	9.8	11.4	11.9	12.8	12.0	8.4	7.5	7.0	6.4	6.6	Netherlands/Pays–Bas	6.3	6.7	6.8	6.4	6.6	6.3	5.5	6.3	7.1	7.4
Belgium–Luxembourg	5.4	5.6	5.2	5.2	4.9	6.0	5.7	5.8	5.2	5.7	Switz.Liecht	4.7	4.1	3.7	3.9	3.5	3.7	3.7	5.0	5.2	4.9
Spain/Espagne	1.8	1.3	1.5	2.4	2.6	3.6	5.2	5.3	5.5	6.8	USA/Etats–Unis d'Amer	6.1	7.1	5.8	4.5	4.3	4.9	3.9	4.5	5.0	4.8
Austria/Autriche	3.3	3.6	3.2	3.3	3.4	4.0	3.8	4.0	3.6	4.0	Austria/Autriche	3.3	2.7	2.7	3.2	2.9	2.4	2.9	3.1	3.7	3.3
Switz.Liecht	3.0	3.2	3.0	3.5	3.1	3.5	3.5	3.6	2.8	2.9	Denmark/Danemark	3.6	3.3	3.3	2.9	3.0	2.7	2.7	2.8	2.7	2.8
Canada	3.3	4.0	4.1	2.8	2.5	2.9	3.3	3.0	3.1	3.3	United Kingdom	2.5	2.6	2.9	2.6	2.1	2.4	2.6	2.5	2.2	2.0

8124 LIGHTING EQUIPMENT NES — APPAREILS ECLAIRAGE ETC 8124

TRADE BY COMMODITY IN THOUSAND U.S. DOLLARS – COMMERCE PAR PRODUIT EN MILLIERS DE DOLLARS E.U

COUNTRIES–PAYS	IMPORTS – IMPORTATIONS					COUNTRIES–PAYS	EXPORTS – EXPORTATIONS				
	1988	1989	1990	1991	1992		1988	1989	1990	1991	1992
Total	4915121	5550636	6499855	7001433	7775354	Totale	4209904	4524964	5316660	5658550	6491159
Africa	x135376	x134636	x150056	x147439	x148277	Afrique	x12664	x13391	x14811	x16925	x21232
Northern Africa	45010	44785	47861	x41885	x37029	Afrique du Nord	8868	9537	8791	12341	14297
Americas	x1113948	x1397184	x1492216	1584772	x1860244	Amériques	325754	388131	440597	509467	605609
LAIA	35010	42872	61685	101095	135011	ALAI	23184	23610	28267	18663	36599
CACM	6684	6536	5924	8019	x9898	MCAC	740	907	433	448	x2213
Asia	x748998	x874824	x1082706	x1202161	x1448785	Asie	682140	823191	927048	1173567	1592159
Middle East	x266850	x221999	x248211	x251898	x347254	Moyen–Orient	x16047	18627	x23998	x24529	x26520
Europe	2620308	2853709	3584423	3784542	4087565	Europe	2941064	3123154	3807434	3832926	4130438
EEC	1978503	2164207	2707608	2942773	3224030	CEE	2447634	2612054	3178715	3209306	3458157
EFTA	621790	668473	846270	817868	836221	AELE	455539	478960	591669	596326	640834
Oceania	x107906	x123561	x119259	x126397	x132363	Océanie	x13238	x12698	x12304	x15277	x14088
USA/Etats–Unis d'Amer	841319	1087452	1149656	1179518	1398895	Italy/Italie	781466	838383	974343	999619	1053093
Germany/Allemagne	504419	555611	716593	902278	1031954	Germany/Allemagne	683288	736287	907493	890161	963290
France, Monac	412277	433586	510183	521605	505220	Hong Kong	323605	392310	505344	667821	749545
Hong Kong	178770	250245	357593	499345	545651	USA/Etats–Unis d'Amer	242283	303915	351528	420505	495497
United Kingdom	284566	319947	371798	336057	367600	France, Monac	239340	250417	294018	302843	327294
Netherlands/Pays–Bas	248479	262271	351443	357314	381817	Austria/Autriche	185814	206762	254465	280645	322272
Canada	190290	215102	227291	244841	275446	Netherlands/Pays–Bas	187083	200289	267731	266793	272083
Switz.Liecht	176107	186956	237651	228418	225433	United Kingdom	194164	200989	248270	239020	259320
Belgium–Luxembourg	153454	168621	216653	236106	270939	Spain/Espagne	145257	157341	196881	187072	201848
Sweden/Suède	144582	163480	202709	185736	193879	Belgium–Luxembourg	128540	134463	167397	196031	236464
Austria/Autriche	122380	140162	196261	202212	222570	Japan/Japon	154489	152198	129720	138515	156996
Italy/Italie	127247	148550	181479	197208	224893	Sweden/Suède	139771	127913	142232	139664	140710
Japan/Japon	122825	147743	196125	173256	167351	China/Chine	60859	64519	86547	92787	394753
Spain/Espagne	99300	119415	158075	170361	191342	Denmark/Danemark	60743	63060	81092	72284	102645
Norway, SVD, JM	105220	93003	112739	122510	124084	Norway, SVD, JM	76481	75396	75301	56409	73487
Saudi Arabia	94110	90252	x108857	x110749	x148991	Korea Republic	57735	57801	58806	68196	54899
Australia/Australie	78809	96579	85973	91796	98080	Canada	37979	46823	58696	52793	69143
Singapore/Singapour	47876	63839	87684	91127	115299	Finland/Finlande	31222	34342	55184	50935	57918
Finland/Finlande	63590	77282	89155	68980	61155	Switz.Liecht	x53844	x44881	x31157	x22213	46413
Former USSR/Anc. URSS	x141314	x101343	x29320	x100539		Czechoslovakia					x25511
Denmark/Danemark	68883	64010	70930	75202	84492	Yugoslavia SFR	37810	31294	36453	x27151	
Portugal	29548	32802	50747	65388	74878	Hungary/Hongrie	x41213	x23990	x27593	x39823	x46425
China/Chine	29183	45414	43644	47968	82661	Former GDR	x120002	x66207	x19039		
United Arab Emirates	x73956	x41688	x47695	x47502	x71693	Singapore/Singapour	16499	24132	27009	30060	37423
Ireland/Irlande	33116	33654	45281	44683	49130	Thailand/Thaïlande	7110	12633	20508	29125	x49248
Mexico/Mexique	16304	23856	31898	50675	72494	Portugal	15701	15605	20890	22108	25658
Korea Republic	30529	37762	40937	25492	25027	Mexico/Mexique	16715	15489	21058	9575	25432
Greece/Grèce	17214	25740	34426	36571	x41335	Poland/Pologne	x5819	x4021	x4333	x35438	x47079
Malaysia/Malaisie	14208	16752	20912	27606	x37648	Turkey/Turquie	10625	9315	13693	16559	17821
Czechoslovakia	x6792	24514	23331	x13559	x28127	Bulgaria/Bulgarie	x2610	x14543	x14796	x1306	x1060
Nigeria/Nigéria	x20192	x13385	x21490	x25604	x22443	India/Inde	2439	x24660	3016	2825	x43762
New Zealand	18100	17919	20425	18649	18863	Indonesia/Indonésie	2481	3895	5186	20319	19015
Libyan Arab Jamahiriya	21052	24233	22505	x10220	x6461	Australia/Australie	10115	9476	8654	10307	9576
So. Africa Customs Un	21778	17760	18992	x18772	x20625	Ireland/Irlande	9565	9720	9559	7470	8846
Kuwait/Koweït	x20226	25871	x16479	x9491	x26966	Philippines	1510	x17070	2025	7385	8975
Thailand/Thaïlande	8490	15076	16886	19340	27851	Macau/Macao	5203	8077	7916	8472	10190
Israel/Israël	19017	16297	16317	17109	19080	Romania/Roumanie	x5920	6964	13816	2815	x7558
Yugoslavia SFR	12695	13078	20124	x13479		Malaysia/Malaisie	1821	4571	6982	11914	x34360
Turkey/Turquie	4895	5858	18848	18154	22756	Morocco/Maroc	6186	6931	5338	8389	8139
Indonesia/Indonésie	7046	11657	13778	14049	13725	Former USSR/Anc. URSS	x5631	x3793	x3733	x8793	
Iran (Islamic Rp. of)	x4199	x4523	x10005	x20304	x19582	Greece/Grèce	2372	4041	5586	5400	x7614
Hungary/Hongrie	x7502	x8441	x9163	16889	x31899	New Zealand	3016	3060	3280	4685	4200
Iraq	x24983	x16861	x9860	x2230	x544	So. Africa Customs Un	x2107	x2708	x3708	x3763	x3435
Cyprus/Chypre	7128	8019	8770	9943	12545	Cyprus/Chypre	489	2678	3407	3301	4554
Morocco/Maroc	5925	7701	7076	10934	8584	Argentina/Argentine	1837	2146	2504	3689	2187
Iceland/Islande	9910	7590	7754	10012	9101	Brazil/Brésil	2128	2774	2211	2189	3907
Poland/Pologne	x2682	x1246	x931	x21965	x32719	Tunisia/Tunisie	2275	1787	1962	2870	3833
Philippines	2008	x14712	4005	5219	10199	Saudi Arabia	1352	2451	x3341	x749	x948
Oman	8349	6971	7959	8237	x11078	Israel/Israël	1079	977	2258	3091	3407
Afghanistan	x3491	x8647	x10588	x3453	x7557	Lebanon/Liban	x2115	x1590	x1476	x1303	x1276

(VALUE AS % OF TOTAL)(VALEUR EN % DU TOTAL)

	1983	1984	1985	1986	1987	1988	1989	1990	1991	1992		1983	1984	1985	1986	1987	1988	1989	1990	1991	1992
Africa	x5.2	x5.0	x4.6	x4.0	x3.0	x2.7	x2.4	x2.3	x2.1	x1.9	Afrique	0.2	0.2	0.2	x0.2	x0.2	0.4	0.3	0.3	x0.3	x0.4
Northern Africa	x2.8	x1.9	2.1	x1.2	x0.8	0.9	0.8	0.7	x0.6	x0.5	Afrique du Nord	0.1	0.2	0.1	0.2	0.1	0.2	0.2	0.2	0.2	0.2
Americas	19.9	26.3	28.2	27.0	27.0	x22.7	x25.2	x23.0	22.6	x23.9	Amériques	x13.8	13.7	11.8	x9.7	x8.8	7.7	8.6	8.3	9.0	9.3
LAIA	0.6	1.0	1.3	x1.1	x1.0	0.7	0.8	0.9	1.4	1.7	ALAI	0.1	1.5	1.8	x1.5	x1.4	0.6	0.5	0.5	0.3	0.6
CACM	x0.1	0.3	0.2	x0.2	x0.2	0.1	0.1	0.1	0.1	x0.1	MCAC	x0.1	0.0	0.0	0.0	0.0	0.0	0.0	0.0	0.0	x0.0
Asia	x30.7	x26.4	x23.4	x17.8	x14.6	x15.3	x15.8	x16.7	x17.2	x18.6	Asie	15.4	17.3	15.8	14.9	15.7	16.2	18.2	17.5	20.7	24.6
Middle East	x21.1	x17.4	x14.2	x9.3	x5.8	x5.4	4.0	x3.8	x3.6	x4.5	Moyen–Orient	x0.4	x0.4	x0.5	x0.6	x0.4	0.4	x0.5	x0.4	x0.4	x0.4
Europe	42.2	39.8	41.3	47.4	47.6	53.3	51.4	55.1	54.1	52.6	Europe	70.3	68.3	71.9	74.8	69.7	69.9	69.0	71.6	67.7	63.6
EEC	32.6	30.2	31.2	35.8	36.0	40.3	39.0	41.7	42.0	41.5	CEE	60.3	57.6	59.8	62.0	58.1	58.1	57.7	59.8	56.7	53.3
EFTA	9.6	9.2	9.7	11.2	11.3	12.7	12.0	13.0	11.7	10.8	AELE	10.0	9.5	11.0	12.2	11.0	10.8	10.6	11.1	10.5	9.9
Oceania	2.0	x2.6	x2.6	x2.1	x1.8	x2.2	x2.3	x1.8	x1.8	x1.7	Océanie	0.4	x0.4	x0.3	x0.3	x0.4	x0.3	x0.3	x0.2	x0.3	x0.2
USA/Etats–Unis d'Amer	14.3	19.4	20.8	21.7	20.3	17.1	19.6	17.7	16.8	18.0	Italy/Italie	18.8	17.8	18.5	19.3	19.1	18.6	18.5	18.3	17.7	16.2
Germany/Allemagne	8.2	7.7	7.6	8.6	8.9	10.3	10.0	11.0	12.9	13.3	Germany/Allemagne	15.1	14.7	15.7	17.1	15.6	16.2	16.3	17.1	15.7	14.8
France, Monac	6.4	5.4	5.6	7.0	7.1	8.4	7.8	7.8	7.4	6.5	Hong Kong	8.6	9.2	8.7	7.9	8.0	7.7	8.7	9.5	11.8	11.5
Hong Kong	2.6	2.5	3.1	2.8	3.2	3.6	4.5	5.5	7.1	7.0	USA/Etats–Unis d'Amer	12.6	10.9	8.2	6.8	6.1	5.8	6.7	6.6	7.4	7.6
United Kingdom	4.9	4.9	5.6	5.7	5.4	5.8	5.8	5.7	4.8	4.7	France, Monac	7.2	7.0	6.9	6.7	5.8	5.7	5.5	5.5	5.4	5.0
Netherlands/Pays–Bas	4.1	3.6	3.8	4.6	4.6	5.1	4.7	5.4	5.1	4.9	Austria/Autriche	4.0	3.9	4.8	4.7	4.3	4.4	4.8	4.8	5.0	5.0
Canada	4.1	4.5	4.9	4.3	4.1	3.9	3.9	3.5	3.5	3.5	Netherlands/Pays–Bas	4.5	3.4	3.4	4.0	4.2	4.4	4.4	4.7	4.2	4.2
Switz.Liecht	2.4	2.3	2.4	3.0	3.0	3.6	3.4	3.7	3.3	2.9	United Kingdom	6.4	5.8	6.3	5.4	4.9	4.6	4.4	4.7	4.2	4.0
Belgium–Luxembourg	2.9	2.4	2.5	2.8	2.8	3.1	3.0	3.3	3.4	3.5	Spain/Espagne	3.5	4.5	4.2	3.9	3.5	3.5	3.0	3.7	3.3	3.1
Sweden/Suède	2.3	2.2	2.4	2.5	2.6	2.9	2.9	3.1	2.7	2.5	Belgium–Luxembourg	3.0	2.5	2.7	3.0	2.8	3.1	3.0	3.1	3.5	3.6

81242 LAMPS, FITTINGS BASE METL — APPAREILS D'ECLAIRAGE 81242

TRADE BY COMMODITY IN THOUSAND U.S. DOLLARS – COMMERCE PAR PRODUIT EN MILLIERS DE DOLLARS E.U

IMPORTS – IMPORTATIONS

COUNTRIES–PAYS	1988	1989	1990	1991	1992
Total	3495024	3975000	4744192	5177963	5627276
Africa	x101221	x98705	x110116	x100966	x99427
Northern Africa	35443	35343	35637	x27453	x24101
Americas	x755764	x960605	x1042916	x1147776	x1370712
LAIA	23275	28150	39476	66769	87209
CACM	4112	3944	3758	5122	x5300
Asia	x536293	x622485	x796210	x883359	x895277
Middle East	x202411	x172944	x191797	x199692	x260132
Europe	1878881	2067215	2646566	2821523	3093060
EEC	1396664	1544563	1989843	2184708	2430640
EFTA	469138	508356	636083	618619	642651
Oceania	x78152	x86594	x89520	x95733	x100653
USA/Etats–Unis d'Amer	590505	762100	826827	870025	1054313
Germany/Allemagne	341895	390951	539801	687092	803921
France, Monac	336530	357516	421217	430023	420853
Hong Kong	135856	187778	260205	358828	275720
Netherlands/Pays–Bas	185562	195825	270075	275977	300045
United Kingdom	182605	205358	244678	223886	253915
Switz.Liecht	140026	148386	190503	179854	178518
Belgium–Luxembourg	115264	127629	162994	181971	211183
Canada	106496	130526	134618	164487	191726
Austria/Autriche	92404	104263	136730	153746	169213
Sweden/Suède	95705	113350	140093	128101	145038
Japan/Japon	76348	96118	148547	122491	114320
Italy/Italie	72258	85044	108761	113856	132252
Spain/Espagne	48820	61744	89420	103794	121270
Norway, SVD, JM	80142	71741	87743	91407	92365
Saudi Arabia	72509	67972	x83675	91407	92365
Former USSR/Anc. URSS	x123106	x92960	x26347	x90592	x123328
Australia/Australie	56475	67464	63678	x90505	
Finland/Finlande	51777	63742	73996	56560	76494
Singapore/Singapour	30319	46260	69674	71884	94115
Denmark/Danemark	53649	49213	54046	59257	68674
China/Chine	28450	39591	38301	40790	27706
Portugal	21213	24131	37645	48052	55693
United Arab Emirates	x51521	x30801	x37296	x34423	x44311
Ireland/Irlande	25578	27576	36515	35389	32838
Mexico/Mexique	11969	17364	22992	35543	49241
Greece/Grèce	13289	19576	24689	25411	x29996
Czechoslovakia	x5733	23554	21481	x8865	x19639
Libyan Arab Jamahiriya	20013	22774	20115	x8996	x5291
Malaysia/Malaisie	10999	12661	15085	19827	x23006
Kuwait/Koweït	x15422	22599	x13271	x7560	x20400
New Zealand	13214	12766	15820	14290	13856
Israel/Israël	15575	12812	13974	14805	16207
Nigeria/Nigéria	x15574	x8084	x14119	x17523	x13209
Korea Republic	10765	9795	13396	16000	17377
So. Africa Customs Un	12754	11031	12093	x12445	x12907
Yugoslavia SFR	7222	8225	12477	x9979	
Turkey/Turquie	1770	3764	11219	13709	14764
Iran (Islamic Rp. of)	x2973	x3495	x7986	x15236	x13355
Indonesia/Indonésie	4671	7826	8659	8647	9096
Cyprus/Chypre	6698	7266	8275	9056	11656
Iraq	x19507	x13446	x8959	x2027	x531
Thailand/Thaïlande	5054	6154	7698	10540	17951
Iceland/Islande	9083	6874	7019	8950	8315
Hungary/Hongrie	x3724	x4698	x5864	12170	x20700
Oman	7303	5747	7116	6868	x8174
Afghanistan	x2074	x7060	x8872	x2347	x5458
Reunion/Réunion	5008	5304	6973	5669	6271
Poland/Pologne	x1913	x629	x525	x15782	x23664
Brazil/Brésil	459	1485	2378	11795	1387

EXPORTS – EXPORTATIONS

COUNTRIES–PAYS	1988	1989	1990	1991	1992
Totale	3060015	3267653	3924717	4172118	4554886
Afrique	x7226	x7085	x7308	x8496	x9335
Afrique du Nord	4775	4483	2742	5069	5221
Amériques	242572	222305	253799	294884	344003
ALAI	12991	18190	16847	12991	17225
MCAC	731	869	421	439	x645
Asie	378620	497189	596309	776979	897357
Moyen–Orient	x5762	x11716	x12775	x11163	x12916
Europe	2269957	2411879	2976419	3005620	3204434
CEE	1912273	2044351	2524785	2560380	2723569
AELE	334331	349204	433271	439455	469986
Océanie	x10263	x9736	x8883	x8106	x8205
Italy/Italie	647389	707413	829510	841124	874485
Germany/Allemagne	528900	556667	700901	706754	768333
Hong Kong	180969	235989	313632	437818	347432
France, Monac	168799	174978	223544	232381	249652
USA/Etats–Unis d'Amer	198917	169414	206763	248505	292779
Netherlands/Pays–Bas	149691	157156	203495	203847	205173
United Kingdom	145429	154595	191366	178565	187717
Austria/Autriche	97691	111727	147031	173149	201746
Spain/Espagne	104789	115781	145386	137986	150758
Belgium–Luxembourg	96601	102193	133340	157388	191328
Sweden/Suède	125553	111313	120073	118646	117011
Japan/Japon	85898	84910	96757	102655	112718
China/Chine	41316	56022	78363	125102	250848
Denmark/Danemark	51888	55151	73556	78461	70408
Norway, SVD, JM	50638	53794	65473	59392	60856
Finland/Finlande	35854	44212	55261	50917	54484
Korea Republic	45902	49899	47342	33431	38749
Switz.Liecht	24594	28158	45433	37345	35865
Canada	28831	32797	28268	32306	32224
Hungary/Hongrie	x26534	x19748	x21660	x32293	x39790
Former GDR	x95836	x55748	x15598		
Singapore/Singapour	10145	17439	19640	21672	27928
Czechoslovakia	x17939	x19434	x14455	x10862	x12492
Yugoslavia SFR	23293	17447	17794	x5678	
Portugal	9027	9473	13177	14940	16589
Thailand/Thaïlande	2331	4907	12728	19669	x22400
Poland/Pologne	x3678	x3164	x3229	x25827	x34480
Mexico/Mexique	7650	11811	11773	6409	9939
India/Inde	1538	x21472	2136	1913	x40383
Bulgaria/Bulgarie	x1248	x12489	x11301	x800	x501
Romania/Roumanie	x2271	6964	13816	2594	x4290
Ireland/Irlande	7519	7587	6219	5101	3562
Malaysia/Malaisie	1572	2966	5168	9656	x29034
Australia/Australie	7512	6752	5797	4140	4566
Macau/Macao	49	6123	4586	4516	3943
Greece/Grèce	2241	3357	4290	3834	x5563
Turkey/Turquie	1343	3235	3181	3658	4980
New Zealand	2686	2855	2878	3778	3484
Former USSR/Anc. URSS	x3866	x1912	x1941	x5655	
Philippines	218	x3654	526	5217	5450
Cyprus/Chypre	466	2381	3298	3278	4456
So. Africa Customs Un	x1826	x2002	x2905	x2803	x2455
Tunisia/Tunisie	2252	1591	1846	2851	3725
Brazil/Brésil	1872	2362	1775	1871	2562
Saudi Arabia	957	2002	x3302	x670	x853
Morocco/Maroc	2388	2404	298	1918	860
Argentina/Argentine	1126	1330	1175	2006	1833
Indonesia/Indonésie	2291	1357	1483	1601	2689
Lebanon/Liban	x2055	x1491	x1357	x1185	x1236
Colombia/Colombie	302	535	857	1038	1280

(VALUE AS % OF TOTAL) (VALEUR EN % DU TOTAL)

Imports

	1983	1984	1985	1986	1987	1988	1989	1990	1991	1992
Africa	x5.6	x5.5	x4.9	x4.2	x3.0	x2.9	x2.5	x2.4	x1.9	x1.7
Northern Africa	x3.1	x2.1	2.4	x1.4	x0.8	1.0	0.9	0.8	x0.5	x0.4
Americas	x18.1	x23.7	x26.0	x27.6	x25.4	x24.2	x21.6	x22.0	x22.2	x24.3
LAIA	0.6	0.9	1.2	x1.1	1.0	0.7	0.7	0.8	1.3	1.5
CACM	x0.1	0.1	x0.0	0.2	0.1	0.1	0.1	0.1	0.1	x0.1
Asia	x33.2	x27.9	x23.9	x17.2	x14.0	x15.3	x15.6	x16.8	x17.1	x15.9
Middle East	x24.9	x19.4	x15.2	x9.3	x5.9	x5.8	x4.4	x4.0	x3.9	x4.6
Europe	41.4	40.8	42.9	49.3	49.4	53.8	52.0	55.8	54.5	55.0
EEC	31.3	30.1	31.6	36.4	36.6	40.0	38.9	41.9	42.2	43.2
EFTA	10.0	10.3	11.1	12.5	12.5	13.4	12.8	13.4	11.9	11.4
Oceania	1.7	x2.2	x2.4	x1.8	x1.6	x2.2	x2.2	x1.9	x1.8	x1.8
USA/Etats–Unis d'Amer	12.3	16.6	18.3	19.4	18.2	16.9	19.2	17.4	16.8	18.7
Germany/Allemagne	7.2	7.3	7.3	8.3	8.5	9.8	9.8	11.4	13.3	14.3
France, Monac	7.2	6.4	6.6	8.1	8.1	9.6	9.0	8.9	8.3	7.5
Hong Kong	2.5	2.8	3.2	2.9	3.3	3.9	4.7	5.5	6.9	4.9
Netherlands/Pays–Bas	4.7	4.3	4.6	5.5	5.4	5.3	4.9	5.7	5.3	5.3
United Kingdom	4.7	5.0	5.6	5.7	5.3	5.2	5.2	4.3	4.3	4.5
Switz.Liecht	2.6	2.7	2.8	3.4	3.5	4.0	3.7	4.0	3.5	3.2
Belgium–Luxembourg	3.0	2.6	2.6	3.0	3.0	3.3	3.2	3.4	3.5	3.8
Canada	4.0	4.8	5.4	4.8	4.4	3.0	3.3	2.8	3.2	3.4
Austria/Autriche	2.1	2.2	2.1	2.4	2.4	2.6	2.6	2.9	3.0	3.0

Exports

	1983	1984	1985	1986	1987	1988	1989	1990	1991	1992
Afrique	0.1	0.2	0.2	x0.2	x0.1	x0.3	x0.3	x0.2	x0.2	x0.3
Afrique du Nord	0.1	0.2	0.1	0.1	0.1	0.0	0.2	0.1	0.1	0.1
Amériques	x15.2	14.2	12.1	x9.6	x8.3	7.9	6.8	6.5	7.0	7.5
ALAI	0.1	0.5	0.8	x0.5	x0.6	0.4	0.6	0.4	0.3	0.4
MCAC	x0.0	x0.0	x0.0	x0.0	x0.0	x0.0	x0.0	x0.0	x0.0	x0.0
Asie	11.7	13.4	12.3	12.0	12.0	12.3	15.2	15.2	18.6	19.7
Moyen–Orient	x0.5	x0.4	x0.4	x0.3	x0.4	x0.2	x0.4	x0.3	x0.3	x0.3
Europe	72.5	71.7	75.0	77.8	70.7	74.2	73.8	75.8	72.0	70.4
CEE	62.9	61.4	63.9	66.4	60.3	62.5	62.6	64.3	61.4	59.8
AELE	9.5	9.5	10.3	11.2	10.3	10.9	10.7	11.0	10.5	10.3
Océanie	x0.4	x0.5	x0.4	x0.4	x0.4	x0.3	x0.3	x0.2	x0.2	x0.2
Italy/Italie	18.9	18.5	19.1	20.7	19.5	21.2	21.6	21.1	20.2	19.2
Germany/Allemagne	15.5	15.5	17.0	18.8	16.6	17.3	17.0	17.9	16.9	16.9
Hong Kong	5.2	5.5	5.9	5.6	5.7	5.9	7.2	8.0	10.5	7.6
France, Monac	7.0	6.9	6.7	6.5	5.4	5.5	5.5	5.7	5.6	5.5
USA/Etats–Unis d'Amer	13.8	12.0	9.1	6.2	6.5	5.2	5.3	6.0	6.4	6.4
Netherlands/Pays–Bas	5.5	4.2	4.2	5.0	5.1	4.9	4.8	5.2	4.9	4.5
United Kingdom	7.2	6.6	7.6	6.2	5.5	4.8	4.7	4.9	4.3	4.1
Austria/Autriche	2.5	2.6	2.6	3.3	2.9	3.2	3.4	3.7	4.2	4.4
Spain/Espagne	3.4	4.5	4.1	3.7	3.3	3.4	3.5	3.7	3.3	3.3
Belgium–Luxembourg	3.6	3.1	3.0	3.3	3.2	3.1	3.4	3.4	3.8	4.2

8211 CHAIRS, SEATS AND PARTS — SIEGES ET PIECES 8211

TRADE BY COMMODITY IN THOUSAND U.S. DOLLARS — COMMERCE PAR PRODUIT EN MILLIERS DE DOLLARS E.U

COUNTRIES—PAYS	1988	1989	1990	1991	1992	COUNTRIES—PAYS	1988	1989	1990	1991	1992
	IMPORTS – IMPORTATIONS						EXPORTS – EXPORTATIONS				
Total	x7065334	8830409	10476944	11214743	12303692	Totale	6709691	7299580	9204445	9677725	10740482
Africa	x54847	x55004	x74185	x80294	x79721	Afrique	x13457	x26366	x42485	x57426	x95638
Northern Africa	8169	9506	16893	x12309	x17473	Afrique du Nord	2191	1913	2255	2566	3005
Americas	x1530039	2859545	3081098	3189308	3763984	Amériques	288205	745838	1496786	1771965	2102290
LAIA	58249	64721	80873	106127	182299	ALAI	36494	42038	39663	60562	81731
CACM	1713	1629	1515	2492	x5766	MCAC	2687	2647	2418	2563	x5036
Asia	x632964	x775370	x957586	x1131664	x1230514	Asie	655276	x778165	887846	1084534	x1342960
Middle East	x112304	x101585	x89709	x102083	x145381	Moyen–Orient	x16149	x15502	x14701	x12458	x18465
Europe	4574758	4842474	6170192	6510204	6981179	Europe	4962833	5107305	6271272	6372804	6664240
EEC	3517153	3763344	4828678	5159363	5648346	CEE	4217425	4385927	5386165	5536140	5779057
EFTA	1042476	1061038	1304263	1314699	1298969	AELE	531294	521758	630428	633416	680451
Oceania	x120760	x150140	x141323	x128462	x137498	Océanie	x14134	x12688	11893	x7890	x11551
USA/Etats–Unis d'Amer	x1117475	2313366	2422613	2407121	2715933	Italy/Italie	1589231	1644403	1951791	2010008	2138064
Germany/Allemagne	892538	1009664	1366764	1723017	2018074	Germany/Allemagne	1167601	1214959	1468387	1464433	1449726
France, Monac	1009711	1020186	1287121	1193367	1142792	USA/Etats–Unis d'Amer	3268	339971	737443	1082234	1290169
Netherlands/Pays–Bas	460889	467837	611658	629321	680988	Canada	244357	356935	711493	621265	718894
Japan/Japon	324463	435865	573347	688939	689879	France, Monac	419187	466870	595838	591770	615787
Canada	314577	438272	532303	631611	821254	Belgium–Luxembourg	306084	292666	384180	419859	461783
Belgium–Luxembourg	358461	417471	575418	589680	670066	Netherlands/Pays–Bas	228881	221361	313926	334187	344794
Switz. Liecht	383063	381423	475829	466635	458192	Japan/Japon	254664	229977	245640	271028	285185
United Kingdom	411087	390162	437720	418657	481945	Denmark/Danemark	202748	194116	242204	267758	281206
Sweden/Suède	247824	268499	318023	328269	303163	Yugoslavia SFR	211652	197469	252427	x198637	
Austria/Autriche	183470	200401	260645	289294	316505	Sweden/Suède	196010	175072	192483	201528	212256
Spain/Espagne	101520	134759	182479	214010	247180	United Kingdom	126822	160474	195195	203895	215819
Italy/Italie	129427	154802	162566	163600	150467	Spain/Espagne	145503	152284	175892	172348	179510
Norway, SVD, JM	147779	118028	142187	130217	136496	Indonesia/Indonésie	32510	77986	158539	207722	219907
Hong Kong	82954	92838	113121	140003	164646	Thailand/Thaïlande	104205	107410	152298	165198	185002
Australia/Australie	90605	115915	108292	102965	110209	Austria/Autriche	x200967	x227299	x176796	17210	x106348
Denmark/Danemark	97419	88715	101368	112063	109276	Romania/Roumanie	100478	102859	134072	131098	131018
Finland/Finlande	65139	83172	96646	87025	72415	Switz. Liecht	x50807	x44668	x65349	x157870	x222885
Former USSR/Anc. URSS	x121011	x123670	x25873	x111065		Poland/Pologne	72458	80807	94619	91777	104302
Mexico/Mexique	45922	55322	67811	83398	131745	Norway, SVD, JM					
Singapore/Singapour	38659	40920	54384	67427	75081	Singapore/Singapour	64609	82559	81101	97283	94225
Portugal	23820	30889	43073	56204	81539	Czechoslovakia	x78597	x77118	x74383	x69702	x114173
Saudi Arabia	39019	48156	x36984	x39296	x53979	Hong Kong	51747	55209	62917	90865	111369
Greece/Grèce	16457	30875	36957	35079	x38636	Former GDR	x294554	x152808	x43188		
Korea Republic	23886	29538	27245	30543	37816	Former USSR/Anc. URSS	x66074	x53469	x57941	x73089	39171
Malaysia/Malaisie	10352	15710	30402	38523	x32829	Philippines	30563	x76967	51890	43501	
New Zealand	21375	27798	24268	16972	18617	China/Chine	30485	35189	47712	79399	177369
Yugoslavia SFR	6696	11301	29141	x27888		Finland/Finlande	58087	55601	56936	43804	47871
Israel/Israël	14641	17178	23983	24810	29582	Hungary/Hongrie	x35192	x37563	x45409	x58361	x71199
Ireland/Irlande	15824	17984	23555	24366	27382	Korea Republic	35627	43215	37457	36502	23450
Reunion/Réunion	14232	14790	18617	17261	18296	So. Africa Customs Un	x9949	x23455	x38174	x52937	x89134
United Arab Emirates	x34768	x18107	x15638	x16476	x26412	Portugal	17652	22541	39004	52036	68974
China/Chine	12548	15769	17919	12863	22408	Malaysia/Malaisie	17231	24253	35971	52464	x128815
So. Africa Customs Un	13160	10800	14603	x16259	x18116	Bulgaria/Bulgarie	x47181	x33913	x27907	x6033	x8999
Poland/Pologne	x1825	x3703	x1608	x33391	x37983	Brazil/Brésil	21365	25229	18591	22956	39160
Iceland/Islande	15201	9515	10932	13259	12198	Ireland/Irlande	13270	15236	18316	18446	20066
Guadeloupe	8991	8781	12164	10954	11172	Israel/Israël	13297	12561	14669	14886	14229
Czechoslovakia	x11339	7317	12209	x12085	x34137	Mexico/Mexique	9303	8248	7151	19728	23842
Hungary/Hongrie	x9267	x6443	x7751	17127	x34874	Australia/Australie	9880	7459	7355	3414	5449
Martinique	8105	8083	10649	11042	11214	Turkey/Turquie	7215	5664	5955	5261	7859
Indonesia/Indonésie	4143	6141	11032	9882	5806	Chile/Chili	2359	2462	6122	7704	x4281
Kuwait/Koweït	x11391	x10794	x6054	x8629	x16931	Argentina/Argentine	2684	2928	4817	6139	9594
Turkey/Turquie	5495	2860	9316	11284	16313	New Zealand	3596	4265	3313	3761	5606
Lebanon/Liban	x1960	x2697	x3486	x9850	x8696	Dominican Republic	x44	x2131	x3604	x3074	x3721
Cameroon/Cameroun	x2465	1993	x2073	10709	x2944	Malta/Malte	2429	1944	2114	x4506	x8906
Thailand/Thaïlande	2089	2769	5136	6630	7555	Cyprus/Chypre	2973	2257	3618	2552	2445
Qatar	5001	4680	4551	4517	x3597	United Arab Emirates	x2566	x2810	x2848	x1614	x2286
Argentina/Argentine	1845	2152	3795	7724	26430	Albania/Albanie	x2412	x2382	x3189	x842	x201
Andorra/Andorre	x3051	x3013	x4184	x4628	x4520	Lebanon/Liban	x318	x2151	x1474	x2317	x5156
Brazil/Brésil	7312	2674	3881	5062	7770	Colombia/Colombie	520	725	1386	2590	3556

(VALUE AS % OF TOTAL) (VALEUR EN % DU TOTAL)

	1983	1984	1985	1986	1987	1988	1989	1990	1991	1992		1983	1984	1985	1986	1987	1988	1989	1990	1991	1992
Africa	x1.0	x0.7	x1.4	x1.1	x0.9	x0.8	x0.6	x0.7	x0.7	x0.6	Afrique	x0.3	x0.0	x0.2	x0.2	x0.2	x0.2	x0.3	x0.4	x0.5	x0.9
Northern Africa	x0.3	x0.2	0.2	x0.2	x0.2	0.1	0.1	0.2	x0.1	x0.1	Afrique du Nord	0.1	0.0	0.0	0.0	0.0	0.0	0.0	0.0	0.0	0.0
Americas	46.5	54.5	2.6	x15.8	x14.0	x17.3	32.4	29.4	28.4	30.5	Amériques	0.4	1.1	1.0	1.5	0.5	4.3	10.2	16.2	18.3	19.6
LAIA	0.1	0.2	0.5	x0.3	x0.3	0.8	0.7	0.8	0.9	1.5	ALAI	0.1	1.0	0.9	1.3	0.4	0.5	0.6	0.4	0.6	0.8
CACM	x0.0	0.0	x0.0	x0.0	x0.0	0.0	0.0	0.0	0.0	0.0	MCAC	x0.1	0.0	0.0	x0.0	x0.0	0.0	0.0	0.0	0.0	0.0
Asia	x6.9	x5.9	x11.1	x8.0	x7.7	x9.0	8.8	x9.1	x10.1	10.0	Asie	5.2	6.0	5.4	5.3	5.8	9.8	10.6	9.6	11.3	x12.5
Middle East	x4.1	x3.2	x4.3	x2.7	x1.8	1.6	x1.2	x0.9	0.9	x1.2	Moyen–Orient	x0.1	0.7	0.6	0.7	x0.3	x0.2	x0.2	x0.2	x0.1	x0.2
Europe	44.4	37.4	81.8	72.8	72.8	64.7	54.8	58.9	58.1	56.7	Europe	93.9	92.5	93.2	92.7	79.3	74.0	70.0	68.1	65.9	62.0
EEC	34.2	28.6	62.1	55.0	55.1	49.8	42.6	46.1	46.0	45.9	CEE	81.3	75.3	76.5	78.9	67.6	62.9	60.1	58.5	57.2	53.8
EFTA	9.9	8.8	19.5	17.7	17.5	14.8	12.0	12.4	11.7	10.6	AELE	12.6	12.5	12.1	11.7	9.8	7.9	7.1	6.8	6.5	6.3
Oceania	1.2	x1.4	x3.2	x2.2	x1.9	x1.7	x1.7	x1.4	x1.2	x1.1	Océanie	x0.3	x0.3	0.3	0.3	0.2	x0.2	x0.2	0.1	x0.1	x0.1
USA/Etats–Unis d'Amer	45.3	53.3		x14.1	x12.2	x15.8	26.2	23.1	21.5	22.1	Italy/Italie	29.7	27.2	27.3	28.0	24.4	23.7	22.5	21.2	20.8	19.9
Germany/Allemagne	9.8	8.1	16.1	13.9	14.1	12.6	11.4	13.0	15.4	16.4	Germany/Allemagne	20.7	19.8	21.3	23.3	19.9	17.4	16.6	16.0	15.1	13.5
France, Monac	10.1	8.1	18.2	16.7	16.3	14.3	11.6	12.3	10.6	9.3	USA/Etats–Unis d'Amer			0.0	0.0	x0.1	3.4	4.9	7.7	6.4	6.7
Netherlands/Pays–Bas	4.6	3.6	8.1	7.6	7.6	6.5	5.3	5.8	5.6	5.5	Canada			x0.1	0.0	x0.1	4.9	4.7	7.7	6.4	6.7
Japan/Japon	1.4	1.3	3.3	2.7	3.3	4.4	4.5	5.0	5.1	5.6	France, Monac	8.6	7.7	8.0	7.9	6.7	6.2	6.4	6.5	6.1	5.7
Canada	0.5	0.6	1.2	1.0	0.9	4.5	5.0	5.1	6.0	6.7	Belgium–Luxembourg	7.6	6.4	5.9	6.1	5.1	4.6	4.0	4.2	4.3	4.3
Belgium–Luxembourg	2.9	2.4	5.6	5.0	5.3	5.1	4.7	5.5	5.3	5.4	Netherlands/Pays–Bas	4.5	4.3	4.2	4.4	3.5	3.0	3.4	3.5	3.2	3.2
Switz. Liecht	3.7	3.2	6.7	6.2	6.1	5.4	4.3	4.5	4.2	3.7	Japan/Japon	1.4	1.3	1.4	1.2	1.0	3.8	3.2	2.7	2.8	2.7
United Kingdom	4.2	3.7	8.4	6.6	6.4	5.8	4.4	4.2	3.7	3.9	Denmark/Danemark	4.8	4.9	4.7	4.5	3.5	3.0	2.6	2.6	2.8	2.6
Sweden/Suède	1.9	1.9	4.4	3.8	3.9	3.5	3.0	3.0	2.9	2.5	Yugoslavia SFR		4.7	4.5	x2.0	x1.8	3.2	2.7	2.7	x2.1	

82111 CHAIRS AND OTHER SEATS — SIEGES 82111

TRADE BY COMMODITY IN THOUSAND U.S. DOLLARS — COMMERCE PAR PRODUIT EN MILLIERS DE DOLLARS E.U

COUNTRIES–PAYS	IMPORTS – IMPORTATIONS 1988	1989	1990	1991	1992	COUNTRIES–PAYS	EXPORTS – EXPORTATIONS 1988	1989	1990	1991	1992
Total	x5724403	6734428	7901101	8338736	8798739	Totale	5614672	5983677	6944050	7168010	7813348
Africa	x45229	x46176	x62158	x58433	x60767	Afrique	x10667	x8682	x7049	x7856	x10399
Northern Africa	6162	8239	14754	x8305	x13515	Afrique du Nord	1966	1551	1815	1789	1702
Americas	x1102166	x1897261	2013022	1969174	2135164	Amériques	x226025	548115	632511	703987	847653
LAIA	28595	34741	45709	73801	107612	ALAI	x12917	33640	29928	48619	57643
CACM	1713	1629	x1622	2485	x5223	MCAC	2687	2647	2413	2516	x5003
Asia	x501912	x570132	x678929	x765342	x878478	Asie	413353	x541138	638821	809849	x1018541
Middle East	x112944	x80175	x82209	x86640	x127195	Moyen–Orient	x9368	x13078	x13543	x11570	x17429
Europe	3843033	3967178	4988767	5288332	5539190	Europe	4199738	4270433	5192732	5304630	5486333
EEC	2899187	3013553	3824077	4116869	4389364	CEE	3549153	3647369	4433672	4589903	4748586
EFTA	932336	942194	1142889	1150613	1125644	AELE	468626	457542	556424	559584	594131
Oceania	x87504	x113799	x111230	x103081	x105265	Océanie	x10934	x9437	7282	x5314	x6292
USA/Etats–Unis d'Amer	x867242	1565106	1623007	1494191	1508458	Italy/Italie	1518893	1568003	1859227	1920604	2034515
Germany/Allemagne	700278	770079	1032511	1356969	1537946	Germany/Allemagne	870284	878864	1027684	1028346	987352
France, Monac	923150	916464	1154573	1052146	986536	France, Monac	274089	310272	394237	410705	434546
Netherlands/Pays–Bas	410937	415322	543235	568812	613381	USA/Etats–Unis d'Amer	3268	220828	338510	455635	546829
Switz.Liecht	353401	349315	435959	431655	424023	Belgium–Luxembourg	268939	264357	342138	355535	375695
Belgium–Luxembourg	279045	295712	376705	395530	431138	Netherlands/Pays–Bas	204678	192595	272357	301012	316955
Japan/Japon	237057	290167	351525	394288	420249	Canada	205831	288240	258192	193686	234215
United Kingdom	304998	288972	324932	319491	369739	Denmark/Danemark	184985	177083	225388	247738	256473
Canada	174726	257767	302456	358946	476310	Yugoslavia SFR	179974	163799	200461	x152785	
Sweden/Suède	205532	221505	254913	262360	237251	Sweden/Suède	173036	153901	171462	181034	184310
Austria/Autriche	164412	180092	230247	257271	281390	United Kingdom	98026	124535	152205	165537	170069
Norway, SVD, JM	140911	110486	131290	121836	125855	Indonesia/Indonésie	29867	72639	149142	198993	207603
Italy/Italie	96186	116357	118731	124736	116761	Romania/Roumanie	x196146	x221591	x171341	16029	x103570
Hong Kong	77864	88453	106892	135232	156131	Austria/Autriche	97294	100950	142832	153888	166738
Spain/Espagne	58130	74286	106406	119238	137346	Thailand/Thaïlande	89388	104076	122539	153322	x184491
Denmark/Danemark	86537	78558	89699	96282	93797	Spain/Espagne	112249	111916	131059	128971	136001
Australia/Australie	65442	90559	85968	82738	85918	Switz.Liecht	75258	77051	102758	98303	102640
Former USSR/Anc. URSS	x118795	x121062	x24682	x109914		Singapore/Singapour	62524	82559	81101	97283	94225
Finland/Finlande	53405	71875	80320	64739	45557	Norway, SVD, JM	65924	71278	83984	83475	94919
Singapore/Singapour	30482	40920	54384	67427	75081	Poland/Pologne	x47433	x40968	x57778	x135105	x193133
Mexico/Mexique	25244	28729	37227	57809	76267	Czechoslovakia	x73077	x71489	x68572	x63088	x91259
Saudi Arabia	x42024	x31446	x34813	x36807	x50616	Hong Kong	50908	54021	61055	87618	106643
Greece/Grèce	13781	27247	31620	28757	x32627	Former GDR	x293447	x151612	x42841		
Portugal	13585	15762	26061	33374	46034	Former USSR/Anc. URSS	x64902	x52029	x56822	x70947	
Israel/Israël	12928	15632	22030	22641	26328	Philippines	30218	x73503	50357	42435	38179
Ireland/Irlande	12560	14793	19605	21533	24059	China/Chine	28242	33811	45853	76888	170135
Korea Republic	4811	16812	15170	20178	21415	Finland/Finlande	57057	54354	55368	42873	45522
Reunion/Réunion	13987	14554	18331	17063	17998	Japan/Japon	53441	39509	41791	42873	42552
United Arab Emirates	x33882	x17205	x14903	x15261	x24998	Hungary/Hongrie	x31542	x33296	x39019	x45651	x47893
New Zealand	13478	17003	16779	12300	11420	Malaysia/Malaisie	16027	21858	32598	48222	x120142
China/Chine	12331	15347	17612	11582	17562	Korea Republic	28846	30413	23961	22856	16775
Yugoslavia SFR	3716	5443	14113	x13028		Bulgaria/Bulgarie	x45675	x33372	x27079	x5128	x8091
Guadeloupe	8943	8702	12040	10898	11074	Brazil/Brésil	x2530	19737	13700	17470	29328
Iceland/Islande	14675	8921	10160	12451	11568	Ireland/Irlande	10999	12614	15716	16081	17794
Martinique	8008	7980	10559	10934	11124	Israel/Israël	12898	12559	14651	14886	14222
Czechoslovakia	x10904	6960	11860	x10574	x25817	Portugal	5611	6132	12269	13993	16027
Poland/Pologne	x986	x2505	x953	x20694	x27735	Mexico/Mexique	9120	7747	5698	17155	15941
Kuwait/Koweït	x10456	x10243	x5610	x8184	x16502	So. Africa Customs Un	x8131	x6496	x4653	x5644	x7401
Hungary/Hongrie	x8472	x5281	x5440	12197	x22971	Turkey/Turquie	x3117	5378	5121	4673	7039
Indonesia/Indonésie	3060	3872	8984	7558	3720	Chile/Chili	x211	x1682	4745	7363	x3439
So. Africa Customs Un	7916	5502	8930	x5050	x6951	Australia/Australie	8384	6556	4274	2842	3177
Malaysia/Malaisie	3994	6037	6775	5771	x11522	Cyprus/Chypre	2958	2240	3572	2505	2417
Lebanon/Liban	x1861	x2543	x3240	x9162	x7739	Argentina/Argentine	x180	2503	3004	2614	4793
Turkey/Turquie	x4729	2216	6326	4853	7461	United Arab Emirates	x2446	x2699	x2786	x1564	x2176
Cameroon/Cameroun	x2401	1993	x1925	9207	x2780	Malta/Malte	x1963	x1534	2111	x2300	x5641
Andorra/Andorre	x2693	x2969	x4148	x4589	x4489	Lebanon/Liban	x309	x2122	x1354	x2316	x5144
Qatar	x4975	x3383	x5086	x2418	x3543	New Zealand	1993	1941	1767	1775	2646
Libyan Arab Jamahiriya	959	2785	4148	x2763	x5319	Colombia/Colombie	520	725	1386	2409	3019
Brazil/Brésil	x1218	2308	3028	3832	3082	Albania/Albanie	x1732	x1512	x2203	x427	x184
Macau/Macao	1218	2803	2839	3473	4044	Greece/Grèce	399	989	1392	1379	x3160

(VALUE AS % OF TOTAL)(VALEUR EN % DU TOTAL)

	1983	1984	1985	1986	1987	1988	1989	1990	1991	1992		1983	1984	1985	1986	1987	1988	1989	1990	1991	1992
Africa	x0.9	x0.6	x1.3	x1.1	x0.9	x0.8	x0.7	x0.8	x0.7	x0.7	Afrique	x0.1	x0.0	x0.1	x0.2	x0.1	x0.1	x0.1	x0.1	x0.1	x0.1
Northern Africa	x0.3	x0.1	x0.3	x0.2	0.1	0.1	0.1	0.2	x0.1	x0.2	Afrique du Nord	0.1	0.0	0.0	0.0	0.0	0.0	0.0	0.0	0.0	0.0
Americas	x50.1	x58.2	2.8	x13.8	x12.8	x19.3	x28.2	25.5	23.6	24.3	Amériques	x3.1	x1.3	x0.7	x0.9	x0.4	x4.0	9.2	9.1	9.9	10.9
LAIA	x0.2	x0.1	x0.4	x0.2	x0.2	0.5	0.5	0.6	0.9	1.2	ALAI	x2.8	x1.1	x0.7	x0.8	x0.2	x0.2	0.6	0.4	0.7	0.7
CACM	x0.0	x0.0	x0.1	x0.0	0.0	0.0	0.0	0.0	0.0	0.1	MCAC	x0.1	x0.0	x0.0	x0.0	x0.0	0.0	0.0	0.0	0.0	0.1
Asia	x6.9	x6.0	x11.6	x8.6	x8.1	x8.8	x8.4	x8.6	x9.2	x10.0	Asie	x5.8	x6.4	5.9	5.7	x5.9	7.4	x9.1	9.2	11.3	x13.0
Middle East	x4.2	x3.3	x4.5	x3.2	x2.1	x2.0	x1.2	x1.0	x1.0	x1.4	Moyen–Orient	x0.9	x0.8	x0.7	x0.6	x0.3	0.2	x0.2	x0.2	x0.2	x0.2
Europe	40.9	34.1	81.6	74.7	73.5	67.1	58.9	63.1	63.4	63.0	Europe	90.8	92.1	93.0	93.0	77.5	74.8	71.4	74.8	74.0	70.2
EEC	31.2	25.6	60.8	55.2	54.4	50.6	44.7	48.4	49.4	49.9	CEE	74.8	74.4	76.6	78.3	65.4	63.2	61.0	63.8	64.0	60.8
EFTA	9.6	8.5	20.7	19.4	19.0	16.3	14.0	14.5	13.8	12.8	AELE	12.0	12.6	12.5	11.8	9.7	8.3	7.6	8.0	7.8	7.6
Oceania	x1.0	x1.2	x2.8	x1.9	x1.6	x1.5	x1.7	x1.4	x1.4	x1.2	Océanie	x0.1	x0.1	0.1	0.1	x0.1	0.1	x0.1	0.1	x0.1	x0.1
USA/Etats–Unis d'Amer	48.8	57.2		x11.6	x11.0	x15.1	23.2	20.5	17.9	17.1	Italy/Italie	30.3	29.8	30.2	30.8	26.4	27.1	26.2	26.8	26.8	26.0
Germany/Allemagne	8.7	6.9	14.6	12.8	13.1	12.2	11.4	13.1	16.3	17.5	Germany/Allemagne	16.8	17.5	19.5	21.1	17.2	15.5	14.7	14.8	14.3	12.6
France, Monac	9.4	7.7	19.2	18.4	17.8	16.1	13.6	14.6	12.6	11.2	France, Monac	6.3	6.0	6.5	6.2	5.1	4.9	5.2	5.7	5.7	5.6
Netherlands/Pays–Bas	4.4	3.4	8.6	8.3	8.2	7.2	6.2	6.9	6.8	7.0	USA/Etats–Unis d'Amer			0.0	0.0	0.1	0.1	3.7	4.9	6.4	7.0
Switz.Liecht	3.6	3.1	7.3	6.9	6.8	6.2	5.2	5.5	5.2	4.8	Belgium–Luxembourg	7.4	6.7	6.1	6.2	5.3	4.8	4.4	4.9	5.0	4.8
Belgium–Luxembourg	2.7	2.1	5.2	4.9	5.2	4.9	4.4	4.8	4.3	4.9	Netherlands/Pays–Bas	4.5	4.5	4.3	4.5	3.6	3.6	3.9	3.9	4.2	4.1
Japan/Japon	1.3	1.2	3.3	2.7	3.4	4.1	4.3	4.4	4.7	4.8	Canada			x0.0	x0.0	3.7	4.8	3.7	2.7	2.7	3.0
United Kingdom	3.8	3.3	8.3	6.4	5.6	5.3	4.3	4.4	3.8	4.2	Denmark/Danemark	4.9	5.1	5.0	4.7	3.7	3.3	3.0	3.2	3.5	3.3
Canada	0.5	0.5	1.3	1.1	1.0	3.1	3.8	3.8	4.3	5.4	Yugoslavia SFR	x3.9	x5.0	x3.9	x2.9	x2.4	3.2	2.7	2.9	x2.1	
Sweden/Suède	1.8	1.7	4.3	3.9	4.0	3.8	3.2	3.2	3.1	2.7	Sweden/Suède	4.9	5.3	5.5	4.8	3.6	3.1	2.6	2.5	2.5	2.4

8219 FURNITURE AND PARTS NES — AUTRES MEUBLES ET PIECES 8219

TRADE BY COMMODITY IN THOUSAND U.S. DOLLARS – COMMERCE PAR PRODUIT EN MILLIERS DE DOLLARS E.U

COUNTRIES–PAYS	IMPORTS – IMPORTATIONS					COUNTRIES–PAYS	EXPORTS – EXPORTATIONS				
	1988	1989	1990	1991	1992		1988	1989	1990	1991	1992
Total	11475988	15210029	17386206	18988646	19852666	Totale	13165504	13903543	16556516	17044937	10362626
Africa	x197710	x194840	x246834	x231254	x231322	Afrique	x58735	x63122	x115364	x108684	x95986
Northern Africa	79571	70505	81510	x85089	x82761	Afrique du Nord	20407	26069	64928	47510	32269
Americas	563762	x3580751	x3596183	x3627348	x4005308	Amériques	x1070908	1252558	1523734	1683441	x2062980
LAIA	28329	57587	77216	151135	270552	ALAI	75353	88800	90857	124553	190024
CACM	4306	4875	4837	6573	x16162	MCAC	10757	18782	15723	14335	x18289
Asia	x1478216	x1579864	x1774063	x1926727	x2291097	Asie	1000092	x1143478	1246698	1476998	x1851456
Middle East	x545696	x487638	x485860	x552609	x738793	Moyen–Orient	x33022	x55320	x39790	x36653	44115
Europe	8382178	8976197	11351726	11926754	12876724	Europe	9532706	10137515	12677879	12740386	13501355
EEC	6409177	6933406	8799438	9405804	10344122	CEE	8108249	8764009	10945225	11094100	11731676
EFTA	1939759	2002301	2479024	2434035	2444665	AELE	1170275	1109883	1400718	1460060	1571297
Oceania	x145058	x170702	x173049	x168433	x178965	Océanie	41523	x42501	x46258	x45809	x53235
USA/Etats–Unis d'Amer	5535	2892845	2845487	2749951	2962040	Italy/Italie	2544933	2850666	3487572	3443550	3643982
Germany/Allemagne	1736781	1914972	2577444	3216264	3753813	Germany/Allemagne	2179991	2295478	2801093	2810268	2745959
France,Monac	1429254	1520076	1888263	1819848	1817530	Denmark/Danemark	777776	799042	1062279	1168163	1317805
United Kingdom	1316248	1376288	1504643	1312119	1321612	France, Monac	711913	769965	990926	992335	1107475
Netherlands/Pays–Bas	809420	832351	1080576	1125177	1244092	USA/Etats–Unis d'Amer	x427987	619706	838888	1013163	1215643
Switz.Liecht	805509	833498	1020115	967349	942773	Belgium–Luxembourg	576050	600122	754643	773161	835852
Belgium–Luxembourg	557306	617264	817600	894602	992097	United Kingdom	513555	548617	701237	736793	806492
Japan/Japon	519185	592812	669400	734532	763689	Sweden/Suède	602242	527416	608169	623374	670054
Former USSR/Anc. URSS	x612997	x605197	x169567	x946731		Netherlands/Pays–Bas	426445	481876	598321	606855	663214
Austria/Autriche	429014	462120	601446	629412	684891	Canada	550650	515265	568077	522016	628699
Canada	413549	484140	505770	557353	609183	Romania/Roumanie	x478788	504898	356007	370722	x233419
Sweden/Suède	270412	310850	411609	426746	403599	Spain/Espagne	272753	294851	372726	365610	384133
Hong Kong	210676	254449	315067	332632	321139	Austria/Autriche	206339	223876	331303	343896	401045
Norway,SVD,JM	334274	271882	313282	306741	321167	Switz.Liecht	216842	226451	312167	347206	336542
Italy/Italie	186860	216916	306507	344772	400738	Yugoslavia SFR	252057	261286	321295	x182595	
Saudi Arabia	228742	208335	x245236	x309841	x382482	Hong Kong	161462	182276	186128	198843	257739
Spain/Espagne	111046	166136	229710	263377	327497	Thailand/Thaïlande	129397	136677	166887	221956	x295679
Denmark/Danemark	129956	117536	135669	131935	134792	Poland/Pologne	x114484	x101941	x128258	x253733	x312864
Australia/Australie	94751	128122	119779	114876	123532	Former USSR/Anc. URSS	x560273	x348294	x101121		
Ireland/Irlande	78528	91317	123451	121993	123128	Philippines	152424	x146768	135943	132562	139534
Finland/Finlande	77251	106760	115234	82123	73387	Malaysia/Malaisie	40030	82004	126955	206288	x182519
Singapore/Singapour	71154	78406	98464	118504	137855	Former USSR/Anc. URSS	x65642	x81060	x124090	x193049	
United Arab Emirates	x148285	x92277	x82816	x80617	x138441	Korea Republic	150619	142394	134434	119415	100591
Mexico/Mexique	23172	50193	65584	130940	217026	China/Chine	100047	111349	119632	156849	309911
Portugal	34241	42912	69474	95280	124455	Indonesia/Indonésie	37155	80731	126605	174604	265321
Libyan Arab Jamahiriya	69163	61108	65429	x67626	x60294	Singapore/Singapour	96797	102151	99131	105814	119225
Greece/Grèce	19537	37639	66101	80437	x104368	Czechoslovakia	x120855	x104554	x92206	x80832	x150052
Israel/Israël	36945	38961	57191	64566	64828	Finland/Finlande	108813	99506	93787	88338	106665
Kuwait/Koweït	x51700	63289	x31003	x50896	x90089	Portugal	45237	56507	90929	107548	125860
China/Chine	44568	48073	50348	33235	55298	Japan/Japon	72501	72560	80418	95107	95805
Reunion/Réunion	30382	31186	40605	38598	41276	Ireland/Irlande	57489	63880	80530	84119	90953
Yugoslavia SFR	10195	18496	38545	x47721	x81742	Bulgaria/Bulgarie	x80760	x75617	x91842	x15151	x15643
Czechoslovakia	x22979	27509	31588	x41287		Hungary/Hongrie	x40676	x47965	x52735	x76045	x85568
Guadeloupe	21614	24061	39032	33937	32345	Norway,SVD,JM	35559	41390	55248	55697	61150
Hungary/Hongrie	22974	24570	26242	45683	x89295	Mexico/Mexique	39813	40579	37992	55320	54471
Poland/Pologne	x19463	x25275	x2981	x66790	x83354	So. Africa Customs Un	x29936	x31762	x39209	x51012	22913
Korea Republic	15145	29081	32314	32260	38921	Egypt/Egypte	16351	20141	58280	40263	22913
Martinique	24894	23126	26650	30124	29317	Brazil/Brésil	21962	21326	23037	38559	91460
Oman	25964	25233	26462	25343	x14247	New Zealand	23453	24925	22557	23435	26225
New Zealand	26642	22756	24313	19912	16300	Israel/Israël	17996	18892	22401	19623	23522
Qatar	23423	20285	23594	18041	x22228	Australia/Australie	17491	16714	22889	20669	24736
Andorra/Andorre	x9913	x11938	x22183	x27014	x20515	Chile/Chili	5928	9557	9586	16774	x19987
Iceland/Islande	23300	17190	17338	21663	18877	Costa Rica	6529	14407	11157	8350	x8370
Bahamas	18374	x19415	x17957	x15944	x13720	Turkey/Turquie	6792	9826	12660	11403	18388
Iraq	x16036	x29721	x13190	x3261	x114	United Arab Emirates	x9388	x9261	x9877	x8398	x9155
Bahrain/Bahreïn	x13106	x15579	x14877	x14451	x23247	Venezuela	1537	8549	9515	2519	2031
Bermuda/Bermudes	x2425	x14394	x16582	x13440	x11433	Kuwait/Koweït	x4065	12666	x3686	x3507	x158
Lebanon/Liban	x7091	x7413	x10046	x23616	x24548	Saudi Arabia	5530	11071	x3802	x1826	x766
So. Africa Customs Un	12533	11281	13670	x12785	x16207	Malta/Malte	1628	1868	10173	x3265	x14739
Cameroon/Cameroun	x7731	9186	x6097	18794	x5275	Tunisia/Tunisie	1936	3828	4584	6006	7613

(VALUE AS % OF TOTAL) (VALEUR EN % DU TOTAL)

	1983	1984	1985	1986	1987	1988	1989	1990	1991	1992		1983	1984	1985	1986	1987	1988	1989	1990	1991	1992
Africa	x3.2	x3.1	x2.7	x2.2	x1.9	x1.7	x1.3	x1.4	x1.3	x1.2	Afrique	0.4	0.3	0.3	x0.3	x0.3	x0.4	0.4	0.7	0.6	x0.5
Northern Africa	1.9	1.8	1.4	0.8	0.7	0.7	0.5	0.5	x0.4	0.4	Afrique du Nord	0.1	0.1	0.0	0.0	0.1	0.2	0.2	0.4	0.3	0.2
Americas	x5.1	x6.2	x6.3	x5.6	x4.8	x5.0	x23.5	x20.7	x19.1	x20.2	Amériques	x9.6	10.3	1.5	x3.9	3.2	x8.1	9.0	9.2	9.9	x11.2
LAIA	0.1	0.1	0.1	0.1	0.1	0.2	0.4	0.4	0.8	1.4	ALAI	0.1	0.9	1.3	0.4	0.3	0.6	0.6	0.5	0.7	1.0
CACM	x0.0	0.1	0.0	x0.0	0.0	0.0	0.0	0.0	0.0	x0.1	MCAC	x0.0	0.1	0.2	x0.1	0.1	0.1	0.1	0.1	0.1	x0.1
Asia	x26.7	x24.6	x21.2	x15.5	x12.5	x12.8	x10.4	x10.2	x10.1	x11.6	Asie	8.5	8.3	8.5	6.9	6.2	7.6	x8.3	7.5	8.7	x10.0
Middle East	x20.3	x17.5	x13.4	x8.5	x5.1	x4.4	x3.2	x2.8	x2.9	x3.7	Moyen–Orient	x0.8	x0.8	x0.7	x0.6	x0.3	x0.3	x0.4	x0.2	x0.2	0.2
Europe	63.8	64.5	68.1	75.3	72.5	73.0	59.0	65.3	62.8	64.9	Europe	81.1	80.7	89.3	88.4	76.8	72.4	72.9	76.6	74.7	73.5
EEC	50.2	49.9	52.3	57.3	54.8	55.8	45.6	50.6	49.5	52.1	CEE	71.8	67.3	75.1	76.3	66.0	61.6	63.0	66.1	65.1	63.9
EFTA	13.5	14.3	15.6	17.6	17.4	16.9	13.2	14.3	12.8	12.3	AELE	9.3	9.3	10.4	10.8	9.7	8.9	8.0	8.5	8.6	8.6
Oceania	x1.2	x1.7	x1.7	x1.5	x1.1	x1.3	x1.1	x1.0	x0.9	x0.9	Océanie	0.4	x0.4	0.5	x0.5	0.3	0.3	x0.3	x0.3	x0.3	x0.3
USA/Etats–Unis d'Amer			0.1	0.1	0.1	0.0	19.0	16.4	14.5	14.9	Italy/Italie	22.7	21.2	23.7	23.8	20.5	19.3	20.5	21.1	20.2	19.8
Germany/Allemagne	14.1	14.2	14.3	15.3	15.1	15.1	12.6	14.8	16.9	18.9	Germany/Allemagne	19.2	17.5	19.3	21.3	18.1	16.6	16.5	16.9	16.5	15.0
France,Monac	12.5	11.4	11.7	13.4	12.4	12.5	10.0	10.9	9.6	9.2	Denmark/Danemark	6.8	7.3	8.2	7.8	6.6	5.9	5.7	6.4	6.9	7.2
United Kingdom	9.9	10.8	11.5	11.8	10.6	11.5	9.0	8.7	6.9	6.7	France, Monac	6.1	5.5	6.1	6.0	5.3	5.4	5.5	6.0	5.8	6.0
Netherlands/Pays–Bas	6.3	6.0	6.6	7.3	7.2	7.1	5.5	6.2	5.9	6.3	USA/Etats–Unis d'Amer	9.4	9.2		x3.3	2.7	x3.3	4.5	5.1	5.9	6.6
Switz.Liecht	5.0	5.3	5.7	6.6	6.9	7.0	5.5	5.9	5.1	4.7	Belgium–Luxembourg	6.1	5.5	5.7	5.7	5.0	4.4	4.3	4.6	4.5	4.6
Belgium–Luxembourg	4.1	4.0	4.2	4.8	4.7	4.9	4.1	4.7	4.7	5.0	United Kingdom	5.5	5.0	6.3	5.2	4.5	3.9	3.9	4.2	4.3	4.4
Japan/Japon	2.6	2.9	3.0	3.3	3.7	4.5	3.9	3.9	3.9	3.8	Sweden/Suède	4.8	5.2	5.9	4.6	5.1	4.6	3.8	3.7	3.7	3.6
Former USSR/Anc. URSS				x6.2	x5.3	x4.0	x1.0	x5.0			Netherlands/Pays–Bas	2.9	2.8	3.3	3.8	3.5	3.2	3.5	3.6	3.6	3.6
Austria/Autriche	3.5	3.5	3.5	3.8	3.8	3.7	3.0	3.5	3.3	3.4	Canada				x0.1	x0.2	4.2	3.7	3.4	3.1	3.4

82191 Metal Furniture NES / MEUBLES NDA EN METAL 82191

TRADE BY COMMODITY IN THOUSAND U.S. DOLLARS – COMMERCE PAR PRODUIT EN MILLIERS DE DOLLARS E.U

IMPORTS – IMPORTATIONS

COUNTRIES–PAYS	1988	1989	1990	1991	1992
Total	x1994655	2528811	2897902	3151300	3447932
Africa	x59699	x58561	x77714	x58952	x63062
Northern Africa	26188	26582	31050	x21521	x19416
Americas	x377556	x718250	x738554	x844339	x1013754
LAIA	x4759	18088	23407	64426	114747
CACM	x642	x4337	x3318	x4018	x6136
Asia	x205326	x252565	x271673	x324397	x388330
Middle East	x76748	x83806	x85309	x114783	x132017
Europe	1238906	1351500	1735830	1772938	1886544
EEC	949692	1058784	1361854	1436420	1560972
EFTA	278443	280496	349944	321419	311123
Oceania	x36197	x37448	x36292	x42508	x45018
USA/Etats–Unis d'Amer	x238096	517879	523455	575659	667496
Germany/Allemagne	194274	237269	331308	435798	492158
France, Monac	215792	232609	297887	287666	300316
United Kingdom	208898	234416	249196	194285	202235
Canada	113191	144497	142364	157566	186658
Netherlands/Pays-Bas	118287	115012	156327	163418	164224
Belgium–Luxembourg	101025	109441	138366	149319	161179
Switz.Liecht	98335	105542	127523	120706	111806
Austria/Autriche	59716	64204	91945	88503	94361
Japan/Japon	51446	67135	74188	90916	104215
Former USSR/Anc. URSS	x61304	x95610	x26568	x77188	
Hong Kong	38053	49051	56825	55582	61819
Italy/Italie	33925	38564	56509	57399	64036
Norway,SVD,JM	55217	39443	46227	46982	48017
Sweden/Suède	37754	39510	48552	39284	36949
Saudi Arabia	x28939	x34807	x37647	x52893	x56301
Spain/Espagne	16266	24369	39885	53615	64139
Mexico/Mexique	3208	14246	19845	58880	100818
Ireland/Irlande	21149	25335	34569	28788	30531
Denmark/Danemark	29075	25299	30065	30322	31239
Finland/Finlande	21623	28139	31356	20529	15621
Singapore/Singapour	16033	18862	26072	29938	38861
Australia/Australie	18195	24741	21516	25652	28784
Libyan Arab Jamahiriya	20003	23005	23896	x15664	
Portugal	7119	11551	18260	24370	33393
United Arab Emirates	x23203	x13422	x18474	x17833	x30530
Kuwait/ Koweït	x6616	15538	x7578	x22578	x18148
Yugoslavia SFR	7008	8625	14360	x10230	
Greece/Grèce	3876	4919	9481	11441	x17522
Reunion/Réunion	5989	6003	8818	8123	11532
Guadeloupe	4681	5037	10307	7426	6327
China/Chine	7793	6630	7473	8222	19774
New Zealand	10030	6735	6876	7746	6070
Martinique	5346	4694	5026	6465	5191
Poland/Pologne	x1442	x2388	x605	x12917	x15796
Hungary/Hongrie	x1438	x2603	x5234	7567	x15153
Czechoslovakia	x3887	2635	3054	x8562	x17548
Iceland/Islande	5799	3659	4340	5416	4369
Angola	x1515	x2048	x8194	x2922	x4369
Andorra/Andorre	x1866	x2123	x7923	x2877	x2707
French Guiana	3604	3277	4043	4810	4764
Iraq	x4329	x7799	x2760	x840	x36
Israel/Israël	3277	3149	3425	4153	4563
Bahamas	x262	x3354	x2832	x4081	x2014
Thailand/Thaïlande	2341	4346	2221	3688	4401
Bahrain/Bahreïn	x2125	x2887	x3231	x4074	x5728
Malaysia/Malaisie	1656	2973	2852	4242	x5442
Korea Republic	1409	3575	2858	2799	2618
So. Africa Customs Un	3342	2448	3225	x3501	x4470
Oman	1951	2369	4005	2667	x3454

EXPORTS – EXPORTATIONS

COUNTRIES–PAYS	1988	1989	1990	1991	1992
Totale	1866265	2156436	2654640	2706248	2935227
Afrique	x2715	x2347	x5623	x3971	x2902
Afrique du Nord	2139	1323	1758	1152	1294
Amériques	x294803	x438883	x519945	566259	682428
ALAI	10176	18775	17790	26676	38786
MCAC	x3	x2917	x3136	x1574	x2857
Asie	111435	129917	137366	180773	x207508
Moyen–Orient	x2646	4715	x2723	x5389	x7065
Europe	1380339	1516062	1940124	1893052	1966579
CEE	1153133	1280791	1629337	1594748	1658490
AELE	220666	228117	291825	293150	294661
Océanie	x11807	12719	x11035	9923	12059
Germany/Allemagne	325238	365236	451396	426629	439993
Italy/Italie	307314	335028	398632	370345	357630
USA/Etats–Unis d'Amer	x125785	275157	343371	398076	460181
France, Monac	153530	173451	238522	238029	265920
Netherlands/Pays-Bas	119362	129204	164430	160935	176080
United Kingdom	106464	118936	154009	172478	180167
Canada	158205	141192	154009	154553	138636	178818
Sweden/Suède	85846	83533	101947	103137	112153
Switz.Liecht	69692	72900	98020	95960	86079
Spain/Espagne	34039	44373	67008	60951	67216
Belgium–Luxembourg	40762	41743	57733	62861	69848
Denmark/Danemark	43090	44308	51462	56194	57220
Austria/Autriche	35691	37381	50266	55960	61182
Japan/Japon	40167	43210	44120	52933	49106
Ireland/Irlande	16914	20573	28193	25248	18328
Hong Kong	15385	19966	20350	24082	29446
Norway,SVD,JM	12933	17076	21789	21101	20487
Finland/Finlande	16495	17226	19802	16992	14753
Malaysia/Malaisie	9151	12724	17822	22856	x27395
Mexico/Mexique	9939	14188	13749	22913	31123
Thailand/Thaïlande	7419	12731	13152	22584	x25924
Portugal	5886	7459	17257	20062	23721
Singapore/Singapour	6692	12195	12314	16495	19502
Korea Republic	19535	13550	11553	12585	9188
China/Chine	6926	8376	10279	15453	28835
Hungary/Hongrie	x6125	x9846	x8444	x10697	x10818
Czechoslovakia	x6488	x5450	x8324	x14559	x34821
Romania/Roumanie	x12799	x13665	8	9021	x5792
Former GDR	x28285	x16226	x5058		
Former USSR/Anc. URSS	x8108	x6376	x5883	x7452	
Yugoslavia SFR	5618	5918	9235	x2731	
Australia/Australie	6595	6401	5429	4566	5828
Poland/Pologne	x1902	x2608	x4107	x9395	x11630
New Zealand	5202	6059	5116	4369	5093
Malta/Malte	x900	x1227	9715	x2393	x8363
Bulgaria/Bulgarie	x1458	x2339	x8724	x1147	x691
Costa Rica		x2673	x2966	x1138	x2233
Philippines	354	x1103	1923	3040	5954
Turkey/Turquie	x1791	1247	1429	2639	3615
India/Inde	2392	x765	1738	2710	x1362
Brazil/Brésil	x178	1704	1461	1505	4542
Zimbabwe	x6	x63	2049	1663	x185
Argentina/Argentine	x22	1263	1184	1101	1260
Indonesia/Indonésie	123	223	1039	2069	3200
Venezuela	x3	x1240	1048	558	284
Morocco/Maroc	1637	806	1304	712	562
Kuwait/ Koweït	x7	2553	x8	0	x106
So. Africa Customs Un	x344	x710	x820	x861	x1228
Greece/Grèce	535	478	694	1017	x2356
Cyprus/Chypre	181	314	518	1159	1861

(VALUE AS % OF TOTAL)(VALEUR EN % DU TOTAL)

	1983	1984	1985	1986	1987	1988	1989	1990	1991	1992
Africa	x6.7	x5.3	x7.1	x3.3	x3.1	x3.0	x2.3	x2.7	x1.9	x1.8
Northern Africa	x4.9	x3.6	5.2	x1.0	1.4	1.3	1.1	1.1	x0.7	x0.6
Americas	x9.0	x11.1	x11.7	x18.4	x14.3	x18.9	x28.4	x25.5	x26.8	x29.4
LAIA	x0.4	x0.2	x0.4	x0.1	x0.3	x0.2	0.7	0.8	2.0	3.3
CACM	x0.1	x0.0	x0.1	x0.0	x0.0	x0.1	x0.1	x0.1	x0.1	x0.2
Asia	x31.1	x24.5	x19.1	x11.7	x9.2	x10.3	x10.0	x9.4	x10.3	x11.3
Middle East	x25.4	x18.5	x12.5	x6.9	x3.6	x3.8	x3.3	x2.9	x3.6	x3.8
Europe	51.6	56.7	59.7	64.1	61.0	62.1	53.4	59.9	56.3	54.7
EEC	38.8	41.7	43.8	46.3	44.0	47.6	41.9	47.0	45.6	45.3
EFTA	12.5	14.7	15.5	17.5	16.5	14.0	11.1	12.1	10.2	9.0
Oceania	x1.6	x2.5	x2.4	x2.4	x1.7	x1.8	x1.4	x1.3	x1.4	x1.3
USA/Etats–Unis d'Amer				x8.2	x6.1	x11.9	20.5	18.1	18.3	19.4
Germany/Allemagne	7.9	8.6	8.9	9.8	9.5	9.7	9.4	11.4	13.8	14.3
France, Monac	8.8	8.4	8.8	10.1	9.7	10.8	9.2	10.3	9.1	8.7
United Kingdom	8.3	9.6	10.5	9.8	8.9	10.5	9.3	8.6	6.2	5.9
Canada	6.5	8.8	9.5	8.4	6.7	5.5	5.7	4.9	5.0	5.4
Netherlands/Pays-Bas	5.1	5.3	5.8	6.3	6.1	5.9	4.5	5.4	5.2	4.8
Belgium–Luxembourg	4.5	4.8	4.8	5.3	4.8	5.1	4.3	4.8	4.7	4.7
Switz.Liecht	4.2	4.8	4.9	5.7	5.4	4.9	4.2	4.4	3.8	3.2
Austria/Autriche	3.4	3.8	3.5	4.0	4.0	3.0	2.5	3.2	2.8	2.7
Japan/Japon	0.5	0.4	0.5	0.9	1.6	2.6	2.7	2.6	2.9	3.0

	1983	1984	1985	1986	1987	1988	1989	1990	1991	1992
Afrique	0.3	0.1	0.2	x0.2	x0.1	x0.1	x0.1	x0.2	x0.1	x0.1
Afrique du Nord	0.2	0.1	0.1	0.1	0.1	0.1	0.1	0.1	0.0	0.0
Amériques	x14.4	x18.4	x10.2	x6.5	x6.4	x15.8	x20.3	x19.6	20.9	23.3
ALAI	x0.6	0.9	x0.2	x0.1	0.1	0.5	0.9	0.7	1.0	1.3
MCAC				x0.0	x0.0	x0.0	x0.1	x0.1	x0.1	x0.1
Asie	x10.2	x9.2	x10.4	x6.6	6.0	6.0	6.0	5.2	6.7	x7.1
Moyen–Orient	x1.4	x0.6	x0.6	x0.3	x0.2	x0.1	x0.2	x0.1	x0.2	x0.2
Europe	74.6	71.9	88.5	86.1	83.0	74.0	70.3	73.1	70.0	67.0
CEE	60.9	59.8	73.6	71.0	68.2	61.8	59.4	61.4	58.9	56.5
AELE	11.4	11.6	14.3	14.8	14.6	11.8	10.8	11.0	10.8	10.0
Océanie	0.5	0.5	0.7	x0.5	x0.6	0.6	0.6	x0.4	0.3	0.4
Germany/Allemagne	19.2	19.2	23.8	24.7	23.5	17.4	16.9	17.0	15.8	15.0
Italy/Italie	18.1	17.5	21.3	19.7	18.8	16.5	15.5	15.0	13.7	12.2
USA/Etats–Unis d'Amer	x13.7	x17.5		x6.0	x5.8	x6.7	12.8	12.9	14.7	15.7
France, Monac	6.2	6.9	8.6	7.8	7.6	8.2	8.0	9.0	8.8	9.1
Netherlands/Pays-Bas	6.4	5.5	6.9	7.1	7.4	6.4	6.0	6.2	5.9	6.0
United Kingdom	5.4	4.7	5.8	4.7	3.8	5.7	5.5	5.8	6.4	6.1
Canada				x0.3	x0.4	8.5	6.5	5.8	5.1	6.1
Sweden/Suède	3.7	4.2	5.2	5.5	5.1	4.6	3.9	3.8	3.8	3.8
Switz.Liecht	3.4	3.3	4.4	4.5	4.3	3.7	3.4	3.7	3.5	2.9
Spain/Espagne	1.8	1.7	2.1	1.6	1.4	1.7	1.8	2.1	2.5	2.3

82192 WOOD FURNITURE NES

MEUBLES NDA EN BOIS 82192

TRADE BY COMMODITY IN THOUSAND U.S. DOLLARS – COMMERCE PAR PRODUIT EN MILLIERS DE DOLLARS E.U

COUNTRIES–PAYS	IMPORTS – IMPORTATIONS					COUNTRIES–PAYS	EXPORTS – EXPORTATIONS				
	1988	1989	1990	1991	1992		1988	1989	1990	1991	1992
Total	x8533109	9631143	10935402	12069442	12388729	Totale	x8895703	9183161	10703897	10767387	11809250
Africa	x118985	x111682	x144672	x144399	x141786	Afrique	x46356	x53457	x99735	x92448	x81136
Northern Africa	50491	40655	47351	x52399	x56455	Afrique du Nord	17931	24250	62564	45917	29920
Americas	x1341461	x2004102	x2022539	x1992764	x2152046	Amériques	x448657	x541370	x686851	805143	x1000340
LAIA	13136	32090	41528	64202	112837	ALAI	36163	51655	54164	70698	117225
CACM	x1156	x1716	x3056	x3807	x4075	MCAC	x265	x7173	x7812	x8203	x10410
Asia	x934049	x980699	x1051062	x1120897	x1348605	Asie	538831	579310	648495	754851	x1010705
Middle East	x424563	x373382	x332365	x375966	x510026	Moyen-Orient	x18990	x30082	x20585	x21756	x27496
Europe	5542307	5910715	7439899	7804180	8474917	Europe	6526344	6835590	8429368	8475684	9027824
EEC	4222502	4531352	5722864	6082972	6726428	CEE	5666574	6010245	7397309	7518284	7985135
EFTA	1302294	1357872	1681982	1672136	1692785	AELE	653395	612354	783363	826330	909272
Oceania	x73884	x92997	x97373	x89045	x100143	Océanie	x23902	24279	x24051	x26401	x28680
Germany/Allemagne	1205871	1309854	1735956	2117105	2509885	Italy/Italie	1790645	1958202	2361672	2320011	2423735
USA/Etats-Unis d'Amer	x1071736	1652186	1634940	1546238	1637473	Germany/Allemagne	1533154	1583766	1894687	1942831	1884187
France,Monac	956602	1000890	1236018	1185655	1164086	Denmark/Danemark	653230	668467	892020	971020	1124377
United Kingdom	809778	843298	924566	811357	811491	Belgium-Luxembourg	467825	487301	592148	602381	643142
Netherlands/Pays-Bas	582676	605011	764257	792902	891115	France,Monac	402383	432480	543348	539746	635843
Switz.Liecht	557706	576039	696899	659261	645063	United Kingdom	333003	353233	433551	441819	501397
Belgium-Luxembourg	371743	421956	560748	614041	684959	Sweden/Suède	372432	320897	365882	374345	402498
Former USSR/Anc. URSS	x452294	x455094	x130242	x814814		USA/Etats-Unis d'Amer	x141811	220143	341381	441134	534153
Austria/Autriche	309711	333920	422360	452594	488816	Romania/Roumanie	x460432	500032	348520	136618	x225010
Japan/Japon	263760	310392	353203	368701	375825	Netherlands/Pays-Bas	234297	255130	338200	350843	373099
Canada	195993	236710	254463	294927	308001	Canada	266395	256905	277930	278752	331287
Sweden/Suède	153208	187507	258283	279890	276857	Spain/Espagne	177570	186945	223202	211040	234123
Norway,SVD,JM	231605	189328	220863	215434	231370	Yugoslavia SFR	205431	212054	247886	x130266	
Saudi Arabia	x187444	x187023	x179934	x223097	x274847	Austria/Autriche	128790	143049	215170	229284	277613
Hong Kong	127515	152979	196462	202188	238948	Poland/Pologne	x100611	x89507	x112932	x224240	x273254
Italy/Italie	109428	132193	184465	214823	250648	Former GDR	x508843	x314417	x91191		
Spain/Espagne	55308	74560	110479	116673	155725	Hong Kong	86780	97888	101879	106392	136679
Australia/Australie	52056	72808	69623	63549	70434	Thailand/Thaïlande	85830	76919	101079	124271	x182689
Ireland/Irlande	41582	49743	69658	73207	74275	Switz.Liecht	67960	70379	100563	121501	129101
Finland/Finlande	36856	60243	73544	52339	39440	Former USSR/Anc. URSS	x39415	x61081	x80918	x135356	
						Korea Republic	100619	98768	92563	76245	60726
United Arab Emirates	x114392	x68105	x55756	x54457	x94916	China/Chine	66655	72884	80668	97895	207589
Denmark/Danemark	61074	52043	62429	57402	59214	Singapore/Singapour	76881	81584	79549	79522	88390
Singapore/Singapour	40015	46603	55605	67474	76968	Malaysia/Malaisie	16726	40332	69482	124781	x117361
Libyan Arab Jamahiriya	46932	36531	36199	x45848	x43270	Czechoslovakia	x96763	x84246	73197	70638	x90434
Mexico/Mexique	9946	28664	39787	55963	89179	Finland/Finlande	64905	57762	69946	84009	68792
Greece/Grèce	10231	21244	34501	49565	x57259	Portugal	37724	45525	75835	x11698	97588
Portugal	18207	20559	30262	50243	67770	Bulgaria/Bulgarie	x75821	x67427	45660	51337	x13130
Israel/Israël	21054	22012	39295	18314	45906	Ireland/Irlande	35392	37301			62776
China/Chine	29057	33117	35995		20650	Indonesia/Indonésie	32879	21255	36751	64539	117333
Reunion/Réunion	21569	23235	28995	27922	26246						
						Hungary/Hongrie	x29667	x32411	x34978	x51969	x58673
Kuwait/Koweït	x41405	33888	x19743	x22459	x61375	Egypt/Egypte	16065	19783	58096	40036	22543
Czechoslovakia	x17270	23163	23579	x27005	x50320	So. Africa Customs Un	x24543	x25688	x30681	x39460	x44301
Oman	23714	22660	21940	21665	x9699	Norway,SVD,JM	18841	20026	28509	30509	31253
Hungary/Hongrie	x19718	x18305	x15558	30608	x58773	Japan/Japon	22422	21847	27372	29582	33133
Poland/Pologne	x16231	x21238	x1840	x41096	x53086	Philippines	14757	x17998	24275	23200	25105
Guadeloupe	14693	16307	24678	22752	22364	Mexico/Mexique	22838	18891	17441	28112	74555
Korea Republic	11527	20254	21672	21424	28468	Brazil/Brésil	x2412	14016	15201	16993	17667
Martinique	17380	15916	18549	19568	21533	New Zealand	16769	17411	15381	7917	x8541
Yugoslavia SFR	851	4905	13413	x26039		United Arab Emirates	x9024	x8941	x9629		
Qatar	x17662	x15124	x13399	13469	x15428						
						Chile/Chili	5788	6783	7433	11474	x14367
Andorra/Andorre	x7078	x9046	x12999	x14549	x16228	Australia/Australie	6967	6601	8503	8792	9961
Iceland/Islande	13207	10836	10033	12618	11239	Israel/Israël	11707	9995	8571	4082	2324
Bahrain/Bahreïn	x10211	x10737	x10328	x8512	x13086	Turkey/Turquie	x3957	7213	6346	6344	12130
Iraq	x9843	x17658	x8285	x2324	x54	Honduras	x22	x4485	x4316	x5924	x8493
New Zealand	10532	9398	11333	6529	5998	Venezuela	1214	5672	6278	968	623
Lebanon/Liban	x5161	x4863	x5840	x16273	x15579	Tunisia/Tunisie	1451	3298	4017	5490	6742
Bermuda/Bermudes	x1623	x7198	x9124	x8768	x9041	Colombia/Colombie	3028	3274	3195	3083	3110
Cameroon/Cameroun	x5389	x4531	x3684	15567	x2635	Greece/Grèce	1351	1895	2872	3245	x4867
Bahamas	x1317	x7531	x7320	x5378	x5672	Argentina/Argentine	x481	2325	3131	2401	2975
French Guiana	5257	4832	6709	6520	7534						

(VALUE AS % OF TOTAL)(VALEUR EN % DU TOTAL)

	1983	1984	1985	1986	1987	1988	1989	1990	1991	1992		1983	1984	1985	1986	1987	1988	1989	1990	1991	1992
											Afrique	0.3	0.4	0.3	x0.3	x0.4	x0.5	x0.6	x0.9	x0.9	x0.7
Africa	x2.0	x2.3	x1.6	x1.6	x1.5	x1.4	x1.1	x1.4	x1.2	x1.2	Afrique du Nord	0.1	0.1	0.0	0.1	0.1	0.2	0.3	0.6	0.4	0.3
Northern Africa	x1.2	x1.5	0.7	0.5	0.5	0.6	0.4	0.4	x0.4	0.5											
Americas	4.6	5.1	4.8	17.6	14.6	15.8	20.8	18.5	16.6	17.4	Amériques	x7.1	x6.9	x0.9	2.2	1.7	x5.1	x5.9	x6.4	7.5	x8.4
LAIA	0.2	0.1	0.1	0.1	0.0	0.2	0.3	0.4	0.5	0.9	ALAI	x0.4	x0.6	x0.8	x0.4	0.4	0.4	0.6	0.5	0.7	1.0
CACM	x0.1	x0.1	x0.1	x0.1	x0.1	x0.1	x0.1	x0.1	x0.1	x0.1	MCAC	x0.1	x0.1	x0.1	x0.1	x0.1	x0.1	x0.1	x0.1	x0.1	x0.1
Asia	x27.0	x24.9	x21.7	x13.9	x11.8	x10.9	x10.2	x9.6	x9.3	x10.9	Asie	x5.8	x6.3	x6.4	x5.4	5.2	6.1	6.3	6.0	7.0	x8.6
Middle East	x20.6	x17.6	x14.1	x8.2	x5.4	x5.0	x3.9	x3.0	x3.1	x4.1	Moyen-Orient	x0.8	x0.9	x0.7	x0.3	x0.2	x0.3	x0.3	x0.2	x0.2	x0.2
Europe	65.5	66.5	70.6	66.0	65.3	65.0	61.4	68.0	64.7	68.4	Europe	86.5	86.1	92.0	91.6	76.1	73.4	74.4	78.8	78.7	76.4
EEC	51.0	51.0	53.6	49.7	48.9	49.5	47.0	52.3	50.4	54.3	CEE	74.4	73.1	78.7	79.2	65.7	63.7	65.4	69.1	69.8	67.6
EFTA	14.3	15.3	16.7	16.0	16.2	15.3	14.1	15.4	13.9	13.7	AELE	8.2	8.3	9.0	9.3	7.9	7.3	6.7	7.3	7.7	7.7
Oceania	x0.9	x1.2	x1.4	x0.9	x0.8	x0.8	x1.0	x0.9	x0.8	x0.8	Océanie	x0.2	x0.4	x0.4	x0.4	x0.3	x0.3	x0.3	x0.2	x0.2	x0.2
Germany/Allemagne	14.9	14.9	14.9	13.5	14.0	14.1	13.6	15.9	17.5	20.3	Italy/Italie	24.1	23.3	25.1	25.1	20.7	20.1	21.3	22.1	21.5	20.5
USA/Etats-Unis d'Amer			x13.8	x11.3	x12.6	x17.2	15.0	12.8	13.2	13.2	Germany/Allemagne	19.7	18.6	19.5	21.5	17.6	17.2	17.2	17.7	18.0	16.0
France,Monac	13.3	12.4	12.7	12.1	11.4	11.2	10.4	11.3	9.8	9.4	Denmark/Danemark	8.2	9.4	10.2	9.6	7.7	7.3	7.3	8.3	9.0	9.5
United Kingdom	9.2	10.4	11.3	9.9	8.8	9.5	8.5	8.5	6.7	6.6	Belgium-Luxembourg	7.2	6.7	6.6	6.6	5.6	5.3	5.3	5.5	5.6	5.4
Netherlands/Pays-Bas	6.8	6.5	7.1	6.6	6.9	6.8	6.3	7.0	6.6	7.2	France,Monac	4.4	4.7	5.1	4.9	4.1	4.5	4.7	5.1	5.0	5.4
Switz.Liecht	5.3	5.7	6.2	6.1	6.5	6.5	6.0	6.4	5.5	5.2	United Kingdom	5.6	5.6	7.0	5.7	4.8	3.7	3.8	4.1	4.1	4.2
Belgium-Luxembourg	4.1	3.9	4.2	4.2	4.2	4.4	4.4	5.1	5.1	5.5	Sweden/Suède	4.6	5.0	5.8	4.5	4.3	3.5	3.4	3.5	3.4	3.4
			x5.2	x5.3	x4.7	x1.2	x6.8				USA/Etats-Unis d'Amer	x6.5	x6.1		x1.7	x1.4	x1.6	2.4	3.2	4.1	4.5
Former USSR/Anc. URSS											Romania/Roumanie					x5.4	x5.2	5.4	3.3	1.3	x1.9
Austria/Autriche	4.1	4.2	4.2	3.9	4.0	3.6	3.5	3.9	3.7	3.9	Netherlands/Pays-Bas	2.4	2.3	2.6	3.0	2.7	2.6	2.8	3.2	3.3	3.2
Japan/Japon	2.8	3.4	3.5	3.3	3.8	3.1	3.2	3.2	3.1	3.0											

83101 HANDBAGS NES / SACS A MAIN 83101

TRADE BY COMMODITY IN THOUSAND U.S. DOLLARS – COMMERCE PAR PRODUIT EN MILLIERS DE DOLLARS E.U

IMPORTS – IMPORTATIONS

COUNTRIES–PAYS	1988	1989	1990	1991	1992
Total	3124278	3230535	3575477	3835835	3901946
Africa	x15840	x15945	x17945	x25056	x22684
Northern Africa	x719	x524	x391	x411	x605
Americas	x1105503	x980293	x999706	x1071384	x1090028
LAIA	x5370	10294	15346	21278	32445
CACM	x262	x251	x1019	x615	x1402
Asia	1062560	1299106	1515699	1693229	1700550
Middle East	x38605	x36442	x37009	x43504	x37151
Europe	743761	783687	968153	954005	1017301
EEC	601000	641439	780474	781358	836452
EFTA	139535	138494	174905	166813	175944
Oceania	x55002	x64231	x63942	x62656	x59754
USA/Etats–Unis d'Amer	1040700	903739	912524	973604	974517
Hong Kong	680213	768373	874592	1025317	959223
Japan/Japon	267863	402592	495443	533968	584117
Germany/Allemagne	210755	221285	289768	297650	278632
France, Monac	114636	133981	162126	163306	156079
United Kingdom	136100	140661	140967	138835	146171
Singapore/Singapour	63471	75493	88781	74261	94261
Switz.Liecht	58755	58343	76324	71311	94261
Canada	51078	54415	55729	76011	84562
Belgium–Luxembourg	39424	36750	48460	57227	59377
					54809
Austria/Autriche	34994	34932	44464	43201	45937
Netherlands/Pays–Bas	32967	33744	43563	43441	45930
Australia/Australie	28903	37851	39623	42226	39628
Former USSR/Anc. URSS	x129234	x77276	x3967	x20809	
Italy/Italie	23506	24290	28933	35995	65292
Spain/Espagne	12814	17014	23864	33391	47201
Sweden/Suède	23616	22034	24647	21132	21701
Saudi Arabia	x16577	x17333	x19831	x25919	x18722
Norway, SVD, JM	14747	14741	18767	18426	17239
Guam	x19571	x18914	x16420	x13758	x12571
Denmark/Danemark	15941	14373	17007	16638	16521
Greece/Grèce	6808	10721	14130	15104	x7332
Mexico/Mexique	3601	7967	8527	11148	14929
United Arab Emirates	x14430	x8484	x8188	x9141	x8423
Finland/Finlande	6170	7521	9736	6924	5442
So. Africa Customs Un	7288	4935	4600	x11769	x9104
Ireland/Irlande	5858	5913	6435	8226	7172
Panama	604	941	x7733	x11521	15479
New Zealand	4573	4937	5275	4717	5357
Portugal	2191	2709	5220	6767	11313
Yugoslavia SFR	537	1201	9843	x3046	
Malaysia/Malaisie	2064	2886	4544	4443	x5747
Korea Republic	1923	2693	4363	4470	5091
Nigeria/Nigéria	x778	x1536	x4726	x5206	x5212
Kuwait/Koweït	x4129	6682	x3866	x881	x3674
Czechoslovakia	x4378	4966	3460	x2112	x3811
Israel/Israël	3304	3396	2904	3040	3813
Andorra/Andorre	x2068	x2044	x2480	x2233	
Ghana	x2163	x2750	x2050	x1614	x2418
Philippines	1569	x2099	1982	2055	x1500
					2221
Brazil/Brésil	x269	1280	2388	2229	
Venezuela	354	350	2568	2771	1056
Hungary/Hongrie	x2376	x1788	x1105	2615	5955
Thailand/Thailande	408	1588	2215	1630	x4233
Poland/Pologne	x788	x447	x672	x3339	2159
Netherlands Antilles	x1990	x3885			x2879
Bahamas	727	x988	x1245	x1294	x1080
Reunion/Réunion	850	916	1250	1022	1318
Lebanon/Liban	x461	x635	x945	x1606	x1783
Guadeloupe	835	899	1124	994	948

EXPORTS – EXPORTATIONS

COUNTRIES–PAYS	1988	1989	1990	1991	1992
Totale	2412933	2724661	3111960	3233846	3222835
Afrique	x11336	x11860	x13433	x15916	x20367
Afrique du Nord	7935	9154	x11231	x13427	x14702
Amériques	x63298	x65107	x72955	x85070	x99364
ALAI	x39028	x31398	34868	43476	45793
MCAC	x672	x879	x2617	x1830	x3422
Asie	1344663	1531858	1690431	2017619	1891678
Moyen–Orient	x4307	x17814	18686	x16075	x17404
Europe	953110	1089220	1310729	1097230	1191438
CEE	930940	1069703	1285340	1056035	1143038
AELE	17678	16015	23255	39386	46146
Océanie	x1482	x1842	x2997	x2035	x1616
Hong Kong	782687	921842	1046685	1348829	1143225
Italy/Italie	621625	690368	799321	665144	695210
Korea Republic	272564	293454	306207	292107	228960
France, Monac	165170	223251	293299	204184	270018
China/Chine	124573	140417	99139	138321	217904
India/Inde	84056	x86117	128671	95912	x97799
Germany/Allemagne	61066	66470	80008	82818	98582
Thailand/Thailande	38315	45628	55838	77130	x70065
Spain/Espagne	30319	35840	39244	30876	33856
USA/Etats–Unis d'Amer	18443	27408	28797	33076	40622
Netherlands/Pays–Bas	14123	14474	23051	27127	40422
Colombia/Colombie	12780	16502	17216	28951	28350
United Kingdom	16674	15784	21697	20756	24512
Switz.Liecht	7212	7881	13295	32314	39999
Belgium–Luxembourg	11241	13990	17541	13437	21088
Turkey/Turquie	154	12052	14539	11602	13564
Singapore/Singapour	4012	6058	7365	11809	16468
Indonesia/Indonésie	1104	2372	4553	15652	22215
Philippines	9457	x5986	9038	6010	4952
Morocco/Maroc	3990	5438	6403	6893	8191
Czechoslovakia	x8929	x8075	x6489	x3513	x3655
Brazil/Brésil	x16066	5145	4315	3469	10146
Hungary/Hongrie	x2056	x4145	x4253	x4525	x6207
Malaysia/Malaisie	1195	2074	4387	6373	x10226
Uruguay	x4778	x4870	x4781	x2853	80
Macau/Macao	16576	4500	5083	2647	1816
Poland/Pologne	x7603	x4066	x3273	x4831	x4365
Mexico/Mexique	3535	3526	4630	3774	3362
Japan/Japon	4362	4029	3168	4254	4838
Canada	1357	3525	3410	4284	4085
Austria/Autriche	2560	2535	3804	2594	2903
Tunisia/Tunisie	2879	2654	2960	3294	2994
Ireland/Irlande	3430	2362	3116	3421	2494
Denmark/Danemark	3494	2689	2746	3338	4097
Sweden/Suède	5030	2741	3009	2513	1773
Portugal	1676	2263	2375	2892	2789
Yugoslavia SFR	4489	3465	2114	x1782	
Greece/Grèce	2120	2212	2943	2043	x2084
Bulgaria/Bulgarie	x60	x1581	x3684	x1418	x3511
Finland/Finlande	2246	2181	2399	1533	1071
Egypt/Egypte	x1056	x1053	x1834	x3195	x3336
Lebanon/Liban	x2749	x3181	x1594	x1042	x1063
Romania/Roumanie	x15582	x2673	x1688	74	x635
Argentina/Argentine	x1315	375	997	2838	2014
Former GDR	x4732	x3295	x721		
Guatemala	537	855	x1309	x1757	x2129
Australia/Australie	1120	1094	1625	1183	1061
Former USSR/Anc. URSS	x17	x942	x1307	x1616	
Panama	17	4	x1625	x1645	x3822
So. Africa Customs Un	x1943	x1074	x984	x1080	x1402

(VALUE AS % OF TOTAL)(VALEUR EN % DU TOTAL)

	1983	1984	1985	1986	1987	1988	1989	1990	1991	1992
Africa	x1.0	x0.7	x0.5	x0.5	x0.5	x0.5	x0.5	x0.5	x0.6	x0.5
Northern Africa	x0.1	x0.0	x0.0	x0.0	x0.0	x0.0	x0.0	x0.0	x0.0	x0.0
Americas	x48.3	x51.5	x51.5	x44.3	x38.1	35.3	30.4	28.0	28.0	x27.9
LAIA	x0.2	x0.2	x0.2	x0.1	x0.2	x0.2	0.3	0.4	0.6	0.8
CACM	x0.0	x0.0	x0.0	x0.1	x0.0	x0.0	x0.0	x0.0	x0.0	x0.0
Asia	x18.6	21.1	x22.8	26.6	27.6	34.0	40.2	42.4	44.1	43.6
Middle East	x2.6	x3.9	x3.4	x3.4	x2.1	x1.2	x1.1	x1.0	x1.1	x1.0
Europe	x31.1	x25.9	x24.8	25.4	25.4	23.8	24.3	27.1	24.9	26.1
EEC	24.5	20.2	19.2	21.7	19.8	19.2	19.9	21.8	20.4	21.4
EFTA	x6.4	x5.6	x5.5	x6.1	x5.5	4.5	4.3	4.9	4.3	4.5
Oceania	x1.0	x0.6	x0.7	x0.7	x0.8	x1.8	x2.0	x1.8	x1.6	x1.6
USA/Etats–Unis d'Amer	x45.1	x48.5	48.5	41.6	35.8	33.3	28.0	25.5	25.4	25.0
Hong Kong	7.9	10.4	12.2	15.1	17.7	21.8	23.8	24.5	26.7	24.6
Japan/Japon	6.3	5.5	5.8	6.6	6.2	8.6	12.5	13.9	13.9	15.0
Germany/Allemagne	9.6	7.5	7.2	8.2	8.0	6.7	6.8	8.1	7.8	7.1
France, Monac	4.6	3.8	3.5	3.9	3.6	3.7	4.1	4.5	3.6	4.0
United Kingdom	5.5	5.0	4.9	5.3	4.2	4.4	4.4	3.9	3.6	3.7
Singapore/Singapour	1.3	1.2	1.1	1.2	1.4	2.0	2.3	2.5	1.9	2.4
Switz.Liecht	x3.0	x2.7	x2.6	x2.9	2.5	1.9	1.8	2.1	2.0	2.4
Canada	2.4	2.5	2.5	2.2	1.7	1.6	1.7	1.6	1.5	1.5
Belgium–Luxembourg	1.7	1.5	1.3	1.4	1.3	1.3	1.1	1.4	1.5	1.4

	1983	1984	1985	1986	1987	1988	1989	1990	1991	1992
Afrique	0.5	0.5	0.6	0.8	0.6	0.5	0.4	0.4	0.5	0.6
Afrique du Nord	0.5	0.4	0.4	0.4	0.4	0.3	0.3	0.4	0.4	0.5
Amériques	8.0	7.9	x8.7	7.4	3.9	2.6	2.4	2.3	x2.7	x3.1
ALAI	x6.4	x6.3	x7.5	x6.3	3.0	1.6	1.2	1.1	1.3	1.4
MCAC	x0.0	x0.0	x0.0	x0.0	x0.1	x0.0	x0.0	x0.1	x0.1	x0.1
Asie	43.4	45.1	44.5	x42.6	52.0	55.7	56.2	54.3	62.4	58.7
Moyen–Orient	x0.6	x0.4	x1.1	x0.9	x0.6	x0.2	x0.7	0.6	x0.5	x0.5
Europe	48.0	46.4	46.0	49.1	41.4	39.5	40.0	42.1	33.9	37.0
CEE	46.6	45.3	44.7	48.0	40.6	38.6	39.3	41.3	32.7	35.5
AELE	x1.3	x1.1	x1.1	x1.0	x0.8	0.7	0.6	0.7	1.2	1.4
Océanie	x0.1	x0.2	x0.2	x0.1	x0.1	x0.0	x0.0	x0.1	x0.0	x0.0
Hong Kong	25.9	28.6	27.0	27.3	29.4	32.4	33.8	33.6	41.7	35.5
Italy/Italie	35.1	34.1	32.7	35.8	29.2	25.8	25.3	25.7	20.6	21.6
Korea Republic	13.3	12.3	12.7	11.3	11.2	11.3	10.8	9.8	9.0	7.1
France, Monac	4.5	4.6	5.1	5.2	5.1	6.8	8.2	9.4	6.3	6.8
China/Chine					4.3	5.2	5.2	3.2	4.3	8.4
India/Inde	1.6	1.8	1.5	1.9	4.0	3.5	x3.2	4.1	3.0	x3.0
Germany/Allemagne	3.3	3.0	3.0	3.3	2.9	2.5	2.2	2.6	2.6	3.1
Thailand/Thailande	0.0	0.0	0.0	0.1	1.2	1.6	1.7	1.8	2.4	x2.2
Spain/Espagne	1.1	1.4	1.7	1.5	1.3	1.3	1.3	1.3	1.0	1.1
USA/Etats–Unis d'Amer	1.1	1.2	0.8	0.7	0.6	0.8	1.0	0.9	1.0	1.3

8422 — SUITS / COMPLETS HOMMES MAT TEXT 8422

TRADE BY COMMODITY IN THOUSAND U.S. DOLLARS – COMMERCE PAR PRODUIT EN MILLIERS DE DOLLARS E.U

COUNTRIES–PAYS	IMPORTS – IMPORTATIONS					COUNTRIES–PAYS	EXPORTS – EXPORTATIONS				
	1988	1989	1990	1991	1992		1988	1989	1990	1991	1992
Total	x1647030	1728996	1850192	1932889	1841902	Total	1462526	1515243	1626283	1835618	x1796613
Africa	x23321	x13426	x26846	x16652	x18911	Afrique	x26574	x35334	x48099	x68109	x62973
Northern Africa	x10556	x2598	x4561	x5775	x4753	Afrique du Nord	12285	19482	33963	53181	42076
Americas	x401237	x428677	392804	x389416	x457495	Amériques	x87794	x68652	x83374	x102589	x137557
LAIA	x7345	x5873	14176	18377	28179	ALAI	x8815	x17686	x20604	x17777	22663
CACM	x18221	x179	x435	x2372	x474	MCAC	x1107	x8095	x10974	x13375	x14639
Asia	x152321	x254434	x283316	x314988	x355211	Asie	402239	466942	433739	508218	434158
Middle East	x54429	x47496	x36188	x59699	x46423	Moyen-Orient	x2607	x14178	x13683	x21027	x12726
Europe	790236	842843	1088550	1035125	982694	Europe	829734	839121	997902	1017899	995639
EEC	651356	698205	901117	850482	813227	CEE	661430	694737	816765	804264	803507
EFTA	137673	143245	184178	177025	160944	AELE	117762	105886	127962	104251	101095
Oceania	x9651	x11659	x11966	x12221	x16805	Océanie	x313	2124	2255	18361	17730
USA/Etats-Unis d'Amer	302996	356099	313448	328354	388242	Germany/Allemagne	226786	244600	293481	285443	277856
Germany/Allemagne	145779	153735	207644	221284	201386	Italy/Italie	224902	220593	250043	248451	245067
United Kingdom	185564	187130	211798	183573	168423	China/Chine	119071	128315	124110	198109	154251
Japan/Japon	68920	167642	202908	198447	241633	Korea Republic	162096	201301	142386	106231	105403
Former USSR/Anc. URSS	x250857	x169506	x41639	x152760		Portugal	51115	66991	84718	82013	90305
Netherlands/Pays-Bas	91089	95267	129018	120946	107136	Belgium-Luxembourg	47313	51661	61349	52661	35971
France, Monac	69475	92262	114783	109359	108031	Yugoslavia SFR	49564	37768	34595	x89828	
Belgium-Luxembourg	80659	82655	99901	93899	76775	Hong Kong	36674	37237	39100	54769	65594
Switz.Liecht	48353	48866	61695	63174	59006	Switz.Liecht	36868	40766	48149	40599	44127
Italy/Italie	25732	30657	66173	41164	59726	Austria/Autriche	28252	31897	46941	41108	41984
Canada	38383	43255	46838	32520	28422	Morocco/Maroc	11116	18422	32962	50980	39506
Sweden/Suède	27764	33483	43254	44248	37944	France, Monac	29718	31424	36241	34122	40719
Austria/Autriche	29451	28300	38438	35742	32079	United Kingdom	32115	27808	34374	35528	32781
Hong Kong	21844	24979	25075	36551	44261	Indonesia/Indonésie	2789	10030	29694	43526	27151
Norway,SVD,JM	24576	24638	30367	24980	24470	Canada	8415	15162	23032	44131	62502
Spain/Espagne	13951	17430	21901	29436	38431	Czechoslovakia	x26514	x23114	x30383	x22810	x23719
Saudi Arabia	x22493	x19299	x13097	x29784	x13926	Netherlands/Pays-Bas	17274	20121	24725	27932	27446
Ireland/Irlande	18136	18493	21340	18918	13877	Finland/Finlande	x53678	x49818	262	13547	x26527
Denmark/Danemark	16002	12974	15530	16008	14656	Romania/Roumanie	x14273	x10558	x11032	x35312	x43888
Jamaica/Jamaïque	1753	15949	12782	48	x47	Poland/Pologne					
Australia/Australie	8213	9898	9584	9285	13004	Pakistan	22283	19628	17153	13755	16072
Singapore/Singapour	3893	6211	10489	10751	8600	Thailand/Thaïlande	28321	20313	14965	15174	x6696
Mexico/Mexique	1377	3211	10217	14005	20437	Dominican Republic	x15224	x19583	x15925	x13695	x18623
United Arab Emirates	x16404	x10399	x6943	x7639	x16108	Greece/Grèce	10585	14494	17158	17450	x30114
Greece/Grèce	2608	4379	8757	10682	x17945	Hungary/Hongrie	x966	x717	18576	x19538	x51275
Finland/Finlande	5173	6400	8710	6958	5924	Malta/Malte	11197	10138	10559	15791	x15860
Kuwait/Koweït	x6460	x6092	x6404	x5553	x3653	Spain/Espagne	53067	7855	11928	12826	19380
Korea Republic	602	5186	5968	5221	8179	USA/Etats-Unis d'Amer	x1107	x8082	x10969	x13350	9815
Portugal	2364	3224	4273	5212	6841	Costa Rica	x926	x6359	x12002	x13349	x14630
Lebanon/Liban	x1923	x2327	x4204	x5397	x5721	Korea Dem People's Rp					x22315
Nigeria/Nigéria	x1775	x2279	x3981	x4795	x5019	Bulgaria/Bulgarie	x10982	x12255	x10463	x1939	x3058
Hungary/Hongrie	x2235	x2185	x2134	5291	x1731	Malaysia/Malaisie	2222	6157	12311	5651	x3814
Libyan Arab Jamahiriya	x9227	x1393	x2958	x2795	x2155	India/Inde	9919	x2226	12202	8940	x718
Dominican Republic	x26781	x1832	x1537	x3119	x2552	So. Africa Customs Un	x8287	x6338	x7402	x8575	x12328
Iraq	x649	x2760	x1463	x1804	x10	Mauritius/Maurice	x5855	x9447	6407	6126	8212
Ethiopia/Ethiopie	26	35	5888	88	x118	Fiji/Fidji	x8	1826	1639	17574	15514
Qatar	x702	x560	x497	4951	x611	Singapore/Singapour	3488	6230	7857	6576	5847
Panama	x1550	x2647	x1089	x1656	x2133	Philippines	129	x6264	2316	11259	330
Brazil/Brésil	x50	1574	2052	1757	1040	Uruguay	x2283	x8834	x6489	x3687	4323
Poland/Pologne	x2057	x1434	x240	x3622	x2798	Sweden/Suède	8926	6443	6195	5642	4406
Iceland/Islande	2356	1558	1714	1923	1521	Syrian Arab Republic	x233	x7372	x5380	x4200	x2329
Angola	x3026	x1206	x3283	x555	x478	Former GDR	x10412	x6950	x8231		
Jordan/Jordanie	x3380	x2175	x976	x1617	x1850	Turkey/Turquie		4775	5861	4308	7310
Yugoslavia SFR	0	177	1812	x2690		Mexico/Mexique	48	1421	5431	8045	8138
Malta/Malte	x44	x51	270	x3676	x849	Brazil/Brésil	x3206	5409	5803	3614	5030
New Zealand	629	781	1619	1530	1667	Japan/Japon	8334	5512	3516	3179	3718
Egypt/Egypte	x1134	x913	x1431	x1100	x1912	Qatar	x7			10082	
Former GDR	x14012	x2958	x351			Ireland/Irlande	8094	5193	2345	2496	1678
Venezuela	x3569	x638	1331	1228	1959	Sri Lanka	1037	1708	1800	2729	3358
Czechoslovakia	x881	668	1258	x1202	x1501	Denmark/Danemark	2331	1714	1772	2376	2190

(VALUE AS % OF TOTAL)(VALEUR EN % DU TOTAL)

	1983	1984	1985	1986	1987	1988	1989	1990	1991	1992		1983	1984	1985	1986	1987	1988	1989	1990	1991	1992
Africa	x2.7	x2.2	x1.6	x1.7	x1.8	x1.4	x0.8	x1.5	x0.9	x1.0	Afrique	1.4	1.7	1.2	x2.6	1.7	1.9	2.3	3.0	3.7	x3.5
Northern Africa	x2.0	x1.2	x0.9	x1.0	x1.2	x0.6	x0.2	x0.2	x0.3	x0.3	Afrique du Nord	1.3	1.5	1.0	1.4	1.1	0.8	1.3	2.1	2.9	2.3
Americas	x24.5	x34.8	x34.2	x29.3	x19.5	x24.3	24.8	21.3	x20.2	x24.8	Amériques	x2.2	3.4	x5.9	x5.7	x5.3	6.0	x4.5	x5.1	x5.6	x7.6
LAIA	0.4	x0.5	x0.5	x0.4	x0.2	x0.4	x0.3	0.8	1.0	1.5	ALAI	x0.8	x0.5	x0.7	x0.2	x0.6	x1.2	x1.3	x1.0	1.3	
CACM	x1.1	x0.1	x0.3	x1.7	x0.9	x1.1	x0.0	x0.0	x0.1	x0.0	MCAC	x0.0	x0.0	x0.0	x0.0	x0.1	0.5	x0.7	x0.7	x0.8	
Asia	x12.1	x6.4	x11.0	x9.6	x6.2	x9.2	x14.7	x15.3	x16.3	x19.3	Asie	21.5	24.9	23.3	20.2	27.3	27.5	30.8	26.6	27.7	24.1
Middle East	x9.2	x3.1	x7.2	x5.6	x2.2	x3.3	x2.7	x2.0	x3.1	x2.5	Moyen-Orient	x1.3	x0.9	2.8	x1.0	1.2	x0.2	x0.9	x0.7	x1.1	x0.7
Europe	60.1	56.1	52.5	58.7	48.1	48.0	48.7	58.8	53.6	53.4	Europe	74.8	69.9	69.6	71.4	54.9	56.7	55.4	61.4	55.5	55.4
EEC	54.0	50.6	47.0	48.8	40.5	39.5	40.4	48.7	44.0	44.2	CEE	61.2	55.3	55.3	56.1	44.3	45.2	45.8	50.2	43.8	44.7
EFTA	6.0	5.4	5.4	x9.8	7.6	8.4	8.3	10.0	9.2	8.7	AELE	9.6	9.9	10.4	12.7	x8.9	8.1	7.0	7.9	5.7	5.6
Oceania	x0.5	x0.6	0.8	x0.7	x0.5	x0.5	x0.7	x0.6	x0.7	x0.9	Océanie	0.1	0.1				x0.0	0.1	0.1	1.0	1.0
USA/Etats-Unis d'Amer	21.2	30.2	29.5	22.6	15.0	18.4	20.6	16.9	17.0	21.1	Germany/Allemagne	15.7	14.9	14.0	16.6	13.8	15.5	16.1	18.0	15.6	15.5
Germany/Allemagne	10.6	13.4	12.5	12.0	12.3	8.9	8.9	11.2	11.4	10.9	Italy/Italie	28.7	22.3	22.2	21.1	15.4	15.4	14.6	15.4	13.5	13.6
United Kingdom	15.5	14.1	12.9	13.1	8.7	11.3	10.8	11.4	9.5	9.1	China/Chine					7.8	8.1	8.5	7.6	10.8	8.6
Japan/Japon	2.0	2.2	2.0	2.0	4.2	9.7	11.4	11.0	10.3	13.1	Korea Republic	11.0	12.7	11.1	8.4	6.7	11.1	13.3	8.8	5.8	5.9
Former USSR/Anc. URSS					x22.2	x15.2	x9.8	x2.3	x7.9		Portugal	3.0	3.1	3.8	3.9	3.2	3.5	4.4	5.2	4.5	5.0
Netherlands/Pays-Bas	8.4	6.9	6.0	6.5	5.6	5.5	5.5	7.0	6.3	5.8	Belgium-Luxembourg	0.9	1.1	1.2	2.4	2.5	3.2	3.4	3.8	2.9	2.0
France, Monac	8.6	6.4	5.9	5.9	4.3	4.2	5.3	6.2	5.7	5.9	Yugoslavia SFR	x4.0	x4.7	x3.8	x2.6	x1.7	3.2	2.5	2.1	x4.9	
Belgium-Luxembourg	6.0	4.9	4.5	4.5	3.9	4.9	4.8	5.4	4.9	4.2	Hong Kong	3.7	5.4	4.9	4.5	3.7	2.5	2.5	2.7	3.0	3.7
Switz.Liecht				x3.6	x2.9	2.9	2.9	3.3	3.3	3.2	Switz.Liecht	x1.6	x1.7	2.5	2.5	2.7	3.0	2.2	2.5		
Italy/Italie	1.8	1.9	2.3	2.4	2.9	1.6	1.8	3.6	2.1	3.2	Austria/Autriche	2.2	2.2	2.1	2.0	1.6	1.9	2.1	2.9	2.2	2.3

8423 — TROUSERS, BREECHES ETC

PANTALONS HOMMES MAT TEX 8423

TRADE BY COMMODITY IN THOUSAND U.S. DOLLARS — COMMERCE PAR PRODUIT EN MILLIERS DE DOLLARS E.U

COUNTRIES–PAYS	1988	1989	1990	1991	1992	COUNTRIES–PAYS	1988	1989	1990	1991	1992
	IMPORTS – IMPORTATIONS						EXPORTS – EXPORTATIONS				
Total	6421038	7540749	9300212	10456814	11268272	Totale	5093514	6231984	7859204	9098884	x10307187
Africa	x89521	x84666	x92536	x138225	x159908	Afrique	x331797	x373490	x591732	x699672	x821004
Northern Africa	x56359	x38751	x42409	x61690	x68365	Afrique du Nord	269065	304298	500879	569971	657723
Americas	x1727097	x2315701	x2593095	x2898646	x3374829	Amériques	x464952	x729963	x921567	x1286109	x1585730
LAIA	x12500	x44955	98119	135121	184773	ALAI	x40071	x60774	x73417	171472	104375
CACM	x13940	x39210	x53181	x93585	x126712	MCAC	x73554	x112445	x133383	x202633	x291158
Asia	x798327	x1014971	x1059132	x1273015	x1615865	Asie	2107152	2724754	3027332	3570429	4068712
Middle East	x204490	x175667	x166366	x199963	x235689	Moyen–Orient	x48472	x144541	x178477	x176034	x226426
Europe	3461661	3785298	5393564	5745892	5821706	Europe	2000142	2191812	3108751	3293133	3466435
EEC	2911319	3197359	4616453	4986582	5086780	CEE	1848435	2060895	2890733	2944946	3168906
EFTA	542319	575576	740418	732689	694890	AELE	112316	100659	123411	114993	100188
Oceania	x58900	x72612	x76864	x85103	x94113	Océanie	10534	25936	28672	x28795	x16446
USA/Etats–Unis d'Amer	1463680	1909435	2110839	2225755	2548613	Hong Kong	907705	1049970	1133127	1217571	1285858
Germany/Allemagne	1015568	1153374	1638416	1850332	1723393	Italy/Italie	465035	552661	699342	632141	634184
France, Monac	515173	581446	906433	883040	893925	Belgium–Luxembourg	318828	352068	558553	627676	757051
United Kingdom	447773	442291	532832	515462	557808	USA/Etats–Unis d'Amer	177156	330251	453190	580360	752975
Hong Kong	274273	410726	461840	548170	667077	China/Chine	329883	372426	378310	542925	1289456
Netherlands/Pays–Bas	358507	353765	493726	501416	478599	Germany/Allemagne	299014	314666	458125	473925	500383
Belgium–Luxembourg	276215	296195	491114	511504	555676	Portugal	235067	272599	382262	399512	410022
Japan/Japon	257194	361012	351538	434075	580965	Thailand/Thaïlande	159272	242497	309525	473422	x123042
Switz.Liecht	211431	220044	273177	285663	255303	Tunisia/Tunisie	168924	209951	341744	392608	463268
Italy/Italie	132078	156272	214576	317968	398726	Dominican Republic	x135756	x188605	x195686	x259910	x324530
Sweden/Suède	126441	136612	176861	163230	165553	United Kingdom	133187	148576	233424	260134	252758
Austria/Autriche	95961	109670	145070	144635	150499	France, Monac	155079	164536	220638	199530	217083
Canada	116695	124804	136479	128282	144636	Netherlands/Pays–Bas	108307	117193	160271	167758	171830
Spain/Espagne	26284	53891	121714	166916	230037	Korea Republic	182157	150546	129722	117423	95728
Dominican Republic	x42506	x85165	x82427	x129594	x169386	Morocco/Maroc	95387	88312	145172	158131	166323
Panama	x40888	x70865	x74037	x145758	x152359	Philippines	33983	x131417	72232	169543	53736
Former USSR/Anc. URSS	x101433	x129236	x26999	x118765		Macau/Macao	328	119681	134578	117916	103833
Denmark/Danemark	69411	71025	90291	96496	96624	Singapore/Singapour	102123	106088	120481	141471	113644
Norway, SVD, JM	67880	65836	85285	87409	81214	Indonesia/Indonésie	72738	100656	126813	134757	189227
United Arab Emirates	x99921	x69060	x70317	x63011	x89674	Turkey/Turquie		90123	115488	114152	122299
Poland/Pologne	x7779	x14901	x12310	x156399	x161807	Costa Rica	x53650	x69779	x79401	x100766	x144949
Saudi Arabia	x52804	x51128	x45711	x81942	x89183	Japan/Japon	64693	66622	81940	85010	71324
Mexico/Mexique	7349	32668	66243	79158	112463	Malaysia/Malaisie	39722	54045	67818	82085	x83955
Australia/Australie	41844	50984	54193	60876	67377	Yugoslavia SFR	29365	20196	28896	x149981	
Ireland/Irlande	45449	45180	57931	62839	66005	Pakistan	56265	56883	64565	77563	100884
Singapore/Singapour	40469	41902	54651	64723	67109	Bangladesh	x37441	x54365	x86899	37477	x117839
Finland/Finlande	35711	39910	56080	46462	37450	Mauritius/Maurice	x39452	x43365	52341	76668	73636
Costa Rica	6470	x28397	x33305	x56691	x66567	Czechoslovakia	x55004	x50204	x56696	x57487	x86955
Greece/Grèce	14756	26353	40885	37945	x29703	Sri Lanka	17471	17659	64201	78752	76416
Former GDR	x143163	x83772	x16139			Romania/Roumanie	x65117	x78589	x68887	4964	x64999
Portugal	10104	17567	28536	42662	56285	Spain/Espagne	41506	38916	47800	53368	73484
Tunisia/Tunisie	12592	13224	23736	26596	28972	Colombia/Colombie	x5854	x11497	x17926	109833	48755
Yugoslavia SFR	2002	4503	25306	x16680		Ireland/Irlande	40774	37632	53298	45161	47832
Venezuela	x3374	x3044	16550	25005	38064	Malta/Malte	x2659	x2422	52906	x75087	x69589
Kuwait/Koweit	x22410	x22059	x16843	x5475	x10411	Greece/Grèce	27975	39264	42011	46149	x55453
Hungary/Hongrie	x6747	x8200	x9760	22803	x21346	Switz.Liecht	26586	25739	43644	52719	44062
Libyan Arab Jamahiriya	x31539	x13482	x7205	x19100	x18631	Poland/Pologne	x17837	x12100	x18046	x84499	x114345
Lebanon/Liban	x6664	x9990	x10644	x18470	x17245	Austria/Autriche	35816	33472	39855	30753	26977
Czechoslovakia	x21176	11716	17157	x10140	x10586	Denmark/Danemark	23665	22784	35009	39894	48826
Honduras	x6448	x6355	x11775	x19972	x34407	Honduras	x8336	x16229	x25256	x56048	x87572
Egypt/Egypte	x12011	x11289	x10866	x15534	x18028	Israel/Israël	30229	27655	32779	35360	41398
Congo	x3768	x5916	x8804	x19966	x19572	Guatemala	x11463	x25730	x25898	x41456	x48762
New Zealand	3115	7243	10767	10483	11369	India/Inde	17384	x19399	26978	40917	x45028
Reunion/Réunion	6295	7797	9943	9704	11901	Cyprus/Chypre	29936	24311	24519	27700	24801
Belize/Bélize	x6324	x6448	x8901	x10161	5533	So. Africa Customs Un	x12269	x11398	x18585	x28203	x41595
Guatemala	x908	x3675	x6887	x12949	x20011	Panama	x3917	x7840	x24565	x24110	x26224
Bulgaria/Bulgarie	x4319	x17850	x2302	x2600	2964	Finland/Finlande	32427	25399	20223	9083	6966
Papua New Guinea	8456	8522	6356	7378	x8392	Bulgaria/Bulgarie	x20457	x22120	x26853	x4970	x9401
Nigeria/Nigéria	x2140	x9311	x4938	x7469	x7620	Hungary/Hongrie				x53893	x72516
Nepal/Népal	x12035	x11961	x4541	x3895	x6465	Fiji/Fidji	4859	18346	14693	x16511	

(VALUE AS % OF TOTAL)(VALEUR EN % DU TOTAL)

	1983	1984	1985	1986	1987	1988	1989	1990	1991	1992		1983	1984	1985	1986	1987	1988	1989	1990	1991	1992
Africa	x1.1	x1.4	0.9	x1.4	x1.7	x1.4	x1.1	x1.0	x1.4	x1.5	Afrique	4.6	4.7	5.1	x6.5	x6.3	x6.5	x6.0	x7.5	x7.7	x8.0
Northern Africa	x0.8	x1.0	0.5	x1.0	x1.2	x0.9	x0.5	x0.5	x0.6	x0.6	Afrique du Nord	4.5	4.2	4.4	5.3	5.2	5.3	4.9	6.4	6.3	6.4
Americas	x23.5	x28.5	x29.3	x25.1	x24.5	x26.9	x30.7	x27.9	x27.7	x29.9	Amériques	x5.5	x7.0	x6.4	x5.8	x6.1	x9.1	x11.7	x11.8	x14.2	x15.3
LAIA	x0.8	x1.5	x1.5	x0.3	x0.3	x0.2	x0.6	1.1	1.3	1.6	ALAI	x1.3	x1.6	x1.5	x1.0	x1.2	x0.8	x1.0	x0.9	1.9	1.0
CACM	x0.4	x0.2	x0.1	x0.2	x0.1	x0.2	x0.5	x0.6	x0.9	x1.1	MCAC	x0.3	x0.3	x0.3	x1.0	x1.0	x1.4	x1.8	x1.7	x2.2	x2.8
Asia	x10.7	x8.3	x12.2	x10.8	x9.2	x12.4	x13.4	x11.4	x12.2	x14.4	Asie	34.7	38.0	37.5	34.8	39.2	41.4	43.7	38.6	39.2	39.5
Middle East	x4.7	x2.0	x4.6	x3.2	x2.1	x3.2	x2.3	x1.8	x1.9	x2.1	Moyen–Orient	x1.7	x3.2	1.6	1.5	1.9	x1.0	x2.3	x2.3	x1.9	x2.2
Europe	63.8	60.8	56.7	61.9	58.1	53.9	50.2	58.0	54.9	51.7	Europe	54.9	50.1	50.8	52.6	44.3	39.3	35.2	39.6	36.2	33.6
EEC	51.6	48.4	44.6	48.6	45.5	45.3	42.4	49.6	47.7	45.1	CEE	49.4	44.8	45.5	47.1	39.7	36.3	33.1	36.8	32.4	30.7
EFTA	12.1	12.3	12.0	13.2	12.5	8.4	7.6	8.0	7.0	6.2	AELE	4.5	4.1	4.2	4.5	3.8	2.2	1.6	1.6	1.3	1.0
Oceania	x0.8	x1.0	x1.0	x0.9	x0.8	x0.9	x1.0	x0.8	x0.8	x0.8	Océanie	0.3	x0.2	x0.2	x0.3	x0.3	0.2	0.4	0.4	x0.3	x0.1
USA/Etats–Unis d'Amer	18.9	23.2	24.5	21.8	21.5	22.8	25.3	22.7	21.3	22.6	Hong Kong	20.8	21.4	21.8	17.8	17.0	17.8	16.8	14.4	13.4	12.5
Germany/Allemagne	17.2	17.2	15.2	17.9	16.4	15.8	15.3	17.6	17.7	15.3	Italy/Italie	14.8	14.2	14.6	13.7	10.4	9.1	8.9	8.9	6.9	6.2
France, Monac	8.2	7.0	6.9	7.8	8.0	8.0	7.7	9.7	8.4	7.9	Belgium–Luxembourg	10.5	8.6	7.4	7.7	9.1	8.9	8.9	6.9	6.9	7.3
United Kingdom	8.3	8.0	7.5	6.5	5.7	7.0	5.9	5.7	4.9	5.0	USA/Etats–Unis d'Amer	2.8	3.0	2.0	2.1	2.2	5.3	5.3	5.8	6.4	7.3
Hong Kong	3.1	3.5	4.4	4.5	4.1	4.3	5.4	5.0	5.2	5.9	China/Chine					6.0	6.5	6.0	4.8	6.0	12.5
Netherlands/Pays–Bas	7.4	6.6	6.3	7.0	6.2	5.6	4.7	5.3	4.8	4.2	Germany/Allemagne	5.5	5.2	5.7	6.8	6.0	5.9	5.0	5.8	5.2	4.9
Belgium–Luxembourg	5.9	5.1	4.6	5.1	5.0	4.3	3.9	5.3	4.9	4.9	Portugal	2.6	2.8	3.5	4.4	4.6	4.4	4.4	4.9	4.4	4.0
Japan/Japon	1.9	1.9	2.2	2.4	2.3	4.0	4.8	3.8	4.2	5.2	Thailand/Thaïlande	0.7	1.0	1.3	1.7	2.2	3.1	3.9	3.9	5.2	x1.2
Switz.Liecht	6.5	6.5	6.2	6.9	6.9	3.3	2.9	2.9	2.7	2.3	Tunisia/Tunisie	3.3	2.9	2.9	3.6	3.3	3.3	3.4	4.3	4.3	4.5
Italy/Italie	2.0	2.2	1.7	1.9	1.9	2.1	2.1	2.3	3.0	3.5	Dominican Republic	x0.0	x0.6	x1.0	x1.1	x1.0	x2.7	x3.0	x2.5	x2.9	x3.1

84232 —— OF COTTON / PANTALONS HOMMES COTON 84232

TRADE BY COMMODITY IN THOUSAND U.S. DOLLARS – COMMERCE PAR PRODUIT EN MILLIERS DE DOLLARS E.U

COUNTRIES–PAYS	IMPORTS – IMPORTATIONS 1988	1989	1990	1991	1992	COUNTRIES–PAYS	EXPORTS – EXPORTATIONS 1988	1989	1990	1991	1992
Total	x466/569	x4447374	x5729557	x4682524	x3277417	Totale	x3108876	x3370364	x3976509	x4085476	x4356096
Africa	x40319	x38604	x28855	x67056	x12647	Afrique	x269682	x283029	x181683	x203691	x209239
Northern Africa	x23345	x15084	x7501	x12850	x2927	Afrique du Nord	227597	250860	122102	132598	145039
Americas	x1068436	x508610	x546912	x512118	x5507	Amériques	x418550	x14263	x27096	x6840	x4705
LAIA	x38754	x10013	x20535	x36393	x3403	ALAI	x92966	7480	13053	x2860	4511
CACM	x11596	x62		x570		MCAC	x58752				
Asia	x354215	x461311	x494352	x587216	x5	Asie	x1415568	x1812997	x2120129	x2323199	x2946279
Middle East	x48337	x37315	x39886	x49516	x4	Moyen–Orient	x25795	x10027	x32119	x23568	x8679
Europe	x2952188	x3178927	x4526786	x3327994	x3205915	Europe	x968967	x1236625	x1607364	x1527551	x1188097
EEC	x2483341	x2691677	x3879181	x2718284	x2785059	CEE	x929175	x1143929	x1508218	x1341568	x1182098
EFTA	x462383	x482734	x621057	x591933	x420856	AELE	x35044	x72500	x70250	x36002	x5999
Oceania	x46576	x55007	x61700	x68927	x53339	Océanie	x9045	x22866	x35796	x10536	x7776
Germany/Allemagne	x849496	x936336	x1383788	x152943	x2954	Hong Kong	749232	872978	931606	983726	x1078975
France, Monac	x469746	x519684	x754640	x729478	x789161	Belgium–Luxembourg	x261205	x286426	x531233	x615080	x223040
United Kingdom	x391819	x406152	x452699	x427860	x407724	Thailand/Thaïlande	x121236	x169576	x255378	x346992	x117713
USA/Etats–Unis d'Amer	896847	x382539	x419606	x356100	x2093	China/Chine	163600	197723	220235	323425	x1077847
Belgium–Luxembourg	x250993	x272009	x413414	x431033	x478945	Italy/Italie	x84528	x169879	x276752	x234418	x365177
Netherlands/Pays–Bas	x272018	x254735	x425655	x413127	x447896	Germany/Allemagne	x94269	x102327	x342550	x1263	x5
Hong Kong	184239	302881	338351	395567		Portugal	x195827	x237471	x26453	x123685	
Switz./Liecht	x196376	x202223	x252460	x251281	x255303	France, Monac	x107760	x124070	x100207	x117736	x114980
Italy/Italie	x114463	x130213	x191114	x280808	x382712	Morocco/Maroc	87737	76646	122022	132598	145025
Sweden/Suède	x103354	x107466	x133831	x129034	x165553	Macau/Macao	x103612	x116625	x108860		
Austria/Autriche	x82906	x92309	x126149	x110534		United Kingdom	x69082	x71325	x80565	x169670	x242787
Former USSR/Anc. URSS	x70134	x101345	x26658	x107861		Indonesia/Indonésie	48142	x79069	x119904	x121197	x183729
Denmark/Danemark	x63648	x60840	x78542	x81131	x47184	Singapore/Singapour	87168	x74131	x87482	x104768	x100398
Spain/Espagne	x21046	x37694	x82749	x88596	x172200	Korea Republic	x43186	x71031	x77556	x101442	x42966
Japan/Japon	x73058	x72772	x59898	x72986	x1	Philippines	26093	x126707	50006	x49972	x46319
Norway, SVD, JM	x51273	x48716	x63660	x62478		Netherlands/Pays–Bas	x77238	x92382	x92362	x23143	x171830
Panama	x26336	x49011	x48233	x65809		Yugoslavia SFR	x2274	x20196	x28896	x149981	
Ireland/Irlande	x29725	x37788	x48943	x51829		Tunisia/Tunisie	137070	174214			x14
Canada	x45948	x42615	x41795	x48483	x11	Mauritius/Maurice	x34784	x32082	x55870	x68135	x64198
Australia/Australie	x33469	x37551	x43491	x50654	x53339	Sri Lanka	10427	x13562	x64031	x78087	x76416
Singapore/Singapour	31093	x29720	x40089	x50949		Malaysia/Malaisie	x24879	x30663	x52334	x46998	x83955
Finland/Finlande	x24232	x28878	x41245	x33809		Spain/Espagne	x9831	x8280	x34955	x50862	x61019
Greece/Grèce	x12906	x18660	x31400	x28745		Bangladesh	x34195		x82896		x117839
Portugal	x7481	x17567	x16238	x32734	x56285	Austria/Autriche	x10211	x33282	x33848		
Former GDR	x108169	x54208	x5256			India/Inde	x16586	x11854	x27254	x22486	x11437
Mexico/Mexique	x37043	x8604	x16327	x22999		Pakistan	50057	49503			
Yugoslavia SFR	x2002	x4445	x24696	x14957		Finland/Finlande	x7232	x25399	x17482		
Lebanon/Liban	x4586	x8396	x10475	x17752		Fiji/Fidji	x4422	x17631	x25246		
United Arab Emirates	x20394	x11290	x11942	x11972		Ireland/Irlande	x4274	x37632	x2240		
Congo	x3044	x5685	x8386	x19140		Switz./Liecht	x6719	x3205	x9641	x24024	
Poland/Pologne	x7195	x13511	x11720	x7869		Sweden/Suède	x8358	x10578	x9242	x11792	x5999
Czechoslovakia	x8429	x9597	x16353	x1651		Denmark/Danemark	x5133	x12510	x17403		
New Zealand	x2816	x6925	x9391	x9404		United Arab Emirates	x8663	x9975	x4574	x11748	x8672
Saudi Arabia	x7998	x6560	x4269	x10191		Turkey/Turquie			x18288	x2549	
Bulgaria/Bulgarie	x4261	x17804	x2293	x133	x4	Argentina/Argentine	3128	7166	12203		x219
Nepal/Népal	x12035	x11961	x4541	x3708		Former USSR/Anc. URSS	x3	x584	x4442	x13655	
Egypt/Egypte	x5292	x4933	x5196	x7948		Lebanon/Liban	x3807		x9180	x9228	
Papua New Guinea	6694	7190	5260	x5480		Australia/Australie	x4032	x4167	x8071	x5481	x4285
Hungary/Hongrie	x6747	x6842	x8020	x871	0	Greece/Grèce	x20027	x1628	x3498	x5712	x3259
Belize/Bélize	x6297	x6448	x8901			USA/Etats–Unis d'Amer	139830	x3412	x3001	x3320	x149
Korea Republic	x186	x1270	x4129	x6601		Japan/Japon	x9203	x2376	x2667	x4002	x7
Iceland/Islande	x4242	x3142	x3713	x4798		Brunei Darussalam				x7662	
Iraq	x4980	x4809	x6269			New Zealand	x589	x958	x2438	x3023	x2540
Tunisia/Tunisie	8660	8312	x1352	x1411		Belize/Bélize	x8503		x6337		
Netherlands Antilles	x4151	x9253				Cote d'Ivoire			x2816	x2282	
Cyprus/Chypre	1831	x1221	x2437	x4661		Uruguay	x810	x309	x835	x2219	4142
Togo	143	178	178	x7825		Jamaica/Jamaïque	3394	2184	1014		
Gabon	x1253	x1706	x2531	x3888	x1012	Saint Lucia/St. Lucie	96	x61	2606		951
Argentina/Argentine	177	311	849	6690	x2169	Papua New Guinea			4	1944	
Reunion/Réunion	x4105	x7797				Ethiopia/Ethiopie			650	99	

(VALUE AS % OF TOTAL) (VALEUR EN % DU TOTAL)

	1983	1984	1985	1986	1987	1988	1989	1990	1991	1992		1983	1984	1985	1986	1987	1988	1989	1990	1991	1992
Africa	x0.8	x0.9	x0.7	x1.0	x1.3	x0.8	x0.9	x0.5	x1.5	x0.4	Afrique	4.4	5.0	5.8	7.3	7.3	8.7	8.4	4.6	x5.0	x4.8
Northern Africa	x0.5	x0.6	x0.3	x0.6	x1.0	x0.5	x0.3	x0.1	x0.3	x0.1	Afrique du Nord	4.4	4.5	4.9	6.0	6.0	7.3	7.4	3.1	3.2	3.3
Americas	x20.6	x23.3	x25.2	x21.8	x22.0	x22.9	x11.5	x9.6	x10.9	x0.2	Amériques	x5.3	x6.3	x5.5	x5.8	x6.4	x13.5	x0.4	x0.7	x0.2	x0.1
LAIA	x0.9	x1.6	x1.8	x0.3	x0.8	x0.2	x0.4	x0.8	x0.1		ALAI	x1.3	x1.3	x1.2	x0.7	x1.3	x3.0	0.2	0.1	x0.1	
CACM	x0.2	x0.1	x0.1	x0.2	x0.1	x0.2	x0.0	x0.0			MCAC	x0.3	x0.3	x0.5	x0.9	x1.0	x1.9				
Asia	x9.4	x7.4	x11.6	x10.0	x8.4	x7.6	x10.3	x8.6	x12.6	x0.0	Asie	36.0	38.7	39.7	42.3	45.5	x53.8	x53.3	x56.9	x67.6	
Middle East	x3.8	x1.7	x3.9	x2.6	x1.3	x1.0	x0.8	x1.1	x0.0		Moyen–Orient	x1.4	x3.0	1.5	1.6	2.1	x0.8	x0.3	x0.8	x0.6	x0.2
Europe	68.4	67.2	61.6	66.3	62.1	x63.2	x71.5	x79.0	x71.1	x97.8	Europe	53.9	49.9	48.8	49.1	42.2	x31.2	x36.7	x40.4	x37.4	x27.3
EEC	55.6	53.5	49.0	52.7	49.3	x53.2	x60.5	x67.7	x58.1	x85.0	CEE	49.4	45.6	44.7	4.5	38.8	x29.9	x33.9	x37.9	x32.8	x27.1
EFTA	x12.7	x13.6	x12.5	x13.4	x12.7	x9.9	x10.9	x10.8	x12.6	x12.8	AELE	x3.9	x3.6	x3.4	x3.5	x2.9	x1.1	x2.2	x1.8	x0.9	x0.1
Oceania	x0.8	x1.0	x1.0	x0.9	x1.0	x1.2	x1.1	x1.1	x1.5	x1.6	Océanie	x0.3	x0.2	x0.2	x0.2	x0.2	x0.2	x0.7	x0.9	x0.2	x0.2
Germany/Allemagne	19.3	20.0	17.8	20.5	18.6	x18.2	x21.1	x24.2	x3.3	x0.1	Hong Kong	24.2	24.9	26.2	20.9	20.1	24.1	25.9	23.4	24.1	x24.8
France, Monac	10.1	8.8	8.6	9.8	9.6	x10.1	x11.7	x13.2	x15.6	x24.1	Belgium–Luxembourg	13.2	11.1	9.4	9.5	8.5	x8.4	x8.4	x13.4	x15.1	x5.1
United Kingdom	7.2	7.1	6.8	5.5	5.2	x8.4	x9.1	x7.9	x9.1	x12.4	Thailand/Thaïlande	0.8	1.0	1.2		4.6	5.3	5.9	5.5	7.9	x24.7
USA/Etats–Unis d'Amer	16.2	18.3	20.3	18.6	19.2	19.2	x8.6	x7.3	x7.6	x0.1	China/Chine					11.7	x2.7	x5.0	x7.0	x5.7	x8.4
Belgium–Luxembourg	4.5	5.9	5.3	5.8	5.7	x5.4	x6.1	x7.2	x9.2	x14.6	Italy/Italie	16.1	15.9	15.7	15.1	11.7	x3.0	x3.0	x8.6	x0.0	x0.0
Netherlands/Pays–Bas	7.4	6.6	6.3	6.6	5.7	x5.7	x7.4	x8.8	x13.7		Germany/Allemagne	3.4	3.6	3.8	4.4	4.1	x3.0	x6.3	x7.0	x0.7	x3.0
Hong Kong	2.7	3.0	4.5	4.3	3.9	6.8	5.9	8.4			Portugal	1.0	1.2	1.3	1.6	2.0	x0.6	x3.7	x2.5	x2.9	x2.6
Switz./Liecht	x7.2	x7.6	x6.9	x7.4	x7.4	x4.5	x4.4	x5.4	x7.8		France, Monac	4.8	4.5	4.7	4.5	4.5	x3.5	x3.5	x3.3	x3.1	3.3
Italy/Italie	2.3	2.6	1.8	2.2	2.3	x2.5	x2.9	x3.3	x6.0	x11.7	Morocco/Maroc	1.4	1.6	1.9		2.1	2.5	2.8	x3.1	x2.9	x2.7
Sweden/Suède	1.9	2.2	2.0	2.1	1.8	x2.2	x2.4	x2.3	x2.8	x5.1	Macau/Macao						x2.2	x2.2	x3.1	x2.9	x2.7

8424 — JACKETS, BLAZERS ETC

TRADE BY COMMODITY IN THOUSAND U.S. DOLLARS – COMMERCE PAR PRODUIT EN MILLIERS DE DOLLARS E.U

COUNTRIES–PAYS	1988	1989	1990	1991	1992	COUNTRIES–PAYS	1988	1989	1990	1991	1992
Total	2152068	2234425	2456948	2802216	3066884	Totale	2526714	2418654	2672717	3089995	3729234
Africa	x24235	x11365	x14823	x18469	x28497	Afrique	x14792	x18762	x32391	x37343	x47498
Northern Africa	x12373	x4728	x8104	x9060	x17115	Afrique du Nord	10783	14355	23991	28025	31828
Americas	x268685	x293872	x271087	x318833	x388725	Amériques	x62951	x80081	x91180	x130221	x173568
LAIA	x7435	x11086	x12403	17571	x40514	ALAI	x17454	x16424	x16288	x26131	50035
CACM	x372	x1645	x1430	x1270	x2651	MCAC	x9656	x10233	x14215	x16778	x17588
Asia	x456153	x497028	571910	x573702	x705629	Asie	1615538	1471974	1553834	1613399	1974549
Middle East	x60315	x52912	x51344	x70429	x77664	Moyen-Orient	3862	25277	22149	17945	21681
Europe	1177369	1210123	1523289	1697044	1898443	Europe	690577	702514	906943	x1119234	1240760
EEC	965273	992071	1240747	1414206	1574274	CEE	579591	596003	745641	829735	943245
EFTA	210893	214737	266751	268358	289158	AELE	93743	89098	119700	117164	113965
Oceania	x12822	x11786	x13227	x13977	x15135	Océanie	x1175	x1872	x3485	x4842	x3695
Germany/Allemagne	404873	397002	533537	617049	624428	Hong Kong	457732	501670	639715	533470	622121
Hong Kong	178573	242420	334374	313979	386303	Korea Republic	658862	437530	285332	206761	208084
USA/Etats–Unis d'Amer	219339	236076	207885	248574	294984	Germany/Allemagne	193935	211381	269621	295744	330896
Japan/Japon	203732	182349	155937	150545	176334	China/Chine	183273	205157	220174	310096	767819
France, Monac	105240	132124	177041	178757	197003	Portugal	74972	92233	128706	153614	191878
Netherlands/Pays–Bas	121411	115242	134129	149420	156655	Italy/Italie	132128	116647	128908	126494	130229
United Kingdom	143245	134196	127607	129571	194483	Thailand/Thaïlande	78593	77930	76087	112674	x21505
Former USSR/Anc. URSS	x167445	x163060	x49913	x150984		Yugoslavia SFR	16196	16680	30275	x156971	
Belgium–Luxembourg	81123	85944	111746	129183	138049	Indonesia/Indonésie	12316	32151	56200	79872	48865
Switz.Liecht	75046	75601	92237	95215	88181	Switz.Liecht	33951	37172	62812	67475	63891
Italy/Italie	52488	60897	61943	86716	98882	United Kingdom	46259	42888	53833	59908	67669
Sweden/Suède	56929	59581	64912	60127	78687	Sri Lanka	36423	34298	37894	67485	73100
Austria/Autriche	42664	45089	66618	70357	72947	Belgium–Luxembourg	40338	38652	48851	50563	44556
Spain/Espagne	17797	25614	41303	60142	85233	Netherlands/Pays–Bas	36075	35234	43099	47300	62608
Canada	29213	29920	31518	25993	23083	Singapore/Singapour	31598	30897	43009	50421	52656
Saudi Arabia	x18155	x20121	x27043	x39780	x27288	Czechoslovakia	x38989	x37038	x42538	x40783	x51298
Norway, SVD, JM	26250	24531	27869	30391	37009	Poland/Pologne	x22166	x16410	x20201	x80452	x110551
Denmark/Danemark	17459	16030	19360	23483	29710	Philippines	13560	x3650	31373	65359	30118
Singapore/Singapour	9497	11589	18590	24849	32711	Austria/Autriche	29900	27528	35154	32803	32479
United Arab Emirates	x18428	x13743	x14611	x21567	x34504	USA/Etats–Unis d'Amer	12538	21526	31969	41745	43964
Ireland/Irlande	12737	12581	16130	19959	22878	Pakistan	32699	26449	33773	29975	29013
Dominican Republic	x6498	x6873	x12223	x18102	x17239	Malaysia/Malaisie	14778	16931	29625	28344	x21491
Poland/Pologne	x9207	x13966	x2095	x16196	x11795	France, Monac	24557	22280	24745	26884	37260
Finland/Finlande	7064	8075	13148	9546	9990	Dominican Republic	x16826	x23193	x16301	x31984	x47149
Australia/Australie	10614	9226	10166	11370	12278	Israel/Israël	20163	21268	23646	26171	34207
Greece/Grèce	5101	8181	10126	10190	x12950	Macau/Macao	40656	30977	19451	18062	4489
Former GDR	x26334	x25760	x2553			Romania/Roumanie	x62251	x64270	1	2749	x41863
Yugoslavia SFR	23	2112	13751	x10754		Denmark/Danemark	9770	10729	19330	28160	29478
Portugal	3800	4259	7827	9735	14005	Greece/Grèce	10537	15050	14614	24396	x30467
Korea Republic	706	3049	4788	7887	16956	Hungary/Hongrie				x52674	x73696
Mexico/Mexique	1086	3019	4788	7870	17349	Turkey/Turquie		20344	16780	13742	17275
Hungary/Hongrie	x2500	x3137	x4318	7024	x10959	India/Inde	13535	x11338	15224	22182	x6308
Panama	x3185	x5129	x3027	x5352	x7702	Bulgaria/Bulgarie	x11828	x19742	x19385	x3523	x11699
Kuwait/Koweït	x11115	x8266	x1290	x1379	x2385	Finland/Finlande	22877	18364	14529	8899	8765
Tunisia/Tunisie	532	1176	4721	4836	6464	Costa Rica	x9166	x10023	x14041	x16303	x15928
Lebanon/Liban	x3199	x4409	x2695	x3531	x8261	Colombia/Colombie	x8861	x11204	x9615	17768	24012
So. Africa Customs Un	4875	1488	1171	x5724	x6648	Tunisia/Tunisie	5906	6464	11445	14702	19958
Colombia/Colombie	x1204	x2566	x3873	1446	1705	Morocco/Maroc	4578	7608	11758	12181	10103
Bulgaria/Bulgarie	x1306	x2425	x1978	x2369	732	Bangladesh	x4300	x2948	x2891	25047	x2761
Iceland/Islande	2940	1860	1967	2722	2344	Malta/Malte	x983	x662	11305	x15337	x18538
Egypt/Egypte	x5735	x2588	x2123	x1374	x8005	Spain/Espagne	5556	6053	9696	11263	13897
New Zealand	917	1509	2015	1474	1840	Korea Dem People's Rp	x4733	x4956	x8096	x11201	x16505
Libyan Arab Jamahiriya	x6055	x928	x1212	x2363	x2504	Japan/Japon	8340	8371	8144	6847	8980
Argentina/Argentine	61	19	149	4248	9720	Canada	4958	6491	6276	10254	12226
Czechoslovakia	x5866	755	560	x3080	x4985	Sweden/Suède	6162	5092	5754	6456	7470
Jordan/Jordanie	x2336	x1054	x1888	x1145	x1427	Ireland/Irlande	5466	4856	4239	5409	4308
Brazil/Brésil	x43	602	1663	1697	1356	Mauritius/Maurice	x1555	x1580	4207	6104	5745
Angola	x3905	x1331	x1892	x124	x279	Jamaica/Jamaïque	742	1872	5588	2737	x4
Andorra/Andorre	x893	x892	x1287	x1152	x1436	Uruguay	x4058	x1527	x2824	x4986	15820
Iraq	x3367	x2341	x685	x69	x2	Cyprus/Chypre	3289	3223	2649	2271	2307

(VALUE AS % OF TOTAL) (VALEUR EN % DU TOTAL)

	1983	1984	1985	1986	1987	1988	1989	1990	1991	1992		1983	1984	1985	1986	1987	1988	1989	1990	1991	1992
Africa	x1.8	x1.5	x1.1	x0.6	x1.2	x1.1	x0.5	x0.6	x0.7	x0.9	Afrique	2.3	x2.2	1.6	x1.0	x1.0	x0.6	x0.8	x1.2	x1.2	x1.2
Northern Africa	x0.5	x0.4	x0.2	x0.5	x0.9	x0.6	x0.2	x0.3	x0.3	x0.6	Afrique du Nord	0.5	0.6	0.5	0.7	0.6	0.4	0.6	0.9	0.9	0.9
Americas	x19.2	x26.4	x24.1	x16.0	x10.8	x12.4	x13.1	x11.0	x11.4	x12.7	Amériques	x2.1	x2.7	x2.8	x2.4	x2.2	x2.5	x3.4	x3.4	x4.2	x4.6
LAIA	x0.8	x2.1	x1.3	x0.4	x0.3	x0.3	x0.5	x0.5	0.6	x1.3	ALAI	x1.6	x1.9	x1.8	x1.5	x1.2	x0.7	x0.7	x0.6	x0.8	1.3
CACM	x0.1	x0.0	x0.0	x0.1	x0.0	x0.0	x0.1	x0.1	0.0	x0.1	MCAC	x0.1	x0.1	x0.3	x0.2	x0.2	x0.4	x0.4	x0.5	x0.5	x0.5
Asia	x24.5	x26.4	x27.2	x27.0	x29.2	x21.2	x22.3	23.3	x20.5	x23.0	Asie	62.6	68.1	65.1	x60.7	x64.5	63.9	60.8	58.1	52.2	53.0
Middle East	x5.7	x1.9	x2.3	x1.5	x2.4	x2.1	x2.5	x2.5	Moyen-Orient	x0.6	x1.5	0.9	0.9	0.7	0.2	1.0	0.8	0.6	0.6
Europe	54.4	45.6	47.6	55.5	47.2	54.7	54.2	62.0	60.6	61.9	Europe	32.9	26.9	30.5	35.7	26.1	27.3	29.0	33.9	x36.2	33.3
EEC	38.3	31.5	33.6	37.2	31.7	44.9	44.4	50.5	50.5	51.3	CEE	20.3	16.5	20.0	24.0	18.3	22.9	24.6	27.9	26.9	25.3
EFTA	16.0	14.0	13.9	x18.2	x15.4	9.8	9.6	10.9	9.6	9.4	AELE	9.9	7.7	7.9	9.7	6.4	3.7	3.7	4.5	3.8	3.1
Oceania	x0.2	x0.1	x0.4	x0.8	x0.7	x0.6	x0.5	x0.5	x0.5	x0.5	Océanie	0.2	0.1	0.1	x0.2	0.2	x0.0	x0.1	x0.2	x0.2	x0.1
Germany/Allemagne	11.8	10.4	12.0	13.9	11.5	18.8	17.8	21.7	22.0	20.4	Hong Kong	14.4	14.6	13.4	13.2	12.6	18.1	20.7	23.9	17.3	16.7
Hong Kong	5.8	5.7	5.0	6.2	6.4	8.3	10.8	13.6	11.2	12.6	Korea Republic	36.4	37.6	35.6	34.4	32.3	26.1	18.1	10.7	6.7	5.6
USA/Etats–Unis d'Amer	16.4	22.8	21.1	14.6	9.7	10.2	10.6	8.5	8.9	9.6	Germany/Allemagne	6.6	5.0	6.0	8.6	6.9	7.7	8.7	10.1	9.6	8.9
Japan/Japon	12.4	17.9	18.4	17.9	20.7	9.5	8.2	6.3	5.4	5.7	China/Chine					7.5	7.3	8.5	8.2	10.0	20.6
France, Monac	4.7	3.4	3.9	4.5	4.1	4.9	5.9	7.2	6.4	6.4	Portugal	1.4	1.4	2.1	2.6	2.2	3.0	3.8	4.8	4.8	5.1
Netherlands/Pays–Bas	6.0	5.0	4.9	5.4	4.9	5.6	5.2	5.5	5.3	5.1	Italy/Italie	4.2	3.7	3.4	3.8	2.5	5.2	4.8	4.8	4.1	3.5
United Kingdom	8.5	7.1	6.6	5.8	4.6	6.7	6.0	5.2	4.6	6.3	Thailand/Thaïlande	3.0	4.1	3.6	3.3	2.9	3.1	3.2	2.8	3.6	x0.6
Former USSR/Anc. URSS					x8.6	x7.8	x7.3	x2.0	x5.4		Yugoslavia SFR	x2.7	x2.7	x2.6	x2.0	x1.4	0.6	0.7	1.1	x5.1	
Belgium–Luxembourg	3.8	2.9	3.0	3.6	3.1	3.8	3.8	4.5	4.6	4.5	Indonesia/Indonésie	0.0	0.2	0.2	0.2	0.5	0.5	1.3	2.1	2.6	1.3
Switz.Liecht			x3.1	x2.6	3.5	3.4	3.8	3.4	2.9		Switz.Liecht				x1.0	x0.8	1.3	1.5	2.4	2.2	1.7

8431 — COATS AND JACKETS

TRADE BY COMMODITY IN THOUSAND U.S. DOLLARS – COMMERCE PAR PRODUIT EN MILLIERS DE DOLLARS E.U

IMPORTS – IMPORTATIONS

COUNTRIES–PAYS	1988	1989	1990	1991	1992
Total	4375275	4161122	4831548	5704461	6462704
Africa	182024	27913	34939	x6661	x9365
Northern Africa	179877	25285	32589	x3515	x4905
Americas	x1030863	x825926	x919172	x1079244	x1247169
LAIA	29028	31724	x16914	19131	38971
CACM	x2321	x6739	x12875	x17406	x29905
Asia	415586	625876	729595	830847	1146528
Middle East	x15047	x12414	x15390	x16893	x29307
Europe	2530810	2497859	3044525	3499788	4006081
EEC	1943411	1927629	2347703	2806784	3240744
EFTA	584858	566785	685006	686257	737092
Oceania	x8946	x11724	x14766	x18225	x22081
Germany/Allemagne	965100	907036	1145178	1458527	1623064
USA/Etats–Unis d'Amer	913111	691734	785055	921629	1058038
Japan/Japon	244182	371481	371384	424756	615910
Hong Kong	145193	222248	310248	353358	348983
France, Monac	231073	234148	282012	299140	299130
Netherlands/Pays–Bas	245597	224959	250584	274316	301670
United Kingdom	201507	218407	242308	278785	256316
Switz.Liecht	206274	200543	239876	249532	256101
Austria/Autriche	133141	130775	174195	174699	179762
Belgium–Luxembourg	135988	139680	156479	157220	194565
Former USSR/Anc. URSS	x152063	x135230	x72917	x233627	162089
Sweden/Suède	133936	129903	146377	143056	155085
Italy/Italie	58547	81641	95818	115748	87254
Canada	78008	81463	84283	89279	87254
Norway,SVD,JM	79819	70813	80176	76980	94439
Spain/Espagne	23862	37424	70897	96460	152571
Ireland/Irlande	33730	33710	41704	46756	49027
Denmark/Danemark	39085	35713	38805	46668	65433
Finland/Finlande	26185	30523	39586	36372	38491
Libyan Arab Jamahiriya	179068	24077	30581	x948	x1678
Singapore/Singapour	6408	10631	15703	18929	22966
Dominican Republic	x5089	x9457	x15871	x19652	x27570
Portugal	4817	7016	12991	21330	29567
Australia/Australie	7570	9806	11240	13642	16557
Poland/Pologne	x9736	x10218	x3926	x17701	x14001
Korea Republic	2831	6378	12353	12168	18000
Greece/Grèce	4104	7896	10958	11835	x21648
Venezuela	20449	19924	768	894	1418
Mexico/Mexique	2072	3646	5882	8745	17356
Hungary/Hongrie	x2262	x2521	x3206	11578	x8771
Former GDR	x24020	x14701	x2518	x5533	x10785
Costa Rica	x689	x4034	x7064	x9752	x16740
Guatemala	x847	x1727	x3357	5617	5995
Iceland/Islande	5502	4228	4796	x4974	x9076
Saudi Arabia	x3214	x4346	8963	x3267	
Yugoslavia SFR	113	1134	6340	2534	3130
Colombia/Colombie	x2158	x2679	x4690	x3841	x6047
Lebanon/Liban	x1075	x1689	3102	x2990	x6113
Czechoslovakia	x9888	3112	3781	x3106	715
Bulgaria/Bulgarie	x8753	x5524	x1069		
Panama	x1132	x1350	x522	x7731	x3208
New Zealand	1118	1449	3041	4229	5049
Brazil/Brésil	x117	1780	2581	2557	2058
United Arab Emirates	x4628	x1315	x1839	x1667	x5694
Andorra/Andorre	x1529	x1794	x1838	x9	x2105
Chile/Chili	2960	3102	710	1392	x3040
Tunisia/Tunisie	427	919	1700	2173	2321
Kuwait/Koweït	x2501	x2553	x1127	x1009	x3446
So. Africa Customs Un	1536	789	857	x1499	x1808
Argentina/Argentine	181	180	457	2505	10998

EXPORTS – EXPORTATIONS

COUNTRIES–PAYS	1988	1989	1990	1991	1992
Totale	3496372	3804917	4177319	x4998424	x6143466
Afrique	x35187	x40059	x65944	x70814	x88156
Afrique du Nord	x30709	x36504	x59550	66656	81966
Amériques	x126878	x187917	x167430	x250120	x341888
ALAI	x59501	x98922	x33912	x51450	55298
MCAC	x14951	x14706	x27422	x49829	x83428
Asie	1450721	1716317	1771003	2109258	2705888
Moyen–Orient	x5748	58792	63246	79006	100496
Europe	1547068	1563346	1875181	2198722	2427364
CEE	1298629	1345654	1644418	1787619	2053675
AELE	200400	163213	194909	154412	157976
Océanie	x682	x4394	x3542	x4809	x5569
Germany/Allemagne	561847	593830	717638	780704	921146
Hong Kong	463683	566876	693570	727457	827742
Korea Republic	526158	497943	368378	318032	303845
China/Chine	167191	263049	258758	411388	971718
France, Monac	115371	124074	168578	188025	174505
United Kingdom	156405	131372	161686	180042	197761
Netherlands/Pays–Bas	96676	115129	142566	166844	193638
Italy/Italie	114199	99078	124271	132676	146081
Thailand/Thaïlande	96948	108809	103340	121871	x111299
Belgium–Luxembourg	93723	102821	115524	107955	116523
Yugoslavia SFR	25866	37137	22653	x248472	
Portugal	63453	73825	99177	105908	122258
Poland/Pologne	x51981	x40310	x51851	x165853	x235192
Romania/Roumanie	x135632	x122805	x97087	12162	x87124
Hungary/Hongrie	x52920	x51278	x69767	x96798	x134256
Austria/Autriche	78963	65006	76328	74626	85274
Finland/Finlande	90594	68413	78587	43175	32861
Turkey/Turquie		53166	56239	71262	86522
Indonesia/Indonésie	9764	28640	55948	93450	89844
Greece/Grèce	48933	60560	53330	59040	x103591
USA/Etats–Unis d'Amer	14950	29003	52306	71364	95184
Philippines	8991	x24332	21385	96756	28852
Sri Lanka	25312	26142	44721	71560	83873
Czechoslovakia	x51966	x44014	x41721	x52361	x87549
Dominican Republic	x18957	x30998	44343	49297	x87720
India/Inde	23222	24597	45329	53361	x54771
Tunisia/Tunisie	21343	28636	39282	47817	65776
Denmark/Danemark	28986	28636	29091	28285	59412
Singapore/Singapour	30544	28961	31497	27176	27969
Malaysia/Malaisie	18508	22105	20086	31424	x18277
Macau/Macao	29779	27218	26005	23323	16173
Switz.Liecht	16023	17614	16699	27740	26942
Colombia/Colombie	x13606	x10156	x11332	x35459	26952
Guatemala	x4201	x4452	x14257	x17067	x63702
Uruguay	x15668	x18601	201	28	23794
Venezuela	5104	49004	14956	19489	38
Japan/Japon	19521	13441	x17683	x8370	24249
Bulgaria/Bulgarie	x22910	x19255	13165	x8174	x28670
Malta/Malte	x22712	x17211	x7797	x25752	x17664
Former USSR/Anc. URSS	x4177	x4643	14694	14432	19281
Canada	10897	8928	12319	11190	10139
Sweden/Suède	13154	10487	10293	9129	11288
Ireland/Irlande	13271	9717	12071	9480	7473
Spain/Espagne	5166	6613	x9479	x9738	x11479
Egypt/Egypte	x6651	x8773	x10672	x9660	x12207
Costa Rica	x7835	x7240	x7999	11185	x7979
Bangladesh	x14030	x7539	539	2274	x2089
Chile/Chili	13842	17419	5397	9018	7033
Pakistan	1023	2566	6122	x3406	x1810
Albania/Albanie	x4044	x4186			

(VALUE AS % OF TOTAL)(VALEUR EN % DU TOTAL)

Imports

	1983	1984	1985	1986	1987	1988	1989	1990	1991	1992
Africa	x0.4	x0.3	x0.2	x0.4	x0.1	4.1	0.7	0.7	x0.1	x0.1
Northern Africa	x0.1	x0.1	x0.1	x0.1	x0.1	4.1	0.6	0.7	x0.1	x0.1
Americas	x43.9	x46.1	x42.7	x31.9	x26.9	x23.6	19.9	19.0	x18.9	19.3
LAIA	x0.3	x0.3	x0.2	0.9	0.7	0.7	0.4	0.4	0.3	0.6
CACM	x0.3	x0.3	x0.3	x0.1	0.1	0.1	0.1	0.2	0.3	x0.5
Asia	x6.5	6.9	6.9	7.8	10.1	9.5	15.1	15.1	14.6	17.8
Middle East	x0.8	x0.3	x0.6	x0.5	x0.4	x0.3	x0.3	x0.3	x0.3	x0.5
Europe	48.1	45.6	49.4	59.3	56.8	57.8	60.0	63.0	61.4	62.0
EEC	38.3	35.8	43.5	42.4	44.1	44.3	46.3	48.6	49.2	50.1
EFTA	9.8	9.7	10.6	15.7	x14.3	13.4	13.6	14.2	12.0	11.4
Oceania	1.2	x1.0	x0.8	x0.5	x0.4	x0.2	x0.3	x0.3	x0.3	x0.3
Germany/Allemagne	16.7	16.6	18.2	19.7	19.9	22.1	21.8	23.7	25.6	25.1
USA/Etats–Unis d'Amer	42.0	44.1	40.8	29.5	25.0	20.9	16.6	16.2	16.2	16.4
Japan/Japon	3.6	4.2	4.0	4.7	6.3	5.6	8.9	7.7	7.4	9.5
Hong Kong	1.8	2.2	2.0	2.5	3.1	3.3	5.3	6.4	6.2	6.9
France, Monac	4.4	3.8	4.3	5.3	5.2	5.6	5.6	5.8	5.2	5.4
Netherlands/Pays–Bas	5.7	4.6	5.0	5.9	5.6	5.6	5.4	5.2	4.8	4.6
United Kingdom	4.4	4.5	4.4	4.7	4.4	4.6	5.2	5.0	4.9	4.1
Switz.Liecht			x4.0	x3.6	4.7	4.8	5.0	5.0	4.4	4.0
Austria/Autriche	2.9	3.0	3.2	3.5	3.4	3.0	3.1	3.6	3.1	2.8
Belgium–Luxembourg	3.6	2.9	3.3	3.3	3.1	3.3	3.4	3.2	2.8	3.0

Exports

	1983	1984	1985	1986	1987	1988	1989	1990	1991	1992
Afrique	1.7	x1.7	1.2	x1.3	x1.0	x1.0	x1.0	x1.6	x1.4	x1.4
Afrique du Nord	1.4	0.5	0.4	0.7	x0.8	x0.9	x1.0	x1.4	1.3	1.3
Amériques	x3.3	x3.8	x3.0	x2.7	x2.5	x3.6	x4.9	x4.0	x5.0	x5.6
ALAI	1.2	1.1	1.1	1.0	x1.2	x1.7	x2.6	x0.8	x1.0	0.9
MCAC	x0.4	x0.4	x0.4	x0.4	x0.3	x0.4	x0.4	x0.7	x1.0	x1.4
Asie	45.2	47.8	42.5	38.4	41.6	41.5	45.1	42.4	42.2	44.0
Moyen–Orient	x2.7	x4.3	1.6	1.8	1.4	x0.2	1.5	1.5	1.6	1.6
Europe	49.7	46.6	53.3	57.6	46.0	44.2	41.1	44.9	44.0	39.5
CEE	36.9	35.1	41.1	44.8	36.6	37.1	35.4	39.4	35.8	33.4
AELE	9.6	8.6	9.3	10.0	7.6	5.7	4.3	4.7	3.1	2.6
Océanie			x0.0	x0.0	x0.1	x0.0	x0.2	x0.1	x0.1	x0.1
Germany/Allemagne	15.3	14.3	17.0	19.0	15.2	16.1	15.6	17.2	15.6	15.0
Hong Kong	11.2	13.0	11.9	11.6	11.1	13.3	14.9	16.6	14.6	13.5
Korea Republic	22.3	20.7	18.9	18.2	16.8	15.0	13.1	8.8	6.4	4.9
China/Chine					4.2	4.8	6.9	6.2	8.2	15.8
France, Monac	3.1	3.2	4.2	4.3	3.2	3.3	3.3	4.0	3.8	2.8
United Kingdom	5.3	5.7	7.1	6.4	5.3	4.5	3.5	3.9	3.6	3.2
Netherlands/Pays–Bas	2.9	2.1	2.1	2.8	2.5	2.8	3.0	3.4	3.3	3.2
Italy/Italie	2.7	2.6	3.0	3.1	2.7	3.3	2.6	3.0	2.7	2.4
Thailand/Thaïlande	0.0	0.0	0.2	0.1	2.5	2.8	2.9	2.5	2.4	x1.8
Belgium–Luxembourg	3.0	2.6	2.7	3.2	2.8	2.7	2.7	2.8	2.2	1.9

84313 — OF MAN-MADE FIBRES

MANT,VEST FEM FIBR SYNT 84313

TRADE BY COMMODITY IN THOUSAND U.S. DOLLARS – COMMERCE PAR PRODUIT EN MILLIERS DE DOLLARS E.U

COUNTRIES–PAYS	1988	1989	1990	1991	1992	COUNTRIES–PAYS	1988	1989	1990	1991	1992
Total	x1465882	x1349418	x1606273	x1229789	x1011567	Totale	x1089357	x955459	x983170	x961251	x819310
Africa	x1005	x1166	x1759	x1456	x1460	Afrique	x9489	11883	2912	2349	3618
Northern Africa	x320	x686	x1402	x746	x1437	Afrique du Nord	9313	11797	2901	2348	3618
Americas	x462926	x118696	x151871	x138083	x1440	Amériques	x41443	x10425	x2551	x404	x1203
LAIA	x10054	8367	x770	x1066	x1304	ALAI	x10310	1676	40	x6	1057
CACM	x1298	x222				MCAC	x6869				
Asia	x59852	x105754	x157790	x191323	x1	Asie	x663369	x672128	x555849	x617144	x785840
Middle East	x976	x1897	x3281	x1432	x1	Moyen-Orient	x453	x53166	x982	x1	
Europe	x870560	x1021899	x1268673	x829121	x1008666	Europe	x285240	x260953	x421662	x339200	x28625
EEC	x687388	x811657	x990790	x543318	x1008666	CEE	x228897	x240974	x360187	x243176	x28625
EFTA	x182933	x210174	x272420	x285599		AELE	x38744	x19979	x61475	x96025	
Oceania	x2266	x2530	x3575	x4758		Océanie	x120	x59	x177	x2137	x24
Germany/Allemagne	x347122	x392375	x476655	x84307	x564	Hong Kong	174233	224753	285893	306308	x736899
USA/Etats-Unis d'Amer	443421	x104325	x142366	x130491	x135	Korea Republic	x375058	x321759	x132516	x73674	
Hong Kong	49844	87502	127211	154303		Germany/Allemagne	x77269	x102070	x135350	x1512	x34
Netherlands/Pays-Bas	x85606	x108880	x131058	x126175	x270096	Belgium-Luxembourg	x34691	x35776	x60367	x80847	
France,Monac	x91973	x90217	x129652	x114780	x224129	China/Chine	16231	33491	39586	54544	
United Kingdom	x69517	x86306	x114814	x101243	x301670	France,Monac	x22568	x23724	x41753	x50073	x5363
Switz.Liecht	x62624	x68918	x77417	x90531		Austria/Autriche	x14605	x18346	x39778	x45139	
Austria/Autriche	x45076	x52457	x77897	x68505		Portugal	1483	x1806	x19470	x65878	x41525
Sweden/Suède	x38553	x52744	x69867	x66596		Indonesia/Indonésie	x13500		x36695	x43175	
Former USSR/Anc. URSS	x54484	x90722	x16026	x60511		Finland/Finlande	x17243	x21978	x29192	x28450	x10322
Belgium-Luxembourg	x32264	x50454	x64047	x28375	x152983	United Kingdom	x35938	x16424	x23885	x37668	
Norway,SVD,JM	x26620	x23446	x28365	x39665		Thailand/Thaïlande	x16209	x14690	x15977	x43088	
Spain/Espagne	x10388	x19271	x30687	x29785	x59224	Austria/Autriche	x13490	x12946	x21356	x24623	x6910
Japan/Japon	x6727	x14025	x21848	x28953		Italy/Italie	x5666	x7690	x17109	x31451	x7185
Ireland/Irlande	x15294	x20252	x17926	x18050		India/Inde		x53166			
Italy/Italie	x16591	x26147	x10094	x19769		Turkey/Turquie	x16095	x12099	x27127	x9876	x5191
Finland/Finlande	x8670	x9777	x15679	x15957		Netherlands/Pays-Bas	7114	x1632	15602	x22039	
Denmark/Danemark	x16512	x10547	x11234	x16768		Philippines	18391	x7417	x12766	x5994	
Canada	x4070	x4565	x6872	x6445		Macau/Macao	8985	x2222	x4697	x14665	x231
Singapore/Singapour	1832	x1752	x3860	x5053		Singapore/Singapour	x5838	x3379	x8802	x7530	
Iceland/Islande	x1391	x2832	x3194	x4344		Sweden/Suède					
Poland/Pologne	x2772	x3980	x2247	x3726		Denmark/Danemark	x14130	x13683			
Greece/Grèce	x1678	x3251	x4713	x1640		Tunisia/Tunisie	8554	10459			
Venezuela	6736	7814	x9	x1		Spain/Espagne	x386	x353	x5265	x2656	x805
Australia/Australie	x1830	x2159	x2417	x2973		Morocco/Maroc	760	1338	2901	2348	3618
Portugal	x443	x3957		x2425		Panama	x3039	x4783			x6
Yugoslavia SFR			x4913			USA/Etats-Unis d'Amer	8459	x2157	x2016	x367	x140
Hungary/Hongrie	x1892	x1022	x2540	x810		Korea Dem People's Rp	x278	x230	x1466	x2803	
Former GDR	x10127	x3613				Japan/Japon	x6515	x1066	x1652	x1665	
New Zealand	x390	x207	x1112	x1708		Norway,SVD,JM	x722	x1624		x1957	
Jamaica/Jamaïque	4	736	1826			Jamaica/Jamaïque	101	1320	429		
Libyan Arab Jamahiriya	x179	x203	x1381	x586	x1418	Venezuela	30	1397			
Korea Republic	x102	x267	x1062	x806		New Zealand	x2			x1218	
Saudi Arabia	x295	x599	x905	x463	x1	Australia/Australie	x54	x59	x177	x919	x24
United Arab Emirates	x376	x431	x805	x652		United Arab Emirates	x30		x982		
Lebanon/Liban		x165	x1394	x270		Viet Nam		x85	x224	x397	
Mexico/Mexique	x1493	x471	x732	x334		Switz.Liecht	x2475	x285		x275	
So. Africa Customs Un	663	x188	x298	x489		Pakistan	23	388			
Romania/Roumanie			x964			Netherlands Antilles	x580	386			
Malta/Malte	x131	x68	x551	x119		Brazil/Brésil	x101	x200			
Czechoslovakia		x36	x440			Canada	x2892	x37	x62	x31	0
Argentina/Argentine	7	x426	4	471	x424	Argentina/Argentine	1	71	40		x1
Iraq	x46	431	x46	0		Mauritius/Maurice	x126	x86			
Tunisia/Tunisie	139		x387			Malaysia/Malaisie	x5421			x58	
Bulgaria/Bulgarie						Dominican Republic	x9161	x49			
China/Chine	56	60	179	145		Former USSR/Anc. URSS	x132	x10	x19		
Malaysia/Malaisie	x19	x80	x113	x189		Hungary/Hongrie	x20683			x16	
Kuwait/Koweit	x62	x263	x55	x44		Trinidad and Tobago	12	9	4		
Guadeloupe		x298				Benin/Bénin			x11		
Chile/Chili		x80	x3	x183	x24	Haiti/Haïti	x20	x10			
						Colombia/Colombie	x3062	x5			

(VALUE AS % OF TOTAL)(VALEUR EN % DU TOTAL)

	1983	1984	1985	1986	1987	1988	1989	1990	1991	1992		1983	1984	1985	1986	1987	1988	1989	1990	1991	1992
Africa	x0.3	x0.3	x0.2	x0.2	x0.0	x0.0	x0.1	x0.1	x0.1	x0.1	Afrique	x2.0	x1.1	x0.7	x1.0	x0.8	x0.9	x1.2	0.3	0.2	0.4
Northern Africa	x0.1	x0.1	x0.0	x0.1	x0.0	x0.0	x0.1	x0.1	x0.1	x0.1	Afrique du Nord	1.8	0.4	0.3	0.9	0.8	0.9	1.2	0.3	0.2	0.4
Americas	x50.7	x50.5	x47.3	x36.5	x30.6	x31.5	x8.8	x9.5	x11.2	x0.1	Amériques	x3.2	x3.7	x3.2	x2.3	x1.9	x3.8	x1.1	x0.2	x0.0	x0.1
LAIA	x0.5	x0.5	x0.2	1.0	x0.8	x0.7	0.6	x0.1	x0.1	x0.1	ALAI	x0.5	x0.5	x0.5	x0.3	x0.4	x0.9	0.2	x0.0	x0.0	0.1
CACM	x0.5	x0.4	x0.6	x0.1	x0.1	x0.1	x0.0				MCAC	x0.7	x0.6	x0.5	x0.4	x0.3	x0.6				
Asia	x6.6	7.8	x6.8	x6.2	9.1	x4.1	x7.8	x9.9	x15.6	x0.0	Asie	54.1	57.5	52.6	48.9	x50.1	x60.9	x70.3	x56.6	x64.2	x95.9
Middle East	x0.7	x0.3	x0.6	x0.4	x0.4	x0.1	x0.2	x0.2	x0.1	x0.0	Moyen-Orient	x1.5	x2.4	0.4	x0.8	0.6	x0.0	x5.6	x0.1	x0.0	
Europe	40.6	39.4	44.3	56.4	55.1	x59.4	x75.7	x79.0	x67.4	x99.7	Europe	40.7	37.7	43.5	47.9	39.3	x26.2	x27.3	x42.9	x35.3	x3.5
EEC	33.9	32.9	35.5	42.7	41.9	x46.9	x60.1	x61.7	x44.2	x99.7	CEE	29.4	27.9	33.0	38.0	32.2	x25.2	x21.0	x36.6	x25.3	x3.5
EFTA	6.7	6.4	8.4	x13.6	x13.2	x12.5	x15.6	x17.0	x23.2		AELE	8.1	7.0	7.3	7.1	5.6	x3.6	x2.1	x6.3	x10.0	
Oceania	x1.7	x1.9	x1.4	x0.8	x0.6	x0.4			x0.2		Océanie				x0.0	x0.0	x0.0	x0.0	x0.0	x0.2	x0.0
Germany/Allemagne	15.4	15.9	17.4	19.4	19.6	x23.7	x29.1	x29.7	x6.9	x0.1	Hong Kong	11.4	12.7	11.2	10.6	10.8	16.0	23.5	29.1	31.9	x89.9
USA/Etats-Unis d'Amer	49.0	49.0	45.8	34.5	29.1	30.2	x7.7	x8.9	x10.6	x0.0	Korea Republic	36.5	35.8	34.3	30.7	28.8	x34.4	x33.7	x13.5	x7.7	
Hong Kong	1.6	1.9	1.5	1.9	2.8	3.4	6.5	7.9	12.5		Germany/Allemagne	12.1	11.2	12.4	16.2	13.1	x7.1	x10.7	x13.8	x0.2	x0.0
Netherlands/Pays-Bas	5.0	4.3	5.0	6.6	5.8	x5.8	x8.1	x8.2	x10.3	x26.7	Belgium-Luxembourg	2.8	2.8	3.1	3.5	2.8	x3.2	x3.7	x6.1	x8.4	
France,Monac	2.7	2.6	3.2	4.2	4.9	x6.3	x6.7	x8.1	x9.3	x22.2	China/Chine					0.8	1.5	3.5	4.0	5.7	
United Kingdom	5.1	5.1	4.7	5.2	4.8	x4.7	x6.4	x7.1	x8.2	x29.8	France,Monac	2.0	1.8	2.8	2.8	2.7	x2.1	x2.5	x4.2	x5.2	x0.7
Switz.Liecht				x3.4	x3.2	x4.3	x5.1	x4.8	x7.4		Portugal	0.4	0.6	1.0	1.5	1.4	x1.3	x1.9	x4.0	x4.7	
Austria/Autriche	1.9	2.1	2.3	2.8	2.5	x3.1	x3.9	x4.8	x5.6		Indonesia/Indonésie			0.2	0.2	0.2	x0.1	x0.2	x2.0	x6.9	x5.1
Sweden/Suède	3.9	3.5	3.9	4.3	4.1	x2.6	x3.9	x4.3	x5.4		Finland/Finlande	5.9	4.7	5.1	4.7	3.4	x1.2		x3.7	x4.5	
Former USSR/Anc. URSS				x3.7	x3.7	x6.7	x1.0	x4.9			United Kingdom	4.6	4.8	6.3	5.2	4.9	x1.6	x2.3	x3.0	x3.0	x1.3

8433 — DRESSES / ROBES EN MAT-TEXTILES 8433

TRADE BY COMMODITY IN THOUSAND U.S. DOLLARS — COMMERCE PAR PRODUIT EN MILLIERS DE DOLLARS E.U

IMPORTS – IMPORTATIONS

COUNTRIES–PAYS	1988	1989	1990	1991	1992
Total	x2327152	2329377	2460953	2621094	2916043
Africa	x82837	x42221	x43503	x47207	x55484
Northern Africa	x57832	x14889	x8858	x15795	x13911
Americas	x683351	x799528	x871613	x851450	x964792
LAIA	x7467	14743	14671	23392	34445
CACM	x11641	x5909	x5192	x3916	x5270
Asia	x387610	x412160	x400648	x467648	x616762
Middle East	x164475	x155553	x127987	x125181	x170791
Europe	1040540	954085	1078242	1147663	1242942
EEC	825370	765060	858560	928525	1026798
EFTA	212561	187613	215393	213457	210886
Oceania	x18287	x21846	x22917	x20001	x18507
USA/Etats–Unis d'Amer	599719	713877	780318	746163	847417
Germany/Allemagne	287530	254264	298683	337516	347238
United Kingdom	150712	153438	166782	162100	176168
Hong Kong	93305	119995	102268	144713	191163
Japan/Japon	104876	111339	117794	121470	132182
France, Monac	87258	91448	98194	85072	81606
Switz.Liecht	105267	89814	83605	85560	99226
Netherlands/Pays–Bas	108425	79880	75164	x78763	x108805
Saudi Arabia	x87368	x90452	66089	63949	69851
Belgium–Luxembourg	79281	64642	66089	63949	69851
Former USSR/Anc. URSS	x96951	x86084	x32476	x72460	54177
Canada	40346	43728	51020	46519	48026
Austria/Autriche	50677	43607	48787	46540	87494
Spain/Espagne	19204	25648	40775	60540	53166
Italy/Italie	42518	42336	36561	41752	39777
Sweden/Suède	23250	24078	32258	39243	29336
Norway,SVD,JM	24942	20526	24738	31050	x35363
United Arab Emirates	x41946	x24753	x21738	x21193	19842
Ireland/Irlande	27082	22213	22878	20874	19842
Singapore/Singapour	16910	15905	21615	17438	16766
Australia/Australie	11916	14497	14808	13686	13095
Mexico/Mexique	4012	12952	11345	18333	23630
Kuwait/Koweït	x18785	x21787	x16519	x2380	x5653
Greece/Grèce	7585	19877	8177	9905	x7873
Finland/Finlande	6734	8561	10299	10279	10938
Denmark/Danemark	10829	6524	8830	13594	12207
Panama	x5026	x6072	x7231	x13608	x9738
Nigeria/Nigéria	x4720	x6612	x9183	x9201	x10139
Portugal	4946	4791	8388	11315	21552
Libyan Arab Jamahiriya	x53802	x9114	x4324	x10880	x7121
New Zealand	3042	4639	5750	4290	3477
Poland/Pologne	x2143	x3166	x1638	x8167	x7882
Reunion/Réunion	x3004	x4688	x2739	x4965	x5198
Lebanon/Liban	6391	4578	4940	x2015	x2116
So. Africa Customs Un	2392	3513	3746	3139	2957
Tunisia/Tunisie	x4352	4348	3970	x1873	x3171
Czechoslovakia	x864	1409	x4255	3730	x5810
Hungary/Hongrie	2989	2457	x3081	x2741	x2342
Zaire/Zaïre	4969	3583	3430	1179	x415
Barbados/Barbade	x1847	x2131	x3192	x2381	x1621
Dominican Republic	925	1486	3577	2594	3622
Korea Republic	1221	1918	2144	3175	x641
Oman	1135	1472	2152	3501	3254
Martinique	x2185	x3254	x2592	x947	x22
Iraq	x1931	x1314	x1250	4005	x886
Qatar	x2837	x2387	x2018	x2153	x4280
Bahrain/Bahreïn	x1054	x2882	x2152	x1167	x975
El Salvador	x1745	x839	1995	2910	4030
Venezuela	2122	1766	1932	1894	1715
Guadeloupe	2122	1766	1932	1894	1715

EXPORTS – EXPORTATIONS

COUNTRIES–PAYS	1988	1989	1990	1991	1992
Totale	2027959	2051343	2122253	2252372	x2529223
Afrique	x31776	x32980	x27883	x30652	x32902
Afrique du Nord	24887	27699	19815	22273	23210
Amériques	x84192	x80392	x92053	x96205	x134228
ALAI	x10284	x10947	x7051	13843	15638
MCAC	x12306	x15934	x20984	x20268	x22860
Asie	922406	x1018962	1010284	1142121	x1325571
Moyen–Orient	32674	x57250	56205	55357	57453
Europe	918850	855263	935198	917136	952400
CEE	851203	798876	872273	840675	880505
AELE	43929	42352	50592	48833	50553
Océanie	x2710	x5194	5859	x5280	x3459
Hong Kong	254063	279895	279199	296686	342400
Italy/Italie	200162	223407	239839	213711	242721
Germany/Allemagne	213700	190348	188640	204691	198384
India/Inde	108083	x146383	143030	191809	x232506
Korea Republic	200764	151536	149844	141532	125485
Thailand/Thaïlande	116229	141347	135287	155713	x55190
United Kingdom	132341	120088	142909	144643	141635
France, Monac	123240	103991	116294	94974	93479
China/Chine	78081	92496	87350	90640	230309
Netherlands/Pays–Bas	65629	55837	65636	60412	63104
Indonesia/Indonésie	41658	28416	41935	60150	124805
USA/Etats–Unis d'Amer	35804	31898	41438	46692	72771
Belgium–Luxembourg	36317	34192	40667	38936	38761
Philippines	13093	x42714	18068	47692	18680
Turkey/Turquie		31564	33317	32122	37368
Hungary/Hongrie	x19387	x19594	x23934	x32196	x31156
Singapore/Singapour	24647	23885	25762	20419	17064
Sri Lanka	17694	14778	23793	30758	48824
Austria/Autriche	19336	19360	23627	21805	24663
Tunisia/Tunisie	22324	25451	17159	19531	20022
Spain/Espagne	20238	17847	19958	20412	20118
Pakistan	13392	12489	18013	25117	34304
Switz.Liecht	14486	14919	19249	19600	19580
Portugal	14767	15204	18436	17959	17594
Denmark/Danemark	18234	16172	16194	17287	19284
Cyprus/Chypre	30160	15854	16189	15526	13156
Greece/Grèce	14350	11200	12241	15123	x25744
Malaysia/Malaisie	9405	11139	13889	13217	x19086
Yugoslavia SFR	8989	7352	4183	x25678	
Ireland/Irlande	12226	10590	11459	12524	19681
Poland/Pologne	x6842	x4513	x6145	x18856	x28320
El Salvador	x7046	x8057	x9209	x8415	x8666
Romania/Roumanie	x22346	18155	5277	1379	x12614
Guatemala	x13072	x11654	x8719	x10441	x13389
Bulgaria/Bulgarie	x3875	x5589	x8036	x1609	x2821
Bangladesh	4844	5304	7075	5960	x8929
Canada	x1210	x7605	x4616	7024	8154
United Arab Emirates	x14722	x6608	8096	x4933	x5324
Malta/Malte	x3245	x2538	x3642	1913	x2470
Colombia/Colombie	x4166	x3365	x5040	9681	10224
Czechoslovakia	x5153	x4364	x4302	x4704	x5447
Dominican Republic	6795	5889	4585	x3555	x3922
Barbados/Barbade	3351	3140	3877	1125	x4359
Sweden/Suède	4788	6907	1974	4406	3812
Mexico/Mexique	1860	3228	6907	2452	4260
Australia/Australie	6201	4408	4093	3622	2251
Finland/Finlande	2632	5168	3378	2507	1800
Macau/Macao	3917	2357	3079	1694	2563
Japan/Japon	x3908	x2745	3799	3625	3976
Mauritius/Maurice	x3908	x2745	2901	2348	2527

(VALUE AS % OF TOTAL) (VALEUR EN % DU TOTAL)

IMPORTS

	1983	1984	1985	1986	1987	1988	1989	1990	1991	1992
Africa	x3.3	x4.9	x2.0	x1.6	x2.7	x3.6	x1.8	x1.8	x1.8	x1.9
Northern Africa	x2.2	x3.6	x1.2	x0.8	x2.1	x2.5	x0.6	x0.4	x0.6	x0.5
Americas	x20.8	x25.7	x27.5	x25.9	x24.0	x29.4	x34.3	x35.4	x32.5	x33.1
LAIA	x0.8	x0.8	x0.7	x0.1	x0.2	x0.2	0.6	0.6	0.9	1.2
CACM	x0.1	x0.0	x0.1	x0.3	x0.1	x0.5	0.3	0.2	0.1	x0.2
Asia	x14.4	x7.8	x14.7	x12.8	x11.1	x16.7	x17.7	x16.3	x17.9	x21.1
Middle East	x10.5	x3.5	x9.6	x7.0	x5.4	x7.1	x6.7	x5.2	x4.8	x5.9
Europe	60.6	60.6	55.0	59.2	58.7	44.7	41.0	43.8	43.8	42.6
EEC	36.5	36.3	30.9	31.3	31.5	35.5	32.8	34.9	35.4	35.2
EFTA	24.1	24.3	24.0	27.8	27.1	9.1	8.1	8.8	8.1	7.2
Oceania	0.9	x1.0	x0.8	x0.6	x0.5	x0.7	x0.9	x0.9	x0.8	x0.7
USA/Etats–Unis d'Amer	16.0	20.9	23.3	22.7	21.3	25.8	30.6	31.7	28.5	29.1
Germany/Allemagne	12.6	13.4	9.9	11.0	11.7	12.4	10.9	12.1	12.9	11.9
United Kingdom	5.7	6.2	6.0	5.3	5.1	6.5	6.6	6.8	6.2	6.0
Hong Kong	2.0	2.1	2.4	3.0	2.7	4.0	5.2	5.7	5.7	7.4
Japan/Japon	1.2	1.3	1.8	1.9	2.1	4.5	4.8	4.2	5.5	6.6
France, Monac	3.8	3.6	3.4	4.0	3.6	3.7	3.9	4.0	3.2	2.8
Switz.Liecht	19.0	19.1	19.6	23.1	22.5	4.5	3.9	3.4	3.3	3.4
Netherlands/Pays–Bas	5.4	5.1	4.4	4.3	4.4	3.4	3.4	2.9	x3.0	x3.7
Saudi Arabia	x0.8		x5.8	x3.4	x3.1	x3.8	x3.9	x3.1	x0.0	x0.0
Belgium–Luxembourg	4.1	3.6	3.2	3.3	3.0	3.4	2.8	2.7	2.4	2.4

EXPORTS

	1983	1984	1985	1986	1987	1988	1989	1990	1991	1992
Afrique	2.1	1.9	1.6	x1.2	x1.7	x1.6	x1.7	x1.3	x1.4	x1.3
Afrique du Nord	1.5	1.5	1.3	1.0	1.2	1.2	1.4	0.9	1.0	0.9
Amériques	x4.2	x3.6	x3.3	x2.9	x3.0	x4.1	x3.9	x4.4	x4.3	x5.3
ALAI	x0.3	x0.3	x0.3	x0.1	x0.6	x0.5	x0.3	x0.3	0.6	0.6
MCAC	x0.1	x0.1	x0.3	x0.2	x0.3	x0.6	x0.8	x0.9	x0.9	x0.9
Asie	37.8	40.8	45.3	x45.1	x43.9	45.4	x49.6	47.6	50.7	x52.4
Moyen–Orient	x4.7	x6.4	4.9	x3.1	5.0	1.6	x2.8	2.6	2.5	2.3
Europe	55.9	53.5	49.8	50.7	47.4	45.3	41.7	44.1	40.7	37.7
CEE	46.9	45.4	42.4	43.4	41.5	42.0	38.9	41.1	37.3	34.8
AELE	6.6	6.1	6.1	6.1	4.9	2.2	2.1	2.4	2.2	2.0
Océanie	0.1	0.1	x0.1	x0.1	x0.1	x0.1	0.2	0.3	x0.2	x0.1
Hong Kong	11.6	12.5	14.5	14.8	12.9	12.5	13.6	13.2	13.2	13.5
Italy/Italie	7.7	7.2	6.1	6.1	6.0	9.9	10.9	11.3	9.5	9.6
Germany/Allemagne	13.0	13.6	12.2	12.4	11.7	10.5	9.3	8.9	9.1	7.8
United Kingdom	8.8	8.4	8.0	7.7	5.8	5.3	x7.1	6.7	8.5	x9.2
India/Inde	7.2	8.2	9.6	8.9	8.4	9.9	7.4	7.1	6.3	5.0
Korea Republic	1.7	1.7	2.2	2.7	3.3	5.7	6.9	6.4	6.9	x2.2
Thailand/Thaïlande	7.6	7.7	8.5	7.9	8.0	6.5	5.9	6.7	6.4	5.6
United Kingdom	9.0	7.6	6.6	7.2	6.4	6.1	5.1	5.5	4.2	3.7
France, Monac						2.9	3.9	4.5	4.1	9.1
China/Chine	3.2	2.9	2.7	3.1	3.1	3.2	2.7	3.1	2.7	2.5
Netherlands/Pays–Bas	3.2	2.9	2.7	3.1	3.1	3.2	2.7	3.1	2.7	2.5

84333 — OF MAN-MADE FIBRES / ROBES FIBRES SYNTHETIQ 84333

TRADE BY COMMODITY IN THOUSAND U.S. DOLLARS – COMMERCE PAR PRODUIT EN MILLIERS DE DOLLARS E.U

COUNTRIES–PAYS	IMPORTS 1988	1989	1990	1991	1992	COUNTRIES–PAYS	EXPORTS 1988	1989	1990	1991	1992
Total	x919096	x669213	x721559	x594152	x352068	Totale	x657831	x772263	x714277	x717620	x477732
Africa	x10906	x11991	x15667	x16701	x4469	Afrique	x18622	17802	x1467	x1889	x1298
Northern Africa	x1017	x2890	x215	x2618	x126	Afrique du Nord	15898	17277	1264	1385	991
Americas	x346695	x83064	x98192	x106635	x203	Amériques	x48608	x2560	x3347	x982	x113
LAIA	x4593	x204	x324	x545	143	ALAI	x6968	35	48	x46	x14
CACM	x10841					MCAC	x6320				
Asia	x80471	x95103	x104651	x123447	x16	Asie	x351868	x448968	x418533	x489257	x165232
Middle East	x31224	x34885	x31340	x24121	x16	Moyen-Orient	x1410	x6994	x3561	x3258	x16430
Europe	x463258	x459098	x487764	x330917	x347381	Europe	x218851	x290765	x274273	x225348	x311037
EEC	x378365	x381671	x407969	x241404	x268945	CEE	x207011	x275437	x241483	x214473	x309094
EFTA	x83624	x77150	x76728	x86584	x78436	AELE	x4465	x15328	x32790	x10875	x1943
Oceania	x6330	x9516	x11009	x9438		Océanie	x1233	x511	x489	x144	x53
USA/Etats-Unis d'Amer	317826	x77429	x92766	x100807	x60	India/Inde	x32031	x114210	x117309	x141048	x80902
Germany/Allemagne	x123240	x115904	x124962	x8564	x153	Hong Kong	99035	110119	112302	133480	x15897
United Kingdom	x67242	x80811	x91344	x73966	x40748	Thailand/Thaïlande	x36397	x75862	x75903	x72783	
Hong Kong	41536	46970	56686	83410		United Kingdom	x22100	x67761	x70931	x73922	x120402
France, Monac	x36752	x41843	x59192	x34627	x40047	Italy/Italie	x27484	x35986	x57243	x74555	x160412
Netherlands/Pays-Bas	x59762	x56355	x40287	x30470	x37197	Germany/Allemagne	x58162	x105907	x45671	x253	x8
Switz.Liecht	x45170	x39309	x29118	x27698	x49100	Korea Republic	x114593	x47716	x26056	x46536	
Spain/Espagne	x13713	x19986	x32928	x37359	x52588	Indonesia/Indonésie	22983	x20184	x30842	x44796	x19889
Belgium-Luxembourg	x39952	x23447	x40318	x23386	x50203	France, Monac	x37106	x27374	x30599	x34768	x26465
United Arab Emirates	x15676	x19715	x18241	x18158		China/Chine	11934	14866	19641	28646	x12431
Sweden/Suède	x9322	x11579	x14943	x20953		Philippines	8936	x35206	10502	x5271	x848
Austria/Autriche	x17411	x14647	x18021	x12966		Netherlands/Pays-Bas	x23688	x5595	x23109	x6747	
Norway, SVD, JM	x8177	x8908	x11630	x17983	x29337	Austria/Autriche	x2188	x10560	x23627	x240	
Ireland/Irlande	x2878	x14476	x8654	x13777		Sri Lanka	1205	x14778	x16314		
Italy/Italie	x24732	x22930	x2797	x6829	x39959	Spain/Espagne	x12731	x11841	x8046	x6764	x1806
Singapore/Singapour	4177	x9644	x12181	x10675		Tunisia/Tunisie	14730	16232			
Australia/Australie	x4238	x6750	x7510	x7067		Romania/Roumanie	x2889		x15165		
Denmark/Danemark	x4048	x3088	x4216	x7928	x8048	Greece/Grèce	x183	x2909	x820	x11411	
Former USSR/Anc. URSS	x4396	x3885	x1415	x6923		Switz.Liecht	x1601	x2861	x4842	x6849	
Finland/Finlande	x1902	x2707	x3015	x5690		United Arab Emirates	x55	x6984	x3545	x3255	x3145
Greece/Grèce	x4596	x2832	x3271	x4498		Malaysia/Malaisie	x4218	x2199	x3808	x7526	x18729
Lebanon/Liban	x2910	x4688	x2062	x3838		Bulgaria/Bulgarie	x13072	x11654		0	0
Saudi Arabia	x6554	x5908	x3192	x1199	x16	Denmark/Danemark	x6062	x6123		x4962	
Canada	x4821	x3316	x3667	x3138		Ireland/Irlande	x2632	x10590			
Japan/Japon	x2154	x2011	x2067	x3502		Singapore/Singapour	11813	x3084	x367	x4520	x105
New Zealand	x1409	x1985	x2981	x1879		Sweden/Suède	x336	x1908	x3862	x765	x1943
Iraq	x1962	x3100	x2590			Portugal	x8507		x4036		
Reunion/Réunion	x2269		x5539			Morocco/Maroc	1167	1045	1263	1385	991
Czechoslovakia	x3540	x3701	x1209	x19		Belgium-Luxembourg	x8357	x1352	x1027	x1090	
Yugoslavia SFR			x1935	x2929		Jamaica/Jamaïque	2041	1405	1923		
Congo	x899	x963	x1828	x1873		Japan/Japon	x2159	x928	x1175	x1074	
Cote d'Ivoire		x2121	x1383	x996	x2946	USA/Etats-Unis d'Amer	24269	x959	x826	x866	x95
Libyan Arab Jamahiriya	x147	x1130	x186	x2571	x123	Finland/Finlande	x77	2351		x2507	
Zaire/Zaïre	x1586	x615	x1491	x1657		Pakistan	1639		x746	x316	
Gabon	x1124	x1162	x1649	x819		Macau/Macao	2598	x115	x746	x316	
Malaysia/Malaisie	x571	x1081	x1537	x1010		Former USSR/Anc. URSS	x177	x2	x1002		
Togo	40	29	4	x2459		Australia/Australie	x820	x357	x489	x144	x53
Kuwait/Koweït	x1153	x1190	x958	x4		Norway, SVD, JM	x263		x459	x514	
So. Africa Customs Un	1031	x712	x576	x684		Ethiopia/Ethiopie	683	509	149	149	
Oman	x73	x12	x1676	x32		Israel/Israël	x68	x357		x3	
Senegal/Sénégal	x463			x1703		Mauritius/Maurice	x719		x42	x312	x304
Former GDR	x3305	x1694			x1397	St Vincent & Grenadines	x1289		x267		
Un. Rep. of Tanzania	x82	x573	x558	x558		Trinidad and Tobago	126	96	1923	x22	
Poland/Pologne	x144	x1161	x473	x45		New Zealand	x3	x154	110		
Tunisia/Tunisie	529	1635		x3		Grenada/Grenade			x130		
Ghana	x316	x412	x404	x816		Canada	x1942	x31	x24	x32	0
Panama	x541	x425	x635	x458		Argentina/Argentine	6	32	43		x2
Yemen/Yémen			x1458			So. Africa Customs Un	x1266		x11	x40	
Barbados/Barbade	96	65	90	x1179		Guyana	x632	x24	x19		
Iceland/Islande	x1642			x1294		Uruguay				x33	

(VALUE AS % OF TOTAL) (VALEUR EN % DU TOTAL)

	1983	1984	1985	1986	1987	1988	1989	1990	1991	1992		1983	1984	1985	1986	1987	1988	1989	1990	1991	1992
Africa	x3.4	x6.8	x2.3	x1.6	x3.6	x1.2	x1.8	x2.2	x2.8	x1.3	Afrique	x3.4	x3.8	x2.8	x2.0	x2.5	x2.8	2.3	x0.2	x0.3	x0.3
Northern Africa	x2.0	x5.5	x1.5	x0.7	x2.8	x0.1	x0.4	x0.0	x0.4	x0.0	Afrique du Nord	2.9	3.0	2.3	1.7	2.1	2.4	2.2	0.2	0.2	0.2
Americas	x19.1	x24.8	x24.0	x23.5	x22.9	x37.7	x12.4	x13.6	x18.0	0.0	Amériques	x5.6	x4.6	x4.1	x3.7	x3.7	x7.4	x0.3	x0.4	x0.1	x0.0
LAIA	x1.1	x1.1	x0.6	x0.1	x0.2	x0.5	x0.0	x0.1	x0.1		ALAI	x0.3	x0.3	x0.3	x0.3	x0.4	x1.1	x0.0	x0.0	x0.0	x0.0
CACM	x0.0	x0.0	x0.1	x0.6	x0.5	x1.2					MCAC	x0.0	x0.0	x0.0	x0.2	x0.3	x1.0			x0.0	x0.0
Asia	x8.1	x8.6	x16.6	x12.9	x11.3	x8.7	x14.2	x14.5	x20.8	x0.0	Asie	31.0	35.1	38.5	x35.2	x37.9	x53.5	x58.2	x58.6	x68.2	x34.6
Middle East	x4.9	x5.0	x13.1	x9.0	x8.0	x3.4	x4.3	x4.1	x0.0		Moyen-Orient	x2.3	4.8	4.3	1.7	3.5	x0.2	x0.9	x0.5	x0.5	x3.4
Europe	x58.8	x59.1	x56.6	x61.7	x60.2	x50.4	x68.6	x67.6	x55.7	x98.7	Europe	59.8	56.3	54.5	59.0	51.6	x33.3	x37.7	x38.4	x31.4	x65.1
EEC	36.8	36.7	31.9	31.6	30.1	x41.2	x57.0	x56.5	x40.6	x76.4	CEE	53.7	50.3	47.9	51.8	46.2	x31.5	x35.7	x33.8	x29.9	x64.7
EFTA	22.0	x22.3	x24.6	x30.0	x30.0	x9.1	x11.5	x10.6	x14.6	x22.3	AELE	x3.7	x3.8	x4.9	x5.5	x4.0	x0.7	x2.0	x4.6	x1.5	x0.4
Oceania	0.6	0.7	x0.5	x0.3	x0.4	x0.7	x1.4	x1.6	x1.6		Océanie	x0.1	0.1	x0.1	x0.1	x0.1	x0.2	x0.1	x0.1	x0.0	x0.0
USA/Etats-Unis d'Amer	14.4	19.7	20.3	20.6	20.4	34.6	x11.6	x12.9	x17.0	x0.0	India/Inde	0.6	0.5	0.7	0.8	x2.3	x4.9	x14.8	x16.4	x19.7	x16.9
Germany/Allemagne	11.3	11.9	10.0	11.2	11.1	x13.4	x17.3	x17.3	x1.4	x0.0	Hong Kong	10.4	11.1	13.2	13.2	10.5	11.5	14.3	15.7	18.6	x3.3
United Kingdom	5.9	6.8	6.0	5.0	4.5	x7.3	x12.1	x12.4	x11.6		Thailand/Thaïlande	2.5	2.7	3.8	4.6	5.5	x5.5	x9.8	x10.6	x10.1	
Hong Kong	2.1	2.4	2.3	2.7	2.2	4.5	7.0	7.9	14.0		United Kingdom	14.0	13.7	12.9	12.5	12.0	x3.4	x8.8	x9.9	x10.3	x25.2
France, Monac	3.1	3.1	3.1	3.2	2.6	x4.0	x6.3	x8.2	x5.8	x11.4	Italy/Italie	2.6	2.2	1.6	2.3	1.4	x4.2	x4.7	x8.0	x10.4	x33.6
Netherlands/Pays-Bas	6.3	5.7	5.0	4.9	4.9	x6.5	x8.4	x5.6	x5.1	x10.6	Germany/Allemagne	14.7	15.1	16.7	18.0	14.6	x8.8	x13.7	x6.4	x0.0	x0.0
Switz.Liecht	x7.3	x7.3	x20.2	x25.0	x25.2	x4.9	x5.9	x4.0	x4.7	x13.9	Korea Republic	10.2	11.5	11.5	10.1	9.7	x17.4	x6.2	x3.6	x6.5	
Spain/Espagne	0.6	0.4	0.3	0.5	x1.5	x3.0	x4.6	x6.3	x14.9		Indonesia/Indonésie	0.8	1.0	1.0	1.4	2.2	x3.5	x2.6	x4.3	x6.2	x4.2
Belgium-Luxembourg	5.0	4.3	3.6	3.7	3.3	x4.3	x3.5	x5.6	x3.9	x14.3	France, Monac	8.9	6.8	5.8	6.6	6.6	x5.6	x3.5	x4.3	x4.8	x5.5
United Arab Emirates	x1.0	x0.8	x0.8	x0.7	x1.1	x1.7	x2.9	x2.5	x3.1		China/Chine				1.0	1.8	1.9	2.7	4.0	x2.6	

8434 — SKIRTS / JUPES EN MAT TEXTILES 8434

TRADE BY COMMODITY IN THOUSAND U.S. DOLLARS – COMMERCE PAR PRODUIT EN MILLIERS DE DOLLARS E.U

COUNTRIES–PAYS	IMPORTS 1988	1989	1990	1991	1992	COUNTRIES–PAYS	EXPORTS 1988	1989	1990	1991	1992
Total	2539776	2783691	3274710	3278885	3419392	Totale	2120175	x2325809	2641584	2618577	x2969910
Africa	x20649	x14687	x18973	x16983	x24547	Afrique	x54479	x62189	x79575	x87766	x106905
Northern Africa	x11272	7008	8800	x10096	x16170	Afrique du Nord	43756	52959	70022	80975	99239
Americas	x602927	x738619	x760472	734423	x800066	Amériques	x93202	x101323	x107077	x120745	x129657
LAIA	x4476	x9903	x16875	13292	18005	ALAI	x25652	x24485	x20381	16031	18014
CACM	x3291	x6175	x5526	x8125	x9154	MCAC	x19358	x19358	x18725	x19363	x26412	x34702
Asia	x280493	x339004	411987	458151	x505657	Asie	770847	x913999	934931	935041	x1094136
Middle East	x47332	x37607	x31512	x31519	x58315	Moyen–Orient	x12206	x55612	66497	58517	57351
Europe	1537755	1581486	2005510	1949523	2041661	Europe	1109356	1106226	1365139	1356705	1455027
EEC	1200116	1246986	1590242	1581732	1655213	CEE	1004573	1019661	1269992	1201749	1323060
EFTA	334845	332659	408590	357762	375177	AELE	80215	73339	81902	65952	60344
Oceania	x11533	x12779	x15849	x13008	x13771	Océanie	1463	x2429	3031	6589	x3029
Germany/Allemagne	520658	547937	713806	734935	718409	Germany/Allemagne	424697	462513	580471	545526	572006
USA/Etats–Unis d'Amer	541462	660412	667930	651735	711054	Hong Kong	283882	314297	325633	336433	344745
United Kingdom	161992	178943	223059	205174	237631	China/Chine	105058	133731	149073	156388	248535
Japan/Japon	117748	155743	197976	219823	227301	Italy/Italie	118499	106839	129465	117305	119271
Netherlands/Pays–Bas	175942	157852	182378	171171	177014	India/Inde	73985	x124375	113311	85521	x119968
France, Monac	133545	143159	156447	176706	183925	France, Monac	81065	79371	93604	82493	106954
Hong Kong	93619	125093	145725	126398	126398	Korea Republic	85015	85264	80737	82292	75170
Switz./Liecht	120276	118577	147928	130237	126398	Portugal	59706	71304	89903	80310	87073
Belgium–Luxembourg	93996	91990	114366	108664	117457	Belgium–Luxembourg	70118	68569	84636	83762	80930
Austria/Autriche	84196	85818	112399	97301	103751	Netherlands/Pays–Bas	69066	67124	84688	78233	80966
Sweden/Suède	70827	70828	79820	69446	79229	United Kingdom	81446	64396	79032	82718	94140
Former USSR/Anc. URSS	x60010	x72850	x42684	x74906		Greece/Grèce	53638	59442	80413	82617	x118701
Italy/Italie	29285	33844	45449	45039	51461	Thailand/Thaïlande	66433	61716	63316	67970	x39846
Norway, SVD, JM	40231	35356	42220	39877	45172	Tunisia/Tunisie	35270	39761	52086	61996	82538
Spain/Espagne	16799	25768	41417	48071	66724	Turkey/Turquie		39194	51933	46129	43404
Canada	37507	35660	39534	33206	34914	Austria/Autriche	45194	40128	48765	42065	37872
Ireland/Irlande	26542	26530	32189	28623	30423	Bulgaria/Bulgarie	x13159	x43142	x55823	x8552	x9066
Denmark/Danemark	28134	22539	25738	33084	36694	Hungary/Hongrie	x23035	x29507	x31980	x42001	x50322
Finland/Finlande	17060	20509	24577	19244	18794	USA/Etats–Unis d'Amer	14149	29883	35429	38174	38393
Singapore/Singapour	17384	14897	17616	19762	21397	Yugoslavia SFR	9070	4852	6717	x85447	
Greece/Grèce	7761	11348	15709	19729	x20107	Romania/Roumanie	x33480	x46659	x41770	1670	x32252
Saudi Arabia	x19071	x16280	x13557	x16526	x35438	Denmark/Danemark	27448	23782	29952	30546	40168
Dominican Republic	x4367	x12131	x13910	x8766	x9479	Dominican Republic	29143	26694	26184	24155	26645
Portugal	5462	7077	13410	13861	16752	Singapore/Singapour	x11810	x11565	x14882	x45763	x69919
Panama	x6847	x8762	x11700	x12155	x11880	Poland/Pologne	16090	12825	17434	29339	44269
Poland/Pologne	x3935	x5256	x3940	x22780	x21413	Sri Lanka	6702	x20440	7086	28014	11416
Australia/Australie	7943	7659	8804	7109	8236	Philippines	27682	20408	16498	13651	16032
Tunisia/Tunisie	5509	6167	8068	7420	7670	Japan/Japon	13119	14770	14951	14521	x28122
United Arab Emirates	x14937	x7328	x6810	x5334	x8472	Malaysia/Malaisie	7614	12308	13793	17808	56989
Mexico/Mexique	1264	3939	6847	7546	10066	Indonesia/Indonésie					
Czechoslovakia	x3719	2879	8289	x3446	x5959	Morocco/Maroc	7552	11303	13509	14150	11234
Korea Republic	924	2282	4681	6517	5529	Colombia/Colombie	x9631	x12371	x13444	12216	15034
New Zealand	1765	2752	5140	4080	4076	Macau/Macao	13988	13033	12444	8975	8398
Former GDR	x13843	x8927	x2919			Sweden/Suède	12377	12534	12115	9776	7628
Kuwait/Koweït	x6673	x6468	x3731	x1574	x3846	Guatemala	x6468	x7087	x9190	x14112	x23836
Yugoslavia SFR	96	357	4558	6766		Ireland/Irlande	13736	10911	10156	8241	12023
Colombia/Colombie	x2136	x4007	x6273	1140	2718	Switz./Liecht	8882	9573	10667	8186	9192
Costa Rica	x1867	x4668	x3318	x2751	x2845	Finland/Finlande	12935	10473	9393	5103	4823
Hungary/Hongrie	x1604	x3626	x3022	3927	x5059	Bangladesh	x9436	x6607	x15181	3083	x7476
Lebanon/Liban	x1195	x1931	x2762	x4609	x5039	Costa Rica	x9300	x9264	x8072	x7342	x4988
Guatemala	x1008	x901	x1690	x3759	x4583	Cyprus/Chypre	5466	6486	8701	8578	9322
So. Africa Customs Un	3489	2204	2628	x1183	x1338	Spain/Espagne	5156	5463	7673	9999	10829
Reunion/Réunion	1617	1477	2393	1082	2170	Czechoslovakia	x5429	x6335	x5865	x3503	x18738
Iceland/Islande	2255	x1571	1646	1657	1833	Malta/Malte	x15299	x8181	6509	3813	x2528
Bulgaria/Bulgarie	x3057	x2933	x672	x1116	601	Mauritius/Maurice	x7465	x6892	6061	5865	3052
Andorra/Andorre	x1210	x1076	x1121	x2413	x702	Pakistan	6499	4407	5919	5532	5052
Iraq	x2370	x2201	x1815	x387		United Arab Emirates	x5154	x9295	x4140	x1572	x2482
Guadeloupe	1212	1240	1707	1320	1574	Canada	5188	3268	4632	4862	6970
Martinique	492	774	1446	1852	1917	Egypt/Egypte	x904	x1880	x4423	x4778	x5467
Venezuela	x734	x552	1710	1685	2200	Israel/Israël	9736	4653	4262	1326	1131

(VALUE AS % OF TOTAL)(VALEUR EN % DU TOTAL)

	1983	1984	1985	1986	1987	1988	1989	1990	1991	1992		1983	1984	1985	1986	1987	1988	1989	1990	1991	1992
Africa	x0.5	x0.5	x0.4	x0.4	x0.4	0.8	x0.5	0.6	x0.5	x0.7	Afrique	1.9	1.5	1.3	x1.5	x1.9	2.6	2.6	x3.0	3.4	x3.6
Northern Africa	x0.4	x0.4	x0.3	x0.3	x0.4	x0.4	0.3	0.3	x0.3	x0.5	Afrique du Nord	1.9	1.4	1.2	1.2	1.0	2.1	2.3	2.7	3.1	3.3
Americas	x25.7	x33.3	x33.6	x29.8	x28.4	x23.7	x26.5	x23.2	22.4	x23.4	Amériques	x2.3	3.3	3.0	2.8	x3.9	4.4	4.3	x4.3	4.6	x4.3
LAIA	x0.3	x0.6	x0.2	x0.1	x0.2	x0.2	x0.4	x0.5	0.4	0.5	ALAI	0.8	x1.3	0.8	x0.7	x1.6	x1.2	x1.1	x0.8	0.6	0.6
CACM	x0.0	x0.0	x0.1	x0.1	x0.1	x0.1	x0.2	x0.2	x0.2	x0.3	MCAC	x0.2	x0.4	x0.6	x0.5	x0.4	x0.9	x0.8	x0.7	x1.0	x1.2
Asia	x10.1	x7.7	x8.4	x8.2	x7.9	x11.1	x12.1	12.6	13.9	x14.8	Asie	32.5	35.8	35.4	34.9	x37.8	36.4	x39.3	35.4	35.7	x36.9
Middle East	x3.5	x1.1	x2.2	x1.5	x1.2	x1.9	x1.4	x1.0	x1.0	x1.7	Moyen–Orient	x2.2	x2.1	1.5	2.2	3.0	x0.6	x2.4	2.5	2.2	1.9
Europe	63.2	57.8	57.0	61.1	58.5	60.5	56.8	61.2	59.5	59.7	Europe	63.3	59.4	60.2	60.8	52.0	52.3	47.6	51.7	51.8	49.0
EEC	52.9	47.8	46.6	47.0	45.5	47.3	44.8	48.6	48.2	48.4	CEE	56.3	52.8	54.1	54.4	46.4	47.4	43.8	48.1	45.9	44.5
EFTA	10.2	9.9	10.3	x14.0	x12.9	13.2	12.0	12.5	10.9	11.0	AELE	5.3	4.8	4.6	4.9	4.1	3.8	3.2	3.1	2.5	2.0
Oceania	x0.6	x0.7	x0.6	x0.4	x0.5	x0.5	x0.5	x0.5	x0.4	x0.4	Océanie		x0.0	x0.0	x0.1	x0.1	x0.1	x0.1	x0.1	0.3	x0.1
Germany/Allemagne	18.5	16.9	16.7	19.3	18.9	20.5	19.7	21.8	22.4	21.0	Germany/Allemagne	22.9	21.8	23.4	23.3	19.2	20.0	19.9	22.0	20.8	19.3
USA/Etats–Unis d'Amer	23.0	29.9	30.7	27.4	26.1	21.3	23.7	20.4	19.9	20.8	Hong Kong	12.4	15.7	15.4	14.8	12.4	13.4	13.5	12.3	12.8	11.6
United Kingdom	8.9	8.5	7.1	6.0	6.0	6.4	6.4	6.8	6.3	6.9	China/Chine			4.0	5.0	5.7	5.6	6.0	5.6	6.0	8.4
Japan/Japon	3.3	2.7	2.5	2.3	2.7	4.6	5.6	5.6	6.3	5.3	Italy/Italie	6.3	5.1	4.8	5.5	4.4	5.6	4.6	4.9	4.5	4.0
Netherlands/Pays–Bas	9.0	7.8	8.6	8.1	7.5	6.9	5.7	5.6	5.2	5.2	India/Inde	3.8	6.9	7.1	5.5	4.5	3.5	x5.3	4.3	3.3	x4.0
France, Monac	6.2	5.7	5.6	5.2	4.9	5.3	5.1	5.6	5.2	5.4	France, Monac	4.6	4.3	4.7	4.3	4.2	3.8	3.4	3.5	3.2	3.6
Hong Kong	2.3	2.9	2.8	3.5	3.1	3.7	4.5	4.8	5.4	3.7	Korea Republic	3.0	3.1	3.1	2.5	4.0	3.7	3.1	3.1	3.1	2.5
Switz./Liecht			x3.8	x3.6	4.7	4.3	4.3	4.5	3.3	3.7	Portugal	2.0	2.4	2.6	2.5	2.9	2.8	3.1	3.1	3.1	2.9
Belgium–Luxembourg	4.4	4.0	4.0	3.8	3.7	3.7	3.3	3.5	3.3	3.4	Belgium–Luxembourg	3.8	3.7	3.8	3.5	3.5	3.3	2.9	3.2	3.2	2.7
Austria/Autriche	4.1	4.2	3.9	4.1	3.7	3.3	3.1	3.4	3.0	3.0	Netherlands/Pays–Bas	3.9	3.3	3.2	3.1	2.9	3.3	2.9	3.2	3.0	2.7

8435 — BLOUSES

TRADE BY COMMODITY IN THOUSAND U.S. DOLLARS – COMMERCE PAR PRODUIT EN MILLIERS DE DOLLARS E.U

IMPORTS – IMPORTATIONS

COUNTRIES–PAYS	1988	1989	1990	1991	1992
Total	4097823	5041878	6304397	6827201	7524406
Africa	x19419	x18152	x19540	x17260	x17824
Northern Africa	x4318	x2289	x3631	x7179	x4218
Americas	x1614892	x1971110	x2109885	x2240776	x2626467
LAIA	x7953	x17510	x24331	29918	50930
CACM	x9145	x10654	x10031	x15590	x11164
Asia	530042	733604	965754	1055336	1279005
Middle East	x38369	x34053	x54972	x50943	x57676
Europe	1873768	2249564	3142844	3354193	3483239
EEC	1524113	1838651	2562108	2785988	2939998
EFTA	346826	408411	569507	560377	531415
Oceania	x17159	x23832	x29655	x27432	x38730
USA/Etats-Unis d'Amer	1478534	1810780	1919106	1952074	2350433
Germany/Allemagne	769558	935918	1303350	1400083	1354299
Hong Kong	237720	342461	498084	595587	751518
United Kingdom	200934	257327	338573	362824	418840
Japan/Japon	198547	295096	326767	329171	351836
France, Monac	145197	174770	254893	256558	301591
Netherlands/Pays-Bas	163426	178379	232260	239306	264296
Switz.Liecht	130790	151954	202577	209076	191242
Canada	97616	112784	139105	153587	176568
Belgium-Luxembourg	89509	103750	146096	148595	165069
Sweden/Suède	76376	97011	138034	125976	123602
Austria/Autriche	67111	77875	116930	116763	116631
Spain/Espagne	28220	39021	73763	110022	148229
Italy/Italie	46005	49949	63613	103792	136381
Singapore/Singapour	41166	48899	68637	60010	79691
Norway, SVD, JM	46190	48276	65596	63350	62317
Denmark/Danemark	30907	33355	47222	52500	53864
Ireland/Irlande	33694	37088	48273	45078	42272
Finland/Finlande	22781	30312	43299	42058	34675
Greece/Grèce	9484	19052	35938	42269	x21362
Poland/Pologne	x2808	x8978	x10246	x66750	x62458
Former USSR/Anc. URSS	x14022	x20029	x12264	x53197	
Panama	x8737	x8075	x8841	x67619	x27227
Saudi Arabia	x14427	x15511	x20887	x27099	x25332
Australia/Australie	14187	17126	19561	19357	27708
Portugal	7179	10042	18126	24960	33994
United Arab Emirates	x14724	x7515	x20311	x12664	x18584
Mexico/Mexique	2164	9198	11815	16317	28907
New Zealand	1884	5079	8641	7769	8695
Korea Republic	1098	2509	6888	6770	10712
El Salvador	x3399	x6605	x5426	x3653	x5171
Nigeria/Nigéria	x5923	x6364	x6720	x2462	x2390
Czechoslovakia	x3159	3291	8069	x3734	x7052
Costa Rica	x4034	x2909	x1742	x8781	x2237
Venezuela	x1752	x1411	5616	6276	9137
Hungary/Hongrie	x2751	x3013	x3433	6836	x6552
Yugoslavia SFR	157	247	7455	x4314	
Former GDR	x14041	x9146	x1774		
Lebanon/Liban	x1323	x1715	x5268	x3842	x3500
China/Chine	885	2250	3951	3837	8301
Colombia/Colombie	x3135	x4764	x4097	689	1572
Anguilla	x3	x12	x13	x9228	x19
Iceland/Islande	3577	2983	3072	3152	2947
Dominican Republic	x5333	x4286	x1778	x2510	x3830
So. Africa Customs Un	x2148	2419	3867	x2167	x3418
Kuwait/Koweït	x3291	x3764	x2459	x1207	x3262
Cyprus/Chypre	1674	2010	2352	3034	3573
Israel/Israël	2090	1780	2414	3186	5447
Malaysia/Malaisie	928	1441	1943	3477	x8212
Tunisia/Tunisie	x1260	4	2782	3019	2499

EXPORTS – EXPORTATIONS

COUNTRIES–PAYS	1988	1989	1990	1991	1992
Totale	3635858	x4389883	5335605	5960419	x6787443
Afrique	x21705	x29155	x54571	x53031	x72354
Afrique du Nord	x4903	x5569	31229	33056	47371
Amériques	x129485	x113708	x104522	x205316	x153035
ALAI	x19245	x16891	x18274	91528	16811
MCAC	x31867	x28164	x24689	x43582	x52467
Asie	2348044	x2974673	3425873	3876659	x4567926
Moyen-Orient	x38002	135184	176781	179129	x213329
Europe	978921	1103920	1536758	1633005	1722683
CEE	893212	1021734	1437352	1466546	1583374
AELE	62015	66973	87315	76034	70714
Océanie	x1540	5409	9088	x9371	x7720
Hong Kong	995382	1164164	1303442	1415065	1578316
Germany/Allemagne	303041	376188	547235	544768	559484
India/Inde	335148	x459478	493682	510185	x644985
China/Chine	209386	308184	452585	587016	888960
Korea Republic	283074	290634	278101	282934	250633
Italy/Italie	128402	124075	165142	137518	129127
United Kingdom	106072	105754	143910	172808	216579
Indonesia/Indonésie	71531	89907	143308	171050	230416
Thailand/Thaïlande	101723	110763	113904	173690	x106470
France, Monac	80283	93602	125729	133518	146629
Turkey/Turquie		89406	111612	114141	133187
Greece/Grèce	77977	78547	105623	121832	x149909
Netherlands/Pays-Bas	54130	73822	108420	118011	134686
Sri Lanka	68039	73674	78392	118011	134686
Portugal	65996	81817	111689	143021	167276
Malaysia/Malaisie	51775	76824	74739	100990	93437
Bangladesh	x46361	x61876	x88948	89922	x145687
Singapore/Singapour	57721	67884	x88948	52505	x99259
Belgium-Luxembourg	39132	49963	69249	62880	72881
Bulgaria/Bulgarie	x71725	x69596	x85082	x16230	84455
Poland/Pologne	x26592	x25232	x37870	x102021	x144269
Pakistan	22366	29311	48674	53508	42544
Hungary/Hongrie	x25437	x34009	x42211	x48730	x55316
Macau/Macao	37416	42247	42280	39796	41147
Philippines	7002	x34175	18842	66510	14234
Cyprus/Chypre	27098	32717	42113	43979	45699
Colombia/Colombie	x11242	x11823	x14081	86857	12024
USA/Etats-Unis d'Amer	35849	35066	33247	38413	51954
Denmark/Danemark	26995	25460	40210	39787	43700
Austria/Autriche	23791	24445	34965	34503	32928
Yugoslavia SFR	8552	5068	4938	x81551	
Switz.Liecht	18110	21721	27625	21740	21447
Romania/Roumanie	x29443	x31230	x35359	2547	x25411
Israel/Israël	8490	15245	20868	30133	37327
Dominican Republic	x26489	x21703	x16055	x19346	x12981
Mauritius/Maurice	x13938	x18984	16565	13975	15747
Tunisia/Tunisie	72	47	21946	23081	33403
Sweden/Suède	11659	11706	14454	12977	9883
Guatemala	x7771	x8064	x10749	x19251	x25841
United Arab Emirates	x8797	x9627	x12609	x12375	x17103
Ireland/Irlande	6378	6694	13360	8243	10433
Costa Rica	x14574	x9599	x7711	x9162	x11064
Malta/Malte	x15135	x10119	7100	x8856	x6142
Nepal/Népal	x5299	x7302	x11290	x5926	x19890
Japan/Japon	7568	6441	8651	9273	8754
El Salvador	x8934	x7799	x4899	x11556	x11102
Finland/Finlande	7404	8316	8807	5927	5269
Spain/Espagne	4804	5813	7019	9875	14935
Morocco/Maroc	3054	3547	7890	7769	11552
Canada	5592	5843	6244	6596	9191

(VALUE AS % OF TOTAL) (VALEUR EN % DU TOTAL)

IMPORTS

	1983	1984	1985	1986	1987	1988	1989	1990	1991	1992
Africa	x0.5	x0.4	x0.2	x0.3	x0.6	x0.5	x0.3	x0.3	x0.2	x0.2
Northern Africa	x0.1	x0.1	x0.0	x0.1	x0.1	x0.1	x0.1	x0.1	x0.1	x0.1
Americas	x49.6	x55.5	x56.8	x48.8	x43.2	x39.4	x39.1	x33.4	x32.8	x34.9
LAIA	x0.3	x0.5	x0.5	x0.2	x0.4	x0.2	x0.3	x0.4	x0.4	0.7
CACM	x0.2	x0.3	x0.1	x0.1	x0.2	x0.2	x0.2	x0.2	x0.2	x0.1
Asia	x8.7	6.9	8.3	8.9	9.8	12.9	14.6	15.3	15.5	16.9
Middle East	x2.1	x0.6	x1.7	x1.2	x1.3	x0.9	x0.7	x0.9	x0.7	x0.8
Europe	40.4	36.3	34.0	41.5	44.8	45.7	44.6	49.9	49.1	46.3
EEC	34.2	30.7	28.3	32.1	35.6	37.2	36.5	40.6	40.8	39.1
EFTA	6.1	5.5	5.6	x9.4	x9.2	8.5	8.1	9.0	8.2	7.1
Oceania	0.8	x1.0	x0.6	x0.5	x0.4	x0.4	x0.4	x0.4	x0.4	x0.5
USA/Etats-Unis d'Amer	43.9	49.6	51.5	44.4	39.5	36.1	35.9	30.4	28.6	31.2
Germany/Allemagne	16.0	14.7	13.2	15.2	17.2	18.8	18.6	20.7	20.5	18.0
Hong Kong	3.7	3.4	3.5	4.2	4.2	5.8	6.8	7.9	8.7	10.0
United Kingdom	4.8	4.9	4.3	4.2	4.7	4.9	5.1	5.4	5.3	5.6
Japan/Japon	1.9	1.9	2.1	2.4	3.1	4.8	5.9	5.2	4.8	4.7
France, Monac	3.5	2.9	2.6	3.1	3.3	3.5	3.5	4.0	3.8	4.0
Netherlands/Pays-Bas	4.2	3.8	3.8	4.2	4.4	4.0	3.5	3.7	3.5	3.5
Switz.Liecht				x2.6	x2.6	3.2	3.0	3.2	3.1	3.5
Canada	4.1	4.4	4.0	3.5	2.8	2.4	2.2	2.2	2.2	2.3
Belgium-Luxembourg	2.2	1.8	1.9	2.1	2.2	2.2	2.1	2.3	2.2	2.2

EXPORTS

	1983	1984	1985	1986	1987	1988	1989	1990	1991	1992
Afrique	0.3	x0.3	0.5	0.9	0.6	0.5	0.7	1.0	0.8	1.0
Afrique du Nord	0.1	0.1	0.1	0.1	0.2	0.1	0.1	0.6	0.6	0.7
Amériques	3.4	4.3	4.0	3.6	3.6	3.5	2.6	x1.9	x3.5	x2.3
ALAI	0.8	0.8	0.9	0.6	x1.1	0.5	0.4	0.3	1.5	0.2
MCAC	0.6	0.6	0.7	0.7	0.6	0.9	0.6	0.5	0.7	0.8
Asie	66.3	68.6	69.0	64.9	64.5	64.5	67.8	64.3	65.1	x67.3
Moyen-Orient	x1.9	x2.2	4.1	3.1	2.6	x1.0	3.1	3.3	3.0	x3.1
Europe	29.9	26.8	26.5	30.5	27.5	26.9	25.1	28.8	27.4	25.4
CEE	25.9	23.6	23.7	27.0	24.5	24.6	23.3	26.9	24.6	23.3
AELE	2.1	1.9	1.7	x2.4	x2.1	1.7	1.5	1.6	1.3	1.0
Océanie			x0.0	x0.0		0.0	0.0	0.2	x0.2	x0.1
Hong Kong	29.5	30.9	29.4	28.0	26.8	27.4	26.5	24.4	23.7	23.3
Germany/Allemagne	7.5	6.9	7.4	9.0	7.5	8.3	8.6	10.3	9.1	8.2
India/Inde	13.1	11.9	10.6	10.6	10.1	9.2	x10.5	9.3	8.6	x9.5
China/Chine					4.3	5.8	7.0	8.5	9.8	13.1
Korea Republic	9.5	9.2	8.7	7.8	7.3	7.8	6.6	5.2	4.7	3.7
Italy/Italie	6.5	5.5	4.5	4.9	4.2	3.5	2.8	3.1	2.3	1.9
United Kingdom	2.3	2.2	2.7	2.7	2.9	2.9	2.4	2.7	2.9	3.2
Indonesia/Indonésie	1.3	2.7	2.4	3.4	2.3	2.0	2.0	2.7	2.9	3.4
Thailand/Thaïlande	3.5	3.7	2.9	3.0	2.5	2.8	2.5	2.1	2.9	x1.6
France, Monac	2.9	2.4	2.7	2.7	2.3	2.2	2.1	2.4	2.2	2.2

84352 — OF MAN-MADE FIBRES
BLOUSES FEMMES FIB SYNT 84352

TRADE BY COMMODITY IN THOUSAND U.S. DOLLARS – COMMERCE PAR PRODUIT EN MILLIERS DE DOLLARS E.U

COUNTRIES–PAYS	IMPORTS – IMPORTATIONS					COUNTRIES–PAYS	EXPORTS – EXPORTATIONS				
	1988	1989	1990	1991	1992		1988	1989	1990	1991	1992
Total	x1629315	x1412892	x1737725	x1328000	x992227	Totale	x1281573	x1264812	x1129578	x1505122	x1044627
Africa	x3911	x4901	x3018	x3423	x3067	Afrique	x3366	2125	x5158	x4414	5960
Northern Africa	x61	x22	x24	x106	57	Afrique du Nord	1171	2125	4337	4366	5960
Americas	x718916	x208372	x213588	x221787	192	Amériques	x90202	x1139	x1470	x467	x138
LAIA	x4614	x581	x942	x1249	192	ALAI	x30271	x10	27	x5	x38
CACM	x4314					MCAC	x20356				
Asia	x107620	x137710	x179818	x206412	x3	Asie	x877388	x1006128	x782532	x1137251	x832449
Middle East	x9304	x5802	x14045	x11223	x3	Moyen-Orient	x2528	x10665		x1658	
Europe	x771108	x1031178	x1315388	x869759	x988965	Europe	x276592	x255215	x339786	x362240	x206079
EEC	x634491	x841776	x1052359	x625983	x966881	CEE	x249248	x223827	x310182	x332281	x206079
EFTA	x136233	x188989	x261565	x242299	x21408	AELE	x12547	x31388	x29604	x29960	
Oceania	x4897	x8281	x12153	x11205		Océanie	x670	x205	x632	x749	
Germany/Allemagne	x284138	x361480	x421011	x114044	x2207	Hong Kong	317089	392456	411261	461361	x362830
United Kingdom	x124457	x163022	x209460	x199033	x390214	India/Inde	x83594	x111868	x66994	x256869	x255632
USA/Etats-Unis d'Amer	684787	x181484	x180612	x193509		Sri Lanka	26895	x69521	x76924	x126979	
Hong Kong	80147	106697	120000	147815		Korea Republic	x190757	x205329	x46681	x18153	x194134
Netherlands/Pays-Bas	x78144	x104589	x128798	x110963	x209726	Germany/Allemagne	x90578	x98428	x124110	x919	x2
France,Monac	x61910	x75476	x105540	x58390	x105264	United Kingdom	x46181	x51255	x58830	x98591	x18840
Sweden/Suède	x34828	x55507	x81128	x80464		China/Chine	43167	46466	46663	71937	x2947
Switz.Liecht	x44239	x57166	x79993	x66637	x21408	Italy/Italie	x17098	x27984	x60492	x53489	x90994
Belgium-Luxembourg	x36336	x64092	x54455	x23575	x95294	France,Monac	x21147	x22464	x41779	x56896	x82303
Spain/Espagne	x23601	x30235	x54159	x53225	x89973	Indonesia/Indonésie	58284	x41457	x41829	x33964	x13927
Austria/Autriche	x25527	x35916	x44457	x39943		Portugal	x12369	x18815		x82286	
Norway,SVD,JM	x18836	x25952	x34197	x32386		Thailand/Thaïlande	x47075	x33214	x21339	x29594	
Singapore/Singapour	14692	x20074	x33358	x28951		Macau/Macao	20264	x19432	x27310	x20912	
Canada	x17957	x24983	x31054	x26135		Singapore/Singapour	33370	x41080	x9088	x17265	x2979
Ireland/Irlande	x3703	x15929	x39268	x12119		Bangladesh	x7392		12165	x63197	
Denmark/Danemark	x10682	x14952	x20334	x30092	x36852	Philippines	4981	x24606	x10296	x14832	
Finland/Finlande	x10097	x12740	x20446	x20236		Austria/Autriche	x2702	x22336	x19349	x12167	
Greece/Grèce	x4153	x7883	x17778	x21312		Malaysia/Malaisie	x34450	x5255	x19349	x16814	
Former USSR/Anc. URSS	x9624	x14711	x4266	x12258		Netherlands/Pays-Bas	x19088	x754	x19042	x10654	
Japan/Japon	x2889	x3960	x9702	x13875		Sweden/Suède	x6309	x4395	x12162	x11645	
Australia/Australie	x4449	x7031	x10151	x7888		Denmark/Danemark	x6834	x10		x20780	
United Arab Emirates	x4971	x2257	x8152	x8259		Belgium-Luxembourg	x7435		x4041	x8078	
Poland/Pologne	x2165	x3796	x5774	x2979		Morocco/Maroc	1155	2125	4337	4366	5960
Italy/Italie	x3421	x1035	x1556	x3231	x37351	Finland/Finlande	x983	x4013	x3126	x2537	
Iceland/Islande	x2705	x1708	x1343	x2633		United Arab Emirates	x1132	x9401			
Lebanon/Liban	x1114	x524	x3411	x1741		Japan/Japon	x4104	x1753	x2930	x3702	
New Zealand	x153	x911	x1685	x2777		Spain/Espagne	x1372	x4117	x1887	x588	x13940
Malaysia/Malaisie	x269	x499	x944	x2428		Switz.Liecht	x2034	x339	x3325	x2834	
Hungary/Hongrie	x488	x1245	x2404	x100		Pakistan	1907	3003			
Portugal	x3946	x3084				Lebanon/Liban	x1387	x1265		x1658	
Iraq	x1074	x1666	x1379			Norway,SVD,JM	x470	x304	x696	x777	
Saudi Arabia	x1219	x1203	x633	x791	x3	Australia/Australie	x670	x182	x632	x749	
Former GDR	x8785	x2106	x40			USA/Etats-Unis d'Amer	20247	x590	x623	x341	x96
Korea Republic	x112	x69	x1162	x631		Jamaica/Jamaïque	471	446	681		
Mexico/Mexique	x2077	x516	x633	x553		Mauritius/Maurice	x1828		x820	x25	
Panama	x123	x165	x685	x847		Canada	x1655	x27	x27	x70	x1
Zaire/Zaïre	x973	x792	x565	x262		Barbados/Barbade	3	21	10	x24	
Gibraltar	x384	x317	x543	x712		Saint-Kitts-Nevis			x51		
Czechoslovakia	x138	x592	x742	x35		Netherlands Antilles	x24	x39			
So. Africa Customs Un	x938	x367	x392	x428		Panama	x36	x1	x8	x25	x4
Yugoslavia SFR			x401	x760		Guyana	x764		x30		
Cote d'Ivoire		x917	x27	x183	x368	Argentina/Argentine	5	2	26		0
Togo	3	3		x1081	x1306	So. Africa Customs Un	x83		x1	x24	
China/Chine	26	83	145	747		New Zealand			x24		
Congo	x250	x224	x269	x376	x397	Myanmar		x22			
Mauritius/Maurice	x97		x370	x453		Viet Nam				x11	
Qatar	x11	x81	x384	x347		Venezuela	x8	x7	x1		
Angola		x277	x532			Saint Lucia/St. Lucie	79		8	x2	
Gabon	x145	x196	x283	x235	x253	Guadeloupe		x4	x1	x4	x11
Netherlands Antilles	x388	x674				Chile/Chili	x595				

(VALUE AS % OF TOTAL)(VALEUR EN % DU TOTAL)

	1983	1984	1985	1986	1987	1988	1989	1990	1991	1992		1983	1984	1985	1986	1987	1988	1989	1990	1991	1992
Africa	x0.8	x0.7	x0.4	x0.5	x0.7	x0.3	x0.3	x0.2	x0.3	x0.3	Afrique	x0.3	x0.4	x0.3	x0.7	x1.3	x0.3	x0.2	x0.5	x0.3	0.6
Northern Africa	x0.1	x0.1	x0.1	x0.0	x0.1	x0.0	x0.0	x0.0	x0.0	0.0	Afrique du Nord	0.1	0.1	0.1	0.1	x0.8	0.1	0.2	0.4	0.3	0.6
Americas	x46.3	x53.1	x53.6	x46.9	x41.1	x44.1	x14.7	x12.3	x16.7		Amériques	x3.6	x4.2	x5.1	x4.5	x4.9	x7.0	x0.0	x0.2	x0.0	x0.0
LAIA	x0.5	x0.6	x0.4	x0.2	x0.4	x0.3	x0.0	x0.1	x0.1	0.0	ALAI	x1.4	x1.2	x1.1	x0.7	x1.5	x2.4	x0.0	x0.0	x0.0	x0.0
CACM	x0.0	x0.0	x0.0	x0.1	x0.2	x0.3					MCAC	x0.9	x1.0	x1.1	x0.7	x0.9	x1.6				
Asia	x9.1	x6.4	x7.8	x7.3	x7.6	x6.6	x9.8	x10.4	x15.5	x0.0	Asie	64.0	66.5	65.0	58.9	x57.0	x68.5	x79.5	x69.3	x75.5	x79.7
Middle East	x2.9	x1.0	x2.5	x1.8	x2.3	x0.6	x0.4	x0.8	x0.8	x0.0	Moyen-Orient	x0.9	x1.1	1.1	1.1	1.9	x0.0	x0.8	x0.0	x0.2	x0.0
Europe	42.6	38.6	37.4	44.7	48.6	x47.3	x73.0	x75.7	x65.5	x99.7	Europe	32.1	28.8	29.5	35.9	32.0	x21.6	x20.2	x30.1	x24.1	x19.7
EEC	36.8	33.5	31.9	35.0	38.9	39.0	x59.6	x60.6	x47.1	x97.4	CEE	27.8	25.6	26.8	32.4	29.1	x19.4	x17.7	x27.5	x22.1	x19.7
EFTA	5.8	5.0	5.5	x9.7	x9.6	x8.4	x13.4	x15.1	x18.2	x2.2	AELE	2.0	1.6	1.3	x1.8	x1.6	x1.0	x2.5	x2.6	x2.0	
Oceania	x1.1	x1.1	x0.7	x0.4	x0.5	x0.3	x0.6	x0.7	x0.8		Océanie	x0.0	x0.0	x0.0	x0.0	x0.0	x0.0	x0.1	x0.0	x0.0	
Germany/Allemagne	16.9	15.0	14.5	16.7	18.2	x17.4	x25.6	x24.2	x8.6	x0.2	Hong Kong	27.2	25.1	22.4	22.4	19.5	24.7	31.0	36.4	30.7	x34.7
United Kingdom	6.2	6.5	5.5	5.0	5.7	x7.6	x11.5	x12.1	x15.0	x39.3	India/Inde	1.1	1.6	1.5	1.5	x4.8	x6.5	x4.7	x5.9	x17.1	x24.5
USA/Etats-Unis d'Amer	40.4	47.3	48.9	43.0	37.7	42.0	x12.8	x10.4	x14.6		Sri Lanka			1.2	1.5	1.7	2.1	1.5	5.5	6.8	x8.4
Hong Kong	3.9	3.1	3.1	3.9	3.1	4.9	7.6	6.9	11.1		Korea Republic	18.5	20.8	17.7	13.1	12.3	x14.9	x16.2	x4.1	x1.2	x18.6
Netherlands/Pays-Bas	5.4	4.8	4.7	5.2	5.7	x4.8	x7.4	x7.4	x8.4	x21.1	Germany/Allemagne	9.0	8.5	9.8	13.2	10.0	x7.1	x7.8	x11.0	x0.1	x1.8
France,Monac	3.3	2.9	2.5	2.8	3.3	x3.8	x5.3	x4.1	x4.4	x10.6	United Kingdom					4.6	3.6	x4.1	x5.2	x6.6	x1.8
Sweden/Suède	2.2	1.7	2.2	2.4	2.7	x2.1	x3.9	x4.7	x6.1		China/Chine					2.2	3.4	3.7	4.1	4.8	x0.3
Switz.Liecht			x2.7	x2.6	x2.7	x4.0	x4.6	x5.0	x2.2	x2.2	Italy/Italie	5.3	3.7	2.6	3.0	2.1	x1.3	x2.2	x5.4	x3.6	x8.7
Belgium-Luxembourg	2.4	2.1	2.1	2.2	2.5	x2.2	x4.5	x3.1	x1.8	x9.6	France,Monac	2.7	2.2	2.5	2.7	2.6	x1.7	x1.8	x3.7	x3.8	x7.9
Spain/Espagne	0.6	0.4	0.5	0.5	1.0	1.4	x2.1	x3.1	x4.0	x9.1	Indonesia/Indonésie			5.8	6.5	4.5	3.3	x3.7	x2.3	x1.3	

84393 — OF COTTON

TRADE BY COMMODITY IN THOUSAND U.S. DOLLARS – COMMERCE PAR PRODUIT EN MILLIERS DE DOLLARS E.U

IMPORTS – IMPORTATIONS

COUNTRIES–PAYS	1988	1989	1990	1991	1992
Total	x2941785	x1161234	x861266	x775160	x1666584
Africa	x18706	x9080	x2610	x2955	x401
Northern Africa	x5202	6251	x596	x796	x368
Americas	x1590057	x136058	x129055	x71746	x25910
LAIA	x4553	x834	x3427	x6438	x2728
CACM	x4293		x7	x230	
Asia	x115953	x69656	x85415	x112390	x9
Middle East	x22649	x12719	x5962	x9051	x2
Europe	x1105442	x871122	x591566	x545850	x1558126
EEC	x984176	x827789	x543645	x496345	x1506074
EFTA	x113324	x39724	x38107	x41261	x52052
Oceania	x18871	x15848	x15686	x16673	x82138
France, Monac	x296857	x295510	x276483	x316003	x651758
Germany/Allemagne	x307057	x225566	x107547	x16702	x747
Belgium–Luxembourg	x138686	x171643	x61848	x62318	x251292
USA/Etats–Unis d'Amer	1548084	x98247	x80890	x48566	x23117
Japan/Japon	x38658	x44439	x56370	x75736	x7
Netherlands/Pays-Bas	x78600	x49912	x37321	x47068	x38459
Italy/Italie	x50913	x24877	x27737	x24826	x255371
Former USSR/Anc. URSS	x48876	x36556	x13993	x23583	
Sweden/Suède	x48962	x15008	x10617	x21085	
United Kingdom	x68357	x19971	x12320	x11387	x146313
Australia/Australie	x16086	x14108	x13450	x13200	x82138
Canada	x18120	x12213	x7697	x11951	x65
Singapore/Singapour	39247	x3925	x15210	x11654	
Denmark/Danemark	x17009	x14399	x7742	x8206	x12075
Martinique	x236	x10648	x15940		
Switz.Liecht	x22087	x11062	x8455	x6179	x37101
Former GDR	x36091	x13059	x11828	x29	
Spain/Espagne	x7270	x9108	x7601	x7405	x150058
Ireland/Irlande	x13199	x13342	x4844	x73	
Finland/Finlande	x13129	x6012	x5690	x4803	x11260
Yugoslavia SFR		x3335	x4749	x7695	
Austria/Autriche	x19560	x4640	x7668	x2784	x3691
Norway,SVD,JM	x9525	x3002	x5631	x6101	
Hong Kong	2018	2296	2467	7823	
Czechoslovakia	x5916	x4078	x8335	x29	
Guadeloupe	x3677	x5089	x7090		
United Arab Emirates	x15117	x4294	x2277	x4810	
Panama	x1667	x2463	x3788	x2829	
China/Chine	795	608	2953	3754	
Poland/Pologne	x1592	x4420	x1267	x1618	
New Zealand	x1325	x760	x1634	x3446	
Lebanon/Liban	x1091	x762	x2362	x2191	
Tunisia/Tunisie	4208	5237		x2	
Korea Republic	x392	x743	x1021	x3387	
Mexico/Mexique	2981	x259	x2441	x2348	x1
Andorra/Andorre	x7686		x4927		
Haiti/Haïti	x1704		x4898		
Saudi Arabia	x3724	x1957	x824	x1501	0
Reunion/Réunion	x8286	x2254	x1739		
Jamaica/Jamaïque	2535	2691	1255		
Iraq	x582	x3712			
Portugal	x5998	x3117			
Argentina/Argentine	109	172	438	2371	x648
Hungary/Hongrie	x280	x1357	x1512	x79	
Greece/Grèce	x231	x343	x202	x2356	
British Virgin Islds	x2	x2	x2505		
Philippines	29	x1516	367	x207	
Togo	39	9	45	x1743	
Papua New Guinea	879	980	600		
Aruba				x1448	

EXPORTS – EXPORTATIONS

COUNTRIES–PAYS	1988	1989	1990	1991	1992
Totale	x2394967	x1619081	x813472	x1476821	x3965933
Afrique	x101695	71019	31749	35440	48754
Afrique du Nord	64816	70229	30983	35381	48754
Amériques	x256349	x28827	x25331	x2918	x3062
ALAI	x102937	19545	16811	x1672	x2816
MCAC	x59937				
Asie	x949307	x411588	x486450	x716554	x1664566
Moyen–Orient	x25953	x116	x23316	x276	x24
Europe	x1017365	x1092432	x245821	x697380	x2242398
CEE	x927731	x1090911	x245325	x686727	x2242398
AELE	x63864	x1521	x196	x5759	
Océanie	x1451	x2803	x7152		x7153
China/Chine	210201	324034	346137	476063	x940769
France, Monac	x304163	x393358	x51448	x221624	x571513
Italy/Italie	x215784	x153902	x162234	x348852	x1584173
Pakistan	41625	41620	x45339	x198503	
Germany/Allemagne	x67125	x219698	x8199	x355	x16
Netherlands/Pays-Bas	x94705	x175237	x9355	x8550	
Belgium–Luxembourg	x38566	x88473		x45274	
Morocco/Maroc	23222	21784	30983	35381	48754
Portugal	x109361	x40155	x99	x36988	
United Kingdom	x31955	x15092	x10961	x24731	x80653
Tunisia/Tunisie	38598	48445			
Singapore/Singapour	68041	x16789	x18566	x8483	x84120
Thailand/Thaïlande	x142433	x12794	x13980	x13624	x183587
Philippines	16645	x1153	29010		x12365
Argentina/Argentine	10571	16004	10035	0	x90
Former USSR/Anc. URSS		x244	x344	x24529	
Macau/Macao	68627	x10308	x5431	x8039	
Turkey/Turquie			x23316		
Hungary/Hongrie	x1866		x16625		
Hong Kong	1191	1930	1210	9442	x81932
Czechoslovakia		x12168			
Peru/Pérou	x225	3424	6328	x5	
Jamaica/Jamaïque	6337	4818	3637		
Australia/Australie	x1240	x1582	x4911		x6229
USA/Etats–Unis d'Amer	28889	x3553	x1446	x411	x212
Yugoslavia SFR	x12019		x299	x4894	
Denmark/Danemark	x24287	x4972			
Korea Republic	x28142	x2121	x1316	x686	x479
Spain/Espagne	x15264	x23	x3029	x352	x6043
Switz.Liecht	x1110	x255		x3075	
Fiji/Fidji	x4	x1196	x2133		
Austria/Autriche	x12040			x2684	
Saint Lucia/St. Lucie	1082	x66	1444		
Japan/Japon	x43081	x350	x359	x780	x2
Sweden/Suède	x16434	x1265	x196		
Uruguay	x1236	x113	x302	x739	1791
Guyana	x292	x355	x779		
Mauritius/Maurice	x32355	x783	x266		
Indonesia/Indonésie	51599	x312	x313	x372	x218260
India/Inde	x109325		x695	x286	x132950
Malaysia/Malaisie	x19681	x61	x772		x10079
Saint-Kitts-Nevis	3				
St Vincent & Grenadines	x51	x95	x39	x686	
Trinidad and Tobago	61	172	x626		
Brazil/Brésil	46993	x1	366		
Reunion/Réunion			x56	x425	x591
United Arab Emirates	x14898	x116	x481		
Colombia/Colombie	x16670		x25	x276	x24
Barbados/Barbade	47	129	x308	x306	
Panama	x5672	x49	39	x59	x33
			x92	x68	

(VALUE AS % OF TOTAL)(VALEUR EN % DU TOTAL)

	1983	1984	1985	1986	1987	1988	1989	1990	1991	1992		1983	1984	1985	1986	1987	1988	1989	1990	1991	1992
Africa	x0.5	x0.5	x0.4	x0.5	x0.4	x0.6	x0.8	x0.3	x0.4	x0.0	Afrique	2.0	2.0	2.9	3.4	2.9	4.3	4.4	3.9	x2.4	x1.2
Northern Africa	x0.2	x0.1	x0.1	x0.2	x0.2	x0.2	0.5	x0.1	x0.1	x0.0	Afrique du Nord	1.7	1.6	1.9	2.2	2.2	2.7	4.3	3.8	2.4	1.2
Americas	x42.0	x43.0	x44.0	x42.1	x40.6	x54.0	x11.7	x15.0	x9.2	x1.6	Amériques	x3.7	x5.6	x7.1	x5.0	x7.6	x10.7	x1.8	x3.1	x0.2	x0.1
LAIA	x0.2	x0.4	x0.6	x0.1	x0.2	x0.2	x0.1	x0.4	x0.8	x0.2	ALAI	x2.2	x3.4	x3.1	x4.2	x4.7	x4.3	1.2	2.1	x0.1	x0.1
CACM	x0.1	x0.1	x0.0	x0.0	x0.1		x0.0	x0.0			MCAC	x0.1	x0.3	x0.9	x1.1	x1.1	x2.5				
Asia	x6.0	x2.6	x4.1	x3.8	x4.3	x3.9	x6.0	x9.9	x14.5	x0.0	Asie	x40.3	x39.0	29.4	x29.5	x37.2	x39.6	x25.4	x59.8	x48.6	x42.0
Middle East	x4.1	x0.6	x1.7	x1.0	x0.8	x1.1	x0.7	x1.2			Moyen–Orient	x14.1	x17.5	6.3	6.4	6.5	x1.1	x0.0	x2.9	x0.0	
Europe	50.7	53.0	50.8	53.0	50.7	x37.6	75.0	x68.7	70.4	x93.5	Europe	54.0	53.4	60.7	61.9	49.5	x42.5	x67.5	x30.2	x47.2	x56.5
EEC	38.4	41.1	38.6	40.9	40.5	x33.5	x71.3	x63.1	x64.0	x90.4	CEE	44.6	44.7	50.9	53.4	43.5	x38.7	x67.4	x30.2	x46.5	x56.5
EFTA	12.2	11.8	12.1	11.9	10.1	x3.9	x3.4	x4.4	x5.3	x3.1	AELE	5.9	5.3	6.6	6.0	4.2	x2.7	x0.1	x0.0	x0.4	
Oceania	0.9	0.9	x0.8	x0.7	x0.7	x0.6	x1.4	x1.9	x2.1	x4.9	Océanie	x0.0	x0.0	x0.0	x0.1	x0.1	x0.1	x0.2	x0.9		x0.2
France, Monac	3.9	3.7	4.1	5.1	5.7	x10.1	x25.4	x32.1	x40.8	x39.1	China/Chine				0.1	5.9	8.8	20.0	42.6	32.2	x23.7
Germany/Allemagne	18.6	20.5	17.7	17.8	18.4	x10.4	x19.4	x12.5	x2.2	x0.0	France, Monac	12.0	11.4	12.5	13.0	10.0	x12.7	x24.3	x6.3	x15.0	14.4
Belgium–Luxembourg	3.3	3.2	3.0	3.1	3.0	x4.7	x4.8	x7.2	x8.0	x15.1	Italy/Italie	11.1	10.3	12.0	13.7	9.8	x9.0	x9.5	x19.9	x23.6	x39.9
USA/Etats–Unis d'Amer	38.4	39.9	40.8	39.7	38.1	52.6	x8.5	x9.4	x6.3	x1.4	Pakistan	4.0	1.8	2.4	2.1	1.7	1.7	2.6	x5.6	x13.4	
Japan/Japon	1.0	1.0	1.4	1.6	2.4	x1.3	x3.8	x6.5	x9.8	x0.0	Germany/Allemagne	7.1	7.3	8.3	8.1	7.2	x2.8	x13.6	x1.0	x0.0	
Netherlands/Pays-Bas	4.2	4.4	4.4	4.7	4.6	x2.7	x4.3	x4.3	x6.1	x2.3	Netherlands/Pays-Bas	2.9	3.2	3.8	3.8	4.0	x4.0	x10.8	x1.1	x0.0	
Italy/Italie	1.2	1.3	1.2	1.7	1.3	x1.7	x2.1	x3.2	x3.2	x15.3	Belgium–Luxembourg	2.5	2.3	2.9	3.8	3.4	x1.6	x5.5		x3.1	
Former USSR/Anc. URSS					x2.1	x1.7	x3.1	x1.6	x3.0		Morocco/Maroc	0.6	0.6	0.8	0.9	1.0	1.0	1.3	3.8	2.4	1.2
Sweden/Suède	5.1	4.8	4.6	4.3	3.6	x1.7	x1.3	x1.2	x2.7		Portugal	2.0	2.6	2.9	2.4	2.2	x4.6	x2.5	x0.0	x2.5	
United Kingdom	4.8	5.2	5.6	5.5	4.8	x2.3	x1.7	x1.4	x1.5	x8.8	United Kingdom	2.4	2.1	2.5	2.2	2.3	x1.3	x0.9	x1.3	x1.7	x2.0

84394 —— OF MAN-MADE FIBRES

VET DES FEM NDA FIB SYNT 84394

TRADE BY COMMODITY IN THOUSAND U.S. DOLLARS – COMMERCE PAR PRODUIT EN MILLIERS DE DOLLARS E.U

COUNTRIES–PAYS	IMPORTS – IMPORTATIONS					COUNTRIES–PAYS	EXPORTS – EXPORTATIONS				
	1988	1989	1990	1991	1992		1988	1989	1990	1991	1992
Total	x2970746	x3435128	x4312740	x3533267	x1459328	Totale	x2064939	x2743997	x4168741	x2806473	x4427911
Africa	x13184	x7390	x12492	x15585	x92	Afrique	x27294	x69344	x42626	x25347	19492
Northern Africa	x1552	x2041	x282	x320	x82	Afrique du Nord	23184	31301	16141	20826	19485
Americas	x783286	x587082	x556804	x568454	x4864	Amériques	x139015	x2498	x3090	x2335	x6006
LAIA	x8888	x4721	x10769	x16301	4575	ALAI	x19107	318	x381	x662	5366
CACM	x14142	x45	x91	x65		MCAC	x11467			x4	x4
Asia	x268521	x408876	x465355	x558496	x13	Asie	x1106159	x1690388	x2185190	x2346607	x3408785
Middle East	x40006	x34054	x44426	x56362	x13	Moyen-Orient	x951	x30088	x10730	x65073	x24376
Europe	x1833987	x2358789	x3218688	x2295271	x1454359	Europe	x775115	x980433	x1935596	x1418892	x992806
EEC	x1396595	x1820488	x2498004	x1625308	x1112857	CEE	x631724	x886449	x1803100	x1354017	x911942
EFTA	x436999	x537703	x714038	x665853	x341502	AELE	x89161	x93985	x132496	x64875	x80864
Oceania	x25831	x42051	x43158	x57175		Océanie	x1517	x1312	x2204	x13200	x821
Germany/Allemagne	x605816	x815908	x1170136	x162523	x2777	Hong Kong	807065	954424	974037	1079259	x2029618
USA/Etats-Unis d'Amer	688044	x506376	x464620	x472040	x288	Italy/Italie	x184731	x435303	x666877	x521626	x194806
United Kingdom	x278988	x365424	x441783	x413426	x33808	France, Monac	x109366	x157795	x372437	x411499	x620130
Hong Kong	168623	267930	311490	377196		Korea Republic	x50142	x117312	x311714	x239759	x267054
France, Monac	x115303	x147784	x312926	x342621	x312582	Thailand/Thaïlande	x34237	x117120	x212756	x266938	x79682
Netherlands/Pays-Bas	x157443	x216946	x199208	x326515	x182357	Germany/Allemagne	x78485	x115064	x288997	x1264	x76
Switz.Liecht	x152649	x177185	x232297	x205695	x105519	India/Inde	x38819	x56795	x118544	x184102	x109454
Sweden/Suède	x102009	x141985	x207301	x198052	x57980	United Kingdom	x32437	x85110	x135099	x92561	x79897
Belgium-Luxembourg	x85551	x99155	x155323	x150780	x243755	Macau/Macao	11697	x79119	x99344	x81315	
Austria/Autriche	x89763	x106795	x121040	x104786	x62956	Belgium-Luxembourg	x106633	x72672	x83475	x95704	
Norway/SVD,JM	x59946	x70718	x103146	x102103	x115047	Bangladesh	x10452	x104381	x134719		
Japan/Japon	x45213	x74231	x79239	x86638		China/Chine	35892	55800	69663	105038	x823396
Italy/Italie	x45172	x49317	x61582	x70301	x55039	Indonesia/Indonésie	30417	x37592	x119565	x63382	x57241
Denmark/Danemark	x58333	x57579	x72089	x51317	x189770	Sri Lanka	1075	x48138	x58942	x106550	
Spain/Espagne	x16084	x30573	x51544	x48627	x92769	Netherlands/Pays-Bas	x51563	x5890	x168695	x25406	
Finland/Finlande	x21861	x33290	x44453	x49321		Denmark/Danemark	x21848	x12151	x72724	x74061	
Canada	x34688	x41195	x40816	x39995	x1	Malaysia/Malaisie	x10914	x42249	x15879	x64994	
Australia/Australie	x17594	x27771	x30967	x41518		Singapore/Singapour	33115	x24777	x31025	x66075	x9107
Panama	x9373	x18618	x38409	x39645		Austria/Autriche	x30709	x27057	x73363	x16684	x80864
Ireland/Irlande	x27915	x28226	x21012	x44237		Portugal	x13519	x1238		x107569	
Lebanon/Liban	x4750	x19941	x27791	x33916		Sweden/Suède	x28090	x7287	x45000	x27247	
Singapore/Singapour	11982	x21267	x15452	x25844		Mauritius/Maurice	x4010	x38031	x26352	x4412	
United Arab Emirates	x21295	x7892	x13465	x15732		Turkey/Turquie		x11982	x2091	x35989	x18871
Greece/Grèce	x4439	x9545	x11116	x32341		Finland/Finlande	x15642	x42161	x193	x3092	
Former USSR/Anc. URSS	x3030	x1791	x1116	x10578		Morocco/Maroc	5875	8226	16141	20826	19485
New Zealand	x6144	x11821	x10429	x11075		Spain/Espagne	x11371	x1227	x14796	x24328	x17033
Mexico/Mexique	3444	x4037	x9136			Philippines	12387	x10180	19564	x9233	x8855
Malaysia/Malaisie	x1186	x6690	x8443	x5990		Switz.Liecht	x12603	x12706	x12742	x11700	
Iceland/Islande	x10770	x7730	x5801	x5900		Lebanon/Liban	x407	x9910	x8466	x9810	x5504
Former GDR	x31752	x14977	x915			United Arab Emirates	x481	x4308		x19272	
Reunion/Réunion	x7332		x6145	x9385		Tunisia/Tunisie	17215	23075			
Poland/Pologne	x3782	x3730	x5028	x3985		Pakistan	10063	8302	x3588	x3331	
Netherlands Antilles	x3001	x11111				Japan/Japon	x17180	x3965	x5002	x4945	0
Hungary/Hongrie	x910	x1636	x6267	x1136		Norway, SVD, JM	x14	x624	x1473	x6151	
Yugoslavia SFR		x164	x5994	x2837		New Zealand	x666	x674	x731	x7311	
Bulgaria/Bulgarie	x4679	x6997	x804	x63		Australia/Australie				x5561	x821
Korea Republic	x398	x1612	x3538	x2545		Nepal/Népal	x125			x6583	
New Caledonia	x1414	x1640	x1007	x3534		USA/Etats-Unis d'Amer	57068	x1706	x1935	x1462	x597
So. Africa Customs Un	2846	x1340	x1753	x2140		Qatar		x3820			
Saudi Arabia	x4852	x2154	x800	x1812	x13	Jamaica/Jamaïque	315	393	435		
Czechoslovakia	x1783	x1694	x1694	x758		Argentina/Argentine	94	283	186		x38
Turkey/Turquie		x183	x94	x3549		Pacific Isld (Tr Terr.)		x11		x328	x243
Martinique	x6527	x3422				Colombia/Colombie	x1524		x54	x249	
Venezuela	x1329	x394	x855	x2006		So. Africa Customs Un	x26		x133	x85	
Gabon	x212	x802	x366	x1211		Korea Dem People's Rp	x97	x137	x54	0	0
Argentina/Argentine	125	95	209	1900	x194	Chile/Chili	x81		x47	x140	x52
Brunei Darussalam	x44	x704	x863	x597		Bahrain/Bahreïn	x11	x66	x40	x120	5023
Philippines	25	x1797	19	x39		Uruguay	x4		x9	x147	x5
Sri Lanka	5		x281	x1538		Brazil/Brésil	x4077			x89	
Mauritius/Maurice	x331	x723	x666	x386		Canada	x23695	x12	x29		

(VALUE AS % OF TOTAL)(VALEUR EN % DU TOTAL)

	1983	1984	1985	1986	1987	1988	1989	1990	1991	1992		1983	1984	1985	1986	1987	1988	1989	1990	1991	1992
Africa	x1.7	x2.0	x0.4	x0.6	x1.2	x0.4	x0.2	x0.2	x0.5	x0.0	Afrique	x1.4	x1.3	x1.2	x1.7	x1.3	x1.3	x2.5	x1.0	x0.7	0.4
Northern Africa	x0.8	x0.6	x0.1	x0.2	x0.5	x0.1	x0.1	x0.0	x0.0	x0.0	Afrique du Nord	1.2	1.1	1.2	1.4	1.0	1.1	1.1	0.4	0.5	0.4
Americas	x32.9	x42.3	x43.4	x34.8	x30.2	x26.3	x17.1	x12.9	x16.1	x0.3	Amériques	x4.4	x4.6	x5.4	x4.4	x4.2	x6.7	x0.1	x0.0	x0.0	x0.1
LAIA	x0.7	x1.3	x1.4	x0.3	x0.6	x0.3	x0.1	x0.2	x0.5	0.3	ALAI	x1.2	x1.9	x1.8	x0.8	x1.4	x0.9	0.0	x0.0	x0.0	x0.1
CACM	x0.7	x0.4	x0.5	x0.0	x0.4	x0.0					MCAC	x0.3	x0.5	x0.7	x0.4	x0.2	x0.6				
Asia	x15.7	x10.5	x13.0	x14.4	x16.3	x9.0	x11.9	x10.8	x15.9	x0.0	Asie	66.7	69.7	65.1	60.9	x55.2	x53.6	x61.6	x52.4	x61.6	x77.0
Middle East	x9.5	x3.7	x5.9	x6.1	x7.2	x1.3	x1.0	x1.0	x1.6	x0.0	Moyen-Orient	x0.7	x0.5	0.6	0.4	x0.0	x0.0	x1.1	x0.3	x1.7	x0.6
Europe	48.6	44.2	42.4	49.6	50.8	x61.7	68.7	74.6	65.0	x99.7	Europe	27.5	24.4	28.3	32.9	36.8	x37.5	x35.7	x46.4	x37.3	x22.4
EEC	41.5	37.1	34.1	40.2	42.3	x47.0	x53.0	x57.9	x46.0	x76.3	CEE	22.7	20.2	23.0	26.9	32.6	x30.6	x32.3	x43.3	x35.6	x20.6
EFTA	x7.0	x8.2	x9.2	x8.4	x14.7	x15.7	x16.6	x18.8	x23.4	AELE	x2.2	x2.0	x2.6	x3.2	2.3	x4.3	x3.4	x3.2	x1.7	x1.8
Oceania	x0.9	x1.0	x0.7	x0.7	x0.5	x0.9	x1.3	x1.0	x1.6		Océanie		x0.0	x0.0	x0.0	x0.0	x0.1	x0.3	x0.0		
Germany/Allemagne	18.5	16.3	14.4	18.7	17.9	x20.4	x23.8	x27.1	x4.6	x0.2	Hong Kong	48.1	50.7	45.6	37.9	33.6	39.1	34.8	23.4	28.4	x45.8
USA/Etats-Unis d'Amer	29.2	38.7	39.7	32.6	27.7	23.2	x14.7	x10.8	x13.4	x0.0	Italy/Italie	4.7	3.8	3.4	4.0	8.0	8.9	15.9	16.0	x13.7	x4.4
United Kingdom	6.7	6.6	6.0	5.7	5.8	x9.4	x10.6	x10.2	x11.7	x2.3	France, Monac	2.3	1.8	2.3	2.3	7.5	x5.3	x5.8	x8.9	x10.8	x14.0
Hong Kong	4.8	4.7	4.9	6.4	6.7	5.7	7.8	7.2	10.7		Korea Republic	7.3	7.3	6.4	7.3	4.1	x2.4	x4.5	x7.5	x6.3	x6.0
France, Monac	4.2	3.6	3.7	4.5	6.5	x3.9	x4.3	x7.3	x9.7	x21.4	Thailand/Thaïlande	5.7	5.6	5.0	6.2	8.7	x1.7	x4.2	x5.1	x7.0	x1.8
Netherlands/Pays-Bas	4.8	4.5	4.4	4.8	4.6	x5.3	x4.6	x4.6	x9.2	x12.5	Germany/Allemagne	4.9	5.1	6.1	8.6	8.2	x3.8	x4.2	x6.9	x0.0	x0.0
Switz.Liecht	x1.8	x2.2	x2.0	x2.0	x2.1	x5.1	x5.2	x5.4	x5.8	x7.2	India/Inde	0.1	0.1	0.1	0.1	x1.0	x1.9	x2.1	x3.1	x3.2	x2.5
Sweden/Suède	2.3	2.0	2.8	2.8	2.5	x3.4	x4.4	x4.8	x5.6	x4.0	United Kingdom	2.7	2.0	2.2	2.3	2.4	x1.6	x1.7	x3.0	x2.4	x1.8
Belgium-Luxembourg	3.8	2.7	2.1	2.3	2.4	x2.9	x2.9	x3.6	x4.3	x16.7	Macau/Macao	0.7	0.7	0.5	x0.5	0.4	0.6	x2.9	x2.4	x2.1	
Austria/Autriche	1.2	1.1	1.4	1.9	1.6	x3.0	x3.1	x2.8	x3.0	x4.3	Belgium-Luxembourg	1.9	1.6	1.8	2.0	1.9	x5.2	x2.6	x2.0	x2.5	

8441 — MENS SHIRTS / CHEMISES HOMMES MAT TEXT 8441

TRADE BY COMMODITY IN THOUSAND U.S. DOLLARS – COMMERCE PAR PRODUIT EN MILLIERS DE DOLLARS E.U

COUNTRIES–PAYS	IMPORTS – IMPORTATIONS 1988	1989	1990	1991	1992	COUNTRIES–PAYS	EXPORTS – EXPORTATIONS 1988	1989	1990	1991	1992
Total	5263654	5966722	6857458	7861285	9167534	Totale	4425134	x5090690	5924918	6708263	x8551900
Africa	x63648	x62359	x94239	x104431	x133144	Afrique	x192438	x195751	x249470	x273127	x327948
Northern Africa	x14552	x11680	32906	x44297	x53310	Afrique du Nord	109348	112754	158162	166914	179702
Americas	x1790152	x2068646	x2115191	x2322351	x3107112	Amériques	x176512	x285318	x318603	x436943	x637937
LAIA	27521	45347	53009	71634	150494	ALAI	x23707	x30578	25000	28087	36233
CACM	x17826	x39549	x39850	x67519	x85574	MCAC	x42711	x55210	x72314	x93640	x174894
Asia	x649039	x902876	x1026680	x1248348	x1713717	Asie	2930934	x3416650	3771492	4210881	x5493017
Middle East	x153963	x141910	x125962	x141246	x195523	Moyen–Orient	150443	169518	x219149	x231249	x295812
Europe	2207772	2423050	3401260	3798110	4005907	Europe	945388	1078038	1446518	1608868	1838631
EEC	1916912	2109783	2898700	3307086	3528771	CEE	833749	966428	1314289	1395302	1629435
EFTA	286996	306189	455975	451218	447393	AELE	61918	71053	94459	101873	115725
Oceania	x42133	x54085	x59764	x64500	x85268	Océanie	5061	15528	17657	16718	29524
USA/Etats–Unis d'Amer	1565347	1763926	1773685	1870932	2572602	Hong Kong	762731	861745	1084378	1274417	1487909
Germany/Allemagne	719789	796185	1228613	1443441	1344538	Korea Republic	693115	741528	592771	598592	535982
Japan/Japon	297455	456419	457622	491492	508290	China/Chine	213901	266529	389850	531783	1194368
France,Monac	302110	355933	466299	490369	577574	India/Inde	258101	x366781	401564	408588	x436210
United Kingdom	393067	395223	418005	415565	457417	Germany/Allemagne	206976	225670	289358	330920	408189
Hong Kong	126208	215376	348239	490473	658769	Italy/Italie	140961	179298	262581	274076	306311
Netherlands/Pays–Bas	164284	189981	259969	281838	328713	Portugal	173135	193493	258324	241920	266771
Former USSR/Anc. URSS	x415819	x348619	x93161	x234523		Bangladesh	x176666	x220203	x254498	159322	x408745
Italy/Italie	111199	98424	145967	224510	248758	Thailand/Thaïlande	169520	202161	182724	224608	x125377
Canada	118202	126495	149268	153787	183205	USA/Etats–Unis d'Amer	62252	147728	163716	253739	313432
Belgium–Luxembourg	103621	115868	145762	159836	176931	United Kingdom	94210	99587	164443	193524	202329
Switz.Liecht	90179	91023	134146	143045	140560	Turkey/Turquie	114713	130195	149406	138410	162222
Sweden/Suède	67730	83037	126483	102117	107676	France,Monac	94830	128500	149994	137043	158452
Austria/Autriche	64364	66306	105796	119422	111450	Singapore/Singapour	122094	134248	138069	135790	159934
Spain/Espagne	33509	48386	96362	144952	206202	Malaysia/Malaisie	81098	101001	115441	123732	x206112
United Arab Emirates	x77961	x50119	x57433	x67423	x95001	Indonesia/Indonésie	64796	77232	112867	126590	224190
Singapore/Singapour	38545	48708	53306	60994	75139	Netherlands/Pays–Bas	61872	68717	88526	99275	128327
Dominican Republic	x13234	x45116	x41505	x65542	x81267	Pakistan	84231	75279	85883	87883	96514
Denmark/Danemark	41062	43031	51624	47589	49272	Mauritius/Maurice	x71689	x70871	76270	92429	106195
Australia/Australie	33261	40240	43541	49815	65659	Macau/Macao	57227	64628	71821	74917	84112
Norway,SVD,JM	36500	34113	46786	47084	50358	Morocco/Maroc	60241	57946	75700	74647	80844
Saudi Arabia	x36552	x46884	x34369	x41074	x59013	Tunisia/Tunisie	45709	49177	73899	83248	89942
Ireland/Irlande	28928	34879	42496	41839	50255	Sri Lanka	42922	40478	58825	94944	112062
Jamaica/Jamaïque	25675	25470	29962	63779	x9008	Bulgaria/Bulgarie	x86001	x68238	54837	x14976	x25744
Finland/Finlande	25098	29000	39942	36341	34579	Yugoslavia SFR	43818	22859	x84837	x109705	
Mexico/Mexique	7391	22219	28456	34223	61479	Belgium–Luxembourg	28165	36033	34078	x109705	
Portugal	11133	17025	23224	29450	39609	Philippines	13777	x48174	58156	72440	93090
Hungary/Hongrie	x18050	x21326	x11894	36122	x29560	Austria/Autriche	29766	32892	9684	74333	20171
Poland/Pologne	x9835	x13835	x11415	x40801	x43851	United Arab Emirates	x20058	x19968	44118	48091	53997
Yugoslavia SFR	274	3092	27252	x33948		Dominican Republic	x26840	x35420	x43565	x54189	x56348
Greece/Grèce	8210	14848	20378	27697	x49501	Switz.Liecht	21202	24231	37782	40508	55974
Tunisia/Tunisie	1482	4936	27059	29818	33953	Poland/Pologne	x18114	x8383	x8637	x85338	48732
Costa Rica	x7669	x14929	x15495	x21119	x20747	Costa Rica	22386	x27321	x29226	x33891	x104898
Czechoslovakia	x16856	16526	24014	x8268	x18464	Guatemala	x6432	x13907	x23180	x32727	x45733
Nigeria/Nigéria	x14064	x14265	x18330	x16202	x17283	Japan/Japon	14050	18034	21201	28344	x73843
Honduras	x6997	x10606	x13015	x20089	x26059	Honduras	x13292	x13173	x19237	x25197	39011
Former GDR	x35385	x32874	x8662			Spain/Espagne	15460	14081	20478	20931	x53376
Guatemala	x2792	x9855	x10909	x20598	x30223	Czechoslovakia	x13143	x10546	x14875	x24560	29910
Kuwait/Koweït	x19609	22404	x11862	x4771	x10511	Denmark/Danemark	8072	9420	11403	14589	x35738
Venezuela	14233	10058	9146	11375	21383	Cyprus/Chypre	13319	11695	12058	9974	15452
Malaysia/Malaisie	6494	6865	9245	13809	x15946	Viet Nam	x2507	x9403	x9460	x12005	9784
Romania/Roumanie	x11085	x18148	x8899	1353	x19647	Nepal/Népal	x18776	x11668	x12227	x6217	x19410
New Zealand	2781	5647	9030	8884	11507	Fiji/Fidji	2325	10837	10995	7691	x21224
Korea Republic	2484	4508	8242	9692	12630	Sweden/Suède	8597	8759	10183	10503	14127
Reunion/Réunion	3986	5450	7542	6081	7148	Colombia/Colombie	x6272	x7482	x3499	14454	10156
Lebanon/Liban	x2952	x4994	x5708	x7693	7117	Hungary/Hongrie	x4733	x5624	x7681	x11542	17417
Chile/Chili	4185	5433	4902	7387	x17042	Ireland/Irlande	8381	7741	7992	8178	x14420
Malta/Malte	149	1058	13981	x2044	x2372	Romania/Roumanie	x43361	206	63	23331	10256
Philippines	622	x3271	1748	11392	4128	So. Africa Customs Un	x7836	x7744	x7775	x7796	x43744
Iraq	x5305	x5925	x5323	x3399	x178	Egypt/Egypte	x3293	x5618	x8482	x8849	x24668
											x8848

(VALUE AS % OF TOTAL)(VALEUR EN % DU TOTAL)

	1983	1984	1985	1986	1987	1988	1989	1990	1991	1992		1983	1984	1985	1986	1987	1988	1989	1990	1991	1992
Africa	x1.5	x1.0	x0.6	x1.2	x1.3	x1.2	x1.0	x1.4	x1.4	x1.5	Afrique	3.4	x3.1	3.3	x4.1	x4.3	x4.4	x3.9	x4.2	x4.1	x3.8
Northern Africa	x0.6	x0.5	0.2	x0.4	x0.4	x0.3	x0.2	0.5	x0.6	x0.6	Afrique du Nord	2.7	2.1	1.9	2.3	2.4	2.5	2.2	2.7	2.5	2.1
Americas	x43.1	x50.0	x52.4	x44.4	x36.8	x34.0	x34.7	x30.8	29.6	33.9	Amériques	x1.9	x2.0	x2.0	x4.0	x3.9	x4.0	x5.6	x5.3	x6.5	x7.5
LAIA	x0.1	x0.1	x0.1	x0.7	x0.6	0.5	0.8	0.8	0.9	1.6	ALAI	0.1	0.3	0.2	0.9	0.8	0.5	0.6	0.4	0.4	0.4
CACM	x0.3			x0.3	x0.3	x0.3	0.7	0.6	0.9	0.9	MCAC	x0.2			x0.8	x0.7	x1.1	x1.1	x1.2	x1.4	x2.0
Asia	x11.1	x8.2	x10.3	x9.8	x9.5	x12.3	x15.1	x15.0	15.9	x18.7	Asie	72.9	76.1	75.9	68.5	66.0	66.3	x67.1	63.6	62.8	x64.3
Middle East	x4.9	x2.2	x3.7	x2.2	x2.4	x2.9	x2.4	1.8	x1.8	x2.1	Moyen–Orient	0.8	0.7	3.9	2.7	3.2	3.4	3.3	x3.7	x3.4	x3.5
Europe	43.6	39.9	35.8	44.0	41.0	41.9	40.6	49.6	48.3	43.7	Europe	21.7	18.8	18.7	x23.3	x19.9	21.4	21.2	24.4	24.0	21.5
EEC	39.2	36.0	31.8	37.2	35.1	36.4	35.4	42.3	42.1	38.5	CEE	20.5	17.9	17.3	18.6	15.9	18.8	19.0	22.2	20.8	19.1
EFTA	4.4	3.9	4.0	x4.7	x5.8	5.5	5.1	6.6	5.7	4.9	AELE	1.2	0.9	0.8	x1.4	x1.3	1.4		1.6	1.5	1.4
Oceania	0.8	0.8	x0.8	0.5	x0.4	x0.7	x0.9	0.9	x0.8	x0.9	Océanie		x0.0	x0.1	x0.3	0.2	0.3	0.3	0.3	0.2	0.4
USA/Etats–Unis d'Amer	39.2	45.9	48.4	39.8	32.1	29.7	29.6	25.9	23.8	28.1	Hong Kong	25.0	24.5	21.3	19.4	17.2	17.2	16.9	18.3	19.0	17.4
Germany/Allemagne	16.2	14.4	12.0	14.8	14.1	13.7	13.3	17.9	18.4	14.7	Korea Republic	24.9	25.0	22.6	18.9	16.2	15.7	14.6	10.0	8.9	6.3
Japan/Japon	2.2	2.4	3.0	3.4	3.3	5.7	7.6	6.7	6.3	5.5	China/Chine					5.2	4.8	5.2	6.6	7.9	14.0
France,Monac	5.4	4.3	4.5	5.4	5.1	5.7	6.0	6.8	6.2	6.3	India/Inde	6.2	7.7	7.8	7.3	6.0	5.8	x7.2	6.8	6.1	x5.1
United Kingdom	7.3	8.1	6.8	6.9	6.1	7.5	6.6	6.1	5.3	5.0	Germany/Allemagne	3.7	3.3	3.1	3.7	3.2	4.7	4.4	4.9	4.9	4.8
Hong Kong	2.8	2.6	2.6	3.1	2.6	2.4	3.6	5.1	6.0	6.2	Italy/Italie	3.6	3.1	2.9	3.3	2.5	3.2	3.5	4.4	4.1	3.6
Netherlands/Pays–Bas	4.1	3.8	3.2	3.6	3.3	3.1	3.2	3.8	3.6	3.6	Portugal	5.0	4.5	4.9	5.1	4.3	3.9	3.8	4.4	3.6	3.1
Former USSR/Anc. URSS				x9.8	x7.9	x5.8	x1.4	x3.0			Bangladesh	0.6	2.1	4.5	3.9	x4.0	x4.3	x4.3	2.4	x4.8	
Italy/Italie	1.2	1.3	1.5	2.2	2.5	2.1	1.6	2.1	2.9	2.7	Thailand/Thaïlande	2.8	3.3	3.3	3.4	3.3	3.8	4.0	3.1	3.3	x1.5
Canada	2.4	2.9	3.0	2.9	2.3	2.2	2.1	2.2	2.0	2.0	USA/Etats–Unis d'Amer	1.1	1.1	1.2	1.4	1.4	1.4	2.9	2.8	3.8	3.7

84411 —— OF COTTON

CHEMISES HOMMES DE COTON 84411

TRADE BY COMMODITY IN THOUSAND U.S. DOLLARS – COMMERCE PAR PRODUIT EN MILLIERS DE DOLLARS E.U

IMPORTS – IMPORTATIONS

COUNTRIES–PAYS	1988	1989	1990	1991	1992
Total	3387383	3729210	4166116	4681114	5322779
Africa	x19592	x20285	x31941	x39398	x43060
Northern Africa	9015	x6161	9026	x13447	x10839
Americas	x1116973	x1259838	x1260042	x1409856	x1974977
LAIA	13495	22189	23678	31684	71415
CACM	x2968	x17912	x10956	x16417	x23017
Asia	x301791	x484686	x526021	x617712	x661417
Middle East	x41368	x39849	x43039	x53903	x73309
Europe	1554715	1641802	2222047	2417406	2564306
EEC	1338532	1418886	1888520	2107969	2240864
EFTA	213950	218588	312327	300337	312856
Oceania	x22097	x29511	x31566	x34021	x46727
USA/Etats–Unis d'Amer	984500	1080951	1094379	1233426	1726015
Germany/Allemagne	540272	551269	774668	875135	894626
France, Monac	218275	263060	351293	370916	386351
Japan/Japon	153929	279814	279500	318669	294894
United Kingdom	251825	236719	231685	223644	228296
Netherlands/Pays–Bas	112845	131456	179135	194679	216683
Hong Kong	72010	119528	162096	196375	219263
Former USSR/Anc. URSS	x344905	x265908	x70705	x132945	
Italy/Italie	83316	70631	101645	150824	167458
Belgium–Luxembourg	63035	74453	99405	107048	110567
Canada	72308	83072	89913	91253	103517
Switz.Liecht	74508	68421	92050	91203	92282
Sweden/Suède	50667	61645	92086	78864	86393
Spain/Espagne	19951	28830	64936	93161	123815
Austria/Autriche	45261	45031	67128	69808	73180
Singapore/Singapour	30335	33074	31368	39025	50446
Denmark/Danemark	25782	29432	36921	36112	37001
Norway, SVD, JM	25087	23191	33582	35662	38494
Ireland/Irlande	14424	20206	28190	28193	30419
Panama	x17871	x25852	x19064	x24902	x32478
Australia/Australie	16448	20176	21426	25734	34081
Finland/Finlande	16415	18564	25523	22582	20635
United Arab Emirates	x21552	x11730	x18973	x23534	x33272
Mexico/Mexique	2439	10421	14364	17460	34203
Saudi Arabia	x9010	x13076	x9808	x12636	x25093
Greece/Grèce	4498	8301	11787	15175	x26370
Portugal	4309	4528	8854	13082	19278
Yugoslavia SFR	10	2365	16899	x6015	
Poland/Pologne	x2456	x2106	x3609	x19458	x19181
Czechoslovakia	x8309	8447	13927	x2437	x5091
Costa Rica	x953	x8847	x6955	x8866	x10481
Jamaica/Jamaïque	12698	12484	11415	158	x848
Venezuela	10066	5381	5945	6095	10512
Tunisia/Tunisie	1153	4285	6772	6028	6036
New Zealand	2057	3932	5518	5696	7782
Former GDR	x11469	x10131	x3235		
Reunion/Réunion	2489	3790	5007	4002	4948
Dominican Republic	x3586	x6887	x1974	3890	x9171
Honduras	1636	x5047	2111	5438	x6193
Hungary/Hongrie	x3662	x3447	x1563	6751	x6322
Lebanon/Liban	x2132	x3224	x3527	x4432	x4178
Iraq	x1461	x3384	3834	3390	x177
Kuwait/Koweït	x4089	x4920	x3042	x1596	3062
Nigeria/Nigéria	x733	x555	x4433	4015	4534
Guadeloupe	2001	2608	2759	3000	2505
Congo	x452	x662	x2029	x5455	x6644
Libyan Arab Jamahiriya	6553	738	1093	x5913	x2056
Andorra/Andorre	x1694	x1524	x3690	x2309	x1739
Nepal/Népal	x405	x6619	x64	x490	x1070
Korea Republic			305	1021	2521	3621	3764

EXPORTS – EXPORTATIONS

COUNTRIES–PAYS	1988	1989	1990	1991	1992
Totale	x2766865	x3097443	3553698	3998808	x4803705
Afrique	x136149	x149348	x179171	x201651	x224007
Afrique du Nord	65230	78181	118188	121938	125557
Amériques	x106267	x161861	x173480	x206464	x370815
ALAI	x18437	x24501	x21868	21590	28161
MCAC	x37424	x48670	x64277	x79898	x152374
Asie	1830156	x2097028	2267717	2531606	x3014464
Moyen–Orient	137978	143079	x178484	x162962	x218026
Europe	575994	611542	843387	943717	1023182
CEE	500864	555164	751888	798268	882091
AELE	44632	43263	60733	64566	74595
Océanie	x2488	12511	13336	10864	18375
Hong Kong	557764	603629	686507	775928	826288
India/Inde	235996	x280731	300295	325628	x324892
Korea Republic	240198	289134	247615	289417	222842
Portugal	159923	170956	217083	202749	222026
China/Chine	97265	124714	184065	184084	349949
Italy/Italie	76184	86106	136416	166707	175623
Germany/Allemagne	102469	104507	130955	141162	163085
Bangladesh	x107306	x131097	x125684	102671	x251459
Turkey/Turquie	114024	119648	128331	109964	120537
Singapore/Singapour	106463	111413	116384	115786	140350
Thailand/Thaïlande	72678	101536	99976	121047	x77800
Malaysia/Malaisie	71891	86641	91312	102433	x189044
United Kingdom	43936	49468	80362	87263	76696
France, Monac	53407	65458	74293	66314	66260
Pakistan	71858	57990	64807	71765	85777
Mauritius/Maurice	x62277	x61323	51850	70887	82774
Macau/Macao	40473	47241	53189	61374	69298
USA/Etats–Unis d'Amer	17487	48899	44593	60473	89460
Indonesia/Indonésie	32288	35574	54380	59857	113528
Morocco/Maroc	34702	38766	54931	55505	52139
Tunisia/Tunisie	27231	33825	54958	58037	65380
Netherlands/Pays–Bas	30376	34933	49456	58195	81354
Sri Lanka	25891	11903	28170	x79261	79624
Yugoslavia SFR	28974	41456	7498	64567	17538
Philippines	9924	22044	37546	46092	54823
Belgium–Luxembourg	14958		x46604	x8188	x14676
Bulgaria/Bulgarie	x49363	x39797	x29660	x29599	x47571
Dominican Republic	x19268	x28824	x31383	x37326	x41832
United Arab Emirates	x17718	x15248	30635	33700	38532
Switz.Liecht	18115	19112			
Costa Rica	x19804	x23009	x24285	x28178	x39670
Poland/Pologne	x14448	x6000	x5774	x55319	x72716
Austria/Autriche	20197	17856	22636	22564	27512
Guatemala	x5453	x12508	x19821	x23156	x49367
Honduras	x12118	x12495	x18374	x19559	x28837
Czechoslovakia	x12555	x10134	x14033	16290	21703
Spain/Espagne	10033	9603	13903	7580	13971
Fiji/Fidji	x1337	10801	10934	9217	x7983
Egypt/Egypte	x3256	x5586	x8263	x8289	15461
Colombia/Colombie	x5856	x7435	x3241	10939	
Panama	x5760	x6406	x6443	x8423	x13926
Sweden/Suède	5776	5592	6636	7437	7506
Hungary/Hongrie	x3990	x4347	x6232	x8816	x11277
Nepal/Népal	x14187	x10021	x5962	x3167	x15909
So. Africa Customs Un	x6636	x6679	x5522	x5272	x4828
Ireland/Irlande	5951	5718	5910	5318	6087
Cyprus/Chypre	4849	5595	6042	5215	4959
Viet Nam	x771	x3523	x4981	x7522	x11417
Denmark/Danemark	2597	3505	4384	6711	7141
Japan/Japon	4109	4115	4677	4861	4777

(VALUE AS % OF TOTAL)(VALEUR EN % DU TOTAL)

	1983	1984	1985	1986	1987	1988	1989	1990	1991	1992
Africa	x0.8	x0.6	x0.3	x0.4	x0.6	x0.5	x0.5	x0.7	x0.8	x0.8
Northern Africa	x0.2	x0.1	x0.1	x0.1	0.2	0.3	x0.2	0.2	0.2	0.2
Americas	x38.4	x42.5	x47.0	x37.9	31.1	33.0	33.8	30.2	30.1	37.1
LAIA	x0.0	x0.0	x0.1	x0.3	0.3	0.4	0.6	0.6	0.7	1.3
CACM	0.5			x0.1	x0.1	x0.1	x0.5	x0.3	x0.4	x0.4
Asia	x9.0	x7.4	x7.9	x8.2	x7.1	x9.0	x13.0	x12.6	x13.2	x12.4
Middle East	x3.0	x1.9	x1.4	x0.8	x0.6	x1.2	x1.1	x1.0	x1.2	x1.4
Europe	51.4	48.8	44.1	53.0	48.2	45.9	44.0	53.3	51.6	48.2
EEC	45.3	43.2	38.4	43.7	40.7	39.5	38.0	45.3	45.0	42.1
EFTA	6.1	5.5	5.6	x9.1	7.4	6.3	5.9	7.5	6.4	5.9
Oceania	0.4	x0.6	x0.6	x0.6	x0.3	x0.6	x0.7	0.7	x0.8	x0.9
USA/Etats–Unis d'Amer	35.6	40.2	44.8	35.4	28.6	29.1	29.0	26.3	26.3	32.4
Germany/Allemagne	21.5	19.8	16.8	19.8	18.0	15.9	14.8	18.6	18.7	16.8
France, Monac	6.7	5.6	5.7	6.7	6.2	5.9	6.3	8.4	7.9	7.3
Japan/Japon	1.9	2.2	2.9	3.4	2.9	4.5	7.5	6.7	6.8	5.5
United Kingdom	5.1	6.8	5.9	5.8	5.5	7.4	6.3	5.6	4.8	4.3
Netherlands/Pays–Bas	4.7	4.2	3.8	4.0	3.7	3.3	3.5	4.3	4.2	4.1
Hong Kong	2.8	2.3	2.6	3.1	2.6	2.1	3.2	3.9	4.2	4.1
Former USSR/Anc. URSS				x11.7	x10.2	x7.1	x1.7	x2.8		
Italy/Italie	1.7	1.8	2.0	2.9	3.0	2.5	1.9	2.4	3.2	3.1
Belgium–Luxembourg	3.4	2.9	2.6	2.5	2.2	1.9	2.0	2.4	2.3	2.1

	1983	1984	1985	1986	1987	1988	1989	1990	1991	1992
Afrique	x2.5	x2.7	x3.2	x4.2	4.1	4.9	x4.8	x5.1	x5.0	x4.7
Afrique du Nord	1.9	1.4	1.4	2.0	2.2	2.4	2.5	3.3	3.0	2.6
Amériques	x1.7	x2.2	x1.9	x3.7	3.0	x3.9	x5.2	x4.9	x5.1	x7.8
ALAI	x0.2	x0.4	x0.2	x1.0	x0.7	x0.7	x0.8	x0.6	0.5	0.6
MCAC	x0.1	x0.0		x1.2	x0.9	x1.4	x1.6	x1.8	x2.0	x3.2
Asie	71.2	73.4	71.4	60.3	60.0	66.2	x67.7	63.8	63.3	x62.7
Moyen–Orient	x0.6	x0.4	5.7	4.0	4.1	5.0	4.6	x5.0	x4.1	x4.5
Europe	24.5	21.7	23.5	x31.6	x25.6	20.8	19.7	23.7	23.6	21.3
CEE	23.1	20.4	22.3	24.8	20.1	18.1	17.9	21.2	20.0	18.4
AELE	1.5	1.3	1.2	x2.2	x1.9	1.4	1.7	1.6	1.6	1.6
Océanie			x0.0	x0.1	x0.4	x0.1	0.5	0.4	0.3	0.4
Hong Kong	23.5	23.4	22.9	22.9	20.0	20.2	19.5	19.3	19.4	17.2
India/Inde	10.2	12.3	12.9	12.3	9.0	8.5	x9.1	8.5	8.1	x6.8
Korea Republic	24.0	23.1	15.5	6.2	7.0	8.4	9.3	7.0	7.2	4.6
Portugal	7.4	6.4	7.4	8.1	6.8	5.8	5.5	6.1	5.1	4.6
China/Chine					4.1	3.5	4.0	5.2	4.6	7.3
Italy/Italie	4.1	3.7	3.6	4.3	3.4	2.8	2.8	3.8	4.2	3.7
Germany/Allemagne	4.1	3.7	3.9	4.7	3.9	3.7	3.4	3.7	3.5	3.4
Bangladesh	0.2	1.0	1.8	0.9	1.8	x3.9	x4.2	x3.5	2.6	x5.2
Turkey/Turquie			5.2	3.5	3.9	4.1	3.9	3.6	2.7	2.5
Singapore/Singapour	3.0	2.8	3.4	3.1	2.7	3.8	3.6	3.3	2.9	2.9

753

84412 — OF SYNTHETIC FIBRES / CHEMISES HOMMES FIB SYNT 84412

TRADE BY COMMODITY IN THOUSAND U.S. DOLLARS – COMMERCE PAR PRODUIT EN MILLIERS DE DOLLARS E.U

IMPORTS – IMPORTATIONS

COUNTRIES—PAYS	1988	1989	1990	1991	1992
Total	x1795330	x2171640	2555549	2986084	3921979
Africa	x56651	x45235	x66526	x64126	x90019
Northern Africa	x19156	x7449	x28357	x30638	x42426
Americas	x646537	x831632	x863334	x964923	x1209526
LAIA	x13004	x22216	x29414	37017	x78714
CACM	x901	x21459	x32638	x50900	x62222
Asia	x317250	x361856	x362110	x402003	x1052292
Middle East	x96774	x90257	x77632	x85165	x122207
Europe	652726	780183	1179190	1379365	1441601
EEC	578380	690897	1010180	1199117	1287907
EFTA	73046	87601	143648	150881	134536
Oceania	x18939	x24084	x27795	x30378	x38539
USA/Etats–Unis d'Amer	564457	682975	679306	637506	846587
Germany/Allemagne	179517	244916	453945	568306	449912
United Kingdom	141242	158504	186320	191921	229120
Japan/Japon	143526	176605	178122	172823	213396
France, Monac	83835	92873	115006	119453	191223
Netherlands/Pays–Bas	51439	58525	80834	64777	112030
Former USSR/Anc. URSS	x67942	x76925	x19709	x86957	
Hong Kong	41250	52259	53275	69184	439506
Canada	45893	43423	59355	62534	79687
Italy/Italie	27883	27793	44322	73686	81300
Belgium–Luxembourg	40586	41415	46357	52788	66364
Dominican Republic	x3483	x38229	x39532	x61653	x72085
Switz.Liecht	15671	22602	42096	51842	48278
United Arab Emirates	x52495	x36233	x36925	x42258	x61723
Austria/Autriche	19103	21276	38667	49614	38270
Spain/Espagne	13558	19556	31426	51792	82387
Sweden/Suède	17063	21391	34397	23254	21283
Saudi Arabia	x22707	x29484	x22364	x26769	x33921
Australia/Australie	16813	20064	22116	24081	31579
Jamaica/Jamaïque	118	322	101	63621	x8106
Panama	x10158	x13671	x13971	x35031	x50246
Singapore/Singapour	7230	15634	21938	21969	24693
Hungary/Hongrie	x11231	x16436	x10279	29372	x23238
Tunisia/Tunisie	217	378	20288	23790	27917
Portugal	6825	12497	14370	16368	20332
Mexico/Mexique	4952	11798	14092	16763	27276
Ireland/Irlande	14504	14673	14306	13645	19836
Nigeria/Nigéria	x13163	x13711	x13897	x12187	x12749
Denmark/Danemark	15280	13599	14703	11477	12270
Finland/Finlande	8683	10436	14418	13759	13944
Yugoslavia SFR	264	727	10353	x26633	
Norway, SVD, JM	11414	10922	13204	11423	11864
Guatemala	x153	x6123	x9339	x19140	x24941
Poland/Pologne	x5548	x6127	x6810	x20685	x24648
Honduras	x484	x5489	x10832	x14564	x19784
Greece/Grèce	3712	6547	8591	12522	23131
Costa Rica	x235	x6079	x8098	x12249	845
Romania/Roumanie	x10902	x16932	x8435	845	x10188
Malaysia/Malaisie	5649	5604	7535	11757	x18664
Czechoslovakia	x2334	8078	10086	x5691	x13302
Kuwait/Koweït	x10035	x10697	x5750	x2656	x7449
Malta/Malte			13849	x1725	x1866
Korea Republic	2179	3487	5721	6071	8866
Chile/Chili	x3472	x3775	4024	5453	x12135
El Salvador	x29	x3768	x4253	x4946	x7311
Philippines	31	x2254	0	10642	3235
Venezuela	3598	4306	3201	5279	10871
Bangladesh	x2122	x3037	x2576	x5950	x4350
Libyan Arab Jamahiriya	x13155	x2303	x4670	x3142	x1431
Egypt/Egypte	x4923	x3410	x3054	x3465	x12284

EXPORTS – EXPORTATIONS

COUNTRIES—PAYS	1988	1989	1990	1991	1992
Totale	1424817	x1724388	1932829	2013967	3747032
Afrique	x49435	x40314	x67656	x65649	x87321
Afrique du Nord	37329	28491	37352	39073	37530
Amériques	x36625	x131455	x151001	x237963	x282861
ALAI	x6707	x8257	x3978	7038	8039
MCAC	x4419	x6501	x9360	x13706	x22512
Asie	912816	x1046303	x1042110	982335	x2478541
Moyen–Orient	x11615	x23131	x48933	x77692	x77826
Europe	365067	450040	603130	665150	815449
CEE	332885	411264	562401	597034	747344
AELE	17286	27790	33726	37307	41130
Océanie	x1894	x3016	x4321	x5854	x11140
Korea Republic	452918	452393	345156	309175	313140
Germany/Allemagne	104507	121163	158403	189758	245104
USA/Etats–Unis d'Amer	8561	98829	119123	193266	223972
Hong Kong	149119	140432	126609	122613	661620
Italy/Italie	64777	93192	126165	107369	130688
Thailand/Thaïlande	96842	100624	82748	103561	
Bangladesh	x69312	x89098	x128810	56651	x47559
India/Inde	22105	x85823	101269	82961	x157285
United Kingdom	50274	50120	84081	106261	x111292
France, Monac	41422	63041	75702	70728	125632
Indonesia/Indonésie	30074	41658	58486	66733	110662
Netherlands/Pays–Bas	31496	33784	39070	41081	46973
Portugal	13211	22537	41241	39172	44745
Bulgaria/Bulgarie	x36638	x28441	x38233	x6788	x11068
Singapore/Singapour	14519	22835	21685	20003	19583
Austria/Autriche	9568	15036	21685	25527	26485
Belgium–Luxembourg	13207	13989	21482	26348	38267
Turkey/Turquie		10547	21075	28446	41686
Malaysia/Malaisie	9208	14360	24130	21299	x17063
Mauritius/Maurice	x9410	x9545	24420	21542	23421
Pakistan	12341	17284	21076	16118	10738
Tunisia/Tunisie	13062	10239	18942	25211	24561
Japan/Japon	9940	13919	16524	23483	34234
Sri Lanka	2384	3786	21400	26793	32438
Romania/Roumanie	x14262	x19011	x20041	12439	x18651
Morocco/Maroc	24226	18218	18151	13238	12089
Macau/Macao	15695	17387	18632	13543	14814
Yugoslavia SFR	14843	10956	5907	x30444	
Poland/Pologne	x3666	x2382	x2863	x29813	x31956
United Arab Emirates	x2166	x4717	x12178	x16859	x14504
China/Chine	4746	5628	7172	17242	844419
Dominican Republic	x7572	x6591	x9426	x9068	x8403
Denmark/Danemark	5475	5915	7019	7878	8311
Oman	x63	x8	1967	18454	x4215
Switz.Liecht	3088	5119	7147	6808	10200
Philippines	3825	x6692	2139	9767	2632
Panama	x3835	x6297	x4884	x6794	x12176
Cyprus/Chypre	8407	6100	6016	4758	4825
Spain/Espagne	5428	4478	6575	4641	8207
Costa Rica	x2582	x4311	x4920	x5692	x6060
Viet Nam	x1736	x5880	x4479	x4483	x7993
Nepal/Népal	x4589	x1647	x6266	x3050	x5315
Qatar	x45	x35	x4156	x5921	x7914
Guatemala	x638	x1398	x3186	x5302	x11709
Sweden/Suède	2821	3167	3546	3066	2650
Israel/Israël	1558	3062	4594	1991	1037
Canada	3711	3123	2558	2537	3912
Australia/Australie	846	1247	2416	4273	8878
Mexico/Mexique	4937	5401	1133	1362	3059
Ireland/Irlande	2430	2022	2082	2860	4169

(VALUE AS % OF TOTAL)(VALEUR EN % DU TOTAL)

Imports

	1983	1984	1985	1986	1987	1988	1989	1990	1991	1992
Africa	x1.5	x0.9	x0.6	x2.3	x2.8	x2.2	x2.1	x2.6	x2.2	x2.3
Northern Africa	x0.3	x0.4	x0.1	x0.8	x0.7	x1.1	x0.3	x1.1	x1.0	x1.2
Americas	x47.0	x56.8	x58.5	x54.2	x45.7	x36.0	x38.2	x33.8	x32.3	x30.8
LAIA	x0.0	0.1	x0.1	x1.2	x1.0	x0.7	x1.0	x1.2	1.2	x2.0
CACM	x0.0			x0.0	x0.0	x0.1	x1.0	x1.3	x1.7	x1.6
Asia	x11.9	x8.6	x12.7	x11.8	x13.6	x17.7	x16.7	x14.1	x13.5	x26.8
Middle East	x5.9	x2.4	x4.0	x3.6	x5.7	x5.4	x4.2	x3.0	x2.9	x3.1
Europe	38.6	32.6	27.1	30.8	29.9	36.4	35.9	46.1	46.2	36.8
EEC	35.5	30.2	24.9	27.9	26.9	32.2	31.8	39.5	40.2	32.8
EFTA	3.0	2.4	2.2	2.9	3.0	4.1	4.0	5.6	5.1	3.4
Oceania	x1.0	x1.1	x1.1	x0.9	x0.8	x1.1	x1.1	x1.1	x1.0	x1.0
USA/Etats–Unis d'Amer	45.5	55.1	56.9	52.2	43.8	31.4	31.4	26.6	21.3	21.6
Germany/Allemagne	12.3	9.6	6.7	7.2	7.3	10.0	11.3	17.8	19.0	11.5
United Kingdom	9.7	10.0	8.1	8.9	8.1	7.9	7.3	7.3	6.4	5.8
Japan/Japon	2.7	2.8	3.4	3.6	3.9	8.0	8.1	7.0	5.8	5.4
France, Monac	4.3	2.9	3.1	3.4	3.3	4.7	4.3	4.5	4.0	4.9
Netherlands/Pays–Bas	4.0	3.6	2.7	3.1	2.9	2.9	2.7	3.2	2.9	2.9
Former USSR/Anc. URSS					x7.1	x3.8	x3.5	x0.8	x2.9	
Hong Kong	2.6	2.6	2.5	3.0	2.5	2.3	2.4	2.1	2.3	2.1
Canada	0.2	0.3	0.3	0.5	0.4	2.6	2.0	2.3	2.1	11.2
Italy/Italie	0.7	0.7	1.0	1.2	1.4	1.6	1.3	1.7	2.5	2.1

Exports

	1983	1984	1985	1986	1987	1988	1989	1990	1991	1992
Afrique	x4.9	x4.0	x3.8	x4.2	x4.9	x3.5	x2.4	x3.5	x3.2	x2.3
Afrique du Nord	3.9	3.3	2.8	2.8	3.1	2.6	1.7	1.9	1.9	1.0
Amériques	1.7	1.6	1.5	2.3	2.2	2.6	7.6	7.8	x11.8	x7.6
ALAI	x0.0	x0.2	x0.3	x1.0	x0.5	x0.5	x0.2	x0.2	0.3	0.2
MCAC	x0.5			x0.1	x0.0	x0.3	x0.4	x0.5	x0.7	x0.6
Asie	77.9	80.9	83.3	x82.1	x77.4	64.1	x60.7	x53.9	48.8	x66.1
Moyen–Orient	1.3	1.4	1.2	1.0	1.4	x0.8	x1.3	x2.5	x3.9	x2.1
Europe	15.4	13.5	11.4	x11.2	10.9	25.6	26.1	31.2	33.0	21.8
CEE	14.5	13.0	11.1	9.1	9.3	23.4	23.8	29.1	29.6	19.9
AELE	0.9	0.5	0.3	0.4	0.4	1.2	1.6	1.7	1.9	1.1
Océanie	x0.0	x0.0	x0.0	x0.0	x0.1	x0.1	x0.2	x0.2	x0.3	x0.3
Korea Republic	29.0	32.2	42.5	46.1	41.9	31.8	26.2	17.9	15.4	8.4
Germany/Allemagne	3.4	3.0	2.4	2.5	2.5	7.3	7.0	8.2	9.4	6.5
USA/Etats–Unis d'Amer	0.7	0.9	0.7	0.9	0.7	0.6	5.7	6.2	9.6	6.0
Hong Kong	31.1	30.1	22.7	16.3	14.3	10.5	8.1	6.6	6.1	17.7
Italy/Italie	0.4	0.4	0.3	0.4	0.6	4.5	5.4	6.5	5.3	3.5
Thailand/Thaïlande				x1.8	8.9	6.8	5.8	4.3	5.1	x1.3
Bangladesh	0.2	0.1	0.2	0.4	4.9	5.2	6.7	2.8	x4.2	
India/Inde	0.1	0.2	0.2	0.3	0.9	1.6	x5.0	5.2	4.1	3.0
United Kingdom	3.2	2.7	2.3	1.9	2.6	3.5	2.9	4.4	5.3	3.4
France, Monac	1.9	1.3	1.1	0.7	0.5	2.9	3.7	3.9	3.5	2.5

8451 — JERSEYS, PULLOVERS ETC / CHANDAILS, PULL-OVERS ETC 8451

TRADE BY COMMODITY IN THOUSAND U.S. DOLLARS – COMMERCE PAR PRODUIT EN MILLIERS DE DOLLARS E.U

IMPORTS – IMPORTATIONS

COUNTRIES-PAYS	1988	1989	1990	1991	1992
Total	11925490	14676066	15490809	17633549	20265275
Africa	x55709	x33230	x30559	x26812	x40447
Northern Africa	40129	x14944	x10415	x12194	x14412
Americas	x2158542	x5041308	x4832885	x4814582	x5455090
LAIA	33258	42286	49028	63113	104215
CACM	x565	x1023	x2878	x3389	x4083
Asia	2260031	2820109	2693234	3212469	3932978
Middle East	x52690	x73463	x60323	x73901	x82813
Europe	6716594	6107229	7567390	8857461	10567312
EEC	5408043	4945318	6144525	7324597	8791191
EFTA	1298459	1149340	1384467	1501999	1741486
Oceania	x122498	x123185	x139503	x149061	x158569
USA/Etats-Unis d'Amer	1802347	4656148	4461722	4483822	5053070
Germany/Allemagne	2252558	1941518	2609465	3267287	3948212
Japan/Japon	1399769	1650757	1489969	1662303	1930852
Hong Kong	760853	1012195	1171607	1230202	1381444
France, Monac	1033362	940739	763163	925314	1071775
United Kingdom	753736	445874	569524	676365	809917
Netherlands/Pays-Bas	524594	426363	518879	566915	629407
Switz.Liecht	445621	446434	466363	466363	
Former USSR/Anc. URSS	x511252	x443129	x148627	x466363	406929
Belgium-Luxembourg	353279	293890	348753	374860	
Austria/Autriche	246569	221375	312294	342763	416752
Canada	307759	321358	297866	240553	266014
Sweden/Suède	320045	260697	277251	307698	377348
Italy/Italie	159980	166194	218333	277107	390522
Norway, SVD, JM	170148	134811	156306	203221	276850
Spain/Espagne	60503	87543	133818	132246	149998
Ireland/Irlande	107776	104469	126703	126938	131193
Australia/Australie	106790	103070	117630	103025	97180
Finland/Finlande	106346	99400	112212	109277	107555
Denmark/Danemark	111442	86401	98080	109512	142340
Portugal	32968	39968	65144	93697	138567
Poland/Pologne	x41736	x57756	x27059	x80801	x72631
Singapore/Singapour	24547	25703	35862	50370	67442
Greece/Grèce	17845	28564	39935	34785	x74638
Mexico/Mexique	9079	24367	33611	37598	61305
Macau/Macao	6327	1468	10449	78448	88607
Czechoslovakia	x21167	20881	30394	x9837	x19277
Saudi Arabia	310	2027	x20769	x32483	x27202
Yugoslavia SFR	356	3373	25189	x18803	x16609
Lebanon/Liban	x8224	x11851	x12841	x16369	
New Zealand	5526	9412	12247	16136	22289
Kuwait/Koweït	x11388	31743	x3998	x2008	x7358
United Arab Emirates	x23028	x16514	x11946	x9116	x17542
Korea Republic	3392	4163	9788	16025	36051
Hungary/Hongrie	x7695	x6687	x9357	12301	x12410
So. Africa Customs Un	9467	9586	10117	x5742	x9777
Iceland/Islande	9730	6694	7526	8544	9176
China/Chine	6625	6569	5244	8904	59633
Andorra/Andorre	x6446	x6931	x5956	x5972	x6261
Venezuela	13724	6858	4846	7010	11004
Panama	x1977	x4578	6834	6903	8384
Guam	x7979	x7448	x6594	x4115	x3277
Dominican Republic	x1067	x3416	x4516	x8134	x7270
Chile/Chili	5123	6101	4235	5556	x13061
Tunisia/Tunisie	3864	4518	4936	6143	7326
Former GDR	x16313	x9050	x6473		
Libyan Arab Jamahiriya	30820	6964	2607	x3437	x3257
Malaysia/Malaisie	1206	3349	4598	3983	x7855
Israel/Israël	2911	3390	3336	4618	8392
Brazil/Brésil	x2885	2526	3285	5517	2921

EXPORTS – EXPORTATIONS

COUNTRIES-PAYS	1988	1989	1990	1991	1992
Totale	10402830	11197323	11990329	13176848	16736175
Afrique	x211110	x231934	x257176	x298701	x370737
Afrique du Nord	42368	x57734	x76219	x102164	x128022
Amériques	x115948	x178206	x235390	x371562	x604407
ALAI	x56452	49156	41355	x89045	x102153
MCAC	x6841	x14288	x31456	x73094	x139697
Asie	4718267	5875086	5584720	6356415	8550586
Moyen-Orient	x38275	x429760	396273	474043	617761
Europe	5131891	4740731	5722429	5983616	6941433
CEE	4869187	4513844	5452603	5704577	6639385
AELE	195885	179117	219642	227144	243588
Océanie	x11818	x12556	x21611	x26775	x37252
Italy/Italie	2695485	2482882	2974204	3046333	3259273
Hong Kong	2071024	2625572	2645568	3115510	3728261
Korea Republic	1249718	1290836	981910	912949	848870
China/Chine	368775	474967	497921	684691	1584003
Germany/Allemagne	457329	415666	515475	548013	725414
United Kingdom	494078	425678	496420	541821	592542
Portugal	372789	406075	478689	473323	565736
Turkey/Turquie	1109	319136	365064	435849	551524
France, Monac	267101	245642	304476	337967	336951
Macau/Macao	338809	245771	248990	248177	296345
Netherlands/Pays-Bas	182794	163041	222587	267729	319801
Thailand/Thaïlande	151866	189696	182587	237220	x393264
Singapore/Singapour	137822	158122	165929	187987	210507
Mauritius/Maurice	x165884	x167049	156258	166621	182672
Denmark/Danemark	159038	135658	167592	169277	225911
Indonesia/Indonésie	78603	106266	137744	118618	225626
Austria/Autriche	90196	82943	112525	114889	139607
Belgium-Luxembourg	89759	81848	106067	116067	133013
Greece/Grèce	70604	80502	90318	90587	x307262
India/Inde	92178	x82207	107555	97014	x191238
USA/Etats-Unis d'Amer	8655	50757	77253	101211	141615
Philippines	55358	x106653	49252	68185	59205
Malaysia/Malaisie	43294	44185	50204	58888	x146871
Yugoslavia SFR	66367	47613	48064	x50682	
Ireland/Irlande	33736	39978	48206	56712	88920
Romania/Roumanie	x80663	x63548	x51456	29874	x52707
Spain/Espagne	46474	36874	48997	57925	84563
Switz.Liecht	35439	36097	48890	51446	48892
Morocco/Maroc	28117	32027	45959	57059	72602
Dominican Republic	x8463	x22014	x47402	x65181	x80865
Sri Lanka	45598	58575	25097	40008	35755
Syrian Arab Republic	x27926	x89690	x3076	x4029	x4319
Bulgaria/Bulgarie	x35630	x29096	x52792	x12661	x23982
Sweden/Suède	35881	29253	31131	31839	29012
Poland/Pologne	x31233	x24092	x25188	x42339	x64655
Bangladesh	x11080	x20964	x34955	24110	x95072
Uruguay	20418	28487	21561	22351	18762
Canada	11472	15367	20575	30213	45224
Czechoslovakia	x17385	x17779	x18039	x24452	x45538
Israel/Israël	18904	15902	20688	17736	18153
Hungary/Hongrie	x11504	x12770	x16946	x23896	x44738
Tunisia/Tunisie	11492	16290	15178	20688	26166
Guatemala	x331	x1007	x9594	x38768	x41807
Egypt/Egypte	x2760	x9410	x15082	x24408	x29250
Costa Rica	x6162	x11162	x17708	x19064	x25027
Peru/Pérou	16006	101	80	x41996	x47994
So. Africa Customs Un	x1991	x3836	x14613	x23587	x35923
Japan/Japon	10521	11941	14618	13693	18296
Australia/Australie	4857	6442	12506	20320	23503
United Arab Emirates	x1488	x7542	x9703	x13775	x29754

(VALUE AS % OF TOTAL)(VALEUR EN % DU TOTAL)

	1983	1984	1985	1986	1987	1988	1989	1990	1991	1992
Africa	x0.4	x0.4	x0.4	x0.2	x0.3	x0.5	x0.3	x0.2	x0.1	x0.2
Northern Africa	x0.2	x0.1	x0.2	x0.1	x0.1	x0.3	x0.1	x0.1	x0.1	x0.1
Americas	x25.4	x31.5	x31.1	x24.7	x20.6	x18.1	x34.3	x31.2	x27.3	x26.9
LAIA	x0.0	x0.1	x0.1	x0.2	0.3	0.3	0.3	0.4	0.4	0.5
CACM	0.0		x0.0	0.0	0.0	0.0	0.0	0.0	0.0	0.0
Asia	x12.0	13.1	12.2	13.3	13.7	19.0	19.2	17.3	18.3	19.4
Middle East	x1.6	x0.5	x0.6	x0.4	x0.4	x0.4	x0.5	x0.4	x0.4	x0.4
Europe	60.9	53.7	55.1	60.7	60.3	56.3	41.6	48.9	50.2	52.1
EEC	48.4	43.0	44.5	47.3	46.4	45.3	33.7	39.7	43.4	43.4
EFTA	12.4	10.7	10.5	x13.2	x13.8	10.9	7.8	8.9	8.5	8.6
Oceania	1.2	x1.2	x1.1	x0.9	x1.0	x1.0	x0.9	x0.9	x0.8	x0.8
USA/Etats-Unis d'Amer	22.3	28.0	27.8	21.5	17.7	15.1	31.7	28.8	25.4	24.9
Germany/Allemagne	23.2	20.1	21.1	22.4	22.2	18.9	13.2	16.8	18.5	19.5
Japan/Japon	7.4	9.0	7.1	7.1	8.2	11.7	11.2	9.6	9.4	9.5
Hong Kong	2.6	3.1	4.2	5.4	4.7	6.4	7.1	6.9	7.4	8.1
France, Monac	5.8	5.4	5.7	6.2	6.4	6.9	6.9	7.6	7.0	6.8
United Kingdom	6.9	6.7	5.9	6.4	6.0	6.3	5.0	4.9	5.2	5.3
Netherlands/Pays-Bas	5.2	4.5	5.0	5.4	5.3	4.4	3.0	3.7	3.8	4.0
Switz.Liecht	6.7	5.8	5.3	5.4	5.6	3.7	2.9	3.3	3.2	3.1
Former USSR/Anc. URSS				x3.1	x4.3	x3.0	x3.0	x1.0	x2.6	
Belgium-Luxembourg	3.8	3.1	3.2	3.3	3.2	3.0	2.0	2.3	2.1	2.0

	1983	1984	1985	1986	1987	1988	1989	1990	1991	1992
Afrique	1.4	x1.3	1.6	x1.6	1.7	x2.0	x2.0	x2.1	x2.3	x2.2
Afrique du Nord	0.3	0.2	0.2	0.3	0.3	0.4	0.5	0.6	0.8	0.8
Amériques	x0.5	x0.7	0.6	0.6	0.8	x1.1	1.6	1.9	2.8	3.6
ALAI	x0.1	x0.1	0.4	0.5	0.5	0.5	0.4	0.3	x0.7	0.6
MCAC	x0.0		x0.0	0.0	0.0	x0.1	x0.1	x0.3	x0.6	0.8
Asie	40.4	46.0	45.3	42.2	44.8	45.4	52.4	46.6	48.2	51.1
Moyen-Orient	0.1	x0.1	1.4	2.3	2.3	x4.0	x3.8	3.3	3.6	3.7
Europe	57.6	51.7	52.3	55.4	50.5	49.3	42.3	47.7	45.4	41.5
CEE	55.6	50.0	50.8	52.5	47.8	46.8	40.3	45.5	43.3	39.7
AELE	2.0	1.7	1.5	x2.4	x2.2	1.9	1.6	1.8	1.7	1.5
Océanie	x0.1	x0.2	x0.2	x0.2	x0.1	x0.1	x0.1	x0.2	x0.2	x0.3
Italy/Italie	32.8	29.5	29.7	30.7	27.1	25.9	22.2	24.8	23.1	19.5
Hong Kong	20.0	23.3	22.4	20.3	18.1	19.9	23.4	22.1	23.6	22.3
Korea Republic	13.1	15.1	14.0	13.8	13.9	12.0	11.5	8.2	6.9	5.1
China/Chine					2.7	3.5	4.2	4.2	5.2	9.5
Germany/Allemagne	4.9	4.5	4.7	4.8	4.3	4.4	3.7	4.3	4.2	4.3
United Kingdom	6.2	5.3	5.4	4.4	4.4	4.7	3.8	4.1	4.1	3.5
Portugal	2.4	2.1	2.3	2.7	3.0	3.6	3.6	4.0	3.6	3.4
Turkey/Turquie				1.4	1.8	2.2	0.0	2.9	3.0	3.3
France, Monac	1.6	1.5	1.4	1.5	1.5	2.6	2.2	2.5	2.6	2.0
Macau/Macao	3.1	3.1	2.9	x1.5	2.8	3.3	2.2	2.1	1.9	1.8

84511 — OF WOOL, FINE HAIR

CHANDAILS, PULL LAINE 84511

TRADE BY COMMODITY IN THOUSAND U.S. DOLLARS – COMMERCE PAR PRODUIT EN MILLIERS DE DOLLARS E.U

COUNTRIES–PAYS	1988	1989	1990	1991	1992	COUNTRIES–PAYS	1988	1989	1990	1991	1992
Total	x3699679	x3423398	x3687718	x3895168	x855122	Totale	x4232887	x4110884	x4977141	x5027321	x4004125
Africa	x4432	x2541	x901	x1546	53	Afrique	x62422	x55597	x8050	x55401	4103
Northern Africa	x2415	x1618	x257	x85	53	Afrique du Nord	8128	7220	3152	3157	4103
Americas	x608470	x359795	x300471	x287182	x12164	Amériques	x35797	x33329	x31085	x30000	x14940
LAIA	x8224	x15274	x12412	x15192	x4987	ALAI	30721	32130	26964	x27837	14863
CACM	x50	x273	x834	x126	x9	MCAC	x293	x219	2849	x1172	
Asia	x636540	x810954	x760275	x940779	x963	Asie	x1106825	x1801650	x1847707	x2327777	x1550963
Middle East	x21422	x13029	x16057	x21426	x43	Moyen–Orient	1147	x1099	x13	0	x198497
Europe	x1953496	x1804096	x2390846	x2181447	x840107	Europe	x3009433	x2219352	x3059325	x2602464	x2429658
EEC	x1569333	x1490545	x2034030	x1658669	x665609	CEE	x2897238	x2191444	x3004424	x2570110	x2429658
EFTA	x376031	x310841	x335422	x503578	x174498	AELE	x106496	x27908	x54900	x32354	
Oceania	x62080	x57089	x53552	x56936	x1835	Océanie	x8359	x957	x3786	x5142	x4461
Germany/Allemagne	x615351	x589602	x925101	x157781	x155	Italy/Italie	x1821615	x1441550	x1963531	x1751111	x1763409
Hong Kong	314058	391360	376778	447184		Hong Kong	756601	901057	853834	1040033	x779227
Japan/Japon	x290171	x388786	x344858	x380052	x920	Korea Republic	x28862	x417818	x545644	x767533	x143638
France, Monac	x347311	x280947	x291144	x327016	x81388	United Kingdom	x418022	x389389	x440346	x446516	x524749
Former USSR/Anc. URSS	x381112	x335515	x138514	x408767		China/Chine	167669	199631	215371	296183	x367562
USA/Etats–Unis d'Amer	568754	x310101	x257783	x248705	x7130	Macau/Macao	103181	x164014	x169360	x160721	
United Kingdom	x194492	x191455	x176429	x289183		Germany/Allemagne	x251189	x117499	x347540	x2196	x2
Netherlands/Pays–Bas	x95455	x129619	x173257	x279513	x14400	France, Monac	x139348	x59273	x94812	x107227	
Switz.Liecht	x142659	x138400	x156520	x222769		Netherlands/Pays–Bas	x99153	x80233	x10285	x131757	x113645
Italy/Italie	x99293	x96440	x150061	x176644	x255418	Belgium–Luxembourg	x6500	x3118	x76387	x69598	
Austria/Autriche	x87386	x83169	x97474	x173740		Greece/Grèce	x23924	x36347	x36255	x36363	
Spain/Espagne	x49062	x62560	x99983	x152097	x2377	Mauritius/Maurice	x54209	x48336	x4898	x52244	
Belgium–Luxembourg	x60232	x48317	x93104	x117499	x9309	Malaysia/Malaisie	x2274	x22893	x22883	x36836	
Australia/Australie	x57736	x52371	x50804	x53217	x86366	Uruguay	20418	28487	21561	22351	14707
Portugal	x29462	x22641	x60266	x65573	x1835	Denmark/Danemark	x71432	x52878	x14429		
Sweden/Suède	x49426	x34423	x30401	x45638		Switz.Liecht	x22723	x12432			
Norway, SVD, JM	x60016	x31154	x30240	x39950		Sri Lanka	7666	x57102			
Denmark/Danemark	x30287	x23115	x22991	x40464	x79649	Spain/Espagne	x13946	x10662	x20839	x25963	x25194
Canada	x29804	x30352	x28020	x21601	x11458	Indonesia/Indonésie	49	x17235	x19057	x25341	x27852
Poland/Pologne	x28298	x39296	x17636	x16818	x37	Austria/Autriche	x49765	x5006	x22280	x841	
Ireland/Irlande	x34868	x24660	x14368	x31521	x149998	Poland/Pologne	x6284			x6197	
Greece/Grèce	x13518	x21188	x27326	x21377		Iceland/Islande	x9503	x9099	25188	0	
Finland/Finlande	x35093	x21874	x18913	x18655	x92473	Singapore/Singapour	245	x6866	x6354		
Macau/Macao	3351	x829	x5666	x51486		Thailand/Thaïlande	x6878	x3253	x2983	x4847	x10202
Singapore/Singapour	2536	x5831	x6399	x27115		India/Inde	x25514	x5183	x6075	x4486	x35060
Yugoslavia SFR	x239	x1672	x18925	x11212		Former USSR/Anc. URSS	x1410		x156	x8121	x16776
Czechoslovakia	x13371	x7914	x17658	x153		Japan/Japon	x2349	x2300	x2000	x6536	
Lebanon/Liban	x5383	x4581	x8403	x9406		Brazil/Brésil	x4448	x386	x2991	x2764	x2
Brazil/Brésil	x2788	x7987	x5078	x5130	x1238	New Zealand	2105	x1996	x3023	x4445	x3614
Korea Republic	x2252	x3409	x7004	x7711		Philippines	1973	1311	1184	x4577	
Mexico/Mexique	x2446	x3481	x5227	x5716	x1196	Morocco/Maroc			3152	3147	4103
United Arab Emirates	x8119	x4266	x4651	x2132		Korea Dem People's Rp					
New Zealand	x2296	x3534	x2526	x3409		Tunisia/Tunisie	6155	5908	x6936		
China/Chine	2265	2814	1597	3984		Colombia/Colombie	x1	x68	x1796	x3757	
Hungary/Hongrie	x7092	x576	x6005	x1324		Argentina/Argentine	1667	2173	2460	x302	x154
Iceland/Islande	x1451	x1820	x1874	x2826		El Salvador	x128	x38	2825	x995	
Bulgaria/Bulgarie	x3262	x3992	x1860	x217		Nepal/Népal	x321	x859	x1215	x831	
Andorra/Andorre	x6446			x5972		USA/Etats–Unis d'Amer	1901	x810	x1172	x876	x77
Turkey/Turquie	18			x5730		Australia/Australie	x3173	x572	x762	x697	x847
Gibraltar	x1448	x1037	x1829	x1715		Ecuador/Equateur	307	x26	x535	x990	
Chile/Chili	1466	2061				Venezuela	0	796	x466	x2	
Israel/Israël	x39	x3390	x960	x1058	x1048	United Arab Emirates		x1091			x1750
Saudi Arabia	x2497	104	x7			Norway, SVD, JM	x11596	x377	x50	x644	
Malaysia/Malaisie	x310	x1104	x1092	x2193	x1	Sweden/Suède	x5141	x373	x252	x319	
Cyprus/Chypre	x148	x787	x1723	x441		Brazil/Brésil	x1952	x115	x142	x390	
Uruguay	698	672	x942	x1231		Finland/Finlande	x7768	x621			
Argentina/Argentine	419	x681	894	1333	536	Portugal	x28581	x495			
Iraq	x3390	x2244	139	1527	x904	Chile/Chili	384	395	x2	x42	x2
Bermuda/Bermudes	x935	x1152	x443	x566		Guatemala	x165	x181	x24	x178	
So. Africa Customs Un	896	x616	x586	x894		Pakistan	607	342			
						Canada	x856	x99	x41	x104	

(VALUE AS % OF TOTAL)(VALEUR EN % DU TOTAL)

	1983	1984	1985	1986	1987	1988	1989	1990	1991	1992		1983	1984	1985	1986	1987	1988	1989	1990	1991	1992
Africa	x0.5	x0.4	x0.3	x0.3	x0.3	x0.1	x0.1	x0.0	x0.0	0.0	Afrique	x2.9	x3.2	x3.6	x2.9	x3.4	x1.5	x1.4	x0.2	x1.1	0.1
Northern Africa	x0.2	x0.1	x0.1	x0.2	x0.2	x0.1	x0.0	x0.0	x0.0	0.0	Afrique du Nord	0.2	0.2	0.2	0.3	0.2	0.2	0.2	0.1	0.1	0.1
Americas	x27.7	x34.7	x36.6	x29.6	x20.5	x16.5	x10.5	x8.2	x7.3	x1.4	Amériques	x0.9	x1.2	x1.2	x1.1	x1.0	x0.9	x0.9	x0.6	x0.6	x0.4
LAIA	x0.0	x0.0	x0.1	x0.4	x0.2	x0.2	x0.4	x0.3	x0.4	x0.6	ALAI	x0.2	x0.2	1.0	0.9	0.9	0.7	0.8	0.5	0.6	0.4
CACM	x0.0		x0.0	x0.0	x0.0						MCAC	x0.0		x0.0	x0.0	x0.0	0.0	0.1	x0.0		
Asia	x19.9	18.6	19.0	21.4	22.8	x17.2	x23.7	x20.7	x24.2	x0.1	Asie	42.5	41.6	38.3	x36.1	x40.0	x26.2	x43.9	x37.2	x46.3	x38.7
Middle East	x2.0	x0.8	x0.8	x0.4	x0.6	x0.6	x0.4	x0.4	x0.6	x0.0	Moyen–Orient	0.2	0.1	x0.2	0.1	0.3	0.0	0.0	0.0	x0.0	x5.0
Europe	50.4	44.4	42.3	47.2	45.5	x52.8	x52.7	x64.8	x56.0	x98.2	Europe	53.4	53.8	56.8	59.3	55.1	x71.1	x54.0	x61.5	x51.8	60.7
EEC	41.4	36.4	34.2	36.4	35.7	x42.4	x43.5	x55.2	x42.6	x77.8	CEE	50.7	51.7	54.7	55.4	51.5	x68.4	x53.3	x60.4	x51.1	60.7
EFTA	x9.0	x8.0	x8.0	x10.6	x9.7	x10.2	x9.1	x9.1	x12.9	x20.4	AELE	x2.6	x2.1	x2.1	x3.5	x3.2	x2.5	x0.7	x1.1	x0.6	
Oceania	x1.3	x1.8	x1.8	x1.5	x1.2	x1.7	x1.6	x1.4	x1.5	x0.2	Océanie	x0.2	x0.2	x0.2	x0.6	x0.2	x0.2	x0.0	x0.1	x0.1	x0.1
Germany/Allemagne	22.6	18.1	15.0	17.1	16.3	x16.6	x17.2	x25.1	x4.1	x0.0	Italy/Italie	28.2	30.3	31.6	32.7	30.4	x43.0	x35.1	x39.5	x34.8	x44.0
Hong Kong	4.6	4.7	5.1	6.0	6.1	8.5	11.4	10.2	11.5		Hong Kong	26.4	26.0	23.1	23.3	24.0	17.9	21.9	17.2	20.7	19.5
Japan/Japon	12.9	12.9	13.0	14.7	x7.8	x11.4	x9.4	x9.8	x0.1		Korea Republic	6.5	5.8	5.7	5.8	6.0	x0.7	x10.2	x11.0	x15.3	x3.6
France, Monac	0.8	1.4	1.6	1.2	3.6	x9.4	x8.2	x7.9	x8.4	x9.5	United Kingdom	15.0	14.0	15.7	14.8	12.0	x9.9	x9.5	x8.8	x8.9	x13.1
Former USSR/Anc. URSS					x8.4	x10.3	x9.8	x3.8	x10.5		China/Chine					4.4	4.0	4.9	4.3	5.9	x9.2
USA/Etats–Unis d'Amer	22.6	28.3	31.4	25.7	17.5	15.4	x9.1	x7.0	x6.4	x0.8	Macau/Macao	4.2	4.2	3.5	x2.2	3.2	2.4	4.0	x3.4	x3.2	
United Kingdom	4.7	5.6	5.2	5.5	4.3	x5.3	x5.6	x4.8	x7.4	x6.7	Germany/Allemagne	3.8	3.6	3.5	3.8	4.3	x5.9	x2.9	x7.0	x0.0	
Netherlands/Pays–Bas	3.7	3.5	3.4	3.4	3.0	x2.6	x3.8	x4.7	x7.2	x1.7	France, Monac	0.2	0.3	0.5	0.3	1.5	x3.3	x1.4	x1.9	x2.1	
Switz.Liecht	x5.3	x5.1	x4.7	x5.1	x4.5	x3.9	x4.0	x4.2	x5.7		Netherlands/Pays–Bas	0.5	0.5	0.5	0.6	0.5	x2.3	x2.0	x0.2	x2.6	x2.8
Italy/Italie	2.8	2.4	3.2	2.7	2.5	x2.7	x3.4	x4.1	x4.5	x29.9	Belgium–Luxembourg	0.8	0.5	0.4	0.5	0.4	x0.2	x0.1	x1.5	x1.4	

756

84513 — OF SYNTHETIC FIBRES

CHANDAILS, PULL FIB SYNT 84513

TRADE BY COMMODITY IN THOUSAND U.S. DOLLARS — COMMERCE PAR PRODUIT EN MILLIERS DE DOLLARS E.U

IMPORTS — IMPORTATIONS

COUNTRIES–PAYS	1988	1989	1990	1991	1992
Total	x3121074	x2034447	x2109251	x1717483	x2705903
Africa	x5634	x7352	x3339	x3054	x2508
Northern Africa	x3065	x2038	x1373	x190	x145
Americas	x914255	x273557	x227706	x184829	x2864
LAIA	x11753	x7681	x4200	x4155	x2761
CACM	x12				
Asia	x182287	x218989	x253226	x304058	
Middle East	x20767	x24624	x20008	x21971	
Europe	x1873386	x1456735	x1581929	x1163813	x2700530
EEC	x1667059	x1314957	x1426727	x1035580	x2431557
EFTA	x206228	x140202	x148336	x122272	x268973
Oceania	x26559	x22371	x28891	x32615	
France, Monac	x375256	x401729	x468598	x524177	x713021
United Kingdom	x344525	x305703	x298251	x237378	x1606
Germany/Allemagne	x566954	x364003	x386163	x159907	x92
USA/Etats-Unis d'Amer	859260	x229070	x194636	203832	
Hong Kong	131719	157999	177811	202717	x517096
Netherlands/Pays-Bas	x171294	x81409	x77037	x92717	x125956
Belgium-Luxembourg	x118318	x64127	x91087	x49043	x48624
Switz.Liecht	x63345	x47632	x43203	x47615	
Japan/Japon	x17323	x24909	x43283	x62186	
Austria/Autriche	x53981	x27381	x49271	x32112	x215641
Ireland/Irlande	x37719	x39130	x52033	x16194	
Sweden/Suède	x49452	x35551	x28222	x22455	
Canada	x41324	x35911	x27942	x19955	x11
Former USSR/Anc. URSS	x106962	x42351	x6596	x26637	
Australia/Australie	x18375	x14884	x17990	x23583	
Denmark/Danemark	x28249	x25084	x19909	x9978	x130881
Spain/Espagne	x5494	x14523	x12793	x25990	x84230
Italy/Italie	x16109	x12549	x13368	x21355	x7242
Finland/Finlande	x17295	x15128	x13882	x10677	x4707
Norway, SVD, JM	x20825	x13535	x10970	x8362	
Singapore/Singapour	10785	x10103	x10394	x7772	
Portugal	x1586	x3391	x4879	x15565	
United Arab Emirates	x14029	x10499	x6025	x5250	
Saudi Arabia	310	1575	x7147	x6646	
New Zealand	x1814	x3424	x4571	x5658	
Lebanon/Liban	x1722	x5029	x3257	x4864	
Guam	x5865	x3758	x5635	x2862	
Greece/Grèce	x1555	x3308	x2609	x6103	
Poland/Pologne	x7044	x5488	x3094	x1880	
Yugoslavia SFR		x1429	x3409	x3123	
Mexico/Mexique	x2004	x1482	x3270	x2586	x231
Malta/Malte			x3109	x2724	
Macau/Macao	430	x53	x478	x4909	
Kuwait/Koweït	x3628	x4601	x546	x81	
Former GDR	x3768	x5004	x215		
Iceland/Islande	x1330	x975	x2788	x1050	
Turkey/Turquie			x2303	x2272	
Hungary/Hongrie	x38	x650	x2562	x546	
Czechoslovakia	x199	x1858	x1603	x50	
Chile/Chili	3004	3009	x102	x72	x47
So. Africa Customs Un	x1018	x831	x905	x1337	
Venezuela	6027	2774	x17	x1	x1
Cote d'Ivoire		x1887	x252	x230	x7
Iraq	x65	x2203	x113		
Argentina/Argentine	611	233	428	1454	x1484
Libyan Arab Jamahiriya	x1270	x339	x1363	x167	x111
Korea Republic	x131	x156	x327	x1348	
Tunisia/Tunisie	1621	1667		x368	
Malaysia/Malaisie	x225	x658	x266	x833	
Korea Dem People's Rp	x233	x145	x272		

EXPORTS — EXPORTATIONS

COUNTRIES–PAYS	1988	1989	1990	1991	1992
Totale	x2617187	x2563016	x2135163	x2079708	x1500044
Afrique	x15977	x22048	22920	30862	43704
Afrique du Nord	15560	21980	22920	30862	43704
Amériques	x24176	x7282	x3229	x1502	x2804
ALAI	x3321	x2894	x631	x1052	2618
MCAC	x2699				
Asie	x1843705	x1546928	x1473388	x1409408	x1114175
Moyen-Orient	x32992	x407557	x358187	x458665	x231
Europe	x618495	x978628	x635509	x637860	x339349
CEE	x541763	x890850	x613984	x625118	x339349
AELE	x17502	x87777	x21525	x12674	
Océanie	x430	x397	x118	x76	x11
Hong Kong	336679	376932	369565	399739	x374247
Turkey/Turquie		x316718	x352435	x451790	
Italy/Italie	x152960	x259828	x279913	x299320	x63103
Korea Republic	x1059661	x349139	x233840	x70061	x705232
Singapore/Singapour	102258	x132928	x143763	x152013	x246
France, Monac	x43538	x83395	x107051	x143442	x137149
Portugal	x201033	x308107	x8539		
China/Chine	73682	89058	81367	95525	
Germany/Allemagne	x92019	x196214	x20323	x229	x1
Indonesia/Indonésie	60012	x45740	x93046	x62381	
Thailand/Thaïlande	x13749	x49249	x80989	x64346	x8336
Denmark/Danemark	x2285	x11741	x134049	x30545	
Philippines	19513	x521	x4162	x109494	
Netherlands/Pays-Bas	x27926	x89690	x3076	x4029	
Syrian Arab Republic	x14838	x75758	x13963	x1645	
Austria/Autriche	14541	19691	22920	30862	43704
Morocco/Maroc	x8581	x10061	x27198	x31402	x6479
United Kingdom	65783	x18850	x24986	x18716	
Macau/Macao	x13898	x13297	x21904	x23668	x41022
Spain/Espagne					
Sri Lanka	9682	x54		x36941	
Bangladesh	x8788		x34955		
Malaysia/Malaisie	x18736	x7896	x8630	x17137	
Belgium-Luxembourg	x2051	x4777	x10844	x17563	x91595
Switz.Liecht	x1922	x9553	x4581	x11029	
India/Inde	x11347	x19794			x25882
Poland/Pologne	x24942	x7735			
Japan/Japon	x3415	x1863	x2783	x2439	x1
Lebanon/Liban	x51	x1094	x2294	x2340	
Norway, SVD, JM	x79	x979	x2981		
Greece/Grèce	x5294	x2910			
Tunisia/Tunisie	981	2289			
Jamaica/Jamaïque	2085	743	1479	x424	x139
USA/Etats-Unis d'Amer	3765	x606	x974	x930	2284
Uruguay	x901	x420	x433	x5	x47
Panama	x4908	x1628	x9		
Finland/Finlande	x127	x1416			
Ecuador/Equateur		x969			
Nepal/Népal			x135	x782	
United Arab Emirates	x313		x325	x458	x231
Chile/Chili	586	596	0	x35	x78
Netherlands Antilles	x570	x621			
Dominica/Dominique		619			
Australia/Australie	x49	x397	x116	x76	x11
Venezuela	10	370	0		
Peru/Pérou	22	101	80	x50	
Argentina/Argentine	60	97	118	x14	x15
Brazil/Brésil	x901	x220		0	x241
Myanmar		x209			
Israel/Israël	x1492	x25	0	x111	

(VALUE AS % OF TOTAL)(VALEUR EN % DU TOTAL)

	1983	1984	1985	1986	1987	1988	1989	1990	1991	1992		1983	1984	1985	1986	1987	1988	1989	1990	1991	1992
Africa	x0.4	x0.4	x0.2	x0.2	x0.4	x0.1	x0.3	x0.1	x0.2	x0.1	Afrique	x0.4	x0.3	x0.4	x0.6	x0.5	x0.6	x0.9	1.1	1.5	2.9
Northern Africa	x0.1	x0.1	x0.1	x0.1	x0.3	x0.1	x0.1	x0.1	x0.0	x0.0	Afrique du Nord	0.3	0.2	0.2	0.3	0.3	0.6	0.9	1.1	1.5	2.9
Americas	x30.1	x34.8	x37.2	x31.1	x29.2	x29.3	13.4	10.8	10.8	x0.1	Amériques	x0.1	x0.8	x0.3	x0.3	x0.4	x0.9	x0.3	x0.1	x0.1	x0.2
LAIA	x0.0	x0.1	x0.2	x0.3	x0.2	x0.2	x0.4	x0.2	x0.2	x0.1	ALAI	x0.0	x0.0	x0.1	x0.1	x0.1	x0.1	x0.1	x0.0	x0.1	0.2
CACM	x0.0			x0.0	x0.0	x0.0					MCAC	x0.0									
Asia	x9.4	x12.9	x8.8	8.8	x9.8	x5.9	x10.7	x12.1	x17.7		Asie	40.1	46.6	42.8	40.4	46.0	x70.5	x60.4	x69.0	x67.7	74.3
Middle East	x1.7	x0.5	x0.4	x0.4	x0.5	x0.7	x1.2	x0.9	x1.3		Moyen-Orient	0.0	0.0	0.2	0.5	1.3	x1.3	x15.9	x16.8	x22.1	x0.0
Europe	58.6	50.5	52.6	58.8	57.7	x60.0	x71.6	x75.0	x67.8	x99.8	Europe	59.3	52.2	56.4	58.7	48.1	x23.6	x38.2	x29.8	x30.7	x22.6
EEC	48.6	42.2	44.2	47.2	45.6	x53.4	x64.6	x67.7	x60.3	x89.9	CEE	58.0	50.9	55.1	56.5	45.9	x20.7	x34.8	x28.8	x30.1	x22.6
EFTA	x10.0	x8.2	x8.4	x11.5	x12.0	x6.6	x6.9	x7.1	x7.1	x9.9	AELE	x1.4	x1.3	x1.3	x1.6	x1.4	x0.7	x3.4	x1.0	x0.6	
Oceania	x1.5	x1.4	x1.1	x1.1	x1.2	x0.8	x1.1	x1.4	x1.9		Océanie	x0.0	x0.0	x0.1	x0.0	x0.0	x0.0	x0.0	x0.0	x0.0	x0.0
France, Monac	4.4	4.0	4.0	4.6	2.4	x12.0	x19.7	x22.2	x30.5	x31.5	Hong Kong	10.2	11.1	11.0	10.5	8.9	12.9	14.7	16.5	19.2	x24.9
United Kingdom	9.6	9.6	7.9	8.4	7.8	x11.0	x15.0	x14.1	x13.8	x0.1	Turkey/Turquie			0.2	0.6	0.7	x5.8	x10.1	x13.1	x14.4	x21.7
Germany/Allemagne	21.6	17.5	20.1	21.2	22.6	x18.2	x17.9	x18.3	x2.2	x0.1	Italy/Italie	38.8	32.0	34.1	35.8	26.8					x4.2
USA/Etats-Unis d'Amer	27.6	32.6	34.6	28.1	25.9	x27.5	x11.3	x9.2	x9.3	x0.0	Korea Republic	25.2	28.5	24.2	22.0	20.8	x40.5	x13.6	x3.4	x47.0	
Hong Kong	1.4	1.5	1.9	2.0	2.1	4.2	7.8	8.4	11.9		Singapore/Singapour	0.6	0.9	0.8	0.7	2.0	3.9	x5.2	x6.7	x7.3	x0.0
Netherlands/Pays-Bas	6.7	5.7	6.2	6.8	6.9	x5.5	x4.0	x3.7	x5.4	x19.1	France, Monac	1.0	1.1	1.0	1.1	0.4	x1.7	x3.3	x5.0	x6.9	x9.1
Belgium-Luxembourg	3.9	3.1	3.4	3.5	3.0	x3.8	x4.3	x2.9	x4.7		Portugal	1.8	1.5	1.8	1.7	1.7	x7.7	x12.0	x0.4		
Switz.Liecht	x5.7	x4.2	x4.2	x4.4	x4.5	x2.0	x2.3	x2.0	x2.8	x1.8	China/Chine					2.1	2.8	3.5	3.8	4.6	
Japan/Japon	5.9	10.6	6.0	6.0	6.8	x0.6	x1.2	x2.1	x3.6		Germany/Allemagne	5.8	5.6	6.5	6.4	5.3	x3.5	x7.7	x1.0	x0.0	x0.0
Austria/Autriche			x2.6	x2.3	x1.7	x1.3	x2.3	x1.9		x8.0	Indonesia/Indonésie	0.0	0.3	0.9	1.4	1.5	2.3	x1.8	x4.4	3.0	

8452 — WOMENS DRESSES ETC / ROBES, JUPES BONNETERIE 8452

TRADE BY COMMODITY IN THOUSAND U.S. DOLLARS – COMMERCE PAR PRODUIT EN MILLIERS DE DOLLARS E.U

COUNTRIES–PAYS	1988	1989	1990	1991	1992	COUNTRIES–PAYS	1988	1989	1990	1991	1992
	IMPORTS – IMPORTATIONS						EXPORTS – EXPORTATIONS				
Total	1979035	1796627	1874001	2113813	2313533	Totale	1790035	1692449	2006639	2053763	x2449022
Africa	47151	x17682	17493	x10770	x17499	Afrique	x66269	x68995	x100319	x86789	x84661
Northern Africa	34755	11473	10769	x7167	x8928	Afrique du Nord	55252	60845	84282	75506	74527
Americas	x389772	x475612	x476870	x460988	x465707	Amériques	x69366	x73284	x63654	x85422	x99758
LAIA	x4133	x9331	x7615	8673	13944	ALAI	x13859	x18916	x12223	x13226	x12151
CACM	x1974	x1588	x1450	x4214	x6743	MCAC	x6481	x8467	x6951	x11834	x8446
Asia	x208008	x227932	x263905	x320436	x364318	Asie	744100	804422	977995	1054410	1323771
Middle East	x40460	x31410	x35163	x50962	x55031	Moyen–Orient	25042	94950	111513	131791	207970
Europe	1120793	876432	1031966	1194685	1433942	Europe	844435	691080	815014	781109	879918
EEC	868953	695259	833563	975590	1197604	CEE	722516	589079	706922	703156	797205
EFTA	249865	179888	193544	214007	230926	AELE	105688	89693	93550	57760	55829
Oceania	x12121	x10983	x10055	x10834	x10789	Océanie	x1310	2652	x2792	x4444	x3584
USA/Etats–Unis d'Amer	341338	428279	433869	403868	401988	Hong Kong	249573	249601	250911	318953	345671
Germany/Allemagne	339921	262371	332721	466057	635890	Germany/Allemagne	168350	140854	149255	163040	184011
France, Monac	143871	126657	155097	150001	149373	United Kingdom	125960	101132	114127	105366	115295
United Kingdom	155351	131232	146370	134605	150133	Italy/Italie	99927	77160	125399	116879	136639
Former USSR/Anc. URSS	x178014	x167633	x61118	x98334		Turkey/Turquie		79263	101623	119850	196003
Japan/Japon	84080	90277	99046	102407	103004	Singapore/Singapour	44947	67610	82018	94315	110326
Hong Kong	58748	67844	71444	97256	120347	China/Chine	59050	59585	62385	94168	226295
Switz.Liecht	85974	62307	72767	82055	86690	Philippines	78882	x22160	132091	x43245	28495
Netherlands/Pays–Bas	89171	61178	71204	77522	87144	France, Monac	81646	64813	63572	65109	75523
Singapore/Singapour	21339	33782	48777	57368	65948	Korea Republic	73609	79312	53160	59322	54455
Belgium–Luxembourg	55626	44508	42269	49029	51423	Portugal	70183	54511	65416	67913	69618
Sweden/Suède	59072	39380	39354	40445	44933	Indonesia/Indonésie	29907	49044	57394	59819	82039
Austria/Autriche	42122	31691	36375	48757	53378	Greece/Grèce	44699	47842	61406	56110	x80999
Norway, SVD, JM	44999	31532	29770	30413	33334	Malaysia/Malaisie	33508	40330	55942	66142	x107609
Spain/Espagne	16221	17294	26016	32037	36368	Thailand/Thaïlande	32414	45331	38859	45728	x35668
Canada	28373	23951	23274	21641	20906	Morocco/Maroc	29300	32780	49341	45744	50605
Saudi Arabia	x13773	x13347	x19510	x33532	x26696	Finland/Finlande	56605	50459	53128	22746	18241
Denmark/Danemark	25743	17464	15275	18037	26570	Denmark/Danemark	45923	32195	44494	45600	59524
Italy/Italie	15284	12228	16857	20703	27891	Netherlands/Pays–Bas	42508	35016	41708	43108	36797
Ireland/Irlande	19315	13083	16225	14536	11854	USA/Etats–Unis d'Amer	27238	27765	30356	44805	62490
Finland/Finlande	15914	13797	14208	11443	11645	India/Inde	29938	x15860	42444	43069	x30966
Panama	x5200	x4812	x5071	x13512	x10336	Pakistan	29472	33758	31972	28426	22809
Poland/Pologne	x6698	x6993	x3440	x12049	x11717	Tunisia/Tunisie	24759	27914	34234	27656	22095
United Arab Emirates	x13287	x5539	x6149	x8956	x15523	Belgium–Luxembourg	32882	26101	32033	30330	30552
Portugal	5358	5362	6764	8013	10532	Macau/Macao	31373	21989	22597	23208	25223
Australia/Australie	10562	8445	5387	5412	5638	Sri Lanka	5478	9696	13881	24004	24246
Korea Republic	694	2067	6527	7177	6641	Sweden/Suède	20915	17563	16440	12783	12140
Mexico/Mexique	2273	5795	4530	4920	5634	Austria/Autriche	19055	15020	17906	13613	18473
Greece/Grèce	3093	3882	4766	5051	x10426	Hungary/Hongrie	x17038	x13045	x13534	x14400	x16795
Kuwait/Koweit	x7607	x5430	x3532	x1877	x5253	Yugoslavia SFR	16222	12298	13801	x14262	
Egypt/Egypte	5863	4626	5931	x220	x3874	Bulgaria/Bulgarie	x16319	x18840	x14481	x2508	x3401
So. Africa Customs Un	7812	3820	3476	x1887	x2130	Israel/Israël	10747	9010	13889	12072	9998
Tunisia/Tunisie	939	2178	3158	3842	4690	Poland/Pologne	x9217	x5595	x6235	x14727	x21478
Czechoslovakia	x3225	4592	3173	x1411	x3832	Mauritius/Maurice	x9498	x5566	12387	7708	7874
Libyan Arab Jamahiriya	27175	4625	1556	x2978	x230	Spain/Espagne	7295	7635	7551	6373	5982
Dominican Republic	x3271	x2716	x2843	x3253	x7812	Czechoslovakia	x9412	x7299	x6103	x7001	x8927
Hungary/Hongrie	x3370	x2602	x1817	2596	x3968	Canada	14333	8340	6391	5455	6020
Lebanon/Liban	x947	x2001	x1998	x2989	x2335	Cyprus/Chypre	22628	6747	6384	5273	3898
Yugoslavia SFR	86	260	3033	x3593		Guatemala	x2794	x4979	x4303	x7759	x5005
New Zealand	765	1203	3006	2368	2137	Brazil/Brésil	x4878	4926	5868	5550	4099
Former GDR	x7895	x2416	x2853			Switz.Liecht	4875	3858	4350	6422	4574
Bulgaria/Bulgarie	x1956	x3677	x353	x1067	964	Bangladesh	x3772	x3256	x5003	6370	x7811
Colombia/Colombie	x945	x1448	x2111	757	653	Romania/Roumanie	x8518	x6613	x5702	1907	x6675
Guatemala	x1224	x906	x983	x1977	x4758	Mexico/Mexique	5748	10549	1656	694	491
Israel/Israël	838	839	1161	1173	1126	Dominican Republic	x4516	x4881	x3625	x3500	x3910
Iceland/Islande	1784	1181	1069	895	946	United Arab Emirates	x1060	x2358	x3262	x5622	x6475
French Polynesia		x495	x878	x1657	x313	Japan/Japon	5560	2580	3323	3278	3216
Venezuela	x550	x974	594	1455	2149	Panama	x1183	x3602	x3291	x1523	x2371
Barbados/Barbade	231	274	245	2317	x349	Syrian Arab Republic	x827	x6383	x54	x699	x808
Iraq	x1502	x1673	x923	x13	x1	Ireland/Irlande	3143	1820	1962	3328	2266

(VALUE AS % OF TOTAL)(VALEUR EN % DU TOTAL)

	1983	1984	1985	1986	1987	1988	1989	1990	1991	1992		1983	1984	1985	1986	1987	1988	1989	1990	1991	1992
Africa	x2.9	x4.3	3.1	x0.7	x1.1	2.4	x1.0	0.9	x0.5	x0.8	Afrique	2.1	2.3	2.3	x3.0	x3.2	x3.7	x4.1	x5.0	x4.2	x3.5
Northern Africa	x1.4	x2.4	2.1	x0.5	x1.0	1.8	0.6	0.6	x0.3	x0.4	Afrique du Nord	2.1	2.2	2.1	2.4	2.6	3.1	3.6	4.2	3.7	3.0
Americas	x10.0	x18.8	x20.4	x22.2	x16.2	19.7	x26.5	x25.5	x21.8	20.2	Amériques	2.6	x3.1	x2.4	x2.2	1.7	x3.9	x3.1	x4.1	x4.1	x4.1
LAIA	x0.1	x0.4	x0.2	x0.2	x0.1	x0.2	x0.5	x0.4	0.4	0.6	ALAI	x0.0	x0.1	x0.1	x0.8	x0.7	x0.8	x1.1	x0.6	x0.6	x0.5
CACM	x0.0		x0.1	x0.0	x0.1	x0.1	x0.1	0.1	0.2	0.3	MCAC	x0.0		x0.1	x0.0	x0.4	x0.5	x0.3	x0.6	x0.3	
Asia	x8.7	x7.8	x10.9	x8.9	x5.6	10.5	x12.7	14.0	x15.2	x15.7	Asie	22.9	28.8	32.3	38.9	36.9	41.6	47.5	48.8	51.3	54.0
Middle East	x4.5	x2.0	x4.3	x2.1	x1.0	x2.0	x1.7	x1.9	x2.4	x2.4	Moyen–Orient	1.1	1.7	1.8	2.4	5.1	1.4	5.6	5.6	6.4	8.5
Europe	77.5	68.2	64.5	67.6	68.5	56.6	48.8	55.1	56.5	62.0	Europe	72.4	65.7	62.9	55.8	51.3	47.2	40.8	40.6	38.0	35.9
EEC	70.9	62.7	58.8	56.5	56.4	43.9	38.7	44.5	46.2	51.8	CEE	65.2	58.3	55.1	46.9	44.4	40.4	34.8	35.2	34.2	32.6
EFTA	6.4	5.4	5.6	x10.8	x11.7	12.6	10.0	10.3	10.1	10.0	AELE	7.2	7.4	7.8	x6.8	x5.1	5.9	5.3	4.7	2.8	2.3
Oceania	x0.9	x1.0	x0.9	x0.6	x0.4	x0.6	x0.6	x0.5	x0.5	x0.4	Océanie	x0.0	x0.0	x0.2	x0.1	x0.0	x0.1	0.2	x0.1	x0.2	x0.1
USA/Etats–Unis d'Amer	7.4	15.3	17.1	19.1	14.3	17.2	23.8	23.2	19.1	17.4	Hong Kong	7.3	10.9	11.4	14.3	10.1	13.9	14.7	12.5	15.5	14.1
Germany/Allemagne	24.5	19.6	14.7	15.9	18.6	17.2	14.6	17.8	22.0	27.5	Germany/Allemagne	21.7	16.9	12.5	12.1	11.5	9.4	8.3	7.4	7.9	7.5
France, Monac	22.9	23.5	27.1	24.7	21.8	7.3	7.0	8.3	7.1	6.5	United Kingdom	9.2	8.8	9.6	5.7	4.5	7.0	6.0	5.7	5.1	4.7
United Kingdom	5.3	5.8	4.9	4.7	5.4	7.8	7.3	7.8	7.4	6.5	Italy/Italie	7.0	6.4	5.8	6.2	5.5	5.6	4.6	6.2	5.7	5.6
Former USSR/Anc. URSS					x7.5	x9.0	x9.3	x3.3	x4.7		Turkey/Turquie			0.7	1.9	4.0		4.7	6.0	5.7	8.0
Japan/Japon	1.7	2.5	3.5	2.4	2.3	4.2	5.0	5.3	4.8	4.5	Singapore/Singapour	1.4	1.6	1.0	1.4	1.6	2.5	4.0	4.1	4.6	4.5
Hong Kong	1.3	1.8	1.9	3.2	1.6	3.0	3.8	3.8	4.6	5.2	China/Chine		1.8	3.3	3.5	3.1	4.6	3.1	3.1	4.6	9.2
Switz.Liecht			x3.7	x3.4	4.3	3.5	3.9	3.7	3.9	3.7	Philippines	3.2	3.0	3.2	x0.6	4.4	x1.3	6.6	2.1	1.2	
Netherlands/Pays–Bas	10.5	7.9	6.8	6.8	5.6	4.5	3.4	3.8	3.7	3.8	France, Monac	13.2	12.5	13.6	9.8	8.9	4.6	3.8	3.2	3.2	3.1
Singapore/Singapour	0.9	0.9	0.7	0.8	0.6	1.1	1.9	2.6	2.7	2.9	Korea Republic	3.2	3.1	5.4	7.6	6.6	4.1	4.7	2.6	2.9	2.2

758

84523 — OF SYNTHETIC FIBRES

ROBES, JUPES FIBRES SYNT 84523

TRADE BY COMMODITY IN THOUSAND U.S. DOLLARS — COMMERCE PAR PRODUIT EN MILLIERS DE DOLLARS E.U

COUNTRIES–PAYS	1988	1989	1990	1991	1992	COUNTRIES–PAYS	1988	1989	1990	1991	1992
Total	x775851	x611095	x654701	x400019	x225613	Totale	x443284	x280903	x437537	x353102	x110261
Africa	x6422	x1934	x423	x917	x69	Afrique	x42691	40660	25873	26844	30876
Northern Africa	x1166	x1471	x113	x467	x3	Afrique du Nord	37494	40660	25873	25372	28988
Americas	x140619	x100903	x127606	x68539	x19	Amériques	x16867	x426	x310	x151	x17
LAIA	x2086	x143	x589	x192	x19	ALAI	x961	17	x11	x16	x9
CACM	x542					MCAC	x2893				
Asia	x53438	x38186	x49245	x53791		Asie	x268606	x149454	x284184	x239838	x61652
Middle East	x18446	x9517	x14080	x10671		Moyen-Orient	x386	0			x99
Europe	x495210	x418343	x450308	x215332	x225508	Europe	x108065	x89915	x126650	x85285	x17716
EEC	x430327	x374795	x403318	x184414	x174678	CEE	x98414	x77078	x95748	x71675	x17716
EFTA	x64479	x43197	x46414	x30451	x50831	AELE	x4710	x12837	x30902	x13610	
Oceania	x3316	x3279	x3742	x1722		Océanie	x141	x339	x519		
Germany/Allemagne	x170486	x160126	x144691	x6838	x1498	Hong Kong	72546	80636	80225	94756	
USA/Etats–Unis d'Amer	122789	x91744	x120493	x65341	0	Philippines	62208	x20263	100358	x17590	
France, Monac	x76456	x64048	x81323	x78636	x89272	United Kingdom	x22527	x11325	x58626	x44473	
United Kingdom	x71084	x63554	x81620	x40164	x13942	Indonesia/Indonésie	14353	x1136	x37334	x44844	
Former USSR/Anc. URSS	x69736	x45830	x20378	x58091		Singapore/Singapour	30740	x14248	x23056	x35373	x535
Netherlands/Pays–Bas	x37817	x30208	x34799	x21338	x24270	Morocco/Maroc	18841	20143	25873	25372	28988
Hong Kong	17559	19636	22771	29712		Finland/Finlande	x996	x8748	x30651	x13123	
Belgium–Luxembourg	x40187	x28464	x21454	x12646	x17744	China/Chine	12189	10785	13775	21544	x61018
Switz.Liecht	x21981	x14400	x18245	x15081	x19761	Netherlands/Pays–Bas	10030	x20732	x14870	x994	
Spain/Espagne	x8613	x4999	x11662	x15308	x16532	Korea Republic	x24978	x8210	x9663	x9260	
Austria/Autriche	x10570	x9374	x10846	x9446	x31070	France, Monac	x9909	x10214	x6653	x9391	x32
Ireland/Irlande	x9480	x9216	x14705	x4173		Thailand/Thaïlande	x6440	x4314	x7165	x10747	
Sweden/Suède	x20404	x10937	x6977	x2787		Tunisia/Tunisie	18650	20517		x35	
Singapore/Singapour	12995	x4308	x8333	x5954		Germany/Allemagne	x28757	x12986	x6035	x5262	x6053
Denmark/Danemark	x9201	x8813	x6325	x1302		Italy/Italie	x7278	x2343	x8024	x87	x11630
Japan/Japon	x3415	x4289	x3621	x6313		Belgium–Luxembourg	x9912	x14967			
United Arab Emirates	x10083	x4053	x5250	x4795		Macau/Macao	10590	x5763	x4986	x2741	
Italy/Italie	x6732	x4696	x6574	x2819	x888	Portugal	x2718	x1523		x8747	
Norway, SVD, JM	x6997	x5594	x5737	x2737		Malaysia/Malaisie	x19918	x2737	x6214	x1056	
Canada	x9754	x4951	x4354	x2668		Spain/Espagne	x2523	x2989	x1539	x2684	
Saudi Arabia	x3751	x2282	x5546	x4054		Austria/Autriche	x2238	x4086	x251	x367	
Finland/Finlande	x3893	x2892	x4343	x400		Japan/Japon	x1338	x778	x1279	x1409	
Australia/Australie	x2713	x2541	x2356	x1371		Mauritius/Maurice	x5165			x1457	x1888
Poland/Pologne	x643	x1257	x2514	x1621		Former USSR/Anc. URSS			x109	x984	
Panama	x2125	x2103	x1445	x328		New Zealand	x17	x307	x499		
Iraq	x1491	x1521	x923			India/Inde	x5226		x129	x517	
Kuwait/Koweït	x2176	x1129	x686	x267		Pakistan	2960	581			
Greece/Grèce	x270	x671	x165	x1190		USA/Etats–Unis d'Amer	9610	x147	x232	x134	x6
New Zealand	x426	x548	x1160	x238		Jamaica/Jamaïque	177	173	0	x120	
Lebanon/Liban	x353	x249	x174	x1496		Switz.Liecht	x227	x3			
Netherlands Antilles	x736	x1341				Saint Lucia/St. Lucie	111	x32	35		
Qatar	x64	x115	x1092			Australia/Australie	x123	x32	x20		
Korea Republic	x474	x293	x254	x658		Trinidad and Tobago	17	23	19		
Tunisia/Tunisie	325	1149				Barbados/Barbade	3	25	4		x2
Former GDR	x4271	x986				Argentina/Argentine	3	14	9	x16	
Guadeloupe	x891	x362	x447		x3	Kenya			0		
Libyan Arab Jamahiriya	x827	x309	x5	x466		Guyana	x2		x10	x1	
Bulgaria/Bulgarie	x1956	x377	x353			Canada	x1426	x9	x1	x9	
Gibraltar	x404	x351	x287			Colombia/Colombie	x480		x2	x3	6
Mexico/Mexique	x1824		x111	x241	x60	Uruguay	x7				
Malta/Malte			x127	x282		Israel/Israël	x784	x2	0		
Yugoslavia SFR			x163	x185		Venezuela	x8	x2		x2	0
Fiji/Fidji	x37	x93	x148	x67		Chile/Chili	x142			x2	0
Brazil/Brésil	3096	x147	x65	x85		Saint–Kitts–Nevis	x77	x1			
So. Africa Customs Un	x634		x265			Saudi Arabia		0			
Iceland/Islande		x168	x34	x61	x165						
Korea Dem People's Rp				x182	x64						
Paraguay			x61	x99							
Malaysia/Malaisie	x72	x72	x61	x30							
Congo	x128	x107	x68	x195							
Niger											

(VALUE AS % OF TOTAL)(VALEUR EN % DU TOTAL)

	1983	1984	1985	1986	1987	1988	1989	1990	1991	1992		1983	1984	1985	1986	1987	1988	1989	1990	1991	1992
Africa	x3.1	x6.1	x2.6	x0.8	x2.2	x0.8	x0.3	x0.1	x0.2	x0.0	Afrique	x2.7	x3.3	x3.4	x4.2	x5.1	x9.6	14.5	5.9	7.6	28.0
Northern Africa	x1.7	x3.7	x1.9	x0.6	x2.0	x0.2	x0.2	x0.0	x0.1	x0.0	Afrique du Nord	2.7	3.2	3.2	4.0	4.9	8.5	14.5	5.9	7.2	26.3
Americas	x7.8	x12.5	x3.3	x0.3	x0.2	x14.6	x18.1	x16.5	x19.5	x17.1	Amériques	x2.8	x3.2	x2.0	x2.1	x1.7	x3.8	x0.2	x0.1	x0.0	x0.0
LAIA	0.1	x0.3	x0.3	x0.2	x0.1	x0.3	x0.1	x0.1	x0.1	x0.0	ALAI	x0.0	x0.0		x0.0	x0.4	x0.2	x0.0	x0.0	x0.0	x0.0
CACM	x0.0			x0.1	x0.0	x0.1					MCAC	x0.0				x0.3	x0.7				
Asia	x8.9	x7.4	x13.2	x9.4	x5.0	x6.8	x6.2	x7.6	x13.5		Asie	18.2	21.2	25.3	30.8	33.1	x60.6	x53.2	x65.0	x67.9	x55.9
Middle East	x6.1	x3.3	x7.6	x3.9	x1.3	x2.4	x1.6	x2.2	x2.7		Moyen–Orient	1.8	3.0	2.0	1.3	3.8	x0.1	x0.0			x0.1
Europe	78.9	72.7	65.0	69.1	61.0	x63.8	x68.5	x68.8	x53.8	*****	Europe	76.3	72.3	69.1	62.8	50.3	x24.4	x32.0	x28.9	x24.2	x16.1
EEC	70.8	65.2	58.0	55.7	48.9	x55.5	x61.3	x61.6	x46.1	x77.4	CEE	66.7	61.4	56.4	48.5	38.6	x22.2	x27.4	x21.9	x20.3	x16.1
EFTA	8.1	7.5	7.0	x13.3	x12.0	x8.3	x7.1	x7.1	x7.6	x22.5	AELE	9.6	10.9	12.7	11.2	8.9	x1.1	x4.6	x7.1	x3.9	
Oceania	x1.2	x1.2	x1.2	x0.7	x0.4	x0.4	x0.5	x0.5	x0.4		Océanie		x0.1	x0.3	x0.1	x0.0	x0.0	x0.0	x0.0		
Germany/Allemagne	32.4	28.5	23.7	22.4	21.0	x22.0	x26.2	x22.1	x1.7	x0.7	Hong Kong	3.8	4.2	4.3	6.7	5.6	16.4	28.7	18.3	26.8	
USA/Etats–Unis d'Amer	6.2	10.8	16.0	18.1	13.4	15.8	x15.0	x18.4	x16.3	x0.0	Philippines	3.6	4.6	4.8	5.6	x0.9	14.0	x7.2	22.9	x5.0	
France, Monac	7.2	7.2	7.9	9.1	8.4	x9.9	x10.5	x12.4	x19.7	x39.6	United Kingdom	12.6	13.5	14.7	9.2	4.6	x5.1	x4.0	x13.4	x12.6	
United Kingdom	5.9	7.1	5.6	5.1	5.2	x9.2	x10.4	x12.5	x10.0	x6.2	Indonesia/Indonésie	0.0	0.0	0.4	0.9	1.3	x3.2	x0.4	x8.5	x12.7	
Former USSR/Anc. URSS					x16.5	x9.0	x7.5	x3.1	x14.5		Singapore/Singapour	1.7	2.0	1.5	1.9	2.4	6.9	x5.1	x5.3	x10.0	x0.5
Netherlands/Pays–Bas	15.5	13.9	12.7	12.4	8.4	x4.9	x4.5	x5.3	x5.3	x10.8	Morocco/Maroc	0.5	0.8	1.0	1.4	1.8	4.3	x7.2	5.9	7.2	26.3
Hong Kong	0.8	0.8	1.3	2.3	0.9	2.3	3.2	3.5	7.4		Finland/Finlande	7.7	9.1	10.9	8.6	0.7	2.7	3.8	3.1	6.1	x55.3
Belgium–Luxembourg	6.3	5.3	5.1	4.4	3.5	x5.2	x4.7	x3.3	x3.2	x7.9	China/Chine						x0.2	x3.1	x0.7	x0.3	x55.3
Switz.Liecht				x4.2	x3.2	x2.8	x2.4	x2.8	x3.8	x8.8	Netherlands/Pays–Bas	4.9	6.0	5.5	4.8	4.1	x2.3	x7.4	x3.4	x0.3	
Spain/Espagne	0.4	0.3	0.4	0.4	x1.1	x0.8	x1.8	x3.8	x7.3		Korea Republic	4.9	4.6	7.2	8.5	10.1	x5.6	x2.9	x2.2	x2.6	

759

8462 — OF COTTON NON ELASTIC
SOUS-VET BONNET COTON 8462

TRADE BY COMMODITY IN THOUSAND U.S. DOLLARS – COMMERCE PAR PRODUIT EN MILLIERS DE DOLLARS E.U

COUNTRIES–PAYS	IMPORTS – IMPORTATIONS					COUNTRIES–PAYS	EXPORTS – EXPORTATIONS				
	1988	1989	1990	1991	1992		1988	1989	1990	1991	1992
Total	6640223	6774746	8347006	9977889	11407796	Totale	5066568	6307401	7890474	9313847	x11081073
Africa	x69273	x58812	x98373	x134018	x166433	Afrique	x130734	x172179	x309017	x315150	x375440
Northern Africa	x31282	x10772	x27701	x30279	x43383	Afrique du Nord	63819	84635	133892	131227	157206
Americas	x1830237	x1343929	x1407476	x1493720	x2032406	Amériques	x336594	x440079	x603585	x806997	x1212239
LAIA	15680	28487	41021	64404	x139782	ALAI	x105734	139053	x162246	x186691	x232162
CACM	x9836	x14944	x27336	x38475	x82655	MCAC	x41566	x48042	x82802	x123013	x193349
Asia	x1098618	1237520	x1401461	x1867903	x2307388	Asie	2545093	3379126	3875784	4883781	x5728756
Middle East	x144730	x83940	x173038	x258502	x337398	Moyen-Orient	429464	524771	607535	696790	x913524
Europe	3079918	3671228	5147163	6011340	6581946	Europe	1824846	2131149	2901706	3135427	x3540633
EEC	2533456	3018608	4299360	5162061	5712639	CEE	1567732	1873275	2562397	2738075	x3138946
EFTA	543152	640881	792444	790176	832286	AELE	225945	230949	302100	302058	329239
Oceania	x38617	x61983	x64764	x85620	x113172	Océanie	x2848	12407	21132	24227	x18054
Germany/Allemagne	1023039	1211392	1722312	2151836	2268126	Hong Kong	807979	1039990	1175088	1537297	1422506
USA/Etats–Unis d'Amer	1608423	1027555	1086961	1140240	1428435	China/Chine	473284	582043	698644	832835	1475582
France,Monac	433300	536315	782115	883021	976954	Turkey/Turquie	369572	451290	516298	585940	751649
Hong Kong	326796	500983	607258	812204	985250	Portugal	275720	353916	501624	517838	612738
Japan/Japon	559609	571206	507194	652267	795498	Greece/Grèce	245406	371534	488885	445688	x635299
United Kingdom	395226	427095	584995	620646	735170	Germany/Allemagne	283178	310401	401917	461877	503590
Netherlands/Pays–Bas	252299	290539	388152	449195	492314	Thailand/Thaïlande	126280	214644	290800	408506	x191677
Belgium–Luxembourg	158823	184588	251416	299280	319972	Korea Republic	222387	255612	273446	282607	242258
Sweden/Suède	145762	178620	219073	214184	228400	Italy/Italie	216461	226519	297889	283477	249332
Austria/Autriche	123304	150922	195229	208432	233132	USA/Etats–Unis d'Amer	100056	154885	240372	352511	497844
Canada	120985	164949	194809	193340	224617	France,Monac	134906	149736	213073	233252	237739
Italy/Italie	104912	124909	189802	228277	271267	Singapore/Singapour	99784	141826	184184	230829	234097
Switz.Liecht	144943	159460	183710	184038	180719	Netherlands/Pays–Bas	101138	122384	188987	226067	273904
Spain/Espagne	24709	69281	132143	228978	314383	United Kingdom	110466	108971	141832	175729	194260
Former USSR/Anc. URSS	x159885	x153977	x62558	x204571		Austria/Autriche	99587	106824	145641	153019	185356
Denmark/Danemark	83493	99750	126864	160088	166290	Mauritius/Maurice	x48742	x65951	145081	151144	177312
Singapore/Singapour	53719	59513	92392	115706	138286	Indonesia/Indonésie	18267	82632	115898	157506	199454
Norway,SVD,JM	68276	75435	91136	93082	108079	Switz.Liecht	94443	89842	114057	112617	105444
Finland/Finlande	54872	70827	96436	81305	73235	Israel/Israël	75827	74888	114217	113457	131225
Saudi Arabia	x47304	297	x80877	x115930	x127875	Ireland/Irlande	37268	63316	105821	117275	127664
Ireland/Irlande	34845	41336	63887	61008	66079	India/Inde	30699	x118627	72526	86254	x238280
Poland/Pologne	x32133	x53346	x18438	x90246	x86984	Denmark/Danemark	61291	62508	85597	115784	126759
United Arab Emirates	x46707	x32426	x42284	x87314	x142024	Philippines	32149	x44304	40102	163870	142200
Former GDR	x244163	x103106	x39638			Belgium–Luxembourg	49110	57415	82459	95449	105358
Australia/Australie	26351	39215	37413	51021	70928	Macau/Macao	65329	70201	79068	84461	94287
Hungary/Hongrie	x20385	x23906	x29365	68796	x64787	Bangladesh	x37640	x55431	x90752	84909	x158740
Yugoslavia SFR	172	8492	48470	x52337		Dominican Republic	x51138	x53653	x70096	x95817	x136033
Czechoslovakia	x36882	24282	53324	x14908	x31423	Brazil/Brésil	x58141	59708	67197	82440	97562
Portugal	11860	12878	27881	45152	67097	Malaysia/Malaisie	31429	47949	65353	84592	x126384
Greece/Grèce	10949	20525	29793	34581	x34986	Morocco/Maroc	31128	41731	66284	69526	83421
Panama	x30319	x53433	5268	5052	6027	Spain/Espagne	52788	46574	54312	65640	72304
Costa Rica	x7545	x11468	x19212	x26908	x34856	Pakistan	69868	104254	21938	37994	56616
Venezuela	5632	8888	18655	23393	42230	Costa Rica	x25974	x30422	x49551	x70721	x90219
Tunisia/Tunisie	6471	7786	21508	18791	24902	Yugoslavia SFR	31136	26907	29282	x87315	
Lebanon/Liban	x8622	x9129	x13633	x22353	x16784	Peru/Pérou	28684	46632	53372	x36775	x43752
Kuwait/Koweït	x17517	x21001	x16606	x6532	x17331	Tunisia/Tunisie	19635	24212	53052	50934	64132
New Zealand	4548	11682	15689	16048	20155	United Arab Emirates	x18487	x25838	x44290	x56788	x86184
Mexico/Mexique	3261	11953	13296	17564	33245	Hungary/Hongrie	x14232	x17243	x32509	x50478	x77777
Dominican Republic	x9234	x7761	x15326	x17800	x23358	Czechoslovakia	x46315	x33168	x31923	x32757	x49101
Nigeria/Nigéria	x6013	x9046	x15763	x15704	x16005	Bulgaria/Bulgarie	x43347	x37627	x52056	x7025	x14533
Romania/Roumanie	x24886	x19176	x15415	2275	x12185	Colombia/Colombie	x8944	x17495	x25305	49999	69329
Bulgaria/Bulgarie	x5209	x22510	x7528	x3725	10580	Romania/Roumanie	x59503	x40183	x31654	14133	x22920
So. Africa Customs Un	5298	5522	6765	x19769	x13627	Poland/Pologne	x29013	x24320	x22923	x36152	x41475
Chile/Chili	4286	6434	7266	13138	x34357	Sri Lanka	7299	4542	26565	50179	52450
Reunion/Réunion	7036	6133	8565	9504	11374	Sweden/Suède	18944	21141	27778	28153	28832
Congo	x1976	x3498	x6855	x13496	x14326	Syrian Arab Republic	29367	29921	19664	x23618	x33877
Iceland/Islande	5995	5617	6859	9135	8720	Honduras	x6422	x11285	x19350	x33478	x54003
Martinique	4145	5218	7472	8197	7962	Jamaica/Jamaïque	12657	16476	9781	25509	x113853
Zaire/Zaïre	x2193	x3244	x8056	x9448	x9724	Egypt/Egypte	12934	18668	14450	10698	9366
Guadeloupe	4767	5002	7436	7215	6111	Japan/Japon	9076	12291	13560	17320	19300

(VALUE AS % OF TOTAL)(VALEUR EN % DU TOTAL)

	1983	1984	1985	1986	1987	1988	1989	1990	1991	1992		1983	1984	1985	1986	1987	1988	1989	1990	1991	1992
Africa	x0.8	x0.7	x0.6	x0.7	1.1	x1.1	x0.9	x1.2	x1.3	1.4	Afrique	1.6	x1.8	x1.7	x2.7	x2.7	x2.6	x2.7	x3.9	x3.4	x3.4
Northern Africa	x0.3	x0.3	x0.2	x0.2	x0.5	x0.5	x0.2	x0.3	x0.3	x0.4	Afrique du Nord	1.5	1.5		1.4	1.6	1.3	1.3	1.7	1.4	1.4
Americas	x29.2	x35.2	x33.6	x32.3	x29.1	x27.5	x19.8	x16.9	x15.0	x17.8	Amériques	x4.1	x4.2	x3.7	x4.8	x5.0	x6.6	x7.0	x7.7	x8.7	x10.9
LAIA	0.1	0.2	0.2	x0.3	x0.2	0.2	0.4	0.5	0.6	x1.2	ALAI	x0.0	0.0	0.5	x2.3	x2.1	x2.1	x2.1	x2.1	x2.0	x2.1
CACM	x0.0			x0.0	x0.0	0.1	x0.2	x0.3	x0.4	x0.7	MCAC	x0.2			x0.2	x0.2	0.8	x0.8	x1.0	x1.3	x1.7
Asia	x11.7	x10.2	x12.1	9.7	x11.2	x16.6	18.3	x16.8	x18.7	20.2	Asie	41.0	43.6	46.7	44.4	47.4	50.3	53.6	49.1	52.4	x51.7
Middle East	x3.4	x1.1	x2.8	x0.8	x1.3	x2.2	x2.1	x2.1	x2.6	x3.0	Moyen-Orient	1.5	1.4	9.0	8.2	7.6	8.5	8.3	7.7	7.5	8.2
Europe	57.8	53.4	53.1	56.8	50.9	46.4	54.2	61.7	60.2	57.7	Europe	53.2	50.3	47.9	48.1	40.4	36.0	33.8	36.8	33.7	x32.0
EEC	46.7	43.1	42.6	45.5	41.0	38.2	44.6	51.5	51.7	50.1	CEE	46.5	44.4	42.1	40.3	34.1	30.9	29.7	32.5	29.4	x28.3
EFTA	11.1	10.2	10.4	10.9	9.5	8.2	9.5	9.5	7.9	7.3	AELE	6.7	6.0	5.8	5.7	4.7	4.5	3.7	3.8	3.2	3.0
Oceania	x0.4	x0.5	x0.6	x0.6	x0.7	x0.6	x0.7	x0.7	x0.9	x1.0	Océanie	x0.1	x0.1	x0.0	x0.1	x0.1		0.2	0.2	0.3	x0.2
Germany/Allemagne	20.6	18.9	18.2	20.2	17.9	15.4	17.9	20.6	21.6	19.9	Hong Kong	21.5	24.3	20.5	17.9	15.9	15.9	16.5	14.9	16.5	12.8
USA/Etats–Unis d'Amer	27.7	33.3	31.7	30.2	27.0	24.2	15.2	13.0	11.4	12.5	China/Chine						7.6	9.3	8.9	8.9	13.3
France,Monac	7.7	7.2	7.6	8.5	7.8	6.5	7.9	9.4	8.8	8.6	Turkey/Turquie							7.2	6.5	6.3	6.8
Hong Kong	3.1	3.5	3.2	3.9	4.3	4.9	7.4	7.3	8.1	8.6	Portugal	8.3	7.9	8.0	6.2	6.6	7.3	7.2	6.5	6.3	6.8
Japan/Japon	3.5	4.2	5.0	4.1	4.3	8.4	8.4	6.1	6.5	7.0	Greece/Grèce	6.2	6.4	7.7	7.3	6.5	5.4	5.6	6.4	5.6	5.5
United Kingdom	6.4	6.8	5.8	5.3	5.1	6.0	6.3	7.0	6.2	6.4	Germany/Allemagne	8.1	7.6	7.5	7.1	5.8	5.6	4.9	5.1	5.0	4.5
Netherlands/Pays–Bas	4.7	4.3	4.3	4.6	4.0	3.8	4.3	4.7	4.5	4.3	Thailand/Thaïlande	0.6	0.8	0.9	1.2	1.1	2.5	3.4	3.7	4.4	x1.7
Belgium–Luxembourg	3.1	2.7	2.7	2.9	2.4	2.4	2.7	3.0	3.0	2.8	Korea Republic	5.2	6.2	7.2	7.2	7.2	4.4	4.1	3.5	3.0	2.2
Sweden/Suède	1.8	1.6	1.7	1.4	1.3	2.2	2.6	2.6	2.1	2.0	Italy/Italie	5.3	5.3	5.1	5.3	4.1	4.3	3.6	3.8	3.0	2.3
Austria/Autriche	2.6	2.5	2.3	2.1	2.4	1.9	2.2	2.3	2.1	2.0	USA/Etats–Unis d'Amer	3.7	3.2	2.2	1.5	1.6	2.0	2.5	3.0	3.8	4.5

8472 CLTHNG ACCESRYS ETC KNIT — ACCES VET BONNE NDA 8472

TRADE BY COMMODITY IN THOUSAND U.S. DOLLARS – COMMERCE PAR PRODUIT EN MILLIERS DE DOLLARS E.U

COUNTRIES–PAYS	1988	1989	1990	1991	1992	COUNTRIES–PAYS	1988	1989	1990	1991	1992
	IMPORTS – IMPORTATIONS						EXPORTS – EXPORTATIONS				
Total	1711978	1824878	2071124	2480087	2671047	Totale	1825180	1796226	2012342	2387922	2471820
Africa	x29799	x21626	x24712	x22984	x28624	Afrique	x25270	x21169	x20722	x24500	x26295
Northern Africa	21088	15391	14637	14828	16283	Afrique du Nord	17524	16744	16965	21122	22796
Americas	x225966	312067	339558	348354	x383479	Amériques	x94215	x87170	x105337	143150	x171069
LAIA	8426	10564	12855	31993	x51137	ALAI	6843	7502	10777	30987	29695
CACM	3342	3336	2381	3072	x6150	MCAC	4010	3875	5507	5722	x6036
Asia	x281491	x301609	x293229	x355939	x457885	Asie	828075	891615	921217	1125470	1096358
Middle East	x31514	x29205	x39378	x42758	x69357	Moyen–Orient	37532	53098	66014	83255	87335
Europe	1128105	1105365	1353180	1615229	1728619	Europe	738412	726858	926699	1046340	1124082
EEC	931125	908023	1117141	1361956	1466981	CEE	657061	650924	828730	943927	1022951
EFTA	193108	192554	222157	237664	250127	AELE	75552	67291	81095	80861	82572
Oceania	x16194	x23684	x24003	x24369	x25179	Océanie	x1818	2018	2454	2262	x2153
Germany/Allemagne	336591	329066	445946	584876	613517	Italy/Italie	283830	273063	343081	385607	402049
USA/Etats–Unis d'Amer	154821	229428	254706	255039	262179	China/Chine	263125	262828	283065	347428	218120
France, Monac	176997	168379	204025	229167	229134	Korea Republic	268169	279398	251519	290277	301675
Japan/Japon	159485	168485	144014	183807	223498	Germany/Allemagne	131350	126697	161108	179240	202401
United Kingdom	119240	118169	112991	144859	183898	Hong Kong	98867	102868	99600	108714	128903
Netherlands/Pays–Bas	88637	86698	109710	120968	129849	Portugal	57210	68610	101071	131924	141873
Hong Kong	70262	80475	84036	97989	116682	USA/Etats–Unis d'Amer	67453	59153	78180	93787	120687
Belgium–Luxembourg	70379	64107	82983	85801	93397	United Kingdom	57143	59338	71351	75560	87272
Switz.Liecht	48430	48428	58397	62078	67092	France, Monac	52332	53916	66945	73788	72367
Sweden/Suède	47498	49827	50914	58253	62995	Turkey/Turquie	36470	45213	62202	81047	82183
Austria/Autriche	44543	43144	55976	55790	58304	Israel/Israël	35431	40535	51350	55681	62252
Canada	42130	50569	53021	49040	54191	Japan/Japon	33784	33951	32835	31993	36871
Italy/Italie	47772	40276	47571	55447	56433	Switz.Liecht	28639	26766	32043	33763	35941
Former USSR/Anc. URSS	x7026	x38154	x17278	x70778		Philippines	4217	x38627	7492	43429	6715
Spain/Espagne	17768	28165	31146	45909	56929	Pakistan	12675	13220	32643	41460	78027
Denmark/Danemark	34485	30704	31287	42125	40292	Austria/Autriche	29215	23757	31549	29794	28084
Norway,SVD,JM	30654	27715	28375	33772	37603	Thailand/Thaïlande	15150	19920	25068	37747	x52359
Ireland/Irlande	20187	21654	26083	24789	26759	Netherlands/Pays–Bas	25068	21425	27912	32480	38145
Finland/Finlande	19369	20829	25701	24367	21265	Belgium–Luxembourg	26083	22797	28334	29926	30336
Australia/Australie	13616	20062	20073	19815	20101	Sri Lanka	11443	12464	19394	30872	33591
Portugal	12441	14645	18203	21709	25375	Malaysia/Malaisie	15351	18461	20992	20788	x34358
Hungary/Hongrie	x13244	x9467	x9789	26927	x28154	Yugoslavia SFR	5766	8478	16737	x21511	
Saudi Arabia	1370	2136	x16792	x19987	x32148	Tunisia/Tunisie	13765	11824	12098	15095	16202
Tunisia/Tunisie	13039	11960	12554	12168	13480	Spain/Espagne	8940	10248	12760	14210	15392
United Arab Emirates	x15808	x9986	x9451	x11076	x21316	Hungary/Hongrie	x10361	x6732	x10113	x19191	x18933
Singapore/Singapour	9691	8474	10358	10933	14731	Former GDR	x61140	x22047	x6513		
Yugoslavia SFR	1757	2585	12127	x13402		Sweden/Suède	8452	8267	9074	9437	11196
Jamaica/Jamaïque	9197	10752	8746	176	x600	Ireland/Irlande	5858	6460	7963	12064	19655
Greece/Grèce	6628	6161	7197	6306	x11397	Colombia/Colombie	1283	2749	4594	18624	12368
Mexico/Mexique	1414	4850	5499	9023	17576	Romania/Roumanie	x23838	x16944	31	8571	x12826
Poland/Pologne	x4167	x5126	x1792	x10434	x8624	Indonesia/Indonésie	9339	2376	4783	17566	40506
Kuwait/Koweït	x6173	x7986	x4154	x1539	x3656	Czechoslovakia	x13158	x8309	x7653	x7195	x10904
Czechoslovakia	x3513	5170	6073	x1965	x2832	Macau/Macao	9613	8453	8218	5661	3630
Israel/Israël	3197	3672	3910	3767	6618	Denmark/Danemark	7995	6968	7252	7963	11134
Lebanon/Liban	x1666	x2331	x3506	x4814	x5458	Canada	5477	6097	5892	9373	8983
Venezuela	3585	2219	2926	5247	6539	Poland/Pologne	x10636	x8207	x6721	3177	x2415
China/Chine	1327	2983	3112	3869	6194	Bangladesh	8074	x1428	13336	9292	6383
Argentina/Argentine	63	5	408	9368	11468	Morocco/Maroc	3718	4838	4749	5368	6383
Korea Republic	589	1140	2785	5427	7016	Finland/Finlande	5347	4932	4784	3986	4339
New Zealand	1435	2372	3161	3426	4039	Mexico/Mexique	3983	2246	2816	6940	8646
Iceland/Islande	2613	2610	2795	3403	2868	Syrian Arab Republic	493	7287	3319	x752	x1869
Haiti/Haïti	x2986	x2194	x1668	x2880	x3743	Norway,SVD,JM	3684	3458	3560	3769	2938
Malaysia/Malaisie	1174	1623	2342	2730	x4036	Singapore/Singapour	3408	2701	3040	3186	4180
So. Africa Customs Un	3211	1558	3068	x1699	x2066	Costa Rica	878	1772	3566	3369	x2605
Libyan Arab Jamahiriya	7263	2739	1188	x1556	x1933	Haiti/Haïti	x2094	x2833	x3494	x2162	x3905
Brazil/Brésil	425	568	1458	3021	1859	Former USSR/Anc. URSS	x1028	x2055	x2696	x3158	
Chile/Chili	1098	1473	812	1628	x10700	Bulgaria/Bulgarie	x17231	x3080	x2185	x1654	x4261
Bulgaria/Bulgarie	x410	x1464	x526	x1810	4956	Mauritius/Maurice	x4585	x2228	2075	1610	1604
Andorra/Andorre	x1005	x984	x1061	x1441	x1255	So. Africa Customs Un	x2740	x1962	x1577	x1589	x1591
Korea Dem People's Rp	x475	x754	x950	x1703	x968	Guatemala	2385	1370	1580	1979	2756

(VALUE AS % OF TOTAL)(VALEUR EN % DU TOTAL)

	1983	1984	1985	1986	1987	1988	1989	1990	1991	1992		1983	1984	1985	1986	1987	1988	1989	1990	1991	1992
Africa	2.6	x2.2	x1.7	1.5	1.4	1.8	1.2	1.1	1.0	1.1	Afrique	2.1	1.5	1.1	x1.9	1.4	1.4	1.2	1.1	1.1	1.1
Northern Africa	1.4	1.5	1.1	1.0	x0.9	1.2	0.8	0.7	0.6	0.6	Afrique du Nord	1.3	1.2	0.9	1.1	1.0	1.0	0.9	0.8	0.9	0.9
Americas	x13.1	17.9	x20.7	x16.3	13.6	x13.2	17.1	16.4	14.1	14.3	Amériques	7.9	6.6	x6.1	x6.1	4.3	x5.2	4.8	x5.3	6.0	x6.9
LAIA	0.3	0.9	0.9	1.0	x0.7	0.5	0.6	0.6	1.3	x1.9	ALAI	0.1	0.5	0.3	0.3	x0.2	0.4	0.4	0.5	1.3	1.2
CACM	x0.2	0.4	0.4	x0.2	x0.2	0.2	0.2	0.1	0.1	x0.2	MCAC	x0.2	0.3	0.3	0.3	x0.2	0.2	0.2	0.3	0.2	x0.2
Asia	x15.2	x13.4	x14.5	x12.5	14.5	x16.4	x16.5	14.1	x14.4	x17.1	Asie	34.5	38.4	36.1	33.5	38.7	45.4	49.6	45.8	47.2	44.3
Middle East	x5.5	x2.9	x4.2	x1.4	x1.6	x1.8	x1.6	x1.9	x1.7	x2.6	Moyen–Orient	x0.4	0.7	0.8	1.5	1.6	2.1	3.0	3.3	3.5	3.5
Europe	67.7	64.8	61.8	68.6	67.7	65.9	60.6	65.3	65.1	64.7	Europe	55.2	53.3	56.5	58.5	44.9	40.5	40.5	46.1	43.8	45.5
EEC	55.3	52.3	49.9	55.4	55.2	54.4	49.8	53.9	54.9	54.9	CEE	49.0	46.0	49.5	51.0	38.9	36.0	36.2	41.2	39.5	41.4
EFTA	12.3	12.2	11.7	12.5	11.8	11.3	10.6	10.7	9.6	9.4	AELE	6.2	6.2	6.3	6.4	4.9	4.1	3.7	4.0	3.4	3.3
Oceania	1.5	x1.7	x1.5	x1.1	x1.0	1.0	x1.3	x1.1	x0.9	x0.9	Océanie	x0.3	0.2	0.2	x0.1	x0.1	x0.1	0.2	0.1	0.1	x0.1
Germany/Allemagne	21.4	20.6	18.9	20.3	19.8	19.7	18.0	21.5	23.6	23.0	Italy/Italie	23.1	22.0	22.9	23.4	16.9	15.6	15.2	17.0	16.1	16.3
USA/Etats–Unis d'Amer	7.7	11.4	14.6	10.8	8.6	9.0	12.6	12.3	10.3	9.8	China/Chine					11.2	14.6	14.1	14.1	14.5	8.8
France, Monac	10.0	10.1	9.9	11.5	11.8	10.3	9.2	9.9	9.2	8.6	Korea Republic	16.0	16.4	14.7	14.2	12.7	14.7	15.6	12.5	12.2	12.2
Japan/Japon	4.6	5.3	5.1	5.9	6.6	9.3	9.2	7.0	7.4	8.4	Germany/Allemagne	7.8	7.2	8.0	9.2	7.3	7.2	7.1	8.0	7.5	8.2
United Kingdom	6.5	6.4	5.3	5.7	5.8	7.0	6.5	5.5	5.8	6.9	Hong Kong	7.9	10.0	9.2	7.7	5.4	5.4	5.7	4.9	4.6	5.2
Netherlands/Pays–Bas	5.7	4.9	5.2	5.8	5.1	5.2	4.8	5.3	4.9	4.9	Portugal	1.7	1.9	2.1	2.5	2.4	3.1	3.8	5.0	5.5	5.7
Hong Kong	2.9	3.6	3.8	4.0	3.8	4.1	4.4	4.1	4.0	4.4	USA/Etats–Unis d'Amer	6.6	4.7	4.4	4.4	3.2	3.3	3.3	3.9	3.9	4.9
Belgium–Luxembourg	4.4	3.7	3.7	4.0	4.1	4.1	3.5	4.0	3.5	3.5	United Kingdom	5.2	4.8	5.1	4.3	3.4	3.1	3.3	3.5	3.2	3.5
Switz.Liecht	2.7	2.7	2.8	3.1	2.9	2.8	2.7	2.8	2.5	2.5	France, Monac	5.0	4.6	4.9	5.1	4.0	2.9	3.0	3.3	3.1	2.9
Sweden/Suède	3.3	3.4	3.4	3.4	3.0	2.9	2.9	2.5	2.3	2.4	Turkey/Turquie		0.5	0.7	1.3	1.4	2.0	2.5	3.1	3.4	3.3

8481 LEATHER CLOTHES, ACCESSOR

TRADE BY COMMODITY IN THOUSAND U.S. DOLLARS – COMMERCE PAR PRODUIT EN MILLIERS DE DOLLARS E.U

IMPORTS – IMPORTATIONS

COUNTRIES–PAYS	1988	1989	1990	1991	1992
Total	5013464	5918607	6562658	6576102	6400245
Africa	x11882	x13012	x20270	x22262	x23131
Northern Africa	2424	4014	6860	7741	x8752
Americas	x1504763	x1914131	x2020321	x1876435	x2139951
LAIA	5591	12816	15075	20743	x32189
CACM	289	535	489	493	x1415
Asia	874236	1471062	1410434	1273496	1357953
Middle East	x25989	x26573	x20462	x26003	x34798
Europe	2533090	2309961	2959570	2919051	2795585
EEC	2019274	1835793	2383696	2427541	2365013
EFTA	502309	463718	558199	473928	406756
Oceania	x41608	x48591	x49555	x41576	x43706
USA/Etats–Unis d'Amer	1375760	1719060	1803993	1684237	1918416
Germany/Allemagne	959513	790012	1146253	1177986	1053243
Japan/Japon	577120	1047052	944383	796049	811179
Hong Kong	242536	355725	396908	398170	437563
France, Monac	310719	311041	376427	373419	376913
United Kingdom	241449	273375	292481	246160	225380
Former USSR/Anc. URSS	x13301	x123804	x50332	x404341	
Canada	117191	172007	191506	160420	175798
Switz.Liecht	183268	160918	189778	157086	137152
Sweden/Suède	132220	131096	160200	139017	103487
Netherlands/Pays–Bas	124189	110609	131765	136455	147696
Belgium–Luxembourg	117114	99837	123113	127157	128123
Spain/Espagne	93577	95014	106864	132135	156304
Austria/Autriche	87859	81869	105809	103260	103237
Italy/Italie	83090	72313	94877	116773	164970
Denmark/Danemark	56046	45252	59811	63634	47269
Norway,SVD,JM	57892	46956	59027	47498	42416
Australia/Australie	35029	39834	39655	34061	35384
Finland/Finlande	36516	40318	40958	25170	18483
Singapore/Singapour	15564	18844	24495	25725	24714
Czechoslovakia	x11735	11944	39675	x14600	x19546
Ireland/Irlande	20298	20726	22778	18286	13763
Portugal	8038	8480	14082	19950	29171
Greece/Grèce	5240	9133	15246	15587	x22180
Korea Republic	3861	7090	11225	10420	10620
Mexico/Mexique	2324	6605	7057	9618	15965
Andorra/Andorre	x7009	x6319	x8600	x7444	x6930
Saudi Arabia	1784	6066	6686	x9542	x11335
Yugoslavia SFR	2979	3137	7564	x7877	
New Zealand	3067	5220	6649	5308	5998
Poland/Pologne	x1634	x823	x1205	x13015	x10647
Former GDR	x15045	x11513	x3353		
Bulgaria/Bulgarie	x1485	x8704	x3132	x2710	1237
So. Africa Customs Un	3845	2854	5522	x5782	x5656
Hungary/Hongrie	x2903	x4164	x3449	6498	x4813
United Arab Emirates	x6754	x3436	x4690	x4555	x8844
Kuwait/Koweït	x9654	9382	x1291	x770	x1852
Tunisia/Tunisie	888	1789	3715	4714	5687
Lebanon/Liban	x3416	x2653	x2737	x4788	x6703
Brazil/Brésil	953	2748	3933	3002	589
Malaysia/Malaisie	1123	1704	2843	4084	x4700
Israel/Israël	1942	2714	2383	2262	3834
Chile/Chili	1415	2045	1896	3037	x6231
Iceland/Islande	4554	2560	2426	1896	1981
Philippines	420	x3988	902	1565	843
Nigeria/Nigéria	x518	x1088	x1979	x3029	x3019
China/Chine	1304	1754	1656	2598	8033
Venezuela	44	770	1515	3480	4986
Thailand/Thaïlande	740	1113	1484	2942	5029
Bermuda/Bermudes	x129	x1683	x1915	x1898	x89

EXPORTS – EXPORTATIONS

COUNTRIES–PAYS	1988	1989	1990	1991	1992
Totale	4375846	5424896	5905260	5689754	6097162
Afrique	x54167	x56191	x62057	x61715	x55246
Afrique du Nord	50988	50576	55940	55420	50085
Amériques	166167	216979	x238007	266281	x269681
ALAI	87680	98672	96081	106986	101034
MCAC	206	361	987	1899	1988
Asie	3008679	3976557	4251670	4152759	4584548
Moyen–Orient	446354	497006	640589	519104	458220
Europe	1042957	1063730	1245666	1125080	1097653
CEE	957629	976483	1136543	1022685	1009012
AELE	62846	58694	76995	65992	64148
Océanie	x7188	x9233	x10189	x9351	x10270
Korea Republic	1619212	2017242	1908204	1665554	1433487
Hong Kong	376664	539112	572428	607914	643973
Turkey/Turquie	441358	494443	638678	515252	453940
Italy/Italie	428495	418150	478504	419186	388886
China/Chine	216344	330537	399091	454907	948511
India/Inde	128174	x269590	315805	317685	x446188
Pakistan	136910	164842	263656	300667	381906
Germany/Allemagne	173748	176995	221702	221530	235000
France, Monac	105891	128326	124286	99651	105653
USA/Etats–Unis d'Amer	47918	81330	99874	124267	126704
Netherlands/Pays–Bas	83581	78922	98041	99332	102158
Philippines	11652	x73373	25262	113098	39262
United Kingdom	59317	58901	71934	63200	63812
Spain/Espagne	44703	60349	72233	48849	43963
Thailand/Thaïlande	28341	36327	47012	56491	x73699
Morocco/Maroc	44113	40580	44459	39190	33534
Indonesia/Indonésie	4973	9784	28805	66113	105137
Uruguay	29191	33379	32770	33086	35304
Yugoslavia SFR	22107	28092	31933	x36132	
Argentina/Argentine	29791	32001	32028	27985	27361
Hungary/Hongrie	x28572	x27426	x31025	x31086	x36158
Finland/Finlande	24563	21854	28416	20212	17610
Belgium–Luxembourg	18931	18581	24940	25606	26066
Romania/Roumanie	x15506	32067	22922	6962	x9238
Canada	18533	20297	21293	16532	18850
Switz.Liecht	12695	14470	20757	22311	21096
Portugal	20706	17223	19047	19081	18632
Poland/Pologne	x19261	x14356	x18303	x22663	x17738
Denmark/Danemark	13172	12168	19474	21052	18217
Colombia/Colombie	12057	11675	12168	27340	15271
Czechoslovakia	25650	x18762	x17901	x11223	x15392
Dominican Republic	x9740	x13323	x17048	x16006	x18479
Sweden/Suède	11078	10392	13537	12402	12941
Japan/Japon	10047	10375	10713	13068	11107
Israel/Israël	18224	14644	11802	5543	3663
Mexico/Mexique	7332	10492	10680	10252	10908
Austria/Autriche	11952	10412	11812	8697	10756
Sri Lanka	5347	3132	11944	11990	12614
Brazil/Brésil	8957	8524	5846	6953	9394
Tunisia/Tunisie	5468	3838	7094	9836	10489
New Zealand	4472	5881	7291	5900	5332
Egypt/Egypte	1359	6110	4177	6319	5864
Mongolia/Mongolie	x1838	x4497	x4886	x5861	x4505
Bulgaria/Bulgarie	x3332	x5386	x5692	x1136	x1197
Mauritius/Maurice	x2567	x3417	4392	3687	2188
Macau/Macao	2383	2748	4369	3961	3229
Greece/Grèce	7149	4777	3049	2663	x4065
Malaysia/Malaisie	57	377	3182	5763	x7912
Australia/Australie	1974	2654	2684	3026	4735
Ireland/Irlande	1936	2089	3333	2536	2557

(VALUE AS % OF TOTAL) (VALEUR EN % DU TOTAL)

	1983	1984	1985	1986	1987	1988	1989	1990	1991	1992		1983	1984	1985	1986	1987	1988	1989	1990	1991	1992
Africa	x0.4	x0.5	x0.4	x0.4	x0.2	x0.3	x0.2	x0.3	x0.4	x0.4	Afrique	2.0	1.5	1.4	x1.7	x1.2	x1.2	x1.0	x1.0	x1.1	x0.9
Northern Africa	x0.2	x0.3	x0.2	x0.1	0.0	0.0	0.1	0.1	0.1	x0.1	Afrique du Nord	1.8	1.3	1.2	1.4	1.0	1.2	0.9	0.9	1.0	0.8
Americas	31.7	37.3	35.0	x28.9	x26.6	x30.0	x32.4	x30.8	x28.6	x33.4	Amériques	3.6	4.5	3.8	x4.1	x3.5	3.8	4.0	x4.1	4.7	x4.4
LAIA	0.2	0.3	0.2	x0.2	x0.2	0.1	0.2	0.2	0.3	x0.5	ALAI	1.5	3.2	2.5	x2.6	2.2	2.0	1.8	1.6	1.9	1.7
CACM	x0.0	0.0	0.0	0.0	0.0	0.0	0.0	0.0	0.0	0.0	MCAC	x0.0	0.0	0.0	x0.0	x0.0	0.0	0.0	0.0	0.0	0.0
Asia	x8.0	7.4	8.2	8.6	x11.3	17.5	24.8	21.5	19.3	21.2	Asie	55.1	63.9	63.3	58.8	66.6	68.7	73.3	72.0	73.0	75.1
Middle East	x1.2	x0.7	x0.8	x0.6	x1.6	x0.5	x0.4	x0.3	x0.4	x0.5	Moyen–Orient	x0.1	17.3	21.7	12.1	16.1	10.2	9.2	10.8	9.1	7.5
Europe	57.3	52.6	55.4	61.2	60.0	50.5	39.0	45.1	44.4	43.7	Europe	39.1	30.0	31.3	35.2	26.7	23.8	19.6	21.1	19.8	18.0
EEC	46.0	42.1	44.0	48.3	47.1	40.3	31.0	36.3	36.9	37.0	CEE	35.1	26.3	27.7	30.5	22.9	21.9	18.0	19.2	18.0	16.5
EFTA	11.2	10.3	11.2	12.7	12.6	10.0	7.8	8.5	7.2	6.4	AELE	4.0	2.4	2.4	2.8	2.0	1.4	1.1	1.3	1.2	1.1
Oceania	x0.9	x1.1	x1.0	x1.0	x0.7	x0.9	x0.9	x0.7	x0.6	x0.6	Océanie	x0.2	x0.2	x0.2	x0.2	x0.1	x0.1	x0.2	x0.2	x0.2	x0.2
USA/Etats–Unis d'Amer	28.7	33.6	31.9	26.2	24.5	27.4	29.0	27.5	25.6	30.0	Korea Republic	38.9	31.6	26.0	29.8	30.9	37.0	37.2	32.3	29.3	23.5
Germany/Allemagne	25.7	22.8	22.1	25.1	25.7	19.1	13.3	17.5	17.9	16.5	Hong Kong	8.9	7.9	7.2	7.8	6.5	8.6	9.9	9.7	10.7	10.6
Japan/Japon	3.4	2.9	2.9	3.4	5.6	11.5	17.7	14.4	12.1	2.7	Turkey/Turquie		17.3	21.6	12.0	16.1	10.1	9.1	10.8	9.1	7.4
Hong Kong	2.7	3.2	4.0	4.1	3.7	4.8	6.0	6.0	6.1	6.8	Italy/Italie	16.1	11.9	11.9	13.2	9.9	9.8	7.7	8.1	9.1	7.4
France, Monac	5.9	6.0	6.7	7.0	6.3	6.2	5.3	5.7	5.7	5.9	China/Chine					4.4	4.9	6.1	8.0	15.6
United Kingdom	4.5	4.7	5.6	4.9	4.7	4.8	4.6	4.5	3.7	3.5	India/Inde	1.1	1.3	1.6	2.3	2.4	2.9	x5.0	5.3	5.6	x7.3
Former USSR/Anc. URSS				x0.3	x0.3	x2.1	x0.8	x6.1			Pakistan	2.0	2.1	2.9	3.6	3.1	3.1	3.0	4.5	5.3	6.3
Canada	2.8	3.3	2.7	2.2	1.7	2.3	2.9	2.9	2.4	2.7	Germany/Allemagne	6.0	4.6	4.9	5.3	4.0	3.3	3.8	3.9	3.9
Switz.Liecht	5.3	5.2	5.3	5.1	4.8	3.7	2.7	2.9	2.4	2.1	France, Monac	4.4	3.2	3.6	3.7	2.7	2.4	2.4	2.1	1.8	1.7
Sweden/Suède	1.8	1.4	1.6	2.3	3.0	2.6	2.2	2.4	2.1	1.6	USA/Etats–Unis d'Amer	0.9	0.5	0.5	0.9	0.8	1.1	1.5	1.7	2.2	2.1

8483 FUR ETC, CLOTHES, PRODUCTS / VÊTEMENTS DE FOURRURE 8483

TRADE BY COMMODITY IN THOUSAND U.S. DOLLARS – COMMERCE PAR PRODUIT EN MILLIERS DE DOLLARS E.U

IMPORTS – IMPORTATIONS

COUNTRIES–PAYS	1988	1989	1990	1991	1992
Total	1771672	1687372	1396892	x1445331	1007030
Africa	x2516	x1293	x1082	x2271	x930
Northern Africa	1830	545	x384	375	x492
Americas	x494652	x467346	x323559	x218308	x181246
LAIA	1709	1383	4440	2739	4825
CACM	x156	131	x103	68	x878
Asia	418793	470551	470270	372347	296121
Middle East	x12564	x4959	x6515	x10949	x10573
Europe	712397	530268	479564	502694	503547
EEC	488325	369724	340799	369842	386963
EFTA	219799	157193	133670	124944	109171
Oceania	x4326	x3898	x6119	x7836	x6683
Japan/Japon	331393	364411	357356	267966	184930
USA/Etats-Unis d'Amer	434304	380291	256488	176082	143865
Former USSR/Anc. URSS	x114601	x197140	x93549	x330028	
Germany/Allemagne	265576	175590	155176	75541	151756
Hong Kong	66673	88467	92611	72465	73232
Switz.Liecht	89941	75820	69885	62465	56773
Italy/Italie	65485	66920	55983	62914	66578
Canada	54735	74001	50447	29188	20257
France,Monac	62448	49550	52334	41819	45092
Spain/Espagne	9811	17541	24048	63378	72276
Austria/Autriche	61690	31470	25892	24415	25431
Sweden/Suède	26946	21978	16839	16915	13504
Belgium–Luxembourg	23387	16018	18025	15457	15055
Norway,SVD,JM	24679	13297	12196	13301	6960
Denmark/Danemark	13670	12185	11085	9195	6203
United Kingdom	27493	16405	9113	6018	8652
Finland/Finlande	16175	14385	8629	7624	6301
Dominican Republic	x2115	x8350	x10730	x8549	x8441
Korea Republic	2279	7081	8941	9259	5117
Czechoslovakia	x12999	5550	11558	x5024	x5285
Greece/Grèce	8209	7278	6740	6995	x11919
Netherlands/Pays-Bas	9535	5912	6249	5795	5855
Australia/Australie	4055	3297	5642	7279	6284
Saudi Arabia	3088	2224	x3737	x5773	x4171
China/Chine	988	3066	2216	4982	12986
Bulgaria/Bulgarie	x3896	x3508	x3886	x1803	3409
Yugoslavia SFR	1336	1416	2446	x4443	
Romania/Roumanie	x148	1326	4786	915	x3269
Hungary/Hongrie	x2056	x3046	x1995	1579	x2279
Andorra/Andorre	x2873	x1758	x2116	x2617	x2770
Mexico/Mexique	184	192	3323	1944	2830
Portugal	1402	1338	1348	1465	3327
United Arab Emirates	x5197	x1065	x716	x2117	x2725
Poland/Pologne	x369	x871	x262	x2526	x4260
Former GDR	x4915	x2557	x261		
Bermuda/Bermudes	x529	x1138	x713	x443	x717
Ireland/Irlande	1311	987	697	405	249
Kuwait/Koweit	x3408	850	x256	x888	x894
Syrian Arab Republic	3		x643	x1161	x1201
Malta/Malte	48	171	525	x841	x1443
Brazil/Brésil	90	584	596	281	108
India/Inde	2623	x158	728	500	x339
Haiti/Haïti	x84	x419	x191	x618	x1505
Korea Dem People's Rp	x7	x578	x126	x511	x71
Nigeria/Nigéria	x80	x153	x46	x1009	x2
Lebanon/Liban	x265	x205	x476	x506	x1260
Singapore/Singapour	951	404	474	250	1308
Thailand/Thaïlande	66	237	267	608	604
Philippines	0	x48	9	829	0
New Zealand	215	306	200	334	200

EXPORTS – EXPORTATIONS

COUNTRIES–PAYS	1988	1989	1990	1991	1992
Totale	1842614	1780488	1576765	1472341	x1368638
Afrique	x3529	x2746	x2225	x2482	x4606
Afrique du Nord	2560	2277	1681	1319	1297
Amériques	332859	x257109	201267	215232	211008
ALAI	75375	62147	64782	77964	80338
MCAC	x36	21	x123	x48	x30
Asie	725526	744314	716211	659509	633387
Moyen-Orient	48489	64028	60933	57961	61134
Europe	704960	693734	601302	550963	x478206
CEE	611643	605412	516282	501518	x437090
AELE	56070	46957	48756	31911	28432
Océanie	x18880	x22588	x19536	x17498	x21072
Hong Kong	326442	328867	297034	274390	253148
Greece/Grèce	276734	290520	219256	243580	x184356
China/Chine	122344	167293	218813	226690	249193
Germany/Allemagne	167238	147772	130352	123678	129125
Korea Republic	222367	174981	133599	92871	60245
USA/Etats-Unis d'Amer	96664	85635	64532	70701	76608
Canada	150879	93680	63468	63196	52431
Turkey/Turquie	47638	63700	60888	54319	61052
Italy/Italie	48651	61539	67360	44963	40387
France,Monac	35030	39402	41734	43788	40659
Uruguay	42143	34352	38898	43213	42009
Yugoslavia SFR	33745	38329	34006	x15320	
Argentina/Argentine	23227	20050	17709	22326	27593
Switz.Liecht	20120	20164	21637	12897	7780
Finland/Finlande	21753	18779	19942	13489	12925
New Zealand	15512	19322	16748	14536	18264
Spain/Espagne	25513	21400	14847	10635	11768
United Kingdom	21071	17227	15897	9898	11825
Denmark/Danemark	23989	16102	13426	11391	7308
Romania/Roumanie	x3858	17385	12359	4692	x2763
Netherlands/Pays-Bas	7606	7515	8483	9227	6147
Dominican Republic	x9240	x14171	x7857	x3074	x1067
Bulgaria/Bulgarie	x14815	x11144	x8632	x1965	1842
Hungary/Hongrie	x9844	x9531	x5105	x5804	x4440
Czechoslovakia	x11620	x8386	x3287	x3303	x4975
Brazil/Brésil	7419	5156	4676	4159	6971
Former USSR/Anc. URSS	x1496	x4012	x2735	x7221	
Poland/Pologne	x7013	x4675	x3417	x3603	x6243
Belgium–Luxembourg	5114	3130	4195	4125	4837
Austria/Autriche	4829	3841	3422	2298	2715
Australia/Australie	3287	3225	2355	2735	2804
Sweden/Suède	6255	2874	2604	2071	3762
Malta/Malte	3489	2894	2235	2200	x3155
Mongolia/Mongolie	x76	x2685	x1424	x1266	x1249
Former GDR	x7715	x4767	x540		
Malaysia/Malaisie	964	1187	1539	2505	x3468
Tunisia/Tunisie	2488	2253	1669	1256	1265
Colombia/Colombie	1	62	88	4641	2
Israel/Israël	2611	2489	912	606	594
Chile/Chili	1117	775	1121	1734	x857
Japan/Japon	1028	748	995	1866	1609
Norway,SVD,JM	3087	1297	1150	1155	1238
Syrian Arab Republic	54	18	0	x3556	x6
Peru/Pérou	1269	1304	1236	x859	x809
Mexico/Mexique	191	410	1051	993	1945
Greenland/Groenland	520	1331	470	232	523
So. Africa Customs Un	x288	x181	x430	x1060	x877
Portugal	527	737	568	219	363
India/Inde	21	x625	307	12	x918
Pakistan	9	529	11	217	16

(VALUE AS % OF TOTAL)(VALEUR EN % DU TOTAL)

	1983	1984	1985	1986	1987	1988	1989	1990	1991	1992
Africa	x0.1	x0.0	x0.0	x0.1	x0.1	x0.1	x0.1	x0.1	x0.1	x0.1
Northern Africa	x0.0	x0.0	0.0	0.0	0.0	0.1	0.0	0.0	0.0	x0.0
Americas	x20.9	x28.3	x41.0	x31.4	x28.0	x27.9	x27.7	x23.2	x15.1	x18.0
LAIA	x0.3	x0.3	0.3	x0.1	x0.5	0.1	0.1	0.3	0.2	0.5
CACM	x0.0	x0.0	x0.0	x0.0	x0.0	0.0	0.0	0.0	0.0	0.1
Asia	x18.8	23.5	19.4	22.1	23.9	23.6	27.9	33.7	25.7	29.4
Middle East	x0.6	x0.4	x0.3	x0.4	x0.2	0.7	x0.3	0.5	x0.8	x1.0
Europe	59.5	40.6	38.9	46.1	43.9	40.2	31.4	34.3	34.8	50.0
EEC	46.7	30.1	27.4	33.4	30.8	27.6	21.9	24.4	25.6	38.4
EFTA	12.7	10.4	11.3	12.6	13.0	12.4	9.3	9.5	9.6	10.8
Oceania	x0.8	x0.8	x0.6	x0.6	x0.2	x0.2	x0.2	x0.4	x0.5	x0.6
Japan/Japon	17.2	21.5	17.0	18.9	20.2	18.7	21.6	25.6	18.5	18.4
USA/Etats-Unis d'Amer	19.5	26.7	38.9	29.3	24.8	24.5	22.5	18.4	12.2	14.3
Former USSR/Anc. URSS			x3.2	x6.5	x11.7	x6.7	x22.8			
Germany/Allemagne	29.3	18.1	15.0	18.8	17.2	15.0	10.4	11.1	10.8	15.1
Hong Kong	0.7	1.5	2.0	2.7	3.1	3.8	5.2	6.6	5.2	7.3
Switz.Liecht	5.2	4.2	4.5	4.9	5.0	5.1	4.5	5.0	4.3	5.6
Italy/Italie	3.0	3.0	3.9	4.2	4.1	3.7	4.0	4.0	4.4	6.6
Canada	0.9	1.2	1.7	1.9	2.5	3.1	4.4	3.6	2.0	2.0
France,Monac	4.9	2.7	2.8	4.6	4.2	3.5	2.9	3.7	2.9	4.5
Spain/Espagne	0.2	0.1	0.1	0.2	0.6	1.0	1.7	4.4	7.2	

	1983	1984	1985	1986	1987	1988	1989	1990	1991	1992
Afrique	0.4	0.2	0.3	0.2	0.2	0.2	0.1	0.1	0.2	0.4
Afrique du Nord	0.3	0.2	0.2	0.1	0.2	0.1	0.1	0.1	0.1	0.1
Amériques	x17.9	x18.0	x20.1	18.0	16.1	18.0	x14.5	12.7	14.6	15.4
ALAI	x4.5	x3.4	x3.5	3.5	3.8	4.1	3.5	4.1	5.3	5.9
MCAC	x0.0			0.0	0.0	0.0	0.0	0.0	0.0	x0.0
Asie	37.3	41.4	37.4	36.7	41.0	39.4	41.8	45.4	44.8	46.3
Moyen-Orient	x6.0	x4.6	1.2	2.4	1.9	2.6	3.6	3.9	3.9	4.5
Europe	43.0	39.2	41.0	44.2	38.9	38.3	39.0	38.1	37.4	x34.9
CEE	33.8	31.8	32.9	38.6	33.9	33.2	34.0	32.7	34.1	x31.9
AELE	5.5	4.3	5.3	3.8	3.3	3.0	2.6	3.1	2.2	2.1
Océanie	1.5	1.3	1.2	x0.8	x1.3	x1.0	x1.3	x1.2	x1.2	x1.5
Hong Kong	17.5	23.2	21.3	21.4	21.4	17.7	18.5	18.8	18.6	18.5
Greece/Grèce	9.7	12.1	10.5	18.4	16.6	15.0	16.3	13.9	16.5	x13.5
China/Chine					5.1	6.6	9.4	13.9	15.4	18.2
Germany/Allemagne	10.9	9.3	11.2	10.6	9.0	9.1	8.3	8.3	8.4	9.4
Korea Republic	5.4	5.4	5.7	4.2	4.1	5.2	4.8	4.1	4.8	5.6
USA/Etats-Unis d'Amer	5.7	5.4	5.7	4.2	4.1	5.2	4.8	4.1	4.8	5.6
Canada	7.7	8.9	10.6	10.0	8.0	8.2	5.3	4.0	4.3	3.8
Turkey/Turquie	x6.0	x4.5	1.2	2.3	1.9	2.6	3.6	3.9	3.7	4.5
Italy/Italie	2.3	1.9	2.1	3.7	2.8	2.6	3.5	4.3	3.1	3.0
France,Monac	3.0	2.0	2.4	2.2	1.8	1.9	2.2	2.6	3.0	3.0

763

84831 ARTICLES OF FURSKIN,NES — PELLETERIES OUVREES NDA 84831

TRADE BY COMMODITY IN THOUSAND U.S. DOLLARS – COMMERCE PAR PRODUIT EN MILLIERS DE DOLLARS E.U

IMPORTS – IMPORTATIONS

COUNTRIES–PAYS	1988	1989	1990	1991	1992
Total	1745423	1661735	1368574	x1414224	977020
Africa	x1027	x1001	x713	x1634	x503
Northern Africa	x407	x393	x231	x209	x179
Americas	x493661	x465736	x321727	x217645	x180255
LAIA	1497	1118	4313	2591	4540
CACM	x129	129	x104	26	x857
Asia	411951	463683	466363	367838	285082
Middle East	x10541	x2706	x5266	x9383	x9306
Europe	702725	519358	464881	489421	490504
EEC	480370	360442	328600	360001	377289
EFTA	218924	156105	131671	122269	106484
Oceania	x4003	x3583	x5579	x7059	x6281
Japan/Japon	331193	364267	356977	267722	184351
USA/Etats-Unis d'Amer	434304	379499	255665	175858	143556
Former USSR/Anc. URSS	x111110	x192954	x91263	x320423	
Germany/Allemagne	262223	172890	151217	152398	149109
Hong Kong	66498	88034	92413	75291	72609
Switz.Liecht	89638	75339	69009	62033	56474
Italy/Italie	64693	65892	55204	62421	65804
Canada	54292	73596	49651	28896	19982
France, Monac	61371	48241	49776	39580	43050
Spain/Espagne	9371	14751	22369	62349	71287
Austria/Autriche	61461	31340	25434	22641	23475
Sweden/Suède	26796	21635	16456	16677	13186
Belgium–Luxembourg	22705	15708	17190	14982	14425
Norway, SVD, JM	24563	13193	11973	13120	6911
Denmark/Danemark	13584	12096	11006	9107	6062
Finland/Finlande	16101	14360	8573	7579	6242
United Kingdom	26784	15941	8455	5430	7938
Dominican Republic	x1991	x8320	x10665	x8549	x8380
Korea Republic	1787	6643	8770	9074	4885
Czechoslovakia	x12900	5168	11145	x4982	x4924
Greece/Grèce	8182	7192	6710	6951	x11159
Netherlands/Pays-Bas	9193	5703	5030	5288	5359
Australia/Australie	3775	3018	5168	6582	5919
Saudi Arabia	1217	644	3405	5317	4094
Bulgaria/Bulgarie	x3726	x3508	x3881	x1792	489
Yugoslavia SFR	581	1051	2053	3864	
Andorra/Andorre	x2803	x1705	x2023	x2454	x2565
China/Chine	14	609	1538	3934	6527
Hungary/Hongrie	x2015	x2976	x1929	1072	x2215
Mexico/Mexique	144	145	3279	1921	2769
United Arab Emirates	x5168	x1062	x690	x2105	x2698
Portugal	989	1131	1161	1211	2930
Poland/Pologne	x311	x737	x253	x2016	x3587
Bermuda/Bermudes	x529	x1138	x707	x443	x717
Romania/Roumanie	x148	1326	580	343	x3180
Former GDR	x1845	x1704	x260		
Ireland/Irlande	1275	896	481	284	166
Kuwait/Koweït	x3368	x468	x179	x888	x894
Malta/Malte	40	50	525	x826	x1426
Brazil/Brésil	27	412	565	259	6
Haiti/Haïti	x84	x419	x191	x618	x1505
Nigeria/Nigéria	x76	x96	x46	x1009	x2
Lebanon/Liban	x223	x145	x323	x480	x1198
Singapore/Singapour	892	361	385	171	449
Philippines	0	x48	9	822	
Macau/Macao	0	227	504	55	24
New Zealand	185	293	169	318	179
Iceland/Islande	366	239	226	218	197
Netherlands Antilles	x255	x655			
Chile/Chili	1004	395	199	4	x582

EXPORTS – EXPORTATIONS

COUNTRIES–PAYS	1988	1989	1990	1991	1992
Totale	1808918	1755233	1542993	1425085	x1330358
Afrique	x3481	x2743	x2227	x2442	x4586
Afrique du Nord	2519	2276	1703	1281	1279
Amériques	318028	x256350	200697	213400	209630
ALAI	75322	62142	64774	76649	80312
MCAC	x36	20	x123	x48	x28
Asie	723570	741430	714853	651721	629862
Moyen–Orient	48433	63778	61926	55199	61106
Europe	689058	672544	569677	513957	x444993
CEE	596026	585513	485715	465710	x404436
AELE	55832	46624	48163	31535	28003
Océanie	x18715	x22495	x19415	x17318	x21001
Hong Kong	326126	328618	296928	274151	252443
Greece/Grèce	276733	290520	219255	243574	x184296
China/Chine	121114	165563	216865	221877	246763
Korea Republic	222344	174858	133476	92723	60140
Germany/Allemagne	165541	145732	128518	121403	127814
Canada	150708	93665	63405	63115	52356
USA/Etats-Unis d'Amer	82057	84897	64032	70265	75336
Turkey/Turquie	47638	63700	60888	54319	61042
Italy/Italie	46854	59079	64077	40809	37437
Uruguay	42143	34352	38898	43213	42009
Yugoslavia SFR	33698	37372	33577	x14498	
France, Monac	25393	26581	22674	20724	18171
Argentina/Argentine	23224	20050	17706	22274	27593
Switz.Liecht	19959	20040	21443	12731	7674
Finland/Finlande	21733	18709	19891	13440	12773
New Zealand	15385	19245	16675	14492	18214
Spain/Espagne	25389	21157	14032	8730	10637
Denmark/Danemark	23971	16020	13278	11253	7229
United Kingdom	19667	15560	12008	6908	8413
Romania/Roumanie	x3858	17385	12359	4634	x2750
Dominican Republic	x9240	x14171	x7857	x3074	x1067
Netherlands/Pays-Bas	7063	7226	7714	8838	5722
Bulgaria/Bulgarie	x14723	x11144	x8614	x1960	x1827
Hungary/Hongrie	x9522	x9512	x5102	x5791	x4415
Czechoslovakia	x11620	x8383	x3284	x3245	x4969
Brazil/Brésil	7368	5155	4676	4146	6959
Former USSR/Anc. URSS	x1248	x4012	x2734	x7021	
Poland/Pologne	x6993	x4654	x3385	x3527	x6227
Belgium–Luxembourg	4862	2941	3580	3249	4253
Austria/Autriche	4812	3717	3167	2218	2688
Australia/Australie	3249	3210	2307	2598	2783
Sweden/Suède	6225	2865	2557	2030	3702
Malta/Malte	3489	2894	2198	x2200	x3155
Mongolia/Mongolie	x76	x2685	x1424	x1266	x1249
Malaysia/Malaisie	963	1183	1533	2485	x3468
Tunisia/Tunisie	2488	2253	1669	1219	1247
Former GDR	x7605	x4483	x497		
Israel/Israël	2607	2485	903	605	594
Chile/Chili	1117	775	1121	1729	x857
Colombia/Colombie	1	62	87	3409	2
Norway, SVD, JM	3075	1291	1106	1116	1155
Peru/Pérou	1269	1304	1236	x856	x807
Japan/Japon	818	568	906	1710	1509
Mexico/Mexique	191	407	1047	983	1933
Greenland/Groenland	520	1331	470	232	523
Syrian Arab Republic	6	1			24
So. Africa Customs Un	x288	x181	x425	x1060	x875
India/Inde	20	x625	307	x575	x878
Portugal	390	632	421	219	356
Tonga		x28	x382	x204	

(VALUE AS % OF TOTAL) (VALEUR EN % DU TOTAL)

	1983	1984	1985	1986	1987	1988	1989	1990	1991	1992
Africa	x0.0	x0.0	x0.0	x0.0	0.1	x0.1	x0.1	x0.1	x0.1	x0.0
Northern Africa	x0.0	x0.0	x0.0	x0.0	x0.0	x0.0	x0.0	x0.0	x0.0	x0.0
Americas	x19.3	30.5	x41.3	x31.8	x28.2	x28.3	x28.1	x23.5	15.4	x18.4
LAIA	0.0	0.3	0.3	x0.5	x0.4	0.1	0.1	0.3	0.2	0.5
CACM	x0.0	x0.0	x0.0	x0.0	x0.0	x0.0	0.0	x0.0	x0.0	x0.1
Asia	x17.5	25.2	19.4	22.1	23.9	23.6	27.9	34.1	26.0	29.2
Middle East	x0.4	x0.3	x0.2	x0.1	x0.2	x0.6	x0.2	x0.4	x0.7	x1.0
Europe	55.2	43.5	38.6	45.8	44.0	40.3	31.3	34.0	34.6	50.2
EEC	43.2	32.1	27.1	33.0	30.6	27.5	21.7	24.0	25.5	38.6
EFTA	11.9	11.2	11.3	12.5	13.1	12.5	9.4	9.6	8.6	10.9
Oceania	x0.7	x0.8	x0.6	x0.2	x0.2	x0.2	x0.2	x0.4	x0.5	x0.6
Japan/Japon	16.1	23.2	17.1	18.9	20.4	19.0	21.9	26.1	18.9	18.9
USA/Etats-Unis d'Amer	18.4	28.9	39.2	29.3	25.1	24.9	22.8	18.7	12.4	14.7
Former USSR/Anc. URSS	7.2			x3.0	x6.4	x11.6	x6.7	x22.7		
Germany/Allemagne	27.3	19.4	14.9	18.6	17.2	15.0	10.4	11.0	10.8	15.3
Hong Kong	0.7	1.6	2.0	2.7	3.1	3.8	5.3	6.8	5.3	7.4
Switz.Liecht	4.9	4.5	4.5	4.9	5.0	5.1	4.5	5.0	4.4	5.8
Italy/Italie	2.8	3.2	3.9	4.2	4.1	3.7	4.0	4.0	4.4	6.7
Canada	0.9	1.3	1.7	1.9	2.5	3.1	4.4	3.6	2.0	2.0
France, Monac	4.5	2.9	2.8	4.6	4.1	3.5	2.9	3.6	2.8	4.4
Spain/Espagne	0.1	0.1	0.1	0.2	0.2	0.5	0.9	1.6	4.4	7.3

	1983	1984	1985	1986	1987	1988	1989	1990	1991	1992
Afrique	0.4	0.2	0.3	x0.2	x0.2	x0.2	x0.1	0.1	x0.2	x0.4
Afrique du Nord	0.3	0.2	0.2	0.1	0.2	0.1	0.1	0.1	0.1	0.1
Amériques	16.5	17.4	19.7	17.7	15.7	17.6	x14.6	13.0	15.0	15.8
ALAI	1.5	3.5	4.3	3.6	3.8	4.2	3.5	4.2	5.4	6.0
MCAC	x0.0	x0.0	x0.0	x0.0	x0.0	x0.0	0.0	x0.0	x0.0	x0.0
Asie	36.6	41.9	38.1	37.4	41.5	40.0	42.3	46.3	45.8	47.4
Moyen–Orient	x0.0	4.6	1.3	2.4	1.9	2.7	3.6	4.0	3.9	4.6
Europe	44.7	39.1	40.7	43.9	38.8	38.1	38.3	36.9	36.1	x33.4
CEE	38.5	31.6	32.4	38.5	33.8	32.9	33.4	31.5	32.7	x30.4
AELE	6.3	4.3	5.3	3.9	3.3	3.1	2.7	3.1	2.2	2.1
Océanie	1.8	1.3	1.2	0.9	x1.3	x1.0	x1.3	x1.2	x1.2	x1.6
Hong Kong	20.4	23.4	21.7	21.8	21.8	18.0	18.7	19.2	19.2	19.0
Greece/Grèce	11.4	12.2	10.8	18.7	16.9	15.3	16.6	14.2	17.1	x13.9
China/Chine					5.2	6.7	9.4	14.1	15.6	18.5
Korea Republic	15.6	13.4	14.8	12.7	12.2	12.3	10.0	8.7	6.5	4.5
Germany/Allemagne	12.7	9.3	11.3	10.7	9.0	9.2	8.3	8.3	8.5	9.6
Canada	9.0	9.0	10.8	10.2	8.2	8.3	5.3	4.1	4.4	3.9
USA/Etats-Unis d'Amer	6.0	4.7	5.0	3.7	3.6	4.5	4.8	4.1	4.9	5.7
Turkey/Turquie		4.6	1.2	2.4	1.9	2.6	3.6	3.9	3.8	4.6
Italy/Italie	2.4	1.7	1.9	1.8	2.6	3.4	4.2	2.9	2.8	
Uruguay		1.7	1.9	2.0	2.3	2.3	2.0	2.5	3.0	3.2

85101 FOOTWEAR RUBBER, PLASTIC

CHAUS SEMELLES CAOUTCH 85101

TRADE BY COMMODITY IN THOUSAND U.S. DOLLARS – COMMERCE PAR PRODUIT EN MILLIERS DE DOLLARS E.U

IMPORTS – IMPORTATIONS

COUNTRIES–PAYS	1988	1989	1990	1991	1992
Total	4019583	4097286	4705826	6018885	7071025
Africa	x72374	x65995	x82664	x72624	x114746
Northern Africa	8438	2970	x9443	x3582	x4901
Americas	1893143	1829854	1969880	2219149	x2492539
LAIA	13108	26369	26618	52809	98189
CACM	6017	9365	8192	8854	x8995
Asia	x734170	922466	x1254979	1732929	2616760
Middle East	x136698	x110510	x144010	x171281	x179240
Europe	1145049	1028291	1256536	1593478	1663095
EEC	919378	824431	1022248	1322347	1367109
EFTA	217766	195365	219649	254764	281433
Oceania	x64930	x76593	x84875	x87035	x111169
USA/Etats–Unis d'Amer	1730773	1666318	1803143	2026814	2258008
Hong Kong	156044	280219	524337	869642	1594456
Japan/Japon	394522	456434	499947	597831	735897
Germany/Allemagne	286715	270198	368371	500492	505028
United Kingdom	193462	177332	200548	209061	205866
France, Monac	174039	143373	174266	239735	240906
Former USSR/Anc. URSS	x41243	x122390	x32255	x258450	
Canada	119543	111599	109674	108805	108273
Netherlands/Pays–Bas	64599	62787	85756	102575	102870
Switz.Liecht	64907	58577	63640	82815	81015
Australia/Australie	52650	63088	68183	67727	83723
Singapore/Singapour	28218	55686	68905	69279	64372
Saudi Arabia	44571	38283	x66029	x82691	x80500
Belgium–Luxembourg	70057	49869	52055	73247	74267
Austria/Autriche	50686	48552	56790	66591	71383
Italy/Italie	41237	35203	38987	66591	82687
Sweden/Suède	45930	38485	42031	47248	56179
United Arab Emirates	x55380	x32504	x35542	x35654	x65226
Spain/Espagne	23517	22327	30674	47306	59568
Norway, SVD, JM	29659	25179	31199	33669	40430
Ireland/Irlande	30693	26880	28289	33903	33378
Mexico/Mexique	5487	20844	19111	33345	61218
Denmark/Danemark	19524	18235	24179	27175	29033
Finland/Finlande	23442	22387	23712	21748	30104
Greece/Grèce	11794	14288	12831	12034	x19930
So. Africa Customs Un	20689	13343	13526	x8255	x17393
Poland/Pologne	x3113	x5771	x4779	x23153	x37597
Yugoslavia SFR	2889	5041	10789	x11620	
Bulgaria/Bulgarie	x15184	x18924	x3727	x3978	2630
Kuwait/Koweït	x15388	9956	x11584	x3051	x7246
New Zealand	5750	6157	7310	9928	13430
Portugal	3743	3938	6292	10229	13577
Former GDR	x33162	x16813	x3553		
Lebanon/Liban	x2647	x3613	x5939	x9630	x6377
Oman	4687	5278	6846	6454	x2270
Hungary/Hongrie	x3855	x3413	x6644	8165	x12192
Czechoslovakia	x11505	4853	5793	x6894	x13421
Reunion/Réunion	4976	6137	6060	5307	6421
Qatar	x1740	x1423	x1935	14085	x1024
Korea Republic	761	2535	4957	7206	10390
Nigeria/Nigéria	x3750	x3749	x4596	x6189	x7386
Romania/Roumanie	x1847	1483	48	11813	x5375
Libyan Arab Jamahiriya	7885	1855	7402	x3084	x2876
Guadeloupe	4329	3198	4749	4356	4554
Venezuela	129	503	4777	6660	8599
Ghana	x1203	x2969	x4157	x4478	x5885
Martinique	3797	3124	4775	3689	4313
Turkey/Turquie	976	1108	3695	5996	1688
Un. Rep. of Tanzania	x5616	x2791	x4243	x3600	x5006
Guinea/Guinée	x2042	x2233	x3859	x3934	x4683

EXPORTS – EXPORTATIONS

COUNTRIES–PAYS	1988	1989	1990	1991	1992
Totale	1993963	2407353	3373994	4466194	5027947
Afrique	x5188	x10030	x15596	x11262	x38573
Afrique du Nord	3456	6354	10780	8688	11368
Amériques	47114	65273	81836	102921	x107798
ALAI	28674	33789	25690	33738	34600
MCAC	5765	4719	4902	4563	x5240
Asie	791181	1196943	2013016	2882488	4059866
Moyen–Orient	x16095	25521	x23769	x28381	x50528
Europe	1125791	1100361	1234815	1418259	1574211
CEE	979041	958273	1071984	1268033	1424116
AELE	121042	120056	143005	128697	134714
Océanie	2637	x2997	4438	3198	3331
China/Chine	177738	365287	706313	1080004	1194133
Italy/Italie	616214	597862	676159	808976	905361
Hong Kong	196182	310514	612999	983356	1921929
Korea Republic	171626	202123	266316	280377	347526
Thailand/Thaïlande	139637	156633	176432	155770	x133882
France, Monac	159553	157298	142932	165307	183915
Indonesia/Indonésie	10154	41860	96998	76109	244276
Austria/Autriche	79430	72701	91245	83368	72544
Germany/Allemagne	52177	52597	65046		91832
United Kingdom	51633	48351	64546	72695	70848
Netherlands/Pays–Bas	24749	28867	40658	47570	61130
USA/Etats–Unis d'Amer	4935	22597	38715	51407	49418
Malaysia/Malaisie	21804	27615	38009	42917	x56889
Singapore/Singapour	14973	29134	35963	41334	40421
Spain/Espagne	30735	27466	36327	37602	39191
Switz.Liecht	25348	30972	30675	32424	38073
Belgium–Luxembourg	19039	17785	18805	26293	33850
Yugoslavia SFR	25382	21642	19753	x21462	
Japan/Japon	16509	16165	21138	25223	27266
Philippines	16567	x11191	15865	25993	11944
Brazil/Brésil	14984	17351	13005	17298	21956
Portugal	14930	16820	13125	15482	19457
Finland/Finlande	8763	9690	12275	10645	12817
Former USSR/Anc. URSS	x2025	x10554	x9792	x12212	
Canada	6724	2800	11488	12415	13234
Cyprus/Chypre	7773	9167	7530	9245	6347
Ireland/Irlande	4152	5315	7184	10929	10725
Poland/Pologne	x4088	x5831	x6116	x10886	x13086
Macau/Macao	2671	2312	7708	11632	8942
Romania/Roumanie	x833	7427	4688	7917	x5425
Turkey/Turquie	1592	4840	5395	7588	30959
Israel/Israël	5182	4586	5379	6802	7579
Czechoslovakia				x15265	x19889
Chile/Chili	1905	2560	3452	7375	x3607
Colombia/Colombie	6853	8408	2264	2673	1541
Sweden/Suède	4014	3635	4277	5288	5991
Morocco/Maroc	2071	2473	5789	4810	4785
Denmark/Danemark	4706	3785	4522	4674	5124
Jordan/Jordanie	1873	5283	4862	2815	3651
Norway, SVD, JM	3477	3058	4533	4228	5279
Mexico/Mexique	4356	3794	3994	3713	3504
United Arab Emirates	x3038	x3009	x4314	x3846	x4419
Greece/Grèce	1154	1927	2679	4673	x2681
Former GDR	x12892	2680	x5711	x1441	
El Salvador	2038		1993	1345	x2356
Sri Lanka	597	565	3438	1798	2029
Tunisia/Tunisie	392	920	2394	2047	3572
New Zealand	1224	1351	2446	879	590
Bulgaria/Bulgarie	x1892	x1827	x1779	x914	x2000
Venezuela	96	785	2114	1523	1998

(VALUE AS % OF TOTAL) (VALEUR EN % DU TOTAL)

	1983	1984	1985	1986	1987	1988	1989	1990	1991	1992		1983	1984	1985	1986	1987	1988	1989	1990	1991	1992
Africa	x3.0	x2.6	x1.8	x1.5	x1.6	x1.8	x1.6	x1.8	x1.2	x1.6	Afrique	x1.2	x0.5	0.7	x0.5	x0.6	x0.2	x0.4	x0.4	x0.2	x0.6
Northern Africa	x0.5	x0.2	0.5	x0.1	0.3	0.2	x0.1	x0.2	x0.1	x0.1	Afrique du Nord	0.2	0.1	0.1	0.1	0.2	0.2	0.3	0.3	0.2	0.2
Americas	46.1	52.7	x57.5	x55.9	x50.9	47.1	44.7	41.8	36.9	x35.3	Amériques	x0.9	5.0	3.2	x2.5	x2.4	2.4	2.8	2.4	2.3	x1.9
LAIA	0.1	0.4	x0.3	x0.2	x0.3	0.3	0.6	0.6	0.9	1.4	ALAI	0.1	3.0	1.7	1.1	1.1	1.4	1.4	0.8	0.8	0.6
CACM	x0.2	x0.2	x0.0	x0.1	x0.2	0.1	0.2	0.2	0.1	x0.1	MCAC	x0.2	x0.3	x0.0	x0.3	x0.2	0.2	0.1	0.1	0.1	x0.1
Asia	x13.8	x11.7	x12.2	x11.0	x13.0	x18.3	22.5	x26.7	28.8	37.0	Asie	27.0	27.3	23.2	20.4	25.8	39.7	49.8	59.7	64.5	69.7
Middle East	x5.2	x3.1	x3.4	x2.2	x2.7	x3.4	x2.7	x3.1	x2.8	x2.5	Moyen–Orient	x0.6	x0.3	x0.5	x0.6	x0.5	x0.8	1.1	x0.7	x0.6	x0.9
Europe	34.0	28.1	27.0	30.1	30.4	28.5	25.1	26.7	26.5	23.5	Europe	70.2	66.4	72.7	76.6	64.9	56.5	45.7	36.6	31.8	27.0
EEC	27.8	22.9	22.0	24.0	24.5	22.9	20.1	21.7	22.0	19.3	CEE	63.1	57.0	62.0	66.5	56.3	49.1	39.8	31.8	28.4	24.4
EFTA	6.1	4.9	4.8	5.8	5.7	5.4	4.8	4.7	4.2	4.0	AELE	7.1	6.4	7.3	7.9	7.2	6.1	5.0	4.2	2.9	2.3
Oceania	x1.8	x1.7	x1.4	x1.4	x1.4	x1.7	x1.9	x1.8	x1.5	x1.6	Océanie	0.2	0.1	0.1	x0.1	0.1	x0.1	0.1	0.1		
USA/Etats–Unis d'Amer	43.5	49.8	55.4	54.4	49.6	43.1	40.7	38.3	33.7	31.9	China/Chine					5.5	8.9	15.2	20.9	24.2	20.5
Hong Kong	2.9	2.3	2.4	2.0	2.5	3.9	6.8	11.1	14.4	22.5	Italy/Italie	42.2	37.7	40.5	44.3	36.7	30.9	24.8	20.0	18.1	15.5
Japan/Japon	4.3	5.0	5.2	5.8	6.7	9.8	11.1	10.6	9.9	10.4	Hong Kong	8.4	9.0	7.9	6.9	7.5	9.8	12.9	18.2	22.0	33.0
Germany/Allemagne	7.8	6.3	6.3	7.6	7.5	7.1	6.6	7.8	8.3	7.1	Korea Republic	8.4	9.9	7.9	6.0	4.1	8.6	8.4	7.9	6.3	6.0
United Kingdom	6.9	5.8	4.8	4.4	4.6	4.8	4.3	4.3	3.5	2.9	Thailand/Thaïlande	2.4	2.1	1.6	2.6	5.0	7.0	6.5	5.2	4.2	x2.3
France, Monac	5.9	4.8	5.0	5.5	6.0	4.3	3.5	3.7	4.0	3.4	France, Monac	7.8	7.8	10.3	11.0	9.4	8.0	6.5	4.2	3.5	3.2
Former USSR/Anc. URSS	1.3	3.2		x1.7	x1.0	x3.0	x0.7	x4.3			Indonesia/Indonésie	0.0	0.0	0.0	0.1	0.0	0.5	1.7	2.9	3.7	4.2
Canada	0.9	1.0	0.7	0.5	0.4	3.0	2.7	2.3	1.8	1.5	Austria/Autriche	4.5	3.7	4.2	4.5	4.1	4.0	3.0	2.7	1.7	1.2
Netherlands/Pays–Bas	2.3	1.8	1.7	2.0	1.9	1.6	1.5	1.8	1.7	1.5	Germany/Allemagne	2.9	2.0	2.3	2.7	2.9	2.6	2.2	1.9	1.9	1.6
Switz.Liecht	2.0	1.6	1.5	1.7	1.7	1.6	1.4	1.4	1.4	1.1	United Kingdom	2.9	2.6	2.8	2.9	2.4	2.6	2.0	1.9	1.6	1.2

85102 FOOTWEAR LEATHER / CHAUS SEMELLES EN CUIR 85102

TRADE BY COMMODITY IN THOUSAND U.S. DOLLARS – COMMERCE PAR PRODUIT EN MILLIERS DE DOLLARS E.U

IMPORTS – IMPORTATIONS

COUNTRIES–PAYS	1988	1989	1990	1991	1992
Total	20754563	21305248	23710910	27246376	25847523
Africa	x205408	x182413	x233222	x208503	x249433
Northern Africa	47715	44387	53057	x42442	x25391
Americas	6914086	7395746	8536173	8404623	x8865256
LAIA	50940	106062	121138	240981	358729
CACM	11844	11954	12442	12408	x16636
Asia	x1692339	1908077	x2376937	3235207	3778128
Middle East	x334490	x364855	x269645	x322637	x379317
Europe	9098352	8831547	11274156	12029989	12471946
EEC	7557433	7211929	9200865	10160574	10466317
EFTA	1508263	1529160	1837067	1771637	1780690
Oceania	x201815	x221929	x248525	x269345	x316696
USA/Etats–Unis d'Amer	6319960	6655334	7690332	7465056	7821707
Germany/Allemagne	2589930	2757600	3590044	4170467	4148013
Former USSR/Anc. URSS	x2393071	x2557157	x869847	x2901794	
France, Monac	1494478	1513428	1854575	1976725	2001058
Hong Kong	501472	747860	1135660	1773022	2177675
United Kingdom	1314954	786656	989269	808214	818761
Netherlands/Pays–Bas	690961	674968	845971	920297	949583
Japan/Japon	699081	648920	774656	924977	953109
Belgium–Luxembourg	560367	545206	690883	718683	746529
Canada	451799	531856	591552	576888	567571
Switz.Liecht	488735	492158	575222	554088	566850
Italy/Italie	382394	380220	500789	708028	839576
Austria/Autriche	331387	353483	441908	448704	476176
Sweden/Suède	365856	368103	427492	406242	400029
Denmark/Danemark	219896	204816	244864	251803	278677
Norway, SVD, JM	187533	172163	207676	203897	208434
Australia/Australie	167397	178821	188897	207448	252136
Ireland/Irlande	122994	133148	176689	185148	173117
Spain/Espagne	99175	94501	150559	242178	303212
Finland/Finlande	124703	135023	174759	145797	115912
Saudi Arabia	163310	191897	x103257	x139888	x134287
Yugoslavia SFR	10499	69366	207664	x66417	
Singapore/Singapour	100570	76429	100395	108882	122206
Greece/Grèce	52025	88006	95379	99309	x113669
Mexico/Mexique	16767	62205	67083	109947	160467
United Arab Emirates	x80076	x50258	x59917	x71348	x112689
Portugal	30259	33381	61841	79724	94021
Hungary/Hongrie	x39532	x45182	x37745	65236	x51341
Czechoslovakia	x72226	44207	71095	x16770	x34167
Poland/Pologne	x24284	x27378	x16862	x83330	x60308
Libyan Arab Jamahiriya	42457	39871	44279	x34990	x15196
New Zealand	19794	29009	39309	43239	41252
So. Africa Customs Un	39106	28352	40235	x37477	x44961
Lebanon/Liban	x15845	x25987	x34581	x41302	x46683
Israel/Israël	22670	27060	32168	31256	45028
Panama	6422	12860	42715	32519	30764
Former GDR	x99143	x60578	x24362		
Kuwait/Koweït	x31449	52711	x23026	x6990	x29389
Brazil/Brésil	3369	8030	18405	33358	10957
Andorra/Andorre	x15058	x15291	x20885	x21530	x20093
Malaysia/Malaisie	12347	14473	18641	18912	x20000
Reunion/Réunion	14674	15208	16774	19396	25820
Martinique	14491	14799	16645	18857	19013
Romania/Roumanie	x3107	10767	15198	23785	x11178
Guadeloupe	12947	12616	17205	18252	17791
Nigeria/Nigéria	x10208	x7958	x15693	x20119	x26342
Angola	x15861	x10697	x20424	x12341	x16510
Venezuela	18223	13836	11276	17562	30344
Korea Republic	7099	8803	14651	16835	19904
Argentina/Argentine	134	85	3313	36712	91689

EXPORTS – EXPORTATIONS

COUNTRIES–PAYS	1988	1989	1990	1991	1992
Totale	16417505	17854146	22080983	22956580	24596038
Afrique	x75156	x91558	x123558	x144996	x171159
Afrique du Nord	68619	85812	112784	130385	129685
Amériques	1480747	1681311	1750569	1922439	2244653
ALAI	1314062	1373720	1310821	1403086	1676464
MCAC	14705	15599	18905	16600	x16739
Asie	5192581	5804304	7775016	9225608	10098505
Moyen–Orient	62577	71802	61870	84128	80911
Europe	9180463	9842915	11952277	11173607	11522029
CEE	8132470	8580670	10696041	10400848	10709328
AELE	586060	525887	633984	493498	537680
Océanie	x10512	x19291	x26081	26371	x29891
Italy/Italie	4419480	4704478	5788569	5336937	5332018
Korea Republic	3494560	3238726	3861498	3365123	2662959
Hong Kong	527585	814634	1231820	2063001	2354416
China/Chine	582288	867590	1203187	1720938	2684849
Spain/Espagne	1049708	1044773	1386743	1234053	1194548
Brazil/Brésil	1187332	1207211	1087412	1154484	1383414
Portugal	769575	878310	1175219	1225004	1446613
Germany/Allemagne	650934	803241	898801	1065682	1003371
France, Monac	526309	517814	639623	676020	749142
Yugoslavia SFR	458279	731716	615900	x278708	
Thailand/Thaïlande	220073	335410	560846	686867	x736700
Indonesia/Indonésie	69650	168194	451115	802260	1044646
USA/Etats–Unis d'Amer	111697	255996	369987	446897	470262
Austria/Autriche	257796	244579	311437	247817	302496
Netherlands/Pays–Bas	199182	202820	277648	308126	379272
United Kingdom	289737	194408	245377	280279	280671
India/Inde	101648	x120755	182837	179511	x168428
Switz.Liecht	146519	136690	177173	135130	137119
Denmark/Danemark	106078	103006	127526	137476	161452
Romania/Roumanie	x188915	192901	123701	16490	x67360
Hungary/Hongrie	x82239	x73077	x110790	x140195	x170928
Poland/Pologne	x149927	x71005	x112323	x83931	x75417
Philippines	28444	x72914	61272	104237	81667
Finland/Finlande	128079	93078	86257	49253	41901
Belgium–Luxembourg	65212	62417	77536	87519	98897
Mexico/Mexique	62723	58311	67946	89774	145754
Morocco/Maroc	55910	60262	72715	76662	60533
Former USSR/Anc. URSS	x11823	x29483	x41518	x80177	
Sweden/Suède	46974	45322	50890	48543	44049
Malaysia/Malaisie	26351	36695	51677	54063	x66465
Colombia/Colombie	23260	30623	45866	61711	60862
Greece/Grèce	40332	51617	55121	26628	x22930
Czechoslovakia				x127942	x184793
Canada	35120	30612	47303	42843	51045
Bulgaria/Bulgarie	x26750	x38350	x61826	x14606	x30615
Turkey/Turquie	23343	35839	56257	49272	98897
Singapore/Singapour	35340	23619	31863	46758	48410
Japan/Japon	19943	25093	30426	38307	42460
Chile/Chili	9836	19095	31175	42866	44500
Argentina/Argentine	19031	25017	32429	43208	x30852
Cyprus/Chypre	28719	24140	25296	23223	25465
Tunisia/Tunisie	8304	13677	19623	23689	22289
Ireland/Irlande	15923	17785	23877	33284	40312
Venezuela	2502	19627	25455	23125	40414
Pakistan	5995	5409	21937	11680	8933
Uruguay	8478	12313	15886	26877	33050
Egypt/Egypte	3878	7604	16185	16392	19460
Australia/Australie	5989	10702	10116	18665	17065
New Zealand	3554	7356	13593	10493	14741
Korea Dem People's Rp	x1956	x5010	x3734	x19514	x31808

(VALUE AS % OF TOTAL)(VALEUR EN % DU TOTAL)

	1983	1984	1985	1986	1987	1988	1989	1990	1991	1992		1983	1984	1985	1986	1987	1988	1989	1990	1991	1992
Africa	x1.8	x1.5	x1.1	x1.1	0.9	x1.0	0.8	x1.0	0.7	1.0	Afrique	0.5	0.4	0.4	0.5	0.4	0.4	0.5	0.6	x0.6	x0.7
Northern Africa	x0.6	0.5	0.2	0.2	0.3	0.2	0.2	0.2	x0.2	x0.1	Afrique du Nord	0.5	0.3	0.4	0.4	0.3	0.4	0.5	0.5	0.6	0.5
Americas	x32.1	x37.8	x45.7	x40.9	x31.9	33.3	34.7	36.0	30.8	x34.3	Amériques	x1.6	12.5	10.5	9.8	9.0	9.0	9.4	7.9	8.3	9.1
LAIA	0.1	0.4	x0.4	x0.2	0.2	0.2	0.5	0.5	0.9	x1.4	ALAI	0.1	11.5	9.5	8.9	8.0	8.0	7.7	5.9	6.1	6.8
CACM	x0.1	x0.1	0.1	0.0	0.0	0.1	0.1	0.1	0.0	x0.1	MCAC	x0.1	x0.2	0.2	x0.1	x0.1	0.1	0.1	0.1	0.1	x0.1
Asia	x8.0	x7.4	x7.1	x6.6	x6.5	x8.2	9.0	x10.0	11.9	14.7	Asie	21.1	17.9	18.8	20.7	24.6	31.6	32.6	35.3	40.2	41.0
Middle East	x3.7	x3.1	x2.5	x2.2	x1.5	x1.6	x1.7	x1.1	x1.2	x1.5	Moyen–Orient	x0.7	x0.4	x0.6	x0.4	0.4	0.4	0.4	x0.4	0.4	0.3
Europe	44.3	40.0	44.9	50.4	44.6	43.8	41.5	47.5	44.2	48.3	Europe	76.4	68.8	70.1	68.9	59.4	55.9	55.1	54.1	48.7	46.8
EEC	36.3	32.6	36.7	41.3	36.7	36.4	33.9	38.8	37.3	40.5	CEE	69.6	57.5	58.3	61.6	53.5	49.5	48.1	48.4	45.3	43.5
EFTA	7.9	7.3	8.1	8.8	7.7	7.3	7.2	7.7	6.5	6.9	AELE	6.9	5.3	5.2	5.4	4.3	3.6	2.9	2.9	2.1	2.2
Oceania	1.2	x1.1	x1.1	x1.1	x0.8	x1.0	1.1	1.1	x1.0	1.2	Océanie	x0.1	x0.1	x0.1	x0.1	0.1	0.1	x0.1	x0.1	0.1	x0.1
USA/Etats–Unis d'Amer	28.5	34.0	41.6	36.8	28.5	30.5	31.2	32.4	27.4	30.3	Italy/Italie	42.8	33.9	33.5	35.5	30.0	26.9	26.3	26.2	23.2	21.7
Germany/Allemagne	13.5	12.2	13.3	14.9	12.5	12.5	12.9	15.1	15.3	16.0	Korea Republic	16.3	13.6	14.6	16.6	17.2	21.3	18.1	17.5	14.7	10.8
Former USSR/Anc. URSS	12.7	12.1			x14.2	x11.5	x12.0	x3.7	x10.7		Hong Kong		1.5	1.6	1.7	2.2	3.2	4.6	5.6	9.0	9.6
France, Monac	6.3	5.6	6.6	8.0	7.2	7.2	7.1	7.8	7.3	7.7	China/Chine					2.4	3.5	4.9	5.4	7.5	10.9
Hong Kong	1.2	1.1	1.4	1.5	1.7	2.4	3.5	4.8	6.5	8.4	Spain/Espagne	7.8	7.8	7.9	7.6	6.7	6.4	5.9	6.3	5.4	4.9
United Kingdom	6.5	6.2	6.7	6.8	5.7	6.3	4.2	3.0	3.0	3.2	Brazil/Brésil		11.0	9.1	8.1	7.0	7.2	6.8	4.9	5.0	5.6
Netherlands/Pays–Bas	3.5	3.0	3.4	4.0	3.5	3.3	3.2	3.6	3.4	3.7	Portugal	2.2	2.4	3.0	4.2	4.4	4.7	4.9	5.3	5.3	5.9
Japan/Japon	2.0	2.3	2.4	2.3	2.6	3.4	3.0	3.3	3.4	3.7	Germany/Allemagne	5.2	4.0	4.6	4.7	4.2	4.0	4.5	4.1	4.6	4.1
Belgium–Luxembourg	3.0	2.6	3.1	3.3	2.9	2.7	2.6	2.9	2.6	2.9	France, Monac	5.7	4.6	4.6	4.5	3.6	3.2	2.9	2.9	2.9	3.0
Canada	3.0	2.9	3.1	3.3	2.6	2.2	2.5	2.5	2.1	2.2	Yugoslavia SFR		6.0	6.6	x1.9	x1.6	2.8	4.1	2.8	x1.2	

8741 SURVEYING INSTRUMENTS

INST GEODESIE, TOPO ETC 8741

TRADE BY COMMODITY IN THOUSAND U.S. DOLLARS – COMMERCE PAR PRODUIT EN MILLIERS DE DOLLARS E.U

IMPORTS – IMPORTATIONS

COUNTRIES–PAYS	1988	1989	1990	1991	1992
Total	2419839	3095226	3663835	3736406	4122984
Africa	x83315	x96036	x109850	x123209	x147973
Northern Africa	x13460	x18119	26878	x23384	x42125
Americas	385504	598883	704297	653152	697440
LAIA	60970	65057	95239	103065	133972
CACM	1440	1341	1975	1624	x3414
Asia	x384847	x569052	x708596	x724222	x951464
Middle East	x95371	x106724	x178137	x118710	x198097
Europe	1421659	1668516	2013370	2062568	2157667
EEC	1267555	1511924	1820108	1818983	1934804
EFTA	137130	146859	182808	222760	210401
Oceania	82925	x95717	x97044	x109565	x130586
United Kingdom	592136	674848	788193	795257	811106
USA/Etats–Unis d'Amer	161631	314586	345635	356227	356407
France, Monac	180966	238509	299698	355768	401841
Canada	142641	206398	249435	196623	196120
Germany/Allemagne	129906	151950	174220	219182	240508
Singapore/Singapour	44664	107516	179790	167007	221235
Netherlands/Pays–Bas	125004	156556	180246	167512	142956
Italy/Italie	115489	143673	198393	152863	148672
Japan/Japon	127496	127978	130086	149199	105553
Sweden/Suède	46143	49390	73889	107937	
Australia/Australie	51652	62338	66532	79491	102777
Spain/Espagne	47056	53472	74570	64962	43429
United Arab Emirates	x36711	x42506	x57607	x34896	x54990
Korea Republic	24368	27940	46342	52286	60002
Indonesia/Indonésie	26142	25289	48945	44209	56242
Brazil/Brésil	40018	35611	41748	32052	26082
Malaysia/Malaisie	12481	20418	37791	45663	x31101
Switz.Liecht	28897	34298	34151	34575	30129
Norway, SVD, JM	29691	25605	30917	42750	40362
Denmark/Danemark	32980	31545	34271	30813	25840
Belgium–Luxembourg	20000	28093	38500	27985	36095
Mexico/Mexique	10663	21555	22675	40765	69114
India/Inde	5091	x68567	8100	6706	x61621
Former USSR/Anc. URSS	x38407	x26396	x9328	x41128	x56069
Saudi Arabia	3683	4586	x45228	x26635	
Nigeria/Nigéria	x22065	x17829	x23106	x29955	x24317
New Zealand	18387	24732	22540	20421	17527
So. Africa Customs Un	10392	16184	23184	x25119	x21006
Finland/Finlande	16559	20763	24186	18694	15682
Israel/Israël	7677	19234	19156	20466	15882
China/Chine	9234	17278	18824	14237	80800
Turkey/Turquie	5715	6600	23006	16296	13357
Portugal	13052	17050	13094	14851	24973
Iran (Islamic Rp. of)	x13007	x11212	x13169	x18720	x23125
Iraq	x8260	x23926	x18157	x367	x6
Hong Kong	15109	10136	11588	18836	24517
Austria/Autriche	9882	11277	13820	13727	15195
Ireland/Irlande	7964	11970	13863	8128	4549
Yugoslavia SFR	14984	8279	8055	x16688	
Thailand/Thaïlande	7377	10926	10787	9398	9786
Venezuela	1556	2041	15501	12227	10823
Libyan Arab Jamahiriya	3535	7503	10087	x10469	x7899
Czechoslovakia	x4488	12533	7038	x7990	x10218
Gabon	x4948	x8385	4088	x9653	x9369
Romania/Roumanie	x1059	11904	4793	3186	x3781
Poland/Pologne	x5340	x5450	x3834	x7837	x15451
Iceland/Islande	5957	5526	5845	5077	3480
Tunisia/Tunisie	800	1735	7823	5747	x4674
Brunei Darussalam	x1115	x5592	x6758	x1927	x26659
Greece/Grèce	3002	4259	5059	4725	

EXPORTS – EXPORTATIONS

COUNTRIES–PAYS	1988	1989	1990	1991	1992
Totale	2294343	3724574	3944209	4089923	4065377
Afrique	x15421	x16969	x27007	x28986	x33762
Afrique du Nord	x3890	x1432	x2639	x3866	x5668
Amériques	237136	1291868	1251366	1379528	1451993
ALAI	7988	11367	21366	23443	35898
MCAC	73	x95	x48	81	x15
Asie	x253682	x380640	x405343	x412043	x440998
Moyen–Orient	x20712	x24681	x44062	x48771	x58159
Europe	1679122	1739781	2032170	2006160	2106003
CEE	1430643	1467943	1697824	1678260	1775447
AELE	247186	270266	331128	319619	323864
Océanie	15638	x15738	20283	36031	x25743
USA/Etats–Unis d'Amer	52414	1102643	1138388	1261304	1298914
United Kingdom	728762	735188	841814	808676	839873
France, Monac	341135	370839	456092	445021	439102
Japan/Japon	150517	227705	234667	214729	220104
Former USSR/Anc. URSS	x10734	x228015	x189454	x222319	
Germany/Allemagne	183454	186451	206289	222158	219520
Switz.Liecht	122067	134569	159912	145152	136542
Canada	174278	174937	89501	91841	114864
Netherlands/Pays–Bas	70043	74634	79109	102098	135685
Singapore/Singapour	24900	50177	60237	90197	80991
Sweden/Suède	45680	49878	62932	63581	68503
Italy/Italie	60898	57331	60040	49086	71224
Norway, SVD, JM	42944	41823	55493	55807	67719
Finland/Finlande	31305	39353	44458	46932	43395
Hong Kong	30979	25116	21962	19073	25310
Denmark/Danemark	18352	17219	17611	18013	17900
Belgium–Luxembourg	11285	10668	22944	18506	28443
Former GDR	x74879	x40246	x9403		
Mexico/Mexique	3864	8083	17957	19058	29800
Saudi Arabia	278	598	x19061	x23540	x24597
Israel/Israël	11054	13665	16229	11038	11251
United Arab Emirates	x3785	x10404	x13261	x11389	x10902
Malaysia/Malaisie	2047	6263	12515	14032	x12671
Australia/Australie	8985	11894	11102	9463	17693
Papua New Guinea	3457	727	6913	23655	2550
Ethiopia/Ethiopie	x3557	x5228	x11672	x10261	x8533
Korea Republic	6091	8285	9263	3756	8731
Austria/Autriche	5129	4594	8223	8099	7613
Spain/Espagne	4923	5580	6639	7458	14284
Bahrain/Bahreïn	x5101	x5496	x6523	x6085	x5595
Ireland/Irlande	10016	8855	5457	2907	1431
China/Chine	2186	5771	3524	6270	4989
India/Inde	54	x11399	158	60	x4886
Czechoslovakia	x905	x6037	x3437	x1154	x1126
So. Africa Customs Un	x2954	x2668	x2651	x3555	x3496
Brazil/Brésil	3877	2792	3116	2685	2626
Yugoslavia SFR	736	1005	2328	x4975	
Brunei Darussalam	x329	x3170	x1500	x2485	x2486
New Zealand	1994	2203	1815	2824	4863
Kenya	174	x2365	57	x3617	x2594
Iraq	x6939	x5844	x101		
Hungary/Hongrie	x1963	x775	x2237	x2746	x3167
Poland/Pologne	x2115	x2720	x2240	x678	x1334
Nigeria/Nigéria	x1275	x771	x2843	x1807	x5880
Gabon	x108	x276	x3846	x471	x1706
Tunisia/Tunisie	328	580	1157	2565	1100
Portugal	1120	426	780	2480	4823
Greece/Grèce	655	751	1050	1857	x3164
Bulgaria/Bulgarie	x2591	x1745	x1251	x265	x1223
Malta/Malte	31	30	22	x3138	x4836

(VALUE AS % OF TOTAL)(VALEUR EN % DU TOTAL)

	1983	1984	1985	1986	1987	1988	1989	1990	1991	1992
Africa	x6.2	x5.6	5.8	x7.2	x5.6	x3.4	x3.1	x3.0	x3.3	3.6
Northern Africa	x2.6	x2.4	2.6	x2.0	x1.8	x0.6	x0.6	0.7	x0.6	x1.0
Americas	31.5	34.5	41.1	36.4	35.8	16.0	19.3	19.2	17.5	16.9
LAIA	1.7	3.3	4.8	5.4	5.1	2.5	2.1	2.6	2.8	3.2
CACM	x0.1	0.4	0.3	x0.1	x0.1	0.1	0.0	0.1	0.0	x0.1
Asia	x32.1	x31.9	x24.5	20.0	20.1	x15.9	x18.4	x19.4	x19.3	x23.1
Middle East	x9.0	x7.1	x4.5	x4.2	x2.9	x3.9	x3.4	x4.9	x3.2	x4.8
Europe	27.6	24.5	25.7	32.6	32.3	58.8	53.9	55.0	55.2	52.3
EEC	21.1	18.3	19.2	24.0	24.5	52.4	48.8	49.7	48.7	46.9
EFTA	6.5	5.6	5.8	8.0	7.3	5.7	4.7	5.0	6.0	5.1
Oceania	2.6	3.6	3.0	3.8	3.0	3.4	3.1	2.6	x3.0	3.1
United Kingdom	5.3	4.3	4.6	4.6	4.8	24.5	21.8	21.5	21.3	19.7
USA/Etats–Unis d'Amer	6.8	9.2	11.1	13.0	14.5	6.7	10.2	9.4	9.5	9.7
France, Monac	2.4	1.7	1.7	2.5	2.9	7.5	7.7	8.2	9.5	9.7
Canada	21.3	20.8	24.1	16.9	15.5	5.9	6.7	6.8	4.7	4.8
Germany/Allemagne	3.8	3.3	3.4	4.5	4.8	4.9	4.8	5.3	5.4	4.8
Singapore/Singapour	3.4	2.8	2.9	2.9	2.0	1.8	3.5	4.9	5.9	5.8
Netherlands/Pays–Bas	2.3	2.0	2.2	3.1	2.9	5.2	5.1	4.9	4.5	5.1
Italy/Italie	2.4	2.8	3.0	3.5	3.9	4.6	4.6	5.4	4.1	3.5
Japan/Japon	1.6	6.5	4.0	1.0	1.1	5.3	4.1	3.6	4.0	3.6
Sweden/Suède	1.4	1.4	1.2	1.6	1.6	1.9	1.6	2.0	2.9	2.6

	1983	1984	1985	1986	1987	1988	1989	1990	1991	1992
Afrique	x0.8	x0.5	0.9	x0.3	x0.3	x0.6	x0.5	x0.7	x0.7	x0.8
Afrique du Nord	x0.1	x0.1	x0.1	x0.1	x0.1	x0.1	x0.1	x0.1	x0.1	x0.1
Amériques	21.7	29.6	21.8	x16.9	x10.5	10.4	34.7	31.7	33.7	35.7
ALAI	0.0	0.2	0.9	x0.3	x0.5	0.3	0.3	0.5	0.6	0.9
MCAC	x0.0	0.0	0.0	0.0	0.0	0.0	0.0	0.0	0.0	0.0
Asie	15.5	16.8	19.7	19.0	18.4	x11.0	x10.2	x10.3	x10.1	x10.9
Moyen–Orient	x0.4	x0.3	x0.6	x0.3	x0.4	x0.9	x0.7	x1.1	x1.2	x1.4
Europe	60.7	52.0	56.5	62.7	56.7	73.2	46.7	51.5	49.1	51.8
CEE	33.5	27.3	30.3	34.2	32.4	62.4	39.4	43.0	41.0	43.7
AELE	27.2	24.6	26.1	28.4	24.2	10.8	7.3	8.4	7.8	8.0
Océanie	1.2	1.2	1.1	x1.0	1.7	0.7	0.4	0.5	0.9	x0.7
USA/Etats–Unis d'Amer	16.5	24.0	15.4	10.1	6.3	2.3	29.6	28.9	30.8	32.0
United Kingdom	11.5	9.1	8.8	7.2	8.3	31.8	19.7	21.3	19.8	20.7
France, Monac	5.1	3.8	4.2	5.5	4.5	14.9	10.0	11.6	10.9	10.8
Japan/Japon	8.5	9.4	9.8	10.4	9.1	6.1	5.9	5.3	5.4	
Former USSR/Anc. URSS					x1.2	x0.5	6.1	x4.8	x5.4	
Germany/Allemagne	11.1	9.3	10.8	14.4	13.4	8.0	5.0	5.2	5.4	5.4
Switz.Liecht	17.9	16.0	15.6	16.1	12.7	5.3	3.6	4.1	3.5	3.4
Canada	5.0	5.0	5.3	6.2	6.3	7.6	4.7	2.3	2.2	2.8
Netherlands/Pays–Bas	2.4	2.3	2.0	3.0	2.7	1.1	2.0	2.0	2.5	3.3
Singapore/Singapour	4.2	4.3	4.2	3.5	3.5	1.1	1.3	1.5	2.2	2.0

8742 MEASUR,DRAW ETC INST,PTS — INST DESSIN,TRACAGE,PCS 8742

TRADE BY COMMODITY IN THOUSAND U.S. DOLLARS – COMMERCE PAR PRODUIT EN MILLIERS DE DOLLARS E.U

COUNTRIES–PAYS	1988	1989	1990	1991	1992	COUNTRIES–PAYS	1988	1989	1990	1991	1992
Total	x6847248	8220390	8819350	9084504	9133024	Totale	6444575	6645084	7919829	7819175	8013994
Africa	x116091	x144445	x158141	x120345	x132326	Afrique	x5321	x6338	x5971	x7304	x11726
Northern Africa	23130	24611	33960	x32293	x35106	Afrique du Nord	x451	x1138	x666	x780	1695
Americas	572833	1389283	1348938	1449751	1560611	Amériques	867228	996286	1116137	1158477	1263138
LAIA	81386	173329	231750	293255	396965	ALAI	11295	23139	29601	35075	28676
CACM	3407	3724	3345	2843	x6020	MCAC	58	x72	x65	x669	
Asia	x1177128	x1570090	x1939477	2011655	x2401815	Asie	1093676	1208057	x1436728	x1653146	x1458139
Middle East	x204182	x107952	x286636	x216196	x264241	Moyen–Orient	x11540	x11118	x43698	x47769	x59924
Europe	3950110	4199812	4912034	4709865	4733607	Europe	4283926	4297614	5265241	4922510	5209231
EEC	3347364	3583432	4177711	4073513	4106806	CEE	3478481	3468126	4259963	4021212	4346305
EFTA	551514	570127	669104	598983	598881	AELE	791827	817789	986676	893689	854679
Oceania	x127540	x139200	x148429	x129860	x144738	Océanie	x26034	x24786	x22651	x34746	x45630
USA/Etats–Unis d'Amer	297719	991772	898242	946754	936616	Germany/Allemagne	1638116	1601743	1857725	1746386	2046492
Germany/Allemagne	706092	747195	868339	918816	898401	Japan/Japon	870461	926570	958472	1080962	1060576
Italy/Italie	652509	721434	819159	747167	741395	USA/Etats–Unis d'Amer	786423	870756	985674	993239	1095976
Japan/Japon	427413	605620	619607	676202	597493	United Kingdom	484243	488454	602066	567294	505345
France,Monac	527592	528814	676926	678135	693931	France,Monac	486406	456886	613234	552538	578363
United Kingdom	560856	566736	653507	592046	603788	Switz.Liecht	482516	447949	575020	523318	467060
Korea Republic	310526	390267	445039	443141	524734	Italy/Italie	343128	376533	488854	493037	556981
Former USSR/Anc. URSS	x551924	x511386	x167162	x538359		Netherlands/Pays–Bas	188156	183146	240350	252916	253049
Spain/Espagne	267262	312465	383563	358715	388240	Israel/Israël	91253	110277	248053	315891	79444
Netherlands/Pays–Bas	286723	330912	337073	322361	312869	Sweden/Suède	134814	188846	184690	163279	173932
Belgium–Luxembourg	213368	241261	267072	267603	286536	Denmark/Danemark	143263	148721	181062	151224	157211
Switz.Liecht	204690	189115	246557	212860	188023	Belgium–Luxembourg	122667	122214	142104	143532	134312
Canada	175807	205835	202613	188838	205003	Austria/Autriche	129076	117807	156365	127085	143020
Austria/Autriche	135277	134390	156870	164085	169742	Canada	68273	100107	98743	128539	128403
Singapore/Singapour	17681	125554	151103	147921	155892	Spain/Espagne	39981	52866	78621	57774	68374
Sweden/Suède	113525	134180	137339	121697	125672	Finland/Finlande	30053	44036	54161	64210	53305
Mexico/Mexique	45955	95756	111254	168367	218063	Ireland/Irlande	29405	31696	49148	51491	40773
Thailand/Thaïlande	51817	90633	110473	155380	149323	Singapore/Singapour	12260	33689	45444	51688	46504
Australia/Australie	95717	111463	117230	101770	111120	China/Chine	35943	43903	45097	40484	58889
Malaysia/Malaisie	28160	51364	95359	122192	x128831	Korea Republic	36331	46668	40626	31831	36703
Saudi Arabia	3345	7139	x117235	x96244	x68655	Hong Kong	18725	20869	35363	59341	88909
So. Africa Customs Un	41220	84939	84636	x47252	x47186	Saudi Arabia	117	6	x34160	x39994	x49916
Brazil/Brésil	13492	60236	79573	67753	75922	Australia/Australie	16726	17652	14739	26123	36919
India/Inde	54981	x75502	74577	48163	x88277	Former GDR	x51984	x44844	x9600		
Norway,SVD,JM	50597	59714	62515	57827	76496	Mexico/Mexique	3955	13426	19706	21161	15562
Finland/Finlande	44762	51055	63662	39722	36361	Norway,SVD,JM	15367	19125	16327	15764	17358
Czechoslovakia	x85723	51371	55691	x46195	x70969	Poland/Pologne	x36980	x19674	x19718	x9971	x7573
Portugal	31628	32052	54590	66100	64120	Czechoslovakia	x34988	x20144	x17051	x10005	x11249
Denmark/Danemark	44205	42940	52047	48628	44628	Former USSR/Anc. URSS	x24746	x16498	x7491	x18336	
Indonesia/Indonésie	5722	33411	51941	50451	47981	Yugoslavia SFR	10959	8999	16321	x5301	
Yugoslavia SFR	49028	44281	61401	x29443		Malaysia/Malaisie	6407	6800	6761	10206	x10894
Hong Kong	17813	19274	39085	65394	113752	New Zealand	9210	7006	7683	8343	8608
Poland/Pologne	x36487	x33026	x32131	x44294	x35263	Brazil/Brésil	2999	6254	6874	7182	9206
Greece/Grèce	27326	35566	32382	38593	x37978	India/Inde	8471	x5872	7160	5911	x6428
United Arab Emirates	x126245	x21357	x62852	x18515	x79328	Portugal	1950	4782	5201	3719	3761
Iran (Islamic Rp. of)	x24597	x25119	x30872	x45229	x41010	Bulgaria/Bulgarie	x13452	x5435	x6285	x1173	x872
Israel/Israël	29666	28053	33208	38035	36386	Hungary/Hongrie	x5119	x4890	x3781	x3434	x5344
Turkey/Turquie	6345	21984	38870	36123	40523	Bahrain/Bahreïn	x7996	x4935	x3001	x3023	x2811
Ireland/Irlande	29802	24057	33054	34988	34920	Thailand/Thaïlande	2004	969	2829	6581	x7667
Former GDR	x130192	x78811	x7424			United Arab Emirates	x1483	x4202	x3630	x2442	x2867
Bulgaria/Bulgarie	x66635	x62380	x9489	x3087	2139	So. Africa Customs Un	x3112	x2620	x3043	x3944	x4607
New Zealand	26720	24424	27350	22998	25056	Romania/Roumanie	x1009	436	9104	4	x1059
Hungary/Hongrie	x18026	x24291	x21234	24401	x37624	Argentina/Argentine	4283	3219	2431	3179	2854
Venezuela	8740	3955	20869	26567	24371	Malta/Malte	2585	2497	2259	x2202	x2553
Romania/Roumanie	x14412	15854	18681	6535	x13763	Greece/Grèce	1395	1085	1599	1300	x1643
Iraq	x20206	x19517	x18599	x142	x11	Philippines	50				
China/Chine	14761	15415	11483	11245	247217	Pakistan		x970	18	1194	896
Pakistan	2855	6313	9490	13995	13460	Ecuador/Equateur		48	2060	31	49
Libyan Arab Jamahiriya	5053	7959	6970	x9723	x4353	Turkey/Turquie	170	x43	x1652		1
Philippines	2109	x12270	2313	9140	18181	Colombia/Colombie	36	43	50	1278	196

(VALUE AS % OF TOTAL)(VALEUR EN % DU TOTAL)

	1983	1984	1985	1986	1987	1988	1989	1990	1991	1992		1983	1984	1985	1986	1987	1988	1989	1990	1991	1992
Africa	x6.5	x5.3	x5.7	x5.1	x3.4	x1.7	x1.7	x1.8	x1.3	x1.4	Afrique	x0.1	x0.0	x0.0	x0.0	x0.0	x0.1	x0.0	x0.0	x0.1	x0.2
Northern Africa	x2.4	x2.0	2.2	1.4	1.0	0.3	0.3	0.4	x0.4	0.4	Afrique du Nord	x0.0	x0.0	x0.0	x0.0	x0.0	x0.0	x0.0	x0.0	x0.0	0.0
Americas	21.9	27.2	26.6	x26.4	x22.7	8.4	16.9	15.3	16.0	17.1	Amériques	x23.7	25.2	49.4	x37.5	x31.6	13.5	15.0	14.1	14.8	15.8
LAIA	1.8	5.0	3.9	x5.0	x3.9	1.2	2.1	2.6	3.2	4.3	ALAI	x0.0	0.5	0.3	x0.3	x0.3	0.2	0.3	0.4	0.4	0.4
CACM	x0.2	0.1	0.1	x0.7	x0.3	0.0	0.0	0.0	0.0	x0.1	MCAC	x0.0	x0.0	x0.0	x0.0	x0.0	0.0	0.0	0.0	0.0	0.0
Asia	x19.6	x14.4	x16.1	x14.0	x15.6	x17.2	x19.1	x22.0	22.2	x26.3	Asie	17.5	18.5	13.4	16.0	15.0	16.9	18.2	x18.1	x21.2	x18.2
Middle East	x7.0	x4.0	x4.6	x3.1	x2.5	x3.0	x1.3	x3.3	x2.4	x2.9	Moyen–Orient	x0.0	x0.0	x0.0	0.1	0.5	x0.2	x0.2	x0.6	x0.6	x0.7
Europe	49.0	x47.4	x47.3	x48.8	x45.4	57.7	51.1	55.7	51.8	51.8	Europe	58.4	56.0	36.8	46.4	43.3	66.5	64.7	66.5	63.0	65.0
EEC	41.1	39.4	39.3	40.0	37.1	48.9	43.6	47.4	44.8	45.0	CEE	48.7	45.9	30.3	38.7	35.0	54.0	52.2	53.8	51.4	54.2
EFTA	7.9	6.6	6.7	8.0	7.7	8.1	6.9	7.6	6.6	6.6	AELE	9.6	9.5	6.0	7.6	8.0	12.3	12.3	12.5	11.4	10.7
Oceania	2.9	x5.8	x4.3	x5.7	x2.9	x1.9	x1.7	x1.6	x1.5	x1.6	Océanie	0.3	0.2	x0.1	0.1	x0.4	x0.4	x0.3	x0.4	x0.4	x0.6
USA/Etats–Unis d'Amer	15.8	18.3	19.0	17.1	15.4	4.3	12.1	10.2	10.4	10.3	Germany/Allemagne	21.5	19.7	12.0	15.4	14.9	25.4	24.1	23.5	22.3	25.5
Germany/Allemagne	8.8	7.4	7.3	8.7	7.7	10.3	9.1	9.8	10.1	9.8	Japan/Japon	15.1	16.3	10.8	12.2	10.5	13.5	13.9	12.1	13.8	13.2
Italy/Italie	3.1	3.0	2.5	3.0	3.6	9.5	8.8	9.3	8.2	8.1	USA/Etats–Unis d'Amer	23.6	24.7	49.1	36.3	30.5	12.2	13.1	12.4	12.7	13.7
Japan/Japon	2.4	1.7	1.8	2.0	1.5	6.2	7.4	7.0	7.4	6.5	United Kingdom	8.8	7.6	4.9	5.5	3.9	7.4	7.4	7.6	7.3	6.3
France,Monac	7.5	6.0	5.3	6.5	7.0	7.7	6.4	7.7	7.5	7.6	France,Monac	9.0	8.7	6.0	7.2	6.8	7.5	6.9	7.7	7.1	7.2
United Kingdom	11.2	13.8	12.0	9.5	7.6	8.2	6.9	7.4	6.5	6.6	Switz.Liecht	6.6	6.2	3.9	5.2	5.3	7.5	6.7	7.3	6.7	5.8
Korea Republic	3.0	2.9	3.3	3.7	3.1	4.5	4.7	5.0	4.9	5.7	Italy/Italie	5.6	5.7	3.3	4.1	3.8	5.3	5.7	6.2	6.3	7.0
Former USSR/Anc. URSS				x5.8	x6.2	x1.9	x5.9				Netherlands/Pays–Bas	1.2	1.6	1.0	1.3	1.3	2.9	2.8	3.0	3.2	3.2
Spain/Espagne	2.7	2.2	2.2	2.3	2.6	3.9	3.8	4.3	3.9	4.3	Israel/Israël	0.2	0.2	0.2	0.1	0.2	1.4	1.7	3.1	4.0	1.0
Netherlands/Pays–Bas	2.8	2.4	3.3	3.4	3.5	4.2	4.0	3.8	3.5	3.4	Sweden/Suède	1.4	1.4	0.9	1.0	1.0	2.1	2.8	2.3	2.1	2.2

87421 MEASURNG, DRAWNG ETC INST / INSTRUM DESSIN, TRACAGE 87421

TRADE BY COMMODITY IN THOUSAND U.S. DOLLARS – COMMERCE PAR PRODUIT EN MILLIERS DE DOLLARS E.U

IMPORTS – IMPORTATIONS

COUNTRIES–PAYS	1988	1989	1990	1991	1992
Total	x6130897	6876556	7260011	7396234	7483939
Africa	x107724	x142889	x153682	x107115	x115452
Northern Africa	x28970	x36481	x43467	x30686	x31864
Americas	x898737	1105439	1047645	1143803	1242683
LAIA	x102291	156238	214044	268840	358306
CACM	x2426	x3917	x4312	x4067	x5959
Asia	x999306	x1373054	x1668947	1665720	x2048566
Middle East	x187513	x102206	x279438	x186522	x219404
Europe	3195510	3439417	3979372	3790473	3807787
EEC	2699999	2924130	3364476	3264054	3298556
EFTA	450245	475463	554732	494664	485441
Oceania	x114974	x123307	x133432	x114985	x126676
USA/Etats–Unis d'Amer	x638197	761493	655310	699260	688555
Germany/Allemagne	546245	604379	708696	751828	735337
Italy/Italie	536209	601097	665635	582897	578641
France, Monac	439289	438520	551457	547806	437806
Japan/Japon	329125	488153	474054	527742	437806
United Kingdom	446406	447280	511938	461473	485053
Korea Republic	295882	359787	413106	395223	476078
Former USSR/Anc. URSS	x504635	x463347	x148682	x461108	
Spain/Espagne	224413	260355	313891	291690	329448
Netherlands/Pays–Bas	227336	270181	266628	261403	248788
Belgium–Luxembourg	166409	186504	206529	204405	201959
Switz. Liecht	169138	159706	210631	182912	159422
Canada	143759	171220	162497	154900	176297
Singapore/Singapour	15168	125554	151103	147921	155892
Austria/Autriche	108744	106324	124217	131323	133462
Mexico/Mexique	42368	86410	104292	156299	202037
Sweden/Suède	88546	113162	115722	100756	106993
Thailand/Thaïlande	44758	80957	100428	138169	135632
Australia/Australie	86875	99369	105521	89819	96914
Malaysia/Malaisie	23098	45915	80348	96318	x117099
Saudi Arabia	1998	4440	x113000	x80695	x56844
So. Africa Customs Un	38477	74988	74634	x41129	x39770
Brazil/Brésil	x39396	53341	71151	59900	67258
Norway, SVD, JM	42452	49353	47980	44661	53744
India/Inde	31233	x61452	44443	29809	x74012
Portugal	28996	29153	45404	59878	57462
Finland/Finlande	39292	45364	54250	32513	29664
Czechoslovakia	x76876	42047	48957	x41058	x64383
Indonesia/Indonésie	3711	31196	48079	45932	45116
Yugoslavia SFR	43467	38551	57023	x24928	
Denmark/Danemark	37300	34594	38225	37204	35613
Poland/Pologne	x32069	x29196	x29491	x40661	x31505
Greece/Grèce	25274	33071	29645	36095	x31830
Iran (Islamic Rp. of)	x20869	x23429	x27229	x40201	x36174
Turkey/Turquie	3298	19224	36468	32671	36565
Israel/Israël	26098	24420	28803	34031	31595
United Arab Emirates	x115181	x13468	x54725	x13773	x63089
Ireland/Irlande	22121	18997	26429	29375	26919
Former GDR	x111762	x66753	x6043		
New Zealand	23354	21103	24362	20659	22833
Bulgaria/Bulgarie	x60767	x53894	x8719	x2688	1965
Hungary/Hongrie	x15088	x21479	x18299	22118	x31838
Hong Kong	15489	15451	20479	23996	22247
Venezuela	7848	3550	19246	6350	x12928
Romania/Roumanie	x13328	15343	16292	x142	x11
Iraq	x16680	x16856	16469	3418	4426
Egypt/Egypte	x9423	x15543	x14028	x4844	x3013
Qatar	x538	x10138	x17893	9475	221292
China/Chine	14122	12789	9199	13353	12987
Pakistan	2749	5928	8771		

EXPORTS – EXPORTATIONS

COUNTRIES–PAYS	1988	1989	1990	1991	1992
Totale	x6024746	5612446	6646259	6455563	6685464
Afrique	x5610	x5194	x5542	x6626	x10916
Afrique du Nord	x1373	x1008	x1259	x719	1677
Amériques	x1324529	861390	918950	946411	1067444
ALAI	x12791	20773	27750	33263	27277
MCAC	x76	x137	x683	x687	x647
Asie	949537	1074999	x1262229	x1428579	x1303868
Moyen–Orient	x6746	x8986	x39449	x42674	x55162
Europe	3568970	3548926	4375675	4015091	4256944
CEE	2926116	2900822	3574324	3299523	3590378
AELE	635924	640096	791604	708534	658983
Océanie	21187	x19958	x16944	x19403	x24861
Germany/Allemagne	1410032	1383588	1614084	1513117	1814420
Japan/Japon	776854	837580	871344	968976	952427
USA/Etats–Unis d'Amer	x1254871	757438	825619	836588	944898
France, Monac	426131	384154	530679	458619	481099
United Kingdom	377236	364690	460857	426081	345807
Switz. Liecht	388444	363574	462702	423362	368271
Italy/Italie	284001	308595	396313	367874	412480
Israel/Israël	59686	80669	188309	250897	60634
Netherlands/Pays–Bas	141911	140614	183821	183568	182040
Denmark/Danemark	129248	136452	162747	143677	152374
Sweden/Suède	101726	126821	136312	116326	117031
Austria/Autriche	109706	99520	134821	108258	121060
Belgium–Luxembourg	55791	80956	63499	74293	82375
Canada	36475	49032	71227	50786	60268
Spain/Espagne	11425	33689	45444	51688	46504
Singapore/Singapour	25601	35837	44328	48123	40748
Finland/Finlande	35822	43721	44596	39414	56270
China/Chine	26961	30432	47370	44441	30821
Ireland/Irlande	26995	30987	32076	30057	
Korea Republic	27223	39440	36420	29614	33850
Saudi Arabia	4	1	x31831	x37185	x46673
Hong Kong	16218	17076	20706	23755	74914
Mexico/Mexique	3476	11933	19092	20222	14806
Former GDR	x47661	x18138	x15903	x9190	x10007
Czechoslovakia	x33015	x18138	x17411	x16585	x8522	x5759
Poland/Pologne	x31593	x17411	x6909	x17547	
Former USSR/Anc. URSS	x24351	x15784	13328	12431	11868
Norway, SVD, JM	10447	14228	13328	11821	16872
Australia/Australie	12832	13949	9668	8929	x9807
Malaysia/Malaisie	5836	6457	6158		
New Zealand	8280	5937	7089	7317	7891
Yugoslavia SFR	5724	5784	7473	x4775	
Brazil/Brésil	x5072	5456	5851	6472	8686
India/Inde	7624	x5389	6124	4571	x6062
Portugal	1861	4719	5098	3416	3518
Bulgaria/Bulgarie	x13035	x4987	x5902	x1115	x777
Hungary/Hongrie	x4141	x4335	x3333	x3005	x4003
Romania/Roumanie	x1007	436	9104	4	x853
Thailand/Thaïlande	1865	860	2615	6002	x6407
Argentina/Argentine	4186	3164	2247	3063	2777
So. Africa Customs Un	x2611	x2220	x2639	x3529	x4041
United Arab Emirates	x1069	x3558	x2953	x1741	x2220
Bahrain/Bahreïn	x4112	x3801	x2248	x2012	x2500
Malta/Malte	x1134	x2290	2254	x2152	x2384
Greece/Grèce	1278	589	1342	1247	x1248
Philippines	50	x848	15	926	589
Ecuador/Equateur		x28		x1646	1
Egypt/Egypte	x928	x809	x638	1	11
Colombia/Colombie	36	43	50	1188	196
Honduras	x6	x19	x597	x597	x605

(VALUE AS % OF TOTAL)(VALEUR EN % DU TOTAL)

	1983	1984	1985	1986	1987	1988	1989	1990	1991	1992
Africa	x6.6	x5.9	x6.3	x5.2	x3.7	x1.7	x2.1	x2.1	x1.5	x1.5
Northern Africa	x2.5	x2.1	x2.4	x1.6	x1.1	x0.5	x0.5	x0.6	x0.4	x0.4
Americas	x23.7	x27.1	x26.7	x24.9	x20.4	x14.7	16.1	14.5	15.4	16.6
LAIA	x5.0	x5.4	x4.1	x4.2	x3.4	x1.7	2.3	2.9	3.6	4.8
CACM	x0.2	x0.2	x0.1	x0.1	x0.1	x0.0	x0.1	x0.1	x0.1	x0.1
Asia	x18.8	x14.2	x15.9	x16.2	x15.5	x16.3	x20.0	x23.0	22.5	x27.4
Middle East	x7.4	x4.3	x4.8	x3.2	x2.7	x3.1	x1.5	x3.8	2.5	x2.9
Europe	48.1	46.9	47.0	49.8	47.0	52.1	50.0	54.8	51.2	50.9
EEC	37.8	38.9	38.8	39.8	37.5	44.0	42.5	46.3	44.1	44.1
EFTA	x7.7	x6.8	x6.8	x8.4	x8.2	7.3	6.9	7.6	6.7	6.5
Oceania	2.8	x5.9	x4.1	x5.7	x2.9	x1.9	x1.8	x1.8	x1.6	x1.7
USA/Etats–Unis d'Amer	x14.4	x17.8	x18.8	x16.8	x14.8	x10.4	11.1	9.0	9.5	9.2
Germany/Allemagne	8.2	7.3	7.1	8.7	7.9	8.9	8.8	9.8	10.2	9.8
Italy/Italie	2.8	3.1	2.5	3.0	3.3	8.7	8.7	9.2	7.9	7.6
France, Monac	7.0	5.8	5.1	6.2	6.9	7.2	6.4	7.1	7.4	7.7
Japan/Japon	2.1	1.6	1.7	2.1	1.5	5.4	7.1	6.5	7.1	5.8
United Kingdom	9.8	13.2	11.4	8.6	7.3	7.3	6.5	7.1	6.2	6.5
Korea Republic	3.0	3.1	3.6	4.1	3.5	5.7	5.7	5.7	5.3	6.4
Former USSR/Anc. URSS					x5.8	x8.2	x6.7	x2.0	x6.2	
Spain/Espagne	2.7	2.3	2.3	2.4	2.7	3.7	3.8	4.3	3.9	4.4
Netherlands/Pays–Bas	2.6	2.5	3.4	3.7	3.7	3.7	3.9	3.4	3.5	3.3

	1983	1984	1985	1986	1987	1988	1989	1990	1991	1992
Afrique	x0.1	x0.0	x0.0	x0.0	x0.0	x0.0	x0.1	x0.0	x0.1	x0.2
Afrique du Nord	x0.0	x0.0	x0.0	x0.0	x0.0	x0.0	x0.0	x0.0	x0.0	x0.0
Amériques	x23.3	x24.5	x47.8	x35.7	x29.7	22.0	15.3	13.8	14.7	16.0
ALAI	x0.4	x0.4	x0.3	x0.3	x0.2	x0.2	0.4	0.4	0.5	0.4
MCAC	x0.0									
Asie	18.1	19.3	14.3	16.8	15.7	15.8	19.2	x18.9	x22.1	x19.5
Moyen–Orient	x0.0	x0.0	0.1	0.2	0.6	x0.1	x0.2	x0.6	x0.7	x0.8
Europe	58.1	55.8	37.6	47.3	43.6	59.2	63.2	65.8	62.2	63.7
CEE	47.9	45.7	30.9	39.2	35.1	48.6	51.7	53.8	51.1	53.7
AELE	9.5	9.5	6.1	7.7	8.1	10.6	11.4	11.9	11.0	9.9
Océanie	0.3	0.2	0.1	x0.1	0.1	x0.4	x0.4	x0.3	x0.3	x0.4
Germany/Allemagne	21.8	19.9	12.3	15.6	15.2	23.4	24.7	24.3	23.4	27.1
Japan/Japon	15.6	16.9	11.3	12.8	11.2	12.9	14.9	13.1	15.0	14.2
USA/Etats–Unis d'Amer	x22.8	x24.1	x47.5	x35.3	x29.3	x20.8	13.5	12.4	13.0	14.1
France, Monac	8.3	8.5	5.9	7.0	6.5	7.1	6.8	6.7	7.1	7.2
United Kingdom	8.5	7.1	4.8	5.5	3.7	6.3	6.5	6.9	6.6	5.2
Switz. Liecht	6.5	6.3	4.0	5.3	5.3	6.4	6.7	7.0	6.6	5.5
Italy/Italie	5.5	5.8	3.5	4.2	3.8	4.7	5.5	6.0	5.7	6.2
Israel/Israël	x0.2	x0.2	x0.2	x0.2	x0.2	1.0	1.4	2.8	3.9	0.9
Netherlands/Pays–Bas	1.2	1.5	0.9	1.3	1.2	2.4	2.5	2.8	2.8	2.7
Denmark/Danemark	0.7	0.7	0.5	0.5	0.5	2.1	2.4	2.4	2.2	2.3

8743 GAS, LIQUID CONTROL INSTR — APP, INSTR MESURE FLUIDES 8743

TRADE BY COMMODITY IN THOUSAND U.S. DOLLARS – COMMERCE PAR PRODUIT EN MILLIERS DE DOLLARS E.U

IMPORTS – IMPORTATIONS

COUNTRIES–PAYS	1988	1989	1990	1991	1992
Total	5134445	6427219	7447528	8032193	9100676
Africa	x134199	x139685	x175756	x152679	x142016
Northern Africa	56158	41732	57657	x62036	x52819
Americas	831162	1636229	1842109	2114545	2516355
LAIA	114770	166943	219683	296595	407354
CACM	10138	8939	8808	9155	x7031
Asia	837730	x1049106	1292863	x1389217	x1732258
Middle East	x122384	x130038	x177897	x221823	x244070
Europe	2842846	3051389	3718060	3828154	4318838
EEC	2138471	2314505	2854328	3023706	3447351
EFTA	664386	694048	817972	772422	838919
Oceania	x233977	266659	x249588	x271886	x280867
USA/Etats–Unis d'Amer	323428	876645	980748	1169198	1445461
Germany/Allemagne	481062	564493	749314	896492	1063174
Canada	368657	564371	613252	617775	638153
France, Monac	451851	447798	529206	515790	565906
United Kingdom	419425	435833	533879	517769	520082
Italy/Italie	289260	323317	364947	385204	490755
Korea Republic	248886	296162	344049	333001	362378
Japan/Japon	210725	252696	350314	346710	323867
Sweden/Suède	240639	240343	272471	246039	264087
Netherlands/Pays–Bas	174056	189326	251468	262243	303439
Australia/Australie	208218	232131	213745	238524	249683
Austria/Autriche	128985	144803	192435	190796	208444
Spain/Espagne	122282	143521	179369	189731	211667
Switz.Liecht	140117	142431	161013	171214	183275
Singapore/Singapour	23000	122870	130938	137717	145122
Former USSR/Anc. URSS	x89846	x119905	x50529	x182583	
Belgium–Luxembourg	96830	104275	120844	125953	137223
Mexico/Mexique	54281	77279	95916	134677	204832
Finland/Finlande	91077	97580	103521	99301	106702
Malaysia/Malaisie	59665	44174	65565	100665	x88169
Norway, SVD, JM	61037	66813	65454	62102	73516
So. Africa Customs Un	48153	68829	75927	x43656	x46277
Thailand/Thaïlande	43151	45728	62823	70362	70280
Brazil/Brésil	19196	52909	55075	62426	89302
Turkey/Turquie	19989	32884	55255	62426	65480
Indonesia/Indonésie	38335	43858	43855	56877	82144
Denmark/Danemark	42642	40426	43284	50053	59144
Czechoslovakia	x32973	41819	50595	x32981	x55663
Yugoslavia SFR	38501	41585	44493	x29529	
Iran (Islamic Rp. of)	x20226	x18152	x36203	x60236	x42675
India/Inde	25032	x38367	38908	23575	x70123
Portugal	24167	26993	36256	37437	47610
Saudi Arabia	13780	16187	x36582	x45969	x59579
Israel/Israël	24815	23341	32900	34495	41480
New Zealand	21253	28572	31215	29172	27516
Venezuela	17887	14216	25104	36692	29088
Hungary/Hongrie	x18201	x23605	x21395	29691	x17133
Greece/Grèce	17375	21964	25599	25874	x32124
Romania/Roumanie	7576	27521	28698	2686	x3529
Ireland/Irlande	19521	16560	20161	17160	16227
Poland/Pologne	x19811	x18415	x11064	x22630	x28966
United Arab Emirates	x27205	x15429	x15910	x19477	x25895
Chile/Chili	4964	5870	22071	21191	x12585
Egypt/Egypte	19104	14045	15138	15856	16700
Bulgaria/Bulgarie	x33904	x34533	x4743	x5037	4935
China/Chine	17382	16529	10149	13032	174742
Algeria/Algérie	14555	10482	13916	13976	x7855
Colombia/Colombie	5938	6175	7542	22156	15570
Tunisia/Tunisie	3593	5065	15793	14074	14582
Iraq	x16434	x21107	x13233	x118	x48

EXPORTS – EXPORTATIONS

COUNTRIES–PAYS	1988	1989	1990	1991	1992
Totale	4509977	5686645	7039466	7532854	8739865
Afrique	x4557	x4707	x6699	x7581	x10320
Afrique du Nord	x336	x269	2078	1703	3024
Amériques	643668	1271227	1755704	1984057	x2192001
ALAI	14301	37533	54768	54200	64718
MCAC	31	x5	x14	x12	x135
Asie	733334	1077620	1166217	1260832	x1643499
Moyen–Orient	x7940	x5798	x14152	x15439	x31662
Europe	3056074	3216934	4038611	4208841	4823052
CEE	2446706	2607178	3249151	3334939	3835282
AELE	592492	594901	766100	854512	959490
Océanie	x17886	x18941	23218	28835	x35910
Germany/Allemagne	1210196	1262965	1535137	1525957	1853661
USA/Etats–Unis d'Amer	479247	1031138	1465734	1681734	1845761
Japan/Japon	637194	872963	912907	1015137	1164122
United Kingdom	440265	450617	525538	554568	509374
France, Monac	303427	332502	420535	426609	460067
Switz.Liecht	331634	301103	368104	389228	448564
Italy/Italie	188288	211397	267709	274777	307563
Netherlands/Pays–Bas	159605	177910	264660	265553	324465
Canada	148715	199115	229949	245355	270616
Sweden/Suède	118414	136095	194119	224407	239367
Singapore/Singapour	27556	111606	116933	132066	186572
Austria/Autriche	74734	73195	96524	109828	122551
Spain/Espagne	32035	46432	82363	127412	186332
Denmark/Danemark	51728	63863	80427	77222	88585
Finland/Finlande	36021	49043	56012	80187	84236
Belgium–Luxembourg	48529	48416	62950	73533	91703
Korea Republic	29309	46372	70431	25700	75553
Norway, SVD, JM	31605	35458	51341	50862	64743
Brazil/Brésil	5847	27355	31883	36182	39316
Malaysia/Malaisie	17353	21019	26398	34580	x62208
Yugoslavia SFR	16674	14764	23163	x18870	
Former GDR	x7996	x41984	x11543		
Poland/Pologne	x17827	x22111	x16634	x13133	x14822
New Zealand	7501	8976	10724	17441	18850
Mexico/Mexique	5331	6423	18059	11231	17084
Australia/Australie	9868	8708	11540	10484	16598
Former USSR/Anc. URSS	x5980	x10739	x7643	x11941	
Hungary/Hongrie	x6631	x8116	x7518	x8328	x9715
Hong Kong	4943	5547	8224	9874	69555
Ireland/Irlande	11287	10826	6518	5694	6313
Thailand/Thaïlande	2164	2124	4379	12512	x10689
Israel/Israël	5028	6156	5988	5235	8514
Saudi Arabia	267	347	x8737	x6321	x17760
Bulgaria/Bulgarie	x9393	x8052	x4097	x922	x1190
Argentina/Argentine	2814	3363	3995	4648	4693
India/Inde	584	x3524	3605	3148	x16580
So. Africa Customs Un	x3136	x2824	x3249	x3921	x4516
Romania/Roumanie	x3492	x4067	3	5006	x1228
Portugal	1210	2037	3075	3174	6006
United Arab Emirates	x1134	x1262	x2691	x3435	x4380
Czechoslovakia	x3138	x2144	x1574	x3375	x8126
China/Chine	588	554	1881	4577	15926
Bahrain/Bahreïn	x4127	x1718	x1172	x3011	x2180
Haiti/Haïti	x178	x1706	x2206	x813	
Jamaica/Jamaïque	304	663	2609	583	x109
Tunisia/Tunisie	177	41	1998	1496	2457
Papua New Guinea	247	998	898	804	311
Brunei Darussalam	x164	x172	x565	x1883	x658
Turkey/Turquie	742	245	657	1030	5177
Chile/Chili	283	205	542	1079	x1153

(VALUE AS % OF TOTAL)(VALEUR EN % DU TOTAL)

	1983	1984	1985	1986	1987	1988	1989	1990	1991	1992
Africa	x6.2	x5.3	4.9	x4.7	x3.6	x2.6	x2.2	x2.3	x1.9	x1.6
Northern Africa	3.1	2.8	2.8	2.5	2.0	1.1	0.6	0.8	x0.8	x0.6
Americas	18.3	25.3	27.9	x24.9	x26.4	16.2	25.4	24.7	26.3	27.7
LAIA	2.2	5.0	5.9	x4.9	x8.2	2.2	2.6	2.9	3.7	4.5
CACM	x0.1	0.7	0.4	x0.2	x0.2	0.2	0.1	0.1	x0.1	x0.1
Asia	x23.8	23.6	x18.7	15.9	x15.4	16.3	x16.3	17.3	x17.2	x19.0
Middle East	x7.3	x7.4	x4.1	x4.9	x4.0	x2.4	x2.0	x2.4	x2.8	x2.7
Europe	48.5	42.5	45.1	49.6	45.5	55.4	47.5	49.9	47.7	47.5
EEC	39.5	32.8	34.6	38.5	35.8	41.6	36.0	38.3	37.6	37.9
EFTA	9.0	8.4	9.2	10.1	8.9	12.9	10.8	11.0	9.6	9.2
Oceania	3.3	x3.5	3.4	4.9	2.4	x4.6	4.2	x3.4	x3.4	x3.0
USA/Etats–Unis d'Amer	8.9	11.7	13.5	13.0	12.5	6.3	13.6	13.2	14.6	15.9
Germany/Allemagne	9.0	6.9	7.3	9.2	8.2	9.4	8.8	10.1	11.2	11.7
Canada	6.4	7.1	6.8	5.5	4.7	7.2	8.8	8.2	7.7	7.0
France, Monac	7.7	6.8	7.0	7.5	7.4	8.8	7.0	7.1	6.4	6.2
United Kingdom	7.4	5.4	5.6	5.4	5.1	8.2	6.8	7.2	6.4	5.7
Italy/Italie	4.1	3.7	4.0	4.6	4.4	5.6	5.0	4.9	4.8	5.4
Korea Republic	2.0	2.3	2.3	2.2	2.0	4.8	4.6	4.6	4.1	4.0
Japan/Japon	3.6	3.9	3.4	2.1	1.8	4.1	3.9	4.7	4.3	3.6
Sweden/Suède	2.8	2.5	2.8	2.8	2.6	4.7	3.7	3.7	3.1	2.9
Netherlands/Pays–Bas	3.7	3.6	3.8	3.9	3.4	3.4	2.9	3.4	3.3	3.3

	1983	1984	1985	1986	1987	1988	1989	1990	1991	1992
Afrique	x0.3	x0.3	x0.3	x0.1	x0.2	x0.1	x0.0	x0.0	x0.1	x0.2
Afrique du Nord	x0.0	x0.0	x0.0	x0.0	x0.0	x0.0	x0.0	0.0	0.0	0.0
Amériques	30.8	30.5	29.3	x26.5	x27.0	14.2	22.3	25.0	26.4	x25.1
ALAI	0.1	1.0	1.3	x2.9	x3.3	0.3	0.7	0.8	0.7	0.7
MCAC	x0.0	x0.0	x0.0	x0.0	x0.0	x0.0	x0.0	x0.0	x0.0	x0.0
Asie	8.4	10.1	9.7	8.8	9.0	16.2	19.0	16.6	16.7	x18.8
Moyen–Orient	x0.1	x0.1	x0.1	x0.3	x0.4	x0.2	x0.1	x0.2	x0.2	x0.4
Europe	60.2	58.9	60.5	64.3	61.2	67.8	56.6	57.4	55.9	55.2
CEE	53.7	51.0	53.2	56.5	53.2	54.3	45.8	46.2	44.3	43.9
AELE	6.5	6.3	6.6	7.3	7.5	13.1	10.5	10.9	11.3	11.0
Océanie	0.3	0.3	0.3	0.4	0.5	0.4	0.4	0.3	0.4	x0.4
Germany/Allemagne	21.1	21.0	21.5	23.9	23.7	26.8	22.2	21.8	20.3	21.2
USA/Etats–Unis d'Amer	30.7	29.4	27.9	20.9	21.0	10.6	18.1	20.8	22.3	21.1
Japan/Japon	5.6	6.8	6.7	6.6	6.0	14.1	15.4	13.0	13.5	13.3
United Kingdom	9.3	8.6	8.5	8.2	8.3	9.8	7.9	7.5	7.4	5.8
France, Monac	5.5	5.6	5.9	5.7	5.3	6.7	5.8	6.0	5.7	5.3
Switz.Liecht	2.5	2.6	2.5	2.8	3.2	7.4	5.3	5.2	5.2	5.1
Italy/Italie	6.7	6.6	7.1	7.8	7.2	4.2	3.7	3.8	3.6	3.5
Netherlands/Pays–Bas	5.1	4.4	5.1	5.4	4.9	3.5	3.1	3.8	3.5	3.7
Canada						x2.6	x2.7	3.3	3.5	3.3	3.3	3.1
Sweden/Suède	1.4	1.1	1.2	1.4	1.4	2.6	2.4	2.8	3.0	2.7

8811 CAMERAS STILL, FLASH APP
APPAREILS PHOTO, PIECES 8811

TRADE BY COMMODITY IN THOUSAND U.S. DOLLARS – COMMERCE PAR PRODUIT EN MILLIERS DE DOLLARS E.U

IMPORTS – IMPORTATIONS

COUNTRIES—PAYS	1988	1989	1990	1991	1992
Total	4133163	4613268	4755911	5402923	5848258
Africa	x35611	x28468	x30697	x19083	x20259
Northern Africa	5656	4807	7405	x4211	x4370
Americas	1223128	1431953	1299049	1463241	1494451
LAIA	43489	60318	69938	100506	124678
CACM	1556	1435	1335	1384	x4072
Asia	954854	1146665	1239950	1703776	x2159418
Middle East	x130947	x112091	x65418	x64230	x86745
Europe	1836043	1885969	2056288	2073942	2059290
EEC	1565782	1610672	1756697	1787423	1797438
EFTA	260562	264479	284232	276310	244210
Oceania	x41273	x71509	x92671	x86663	x86143
USA/Etats-Unis d'Amer	1057305	1244670	1126760	1246394	1250846
Germany/Allemagne	446275	452153	546834	595583	584453
Hong Kong	317748	401661	433183	642712	810173
United Kingdom	361504	364924	341468	344334	345300
France, Monac	241874	278528	279995	260789	270610
Japan/Japon	163019	190675	198274	323237	397369
Italy/Italie	152854	142059	170504	164103	156398
Singapore/Singapour	96342	104750	159139	174719	177150
Netherlands/Pays-Bas	138499	129710	146053	155196	160245
Korea Republic	111527	141067	145089	139488	108898
Spain/Espagne	107586	125281	124912	131183	132264
Malaysia/Malaisie	51592	82134	104942	182187	x155323
Canada	111161	116968	93197	105657	106494
Switz. Liecht	92868	93007	100302	100765	92634
Belgium-Luxembourg	57507	63444	78375	67422	73604
Australia/Australie	22776	52466	73232	71891	70655
Austria/Autriche	51615	55137	65503	76373	63328
Sweden/Suède	60760	62976	58330	55194	49443
China/Chine	35409	38619	42222	69071	253258
Indonesia/Indonésie	7783	27161	40850	46145	47898
Saudi Arabia	71335	65782	x15936	x18948	x24933
Mexico/Mexique	21511	26162	29248	41370	57749
Finland/Finlande	29111	32256	35921	21515	14957
Denmark/Danemark	30844	25741	28197	25957	24745
Thailand/Thaïlande	17235	20031	26036	25463	37467
Portugal	17536	15932	23798	25585	26598
Brazil/Brésil	6106	18279	23624	21644	15072
Norway, SVD, JM	23898	19713	22611	20696	22388
Former USSR/Anc. URSS	x24274	x21755	x9619	x29100	
United Arab Emirates	x38622	x17346	x17807	x13538	x25139
New Zealand	14729	15228	15207	11724	11811
So. Africa Customs Un	20438	15625	16404	x8179	x7236
Israel/Israël	13035	12007	12125	11197	13125
Ireland/Irlande	8922	9275	11963	12854	12754
Czechoslovakia	x4394	12144	11443	x5878	x8435
Poland/Pologne	x2575	x3844	x5137	x13670	x14873
Turkey/Turquie	3829	4583	10654	7077	8064
Philippines	1301	x4113	2414	14795	17663
Argentina/Argentine	2940	2364	1986	16355	25383
Chile/Chili	3653	5620	4570	7229	x10252
Yugoslavia SFR	5313	6334	7337	x3019	
Andorra/Andorre	x3103	x3252	x6835	x6188	x6262
Hungary/Hongrie	x3181	x3624	x5934	6406	x4300
Oman	5476	4509	4821	4910	x3138
India/Inde	2890	x6442	4362	2262	x39675
Greece/Grèce	2381	3623	4596	4416	x10465
Venezuela	4543	3368	2396	5471	7035
Kuwait/Koweït	x3815	6759	x2460	x1867	x4356
Cyprus/Chypre	1379	2529	2667	4608	2979
Iran (Islamic Rp. of)	x1356	x1473	x3126	x5126	x8724

EXPORTS – EXPORTATIONS

COUNTRIES—PAYS	1988	1989	1990	1991	1992
Totale	3853970	4103444	4161021	4717181	5127216
Afrique	x662	x993	x639	x754	x2583
Afrique du Nord	x23	43	x30	x76	x54
Amériques	365372	381886	348082	383299	x486235
ALAI	30968	58879	17883	25288	30869
MCAC	x23	x622	x1207	x65	x3079
Asie	2582388	2783434	2887962	3391927	x3697882
Moyen-Orient	x5965	x4530	x3962	x3928	x4879
Europe	773568	842296	884518	901296	933656
CEE	677768	736763	767110	779383	806070
Belgium-Luxembourg	95749	105136	117368	121474	118701
AELE	4116	x4640	4323	x3823	x3850
Océanie	2016196	2050852	2033070	2190693	1904449
Japan/Japon	367791	455990	460464	628017	854281
Hong Kong	323722	312844	323121	349506	445582
USA/Etats-Unis d'Amer	308781	339184	330440	279423	288852
Germany/Allemagne	132082	163489	163328	237771	250879
United Kingdom	38194	71084	109076	208273	x255590
France, Monac	82858	73431	84915	97742	100154
Malaysia/Malaisie	59517	68552	76157	85338	85437
Netherlands/Pays-Bas	56527	63505	69014	74556	67690
Korea Republic	43539	50524	73900	77203	102549
Switz. Liecht	24469	29136	60729	76993	330924
Singapore/Singapour	55763	49010	50226	32467	29283
China/Chine	27516	38379	47018	43534	35724
Denmark/Danemark	13514	27346	32924	51379	x82033
Thailand/Thaïlande	6139	20073	33183	50207	72047
Indonesia/Indonésie	29132	25536	36761	40088	43034
France, Monac	29002	33164	36408	29823	35387
Italy/Italie	26725	58233	16973	23955	19689
Brazil/Brésil	28791	30644	33841	32569	35984
Sweden/Suède	x29079	x37460	x18868	x33554	
Former USSR/Anc. URSS	x98351	x38894	x7288		
Former GDR	7913	8823	12092	12322	13319
Austria/Autriche	8990	10358	10566	11160	12034
Portugal	8546	6423	5615	5531	5966
Canada			12810	4679	x72	x65
Romania/Roumanie	789	973	1166	13632	138
Philippines	2284	3001	5744	4285	5687
Spain/Espagne	4256	3311	2911	4753	2820
Macau/Macao	3467	3455	3476	3187	2689
Australia/Australie	x1997	x3010	4	x2763	546
Panama	1356	1135	1660	2843	4727
Ireland/Irlande	x1657	x1347	x1608	x1849	x1868
United Arab Emirates	2175	1382	1764	1089	853
Norway, SVD, JM	874	1218	1498	1391	1611
Cyprus/Chypre	x206	x120	x1879	x1414	x1578
Poland/Pologne	191	1071	650	584	810
New Zealand	327	681	641	919	833
Finland/Finlande	4126	447	732	1022	8823
Mexico/Mexique	x44	x11	x2105	x1	x33
Bulgaria/Bulgarie	1	x619	x1127	0	x3012
Costa Rica	x99	x46	x561	x869	x772
Hungary/Hongrie	630	x200	207	857	x964
India/Inde	x195	x466	x416	x372	x299
So. Africa Customs Un	1945	982	x173	x43	x291
Saudi Arabia	x85	x763	x53	x173	x513
Czechoslovakia	211	131	307	229	x22
Oman	x95	578	x21	0	x107
Kuwait/Koweït	465	248	282	65	571
Jordan/Jordanie	x1	x11	x44	x514	x436
Korea Dem People's Rp		439	x35	x52	1
Pakistan					

(VALUE AS % OF TOTAL) (VALEUR EN % DU TOTAL)

	1983	1984	1985	1986	1987	1988	1989	1990	1991	1992		1983	1984	1985	1986	1987	1988	1989	1990	1991	1992
Africa	x1.5	x1.3	x0.8	x0.7	x0.6	x0.9	x0.6	x0.6	x0.4	x0.3	Afrique	x0.1	x0.0	x0.0	x0.0	x0.0	x0.0	x0.0	x0.0	x0.0	x0.0
Northern Africa	x0.5	x0.4	0.2	0.2	x0.1	0.1	0.1	0.2	x0.1	x0.1	Afrique du Nord					x0.0		0.0	0.0	0.0	0.0
Americas	35.1	38.7	39.1	x37.7	x32.1	29.6	31.0	27.4	27.1	25.5	Amériques	x10.4	x7.8	x6.7	x9.2	x7.4	9.5	9.3	8.4	8.1	x9.5
LAIA	0.4	1.1	1.8	x1.3	x1.0	1.1	1.3	1.5	1.9	2.1	ALAI	0.0	0.2	0.3	0.4	0.3	0.8	1.4	0.4	0.5	0.6
CACM	x0.0	0.0	0.0	x0.0	0.0	0.0	0.0	0.0	0.0	x0.1	MCAC	x0.0									x0.1
Asia	x19.1	21.2	x18.7	16.5	20.1	23.1	24.9	26.0	31.5	x36.9	Asie	65.3	70.8	74.1	69.7	66.5	67.1	67.8	69.4	71.9	x72.2
Middle East	x5.4	x6.5	x3.9	3.5	x3.0	x3.2	x2.4	1.4	x1.2	x1.5	Moyen-Orient	x0.1	x0.1	x0.8	x0.1	x0.2	x0.1	0.1	x0.1	x0.1	x0.1
Europe	42.2	36.7	38.6	42.9	44.5	44.4	40.9	43.2	38.4	35.2	Europe	24.1	21.3	19.1	21.0	21.8	20.1	20.5	21.3	19.1	18.2
EEC	35.3	30.6	32.2	36.2	37.6	37.9	34.9	36.9	33.1	30.7	CEE	20.7	18.0	16.3	18.1	18.9	18.0	18.0	18.4	16.5	15.7
EFTA	6.8	5.9	6.2	6.5	6.6	6.3	5.7	6.0	5.1	4.2	AELE	3.3	3.2	2.8	2.9	2.9	2.5	2.6	2.8	2.6	2.3
Oceania	x2.1	x2.2	x2.6	x2.2	x1.9	x1.0	1.6	x2.0	x1.6	1.5	Océanie	0.1			x0.0	x0.1	0.1	0.1	0.1	x0.1	x0.1
USA/Etats-Unis d'Amer	29.7	32.9	32.9	32.6	27.3	25.6	27.0	23.7	23.1	21.4	Japan/Japon	54.5	57.1	61.4	59.1	53.8	52.3	50.0	48.9	46.4	37.1
Germany/Allemagne	8.9	7.6	8.3	10.2	11.1	10.8	9.8	11.5	11.0	10.0	Hong Kong	6.4	7.9	7.7	6.8	8.6	9.5	11.1	11.1	13.3	16.7
Hong Kong	5.0	5.3	6.1	4.7	6.1	7.7	8.7	9.1	11.9	13.9	USA/Etats-Unis d'Amer	9.1	7.1	6.0	8.4	6.9	7.6	7.8	7.8	7.4	5.6
United Kingdom	8.8	8.3	8.7	9.2	8.6	8.7	7.9	7.2	6.4	5.9	Germany/Allemagne	9.4	8.7	8.6	9.0	8.1	8.0	8.3	7.9	5.9	5.6
France, Monac	6.4	5.1	5.3	5.8	6.0	5.9	6.0	5.9	4.8	4.6	United Kingdom	4.5	3.5	3.2	3.7	4.9	3.4	4.0	3.9	5.0	4.9
Japan/Japon	3.4	4.0	3.5	3.1	3.1	3.9	4.1	4.2	6.0	6.8	Malaysia/Malaisie	0.4	0.5	0.7	0.9	0.7	1.0	1.7	2.6	4.4	x5.0
Italy/Italie	3.5	3.0	3.2	3.1	3.4	3.7	3.1	3.6	3.0	2.7	Netherlands/Pays-Bas	2.6	2.0	1.5	1.8	2.1	2.1	1.8	1.8	2.1	2.0
Singapore/Singapour	1.9	1.9	1.7	1.6	1.8	2.3	2.3	3.3	3.2	3.0	Korea Republic	0.7	0.9	0.7	1.0	1.6	1.5	1.2	1.7	1.8	1.7
Netherlands/Pays-Bas	3.8	3.4	3.0	3.4	3.5	3.4	2.8	3.1	2.9	2.7	Switz. Liecht	1.3	1.4	1.3	1.2	1.1	1.4	1.6	1.7	1.6	1.3
Korea Republic	1.4	1.7	1.5	1.5	2.4	2.7	3.1	3.1	2.6	1.9	Singapore/Singapour	0.6	0.5	0.6	0.6	0.6	1.1	1.2	1.8	1.6	2.0

771

8812 CINEMA CAMERAS, PROJ, ETC — APPAREILS CINEMA, PIECES 8812

TRADE BY COMMODITY IN THOUSAND U.S. DOLLARS – COMMERCE PAR PRODUIT EN MILLIERS DE DOLLARS E.U

COUNTRIES–PAYS	1988	1989	1990	1991	1992	COUNTRIES–PAYS	1988	1989	1990	1991	1992
Total	298742	327385	308348	322084	306987	Totale	296183	333903	347729	325830	300543
Africa	x20704	x8846	x11516	x8005	x6176	Afrique	x1160	x2258	x2070	x2946	x1069
Northern Africa	2624	1830	5921	2356	x1477	Afrique du Nord	x212	x217	x556	x116	x52
Americas	62836	81695	68715	x82966	x77926	Amériques	x116603	x125918	x118953	98863	x103249
LAIA	6165	8723	6834	9517	16212	ALAI	1668	2224	x1574	2757	2486
CACM	301	308	283	375	x205	MCAC	10		x8	x33	x528
Asia	70507	91802	x73491	x74439	x69033	Asie	30950	48636	47155	51046	x40340
Middle East	26851	34552	x9864	x11462	x12681	Moyen–Orient	x439	917	x3345	x1578	x8574
Europe	116911	118777	135245	135674	144548	Europe	138931	146146	167592	163539	150536
EEC	100065	103922	118126	120386	128385	CEE	125059	131737	154232	146470	135397
EFTA	16065	14018	16184	14607	15387	AELE	13834	13877	13311	16990	14753
Oceania	x8234	x9379	8282	x5174	x5063	Océanie	3136	3421	4669	x4087	3633
USA/Etats–Unis d'Amer	38419	54451	45030	52611	46768	USA/Etats–Unis d'Amer	105290	109309	103258	84173	80987
United Kingdom	29718	30813	34805	33213	40027	Germany/Allemagne	68324	68469	77684	73568	66577
Germany/Allemagne	18640	18530	25813	26870	27978	United Kingdom	15686	20093	30892	29458	24777
France, Monac	20732	20698	17808	23278	26909	Singapore/Singapour	3453	17199	18492	20033	11210
Singapore/Singapour	8297	17806	20893	20592	15164	Japan/Japon	16007	19283	13162	11174	9772
Japan/Japon	12630	16730	15645	17705	17710	France, Monac	10038	9992	15191	14458	16111
Canada	15700	15387	17563	10443	11080	Canada	9265	13484	13287	11526	18935
Spain/Espagne	6723	8419	12331	12476	8944	Italy/Italie	15371	12427	11891	13796	11153
Former USSR/Anc. URSS	x10357	x10194	x6549	x11397		Belgium–Luxembourg	7824	12138	7890	4376	4072
Saudi Arabia	20614	17915	x2911	x4681	x1648	Austria/Autriche	5847	7331	5176	9123	7938
Hong Kong	5074	7162	6168	8618	5570	Switz. Liecht	6114	4393	6058	5968	5008
Italy/Italie	6172	6253	6613	7848	6199	Former USSR/Anc. URSS	x1986	x4628	x5757	x4229	
Netherlands/Pays–Bas	6789	5875	7863	5285	6122	Denmark/Danemark	2737	3226	4435	4577	5117
Belgium–Luxembourg	5289	6043	5904	5114	5723	Netherlands/Pays–Bas	3793	3794	3332	4532	4598
Australia/Australie	6520	7890	3625	3573	3055	Hong Kong	3283	2495	3455	5288	2837
Switz. Liecht	5666	4026	5950	3452	3332	Malaysia/Malaisie	3746	5045	2767	1614	x572
Mexico/Mexique	4103	4516	4028	4721	5681	Israel/Israël	1278	1023	2529	5030	2531
Korea Republic	3959	3898	3498	4043	2930	Australia/Australie	3016	3261	2093	2664	3054
Austria/Autriche	2960	2405	3581	4750	6195	Mexico/Mexique	1560	2153	1231	2461	1184
Sweden/Suède	3831	3418	3317	3385	2261	China/Chine	1465	1444	2047	2148	1302
Kuwait/Koweït	x87	8983	x63	x202	x291	Sweden/Suède	1625	1269	1774	1403	1152
Denmark/Danemark	3228	3143	1884	2244	2374	Saudi Arabia	101	79	x2819	x1226	x6374
Turkey/Turquie	1462	3734	1674	1819	2656	Ireland/Irlande	553	928	1587	940	1926
Indonesia/Indonésie	3292	2835	2140	2173	842	Czechoslovakia	x2734	x1520	x911	x605	x1282
Ireland/Irlande	1661	2265	2382	2332	1499	Thailand/Thaïlande	235	365	254	1659	x498
Israel/Israël	1319	1552	3263	1902	2031	Spain/Espagne	538	614	925	543	780
So. Africa Customs Un	15352	2429	1913	2116	x2125	Fiji/Fidji	3	5	2031	1	1
Norway, SVD, JM	1918	2262	1819	1933	2261	New Zealand	95	125	454	1253	524
Czechoslovakia	x2192	3179	1898	x911	x1882	India/Inde	162	x517	580	486	x782
Iran (Islamic Rp. of)	x248	x350	x2278	x2652	x3851	Kenya	5	x521	15	x910	x272
China/Chine	1919	1472	1331	2343	1848	Nigeria/Nigéria	0	x18	x400	x902	x1
Hungary/Hongrie	x1542	x1395	x1283	2042	x1255	Zimbabwe	x10	x389	0	x756	x7
India/Inde	1567	x1467	2641	605	x1444	So. Africa Customs Un	x716	x176	x786	x155	x318
Malaysia/Malaisie	3034	1192	1653	1599	x5160	Norway, SVD, JM	202	617	179	316	293
New Zealand	1361	1012	2009	1353	1220	Hungary/Hongrie	x1	x700	x183	x197	x319
Finland/Finlande	1519	1560	1395	877	1291	Korea Republic	426	262	249	538	577
Libyan Arab Jamahiriya	1231	541	2888	x220		United Arab Emirates	x207	x100	x445	x256	x140
Barbados/Barbade	108	34	1224	2298	x140	Poland/Pologne	x223	x359	x79	x308	x105
Venezuela	829	516	761	2160	x56	Pakistan			x94	x642	
Portugal	693	1144	1324	946	3230	Kuwait/Koweït	x9	666	0	x2	x3
Brazil/Brésil	569	1266	920	1099	1713	Yugoslavia SFR	36	526	16	x69	
Philippines	395	x896	1384	874	2860	Finland/Finlande	46	267	120	170	254
Poland/Pologne	x949	x1118	x757	x1261	383	Belize/Bélize		11	541	x3	8
Thailand/Thaïlande	592	1191	1255	494	x783	Tunisia/Tunisie		153	295	77	1
Bahamas	169	x671	x492	x1570	382	Somalia/Somalie	4	x443			
Algeria/Algérie	596	528	1366	782	x682	Jamaica/Jamaïque		x422	2	4	
Greece/Grèce	421	739	822	779	x348	Greece/Grèce	154	35	209	153	x212
Fiji/Fidji	63	86	2171	46	42	Indonesia/Indonésie	1	40	148	200	1322
United Arab Emirates	x1101	x406	x1142	x634	x2890	Cameroon/Cameroun	x107	354		18	
Tunisia/Tunisie	220	410	989	580	240	Panama	x123	x346	5	16	63

(VALUE AS % OF TOTAL) (VALEUR EN % DU TOTAL)

	1983	1984	1985	1986	1987	1988	1989	1990	1991	1992		1983	1984	1985	1986	1987	1988	1989	1990	1991	1992
Africa	x5.4	x2.7	7.2	x4.6	x4.5	6.9	x2.7	x3.7	x2.5	x2.0	Afrique	x0.4	x0.2	x0.4	x0.4	x0.3	x0.3	x0.7	x0.6	x0.9	x0.3
Northern Africa	3.2	x1.0	4.9	x1.5	0.6	0.9	0.6	1.9	0.7	0.5	Afrique du Nord	x0.1	x0.1	x0.0	x0.0	x0.1	x0.1	x0.1	x0.2	x0.0	x0.0
Americas	x21.4	28.4	34.4	x35.4	x31.6	21.0	24.9	22.3	x25.8	x25.3	Amériques	x26.3	x28.1	28.4	x40.0	x41.0	x39.4	x37.7	x34.2	30.4	x34.3
LAIA	0.4	1.7	3.7	x6.1	x7.1	2.1	2.7	2.2	3.0	5.3	ALAI	x0.0	0.4	0.5	x0.1	x0.1	0.6	0.7	x0.5	0.8	0.8
CACM	x0.1	0.1	0.2	x0.2	x0.9	0.1	0.1	0.1	0.1	x0.1	MCAC	x0.0	0.0	0.0	0.0	0.0	0.0	0.0	0.0	0.0	0.2
Asia	x23.9	x25.2	x17.2	22.2	19.3	23.6	28.1	x23.9	x23.1	x22.5	Asie	25.3	21.7	18.3	12.2	10.4	10.4	14.6	13.5	15.7	x13.4
Middle East	x11.1	x13.8	x4.8	x8.3	5.0	9.0	10.6	x3.2	x3.6	x4.1	Moyen–Orient	x0.1	0.5	x0.6	x0.6	x0.1	x0.1	0.3	x1.0	x0.5	x2.9
Europe	43.4	34.8	38.0	34.8	33.5	39.1	36.3	43.9	42.1	47.1	Europe	47.5	49.3	52.0	46.8	44.2	46.9	43.8	48.2	50.2	50.1
EEC	37.7	28.9	30.2	29.3	27.3	33.5	31.7	38.3	37.4	41.8	CEE	44.5	45.5	48.5	43.2	40.7	42.2	39.5	44.4	45.0	45.1
EFTA	5.6	5.3	6.2	5.1	5.8	5.4	4.3	5.2	4.5	5.0	AELE	3.1	3.8	3.5	3.3	3.4	4.7	4.2	3.8	5.2	4.9
Oceania	2.1	x2.8	x3.1	x3.0	x3.8	x2.7	x2.8	2.7	x1.6	x1.7	Océanie	0.5	0.6	0.9	0.6	1.0	1.1	1.0	1.3	x1.3	1.2
USA/Etats–Unis d'Amer	15.8	17.3	20.7	21.0	16.7	12.9	16.6	14.6	16.3	15.2	USA/Etats–Unis d'Amer	26.1	27.5	27.7	38.3	39.2	35.5	32.7	29.7	25.8	26.9
United Kingdom	7.6	7.7	9.3	8.7	7.0	9.9	9.4	11.3	10.3	13.0	Germany/Allemagne	26.0	26.4	29.2	26.4	25.4	23.1	20.5	22.3	22.6	22.2
Germany/Allemagne	11.0	6.8	6.7	5.5	5.5	6.2	5.7	8.4	8.3	9.1	United Kingdom	4.2	5.2	6.5	5.6	5.0	5.3	6.0	8.9	9.0	8.2
France, Monac	9.8	7.3	6.9	6.6	6.2	6.9	6.3	5.8	7.2	8.8	Singapore/Singapour	1.1	0.6	0.7	1.1	1.2	5.2	5.3	6.1	3.7	
Singapore/Singapour	0.7	1.1	2.3	2.5	2.4	2.8	5.4	6.8	6.4	4.9	Japan/Japon	20.1	16.4	13.3	8.9	7.6	5.4	5.8	3.8	3.4	3.3
Japan/Japon	4.2	4.0	3.5	4.0	3.9	4.2	4.8	5.7	5.5	5.8	France, Monac	5.2	4.7	4.4	4.6	3.5	3.4	3.0	4.4	4.4	5.4
Canada	4.6	7.4	8.1	6.5	5.0	4.2	4.8	5.7	5.5	5.8	Canada				x1.3	x1.4	3.1	4.0	3.8	3.5	6.3
Spain/Espagne	1.2	0.4	0.8	1.3	1.8	2.3	2.6	4.2	3.9	2.9	Italy/Italie	6.5	5.8	5.7	4.1	4.0	5.2	3.7	3.4	4.2	3.7
Former USSR/Anc. URSS	3.9	6.0		x3.8	x3.5	x3.1	x2.1	3.5			Belgium–Luxembourg	0.4	1.1	0.4	0.5	1.1	2.6	3.6	2.3	1.3	1.4
Saudi Arabia	x5.3	7.7	x1.3	5.0	3.6	6.9	5.5	x0.9	x1.5	x0.5	Austria/Autriche	0.5	0.9	0.6	0.8	0.9	2.0	2.2	1.5	2.8	2.6

8822 PHOTO FILM EXC DEV CINMA

PLAQUES, PELLICULES, FILMS 8822

TRADE BY COMMODITY IN THOUSAND U.S. DOLLARS – COMMERCE PAR PRODUIT EN MILLIERS DE DOLLARS E.U

IMPORTS – IMPORTATIONS

COUNTRIES–PAYS	1988	1989	1990	1991	1992
Total	9827069	10194690	11056804	11460290	12174635
Africa	x216691	x209352	x210623	x227024	x220377
Northern Africa	66916	69363	61474	72005	x70726
Americas	1990888	2151519	2228894	2428132	x2631942
LAIA	318799	350211	364216	446201	497730
CACM	15765	17286	16926	18978	x21768
Asia	1944067	x1887906	2024338	2172726	x2491202
Middle East	x285363	x216836	x228610	x229210	x254234
Europe	5196588	5491250	6239224	6158566	6445113
EEC	4449105	4758216	5395614	5361441	5636590
EFTA	714699	706137	799900	764301	775467
Oceania	x250741	x256634	x252843	x257759	x285799
USA/Etats-Unis d'Amer	1284931	1386213	1441415	1521268	1654286
Germany/Allemagne	1073343	1079620	1292458	1274306	1294602
United Kingdom	919924	920833	983071	1011957	999799
France, Monac	832900	820643	1031392	967369	1046267
Italy/Italie	552248	572552	671518	661892	676212
Japan/Japon	527710	464833	450760	470317	496175
Netherlands/Pays-Bas	382379	391910	456642	495508	566550
Canada	345052	370660	377599	405919	430448
Spain/Espagne	171039	490876	285615	314634	333884
Belgium–Luxembourg	301787	268037	407714	376443	434028
Hong Kong	277380	291875	329869	402172	458934
Singapore/Singapour	219164	233633	276288	278653	329966
Korea Republic	167761	192359	231323	256840	282537
Switz.Liecht	218315	203927	239460	228547	226621
Australia/Australie	199362	203863	199083	202243	229295
Sweden/Suède	192245	188678	208424	196471	206499
Austria/Autriche	139787	145320	168512	167819	176684
Mexico/Mexique	69165	104916	118426	132797	169993
Brazil/Brésil	97107	114982	111153	122924	120133
Denmark/Danemark	101366	88277	104989	99134	106321
China/Chine	131574	125838	74719	69909	81004
Finland/Finlande	84723	89995	97128	77789	73735
India/Inde	90398	x73595	101581	83528	x129421
Former USSR/Anc. URSS	x93333	x84062	x32696	x126695	
Norway, SVD, JM	74012	73062	80560	87631	86331
Thailand/Thaïlande	51867	64698	77961	88226	105647
So. Africa Customs Un	89567	70229	77758	x70283	x65944
Turkey/Turquie	48610	48343	70075	75399	71052
Portugal	49545	52457	67767	66626	77729
Malaysia/Malaisie	41132	44429	63178	72559	x79880
Indonesia/Indonésie	51997	51047	53676	63102	65447
United Arab Emirates	x132087	x60870	x59458	x42234	x36453
Greece/Grèce	31339	41179	58041	58784	x71072
Israel/Israël	39712	41002	50232	50737	54583
New Zealand	42227	44970	43714	45742	45494
Philippines	21468	x44556	35863	36279	37870
Ireland/Irlande	33234	31831	36406	34788	30120
Saudi Arabia	29645	30885	x28094	x38810	x41854
Venezuela	52280	28346	27363	41632	36453
Argentina/Argentine	24394	22325	24040	48509	62884
Chile/Chili	24035	26002	27953	39135	x48802
Yugoslavia SFR	25977	20830	36901	x27123	
Hungary/Hongrie	x22265	x26544	x22285	35869	x25283
Iran (Islamic Rp. of)	x21809	x24962	x25150	x32364	x47980
Colombia/Colombie	25108	27791	23868	25979	24471
Egypt/Egypte	26261	26391	23868	28322	26635
Nigeria/Nigéria	x16657	x22134	26801	x27209	x26410
Czechoslovakia	x22695	28390	20049	x16662	x28983
Pakistan	17477	19282	20049	22166	23915
Poland/Pologne	x15251	x11631	x3869	x32023	x38228

EXPORTS – EXPORTATIONS

COUNTRIES–PAYS	1988	1989	1990	1991	1992
Totale	9503268	9572406	10492021	10834163	11374198
Afrique	x4527	x3997	x4252	x5982	x4362
Afrique du Nord	x65	x557	637	x776	609
Amériques	1820344	1912277	2164818	2297357	2296358
ALAI	214054	227729	223991	264795	328015
MCAC	55	x81	x67	x98	x435
Asie	2225447	2242699	2403651	2584283	2730913
Moyen–Orient	x13883	x17027	x16449	x16942	x15208
Europe	5048881	5154266	5768091	5808294	6184000
CEE	4782963	4914349	5497952	5569550	5918616
AELE	261758	234861	265263	235617	258857
Océanie	x149806	x130715	108308	x116099	x146889
Japan/Japon	1810195	1796007	1923709	2061917	2132283
USA/Etats-Unis d'Amer	1429711	1557889	1790965	1860704	1752474
Germany/Allemagne	1196428	1225725	1438115	1440134	1564500
United Kingdom	1117771	1121782	1252299	1306543	1402621
Belgium–Luxembourg	1031314	1033198	1180854	1129292	1139570
France, Monac	634388	615608	728800	765750	819434
Netherlands/Pays-Bas	488627	590504	528703	537977	579390
Italy/Italie	240349	261715	276359	292084	313825
Singapore/Singapour	136987	184609	218901	223925	237056
Hong Kong	183608	191110	184900	207195	251352
Switz.Liecht	183471	162697	184398	146981	160858
Canada	172492	126116	149440	170670	215077
Australia/Australie	146492	128186	105540	113573	144615
Brazil/Brésil	111740	104149	101800	114553	162620
Mexico/Mexique	68345	82162	87847	109170	123427
Spain/Espagne	48951	45158	69866	72538	73913
Former GDR	x233491	x105030	x24211		
Austria/Autriche	37863	37569	37631	36756	41385
Sweden/Suède	35469	30354	36875	36231	45048
Argentina/Argentine	31483	36224	30555	32041	35547
Korea Republic	22092	14738	26586	26325	38050
China/Chine	27897	17252	13028	22017	31841
Denmark/Danemark	18798	16029	17039	14628	15695
Former USSR/Anc. URSS	x3224	x10719	x8402	x11074	
United Arab Emirates	x8187	x9398	x8035	x6442	x9304
Hungary/Hongrie	x8991	x6757	x7264	x8560	x7344
Malaysia/Malaisie	4173	5048	6244	8417	x6293
Norway, SVD, JM	3291	2225	3527	6159	6298
India/Inde	12579	x7704	2333	7709	x6178
Ireland/Irlande	4263	3349	4266	7709	4793
Macau/Macao	3074	3713	4115	5905	4638
Yugoslavia SFR	4037	4817	4707	x2952	
Chile/Chili	330	309	1736	7407	x3443
Oman	1176	2083	2418	3630	x3
Finland/Finlande	1646	2014	2813	3252	5251
Thailand/Thaïlande	3556	943	3441	2946	x4523
Cyprus/Chypre	2130	1759	2735	2125	2604
New Zealand	3016	1898	2160	1599	1794
Indonesia/Indonésie	5083	2423	1948	711	731
Portugal	1806	1653	1269	2151	2309
Venezuela	176	3169	371	616	309
Uruguay	1702	1341	1610	820	776
Poland/Pologne	x2501	x1977	x753	x674	x978
Saudi Arabia	420	552	x963	x1865	x610
So. Africa Customs Un	x752	x1111	x742	x1472	x1235
Mauritius/Maurice	x397	x235	606	x813	x2210
Czechoslovakia	x2765	x1686	x566	932	1895
Israel/Israël	1714	946	966	x631	x603
Romania/Roumanie	x1928	x1565	x587	x416	x26
Kuwait/Koweït	x176	1907	x441		

(VALUE AS % OF TOTAL) (VALEUR EN % DU TOTAL)

	1983	1984	1985	1986	1987	1988	1989	1990	1991	1992
Africa	x3.0	x2.9	x2.4	x2.6	x1.9	x2.2	x2.1	x1.9	x2.0	x1.8
Northern Africa	x1.0	1.0	0.9	0.8	0.6	0.7	0.7	0.6	0.6	x0.6
Americas	21.0	26.0	24.9	x23.9	x21.1	20.3	21.1	20.2	21.2	x21.6
LAIA	2.0	4.8	4.2	4.4	x3.5	3.2	3.4	3.3	3.9	4.1
CACM	x0.1	0.2	0.2	x0.1	x0.1	0.2	0.2	0.2	0.2	x0.2
Asia	x18.5	x17.6	x17.6	17.1	18.4	19.8	x18.6	18.3	18.9	x20.4
Middle East	x4.1	x3.8	x2.9	x2.8	x2.6	x2.9	x2.1	x2.1	x2.0	x2.1
Europe	54.4	50.3	52.1	53.4	53.4	52.9	53.9	56.4	53.7	52.9
EEC	45.9	42.5	44.3	45.3	45.6	45.3	46.7	48.8	46.8	46.3
EFTA	8.4	7.3	7.3	7.8	7.6	7.3	6.9	7.2	6.7	6.4
Oceania	x3.1	x3.2	x3.1	x2.8	x2.6	x2.6	x2.5	x2.3	x2.3	x2.4
USA/Etats-Unis d'Amer	13.6	15.5	16.0	15.1	13.4	13.1	13.6	13.0	13.3	13.6
Germany/Allemagne	11.1	10.2	11.5	11.0	11.3	10.9	10.6	11.7	11.1	10.6
United Kingdom	8.9	9.4	9.8	9.7	9.2	9.4	9.0	8.9	8.8	8.2
France, Monac	9.1	8.0	7.6	8.3	8.5	8.5	8.0	9.3	8.4	8.6
Italy/Italie	5.8	5.0	5.3	5.2	5.6	5.4	5.6	6.1	5.8	5.6
Japan/Japon	5.7	5.2	5.1	5.5	5.0	5.4	4.6	4.1	4.1	4.1
Netherlands/Pays-Bas	4.7	4.0	4.2	4.1	3.8	3.9	3.8	4.1	4.3	4.7
Canada	5.2	5.1	4.2	3.8	3.5	3.5	3.6	3.4	3.5	3.5
Spain/Espagne	1.4	1.4	1.3	1.8	1.9	1.6	4.8	2.6	2.7	2.7
Belgium–Luxembourg	2.6	2.4	2.5	2.9	3.0	3.1	2.6	3.7	3.3	3.6

	1983	1984	1985	1986	1987	1988	1989	1990	1991	1992
Afrique	x0.0	x0.0	x0.0	x0.1	x0.0	x0.0	x0.0	x0.0	x0.0	x0.0
Afrique du Nord	x0.0	x0.0	x0.0	0.0	x0.0	x0.0	x0.0	0.0	x0.0	0.0
Amériques	x25.9	27.7	23.4	x21.9	x19.3	19.2	20.0	20.6	21.2	20.2
ALAI	0.3	2.5	2.2	2.2	x2.1	2.3	2.4	2.1	2.4	2.9
MCAC	x0.0	x0.0	x0.0	x0.1	x0.0	0.0	x0.0	x0.0	x0.0	x0.0
Asie	20.8	20.7	23.2	x23.5	23.0	23.5	23.4	22.9	23.8	24.0
Moyen–Orient	x0.1	x0.1	x0.1	x0.6	x0.2	x0.1	x0.2	x0.2	x0.2	x0.1
Europe	51.5	50.1	51.7	53.1	53.0	53.1	53.8	55.0	53.6	54.4
CEE	48.8	47.4	49.0	50.2	50.1	50.3	51.3	52.4	51.4	52.0
AELE	2.8	2.6	2.7	2.9	2.9	2.8	2.5	2.5	2.2	2.3
Océanie	x1.6	1.6	1.6	x1.3	x1.5	x1.6	x1.4	1.0	x1.1	x1.3
Japan/Japon	18.8	18.2	19.1	20.1	19.2	19.0	18.8	18.3	19.0	18.7
USA/Etats-Unis d'Amer	23.7	23.2	19.6	18.2	15.6	15.0	16.3	17.1	17.2	15.4
Germany/Allemagne	9.8	10.4	10.9	12.1	12.2	12.6	12.8	13.7	13.3	13.8
United Kingdom	9.3	9.6	11.0	11.0	11.4	11.7	10.8	11.9	12.1	12.3
Belgium–Luxembourg	13.1	12.0	11.6	12.7	11.9	10.9	10.8	11.3	10.4	10.0
France, Monac	7.4	6.8	6.5	6.3	6.4	6.7	6.4	6.9	7.1	7.2
Netherlands/Pays-Bas	5.9	5.3	5.6	4.4	4.9	5.1	6.2	5.0	5.0	5.1
Italy/Italie	2.5	2.4	2.5	2.7	2.6	2.5	2.7	2.6	2.7	2.8
Singapore/Singapour	0.3	0.4	0.6	0.4	0.6	1.4	1.9	1.8	1.9	2.1
Hong Kong	1.4	1.7	2.6	1.9	1.9	1.9	2.0	1.8	1.9	2.2

88221 PHOTO FILM FLAT UNEXPOSD / PLAQUES PHOTO, FILMS SENS 88221

TRADE BY COMMODITY IN THOUSAND U.S. DOLLARS – COMMERCE PAR PRODUIT EN MILLIERS DE DOLLARS E.U

IMPORTS – IMPORTATIONS

COUNTRIES–PAYS	1988	1989	1990	1991	1992
Total	x2983552	2905694	3250670	3307656	3606292
Africa	x59721	x66737	x65243	x73753	x63578
Northern Africa	x25837	x30433	23283	33586	x21491
Americas	x603956	580628	646036	714325	x794677
LAIA	74548	77338	84293	101372	117085
CACM	3451	3887	4842	5339	x5230
Asia	x481422	x479147	x529713	x547984	x660147
Middle East	x66548	x52919	x70841	x71477	x75554
Europe	1677554	1638231	1898225	1846794	1971587
EEC	1417194	1381573	1605409	1575022	1696849
EFTA	253409	251143	279999	262538	262674
Oceania	x73533	x77993	x81835	x80808	x85065
USA/Etats–Unis d'Amer	x394584	368523	426449	473887	525968
Germany/Allemagne	337312	325127	386629	402297	401574
France,Monac	307274	297799	323645	323645	294345
United Kingdom	222061	212395	225662	277775	219399
Italy/Italie	201027	199034	226158	214001	234744
Japan/Japon	215166	206013	190621	218611	200753
Netherlands/Pays–Bas	128762	122110	189613	189613	213326
Canada	123272	122802	146273	177162	138987
Belgium–Luxembourg	80822	77737	122354	121830	131445
Spain/Espagne	61466	71252	111802	101332	109013
Switz.Liecht	75910	71333	98801	95242	70181
Sweden/Suède	68139	68482	80319	77834	72738
Australia/Australie	60578	63918	75120	70499	69130
Hong Kong	33479	53036	66575	65331	92907
Austria/Autriche	51073	52151	59970	70042	63950
Singapore/Singapour	40914	40663	62389	58550	61118
Korea Republic	29091	36018	53209	49078	64545
Denmark/Danemark	37833	31832	44158	51140	37811
Finland/Finlande	32300	34363	37332	34920	27407
Norway,SVD,JM	23699	22934	34429	27710	26252
Greece/Grèce	12281	17396	25375	25685	x27199
Portugal	19028	18347	21214	25907	21218
Thailand/Thailande	14266	16269	21819	21110	31198
Brazil/Brésil	13077	17489	20331	24194	22389
Turkey/Turquie	16010	14904	19661	20745	23998
Mexico/Mexique	9568	15630	20613	22146	30067
So. Africa Customs Un	13519	13064	17019	21833	x18236
Former USSR/Anc. URSS	x31910	x24511	17944	x15849	x18408
Israel/Israël	11068	12699	x7145	15524	18417
China/Chine	8189	10305	15403	17949	26668
Indonesia/Indonésie	17010	12892	13851	13021	17522
New Zealand	11336	12656	14111	13059	13847
Malaysia/Malaisie	10329	10237	13350	15761	x19943
Venezuela	17823	10423	12988	14960	14241
Iran (Islamic Rp. of)	x11278	x9168	10241	x12488	x9148
India/Inde	15893	x11696	x13635	9316	x23329
Colombia/Colombie	10936	10576	13513	11073	10431
United Arab Emirates	x13759	x11478	11858	x9719	x8266
Saudi Arabia	1801	1438	x9471	x14743	x15154
Chile/Chili	8008	8592	x11853	10390	x12203
Egypt/Egypte	7340	8434	8986	10998	8661
Nigeria/Nigéria	x7129	x8092	8339	x7198	x6006
Hungary/Hongrie	x6249	x6271	x10309	x7186	x10165
Algeria/Algérie	7010	10720	x7186	11865	x3358
Yugoslavia SFR	5819	4125	3690	9961	
Argentina/Argentine	5202	4554	11170	x7841	
Czechoslovakia	x9424	9000	6726	11747	16951
Ireland/Irlande	9327	8544	7971	x5946	x8470
Philippines	7273	x5434	6075	6665	6774
Pakistan	6359	5460	8986	5404	7588
			6315	6041	7930

EXPORTS – EXPORTATIONS

COUNTRIES–PAYS	1988	1989	1990	1991	1992
Totale	x3048916	3030696	3328826	3396154	3654236
Afrique	x1812	x679	x561	x956	x461
Afrique du Nord	x23	x198	109	x189	133
Amériques	x535615	494228	544248	585543	682127
ALAI	27239	31456	36510	63207	99094
MCAC	x18	x13	x4	x14	x78
Asie	531080	562330	620016	692744	747287
Moyen–Orient	x2362	x2329	x2924	x2634	x2129
Europe	1900779	1928569	2145707	2103802	2208509
CEE	1831012	1863145	2071001	2039925	2134726
AELE	68499	63947	73132	62451	71268
Océanie	6326	x8187	x5909	8361	x13993
Japan/Japon	479518	488805	543220	600274	622528
Belgium–Luxembourg	515123	503233	556782	532361	502918
USA/Etats–Unis d'Amer	x498007	455648	501045	515769	573757
Germany/Allemagne	449753	442976	493928	407715	443240
Netherlands/Pays–Bas	367442	401510	439802	453635	485630
United Kingdom	200753				
France,Monac	271001	298476	308270	345419	379346
Italy/Italie	136757	123955	150762	176754	191828
Switz.Liecht	69030	71532	84291	81044	93479
Singapore/Singapour	43128	42008	46351	37408	41093
Hong Kong	19153	29515	34397	36050	42262
Spain/Espagne	17716	30625	27552	38357	53207
Sweden/Suède	19283	19958	35277	39867	33275
Brazil/Brésil	21828	19371	24568	22197	26059
Mexico/Mexique	9462	11547	14804	25260	42036
Former GDR	8434	8148	12541	26683	40534
Argentina/Argentine	x68983	x31100	x7991		
Australia/Australie	8682	10003	7834	10675	15874
Canada	5809	7592	5332	7934	13587
Korea Republic	9303	6668	6546	6536	9165
Macau/Macao	6691	5318	5458	7545	16839
Former USSR/Anc. URSS	2873	3682	3783	5322	4489
Austria/Autriche	x719	x3600	x2741	x3228	
Yugoslavia SFR	2239	1814	1513	1670	2727
United Arab Emirates	1268	1468	1567	1420	
Denmark/Danemark	x1149	x773	x1515	x1066	x1332
China/Chine	1300	932	881	1496	2707
Uruguay	604	975	605	898	2798
Romania/Roumanie	443	619	1099	399	92
Portugal	x1152	x829	x550	415	x420
	866		386	545	781	336
Hungary/Hongrie	x950	x472	x379	x848	x467
Norway,SVD,JM	1058	429	453	772	366
Israel/Israël	159	329	570	645	1628
Lebanon/Liban	x480	x676	x633	x214	x705
New Zealand	513	520	567	425	396
Venezuela	176	1135	209	111	42
Saudi Arabia	89	66	x288	x935	x11
Thailand/Thailande	438	86	647	520	x404
India/Inde	1228	x315	650	197	x369
Poland/Pologne	x1201	x674	x334	x110	x301
Ireland/Irlande	431	145	329	564	507
Finland/Finlande	246	325	247	404	1020
Oman	155	461	233	55	
So. Africa Customs Un	x245	x247	x218	x166	x222
Greece/Grèce	26	44	134	288	x1460
Panama	x993	x344	x40	x42	3
Malaysia/Malaisie	56	130	41	227	x410
Qatar			x154	x193	x18
Tunisia/Tunisie	x12	140	109	55	53
Madagascar				x286	

(VALUE AS % OF TOTAL)(VALEUR EN % DU TOTAL)

	1983	1984	1985	1986	1987	1988	1989	1990	1991	1992
Africa	x2.5	x2.7	x2.7	x2.4	x1.9	x2.0	x2.2	x2.1	x2.3	x1.8
Northern Africa	x0.8	x0.9	x1.1	x1.1	0.8	x0.9	x1.0	0.7	1.0	x0.6
Americas	30.2	36.8	8.9	x21.0	x18.2	x20.3	20.0	19.9	21.6	x22.0
LAIA	1.9	3.3	4.2	3.0	2.7	2.5	2.7	2.6	3.1	3.2
CACM	x0.0	0.4	0.5	x0.1	x0.2	0.1	0.1	0.1	0.1	x0.1
Asia	x13.0	x12.2	x18.2	15.7	14.4	x16.2	x16.5	16.3	x16.6	x18.3
Middle East	x2.0	x1.7	x3.0	x2.4	x2.2	x2.2	x1.8	x2.2	x2.2	x2.1
Europe	51.3	45.4	66.5	58.0	58.8	56.2	56.4	58.4	55.8	54.7
EEC	42.8	37.5	55.9	48.6	49.6	47.5	47.5	49.4	47.6	47.1
EFTA	8.5	7.4	10.1	9.2	9.0	8.5	8.6	8.7	7.9	7.3
Oceania	2.8	x2.9	x3.7	x2.9	x2.8	x2.5	x2.6	x2.6	x2.5	x2.4
USA/Etats–Unis d'Amer	24.8	29.1		x14.8	x12.7	x13.2	12.7	13.1	14.3	14.6
Germany/Allemagne	10.9	9.8	15.9	11.8	12.0	11.3	11.2	11.9	12.2	11.1
France,Monac	9.5	7.7	11.1	10.4	10.6	10.3	10.2	10.0	8.4	8.2
United Kingdom	7.4	6.8	9.0	8.3	8.3	7.4	7.3	6.9	6.5	6.1
Italy/Italie	4.7	4.3	7.6	6.7	7.0	6.7	6.8	7.0	6.6	6.5
Japan/Japon	5.4	5.1	7.1	6.6	5.9	7.2	7.1	5.9	5.7	5.6
Netherlands/Pays–Bas	4.3	3.5	4.6	4.2	4.1	4.3	4.2	4.5	5.4	5.9
Canada	3.4	3.6	3.8	2.4	2.1	4.1	4.2	3.8	3.7	3.9
Belgium–Luxembourg	2.2	1.8	2.6	2.5	2.6	2.7	2.7	3.4	3.1	3.6
Spain/Espagne	1.2	1.2	1.7	1.8	2.1	2.1	2.5	3.0	2.9	3.0

	1983	1984	1985	1986	1987	1988	1989	1990	1991	1992
Afrique	0.1	x0.0	0.2	0.0	0.0	x0.1	x0.0	x0.0	x0.0	x0.0
Afrique du Nord							0.0	0.0	0.0	0.0
Amériques	x1.1	x2.5	x2.1	17.5	x16.1	17.5	16.4	16.3	17.3	18.7
ALAI	0.3	1.9	1.7	x1.1	x1.0	0.9	1.0	1.1	1.9	2.7
MCAC	x0.0	0.0	0.0	0.0	0.0	0.0	0.0	0.0	0.0	0.0
Asie	21.8	23.0	22.8	19.7	17.8	17.4	18.5	18.6	20.4	20.5
Moyen–Orient	x0.0	x0.2	x0.1	x0.2	x0.1	x0.1	x0.1	x0.1	x0.1	x0.1
Europe	76.7	74.1	74.8	62.7	62.0	62.3	63.6	64.5	61.9	60.4
CEE	73.2	70.9	71.6	59.9	59.4	60.1	61.5	62.2	60.1	58.4
AELE	3.4	3.3	3.2	2.7	2.5	2.2	2.1	2.2	1.8	2.0
Océanie	0.3	0.2	0.1	x0.1	x0.2	0.2	x0.3	x0.2	0.2	x0.4
Japan/Japon	20.7	21.7	21.1	17.9	16.3	15.7	16.1	16.3	17.7	17.0
Belgium–Luxembourg	27.7	25.8	24.2	17.9	18.3	16.9	16.6	16.7	15.7	13.8
USA/Etats–Unis d'Amer				x16.0	x14.9	x16.3	15.0	15.1	15.2	15.7
Germany/Allemagne	16.9	16.9	16.3	14.7	14.0	14.8	14.6	14.8	12.0	12.1
Netherlands/Pays–Bas	14.6	14.5	13.9	11.4	12.5	12.1	13.2	13.2	13.4	13.3
United Kingdom	6.8	6.2	7.2	6.1	7.0	8.9	9.8	9.3	10.2	10.4
France,Monac	5.8	5.7	6.1	4.7	4.5	4.5	4.1	4.5	5.2	5.2
Italy/Italie	0.4	0.6	2.9	2.3	2.4	2.3	2.4	2.5	2.4	2.6
Switz.Liecht	1.9	1.9	2.1	1.7	1.5	1.4	1.4	1.4	1.1	1.1
Singapore/Singapour	0.1	0.1	0.1	0.3	0.6	1.0	1.0	1.1	1.1	1.2

88222 PHOTO FILM ROLL UNEXPOSD

PEL SENSIB PERF OU NON 88222

TRADE BY COMMODITY IN THOUSAND U.S. DOLLARS – COMMERCE PAR PRODUIT EN MILLIERS DE DOLLARS E.U

COUNTRIES–PAYS	IMPORTS – IMPORTATIONS					COUNTRIES–PAYS	EXPORTS – EXPORTATIONS				
	1988	1989	1990	1991	1992		1988	1989	1990	1991	1992
Total	x4065856	4186128	4579544	4843473	5095274	Totale	x4300307	3988742	4278283	4504671	4619843
Africa	x89417	x77415	x77895	x75595	x82604	Afrique	x865	x1857	x2240	x3462	x2100
Northern Africa	19017	18006	17161	17940	x24064	Afrique du Nord	x25	x261	255	x147	x123
Americas	x776123	852487	891870	984071	x1076668	Amériques	x1260450	956520	1036879	1169173	1012554
LAIA	144733	159727	154415	195736	216983	ALAI	89024	104117	103273	118424	118146
CACM	6492	7444	6236	7839	x9254	MCAC	x4	x41	x25	x51	298
Asia	907613	x875684	904383	977468	x1098562	Asie	1022522	997454	1064007	1125485	1225546
Middle East	x114625	x102798	x90927	x97115	x96077	Moyen–Orient	x8490	x10552	x11056	x11230	x8839
Europe	2070970	2154257	2545678	2560430	2662091	Europe	1767811	1876657	2066077	2103443	2263090
EEC	1801310	1889416	2238730	2275567	2379504	CEE	1705253	1808812	1978234	2022607	2176749
EFTA	250235	248576	284577	270677	270093	AELE	62310	67163	87535	80580	85052
Oceania	x106300	x108848	x106489	x109878	x128143	Océanie	x95946	75874	86679	94804	114688
USA/Etats–Unis d'Amer	x488159	544234	586445	618840	694037	USA/Etats–Unis d'Amer	x1051111	759597	812589	922724	744749
Germany/Allemagne	447999	467425	532695	504272	532439	Japan/Japon	783275	763112	823111	888337	967213
United Kingdom	426993	460671	472745	529379	521828	United Kingdom	534838	519046	545745	534439	576395
France,Monac	306566	302907	426161	415421	453331	Germany/Allemagne	387593	396596	445372	463868	496087
Italy/Italie	223143	232496	278232	274149	268191	Belgium–Luxembourg	316852	341783	431096	437194	476720
Japan/Japon	230204	184754	185837	195478	192006	France, Monac	274470	294397	338549	368551	384257
Netherlands/Pays–Bas	160905	171496	192038	194379	211881	Italy/Italie	106513	125528	120215	128168	133319
Hong Kong	153708	147809	164966	184543	217373	Canada	118744	88919	119233	127382	149213
Canada	129633	130375	132461	148809	144086	Singapore/Singapour	83442	102079	110984	106564	115827
Belgium–Luxembourg	101436	99625	153496	149263	167673	Hong Kong	96229	89380	84387	81329	94839
Singapore/Singapour	116192	119925	136642	135787	159254	Australia/Australie	94243	74970	85626	93856	113951
Korea Republic	86305	96411	117085	130169	138343	Netherlands/Pays–Bas	58689	108986	67648	63224	72423
Spain/Espagne	64924	90369	99216	133598	135469	Mexico/Mexique	58918	72379	73777	79041	81085
Australia/Australie	87578	90033	87163	89174	104989	Switz.Liecht	43564	47495	71369	55908	65542
Switz.Liecht	76475	72948	87035	79162	82274	Former GDR	x149170	x70474	x15263		
Brazil/Brésil	70355	81614	74275	79113	72950	Spain/Espagne	19639	16687	24956	23801	32229
Sweden/Suède	62940	62490	71691	68125	67505	Argentina/Argentine	19396	22795	20062	19309	17704
Austria/Autriche	56316	59413	64688	62494	64307	Korea Republic	11748	6067	18068	14827	15940
Former USSR/Anc. URSS	x50243	x47069	x15495	x96842	x84009	Austria/Autriche	14318	15730	10461	9341	8728
India/Inde	48523	x40133	48572	47617		China/Chine	23302	13392	6627	12228	14223
So. Africa Customs Un	53423	40226	41299	x33615	x29926	Brazil/Brésil	10481	7274	8240	12746	15779
Mexico/Mexique	21464	32958	33533	43499	61498	Former USSR/Anc. URSS	x222	x6465	x5374	x6296	
China/Chine	55899	52167	24751	26806	33798	United Arab Emirates	x4677	x6236	x5210	x3756	x5171
Thailand/Thaïlande	22678	28590	34702	39122	43070	Malaysia/Malaisie	2462	3537	4370	5779	x2119
United Arab Emirates	x58085	x34011	x34698	x24289	x37905	Sweden/Suède	3479	3136	3932	6518	6551
Malaysia/Malaisie	22751	23941	30168	35907		Norway,SVD,JM	706	517	1556	8469	2438
Finland/Finlande	27402	28455	34320	26426	25816	Denmark/Danemark	5192	4751	3987	1620	2801
Denmark/Danemark	34801	27754	31133	29251	32153	India/Inde	9017	x6381	1218	2743	x3008
Norway,SVD,JM	25427	23682	25259	32608	28372	Chile/Chili	13	x227	948	6764	x2254
Turkey/Turquie	17415	19339	25817	29540	24174	Oman	850	1574	2079	3575	
Indonesia/Indonésie	16931	19028	18762	24473	23993	Cyprus/Chypre	1968	1510	2382	1943	2407
Portugal	16330	17015	22001	22269	24461	Panama	x1530	x2885	x1733	x566	84
Philippines	6067	x22970	9925	15185	15532	Indonesia/Indonésie	3698	1863	1903	459	446
Israel/Israël	14739	14134	17240	15872	16523	Hungary/Hongrie	x1595	x1033	x1140	x1206	x1142
New Zealand	14853	15175	14398	16310	16880	Thailand/Thaïlande	507	258	1652	1432	x2546
Yugoslavia SFR	16303	12998	19228	x11512		Mauritius/Maurice	x48	1409	121	488	185
Greece/Grèce	9455	11326	18361	13756	x23940	Venezuela	1113	598	441	884	938
Czechoslovakia	x10234	16699	15503	x7979	x14049	Ireland/Irlande	201	480	528	553	306
Hungary/Hongrie	x12666	x15089	10512	13037	x10577	Fiji/Fidji	x430	x836	x319	x323	x284
Chile/Chili	8377	9746	10658	17839	x25732	Czechoslovakia					
Saudi Arabia	15117	14664	x7781	x13992	x14043	Turkey/Turquie	212	19	589	829	637
Iran (Islamic Rp. of)	x7941	x15095	x5685	x14386	x18004	Saudi Arabia	250	217	x556	x622	x259
Venezuela	18938	9310	9525	15804	12720	Portugal	319	434	207	709	1231
Argentina/Argentine	9842	7899	8474	17764	23585	Nigeria/Nigéria	x273	x209	x693	x436	x502
Ireland/Irlande	8759	8333	12653	9830	8138	New Zealand	1464	400	514	363	417
Pakistan	7433	9051	8732	10902	10006	Poland/Pologne	x756	x842	x199	x212	x313
Poland/Pologne	x9184	x8522	x2405	x16309	x20716	So. Africa Customs Un	x98	x498	x286	x426	x311
Colombia/Colombie	8089	10059	8282	8014	7666	Yugoslavia SFR	242	535	272	x254	
Egypt/Egypte	10339	9051	7364	9033	9475	Romania/Roumanie	x658	x727	x11	216	x73
Bulgaria/Bulgarie	x20551	x14751	x4752	x1249	1206	Finland/Finlande	244	286	217	344	1790

(VALUE AS % OF TOTAL)(VALEUR EN % DU TOTAL)

	1983	1984	1985	1986	1987	1988	1989	1990	1991	1992		1983	1984	1985	1986	1987	1988	1989	1990	1991	1992
Africa	x3.3	x3.0	x2.8	x2.3	x1.6	x2.2	x1.9	x1.7	x1.6	x1.6	Afrique	x0.0	x0.0	x0.0	x0.0	x0.0	x0.0	x0.0	x0.0	x0.1	x0.0
Northern Africa	0.9	0.9	0.9	0.6	0.4	0.5	0.4	0.4	0.4	x0.5	Afrique du Nord	0.0	0.0	0.0	0.0	0.0	0.0	0.0	0.0	0.0	0.0
Americas	8.9	12.7	11.2	x21.9	x20.1	x19.1	20.3	19.5	20.3	x21.1	Amériques	43.2	43.6	7.0	x33.3	x29.7	x29.3	24.0	24.3	25.9	22.0
LAIA	1.9	5.9	5.3	4.3	3.5	3.6	3.8	3.4	4.0	4.3	ALAI	0.3	2.2	2.7	x1.9	x1.5	2.1	2.6	2.4	2.6	2.6
CACM	x0.1	0.0	0.0	x0.1	x0.1	0.2	0.2	0.1	0.2	x0.2	MCAC	x0.0	x0.0	x0.0	x0.0	x0.0	x0.0	x0.0	x0.0	x0.0	0.0
Asia	x25.1	x23.4	22.8	19.0	21.8	22.3	x21.0	19.7	20.2	x21.6	Asie	16.8	17.7	32.8	x23.7	23.9	23.8	25.0	24.8	25.0	26.5
Middle East	x6.5	x5.3	x2.3	x2.6	x2.6	x2.8	x2.5	x2.0	x2.0	x1.9	Moyen–Orient	x0.2	x0.1	x1.1	x0.9	x0.3	x0.3	x0.3	x0.3	x0.3	x0.2
Europe	58.0	56.0	59.5	53.7	50.9	50.9	51.5	55.6	52.9	52.2	Europe	38.0	36.9	57.6	x41.5	x41.1	41.1	47.0	48.3	46.7	49.0
EEC	50.0	48.3	51.3	46.4	44.2	44.3	45.1	48.9	47.0	46.7	CEE	36.7	35.5	55.4	x39.9	x39.6	39.7	45.3	46.2	44.9	47.1
EFTA	7.9	7.0	7.7	7.0	6.4	6.5	5.9	6.2	5.6	5.3	AELE	1.3	1.3	2.2	1.6	1.5	1.4	1.7	2.0	1.8	1.8
Oceania	x3.3	x3.6	x3.6	x3.0	x3.0	x2.6	x2.6	x2.3	x2.3	x2.5	Océanie	x1.8	x1.8	2.5	1.5	x2.1	x2.2	1.9	2.0	2.1	2.5
USA/Etats–Unis d'Amer			x12.4	x11.7	x12.0	13.0	12.8	12.8	13.6		USA/Etats–Unis d'Amer	39.2	37.7	x28.1	x24.8	x24.4	x24.4	19.0	19.0	20.5	16.1
Germany/Allemagne	11.2	11.3	12.9	11.2	11.2	11.0	11.2	11.6	10.4	10.4	Japan/Japon	14.1	14.6	24.1	19.3	18.4	18.2	19.1	19.2	19.7	20.9
United Kingdom	11.4	11.6	13.0	11.2	9.9	10.5	11.0	10.3	10.9	10.2	United Kingdom	10.3	10.1	17.7	12.4	12.7	12.4	13.0	12.8	11.9	12.5
France,Monac	8.9	9.1	8.3	7.9	7.4	7.5	7.2	9.3	8.6	8.9	Germany/Allemagne	5.8	6.7	11.5	x6.9	x7.1	9.0	9.9	10.4	10.3	10.7
Italy/Italie	7.5	6.4	6.3	5.2	5.5	5.5	5.6	6.1	5.7	5.3	Belgium–Luxembourg	7.6	7.0	11.4	9.5	8.7	7.4	8.6	10.1	9.7	10.3
Japan/Japon	7.0	6.3	6.2	6.0	5.5	5.7	4.4	4.1	4.0	3.8	France,Monac	7.6	6.6	8.6	5.7	6.2	6.4	7.4	7.9	8.2	8.3
Netherlands/Pays–Bas	5.4	4.6	4.9	4.6	4.1	4.0	4.1	4.2	4.0	4.2	Italy/Italie	3.3	3.0	3.1	2.8	2.5	2.8	3.1	2.8	2.8	2.9
Hong Kong	4.0	4.1	5.9	4.3	3.8	3.5	3.6	3.8	4.3	4.3	Canada	3.7	3.6	4.2	3.2	3.3	2.8	3.0	2.6	2.8	3.2
Canada	6.5	6.3	5.6	4.9	4.3	3.2	3.1	2.9	3.1	2.8	Singapore/Singapour	0.5	0.6	1.4	0.7	0.9	1.9	2.6	2.6	2.4	2.5
Belgium–Luxembourg	2.0	1.9	2.5	2.6	2.6	2.5	2.4	3.4	3.1	3.3	Hong Kong	1.9	2.2	5.7	2.4	3.3	2.2	2.2	2.0	1.8	2.1

88223 PHOTO SENSITZD CLOTH ETC / PAPIERS SENSIB NON DEVEL 88223

TRADE BY COMMODITY IN THOUSAND U.S. DOLLARS – COMMERCE PAR PRODUIT EN MILLIERS DE DOLLARS E.U

IMPORTS – IMPORTATIONS

COUNTRIES–PAYS	1988	1989	1990	1991	1992
Total	2451466	2523455	2827995	2887084	3036399
Africa	x60478	x60465	x61357	x62267	x67899
Northern Africa	19476	19837	18754	19499	x24392
Americas	604699	675040	644681	676288	712278
LAIA	92340	97811	110858	132434	144042
CACM	5403	5426	5265	5318	x6512
Asia	484897	497978	542985	597437	x678389
Middle East	x63287	x54602	x63981	x57243	x79070
Europe	1215765	1206743	1505370	1462734	1496161
EEC	1039506	1036369	1315341	1276320	1306108
EFTA	171228	166062	182789	177825	182538
Oceania	x63731	x61637	x55468	x57281	x63714
USA/Etats–Unis d'Amer	421260	461445	412417	408474	418121
Germany/Allemagne	229923	229923	301507	289600	273837
United Kingdom	242556	218876	246440	240299	235988
France, Monac	173212	176303	225990	217313	235794
Italy/Italie	121481	134403	159384	161884	163059
Hong Kong	86802	87613	101417	145236	145396
Canada	78423	103236	108751	121705	136237
Belgium–Luxembourg	105768	78212	129358	110299	118819
Netherlands/Pays–Bas	70877	76709	91884	97516	110565
Singapore/Singapour	54884	68175	81912	84935	98346
Spain/Espagne	40151	59493	79147	77739	80490
Japan/Japon	76186	66065	61589	75230	87884
Korea Republic	45881	52912	62032	68996	73710
Mexico/Mexique	33613	46038	56114	54747	62119
Switz.Liecht	51752	45361	52542	52077	53734
Sweden/Suède	51164	47722	49383	45020	51095
Australia/Australie	45555	42993	37898	45200	47751
China/Chine	66020	61934	34525	39759	17164
Austria/Autriche	25473	25874	32078	23332	34499
India/Inde	24578	x21318	38698	26104	x21364
Denmark/Danemark	24323	24734	29470	27547	28085
Norway, SVD, JM	20099	22024	23052	23244	24502
Finland/Finlande	21235	23496	24030	20004	17180
Thailand/Thaïlande	14578	19351	22456	24125	29750
Indonesia/Indonésie	17595	18891	20769	25171	23871
Turkey/Turquie	14513	13880	23267	23421	22678
Portugal	13058	15469	21390	21250	29249
Brazil/Brésil	12891	14961	16084	21821	23985
Philippines	8091	x16081	16933	15674	14680
Greece/Grèce	9107	11785	17628	18417	x17406
So. Africa Customs Un	20484	15268	16554	x15783	x15356
New Zealand	15199	16359	14727	14734	13415
Israel/Israël	11192	11933	12551	13683	15047
Ireland/Irlande	9677	10463	13144	14457	12816
United Arab Emirates	x27459	x14770	x14819	x7601	x9389
Argentina/Argentine	9080	9623	8641	18634	21625
Malaysia/Malaisie	7034	8848	11924	14606	x18693
Former USSR/Anc. URSS	x9630	x10362	x9613	x13015	
Nigeria/Nigéria	x6138	x9548	x10698	x11646	x8713
Saudi Arabia	7140	10598	x7711	x8816	x11039
Egypt/Egypte	8516	8853	7972	8267	8400
Chile/Chili	7064	7133	7591	10128	x10389
Venezuela	14703	5713	7201	10312	8934
Colombia/Colombie	6046	6990	6606	6094	6128
Hungary/Hongrie	3154	4967	3951	8819	x3323
Yugoslavia SFR	3235	3075	5570	x7219	
Morocco/Maroc	4357	4245	5340	5313	6930
Pakistan	3564	4630	4937	5139	5815
Viet Nam	x212	x1115	x2236	x11212	x35786
Iran (Islamic Rp. of)	x2432	x648	x5569	x5288	x20498

EXPORTS – EXPORTATIONS

COUNTRIES–PAYS	1988	1989	1990	1991	1992
Totale	2356601	2260158	2529392	2568609	2704896
Afrique	x797	x1365	x1270	x1472	x1739
Afrique du Nord	41	x125	212	x429	394
Amériques	489469	421177	528650	484783	543056
ALAI	96400	91513	83134	82144	109706
MCAC	x44	x8	x30	7	x65
Asie	634831	649530	679175	722210	714207
Moyen–Orient	x2830	x2908	x1917	x2542	x3412
Europe	1164082	1131613	1298165	1341182	1422706
CEE	1075222	1067906	1245206	1300082	1378663
AELE	87593	61858	51335	40336	41899
Océanie	x46920	x46020	x14743	x11149	x16488
Japan/Japon	522732	520229	532267	543394	518297
Germany/Allemagne	305796	323556	427435	501950	546439
USA/Etats–Unis d'Amer	349795	300833	423258	368212	380470
United Kingdom	283079	280387	365731	384861	401570
France, Monac	206143	181005	219305	200427	221481
Belgium–Luxembourg	192474	180220	182789	152316	150013
Brazil/Brésil	91650	85276	78747	76484	104769
Hong Kong	68390	68720	71150	85977	100973
Singapore/Singapour	29219	50205	63932	74988	72613
Switz.Liecht	73882	51798	41869	28346	29136
Netherlands/Pays–Bas	55677	73853	13870	13832	12828
Canada	42147	28629	20877	34091	52685
Italy/Italie	22967	20924	27077	35590	35689
Australia/Australie	45990	45089	13733	10142	15859
Hungary/Hongrie	x6374	x5184	x5554	x6212	x5593
China/Chine	3988	2773	5204	7080	9784
Austria/Autriche	5745	4509	4273	5345	3881
Denmark/Danemark	3983	3859	4746	4570	4550
Sweden/Suède	6433	3809	3371	3569	5428
Ireland/Irlande	2372	2277	2887	4660	2964
Argentina/Argentine	3270	3414	2610	1965	1827
Mexico/Mexique	374	1236	1194	3101	1531
Malaysia/Malaisie	1549	1277	1776	2357	x2970
Norway, SVD, JM	1336	1151	1330	2753	2774
Korea Republic	2884	1850	1408	1652	2515
Yugoslavia SFR	1256	1849	1624	x616	
United Arab Emirates	x2286	x1836	x909	x1186	x2090
India/Inde	1250	x515	327	2890	x2680
Former GDR	x11582	x2924	x704		
Spain/Espagne	2271	1053	904	1342	2239
New Zealand	915	902	955	693	495
Thailand/Thaïlande	518	466	885	606	x682
Portugal	x449	x544	x185	x938	
Uruguay	425	765	412	471	595
Bulgaria/Bulgarie	1081	669	511	421	543
Finland/Finlande	x1193	x568	x543	x311	x407
Jamaica/Jamaïque	198	591	492	323	680
So. Africa Customs Un	x7		x1227	54	x4
Czechoslovakia	x52	x273	x157	x838	x639
Kuwait/Koweït	x404	x768	x164	x222	x560
Kenya	x16	322	x355	x344	
Jordan/Jordanie	442	x287	623	x88	x100
Indonesia/Indonésie	147	195	153	541	850
Poland/Pologne	x484	x457	x214	x79	x46
Venezuela	x6	605	40	10	81
Saudi Arabia	47	268	x100	x281	x324
Cyprus/Chypre	160	199	258	164	107
Macau/Macao	170	24	210	266	19
Tunisia/Tunisie	0	19	167	277	350

(VALUE AS % OF TOTAL)(VALEUR EN % DU TOTAL)

Imports

	1983	1984	1985	1986	1987	1988	1989	1990	1991	1992
Africa	x3.0	x2.8	x2.4	x2.4	x2.2	x2.4	x2.4	x2.2	x2.1	x2.2
Northern Africa	1.3	1.3	1.0	0.9	0.8	0.8	0.8	0.7	0.7	x0.8
Americas	25.2	29.5	31.3	x29.7	x26.1	24.7	26.8	22.8	23.5	23.5
LAIA	2.2	5.6	4.8	x5.8	x3.9	3.8	3.9	3.9	4.6	4.7
CACM	x0.0	0.2	0.2	x0.1	x0.1	0.2	0.2	0.2	0.2	x0.2
Asia	x17.1	x16.6	x16.5	16.8	18.8	19.8	19.7	19.2	20.7	22.4
Middle East	x3.6	x4.0	x3.2	x3.0	x2.5	x2.2	x2.3	x2.2	x2.0	x2.6
Europe	48.2	45.6	47.0	48.4	50.3	49.6	47.8	53.2	50.7	49.3
EEC	40.0	38.5	40.2	41.0	42.7	42.4	41.1	46.5	44.2	43.0
EFTA	8.1	6.8	6.6	7.2	7.5	7.0	6.6	6.5	6.2	6.0
Oceania	x2.9	x3.2	x2.4	x2.7	x2.1	x2.6	x2.5	x2.0	x2.0	x2.1
USA/Etats–Unis d'Amer	17.4	18.1	21.8	19.4	17.4	17.2	18.3	14.6	14.1	13.8
Germany/Allemagne	9.4	8.2	9.1	9.4	9.8	9.4	9.1	10.7	10.0	9.0
United Kingdom	6.7	9.6	10.1	9.7	9.9	9.9	8.7	8.7	8.3	7.8
France, Monac	7.2	5.9	5.6	6.1	6.8	7.1	7.0	8.0	7.5	7.8
Italy/Italie	5.1	4.2	4.5	4.6	4.9	5.0	5.3	5.6	5.6	5.4
Hong Kong	2.5	2.5	3.2	3.1	3.9	3.5	3.5	3.6	5.0	4.8
Canada	5.4	5.1	4.1	4.1	4.2	3.2	4.1	3.8	4.2	4.5
Belgium–Luxembourg	3.7	3.6	3.5	4.1	4.1	4.3	3.1	4.6	3.8	3.9
Netherlands/Pays–Bas	4.0	3.5	4.4	3.3	3.0	2.9	3.0	3.2	3.4	3.6
Singapore/Singapour	1.0	0.9	0.8	0.8	0.8	2.2	2.7	2.9	2.9	3.2

Exports

	1983	1984	1985	1986	1987	1988	1989	1990	1991	1992
Afrique				x0.0	x0.0	x0.0	x0.0	x0.0	x0.0	x0.0
Afrique du Nord	0.0	0.0	0.0	0.0	0.0	0.0	0.0	0.0	0.0	0.0
Amériques	x22.1	25.2	22.0	18.4	17.5	20.7	18.7	20.9	18.9	20.1
ALAI	0.1	3.9	4.2	3.0	3.0	4.1	4.0	3.3	3.2	4.1
MCAC	x0.0	x0.0	x0.0	x0.0	x0.0	x0.0	x0.0	x0.0	x0.0	x0.0
Asie	28.8	24.6	26.2	21.9	21.4	27.0	28.7	26.8	28.2	26.4
Moyen–Orient	x0.1	x0.1	x0.2	x0.3	x0.1	x0.1	x0.1	x0.1	x0.1	x0.1
Europe	46.3	47.4	48.9	57.7	x58.6	49.4	50.1	51.3	52.2	52.6
CEE	43.5	44.5	46.0	54.9	x55.7	45.6	47.2	49.2	50.6	51.0
AELE	2.7	2.8	2.8	2.8	2.8	3.7	2.7	2.0	1.6	1.5
Océanie	2.8	2.8	2.9	2.0	1.6	x2.0	x2.0	x0.6	x0.4	x0.6
Japan/Japon	26.9	22.5	23.4	19.4	18.5	22.2	23.0	21.0	21.2	19.2
Germany/Allemagne	8.6	10.2	10.7	21.8	22.6	13.0	14.3	16.9	19.5	20.2
USA/Etats–Unis d'Amer	21.9	21.1	17.7	13.8	12.8	14.8	13.3	16.7	14.3	14.1
United Kingdom	10.3	12.3	12.8	11.1	10.5	12.0	12.4	14.5	15.0	14.8
France, Monac	8.7	7.8	7.4	6.5	6.3	8.7	8.0	8.7	7.8	8.2
Belgium–Luxembourg	8.9	8.3	7.6	7.0	6.8	8.2	8.0	7.2	5.9	5.5
Brazil/Brésil			3.7	3.9	2.8	2.8	3.9	3.8	3.1	3.0	3.9
Hong Kong	1.3	1.7	2.1	1.9	2.3	2.9	3.0	2.8	3.3	3.7
Singapore/Singapour	0.2	0.2	0.3	0.1	0.2	1.2	2.2	2.5	2.9	2.7
Switz.Liecht	2.2	2.3	2.4	2.4	2.5	3.1	2.3	1.7	1.1	1.1

8841 OPTICAL ELEMENTS LENTILLES, PRISMES, MIROIR 8841

TRADE BY COMMODITY IN THOUSAND U.S. DOLLARS – COMMERCE PAR PRODUIT EN MILLIERS DE DOLLARS E.U

COUNTRIES–PAYS	1988	1989	1990	1991	1992	COUNTRIES–PAYS	1988	1989	1990	1991	1992
	IMPORTS – IMPORTATIONS						EXPORTS – EXPORTATIONS				
Total	1903615	1713467	1967543	2110952	2225422	Totale	1962296	1712477	1916001	2246436	2317585
Africa	x24285	x17398	x20843	x22695	x22186	Afrique	x799	x1096	x1882	x5087	x1942
Northern Africa	2381	3864	3604	x4472	x4519	Afrique du Nord	92	x245	217	118	x413
Americas	667197	442440	480381	503658	544167	Amériques	364664	185747	227285	273611	317156
LAIA	30712	22595	25943	31739	39316	ALAI	11514	12007	10704	10095	8893
CACM	1085	971	1317	1592	x1617	MCAC	x56	x77	x49	6	x26
Asia	296329	304061	365875	405569	x452414	Asie	953618	917718	1007663	1153756	x1129655
Middle East	x22633	x22924	x19541	x23257	x31687	Moyen–Orient	2149	1612	2377	1995	x1835
Europe	857291	893704	1051641	1119648	1160038	Europe	595888	586006	666007	802446	859712
EEC	698533	725510	854236	929277	966693	CEE	537531	529250	598774	742259	791055
EFTA	155102	165044	191788	185085	188461	AELE	56238	56118	65573	58981	67013
Oceania	x35478	x35888	x35912	x35763	x36326	Océanie	2172	x2479	x2966	x3318	2580
USA/Etats–Unis d'Amer	566034	350763	383233	389685	413426	Japan/Japon	797902	772459	826368	886631	895748
Germany/Allemagne	209035	194007	234898	267141	295904	Germany/Allemagne	278878	278626	315916	341751	375761
United Kingdom	142018	159522	162900	163301	141139	USA/Etats–Unis d'Amer	336779	161578	205389	249056	284314
France, Monac	103938	105499	127850	151371	152847	France, Monac	74630	64250	71111	142893	165446
Hong Kong	111553	118733	121359	136882	109161	United Kingdom	67903	72856	81034	88755	83710
Japan/Japon	64441	64259	82870	112853	132788	Hong Kong	46415	60704	63108	69537	43496
Netherlands/Pays–Bas	68643	75363	84934	92502	110816	Ireland/Irlande	51904	43323	55442	83458	72565
Italy/Italie	67132	69132	87127	95790	87307	Singapore/Singapour	46602	31909	31415	44403	54101
Switz.Liecht	57994	62454	72458	66991	69606	Switz.Liecht	22004	23711	31860	27078	30847
Canada	63135	62092	64012	74238	84758	Korea Republic	29475	18721	28157	33115	23350
Singapore/Singapour	44880	46029	88366	60727	58476	Sweden/Suède	26908	27041	25572	22552	24974
Sweden/Suède	44632	51243	55446	53741	53070	China/Chine	3665	5911	12561	54280	14039
Spain/Espagne	34420	40332	54818	58616	60556	Netherlands/Pays–Bas	19351	21346	18140	28680	35838
Belgium–Luxembourg	29556	34087	31821	33166	35258	Italy/Italie	20029	20213	22675	21192	22151
Austria/Autriche	28074	25662	29307	30094	30438	Thailand/Thaïlande	12920	14592	16596	21012	x38948
Australia/Australie	29143	29519	29307	25977	28221	Belgium–Luxembourg	7908	10693	13777	15126	13886
Denmark/Danemark	24305	23507	25607	24573	30088	Malaysia/Malaisie	1208	748	7019	30749	x42555
Korea Republic	14050	14873	19825	19648	19648	Canada	14784	11699	11110	13578	23251
Norway, SVD, JM	12892	13302	18306	19149	23026	Israel/Israël	6647	5505	11848	9088	13057
Portugal	8987	10177	14393	18167		Denmark/Danemark	6004	6236	7984	7900	8583
So. Africa Customs Un	18857	10472	14132	x14737	x14892	Brazil/Brésil	8506	8420	6886	6597	6425
Ireland/Irlande	7843	9356	16656	10260	15249	Austria/Autriche	5547	4376	6902	8203	9649
Finland/Finlande	10337	11379	12549	10715	9642	Spain/Espagne	4501	6082	7082	6219	6057
Malaysia/Malaisie	4957	7523	9093	14927	x35491	Former USSR/Anc. URSS	x3672	x7642	x5181	x5451	
Mexico/Mexique	6428	7212	9887	13215	18095	Portugal	6368	5470	5508	6149	6931
Former USSR/Anc. URSS	x7180	x8739	x5501	x15150		Philippines	4377	3997	6513	445	43
China/Chine	8248	7877	5863	10226	9921	Former GDR	x34885	x7480	x1491		
Brazil/Brésil	7990	6369	6724	8020	7386	Australia/Australie	1907	2113	2488	3108	2344
Israel/Israël	6671	5793	6605	7603	8012	India/Inde	1240	x1448	1632	2122	x1391
Greece/Grèce	2656	4527	5682	9105	x9813	Cameroon/Cameroun	x2	205		3622	
Thailand/Thaïlande	2752	6020	4915	6023	14294	Mexico/Mexique	1932	1958	731	959	689
Saudi Arabia	2587	6246	x4055	x6566	x7790	Yugoslavia SFR	2108	567	1657	x1186	
New Zealand	5000	5607	5640	4963	5192	Hungary/Hongrie	x1551	x1026	x800	x1474	x4201
Iran (Islamic Rp. of)	x4004	x5240	x2681	x2540	x4825	Czechoslovakia	x2216	x1288	x1144	x598	x875
India/Inde	1135	x5312	1714	3200	x9783	Argentina/Argentine	518	595	723	1004	661
United Arab Emirates	x5834	x3621	x2618	x3113	x5179	Cyprus/Chypre	249	x1367	x896	10	x747
Turkey/Turquie	2600	1972	3453	3747	4046	Romania/Roumanie	x1582	708	850	603	540
Chile/Chili	2734	2831	2570	3606	x3061	Venezuela	388	512	908	965	902
Venezuela	9943	3210	2735	2515	3279	Mauritius/Maurice	x275	x268	860	460	410
Yugoslavia SFR	1296	1629	3211	x3494		Finland/Finlande	1380	512			
Hungary/Hongrie	x1511	x1680	x3111	2251	x3193	Jordan/Jordanie	812	315	1111	362	157
Czechoslovakia	x2880	4015	1595	x1388	x3303	Poland/Pologne	x1215	x583	x678	x429	x590
Cyprus/Chypre	1161	1599	2194	2883	2680	Norway, SVD, JM	358	391	379	670	1133
Poland/Pologne	x2052	x1063	x474	x4481	x3530	So. Africa Customs Un	x121	x298	x706	x291	x350
Philippines	2274	x1736	3128	1084	1304	Turkey/Turquie	748	716	x1040	x2	x3
Bulgaria/Bulgarie	x7836	x3748	x742	x290	108	Bolivia/Bolivie			395	188	355	650
Cuba	x1145	x1660	x1114	x1451	x222	New Zealand	230	332	395	197	236
Indonesia/Indonésie	11234	933	1049	2184	8138	Panama	x470	x288	12	x398	22
Kuwait/Koweit	x1198	1116	x871	x1686	x2353	Colombia/Colombie	20	38	230	424	19
Iceland/Islande	1173	1005	1208	1322	1237	Uruguay	x5	118	77	333	252

(VALUE AS % OF TOTAL)(VALEUR EN % DU TOTAL)

	1983	1984	1985	1986	1987	1988	1989	1990	1991	1992		1983	1984	1985	1986	1987	1988	1989	1990	1991	1992
Africa	x1.5	x1.4	x1.2	x1.3	x1.2	x1.3	x1.0	x1.0	x1.1	x1.0	Afrique	x0.0	x0.0	x0.0	x0.0	x0.0	x0.0	x0.1	x0.1	x0.2	x0.1
Northern Africa	x0.4	x0.2	0.2	x0.2	0.2	0.1	0.2	0.2	x0.2	x0.2	Afrique du Nord	x0.0	x0.0	0.0	0.0	0.0	0.0	0.0	0.0	0.0	x0.0
Americas	x34.0	41.1	41.1	x37.0	x31.1	35.1	25.8	24.4	23.9	24.5	Amériques	x10.9	x12.3	13.8	x13.7	x14.0	18.6	10.8	11.9	12.2	13.7
LAIA	0.4	1.1	1.4	x1.3	x1.2	1.6	1.3	1.3	1.5	1.8	ALAI	0.0	0.3	0.7	x0.9	x1.1	0.6	0.7	0.6	0.4	0.4
CACM	x0.1	0.0	0.0	x0.1	x0.1	0.1	0.1	0.1	0.1	x0.1	MCAC	x0.0	x0.0	x0.0	x0.0	x0.0	x0.0	x0.0	0.0	0.0	x0.0
Asia	x13.7	12.4	x13.4	11.5	13.6	15.5	17.8	18.5	19.2	x20.3	Asie	55.1	53.6	51.4	50.4	47.7	48.6	53.6	52.5	51.4	x48.7
Middle East	x1.9	x1.3	x1.7	x1.2	x0.9	x1.3	x1.3	x1.0	x1.1	x1.4	Moyen–Orient	x0.0	x0.0	x0.0	x0.0	x0.0	x0.1	x0.1	x0.1	x0.1	x0.1
Europe	48.4	42.6	41.8	48.0	50.7	45.0	52.2	53.4	53.0	52.1	Europe	33.3	33.2	34.1	35.4	35.9	30.4	34.2	34.8	35.7	37.1
EEC	39.1	34.1	33.6	38.7	40.9	36.7	42.3	43.4	44.0	43.4	CEE	30.5	30.4	30.9	32.3	32.7	27.4	30.9	31.3	33.0	34.1
EFTA	9.3	8.2	8.0	9.0	9.6	8.1	9.6	9.7	8.8	8.5	AELE	2.8	2.6	3.0	3.1	3.1	2.9	3.3	3.4	2.6	2.9
Oceania	x2.4	x2.5	x2.4	x2.3	x1.7	x1.9	x1.8	x1.7	x1.6	x1.6	Océanie	0.7	0.7	0.6	0.4	0.5	0.1	x0.1	x0.2	x0.1	0.1
USA/Etats–Unis d'Amer	28.7	35.1	35.9	31.3	25.9	29.7	20.5	19.5	18.5	18.6	Japan/Japon	48.6	45.8	42.8	42.7	39.5	40.7	45.1	43.1	39.5	38.7
Germany/Allemagne	12.8	10.9	10.9	12.6	13.6	11.0	11.3	11.9	12.7	13.3	Germany/Allemagne	13.3	12.6	13.1	14.6	15.3	14.2	16.3	16.5	15.2	16.2
United Kingdom	8.6	7.9	7.5	7.7	7.7	7.5	9.3	8.3	7.7	6.3	USA/Etats–Unis d'Amer	10.3	11.5	12.7	12.3	12.3	17.2	9.4	10.7	11.1	12.3
France, Monac	5.7	4.9	4.9	5.5	5.5	5.5	6.2	6.5	7.2	6.9	France, Monac	5.8	6.1	6.5	6.4	6.6	3.8	3.8	3.7	6.4	7.1
Hong Kong	4.0	3.8	3.9	3.5	4.2	5.9	6.9	6.2	6.5	4.9	United Kingdom	4.3	4.4	4.4	3.2	3.4	3.5	4.3	4.2	4.0	3.6
Japan/Japon	4.2	4.1	4.5	3.6	4.0	3.4	3.8	4.2	5.3	6.0	Hong Kong	1.9	2.5	2.5	1.8	2.2	2.4	3.5	3.3	3.1	1.9
Netherlands/Pays–Bas	3.4	2.9	2.8	3.6	4.2	3.6	4.4	4.3	4.4	5.0	Japan/Japon	3.4	3.3	2.7	2.3	2.0	2.6	2.5	2.9	3.7	3.1
Italy/Italie	3.3	3.1	3.4	3.7	4.4	3.5	4.0	4.4	4.5	3.9	Ireland/Irlande	2.6	2.5	2.9	2.3	2.6	2.6	2.5	2.9	3.7	2.3
Switz.Liecht	3.6	3.1	2.9	3.4	3.5	3.0	3.6	3.7	3.2	3.1	Singapore/Singapour	2.3	2.0	2.3	2.5	2.4	1.1	1.4	1.7	1.2	1.3
Canada	4.7	4.6	3.6	3.6	3.4	3.3	3.6	3.3	3.5	3.8	Switz.Liecht	1.5	2.1	1.8	2.0	1.9	1.1	1.5	1.7	1.5	1.0
											Korea Republic	1.5	2.1	1.8	2.0	1.9	1.1	1.1	1.5	1.5	1.0

777

88412 OPTICAL ELEMENTS MOUNTED

LENT, MIROIRS MONTES 88412

TRADE BY COMMODITY IN THOUSAND U.S. DOLLARS – COMMERCE PAR PRODUIT EN MILLIERS DE DOLLARS E.U

IMPORTS – IMPORTATIONS

COUNTRIES–PAYS	1988	1989	1990	1991	1992
Total	1217383	1172069	1288357	1390998	1479684
Africa	x5347	x4082	x6675	x7755	x7448
Northern Africa	x771	x1082	x1531	x1501	x1917
Americas	x392248	336203	380378	407655	433046
LAIA	10167	11697	13607	16444	22011
CACM	134	150	104	201	x621
Asia	184252	185568	187721	232277	x314021
Middle East	x11144	x13957	x8712	x11187	x14439
Europe	596583	607047	679417	701713	696674
EEC	493730	500759	556581	584547	580263
EFTA	100656	104572	119306	113383	113801
Oceania	x23799	x23494	x23389	x22185	x22230
USA/Etats–Unis d'Amer	348412	292424	333257	350750	366457
Germany/Allemagne	171220	155143	189861	211858	228144
United Kingdom	110595	122598	110064	109122	88680
France, Monac	67434	68859	81014	75845	70736
Hong Kong	68817	62982	62970	73403	86102
Italy/Italie	48634	49942	55904	57189	46506
Netherlands/Pays–Bas	39629	44906	51454	59250	68673
Japan/Japon	40907	41722	48065	65463	90915
Switz./Liecht	43332	45720	52578	49260	49172
Sweden/Suède	30305	34126	36027	33443	33217
Canada	30200	29405	31535	38327	42374
Spain/Espagne	22040	24212	31738	33420	30436
Singapore/Singapour	22901	26812	28910	28225	25825
Australia/Australie	20219	19374	19274	18903	18854
Belgium–Luxembourg	16171	18683	18937	18645	23792
Korea Republic	12239	12923	15846	20708	24220
Austria/Autriche	16464	13572	16322	17995	19297
Denmark/Danemark	10911	9904	9479	8624	8217
Former USSR/Anc. URSS	x7030	x8328	x4736	x14225	x28750
Malaysia/Malaisie	3263	5198	6898	11942	
Finland/Finlande	5380	6313	7224	5568	4883
Norway, SVD, JM	4823	4602	6853	6718	6966
Brazil/Brésil	4139	5425	5579	6712	6296
Thailand/Thaïlande	2688	5921	4693	5577	13535
Israel/Israël	4423	4190	5432	6305	6674
Mexico/Mexique	3810	4602	4804	6229	9532
Portugal	4069	3686	4220	5873	9033
China/Chine	5907	5027	3543	3160	6100
Saudi Arabia	2059	4099	x1881	x3703	x3855
New Zealand	3027	3476	3395	2705	2823
So. Africa Customs Un	3264	1565	3793	x4211	x4092
India/Inde	1089	x4597	1390	3118	x7787
Ireland/Irlande	2681	1898	2217	1984	2476
United Arab Emirates	x4090	x2439	x1809	x1735	x2425
Iran (Islamic Rp. of)	x2026	x3733	x806	x1406	x2600
Yugoslavia SFR	1014	989	1856	x2524	
Greece/Grèce	346	926	1694	2737	x3569
Hungary/Hongrie	x1264	x1326	x2573	1275	x1590
Czechoslovakia	x2098	2792	1155	x917	x2122
Poland/Pologne	x1061	x784	x356	x2823	x2374
Turkey/Turquie	279	499	1014	1436	1503
Andorra/Andorre	x896	x559	x1354	x1031	x1107
Chile/Chili	661	848	833	1212	x1334
Bulgaria/Bulgarie	x2630	x1753	x575	x138	66
Philippines	28	x979	142	1026	1040
Iraq	x541	x1028	x952		
Kuwait/Koweït	x485	x524	x261	x1059	x1162
Venezuela	330	309	584	912	1082
Jordan/Jordanie	37	651	555	476	655
Colombia/Colombie	247	104	1299	219	173

EXPORTS – EXPORTATIONS

COUNTRIES–PAYS	1988	1989	1990	1991	1992
Totale	1259486	1228536	1346452	1484982	1566497
Afrique	x126	x199	x333	x3832	x337
Afrique du Nord	14	x71	22	19	x12
Amériques	x49208	x75419	x94993	x114802	x135126
ALAI	568	981	780	1127	x1116
MCAC	0	x63	x39	x5	x4
Asie	852321	821399	885944	980046	x998777
Moyen–Orient	x390	x576	1402	x667	x465
Europe	316993	319761	358924	383028	429312
CEE	264476	269933	299638	330405	371504
AELE	50960	49275	57661	51469	56678
Océanie	966	x1232	x1255	x1239	1100
Japan/Japon	778798	756572	812033	866458	873578
Germany/Allemagne	184000	185133	207368	230424	261586
USA/Etats–Unis d'Amer	39334	65430	85741	101935	112980
United Kingdom	30526	36102	39992	40301	35707
Hong Kong	25132	25524	26090	24031	28113
Switz.Liecht	20319	21302	27940	24404	27253
Sweden/Suède	24422	23684	22710	19863	21721
France, Monac	27722	21023	23748	21156	27218
Korea Republic	28931	17632	16988	22679	13830
Singapore/Singapour	11262	13500	11375	22845	28380
Netherlands/Pays–Bas	11339	13886	12585	21108	25784
Malaysia/Malaisie	1162	730	7002	30696	x29778
Canada	8873	8641	8054	11384	20351
Israel/Israël	4528	3137	8302	5847	7682
Austria/Autriche	4884	3918	6189	6759	6851
Denmark/Danemark	4238	5101	5793	5697	5837
Italy/Italie	2787	4299	5297	5681	6622
China/Chine	1496	2948	2276	5477	6432
Belgium–Luxembourg	2193	2676	3448	3944	4883
Former GDR	x34556	x6511	x1366		
Former USSR/Anc. URSS	x748	x1283	x1675	x1247	
Cameroon/Cameroun					3622
Yugoslavia SFR	1545	508	1622	x1147	
Australia/Australie	746	920	816	1082	893
Romania/Roumanie	x1582	x1367	x896	10	x746
Mexico/Mexique	395	369	728	916	668
Spain/Espagne	327	528	617	691	989
Jordan/Jordanie	x6	315	1111	362	157
Ireland/Irlande	676	592	221	961	2187
Czechoslovakia	x1673	x721	x573	x330	x785
Portugal	664	588	547	432	652
India/Inde	224	x563	221	694	x450
Finland/Finlande	1174	258	733	302	267
Poland/Pologne	x1181	x529	x460	x244	x133
Panama	x389	x246	x368	x279	x613
New Zealand	195	283	355	144	207
Brazil/Brésil	142	570	36	95	173
Thailand/Thaïlande	55	30	198	415	x9776
So. Africa Customs Un	x58	x47	x261	x104	x145
Hungary/Hongrie	x122	x116	x26	x185	x104
Cyprus/Chypre	98	76	110	107	105
Korea Dem People's Rp	x100		0	x171	x159
United Arab Emirates	x64	x73	x67	x28	x44
Philippines		x140		0	
Saudi Arabia	19	48	x42	x41	x41
Colombia/Colombie	0	5	1	97	0
Nicaragua		x63	x31		
Pakistan		30		x55	12
Papua New Guinea	14	24	55		0

(VALUE AS % OF TOTAL)(VALEUR EN % DU TOTAL)

	1983	1984	1985	1986	1987	1988	1989	1990	1991	1992		1983	1984	1985	1986	1987	1988	1989	1990	1991	1992
Africa	x0.6	x0.5	x0.4	x0.6	x0.6	x0.5	x0.4	x0.5	x0.6	x0.5	Afrique	x0.0	x0.0	x0.0	x0.0	x0.0	x0.0	x0.0	x0.0	x0.3	x0.0
Northern Africa	x0.2	x0.1	0.1	x0.1	0.1	x0.1	x0.1	x0.1	x0.1	x0.1	Afrique du Nord	x0.0	x0.0	x0.0	x0.0	x0.0	x0.0	x0.0	x0.0	x0.0	x0.0
Americas	x38.0	x46.5	48.1	x42.9	x35.1	x32.2	28.7	29.5	29.3	29.2	Amériques	x3.3	x3.5	x4.6	x2.7	x3.2	x3.9	x6.1	x7.1	x7.7	x8.6
LAIA	0.2	0.6	0.8	x0.6	x0.6	0.8	1.0	1.1	1.2	1.5	ALAI	0.0	0.0	0.0	0.0	0.0	0.0	0.1	0.1	0.1	0.1
CACM	x0.0	0.0	0.0	x0.0	0.0	0.0	0.0	0.0	0.0	0.0	MCAC	x0.0	0.0	0.0	x0.0	0.0	0.0	0.0	0.0	0.0	0.0
Asia	x12.1	11.0	11.2	9.3	12.8	15.1	15.8	14.6	16.7	x21.2	Asie	78.5	79.5	76.2	76.0	72.0	67.7	66.8	65.8	66.0	x63.8
Middle East	x2.1	x1.1	x1.1	x1.0	x0.8	x0.9	x1.2	x0.7	x0.8	x1.0	Moyen–Orient	x0.0	x0.0	x0.0	x0.0	0.1	x0.0	x0.0	0.1	x0.0	x0.0
Europe	47.3	39.9	38.3	45.4	48.9	49.0	51.8	52.7	50.4	47.1	Europe										
EEC	39.0	32.7	31.3	37.7	40.4	40.6	42.7	43.2	42.0	39.2	CEE	17.6	16.6	19.1	21.3	21.5	25.2	26.0	26.7	25.8	27.4
EFTA	8.3	7.2	6.8	7.5	8.3	8.3	8.9	9.3	8.2	7.7	AELE	15.5	14.6	16.3	18.2	18.3	21.0	22.0	22.3	22.2	23.7
Oceania	x2.0	x2.0	x2.0	x1.8	x1.5	x1.9	x2.0	x1.9	x1.6	1.5	Océanie			2.1	2.0	2.8	3.1	4.0	4.0	4.3	3.6
USA/Etats–Unis d'Amer	33.9	42.4	44.5	39.4	31.7	28.6	24.9	25.9	25.2	24.8	Japan/Japon	72.2	70.2	67.4	67.9	63.0	61.8	61.6	60.3	58.3	55.8
Germany/Allemagne	13.7	11.1	11.5	13.6	15.8	14.1	13.2	14.7	15.2	15.4	Germany/Allemagne	10.6	10.4	11.2	12.2	13.1	14.6	15.1	15.1	15.5	16.7
United Kingdom	9.2	8.1	7.0	7.6	7.6	9.1	10.5	8.5	7.8	6.0	USA/Etats–Unis d'Amer	2.7	3.0	4.1	2.4	2.8	3.1	5.3	6.4	6.9	7.2
France, Monac	6.0	4.9	4.7	5.6	5.6	5.5	5.9	6.3	5.5	4.8	United Kingdom	1.4	1.6	1.7	1.7	1.6	2.4	2.9	3.0	2.7	2.3
Hong Kong	4.7	4.7	4.4	3.6	4.9	5.7	5.4	4.9	5.5	5.8	Hong Kong	2.5	3.5	3.5	2.2	2.7	2.0	2.1	1.9	1.6	1.8
Italy/Italie	3.4	3.0	2.5	2.9	3.7	4.0	4.3	4.3	4.1	5.1	Switz.Liecht	1.7	1.6	2.2	2.6	2.7	1.6	1.7	2.1	1.6	1.7
Netherlands/Pays–Bas	2.6	2.2	2.5	3.0	3.5	3.3	3.8	4.0	4.3	4.6	Sweden/Suède	0.1	0.1	0.1	0.0	0.1	1.9	1.9	1.7	1.3	1.4
Japan/Japon	2.7	2.9	3.1	2.3	2.9	3.4	3.6	3.7	4.7	6.1	France, Monac	1.7	1.3	2.1	1.9	2.0	2.2	1.7	1.8	1.4	1.7
Switz.Liecht	3.6	3.3	2.9	3.2	3.7	3.6	3.9	4.1	3.5	3.3	Korea Republic	2.3	3.2	2.7	3.2	3.2	2.3	1.4	1.3	1.5	0.9
Sweden/Suède	2.6	2.1	2.2	2.3	2.4	2.5	2.9	2.8	2.4	2.2	Singapore/Singapour	0.7	0.6	0.6	0.6	1.1	0.9	1.1	0.8	1.5	1.8

8842 SPECTACLES AND FRAMES / LUNETTES ET MONTURES 8842

TRADE BY COMMODITY IN THOUSAND U.S. DOLLARS – COMMERCE PAR PRODUIT EN MILLIERS DE DOLLARS E.U

IMPORTS – IMPORTATIONS

COUNTRIES–PAYS	1988	1989	1990	1991	1992
Total	2384958	2640874	2974577	3148800	3580945
Africa	x33827	x34910	x44017	x39794	x38546
Northern Africa	11596	12528	16349	13566	x11216
Americas	931592	1086445	1068335	1065836	x1203623
LAIA	18282	25160	34272	48115	x69374
CACM	2007	2410	2568	2793	x2702
Asia	356393	398507	454927	x503594	x629169
Middle East	x56294	x58863	x63974	x71848	x92622
Europe	991147	1033885	1316955	1417564	1597027
EEC	781466	815227	1055654	1164316	1313463
EFTA	183696	194360	227258	228072	257556
Oceania	x60647	x69587	x75179	x81915	x85348
USA/Etats–Unis d'Amer	801294	929996	905391	887719	997698
Germany/Allemagne	257273	227183	293981	368107	419807
France, Monac	91120	106769	158736	158663	178365
Hong Kong	115164	131130	139727	142765	150377
United Kingdom	114044	121096	128294	140324	165828
Italy/Italie	95265	107236	131724	118768	127350
Canada	104077	121836	118491	110975	116845
Japan/Japon	79487	86930	101331	110975	121015
Spain/Espagne	62015	72538	100636	105958	121015
Singapore/Singapour	46587	58020	75685	78822	101365
Switz.Liecht	55590	57688	73490	76047	88560
Netherlands/Pays–Bas	49612	53090	72627	72653	83604
Australia/Australie	49798	58004	61461	69497	72112
Austria/Autriche	56290	58149	63951	62575	73126
Belgium-Luxembourg	39576	42231	53143	53571	57953
Sweden/Suède	35861	39570	45104	44565	48514
Ireland/Irlande	22717	26403	37486	39168	40541
Greece/Grèce	14728	22216	28848	30187	x37540
Denmark/Danemark	21546	21781	27420	28654	29701
Saudi Arabia	17715	22571	x22659	x31704	x32825
Malaysia/Malaisie	12985	17452	24763	29017	x30580
Finland/Finlande	18304	22302	24704	22453	21568
Korea Republic	12415	16966	20967	28029	35151
Portugal	13609	14683	22759	24265	28733
So. Africa Customs Un	18741	16439	21398	x18883	x17563
Mexico/Mexique	6135	12915	17464	24350	29816
Norway, SVD, JM	16090	15235	18354	20829	24135
Malta/Malte	17336	14031	14758	x11187	x10223
Israel/Israël	11026	11358	12911	13606	15521
United Arab Emirates	x17810	x10607	x12321	x11650	x20745
New Zealand	8353	9283	10705	9663	9761
Former USSR/Anc. URSS	x3240	x3643	x2791	x21060	
China/Chine	15136	7693	6203	10392	29782
Yugoslavia SFR	3542	5420	11717	x6051	
Cyprus/Chypre	3811	6392	8309	6502	9301
Andorra/Andorre	x4744	x4615	x7374	x7626	x7465
Chile/Chili	4166	4996	5735	7277	x11125
Tunisia/Tunisie	5594	5189	6347	4478	2804
Czechoslovakia	2574	5864	5948	x2945	x10001
Kuwait/Koweït	x5764	7990	x3657	x2598	x7650
Hungary/Hongrie	x906	x2219	x3855	6517	x6477
Egypt/Egypte	3929	3517	5130	3894	4333
Brazil/Brésil	1974	2492	4635	4728	4042
Venezuela	3556	2439	2672	4540	6501
Lebanon/Liban	x1990	x1831	x3498	x4314	x5051
Poland/Pologne	x1677	x1477	x582	x7315	x8931
Thailand/Thaïlande	1679	2123	2962	3664	3913
Turkey/Turquie	1298	1336	3334	3969	4158
Philippines	1451	x2810	1577	2746	
India/Inde	1396	x2617	2125	1197	x2497

EXPORTS – EXPORTATIONS

COUNTRIES–PAYS	1988	1989	1990	1991	1992
Totale	1990332	2212100	2624136	2756307	3187384
Afrique	x18982	x21104	x27911	x20478	x20843
Afrique du Nord	11779	11897	19861	11091	9285
Amériques	x130045	207540	254801	276930	267001
ALAI	1968	5081	3724	2095	4811
MCAC	x32	x29	x86	13	x77
Asie	513569	580455	621428	747353	968162
Moyen–Orient	4431	4026	5434	4427	x4936
Europe	1310527	1383660	1701885	1694674	1915818
CEE	1058590	1149826	1420851	1420839	1591124
AELE	215585	200558	245648	219111	252209
Océanie	x10131	x9826	x10716	10908	x8681
Italy/Italie	370049	413219	557595	594522	709577
France, Monac	290629	305310	345223	328670	337116
Germany/Allemagne	295102	297030	326704	295074	327381
Japan/Japon	214050	253963	272999	328848	399379
USA/Etats–Unis d'Amer	112304	185601	234331	256712	244880
Austria/Autriche	184402	171902	206630	175543	189395
Hong Kong	146918	163839	180157	207314	279058
Korea Republic	118494	119905	114519	136256	154802
Ireland/Irlande	43645	68314	94122	105774	109038
Malta/Malte	33229	30239	32056	x43504	x56565
United Kingdom	21352	21600	35369	33251	31797
Switz.Liecht	23165	19468	28673	33741	51384
Singapore/Singapour	13956	18973	24088	33514	37949
Spain/Espagne	14597	18003	23948	20459	24640
Canada	14778	16155	16540	18002	17109
Netherlands/Pays–Bas	9480	11256	17266	19352	25005
Tunisia/Tunisie	11607	11734	19809	10862	9246
China/Chine	3343	4285	9172	20216	74987
Belgium-Luxembourg	6714	7394	11655	11769	13235
Sweden/Suède	6200	7551	8378	8329	9471
Mauritius/Maurice	x6551	x8282	7444	8250	9982
Denmark/Danemark	5540	5603	6599	9003	10305
Australia/Australie	6299	6299	6918	7205	6465
Israel/Israël	6779	7460	6309	4782	3494
Yugoslavia SFR	3021	2845	3170	x11112	
New Zealand	3689	3379	3694	3669	2091
Poland/Pologne	x1696	x3044	x3616	x2619	x2627
Cyprus/Chypre	1283	2465	3166	3047	3002
Portugal	1249	1949	2185	2551	2866
Hungary/Hongrie	x2456	x2077	x2234	x2223	x2342
Thailand/Thaïlande	242	1737	1686	2296	1894
Philippines	1299	x1881	1703	2201	2104
Indonesia/Indonésie	706	1168	1998	2221	x787
India/Inde	1120	1042	1156	1808	x2972
Malaysia/Malaisie	635	723	1266	1808	
Mexico/Mexique	1158	2596	565	277	696
Finland/Finlande	950	1025	1258	717	849
Former GDR	x1219	x2450	x405		
Venezuela	5	995	1599	69	86
Czechoslovakia	x1351	x1067	x665	x867	x1702
Jordan/Jordanie	1158	612	958	561	532
Norway, SVD, JM	856	577	707	773	1102
Macau/Macao	1236	1262	302		
Brazil/Brésil	425	612	351	597	989
Turkey/Turquie	1581	446	695	366	381
So. Africa Customs Un	x348	x397	x348	x497	x622
Argentina/Argentine	120	182	606	369	2257
Colombia/Colombie	113	282	197	371	249
Former USSR/Anc. URSS	x327	x808	x7	x12	
Bulgaria/Bulgarie	x27	x66	x460	x224	x102

(VALUE AS % OF TOTAL)(VALEUR EN % DU TOTAL)

	1983	1984	1985	1986	1987	1988	1989	1990	1991	1992		1983	1984	1985	1986	1987	1988	1989	1990	1991	1992
Africa	x2.2	x2.7	x1.7	x1.5	x1.2	x1.4	x1.3	x1.5	x1.3	x1.1	Afrique	0.5	0.5	0.7	x0.5	x0.6	x0.9	x0.9	x1.1	x0.7	x0.6
Northern Africa	0.8	1.5	0.6	0.6	x0.5	0.5	0.5	0.5	0.4	x0.3	Afrique du Nord	0.1	0.1	0.1	0.1	0.3	0.6	0.5	0.8	0.4	0.3
Americas	x41.7	44.9	44.7	x43.4	x40.2	39.1	41.1	35.9	33.9	x33.6	Amériques	x8.4	8.4	x6.7	6.3	x7.2	x6.5	9.4	9.7	10.1	8.4
LAIA	0.4	0.8	0.9	x1.0	x0.9	0.8	1.0	1.2	1.5	x1.9	ALAI	0.0	0.4	0.3	x0.6	x0.5	0.1	0.2	0.1	0.1	0.2
CACM	x0.1	0.2	0.1	x0.1	x0.1	0.1	0.1	0.1	0.1	x0.1	MCAC	0.0	0.0	0.0	x0.0	x0.0	x0.0	x0.0	x0.0	0.0	x0.0
Asia	x15.8	13.9	x12.6	11.6	13.7	14.9	15.1	15.3	x16.0	x17.6	Asie	22.7	23.7	21.9	21.7	23.3	25.8	26.2	23.6	27.1	30.3
Middle East	x3.6	x3.9	x3.0	x2.5	x2.2	x2.4	x2.2	x2.2	x2.3	x2.6	Moyen–Orient	x0.1	x0.1	0.2	0.2	0.2	0.2	0.2	0.2	0.2	x0.2
Europe	37.6	35.8	38.2	40.7	42.0	41.6	39.1	45.0	44.3	44.6	Europe	67.9	66.8	70.2	70.7	68.2	65.8	62.5	64.9	61.5	60.1
EEC	29.7	27.6	29.3	31.4	32.6	32.8	30.9	35.5	37.0	36.7	CEE	56.2	54.3	57.6	58.5	55.4	53.2	52.0	54.1	51.5	49.9
EFTA	7.7	7.0	7.7	8.9	8.2	7.7	7.4	7.6	7.2	7.2	AELE	11.7	10.0	10.4	11.5	10.6	10.8	9.4	9.4	7.9	7.9
Oceania	x2.7	x2.8	x2.8	x2.8	x2.4	x2.5	x2.6	x2.5	x2.6	x2.4	Océanie	x0.5	0.5	0.5	x0.8	x0.4	x0.5	x0.4	x0.4	0.4	x0.3
USA/Etats–Unis d'Amer	35.6	38.4	38.4	37.2	34.3	33.6	35.2	30.4	28.2	27.9	Italy/Italie	15.9	16.9	18.7	19.6	19.6	18.6	18.7	21.2	21.6	22.3
Germany/Allemagne	9.5	9.1	10.1	10.9	10.5	10.8	8.6	9.9	11.7	11.7	France, Monac	14.5	14.8	15.8	16.1	14.9	14.6	13.8	13.2	11.9	10.6
France, Monac	3.9	3.6	3.5	4.0	3.9	3.8	4.0	5.3	5.0	5.0	Germany/Allemagne	21.4	18.0	18.5	18.6	16.9	14.8	13.4	12.4	10.7	10.3
Hong Kong	3.6	2.9	3.2	3.3	4.3	4.8	5.0	4.7	4.5	4.2	Japan/Japon	10.1	9.9	9.5	9.8	9.2	10.8	11.5	10.4	11.9	12.5
United Kingdom	4.2	4.0	4.7	4.1	4.6	4.8	4.6	4.3	4.5	4.6	USA/Etats–Unis d'Amer	7.1	6.2	4.7	4.2	5.3	5.6	8.4	8.9	9.3	7.7
Italy/Italie	3.4	3.3	3.4	3.8	3.9	4.0	4.1	4.4	4.1	3.6	Austria/Autriche	10.0	8.2	8.7	9.6	8.9	9.3	7.8	7.9	6.4	5.9
Canada	5.4	5.1	4.8	4.7	4.3	4.4	4.6	4.0	3.8	3.6	Hong Kong	5.5	6.4	6.2	5.7	6.4	7.4	7.4	6.9	7.5	8.8
Japan/Japon	3.6	3.0	2.6	2.3	2.9	3.3	3.3	3.4	3.5	3.3	Korea Republic	4.0	4.8	3.9	4.3	5.6	6.0	5.4	4.4	4.9	4.9
Spain/Espagne	1.7	1.6	1.9	2.4	2.5	2.6	2.7	3.4	3.4	3.4	Ireland/Irlande	1.6	1.8	1.7	1.5	1.5	2.2	3.1	3.6	3.8	3.4
Singapore/Singapour	2.3	1.9	1.6	1.4	1.6	2.0	2.2	2.5	2.5	2.8	Malta/Malte			2.4	2.1	x0.5	2.1	1.7	1.4	x1.6	x1.8

88421 SPECTACLE FRAMES / MONTURES DE LUNETTES 88421

TRADE BY COMMODITY IN THOUSAND U.S. DOLLARS – COMMERCE PAR PRODUIT EN MILLIERS DE DOLLARS E.U

IMPORTS – IMPORTATIONS

COUNTRIES–PAYS	1988	1989	1990	1991	1992
Total	1472772	1594636	1760787	1898109	2186207
Africa	x20968	x21695	x28626	x27265	x26763
Northern Africa	3678	5050	6623	6545	6578
Americas	539578	640408	626918	644631	x736091
LAIA	9675	11475	17265	23420	31526
CACM	1203	1375	1680	1828	x1789
Asia	205967	225571	233350	259933	x353172
Middle East	x20507	x23163	x27920	x31301	x45235
Europe	668694	657297	826352	898868	1012012
EEC	534666	519778	666125	742289	834885
EFTA	113569	119165	137098	140680	159751
Oceania	x30716	x36344	x35160	x39030	x40779
USA/Etats–Unis d'Amer	458488	547264	530569	541479	619982
Germany/Allemagne	203956	169676	217982	277528	318831
Hong Kong	84114	89803	84110	93607	121371
France, Monac	57165	66321	98920	93036	104825
Canada	67173	76405	73717	74259	74810
Italy/Italie	59304	64603	77679	78532	79998
United Kingdom	71294	61626	64702	79889	92837
Spain/Espagne	36947	43108	56692	59585	85494
Japan/Japon	40845	44807	45256	47851	63507
Switz.Liecht	31606	33743	43553	43995	50373
Netherlands/Pays–Bas	28048	30031	42485	44385	45844
Austria/Autriche	34781	36782	39471	40512	48095
Singapore/Singapour	23409	31265	35706	35638	48294
Australia/Australie	26310	32824	31974	36321	38197
Belgium–Luxembourg	26006	26833	33884	35879	37609
Sweden/Suède	23220	23553	25900	27058	29749
Ireland/Irlande	19020	20855	25693	26955	28490
Denmark/Danemark	16286	15800	19627	18916	21042
So. Africa Customs Un	15551	13583	18449	x16396	x14936
Finland/Finlande	12778	14976	15841	15487	15943
Portugal	9430	9670	14914	15099	18276
Korea Republic	7234	10287	12624	16608	22481
Malta/Malte	16817	13331	14067	x10848	x9610
Greece/Grèce	7210	11253	13546	12486	x18129
Norway,SVD,JM	10291	9299	11334	12648	14483
Mexico/Mexique	3240	6158	9151	12568	15844
Malaysia/Malaisie	4953	6759	8459	11104	x14296
Saudi Arabia	5251	7146	x7801	x10989	x14064
China/Chine	13841	7102	5913	10219	29483
Israel/Israël	5486	5284	6601	7125	8166
Former USSR/Anc. URSS	x1016	x2275	x1709	x14890	
Yugoslavia SFR	2922	4462	7723	3910	
United Arab Emirates	x5764	x4345	x4934	x4740	x9751
Czechoslovakia	x2213	4522	4672	x1924	x6234
Cyprus/Chypre	1202	2923	3792	3082	4579
Hungary/Hongrie	x783	x1785	x2855	4900	x4082
Brazil/Brésil	1720	1875	3530	3866	2856
New Zealand	3575	3027	2741	2142	2167
Poland/Pologne	x1377	x878	x429	x4946	x5996
Turkey/Turquie	1026	937	2503	2802	2714
Egypt/Egypte	2144	1593	2525	2041	2353
Chile/Chili	1677	1618	1908	2445	x3682
Philippines	1068	x2240	1350	2291	3243
India/Inde	1394	x2122	2112	1174	x2043
Kuwait/Koweït	x1929	x2840	x1616	x842	x3750
Iran (Islamic Rp. of)	x877	x535	x1818	x2548	x3803
Lebanon/Liban	x845	x971	x1767	x2126	x2386
Thailand/Thaïlande	958	1131	1575	1615	1839
Mauritius/Maurice	x524	x916	1070	1546	1960
Algeria/Algérie	2	358	943	2188	x1261

EXPORTS – EXPORTATIONS

COUNTRIES–PAYS	1988	1989	1990	1991	1992
Totale	1339937	1426366	1678681	1769842	2075791
Afrique	x1248	x1041	x741	x1667	x2294
Afrique du Nord	x209	x166	289	x319	124
Amériques	x46039	74423	87961	x84823	77654
ALAI	1144	2844	3168	1580	4011
MCAC	20	x24	x48	x13	x51
Asie	343222	378025	401319	488273	623968
Moyen–Orient	2926	1920	2595	2151	x1937
Europe	940175	962689	1179448	1186308	1362786
CEE	764879	803243	994817	999436	1149232
AELE	141663	128655	151373	136798	156547
Océanie	4301	x4792	x4012	4626	x4015
Italy/Italie	300767	319914	443838	486514	591153
Germany/Allemagne	243268	240956	262367	237230	266901
Japan/Japon	161560	186442	210360	262579	331337
France, Monac	177455	195523	226599	219344	228776
Austria/Autriche	119867	109628	127564	111315	128207
Korea Republic	83052	84003	78324	101929	126251
Hong Kong	78373	84869	85255	90472	116364
USA/Etats–Unis d'Amer	37029	62995	78084	76891	69223
Malta/Malte	31635	28315	30555	x41769	x48539
Switz.Liecht	16270	14764	19159	20176	22587
Spain/Espagne	11360	14415	17764	15388	16803
United Kingdom	8700	9484	14263	10523	9429
Singapore/Singapour	7372	9200	11601	12997	12761
Ireland/Irlande	9598	8964	10888	9146	10172
Canada	7576	8345	6578	6264	4283
Belgium–Luxembourg	4314	4447	7189	7860	10143
China/Chine	2063	2461	5063	9687	29037
Denmark/Danemark	4893	4484	5362	5593	8040
Netherlands/Pays–Bas	3144	3500	4698	5508	5091
Yugoslavia SFR	1964	2445	2626	x8275	
Israel/Israël	4261	4724	3771	3237	2121
Sweden/Suède	4214	3214	3394	4495	4876
Australia/Australie	3861	3563	3174	3433	2747
Portugal	1200	1454	1773	2242	2658
Hungary/Hongrie	x1911	x1383	x1884	x2060	x2179
Poland/Pologne	x1609	x940	x2561	x1692	x1863
Philippines	832	x1223	1167	1247	862
India/Inde	1034	x661	945	1932	x459
New Zealand	356	1102	767	1181	1239
Cyprus/Chypre	125	813	824	1068	703
Venezuela	5	985	1579	52	8
Former GDR	x1011	x2238	x302		
Thailand/Thaïlande	16	1123	548	774	x1103
Malaysia/Malaisie	409	531	932	852	x1044
Finland/Finlande	870	787	932	391	406
Jordan/Jordanie	1077	402	932	1003	1555
Mauritius/Maurice	x471	x402	333	1003	1555
Turkey/Turquie	1572	428	682	345	337
Mexico/Mexique	626	723	410	160	446
Brazil/Brésil	223	397	304	503	927
Norway, SVD, JM	437	227	323	416	462
Macau/Macao	989	678	190		
Former USSR/Anc. URSS	x15	x771	x2	x2	
Colombia/Colombie	75	247	175	342	185
Bulgaria/Bulgarie	x27	x50	x416	x199	x74
Uruguay	66	286	272	50	x73
Argentina/Argentine	72	82	339	180	2225
Tunisia/Tunisie	41	104	272	121	86
Sri Lanka	71	52	419	23	2
Cote d'Ivoire		x277	x50	x41	

(VALUE AS % OF TOTAL)(VALEUR EN % DU TOTAL)

IMPORTS

	1983	1984	1985	1986	1987	1988	1989	1990	1991	1992
Africa	x2.5	x2.6	x1.9	x1.7	x1.4	x1.5	x1.4	x1.6	x1.5	x1.2
Northern Africa	0.8	1.0	0.5	0.7	0.4	0.2	0.3	0.4	0.3	x0.3
Americas	x37.3	40.0	39.2	x39.1	37.1	36.6	40.1	35.6	33.9	x33.7
LAIA	0.4	0.7	0.8	1.1	x1.0	0.7	0.7	1.0	1.2	1.4
CACM	x0.1	0.2	0.2	x0.1	0.1	0.1	0.1	0.1	0.1	x0.1
Asia	x15.9	x13.7	x12.6	11.5	13.2	13.9	14.1	13.2	13.7	x16.2
Middle East	x2.3	x2.5	x2.7	x1.8	x1.4	x1.4	x1.5	x1.6	x1.6	x2.1
Europe	41.4	40.6	43.3	44.9	45.3	45.4	41.2	46.9	47.4	46.3
EEC	33.1	31.1	33.3	35.5	35.9	36.3	32.6	37.8	39.1	38.2
EFTA	8.2	7.7	8.3	9.0	7.9	7.7	7.5	7.8	7.4	7.3
Oceania	x2.8	x3.1	x3.0	x2.9	x2.2	x2.2	x2.3	x2.0	x2.0	x1.8
USA/Etats–Unis d'Amer	30.6	33.4	33.0	32.5	31.3	31.1	34.3	30.1	28.5	28.4
Germany/Allemagne	12.7	12.2	13.4	14.1	13.4	13.8	10.6	12.4	14.6	14.6
Hong Kong	4.6	3.8	3.9	4.1	5.2	5.7	5.6	4.8	4.9	5.6
France, Monac	3.8	3.4	3.6	4.2	3.8	3.9	4.2	5.6	4.9	4.8
Canada	6.0	5.4	4.7	5.0	4.3	4.6	4.8	4.2	3.9	3.7
Italy/Italie	3.7	3.5	3.8	4.1	3.9	4.0	4.1	4.4	4.1	3.7
United Kingdom	4.3	4.0	4.7	4.1	4.8	4.8	3.9	3.7	4.2	4.2
Spain/Espagne	1.8	1.5	1.8	2.4	2.5	2.5	2.7	3.2	3.1	3.9
Japan/Japon	4.2	3.4	2.6	2.1	2.6	2.8	2.8	2.6	2.5	2.9
Switz.Liecht	1.9	1.8	1.7	1.8	2.0	2.1	2.1	2.5	2.3	2.3

EXPORTS

	1983	1984	1985	1986	1987	1988	1989	1990	1991	1992
Afrique		x0.0	x0.0	x0.1	x0.1	x0.1	x0.1	x0.0	x0.1	x0.1
Afrique du Nord		0.0	0.0	0.0	0.0	0.0	0.0	0.0	0.0	0.0
Amériques	x6.3	x6.5	4.5	4.5	3.5	3.4	5.2	5.2	x4.8	3.7
ALAI	0.0	0.2	0.1	x0.2	0.1	0.1	0.2	0.2	0.1	0.2
MCAC	0.0	0.0	0.0	0.0	0.0	0.0	0.0	0.0	0.0	0.0
Asie	19.8	19.8	19.2	19.9	23.2	25.6	26.5	24.0	27.6	30.1
Moyen–Orient	x0.0	x0.0	x0.1	0.1	0.3	0.2	0.1	0.2	0.1	x0.1
Europe	73.4	73.1	75.7	74.4	72.6	70.2	67.5	70.3	67.0	65.7
CEE	62.1	59.9	62.4	62.5	57.1	57.1	56.3	59.3	56.5	55.4
AELE	11.2	9.6	10.0	11.0	9.8	10.6	9.0	9.0	7.7	7.5
Océanie	0.3	0.4	0.6	x1.0	0.3	0.3	x0.3	x0.2	0.3	x0.2
Italy/Italie	18.9	19.8	21.9	22.6	23.1	22.4	22.4	26.4	27.5	28.5
Germany/Allemagne	26.1	23.4	23.3	23.2	20.9	18.2	16.9	15.6	13.4	12.9
Japan/Japon	8.2	8.7	8.3	9.5	9.7	12.1	13.1	12.5	14.8	16.0
France, Monac	14.5	13.8	14.1	13.9	13.0	13.2	13.7	13.5	12.4	11.0
Austria/Autriche	9.5	7.6	8.1	8.9	8.1	8.9	7.7	7.6	6.3	6.2
Korea Republic	1.1	2.2	2.6	3.2	5.3	6.2	5.9	4.7	5.8	6.1
Hong Kong	5.8	5.8	5.4	5.0	5.6	5.8	5.9	5.1	5.1	5.6
USA/Etats–Unis d'Amer	4.9	4.3	2.9	2.8	2.5	2.8	4.4	4.7	4.3	3.3
Malta/Malte		3.5	3.2	x0.8	2.9	2.4	2.0	1.8	x2.4	x2.3
Switz.Liecht	1.3	1.5	1.6	1.7	1.4	1.2	1.0	1.1	1.1	1.1

8851 WATCHES, MOVEMENTS, CASES / MONTRES, MOUVEMENTS, BOITES 8851

TRADE BY COMMODITY IN THOUSAND U.S. DOLLARS – COMMERCE PAR PRODUIT EN MILLIERS DE DOLLARS E.U

IMPORTS – IMPORTATIONS

COUNTRIES–PAYS	1988	1989	1990	1991	1992
Total	8825060	8449986	10890096	11563040	12993915
Africa	x69936	x65031	x71938	x82405	x92662
Northern Africa	18530	18200	20347	x25481	x19719
Americas	x1922251	x1020754	x1799285	x2284720	x2319241
LAIA	80174	86983	129746	154583	199290
CACM	2697	2658	2384	3058	x4431
Asia	x3892670	4255453	5207106	5324844	x6464239
Middle East	x720174	x545222	x553908	x609287	x796181
Europe	2743488	2913163	3643114	3679532	3929628
EEC	2314409	2432493	2998948	3077315	3331604
EFTA	407704	454329	605379	564641	564048
Oceania	x133695	x129819	x127088	x123119	x149110
Hong Kong	2015512	2185861	2668771	2752610	3250034
USA/Etats–Unis d'Amer	1678126	759524	1497400	1952405	1962213
Japan/Japon	530519	778086	994463	1037270	959311
Germany/Allemagne	564789	586083	763899	842057	870518
Italy/Italie	467448	504405	619598	708284	744820
Singapore/Singapour	333395	386594	564728	486144	518417
United Kingdom	416984	426352	477991	407425	477397
France, Monac	370404	389956	463164	407637	446863
Switz.Liecht	223805	261478	364811	334817	330179
Spain/Espagne	255638	261682	323316	364403	385471
United Arab Emirates	x373053	x181451	x209837	x220993	x309337
Saudi Arabia	176530	187850	x174423	x222265	x233094
Canada	110620	121333	107953	117033	110228
Korea Republic	102072	104114	108676	112541	103393
Austria/Autriche	77690	81550	114225	117290	124558
Belgium–Luxembourg	83551	91424	112421	103430	103501
Malaysia/Malaisie	60123	83081	105519	118534	x131324
Netherlands/Pays–Bas	81350	79645	106943	106143	115640
Australia/Australie	92140	93472	90205	89967	113122
Sweden/Suède	56132	61299	70002	64906	57822
Thailand/Thaïlande	36063	41804	71413	82686	83697
China/Chine	33255	42381	66985	75995	525119
Portugal	27087	30807	51961	56413	68838
Mexico/Mexique	26611	34111	43622	60787	68295
Kuwait/Koweït	x62324	66382	x27345	x14728	x37252
Greece/Grèce	13130	27262	39001	38853	x72191
Lebanon/Liban	x26653	x25996	x39136	x34768	x23984
So. Africa Customs Un	32314	26922	31301	x33440	x36540
Denmark/Danemark	24987	24639	27732	29792	33861
Norway,SVD,JM	22849	23011	25952	25989	30139
Finland/Finlande	25511	25577	28823	19941	19015
Oman	18411	15068	24097	31576	x44650
Brazil/Brésil	10395	18149	26776	21859	18092
Turkey/Turquie	11119	13545	24506	23782	27379
Andorra/Andorre	x13603	x15991	x21051	x19493	x19118
Bahrain/Bahreïn	x18795	x15070	x18043	x21778	x42273
United States Virg Is	x19702	x15557	x21669	x16066	
Egypt/Egypte	17187	14474	17120	19106	12371
Paraguay	1562	7613	28653	14397	8137
Poland/Pologne	x20592	x15431	x7754	x27141	x19564
Guam	x21633	x15739	x16101	x14404	x15829
Israel/Israël	14720	13346	13285	16274	18160
India/Inde	8114	x26196	11469	4099	x25872
Brunei Darussalam	x18138	x11682	x25815	x4232	x14542
Qatar	12524	9327	14168	15457	43690
New Zealand	13529	13312	12203	11386	11581
Former USSR/Anc. URSS	x3307	x7768	x4275	x24709	
Argentina/Argentine	7870	7049	7513	22121	51955
Ireland/Irlande	9040	10239	12920	12877	12504
Chile/Chili	7943	10448	9997	14928	x23493

EXPORTS – EXPORTATIONS

COUNTRIES–PAYS	1988	1989	1990	1991	1992
Totale	8910777	9496369	11485369	11815313	13434791
Afrique	x43020	x46019	x34617	x27595	x24803
Afrique du Nord	10746	12634	12334	9335	6638
Amériques	x132039	x162834	x187787	x219510	x246473
ALAI	3812	2579	10372	16795	x22794
MCAC	x10	x64	1061	2760	x4412
Asie	4683022	4921020	5627384	6119363	7246147
Moyen–Orient	x40262	x54798	x52964	x59140	x60299
Europe	3865830	4213241	5527524	5339316	5882352
CEE	814077	879408	1050047	983664	1080445
AELE	3050500	3331828	4470309	4349447	4790495
Océanie	x15166	x17613	x19311	x25022	x33753
Switz.Liecht	3033021	3310037	4435066	4303566	4753518
Hong Kong	2396735	2587265	2935644	3145753	3505166
Japan/Japon	1740040	1601716	1779070	1973138	1957025
Germany/Allemagne	281246	305866	352302	338600	354607
France, Monac	238981	244330	292045	259297	264056
China/Chine	125793	183278	355540	256206	964751
Singapore/Singapour	127992	159271	210162	237161	226091
Korea Republic	209680	179804	154780	174929	173106
USA/Etats–Unis d'Amer	114885	144417	167615	188735	201867
Italy/Italie	91427	114648	148347	140278	151855
United Kingdom	103399	108672	132361	115797	179911
Thailand/Thaïlande	17994	37693	99070	152860	x223784
Former USSR/Anc. URSS	x128453	x113389	x82529	x83858	
Philippines	193	x83436	1	58968	262
Belgium–Luxembourg	29623	37428	41223	35113	28556
Netherlands/Pays–Bas	31125	25024	36282	38819	36453
Spain/Espagne	24250	26677	32533	38366	47245
Malaysia/Malaisie	8459	14226	24114	35365	x75596
Mauritius/Maurice	x31458	x31706	20602	17636	16269
United Arab Emirates	x20219	x18509	x20967	x23218	x20258
Austria/Autriche	7720	9755	21522	27948	20326
Australia/Australie	14051	15295	17676	23278	32150
Brunei Darussalam	x14884	x13978	x12224	x15491	x30857
Tunisia/Tunisie	10459	12361	11777	7884	5347
Oman	121	6546	8906	13875	x12631
Sweden/Suède	5909	7397	8549	10676	8421
Former GDR	x38712	x21262	x5210		
Cyprus/Chypre	9161	6152	8289	9378	13863
Denmark/Danemark	6534	7394	7403	8951	9859
Mexico/Mexique	1144	1206	6527	12007	16590
Lebanon/Liban	x4738	x5286	x6672	x7189	x9025
Kuwait/Koweït	x3118	16100	x1045	x114	x619
Ireland/Irlande	6563	7701	5467	3989	2969
Canada	4954	4040	6510	5409	7126
Gibraltar	x970	x1892	x7062	x5929	x11150
Norway,SVD,JM	2952	3687	3993	5427	5769
Panama	x6612	x8820	72	3	42
Indonesia/Indonésie	63	713	607	6589	21078
India/Inde	466	x3826	1217	2722	x3062
Brazil/Brésil	2119	1035	2195	4330	1619
Qatar	x1349	x343	x3698	x2667	x699
Bahamas	x764	x822	x727	x5061	x9113
Portugal	882	1221	1587	3725	4551
Saudi Arabia	797	594	x2224	x1863	x674
Finland/Finlande	899	953	1174	1753	2406
Costa Rica		x2	909	2711	x4372
Bermuda/Bermudes	x180	x1129	x891	x219	x204
New Zealand	745	733	695	583	1195
Morocco/Maroc	258	247	448	1234	1179
Venezuela	x444	7	1563	209	524

(VALUE AS % OF TOTAL) (VALEUR EN % DU TOTAL)

Imports

	1983	1984	1985	1986	1987	1988	1989	1990	1991	1992
Africa	x2.1	x1.7	x1.2	x1.3	x1.0	0.8	0.8	0.7	0.7	0.7
Northern Africa	x0.9	0.8	0.5	0.4	0.4	0.2	0.2	0.2	x0.2	x0.2
Americas	22.9	27.0	29.2	x26.3	x25.9	x21.8	12.1	16.5	x19.8	x17.8
LAIA	0.6	1.7	2.1	x2.2	x1.3	0.9	1.0	1.2	1.3	1.5
CACM	x0.0	0.1	0.0	x0.0	0.0	0.0	0.0	0.0	0.0	x0.0
Asia	x43.5	x41.3	x39.4	38.2	38.9	x44.1	50.4	47.9	46.0	x49.7
Middle East	x15.9	x13.9	x11.2	x8.2	x7.7	x8.2	x6.5	x5.1	x5.3	x6.1
Europe	30.1	28.7	28.8	32.9	32.0	31.1	34.5	33.5	31.8	30.2
EEC	24.7	23.5	23.6	27.4	27.0	26.2	28.8	27.5	26.6	25.6
EFTA	5.3	5.0	5.0	5.2	4.7	4.6	5.4	5.6	4.9	4.3
Oceania	x1.3	x1.3	x1.5	x1.3	x1.2	x1.5	x1.6	x1.1	x1.1	x1.1
Hong Kong	17.2	16.6	18.1	20.1	20.2	22.8	25.9	24.5	23.8	25.0
USA/Etats–Unis d'Amer	20.3	22.8	24.5	21.9	20.7	19.0	9.0	13.8	16.9	15.1
Japan/Japon	3.7	4.9	4.6	4.9	5.1	6.0	9.2	9.1	9.0	7.4
Germany/Allemagne	5.5	5.6	5.9	6.8	6.9	6.4	6.9	7.0	7.3	6.7
Italy/Italie	4.4	4.4	4.2	5.1	5.3	5.3	6.0	5.7	6.1	5.7
Singapore/Singapour	4.5	3.8	3.3	3.1	3.4	3.8	4.6	5.2	4.2	4.0
United Kingdom	4.0	4.4	4.3	4.4	4.5	4.7	5.0	4.4	3.5	3.7
France, Monac	4.4	3.8	4.0	4.4	4.4	4.2	4.6	4.3	3.5	3.4
Switz.Liecht	3.1	2.7	2.9	2.9	2.4	2.5	3.1	3.3	2.9	2.5
Spain/Espagne	2.8	2.2	2.4	2.9	2.8	2.9	3.1	3.0	3.2	3.0

Exports

	1983	1984	1985	1986	1987	1988	1989	1990	1991	1992
Afrique	0.1		x0.2	x0.2	x0.5	x0.5	x0.5	x0.3	x0.2	x0.2
Afrique du Nord	0.0	0.0	0.0	0.0	0.1	0.2	0.1	0.1	0.1	0.0
Amériques	x2.4	x2.3	x2.2	x1.7	x1.4	x1.4	x1.8	x1.6	x1.8	x1.9
ALAI	0.0	0.0	0.1	0.0	x0.1	0.0	0.0	0.1	0.1	0.2
MCAC	x0.0	x0.0	x0.0	x0.0	x0.0	x0.0	x0.0	0.0	0.0	x0.0
Asie	57.5	58.6	56.8	53.9	50.9	52.5	51.9	49.0	51.8	54.0
Moyen–Orient	x0.7	x0.7	x0.6	x0.4	x0.4	x0.5	x0.6	x0.5	x0.5	x0.4
Europe	40.0	39.1	40.8	44.2	44.7	43.4	44.4	48.1	45.2	43.8
CEE	8.7	8.8	9.1	9.3	9.1	9.3	9.3	9.1	8.3	8.0
AELE	31.3	30.3	31.7	34.8	35.6	34.2	35.1	38.9	36.8	35.7
Océanie	x0.0	x0.0	x0.0	x0.0	x0.1	x0.2	x0.2	x0.2	x0.2	x0.2
Switz.Liecht	31.2	30.1	31.6	34.7	35.4	34.0	34.9	38.6	36.4	35.4
Hong Kong	27.7	26.4	25.5	25.5	25.7	26.9	27.2	25.6	26.6	26.1
Japan/Japon	23.9	26.4	26.1	23.7	19.8	19.5	16.9	15.5	16.7	14.6
Germany/Allemagne	2.2	2.4	2.6	2.7	3.0	3.2	3.2	3.1	2.9	2.6
France, Monac	2.9	2.7	2.7	3.0	2.7	2.7	2.6	2.5	2.2	2.0
China/Chine					1.0	1.4	1.9	3.1	2.2	7.2
Singapore/Singapour	1.8	1.6	1.4	1.2	1.2	1.4	1.7	1.8	2.0	1.7
Korea Republic	2.8	3.0	2.6	2.6	2.6	2.4	1.9	1.3	1.5	1.3
USA/Etats–Unis d'Amer	1.7	1.7	1.4	1.2	1.1	1.3	1.5	1.5	1.6	1.5
Italy/Italie	1.2	1.2	1.5	1.1	1.0	1.0	1.2	1.3	1.2	1.1

88511 WATCHES

MONTRES POCHE, BRACELET 88511

TRADE BY COMMODITY IN THOUSAND U.S. DOLLARS – COMMERCE PAR PRODUIT EN MILLIERS DE DOLLARS E.U

COUNTRIES–PAYS	\multicolumn{5}{c}{IMPORTS – IMPORTATIONS}	COUNTRIES–PAYS	\multicolumn{5}{c}{EXPORTS – EXPORTATIONS}
	1988	1989	1990	1991	1992		1988	1989	1990	1991	1992
Total	7090013	6698377	8900394	9449486	10454483	Totale	7254377	7832782	9393690	9708320	10954052
Africa	x59311	x55467	x62269	x74070	x85674	Afrique	x4200	x4179	x4318	x3154	x4932
Northern Africa	13120	13000	13549	x19276	x15580	Afrique du Nord	x37	x200	429	x1254	x1023
Americas	x1778301	x918937	x1690060	x2160308	x2196861	Amériques	x107902	x134070	155395	x199435	x207118
LAIA	53652	51047	84555	111354	x154181	ALAI	x1677	x1488	6754	14695	x21930
CACM	2102	1984	1859	2342	x3607	MCAC	x9	x66	1059	2861	x36
Asia	x2754571	3046842	x3831532	x3796142	x4488189	Asie	3555297	3760611	4122512	4503302	5232340
Middle East	x697901	x556164	x615439	x601096	x786680	Moyen–Orient	x36638	x49636	x47877	x55644	x54292
Europe	2318580	2496672	3159578	3238995	3501933	Europe	3476206	3825575	5047369	4931729	5476081
EEC	2016414	2156921	2712411	2809645	3075750	CEE	637893	702321	816183	777443	876180
EFTA	281395	314048	409539	392774	392920	AELE	2837116	3121265	4224025	4148110	4588526
Oceania	x127424	x124309	x121164	x117707	x144194	Océanie	x14260	x16620	x18419	x23752	x32446
Hong Kong	1139738	1253708	1575655	1600528	2020675	Switz.Liecht	2820552	3100801	4190182	4103758	4552374
USA/Etats–Unis d'Amer	1573317	705610	1444166	1881779	1894070	Hong Kong	2102803	2265431	2548939	2703888	2991439
Japan/Japon	446251	683902	887984	912028	851023	Japan/Japon	1063363	933426	976832	1059219	976862
Germany/Allemagne	483218	506646	672392	750278	791857	Germany/Allemagne	244390	264347	298491	289454	315643
Italy/Italie	420160	451975	572417	662167	705021	France,Monac	166730	184929	213244	193564	199333
Singapore/Singapour	320457	367048	530903	452149	476312	Singapore/Singapour	86580	119609	159978	191774	182454
United Kingdom	393790	409468	460437	389540	461840	Korea Republic	190594	165540	136707	156780	158879
France,Monac	262439	292748	362997	329731	362523	China/Chine	51034	106612	173326	166595	670635
Spain/Espagne	233051	244777	307008	345507	366461	USA/Etats–Unis d'Amer	93895	118736	140490	161767	172526
United Arab Emirates	x365029	x177162	x205779	x218235	x304167	United Kingdom	96633	104270	125769	105585	170669
Saudi Arabia	165088	174892	x172806	x219424	x231432	Italy/Italie	44440	56262	65052	69934	72495
Switz.Liecht	103687	127477	175086	167627	163721	Former USSR/Anc. URSS	x74643	x77779	x41265	x46582	
Canada	103120	113498	101812	109689	104663	Thailand/Thaïlande	4869	19920	54659	74765	x105265
Austria/Autriche	75570	79918	112322	115476	122511	Philippines	35	x76419		58855	218
Belgium–Luxembourg	78664	88120	109108	99722	99275	Belgium–Luxembourg	27467	34669	38792	33148	26214
Malaysia/Malaisie	56827	78355	95222	106378	x109471	Spain/Espagne	22690	25228	31395	36981	45049
Netherlands/Pays–Bas	75772	74769	101285	99587	104927	Netherlands/Pays–Bas	27893	23141	32381	33680	30433
Australia/Australie	88566	89844	86260	86004	109627	United Arab Emirates	x20128	x18312	x20811	x23107	x19891
Sweden/Suède	53088	57715	66846	62835	55847	Austria/Autriche	7172	9035	20684	27118	19871
Qatar	x12457	x42316	x83880	15457	x43571	Australia/Australie	13268	14424	16836	22084	30884
Portugal	24946	29150	50206	54748	67123	Brunei Darussalam	x14884	x13960	x12224	x14570	x30857
Kuwait/Koweït	x62130	66382	x27161	x14677	x37094	Malaysia/Malaisie	3811	7917	9831	13912	x34975
Greece/Grèce	11368	25444	37319	37219	x71324	Oman	121	6546	8906	13875	x12530
Lebanon/Liban	x25544	x23109	x38589	x34048	x23195	Sweden/Suède	5604	6877	8059	10103	8106
So. Africa Customs Un	30048	25530	30008	x32685	x36136	Cyprus/Chypre	8872	6095	8280	9360	13825
Mexico/Mexique	13517	18518	26478	40541	42946	Denmark/Danemark	6492	7375	7324	8884	9807
Denmark/Danemark	24670	24223	27125	29148	33534	Panama	x6234	x8509	72	x13544	39
Thailand/Thaïlande	13562	16662	30067	33530	45035	Mexico/Mexique	1016	1103	6449	11814	16287
Korea Republic	7494	21288	26677	26031	23782	Former GDR	x18200	x13572	x4187		
Norway,SVD,JM	22367	22610	25586	25656	29885	Kuwait/Koweït	x3118	16100	x1045	x108	x618
Finland/Finlande	25074	25028	28180	19519	18688	Canada	4725	3963	6191	5185	6969
Oman	18403	15039	24081	31574	x44595	Gibraltar	x970	x1892	x7062	x5929	x11150
Turkey/Turquie	10624	12916	23996	23279	26842	Norway,SVD,JM	2930	3682	3980	5412	5766
China/Chine	14614	15983	17041	25049	102156	Lebanon/Liban	x1843	x1327	x2356	x4032	x3755
Andorra/Andorre	x13402	x15826	x20830	x19302	x18653	Qatar	x1348	x343	x3698	x2665	x699
Bahrain/Bahreïn	x18742	x15002	x18010	x21727	x41958	Mauritius/Maurice	x3628	x2953	2241	1418	2203
Poland/Pologne	x20537	x15281	x7675	x26774	x19414	Ireland/Irlande	464	1298	2140	2374	1875
Paraguay	1310	7182	28064	13860	7517	Indonesia/Indonésie	38	69	119	5534	20771
United States Virg Is	x16195	x13014	x19233	x15454		Portugal	653	561	1236	3152	4396
Guam	x20431	x14947	x14937	x13410	x15611	Saudi Arabia	780	488	x2084	x1744	x579
Brunei Darussalam	x17854	x11596	x25682	x3832	x14453	Finland/Finlande	859	871	1115	1644	2355
Israel/Israël	13596	11606	12779	15833	17478	Costa Rica		x2	909	2711	0
Egypt/Egypte	12326	10717	12158	14599	9678	Brazil/Brésil	127	67	14	2492	1434
Argentina/Argentine	7843	6952	7417	21539	49027	India/Inde	397	x1138	257	953	x925
New Zealand	12290	12451	11626	10782	10817	New Zealand	666	692	681	573	1169
Cyprus/Chypre	11026	9114	11897	13558	17887	Bahamas	x453	x386	x419	x841	x4828
Ireland/Irlande	8336	9601	12118	12000	11865	Guam	x64	x1194	x153	x272	x73
Czechoslovakia	x2330	15909	12625	x4112	x7508	Tokelau/Tokélaou		x193	x697	x697	x35
Former USSR/Anc. URSS	x2740	x7654	x3594	x21200		Macau/Macao	40	71	1323	19	3742
Chile/Chili	6417	8906	8477	13117	x22473	So. Africa Customs Un	x210	x135	x1029	x216	x215

(VALUE AS % OF TOTAL) (VALEUR EN % DU TOTAL)

	1983	1984	1985	1986	1987	1988	1989	1990	1991	1992		1983	1984	1985	1986	1987	1988	1989	1990	1991	1992
Africa	x2.1	x1.7	x1.2	x1.3	x1.1	x0.8	x0.8	x0.7	x0.7	x0.8	Afrique				x0.1	x0.1	x0.1	x0.1	x0.0	x0.0	x0.0
Northern Africa	x0.9	x0.7	0.4	0.4	0.3	0.2	0.2	0.2	x0.2	x0.1	Afrique du Nord	0.0	x0.0	0.0	0.0	0.0	0.0	0.0	0.0	0.0	0.0
Americas	x26.1	31.0	x33.9	x30.7	x30.1	x25.0	13.7	x19.0	x22.9	x21.0	Amériques	x1.9	x1.8	x1.8	x1.6	x1.4	x1.5	x1.7	1.7	x2.0	x1.9
LAIA	0.7	1.8	2.0	2.1	x1.2	0.8	0.8	1.0	1.2	x1.5	ALAI	0.0	0.1	0.1	0.1	0.1	x0.0	x0.0	0.1	0.2	x0.2
CACM	x0.0	0.1	0.0	x0.0	0.0	0.0	0.0	0.0	0.0	0.0	MCAC	x0.0		x0.0	x0.0	x0.0	x0.0	x0.0	x0.0	0.0	x0.0
Asia	x41.3	x38.1	x34.9	33.8	34.0	x38.9	45.5	x43.0	x40.2	x42.9	Asie	57.9	58.4	55.6	52.3	48.2	49.1	48.0	43.9	46.4	47.7
Middle East	x18.2	x16.0	x12.5	x9.8	x9.0	x9.8	x8.3	x6.9	x6.4	x7.5	Moyen–Orient	x0.8	x0.9	x0.7	x0.5	x0.4	x0.5	x0.6	x0.5	x0.6	x0.5
Europe	28.9	27.8	28.3	32.6	32.5	32.7	37.3	35.5	34.3	33.5	Europe	40.1	39.8	42.5	46.0	48.9	47.9	48.8	53.7	50.8	50.0
EEC	24.9	23.6	24.2	28.1	28.2	28.4	32.2	30.5	29.7	29.4	CEE	7.3	7.5	7.9	8.1	8.8	9.0	8.7	8.7	8.0	8.0
EFTA	3.9	3.9	3.8	4.0	3.9	4.0	4.7	4.6	4.2	3.8	AELE	32.7	32.2	34.6	37.9	40.4	39.1	39.8	45.0	42.7	41.9
Oceania	x1.5	x1.6	x1.7	x1.6	x1.4	x1.8	x1.8	x1.4	x1.2	x1.4	Océanie	x0.1	x0.0	x0.0	x0.2	x0.2	x0.2	x0.2	x0.2	x0.2	x0.3
Hong Kong	13.2	12.0	12.5	14.5	14.3	16.1	18.7	17.7	16.9	19.3	Switz.Liecht	32.6	32.1	34.4	37.8	40.1	38.9	39.6	44.6	42.3	41.6
USA/Etats–Unis d'Amer	22.9	26.2	28.8	25.9	24.2	22.2	10.5	16.2	19.9	18.1	Hong Kong	30.0	27.6	26.6	26.2	27.3	29.0	28.9	27.1	27.9	27.3
Japan/Japon	3.2	4.0	4.2	4.5	4.9	6.3	10.2	10.0	9.7	8.1	Japan/Japon	23.2	25.6	24.3	20.5	15.8	14.7	11.9	10.4	10.9	8.9
Germany/Allemagne	5.9	5.4	5.8	6.9	7.2	6.8	7.6	7.6	7.9	7.6	Germany/Allemagne	2.1	2.3	2.6	2.5	3.2	3.4	3.2	3.0	3.0	2.9
Italy/Italie	4.6	4.6	4.4	5.3	5.6	5.9	6.7	6.4	7.0	6.7	France,Monac	2.5	2.3	2.3	2.4	2.3	2.3	2.4	2.3	2.0	1.8
Singapore/Singapour	5.1	4.4	4.0	3.7	4.1	4.5	5.5	6.0	4.8	4.6	Singapore/Singapour	1.0	1.0	0.9	0.9	1.0	1.2	1.5	1.7	2.0	1.7
United Kingdom	3.9	4.5	4.7	4.9	5.1	5.6	6.1	5.2	4.1	4.4	Korea Republic	2.8	3.0	2.9	2.9	3.0	2.6	2.1	1.5	1.6	1.5
France,Monac	3.7	3.3	3.3	3.8	3.8	3.7	4.4	4.1	3.5	3.5	China/Chine					0.7	0.7	1.4	1.8	1.7	6.1
Spain/Espagne	3.2	2.6	2.8	3.4	3.2	3.3	3.7	3.4	3.7	3.5	USA/Etats–Unis d'Amer	1.2	1.2	1.1	1.1	1.3	1.5	1.5	1.5	1.7	1.6
United Arab Emirates	x3.4	x2.8	x2.0	x1.7	x2.7	x5.1	x2.6	x2.3	x2.3	x2.9	United Kingdom	1.0	1.3	1.2	1.2	1.3	1.3	1.3	1.3	1.1	1.6

8852 CLOCKS, CLOCK, WATCH PARTS / HORLOGES, MOUV, PARTIES 8852

TRADE BY COMMODITY IN THOUSAND U.S. DOLLARS – COMMERCE PAR PRODUIT EN MILLIERS DE DOLLARS E.U

COUNTRIES–PAYS	IMPORTS – IMPORTATIONS					COUNTRIES–PAYS	EXPORTS – EXPORTATIONS				
	1988	1989	1990	1991	1992		1988	1989	1990	1991	1992
Total	3303334	3272445	3652551	4175032	3932738	Totale	3438862	3459945	3834400	4272772	3743249
Africa	x72510	x71299	71999	x57530	x54379	Afrique	x3634	x7460	x16548	x15224	x18988
Northern Africa	17188	22086	25181	19786	18892	Afrique du Nord	1415	2966	4603	6119	7864
Americas	420917	329983	433474	500629	523272	Amériques	x102296	108521	126153	139887	x139002
LAIA	76172	109566	111212	101628	94262	ALAI	8349	8608	9867	8107	x8285
CACM	1429	1501	1371	1445	x1680	MCAC	x156	62	x108	x207	x53
Asia	1661356	1741293	1879218	2319779	1955368	Asie	1981684	2067046	2270427	2721708	2168951
Middle East	x52302	x43922	x63392	x69439	x88772	Moyen–Orient	x1212	x2010	x2005	x1789	x4175
Europe	1088658	1052954	1207294	1226400	1342139	Europe	1290550	1207221	1385955	1351508	1403470
EEC	839309	793282	907326	956279	1010714	CEE	890949	846976	960380	912667	962236
EFTA	234064	225669	282300	259164	314880	AELE	394353	353880	408119	429986	425630
Oceania	x43024	x44309	x40182	x37677	x40545	Océanie	x1925	x1600	x2080	x1339	x1021
Hong Kong	600657	598376	675895	758534	807582	Hong Kong	624783	703623	805731	884244	974766
China/Chine	584685	585434	649835	785047	366954	China/Chine	555497	602659	691848	871574	281966
USA/Etats–Unis d'Amer	277778	151720	262644	334126	368467	Japan/Japon	625075	553907	513244	584596	553065
Germany/Allemagne	154144	159812	196984	218662	249653	Germany/Allemagne	487534	465086	521712	482528	498637
France, Monac	170407	170194	186138	186977	203939	Switz.Liecht	374909	335308	385798	410589	408256
Switz.Liecht	134671	142230	168029	156583	220576	France, Monac	238912	218779	252896	249628	264317
United Kingdom	179402	141720	159702	151109	149809	USA/Etats–Unis d'Amer	85671	93343	110968	125092	116497
Italy/Italie	136063	118817	132824	148468	153033	Thailand/Thaïlande	34382	56036	86236	131705	x130188
Japan/Japon	93340	110548	123561	143111	145963	Singapore/Singapour	29842	46222	71225	118751	138921
Thailand/Thaïlande	68843	116040	81620	176464	176715	Italy/Italie	57531	59464	66769	63187	71661
Singapore/Singapour	53997	59412	79458	119293	135588	Malaysia/Malaisie	30642	38336	51946	67714	x42066
Spain/Espagne	70006	75693	81279	98185	99071	Korea Republic	74586	55563	37042	40792	32879
Malaysia/Malaisie	55098	53071	91194	108275	x95528	United Kingdom	42624	38927	45313	36817	44744
Korea Republic	108923	79326	65035	85415	78985	Former USSR/Anc. URSS	x8239	x31015	x17428	x32892	
Brazil/Brésil	38835	73414	67090	41963	28281	Netherlands/Pays–Bas	13518	16875	23553	26125	30980
Canada	51402	56239	48811	55688	53177	Spain/Espagne	15475	16101	20985	23603	22176
Netherlands/Pays–Bas	49241	47520	53735	57753	58491	Belgium–Luxembourg	15672	16101	20985	23603	22176
Sweden/Suède	42332	43897	47343	42792	34219	Former GDR	x35793	x25807	x5738		
Belgium–Luxembourg	31603	31873	38026	38176	41361	Malta/Malte	3829	4660	14720	x6748	x7239
Australia/Australie	33352	36598	31756	30072	32799	Mauritius/Maurice	x2052	x4277	11658	8720	9761
Austria/Autriche	25481	27619	34658	32020	33476	Sweden/Suède	8285	7773	8795	7703	9353
Mauritius/Maurice	x34926	x32980	27061	19544	18008	Indonesia/Indonésie	1287	3862	7239	10344	8014
Mexico/Mexique	16758	20649	24653	27849	31434	Czechoslovakia	x10417	x8600	x7035	x5758	x5880
Turkey/Turquie	14021	14232	27122	29535	36877	Finland/Finlande	5726	5286	6579	5225	2261
India/Inde	18083	x32304	17119	13774	x27029	Brazil/Brésil	5692	6570	6123	5946	3663
Philippines	3645	x38303	3001	21217	3002	Tunisia/Tunisie	1369	2872	4421	5946	7299
Finland/Finlande	19107	20980	19733	15309	13976	Austria/Autriche	4059	3802	4992	4403	4740
Portugal	12586	12462	16977	18831	20827	Canada	5783	4286	3678	5056	12282
Greece/Grèce	8650	13501	17360	15847	x14408	Portugal	3214	3558	4335	4756	5905
Tunisia/Tunisie	11865	15022	15203	11691	10590	Denmark/Danemark	14385	3252	2627	2386	2115
Denmark/Danemark	16197	12331	14098	12645	12081	Hungary/Hongrie	x2154	x1465	x1953	x3892	x5028
Saudi Arabia	3774	8161	x12850	x13383	x15316	Yugoslavia SFR	1412	1683	2729	x2093	
Norway, SVD, JM	11943	10117	11791	11499	11721	Philippines	23	x1900	22	3931	102
United Arab Emirates	x18931	x10323	x10592	x11591	x14047	Norway, SVD, JM	1372	1710	1955	2031	988
So. Africa Customs Un	15207	9629	11869	x8694	x8695	Argentina/Argentine	954	972	2258	1945	1900
Yugoslavia SFR	9831	10367	13337	x6108		India/Inde	159	x208	1167	3109	x944
Ireland/Irlande	11010	9358	10240	10911	8749	Ireland/Irlande	1934	1518	797	2078	3285
Indonesia/Indonésie	4217	6525	11762	8072	9908	Australia/Australie	1754	1456	1805	1097	824
Israel/Israël	8012	7361	9089	10364		Brunei Darussalam	x2151	x929	x1712	x1662	x984
Argentina/Argentine	6692	4506	4251	11855	16173	Panama	x1254	x1385	x872	x1039	15
Czechoslovakia	x1757	10661	6605	x3136	x6425	Korea Dem People's Rp	x1434	x824	x774	x1090	x656
New Zealand	7843	6017	6784	6341	6255	Mexico/Mexique	1146	322	552	1401	402
Hungary/Hongrie	x1808	x4144	x5112	7525	x6399	Poland/Pologne	391	471	697	510	x745
Romania/Roumanie	x2657	4367	4879	7514	x328	Colombia/Colombie	493	621	630	267	476
Korea Dem People's Rp	x1080	x1374	x225	x12656	x1406	Turkey/Turquie	575	597	585	312	329
United States Virg Is	x9505	x7083	x4290	x1874		Barbados/Barbade	530	540	467	230	x20
Venezuela	5386	3058	3921	5979	6032	United Arab Emirates	x208	x319	x426	x404	x387
Former USSR/Anc. URSS	x1371	x877	x1523	x10364		Israel/Israël	465	856	128	135	39
Chile/Chili	2985	3306	3812	5068	x6420	Qatar	x22	x7	x295	x623	x53
Iran (Islamic Rp of)	x1924	x2847	x3534	x5472	x7465	Romania/Roumanie	x1751	646	244	17	x83

(VALUE AS % OF TOTAL)(VALEUR EN % DU TOTAL)

	1983	1984	1985	1986	1987	1988	1989	1990	1991	1992		1983	1984	1985	1986	1987	1988	1989	1990	1991	1992
Africa	2.1	x2.7	x1.8	x2.3	x1.9	2.2	2.2	1.9	x1.4	x1.4	Afrique	0.1	0.2	x0.1	x0.1	x0.1	x0.1	x0.2	x0.4	x0.4	x0.5
Northern Africa	1.0	1.5	0.8	0.9	0.6	0.5	0.7	0.7	0.5	0.5	Afrique du Nord	0.1	0.2	0.0	x0.0	0.0	0.1	0.1	0.1	0.1	0.2
Americas	x15.2	20.5	21.5	x21.2	x14.1	12.8	10.1	11.8	12.0	13.3	Amériques	x4.2	4.4	4.6	x3.3	x3.0	x3.0	3.1	3.3	3.2	x3.7
LAIA	0.7	2.5	3.6	4.2	x2.4	2.3	3.3	3.0	2.4	2.4	ALAI	0.0	0.0	0.3	x0.4	x0.4	0.2	0.2	0.3	0.2	x0.2
CACM	x0.0	0.0	0.0	x0.1	0.0	0.0	0.0	0.0	0.0	x0.0	MCAC	x0.0	0.0	0.0	0.0	0.0	x0.0	0.0	x0.0	x0.0	x0.0
Asia	42.1	38.9	39.5	36.2	47.6	50.3	53.2	51.4	55.5	49.8	Asie	51.5	52.9	50.2	47.6	53.5	57.6	59.7	59.2	63.7	58.0
Middle East	x4.1	x2.7	x3.7	x1.9	x1.4	x1.6	x1.3	x1.7	x1.7	x2.3	Moyen–Orient	x0.1	x0.0	x0.0	x0.0	x0.0	x0.0	x0.0	x0.0	x0.0	x0.1
Europe	38.4	35.5	35.0	38.6	33.9	33.0	32.2	33.1	29.4	34.1	Europe	44.1	42.6	45.0	48.9	41.3	37.5	34.9	36.1	31.6	37.5
EEC	29.2	26.3	25.3	28.5	25.5	25.4	24.2	24.8	22.9	25.7	CEE	31.8	30.2	31.3	33.6	28.7	25.9	24.5	25.0	21.4	25.7
EFTA	9.1	8.7	9.1	9.5	8.0	7.1	7.5	7.7	6.2	8.0	AELE	12.3	12.3	13.6	15.0	12.4	11.5	10.2	10.6	10.1	11.4
Oceania	x2.2	x2.5	x2.1	x1.8	x1.3	x1.3	x1.4	x1.1	x0.9	x1.0	Océanie			x0.0	x0.0	x0.1	x0.0	x0.0	x0.1	x0.0	x0.0
Hong Kong	22.5	21.2	21.3	19.0	16.4	18.2	18.3	18.5	18.2	20.5	Hong Kong	16.1	17.1	18.3	17.1	15.4	18.2	20.3	21.0	20.7	26.0
China/Chine					16.4	17.7	17.9	17.8	18.8	9.3	China/Chine					14.4	16.2	17.4	18.0	20.4	7.5
USA/Etats–Unis d'Amer	11.1	14.7	14.7	14.1	9.5	8.4	4.6	7.2	8.0	9.4	Japan/Japon	29.9	30.2	27.1	25.4	18.8	18.2	16.0	13.4	13.7	14.8
Germany/Allemagne	4.5	4.0	4.0	5.0	4.7	4.7	4.9	5.4	5.2	6.3	Germany/Allemagne	20.1	19.3	20.1	21.4	17.0	14.2	13.4	13.6	11.3	13.3
France, Monac	6.6	5.5	5.3	6.3	5.6	5.2	5.2	5.1	4.5	5.2	Switz.Liecht	11.8	11.7	13.1	14.4	11.9	10.9	9.7	10.1	9.6	10.9
Switz.Liecht	4.6	4.8	5.3	5.5	4.3	4.1	4.3	4.4	3.8	5.6	France, Monac	5.6	5.6	6.0	7.0	7.1	6.9	6.3	6.6	5.8	7.1
United Kingdom	6.5	6.0	6.2	6.6	5.3	5.4	4.3	4.4	3.6	3.8	USA/Etats–Unis d'Amer	4.0	3.9	4.0	2.8	2.3	2.5	2.7	2.9	2.9	3.1
Italy/Italie	4.1	4.2	3.6	3.9	3.8	4.1	3.6	3.6	3.6	3.9	Thailand/Thaïlande	0.2	0.3	0.5	0.4	1.0	1.0	1.6	2.2	3.1	x3.5
Japan/Japon	2.1	1.8	1.8	2.0	2.1	2.8	3.4	3.4	3.4	3.7	Singapore/Singapour	2.2	2.1	1.3	1.0	0.8	0.9	1.3	1.9	2.8	3.7
Thailand/Thaïlande	0.9	0.6	1.4	1.9	1.9	2.0	3.5	2.2	4.2	4.5	Italy/Italie	2.5	2.0	1.9	2.1	1.7	1.7	1.7	1.7	1.5	1.9

8921 PRINTED BOOKS, GLOBES, ETC
LIVRES, BROCHURES, CARTES 8921

TRADE BY COMMODITY IN THOUSAND U.S. DOLLARS – COMMERCE PAR PRODUIT EN MILLIERS DE DOLLARS E.U

COUNTRIES–PAYS	IMPORTS – IMPORTATIONS					COUNTRIES–PAYS	EXPORTS – EXPORTATIONS				
	1988	1989	1990	1991	1992		1988	1989	1990	1991	1992
Total	6479417	6906375	8036560	8582241	9220544	Totale	6062323	6499089	7772604	8125594	8806954
Africa	x225486	x271540	x305446	x341607	x372181	Afrique	x12812	x13820	x17918	x16697	x14692
Northern Africa	93905	65699	82423	96332	x86856	Afrique du Nord	6655	8218	10055	9666	8822
Americas	1835776	1986526	2199895	2272210	2584050	Amériques	1224847	1476092	1785927	1977067	2173733
LAIA	201317	232597	270455	319982	450657	ALAI	135297	114457	130252	190067	199070
CACM	23730	23656	24424	23607	x34173	MCAC	3833	5784	4271	4687	x2827
Asia	636273	x691187	x810916	x837575	x982507	Asie	688391	763333	873966	999663	1124158
Middle East	x85783	x116948	x136314	x167080	x184979	Moyen–Orient	x23564	x36378	x53482	x50993	x55123
Europe	3208489	3332792	4140016	4283540	4654333	Europe	3816565	3998188	4880217	4947716	5331872
EEC	2446327	2537351	3143228	3264349	3562690	CEE	3460129	3650072	4428702	4532593	4914267
EFTA	750619	780861	976451	997669	1070465	AELE	314056	314025	395408	388397	386269
Oceania	x422581	x484078	x508753	x492083	x500685	Océanie	x47153	x59603	x75248	x75378	x86726
USA/Etats–Unis d'Amer	882293	920302	996323	1017489	1140522	USA/Etats–Unis d'Amer	936703	1230908	1535920	1661956	1811743
Canada	653208	735338	820209	819622	871919	United Kingdom	1048436	1071291	1334994	1310330	1408012
United Kingdom	706486	706254	822961	815430	903575	Germany/Allemagne	687668	731942	890409	973402	1037678
France, Monac	463844	488190	632346	647010	667959	France, Monac	445140	470075	565537	577939	638517
Germany/Allemagne	351108	376623	495151	570284	632492	Italy/Italie	296175	336696	420846	447190	460314
Australia/Australie	325351	377407	396221	386471	389228	Belgium–Luxembourg	287033	300259	375287	355629	399561
Switz.Liecht	302334	296182	366786	371198	398298	Netherlands/Pays–Bas	265310	290685	340052	346856	388294
Netherlands/Pays–Bas	274864	266689	324645	342472	362242	Hong Kong	214422	239903	287549	348148	410011
Belgium–Luxembourg	254650	253285	305866	304800	328493	Spain/Espagne	271863	258230	294699	307722	362166
Austria/Autriche	191628	201432	257181	257283	278408	Japan/Japon	231035	223362	226831	222712	225572
Japan/Japon	188832	209344	245024	215857	227087	Singapore/Singapour	128278	171751	195883	240575	265552
Sweden/Suède	135691	149807	195479	205348	220185	Switz.Liecht	127644	126504	159521	148165	153220
Spain/Espagne	89729	112592	146725	166137	181613	Denmark/Danemark	116989	109629	142067	135993	140601
Former USSR/Anc. URSS	x72145	x85356	x39680	x257242		Canada	144259	117668	108389	115430	152336
Italy/Italie	97455	114325	131892	108225	121477	Austria/Autriche	71904	73497	91349	95620	94522
Mexico/Mexique	52682	84340	113774	151688	189608	Sweden/Suède	65645	63162	74573	77940	81395
Singapore/Singapour	72597	76611	106387	134197	141152	Colombia/Colombie	66839	51516	58290	91723	80275
Denmark/Danemark	94084	87882	108526	113284	121910	Australia/Australie	39625	51692	68680	67453	77647
Ireland/Irlande	73219	87985	109235	111768	122858	Czechoslovakia	x74389	x63862	x56120	x36218	x39432
Norway,SVD,JM	75972	78867	93043	100704	111610	Former USSR/Anc. URSS	x72496	x51544	x42244	x42959	
New Zealand	81111	82591	89284	86206	89144	Finland/Finlande	34604	36298	46930	41871	33786
So. Africa Customs Un	8919	74010	91040	x77267	x91007	Ireland/Irlande	20137	54132	32090	38671	44442
Hong Kong	44992	57630	80061	97720	121022	Yugoslavia SFR	41365	33427	54581	x25143	
Brazil/Brésil	44350	59948	53882	58159	40397	Mexico/Mexique	25400	27754	28467	48497	44307
Finland/Finlande	39427	48969	57953	55522	54067	Korea Republic	34153	31280	29738	35775	32574
Saudi Arabia	14266	35760	x50361	x73772	x83290	Portugal	18626	22724	26990	30908	25516
Malaysia/Malaisie	34156	44408	46901	49646	x49677	Malaysia/Malaisie	11234	10592	23341	31045	x47104
India/Inde	79634	x59320	45997	52935	x65582	Israel/Israël	16316	16737	21484	26633	23477
Portugal	24010	21414	32681	45983	61770	Argentina/Argentine	15603	18910	21426	23549	44918
Poland/Pologne	x30801	x21749	x11923	x62667	x83482	Hungary/Hongrie	x21094	x16501	x21544	x25681	x29720
Greece/Grèce	16877	22112	33198	38955	x58301	China/Chine	13004	20247	19861	22898	36083
China/Chine	34336	25066	31177	27256	42904	Norway,SVD,JM	14218	14449	22829	24436	22998
Korea Republic	18541	26312	29122	29959	33147	Lebanon/Liban	x15064	x16489	x17737	x21981	
Venezuela	25097	19505	23383	30795	38452	Former GDR	x92422	x40725	x11564		
Morocco/Maroc	18600	16001	24141	24469	28121	Kuwait/Koweït	x2358	2027	x22180	x21099	x226
Libyan Arab Jamahiriya	32516	19142	19989	x21141	x23886	Chile/Chili	13352	7242	10728	16764	x11309
Colombia/Colombie	23000	18639	19270	17436	19117	India/Inde	11734	x7976	10063	10362	x11163
Thailand/Thaïlande	12608	15536	18282	21459	19227	New Zealand	6752	7383	6255	7408	8565
Philippines	18159	x19586	14636	20192	30252	Saudi Arabia	1754	12357	x5938	x2260	x2913
Peru/Pérou	27359	16072	22605	12930	x12511	Egypt/Egypte	3989	5148	7765	6446	5668
Chile/Chili	11208	14777	15960	20216	x19690	Greece/Grèce	2752	4409	5730	7952	x9168
Nigeria/Nigéria	x14004	x9831	x15494	x25490	x13971	Brazil/Brésil	12887	5362	5206	6111	11789
Iran (Islamic Rp. of)	x5183	x6662	x17765	x21254	x15302	Costa Rica	3255	5081	3472	4123	x1565
Indonesia/Indonésie	14265	12707	19500	13470	17579	So. Africa Customs Un	x3519	x3895	x3895	3984	x3687
Israel/Israël	13502	13151	16309	15371	17867	Thailand/Thaïlande	895	2011	2946	6622	x10193
Cote d'Ivoire		x16332	x9415	x18285	x40712	Poland/Pologne	x6362	x5374	x2251	x3416	x5870
Reunion/Réunion	13089	13447	15617	13610	15317	Romania/Roumanie	x2129	5450	2662	229	x268
Turkey/Turquie	8505	11573	16143	11820	14623	Bulgaria/Bulgarie	x3659	x4559	x2939	x521	456
Martinique	10593	11360	14068	14105	12079	Cuba	x1259	x3456	x3108	x995	x645
Guadeloupe	11811	10247	14910	13808	12254	Venezuela	549	2243	3545	1756	2349

(VALUE AS % OF TOTAL)(VALEUR EN % DU TOTAL)

	1983	1984	1985	1986	1987	1988	1989	1990	1991	1992		1983	1984	1985	1986	1987	1988	1989	1990	1991	1992
Africa	x6.7	x6.6	x6.2	x5.5	x4.6	3.4	4.0	3.8	x4.0	4.0	Afrique	0.6	0.4	0.5	0.3	x0.2	0.3	0.3	0.3	x0.2	x0.2
Northern Africa	x2.6	x2.4	2.1	1.4	x1.1	1.4	1.0	1.0	x1.1	x0.9	Afrique du Nord	0.4	0.4	0.3	0.2	0.1	0.1	0.1	0.1	0.1	0.1
Americas	30.2	33.2	35.1	x32.5	x28.2	28.3	28.8	27.4	26.5	28.0	Amériques	24.4	24.5	22.5	x20.0	x19.2	20.2	22.8	23.0	24.3	24.7
LAIA	4.1	4.8	6.1	x4.7	x3.8	3.1	3.4	3.4	3.7	4.9	ALAI	1.2	2.0	2.4	x2.1	x2.3	2.2	1.8	1.7	2.3	2.3
CACM	x0.2	0.5	0.5	x0.2	x0.3	0.4	0.3	0.3	0.3	x0.4	MCAC	x0.0	0.0	0.0	x0.1	x0.1	0.1	0.1	0.1	0.1	0.0
Asia	x10.9	x9.6	x9.6	9.3	x9.5	9.8	x10.0	x10.1	x9.8	10.7	Asie	x10.6	x11.3	11.9	11.7	11.0	11.4	11.8	11.2	12.3	12.7
Middle East	x3.2	x2.5	x2.1	x1.8	x1.3	x1.7	x1.7	x1.7	x1.9	2.0	Moyen–Orient	x1.7	x1.8	x1.4	x0.8	x0.6	x0.4	x0.6	x0.7	x0.6	x0.6
Europe	43.8	42.0	41.1	45.6	48.5	49.5	48.3	51.5	49.9	50.5	Europe	63.5	62.8	64.4	67.4	65.5	63.0	61.5	62.8	60.9	60.5
EEC	32.9	32.0	31.3	33.9	35.7	37.8	36.7	39.1	38.0	38.6	CEE	56.7	56.2	57.7	60.4	59.2	57.1	56.2	57.0	55.8	55.8
EFTA	10.8	9.8	9.8	11.5	12.5	11.6	11.3	12.2	11.6	11.6	AELE	6.8	5.8	5.9	6.6	6.0	5.2	4.8	5.1	4.8	4.4
Oceania	8.3	x8.6	x8.0	x7.1	x6.7	6.5	x7.0	6.3	x5.7	x5.4	Océanie	1.0	0.9	x0.8	x0.6	x0.6	x0.8	x0.9	1.0	x0.9	x1.0
USA/Etats–Unis d'Amer	11.6	14.2	15.6	16.6	14.7	13.6	13.3	12.4	11.9	12.4	USA/Etats–Unis d'Amer	20.4	19.7	17.2	15.0	14.4	15.5	18.9	19.8	20.5	20.6
Canada	12.9	12.3	11.6	9.9	8.2	10.1	10.6	10.2	9.6	9.5	United Kingdom	16.5	17.3	18.0	17.2	17.3	17.3	16.5	17.2	16.1	16.0
United Kingdom	8.6	8.8	8.9	8.6	8.9	10.9	10.2	10.2	9.5	9.8	Germany/Allemagne	10.2	9.5	9.9	12.0	11.9	11.3	11.3	11.5	12.0	11.8
France, Monac	6.8	6.4	6.0	6.9	7.2	7.2	7.1	7.9	7.5	7.2	France, Monac	7.7	7.3	7.0	7.7	7.8	7.3	7.2	7.3	7.1	7.3
Germany/Allemagne	5.3	4.8	4.7	5.3	5.7	5.4	5.5	6.2	6.6	6.9	Italy/Italie	4.5	4.4	4.7	4.4	4.4	4.9	5.2	5.4	5.5	5.2
Australia/Australie	6.3	6.5	6.2	5.4	5.1	5.0	5.5	4.9	4.5	4.2	Belgium–Luxembourg	4.6	4.1	4.3	4.7	4.0	4.7	4.6	4.8	4.4	4.5
Switz.Liecht	4.5	4.0	3.9	4.6	5.0	4.7	4.3	4.6	4.3	4.3	Netherlands/Pays–Bas	4.9	4.5	4.3	4.8	4.4	4.7	4.5	4.4	4.3	4.4
Netherlands/Pays–Bas	3.6	4.0	3.7	4.3	4.2	4.2	3.9	4.0	4.0	3.9	Hong Kong	2.7	3.1	3.4	3.3	3.3	3.5	3.7	3.7	4.3	4.7
Belgium–Luxembourg	3.9	3.5	3.2	3.5	4.0	3.9	3.7	3.8	3.6	3.6	Spain/Espagne	5.8	6.4	6.7	5.9	5.0	4.5	4.0	3.8	3.8	4.1
Austria/Autriche	3.0	2.7	2.5	3.0	3.3	3.0	2.9	3.2	3.0	3.0	Japan/Japon	3.1	3.6	4.2	4.7	4.0	3.8	3.4	2.9	2.7	2.6

784

89211 PRINTED BOOKS, PAMPHLETS
LIVRES, BROCHURES 89211

TRADE BY COMMODITY IN THOUSAND U.S. DOLLARS – COMMERCE PAR PRODUIT EN MILLIERS DE DOLLARS E.U

COUNTRIES–PAYS	IMPORTS – IMPORTATIONS 1988	1989	1990	1991	1992	COUNTRIES–PAYS	EXPORTS – EXPORTATIONS 1988	1989	1990	1991	1992
Total	6220474	6623738	7691527	8175962	8764713	Totale	5813721	6273813	7460184	7786993	8425908
Africa	x215528	x265794	x298609	x330698	x364505	Afrique	x12708	x13591	x17744	x16527	x14135
Northern Africa	92248	63592	79836	x92498	x83852	Afrique du Nord	6651	8105	10053	9601	8441
Americas	1762975	1908108	2111846	2170706	2447169	Amériques	1199498	1447917	1746055	1936290	2122227
LAIA	199798	230383	267306	315044	441924	ALAI	132286	113024	129021	188239	197326
CACM	23525	23343	24129	23198	x33783	MCAC	3766	5724	4134	4595	x2649
Asia	610930	x654467	x760663	x768923	x897954	Asie	642853	739871	813181	921119	1022034
Middle East	x83893	x110756	x131928	x165449	x181869	Moyen–Orient	x23473	x55634	x52834	x50672	x54437
Europe	3071066	3186655	3952871	4092257	4448178	Europe	3665637	3846486	4687151	4744978	5119141
EEC	2337867	2419565	2991169	3105648	3390541	CEE	3329806	3516939	4259878	4353701	4722310
EFTA	723142	754618	944775	967527	1037402	AELE	295110	296420	372831	364804	367527
Oceania	x411828	x470653	x498634	x480466	x488328	Océanie	x45207	x57315	x73201	x72477	x83201
USA/Etats–Unis d'Amer	832420	862138	930827	939577	1031959	USA/Etats–Unis d'Amer	921671	1212128	1504200	1627457	1771182
Canada	637589	719294	802518	803084	854537	United Kingdom	1021538	1042429	1298553	1265822	1357771
United Kingdom	683317	670848	781777	770029	858322	Germany/Allemagne	661155	702215	855116	930634	992573
France, Monac	442220	465518	600281	617024	636785	France, Monac	432525	457315	548272	562002	619532
Germany/Allemagne	326762	355910	466886	539405	597465	Italy/Italie	268044	309193	387544	412042	417653
Australia/Australie	316799	366331	388335	377354	379045	Belgium–Luxembourg	273020	286661	353413	340014	387298
Switz.Liecht	294428	288378	357487	362568	389044	Netherlands/Pays–Bas	259032	284284	332377	337846	379946
Netherlands/Pays–Bas	264330	255461	309595	327560	347445	Spain/Espagne	269864	257000	293001	305073	359075
Belgium–Luxembourg	242977	242017	292705	289292	310283	Hong Kong	209496	232616	277541	335732	389027
Austria/Autriche	185295	195836	248780	249078	269721	Japan/Japon	221362	215556	218575	217033	221549
Japan/Japon	180857	198475	231725	201410	209889	Singapore/Singapour	106946	150485	171497	208671	231496
Sweden/Suède	129584	144404	189538	200416	214166	Switz.Liecht	116366	115307	145700	135215	141329
Spain/Espagne	86568	108881	141268	160421	173830	Denmark/Danemark	104550	97268	128044	123296	130455
Former USSR/Anc. URSS	x71983	x84952	x39100	x242866		Canada	133423	111815	104070	112022	143701
Mexico/Mexique	52228	83186	111747	149242	184310	Austria/Autriche	70034	71626	87496	91751	91138
Italy/Italie	90463	108685	125261	101848	113691	Sweden/Suède	63112	61691	73093	75848	80058
Denmark/Danemark	91254	85121	104960	109935	118652	Colombia/Colombie	66792	51029	57929	91089	79628
Ireland/Irlande	71355	85803	105431	108684	118548	Australia/Australie	38194	50635	67568	65645	75393
Norway,SVD,JM	71565	74687	88518	95315	105281	Czechoslovakia	x72141	x60607	x53664	x33668	x36637
Singapore/Singapour	63981	67785	87884	99965	104435	Former USSR/Anc. URSS	x68080	x49227	x39580	x41262	
New Zealand	79202	80791	87378	84371	87054	Ireland/Irlande	19013	53896	31974	38602	43655
So. Africa Customs Un	6753	72675	89400	x76059	x89677	Finland/Finlande	32254	33822	44314	39273	32323
Hong Kong	41443	51125	70144	84745	101997	Yugoslavia SFR	39708	32465	52920	x24894	44002
Brazil/Brésil	43775	59274	53506	56876	39841	Mexico/Mexique	25275	27653	28354	48432	32183
Saudi Arabia	14266	46029	54668	52807	51788	Korea Republic	30125	29408	29161	35276	25346
Finland/Finlande	36928	35394	x48394	x72989	x82787	Portugal	18495	21458	x22180	x21099	x226
Malaysia/Malaisie	33576	43892	46216	48385	x48432	Kuwait/Koweit	x2349	0	0	0	44605
India/Inde	79023	x58756	45649	24841	x64491	Argentina/Argentine	15417	18654	21194	22475	34253
Portugal	23100	20711	31703	44532	59402	China/Chine	12490	20122	19570	22362	22330
Poland/Pologne	x29592	x21524	x11554	x58836	x78655	Norway,SVD,JM	13303	13860	22028		
Greece/Grèce	15520	20609	31300	36917	x56117	Israel/Israël	15607	15892	19650	21937	18862
China/Chine	34143	24866	30895	26654	41768	Lebanon/Liban	x15055	x16479	x17706	x21957	x33978
Korea Republic	17931	21625	28182	28978	31396	Former GDR	x85615	x34420	x9608		
Venezuela	25022	19440	23809	22722	37675	Hungary/Hongrie	x16284	x11251	10546	16472	x11094
Morocco/Maroc	18036	15386	18512	x20421	26858	Chile/Chili	11170	7015	9674	11571	x16822
Libyan Arab Jamahiriya	32498	19037	18512	17417	x23416	Malaysia/Malaisie	7103	7690	9972	10279	x10498
Colombia/Colombie	22972	18593	19197		19046	India/Inde	11635	x7767	19383	x1932	x2907
Thailand/Thailande	12453	14858	17843	21112	18351	Saudi Arabia	1738	12357	x5378	6446	5645
Philippines	18084	x19420	14547	19843	29792	Egypt/Egypte	3989	5143	7765	6324	7300
Peru/Pérou	27278	16049	22584	12806	x12433	New Zealand	6309	6157	5319		
Chile/Chili	11134	14612	15639	20064	x19380	Greece/Grèce	2570	4045	4997	7615	x9006
Nigeria/Nigéria	x13856	x9631	x15175	x25402	x13289	Brazil/Brésil	12435	5031	4983	4104	x1523
Indonesia/Indonésie	14074	12480	19245	13060	17425	Costa Rica	3253	5080	3470	x3916	x3604
Cote d'Ivoire		x16226	x9288	x18119	x40345	So. Africa Customs Un	x3439	x3867	x3843	x3227	x5148
Iran (Islamic Rp. of)	x5051	x6608	x17383	x19383	x15216	Poland/Pologne	x5124	x3774	x1656	229	x237
Israel/Israël	12959	12528	15536	14416	16879	Romania/Roumanie	x1354	5450	2662	3985	x5981
Reunion/Réunion	12860	13219	15293	13340	15020	Thailand/Thailande	862	1679	1953		
Martinique	10497	11245	13921	13930	11893	Venezuela	543	2233	3537	1724	x2325
Guadeloupe	11654	10142	14814	13667	12156	Bulgaria/Bulgarie	x3659	x3863	x2033	x499	x448
Turkey/Turquie	8344	11141	15808	11500	14237	Turkey/Turquie	846	1026	2135	1784	2653

(VALUE AS % OF TOTAL)(VALEUR EN % DU TOTAL)

	1983	1984	1985	1986	1987	1988	1989	1990	1991	1992		1983	1984	1985	1986	1987	1988	1989	1990	1991	1992
Africa	x6.8	x6.4	x6.3	x5.3	x4.7	3.5	4.0	3.9	4.0	4.1	Afrique	0.6	0.4	0.5	x0.3	x0.2	0.1	x0.3	x0.3	0.1	x0.1
Northern Africa	x2.6	x2.5	2.1	1.4	x1.2	1.5	1.0	1.0	x1.1	x1.0	Afrique du Nord	0.4	0.4	0.3	0.3	0.1	0.1	0.1	0.1	0.1	0.1
Americas	30.3	33.2	35.0	x32.6	x28.2	28.3	28.8	27.4	26.5	27.9	Amériques	24.5	24.7	22.4	19.9	x19.2	20.5	23.1	23.4	24.8	25.2
LAIA	4.2	4.9	6.3	4.8	x3.9	3.2	3.5	3.5	3.9	5.0	ALAI	1.2	2.1	2.4	x2.1	x2.3	2.3	1.8	1.7	2.4	2.3
CACM	x0.2	0.5	0.5	x0.2	x0.3	0.4	0.4	0.3	0.3	x0.4	MCAC	x0.0	0.0	0.0	x0.1	x0.1	0.1	0.1	0.1	0.1	x0.0
Asia	x10.8	x9.6	x9.5	9.2	x9.5	9.8	x9.9	9.9	x9.4	x10.3	Asie	x10.4	x11.0	11.7	11.5	10.8	11.1	11.8	10.9	11.9	12.2
Middle East	x3.1	x2.5	x2.0	x1.8	x1.3	1.3	x1.7	1.7	x2.0	x2.1	Moyen–Orient	x1.7	x1.8	x1.4	x0.8	x0.6	0.4	0.9	0.7	0.7	x0.6
Europe	43.4	41.8	41.0	45.5	48.3	49.4	48.1	51.4	50.1	50.8	Europe	63.3	62.8	64.6	67.5	65.9	63.1	61.3	62.8	60.9	60.8
EEC	32.5	31.8	31.1	33.7	35.5	37.6	36.5	38.9	38.0	38.7	CEE	56.6	56.3	58.0	60.8	59.7	57.3	56.1	57.1	55.9	56.0
EFTA	10.9	9.9	9.8	11.6	12.6	11.6	11.4	12.3	11.8	11.8	AELE	6.7	5.6	5.8	6.4	5.9	5.1	4.7	5.0	4.7	4.4
Oceania	8.5	x8.8	x8.1	x7.3	x6.8	6.7	x7.2	x6.5	x5.8	x5.5	Océanie	1.0	1.0	x0.8	x0.6	x0.6	0.8	x0.9	x1.0	x0.9	x1.0
USA/Etats–Unis d'Amer	11.4	14.2	15.5	16.4	14.4	13.4	13.0	12.1	11.5	11.8	USA/Etats–Unis d'Amer	20.7	19.8	17.4	15.2	14.7	15.9	19.3	20.2	20.9	21.0
Canada	12.8	12.2	11.6	9.8	8.3	10.2	10.9	10.4	9.8	9.7	United Kingdom	16.5	17.5	18.1	17.5	17.5	16.6	16.6	17.4	16.3	16.1
United Kingdom	8.5	8.8	8.8	8.5	8.9	11.0	10.1	10.2	9.4	9.8	Germany/Allemagne	10.3	9.5	9.9	12.0	12.0	11.4	11.2	11.5	12.0	11.8
France, Monac	6.8	6.4	6.0	6.9	7.2	7.1	7.0	7.8	7.5	7.3	France, Monac	7.9	7.4	7.2	7.8	7.9	7.4	7.3	7.3	7.2	7.4
Germany/Allemagne	5.2	4.7	4.6	5.3	5.6	5.3	5.4	6.1	6.6	6.8	Italy/Italie	4.3	4.3	4.6	4.7	4.4	4.6	4.9	5.2	5.3	5.0
Australia/Australie	6.4	6.6	6.3	5.5	5.2	5.1	5.5	5.0	4.6	4.4	Belgium–Luxembourg	4.5	4.3	3.9	4.6	4.7	4.7	4.5	4.7	4.4	4.5
Switz.Liecht	4.7	4.1	3.9	4.7	5.1	4.7	4.4	4.6	4.4	4.4	Netherlands/Pays–Bas	4.8	4.5	4.3	4.9	4.6	4.5	4.5	4.5	4.3	4.5
Netherlands/Pays–Bas	3.5	4.0	3.7	4.3	4.3	4.2	3.9	4.0	4.0	4.0	Spain/Espagne	5.9	6.6	6.9	6.1	5.2	4.6	4.1	3.9	3.9	4.3
Belgium–Luxembourg	3.9	3.4	3.2	3.5	3.9	3.9	3.7	3.8	3.5	3.5	Hong Kong	2.8	3.1	3.4	3.3	3.4	3.6	3.7	3.7	4.3	4.6
Austria/Autriche	3.0	2.7	2.5	3.0	3.4	3.0	3.0	3.0	3.0	3.1	Japan/Japon	2.9	3.4	4.1	4.6	3.8	3.4	3.4	2.9	2.8	2.6

785

8922 NEWSPAPERS, PERIODICALS / JOURNAUX ET PERIODIQUES 8922

TRADE BY COMMODITY IN THOUSAND U.S. DOLLARS – COMMERCE PAR PRODUIT EN MILLIERS DE DOLLARS E.U

IMPORTS – IMPORTATIONS

COUNTRIES–PAYS	1988	1989	1990	1991	1992
Total	3116996	3168538	3700870	3914514	4030265
Africa	x55862	x71496	x70099	x70655	x65610
Northern Africa	26934	20735	23334	x18388	13236
Americas	773402	849934	881840	888692	944971
LAIA	61709	69811	84379	105046	144776
CACM	2879	3373	2684	1952	x3436
Asia	235828	x245134	x281309	x288881	x355953
Middle East	x28455	x30005	x46519	x48993	x52914
Europe	1842770	1770454	2237003	2313238	2401463
EEC	1313507	1245071	1564330	1619728	1698233
EFTA	516774	516225	653263	671957	687204
Oceania	x139132	x152790	x175742	x182271	x191899
Canada	443189	498868	572267	568817	565908
France, Monac	346823	336026	424850	416739	434636
Belgium–Luxembourg	277030	264853	340999	343029	299593
Switz.Liecht	229074	226896	276853	285110	285796
Germany/Allemagne	191875	176021	234809	266201	264128
Austria/Autriche	186010	179897	244476	241539	254489
USA/Etats–Unis d'Amer	241217	251123	193262	179220	198235
United Kingdom	168459	161566	214609	242962	255592
Australia/Australie	94864	99952	120483	126666	135727
Japan/Japon	106622	103811	112338	106022	152786
Netherlands/Pays–Bas	91799	77135	93281	95663	98685
Spain/Espagne	65607	69878	82186	81440	96032
Former USSR/Anc. URSS	x44170	x63547	x34863	x113549	
Sweden/Suède	54624	55564	68735	75415	78033
Ireland/Irlande	47882	46454	60741	67076	
Italy/Italie	77797	70986	50753	33816	90842
New Zealand	38003	41012	45773	44113	55943
Norway,SVD,JM	26858	31485	36931	42097	44256
Mexico/Mexique	15285	21862	34321	42812	42655
Brazil/Brésil	25348	28811	29104	33732	63693
					28021
Portugal	25313	20471	31848	35578	46795
China/Chine	28663	24511	27726	22536	26977
Denmark/Danemark	18065	18374	24722	28904	27595
Finland/Finlande	17898	20177	23695	24941	23349
Singapore/Singapour	17807	18030	21256	23207	25588
Korea Republic	15001	16449	19388	23479	26493
Malaysia/Malaisie	12691	13208	13179	12823	x11410
Guadeloupe	9346	10724	13407	14894	16834
Poland/Pologne	x6820	x3934	x3842	x30177	x42406
Hong Kong	7797	9579	10336	16107	21423
Yugoslavia SFR	7510	4750	14197	x16052	
Thailand/Thaïlande	1842	6569	9444	12793	9429
Hungary/Hongrie	x2493	x2431	x10977	14638	x16067
Cote d'Ivoire		x9518	x7976	x8862	x16193
Saudi Arabia	5066	1628	x13085	x9050	x9123
Cameroon/Cameroun	x3466	8376	x2958	10875	x1503
Senegal/Sénégal	x5504	9566	8434	x3366	x3666
Venezuela	4949	5496	6154	9435	11844
Turkey/Turquie	4815	5184	7685	7841	12028
Israel/Israël	5871	6905	5708	6200	5582
French Polynesia	1911	x8086	x4553	x5666	x4509
Greece/Grèce	2857	3305	5533	8319	x28393
Algeria/Algérie	15557	9199	7408	537	x253
So. Africa Customs Un	470	4685	5956	x5942	x6499
Cyprus/Chypre	251	461	7991	7994	10773
Czechoslovakia	x6339	5351	360	x9245	x9031
Philippines	2626	x3944	4990	5293	5599
Gabon	x4523	x4379	x4185	x5196	x5450
Tunisia/Tunisie	3920	4361	4646	4597	5758
Colombia/Colombie	5489	4323	5037	3990	4763

EXPORTS – EXPORTATIONS

COUNTRIES–PAYS	1988	1989	1990	1991	1992
Totale	2858550	2800325	3395123	3510807	3688137
Afrique	x5079	x5520	x7097	x5224	x11845
Afrique du Nord	4515	4898	6257	4469	x9848
Amériques	759355	744273	884201	934794	x977508
ALAI	46283	40250	48794	73682	x93568
MCAC	114	148	x225	75	x997
Asie	116246	110767	122377	126300	x134242
Moyen–Orient	x12895	x11080	x12527	x10937	x12694
Europe	1920001	1883114	2346127	2410133	2543912
CEE	1730891	1690163	2118940	2157203	2297627
AELE	188565	192176	225256	235259	238989
Océanie	23158	x18752	x10650	x13290	x15863
Germany/Allemagne	757075	727695	879471	900599	966677
USA/Etats–Unis d'Amer	519662	482219	707669	744444	762171
France, Monac	299660	303433	387972	378432	400030
United Kingdom	152492	157895	222085	236572	264585
Italy/Italie	180903	180407	211252	202010	169346
Netherlands/Pays–Bas	153552	141557	175286	177759	195893
Canada	189216	219595	125911	115158	119305
Belgium–Luxembourg	92249	89782	112791	125954	126639
Austria/Autriche	59800	62099	76959	82497	89293
Switz.Liecht	57707	55584	69831	74266	77089
Spain/Espagne	42058	38679	65512	80918	116164
Finland/Finlande	41272	43346	51179	53081	57976
Hong Kong	33572	35832	36423	39860	38405
Japan/Japon	33052	32559	35513	37759	40770
Denmark/Danemark	30174	26596	31483	29078	29840
Sweden/Suède	28895	30458	26182	24604	
Colombia/Colombie	15783	16062	20976	27572	33129
Singapore/Singapour	17810	15916	15643	16520	
Former USSR/Anc. URSS	x5936	x19933	x13221	x14134	22757
Ireland/Irlande	14613	13644	16827	12798	14774
Australia/Australie	22685	18349	10215	12409	14080
Chile/Chili	10441	7821	9061	20545	x21904
Greece/Grèce	5619	6727	11745	9273	x9477
Mexico/Mexique	7388	6541	7598	9917	15346
Brazil/Brésil	6255	4070	7110	10255	13610
Yugoslavia SFR	460	631	1717	x16518	
Czechoslovakia	x11481	x7226	x5789	x3247	x2597
India/Inde	5628	1671	6739	5536	x1894
Cyprus/Chypre	4048	4791	4255	3320	3314
Portugal	2497	3746	4515	3810	4202
Argentina/Argentine	5052	4732	3056	3970	7569
China/Chine	2973	2896	2295	4127	3549
Thailand/Thaïlande	2608	3041	3222	2722	x1848
Algeria/Algérie	2253	2729	3389	2775	x7182
Hungary/Hongrie	x1925	x3082	x2212	x2617	x1296
Israel/Israël	2102	1549	2848	2384	2574
Pakistan	1556	2011	2311	2081	3032
Lebanon/Liban	x971	x1509	x2080	x2343	x4060
Turkey/Turquie	1306	1072	1650	2434	2575
Malaysia/Malaisie	1445	1669	1679	1697	x3105
Korea Republic	1701	1640	1625	1638	2276
Bulgaria/Bulgarie	x3182	x2815	x1825	x111	x27
Egypt/Egypte	1879	1890	2070	590	1398
Former GDR	x10682	x3647	x441		
Kuwait / Koweït	x5177	2266	x890	x302	x270
Saudi Arabia	77	62	x2362	x820	x944
United Arab Emirates	x861	x1028	x1041	x1087	x1321
Venezuela	1258	995	986	1048	1051
Poland/Pologne	x1439	x1131	x1019	x404	x479
Norway,SVD,JM	891	690	1073	783	628

(VALUE AS % OF TOTAL) (VALEUR EN % DU TOTAL)

Imports

	1983	1984	1985	1986	1987	1988	1989	1990	1991	1992
Africa	4.5	x3.5	x4.1	x4.5	x2.8	x1.8	x2.2	x1.9	x1.9	x1.7
Northern Africa	2.6	2.1	2.2	2.0	x0.9	0.9	0.7	0.6	x0.5	0.3
Americas	31.8	34.9	33.1	x28.0	x25.0	24.9	26.9	23.8	22.7	23.5
LAIA	3.4	3.3	3.3	x2.1	x2.1	2.0	2.2	2.3	2.7	3.6
CACM	x0.1	0.4	0.4	x0.2	x0.2	0.1	0.1	0.1	0.1	x0.1
Asia	x8.2	x7.3	x8.0	6.5	x7.0	7.6	x7.7	x7.6	x7.4	x8.8
Middle East	x2.3	x1.7	x2.3	x1.5	x1.0	0.9	0.9	x1.3	x1.3	x1.3
Europe	50.0	48.4	49.2	56.2	58.9	59.1	55.9	60.4	59.1	59.6
EEC	34.1	33.2	34.2	38.6	40.8	42.1	39.3	42.3	41.4	42.1
EFTA	15.8	14.8	14.6	16.9	17.3	16.6	16.3	17.7	17.2	17.1
Oceania	5.5	x5.7	x5.7	x4.8	x4.3	4.5	x4.8	x4.8	4.7	x4.8
Canada	20.1	20.8	18.2	14.9	13.2	14.2	15.7	15.5	14.5	14.0
France, Monac	10.9	10.1	10.2	11.6	11.8	11.1	10.6	11.5	10.6	10.8
Belgium–Luxembourg	7.0	7.7	7.8	8.7	9.4	8.9	8.4	9.2	8.8	7.4
Switz.Liecht	7.5	6.9	6.6	7.8	7.7	7.3	7.2	7.5	7.3	7.1
Germany/Allemagne	4.5	4.4	4.8	5.0	5.1	6.2	5.6	6.3	6.8	6.6
Austria/Autriche	5.9	5.2	5.2	6.1	6.2	6.0	5.7	6.6	6.2	6.3
USA/Etats–Unis d'Amer	7.5	8.8	9.7	9.7	8.4	7.7	7.9	5.2	4.6	4.9
United Kingdom	2.9	2.8	3.2	3.5	4.2	5.4	5.1	5.8	6.2	6.3
Australia/Australie	3.7	3.9	4.1	3.2	3.0	3.2	3.3	3.3	3.2	3.4
Japan/Japon	2.9	2.7	2.5	2.5	3.0	3.4	3.3	3.0	2.7	3.8

Exports

	1983	1984	1985	1986	1987	1988	1989	1990	1991	1992
Afrique	0.2	0.4	0.3	x0.5	x0.3	x0.2	x0.2	x0.2	x0.1	x0.3
Afrique du Nord	0.2	0.4	0.3	x0.5	x0.2	0.2	0.2	0.2	0.1	x0.3
Amériques	33.1	35.3	34.2	x29.8	x27.2	26.6	26.6	26.1	26.6	x26.5
ALAI	1.0	1.7	1.8	x1.5	x1.2	1.6	1.4	1.4	2.1	x2.5
MCAC	x0.0	0.0	0.0	x0.0	x0.0	0.0	0.0	x0.0	0.0	x0.0
Asie	x4.4	x4.4	x4.7	x4.1	3.7	4.0	3.9	3.6	3.6	x3.7
Moyen–Orient	x0.8	x0.8	x1.1	x0.8	x0.4	x0.5	x0.4	x0.4	x0.3	x0.3
Europe	61.4	59.1	60.0	64.9	65.4	67.2	67.2	69.1	68.6	69.0
CEE	56.7	54.3	54.7	58.9	59.2	60.6	60.4	62.4	61.4	62.3
AELE	4.7	4.7	5.2	5.8	6.0	6.6	6.9	6.6	6.7	6.5
Océanie	0.9	0.9	0.8	x0.7	x0.8	0.8	0.7	x0.3	x0.4	x0.4
Germany/Allemagne	21.0	19.4	20.6	24.4	25.9	26.5	26.0	25.9	25.7	26.2
USA/Etats–Unis d'Amer	24.9	25.0	22.9	18.4	17.6	18.2	17.2	20.8	21.2	20.7
France, Monac	11.1	10.4	10.8	11.5	10.5	10.5	10.8	11.4	10.8	10.8
United Kingdom	6.2	6.2	6.1	5.0	4.9	5.3	5.6	6.5	6.7	7.2
Italy/Italie	6.9	7.0	6.7	6.7	5.9	6.3	6.4	6.2	5.8	4.6
Netherlands/Pays–Bas	4.5	4.3	4.2	4.6	5.0	5.4	5.1	5.2	5.1	5.3
Canada	7.0	8.5	9.4	9.8	8.2	6.6	7.8	3.7	3.3	3.2
Belgium–Luxembourg	4.7	4.3	3.6	3.9	3.9	3.2	3.2	3.3	3.6	3.4
Austria/Autriche	1.1	1.1	1.3	1.6	1.7	2.1	2.2	2.3	2.3	2.4
Switz.Liecht		1.8	1.8	2.2	2.0	2.0	2.0	2.1	2.1	2.1

89286 TRADE ADV MATRL, CATALOGS

IMPRIMES PUBLICITAIRES 89286

TRADE BY COMMODITY IN THOUSAND U.S. DOLLARS – COMMERCE PAR PRODUIT EN MILLIERS DE DOLLARS E.U

IMPORTS – IMPORTATIONS

COUNTRIES–PAYS	1988	1989	1990	1991	1992
Total	2446735	2659384	3103990	3361723	3538674
Africa	x13303	x14061	x15185	x17292	x20603
Northern Africa	x2227	4685	x3826	x3924	x2987
Americas	x236945	x325932	309767	347169	366235
LAIA	x7388	12706	14362	39193	38321
CACM	1373	1369	1525	1663	x2683
Asia	67460	92276	104821	118838	x124049
Middle East	x10672	x13512	x13086	x17777	x15309
Europe	2038623	2133951	2611268	2774171	2954239
EEC	1541808	1620858	1952655	2126880	2289003
EFTA	494401	510614	656140	642741	661215
Oceania	x16259	x20280	x24517	x24943	x26022
France, Monac	504207	504981	611326	641603	644443
Germany/Allemagne	222883	254313	351740	346728	342343
United Kingdom	325306	324848	345229	346728	235397
Switz.Liecht	192299	188525	233107	226835	275141
Netherlands/Pays-Bas	162708	179885	225489	237527	184188
USA/Etats-Unis d'Amer	144967	192692	179224	187011	202177
Belgium–Luxembourg	132255	143661	168952	176066	161532
Sweden/Suède	110121	117981	172291	168355	168355
Austria/Autriche	90177	101549	129292	125604	144494
Canada	75336	109905	106100	108455	130573
Denmark/Danemark	85225	81358	94741	85424	102092
Spain/Espagne	36032	47867	73614	84894	95977
Italy/Italie	55520	63256	59053	83656	105507
Norway, SVD, JM	67112	57304	70564	75138	75991
Finland/Finlande	33304	44041	49347	44947	41870
Former USSR/Anc. URSS	x58505	x58703	x25860	x49347	
Japan/Japon	17881	21367	24430	26631	27946
Thailand/Thaïlande	2525	11433	16884	20890	11285
Hong Kong	8801	11005	13076	16147	20036
Mexico/Mexique	3102	7442	8328	22926	20475
Australia/Australie	8099	11018	14059	12518	12398
Portugal	5998	8785	11674	15251	22864
Singapore/Singapour	5940	7401	9870	10830	12762
New Zealand	6553	7624	8871	10811	11620
Korea Republic	4410	7382	9362	9207	7709
Ireland/Irlande	8479	8476	5943	9621	13889
Hungary/Hongrie	x3137	x5450	x6948	11098	x12019
China/Chine	7724	6263	6167	5089	14346
Israel/Israël	3009	5711	4736	4355	5522
Greece/Grèce	3196	3428	4894	6165	x7899
Czechoslovakia	x5248	2553	2420	x8733	x15996
Malaysia/Malaisie	3339	3698	4420	4814	x3718
Poland/Pologne	x2211	x2114	x1300	x8977	x15932
Argentina/Argentine	x1111	1379	3950	4219	6567
Saudi Arabia	1110	3159	3396	x3517	x4822
So. Africa Customs Un	2756	1873	x1902	x2782	x3994
United Arab Emirates	x2617	x2771	2204	2164	x2689
Oman	2302	2258	1696	x1547	x385
Libyan Arab Jamahiriya	841	2959	1558	2359	x188
Martinique	1686	2211			2996
Chile/Chili	1352	1709	1941	2118	x1461
Iceland/Islande	1388	1215	1540	1861	1932
Guadeloupe	1783	1419	1238	1899	1901
Reunion/Réunion	1486	1313	1294	1900	2065
Yugoslavia SFR	147	171	439	x3104	3040
Brazil/Brésil	614	602	860	2246	1295
Indonesia/Indonésie	1556	1440	994	1027	400
Bulgaria/Bulgarie	x1688	x1856	x680	x743	x822
Malta/Malte	1569	1296	1091	x859	
Former GDR	x3102	x1901	x1016		

EXPORTS – EXPORTATIONS

COUNTRIES–PAYS	1988	1989	1990	1991	1992
Totale	2253376	2362550	2826958	3057188	3280377
Afrique	x483	x769	x865	x683	x819
Afrique du Nord	x91	x164	x192	215	194
Amériques	150231	x174057	248791	287569	x304542
ALAI	2345	1997	5259	15755	x9150
MCAC	299	281	x411	600	x772
Asie	117799	113193	115882	122409	130494
Moyen–Orient	x703	x844	x1141	x1192	x1354
Europe	1973542	2065933	2451625	2634135	2830231
CEE	1644351	1738098	2064515	2228240	2415874
AELE	292344	297615	381694	403602	411963
Océanie	x4710	x4544	x5729	x7625	x6811
Germany/Allemagne	720251	764500	800556	791058	868510
France, Monac	237780	256130	357513	401796	452176
Belgium–Luxembourg	176647	194215	263568	296893	303082
Netherlands/Pays–Bas	194929	187044	252481	300614	323740
Italy/Italie	170942	177226	192301	225498	234412
USA/Etats–Unis d'Amer	109075	138199	193490	215561	237690
Switz.Liecht	147781	142213	175733	183621	174025
United Kingdom	89922	92720	117736	120207	129039
Austria/Autriche	56428	62403	89966	106614	118766
Japan/Japon	79009	75636	75328	77452	72170
Finland/Finlande	47386	51538	71684	68361	73844
Denmark/Danemark	38259	47729	61125	65683	61154
Canada	37401	32437	49141	55197	56622
Sweden/Suède	38046	38711	40500	38903	37524
Hong Kong	22508	23738	22296	23560	34626
Spain/Espagne	11694	13013	15360	21170	28976
Korea Republic	9261	6203	8213	10002	8138
Malta/Malte	32535	23672	69	x110	x836
Colombia/Colombie	521	713	3250	11936	2112
Australia/Australie	3036	2756	4535	5841	5459
Singapore/Singapour	3148	3360	4754	4726	5333
Norway, SVD, JM	2676	2722	3580	6032	7735
Yugoslavia SFR	4245	5554	4746	x1225	9899
Ireland/Irlande	2909	3224	1820	2786	9899
Czechoslovakia	x1018	x1118	x2408	x3168	x6197
Thailand/Thaïlande	2065	1519	1379	2230	x2079
Portugal	591	1167	1445	1466	1736
New Zealand	1542	1706	1185	888	1126
Mexico/Mexique	274	465	1140	1870	3982
China/Chine	121	392	1106	1359	2543
Greece/Grèce	427	1130	609	1070	x3149
Malaysia/Malaisie	302	431	678	679	x1150
Israel/Israël	291	484	674	567	1953
Former USSR/Anc. URSS	x1349	x694	x564	x912	x685
Andorra/Andorre	x43	x201	x562	x517	x592
Poland/Pologne	x743	x601	x429	x593	x633
Hungary/Hongrie	x195	x410	x464	x572	x604
United Arab Emirates	x174	x186	x427		x1549
Chile/Chili	544	242	113	749	
Former GDR	x2281	x890	x142		
India/Inde	246	x408	219	403	x590
So. Africa Customs Un	x196	x390	x324	x308	x447
Brazil/Brésil	870	152	205	640	529
American Samoa	x51	x48		x845	
Gibraltar	x8	x791	x22	x44	x107
Argentina/Argentine	x94	105	333	397	736
Bermuda/Bermudes	x364	x452	x261	x88	x91
El Salvador	88	121	x255	217	x133
Cyprus/Chypre	98	111	252	220	207
Guatemala	149	55	100	278	492

(VALUE AS % OF TOTAL)(VALEUR EN % DU TOTAL)

	1983	1984	1985	1986	1987	1988	1989	1990	1991	1992		1983	1984	1985	1986	1987	1988	1989	1990	1991	1992
Africa	x0.9	x0.5	x0.3	x0.8	x0.7	x0.5	x0.6	x0.5	x0.5	x0.6	Afrique				x0.0	x0.0	x0.0	x0.0	x0.0	x0.0	x0.0
Northern Africa	x0.2	x0.2	0.1	x0.2	x0.1	0.1	0.2	x0.1	x0.1	x0.1	Afrique du Nord	0.0	0.0	0.0	x0.0	x0.0	x0.0	x0.0	x0.0	x0.0	x0.0
Americas	x12.5	x16.4	x15.1	x13.1	x10.5	x9.7	x12.3	10.0	10.3	10.4	Amériques	x12.5	x12.4	x9.3	x7.3	x6.3	6.7	x7.3	8.8	9.4	x9.3
LAIA	0.2	0.1	x0.1	x0.4	x0.4	x0.3	0.5	0.5	1.2	1.1	ALAI	x1.7	x0.0	x0.1	x0.2	x0.1	0.1	0.1	0.2	0.5	x0.3
CACM	x0.1		x0.1	x0.0	x0.0	0.1	0.1	0.0	0.0	x0.1	MCAC	x0.0			x0.0	x0.0	x0.0	x0.0	x0.0	x0.0	x0.0
Asia	x4.7	x3.6	x3.5	x2.6	x3.0	2.8	3.5	3.4	3.5	x3.5	Asie	5.2	4.9	7.0	6.0	4.8	5.2	4.8	4.1	4.1	4.0
Middle East	x2.0	x1.0	x1.1	x0.6	x0.5	x0.5	x0.5	x0.4	x0.5	x0.4	Moyen–Orient	x0.1	x0.1	x0.0	x0.0	x0.0	x0.0	x0.0	x0.0	x0.0	x0.0
Europe	80.8	78.4	80.0	82.5	82.6	83.3	80.2	84.1	82.5	83.5	Europe	82.0	82.4	83.5	86.4	88.1	87.6	87.4	86.7	86.2	86.3
EEC	63.6	62.1	62.5	63.6	63.1	63.0	60.9	62.9	63.3	64.7	CEE	69.1	69.6	70.8	72.4	72.2	73.0	73.6	73.0	72.9	73.6
EFTA	17.1	16.2	17.4	18.8	19.4	20.2	19.2	21.1	19.1	18.7	AELE	12.9	12.9	12.7	14.0	14.4	13.0	12.6	13.5	13.2	12.6
Oceania	x1.1	x1.2	x1.1	x1.0	x0.7	0.7	x0.8	x0.8	x0.7	0.8	Océanie	0.2	x0.3	x0.3	x0.2	x0.2	x0.2	x0.2	x0.2	x0.2	x0.2
France, Monac	23.1	20.8	20.9	21.3	20.8	20.6	19.0	19.7	19.1	18.2	Germany/Allemagne	33.3	34.4	34.8	34.5	33.8	32.0	32.4	28.3	25.9	26.5
Germany/Allemagne	9.7	9.3	9.2	9.3	10.2	9.1	9.6	11.3	13.1	13.5	France, Monac	8.7	9.2	9.6	8.9	9.0	10.8	12.6	13.1	13.1	13.8
United Kingdom	12.7	14.0	13.1	12.6	11.3	13.3	12.2	11.1	10.3	9.7	Belgium–Luxembourg	6.6	6.7	7.1	8.4	8.7	7.8	8.2	9.3	9.7	9.2
Switz.Liecht	7.3	6.9	6.9	7.7	8.4	7.9	7.1	7.5	6.7	6.7	Netherlands/Pays–Bas	6.5	6.5	7.4	8.0	8.2	7.9	8.9	9.8	9.8	9.9
Netherlands/Pays-Bas	6.6	6.3	7.0	7.3	7.4	6.6	6.8	7.3	7.1	7.0	Italy/Italie	7.3	6.7	6.5	6.5	6.4	7.6	7.5	6.8	7.4	7.1
USA/Etats-Unis d'Amer	7.1	11.0	10.2	8.8	6.8	5.9	7.2	5.8	5.6	5.2	USA/Etats–Unis d'Amer	8.1	8.1	5.9	4.9	4.6	4.8	5.8	6.8	7.1	7.2
Belgium–Luxembourg	5.5	4.9	4.9	4.9	5.4	5.4	5.4	5.4	5.2	5.7	Switz.Liecht	6.2	6.5	6.5	7.6	7.2	6.6	6.0	6.2	6.0	5.3
Sweden/Suède	3.8	3.8	4.9	5.1	5.2	4.5	4.4	5.6	5.0	4.6	United Kingdom	3.6	3.4	2.6	2.8	3.3	4.0	3.9	4.2	3.9	3.9
Austria/Autriche	4.0	3.7	3.7	4.0	3.9	3.7	3.8	4.2	3.7	4.1	Austria/Autriche	2.9	2.9	2.6	2.6	2.8	2.5	2.6	3.0	3.5	3.6
Canada	5.0	5.1	4.5	3.5	2.8	3.1	4.1	3.4	3.2	3.7	Japan/Japon	4.5	4.1	5.6	4.9	3.6	3.5	3.2	2.7	2.5	2.2

787

8931 PLSTC PACKG CONTNRS,LIDS — ART TRANSP EMBALLAGE ETC 8931

TRADE BY COMMODITY IN THOUSAND U.S. DOLLARS – COMMERCE PAR PRODUIT EN MILLIERS DE DOLLARS E.U

IMPORTS – IMPORTATIONS

COUNTRIES–PAYS	1988	1989	1990	1991	1992
Total	5566650	6109840	7382263	8081032	8540722
Africa	x79775	x97619	x121554	x121608	x146450
Northern Africa	x32071	x37830	x48463	x37879	x42382
Americas	x890857	x1052673	1171232	1244550	x1191232
LAIA	37396	70571	123500	186578	276783
CACM	17832	21646	20465	29174	x36651
Asia	x507970	655131	806952	1018666	x1213130
Middle East	x70620	x88127	x92093	x111625	x116190
Europe	3685437	3917997	5026236	5271760	5640670
EEC	3049061	3262538	4196887	4452908	4747526
EFTA	616257	636101	794258	784876	851244
Oceania	x126322	x146754	x147671	x164787	x171841
France, Monac	691665	745777	929521	948242	980040
Germany/Allemagne	485754	544540	759190	897697	927752
USA/Etats–Unis d'Amer	592092	679543	730278	692763	519894
United Kingdom	610020	615213	729424	705083	782461
Netherlands/Pays–Bas	514527	529371	682840	695292	730563
Belgium–Luxembourg	342149	376491	460787	493117	510860
Canada	194028	214419	220529	251120	271941
Switz.Liecht	181825	185176	240045	243835	262144
Italy/Italie	134249	149932	208703	229563	239648
Sweden/Suède	173301	176880	203201	196803	207938
Japan/Japon	126798	159364	177229	221864	249692
Hong Kong	89259	119360	171247	222944	304958
Ireland/Irlande	127008	135708	169785	187276	198057
Former USSR/Anc. URSS	x213271	x186745	x67805	x174796	
Austria/Autriche	96737	103075	142626	142161	170496
Norway,SVD,JM	103303	99506	126665	128806	133319
Australia/Australie	98884	117306	113991	122411	124216
Denmark/Danemark	84922	92811	117840	125933	139633
Singapore/Singapour	55225	91201	107256	131318	142593
Finland/Finlande	46356	58070	68166	60575	64288
Mexico/Mexique	15604	35197	65213	82649	128489
Spain/Espagne	18926	22693	63241	90898	135461
Korea Republic	30869	33446	51636	64745	62271
China/Chine	37694	42424	40794	50883	126699
Malaysia/Malaisie	18149	26341	48209	55215	x49421
Portugal	18347	25217	38865	45789	57766
Saudi Arabia	20200	22402	x33579	x43496	x39054
Greece/Grèce	21494	24785	36691	34020	x45284
Thailand/Thaïlande	14944	19069	24888	35077	44469
Israel/Israël	21479	21010	24104	28766	28834
Poland/Pologne	x15191	x13815	x12117	x41056	x89570
New Zealand	14092	17048	20287	23530	26292
Yugoslavia SFR	12201	11932	22778	x25686	
Indonesia/Indonésie	4202	10332	15802	21835	20282
Philippines	4250	x11587	8013	24133	13815
Chile/Chili	5455	11494	11767	20411	x24563
Brazil/Brésil	x1892	3660	19455	20487	21035
So. Africa Customs Un	10614	11149	13185	x18973	x19016
Hungary/Hongrie	x9309	x10427	x13060	18331	x38882
Iceland/Islande	14735	13394	13555	12696	13058
Panama	4021	5722	14743	18140	20497
Turkey/Turquie		5812	11358	18522	24316
Morocco/Maroc	6968	9553	11997	12572	11094
Czechoslovakia	x10152	12326	7473	x14142	x34457
India/Inde	13008	x5222	13417	11248	x5952
Uruguay	5605	6568	7433	15877	13338
United Arab Emirates	x17352	x9788	x9546	x10328	x13680
Tunisia/Tunisie	9571	9782	11307	7107	12294
Jamaica/Jamaïque	6598	10237	9409	8420	x4857
Argentina/Argentine	1092	1579	5569	20773	45301

EXPORTS – EXPORTATIONS

COUNTRIES–PAYS	1988	1989	1990	1991	1992
Totale	5002647	5589386	6906843	7431229	8422711
Afrique	x9034	x11647	x15761	x17303	x20049
Afrique du Nord		1363	1310	2397	6563
Amériques	x468551	714535	844777	1002072	x1192493
ALAI	x33223	67565	54717	96782	x107477
MCAC	17479	19198	x24223	x27436	x25631
Asie	667151	862471	1041883	1243222	x1496209
Moyen–Orient	x22354	x32599	x29220	x26640	x21448
Europe	3753197	3919409	4929625	5087010	5614908
CEE	3214627	3389338	4282061	4444574	4889727
AELE	517929	516337	626267	623294	685336
Océanie	x25749	27458	30103	42471	x50062
Germany/Allemagne	1140850	1205816	1489200	1514094	1669794
France, Monac	474035	480662	619946	660514	764364
USA/Etats–Unis d'Amer	215358	419010	574447	682726	838741
Netherlands/Pays–Bas	359668	394598	513882	551429	553272
United Kingdom	358586	375476	491858	519520	611582
Italy/Italie	297834	303402	374329	384155	402582
Belgium–Luxembourg	248537	277784	368508	387518	422297
Hong Kong	215794	244569	308031	358080	413553
Denmark/Danemark	194617	195391	231705	226480	
Switz.Liecht	153594	164013	206580	209989	245354
Canada	198397	203764	184198	187663	225841
Japan/Japon	107295	126918	140166	165285	212034
Sweden/Suède	120273	121343	136055	140463	193427
Austria/Autriche	89927	94571	141224	154834	147954
Thailand/Thaïlande	83028	107507	118340	146340	188383
Singapore/Singapour	36645	97061	107310	130512	x147793
Spain/Espagne	74304	82307	100858	103730	134085
Malaysia/Malaisie	36430	68017	93087	118383	108695
China/Chine	36787	55065	84141	120355	x128839
Finland/Finlande	102356	85577	86159	65273	262137
					64231
Korea Republic	64413	62832	68083	80224	74993
Ireland/Irlande	47348	50408	64696	67113	68113
Norway,SVD,JM	49515	48792	53828	50648	56534
Israel/Israël	30682	36174	38451	35359	44243
Mexico/Mexique	8883	30569	19568	45217	32467
Portugal	16276	18752	22367	25267	33195
Australia/Australie	12587	13420	14578	25504	27217
Indonesia/Indonésie	3175	12478	17594	22785	44893
Brazil/Brésil	x15846	16303	13637	21593	36139
New Zealand	13114	13861	15333	16694	22641
Turkey/Turquie		12704	10693	12295	14815
Costa Rica	9323	12084	11126	12274	x11229
Czechoslovakia	x27622	x14061	x10114	x10167	x13036
Philippines	13993	8988	12543	12564	13814
Yugoslavia SFR	10772	9803	10529	12563	
Hungary/Hongrie	x9493	x6994	x8778	x14423	x16343
India/Inde	8856	x3366	13387	11549	x5189
United Arab Emirates	x11637	x10041	x9418	x8486	x1857
Romania/Roumanie	x6743	x10474	x10607	3637	x6692
Sri Lanka	5939	4882	8223	11582	7467
Argentina/Argentine	3206	5555	6672	12068	14667
Venezuela	2090	10288	8289	5339	4045
So. Africa Customs Un	x5164	x7090	x7675	x5487	x8148
Malta/Malte	x7540	x2978	10076	x6188	x7584
Guatemala	6216	3497	6657	8272	8900
Former GDR	x22115	x12072	x3206		
Greece/Grèce	2571	4743	4711	4754	x10479
Poland/Pologne	x5137	x2842	x4190	x5202	x10629
Bulgaria/Bulgarie	x7276	x5508	x5503	x1111	x2281
Honduras	x460	x1606	x3675	x4850	x1501

(VALUE AS % OF TOTAL) (VALEUR EN % DU TOTAL)

	1983	1984	1985	1986	1987	1988	1989	1990	1991	1992
Africa	x2.1	x2.0	x1.8	x2.2	x1.8	x1.4	x1.6	x1.7	x1.5	x1.7
Northern Africa	x0.8	x0.7	x0.4	x0.7	x0.7	x0.6	x0.6	x0.7	x0.5	x0.5
Americas	x17.8	x21.7	x22.5	x17.8	x16.7	x16.0	x17.2	15.9	15.4	x14.0
LAIA	x3.7	x4.5	x3.1	x0.7	x1.9	0.7	1.2	1.7	2.3	3.2
CACM	x0.8	x0.8	x0.5	x0.1	x0.1	0.3	0.4	0.3	0.4	x0.4
Asia	x6.8	x7.6	x6.6	x6.9	x7.6	x9.2	10.8	10.9	12.6	x14.2
Middle East	x3.1	x3.2	x2.1	x2.0	x1.5	x1.3	x1.4	x1.2	x1.4	x1.4
Europe	70.8	66.4	67.0	71.4	67.5	66.2	64.1	68.1	65.2	66.0
EEC	60.8	56.5	57.1	59.0	54.8	53.4	56.9	55.1	55.6	
EFTA	9.6	9.5	9.6	x12.1	x11.5	11.1	10.4	10.8	9.7	10.0
Oceania	2.3	x2.3	x2.1	x1.8	x1.6	x2.2	x2.4	x2.0	x2.0	x2.0
France, Monac	13.1	12.0	12.8	13.6	12.8	12.4	12.2	12.6	11.7	11.5
Germany/Allemagne	11.9	10.6	11.5	10.0	9.7	8.7	8.9	10.3	11.1	10.9
USA/Etats–Unis d'Amer	8.7	11.4	13.9	12.5	10.9	10.6	11.1	9.9	8.6	6.1
United Kingdom	10.8	10.2	10.4	10.3	9.4	11.0	10.1	9.9	8.7	9.2
Netherlands/Pays–Bas	10.8	10.2	10.2	10.8	10.0	9.2	8.7	9.2	8.6	8.6
Belgium–Luxembourg	7.9	7.3	6.9	7.0	6.4	6.1	6.2	6.2	6.1	6.0
Canada	3.0	3.6	3.6	3.0	2.5	3.5	3.5	3.0	3.1	3.2
Switz.Liecht	3.5	3.3	3.3	3.6	3.4	3.3	3.0	3.3	3.0	3.1
Italy/Italie	1.5	1.5	1.7	2.0	2.1	2.4	2.5	2.8	2.8	2.8
Sweden/Suède	3.3	3.2	3.3	3.1	3.0	3.1	2.9	2.8	2.4	2.4

	1983	1984	1985	1986	1987	1988	1989	1990	1991	1992
Afrique	0.4	0.2	0.3	x0.2	x0.2	x0.2	x0.2	x0.2	x0.2	x0.2
Afrique du Nord	0.2	0.1	0.0	0.0	0.0	0.0	0.0	0.0	0.1	0.1
Amériques	x13.7	x15.7	x13.0	x10.0	x9.4	x9.4	12.7	12.2	13.5	x14.2
ALAI	x0.9	x1.8	x1.8	x0.6	x1.2	x0.7	1.2	0.8	1.3	1.3
MCAC	x0.7	x0.8	x0.8	x0.2	x0.3	0.3	0.3	x0.4	x0.4	x0.3
Asie	9.1	10.0	9.2	8.3	10.2	13.4	15.4	15.1	16.7	x17.7
Moyen–Orient	x0.3	x0.6	x0.4	x0.4	x0.3	x0.4	x0.6	x0.4	x0.4	x0.3
Europe	76.4	73.5	77.1	81.1	78.5	75.0	70.1	71.4	68.5	66.7
CEE	66.8	64.5	68.1	70.1	68.1	64.3	60.6	62.0	59.8	58.1
AELE	9.1	8.5	8.4	x10.6	x10.1	10.4	9.2	9.1	8.4	8.1
Océanie	0.4	0.5	0.3	x0.4	x0.4	x0.5	0.5	0.4	0.6	x0.6
Germany/Allemagne	22.3	22.1	23.6	25.1	24.2	22.8	21.6	21.6	20.4	19.8
France, Monac	9.4	8.5	10.2	10.6	10.2	9.5	8.6	9.0	8.9	9.1
USA/Etats–Unis d'Amer	8.9	9.3	5.7	4.3	4.3	7.5	8.3	9.2	10.0	
Netherlands/Pays–Bas	8.7	8.2	8.0	8.5	8.3	7.2	7.1	7.4	7.4	6.6
United Kingdom	6.8	6.4	7.1	6.7	7.1	7.2	6.7	7.1	7.0	7.3
Italy/Italie	6.2	6.0	7.1	5.6	4.9	5.4	5.4	5.2	4.8	
Belgium–Luxembourg	5.8	5.4	5.3	5.4	5.3	5.0	5.0	5.3	5.2	5.0
Hong Kong	3.5	4.2	3.8	3.5	3.8	4.4	4.4	4.5	4.8	4.9
Denmark/Danemark	5.1	5.0	5.3	5.4	5.2	3.9	3.5	3.4	3.0	2.9
Switz.Liecht	2.9	2.8	2.8	3.1	2.8	3.1	2.9	3.0	2.8	2.7

8942 TOYS, INDOOR GAMES ETC — JOUETS, JEUX ETC 8942

TRADE BY COMMODITY IN THOUSAND U.S. DOLLARS — COMMERCE PAR PRODUIT EN MILLIERS DE DOLLARS E.U

IMPORTS — IMPORTATIONS

COUNTRIES—PAYS	1988	1989	1990	1991	1992
Total	13433433	17942145	20808193	23442042	28318329
Africa	x113001	x111776	x131691	x125687	x148969
Northern Africa	36294	35697	35738	30085	35943
Americas	4522430	8156799	8848119	8709371	x10771306
LAIA	130747	240583	352020	487133	677914
CACM	15678	17130	18903	22089	x29076
Asia	3027157	3384637	4077745	4961885	5735359
Middle East	x196021	x165699	x146927	x191114	x239338
Europe	5363236	5772956	7252923	8994629	10961537
EEC	4569832	4935836	6199461	7856060	9669953
EFTA	767827	790425	961024	1056178	1169808
Oceania	x260953	x324278	x331296	x354648	x458699
USA/Etats-Unis d'Amer	3797408	7178413	7750443	7390003	9082699
Hong Kong	1267167	1673052	2119153	2693903	3696414
Germany/Allemagne	1031046	1095391	1264030	1444756	2095815
United Kingdom	926746	1011137	1241338	1502944	1718205
France, Monac	976029	697841	813764	871862	258659
China/Chine	805584	673069	667444	747708	920288
Canada	537178	501726	613621	774861	891139
Italy/Italie	486251	501726	579689	715690	869575
Japan/Japon	493113	520461	483385	629834	758945
Netherlands/Pays-Bas	391183	383641	483385	629834	758945
Belgium-Luxembourg	315489	340664	404525	461153	521149
Spain/Espagne	127995	176048	280153	458706	772542
Switz.Liecht	249779	251162	307070	334612	364205
Australia/Australie	193668	253397	262059	286000	371815
Sweden/Suède	175575	190115	212851	249228	275347
Austria/Autriche	157912	162981	221117	235565	304061
Mexico/Mexique	76824	161114	207061	181811	317307
Denmark/Danemark	156030	152684	167998	181811	197398
Singapore/Singapour	120178	116564	155669	171547	213739
Norway, SVD, JM	93496	83862	103439	120776	131045
Finland/Finlande	81573	94098	108030	104668	86900
Korea Republic	26854	66332	108484	131576	200960
Portugal	55913	64600	94219	120696	149160
Ireland/Irlande	71542	74788	98759	102544	139085
Greece/Grèce	31209	54555	74467	106241	x115574
Yugoslavia SFR	12094	33424	74301	x64662	
New Zealand	53728	54928	53484	54404	69031
Saudi Arabia	69860	53585	x39575	x60450	x69006
So. Africa Customs Un	44770	38970	53529	x50263	x53946
Former USSR/Anc. URSS	x26153	x44458	x16362	x75577	
Israel/Israël	43749	42137	44480	47686	59478
Czechoslovakia	x14815	45238	33258	x52865	x94005
Malaysia/Malaisie	27776	28619	42233	49649	x89640
Poland/Pologne	x7717	x7529	x24409	x87922	x66378
United Arab Emirates	x65474	x35793	x33611	x43819	x72086
Hungary/Hongrie	x17638	x20795	x23751	65716	x64134
Romania/Roumanie	x9995	32395	61423	8793	x8819
Argentina/Argentine	3304	4223	14963	80612	159495
Chile/Chili	16004	29185	22698	38791	x64910
Paraguay	5378	9303	40068	41164	24415
Brazil/Brésil	4757	14467	32434	29607	24082
Thailand/Thaïlande	13697	18824	22817	26344	34376
Egypt/Egypte	21409	15033	20703	18303	19147
Philippines	5862	x25018	9535	17614	16365
Kuwait/Koweït	x16249	29237	x13711	x6165	x19919
Turkey/Turquie	3530	6961	15783	22041	24780
Indonesia/Indonésie	6277	11661	13708	18741	21360
Venezuela	6165	5001	12791	25151	44037
Cyprus/Chypre	9458	11083	11810	14567	18936
Panama	3413	7598	12681	16410	15527

EXPORTS — EXPORTATIONS

COUNTRIES—PAYS	1988	1989	1990	1991	1992
Totale	11020790	12600555	15053661	17220358	21288432
Afrique	x10940	x12701	x14154	x14122	x81249
Afrique du Nord	1982	2192	4050	3931	6398
Amériques	690446	1013158	1360356	1584639	x2033304
ALAI	71335	84881	89418	93039	x97448
MCAC	2006	1356	1846	1926	x3506
Asie	6917270	8095818	9566095	11384519	14528957
Moyen-Orient	x6373	x9475	x7979	x11370	x13954
Europe	2827701	3040118	3844378	4083759	4492303
CEE	2465245	2670920	3375381	3566704	3936541
AELE	325904	333909	423316	449589	478315
Océanie	x36736	x31322	x36196	x41654	x41257
Hong Kong	3326335	3974844	4721779	5657169	7595550
China/Chine	1183438	1524172	1830532	2241425	3131615
Japan/Japon	683006	745920	1150872	1567051	1695452
USA/Etats-Unis d'Amer	534683	849495	1155241	1364017	1751929
Germany/Allemagne	638915	681047	902161	942170	1007556
Korea Republic	1077480	966803	790530	674565	482190
United Kingdom	501900	518634	590477	602430	645674
Italy/Italie	400786	445509	586950	595140	646521
Thailand/Thaïlande	123228	290121	394491	452006	x636837
France, Monac	235942	278210	361600	387639	417593
Netherlands/Pays-Bas	195779	209670	295153	374373	474594
Spain/Espagne	210286	216667	282274	271737	282795
Singapore/Singapour	235129	202685	208480	237050	213632
Belgium-Luxembourg	163882	193304	188261	208064	247749
Switz.Liecht	146308	149059	193992	207894	216161
Malaysia/Malaisie	86258	125146	169447	209807	x341479
Macau/Macao	152140	172853	187089	115800	102210
Austria/Autriche	61054	69443	112242	128960	134854
Canada	76186	67518	110619	123693	176594
Ireland/Irlande	58601	70117	87898	84365	107700
Philippines	24748	x57317	58205	106220	106954
Former GDR	x354238	x173204	x47741		
Sweden/Suède	66207	64787	71551	70409	84687
Denmark/Danemark	43171	38986	51516	55656	67950
Mexico/Mexique	38706	42476	49228	41991	40290
Bulgaria/Bulgarie	x67809	x67372	x53484	x3865	x6286
Indonesia/Indonésie	2269	8858	28788	82447	137837
Finland/Finlande	x10652	60505	42570	3188	x4618
Romania/Roumanie	x27089	x36740	x27519	x29798	
Former USSR/Anc. URSS					
Czechoslovakia	x37921	x34353	x29021	x27078	x41590
Australia/Australie	28877	22866	27481	31606	30469
Malta/Malte	15861	18064	22776	x36675	x35382
Poland/Pologne	x24047	x22080	x19951	x31056	x35518
Yugoslavia SFR	20665	17065	22832	x30677	
Brazil/Brésil	22911	25382	17554	23288	22177
Portugal	11872	11546	15748	20762	24741
Greece/Grèce	4111	7229	13342	24367	x13667
Hungary/Hongrie	x13669	x12791	x11612	x16176	x23131
Israel/Israël	10670	9724	10583	12841	15375
Norway, SVD, JM	10121	10679	9735	9757	10816
New Zealand	7349	7370	8361	9552	10499
Colombia/Colombie	4637	5451	5362	14033	8049
Mauritius/Maurice	6302	5967	6665	5750	9171
Argentina/Argentine	1195	4203	6589	4270	3922
India/Inde	2891	x5523	3092	3734	x10450
United Arab Emirates	x2956	x2453	3343	x4748	x5985
Chile/Chili	2798	2920	2460	4542	x18211
Venezuela	222	2680	5142	1954	2451
Tunisia/Tunisie	1433	2003	3291	3600	5610

(VALUE AS % OF TOTAL) (VALEUR EN % DU TOTAL)

	1983	1984	1985	1986	1987	1988	1989	1990	1991	1992
Africa	x1.8	x1.6	x1.0	x0.9	x0.7	x0.8	x0.6	x0.7	x0.5	x0.5
Northern Africa	x0.7	x0.6	0.5	0.3	x0.2	0.3	0.2	0.2	0.1	0.1
Americas	x39.4	47.6	51.3	x44.5	x38.6	33.7	45.5	42.6	37.1	x38.0
LAIA	0.4	1.3	1.3	x1.0	x0.9	1.0	1.3	1.7	2.1	2.4
CACM	x0.1	0.2	0.2	x0.1	x0.1	0.1	0.1	0.1	0.1	x0.1
Asia	x10.8	11.5	x12.0	13.5	19.6	22.5	18.8	19.6	21.2	20.3
Middle East	x3.1	x3.0	x2.5	x1.9	x1.4	x1.5	x0.9	x0.7	x0.8	x0.8
Europe	44.8	36.5	33.1	38.6	37.6	39.9	32.2	34.9	38.4	38.7
EEC	38.0	31.1	27.8	32.6	32.1	34.0	27.5	29.8	33.5	34.1
EFTA	6.7	5.2	5.1	5.9	5.3	5.7	4.4	4.6	4.5	4.1
Oceania	x3.1	x2.8	x2.6	x2.4	x1.9	x1.9	x1.8	x1.6	x1.6	x1.7
USA/Etats-Unis d'Amer	33.1	40.6	45.0	39.2	33.6	28.3	40.0	37.2	31.5	32.1
Hong Kong	3.5	4.4	5.7	6.6	7.6	9.4	9.3	10.2	11.5	13.1
Germany/Allemagne	7.4	6.7	6.3	7.4	7.7	7.7	6.0	7.1	8.8	8.2
United Kingdom	8.9	7.5	6.5	6.8	6.6	6.9	6.1	6.1	6.2	6.1
France, Monac	9.1	6.3	5.5	6.8	7.0	7.3	5.6	6.0	6.4	6.1
China/Chine					5.2	6.0	3.9	3.9	3.7	0.9
Canada	5.4	5.0	4.2	3.8	3.4	4.0	3.8	3.2	3.2	3.2
Italy/Italie	3.4	3.3	2.6	3.1	3.2	3.6	2.8	2.9	3.3	3.1
Japan/Japon	1.6	1.6	1.5	2.1	1.9	3.7	2.9	2.8	3.1	3.1
Netherlands/Pays-Bas	3.3	2.4	2.2	2.8	2.6	2.9	2.1	2.3	2.7	2.7

	1983	1984	1985	1986	1987	1988	1989	1990	1991	1992
Afrique	0.1		0.2	0.1	0.1	0.1	0.1	0.1	0.1	x0.4
Afrique du Nord	0.1	0.0	0.1	x0.1	0.0	0.0	0.0	0.0	0.0	0.0
Amériques	x12.5	10.3	9.2	x7.7	x6.2	6.2	8.1	9.0	9.2	x9.6
ALAI	0.0	2.3	2.4	x2.0	x1.3	0.6	0.7	0.6	0.5	x0.5
MCAC	x0.0									
Asie	53.5	61.1	61.5	60.5	61.5	62.8	64.3	63.5	66.1	68.2
Moyen-Orient	x0.1	x0.1	x0.2	x0.1	x0.0	x0.1	x0.1	x0.1	x0.1	x0.1
Europe	33.6	28.2	28.8	31.5	26.0	25.7	24.1	25.5	23.7	21.1
CEE	30.8	25.2	25.4	27.8	23.2	22.4	21.2	22.4	20.7	18.5
AELE	2.8	2.5	2.8	3.3	2.5	3.0	2.6	2.8	2.6	2.2
Océanie	x0.3	0.3	0.3	x0.2	x0.2	x0.3	x0.2	x0.2	x0.2	x0.2
Hong Kong	29.0	33.6	32.4	32.3	28.3	30.2	31.5	31.4	32.9	35.7
China/Chine					9.1	10.7	12.1	12.2	13.0	14.7
Japan/Japon	13.6	12.2	13.7	10.4	7.0	6.2	5.9	7.6	9.1	8.0
USA/Etats-Unis d'Amer	11.6	6.6	5.4	4.6	4.1	4.9	6.7	7.7	7.9	8.2
Germany/Allemagne	7.6	6.3	7.1	8.1	6.3	5.8	5.4	6.0	5.5	4.7
Korea Republic	6.4	9.7	4.5	11.7	4.5	9.8	7.7	5.3	3.9	2.3
United Kingdom	5.2	4.3	4.5	4.8	4.5	4.6	4.1	3.9	3.5	3.0
Italy/Italie	5.8	4.9	5.2	5.3	4.0	3.6	3.5	3.9	3.5	x3.0
Thailand/Thaïlande	0.1	0.2	0.4	0.4	0.7	1.1	2.3	2.6	2.6	3.0
France, Monac	4.4	3.0	2.7	2.6	1.9	2.1	2.2	2.4	2.3	2.0

89424 INDOOR GAME EQUIPMENT / ART, JEUX DE SOCIETE 89424

TRADE BY COMMODITY IN THOUSAND U.S. DOLLARS – COMMERCE PAR PRODUIT EN MILLIERS DE DOLLARS E.U

COUNTRIES–PAYS	1988	1989	1990	1991	1992	COUNTRIES–PAYS	1988	1989	1990	1991	1992
	IMPORTS – IMPORTATIONS						EXPORTS – EXPORTATIONS				
Total	2344205	5181983	6243988	7014030	9689424	Totale	1961086	2420658	3327355	4134976	5584654
Africa	x25990	x26558	x34354	x38160	x45890	Afrique	x608	x1160	x1933	x1939	x3165
Northern Africa	7328	6030	6240	x3993	x8006	Afrique du Nord	64	81	379	56	78
Americas	548849	3104859	3523093	2876498	3765401	Amériques	242947	x502750	736212	x937917	x1297451
LAIA	13937	41148	94441	102159	174294	ALAI	6661	8638	9132	10497	x17318
CACM	667	833	1110	1427	x3020	MCAC	122	x121	81	x92	x269
Asia	395574	528255	659556	887259	1249751	Asie	879386	1051666	1533746	2038537	2880035
Middle East	x40251	x36265	x42750	x51351	x73372	Moyen–Orient	x1183	x1917	x2036	x1939	x4603
Europe	1259006	1379876	1891807	2956818	4347028	Europe	777888	820757	1017360	1117361	1363642
EEC	1047115	1149050	1581550	2579443	3901959	CEE	686722	720247	890552	977015	1205092
EFTA	206464	219024	274597	342105	429559	AELE	89476	98365	125080	136605	153722
Oceania	x69435	x85866	x96671	x126925	x187753	Océanie	23998	x19487	x22178	x24238	x25851
USA/Etats–Unis d'Amer	354108	2780777	3122541	2437263	3160106	Japan/Japon	414691	518972	914055	1330922	1479955
France, Monac	273376	279457	389390	603610	823972	USA/Etats–Unis d'Amer	206969	460961	667147	857714	1176145
Germany/Allemagne	221496	243215	352768	635047	795190	Hong Kong	335473	405465	468895	527798	846869
United Kingdom	209084	236641	317113	516561	980918	United Kingdom	247569	234714	258765	267287	334505
Hong Kong	132662	210228	281477	423635	610460	Germany/Allemagne	153101	166404	225284	223270	261946
Canada	170640	272307	287409	320890	414313	Netherlands/Pays–Bas	78764	74983	110463	148100	200984
Netherlands/Pays–Bas	117926	115328	146501	232403	304289	France, Monac	47957	61444	75252	90128	99553
Japan/Japon	119494	126193	151000	178117	172126	Italy/Italie	42604	45041	57305	67366	64210
Italy/Italie	65354	79753	104317	173233	243877	Belgium–Luxembourg	39855	51430	54055	63730	93885
Belgium–Luxembourg	65565	76455	98841	138690	184365	Korea Republic	75162	53682	52544	62408	66856
Spain/Espagne	42056	54293	86963	164629	417004	Canada	28566	30820	59730	65878	103291
Switz.Liecht	65082	64118	80573	99410	128144	China/Chine	24243	38595	59922	57320	324478
Australia/Australie	46000	61585	72123	103090	156262	Ireland/Irlande	38069	45162	53751	56202	70384
Korea Republic	14208	43798	75097	88078	147112	Spain/Espagne	31048	34050	46626	51719	62268
Austria/Autriche	42840	47438	65069	83127	118776	Austria/Autriche	13139	19116	17.1	60389	67127
Sweden/Suède	48175	52379	62229	76502	104617	Sweden/Suède	23805	25591	26736	26297	36834
Mexico/Mexique	7935	33652	72992	61974	88487	Finland/Finlande	31747	30034	23566	20892	19882
Singapore/Singapour	34472	33114	49248	74442	87491	Singapore/Singapour	18415	22208	21310	29272	23130
Finland/Finlande	22550	30515	35266	42713	31697	Australia/Australie	22068	16653	20397	22307	20812
Former USSR/Anc. URSS	x13142	x33408	x14473	x57187		Switz.Liecht	12669	15604	20306	22140	22976
China/Chine	24193	42747	28256	24114	80638	Norway, SVD, JM	8115	8021	7128	6887	6890
Norway, SVD, JM	25537	22552	29016	37537	44198	Denmark/Danemark	6537	5396	7612	7506	13892
Denmark/Danemark	18076	18636	22995	32180	40020	Hungary/Hongrie	x4743	x4153	x3748	x6205	x6494
Ireland/Irlande	20607	19745	28461	25345	40193	Malaysia/Malaisie	3548	2629	4403	6152	x43242
Yugoslavia SFR	2254	9513	32208	x30895		Brazil/Brésil	4053	4240	3756	3576	5418
Greece/Grèce	6169	15735	21494	34727	x30773	Former GDR	x16951	x8121	x2631		
New Zealand	20916	19693	18631	20159	26531	Thailand/Thaïlande	1000	722	2041	7457	x74011
So. Africa Customs Un	11072	10668	17709	x20602	x18055	Poland/Pologne	x4003	x2958	x2650	x3978	x2978
Portugal	7406	9791	12708	23018	41359	Israel/Israël	2558	2747	3008	3255	4008
Hungary/Hongrie	x2936	x3003	x11423	25595	x21988	India/Inde	2313	x2511	2650	2931	x3566
Czechoslovakia	x1708	1313	2727	x27913	x55357	Colombia/Colombie	1371	2079	1868	3755	796
Saudi Arabia	11489	7872	x10994	x12917	x20844	Former USSR/Anc. URSS	x2238	x2957	x2160	x2437	
Israel/Israël	11780	12346	8548	10212	16253	Mexico/Mexique	842	2082	2916	2469	3923
United Arab Emirates	x15712	x9781	x9695	x9967	x17167	Indonesia/Indonésie	90	344	1504	4729	5673
Malaysia/Malaisie	6577	4582	7234	16922	x27938	Yugoslavia SFR	723	1159	1680	x3613	
Brazil/Brésil	348	3145	9137	11514	9294	New Zealand	1913	2597	1675	1875	2669
Turkey/Turquie	2277	4640	6916	11837	13113	Czechoslovakia	x1871	x1948	x1924	x2184	x4820
Poland/Pologne	x2399	x2092	x3493	x10321	x8577	Bulgaria/Bulgarie	x5583	x3472	x1962	x154	x159
Thailand/Thaïlande	4535	4197	4653	4354	8491	Panama	x419	x1902	29	x3596	124
Former GDR	x12792	x9936	x1489			So. Africa Customs Un	x391	x668	x830	x1476	x813
Philippines	2148					Philippines	80	x1500	506	707	148
Chile/Chili	1341	x6763	2285	2249	5220	Korea Dem People's Rp	x56	x91	x80	x2494	x4898
Cyprus/Chypre	2351	1379	2184	6733	x12686	Portugal	787	669	812	993	1597
Indonesia/Indonésie	652	3314	3397	3235	4949	Greece/Grèce	431	954	607	714	x1869
Bulgaria/Bulgarie	x10726	x4392	x1911	x3250	5895	Cyprus/Chypre	260	660	853	661	485
Romania/Roumanie	x1645	x2423	x2936	3940	3501	Romania/Roumanie	x872	x1224	x842	17	x55
Macau/Macao	1326	1358	3282	4370	x4136	United Arab Emirates	x358	x317	x435	x602	x1164
Venezuela	1243	573	2677	5674	7808	Malta/Malte	947	834	2	x19	x458
Argentina/Argentine	395	342	1206	6942	7828	Macau/Macao	295	138	218	412	125
Reunion/Réunion	2108	2078	2604	3317	40062 / 5143	Saudi Arabia	162	142	x364	x194	x2053

(VALUE AS % OF TOTAL) (VALEUR EN % DU TOTAL)

	1983	1984	1985	1986	1987	1988	1989	1990	1991	1992		1983	1984	1985	1986	1987	1988	1989	1990	1991	1992
Africa	x1.4	x1.6	x1.5	x1.2	x0.9	x1.1	x0.5	x0.6	x0.6	x0.5	Afrique	x0.0	x0.1	x0.0	x0.0	x0.1	x0.0	x0.0	x0.0	x0.0	x0.0
Northern Africa	x0.3	x0.3	0.6	0.1	0.2	0.3	0.1	0.1	x0.1	0.1	Afrique du Nord	0.0	0.0	0.0	0.0	0.0	0.0	0.0	0.0	0.0	0.0
Americas	39.4	38.7	x25.7	x28.9	x25.6	23.4	59.9	56.4	41.0	38.9	Amériques	x22.1	22.2	18.1	x13.9	x13.2	12.4	x20.8	22.1	x22.6	x23.2
LAIA	0.2	0.8	1.1	x1.1	x0.6	0.6	0.8	1.5	1.5	1.8	ALAI	x0.0	0.1	0.4	x0.3	x0.4	0.3	0.4	0.3	0.3	x0.3
CACM	x0.0	0.0	0.1	0.1	0.0	0.0	0.0	0.0	0.0	x0.0	MCAC	x0.0	0.0	0.0	0.0	0.0	0.0	0.0	0.0	0.0	0.0
Asia	x12.0	x10.0	x16.1	13.5	17.9	16.9	10.2	10.6	12.7	12.9	Asie	49.8	41.4	41.6	42.6	43.0	44.9	43.5	46.1	49.3	51.6
Middle East	x3.3	x3.1	x4.5	x2.7	x2.3	x1.7	x0.7	x0.7	x0.7	x0.8	Moyen–Orient	x0.2	x0.1	x0.2	x0.1	x0.1	x0.1	x0.1	x0.1	x0.1	x0.1
Europe	43.7	46.5	52.5	53.4	50.9	53.7	26.6	30.3	42.2	44.9	Europe	27.2	35.1	38.4	42.4	38.9	39.7	33.9	30.6	27.0	24.4
EEC	38.3	41.1	44.2	44.6	43.6	44.7	22.2	25.3	36.8	40.3	CEE	25.7	32.4	35.4	38.6	35.8	35.0	29.8	26.8	23.6	21.6
EFTA	5.3	5.2	7.9	8.4	7.0	8.8	4.2	4.4	4.9	4.4	AELE	1.5	2.6	2.8	3.7	3.0	4.6	4.1	3.8	3.3	2.8
Oceania	x3.6	x3.3	x4.2	x3.1	x2.7	x3.0	x1.7	x1.6	x1.9	2.0	Océanie	0.8	1.2	1.9	x1.1	0.9	0.7	x0.7	x0.7	x0.6	x0.5
USA/Etats–Unis d'Amer	31.4	29.9	17.7	21.9	19.6	15.1	53.7	50.0	34.7	32.6	Japan/Japon	23.6	27.5	23.9	21.3	19.7	21.1	21.4	27.5	32.2	26.5
France, Monac	10.7	8.7	8.0	9.2	10.8	11.7	5.4	6.2	8.6	8.5	USA/Etats–Unis d'Amer	21.3	16.6	14.2	12.4	12.0	10.6	19.0	20.1	20.7	21.1
Germany/Allemagne	6.3	8.6	10.0	10.9	9.4	4.7	5.6	5.6	9.1	8.2	Hong Kong	25.0	11.9	15.4	15.6	15.9	17.1	16.8	14.1	12.8	15.2
United Kingdom	9.1	8.8	10.3	8.9	7.6	8.9	4.6	5.1	7.4	10.1	United Kingdom	5.4	7.7	11.7	12.6	14.0	12.6	9.7	7.8	6.5	6.0
Hong Kong	5.6	4.2	5.5	4.0	4.5	5.7	4.1	4.5	6.0	6.3	Germany/Allemagne	3.2	5.4	6.8	7.5	6.7	7.8	6.9	6.8	5.4	4.7
Canada	7.6	7.2	5.6	5.1	4.7	7.3	5.3	4.6	4.6	4.3	Netherlands/Pays–Bas	2.4	3.9	5.0	3.8	4.0	3.1	3.3	3.6	3.6	3.6
Netherlands/Pays–Bas	3.8	4.6	5.3	5.7	4.8	5.0	2.2	2.3	3.3	3.1	France, Monac	5.5	3.6	3.8	2.5	2.2	2.4	2.5	2.3	2.2	1.8
Japan/Japon	1.1	1.3	1.7	2.1	7.0	2.5	2.4	2.4	2.5	1.8	Italy/Italie	2.0	2.3	2.4	2.4	1.8	2.2	1.9	1.7	1.6	1.1
Italy/Italie	2.5	3.4	2.6	2.4	2.8	2.8	1.5	1.7	2.5	2.5	Belgium–Luxembourg	1.1	2.0	2.3	3.2	2.6	2.0	2.1	1.6	1.5	1.7
Belgium–Luxembourg	2.1	2.8	3.0	3.1	2.6	2.8	1.5	1.6	1.6	1.9	Korea Republic	0.1	0.4	1.0	3.9	4.4	3.8	2.2	1.6	1.5	1.2

8952 PENS, PENCILS, FOUNTN PENS / PLUMES, CRAYONS, STYLOS 8952

TRADE BY COMMODITY IN THOUSAND U.S. DOLLARS – COMMERCE PAR PRODUIT EN MILLIERS DE DOLLARS E.U

COUNTRIES-PAYS	IMPORTS – IMPORTATIONS 1988	1989	1990	1991	1992	COUNTRIES-PAYS	EXPORTS – EXPORTATIONS 1988	1989	1990	1991	1992
Total	1995091	2177504	2505170	2602779	3013063	Totale	1857029	2028996	2413253	2446494	2797405
Africa	x59183	x59774	x64751	x66693	x81188	Afrique	x3706	x3808	x4909	x4805	x8772
Northern Africa	16662	17880	15602	18750	x22040	Afrique du Nord	991	1729	788	2304	3654
Americas	493665	561187	635301	678664	x790690	Amériques	164514	208958	248564	273828	344578
LAIA	48168	63814	74604	106407	x141107	ALAI	26697	29710	31679	41640	57536
CACM	8815	9880	8963	9056	x13880	MCAC	2948	2376	3651	2050	x3031
Asia	x387000	x442693	x494581	x514720	x685264	Asie	655966	703284	770124	827163	980392
Middle East	x99057	x98837	x90508	x95317	x133201	Moyen–Orient	8807	8627	x7398	x7719	x7829
Europe	938296	977987	1216875	1224969	1340575	Europe	981243	1059544	1345358	1312114	1431750
EEC	778775	808123	998931	1023870	1117839	CEE	894291	971380	1224990	1184023	1276605
EFTA	153678	157806	191421	187359	188703	AELE	85776	86661	118159	126147	128279
Oceania	x64750	x75011	x68621	x69864	x78471	Océanie	3177	4215	x6259	x4540	x6467
USA/Etats–Unis d'Amer	357425	403109	466862	469389	533823	Germany/Allemagne	426416	466335	591606	554589	591432
France, Monac	151757	153654	185846	191727	206516	Japan/Japon	446903	456780	497836	512833	569061
United Kingdom	144995	150923	170607	157436	173607	USA/Etats–Unis d'Amer	129416	170667	204376	223046	274047
Germany/Allemagne	117636	123761	172616	177260	189172	France, Monac	141268	152168	199698	200767	225693
Italy/Italie	124732	124767	149879	166921	182442	Italy/Italie	134387	143360	163165	160482	165367
Hong Kong	87357	112893	131539	124761	190182	United Kingdom	100442	106887	140488	133360	136483
Japan/Japon	75003	81269	90736	98123	108226	Switz.Liecht	65540	65373	89730	80856	123967
Spain/Espagne	66425	73329	95909	100076	110414	Hong Kong	55570	75555	84682	72370	100538
Netherlands/Pays–Bas	62414	65247	77764	81807	86431	China/Chine	53034	61137	60525	72370	63763
Canada	66982	72118	71863	79295	89895	Korea Republic	43273	50875	52066	57306	63763
Singapore/Singapour	54443	56547	74264	73724	81841	Netherlands/Pays–Bas	32368	31731	39767	42008	55543
Switz.Liecht	51890	53953	73748	72001	73775	Ireland/Irlande	25564	32598	39068	33380	31667
Australia/Australie	49916	58663	52687	52687	60574	Singapore/Singapour	18534	21913	27236	35377	38950
Belgium–Luxembourg	44832	45774	59655	59508	67456	Spain/Espagne	16222	18645	24871	30798	36239
Sweden/Suède	38995	38451	41309	44308	50384	Brazil/Brésil	14455	17692	17099	19039	28132
Mexico/Mexique	16492	30573	33331	36857	37342	Thailand/Thaïlande	10139	11854	17730	24184	x25009
Austria/Autriche	24893	26501	35468	x30125	x36243	Austria/Autriche	11995	13341	17994	17674	19381
Saudi Arabia	26310	30732	x26017	x30125	35802	Belgium–Luxembourg	9460	9869	14151	15901	17845
Portugal	19952	19960	30029	31872	34473	Czechoslovakia	x14963	x15095	x13031	x9752	x11525
Korea Republic	10095	15853	19809	30309	34473	Bulgaria/Bulgarie	x14197	x16484	x15921	x2357	x3062
Denmark/Danemark	22413	20322	22886	22717	26425	Sweden/Suède	7533	7292	9346	10733	11211
United Arab Emirates	x34424	x22169	x20181	x21413	x37160	Mexico/Mexique	5875	5271	6491	12565	19143
Malaysia/Malaisie	14808	16519	21555	24389	x33866	Malaysia/Malaisie	5912	6447	7817	9930	x16416
Finland/Finlande	18548	21651	21327	16693	15180	Canada	5261	6034	8740	6864	9432
So. Africa Customs Un	20828	15796	20525	x19590	x19846	Denmark/Danemark	5383	5232	6869	7947	11332
Greece/Grèce	11743	15149	18385	20310	x26068	Hungary/Hongrie	x1964	x9722	x3472	x3750	x4470
Norway,SVD,JM	17972	16040	18282	19435	20009	Indonesia/Indonésie	5987	2076	3460	11218	21333
Thailand/Thaïlande	14235	13220	19776	20145	25682	Turkey/Turquie	4364	5611	5119	5687	5359
Ireland/Irlande	11875	15237	15354	14237	13508	India/Inde	4244	x3100	3993	7603	x5079
Israel/Israël	11854	11708	15933	16939	19418	Colombia/Colombie	3734	2245	3456	6432	1554
Yugoslavia SFR	3131	9091	22264	x9491		Portugal	2446	3061	4375	4554	3329
Iran (Islamic Rp. of)	x4858	x14290	x11988	x13085	x19874	Israel/Israël	2301	2403	5035	4165	5157
Former USSR/Anc. URSS	x14152	x19889	x8014	x9229		Australia/Australie	2009	2781	4720	3066	4552
Chile/Chili	7313	10410	12201	12884	x20589	Former USSR/Anc. URSS	x359	x3039	x2796	x3346	
Poland/Pologne	x7118	x8442	x2010	x21518	x17949	Poland/Pologne	x2504	x1331	x1058	x4829	x5705
Argentina/Argentine	2915	2667	5546	19491	31643	Guatemala	1381	1096	2741	1747	2450
Turkey/Turquie	6070	5731	10370	11146	12347	Yugoslavia SFR	1151	1450	2194	x1915	
New Zealand	8281	8643	9437	8922	10426	Argentina/Argentine	1266	1736	2098	1228	2987
Indonesia/Indonésie	4081	9539	5788	8581	9957	Uruguay	1161	1624	1593	1230	623
Philippines	3120	x9602	5222	5269	7355	Pakistan	451	1082	1357	1849	1230
Brazil/Brésil	3894	5112	7082	7836	9364	Former GDR	x13655	x2958	x1162		
Hungary/Hongrie	5979	x5715	x5502	8343	x7973	New Zealand	1081	1271	1316	1060	1530
Czechoslovakia	x3971	11660	4429	x2656	x7518	Kenya	1898	x652	2231	x735	x724
Algeria/Algérie	5869	7737	4229	3510	x2413	Tunisia/Tunisie	582	1588	333	1141	2932
Nigeria/Nigéria	x4283	x4223	4921	x5469	x8603	Greece/Grèce	335	1494	931	237	x1676
Kuwait/Koweït	x5536	7606	x4713	x1959	x8155	Cote d'Ivoire		x839	x852	261	x1984
India/Inde	2022	x5089	4244	4495	x11190	El Salvador	1551	1245	900	788	x487
Venezuela	8264	3814	3299	5818	8892	Chile/Chili	160	979	499		x2391
Morocco/Maroc	3742	3222	3639	4326	4984	Jordan/Jordanie	1306	908	969	158	46
Bulgaria/Bulgarie	x10410	x8175	x1409	x1582	1461	United Arab Emirates	x248	x214	x692	x1091	x1170

(VALUE AS % OF TOTAL)(VALEUR EN % DU TOTAL)

	1983	1984	1985	1986	1987	1988	1989	1990	1991	1992		1983	1984	1985	1986	1987	1988	1989	1990	1991	1992
Africa	x4.6	x4.2	x3.8	x3.9	x3.4	x2.9	x2.7	x2.6	x2.6	x2.7	Afrique	0.2	x0.0	0.3	x0.4	x0.2	x0.2	x0.2	x0.2	x0.2	x0.3
Northern Africa	x2.0	x1.5	1.3	x0.8	x0.9	0.8	0.8	0.6	0.7	x0.7	Afrique du Nord	0.0	0.0	0.0	x0.2	x0.2	0.1	0.1	0.0	0.1	0.1
Americas	x19.9	26.2	26.6	x26.0	24.7	24.8	25.7	25.4	26.1	x26.2	Amériques	x11.2	11.4	9.4	x8.3	x8.6	8.9	10.3	10.3	11.2	12.3
LAIA	1.2	2.9	2.7	x2.5	x3.0	2.4	2.9	3.0	4.1	x4.7	ALAI	0.3	1.3	1.1	x1.2	x1.7	1.4	1.5	1.3	1.7	2.1
CACM	x0.4	0.9	0.8	x0.4	x0.5	0.4	0.5	0.4	0.3	x0.5	MCAC	x0.2	0.1	0.4	x0.4	x0.2	0.2	0.1	0.2	0.1	x0.1
Asia	x25.1	x21.1	x21.4	x21.4	x18.5	x18.5	x20.4	x19.8	x19.8	x22.7	Asie	35.5	35.6	36.3	33.7	34.7	35.3	34.6	31.9	33.8	35.0
Middle East	x8.2	x7.5	x7.1	x5.4	x4.7	x5.0	x4.5	x3.6	x3.7	x4.4	Moyen–Orient	x0.3	0.5	1.5	0.7	1.5	0.5	0.4	x0.3	x0.3	x0.3
Europe	46.8	44.4	44.5	48.0	47.5	47.0	44.9	48.6	47.1	44.5	Europe	52.3	52.2	53.4	57.4	54.5	52.2	52.5	55.7	53.6	51.2
EEC	38.4	36.6	36.1	38.8	38.9	39.0	37.1	39.9	39.3	37.1	CEE	47.5	47.8	48.6	51.8	49.4	48.2	47.9	50.8	48.4	45.6
EFTA	8.3	7.5	7.8	8.5	8.3	7.7	7.2	7.6	7.2	6.3	AELE	4.8	4.3	4.7	5.5	5.1	4.6	4.3	4.9	5.2	4.6
Oceania	3.7	x4.0	x3.8	x3.4	x3.1	x3.2	x3.5	x2.8	x2.6	x2.6	Océanin	0.8	0.7	x0.5	x0.2	x0.2	0.2	x0.3	x0.2	x0.2	x0.2
USA/Etats–Unis d'Amer	13.5	17.2	18.5	18.6	16.7	17.9	18.5	18.6	18.0	17.7	Germany/Allemagne	21.2	20.1	22.1	24.3	23.0	23.0	23.0	24.5	22.7	21.1
France, Monac	8.1	7.3	7.1	7.6	7.6	7.6	7.1	7.4	7.4	6.9	Japan/Japon	25.9	28.4	28.1	27.2	28.7	24.1	22.5	20.6	21.0	20.3
United Kingdom	7.4	7.8	7.5	7.1	7.3	6.9	6.9	6.8	6.0	5.8	USA/Etats–Unis d'Amer	10.3	9.3	7.6	6.5	6.4	7.0	8.4	8.5	9.1	9.8
Germany/Allemagne	6.6	6.1	6.1	6.4	6.1	5.9	5.7	6.9	6.8	6.3	France, Monac	8.3	8.3	8.0	7.6	7.8	7.4	7.5	6.8	8.2	8.1
Italy/Italie	5.3	5.3	5.6	6.1	6.3	5.7	5.7	6.0	6.4	6.1	Italy/Italie	7.2	7.3	7.9	9.3	8.2	7.2	7.1	6.8	6.6	4.9
Hong Kong	5.6	4.5	4.6	4.1	4.4	4.4	5.2	5.3	4.8	6.3	United Kingdom	6.9	7.9	6.2	5.7	5.6	5.4	5.3	5.8	5.5	4.9
Japan/Japon	2.4	2.3	2.5	2.5	3.0	3.8	3.7	3.6	3.6	3.8	Switz.Liecht	3.6	3.1	3.4	4.1	3.8	3.5	3.2	3.7	4.0	3.5
Spain/Espagne	2.4	1.9	1.8	2.5	2.9	3.3	3.4	3.6	3.1	3.1	Hong Kong	6.6	4.2	4.0	2.8	2.7	3.0	3.7	3.5	3.3	4.4
Netherlands/Pays–Bas	3.4	3.2	2.9	3.2	3.2	3.1	3.0	3.0	3.1	3.0	China/Chine					3.0	2.9	3.0	2.5	3.0	3.6
Canada	4.0	4.2	3.9	3.5	3.1	3.4	3.3	2.9	3.0	3.0	Korea Republic	0.7	0.7	0.8	1.0	1.9	2.3	2.5	2.2	2.3	2.3

89521 FOUNTAIN PENS, ETC — PORTE PLUME, STYLO ETC 89521

TRADE BY COMMODITY IN THOUSAND U.S. DOLLARS — COMMERCE PAR PRODUIT EN MILLIERS DE DOLLARS E.U

COUNTRIES–PAYS	IMPORTS – IMPORTATIONS					COUNTRIES–PAYS	EXPORTS – EXPORTATIONS				
	1988	1989	1990	1991	1992		1988	1989	1990	1991	1992
Total	1634302	1792802	2104086	2176813	2449807	Totale	1521482	1672058	2022881	2038078	2260216
Africa	x52373	x52534	x56611	x52436	x63079	Afrique	x3207	x3221	x4993	x4300	x7513
Northern Africa	x18277	x19872	x18287	14132	x17726	Afrique du Nord	x735	x1719	x1195	2019	3027
Americas	394254	455283	521482	556293	x620936	Amériques	131487	170005	199894	221223	266897
LAIA	33849	47988	56793	81147	x105619	ALAI	12543	15491	19057	25048	31090
CACM	5129	5654	5921	5856	x8712	MCAC	1480	1149	x3106	1764	2568
Asia	x304089	x338686	x397434	x413434	x530324	Asie	497699	534214	598841	634861	724584
Middle East	x73112	x65852	x69154	x74135	x100006	Moyen–Orient	5924	5104	x5209	x4961	x5414
Europe	804136	846146	1058030	1061271	1140725	Europe	854288	926464	1187850	1159778	1238838
EEC	666350	699845	868775	886427	963938	CEE	781734	852852	1086930	1051660	1125459
EFTA	132938	136040	167010	162643	164022	AELE	72046	72875	99514	106957	107878
Oceania	x53589	x61103	x55141	x54125	x62441	Océanie	2420	3194	x5056	x3518	x5313
USA/Etats–Unis d'Amer	294345	334600	390742	395005	428138	Germany/Allemagne	366827	402457	512639	481433	508062
France, Monac	131562	133258	161191	165952	178533	Japan/Japon	375404	388898	429785	441335	486586
United Kingdom	127082	135073	150475	137946	151218	France, Monac	126710	139858	185113	184794	206700
Italy/Italie	110444	112072	135452	151245	167140	USA/Etats–Unis d'Amer	112571	147200	169394	188038	225140
Germany/Allemagne	95760	101091	145330	145973	152094	Italy/Italie	128189	132769	155935	151933	154162
Hong Kong	64473	84800	101319	92397	139652	United Kingdom	86077	91188	121411	116235	118029
Japan/Japon	66179	70041	80098	88968	96396	Switz.Liecht	57213	57374	79436	86022	85884
Spain/Espagne	56473	62610	82361	86302	94460	Hong Kong	34807	48999	55201	50419	72437
Netherlands/Pays–Bas	53616	56493	68249	71896	75470	Korea Republic	32968	38155	40711	47341	53653
Canada	53967	59564	59348	64307	69937	Ireland/Irlande	24641	31799	38321	33327	31597
Switz.Liecht	46407	47639	66148	64743	66341	Netherlands/Pays–Bas	21426	22371	28187	29842	41043
Singapore/Singapour	43839	42973	57698	57524	63743	China/Chine	15760	19750	23462	24764	30575
Belgium–Luxembourg	37072	38892	52003	51937	58210	Spain/Espagne	11816	15440	21173	27505	33849
Australia/Australie	41333	47959	42273	41984	48016	Singapore/Singapour	13405	14965	19064	26309	30121
Sweden/Suède	32814	32485	35267	34159	34171	Belgium–Luxembourg	8536	8250	13139	14631	16537
Austria/Autriche	22583	23900	32556	33878	33866	Bulgaria/Bulgarie	x14113	x15786	x15530	x2297	x2949
Mexico/Mexique	12286	24364	24841	33168	39888	Thailand/Thaïlande	7537	6947	10328	13859	x14030
Portugal	17368	17632	26581	27804	30890	Austria/Autriche	7354	8244	10425	10476	10740
Saudi Arabia	19840	21565	x21588	x25759	x29574	Sweden/Suède	6931	6670	8654	9700	10222
Korea Republic	8973	13648	18009	27242	29291	Mexico/Mexique	4993	4636	5433	10920	16307
Denmark/Danemark	18863	17631	19785	19339	22830	Canada	4309	5296	8246	6222	7958
Malaysia/Malaisie	11076	13089	17510	19570	x21226	Brazil/Brésil	3925	6630	6537	5866	7998
United Arab Emirates	x27074	x15015	x16042	x17534	x27852	Denmark/Danemark	5016	4886	6453	7445	10782
So. Africa Customs Un	17134	13632	17398	16036	x16498	Malaysia/Malaisie	4448	4703	4929	6683	x9878
Finland/Finlande	14651	17487	16690	12547	11740	Hungary/Hongrie	x1043	x9192	x2729	x2799	x3021
Norway,SVD,JM	15369	13581	15338	16139	16632	Czechoslovakia	x3783	x5377	x4787	x3786	x6072
Thailand/Thaïlande	11234	10836	16226	17139	21981	Indonesia/Indonésie	1708	1567	2313		x2799
Greece/Grèce	8072	11424	14055	15592	x21300	India/Inde	3307	x1927	3188	7910	12870
Israel/Israël	10400	10475	14373	14744	16859	Portugal	2161	2651	4021	6053	4111
Ireland/Irlande	10039	13669	13295	12101	11793	Colombia/Colombie	1187	874	3174	5564	3177
Yugoslavia SFR	2582	7785	18514	x8525		Turkey/Turquie	1700	2487	3009	3471	3557
Former USSR/Anc. URSS	x8584	x15108	x5230	x8448		Israel/Israël	1504	1466	3992	3439	3826
Chile/Chili	5483	7747	9321	9783	x13753	Australia/Australie	1451	1924	3804	2377	3847
Poland/Pologne	x3100	x3916	x1698	x19724	x16695	Guatemala	1371	1085			
Argentina/Argentine	2265	1830	4834	15961	24025	Former USSR/Anc. URSS	x207	x1707	x1578	x1914	2410
New Zealand	6506	6706	7275	6678	7977	Uruguay	1263	1674	2018	1227	2671
Iran (Islamic Rp. of)	x2540	x5018	x7647	x7872	x12166	Poland/Pologne	1158	1620	1591	1230	621
Turkey/Turquie	3965	3659	7690	8056	8519	Former GDR	x96	x363	x441	x3602	x4808
Egypt/Egypte	x6387	x6579	6941	5090	6144	Yugoslavia SFR	x13132	x2534	x1070		
Brazil/Brésil	3011	4338	6056	6583	7559		486	686	1392	x1134	
Philippines	2211	x7927	4175	4651	5983	New Zealand	894	1129	1049	969	1389
Czechoslovakia	x2744	10227	3361	x2420	x6471	Kenya	1738	x224	2057	x725	x715
Hungary/Hongrie	x4896	x4263	x3866	5909	6606	Cote d'Ivoire		x835	x852	x949	x1984
Kuwait / Koweït	x4589	6644	x3846	x1702	x6585	Tunisia/Tunisie	183	1083	193	915	2500
India/Inde	1696	x4188	3824	3854	x10154	Jordan/Jordanie	1256	908	969	158	46
Algeria/Algérie	3899	5803	2876	2198	x2127	Egypt/Egypte	x495	x585	x593	794	516
Nigeria/Nigéria	x3527	x2866	x2937	x4309	x6033	Greece/Grèce	334	1183	539	214	x1521
Indonesia/Indonésie	2088	5005	2357	2441	3435	United Arab Emirates	x218	x206	x653	x949	x954
Morocco/Maroc	2752	2720	3044	3365	3967	Pakistan	154	445	75	913	227
China/Chine	2689	2629	3220	3160	9328	Brunei Darussalam	x102	x965	x271	x89	x10

(VALUE AS % OF TOTAL) (VALEUR EN % DU TOTAL)

	1983	1984	1985	1986	1987	1988	1989	1990	1991	1992		1983	1984	1985	1986	1987	1988	1989	1990	1991	1992
Africa	x3.9	x3.8	x3.4	3.7	3.6	3.2	3.0	x2.7	x2.4	2.6	Afrique	0.3	x0.0	0.4	x0.3	0.3	x0.2	x0.2	x0.2	x0.2	0.3
Northern Africa	x1.5	x1.3	1.0	x0.9	x1.2	x1.1	x1.1	x0.9	0.6	0.7	Afrique du Nord	0.0	0.0	0.0	x0.1	x0.1	x0.0	x0.1	0.1	0.1	0.1
Americas	x19.5	25.5	26.5	25.5	x23.8	24.1	25.4	24.8	25.6	x25.3	Amériques	11.2	11.0	8.8	x7.9	x8.1	8.7	10.1	9.9	10.8	11.8
LAIA	0.9	2.0	2.1	x2.1	x2.7	2.1	2.7	2.7	3.7	x4.3	ALAI	0.2	0.6	0.5	x0.4	x1.0	0.8	0.9	0.9	1.2	1.4
CACM	x0.3	0.6	0.5	0.4	0.3	0.3	0.3	0.3	0.3	x0.4	MCAC	x0.0	0.3	0.2	x0.2	x0.1	0.1	0.1	x0.2	0.1	0.1
Asia	x25.2	x20.3	x20.4	17.6	x17.6	x18.6	x18.9	18.9	x19.0	x21.6	Asie	33.9	33.9	35.3	32.2	31.1	32.7	31.9	29.6	31.1	32.1
Middle East	x8.4	x6.9	x6.2	x5.0	x4.1	x4.5	x3.7	x3.3	x3.4	4.1	Moyen–Orient	x0.1		1.5	0.6	0.4	0.4	x0.3	x0.3	x0.2	x0.2
Europe	47.9	46.5	46.1	49.8	50.2	49.2	47.2	50.3	48.8	46.6	Europe	53.8	54.3	54.9	59.3	58.2	56.1	55.4	58.7	56.9	54.8
EEC	39.4	38.3	37.5	40.2	41.1	40.8	39.0	41.3	40.7	39.3	CEE	49.2	50.2	50.3	54.0	53.2	51.4	51.0	53.7	51.6	49.8
EFTA	8.4	7.8	8.1	8.8	8.7	8.1	7.6	7.9	7.5	6.7	AELE	4.6	4.1	4.5	5.3	5.0	4.7	4.4	4.9	5.2	4.8
Oceania	x3.5	x3.9	x3.6	x3.4	x3.1	x3.3	x3.4	x2.7	x2.5	2.6	Océanie	x0.9	x0.8	x0.5	x0.2	0.2	0.2	0.2	x0.2	x0.2	0.2
USA/Etats–Unis d'Amer	13.6	17.8	19.2	18.9	16.7	18.0	18.7	18.6	18.1	17.5	Germany/Allemagne	20.6	20.1	22.3	24.6	24.2	24.1	24.1	25.3	23.6	22.5
France, Monac	8.5	7.8	7.6	8.2	8.1	8.1	7.4	7.7	7.6	7.3	Japan/Japon	25.0	28.0	28.0	27.2	23.7	24.7	23.3	21.2	21.7	21.5
United Kingdom	7.8	8.6	8.2	7.6	7.9	7.8	7.5	7.2	6.3	6.2	France, Monac	9.0	8.7	7.9	7.8	8.4	8.3	8.4	9.2	9.1	9.1
Italy/Italie	5.2	5.5	5.9	6.5	6.6	6.8	6.3	6.4	6.9	6.8	USA/Etats–Unis d'Amer	10.6	9.6	7.8	6.7	6.6	7.4	8.8	8.4	9.2	10.0
Germany/Allemagne	6.7	6.1	6.1	6.5	6.3	5.9	5.6	6.9	6.7	6.2	Italy/Italie	8.3	8.5	9.1	10.0	9.7	8.4	7.9	7.7	7.5	6.8
Hong Kong	5.4	4.0	5.5	5.3	3.7	3.9	4.7	4.8	4.2	5.7	United Kingdom	7.4	8.8	6.6	6.0	6.1	5.7	5.5	6.0	5.7	5.2
Japan/Japon	2.6	2.6	2.7	2.8	3.3	4.0	3.9	3.8	4.1	3.9	Switz.Liecht	3.5	3.0	3.4	4.1	3.9	3.8	3.4	3.9	4.2	3.8
Spain/Espagne	2.2	1.8	1.8	2.5	3.0	3.5	3.5	3.9	4.0	3.9	Hong Kong	6.8	3.9	3.9	2.1	2.1	2.3	2.9	2.7	2.5	3.2
Netherlands/Pays–Bas	3.7	3.4	3.0	3.4	3.4	3.3	3.2	3.2	3.3	3.1	Korea Republic	0.3	0.4	0.5	0.7	1.6	2.2	2.3	2.0	2.3	2.4
Canada	4.0	4.4	4.0	3.5	3.2	3.3	3.3	2.8	3.0	2.9	Ireland/Irlande	0.9	1.0	1.5	1.5	1.6	1.6	1.9	1.9	1.6	1.4

89601 HAND PAINTINGS ETC NES
TABLEAUX,PEINTURES 89601

TRADE BY COMMODITY IN THOUSAND U.S. DOLLARS – COMMERCE PAR PRODUIT EN MILLIERS DE DOLLARS E.U

IMPORTS – IMPORTATIONS

COUNTRIES–PAYS	1988	1989	1990	1991	1992
Total	5019789	7307141	9546348	4825761	4062265
Africa	x7821	x16436	x16509	x12744	x8054
Northern Africa	x179	x437	x205	x154	x73
Americas	x994094	x1434542	x1695792	1195433	x1238165
LAIA	4876	7212	2890	9682	17040
CACM	x540	344	574	1746	x669
Asia	1451238	2118152	3488863	780240	353708
Middle East	x3818	x4868	x4446	x4595	x8588
Europe	2366233	3557979	4267953	2551748	2403469
EEC	1920925	2865940	3464682	2043620	1995261
EFTA	444972	691409	802340	502545	405693
Oceania	x135967	x61209	x49289	x30367	x43817
Japan/Japon	1409182	2063115	3426318	707581	271664
United Kingdom	1351169	1973153	2363768	1341556	1454153
USA/Etats–Unis d'Amer	913572	1339393	1521112	1149847	1176056
Switz.Liecht	394478	578017	487256	216002	136039
France,Monac	209574	328851	210338	166982	171970
Germany/Allemagne	131759	168942	210338	66505	57702
Spain/Espagne	81448	234872	93376	112891	88887
Netherlands/Pays–Bas	69289	88172	154586	x238261	
Former USSR/Anc. URSS	x51503	x63746	x23957	31745	34831
Canada	72434	82057	164847	31745	34831
Belgium–Luxembourg	42614	42287	110621	84393	44159
Sweden/Suède	27595	83484	74170	26012	5802
Australia/Australie	132119	48064	37733	25001	33901
Italy/Italie	26593	18691	25347	37025	28467
Hong Kong	16034	17122	23101	15910	31479
Korea Republic	14225	14567	10599	28908	15987
Austria/Autriche	10221	12880	14904	12339	12189
Bulgaria/Bulgarie	x1154	x37923	x847	x172	136
Finland/Finlande	8552	11950	16437	7600	3043
Singapore/Singapour	3378	6899	14199	9530	14749
So. Africa Customs Un	6235	14261	10069	x3615	x4344
Denmark/Danemark	6453	5871	11685	7915	2686
Hungary/Hongrie	x6786	x14271	x1260	x6745	x1318
Israel/Israël	2892	4459	5291	10143	6881
Norway,SVD,JM	3264	4700	10250	4607	3056
Ireland/Irlande	891	3595	4981	8435	2323
Mexico/Mexique	2561	5838	1757	6288	10748
French Polynesia	185	x10150	x2760	x430	x4188
New Zealand	3412	2827	5809	4651	5139
Malaysia/Malaisie	349	4935	695	1873	x853
Czechoslovakia	x600	259	180	x6493	x4559
Ghana	x45	x45	x114	x6033	x1577
Saudi Arabia	1162	2113	x2283	x1152	x1755
Niger	x56		x5082		
Portugal	785	1070	1872	1793	3054
Brunei Darussalam	x1025	x1542	x2381	x282	x235
Poland/Pologne	x922	x277	x282	x3571	x8949
Venezuela	1683	607	778	2393	1075
Former GDR	x3461	x2324	x1429	x3	x5327
Suriname/Suriname		x6	x3668	x3	x5327
New Caledonia	x116	x69	x2890	x180	x345
Netherlands Antilles	x852	x3084			584
Cyprus/Chypre	740	780	854	1008	584
Gibraltar		x9	x25	x2539	x14
Yugoslavia SFR	43	36	155	x2361	
Greece/Grèce	349	435	853	1123	x5821
Costa Rica	396	265	77	1707	x299
Reunion/Réunion	96	164	210	1587	436
Bermuda/Bermudes	x302	x644	x375	x754	x615
United Arab Emirates	x767	x683	x253	x300	x3250

EXPORTS – EXPORTATIONS

COUNTRIES–PAYS	1988	1989	1990	1991	1992
Totale	4992224	7912279	9926001	5584782	4922052
Afrique	x6618	x8853	x9268	x10745	x5765
Afrique du Nord	428	4652	481	859	324
Amériques	x1344935	x2590960	x3298696	x1869101	x1332589
ALAI	1583	5587	12869	11968	x3453
MCAC	516	5557	16067	5796	x536
Asie	91414	107509	150936	92506	89711
Moyen–Orient	x912	x2005	x3374	x1671	x1421
Europe	3487167	4945764	6334405	3533000	3459709
CEE	3026288	3849270	4932732	2933947	2773401
AELE	460744	1095113	1400084	595217	682696
Océanie	15147	x77060	x27553	x10654	x27065
USA/Etats–Unis d'Amer	1279647	2504325	3159358	1786906	1261309
United Kingdom	1324146	2050460	2662906	1630929	1597956
Switz.Liecht	413627	1020648	1217045	509254	620075
Germany/Allemagne	1035264	998679	1126766	618428	479094
France,Monac	461337	543699	761611	343054	312721
Netherlands/Pays–Bas	88359	122306	159961	114101	133964
Former USSR/Anc. URSS	x33852	x162971	x77779	x53856	
Sweden/Suède	26747	52075	131761	57399	46008
Belgium–Luxembourg	41366	30902	95791	103249	142111
Canada	49282	65874	79088	46997	42570
Spain/Espagne	23370	29925	44860	66788	44366
Korea Republic	28977	33117	64337	33891	14288
Australia/Australie	12917	74683	25988	9387	25297
Italy/Italie	23034	36891	40482	30331	41646
Hong Kong	29572	32414	38471	29919	33141
Denmark/Danemark	25424	30147	31215	20160	17198
Austria/Autriche	11054	12456	26092	15454	10546
Norway,SVD,JM	8890	8504	23879	12195	4925
Japan/Japon	9752	12600	20499	10153	12119
Bahamas	42	x2575	x26975	x13596	x21800
Israel/Israël	10643	13932	8155	7099	7320
Costa Rica	444	5535	16049	5295	x405
Mexico/Mexique	1182	5093	6676	9339	1980
Bulgaria/Bulgarie	x2446	x5279	x14583	x1070	x1182
Ireland/Irlande	3880	5948	8668	6302	2201
Hungary/Hongrie	x2570	x7533	x3415	x8764	x2286
So. Africa Customs Un	x4510	x3703	x7896	x6147	x2551
China/Chine	5062	5772	5743	4791	11429
Czechoslovakia	x2839	x2616	x2307	x2351	x1278
Singapore/Singapour	4655	5346	4638	2253	4141
Bermuda/Bermudes	x180	x3222	x1923	x139	x341
Egypt/Egypte	376	3926	437	794	214
Gibraltar	x2	x1154	x1440	x2411	x2961
Malaysia/Malaisie	213	160	4206	505	x399
New Zealand	1863	2162	1154	1021	1462
Poland/Pologne	x1200	x1079	x625	x2522	x2207
Brazil/Brésil	32	216	3654	19	97
Finland/Finlande	426	1404	1302	914	1120
Liberia/Libéria				x3154	
Jordan/Jordanie	238	405	2001	212	125
Venezuela	35	49	2022	282	44
Former GDR	x3212	x1764	x514		
Cayman Is/Is Caïmans		x2150		x9	x687
India/Inde	492	x747	504	469	x950
Panama	x12646	38	6	x1526	23
British Virgin Islds		x491	x744	x316	x291
Romania/Roumanie	x824	x890	x408	x212	x230
Macau/Macao	4	124	286	950	1441
Colombia/Colombie	9	3	39	1289	151
Suriname/Suriname	x63	x533	x690	x7	

(VALUE AS % OF TOTAL)(VALEUR EN % DU TOTAL)

	1983	1984	1985	1986	1987	1988	1989	1990	1991	1992		1983	1984	1985	1986	1987	1988	1989	1990	1991	1992
											Afrique	x0.1	x0.6	x0.4	x0.3	x0.3	x0.1	x0.1	x0.1	x0.2	x0.2
Africa	x0.4	x0.8	x0.5	x0.3	x0.3	x0.1	x0.2	x0.2	x0.3	x0.2	Afrique du Nord	0.0	0.0	0.0	0.0	0.0	0.1	0.1	0.0	0.0	0.0
Northern Africa	x0.0	x0.0	0.0	0.0	0.0	0.0	0.0	0.0	0.0	0.0	Amériques	x25.3	29.4	26.5	25.9	x24.8	x26.9	x32.8	x33.2	x33.4	x27.1
Americas	43.3	x48.1	45.6	x36.3	x22.1	x19.8	x19.7	x17.8	24.8	x30.5	ALAI	x0.1	1.4	0.9	x0.1	x0.3	0.0	0.1	0.1	0.2	x0.1
LAIA	0.2	0.3	1.3	x0.2	0.3	0.1	0.1	0.0	0.2	0.4	MCAC	x0.2	x0.1	x0.1	x0.1	x0.3	0.0	0.1	0.2	0.1	x0.1
CACM	x0.0	0.0	0.0	x0.0	x0.0	x0.0	0.0	0.0	x0.0	x0.0	Asie	4.1	2.8	4.2	2.2	2.1	1.8	1.3	1.5	1.6	1.8
Asia	x12.9	x8.8	x10.7	13.7	x23.8	28.9	29.0	36.5	16.2	8.8	Moyen–Orient	x0.2	x0.1	x0.1	x0.1	x0.1	0.0	0.0	0.0	0.0	x0.2
Middle East	x1.0	x0.5	x0.5	x0.2	x0.1	x0.1	x0.1	0.0	x0.1	x0.2	Europe	69.0	66.8	68.3	71.4	70.1	69.9	62.5	63.8	63.3	70.3
Europe	42.2	40.1	41.2	48.3	52.5	47.1	48.7	44.7	52.9	59.2	CEE	55.7	54.4	56.5	58.8	59.5	60.0	48.6	49.7	52.5	56.3
EEC	35.4	32.4	34.4	38.3	42.8	39.2	39.2	36.3	42.3	49.1	AELE	13.2	12.4	11.7	12.5	10.6	9.2	13.8	14.1	10.7	13.9
EFTA	6.8	7.7	6.8	10.0	9.7	8.9	9.5	8.4	10.4	10.0	Océanie	1.2	x0.4	x0.5	x0.3	0.3	x0.1	x0.1	x0.0	x0.2	x0.5
Oceania	1.2	x2.1	x2.0	x1.5	x0.7	x2.7	x0.8	x0.6	x0.6	x1.1	USA/Etats–Unis d'Amer	24.9	27.7	25.3	25.4	23.7	25.6	31.7	31.8	32.0	25.6
Japan/Japon	10.3	7.4	7.8	12.2	22.8	28.1	28.2	35.9	14.7	6.7	United Kingdom	29.7	27.9	31.5	31.0	34.6	26.5	25.9	26.8	29.2	32.5
United Kingdom	24.7	22.8	23.7	28.2	30.1	26.9	27.0	24.8	27.8	35.8	Switz.Liecht	12.3	10.9	10.4	11.3	9.7	8.3	12.9	12.3	9.1	12.6
USA/Etats–Unis d'Amer	41.7	45.7	42.2	34.3	20.5	18.2	18.3	15.9	23.8	29.0	Germany/Allemagne	9.0	11.6	9.9	9.4	7.9	20.7	12.6	11.4	6.1	6.4
Switz.Liecht	5.7	6.5	6.0	9.0	8.4	7.9	7.9	7.2	9.4	9.4	France,Monac	8.0	7.9	7.6	7.9	10.0	9.2	6.9	7.7	6.1	6.4
France,Monac	2.5	2.5	2.6	2.8	3.2	4.3	4.5	5.1	4.5	3.3	Netherlands/Pays–Bas	5.4	3.5	2.3	2.7	2.0	1.8	1.5	1.6	2.0	2.7
Germany/Allemagne	3.4	3.2	2.8	3.3	3.1	2.6	2.3	2.2	3.5	4.2	Former USSR/Anc. URSS						x1.7	x0.7	x2.1	x0.8	x1.0
Spain/Espagne	0.2	0.3	2.3	1.1	3.3	1.6	3.2	1.0	1.4	1.4	Sweden/Suède	0.4	1.0	0.8	0.7	0.4	0.5	0.4	1.3	1.0	0.9
Netherlands/Pays–Bas	3.6	2.9	2.0	1.8	1.8	1.4	1.2	1.6	2.3	2.2	Belgium–Luxembourg	1.3	1.2	1.5	1.4	1.2	0.8	0.4	1.0	1.8	2.9
Former USSR/Anc. URSS				x0.3	x1.0	x0.7	xC.9	x0.3	4.9		Canada	x0.2	x0.1	x0.3	x0.3	x0.4	1.0	0.8	0.8	0.8	0.9
Canada	1.3	2.0	1.8	1.6	1.2	1.4	1.1	1.7	0.7	0.9											

89605 COINS, NATURE COLLECTIONS / COLLECTIONS ZOOLOG, BOTAN 89605

TRADE BY COMMODITY IN THOUSAND U.S. DOLLARS – COMMERCE PAR PRODUIT EN MILLIERS DE DOLLARS E.U

IMPORTS – IMPORTATIONS

COUNTRIES–PAYS	1988	1989	1990	1991	1992
Total	754115	337789	423619	303669	293391
Africa	x596	x378	x513	x2813	x5530
Northern Africa	x56	33	x43	x30	x99
Americas	x521088	x41852	x48853	x33075	x36471
LAIA	x404	1441	x453	1254	741
CACM	2	5	416	7	x43
Asia	x19622	x18674	36354	20927	x17359
Middle East	x1514	x746	x291	x726	x3026
Europe	186625	238033	308156	242085	229455
EEC	149074	197990	252326	198281	185724
EFTA	37368	39671	55751	43753	43299
Oceania	x25003	x7005	x23348	x2336	x2973
United Kingdom	71862	106562	109468	60909	95260
Germany/Allemagne	44431	45718	56112	58149	45188
France, Monac	18106	26646	54715	39401	14801
Switz.Liecht	33151	33579	45553	37014	32926
USA/Etats–Unis d'Amer	517343	36055	39186	26501	26632
Japan/Japon	12199	12704	28707	14029	11265
Italy/Italie	7324	11028	16621	15020	18085
Former USSR/Anc. URSS	x636	x30972	x829	x256	
New Zealand	1484	2431	22007	1247	1304
Canada	2938	4047	8608	5132	8747
Netherlands/Pays–Bas	918	3113	8671	4108	3367
Austria/Autriche	2913	2818	7405	4200	2963
Ireland/Irlande	72	41	52	13225	751
Belgium–Luxembourg	4146	2714	3081	4974	4738
Australia/Australie	20983	4452	1124	869	1390
Israel/Israël	794	3051	88	2531	200
Hungary/Hongrie	x7	x8	x5164	x40	x35
Spain/Espagne	1248	876	2679	1447	2361
Sweden/Suède	1010	2121	1595	899	908
Hong Kong	636	225	1185	2630	1734
Malaysia/Malaisie	87	82	3593	144	x298
Norway, SVD, JM	228	925	1093	1300	6393
Singapore/Singapour	1685	1237	1605	467	636
So. Africa Customs Un	474	108	35	x2648	x5299
Poland/Pologne	x40	x31	x114	x2014	x296
Mexico/Mexique	221	1108	31	991	188
Denmark/Danemark	395	874	341	358	529
Greece/Grèce	508	360	490	531	x328
Korea Republic	73	351	270	295	23
Finland/Finlande	64	226	103	336	109
Kuwait/Koweït	x502	x617	x6		x18
Albania/Albanie	x14	x575			
Saudi Arabia	x689	37	x122	x395	x570
Brunei Darussalam	x272	x142	x379	x10	x51
Former GDR	x484	x234	x178		
Malta/Malte	73	337	35	x21	x6
Honduras		1	387	0	
Argentina/Argentine	14	1	x368	11	62
Portugal	65	58	95	157	315
Madagascar			x300		
Nepal/Népal	x71	x109	x188		
Cayman Is/Is Caïmans	x51	x80	x90	x88	x225
French Polynesia	2	x28	x151	x7	x26
American Samoa	x2502	x84	x15	x85	x30
Brazil/Brésil	68	128	4	39	164
Venezuela	20	116	39	9	106
Malawi		x161			
Qatar		x4		x122	x124
Colombia/Colombie	x20	x82	2	x41	36
Bulgaria/Bulgarie			x85	x29	32

EXPORTS – EXPORTATIONS

COUNTRIES–PAYS	1988	1989	1990	1991	1992
Totale	621433	456335	470553	348020	372907
Afrique	x5235	x5167	x9205	x12031	x8724
Afrique du Nord	x698	x472	x363	x774	x1158
Amériques	x250017	x37399	x77209	x60715	x118714
ALAI	x3837	835	x697	x1445	x1173
MCAC	x498	x479	x25	x733	x590
Asie	159640	155720	69404	48328	31500
Moyen–Orient	x1245	x1317	x1695	x2393	x1352
Europe	193037	238745	304811	207446	211044
CEE	160386	202880	257251	171205	171795
AELE	32570	35768	47451	35999	38879
Océanie	x4019	x3049	x6340	x2230	x1539
Germany/Allemagne	56543	85481	94966	59043	64160
China/Chine	148088	142741	55934	33386	23527
United Kingdom	55672	56800	69509	48470	54677
France, Monac	32852	43716	71306	44428	29188
USA/Etats–Unis d'Amer	238545	32587	72336	52626	110212
Switz.Liecht	30329	32466	43855	33365	35477
Former USSR/Anc. URSS	x7504	x13869	x1913	x16817	
Italy/Italie	6462	7444	9045	8725	9645
Belgium–Luxembourg	2823	3860	4855	3866	4714
Canada	5309	2913	3817	5239	6393
Israël/Israël	6546	3756	6835	1286	1687
Netherlands/Pays–Bas	2434	2478	3855	2847	3806
Korea Republic	49	26	12	8565	18
Denmark/Danemark	2955	2679	2547	3359	3389
Zimbabwe	x268	x310	3804	3344	x680
Australia/Australie	2737	2011	3920	364	702
Singapore/Singapour	1787	2658	3258	315	104
So. Africa Customs Un	x2180	x1440	x1285	x2075	x2829
New Zealand	1253	764	2123	1816	720
Austria/Autriche	534	574	2766	932	1024
Hong Kong	331	3197	565	89	1608
Liberia/Libéria	x10		x134	x2892	x4
Iran (Islamic Rp. of)	x707	x852	x777	x1326	x720
Sweden/Suède	1416	2185	227	468	1027
Zaire/Zaïre	x108	x1219	x1038	x343	x842
Norway, SVD, JM	191	505	580	1213	1294
Bulgaria/Bulgarie	x51	x1579	x358	x30	x263
Malaysia/Malaisie	132	128	133	1406	x831
Cote d'Ivoire		x264	x523	x759	x1444
Mali	x128	x460	x522	x465	x160
Egypt/Egypte	x623	x411	x288	x737	x1131
Mexico/Mexique	527	495	258	542	406
Lebanon/Liban	x314	x421	x402	x363	x373
Former GDR	x342	x399	x767		
Portugal	1	2	863	82	2
Spain/Espagne	622	294	273	358	1855
Japan/Japon	750	641	173	101	152
Panama	x343	x430	x145	x264	x149
Nepal/Népal	x179	x129	x427	x273	x212
India/Inde	30	x575	71	111	x671
Nigeria/Nigéria	x346	x137	x377	x241	x169
Costa Rica	x86	x3	x11	x693	x544
Czechoslovakia	x154	x109	x241	x244	x74
Hungary/Hongrie	x65	x149	x268	x113	x109
Un. Rep. of Tanzania	x531	x46	x337	x147	x142
Uruguay	x1348	19	x336	x169	x109
Guatemala	x409	x474	0	x20	x47
Syrian Arab Republic			x355	x128	x133
Turkey/Turquie				x405	
Togo				x389	x438

(VALUE AS % OF TOTAL) (VALEUR EN % DU TOTAL)

	1983	1984	1985	1986	1987	1988	1989	1990	1991	1992
Africa	x0.2	x0.1	x0.1	x0.5	x0.5	x0.1	x0.1	x0.1	x1.0	x1.9
Northern Africa	x0.2	x0.0	x0.0	x0.1	x0.1	x0.0	0.0	x0.1	x0.0	x0.0
Americas	x89.9	89.6	88.6	x80.4	x72.8	x69.1	x12.4	x11.5	x10.9	x12.5
LAIA	0.0	1.0	0.0	x0.5	x0.3	x0.1	0.4	x0.1	0.4	0.3
CACM	x0.0	0.0	0.0	0.0	0.0	0.0	0.1	0.1	0.0	x0.0
Asia	x0.9	x1.2	x0.8	x2.2	1.9	x2.6	x5.6	8.6	6.9	x5.9
Middle East	x0.2	x0.2	x0.1	x0.1	x0.1	x0.2	x0.2	x0.1	x0.2	x1.0
Europe	8.6	8.8	9.1	16.0	24.2	24.7	70.5	72.7	79.7	78.2
EEC	5.7	6.6	6.8	11.8	18.6	19.8	58.6	59.6	65.3	63.3
EFTA	2.9	2.1	2.3	4.1	5.6	5.0	11.7	13.2	14.4	14.8
Oceania	0.5	x0.4	1.4	x0.9	x0.5	x3.3	x2.0	x5.6	x0.8	x1.0
United Kingdom	3.1	3.3	3.9	6.5	7.6	9.5	31.5	25.8	20.1	32.5
Germany/Allemagne	1.7	2.5	1.7	3.1	3.1	5.9	13.5	13.2	19.1	15.4
France, Monac	0.5	0.3	0.6	1.1	1.6	2.4	7.9	12.9	13.0	5.0
Switz.Liecht	2.7	2.0	2.1	3.7	5.1	4.4	9.9	10.8	12.2	11.2
USA/Etats–Unis d'Amer	89.2	88.1	87.7	79.0	71.8	68.6	10.7	9.3	8.7	9.1
Japan/Japon	0.5	0.8	0.4	1.4	0.7	1.6	3.8	6.8	4.6	3.8
Italy/Italie	0.0	0.2	0.1	0.2	0.1	1.0	3.3	3.9	4.9	6.2
Former USSR/Anc. URSS					x0.0	x0.1	x9.2	x0.1		
New Zealand	0.3	0.2	1.0	0.3	0.3	0.2	0.7	5.2	0.4	0.4
Canada	0.6	0.5	0.8	0.8	0.7	0.4	1.2	2.0	1.7	3.0

	1983	1984	1985	1986	1987	1988	1989	1990	1991	1992
Afrique	x0.6	x0.7	x0.9	x0.3	x0.6	x0.9	x1.1	x2.0	x3.5	x2.4
Afrique du Nord	x0.0	x0.0	x0.0	x0.0	x0.1	x0.1	x0.1	x0.1	x0.2	x0.3
Amériques	x63.0	x57.4	x52.1	x69.8	x56.8	x40.2	x16.4	x17.4	x31.9	
ALAI	x0.0	x0.6	x5.2	x12.9	x11.8	x0.6	0.2	x0.1	x0.4	x0.3
MCAC	x0.0	0.0		x0.0	x0.0	x0.1	0.1	x0.0	x0.2	x0.2
Asie	x3.6	4.5	x3.6	x2.8	20.7	25.7	34.2	14.8	13.9	8.5
Moyen–Orient	x0.2	x0.2	x0.4	x0.2	x0.2	x0.1	x0.3	x0.4	x0.7	x0.4
Europe	32.0	37.0	42.8	26.5	21.2	31.1	52.3	64.8	59.6	56.6
CEE	19.3	21.9	30.3	16.3	16.2	25.8	44.5	54.7	49.2	46.1
AELE	12.7	12.8	12.2	10.0	5.0	5.2	7.8	10.1	10.3	10.4
Océanie	x0.8	x0.5	x0.6	x0.6	x0.4	x0.1	x0.7	x1.4	x0.6	x0.4
Germany/Allemagne	4.8	6.5	10.3	4.7	4.0	9.1	18.7	20.2	17.0	17.2
China/Chine					18.1	23.8	31.3	11.9	9.6	6.3
United Kingdom	10.0	9.8	13.1	6.6	6.8	9.0	12.4	14.8	13.9	14.7
France, Monac	2.1	4.0	5.1	3.4	4.3	5.3	9.6	15.2	12.8	7.8
USA/Etats–Unis d'Amer	50.4	44.0	29.3	46.8	38.5	38.4	7.1	15.4	15.1	29.6
Switz.Liecht	12.2	12.4	11.7	9.7	4.8	4.9	7.1	9.3	9.6	9.5
Former USSR/Anc. URSS					x0.3	x1.2	x3.0	x0.4	x4.8	
Italy/Italie	0.8	0.1	0.0	0.1	1.0	1.6	1.9	2.5	2.6	
Belgium–Luxembourg	0.9	0.4	0.8	0.7	0.3	0.5	0.8	1.0	1.1	1.3
Canada	x12.1	x12.6	x17.4	x10.0	x6.4	0.9	0.6	0.8	1.5	1.7

8972 IMITATION JEWELLERY

BIJOUTERIE DE FANTAISIE 8972

TRADE BY COMMODITY IN THOUSAND U.S. DOLLARS – COMMERCE PAR PRODUIT EN MILLIERS DE DOLLARS E.U

COUNTRIES–PAYS	IMPORTS – IMPORTATIONS 1988	1989	1990	1991	1992	COUNTRIES–PAYS	EXPORTS – EXPORTATIONS 1988	1989	1990	1991	1992
Total	1735011	1681011	1807146	2025801	2198880	Totale	1372630	1478515	1639918	1726984	1759964
Africa	x19478	x16304	x18489	x17394	x24279	Afrique	x1713	x3195	x2554	x3713	x6039
Northern Africa	2559	1939	1941	1932	x3987	Afrique du Nord	685	1244	950	1236	1491
Americas	x630818	564540	598334	640599	x689534	Amériques	x144086	x128031	155619	174353	x172301
LAIA	11776	18959	24462	35657	42915	ALAI	7077	8129	18507	25246	x18218
CACM	906	1293	2140	1349	x2273	MCAC	61	x28	61	112	x4670
Asia	332437	350374	359477	x396696	x381090	Asie	644434	751082	818765	950993	918504
Middle East	x54722	x49808	x37229	x49597	x47611	Moyen–Orient	x3141	3253	x3606	x3271	x4489
Europe	682725	670961	784445	916143	1051577	Europe	515367	546257	623455	567257	632626
EEC	565797	558558	653336	792985	905787	CEE	427097	469668	537024	474693	521171
EFTA	114115	109649	126129	118752	142867	AELE	88166	76225	86307	92437	111103
Oceania	x36901	x37342	x37155	x36800	40187	Océanie	x4069	x4820	x4496	x4475	x4920
USA/Etats–Unis d'Amer	558107	483502	510881	541611	582493	Hong Kong	321397	328964	384068	456632	349305
France,Monac	128031	118150	133294	264641	303061	Korea Republic	217608	236480	269976	290254	288964
Germany/Allemagne	119809	117782	157128	172618	196835	Germany/Allemagne	128515	125311	142834	123086	134732
Hong Kong	115740	118908	121984	125673	126230	USA/Etats–Unis d'Amer	112788	92790	115667	129047	125844
Japan/Japon	116420	125496	129482	110650	122287	Italy/Italie	86251	94597	105382	84032	98620
United Kingdom	114273	125201	129468	61931	61708	France, Monac	67971	86638	97346	63130	69995
Italy/Italie	72128	61515	58982	51040	50841	United Kingdom	57610	60687	69113	69221	89168
Canada	47556	53706	51733	44504	50178	Austria/Autriche	65908	56343	66641	56557	x66453
Netherlands/Pays–Bas	39484	38620	45805	44504	51736	Thailand/Thaïlande	32247	47835	54949	56557	x66453
Spain/Espagne	28789	27888	44512	51736	69225	China/Chine	14359	19035	31913	65437	90217
Belgium–Luxembourg	34175	36079	41662	45005	55662	Philippines	19116	x34093	32729	32859	39166
Switz.Liecht	40917	37776	42609	41593	54193	Spain/Espagne	25577	29208	38258	31755	35069
Austria/Autriche	25502	25640	30339	30547	38389	Ireland/Irlande	23592	27261	31119	29180	32898
Australia/Australie	28136	27855	28240	27692	31413	Czechoslovakia	x58229	x38691	x30237	x18098	x21928
Sweden/Suède	26382	25954	27992	24317	24291	Netherlands/Pays–Bas	20589	22762	31223	31923	34849
Singapore/Singapour	17764	21902	26065	22173	25598	Japan/Japon	25807	25824	26741	28162	27584
Saudi Arabia	24596	24394	x16243	x25654	x24416	Canada	22583	23655	20124	19602	22548
Mexico/Mexique	7176	13567	16246	21696	23123	India/Inde	2927	x46443	3197	3728	x33847
Norway,SVD,JM	12701	11424	14475	14309	18420	Belgium–Luxembourg	9357	14601	12474	13226	17225
Former USSR/Anc. URSS	x17669	x27414	x1699	x7900		Switz.Liecht	10884	10019	7108	10171	7878
Greece/Grèce	4206	7936	12725	11740	x12469	Colombia/Colombie	696	878	9374	10787	1895
Portugal	7167	8433	9639	12291	14378	Sweden/Suède	7436	4956	6602	6917	5320
China/Chine	7756	6095	7653	15540	16948	Mexico/Mexique	2889	4277	5014	8195	6750
Ireland/Irlande	7524	11011	11010	9958	11303	Denmark/Danemark	5956	5857	6329	4781	4699
Denmark/Danemark	10210	8638	9096	7910	8681	Finland/Finlande	3518	4298	5424	5279	6379
Finland/Finlande	7785	8086	9814	6935	6442	Singapore/Singapour	3132	4177	4251	4769	5936
Korea Republic	4010	5826	8745	7870	8376	Former USSR/Anc. URSS	x2512	x3984	x3712	x4880	
Israel/Israël	8371	6912	7498	6680	8827	New Zealand	2822	2588	2351	2270	2197
United Arab Emirates	x14654	x7480	x6258	x7061	x9342	Greece/Grèce	1350	2299	2021	2678	x3914
So. Africa Customs Un	8702	4806	6575	x5949	x6676	Brazil/Brésil	2368	1720	1598	2390	2867
New Zealand	5056	5560	5513	5646	4268	Australia/Australie	1060	1804	1966	1925	2615
Kuwait/Koweït	x4210	8149	x3102	x2968	x3753	Macau/Macao	1834	1225	1649	2679	2358
Malaysia/Malaisie	3064	3718	4750	4087	x5031	Turkey/Turquie	1042	1581	1820	1610	2215
Panama	916	1477	4124	4368	4018	Indonesia/Indonésie	443	787	1091	x2724	x2902
Lebanon/Liban	x2051	x1985	x2889	x4305	x2390	Peru/Pérou	279	970	1522	1607	1260
Nigeria/Nigéria	x2057	x2388	x3107	x3186	x4112	Israel/Israël	1246	x1036	x362	x2570	x3039
Philippines	442	x5412	569	1605	1047	Poland/Pologne	x541		925	1217	1366
Czechoslovakia	599	2281	2527	x2410	x3775	Portugal	328	448	586	1029	1247
Chile/Chili	1572	1736	1876	3276	x2101	Morocco/Maroc	371	918		883	1170
Former GDR	x10305	x6017	x355			Cyprus/Chypre	1355	611	517		
Yugoslavia SFR	941	1038	2511	x2585	3576	Norway,SVD,JM	421	610	533	849	2325
Thailand/Thaïlande	950	1448	2273	2220		Aruba		x1717	x258		x21
Cyprus/Chypre	2526	1437	2130	2125	1757	Malaysia/Malaisie	109	204	893	875	x2721
Poland/Pologne	x414	x355	x923	x4262	x3433	Korea Dem People's Rp	x173	x220	x314	x1296	x2669
Oman	2161	1332	1608	2420	x151	Sri Lanka	86	306	429	1044	186
Hungary/Hongrie	x623	x807	x2398	2137	x3677	Kenya	244	x676	361	x673	x869
Venezuela	1475	1464	1536	2315	3502	Mauritius/Maurice	x64	x480	320	841	953
Andorra/Andorre	x1259	x1174	x1731	x1370	x1272	So. Africa Customs Un	x442	x374	x417	x624	x1244
Fiji/Fidji	849	1370	1441	1182	1053	United Arab Emirates	x210	x190	x883	x136	x266
Guam	x1769	x1641	x1019	x1272	x1514	Argentina/Argentine	113	106	338	759	2888

(VALUE AS % OF TOTAL)(VALEUR EN % DU TOTAL)

	1983	1984	1985	1986	1987	1988	1989	1990	1991	1992		1983	1984	1985	1986	1987	1988	1989	1990	1991	1992
Africa	x2.7	x1.8	x1.1	x1.4	x1.1	x1.1	x1.0	x1.1	x0.9	x1.1	Afrique	x0.2	x0.1	0.2	x0.1	0.1	x0.2	x0.1	x0.2	x0.2	x0.4
Northern Africa	x0.6	x0.4	0.3	x0.3	0.1	0.1	0.1	0.1	0.1	x0.2	Afrique du Nord	0.1	0.1	0.1	0.1	0.1	0.1	0.1	0.1	0.1	0.1
Americas	x38.0	52.0	x53.1	x43.0	x35.8	x36.3	33.6	33.1	31.7	x31.4	Amériques	x12.6	10.3	x8.1	x9.5	x8.8	x10.5	8.7	9.5	10.1	x9.8
LAIA	0.1	0.3	0.4	0.5	0.4	0.7	1.1	1.4	1.8	2.0	ALAI	0.1	0.4	0.3	x1.0	0.8	0.5	0.5	1.1	1.5	x1.0
CACM	x0.0	0.0	x0.0	x0.0	0.1	0.1	0.1	0.1	0.1	x0.1	MCAC	x0.0	0.0	0.0	x0.0	0.0	x0.1	0.0	0.0	0.0	x0.3
Asia	x17.9	14.4	x13.2	15.0	18.7	19.2	20.9	19.9	x19.5	x17.3	Asie	44.6	50.6	52.1	46.7	47.9	47.0	50.8	49.9	55.0	52.1
Middle East	x4.2	x3.3	x2.6	x2.7	x3.3	x3.2	3.0	x2.1	x2.4	2.2	Moyen–Orient	x0.3	0.2	0.3	x0.3	x0.4	x0.2	0.2	x0.2	x0.2	x0.3
Europe	39.1	29.8	30.5	38.9	41.7	39.3	39.9	43.4	45.2	47.8	Europe	42.2	38.3	39.1	43.4	42.3	37.5	36.9	38.0	32.7	35.9
EEC	29.8	22.9	23.2	30.1	32.8	32.6	33.2	36.2	39.1	41.2	CEE	34.8	31.4	31.4	34.4	33.9	31.1	31.8	32.7	27.5	29.6
EFTA	9.2	6.7	7.3	8.7	8.7	6.8	6.6	6.5	7.0	6.5	AELE	7.4	6.9	7.7	9.0	8.3	6.4	5.2	5.3	5.4	6.3
Oceania	2.5	x2.1	2.2	x1.8	1.7	x2.1	2.2	2.1	x1.8	x1.8	Océanie	0.4	0.6	0.3	0.4	x0.3	x0.3	0.3	x0.3	x0.2	x0.3
USA/Etats–Unis d'Amer	33.6	46.9	47.6	37.2	31.0	32.2	28.7	28.3	26.7	26.5	Hong Kong	20.7	24.8	25.9	22.4	23.1	23.4	22.2	23.4	26.4	19.8
France,Monac	8.1	6.0	6.4	8.4	7.4	7.4	7.0	7.4	13.1	13.8	Korea Republic	10.8	12.4	13.8	14.2	15.5	15.9	16.0	16.5	16.8	16.4
Germany/Allemagne	5.6	4.0	3.7	4.9	5.8	6.9	7.0	7.7	8.7	9.0	Germany/Allemagne	10.9	9.2	9.3	10.2	9.5	8.5	9.4	8.7	7.1	7.7
Hong Kong	4.1	3.5	4.1	4.0	5.0	6.7	7.1	7.7	7.7	6.0	USA/Etats–Unis d'Amer	12.4	9.9	7.7	7.6	6.8	6.3	6.4	7.1	7.5	7.2
Japan/Japon	6.2	5.0	4.3	5.7	7.2	6.7	7.5	6.8	6.2	5.7	Italy/Italie	7.9	7.0	7.4	7.9	7.6	6.3	6.4	6.4	5.2	5.0
United Kingdom	6.7	6.1	6.1	6.5	6.4	6.6	7.4	7.2	5.5	2.8	France, Monac	3.6	3.9	4.7	5.5	5.2	5.0	5.9	5.9	4.9	5.6
Italy/Italie	3.1	2.4	2.5	3.4	3.6	4.2	3.7	3.3	3.1	2.3	United Kingdom	4.7	4.5	4.5	4.3	4.5	4.2	4.1	4.2	4.0	5.1
Canada	3.8	4.2	4.7	4.7	3.5	2.7	3.2	2.9	2.5	2.3	Austria/Autriche	4.7	4.4	5.2	5.7	5.1	4.8	3.8	4.1	4.0	x3.8
Netherlands/Pays–Bas	2.0	1.5	1.6	2.4	2.6	2.3	2.3	2.5	2.5	2.3	Thailand/Thaïlande	0.9	0.8	0.7	1.2	1.9	2.3	3.2	3.4	3.3	5.1
Spain/Espagne	1.0	0.6	0.6	1.0	1.6	1.6	1.7	2.5	2.5	3.1	China/Chine				0.7	1.0	1.3	1.9	3.8	5.1	

8973 PREC JEWLRY, GLD–SILVWARE

BIJOUX OR, ARGENT ORFEVRE 8973

TRADE BY COMMODITY IN THOUSAND U.S. DOLLARS – COMMERCE PAR PRODUIT EN MILLIERS DE DOLLARS E.U

IMPORTS – IMPORTATIONS

COUNTRIES–PAYS	1988	1989	1990	1991	1992
Total	8434337	9439738	10701330	10335823	x11502263
Africa	x86396	x77310	x82996	x130474	x130429
Northern Africa	45367	x28437	x38449	x55718	x23856
Americas	x2625534	x2889875	x2821221	x2844377	x3143897
LAIA	4268	9432	13257	27575	x36444
CACM	2133	2846	1365	771	x3082
Asia	x2321138	x2382752	x2889225	x2694285	x3348684
Middle East	x1004735	x634810	x830917	x871063	x1243266
Europe	3197600	3889408	4714100	4466048	4655009
EEC	1769281	2282253	2722996	2680570	2965418
EFTA	1412147	1591779	1965515	1753505	1635748
Oceania	x107921	x131760	x157287	x153383	x171082
USA/Etats–Unis d'Amer	2450671	2717686	2655768	2647461	2936757
Switz.Liecht	1106841	1262628	1568888	1417408	1326711
United Kingdom	772779	1024377	1087765	904344	993623
Japan/Japon	643392	841957	1007774	1015837	920209
Germany/Allemagne	408833	477806	642298	728300	753268
France, Monac	291103	415562	468416	453978	623307
Hong Kong	342981	438440	447247	432605	489131
United Arab Emirates	x495634	x279356	x301778	x357647	x596559
Brunei Darussalam	x189087	x292073	x387543	x157219	x143019
Saudi Arabia	305499	95023	x308656	x294784	x328972
Austria/Autriche	164412	180250	214451	177595	
Spain/Espagne	44858	66380	144656	174127	162657
Italy/Italie	85275	99112	119563	139950	233553
Belgium–Luxembourg	83011	92314	114637	115403	158814
Lebanon/Liban	x66294	x77499	x89189	x141014	132912
Australia/Australie	73270	91295	109835	99691	x114856
Canada	72440	86200	77338	92065	111318
Sweden/Suède	73396	76204	94496	78869	93503
Singapore/Singapour	29395	42955	75691	86641	79148
Kuwait/Koweït	x80872	130204	x45773	x8541	113971
Netherlands/Pays–Bas	30048	37602	49830	52689	x34991
Thailand/Thaïlande	19258	40899	43643	42240	64805
Libyan Arab Jamahiriya	45128	x27860	x37674	x55046	62671
Finland/Finlande	25140	36505	43329	39321	x21780
Norway, SVD, JM	40076	34088	41753	37638	24509
Oman	17192	22365	40220	26258	39929
Israel/Israël	25860	24749	28846	31871	x35252
Korea Republic	21862	24298	30440	29091	59767
Portugal	9831	17718	25849	39215	28476
Ireland/Irlande	16433	20922	25114	25290	60804
Denmark/Danemark	21177	20917	24130	25915	18329
Bahrain/Bahreïn	x25058	x19222	x29632	x11627	27379
Former USSR/Anc. URSS	x62657	x43800	x2427	x13593	x105907
New Zealand	14868	14434	20909	22431	33336
Greece/Grèce	5933	9544	18929	21360	x32800
China/Chine	26357	16953	18929	9348	89183
Bahamas	x11885	x13357	x8973	x20783	x12080
Andorra/Andorre	x12438	x11823	x16125	x11755	x10610
Benin/Bénin	x14340	x12725	x10955	x14340	x15842
Mexico/Mexique	2667	6701	9667	21557	22002
So. Africa Customs Un	7834	4862	5889	x26208	x33472
Jamaica/Jamaïque	6300	10680	10928	14401	x9891
Hungary/Hongrie	x4174	x6809	x12498	13319	x11397
United States Virg Is	x6604	x10596	x15264	x149	
French Polynesia	3783	x10312	x7181	x7982	x5787
Malaysia/Malaisie	7946	7344	10211	7725	x21272
Fiji/Fidji	3568	5425	9344	9486	6652
Poland/Pologne	x9187	x6935	x2936	x14106	x21267
Qatar	3724	89	1926	21116	x14249
Guam	x8878	x6228	x5529	x10067	x9310

EXPORTS – EXPORTATIONS

COUNTRIES–PAYS	1988	1989	1990	1991	1992
Totale	8838858	10425071	11855292	12016794	13557627
Afrique	x26694	x31372	x45110	x39366	x57074
Afrique du Nord	1028	1209	x578	x136	548
Amériques	x637673	x810416	x928531	x1074551	x1200400
ALAI	78448	116920	121508	x173546	x225778
MCAC	11590	23409	7412	x2782	x12517
Asie	x2465990	x2978412	x3437886	x3606558	x4294163
Moyen–Orient	x178732	x174379	x328013	x276852	x278071
Europe	5627152	6527308	7338483	7194576	7913981
CEE	4580730	5241721	5801167	5661962	6161172
AELE	1026369	1266723	1519009	1503397	1696285
Océanie	x41965	x42283	x59275	x70726	x76294
Italy/Italie	2925003	3263885	3513527	3609334	3858791
Switz.Liecht	953832	1185817	1427635	1421547	1605675
Hong Kong	614479	694000	734339	717272	953521
United Kingdom	529620	649424	720163	643404	788192
USA/Etats–Unis d'Amer	428838	533947	675239	720996	793517
Germany/Allemagne	501496	566364	646420	579157	630531
France, Monac	392007	505215	638059	563749	597207
Thailand/Thaïlande	388716	469763	510351	504766	x790744
Malaysia/Malaisie	79169	181657	388449	522860	x36378
Japan/Japon	309797	328677	326725	320620	337666
Brunei Darussalam	x230235	x279906	x258232	x270277	x144414
Israel/Israël	186538	226593	255074	318179	388942
China/Chine	119492	214980	236237	172065	823963
India/Inde	113661	x156907	175982	278907	x249895
Spain/Espagne	128559	142691	150098	134665	140986
Singapore/Singapour	126782	109869	113040	123778	126276
Saudi Arabia	7882	16442	x149182	x132415	x74250
Dominican Republic	x78462	x97383	x76688	x100872	x107692
Peru/Pérou	40862	65986	67974	x102510	x102482
United Arab Emirates	x57630	x55703	x77898	x67110	x92181
Indonesia/Indonésie	77168	95360	54983	33098	96295
Lebanon/Liban	x72849	x58004	x57992	x54781	x60092
Austria/Autriche	43420	51049	58082	52131	59396
Belgium–Luxembourg	44042	49132	49976	45936	62892
Korea Republic	33870	34682	41421	43967	48330
Brazil/Brésil	23440	39107	35002	35391	37071
Canada	27692	22332	36277	46250	51862
Australia/Australie	18262	20589	21758	31938	33520
Former USSR/Anc. URSS	x19694	x19930	x32929	x21225	
Denmark/Danemark	21420	21790	22984	27008	27224
New Zealand	22904	16453	26720	27180	37764
Finland/Finlande	21158	21015	23309	20294	20343
Portugal	11737	12419	24337	22258	16002
Mauritius/Maurice	x10488	x14560	21326	22686	28729
Netherlands/Pays–Bas	14960	16763	20742	18671	17803
Bahrain/Bahreïn	x29588	x24598	x17314	x5447	x15382
So. Africa Customs Un	x9565	x13125	x19177	x12625	x20231
Mexico/Mexique	8123	8629	9807	25565	18265
Bahamas	x3696	x10366	x5579	x22062	x6270
Yugoslavia SFR	14770	11661	12292	x13796	
Costa Rica	11411	23354	7288	2157	x12447
Jordan/Jordanie	7561	13945	10890	7638	7577
Greece/Grèce	10213	11351	9681	10157	x12075
Malta/Malte	4946	6996	5980	x15214	x42630
French Polynesia	338	x2585	x9972	x10673	x4471
Sri Lanka	3486	3900	3210	10360	7280
Czechoslovakia	x6997	x7066	x7016	x2769	x2736
Ireland/Irlande	1672	2688	5179	7623	9469
Sweden/Suède	3745	4310	5550	5116	4840
Norway, SVD, JM	4213	4531	4422	4298	4729

(VALUE AS % OF TOTAL)(VALEUR EN % DU TOTAL)

	1983	1984	1985	1986	1987	1988	1989	1990	1991	1992
Africa	2.2	x2.1	x1.9	x2.4	x2.3	x1.0	x0.9	x0.8	x1.3	x1.1
Northern Africa	1.6	x1.5	1.3	x1.2	1.3	0.5	x0.3	x0.4	x0.5	x0.2
Americas	x23.0	x27.1	x39.1	x40.1	x36.5	x31.1	x30.6	x26.3	x27.5	x27.3
LAIA	0.0	0.0	x0.1	x0.3	x0.2	0.1	0.1	0.1	0.3	x0.3
CACM	x0.0	x0.0	x0.0	x0.0	x0.0	0.0	0.0	0.0	0.0	x0.0
Asia	x37.0	x31.6	x28.4	20.9	x24.7	x27.5	x25.3	x27.0	x26.0	x29.1
Middle East	x31.0	x26.2	x22.4	x13.2	x10.6	x11.9	x6.7	x7.8	x8.4	x10.8
Europe	36.5	37.9	29.6	35.5	34.0	37.9	41.2	44.1	43.2	40.5
EEC	19.4	19.7	14.8	18.7	18.6	21.0	24.2	25.4	25.9	25.8
EFTA	17.0	18.0	14.6	16.5	15.1	16.7	16.9	18.4	17.0	14.2
Oceania	x1.2	x1.1	x1.0	x1.1	x1.0	x1.1	x1.2	x1.4	x1.5	x1.5
USA/Etats–Unis d'Amer	21.2	25.1	36.2	36.9	31.7	29.1	28.8	24.8	25.6	25.5
Switz.Liecht	13.5	15.1	11.9	13.1	11.5	13.1	13.4	14.7	13.7	11.5
United Kingdom	9.8	11.0	6.4	8.7	7.5	9.2	10.9	10.2	8.7	8.6
Japan/Japon	2.7	2.2	2.6	4.5	6.1	7.6	8.9	9.4	9.8	8.0
Germany/Allemagne	4.1	3.5	3.1	4.1	4.8	4.8	5.1	6.0	7.0	6.5
France, Monac	3.2	3.1	3.1	3.3	3.4	3.5	4.4	4.4	4.4	4.3
Hong Kong	2.2	2.2	2.6	2.5	2.8	4.1	4.6	4.2	4.2	4.3
United Arab Emirates	x6.7	x5.3	x2.2	x1.6	x3.6	x5.9	x3.0	x2.8	x3.5	5.4
Brunei Darussalam	0.0	0.0	0.0	x4.2	x2.2	x3.1	x3.6	x1.5	x1.2	x5.2
Saudi Arabia	x19.6	15.5	x13.8	7.9	4.6	3.6	1.0	x2.9	x2.9	x2.9

	1983	1984	1985	1986	1987	1988	1989	1990	1991	1992
Afrique	x0.2	x0.1	x0.2	x0.2	x0.2	x0.3	x0.3	x0.4	x0.3	x0.4
Afrique du Nord	x0.0	x0.0	x0.0	x0.0	x0.0	0.0	0.0	0.0	0.0	0.0
Amériques	x4.8	4.4	5.5	6.1	7.3	7.2	7.7	7.8	x9.0	x8.8
ALAI	0.6	1.0	1.3	1.5	1.7	0.9	1.1	1.0	x1.4	1.7
MCAC	x0.0	x0.0	x0.0	x0.0	x0.1	0.1	x0.2	0.1	x0.0	x0.1
Asie	x24.0	19.5	x19.7	20.3	24.9	x27.9	x28.5	x29.0	x30.0	x31.7
Moyen–Orient	x9.6	x4.8	x3.5	x2.9	x4.3	x2.0	x1.7	x2.8	x2.3	x2.1
Europe	70.5	75.5	74.1	72.9	65.1	63.7	62.6	61.9	59.9	58.4
CEE	57.9	60.8	60.8	59.0	55.3	51.8	50.3	48.9	47.1	45.4
AELE	12.5	14.6	13.0	13.6	9.5	11.6	12.2	12.8	12.5	12.5
Océanie	x0.5	x0.5	x0.7	x0.3	x0.3	x0.5	x0.5	x0.5	x0.6	x0.5
Italy/Italie	36.5	39.3	42.6	39.2	34.7	33.1	31.3	29.6	30.0	28.5
Switz.Liecht	10.8	13.1	10.8	9.8	8.8	10.8	11.4	12.0	11.8	11.8
Hong Kong	3.1	3.5	4.3	4.7	5.9	7.0	6.7	6.2	6.0	7.0
United Kingdom	7.1	8.0	4.2	5.8	7.6	6.0	6.2	6.1	5.4	5.8
USA/Etats–Unis d'Amer	3.3	3.1	3.5	3.7	3.9	4.9	5.1	5.7	6.0	5.9
Germany/Allemagne	6.5	5.7	6.2	6.3	5.9	5.7	5.4	5.5	4.8	4.7
France, Monac	4.3	4.8	4.6	4.5	4.0	4.4	4.8	5.4	4.7	4.4
Thailand/Thaïlande	0.8	0.9	1.4	2.9	4.1	4.4	4.5	4.3	4.2	x5.8
Malaysia/Malaisie	0.1	0.2	0.3	0.3	0.7	0.9	1.7	3.3	4.4	x0.3
Japan/Japon	4.4	5.0	5.1	4.3	3.3	3.5	3.2	2.8	2.7	2.5

89731 PRECIOUS METAL JEWELLERY — ART BIJOUTERIE, JOAILLER 89731

TRADE BY COMMODITY IN THOUSAND U.S. DOLLARS — COMMERCE PAR PRODUIT EN MILLIERS DE DOLLARS E.U

IMPORTS — IMPORTATIONS

COUNTRIES–PAYS	1988	1989	1990	1991	1992
Total	7223030	8365917	9649337	9413967	x10272122
Africa	x86900	x71716	x79106	x130786	x128178
Northern Africa	x47048	x24940	x36378	x58739	x25865
Americas	x2075251	x2594940	x2512716	x2556454	x2846730
LAIA	x5297	6120	10233	23295	x29951
CACM	411	1141	1289	689	x2500
Asia	x2041098	x2029094	x2676316	x2544640	x2991336
Middle East	x879666	x438486	x792029	x873677	x1121309
Europe	2879750	3513998	4202165	4012238	4100058
EEC	1570079	2038797	2373401	2366688	2616440
EFTA	1294816	1461330	1804618	1616085	1431865
Oceania	x97110	x118992	x147021	x130126	x155831
USA/Etats–Unis d'Amer	1882348	2409648	2370848	2392713	2668803
Switz.Liecht	1020500	1161599	1439134	1308970	1154118
United Kingdom	725862	971065	1006863	843902	927487
Japan/Japon	562312	762236	914018	937310	860777
Germany/Allemagne	363098	428421	584401	666138	684376
Hong Kong	305871	404133	417231	413439	547235
France, Monac	247375	352347	390089	383049	414550
United Arab Emirates	x452265	x259264	x286883	x337002	x563053
Brunei Darussalam	x175936	x281274	x372313	x144719	x130634
Saudi Arabia	236438	67381	x304014	x279647	x280608
Austria/Autriche	151435	168871	202576	166075	150477
Lebanon/Liban	x65081	x76232	x88353	x137799	x109994
Belgium–Luxembourg	71637	80193	101680	104742	120626
Spain/Espagne	31823	46654	86487	138635	193042
Australia/Australie	64477	81468	101968	79170	98780
Italy/Italie	60351	72655	83676	91933	106862
Sweden/Suède	62116	65328	84110	69966	68307
Canada	56796	69477	61647	74130	78570
Singapore/Singapour	25111	34449	67411	72119	105367
Netherlands/Pays–Bas	26423	31471	42988	46121	56972
Thailand/Thaïlande	17153	37963	40617	38958	58945
Libyan Arab Jamahiriya	x47021	x24874	x35916	x54880	x21747
Finland/Finlande	22707	32570	38697	34941	20794
Norway, SVD,JM	36015	31084	37730	33783	35694
Oman	17138	21911	37658	25188	x23838
Qatar	x3124	89	1926	x80356	x12248
Israel/Israël	24069	23567	27343	30507	56977
Portugal	7995	14761	20812	32885	48642
Ireland/Irlande	13574	17192	20684	21598	15843
Denmark/Danemark	17389	17048	19233	21049	21616
New Zealand	13543	12931	19698	21130	31513
Korea Republic	13597	15174	18917	18237	18203
Kuwait/Koweït	x79638	468	x43213	x5039	x33193
Bahrain/Bahreïn	x16524	x12383	x24891	x7423	x96716
Netherlands Antilles	x52294	x44107	16487	16635	x26424
Greece/Grèce	4552	6989	x8422	x17869	x10988
Bahamas	x11060	x12428	x10952	x14340	x15758
Benin/Bénin	x14338	x12725	x10952	x11099	x9913
Andorra/Andorre	x11995	x11168	x15368	x15368	x7046
Jamaica/Jamaïque	5991	10296	10458	13766	
Mexico/Mexique	2172	5617	8607	19859	19793
So. Africa Customs Un	7519	4124	4857	x24659	x31746
China/Chine	23727	13629	12013	5164	54412
Hungary/Hongrie	x3987	x6385	x11720	12532	x10576
United States Virg Is	x6384	x10496	x15205	x111	
Former USSR/Anc. URSS	x15740	x14894	x1971	x8874	6443
Fiji/Fidji	3523	5346	9097	9333	x5550
French Polynesia	3751	x9359	x6787	x7456	x20287
Poland/Pologne	x6864	x6260	x2622	x12617	x9046
Guam	x8842	x5941	x5368	x9791	

EXPORTS — EXPORTATIONS

COUNTRIES–PAYS	1988	1989	1990	1991	1992
Totale	7792729	9252179	10426943	10740934	11922535
Afrique	x16281	x19157	x25645	x22987	x34892
Afrique du Nord	x43	x215	x318	x403	x294
Amériques	x437855	x639173	x573632	x735733	x830609
ALAI	64318	115336	x121246	x186121	x201576
MCAC	11535	23395	7396	x2781	x12166
Asie	x2004824	x2448483	x2918343	x3186683	x3620921
Moyen–Orient	x106974	x109385	x273193	x274686	x249375
Europe	5270027	6093610	6836118	6736555	7355602
CEE	4385443	4988891	5512800	5396915	5874137
AELE	865058	1086277	1305990	1312273	1425431
Océanie	x29521	x30429	x38748	x40314	x67038
Italy/Italie	2888352	3211642	3460852	3560556	3810065
Switz.Liecht	823386	1042395	1256834	1267838	1379670
Hong Kong	594972	675063	714796	699988	861323
United Kingdom	477482	579721	629563	563881	719316
Germany/Allemagne	461224	517186	595533	534261	579499
France, Monac	346216	447545	572728	505171	516533
Thailand/Thaïlande	385473	466761	504672	494169	x743823
USA/Etats–Unis d'Amer	259954	368156	327922	379948	458840
Malaysia/Malaisie	61800	160771	383969	505948	x35243
Israel/Israël	182079	221681	249426	312860	387127
Brunei Darussalam	x226953	x274564	x239019	x257152	x136149
India/Inde	112929	x120554	173827	275832	x230189
Spain/Espagne	123477	136987	141170	125871	129043
China/Chine	68489	143102	127088	111702	663106
Singapore/Singapour	120018	103354	99485	118637	118976
Saudi Arabia	6902	15342	x148750	x132132	x74074
Dominican Republic	x53598	x79919	x76457	x99812	x106390
Peru/Pérou	37369	59661	57820	x101197	x101305
Indonesia/Indonésie	72998	92168	48651	24528	79418
Lebanon/Liban	x49774	x53082	x52639	x50516	x58849
Japan/Japon	46226	44920	56527	49355	55612
Belgium–Luxembourg	41025	43457	44450	41263	57788
United Arab Emirates	x23980	x26931	x52278	x40452	x77182
Korea Republic	18390	25305	34087	38520	42791
Brazil/Brésil	18124	35132	30006	30194	32400
Canada	19055	13644	29778	39764	44205
New Zealand	18312	14554	24666	25650	36964
Austria/Autriche	16527	18831	21928	19861	21173
Finland/Finlande	19930	19736	21158	18550	17918
Bolivia/Bolivie	x134	x11218	x17721	x26907	31632
Denmark/Danemark	15080	15258	16630	16392	17461
Former USSR/Anc. URSS	x17890	x10829	x25483	x11494	
Portugal	8376	9826	17199	17076	10863
Netherlands/Pays–Bas	13009	14140	17199	15530	13843
Qatar	x508	x66	2939	x39841	x1127
So. Africa Customs Un	x8933	x12386	x17796	x11450	x19237
Australia/Australie	10585	12777	12454	11070	27904
Yugoslavia SFR	14595	11449	11839	x11980	
Bahamas	x3565	x10125	x5269	x19469	x4851
Mexico/Mexique	3334	7189	8107	19355	16090
Costa Rica	11411	23354	7287	2157	x12125
Greece/Grèce	9851	10969	9367	9632	x10863
Malta/Malte	4831	6792	5465	x15195	x42630
Panama	x17349	x22698	16	216	206
Mauritius/Maurice	x3620	x5182	4948	9514	10061
Bahrain/Bahreïn	x16563	x11353	x3973	x2878	x12807
Sri Lanka	3486	3900	2681	10360	6935
Ireland/Irlande	1352	2161	4582	7282	8862
Czechoslovakia	x6867	x4755	x5353	x2731	x2593
Pakistan	1940	2276	3409	5975	5688

(VALUE AS % OF TOTAL)(VALEUR EN % DU TOTAL)

Imports

	1983	1984	1985	1986	1987	1988	1989	1990	1991	1992
Africa	x2.6	x2.4	0.8	x2.9	x2.6	x1.2	x0.8	x0.9	x1.4	x1.2
Northern Africa	x1.8	x1.8	0.0	x1.5	x1.5	x0.7	x0.3	x0.4	x0.6	x0.3
Americas	x23.0	x26.4	x40.3	x39.0	x28.4	x28.7	x31.0	x26.0	x27.2	x27.7
LAIA	0.0	0.0	x0.1	x0.0	x0.3	x0.1	0.1	0.1	0.2	x0.3
CACM	x0.0	x0.0	x0.0	x0.0	x0.0	x0.0	0.0	x0.0	x0.0	x0.0
Asia	x35.3	x29.6	x26.3	x20.7	x25.1	x28.2	x24.3	x27.8	x27.0	x29.1
Middle East	x29.4	x24.3	x13.0	x13.0	x10.6	x12.2	x5.2	x8.2	x9.3	x10.9
Europe	37.9	40.2	31.6	36.3	35.8	39.9	42.0	43.5	42.6	39.9
EEC	20.4	21.2	15.7	19.5	19.4	21.7	24.4	24.6	25.1	25.5
EFTA	17.4	18.9	15.7	16.6	16.2	17.9	17.5	18.7	17.2	13.9
Oceania	x1.2	x1.2	x1.1	x1.2	x1.1	x1.4	x1.4	x1.6	x1.4	x1.5
USA/Etats–Unis d'Amer	21.3	24.9	37.3	35.8	29.1	26.1	28.8	24.6	25.4	26.0
Switz.Liecht	13.8	16.0	12.8	13.0	12.3	14.1	13.9	14.9	13.9	11.2
United Kingdom	10.9	12.5	7.3	9.7	8.2	10.0	11.6	10.4	9.0	8.4
Japan/Japon	2.6	2.0	2.4	4.3	6.0	7.8	9.1	9.5	10.0	6.7
Germany/Allemagne	4.2	3.5	3.1	4.0	4.8	5.0	5.1	6.1	7.1	6.7
Hong Kong	2.2	2.2	2.8	2.6	2.9	4.2	4.8	4.3	4.4	4.0
France, Monac	3.2	3.2	3.2	3.3	3.4	4.2	4.0	4.0	4.1	4.0
United Arab Emirates	x6.8	x5.1	x2.0	x1.5	x3.7	x6.3	x3.1	x3.0	x3.6	x5.5
Brunei Darussalam		0.0	0.0		x4.6	x2.4	x3.4	x3.9	x1.5	x1.3
Saudi Arabia	x18.0	13.7	x11.7	7.7	4.4	3.3	0.8	x3.2	x3.0	x2.7

Exports

	1983	1984	1985	1986	1987	1988	1989	1990	1991	1992
Afrique	x0.2	x0.1	x0.1	x0.2	x0.2	x0.2	x0.2	x0.3	x0.2	x0.3
Afrique du Nord	x0.0	x0.0	x0.0	x0.0	x0.0	x0.0	x0.0	x0.0	x0.0	x0.0
Amériques	3.3	x3.1	x3.9	x4.9	x6.1	5.6	6.9	x5.5	x6.8	x6.9
ALAI	0.6	1.1	1.2	1.6	0.8	1.2	0.7	x1.2	x1.7	1.7
MCAC	0.1	0.1	0.2	x0.1	x0.1	0.3	0.3	0.1	x0.0	x0.1
Asie	x20.6	x15.6	x16.1	x17.6	x22.0	x25.7	x26.5	x28.0	x29.7	x30.4
Moyen–Orient	x9.5	x4.6	x3.0	x2.9	x3.6	x1.4	x1.2	x2.6	x2.6	x2.1
Europe	75.6	80.7	79.2	77.0	69.3	67.6	65.9	65.6	62.7	61.7
CEE	65.6	69.1	70.1	67.9	60.7	56.3	53.9	52.9	50.2	49.3
AELE	10.0	11.4	8.7	8.8	8.4	11.1	11.7	12.5	12.2	12.0
Océanie	x0.4	x0.4	x0.7	x0.3	x0.3	x0.4	x0.3	x0.4	x0.3	x0.5
Italy/Italie	41.5	44.8	49.9	46.2	39.0	37.1	34.7	33.2	33.1	32.0
Switz.Liecht	9.2	10.7	8.1	8.2	7.7	10.6	11.3	12.1	11.8	11.6
Hong Kong	3.5	3.9	4.5	5.3	6.5	7.6	7.3	6.9	6.5	7.2
United Kingdom	8.1	9.1	4.3	6.1	8.0	6.1	6.3	6.0	5.0	4.9
Germany/Allemagne	7.3	6.4	7.1	7.1	6.3	5.9	5.6	5.7	4.7	4.3
France, Monac	4.7	5.4	5.2	5.0	4.3	4.4	4.8	5.5	4.7	x6.2
Thailand/Thaïlande	1.0	1.1	1.7	3.5	4.6	4.9	5.0	4.8	4.6	x6.2
USA/Etats–Unis d'Amer	1.5	1.6	2.0	2.4	2.8	3.3	4.0	3.1	3.5	3.8
Malaysia/Malaisie	0.1	0.2	0.3	0.5	0.8	0.8	1.7	3.7	4.7	x0.3
Israel/Israël	2.7	2.8	3.4	3.1	2.5	2.3	2.4	2.4	2.9	3.2

8983 SOUND RECRDNG TAPE,DISCS — SUPPORTS SON POUR 763 8983

TRADE BY COMMODITY IN THOUSAND U.S. DOLLARS – COMMERCE PAR PRODUIT EN MILLIERS DE DOLLARS E.U

IMPORTS – IMPORTATIONS

COUNTRIES-PAYS	1988	1989	1990	1991	1992
Total	11709782	13450744	16618593	18315056	19930079
Africa	x147910	x151838	x201239	x187813	x236090
Northern Africa	25255	24102	39314	x31202	x35822
Americas	2472140	2737073	2966153	3446122	3833796
LAIA	162848	284634	311082	411993	509269
CACM	6589	9265	10050	11426	x10896
Asia	1814362	2190306	2684246	3000798	x3553421
Middle East	x213477	x210764	x221824	x253526	x307449
Europe	6605064	7575063	10031934	10665412	11543681
EEC	5524580	6329110	8411475	9042062	9823217
EFTA	1041176	1194499	1532196	1563027	1675791
Oceania	x326799	x407292	x481608	x507978	x549531
Germany/Allemagne	1345653	1494783	1971249	2380400	2608580
USA/Etats–Unis d'Amer	1640761	1729039	1844508	2108953	2335755
United Kingdom	1261123	1384923	1650090	1583111	1863002
France, Monac	901458	1067035	1385059	1461371	1517191
Netherlands/Pays-Bas	662512	762273	1120527	1162694	1221341
Canada	636720	686684	767073	876162	936218
Italy/Italie	438129	535300	791161	795446	638609
Singapore/Singapour	468415	565462	661286	752546	928212
Hong Kong	308563	429534	626021	658423	728071
Japan/Japon	470982	549336	530571	564672	612953
Spain/Espagne	275644	359316	529294	536515	558266
Belgium–Luxembourg	323318	347088	453370	533863	670645
Switz.Liecht	329327	369170	457205	480790	550008
Australia/Australie	256166	323720	384116	405262	432512
Austria/Autriche	212580	257532	358407	375754	416879
Sweden/Suède	228305	269357	332752	324243	342357
Former USSR/Anc. URSS	x227675	x286036	x132966	x337671	
Denmark/Danemark	156017	165745	210574	242608	303334
Finland/Finlande	136578	170497	192470	172016	112317
Korea Republic	103389	134715	162253	235129	276468
Norway, SVD, JM	127055	120496	182351	196331	241092
Mexico/Mexique	65872	156143	154659	181878	235160
Ireland/Irlande	85229	115445	147804	170263	248945
China/Chine	93957	100021	153340	152414	197155
Thailand/Thaïlande	18508	33759	122436	124572	130790
Portugal	43966	55062	92328	110598	126756
So. Africa Customs Un	79022	72781	96598	x75451	x99821
New Zealand	57835	66662	82226	87200	97515
Saudi Arabia	56882	71107	x58117	x70614	x73847
Israel/Israël	40952	43600	66127	80826	91796
Malaysia/Malaisie	39966	41543	60429	79696	x162184
Brazil/Brésil	32305	55734	56821	65708	44158
Greece/Grèce	31533	42139	60019	65193	x67089
United Arab Emirates	x78124	x46630	x56430	x58021	x80998
Yugoslavia SFR	22829	33103	65308	x36483	
Poland/Pologne	x34745	x29937	x34084	x67903	x72831
Turkey/Turquie	21053	29012	43980	53735	64653
Czechoslovakia	x17478	20026	36617	x47075	x78257
Hungary/Hongrie	x18484	x23922	x35237	41054	x45095
Chile/Chili	21405	26310	26322	37889	x45568
India/Inde	18434	x28760	24590	25821	x39679
Argentina/Argentine	8667	9093	11686	51064	95995
Nigeria/Nigéria	x11914	x14746	x19721	x32253	x32172
Paraguay	2097	6840	22049	20765	17429
Andorra/Andorre	x12165	x13552	x17906	x16154	x17591
Venezuela	16813	9883	13707	21897	29058
Kuwait/Koweït	x18088	22010	x10996	x8924	x14646
Iran (Islamic Rp. of)	x4061	x14538	x17756	x27894	
Colombia/Colombie	6728	9924	13607	13315	10477
Pakistan	13099	12818	10734	11164	10451

EXPORTS – EXPORTATIONS

COUNTRIES-PAYS	1988	1989	1990	1991	1992
Totale	10938273	12387584	16133476	17358417	19765878
Afrique	x2502	x5839	x5667	x7794	x6534
Afrique du Nord	695	981	1496	3147	1659
Amériques	2255046	2754717	4034876	4448213	5141053
ALAI	108911	119174	202282	154629	141622
MCAC	1637	1265	1636	2340	x2511
Asie	3454317	3723581	4470136	4767298	5278685
Moyen–Orient	x38616	46352	x54961	x48459	x69307
Europe	4993345	5756263	7499376	8026404	9204149
CEE	4672364	5354161	6885988	7348064	8366649
AELE	317253	397988	609303	675457	832048
Océanie	x48745	x56222	x62069	x75404	x97303
USA/Etats–Unis d'Amer	2049701	2534782	3693478	4127161	4748098
Japan/Japon	2040450	1959911	2254326	2319333	2482339
Germany/Allemagne	1428280	1685793	2097159	2193228	2187285
United Kingdom	768120	845929	1245825	1296522	1289461
Ireland/Irlande	735022	955582	1115621	1214687	1661197
Netherlands/Pays-Bas	728567	788355	1105633	1185917	1486422
Korea Republic	702815	821443	889623	929931	835522
France, Monac	573416	571973	698561	768861	793406
Hong Kong	436487	529272	697634	705154	784196
Austria/Autriche	127502	178505	270085	314134	379901
Singapore/Singapour	136136	178806	260466	284198	481790
Belgium–Luxembourg	137363	166908	212188	252103	447193
Denmark/Danemark	131037	153189	191134	212981	223064
Switz.Liecht	108950	133429	190793	203341	238443
China/Chine	26809	83180	155990	260865	403034
Italy/Italie	138112	149804	161343	156442	182937
Mexico/Mexique	86295	100585	169960	131501	95878
Canada	92474	96716	135447	162024	245529
Sweden/Suède	63791	64487	114585	118164	156996
Australia/Australie	45576	52932	57736	70188	90929
Thailand/Thaïlande	5458	26440	45274	68682	x62365
Spain/Espagne	23328	27021	41604	50672	74631
Malaysia/Malaisie	6570	21458	47749	44845	x41120
Turkey/Turquie	23555	30887	39234	31901	56529
Bulgaria/Bulgarie	x168698	x60265	x33904	x6209	x9809
Indonesia/Indonésie	31684	36262	29254	25879	30573
Norway, SVD, JM	12855	14920	25849	23858	30638
India/Inde	20351	x9256	19140	29913	x26880
Venezuela	1028	9774	21816	3531	3392
Finland/Finlande	4101	6620	7930	15858	25940
Macau/Macao	230	48	582	25144	32572
Portugal	2508	3452	11027	9585	12433
Hungary/Hongrie	x2627	x6344	x7751	x8306	x9467
Israel/Israël	3792	6102	7037	7642	11102
Czechoslovakia	x1553	x3981	9866	x6765	x10081
Greece/Grèce	6612	6154	5893	7066	x8621
Former GDR	x6107	x13144	x3749		
Philippines	2274	2444	4923	7659	6672
Former USSR/Anc. URSS	x4884	x4554	x2669	6198	
United Arab Emirates	x3528	x4172	x4286	x4891	x5272
Kuwait/Koweït	x2897	5548	x4467	x2468	x343
Brazil/Brésil	5020	2527	3653	5338	10899
Chile/Chili	1340	2282	3269	5760	x8686
New Zealand	2911	2948	3579	4660	6097
Poland/Pologne	x378	x2022	x3206	x5657	x8574
Colombia/Colombie	13399	1992	1906	6165	16525
Yugoslavia SFR	3564	3631	3794	x2087	
So. Africa Customs Un	x1006	x3628	x2405	x2930	x2985
Korea Dem People's Rp	x1411	x1030	x1544	x4956	x7062
Bahrain/Bahreïn	x715	x804	x2505	x2574	x141

(VALUE AS % OF TOTAL)(VALEUR EN % DU TOTAL)

	1983	1984	1985	1986	1987	1988	1989	1990	1991	1992		1983	1984	1985	1986	1987	1988	1989	1990	1991	1992
Africa	x2.5	x1.8	x1.4	x1.3	x1.1	x1.3	x1.1	x1.2	x1.0	x1.2	Afrique	x0.1	x0.0	x0.0	x0.0	x0.0	x0.0	x0.0	x0.0	x0.0	x0.0
Northern Africa	x0.8	x0.6	x0.4	x0.3	x0.3	0.2	0.2	0.2	x0.2	x0.2	Afrique du Nord	x0.0	x0.0	0.0	x0.0	x0.0	0.0	0.0	0.0	0.0	0.0
Americas	18.9	23.4	28.1	26.9	x21.5	21.1	20.4	17.8	18.8	19.2	Amériques	x18.1	18.9	16.6	x15.2	x16.9	20.6	22.2	25.0	25.6	26.0
LAIA	0.8	1.9	2.1	x2.2	x2.0	1.4	2.1	1.9	2.2	2.6	ALAI	x0.0	0.7	0.8	x0.8	x1.1	1.0	1.0	1.3	0.9	0.7
CACM	x0.1	0.1	0.1	0.1	0.1	0.1	0.1	0.1	0.1	x0.1	MCAC	x0.0	0.0	0.0	0.0	0.0	0.0	0.0	0.0	0.0	0.0
Asia	x17.0	17.1	x14.7	13.8	14.3	15.5	16.3	16.2	16.4	x17.8	Asie	42.2	42.1	42.0	40.3	33.7	31.6	30.1	27.7	27.5	26.7
Middle East	x5.9	x4.8	x3.9	x2.7	x2.2	x1.8	x1.6	x1.3	x1.4	x1.5	Moyen–Orient	x0.3	x0.3	x0.3	x0.3	x0.4	x0.3	x0.4	x0.3	x0.3	x0.4
Europe	57.8	54.1	52.7	55.1	57.6	56.4	56.3	60.4	58.2	57.9	Europe	39.2	38.6	41.3	44.2	46.9	45.7	46.5	46.5	46.2	46.6
EEC	48.8	44.9	43.6	45.6	47.9	47.2	47.1	50.6	49.4	49.3	CEE	36.7	36.1	38.8	41.2	44.0	42.7	43.2	42.7	42.3	42.3
EFTA	8.9	8.8	8.7	9.2	8.9	8.9	8.9	9.2	8.5	8.4	AELE	2.5	2.5	2.4	3.0	2.9	3.2	3.8	3.9	4.2	
Oceania	x3.6	x3.4	x3.2	x2.8	x2.7	x2.8	x3.0	x2.9	x2.8	x2.8	Océanie	x0.2	x0.2	x0.2	x0.3	x0.3	x0.4	x0.4	x0.4	x0.4	x0.5
Germany/Allemagne	12.3	11.1	10.7	11.0	11.4	11.5	11.1	11.9	13.0	13.1	USA/Etats–Unis d'Amer	17.8	18.0	15.5	14.2	15.4	18.7	20.5	22.9	23.8	24.0
USA/Etats–Unis d'Amer	16.2	20.0	24.6	23.6	18.1	14.0	12.9	11.1	11.5	11.7	Japan/Japon	32.7	31.5	30.6	27.5	21.8	18.7	15.8	14.0	13.4	12.6
United Kingdom	13.2	11.8	11.3	10.4	10.8	10.8	10.3	9.9	8.6	9.3	Germany/Allemagne	12.4	12.8	13.2	14.5	14.4	13.1	13.6	13.0	12.6	11.1
France, Monac	6.9	7.0	6.8	7.5	8.1	7.7	7.9	8.3	8.0	7.6	United Kingdom	7.4	7.1	7.4	7.3	8.1	7.0	6.8	7.7	7.5	6.5
Netherlands/Pays-Bas	5.6	4.6	4.5	5.1	5.6	5.7	5.7	6.7	6.3	6.1	Ireland/Irlande	1.9	2.1	3.0	3.3	4.3	6.7	7.7	6.9	7.0	8.4
Canada	1.4	1.0	0.9	0.7	0.7	5.4	5.1	4.6	4.8	4.7	Netherlands/Pays-Bas	6.3	5.7	6.3	6.3	6.6	6.7	6.4	6.9	6.8	7.5
Italy/Italie	3.4	3.3	3.9	4.0	4.0	3.7	4.0	4.8	4.3	3.2	Korea Republic	6.3	6.3	6.3	6.3	6.6	6.4	6.6	5.5	5.4	4.2
Singapore/Singapour	2.6	2.4	1.7	2.7	3.2	4.0	4.2	4.0	4.1	4.7	France, Monac	2.7	3.6	4.4	6.2	5.7	6.4	6.5	5.5	5.4	4.2
Hong Kong	2.5	3.5	3.1	3.1	2.5	2.6	3.2	3.8	3.6	3.7	Hong Kong	3.6	3.8	4.1	4.2	3.7	4.0	4.3	4.3	4.1	4.0
Japan/Japon	3.5	3.6	3.3	2.9	3.3	4.0	4.1	3.2	3.1	3.1	Austria/Autriche	0.9	0.8	0.8	0.8	0.9	1.2	1.4	1.7	1.8	1.9

89831 PREPD SND RECORDNG MEDIA — SUPPORTS PREPARES 89831

TRADE BY COMMODITY IN THOUSAND U.S. DOLLARS – COMMERCE PAR PRODUIT EN MILLIERS DE DOLLARS E.U

COUNTRIES–PAYS	IMPORTS – IMPORTATIONS					COUNTRIES–PAYS	EXPORTS – EXPORTATIONS				
	1988	1989	1990	1991	1992		1988	1989	1990	1991	1992
Total	6816588	7515176	9080717	9419145	9414391	Totale	6592351	7275299	8976041	9202529	9803681
Africa	x67441	x68931	x84812	x96559	x104308	Afrique	x573	x962	x1248	x3591	x2547
Northern Africa	x11135	x11645	x21003	x21660	x20897	Afrique du Nord	x159	x251	x612	x2042	x568
Americas	x1780668	x1908661	x1970747	x2242363	x2304142	Amériques	1329850	1501471	1907639	1999624	x2068440
LAIA	x115823	198638	190645	217336	236911	ALAI	50746	86440	78110	84422	81185
CACM	1948	2474		3541	3808	x3926	MCAC	x47	61	x331	x428	x589
Asia	x1261977	1499852	1849801	1946943	2227407	Asie	3195248	3486888	4156118	4309661	4555858
Middle East	x151415	x162496	x157457	x165220	x169798	Moyen–Orient	x5717	38600	39812	34242	40141
Europe	3383307	3620264	4814166	4639106	4553900	Europe	2025186	2205552	2857658	2861092	3139950
EEC	2988248	3191279	4305067	4225808	4157493	CEE	1923008	2074469	2691180	2727167	2986962
EFTA	371878	403104	462122	395759	382565	AELE	101529	129488	165717	133146	151752
Oceania	x145744	x149856	x163541	x152373	x132622	Océanie	14647	10960	14115	15670	x18557
USA/Etats-Unis d'Amer	1386147	1448635	1517265	1719476	1796094	Japan/Japon	1940288	1853648	2109166	2127073	2244568
Germany/Allemagne	783188	792506	997641	1071181	1004316	USA/Etats-Unis d'Amer	1246079	1386849	1799814	1890349	1954411
United Kingdom	615192	618493	832932	716117	800586	Germany/Allemagne	775484	872211	1085821	1092969	923243
France,Monac	481825	513758	622654	659579	625334	Korea Republic	683641	800950	871459	910086	815046
Singapore/Singapour	408986	487868	552434	633001	762444	Hong Kong	388729	478869	640443	629793	677343
Netherlands/Pays-Bas	354261	390465	625841	603509	571944	Singapore/Singapour	264969	310022	449821	435069	543830
Hong Kong	258860	364369	528077	536746	563878	United Kingdom	320355	307623	421786	354529	385606
Italy/Italie	274954	352943	549856	515850	348961	France,Monac	318893	301090	360148	412934	382998
Spain/Espagne	188613	225168	306908	265858	275469	Italy/Italie	110391	151076	222094	186525	209789
Canada	233057	206886	198503	230111	206243	Ireland/Irlande	79092	115748	196030	225076	338542
Japan/Japon	233445	232247	196146	173675	171102	China/Chine	25920	78774	149798	253403	389380
Former USSR/Anc. URSS	x91439	x189979	x109025	x243679		Austria/Autriche	72102	99597	129631	108418	120115
Austria/Autriche	109718	136516	167903	137379	130692	Mexico/Mexique	48148	80913	72564	77956	66425
Belgium-Luxembourg	131069	121159	147672	166716	224224	Belgium-Luxembourg	57063	58118	73656	98594	282748
Australia/Australie	115855	123519	132976	126310	109288	Italy/Italie	84987	86191	71512	64777	58101
China/Chine	80043	86621	141060	132804	171365	Thailand/Thaïlande	3799	24487	43116	63825	x58360
Switz.Liecht	103898	105804	110219	103904	99270	Malaysia/Malaisie	2155	16807	40664	37847	x31153
Sweden/Suède	90570	95867	101938	86948	86864	Turkey/Turquie		28412	35595	29366	37135
Mexico/Mexique	52133	106814	78894	73491	77479	Bulgaria/Bulgarie	x20287	x54576	x31347	x5789	x9173
Denmark/Danemark	68693	67407	84899	85543	130349	Indonesia/Indonésie	28647	36027	29196	25720	28918
Thailand/Thaïlande	9245	22317	102955	99954	105728	Canada	30607	23960	24629	19236	20688
Ireland/Irlande	40520	54141	59441	65618	98027	Spain/Espagne	9340	11565	15859	25078	43069
Korea Republic	43149	49039	56997	66624	83587	Switz.Liecht	15548	16347	21579	13170	18521
Panama	x36443	x44196	x52388	x61223	x53328	Denmark/Danemark	12410	10917	14832	16801	24055
Brazil/Brésil	x24825	50404	50545	55161	38878	Australia/Australie	13982	10580	13602	14792	18156
Saudi Arabia	x46652	x53636	x42797	x52766	x46051	Sweden/Suède	10445	11392	13184	10466	12013
Portugal	27890	31899	52751	51491	51001	Macau/Macao	2	48	569	25104	32561
Malaysia/Malaisie	29658	29788	46015	57538	x114313	Former GDR	x4708	x11361	x3396		x18633
United Arab Emirates	x63981	x39514	x47346	x42782	x57697	India/Inde	1148	x3794	2883	7726	x11453
Finland/Finlande	36916	41444	50715	37090	34919	Panama	x2246	x4020	x4273	x5158	
Poland/Pologne	x30022	x25515	x28747	x44531	x35128	Philippines	2194	x2135	4812	2461	1181
So. Africa Customs Un	34278	27368	31850	x30311	x30323	United Arab Emirates	x2462	x2840	x2074	x2964	x1827
Norway,SVD,JM	28540	21329	29277	27732	28452	Brazil/Brésil	x1593	739	2415	3828	6220
Israel/Israël	21657	21050	27166	29442	28109	Venezuela	232	4072	2147	427	273
Turkey/Turquie		21680	29045	23239	26363	Poland/Pologne	x2	x1168	x2449	x2663	x6208
Greece/Grèce	22044	23338	24472	22070	x27281	Hungary/Hongrie	x199	x2111	x1673	x2383	x2734
New Zealand	25862	20684	25835		18641	Korea Dem People's Rp	x1221	x615	x1323	x4099	x6468
Yugoslavia SFR	14226	17209	37400	x11531		Kuwait/Koweït	x606	5486	x79	x38	x37
Czechoslovakia	x12487	17140	28064	x18516	x29641	Portugal	254	605	1400	1281	4362
Hungary/Hongrie	x13233	x15427	x22642	24515	x13975	Cyprus/Chypre	582	1002	1042	1045	423
Nigeria/Nigéria	x10147	x12513	x16249	x26766	x28861	Yugoslavia SFR	585	1516	755	x744	685
Argentina/Argentine	6846	6788	8649	33487	48251	Norway,SVD,JM	2452	1261	642	592	x373
Paraguay	1954	5909	20899	19025	15511	Morocco/Maroc	x87	x140	x331	x1830	1129
Chile/Chili	9301	13725	13210	16868	x30353	Pakistan	837	494	432	1366	418
Kuwait/Koweït	x14723	20627	x9244	x7868	x9632	Finland/Finlande	978	891	667	498	674
Venezuela	11659	6992	8972	10335	15176	Former USSR/Anc. URSS	x1594	x94	x28	x1827	
Pakistan	5518	6783	9282	9026	7144	Colombia/Colombie	x558	x339	x413	1004	442
Iran (Islamic Rp. of)	x2190	x4610	x7739	x9093	x8068	Argentina/Argentine	53	293	395	949	304
Bulgaria/Bulgarie	x18548	x10387	x4033	x3672	4399	New Zealand	614	362	446	763	x998
Andorra/Andorre	x5743	x5650	x7538	x4085	x3496	So. Africa Customs Un	x307	x140	x231	x1080	

(VALUE AS % OF TOTAL)(VALEUR EN % DU TOTAL)

	1983	1984	1985	1986	1987	1988	1989	1990	1991	1992		1983	1984	1985	1986	1987	1988	1989	1990	1991	1992
Africa	x2.3	0.8	x0.6	x1.2	x0.9	x1.0	x1.0	x1.0	x1.0	x1.1	Afrique	x0.0	0.0	x0.0	x0.0	x0.0	x0.0	x0.0	x0.0	x0.0	x0.0
Northern Africa	0.6	0.5	0.3	0.2	0.2	0.2	0.2	0.2	0.2	x0.2	Afrique du Nord										
Americas	x21.6	x26.8	x33.7	x31.4	x26.6	x26.2	x25.4	x21.7	x23.8	x24.5	Amériques	x16.6	x15.9	x14.0	x12.6	x15.7	20.2	20.6	21.2	21.8	x21.1
LAIA	x1.8	x2.0	x1.9	x1.8	2.5	2.5	1.7	2.6	2.1	2.3	ALAI	x0.7	x0.7	x0.9	x0.3	x1.2	0.8	1.2	0.9	0.9	0.8
CACM	x0.1	x0.1	x0.1	x0.0	0.0	0.0	0.0	0.0	0.0	x0.0	MCAC	x0.0	0.0	x0.0	x0.0	x0.0	x0.0	x0.0	x0.0	x0.0	x0.0
Asia	x18.5	x18.8	x15.7	15.6	16.5	x18.5	20.0	20.4	20.7	23.6	Asie	52.9	54.1	55.0	54.1	48.0	48.4	47.9	46.3	46.8	46.5
Middle East	x7.3	x5.2	x4.6	x3.0	x2.2	x2.2	x2.1	x1.7	x1.8	x1.8	Moyen–Orient	x0.1	x0.1	x0.4	x0.3	x0.3	x0.4	0.5	0.4	0.4	0.4
Europe	53.7	50.1	47.1	49.4	51.2	49.6	48.2	53.0	49.3	48.4	Europe	30.4	29.9	30.9	33.1	35.8	30.7	30.3	31.8	31.1	32.0
EEC	47.6	44.0	41.2	43.2	45.5	43.8	42.5	47.4	44.9	44.2	CEE	28.8	28.3	29.3	31.0	34.1	28.5	28.5	30.0	29.2	30.5
EFTA	x5.7	x5.7	x5.5	x5.9	5.2	5.5	5.4	5.1	4.2	4.1	AELE	x1.6	x1.6	x1.6	x2.2	x1.7	1.5	1.8	1.8	1.4	1.5
Oceania	x3.9	x3.4	x2.9	x2.5	x2.3	x2.2	x2.0	x1.8	x1.6	x1.4	Océanie	0.1	0.1	x0.1	x0.1	x0.1	0.2	x0.2	0.2	0.2	x0.2
USA/Etats-Unis d'Amer	19.1	24.4	31.3	29.3	23.9	20.3	19.3	16.7	18.3	19.1	Japan/Japon	42.5	41.7	40.9	36.6	31.0	29.4	25.5	23.5	23.1	22.9
Germany/Allemagne	13.2	11.8	10.8	11.0	11.7	11.5	10.5	11.0	11.4	10.7	USA/Etats-Unis d'Amer	15.9	15.0	13.1	12.3	14.5	18.9	19.1	20.1	20.5	19.9
United Kingdom	12.9	11.3	11.0	10.2	10.0	9.0	8.2	9.2	7.6	8.5	Germany/Allemagne	11.4	11.8	10.8	11.8	11.7	11.8	12.0	12.1	11.9	9.4
France,Monac	6.4	6.7	6.5	7.1	7.9	7.1	6.8	6.9	7.0	6.6	Korea Republic	3.4	4.8	6.0	8.8	8.7	10.4	11.0	9.7	9.9	8.3
Singapore/Singapour	3.1	3.0	1.7	3.5	4.5	6.0	6.5	6.1	6.7	8.1	Hong Kong	4.5	5.0	5.3	5.8	5.3	5.9	6.6	7.1	6.8	6.9
Netherlands/Pays-Bas	5.2	4.4	3.7	4.2	5.0	5.2	5.2	6.9	6.4	6.0	Netherlands/Pays-Bas	4.0	3.3	3.3	3.5	4.0	4.3	5.0	4.7	4.7	5.5
Hong Kong	3.3	4.9	4.0	4.3	3.5	3.8	4.8	5.8	5.7	6.0	United Kingdom	5.9	5.1	5.1	5.2	4.9	4.9	4.2	4.0	4.5	3.9
Italy/Italie	3.3	3.7	4.0	4.2	4.0	4.7	4.7	6.1	5.5	3.7	France,Monac	2.5	3.0	4.0	4.8	5.9	4.8	4.1	4.0	4.5	3.9
Spain/Espagne	2.1	2.2	1.5	2.3	2.4	2.8	3.0	3.4	2.8	2.9	Singapore/Singapour	1.7	2.0	1.4	1.7	1.8	1.7	2.1	2.5	2.0	2.1
Canada	0.2	0.2	0.1	0.1	0.1	3.4	2.8	2.2	2.4	2.2	Ireland/Irlande	2.1	2.3	3.2	3.4	4.8	1.2	1.6	2.2	2.4	3.5

799

89832 RECORDED DISCS, TAPES ETC
DISQUES, PHONO, BANDES 89832

TRADE BY COMMODITY IN THOUSAND U.S. DOLLARS – COMMERCE PAR PRODUIT EN MILLIERS DE DOLLARS E.U

COUNTRIES-PAYS	IMPORTS – IMPORTATIONS					COUNTRIES-PAYS	EXPORTS – EXPORTATIONS				
	1988	1989	1990	1991	1992		1988	1989	1990	1991	1992
Total	4936420	5981538	7598753	8969739	10574989	Totale	4330917	5116224	7159233	8160529	9974573
Africa	x82159	x86127	x118253	x99755	x139116	Afrique	x1928	x4879	x4418	x4385	x3987
Northern Africa	x15719	x13891	x20137	x17928	x22260	Afrique du Nord	x545	730	x884	x1124	x1093
Americas	729804	876522	1047251	1265726	1578994	Amériques	914394	1257877	2132157	2455138	3084781
LAIA	x49020	90079	121545	193457	272359	ALAI	44978	32070	123538	70389	60522
CACM	4641	6791	6509	7617	x6945	MCAC	1587	1228	1394	1930	x1634
Asia	554568	684195	841648	1057213	x1328642	Asie	254861	235988	311143	455475	723034
Middle East	x64245	x41126	x68509	x91665	x140280	Moyen–Orient	x28762	x7430	x12476	x12052	x29373
Europe	3222761	3955614	5217068	6026306	6989781	Europe	2968198	3550723	4641718	5165312	6064199
EEC	2536331	3137832	4106408	4816254	5665724	CEE	2749357	3279692	4194808	4620897	5379687
EFTA	669298	791395	1070074	1167268	1293226	AELE	215725	268500	443586	542311	680296
Oceania	x181073	x257515	x318073	x355607	x416907	Océanie	34064	x45262	x47947	x59733	x78746
Germany/Allemagne	562465	702277	973608	1309219	1604264	USA/Etats–Unis d'Amer	803622	1147933	1893664	2236812	2793687
United Kingdom	645930	766430	817158	866994	1062416	Germany/Allemagne	652796	813582	1011338	1100323	1264042
France, Monac	419632	553277	762404	801792	891857	Ireland/Irlande	655929	839834	919592	989611	1322655
Canada	403663	479799	568570	646050	729975	United Kingdom	447765	538305	824038	941992	903855
Netherlands/Pays–Bas	308251	371808	494685	559185	649397	Netherlands/Pays–Bas	463598	478333	655812	750848	942591
Japan/Japon	237538	317089	334425	390997	441851	France, Monac	254523	270883	338412	355927	410408
USA/Etats–Unis d'Amer	254615	280404	327244	389477	539661	Denmark/Danemark	118627	142272	176302	196180	199009
Switz.Liecht	225428	263366	346986	376886	450738	Switz.Liecht	93402	117082	169215	190170	219922
Belgium–Luxembourg	192249	225929	305699	367147	446421	Japan/Japon	100161	106263	145160	192260	237771
Australia/Australie	140311	200200	251140	278953	323224	Austria/Autriche	55400	78908	140454	205715	259786
Italy/Italie	163175	182357	241305	279596	289107	Belgium–Luxembourg	80300	108790	138532	153509	164445
Sweden/Suède	137753	173490	230814	237295	255493	Canada	61867	72756	110818	142789	224841
Spain/Espagne	87031	134148	222387	270657	282797	Sweden/Suède	53346	53095	101401	107698	144983
Austria/Autriche	102862	121016	190703	238375	286188	Italy/Italie	53125	63613	89831	91664	124836
Norway,SVD,JM	98515	99168	153074	168599	212640	Hong Kong	47759	50403	57191	75361	106853
Finland/Finlande	99662	129053	144685	159185	192881	Mexico/Mexique	38147	19672	97396	53545	29453
Denmark/Danemark	87324	98338	141755	134926	77398	Korea Republic	25745	27729	38373	97672	272002
Korea Republic	60240	85676	125675	157065	172985	Singapore/Singapour	31594	42352	44135	55396	72774
Singapore/Singapour	59429	77594	105256	168505	192881	Australia/Australie	13998	15456	25745	25594	31562
Hong Kong	49703	65165	97944	119544	165769	Spain/Espagne	10403	13660	25208	23266	29952
Ireland/Irlande	44709	61304	88363	121676	164199	Norway,SVD,JM					
Mexico/Mexique	13739	49329	75765	104645	150919	Korea Republic	19174	20493	18164	19846	20476
Former USSR/Anc. URSS	x136235	x96057	x23941	108387	157681	India/Inde	19203	x5463	16257	22188	x8247
New Zealand	31973	45978	56390	x93992	78875	Venezuela	796	5701	19669	3104	3119
So. Africa Customs Un	44744	45413	64748	65130	x69498	Finland/Finlande	3123	5728	7263	15360	25522
Portugal	16076	23163	39577	x45140	75755	Portugal	2254	2847	9627	8304	8071
Israel/Israël	19296	22550	38961	59106	63686	Israel/Israël	3434	5626	6846	7616	11059
Greece/Grèce	9489	18802	35547	51384	x39807	Czechoslovakia	x1495	x3823	x9259	x6575	x9875
Yugoslavia SFR	8602	15894	27908	x24952	x31772	Malaysia/Malaisie	4414	4652	7085	6998	x9967
India/Inde	11729	x18986	22115	23238		Greece/Grèce	6452	5776	5580	6943	x8213
Thailand/Thaïlande	9262	11442	19481	24618	25062	China/Chine	889	4405	6192	7462	13655
Turkey/Turquie	21053	7332	14934	30495	38290	Hungary/Hongrie	x2428	x4233	x6077	x5916	x6733
Malaysia/Malaisie	10308	11755	14414	22158	x47872	Former USSR/Anc. URSS	x3290	x4460	x2641	x4371	
Chile/Chili	12105	12585	13112	21021	x15215	Chile/Chili	1313	2265	3253	5688	x1668
China/Chine	13914	13400	12280	19610	25790	New Zealand	2297	2586	3133	3897	5793
Saudi Arabia	x11397	x8678	x15319	x17848	x27796	Thailand/Thaïlande	1659	1952	2158	4857	x4005
Czechoslovakia	x4991	2886	8553	x28558	x48616	Bulgaria/Bulgarie	x148411	x5689	x2557	x420	x636
Hungary/Hongrie	x5251	x8495	x12595	16539	x31120	Turkey/Turquie	23555	2474	3639	2536	19394
Poland/Pologne	x4724	x4422	x5337	x23372	x37703	So. Africa Customs Un	x697	x3488	x2173	x1850	x1986
United Arab Emirates	x14143	x7116	x9084	x15238	x23301	Colombia/Colombie	x780	x917	x799	5161	15851
Colombia/Colombie	x4411	x9402	x10730	10467	15199	Yugoslavia SFR	2979	2115	3040	x1342	
Andorra/Andorre	x6421	x7902	x10369	x12069	x14094	Philippines	81	x309	112	5198	5491
Reunion/Réunion	5136	6271	9017	10848	11969	United Arab Emirates	x1066	x1332	x2212	x1926	x3445
Iceland/Islande	5096	5301	6742	11187	10769	Bahrain/Bahreïn	x661	x549	x2309	x2402	x132
Argentina/Argentine	1821	2305	3036	17577	47744	Poland/Pologne	x376	x855	x757	x2994	x2365
Brazil/Brésil	x8177	5330	6276	10547	5280	Brazil/Brésil	x2318	1789	1238	1510	4679
Indonesia/Indonésie	2715	4057	8884	7920	10501	Panama	x288	x1294	x1019	x1304	x973
Venezuela	5154	2891	4735	11562	13881	Argentina/Argentine	1429	1585	519	1081	5199
Iran (Islamic Rp. of)	x1871	x1057	x6799	x8662	x19826	Costa Rica	695	605	831	1346	x624
Peru/Pérou	677	4302	4709	7485	x3012	Bangladesh	x7	x8	x4	2670	x206
						Cyprus/Chypre	456	221	614	1580	536

(VALUE AS % OF TOTAL) (VALEUR EN % DU TOTAL)

	1983	1984	1985	1986	1987	1988	1989	1990	1991	1992		1983	1984	1985	1986	1987	1988	1989	1990	1991	1992
Africa	x2.6	x3.7	x3.0	x1.7	x1.4	x1.7	x1.5	x1.6	x1.1	x1.4	Afrique	x0.2	x0.2	x0.2	x0.1	x0.0	x0.0	x0.1	x0.0	x0.0	x0.0
Northern Africa	x1.1	x0.7	0.6	x0.4	x0.4	x0.3	x0.2	x0.3	x0.2	x0.2	Afrique du Nord	x0.1	x0.0	0.1	x0.0	0.0	x0.0	x0.0	x0.0	x0.0	x0.0
Americas	x16.1	x17.0	x17.0	x17.3	x12.4	x14.7	14.6	13.8	14.1	14.9	Amériques	x24.9	x27.3	x22.9	x19.4	18.7	21.1	24.6	29.8	30.1	31.0
LAIA	x2.0	x1.7	x2.4	x1.2	x1.1	x1.0	1.5	1.6	2.2	2.6	ALAI	x0.8	x0.7	x0.7	x0.3	x0.8	1.0	0.6	1.7	0.9	0.6
CACM	x0.2	x0.1	x0.1	x0.0	x0.1	0.1	0.1	0.1	0.1	x0.1	MCAC	x0.2	x0.1	x0.0	x0.0	x0.0	0.0	0.0	0.0	0.0	0.0
Asia	x15.2	13.8	13.1	10.9	11.0	11.2	11.5	11.1	11.8	x12.6	Asie	x10.3	9.8	9.5	10.9	8.3	5.9	4.6	4.3	5.5	7.3
Middle East	x4.8	x4.0	x2.7	x2.3	x1.8	x1.3	x0.7	x0.9	x1.0	x1.3	Moyen–Orient	x1.0	x0.5	x0.4	x0.4	x0.4	x0.4	x0.1	x0.2	x0.1	x0.3
Europe	63.6	62.2	63.2	66.4	68.1	65.3	66.1	68.7	67.2	66.1	Europe	63.9	62.1	67.0	69.1	66.8	68.5	69.4	64.8	63.3	60.8
EEC	48.2	47.6	48.0	50.7	51.9	51.4	52.5	54.0	53.7	53.6	CEE	58.6	57.1	62.4	64.2	61.8	63.5	64.1	58.6	56.6	53.9
EFTA	x14.9	x14.8	x14.8	x15.4	x15.9	13.6	13.2	14.1	13.0	12.2	AELE	x5.0	x4.8	x4.4	x4.8	x4.9	5.0	5.2	6.2	6.6	6.8
Oceania	x2.6	x3.3	x3.9	x3.6	x3.5	x3.7	x4.3	x4.1	x3.9	x3.9	Océanie	x0.7	x0.8	x0.6	x0.5	x0.4	0.8	x0.9	x0.7	x0.7	x0.8
Germany/Allemagne	9.6	9.8	10.6	11.2	11.0	11.4	11.7	12.8	14.6	15.2	USA/Etats–Unis d'Amer	23.0	25.9	21.6	18.6	17.2	18.6	22.4	26.5	27.4	28.0
United Kingdom	12.9	13.0	12.0	11.1	12.2	13.1	12.8	10.8	9.7	10.0	Germany/Allemagne	14.8	15.4	19.1	20.6	19.1	15.1	15.9	14.1	13.5	12.7
France, Monac	7.5	7.7	7.4	8.3	8.6	8.5	9.2	10.0	8.9	8.4	Ireland/Irlande	1.3	1.4	2.4	3.3	3.3	15.1	16.4	12.8	12.1	13.3
Canada	3.8	2.7	2.3	1.8	1.6	8.2	8.0	7.5	7.2	6.9	United Kingdom	11.5	12.4	13.1	11.9	13.4	10.3	10.5	11.5	11.5	9.1
Netherlands/Pays–Bas	6.1	5.5	6.2	6.7	6.5	6.2	6.2	6.5	6.2	6.1	Netherlands/Pays–Bas	12.8	12.2	13.7	13.7	12.1	10.7	9.3	9.2	9.2	9.4
Japan/Japon	5.1	4.2	4.5	4.5	3.8	4.8	5.3	4.4	4.4	4.4	France, Monac	7.7	6.9	6.2	6.0	6.0	5.9	5.3	4.7	4.4	4.1
USA/Etats–Unis d'Amer	9.1	11.7	11.5	13.8	9.3	5.2	4.7	4.3	4.3	4.2	Denmark/Danemark	3.9	3.7	3.1	4.3	3.5	2.7	2.8	2.5	2.4	2.0
Switz.Liecht	x4.8	x4.8	x4.6	x4.9	x5.1	4.6	4.4	4.6	4.2	5.1	Switz.Liecht	x1.3	x1.6	x1.6	x2.2	x2.1	2.2	2.4	2.4	2.3	2.2
Belgium–Luxembourg	5.0	4.4	4.1	4.6	4.4	3.9	3.8	4.0	4.1	4.2	Japan/Japon	3.6	4.3	4.8	8.1	5.4	2.3	2.1	2.0	2.4	2.4
Australia/Australie	1.8	2.4	3.3	3.0	2.8	2.8	3.3	3.3	3.1	3.1	Austria/Autriche	x0.5	x0.7	x0.7	x0.5	x0.8	1.3	1.5	2.0	2.5	2.6

8993 COMBUSTIBLE PRODUCTS ETC / BOUGIES, ALLUMETTES ETC 8993

TRADE BY COMMODITY IN THOUSAND U.S. DOLLARS – COMMERCE PAR PRODUIT EN MILLIERS DE DOLLARS E.U

IMPORTS – IMPORTATIONS

COUNTRIES–PAYS	1988	1989	1990	1991	1992
Total	1170892	1254945	1475471	1575822	1689204
Africa	x29489	x28099	x34310	x40340	40048
Northern Africa	x6536	6473	6541	x9302	x5051
Americas	220609	235870	263986	279746	x318009
LAIA	16250	20688	28153	38659	40955
CACM	1738	2237	1342	1950	x2241
Asia	313953	374714	414766	431401	x462015
Middle East	x53856	x41953	x47347	x47017	x58662
Europe	573352	585885	732079	777568	829266
EEC	451667	453347	570059	622327	664765
EFTA	113970	120890	143846	148203	156940
Oceania	x20755	x20981	x21890	x21519	x24850
Germany/Allemagne	153955	160454	220410	226051	236189
USA/Etats-Unis d'Amer	166708	176686	197673	197746	229105
Hong Kong	140283	169839	196926	175804	186554
Japan/Japon	62453	83135	81179	101124	98217
Netherlands/Pays-Bas	64326	62569	66759	80303	84018
France, Monac	61310	61390	72047	75048	82342
Switz.Liecht	43420	45720	54812	57761	57085
United Kingdom	55199	48517	54216	53867	54898
Spain/Espagne	32957	32976	43259	56545	63752
Austria/Autriche	25244	27247	33434	33365	36786
Canada	25201	27900	27739	32499	36498
Belgium–Luxembourg	22811	21664	27951	32607	38605
Italy/Italie	23089	23357	26139	31126	32833
Denmark/Danemark	20290	20285	25289	27477	30241
Sweden/Suède	20448	21498	24982	24324	27606
Korea Republic	11718	14395	20249	22150	22296
China/Chine	11691	19723	17083	18676	38088
Norway, SVD, JM	14769	15184	18115	19840	22253
Singapore/Singapour	14866	15755	18010	18938	18662
Mexico/Mexique	8771	12765	15720	20086	19114
Australia/Australie	13661	14549	15469	16303	18150
Saudi Arabia	10766	10737	x13245	x12771	x12180
Greece/Grèce	6770	9173	12848	14073	x16292
Philippines	3696	x8387	7248	19796	8776
Portugal	6609	7576	10498	15307	15309
Finland/Finlande	8817	9826	11115	11325	11163
United Arab Emirates	x19988	x8891	x10276	x10485	x17478
Ireland/Irlande	3750	5386	10644	9922	10285
Malaysia/Malaisie	5658	6062	9689	10122	x10931
Yugoslavia SFR	5826	9025	14535	x2275	
Turkey/Turquie	5152	4065	8118	8258	11487
Indonesia/Indonésie	1073	4603	5684	5972	4572
Former USSR/Anc. URSS	x232	x1538	x588	x12195	
So. Africa Customs Un	5053	4551	4738	x4917	x4853
Lebanon/Liban	x2590	x4138	x4568	x5434	x5764
Thailand/Thaïlande	2496	3633	4440	4264	3755
Argentina/Argentine	1470	864	3202	6853	10424
Iraq	x6883	x5646	x3306	x1901	x121
Poland/Pologne	x1212	x1764	x1041	x6618	x7444
Israel/Israël	2984	2774	3138	3402	5292
Tunisia/Tunisie	2257	2884	2980	2317	958
Nigeria/Nigéria	x1267	x691	x2660	x4419	x6643
Chile/Chili	1863	2025	2185	3124	x4029
Kuwait/Koweït	x2869	3562	x2810	x928	x2432
New Zealand	1677	2020	2689	2011	2631
Cyprus/Chypre	1748	1455	2238	2726	3519
Guadeloupe	1595	1862	2146	2116	2658
Andorra/Andorre	x1361	x1566	x1989	x2407	x1413
Uganda/Ouganda	x1040	x1503	x3634	x824	x1306
Brazil/Brésil	986	1276	1135	3442	1623

EXPORTS – EXPORTATIONS

COUNTRIES–PAYS	1988	1989	1990	1991	1992
Totale	1204034	1342722	1481590	1578631	1676099
Afrique	x4907	x7438	x8507	x13862	x7159
Afrique du Nord	3454	3414	4608	3861	4023
Amériques	59300	150943	107858	144174	143535
ALAI	14721	23572	14225	26188	19823
MCAC	1183	986	1245	1434	1449
Asie	484314	544402	629937	674288	727387
Moyen-Orient	7043	5336	7210	x9015	x10358
Europe	584267	586857	698332	725144	781588
CEE	486385	494522	587361	604155	668995
AELE	91813	86640	105798	113796	103441
Océanie	x1393	x1028	1051	701	1008
Japan/Japon	215862	223404	240782	244607	193514
France, Monac	154708	155196	189062	167627	182437
Hong Kong	112131	131509	177673	174729	207735
Germany/Allemagne	116003	118780	133886	140664	147912
USA/Etats-Unis d'Amer	34373	102862	84501	109454	112509
Netherlands/Pays-Bas	75654	80474	95977	104115	131052
Korea Republic	73736	74382	87509	78059	80647
China/Chine	39236	45938	55347	66788	140348
Switz.Liecht	42401	40243	51651	52305	46543
United Kingdom	33527	31943	41032	45039	53904
Sweden/Suède	31064	27316	30800	35021	31072
Italy/Italie	29741	28350	31894	29381	34081
Spain/Espagne	22606	22467	27399	38281	33952
Belgium–Luxembourg	19931	20600	26027	31052	32810
Thailand/Thaïlande	9357	17903	22069	28844	x33636
Philippines	7851	x19406	14616	30405	16567
Portugal	15923	18534	20439	22804	20484
Austria/Autriche	12448	12282	16235	18409	15731
Denmark/Danemark	13624	12813	15326	17655	22180
Canada	7762	19623	6672	6066	8353
Poland/Pologne	x10893	x13420	x13685	x5030	x5565
Brazil/Brésil	9714	10710	7470	9327	12603
Former USSR/Anc. URSS	x11848	x11324	x7950	x8102	
Indonesia/Indonésie	2936	6092	7932	12319	12285
Mexico/Mexique	4177	9519	1367	11694	3689
Singapore/Singapour	3917	5713	4873	10412	9161
Malaysia/Malaisie	5139	4232	x6056	x464	x11051
Bulgaria/Bulgarie	x13257	x12647	4834	x6721	x295
Yugoslavia SFR	5662	4488	5542	6448	
Ireland/Irlande	4061	3910	5332	5412	7838
Turkey/Turquie	3767	3221	5332	5412	5636
Czechoslovakia	x11908	x6425	x3719	x3365	x4679
Finland/Finlande	2662	3682	3654	4194	4345
Norway, SVD, JM	3235	3109	3433	3856	5742
Cameroon/Cameroun	x193	2138	x193	7408	
Morocco/Maroc	2594	2577	3324	3162	3131
Israel/Israël	2216	2163	2658	4204	4190
Former GDR	x18114	x5586	x1721		
Hungary/Hongrie	x2426	x1775	x2232	x3081	x4433
Macau/Macao	3329	4857	409	1805	2378
Venezuela	27	2754	3140	1030	1137
Pakistan	796	716	3357	1134	2121
So. Africa Customs Un	x1007	x1057	x1055	x1978	x2069
Colombia/Colombie	98	42	1002	2435	201
Greece/Grèce	606	1456	778	1089	x2345
India/Inde	545	x2175	113	873	x2164
Kenya	205	x490	2182	x212	x212
Egypt/Egypte	858	808	1278	625	681
Cyprus/Chypre	525	487	453	1409	1397
Trinidad and Tobago	350	1669	350	286	406

(VALUE AS % OF TOTAL) (VALEUR EN % DU TOTAL)

Imports

	1983	1984	1985	1986	1987	1988	1989	1990	1991	1992
Africa	x4.2	x3.9	x3.1	x3.9	x3.0	2.5	x2.3	x2.3	x2.5	x2.4
Northern Africa	x1.6	x1.7	x1.2	x1.5	x1.2	x0.6	0.5	0.4	x0.6	x0.3
Americas	x20.6	23.8	27.4	x22.9	x20.8	18.9	18.8	17.9	17.7	x18.8
LAIA	0.6	1.3	1.5	1.4	x1.7	1.4	1.6	1.9	2.5	2.4
CACM	x0.3	0.2	0.2	x0.1	x0.2	0.1	0.2	0.1	0.1	x0.1
Asia	x22.7	24.4	x22.6	20.8	23.7	26.8	29.8	28.1	27.3	x27.3
Middle East	x6.2	x6.8	x5.4	x4.4	x3.6	x4.6	x3.3	x3.2	x3.0	x3.5
Europe	50.3	45.8	44.9	50.4	50.1	49.0	46.7	49.6	49.3	49.1
EEC	40.2	36.3	35.5	39.8	39.6	38.5	36.1	38.6	39.5	39.4
EFTA	9.8	9.0	8.9	10.1	10.0	9.7	9.6	9.7	9.4	9.3
Oceania	x2.3	x2.2	x1.9	x2.0	x1.7	x1.8	x1.7	x1.5	x1.4	x1.4
Germany/Allemagne	11.7	11.1	10.9	13.1	13.5	13.1	12.8	14.9	14.3	14.0
USA/Etats-Unis d'Amer	15.6	18.4	22.1	18.7	16.1	14.2	14.1	13.4	12.5	13.6
Hong Kong	8.0	9.0	9.6	8.3	10.4	12.0	13.5	13.3	11.2	11.0
Japan/Japon	2.8	3.2	3.3	4.1	4.7	5.3	6.6	5.5	6.4	5.8
Netherlands/Pays-Bas	4.5	4.1	4.1	4.3	4.8	5.5	5.0	4.5	5.1	5.0
France, Monac	6.2	5.5	5.9	6.4	5.6	5.2	4.9	4.9	4.8	4.9
Switz.Liecht	4.3	3.8	3.7	3.8	4.0	3.7	3.6	3.7	3.7	3.4
United Kingdom	8.2	6.7	6.0	5.9	5.4	4.7	3.9	3.7	3.4	3.2
Spain/Espagne	2.0	1.6	1.6	2.3	2.6	2.8	2.6	2.9	3.6	3.8
Austria/Autriche	2.0	1.8	1.8	2.3	2.2	2.2	2.2	2.3	2.1	2.2

Exports

	1983	1984	1985	1986	1987	1988	1989	1990	1991	1992
Afrique	0.7	0.7	0.6	x1.0	x0.8	x0.4	x0.6	x0.6	0.9	x0.4
Afrique du Nord	0.2	0.2	0.2	0.3	0.4	0.3	0.3	0.3	0.2	0.2
Amériques	3.6	5.4	4.3	4.3	4.7	4.9	11.2	7.3	9.1	8.6
ALAI	0.0	1.9	1.9	x1.4	x1.3	1.2	1.8	1.0	1.7	1.2
MCAC	x0.1	0.2	0.1	x0.1	x0.1	0.1	0.1	0.1	0.1	0.1
Asie	40.5	40.9	40.7	38.5	39.8	40.2	40.5	42.5	42.8	43.4
Moyen-Orient	x0.1	0.5	x1.4	x1.6	0.7	0.6	0.4	0.5	x0.6	x0.6
Europe	54.8	52.7	54.1	56.1	51.6	48.5	43.7	47.1	45.9	46.6
CEE	42.9	41.7	43.6	45.0	41.6	40.4	36.8	39.6	38.3	39.9
AELE	11.9	10.4	9.9	10.2	9.1	7.6	6.5	7.1	7.2	6.2
Océanie	0.3	0.3	0.3	0.2	x0.2	x0.1	x0.1	0.1		0.1
Japan/Japon	24.9	23.6	23.5	20.6	17.7	17.9	16.6	16.3	15.5	11.5
France, Monac	14.7	16.4	17.3	16.4	13.6	12.8	11.6	12.8	10.6	10.9
Hong Kong	8.5	10.7	10.3	9.0	9.1	9.3	9.8	12.0	11.1	12.4
Germany/Allemagne	7.0	7.1	7.6	9.4	9.6	8.8	9.0	8.9	8.9	8.8
USA/Etats-Unis d'Amer	3.1	3.0	2.1	2.2	2.4	2.9	7.7	5.7	6.9	6.7
Netherlands/Pays-Bas	4.5	4.4	4.8	5.3	5.7	6.3	6.0	6.5	6.6	7.8
Korea Republic				4.8	5.4	6.1	5.5	5.9	4.9	4.8
Switz.Liecht	3.9	3.3	3.2	3.2	3.3	3.2	3.0	3.7	4.2	8.4
China/Chine					3.4	3.5	3.4	3.5	3.3	2.8
United Kingdom	5.1	4.6	4.2	4.2	4.1	3.5	3.0	3.5	3.3	2.8
Spain/Espagne	5.7	5.2	3.7	3.6	3.4	2.8	2.4	2.8	2.9	3.2

8996 HEARING, ORTHOPAEDIC AIDS / APPAREILS D'ORTHOPEDIE 8996

TRADE BY COMMODITY IN THOUSAND U.S. DOLLARS – COMMERCE PAR PRODUIT EN MILLIERS DE DOLLARS E.U

IMPORTS – IMPORTATIONS

COUNTRIES–PAYS	1988	1989	1990	1991	1992
Total	2332479	2436535	2946391	3460965	3952958
Africa	x29195	x32871	x41555	x39059	x50968
Northern Africa	6780	9008	11708	11402	x19765
Americas	334545	354365	407154	448777	497346
LAIA	57997	57190	66422	68544	91480
CACM	1549	1788	3178	2554	x2219
Asia	x316828	x369600	x461588	x503043	x618479
Middle East	x36396	x46899	x63560	x54318	x85849
Europe	1511861	1547745	1918874	2254085	2624174
EEC	1204727	1218477	1520936	1843663	2177892
EFTA	289681	313172	372900	392335	429283
Oceania	x73644	x81858	x94174	x116615	x122683
Germany/Allemagne	319735	288873	368062	477856	631202
France, Monac	226475	238898	308816	338214	371476
Japan/Japon	202737	230658	276740	325175	360586
Italy/Italie	155155	171472	212292	286077	313835
Netherlands/Pays-Bas	153209	152192	186559	198622	239551
USA/Etats–Unis d'Amer	136993	138617	166787	190844	203470
Canada	130048	145427	162891	178207	192994
Switz.Liecht	101122	117699	154501	148308	147846
United Kingdom	124914	121069	126564	157945	182429
Spain/Espagne	79044	90471	126132	150147	175454
Sweden/Suède	92632	97702	99401	117784	135721
Belgium–Luxembourg	68087	71322	89053	103967	115589
Australia/Australie	59929	67026	78482	98859	102966
Austria/Autriche	47457	45773	58149	65274	75872
Denmark/Danemark	41404	40915	44450	51838	58638
Korea Republic	17565	24776	34384	44245	54807
Finland/Finlande	22675	27638	31448	29556	31812
Greece/Grèce	16688	22534	28425	35998	x36580
Brazil/Brésil	16660	28615	31398	19402	21149
Norway, SVD, JM	24224	22288	27461	29366	35959
Former USSR/Anc. URSS	x4996	x8002	x4772	x61968	
So. Africa Customs Un	18545	19366	22788	x20641	x23350
Hong Kong	18188	17810	19037	18304	29094
Turkey/Turquie	9527	12520	19237	22569	25905
Yugoslavia SFR	15838	14043	22503	x16739	
Ireland/Irlande	9949	10749	15964	25931	31122
Mexico/Mexique	12201	11737	18338	16636	28212
Israel/Israël	10172	13022	15220	17204	19931
New Zealand	12979	13531	14600	16979	18422
Portugal	10038	9983	14620	17067	22016
Iran (Islamic Rp. of)	x2444	x6445	x20693	x13832	x18932
India/Inde	12633	x10032	21483	8412	x19465
Poland/Pologne	x16005	x13395	x4114	x18760	x14618
Singapore/Singapour	5329	8812	9517	14845	23713
Argentina/Argentine	8662	6778	6151	17052	23936
Thailand/Thaïlande	6424	7178	9509	10269	11362
Hungary/Hongrie	8516	x6504	x6855	13163	x11487
Saudi Arabia	5478	7156	x8101	x10204	x26440
Iraq	x11642	x13927	x8522	x2	x51
Venezuela	14339	3429	3012	5763	5395
Malaysia/Malaisie	2247	2988	4501	4081	x4925
Czechoslovakia	x9485	5312	2115	x3876	x8200
Former GDR	x18008	x8552	x1828		
Egypt/Egypte	2040	1314	3357	4156	7617
Bulgaria/Bulgarie	x8672	x6570	x1683	x483	3840
Cuba	x3558	x4954	x2310	x1368	x505
Tunisia/Tunisie	2117	2152	2561	3669	4268
Chile/Chili	2096	2257	2702	3329	x5218
Algeria/Algérie	1387	2664	3091	1339	x3400
Uruguay	1577	1897	1928	2413	3038

EXPORTS – EXPORTATIONS

COUNTRIES–PAYS	1988	1989	1990	1991	1992
Totale	2032649	2225169	2833440	3164184	3744734
Afrique	x570	x1119	x1329	x1213	x1195
Afrique du Nord	x30	x59	x5	x27	x101
Amériques	512455	649675	818077	971746	1149932
ALAI	6934	8063	6904	9331	11658
MCAC	x13	x1	x4	x28	x46
Asie	51581	50416	54032	70701	111805
Moyen–Orient	x754	925	1076	1929	6767
Europe	1408692	1470125	1900272	2073753	2432571
CEE	890314	945678	1218816	1356137	1614485
AELE	518045	523976	680948	716587	814124
Océanie	x49963	x47206	x55048	x42515	x42098
USA/Etats–Unis d'Amer	458890	600062	760096	907698	1075725
Switz.Liecht	351450	351501	481658	508714	585730
Germany/Allemagne	260332	288693	370373	420184	
Netherlands/Pays-Bas	195010	208716	253765	390269	421967
United Kingdom	132153	139145	172249	282858	344028
Sweden/Suède	123761	133203	202915	211019	
France, Monac	104308	104331	155563	164847	176230
Denmark/Danemark	91764	92762	157791	180712	246340
Italy/Italie	53450	51660	106295	119735	154898
Australia/Australie	48832	45370	69756	73558	90365
Canada	42523	37040	53070	41259	40965
Ireland/Irlande	6536	19876	47601	51554	58234
Austria/Autriche	36298	30358	42429	48845	67553
Belgium–Luxembourg	31554	22846	39856	38773	45092
Hong Kong	24180	20915	23693	31831	43997
Spain/Espagne	13888	16138	21238	22549	37506
Japan/Japon	19890	16308	20226	20939	24980
Singapore/Singapour	2395	6018	16416	17032	23380
Brazil/Brésil	4271	5315	7336	5371	28102
Finland/Finlande	5586	7853	3915	2215	6603
Trinidad and Tobago	3413	3827	2084		3384
Portugal	1239	1463	3177	2713	2866
Colombia/Colombie	1805	1991	1972	2665	3641
Israel/Israël	990	1550	1873	2035	2192
Korea Republic	1300	1801	2068	1879	1677
Philippines	345	x1370	1588	1735	2067
New Zealand	1097	1393	738	2495	2279
Poland/Pologne	x909	x2044	1972	1234	1086
Hungary/Hongrie	x3265	x913	x1718	x833	x1903
China/Chine	784	610	1649	1475	x4514
Norway, SVD, JM	910	951	1400	1163	2821
Former GDR	x3422	x2221	x757		1424
Thailand/Thaïlande	468	429	877	1225	x5108
Turkey/Turquie	168	251	618	1598	5863
So. Africa Customs Un	x372	x651	x684	x907	x989
Former USSR/Anc. URSS	x798	x536	x511	x1143	
Argentina/Argentine	412	462	634	887	1940
Yugoslavia SFR	271	452	435	x772	
India/Inde	362	x368	888	281	x436
Czechoslovakia	x958	x896	x377	x147	x524
Iceland/Islande	39	110	386	874	2264
Mexico/Mexique	398	101	356	827	374
Mauritius/Maurice	x121	x251	513	175	52
Syrian Arab Republic			491	x2	x53
Greece/Grèce	80	48	328	199	x5697
Bulgaria/Bulgarie	x10		267	x19	x187
Tokelau/Tokélaou	x11	x443	x483		
Malaysia/Malaisie	88	93	143	157	x1624
Malta/Malte	16	17	71	x237	x1792
Panama	x54	x248		x65	x126

(VALUE AS % OF TOTAL)(VALEUR EN % DU TOTAL)

	1983	1984	1985	1986	1987	1988	1989	1990	1991	1992		1983	1984	1985	1986	1987	1988	1989	1990	1991	1992
Africa	x2.0	x3.3	1.9	x2.0	x1.9	x1.3	x1.4	x1.4	x1.1	x1.3	Afrique	x0.0		x0.0	x0.0	x0.0	x0.0	x0.0	x0.0	x0.0	x0.0
Northern Africa	0.7	x1.5	0.8	x1.0	x0.8	0.3	0.4	0.4	0.3	x0.5	Afrique du Nord									x0.0	x0.0
Americas	15.3	18.8	18.6	x17.4	x15.6	14.3	14.6	13.8	13.0	12.6	Amériques	29.1	28.9	28.1	23.2	22.3	25.2	29.2	28.9	30.7	30.7
LAIA	1.4	3.7	3.7	x3.1	x2.6	2.5	2.3	2.3	2.0	2.3	ALAI	0.3	1.0	0.9	0.5	0.3	0.4	0.2	0.3	0.3	0.3
CACM	x0.1	0.1	0.1	x0.1	x0.1	0.1	0.1	0.1	0.1	x0.1	MCAC	x0.0	0.0								
Asia	x12.3	x11.6	x13.8	x13.6	x13.4	13.6	15.2	15.7	14.5	x15.6	Asie	1.5	1.6	2.3	2.6	2.7	2.5	2.3	2.0	2.2	3.0
Middle East	x3.0	x1.9	x2.3	x2.2	x1.2	x1.6	1.9	x2.2	x1.6	x2.2	Moyen–Orient	x0.0					0.0	0.0	0.0	0.1	0.2
Europe	67.2	63.2	62.4	64.1	64.6	64.8	63.5	65.1	65.1	66.4	Europe	69.3	69.4	68.0	72.1	73.3	69.3	66.1	67.1	65.5	65.0
EEC	56.2	52.7	51.4	51.9	51.9	51.7	50.0	51.6	53.3	55.1	CEE	45.2	45.4	45.6	46.4	46.0	43.8	42.5	43.0	42.9	43.1
EFTA	11.0	9.9	10.1	11.5	12.1	12.4	12.9	12.7	11.3	10.9	AELE	24.1	23.9	22.4	25.7	27.2	25.5	23.5	24.0	22.6	21.7
Oceania	x3.2	x3.1	x3.4	x2.8	x3.3	x3.1	x3.4	x3.2	x3.4	x3.1	Océanie	0.0	0.1	1.5	2.1	x1.6	x2.5	x2.1	x1.9	x1.3	x1.1
Germany/Allemagne	15.5	14.7	14.3	13.8	13.4	13.7	11.9	12.5	13.8	16.0	USA/Etats–Unis d'Amer	27.5	26.6	26.1	21.7	20.5	22.6	27.0	26.8	28.7	28.7
France, Monac	10.8	9.6	9.4	10.3	10.1	9.7	9.8	10.5	9.8	9.4	Switz.Liecht	17.5	17.2	15.9	18.8	18.7	17.3	15.8	17.0	16.1	15.6
Japan/Japon	7.1	7.5	8.7	8.6	9.0	8.7	9.5	9.4	9.4	9.1	Germany/Allemagne	11.3	11.3	12.2	13.1	13.7	12.8	15.8	17.0	16.1	15.6
Italy/Italie	5.1	5.3	5.7	6.3	6.7	6.7	7.0	7.2	8.3	7.9	Netherlands/Pays-Bas	12.2	11.9	11.2	11.1	10.8	12.8	13.0	13.1	12.3	11.3
Netherlands/Pays-Bas	7.4	6.7	6.7	6.6	6.3	6.6	6.2	6.3	5.7	6.1	United Kingdom	4.9	6.8	6.5	6.2	6.2	9.6	9.4	9.0	8.9	9.2
USA/Etats–Unis d'Amer	6.6	7.7	7.5	6.9	6.5	5.9	5.7	5.7	5.5	5.1	Sweden/Suède	4.1	4.3	4.3	4.8	6.2	6.3	6.1	6.1	6.4	5.6
Canada	7.0	7.2	7.1	6.4	5.5	5.6	6.0	5.5	5.1	4.9	France, Monac	5.0	4.4	4.5	5.1	6.5	6.1	6.0	5.5	5.2	4.7
Switz.Liecht	3.9	3.5	3.4	4.1	4.0	4.3	4.8	5.2	4.3	3.7	Denmark/Danemark	6.4	6.3	6.1	5.6	4.9	4.5	4.2	3.8	3.8	4.1
United Kingdom	7.3	7.0	6.4	5.6	5.7	5.4	5.0	4.3	4.6	4.6	Italy/Italie	2.3	2.1	2.5	2.5	2.6	2.3	2.5	2.3	2.4	
Spain/Espagne	2.7	2.6	2.7	2.8	2.9	3.4	3.7	4.3	4.3	4.4	Australia/Australie	0.0	1.4	2.1	1.5	2.4	2.0	1.9	1.3	1.1	

8997 BASKETWORK, BROOMS ETC — OUVRAGES VANNERIE NDA 8997

TRADE BY COMMODITY IN THOUSAND U.S. DOLLARS — COMMERCE PAR PRODUIT EN MILLIERS DE DOLLARS E.U

IMPORTS – IMPORTATIONS

COUNTRIES–PAYS	1988	1989	1990	1991	1992
Total	1863496	2015668	2116867	2262640	2524466
Africa	x30240	x28122	x29420	x27723	x33243
Northern Africa	12067	6748	7096	7058	x6728
Americas	589466	667627	659887	664095	x751681
LAIA	14591	19513	24960	36494	59642
CACM	3353	3586	3547	3512	x4685
Asia	393227	437344	403837	442634	x534131
Middle East	x43058	x45749	x34639	x43820	x56994
Europe	773566	800522	951804	1052834	1125321
EEC	624867	637656	754975	856813	925998
EFTA	144758	157644	188724	190247	192884
Oceania	x44036	x54163	x51109	x51345	x58688
USA/Etats–Unis d'Amer	498230	568463	551116	529973	586400
Germany/Allemagne	129938	127300	158655	208138	205823
Hong Kong	126394	160439	157954	168054	215677
Japan/Japon	158313	157975	134055	145135	158147
France, Monac	118238	115466	130344	132593	143749
United Kingdom	112760	116104	122861	127268	140859
Netherlands/Pays–Bas	76858	77992	103202	117645	126791
Italy/Italie	69303	73058	83142	95165	104877
Canada	59610	63536	66720	80057	85200
Spain/Espagne	31014	37376	45999	54931	66782
Switz.Liecht	40622	39617	48667	49424	49442
Belgium–Luxembourg	35827	36489	45087	48031	57693
Austria/Autriche	30109	34643	42577	45051	48608
Sweden/Suède	31203	37096	41352	42466	43670
Australia/Australie	32181	40940	38188	38982	45443
Norway, SVD, JM	23301	24527	28266	29178	30066
Korea Republic	14408	20211	22748	28341	31394
Denmark/Danemark	22525	21427	23203	25104	26740
Finland/Finlande	17812	20116	25950	22033	18833
Singapore/Singapour	15272	18248	20523	20456	23806
Greece/Grèce	10815	15253	18417	20963	x19424
Saudi Arabia	9098	14973	x10447	x15890	x17640
Mexico/Mexique	5934	10308	14314	16394	24963
Ireland/Irlande	11058	10096	12422	14209	14450
Portugal	6531	7096	11642	12767	18809
Former USSR/Anc. URSS	x12199	x9150	x10914	x10278	10606
Israel/Israël	7041	7358	8381	8613	x11044
Malaysia/Malaisie	7059	7571	7899	8510	x14315
United Arab Emirates	x16480	x7478	x6805	x9513	8098
New Zealand	6638	7582	7094	7415	
Thailand/Thaïlande	4438	5362	7146	6879	9403
So. Africa Customs Un	5749	6828	7174	x4980	x6249
Czechoslovakia	x2551	9573	5878	x2014	x5015
Yugoslavia SFR	1687	3384	5622	x3328	
Indonesia/Indonésie	1212	3966	3433	4334	5258
Turkey/Turquie	1684	1970	3666	4388	4979
Chile/Chili	1686	2861	2557	3943	x5214
Poland/Pologne	x3103	x1512	x1128	x6436	x9820
Reunion/Réunion	2717	2656	3309	2924	3690
Hungary/Hongrie	x2004	x1509	x1779	4621	x6019
Venezuela	2784	1650	1779	x1268	4285
Iran (Islamic Rp. of)	x582	x5307	x923	x1981	x2767
Libyan Arab Jamahiriya	6091	2938	2441	x1977	x902
Lebanon/Liban	x733	x1763	x2545	x3550	x3353
Nigeria/Nigéria	x2097	x1813	x1968	x2855	x3475
Kuwait/Koweït	x3590	4006	1389	x997	x3633
Philippines	1007	x3993	x2857	1275	1952
French Polynesia	1212	x2204	720	x1559	x1395
Argentina/Argentine	526	606	1964	5083	13296
Brazil/Brésil	1298	1586		2604	3478

EXPORTS – EXPORTATIONS

COUNTRIES–PAYS	1988	1989	1990	1991	1992
Totale	x1816741	x1854533	1961882	1990453	2279019
Afrique	x10076	x12453	x13100	x13657	x14381
Afrique du Nord	5321	5682	7848	6865	5540
Amériques	83171	x94506	113182	147011	x174193
ALAI	31995	24527	26294	35979	38691
MCAC	1661	1329	1785	2018	x5100
Asie	865582	979013	1002445	1025407	1204114
Moyen–Orient	6594	10384	7556	5356	4777
Europe	580909	589579	717253	747396	816764
CEE	475809	486019	591894	624505	689793
AELE	84584	85227	100010	103123	107052
Océanie	x4184	4590	x5150	x6600	x13769
China/Chine	315746	354478	370326	413306	479913
Hong Kong	175758	219358	226549	234184	301925
Germany/Allemagne	178794	186637	225014	244607	291480
Philippines	115459	x121909	128160	123304	133711
Korea Republic	105686	107580	106018	112241	108876
Italy/Italie	80816	84442	101788	105284	106789
USA/Etats–Unis d'Amer	32410	49777	68700	92555	106351
United Kingdom	56734	52005	61196	63719	70054
Poland/Pologne	x110332	x78327	x57759	x19282	x20843
Netherlands/Pays–Bas	38399	40793	53000	56695	61492
France, Monac	41262	41780	51617	51819	57537
Japan/Japon	44006	44860	45333	47397	58351
Viet Nam	36500	54400	44000	x5418	x6698
Switz.Liecht	28230	27728	33630	32556	36800
Norway, SVD, JM	22334	24210	28889	33018	32283
Belgium–Luxembourg	24501	22232	29921	30723	35977
Sweden/Suède	25533	24740	26531	25330	25888
Ireland/Irlande	18582	20453	26641	24957	20376
Yugoslavia SFR	20465	18322	25331	x19686	
Thailand/Thaïlande	13153	16615	20162	26472	x31949
Indonesia/Indonésie	12735	16916	20963	24613	32258
Spain/Espagne	16025	17896	19289	22270	22572
Bulgaria/Bulgarie	x65319	x36893	x16694	x644	x755
Denmark/Danemark	14190	13257	15882	17968	19035
Romania/Roumanie	x34362	16722	12258	13905	x16360
Mexico/Mexique	21603	11718	11986	14829	12650
Sri Lanka	8042	8202	8638	13437	21418
Canada	8624	10115	9530	10367	14379
Czechoslovakia	x15612	x11813	x9279	x6953	x8396
Hungary/Hongrie	x10484	x9588	x7087	x7756	x8880
Brazil/Brésil	6327	6386	6933	10818	16726
Austria/Autriche	6569	6876	8180	8478	8971
Former GDR	x33295	x17849	x4274		3753
Portugal	6200	6000	7102	6199	6764
Singapore/Singapour	3895	3666	5510	6616	3578
Morocco/Maroc	3815	4329	4774	3737	1127
Pakistan	19891	10543	958	1222	5214
India/Inde	1408	x2858	8710	911	x3017
Malaysia/Malaisie	2155	2340	4103	5274	x6217
Colombia/Colombie	1532	2257	2302	6639	4806
Dominican Republic	x4482	x4960	x3266	x2192	x4187
Australia/Australie	1612	2120	2587	4356	9682
Syrian Arab Republic	2405	6509	2194	x103	x163
Finland/Finlande	1915	2132	2776	3739	3107
Kenya	2435	x2905	1712	x3076	x2934
Albania/Albanie	x2663	x2916	x2916	x1131	x564
Venezuela	705	2127	2836	1163	1225
New Zealand	2189	2176	1982	1903	3874
Israel/Israël	1753	1930	2148	1927	2251
Bangladesh	x1750	x2007	x2126	1224	x1728

(VALUE AS % OF TOTAL)(VALEUR EN % DU TOTAL)

Imports

	1983	1984	1985	1986	1987	1988	1989	1990	1991	1992
Africa	x2.2	x2.3	x1.8	x2.1	x2.0	x1.6	x1.4	x1.4	x1.2	x1.3
Northern Africa	x0.8	x1.2	0.6	x0.9	x1.1	0.6	0.3	0.3	x0.3	0.3
Americas	31.5	36.1	36.6	x33.5	x31.8	31.6	33.2	31.2	29.4	x29.8
LAIA	0.5	0.9	1.1	x0.8	x0.7	0.8	1.0	1.2	1.6	2.4
CACM	x0.1	x0.4	0.3	x0.2	x0.2	0.2	0.2	0.2	0.2	x0.2
Asia	x23.8	23.5	x22.3	22.2	21.3	21.1	21.7	19.0	19.6	x21.2
Middle East	x4.0	x3.1	x3.6	x2.3	x2.3	x2.3	x2.3	1.6	x1.9	2.3
Europe	39.6	34.8	36.4	39.6	41.3	41.5	39.7	45.0	46.5	44.6
EEC	31.4	27.5	28.7	31.1	32.9	33.5	31.6	35.7	37.9	36.7
EFTA	8.2	7.1	7.4	8.3	8.3	7.8	7.8	8.9	8.4	7.6
Oceania	2.9	x3.2	2.9	x2.6	x2.4	x2.7	x2.4	x2.4	x2.3	2.3
USA/Etats–Unis d'Amer	27.4	31.5	31.5	28.8	28.0	26.7	28.2	26.0	23.4	23.2
Germany/Allemagne	7.5	6.6	6.7	6.8	7.0	7.0	6.3	7.5	9.2	8.2
Hong Kong	8.0	8.5	7.0	7.4	7.3	6.8	8.0	7.5	7.4	8.5
Japan/Japon	7.9	8.0	8.0	8.3	8.4	8.5	7.8	6.3	6.4	6.3
France, Monac	5.9	5.1	5.3	6.1	6.3	6.3	5.7	6.2	5.9	5.7
United Kingdom	5.5	4.9	5.0	5.4	5.5	6.1	5.8	5.8	5.6	5.6
Netherlands/Pays–Bas	3.7	3.4	3.8	4.2	4.2	4.1	3.9	4.9	5.2	5.0
Italy/Italie	3.6	3.0	3.3	3.4	4.0	3.7	3.6	3.9	4.2	4.2
Canada	2.7	2.5	2.8	2.9	2.2	3.2	3.2	3.2	3.5	3.4
Spain/Espagne	0.9	0.7	0.8	1.0	1.3	1.7	1.9	2.2	2.4	2.6

Exports

	1983	1984	1985	1986	1987	1988	1989	1990	1991	1992
Afrique	0.8	0.4	1.2	1.0	x0.6	x0.5	0.7	0.7	0.7	0.6
Afrique du Nord	0.5	0.4	0.3	0.3	0.3	0.3	0.4	0.4	0.3	
Amériques	x7.0	7.5	x7.7	x6.2	x4.0	x5.1	5.8	7.4	x7.6	
ALAI	0.5	1.9	2.3	x2.0	x1.3	1.8	1.3	1.3	1.8	1.7
MCAC	x0.3	0.3	0.2	x0.2	x0.1	0.1	0.1	0.1	0.1	0.2
Asie	44.5	44.9	41.9	44.8	51.2	47.6	52.8	51.1	51.5	52.9
Moyen–Orient	x0.4	0.4	x2.0	x3.1	x0.3	0.6	0.6	0.4	0.3	0.2
Europe	47.0	46.6	48.7	47.4	34.9	32.0	31.8	36.6	37.5	35.8
CEE	39.9	37.5	39.4	38.1	27.7	26.2	26.2	30.2	31.4	30.3
AELE	7.2	6.5	6.9	7.0	5.6	4.7	4.6	5.1	5.2	4.7
Océanie	x0.5	x0.5	0.5	x0.5	x0.2	x0.2	0.2	x0.2	x0.3	x0.6
China/Chine					19.2	17.4	19.1	18.9	20.8	21.1
Hong Kong	17.5	19.1	16.4	15.4	11.8	9.7	11.5	11.5	11.8	13.2
Germany/Allemagne	14.4	13.0	13.8	15.1	11.2	9.8	10.1	11.5	12.3	12.8
Philippines	9.0	8.5	8.6	8.2	x5.8	6.4	x6.6	6.5	6.2	5.9
Korea Republic	6.3	6.7	7.0	7.3	6.0	5.8	5.8	5.4	5.6	4.8
Italy/Italie	7.2	7.0	7.4	6.9	4.7	4.4	4.6	5.2	5.3	4.7
USA/Etats–Unis d'Amer	5.6	4.7	4.2	3.0	1.9	1.8	2.7	3.5	4.6	4.7
United Kingdom	4.2	4.0	4.4	3.5	2.4	3.2	2.8	3.1	3.2	3.1
Poland/Pologne					x4.0	x6.1	x4.2	x2.9	x1.0	0.9
Netherlands/Pays–Bas	2.2	2.2	2.5	2.4	1.9	2.1	2.2	2.7	2.8	2.7

8998 SMALLWARES, TOILETRYS ETC — ART MERCERIE, TOILETTE 8998

TRADE BY COMMODITY IN THOUSAND U.S. DOLLARS – COMMERCE PAR PRODUIT EN MILLIERS DE DOLLARS E.U

IMPORTS – IMPORTATIONS

COUNTRIES-PAYS	1988	1989	1990	1991	1992
Total	1619652	1936577	2165858	2569116	2846442
Africa	x54915	x61831	x83849	x81326	x94460
Northern Africa	31006	32490	48589	49434	57365
Americas	x236180	367156	379261	446889	x487323
LAIA	16313	22193	29015	45735	60002
CACM	3975	4265	4276	5282	x11559
Asia	509556	664870	725787	919937	1169683
Middle East	x45693	x62955	x49243	x51636	x70700
Europe	652734	697829	886235	963230	960375
EEC	548956	592211	751172	803356	811937
EFTA	95430	96703	119219	110873	114689
Oceania	x28386	x31410	x30668	x32777	x35140
USA/Etats-Unis d'Amer	167103	286639	293788	341924	358519
Hong Kong	182442	227756	263992	287826	383701
Germany/Allemagne	113780	125413	168192	198504	191264
France, Monac	121754	126192	155066	153936	158892
United Kingdom	91188	94461	110145	106998	112194
Japan/Japon	58502	86255	88000	102153	107670
China/Chine	53731	58937	70610	96027	218560
Italy/Italie	53084	55813	66492	73017	76890
Singapore/Singapour	35328	50999	54979	50239	62470
Belgium-Luxembourg	39912	41953	53326	52765	53002
Netherlands/Pays-Bas	36387	39528	51396	50930	52806
Spain/Espagne	27281	33125	47821	59901	58425
Korea Republic	41612	44072	40295	45076	44690
Portugal	26270	31419	46018	51536	54858
Former USSR/Anc. URSS	x53943	x65775	x24352	x38806	
Canada	36538	40822	39428	39922	40858
Austria/Autriche	26616	26772	35482	33416	36329
Sri Lanka	4587	4744	6148	84689	36972
Switz.Liecht	23269	24604	31987	31415	31566
Greece/Grèce	15369	23155	31351	32764	x31501
Tunisia/Tunisie	15962	20162	31444	32610	40442
Malaysia/Malaisie	11397	18218	25201	27850	x24951
Australia/Australie	19296	22849	22468	25032	26758
Indonesia/Indonésie	4638	8649	17284	40557	53379
Thailand/Thaïlande	12797	18978	22917	23818	32551
Poland/Pologne	x28682	x20581	x10555	x29537	x40845
Yugoslavia SFR	3872	4513	10011		
Sweden/Suède	18706	18520	21472	x44707	
Hungary/Hongrie	x11194	x11024	x12614	18773	21233
Philippines	7391	x15874	13079	34451	x18104
Finland/Finlande	16289	17113	19127	15784	16456
India/Inde	15783	x20977	16884	13225	13807
Bangladesh	x8338	x13227	x15449	x19544	x25400
Mexico/Mexique	5129	11203	14682	20619	x26585
Turkey/Turquie	5498	8484	17878	17298	29514
Macau/Macao	9257	11646	12859	13518	27984
Denmark/Danemark	14946	11975	11667	12966	14572
Saudi Arabia	17473	21199	x6411	x8393	13785
Israel/Israël	9004	10257	12154	12145	x11534
Morocco/Maroc	8895	8686	11698	12825	14685
Norway,SVD,JM	9713	9021	10297	10625	11004
Ireland/Irlande	8984	9175	9700	10038	10947
So. Africa Customs Un	10067	9111	10353	x7373	8320
Mauritius/Maurice	x4136	7453	6639	7776	x7918
United Arab Emirates	x8460	x5596	3589	x7716	7369
Czechoslovakia	x10643	6510	6777	x6504	x14138
Cyprus/Chypre	3722	4573	5154	5850	x11303
New Zealand	4506	5446	5457	4630	5989
Bulgaria/Bulgarie	x10295	x6763	x4506	x3603	5015
Pakistan	3913	4924	5148	4374	6223

EXPORTS – EXPORTATIONS

COUNTRIES-PAYS	1988	1989	1990	1991	1992
Totale	1368453	1654266	1965058	2094120	2494104
Afrique	x2830	x5063	x4946	x5238	x6952
Afrique du Nord	147	551	860	895	999
Amériques	58568	84075	100490	109974	x140891
ALAI	6479	6245	9653	11888	18025
MCAC	1024	1067	905	1197	x1716
Asie	539680	703461	828174	944556	1271224
Moyen-Orient	5057	7542	3177	4529	5380
Europe	728326	796805	994803	1010017	1051535
CEE	675645	743156	919566	932619	969175
AELE	48762	51197	69417	74849	76867
Océanie	x2860	2672	x4181	x4896	x4941
Germany/Allemagne	216926	235584	302121	311039	342612
Hong Kong	182564	231872	285018	310860	413798
Japan/Japon	233796	264611	271942	282201	342189
Italy/Italie	150248	176639	218683	218234	236383
France, Monac	142123	156359	189879	184450	176626
Korea Republic	63977	99873	132238	174304	189536
USA/Etats-Unis d'Amer	42985	69779	82833	89463	110454
United Kingdom	57899	64325	80871	92287	84247
Belgium-Luxembourg	31923	33269	46357	45389	48265
China/Chine	14153	20568	38390	55677	203704
Netherlands/Pays-Bas	28613	30592	38627	37589	38666
Singapore/Singapour	18856	31422	35530	33623	36325
Thailand/Thaïlande	6226	17851	32747	46561	x33709
Spain/Espagne	18961	23765	31515	27775	25884
Switz.Liecht	21191	20789	30018	30853	30719
Indonesia/Indonésie	5836	13018	16489	21928	22277
Czechoslovakia	x21951	x20891	x14705	x8609	x11391
Austria/Autriche	10110	11403	14269	13416	13631
Finland/Finlande	8577	9327	13046	16567	17136
Sweden/Suède	8054	8734	10719	12896	13651
Poland/Pologne	x297	x20226	x4909	x3842	x4053
Denmark/Danemark	24289	14916	2956	3431	4342
Canada	7235	6246	6121	5768	6634
Philippines	3126	x8767	3864	5169	7769
Portugal	1582	4198	4070	5221	3615
Bulgaria/Bulgarie	x3557	x5875	x6456	x387	x420
Former USSR/Anc. URSS	x113	x4932	x3578	x3827	
Malaysia/Malaisie	1997	2895	3699	3767	x7709
Greece/Grèce	1716	2513	2962	4766	x7035
Yugoslavia SFR	3723	2185	4834	x2343	
Former GDR	x5891	x7512	x1085		
Mexico/Mexique	3002	2176	2434	3219	3486
India/Inde	2591	x2228	2365	3204	x5350
Colombia/Colombie	1040	1222	1909	3644	3617
So. Africa Customs Un	x1489	x2288	x2190	x2232	x3289
Brazil/Brésil	1714	1774	1865	2787	4087
Syrian Arab Republic	2524	4608	984	x171	x85
Australia/Australie	1737	1184	1848	2572	3003
Hungary/Hongrie	x4213	x1150	x1548	x2697	x2550
Ireland/Irlande	1365	995	1525	2437	1500
Mauritius/Maurice	x1070	x1621	1527	1656	1804
Cyprus/Chypre	579	572	991	2318	1820
Israel/Israël	774	1345	1053	1182	1454
Norway,SVD,JM	828	944	1365	1117	1730
New Zealand	772	852	1134	1338	1170
Macau/Macao	236	1101	1231	854	773
Turkey/Turquie	1330	979	759	1427	2494
Venezuela	46	370	2119	600	433
Argentina/Argentine	243	216	923	1019	1382
Fiji/Fidji	166	559	837	627	360

(VALUE AS % OF TOTAL) (VALEUR EN % DU TOTAL)

Imports

	1983	1984	1985	1986	1987	1988	1989	1990	1991	1992
Africa	5.9	x4.6	x4.8	x4.6	x3.6	x3.4	x3.2	x3.9	x3.2	3.3
Northern Africa	3.8	x2.7	2.8	2.5	2.0	1.9	1.7	2.2	1.9	2.0
Americas	x14.2	17.6	17.4	x16.7	x15.7	x14.6	18.9	17.5	17.4	x17.1
LAIA	0.8	2.2	2.2	x1.5	x1.3	1.0	1.1	1.3	1.8	2.1
CACM	x0.4	0.6	0.7	x0.3	x0.2	0.2	0.2	0.2	0.2	x0.4
Asia	37.7	36.0	33.1	32.5	31.7	31.5	34.3	33.5	35.8	41.1
Middle East	x5.3	x4.3	x3.3	x4.3	x2.5	x2.8	x3.3	x2.3	x2.0	x2.5
Europe	40.0	39.2	42.5	44.4	41.0	40.3	36.0	40.9	37.5	33.7
EEC	32.8	31.5	34.3	35.3	33.0	33.9	30.6	34.7	31.3	28.5
EFTA	7.2	6.8	7.1	7.0	6.2	5.9	5.0	5.5	4.3	4.0
Oceania	x2.3	x2.6	x2.2	x1.9	x1.6	x1.8	x1.7	x1.4	x1.3	x1.2
USA/Etats-Unis d'Amer	9.6	11.3	10.9	10.8	11.3	10.3	14.8	13.6	13.3	12.6
Hong Kong	12.1	12.9	13.3	14.1	12.2	11.3	11.8	12.2	11.2	13.5
Germany/Allemagne	6.2	5.9	6.0	6.4	6.5	7.0	6.5	7.8	7.7	6.7
France, Monac	7.0	7.0	8.2	8.5	7.5	7.5	6.5	7.2	6.0	5.6
United Kingdom	6.1	5.5	6.5	5.4	5.0	5.6	4.9	5.1	4.2	3.9
Japan/Japon	1.8	1.7	2.2	2.5	2.8	3.6	4.5	4.1	4.0	3.8
China/Chine					3.5	3.3	3.0	3.3	3.7	7.7
Italy/Italie	2.8	2.8	3.2	3.3	3.4	3.3	2.9	3.1	2.8	2.7
Singapore/Singapour	2.4	2.1	2.2	2.1	2.0	2.2	2.6	2.5	2.0	2.1
Belgium-Luxembourg	3.1	2.8	3.0	2.9	2.5	2.5	2.2	2.5	2.1	1.9

Exports

	1983	1984	1985	1986	1987	1988	1989	1990	1991	1992
Afrique	0.1	0.1	0.2	x0.2	x0.2	x0.2	0.3	x0.2	x0.2	x0.2
Afrique du Nord	0.0	0.0	0.0	x0.0	x0.0	0.0	0.0	0.0	0.0	0.0
Amériques	x12.6	13.2	12.7	x10.6	x9.0	4.3	5.1	5.1	5.2	x5.7
ALAI	0.1	0.6	0.6	x0.5	x0.3	0.5	0.4	0.5	0.6	0.7
MCAC	x0.2	0.3	0.2	x0.1	x0.1	0.1	0.1	0.0	0.1	x0.1
Asie	42.2	41.5	38.5	38.4	37.5	39.4	42.5	42.2	45.1	51.0
Moyen-Orient	x0.1	x0.4	x0.1	0.2	0.4	0.5	0.2	0.2	0.2	0.2
Europe	44.7	45.1	48.4	50.7	51.7	53.2	48.2	50.6	48.2	42.2
CEE	40.8	40.6	44.1	46.3	47.6	49.4	44.9	46.8	44.5	38.9
AELE	4.0	3.9	4.0	4.2	4.0	3.6	3.1	3.5	3.6	3.1
Océanie	0.2	x0.2	x0.2	x0.2	x0.1	0.2	x0.3	x0.2	x0.2	x0.2
Germany/Allemagne	15.9	14.8	14.8	15.7	15.9	15.9	14.2	15.4	14.9	13.7
Hong Kong	8.8	10.4	11.2	12.9	13.5	13.3	14.0	14.5	14.8	16.6
Japan/Japon	30.9	28.3	23.5	21.7	17.6	17.1	16.0	13.8	13.5	13.7
Italy/Italie	7.6	7.9	9.1	9.7	10.4	11.0	10.7	11.1	10.4	9.5
France, Monac	6.0	5.9	7.1	8.3	9.3	10.4	9.5	9.7	8.8	7.1
Korea Republic	0.7	0.9	1.2	1.7	2.9	4.7	6.0	6.7	8.3	7.6
USA/Etats-Unis d'Amer	5.2	5.1	4.5	3.4	3.0	3.1	4.2	4.2	4.3	4.4
United Kingdom	3.9	4.5	4.9	4.6	4.3	4.2	3.9	4.1	4.4	3.4
Belgium-Luxembourg	2.8	2.7	2.7	2.7	2.4	2.3	2.0	2.4	2.2	1.9
China/Chine					1.2	1.0	1.2	2.0	2.7	8.2

كيفية الحصول على منشورات الأمم المتحدة

يمكن الحصول على منشورات الأمم المتحدة من المكتبات ودور التوزيع في جميع أنحاء العالم . استعلم عنها من المكتبة التي تتعامل معها أو اكتب إلى : الأمم المتحدة ، قسم البيع في نيويورك أو في جنيف .

如何购取联合国出版物

联合国出版物在全世界各地的书店和经售处均有发售。请向书店询问或写信到纽约或日内瓦的联合国销售组。

HOW TO OBTAIN UNITED NATIONS PUBLICATIONS

United Nations publications may be obtained from bookstores and distributors throughout the world. Consult your bookstore or write to: United Nations, Sales Section, New York or Geneva.

COMMENT SE PROCURER LES PUBLICATIONS DES NATIONS UNIES

Les publications des Nations Unies sont en vente dans les librairies et les agences dépositaires du monde entier. Informez-vous auprès de votre libraire ou adressez-vous à : Nations Unies, Section des ventes, New York ou Genève.

КАК ПОЛУЧИТЬ ИЗДАНИЯ ОРГАНИЗАЦИИ ОБЪЕДИНЕННЫХ НАЦИЙ

Издания Организации Объединенных Наций можно купить в книжных магазинах и агентствах во всех районах мира. Наводите справки об изданиях в вашем книжном магазине или пишите по адресу: Организация Объединенных Наций, Секция по продаже изданий, Нью-Йорк или Женева.

COMO CONSEGUIR PUBLICACIONES DE LAS NACIONES UNIDAS

Las publicaciones de las Naciones Unidas están en venta en librerías y casas distribuidoras en todas partes del mundo. Consulte a su librero o diríjase a: Naciones Unidas, Sección de Ventas, Nueva York o Ginebra.

Litho in United Nations, New York
93-93750—November 1993—4,225
ISBN 92-1-061154-3

United Nations publication
Sales No. E/F.94.XVII.3, vol. II
ST/ESA/STAT/SER.G/41

FOR REFERENCE
Do Not Take From This Room